DER BROCKHAUS IN FÜNF BÄNDEN

DER BROCKHAUS

in fünf Bänden

Zehnte, neu bearbeitete Auflage

Band 3: Isl – Nap

F.A. BROCKHAUS
Leipzig · Mannheim

Redaktionelle Leitung   Dr. Annette Zwahr

Redaktion	Hedi Kätzel	Ute Rosner
Jutta Arndt	Sylvia Kretzschmar	Birgitt Sandke
Dörte Brox	Lutz Krupke	Martina Schmidt
Ursula Butzek	Rumen Kujumdshiev	Dr. Andreas Schneider
Konrad Fehr	Jutta Lange	Ingrid Schröder
Sigrid Filtzer	Karin Müller-Syring	Torsten Schwaß
Pia Fritzsche	Knut Neubauer	Inge Steinhäußer
Dr. Hannelore Gärtner	Siegrun Paulick	Gunther Tröbs
Thomas Handschel	Claudia Pein	Gudrun Vogel
Gudrun Jeschke	Bernd Rohr	André Zimmermann

Herstellung   Stefan Pauli

Einbandgestaltung   glas ag

Bibliografische Information der Deutschen Bibliothek
Die Deutsche Bibliothek verzeichnet diese Publikation in der Deutschen Nationalbibliografie; detaillierte bibliografische Daten sind im Internet über http://dnb.ddb.de abrufbar.

Namen und Kennzeichen, die als Marke bekannt sind und entsprechenden Schutz genießen, sind beim blau gedruckten Stichwort durch das Zeichen ® gekennzeichnet. Handelsnamen ohne Markencharakter sind nicht gekennzeichnet. Aus dem Fehlen des Zeichens ® darf im Einzelfall nicht geschlossen werden, dass ein Name oder Zeichen frei ist. Eine Haftung für ein etwaiges Fehlen des Zeichens ® wird ausgeschlossen.

Das Wort BROCKHAUS ist für den Verlag
F. A. Brockhaus GmbH als Marke geschützt.

Das Werk wurde in neuer Rechtschreibung verfasst.

Alle Rechte vorbehalten.
Nachdruck, aus auszugsweise, verboten.
Das Werk einschließlich aller seiner Teile ist urheberrechtlich geschützt.
Jede Verwertung außerhalb der engen Grenzen des Urheberrechtsgesetzes ist ohne Zustimmung des Verlags unzulässig und strafbar. Das gilt insbesondere für Vervielfältigungen, Übersetzungen, Mikroverfilmungen und die Einspeicherung und Verarbeitung in elektronischen Systemen.

© F. A. Brockhaus GmbH, Leipzig 2004

Satz: A–Z Satztechnik GmbH, Mannheim
         (PageOne, alfa Media Partner GmbH)
Druck: Appl, Wemding
Bindung: Lachenmaier, Reutlingen

Printed in Germany

ISBN Gesamtwerk: 3-7653-1660-1
ISBN Gesamtwerk mit DVD-ROM: 3-7653-2440-X
ISBN Band 3: 3-7653-1630-X

Islam [arab. »Ergebung«] *der,* von Mohammed zw. 622 und 632 in Medina (erste Gemeindeordnung) gestiftete monotheist. Weltreligion. Der Begriff »I.« meint die unbedingte Ergebung in den Willen des einen Gottes (↗ Allah). Die Anhänger des I. bezeichnen sich selbst als ↗ Muslime. Seinem Wesen nach ist der I. eine Offenbarungsreligion und fordert von den Gläubigen die unbedingte Ergebung in den Willen Gottes und Erfüllung seiner Gebote, wie sie im Koran, dem hl. Buch des I., niedergelegt sind. Als Urkunde der Offenbarung Gottes und damit Quelle des Glaubens und Norm des Handelns in der islam. Gemeinde (↗ Umma) kommt dem Koran höchste und absolute Autorität zu. Er bildet die Grundlage des islam. Rechts, der ↗ Scharia, und ist in der Außenbetrachtung (der I. selbst macht diese Unterscheidung nicht) religiöses und weltl. Gesetzbuch zugleich. Jedem Muslim vorgeschrieben sind die fünf **Hauptpflichten (»Pfeiler«) des I.:** das Glaubensbekenntnis zu dem einen Gott (↗ Schahada); das fünfmal täglich zu verrichtende Ritualgebet (↗ Salat); die Almosengabe (↗ Zakat); das Fasten während des Fastenmo-

Islam
Symbol

Islam

Zahl der Muslime weltweit (Anfang 2000)
– rd. 1 190 Mio.

Hauptverbreitungsgebiete
– Vorder- und Mittelasien
– Nord- und Westafrika

überwiegend islamisch geprägte Länder außerhalb dieser Gebiete (Auswahl)
– Bangladesch
– Pakistan
– Indonesien
– Somalia
– Sudan

Hauptrichtungen
– Sunniten
– Schiiten

Sondergemeinschaften
– Ahmadija
– Charidjiten (Ibaditen)
– Nusairier (Alawiten; Aleviten)

Hauptfeste*⁾
– Beginn des Fastenmonats Ramadan (2002: 6. November)
– Offenbarung des Korans an Mohammed (2002: 1. Dezember)
– Fest des Fastenbrechens (»Kleiner Bairam«; 2002: 5. Dezember)
– Opferfest (»Großer Bairam«; 2003: 12. Februar)
– Neujahr (Tag der Hidjra; 2003: 4. März)
– Aschura-Tag (Gedenken an den Märtyrertod Husains; höchster Feiertag der Schiiten; 2003: 13. März)
– Geburtstag Mohammeds (2003: 14. Mai)
– Himmelfahrt Mohammeds (2003: 21. September)
– Beginn des Fastenmonats Ramadan (2003: 28. Oktober)

Hauptwallfahrtsorte, wichtige heilige Stätten (Auswahl)
– Mekka (gesamtislamisch)
– Medina (gesamtislamisch)
– Jerusalem (gesamtislamisch)
– Nedjef (bes. schiitisch)
– Kerbela (schiitisch)
– Kum (schiitisch)
– Meschhed (schiitisch)
– Touba, Senegal (schwarzafrikanischer sunnitischer Islam)

*⁾ Die Jahreszählung des islamischen Kalenders beginnt mit der Hidjra und folgt einem Mondkalender. Die zwölf Monate sind jeweils 29 oder 30 Tage lang. Tage werden vom Sonnenuntergang an gerechnet.

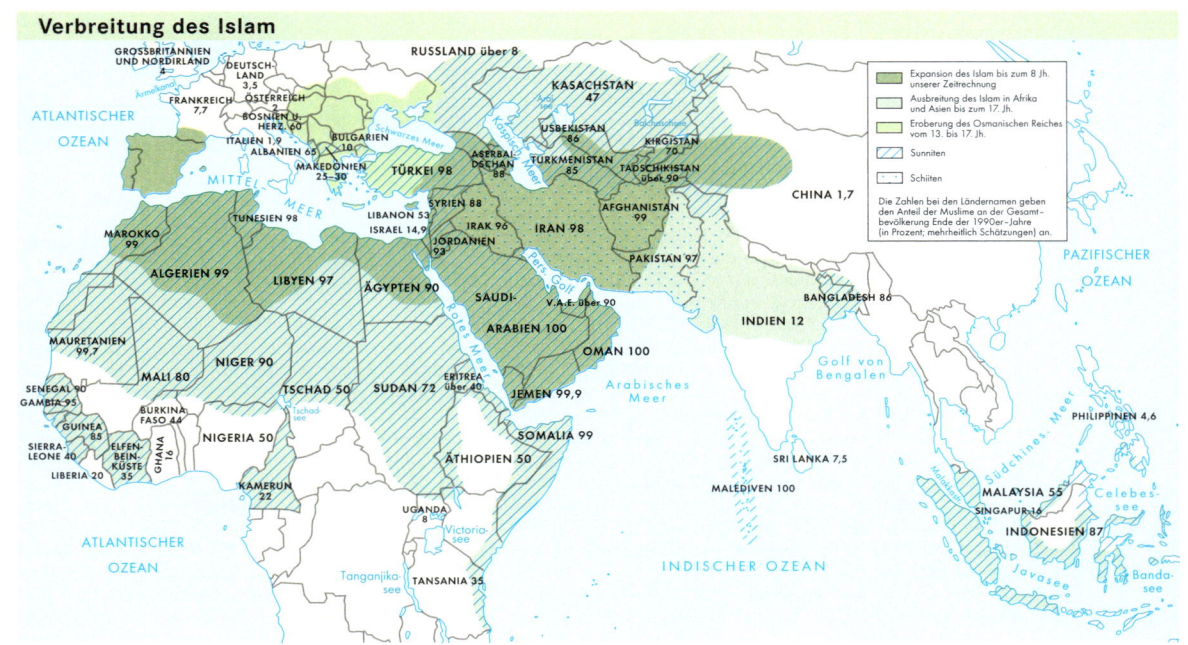

Verbreitung des Islam

nats Ramadan und die Wallfahrt nach Mekka (↗Hadjdj). Eine große Bedeutung wird dem Gebot der kult. ↗Reinheit beigemessen, in diesem Zusammenhang auch Speiseverboten (Verzicht auf den Genuss von Schweinefleisch und Wein). Verboten sind auch Glücksspiel und Unzucht. Wichtige gebotene eth. Normen sind Gerechtigkeit, Freigebigkeit, Gehorsam, Dankbarkeit, Geduld, Beharrlichkeit, Solidarität und Aufrichtigkeit.

Weltweit bekennen sich heute (Anfang 2000) rd. 1,19 Mrd. Menschen zum I., der durch zwei Hauptrichtungen repräsentiert wird: die Sunniten (rd. 90% aller Muslime) und die Schiiten (rd. 10%). Die **Sunniten** verstehen sich als die islam. Orthodoxie; ihre unterschiedl. Auslegungstraditionen führten zur Herausbildung von vier Rechtsschulen (Madhhabs: ↗Hanbaliten; ↗Hanefiten; ↗Malikiten; ↗Schafiiten); die **Schiiten** (zu Shia »Partei Alis«) sehen allein in Ali, dem Schwiegersohn Mohammeds, und seinen Nachkommen die rechtmäßigen Nachfolger des Propheten und Leiter der islam. Gesamtgemeinde (↗Kalif). Geistiges Zentrum des sunnit. I. ist die ↗Ashar-Moschee (Ashar-Univ.) in Kairo, geistiges Zentrum des schiit. I. die theolog. Hochschule in Kum. Die älteste islam. Sondergemeinschaft entstand bereits im 7. Jh. mit den ↗Charidjiten.

Der I. verbreitete sich noch im 7. Jh. über Arabien und N-Afrika; im 8. Jh. eroberten die Mauren Spanien, im 10. Jh. erfolgte die Islamisierung der Türken Zentralasiens; im 11. Jh. errichtete der I. die muslim. Herrschaft in Indien; das Osman. Reich trug den I. weit nach Europa (Balkanhalbinsel, Ungarn, 1683 Belagerung Wiens); in der Gegenwart gewinnt der I. bes. in Afrika an Einfluss; in den mittelasiat. GUS-Staaten hat er – Anfang der 1990er-Jahre beginnend – heute seine in diesen Gebieten traditionelle Stellung zurückgewonnen.

Mit dem Zusammenbruch des Osman. Reiches und der Gründung des modernen türk. Nationalstaates nach dem Ersten Weltkrieg und der Abschaffung des Kalifats (1924) geriet der I. in eine Krise; seine Renaissance setzte nach dem Zweiten Weltkrieg im Zusammenhang mit verstärkten panislam. und panarab. Bestrebungen ein (↗Panislamismus; ↗panarabische Bewegung). Seit den 60er-Jahren traten in versch. Ländern der islam. Welt immer wieder fundamentalist. Bestrebungen an den Tag (↗Fundamentalismus) und fanden in Teilen der Bev. (bes. in unterprivilegierten Bev.schichten) Widerhall. Ziel der fundamentalist. wie auch von radikalislam. Gruppierungen und Bewegungen (z. B. der Taliban 1996–2001 in Afghanistan) ist es, die Einheit von Politik und Religion auf dem Fundament der Scharia herzustellen. Als Vorbild galt dabei bis in die jüngste Zeit die 1979 von Ayatollah Khomeini ausgerufene Islam. Republik Iran. In den arab. Ländern wird die Forderung nach einer an Koran und ↗Hadith orientierten islam. Staats- und Gesellschaftsordnung bes. von der ↗Muslimbruderschaft vertreten. In Konkurrenz zum islam. Fundamentalismus stehen heute Vertreter eines aufgeklärten, in erster Linie ethisch orientierten I., die den Säkularisierungsprozess bejahen und eine vor der Vernunft verantwortete Synthese von islam. Tradition und moderner Intellektualität westl. Prägung erstreben. Der stark mystisch orientierte ↗Volksislam steht der Intoleranz und dem Rigorismus der islam. Fundamentalisten weitgehend ablehnend gegenüber.

Das Land mit der zahlenmäßig größten muslim. Bev. (etwa 170 Mio.) ist Indonesien, gefolgt von Pakistan (rd. 143 Mio.), Indien (rd. 110 Mio.) und Bang-

islamische Kunst

1 Sultan-Ahmed-Moschee in Istanbul, auch »Blaue Moschee« genannt (1609–16) **2** Blick auf den Haupt-Iwan der Lotfollah-Moschee in Isfahan (1602–16) **3** Große Moschee in Damaskus (705–715)

ladesh (rd. 108 Mio.). Die größte islam. Gemeinschaft in Europa besteht in Russland (rd. 12 Mio.). Die europ. Länder mit den größten muslim. Bev.anteilen sind Albanien (über 60%), Bosnien und Herzegowina (rd. 44%) und Makedonien (25–30%). In W-Europa bestehen große islam. Gemeinschaften in Frankreich und Großbritannien. In Dtl. leben gegenwärtig rd. 3,2 Mio. Muslime.

Islamabad, Hptst. Pakistans, auf einer Hochebene bei Rawalpindi, rd. 500 m ü. M., 524 000 Ew. (im Hptst.-Bezirk, 907 km², 799 000 Ew.); drei Univ., Akademien für Wiss.en und Literatur, Forschungsinstitute, Nationalbibliothek. – Faisal-Moschee (1976 bis 1984), eine der größten der Erde. – I., ab 1959 geplant, entstand ab 1961 nach einem Entwurf des grch.

4 Buchmalerei mit der Darstellung einer arabischen Reitergruppe (13. Jh.; Paris, Bibliothèque Nationale de France) **5** Ausschnitt aus einem Keramikmosaik des Sultanspalastes (Topkapı Serail) in Istanbul (15. Jh.)

6 Innenraum der Sultan-Ahmed-Moschee (»Blaue Moschee«) in Istanbul (1609–16) **7** Krug aus Messing mit Silbertauschierung (14. Jh.; Kairo, Museum für Islamische Kunst)

Stadtplaners C. Doxiades und des japan. Landschaftsarchitekten Kondō Kimio. – Abb. S. 2200

Islamische Heilsfront, polit. Partei in Algerien, ↗FIS.

Islamische Konferenz, ↗Organisation Islamische Konferenz.

islamische Kunst, die Kunst derjenigen Völker, deren Mehrheit oder herrschende Minderheit dem ihre Kultur bestimmenden und ihre Einheit stiftenden Islam anhängen. Durch das Vordringen des Islam seit dem 7. Jh. erstreckte sich das Gebiet der i. K. über Syrien in westl. Ausdehnung bis nach N-Afrika und Spanien und in östlicher über Irak und Iran einerseits bis nach N-Indien und andererseits nach Anatolien. Die beherrschenden Gattungen sind Architektur und Kunsthandwerk, die gegen Ende des 7. Jh. in der Begegnung mit der byzantinisch-spätantiken Kunst des alten Syrien ihren Anfang nahmen. Als sakrale Bauwerke entwickelten sich die Moschee (Cami), Klosterfestungen (Ribat), das Mausoleum, islam. Hochschulen (Medrese), zu den profanen Bauformen gehören Palast (mit Moschee), Bad (Hammam), Sternwarte, Festung (Stadtburg), Stadtmauern, Stadttor, Brücke, Staudamm, Aquädukt, Zisterne, Markt (Basar), Hospital, Wohnhaus, Handelshaus, Karawanserei (Chan). Ein Charakteristikum der islam. Architektur ist der flächendeckende Dekor, der die Struktur der Bauwerke meist völlig überspielt. Zur Ausstattung der Moscheen entstanden holzgeschnitzte Predigtstühle (Minbar) und Koran-

islamische Philosophie

Islamabad: die 1976–84 von dem türkischen Architekten Vedat Dalokay erbaute Faisal-Moschee

ständer, später mit Einlegearbeit, Glasampeln mit Email- und Goldmalerei, geknüpfte Teppiche, die man auch im Wohnhaus ausbreitete. Kissen und kleine bewegliche Möbelstücke ergänzten den Wohnkomfort. Bronze-, Silber- und Goldgefäße, seit dem 12. Jh. abgelöst durch tauschierte Metallgefäße, Bergkristalle, geblasene Gläser, Keramikteller und -gefäße dienten als Gebrauchs- und Ziergerät. Holz- und Elfenbeinschnitzerei, Buchkunst und Miniaturmalerei erlebten eine Blütezeit. Mit Seide applizierte Stoffe, Seidenstoffe und Brokate waren auch in Europa begehrt. Das in den Aussprüchen des Propheten (Hadith) begründete Verbot, lebende Wesen darzustellen, ist zwar nur in der religiösen Kunst strikt befolgt worden (und selbst hier gibt es einige Ausnahmen), führte aber doch zu einer breiten Entfaltung nicht figuraler Darstellungsformen wie Schriftkunst (Kalligraphie), Ornamentik (Stern- und Flechtmuster, Arabeske) sowohl in der sakralen wie in der profanen Kunst. Im höf. und bürgerl. Bereich wurde das Bilderverbot jedoch mit wechselnder Intensität durchbrochen, im Osten mehr als im Westen (ausgenommen die Hofkunst der Omaijaden). Stilprägende Dynastien und führende ethn. Gruppen haben den Epochen der i. K. ihren Namen gegeben:

Omaijadenstil (661–749/750): Erste einfache Moscheen nahmen den Bautypus des arab. Wohnhofes auf. Nach der Verlegung der Kalifenresidenz nach Damaskus entstanden Prachtbauten in Auseinandersetzung mit den vorgefundenen nicht christl. und christl. Kultbauten (↗Felsendom in Jerusalem, 669–92; Große Moschee in Damaskus, 705–715). Der in Damaskus entwickelte Typ der Hofmoschee mit mehrschiffigem Betsaal und Arkadenhof (syr. Basilikatradition) wurde verbindlich für alle späteren omaijad. Moscheen (Basra und Kufa in Mesopotamien, Fustat [heute Kairo] in Ägypten, Tunis und Kairouan in N-Afrika). Höhepunkt ist die 785 begonnene Moschee von Córdoba. Mosaiken und Inkrustationen nahmen hellenist. Stilformen auf. Erst in den Wüstenschlössern wie Mschatta und Kusair Amra (Mitte 8. Jh.) entwickelte sich ein eigener Ornamentstil. In der westl. Welt lebte die Kunst der Omaijadenzeit im maur. Stil in N- und NW-Afrika sowie Spanien weiter (11.–15. Jh.).

Abbasidenstil (749/750–1258): Die Übersiedlung der Kalifen nach Bagdad (762) brachte die Aufnahme von mesopotam. Ziegelbauweise mit Stuckdekoration (Große Moschee von Samarra, 847–861; Ibn-Tulun-Moschee im heutigen Kairo, 876/877–879); Palastbauten erhielten die offene sassanid. Halle (Iwan); es entstanden erste Mausoleen; ferner entwickelten sich Lüsterglasur, Seidenweberei und Metalltauschierung.

Fatimidenstil (909–1171): 969 Eroberung von Ägypten, Gründung von Kairo (Ashar- und Al-Akmar-Moschee). Fatimid. Bergkristalle, Gläser, Stoffe, Lüsterkeramik und Bronzen machten Kairo und Alexandria zu zentralen Handelsplätzen. Elfenbeinkästen, reliefierte Hörner und Kästen aus Sizilien und Unteritalien vermittelten als sarazen. Arbeiten den fatimid. Stil nach Europa.

Seldschukenstil (11.–13. Jh.): Mit den Seldschuken drangen seit der Jahrtausendwende zentralasiat. Elemente in die i. K. Irans (1037), Iraks (1055), Anatoliens (1071) und Syriens (1094) ein. Neue Bautypen wie der monumentale Grabbau, Medrese, Vier-Iwan-Anlage (Isfahan, Freitagsmoschee) sowie neue Formen der Kleinkunst (Miniaturen, Knüpfteppiche u. a.) wurden entwickelt.

Persisch-mongol. Stil (13.–15. Jh.) in Iran und Transoxanien (Buchara): Die Ilkhane (1256 bis um 1335) in Persien bzw. die Timuriden (seit 1370) in Samarkand führten die urspr. seldschuk. Vier-Iwan-Moschee weiter; reich der Stuckdekor (die wohl in samanid. Zeit, Ende des 10. Jh., zurückreichenden Stalaktiten; z. B. der Mihrab in der Freitagsmoschee in Isfahan, 1310) und der Fayencedekor (Gur-Emir-Mausoleum in Samarkand, 1404/05; Blaue Moschee in Täbris, 1465); Miniaturmalerei (Herat), Teppichkunst.

Mameluckenstil (1250–1517) in Ägypten und Syrien: Die (seldschuk.) Vier-Iwan-Höfe wurden aufgegriffen, nicht aber der Fliesenschmuck. Es entstanden strenge Steinbauten, u. a. in Kairo Sultan-Hasan-Moschee (1356–62); Schmuck erhielten v. a. die Minarette, Kuppeln und Portale; Prachthandschriften, Emailgläser.

Maur. Stil (11.–15. Jh.) in Spanien und N-Afrika: Hier wurde die alte Hofmoschee, ergänzt durch reiche Minarette über quadrat. Grundriss, beibehalten (Fes, Marrakesch, Sevilla, Rabat). Die ↗Alhambra von Granada ist der bedeutendste erhaltene Profanbau in einem höchst verfeinerten Dekorationsstil (13./14. Jh.).

Safawidenstil (1501–1722) in Persien: Der Palastbau löste sich in Pavillonsysteme auf; Moscheen mit vollständigen Mosaikverkleidungen (Lotfollah-Moschee, Isfahan, 1602–16). In Isfahan entstand auch eine bed. Miniaturistenschule.

Mogulstil (16.–18. Jh.) in Indien: Die Verbindung von ind. und islam. Formen im Grabbau (Taj Mahal in Agra, etwa 1648 vollendet) und im Palastbau führte zu reich dekorierten luftigen Kuppelbauten (Fatehpur Sikri, 16. Jh.).

Osman. Stil (14.–19. Jh.) in der Türkei: Die Moschee mit Zentralkuppel über quadrat. Grundriss wurde durch den Baumeister Sinan immer neu variiert (Prinzenmoschee, 1544–48; Süleiman-Moschee, 1550–56, beide Istanbul; die Moschee Selims II. in Edirne, 1568–74). Meisterhafte Stalaktiten. Farbige Fliesen und Teppiche dominierten im Kunstgewerbe.

islamische Philosophie, der Versuch, die Grundgedanken des Korans mit allg. philosoph. Fragestellungen zu verbinden, bei Aufnahme hellenist., pers. und ind. Gedankengutes. Im 9. Jh. stand neben al-Kindi der Geheimbund der »Getreuen von Basra« mit einer Emanationslehre. Im 10. Jh. wirkten u. a. der pers. Arzt und Philosoph ar-Razi (Rhazes, *865,

Island **Isla** 2201

Island

Fläche:	103 000 km²
Einwohner:	(2001) 286 300
Hauptstadt:	Reykjavík
Verwaltungs-gliederung:	8 Regionen
Amtssprache:	Isländisch
Nationalfeiertag:	17. 6.
Währung:	1 Isländische Krone (ikr) = 100 Aurar (aur.)
Zeitzone:	WEZ

†925) mit der Lehre vom Hervorgehen der Welt aus fünf Urprinzipien sowie al-Farabi. Ibn Sina (lat. Avicenna) schuf im 11. Jh. die für die Folgezeit maßgebende Form der aristotelisch-neuplaton. Metaphysik. Sein Gegner war al-Ghasali, der eine Einheit zw. der religiösen Pflichtenlehre, der spekulativen Theologie und der Mystik zu stiften suchte. In Spanien entfaltete sich die i. P. seit 900 in enger Verbindung mit der jüd. Philosophie. Ibn Badjdja (Avempace) war der erste Aristoteliker des islam. Spanien. V. a. Ibn Ruschd (Averroes) beeinflusste von hier aus die abendländ. Scholastik. (↗arabische Wissenschaft)

islamisches Recht, ↗ Scharia.

Islamismus der, im westl. Sprachgebrauch Bez. für die dem islam. ↗ Fundamentalismus zugrunde liegende Ideologie.

Island [isländ. »Eisland«] (amtlich isländ. Lýdveldid Ísland; dt. Republik I.), Staat im Europ. Nordmeer, umfasst außer der Hauptinsel I. einige kleine vorgelagerte Inseln (v. a. Westmännerinseln, Surtsey, Grímsey).

Staat und Recht

Nach der Verf. von 1944 (mehrfach modifiziert) ist I. eine parlamentarisch-demokrat. Rep. Staatsoberhaupt und oberster Inhaber der Exekutive ist der Präs. (auf 4 Jahre direkt gewählt); er ernennt und entlässt die Mitgl. des Kabinetts unter Vorsitz des Min.-Präs. und verfügt über ein beschränktes Vetorecht. Die Legislative liegt beim Althing (63 Abg., auf 4 Jahre gewählt). Einflussreichste Parteien: Unabhängigkeitspartei (SF), Fortschrittspartei (FF), Allianz (AL), Linksgrüne Partei (VG).

Landesnatur

I. liegt auf dem untermeer. Mittelatlant. Rücken südlich des Polarkreises (nur die Insel Grímsey liegt auf ihm), 330 km von Grönland und 800 km von Skandinavien entfernt. Die Insel ist vulkan. Ursprungs, aufgebaut aus tertiären und quartären Basaltdecken, die von einer 100–200 km breiten jungvulkan. Zone in SW-NO-Richtung gequert werden: Hier herrschen pleistozäne Basalte, Rhyolithe und Hyaloklastite vor. Hinzu treten nacheiszeitl. Laven, Tuffe und postvulkan. Erscheinungen (Solfataren, heiße Quellen, ↗Geysire). Die oft von Erdbeben begleitete vulkan. Tätigkeit dauert an (v. a. Heimaey, Surtsey, Hekla, Askja). Jüngere Ausbrüche waren die von Bárdarbunga unter dem Vatnajökull im Sept. 1996 und von Hekla im Febr. 2000. Über der Küstenregion mit Tiefländern, bes. im S und dem Hauptsiedlungsgebiet im SW, erhebt sich von 300 bis 800 m ü. M. eine unbewohnte Hochfläche, in Stufen gegliedert, über die die Flüsse in großen Wasserfällen (Dettifoss, Gullfoss) herabstürzen. Darüber ragen zahlr. Ge-

birgsstöcke und Einzelberge (im Hvannadalshnúkur 2 119 m ü. M.) sowie als Reste des pleistozänen, einst ganz I. verhüllenden Inlandeises mehrere Eiskappen auf (rd. 12 300 km², davon Vatnajökull 8 410 km²). An einigen Eiskappen treten von Zeit zu Zeit durch subglaziale Eruptionen riesige Schmelzwasserströme (Jökulhlaup) auf; dadurch im S breite Aufschüttungsebenen (Sanderflächen). Im W, N und O Fjärd- und Fjordküste. Das kühle und feuchte Klima wird durch Ausläufer des Golfstroms (Irmingerstrom) bestimmt (kühle Sommer und milde Winter), Stürme, Nebel und Regen sind häufig.

Bevölkerung

Die Bewohner I. sind fast ausschl. Isländer skandinav. Abstammung. Mit einer Bev.dichte von 2,8 Ew. je km² ist I. das am dünnsten besiedelte Land Europas; etwa 4/5 der Inselfläche sind heute unbewohnt. Über die Hälfte der Bev. lebt im Raum Reykjavík. – Rd. 89 % gehören der evang.-luth. »Isländ. Nationalkirche« an, die Staatskirche ist, rd. 4 % luth. Freikirchen und anderen prot. Gemeinschaften (Pfingstler, Adventisten). Die kath. Kirche zählt rd. 4 000 Mitglieder. – Es besteht eine achtjährige allgemeine Schulpflicht ab dem 7. Lebensjahr.

Wirtschaft, Verkehr

Lebenswichtige wirtsch. Grundlage sind Fischfang (Kabeljau, Dorsch, Rotbarsch, Schellfisch) und -verarbeitung (Gefrier-, Salz-, Stockfisch, Fischkonserven, -mehl, -öl); sie erbringen 73 % des Exportwerts; die Fischereigrenze wurde mehrfach, zuletzt 1975 auf 200 Seemeilen ausgedehnt. Die Landwirtschaft kann nur etwa 22 % der Gesamtfläche nutzen, es überwiegt Weidewirtschaft. I. ist Selbstversorger bei Fleisch, Milch, Geflügel und Eiern. Angebaut werden auf 2 % der Gesamtfläche Kartoffeln und Futtermittel. Große Bedeutung hat die Nutzung der heim. Energiequellen Wasserkraft und geotherm. Energie; Ind.zweige sind: Aluminiumerzeugung, Metallverarbeitung, Nahrungsmittel-, Leder-, Textil-, Möbel- und Wollindustrie. Auch der Fremdenverkehr hat als Devisenquelle große Bedeutung. – Ausgeführt werden neben Fischereierzeugnissen v. a. Aluminium, Metallwaren, Fleisch, Häute, Wolle, Käse; eingeführt Erdöl und Erdölprodukte, Fahrzeuge, Maschinen, Geräte, Kunststoffe, Getreide. Haupthandelspartner: Großbritannien, die USA, Dtl., skandinav. Länder, GUS-Staaten. – I. besitzt keine Eisenbahn. Neben ausgedehnter Küstenschifffahrt und dem Straßenverkehr, v. a. im SW (12 700 km Straßen), spielt der inländ. Luftverkehr eine große Rolle; internat. Flughäfen sind Keflavík und Reykjavík; die nat. Fluggesellschaft Icelandair bedient In- und Auslandsverkehr; wichtigster Hafen: Reykjavík.

Staatswappen

internationales Kfz-Kennzeichen

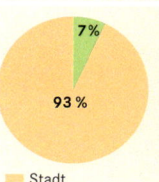

Bevölkerungsverteilung 2000

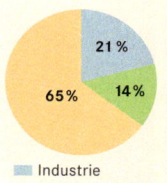

Bruttoinlandsprodukt 2001

isländische Literatur

Geschichte

Die ersten Siedler waren vermutlich im 8. Jh. iroschott. Mönche. Seit 870/874 kamen norweg. Wikinger auf die Insel. 930 trat erstmals das Althing als zentrale Institution der Rechtsprechung und Gesetzgebung zusammen; es beschloss im Jahr 1000 die landesweite Einführung des Christentums. Die großbäuerl. Häuptlinge (Goden) bildeten die einflussreichste Schicht im island. Freistaat (960–1262), einer bauernaristokrat. Republik ohne Exekutivgewalt. Ab Ende des 10. Jh. unternahmen Isländer ausgedehnte Seefahrten, gründeten 986 in S-Grönland unter Führung Erichs des Roten Siedlungen und gelangten von hier aus mit ihren Schiffen bis nach Nordamerika (um 1000). 1117/18 begann die schriftl. Aufzeichnung des island. Rechts. Nach inneren Machtkämpfen unterstellte sich I. 1262 der Oberhoheit des norweg. Königs. Mit Norwegen kam I. 1380 an Dänemark, das 1550 die luth. Reformation gewaltsam durchsetzte; der ausgedehnte Kirchenbesitz wurde konfisziert. Dänen traten an die Stelle der meisten island. Amtsträger. Zur Abwehr des dt. und engl. Direkthandels mit I. griff die dän. Krone zu immer restriktiveren handelspolit. Maßnahmen und führte schließlich 1602 ein dän. Monopol des I.-Handels ein. Die Monopolzeit zog einen wirtsch., demograph. und kulturellen Niedergang nach sich, verstärkt durch eine Pockenepidemie (Anfang des 18. Jh.) und durch den Vulkanausbruch der Laki-Spalte (1783/84).

Unter J. Sigurðsson erwachte im 19. Jh. eine Unabhängigkeitsbewegung: 1843 wurde das (1800 suspendierte) Althing als beratende Versammlung wieder eingesetzt, 1854 das dän. Handelsmonopol aufgehoben und 1874 eine Verf. gewährt. Am 1. 12. 1918 wurde I. ein selbstständiger Staat, blieb aber mit Dänemark durch Personalunion verbunden. Im Zweiten Weltkrieg war I. 1940/41 von brit., danach von amerikan. Truppen besetzt (Errichtung des Militärstützpunktes Keflavík). Am 24. 5. 1944 bestätigte die Bev. in einer Abstimmung die Auflösung der Union mit Dänemark. – Nach Ausrufung der Rep. (17. 6. 1944) wurde S. Björnsson Staatspräs. (1944–52); Nachfolger: A. Asgeirsson (1952–68), K. Eldjárn (1968–80), V. Finnbogadóttir (1980–96), O. R. Grimsson (seit 1996). I. trat 1946 den UN, 1949 der NATO bei; 1951 schloss es ein Schutzabkommen mit den USA. Die einseitige Erweiterung der Fischereigrenze durch I. (auf zuletzt 200 Seemeilen, 1975) führte seit 1958 wiederholt zu Fischereikonflikten (»Kabeljaukrieg«), bes. 1975/76 mit der Bundesrep. Dtl. und 1976 mit Großbritannien. Im Jan. 1993 stimmte das Parlament für den Beitritt I.s zum Europ. Wirtschaftsraum (EWR). Im Jan. 1994 schloss die EU mit I. ein Abkommen über Fischerei und Umweltschutz. Im Mai 1995 wurde es Mitgl. des Ostseerates. Im März 2001 trat das Schengener Abkommen in I. in Kraft.

In dem von häufig wechselnden Koalitionskabinetten regierten I. wurde 1991 Davíð Oddsson Min.-Präs. (1995, 1999 und 2003 im Amt bestätigt), der bis 1995 an der Spitze einer Koalition aus Unabhängigkeitspartei und Sozialdemokrat. Partei stand, an deren Stelle dann eine aus Unabhängigkeitspartei und Fortschrittspartei gebildete Reg. trat.

isländische Literatur. Nach der Blütezeit der altisländ. Lit. (↗ altnordische Literatur) lebten manche ihrer Stoffe und Formen durch Kompilationen und Sammelhandschriften noch weiter. Seit dem 14. Jh. wurden zahlr. Stoffe, insbesondere Sagas, unter Verwendung von Kunstmitteln der Skaldendichtung in erzählende Lieder (Rímur) umgedichtet. Höhepunkte geistl. Dichtung sind das Mariengedicht »Lilja« (»Lilie«) sowie die Werke des kath. Bischofs Jón Arason (* 1484, † 1550). Nach der Reformation entwickelte sich eine reiche theolog. Gebrauchslit.; bed. die vollständige Bibelübersetzung von Guðbran-

Island: Der Mückensee (Mývatn) in N-Island (links) und der Hafenort Vestmannaeyja (rechts); beim Vulkanausbruch (Jan.–Juli 1973) drohte der von rechts kommende Lavastrom den Hafen zu verschließen (Aufnahme Juli 1973).

dur Thorláksson (1584). Nach der Auffindung des »Codex regius« und der Lieder-Edda (1643) begann eine systemat. Sammeltätigkeit, v. a. durch Árni Magnússon (* 1663, † 1730). Seit der 2. Hälfte des 18. Jh. setzte eine starke Übersetzertätigkeit ein; Hauptvertreter der Aufklärung war Magnús Stephensen (* 1762, † 1833). In der Romantik (ab 1835), mit dem Erstarken des Nationalbewusstseins verbunden, entstand die grundlegende Samml. island. Volkssagen und Märchen. Im 19. und 20. Jh. begannen viele Autoren als Realisten, wurden jedoch später von Neuromantik und Nationalromantik beeinflusst, u. a. Gunnar Gunnarsson und Guðmundur Kamban. Nach dem Ersten Weltkrieg wurde einerseits weiterhin in einer neuromant., nat.-konservativen und dem Traditionalismus verpflichteten Haltung geschrieben, andererseits eine bewusste Abkehr davon und eine Zuwendung zu sozialist. Vorstellungen vollzogen; internat. Bekanntheit erlangte Halldór Kiljan Laxness. Einer der wichtigsten Autoren der Zwischenkriegszeit war Ólafur J. Sigurðsson (* 1918). Die sozialkrit. Tendenz setzte sich auch nach dem Zweiten Weltkrieg fort: Charakteristisch sind zunehmendes Interesse an histor. Themen, stärkere Berücksichtigung der Form, Anwendung von freien Rhythmen oder einer komplizierten Metaphorik, wie z. B. durch die »atomskáld« (»Atomdichter«); Prosaautoren der 1950er-Jahre sind Indriði Þorsteinsson (* 1926), Thor Vilhjálmsson (* 1925). Zur Neubelebung des Romans seit den 1960er-Jahren trugen Guðbergur Bergsson (* 1932) und die Autorinnen Jakobína Sigurðardóttir (* 1918), Steinunn Sigurðardóttir (* 1950) und Svava Jakobsdóttir (* 1930) bei.

Isländisches Moos (Isländisch Moos, Brockenmoos, Cetraria islandica), Art der Flechten, verbreitet von der arkt. Tundra bis Mitteleuropa; wertvolles Winterfutter; getrocknet als Schleimdroge und Hustenmittel verwendet.

isländische Sprache. Zus. mit Färöisch und den westnorweg. Mundarten bildet Isländisch die Gruppe der westnord. Sprachen (↗ altnordische Sprache). Sie geht auf die Sprache der Siedler (etwa 870–930), v. a. aus dem westl. Norwegen, zurück und hat bis heute mittelalterl. Strukturen bewahrt. Charakteristisch ist der Reichtum an Flexionsformen, dem eine relative Freiheit im Satzbau entspricht. Die island. Schrift kennt folgende von der dt. abweichende Zeichen: ð Ð, Þ þ (stimmhaftes bzw. stimmloses engl. th); æ Æ (wie dt. ai).

Islandspat (Isländischer Doppelspat), Kristalle des ↗ Kalkspats.

Isle [i:l] die, rechter Nebenfluss der Dordogne, Frankreich, entspringt im Limousin, mündet bei Libourne, 250 km lang.

Isle of Wight [aɪl əv 'waɪt], Insel und Unitary Authority (bis 1997 Cty.) in England, ↗ Wight.

Ismael [hebr. »Gott möge hören«], Sohn der ägypt. Sklavin Hagar und Abrahams (1. Mos. 16, 11), der durch diese verstieß (1. Mos. 21, 9 ff.); legendärer Ahnherr arab. Stämme (der Ismaeliten).

Ismajil, Hafenstadt in Bessarabien, Ukraine, im Donaudelta am Mündungsarm Kilia, 84 000 Ew.; Nahrungsmittelind.; bei I. Weinbau. – Ehem. türk. Festung (16. Jh.).

Ismailia (Ismailija), Gouvernorats-Hptst. am W-Ufer des Sueskanals, Ägypten, 255 000 Ew.; Sitz der Sueskanalbehörde; Elektroind., Aluminiumwerk; Verkehrsknotenpunkt. – 1863 von F. de Lesseps als Basislager für den Kanalbau gegründet.

Ismailiten (»Siebenerschiiten«), Islam: Untergruppe der ↗ Schiiten.

Ismail Pascha, Vizekönig (Khedive) von Ägypten (1863–79), * Kairo 31. 12. 1830, † Konstantinopel 2. 3. 1895; dehnte die ägypt. Herrschaft bis an die Grenzen Äthiopiens aus, förderte den europ. Kultureinfluss. 1869 eröffnete er den Sueskanal; 1879 abgesetzt.

Ismail Samani, Pik (bis 1962 Pik Stalin, 1962–98 Pik Kommunismus), Berg im Pamir, Tadschikistan, 7 495 m ü. M.; höchster Berg des Landes und der ehem. Sowjetunion; vergletschert; Erstbesteigung 1933.

Ismay ['ɪzmeɪ], Hastings Lionel, 1. Baron (seit 1947) Ismay of Wormington, brit. Offizier und Politiker, * Naini Tal (Uttar Pradesh, Indien) 21. 6. 1887, † Broadway (Cty. Hereford and Worcester) 17. 12. 1965; beriet als Stabschef im Kriegsministerium und stellv. Militär-Sekr. beim Kriegskabinett (1940–46) Premiermin. W. Churchill; 1951–52 Min. für Commonwealth-Beziehungen und 1952–57 Gen.-Sekr. der NATO.

Isna (Esna, Esneh; in der Antike Lato polis), Stadt in Oberägypten, südlich von Luxor, 57 600 Ew.; Textilindustrie, Töpferei. – Von dem altägypt. Chnumtempel ist die Vorhalle mit 24 Säulen erhalten; in der Umgebung kopt. Klöster.

Isny im Allgäu, Stadt und Kurort im Landkr. Ravensburg, Bad.-Württ., 704 m ü. M., 14 200 Ew.; naturwiss.-techn. Akademie, Caravanmuseum; Herstellung von Wohnwagen und Jagdwaffen. – Klosterkirche (17./18. Jh.) der ehem. Benediktinerabtei; evang. Nikolaikirche (13. Jh., Chor 1455–1508), Rathaus (Ende 17. Jh.), mehrere Patrizierhäuser, gut erhaltene Stadtmauern. – Um 1171 gegr.; erhielt 1281 Lindauer Stadtrecht; 1365–1803 Reichsstadt; kam 1806 an Württemberg.

iso... [grch.], gleich...

ISO [engl. aɪəs'əʊ], Abk. für **1)** Infrared Space Observatory, Infrarot-Weltraumobservatorium der ESA. Mit dem 1995-98 aktiven Satelliten war es erstmals möglich, die Infrarotstrahlung sehr kühler kosm. Objekte (u. a. Kometen, interplanetare und interstellare Staub- und Gaswolken, kühle Sternatmosphären, aktive Galaxien) zu untersuchen (Wellenlängenbereich 2,5 bis etwa 240 µm). ISO arbeitete mit einem auf −271 °C gekühlten 60-cm-Spiegel.

2) Abk. für ↗ International Organization for Standardization.

isobar [zu grch. báros »Schwere«, »Gewicht«], **1)** *Kernphysik:* gleiche Massen aufweisend.
2) *Meteorologie, Thermodynamik:* bei gleichem Druck verlaufend, gleichen Druck aufweisend.

Isobare (isobare Kerne), Bez. für Atomkerne mit gleicher Massenzahl, aber versch. Ordnungszahlen, z. B. $^{16}_{7}N$, $^{16}_{8}O$ und $^{16}_{9}F$. Da die Kernkräfte unabhängig von der Ladungszahl sind, zeigen die I. kernphysikalisch eine größere Ähnlichkeit als die Isotope.

Isobaren, 1) *Meteorologie:* die ↗ Isolinien gleichen Luftdrucks.
2) *Thermodynamik:* die Kurven in einem thermodynam. Zustandsdiagramm, auf denen der Druck konstant ist.

isochor [zu grch. chóra »Platz«, »Stelle«], konstantes Volumen besitzend; bei konstantem Volumen verlaufend. **Isochoren** sind ↗ Isolinien gleichen Volumens.

Isochromasie [grch. »Gleichfarbigkeit«] *die,* gleichmäßige Lichtempfindlichkeit fotograf. Materials für alle Wellenlängen des sichtbaren Spektralbereichs.

isochron [grch.], von gleicher Zeitdauer, zu gleichen Zeitpunkten erfolgend.

Isocyanate, Salze und Ester der Isocyansäure, sehr reaktionsfähige organ. Verbindungen mit der funktionellen Gruppe $-N=C=O$. Nach der Anzahl der NCO-Gruppen im Molekül unterscheidet man Mono-, Di-I. usw. Verwendung v. a. zur Herstellung von Polyurethanen.

Isocyanide (früher Isonitrile), organ. Verbindungen mit der funktionellen Gruppe $-C\equiv N$; meist widerlich riechende, giftige Flüssigkeiten; dienen zum Nachweis primärer Amine **(Isonitrilreaktion).**

iso|elektrisch [grch.], zugleich positiv und negativ geladen, sodass die Summe der Ladung null ist und Moleküle ungeladen erscheinen.

Iso|enzyme [grch.] (Isozyme), in einem Organismus vorkommende Enzyme mit gleicher Wirkung, aber genetisch unterschiedlich festgelegter Proteinstruktur, meist aus versch. Organen stammend.

Isogon [grch.] *das,* ein regelmäßiges (»gleichwinkliges«) Vieleck.

Isogonen, die ↗Isolinien der erdmagnet. Deklination.

Isohypsen, ↗Höhenlinien.

Isokephalie [grch.] *die,* Kompositionsweise in der bildenden Kunst, bei der die Köpfe aller dargestellten Personen in einer Höhe erscheinen, meist verbunden mit dem Prinzip der Reihung.

Isoklinen, die ↗Isolinien der erdmagnet. Inklination.

Isokrates, athen. Redner, *Athen 436 v. Chr., † ebd. 338; gründete um 390 in Athen eine Rhetorikschule, die über die Grenzen Griechenlands hinaus berühmt war; rief in seinen Reden die Griechen zur Einheit und zum Krieg gegen Persien auf.

Isola Bella (Isola Madre), ↗Borromäische Inseln.

Isolani, Johann Ludwig Graf (seit 1634, nach seinem Abfall von Wallenstein) von, kaiserl. Reitergeneral vermutl. zypriot. Herkunft, *Görz 1586, † Wien März 1640; im Dreißigjährigen Krieg führte er (ab 1632) die gefürchteten kroat. Reiter.

Isolation [frz.] *die,* ↗Isolierung.

Isolationismus *der,* das Bestreben eines Staates, seine außenpolit. Aktivität auf bestimmte Gebiete der Welt zu beschränken und Bündnisverpflichtungen fernzubleiben. Eine entscheidende Rolle spielte der I. in der Außenpolitik der USA seit der Monroedoktrin (1823), die eine Politik der Nichteinmischung in Angelegenheiten nicht amerikan. Staaten begründete.

Isolationswiderstand, *Elektrotechnik:* elektr. Durchgangswiderstand einer Isolierung; wichtige Kenngröße für die Betriebssicherheit elektr. Geräte. Ein zu niedriger I. **(Isolationsfehler),** insbes. zw. Leiter und Erde, kann zur Zerstörung der Isolation, zu Betriebsunterbrechungen, zu elektr. Schlägen bis hin zu Bränden und Explosionen führen.

Isolator *der, Physik, Technik:* allg. ein elektrisch nicht leitender Stoff, der beim Anlegen einer elektr. Spannung praktisch keinen Strom leitet; spezif. elektrischer Widerstand größer als etwa 10^6 Ωm. Ein I. in einem elektr. Feld wird auch ↗Dielektrikum oder Nichtleiter genannt. – In der Elektrotechnik ein Isolierkörper aus elektrisch nicht leitendem Stoff (↗Isolierstoffe), in der Hochspannungstechnik elektrisch nicht leitendes Konstruktionselement zur Befestigung oder Durchführung spannungsführender Leiter, z. B. Stütz-, Hänge-, Durchführungsisolatoren.

Isolde, in der Tristansage Geliebte ↗Tristans.

Isoleucin, Abk. **Ile,** neben Leucin in zahlr. Proteinen enthaltene essenzielle Aminosäure (chemisch die 2-Amino-3-methylpentansäure), die u. a. aus Hefeeiweiß gewonnen werden kann.

isolierende Sprachen, ↗Sprache.

Isolierstoffe, 1) *allg.:* Sammelbez. für Materialien zur Isolation gegen Feuchtigkeit, zur Wärmedämmung, zur Schalldämmung oder -dämpfung sowie i. e. S. gegen elektr. Strom.

2) *Elektrotechnik:* elektrisch nicht leitende Werkstoffe. Sie besitzen keine freien Ladungsträger und somit einen sehr hohen ↗spezifischen Widerstand. I. sind je nach Einsatz neben elektr. auch mechan., therm. und chem. Beanspruchungen ausgesetzt. Wichtigste Kenngrößen der I. sind ↗Isolationswiderstand und elektr. ↗Durchschlagfestigkeit sowie mechan. Festigkeit, Temperatur- und Alterungsbeständigkeit. I. können fest, flüssig oder gasförmig sein. Eine ausreichende Isolation ist meist nur durch gleichzeitigen Einsatz unterschiedl. I. zu erreichen. Unterschieden werden anorgan. und organ. Isolierstoffe. Häufigste I. sind Glas, Keramik, Kunststoffe auf Phenolharz-, Polyamid-, Silicon- und Epoxidharzbasis, Glimmer, Papier, Hartpapier, Öl, Isolierlack, Luft, Wasserstoff, Stickstoff, Schwefelhexafluorid (SF_6); auch in Verbindung mit Trägermaterial wie Papier, Leinen, Glasseide, z. B. als Ölpapier, Isolierband. – In der Hochspannungstechnik werden Hartporzellan und Steatit, in der Hochfrequenztechnik Hochfrequenzkeramiken sowie in der Elektrowärmetechnik poröse Sonderwerkstoffe (z. B. lithiumhaltige Keramik) eingesetzt.

Isolierung (Isolation) *die,* **1)** *allg.:* Absonderung, Getrennthaltung; Vereinzelung, Vereinsamung, Abgeschnittensein.

2) *Bautechnik:* der Schutz von Räumen u. a. gegen Wärme, Kälte, Feuchtigkeit oder Lärm durch Einsatz von Sperr-, Dichtungs- oder Dämmstoffen.

3) *Biologie:* Aussonderung, z. B. bestimmter Bakterien aus dem Erdboden als Reinkultur **(Isolat).** Die natürl. geograph. I. verhindert dort räuml. Trennung den Austausch von Erbfaktoren und kann zur Bildung neuer Rassen oder Arten beitragen.

4) *Elektrotechnik:* Trennung spannungsführender elektr. Leiter durch ↗Isolierstoffe.

5) *Medizin:* (räuml.) Absonderung von Kranken, die vermutlich oder nachweislich an einer gefährl. Infektionskrankheit leiden, zum Schutz ihrer Umgebung vor Ansteckung. (↗Quarantäne)

6) *Psychoanalyse:* ein Abwehrmechanismus, bei dem ein nicht zu befriedigendes oder verbotenes Motiv (z. B. Mordimpuls) dadurch abgewehrt wird, dass es von der übrigen Existenz des Subjekts abgetrennt wird.

Isolini|en (Isarithmen), Linien, die v. a. auf Karten benachbarte Punkte gleicher Merkmale oder Werte einer bestimmten Größe (z. B. Luftdruck, Wassertiefe) miteinander verbinden. Sie werden bes. in der Geographie, Geophysik und Meteorologie, aber auch in der Sprachwissenschaft verwendet.

Isomerie [grch.] *die,* **1)** *Chemie:* das Auftreten von zwei oder mehreren Verbindungen **(isomere Verbindungen, Isomere)** mit derselben Bruttoformel, jedoch mit unterschiedl. Anordnung der Atome innerhalb der Moleküle (unterschiedl. Strukturformeln) und damit unterschiedl. physikal. und (mit Ausnahme der opt. I.) chem. Eigenschaften. I. tritt v. a. in der organ. Chemie auf, in der anorgan. Chemie bes. bei Koordinationsverbindungen. – Man unterscheidet zwei I.-Arten: 1) **Konstitutions-I. (Struktur-I.),** bei der die Atome in unterschiedl. Reihenfolge im Molekül angeordnet sind. Konstitutionsisomer zueinander sind u. a. Alkohole und Äther, Aldehyde und Ketone. Eine

Johann Ludwig Graf von Isolani, Ausschnitt aus einem Kupferstich (um 1635; nach einem Gemälde des zeitgenössischen flämischen Malers Caspar de Crayer)

Isomerie 1): Kettenisomerie am Beispiel von Butan, Stellungsisomerie bei Dihydroxybenzol, Maleinsäure und Fumarsäure als Beispiel für cis-trans-Isomerie und optische Isomerie bei der Milchsäure (von oben)

Art der Konstitutions-I. ist die **Skelett-** oder **Ketten-I.**, bei der ein unterschiedl. Aufbau des Kohlenstoffskeletts vorliegt (z. B. n-Butan und Isobutan). Bei der **Stellungs-** oder **Substitutions-I.** ist eine funktionelle Gruppe an versch. C-Atome des gleichen Skeletts gebunden (z. B. 1,2-, 1,3- und 1,4-Dihydroxybenzol). **Doppelbindungs-I.** entsteht durch unterschiedl. Lage der Doppelbindung im Molekül (z. B. 1-Buten und 2-Buten). Spezielle Möglichkeiten der Struktur-I. gibt es bei Komplexverbindungen. Können sich strukturisomere Moleküle bis zu einem Gleichgewicht schnell ineinander umlagern, so spricht man von ↗ Tautomerie. 2) **Stereo-I. (räuml. I.)** entsteht durch unterschiedl. räuml. Anordnung der in gleicher Anzahl vorhandenen Atome im Molekül. Hierzu gehören die **cis-trans-I.** und die **opt. I. (Spiegelbild-I., Enantiomerie)**, bei der sich die opt. Isomeren (oder opt. Antipoden) wie ein nicht deckungsgleiches Bild und Spiegelbild verhalten. Voraussetzung dafür ist ein asymmetrisches Kohlenstoffatom (↗ Asymmetrie).
2) *Kernphysik:* ↗ Kernisomerie.

Isomerisierung *die*, Umlagerung chem. Verbindungen in Isomere (↗ Isomerie). Von techn. Bedeutung sind u. a. die I. von Maleinsäure zu Fumarsäure und von n-Paraffinen zu klopffesteren Isoparaffinen beim Reformieren.

isometrisch [grch.], die gleiche Längenausdehnung beibehaltend (z. B. bei der Kavalierprojektion).

Isomorphie [grch.] *die,* Strukturgleichheit oder -ähnlichkeit von Kristallen versch. chem. Zusammensetzung; sie beruht auf dem fast gleichen Raumbedarf der entsprechenden Atome und ähnl. Bindungsverhältnissen. Isomorphe chem. Verbindungen können sich beim Kristallaufbau gegenseitig ersetzen (Bildung von Mischkristallen).

Isomorphismus [grch.] *der* (isomorphe Abbildung), Grundbegriff der Algebra; Bez. für einen umkehrbar eindeutigen ↗ Homomorphismus einer algebraischen Struktur auf eine andere.

Isonoe, ein Mond des Planeten Jupiter.

Isonzo *der* (slowen. Soča), Zufluss zum Adriat. Meer, 138 km lang, entspringt in den Jul. Alpen, Slowenien, mündet in den Golf von Triest, Italien. – Um den I. fanden im Ersten Weltkrieg von Juni 1915 bis Sept. 1917 zwölf Schlachten (**Isonzoschlachten**) zw. Österreich-Ungarn und Italien statt.

Isopren [grch.] *das* (2-Methyl-1,3-butadien), farblose, leicht flüchtige Flüssigkeit; in vielen Naturstoffen (z. B. Terpene, Naturkautschuk) enthalten; wird v. a. aus Produkten des Steamcrackens isoliert; Ausgangsstoff für Synthesekautschuk.

Isopropyl|alkohol (Isopropanol), ↗ Propanole.

Isospin (Isobarenspin), innere Quantenzahl zur Beschreibung des elektr. Ladungszustands von Elementarteilchen, die der starken Wechselwirkung unterliegen; sie wurde zur Unterscheidung der versch. Zustände (**I.-Multipletts**) sonst gleichartiger, fast gleich schwerer (isobarer) Hadronen eingeführt. Wie der Spin ist der I. gequantelt und kann nur wenige halb- und ganzzahlige Werte annehmen: $I = 0, 1/2, 1, 3/2 ...$ Zu jedem Wert von I gibt es $2I + 1$ Eigenzustände, die durch die Quantenzahl I_3 unterscheidbar sind. $I_3 = I, I - 1, ..., -I$. So gehören zu den Nukleonen mit $I = 1/2$ das Proton ($I_3 = +1/2$) und das Neutron ($I_3 = -1/2$).

Isostasie [grch.] *die,* der Vorgang des Einspielens auf einen Gleichgewichtszustand zw. der Schwere und der Dichte einzelner Schollen der Erdkruste und des darunter befindl. schwereren, zähflüssigen Untergrunds (Erdmantel); äußert sich in Hebungen und Senkungen. Bei der **Glazial-I.** wird durch Abschmelzen des Eises der Untergrund entlastet, er steigt langsam auf.

Isosterie [grch.] *die,* Gleichheit der Elektronenkonfiguration bei Molekülen oder Ionen gleicher Atom- und Gesamtelektronenzahl. Isoster sind z. B. das Stickstoff- $|N \equiv N|$ und das Kohlenmonoxidmolekül $|C \equiv O|$. Isostere Verbindungen haben oft ähnl. physikal. Eigenschaften.

Isosthenurie [grch.] *die* (Harnstarre), Unfähigkeit der Niere, den Harn zu konzentrieren oder zu verdünnen; Kennzeichen einer schweren Nierenschädigung.

isotherm [grch.], eine konstante Temperatur aufweisend, bei konstanter Temperatur verlaufend.

Isothermen [grch.], 1) *Meteorologie:* ↗ Isolinien der Temperatur.
2) *Thermodynamik:* Linien, die die Abhängigkeit des Drucks vom Volumen eines Gases bei unveränderter Temperatur angeben.

Isothermschmieden, Schmiedeverfahren, bei dem Werkstück und Werkzeug während des Bearbeitungszeitraums dieselbe Temperatur aufweisen. Die Fließfähigkeit des Werkstoffs kann während der gesamten Umformung aufrechterhalten und dadurch die aufzuwendende Presskraft deutlich reduziert werden. Da beim I. keine Wärme vom Werkstück an das Werkzeug abgegeben wird, können bei niedrigen Fließspannungen sehr homogene Umformteile hergestellt werden.

Isotone [grch.], Atomkerne mit gleicher Neutronen-, aber unterschiedl. Protonenzahl.

isotonische Lösungen [grch.], i. w. S. Bez. für Lösungen mit gleichem osmot. Druck; i. e. S. Lösungen, die den gleichen osmot. Druck wie das menschl. Blut haben (z. B. ↗ Ringer-Lösung).

Isotope [grch.], Atomkerne (Nuklide) mit gleicher Protonenzahl (Kernladungszahl, Ordnungszahl), aber unterschiedl. Neutronenzahl und damit unterschiedl. Nukleonenzahl (Massenzahl). Das chem. Verhalten der I. eines Elements ist weitgehend identisch, lediglich bei den leichten Elementen gibt es messbare Unterschiede. Physikalisch unterscheiden sich I. außer in ihrer Masse auch durch Spin, magnet. Moment und Volumen. Häufig werden nicht nur die versch. Atomkernarten eines Elements, sondern auch die zugehörigen Atome als I. bezeichnet. I. werden durch die Angabe der Massenzahl am chem. Symbol gekennzeichnet, z. B. ^{35}Cl.

Mit Ausnahme weniger ↗Reinelemente treten alle Elemente als natürl. I.-Gemisch auf. Neben den in der Natur vorkommenden **stabilen I.** kennt man **instabile I.**, die ebenfalls natürlich auftreten können, meist aber durch Kernreaktionen künstlich hergestellt werden (**radioaktive I.**, ↗Radioisotope). Die Elemente mit Ordnungszahlen über 83 weisen nur noch radioaktive I. auf. Bekannt sind heute etwa 300 stabile und über 2400 instabile I.; die meisten stabilen I. hat Zinn (10), die meisten I. überhaupt Xenon (über 30). – Die stabilen I. dienen, v. a. in der chem., medizin. und biol. Forschung, als **I.-Indikatoren** (bzw. Leit-I.) zur Herstellung ↗markierter Verbindungen.

Isotopenbatterie (Radionuklidbatterie), Gerät zur Umwandlung der Energie radioaktiver Strahlung bestimmter Radionuklide in elektr. Energie. In **direkten I.** wird die Energie der radioaktiven Strahlung unmittelbar, in **indirekten I.** zunächst in chem., therm. oder Lichtenergie und in einem zweiten Schritt in elektr. Energie umgewandelt. Am häufigsten werden die Radionuklide Strontium 90 und Kobalt 60 verwendet. Vorteile der I. sind lange Lebensdauer und Wartungsfreiheit (Einsatz u. a. in Satelliten und Herzschrittmachern).

Isotopendiagnostik, ↗Nuklearmedizin.

Isotopenmarkierung, ↗markierte Verbindungen.

Isotopentherapie, ↗Nuklearmedizin.

Isotopentrennung, die vollständige Trennung versch. Isotope eines Elements oder die Anreicherung einzelner Isotope im Isotopengemisch mithilfe physikalisch-chem. Verfahren. Hierzu gehören: 1) Diffusionsverfahren (↗Gasdiffusionsverfahren), 2) das Schleuderverfahren mithilfe der ↗Gaszentrifuge, 3) das auf dem Prinzip der Thermodiffusion beruhende Trennrohrverfahren (↗Clusius-Dickel-Trennrohr), 4) die Gegenstrom- und fraktionierte Destillation (↗Destillation), 5) die Elektrolyse des Wassers, 6) chem. Austauschreaktionen, 7) ↗Massenspektrometrie, 8) die Laser-I.; dabei wird durch das monochromat. Laserlicht infolge der isotopieabhängigen Verschiebung der Spektrallinien nur ein bestimmtes Isotop angeregt, während alle anderen Isotope im Grundzustand verbleiben. – Der Trenn- bzw. Anreicherungseffekt der einzelnen Methoden ist sehr unterschiedlich, weshalb die einzelnen Stufen der I. häufig kaskadenartig wiederholt werden.

isotrop [grch.], in allen Richtungen gleiche Eigenschaften (bes. optische) aufweisend.

Isotropie [grch.], *Physik:* die Richtungsunabhängigkeit physikal. und chem. Eigenschaften von Körpern und des physikal. Raumes. I. zeigen amorphe Stoffe, z. B. Glas; Ggs.: Anisotropie.

Isotypie [grch.] *die,* das Auftreten kristallgeometr. Ähnlichkeiten. **Isotype Kristalle** gehören bei unterschiedlicher chem. Zusammensetzung zum gleichen Strukturtyp und haben dieselbe Raumgruppe, bilden aber keine Mischkristalle.

Isozaki [-zaki] (Isosaki), Arata, japan. Architekt, *Ōita 23. 7. 1931; 1954–63 Mitarbeiter von Kenzō Tange, schloss sich 1964 der Gruppe der Metabolisten an. In seinen Entwürfen der 60er-Jahre werden traditionelle Motive wie Stützen, Balken, Dach u. a. durch Überdimensionierung und Abstraktion zu formbildenden Elementen. Seit den 70er-Jahren entwickelte er Bauten aus versch. stereometr. Grundformen, zeigte Interesse an minimalist. Strukturen (u. a. Gunma-Kunstmuseum in Takasaki, 1971–74) und beschäftigte sich mit histor. architekton. Lösungen. Mit dem Center Building in Tsukuba (1983) schuf er ein Hauptwerk der japan. Postmoderne. Sein Werk zeigt insgesamt den Versuch einer Vereinigung von internat. Technologie, klass.-europ. Bauformen und japan. Erbe. – *Weitere Werke:* Gesundheitszentrum und Präfekturbibliothek in Oita (1959–72 bzw. 1962–66); Museum of Contemporary Art in Los Angeles (1981–86); Disney-Hauptverwaltung in Orlando, Fla. (1987–90); Internat. Konferenzzentrum in Kitakyūshū (1987–90); Zentrum für japan. Kunst und Technologie in Krakau (1994); »Domus«, Museum der Wissenschaften, Kultur u. Künste in La Coruña (1995 eröffnet); Büro- und Geschäftshäuser in Berlin (1994–97); Wissenschaftszentrum in Columbus, Oh. (1999 eröffnet).

Arata Isozaki: Büro- und Geschäftshaus am Potsdamer Platz in Berlin (1994–97)

Isparta, Prov.-Hptst. in der S-Türkei, 1 035 m ü. M., 121 700 Ew.; Textil-, chem. Ind., Rosenölgewinnung, Teppichherstellung.

Ispra, Ort in der Lombardei, Prov. Varese, am Ostufer des Lago Maggiore, Italien, 4 700 Ew.; Standort eines EURATOM-Forschungszentrums.

Israel (hebr. Jisrael) [»er streitet mit Gott«], dem Stammvater ↗Jakob von Gott verliehener Name (1. Mose 32, 29; 35, 10), der auf das Volk I. als seine Nachkommenschaft übergeht, die in 5. Mose 4, 44 als »Kinder I.s« bezeichnet wird; die älteste außerbibl. Erwähnung findet sich auf der Siegesstele des Pharaos Merenptah (letztes Drittel des 12. Jh. v. Chr.); nach dem Tod Salomos und der ihm folgenden Reichsteilung (926 v. Chr.) Bez. für das N-Reich im Unterschied zum S-Reich ↗Juda. Die israelit. Stämme sind in mehreren Wellen vom 14. bis 13. Jh. v. Chr. von S und O allmählich in das von den Kanaa-

Israel **Isra** 2207

Israel

Fläche:	20 700 km²
Einwohner:	(2000) 6,08 Mio.
Hauptstadt:	Jerusalem
Verwaltungsgliederung:	6 Distrikte
Amtssprachen:	Hebräisch und Arabisch
Nationalfeiertag:	5. Ijjär (zw. Mitte April und Mitte Mai)
Währung:	1 Neuer Schekel (NIS) = 100 Agorot
Zeitzone:	MEZ + 1 Std.

näern besiedelte Kulturland Palästina vorgedrungen und dort ansässig geworden. Nach der Überlieferung schuf ↗Moses die religiöse Einheit im Glauben an den einen Gott ↗Jahwe.

Die Anfänge einer polit. Einheit des Volks zeigten sich in einem religiös-polit. Schutzverband der 12 Stämme (↗Richter). Die erste Staatenbildung erfolgte unter ↗Saul, der die israelit. Stämme Galiläas, Mittelpalästinas und des Ostjordanlands im Kampf gegen ihre westl. und östl. Nachbarn (Philister und Ammoniter) vereinigte und von ihnen um 1020 v. Chr. zum ersten König I.s erhoben wurde. Sein Nachfolger, König David (etwa 1004/03–965/64 v. Chr.), gründete dann von dem in S wohnenden Stamm Juda aus das Großreich I. und machte Jerusalem zum polit. Mittelpunkt. Unter seinem Sohn Salomo (965–926 v. Chr.) erlebte das Reich seine Glanzzeit (Tempelbau in Jerusalem). Nach seinem Tod kam es zur Teilung des Reichs (926 v. Chr.) in das S-Reich Juda mit Jerusalem als Hptst. und das N-Reich I. mit der Hptst. Samaria. Nach dauernder Feindschaft dieser beiden Reiche und Reibungen mit den umliegenden Staaten vernichtete das erstarkte Assyrerreich 722 v. Chr. das N-Reich I. und machte es zur assyr. Prov.; die Bevölkerung wurde deportiert bzw. ging in neu angesiedelten Völkerschaften auf.

Israel (amtlich hebr. Medinat Jisrael; dt. Staat I.), Staat in Vorderasien, grenzt im W an das Mittelmeer, im N an Libanon, im äußersten NO an Syrien, im O an Jordanien und im SW an Ägypten; die Südspitze reicht bis an den Golf von Akaba des Roten Meeres. I. hält Teile des ↗Westjordanlands und der ↗Golanhöhen besetzt.

Staat und Recht

I. ist eine parlamentar. Rep.; es besitzt keine geschriebene Verf., sondern nur einzelne Grundgesetze als verfassungsrechtl. Basis. Staatsoberhaupt ist der vom Parlament auf 5 Jahre gewählte Präs., der im Wesentlichen repräsentative Funktionen erfüllt. Die Legislative liegt beim Einkammerparlament (Knesset; 120 für 4 Jahre gewählte Abg.). Exekutivorgan ist die dem Parlament verantwortl. Reg. unter Vorsitz des Premierm. (die 1996 eingeführte Direktwahl des Premiermin. wurde 2001 wieder aufgehoben). Ein von der Knesset für 5 Jahre gewählter Ombudsmann kontrolliert die Arbeit der Reg. u.a. Behörden. Einflussreichste Parteien und Bündnisse: Likud-Block, Israel. Arbeitspartei (auch Avoda), Schinui-Partei, Schas, Meretz, Nat. Union, Vereinte Tora-Partei, Nationalreligiöse Partei, Hadasch (Kommunisten), Eine Union, Nationaldemokrat. Allianz, Israel Ba-Alija (Partei der Einwanderer aus der GUS), Vereinigte Arab. Liste.

Landesnatur

Das Land erstreckt sich von N nach S über 400 km; der S wird von der Wüste Negev eingenommen. Der N gliedert sich in drei Zonen: die Küstenebene mit Dünenrand zum Mittelmeer, das judäische, samaritan. und galiläische Bergland (im Hare Meron 1 208 m ü. M.) und den Jordangraben. 75 % der Bev. leben in der Küstenebene, die im Bewässerungsfeldbau genutzt wird. I. liegt im Übergangsgebiet vom Mittelmeer- (Winterregen) zu Wüstenklima; der Sommer ist warm und trocken, der Winter ist im Bergland kühl bis kalt, in den Niederungen mild. Niederschlagsmengen: im N 500–700 mm, im S (Aravasenke) 50 mm jährlich. Die Vegetation reicht von mediterranen Pflanzengemeinschaften zu Wüstenflora; natürl. Wald steht nur auf dem Karmel; durch Aufforstungen wurden 116 000 ha bepflanzt.

Bevölkerung

Staatstragendes Volk sind die Juden, die sich in **Vatiqim** (vor der Staatsgründung eingewandert), **Olim** (nach der Staatsgründung eingewandert) und **Sabra** (im Lande Geborene) gliedern. Etwa 18 % der Bev. sind Araber (v. a. »Palästinenser«); von den 40 000 Beduinen sind nur noch wenige reine Nomaden. Die jüd. Einwanderer (seit 1882) kamen zunächst v. a. aus Mittel- und O-Europa (Aschkenasim), später aus islam. Ländern von N-Afrika und Iran (Sephardim), gegen Ende der 1950er-Jahre aus O-Europa; seit 1970 bes. hoher Einwandereranteil aus der UdSSR, der sich seit 1989/90 noch sprunghaft verstärkt hat. Bis zum Ersten Weltkrieg kamen etwa 50 000–70 000 Juden, 1919–48 weitere 500 000, 1949 240 000. Zw. 1990 und 1995 wanderten jährlich etwa 117 000 Personen ein. Für die Neueinwanderer wurden Entwicklungsstädte gegründet. Großstädte: Jerusalem, Tel Aviv-Jaffa, Haifa, Rishon Lezhiyyon, Beerscheba, Ashdod, Holon, Petah Tiqwa u. a. Das jährl. Bev.-Wachstum beträgt 2,4 %. – Rd. 80 % der Bev. sind Juden, deren Mehrheit in der jüd. Religion und im jüd. Charakter des Staates I. wichtige Elemente der eigenen Identität sieht. Die größte religiöse Minderheit bilden mit knapp 15 % die Muslime. Rd. 3,2 % der Bev. sind Christen (bes. Griechisch-Orthodoxe und Katholiken), rd. 1,7 % Drusen. In I. befinden sich das internat. Zentrum (Haifa) und die wichtigsten Heiligtümer (Haifa, Akko) der Bahai-Religion. – Es besteht eine neunjährige allgemeine Schulpflicht ab dem 6. Lebensjahr und ein für alle Kinder ab dem 2. Lebensjahr offenes Vorschulangebot (nicht obligatorisch). Die Analphabetenquote beträgt 5 %.

Wirtschaft, Verkehr

I. hat unter ungünstigen Bedingungen (Wüsten, Wassermangel, Rohstoffknappheit, Kriege) einen moder-

Staatswappen

internationales Kfz-Kennzeichen

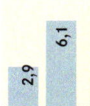

	1970	2000	1970	2000
	2,9	6,1	3278	16710

Bevölk. (in Mio.) — BNE je Ew. (in US-$)

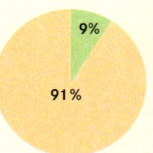

9 % / 91 %

■ Stadt
■ Land

Bevölkerungsverteilung 2000

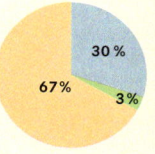

67 % / 30 % / 3 %

■ Industrie
■ Landwirtschaft
■ Dienstleistung

Bruttoinlandsprodukt 2001

Israel: die Südspitze des Sees Genezareth im nördlichen Jordangraben, im Hintergrund die jordanischen Berge

nen Ind.staat mit leistungsfähiger Landwirtschaft aufgebaut. Gemessen am durchschnittl. jährl. Bruttosozialprodukt (BSP) je Ew. liegt seine Wirtschaftskraft weit über derjenigen seiner nicht Erdöl exportierenden arab. Nachbarländer. Gemessen an seinen Auslandsschulden hat I. die weltweit höchste Pro-Kopf-Verschuldung, erhält aber auch die höchste öffentl. Entwicklungshilfe. Ein nicht unerhebl. Teil des Staatshaushalts wird für militär. Zwecke verwendet. – Die Landwirtschaft ist hochintensiv, marktorientiert und stark mechanisiert. Der Anbau ist v. a. auf die schmale, klimabegünstigte Küstenebene und auf die feuchteren nördl. Landesteile konzentriert. Auch im N der Wüste Negev wurden weite Teile durch Bewässerung für die Landwirtschaft nutzbar gemacht. Als Ackerland und für Dauerkulturen können etwa 25% der Gesamtfläche genutzt werden, davon wird fast die Hälfte bewässert (die Landwirtschaft verbraucht bis zu 85% des verfügbaren Wassers). Hauptwasserlieferant ist der See Genezareth. 40% der Fläche sind Naturweiden. Die ertragreichsten Zweige sind Milchwirtschaft und Geflügelzucht. Wichtigste Exportprodukte sind Frühgemüse, Obst und Blumen. Die bedeutendsten Erzeugnisse des Ackerbaus sind Weizen und Baumwolle, der Obstplantagen Zitrusfrüchte. Der von den jüd. Landwirten bewirtschaftete Boden ist zu rd. 90% Staatsbesitz, er wird an die Siedler in Erbpacht abgegeben. 90% der jüd. Landwirte sind entweder in Kollektivsiedlungen (Kibbuzim) oder »kooperativen« Dörfern (Moshavim) organisiert.

An Bodenschätzen werden v. a. Phosphate (im nördl. Negev; Region Arad), Kupfererze, Gips und Mineralsalze des Toten Meeres (Brom-, Magnesium-, Kalisalze) ausgebeutet. – Die verarbeitende Ind. erzeugt aus heim. sowie importierten Rohstoffen ($^2/_3$ der Importe) und Halbfabrikaten fast alle Güter des Inlandverbrauchs sowie Ausfuhrgüter. Bed. Zweige sind neben der Baustoff- und chem. Ind. die Metallverarbeitung (importierter Stahl), die feinmechan., Elektro- und Elektronikindustrie. Herausragende Bedeutung haben die rd. 650 Diamantenschleifereien, in denen 52% aller Rohdiamanten der Welt geschliffen werden; Diamantenbörse in Ramat Gan. Ziele des Fremdenverkehrs sind antike Kulturdenkmäler, Stätten der Bibel, Kreuzfahrerburgen und Badeorte. – Wichtigste Handelspartner sind die USA, die EG-Länder, die Schweiz, Japan u. a. – Auf Straßen (16 520 km) entfällt der größte Teil der Warentransporte und des Personenverkehrs. Die Eisenbahn (684 km) befördert v. a. Massengüter. Bed. Häfen sind Haifa und Ashdod am Mittelmeer, Elat am Roten Meer. Internat. Flughafen »Ben Gurion« südöstlich von Tel Aviv-Jaffa.

■ Geschichte

Am 15. 5. 1948 erlosch das brit. Mandat über ↗ Palästina. Am 14. 5. 1948 (5. Ijjar) rief der Jüd. Nationalrat den unabhängigen Staat I. aus, der 77% Palästinas umfasste (↗ Jom Haazmaut); O-Palästina wurde am 24. 4. 1950 Jordanien angegliedert (»Westjordanland«). Es kam am 15. 5. 1948 zum 1. Israelisch-Arab. Krieg (»Palästinakrieg«; ↗ Nahostkonflikt), in dem sich I. behauptete (Waffenstillstandsabkommen 1949). Durch die Flucht bzw. Vertreibung von 600 000 bis 850 000 Arabern (Palästinensern) aus I. 1947/48 entstanden in den arab. Nachbarstaaten große Flüchtlingslager. – Nach den ersten Wahlen (1949) wurde die sozialdemokrat. Mapai (Israel. Arbeitspartei) führende Reg.partei (MinPräs. bis 1977: D. Ben Gurion, M. Scharrett, L. Eschkol, G. Meir, I. Rabin) und stellte bis 2000 alle Staatspräs.: C. Weizmann, I. Ben Zwi, S. Schasar, I. Navon, E. Katzir, C. Herzog, E. Weizman.

Das Spannungsverhältnis zu den arab. Staaten, die I.s staatl. Existenz infrage stellen, und das Palästinenserproblem steigerten sich mit starken internat. Aspekten zum Nahostkonflikt, der sich zunächst im Sueskrieg (1956), dann im Sechstagekrieg (1967) militärisch entlud. 1967 besetzte I. das Westjordanland, die Sinaihalbinsel, den Gazastreifen und die syr. Golanhöhen. Im Okt. 1973 brachte der ägyptisch-syr. Angriff (»Jom-Kippur-Krieg«) I. in Bedrängnis. Unter Vermittlung des amerikan. Außenmin. H. A. Kissinger gab I. 1974 in einem Vertrag mit Ägypten einen Streifen am Sueskanal, in einem Abkommen mit Syrien das Gebiet um Kuneitra auf den Golanhöhen zurück. Guerillaaktionen der palästinens. Araber (↗ Palästinensische Befreiungsorganisation) suchte I. durch militär. Kommandounternehmen gegen palästinens. Basen (bes. im Libanon) entgegenzuwirken. Nach den Wahlen 1977 übernahm der Likud-Block die Reg. (MinPräs. bis 1983 M. Begin, dann Y. Schamir); er setzte eine intensive Siedlungspolitik in den besetzten Gebieten in Gang. Mit seiner Reise nach Jerusalem leitete der ägypt. Präs. A. as-Sadat 1977 eine Friedensinitiative gegenüber I. ein; sie führte über die Verträge von Camp David zum ägyptisch-israel. Friedensvertrag von 1979. Beide Staaten leiteten Verhandlungen über die Autonomie der palästinens. Araber ein (Abbruch April 1980). Ende Juli 1980 erklärte die Knesset ganz Jerusalem zur Hauptstadt Israels. Bis April 1982 gab I. die Sinaihalbinsel an Ägypten zurück (Taba erst Febr. 1989). Mit dem Einmarsch seiner Truppen in den S-Libanon (Juni 1982) suchte I. den Libanon als palästinens. Angriffsbasis auszuschalten (Abzug der PLO).

Die Parlamentswahlen am 23. 7. 1984 führten zur großen Koalition von Likud-Block und Israel. Arbeitspartei; nach dem Rotationsprinzip amtierte zunächst S. Peres (Sept. 1984 bis Okt. 1986), danach Y. Schamir als MinPräs. Die nach den Wahlen am 1. 11. 1988 fortgesetzte Koalition zerbrach im März 1990 an der Frage der Beteiligung der PLO an Friedensgesprächen. Die im Juni 1990 v. a. vom Likud-Block gebildete Reg. unter Schamir lehnte Verhandlungen mit der PLO ebenso strikt ab wie eine Anerkennung des von dieser 1988 proklamierten Staates Palästina. Der im Dez. 1987 ausgebrochene Palästinenseraufstand (»Intifada«) wurde im Jan. 1991 durch den 2. ⁄ Golfkrieg überdeckt. Im Okt. 1991 begannen die ersten israelisch-arab. Friedensverhandlungen (Madrider Nahostfriedenskonferenz). Unter dem Leitwort »Land für Frieden« beförderte die Reg. unter I. Rabin (Avoda; ab Juli 1992) – bzw. nach seiner Ermordung (4. 11. 1995) unter S. Peres – den Friedensprozess im Nahostkonflikt (ab 1991); u. a. Gaza-Jericho-Abkommen zw. I. und der PLO (Sept. 1993; nach Geheimverhandlungen in Oslo).

Bei der ersten Direktwahl eines MinPräs. am 19. 5. 1996 siegte B. Netanjahu. An der Spitze einer Koalition des Likud mit religiösen und rechtsgerichteten Parteien brachte er den Friedensprozess auf einen Tiefpunkt, der erst 1997 (Hebron-Abkommen) und 1998 (1. ⁄ Wye-Abkommen) überwunden werden konnte. Nach den Wahlen 1999 übernahm E. Barak (»Ein Israel«) die Reg.; er konnte den Durchbruch zum endgültigen Friedensvertrag nicht erreichen. Lediglich der vollständige Abzug der israel. Truppen aus Südlibanon gelang (Mai 2000; ehem. Sicherheitszone). Zum Nachfolger von Staatspräs. E. Weizman (1993–2000; Rücktritt) war am 31. 7. 2000 M. Katsav (Likud) gewählt worden. A. Scharons demonstrativer Besuch des Tempelberges am 28. 9. 2000 löste neue palästinens. Unruhen aus (»zweite Intifada«): Erstmals seit 1993 kam es wieder zur blutigen Konfrontation und mit dem Eskalieren der Gewalt (opferreiche palästinens. Selbstmordattentate in I.) zum Aussetzen des »Osloer« Nahostfriedensprozesses. Die deutl. Niederlage Baraks bei den Wahlen am 6. 2. 2001 führte zur Bildung einer »großen Koalition« des Likud mit der Avoda unter Scharon. Wegen seines Unvermögens oder mangelnden Willens, den Terror einzudämmen, wurde Arafat von dieser bald für »nicht mehr relevant« erklärt und zeitweise isoliert. Selbst die US-amerikan. Bemühungen, nach den Terroranschlägen vom 11. 9. 2001 eine internat. Allianz gegen den Terror unter Beteiligung Arafats aufzubauen und sich wieder stärker im Nahostkonflikt zu engagieren, verminderten nicht das Gewaltniveau. Scharon nutzte dies zur Führung eines eigenen »Antiterrorkrieges« gegen Arafat und die Palästinenser (zahlr. israel. Militäraktionen, zeitweilige Besetzung fast aller großen Städte in den Autonomiegebieten, Zerstörung der Autonomiestrukturen). Ende Oktober 2002 zerbrach die Reg. der nat. Einheit (Auszug der Arbeitspartei); die Neuwahlen am 28. 1. 2003 stärkten die Positionen des Likud und Scharons. Die am 27. 2. 2003 gebildete Mitte-rechts-Koalition mit der bürgerl. Shinui-Partei sowie der Nationalreligiösen Partei der Siedlerbewegung und der rechtsorientierten Nat. Union ist nicht mehr von den ultraorth. Parteien abhängig; ihr vorrangiges Ziel sind innenpolit. Reformen, um den wirtsch. Niedergang I.s zu stoppen. V. a. unter Vermittlung der USA fanden 2003 wieder Gespräche zw. der israel. Reg. und der palästinens. Führung statt, nunmehr nicht mehr mit Arafat, sondern mit dem palästinens. MinPräs. M. Abbas (ab Frühjahr 2003).

Trotz Scharons – zeitweiligem? – Kurswechsel 2003 (Zustimmung zur »Roadmap«, Auflösung einzelner Außenposten von Siedlungen) wird I. auch weiterhin sein Recht auf Selbstverteidigung betonen; es kann eine Zwei-Staaten-Regelung nur dann akzeptieren, wenn die Sicherheit aller Bürger garantiert ist.

Israelisch-Arabischer Konflikt (Israelisch-Arabischer Krieg), ⁄ Nahostkonflikt.

Israelische Arbeitspartei (Israelische Arbeiterpartei, hebr. Mifleget Haavoda Hajisreelit, seit 1992 Avoda [Awoda]), 1968 hervorgegangen aus den sozialist. Parteien ⁄ Mapai (gegr. 1930), Achdut Haavoda (dt. »Einheit der Arbeit«, gegr. 1944) und Rafi (Kw. für Reschimat Poalei Israel, dt. »Arbeiterliste Israel«, gegr. 1965). An der Spitze der Partei steht ein Gen.-Sekr. bzw. Vors.: 1968–69 L. Eschkol, 1969–77 Golda Meir, 1977–92, 1995–97 sowie interimistisch ab Mitte Juni 2003 S. Peres, 1992–95 I. Rabin, 1997–2001 E. Barak, 2001–02 Benjamin Ben-Eliezer (* 1950), 2002–03 Amram Mitzna (* 1945). Partei mit sozialdemokrat. Linie, außenpolitisch Befürworterin von Verhandlungen zur Regelung des Nahostkonflikts; stellte den MinPräs. 1968–77, 1984–86, 1992–96 sowie 1999–2001.

Israëls, 1) **Isaac,** niederländ. Maler und Grafiker, * Amsterdam 3. 2. 1865, † Den Haag 7. 10. 1934, Sohn von 2); verband Anregungen des frz. Impressionismus mit dem Realismus niederländ. Tradition. Nach 1904 setzte er sich mit der Malerei der ⁄ Nabis auseinander.

2) **Jozef,** niederländ. Maler und Radierer, * Groningen 27. 1. 1824, † Den Haag 12. 8. 1911, Vater von 1); zunächst romant. Historienbilder; Kontakte mit Malern der Schule von ⁄ Barbizon führten ihn zur

Freilichtmalerei; beeinflusste das Werk M. Liebermanns.

ISS [engl. 'aɪəsəs, Abk. für International Space Station, »Internationale Raumstation«], *Raumfahrt:* Projekt einer permanent bemannten internat. Raumstation unter Beteiligung der USA, Russlands, der ESA, Japans und Kanadas (urspr. **ISSA**, Abk. für International Space Station Alpha, gen.). Es ist das größte Technologieprojekt aller Zeiten. Mit dem Aufbau der in der Endphase rd. 107 m × 80 m großen modularen Station (mit sechs Labors, zwei Wohneinheiten, drei Verbindungselementen und vier Versorgungsmodulen) von rd. 500 t Masse und einem Laborvolumen von etwa 1 100 m³ wurde Ende 1998 begonnen (Start des ersten Moduls am 20. 11.). Die Solarflächen (4 500 m²) der Station werden dann etwa 110 kW Elektroenergie erzeugen. Am 11. 12. 1998 wurde die Station erstmals betreten. Weitere Module wurden 1999 und 2000 (seitdem betriebsbereit) angebracht. Am 31. 10. 2000 startete die ständige Mannschaft (USA, Russland) mit einer Sojus TM von Baikonur aus zur ISS. Im Okt. 2001 flog die Französin Claudie Haigneré als erste Europäerin zur ISS. Nach Fertigstellung wird die Station dauerhafte Forschungsprojekte im All erlauben. Mit den genannten

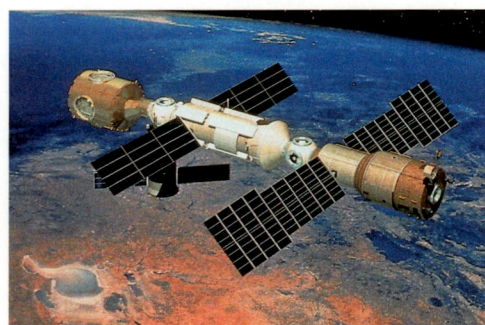

ISS: Modell der ersten Ausbaustufe

Kapazitäten wäre sie dreimal so groß wie die frühere russ. Station Mir. Das »fliegende Labor« wird dann ständig mit internat. Crews von Wissenschaftlern bemannt sein, die im Weltraum Langzeitexperimente durchführen sollen. – Wegen der »Columbia«-Katastrophe vom 1. 2. 2003, bei der alle 7 Astronauten ums Leben kamen, wird sich die geplante Fertigstellung (2005) der ISS erheblich verzögern, da die Starts der anderen Shuttles bis auf weiteres eingestellt sind. Die erste bemannte Mission (zwei Astronauten) nach dem Unglück startete am 26. 4. 2003 von Baikonur aus mit Sojus TMA-2 zur ISS, um deren Betrieb vorläufig aufrechtzuerhalten.

Issa (Isa), Stamm der Somal in Djibouti.

Issing, Otmar, Volkswirtschaftler, *Würzburg 27. 3. 1936; 1967–73 Prof. in Nürnberg-Erlangen, 1973–90 in Würzburg; 1988–90 Mitgl. des Sachverständigenrates zur Begutachtung der gesamtwirtsch. Entwicklung, seit 1990 Mitgl. des Direktoriums der Dt. Bundesbank, seit 1998 der Europ. Zentralbank; Forschungen v. a. zur Geld- und Währungstheorie.

Issoire [i'swa:r], Stadt im Dép. Puy-de-Dôme, Frankreich, im Zentralmassiv, 13 500 Ew.; Stahl-, Flugzeug-, Aluminium- u. a. Industrie. – Die Kirche Saint-Austremoine (ehem. Abteikirche der Benediktiner, um 1130–50) ist eine der größten roman. Kirchen der Auvergne.

Issos (lat. Issus), alte Seestadt in Kilikien (Kleinasien) am Golf von İskenderun, bekannt durch den Sieg Alexanders d. Gr. über den Perserkönig Dareios III. (333 v. Chr.).

Issykkul [kirgis. »heißer See«] *der,* abflussloser Hochgebirgssee (1 608 m ü. M.) im Tienschan, Kirgistan, 6 236 km², 178 km lang, bis 60 km breit und 702 m tief, eisfrei (Zufluss heißer Quellen), schwach salzhaltig, fischreich, Naturschutz- und Erholungsgebiet.

ISTAF, Abk. für Internationales Stadionfest, *Leichtathletik:* jährlich im Berliner Olympiastadion (außer 2002) ausgetragenes internat. Leichtathletikmeeting, 1937 erstmals durchgeführt. Veranstaltung der ↗ Golden League.

İstanbul (türk. İstanbul, 330–1930 Konstantinopel, vorher Byzanz), mit 7,747 Mio. Ew. die größte Stadt der Türkei, bis 1923 Hptst. des Osman. Reiches, seitdem Prov.-Hptst. I. liegt auf Hügeln beiderseits des Südausganges des Bosporus und am Marmarameer, am Schnittpunkt des Seeweges durch die Meerengen vom Schwarzen Meer zum Mittelmeer mit dem Landweg von der Balkanhalbinsel nach Kleinasien. Zum Stadtgebiet zählen auch die der asiat. Küste vorgelagerten Prinzeninseln im Marmarameer. Seine Lage sowie der Naturhafen des Goldenen Horns, eines 7 km langen, bis 1 km breiten und 40 m tiefen Seitenarms des Bosporus, machen I. zum größten Markt- und Umschlagplatz des Landes. Infolge der allgemeinen Landflucht (v. a. aus Kurdistan) und Zuwanderung in den Ballungsraum I. leben weit über 50 % der Bev. in ↗ Gecekondusiedlungen. I. ist Sitz des ökumen. Patriarchen und zahlr. anderer hoher Geistlicher der Ostkirchen; 6 Univ., TU, mehrere FH, Forschungs- und Kulturinstitute (u. a. Goethe-Inst., Abteilung des Dt. Archäolog. Inst.), Bibliotheken, Archive, Museen (v. a. Archäolog. Museum); mehrere Theater. Im Wirtschaftsleben der Stadt herrschen Dienstleistungen vor; Hauptsitz von Großhandel, Verkehrs-, Bank-, Agentur- und Verlagswesen; Wertpapierbörse. Bed. sind noch Kleingewerbe und Handel in mehreren Basaren. Neben der Leichtind. (Holz-, Textil-, Leder-, Tabak-, Lebensmittelind.) Fahrzeug-, Maschinenbau, elektrotechn., chem., Glas-, Zementindustrie. Der Hafen von I. ist der wichtigste der Türkei; neue Hafenanlagen am Bosporus und am Marmarameer; Freihandelszone. Die Galata- (1992 fertig gestellt, ersetzt die 1912 errichtete) und die Atatürkbrücke über das Goldene Horn verbinden das alte I. mit den jüngeren Stadtteilen Galata (türk. Karaköy) und Beyoğlu; zwei Hängebrücken (Spannweiten 1 074 m [seit 1973], 1 090 m [seit 1988]) führen über den Bosporus zum asiat. Teil I.s (Üsküdar). Eine dritte Bosporusbrücke ist südlich neben der ersten geplant. Internat. Flughafen: Yeşilköy. Schwere Zerstörungen durch Erdbeben 1999.

Stadtbild: Kern der Stadt ist Alt-I. auf einer vom Goldenen Horn und dem Marmarameer umschlossenen Halbinsel; auf der Landseite, im W, wird dieser Stadtteil von der antiken Landmauer (zum größten Teil unter Theodosius II. [* 401, † 450] etwa zw. 412 und 422 erneuert) begrenzt. Hier sind zahlr. Baudenkmäler, v. a. aus der Zeit nach der osman. Eroberung 1453, aber auch Zeugen byzantin. Architektur (meist in Moscheen verwandelte Kirchen) erhalten, bedeutendstes Bauwerk die ↗ Hagia Sophia; ihr Einfluss auf die osman. Baukunst (Moschee Bajasids II.), bes. in den Schöpfungen ↗ Sinans, ist unübersehbar. Sinan errichtete im 16. Jh. die prächtigsten Moscheen der Stadt, darunter die Şehzade-Moschee, die Moscheen Süleimans d. Gr., Rüstem Paschas und

Istanbul: Hagia Sophia

der Prinzessin Mihrimah; seine Schüler erbauten die Yeni-Valide-Moschee und die Sultan-Ahmed-Moschee (»Blaue Moschee«) mit sechs Minaretten. Im O, auf der Spitze der Halbinsel, liegt der Sultanspalast (Topkapı-Serail), etwa 1465 unter Sultan Mehmed II. angelegt, unter Süleiman d. Gr. und seinen Nachfolgern zu einer Palaststadt ausgebaut, heute Museum. Im Stadtteil Eyüp befindet sich die Eyüpmoschee (Neubau 1800, Wallfahrtsziel). Die histor. Bereiche von I. gehören zum UNESCO-Weltkulturerbe.

Geschichte: ↗ Byzanz, ↗ Konstantinopel.

Isthmus [grch.] *der,* **1)** *Anatomie:* schmale Stelle von Organen, z. B. I. aortae (Aortenenge).
2) *Geographie:* Landenge, z. B. der I. von Korinth, wo seit dem 6. Jh. v. Chr. beim Heiligtum des Poseidon alle zwei Jahre die **Isthm. Spiele (Isthmien)** mit sportl. und mus. Wettkämpfen gefeiert wurden.

Istranca Dağları [isˈtrandʒa daˈlaːri] (bulgar. Strandscha), Gebirge im N des türk. Thrakien und im SO Bulgariens, bis 1 031 m hoch.

Istrati, Panait, rumän. Schriftsteller, *Baldovineşti (bei Brăila) 11. 8. 1884, †Bukarest 16. 4. 1935; schrieb in frz. Sprache realist. Romane mit teils grch.-oriental., teils rumän. Milieuschilderungen, u. a. »Kyra Kyralina« (1924), »Die Haiduken« (1925), »Die Disteln des Baragan« (1928).

Istrien (serbokroat. und slowen. Istra, italien. Istria), Halbinsel an der Küste der Adria, zu Kroatien, im nördl. Teil zu Slowenien gehörig, zw. dem Golf von Triest und der Bucht des Kvarner, 3 199 km², rd. 300 000 Ew. I. besteht großenteils aus verkarsteten Kalkgebieten (Učka, 1 396 m ü. M.); Ackerbau (Getreide, Wein, Oliven) und Viehhaltung. An der buchtenreichen niederen Felsküste bed. Fremdenverkehr (Pula, Rovinj, Poreč); Hafenstädte sind Koper und Pula. – I. wurde zw. 229 und 50 v. Chr. von den Römern unterworfen. Es kam 539/544 unter byzantin., 789 unter fränk. Herrschaft, 952 dem Herzogtum Bayern, 976 dem Herzogtum Kärnten angegliedert. 1040 wurde I. eine eigene Markgrafschaft und fiel Ende des 13. Jh. größtenteils an Venedig, der NO an die Grafschaft Görz (1500 an Habsburg). Das venezian. I. wurde 1797 österr., ganz I. 1805–14 frz., 1814 wieder österr., 1919/20 italien., 1947 (ein kleiner Rest, Zone B, 1954) jugoslawisch (außer Triest).

Istwäonen (Istävonen), nach Tacitus einer der drei großen Stammesverbände der ↗ Germanen. Die I. siedelten im Gebiet zw. Rhein, Main und Weser; zu ihnen zählten u. a. die Bataver, Brukterer, Chatten, Sugambrer.

Iswestija [russ. »Nachrichten«], einflussreiche russ. Tageszeitung; gegr. 1917; war Regierungsorgan in der UdSSR.

IT [aıˈtiː, Abk. für engl. information technology], ↗ Informationstechnologie.

Itabira (1944–48 Presidente Vargas), Stadt im Bundesstaat Minas Gerais, Brasilien, nördlich von Belo Horizonte; rd. 40 000 Ew.; Bischofssitz; Zentrum des brasilian. Eisenerzbergbaus, Manganerzabbau; Export der Erze über Tubarão.

Itai-Itai-Krankheit [japan. itai »schmerzhaft«], chron. Cadmiumvergiftung mit häufig tödl. Ausgang; infolge Einbaus von Cadmium in die Knochensubstanz kommt es zu Knochenerweichung; erstmals 1955 in Form einer Massenvergiftung durch Bergwerkabwässer in Japan (Honshū) beobachtet.

Itaipu [brasilian.] (span. Itaipú), Wasserkraftwerk am I.-Staudamm (6,4 km lang, bis 195 m hoch; errichtet zw. 1975 und 1982) im Paraná, oberhalb der brasilian. Stadt Foz do Iguaçu und Ciudad del Este (früher Puerto Presidente Stroessner, Paraguay), gemeinsames Projekt von Brasilien und Paraguay; 1991 formell eingeweiht; mit 12 600 MW eines der größten

Istrien: Der 60 m hohe Campanile der Domkirche Sv. Eufemija überragt den Stadtkern von Rovinj deutlich.

2212 Ital Itala

Italien

Fläche:	301 337 km²
Einwohner:	(2000) 57,844 Mio.
Hauptstadt:	Rom
Verwaltungsgliederung:	20 Regionen, 103 Prov.
Amtssprache:	Italienisch, im Aostatal auch Französisch, in der Prov. Bozen auch Deutsch
Nationalfeiertag:	1. Sonntag im Juni
Währung:	1 Euro (EUR, €) = 100 Cent
Zeitzone:	MEZ

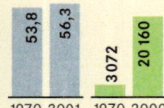
Staatswappen

I
internationales
Kfz-Kennzeichen

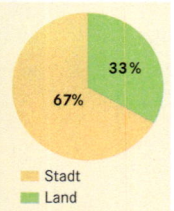
Bevölkerungsverteilung 2000

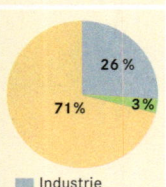
Bruttoinlandsprodukt 2000

Wasserkraftwerke der Erde. Im Stausee versanken die Guaírafälle (span. Salto das Sete Quedas).

Itala [spätlat., zu Italus »aus Italien«] *die,* ein Haupttyp der ältesten, der ↗ Vulgata vorausgehenden lat. Bibelübersetzungen auf der Grundlage der Septuaginta. (↗ Vetus Latina)

Itali|en (amtlich Repubblica Italiana; dt. Italien. Rep.), Staat in S-Europa; Nord-I. grenzt im W an Frankreich, im N an die Schweiz und Österreich, im O an Slowenien, im S umgibt das Mittelmeer das übrige Staatsgebiet. Innerhalb des italien. Staatsgebietes liegen ↗ San Marino und ↗ Vatikanstadt.

■ **Staat und Recht**

Nach der Verf. vom 1. 1. 1948 ist I. eine parlamentarisch-demokrat. Republik. Staatsoberhaupt ist der auf 7 Jahre indirekt (vom Parlament sowie je drei Vertretern der Regionen) gewählte Präs. Er ernennt den Min.Präs. und hat das Recht, das Parlament aufzulösen; durch aufschiebendes Veto kann er Einfluss auf die Gesetzgebung nehmen. Exekutivorgan ist die dem Parlament verantwortl. Reg. unter Vorsitz des Min.Präs., der die Richtlinien der Politik bestimmt. Die Legislative liegt beim Zweikammerparlament, bestehend aus Abg.kammer (630 Abg., für 5 Jahre gewählt) und Senat (315 für 5 Jahre gewählte und 10 auf Lebenszeit ernannte Senatoren). Beide Häuser haben gleiches Initiativ- und Beschlussrecht.

Seit Anfang der 90er-Jahre ist das italien. Parteiensystem durch Aufsplittungen, Neugründungen und Umprofilierungen geprägt. Dem Mitte-links-Bündnis »Ölbaum« (»L'Ulivo«) gehören v.a. die Linksdemokraten (DS), die Italien. Volkspartei (PPI), die Grünen, die Liste Dini-Italien. Erneuerung (RI), die Partei der Kommunisten I.s (PdCI), die Demokrat. Sozialisten I.s (SDI), die Union der Demokraten für Europa (UDEUR) und die Südtiroler Volkspartei an. Zum Mitte-rechts-Block »Haus der Freiheiten« (»Casa delle Libertà«) zählen u. a. die Forza Italia (FI), die Nationale Allianz (AN), die Nachfolgepartei der Christdemokraten Christlich-Demokrat. Zentrum – Christlich-Demokrat. Union (CCD – CDU), die Sozialist. Partei (PSI), die Republikan. Partei (PRI) und die Lega Nord (LN).

■ **Landesnatur**

I. umfasst den südl. Teil des Alpenbogens, die Poebene, die Apenninhalbinsel, die großen Inseln Sardinien und Sizilien sowie mehrere kleinere Inseln. Seine Landgrenze verläuft, abgesehen von der gegen San Marino, meist auf den wasserscheidenden Kämmen der Alpen; nur die Schweiz reicht mit dem Tessingebiet bis dicht an die Poebene heran. Am Alpenrand liegt ein Moränenhügelland, das die von eiszeitl. Gletschern geschaffenen Alpenrandseen von S abschließt. Die Poebene (etwa 50 000 km²) und die anschließende Ebene Venetiens sind die einzigen bed. Flachlandgebiete Italiens. Am Rand gegen Alpen und Apennin ziehen sich durchlässige quartäre Schotter hin, als »Fontanilizone« Quellgebiet zahlreicher Flüsse. Festland-I. und Inseln sind vorwiegend gebirgig. Hauptgebirge ist der Apennin, der die Halbinsel der Länge nach durchzieht und im mittleren Teil (Abruzzen) im Gran Sasso d'Italia 2 914 m ü. M. erreicht. Der Apennin trennt die breite, reich gegliederte W-Seite der Halbinsel von der hafenarmen und schmalen O-Seite. I. besitzt mehrere, z. T. noch tätige Vulkane (Vesuv, Ätna, Stromboli); Erdbeben sind relativ häufig. Unter den Flüssen sind Po, Etsch, Arno und Tiber die bedeutendsten. Außer den landschaftlich reizvollen Alpenrandseen (Lago Maggiore, Comer See, Gardasee) hat I. einige vulkan. Seen und als größten See den Trasimen. See. In Nord-I. vollzieht sich der Übergang vom sommerfeuchten Klima Mitteleuropas zum sommertrockenen Mediterranklima des Südens. Bei milden Wintern und heißen Sommern ist es gekennzeichnet durch Herbst- und Frühjahrsregen, die südlich von Rom in Winterregen übergehen; in Sizilien 4–6 aride Monate. Bes. geschützt gegen N-Winde sind die oberitalien. Seen und einige Täler der S-Alpen sowie die Riviera. Die Pflanzenwelt ist im N und in den Gebirgen, abgesehen von den oberitalien. Seen, noch vorwiegend mitteleuropäisch mit Laub- und Nadelwäldern, die aber sehr stark durch Weide- und Buschland verdrängt sind. An der Küste und im S herrschen immergrüne Gewächse und Macchie vor.

■ **Bevölkerung**

Der Hauptteil der Bev. besteht aus Italienisch sprechenden Italienern; in ↗ Südtirol (und im übrigen Alpenraum) leben mehrheitlich Deutsch sprechende Ew. (etwa 300 000) und Ladiner (insgesamt 30 000), im Aostatal und in Piemont eine Französisch sprechende Minderheit (rd. 200 000), in Friaul-Julisch-Venetien Slowenisch (53 000) und Serbokroatisch sprechende Volksgruppen (3 000), im südl. I. und auf Sizilien kleine Gruppen von Albanern (90 000) und Griechen (15 000), auf Sardinien außer den Sardisch Sprechenden (1,66 Mio.) auch Katalanen (15 000). Die Küstengebiete und die Ebenen sind sehr dicht besiedelt, das innere Gebirgsland und Sardinien dagegen nur dünn. Armut, Arbeitslosigkeit und hohe Geburtenüberschüsse im unterentwickelten S sind die Ursache für eine bis Mitte der 1970er-Jahre starke Auswanderung (seit 1870 über 10 Mio. Auswanderer); ferner besteht Binnenwanderung von S nach N, aus den Gebirgen in die Ebene und vom Land in die Stadt. 67 % der Bev. leben in Städten; Millionenstädte sind Rom, Mailand, Neapel; daneben zahlreiche

Italien

1 die Riviera di Ponente zwischen San Remo und Genua, Ligurien **2** Sexten im Sextental in den Dolomiten, Südtirol **3** Olivenhain bei Siena, Toskana **4** Küste bei Amalfi, Kampanien **5** der See von Ventina im fruchtbaren Becken von Rieti, Latium **6** Blick auf Taormina, im Hintergrund der Ätna, Sizilien

Großstädte. – Über 80% der Bev. gehören der kath. Kirche an (1929–84 Staatsreligion), darunter die rd. 62 000 alban. Katholiken der italoalban. Kirche des byzantin. Ritus in Süd-I. Die prot. Kirchen und Gemeinschaften (Pfingstler, Waldenser, Methodisten u. a.) zählen zus. über 300 000 Mitgl. Nichtchristl. religiöse Minderheiten bilden Muslime (geschätzt über 1 Mio.) und Juden (rd. 32 000). – Es besteht eine achtjährige allgemeine Schulpflicht ab dem 6. Lebensjahr und ein für alle Kinder ab dem 3. Lebensjahr offenes Vorschulangebot (nicht obligatorisch). Die Analphabetenquote beträgt 1,6%.

Italien – Verwaltungsgliederung

Wirtschaft, Verkehr

I. hat einen grundlegenden Strukturwandel vom Agrar- zum Ind.staat durchgemacht. Trotz der Fortschritte durch staatl. Förderungsmaßnahmen und private Investitionen sind die Unterschiede zw. dem hoch industrialisierten nördl. I. und dem vergleichsweise zurückgebliebenen S (↗ Mezzogiorno) nicht wesentlich verringert worden. In der Landwirtschaft (rd. 7%) geht der Anteil der Beschäftigten zurück.

Landwirtsch. genutzt werden rd. 56% der Fläche, davon entfallen 53% auf Ackerland, der Rest auf Dauerkulturen (Rebfläche und Olivenhaine) und Grünland. Wälder (z.T. Macchie) nehmen 22% ein. Hauptanbauprodukt ist Weizen (auf fast 40% des Ackerlands, beste Erträge in der Poebene), ferner Mais, Reis, Gerste, Zuckerrüben, Gemüse (v. a. Tomaten), Kernobst (Südtirol), Tabak, Oliven u. a.; Weinbau ist in fast ganz I. verbreitet (I. ist der größte Weinerzeuger in Europa). Mit der Mechanisierung der Landwirtschaft geht die Abnahme der Huftier-, der Schaf- und Ziegenhaltung einher. Intensive Rinder- und Schweinezucht gibt es in Norditalien. Die Fleischerzeugung reicht jedoch für den Bedarf nicht aus. Die Betriebsstruktur in der Landwirtschaft wird weiterhin von der Realerbteilung, den Kleinbetrieben und von den Kleinpachtsystemen bestimmt. Die Forstwirtschaft deckt etwa 13% des Nutzholzbedarfs. Um Aufforstungsprogramme nicht zu gefährden, bleibt der Holzeinschlag gering. Der Fischfang deckt nicht den Eigenbedarf.

Wichtige Bodenschätze sind die Erdölvorkommen SO-Siziliens, bei Pescara und in der Poebene, die Vorkommen von Erdgas in der Poebene, am O-Rand des Apennins, auf Sizilien und in der Basilicata sowie untermeerisch in der nördl. Adria und im Ion. Meer. Dazu kommen Quecksilber und Antimonerz vom Monte Amiata, Blei- und Zinkerze im SW Sardiniens

(Iglesiente). Kalisalz wird in ehem. Schwefelbergbaugebieten Innersiziliens gefördert. Die Marmorgewinnung von Carrara hat noch steigende Tendenz. Mangel herrscht v. a. an Eisenerz und Kohle.

Kennzeichnend für die Ind. ist die starke Beteiligung des Staates. Die wachsende Finanznot führte jedoch zur Reprivatisierung ehem. verstaatlichter Betriebe. Großunternehmen sind v. a. in Nord-I. und in Latium konzentriert. Daneben herrschen Kleinbetriebe in der mechan., Bekleidungs-, Holz-, Textil-, Nahrungsmittel-, Schuh- und Möbelind. vor. Zur Überwindung dieses strukturellen Dualismus wurden zahlreiche staatl. Maßnahmen getroffen. Im Mezzogiorno (Süd-I.) sind industrielle »Entwicklungspole« mit großer staatl. Hilfe gegründet worden, überwiegend hoch automatisierte Teilfertigungsbetriebe, z. B. das große Stahlwerk in Tarent, die Großunternehmen der Petrochemie von Augusta-Syrakus, Cagliari und Sassari. Von großer Bedeutung sind Eisen und Metall verarbeitende Ind., Elektrotechnik, die chem. Industrie sowie der Kfz-Bau. Die Nahrungsmittelind. beliefert vorwiegend den inländ. Markt. Die Textil-, Schuh- und Bekleidungsind. haben ihre internat. Stellung bewahren können. Alte Tradition hat die Seidenind. um Como (inländ. Seidenraupenzucht in Venetien und in der Lombardei). Berühmt ist das italien. Kunsthandwerk, bes. in Florenz und Venedig. Ausgeführt werden Maschinen, Kfz, chem. Erzeugnisse, Eisen und Stahl, Textilien und Bekleidung, Schuhe, Obst und Gemüse, Wein, Liköre, Teig- und Süßwaren u. a., eingeführt Rohöl, Maschinen, Kfz, Kohle, Schnittholz, Nahrungsmittel u. a. Wichtigste Handelspartner sind Dtl., Frankreich und die USA. Der Fremdenverkehr ist die wichtigste Devisenquelle (jährlich etwa 55 Mio. ausländ. Touristen). Am meisten besucht werden die Badeorte an der oberen Adria mit Venedig sowie Rom und Südtirol. – Die Energieversorgung basiert im Wesentlichen auf importierter Steinkohle sowie importiertem Rohöl und Erdgas. Die installierte Leistung der Kraftwerke beträgt (2000) 65 513 MW. Davon entfallen rd. 79% auf Wärmekraftwerke und 20% auf Wasserkraftwerke, ein geringer Anteil auf Erdwärme. Die ehem. vier Kernkraftwerke sind abgeschaltet worden. – Von den 19 394 km Eisenbahnstrecke sind 10 202 km elektrifiziert. Das Straßennetz umfasst knapp 655 000 km, davon 1% Autobahnen und 7% Nationalstraßen. Seit 1976 gibt es neben der Autostrada del Sole (Mailand–Neapel–Reggio di Calabria) eine zweite durchgehende Autobahnverbindung vom Brenner entlang der Adriaküste. Vorgesehen ist darüber hinaus eine etwa 3,3 km lange Brücke über die Meeresenge von Messina, mit der Sizilien an die italien. Halbinsel angebunden werden soll und deren Bau bis 2011 abgeschlossen sein könnte. Wichtigste Handelshäfen sind die Ölimporthäfen Genua und Triest, gefolgt von Augusta, Tarent, Porto Foxi, Venedig, Ravenna, Livorno, Neapel, Savona, Syrakus, La Spezia. Der größte Passagierhafen ist Neapel. Staatl. Luftfahrtgesellschaft im internat. Verkehr ist Alitalia. Die wichtigsten der 24 internat. Flughäfen: Rom-Fiumicino, Mailand-Linate und Mailand-Malpensa, Neapel-Capodichino, Turin-Caselle, Venedig-Marco Polo, Rimini, Catania-Fontanarossa.

Geschichte

Vorgeschichte ↗ Mittelmeerraum; Geschichte I.s im Altertum ↗ römische Geschichte.

Italien im frühen Mittelalter (476–951): Seit dem Sturz des letzten weström. Kaisers Romulus Augustulus durch Odoaker (476 n. Chr.) war I. jahrhunder-

Italien: Verwaltungsgliederung (Stand Dezember 2000)

Region (Hauptstadt), Provinz	Fläche in km²	Ew. in 1 000	Ew. je km²
Piemont (Turin)	25 399	4 289,7	169
Alessandria	3 560	429,8	121
Asti	1 511	210,5	139
Biella	913	189,2	207
Cuneo	6 903	558,9	81
Novara	1 339	345,0	258
Turin	6 830	2 214,9	324
Verbano-Cusio-Ossola	2 255	160,7	71
Vercelli	2 088	180,7	87
Aostatal*⁾ (Aosta)	3 263	120,6	37
Ligurien (Genua)	5 421	1 621,0	299
Genua	1 838	903,3	491
Imperia	1 156	216,4	187
La Spezia	882	221,6	251
Savona	1 545	279,7	181
Lombardei (Mailand)	23 861	9 121,7	382
Bergamo	2 723	974,4	358
Brescia	4 784	1 112,6	233
Como	1 288	542,6	421
Cremona	1 771	335,7	190
Lecco	816	311,7	382
Lodi	782	197,3	252
Mantua	2 339	376,2	161
Mailand	1 982	3 773,9	1 904
Pavia	2 965	499,2	168
Sondrio	3 212	177,6	55
Varese	1 199	820,5	684
Trentino-Südtirol*⁾ (Trient)	13 607	943,1	69
Bozen	7 400	465,3	63
Trient	6 207	477,8	77
Venetien (Venedig)	18 390	4 540,9	247
Belluno	3 678	211,1	57
Padua	2 141	853,4	399
Rovigo	1 788	243,3	136
Treviso	2 477	793,6	320
Venedig	2 463	815,2	331
Verona	3 121	829,5	266
Vicenza	2 722	794,8	292
Friaul-Julisch Venetien*⁾ (Triest)	7 855	1 188,6	151
Görz	466	138,8	298
Pordenone	2 273	282,8	124
Triest	212	246,5	1 163
Udine	4 904	520,5	106
Emilia-Romagna (Bologna)	22 124	4 008,7	181
Bologna	3 702	921,9	249
Ferrara	2 632	347,6	132
Forlì-Cesena	2 377	356,7	150
Modena	2 689	632,6	235
Parma	3 449	400,0	116
Piacenza	2 589	267,0	103
Ravenna	1 859	352,2	189
Reggio nell'Emilia	2 293	456,0	199
Rimini	534	274,7	514
Toskana (Florenz)	22 997	3 547,6	154
Arezzo	3 232	323,6	100
Florenz	3 514	956,5	272
Grosseto	4 504	215,6	48
Livorno	1 218	334,0	274
Lucca	1 773	375,7	212
Massa-Carrara	1 157	199,4	172
Pisa	2 448	387,7	158
Pistoia	965	270,6	280
Prato	365	230,4	631
Siena	3 821	254,1	67

Italien: Verwaltungsgliederung (Stand Dezember 2000; Fortsetzung)

Region (Hauptstadt), Provinz	Fläche in km²	Ew. in 1000	Ew. je km²
Umbrien (Perugia)	8 456	840,5	99
Perugia	6 334	617,4	97
Terni	2 122	223,1	105
Marken (Ancona)	9 694	1 469,2	152
Ancona	1 940	446,5	230
Ascoli Piceno	2 087	370,9	178
Macerata	2 774	304,4	110
Pesaro e Urbino	2 893	347,4	120
Latium (Rom)	17 207	5 302,3	308
Frosinone	3 244	494,3	152
Latina	2 250	513,5	228
Rieti	2 749	151,2	55
Rom	5 352	3 849,5	719
Viterbo	3 612	293,8	81
Abruzzen (L'Aquila)	10 798	1 281,3	119
Chieti	2 588	390,5	151
L'Aquila	5 035	303,5	60
Pescara	1 225	295,2	241
Teramo	1 950	292,1	150
Molise (Campobasso)	4 438	327,2	74
Campobasso	2 909	235,8	81
Isernia	1 529	91,4	60
Kampanien (Neapel)	13 595	5 782,2	425
Avellino	2 792	440,2	158
Benevent	2 071	292,8	141
Caserta	2 639	856,9	325
Neapel	1 171	3 099,9	2 647
Salerno	4 922	1 092,4	222
Apulien (Bari)	19 362	4 086,6	211
Bari	5 138	1 580,5	308
Brindisi	1 839	411,0	223
Foggia	7 189	692,4	96
Lecce	2 759	815,7	296
Tarent	2 437	587,0	241
Basilicata (Potenza)	9 992	604,8	61
Matera	3 447	205,9	60
Potenza	6 545	398,9	61
Kalabrien (Catanzaro)	15 080	2 043,3	135
Catanzaro	2 391	381,7	160
Cosenza	6 650	742,8	112
Crotone	1 717	173,2	101
Reggio di Calabria	3 183	570,1	179
Vibo Valentia	1 139	175,5	154
Sizilien*⁾ (Palermo)	25 708	5 076,7	197
Agrigent	3 042	466,6	153
Caltanissetta	2 128	282,5	133
Catania	3 552	1 101,9	310
Enna	2 562	180,2	70
Messina	3 248	674,1	208
Palermo	4 992	1 233,8	247
Ragusa	1 614	302,9	188
Syrakus	2 109	401,8	191
Trapani	2 461	432,9	176
Sardinien*⁾ (Cagliari)	24 090	1 648,0	68
Cagliari	6 895	764,3	111
Nuoro	7 044	268,0	38
Oristano	2 631	156,6	60
Sassari	7 520	459,1	61
Italien	301 337	57 844,0	192

*⁾ autonome Region

telang ein Kampfplatz auswärtiger Mächte (Ostgoten unter Theoderich, Byzanz, Langobarden). Die Päpste riefen gegen die langobard. Bedrohung die Franken zu Hilfe. Unter deren Schutzherrschaft sicherte die Pippinsche Schenkung (754) dem Papsttum außer Rom den Besitz des byzantin. Ravenna u. a. Gebiete zu; sie wurde zur Grundlage des ↗Kirchenstaats. Karl d. Gr. eroberte 774 das langobard. Königreich und machte das Herzogtum Spoleto zur fränk. Mark. Nach dem Tod (875) Ludwigs II., des letzten karoling. Königs in I., kämpften in- und ausländ. Fürsten um die Kaiserwürde und die Krone von Ober- und Mittel-I. (seit dem 8. Jh. »Reichs-I.« gen.). Unter-I. wurde von den Sarazenen bedroht, die 810 Sardinien und Korsika, von 827 an Sizilien erobert hatten (Palermo 831, zuletzt Syrakus 878).

Italien unter den römisch-deutschen Kaisern (951–1254): 951 griff Otto I. ein und zwang König Berengar II. zur Lehnsnahme. Nach dessen Zwist mit dem Papst krönte Johannes XII. Otto 962 zum Kaiser. Damit blieb das Langobardenreich unter kaiserl. Herrschaft.

Unter-I. und Sizilien wurden im Laufe des 11. Jh. von den Normannen erobert, die 1059 das Land vom Papst zu Lehen nahmen. Als 1075 der ↗Investiturstreit ausbrach, traten die Normannen und die aufstrebenden lombard. Städte auf die Seite des Papstes. Venedig, Genua und Pisa gewannen, bes. seit dem 1. Kreuzzug, die Vorherrschaft im Mittelmeer. Der Versuch Friedrichs I. Barbarossas, die kaiserl. Herrschaft in Ober- und Mittel-I. durchzusetzen, misslang. 1183 wurde in Piacenza und Konstanz Frieden geschlossen. Nachdem Heinrich VI. 1186 durch Heirat mit der normann. Erbtochter Konstanze das unteritalien. Königreich gewonnen hatte, war der Kirchenstaat von der kaiserl. Macht umklammert. Die Kraftprobe erreichte ihren Höhepunkt unter Kaiser Friedrich II., der auf Sizilien ein gut organisiertes Reich begründet hatte, aber bei dem Versuch, die kaiserl. Gewalt in ganz I. durchzusetzen, scheiterte. Mit dem Tod des Kaisers (1250) und seines Sohnes Konrad IV. (1254) gewannen die Päpste die Oberhand. Reste der stauf. Reichsverwaltung blieben lange nach deren Untergang wirksam.

Mittel- und Kleinstaaten (1254–1494): Der von Papst Klemens IV. herbeigerufene Karl von Anjou besiegte den Staufer Manfred bei Benevent (1266) und gewann nach der Hinrichtung Konradins (1268) das süditalien. Königreich, verlor aber 1282 durch eine Volkserhebung (Sizilian. Vesper) Sizilien an das Haus Aragonien, das Königreich Neapel blieb beim Haus Anjou. Die Machtpolitik Papst Bonifatius' VIII. scheiterte am Widerstand des frz. Königtums (Philipp der Schöne); das Papsttum geriet durch die Übersiedlung nach Avignon (1309–76) ganz unter frz. Einfluss. Die Parteikämpfe zw. ↗Guelfen und Ghibellinen verhinderten in Reichs-I. den Aufbau einer übergreifenden Ordnung. Die Stadtherren erhielten größere Macht, erst im Laufe des 14. Jh. verringerte sich die Zahl der Stadtstaaten mit der Ausweitung der Territorialfürstentümer, die die Stadtrepubliken ablösten. In Genua und Venedig bestanden Adelsrepubliken, in Piemont regierten die Herzöge von Savoyen. In Mittel-I. stellte Kardinal Albornoz nach 1354 durch eine Verf. den Kirchenstaat wieder her. In Unter-I. konnten die aragones. Herrscher 1442 Sizilien wieder mit Neapel vereinigen. Trotz seiner polit. Zerrissenheit war I. im 15. Jh. Mittelpunkt des Humanismus und der Renaissance und in Kunst und Wiss. führend in Europa. Seine Vormacht in Handel und Geldverkehr ging erst zu-

Italien **Ital** 2217

rück, als sich im 16. Jh. der Handel vom Mittelmeer zum Atlant. Ozean verlagerte.

Von 1494 bis zur Einigung: Ende des 15. Jh. wurde I. erneut Schauplatz der Eroberungspolitik fremder Mächte. Der frz. König Karl VIII. eröffnete durch seinen Zug gegen Neapel 1494 den Kampf um die Vorherrschaft in I. zwischen Frankreich und Habsburg, bis Frankreich (nach der Schlacht von Pavia 1525) im »Damenfrieden von Cambrai« (1529) und im Frieden von Cateau-Cambrésis (1559) verzichten musste. Mailand, Sardinien und Neapel-Sizilien kamen nach der Teilung der habsburg. Lande an Spanien, das so die Vorherrschaft auf der Halbinsel erlangte. Im Mantuanischen Erbfolgekrieg (1628–31) und durch den Pyrenäenfrieden (1659) gewann Frankreich in Ober-I. Einfluss.

Die führende kulturelle Stellung in Europa verlor I. im Zeitalter des Barock und der Aufklärung an Frankreich. Venedig konnte seine Besitzungen in der Levante (Zypern, Kreta, Morea) nicht gegen die Türken behaupten. Das Aussterben der einheim. Dynastien führte zur Neuordnung der Machtverhältnisse und zur Vorherrschaft Österreichs. Nur Savoyen-Piemont konnte durch Gewinn der sizilian. Krone 1713 (1720 gegen das österr. Sardinien eingetauscht) seine Stellung ausbauen. Während der Friedensperiode im 18. Jh. wurden die Lombardei und die Toskana durch Reformen auf allen Gebieten zu Musterländern im Sinne des aufgeklärten Absolutismus und zu Trägern eines neuen Nationalbewusstseins.

In den ↗ Französischen Revolutionskriegen vertrieb 1796 Napoléon Bonaparte die Österreicher aus der Lombardei; sie wurden im Frieden von Campoformio (1797) mit dem Gebiet der zusammengebrochenen Republik Venedig abgefunden. Die Franzosen errichteten in I. eine Reihe abhängiger Freistaaten (u. a. Italien. Republik, seit 1805 Königreich I., als dessen König sich Napoleon krönen ließ). 1806 wurden die Bourbonen aus dem Königreich Neapel vertrieben, das an Napoleons Bruder Joseph, 1808 an seinen Schwager J. Murat kam. Nur auf den Inseln Sizilien und Sardinien behaupteten sich unter dem Schutz der brit. Flotte die früheren Herrscher. 1814/15 brach die napoleon. Herrschaft in I. zusammen. Der Wiener Kongress stellte den Kirchenstaat wieder her, vergrößerte das Königreich Sardinien (Piemont) durch Genua und machte Österreich durch den Besitz Venetiens und der Lombardei zur vorherrschenden Macht.

Nach 1815 wuchs im gebildeten Bürgertum und beim fortschrittl. Adel der Wunsch nach grundsätzl. Reformen, deren Ziel die nat. Einheit und die Rückgewinnung der führenden Stellung I.s in Europa war (»Risorgimento«). Neu gegründete Geheimgesellschaften (u. a. die »Carbonari«, G. Mazzinis »Junges Italien«) und offene Unruhen (1820/21 Neapel, Piemont, 1830/31 Modena, Romagna) zeigten den Widerstand gegen die Restauration unter österr. Hegemonie. Mazzini, der eine demokrat. Republik anstrebte, organisierte in den 1830er-/40er-Jahren mehrere Aufstände, die jedoch fehlschlugen. 1848 schloss sich I. der Revolution in Europa an: Die Österreicher wurden aus Mailand und Venedig vertrieben; König Karl Albert von Sardinien stellte sich an die Spitze der nat. Bewegung. Doch wurde er bei Custoza (25. 7. 1848) und Novara (23. 3. 1849) geschlagen. Rom, wo Mazzini und Garibaldi die Rep. ausgerufen hatten, wurde von einem frz. Hilfskorps des Papstes erobert. Zuletzt fiel Venedig (24. 8.). Fast überall zog die Reaktion ein, nur Piemont-Sardinien unter König Viktor Emanuel II. (1849–78) und C. Benso Graf Cavour als MinPräs. (1852–61) behielt Parlament und Verf.; damit übernahm es die Führung im Kampf um die italien. Einheit. Cavour gelang es, auch die meisten Republikaner auf seine Seite zu bringen, zudem schloss er 1858 ein Bündnis

mit Napoleon III. gegen Österreich; Frankreich erhielt dafür Nizza und Savoyen. 1859 brach der Sardin.-Frz.-Österreichische Krieg aus, der zu den Niederlagen der Österreicher bei Magenta (4. 6.) und Solferino (24. 6.) führte. Durch den Waffenstillstand von Villafranca (11. 7.) und den Frieden von Zürich (10. 11.) erhielt Piemont die Lombardei, Venetien blieb bei Österreich. Inzwischen waren die Herrscher von Toskana, Parma und Modena aus ihren Ländern vertrieben worden; die kirchenstaatl. Romagna schüttelte die päpstl. Herrschaft ab. Die Bourbonenherrschaft in Neapel-Sizilien wurde dann durch die kühne Unternehmung G. Garibaldis vom Sommer 1860 (»Zug der Tausend«) gestürzt. In allen diesen Gebieten erfolgten darauf Volksabstimmungen durch, die sich für die Angliederung an Piemont aussprachen. Savoyen und Nizza wurden gemäß dem Bündnisvertrag an Frankreich abgetreten. Nach ersten Parlamentswahlen wurde am 17. 3. 1861 das Königreich I. unter Viktor Emanuel II. proklamiert. Frz. Truppen hielten Rom besetzt; die Hptst. I.s wurde daher 1865 Florenz. Im Bunde mit Preußen gewann I. 1866 Venetien. Der Abzug der frz. Truppen aus Rom nach Ausbruch des Dt.-Frz. Krieges ermöglichte die Besetzung Roms (20. 9. 1870), das mit dem Rest des Kirchenstaats I. eingegliedert und zur Hauptstadt erhoben wurde. Der Konflikt zw. Papst und italien. Staat wurde erst 1929 durch die ↗Lateranverträge gelöst. Die frz. Verf. folgende Verf. Sardiniens wurde auf ganz I. übertragen. Die neue Ordnung wurde v.a. in Süd-I. nicht überall akzeptiert (u.a. die Wehrpflicht); dies und das Ausbleiben einer Landreform führten dort zu einem politisch motivierten Brigantenwesen.

Der liberale Einheitsstaat (1870–1918): Die seit Cavour regierende Rechte wurde 1876 durch die liberale Linke abgelöst. Protektionist. Außenhandelspolitik brachte Gegensätze zu Frankreich, die durch die frz. Kolonialpolitik (Besetzung Tunis 1881) verstärkt wurden. Der Anschluss I. an das Bündnis Dtl.s mit Österreich-Ungarn 1882 (↗Dreibund) gegen den Widerstand der ↗Irredenta sollte v.a. eine aktive italien. Kolonialpolitik stützen, die mit der Besetzung von Eritrea und der Somaliküste begann (seit 1881). Die Reg. Crispi (1887–91, 1893–96) versuchte erfolglos die Eroberung Äthiopiens (Niederlage bei Adua 1896). Im Inneren wurden die Anfänge der sozialist. (1892 Gründung der Sozialist. Partei) und kath. Arbeiterbewegung durch Einschränkung der Presse- und Versammlungsfreiheit unterdrückt; soziale Unruhen, Generalstreiks (Mailand 1898, Genua 1900) und die Ermordung König Umbertos I. führten schließlich 1903 zum Machtantritt G. Giolittis (mit Unterbrechungen bis 1914, erneut 1920/21). Seine Reformpolitik bemühte sich u.a. um den Abbau des Antiklerikalismus, Sozialgesetzgebung, Änderung des Wahlrechts. Parallel dazu entwickelte sich die Wirtschaft günstig. Gegner der Politik Giolittis war eine starke nationalist. Bewegung, die von Irredenta und Großmachtstreben bestimmt war. Auf ihr Drängen wurde 1911 Libyen (Tripolitanien und die Cyrenaica) annektiert, 1912 der Dodekanes. Im Inneren wurden die extremen rechten und linken Gruppierungen gestärkt.

Als der Erste Weltkrieg ausbrach, erklärte die Reg. A. Salandra die Neutralität Italiens. Die Nationalisten verlangten den Anschluss an die Gegner des bisherigen Dreibundes; unter ihnen trat der einstige Sozialist B. Mussolini in den Vordergrund. MinPräs. Salandra ließ sich im Londoner Geheimvertrag (26. 4. 1915) alle gegen Österreich gerichteten irredentist. Wünsche bewilligen und erklärte am 23. 5. 1915 Österreich-Ungarn, erst am 28. 8. 1916 dem Dt. Reich den Krieg. (↗Weltkrieg)

Von 1919 bis zum Ende des Faschismus 1945: Im Friedensvertrag von Saint-Germain (10. 9. 1919) erhielt I. nur einen Teil seiner Forderungen: das Trentino und Südtirol bis zum Brenner, Görz, Triest, Istrien und Zara (Zadar). Die Enttäuschung verschärfte die inneren Gegensätze, die I. an den Rand des Bürgerkriegs brachten. Die Umsturzbestrebungen der Sozialisten und bes. der Kommunisten trafen auf eine scharfe Reaktion der von B. Mussolini 1919 in Mailand gegründeten faschist. Bewegung; mit dem »Marsch auf Rom« (28. 10. 1922) zwang Mussolini den König, ihn an die Spitze der Reg. zu berufen (31. 10.). Durch rücksichtslosen Machtgebrauch und Terror gelang es der faschist. Minderheit, die Staatsgewalt vollständig zu übernehmen und den Staat allmählich totalitär umzuformen (↗Faschismus). Nach der Angliederung Fiumes (Rijeka, 1924) war Mussolini, der als Reg.chef und Führer der faschist. Partei (Duce) als Diktator herrschte, zunächst auf eine friedl. Außenpolitik bedacht (Völkerbund, Locarno-Pakt, Kellogg-Pakt), doch suchte er die italien. Vormachtstellung im Mittelmeerraum zu sichern (Besetzung Korfus 1923). Mit der kath. Kirche verständigte er sich durch die Lateranverträge vom 11. 2. 1929. In der Adriafrage verschärfte sich der alte Gegensatz zu Jugoslawien, als I. seit 1926/27 starken Einfluss in Albanien gewann. Mit Ungarn und Österreich kam durch die Röm. Protokolle (17. 3. 1934) eine engere Verbindung zustande, eine Annäherung an Frankreich im Kolonialabkommen vom 7. 1. 1935. Dem nat.-soz. Dt. Reich stand I. wegen machtpolit. Rivalitäten anfänglich ablehnend gegenüber. Im Okt. 1935 begann der Krieg gegen Äthiopien, das eroberte Land wurde 1936 mit den Kolonien Eritrea und Somaliland zu Italien.-Ostafrika vereinigt. Die durch die Teilnahme I.s am Span. Bürgerkrieg aufseiten Francos begonnene Annäherung an Dtl. wurde durch die ↗Achse Berlin–Rom (25. 10. 1936), den Beitritt zum Antikomintern-Pakt und den Austritt aus dem Völkerbund (11. 12. 1937) gefestigt. I. war am ↗Münchener Abkommen beteiligt und schloss nach der Besetzung Albaniens (7.–13. 4. 1939) ein Militärbündnis mit Dtl. (»Stahlpakt«, 22. 5. 1939). In den Zweiten ↗Weltkrieg griff I. erst am 10. 6. 1940 auf dt. Seite ein. Am 27. 9. 1940 schloss es mit Dtl. und Japan den Dreimächtepakt ab.

Die infolge der Niederlagen zunehmende antifaschist. Stimmung in der Bev. verschärfte sich (Streiks in Ober-I., März 1943); am 24. 7. 1943 erklärte sich auch der faschist. Großrat gegen Mussolini, der vom König gefangen gesetzt wurde; mit der Reg.bildung wurde P. Badoglio beauftragt, die faschist. Partei wurde aufgelöst; das faschist. Regime brach zusammen, ohne Widerstand zu leisten. Am 3. 9. schloss Badoglio nach Geheimverhandlungen einen Waffenstillstand mit den Alliierten (verkündet 8. 9. 1943). Die italien. Truppen in den von Dtl. besetzten Gebieten wurden daraufhin entwaffnet oder gefangen genommen; der König und Badoglio flohen zu den in Sizilien gelandeten Alliierten. Der am 12. 9. von den Deutschen befreite Mussolini trat an die Spitze der auf das dt. Besatzungsgebiet beschränkten »Rep. von Salò« (offiziell Repubblica Sociale Italiana). In Mittel- und Ober-I. unterstützten Partisanen die Alliierten hinter der dt. Front. Seit 1942 waren im Untergrund die Parteien neu gegr. worden (u.a. Kommunist. Partei [PCI], Sozialist. Partei [PSIUP], Christlich-Demokrat. Partei [DC]). Sie bildeten im Sept.

Italien im 19. und 20. Jahrhundert

1943 ein Nat. Befreiungskomitee. Nach der Besetzung Roms durch die Alliierten (4. 6. 1944) trat Badoglio zurück; der Kronprinz trat als Umberto II. an die Spitze des Staates, das Nat. Befreiungskomitee bildete eine Übergangsregierung. Am 28. 4. 1945 wurde Mussolini von Partisanen erschossen. Mit der Kapitulation der dt. Streitkräfte (29. 4./2. 5. 1945) endete die Rep. von Salò.

Die Republik Italien: Nach einer Volksabstimmung (2. 6. 1946) zugunsten der Republik (proklamiert am 18. 6. 1946) verließ Umberto II. das Land. Die am 2. 6. 1946 gewählte Verfassunggebende Nat.versammlung bestimmte E. De Nicola zum Staatspräs. und verabschiedete eine Verf., die am 1. 1. 1948 in Kraft trat. Seit den Wahlen von 1946 wurde die DC für die nächsten Jahrzehnte zur stärksten Partei. Mithilfe des Marshallplanes leitete die Reg. A. De Gasperi (1945–53) den Wiederaufbau ein, auch eine Sozial- und Agrarreform, die jedoch das Problem jeder Reg. blieb (bes. im S des Landes). Nach dem Verlust der absoluten Mehrheit (1953) bildete die DC zunächst Koalitionsreg. mit den Mitterechts-Parteien, ab 1962 auch mit linken Parteien. Nach einer Zeit innenpolit. Stabilität unter der 1. Reg. A. Moro (1963–68) führten Inflation, Stagnation, Arbeitslosigkeit Anfang der 70er-Jahre zu polit. Polarisierung, die in rechts- und linksterrorist. Anschlägen gipfelte (Ermordung A. Moros durch die »Roten Brigaden« 1978), und schnell wechselnden Regierungen. 1976 schloss die DC unter MinPräs. G. Andreotti ein Bündnis mit fünf Parteien, u. a. den Kommunisten, deren gemeinsames Programm der wirtsch. und sozialen Sanierung dienen sollte. Nach dem Bruch dieses Bündnisses (1979) und Neuwahlen musste die DC 1981 erstmals das Amt des MinPräs. einer anderen Partei überlassen (G. Spadolini, PRI, 1981/82; B. Craxi, PSI, 1983–87). Seit Beginn der 90er-Jahre zeichneten sich innenpolit. Umbrüche ab:

Die Kommunist. Partei, seit 1946 die zweitstärkste Partei, änderte 1991 ihren Namen in »Demokrat. Partei der Linken« (PDS) und beschloss ein neues Programm. Staatspräs. F. Cossiga trat 1992 vorzeitig zurück; ihm folgte O. L. Scalfaro (im Amt bis Mai 1999). Durch die hohe Staatsverschuldung, das unveränderte Nord-Süd-Gefälle verloren die etablierten polit. Kräfte ihre Glaubwürdigkeit. Die Parlamentswahlen 1992 brachten für die DC nur 29,7 % der Stimmen; dagegen gewannen Regionalparteien (v. a. die Lega Nord) mit ihren z. T. separatist. Programmen viele Anhänger. Die von G. Amato (PSI) geführte Koalitionsregierung (DC, PSI, PSDI und PLI) bemühte sich zwar, das Vertrauen in den Staat wiederherzustellen, doch mündeten Korruptionsskandale führender Politiker, Morde der Mafia an hohen Justizbeamten, der Verdacht der Verstrickung von Politik und Mafia im Frühjahr 1993 in eine Staatskrise. Es kam zu staatsanwaltl. Ermittlungen gegen Spitzenmanager versch. Staatskonzerne wegen Bestechung und unerlaubter Parteienfinanzierung, ebenso gegen führende Politiker, u. a. gegen G. Andreotti (DC) und B. Craxi (PSI). In einem Referendum (April 1993) sprach sich die Bev. mit großer Mehrheit für umfassende polit. Reformen aus. Nach dem Rücktritt der Reg. Amato (Jan. 1994) und Neuwahlen (März 1994) war das polit. Kräftefeld stark verändert. Bereits im Jan. 1994 hatte sich die DC angesichts ihres großen Ansehensverlustes selbst aufgelöst. Die Wahlen im Mai 1994 gewann S. Berlusconi mit seinem rechten Bündnis »Pol der Freiheit« (wichtigste Parteien Forza Italia, Nat. Allianz, Lega Nord), seine Reg. scheiterte aber bereits im Dez. 1994. Nach einer Übergangsreg. unter L. Dini siegte bei vorgezogenen Neuwahlen im April 1996 das Mitte-links-Bündnis »L'Ulivo« (Ölbaum; PDS, PPI, Liste Dini, Grüne) und stellte mit R. Prodi (parteilos) den MinPräs., im Okt. 1998 übernahm M. D'Alema (DS) das Amt. Zum Staatspräs. wurde im Mai 1999 der Parteilose C. A. Ciampi gewählt. Nach der Niederlage des »Ulivo« bei Regionalwahlen trat D'Alema im April 2000 zurück; MinPräs. wurde – gleichfalls für »L'Ulivo« – der Parteilose G. Amato. Bei den Parlamentswahlen im Mai 2001 erhielt das unter dem Namen »Casa delle Libertà« erneuerte Mitte-rechts-Bündnis in beiden Kammern die Mehrheit. Berlusconi, wiederum Führer des Bündnisses, bildete im Juni 2001 als MinPräs. die 59. Nachkriegsreg. Italiens. Mit ihrer Mehrheit im Parlament verabschiedete die Koalitionsreg. eine Reihe umstrittener Gesetze v. a. zur Strafverfolgung (z. B. Immunitätsgesetz, das die Inhaber der fünf höchsten Staatsämter vor Strafverfolgung schützt). MinPräs. Berlusconi wurde daraufhin vorgeworfen, damit gegen ihn laufende Verfahren unterbinden zu wollen.

Durch den Pariser Friedensvertrag (10. 2. 1947) verlor I. den Dodekanes an Griechenland, Istrien an Jugoslawien; Triest wurde Freistaat. I. musste auf alle Kolonien verzichten, erhielt jedoch 1950 die Treuhandschaft über Italien.-Somaliland. Die Triestfrage (↗ Triest), die das Verhältnis zu Jugoslawien belastete, wurde 1954 in einem De-facto-Abkommen (Teilung des umstrittenen Gebietes) entschieden. I. schloss sich früh dem westl. Bündnissystem an (u. a. Gründungsmitglied der NATO und der WEU). Seit 1949 gehört es dem Europarat, seit 1955 der UNO und ihren Sonderorganisationen an. Mit dem Beitritt zur Europ. Gemeinschaft für Kohle und Stahl (1952), zur EWG und EURATOM (1958) förderte es aktiv den europ. Integrationsprozess und die Erweiterung der EG in den folgenden Jahrzehnten. 1992 stimmten beide Häuser des Parlaments dem Vertrag von Maastricht zu. Seit dem 1. 1. 1999 gehört I. zur Euro-Zone; seit dem 1. 1. 2002 ist der Euro gesetzl. Zahlungsmittel. Der Konflikt zw. I. und Österreich um ↗ Südtirol wurde 1992 auch offiziell beendet.

Italiener (italien. Italiani), roman. Volk, das Staatsvolk Italiens; I. leben u. a. auch in den USA, in Südamerika und in der Schweiz. – Die ursprüngl. Bev. wurde in Mittelitalien am Ende der Jungsteinzeit von den Italikern, in Oberitalien von Ligurern und Kelten, gegen Ende des 9. Jh. v. Chr. von Etruskern und wenig später in S-Italien von grch. Kolonisten überlagert; die Vormachtstellung Roms brachte Angehörige der versch. Völkerschaften auf die Halbinsel. In der Völkerwanderungszeit drangen Germanen ein, Goten und v. a. Langobarden, im 9. Jh. Araber (Sizilien), im 11. Jh. Normannen.

italienische Kunst. Die auf der italien. Halbinsel entstandene Kunst nach dem Niedergang des röm. Imperiums ist einerseits gekennzeichnet durch die individuelle Ausbildung lokaler Schulen, zeigt andererseits seit ihren Anfängen übergreifende Gemeinsamkeiten in der Bewahrung mittelmeer. Traditionen. Sie wirkte für Jahrhunderte impulsgebend auf die abendländ. Kunst.

Architektur

Der Beitrag der i. K. zur Ausbildung der *Romanik* war geringer als der Dtl.s und Frankreichs. Die aus der frühchristl. Kunst hervorgegangene Baukunst entwickelte sich seit dem 11. Jh. in landschaftlich stark voneinander abweichenden Stilvarianten. Dt. und burgund. Bauten verwandt sind die lombard. Kirchen Oberitaliens: Sant'Abbondio in Como, Sant'Ambrogio in Mailand, San Zeno in Verona, Dome von Modena, Parma, Ferrara. Der antiken Überlieferung verbunden blieben die toskan. Kirchenbauten, deren Fassaden bes. in Florenz durch farbige Marmorinkrustationen (Baptisterium; San Miniato), in Pisa (Dom) und Lucca durch Säulenarkaden gegliedert sind. In Unteritalien und auf Sizilien verbanden sich byzantin., lombard., normann. und sarazen. Einflüsse (Dome in Bari, Brindisi, Tarent und Cefalù; Martorana und Cappella Palatina in Palermo; Dom von Monreale). Rein byzantinisch ist der Zentralkuppelbau der Markuskirche in Venedig (1063 begonnen).

Die ersten Bauten der *Gotik* waren nach burgund. Art errichtete Zisterzienserkirchen (Chiaravalle bei Ancona, 1126 ff.). Doch setzte sich im 13. Jh. bes. in den Kirchen der Bettelorden bald italien. Formwille durch, dem die Auflösung der Mauerflächen widerstrebte (San Francesco in Assisi, Santa Maria Novella und Santa Croce in Florenz). In italienisch abgewandelter Gotik wurden die Dome von Florenz, Siena, Orvieto und Mailand erbaut. Der Profanbau wurde seit dem 13. Jh. bedeutend: Palazzo della Ragione, Mailand; Bargello, Florenz u. a. Gegenüber der nord. Gotik blieben auch im Wohnbau die Wandflächen sehr viel geschlossener. Typisch sind die offenen, großbogigen Hallen; Loggien in Florenz, Bologna (Ende 14. Jh.). Eine dem architektonisch Fantastischen zuneigende Abwandlung der Gotik entstand in Venedig: Dogenpalast, Casa d'Oro (1421–40).

Die *Frührenaissance* setzte mit dem 15. Jh. ein. Führend war Florenz, wo Brunelleschi, der Vollender der noch gotisch bestimmten Kuppel des Doms, den an die Antike anknüpfenden neuen Stil und mit ihm die Baukunst der Neuzeit begründete (San Lorenzo,

Pazzikapelle; Santo Spirito). L. B. Alberti, der nächst ihm bedeutendste Baumeister der Zeit, ging auch als Theoretiker von der Antike aus. Michelozzo baute in Florenz den Palazzo Medici, der maßgebend für den Palastbau wurde. In Urbino schuf L. Laurana den Herzogspalast. In der Lombardei entstanden Ende des Jh. die noch der Frührenaissance angehörenden Bauten Bramantes.

Die *Hochrenaissance* des 16. Jh. sammelte alle künstler. Kräfte in Rom. 1506 erhielt Bramante den Auftrag für den Neubau der / Peterskirche. Sein Entwurf eines ganz in sich ruhenden, alle Teile harmonisch zusammenschließenden Zentralbaus war der vollkommenste Ausdruck des Ideals der Renaissance, wurde aber in veränderter Form ausgeführt. Unter den ihm in der Bauleitung folgenden Architekten (Raffael, G. da Sangallo, B. Peruzzi, A. da Sangallo d. J.) bestand im Widerstreit mit neu aufkommenden Langhausplänen lange Ungewissheit über die Fortführung des Baus. Michelangelo, der in Florenz die Grabkapelle der Medici und die Biblioteca Laurenziana geschaffen hatte, wurde 1547 Bauleiter der Peterskirche. Von den röm. Palastbauten ist der großartigste der Palazzo Farnese (von A. da Sangallo d. J. und Michelangelo). Der führende Baumeister Venedigs war J. Sansovino. A. Palladio begründete mit seinen in Vicenza und Venedig geschaffenen Bauten die klassizist. Richtung der Spätrenaissance, die vorbildlich für ganz Europa wurde.

Die Baukunst des *Barock* begann in Rom mit G. da Vignolas Jesuitenkirche »Il Gesù« (Fassade von Giacomo Della Porta) Ende des 16. Jh. Der Versuch, dynamische Bewegtheit in der Architektur zum Ausdruck zu bringen, setzte sich fort bei G. L. Bernini (Sant' Andrea al Quirinale, Gestaltung des Petersplatzes, Rom) und steigert sich bei F. Borromini (San Carlo alle Quattro Fontane, Rom). Neben ihnen wirkten C. Rainaldi und P. da Cortona. Über Borromini hinaus führte G. Guarini mit seinen Hauptwerken in Turin. Der Palastbau spielte eine bed. Rolle, u. a. Palazzo Barberini (Entwurf von C. Maderna), die Paläste Montecitorio und Propaganda Fide (Borromini), alle in Rom.

Im *18. Jahrhundert* schuf F. Iuvara in Turin und Piemont eindrucksvolle Kirchen. In Rom entstanden die Span. Treppe von F. de Sanctis und die Fontana di Trevi von N. Salvi. Vertreter des Klassizismus im letzten Drittel des 18. Jh. und im frühen *19. Jahrhundert* sind G. Piermarini in der Lombardei und G. Valadier in Rom. Allg. herrschte der Eklektizismus vor.

Zu den Wegbereitern der Architektur des *20. Jahrhunderts* gehörten L. Figini, G. Terragni und A. Sant'Elia. Der Neoklassizismus der faschist. Zeit hemmte vorerst die weitere Entwicklung. Nach dem Zweiten Weltkrieg ergaben sich neue und interessante Lösungen (F. Albini, INA-Gebäude Parma, 1951; P. L. Nervi, Sportpaläste und Stadion in Rom, 1956–60; G. Ponti, Pirelliturm, Mailand, 1955–59; G. Michelucci, Autobahnkirche bei Florenz, 1961–68). Vertreter der in den 60er-Jahren begründeten Richtung der / rationalen Architektur sind A. Rossi, C. Aymonino u. a. Die Architektur der 1980er- und 90er-Jahre ist v. a. von einem maßvollen Rückgriff auf traditionelle italien. Bauformen gekennzeichnet (Viertel »Campo di Mare« auf der Insel Giudecca in Venedig, 1985; Avelino-Theater in Rom, 1987; Piazza Kennedy in Matera, 1988–91). Portoghesi baute 1976–78 das Islam. Zentrum und eine Moschee am Stadtrand von Rom. Die behutsame moderne Umgestaltung von Vorhandenem zeigt sich im Werk von R. Piano (u. a. Fußballstadion »Santa Nicola« in Bari 1987–90; Opernhaus in Parma, 2001 eröffnet; Umbau des Turiner Lingotto in ein Kulturzentrum 1983–2002), der ebenso mit dem Neubau des Konzertsaalkomplexes Auditorium »Città della musica« in Rom (2002 eröffnet), einem der weltweit größten Konzerthäuser, seine Rolle als Stararchitekt behauptete.

Bildhauerkunst

Romanik: Die Plastik des 11. Jh. war schilderungsfreudig (Bronzetüren San Zeno, Verona), aber den Sinn für Körperlichkeit und Monumentalität weckte erst um 1100 Meister Wiligelmus von Modena (Portalskulpturen des Domes). Nach ihm wirkte sein Schüler Niccolò, dessen Gewändefiguren (Hauptportal des Doms von Ferrara, 1135) in die Gotik weisen. In den Werken B. Antelamis begann die Auseinandersetzung mit der frz. Plastik. Die Bronzetüren des Barisanus von Trani stehen unter byzantin. Einfluss. Ihn überwand erst jene die Antike erneuernde Plastik, die Friedrich II. um 1230 ins Leben rief (Tor in Capua, / staufische Kunst).

Mit G. Pisano setzte sich gegen Ende des 13. Jh. die *Gotik* durch, die mit seinen Werken auch ihren Höhepunkt erreichte (Brunnen in Perugia, 1278, Kanzeln in Pistoia, 1301, und Pisa, 1312). Begrenzter in ihren Möglichkeiten waren A. Pisano und sein Schüler A. Orcagna. An der Antike geschult sind N. Pisano und Arnolfo di Cambio.

Ein neuer Wirklichkeitssinn bestimmte die *Frührenaissance* des 15. Jh. Got. Erbe wirkte in den Werken L. Ghibertis und auch noch in der Kunst Donatellos fort, dessen Aktstatue des David (nach 1427, Florenz), sein Reiterdenkmal des Gattamelata (1447–53, Padua) ebenso wie sein maler. Reliefstil Neuschöpfungen in antikem Geiste sind. Unter den in Florenz tätigen Bildhauern ragen als Meister farbig glasierter Tonbildwerke L. und A. della Robbia hervor, als Marmorbildhauer die Brüder A. und B. Rossellino und Desiderio da Settignano, als Bronzeplastiker A. del Pollaiuolo und A. del Verrocchio (Reiterdenkmal des Colleoni in Venedig). Iacopo della Quercia war in Siena tätig.

Die Plastik der *Hochrenaissance* kann sich an Fülle der Begabungen mit der des 15. Jh. nicht messen. In Florenz und Rom arbeitete A. Sansovino. Alle übertraf Michelangelo, der über die Renaissance und ihr klass. Maß weit hinausreichende Bildwerke schuf, seine gewaltigen Pläne (Medici-Gräber, Florenz; Grabmal Papst Julius' II., Rom) aber nur z. T. verwirklichen konnte. Das unvollendete Werk bei Leonardo und Michelangelo war charakteristisch für die Suche nach der vollkommenen Form, die im *Manierismus* infrage gestellt wurde (B. Cellini, Giambologna).

Im *Barock* des 17. Jh. wurde der die gesamte europ. Bildhauerkunst bestimmende neue Stil von G. L. Bernini in Rom geschaffen (Ausstattung in St. Peter; Brunnen: Vier-Ströme, Il Moro, Fontana Tritone). An Bernini orientierten sich auch die Bildhauer des 18. Jh. Gegen Ende des Jh. setzte sich mit der Kunst A. Canovas der *Klassizismus* durch. Überragende Persönlichkeit Ende des 19. Jh. war M. Rosso.

In der *Moderne* erreichte die italien. Bildhauerkunst internat. Bedeutung durch Arbeiten von A. Martini, M. Marini, G. Manzù und A. Pomodoro. L. Fontana beeinflusste u. a. die seit Mitte der 1960er-Jahre entstandene / Arte povera (M. Merz, G. Paolini, G. Penone). Heute ist die Bildhauerei fast vollständig in der Objekt- und Installationskunst aufgegangen.

italienische Kunst

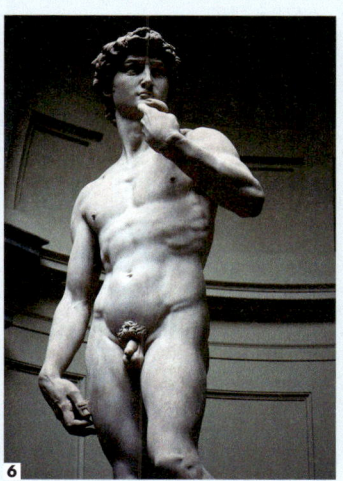

1 Giotto di Bondone, »Weihnachtsszene von Greccio« (um 1295; Fresko an der Nordwand der Oberkirche von San Francesco in Assisi) **2** Dom in Florenz (1296–1436) **3** Santa Maria Maggiore in Rom (432 begonnen, Hauptfassade 1741–43 im Barockstil) **4** Canaletto, »Die Rückkehr des Bucintoros zur Mole am Himmelfahrtstag« (1727/29; Moskau, Puschkin-Museum) **5** Leonardo da Vinci, »Anna selbdritt« (um 1508–11; Paris, Louvre) **6** Michelangelo, Marmorstatue des »David«, Detail (1501–04) **7** Antonio Canova, »Theseus im Kampf mit einem Kentaur«, Mamor (1809–19; Wien, Kunsthistorisches Museum) **8** Giorgio De Chirico, »Der große Metaphysiker« (1924–26; Berlin, Nationalgalerie)

Malerei

In der *Romanik* herrschte byzantin. Einfluss vor. Ihn suchte gegen Ende des 13. Jh. Cimabue in Florenz zu überwinden. Eine neue Epoche begann in der *Gotik* mit Giottos Werken; mit seinen im Monumentalstil geschaffenen Fresken der Arena-Kapelle in Padua (zw. 1304 und 1313) eröffnete er der Malerei neue Wege. Zu seinen unmittelbaren Nachfolgern in Florenz gehören T. und A. Gaddi. Gleichzeitig wirkte, der Vergangenheit enger verbunden, Duccio in Siena, wo nach ihm Simone Martini, P. und A. Lorenzetti tätig waren. In Pisa entstanden die großen Freskenfolgen des ↗ Camposanto.

Die wirklichkeitsnahe Malerei der *Frührenaissance* kam mit den Fresken Masaccios in Florenz zum Durchbruch (Brancacci-Kapelle, wohl ab 1426). Während P. Uccello und A. del Castagno die plastisch-räuml. Erscheinung mithilfe der Perspektive realistisch erfassten, lebte in den Bildern Fra Angelicos noch die Gotik fort. Spätgot. Elemente verbanden sich mit dem neuen Wirklichkeitssinn in der Kunst Fra Filippo Lippis und seines Schülers S. Botticelli, neben dem in der 2. Hälfte des 15. Jh. D. Ghirlandaio und Filippino Lippi wirkten. Die bedeutendsten Maler außerhalb von Florenz waren in Mittelitalien Piero della Francesca, Melozzo da Forì, L. Signorelli, P. Perugino und Pinturicchio, in Padua A. Mantegna, in Venedig die Brüder Bellini und V. Carpaccio.

Die frühesten Werke der *Hochrenaissance* sind die mit zarter Verschmelzung von Licht und Schatten gemalten Werke Leonardo da Vincis. Raffael verwirklichte in seinen Fresken (Stanzen des Vatikans) und Tafelbildern (↗ Sixtinische Madonna) am reinsten das Ideal der Hochrenaissance, das sich in den Fresken Michelangelos (Sixtin. Kapelle) bereits zu barocken Gestaltungen wandelte. Die Malerei der venezian. Hochrenaissance ging von Giorgione aus und gipfelte in den Werken Tizians, neben dem Palma Vecchio zu nennen ist. In Parma wurde A. Correggio durch illusionist. Kuppelfresken ein Wegbereiter des Barock.

Schon in den 20er-Jahren des 16. Jh. setzte der Wandel zum Stil des *Manierismus* ein, so v. a. in Florenz bei I. da Pontormo und A. Bronzino, in Parma bei Parmigianino. Das überragende Werk Tintorettos drückte die religiöse Ergriffenheit jener Zeit (Gegenreformation) am stärksten aus, während P. Veronese davon unberührt blieb.

Die Malerei des *Barock* entstand an der Wende zum 17. Jh. in Rom; Caravaggio entwickelte die in ganz Europa fortwirkende Helldunkelmalerei (Matthäus-Bilder in San Luigi dei Francesi in Rom, 1602). Die akadem. Richtung der europ. Barockmalerei ging v. a. von A. Carracci und seinen Fresken im Palazzo Farnese in Rom aus (1597–1604). Unter den zahlr. v. a. in Rom tätigen Malern ragen Domenichino, Guercino, G. Reni, G. Lanfranco und P. da Cortona, die Meister illusionist. Deckenfresken, hervor, in Neapel der Spanier J. de Ribera und S. Rosa. Im *18. Jahrhundert* war in der Malerei Venedig führend, wo S. Ricci, G. Piazzetta und G. B. Tiepolo wirkten. Venezian. Stadtansichten schufen die beiden Canaletto und F. Guardi; nachhaltige Wirkung übte G. Piranesi mit seinen Kupferstichfolgen (»Carceri«) aus. G. M. Crespi malte in Bologna, A. Magnasco in Genua. Im *19. Jahrhundert* war die Malerei in Italien von geringer Bedeutung; das Werk von G. Segantini ist eher der schweizer. Kunst zuzuordnen.

Zu Anfang des *20. Jahrhunderts* suchte der Futurismus einen neuen Beginn (U. Boccioni). G. De Chirico und C. Carrà gaben mit ihrer ↗ Pittura metafisica das Vorbild neuer Bildgesetzlichkeiten, deren weit reichende Folgen u. a. bei der Entstehung der surrealist. Malerei sichtbar sind. Der Rückgriff auf die Sachlichkeit frühitalien. Meister bestimmte nachdrücklich auch die lyr. Schöpfungen G. Morandis. In den Bereich der École de Paris gehört A. Modigliani. Der italien. Beitrag zur gegenstandslosen Malerei ist bedeutend: Afro, S. Santomaso, A. Corpora, E. Vedova. Den sozialist. Realismus repräsentiert R. Guttuso. Der experimentellen Kunst wandte sich L. Fontana zu. Die Objekte von M. Merz, G. Penone und J. Kounellis gehören zur Arte povera. Seit Ende der 1970er-Jahre entwickelten sich avantgardist. Richtungen wie z. B. Arte cifra mit den Künstlern M. Paladino, S. Chia, E. Cucchi und W. de Maria. Im Anschluss an diese Strömungen bildete sich eine Kunstrichtung heraus, die im Zuge der postmodernen Diskussion spielerisch bestehende Formen kombiniert.

italienische Literatur: Seite aus dem 2. Teil des »Canzoniere« von Petrarca (1414; München, Bayerische Staatsbibliothek)

italienische Literatur. Obwohl die Eigenständigkeit des Italienischen gegenüber dem Lateinischen zumindest seit dem 10. Jh. anzusetzen ist, bildeten sich die Anfänge einer selbstständigen i. L. erst mit großer Verspätung im Vergleich zu anderen roman. Literaturen heraus.

Zum einen existierte ein umfangreiches mittellat. Schrifttum bes. in den Klöstern Bobbio und Montecassino, zum anderen verhinderten jahrhundertelang Invasionen die Entwicklung einer zentralist. Sozialstruktur. Erste schriftlich überlieferte Zeugnisse der literar. Verwendung italien. Dialekte sind in dem »Ritmo laurenziano«, dem Bittgedicht eines Spielmanns an den Bischof von Pisa, aus dem 12. Jh. und bei dem provenzal. Troubadour Raimbaut de Vaqueiras nachweisbar; durch ihn wurde in der 1. Hälfte des 13. Jh. das Provenzalische zur Literatursprache in Italien, seine Vorherrschaft endete durch die Sizilian.

Dichterschule und die umbr. Laudendichtung (Franz von Assisi). Neben dieser Dichtung entwickelte sich zw. 1250 und 1260 der ↗ Dolce stil nuovo.

Trecento (14. Jh.): Den noch unsicheren Versuchen der Gestaltung einer Literatur in italien. Sprache folgte Dante Alighieri, dessen »Göttl. Komödie« (»Divina Commedia«, vollendet 1321, gedruckt 1472) eine umfassende literar. Deutung des Verhältnisses von Individuum und Gesellschaft, privater Passion und öffentl. Engagement im geistigen Kosmos des MA. gibt; sie gehört zu den wichtigsten Werken der Weltliteratur. Sein Traktat »Über die Volkssprache« (entstanden nach 1305), ein Lehrbuch der Poetik, handelt von Ursprung und Wesen der Sprache, von Stil und Metrik einer literar. Hochsprache, deren Würde und Kraft auch das Toskanische erreichen könne. Obwohl damit auch theoretisch eine sichere Basis für die Verwendung der Volkssprache in der Literatur gegeben war, schätzte F. Petrarca sein umfangreiches Werk in lat. Sprache selbst stets höher ein als seine in italien. Sprache geschriebenen Gedichte an die Geliebte Laura. G. Boccaccio gehörte mit seiner Dantebiografie, seinem Dantekommentar und seinen mythologisch-histor. Schriften zu den italien. Frühhumanisten. Sein Hauptwerk, das »Decamerone« (entstanden 1348–53, gedruckt 1470), bereitete den Weg der Kurzerzählung nicht nur in Italien, sondern in allen westeurop. Literaturen, denen es zugleich ein unerschöpfl. Stoffreservoir wurde.

Quattrocento und *Cinquecento* (15. und 16. Jh.): Die (zunächst philolog.) Wiederentdeckung der Antike prägte die geistesgeschichtl. Entwicklung des 15. Jh. Der neuen Hochschätzung des klass. Lateins durch die Humanisten folgte die Ablehnung der mittelalterl. Latinität sowie die Infragestellung der literar. Eignung der Volkssprache. Durch L. B. Alberti, der als Begründer eines volkssprachl. Humanismus gilt, gewann die Volkssprache, das Italienische, in der 2. Hälfte des 15. Jh. ihr früheres Ansehen zurück. Seit dem 15. Jh. entwickelten sich die italien. Städte zu kulturellen Zentren der Renaissance; die italien. Kultur wurde führend in Europa, damit erhielt auch die Literatur Vorbildfunktion. Dies gilt für die literaturtheoret. Diskussionen um die »Poetik« des Aristoteles ebenso wie für die historisch-staatspolit. Schriften N. Machiavellis und F. Guicciardinis, v. a. aber für die Epen von T. Tasso, L. Ariosto, L. Pulci und M. M. Boiardo. Auch die Erneuerung der arkad. Traditionen durch I. Sannazaro, die Commedia dell'Arte und die skurrile ↗ makkaronische Dichtung wirkten auf andere europ. Länder. Die Normierung der Literatursprache begann mit der Gründung der Accademia della Crusca (1582).

Seicento (17. Jh.): Mit den polit. Umbrüchen in Italien in der 2. Hälfte des 16. Jh. verlor die i. L. ihre europ. Vorbildhaftigkeit. Nur die metaphernüberladenen Dichtungen des G. Marino, die dem Zeitgeschmack des Barock entsprachen, wurden häufig nachgeahmt (Marinismus). Wiss. Prosa verfassten G. Galilei, G. Bruno und T. Campanella. Sehr umfangreich war die Mundartdichtung (G. Basile).

Settecento (18. Jh.): Um die Wende zum 18. Jh. brachte die 1690 in Rom gegr. Accademia dell'Arcadia eine Abmilderung und Wendung der barocken Formen ins Spielerische, zur Rokokolyrik, z. B. bei C. I. Frugoni und dem Dramatiker P. Metastasio. Neben den publikumswirksamen Dichtungen wie den Komödien C. Goldonis, den Märchenspielen C. Gozzis, den klass. Tragödien V. Alfieris und den satirisch-didakt. Gedichten G. Parinis stand in diesem Jh. v. a. die wiss. Literatur, die in Philosophie und Geschichtswiss. die Ideale der Aufklärung vertrat.

Ottocento (19. Jh.): Die Romantik in Italien war eng mit polit. Zielen verbunden (Kampf gegen die österr. Besetzung, nat. Einigung Italiens) und von ihnen inspiriert. Vorläufer war U. Foscolo, den eigentl. Beginn markierte ein Artikel Madame de Staëls 1816, der den Italienern nahe legt, fremde Literaturen durch Übersetzungen kennen zu lernen und pedant. Gelehrsamkeit, Mythologie und Rhetorik aus der Dichtung zu verbannen. Bedeutendstes Werk der italien. Romantik und wesentlich für die Weiterentwicklung der Gattung ist A. Manzonis histor. Roman »Die Verlobten« (1827); seinem Vorbild folgten u. a. T. Grossi und M. d'Azeglio. Der Lyriker G. Leopardi schuf von Weltschmerz beherrschte Dichtungen in klass. Formen. Eine 2. Generation romant. Dichter versuchte nach 1848 die Intentionen der ersten zu intensivieren, v. a. die Mailänder Gruppe Scapigliatura, die dazu Anregungen C. Baudelaires und der Dekadenzdichtung verarbeitete. G. Carducci, einflussreichster Lyriker am Ende des 19. Jh., ließ in seinen vollendeten antiken Formen die polit. Ideale des Risorgimento wieder aufleben. Die Entwicklungen in der frz. Literatur, v. a. die positivist. Tendenzen, prägen die Gegenwartsromane G. Vergas, der aus Elementen des frz. Realismus und Naturalismus die italien. Variante des Naturalismus, den Verismus, schuf.

Novecento (20. Jh.): G. D'Annunzio setzte der harten Sozialkritik des Verismus eine von F. Nietzsches Übermenschenideal geprägte ästhetizistisch-dekadente Literatur entgegen. Ideologisch geriet er dabei in die Nähe des Faschismus, ebenso wie F.-T. Marinetti, der mit dem ↗ Futurismus eine den industriellen und sozialen Veränderungen des 20. Jh. adäquate Literatur schaffen wollte. Der Positivismus wurde in Philosophie und Literaturkritik durch B. Croce überwunden, der seine bed. Position im öffentl. Leben nutzte, um sich dem faschist. Staat entgegenzustellen. Die Lyrik reagierte auf den gesellschaftl. Umbruch mit dem Hermetismus, dessen Werke bewusst Vieldeutigkeit anstreben (G. Ungaretti, E. Montale, U. Saba, S. Quasimodo). In den Romanen des Triesters I. Svevo tauchten – wie gleichzeitig bei M. Proust und J. Joyce – Elemente der Psychoanalyse auf. An den Verismus anknüpfend, verarbeitete L. Pirandello in seinem dramat. und erzähler. Werk individuelle Erfahrungen mit psych. Grenzsituationen und deren psychoanalyt. und existenzielle Durchdringung. Mit seinen Zeitschriften und Kritiken beherrschte G. Papini das italien. Geistesleben in der 1. Hälfte des 20. Jahrhunderts.

Hatte schon vor dem Zweiten Weltkrieg A. Moravia mit sozialkrit. Romanen, v. a. »Die Gleichgültigen« (1929), den Auftakt zum Neorealismus gegeben, so setzte sich diese Richtung nach Kriegsende v. a. mit der Gestaltung des antifaschist. Widerstands und sozialer Probleme durch (wichtige Vertreter: E. Vittorini, C. Pavese, V. Pratolini, C. Levi, P. P. Pasolini und I. Silone, psychologisch thematisiert bei C. E. Gadda). Auch gegenläufige Tendenzen werden deutlich, so Introversion und Melancholie bei G. Piovene, Experiment, Allegorie und Zerstörung vertrauter Romanstrukturen bei D. Buzzati, I. Calvino, A. Palazzeschi. Lyrik und Drama bewegen sich seither gleichfalls zw. diesen Polen. Einflussreich für die Erzählliteratur war der »Gruppo 63«, der frz. theoret. und prakt. Anregungen rezipierte. Er forderte von der Kunst, sich unabhängig von Normen zu entfalten, z. B. mit dem bewusst vollzogenen Abbau strukturierten Erzählens (E. Sanguineti). Weitere Vertreter einer sozialkrit. Literatur der Nachkriegszeit sind N. Balestrini, C. Bernari, P. Volponi, die besonderen Probleme Siziliens gestaltete L. Sciascia; daneben trat die Auseinandersetzung mit der faschist. Vergangenheit (G. Bassani, P. Levi, C. Malaparte). Die Tradition des historischen Romans, weitergeführt u. a. von R. Bacchelli und G. Tomasi di Lampedusa, nahm U. Eco in den 80er-Jahren wieder auf und verschaffte mit virtuos gehandhabten semiot. Techniken und universaler Gelehrsamkeit der i. L. erneut Weltgeltung. Weitere wichtige Erzähler der Gegenwart sind u. a. A. Tabucchi, L. Malerba, F. Camon und G. Manganelli. Daneben hat sich in herausragender Weise die Literatur von Frauen entwickelt, deren Vertreterinnen (in der älteren Generation Natalia Ginzburg und Elsa Morante, später Dacia Maraini, Susanna Tamaro, Paola Capriolo, Lara Cardella, Mariateresa Di Lascia u. a.) Formen emanzipator. Selbstverwirklichung vor histor., zeitgenöss. oder überzeitlich-ortlosem Hintergrund gestalten. Die in Venedig spielenden Kriminalromane der (amerikan.) Autorin Donna Leon führten seit den 90er-Jahren zu stärkerer Beachtung und steigender Popularität italien. Krimi-Autoren (A. Camilleri, N. Filastò, C. Lucarelli). Gegenüber dieser facettenreichen Erzählliteratur spielen Lyrik (vertreten u. a. durch G. Conte, M. De Angelis, A. Zanzotto, A. Cenni) und Drama (N. Balestrini, E. Sanguineti) eine geringere Rolle in der Literatur des zeitgenöss. Italien. Innovative Impulse für die Dramatik gehen vom Dialekttheater aus, v. a. von den satirisch-burlesken Stücken D. Fos.

italienische Musik. Während von der alten italien. Volksmusik nur wenig überliefert ist, gibt es dagegen umfangreiche Zeugnisse liturg. Musik der röm. Kirche. Der für die Entstehung des abendländ. Musikschaffens bedeutsame gregorian. Gesang ging von Italien aus. Im 11. Jh. entstand aus der Neumenschrift die abendländ. Notenschrift (↗ Guido von Arezzo).

Im Trecento (etwa 1330 bis Anfang des 15. Jh.) entstanden die Gattungen Madrigal, Ballata (↗ Ballade) und Caccia, mehrstimmige, weltl. Liedformen. Im 15. Jh. und in der 1. Hälfte des 16. Jh. waren auch in der i. M. die »Niederländer« (Frankoflamen) bestimmend, z. B. G. Dufay, H. Isaac, A. Willaert, C. de Rore, Josquin Desprez, später O. di Lasso. Aus der päpstl. Kapelle in Rom, der fast alle diese Musiker angehört hatten, entstand im 16. Jh. eine röm. Schule. Im selben Jh. führte G. da Palestrina die mehrstimmige A-cappella-Musik zu ihrem klass. Höhepunkt. Unabhängig von der röm. Schule schufen in Oberitalien mit dem Zentrum Venedig u. a. A. Willaert, C. de Rore und ihre italien. Schüler wie A. und G. Gabrieli eine Musik, deren besondere Merkmale die Mehrchörigkeit, die Farbigkeit im Klang und die Verwendung von Instrumenten waren. Auch die Gattungen selbstständiger Instrumentalmusik wie Ricercare und Fantasia (↗ Fantasie) entstanden in der venezian. Schule. In Venedig wirkte auch der bed. Theoretiker G. Zarlino. Das Madrigal, das die mehr volkstüml. Formen u. a. der Frottola und der Villanella abgelöst hatte, wurde bes. gepflegt und erlebte seine höchste Blüte in den Werken L. Marenzios, Don C. Gesualdos und des frühen C. Monteverdi. Ende des 16. Jh. entstand in Florenz, aus dem Bestreben, die antike Tragödie zu erneuern, die Oper mit einem Gesangsstil, der Monodie, dem aus der Sprache abgeleiteten Sologesang mit harmon. Akkordbegleitung. Die ersten Vertreter sind J. Peri (»Dafne«, 1598) und G. Caccini. Monteverdi brachte die von Peri und Caccini begonnene Entwicklung der Oper zur Vollendung mit seiner vom Affektausdruck des Wortes getragenen theatral. Musik. Chorsätze und Liedformen drangen in die Oper ein; gegenüber dem Sprechgesang (Rezitativ) entstand die in sich geschlossene reine Gesangsform der generalbassbegleiteten Arie. Die Nachfolger Monteverdis waren F. Cavalli und M. A. Cesti. Allmählich eroberte die Oper ganz Italien und Europa.

Neben der Oper entstanden das geistl. Oratorium (E. de' Cavalieri, G. Carissimi) und das Concerto (zuerst vokal, dann instrumental). In der Instrumentalmusik wurde v. a. die Toccata entwickelt. G. Frescobaldi wurde zu einem Vorbild der Organisten in Europa. Das 18. Jh. brachte eine Weiterentwicklung der bestehenden musikal. Formen, so auch der neapolitan. Oper, deren Hauptmeister A. Scarlatti, F. Durante, N. Jomelli, N. Piccinni, G. B. Pergolesi, G. Paisiello, B. Galuppi, D. Cimarosa waren. Die durch P. Metastasio geprägte Opera seria rief eine Reaktion in Gestalt der Opera buffa hervor, die aus der Commedia dell'Arte und den in die Opera seria eingeschobenen kom. Intermezzi entstand. Eigentl. Schöpfer der Opera buffa war G. B. Pergolesi. Es folgten Meister wie Piccinni, Galuppi, Paisiello, Cimarosa. In der Instrumentalmusik wurden bes. Concerto grosso, Kirchen- und Kammersonate, Violinsonate und Violinkonzert gepflegt (A. Corelli, A. Vivaldi, G. Tartini). Hauptmeister der Klaviersonate war D. Scarlatti. Außerhalb Italiens wirkte bes. A. Salieri (Wien).

Die italien. Oper behielt bis ins 19. Jh. hinein ihre bed. Stellung: G. Rossini, V. Bellini, G. Donizetti, G. Spontini. Die überragende Erscheinung in der 2. Hälfte des 19. Jh. war G. Verdi, der größte Dramatiker unter den italien. Opernkomponisten. Den musikal. Naturalismus (»Verismo«) vertraten P. Mascagni, R. Leoncavallo, G. Puccini.

Die Wandlungen der Musik seit dem Ende des 19. Jh. griffen auch auf die i. M. über und ließen die reine Instrumentalmusik wieder an Bedeutung gewinnen. O. Respighis Werke weisen impressionist. Züge und eine besondere Bildhaftigkeit auf. Eine Synthese zw. der Moderne und der i. M. der Vergangenheit erstrebten I. Pizzetti, F. Malipiero, A. Casella. An Bach und Liszt anknüpfend, suchte F. Busoni mit neuen Mitteln sein ästhet. Ideal der »Klassizität« zu verwirklichen. Um 1940 wandte sich L. Dallapiccola der Zwölftonmusik zu. Mit seriellen und elektron. Kompositionstechniken befasste sich in den 50er-Jahren B. Maderna. Internat. Anerkennung fanden v. a. L. Nono, L. Berio, S. Bussotti, F. Evangelisti, F. Donatoni, G. Manzoni und N. Castiglioni. Von der jüngeren Generation traten bes. die Komponisten H. Stuppner, L. Lombardi, L. Ferrero und M. Cardi hervor.

italienische Sprache, eine der romanischen Sprachen. Sie ist in viele stark voneinander abweichende Mundarten gegliedert und hat in Italien rd. 55 Mio. Sprecher. Die italien. Schriftsprache hat sich im Wesentlichen aus der toskan. Mundart entwickelt. Außerhalb der Grenzen Italiens ist die i. S. eine der Amtssprachen der Schweiz; Amtssprache ist sie auch in San Marino und im Vatikanstaat. Italien. Mundarten werden im schweizer. Kanton Tessin und in den südl. Talschaften Graubündens gesprochen sowie auf Korsika, in Teilen Istriens, in Dalmatien, im Gebiet um Nizza und in Monaco. Die italien. Mundarten lassen sich in drei Großgruppen einteilen: 1. Die norditalien. Dialekte in Piemont, der Lombardei, in der Emilia-Romagna, in Ligurien (dem Französischen nahe stehende sog. galloitalien. Mundarten) und in Venetien; 2. die mittelitalien. Dialekte südlich einer Linie La Spezia–Rimini: das Toskanische (mit den kors. Dialekten) und das Umbrische; 3. die Mundarten S-Italiens südlich einer Linie Ancona–Rom.

Italienisch-Ostafrika (italien. Africa Orientale Italiana), das 1936–41 bestehende italien. Kolonialterritorium; umfasste ↗ Äthiopien, ↗ Eritrea und Italien.-Somaliland (↗ Somalia).

Italien-Rundfahrt, *Straßenradsport:* der ↗ Giro d'Italia.

Italiker, Gruppe indogerman. Völker, die gegen Ende des 2. Jt. v. Chr. wahrscheinlich aus Mitteleuropa in Italien einwanderte. Die I. waren zunächst Bauern und Hirten, hatten tempellose Heiligtümer und verehrten Totemtiere (Wolf, Stier).

italische Sprachen, eine Gruppe der indogermanischen Sprachen, die im Altertum auf dem Apennin beheimatet war: 1) das Latinofaliskische mit den Dialekten von Latium; die lateinische Sprache, die Sprache Latiums, verdrängte mit der Ausbreitung der Herrschaft Roms alle anderen ital. Sprachen; 2) das Sabellische (auch oskisch-umbr. Gruppe gen.) mit den Mundarten der Samniten, der Osker, der Umbrer sowie kleinerer Stämme im mittleren Apennin, u. a. der Volsker. Das Oskische ist durch zahlr. kleinere Inschriften, u. a. aus Pompeji, bekannt, das Umbrische durch die ↗ Iguvinischen Tafeln; 3) das »Ausonosikulische« im südl. Apenningebiet und in O-Sizilien; 4) das Venetische in der östl. Poebene; andere Forscher sehen in ihm einen selbstständigen Zweig des Indogermanischen. Für die Grundsprache sind enge Beziehungen zum Keltischen anzunehmen.

Itami, Stadt auf Honshū, Japan, nordwestlich von Ōsaka, 188 400 Ew.; elektrotechn. u. a. Ind.; internat. Flughafen von Ōsaka.

ITAR-TASS [ITAR Abk. für **I**nformations-**T**elegrafen**a**gentur **R**usslands], russ. Nachrichtenagentur, Sitz: Moskau, gegr. 1904, ab 1925 als TASS internat. Agentur. 1991 wurden TASS, die »Russ. Informationsagentur« (RIA, gegr. 1990) sowie der Wirtschaftsdienst von »Nowosti« (gegr. 1961) unter jetzigem Namen zusammengeschlossen.

Itazismus *der, Sprache:* ↗ Etazismus.

Itelmen, Volk mit paläoasiat. Sprache auf der Halbinsel Kamtschatka und in NO-Sibirien, Russland, etwa 2 400 Menschen; Fischfang, Jagd; Schamanismus, Bärenkult. Die durch Heirat in das russ. Volk integrierten I. heißen Kamtschadalen.

ITER [Abk. für engl. **I**nternational **T**hermonuclear **E**xperimental **R**eactor, »internat. thermonuklearer Versuchsreaktor«], als europäisch-amerikanisch-japanisch-russ. Gemeinschaftsprojekt geplanter Fusionsreaktor vom Typ »Tokamak«. Ziel der für dieses Vorhaben 1988 begonnenen Zusammenarbeit auf dem Gebiet der kontrollierten ↗ Kernfusion ist die Umsetzung der bislang nur im »Labor« gewonnenen Ergebnisse der Fusionsforschung und damit der Nachweis, dass die wiss. und technolog. Voraussetzungen für die Energiegewinnung durch Kernfusion erfüllt werden können. ITER soll erstmals ein thermonuklear gezündetes und für längere Zeit Energie lieferndes Plasma erzeugen. – Ein Standort für ITER steht noch nicht fest. Zur Diskussion stehen Japan, Kanada, Frankreich und Spanien. An einer Projektbeteiligung sind inzwischen wieder die USA sowie auch China und Süd-Korea interessiert (2003).

Iteration [lat. »Wiederholung«] *die,* **1)** *Mathematik:* wiederholte Anwendung desselben Rechenverfahrens auf dabei gewonnene Zwischenwerte, um sich von einer Näherungslösung der exakten Lösung einer Gleichung anzunähern.
2) *Sprache:* Verdopplung einer Silbe oder eines Wortes oder einer Wortgruppe im Satz. (↗ Epanalepse)

Ith *der,* Höhenzug im nördl. Weserbergland, Ndsachs., im Lauensteiner Kopf 439 m ü. M.

Ithaka (ngrch. Ithaki), eine der Ion. Inseln vor der W-Küste Griechenlands, 96 km², 3 100 Ew.; mit bis 806 m hohem Kalkgebirge, z. T. mit Macchie bewachsen; Hauptort ist I., mit Naturhafen. – Allg. wird I. als die Heimat des Odysseus betrachtet; dagegen sah W. Dörpfeld die Insel Leukas als Homers I. an.

Itinerar [lat.] *das* (Itinerarium), ein nach Straßen geordnetes Reisebuch der röm. Zeit mit Angaben über Routen, Raststationen und Ortsentfernungen in röm. Meilen (1 röm. Meile = 1 480 m) sowie Schifffahrtslinien; eine der bekanntesten röm. I.-Karten der antiken Topographie ist die »Peutingersche Tafel«.

Itio in Partes [lat. »Trennung nach Gruppen«] *die,* Trennung einer Versammlung in Gruppen, deren Einzelbeschlüsse übereinstimmen müssen, damit ein Gesamtbeschluss gültig wird. Von Bedeutung war die konfessionsbedingte I. i. P. im Reichstag des Hl. Röm. Reiches nach 1648 (Teilung in ein ↗ Corpus Evangelicorum und in Corpus Catholicorum).

Itō, Hirobumi, Fürst (seit 1907), japan. Staatsmann, * Chōshū (heute in der Präfektur Yamaguchi) 2. 9. 1841, † (ermordet) Harbin 26. 10. 1909; begründete das moderne japan. Staatswesen (Schöpfer der Verfassung von 1889); als MinPräs. (1885–88, 1892–96, 1898, 1900/01) und Präs. des Geheimen Staatsrats (wiederholt seit 1888) maßgeblich am Aufstieg Japans zur asiat. Großmacht beteiligt; 1906–09 Generalgouv. von Korea.

Hirobumi Itō

Itochu Corp., weltweit (in über 80 Ländern) tätiger japan. Mischkonzern (u. a. Handel, Energie, Elektronik, Maschinenbau), gegr. 1858, Sitz: Ōsaka.

i. Tr., Abk. für **i**n der **Tr**ockenmasse; dient v. a. zur Kennzeichnung des Fettgehalts bei Käse.

Itschang, Stadt in China, ↗ Yichang.

Itschikawa, Stadt auf Honshū, Japan, ↗ Ichikawa.

Itschinomija, Stadt auf Honshū, Japan, ↗ Ichinomiya.

Itschkeria, ↗ Tschetschenien.

Itsukushima [-ʃi-], japan. Insel, ↗ Miyajima.

Itten, Johannes, schweizer. Maler, Pädagoge, * Schwarzenegg (bei Thun) 11. 11. 1888, † Zürich 25. 3. 1967; lehrte 1919–23 am Bauhaus, wurde v. a. als Lehrer und Farbtheoretiker bekannt. Sein maler. Werk durchläuft die Stufen des Kubismus, Orphismus, Futurismus und der geometr. Abstraktion. Als Theoretiker entwickelte I. strukturelle Prinzipien der künstler. Gestaltung unter systemat. Einbeziehung der Farbe in ihrer spezifisch wahrnehmungspsycholog. Wertigkeit. Die Zwölftonmusik regte ihn zum Entwurf eines zwölfteiligen Ton- und Farbenkreises an.

ITU [aɪtiːˈjuː, engl.], Abk. für **I**nternational **T**elecommunication **U**nion (frz. Union Internationale des Télécommunications, Abk. UIT, dt. Internat. Fernmelde-Union, Abk. IFU), Sonderorganisation der UNO zur Regelung und Planung der weltweiten Telekommunikation einschl. des weltweiten Funkverkehrs, zur Festlegung internat. Standards für Systeme und Einrichtungen sowie zur Förderung der Infrastruktur (Entwicklungszusammenarbeit) und der

Zusammenarbeit im Bereich Telekommunikation. Gegründet 1865 als **Internat. Telegraphenunion;** 1932 nach Zusammenschluss mit der Internat. Funkkonferenz (gegr. 1906) umbenannt in ITU; Hauptsitz: Genf). – Die ITU hat sich in den letzten Jahren verstärkt mit den Themen Mobilfunktechnik und -dienste, Satellitenübertragung, hochauflösendes Fernsehen, Multimediatechnik sowie Datenkompression befasst. 1992/93 wurde eine neue Organisationsstruktur eingeführt, die aus drei Sektoren besteht: Radiocommunication Sector (ITU-R), Telecommunication Standardization (ITU-T) und Telecommunication Development (ITU-D).

Itúrbide [-ðe], Agustín de, Kaiser von Mexiko, * Valladolid (heute Morelia) 27. 9. 1783, † Padilla (Tamaulipas) 19. 7. 1824, ließ sich 1822, gestützt auf Armee und Kirche, als Augustín I. zum Kaiser ausrufen; ein Aufstand unter der Führung von A. López de Santa Anna zwang I. 1823 zur Abdankung; bei der Rückkehr aus dem Exil erschossen.

Ituri der, Fluss in Afrika, Oberlauf des ∕ Aruwimi. Im Gebiet des I.-Regenwalds befindet sich das Okapi-Tierschutzgebiet (13 726 km², UNESCO-Welterbe) v. a. zum Schutz von Okapis, Affen- und Vogelarten.

Iturup, größte Insel der ∕ Kurilen.

Itzehoe [-'ho:], Kreisstadt des Kr. Steinburg, Schlesw.-Holst., an der Stör, 34 200 Ew.; Fraunhofer-Inst. für Siliziumtechnologie; Verlage, Druckereien, Metall- u. a. Ind.; Hafen. – Barocke Laurentiuskirche, Prinzesshof (16.–18. Jh.). – Entstand vor einer um 1180 angelegten Burg, seit 1238 Stadtrecht.

IUCN [aɪjuːsiːˈen, engl.], Abk. für International Union for Conservation of Nature and Natural Resources, ∕ Internationale Union für Naturschutz.

IUE [aɪjuːˈiː; Abk. für engl. International Ultraviolet Explorer, »internat. Forschungssatellit für Ultraviolettstrahlung«], gemeinsames Forschungsprogramm von NASA, ESA und Großbritannien. Untersucht wurden während der Betriebsdauer (1978–96) Spektren von Planeten, Kometen, Supernovaüberresten, interstellaren Gaswolken, aktiven Galaxien u. a. im Ultraviolettbereich von 115 bis 320 nm.

Iuno, röm. Göttin, ∕ Juno.

IUPAC, Abk. für engl. ∕ International Union of Pure and Applied Chemistry.

IUPAP, Abk. für engl. ∕ International Union of Pure and Applied Physics.

Iuppiter, röm. Gott, ∕ Jupiter.

Ius [lat. »Recht«] das (Jus), der römisch-rechtl. Ausdruck für ∕ Recht, von der lat. Gelehrtensprache in vielen Zusammensetzungen in das dt. und kirchl. Recht übernommen: **Ius aequum,** billiges, auf Treu und Glauben beruhendes Recht; **Ius canonicum,** das Kirchenrecht; **Ius civile,** Zivilrecht; **Ius cogens,** zwingendes Recht, das eine abweichende Regelung durch Vereinbarung der Beteiligten nicht zulässt; **Ius dispositivum,** nachgiebiges Recht; **Ius divinum,** das göttl. Recht; **Ius Gentium,** Völkerrecht; **Ius honorarium,** Amtsrecht; **Ius naturale,** Naturrecht; **Ius privatum,** Privatrecht; **Ius publicum,** öffentl. Recht.

Ius primae Noctis [lat.] das, ∕ Jus primae Noctis.

Iustitia (Justitia), altröm. Göttin und Personifikation der Gerechtigkeit. Kennzeichen: Ölzweig, Zepter, Waage und Füllhorn; in neueren Darstellungen Waage und Schwert, oft auch verbundene Augen.

Iuvara (Juvarra), Filippo, italien. Baumeister, * Messina 27. 3. 1678, † Madrid 31. 1. 1736; schulte sich zunächst bei spätbarocken Baumeistern in Rom, 1714 königl. Architekt in Turin; weite Reisen, u. a. nach Madrid und Lissabon. Planungen von additiven, leicht überschaubaren Grundrissen, wobei mehrfach ein Zentralbau mit hoher Kuppel den Kern bildet; großzügige Innenräume, Betonung der Schauseiten und perspektiv. Achsen.

Iuventas (Juventas), altröm. Göttin der Jugend, später mit der grch. Göttin Hebe gleichgesetzt.

Iveco N. V. [Kurzbez. für engl. Industrial Vehicles Corporation], Produzent von Nutzfahrzeugen mit Produktionsstätten und Tochterges. in versch. Ländern (u. a. Iveco Magirus AG, Ulm); Sitz: Amsterdam; entstanden 1975 durch Zusammenschluss der Nutzfahrzeugbereiche der Fiat S. p. A. und der Klöckner-Humboldt-Deutz AG **(Magirus-Deutz AG);** Tochtergesellschaft der Fiat S. p. A.

Ives [aɪvz], Charles Edward, amerikan. Komponist, * Danbury (Conn.) 20. 10. 1874, † New York 19. 5. 1954. Werke (4 Sinfonien, Violin- und Klaviersonaten, Chöre, Lieder u. a.) in ihrer Mischung aus Modernem (Atonalität, Polyrhythmik, Polymetrie) und Konventionellem von großer Originalität.

Ivo ['ivu], Ismael, brasilian. Tänzer und Choreograph, * São Paulo 17. 1. 1955; studierte in São Paulo und 1983 in New York bei A. Ailey; 1984 wurde er künstler. Leiter der »Internat. Tanzwochen Wien«. 1985 ging I. nach Berlin, wo er eng mit J. Kresnik zusammenarbeitete. Am Stuttgarter Theaterhaus gründete er 1995 die Company Ismael Ivo, 1996–2000 war er Leiter des Tanztheaters am Dt. Nationaltheater Weimar.

Ivory ['aɪvəri], James, amerikan. Filmregisseur, * Berkeley (Calif.) 7. 6. 1928; wurde mit aufwendig gestalteten Literaturverfilmungen bekannt, drehte u. a. »Zimmer mit Aussicht« (1986), »Maurice« (1987), »Wiedersehen in Howards End« (1992), »Was vom Tage übrigblieb« (1993), »Jefferson in Paris« (1994), »Die Zeit der Jugend« (1998), »The Golden Bowl« (2000).

Ivrea, Stadt in Piemont, Prov. Turin, Italien, an der Dora Baltea, 24 200 Ew.; Bischofssitz; Büromaschinenindustrie, Silberschmieden, Wachsfabrikation. – Reste eines Amphitheaters und der röm. Stadtmauer; das Castello (14. Jh.) ist eine die Stadtsilhouette bestimmende Höhenburg. Der Dom, urspr. ein frühchristl. Bau, wurde im 11. Jh. neu errichtet, Umbau im 18. Jh., Fassade 1854. – I., das röm. **Eporedia,** wurde Hauptort eines langobard. Herzogtums, dann einer karoling. Markgrafschaft; 1313 kam es an Savoyen.

Ivry-sur-Seine [ivrisyrˈsɛːn], Stadt im Dép. Val-de-Marne, Frankreich, Vorstadt von Paris, 53 600 Ew.; Elektrizitäts- und Wasserwerke für Paris; Metallverarbeitung, Fahrzeug-, pharmazeut. Ind., Fernseh- und Hörfunkgerätebau; Flusshafen.

IVW, Abk. für Informationsgemeinschaft zur Feststellung der Verbreitung von Werbeträgern e. V., Sitz: Bonn; 1949 gegr. Zusammenschluss publizist. Unternehmen zur Erhebung und Veröffentlichung notariell geprüfter Auflagenzahlen von Presseerzeugnissen (Zeitungen, Zeitschriften, Kalender, Handbücher, Adressbücher, Branchentelefonbücher).

Iwaki, Hiroyuki, japan. Dirigent, * Tokio 6. 9. 1932; wurde 1969 ständiger Dirigent des Sinfonieorchesters des Japan. Rundfunks; übernahm daneben 1974 die Leitung des Melbourne Symphony Orchestra sowie 1988 die Musikdirektion des neu gegr. Orchestra Ensemble Kanazawa.

Iwan [pers.-arab.] der (veraltet: Liwan), oriental. Bauform: ein tonnengewölbter, an einer Schmalseite

Iwan IV. Wassiljewitsch, genannt der Schreckliche, Großfürst und Zar von Russland (Gemälde von Wiktor Wasnezow, 1897; Moskau, Tretjakow-Galerie)

offener Langraum, der sich zu einem Hof oder einer größeren Halle öffnet, aber auch als Portaltor oder Umrahmung eines Eingangs dienen kann. Der I. kommt an Bauten der Parther und Sassaniden vor (↗ Ktesiphon) und wurde von der islam. Baukunst übernommen.

Iwan, russ. Herrscher:

1) Iwan I. Danilowitsch, gen. Kalita (»Geldbeutel«), Fürst von Moskau (seit 1325) und Großfürst von Wladimir (seit 1328), * 1304 (?), † Moskau 31. 3. 1340; setzte im Kampf gegen Twer die Vorherrschaft Moskaus in NO-Russland durch; gliederte, z.T. durch Kauf, mehrere Teilfürstentümer seinem Herrschaftsbereich an (»Sammeln der russ. Erde«); verlegte den Sitz des Metropoliten »von ganz Russland« von Wladimir nach Moskau.

2) Iwan III. Wassiljewitsch, gen. I. der Große, Großfürst von Moskau (seit 1462), * Moskau 22. 1. 1440, † ebd. 27. 10. 1505; vollendete die Vereinigung der großruss. Gebiete unter Führung Moskaus und erreichte 1480 die formelle Beendigung der tatar. Oberherrschaft; ließ 1497 ein Gesetzbuch ausarbeiten.

3) Iwan IV. Wassiljewitsch, gen. I. der Schreckliche (russ. Grosny, eigtl. »der Gestrenge«), Großfürst (seit 1533) und erster russ. Zar (1547–84), * Kolomenskoje (heute zu Moskau) 25. 8. 1530, † Moskau 18. 3. 1584; stärkte durch Reformen (Verwaltung, Recht, Armee) die Zentralgewalt. Mit der »Opritschnina«, einer 1565 von ihm geschaffenen militär. Truppe, bekämpfte er den russ. Hochadel (Bojaren); gleichzeitig förderte er den Kleinadel (Dworjane), den er zur staatstragenden Schicht machte. I. eroberte die Khanate Kasan (1552) und Astrachan (1556), leitete die russ. Expansionspolitik in Sibirien ein und führte 1558–82/83 einen erfolglosen Krieg um Livland. Er neigte zu Grausamkeit (brutale Strafgerichte) und maßlosem Jähzorn (erschlug 1581 seinen ältesten Sohn), war aber einer der gebildetsten Russen seiner Zeit.

Iwanenko, Dmitri Dmitrijewitsch, russ. Physiker, * Poltawa 29. 7. 1904, † Moskau 31. 12. 1994; entwickelte unabhängig von W. Heisenberg die Vorstellung eines aus Protonen und Neutronen aufgebauten Atomkerns.

Iwankowo-Stausee (Moskauer Meer), ↗ Wolga.

Iwano-Frankowsk (ukrain. Iwano-Frankiwsk, bis 1962 Stanislaw), Hauptstadt des Gebiets I.-F., Ukraine, im nördl. Vorland der Waldkarpaten, 218 000 Ew.; Hochschulen; Erdöl und Erdgas; Maschinenbau, chem., Konsumgüterindustrie. – Gegr. 1662, gehörte bis 1939 zu Polen.

Iwanow, 1) Alexander Andrejewitsch, russ. Maler, * Sankt Petersburg 28. 7. 1806, † ebd. 15. 7. 1858; lebte seit 1831 in Rom, wo er mit den Nazarenern in Verbindung stand; klassizistisch orientierte Darstellungen bibl. Sujets (Hauptwerk: Christus erscheint dem Volke, 1837–57, Moskau, Tretjakow-Galerie).

2) Igor Sergejewitsch, russ. Politiker, * Moskau 23. 9. 1945; arbeitete 1983–91 im Apparat des sowjet. Außenministeriums; 1991–94 russ. Botschafter in Spanien; wurde 1994 Erster Stellv. des Außenministers, 1998 Außenminister.

3) Wjatscheslaw Iwanowitsch, russ. Dichter und Altphilologe, * Moskau 28. 2. 1866, † Rom 16. 7. 1949; Theoretiker und Dichter der zweiten Generation der russ. Symbolisten; Gedichte, Essays und Tragödien mit mythologisch-symbol. und myst. Gehalt in neuklassizist. Form; literar. und kunstgeschichtl. Abhandlungen.

Iwanowo, 1) (1871–1932 Iwanowo-Wosnessensk), Hptst. des Gebiets I., Russland, 463 400 Ew.; zwei Univ.en und fünf Hochschulen; Zentrum der russ. Baumwollverarbeitung; chem. Ind., Maschinenbau, Holz-, Nahrungsmittelind.; Flughafen.

2) Dorf im Gebiet Russe, N-Bulgarien, 20 km südlich von Russe. Felsenklösterkomplex: Die Höhlenkirche Johannes' des Täufers (gen. Zarkwata »die Kirche«) ist im frühen 13. Jh. zum ersten Mal urkundlich erwähnt. Die Wandmalereien (13. und 14. Jh.) im byzantin. Stil sind bed. Werke der höfischen bulgar. Monumentalmalerei. Die Felskirchen von I. wurden zum UNESCO-Weltkulturerbe erklärt.

Iwaszkiewicz [ivaʃˈkjɛvitʃ], Jarosław, poln. Schriftsteller, * Kalnik (Ukraine) 20. 2. 1894, † Stawiska (bei Warschau) 2. 3. 1980; Mitbegründer der Dichtergruppe »Skamander« (1920); 1945/46 und ab

Iwan I. Danilowitsch, genannt Kalita, Fürst von Moskau und Großfürst von Wladimir

Alexander Iwanow: »Christus erscheint dem Volke«, Skizze zum Bild mit demselben Titel in der Moskauer Tretjakow-Galerie (1834; Sankt Petersburg, Russisches Museum)

1959 Präs. des Poln. Schriftstellerverbandes; schrieb bes. histor. und zeitgeschichtl. Romane: »Die roten Schilde« (1934), »Ruhm und Ehre« (Trilogie, 1956–62) und Erzählungen (»Mutter Johanna von den Engeln«, 1946).

Iwein, Ritter aus der Tafelrunde des Königs ↗ Artus.

IWF, Abk. für ↗ Internationaler **W**ährungs**f**onds.

Iwo, Stadt in S-Nigeria, 353 000 Ew.; Yorubastadt; Webereien, Goldschmieden u. a. Handwerksbetriebe; in der Umgebung Kakaoanbau.

Iwojima (Iwo Jima, Iō-jima), die größte der ↗ Vulkaninseln, Japan, etwa 20 km^2; kam 1891 in japan. Besitz. – Auf I. fand während des Zweiten Weltkriegs eine der blutigsten Schlachten im pazif. Raum statt; die Eroberung der von den Japanern hartnäckig verteidigten Insel durch amerikan. Truppen (19. 2.–16. 3. 1945) kostete etwa 21 000 Japaner und rd. 7 000 Amerikaner das Leben.

Iwrit (Iwrith) [hebr.] *das,* ↗ hebräische Sprache.

iX, Abk. für engl. International Exchange (↗ Deutsche Börse AG).

Ixelles [ik'sɛl] (niederländ. Elsene), belg. Stadt in der Region Brüssel, 72 500 Ew. – Got. Kirche (14. Jh.) einer 1201 gegr. Zisterzienserabtei.

Ixion, *grch. Mythos:* König der Lapithen, begehrte Hera; zur Strafe auf ein sich drehendes glühendes Rad gefesselt.

Ixtaccíhuatl [istak'siu̯atl], Vulkan in Mexiko, ↗ Iztaccíhuatl.

Izetbegović [-vitsj], Alija, bosnisch-herzegowin. Politiker, * Bosanski Samać 8. 8. 1925; Rechtsanwalt, 1990 Gründer und Vors. der muslim. »Partei der Demokrat. Aktion« (SDA), wurde Dez. 1990 Präs., war 1992–98 Staatspräs. von Bosnien und Herzegowina, 1998–2000 (Rücktritt) Mitgl. des dreiköpfigen kollektiven Staatspräsidiums.

Alija Izetbegović

İzmir ['iz-] (früher Smyrna), Prov.-Hptst. in W-Anatolien, am Golf von İzmir (Ägäisches Meer), drittgrößte Stadt der Türkei, 2,02 Mio. Ew. (40 % in Gecekondusiedlungen); Sitz eines kath. Erzbischofs, des NATO-Kommandos Landstreitkräfte Südosteuropa; zwei Univ., archäolog. Forschungsinstitut und Museum u. a. Museen; wichtigster türk. Hafen am Ägäischen Meer; internat. Messe; Stahlwerk, Fahrzeugmontage, chem., Teppich-, Textil-, Papier-, Tabakind., Erdölraffinerie. Freihandelszone (Ägäis-Freizone) in Nähe des internat. Flughafens. – Reste der hellenistisch-röm. Agora. – Das grch. **Smyrna** (um 1000 v. Chr.) war bis ins MA. ein bed. Handelsplatz; um 1425 endgültig osmanisch; im grch.-türk. Krieg 1920–22 grch. besetzt (schon seit 1919) und größtenteils zerstört.

İzmit ['iz-] (Kocaeli), Hptst. der türk. Prov. Kocaeli, am Golf von İ., am Marmarameer, 275 800 Ew.; Erdölraffinerie, chem., Seiden- und Papierind., Schiffbau; Hafen, seit 2000 Freihandelszone. – İ. ist das antike **Nikomedia**.

Iznájar [iðˈnaxar], Talsperre des Genil in S-Spanien, Prov. Córdoba und Granada. Der Stausee mit einem Fassungsvermögen von mehr als 1 Mrd. m^3 Wasser (Energiegewinnung, Bewässerung, Hochwasserschutz) umgibt fast völlig die malerisch auf einem Bergsporn liegende Stadt Iznájar (5 600 Ew.; maur. Stadtmauern und Türme).

İznik ['iz-], Stadt in NW-Anatolien, Türkei, am İ.-See, 16 000 Ew.; archäolog. Museum; Herstellung von Kacheln und Fliesen. – Stadtmauer aus hellenist. und röm. Zeit; Reste frühchristl. und byzantin. Kirchen; Moscheen (14. Jh.). – İ. ist das antike ↗ Nikaia.

Iztaccíhuatl [istak'siu̯atl; aztek. »weiße Frau«] (Ixtaccíhuatl), Vulkan im zentralen Hochland von Mexiko, 5 286 m ü. M.; letzter Ausbruch 1868; drei kleine Gletscher.

j, J 1): Druckschriftvarianten

j, J [jɔt, in Österreich je], **1)** Konsonant, der den stimmhaften, palatalen Reibelaut [j] bezeichnet (↗Laut); der 10. Buchstabe des dt. Alphabets; im Französischen, Portugiesischen, Rumänischen und Türkischen hat j den Lautwert [ʒ], im Englischen meist [dʒ], im Spanischen [x].
2) *Chemie:* **J,** Symbol für ↗Jod (chemisch fachsprachlich heute I).
3) *Einheitenzeichen:* **J,** für ↗Joule.
4) *Formelzeichen:* j in der Elektrotechnik für die imaginäre Einheit (↗i), J für die ↗Stromdichte.
5) *Münzwesen:* **J,** Kennbuchstabe auf dt. Münzen für die Münzstätte Hamburg (seit 1873).

Jab [dʒæb, engl.], *Boxen:* ↗Haken.

Jabal [dʒ-], arabisch für Berg, Gebirge; ↗Djebel.

Jabalpur [ˈdʒʌbalpʊə] (engl. Jubbulpore), Stadt im Bundesstaat Madhya Pradesh, Indien, im nördl. Dekhan, 742 000 Ew.; kath. Bischofssitz; zwei Univ., vielseitige Ind.; Garnisonsstadt.

Jablonec nad Nisou [ˈjablɔnɛts ˈnad njisɔu], Stadt in der Tschech. Rep., ↗Gablonz an der Neiße.

Jablonowygebirge, bewaldeter Gebirgszug in Transbaikalien, Russland, bis 1678 m ü. M.; von der Transsibir. Eisenbahn gequert.

Jablunkapass (tschech. Jablunkovský průsmyk), Pass in den Westbeskiden, 550 m ü. M.; der von Straße und Eisenbahn überquerte J. verbindet das Waag- (Slowakei) mit dem Odertal (Tschech. Rep.).

Jabot [ʒaˈbo; frz., eigtl. »Kropf der Vögel«] *das,* ein- oder beidseitig um den vorderen Hemdschlitz genähte, diesen verdeckende Rüsche aus Leinen oder Spitze in der Männermode des 18. und frühen 19. Jh.; gegen Ende des Jahrhunderts als »separater Wasserfall« (Volant) für Kleider und Blusen übernommen.

Jabotinski, Wladimir, zionist. Politiker russ. Herkunft, *Odessa 17. 10. 1880, †Camp Betar (N. Y.) 3. 8. 1940; Journalist, forderte einen jüd. Staat in den Grenzen des bibl. Palästina (↗Zionismus); war 1920 Mitbegründer der Haganah, 1925–36 Präs. der Weltunion der Zionisten-Revisionisten, seit 1931 Führer der Irgun Zwai Leumi. Lieder sowie Romane; auch Übersetzer.

Jacaranda [ʒa-, engl. aus Tupí] *die,* Gattung der Bignoniengewächse in den amerikan. Tropen. Der 15 bis 20 m hohe **Palisanderbaum** (Jacaranda mimosifolia) mit doppelt gefiederten Blättern und blauen, glockenförmigen Blüten ist in Brasilien beheimatet und wird heute in den Tropen weltweit als Zierbaum gepflanzt.

Jaccottet [ʒakɔˈtɛ], Philippe, schweizer. Schriftsteller frz. Sprache, *Moudon 30. 6. 1925; schreibt melancholisch getönte Lyrik und Prosa über das Leben und Sterben und die Faszination der Natur (»Elemente eines Traumes«, 1961; »Fliegende Saat. Aufzeichnungen 1954–1979«, 1984; »Nach so vielen Jahren«, 1994).

J'accuse [ʒaˈkyːz; frz. »ich klage an«], Zitat aus dem offenen Brief, den É. Zola zugunsten von Hauptmann Alfred Dreyfus in der ↗Dreyfusaffäre an den Präs. der Republik richtete (Pariser Zeitung »L'Aurore«, 13. 1. 1898).

Jacht [niederländ.] *die* (Yacht), urspr. schneller Handelssegler, heute Sport- und Freizeitschiff mit Deck und Kajüte. Man unterscheidet Hochsee- und Binnen-J., nach Antrieb Motor-, Dampf- und Segel-J.; Letztere sind Segelboote mit Flossenkiel und Kajüte (in den internat. Wettsegelbestimmungen gelten alle Segelboote einschl. der Segelbretter als Segel-J.). Nach der Bauart des Unterwasserteils unterscheidet man Schwert-J., Kiel-J. und Kielschwertjachten.

Jáchymov [ˈjaːximɔf] (dt. Sankt Joachimsthal), Stadt im Westböhm. Gebiet, Tschech. Rep., 635–750 m ü. M., im Erzgebirge, nahe der Grenze zu Dtl. (Grenzübergang Oberwiesenthal), rd. 3 000 Ew.; Heilbad mit radioaktiven Quellen; Heimatmuseum; Seilbahn auf den Keilberg (1 244 m ü. M.). Das Gebiet um J. wurde nach 1945 zum Mittelpunkt des tschech. Uranerzbergbaus (jetzt aufgegeben). – Der Ort wurde 1516 gegründet und 1520 Bergstadt; im 16. Jh. Zentrum des böhm. Silberbergbaus. Die in großer Zahl hier geprägten silbernen Guldengroschen (↗Joachimstaler) waren für den Taler namengebend.

Jacke [von altfrz. jacque »Waffenrock«], im 15. Jh. als Bez. für Wams und für Schecke belegt; das Wort bürgerte sich allmählich für den vorn geknöpften Überrock des Bürgers ein; ab der 2. Hälfte des 19. Jh. als Teil des Anzugs für **Jackett** oder **Sakko.**

Jacketkrone [ˈdʒækɪt-, engl.], ↗Zahnkronenersatz.

Jackett [ʒaˈkɛt, frz.] *das,* Teil des Herrenanzugs; ↗Jacke.

Jackfruchtbaum (Artocarpus heterophyllus), aus Vorderindien stammendes Maulbeerbaumgewächs; bis 25 m hoher, Milchsaft führender Baum mit stärkereichen Fruchtständen (**Jackfrüchte**). Diese werden bis zu 40 kg schwer und liefern Stärke für die menschl. Ernährung.

Jackpot [ˈdʒæk-, engl.] *der,* **1)** *Poker:* Einsatz, der in eine gemeinsame Kasse kommt.
2) *Toto, Lotto:* bes. hohe Gewinnsumme nach Spielen ohne Gewinner in einer Gewinnklasse, v. a. im ersten Rang.

Jackson [ˈdʒæksn], Hptst. des Bundesstaates Mississippi, USA, 192 900 Ew.; Colleges, Museen; wichtigstes Ind.-, Handels- und Verkehrszentrum in Mississippi; bed. Baumwollmarkt; in der Umgebung Erdgas- und Erdölfelder; petrochem., Textil-, Holz-, Glasindustrie. – J. wurde 1822 als Hptst. gegründet.

Jackson [ˈdʒæksn], **1)** Andrew, 7. Präs. der USA (1829–37), *Waxhaw Settlement (S. C.) 15. 3. 1767,

Andrew Jackson

Mahalia Jackson

Michael Jackson

Milt Jackson

Carl Gustav Jacobi

Friedrich Heinrich Jacobi

† The Hermitage (bei Nashville, Tenn.) 8. 6. 1845. In Kämpfen gegen die Indianer (1814) und durch seinen Sieg über die Briten bei New Orleans (1815) erlangte J. nat. Ruhm (Beiname »Old Hickory«), der durch kühne Unternehmungen gegen ihn span. Florida (Unterwerfung der Seminolen, Besetzung von Pensacola 1817/18) noch gesteigert wurde. Als Präs. betrieb J. eine gemäßigt liberale und antimonopolist. Politik; partikularist. Bestrebungen der Südstaaten (↗Nullifikation) trat er 1832 entschieden entgegen. Weder sein Regierungsstil (Einführung des ↗Spoils-Systems) noch die von ihm betriebene harte Indianerpolitik schadeten seinem Ansehen als demokrat. Führer.

2) Glenda, brit. Schauspielerin, *Birkenhead 9. 5. 1936; am Theater (u.a. in der Royal Shakespeare Company); seit 1966 auch mit Filmen und Fernsehreihen (»Elizabeth, Queen of England«, 1972, 6 Tle.) internat. bekannt, z.B. »Liebende Frauen« (1969), »Sunday, Bloody Sunday« (1971), »Mann, bist du Klasse!« (1972), »Regenbogen« (1989).

3) Janet, amerikan. Popsängerin, *Gary (Ind.) 16. 5. 1966, Schwester von 5); bed. Popstar in den USA; auch Schauspielerin in Fernsehserien.

4) Mahalia, amerikan. Sängerin, *New Orleans (La.) 26. 10. 1911, † Chicago (Ill.) 27. 1. 1972; trat bes. mit Negrospirituals und Gospelsongs hervor.

5) Michael, amerikan. Popsänger, *Gary (Ind.) 29. 8. 1958, Bruder von 3); unternahm als singender und tanzender Kinderstar zus. mit seinen Geschwistern (»The Jackson Five«) Tourneen durch die USA. Als Solist erzielte er mit LPs Umsatzrekorde; 1989 entstand der Film »Moonwalker«, der seine Karriere dokumentiert.

6) Milt (Milton), amerikan. Jazzmusiker (Vibraphonist), *Detroit (Mich.) 1. 1. 1923, † New York 9. 10. 1999; gehörte seit 1953 dem »Modern Jazz Quartet« an; galt als der führende Vertreter seines Instruments im Modern Jazz.

7) Robert Houghwout, amerikan. Bundesrichter, *Spring Creek (Pa.) 13. 2. 1892, † Washington (D. C.) 9. 10. 1954; 1940/41 Justizmin. und seit 1941 Richter am Supreme Court; 1945/46 Hauptankläger der USA in den Nürnberger Prozessen.

8) Thomas Jonathan, gen. Stonewall, amerikan. General, *Clarksburg (Va.) 21. 1. 1824, † Guiney's Station (Va.) 10. 5. 1863; im Sezessionskrieg (1861–65) nach R. E. Lee der bedeutendste General der Südstaaten.

Jacksonville [ˈdʒæksnvɪl], Hafenstadt am Saint John's River in NO-Florida, USA, 676 700 Ew.; Univ., Kunstmuseen, -galerie; Holzind., Schiffbau, Konservenherstellung; Fremdenverkehr; Marinestützpunkt.

Jacob [ʒaˈkɔb], **1)** François, frz. Genetiker, *Nancy 17. 6. 1920; erhielt 1965 mit A. Lwoff und J. Monod für die Entdeckung von Regulatorgenen bei der Enzym- und Virussynthese den Nobelpreis für Physiologie oder Medizin.

2) Max, frz. Dichter und Maler, *Quimper 11. 7. 1876, † KZ Drancy (bei Paris) 5. 3. 1944; trat 1915 vom jüd. zum kath. Glauben über und lebte ab 1921 im Kloster Saint-Benoît-sur-Loire; gehörte mit G. Apollinaire, B. Cendrars u.a. zur Gruppe jener Dichter, die die Verschmelzung von Vers und Prosa anstrebten und das Bild zum wichtigsten poet. Element erklärten. J. war Wegbereiter des Surrealismus (»Le cornet à dés«, Prosaged., 1917, 2 Tle. hg. 1955, dt. Ausw. u. d. T. »Der Würfelbecher«).

Jacobi, 1) Carl Gustav Jacob, Mathematiker, *Potsdam 10. 12. 1804, † Berlin 18. 2. 1851, Bruder von 5); entwickelte die Theorie der ellipt. Funktionen, arbeitete über Differenzialgleichungen, Variationsrechnung, analyt. Mechanik und Himmelsmechanik; wichtige Beiträge zur Zahlentheorie.

2) Friedrich Heinrich, Schriftsteller und Philosoph, *Düsseldorf 25. 1. 1743, † München 10. 3. 1819, Bruder von 3); 1807–12 Präs. der Bayer. Akademie der Wiss.; schrieb, in Auseinandersetzung mit dem Geniekult des jungen Goethe, die Briefromane »Aus Eduard Allwills Papieren« (1775/76, vollständig 1781) und »Woldemar« (1779); vertrat als Philosoph eine der Aufklärung entgegenwirkende Gefühls- und Glaubensphilosophie.

3) Johann Georg, Dichter, *Düsseldorf 2. 9. 1740, † Freiburg im Breisgau 4. 1. 1814, Bruder von 2); gab 1774–76 die Ztschr. »Iris« heraus; schrieb anmutig-spieler. Lyrik unter dem Einfluss engl. und frz. Vorbilder im Stil der Anakreontik.

4) Lotte, eigtl. Johanna Alexandra J., amerikan. Fotografin dt. Herkunft, *Thorn 17. 8. 1896, † Havenwood (N. H.) 6. 5. 1990; arbeitete nach ihrer Ausbildung in München (1925–27) in Berlin; emigrierte 1935 in die USA, wo sie ein Atelier in New York eröffnete; schuf Porträtaufnahmen bedeutender Persönlichkeiten des öffentl. Lebens, auch Landschaftsaufnahmen und Photogramme.

5) Moritz Hermann von (seit 1842), Physiker, *Potsdam 21. 9. 1801, † Sankt Petersburg 10. 3. 1874, Bruder von 1); entwickelte die Galvanoplastik, benutzte ab 1834 Elektromotoren zum Antrieb von Fahrzeugen; förderte die Einführung des metr. Einheitensystems.

Jacobsen, 1) Arne, dän. Architekt und Designer, *Kopenhagen 11. 2. 1902, † ebd. 24. 3. 1971; gelangte, beeinflusst von Le Corbusier, L. Mies van der Rohe und G. Asplund, zum Funktionalismus; schuf Bauten von klarer Form, ausgewogener Gliederung und sorgfältiger Innenraumgestaltung; entwarf auch Möbel, Textilien und Bestecke.

2) Jens Peter, dän. Dichter, *Thisted 7. 4. 1847, † ebd. 30. 4. 1885; studierte Botanik und war ein Anhänger Darwins; bereiste 1873 Italien, wo er unheilbar an Tuberkulose erkrankte. J. entwickelte seit seiner Novelle »Mogens« (1872) einen feinfühligen Impressionismus, so in den Romanen »Frau Marie Grubbe« (1876) und »Niels Lyhne« (1880); schrieb auch Gedichte und Novellen. J. beeinflusste u.a. R. M. Rilke und T. Mann.

Jacobsohn, Siegfried, Publizist, *Berlin 28. 1. 1881, † ebd. 3. 12. 1926; gründete 1905 die Theaterztschr. »Die Schaubühne« (seit 1918 »Die Weltbühne«).

Jacobs Suchard AG [- syˈʃaːr -], schweizer. Nahrungs- und Genussmittelkonzern, Sitz: Zürich; gegr. 1826; 1990 von der Philip Morris Companies, Inc. übernommen, 1993 mit deren Tochtergesellschaft Kraft General Foods Europe zur ↗Kraft Jacobs Suchard AG zusammengeschlossen.

Jacobus de Benedictis, ↗Iacopone da Todi.

Jacobus de Voragine [- voˈraːdʒine; nach dem Geburtsort], mlat. Schriftsteller, *Viraggio (heute Varazze, bei Savona) 1228 oder 1229, † Genua 13. oder 14. 7. 1298; seit 1292 Erzbischof von Genua; Verfasser der ↗Legenda aurea.

Jacoby, Günther, Philosoph, *Königsberg (Pr) 21. 4. 1881, † Greifswald 4. 1. 1969; begründete neben N. Hartmann eine die Relativitätstheorie A. Einsteins einbeziehende Ontologie (»Allg. Ontologie der Wirklichkeit«, 2 Bde., 1925–55).

Jacotot [ʒakɔˈto], Jean Joseph, frz. Pädagoge, *Dijon 4. 3. 1770, † Paris 30. 7. 1840; entwickelte eine international beachtete Lehrmethode für den Sprachunterricht, die er auch auf andere Fächer ausdehnte. Ausgehend von einer gründl. Aneignung eines Textes bzw. Lernstoffs schloss er durch assoziative Verknüpfung neue Unterrichtsgegenstände an.

Jacq [ʒak], Christian, frz. Schriftsteller, * Paris 28. 4. 1949; Ägyptologe, Gründer des Institut Ramsès in Paris; schreibt erfolgreiche unterhaltende Sachbücher und Romane über das alte Ägypten, u. a. die Romanzyklen »Ramses« (1995–97, 5 Bde.) und »Stein des Lichts« (2000, 4 Bde.).

Jacquardgewebe [ʒaˈkaːr-, frz.], figürlich gemusterte Webware in großen Rapporten (z. B. Bett- und Tischwäsche, Brokate, Damaste), die auf der von dem frz. Seidenweber J.-M. Jacquard (* 1752, † 1834) 1805 erfundenen **Jacquardmaschine** (eine Fachbildevorrichtung an der Webmaschine) hergestellt werden.

Jacquemart de Hesdin [ʒakˈmaːr də eˈdɛ̃], frz. Miniaturmaler, ↗ Hesdin, Jacquemart de.

Jacquerie [ʒakəˈri; nach dem frz. Spottnamen für den Bauern, Jacques Bonhomme, dt. »einfältiger Jakob«] *die,* Bauernaufstand in N-Frankreich 1358, verursacht v. a. durch die Not im Hundertjährigen Krieg. Die gescheiterte Erhebung, die sich v. a. gegen die adligen Grundherren richtete, stand in Verbindung mit dem Pariser Bürgeraufstand unter Étienne Marcel.

Jacques [ʒak], Norbert, Schriftsteller, * Luxemburg 6. 6. 1880, † Koblenz 15. 5. 1954; schrieb Reisebücher und Abenteuerromane (u. a. »Dr. Mabuse, der Spieler«, 1921; 1922 verfilmt von F. Lang).

Jade: chinesischer Jadeschmuck in Form eines Tigers (Westliche Zhouzeit, etwa 1050–771 v. Chr.)

Jade [frz. von span. (piedra de la) ijada »Kolikstein«] *der,* auch *die,* zusammenfassende Bez. für die fein verfilzten, dichten Aggregate der zu den Pyroxenen zählenden Minerale Jadeit, Chloromelanit (dem Jadeit ähnlich, dunkelgrün) und ↗ Nephrit, Schmucksteine von grünl. Farbe. J. wurde wegen seiner Härte, seiner verhaltenen Farben und seines reinen Klanges in China schon im 2. Jt. v. Chr. sehr geschätzt, zu dekorativen und rituellen Gegenständen verarbeitet, später zunehmend zu profanem Gerät (Kleiderschmuck, Gefäße u. a.). Auch in den mesoamerikan. Kulturen galt J. seit frühester Zeit (La-Venta-Kultur) als bes. kostbares Material zur Herstellung von Kultgegenständen. In der europ. Jungsteinzeit wurden Nephrit und Jadeit zu Beilen verarbeitet.

Jade *die,* Küstenfluss in Ndsachs., 22 km lang, Abfluss des Vareler Hochmoors, mündet in den 190 km² großen **Jadebusen,** eine durch Meereseinbrüche während starker Sturmfluten im MA. entstandene Bucht der Nordsee.

Jadeit *der,* zu den ↗ Pyroxenen gehörendes weißl. bis grünes, undurchsichtiges monoklines Mineral der chem. Zusammensetzung NaAl[Si_2O_6].

Jadīda [dʒ-] (El-J., Al-Djadida), Provinz-Hptst. an der W-Küste Marokkos, 119 100 Ew.; Seebad; Fischverarbeitung, Fischereihafen; Flughafen. 15 km südlich liegt der neue Hafen ↗ Jorf Lasfar. – Ummauerte und von vier Eckbastionen geschützte Altstadt. – 1502 als portugies. Fort angelegt; seit 1506 Festungsstadt **Mazagão;** wurde 1580 spanisch **(Mazagan).**

Jadotville [ʒadoˈvil], bis 1966 Name der Stadt ↗ Likasi.

Jaeger [ˈjɛː-], **1)** Henry, eigtl. Karl-Heinz J., Schriftsteller, * Frankfurt am Main 29. 6. 1927, † Ascona 4. 2. 2000; Anführer einer Gangsterbande, wurde 1956 zu 12 Jahren Zuchthaus verurteilt, 1963 begnadigt; war erfolgreich mit gesellschaftskrit., autobiografisch geprägten Zeitromanen: »Die Festung« (1962), »Jakob auf der Leiter« (1973), »Ein Mann für eine Stunde« (1979), »Amoklauf« (1982), »Kein Erbarmen mit den Männern« (1986).

2) Werner, klass. Philologe, * Lobberich (heute zu Nettetal) 30. 7. 1888, † Boston (Mass.) 19. 10. 1961; seit 1939 Prof. an der Harvard University; edierte Textausgaben und forschte über grch. Philosophie, Patristik und Geistesgeschichte.

Jaeggi [ˈjɛgi], Urs, schweizer. Soziologe, Schriftsteller und bildender Künstler, * Solothurn 23. 6. 1931; 1966–72 Prof. in Bochum, danach in Berlin; Arbeiten über Strukturprobleme der Ind.gesellschaft (Hg. »Sozialstruktur und polit. Systeme«, 1976); setzte sich in seinen Romanen »Brandeis« (1978) und »Grundrisse« (1981) mit der 68er-Bewegung auseinander; hier wie in dem Roman »Soulthorn« (1990) verarbeitete er dokumentar. Material. Seitdem arbeitet J. als bildender Künstler (u. a. Installationen, Objektkunst).

Jaén [xaˈen], **1)** Provinz in Andalusien, Spanien, 13 496 km², 643 800 Einwohner.

2) Hptst. von 1), südlich des Guadalquivir, 104 800 Ew.; Univ.kolleg, Museen; keram.-, Aluminium-, Nahrungs- und Genussmittelind., Metallverarbeitung. – Die unterhalb einer mächtigen maur. Burganlage liegende Stadt hat einen maur. Grundriss. Die Kathedrale gehört zu den bedeutendsten Renaissancebauten Spaniens (16., 18./19. Jh.); zahlr. Kirchen im Mudéjarstil, maur. Bäder. – J. war bis 1246 Hptst. einer arab. Herrschaft.

Jaffa (grch. Joppe, hebr. Yafo), seit 1949 Teil der israel. Doppelstadt ↗ Tel Aviv-Jaffa, am Mittelmeer. – Die ältesten Siedlungsreste stammen aus dem 5. Jt. v. Chr. Nach dem A. T. (Jos. 19, 46) im Grenzgebiet des Stammes Dan gelegen, gehörte J. den Philistern und Kanaanäern; 144 v. Chr. kam es an die Juden und 63 v. Chr. unter röm. Oberhoheit. Der (im Altertum bed.) Hafen ist einer der ältesten der Welt.

Jaffna [ˈdʒæf-], Stadt auf der gleichnamigen Halbinsel im N Ceylons, Sri Lanka, 129 000 Ew.; Hauptort der tamil. Bev.; Univ., zahlr. Hindutempel; bewässerte Gartenbaukulturen.

Jagd (Weidwerk), Aufsuchen, Nachstellen, Erlegen, Fangen jagdbarer Tiere durch Jagdausübungsberechtigte. Heute gelten i. Allg. die Regeln des ↗ Jagdrechts und des J.-Gebrauchs (Weidgerechtigkeit, fachsprachlich oft Waidgerechtigkeit). Wesentl. Teil des J.-Rechts ist die Hege. Nach altem Herkommen werden hohe und niedere J. unterschieden. Zum Hochwild gehören Schalenwild (außer Rehwild), Auerwild, Stein- und Seeadler; alle anderen Wildarten sind Niederwild. Jagdbar sind die im J.-Gesetz so bezeichneten frei lebenden Tiere. – J.-Arten sind die »Suche« (auf Hasen, Federwild und Kaninchen), das »Pirschen« (auf Schalenwild), der »Ansitz« und der »Anstand«, die »Treib-J.« (Kessel-J., Drück- und Riegel-J.), die »Fang-J.« (von Raubwild), das »Graben« (von Dachs und Fuchs), das »Frettieren« (von Kaninchen), die »Beize« (mit Falken, Adlern, Habichten und Sperbern) und die »Hütten-J.«. – Die J.-Ausübung unterliegt aus Gründen des Wildschutzes und der Weidgerechtigkeit vielfachen Beschränkungen. So ist die Verwendung bestimmter automat. Waffen, künstl. Lichtquellen, von Schlingen, Giften, die Veranstaltung von Hetz-J. u. a. untersagt. Die J. darf

Moritz von Jacobi

Urs Jaeggi

nur während der J.-Zeiten ausgeübt werden, die durch VO vom 2. 4. 1977 generell, durch Bestimmungen der Länder in Einzelfällen festgelegt sind.

Geschichte: Das Jagen von Wildtieren bildete zus. mit dem Sammeln von Samen, Früchten, Wurzeln u. a. Pflanzenteilen sowie von Larven und Insekten während der frühen Menschheitsperioden die Grundlage der menschl. Ernährung. Anfangs benutzten die Menschen zur J. hölzerne, knöcherne oder steinerne Gegenstände, die von Natur aus scharf oder spitz waren, später stellten sie speziell für die J. geeignete Waffen und Werkzeuge selbst her. Sie erlegten sogar Großwild, wobei sie Holzlanzen oder -speere, später Speerschleudern und seit Ende der Altsteinzeit Bogenwaffen verwendeten. Durch die Ausbildung von Ackerbau und Viehhaltung verlor die J. ihre lebenserhaltende Bedeutung.

Kunst: Steinzeitl. Darstellungen von J.-Szenen finden sich bes. in Höhlen und an durch Überhänge geschützen Felswänden (/ Felsbilder). In der Kunst des Alten Orients war die J. ein wesentl. Thema; schon aus der Zeit um 3000 v. Chr. sind Darstellungen erhalten. Bes. großartige Gestaltungen der J.-Tiere finden sich auch auf Reliefs und Rollsiegeln der assyr. Kunst. In der grch. Vasenmalerei war die J. mytholog. Gestalten wie Artemis oder Herakles beliebt. Auch von den Etruskern sind J.-Szenen überliefert (Vogel-J. aus dem 6. Jh. v. Chr.). J.-Reliefs auf röm. Sarkophagen zeigen häufig die Löwen-J. als Lebenssymbol. Vom MA. an finden sich viele Darstellungen der Treib-, Hetz- und Beiz-J. Gegenüber den realitätsbezogenen J.-Bildern des 16. Jh. (R. Savery, P. Bruegel d. Ä.) können Darstellungen des 17. Jh.'s, bes. des P. P. Rubens, reine Fantasieschöpfungen sein. P. Wouwerman malte die J.-Gesellschaft. F. Snyders, J. Fyt, J. Weenix pflegten bes. J.-Stücke mit dekorativ drapiertem Wildbret. Unter den Deutschen ragte J. E. Ridinger mit Stichen hervor. Für das 19. Jh. sind L. F. von Rayski, G. Courbet, W. Leibl zu nennen. In seinen J.-Stücken nahm E. Delacroix die Thematik der Raubtier-J. von Rubens wieder auf. – In Persien wurde die J. auf Miniaturen und Teppichen höf. Manufakturen dargestellt.

Jagdbezirk, dasjenige Gebiet, in dem die Jagd ausgeübt werden darf (/ Jagdrecht).

Jagdbomber, Abk. **Jabo** (engl. Strike Fighter), Flugzeug, das durch entsprechende Bewaffnung (Bomben, Luft-Boden-Raketen) als Bomber dient und z. T. nach deren Abwurf zur Bekämpfung gegner. Flugzeuge als Jagdflugzeug einsetzbar ist.

Jagdfasan: Männchen

Jagdfasan (Edelfasan, Phasianus colchicus), urspr. in Asien beheimatete Fasanenart, bis 97 cm lang, Gefieder beim Männchen metallisch schillernd, beim Weibchen rebhuhnbraun.

Jagdflugzeug (Jäger, Fighter), schnelles, wendiges, ein- bis zweisitziges, allwettertaugl. Kampfflugzeug zur Bekämpfung gegner. Flugzeuge mit Maschinenwaffen und Luft-Luft-Raketen.

Jagdgenossenschaft, / Jagdrecht.

Jagdgewehr, zum Erlegen jagdbarer Tiere bestimmte Handfeuerwaffe; für Kleinwild mit Schrotschuss als **Flinten** mit glattem Lauf (einläufigen, meist aber zweiläufigen oder Doppelflinten). Für die Jagd auf Schalenwild verwendet man **Kugelgewehre** (**Büchsen;** Gewehre mit gezogenem Lauf); kurze Büchsen heißen **Stutzen.** Es gibt auch kombinierte J. (Büchsflinte, Bockbüchsflinte, Drilling, Vierling).

Jagdhorn (italien. Corno da Caccia), das zur Jagd geblasene, mehrfach kreisförmig gewundene Horn aus Metall; gehört zu den Signalinstrumenten. Gebräuchlich sind heute v. a. das lederumwickelte kleine Pleßhorn in B (nach Herzog Hans Heinrich XI. von Pleß) sowie das großwindige, eng mensurierte Parforcehorn.

Jagdhunde, 1) *Astronomie:* (lat. Canes Venatici), Sternbild des nördl. Himmels, u. a. mit Spiralnebel.
2) *Zoologie:* Gruppe der / Hunde.

Jagdrecht, die Gesamtheit der sich auf die Jagd beziehenden Rechtsvorschriften, v. a. Bundesjagd-Ges. (BJagdG) i. d. F. v. 29. 9. 1976 und die Jagd-Ges. der Länder. Nach dem BJagdG ist der Grundstückseigentümer Inhaber des J., der die Jagd nur in **Jagdbezirken** ausüben kann. Hierbei wird zw. Eigenjagdbezirken (zusammenhängende Grundflächen einer Person oder Personengemeinschaft von mindestens 75 ha) und gemeinschaftl. Jagdbezirken (mindestens 150 ha) unterschieden. In letzterem Fall sind die versch. Grundeigentümer zu einer **Jagdgenossenschaft** als Körperschaft des öffentl. Rechts zusammengeschlossen. I. d. R. wird die Ausübung des J. durch schriftl., der Behörde anzeigepflichtigen Pachtvertrag an Dritte übertragen, die nicht Jagdgenossen sein müssen. – In *Österreich* gelten im Grundsatz ähnl. Regeln. In der *Schweiz* ist das J. im Bundes-Ges. vom 20. 6. 1986 und kantonal geregelt.

Jagdreiten, aus der / Parforcejagd hervorgegangene reitsportl. Veranstaltungen von Reitklubs im Herbst, geritten als **Fuchsjagd,** wobei das Wild durch einen Reiter dargestellt wird, der einen Fuchsschwanz an der Schulter trägt, oder als **Schleppjagd** hinter der Meute. In beiden Fällen folgen die Jagdteilnehmer in eingeteilten Gruppen (Feldern), jeweils geführt von einem Master (Huntsman) und zwei Pikören (Whippers).

Jagdrennen, 1) *nord. Skisport:* (Verfolgungsrennen), eine Laufkombination von je 5 km in klass. und in freier Technik (Frauen) bzw. je 10 km in klass. und in freier Technik (Männer), ausgetragen an einem Tag. Der Wettbewerb in freier Technik wird nach der / Gundersen-Methode gestartet. Ein J. gibt es auch im / Biathlon.
2) *Pferdesport:* / Hindernisrennen.

Jagdschein, zeitlich befristeter, behördl. Ausweis über die Erlaubnis zur Ausübung der Jagd; setzt eine erfolgreich abgelegte Jägerprüfung voraus. – Ähnlich in *Österreich* als **Jagdkarte** und in der *Schweiz* als **Jagdberechtigung** bezeichnet.

Jagdsignale, auf dem Jagdhorn geblasene Signale und Fanfaren, mit denen die Treibjagd geleitet und erlegtes Wild »verblasen« wird, sowie räumlich getrennte Jäger sich verständigen.

Jagdspinnen (Eusparassidae), Familie großer Spinnen, die ihre Beute ohne Netz im Lauf oder Sprung ergreifen. Einzige Art in Mitteleuropa ist die 8–15 mm große **Grüne Huschspinne** (Micromata virescens).

Jagdstück (Jagdstillleben), *Kunst:* Darstellung von Jagdbeute, -hunden, -waffen u. Ä.; v. a. in der niederländ. Malerei des 17. Jh.

Jagdsignale

Jagdwaffen, Sammelbez. für alle bei der Jagd verwendeten Waffen zum Erlegen, Abfangen, Aufbrechen und Zerlegen von Wild; man unterscheidet zw. Jagdgewehren und **blanken Waffen** (Hieb- und Stichwaffen wie z. B. Hirschfänger).

Jagdzauber, bei fast allen Naturvölkern verbreitete Bräuche, die den Jagderfolg begünstigen sollen, v. a. durch bildl. Darstellung von Tieren oder Jagdszenen, Zaubersprüche oder Talismane. In Jagdtänzen, z. T. mit Tiermasken, soll das Wild durch tänzer. Nachahmen beschworen werden.

Jagellonen, die / Jagiellonen.

Jagemann, Karoline, Schauspielerin und Sängerin, * Weimar 25. 1. 1777, † Dresden 10. 7. 1848; spielte seit 1797 in Weimar; Geliebte des Herzogs Karl August. Ihre Intrigen waren v. a. die Ursache für Goethes Rücktritt vom Theater (1817).

Jagen *das,* regelmäßige Forstabteilung der Ebene, durch gerade, unbeholzte Geländestriche (Gestelle, Schneisen) begrenzt.

Jäger, jemand, der die / Jagd rechtmäßig und weidgerecht ausübt.

Jäger 90, / Eurofighter 2000.

Jägerlatein, scherzhaft für übertreibende oder erfundene Erzählungen der Jäger von ihren Jagderlebnissen.

Jägerndorf, Stadt in der Tschech. Rep., / Krnov.

Jägersprache (Weidmannssprache), Fachsprache (Standessprache) der Jäger, umfasst etwa 6 000 oft alttradierte Begriffe zur Beschreibung von Jagdtieren, Jagdvorgängen und Jagdbetrieb.

Jägertruppe, in der Bundeswehr Truppengattung der Infanterie, bes. geeignet für den Orts- und Häuserkampf sowie den Einsatz in unübersichtl. Gelände (z. B. in Wäldern).

Jäger und Sammler (Wildbeuter [nach ihrer Wirtschaftsweise]), Bez. für Naturvölker mit aneignender Wirtschaftsform. Sie leben vom Jagen (mit Pfeil und Bogen, Speer, Blasrohr) und Fangen wild lebender Tiere (i. d. R. von den Männern betrieben) und vom Sammeln von Kleinsttieren und Wurzeln (mit dem / Grabstock), Früchten und Beeren durch die Frauen; Vorratswirtschaft wird nicht betrieben. Als J. u. S. leben heute noch einige Gruppen der Eskimo, Buschleute, Pygmäen und Australier (Aborigines).

Jagger ['dʒægə], Mick, eigtl. Michael Philip J., brit. Rockmusiker, * Dartford (Cty. Kent) 26. 7. 1943; Mitbegründer (1962) und Leadsänger der Gruppe »The Rolling Stones«; spielte auch in Filmen mit (u. a. »Performance«, 1970); versuchte Mitte der 80er-Jahre eine Solokarriere, seit 1989 wieder bei den »Rolling Stones«.

Jagić [-tɕ], Vatroslav, kroat. Slawist, * Varaždin 6. 7. 1838, † Wien 5. 8. 1923; Prof. in Odessa, Berlin, Sankt Petersburg, Wien; Begründer der modernen Slawistik, 1876–1918 Hg. des »Archivs für Slaw. Philologie«.

Jagiełło [jaˈɡjɛu̯u̯ɔ, poln.] (litauisch Jogaila), Großfürst von Litauen (seit 1377), als **Wladislaw II.,** König von Polen (1386–1434), * um 1351, † Gródek (Wwschaft Białystok) 1. 6. 1434; schloss 1385 mit Polen die Union von Krewo und bestieg nach seinem Übertritt zum Christentum und seiner Vermählung mit der poln. Königin Hedwig (1386) den poln. Thron. Die Großfürstenwürde von Litauen überließ er 1401 seinem Vetter Witold (Vytautas). 1410 siegte er in der Schlacht von Tannenberg über den Dt. Orden.

Jagiellonen (Jagellonen), litauisch-poln. Dynastie, ben. nach / Jagiełło; herrschte 1377/86 bis 1572 in Polen und Litauen, 1471–1526 in Böhmen, 1440–44 und 1490–1526 in Ungarn.

Jagniątków [jaɡˈnjɔntkuf] (dt. Agnetendorf), Luftkurort in der Wwschaft Niederschlesien, Polen, am N-Fuß des Riesengebirges, seit 1976 zur Stadt Piechowice (dt. Petersdorf) gehörend; ehem. Haus Wiesenstein (Wohn- und Sterbehaus von G. Hauptmann), heute Kinderheim. – Der Ort wurde 1654 von böhm. Protestanten gegründet.

Jagoda [ˈja-], Genrich Georgijewitsch, sowjet. Politiker, * Lodz 1891, † (hingerichtet) Moskau 15. 3. 1938; wurde 1924 stellv. Vors. der GPU, leitete 1934–36 als Volkskommissar des Innern die erste Phase der »Großen Säuberung« (/ Tschistka). 1937 verhaftet und 1938 zum Tode verurteilt.

Jagst *die,* rechter Nebenfluss des Neckars, 203 km lang, entspringt am östl. Albrand in den Ellwanger Bergen, mündet bei Bad Friedrichshall.

Jagsthausen, Gemeinde im Landkreis Heilbronn, Bad.-Württ., an der Jagst, 1 500 Ew. – In der Götzenburg, einem ehemaligen Wasserschloss, wurde 1480 Götz von Berlichingen geboren (Schlossmuseum); Burgfestspiele. Die ev. Pfarrkirche (14. Jh.) diente zeitweise als Grablege der Berlichingen.

Jaguar [indian. (Tupí) jagwár(a) »Fleisch fressendes Tier«] *der* (Onza, Unze, Panthera onca), vom südlichsten Teil der USA bis Südamerika verbreitete Großkatze; Kopf-Rumpf-Länge bis zu 1,8 m; Fell rötlich gelb mit großen schwarzen Ringelflecken, gelegentlich auch ganz schwarz; lebt v. a. in Waldgebieten; er klettert und schwimmt gut und jagt überwiegend am Boden. Wegen seines begehrten Fells sind seine Bestände in den meisten Gebieten bedroht.

Jahangir [dʒ-], ind. Großmogul (1605–27), * Fatehpur-Sikri 1569, † auf dem Weg von Kaschmir nach

Mick Jagger

Jaguar

Lahore 28. 10. 1627; Sohn und Nachfolger Akbars. Als kluger und tatkräftiger Herrscher übte er religiöse Toleranz.

Jahn, 1) Friedrich Ludwig (Turnvater J.), * Lanz (bei Wittenberge) 11. 8. 1778, † Freyburg (Unstrut) 15. 10. 1852; Gymnasiallehrer in Berlin, Vorkämpfer einer nat. Erziehung, bes. des Turnens (1811 Errichtung eines Turnplatzes in der Berliner Hasenheide); später als »Demagoge« verfolgt, 1848 in die Frankfurter Nationalversammlung gewählt.

Helmut Jahn: die Eingangshalle City und Messehalle 1 auf dem Messegelände in Frankfurt am Main (1989 vollendet)

2) Helmut, amerikan. Architekt dt. Herkunft, * Zirndorf 1. 1. 1940; trat 1967 in das Architekturbüro C. F. Murphy Associates in Chicago ein, das er seit 1981 unter dem Firmennamen Murphy/Jahn leitet; v. a. Hochhausbau, u. a. Eingangshalle City und Messehalle 1 auf dem Messegelände in Frankfurt am Main (vollendet 1989) sowie Bürohochhaus Messeturm, ebd. (1991 vollendet), Sony Center am Potsdamer Platz in Berlin (1995–2000).

Jähn, Sigmund, Fliegeroffizier und Kosmonaut, * Rautenkranz (heute zu Morgenröthe-Rautenkranz, Vogtlandkreis) 13. 2. 1937; nahm 1978 mit der russ. Mission Sojus 31/Saljut 6/Sojus 29 als erster Deutscher an einem Weltraumflug teil.

Hans Henny Jahnn

Jahnn, Hans Henny, Schriftsteller und Orgelbauer, * Stellingen (heute zu Hamburg) 17. 12. 1894, † Hamburg 29. 11. 1959; 1915–18 als Pazifist im Exil in Norwegen; baute rd. 100 Orgeln und verfasste mehrere musikwiss. Abhandlungen; auch Musikverleger (seit 1921). Sein schriftsteller. Werk, z. T. schwer deutbar und heftig umstritten, wird durch Psychoanalyse, Expressionismus, Naturalismus sowie eine verzweifelte Suche nach Sinn in einer un J. als durch Verlogenheit und Schmerz bestimmt gesehenen Welt geprägt (»Perrudja«, R., 2 Bde., 1929; »Fluß ohne Ufer«, R., 3 Tle., 1949–61; »Die Nacht aus Blei«, R., 1956). Aus Protest gegen Zivilisation, Konvention, mechanist. Denken propagierte J. einen heidn. Vitalismus und entwarf die Utopie eines neuheidn. Reiches. Sein bedeutendstes Drama ist »Armut, Reichtum, Mensch und Tier« (1948).

Jahr [lat. annus, Abk. A und a], Einheitenzeichen **a,** die Zeitdauer eines Umlaufs der Erde um die Sonne, dessen Länge von der Wahl des Bezugspunktes abhängt: Dem **bürgerl. J.** des jetzigen Kalenders (365 Tage) liegt das trop. J. zugrunde. Der restl. Tagesbruchteil wird durch Einschalten des Schalttages (Schaltjahr mit 366 Tagen) ausgeglichen (↗ Kalender). Das **trop. J. (Sonnen-, Äquinoktial-J.)** ist die Zeit zw. zwei aufeinander folgenden Durchgängen der Erde durch den Frühlingspunkt (365,2422 mittlere Sonnentage). Die ↗ Nutation hat eine geringe Schwankung der Länge des trop. J. zur Folge. Sieht man von ihr ab, so spricht man vom **mittleren trop. Jahr.** Das **sider. J. (Stern-J.)** ist die wahre Umlaufperiode der Erde um die Sonne, d. h. die Zeit zw. zwei aufeinander folgenden gleichen Stellungen der Sonne (bezogen auf einen Stern) auf ihrer scheinbaren Bahn an der Himmelskugel. Es dauert 365,2564 mittlere Sonnentage. Das **anomalist. J.** ist die Zeit zw. zwei Perihelduchgängen der Erde (365,2596 mittlere Sonnentage). Das **Mond-J.,** entstanden durch Zusammenfassung von 12 Mondumläufen, ist mit 354 Tagen etwa 11 Tage kürzer als das Sonnenjahr. Als **julian. J.** (365,25 Tage) und **gregorian. J.** (365,2425 Tage) bezeichnet man die durchschnittl. Länge der J. in den beiden Kalendern. – Der Jahresanfang ist v. a. für die Jahreszählung bedeutend. (↗ Kirchenjahr)

Jahrbücher, 1) *Astronomie:* (astronomische J.), Tabellenbücher mit wichtigen Angaben zum Kalender, über die Bewegungen der Sonne, des Mondes, der Planeten, die Sternörter des Fundamentalkatalogs, Finsternisse u. a. Die Örter der Himmelskörper sind i. Allg. für die Sonne und die Planeten für jeden Tag, für den Mond für jede Stunde angegeben.

2) *Geschichte:* (historische J.), ↗ Annalen.

Jahresabschluss, von einem Unternehmen nach handelsrechtl. Vorschriften zum Ende des Geschäftsjahres aufzustellender Abschluss der Buchführung, bestehend aus ↗ Bilanz sowie ↗ Gewinn-und-Verlust-Rechnung.

Jahresanfang (Jahresbeginn), der Beginn des Jahres, d. h. der Zeitpunkt, ab dem die Erhöhung der Jahreszahl um eine Einheit wirksam wird (↗ Jahreszählung, ↗ Neujahr).

Der J., der im gregorian. Kalender mit dem 1. 1. zusammenfällt, lag noch bis in die Neuzeit in Europa an sehr versch. Daten. Im Röm. Reich fiel er zunächst auf den 1. 3., seit 153/146 v. Chr. war es der 1. 1.; im MA. wurde er u. a. auch auf den 25. 3. (England bis 1752), den 1. 9. (u. a. Bereich der byzantin. Kultur) oder den 25. 12. gelegt; trotz der offiziellen Handhabung in den Kanzleien war wohl aber auch im MA. im Alltag der 1. 1., schon damals **Neujahrstag** gen., als (bürgerl.) J. üblich. In Russland wurde der vorher unsichere J. von Zar Peter I., d. Gr., auf den 1. 1. festgelegt (seit 1. 1. 1700). In Kulturkreisen mit Mondkalender (Judentum, Islam, SO-Asien) ist der J. variabel.

Jahresarbeitsverdienst, im Kalenderjahr bezogenes Entgelt eines Arbeitnehmers; steuer- und sozialversicherungsrechtl. bedeutsam, da häufig Bemessungsgrundlage für Beiträge und Leistungen.

Jahreskreis, kath. Kirche: seit der Liturgiereform des 2. Vatikan. Konzils Bez. für die zw. den Zeiten des Weihnachts- und des Osterfestkreises liegende »allgemeine Kirchenjahreszeit« (»Zeit im J.«), deren (33 oder 34) Sonntage als **Sonntage im J.** fortlaufend gezählt werden.

Jahresringe (Jahrringe), konzentr. Wachstumsringe eines Baumstamms. (↗ Holz, ↗ Dendrochronologie)

Jahresschichtung, *Geologie:* dem jährl. Klimarhythmus entsprechende Wechsellagerung von Sedimenten, die sich aus einem Gewässer absetzten. Eine bes. deutl. J. zeigen die in eiszeitl. Stauseen abgelagerten Bändertone.

Jahresüberschuss, Begriff der handelsrechtl. Gewinn-und-Verlust-Rechnung (§ 275 HGB) sowie der Bilanz (§ 266 HGB) von Kapital-Ges.; ergibt sich als positive Differenz zw. den Erträgen und Aufwendungen des betreffenden Geschäftsjahres. Unterschreiten die Erträge die Aufwendungen, spricht man von **Jahresfehlbetrag.** Bei der Ermittlung des J. werden Gewinn-und-Verlust-Vortrag, Entnahmen und Einstellungen aus bzw. in offene Rücklagen nicht berücksichtigt.

Jahreswirtschaftsbericht, nach dem Stabilitäts-Ges. jährlich im Januar dem Bundestag und -rat von der Bundesreg. vorzulegender Bericht, der die Stellungnahme zum Jahresgutachten des Sachverständigenrats zur Begutachtung der gesamtwirtsch. Entwicklung sowie die **Jahresprojektion** (Darlegung der von der Bundesreg. für das laufende Jahr angestrebten wirtschafts- und finanzpolit. Ziele) beinhaltet.

Jahreszählung, die Ein- und Zuordnung der Zeiteinheit Jahr in eine allg. verwendete Zeitskala, Grundlage aller Datierung (Chronologie); im abendländ. Kulturkreis erfolgt die exakte Zeit- und J. nach dem Dezimalsystem, d.h., das 3. Jt. n. Chr. bzw. das 21. Jh. beginnt am 1. 1. 2001 (↗ Jahresanfang).
In den histor. Kulturkreisen waren und sind versch. Jahreseinteilungen sowie (v. a. sakrale) Zählungen und ↗ Kalender üblich. Im Abendland setzte sich die von Dionysius Exiguus im 6. Jh. eingeführte christl. Jahrrechnung (»n. Chr.«; ↗ Ära) durch. Es ist aber zu beachten, dass es auch bezüglich der J. bis zum 15. Jh. üblich war, nicht die arab., sondern röm. ↗ Ziffern zu verwenden. Beliebt war es im MA. in den Kanzleien des Weiteren, in der J. nur die Zehner- und Einerzahlen anzugeben. Im Alltag und im Bewusstsein der Menschen, aber auch offiziell, blieb außerdem die J. noch bis ins Spät-MA. an eigene bed. Ereignisse oder an die christl. Festtage gebunden, am häufigsten jedoch an den jeweiligen Regenten. – Zeiterleben und -auffassung war bis in die Neuzeit i. Allg. v. a. vom Rhythmus der Jahreszeiten und der schnellen Abfolge der Generationen bestimmt. Die Periodisierung nach größeren Zeitabschnitten (↗ Jahrhundert, ↗ Jahrtausend) fand ebenfalls erst im 16./17. Jh. allg. Verbreitung.

Jahreszeiten, die Einteilung des (trop.) Jahres in vier durch die scheinbare Sonnenbahn an der Sphäre gegebene Zeitabschnitte: Frühling, Sommer, Herbst, Winter; sie werden durch die Äquinoktien und die Solstitien festgelegt. Die unterschiedl. Länge der J. ist bedingt durch die unterschiedl. schnelle Bewegung der Erde in ihrer Bahn um die Sonne; Frühling und Sommer haben auf der Nordhalbkugel der Erde eine Länge von zus. 186 Tagen und 10 Stunden, Herbst und Winter hingegen eine Länge von zus. 178 Tagen und 20 Stunden. Die Dauer der einzelnen J. ist infolge der Apsidendrehung und der Präzession leicht veränderlich. Die **meteorolog.** J. sind nach Witterungsablauf gegliedert. Die **astronom.** J. begrenzt man (bis auf geringe Verschiebungen durch die Anpassung an das astronom. Jahr) folgendermaßen:

Nordhalbkugel	Zeit	Südhalbkugel
Frühling	20./21. 3.–21./22. 6.	Herbst
Sommer	21./22. 6.–22./23. 9.	Winter
Herbst	22./23. 9.–21./22. 12.	Frühling
Winter	21./22. 12.–20./21. 3.	Sommer

Die klimat. Unterschiede der J. beruhen auf der Neigung der Erdbahnebene gegen den Äquator (Schiefe der Ekliptik); die Sonne erreicht nämlich in ihren Solstitialpunkten eine Deklination von + 23° 27′ (zur Sommersonnenwende der Nordhemisphäre) bzw. von − 23° 27′ (zur Wintersonnenwende der Nordhemisphäre). Da die Lage des Himmelsäquators über dem Horizont von der geograph. Breite des Beobachtungsortes abhängig und für ein und denselben Ort immer gleich ist, erreicht die Sonne zu versch. J. unterschiedl. Höhen über dem Horizont (und steht damit auch unterschiedlich lange über ihm). Dieser Unterschied der Höhe ergibt einen unterschiedlich schrägen Einfall der Sonnenstrahlen auf der Erde sowie die unterschiedl. Länge der Tage (und damit der Dauer der Sonneneinstrahlung), woraus sich die klimat. Unterschiede der J. ergeben. – In den Tropen, also zw. den Wendekreisen (der Sonne), wo die genannten Unterschiede unerheblich sind, werden J. durch die Niederschläge geschaffen: Hier wechseln eine Regenzeit (zentrale Tropen) oder zwei (Randtropen) mit einer oder zwei Trockenzeiten.

Kunst: Die J. wurden bereits in der Antike dargestellt als weibl. Halbfiguren oder Genien, oft auch mit unterscheidenden Attributen. Die frühchristl. Kunst übernahm die Personifikationen der J. als Sinnbilder des menschl. Lebens. Zu den frühesten erhaltenen Darstellungen des MA. gehören die des 11. Jh. an der Bronzetür des Augsburger Doms und den Kapitelen von Cluny. Aus späterer Zeit stammen z. B. der »Frühling« von S. Botticelli, der »Herbst« von F. Cossa, Grotesken von G. Arcimboldo, Gemälde von P. Bruegel d. Ä. und N. Poussin, Statuetten von A. Vittoria, W. Jamnitzer, B. Permoser.

Jahrhundert (lat. Säkulum, Saeculum), künstl. Zeiteinheit (Zeitraum von hundert Jahren). Nach der Zeit- und ↗ Jahreszählung des abendländ. Kulturkreises beginnt z. B. das 20. J. am 1. 1. 1901 und endet am 31. 12. 2000. Gebräuchlich, wenn auch nicht wiss. exakt, wurde 1900 der Ansatz des neuen J. mit dem Wechsel der J.-Zahl. **J.-Wechsel** erfreuen sich (ebenso wie Jubiläumsfeiern) erst seit um 1800 besonderer Beachtung; öffentl. **(J.-Feiern** bzw. **Säkularfeiern)** sind erst seit dem 19. Jh. belegt. (↗ Kalender)

Jahrhundertvertrag, 1977 zw. den dt. Bergbauunternehmen und der Elektrizitätswirtschaft geschlossene Vereinbarung über den Bezug und die Lieferung von einheim. Steinkohle zur Strom- und Wärmeerzeugung, 1980 durch Zusatzvereinbarung verlängert, Ende 1995 ausgelaufen. (↗ Kohlepfennig)

Jahrmarkt (Kirmes, Messe, Kirbe, Kerb, Kerwe, schweizer. Kilbi), volkstüml. Vergnügungsveranstaltung mit Verkaufs- und Schaubuden, Karussells, Volksbelustigungen u. Ä. (↗ Kirchweih, ↗ Messe).

Jahrrechnung, ↗ Ära.

Jahrtausend (lat. Millennium), künstl. Zeiteinheit (Zeitraum von tausend Jahren). Nach der Zeit- und ↗ Jahreszählung des abendländ. Kulturkreises beginnt das dritte J. am 1. 1. 2001. Weltweit gefeiert wurde der Anbruch des dritten J. in Vernachlässigung mathematisch-kalendar. Exaktheit vielfach zum 1. 1. 2000 **(J.-Feier, Millenniumsfeier).**

Jahr und Tag, Maximalfrist des alten dt. Rechts, die ein Jahr, sechs Wochen und drei Tage umfasste. »Tag« bedeutet Gerichtstag (Ding), fand im Abstand von sechs Wochen statt, dauerte drei Tage.

Jahwe (Jahve), hebr. Eigenname des Gottes Israels; Herkunft und Bedeutung sind umstritten. Die Selbstoffenbarung des Gottesnamens in 2. Mose 3, 14 wird (meist) übersetzt: »Ich werde sein, der ich sein werde«; unzutreffend wurde J. nach der Vokalisation

Jakarta: Blick über die alte Siedlung auf die neuen Hochhäuser der Stadt

kath. Erzbischofssitz, Univ. u. a. Hochschulen, Goethe-Inst., Nationalarchiv, Bibliotheken, Museen, Theater; Ind.zentrum des Landes u. a. mit Düngemittelind., Kraftfahrzeugmontage und Schiffbau; wichtigster Handelsplatz im Malaiischen Archipel; Hafen Tanjung Priok mit Containerterminal, internat. Flughafen. – Von Kolonialbauten geprägtes Stadtbild. – 1619 entstanden ein niederländ. Fort und die Siedlung Batavia als asiat. Hauptstützpunkt der niederländ. Ostind. Kompanie.

Jako [frz.] *der,* der ↗ Graupapagei.

Jakob, A. T.: zweiter Sohn Isaaks und dritter der Stammväter (Patriarchen) Israels; erkaufte sich von seinem Bruder Esau das Erstgeburtsrecht (1. Mose 25, ff.) und erschlich sich den väterl. Erstgeburtssegen (1. Mose 27); erhielt nach dem nächtl. Kampf am Jabbok (1. Mose 32, 23–31) den Namen **Israel;** seine Söhne galten als die Ahnherren der zwölf Stämme Israels: Ruben, Simeon, Levi, Juda, Dan, Naphtali, Gad, Aser, Issakar, Zabulon, Joseph und Benjamin.

Jakob (engl. James, span. Jaime, katalan. Jaume), Herrscher:

Aragonien: **1) J. I., der Eroberer,** König (1213–76), * Montpellier 22. 2. 1208, † Valencia 27. 7. 1276; eroberte von den Mauren 1229–35 die Balearen und 1232–38 das Königreich Valencia. Seine Autobiografie ist die erste bed. Chronik in katalan. Sprache. J. ließ das Seerecht kodifzieren.

England: **2) J. I.,** König (1603–25), als **J. VI.** König von Schottland (seit 1567), * Edinburgh 19. 6. 1566, † Theobalds Park (bei Cheshunt, Cty. Hertfordshire) 27. 3. 1625; Sohn Maria Stuarts und Lord Darnleys; gelangte nach dem Tod Elisabeths I. als erster Stuart auf den engl. Thron; war entschiedener Vertreter eines absoluten Königtums und stützte sich bes. auf die anglikan. Staatskirche. Die Aussöhnung mit den Katholiken wurde durch die ↗ Pulververschwörung vereitelt.

3) J. II., König (1685–88), als **J. VII.** König von Schottland, * London 14. 10. 1633, † Saint-Germain-en-Laye 16. 9. 1701; Sohn Karls I.; wurde 1672 Katholik. Da er die Rekatholisierung Englands betrieb, rief das Parlament 1688 Wilhelm von Oranien, den Schwiegersohn J.s, ins Land; J. floh nach Frankreich und wurde vom Parlament für abgesetzt erklärt (so genannte »Glorreiche Revolution«). Der Versuch, mit frz. Hilfe von Irland aus seinen Thron zurückzuerobern, endete 1690 mit der Niederlage am Boyne. Sein Sohn aus 2. Ehe, **J. Eduard (J. III.;** * London 1688, † Rom 1766), scheiterte 1708 und 1715/16 bei Unternehmungen zur Gewinnung des Throns.

Schottland: **4) J. IV.,** König (1488–1513), * 17. 3. 1473, ⚔ Flodden Field (bei Branxton, Cty. Northumberland) 9. 9. 1513; erreichte die endgültige Einigung Schottlands; schloss 1512 ein Bündnis mit Frankreich gegen Heinrich VIII. von England; erlitt beim Einfall in N-England eine vernichtende Niederlage bei Flodden Field.

Jakob-Creutzfeldt-Krankheit, die ↗ Creutzfeldt-Jakob-Krankheit.

Jakobiner (frz. Jacobins), die Mitgl. des wichtigsten polit. Klubs (gegr. Mai 1789) der Frz. Revolution, ben. nach ihrem Tagungsort, dem ehem. Dominerkloster Saint-Jacques in Paris. Seit Mitte 1791 war der Klub Sammelpunkt der radikalen Republikaner, beherrscht zunächst von den Girondisten, später von der Bergpartei. Präs. von April 1793 bis zu seiner Ermordung im Juli war J. P. Marat, dann M. Robespierre. Unter seiner Führung organisierten sie die Schreckensherrschaft 1793/94. Nach Robespierres Sturz wurde der Klub am 11. 11. 1794 geschlossen.

des hebr. Bibeltextes **Jehova** gelesen; seit (spätestens) dem 1. Jh. v. Chr. vermeiden die Juden das Aussprechen des Gottesnamens und lesen für J. **Adonai** (hebr. »mein Herr«). – Septuaginta und Vulgata übersetzen J. mit »Kyrios« und »Dominus«, die meisten dt. Bibeln mit »Herr«. Als lat. Umschrift der hebr. Schreibweise ist JHWH gebräuchlich (↗ Tetragramm).

Jahwist *der* (Jahvist), Quellenschrift im ↗ Pentateuch; benannt nach dem in ihr häufig gebrauchten Gottesnamen Jahwe und entstanden wohl zw. 950 und 900 v. Chr., sicher aber vor 721 v. Chr.; enthält die älteste zusammenhängende Geschichtserzählung Israels und endet nach Auffassung der meisten Bibelwissenschaftler mit Ri. 1.

Jailagebirge [türk. »Sommerweide«], Hauptkette des Krimgebirges, Ukraine, im S der Halbinsel Krim, im Roman-Kosch 1 545 m ü. M.; fällt nach S steil zum Schwarzen Meer ab.

Jakob I., König von England

Jaina [dʒ-], Angehörige der ind. Religion des ↗ Dschainismus.

Jaipur [dʒ-], Hptst. des Bundesstaates Rajasthan, NW-Indien, am Arawalligebirge, 2,32 Mio. Ew.; Univ., Kunstschule; chem., Textil-, Nahrungsmittel-, Metall verarbeitende Ind., Edelsteinschleiferei und Goldschmuckherstellung; Fremdenverkehr; internat. Flughafen. – J. wurde planmäßig angelegt mit rechtwinkligem Straßennetz; bekannteste Bauwerke sind die Sternwarte (1713–38) und der fünfgeschossige »Palast der Winde« (1751–68). – 1728 gegr. als Hauptsitz des Staates Rajputana, der 1949 in Rajasthan aufging.

Jajce [ˈjaːjtsɛ], Stadt in Bosnien und Herzegowina, 341 m ü. M., an der Pliva, die hier in einem 30 m hohen Wasserfall in den Vrbas stürzt, 13 000 Ew.; Carbidfabrik. – Orientalisch anmutendes Stadtbild mit Moscheen, bosn. Erkerhäusern, Wohntürmen; Ruine der bosn. Königsburg (15. Jh.). – 1396 erstmals erwähnt. - Am 29. 11. 1943 wurde in J. die provisor. Reg. unter Tito (AVNOJ) gebildet.

Jakob II., König von England

Jak, ↗ Yak.

Ják [jaːk], Dorf im Bez. Vas, W-Ungarn. – Die Abteikirche St. Georg des um 1210 gegr. Benediktinerklosters ist einer der bedeutendsten roman. Bauten Ungarns. Ebenfalls romanisch ist die Pfarrkirche St. Jakob (um 1250).

Jakarta [dʒ-] (Djakarta, bis 1950 Batavia), Hptst. von Indonesien, an der westl. N-Küste Javas, bildet eine eigene Provinz mit 590 km² und 9,16 Mio. Ew.;

Jakobinermütze, der ⁄phrygischen Mütze nachgebildete rote Mütze **(Bonnet rouge)** mit überhängendem Zipfel, von den Jakobinern getragen, Symbol der Frz. Revolution von 1789.

Jakobiten, 1) in der europ. Kirchengeschichtsschreibung Bez. für die im 6. Jh. durch den syr. Mönch Baradäus († 578; grch. Name Jakob Zanzalos) kirchlich reorganisierten und traditionell als »monophysitisch« angesehenen (sachgemäß besser mit »prächalzedonisch« beschriebenen) Syrer; heute z. T. noch anzutreffen als Bez. für die syrisch-orth. Christen (die Mitgl. der westsyr. Kirche; ⁄syrische Kirchen).
2) die Anhänger des 1688 aus England vertriebenen Stuartkönigs Jakob II. und seiner Nachkommen, bes. in Schottland.

Jakobs, Karl-Heinz, Schriftsteller, *Kiauken (Ostpreußen) 20. 4. 1929; brachte mit seinem Roman »Beschreibung eines Sommers« (1961) erstmals Alltagskonflikte in die Literatur der DDR; 1981 Ausreise in die Bundesrep.; spätere Werke verarbeiten häufig dokumentar. Material (»Das endlose Jahr. Begegnungen mit Mäd«, 1983); in dem Roman »Leben und Sterben der Rubina« (1999) schildert er das Schicksal einer dt. Kommunistin in Stalins Lagern. Auch zahlr. Arbeiten für Rundfunk, Fernsehen und Printmedien.

Jakobshavn [-haʊn], grönländ. Stadt, ⁄Ilulissat.

Jakobsleiter, 1) *A. T.:* die Himmelsleiter, die ⁄Jakob im Traum sah (1. Mos. 28, 12): Engel stiegen auf einer Leiter zum Himmel auf und nieder.
2) *Botanik:* die Pflanzengattung ⁄Himmelsleiter.
3) *Seefahrt:* (Seefallreep), ein ⁄Fallreep.

Jakobsmuschel, eine ⁄Kammmuschel.

Jakobson, Roman Ossipowitsch, amerikan. Sprach- und Literaturwissenschaftler russ. Herkunft, *Moskau 11. 10. 1896, †Boston (Mass.) 18. 7. 1982; gehörte zur russ. literarkrit. Schule des ⁄Formalismus, Mitbegründer der ⁄Prager Schule, seit 1943 in den USA; bed. Strukturalist und Slawist.

Jakobsstab, 1) *allg.:* der Pilgerstab der Wallfahrer zum Grab des hl. Jakobus des Älteren in Santiago de Compostela.
2) *Astronomie:* 1) Name für die drei in gerader Linie stehenden Sterne δ, ε und ζ im Sternbild Orion.
2) **Gradstock, Kreuzstab,** mittelalterl. Winkelmessgerät zur Höhenbestimmung der Gestirne, bestehend aus einem mit einer Skala versehenen Längsstab, auf dem ein kürzerer, senkrecht dazu gerichteter Querstab verschoben werden kann; vor der Erfindung des Sextanten wichtigstes naut. Instrument zur Schiffsortbestimmung.

Jakobsweg, ⁄Pilgerstraßen.

Jakobus, N.T.: **1)** einer der Brüder Jesu (Mk. 6, 3); führend in der Jerusalemer ⁄Urgemeinde und auf dem ⁄Apostelkonzil; 62 gesteinigt; Heiliger, Tag: 11. 5.; in der orth. Kirche: 23. 10.
2) J. der Ältere (später Jakob von Compostela), Apostel, Sohn des Zebedäus, Bruder des Apostels Johannes (Mk. 1, 19; 3, 17); 44 unter Herodes Agrippa I. hingerichtet (Apg. 12, 2). Nach einer Überlieferung wurden seine Gebeine nach Spanien gebracht (nach anderer Version gelangten sie auf wunderbare Weise dorthin) und dort beigesetzt. Um sein angebl. Grab entstand die Stadt Santiago de Compostela; Heiliger, Patron Spaniens und der Pilger, Tag: 25. 7.
3) J. der Jüngere, Apostel, Sohn des Alphäus; außer seinem Namen (Mk. 3, 18; Apg. 1, 13) ist nichts überliefert; Heiliger, Tag: 3. 5.; in der orth. Kirche: 9. 10.

Jakobusbrief, Abk. **Jak.,** einer der ⁄Katholischen Briefe des N. T.; enthält v. a. eth. Ermahnungen und eine theologisch bedeutsame Auseinandersetzung mit der paulin. Auffassung von der ⁄Rechtfertigung (Jak. 2, 14 ff.).

Jakobusevangelium, apokryphe neutestamentl. Schrift; verfasst nach 150 n. Chr.; schildert die Kindheit Jesu, v. a. aber das Leben Marias.

Jakuten (Eigenbez. Sacha), Turkvolk in NO-Sibirien, Russland, bes. in Jakutien, etwa 380 000 Menschen; betreiben im S Rinder- und Pferdezucht sowie Fischerei und Ackerbau (seit dem 19. Jh.), im N Rentierzucht und Pelztierjagd. Sie haben ein hoch entwickeltes Eisen- und Silberschmiedehandwerk. Die J. sind weitgehend christianisiert, behielten aber Reste von Schamanismus, Bärenkult und Geisterglaube bei.

Jakutien (Republik Jakutien, jakut. Sacha), Teilrep. der Russ. Föderation, im NO Sibiriens, 3 103 200 km², 973 800 Ew. (33 % Jakuten, 50 % Russen); Hptst. ist Jakutsk. J. erstreckt sich beiderseits der Lena, umfasst im N Tiefland, im W das Mittelsibir. Bergland, im SO das Aldanbergland, im mittleren Teil das Werchojansker Gebirge und im NO das Jukagirenplateau. Das Klima ist extrem kontinental, der Dauerfrostboden reicht bis in Tiefen von 1 500 m; Nadelwald (Lärchentaiga) bedeckt rd. 40 % der Fläche. Die Wirtschaft basiert auf dem Bergbau, v. a. der Gewinnung von Diamanten (aus J. stammen rd. 95 % der russ. Diamantenförderung; eine Bearbeitungsind. ist im Aufbau), Kohle, Gold, Eisen-, Nichteisenmetallerzen sowie Erdöl, -gas. Weitere wichtige Wirtschaftszweige sind Holzeinschlag, -verarbeitung und Pelztierzucht. Von der Transsibir. Eisenbahn und der Baikal-Amur-Magistrale führen Stichbahnen in die Bergbaugebiete.
Geschichte: Die Jakuten, die im Zuge ihrer Landnahme der Gebiete an der Lena eine Oberhoheit über die dort siedelnden Völker der Ewenken und Jukagiren errichteten, wurden in den 30er-Jahren des 17. Jh. von Russland unterworfen (1632 Gründung von Jakutsk durch russ. Kosaken). 1805 wurde das Gebiet J. geschaffen. Seit dem 19. Jh. schickten die zarist. Behörden viele Strafgefangene und polit. Häftlinge in die Verbannung nach J. Nach der Errichtung der Sowjetmacht (1918, erneut 1920) wurde am 27. 4. 1922 die Jakut. ASSR gebildet. Die Kollektivierung der Landwirtschaft stieß auf starken Widerstand; in den 20er- und 30er-Jahren wurden die nat. Traditionen und Institutionen der Jakuten unterdrückt. Seit den 30er-Jahren war J., bes. der NO, Standort zahlr. Zwangslager des ⁄GULAG. Nach einer Souveränitätserklärung (Sept. 1990) stellte ein »Gesetz über den Status der Rep.« (Febr. 1991) J. zunächst anderen Unionsrepubliken der UdSSR gleich; nach dem Zerfall der Sowjetunion unterzeichnete die Reg. im März 1992 den Föderationsvertrag mit der Russ. Föderation.

Jakutsk, Hptst. von Jakutien, Russland, an der Lena, 196 500 Ew.; Univ., Forschungsinst. für Dauerfrostboden; Diamantenverarbeitung, Holz-, Leder-, Nahrungsmittelind.; Pelzhandelsplatz; Hafen, internat. Flughafen. – Gegr. 1632 als militär. Vorposten.

Jalalabad [dʒ-], Provinz-Hptst. im O von Afghanistan, am Kabul, 58 000 Ew.; medizin. Fakultät der Univ. Kabul; Handelszentrum einer Bewässerungsoase. – Südöstlich von J. wurde beim Dorf **Hadda** eine bed. buddhist. Klosterstadt ausgegraben.

Jalandhar [ˈdʒa-] (ehem. Jullundur), Stadt im Bundesstaat Punjab, im NW von Indien, zw. Sutlej und Beas im Pandschab, 520 000 Ew.; Zuckerraffinerien, Konserven-, Textil-, Metallind., traditionelle Elfenbeinschnitzerei.

Jalapa Enríquez [xaˈlapa enˈrrikes], Hptst. des Bundesstaates Veracruz, Mexiko, im zentralen Hoch-

2240 **Jali** Jalisco

Jamaika

Fläche:	10 991 km²
Einwohner:	(2001) 2,59 Mio.
Hauptstadt:	Kingston
Verwaltungsgliederung:	14 Bezirke
Amtssprache:	Englisch
Nationalfeiertag:	erster Montag im August
Währung:	1 Jamaika-Dollar (J$) = 100 Cent (c)
Zeitzone:	MEZ − 6 Std.

Staatswappen

internationales Kfz-Kennzeichen

1,9 — 2,6 — 1970 2001 Bevölk. (in Mio.)
1222 — 2610 — 1970 2000 BNE je Ew. (in US-$)

56 % / 44 %
Stadt / Land
Bevölkerungsverteilung 2000

28 % / 7 % / 65 %
Industrie / Landwirtschaft / Dienstleistung
Bruttoinlandsprodukt 2000

land, 325 000 Ew.; kath. Erzbischofssitz; Univ.; archäolog. Museum; Anbau und Verarbeitung von Kaffee, Tabak, Zitrusfrüchten; Textilind., Zuckerraffinerie. – Stadtbild mit kolonialzeitl. Geprāge.

Jalisco [xa'lisko], Bundesstaat Mexikos, 78 389 km², 6,32 Mio. Ew.; Hptst. ist Guadalajara; erstreckt sich vom Pazifik weit ins Landesinnere.

Jalousie [ʒalu'zi; frz., eigtl. »Eifersucht«] die, bewegl. Sonnenschutz- und Verdunklungseinrichtung, bes. vor Fenstern, aus Holzlamellen bzw. (dann auch als **Jalousette** bezeichnet) aus Kunststoff- oder Leichtmetalllamellen. (↗ Markise, ↗ Rollladen)

Jalta, Hafenstadt und Kurort an der Südküste der Krim, Ukraine, 90 000 Ew.; Forschungsinst. für Weinbau und -bereitung, botan. Garten; Nahrungs- und Genussmittelind.; Fischfang und -verarbeitung, Reparaturwerft. – War im 14./15. Jh. genues. Kolonie. Tagungsort der Jaltakonferenz (4.–11. 2. 1945).

Jaltakonferenz, vom 4. bis 11. 2. 1945 zw. Roosevelt, Stalin und Churchill abgehaltene Gipfelkonferenz in Jalta auf der Schwarzmeerhalbinsel Krim, über die militär. Besetzung Dtl.s und dessen Einteilung in vier Besatzungszonen, über die poln. Ostgrenze, die Bildung von demokrat. Regierungen für Polen und Jugoslawien, die Organisation der Vereinten Nationen (bes. das Vetorecht), über militär. Maßnahmen zur Beendigung des Kriegs, die Bestrafung von Kriegsverbrechern und andere Nachkriegsfragen. In einem Geheimabkommen verpflichtete sich die UdSSR gegen territoriale und polit. Zugeständnisse zum baldigen Eintritt in den Krieg gegen Japan und zu einem Bündnis mit China.

Jalu, Grenzfluss zw. Korea und China, ↗ Yalu.

Jaluit ['dʒæluɪt], größtes Atoll der Marshallinseln im Pazif. Ozean, über 80 kleine Inseln um eine tiefe Lagune, 17 km² Landfläche, 1 700 Ew.; Ausfuhr von Kopra; Fischind.; Hauptort ist Jabor.

Jamagata, Stadt in Japan, ↗ Yamagata.

Jamagutschi, Stadt in Japan, ↗ Yamaguchi.

Jamaika (amtlich engl. Jamaica), Staat im Karib. Meer, umfasst außer der Hauptinsel Jamaika, die drittgrößte Insel der Großen Antillen, einige kleine vorgelagerte Inseln.

Staat und Recht
Nach der Verf. von 1962 ist J. eine parlamentar. Monarchie im Commonwealth. Staatsoberhaupt ist der brit. Monarch, vertreten durch den Generalgouverneur. Die Legislative liegt beim Zweikammerparlament, bestehend aus Senat (21 ernannte Mitgl.) und Repräsentantenhaus (60 Abg., für 5 Jahre gewählt). Oberstes Exekutivorgan ist die Reg. unter Vorsitz des Premiermin. Wichtigste Parteien sind die Nat. Volkspartei (PNP) und die Arbeiterpartei (JLP).

Landesnatur
Abgesehen von teilweise versumpften Küstenebenen bestehen etwa zwei Drittel der Insel aus bis zu 900 m hohen Kalksteinplateaus, die stark verkarstet sind. In Karsthohlformen konnte sich Bauxit bilden. Im O liegen in den Blue Mountains die höchsten Erhebungen des Landes (Blue Mountain Peak, 2 292 m ü. M.), die wie die Central Range (950 m ü. M.) in der Inselmitte zum amerikan. Kordillerensystem gehören. Die Insel ist erdbebengefährdet. Das Klima ist tropisch mit hohen Niederschlägen (im Jahresmittel 800–3 000 mm), bes. an der N-Küste; es treten häufig Wirbelstürme auf. Abgesehen von den mit Regen-, Berg- und Nebelwald bedeckten Blue Mountains wurde die ursprüngl. Vegetation weitgehend vernichtet. An den Küsten bestimmen Mangroven und Kokospalmen das Bild.

Bevölkerung
Die Bev. besteht aus Schwarzen (rd. 75%), Mulatten (rd. 15%) sowie Indern, Europäern und Chinesen. Landflucht, Arbeitslosigkeit und Übervölkerung führten zu starker Auswanderung (in den letzten Jahren v. a. nach Nordamerika); durchschnittl. jährl. Bev.-Wachstum: 1,1%. – Über 80% der Bev. sind Christen (mehrheitlich Protestanten) und gehören über 100 Kirchen an und christl. Gemeinschaften an (darunter zahlr. eigenständige afrokarib. Kirchen), etwa 5% bekennen sich zur politisch-religiösen Bewegung der ↗ Rastafaris. Daneben gibt es Anhänger des mag. Zaubers (Obeah) und des stark ekstatisch geprägten afroamerikan. Convince-Kults. – Es besteht eine allg. achtjährige Schulpflicht ab dem 7. Lebensjahr. Die Analphabetenquote beträgt 13%.

Wirtschaft, Verkehr
Fremdenverkehr, Bauxitabbau und Landwirtschaft sind die Hauptzweige. J. ist nach Australien und Guinea drittgrößter Bauxitexporteur der Erde. Die 1942 entdeckten Vorkommen (Reserven rd. 1 Mrd. t) werden seit 1952 durch multinat. Unternehmen im Tagebau abgebaut, das Bauxit wird zu Tonerde verarbeitet. In der Ind. arbeiten 20% der Beschäftigten, in der Landwirtschaft 23%. Hauptnahrungsmittel sind Jams, Bataten, Reis und Gemüse, doch müssen weitere Nahrungsmittel eingeführt werden. Für den Export werden in wenigen Großplantagen Zuckerrohr, Bananen, Kakao und Zitrusfrüchte angebaut. Die Zucker- und Melasseherstellung dominiert in der Nahrungsmittelind. Im Raum Kingston und in Montego Bay bestehen freie Produktionszonen, hier siedelten sich ein Stahlwerk, eine Erdölraffinerie sowie Textil-, Düngemittel- und Kunststoffind. an. Wichtigster Devisenbringer ist der Fremdenverkehr. – Ausgeführt werden v. a. Bauxit und Tonerde (50%), Zucker, Bana-

nen, Rum und Gewürze. Die wichtigsten Handelspartner sind die USA, die EU-Länder, Kanada und die Staaten der Karib. Gemeinschaft. – Das Eisenbahnnetz ist 339 km lang, davon sind 207 km Privatbahnen, die nur noch z. T. für den Bauxittransport genutzt werden. Es besteht ein Straßennetz von rd. 19 000 km Länge (davon 13 400 km asphaltiert). Kingston, Montego Bay, Ocho Rios und Port Antonio sind die wichtigsten Seehäfen. J. verfügt über je einen internat. Flughafen bei Kingston und bei Montego Bay.

Geschichte

J. wurde 1494 von Kolumbus entdeckt. Die eingeborenen Indianer gingen unter der span. Herrschaft zugrunde. Die Insel wurde später von wenigen reichen Familien, die afrikan. Sklaven einführten, aufgekauft, aber 1655 von den Engländern erobert. Gegen Ende des 17. Jh. war J. einer der größten Umschlagplätze des Sklavenhandels. Die Ausbeutung der Schwarzen änderte sich auch nach der Aufhebung der Sklaverei um 1836 nicht wesentlich. Nach einem Aufstand 1865 wurde J. 1866 Kronkolonie, ab 1944 mit innerer Selbstverw., 1958–61 war es Mitgl. der Westind. Föderation. Nach einem Referendum erhielt J. 1962 die volle Unabhängigkeit. 1972–80 verfolgte die Reg. unter M. Manley (PNP) einen sozialist. Kurs mit Anlehnung an Kuba. Die folgende Regierung unter E. Seaga (JLP, 1980–89) orientierte sich an der Marktwirtschaft. Als Manley 1989 erneut gewählt wurde, setzte er diesen Kurs fort, obwohl die hohe Inflationsrate zu Unruhen führte. Er trat im März 1992 zurück; die vorzeitigen Neuwahlen 1993 gewann die PNP unter P. J. Patterson, der in den Parlamentswahlen 1997 bestätigt wurde.

Jamal [samojed. »Ende der Welt«] (früher Samojedenhalbinsel), Halbinsel im NW Sibiriens, zw. Obusen und Karasee, gehört zum Autonomen Kreis der Jamal-Nenzen, Gebiet Tjumen, Russland, 122 000 km²; seenreiches Tiefland, von Tundra bedeckt; Rentierzucht; die Erdgas- (Urengoi) und Erdölgewinnung ist von wachsender Bedeutung, ihr Zentrum ist Nowy Urengoi; Erdgasleitung nach Mittel- und Westeuropa (mehr als 5 000 km lang).

Jamal-Nenzen, Autonomer Kreis der, autonomer Kreis im Gebiet Tjumen der Russ. Föderation, im N des Westsibir. Tieflands mit den Halbinseln Jamal, Tas und Gydan; 750 300 km², 496 700 Ew. (Russen, Ukrainer, Tataren, Nenzen u. a.); Hptst. ist Salechard. Die Erdgas- und Erdölgewinnung ist von größter Bedeutung, verursacht aber erhebl. ökolog. Probleme; ferner Fischfang und -verarbeitung, Rentierzucht, Pelztierjagd. – Das Gebiet wurde zum 30. 12. 1930 eingerichtet.

Jamato, Landschaft in Japan, ↗ Yamato.

Jambi, früherer Name der indones. Stadt ↗ Telanaipura.

Jambol, Stadt (Verw.zentrum des Gebiets J.) im O von Bulgarien, an der Tundscha, 82 900 Ew.; histor. Museum; Herstellung von Chemiefasern, Maschinenbau, Textil-, Nahrungsmittelind.; Handelszentrum eines Agrargebietes; Weinkellereien.

Jamboree [dʒæmbəˈriː, engl.] *das,* internat. Pfadfindertreffen.

Jamburg, Ort im Autonomen Kreis der Jamal-Nenzen, Russland, auf der Halbinsel Tas, an der Nordsibir. Eisenbahn, etwa 6 000 Arbeiter (keine ständigen Ew.); Schwerpunktgebiet der russ. Erdgasgewinnung (Fernleitungen über Uschgorod nach Mittel- und Westeuropa).

Jambus [grch.-lat.] *der* (Iambus, grch. Iambos), grch. Metrum der Form ◡–◡–. Außer an 3. Stelle stehenden Kürze kann jeder Teil jeweils durch Doppelkürzen ersetzt werden. Bei mehrmaliger Wiederholung entstehen jamb. Dimeter, Trimeter usw. Die hellenist. Theorie verstand unter J. schon die Gruppe ◡–; sie liegt den Nachbildungen des jamb. Versmaßes in der neueren Dichtung zugrunde, so beim nicht gereimten fünffüßigen J. oder ↗ Blankvers. (↗ Metrik, Übersicht)

Jambuse *die* (Rosenapfel), bis 4 cm große grünl. oder weißl., wohlschmeckende Obstfrucht des ind. Myrtengewächses Syzygium jambos.

James [dʒeɪmz], **1)** *Harry,* amerikan. Jazztrompeter, * Albany (Ga.) 15. 3. 1916, † Las Vegas (Nev.) 5. 7. 1983; gehörte zu den technisch brillantesten Trompetern des Swingzeit.

2) *Henry,* amerikan. Schriftsteller, * New York 15. 4. 1843, † London 28. 2. 1916, Bruder von 5); lebte 1875/76 in Paris (Kontakte zu G. Flaubert, I. Turgenjew, É. Zola und anderen); Meister der psychologisch-realist. Erzählkunst, in der die Handlung zugunsten von Dialog und Monolog (↗ innerer Monolog, ↗ Stream of Consciousness) zurücktritt. J. entwickelte später eine Erzähltechnik, die den Leser das Geschehen aus der Perspektive (»point of view«) der Hauptgestalt erfassen lässt (»Der Amerikaner«, R., 1877; »Bildnis einer Dame«, R., 1881; »Die Damen aus Boston«, R., 3 Bde., 1886; »Die Gesandten«, R., 1903; »Der Wunderbrunnen«, R., 1901; »Tagebuch eines Schriftstellers«, hg. 1947). J. gilt heute als Klassiker der englischsprachigen Prosa.

3) *Jesse Woodson,* amerikan. Bandit, * bei Centerville (heute Kearney, Mo.) 5. 9. 1847, † Saint Joseph (Mo.) 3. 4. 1882; schloss sich zus. mit seinem Bruder Frank (* 1843, † 1915) während des Sezessionskrieges (1861–65) einer mit den Südstaaten sympathisierenden Guerillatruppe an. Danach bildeten beide den Kern einer Bande, die in den folgenden Jahren viele spektakuläre Bank-, Postkutschen- und Zugüberfälle verübte. J. wurde wegen des auf ihn ausgesetzten Kopfgeldes von einem Banden-Mitgl. hinterrücks erschossen; ihn und seine Taten verklären zahlr. Westernromane und -filme.

4) *P. D.* (Phyllis Dorothy) *Baroness* (seit 1991), eigtl. Phyllis Dorothy J. White, brit. Schriftstellerin, * Oxford 3. 8. 1920; schreibt wirklichkeitsnahe Kriminalromane (u. a. »Tod im weißen Häubchen«, 1971; »Beigeschmack des Todes«, 1986; »Wer sein Haus auf

Jamaika: bewaldete Berglandschaft der Blue Mountains im Osten der Hauptinsel

Henry James

William James

James Grieve

Leoš Janáček

Ernst Jandl

Sünden baut«, 1994; »Was gut und böse ist«, 1997; »Tod an heiliger Stätte«, 2001); gilt heute als die engl. »queen of crime«.

5) William, amerikan. Philosoph und Psychologe, * New York 11. 1. 1842, † Chocorua (N. H.) 26. 8. 1910, Bruder von 2); Mitbegründer des / Pragmatismus und Verfechter eines »radikalen Empirismus«, entwickelte die Grundlagen der amerikan. Psychologie, eine Lehre von den seel. Vorgängen als kontinuierl. »Strom von Bewusstseinszuständen« sowie eine Religionspsychologie (Allbeseelungslehre). – *Werke:* Prinzipien der Psychologie, 2 Bde. (1890); Die religiöse Erfahrung in ihrer Mannigfaltigkeit (1902); Der Pragmatismus (1907).

James Bay [ˈdʒeɪmz ˈbeɪ], Bucht im S der Hudsonbai, Kanada, 400 km lang, bis 220 km breit, bis 12 m tief. Die Nutzung der Energiereserven einiger einmündender Flüsse ist im J.-B.-Projekt geplant. Am Flusssystem von La Grande Rivière in Quebec entstand ein Kraftwerkskomplex mit einer Gesamtleistung von 15 700 MW.

James Bond [dʒeɪmz -], Geheimagent (»007«) in Romanen von I. Fleming; die J.-B.-Filme wurden zu Klassikern des Agentenfilms.

James Grieve [ˈdʒeɪmz ˈgriːv], engl., nach dem Namen des Züchters] *der,* mittelgroßer, saftiger Tafelapfel mit hellgelb grundierter, hellrot geflammter Schale.

Jameson Raid [ˈdʒeɪmsn ˈreɪd], der bewaffnete Einfall des Briten Leander Jameson (* 1853, † 1917) mit Freischärlern am 29. 12. 1895 in Transvaal zum Sturz des Buren-Präs. P. Krüger; scheiterte bereits am 2. 1. 1896. Der J. R. war Anlass der / Krügerdepesche und führte zum Burenkrieg.

James River [ˈdʒeɪmz ˈrɪvə] *der,* **1)** linker Nebenfluss des Missouri in den USA, entspringt in North Dakota, mündet bei Yankton, South Dakota, 1 143 km lang.
2) Fluss in Virginia, USA, 547 km lang, entspringt im Alleghenygebirge, mündet in die Chesapeakebai (Hampton Roads).

Jamestown [ˈdʒeɪmztaʊn], nat. histor. Gedenkstätte in Virginia, USA, auf J. Island im Ästuar des James River; bildet seit 1936 zus. mit Williamsburg und Yorktown den Colonial National Historical Park. – J. wurde im Mai 1607 durch eine von der Virginia Company entsandte Expedition als erste engl. Dauersiedlung in Nordamerika gegründet und nach König Jakob (James I.) benannt. Es war die erste Hauptstadt der Kolonie Virginia. Die zunächst friedl. Beziehungen der Kolonisten zu den ansässigen Indianern (Algonkin-Bund unter Häuptling Powhatan) schlugen später in krieger. Auseinandersetzungen um (1622, 1644). Nach der Verlegung der Reg.-Sitzes nach Williamsburg 1699 verfiel der Ort.

Jammes [ʒam(s)], Francis, frz. Schriftsteller, * Tournay (Dép. Hautes-Pyrénées) 2. 12. 1868, † Hasparren (Dép. Pyrénées-Atlantiques) 1. 11. 1938. Sinnenfrohe Weltbejahung und franziskan. Frömmigkeit bestimmen seine Gedichte (»Gebete der Demut«, 3 Bde., 1911/12) und Romane (»Der Roman der drei Mädchen«, 3 Tle., 1899–1904; »Der Hasenroman«, 1903).

Jammu [ˈdʒæmuː], Winterhauptstadt des Bundesstaates J. and Kashmir, NW-Indien, am Himalajarand, nahe der Grenze zu Pakistan, 206 100 Ew.; Univ.; pharmazeut. und Metall verarbeitende Ind., Kunsthandwerk.

Jammu and Kashmir [ˈdʒæmuː ənd kæʃˈmɪə], Bundesstaat in Indien, / Kaschmir.

Jamnagar [ˈdʒɑːmnəgə], Stadt im Bundesstaat Gujarat, W-Indien, im W der Halbinsel Kathiawar, 342 000 Ew.; Univ. (gegr. 1966); Industrie; Garnisonsstadt.

Jamnitzer, Wenzel, Goldschmied, * Wien 1508, † Nürnberg 19. 12. 1585 oder 1588; bedeutendster Goldschmied des Manierismus in Dtl., führte neue Goldschmiedetechniken ein, z. B. Naturabgüsse von Tieren und Pflanzen; diese bilden neben an der Antike geschulten Zierformen den wesentl. Dekor seiner Werke. J. arbeitete mit seinem Bruder Albrecht J. († 1555), später seinen Söhnen und Schwiegersöhnen zusammen. Sein Enkel Christoph J. (* 1563, † 1618) führte mit der Entwicklung des Rollwerks und der Grotesken bereits zum Barock; 1610 erschien sein Stichwerk »Neuw Grottesken Buch« (Nachdruck 1966).

Jamsession [ˈdʒæmseʃn, engl.] *die,* urspr. eine zwanglose Zusammenkunft von Jazzmusikern zum gemeinsamen Improvisieren; später auch organisiert und Programmteil von Jazzkonzerten.

Jamshedpur [ˈdʒʌmʃedpʊə], Stadt im Bundesstaat Bihar, im NW von Indien, im O des Chota-Nagpur-Plateaus, westlich von Kalkutta, 461 100 Ew.; kath. Bischofssitz; 1909 zus. mit einem Stahlwerk gegründet, auch Lokomotiv-, Waggon- und Lastkraftwagenbau.

Jamswurzel [afrikan.-portugies.] (Yamswurzel, Dioscorea), Gattung der Jamswurzelgewächse in den Tropen und den wärmeren Bereichen der gemäßigten Zone; z. T. wichtige trop. Nutzpflanzen, z. B. die **Brotwurzel** (Dioscorea batatas), deren bis 20 kg schwere, stärkereiche Knollen **(Jams, Yams)** gekocht wie Bataten und Kartoffeln verwendet werden.

Jämtland, Landschaft und Provinz (Län) in N-Schweden, 49 443 km², 130 700 Ew.; wald- und seenreiches Gebirgsland; Landwirtschaft, von Lappen betriebene Rentierzucht, Fremdenverkehr; Provinz-Hptst. ist Östersund.

Janáček [ˈjanatʃɛk], Leoš, tschech. Komponist, * Hukvaldy (bei Příbor, Nordmähr. Gebiet) 3. 7. 1854, † Mährisch-Ostrau (heute zu Ostrau) 12. 8. 1928; verarbeitete mähr. Volksmusikgut mit Anregungen der Neuen Musik; entwickelte einen speziel., von Tonfall und Rhythmus der tschech. Sprache ausgehenden musikal. Stil. J. schrieb Opern (»Jenufa«, UA 1904; »Katja Kabanowa«, UA 1921; »Das schlaue Füchslein«, UA 1924; »Aus einem Totenhaus«, UA 1930), Orchesterwerke, Kammermusik, Chorwerke (»Glagolit. Messe«, 1927) und Lieder.

Janbo (Yenbo, Yanbu al-Bahr), Hafenstadt in Saudi-Arabien, am Roten Meer; 100 000 Ew.; Erdölraffinerie, petrochem. Ind.; Pipelines von den Erdölfeldern am Pers. Golf; drittwichtigster Hafen des Landes. Seit 1975 wird J. zu einem Ind.zentrum ausgebaut.

Jandl, Ernst, österr. Schriftsteller, * Wien 1. 8. 1925, † ebd. 9. 6. 2000; schrieb mit akust. und visuellen Möglichkeiten experimentierende Gedichte mit viel Sprachwitz (u. a. »Laut und Luise«, 1966; »Der gelbe Hund«, 1980; »stanzen«, 1992; »peter und die kuh. gedichte«, 1996; »Letzte Gedichte«, hg. 2001) und Hörspiele. J. gilt als einer der führenden Vertreter der experimentellen Lit. Österreichs im Umfeld der / Wiener Gruppe; 1985 erschien »Das Öffnen und Schließen des Mundes. Frankfurter Poetik-Vorlesungen«. J. erhielt 1984 den Georg-Büchner-Preis, 1993 den Kleist-Preis.

Janequin [ʒanˈkɛ̃] (Jannequin), Clément, frz. Komponist, * wahrscheinlich Châtellerault um 1485, † Paris Jan. 1558 (?); Meister des weltl. frz. Chansons

Janosch: Titelblatt seines erfolgreichsten Kinderbuches (1978)

(etwa 250 erhalten) im 16. Jh.; schrieb außerdem Messen, Motetten und Psalmen.

Janet [ʒaˈnɛ], Pierre, frz. Psychologe, * Paris 29. 5. 1859, † ebd. 24. 2. 1947; veröffentlichte grundlegende Beiträge zur Intelligenz-, Gedächtnis- und Persönlichkeitsforschung.

Jangtsekiang der (Yangzi Jiang, oft nur Chang Jiang, »Langer Strom«, gen.), mit rd. 6 300 km längster und wasserreichster Strom Chinas und Asiens, entspringt im Kunlun Shan im NO Tibets, durchbricht im Oberlauf (**Jinsha Jiang,** »Goldsand-Strom«) das osttibet. Randgebirge, fließt durch Sichuan und das mittelchines. Bergland (**Jangtseschluchten**), mündet als breiter Tieflandstrom im NO von Schanghai in das Ostchines. Meer. Das Stromsystem des J. ist auf rd. 2 800 km schiffbar für Dampfer (regelmäßiger Passagierverkehr Chongqing–Schanghai; 2 495 km). Über den ⁄ Kaiserkanal besteht eine Verbindung mit dem NO und dem S Chinas. Mit seinem Wasser bietet der J. eine ausbaufähige Energiequelle und die größte Ernährungsbasis des Landes. Die Überschwemmungsgefahr versucht man durch Wasserbauten (Überlaufbecken, Deiche, Kanäle) zu bannen. Seit 1994 ist der umstrittene ⁄ Drei-Schluchten-Staudamm zur Energiegewinnung im Bau. Im J.-Delta liegt der Hochseehafen von Schanghai.

Janiculum (lat. Ianiculus mons), Hügel in Rom, rechts des Tiber, im heutigen Stadtteil Trastevere, nach einem Heiligtum des Gottes Janus benannt.

Janitscharen [türk. »neue Truppe«], türk. Fußtruppe, im 14. Jh. aus christl., zum Islam übergetretenen Kriegsgefangenen und ausgehobenen christl. Jugendlichen (v. a. vom Balkan), die zu Muslimen erzogen wurden, gebildet; in der Blütezeit des Osman. Reichs die Kerntruppe des Heeres; 1826 aufgelöst.

Janitscharenmusik, alttürk. Militärmusik der Janitscharen, deren charakterist. Schlaginstrumentarium (große und kleine Trommel, Pauke, Becken, Tamburin, Triangel, Schellenbaum) durch die Türkenkriege bekannt wurde. Die J. fand im 18. Jh. Eingang in die europ. Militärmusik, dann auch in die Kunstmusik (z. B. in W. A. Mozarts Oper »Die Entführung aus dem Serail«).

Janker der, süddt. und österr. Bez. für eine Trachtenjacke mit Besatz und Horn- oder Metallknöpfen.

Jan Mayen, zu Norwegen gehörende Insel im Nordatlantik, 380 km², aus jungen vulkan. Gesteinen aufgebaut, im Beerenberg (letzter Ausbruch 1970) bis 2 277 m ü. M.; meteorolog. und Radarstation, Landeplatz. 1607 von H. Hudson entdeckt, seit 1929 zu Norwegen.

Jänner der, oberdt., bes. österr. Bez. für Januar.

Jannings, Emil, Schauspieler, * Rorschach (Schweiz) 23. 7. 1884, † Strobl (am Sankt-Wolfgang-See) 2. 1. 1950; bed. Charakterdarsteller, bes. bekannt durch die Filme »Der letzte Mann« (1924), »Tartuffe« (1925), »Faust« (1926), »Der blaue Engel« (1930), »Traumulus« (1936), »Der zerbrochene Krug« (1937), »Die Entlassung« (1942).

Janosch, eigtl. Horst Eckert, Schriftsteller und Maler, * Hindenburg O. S. (heute Zabrze) 11. 3. 1931; bekannt v. a. durch seine zahlr. selbst illustrierten Kinder- und Jugendbücher (u. a. »Oh, wie schön ist Panama«, 1978; »Die Tigerente und der Frosch«, 1988); schrieb auch Märchen, Kurzgeschichten, Romane (»Sacharin im Salat«, 1975) und zeichnete Trickfilme.

Jánošik [ˈjaːnɔʃik], Juraj, slowak. Räuberhauptmann und Volksheld, * Terchová (bei Žilina) 1688, † (hingerichtet) 1713; agierte seit 1711 mit einer kleinen Schar in der mittleren Slowakei bzw. in der Tatra und wurde in der slowak., z. T. auch poln. Volksdichtung als Helfer der Armen und als Freiheitsrebell bald zum Symbol sozialer Gerechtigkeit (**J.-Mythos**).

Janowitz, Gundula, Sängerin (Sopran), * Berlin 2. 8. 1937; war 1962–90 Mitgl. der Wiener Staatsoper; trat v. a. als Mozart-, Strauss- und Wagnerinterpretin sowie als Liedsängerin hervor.

Janowski, Marek, Dirigent poln. Herkunft, * Warschau 18. 2. 1939; übernahm 1983 die Leitung des Royal Liverpool Philharmonic Orchestra (bis 1987) und war 1986–90 Musikdirektor des Gürzenichorchesters in Köln; wurde 1984 Chefdirigent, 1988 musikal. Direktor des Orchestre Philharmonique de Radio France in Paris (bis 1994); im Sommer 2000 übernahm er die Leitung des Orchestre Philharmonique de Monte Carlo, 2001 wurde er Chefdirigent und künstler. Leiter der Dresdner Philharmonie, 2002 auch des Radio-Sinfonieorchesters Berlin.

Emil Jannings

Horst Janssen: Selbstbildnis (1979; Privatbesitz)

Janus 1): Darstellung auf einer Münze aus dem 3. Jh. v. Chr. (München, Staatliche Münzsammlung)

2244 **Jans** Jänschwalde

Japan

Fläche:	377 873 km²
Einwohner:	(2001) 127,291 Mio.
Hauptstadt:	Tokio
Verwaltungsgliederung:	47 Präfekturen (darunter 3 Stadtpräfekturen)
Amtssprache:	Japanisch
Nationalfeiertag:	23. 12.
Währung:	1 Yen (¥, ￥) = 100 Sen
Zeitzone:	MEZ + 8 Std.

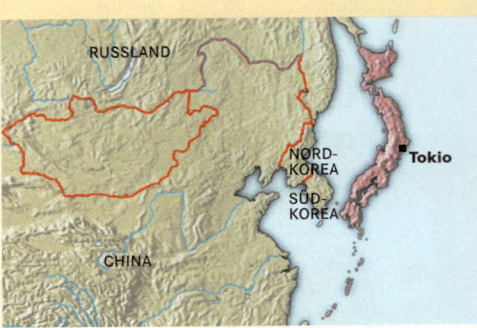

Staatswappen

internationales Kfz-Kennzeichen

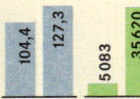
1970 2001 / 1970 2000
104,4 · 127,3 · 5083 · 35620
Bevölk. (in Mio.) / BNE je Ew. (in US-$)

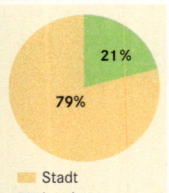
21% / 79%
Stadt / Land
Bevölkerungsverteilung 2000

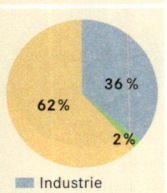
36% / 62% / 2%
Industrie / Landwirtschaft / Dienstleistung
Bruttoinlandsprodukt 2000

Jänschwalde, Gem. im Landkreis Spree-Neiße, Brandenburg, 2200 Ew.; Braunkohletagebau und -kohlekraftwerk (sechs Blöcke à 500 MW) im Niederlausitzer Braunkohlengebiet.

Jansenismus der, eine von Cornelius Jansen (Jansenius) (*1585, †1638) ausgehende kath. Reformbewegung im 17./18. Jh., die v. a. in Frankreich Theologie und Spiritualität stark geprägt hat. Theolog. Kernstück des J. ist die auf einer strengen Augustinusauslegung basierende, in Auseinandersetzung mit der scholast. und jesuit. Theologie (mit ihrer Abschwächung der Bedeutung der Erbsünde) entstandene Gnadenlehre, die jegl. ↗Synergismus ablehnt und neben der Vertiefung der Frömmigkeit einen theolog. und moral. Rigorismus zur Folge hat. Wegen der Überbetonung der Gnade wurde der J. 1653, 1705 und 1713 päpstlich verurteilt. Da der J. Gewissensfreiheit über jegl. Machtwillkür setzte, stand ihm auch der frz. Absolutismus misstrauisch gegenüber. Das Kloster ↗Port-Royal des Champs, Sammelpunkt des frz. J., wurde 1709 aufgehoben. In der Aufklärung spielte der J. als Gegenbewegung zu den Jesuiten eine wichtige Rolle. Nach deren Vertreibung aus Frankreich 1761 verlor er an Bedeutung. In den Niederlanden fand der J. ebenfalls Verbreitung (↗Utrechter Kirche); in Dtl. konnte er nicht Fuß fassen.

Jansky [-ki; nach dem amerikan. Entdecker der kosm. Strahlung K. G. Jansky, *1905, †1950] das, Einheitenzeichen **Jy**, in der Radioastronomie gebräuchl. Einheit der spektralen Energieflussdichte elektromagnet. Strahlung: 1 Jy = 10^{-26} Ws/m².

Jansons, Mariss, lett. Dirigent, *Riga 14. 1. 1943; studierte am Leningrader Konservatorium, in Wien (bei H. Swarowsky) sowie in Salzburg (bei H. von Karajan); 1979–2000 leitete er das Osloer Philharmon. Orchester, seit 1997 ist er Musikdirektor des Pittsburgh Symphony Orchestra; ab Herbst 2003 Chefdirigent des Symphonieorchesters des Bayer. Rundfunks, auch Gastdirigent führender Orchester Europas und der USA.

Janssen, Horst, Zeichner und Grafiker, *Hamburg 14. 11. 1929, †ebd. 31. 8. 1995; suchte in sarkast. figürl. Darstellungen und Porträts psych. Deformationen sichtbar zu machen; schuf auch Illustrationen zu literar. Vorlagen und eigenen Texten. – Abb. S. 2243

Jantarny (dt. Palmnicken), Fischerdorf an der Samlandküste, im Gebiet Kaliningrad (Königsberg), Russland, etwa 5200 Ew.; Bernsteinmuseum; weltgrößte Bernsteinvorkommen (Abbau im Tagebau).

Jantzen, Hans, Kunsthistoriker, *Hamburg 24. 4. 1881, †Freiburg im Breisgau 15. 2. 1967; wurde 1916 Prof. in Freiburg im Breisgau, 1931 in Frankfurt am Main und 1935 in München. Der Themenkreis seiner Arbeiten umfasste Architektur, Plastik und Malerei v. a. des MA., ferner Grundsatzfragen zur Farbgebung und Raumgestaltung.

Januar [nach dem röm. Gott Janus] (oberdt. Jänner; veraltet: Eismond, Hartung) der, der erste Monat des Jahres, mit 31 Tagen.

Januar|aufstand, poln. Aufstand 1863, ↗Polen (Geschichte).

Januarius (italien. Gennaro), Bischof von Benevent oder Neapel (?) und Märtyrer, †Pozzuoli 305; bekannt durch das seit 1389 belegte **Blutwunder des J.** (Verflüssigung seines Reliquienblutes an bestimmten Tagen); Heiliger, Stadtpatron von Neapel, Tag: 19. 9.

Janus, 1) altröm. Mythos: (Ianus), altröm. Gott des Torbogens, Schützer des Ein- und Ausgangs sowie Gott des Anfangs; nach der Sage erster König von Latium; dargestellt mit Doppelantlitz **(Januskopf).** – Abb. S. 2243

2) Astronomie: ein Mond des Planeten ↗Saturn.

Jao, Bantuvolk in Ostafrika, ↗Yao.

Jap (Yap), Hauptinsel der ↗Yap Islands.

Japan (Nippon, amtl. japan. Nihon Koku), Inselstaat in Ostasien, umfasst die zw. Ochotsk. und Ostchines. Meer vor der asiat. Festlandküste gelegene Inselkette mit den Hauptinseln Honshū, Hokkaidō, Kyūshū und Shikoku. Nächste Nachbarn sind Russland (mit der Insel Sachalin und den von J. beanspruchten Kurilen) und Korea, nach SW erstreckt sich das Staatsgebiet mit den Ryūkyūinseln bis nach Taiwan.

Staat und Recht

Nach der 1947 in Kraft getretenen Verf. (letzte Änderung 1994) ist J. eine parlamentarisch-demokrat. Monarchie. Staatsoberhaupt mit überwiegend repräsentativen Aufgaben ist der Kaiser (Tenno). Oberstes Legislativorgan ist das Zweikammerparlament, bestehend aus Oberhaus (247 auf 6 Jahre gewählte Mitgl.) und Unterhaus (480 Abg., für 4 Jahre gewählt). Ges.vorlagen bedürfen der Zustimmung beider Kammern, jedoch kann das Unterhaus Einwendungen des Oberhauses zurückweisen. Die Exekutive liegt bei der Reg. unter Vorsitz des von beiden Kammern gewählten MinPräs. An der Spitze der Präfekturen stehen direkt gewählte Gouverneure. Einflussreichste Parteien: Liberaldemokrat. Partei (LDP), Demokrat. Partei (DPJ, gegr. 1996), Kōmeitō (1998 aus Zusammenschluss von Neuer Friedenspartei und Kōmei entstanden), Liberale Partei (LP; gegr. 1998), Japan. Kommunist. Partei (JKP) und Sozialdemokrat. Partei J.s (SDPJ).

Landesnatur

J. besteht aus 3922 Inseln. Der japan. Hauptinselbogen, der sich nach S in den Ryūkyūinseln, nach N in den Kurilen fortsetzt, ist die Gipfelreihe eines kom-

Japan

1 der Fuji, höchster Berg Japans, auf Honshū, davor ein Hochgeschwindigkeitszug des Shinkansen **2** Der Buchenwald im Bergland von Shirakami (hier der Masugatakeberg) im Norden von Honshū ist UNESCO-Weltnaturerbe. **3** das 160 m vom Ufer entfernte Torii des Itsukushima-Schreins (1556 restauriert; UNESCO-Weltkulturerbe) vor der Insel Miyajima in der Japanischen Inlandsee **4** die 951 erbaute fünfstöckige Pagode des Daigoji-Tempels (UNESCO-Weltkulturerbe) bei Kyōto **5** Küstengebiet im Süden von Kyūshū **6** der fast 12 m hohe Große Buddha (1252) von Kamakura

pliziert gebauten Gebirgssystems, das aus über 12 000 m Tiefe vom Meeresboden aufsteigt. Die Inseln sind im Innern sehr gebirgig und in Südwest-J. durch Meeresbuchten reich gegliedert. Höchster Berg ist der Vulkankegel Fuji (3 776 m ü. M.). Von den mehr als 240 Vulkanen sind 36 tätig; es gibt etwa 12 000 heiße Quellen. J. ist eines der erdbebenreichsten Länder der Erde (durchschnittlich 1 450 leichte Erdbeben pro Jahr, auch häufige Seebeben). 80 % der Landfläche sind gebirgig, mehr als 380 Gipfel liegen über 2 000 m ü. M. Tiefländer treten nur im Bereich der Küste auf, das größte ist die Kantōebene an der

Japan: Verwaltungsgliederung (2000)

Insel Region Präfektur (Ken)	Fläche in km²	Ew. in 1000	Ew. je km²	Hauptstadt
Hokkaidō				
Hokkaidō	83 408	5 683	68	Sapporo
Honshū / *Tohoku*				
Aomori	9 232	1 476	160	Aomori
Iwate	14 816	1 416	96	Morioka
Miyagi	6 860	2 365	345	Sendai
Akita	10 726	1 189	111	Akita
Yamagata	7 394	1 244	168	Yamagata
Fukushima	13 781	2 127	154	Fukushima
Kanto				
Ibaraki	6 093	2 985	490	Mito
Tochigi	6 408	2 005	313	Utsunomiya
Gumma	6 056	2 025	334	Maebashi
Saitama	3 779	6 938	1 836	Urawa
Chiba	5 081	5 926	1 166	Chiba
Tokio[1]	2 059	12 059	5 857	Tokio
Kanagawa	2 391	8 490	3 551	Yokohama
Chubu				
Niigata	10 938	2 476	226	Niigata
Toyama	2 800	1 121	400	Toyama
Ishikawa	4 185	1 181	282	Kanazawa
Fukui	4 188	829	198	Fukui
Yamanashi	4 201	888	211	Kōfu
Nagano	13 316	2 214	166	Nagano
Gifu	10 165	2 108	207	Gifu
Shizuoka	7 328	3 767	514	Shizuoka
Aichi	5 020	7 043	1 403	Nagoya
Kinki				
Mie	5 672	1 857	327	Tsu
Shiga	3 855	1 343	348	Otsu
Kyōto[2]	4 612	2 644	573	Kyōto
Ōsaka[2]	1 882	8 805	4 679	Ōsaka
Hyōgo	8 381	5 551	662	Kōbe
Nara	3 690	1 443	391	Nara
Wakayama	4 722	1 070	227	Wakayama
Chugoku				
Tottori	3 498	613	175	Tottori
Shimane	6 626	761	115	Matsue
Okayama	7 008	1 951	278	Okayama
Hiroshima	8 473	2 879	340	Hiroshima
Yamaguchi	6 109	1 528	250	Yamaguchi
Shikoku				
Tokushima	4 143	824	199	Tokushima
Kagawa	1 861	1 023	550	Takamatsu
Ehime	5 673	1 493	263	Matsuyama
Kōchi	7 104	814	115	Kōchi
Kyūshū				
Fukuoka	4 833	5 016	1 038	Fukuoka
Saga	2 439	877	360	Saga
Nagasaki	4 089	1 517	371	Nagasaki
Kumamoto	6 905	1 859	269	Kumamoto
Ōita	5 802	1 221	210	Ōita
Miyazaki	6 683	1 170	175	Miyazaki
Kagoshima	9 128	1 786	196	Kagoshima
Ryūkyūinseln				
Okinawa	2 264	1 318	582	Naha
Japan	365 677[3]	126 918	347	

[1]) Sonderstatus als Hauptstadtpräfektur (To). – [2]) Sonderstatus als Stadtpräfektur (Fu). – [3]) Ohne Gewässer.

Tokiobucht. Die Flüsse sind kurz und sehr wasserreich, meist infolge starken Gefälles nicht schiffbar, jedoch für die Bewässerung der Reisfelder, die Flößerei und Energieerzeugung wichtig. Die Seen sind mit Ausnahme des Biwasees (675 km²) meist klein. – Breitenlage und der Wechsel der Monsunwinde (im Sommer S- oder SO-Monsun, im Winter N- oder NW-Monsun) bestimmen das Klima; die Monsunwinde bringen an den ihnen zugewandten Gebirgen reiche Niederschläge, im Winter z. T. Schnee. Der S ist subtropisch heiß, der N warm bis kühl gemäßigt, im N von Hokkaidō herrscht subpolares Klima. Im Spätsommer treten an der SO-Küste häufig verheerende Taifune auf. – Die Pflanzenwelt ist sehr artenreich. Wälder bedecken rd. 70% der Fläche; auf die borealen Nadelwälder im N folgen sommergrüne Laubwälder, in denen nach S zunehmend Lorbeergehölze vertreten sind. Im südl. J. sind immergrüne Laubwälder verbreitet mit z. T. hohem Anteil an Bambus. Auf den Ryūkyūinseln wächst immergrüner Regenwald, an den Küsten Mangroven.

Bevölkerung

Die Bev. besteht fast ausschließlich aus Japanern. Der Anteil der Ureinwohner (↗ Ainu) ist gering. Eine noch heute unterprivilegierte und diskriminierte Bev.gruppe sind die vielfach in eigenen Siedlungen lebenden, seit 1869 so bezeichneten Burakumin (über 3 Mio.), Nachkommen der Hinin (= Ausgestoßene: Bettler, Prostituierte, Schausteller) und Eta (Angehörige »unreiner Berufe«: Schlachter, Gerber, Totengräber, Henker). Stärkste ausländ. Gruppe sind die Koreaner. Der Bev.zuwachs ist sehr gering (0,2%). Das größte Bev.-Problem J.s ist die Überalterung, die rascher fortschreitet als in anderen Staaten. Zw. 1980 und 2000 stieg der Anteil der über 65-Jährigen von 9% auf 17,3%. Der Alterungsprozess wird in J. dadurch verstärkt, dass praktisch keine Zuwanderung erfolgt. Die Bev.verteilung ist sehr unterschiedlich; am dünnsten besiedelt ist Hokkaidō, dagegen leben in den Ballungsgebieten an der SO-Küste von Honshū bis zu 4 000 Ew./km². Es gibt zwölf Millionenstädte (Tokio, Yokohama, Ōsaka, Nagoya, Sapporo, Kōbe, Kyōto, Fukuoka, Kawasaki, Hiroshima, Kitakyūshū, Sendai) und über 140 Großstädte. – Über 90% der Bev. sind Shintoisten (↗ Shintō), gleichzeitig bekennen sich rd. 70% zum Buddhismus (die Mehrheit der Japaner fühlt sich beiden Religionsgemeinschaften zugehörig) oder zu einer der auf ihn zurückgeführten neuen Religionen, etwa 10% werden anderen der zahlr. japan. neureligiösen Gemeinschaften und Gruppen zugerechnet; rd. 1,5% der Bev. sind Christen (mehrheitlich Protestanten). – Es besteht eine neunjährige allgemeine Schulpflicht ab dem 6. Lebensjahr und mit dem Kindergarten ein für alle Kinder ab dem 3. Lebensjahr offenes Vorschulangebot (nicht obligatorisch).

Wirtschaft, Verkehr

Obwohl ein rohstoffarmes Land, gehört J. zu den führenden Ind.staaten der Erde und hatte seit dem Zweiten Weltkrieg einen raschen Aufstieg zu einer der wichtigsten Wirtschaftsmächte der Welt vollzogen. Gleichzeitig entwickelte sich J. auch zum Zentrum des in der Weltwirtschaft neu entstandenen pazif. Wirtschaftsraumes. Die rasche ökonom. Entwicklung und der tief greifende Strukturwandel nach dem Zweiten Weltkrieg erlebten aber seit den 1980er-Jahren eine Stagnation. Ende der 80er-, Anfang der 90er-Jahre verlangsamte sich das Wirtschaftswachstum merklich; 1990/91 kam die sog. »Wirtschaftsblase« (»bubble economy«), d. h. risikoreiche Kreditgeschäfte zw. japan. Banken und Unternehmen, zum Platzen. Zusammen mit der verstärkt Mitte der 90er-Jahre einsetzenden Finanz- und Wirtschaftskrise Asiens führte dies zu einer Rezessionsphase in J., die man durch eine umfassende wirtsch. Strukturreform (Infragestellung des Systems der lebenslangen Anstellung in Großunternehmen, Beginn der Übernahme westl. Effizienzmodelle, Beteiligung ausländ. Konzerne an japan. Unternehmen, Bankenreformen u. a.) überwinden will. – In den 90er-Jahren setzte ein Strukturwandel von der Industrie- zur Dienstleistungsgesellschaft ein, der sich auch im wachsenden Anteil des Dienstleistungssektors an der Beschäftigtenzahl sowie am Sozialprodukt äußert. Diese Entwicklung spiegelt zum einen die anhaltende Wirtschaftsschwäche im Inland wider, noch mehr ist sie allerdings Folge der Verlagerung von Produktionskapazitäten ins Ausland. Ein beträchtl. Teil dieser ausländ. Produktion fließt indes zurück, insbes. im Bereich der Unterhaltungselektronik. Die Industrieauslagerung hat auch spürbare Auswirkungen auf den japan. Arbeitsmarkt (im letzten Jahrzehnt Abbau von einem Sechstel der Arbeitsplätze in der verarbeitenden Ind.). Die verbleibende Ind. konzentriert sich auf technologisch sehr hochwertige Güter sowie auf Forschung und Entwicklung. Die Ind. konzentriert sich zu etwa 80 % im pazif. Ind.gürtel, v. a. in den Ind.gebieten Keihin (um Tokio), Chūkyō (um Nagoya), Hanshin (um Ōsaka und Kōbe) und Kitakyūshū (im N von Kyūshū). Bestimmend sind die Zweige der Metallverarbeitung, darunter die elektrotechn. und elektron. Ind., v. a. die ⁄ Informations- und Kommunikationstechnik und der Bau von Ind.robotern, der Werkzeugmaschinen-, Fahrzeug- und Schiffbau. Im Schiff- und Automobilbau ist J. mitführend in der Welt. In der Produktion von synthet. Fasern und synthet. Kautschuk nimmt es ebenso wie in der Erzeugung von Eisen und Stahl einen der vorderen Plätze ein. In der Flugzeugind. liegt das Schwergewicht auf Passagier- und Leichtflugzeugen. Die Leichtind. verliert immer mehr an Bedeutung. – J. ist arm an Bodenschätzen. Kaum noch abgebaut werden Kohle, Blei- und Zinkerze, Kupfer- und Eisenerze sowie Eisensande. Die Erdöl- und Erdgasvorkommen sind gering. Die Elektrizitätserzeugung ist stark von Erdölimporten (zu 80 % aus dem Mittleren Osten) abhängig. 51 Kernkraftreaktoren sind in Betrieb und können bereits etwa 14 % des Energiebedarfs decken. Einige Kraftwerke nutzen die reichen Reserven an geotherm. Energie. – Aufgrund der gebirgigen Landesnatur sind nur 14 % der Gesamtfläche landwirtschaftlich nutzbar. Der Boden wird deshalb intensiv bewirtschaftet (z. T. Terrassenanbau). Die vorherrschenden Kleinbetriebe (87 % unter 2 ha) betreiben die Landwirtschaft meist nur als Nebenerwerb, doch ist trotz erhebl. Subventionen und einer stark protektionist. Agrarpolitik die Erzeugung rückläufig. Die Änderung der Ernährungsgewohnheiten und erhöhte Nahrungsmitteleinfuhr bedingen eine Veränderung des Anbaus. Es werden mehr Obst und Gemüse, mehr Weizen und Sojabohnen und weniger Reis angebaut. Da die Viehzucht unbedeutend ist, muss die Fischerei das nötige Eiweiß liefern. J. gehört zu den führenden Fischfangnationen der Erde und ist zugleich auch der größte Fischimporteur der Welt. Trotz sinkender Nachfrage gehört der Fischverbrauch

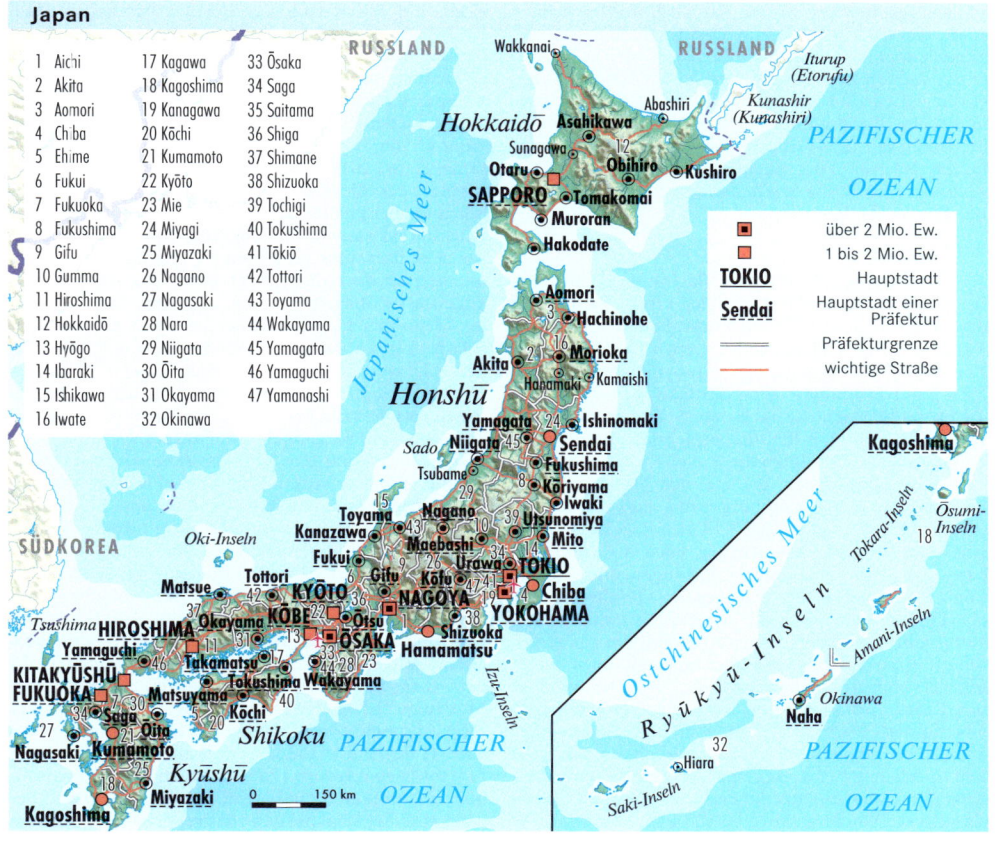

pro Kopf der Bev. immer noch zu den höchsten der Erde. Im Küstenbereich haben Seetanggewinnung und Perlmuschelzucht Bedeutung; die Produktivität ist jedoch rückläufig, v. a. wegen Verschmutzung der Küstengewässer. J.s Fischerei ist immer wieder in internationale Streitigkeiten insbes. wegen der Versuche, das Verbot des kommerziellen Walfangs wieder aufheben zu lassen, verwickelt. J. gehört zu den Ländern mit der geringsten Waldfläche je Ew.; der hohe Holzbedarf (Holzkohle, traditioneller Hausbau, Papierherstellung) kann daher von der eigenen Forstwirtschaft nicht gedeckt werden. – Hauptantriebskraft des wirtsch. Aufschwungs war bisher der Export. Aufgrund des Wirtschaftsgefälles gegenüber den anderen asiat. Ländern waren ergiebige Märkte mit geringen Transportbelastungen vorhanden; aber auch der Handel mit den USA und den europ. Ind.ländern wuchs ständig. In den letzten Jahren war die japan. Handelsbilanz positiv. Die Exporte bestanden v. a. aus Fertigerzeugnissen, die Importe hingegen aus Nahrungsmitteln und Rohstoffen. In den 90er-Jahren stieg der Anteil von Fertigerzeugnissen an den Importen allerdings auf über 50 % (Rückflüsse von Tochterges. japan. Unternehmen). Wichtigste Handelspartner sind die USA, die VR China, Süd-Korea, Taiwan, die EU-Länder, Indonesien, Australien, Malaysia und Singapur. – Das Straßennetz hat eine Länge von 1,162 Mio. km (Schnellstraßensystem: 6 455 km). 1997 wurde die »Tokio Bay Aqualine« als Verbindung des weltweit größten untermeerischen Straßentunnels (9,4 km unter der Tokiobucht) und einer Brücke (4,4 km) fertig gestellt. Das Eisenbahnnetz ist 27 454 km lang. Die Eisenbahntechnologie ist hoch entwickelt. Superexpresszüge (↗ Shinkansen) verkehren mit Höchstgeschwindigkeiten von bis zu 300 km/h. In den großen städt. Ballungsräumen sind Untergrundbahnen vorhanden oder im Ausbau. Die Handelsflotte J.s hat sich in den letzten Jahren stetig verkleinert. Die wichtigsten Seehäfen sind Tokio, Yokohama, Nagoya, Ōsaka und Kōbe. Größte internat. Flughäfen befinden sich bei Tokio, seit 1978 Großflughafen Narita (bei Tokio), Ōsaka (Kansai in der Bucht von Ōsaka [1994] ist der weltweit erste Offshoreflughafen), Nagoya und Fukuoka.

Geschichte

Vor- und Frühgeschichte: Der Beginn der Einwanderung und die ethn. Herkunft der ersten Siedler auf den japan. Inseln sind unbekannt; neuere archäolog. Funde bezeugen altsteinzeitl. Leben bereits für die Zeit vor 20 000 Jahren, als es möglicherweise noch eine Landverbindung zum Festland gab. Um 7500 v. Chr. bildete sich die nach dem Schnurmuster ihrer Keramik als Jōmon-Kultur bezeichnete Wildbeuterkultur heraus; ihr folgten die Yayoi-Kultur (etwa 300 v. Chr. bis 300 n. Chr.), die u. a. den Metallgebrauch und den Nassfeldreisanbau kannte, und die Kofun- (Grabhügel-)Periode (etwa 3.–7. Jh.). Die Entstehung eines japan. Staatswesens bringt man in Zusammenhang mit dem vermuteten Eindringen eines innerasiat. Reitervolkes über S-Korea. Im Gefolge von Eroberungszügen wurden die japan. Teilstaaten bis um 400 n. Chr. zum Staat Yamato vereint, dessen gesellschaftl. Struktur (Geschlechterverband, Zusammenschluss von Elitefamilien) trotz des Einflusses der chines. Kultur (etwa seit 100 v. Chr.) in den folgenden Jh. unverändert blieb. Im 6. Jh. kam der Buddhismus über Korea nach J.; der Ggs. zur einheim. Religion Shintō führte zw. den Adelsparteien zu heftigen Auseinandersetzungen, aus denen die probuddhist. Soga als stärkste Macht hervorgingen.

Das Zeitalter des Absolutismus: Kronprinz Shōtoku (* 574, † 622), der 593 Regent wurde, setzte den Buddhismus als Staatsreligion ein, übernahm chines. Verwaltungseinrichtungen und verkündete 604 einen Kodex von 17 Reg.artikeln, mit denen er die theoret. Begründung eines »Kaisers« und »Himmelssohnes« als absolutes, göttlich legitimiertes Staatsoberhaupt gab (als legendärer erster Kaiser gilt Jimmu, der am 11. 2. 660 v. Chr. den Thron bestiegen haben soll). Ein Staatsstreich des späteren Kaisers Tenji (* 626, † 672) im Bunde mit Nakatomi no Kamatari (* 614, † 669; Ahnherr des Hauses Fujiwara) beendete die Herrschaft der Soga 645 (Rücktritt der Kaiserin Kōgyoku; 35. Tenno ab 642). Mit der danach einsetzenden Taika-Reform (Edikt vom 22. 1. 646) wurde der Kaiser alleiniger Eigentümer des gesamten Bodens; an die Stelle des lose gefügten Geschlechterverbandes trat ein straff organisierter kaiserl. Beamtenstaat. Kaiser Mommu (* 683, † 707, 42. Tenno 697–707) vollendete 701 die Reformen mit dem Taihō-Kodex. Durch die am chines. Recht orientierten Taihō-Gesetze war die Regierungsstruktur auf zentraler wie lokaler Ebene bis ins Detail festgelegt. Dem Großkanzleramt waren acht Ministerien nachgeordnet, das Reich in 66 Prov. mit 592 Distrikten eingeteilt.

710 wurde Heijō-kyō (Nara) die erste ständige Hauptstadt. Der polit. Einfluss buddhist. Priester nahm während dieser Epoche ständig zu. Kaiser Kammu (* 737, † 806, 50. Tenno 781–806) regierte unabhängiger von der buddhist. Geistlichkeit und verlegte 784 die Hauptstadt zunächst nach Nagaoka, 794 nach Heian-kyō (heute Kyōto). Er reorganisierte das Heerwesen, führte erfolgreiche Feldzüge v. a. gegen die Emishi (Ainu) im N der Hauptinsel und sicherte eine strenge Kontrolle der Lokalverwaltungen. Bald jedoch wurde die kaiserl. Macht durch den Aufstieg des Hofadels (Kuge) in den Hintergrund gedrängt. Als mächtigste Familie übernahmen die Fujiwara seit Mitte des 9. Jh. die Vormundschaftsregierung für den Tenno. Bedeutendster Regent war Fujiwara no Michinaga (* 966, † 1028), der die Reg.geschäfte durch seine Hauskanzlei leitete. Der Vormundschaft versuchten sich die Kaiser durch Abdankung zu entziehen und als Exkaiser den Staat zu lenken. Da der Hof jedoch kein stehendes Heer unterhielt, blieben Kaiser, Exkaiser und Regenten bei militär. Unternehmungen auf die Hilfe der Kriegergeschlechter (Bushi) angewiesen; diese gewannen an Macht und Ansehen, bis Mitte des 12. Jh. die Familie Taira die Vorherrschaft ausübte. In den nachfolgenden Kämpfen zw. den Schwertadelsfamilien Taira und Minamoto (Gempeikrieg, 1180–85) setzten sich die Minamoto durch; ihr Führer Minamoto no Yoritomo trug seit 1192 den Titel Shōgun (Kronfeldherr).

Die Herrschaft der Shōgune: Die wichtige Rolle, die die Militäraristokratie aus den Provinzen in den Staatsgeschäften zu spielen begann, und das Entstehen einer zentralen Militärbehörde mit weiten Machtbefugnissen im zivilen Bereich (Shōgunat) brachten gegen Ende des 12. Jh. grundlegende Veränderungen der Gesellschaft und Reg.form. Zur Umgehung des Hofes errichteten die Shōgune in Kamakura ein neues Militärhauptquartier. Die Zeit der ersten Shōgunate war gekennzeichnet durch innere Auseinandersetzungen und äußere Gefahren (Abwehr der Mongolen 1274, 1281). Erst das Interregnum der Heerführer Oda Nobunaga (* 1534, † 1582) und Toyotomi Hideyoshi (* 1536, † 1598) schuf die Basis, auf der Tokugawa Ieyasu (* 1542, † 1616) das Tokugawa- oder Edoshōgunat (1603–1867) errichtete. Damit begann eine Friedensperiode, in der Verw. und Lehenswesen neu geordnet wurden; Residenz war Edo (heute Tokio). 1542/43 waren Portugiesen als erste Europäer in J. gelandet. Das Christentum (Missionierungsbeginn 1549 durch den span. Jesuiten Franz Xaver) breitete sich zunächst aus, wurde aber bald unterdrückt; der Christenaufstand von Shimabara 1637/38 löste eine Christenverfolgung aus und diente als Begründung für die Landesabschließung (Sakoku). Fortan durften neben Chinesen nur die Niederländer in J. landen, deren Handelstätigkeit 1641–1854 auf Nagasaki beschränkt blieb. Der wirtsch. Aufstieg J.s seit der Mitte des 17. Jh. ließ eine städtisch-bürgerl. Kultur entstehen. Die Bev. war in vier Stände gegliedert: 1) die schwerttragenden und einem Lehensstand angehörenden Samurai (Staats- und Kriegsdienst, Priester, Gelehrte, Ärzte, Künstler), 2) Bauern, die ihr Land pachteten und beträchtl. Abgaben zu entrichten hatten, 3) Handwerker, 4) Kaufleute. Den Versuchen auswärtiger Mächte, Zutritt in das Land zu erhalten, widersetzte sich J. lange Zeit. Erst als 1853 ein amerikan. Geschwader in der Bucht von Tokio erschien, war die japan. Reg. zu Verhandlungen bereit. Dem erzwungenen Freundschafts- und Handelsvertrag von Kanagawa (1854) folgten ähnl. Verträge mit europ. Großmächten; einige Häfen wurden zum Handel mit Ausländern freigegeben. Der letzte Shōgun trat 1867 zurück.

Das moderne Japan: Kaiser Mutsuhito (*1852, †1912, 122. Tenno 1867/68–1912) bildete eine provisor. Reg. und verlegte die Hauptstadt nach Edo (in Tokio umbenannt). Er gab seiner Reg.zeit den Namen »Meiji« (aufgeklärte Reg.) und führte eine Reihe umfassender Reformen durch. Mit Auflösung der Territorialherrschaften entstand anstelle des Feudalstaates die absolute Monarchie. Heerwesen, Justiz und Verw. wurden nach europ. Muster umgestaltet, Technik und kapitalist. Organisationsformen in kurzer Zeit übernommen. Schlussstein dieser Meijireform war die Einführung einer neuen, die Itō Hirobumi nach preuß. Vorbild ausgearbeiteten Verfassung (11. 2. 1889), die J. zur konstitutionellen Monarchie (jedoch noch mit einem sehr beschränkten Zensuswahlrecht) machte. 1890 wurde das erste Parlament einberufen, die Reg.form setzte sich jedoch nicht durch. – Außenpolitisch verschärften sich die Spannungen mit China bis zum Chinesisch-Japan. Krieg (1894/95), den J. gewann. China musste im Frieden von Shimonoseki (17. 4. 1895) die Unabhängigkeit Koreas anerkennen, Taiwan und die Pescadoresinseln abtreten und eine Kriegsentschädigung zahlen. 1899 wurden die letzten Exterritorialrechte aufgehoben und J. von den Großmächten als gleichberechtigter Partner akzeptiert. Nach seinem Sieg im Russisch-Japan. Krieg (1904/05) konnte J. seine Position in O-Asien ausbauen und festigen (1910 Annexion Koreas, Einflusszone in der Mandschurei).

Im Ersten Weltkrieg erweiterte J. als Verbündeter Großbritanniens seine Außenmärkte, wurde danach Mitgl. des Völkerbunds und übernahm ehem. dt. Besitzungen. Eine Intervention in Sibirien (1918–22) scheiterte (im Okt. 1922 Abzug der japan. Truppen aus Wladiwostok). Ein verheerendes Erdbeben 1923 zerstörte große Teile Tokios.

Ausschlaggebend für polit. Entscheidungen in J. waren der Geheime Staatsrat und der 1903 als Beratungsgremium für den Kaiser gegr. Militärsenat, über den der extreme Nationalismus der Militärs und Geheimgesellschaften auf die Reg. einwirkte; gegen Opponenten richteten sich Repressivmaßnahmen. 1926 trat Kaiser Hirohito (*1901, †1989) die Reg. an (Thronbesteigung 1928) und stellte seine Reg.zeit un-

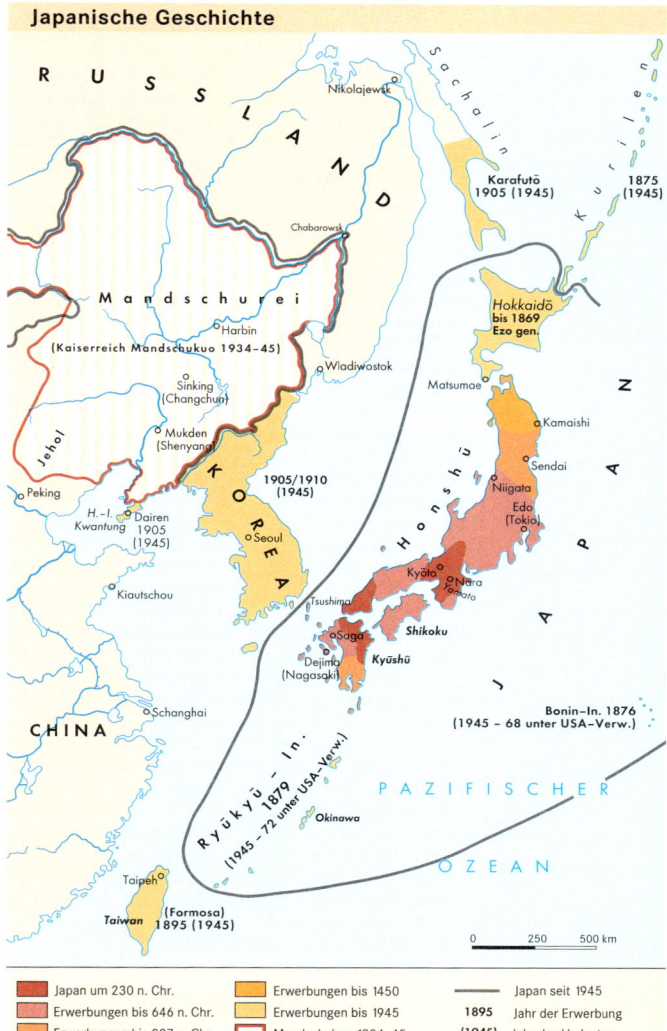

Japanische Geschichte

■ Japan um 230 n. Chr.	■ Erwerbungen bis 1450
■ Erwerbungen bis 646 n. Chr.	■ Erwerbungen bis 1945
■ Erwerbungen bis 927 n. Chr.	□ Mandschukuo 1934–45

Japan seit 1945
1895 Jahr der Erwerbung
(1945) Jahr des Verlustes

ter die Devise »Shōwa« (Leuchtender Friede). Nach dem Zwischenfall bei Mukden (1931) kam es auf Betreiben der Militärs zum Mandschureikonflikt, in dessen Verlauf Mukden (heute Shenyang), Jilin und Heilong Jiang von J. besetzt wurden. Da die Konstituierung des von J. abhängigen Staates Mandschukuo (1932; ab 1934 Kaiserreich unter Pu Yi) nicht anerkannt wurde, trat J. 1933 aus dem Völkerbund aus. Ende 1934 kündigte es das Washingtoner Flottenabkommen zum 31. 12. 1936, erklärte seinen Austritt aus der Londoner Abrüstungskonferenz (15. 1. 1936) und unterzeichnete am 25. 11. 1936 den Antikominternpakt mit Deutschland. Extremist. Offiziere nutzten eine Schießerei zw. chines. und japan. Truppen bei Peking (1937), um China den Krieg zu erklären. 1938/39 kam es zu Zusammenstößen zw. japan. und sowjet. Truppen im mandschurisch-mongol. Grenzgebiet (1939 beigelegt; 1941 Abschluss eines Neutralitätsvertrages mit der UdSSR).

Mit dem Angriff auf Pearl Harbor (7. 12. 1941) und der Kriegserklärung an die USA und Großbritannien trat J. in den Zweiten Weltkrieg ein, in dem es zeitweilig große Gebiete in SO-Asien (u. a. Indochina) besetzte. Die japan. Großoffensive wurde jedoch im April 1942 gestoppt, als die amerikan. Luftwaffe erstmals die japan. Hauptinseln angriff, und kam in der Seeschlacht von Midway (4.-7. 6. 1942) und bei den Kämpfen auf Guadalcanal (bis Febr. 1943) völlig zum Erliegen. Nach Landungen der Alliierten auf Iwo Jima und Okinawa (Febr. bis Juni 1945) war der Krieg für J. verloren. Nach den Atombombenabwürfen auf Hiroshima und Nagasaki (6. bzw. 9. 8. 1945) sowie der sowjet. Kriegserklärung (8. 8. 1945) kapitulierte J. am 15. 8. 1945 bedingungslos (am 2. 9. 1945 Unterzeichnung der Kapitulationsurkunde) und unterstand bis 1951 einer Militärreg. unter dem amerikan. General D. MacArthur.

Die von den USA geforderten Reformen begannen mit einer Rede Kaiser Hirohitos (1. 1. 1946), in der dieser die altjapan. Auffassung von der Göttlichkeit des Kaisers verneinte. Der Großgrundbesitz wurde an Kleinbauern aufgeteilt, die Großkapitalgesellschaften wurden entflochten. Am 3. 5. 1947 trat eine neue Verfassung in Kraft (nach ihr ist der Kaiser nur noch Symbol des Staates); die auf amerikan. Druck durchgeführte Demokratisierung wurde durch die Einführung einer parlamentar. Reg.form vollendet. Vor einem internat. Militärtribunal in Tokio mussten sich führende Politiker und Militärs der Kriegsjahre verantworten (u. a. 1948 Todesurteil gegen den ehem. MinPräs. Tōjō). Am 8. 9. 1951 schlossen 48 Nationen (nicht die UdSSR) in San Francisco einen Friedensvertrag mit J., durch den das Land seine Souveränität wiedererlangte. 1956 wurde nach langwierigen Verhandlungen eine japanisch-sowjet. Erklärung unterzeichnet, die den Kriegszustand zw. beiden Ländern beendete. Im selben Jahr wurde J. Mitgl. der UN. Der am 19. 1. 1960 durch Premiermin. Kishi Nobusuke (1957-60) in Washington unterzeichnete japanisch-amerikan. Sicherheitspakt (am 23. 6. 1970 verlängert) ersetzte den Vertrag von 1951 und räumte den USA erneut ein Recht auf Stützpunkte ein, weshalb es zum Generalstreik und zu antiamerikan. Massendemonstrationen kam. 1971 bekräftigte MinPräs. Satō Eisaku den Willen seines Landes, niemals Kernwaffen herzustellen, zu besitzen oder einzuführen; 1972 erreichte er von den USA die Rückgabe Okinawas. Satōs Reg.zeit (1964-72) war von hohem Wirtschaftswachstum geprägt. Es folgte eine Periode häufiger Reg.krisen (Lockheed-Bestechungsskandal 1976/77) und Reg.wechsel innerhalb der seit Mitte der 50er-Jahre regierenden LDP. Unter MinPräs. Nakasone Yasuhiro (1982-87) errang die LDP 1986 einen überwältigenden Wahlsieg. Die von der Reg. Nakasone begonnene Erziehungsreform wurde unter MinPräs. Takeshita (1987-89) fortgesetzt.

Nach dem Tode Kaiser Hirohitos (1989) trat sein Sohn Akihito die Nachfolge an. Er stellte seine Amtszeit unter das Leitwort »Heisei« (Frieden und Eintracht). Die MinPräs. Kaifu Toshiki (1989-91) und Miyazawa Kiichi (1991-92) suchten angesichts des stark verkrusteten polit. Systems in J. Reformen durchzusetzen. Nach einem erfolgreichen Misstrauensantrag gegen die Reg. Miyazawa (Vorwurf der Korruption) im Juni 1993 und der Auflösung des Parlaments verlor die LDP bei Neuwahlen (Juli 1993) erstmals in ihrer Geschichte die absolute Mehrheit im Parlament. Die Koalitionsreg. unter MinPräs. Hosokawa Morihiro (Neue Japan-Partei) setzte eine Wahlrechtsreform und Maßnahmen gegen die Korruption durch. Nachdem sich Hosokawa selbst mit Vorwürfen der Korruption konfrontiert sah, trat er im April 1994 als MinPräs. zurück. In der Zeit der Reg. des Sozialdemokraten Murayama Tomiichi, der neben der SDJP u. a. auch wieder die LDP angehörte, stand anlässlich des 50. Jahrestags des Kriegsendes im Pazifik die japan. Besatzungspolitik im Zweiten Weltkrieg im Zentrum der Diskussion. Über J. hinaus bewegten 1995 die verheerenden Auswirkungen eines Erdbebens in Kōbe (17. 1.) und der Giftgasanschlag der Aum-Sekte in der Tokioter U-Bahn (20. 3.) die Weltöffentlichkeit (/ Terrorismus). Im Jan. 1996 übernahm wieder die LDP unter Hashimoto Ryūtaro die Führung der Reg. Gegen starken Widerstand in der Bev. wurde Ende März 1996 der Pachtvertrag für die Stationierung amerikan. Streitkräfte auf Okinawa verlängert. Auf Hashimoto folgte im Juli 1998 Obuchi Keizō als MinPräs.; die von diesem im Jan. 1999 gebildete Koalitionsreg. aus LDP und LP wurde im Okt. 1999 durch eine Beteiligung der / Kōmeitō erweitert. Das Kabinett Obuchi unternahm verstärkte Anstrengungen zur Überwindung der durch die asiat. Finanz- und Wirtschaftskrise 1997 ausgelösten schwersten Rezession in J. seit den 1970er-Jahren. Die Erhebung von Sonnenbanner und Kaiserhymne (beide wegen ihrer histor. Belastung umstritten) zu offiziellen Staatssymbolen durch das Parlament (Juli 1999), aber auch die Festigung der Militärkooperation mit den USA (Verabschiedung entsprechender Verteidigungsrichtlinien 1998) sowie die J. (u. a. von der VR China) unterstellten Tendenzen einer Aufrüstung stießen auf innen- und außenpolit. Kritik. Diese richtete sich auch wiederholt gegen die Atompolitik des Landes: Am 30. 9. 1999 ereignete sich der in J. bislang schwerste Nuklearunfall in der nordöstlich von Tokio gelegenen Uranbrennstoffaufbereitungsanlage von Tokaimura. Anfang April 2000 verließ die LP die Reg.koalition, an der sich nunmehr die von ihr abgespaltene Neue Konservative Partei beteiligte; im selben Monat wurde der schwer erkrankte Obuchi († 14. 5. 2000) von Mori Yoshiro als LDP-Vors. und MinPräs. abgelöst. Die Parlamentswahlen am 25. 6. 2000 bestätigten die regierende Dreiparteienkoalition. Gegen den im Juli 2000 wieder gewählten MinPräs. Mori richtete sich bald innen- und wirtschaftspolitisch motivierte Kritik (u. a. im Nov. 2000 und März 2001 Misstrauensanträge, die allerdings scheiterten). Bei der vorgezogenen Wahl des LDP-Vors. setzte sich am 24. 4. 2001 der frühere Gesundheitsmin. Koizumi Junichirō durch, der mit dem Slogan »Ändern wir die LDP und J.« angetreten war. Am 26. 4. 2001 wählte ihn das Parlament zum MinPräs. In sein Kabinett holte er Reformer und Wirtschaftsexperten, beließ aber auch sieben Min. der vorherigen Reg. im Amt. Mit Tanaka Makiko wurde erstmals eine Frau Außenmin. von J. Angesichts des allg. polit. Vertrauensschwunds in der Bev. und konfroniert mit einer seit mehr als zehn Jahren anhaltenden Wirtschaftskrise kündigte Koizumi u. a. ökonom. Strukturreformen, eine zügige Sanierung des kriselnden Bankensektors, eine Drosselung der staatl. Neuverschuldung und einen allmähl. polit. Wandel an. Aus Wahlen zum Oberhaus am 29. 7. 2001 ging die LDP deutlich gestärkt hervor, die Opposition (bes. die DPJ und die JKP) musste eine weitere Schwächung hinnehmen. Die anhaltenden wirtsch. Probleme (u. a. wachsende Arbeitslosigkeit, Deflation), Querelen in der Regierungspartei LDP (Rivalität zw. den Fraktionen, Ende Jan. 2002 Entlassung von Tanaka Makiko als Außenministerin, der Anfang Febr. Kawaguchi Yoriko im Amt folgte) und Schwierigkeiten bei der Ingangsetzung durchgreifender Reformen prägten danach die Politik des Kabinetts Koizumi. Nach jahrzehntelanger innenpolit. Diskussion verabschiedete das Parlament im Juni 2003 ein Notstandsgesetz, das für den Fall eines militär. Angriffs auf J. v. a. die Kompetenzen des MinPräs. und der Selbstverteidigungsstreitkräfte erweiterte.

Außenpolitisch verbesserte J. seine Beziehungen zu den ost- und südostasiat. Nachbarstaaten (u. a. Friedens- und Freundschaftsvertrag mit China, 1978). Wegen seiner expansiven Export- und als restriktiv empfundenen Importpolitik ergaben sich wiederholt Spannungen mit den USA und mit der EG/EU. Der langjährige japanisch-sowjet. Streit um die ↗Kurilen konnte auch nach der Auflösung der UdSSR (1991) mit dem nunmehrigen Verhandlungspartner Russland nicht beigelegt werden; jedoch ergab sich eine gewisse Entspannung in den zwischenstaatl. Beziehungen (1998 Beginn von Verhandlungen über einen seit Jahrzehnten ausstehenden Friedensvertrag). Mit dem – von konservativ-nationalist. Kräften immer wieder angefochtenen, zögerl. – Bekenntnis J.s zu seiner Kriegsschuld und den in seinem Namen begangenen Verbrechen im Zweiten Weltkrieg (erstmals unter MinPräs. Hosokawa 1993) machte die Aussöhnungspolitik mit den Nachbarstaaten seit den 1990er-Jahren Fortschritte. Nach den Terroranschlägen vom 11. 9. 2001 auf New York und das Pentagon sicherte J. den USA seine Unterstützung zu; mit der Verabschiedung eines Antiterrorgesetzes im Okt. 2001 nahm man eine grundlegende Modifizierung der Sicherheitspolitik des Landes vor: den japan. Selbstverteidigungsstreitkräften wurde die logist. Hilfe für unter amerikan. Führung stehende Truppen im internat. Kampf gegen den Terrorismus ermöglicht (unter Ausschluss eines Einsatzes in Kampfgebieten). Im Dez. 2001 hob man zudem die Beschränkung auf nichtmilitär. Aufgaben im 1992 verabschiedeten Ges. über die Teilnahme an friedenserhaltenden Aktionen der UNO auf. Im Sept. 2002 besuchte Koizumi als erster japan. MinPräs. trotz fehlender diplomat. Beziehungen Nord-Korea (japan. Entschuldigung für die Kolonialherrschaft bis 1945 und Zusage von Wirtschaftshilfe, nordkorean. Eingeständnis der früheren Entführung von mehreren japan. Bürgern). Im Aug. 2003 beteiligte sich J. an den multilateralen Verhandlungen zur Beilegung des amerikanisch-nordkorean. Atomkonflikts. Bei den ASEAN-Staaten warb J. für eine umfassende Wirtschaftspartnerschaft (im Nov. 2002 Übereinkunft über die Schaffung eines Rahmens für eine Freihandelszone).

Japan Air Lines Co., Ltd. [dʒəˈpæn ˈɛəlaɪnz ˈkʌmpəni ˈlɪmɪtɪd, engl.], Abk. **JAL**, japan. Luftverkehrsgesellschaft, Sitz: Tokio; 1951 mit einer Staatsbeteiligung von 50% gegr.; Ende 1987 privatisiert. (↗Luftverkehrsgesellschaften, Übersicht)

Japaner, das Staatsvolk Japans, knapp 130 Mio., v. a. in Japan, außerhalb davon bes. in den USA (Hawaii, Kalifornien), in Kanada und Brasilien lebend. Der Zeitpunkt der Erstbesiedlung der japan. Inseln ist unbekannt, jedoch scheint das japan. Volk schon früh aus tungiden, siniden, paläomongoliden Komponenten zu einer ethn. Einheit verschmolzen zu sein. – Altüberliefertes *Brauchtum* ordnet den Jahresablauf. Die wichtigsten Feste (Sekku) sind das Puppenfest (Hinamatsuri) am 3. 3., das Knabenfest (Tango no sekku) am 5. 5., das Sternenfest (Tanabata) am 7. 7. und das Herbstfest (Jūyō) am 9. 9., daneben das Totenfest (Urabon) am 15. 7. mit seinen Tänzen zum Beruhigen der Seelen der Abgeschiedenen (Bon-odori) sowie das Neujahrsfest. Shintoist., buddhist., z. T. auch daoist. Elemente bestimmen Ablauf und Gestaltung dieser Feste.

Japanische Alpen, vulkanreiches Gebirge auf der japan. Insel Honshū, im Shirane 3 192 m ü. M.

Japanische Blütenkirschen, Bez. für eine Gruppe von überwiegend in Japan gezüchteten Zierkirschen, die in der Sammelart **Prunus serrulata** zusammengefasst werden; reich blühende Gehölze mit weißen bis tiefrosafarbenen, oft gefüllten Blüten.

Japanische Inlandsee, das innerhalb der drei südwestl. Hauptinseln Japans gelegene Binnenmeer, rd. 500 km lang, 10–60 km breit, bis 241 m tief, von Inselschwärmen durchsetzt. Seit 1934 sind die Inseln und große Teile der Küsten Nationalpark (659 km^2).

japanische Kunst. Trotz enger Anlehnung an die korean. und die meist über Korea vermittelte chines. Kunst erhielt die j. K. durch eigene künstler. Konzeptionen und neue Techniken eine selbstständige Ausprägung. Als früheste Äußerungen japan. Kultur gelten grob geformte Tongefäße (Jōmon-Keramik, 8. Jt. bis 3. Jh. v. Chr.) mit markantem Dekor (Schnur- und Mattenabdrücke) und Tonidole der gleichen Epoche. In der ab dem 3. Jh. v. Chr. auftretenden feineren Keramik (Yayoi) sind festländ. Einflüsse unverkennbar. Der neben der Töpferscheibe als Errungenschaft chines. Kultur nach Japan gelangte Bronzeguss zeigt dagegen in den Bronzeglocken (Dōtaku) eine eigenständige Entwicklung. Die Grabhügelperiode (Kofun, 3.–6. Jh.) schuf die aus der Wesentliche herausmodellierenden Grabfiguren (Haniwa).

Einführung des Buddhismus: Erst mit diesem Schritt vollzog sich der eigentl. Anschluss an die überlegene chines. Kunst, doch verrät die in Japan entstandene buddhist. Plastik des 6.–9. Jh. in Bronze oder Ton (und Trockenlack) bereits großes handwerkl. Können und hohen künstler. Rang. Die seit dem 8. Jh. entwickelte Holzplastik wurde bes. von Jōchō († 1057) vervollkommnet (Amida-Buddha, in Byōdōin) und von Unkei (* 1148, † 1223) und seiner Schule zu hoher Blüte geführt; die ikonograph. Typen wurden bis ins 17./18. Jh. tradiert. Die in Japan erhaltenen Beispiele buddhist. Malerei zählen zu den bedeutendsten Zeugnissen der in ihrem Ursprungsland größtenteils untergegangenen chines. Figurenmalerei der Han-Zeit (Tamamushi-Schrein des ↗Hōryūji) oder des Stils der Tang-Zeit (Wandmalereien in der Goldenen Halle des Hōryūji, 1949 zerstört). Es entstanden indes auch japan. Sonderformen wie die Kultbilder volkstüml. Schutzgottheiten (Fudō) oder die aus dem Amida-Kult hervorgegangenen Totenbilder (Raigō).

Die Malerei seit der Heian-Zeit: Die höf. Kultur der Heian-Zeit (794–1185) legte den Grund zur Ausbildung des nat. japan. Stils (Yamato-e), mit einem Hang zum Verfeinerten, Ästhetischen und im besten Sinne Dekorativen. Neben der profanen Illustration der erzählenden Bilderrollen (Makimono) entwickelte sich in dieser Zeit auch eine realist. Porträtkunst, in der die japan. Vorliebe für die Betonung des Charakteristischen zum Ausdruck kommt. Während das von der Tosa-Schule verwaltete Erbe des Yamato-e eine der Hauptströmungen der j. K. blieb, setzte sich unter dem Einfluss des Zen eine neue Richtung durch, die sich an der chines. Tuschmalerei der Song- und Yuan-Zeit orientierte. Die japan. Tuschmalerei (Suiboku oder Sumi-e), die in Sesshū (1420–1506) ihren größten Meister fand, bestimmte den akadem. Stil der Kanō-Schule bis ins 19. Jh. Mit der Ausschmückung von Schlössern und Tempeln kristallisierte sich im 16. Jh. aus der Verschmelzung von Suiboku-Technik und der Farbenmalerei des Yamato-e der große »dekorative Stil« heraus, der unter Ogata Kōrin (* 1658, † 1716) seinen Höhepunkt erreichte (Stellschirme). Durch den Aufstieg des wohlhabenden Kaufmannsstandes der Tokugawa-Zeit (1603 bis

Japan Air Lines Co., Ltd.

japanische Kunst

1 Blick auf die Anlage des Yakushiji-Tempels in Nara (718)
2 Suzuki Harunobu, »Frau vor dem Spiegel«
(18. Jh.; Genua, Museo di Arte Orientale »E. Chiossone«)
3 Daibutsu, 16,2 m hohe bronzene Buddhafigur im Tōdaiji-Tempel (738–761) in Nara
4 Hokusai, »Große Woge vor der Küste von Kanagawa«, Farbholzschnitt aus der Serie »36 Ansichten des Fuji« (1823–31)

1867/68) nahm sich die j. K. des neuen Bürgertums und seiner Vergnügungen an. Die »Bilder der flüchtigen Welt« (Ukiyo-e) gelangten im japan. Farbholzschnitt mit seinen Meistern Utamaro, Hiroshige, Hokusai zu weltweiter Berühmtheit. Seit der Öffnung Japans nach dem Westen in der Meiji-Ära (1868–1912) zeigt die Malerei auch eine Verbindung von westl. Stil und einer vom kalligraph. Duktus bestimmten Malerei.

Kunsthandwerk: Auf diesem Gebiet beschritt die j. K. überwiegend eigene Wege. Unübertroffen sind die zahlr. Lackmeister mit ihren äußerst raffinierten Techniken. Die bed. japan. Teekeramik bevorzugt das Ursprüngliche, Naturgewachsene in Form und Material. Japan. Porzellane aus den Öfen von Arita und Kutani wurden in alle Länder exportiert, und der Emailfarbendekor des großen Porzellanmalers Sakaida Kakiemon (* 1596, † 1666) beeinflusste den Stil des europ. Porzellans. Unter den Metallarbeiten erlangten bes. die kunstvoll verzierten Schwertstichblätter (↗ Tsuba) große Berühmtheit. Für das Nō-Spiel wurden kostbare Brokate und Seidenstickereien angefertigt sowie expressive Masken geschnitzt.

Baukunst: Die Grundprinzipien, Harmonie der Proportionen und Reinheit der Materialwirkung, die sich schon in den Holzständerbauten der ältesten Zeit andeuten (Shintō-Schreine auf rechteckigem Grundriss mit umlaufender Veranda und weit überstehendem Dach), äußern sich auch bei der Übernahme des buddhist. Tempelbaus in weitgehendem Verzicht auf Schnitzwerk und Bemalung (Nara, 8. Jh.; Pagode des Hōryūji, Haupthalle des Tōshōdaiji) und werden in den von Zen-Buddhismus und Teezeremonie inspirierten, in kunstvolle Gartenanlagen eingebetteten Pavillonbauten des 14. Jh. (Goldener Pavillon, Kyōto) sowie dem »Studiostil« des japan. Hauses (Villa Katsura, bei Kyōto) in vollkommener Weise verwirklicht. Im 20. Jh. haben japan. Architekten versucht, japan. Elemente in die westl. moderne Bauweise einzubringen und erlangten damit weltweit Beachtung. Maekawa Kunio und die durch ihre städteplanerischen Entwürfe hervorgetretene Gruppe der Metabolisten (Isozaki Arata, Kurokawa Kishō, Maki Fumihiko, Tange Kenzō u. a.) gehören heute zur internat. Architektenelite. Werke von Hara Hiroshi (Yamato International, Tokio, 1987), Hasegawa Itsuko (Kulturzentrum, Fujisawa, 1989), Andō Tadao (Vitra Konferenzzentrum, Weil am Rhein, 1993), Ito Toyo (Turm der Winde, Yokohama, 1986; Mediathek, Sendai, 2001) sowie Shinohara Kazuo (Tanikawa House, 1974) zeigen die zukunftweisenden Tendenzen moderner japan. Architektur.

japanische Literatur. Mythen, Ritualgebete, Lieder, Genealogien u. a. wurden von berufsmäßigen Erzählern überliefert. Erst nach Verbreitung der chines. Schrift (bekannt etwa seit dem 5. Jh. n. Chr.) sind ab dem 8. Jh. in dieser (Kambun-)Schrift Chroniken (Kōjiki), Topographien (Fudoki) und Gedichtsammlungen, deren früheste das »Manyōshu« war, erhalten. Aus der chines. Schrift entstandene Silbenschriften (Hiragana, Katakana) ermöglichten ab dem 10. Jh. die Fixierung der eigenen Sprache in Märchen (Taketori-monogatari), Erzählungen (Isemonogatari), Tagebüchern (Tosa-nikki), volkstüml. Geschichten (Konjaku-monogatari) oder Gedichten (Waka) in offiziell zusammengestellten Anthologien; die meisten Gedichte sind Kurzgedichte, so genannte »Tanka«. Im 11. Jh. traten erste realist. Erzählungen auf, die ihre Vollendung in dem höf. Roman »Genji-monogatari« (zw. 1004 und 1011) der Dichterin Murasaki Shikibu erfuhren, dessen Sprache und Stil bestimmend für die weitere Entwicklung des Japanischen wurde. Parallel dazu waren die Tagebuch- (Nikki) und Aphorismenliteratur (Zuihitsu) weitere Höhepunkte der bes. vom Adel und den Hofdamen geprägten klass. japan. Dichtung. Die polit. Umwälzungen des 12. Jh. fanden ihren literar. Niederschlag in den romant. Kriegsepen (»Gunkimono«), kennzeichnend steht dafür die Urfassung des »Heike-monogatari« aus dem 13. Jh., in denen höf. Ästhetizismus durch Spannung abgelöst wurde. Buddhist. Weltentsagung und konfuzian. Ideen durchdrangen die Literatur des MA., die zunehmend von lehrhaftem Schrifttum, z. B. dem »Jikkinshō« (1252), beherrscht wurde. In der Poesie war vom späten 12. bis zum 16. Jh. das Kettengedicht (Renga) weit verbreitet. Gleichzeitig entwickelte sich im 14. und 15. Jh. aus rituellen Tänzen und Pantomimen das lyr. Nō-Spiel (∕ Nō). In der Poesie wurde das epigrammat. ∕ Haiku, das den Übergang von der aristokrat. zur bürgerl. Dichtung kennzeichnet, zur höchsten Vollendung geführt. Als berühmtester Romancier der ausgehenden Tokugawazeit gilt Takisawa Bakin aus Edo (heute Tokio). Dramat. Texte wurden für die Theaterformen Kabuki, Jōruri und Bunraku verfasst (∕ japanisches Theater). Die moderne j. L. entfaltete sich v. a. seit Mitte des 19. Jh. in der Begegnung mit der Dichtung des Westens; zunächst beherrschten v. a. Übersetzungen und polit. Romane den literar. Markt, bis Tsubouchi Shōyō mit seinem Werk über das »Wesen des Romans« (»Shōsetsu shinzui«, 1885/86) neue Wertmaßstäbe setzte, die von Futabatei Shimei, Mori Ōgai, Natsume Sōseki und Akutagawa Ryūnosuke verwirklicht wurden. Vielfältige internat. Einflüsse (dt. Romantik, frz. Naturalismus, ein Humanismus tolstoischer Prägung) führten zur »proletar. Literatur« der 1920er-Jahre und zur Gegenwartsdichtung, deren Vertreter Kawabata Yasunari (Nobelpreis für Literatur 1968), Tanizaki Junichirō, Ōoka Shōhei, Mishima Yukio, Endō Shūsaku, Ōe Kenzaburō (Nobelpreis für Literatur 1994), Inoue Yasushi und Abe Kōbō weltweit bekannt wurden. Ihre Stoffe reichen von typ. japan. Themen bis zu allg. Problemen, wie Vereinsamung der Menschen in Massengesellschaften. In der Poesie überwiegen noch Tanka und Haiku, jedoch sucht man auch neuere Wege in ungebundener Metrik. In der japan. Gegenwartsliteratur ist auch eine stetig zunehmende Zahl von Schriftstellerinnen zu beobachten, die sich mit den unterschiedlichsten Themen (Krieg, Umweltverschmutzung, Rolle der Frau usw.) auseinander setzen (Kōno Taeko, Ōba Minako, Tsushima Yūuko u. a.). Charakteristisch für junge Romanautoren wie Murakami Haruki und Yoshimoto Banana ist ihre starke Prägung durch populäre Genres wie Comic und Film.

japanische Musik. Archäolog. Funde (u. a. steinerne Kugelflöten, Bronzeglocken) sowie Schriftdokumente aus dem frühen 8. Jh., die Bambusflöten und einen größeren Liedschatz belegen, bezeugen eine bereits hoch entwickelte Musikkultur. Die altjapan. Musik war (wie noch heute die japan. Volksmusik) auf einer halbtonlosen Fünftonreihe (Pentatonik) aufgebaut. In der Kunstmusik wandelte sich die Pentatonik allmählich zu einer sieben, dann zwölf Stufen umfassenden Halbtönigkeit. Kulttänze und Gesänge (Kagura) werden mit Schlaghölzern (Shakubyōshi), Flöte (Kagurabue) und auch Wölbbrettzither (Koto) begleitet. Mit dem Buddhismus wurden die ∕ chinesische Musik und ihre Instrumente eingeführt, für die Hofmusik (Gagaku) auch südasiat. Instrumente. Außerhalb der höf. Musik entstand seit dem 14./15. Jh. das Nō-Spiel, dessen Musik stark von buddhist. Hymnik beeinflusst ist. Weitere Theaterformen mit Musik entwickelten sich im 16./17. Jh. mit dem Kabukitheater und dem Puppentheater Bunraku, die meist von der dreisaitigen Langhalslaute Shamisen und von Schlaginstrumenten begleitet werden. Die Konzertmusik besteht aus Gesangsnummern, begleitet von Wölbbrettzither, Shamisen, der leicht gebogenen Längsflöte Shakuhachi und Trommeln; auch rein instrumentale Gruppenaufführungen kommen vor. Seit Ende des 19. Jh. geriet die j. M. unter den Einfluss europ. Musikkulturen. Die moderne j. M. greift jedoch häufig auf japanisch-asiat. Formen zurück, die wiederum z. T. die moderne westl. Musik beeinflussen. Einige Gruppen spezialisierten sich auf traditionelle chinesisch-japan. Instrumente für neue Kompositionen. Vertreter einer westlich instrumentierten modernen j. M. sind u. a. Toshirō Mayuzumi und Toru Takemitsu. Mit experimenteller Musik beschäftigen sich auch Toshi Ichiyanagi und Yūji Takahashi. An der asiat. Musikkultur orientiert sich Akira Nishimura, der als Vertreter einer asiat. Avantgarde gilt.

japanische Musik: Kurtisane mit Langhalslaute »Shamisen«, Illustration von Utagawa Kuniyoshi (um 1830; London, Victoria and Albert Museum)

japanische Philosophie, das von Gedanken des Konfuzius, vom Buddhismus, vom Shintō sowie abendländ. Gedankengut bestimmte Denken in Japan. Das konfuzian. Gedankengut – im 4. Jh. vom Festland übernommen – hat das moral. und polit. Leben Japans bis weit über die Meijizeit bestimmt. Der von Zenmönchen in der Muromachizeit (1338–1573) eingeführte Neokonfuzianismus (Shushigaku) wurde bes. für das Japan der Tokugawazeit (1603–1867) in eth. und staatspolit. Hinsicht bedeutsam. Hauptvertreter: Fujiwara Seika (* 1561, † 1619), Hayashi Razan (* 1583, † 1657), Kinoshita Jun'an (* 1621, † 1698). Ihrer Lehre liegen die Gedanken des chines. Songphilosophen Zhu Xi (japan. Shushi; 12. Jh.) zugrunde. Sie lehnten den Buddhismus ab und bevorzugten einen

Synkretismus von Shintō und Konfuzianismus. Neben dem zur orth. Staatslehre gewordenen Shushigaku standen andere Schulen (Yōmeigaku, Kogaku, Shingaku). Die buddhist. Philosophie hatte ihre japan. Anfänge in der Narazeit (710–784). Eine bed. Rolle in der japan. Geistesgeschichte spielte die Philosophie des ↗Zen, die auch heute von Einfluss ist. Die »Nat. Schule« (Kokugaku), als wiss. Schule in der Tokugawazeit entstanden, war eine Gegenbewegung zu den konfuzian. und buddhist. Schulen; sie betonte das eigenständig Japanische und forderte die »Rückkehr zum Alten«, dem ↗Shintō. – Die europ. Philosophie wurde Japan von den Niederländern vermittelt. Der eigentl. Begründer der modernen j. P. ist Nishi Amane. Die Überbetonung westl. Denkens in der ersten Hälfte der Meijizeit (1868–1912) führte zu heftigen Reaktionen, die sich bes. in der Ethik abzeichneten (Nishimura Shigeki, Inoue Tetsujirō). Kantianismus und Neukantianismus, daneben die japan. Sozialisten, bestimmten die j. P. der ersten Hälfte des 20. Jh. Eine eigene Stellung nimmt Nishida Kitarō (Kyōto-Schule) ein, der die j. P. in die Weltphilosophie eingliederte. Die bestimmenden philosoph. Richtungen nach 1945 sind Existenzialismus, Marxismus, Pragmatismus, Sozialphilosophie sowie die analyt. Philosophie. Der Einfluss der nordamerikan. Philosophie hat gegenüber der europ. zugenommen.

stimmte japan. Silben führte im 9. Jh. zur Herausbildung von z. T. stark kursiv verkürzten Formen (Hiragana, »glatte, vollständige Kana«). Ebenfalls im 9. Jh. wurde die zweite Form des Kana entwickelt, die als »Teilstück entlehnten Zeichen«, das Katakana. – Die Anzahl der gegenwärtig gebräuchlichsten Kanji beträgt rd. 1945. Bei der heute übl. Mischschreibweise werden gewöhnlich die Begriffswörter mit Kanji und die morphologisch-syntakt. Elemente (Suffixe, Postpositionen usw.) mit Kanagana geschrieben. Katakana wird für Fremdwörter und fremde Namen benutzt. Die Lateinschrift (Rōmaji, »römische Schrift«) konnte sich in Japan nicht durchsetzen; sie wird nur für Transkriptionszwecke benutzt. Die 47 Silbenzeichen, zu denen noch das Silben schließende Zeichen für »n« tritt, werden generell in Form einer 50-Laute-Tafel (Gojūonzu) in zehn senkrechten Reihen von rechts nach links von je fünf Zeichengruppen von oben nach unten angeordnet. Geschrieben wird traditionell von oben nach unten (die Zeilen reihen sich von rechts nach links), moderne Texte auch waagerecht von links nach rechts.

Japanisches Meer (Ostmeer), Randmeer des Pazif. Ozeans vor der O-Küste Asiens, bis 3 742 m tief, im O vom japan. Inselbogen, im W vom asiat. Festland begrenzt, im S durch die Koreastraße mit dem Ostchines. Meer, im N durch den Tatarensund mit dem Ochotsk. Meer verbunden.

japanische Sprache, isolierte Sprache, die direkten verwandtschaftl. Bezug nur zu der Sprache der Ryūkyūinseln hat, die auch als Dialekt des Japanischen gilt. Die j. S. ist wohl aus einer Mischung austrones., austroasiat. und altaischer Komponenten entstanden. Die ältesten schriftl. Aufzeichnungen stammen aus dem 8. Jh. – Die j. S. gehört zum Typ der agglutinierenden Sprachen. Tempus, Aspekt, Genus Verbi und Modus werden durch Verbalsuffixe gekennzeichnet. Die Nomina sind ohne Genus, Numerus und Kasusflexion. Interpersonale Bezüge werden durch spezif. Prädikatsformen ausgedrückt. Lautlich ist die j. S. eine Abfolge offener Silben (Konsonant plus Vokal). Der Grundwortschatz ist zwei- oder dreisilbig, Zusammensetzungen sind zahlreich. Neben die sinojapan. Lehnwörter sind Wörter angloamerikan. Herkunft getreten. Es gibt viele regionale und soziale Dialekte. Zur heutigen standardisierten Verkehrssprache entwickelte sich die Stadtsprache von Tokio. (↗japanische Schrift.)

ワ わ wa	ラ ら ra	ヤ や ya	マ ま ma	ハ は ha	ナ な na	タ た ta	サ さ sa	カ か ka	ア あ a
ヰ ゐ (w)i	リ り ri		ミ み mi	ヒ ひ hi	ニ に ni	チ ち chi	シ し shi	キ き ki	イ い i
	ル る ru	ユ ゆ yu	ム む mu	フ ふ fu	ヌ ぬ nu	ツ つ tsu	ス す su	ク く ku	ウ う u
ヱ ゑ (w)e	レ れ re		メ め me	ヘ へ he	ネ ね ne	テ て te	セ せ se	ケ け ke	エ え e
ン ん n	ヲ を (w)o	ロ ろ ro	ヨ よ yo	モ も mo	ホ ほ ho	ノ の no	ト と to	ソ そ so	コ こ ko	オ お o

japanische Schrift (von oben): Katakana, Hiragana und die Lateinumschrift (Rōmaji) in der Anordnung der »50-Laute-Tafel« (Gojūonzu); die freien Felder, für die es keine eigenen Zeichen gibt, werden häufig mit dem Zeichen in der jeweils rechten Außenspalte aufgefüllt.

japanische Schrift, eine Mischschrift aus chines. Wortzeichen und japan. Silbenzeichen. Wahrscheinlich um 400 n. Chr. wurde die bereits voll entwickelte chines. Schrift in Japan eingeführt und im Laufe der Zeit um etwa 250 gleichartige Ideogramme (Kanji) erweitert. Da das Japanische nicht angemessen mit chines. Wortzeichen dargestellt werden konnte, behalf man sich, indem man die Kanji ungeachtet ihrer Bedeutung nur zur Wiedergabe japan. Lautwerte phonetisch »entlehnt« gebrauchte (Kana). Die häufige Benutzung von Zeichengruppen für be-

japanisches Theater. Aus kult. Tänzen, in Annalen des 8. Jh. erwähnt, gehen unter kontinentalem Einfluss höf. Zeremonialtänze hervor; parallel dazu kommen auf dem Lande Erntetänze und ab 12. Jh. akrobat. Tanzschwänke zur Belustigung bei Festen auf, die sich zu Tanzspielen weiterentwickeln. Aus der Zusammenfassung dieser Vorformen entsteht im 14. und 15. Jh. das lyr. Nō-Spiel (↗Nō). Aus Musik, Schauspiel und Tanz entwickelt sich Anfang des 17. Jh. das dramat. **Kabuki-Theater,** das anfänglich z. T. recht drastisch und in übersteigertem Stil seine Themen dem Samurai- und Großstadtleben entnahm und von dem Dramatiker Chikamatsu Monzaemon (* 1653, † 1725) zu literarisch anspruchsvoller Schaukunst geführt wurde. Daneben erreicht das **Bunraku-Puppenspiel** große Popularität. – Lösung von der Formelhaftigkeit und Ästhetik des späten Kabuki führt in der Meijizeit zum Shimpa-Theater (»Neue Richtung«) sowie unter westl. Einfluss 1906 zur Gründung des Shingeki (»Neues Theater«), in denen neben europ. Klassikern zeitgenöss. Autoren aufgeführt werden. Seit 1945 finden auch avantgardist. Experimentaltheater Beachtung.

Japankäfer (Popillia japonica), aus Japan stammender etwa 1,2 cm langer Blatthornkäfer; seit 1916 in Nordamerika als Schädling an Blättern, Knospen, Früchten vieler Kultur- und Wildpflanzen.

Japanpapier, das ↗chinesische Papier.

Japanseide (Japon), feinfädige Seidengewebe ohne Noppen urspr. japan. Herkunft (im Ggs. zu den noppigen Chinaseiden); Verwendung v. a. für Kleider, Blusen und Lampenschirme.

Japetus (Iapetus), ein Mond des Planeten ↗Saturn.

Japhet, bibl. Gestalt; Sohn Noahs (1. Mos. 5, 32); nach der ↗Völkertafel (1. Mose 10, 2) legendärer Stammvater indogerman. (bes. kleinasiat.) Völker.

Japonismus [zu frz. Japon »Japan«] der, das stark ausgeprägte Interesse an japan. Kultur und deren Einflussnahme auf Kunst und Kunstgewerbe in Europa in der 2. Hälfte des 19. und zu Beginn des 20. Jh.; gefördert durch die Weltausstellungen in Paris (1855, 1867, 1878) und London (1862).

Japurá, Rio [rriu ʒa-] der, linker Nebenfluss des Amazonas, 2 500 km lang, entspringt als Río Caquetá in Kolumbien; in Brasilien schiffbar.

Jaques-Dalcroze [ʒakdal'kro:z], Émile, eigtl. Jakob Dalkes, schweizer. Musikpädagoge, *Wien 6. 7. 1865, †Genf 1. 7. 1950; entwickelte die »Rhythmiklehre«, nach der durch Körperrhythmik Gestalt und Wesen der Musik erlebt und dadurch gleichzeitig alle seelisch-schöpfer. Kräfte gelöst und gesteigert werden können; war 1911–14 künstler. Leiter der »Bildungsanstalt J.-D.« in Hellerau (heute zu Dresden), arbeitete nach 1914 in Genf.

Jarden, hebr. Name für den ↗Jordan.

Jargon [ʒar'gɔ̃, frz.] der, Sondersprache bestimmter sozialer Gruppen, die im Wortschatz, nicht aber in der Grammatik von der Hochsprache abweicht.

Jari, Rio [rriu ʒ-] der, linker Nebenfluss des Amazonas, Brasilien, rd. 600 km lang; nahe seiner Mündung, gegenüber der Insel Gurupá, wurde auf 16 000 km² ein großes land- und forstwirtsch. Projekt (**Jarilandia;** Aufforstung mit schnell wachsenden Baumarten zur Versorgung einer im J. verankerten schwimmenden Cellulosefabrik) in Angriff genommen (1982 an ein brasilian. Konsortium verkauft).

Jarkend, Stadt in China, ↗Yarkand.

Jarl [altnord., engl. »Earl«] der, in Skandinavien urspr. ein freier Mann von hoher Geburt, in Norwegen (bis 1308) und Schweden (bis 1266) höchster Kronbeamter.

Jarmo, frühneolith. Fundstätte in NO-Irak (7. Jt. v. Chr.), älteste bisher bekannte Siedlung sesshafter Bauern, die Lehmhäuser bauten und Getreideanbau und Viehhaltung (Ziege, Schaf, Schwein) betrieben; Keramikfunde in den obersten drei Siedlungsschichten.

Jarmuk der (Yarmouk), wichtigster (linker) Nebenfluss des Jordan, 80 km lang, entspringt im S Syriens, bildet die Grenze zw. Syrien und Jordanien; 10 km oberhalb der Einmündung in den Jordan wird sein Wasser durch einen Tunnel in den Ost-Ghor-Kanal zur Bewässerung des östl. Jordangrabens abgeleitet.

Jarmulke [poln.-jidd.] die, traditionelle Kopfbedeckung jüd. Männer (↗Kippah).

Jarmusch ['ʒɑ:muʃ], Jim, amerikan. Filmregisseur, *Akron (Ohio) 1953; dreht konzentrierte, z. T. episodenhaft untergliederte Filme, u. a. »Stranger than Paradise« (1982), »Down by Law« (1986), »Night on Earth« (1991), »Blue in the Face« (Darsteller, 1995), »Dead Man« (1996), »Ghost Dog – Der Weg des Samurai« (1999).

Jarnach, Philipp, Komponist spanisch-fläm. Herkunft, *Noisy-le-Sec (Dép. Seine-Saint-Denis) 26. 7.

japanisches Theater: Blick auf eine Aufführung im Kabukitheater, Farbholzschnitt nach Okumura Masanobu (um 1745; London, Britisches Museum)

1892, †Bornsen (heute zu Bienenbüttel, Kr. Uelzen) 17. 12. 1982; war 1949–59 Direktor der Musikhochschule in Hamburg, schuf zw. F. Busoni und der Moderne stehende Klavier-, Kammermusik- und Orchesterwerke.

Jaroff (Jarow), Serge (Sergei Alexejewitsch), russ. Chordirigent, *im Gouv. Kostroma 1. 4. 1896, †Lakewood (N. J.) 5. 10. 1985; gründete 1921 den Donkosakenchor, mit dem er 1939 in die USA emigrierte.

Jarosit der (Gelbeisenerz), ockergelbes bis schwarzbraunes, meist in derben Krusten vorkommendes trigonales Mineral der chem. Zusammensetzung $KFe_3[(OH)_6|(SO_4)_2]$, spröde mit Glasglanz; verbreitet in der Oxidationszone pyritreicher Erzlager.

Jarosław [jaˈrɔsuaf], Krst. in der Wwschaft Vorkarpaten, SO-Polen, am San, 41 800 Ew.; Textil-, Glasind., Papierfabrik. – Klöster aus dem 17. Jh., Bürgerhäuser aus der Zeit der Spätrenaissance und des Frühbarock. – Von Jaroslaw dem Weisen im 11. Jh. gegr., erhielt 1375 Magdeburger Stadtrecht, nach Brand 1625 wieder aufgebaut.

Jaroslaw der Weise (Jaroslaw Mudry), Großfürst von Kiew (1016–18 und seit 1019), *978, †Wyschgorod (bei Kiew) 20. 2. 1054; herrschte bis 1036 zus. mit seinem Bruder Mstislaw; veranlasste die erste Aufzeichnung russ. Rechts (»Russkaja Prawda«); teilte das Reich unter seine fünf Söhne und verursachte damit trotz des einigenden Senioratsprinzips die Aufsplitterung des Reichs.

Jaroslawl, Gebietshptst. in Russland, an der Wolga, 642 200 Ew.; Univ., medizin. Akademie, Hochschulen, Planetarium und ältestes russ. Theater (1750), Museen; Maschinen-, Motoren-, Kranbau, Erdölraffinerie, Reifenherstellung, Holzverarbeitung, chem., Nahrungsmittel-, Textilind., Druckereien; Flughafen, Hafen. – Zahlr. Kirchen und Klöster mit wertvoller Innenausstattung aus dem 16.–18. Jh. – Gegr. um 1010 von Jaroslaw dem Weisen.

Jarowisation [von russ. jarowoje »Sommergetreide«] die, die ↗Vernalisation.

Jarrah [dʒ-] das, dunkelrotbraunes Holz der Eukalyptusart Eucalyptus marginata aus W-Australien; schweres Konstruktionsholz.

Jarre [ja:r], Maurice, frz. Komponist, *Lyon 13. 9. 1924; lebt seit 1963 in den USA; schrieb Orchesterwerke, Ballette (u. a. »Armida«, 1953); »Notre-Dame de Paris«, 1965), Bühnen- und v. a. Filmmusik

Japankäfer

Émile Jaques-Dalcroze

Keith Jarrett

Alfred Jarry, Ausschnitt aus einer Gouachemalerei von Max Jacob (1942)

Karl Jaspers

(u. a. zu »Lawrence von Arabien«, 1962; »Doktor Schiwago«, 1965; »Reise nach Indien«, 1984).

Jarreau [dʒəˈrəʊ], Al, amerikan. Jazzmusiker (Sänger), * Milwaukee (Wis.) 12. 3. 1940; seit Mitte der 70er-Jahre mit seinen auf Wortfetzen und Vokalisen basierenden, rhythmisch prägnant akzentuierten Gesangsimprovisationen einer der bedeutendsten Vertreter des Scatgesangs

Jarrett [ˈdʒærɪt], Keith, amerikan. Jazzpianist und Komponist, * Allentown (Pa.) 8. 5. 1945; spielt in Gruppen, tritt aber auch als Solist auf; bed. Vertreter des Free Jazz.

Jarry [ʒaˈri], Alfred, frz. Schriftsteller, * Laval 8. 9. 1873, † Paris 1. 11. 1907. Sein Stück »König Ubu« (1896), ein Skandalerfolg wegen der außergewöhnlich derben Sprache und der satirisch beißenden Gesellschaftskritik, gilt als erstes Beispiel des »absurden Theaters«. Die Romane, u. a. »Der Supermann« (1902), »Heldentaten und Ansichten des Dr. Faustroll, Pataphysiker« (hg. 1911), tragen surrealist. Züge.

Jaruzelski [-z-], Wojciech, poln. General (seit 1956) und Politiker, * Kurów (Wwschaft Lublin) 6. 7. 1923; war 1968–83 Verteidigungsmin., 1981–85 Min.-Präs. und 1981–89 Erster Sekr. des ZK der Poln. Vereinigten Arbeiterpartei, 1981–83 Vors. des »Militärrates der Nat. Rettung«. Im Dez. 1981 verhängte er das Kriegsrecht in Polen (bis 1983) und verbot die Gewerkschaft Solidarność (bis 1989). Erfolglos versuchte er, durch vorsichtige Reformen die innenpolit. Lage zu entspannen. 1985–89 war er Vors. des Staatsrats und 1989–90 Staatspräs. Ein 1996 gegen ihn und weitere Angeklagte angestrengter Gerichtsprozess (v. a. wegen ihrer Mitverantwortung für die blutige Niederschlagung der Arbeiterproteste in Danzig, Gdingen und Stettin 1970) wurde nach zeitweiliger Einstellung auf Beschluss des poln. Obersten Gerichtshofs im Okt. 2001 wieder aufgenommen.

Järvi, Neeme, estn. Dirigent, * Tallinn 6. 6. 1937; war 1963–76 Chefdirigent an der Staatsoper von Tallinn, übernahm 1981 die Leitung der Göteborger Symphoniker und wurde 1984 Chefdirigent des Scottish National Orchestra (bis 1988), 1990 des Detroit Symphony Orchestra; daneben Gastdirigent führender Orchester in Europa und den USA.

Jasenovac [-vats], Gem. in W-Slawonien, Kroatien, unweit der Mündung der Una in die Save, 1 100 Ew. – J., das größte KZ und Vernichtungslager des Ustascha-Staats, war 1941–45 ein Zentrum der Massenexekutionen von Ustascha-Gegnern (um 800 000 Opfer; Zahl zw. Kroaten und Serben umstritten).

Jasło [ˈjasuɔ], Krst. in der Wwschaft Vorkarpaten, Polen, am N-Rand der Beskiden, 38 900 Ew.; Erdölraffinerie, Glashütte, Holzind.; bei J. Erdöl- und Erdgasgewinnung.

Jasmin [pers.-arab.-span.] *der,* 1) (Jasminum) Gattung der Ölbaumgewächse, meist in trop. und subtrop. Gebieten; Sträucher mit langröhrigen weißen, rosa oder gelben Blüten, z. T. stark duftend. Mehrere Arten werden als Zierpflanzen kultiviert, z. B. der aus Persien und dem Himalajagebiet stammende **Echte J.** (Jasminium officinale), ein nicht ganz winterharter Strauch mit duftenden weißen Blüten, und der winterharte, gelb blühende **Winterjasmin** (Jasminum nudiflorum) aus N-China, ein ab Januar blühender, bis 3 m hoher Strauch.
2) (Falscher J.), eine Art der Gattung ↗ Pfeifenstrauch.

Jasmin|öl, äther. Blütenöl versch. Jasminarten für die Feinparfümerie und Seifenherstellung.

Jasmon *das,* zykl. Ketonverbindung im Jasmin- und Orangenblütenöl, auch synthetisch hergestellt.

Jasmund, Teil der Halbinselkette im NO der Insel ↗ Rügen; seit 1990 Nationalpark (30 km²).

Jasnaja Poljana, Ort in Ostpreußen, ↗ Trakehnen.

Jason, *grch. Mythos:* ↗ Iason.

Jaspégarn [jaspé frz. »marmoriert«] *das, Spinnerei:* aus zwei oder drei verschiedenfarbigen ↗ Vorgarnen gesponnenes Garn.

Jasper National Park [ˈdʒæspə ˈnæʃnl ˈpɑːk], kanad. Nationalpark, am O-Hang der Rocky Mountains, Prov. Alberta, etwa 11 000 km², Zentrum des Tourismus ist Jasper; Gletscher, heiße Mineralquellen, Wildschutzgebiet; 1907 eingerichtet; zus. mit dem Banff National Park, Kootenay National Park und Yoho National Park UNESCO-Weltnaturerbe.

Jaspers, Karl, Philosoph und Psychiater, * Oldenburg (Oldenburg) 23. 2. 1883, † Basel 26. 2. 1969; wurde 1916 Prof. der Psychologie in Heidelberg, 1922 Prof. für Philosophie ebd., 1933–45 Lehrverbot, 1948–61 Prof. für Philosophie in Basel; erhielt 1958 den Friedenspreis des Dt. Buchhandels. J. schuf eine hermeneutisch-geisteswiss. orientierte Psychopathologie (»Allg. Psychopathologie«, 3 Bde., 1913). Mit seiner »Psychologie der Weltanschauungen« (1919) wandte J. sich gegen den Neukantianismus und entwarf, v. a. von S. Kierkegaard beeinflusst, in »Philosophie« (3 Bde., 1932) seine Philosophie der Existenz (↗ Existenzphilosophie). Diese zielt v. a. auf »Existenzerhellung«, die in Grenzsituationen des Lebens wie Schuld, Kampf, Leid und Tod möglich werde. Angesichts dieser Situationen leuchte der Sinn unseres Daseins auf: Gelassenheit, Verantwortung, Liebe und Glück. – Der eth. Anspruch seiner Philosophie hat J. zur polit. Kritik geführt; insbesondere wandte er sich nach seinem Einspruch gegen die totalitären Systeme auch gegen die freiheitsgefährdende Atompolitik der Weltmächte (»Die Atombombe und die Zukunft des Menschen«, 1958) und die restaurativen Tendenzen der dt. Nachkriegszeit (»Die Schuldfrage«, 1946; »Wohin treibt die Bundesrepublik?«, 1966). – *Weitere Werke:* Die geistige Situation der Zeit (1931); Nietzsche (1936); Existenzphilosophie (1938); Von der Wahrheit (1947); Der philosoph. Glaube (1948); Vom Ursprung u. Ziel der Geschichte (1949); Einführung in die Philosophie (1950); Hoffnung u. Sorge (1965); Antwort (1967); Chiffren der Transzendenz (hg. 1970); Notizen zu Martin Heidegger (hg. 1978).

Jasperware [ˈdʒæspə-], engl., zu jasper »Jaspis«] *die,* feines, unglasiertes, lichtdurchlässiges Steinzeug, das 1775 von J. Wedgwood entwickelt wurde. Es wurde weiß hergestellt oder durch Metalloxide in der Masse durch und durch gefärbt. Am bekanntesten ist die zartblaue J. mit aufgelegten klassizist. weißen Reliefs.

Jaspis [grch. aus assyr.] *der,* trüber, durch Fremdbeimengungen gefärbter ↗ Chalcedon.

Jass, urspr. aus Polen stammendes, heute v. a. in der Schweiz, aber auch in den westl. Teilen Österreichs verbreitetes Kartenspiel für 2–4 Teilnehmer; wird mit 36 Karten in zahlr. Varianten gespielt; jährlich finden Europameisterschaften im Jassen statt.

Jassen (ungar. Jászok), euras. Reitervolk, gemeinsam mit den ↗ Kumanen im 13. Jh. in der ungar. Tiefebene angesiedelt. (↗ Jazygien)

Jassy, Stadt in Rumänien, ↗ Iași.

Jastorfkultur (Jastorfgruppe), nach einem Urnenfriedhof in Jastorf (heute zu Bad Bevensen) ben. Kulturgruppe der vorröm. Eisenzeit (etwa 6./5. Jh. v. Chr. bis Christi Geburt), verbreitet von S-Jütland über Mecklenburg, Brandenburg bis nach N-Böhmen. Die J. wird mit den frühen Germanen in Verbindung gebracht. Große Urnengräberfelder.

Jászberény [ˈjaːsbɛreːnj], Stadt im Bezirk Jász-Nagykun-Szolnok, Ungarn, an der Zagyva, 28 100 Ew.; Maschinenbau, Herstellung von Kühlschränken.

Jat [dʒ-] (Dschat, ar. Stammeskaste in NW-Indien (30 Mio., meist Bauern; Sikh oder Hindu) und Pakistan (6,3 Mio., Kamelhirten, auch Händler; Muslime), sprechen indoar. Sprachen.

Jatagan [türk.] der, ostind., später bes. türk. Hiebwaffe mit s-förmig gekrümmter Klinge.

Jataka [dʒ-] das, buddhist. Sammlung von Legenden, die von früheren Existenzen des Buddha handeln; Zeugnis altbuddhist. Literatur und älteste Quelle vieler ind. Fabeln.

Jauche, Harn der Tiere, mit Kot, Einstreuteilchen und Spülwasser vermischt; organ. Dünger.

Jauer, Stadt in Polen, ↗ Jawor.

Jaufen der (italien. Passo del Giovo), Pass in Südtirol, Italien, zw. Sarntaler und Stubaier Alpen, 2 094 m ü. M.; die Straße über den J. verbindet Sterzing (Eisacktal) mit dem Passeiertal.

Jaunde, Hptst. der Rep. Kamerun, ↗ Yaoundé.

Jauntal, 1) südöstl. Teil des Klagenfurter Beckens, Kärnten, Österreich; um Klopeiner und Turner See Fremdenverkehr, im **Jaunfeld** Landwirtschaft.

2) (frz. Vallée de la Jogne), Tal in den Greyerzer Alpen, Schweiz, vom **Jaunbach** durchflossen. Die Straße über den **Jaunpass** (1 509 m ü. M.) verbindet das Greyerzer Land mit dem Simmental.

Jaurès [ʒɔˈrɛs], Jean, frz. Sozialist, * Castres (Dép. Tarn) 3. 9. 1859, † (ermordet) Paris 31. 7. 1914; wurde 1883 Prof. der Philosophie in Toulouse, 1885 Abg. der radikalen Linken, gewann als glänzender Redner großes Ansehen (engagierte sich in der ↗ Dreyfusaffäre). Als Pazifist trat er für eine dt.-frz. Verständigung ein; gründete 1904 die Zeitung »L'Humanité«. Schrieb u. a. »Sozialist. Studien« (1901).

Java [ˈdʒɑːvə, engl.], von der amerikan. Firma Sun Microsystems entwickelte objektorientierte Programmiersprache, die vom verwendeten Betriebssystem unabhängig ist. J. wird v. a. zum Programmieren von Anwendungen für das WWW eingesetzt.

Java (Jawa, Djawa), kleinste, aber bedeutendste der Großen Sundainseln, Indonesien, im Malaiischen Archipel, 118 000 km², mit Madura 132 187 km², 114,7 Mio. Ew.; Hptst. ist Jakarta. J. ist polit. und wirtsch. Kernraum Indonesiens. Die Javaner sind Muslime (↗ Indonesier).

Die Insel ist überwiegend gebirgig; 17 tätige und zahlr. erloschene Vulkane sowie Vulkangruppen bilden die Längsachse der Insel. Im O ragen sie als Einzelkegel auf: Merapi, Semeru (mit 3 676 m ü. M. höchste Erhebung), Bromo. Die S-Küste weist die turmartigen Formen des trop. Kegelkarstes auf; die Küstenebene im N ist teilweise versumpft. Das Klima ist tropisch. Im W herrscht immergrüner Regenwald vor; im O überwiegt der Laub abwerfende Monsunwald mit wirtsch. bed. Teakholzbeständen (größtenteils Pflanzungen). Nur noch 23 % der Fläche sind waldbedeckt. Große Städte sind neben Jakarta: Surabaya, Surakarta, Semarang, Bandung und Yogyakarta. Angebaut werden Reis, Kokospalmen, Mais, Maniok, Erdnüsse, Sojabohnen, Zuckerrohr, Tee, Kaffee, Tabak, Chinarinde, Kautschuk, Kakao. Im NO wird Erdöl gefördert, im Zentrum und im O Phosphat abgebaut, im SW Gold gewonnen. Ind. findet sich v. a. in den Hafenstädten; stark ausgeweitet wurde die Textilindustrie. Aus holländ. Zeit besteht noch ein gut ausgebautes Straßen- und Schienennetz.

Die *Kunst* auf J. entwickelte sich im Dienst des Brahmanismus und Buddhismus als Zweig der ind. Kunst, die auch in den sich allmählich herausbildenden Stilen javan. Gepräges fortwirkte. Ihr Hauptwerk ist der Tempel ↗ Borobudur (um 800) mit der Überfülle seiner Bildwerke, bes. Reliefs aus der Buddhalegende. Unter dem Islam erlosch die monumentale Kunst. Das Kunsthandwerk, das neue Verfahren im Färben und Mustern von Stoffen hervorbrachte (Batik), ist bis in die Gegenwart lebendig. Hoch entwickelt sind auch das Orchesterspiel (↗ Gamelan), der Tanz, das Theater und bes. die Schattenspielkunst (Wayang).

Zur *Geschichte* ↗ Indonesien.

Javaner|affe (Macaca irus), bes. anpassungsfähige Art der Altweltaffen aus der Verwandtschaft der Makaken; gute Schwimmer und Taucher. Vorkommen in den Küstenregionen Hinterindiens und der sich anschließenden Inselwelt.

javanische Sprache, westmalaiopolynes. (indones.) Sprache der austrones. Sprachfamilie, wird in versch. Dialekten in Zentral- und O-Java, einem Teil von W-Java und einigen Regionen von Sumatra, Borneo und Celebes gesprochen. Als Standardsprache des Neujavanischen gilt die von Surakarta und Yogyakarta. Kennzeichnend für die j. S. sind bes. die vier Rangsprachen, deren Anwendung vom sozialen Status, vom Verwandtschaftsgrad und vom Alter der Gesprächspartner abhängt. Altjavanisch (Kawi) war die höf. Lit.sprache in O-Java (9.–15. Jh.). Die **javan. Schrift** wurde von südind. Alphabeten abgeleitet.

Jean Jaurès

Java: Im Tenggergebirge, südöstlich von Surabaya, liegt der 2 392 m hohe aktive Vulkan Bromo (im Vordergrund).

Javari der (Rio J.), rechter Nebenfluss des Amazonas, etwa 1 600 km lang, bildet den nördl. Teil der Grenze zw. Peru und Brasilien.

Javascript [engl. ˈdʒɑːvə-] (JavaScript), *Informatik:* objektorientierte Programmiersprache, die sich wie Java an C⁺⁺ anlehnt und ebenfalls betriebssystem- und plattformunabhängig ist; von der Firma »Netscape« entwickelt. Im Ggs. zu Java ist J. eine reine Interpretersprache. Weitere Unterschiede betreffen v. a. Einschränkungen, wie verminderte Zugriffsmöglichkeiten auf die Festplatte des Computers, auch können mit J. keine Grafiken erstellt werden.

Javasee, Teil des Australasiat. Mittelmeeres zw. Java, Sumatra, Borneo und Celebes; Schelfmeer mit bed. Fischerei vor der Küste.

Javorníkgebirge [-njiːk-] (tschech. und slowak. Javorníky), Bergland der Westkarpaten, im Grenzbereich zw. Tschech. und Slowak. Rep., im Javorník 1 071 m ü. M.

Jawa, Insel in Indonesien, ↗ Java.

Jawata (Yahata), Teil von ↗ Kitakyūshū.

Jawlensky, Alexei von, russ. Maler, *Torschok (Gouv. Twer) 26. 3. 1864, †Wiesbaden 15. 3. 1941; zunächst Offizierslaufbahn in Sankt Petersburg; zog 1896 mit Marianne von Werefkin nach München, wo er den Künstlern des ↗ Blauen Reiters (bes. Kandinsky) nahe stand; Bildnisse, Stillleben und Landschaften in intensiver, den Eigenwert der Farbe betonender Leuchtkraft; seit den 1920er-Jahren konstruktivist. Bildaufbau, stark abstrahierende Darstellungen des menschl. Antlitzes, die J. seit 1934 »Meditationen« nennt.

Alexei von Jawlensky: Murnau (1907; Privatsammlung)

Jawor (dt. Jauer), Krst. in der Wwschaft Niederschlesien, Polen, an der Jauerschen (Wütenden) Neiße, 25 600 Ew.; Metall-, Holz-, Textil-, chem., Nahrungsmittelindustrie. – Pfarrkirche (14. Jh.), Kirche des ehem. Bernhardinerklosters (1486–92), Friedenskirche (1654/55; UNESCO-Weltkulturerbe); Reste der Stadtmauer (14. Jh.), am Marktplatz barocke Laubenganghäuser. – Vor 1242 gegr., 1275 urkundlich erwähnt; wurde 1278 Hptst. des Fürstentums Jauer, das 1392 an Böhmen, 1474 an Ungarn, 1526 an die Habsburger und 1742 an Preußen fiel; kam 1945 zu Polen.

Jaworzno [jaˈvɔʒnɔ], Stadtkreis in der Wwschaft Schlesien, Polen, 97 400 Ew.; Steinkohlenbergbau, chem. und Glasind., Großkraftwerke.

Jay [dʒeɪ], John, amerikan. Politiker, *New York 12. 12. 1745, †Bedford (N. Y.) 17. 5. 1829; Rechtsanwalt, Mitgl. beider Kontinentalkongresse (1778/79 Präs.), 1784–90 Außen-Min., 1789–95 erster Oberster Bundesrichter der USA; schloss 1794 den nach ihm benannten Vertrag mit Großbritannien, der u. a. zur definitiven Räumung des Nordwestterritoriums durch die Engländer führte. 1795–1801 Gouv. von New York.

Jayapura [dʒ-] (Djajapura, urspr. indones. Kotabaru, niederländ. bis 1963 Hollandia, bis 1969 Sukarnapura), Hptst. von Irian Jaya, Indonesien, Hafen an der N-Küste von Neuguinea, 150 000 Ew.; Univ., kath. Bischofssitz; Fischerei; Flugplatz.

Jazygen (Iazygen), Stammesteil der iran. Sarmaten, der im 5. Jh. v. Chr. am unteren Don siedelte, im 2. Jh. v. Chr. den Dnjepr erreichte und sich 40–45 n. Chr. zw. Donau und Theiß (↗ Jazygien) niederließ.

Jazygi|en (ungar. Jászság), ehem. Siedlungsgebiet der Jazygen und Jassen mit Hauptort Jászberény, nördlich von Szolnok zw. Donau und Theiß, bis 1867 in Selbstverw. stehend.

Jazz [jats, engl. dʒæz; engl.-amerikan., Herkunft ungeklärt] *der,* Ende des 19. Jh. von den Nachfahren der als Sklaven in die Südstaaten der USA gebrachten Afrikaner entwickelte Musik. Der J. bildete sich in einem Verschmelzungsprozess aus Elementen der afroamerikan. Volksmusik (Blues, Worksong, Spiritual) und der europ.-amerikan. Marsch-, Tanz- und Populärmusik. – Der urspr. volkstümliche J. entwickelte sich in drei sich oft überkreuzenden Grundlinien als Musik zu Unterhaltung und Tanz, als Kunstmusik und als Ausdruck sozialen Protests. – Charakteristisch ist die **Improvisation,** eine Kombination von spontaner Erfindung und Reproduktion erlernter Formeln. Die Musiker haben die Möglichkeit, innerhalb einer vorgegebenen Form, die sie an Tonart, Grundrhythmus und Harmonienablauf bindet, gemeinsam oder solistisch Melodie und Rhythmus frei zu gestalten. Die innere Spannung des J.-Rhythmus entsteht durch die Überlagerung versch. improvisierter Rhythmen über einem festliegenden Grundrhythmus. Die J.-Melodik ist durch die Verwendung von kleinen Terzen, verminderten Quinten und kleinen Septimen **(Bluenotes)** und vorzugsweise der Durtonarten charakterisiert. J. wird in kleinen Ensembles (Combos) oder in Orchestern (Bands) gespielt. Innerhalb der **J.-Band** werden die Melodiegruppe und die Rhythmusgruppe unterschieden. In der Intonation besitzt der J.-Musiker weitgehende Freiheit. Daher setzten sich im J. solche Instrumente durch, die eine persönl. Phrasierungsweise zulassen: Trompete, Posaune, Klarinette, Vibraphon, Saxophon in der Melodiegruppe; Kontrabass, Klavier, Gitarre, Tuba, Banjo und Schlagzeug in der Rhythmusgruppe.

Der erste ausgeprägte J.-Stil war der **New-Orleans-J.,** in den bereits der gesungene Blues einging. Nach der 1917 verfügten Schließung des Vergnügungsviertels (»Storyville«) in New Orleans wurde Chicago das Zentrum des J., der hier zur vollen Entwicklung kam **(Chicago-Stil).** Die 1920er-Jahre brachten den Höhepunkt des **Vocal Blues,** zugleich entwickelten weiße Musiker den **Dixieland-J.,** in den 1930er-Jahren kam der **Swing** auf. Es folgte in den 1940er-Jahren der **Modern J.** oder **Bebop** mit schnelleren, aggressiveren Improvisationen der J.-Themen und in den 1950er-Jahren der **Cool-J.** Ein Seitenzweig des Modern J. war der sich mit anderen modernen Musikrichtungen verbindende **Progressive J.** Aus dem **Hardbop,** einer stilist. Rückkehr zum Bebop, entstand in den 1960er-Jahren der frei experimentierende **Free J.** In den 1970er-Jahren entwickelte sich der **Electric J.,** der viele Elemente der Rockmusik aufnahm. Ende der 1970er-Jahre setzte, ausgehend von den USA, eine Wiederbelebung des J. der 1950er-Jahre ein, das Bebop-Revival. In den 1980er- und 1990er-Jahren herrschen im J. weitgehende stilist. Pluralismus (mit neoklassizist. und klassizist. Tendenzen), verbunden mit einer verstärkten Kommerzialisierung.

Jazzdance [ˈdʒæzˈdɑːns] *der,* in den USA entstandene Form des zeitgenöss. Kunsttanzes afroamerikan. Ursprungs (Hauptquelle: Tanzstile aus Angola und dem Kongogebiet). Beim J. werden die einzelnen Körperteile isoliert voneinander bewegt; als musikal. Grundlage wird Jazzmusik verwendet. Bereits in den 1920er-Jahren wurde der J. von einigen weißen Tänzern übernommen, Ende der 1940er-Jahre kamen Elemente des Modern Dance und des klass. Balletts hinzu. Seit etwa 1960 verbreitete sich der J. in Europa.

Jazzrock [ˈdʒæzrɔk, engl.], musikal. Strömung der 1970er-Jahre, bei der versucht wurde, Elemente des Modern Jazz in die Rockmusik einzubeziehen. Bekannte Gruppen des J. waren »Chicago« und »Blood, Sweat & Tears«.

Jean [ʒɑ̃], Großherzog von Luxemburg (1964 bis 2000), * Schloss Berg (bei Mersch) 5. 1. 1921; aus dem Hause Nassau, heiratete 1953 die belg. Prinzessin Josephine Charlotte; dankte am 7. 10. 2000 zugunsten seines Sohnes Henri (* 1955) ab.

Jean [ʒɑ̃], Raymond, frz. Schriftsteller, * Marseille 21. 11. 1925; Prof. für moderne Lit. in Aix-en-Provence. Sein umfangreiches erzähler. Werk untersucht die psycholog. Triebkräfte individuellen wie kollektiven Verhaltens (»Linie 12«, R., 1973; »Die Vorleserin«, R., 1986; »Mademoiselle Bovary«, Erz., 1991).

Jeanne d'Arc [ʒanˈdark] (heilige Johanna, Jungfrau von Orléans), nannte sich selbst Jeanne la Pucelle, frz. Nationalheldin, * Domrémy-la-Pucelle zw. 1410 und 1412, † Rouen 30. 5. 1431; Bauernmädchen, fühlte sich durch »Stimmen« berufen, das seit Herbst 1428 von den Engländern belagerte Orléans zu befreien und den Dauphin (Karl VII.) in Reims krönen zu lassen. Am 25. 2. 1429 wurde sie von Karl empfangen, überzeugte ihn von ihrer Sendung und begleitete bewaffnet in Männerkleidung das frz. Heer. Die Befreiung von Orléans führte zur entscheidenden Wende im ↗Hundertjährigen Krieg. Nach der Krönung Karls (17. 7. 1429) stieß sie auf wachsenden Widerstand bei Hofe. Am 23. 5. 1430 geriet sie bei Compiègne in die Gefangenschaft der Burgunder, die sie gegen eine hohe Summe den Engländern auslieferten.

Jean Paul, Gemälde von Heinrich Pfenniger (1798; Halberstadt, Gleimhaus)

reuth 14. 11. 1825; Pfarrerssohn, studierte Theologie, war dann Hauslehrer. In Weimar (1796; 1798–1800) schloss er Freundschaft mit Herder; 1801 Heirat mit Caroline Mayer (* 1777, † 1860); seit 1804 ständiger Wohnsitz in Bayreuth. Seine dichter. Weltauffassung ist ebenso geprägt von dem durch Rousseau geweckten schwärmer. Gefühl wie von der Erfahrung der zeitgenöss. sozialen Verhältnisse und der Enttäuschung über den Verlauf der Frz. Revolution. Die in der Gestaltungsweise an L. Sterne und H. Fielding anknüpfenden Werke sind bestimmt vom Widerstreit zw. Idealität und Banalität, Ewigkeit und Vergänglichkeit (»Die unsichtbare Loge«, R., 1793, 2 Bde.; »Hesperus«, R., 1795, 3 Bde.). Eine Lösung bringt der Humor, der die Gebrechen der Welt ohne Bitterkeit annimmt (»Blumen- Frucht- und Dornenstücke oder Ehestand, Tod und Hochzeit des Armenadvokaten F. S. Siebenkäs im Reichsmarktflecken Kuhschnappel«, 1796, 3 Bde.; »Titan«, 1800–03, 4 Bde.; »Flegeljahre. Eine Biographie«, 1804/05, 2 Bde.). Das Gewicht der Darstellung liegt auf den seel. Vorgängen; in den meist fragmentar. Romanen wird der Fortgang der Handlung durchbrochen von Abschweifungen, Reflexionen, Kommentaren; Gegenständliches wird Chiffre für Seelisches. Außerordentlich ist der Reichtum der bildhaften Sprache (»Leben des Quintus Fixlein, aus fünfzehn Zettelkästen gezogen«, erschienen 1795; »J. P.s biograph. Belustigungen unter der Gehirnschale einer Riesin«, erschienen 1796). Theoret. Schriften geben Einblicke in den Vorgang poet. Produktion (»Vorschule der Ästhetik ...«, 1804, 3 Bde.).

Jean, Großherzog von Luxemburg

Jeans [dʒi:nz; amerikan., von jean »geköperter Baumwollstoff«; wohl von Genua, wichtiger Umschlaghafen für Baumwolle], aus festem Segeltuch (Köper, Serge u. a. aus der frz. Stadt Nîmes, daher »Denim«) gefertigte Arbeitshose mit Kappnähten, Sattel und Taschen, urspr. blau (Bluejeans, Blue Jeans). Um 1850 von dem gebürtigen Deutschen L. Strauss (* 1829, † 1902) in Kalifornien für Goldgräber hergestellt, fanden J. noch vor dem Zweiten Weltkrieg in Nordamerika, seit 1945 in Europa Eingang in die Jugend-, Freizeit- und Tageskleidung.

Jeans [dʒi:nz], Sir (seit 1928) James Hopwood, brit. Mathematiker, Physiker und Astronom, * Ormskirk (Cty. Lancashire) 11. 9. 1877, † Dorking (Cty. Surrey) 16. 9. 1946; leistete wichtige Beiträge zur Theorie des schwarzen Strahlers (Strahlungsgesetze), Stellardynamik und Kosmogonie; verfasste naturphilosoph. und populärastronom. Schriften.

James Hopwood Jeans

Jebel [dʒ-] der, ↗Djebel.

Jebel Ali [dʒ-], Ind.stadt und Tiefseehafen im Scheichtum Dubai, ↗Vereinigte Arabische Emirate.

Jedda [dʒ-], Stadt in Saudi-Arabien, ↗Djidda.

Jeanne d'Arc, zeitgenössische Darstellung (Paris, Louvre)

Der frz. Hof unternahm nichts, um sie zu retten. Sie wurde nach Rouen gebracht, vom geistl. Gericht als Zauberin und Ketzerin verurteilt und verbrannt. Schon die Zeitgenossen verherrlichten sie, ihre Verurteilung wurde 1456 kirchlich aufgehoben. 1909 wurde sie selig, 1920 heilig gesprochen (Tag: 30. 5.) und zur 2. Patronin Frankreichs erklärt.

Jean Paul [ʒɑ̃ -], eigtl. Johann Paul Friedrich Richter, Schriftsteller, * Wunsiedel 21. 3. 1763, † Bay-

Jedermann, das Spiel vom reichen Mann, an den plötzlich der Tod herantritt. Freunde und Reichtum verlassen ihn, nur der Glaube und die guten Werke begleiten ihn vor Gottes Richterstuhl. Die beiden ältesten dramatisierten Fassungen stammen vom Ende des 15. Jh.: der niederländ. »Elckerlijk« (gedruckt 1495) und das engl. Moralitätenspiel »Everyman« (gedruckt 1509). Seither ist der Stoff oft bearbeitet worden; in Dtl. u. a. von H. Sachs (»Comedi von dem reichen sterbenden Menschen«, 1560); moderne Bearbeitungen von W. von Guérard (»Wir alle«, 1905), H. von Hofmannsthal (»J.«, 1911) und F. Hochwälder (»Donnerstag«, 1959).

Jedwabne, Stadt in der Wwschaft Podlachien, Polen, etwa 20 km nordöstlich von Łomża, rd. 2 000 Ew. – J. kam 1939, mit dem Hitler-Stalin-Pakt, unter sowjet. Herrschaft. Während der Besetzung durch dt. Truppen (1941–44) wurden bei einem Pogrom am 10. 7. 1941 mindestens 300 jüd. Bewohner J.s vor einheim. Polen ermordet. Art und Umfang der Beteiligung eines vor Ort befindl. SS-Sonderkommandos, das derartige Aktionen in der Region initiierte und organisierte, blieben auch nach staatsanwaltl. Ermittlungen in Polen ungeklärt.

Jeep® [dʒiːp; amerikan., nach den (engl. ausgesprochenen) Anfangsbuchstaben G. P. für General Purpose Vehicle »Mehrzweckfahrzeug«] *der,* Handelsname der **Jeep Corporation,** USA; urspr. für den in den 30er-Jahren entwickelten Vielzweckkraftwagen der US-Armee verwendet.

Jeetzel *die* (Jeetze), linker Nebenfluss der unteren Elbe, in Sa.-Anh. und Ndsachs., 80 km lang, entspringt in der Altmark, durchfließt Salzwedel und Lüchow, mündet in Hitzacker.

Jeffers [ˈdʒefəz], John Robinson, amerikan. Lyriker und Dramatiker, * Pittsburgh (Pa.) 10. 1. 1887, † Carmel (Calif.) 20. 1. 1962; von Nietzsche und Freud beeinflusst, Kritiker moderner Zivilisation; entwickelte in allegor. Verserzählungen ein düsteres Weltbild. Dramen nach Euripides, u. a. »Medea« (1946).

Jefferson [ˈdʒefəsn], Thomas, 3. Präs. der USA (1801–09), * Shadwell (Va.) 13. 4. 1743, † Monticello (Va.) 4. 7. 1826; verfasste die Unabhängigkeitserklärung vom 4. 7. 1776, war 1779–81 Gouv. von Virginia, 1785–89 Gesandter in Paris und 1790–93 Außenmin. unter G. Washington. Als polit. Gegenspieler der von A. ↗Hamilton geführten Föderalisten begründete er die Partei der Demokrat. Republikaner (Vorläufer der Demokrat. Partei). 1797–1801 Vizepräs. unter J. Adams. Während seiner Präsidentschaft Erwerb Louisianas durch Kauf von Frankreich (1803) und Förderung der Ausdehnung der USA nach W (↗Lewis-and-Clark-Expedition 1804–06). Als polit. Ratgeber hatte der umfassend gebildete Aufklärer noch lange Einfluss auf das gesellschaftl. Leben seines Landes; trat auch als Architekt hervor.

Thomas Jefferson

Jefferson City [ˈdʒefəsn ˈsɪti], Hptst. des Bundesstaates Missouri, USA, am Missouri; 36 100 Ew.; Univ.; Druckereien und Verlage, Bekleidungsindustrie. – 1822 als zukünftige Hptst. gegründet.

Jehol [dʒ-] (Dschehol), **1)** ehem. Prov. Chinas, 1955 auf die Prov. Hebei und Liaoning sowie das autonome Gebiet Innere Mongolei verteilt. – **2)** früherer Name der Stadt ↗Chengde.

Jehoschua, Abraham Bar, hebr. Schriftsteller, * Haifa 19. 12. 1936; verfasste mythologisch geprägte, an F. Kafka und S. J. Agnon erinnernde Erzählungen (»Angesichts der Wälder«, 1968); seine Romane (»Der Liebhaber«, 1977; »Späte Scheidung«, 1982; »Die fünf Jahreszeiten des Molcho«, 1987; »Die Rückkehr aus Indien«, 1994) und Essays spiegeln in krit. Distanz die komplizierte polit. Realität der israel. Gesellschaft.

Jedermann: Everyman und der Tod, Frontispiz in einem Druck des englischen Moralitätenspiels, Holzschnitt (um 1515)

Jehova [hebr.], um 1100 im Anschluss an den Bibeltext der Masoreten (↗Masora) aufgekommene Lesart des Gottesnamens ↗Jahwe.

Jeisk [jejsk], Hafenstadt in der Region Krasnodar, Russland, am Asowschen Meer, 94 000 Ew.; Kur- und Badeort; Nahrungsmittel- und Leichtind., Druckmaschinenbau.

Jejunum (Leerdarm), ↗Darm.

Jekaterinburg (1924–91 Swerdlowsk), Hptst. des Gebiets Swerdlowsk, Russland, wichtigste Stadt des Mittleren Ural, am Isset, 1,26 Mio. Ew.; zwei Univ., zahlr. Hochschulen, Zweigstelle der Russ. Akademie der Wiss., Museen, Gemäldegalerie, Zoo; wichtigstes Ind.zentrum des Ural: Hüttenwerke, Schwermaschinenbau (»Uralmasch«), Rüstungs-, elektrotechn., chem. und pharmazeut. Ind., vielseitige Leichtind.; Verkehrsknotenpunkt (neben Tscheljabinsk Ausgangsstation der Transsibir. Eisenbahn, internat. Flughafen). – 1723 mit dem Bau einer Eisenhütte gegr. und als eine der ersten russ. Fabrikstädte planmäßig angelegt. In der Nacht zum 17. 7. 1918 wurde hier der letzte russ. Zar, Nikolaus II., mit seiner Familie von den Bolschewiki erschossen (Gedächtniskirche seit 2000 im Bau).

Jekaterinodar, bis 1920 Name von ↗Krasnodar.

Jekaterinoslaw, bis 1926 Name von ↗Dnjepropetrowsk.

Jelängerjelieber, Art der Pflanzengattung ↗Geißblatt.

Jelenia Góra [jɛˈlɛnja ˈgura] (dt. Hirschberg, bis 1945 Hirschberg i. Rsgb.), Stadtkreis und Krst. in der Wwschaft Niederschlesien, Polen, am Bober, im Hirschberger Kessel, 93 000 Ew.; Chemiefaser-, Maschinenbau-, pharmazeut., Bekleidungs-, Papier-, Glas-, opt. Industrie. – Spätgot. Pfarrkirche St. Erasmus und Pankratius (im 14./15. Jh. erbaute Basilika), evang. Gnadenkirche (1709–18), Rathaus (1747–49), Bürgerhäuser (17. und 18. Jh.), im 1976 zugemeindeten Riesengebirgskurort **Cieplice Śląskie Zdrój** (dt.

Bad Warmbrunn; schwefelhaltige Thermalquelle) Schaffgotsch-Palast (1784–89) und Kirche Johannes der Täufer (1712–14). – Das 1288 gegr. und dt. besiedelte J. G. erhielt 1299 Stadtrecht. Bad Warmbrunn war seit 1381 im Besitz der Reichsgrafen Schaffgotsch.

Jelgava (früher dt. Mitau), Stadt in Lettland, südwestlich von Riga, an der Kurländ. Aa (Lielupe), 63 300 Ew.; Landwirtschaftsakademie; Kleinbus-, Landmaschinenwerk, Maschinenbau, Lebensmittelind.; Flughafen. – Schloss J. (1738–40 und 1763–72), Schloss Valdekas (Ende 19. Jh.), barock-klassizist. Academia Petrina (1773–75; heute Kunst- und Geschichtsmuseum), evang. Annenkirche (1619–41). – Entstand neben der vom Schwertbrüderorden 1265 erbauten Burg Mitawa und erhielt um 1580 Stadtrecht; 1561–1795 Residenz der Herzöge von Kurland, kam 1795 an Russland; 1918–40 Hptst. der lett. Provinz Kurzeme (Kurland).

Jelinek, 1) Elfriede, österr. Schriftstellerin, * Mürzzuschlag 20. 10. 1946; im Zentrum ihrer zahlr., von provokativer, (sexual)tabubrechender Schärfe lebenden Romane und Theaterstücke stehen von den Zwängen des patriarchal. Herrschaftssystems gezeichnete Figuren, die in experimenteller Form, v. a. mittels satirisch bloßgelegter Sprach- und Sprechschablonen charakterisiert werden; schreibt auch Hörspiele und Drehbücher; erhielt 1998 den Georg-Büchner-Preis. – *Werke: Romane:* Die Liebhaberinnen (1975); Die Ausgesperrten (1980); Die Klavierspielerin (1983); Oh Wildnis, oh Schutz vor ihr (1986); Lust (1989); Die Kinder der Toten (1995); Gier (2000). – *Dramen:* Burgtheater (1985); Wolken. Heim (1988); Totenauberg (1991); Raststätte oder sie machens alle (1994); Stecken, Stab und Stangl (1996); In den Alpen (2002).

2) Hanns, österr. Komponist, * Wien 5. 12. 1901, † ebd. 27. 1. 1969; arbeitete auf der Basis der Zwölftontechnik; komponierte u. a. »Das Zwölftonwerk« (1947–52, für versch. Instrumente), die Operette »Bubi Caligula« (1947–53) sowie Filmmusiken; schrieb »Anleitung zur Zwölftonkomposition ...« (2 Bde., 1952–58).

Jelisawetgrad, bis 1924 Name von ↗Kirowograd.

Jelisawetowskaja Stanıza, russ. Dorf bei Rostow am Don; hier befindet sich eine vorgeschichtl. Befestigungsanlage, in der man früher das alte Tanais vermutete; in der nahe gelegenen Nekropole wurde ein skyth. Königsgrab mit reichen Goldfunden ausgegraben.

Jellicoe [ˈdʒɛlɪkəʊ], John Rushworth, 1. Earl (seit 1925), Viscount (seit 1918) J. of Scapa, brit. Admiral, * Southampton 5. 12. 1859, † London 20. 11. 1935; im Ersten Weltkrieg 1914–16 Oberbefehlshaber der Großen Flotte (Grand Fleet), die er auch in der Schlacht vor dem Skagerrak (31. 5./1. 6. 1916) führte. 1916/17 Erster Seelord, 1920–24 Generalgouv. von Neuseeland.

Jellinek, 1) Georg, Staatsrechtslehrer, * Leipzig 16. 6. 1851, † Heidelberg 12. 1. 1911, Vater von 2); vereinigte philosoph., histor. und jurist. Denken, maß zugleich den sozialen und polit. Gegebenheiten eine rechtswandelnde Wirkung bei.

2) Walter, Staatsrechtslehrer, * Wien 12. 7. 1885, † Heidelberg 9. 6. 1955, Sohn von 1); 1935 in den Ruhestand gezwungen, hatte er nach 1945 maßgebenden Einfluss auf die Gestaltung der Verw.gerichtsbarkeit.

Jelling [ˈjɛlɛŋ], Gemeinde bei Vejle in Ostjütland, Dänemark, 5 600 Ew. – Bekannt durch die von der UNESCO zum Weltkulturerbe erklärte imposanteste dän. Königsgrablege des 10. Jh. (nahe dem Königshof J.): zwei riesige Grabhügel von 60 bzw. 77 m Durchmesser (samt schiffsförmiger Steinsetzung), dazwischen eine Kirche und zwei Runensteine. In dem nördl. Hügel wurde der noch heidn. König Gorm der Alte († um 940) mit seiner Gemahlin Tyra (Thyra) Danebod bestattet, für die Gorm den kleinen Runenstein setzte. Um 960 bettete ihr Sohn, der bereits christl. König Harald Blåtand (»Blauzahn«), seine Eltern in eine neu errichtete Holzkirche um (an der Stelle der heutigen, 1874 errichteten Steinkirche), stellte für sie den größeren Runenstein auf (mit der ältesten Christusdarstellung N-Europas) und ließ den S-Hügel als reinen Memorialbau ausführen. Die charakterist. Ornamentik der Grabbeigaben (u. a. Silberbecher) wurde namengebend für den wikingerzeitl. **Jellingstil.**

Jelzin, Boris Nikolajewitsch, russ. Politiker, * Butka (Gebiet Swerdlowsk) 1. 2. 1931; Bauingenieur; 1961–90 Mitgl. der KPdSU, 1985–87 Erster Sekr. der Moskauer Stadtparteiorganisation, 1990 bis 1991 Vors. des russ. Obersten Sowjets, wurde im Juni 1991 zum Präs. Russlands gewählt. 1991–92 war er auch MinPräs. Als Radikalreformer geriet er zunehmend in Gegensatz zu M. S. Gorbatschow und dessen Politik. Er organisierte im Aug. 1991 den Widerstand gegen den Putsch orthodox-kommunist. Kräfte und entmachtete nach dessen Scheitern die KPdSU. Im Dez. 1991 beteiligte er sich führend an der Gründung der ↗GUS. Im Okt. 1993 ließ er durch die Armee einen Aufstand altkommunist. und nationalist. Kräfte niederschlagen. Die von der Bev. im Dez. 1993 akzeptierte neue Verf. stärkte seine Stellung. J. veranlasste zwei opferreiche Militärinterventionen in dem nach Unabhängigkeit strebenden ↗Tschetschenien (1994–96, 1999/2000). Die schon 1996 von ihm unterstützte Bildung einer aus Russland und Weißrussland bestehenden »Gemeinschaft Souveräner Republiken« bekräftigte er 1997 und 1999 (Unionsverträge).

1996 erst nach Stichwahlen als Staatspräs. bestätigt, suchte J. in seiner Außenpolitik Russlands An-

Jelling: Runenstein

Elfriede Jelinek

Boris Jelzin

Jemen

Fläche:	536 869 km²
Einwohner:	(2000) 18,35 Mio.
Hauptstadt:	Sanaa
Verwaltungsgliederung:	17 Provinzen
Amtssprache:	Arabisch
Nationalfeiertag:	22. 5.
Währung:	1 Jemen-Rial (Y. Rl) = 100 Fils
Zeitzone:	MEZ + 2 Std.

Staatswappen

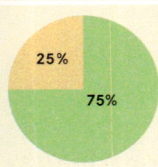
Bevölkerungsverteilung 2000
- Stadt
- Land

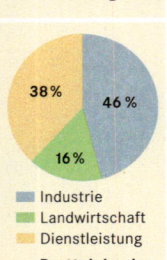
Bruttoinlandsprodukt 2000
- Industrie
- Landwirtschaft
- Dienstleistung

spruch auf die Rolle einer Weltmacht zur Geltung zu bringen. Er wandte sich gegen die Osterweiterung der NATO, schloss aber mit ihr 1997 ein Sicherheitsabkommen (Grundlagenakte). Durch schwere Krankheit zunehmend in der Ausübung seines Amtes beeinträchtigt, sah sich J. aufgrund der inneren, v.a. wirtsch. Krise Russlands mit einer starken Opposition (bes. repräsentiert in der Staatsduma) konfrontiert. Am 31. 12. 1999 trat er vorzeitig als Staatspräs. zurück und übergab die Amtsgeschäfte W. W. Putin.

Jemen (Yemen, amtlich arab. Al-Djumhurijja al-Jamanijja; dt. Rep. J.), Staat in Vorderasien, im S der Arab. Halbinsel; grenzt im W an das Rote Meer, im N an Saudi-Arabien, im O an Oman und im S an den Golf von Aden. Zum Staatsgebiet gehören die Koralleninseln Kamaran im Roten Meer, die vulkan. Insel Perim in der Meerenge Bab el-Mandeb sowie die Inselgruppe Sokotra vor dem Osthorn Afrikas.

Staat und Recht

Nach der Verf. vom 28. 9. 1994 (2001 revidiert) ist J. eine islam. Republik mit Präsidialregime. An der Spitze von Staat und Exekutive steht der auf 7 Jahre direkt gewählte (einmalige Wiederwahl möglich) und mit weitgehenden Kompetenzen versehene Staatspräs. Er ist Oberbefehlshaber der Streitkräfte und ernennt den MinPräs. sowie das Kabinett. Die Gesetzgebung liegt beim Parlament, dessen 301 für 6 Jahre gewählte Mitgl. (aktives und passives Wahlrecht auch für Frauen) auf das islam. Recht verpflichtet sind. Wichtigste der über 40 Parteien sind der Allg. Volkskongress, die Jemenit. Vereinigung für Reform (Islah), die Nasserist. Unionistische Volkspartei und die Arab. Sozialist. Baath-Partei.

Landesnatur

J. nimmt den südwestl. Hochgebirgskern der Arab. Halbinsel ein. Am Roten Meer liegt die schwülheiße Tihama (eines der heißesten und schwülsten Gebiete der Erde), eine 40–70 km breite, halbwüstenhafte Küstenebene. Ihr folgt mit einem regenreicheren Steilanstieg das größtenteils aus vulkan. Trappdecken aufgebaute Hochland von J. (2 000–2 500 m ü. M.), an dessen W-Rand der Nabi Schuaib, mit 3 760 m ü. M. die höchste Erhebung der Arab. Halbinsel, aufragt. Eine intensive Landnutzung und relativ dichte Besiedlung machen es zum Kernraum des Landes. Weiter nach O senkt sich das Hochland allmählich zur vollariden Sandwüste Rub al-Chali. An der ebenfalls schwülheißen Küste des Golfes von Aden breiten sich, soweit sie nicht Steilküste ist, z. T. Lavafelder mit aufgesetzten Vulkankegeln aus: Stadt und Hafen Aden liegen in einem aus Schlacken bestehenden Doppelkrater. Mit einer markanten Bruchstufe erhebt sich aus dieser Küstenebene die Arab. Tafel, die im N vom Djol, einem überwiegend aus tertiärem Kalkstein aufgebauten Hochplateau (bis 2 185 m ü. M.) gebildet wird. Dieses ist von tiefen (über 300 m), steilwandigen Wadis (größtes ist das Wadi Hadramaut) zerschnitten und senkt sich nach N zur Rub al-Chali.

Bevölkerung

Den Hauptteil der Bev. bilden Araber, die in der Küstenebene Tihama wie auch in den Oasen des südl. J. einen stark negriden Einschlag zeigen, der auf die alten Beziehungen zu Ostafrika hinweist. Im Wadi Hadramaut wiederum ist der malaiische Einschlag unverkennbar; Inder und Somal haben sich an der Küste zum Golf von Aden niedergelassen. In der Tihama und am Gebirgsfuß lebt die Landbev. in geschlossenen Dörfern, im westl. Randgebirge wohnen die Bergbauern in mehrstöckigen Wohntürmen. In den städt. Siedlungen sind die bis zu acht Stockwerke hohen, aus Lehmziegeln erbauten Häuser oft ornamental weiß verziert (z. B. in Sanaa und Schibam; UNESCO-Weltkulturerbe). Weniger als 10 % der Bev. sind Nomaden; hohes Bev.-Wachstum: 3,6 %. Größte Städte sind Sanaa, Aden, Taiz, Hodeida und Makalla. – Der Islam ist Staatsreligion und bildet mit 99,9 % das Bekenntnis nahezu der gesamten Bev.; über 61 % sind Sunniten (v. a. in der Tihama und im S), rd. 38 % Schiiten (Saiditen; v. a. im Hochland). Die verschwindende christl. Minderheit ist auf die v. a. im S lebenden Ausländer, die kleine hinduist. Gemeinde auf die ebenfalls dort niedergelassenen Inder beschränkt. – Es besteht eine neunjährige allgemeine Schulpflicht ab dem 6. Lebensjahr. Die Analphabetenquote beträgt 54 %.

Wirtschaft, Verkehr

Die Rep. J. ist, gemessen an ihrem Sozialprodukt, wesentlich geringer entwickelt als ihre arab. Nachbarländer. Ein wesentl. Wirtschaftszweig ist die traditionelle Landwirtschaft, in der ein Großteil der Erwerbstätigen in meist kleinbäuerl., 3–5 ha großen Betrieben tätig ist. In Subsistenzwirtschaft werden v. a. Hirse, daneben Weizen, Gerste, Sesam, Mais, Hülsenfrüchte, Weintrauben, Gemüse, Tabak angebaut; der Nahrungsmittelbedarf kann damit nicht gedeckt werden. Baumwolle wird auf entsalzten Böden der Tihamaebene angebaut; der Kaffeeanbau ging wegen des vermehrten Anbaus von Kathsträuchern zurück (hoher Kathgenuss v. a. der männl. Bev.). Bedeutung hat die Weidewirtschaft der Beduinen (Ziegen, Schafe, Rinder, Kamele und Esel). Im Roten Meer und im Golf von Aden werden Fischfang und Perlenfischerei betrieben. Der Bergbau hat in den letzten Jahren eine führende Rolle übernommen. Durch die Erdölförderung (kontinuierl. Ausbau) werden der Großteil der

Exporterlöse und der Staatseinnahmen bestritten. Seit 1984 wird im NO bei Marib, seit 1993 in Masila/Hadramaut und seit 1997 im S bei Schabwah und Jannah Erdöl gefördert. Bedeutend sind große Erdgasvorkommen. Größte Ind.betriebe sind die Erdölraffinerie in Aden und die Textilfabriken in Sanaa. Es dominiert das traditionelle Handwerk (Schmieden, Gerbereien, Lederverarbeitung). – Das Straßennetz (Gesamtlänge der befestigten Straßen: 9 960 km) konzentriert sich auf die Küstenregionen. Al-Ahmadi bei Hodeida am Roten Meer und Aden im S sind die wichtigsten Überseehäfen des Landes. Internat. Flughäfen haben Sanaa, Taiz, Makalla, Sayun, Hodeida und Aden.

Geschichte

Im Altertum wegen seiner fruchtbaren Täler Arabia felix (»glückl. Arabien«) gen.; die im 5. Jh. v. Chr. entstandenen Reiche von Saba, Main und Kataban vereinigten sich im 3. Jh. n. Chr. unter der Führung von Saba. Im 6. Jh. n. Chr. zw. Äthiopien und Persien umkämpft, kam das Gebiet 632 zum Kalifat, aus dessen Herrschaftsbereich sich J. seit Ende des 9. Jh. zu lösen begann. 901 gründeten die Saiditen (↗ Schiiten) das Imamat. 1174–98 stand J. unter aijubid., 1517 und 1538–1635 (Aden, Lahedj) sowie 1849–1918 unter osman. Herrschaft (Sanaa, ab 1517 autonomes Sultanat, nur 1872–90). Danach verstärkt getrennte Entwicklung von N- und S-Jemen.

Nordjemen: 1911 Anerkennung des Imam Jahja (seit 1904; ermordet 1968) als Herrscher durch die Türken, 1918 Umwandlung des Imamats in ein Königreich. Mit dem Vertrag von Taif erkannte Saudi-Arabien im Mai 1934 die Unabhängigkeit an. 1945 Gründungs-Mitgl. der Arab. Liga. 1958–61 föderatives Mitgl. der Vereinigten Arab. Republik; 1962 Sturz des Imam Ahmed (seit 1948) durch einen Militärputsch und Ausrufung der **Arab. Republik J.** durch A. as-Sallal (* 1917, † 1994; Präs. bis 1967). Der darauf folgende Bürgerkrieg zw. Republikanern (unterstützt von Ägypten) und Anhängern der Monarchie (bis 1967 unterstützt von Saudi-Arabien) um Imam M. al-Badre (* 1920) endete erst 1969/70 mit dem endgültigen Sieg der Republikaner. 1974 kam es zu einem unblutigen Militärputsch, Präs. wurde Oberst I. al-Hamidi (ermordet Sept. 1977), danach H. al-Ghasmi (ermordet Juni 1978); im Juli 1978 übernahm A. Abdullah Saleh (* 1942) dieses Amt.

Südjemen: Aden gehörte 1839–1937 als Protektorat zu Britisch-Indien, 1947 wurde es brit. Kronkolonie; 1959 föderativer Zusammenschluss der Emirate im ehem. brit. Protektorat, 1963 Beitritt als Staat »Aden« zur »Südarab. Föderation«. Dem Umsturz im Sept. 1967 in zahlr. Emiraten folgte die Unabhängigkeitserklärung im Nov. 1967 und der Abzug der brit. Truppen; Umwandlung in kommunist. Einheitsstaat (VR Süd-J., seit 1970 **Demokrat. Volksrepublik J.**), seit 1978 unter der Einparteienherrschaft der Jemenit. Sozialist. Partei; Präs. wurde im April 1980 A. Nassir Muhammed (* 1944); Jan. 1986 Bürgerkrieg und Flucht des Präs. nach Nord-J., im Febr. 1986 wurde H. Abu Bakr al-Attas (* 1939) Staatschef.

Das vereinigte Jemen: Nach offenen Feindseligkeiten (1970/71) kam es zu Vereinigungsverhandlungen 1972 (Grundsatzvertrag, erneuert 1979), 1977, 1981 (Koordinierungs- und Kooperationsabkommen) und 1989 (Bildung eines Vereinigten polit. Organisationskomitees), die am 22. 5. 1990 zum Zusammenschluss beider J. führten, wodurch erstmals ein einheitl. Nationalstaat J., die **Islam. Republik J.**, entstand; erster Präs. wurde Saleh. Im Mai 1991 billigte die Bev. eine Übergangsverf. Die polit. Unterstützung des Irak im 2. Golfkrieg sowie der Einstrom somal. Flüchtlinge 1991/92 brachte das Land in große Schwierigkeiten. Die nach den ersten Parlamentswahlen seit der Vereinigung (27. 4. 1993) gebildete Koalitionsreg. bemühte sich um eine Stabilisierung des Landes. Versch. noch stark wirksame Konfliktpotenziale zw. Nord- und Süd-J. führten vom 27. 4.–5. 5. 1994 zum Aufstand im Süd-J., um die Demokrat. Rep. J. wiederherzustellen; der Aufstand wurde aber von Reg.truppen niedergeschlagen. Im Sept. 1994 beschloss das jemenit. Parlament die Einführung der Scharia als einzige Grundlage der Gesetzgebung und bestätigte im Okt. 1994 Saleh für fünf weitere Jahre als Präs. (erneut Okt. 1999). Grenzstreitigkeiten mit Eritrea (Hanisch-Inseln) wurden 1998 beigelegt; mit Saudi-Arabien (v. a. um die Landschaft Asir) bestehen sie noch.

Jena, kreisfreie Stadt im O von Thür., an der Saale, im breiten Taleinschnitt zw. den Hängen einer Muschelkalkhochfläche, 101 200 Ew.; Sitz des Thüringer Oberlandesgerichts, Friedrich-Schiller-Univ. (gegr. 1548), FH, drei M.-Planck-Inst., Fraunhofer-Inst. für angewandte Optik und Feinmechanik u. a.

Jemen: die Altstadt der Hauptstadt Sanaa mit den typischen, aus Lehmziegeln erbauten Hochhäusern

Jena
Stadtwappen

Jena: Stadtansicht, in der rechten Bildmitte das zylindrische Universitätshochhaus (1969–72)

Forschungsinstitute, Phylet. und Opt. Museum, Goethe-, Schiller-, Romantikergedenkstätte, Ernst-Haeckel-Haus, Sternwarte, Planetarium; Theaterhaus; Technologiekonzern Jenoptik AG mit der Herstellung von feinwerktechnisch-optisch-elektron. Maschinen, Geräten und Apparaturen; Carl Zeiss Jena GmbH, Glaswerk, Arzneimittelherstellung. – Nach Zerstörungen im Zweiten Weltkrieg Wiederaufbau der spätgot. Pfarrkirche Sankt Michael (um 1390–1556) und des spätgot. Rathauses (Veränderungen 17.–19. Jh., Umbauten und teilweise Neugestaltung im 20. Jh.); Reste der Stadtbefestigung; Hauptgebäude der Univ. (1905–08); Ernst–Abbe–Denkmal von H. van de Velde (1909–11); zylindr. Universitätshochhaus (1969–72). – Um 830/50 erstmals erwähnt, um 1230 Stadtrecht; kam 1331 an die Wettiner (1332 Gothaer Stadtrecht), 1485 an die Ernestiner; 1672–90 Residenz von **Sachsen-J.**, 1691 an Sachsen-Eisenach, 1741 an Sachsen-Weimar(-Eisenach). – In der Doppelschlacht von J. und ↗ Auerstedt (14. 10. 1806) unterlag die preuß. Armee frz. Truppen unter Napoleon I.

Jenaer Glas®**,** Handelsname für gegenüber Temperaturwechsel und Chemikalien bes. widerstandsfähiges Glas, zuerst von O. Schott in Jena hergestellt.

Jenaer Glaswerk Schott & Gen., ↗ Schott Glas.

Jenaer Liederhandschrift, mhd. Liederhandschriften, prachtvoll ausgestattete Sammlung mhd. Lyrik, v. a. Spruchdichtung (von 29 Autoren), aus dem 14. Jahrhundert.

Jenakijewo (ukrain. Jenakijewe, 1937–43 Ordschonikidse), Stadt im Donezbecken, Ukraine, 121 000 Ew.; Steinkohlenbergbau, Eisenhütten-, Chemiewerk.

Jenatsch, Georg (Jürg), Graubündner Freiheitsheld, *im Engadin 1596, †(ermordet) Chur 24. 1. 1639; ref. Pfarrer im Veltlin, kämpfte im Mantuan. Erbfolgekrieg (1628–31) für die Unabhängigkeit Graubündens; um die Rückgabe des Veltlins zu erreichen, trat er 1635 zum Katholizismus über und erzwang durch einen Aufstand 1637 den Abzug der Franzosen unter Henri, Herzog von Rohan.

Jenbach, Marktgemeinde in Tirol, Österreich, am Inn, 6 500 Ew.; Lokomotiv-, Eisenbahnwaggon-, Motorenbau, Textil-, Holz- und Kunststoffindustrie, Achensee-Kraftwerk; Fremdenverkehr. – Auf einer Höhe bei J. Schloss Tratzberg (1500; heute Museum).

Jendouba [ʒen-] (arab. Djunduba, bis 1967 Souk el-Arba), Stadt in NW-Tunesien, am Medjerda, in der Dakhla-Ebene, 23 200 Ew.; Landwirtschafts- und Gewerbezentrum, bedeutender Getreidemarkt (Weizen); Straßenknotenpunkt.

Jengi *der* (Abessinischer Fuchs, Canis simensis), hochbeinige Wildhundeart mit fuchsähnl. Kopf; etwa 1 m lang, mit rotbraunem Fell; Vorkommen in den Gebirgsregionen Äthiopiens. Der J. ist im Bestand bedroht und gesetzlich geschützt.

Jenische, den Roma in der Lebensweise nahe stehende, in Familienverband umherziehende Gruppen, die ihren Lebensunterhalt u. a. als Wanderhandwerker und -händler, Schrottsammler und Schausteller verdienen; deshalb im dt. Sprachraum auch Bez. für Heimatlose und Fahrende, die keine Zigeuner sind. – Sesshaft gewordene J. gehören meist zu den sozialen Randgruppen der Städte. – Die Zahl der J. wird im deutschsprachigen Raum auf 30 000–40 000 Menschen geschätzt, davon etwa 20 000–30 000 in Dtl. Sie gliedern sich in viele lokale Gruppen, die mit einer Vielzahl von Namen belegt werden. Die J. sprechen eine Art Geheimsprache, das **Jenisch,** ein Idiom der Sprache und Mundart des jeweiligen Gebietes, in dem die Gruppe lebt, mit charakterist. Eigenheiten und Bezug zum Rotwelsch.

Jenissei *der,* Strom in Sibirien, Russland, mit Großem J. 4 092 km lang; entsteht aus den Quellflüssen Großer und Kleiner J. in Tuwinien, mündet in die Karasee, Einzugsgebiet 2,58 Mio. km²; wichtigste Zuflüsse sind Abakan, Angara, Steinige und Untere Tunguska; bis in das Minussinsker Becken schiffbar, bis Igarka für Seeschiffe zugänglich, v. a. ab Krasnojarsk wichtige Verkehrsader (etwa fünf Monate eisfrei). Stauseen mit Wasserkraftwerken bei Krasnojarsk (6 000 MW) und Schuschenskoje (6 400 MW).

Jenkins ['dʒɛŋkɪnz], Roy Harris, Lord (seit 1987) J. of Hillhead, Baron (seit 1987) of Pontypool in the County of Gwent, brit. Politiker, *Abersychan (Wales) 11. 11. 1920, †East Hendred (Oxfordshire) 5. 1. 2003; 1948–77 Unterhausabg. für die Labour Party, 1965–67 und 1974–76 Innenmin., 1967–70 Schatzkanzler, 1977–81 Präs. der EG-Kommission; 1981 Mitbegründer und 1982/83 Vors. der Social Democratic Party (SDP), 1982–87 als deren Abg. im Unterhaus; war nach der Fusion der SDP mit den Liberalen zu den Social and Liberal Democrats (später Liberal Democrats) 1988–97 deren Sprecher im Oberhaus. J. verfasste zahlr. Bücher, u. a. »Gladstone« (1995) und »Churchill« (2001) sowie eine Autobiografie (»A Life at the Centre«, 1991). 1972 erhielt er den Internat. Karlspreis der Stadt Aachen.

Roy Jenkins

Jenner ['dʒɛnə], Edward, brit. Arzt, *Berkeley (Cty. Gloucestershire) 17. 5. 1749, †ebd. 26. 1. 1823; führte 1796 die erste Pockenschutzimpfung mit Kuhpockenlymphe erfolgreich durch.

Edward Jenner (Stahlstich nach einem zeitgenössischen Gemälde)

William Le Baron Jenney: Manhattan Building in Chicago (1890)

Jenney ['dʒɛnɪ], William Le Baron, amerikan. Architekt, *Fairhaven (Mass.) 25. 9. 1832, †Los Angeles (Calif.) 15. 6. 1907; baute u. a. das Home Insurance Building in Chicago (1883–85), das richtungsweisend für die Verwendung von Stahlskeletten beim Bau von Hochhäusern war.

Jenny-Clark [ʒeni'klark], Jean-François, frz. Jazzmusiker (Kontrabassist), *Toulouse 12. 7. 1944, †Paris 6. 10. 1998; gehörte zu den bedeutendsten Bassisten des europ. Jazz seiner Zeit.

Jens, Walter, Schriftsteller, Kritiker, Literaturwissenschaftler, *Hamburg 8. 3. 1923; seit 1956 Prof. für klass. Philologie, 1963–88 auch für Rhetorik in Tübingen; gehörte zur »Gruppe 47«; veröffentlichte zw. 1947 und 1955 Schriften gegen restaurative Tendenzen in der Bundesrep. Dtl.; griff in seinen belletrist. Werken oft auf antike Stoffe zurück (»Das Tes-

Walter Jens

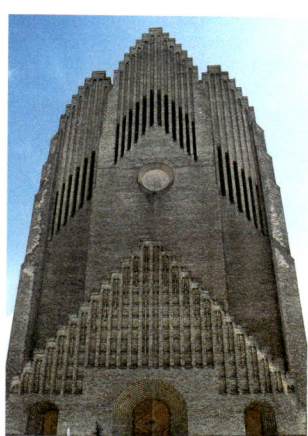

Peder Jensen-Klint: Grundtvigkirche in Kopenhagen (1919 begonnen, vollendet 1940)

tament des Odysseus«, Erz., 1957; »Der Untergang. Nach den Troerinnen des Euripides«, 1982; »Die Friedensfrau. Nach der Lysistrate des Aristophanes«, 1986); seine literar. Essays (»Von dt. Rede«, 1969; »Zur Antike«, 1978; »Republikan. Reden«, 1976; »Einspruch«, 1992; »Macht der Erinnerung. Betrachtungen eines dt. Europäers«, 1997) sind von aufklärer. Duktus getragen; in der Biografie »Frau Thomas Mann« (2003) zeichnete er, zus. mit seiner Frau Inge J., ein lebendiges Bild der Persönlichkeit Katia Manns. J. leistete Bedeutendes als Übersetzer, v. a. aus dem Griechischen (u. a. Texte des N. T.: »Die vier Evangelien«, 1998; »Der Römerbrief«, 2000). 1976–82 war er Präs. des P. E. N.-Zentrums der Bundesrep. Dtl.; 1989–97 Präs. der Berliner Akademie der Künste.

Jenseits, in der religiösen Vorstellung Bez. für jenen Bereich, der die sichtbare Welt und ihre Erfahrung übersteigt. (↗ Himmel, ↗ Hölle).

Jenseitsführer (Unterweltbücher), illustrierte Texte des ägypt. Neuen Reichs (1552–1070 v. Chr.), an den Wänden der Gräber im Tal der Könige erhalten, später auch auf Särgen und Papyri; Thema ist v. a. die nächtl. Fahrt der Sonne von W nach O durch die Unterwelt mit dem verstorbenen König.

Jensen, 1) Adolf Ellegard, Völkerkundler, * Kiel 1. 1. 1899, † Frankfurt am Main 20. 5. 1965; seit 1945 Direktor des Völkerkundemuseums in Frankfurt am Main; Forschungsreisen v. a. nach Indonesien und Äthiopien. – »Mythos und Kult bei Naturvölkern« (1951) u. a.

2) Hans Daniel, Kernphysiker, * Hamburg 25. 6. 1907, † Heidelberg 11. 2. 1973; Prof. in Hannover, Hamburg, Heidelberg, entwickelte mit O. Haxel das Schalenmodell der Atomkerne; erhielt 1963 zus. mit M. Goeppert-Mayer und E. P. Wigner den Nobelpreis für Physik.

3) Johannes Vilhelm, dän. Schriftsteller, * Farsø (Nordjütland) 20. 1. 1873, † Kopenhagen 25. 11. 1950; an Volkstum und Heimat gebundener Stil, der für die moderne dän. Literatur großen Einfluss gewann. Darwinist. Auffassungen kennzeichnen die 6-teilige Romanfolge »Die lange Reise« (1908–22); auch Novellen und Gedichte; 1944 Nobelpreis für Literatur.

Jensen-Klint [-ˈklend], Peder Vilhelm, dän. Architekt, * Holsteinborg (bei Skælskør, Seeland) 21. 6. 1853, † Kopenhagen 1. 12. 1930. Sein Meisterwerk ist die Grundtvigkirche in Kopenhagen (1919 ff., 1940 vollendet durch seinen Sohn Kaare, * 1888, † 1954) in einem gotisierenden expressionist. Stil.

Jentzsch, Bernd, Schriftsteller, * Plauen 27. 1. 1940; war in Berlin (Ost) Herausgeber des wichtigen Lyrik-Almanachs »Poesiealbum«; verließ 1976 die DDR; 1992–99 (Gründungs-)Direktor des »Dt. Literaturinstituts Leipzig«, der Nachfolgeeinrichtung des »Inst. für Literatur J. R. Becher«. J. schreibt assoziationsreiche Gedichte (»Alphabet des Morgens«, 1961), auch poetisch-märchenhafte Erzählungen (»Jungfer im Grünen«, 1973) und Essays (»Schreiben als strafbare Handlung«, 1985; »Flöze. Schriften und Archive 1954–1992«, 1993).

Jephtha [-f-], einer der großen Richter Israels, ↗ Jiftach.

Jepsen, Maria, evang. Theologin, * Bad Segeberg 19. 1. 1945; seit 1986 in der Kirchenleitung der Nordelb. Evang.-Luth. Kirche, seit 1992 Bischöfin des Sprengels Hamburg (erste luth. Bischöfin der Welt).

Jequitinhonha [ʒekitiˈɲoɲa] der, Fluss in den brasilian. Bundesstaaten Minas Gerais und Bahia, rd. 1 100 km lang, entspringt in der Serra do Espinhaço, mündet bei Belmonte in den Atlantik.

Jérada [ʒeraˈda], Bergbaustadt in NO-Marokko, 65 km südlich von Oujda, 1 080 m ü. M., am El-Aouinat-Plateau, 59 300 Ew.; Zentrum des Anthrazit-Bergbaugebiets von **Hassiblal.**

Jeremia (Vulgata: Jeremias), einer der großen Propheten des A. T.; * um 650 v. Chr. in Anatot (bei Jerusalem); entstammte einer Priesterfamilie; wurde 627 zum Propheten berufen und wirkte etwa 40 Jahre lang als solcher; stand mit seiner Botschaft im scharfen Gegensatz zur Politik der Könige und der Meinung des Volkes; wurde angefeindet, verfolgt und während der Belagerung Jerusalems 587 als Hochverräter gefangen genommen und nach Ägypten verschleppt, wo er starb. Seine Botschaft ist im Wesentlichen Unheilsankündigung; er prophezeite den Untergang des S-Reiches Juda als gerechte Strafe Gottes für das untreue Gottesvolk und rief es zur Umkehr. – Das Buch J. (Abk. **Jer.**) ist eine Sammlung unterschiedl., nicht ausschließlich von J. bzw. seinem Schüler und Sekretär Baruch verfasster Texte. Die fünf **Klagelieder Jeremias** stammen nicht von J.; sie entstanden nach 587.

Jerewan (armen. Erewan, bis 1936 russ. Eriwan), Hptst. der Rep. Armenien, am N-Rand der vom Ararat überragten Araksebene, 850–1 300 m ü. M., am Rasdan (Zufluss des Araks), 1,283 Mio. Ew.; Armen. Akademie der Wiss., Univ. und zahlr. andere Hochschulen, Staatsbibliothek, Handschriftensamml. »Matenadaran«, mehrere Museen und Theater, Gemäldegalerie, Philharmonie; Planetarium, zoolog. Garten; Maschinen- und Kfz-Bau, elektrotechn., chem., pharmazeut., Textil-, Schuh-, Nahrungsmittel-, keram. Ind., Wein- und Sektkellereien, Weinbrandherstellung. Bei J. Kernkraftwerk Metsamor. – In den Ruinen der Burgen Arinberd und Kamir-Blur wurden bei Ausgrabungen bed. Funde gemacht. Von den Sakralbauten sind u. a. die Kreuzkuppelkirchen Katogike (13. Jh.) und Zorawar (17. Jh.) sowie die Moschee von 1776 erhalten. – 782 v. Chr. entstand hier die urartäische Festung Erebuni; zu Beginn des 7. Jh. n. Chr. schriftl. Ersterwähnung von J.; 1554 von den Türken erobert, 1604 von den Persern zerstört; 1735–1827 Hptst. des pers. Khanats J., 1827 von Russland besetzt und 1828 offiziell von Persien abgetreten; wurde 1850 Gouv.zentrum, seit 1920 Landeshauptstadt.

Jerez de la Frontera [xɛˈrɛð ðe -], Stadt in Andalusien, Spanien, am W-Rand der Bet. Kordillere, über der fruchtbaren Vega des Guadalete, 182 300 Ew.; J. liegt inmitten von Weinbergen und ist bekannt

Maria Jepsen

Nils Jerne

Jersey

Flagge

GBJ
internationales
Kfz-Kennzeichen

Wappen

durch seine Jerezweine (Sherry), Weinbrände und Liköre sowie durch seine Reitpferdezucht; Verkehrsknotenpunkt, Flugplatz; Fremdenverkehr. – Bed. Kirchen in der maur. geprägten Altstadt, zahlr. Adelspaläste. – 711 Sieg der Araber unter Tarik über die Westgoten.

Jerezwein, der / Sherry.

Jericho (arab. Eriha, Ariha), Oasenstadt im Westjordanland, 250 m u. M. im Jordangraben (tiefstgelegene Stadt der Erde), rd. 7 000 Ew.; Flüchtlingslager; Bewässerungsfeldbau. – Das heutige J. geht mindestens auf die Kreuzfahrerzeit zurück. Die ältesten Überreste finden sich nahe der Quelle En es-Sultan, der Elisaquelle (2. Kön. 2,19–22), auf dem Tell es-Sultan, dessen Siedlungsgesch. bis ins 9. Jt. zurückreicht. Ausgrabungen (seit 1907) brachten eine der ältesten Stadtkulturen, das vorkeram. J., mit einer starken Festungsanlage (6 m hohe Mauer) zutage; datiert wird sie um 7000 v. Chr. Bis ca. 1580 v. Chr. dauernd besiedelt, war die Stadt zur Zeit der Einwanderung der israelit. Stämme (seit etwa 1250 v. Chr.) bereits zerstört. Der Bericht über die Eroberung und Zerstörung J.s in Jos. 6 ist legendär. Eine feste Siedlung bestand erst wieder zw. 1100 und 600 v. Chr. (1. Kön. 16, 34). Auf den Hügel Tulul Abu l-Alajik sind Teile einer durch Titus zerstörten Palastanlage Herodes' d. Gr. (Winterpalast mit Hippodrom und Schwimmbecken) erhalten. – Zur neueren Entwicklung / Nahostkonflikt.

Jerichorose (Rose von Jericho), Pflanzen des östl. Mittelmeergebiets, die beim Vertrocknen ihre kurzen Äste kugelig einbiegen und vom Wind entwurzelt und davongerollt werden; in Wasser oder feuchter Luft breiten sie sich wieder aus; z. B. **Anastatica hierochuntica,** ein 10–20 cm hoher Kreuzblütler.

Jerichow [-ço], Stadt im Landkreis Jerichower Land, Sa.-Anh., an einem Altarm der Elbe, 2 100 Ew. – Die Kirche des ehem. Prämonstratenserstifts (zum großen Teil 2. Hälfte des 12. Jh.) ist einer der bedeutendsten roman. Backsteinbauten in Dtl.; Klausurgebäude (12./13. Jh.; heute z. T. Museum) und Kreuzgang (13. Jh.) weitgehend erhalten.

Jerichower Land [-ço-], Landkreis im RegBez. Magdeburg, Sa.-Anh., 1 337 km², 100 000 Ew.; Krst. ist Burg.

Jermak Timofejewitsch, Kosakenführer, † (ertrunken im Irtysch) 16. 8. 1585 (oder 1584); stand im Dienste der / Stroganows und leitete durch seinen Sieg über den Tatarenkhan des westsibir. Reiches (1582 Einnahme der Hptst. Isker) die russ. Eroberung Sibiriens ein.

Jerne, Nils Kaj, dän. Immunologe, *London 23. 12. 1911, †Castillon-du-Gard (Dep. Gard) 7. 10. 1994; erhielt 1984 für seine Arbeiten über Aufbau und Steuerung des Immunsystems und für die Entdeckung des Prinzips der Produktion von monoklonalen Antikörpern (mit C. Milstein und G. Köhler) den Nobelpreis für Physiologie oder Medizin.

Jerobeam (Vulgata: Jeroboam), Könige von Israel: **1) J. I.** (926–907 v. Chr.); erster König des N-Reichs Israel; unter Salomo hoher Beamter, dann dessen Widersacher, nach seinem Tod Urheber der Reichsspaltung; gründete (gegen Jerusalem) eigene Reichsheiligtümer in Dan und Bethel (1. Kön. 12 f.).
2) J. II. (787–747 v. Chr.). Unter seiner Reg. erreichte Israel den Gipfel seiner polit. und wirtsch. Macht; in seiner Reg.zeit wirkten die Propheten / Amos und / Hosea.

Jerofejew, Wiktor, russ. Schriftsteller und Literaturkritiker, *Moskau 19. 9. 1947; als Mithg. des Almanachs »Metropol« (1979) Ausschluss aus dem Schriftstellerverband und Publikationsverbot; bekannt wurde sein Roman »Die Moskauer Schönheit« (1990), ferner die Erzählung »Leben mit einem Idioten« (1991; Oper zus. mit A. Schnittke, 1992). – *Weitere Werke: Romane:* Das jüngste Gericht (1996); FLUSS (zus. mit Gabriele Riedle, 1998).

Jérôme Bonaparte [ʒeˈroːm -], König von Westfalen (1807–13), *Ajaccio 15. 11. 1784, †Schloss Villegenis (bei Paris) 24. 6. 1860; jüngster Bruder Napoleons I., zunächst Marineoffizier; in 2. Ehe mit der württemberg. Prinzessin Katharina verheiratet. Als König von Westfalen residierte er in Wilhelmshöhe bei Kassel (»König Lustig«). Nach dem Sturz Napoleons lebte er als Fürst von Montfort in Österreich, Italien und der Schweiz.

Jersey [ˈdʒɜːzɪ], südlichste und größte der zu Großbritannien gehörenden / Kanalinseln, 116 km², 89 700 Ew., Hptst.: Saint Hélier; Amtssprache ist Englisch; Fremdenverkehr; daneben Milchviehzucht, Anbau von Frühkartoffeln, Tomaten, in Gewächshäusern Blumen- und Gemüsezucht; nach 1960 Entwicklung zu einem internat. Finanzzentrum.

Jersey [ˈdʒœː(r)zɪ; nach der engl. Kanalinsel], **1)** *das, Bekleidung:* das / Trikot.
2) *der, Textiltechnik:* urspr. Strickware von einer Rundwirkmaschine, jetzt allg. Bez. für Gewebe mit maschenwarenähnl. Aussehen.

Jersey City [ˈdʒɜːzɪ ˈsɪtɪ], zur Metropolitan Area von New York gehörende Stadt in New Jersey, USA, am Hudson River gegenüber Manhattan, 228 500 Ew.; Colleges; Teil des Hafens von New York, umfangreiche Industrie.

Jerichow: Innenraum (Blick vom Chor zur Westempore) der Kirche des ehemaligen Prämonstratenserstifts (im Wesentlichen 2. Hälfte des 12. Jahrhunderts)

Jerusalem (hebr. Jeruschalajim, arab. El-Kuds), seit 1950 Hauptstadt des Staates Israel, im Bergland von Judäa, 700–850 m ü. M., 717 000 Ew. (einschließlich Ost-J.); Reg.-, Kultur- und religiöses Zentrum des Landes. J. ist Sitz der israel. Akademie der Wiss. und der Hebr. Univ. J., hat Kunst- und Musikhochschule, Bibliotheken, Archive und Museen.

Als geistl. Zentrum und Sitz wichtiger religiöser Institutionen hat J. für die Juden, Muslime und Christen in Israel und im Westjordanland große Bedeutung. Es ist Sitz der beiden jüd. Oberrabbiner, dreier christl. Patriarchen und mehrerer Bischöfe, eines

Jerusalem: Die mittelalterliche Altstadt wird in ihrem Ostteil vom Tempelberg beherrscht, auf dem sich die beiden wichtigsten islamischen Heiligtümer befinden: der Felsendom (7. Jh.) mit goldener Kuppel und die im 7. Jh. gegründete Al-Aksa-Moschee mit silberner Kuppel (links), deren heutiger Bau zum großen Teil aus dem 11. Jh. stammt.

luth. Propstes und des Imams der ∕ Al-Aksa-Moschee (des in seiner Bedeutung drittwichtigsten islam. Heiligtums). Darüber hinaus hat J. weltweit einmalige Bedeutung als **Heilige Stadt** der Juden, Christen und Muslime und ist einer der bedeutendsten Wallfahrtsorte der Erde.

Stadtbild: Die heutige Altstadt (UNESCO-Weltkulturerbe) hat größtenteils mittelalterlich-orientalen Charakter; sie ist von einer gewaltigen Mauer mit 34 Türmen und acht Toren umgeben (16. Jh.). Die Stadt ist seit dem MA. in vier Quartiere aufgeteilt: das Viertel der Muslime im O, das der Christen im NW, das Armenierviertel im SW und das Judenviertel im Süden. Der Haupteingang zur Altstadt führt im N durch das Damaskustor. Im NO, am St. Stephanstor, in dessen Nähe die St.-Anna-Kirche (12. Jh.) liegt, beginnt die Marienforgasse, fortgesetzt von der Via Dolorosa; dieser über mehrere Stationen führende Kreuzweg endet im Christenviertel an der Grabeskirche (∕ Heiliges Grab); in ihrer Nähe die 1898 geweihte evang. Erlöserkirche. Im armen. Viertel liegen die Zitadelle und die St.-Jakobs-Kirche (urspr. 11. Jh.). Fast der gesamte Ostteil der Altstadt wird vom Tempelberg eingenommen, der unter islam. Verwaltung steht; hier befinden sich zwei bedeutende islam. hl. Stätten: ∕ Felsendom und Al-Aksa-Moschee. Unter den zahlr. christl. Stätten sind die ∕ Grabeskirche und die »Via Dolorosa« die bedeutendsten. Die Juden verehren in J. ihre wichtigste heilige Stätte: die über 400 m lange ∕ Klagemauer. In der Altstadt leben heute nur etwa 3 % der Bev. von Jerusalem. Außerhalb der Altstadt liegen im O, durch das Kidrontal getrennt, der Ölberg und der Garten Gethsemane, im S der Berg Zion und der Berg Ophel. Die Neustadt legt sich im N, W und S als breiter Bogen um die Altstadt: Im N schließen sich die modernen arab. Geschäfts- und Wohnviertel an, während sich die jüd. Wohnviertel hauptsächlich nach W und NW erstrecken. Im W befinden sich das weiträumige Reg.viertel mit Parlament (Knesset), Ministerien, einem Teil der Univ., dem Komplex des Israel-Museums mit Skulpturengarten Billy Rose sowie das Kreuzkloster (grch. Gründung des 6. Jh.). Weiter im W der Hügel des Gedenkens (Har Hazikaron) mit der Gedenkstätte »Yad Vashem«, das Erinnerungsmal für die Ermordeten des Holocaust. Bei En Kerem die Synagoge des Medizin. Zentrums Hadassah mit zwölf Glasfenstern von M. Chagall (1959–61).

Geschichte: J., schon im 19. Jh. v. Chr. erwähnt, war als **Jebus** die Hptst. der Jebusiter, wurde um 1000 von David erobert und zu seinem Königssitz gemacht und von Salomo prächtig ausgeschmückt. 587 v. Chr. zerstörte Nebukadnezar II. die Stadt (nach der ∕ Babylonischen Gefangenschaft wieder aufgebaut). 63 v. Chr. begann die röm. Oberherrschaft. Herodes d. Gr. entfaltete eine rege Bautätigkeit. 70 n. Chr. wurde J. von Titus völlig zerstört, 130 von Hadrian wiederhergestellt (Aelia Capitolina). Seit der Zeit Konstantins d. Gr. wurde J. eine christl. Stadt. 637 wurde es von den Arabern, 1099 von den Kreuzfahrern erobert, seit 1100 Hptst. des Königreichs J. (Kreuzfahrerstadt), 1187 Eroberung durch den ägypt. Sultan Saladin, 1229 von Kaiser Friedrich II. kurzzeitig zurückerobert, ab 1244 islamisch, zunächst im Mameluckenreich, 1517–1917 osman. Provinzhptst.; 1920–48 Sitz der brit. Mandatsreg. für Palästina. Im 1. Israelisch-Arab. Krieg (1948/49; ∕ Nahostkonflikt) fiel der O-Teil der Stadt (bes. die Altstadt) an Jordanien, der W-Teil an Israel. Nach der Eroberung des jordan. Teils durch Israel im 3. Israelisch-Arab. Krieg und der Bildung einer Gesamt-Jerusalemer Stadtreg. (1967) erklärte Israel, 1980 Gesamt-J. zu seiner Hauptstadt. Der Status von J. (Anspruch beider Seiten auf J. als Hauptstadt) gilt als eine der Kernfragen des Nahostkonflikts; erfolglose Verhandlungen in Camp David (2000).

Jerusalem Stadtwappen

Jerusalem, Siegfried, Sänger (Tenor), *Oberhausen 17. 4. 1940; wurde 1978 Mitgl. der Dt. Oper Berlin; wirkte mit bei Festspielen (Bayreuth) und gastiert an den bedeutenden europ. Opernhäusern sowie an der Metropolitan Opera in New York (v. a. Opernpartien von R. Wagner).

Siegfried Jerusalem

Jesaja (Vulgata: Isaias), einer der großen Propheten des A. T.; *wohl in Jerusalem um 770 v. Chr., soll nach dem babylon. Talmud unter König Menasse von Juda (696–642) den Märtyrertod erlitten haben; wirkte zw. 736 und 701 – einer Zeit wachsender äußerer Bedrohung Judas und Israels – als Prophet in Jerusalem; klagte gesellschaftl. Missstände an, rief König Ahas zum Glauben und kündigte den Untergang des N-Reiches Israel an. – Das Buch **J.** (Abk. **Jes.**) gliedert sich in mehrere Teile: Kap. 1–39 gehen überwiegend auf J. selbst zurück, Kap. 40–55 (**Deutero-J.**) entstanden um 550 v. Chr. im babylon. Exil, Kap. 56–66 (**Trito-J.**) als Sammlung prophet. Einzelstücke nach dem Exil.

Jeschiwa [hebr. »Sitz«] *die, Judentum:* höhere Talmudschule (»Talmudakademie«) zur Gelehrten- und Rabbinerausbildung.

Jeschken *der* (tschech. Ještěd), Bergrücken in N-Böhmen, Tschech. Rep., am SW-Rand des Lausitzer Gebirges, bis 1 012 m ü. M., Seilschwebebahn von Liberec (Reichenberg).

Jeschow, Nikolai Iwanowitsch, sowjet. Politiker * 1895, † (hingerichtet) 1940; seit 1917 Bolschewik, ab 1934 Mitgl. des ZK der KPdSU, gewann das Vertrauen Stalins und leitete als Chef des NKWD (1936–38) die Große Säuberung (/ Tschistka). 1938 wurde er seines Amtes enthoben.

Jesd, Stadt in Iran, / Yazd.

Jesi (Iesi), Stadt in den Marken, Prov. Ancona, Italien, 39 200 Ew.; Bischofssitz; Lebensmittel- u. a. Industrie. – Die Altstadt ist von einer mittelalterl. Mauer umgeben; got. Kirche San Marco (13. Jh.), Renaissancerathaus (1486–98), Dom (18. Jh.). – J., das röm. Aesis, fiel 756 an den Papst.

Jesiden (Jezidis, gebräuchl. Schreibweise auch Yezidi), die Angehörigen einer unter den Kurden verbreiteten Religionsgemeinschaft, die Elemente altoriental. Religionen, des Zoroastrismus, der Gnosis, des Islam (Sufismus) und des oriental. Christentums vereint. Im Zentrum ihres (vor der Außenwelt geheim gehaltenen und mündlich weitergegebenen) Glaubens steht der Engel Pfau (Malak Tawus) als Symbol für die Macht und die Gnade Gottes. Die meisten der etwa 300 000 J. leben im N-Irak.

Jesreel|ebene, Ebene in N-Israel, eine tekton. Senke zw. den Bergländern von Galiläa und Samaria; bei künstl. Bewässerung Anbau von Gemüse, Obst und Baumwolle, im Regenfeldbau Anbau von Getreide; Milchvieh- und Geflügelwirtschaft.

Jesse (in der Vulgata Isai), *A. T.:* nach 1. Sam. 16, 10–13 Vater Davids. In der Kunst ist die Wurzel J. eine bildl. Darstellung des Stammbaums Christi (Mt. 1, 5; Lk. 3, 32), der in dem ruhenden J. wurzelt. (/ Wurzel Jesse)

Jesselton [ˈdʒɛsltən], Stadt in Malaysia, / Kota Kinabalu.

Jessen (Elster), Stadt im Landkreis Wittenberg, Sa.-Anh., an der Schwarzen Elster, 11 800 Ew.; Metall-, Baustoff-, Lebensmittelind.; Obstbau. – Wurde 1217 erstmals urkundlich erwähnt und erhielt vor 1350 Stadtrecht; war 1952–94 Kreisstadt.

Jessenin, Sergei Alexandrowitsch, russ. Lyriker, * Konstantinowo (heute Jessenino, Gouv. Rjasan) 4. 10. 1895, † (Selbstmord) Leningrad 28. 12. 1925; schöpfte in Thematik und farbiger Bildlichkeit aus russischer bäuerl. Tradition und Volksfrömmigkeit. Schloss sich 1918/19 den Imaginisten an; obwohl er die Revolution, die er als myst. Ereignis begrüßt hatte, war er bald enttäuscht; späte Gedichte zeigen seine Schwermut und die Neigung zur Provokation. 1922–23 ∞ mit der Tänzerin Isadora / Duncan.

Jeßner, Leopold, Regisseur, * Königsberg (Pr) 3. 3. 1878, † Los Angeles 13. 12. 1945; ab 1919 Intendant, 1928–30 Generalintendant der Staatl. Schauspiele Berlin; ab 1933 in Palästina, dann in den USA; Vertreter des expressionist. Theaters.

Ještěd [ˈjɛʃtjɛt], tschech. für den / Jeschken.

Jesuaten, um 1360 in Siena als Laienbruderschaft gegründete, stark asketisch ausgerichtete Or-

densgemeinschaft zur Förderung von Werken der Nächstenliebe; waren in Italien und Frankreich verbreitet; 1668 aufgehoben. – Der um 1367 gegründete weibl. Zweig bestand bis 1872.

Jesuiten (Gesellschaft Jesu, lat. Societas Jesu, Abk. SJ), kath. Regularklerikerorden (/ Regulare); hervorgegangen aus einer 1534 von / Ignatius von Loyola gegründeten religiösen Gemeinschaft (1540 Bestätigung der ersten Regel durch Papst Paul III.). Hauptziel des Ordens ist die Ausbreitung, Festigung und Verteidigung des kath. Glaubens durch Mission, Predigt, Seelsorge, Unterricht, wiss. Arbeit und geistl. Übungen (Exerzitien). Der Orden ist in einzelne Ordensprovinzen aufgeteilt und zentralistisch organisiert. Seine Leitung liegt bei dem auf Lebenszeit gewählten Generaloberen mit Sitz in Rom. Seine Verf. beruht auf den »Konstitutionen« von 1558, den Beschlüssen der Generalversammlungen, den »Geistl. Übungen« (1548) des Ignatius von Loyola, den Weisungen der Generaloberen und päpstl. Erlassen. Die Mitgliedschaft unterscheidet zw. vier versch. Stufen: Novizen, Scholastiker (noch in der [wiss.] Ausbildung stehende Mitgl.), Koadjutoren (Ausbildungszeit zehn Jahre, unterschieden in geistl. und weltl. Koadjutoren) und Professen (Ausbildungszeit 17 Jahre). Geistl. Koadjutoren und Professen sind zudem Priester. Die Professen bilden den eigentl. Kern des Ordens und legen neben den Gelübden Keuschheit, Armut und (Ordens-)Gehorsam das Gehorsamsgelübde gegenüber dem Papst ab. Die J. leben in offenen Häusern und Kollegien und tragen keine Ordenskleidung.

Im 16./17. Jh. breitete sich der Orden über ganz Europa aus. Er wurde zum wichtigsten Träger der / katholischen Reform und der Mission in Asien, Afrika und Amerika. Im 17./18. Jh. führte sein großer Einfluss verstärkt zu Konflikten. Nach Verboten in Portugal (1759), Frankreich (1762) und Spanien (1767) wurde er 1773 aufgehoben. Seine Wiederherstellung erfolgte 1814 durch Papst Pius VII. In Dtl. war der Orden als Folge des / Kulturkampfes zw. 1872 und 1917 verboten. Heute (2003) hat der Orden weltweit rd. 21 000 Mitgl.

Jesuitenbaukunst, Bez. für die vom Jesuitenorden errichteten Kirchen- und Kollegiengebäude, v. a. die des ausgehenden 16. und des 17. Jh. Der im 19. Jh. geprägte, heute umstrittene Begriff **Jesuitenstil** bezieht sich auf eine einheitl., v. a. die Raumkonzeption betreffende architekton. Lösung nach dem Vorbild der röm. Mutterkirche des Jesuitenordens Il Gesù (begonnen 1568). Vielfach vereint die J. eine nüchterne Fassade mit einem prunkvollen Inneren. Verbreitet war die J. v. a. in S-Dtl., im Rheinland, in Belgien, Böhmen und Polen. Die barocke Raumform der J. fand Eingang in die lateinamerikan. Kunst.

Jesuitendrama, das lat. Drama der Jesuiten, Blütezeit etwa 1550–1650. Zunächst Anlehnung an das Humanistendrama; danach prunkvoll ausgestaltete sog. Bekehrungsstücke als Mittel der Gegenreformation. Hauptvertreter waren J. Pontanus, J. Gretser, J. Bidermann, N. Avancini, A. Fabricius und G. Agricola.

Jesuitenmissionen der Chiquitos und der Guaraní, zum UNESCO-Weltkulturerbe gehörende ehem. / Reduktionen der Jesuiten in Bolivien (/ Chiquitos), Argentinien und Brasilien (/ Guaraní).

Jesuitenstaat, im 17. und 18. Jh. Missionsterritorien am Paraná mit jesuit. Selbstverwaltung (/ Paraguay, Geschichte).

Jesus Christus, zentrale Gestalt des / Christentums, Mittelpunkt der Verkündigung im N. T. und in

Jesuiten: Vignette mit jesuitischen Emblemen

der christl. Predigt, zweite Person der ↗ Trinität in der christl. Glaubenslehre, *(wohl) Nazareth um 4 (6?) v. Chr. (Bethlehem ist messian. Interpretation von Mi. 5, 1), † (gekreuzigt) Golgatha (heute zu Jerusalem) um 30 n. Chr. Der Name setzt sich zusammen aus der grch. Form des jüd. Eigennamens Jeschua (hebr. »Jahwe ist Heil«) und dem Beinamen ↗ Christus.

Historisch ist J. C. (auch Jesus von Nazareth gen.) nahezu ausschließlich über die zw. 70 und 150 verfassten Evangelien des N.T. (Mt., Mk., Lk., Joh.) zu erschließen, die jedoch nicht vorrangig histor. Lebensbeschreibungen Jesu, sondern Glaubenszeugnisse der »Guten Botschaft« (↗ Evangelium) von Leben, Tod und Auferstehung Jesu Christi sind. Die wenigen außerbibl. Quellen (Josephus Flavius [?], Plinius d. J., Sueton, Tacitus) bestätigen die Existenz Jesu als histor. Persönlichkeit; nach Tacitus (»Annalen« 15, 44) wurde er »unter dem Prokurator Pontius Pilatus« (26–36 n. Chr.) hingerichtet. Sein öffentl. Auftreten begann um 28/29 n. Chr. und dauerte etwa zwei Jahre; als Wanderprediger wirkte er v. a. in Galiläa.

Seine *Verkündigung* ist geprägt von einer radikalen und endgültigen Auslegung (exemplarisch in der Ethik der ↗ Bergpredigt) des jüd. Gesetzes, das »zu erfüllen er gekommen ist« (Mt. 5, 17), und der Predigt des Reiches Gottes, das »nahe herbeigekommen ist« (Mk. 1, 15). – Die im N.T. bezeugten Wunder Jesu sollen nur seine Botschaft verdeutlichen und seine Bevollmächtigung ausweisen und haben keinen eigenständigen, davon gelösten mirakulösen Charakter. Sich selbst bezeichnet Jesus in seiner Verkündigung (indirekt in der dritten Person) als »Menschensohn«; als »Messias« wurde er nach neutestamentl. Überlieferung von vielen seiner Zuhörer angesehen. Mit seinem Wirken z. T. verbundene (antiröm.) nationaljüdisch-polit. Messiaserwartungen lehnte er ab, das von ihm verkündete »Reich Gottes« ist »nicht von dieser Welt« (Joh. 18, 36). Vom jüd. Hohen Rat (↗ Synedrion) der Gotteslästerung beschuldigt (Mk. 14, 61-64), wurde er der röm. Behörde übergeben und von ihr als »König der Juden« (Mt. 27, 37) hingerichtet (aus röm. Sicht die Hinrichtung eines Hochverräters und polit. Unruhestifters).

Die im N. T. bezeugte *Auferstehung* Jesu (Osterereignis) offenbarte für seine Anhänger wie für alle Christen überhaupt den Heilswillen Gottes und J. C. als endgültigen Heilsmittler. Sie ist Zentrum und grundlegendes heilsgeschichtl. Faktum des christl. Glaubens. – In den christl. Hauptfesten Weihnachten, Karfreitag und Ostern erfolgt die feierl. Vergegenwärtigung von Geburt, Kreuzestod und Auferstehung Jesu Christi im Glauben.

Heutige *jüd. Theologen* heben die jüd. Herkunft Jesu und den jüd. Hintergrund seines Wirkens hervor und sehen in Jesus einen jüd. Apokalyptiker (von vielen), aber auch einen der Thora fest verbundenen Gesetzeslehrer (Rabbi). Der *Islam* zählt Jesus (arab. **Isa**) zu den Menschen, die Allah als seine Propheten auserwählt hat (Sure 2, 87; 3, 45 f.). Er ist der letzte von Allah erwählte Prophet vor Mohammed. Der Koran bestreitet allerdings seinen Kreuzestod (Sure 4, 157). Mit dem islam. wie dem jüd. Glauben unvereinbar ist die christl. Glaubensaussage über Jesus als Sohn Gottes. Zahlr. *hinduist. Denker* (z. B. Ram Mohan Roy) sehen in Jesus einen großen Lehrer und spirituellen Führer (Guru) in der Geschichte der Menschheit. Innerhalb des *Buddhismus* wird Jesus als ein Mensch, der die Liebe zu seinen Mitmenschen über sein eigenes Leben stellte, als Bodhisattva verehrt. – Weiteres zur *christl. Glaubenslehre* ↗ Christologie, ↗ Ephesos, ↗ Gottebenbildlichkeit. – Zur *bildenden Kunst* ↗ Christusbild.

Jesus Freaks [ˈdʒiːzəs friːks, engl.], evangelikalcharismat. Gruppe; ↗ Jesus People Movement.

Jesusgebet (Herzensgebet), ein in den Ostkirchen, v. a. im Mönchtum übl., gesprochenes oder auch stilles Gebet, das in seiner Grundform »Jesus, erbarme dich meiner, des Sünders« lautet; nimmt eine zentrale Stellung innerhalb des ↗ Hesychasmus ein.

Jesus People Movement [ˈdʒiːzəs ˈpiːpl ˈmuːvmənt], Ende der 1960er-Jahre in den USA auf dem Boden der Hippiekultur und freikirchl. Frömmigkeit entstandene religiöse Bewegung v. a. unter Jugendlichen; kennzeichnend sind fundamentalist. Bibelverständnis, stark emotionale, z. T. ekstat. Jesusfrömmigkeit, spontane Gebetspraxis und moral. Rigorismus. In Dtl., wo die Bewegung in den 1970er-Jahren durch zahlr. Gruppen repräsentiert wurde, knüpfte Anfang der 1990er-Jahre die in Hamburg gegründete evangelikal-charismat. Gruppe der **Jesus Freaks** (seit 1994 offiziell »Jesus-Freaks e. V.«) an das Vorbild der J. P. M. an und erreicht seither mit ihren unkonventionellen gottesdienstl. Formen in größerer Zahl junge Menschen.

Jesus Sirach, A. T.: ↗ Sirach.

Jet [dʒet, engl.] *der, Petrologie:* der ↗ Gagat.

Jet [dʒet; engl. »Düse«, »Strahl«] *der,* 1) *Astronomie:* (Materiestrahl), ein von manchen kosm. Objekten (z. B. bestimmten Quasaren und Galaxien) ausgehender, scharf gebündelter Materieauswurf, der von einem hochionisierten Gas (Plasma) gebildet wird. J. treten i. Allg. paarweise mit entgegengesetzten Bewegungsrichtungen auf.

2) *Luftfahrt:* Flugzeug, das durch ein ↗ Strahltriebwerk angetrieben wird.

3) *Physik:* (Hadron-J.), Teilchenbündel (Hadronen), das in Elementarteilchenreaktionen auftritt. Es entsteht durch die (unmessbar schnelle) Umwandlung eines aus seiner normalen Bindung gelösten energiereichen Quarks, Antiquarks oder Gluons in (langlebigere) Hadronen.

JET [dʒet; Abk. für engl. Joint European Torus, »gemeinsames europ. Torusprojekt«], Vorhaben der Europ. Atomgemeinschaft zur Erforschung der physikal. und techn. Grundlagen der kontrollierten ↗ Kernfusion. Standort der Forschungsanlage ist Culham (bei Oxford), Zentrum des Projekts ein seit 1983 nach dem Tokamak-Prinzip arbeitender Fusionsreaktor.

Jetboot [ˈdʒet-], **Jetski®**, **Wassermotorrad**, kleines, sehr wendiges Wasserfahrzeug mit Strahltriebwerk, das das Wasser unter dem Boot ansaugt und anschließend unter Druck am Heck wieder ausstößt. Durch den abgeschirmten Motor können J. auch kurzfristig tauchen. Sie werden unterteilt in »Steher« (im Knien oder Stehen gefahren) und »Sitzer« (mit Sitzbank für bis zu vier Personen).

Jetelová [-vaː], Magdalena, Bildhauerin tschech. Herkunft, *Semily (Ostböhm. Gebiet) 4. 6. 1946; wurde bekannt mit wuchtigen Skulpturen aus roh behauenem Holz, später hölzerne Konstruktionen, die häufig auf die sie umgebende Architektur bezogen sind und auch mit Laserlicht kombiniert sein können.

Jethose [ˈdʒet-] *die,* in den 1970er-Jahren aufgekommene wadenlange, leicht gefütterte Skihose aus elast. Material, mit körpernahem (windschlüpfigem) Schnitt, Kniepolstern, angeschnittenem Bund und Trägern.

Jethro Tull [ˈdʒeθrəʊ ˈtʊl; nach einem Agrarwissenschaftler des 18. Jh.], brit. Rockmusikgruppe, gegr. 1967 vom Komponisten, Texter, Sänger und Flötisten Ian Anderson (*1947). Sie verbindet Elemente der Rockmusik, Folkmusik und der klass. Musik (LP »Aqualung«, 1971); Vorliebe für histor. Aufmachungen und Clownerien.

Jetlag [ˈdʒetlɛk, engl.] *der,* Störung des biolog. Rhythmus von Körperfunktionen (v. a. des Schlaf-wach-Rhythmus) aufgrund der mit weiten Flugreisen verbundenen Zeitunterschiede. Außerdem können bei Reisenden auf Langstreckenflügen infolge der viele Stunden andauernden beengten Sitzhaltung tiefe Beinvenenthrombosen auftreten (↗ Economy-class-Syndrom).

Jeton [ʒəˈtɔ̃, frz.] *der,* Rechen- oder Zahlpfennig, Spielmarke, Medaille; Münzersatz u. a. zum Betätigen eines Automaten, eines Telefons, einer Parkhausschranke.

Jetset [ˈdʒet-, engl.] *der,* Gesellschaftsschicht, die über genügend Geld verfügt, um sich unter Benutzung eines (Privat-)Jets an exklusiven internat. Orten zu treffen.

Jetski® [ˈdʒet-], ↗ Jetboot.

Jetstream [ˈdʒetstriːm, engl.] *der* (Strahlstrom), äußerst intensiver, bandfömiger, nicht beständiger, von W nach O gerichteter Luftstrom mit Geschwindigkeiten v. 150 km/h und bis zu mehr als 600 km/h in der oberen Troposphäre im Übergangsgebiet zw. polaren Kaltluft- und subtrop. Warmluftmassen (Frontalzone), der mit starken horizontalen Temperatur- und Druckgradienten verbunden ist. Im J. herrscht, meist bei Wolkenlosigkeit, starke Turbulenz.

Jettmar, Rudolf, österr. Maler und Radierer, *Zawodzie (bei Krakau) 10. 9. 1869, †Wien 21. 4. 1939; ab 1898 Mitgl. der Wiener Sezession, ab 1910 Prof. an der Wiener Akademie; wichtiger Vertreter des europ. Symbolismus, v. a. Radierungen.

Jetway® [ˈdʒetweɪ, engl.] *der,* Markenname der ABEX Corporation, USA; Bez. für eine teleskopartig ausfahrbare, schwenkbare und überdachte Fluggastbrücke auf Flughäfen.

Jeu de Paume [ʒø də ˈpoːm; frz. »Handflächenspiel«] *das,* altfrz. Rückschlagspiel, Vorform des modernen Tennisspiels; 1908 olymp., 1928 Demonstrationswettbewerb.

Jeune France [ʒœn ˈfrɑ̃s], 1936 in Paris gebildete Gruppe frz. Komponisten (Y. Baudrier, A. Jolivet, Daniel-Lesur und O. Messiaen), die sich gegen den damals in Paris herrschenden Neoklassizismus wandte.

Jeunesse dorée [ʒœˈnɛs dɔˈreː; frz. »goldene Jugend«] *die,* urspr. die großbürgerliche frz. Jugend, die nach dem Sturz der Jakobiner 1794 in Paris den Ton angab; später allg. vergnügungssüchtige reiche Großstadtjugend.

Jeunesses Musicales [ʒœˈnɛs myziˈkal, frz.], ↗ Fédération Internationale des Jeunesses Musicales.

Jeunet [ʒœˈne], Jean-Pierre, frz. Filmregisseur, *Roanne 3. 9. 1955; drehte in den 1980er-Jahren Werbe-, Kurz- und Animationsfilme; seit den 1990er-Jahren Spielfilme, meist bestimmt von bizarren Figuren in makaber-amüsanten Szenerien (»Delicatessen«, 1991); internat. bekannt seit seinem Film »Die fabelhafte Welt der Amélie« (2001).

Jever [-f-], Kreisstadt des Landkreises Friesland, Ndsachs., zw. Marsch und Geest, 13 600 Ew.; Großbrauerei. – Schloss (16. Jh., heute Museum) – 1039 ersterwähnt, 1536 Stadtrechte. – Um 1370 bildete sich unter fries. Häuptlingen die selbstständige **Herrschaft J.**; diese kam 1575 an Oldenburg, 1667 an Anhalt-Zerbst, 1793 (durch Katharina II., d. Gr.) an Russland, 1818 wieder an Oldenburg.

Jevons [ˈdʒevənz], William Stanley, brit. Volkswirtschaftler und Philosoph, *Liverpool 1. 9. 1835, †(ertrunken) bei Bexhill (Cty. East Sussex) 13. 8. 1882; Mitbegründer der Grenznutzenschule, führte math. Methoden in die Volkswirtschaftslehre ein.

Jewish Agency for Palestine [ˈdʒuːɪʃ ˈeɪdʒənsɪ fɔː ˈpælɪstaɪn], offiziell 1922–48 die Vertretung der »World Zionist Organization« (Abk. WZO; ↗ Zionismus) in Palästina; im Mandatsvertrag (1922) anerkannt, beriet 1929–48 die brit. Mandatsreg. und das jüd. Nationalkomitee im Interesse der jüd. Bev. und vertrat diese vor dem Völkerbund sowie (ab 1947) vor den UN; Vors. u. a. D. Ben Gurion (1935–48). Seit 1948 ist sie als **Jewish Agency for Israel** bes. für die jüd. Einwanderung nach Israel tätig; Büros u. a. in Jerusalem, New York, London, Paris.

Jewpatorija (früher Eupatoria), Hafenstadt an der W-Küste der Krim, Ukraine, 115 000 Ew.; Meereskurort; Weinkellerei, Fischfabrik.

Jewtuschenko, Jewgeni Alexandrowitsch, russ. Dichter, *Sima (Gebiet Irkutsk) 18. 7. 1933; errang als Verfechter einer politisch engagierten Poesie bes. bei der Jugend große Popularität. Die stalinist. Vergangenheit ist ein Hauptthema seiner Dichtungen (»Stalins Erben«, 1963); mit »Babi Jar« (1961) wandte er sich gegen den russ. Antisemitismus. J. schrieb auch formal bes. von B. Pasternak beeinflusste Liebes- und Naturlyrik; ferner Prosa (»Beerenreiche Gegenden«, R., 1981; »Fuku!«, Poem, 1985; »Stirb nicht vor deiner Zeit«, R., 1993; »Der Wolfspass«, R., 1999); Regisseur der Filme »Kindergarten« (1984) und »Stalins Beerdigung« (1991).

JGG, Abk. für **J**ugend**g**erichts**g**esetz.

Jhansi [dʒ-], Stadt im Bundesstaat Uttar Pradesh, Indien, am N-Rand des Dekhan, 301 000 Ew.; Univ.; Eisenbahnwerkstätten; Eisenbahnknotenpunkt. – Als Marathenfestung 1613 gegründet.

Jharkhand [ˈdʒɑːr-], Bundesstaat in Indien, im Bergland von Chota Nagpur, Hptst.: Ranchi. – J. entstand am 15. 11. 2000 aus dem S-Teil von Bihar.

Jhelum [ˈdʒeɪlʊm] *der,* westlichster der fünf größeren Flüsse des Pandschab, in Indien und Pakistan, 724 km lang, entspringt in Kaschmir und mündet in den Chenab; wichtig für die Bewässerung; Manglastaudamm (116 m hoch, 3,8 km lang).

Jhering [ˈjeːrɪŋ], **1)** Herbert, ↗ Ihering.

2) Rudolf von, Jurist, *Aurich 22. 8. 1818, †Göttingen 17. 9. 1892; erster Vertreter eines jurist. Naturalismus, der das Recht kausalgesetzlich aus der Wirklichkeit der Gesellschaft erklärt und als durch die Zwecke des Einzelnen und der Gesetze begründet ansieht; Wegbereiter der ↗ Interessenjurisprudenz.

Werke: Geist des röm. Rechts auf den versch. Stufen seiner Entwicklung, 4 Bde. (1852–65); Der Kampf ums Recht (1872).

JHWH, lat. Umschrift der hebr. Schreibweise des Gottesnamens ↗ Jahwe (Tetragramm).

Jiamusi [dʒja-] (Chiamussu, Kiamusze), Stadt in der Mandschurei, China, am unteren Songhua Jiang, 493 300 Ew.; Landmaschinenbau, chem., Papierind.; Flusshafen.

Jiangchai [dʒjaŋtʃaɪ] (Chiang ch'ai), Dorf in der Prov. Shaanxi, China. Neuere Ausgrabungen haben zur Entdeckung eines Dorfes der jungsteinzeitl. Yangshaokultur geführt. Rund- und Rechteckbauten waren in nahezu konzentr. Kreisen um den Zentralplatz angeordnet. Wie das Yangshaodorf Ban Bo Zun bei Xi'an war auch J. von einem Graben umgeben.

Jiang Jingguo [dʒjaŋ dʒ-], chines. Politiker, ↗ Chiang Ching-kuo.

Jiang Qing [dʒjaŋtʃiŋ] (Chiang Ch'ing), eigtl. Luan Shu Meng, chines. Politikerin, *Zhucheng (Prov. Shandong) März 1914, †(Selbstmord) Peking

Jewgeni Jewtuschenko

Jiang Qing

14. 5. 1991; urspr. Schauspielerin, ab 1939 ∞ mit Mao Zedong, war eine der treibenden Kräfte der Kulturrevolution (1966–76). 1969 wurde sie Mitgl. des Politbüros der KPCh. Ihr Versuch, nach dem Tod Mao Zedongs die Parteiführung zu übernehmen, scheiterte. 1976 wurde sie als Haupt der »Viererbande« verhaftet, 1981 wegen versch. Verbrechen zur Zeit der Kulturrevolution zum Tode verurteilt; 1983 zu lebenslanger Freiheitsstrafe begnadigt, 1984 aus der Haft entlassen.

Jiangsu [dʒjaŋ-] (Kiangsu), Provinz im O von China, 102 600 km², 74,38 Mio. Ew.; Hptst. Nanking; erstreckt sich in dem von Flüssen, Kanälen und Seen durchsetzten Tieflandgebiet an den Unterläufen von Jangtsekiang und Huai He; Anbau von Nassreis, Weizen, Kauliang, Hirse, Baumwolle; bed. Seidenraupenzucht. J. ist rohstoffarm, aber industriell hoch entwickelt (Elektronik, Maschinenbau, chem., Textilindustrie).

Jiangxi [dʒjaŋci] (Kiangsi), Provinz im SO von China, südlich des Jangtsekiang, 167 000 km², 41,4 Mio. Ew.; Hptst. Nanchang. Waldreiches Bergland im O, S und W sowie der Jangtsekiang im N umschließen die fruchtbaren Ebenen des Gan Jiang und des Poyangsees; Anbau von Reis, Tee, Gerste, Weizen, Sesam, Zitrusfrüchten, Zuckerrohr; Bergbau auf Kohle (für das Stahlwerk Wuhan), Wolframerz und Kaolin (Porzellanherstellung in Jingdezhen).

Jiang Zemin [dʒjaŋ-], chines. Politiker, *Yangzhou (Prov. Jiangsu) 17. 8. 1926; Ingenieur, 1982–2002 Mitgl. des ZK der KPCh, 1983–85 Min. für Elektronikind., 1985–88 Oberbürgermeister und 1987–89 Parteisekretär von Shanghai. Für wirtsch. Reformen und eine vorsichtige Öffnung nach außen, aber gegen eine innenpolit. Liberalisierung eintretend, wurde er nach der Niederschlagung der Demokratiebewegung 1989 Gen.-Sekr. des ZK und Mitgl. des Ständigen Ausschusses des Politbüros der KPCh (beides bis 2002); 1993–2003 war er auch Staatspräs. In dem von ihm seit 1989 bekleideten einflussreichen Amt des Vors. der Zentralen Militärkommission beim ZK der Partei wurde J. im Nov. 2002 bestätigt (im März 2003 auch an der Spitze der seit 1990 von ihm geleiteten Zentralen Militärkommission, d. h. als Oberbefehlshaber).

Jiangzi [dʒjaŋci], Handelsplatz in Tibet, ↗ Gyangzê.

Jiaozhou [dʒjaʊdʒoʊ], chines. Name für ↗ Kiautschou.

Jiayi [dʒ-] (Chiayi), Stadt in Taiwan, 262 300 Ew.; Holzbearbeitung, Zuckerraffinerie.

Jičín [ˈjitʃiːn] (dt. Jitschin, früher auch Gitschin), Stadt im Ostböhm. Gebiet, Tschech. Rep., an der Cidlina, 16 700 Ew.; Glasind., Landmaschinenbau. – Am Ringplatz barocke Dekanatskirche und Wallensteins Schloss (1624–34, heute Museum). – Seit 1438 königl. Stadt, ab 1620 Residenz Wallensteins als Hptst. des Herzogtums Friedland.

Jidda [dʒ-], Stadt in Saudi-Arabien, ↗ Djidda.

jiddische Literatur, die Literatur in jidd. Sprache, in hebr. Schrift aufgezeichnet.

Ältere j. L.: Umfangreichere Texte sind erst in der Cambridger Handschrift von 1382/83 überliefert; schon hier zeigt sich die Bearbeitung sowohl spezifisch jüd. als auch dt. Erzählstoffe: dem »Josef ha-zadik« (»Der glaubensfeste Josef«) oder »Avroham ovinu« (»Unser Vater Abraham«) folgten später »Schmuelbuch« (Gesch. Davids), »Melochimbuch« (Salomo und Nachfolger) sowie mehrere »Esther«-Epen, während an dem aus dt. »Kudrun«-Epos nahe stehenden »Dukus Horant« Heldenepen wie »Hildebrandt« oder »Sigenot« anknüpften. Zur Artusepik gehört »Widuwilt«, dessen Tradition im 16. Jh. die Ritterromane von E. Levita fortsetzten. Ein Wormser und ein Regensburger Zyklus (»Maassebuch«, 1602) enthalten histor. und legendar. Kleinepik. Seit dem 16. Jh. entstanden Bearbeitungen dt. Volksbücher und – unter Anlehnung an dt. Fastnachtsspiele – die Purimspiele. Um die Wende vom 17. zum 18. Jh. bezeugen die privaten Memoiren der Glückel von Hameln Einflüsse der älteren jidd. Literatur.

Moderne j. L.: Im Zuge der jüd. Aufklärung (Haskala) entstand im 19. Jh. eine sprachlich und inhaltlich zeitnahe Lit., in der die Konflikte zw. ostjüd. Traditionalismus und gesellschaftl. Umbruch verarbeitet wurden. Mit sozialpädagog. Intention bekämpften die Aufklärer bes. die mystisch gefärbte Volksfrömmigkeit (Chassidismus). Der Verbindung traditioneller Elemente mit rationalist. Lehrhaftigkeit verdanken A. Goldfadens (* 1840, † 1908) Volksstücke nachhaltigen Erfolg. V. a. mit seinen Romanen erreichte Mendele Mojcher Sforim eine realist. Darstellung des ostjüd. Alltags. Scholem Alejchem steigerte die Breitenwirkung mit der 1888 gegr. Reihe »Jidische Folksbibliotek«, in der u. a. Jizchak Lejb Perez erstmals jiddisch publizierte und zahlr. jüngere Autoren beeinflusste. Nach dem Ersten Weltkrieg gewann die j. L. an Vielgestalt und Verbreitung. Ein Grundzug der jüngeren j. L. ist die Neigung zur Retrospektive. Verfolgung und Ausrottung durch den Nationalsozialismus spiegeln sich in der teils kämpfer., teils eleg. Gettoliteratur. Zu den bed. neueren Autoren der j. L. gehören S. Asch, D. Bergelson, J. Opatoschu, I. B. Singer (Nobelpreis für Literatur 1978), I. Manger. Seit 1949 wurde Israel zunehmend zum Sammelbecken der neueren j. L.; im inhaltl. Zentrum zeitgenössischer j. L., vertreten von meist russisch-jidd. Autoren, steht v. a. in der Lyrik immer stärker das Individuum in seiner psycholog. Vielschichtigkeit.

jiddische Sprache, Sprache der nicht assimilierten aschkenas. Juden, früher auch als »Jüdisch« oder »Hebräisch-Deutsch« und im Jiddischen selbst oft als »Mame-loschn« (Muttersprache) bezeichnet; auch mit den Bez. »Jargon«, »Mauscheln« oder »Kauderwelsch« in jüd. Kontext ist meist die j. S. gemeint. Trotz der Vernichtung eines großen Teils (etwa 5 Mio. Sprecher) der jidd. Sprachgemeinschaft im Holocaust blieb Jiddisch bis heute die am weitesten verbreitete jüd. Sprache mit schätzungsweise noch 5–6 Mio. Sprechern (v. a. in Nordamerika und Israel, O- und W-Europa), denen Jiddisch zumindest als Zweitsprache geläufig ist.

Die Geschichte der j. S. begann im 10. Jh. mit der Einwanderung von Juden aus Gebieten mit roman. Sprache in rhein. und donauländ. Regionen. Die wenigen Überlieferungen lassen erkennen, dass das **Altjiddische** (bis etwa 1500) an den sprachl. Veränderungen des mittelalterl. Deutsch im Wesentlichen teilnahm; trotzdem bewirkte die soziokulturelle Desintegration der Juden sprachl. Besonderheiten, bes. den ausschließl. Gebrauch des hebr. Alphabets. Die jüd. Flucht und Vertreibung seit den Kreuzzügen und der Pestzeit Mitte des 14. Jh. führte zur Verbreitung der j. S. nach S (Oberitalien) und O (Böhmen, Mähren, Polen). Im **Mitteljiddischen** (16.–18. Jh.) trat neben dem Deutschen die hebräisch-aramäische Komponente stärker hervor, die Aufnahme slaw. Sprachelemente und der gelockerte Kontakt zum dt. Sprachgebiet sonderten allmählich den östl. vom westl. Sprachzweig. Wachsender Assimilationsdruck reduzierte Letzteren auf lokal- und fachsprachl. Reste, sodass

Jiang Zemin

das **Neujiddische** (seit dem 19. Jh.) weitgehend mit dem Ostjiddischen identisch ist. Seine Verbreitung nahm nach der Auswanderungsbewegung nach Übersee seit den Pogromen 1881 zu; materielle und kulturelle Entwurzelung der Sprecher drängte den Gebrauch der j. S. zurück. Die seit Ende der 30er-Jahre, bes. ab 1949 in der UdSSR bestehenden Restriktionen und v. a. die weitgehende Vernichtung jüd. Kultur O-Europas im Zweiten Weltkrieg lassen den Fortbestand und die -entwicklung der j. S. problematisch erscheinen.

Jiftach [hebr. »(Gott) möge öffnen, retten«] (Jephtha), einer der großen ↗Richter Israels (Ri. 10, 17–12, 7), verteidigte als israelit. Heerführer das ostjordan. Gilead gegen die Ammoniter. Aufgrund eines Gelübdes (Ri. 11, 30 f.) musste er nach dem Sieg Jahwe seine Tochter opfern.

Jig [dʒɪg] *die,* in England, Schottland und Irland seit dem 16. Jh. verbreiteter Volkstanz; Vorläufer der ↗Gigue. Als J. wurde auch i. e. S. eine Posse mit Gesang und Tanz bezeichnet.

Jihlava [ˈjixlava], 1) Stadt in der Tschech. Rep., ↗Iglau.
2) Fluss in der Tschech. Rep., ↗Iglawa.

Jilin [dʒ-] (Kirin), 1) Prov. im NO Chinas, an der Grenze zu Nord-Korea, 187 400 km², 27,3 Mio. Ew.; Hptst.: Changchun. J. umfasst im SO waldreiches Bergland (bis 2 744 m ü. M.) mit Holzwirtschaft und Pelztierjagd, im NW einen Teil der fruchtbaren Nordostchines. Ebene mit bed. Landwirtschaft. Eisenerz-, Kohle-, Ölschiefer- und Molybdänabbau; Maschinen-, Fahrzeugbau, Metall-, chem., Papierindustrie.
2) Stadt in der Provinz J., China, am Songhua Jiang, 1,04 Mio. Ew.; Endpunkt der Schifffahrt auf dem Songhua Jiang; Papier-, chem., Metallind., Turbinen- und Landmaschinenbau.

Jilong [dʒi-] (Chilung, Keelung), Hafenstadt an der N-Küste von Taiwan, 371 400 Ew.; Fachhochschule für Meerestechnologie, Fischereiforschungsinst.; chem. Ind., Schiff- und Maschinenbau; Fischerei- und zweitwichtigster Handelshafen Taiwans.

Jima [dʒ-] (Djimma), Stadt in SW-Äthiopien, im Kaffabergland, 1 750 m ü. M., 88 900 Ew.; Kaffeehandel; Flugplatz.

Jim Crow [ˈdʒɪm ˈkrəʊ], in den USA seit 1828 (nach der Titelfigur eines Minstrelstücks von T. D. Rice) abwertende Bez. für den Schwarzen, auch für Rassentrennung und -diskriminierung. – **J. C. laws,** Rassentrennungsgesetze im Bildungs- und öffentl. Sektor, die trotz des vom Obersten Gerichtshof der USA geforderten Gleichheitsgrundsatzes bis zu ihrer Aufhebung (ab 1954) zu einer krassen Benachteiligung der schwarzen Bev. führten.

Jiménez [xiˈmenɛθ], Juan Ramón, span. Lyriker, *Moguer (Prov. Huelva) 24. 12. 1881, †San Juan (Puerto Rico) 29. 5. 1958; lebte während des Span. Bürgerkriegs in Kuba und in den USA, ab 1951 in Puerto Rico; war zunächst Vertreter des Modernismus; als Lyriker und Ztschr.-Hg. von großem Einfluss auf die neuere span. und lateinamerikan. Dichtung (»Herz, stirb oder singe«, Ged., span. und dt. Ausw. 1958); Meister einer schwermütigen, stimmungsvollen Kunst, später im Sinne der »Poésie pure« dichtend; Prosa u. a. »Platero und ich« (1914, vollständig 1917). 1956 erhielt er den Nobelpreis für Literatur.

Juan Ramón Jiménez

Jiménez de Cisneros [xiˈmenɛð ðe θiθˈneros], Francisco, span. Franziskaner, *Torrelaguna (Prov. Madrid) 1436, †Roa (Prov. Burgos) 8. 11. 1517; Beichtvater und Berater der Königin Isabella von Kastilien, wurde 1507 Kardinal und Großinquisitor, war 1506 und 1516–17 Regent von Kastilien; gründete die Univ. von Alcalá de Henares (dem ehem. röm. Complutum); gab eine der ersten mehrsprachigen Bibel-Ausg., die »Complutenser Polyglotte«, heraus.

Jimmu Tenno [ˈdʒɪmmu-], legendärer Gründer des japan. Kaiserhauses; soll 711–585 v. Chr. gelebt und 660 v. Chr. den Thron bestiegen haben.

Jin [dʒɪn] (Chin, Tsin), 1) chines. Lehnsstaat im südl. Shanxi seit etwa 1000 v. Chr., zur Zeit der Zhoudynastie; das Fürstenhaus wurde 376 v. Chr. abgesetzt und der Staat aufgeteilt.
2) chines. Dynastie (265–420). Unter den **Westl. J.** (265–316) wurde China – nach der Epoche der Drei Reiche – für kurze Zeit geeint, bis 316 ganz N-China an die Xiongnu verloren ging. Verwandte des letzten Herrschers erneuerten 317 die Dynastie im SO (**Östl. J.;** Hptst. beim heutigen Nanking).
3) (Spätere J.), von sinisierten Türken gegr. Teildynastie in N-China (936–946), eine der »Fünf Dynastien«.
4) chines. Name der von dem tungus. Stammesverband der Dschurdschen in der Mandschurei begründeten Dynastie (1115–1234), die seit 1126 über ganz N-China herrschte und deren Reich ab 1211 von den Mongolen erobert wurde.

Jinan [dʒ-] (Tsinan), Hptst. der Prov. Shandong, China, nahe dem unteren Hwangho, 1,48 Mio. Ew.; Fachhochschulen; Textil-, Nahrungsmittel-, chem., Eisen- und Stahlind., Maschinen-, Kraftfahrzeugbau; Binnenhafen; Flughafen. – Im S der Stadt der Tausend-Buddha-Hügel; im alten Tempelbezirk einige kunstvoll gefasste Quellen. 40 km südl. befindet sich das Kloster Shentong aus dem frühen 4. Jh. mit zahlr. Pagoden. – Seit der Mingzeit (1368–1644) Hptst. der Prov. Shandong.

Jingdezhen [dʒɪŋdedʒən] (Chingtechen, Kingtehchen, früher Fouliang), Stadt in SO-China, am Zhan Jiang, Prov. Jiangxi, 581 000 Ew.; Zentrum der Porzellanherstellung (seit 557 n. Chr.).

Jining [dʒ-] (Chining, Tsining), Stadt in der Prov. Shandong, China, am Kaiserkanal, 220 000 Ew.; Nahrungsmittelind., Landmaschinenbau; Endpunkt der Transmongol. Eisenbahn von Ulan-Ude (Russland).

Jinismus [dʒ-] *der,* ind. Religion, ↗Dschainismus.

Jinja [ˈdʒɪndʒa-], zweitgrößte Stadt in Uganda, am N-Ufer des Victoriasees, 61 000 Ew.; kath. Bischofssitz; Ind.zentrum; Kraftwerk an den Owenfällen; Verkehrsknotenpunkt, Hafen, Flugplatz.

Jinnah [dʒ-] (Dschinnah), Mohammed Ali, gen. Qaid-e Azam (»der große Führer«), Führer der indisch-muslim. Nationalbewegung, *Karatschi 25. 12. 1876, †ebd. 11. 9. 1948; Rechtsanwalt; seit 1913 Mitgl. und 1916, 1920 sowie seit 1934 Präs. der ↗Muslimliga; setzte die Teilung Indiens und die Errichtung des unabhängigen Staates Pakistan (1947) durch; 1947–48 Gen.-Gouv. von Pakistan.

Jinsha Jiang [dʒɪnʃa dʒ-], Oberlauf des ↗Jangtsekiang.

Jintschuan [dʒ-], Stadt in China, ↗Yinchuan.

Jinzhou [dʒɪndʒoʊ] (Chinchow, Tschintschou), Stadt in der Prov. Liaoning, NO-China, älteste Stadt der Mandschurei, 569 500 Ew.; chem. Ind., Papier-, Porzellanherstellung; Braunkohlenabbau.

Jitschin, Stadt in der Tschech. Rep., ↗Jičín.

Jitterbug [ˈdʒɪtəbʌg, engl.] *der,* um 1940 in den USA, nach 1945 in Europa populär gewordener nordamerikan. Gesellschaftstanz; im Rhythmus des Boogie-Woogie mit akrobat. Tanzbewegungen; im Tanzsport unter dem Namen Jive gepflegt.

Jiujiang [dʒjudʒjaŋ] (Chiuchiang, Kiukiang), Stadt am unteren Jangtsekiang, Prov. Jiangxi, China,

390 000 Ew.; Umschlagplatz für die Prov.hauptstadt Nanchang sowie für Porzellan aus Jingdezhen; Flusshafen.

Jiu-Jitsu [ˈdʒiːuˈdʒitsu] *das*, ↗ Jujutsu.

Jiuquan [dʒjutʃyan] (Chiuchüan, Kiutschüan), Oasenstadt in der Prov. Gansu, China, an der alten Seidenstraße und der Eisenbahn zu den Erdölfeldern Yumen und Karamai, 1 540 m ü. M., 280 000 Ew.; Ausbau zum Industriezentrum.

Jiuzhaigou-Naturpark [ˈdʒiːudʒaɪɡʊ-], Schutzgebiet (UNESCO-Weltnaturerbe) im N der Prov. Sichuan, China, 720 km²; über drei ineinander übergehende, dicht bewaldete Hochtäler verteilen sich Kalksinterterrassen mit Wasserfällen (größter 78 m tief) und durch Algen von gelb über grün bis blau gefärbte Seen; Auftreten von Riesenpanda und Goldhaaraffe.

Jívaro [ˈxiβaro] (Aents), Sammelbez. für die 72 800 indian. Waldbauern und Kleinviehhalter im Gebiet der O-Abdachung der Anden; bekannt sind ihre Kopftrophäen (↗ Tsantsa).

Jive [ˈdʒaɪv] *der*, ↗ Jitterbug.

Jizera [ˈjizɛra], Nebenfluss der Elbe, ↗ Iser.

Jizerské hory [ˈjizɛrskɛː ˈhɔri], Gebirge in der Tschech. Rep., ↗ Isergebirge.

Jnana [dʒ-, Sanskrit] *das, ind. Philosophie und Religion:* die Erkenntnis der letzten Wirklichkeit, nach der das individuelle Selbst des Menschen (Atman) und das geistige Absolute (Brahman) eine Einheit bilden.

Joab [hebr. »Jahwe ist Vater«], Neffe und Heerführer Davids; stellte sich gegen Salomo und wurde ermordet (1. Kön. 2,5 f.; 28–34).

Joachim [auch ˈjo-], nach dem apokryphen ↗ Jakobusevangelium Vater Marias; Mann der ↗ Anna; Heiliger, Tag: 26. 7.; in der orth. Kirche: 9. 9. (jeweils zus. mit Anna).

Joachim [auch ˈjo-], Kurfürsten von Brandenburg:
1) J. I. Nestor (1499–1535), *21. 2. 1484, †Cölln (heute zu Berlin) 11. 7. 1535, Vater von 2); gründete 1506 die Univ. Frankfurt (Oder), 1516 das Kammergericht; Gegner der Reformation.
2) J. II. Hektor (1535–71), *9. 1. 1505, †Köpenick (heute zu Berlin) 3. 1. 1571, Sohn von 1), Großvater von 3); trat 1539 zur Reformation über, unterstützte aber im Schmalkald. Krieg Kaiser Karl V. (1546/47). Durch Erbverbrüderung mit den Herzögen von Liegnitz, Brieg und Wohlau (1537) sowie Aufhebung der Bistümer Brandenburg, Havelberg und Lebus (1539) einer der Väter des brandenburg.-preuß. Staats; 1569 wurde er Herzog von Preußen (Mitbelehnung).
3) J. Friedrich (1598–1608), *27. 1. 1546, †(auf der Fahrt von Storkow nach Rüdersdorf) 28. 7. 1608, Enkel von 2); setzte 1599 den **Geraer Hausvertrag** über die Unteilbarkeit des hohenzollernschen Besitzes mit Ausnahme der fränk. Lande durch.

Joachim von Floris [auch ˈjo-] (Joachim von Fiore), italien. Theologe, *Celico (bei Cosenza) um 1130, †San Giovanni in Fiore (bei Cosenza) 20. 3. 1202; zunächst Zisterzienser, gründete er um 1190 einen eigenen Orden (Florenser, Floriazenser; im 16. Jh. wieder mit den Zisterziensern vereint). Seine Lehre von den drei Zeitaltern (↗ Chiliasmus) wurde nach seinem Tod verurteilt, dennoch hatte sie weite Auswirkungen. (↗ Drittes Reich)

Joachim [auch ˈjo-], Joseph, Violinist und Komponist, *Kittsee (Burgenland) 28. 6. 1831, †Berlin 15. 8. 1907; gefeierter Virtuose und Leiter eines berühmten Streichquartetts, u.a. ab 1868 Direktor der neu gegr. Berliner Hochschule für Musik. R. Schumann und J. Brahms, seine Freunde und Förderer, widmeten ihm Violinkonzerte. Er komponierte u. a. Orchesterwerke (Ouvertüren) und Violinkonzerte.

Joachimstaler [auch ˈjo-], böhm. Silbermünze, 1520–28 geprägter Guldengroschen aus dem Silber von Sankt Joachimsthal (Jáchymov) in Böhmen; namengebend für ↗ Taler und ↗ Dollar.

Joachimsthal [auch ˈjo-], Stadt im Landkreis Barnim, Brandenburg, am NO-Rand der Schorfheide, zw. Grimnitz- und Werbellinsee, 3 500 Ew. – Bei J. »Europ. Jugenderholungs- und Begegnungsstätte Werbellinsee«.

João Pessoa [ˈʒuãum peˈsoa], Hptst. des Bundesstaates Paraíba, Brasilien, am Rio Paraíba do Norte, 549 400 Ew.; Erzbischofssitz; Univ.; Buntmetallerzverhüttung, Ausgangspunkt der Transamazônica, Flughafen. – Die Kirche São Francisco (18. Jh.) gilt als Meisterwerk des lusitan. Rokoko.

Job [dʒɔb, engl.] *der*, Stellung; Gelegenheit zum Geldverdienen.

Jobber [ˈdʒɔbə, engl.] *der*, Wertpapierhändler an brit. und amerikan. Börsen, der im Ggs. zum Broker nur für eigene Rechnung kaufen und verkaufen darf.

Jobcenter, ↗ Arbeitsmarktreform.

Jobeljahr [von hebr. yôvel »Widderhorn«, das zu Beginn eines solchen Jahres geblasen wurde], *Judentum:* das ↗ Jubeljahr.

Job-Enlargement [ˈdʒɔbɪnlɑːdʒmənt, engl. »Arbeitsfeldvergrößerung«] *das*, Arbeitsgestaltungsmaßnahme, die durch eine horizontale Erweiterung der Arbeit zu einer Erhöhung der Vielfältigkeit der Arbeitsaufgaben und -inhalte sowie zu einer Verringerung der Arbeitsteilung führt.

Job-Enrichment [ˈdʒɔbɪnrɪtʃmənt, engl. »Arbeitsbereicherung«] *das*, Arbeitsgestaltungsmaßnahme, die durch eine vertikale Erweiterung der Arbeit (d. h., bisher getrennte Arbeitsinhalte werden zu einem neuen Arbeitsbereich zusammengestellt) zur Erhöhung des Verantwortungs- und Entscheidungsspielraums führt.

Jobrotation [ˈdʒɔbrəʊteɪʃn, engl.] *die*, vorübergehender oder regelmäßiger Arbeitsplatzwechsel, verbunden mit räuml. Wechsel; auch Methode der Schulung oder Einarbeitung für Führungskräfte.

Jobsharing [ˈdʒɔbʃeərɪŋ, engl.] *das*, Form der Teilzeitarbeit; zwei oder mehrere Beschäftigte teilen sich einen Arbeitsplatz mit vereinbarten Anwesenheitszeiten (§ 13 Teilzeit- und Befristungs-Ges.).

Jobticket [ˈdʒɔb-, engl.], besondere Dauerkarte für Arbeitnehmer für den öffentl. Personennahverkehr; setzt eine entsprechende Vereinbarung zw. dem Arbeitgeber und dem Verkehrsunternehmen voraus.

Joch, 1) *Bautechnik:* waagerechtes Querholz zur Lastaufnahme bei Stützgerüsten.
2) *Elektrotechnik:* der unbewickelte Teil des magnet. Kreises bei elektr. Maschinen und Transformatoren.
3) *Geographie:* Einsattelung im Gebirge, ↗ Pass.
4) *Kirchenbau:* durch vier Eckstützen bezeichnete, meist überwölbte Raumeinheit rechteckigen oder quadrat. Grundrisses.
5) *Landwirtschaft:* Zuggeschirr für Ochsen, auf der Stirn und über dem Nacken getragen.
6) *Messwesen:* (Jauchert, Juch, Juchard), frühere süddt. Flächeneinheit: so viel Land, wie ein Gespann (Joch) Ochsen an einem Tag umpflügen kann (zw. 3 000 und 6 500 m²).

Joch|algen (Conjugales, Conjugatae), Grünalgenordnung (mit über 2 000 Arten) ohne begeißelte Fortpflanzungszellen. Bei der geschlechtl. Vermehrung vereinigen sich gleich gestaltete Gameten. J. le-

Jodhpur: Über der Stadt liegt die mehrere alte Palastbauten umfassende Festungsanlage Meherangarh.

ben fast ausnahmslos im Süßwasser, u. a. die **Zieralgen** (Desmidiaceae).

Jochbein (Wangenbein, Os zygomaticum), paariger Gesichtsknochen, der die obere Begrenzung der Wange und mit dem **Jochfortsatz** des Schläfenbeins den **Jochbogen** bildet.

Jochenstein, Staustufe und Kraftwerk an der Donau, unterhalb von Passau; erbaut 1952–56 als dt.-österr. Gemeinschaftsleistung.

Jochims, Raimer, Maler, Zeichner und Kunstpädagoge, * Kiel 22. 9. 1935; hatte mit seinen chromat. Bildern in den 1960er-Jahren wesentl. Anteil an der Wiederbelebung der konkreten Kunst in Deutschland.

Jochum, Eugen, Dirigent, * Babenhausen (Landkreis Unterallgäu) 1. 11. 1902, † München 26. 3. 1987; wirkte u. a. in Berlin, Hamburg, München und Amsterdam; bed. Brahms- und Bruckner-Interpret.

Eugen Jochum

Jockey [ˈdʒɔkɪ, engl. zu schott. Jock »Jakob«, ältere Bez. für einen Stalljungen] *der, Pferdesport:* Berufsreiter bei Galopprennen, der 50 Rennen gewonnen hat; vorher ist er **Rennreiter.**

Jod [zu grch. iṓdēs »veilchenfarbig«, nach der Farbe seines Dampfes] *das,* chem. Symbol **I** (internat. Bez. Iod), nichtmetall. Element der 7. Hauptgruppe des Periodensystems. Ordnungszahl 53, relative Atommasse 126,9045, mehr als 30 künstl. Isotope (^{109}I–^{142}I) mit Halbwertszeiten von 0,65 Sekunden bis $1{,}7 \cdot 10^7$ Jahren; Dichte 4,93 g/cm³, Schmelzpunkt 113,7 °C, Siedepunkt 184,4 °C. – Die glänzenden grauschwarzen Kristalle sublimieren bei Raumtemperatur; der aus I_2-Molekülen bestehende giftige violette Dampf riecht charakteristisch und ist stark schleimhautreizend. J. ist chem. reaktionsträger als die anderen ↗ Halogene, ist in Wasser nur sehr wenig löslich, gut löslich in Kaliumjodidlösung, Chloroform, Alkohol, Äther, Schwefelkohlenstoff, Benzol. Verbindungen des J. finden sich in geringen Mengen überall in der Natur, bes. in Meerwasser, Meeresalgen, Salzquellen, Mineralwasser. Das technisch wichtigste Vorkommen ist der Chilesalpeter. Gewonnen wird J. v. a. aus den Mutterlaugen des Chilesalpeters und jodhaltigen Solen von Erdölquellen. Rd. 70 % der J.-Produktion werden für medizin. Zwecke (z. B. als Tracer für die Schilddrüsendiagnostik), rd. 20 % als Spurenelementzusatz für Tierfutter, der Rest für Chemikalien verwendet. J. ist Nachweismittel für Stärke, die durch J. blau gefärbt wird. – In seinen Verbindungen ist J. überwiegend einwertig, z. B. in den **Jodiden,** den Salzen der J.-Wasserstoffsäure. Silberjodid, AgI, wird in der Fotografie verwendet. Fünfwertige J.-Verbindungen sind die **Jodate,** die Salze der J.-Säure. – Bekannte organ. J.-Verbindungen sind ↗ Jodoform und **Alkyljodide** für Synthesen.

J. ist ein unentbehrl. Bestandteil des tier. und menschl. Organismus. Es wird mit der Nahrung aufgenommen. Am reichlichsten kommt es beim Menschen in der Schilddrüse vor (2–3,5 mg je 1 g trockener Drüse), und zwar in den Hormonen Thyroxin und Trijodthyronin und als Dijodtyrosin; der tägl. Bedarf an J. beträgt etwa 0,15 mg. – Jodmangel des Trinkwassers und der Nahrung spielen höchstwahrscheinlich eine Rolle beim Auftreten des ↗ Kropfs in manchen Gebirgsgegenden; zur Vorbeugung wird **Jodsalz,** d. h. mit Natrium- oder Kaliumjodat jodiertes Speisesalz, empfohlen.

Jöde, Fritz, Musikerzieher, * Hamburg 2. 8. 1887, † ebd. 19. 10. 1970; leitete u. a. 1952–63 das Internat. Inst. für Jugend- und Volksmusik in Trossingen; einer der bedeutendsten Pädagogen der ↗ Jugendmusikbewegung.

Jodelle [ʒɔˈdɛl], Étienne, frz. Dichter, * Paris 1532, † ebd. Juli 1573; Mitgl. der ↗ Pléiade; schrieb die erste frz. Renaissancetragödie.

Jodeln, das volkstüml. textlose Singen auf Lautsilben mit ständigem Wechsel zw. Brust- und Kopfstimme; v. a. im Alpengebiet verbreitet.

Jodhpur [ˈdʒɔdpʊə], Stadt im Bundesstaat Rajasthan, Indien, am O-Rand der wüstenhaften Thar, 648 600 Ew.; Univ., Luftwaffenakademie; Metall-, Textilindustrie. – Die Altstadt umgibt eine 10 km lange, starke Mauer (18. Jh.). Hinter sieben Stadttoren liegt auf einem Sandsteinfelsen die gewaltige Festungsanlage Meherangarh mit bis zu 36 m ansteigenden Mauern. – J. wurde 1459 gegründet.

Jodhpurhose [nach der ind. Stadt], oben weite, von den Knien an enge Reithose, zur J. werden knöchelhohe Stiefel (Jodhpurstiefel) getragen.

Jodid *das,* ↗ Jod.

Jodl, Alfred, Generaloberst (1944), * Würzburg 10. 5. 1890, † (hingerichtet) Nürnberg 16. 10. 1946; als Chef des Wehrmachtführungsamts bzw. -stabs (1939–45) Berater Hitlers in allen strateg. und operativen Fragen, unterzeichnete am 7. 5. 1945 in Reims die bedingungslose Kapitulation der Wehrmacht. Am 1. 10. 1946 wurde er vom Internat. Militärtribunal in Nürnberg zum Tode verurteilt.

Jodoform *das* (Trijodmethan), CHI₃, die dem Chloroform entsprechende Jodverbindung, durchdringend riechende, gelbe kristalline Substanz; wirkt desinfizierend.

Jodometrie [grch.] *die,* ↗ Oxidimetrie.

Jodquellen (Jodwässer), Heilquellen mit einem Mindestgehalt von 1 mg Jodid je Liter Wasser.

Jodrell Bank [ˈdʒɔdrəl bæŋk], Hügellandschaft 40 km südlich von Manchester (England), in der die Univ. Manchester ein radioastronom. Observatorium mit einem der größten steuerbaren Radioteleskope (Durchmesser 76,2 m) betreibt.

Jod-Stärke-Reaktion, sehr empfindl. Nachweis von elementarem Jod durch Stärkelösung; dabei bildet sich eine blauschwarze Verbindung.

Jodwasserstoff, HI, farbloses, stechend riechendes, giftiges Gas, dessen wässrige Lösung als Jodwasserstoffsäure bezeichnet wird.

Jodzahl, Abk. **JZ,** Maßzahl für den Gehalt an ungesättigten Fettsäuren in Fetten; sie gibt an, wieviel

Gramm Halogen (berechnet auf Jod) von 100 g Fett unter Entfärbung gebunden werden.

Joel [hebr. »Jahwe ist Gott«], Prophet der nachexil. Gemeinde in Jerusalem. Das **Buch J.** gehört zu den ∕ Kleinen Propheten; es hat apokalypt. Charakter; entstand wohl im 4. Jh. v. Chr.

Joensuu [ˈjɔɛnsu:], Prov.hauptstadt in N-Karelien, Finnland, 51 000 Ew.; Univ. (seit 1969); Holzflößerei, Holz verarbeitende Ind.; Fremdenverkehr, Karelienhaus (Museum); Stadthaus von E. Saarinen. J. liegt am Fluss Pielisjoki.

Joest van Kalkar [ˈjo:st -], Jan, niederrheinischniederländ. Maler, ∕ Kalkar, Jan Joest van.

Jœuf [ʒœf], Industrie-Gem. im Dép. Meurthe-et-Moselle, in Lothringen, Frankreich, 7 900 Ew.; Eisenerzabbau mit Verhüttung; Stahl-, Röhren- und Walzwerke.

Joffe (Joffé), Abram Fjodorowitsch, russ. Physiker, * Romny (Gouv. Poltawa) 29. 10. 1880, † Leningrad 14. 10. 1960; Schüler von W. C. Röntgen, ab 1918 Prof. in Leningrad, später Direktor des Inst. für Halbleiterphysik; arbeitete bes. über Kristallphysik, Dielektrika und Halbleiter-Thermoelemente, mitbeteiligt an der Entwicklung der ersten sowjet. Wasserstoffbombe. Unter dem **J.-Effekt** (1924) versteht man die Steigerung der Plastizität und Reißfestigkeit von Ionenkristallen bei Einwirkung eines Lösungsmittels.

Joffé [ˈdʒɒfɪ], Roland, brit. Filmregisseur, * London 17. 11. 1945; drehte Fernsehfilme und ab 1984 internat. erfolgreiche Spielfilme, u. a. »The Killing Fields – Schreiendes Land« (1984), »Mission« (1986), »Stadt der Freude« (1992), »Der scharlachrote Buchstabe« (1995), »Goodbye, Lover« (1999).

Joffre [ʒɔfr], Joseph Jacques Césaire, frz. Marschall (seit 1916), * Rivesaltes (Dép. Pyrénées-Orientales) 12. 1. 1852, † Paris 3. 1. 1931; 1914 Oberbefehlshaber der N- und NO-Front, 1915/16 Oberkommandierender aller frz. Armeen; versuchte, den Einfluss der Reg. auf militär. Maßnahmen auszuschalten.

Joga, das ∕ Yoga.

Jogging [ˈdʒɔ-; engl. to jog »traben«] *das,* Sport: entspannter Dauerlauf in relativ mäßigem Tempo.

Jogginganzug [ˈdʒɔ-, engl.] *der,* in den 1970er-Jahren aktuell gewordener, weit geschnittener zweiteiliger Sport- und Freizeitanzug.

Joghurt [türk.] *der* und *das* (Jogurt), ein durch Einwirkung von Bakterienkulturen aus Milch hergestelltes, sauermilchartiges Erzeugnis. Neben dem Natur-J. ohne Zusätze sind zahlr. J.-Produkte mit Früchten, Fruchtsaft, Müsli u. a. auf dem Markt. J. ist ein wichtiges diätet. Nahrungsmittel mit etwa 1–1,5% Milchsäuregehalt. Seit alten Zeiten bei den Völkern des Balkans, seit Anfang des 20. Jh. in Mitteleuropa bekannt.

Jogjakarta [dʒɔgdʒaˈkarta], veraltete Schreibung der indones. Stadt ∕ Yogyakarta.

Johann, Herrscher:
Böhmen: **1) J. der Blinde** (J. von Luxemburg), König (1310–46), * 10. 8. 1296, ⚔ Crécy-en-Ponthieu 26. 8. 1346; Sohn Kaiser Heinrichs VII., Erbe der böhm. Przemysliden, mit Anspruch auf die poln. Krone; erwarb 1335 das Herzogtum Breslau sowie die Lehnshoheit über andere schles. Fürstentümer; 1340 erblindet; erreichte 1346 die Wahl seines Sohnes Karl (IV.) zum Röm. König.

Brandenburg: **2) J. Sigismund,** Kurfürst (1608 bis 1620), * Halle (Saale) 8. 11. 1572, † Berlin 2. 1. 1620; trat 1613 vom Luthertum zum Kalvinismus über; erwarb 1614 Kleve, Mark und Ravensberg. 1618 wurde er Herzog von Preußen.

Burgund: **3) J. ohne Furcht** (frz. Jean sans Peur), Herzog (1404–19), * Dijon 28. 5. 1371, † (ermordet) Montereau (Dép. Seine-et-Marne) 10. 9. 1419; Sohn Philipps des Kühnen; ließ im Streit um die Herrschaft am Hof des geisteskranken Königs Karl VI. von Frankreich Herzog Ludwig von Orléans 1407 ermorden; wurde in den Machtkämpfen des ∕ Hundertjährigen Krieges von Anhängern des Dauphins (Karl VII.) ermordet.

Dänemark: **4) J. I.,** König (1481–1513), * Ålborg 5. 6. 1455, † ebd. 20. 2. 1513; auch König von Norwegen (1483–1513) und Schweden (1497–1501; als **J. II.**); konnte sich in Schweden nur zeitweilig gegen den Reichsverweser Sten Sture d. Ä. durchsetzen.

England: **5) J. ohne Land** (engl. John Lackland), König (1199–1216), * Oxford 24. 12. 1167, † Schloss Newark (bei Nottingham) 18./19. 10. 1216, Sohn Heinrichs II.; folgte seinem Bruder Richard Löwenherz, verlor 1203–06 fast alle engl. Festlandbesitzungen an König Philipp August von Frankreich. Die aufständ. engl. Barone erzwangen 1215 von ihm die ∕ Magna Charta (Libertatum).

Frankreich: **6) J. II., der Gute** (frz. Jean le Bon), König (1350–64), * Schloss Gué de Maulny (bei Le Mans) 16. 4. 1319, † London 8. 4. 1364; geriet in der Schlacht bei Maupertuis 1356 in engl. Gefangenschaft und musste 1360 im Frieden von Brétigny das ganze südwestl. Frankreich abtreten.

Österreich: **7) J.,** Erzherzog, * Florenz 20. 1. 1782, † Graz 10. 5. 1859; sechster Sohn Kaiser Leopolds II., unterstützte den Tiroler Aufstand 1809; stiftete 1811 das steir. Landesmuseum (Joanneum) in Graz und gewann durch gemeinnützige, kulturelle und wirtsch. Unternehmungen sowie seine bürgerl. Lebensführung (seit 1827 ⚭ mit Anna Plochl, Postmeisterstochter aus Aussee, später Gräfin von Meran) in den Alpenländern große Volkstümlichkeit. 1848/49 war er dt. Reichsverweser.

Polen: **8) J. II. Kasimir** (poln. Jan II. Kazimierz), König (1648–68), * Krakau 21. 3. 1609, † Nevers 16. 12. 1672; verlor im Kampf gegen die Dnjepr-Kosaken unter B. ∕ Chmelnizki und gegen Russland (1654–67) die Ukraine links des Dnjepr mit Kiew und Smolensk sowie im 1. Nord. Krieg (1655–60) Livland an Schweden und das Herzogtum Preußen an Brandenburg.

9) J. III. Sobieski (poln. Jan III. Sobieski), König (1674–96), * Olesko (Gebiet Lemberg, heute Lwiw, Ukraine) 17. 8. 1629, † Wilanów (bei Warschau) 17. 6. 1696; seit 1668 Krongroßhetman. Nach dem Tod König Michaels und dem Sieg bei Chocim über die Türken (1673) wurde er 1674 zum König gewählt. In der Schlacht am Kahlenberg (12. 9. 1683) befreite er Wien von der türk. Belagerung.

Portugal: **10) J. I.** (portugies. João I.), König (1385–1433), * Lissabon 11. 4. 1357, † ebd. 14. 8. 1433; begründete die Dynastie Avis (1385–1580). Dank der Initiative seines Sohnes, Heinrichs des Seefahrers, eroberte er 1415 Ceuta, leitete damit die portugies. Ausdehnung in Afrika ein.

11) J. II. (portugies. João II.), König (1481–95), * Lissabon 5. 5. 1455, † Alvor (bei Portimão, Distr. Faro) 25. 10. 1495; ließ die portugies. Entdeckungsfahrten fortsetzen, schloss 1494 mit Kastilien den Vertrag von Tordesillas, der die span. und portugies. Besitzungen in Übersee voneinander abgrenzte.

12) J. IV. (portugies. João IV.), König (1640–56), * Vila Viçosa (Distr. Évora) 19. 3. 1604, † Lissabon 6. 11. 1656; Begründer der Dynastie Bragança, befreite Portugal von der span. Herrschaft, vertrieb 1654 die Niederländer aus Brasilien.

Johann II., der Gute,
König von Frankreich (Ausschnitt aus einem zeitgenössischen Tafelgemälde, um 1360; Paris, Louvre)

Johann,
Erzherzog von Österreich

Johann III. Sobieski,
König von Polen (Ausschnitt aus einem zeitgenössischen Kupferstich)

Johann Georg I., Kurfürst von Sachsen

Johann, König von Sachsen

Johanna Seymour, Königin von England (Ausschnitt aus einem Gemälde von Hans Holbein d. J., 1536; Wien, Kunsthistorisches Museum)

Johanna von Albret, Königin von Navarra (Zeichnung von François Clouet, 1570)

Joha — Johanna, Päpstin

Sachsen: **13) J. der Beständige,** Herzog, Kurfürst (1525–32), * Meißen 30. 6. 1468, † Schweinitz (heute zu Jessen, Elster) 16. 8. 1532, Vater von 14); regierte 1486–1525 mit seinem Bruder Friedrich III., dem Weisen; setzte seit 1526 die luth. Kirchenordnung durch. 1531 Initiator des Schmalkald. Bunds; Förderer von Wiss. und Kunst.

14) J. Friedrich I., der Großmütige, Herzog, Kurfürst (1532–47), * Torgau 30. 6. 1503, † Weimar 3. 3. 1554, Sohn von 13); neben Philipp I. von Hessen Führer der dt. Protestanten, im Schmalkald. Krieg bei Mühlberg 1547 besiegt und gefangen genommen (bis 1552). Durch die Wittenberger Kapitulation (19. 5. 1547) verlor er die Kurwürde und die Hälfte seiner Gebiete an die Albertiner; veranlasste 1548 die Gründung der Univ. Jena sowie den Ausbau Gothas.

15) J. Georg I., Kurfürst (1611–56), * Dresden 15. 3. 1585, † ebd. 18. 10. 1656, Großvater von 16); schloss sich im Dreißigjährigen Krieg 1620 dem Kaiser an, 1631/32 (unter Zwang) Gustav II. Adolf von Schweden; im Prager Frieden 1635 erhielt er die böhm. Lausitz (endgültig 1648).

16) J. Georg III., Kurfürst (1680–91), * 20. 6. 1647, † Tübingen 22. 9. 1691, Enkel von 15); unterstützte seit 1683 Kaiser Leopold I. im Kampf gegen Türken und Franzosen. Sein zweiter Sohn war August II., der Starke.

17) J., König (1854–73), * Dresden 12. 12. 1801, † Pillnitz (heute zu Dresden) 29. 10. 1873; Förderer der Wiss., widmete sich unter dem Decknamen **Philalethes** der Danteforschung (Übers. der »Göttl. Komödie«); vertrat im Dt. Bund eine mittelstaatl. Politik, im Dt. Krieg 1866 kämpfte er auf österr. Seite.

Johạnna, Päpstin (Frau Jutte), nach einer erst im 13. Jh. belegten Sage eine Frau aus Mainz, die als Mann verkleidet in Athen studiert haben, wegen ihrer großen Gelehrsamkeit 855 zum Papst gewählt worden und während einer Prozession niedergekommen und gestorben sein soll.

Johạnna, Herrscherinnen:
England: **1) J. Seymour** (engl. Jane Seymour), * um 1509, † Schloss Hampton Court 24. 10. 1537; dritte Gemahlin (1536/37) König Heinrichs VIII., starb nach der Geburt des Thronerben Eduard (VI.).

Kastilien und León: **2) J. die Wahnsinnige** (span. Juana la Loca), Königin (1504–55), * Toledo 6. 11. 1479, † Tordesillas 12. 4. 1555; Erbtochter Ferdinands des Katholischen von Aragonien und Isabellas von Kastilien; heiratete 1496 Philipp den Schönen, den Sohn Kaiser Maximilians I. Der frühe Tod ihres Gemahls (1506) löste eine Geisteskrankheit aus. J. ist die Mutter der Kaiser Karl V. und Ferdinand I.

Navarra: **3) J. von Albret** (frz. Jeanne d'Albret), * Pau 1528, † Paris 9. 6. 1572; seit 1548 ∞ mit Anton von Bourbon (↗ Anton); bewahrte umsichtig die Unabhängigkeit Navarras gegenüber der frz. Krone und führte (seit 1567) den Kalvinismus ein; ihr Sohn war Heinrich IV., König von Frankreich.

Neapel: **4) J. I. von Anjou,** Königin (1343–82), * um 1326, † (erdrosselt) Muro Lucano (Prov. Potenza) 22. 5. 1382; folgte ihrem Großvater Robert dem Weisen auf dem Thron, ließ 1345 ihren ersten Gatten, Andreas von Ungarn, ermorden und heiratete noch dreimal. Starb in Ungnade vom Papst.

Johạnna, heilige, ↗ Jeanne d'Arc.

Johạnnes, Apostel, Sohn des Zebedäus, Bruder von Jakobus d. Ä.; meist mit dem »Lieblingsjünger« (Joh. 13,23) gleichgesetzt; leitete nach Jesu Tod zus. mit Petrus und Jakobus (dem »Herrenbruder«) die Jerusalemer Urgemeinde (Gal. 2,9); wahrscheinlich hingerichtet. (↗ Johannes der Evangelist)

Johạnnes, byzantin. Kaiser: **1) J. I. Tzimiskes** (969–976), * Armenien um 924, † Konstantinopel 10. 1. 976; stürzte und ermordete Nikephoros II. Phokas, vertrieb den Kiewer Großfürsten Swjatoslaw Igorjewitsch aus Bulgarien (Sieg bei Silistra 971), eroberte Syrien und Palästina und suchte Verständigung mit dem Westen.

2) J. III. Dukas Vatatzes (1222–54), * Didymoteichon (Thrakien) 1193, † Nymphaion (bei Smyrna) 3. 11. 1254; bedeutendster Staatsmann der Dynastie von Nikaia, verdrängte 1225 die Lateiner fast völlig aus Kleinasien. Innenpolitisch bedeutsam waren seine wirtsch. und sozialen Maßnahmen. Als **der Barmherzige** in der grch.-orth. Kirche kanonisiert; Tag: 4. 11.

Johạnnes, Päpste: **1) J. XXII.** (1316–34), eigtl. Jacques Duèse, * Cahors um 1245, † Avignon 4. 12. 1334; residierte in Avignon; festigte das Papsttum organisatorisch; wirkte politisch im Interesse Frankreichs, verurteilte Meister Eckhart.

2) J. XXIII. (1958–63), eigtl. Angelo Giuseppe Roncalli, * Sotto il Monte (bei Bergamo) 25. 11. 1881, † Rom 3. 6. 1963; ab 1944 Nuntius in Paris, ab 1953 Patriarch von Venedig, berief das 2. Vatikan. Konzil ein. Er stärkte die Rolle der Bischöfe und entwickelte ökumen. Beziehungen zu den anderen Kirchen. Sein Anliegen war die Öffnung der kath. Kirche für den Dialog mit der Welt (»Aggiornamento«). Weltweite Beachtung fanden seine Enzykliken ↗ Mater et Magistra und ↗ Pacem in terris. – Am 3. 9. 2000 wurde J. selig gesprochen.

Johạnnes|apokalypse, die ↗ Apokalypse des Johannes.

Johạnnesbriefe, Abk. **Joh.,** drei der ↗ Katholischen Briefe des N.T.; von der altkirchl. Tradition dem Apostel Johannes zugeschrieben. Der 1. und 2. Joh. sind bes. der Abwehr von Irrlehren gewidmet, der 3. Joh. mahnt zur Gastfreundschaft gegenüber reisenden christl. Predigern.

Johạnnesburg, größte Stadt in der Rep. Südafrika, Hptst. der Prov. Gauteng, auf dem südl. ↗ Witwatersrand, 1750 m ü. M., 5,014 Mio. Ew. (städt. Agglomeration); anglikan. und kath. Bischofssitz; zwei Univ.; Forschungsinstitute, Observatorium, Planetarium; Kunstgalerie, Africana-Museum u. a. Museen, Zoo; Handels- und Ind.zentrum (Diamantschleifereien, Maschinenbau, Textil-, Nahrungsmittel-, Leder-, chem. u. a. Ind.); Börsen- und Messestandort, Zentrum des Bergbaugebiets Witwatersrand; Verkehrsknotenpunkt, im NO der internat. Flughafen, der größte des südl. Afrika. – Die 1886 als Goldgräbersiedlung entstandene Stadt hat schachbrettartigen Grundriss. Die Abraumhalden der Goldminen im S werden aufgeebnet und begrünt; im SW liegt ↗ Soweto, die Wohnstadt für Schwarze.

Johạnnes Chrysọstomos, grch. Kirchenlehrer, ↗ Chrysostomos.

Johạnnes der Evangelịst, nach altkirchl. Tradition der Verfasser des Johannesevangeliums, der Offenbarung des Johannes und der Johannesbriefe; wirkte (vermutlich nach 70) in Ephesos; von der kirchl. Tradition mit dem Apostel ↗ Johannes identifiziert. Heiliger, Tag: 27. 12.; in der orth. Kirche: 26. 9. – Symbol: Adler.

Johạnnes der Priesterkönig, legendärer christl. König; war nach einem im 12. Jh. in Palästina verbreiteten Bericht ein nestorian. Christ und Priesterkönig (»Presbyter Johannes«) eines mächtigen christl. Königreichs im Innern Asiens, der die Perser und Meder besiegt hatte und Jerusalem zu Hilfe kommen wollte. Ein in Europa kursierender angebl. Brief des J. an die europ. Fürsten veranlasste Papst Alexander III. 1177 zu einem Antwortschreiben.

Johannes der Täufer, prophet. Bußprediger, nach Lk. 1, 5 ff. Sohn des Priesters Zacharias; trat um 28 n. Chr. auf, rief das Volk angesichts des bevorstehenden Reiches Gottes zur »Umkehr« (Buße) auf und taufte als Zeichen der Sündenvergebung; wird im N.T. als Vorläufer Jesu dargestellt, den er taufte. Nach Mk. 6, 14 ff. wurde er auf Wunsch von Herodes Antipas' Frau Herodias und deren Tochter Salome enthauptet. Heiliger, Tag: 24. 6. Die orth. Kirche gedenkt des J. an mehreren Tagen: 24. 6. (Geburt), 29. 8. (Enthauptung), 23. 9. (Empfängnis).

Johannes Duns Scotus, ↗ Duns Scotus.

Johannes|evangelium, Abk. **Joh.,** das vierte und jüngste Evangelium im N.T., Verf., Ort und Zeit der Abfassung sind nicht sicher geklärt, wahrscheinlich zw. dem Ende des 1. Jh. und 150 in Syrien (?) oder Kleinasien (?) entstanden. In Terminologie und Gedankenführung vom grch. Denken beeinflusst, erscheint hier Jesus Christus als der Fleisch gewordene ↗ Logos, der die Herrlichkeit Gottes offenbart und zur Glaubensentscheidung herausfordert. Typisch sind die apodikt. Offenbarungsreden Jesu mit ihren »Ich-bin«-Worten (Joh. 8, 12; 14, 6; 15, 1).

Johannes Fidanza, italien. Theologe, Philosoph und Kirchenlehrer, ↗ Bonaventura.

Johannes Gerson [- ʒɛrˈsɔ̃], frz. Theologe, ↗ Gerson.

Johannes Paul, Päpste: **1) J. P. I.** (26. 8.–28. 9. 1978), eigtl. Albino Luciani, *Canale d'Agordo (Prov. Belluno) 17. 10. 1912, †Rom 28. 9. 1978; seit 1969 Patriarch von Venedig, seit 1973 Kardinal. Schwerpunkte seines kurzen Pontifikats (eines der kürzesten der Kirchengeschichte) waren, wie schon in Venedig, die Seelsorge und die soziale Arbeit der Kirche.

2) J. P. II. (seit 1978), eigtl. Karol Wojtyła, *Wadowice (Wwschaft Kleinpolen) 18. 5. 1920; wurde 1953 Prof. an der kath. Univ. Lublin, 1964 Erzbischof von Krakau, 1967 Kardinal; als Papst am 13. 5. 1981 bei einem Attentat in Rom schwer verletzt. J. P. II. ist der erste poln. und seit 1522/23 der erste nicht italien. Papst. Sein Pontifikat prägen bes. pastoral bestimmte Reisen, die ihn auf alle Kontinente führten (bislang 101 Auslandsreisen; zuletzt im Juni 2003 nach Bosnien und Herzegowina). Das Pontifikat J. P.s II. ist das längste Pontifikat im 20. Jh. Als seine Höhepunkte gelten die feierl. Einleitung des dritten Jahrtausends der Kirchengeschichte durch das Hl. Jahr 2000 (↗Jubeljahr), das am 12. 3. 2000 in der Peterskirche vorgetragene Schuldbekenntnis und die Vergebungsbitte für Verfehlungen und Irrtümer in der Geschichte der Kirche, die Papstreise in das Hl. Land (Jordanien, Israel, Westjordanland) vom 20.–26. 3. 2000 zum Besuch der hl. Stätten des Christentums und die Gebete für den Frieden und für Verständigung 1986 und 2002 in Assisi, an denen auf Einladung J. P.s II. Vertreter zahlr. Religionen teilnahmen. – Wie seine Vorgänger hält auch J. P. II. prinzipiell an den Positionen des 2. Vatikan. Konzils fest, betont jedoch in Fragen der Leitung der Weltkirche die Bedeutung des Papstamtes als universelle kath. Größe mit höchster Leitungs- und Lehrautorität. Bislang veröffentlichte er vierzehn Enzykliken; darunter drei Sozialenzykliken und zuletzt die Enzykliken ↗Evangelium vitae (1995), ↗Ut unum sint (1995), ↗Fides et Ratio (1998) und ↗Ecclesia de Eucharistia (2003).

Johannes Scotus (Johannes Eriugena, Johannes Erigena), scholast. Theologe und Philosoph, *in Irland 1. Viertel des 9. Jh., †um 877; leitete die Hofschule in Paris. In seinem 1210 und 1225 kirchlich verurteilten Hauptwerk »Über die Einteilung der Natur« stellt er im Anschluss an die neuplaton. Denktradition die Welt als Selbstmanifestation Gottes dar.

Johannes vom Kreuz (Juan de la Cruz), span. Mystiker, Kirchenlehrer und Dichter, *Fontiveros (Prov. Ávila) 24. 6. 1542, †Kloster Úbeda (Prov. Jaén) 14. 12. 1591; Karmeliter, Reformator des Ordens der ↗Karmeliter; beeinflusst von Theresia von Ávila. Seine Mystik stellt das bedeutendste System myst. Theologie der Neuzeit dar; Heiliger, Tag: 14. 12.

Johannes von Damaskus, grch. Theologe und Kirchenlehrer, *Damaskus zw. 650 und 670, †im Kloster Mar Saba (bei Jerusalem) vor 754. Sein Hauptwerk, die »Quelle der Erkenntnis«, ist eine grundlegende Darlegung der Glaubenslehre der orth. Kirche. Heiliger, Tag: 4. 12.

Johannes von Nepomuk, Landespatron von Böhmen, *Nepomuk (bei Pilsen) um 1350, †Prag 20. 3. 1393; seit 1389 Generalvikar des Erzbistums Prag; 1393 von König Wenzel gefangen genommen und nach Folterung in der Moldau ertränkt. Bekannt ist sein 1693 auf der Prager Karlsbrücke errichtetes Standbild. Heiliger, Tag: 16. 5.

Johannes von Neumarkt, Kanzler (1353–74) Kaiser Karls IV., *um 1310, †24. 12. 1380; zunächst

Johannesburg: Blick auf die Stadt

Johannes der Täufer, Gemälde von Joachim Patinir, »Taufe Christi« (1515/24; Wien, Kunsthistorisches Museum)

Papst Johannes XXIII.

Papst Johannes Paul I.

Papst Johannes Paul II.

Pfarrer in Neumarkt bei Breslau, seit 1352 Bischof von Naumburg, Leitomischl, Olmütz, Breslau, reformierte die lat. und dt. Kanzleisprache; ein Wegbereiter des dt. Frühhumanismus.

Johannes von Rila, bulgar. Mönch und Einsiedler, Nationalheiliger, * Skrino (Region Sofia) 876, † im Rilagebirge 18. 8. 946; wurde als im Rilagebirge lebender Einsiedler von zahlr. Pilgern aufgesucht, die seinen Rat als geistl. Führer (Starez) suchten; die mit ihm im Rilagebirge lebenden Schüler errichteten bei seiner Einsiedelei eine Kapelle, die zum Grundstein des ⟋ Rilaklosters wurde.

Johannes von Salisbury [-'sɔːlzbrɪ] (latinisiert Johannes Saresberiensis), engl. Philosoph und Theologe, * Old Sarum (bei Salisbury) um 1115/20, † Chartres 25. 10. 1180; war u. a. Sekretär von T. Becket und ab 1176 Bischof von Chartres; entwarf die erste große Staatslehre des MA. (»Policraticus«, 1159).

Johannes von Tepl (auch Johannes von Saaz), böhm. Frühhumanist, * um 1342 oder 1350 in Westböhmen, † Prag 1414; Notar und Stadtschreiber in Saaz, lebte ab 1411 in der Prager Neustadt; verfasste mit dem Streitgespräch »Der Ackermann aus Böhmen« (Erstdruck um 1460) die bedeutendste deutschsprachige Prosadichtung des späten MA., in der ein Bauer nach dem Ableben seiner jungen Frau dem Tod als Mörder den Prozess machen will.

Johanngeorgenstadt, Stadt im Landkreis Aue-Schwarzenberg, Sachsen, im oberen Westerzgebirge, 700–900 m ü. M., an der Grenze zur Tschech. Rep., 6800 Ew.; Erholungsort und Wintersportplatz; Schaubergwerk; Maschinen-, Werkzeug-, Möbelbau, Metallwarenherstellung. – 1654 als Niederlassung böhm. Exulanten gegr., im 17./18. Jh. Silber-, 1946–57 Uranerzbergbau.

Johannisbeere (Ribes), Gattung der Stachelbeergewächse mit gelappten Blättern und goldgelben oder grünl. Blüten, z. B. **Rote J.** (Ribes rubrum), 1–2 m hoher Strauch mit roten Beeren, durch Kultur sind zahlr. Formen (z. B. mit gelbl. Beeren) entstanden, und die **Schwarze J.** (**Aalbeere, Ahlbeere,** Ribes nigrum), bis 2 m hoher Strauch mit schwarzen Beeren. Die essbaren Früchte sind reich an Vitamin C.

Johannisberg, Weinbauort im Rheingau, gehört zur Gemeinde ⟋ Geisenheim.

Johannisbrotbaum (Karobenbaum, Karrube, Ceratonia), Gattung der Caesalpiniengewächse im Mittelmeergebiet mit der einzigen Art **Ceratonia siliqua;** immergrüner Baum mit lederartigen Fiederblättern und winzigen Blüten in Trauben; zuckerhaltige, essbare, geschlossen bleibende, bis zu 20 cm lange Hülsenfrucht (**Johannisbrot**), in subtrop. Ländern eine wichtige Futterpflanze.

Johannisburg, Stadt in Polen, ⟋ Pisz.

Johannisfest (Johannistag, Johannisnacht), das um den Mittsommertag, am 24. 6., gefeierte Geburtsfest Johannes' des Täufers, ein kirchl. Fest, verbunden mit vielen Volksbräuchen aus den alten Sonnwendfeiern.

Johanniskäfer, die männl. ⟋ Leuchtkäfer in Mitteleuropa.

Johanniskraut (Hartheu, Hypericum), Gattung der Hartheugewächse mit etwa 370 Arten in gemäßigten und subtrop. Gebieten. In lichten Gehölzen, auf trockenen Wiesen, an Felsen wächst die bis 1 m hohe Art **J.** oder **Tüpfelhartheu** (Hypericum perforatum) mit ellipt., durchscheinenden, Öldrüsen enthaltenden Blättern und goldgelben, schwarz punktierten und gestrichelten Blüten; Heilpflanze.

Johannisnacht, Johannistag, ⟋ Johannisfest.

Johannisbeere: blühender Zweig der Roten Johannisbeere

Andrew Johnson

Eyvind Johnson

Johannistrieb, zweites Austreiben mancher Holzgewächse (um den 24. 6., »Johannisfest«).

Johanniswürmchen, ⟋ Leuchtkäfer.

Johanniterorden (Johanniter, Hospitaliter), ältester geistl. Ritterorden; hervorgegangen aus der Hospitalbruderschaft eines 1048 von Kaufleuten aus Amalfi gegründeten Hospitals in Jerusalem zur Betreuung der Pilger und Pflege der Kranken, der sich zahlr. Kreuzfahrer anschlossen; als eigentl. Gründungsjahr gilt das Jahr 1099 (Eroberung Jerusalems durch die Kreuzfahrer); 1113 Erlangung eines päpstl. Schutzprivilegs, 1152/53 Bestätigung der ersten Regel durch Papst Eugen III.; in der Folge zahlr. Tochtergründungen und rasche Ausbreitung im europ. Mittelmeerraum; im 12. Jh. neben der Krankenpflege Übernahme des bewaffneten Schutzes der Pilger und des Grenzschutzes in Palästina; damit Entwicklung zum geistl. ⟋ Ritterorden im eigentl. Sinn; nach dem Fall Jerusalems (1187) und Akkos (1291) Begründung eines souveränen Ritterstaates auf Rhodos. Als Rhodos an das Osman. Reich fiel (1522/23), Verlegung des J. nach Malta, das ihm 1530 von Kaiser Karl V. zum Lehen übergeben wurde (daher »Malteser«, »Malteserritter«); nach der Reformation Ordensspaltung. Der evang. Zweig bestand unter dem Namen J. weiter, der katholische als **Malteserorden** (seit 1834 Sitz: Rom; in seiner Rechtsgestalt heute kirchl. Orden und Völkerrechtssubjekt mit diplomat. Beziehungen zu rd. 100 Staaten; rd. 11 000 Mitgl. [Ritter]. In Brandenburg wurde die Ordensprovinz (Ballei) 1811 aufgelöst; in der Nachfolge 1852 Gründung des evang. Preuß. J. zur Krankenpflege. Heute rd. 3 300 Mitgl. (Ritter); Sitz: Berlin. – Dem J. angeschlossen sind die **Johanniter-Schwesternschaft e. V.,** die **Johanniter-Unfallhilfe e. V.** und die **Johanniter-Hilfsgemeinschaften.** Zeichen ist das achtspitzige Malteserkreuz.

Johann von Kronstadt, eigtl. Joan Iljitsch Sergijew, russisch-orth. Theologe, * Sura (bei Archangelsk) 31. 10. 1829, † Kronstadt 2. 1. 1909; Seelsorger, Prediger und asket. Schriftsteller, gründete soziale Einrichtungen, v. a. in Kronstadt. Heiliger der russisch-orth. Kirche; Tag: 20. 12.

Johann von Österreich, ⟋ Juan 1).

Johansen, Hanna, geb. Meyer, dt.-schweizer. Schriftstellerin, * Bremen 17. 6. 1939; ⚭ mit A. Muschg, lebt seit 1970 in der Schweiz. Analysiert in Erzählungen (»Kurnovelle«, 1994; »Halbe Tage, ganze Jahre«, 1998) und Romanen (»Lena«, 2002) in präziser Sprache unsentimental menschl. Beziehungen. Unter ihrem Namen **H. Muschg** veröffentlicht J. Kinderbücher.

John [dʒɔn], Elton, eigtl. Sir (seit 1998) Reginald Kenneth Dwight, engl. Rockmusiker (Sänger, Pianist, Komponist), * Pinner (heute zu London) 25. 3. 1947; seit der Zusammenarbeit mit dem Texter Bernie Taupin (1967) ein Superstar der Rockmusik. Seine Darbietungen reichen von lyr. Songs bis zu exzentr. Bühnenshows.

John Bull ['dʒɔn -], Spitzname des typ. Engländers oder des engl. Volkes, nach dem satir. Roman »The History of J. B.« (1712) von J. Arbuthnot urspr. die Verkörperung der Nation; in der napoleon. Ära Symbol brit. Selbstbehauptungswillens gegenüber frz. Hegemonialstreben.

Johns [dʒɔnz], Jasper, amerikan. Maler, Grafiker, Bildhauer, * Allendale (S. C.) 15. 5. 1930; einer der Begründer der Pop-Art in den USA; schuf in den 1980er-Jahren symbolträchtige Bilder, die auf eigene bzw. fremde Werke Bezug nehmen.

Johnson, 1) ['dʒɔnsn], Andrew, 17. Präs. der USA (1865–69), * Raleigh (N. C.) 29. 12. 1808, † Carter

Philip Johnson: Büro- und Geschäftshaus am ehemaligen Checkpoint Charlie in Berlin (1994–97); Außenansicht (links) und Eingangshalle

Station (Tenn.) 31. 7. 1875; stand 1861 als einziger Senator der Südstaaten zur Union. 1864 zum Vizepräs. gewählt, übernahm er nach A. Lincolns Ermordung (1865) die Präsidentschaft; wurde 1868 des Verfassungsbruchs angeklagt (Impeachment), jedoch vom Senat freigesprochen.

2) [ˈjunsɔn], Eyvind, schwed. Schriftsteller, * Svartbjörnsbyn (Norrbotten) 29. 7. 1900, † Stockholm 25. 8. 1976; schloss sich der sozialist. Bewegung an, Erzähler mit sozialen Interessen und histor. Perspektiven. Romane: »Hier hast du dein Leben«, 4 Bde. (1934–37), »Wolken über Metapont« (1957), auch Novellen und Essays. 1974 erhielt J. zus. mit H. Martinson den Nobelpreis für Literatur.

3) [ˈdʒɔnsn], James Price, amerikan. Jazzmusiker (Pianist), * New Brunswick (N. J.) 1. 2. 1891, † New York 17. 11. 1955; gehörte zu den bed. Harlempianisten im Stridestil.

4) [ˈdʒɔnsn], James Weldon, amerikan. Schriftsteller, * Jacksonville (Fla.) 17. 6. 1871, † Darkharber (Me.) 26. 6. 1938; Diplomat; ab 1916 führend in der schwarzen Bürgerrechtsbewegung tätig; führte die Bilderfülle und die rhythm. Rhetorik der afroamerikan. Prediger in die Kunstlyrik ein.

5) [ˈdʒɔnsn], Jay Jay, eigtl. James Louis J., amerikan. Jazzposaunist, * Indianapolis (Ind.) 22. 1. 1924, † (Selbstmord) ebd. 4. 2. 2001; spielte u. a. bei B. Carter und C. Basie, später in Gruppen des Bebop und Hardbop. Sein Stil wurde zum Vorbild für die Posaunisten des Modern Jazz.

6) [ˈdʒɔnsn], Lyndon Baines, 36. Präs. der USA (1963–69), * bei Stonewall (Tex.) 27. 8. 1908, † San Antonio (Tex.) 22. 1. 1973; 1949–61 Senator von Texas, ab 1953 Fraktionsvorsitzender der Demokraten im Senat, wurde 1961 Vizepräs. und nach der Ermordung J. F. Kennedys 1963 Präsident. Unter dem Schlagwort »Great Society« strebte er zunächst soziale Reformen (u. a. Wohnungsbau, Bundeshilfe im Bildungs- und Krankenwesen) an, die infolge der Verstrickung der USA in den ↗Vietnamkrieg mit ihren Folgen (Inflation, weltweite Studentenunruhen, soziale Benachteiligungen) infrage gestellt wurden.

7) [ˈdʒɔnsn], Michael, amerikan. Leichtathlet (Sprinter), * Dallas (Tex.) 13. 9. 1967; u. a. Olympiasieger 1996 (200 und 400 m) und 2000 (400 m), Weltmeister 1991 (200 m), 1993 (400 m), 1995 (200 und 400 m) sowie 1997 (400 m).

8) [ˈdʒɔnsn], Philip Cortelyou, amerikan. Architekt, * Cleveland (Oh.) 8. 7. 1906; studierte 1940–43 bei W. Gropius und M. Breuer. 1932 veröffentlichte er mit H.-R. Hitchcock die Schrift »The international style, architecture since 1922«, durch die der Begriff ↗internationaler Stil geprägt wurde. Bis 1956 waren seine Bauten stark von L. Mies van der Rohe beeinflusst. Seit Ende der 70er-Jahre bedient er sich auch der Formensprache postmoderner Architektur (u. a. AT & T-Building, heute Sony-Tower, in New York, 1980–84; Büro- und Geschäftshaus am ehem. Checkpoint Charlie in Berlin, 1994–97). 1979 erhielt er den Pritzker-Preis.

9) [ˈdʒɔnsn], Samuel, engl. Schriftsteller, * Lichfield 18. 9. 1709, † London 13. 12. 1784; war seit der Mitte des 18. Jh. der führende engl. Kritiker, verfasste die Wochenschriften »The Rambler« und »The Idler«. J. beurteilte die Literatur nach den klassizist. Grundsätzen des Lehrhaften, Moralischen und Logischen, bekämpfte die erwachende romant. Bewegung. 1747–55 schuf er sein berühmtes »Dictionary of the English language«.

10) [ˈjoːn-], Uwe, Schriftsteller, * Cammin in Pommern (heute Kamień Pomorski) 20. 7. 1934, † Sheerness-on-Sea (Cty. Kent) 23. 2. 1984 (am 12. 3. tot aufgefunden); ging 1959 nach Berlin (West), lebte später in den USA, zuletzt in England; schrieb 1953–56 den posthum (1985) veröffentlichten Roman »Ingrid Babendererde. Reifeprüfung 1953«; eine für die dt. Literatur dieser Zeit neuartige Erzählstruktur und Sprache weisen die »Mutmaßungen über Jakob« (R., 1959) und »Das dritte Buch über Achim« (R., 1961) auf. J. fand das zentrale Thema seines Schaffens im Verhältnis von Individuum und totalitärer Macht, exemplarisch dargestellt an der dt. Zweistaatlichkeit auch in seinem Hauptwerk »Jahrestage – Aus dem Leben der Gesine Cresspahl« (R., 4 Bde., 1970–83). – *Weitere Werke:* Karsch und andere Prosa (1964); Begleitumstände. Frankfurter Vorlesungen (1980); Heute neunzig Jahr (aus dem Nachlass hg. 1996).

Johnston-Organ [ˈdʒɔnstən-; nach dem amerikan. Arzt Christopher Johnston, * 1822, † 1891], bei Insekten ein im zweiten Fühlerglied befindl. Sinnesorgan, das u. a. der Wahrnehmung von Erschütterungen und Luftströmungen, als Gehör- sowie als Gleichgewichtsorgan dient.

Johnstown [ˈdʒɔnstaʊn], Stadt im SW von Pennsylvania, USA, 28 100 Ew.; Steinkohlenbergbau, Stahlerzeugung, chem., Textil- u. a. Industrie.

Johor [ˈdʒohɔː] (früher Johore), Bundesstaat in Malaysia, 18 987 km², 2,74 Mio. Ew.; Hauptstadt ist Johor Baharu.

Lyndon B. Johnson

Samuel Johnson

Uwe Johnson

Johor Baharu [ˈdʒohɔr ˈbaru], Hptst. des Bundesstaates Johor, Westmalaysia, 384 600 Ew.; Lehrerseminar; Industrieparks; neuer Hafen Pasir Gudang; durch einen Damm (Eisenbahn, Straße) über die Johore Strait mit Singapur verbunden.

Jöhr, Walter Adolf, schweizer. Volkswirtschaftler, *Zürich 8. 2. 1910, †St. Gallen 1. 6. 1987; beschäftigte sich v. a. mit Konjunktur- und Wissenschaftstheorie; bekannt durch seine Begründung der Konjunkturbewegungen.

Johst, Hanns, Schriftsteller, *Seerhausen (bei Riesa) 8. 7. 1890, †Ruhpolding 23. 11. 1978; vertrat nach expressionist. Anfängen nat.-soz. Positionen (»Schlageter«, Dr. 1933); war 1933–45 Präs. der Reichsschrifttumskammer und der Dt. Akademie der Dichtung. 1949 im Entnazifizierungsverfahren als Hauptschuldiger eingestuft.

Joint [dʒɔɪnt; engl., Kurzform für American Joint Distribution Committee], (seit 1945) internat. Zentralorganisation aller jüd. Wohlfahrtsverbände, gegr. 1914 in den USA als jüd. Hilfsorganisation.

Joint [dʒɔɪnt, engl.] *der,* selbst gedrehte Zigarette, deren Tabak Haschisch beigemengt ist.

Joint Implementation [ˈdʒɔɪnt ɪmplɪmenˈteɪʃn, engl.], die gemeinsame Umsetzung der sich aus der ↗ Klimarahmenkonvention ergebenden Vertragsverpflichtungen. Dabei wird angenommen, dass gemeinsam ergriffene Maßnahmen des Klimaschutzes kostengünstiger sein können als einzelstaatliche.

Joint Venture [dʒɔɪntˈventʃə, engl.] *das,* i. w. S. grenzüberschreitende vorübergehende Kooperation von selbstständigen Unternehmen (**Joint Venturing**); i. e. S. die Bildung internationaler Gemeinschaftsunternehmen (**Joint-Ownership-Ventures**). J. V. können für Produktion, Vertrieb oder Forschung projektbezogen vereinbart werden; oft werden aber mit J. V. langfristige strateg. Unternehmensziele verfolgt (↗ Direktinvestitionen).

Joinvile [ʒuẽˈvili] (früher Joinville), Stadt im NO des Bundesstaates Santa Catarina, Brasilien, 389 500 Ew. (mit Vororten); deutsch-brasilian. Kultureinrichtungen; Gießereien, Maschinen- und Gerätebau, chem. Industrie. – 1851 vom Hamburger Kolonisationsverein gegründet.

Joinville [ʒwẽˈvil], Jean Sire de, frz. Geschichtsschreiber, *1225, †24. 12. 1317; begleitete König Ludwig IX. beim Kreuzzug nach Ägypten (1248–54). Seine »Gesch. des hl. Ludwig« (1309) ist die erste Biografie in frz. Sprache.

Jojakim (Vulgata: Joakim), König von Juda (608–598 v. Chr.), †598 v. Chr.; 608 durch Pharao Necho II. eingesetzt und ihm tributpflichtig (2. Kön. 23, 33 ff.); seit 605 babylon. Vasall; beteiligte sich zum Schaden Judas an einer Koalition gegen Nebukadnezar II.

Jojoba [mexikan.] *die* (Simmondsia chinensis), Art der Buchsbaumgewächse, in der Sonorawüste heim. immergrüner, zweihäusiger Strauch von 0,6–3 m Höhe mit ledrigen Blättern. Weibl. Pflanzen bilden pflaumengroße Kapseln mit 1–3 Samen, die 43–56% flüssiges Wachs enthalten, das zu kosmet. und industriellen Zwecken verarbeitet wird.

Jojoba: Zweig mit weiblichen Blüten und Fruchtkapsel

Jókai [ˈjoːkɔi], Mór, ungar. Schriftsteller, *Komárom 18. 2. 1825, †Budapest 5. 5. 1904; war 1848 mit Petőfi Führer der revolutionären Jugend; Romane aus der ungar. Geschichte.

Jokaste, grch. *Mythos:* ↗ Iokaste.

Joker [ˈdʒoʊkə; engl. »Spaßmacher«] *der,* **1)** in manchen *Kartenspielen* (Poker, Rommé, Canasta) gebrauchte zusätzliche 53., 54. (und 55.) Karte mit dem Bild eines Narren; kann jede beliebige Karte vertreten.

2) *Torspiele:* Bez. für einen meist als Einwechselspieler nominierten Spieler, der bei seinen (Kurz-)Einsätzen wiederholt spielentscheidende Tore erzielte.

Jokohama, Stadt in Japan, ↗ Yokohama.

Joliot-Curie [ʒɔlˈjokyˈri], **1)** Irène, frz. Physikerin, *Paris 12. 9. 1897, †ebd. 17. 3. 1956; Tochter von Marie und P. Curie, ∞ (seit 1926) mit 2); ab 1918 am Institut du radium in Paris tätig, 1946–56 dessen Direktorin; seit 1937 Prof. an der Sorbonne. J.-C. entdeckte 1934 mit ihrem Mann die künstl. Radioaktivität, hierfür erhielten beide 1935 den Nobelpreis für Chemie. Sie stellte Radioisotope versch. Elemente her; nach 1945 Mitarbeit am ersten frz. Kernreaktor, 1951 als Kommunistin entlassen.

Frédéric und Irène Joliot-Curie in ihrem Labor am Institut du radium in Paris

2) Jean Frédéric, eigtl. J. F. Joliot, frz. Physiker, *Paris 19. 3. 1900, †ebd. 14. 8. 1959; ∞ (seit 1926) mit 1); Mitarbeiter am Institut du radium in Paris (als Nachfolger seiner Frau 1956–58 dessen Direktor), nach 1945 Vors. der frz. Atomenergiebehörde, 1950 als Kommunist entlassen; entdeckte gemeinsam mit seiner Frau die künstl. Radioaktivität und erhielt mit ihr 1935 den Nobelpreis für Chemie. Nach Entdeckung der Kernspaltung durch O. Hahn und F. Straßmann sagte J.-C. die Möglichkeit von Kernkettenreaktionen voraus. – J.-C. war namhaftes Mitgl. der Résistance.

Jolivet [ʒɔliˈve], André, frz. Komponist, *Paris 8. 8. 1905, †ebd. 19. 12. 1974; erhielt wesentl. kompositor. Anregungen von E. Varèse und wirkte seit 1966 als Prof. am Conservatoire in Paris; komponierte Orchesterwerke, Konzerte (»Konzert für Ondes Martenot und Orchester«, 1947; Klavierkonzert, 1950), Ballette u. a.; war 1945–59 Musikdirektor der Comédie Française.

Jolle [niederdt.] *die,* **1)** offenes, breit und flach gebautes, auf Schiffen als Bei- oder Arbeitsboot verwendetes Ruderboot mit Spiegelheck; **2)** offenes, kleines, teilweise gedecktes, einmastiges Sportsegelboot mit Schwert, ballastlos und daher kenterbar; meist auf Binnengewässern. Nach Segelfläche und Bauart unterscheidet man versch. Klassen, z. B. ↗ Finn-Dingi und ↗ Vierhundertsiebziger.

Jollenkreuzer, *Segeln:* eine größere Jolle mit Kajüte und größerer Segelfläche (bei nat. Klassen 15 und 20 m²; Segelzeichen: schwarzes P bzw. R); für

Regatten, Wanderfahrten meist auf Binnengewässern.

Jolliet [ʒɔl'jɛt], Louis, frz. Forschungsreisender und Pelzhändler, * bei Quebec 21. (?) 9. 1645, † im Mündungsgebiet des Sankt-Lorenz-Stromes zw. Mai und Okt. 1700; unternahm 1673 zus. mit dem Jesuitenmissionar Jacques Marquette (* 1637, † 1675) eine Expedition, bei der erstmals von Weißen der Mississippi vom Wisconsin River bis zur Mündung des Arkansas River erkundet und dabei auch die Mündung des Missouri entdeckt wurde.

Jolo ['xolo], kulturell und politisch wichtigste Insel der Suluinseln der Philippinen, 893 km²; von den muslim. Tausug bewohnt.

Jolof, Sudanvolk in Westafrika, ↗ Wolof.

Jom Haazmaut [hebr. »Unabhängigkeitstag«] der, der Nationalfeiertag Israels; wird am 5. Ijar (8. Monat im jüd. Kalender [April/Mai]) in Erinnerung an die Verlesung der israel. Unabhängigkeitserklärung am 14. 5. 1948 (5. Ijar 5708 jüd. Zeitrechnung) in Israel und in jüd. Gemeinden außerhalb Israels begangen.

Jom ha-Schoah [hebr.] der, in Israel jährl. Gedenktag für die Opfer des Holocaust (27. Nissan, April; außerhalb Israels der 19. 4., gleichzeitig zur Erinnerung an den Warschauer [Getto-]Aufstand 1943).

Jom Kippur [hebr.] der, jüd. Feiertag, ↗ Versöhnungstag.

Jom-Kippur-Krieg, ↗ Nahostkonflikt, ↗ Israel.

Jommelli (Jomelli), Niccolò, italien. Komponist, * Aversa (Prov. Neapel) 10. 9. 1714, † Neapel 25. 8. 1774; wirkte seit 1753 als Hofkapellmeister in Stuttgart, gehört zu den bedeutendsten Vertretern der neapolitan. Opera seria (»Fetonte«, 1768); schrieb Oratorien, Kantaten und Kammermusik.

Jōmon-Kultur, vorgeschichtl. Kultur in ↗ Japan.

Jona, Stadt im Kanton St. Gallen, Schweiz, am Obersee des Zürichsees, 440 m ü. M., 15 900 Ew.; Armaturen- und Apparatebau, Elektrotechnikind.; Weinbau.

Jona (Jonas) [hebr. »Taube«], israelit. Prophet unter Jerobeam II. Das **Buch J.** gehört zu den ↗ Kleinen Propheten; es enthält eine Erzählung über den Propheten J., der sich durch Flucht dem Befehl Gottes, die Stadt Ninive zur Buße zu rufen, entziehen will (J. und der Fisch); verfasst zw. 400 und 200 v. Chr.

Jonas, 1) Bruno, Kabarettist, * Passau 3. 12. 1952; ab 1979/80 Solokabarettist; 1981–84 Mitgl. der Münchner »Lach- und Schießgesellschaft«, danach wieder Soloprogramme, Gastauftritte in der Sendung »Scheibenwischer« u. a.

2) Franz, österr. Politiker, * Wien 4. 10. 1899, † ebd. 24. 4. 1974; Mitgl. der SPÖ (1950–56 stellv. Bundesobmann), 1951–65 Bürgermeister und Landeshauptmann von Wien, war 1953–65 Mitgl. des Nationalrates, 1965–74 österr. Bundespräsident.

3) Hans, dt.-amerikan. Philosoph und Religionswissenschaftler, * Mönchengladbach 10. 5. 1903, † New York 5. 2. 1993; emigrierte 1933 nach Großbritannien, 1935 nach Palästina, lehrte in Israel, Kanada und den USA; Friedenspreis des Dt. Buchhandels 1987. Beherrschendes Thema seiner Arbeiten sind der Dualismus von Mensch und Natur, den das spätantike Denken der Gnosis (»Gnosis und spätantiker Geist«, 1934–54) mit der neuzeitl. Existenzphilosophie, der modernen Naturwiss. und der technisierten Welt gemeinsam hat. Auf die Aufhebung des Dualismus zielt J.' Entwurf einer Ethik der technisierten Gesellschaft (»Das Prinzip Verantwortung«, 1979).

4) Justus, eigtl. Jodokus Koch, evang. Jurist und Theologe, * Nordhausen 5. 6. 1493, † Eisfeld (Landkreis Hildburghausen) 9. 10. 1555; seit 1521 Prof. in Wittenberg; Freund und Mitarbeiter Luthers; führte die Reformation in Halle (Saale) ein.

Jonathan [wohl nach dem amerikan. Juristen Jonathan Hasebrouk] der, mittelgroßer, süßsäuerl., roter, gut lagerfähiger Winterapfel.

Jones [dʒəʊnz], 1) Allen, engl. Maler, Grafiker, Objektkünstler, * Southampton 1. 9. 1937; Vertreter der engl. Pop-Art; seine figürl. Kompositionen stellen oft triviale Sexsymbole in den Vordergrund; in den 1980er-Jahren Aquarelle, Zeichnungen, Skulpturen zum Thema »Tanz«.

2) Elvin Ray, amerikan. Jazzmusiker (Schlagzeuger), * Pontiac (Mich.) 9. 9. 1927; seine Spielweise (Auflösung des durchlaufenden Rhythmus) war wegweisend für das Schlagzeugspiel des Free Jazz.

3) Dame (seit 1986) Gwyneth, brit. Sängerin (Sopran), * Pontnewynydd (Wales) 7. 11. 1936; trat bes. als Wagner-, Verdi-, Puccini- und Strauss-Interpretin hervor.

4) Inigo, engl. Baumeister, Maler und Bühnengestalter, * London 15. 7. 1573, † ebd. 21. 6. 1652; nach Studien in Italien Generalbauinspektor am engl. Hof, baute in den klassizist. Formen Palladios, die für die engl. Architektur der Folgezeit maßgebend wurden (Queen's House im Londoner Stadtteil Greenwich, 1616–19 und 1629–37; Bankettsaal von Schloss Whitehall in London, 1619–22; Marktplatz von Covent Garden, ebd., 1631–38); gilt als Begründer der von Szene zu Szene wechselnden Bühnendekoration.

5) James, amerikan. Schriftsteller, * Robinson (Ill.) 6. 11. 1921, † Southampton (N. Y.) 10. 5. 1977; diente 1939–44 in der Armee; schrieb den naturalist. Roman über das Leben amerikan. Soldaten auf Hawaii kurz vor dem japan. Angriff »Verdammt in alle Ewigkeit« (1951), ferner »Die Entwurzelten« (1957), »Viet Journal« (Reisebericht, 1974).

6) Jo (Jonathan), amerikan. Jazzmusiker (Schlagzeuger), * Chicago (Ill.) 10. 7. 1911, † New York 3. 9. 1985; spielte 1935–48 im Orchester von C. Basie, bildete dort mit dem Bassisten W. Page und dem Gitarristen F. Green eine der berühmtesten Rhythmusgruppen der Jazzgeschichte.

7) LeRoi, änderte 1966 seinen Namen in Imamu Amiri Baraka, amerikan. Schriftsteller, * Newark (N. J.) 7. 10. 1934; einer der produktivsten und aktivsten Vertreter der schwarzen Protestbewegung. Schrieb u. a. Bühnenstücke, Essays, Gedichte; gründete einen Verlag für schwarze Literatur.

8) Marion, amerikan. Leichtathletin (Sprinterin, auch Weitspringerin), * Los Angeles (Calif.) 12. 10. 1975; u. a. Olympiasiegerin 2000 (100 m, 200 m, 4 × 400 m), Weltmeisterin 1997 (100 m, 4 × 100 m), 1999 (100 m) und 2001 (200 m, 4 × 100 m).

9) Philly Joe, eigtl. Joseph Rudolph J., amerikan. Jazzmusiker (Schlagzeuger), * Philadelphia (Pa.) 15. 7. 1923, † ebd. 30. 8. 1985; zählte zu den bedeutendsten Jazzschlagzeugern der 1950er-Jahre.

10) Quincy Delight, jr., amerikan. Jazzmusiker (Trompeter, Orchesterleiter, Komponist), * Chicago (Ill.) 14. 3. 1933; 1951–53 Trompeter im Orchester von L. Hampton; leitete um 1960 eine eigene Bigband, mit der er Europa bereiste; danach v. a. Arrangeur und Komponist von Filmmusiken. Seit den 1980er-Jahren u. a. Produzent, z. B. für Michael Jackson.

11) Tom, eigtl. Thomas Jones Woodward, brit. Schlagersänger, * Pontypridd (Wales) 7. 6. 1940; gehörte bis Mitte der 70er-Jahre zu den internat. Spitzenstars des Showbusiness; 1987 Comeback.

Jong [jɔŋ, dʒɔŋ], Erica, amerikan. Schriftstellerin, * New York 26. 3. 1942; wurde 1973 populär mit dem

Hans Jonas

Gwyneth Jones

Roman »Angst vorm Fliegen«, der sexuelle und psycholog. Themen aus weibl. Perspektive darstellt. Der Roman »Fanny« (1980) ist eine Parodie auf den pikaresken Roman; veröffentlichte außerdem Gedichtbände. – *Weitere Werke: Romane:* Fallschirme und Küsse (1984); Serenissima (1987); Keine Angst vor fünfzig (1994); Inventing memory (1997).

Johan Jongkind: Kanalufer (1869; Moskau, Puschkin-Museum)

Jongkind, Johan Barthold, niederländ. Landschaftsmaler und Radierer, * Lattrop (Prov. Overijssel) 3. 6. 1819, † Côte-Saint-André (Dép. Isère) 27. 2. 1891; in der Wiedergabe von Atmosphäre und Licht Vorläufer des Impressionismus, behielt jedoch den tradierten Kompositionsaufbau der holländ. Landschaftsmalerei bei.

Jongleikanal, Kanalprojekt in S-Sudan, 350 km (Baubeginn 1978, Arbeiten Nov. 1983 wegen polit. Wirren eingestellt); soll den Lauf des Weißen Nil verkürzen und östlich am Sumpfgebiet des ↗ Sudd vorbeiführen und das Nilwasserangebot für Ägypten und Sudan verbessern.

Jongleur [ʒɔ̃'glœːr; frz., zu lat. ioculator »Spaßmacher«] *der,* Artist, Geschicklichkeitskünstler im spieler. Werfen und Auffangen von Gegenständen.

Jonke, Gert Friedrich, österr. Schriftsteller, * Klagenfurt 8. 2. 1946; schreibt erzählende und essayist. Prosa, auch Theaterstücke, die sämtlich die tiefe Skepsis des Autors an den Möglichkeiten der Sprache spiegeln (u. a. »Geometr. Heimatroman«, 1979; »Sanftwut oder Der Ohrenmaschinist. Eine Theatersonate«, 1990, Stück; »Stoffgewitter«, 1996, Prosa; »Insektarium«, 2001, Prosaskizzen und Dialogszenen).

Jönköping [ˈjœntçøːpiŋ], 1) VerwBez. (Län) in S-Schweden, 9 944 km², 327 300 Ew.

2) Hptst. von 1), am S-Ufer des Vättersees, 116 300 Ew.; eine der ältesten Städte Schwedens (Stadtrecht seit 1284); Hochschule für Lehrerausbildung und Kommunikation, Internat. Handelshochschule, Ingenieurhochschule; Zündholz-, Freilichtmuseum; Zündholz-, Papier-, chem., Metall verarbeitende Ind., Maschinenbau. – In der Altstadt zahlr. Gebäude aus dem 17. Jh. (z. B. Altes Rathaus, Kristinakirche).

Jonone, Gruppe isomerer Terpenketone mit veilchenähnl. Duft, die in der Riechstoffind. verwendet werden. J. sind als Bausteine des Vitamins A und der Carotine von Bedeutung.

Jonsdorf, Kurort, Gem. im Landkreis Löbau-Zittau, Sachsen, 450–540 m ü. M., im Zittauer Gebirge, an der dt.-tschech. Grenze, 2 000 Ew.; Erholungsort; Waldbühne; histor. Mühlsteinbrüche; Schmalspurbahn von Zittau; Grenzübergang.

Jonson [ˈdʒɔnsn], Ben(jamin), engl. Dramatiker, * London 11. 6. 1572, † ebd. 6. 8. 1637; einer der bedeutendsten Dramatiker seiner Zeit, schrieb höf. Maskenspiele in der Tradition lat. Autoren (»Catiline«, 1611) und realist. Lustspiele, die die Missstände der Zeit geißeln und menschl. Torheiten lächerlich machen (»Ein Schurke über den anderen oder die Fuchsprelle«, 1606).

Joop, Wolfgang, Designer und Modeschöpfer, * Potsdam 18. 11. 1944; stellte 1978 erstmals unter eigenem Namen eine Pelzkollektion und seit 1981 eigene Prêt-à-porter-Kollektionen unter dem Markennamen »JOOP!« vor. 1985 erste Herrenkollektion und eine der ersten Designerjeans. Nach einer betonten Oversizemode in den 1980er-Jahren wandte er sich einer femininen, figurbetonten Mode zu. Parfüm- und Kosmetikserie sowie Accessoires.

Jooss, Kurt, Tänzer, Choreograph und Ballettdirektor, * Wasseralfingen 12. 1. 1901, † Heilbronn 22. 5. 1979; Schüler von R. von Laban; 1927–33 und 1949–68 Leiter der Tanzabteilung der Folkwangschule in Essen; schuf u. a. das Ballett »Der grüne Tisch« (1932).

Joplin [ˈdʒɔplin], 1) Janis, amerikan. Rock- und Bluessängerin, * Port Arthur (Tex.) 19. 1. 1943, † Los Angeles (Calif.) 4. 10. 1970; galt als eine der ausdrucksvollsten weißen Interpretinnen des Blues.

2) Scott, amerikan. Pianist und Komponist, * Texarkana (Tex.) 24. 11. 1868, † New York 1. 4. 1917; wirkte in den 1880er- und 90er-Jahren als Pianist in Saint Louis (Mo.) und Chicago (Ill.); gilt als einer der Schöpfer des Ragtime. Seine bekannteste Komposition ist neben »The entertainer« (1902) der »Maple leaf rag« (1899). Größere Kompositionen sind die Ragtime-Opern »A guest of honour« (1903) und »Treemonisha« (1911).

Joppe, grch. Name für ↗ Jaffa.

Jörd, nord. Erdgöttin aus dem Geschlecht der ↗ Asen.

Jordaens [-daːns], Jakob, fläm. Maler, * Antwerpen 19. 5. 1593, † ebd. 18. 10. 1678; über Rubens von der Malerei Caravaggios beeinflusst; großformatige sittenbildl., religiöse und mytholog. Darstellungen sowie Porträts; zahlr. Handzeichnungen und Teppichentwürfe für Brüsseler Manufakturen.

Jordan *der* (hebr. Jarden, arab. Al-Urdunn), längster und wasserreichster Fluss Jordaniens und Israels sowie tiefstgelegener Fluss der Erde, durchfließt den Jordangraben; 252 km lang; entsteht aus mehreren Karstquellen, durchfließt das Huletal und den See Genezareth und fließt dann zum Toten Meer; wegen seiner vielen Windungen nicht schiffbar. Das Gefälle wird in Kraftwerken genutzt; an den Ufern subtrop. Galeriewälder. V. a. Israel leitet Wasser aus dem J. zur Bewässerung ab (bis in die Wüste Negev).

Jordan, 1) [ʒɔrˈdã] Camille, frz. Mathematiker, * Lyon 5. 1. 1838, † Paris 21. 1. 1922; Prof. in Paris; grundlegende Arbeiten zur Gruppentheorie, Topologie (u. a. jordanscher Kurvensatz) und Analysis; befasste sich intensiv mit Kristallographie.

2) Ernst Pascual, Physiker, * Hannover 18. 10. 1902, † Hamburg 31. 7. 1980; 1957–61 MdB; war maßgebend an der Entwicklung der Quantenmechanik beteiligt und wandte sie auch auf biophysikal. Fragen an, arbeitete über Quantenelektrodynamik, allg. Relativitätstheorie, Astrophysik und Kosmologie.

3) [dʒɔːdn], Michael (»Air«), amerikan. Basketballspieler, * Brooklyn 17. 2. 1963; amerikan. Basket-

Ernst Pascual Jordan

Jordanien **Jord** 2283

Jordanien

Fläche:	89 342 km²
Einwohner:	(2000) 4,999 Mio.
Hauptstadt:	Amman
Verwaltungsgliederung:	12 Provinzen (Governorate)
Amtssprache:	Arabisch
Nationalfeiertag:	25. 5.
Währung:	1 Jordan-Dinar (JD.) = 1 000 Fils (FLS)
Zeitzone:	OEZ

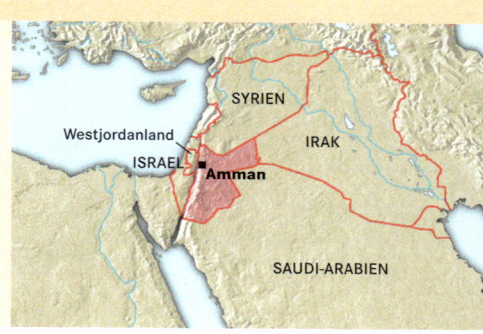

ball-»Legende«; mit den USA 1988 und 1992 (im »Dreamteam«) Olympiasieger, spielte u. a. bei den Chicago Bulls (1984–93, 1995–98; 1991–93 und 1996–98 NBA-Meister) und den Washington Wizards (2002/03), zweimal Rücktritt (1993, 1999); 14-mal im »All-Star-Team«, Abschiedsvorstellung im Februar 2003.

4) [dʒɔːdn], Neil, irischer Schriftsteller und Filmregisseur, * Sligo 25. 2. 1950; Autor meisterhafter Romane (»Nocturno«, 1994) und Kurzgeschichten (»The dream of a beast«, 1983), schreibt außerdem Drehbücher; drehte u. a. die Filme: »Angel – Straße ohne Ende« (1982), »Mona Lisa« (1986), »The Crying Game« (1992), »Interview mit einem Vampir« (1994), »Michael Collins« (1996), »The Butcher Boy« (1998), »Das Ende einer Affäre« (1999).

5) Wilhelm, Schriftsteller und Politiker, * Insterburg (heute Tschernjachowsk) 8. 2. 1819, † Frankfurt am Main 25. 6. 1904; war Mitgl. der Frankfurter Nationalversammlung; markanter Vortragskünstler eigener Dichtungen, u. a. des Doppelepos in Stabreimen »Die Nibelunge« (4 Tle., 1867–74).

Jord<u>a</u>nes, got. Geschichtsschreiber des 6. Jh.'s; verfasste 551 eine auf Cassiodor fußende Gotengeschichte »De origine actibusque Getarum«.

Jordangraben, in N-S-Richtung verlaufender Grabenbruch in Vorderasien, Teil des Ostafrikan. Grabensystems, am Grund des Toten Meeres bis 829 m u. M. (tiefste Depression der Erde). Wichtigste Teile sind die Beka zw. Libanon und Antilibanon, das Jordantal mit Hulaebene, Ghor, der See von ↗ Genezareth sowie das Tote Meer und Wadi al-Araba.

Jord<u>a</u>ni|en (arab. Al-Urdunn, amtlich Al-Mamlaka al-Urdunnijja al-Haschimijja; dt. Haschimitisches Königreich Jordanien), Staat in Vorderasien, grenzt im W an Israel, im N an Syrien, im äußersten NO an Irak, im O und S an Saudi-Arabien. Die SW-Spitze grenzt an den Golf von Akaba (Rotes Meer).

Staat und Recht

Nach der Verf. von 1952 ist J. eine konstitutionelle Erbmonarchie (Dynastie der Haschimiten). Staatsoberhaupt und Oberbefehlshaber der Streitkräfte ist der König, der weit reichende legislative und exekutive Befugnisse besitzt. Er ernennt den MinPräs. und auf dessen Vorschlag die übrigen Mitgl. des Kabinetts sowie die Richter. Die Legislative liegt beim Zweikammerparlament, bestehend aus Senat (40 für 8 Jahre vom König ernannte Mitgl.) und Abg.haus (110 Abg., für 4 Jahre gewählt; 12 Mandate sind den christl. und tscherkess. Minderheiten vorbehalten, 6 Mandate für Frauen reserviert). Das 1957 verhängte Parteienverbot wurde offiziell erst 1992 durch das Parteien-Ges. aufgehoben, seitdem entstand eine Vielzahl von Parteien.

Landesnatur

Etwa neun Zehntel des Landes sind Wüste oder Wüstensteppe. J. hat Anteil an der O-Flanke des Jordangrabens; östlich davon erhebt sich mit einem Steilanstieg das Ostjordan. Bergland bis zu einer Höhe von 1 745 m ü. M. (Djebel Ram). Im N überwiegen leicht gefaltete Kalk- und Dolomittafeln, im S bizarr geschnittene Sandsteinplateaus. Nach O geht das Bergland in die eintönigen Tafelländer der Syr. Wüste über, deren Oberflächenformen im N durch junge Basaltergüsse gestaltet werden. Nur der Randsaum im nördl. Abschnitt des Ostjordan. Berglandes empfängt so viel Niederschlag, dass Feldbau ohne Bewässerung möglich ist. Die Sommer sind in ganz J. trocken und heiß, die Winter mild; in den höheren Lagen des Berglandes sind Schneefälle und Frost möglich. Die verkarsteten, wasserarmen Kalkplateaus der Bergländer sind magere Weidetriften oder tragen Gehölz- und Gestrüppformationen. Nur die Beckenlandschaften und Täler werden nachhaltig genutzt.

Bevölkerung

Die Bev. besteht überwiegend aus Arabern (98%), daneben gibt es tscherkess., armen., kurd. und turkmen. Minderheiten. Als traditionsverbundener staatstragender Schicht kommt den Beduinen in J. noch heute große Bedeutung zu. Die meisten Stämme sind allerdings sesshaft oder halbsesshaft geworden, rd. 5% sind noch Nomaden. 2001 lebten in J. 1,6 Mio. Palästinaflüchtlinge. Die Geburtenziffer gehört trotz leichter Rückläufigkeit zu den höchsten der Erde (2,9%). Großstädte sind Amman, Zerka und Irbid. – Der Islam ist als die Religion des Königshauses die offizielle Religion J.s. Rd. 96% der Bev. sind Muslime (v. a. Sunniten; schiit. Minderheit [Tscherkessen]), über 4% sind Christen (v. a. Orthodoxe). – Es besteht eine neunjährige allgemeine Schulpflicht ab dem 6. Lebensjahr. Die Analphabetenquote beträgt 10%.

Wirtschaft, Verkehr

Gemessen am Bruttosozialprodukt zählt J. zu den Entwicklungsländern mit mittleren Einkommen. Die Wirtschaft hatte infolge der israel. Besetzung der Landesteile westlich des Jordan 1967 bes. gelitten, denn diese waren landwirtsch. intensiv genutzt, dicht besiedelt und wirtsch. viel höher entwickelt als das Ostjordanland. 1988 verzichtete J. offiziell auf die Ansprüche seines Landes auf die Westjordanland zugunsten der PLO. Heute hat sich die Wirtschaft weitgehend erholt. Landwirtschaft ist meist nur mittels künstl. Bewässerung möglich. Angebaut werden im Jordangraben Gemüse, Weizen, Melonen, Bananen, Zitrusfrüchte, im mittleren Teil des Ostjordan. Berglandes mit ausreichenden Niederschlägen v. a. Ge-

Staatswappen

internationales Kfz-Kennzeichen

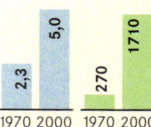

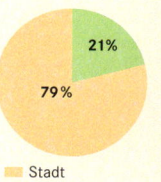

Stadt
Land

Bevölkerungsverteilung 2000

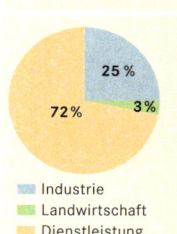

Industrie
Landwirtschaft
Dienstleistung

Bruttoinlandsprodukt 2000

Jord Jordansmühler Kultur

Jordanien: das fruchtbare Hügelland um die Araberburg Qalaat ar-Rabad im NW des Landes

treide, Linsen, Wicken, Tabak, Oliven, Feigen, Granatäpfel u. a. Lebensgrundlage der Halb- und Vollnomaden ist die Viehhaltung (Schafe, Ziegen, Rinder, Esel und Maultiere, Kamele, Pferde, Geflügel), doch deckt sie nicht den Fleischbedarf des Landes. Fischerei wird im Golf von Akaba betrieben, ist aber unbedeutend. Wichtigster Wirtschaftszweig ist der Phosphatabbau nordöstlich und südlich von Amman. Weltweit liegt J. bei der Phosphatproduktion an vorderer Stelle. Wirtschaftlich bedeutend sind außerdem die Salzvorkommen im Toten Meer (u. a. für die Gewinnung von Pottasche); Ölschiefer- und neu entdeckte Erdölvorkommen im S des Landes. Wichtigste Ind.betriebe sind die Düngemittelfabrik bei Akaba und eine Erdölraffinerie in Zerka, daneben überwiegen kleinere und mittlere Betriebe der pharmazeut., Nahrungsmittel-, Bekleidungs- und Schuhindustrie. Der Fremdenverkehr ist zweitgrößter Devisenträger. Touristenziele sind u. a. die histor. Stätten von Petra und Gerasa, Amman sowie die zum Touristenzentrum ausgebaute Hafenstadt Akaba. – Haupthandelspartner sind Irak, Indien, Saudi-Arabien, die USA, die EU-Länder, Israel und China. Ausgeführt werden u. a. Naturphosphat, Pottasche, Obst und Gemüse, Chemikalien, eingeführt Maschinen und Transportausrüstungen, Nahrungsmittel, Erdöl, Eisen und Stahl, Kfz u. a. – Das Eisenbahnnetz (nur noch für den Phosphattransport zur Hafenstadt Akaba von Bedeutung) ist 618 km lang, das v. a. im NW gut ausgebaute Straßennetz 7 245 km. Akaba ist der einzige Hafen; internat. Flughäfen sind in Amman und Akaba.

Geschichte

Das Gebiet östlich des Jordans war schon in der Frühzeit eng mit der Geschichte Israels (Palästina) verbunden; in röm. Zeit (seit 64/63 v. Chr.) bildete es die Prov. **Arabia Petraea** und wurde unter byzantin. Oberhoheit von den arab. (christl.) Ghassaniden beherrscht; nach der Eroberung durch die muslim. Araber im 7. Jh. teilte es das Schicksal Syriens, 1516–1918 unter den osman. Sultanen gehörte es zur Prov. Damaskus. Mit Palästina wurde das Gebiet 1920 unter brit. Mandat gestellt (bis 1948). 1921 setzte Großbritannien den Haschimiten Abd Allah Ibn al-Husain als Emir von Trans-J. (Ostjordanland) ein, das 1923 formell von Palästina getrennt wurde und 1925 im Abkommen mit Saudi-Arabien durch Akaba Zugang zum Meer erhielt; im Febr. 1928 wurde ein brit. Hochkommissar (u. a. für Außenpolitik) eingesetzt, zuständig für den Aufbau der Armee (Arab. Legion) war J. B. Glubb (Glubb Pascha). Am 22. 3. 1946 erhielt das Land die nominelle Unabhängigkeit, der Emir nahm den Königstitel an (25. 5.). Im 1. Israelisch-Arab. Krieg (1948/49) Besetzung der östl. arab. Teile Palästinas (so genanntes **West-J.** oder **Westjordanland**) und der Altstadt von Jerusalem (O-Jerusalem). Der Ausrufung des **Haschimit. Königreichs J.** am 12. 12. 1949 folgte 1950 die offizielle Eingliederung West-J. (zunehmende Gegnerschaft der Bev. zur Monarchie). König Abd Allah Ibn al-Husain fiel 1951 einem Attentat zum Opfer, Nachfolger wurde sein Sohn Talal (1952 zugunsten seines Sohnes Husain II. zurückgetreten). Wachsende antibrit. Opposition erzwang die Entlassung Glubbs (März 1956) und die Aufkündigung des Bündnisses mit Großbritannien (März 1957). Febr.–Juli 1958 bestand die »Arab. Föderation« mit Irak. Die Armee wurde im Mai 1967 ägypt. Oberbefehl unterstellt. Im 3. Israelisch-Arab. Krieg (Juni 1967) kamen West-J. und O-Jerusalem an Israel (in der Folge starke Einwanderung palästinens. Flüchtlinge). 1970/71 (Höhepunkt: »Schwarzer Sept.« 1970) Zerschlagung und Vertreibung der palästinens. Organisationen. Auf der arab. Gipfelkonferenz in Rabat (Okt. 1974) Verzicht auf West-J. zugunsten der Palästinenser (endgültig Aug. 1988 an die PLO abgegeben). Im April 1978 wurde ein Nat. Konsultativrat zur Beratung des Königs gebildet, nachdem 1974 das Parlament aufgelöst worden war. In der 2. Hälfte der 1980er-Jahre leitete König Husain II. einen Demokratisierungs- und Liberalisierungsprozess ein. Nach der Aufhebung des seit 1967 geltenden Kriegsrechtes und der Verabschiedung einer »Nat. Charta« 1991 fanden 1993 erstmals seit 1956 Wahlen statt, bei denen mehrere konkurrierende Parteien zugelassen waren. Nach dem Tod von König Husain II. im Febr. 1999 übernahm sein Sohn Abdullah II. die Amtsgeschäfte; er verbot Palästinenseraktivisten jegl. polit. Betätigung in J. (v. a. der Hamas).

Im 1. Golfkrieg (1980–88) sowie im 2. Golfkrieg (1991) stand J. bedingt auf der Seite Iraks. Im Herbst 1991 nahm eine gemeinsame jordanisch-palästinens. Delegation an der Madrider Nahostkonferenz teil. Nach dem Abschluss des Gaza-Jericho-Abkommens (Sept. 1993) schloss J. mit Israel am 26. 10. 1994 einen Friedensvertrag. König Husain II. war zuletzt immer wieder als Vermittler im Nahostkonflikt aufgetreten. Sein Sohn Abdullah II. unterstützte im Jan. 2001 die unnachgiebige Haltung J. Arafats in der Frage des Rückkehrrechts der palästinens. Flüchtlinge. – 1999 wurde J. Mitgl. der WTO.

Jordansmühler Kultur, jungsteinzeitl. Kulturgruppe (4. Jt. v. Chr.), benannt nach dem Gräberfeld von Jordansmühl, heute Jordanów Śląski, der Wwschaft Niederschlesien, Polen. Bekanntester Fund ist die mit Schnurabdrücken verzierte Tonplastik eines Widders.

Jores, Arthur, Internist, *Bonn 10. 2. 1901, †Hamburg 11. 9. 1982; arbeitete bes. auf den Gebieten Psychosomatik, Endokrinologie und biolog. Rhythmusforschung.

Jorf Lasfar, El- [dʒ-], Ind.hafen an der Atlantikküste Marokkos, 15 km südlich von El-Jadida, 1982 fertig gestellt. Phosphatexport; Düngemittelfabrik.

Jorge [ˈʒɔrʒə], Lídia, portugies. Schriftstellerin, *Boliqueime (Distr. Faro) 18. 6. 1946; behandelt in ihren Romanen (u. a. »Der Tag der Wunder«, 1978; »Die Küste des Raunens«, 1988; »Die Decke des Soldaten«, 1999) die Auflösung traditioneller Lebensformen, Spannungen zw. den Geschlechtern, fantast. und reale Wirklichkeit.

Jørgensen [ˈjœrnsən], **1)** Anker, dän. Politiker, * Kopenhagen 13. 7. 1922; war 1973–87 Vors. der Sozialdemokrat. Partei, 1972–73 und 1975–82 Ministerpräsident.

2) Johannes, eigtl. Jens J., dän. Schriftsteller, * Svendborg 6. 11. 1866, † ebd. 29. 5. 1956; wirkte bes. durch seine träumer. Naturdichtung stark auf die junge Generation. 1896 trat er zum Katholizismus über; lebte meist im Ausland (1913/14 Prof. für Ästhetik in Löwen). Gedichtsammlungen, Reiseschilderungen, Heiligenbiografien (»Der heilige Franz von Assisi«, 1907).

Asger Oluf Jorn: Tête solaire (um 1951/52; Ludwigshafen am Rhein, Wilhelm-Hack-Museum)

Jorn, Asger Oluf, eigtl. Jørgensen, dän. Maler, Grafiker und Keramiker, * Vejrum (bei Struer, Amt Ringkøbing) 3. 3. 1914, † Århus 1. 5. 1973; führendes Mitgl. der Künstlergruppe ↗Cobra; farbintensive, visionäre Bilder mit figürl. Motiven.

Joruba, Volk in Nigeria, ↗Yoruba.

Jos [dʒɔːs], Hptst. des Bundesstaates Plateau in Nigeria, 1 200 m ü. M. (auf dem **Josplateau** bis 1 781 m ü. M.), 510 300 Ew.; kath. Bischofssitz; Univ., Museen; Erholungsort. Zentrum des Zinnerz- und Columbitbergbaus mit Zinnhütte, Stahlwalzwerk u. a. Industrie; Flughafen.

Joschkar-Ola (bis 1919 Zarjowokokschaisk, 1919–27 Krasnokokschaisk), Hptst. der Rep. Mari El in der Russ. Föderation, 249 800 Ew.; Univ., TH, Mari-Forschungsinstitut; Maschinen-, Gerätebau, Kunstleder-, Nahrungsmittel-, Textilindustrie. – 1584 als Festung und Verw.zentrum gegründet.

Joseph, 1) A.T.: Sohn von Jakob und Rahel (1. Mos. 30, 24), Vater von Ephraim und Manasse; Patriarch; Hauptgestalt der bibl. **Josephsgeschichte** (1. Mos. 37–50), nach der er von seinen Brüdern nach Ägypten verkauft wurde und dort zum höchsten Beamten des Pharao aufstieg.

2) N.T.: der Mann Marias, der Mutter Jesu, Zimmermann aus Nazareth (Mt. 13, 55); Heiliger; Tag: 19. 3.; als Patron der Arbeiter auch am 1. 5. verehrt.

Joseph, Herrscher:
Hl. Röm. Reich: **1) J. I.,** Kaiser (1705–11), * Wien 26. 7. 1678, † ebd. 17. 4. 1711; ältester Sohn Kaiser Leopolds I., setzte den Span. Erbfolgekrieg siegreich fort und restaurierte die kaiserl. Macht (1706 Reichsacht gegen die Kurfürsten von Köln und Bayern; militär. Erfolge in Italien).

2) J. II., Kaiser (1765–90), * Wien 13. 3. 1741, † ebd. 20. 2. 1790; ältester Sohn Kaiser Franz' I. und Maria Theresias, 1765–80 Mitregent seiner Mutter in den habsburg. Erblanden. Gegen ihren Willen setzte er 1772 die Teilnahme Österreichs an der 1. Teilung Polens durch (Gewinn von Galizien); die Türkei zwang er 1775 zur Abtretung der Bukowina. Sein Plan einer Erwerbung Bayerns scheiterte ebenso an Friedrich d. Gr. (Bayer. Erbfolgekrieg 1778/79) wie 1785 der Plan eines Austausches Bayerns gegen die Österr. Niederlande. So kam es zum Bündnis mit Russland. – J. war einer der Hauptvertreter des aufgeklärten Absolutismus. Sein großes Ziel war ein zentralistisch verwaltetes Reich mit dt. Staatssprache; in Galizien und der Bukowina, in Ungarn und Siebenbürgen gründete er zahlr. dt. Ansiedlungen. Trotz erhebl. Förderung des Schul-, Bildungs- und Gesundheitswesens, der Rechtspflege (Josephin. Gesetzbuch mit Abschaffung der Folter) und Fortsetzung der Bauernbefreiung rief seine antiständ. und antiföderalist. Reformpolitik (↗Josephinismus) wachsenden Widerstand hervor, der zu einer Rücknahme der meisten Reformen nach seinem Tod führte.

Spanien: **3) Joseph Bonaparte,** König von Neapel (1806–08) und Spanien (1808–13), * Corte (Korsika) 7. 1. 1768, † Florenz 28. 7. 1844; ältester Bruder Napoleons I. Als Napoleon ihn zum König von Spanien einsetzte, wurde ein Volksaufstand ausgelöst (↗Napoleonische Kriege); J. musste nach der Niederlage bei Vitoria (1813) Spanien verlassen.

Joséphine [ʒozeˈfin], Kaiserin der Franzosen, * Les Trois-Îlets (Martinique) 23. 6. 1763, † Schloss Malmaison 29. 5. 1814; erste Gemahlin Napoleons I., geb. Tascher de la Pagerie; heiratete 1779 den Vicomte A. de Beauharnais, der 1794 hingerichtet wurde; aus dieser Ehe stammten Eugen ↗Beauharnais und ↗Hortense. 1796 schloss sie die Ehe mit Napoléon Bonaparte, der sie 1804 zur Kaiserin krönte. Die kinderlos gebliebene Ehe wurde am 16. 12. 1809 geschieden.

Josephinismus *der,* i. e. S. die Kirchenpolitik Kaiser Josephs II., die vom Geist der Aufklärung bestimmt war, die kath. Kirche in Österreich vollständig der Staatshoheit unterstellte und Nichtkatholiken private Religionsausübung zugestand (Toleranzpatent 1781). I. w. S. ist der J. eine von den Reformideen des aufgeklärten Absolutismus und der kath. Aufklärung bestimmte geistige Haltung, die bes. das österr. Beamtentum bis weit ins 19. Jh. formte.

Josephson, 1) [ˈdʒəʊzɪfsn], Brian David, brit. Physiker, * Cardiff 4. 1. 1940; erhielt 1973 für Untersuchungen auf dem Gebiet der Supraleitung (↗Josephson-Effekte) mit L. Esaki und I. Giaever den Nobelpreis für Physik.

2) [ˈjuːsəfsɔn], Ernst Abraham, schwed. Maler und Zeichner, * Stockholm 16. 4. 1851, † ebd. 22. 11. 1906; 1879–88 in Paris, wo er, beeinflusst von É. Manet, meisterhafte Porträts malte; seine religiös, historisch und literarisch inspirierten Werke gaben dem schwed. Expressionismus wichtige Impulse.

Josephson-Effekte [ˈdʒəʊzɪfsn-], 1962 von B. D. Josephson theoretisch vorausgesagte und wenig später experimentell nachgewiesene quantenmechan. Festkörpereffekte. Sie beruhen auf dem Durchgang (↗Tunneleffekt) von Cooper-Paaren durch eine Kontaktstelle zw. zwei Supraleitern, die durch eine sehr dünne Isolierschicht oder durch eine sehr enge supraleitende Verbindung (Größen-

Joseph I., Römischer Kaiser (Ausschnitt aus einem Kupferstich nach einem zeitgenössischen Gemälde)

Joseph II., Römischer Kaiser (Ausschnitt aus einem anonymen Gemälde, 18. Jh.; Versailles, Musée National)

Joséphine, Kaiserin der Franzosen

Brian David Josephson

Lionel Jospin

ordnung einige Nanometer) voneinander getrennt sind (**Josephson-Kontakt**). Zw. den Supraleitern fließt ein spannungsloser Suprastrom; diesen Vorgang nennt man **Gleichstrom-J.-E.,** er erlaubt sehr empfindl. Magnetfeldmessungen. Beim Anlegen einer Gleichspannung an den Tunnelkontakt fließt ein hochfrequenter Wechselstrom (**Wechselstrom-J.-E.**). – Wichtige techn. Anwendungen der J.-E. sind Mikrowellengeneratoren und -detektoren, parametr. Verstärker sowie log. Schalt- und Speicherelemente (**Josephson-Elemente**) mit äußerst kurzen Schaltzeiten für die Informatik.

Josephus Flavius, eigtl. Joseph ben Mathitjahu, jüd. Geschichtsschreiber, *Jerusalem 37 oder 38 n.Chr., †Rom um 100; führend am jüd. Aufstand (66–70 n.Chr.) beteiligt, ging zu den Römern über; schrieb in Rom in grch. Sprache die »Gesch. des jüd. Krieges«.

Joseph von Arimathaia, Mitgl. des jüd. Hohen Rates z. Z. Jesu; hatte dem Todesbeschluss nicht zugestimmt; bestattete Jesus in einem Felsengrab (Mk. 15, 42 ff.); Heiliger, Tag: 17. 3.

Joseph von Wolokolamsk (Jossif Wolozki), eigtl. Ioann Sanin, russisch-orth. Theologe, *bei Moskau 14. 11. 1439, †Wolokolamsk (Gebiet Moskau) 8. 9. 1515; Gründer und Abt des Klosters von Wolokolamsk, befürwortete die Einflussnahme der Kirche auf Staat und Gesellschaft und wurde damit ein Wegbereiter des russ. Staatskirchentums. Heiliger der russisch-orth. Kirche, Tag: 18. 10.

Josia (Josias), König von Juda (639–609 v. Chr.), stellte nach dem Niedergang des assyr. Reiches die polit. Selbstständigkeit Judas wieder her; reinigte den Jahwekult von Fremdeinflüssen und zentralisierte ihn im Jerusalemer Tempel.

Jospin [ʒɔsˈpɛ̃], Lionel, frz. Politiker, *Meudon 12. 7. 1937; Prof. für Wirtschaftswiss.en in Paris, 1981–88 Erster Sekr. der Sozialist. Partei und Abg. der Nationalversammlung, 1988–92 Staatsmin. u. a. für Erziehung, Forschung, Jugend und Sport; unterlag bei den Präsidentschaftswahlen 1995 als Kandidat der Linken dem Gaullisten J. Chirac. 1995–97 wieder Erster Sekr. der Sozialist. Partei, wurde J. nach dem Wahlsieg der Sozialisten 1997 Premiermin.; trat nach der erneuten deutl. Niederlage bei den Präsidentschaftswahlen 2002 als Reg.chef zurück.

Jostabeere: Zweig mit Früchten

Josquin Desprez [ʒɔsˈkɛ̃ deˈpre] (Josquin des Prés), frankoflām. Komponist, *vielleicht Beaurevoir (bei Saint-Quentin) um 1440, †Condé-sur-l'Escaut (bei Valenciennes) 27. 8. 1521; wirkte 1459–74 als Sänger in Mailand, 1486–99 in der päpstl. Kapelle in Rom, danach in Mailand und (bis 1505) in Ferrara; berühmtester Meister der Zeit um 1500; sein Werk umfasst Messen, Motetten und weltl. Kompositionen (meist Chansons); wandte sich von virtuoser Kontrapunktik einer mehr ausdrucksvolleren Polyphonie zu.

Josselin [ʒɔsˈlɛ̃], Gem. im frz. Dép. Morbihan, Bretagne, 2300 Ew. – Festungsähnl. Schloss (14.–16. Jh.), ein bedeutendes Werk im Flamboyantstil; Notre-Dame-du-Roncier (heutige Kirche 12. bis 14. Jh.).

Jostabeere, Kreuzung zw. Schwarzer **Jo**hannisbeere und **Sta**chelbeere; mit stachellosen Trieben und stachelbeergroßen schwarzen Früchten.

Jostedalsbre [ˈjuː-], Plateaugletscher in S-Norwegen, zw. Sogne- und Nordfjord, höchster Punkt 2083 m ü. M., etwa 100 km lang, 10–15 km breit, mit 486 km² größter Gletscher des europ. Festlandes. Seit Beginn des 20. Jh. geht er stark zurück.

Josu, Stadt in Süd-Korea, ↗Yosu.

Josua (Vulgata: Iosua), nach 5. Mos. 31, 14 und 23 Nachfolger Moses' und Anführer der israelit. Stämme bei der Landnahme in Palästina. – Das **Buch J.** (entstanden Mitte des 6. Jh. v. Chr.) beschreibt diese (unhistorisch) als Abfolge krieger. Eroberungen.

Jota, eingedeutschte Schreibung für ↗Iota.

Jötun, *nord. Mythos:* Riesen mit mehreren Armen und Häuptern, Feinde der ↗Asen; ihr Reich ist **Jötunheim** (Utgard).

Jötunheim, Gebirgsmassiv in S-Norwegen, in den Verw.gebieten Sogn og Fjordane und Oppland; aus Gabbro aufgebaut, stark glazial überformt, mit etwa 200 meist alpin zugeschärften Gipfeln über 2000 m und den beiden höchsten Bergen N-Europas, **Glittertind** (einschl. seines Firnfeldes 2472 m ü. M., ohne Firnfeld 2451 m) und **Galdhøpigg** (2469 m ü. M.); zahlr. Gletscher; Fremdenverkehrsgebiet, durch die Straße Sogndal–Lom erschlossen.

Jotuni, Maria, eigtl. M. Tarkiainen, finn. Schriftstellerin, *Kuopio 9. 4. 1880, †Helsinki 30. 9. 1943; schilderte in Erzählprosa und Schauspielen mit psycholog. Scharfsinn und verstecktem Humor die wortkargen Menschen ihrer Heimat.

Joubert [ʒuːˈbɛr], Joseph, frz. Moralist, *Montignac (Dép. Dordogne) 7. 5. 1754, †Villeneuve-sur-Yonne (Dép. Yonne) 4. 5. 1824; Freund von F. R. de Chateaubriand. Seine »Gedanken, Versuche und Maximen« (in Ausw. hg. 1838, erweitert 1842) sind stilistisch meisterhaft formulierte Gedanken über das Wesen der Dichtung und des Menschen.

Jouhandeau [ʒuɑ̃ˈdo], Marcel, frz. Schriftsteller, *Guéret (Dép. Creuse) 26. 7. 1888, †Rueil-Malmaison 7. 4. 1979; schrieb vom »Renouveau catholique« beeinflusste, meist autobiograf., teils realist., teils traumhafte Schilderungen frz. Provinzlebens. Romane: u. a. »Herr Godeau« (1926), »Herr Godeau heiratet« (1933); »Chaminadour« (Erzn., 3 Bde., 1934–41), »Journaliers« (Erinnerungen, 28 Bde., 1961–82).

Léon Jouhaux

Jouhaux [ʒuˈo], Léon, frz. Gewerkschaftsführer, *Paris 1. 7. 1879, †ebd. 29. 4. 1954; Arbeiter, seit 1909 Gen.-Sekr. des Gewerkschaftsbundes CGT, setzte 1914 eine Zusammenarbeit mit der Regierung durch, rief gegen das Münchener Abkommen (1938) zum Generalstreik auf. Im Zweiten Weltkrieg war er in Dtl. interniert. Angesichts der kommunist. Mehrheit im CGT-Präsidium gründete er 1947 die CGT – Force Ouvrière. 1951 Friedensnobelpreis.

Joule [dʒuːl; nach J. P. Joule] *das,* Einheitenzeichen **J,** SI-Einheit der Arbeit, Energie, Wärmemenge. Die Arbeit 1 J wird verrichtet, wenn eine Kraft von 1 N eine Weglänge von 1 m bewirkt: $1\,\text{J} = 1\,\text{Ws} = 1\,\text{Nm} = 1\,\text{kg}\,\text{m}^2/\text{s}^2 = 0{,}2388\,\text{cal}$.

James Joule

Joule [dʒuːl], James Prescott, brit. Physiker, *Salford (bei Manchester) 24. 12. 1818, †Sale (Cty. Cheshire) 11. 10. 1889; fand 1841 das ↗Joule-Gesetz und war einer der Entdecker des Energiesatzes; er bestimmte die Menge der durch mechan. Arbeit erzeugten Wärme (mechan. Wärmeäquivalent), untersuchte die innere Energie der Gase und entdeckte mit W. Thomson bei Gasdrosselversuchen den Abkühlungseffekt (↗Joule-Thomson-Effekt).

Joule-Effekt [dʒuːl-], ↗Magnetostriktion.

Joule-Gesetz [dʒuːl -], von J. P. Joule entdeckte Aussage über die Erwärmung eines elektr. Leiters infolge Stromdurchgangs. Für die erzeugte Wärmemenge Q (**Joule-Wärme**) gilt: $Q = R \cdot I^2 \cdot \Delta t = U \cdot I \cdot \Delta t$; R ist der elektr. Widerstand des Leiters, Δt die Zeit des Stromflusses, I die Stromstärke und U die Spannung.

joulesche Expansion [dʒul-; nach J. P. Joule], Volumenzunahme, die zu einer Abkühlung führt, ausgenutzt im ↗ Joule-Thomson-Effekt. Der Energiegehalt eines realen Gases ändert sich (im Ggs. zum idealen Gas) bei Volumenzunahme (**Entspannung**).

Joule-Thomson-Effekt [dʒuːl ˈtɔmsn -; nach J. P. Joule und W. Thomson], die Temperaturänderung eines realen Gases durch Ausdehnung beim Durchströmen eines Drosselventils (z. B. eine poröse Keramik) ohne äußere Arbeitsleistung und Wärmeaustausch (**adiabat. Entspannung**). Bei hohen Temperaturen tritt Erwärmung (**negativer J.-T.-E.**) auf, unterhalb der für jedes Gas charakterist. Inversionstemperatur dagegen Abkühlung (**positiver J.-T.-E.**). Auf der Abkühlung beruhen wichtige Verfahren der ↗ Gasverflüssigung.

Journal [ʒʊrˈnaːl, frz.] *das,* 1) *allg.:* Zeitschrift; Zeitung.
2) *Wirtschaft:* Tagebuch, Grundbuch in der Buchführung.

Journalismus [ʒʊr-, frz.] *der,* die publizist. Arbeit in Presse, audiovisuellen Medien, Nachrichtenagenturen, Werbung und Öffentlichkeitsarbeit, die neben dem Recherchieren, Bearbeiten und Präsentieren der Meldungen auch deren Interpretation und Analyse umfasst. Von grundlegender Bedeutung für den J. eines Landes ist das politisch-gesellschaftl. System, v. a. durch die Festlegung der rechtl. Grundlagen (z. B. Freiheit der Informationsbeschaffung, Meinungsfreiheit) für die journalist. Tätigkeit.

Journalist [ʒʊr-, frz.] *der,* Publizist, der für Zeitungen, Zeitschriften, Nachrichten- und Pressedienste, bei Film, Funk und Fernsehen tätig ist.

Jouve [ʒuːv], Pierre-Jean, frz. Schriftsteller, *Arras 11. 10. 1887, †Paris 8. 1. 1976; schrieb Gedichte, Essays (u. a. über C. Baudelaire und W. A. Mozart) und Romane (u. a. »Paulina 1880«, 1925), die vom Katholizismus und der Beschäftigung mit der Psychoanalyse geprägt sind.

Jouvet [ʒuˈvɛ], Louis, frz. Schauspieler, Regisseur und Bühnenleiter, *Crozon (Dép. Finistère) 24. 12. 1887, †Paris 16. 8. 1951; Mitarbeiter an J. Copeaus revolutionärem »Théâtre du Vieux-Colombier«, leitete die »Comédie des Champs-Elysées« (1924–33) und das »Théâtre de L'Athénée« (1934–51); inszenierte bevorzugt J. Giraudoux; wirkte in vielen Filmen mit (u. a. »Nachtasyl«, 1936; »Spiel der Erinnerung«, 1937).

Joux, Vallée de [vaˈle dəˈʒuː] *die,* Hochtal im Schweizer Jura, Kt. Waadt, von der Orbe durchflossen, die auch den **Lac de J.** (1 004 m ü. M., 9 km²) speist. Hauptort ist Le Sentier (1 024 m ü. M.); Uhren- und feinmechan. Industrie.

Jovine, Francesco, italien. Schriftsteller, *Guardialfiera (Prov. Campobasso) 9. 10. 1902, †Rom 30. 4. 1950; setzte sich in seinen neorealist. Romanen (u. a. »Die Äcker des Herrn«, 1950) und Erzählungen bes. für die sozial Entrechteten ein.

Jowkow, Jordan Stefanow, bulgar. Schriftsteller, *Scherawna (bei Sliwen) 9. 11. 1880, †Plowdiw 15. 10. 1937; von der Volksliteratur beeinflusste Erzählungen (»Balkanlegenden«, 1927) aus dem Leben der Dobrudschabauern.

Joyce [dʒɔɪs], James, engl. Schriftsteller irischer Herkunft, *Dublin 2. 2. 1882, †Zürich 13. 1. 1941; Ausbildung an Jesuitenschulen und am University College in Dublin; wandte sich frühzeitig von der kath. Kirche ab, ging 1902 nach Paris, lebte seit 1904 im selbst gewählten Exil (u. a. Triest, Zürich, Paris). J. begann mit Lyrik, den Kurzgeschichten »Dubliner« (1914), dem autobiograf. Jugendroman »Ein Porträt des Künstlers als junger Mann« (1916) und dem ebenfalls autobiograf. Drama »Verbannte« (1918). In dem großen Romanwerk »Ulysses« (1922) werden die Erlebnisse und Gedanken der Hauptfigur (Bloom) an einem Tag zu bestimmten Abschnitten der Odyssee in Verbindung gesetzt: Der Held wird zum Jedermann, Dublin zur Welt, der Alltag zur Menschheitsgeschichte; mittels der von J. weiterentwickelten Technik der Versprachlichung des Bewusstseins (↗ Stream of Consciousness) der Hauptgestalten, bes. ihrer vor- und unbewussten psych. Prozesse, erschloss er neue Wirklichkeitsbereiche für das Erzählen. In »Finnegans Wake« (entstanden 1922–39) schuf er eine eigene, mit vielen Anspielungen arbeitende, schwer verständl. Sprachform; auch hier wird alles Geschehen mit mythisch-symbol. Bedeutung erfüllt. J. hat die moderne Literatur stark beeinflusst.

Joystick [ˈdʒɔɪstɪk; engl. »Steuerknüppel«] *der,* bewegl. Steuerhebel, der v. a. bei Computerspielen zur Bewegung von Objekten auf dem Bildschirm verwendet wird.

József [ˈjoːʒɛf], Attila, ungar. Lyriker, *Budapest 11. 4. 1905, †(Selbstmord) Balatonszárszó (Bez. Somogy) 3. 12. 1937; sozialrevolutionärer Dichter der Großstadt; Bitterkeit und Liebe, Rebellion und Resignation beherrschen seine Gedichte.

JP, in der *DDR* Abk. für **J**unge **P**ioniere, die ↗ Pionierorganisation »Ernst Thälmann«.

J. P. Morgan Chase & Co., ↗ Chase Manhattan Corp.

jr., Abk. für **junior,** der Jüngere.

J-Teilchen, *Physik:* das ↗ Psiteilchen.

JU, Abk. für ↗ Junge Union.

Juan [ˈxuan], **1) Johann von Österreich** (Don Juan de Austria), span. Feldherr, *Regensburg 24. 2. 1547, †Bouge (bei Namur) 1. 10. 1578; nichtehel. Sohn Kaiser Karls V. und Barbara Blombergs, unterdrückte im Auftrag Philipps II. von Spanien 1569/70 den Aufstand der Moriskden in Granada, erfocht 1571 den Seesieg bei Lepanto über die Türken, wurde 1576 Statthalter in den Niederlanden, ohne die aufständ. Provinzen zu befrieden.
2) J. Carlos I., König von Spanien, *Rom 5. 1. 1938; Enkel Alfons' XIII., ∞ (seit 14. 5. 1962) mit Sophia von Griechenland, bestieg nach dem Tod von Franco Bahamonde als dessen designierter Nachfolger 1975 den Thron, förderte maßgeblich den Aufbau eines demokrat. Staates; erhielt 1982 den Karlspreis der Stadt Aachen.

Juana Inés de la Cruz [ˈxuana iˈnez ðe la ˈkrus], Sor, mexikan. Dichterin, *San Miguel de Nepantla 12. 11. 1651, †Mexiko 17. 4. 1695; ging 1667 ins Kloster. Themen ihrer Dichtung sind weltl. und myst. Liebe, aber auch Zeitkritik und Moralvorstellungen; Hauptwerk ist das philosoph. Lehrgedicht »Die Welt im Traum« (1692).

Juan-Fernández-Inseln [ˈxuan fɛrˈnandes-], chilen. (seit 1817) Inselgruppe im Pazif. Ozean, 700 km westlich der Küste Südamerikas. Hauptinseln: **Isla Róbinson Crusoe** (bis 1966 Isla Más a Tierra), **Isla Alejandro Selkirk** (Alexander Selkirk, bis 1966 Isla Más Afuera), insges. 187 km², rd. 600 Ew.; Nationalpark. 1574 (?) durch den Spanier Juan Fernández entdeckt; 1704–09 lebte hier der schott. Seemann A. Selkirk, D. Defoes Vorbild für »Robinson Crusoe«.

Juan-les-Pins [ʒɥɑ̃leˈpɛ̃], Kurort an der frz. Riviera, zu ↗ Antibes gehörig.

Juárez García [ˈxuarɛs garˈsia], Benito, mexikan. Staatsmann, *San Pablo Guelatao (bei Oaxaca) 21. 3. 1806, †Mexiko 18. 7. 1872; indian. Abstammung, Anhänger der Liberalen, seit 1858 Vizepräs., 1861–72

Louis Jouvet

James Joyce

Attila József

Juan Carlos I., König von Spanien

Benito Juárez García

Präs., erließ 1859 Reformgesetze u. a. über die Trennung von Kirche und Staat. Die Einstellung der Zinszahlungen gab den Anlass zu einer frz.-engl.-span. Intervention, in deren Folge der österr. Erzherzog Maximilian 1864 als Kaiser eingesetzt wurde. J. G. gewann jedoch die Oberhand und ließ Maximilian 1867 erschießen.

Juba [dʒ-] (arab. Djuba), **1)** *der* (Somali: Webe Ganaane, früher italien. Giuba), Fluss in Ostafrika, 1 650 km lang, entsteht aus zwei Quellflüssen in SO-Äthiopien, durchquert S-Somalia, mündet in den Ind. Ozean; längs des Flusses Bewässerungsfeldbau.
2) Stadt im S der Rep. Sudan, am Weißen Nil, 115 000 Ew.; kath. Erzbischofssitz, Univ.; Zigarettenfabrik; Endpunkt der Nilschifffahrt, Straßenknotenpunkt (Nilbrücke).

Jubail [dʒ-] (Al-Jubayl, Al-Djubail), neue Hafenstadt in Saudi-Arabien, am Pers. Golf nördlich von Dammam, 90 000 Ew.; Stahlwerk, Erdölraffinerie, petrochem. Ind.; Kraftwerke und Meerwasserentsalzungsanlagen.

Jubbulpore [ˈdʒʌbəlpʊə], Stadt in Indien, ↗ Jabalpur.

Jubeljahr, 1) *Judentum:* (Jobeljahr, Halljahr, Erlassjahr), nach 3. Mose 25,8 ff. jedes 50. Jahr, mit Sklavenbefreiung, Schuldenerlass und Rückgabe von verkauftem Boden; hl. Jahr der Juden.
2) *kath. Kirche:* (Heiliges Jahr, Jubiläumsjahr, Anno Santo) ein Jahr, das der inneren Erneuerung der Gläubigen dienen soll; erstmals 1300, seit 1475 alle 25 Jahre begangen. Eine Ausnahme bildete das anlässlich der 1950-Jahr-Feier der Erlösungstat Jesu Christi ausgerufene außerordentl. Hl. Jahr 1983. Ein Hl. Jahr wird in der Nacht vom 24. auf den 25. Dezember durch den Papst mit dem Öffnen der **Hl. Pforte** in der Peterskirche eingeleitet und durch ihre Vermauerung wieder beschlossen. Erstmals in der Kirchengeschichte von dem seit dem Jahr 1500 geübten Brauch abweichend, eröffnete Papst Johannes Paul II. das Hl. Jahr 2000 (endend am 6. Januar 2001) mit einer symbolischen Öffnung der Türflügel der Hl. Pforte mit beiden Händen anstelle der traditionellen drei Hammerschläge an sie.

Jubilate [lat. »jubelt!«], in den evang. Kirchen der nach dem ersten Wort des Introitus (Ps. 66) benannte dritte Sonntag nach Ostern; in der kath. Kirche der vierte Sonntag der Osterzeit (»Sonntag vom Guten Hirten«).

Júcar [ˈxu:kar] *der,* Fluss in O-Spanien, 498 km lang, entspringt im Iber. Randgebirge, durchfließt die südöstl. Mancha, mündet südlich von Valencia ins Mittelmeer; zahlr. Stauseen.

Juchacz [ˈjuxas], Marie, Sozialpolitikerin (SPD), *Landsberg (Warthe) 15. 3. 1879, †Düsseldorf 28. 1. 1956; 1919 Gründerin der Arbeiterwohlfahrt (seit 1949 Ehrenvors.), 1920–33 MdR.

Jüchser, Hans, Maler und Grafiker, *Chemnitz 14. 7. 1894, †Dresden 13. 8. 1977; in Landschaftsbildern, Stillleben und Porträts vereinte er linear-konstruktive Elemente (Kontur) mit feiner kolorist. Kultur. Ein expressives Holzschnittwerk, das sich seit 1955 parallel zur Malerei entwickelte, ergänzt sein reiches Schaffen.

Juchten *der* oder *das* (Juchtenleder), urspr. mit Weiden- und Birkenrinde gegerbtes Leder, das mit Birkenteeröl imprägniert wurde; heute i. Allg. stärker gefettetes Leder für Stiefelschäfte und Arbeitsschuhe.

Jucken (Hautjucken, Pruritus), hautspez. Empfindung, die lokalisiert oder generalisiert bei bestimmten Haut- (z. B. Ekzem) oder anderen Krankheiten (z. B. Gelbsucht), allerg. Reaktionen, aber auch durch Verbrennungen (u. a. Sonnenbrand), Insektenstiche oder Infektionskrankheiten mit Hautbeteiligung (u. a. Windpocken) auftritt.

Juda, 1) im Alten Testament Sohn von Jakob und Lea (1. Mos. 29, 35); Patriarch; in der jüd. Tradition Stammvater des gleichnamigen israelit. Stammes.
2) der wichtigste israelit. Volksstamm, der sich nach der Einwanderung in Palästina im Süden des Landes in dem Gebiet um Hebron und um Jerusalem ansiedelte, das seit seiner Eroberung durch David (um 1000 v. Chr.) Hptst. war. Seit der Reichsteilung in ein Süd- und Nordreich (↗ Israel) nach dem Tod Salomos (926) wurde das um Teile des Südlandes (Negev) erweiterte Gebiet des Stammes J. als **Südreich J.** eigenes Königreich mit Jerusalem als Hptst. 722 überdauerte J. den Ansturm der Assyrer und verlor erst nach der Zerstörung Jerusalems (587) seine Eigenstaatlichkeit an die babylon. Großmacht. Im pers. Weltreich 445 war J. wieder eine eigene Provinz (Neh. 5, 14). (↗ Judäa, ↗ Juden, Geschichte)

Judäa, in der grch.-röm. Antike amtl. Name des südl. Teils Palästinas; nach dem Zusammenbruch des Reiches Juda eigenständige pers. Provinz und Auffangbecken für die aus der Babylon. Gefangenschaft heimkehrenden Juden. Danach unter wechselnder Oberherrschaft (Ptolemäer, Seleukiden, Hasmonäer). 6–41 und 44–66 röm. Prokuratur. Während des jüd. Krieges erhielt das gesamte Gebiet Palästina den amtl. Namen J. (Iudaea); nach dem jüd. Krieg (66–70) röm. Provinz, nach dem Bar-Kochba-Aufstand (135) zur Provinz Syria Palaestina.

Judaistik *die,* akadem. Disziplin, die Geschichte, Kultur, Literatur und Religion des Judentums von den Anfängen bis zur Gegenwart behandelt; ist am umfangreichsten als ↗ Wissenschaft des Judentums an jüd. (israel.) Hochschulen vertreten (in Dtl. an der ↗ Hochschule für Jüdische Studien), wird aber als Wissenschaftsdisziplin auch (oft im Umfeld der christl. Theologenausbildung) an nichtjüd. Hochschulen gelehrt.

Judas, 1) J. Ischariot (Iskarioth), einer der zwölf Jünger Jesu; verriet Jesus an die jüd. Behörde (Mk. 14, 10 f.); erhängte sich nach der Tat (Mt. 27, 3–5); sein Beiname wird verschieden gedeutet: als Sikarier (Angehöriger einer militanten antiröm. Sekte), wahrscheinlicher aber ist »Mann aus Karioth« (in Südjudäa); zum häufigen Motiv in der Kunst wurde der **J.-Kuss** (Mk. 14, 43 ff.).
2) J. Makkabäus (Makkabi), jüd. Heerführer, Sohn des Priesters Mattathias, leitete den Befreiungskampf der Juden gegen die syr. Könige, fiel 161 v. Chr. im Kampf gegen die Seleukiden; hierüber wird in den beiden Makkabäerbüchern erzählt.
3) J. Thaddäus, in den Aposteln Lk. 6, 16 und Apg. 1, 13 einer der zwölf Jünger Jesu, in Mk. 3, 18 und Mt. 10, 3 Thaddäus genannt; Heiliger, Tag: 28. 10.

Judasbaum (Cercis siliquastrum), Art der Hülsenfrüchtler in S-Europa, O-Asien und Nordamerika; Baum mit roten Blüten; liefert Tischler- und Drechslerholz.

Judasbrief, Abk. Jud., einer der ↗ Katholischen Briefe des N. T.; warnt vor Irrlehrern, Spöttern und Lästerern Jesu Christi, die an den christl. Liebesmahlen teilnahmen (Jud. 12); wohl um 100 verfasst.

Judas|ohr (Hirneola auricula-judae), Ständerpilz mit ohrmuschelförmigem, bis 12 cm breitem Fruchtkörper; häufig an alten Holunderstämmen, aber auch an anderen Laubbäumen.

Judd [dʒʌd], Donald, amerikan. Bildhauer, *Excelsior Springs (Mo.) 3. 6. 1928, †New York 12. 2. 1994; Hauptvertreter der Minimalart. In der texan. Kleinstadt Marfa hinterließ er mit eigenen Werken und denen von Künstlerfreunden die weltweit größte zeitgenössische Kunstinstallation (Marfa-Projekt, 1979 ff.).

Juden [hebr. jehudi], im A. T. Bez. der Angehörigen des Stammes bzw. der Bewohner des Südreiches ↗Juda (»Judäer«; z. B. 2. Kön. 16, 6); nach der Babylon. Gefangenschaft zunächst Bez. für die Angehörigen des Volkes ↗Israel insgesamt, in der späteren Diaspora auch jüd. Selbstbezeichnung. Seit dieser Zeit sind in der Bez. »Jude« religiöse und ethn. Bezüge miteinander verbunden. Nach rabbin. Verständnis ist Jude, wer von einer jüd. Mutter abstammt oder »rite« (nach orth. Norm) zum Judentum übergetreten ist. Diese Verbindung von Nationalität und Religion ist seit der Aufklärung nicht mehr unumstritten. So definieren liberale jüd. Denkströmungen der Gegenwart das **Judentum** allein als die Religionsgemeinschaft der dem jüd. Religionsgesetz verpflichteten Bekenner des einen Gottes ↗Jahwe, während die Vertreter des in Israel dominierenden konservativ-orth. (v. a. des durch den ↗Zionismus geprägten) Judentums an der traditionellen Einheit von jüd. Nationalität und Religion festhalten.

Ethnisch verstehen sich die J. als Nachkommen Abrahams, theologisch als Träger der von Gott gegebenen Verheißung (1. Mose 17). Von den heute (2003) weltweit rd. 14,4 Mio. J. leben rd. 6,4 Mio. in Nordamerika (davon etwa 6 Mio. in den USA), rd. 4,7 Mio. in Israel, rd. 1,2 Mio. in den Ländern der EU (bes. in Frankreich und in Großbritannien) und etwa eine knappe Mio. in der Gemeinschaft Unabhängiger Staaten (bes. in Russland und in der Ukraine); die jüd. Gemeinden in Dtl. zählen über 93 000 Mitgl. Seit der Kultzentralisation durch König ↗Salomo bis zur Zerstörung des zweiten jüd. Tempels durch die Römer 70 n. Chr. – unterbrochen durch die Zeit der Babylon. Gefangenschaft 587/538 v. Chr. und die mit ihr verbundene Deportation der jüd. Oberschicht – war der Jerusalemer Tempel der alleinige Mittelpunkt und die Jerusalemer Tempelpriesterschaft der alleinige Träger der jüd. Religion. Religionsfragen wurden seit dem 2. Jh. v. Chr. dem jüd. Hohen Rat (↗Synedrion) als der obersten Behörde zur verbindl. Entscheidung vorgelegt. Nach der Zerstörung des Tempels und der Entstehung der weltweiten jüd. Diaspora wurde die (im Exil entstandene) Synagoge zum Mittelpunkt, die Pharisäer als Repräsentanten der jüd. Lehrtradition und Lehrdiskussion (Schriftgelehrte) wurden zum Träger der jüd. Religion. An die Stelle des Opferdienstes treten im rabbin. Judentum das Lesen und Vergegenwärtigen der ↗Thora, deren kanon. Textgestalt als hebr. Bibel um 90 n. Chr. festgelegt wurde. Der bisher nur mündlich überlieferte, auf der Thora fußende jüd. Lehrstoff (↗Halacha) wurde in der Mischna als wichtigster Sammlung zusammengefasst und in den jüd. Akademien von Palästina und Babylonien kommentiert. Gesammelt und systematisiert in der Gemara niedergelegt, bilden die rabbin. Kommentare mit der Mischna den Talmud. Prägend für die myst. Richtung jüd. Denkens wurde seit dem 12. Jh. die Kabbala, von der wesentl. Impulse auf den späteren Chassidismus (↗Chassidim) ausgingen.

Theologie: Das Judentum ist durch einen strengen Monotheismus gekennzeichnet. Grundlage der jüd. Religion ist das Bekenntnis zu dem einen Gott (Jahwe), dem der Mensch ohne Mittler gegenübersteht und der seinen Willen für die Menschen verbindlich in der Thora niedergelegt hat, deren zentrales Gebot das der Nächstenliebe ist (3. Mose 19, 18). Das Leben des »Frommen in Israel« ist nach Gottes Willen dazu bestimmt, ihm und seinen Mitmenschen zu dienen. Die Welt wird als gute Schöpfung Gottes verstanden, über die der Mensch gesetzt ist, sie »zu bebauen und bewahren« (1. Mose 2, 15). Am Ende der Zeiten wird der aus dem Geschlecht Davids stammende Messias das Reich Gottes als Reich des Friedens für die J. und die »Gerechten« aus allen Völkern aufrichten. Die jüd. religiöses Selbstbewusstsein begründenden bibl. Kernereignisse sind Gottes Bundesschluss mit Abraham und seine Verheißung an dessen Nachkommen (1. Mose 17), Israels Befreiung aus Ägypten (2. Mose 3 und 14) und Gottes Offenbarung und Israels Erwählung am Sinai (2. Mose 19). Dogmen und damit eine Dogmatik im eigentl. Sinn kennt das Judentum nicht. Kennzeichnend für das jüd. theolog. Denken ist die durch die Jahrhunderte ununterbrochene Diskussion und Interpretation der in Thora und Talmud vorgegebenen Tradition durch die versch. rabbin. Schulen. Die jüd. Orthodoxie sieht dabei neben der Thora als der wörtl. Offenbarung Gottes auch den Talmud als von Gott geoffenbart und damit in seinem Gesetzesbestand unveränderlich an, während das Reformjudentum in ihm den von jeder Generation neu unternommenen Versuch sieht, die Thora im jeweils konkreten histor. und soziokulturellen Lebensumfeld der Gemeinde auszulegen. Grund-

Judentum

Zahl der Juden weltweit (Anfang 2000)
- rd. 14,4 Mio., davon rd. 4,8 Mio. in Israel

große jüdische Gemeinschaften (über 200 000 Juden) außerhalb Israels
- USA (rd. 6 Mio.)
- GUS (mehrere Hunderttausend; starke Abwanderung)
- Frankreich (rd. 700 000)
- Kanada (rd. 370 000)
- Großbritannien (rd. 336 000)
- Argentinien (rd. 250 000)

Hauptrichtungen
- orthodoxes Judentum
- konservatives Judentum
- Reformjudentum
- Rekonstruktionismus (»Reconstructionism«)

Hauptfeste
- Rosch ha-Schanah (Neujahrsfest, gefeiert am 1./2. Tischri; September/Oktober)
- Jom Kippur (Versöhnungstag, gefeiert am 10. Tischri; September/Oktober)
- Sukkoth (Laubhüttenfest; September/Oktober)
- Simchat Thora (Fest der Freude an der Thora, gefeiert am 22./23. Tischri; September/Oktober)
- Chanukka (Lichterfest; Dezember)
- Purim (Losfest; Februar/März)
- Passah (Fest der ungesäuerten Brote; März/April)
- Schawuot (Wochenfest; Mai/Juni)

heilige Stätten (Auswahl)
- Jerusalem (Klagemauer)
- Hebron (Patriarchengräber der Höhle von Machpela)
- Bethlehem (Grab der Rahel)
- Karmel (Höhle des Propheten Elias)

wichtige Erinnerungsstätten jüdischer Geschichte in Israel
- Masada
- Tiberias (Gräber bedeutender jüdischer Gelehrter)
- Yad Vashem

legend für den reformjüd. Denkansatz ist die Interpretation des Judentums als eth. Monotheismus, dessen höchster Wert die Gerechtigkeit und das aus ihr folgende gerechte menschl. Handeln ist. Die Gründung des »weltl.« Staates Israel ist für das gesamtjüd. (religiöse) Denken Grund zu einer Neubesinnung auf das Verhältnis der J. (bes. des Diasporajudentums) zum »verheißenen Land« (↗ Gelobtes Land). Orthodox-nationalreligiöse Kreise in Israel übten dabei seit dem Sechstagekrieg (1967) in versch. Reg. nicht unbeträchtl. Einfluss auf die Politik des Staates Israel aus (Siedlungspolitik). Zum modernen jüd. theolog. und religionsgeschichtl. Denken: L. ↗ Baeck; M. ↗ Buber; F. ↗ Rosenzweig; H.-J. ↗ Schoeps; G. G. ↗ Scholem; E. ↗ Wiesel.

Religiöses Leben: Jüd. religiöses Leben und Frömmigkeit sind bestimmt durch die Elemente Gebet, Heiligung des ↗ Sabbats, Synagogalgottesdienst mit Lesung und Auslegung der Thora und Propheten, besondere Fasten-, Reinheits-, Speisengesetze (↗ Schächten) und Wohltätigkeit. Der jüd. Jahreskreis wird durch religiöse Feste markiert, in denen Ereignisse der Heilsgeschichte Israels im Glauben vergegenwärtigt werden. An die Befreiung aus Ägypten, die Wüstenwanderung und die Gottesoffenbarung am Sinai erinnern die Feste Pessach (↗ Passah), Sukkoth (↗ Laubhüttenfest) und Schawuot (↗ Wochenfest); an die Wiedereinweihung des Tempels und die Rettung der pers. Juden nach Est. 9, 20–32 das Fest ↗ Chanukka und das ↗ Purimfest. Das jüd. Jahr wird eingeleitet durch das Neujahrsfest ↗ Rosch ha-Schanah (1999 gefeiert am 11./12. 9.); höchster Feiertag ist der ↗ Versöhnungstag (Jom Kippur). Die jüd. Zeitrechnung (↗ Kalender) hat ihren Anfangspunkt in der Weltschöpfung. Das Jahr 2000 gregorian. Zeitrechnung fällt in das Jahr 5760 jüd. Zeitrechnung. Jüd. Glaubensbekenntnis und Hauptgebet ist das »Höre Israel« (↗ Schema Israel); die Aufnahme in die jüd. Gemeinde erfolgt durch die ↗ Bar-Mizwa. Der Rabbiner ist v. a. Lehrer und Prediger der Gemeinde und entscheidet religionsgesetzl. Fragen. Träger des religiösen Lebens ist die Gemeinde, die in der Gestaltung ihres religiösen und sozialen Lebens selbstständig ist. Eine oberste autoritative Instanz in Glaubensfragen und Sakramenten kennt das Judentum nicht.

Geschichte

Frühgeschichte: Die Geschichte Israels bis zur Babylon. Gefangenschaft (Israel, Juda) ist nur begrenzt rekonstruierbar. Außerbibl. Quellen sind spärlich, die bibl. Texte (im A. T.) enthalten eher Geschichtsdeutung als zeitgenöss. Material. – Nach der Rückkehr aus der Babylon. Gefangenschaft in die pers. Prov. Juda setzten die Heimkehrer ihre Auffassung von Religion gegen die nicht deportierte und z. T. mit Fremden vermischte Landesbev. durch (diese gründete die Religionsgemeinschaft der ↗ Samaritaner) und orientierten sich streng an der Thora; an der Spitze der nach ihr verwalteten theokrat. Ordnung standen Hohepriester und Synedrion. 332 v. Chr. wurde Judäa dem Reich Alexanders d. Gr. angegliedert; 198 v. Chr. geriet es unter die Oberhoheit der Seleukiden. Unter Führung der ↗ Makkabäer (Hasmonäer) erlangte Juda wieder Religionsfreiheit (164 v. Chr.) und polit. Souveränität (141 v. Chr.). Nach schweren inneren Kämpfen büßte die Makkabäerdynastie ihre polit. Macht ein. Pompeius eroberte 63 v. Chr. Jerusalem, und nach einer Übergangsphase etablierte sich Herodes I., d. Gr., als röm. Vasallenkönig (37–4 v. Chr.). Der Kampf der ↗ Zeloten gegen die röm. Herrschaft führte 66 n. Chr. zum 1. jüd. Krieg, den die Römer erst 70 mit der Zerstörung Jerusalems und des Tempels entscheiden konnten.

Talmud. Zeit (70 bis etwa 640): Nach der Niederlage von 70 begann die Zeit der Zerstreuung (Diaspora) über Asien, Afrika und Europa; das palästinens. Judentum organisierte sich neu. 132–135 kam es unter ↗ Bar Kochba noch einmal zu einer vergebl. Erhebung gegen Rom. Doch wurde dem Judentum eine Selbstverw. eingeräumt, bestehend aus dem Synedrion unter Vorsitz des Nasi (Patriarch), des jüd. Oberhauptes im Röm. Reich. Um 200 entstand die Mischna. Die auf ihr aufbauende religionsgesetzl. Tradition fand im 5. und 6. Jh. im Talmud ihren schriftl. Niederschlag. Mit seinen großen Talmudschulen übernahm vom späten 3. Jh. an das babylon. Judentum die Führungsrolle.

MA. und frühe Neuzeit: Das babylon. Judentum ging zw. 630 und 640 intakt in das Kalifenreich über. Durch engen Kontakt zur islam. Umwelt entstand

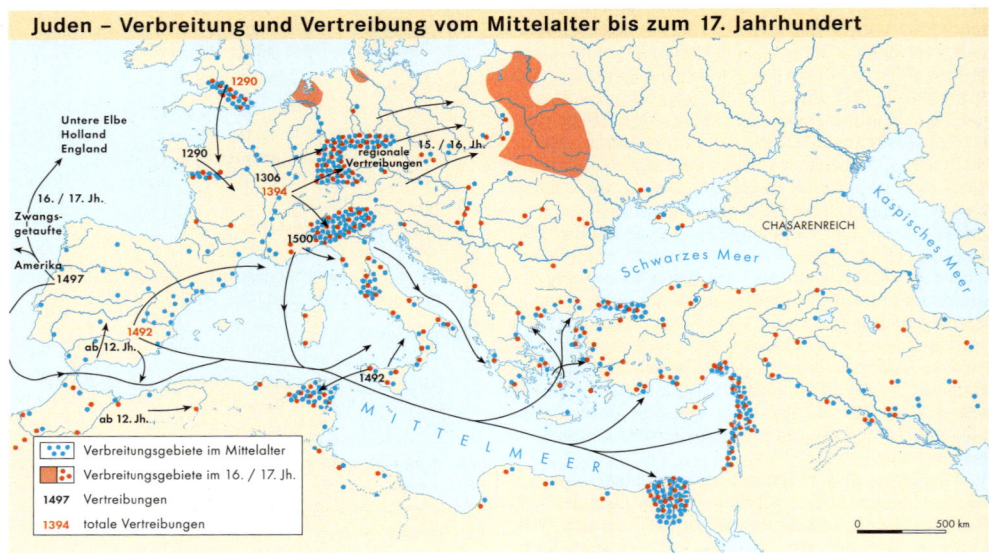

Juden – Verbreitung und Vertreibung vom Mittelalter bis zum 17. Jahrhundert

Juden: Gottesdienst in der rekonstruierten Synagoge der jüdischen Gemeinde in Leipzig

eine an der antiken Philosophie orientierte jüd. Theologie und Philosophie, eine hebr. Sprachwiss. und Poetik. – In der christl. (europ.) Welt ergaben sich für die J. handelskolonisator. Möglichkeiten, doch ging seit dem Einsetzen der Kreuzzüge, die ⁊ Judenverfolgungen (seit 1215 Festlegung von Sondertrachten und ⁊ Judenabzeichen) und Vertreibungen (in Dtl. z. B. 1348/50 anlässlich der Pest; aus England 1290, aus Frankreich 1306 und 1394) mit sich brachten, der Fernhandel mehr und mehr in nicht jüd. Hände über. So blieben den J. v. a. die in der Umwelt verfemten Berufssparten, etwa der Geldhandel (»Wucher«). – Seit der Vollendung der Reconquista 1492 und der Vertreibung der J. aus Spanien und Portugal (1492/96; Entstehung der ⁊ Sephardim) verlagerte sich das Schwergewicht des europ. Judentums nach O-Europa (Polen). Aus den ⁊ Aschkenasim ging im 18. Jh. das Ostjudentum hervor (⁊ Ostjuden), das bis ins 20. Jh. das Bild des Judentums insgesamt (in W-Europa nicht selten mit negativen Vorurteilen verbunden) geprägt hat. Dem aufkommenden Rationalismus versuchten die Kabbala und später der osteurop. Chassidismus zu begegnen.

18. bis 20. Jahrhundert: Die Erschütterung durch den Sabbatianismus (⁊ Sabbatai Zwi) bereitete im Judentum Mittel- und W-Europas den Boden für die Aufklärung (⁊ Haskala), deren Ziele (Regeneration der hebr. Sprache und Lit., gegenwartsbezogene Erziehung, Assimilation) jedoch nicht ohne innerjüd. Widerstand blieben. Nach den judenfeindl. Pogromen von 1881/82 resignierten die Aufklärer; ihr Erbe trat z. T. die aufkommende palästinaorientierte nat. Bewegung an, die gewisse Autonomiehoffnungen für das Judentum hegte. 1917 unterstützte die brit. Reg. den Zionismus (⁊ Balfour-Deklaration) und sagte ihre Unterstützung beim Aufbau einer »nat. Heimstätte«

in Palästina zu, das 1920 brit. Mandatsgebiet wurde. – Die Vernichtung eines Drittels des gesamten Judentums während der nat.-soz. Judenverfolgung (⁊ Holocaust, hebr. Schoah) stärkte die zionist. Bewegung. Die Pioniergesellschaft des jüd. Palästina (⁊ Jewish Agency for Palestine) und der 1948 nach UN-Beschluss gegründete Staat Israel boten die Möglichkeit der freien Selbstentfaltung und der Selbstbestimmung. Dennoch vermag Israel nur einen Teil der J. aufzunehmen; für die Einwanderung wirkt die 1948 geschaffene Jewish Agency for Israel. – Das Judentum der Gegenwart wird heute in Erscheinung und Entwicklung von den J. Israels und den J. in den USA (organisiert in vier Denominationen) bestimmt. Im Mai 1991 übersiedelten die letzten 15 000 »Schwarzen J.« (⁊ Falascha) aus Äthiopien nach Israel. Dachorganisation der J. weltweit ist der World Jewish Congress (WJC); analog existieren der Europ. Jüd. Kongress und der Zentralrat der Juden in Deutschland. In zahlr. Staaten ist jüngst wieder ein Anwachsen des Antisemitismus zu erkennen. (⁊ Israel, Geschichte)

Juden|abzeichen (Judenkennzeichen), vom 13. Jh. bis zum 18. Jh. (Aufklärung) von Juden zur Unterscheidung von der übrigen Bev. in der Öffentlichkeit zu tragende (Zwangs-)Abzeichen, z. B. gelber bzw. roter Fleck, Stern oder Ring (**Judenfleck**), ⁊ Judenhut; während der nat.-soz. Herrschaft v. a. in der Form des ⁊ Davidsterns wieder eingeführt.

Judenbart, ein ⁊ Steinbrech.

Judenburg, Bezirkshptst. in der Steiermark, Österreich, an der Mur, am Fuß der Seetaler Alpen, 737 m ü. M., 10 500 Ew.; Stahlwerk, Metall- und Kunststoffind., Kartonagenfabrik. – Gut erhaltene Altstadt, spätgot. Kirchen, Ruine Liechtenstein (1140 erwähnt), Schloss Neu-Liechtenstein (um 1650). – Erhielt vor 1240 Stadtrecht.

Judenchristen, 1) in der frühen Kirche im Unterschied zu den ⁊ Heidenchristen Christen jüd. Herkunft, die an den Vorschriften des jüd. Zeremonialgesetzes festhielten; waren v. a. in Palästina, Syrien und Kleinasien verbreitet. – 2) seit dem 19. Jh. Bez. für christusgläubige Juden, die als Christen bewusst ihre jüd. geschichtl. und religiöse Identität bewahren; heutige Selbstbez.: **messian. Juden.**

Judenfleck, ⁊ Judenabzeichen.

Judenhut, der in vielen Ländern im MA. getragene, (nach 1215) als Judenabzeichen vorgeschriebene trichterförmige, meist gelbe Männerhut. Seit dem 15. Jh. wurde er durch andere Formen der Kopfbedeckung abgelöst.

Judenkäppchen, ⁊ Kippah.

Judenkennzeichen, ⁊ Judenabzeichen.

Judenkirche, die ⁊ Blasenkirche.

Judenstern, ⁊ Davidstern.

Judentum, ⁊ Juden.

Judenverfolgungen, seit der Zeit der jüd. Diaspora (Persien 5. Jh. v. Chr.) bezeugte, bis in die jüngste Vergangenheit praktizierte antisemit. Maßnahmen. Neben Pogromen v. zur Zeit der Kreuzzüge und der Ketzerbekämpfung (u. a. in Frankreich und im Hl. Röm. Reich) im Hoch- und Spät-MA. (u. a. ab 1215 auch Kennzeichnungspflicht; ⁊ Judenabzeichen), ihrer Vertreibung aus u. a. England (1290), Frankreich (1394) und Spanien (1492) fanden nach der Aufklärung J. im 19. Jh. v. a. noch in Russland statt. Ein bis dahin nie gekanntes Ausmaß erreichten die J. im nat.-soz. beherrschten Europa (1933/41–45; ⁊ Holocaust). Eine ebenso ideologisch motivierte Unterdrückung ihrer Kultur bis hin zur Verfolgung durchlitten die Juden im 20. Jh. u. a. unter

Judenhut: der Dicher Süßkind von Trimberg mit der im Mittelalter für Juden typischen Kopfbedeckung, Miniatur aus der Manessischen Handschrift (1. Hälfte des 14. Jh.; Heidelberg, Universitätsbibliothek)

stalinist. Vorzeichen in der Sowjetunion (v. a. 1930er-Jahre, 1948–53; ↗ Antisemitismus).

Judika [lat. »richte«], in den evang. Kirchen der nach dem ersten Wort des Introitus (Ps. 43) benannte fünfte Sonntag der Passionszeit; in der kath. Kirche der fünfte Fastensonntag.

Judikative die, die richterl. Gewalt im Staat (↗ Gewaltenteilung).

jüdische Kunst: Ausschnitt aus den Westwandfresken der Synagoge von Dura-Europos (3. Jh.) mit alttestamentlichen Szenen aus dem Leben von Mardochai und Esther

jüdische Kunst, im strengen Sinn jüdisch-religiöse Kunst jüd. und nicht jüd. Künstler (die Juden waren seit Entwicklung des Zunftwesens in Mitteleuropa bis 1812 vom Handwerk ausgeschlossen), im weitesten Sinne Kunst der Juden. – Das bibl. Bilderverbot (2. Mos. 20, 4; 5. Mos. 5, 8), oft fälschlich als generelles Verbot der Menschendarstellung aufgefasst, diente laut Mischna der Abgrenzung vom Götzenkult. Illustrative figürl. Darstellung war erlaubt. – Neben dem unter Salomo erbauten und im 6. und 1. Jh. v. Chr. wieder errichteten Tempel in Jerusalem entstanden wohl seit dem 3. Jh. v. Chr. Synagogen im Röm. Reich, die meisten in Palästina nach der Zerstörung des Tempels 70 n. Chr., Saalbauten auch mit Querhäusern oder dreischiffige Synagogen im römisch-hellenist. Stil. Im 5.–7. Jh. überwog der dreischiffige Typus mit Apsis (Thoranische). Bodenmosaike zeigen oft figürl. Szenen, die vorher nur in Fresken in Dura-Europos (3. Jh. n. Chr.) bezeugt sind. Erhalten sind ferner Grabsteine, Sarkophage, Siegel, Münzen, Öllampen und Gläser mit jüd. Motiven wie dem siebenarmigen Leuchter (Menora) oder Palmzweig und Etrog (aromat. Zitronenart) vom Feststrauß des Laubhüttenfests. Im 12. Jh. nahm die j. K. einen neuen Aufschwung, v. a. Buchmalerei und Baukunst. Im Synagogenbau Betonung der Mitte durch die Almemor (Podium für die Thoralesung in Synagogen) und Anordnung der Sitze für die Männer; Frauensitze in Anbauten, später auf Emporen. Als Baumeister werden vielfach nicht jüd. Baumeister angenommen. Seit dem 12. Jh. erhielt neben Saalbauten der zweischiffige Bau Vorrang, in Dtl. im roman. und got. Stil, in Spanien (12.–14. Jh.) im Mudéjarstil. Einen Sondertypus repräsentieren seit dem 16. Jh. die Festungs- und Holzsynagoge mit reichen Malereien und Schnitzereien. In Italien, den Niederlanden und S-Frankreich wurden im 17. und 18. Jh. die Stilelemente des Barock auch auf Synagogen übertragen. – Neben der Synagoge ist das rituelle Tauchbad (Mikwe) Hauptthema der jüd. Baukunst. Die teilweise aufwendig dekorierten Bäder wurden im MA. als Schachtanlagen angelegt (u. a. Friedberg/Hessen, Worms, Speyer). – Die seit dem 13. Jh. erhaltene reiche Buchmalerei aus Spanien, Italien, Frankreich und Dtl. (bes. Bibeln, Gebetbücher [Machsorim] und Ausgaben von Texten der jüd. Tradition [Haggada]) wich seit dem 16. Jh. Buchdruck und Buchillustration (bes. Estherrollen) und den künstlerisch gestalteten Eheverträgen (Ketubba). – Die Zeremonialkunst der Synagoge umfasst holzgeschnitzte, auch steinerne Ausstattungsstücke wie den Almemor, den Thoraschrein (Aron ha-Kodesch); zu Meisterwerken der Goldschmiedekunst gehören oft der silbergetriebene Thoraschmuck (Thorakronen; »Rimmonim«, die Aufsätze für die Rollstäbe; Thorazeiger; Thoraschilder) sowie Lampen (»Ewiges Licht«) aus Silber, Messing oder Gelbguss, v. a. die siebenarmige ↗ Menora. Zur häusl. Kleinkunst gehören Mesusa (Kapseln mit hebräischen Segenssprüchen am Türpfosten des jüd. Hauses), Sabbat- und Chanukkalampen, zinnerne Sederschüsseln und oft selbst bemalte Purimteller. – Seit dem 19. Jh. entstanden Synagogen in allen größeren Städten, meist in historisierenden Stilen. Nach den Zerstörungen zahlr. Synagogen während der NS-Zeit 1933–45 wurden in Dtl. mehrere Synagogen neu errichtet (u. a. in Mannheim, 1987 eingeweiht; in Darmstadt, 1988; in Heidelberg, 1994; in Dresden, 2001; in Chemnitz, 2002). Die Neue Synagoge in Berlin (1857ff., 1943 schwer beschädigt) wurde 1988–95 im alten orientalisierenden Stil wieder aufgebaut. – Seit der Emanzipation der Juden im 18. und bes. im 19. Jh. fanden jüd. Künstler weltweit Anerkennung und beeinflussten z. T. wesentlich internat. Schulen und Tendenzen (u. a. C. Pissarro, M. Liebermann, A. Modigliani), wobei einige, z. B. der Grafiker L. Pasternak, die Maler M. Chagall und A. Kaplan, jüd. Thematik oder Tradition in ihre Werke einbezogen. – Zionist. Tendenzen führten 1906 zur Gründung der Bezalel-Kunstschule in Jerusalem. Neu eingewanderte Juden bildeten im modernen Israel Kunstzentren, die z. T. auch die religiöse Kunst pflegen.

jüdische Kunst: Thora-Vorhang aus rotem Seidensamt mit Applikationen sowie Gold- und Silberstickerei, Berlin-Potsdam (1832, mit Teilen aus dem 17./18. Jh.)

jüdische Literatur, literar. Werke, die von einem jüd. Autor stammen (v. a. die ↗ hebräische Literatur, die ↗ jiddische Literatur und die Literatur in ↗ Ladino) und deren Thematik jüdisch ist bzw. in jüd. Tradition steht. Der Literaturbegriff i. w. S. umfasst neben Belletristik das religiöse Schrifttum, Werke der

(Religions-)Philosophie, der Geschichtsschreibung, jurid. Texte, auch im Zusammenhang mit dem jüd. Religionsgesetz stehende medizin., natur- und sprachwiss. Schriften v. a. mittelalterl. jüd. Autoren sowie die für die kulturelle Mittlerfunktion des Judentums charakterist. Werke der Übersetzungsliteratur vom MA. bis in die Gegenwart.

jüdische Musik. Die frühesten Quellen zur j. M. finden sich in der Bibel (erstmals 1. Mos. 4, 21) und in schriftl. und ikonograph. Quellen aus Mesopotamien, Ägypten, Phönikien und Griechenland. Demnach waren gezupfte Saiteninstrumente, Hörner und Trompeten sowie Schlagzeuge aus Bronze und Handtrommeln bekannt. Die Instrumente waren versch. Ständen (Priester, Leviten, Laien) zugewiesen. Im Tempel von Jerusalem hatte sich der Vollzug der Riten mit einem festgelegten Musikzeremoniell verbunden. Zur Reg.zeit Davids (um 1000 v. Chr.) waren die Organisation der Tempelorchester und -chöre sowie die Berufsausbildung der Tempelmusiker in einer eigenen Akademie verwirklicht. Nach dem Fall des alten Reiches (70 n. Chr.) entwickelte die jüd. liturg. Monodie die drei Gesangstile der Psalmodie, Lectio und Hymnodik. Das Singen der Psalmen (Psalmodie) war während der Blütezeit des Tempels offensichtlich mit festl. Chor- und Orchesterbegleitung bedacht worden. Die melod. Linie fügt sich genau dem Parallelismus des Textes. Satzanfang, -mitte und -schluss erhalten ein Melisma, während die verbindenden inneren Satzteile auf einer Eintonlinie rezitiert werden. Die Bibelkantillation (Lectio) kann durch ihre kunstgerechte Anpassung an den unregelmäßigen Satzbau der Prosabücher im A. T. als eine Ausweitung des formelhaften Psalmsingens angesehen werden. Hymnodik und Gebetslyrik gehören den nachbibl. Zeiten an. Die Wortdeklamation war akzentisch, die Melodien behielten ihren frei rezitativ. Charakter bei, mindestens bis zum Einbruch der metrischen arab. Lyrik (10. Jh.).

Unter span. Einfluss kam es, bes. im 15. Jh., zu einer mehr liedhaften Gestaltung der Melodien. Von ihnen hebt sich die neuere Gebetslyrik ab, deren ornamentale Melodien einen stimmbegabten und bes. ausgebildeten Kantor forderten. Seit der jüd. Emanzipation um 1800 bewirkte die synagogale Reform eine Angleichung der Kantoralmusik an die europ. Kunstmusik mit Melodiebearbeitungen für Orgel und mehrstimmige Synagogenchöre. Ihnen folgten oratorienartige, gottesdienstl. Kompositionen von E. Bloch, D. Milhaud, das »Kol nidre« von A. Schönberg sowie geistl. Kantaten israel. Komponisten wie K. Salomon, A. U. Boskovich, Ö. Partos, J. Tal, L. Schidlowski, Y. Sadaï.

Den Anschluss an die westl. Avantgarde vertreten daneben u. a. T. Avni und M. Kopytman. Stellvertretend für die von den Nationalsozialisten als »entartet« diffamierte jüd. Komponistengeneration des 20. Jh. seien die im Konzentrationslager Theresienstadt wirkenden V. Ullmann und P. Haas genannt, deren Werke durch Wiederaufführungen eine Rehabilitierung erfahren haben. (⁊ Klezmer)

jüdische Philosophie, Bez. für die Bestrebungen, jüd. Traditionsgut mit allg. philosoph. Problemstellungen zu verknüpfen. – Das Eindringen grch. Philosophie in die jüd. Tradition lässt sich bis zu Aristobulos zurückverfolgen, der um die Mitte des 2. Jh. v. Chr. in Alexandria lebte. Er wandte die allegor. Schriftauslegung nach dem Vorbild der Sophisten und Stoiker auf den Pentateuch an. Philon von Alexandria entwarf ein von Platon, der Stoa und dem Neupythagoreismus beeinflusstes jüdisch-philo-

jüdische Kunst: die 1987 eingeweihte neue Synagoge in Mannheim

soph. System. Im 10. Jh. begründete Saadja al-Fajumi (*882, †942), bestrebt, eine Apologie des jüd. Glaubens zu geben, eine Lehre von der Einheit von Vernunft und Offenbarung. In enger Verbindung mit der islam. Philosophie entwickelte sich die j. P. v. a. in Spanien. Ibn Gabirol verarbeitete neuplaton. Gedankengut. Einen jüd. Aristotelismus, orientiert an der Auslegung des Ibn Ruschd, entfalteten M. Maimonides, Levi ben Gerson, Abraham Ibn Daud und Chisdai Crescas. – Bei den Harmonisierungsversuchen von Tradition und Philosophie setzten sich traditionsgebundene Richtungen immer mehr durch. Vertreter einer krit. philosoph. Auseinandersetzung mit den Glaubenstraditionen (B. de Spinoza) wurden von ihren Gemeinden ausgeschlossen. Zudem wurde die mystisch-spekulative ⁊ Kabbala vorherrschend. Erst mit M. Mendelssohn, der u. a. das Verhältnis der Religionen zum Staat thematisierte, nahm im 18. Jh. die j. P. an der Aufklärung teil. Beeinflusst von I. Kant setzte sich H. Cohen mit der jüd. Tradition auseinander; er gesteht den Religionen über die Philosophie hinausgehende Beiträge zu Grundbegriffen des moral. Lebens zu. An Hegel kritisch anknüpfend, entfalteten F. Rosenzweig und M. Buber ihre Religionsphilosophien, verbunden mit sozialphilosoph. Fragestellungen. Zur Entwicklung des amerikan. Judentums nach dem Zweiten Weltkrieg trug Mordechai Menachem Kaplan (*1881, †1983) mit seinen Studien zu jüd. Identität und dem Judentum als Zivilisation Wesentliches bei. Der Holocaust und die Gründung des Staates Israel stellen sich für Emil Ludwig Fackenheim (*1916) als »Epoche machende Ereignisse« dar, die eine neue Art der Wahrnehmung der Gegenwart und Zukunft notwendig machen. E. Lévinas knüpfte an Phänomenologie und Existenzphilosophie an und suchte den jüd. Messianismus zu einer Ethik des radikalen Humanismus weiterzuentwickeln.

Jüdischer Weltkongress, ⁊ World Jewish Congress.

Jüdisches Autonomes Gebiet, autonomes Gebiet innerhalb der Russ. Föderation, am mittleren Amur, 36 000 km², 197 500 Ew. (83% Russen, 7% Ukrainer, 4% Juden, bis heute weitgehend abgewandert); Hptst. ist Birobidschan. Der NW wird von waldbedecktem Bergland eingenommen (bis 1 207 m ü. M.); Abbau von Gold, Zinnerz, im S und O Flachland (teilweise versumpft) mit Ackerbau (Weizen,

Roggen, Kartoffeln, Reis). – Das J. A. G. wurde 1934 gebildet; erklärte sich 1991 für autonom.

jüdische Sprachen, zusammenfassende Bez. für die ↗hebräische Sprache, die ↗jiddische Sprache und das ↗Ladino.

Judith, die Heldin des im 2. Jh. v. Chr. entstandenen apokryphen **Buches J.** des A. T. Während einer Belagerung ihrer Vaterstadt Baitylua (bei Luther: Bethulia) ging J. ins feindl. Lager zum assyr. Feldherrn Holofernes; dem Schlafenden schlug sie das Haupt ab, daraufhin flohen die Belagerer.

Judo [aus japan. ju »sanft nachgeben«, »ausweichen« und do »Weg«, »Grundsatz«] *das,* aus Japan stammender Zweikampf- und Selbstverteidigungssport; entstand aus dem von den Samurai gepflegten Jujutsu, das in Europa zu Beginn des 20. Jh. als Jiu-Jitsu bekannt wurde. J. zählt zu den japan. Budokünsten und wird auf einer Kampffläche, die mit Matten belegt ist, in einer Halle ausgeübt. Die Mattenfläche besteht aus zwei Zonen: der eigentl. Kampffläche im Inneren, deren Größe je nach Meisterschaft 8 × 8 bis 10 × 10 m beträgt, und einer 1 m breiten roten Gefahrenzone. Der J.-Kämpfer **(Judoka)** trägt eine reißfeste weiße oder blaue Kampfkleidung, bestehend aus Jacke (Kimono) und Hose (Zubon). Die Jacke wird von einem Gürtel (Obi) in der jeweiligen Rangfarbe des Judokas zusammengehalten. Die Judokas sind in Schülergrade (↗Kyu) und Meistergrade (↗Dan), kenntlich an den versch. Farben der Gürtel, eingeteilt. Daneben gibt es unterschiedl. Alters- und Gewichtsklassen. Ziel des J. ist es, durch Zug oder Druck das Gleichgewicht des Gegners zu stören, um ihn überraschend auf die Matte zu werfen. Die hierzu entwickelte Kampftechnik umfasst Wurf- (Nage-Waza) und Grifftechniken (Katame-Waza). Zu Beginn des Kampfes, der bei Männern bis zu fünf Minuten, bei Frauen bis zu vier Minuten dauert, fassen sich die Kämpfer mit einem vorgeschriebenen Griff stehend an den Jacken. Angriff und Verteidigung, Wurfversuch und Gegenwurf können blitzschnell wechseln. Der im Standkampf mit einer Wurftechnik auf die Matte Geworfene muss, falls der Kampf nicht entschieden wurde, mit einer Haltetechnik 30 s festgehalten oder mit einem Würgegriff bzw. mit einer Hebeltechnik zur Aufgabe gezwungen werden. – Gekämpft wird in jeweils zwei Gruppen nach dem Pokalsystem. Die Verlierer können über eine Hoffnungsrunde weiterkommen. Die Wettkampfsprache ist Japanisch; es gibt anerkannte Übersetzungen. – Im *Behindertensport* ist J. (für Sehgeschädigte und Blinde) u. a. eine Disziplin der ↗Paralympics. (↗Sportarten, Übersicht)

Jud Süß, ↗Oppenheimer, Joseph Süß.

Juel [juːl], Jens, dän. Maler, *Balslev (auf Fünen) 12. 5. 1745, †Kopenhagen 27. 12. 1802; Aufenthalte in Rom, Paris und Genf; 1780 Hofmaler in Kopenhagen (1786 Prof. an der dortigen Akademie); malte Porträts, Genrebilder, Stillleben, Landschaften; gilt neben N. Abildgaard als der bedeutendste dän. Maler des späten 18. Jh., Lehrer von P. O. Runge.

Jug *der,* rechter Quellfluss der Nördl. ↗Dwina, in Russland, 574 km lang; z. T. schiffbar.

Jugend, Lebensaltersstufe, deren Definition und altersmäßige Bestimmung unterschiedlich und ungenau ist, i. d. R. aber eine Zeitspanne zw. dem 12. und 25. Lebensjahr umfasst. Im Strafrecht wird zw. dem noch nicht strafmündigen Kind, dem Jugendlichen (14–17 Jahre) und dem Heranwachsenden (18–20 Jahre) unterschieden. Zivilrechtlich ist der Begriff der Volljährigkeit von Bedeutung. In biologisch-medizin. Sicht versteht man unter J. entweder generell die menschl. Entwicklungsphase zw. Geburt und Erwachsenenalter oder teilt diese in Kindheit und J. und bezeichnet mit J. nun die Zeit zw. dem Beginn der Pubertät und dem Ende dieser biolog. Reifung. (↗Jugendsoziologie, ↗Kinder- und Jugendpsychologie)

Jugend|amt, für alle Angelegenheiten der öffentl. Kinder- und Jugendhilfe zuständige Behörde als Teil der Verw. von kreisfreien Städten und Landkreisen (§§ 69 ff. SGB VIII). Aufgaben: Erbringung von Angeboten der Jugendarbeit, der Jugendsozialarbeit, zur Förderung der Erziehung in der Familie, von Kindern in Tageseinrichtungen und Tagespflege, Erteilung und Widerruf der Pflegeerlaubnis, Beratung in Verfahren zur Annahme als Kind, Mitwirkung in Verfahren nach dem JGG, Unterhaltssachen u. a. – J. bestehen auch in *Österreich* und der *Schweiz.*

Jugend|arbeit, *1) Arbeitsrecht:* die Erwerbsarbeit von Kindern und Jugendlichen (↗Jugendschutz). *2) Sozialwesen:* Gesamtheit der von privaten und öffentl. Trägern organisierten Aktivitäten für Jugendliche, v. a. auf kulturellem, polit. und sportl. Gebiet sowie im Bereich der Beratung und Bildung (Heime, offene Jugendhäuser, Bildungs-, Beratungs- und Freizeitstätten).

Jugend|arbeitslosigkeit, Beschäftigungslosigkeit von Jugendlichen (15–25 Jahre). Die amtl. Statistik weist gesondert die Altersgruppen »unter 20 Jahre« und »20–25 Jahre« aus. Hauptgründe für zeitweilig überdurchschnittlich hohe J. sind z. T. in demograph. Erscheinungen (geburtenstarke Jahrgänge treten ins Erwerbsleben) zu suchen oder haben konjunkturelle, arbeitspolit. u. a. Ursachen. Gegen die J. wurden u. a. versch. Maßnahmen der Beschäftigungs- und Ausbildungsförderung ergriffen. Obwohl die J. in der Bundesrep. Dtl. seit den 1970er-Jahren stark angestiegen war (1973: 1 %; 1983: 10,9 %), lag sie (auf der Basis der abhängigen zivilen Erwerbspersonen) im früheren Bundesgebiet auch 2002 bei Jugendlichen unter 25 Jahren (8,0 %) noch knapp unter der Quote aller Altersgruppen (8,7 %). Dabei muss allerdings berücksichtigt werden, dass die Quote der 20- bis unter 25-Jährigen 10,0 % und die der unter 20-Jährigen 4,5 % betrug. In den neuen Bundesländern war die Arbeitslosenquote der unter 25-Jährigen (16,3 %) spürbar kleiner als die Gesamtquote (19,5 %), v. a. wegen der relativ geringen Quote der unter 20-Jährigen (8,6 %; 20- bis unter 25-Jährige: 20,6 %). Im internat. Vergleich (zu berücksichtigen ist, dass die internat. Quoten anders definiert sind als die nat. und anders ausfallen) liegt Dtl. (2001: 9,4 %) eher auf einem mittleren Platz: niedrigere Quoten weisen z. B. die Niederlande (5,5 %), Österreich (5,8 %) und Luxemburg (7,5 %) auf, höhere Quoten Frankreich (19,5 %), Griechenland (20 %) und Italien (28,1 %).

Jugend|arbeitsschutz, ↗Jugendschutz.

Jugend|arrest, härtestes der im Jugendstrafrecht zulässigen Zuchtmittel unterhalb der Jugendstrafe mit dem Zweck, dem Jugendlichen das Unrecht der Tat bewusst werden zu lassen; J. bedeutet kurzfristige Freiheitsentziehung, wenn die Verhängung von Jugendstrafe nicht erforderlich ist (§ 13 JGG). Er kann als **Dauerarrest** (1–4 Wochen), **Freizeitarrest** (1–2 Freizeiten, d. h. Einschließung an Wochenenden) oder **Kurzarrest** (bis 4 Tage) verhängt werden.

Jugendbewegung, eine pädagog., geistige und kulturelle Erneuerungsbewegung, die um 1900 entstand. In der Absicht, aus eigener Kraft eine selbstverantwortl. Lebensgestaltung zu finden, bildeten sich Jugendgruppen, die – im Ausbruch aus Stadtleben und Ind.gesellschaft – durch Wanderfahrten (↗ Wandervogel), Lagerleben, Pflege des Volkstanzes und -liedes, des Laienspiels und einfache Kleidung eine auf Freundschaft gegründete Gemeinschaft suchten. Ein Gegengewicht zu völk. Schwärmertum entstand 1908 mit der »Dt. Akadem. Freischar«. In Opposition zu student. Korporationen formierte sich 1913 die »Freidt. Jugend« auf dem Hohen Meißner (↗ Meißnerformel). Nach dem Ersten Weltkrieg nahm die schon vorher erkennbare Zersplitterung der J. zu. Es entstanden völk. (z. B. Bünd. Jugend; seit 1923 auch zusammenfassende Bez. für alle politisch und konfessionell unabhängigen Jugendbünde), religiöse (z. B. Quickborn), weltbürgerlich-pazifist. und sozialist. Gruppen (z. B. Falken). – Die **Arbeiterjugendbewegung** entstand in Dtl. nach 1900 aus Jugendgruppen der Arbeiterbildungsvereine. Gruppen in Offenbach, Mannheim, Ludwigshafen u. a. schlossen sich 1906 unter Führung des Sozialdemokraten Ludwig Frank (* 1874, † 1914) zum »Verband junger Arbeiter Dtl.s« zusammen (Jugendzeitung »Die junge Garde«, seit 1906). Unabhängig davon waren Ende 1904 in Berlin und Hamburg als »unpolitisch freie Jugendbünde« Gruppen der arbeitenden Jugend entstanden; sie bildeten 1906 die »Vereinigung der freien Jugendorganisationen Dtl.s«. 1908 wurde eine »Zentralstelle für die arbeitende Jugend Dtl.s« gegründet, in der die Gründungsverbände aufgingen (Organ: »Arbeiterjugend«). 1919 löste der »Hauptvorstand des Verbands der Arbeiterjugend« die Zentralstelle ab. Danach spalteten sich die »Freie proletar. Jugend« und die »Kommunist. Jugend« ab. – Soweit Verbände der J. nicht in der Hitler-Jugend aufgingen, wurden sie 1933 verboten. Nach 1945 wurden ↗ Jugendverbände unter anderem Vorzeichen (wieder) gegründet.

Jugenddörfer, Einrichtungen der Jugendhilfe; als Lebensgemeinschaft von Förderungsbedürftigen und Betreuern streben sie weniger Familienersatz an als pädagogisch begleitete schul. oder berufl. Bildung und Freizeitgestaltung.

Jugend forscht, ↗ Stiftung Jugend forscht e. V.

jugendgefährdende Medien (früher jugendgefährdende Schriften), Träger- und Telemedien, die geeignet sind, die Entwicklung von Kindern oder Jugendlichen oder ihre Erziehung zu einer eigenverantwortl. und gemeinschaftsfähigen Persönlichkeit zu gefährden (§ 18 Abs. 1 Jugendschutz-Ges. vom 23. 7. 2002). Dazu zählen v. a. unsittl., verrohend wirkende, zu Gewalttätigkeit, Verbrechen oder Rassenhass anreizende Medien. Trägermedien im Sinne des Jugendschutz-Ges. sind Medien mit Texten, Bildern oder Tönen auf gegenständl. Trägern. Telemedien sind Medien, die durch elektron. Informations- und Kommunikationsdienste zugänglich gemacht werden. Ihre Verbreitung an Jugendliche sowie im Einzelhandel außerhalb von Geschäftsräumen und durch elektron. Informations- und Kommunikationsdienste kann durch die Bundesprüfstelle für j. M. verboten werden (↗ Jugendschutz); hierzu erstellt das Amt eine Liste. Ohne Aufnahme in die Liste j. M. ist die Verbreitung aber auch dann verboten, wenn die Schriften offensichtlich schwer jugendgefährdend sind (z. B. pornograph. Medien gemäß § 184 StGB).

Jugendgericht, ↗ Jugendstrafrecht.

Jugendgerichtshilfe, die von den Jugendämtern im Zusammenwirken mit den Vereinigungen der Jugendhilfe zu leistende Hilfe zur Durchführung des Jugendstrafverfahrens. Die Vertreter der J. haben u. a. im gesamten Verfahren die bestehenden erzieher. und sozialen Gesichtspunkte zur Geltung zu bringen, sie bleiben während des Vollzugs von Strafen mit dem Jugendlichen in Verbindung und helfen ihm bei der Wiedereingliederung in die Gemeinschaft (§ 38 JGG).

Jugendherbergen, Freizeit- und Übernachtungsstätten zur Förderung des Jugendreisens. Voraussetzung für die Benutzung einer J. ist in Dtl. die persönl. oder korporative Mitgliedschaft (Schulen, Jugendgruppen) im Dt. Jugendherbergswerk (DJH), gegr. 1910, Sitz: Detmold. Internat. Vereinigung ist die International Youth Hostel Federation (IYHF), gegr. 1932.

Jugendhilfe, ↗ Kinder- und Jugendhilfe.

Jugendkammer, ↗ Jugendstrafrecht.

Jugendkriminalität, die strafbaren Handlungen junger Menschen (↗ Jugendstrafrecht) und z. T. auch junger Erwachsener. Seit Ende des Zweiten Weltkriegs ist in den meisten Ind.staaten die J., gemessen in absoluten Zahlen, erheblich gestiegen, überproportional zur Erwachsenenkriminalität. Eigentums- und Verkehrsdelikte herrschen vor, bes. zugenommen haben Delikte mit körperl. Gewaltanwendung und Bandenkriminalität. Die **Jugendkriminologie** erklärt die Zunahme der J. mit biologisch-psycholog. Veränderungen des Reifeprozesses ebenso wie mit gesellschaftl. u. a. Ursachen, wie der Zunahme unvollständiger oder zerbrochener Familien, dem Wertewandel in der übersättigten Konsumgesellschaft, der kulturellen Entwurzelung, der Jugendarbeitslosigkeit.

Jugendkultur, in modernen Gesellschaften westl. Prägung die durch die Jugend bzw. (große) Teile von ihr repräsentierten Einstellungen, Verhaltensweisen, Lebensentwürfe, Kommunikationsformen, Symbolbildungen, Selbstdarstellungen und Konfliktpotenziale; innerhalb der Gesamtgesellschaft, oft in Verbindung mit bestimmten Musikformen (z. B. Rock, Pop, Techno) und/oder der Favorisierung bestimmter Markenprodukte (bes. Kleidung), eigene jugendl. Subkulturen (»Szenen«) ausbildend. – Der Sammlung und wiss. Dokumentation von authent. Zeugnissen der J. (Musik, Fanzines, Videos, Buttons, Aufkleber u. a.) widmet sich in Dtl. bes. das Berliner **Archiv der Jugendkulturen e. V.** (gegr. 1998).

Jugendliche, im ↗ Jugendstrafrecht Personen, die z. Z. der Tat 14, aber noch nicht 18 Jahre alt sind.

Jugendliteratur, ↗ Kinder- und Jugendliteratur.

Jugendmusikbewegung, eine Form des Laienmusizierens (↗ Jugendbewegung). Sie erstrebte eine Erneuerung der Musik aus dem Singen als natürl. Ausgangspunkt allen Musizierens. Die **Singbewegung** wurde getragen von der aus dem »Wandervogel« (H. Breuer: »Der Zupfgeigenhansl«, 1909) hervorgegangenen bünd. Jugendbewegung. Ihre Gründer waren F. Jöde in Nord-Dtl. und W. Hensel in Böhmen und Schlesien (»Finkensteiner Bund«). Seit der Zeit zw. den beiden Weltkriegen, bes. aber nach 1945, hat sich die J. immer mehr nach der künstler. Seite hin erweitert; auch die Schul- und Hausmusik wird einbezogen. Die »Fédération Internationale des Jeunesses Musicales« (Sitz: Brüssel) und in deren Rahmen die »Musikal. Jugend Dtl.s« (Sitz: Weikersheim) fördern Jugendkonzerte und aktive Musiker.

Jugendpsychiatrie, ↗ Kinder- und Jugendpsychiatrie.

Jugendpsychologie, ↗ Kinder- und Jugendpsychologie.

Jugendrecht, die rechtl. Bestimmungen und Verhältnisse, die die Jugend betreffen. Das J. umfasst die Stellung des Kindes in der Familie (↗ elterliche Sorge,

YOUTH HOSTELLING INTERNATIONAL

Jugendherbergen: Emblem des Deutschen Jugendherbergswerks (oben) und der International Youth Hostel Federation (unten)

↗nichteheliche Kinder), das Schulrecht, das Jugendarbeitsrecht (↗Jugendschutz), die ↗Kinder- und Jugendhilfe und das ↗Jugendstrafrecht.

Jugendreligionen, in den 1970er-Jahren übl. Bez. für religiös-weltanschaul. Gruppen und Bewegungen, die in den 1960er-Jahren entstanden sind und v. a. unter Jugendlichen großen Zulauf fanden (z. B. ↗Divine Light Mission, ↗Hare-Krishna-Bewegung, ↗Family u. a.).

Jugendrichter, ↗Jugendstrafrecht.

Jugendschöffengericht, ↗Jugendstrafrecht.

Jugendschutz, gesetzl. Sondervorschriften zum Schutz der Kinder und Jugendlichen vor gesundheitl. und sittl. Gefahren.

Den **Jugendarbeitsschutz** für Kinder und Jugendliche regelt das Jugendarbeitsschutz-Ges. vom 12. 4. 1976. Danach ist die Beschäftigung von Kindern verboten. Kinder im Sinne des Ges. sind Personen unter 15 Jahren und vollzeitschulpflichtige Jugendliche. Ab dem 13. Lebensjahr dürfen Kinder mit Einwilligung der Sorgeberechtigten kindgerechte Arbeiten in täglich begrenzter Stundenzahl verrichten. Jugendliche (15–17 Jahre) dürfen nicht mehr als acht Stunden täglich und nicht mehr als 40 Stunden wöchentlich arbeiten. Samstags-, Sonntags- und Feiertagsarbeit, Beschäftigung mit gesundheitlich oder sittlich gefährdenden Arbeiten, Akkordarbeit u. a. sind verboten. Die Zeit zw. 20 Uhr und 6 Uhr ist arbeitsfrei, wobei für bestimmte Gewerbezweige (z. B. Gast- und Beherbergungswesen) begrenzte Ausnahmen zugelassen sind. Der jährl. Mindesturlaub beträgt im Alter bis zu 16 Jahren: 30, 17 Jahren: 27, 18 Jahren: 25 Werktage. – Ähnl. Vorschriften gelten in *Österreich* (Jugendbeschäftigungs-Ges. von 1987); in der *Schweiz* ist der J. teils durch Bundes-, teils durch kantonale Gesetze geregelt.

Der **Schutz der Jugend in der Öffentlichkeit und im Bereich der Medien,** d. h. der Schutz von Kindern (unter 14 Jahren) und Jugendlichen (14–17 Jahren) vor Gefahren für ihr körperl., geistiges und seel. Wohl, denen sie in ihrer Freizeit außerhalb von Familie, Schule und Arbeitsstätte und durch Medien (Trägermedien: Bücher, Filme, Videokassetten, CD-ROM u. a.) ausgesetzt sein können, wird durch das J.-Gesetz vom 23. 7. 2002, in Kraft seit 1. 4. 2003, geregelt. Das J.-Gesetz von 1985 und das Ges. über die Verbreitung jugendgefährdender Schriften und Medieninhalte wurden aufgehoben. Das J.-Gesetz beschränkt den Besuch von Kinos, Gaststätten, Spielhallen, den Genuss von Tabak und alkohol. Getränken, die Teilnahme an öffentl. Tanzveranstaltungen u. a. Tabakwaren dürfen danach nicht an Kinder und Jugendliche unter 16 Jahren verkauft werden. Computerspiele und Bildschirmspielgeräte müssen wie Filme mit einer Altersfreigabekennzeichnung versehen werden. Die Zuständigkeit der Bundesprüfstelle für ↗jugendgefährdende Medien (bisher Schriften) ist auf alle neuen Medien, mit Ausnahme des Rundfunks, erweitert worden. Gemeinsam mit dem J.-Gesetz ist der Jugendmedienschutz-Staatsvertrag der Länder in Kraft getreten, dessen Zweck der Schutz von Kindern und Jugendlichen vor Angeboten in elektron. Informations- und Kommunikationsdiensten (Rundfunk, Fernsehen, Internet) ist, die deren Entwicklung und Erziehung beeinträchtigen oder gefährden, die die Menschenwürde oder sonstige durch das StGB geschützte Rechtsgüter verletzen. Hier wird der J. bes. auf der Grundlage der freiwilligen Selbstkontrolle der Anbieter verwirklicht. – Ähnl. Bestimmungen gelten in *Österreich* und in der *Schweiz.*

Jugendschutzsachen, Strafsachen, die Straftaten Erwachsener an Kindern oder Jugendlichen oder Verstöße gegen Jugendschutz- oder Jugenderziehungsbestimmungen zum Gegenstand haben. Für J. sind neben den für allgemeine Strafsachen zuständigen Gerichten auch die Jugendgerichte zuständig.

Jugendsoziologie, Teilbereich der Soziologie, der sich mit den sozial bedingten Verhaltens- und Denkweisen der Jugend beschäftigt und ihre Interaktionen (auch zw. den ↗Generationen), Wertorientierungen und Verhaltensweisen untersucht. Die J. sieht Jugend als Phase des Verhaltenswechsels und Rollenübergangs an, wobei Kindheit und Erwachsenenalter meist als sich widersprechende soziale Bereiche verstanden werden und die Jugend als Übergangsstadium daher notwendig – v. a. aufgrund jugendl. Verhaltensunsicherheit, aber auch infolge unterschiedl. Rollenerwartungen seitens der Erwachsenen – zahlr. Konflikte für den Jugendlichen bringt. Eine wichtige Grundlage der J. bilden speziell jugendbezogene Erhebungen, in Dtl. seit den 1980er-Jahren bes. die Jugendstudien des Jugendwerkes der Dt. Shell (zuletzt »Jugend 2002«; 14. Shell-Jugendstudie).

vgl. Jugend.

Jugendstil, dt. Bez. einer internat. Stilrichtung von etwa 1890 bis 1914, die in Frankreich und Belgien *Art nouveau,* in England *Modern Style,* in Österreich *Sezessionsstil* genannt wird. – Der J., benannt nach der Münchner Ztschr. »Jugend« (1896–1940), ist als Bewegung gegen das historisierenden Stile des 19. Jh. entstanden. Er suchte nach neuen Formen, die alle Bereiche der Kunst und des Lebens durchdringen sollten (Aufhebung der Grenzen zw. den Künsten). Die Form eines Gegenstandes wurde aus den Gegebenheiten seines Materials und seiner Funktion entwickelt. Materialgerechtigkeit wurde zur Forderung. Zu den Formbesonderheiten zählen Flächenhaftigkeit und Betonung der Linie als dynamisch bewegtes Ausdrucksmittel, der sich eine vegetative Ornamentik unterordnet. Den Weg bereiteten W. Morris und die Arts-and-Crafts-Bewegung in England. Von besonderer Bedeutung für den J. war die engl. Buchkunst, die mit A. Beardsley ihren Höhepunkt erreichte.

In *Frankreich* entwickelten É. Bernard und Gauguin, angeregt von japan. Farbholzschnitten, einen umrissbetonten Flächenstil. Durch die Plakate von Toulouse-Lautrec wurde der neue Stil populär. In der Architektur trat H. Guimard hervor. Ein Bahnbrecher auf dem Gebiet der Glaskunst war É. Gallé. Schmuck, Möbel und Glasfenster entwarfen G. de Feure, É. Gaillard, R. Lalique und der Tscheche A. Mucha, der sich auch als Plakatkünstler verdient machte. – In *Belgien* trafen die Einflüsse von England und Frankreich zusammen; der einflussreichste Künstler der Jh.wende wurde H. van de Velde; bed. Architektur- und Innenarchitekturleistungen von V. Horta und P. Hankar. – In *Deutschland* erfolgte der Aufbruch in München, wo u. a. F. von Stuck, O. Eckmann, H. Obrist, A. Endell, R. Riemerschmid wirkten. Darmstadt wurde durch die Gründung einer Künstlerkolonie auf der Mathildenhöhe, der u. a. H. van de Velde und P. Behrens angehörten, ein weiteres Zentrum. – Der *österr.* J. war an Wien gebunden; zentrale Figur war der Maler G. Klimt. – Zu den bedeutenden Malern des J. gehören v. a. der Norweger E. Munch und der Schweizer F. Hodler. Überragende Persönlichkeiten des J. sind ferner der Architekt A. Gaudí in Spanien, der Glaskünstler L. C. Tiffany in den USA, der Goldschmied P. C. Fabergé in Russland.

In der *Literatur* bezieht sich der Begriff J. vorwiegend auf die literar. Kleinform, bes. auf die Lyrik (v. a. O. J. Bierbaum, E. von Wolzogen, R. Dehmel, A. Mombert, E. Stucken) um die Jahrhundertwende, jedoch auch auf die Dichtungen von S. George, R. M. Rilke, H. von Hofmannsthal, E. Lasker-Schüler und G. Heym, soweit sie in dieser Zeit entstanden.

Jugendstrafe, die einzige Kriminalstrafe des Jugendstrafrechts (§§ 17 ff. JGG). J. wird verhängt, wenn wegen der schädl. Neigungen des Jugendlichen Erziehungsmaßregeln oder Zuchtmittel nicht ausreichen oder wenn wegen der Schwere der Schuld Strafe erforderlich ist. Die J. besteht in einem nach erzieher. Grundsätzen ausgestalteten Freiheitsentzug in einer Jugendstrafanstalt. Die Dauer der J. beträgt mindestens sechs Monate, höchstens fünf, bei schwersten Verbrechen zehn Jahre.

Jugendstrafrecht, das für Jugendliche (14- bis 17-Jährige) und z. T. auch für Heranwachsende (18- bis 20-Jährige) geltende Straf- und Strafprozessrecht; es weicht in wesentl. Grundsätzen vom allg. Strafrecht ab. In *Dtl.* beginnt nach dem Jugendgerichts-Ges. (JGG) vom 11. 12. 1974 die strafrechtl. Verantwortlichkeit mit der Vollendung des 14. Lebensjahres, wenn der Jugendliche z. Z. der Tat nach seiner sittl. und geistigen Entwicklung reif genug ist, das Unrecht der Tat einzusehen und nach dieser Einsicht zu handeln. Auf Heranwachsende wird das J. trotz zivilrechtl. Volljährigkeit angewendet, wenn der Täter z. Z. der Tat nach seiner sittl. und geistigen Entwicklung noch einem Jugendlichen gleichstand oder es sich bei der Art der Tat um eine Jugendverfehlung handelt (§ 105 JGG). Die Straftat soll in erster Linie durch Erziehungsmaßregeln (Erteilung von Weisungen, Verpflichtung zur Inanspruchnahme von Hilfe zur Erziehung, z. B. durch ↗ Erziehungsbeistandschaft) geahndet werden; wenn diese nicht ausreichen, wird die Straftat mit ↗ Zuchtmitteln (Verwarnung, Erteilung von Auflagen, ↗ Jugendarrest; gemäß Einigungsvertrag nicht in den neuen Bundesländern) oder mit ↗ Jugendstrafe geahndet. Über Verfehlungen Jugendlicher entscheiden die Jugendgerichte als besonderer Zweig der ordentlichen Gerichtsbarkeit: nach der Schwere des Falles das Amtsgericht, und zwar der Strafrichter als Jugendrichter oder das Jugendschöffengericht (Besetzung: ein Jugendrichter, zwei Jugendschöffen) oder am Landgericht die Jugendkammer. Letztere besteht als kleine Jugendkammer (ein Jugendrichter, zwei Jugendschöffen; Berufungsinstanz gegen Urteile des Jugendrichters) oder als große Jugendkammer (zwei oder drei Jugendrichter und zwei Jugendschöffen; bes. als Berufungsinstanz gegen Urteile des Jugendschöffengerichts oder anstelle des Schwurgerichts erstinstanzlich bei schweren Delikten Jugendlicher). Das Verfahren vor dem Jugendgericht ausschl. gegen Jugendliche ist nicht öffentlich. Im Jugendstrafverfahren wirkt die ↗ Jugendgerichtshilfe mit. Im Vor- und Hauptverfahren besteht die Möglichkeit, von der Strafverfolgung abzusehen und das Verfahren einzustellen, wenn eine Ahndung entbehrlich erscheint und andere Maßnahmen Erfolg versprechen (§§ 45, 47 JGG). – In *Österreich* (JGG von 1988) und der *Schweiz* (Art. 82–100 StGB) gelten, mit einzelnen Abweichungen, ähnl. Grundsätze wie in Dtl.; das J. wird jedoch nicht auf Heranwachsende angewendet. – Abb. S. 2298

Jugend- und Auszubildendenvertretung, innerbetriebl. Vertretung für jugendl. Arbeitnehmer, die gemäß §§ 60 ff. Betriebsverfassungs-Ges. in Be-

Jugendstil

1 Antonio Gaudí, Casa Milà in Barcelona (1905–10)
2 Tischschränkchen mit Emaildekor von Johanna Maria Hollmann (um 1905; Wien, Österreichisches Museum für Angewandte Kunst) **3** Titelblatt der Zeitschrift »Jugend« (1896, gestaltet von Bruno Paul) **4** Peter Behrens, »Der Kuss«, Farbholzschnitt (1898; Darmstadt, Museum Künstlerkolonie)
5 Émile Gallé, Vase mit Blatt-Blütendekor, farbloses Glas, überfangen und geätzt (um 1900; Privatsammlung)

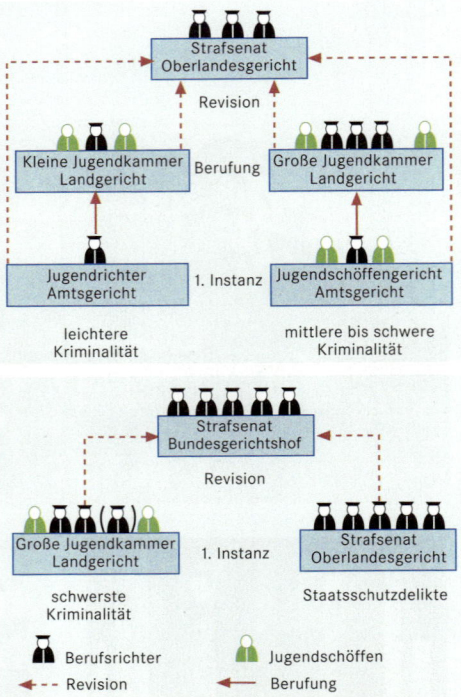

Jugendstrafrecht: Schema des Instanzenweges bei erstinstanzlicher Zuständigkeit des Amtsgerichts (oben) und Schema des Instanzenweges bei erstinstanzlicher Zuständigkeit des Landgerichts bzw. des Oberlandesgerichts

trieben mit mindestens fünf Arbeitnehmern, die noch nicht 18 sind oder die zu ihrer Ausbildung beschäftigt sind und das 25. Lebensjahr noch nicht vollendet haben, zu wählen ist. Die Vertretung kann an allen Sitzungen des Betriebsrates teilnehmen.

Jugendverbände, überregionale Zusammenschlüsse von Jugendbünden und -organisationen. Die Anfänge der großen J. reichen z. T. ins 18./19. Jh. zurück; eine Umprägung erfuhren sie seit etwa 1910 (↗ Jugendbewegung). Die J. sind vielfach zu **Jugendringen** zusammengeschlossen, deren Dachorganisation in Dtl. der Dt. Bundesjugendring (gegr. 1949; Sitz: Bonn) ist.

Jugendweihe, nicht religiöse oder freireligiöse Weihehandlung an Stelle der Konfirmation, 1859 vom »Bund freireligiöser Gemeinden« eingeführt, im 20. Jh. von versch. anderen Verbänden übernommen. – In der *DDR* 1955 als offizieller Festakt nach 8-jährigem Schulbesuch (14./15. Lebensjahr) eingeführt, war die J. als atheist. Alternativfeier zur Konfirmation mit einem Gelöbnis zum Staat und zum Sozialismus verbunden; seit 1990 ohne Gelöbnis weiterhin verbreitet.

Jugendzentren, i. w. S. die von Kommunen getragenen Einrichtungen der Jugendsozialarbeit, die für die Freizeitgestaltung von Kindern und Jugendlichen zur Verfügung stehen (auch **Jugendhaus, Jugendtreff** gen.); i. e. S. **(autonome J.)** die von Jugendlichen selbst betriebenen und unabhängigen Freizeiteinrichtungen.

Juglar [ʒyˈglaːr], Clément, frz. Volkswirtschaftler, * Paris 15. 10. 1819, † ebd. 28. 2. 1905; bis 1848 Arzt; schuf mit der Entdeckung von Konjunkturzyklen (**J.-Zyklus**) Voraussetzungen für die Konjunkturforschung (↗ Konjunktur).

Jugoslawi|en, 1) nach dem Ersten Weltkrieg entstandener und bis 1991/92 bestehender Bundesstaat in SO-Europa, umfasste die Teilrep. ↗ Serbien (mit den Prov. ↗ Kosovo und ↗ Wojwodina), ↗ Montenegro, ↗ Kroatien, ↗ Slowenien, ↗ Bosnien und Herzegowina sowie ↗ Makedonien, grenzte im N an Österreich und Ungarn, im O an Rumänien und Bulgarien, im S an Griechenland und Albanien, im W an das Adriat. Meer und Italien.

Geschichte: Das Gebiet J.s gehörte bis 1918 zu Österreich-Ungarn, zum Osman. Reich oder zum Königreich Serbien. Im Anschluss an die »Deklaration von Korfu« (1917), die die polit., religiöse und kulturelle Gleichberechtigung der drei Staatsnationen zur Grundlage des zu errichtenden Königreichs machte, erklärte der am 6. 10. 1918 in Agram (Zagreb) gebildete Nationalrat am 29. 10. 1918 die Loslösung Kroatiens von Österreich-Ungarn, der Nationalrat von Bosnien und Herzegowina schloss sich am 30. 10. an, die montenegrin. Volksversammlung verkündete am 19. 11. den Anschluss an das Königreich Serbien. Der serb. Thronfolger Alexander I. Karadjordjević proklamierte am 1. 12. 1918 im Namen König Peters I. das **Königreich der Serben, Kroaten und Slowenen** (»Kraljevina SHS«), das durch die Pariser Vorortverträge (1919) um die südl. Steiermark, das westl. Banat sowie vormals bulgar. Gebiet vergrößert wurde. Dagegen kamen 1919 Rijeka (italien. Fiume), 1920 Triest und das ehem. österr. Küstenland, das westl. Krain, die dalmatin. Stadt Zadar (italien. Zara) und die Insel Lastovo (italien. Lagosta) an Italien. Der Führungsanspruch der Serben in dem neuen Staat wurde durch die zentralist. Verf. von 1921 durchgesetzt, doch der (1929 in **Königreich J.** umbenannte) Staat blieb infolge der wirtsch. und sozialen Probleme und v. a. der Opposition der Kroaten (Bauernpartei) politisch instabil. Die durch das Attentat auf Abg. der Bauernpartei am 20. 6. 1928 im Belgrader Parlament offen ausgebrochene Staatskrise suchte Alexander (König seit 1921) durch Übergang zur »Königsdiktatur« zu lösen (autoritäre Verf. von 1931). Nachdem Alexander in Marseille 1934 von kroat. und makedon. Nationalisten (IMRO) ermordet worden war, übernahm Prinzregent Paul die Regentschaft für den minderjährigen König Peter II. Den einzigen Rückhalt gegen die italien. Einkreisungspolitik bildete die Zugehörigkeit zur ↗ Kleinen Entente und der Freundschaftsvertrag mit Frankreich (1927). Die Weltwirtschaftskrise brachte eine engere wirtsch. Zusammenarbeit zw. J. und Dtl. (Handelsvertrag 1934) und eine Aushöhlung des frz. Bündnissystems in SO-Europa, die zum Freundschaftsvertrag mit Bulgarien und zu einem Nichtangriffspakt mit Italien (1937) führten.

Bei Beginn des Zweiten Weltkriegs neutral, konnte sich J. dem wirtsch. und polit. Gewicht Dtl.s in SO-Europa nicht entziehen. Am 25. 3. 1941 trat J. dem Dreimächtepakt bei. Am 27. 3. 1941 wurde die Reg. Cvetković durch General D. Simović gestürzt. Hitler beschloss daraufhin, durch Ausweitung der geplanten Operation gegen Griechenland J. zu zerschlagen (Angriff der Achsenmächte 6.–17. 4.). Bis auf Serbien, das der dt. Militärverwaltung unterstellt wurde, und den von den rechtsextremen Ustascha am 10. 4. proklamierten **Unabhängigen Staat Kroatien** wurde das jugoslaw. Territorium unter Italien, Dtl., Ungarn und Bulgarien aufgeteilt. Der Widerstand setzte seitens der Četnici unter D. Mihailović bereits im Mai 1941 ein. Nach dem dt. Angriff auf die UdSSR (Juni 1941) versuchten die Kommunisten unter Tito, sich an die Spitze des Widerstands zu stellen. Seit Nov. 1941 bekämpften sich königstreue und kommunist. Partisanen; allmählich verwirrten sich die Fronten durch die Überlagerung mit den lange schwelenden ethn. Konflikten zu einem Kampf aller gegen alle mit militärisch nicht zu begründenden Gräueltaten.

Der »Antifaschist. Rat der Nat. Befreiung J.s« (AVNOJ) bildete im Nov. 1943 eine provisor. Regierung. Zw. Tito und dem Chef der jugoslaw. Exilreg. in London, J. Šubašić, kam es zur Einigung über ein Koalitionskabinett (Nov. 1944). Am 10. 8. 1945 wurde der AVNOJ in ein provisor. Parlament umgewandelt, das durch Gesetze über Bodenreform und Konfiskation »feindl.« Vermögens entscheidend in die wirtsch. und gesellschaftl. Struktur eingriff. Die Königsfamilie ging ins Londoner Exil. Die kommunist. Volksfront erreichte am 11. 11. 1945 88 % der Stimmen bei den Wahlen zur verfassunggebenden Versammlung, die am 29. 11. die Rep. ausrief. Bei der Umgestaltung des Landes – nach der Verf. vom 31. 1. 1946 **Föderative Volksrepublik J.** (FVRJ) – kam es zur Verfolgung der Četnici und Ustascha-Mitgl. sowie zur Vertreibung der Deutschen (v. a. in Slawonien). Die nat. Frage sollte durch die Schaffung von sechs Teilrepubliken, der Autonomen Prov. Wojwodina und des Autonomen Gebiets Kosovo-Metohija gelöst werden. In den Friedensverträgen von Paris (10. 2. 1947, mit Italien, Ungarn und Bulgarien) wurde das Staatsgebiet von 1941 wiederhergestellt und um die italien. Besitzungen in Istrien und Dalmatien vergrößert. Die Triestfrage wurde 1954 (endgültig 1975) gelöst.

Obwohl J. zunächst zum Ostblock gehörte, kam es im Frühjahr 1948 wegen sowjet. Einmischungen in die Innenpolitik zum jugoslawisch-sowjet. Konflikt. Dem ideolog. und polit. Druck der UdSSR setzte J. ein eigenes Sozialismusmodell entgegen (/ Titoismus). Durch amerikan. Wirtschaftshilfe, zahlr. Kontakte zum Westen und Zusammenarbeit mit den blockfreien Staaten (Balkanpakt) suchte J. seine unabhängige Politik nach außen abzusichern. Die von Chruschtschow 1955 herbeigeführte Aussöhnung mit J. war nach der sowjet. Intervention in Ungarn (Okt. 1956) und nach dem Einmarsch von Warschauer-Pakt-Truppen in die ČSSR (Aug. 1968) vorüberge-

hend erneuten Spannungen ausgesetzt. J., das nach 1963 (neue Verf.) den Namen **Sozialist. Föderative Republik J.** (SFRJ) führte, wurde nach dem Sturz des langjährigen Innenmin. und Chefs der Geheimpolizei A. Ranković (Juli 1966) zunehmend dezentralisiert; dennoch flammten die nat. Spannungen wiederholt auf (z. B. »kroat. Frühling« 1971). Mit der Verf. vom 21. 2. 1974 wurden Selbstverwaltung und Föderalismus weiter ausgebaut. Nach dem Tod Titos (1980), der die Einigkeit und Unabhängigkeit des Vielvölkerstaats J. verkörperte, wechselten sowohl der Vorsitz im Präsidium der Rep. als auch im Bund der Kommunisten J.s (BdKJ) im jährl. Turnus. Der seit 1981 schwelende Nationalitätenkonflikt im Kosovo (zu 90 % von Albanern bewohnt) verschärfte sich seit 1988 zunehmend (Verfassungskrise, drast. Einschränkung [März 1989] und Aufhebung der formellen Autonomie [Juli 1990]). Die akute Wirtschaftskrise führte Ende 1988 zum Rücktritt der Reg. unter dem Serben B. Mikulić; dem neuen (kroat.) MinPräs. (bis Dez. 1991) A. Marković gelang der beabsichtigte Wirtschaftsumbau auf marktwirtsch. Grundlage nur ansatzweise. Der Reformkurs (Marktwirtschaft, pluralist. Demokratie) der wirtsch. am weitesten entwickelten Teilrepubliken Slowenien und Kroatien, der 1988/89 zur Spaltung des BdKJ (endgültig Febr. 1990), 1989/90 zur verstärkten nat. Eigenständigkeit der beiden Teilrepubliken führte, wurde v. a. von Serbien bekämpft. Nach wachsenden Spannungen zw. den sechs Teilrepubliken und mehreren ergebnislosen innerjugoslaw. Krisengipfeln erklärten Slowenien und Kroatien ihre volle nat. Eigenexistenz (26. 6. 1991; unter EG-Vermittlung später bis zum 7. 10. 1991 ausgesetzt; seit 15. 1. 1992 internat. anerkannt) und leiteten damit die Auflösung des alten J. ein. Am 14. 10. 1991 erklärte auch Bosnien und Herzegowina seine Souveränität, am 20. 11. 1991 Makedonien (aufgrund grch. Einspruchs erst im April 1993 internat. anerkannt). Die anfängl. Weigerung Serbiens, den Zerfall des bisherigen J. anzuerkennen, und der anschließende Versuch, alle serb. Siedlungsgebiete zu einem (groß-)serb. Staat zusammenzuschließen, sowie die ethn. Konflikte (Nationalitätenfrage) führten stufenweise zu krieger. Auseinandersetzungen, zunächst in Slowenien (Juli 1991), danach in Kroatien (Juli–Dez. 1991/Jan. 1992). In Bosnien und Herzegowina kam es 1992–95 zu einem blutigen Bürgerkrieg. Am 27. 4. 1992 bildeten Serbien und Montenegro die neue Bundesrepublik ⁄ Jugoslawien (am 14. 3. 2002 Abkommen zur Neuregelung ihres Verhältnisses in einem neuen Staat ⁄ Serbien und Montenegro; in Kraft seit 4. 2. 2003).

2) (Föderative Republik J.), 1992–2003 bestehender Bundesstaat in SO-Europa, umfasste die Teilrep. ⁄ Serbien und ⁄ Montenegro; grenzte im N an Ungarn, im O an Rumänien und Bulgarien, im S an die Rep. Makedonien, an Albanien und das Adriat. Meer, im W an Bosnien und Herzegowina sowie an Kroatien.

Staat und Recht: Nach der Verf. vom 27. 4. 1992 (2000 revidiert) war J. eine die Teilrepubliken Serbien und Montenegro umfassende Bundesrep. Die Legislative lag beim Zweikammerparlament (Bundesversammlung, Legislaturperiode 4 Jahre), bestehend aus dem Rat der Bürger (138 direkt gewählte Abg.) und dem Rat der Rep. (40 Mitgl., je zur Hälfte von den Parlamenten der Teilrep. ernannt). Staatsoberhaupt war der von der Bundesversammlung für 4 Jahre gewählte Präs. Die Exekutivgewalt lag bei der Reg. unter Vorsitz des MinPräs. (vom Präs. nominiert und von beiden Kammern mit absoluter Mehrheit gewählt). Die beiden Teilrep. verfügten über eigene Gesetzgebungs- und Vollzugsorgane.

Geschichte: Nach dem stufenweisen Zerfall des 1945/46 unter sozialist. Vorzeichen errichteten J. vereinbarten Serbien und Montenegro am 12. 2. 1992 im Abkommen von Titograd (heute Podgorica) den Zusammenschluss zu einem neuen jugoslaw. Staat (am 22. 2. 1992 durch die Parlamente beider Teilrepubliken gebilligt; am 1. 3. 1992 in Montenegro durch ein Referendum bestätigt). Mit In-Kraft-Treten der Verf. erfolgte am 27. 4. 1992 die Proklamation der (neuen) Bundesrep. J. Staatspräs. wurde im Juni 1992 D. Ćosić, im Juni 1993 Z. Lilić (bis 1997). Stärkste polit. Kraft in beiden Teilrepubliken wurden zunächst die Sozialisten (bestätigt bei den Parlamentswahlen von 1992 und 1996); als lange Zeit dominierender Politiker profilierte sich S. Milošević, 1989–97 Präs. der Teilrepublik Serbien, Juli 1997–Okt. 2000 Präs. J.s. MinPräs. der jugoslaw. Bundesrepublik: 1992–93 M. Panić, 1993–98 R. Kontić, 1998–2000 Momir Bulatović, 2000–2001 Zoran Žižić, ab 2001 Dragiša Pesić.

Unter dem bestimmenden Einfluss v. a. von Milošević unterstützte J. politisch und wirtsch. zunächst die bosn. Serben in Bosnien und Herzegowina, brach jedoch unter dem Druck von Sanktionen der UNO und der EU (seit 1992, ausgesetzt 1995) im Aug. 1994 diese Hilfe ab. Im Abkommen von Dayton (Nov. 1995) musste Milošević schließlich nach internat. Druck seine großserb. Ambitionen aufgeben und dem Verbleiben der bosn. Serben im kompliziert austarierten zweigeteilten Staat Bosnien und Herzegowina zustimmen. Nach der gegenseitigen Anerkennung J.s und der früheren Teilrepubliken J.s (1995/96) erkannten die EU-Staaten die neue Bundesrep. J. an. Ab Mai/Juni 1998 eskalierten die nat. Gegensätze im Kosovo zu einem Bürgerkrieg mit massiven Flüchtlingsbewegungen und zu einer internat. Krise. Das Eingreifen der NATO (1999) vermochte allerdings der Vertreibungen nicht zu stoppen. Die Wahl von V. Koštunica (DOS) führte zur »friedl. Revolution« (5. 10.) und zum Sturz von Milošević; J. wurde vollberechtigtes Mitgl. des Balkanstabilitätspakts (26. 10. 2000) sowie der UNO (1. 11.) und der OSZE (27. 11.). Die Beziehungen zw. Serbien und Montenegro wurden unter EU-Vermittlung (2002) vertraglich neu geregelt und Anfang Febr. 2003 J. als Staat offiziell aufgelöst (Nachfolgeföderation: ↗ Serbien und Montenegro).

Jugoslawi|endeutsche, Sammelname für alle im früheren Jugoslawien, hauptsächlich nördlich von Save und Donau lebenden Deutschen (1931: etwa 500 000), überwiegend Bauern; Katholiken; bildeten nach Herkunft (Zuwanderer im MA., dt. Kolonisten der Neuzeit) und Wohngebieten (Batschka, Banat, Sirmien, Baranja, Gottschee) versch. Gruppen. Nach Umsiedlungen, Deportationen zur Zwangsarbeit in die UdSSR (ab Ende 1944), Vertreibung und Vernichtung 1945–48 (Internierungslager, Massaker) nur noch eine unbedeutende Minderheit.

Jugulum [lat.] *das, Anatomie:* Drosselgrube, natürl. Einsenkung an der Vorderseite des Halses zw. den Halsmuskeln, der Schultermuskulatur und dem Schlüsselbein.

Jugurtha, König von Numidien, *nach 160 v. Chr., †Rom 10. 1. 104 v. Chr.; führte den **Jugurthin. Krieg** mit Rom (112–105 v. Chr.), wurde 105 von Marius besiegt und 104 im Triumph durch Rom geführt.

Juhnke, Harald, eigtl. Harry Heinz Herbert J., Schauspieler und Entertainer, *Berlin 10. 6. 1929; Serienstar und Entertainer in Fernseh- und Bühnen-

Harald Juhnke

shows (Sketchreihe »Harald & Eddi«, seit 1987, zus. mit Eddi Arent), aber auch in Bühnenrollen, bes. in Boulevardstücken und Musicals.

Juilliard String Quartet [ˈdʒuːliəːd strɪŋ kwɔːˈtet], 1946 gegründetes Streichquartett der Juilliard School of Music in New York; heute mit Joel Smirnoff (*1950, 1. Violine), Ronald Copes (*1950, 2. Violine), Samuel Rhodes (*1941, Viola) und Joel Krosnick (*1941, Violoncello).

Juist [jyːst], eine der Ostfries. Inseln, Ndsachs., 16,4 km², aus Dünen aufgebaut; die schmale Insel muss durch Kunstbauten gegen die Nordsee geschützt werden. Bildet die Gemeinde J. (1 700 Ew.) im Landkr. Aurich; Nordseeheilbad; Küstenmuseum.

Juiz de Fora [ˈʒuiz di -], Stadt im S von Minas Gerais, Brasilien, 385 700 Ew.; Erzbischofssitz; Univ.; Zentrum der brasilian. Wirkwarenind., Eisengießerei.

Jùjú [dʒudʒu; afrikan.], eine der Hauptformen der populären Musik Westafrikas, entstand in den 1920er-Jahren hauptsächlich in Nigeria als Straßen- und Tanzmusik aus Elementen der traditionellen Musik, der Trommelsprache und Kultur der Yoruba. J. geht zurück auf Preis- und Lobgesänge, ausgeführt mit afrikan. Trommeln und Gitarre oder Akkordeon als Melodieinstrument, und wurde Anfang der 80er-Jahre durch King Sunny Adé (*1946, Gitarre, Gesang) und seine African Beats auch internat. bekannt.

Jujube [frz.] *die* (Ziziphus), strauch- und baumartige Gattung der Kreuzdorngewächse mit rundl., dattelähnl., süßl. Steinfrüchten.

Jujutsu [japan., eigtl. »sanfte Kunst«] *das* (in Österreich Jujitsu), waffenloses Selbstverteidigung japan. Ursprungs, deren Entstehung bis ins Altertum zurückreicht. Ziel des J. ist es, mit möglichst geringem Krafteinsatz und unter Ausnutzung der Bewegung und Kraft des Gegners widerrechtl. Angriffe erfolgreich abzuwehren. Hierbei werden Schlag-, Tritt-, Stoß-, Hebel-, Würge- und Wurftechniken angewandt. In Dtl. wurde 1968/69 das damalige **Jiu-Jitsu** (erste Jiu-Jitsu-Schule 1906 in Berlin) zum modernen J. umgestaltet und die besten Techniken aus ↗ Judo, ↗ Karate, ↗ Taekwondo, ↗ Aikido und Jiu-Jitsu zum neuen J.-System zusammengefasst.

Jukagiren, altsibir. Volk, das in zwei sprachlich und kulturell unterschiedl. Gruppen zw. den Unterläufen der Kolyma und Alaseja (**Odul**) sowie an der oberen Kolyma (**Tschuwanen**) lebt; etwa 1 140 Menschen; Rentierzüchter, Fischer und Jäger.

Jul: Julbock

Jul [altnord. jol] *das* (Julfest), altgerman. Feier der Wintersonnenwende; später mit dem christl. Weihnachtsfest verschmolzen. Besondere Bräuche sind noch in Skandinavien, Großbritannien und Nord-Dtl. der **Julblock,** ein brennender großer Holzklotz, der **Julbock,** meist eine aus Stroh hergestellte Bockgestalt, und der **Julklapp,** ein Scherzgeschenk, das mit dem Ruf »Julklapp« ins Zimmer geworfen wird.

Juli [lat. nach Julius Caesar] *der* (veraltet: Heumonat, Heuert), der 7. Monat des Jahres, mit 31 Tagen; im altröm. Kalender vor J. Caesar als **Quintilis** der 5. Monat.

Julia (lat. Iulia), **1)** Tochter des Kaisers Augustus, *39 v. Chr., †Rhegium 14 n. Chr.; in 3. Ehe mit Augustus' Stiefsohn Tiberius vermählt, wurde wegen ihres Lebenswandels, z. T. auch aus polit. Gründen, von Augustus 2 v. Chr. aus Rom verbannt.

2) J. Domna, röm. Kaiserin, *Emesa (heute Homs, Syrien) um 170, †Antiochia 217; zweite Frau des Kaisers Septimius Severus, Mutter der Kaiser Caracalla und Geta. Sie war hochgebildet, besaß großen Einfluss am kaiserl. Hof und führte während der Kriegszüge des Caracalla die Regierung. Nach dessen Ermordung schied sie freiwillig aus dem Leben.

Julian, eigtl. Flavius Claudius Iulianus, röm. Kaiser (361–363), von den Christen Apostata (»Abtrünniger«) genannt, *Konstantinopel 331, †Maranga am Tigris 26. 6. 363; schlug 357 die Alemannen bei Straßburg; 360 zum Augustus ausgerufen, 361 Alleinherrscher. J., der sich seit 361 offen zum Heidentum bekannte, suchte dem Christentum ein im neuplaton. Geist erneuertes Heidentum entgegenzustellen.

Juliana, Königin der Niederlande (1948–80), *Den Haag 30. 4. 1909; Tochter der Königin Wilhelmina, ∞ seit 1937 mit Prinz Bernhard zur Lippe-Biesterfeld, während des Zweiten Weltkriegs 1940–45 im Exil (Großbritannien, Kanada); dankte 1980 zugunsten ihrer Tochter ↗ Beatrix ab.

Julianehåb [-hɔːb], Stadt in Grönland, ↗ Qaqortoq.

julianischer Kalender, ↗ Kalender.

julianisches Datum, Abk. **j. D.** auch **J. D.,** nach einem Vorschlag von J. Scaliger aufgestellte durchlaufende Tageszählung. Das j. D. wird in der Astronomie verwendet, da mit ihm leicht Zeitdifferenzen gebildet werden können, die mehrere Jahre umfassen. Nullpunkt ist der 1. 1. 4713 v. Chr. 12^h Weltzeit (= 13^h MEZ). Im Internationalen Geophysikal. Jahr (1957/58) wurde das **modifizierte j. D.** (Abk. **m. j. D., M. J. D.**) mit dem Nullpunkt am 17. 11. 1858 0^h Weltzeit (= 2 400 000,5 j. D.) eingeführt, das gelegentlich in der Astronautik verwendet wird.

Jülich, 1) Stadt im Kr. Düren, NRW, an der Rur, 32 600 Ew.; Abteilung der FH Aachen, Forschungszentrum J.; Papier- und Verpackungsind., Zuckerfabrik, Textilindustrie. – J., das röm. **Iuliacum,** wurde im 13. Jh. Stadt, nach Brand 1547 als Renaissance-Idealstadt neu geplant zur Residenzstadt, seit 1614 Hptst. von J.-Berg; 1815 an Preußen. 1944 fast völlig zerstört; wieder aufgebaut wurden die Zitadelle mit dem Ostflügel des Schlosses und das Rurtor.

2) ehem. Grafschaft, entstand aus dem fränk. J.-Gau; 1356 zum Herzogtum erhoben; gewann 1346 durch Heirat Ravensberg, 1348 auch ↗ Berg; 1423 fiel Berg-Ravensberg an die Hauptlinie J.-Berg zurück. Seit 1511 Personalunion mit Kleve, kam 1614 an Pfalz-Neuburg (seit 1777 in Personalunion mit Bayern vereinigt), 1815 an Preußen (Rheinprovinz).

Jülich-Klevescher Erbfolgestreit, Ansprüche auf das Erbe des Jülich-Kleveschen Herzogshauses nach dessen Aussterben 1609, erhoben v. a. von Sachsen, Brandenburg, Pfalz-Neuburg und Pfalz-Zweibrücken, die zu internat. Verwicklungen führten (im Vorfeld des Dreißigjährigen Krieges). Durch den Vergleich von Xanten 1614 erhielt Brandenburg: Kleve, Mark, Ravensberg und Ravenstein, Pfalz-Neuburg: Jülich und Berg. Spätere Verträge (Düsseldorf 1624, Kleve 1666) bestätigten im Wesentl. den Xantener Vertrag.

Juli|er *der,* Alpenpass in Graubünden, Schweiz, zw. dem Oberhalbstein und Oberengadin (↗ Alpenstraßen, Übersicht).

Juli|er (lat. Gens Iulia), altröm. Patriziergeschlecht mit dem Gentilnamen Julius (lat. Iulius); ihm gehörten Caesar an sowie sein Adoptivsohn Gaius Octavius (↗ Augustus), der Gründer des julisch-claud. Kaiserhauses, das 27 v. Chr. bis 68 n. Chr. den Thron innehatte.

Juli|et, ein Mond des Planeten ↗ Uranus.

Julikäfer (Anomala dubia), 12–15 mm langer, blauer oder grüner Blatthornkäfer mit hellbraunen Flügeldecken.

Julikönigtum, Bez. für die Regierungszeit des frz. Königs Louis Philippe (1830–48), der durch die Julirevolution an die Macht gekommen war.

Julikrise, durch das Attentat von Sarajevo (28. 6. 1914) ausgelöste internat. Krise, die über die österr. Kriegserklärung an Serbien (28. 7. 1914) zum Ersten Weltkrieg führte.

Juliana, Königin der Niederlande

Julische Alpen bei Kranjska Gora

Juliordonnanzen, von Karl X. von Frankreich am 25. 7. 1830 unterzeichnete verfassungswidrige Verordnungen (u. a. Aufhebung der Pressefreiheit, Wahlrechtsänderung), führten zur ↗ Julirevolution.

Juliputsch, nat.-soz. Umsturzversuch in Österreich, mit Wissen dt. offizieller Stellen am 25. 7. 1934 unternommen, eingeleitet durch den Überfall österr. SS-Angehöriger auf das Bundeskanzleramt, bei dem der Bundeskanzler E. Dollfuß ermordet wurde. Nach der Niederschlagung des J. wurden 13 Putschisten durch Militärgerichtsurteile hingerichtet.

Julirevolution, Erhebung der Pariser Bev. vom 27. bis 29. 7. 1830, Höhepunkt des Konflikts zw. der bourbon. Restauration und der liberalen Kammermehrheit, ausgelöst durch die ↗ Juliordonnanzen. Die J. führte zum Sturz Karls X. und zur Thronbesteigung des »Bürgerkönigs« Louis Philippe sowie zu revolutionären Erhebungen und verfassungsstaatl. Bestrebungen im übrigen Europa.

Julische Alpen, Teil der Südl. Kalkalpen, Slowenien, NW-Teil in Italien, im Triglav, dem höchsten

Carl Gustav Jung

Ernst Jünger

Berg Sloweniens, 2 864 m ü. M.; Fremdenverkehrsgebiet.

Julius, Herrscher:
Braunschweig: **1) J.,** Herzog (1568–89), *Wolfenbüttel 29. 6. 1528, †ebd. 3. 5. 1589; führte die Reformation ein; gründete 1576 die Univ. Helmstedt.
Würzburg: **2) J. Echter von Mespelbrunn,** Fürstbischof (1573–1617), *Schloss Mespelbrunn 18. 3. 1545, †Würzburg 13. 9. 1617; gründete 1576 das Juliusspital und 1582 die Univ. in Würzburg; führte mithilfe der Jesuiten die Gegenreformation in Würzburg, Bamberg und Fulda durch. Seine Bautätigkeit war kunstgeschichtlich stilbildend (»Juliusstil«).
Julius II., Papst (1503–13), eigtl. Giuliano della Rovere, *Albissola (bei Savona) 1443, †Rom 21. 2. 1513; Politiker, Staatsmann, Feldherr und Mäzen; sicherte und erweiterte durch geschickte Interessen- und Bündnispolitik die Machtpositionen des Kirchenstaates nach innen und außen; erreichte die Rückgabe verlorener Gebiete (Teile der Romagna); berief 1511 gegen das Konzil von Pisa das 5. Lateran-konzil ein; förderte die Künste (Bramante, Michelangelo, Raffael).

Julius|turm, 1) Festungsturm in Spandau, in dem bis 1914 gemünztes Gold im Werte von 120 Mio. Mark (aus der frz. Kriegsentschädigung von 1871) als Reichskriegsschatz aufbewahrt wurde.
2) Bez. für die zw. 1952 und 1956 bei der Dt. Bundesbank für den Aufbau der Bundeswehr zurückgestellten Kassenüberschüsse des Bundes, die zeitweilig (1956) über 7 Mrd. DM betrugen; ab 1957 in den Bundeshaushalt übernommen, bis Ende 1959 ausgegeben.

Julklapp *der,* ↗ Jul.
Jullundur [dʒəˈlʌndə], Stadt in Indien, ↗ Jalandhar.
Julmond [zu Jul], altdt. Name für Dezember.
Jumbojet [ˈdʒʌmbəʊdʒet; amerikan. jumbo »Koloss«, »riesig«, eigtl. ein Elefantenname] *der,* umgangssprachl. Bez. für das erste Großraumflugzeug Boeing 747.
Jumelage [ʒymˈlaːʒ, frz.] *die,* Städtepartnerschaft.
Jumna [ˈdʒʌmnə], Fluss in Indien, ↗ Yamuna.
Jump [dʒʌmp, engl.] *der, Leichtathletik:* dritter Sprung beim ↗ Dreisprung.
Jumper [auch: ˈdʒʌmpə und süddt., österr.: ˈdʒɛmpə, engl.] *der,* urspr. gewirkte Überziehbluse der Seeleute, in den 1860er-Jahren in England, in den 1890er-Jahren in den USA (dort unter der Bez. Sweater) in die Sportmode übernommen, dann als gestricktes, gewirktes, blusen-, pulloverähnl. Kleidungsstück in der Damen- und Herrenmode aktuell.
jun., Abk. für **jun**ior, der Jüngere.
Juncker, Jean-Claude, luxemburg. Politiker, *Rédange-sur-Attert 9. 12. 1954; Jurist; wurde 1984 Parlamentsmitgl. und Arbeitsmin. (ab 1989 auch Finanzmin.), 1990 Vors. der Christlich-Sozialen Volkspartei und 1995 Premiermin. (nach den Parlamentswahlen 1999 erneut zum Reg.chef ernannt).
Junctura [lat.] *die, Anatomie:* Verbindung, z. B. J. cartilaginea, eine knorpelige Verbindung zweier Knochen.
Juneau [ˈdʒuːnəʊ], Hptst. des Bundesstaates Alaska, USA, im Panhandle, am Gastineau Channel, 26 800 Ew.; ethnologisch-archäolog. Museum, histor. Bibliothek; Holzverarbeitung, Fischfang und -verarbeitung; ganzjährig eisfreier Hafen; Flughafen. – Entstand um 1880 als Goldgräbersiedlung, seit 1906 Regierungssitz.

Jung, 1) Carl Gustav, schweizer. Psychologe und Psychiater, *Kesswil (Kt. Thurgau) 26. 7. 1875, †Küsnacht (Kt. Zürich) 6. 6. 1961; ab 1910 Prof. in Zürich; ging von der Psychoanalyse S. Freuds aus, entwickelte dann aber eigene Lehren (analyt. Psychologie) von der psych. Energie, von der ↗ Individuation, vom individuellen und kollektiven ↗ Unbewussten, vom ↗ Archetypus und den Typen der Bewusstseinseinstellung (↗ Introversion, Extraversion). J. beschäftigte sich auch mit okkulten Erscheinungen und wirkte u. a. auf Psychotherapie, Religions- und Mythenforschung, Ethnologie, Pädagogik. Seit 1948 besteht in Zürich das C.-G.-J.-Inst., seit 1957 die International Association for Analytical Psychology.
Werke: Wandlungen und Symbole der Libido (1912; erweitert: Symbole der Wandlung, 1952); Psycholog. Typen (1921); Die Beziehungen zw. dem Ich und dem Unbewußten (1928); Psychologie und Religion (1938); Einf. in das Wesen der Mythologie (1941); Von den Wurzeln des Bewußtseins (1954); Erinnerungen, Träume, Gedanken (hg. 1962).
2) Johann Heinrich, Schriftsteller und Arzt, ↗ Jung-Stilling.
Jungbunzlau, Stadt in der Tschech. Rep., ↗ Mladá Boleslav.
Jungdemokraten, 1) eine Gruppe jüngerer Anhänger der Dt. Demokrat. Partei (DDP), gegr. 1919, aufgelöst 1933, organisierte sich 1928 im **Reichsbund dt. Jungdemokraten.**
2) Deutsche Jungdemokraten, Abk. **DJD,** Kurzbez. **Judos,** polit. Jugendorganisation, gegr. 1947, bis 1982 in engem Verbund mit der FDP; trennte sich nach dem Bruch der SPD-FDP-Reg. 1982 von der FDP; seitdem sind die ↗ Jungen Liberalen deren Nachwuchsorganisation.
Jungdeutscher Orden, Abk. **Jungdo,** nat. Kampfbund, gegr. 1920 von A. Mahraun, organisatorisch dem Dt. Orden nachgebildet, vertrat sozialromant. Ziele. Er war urspr. gegen das Parteiwesen eingestellt, bekannte sich jedoch später in der Krise der Weimarer Rep. (ab 1929) zum Parlamentarismus. 1930 schloss er sich mit der Dt. Demokrat. Partei (DDP) zur **Deutschen Staatspartei** zusammen.
junge Kirchen, Sammelbez. für die v. a. im 19. und 20. Jh. durch Kolonisation und Mission im Raum nichtchristl. Kulturen (Afrika, Asien) entstandenen Kirchen. Die j. K. sind heute weitgehend selbstständige Kirchen und entwickeln zunehmend eigene theolog. Denkansätze (»inkulturierte Theologien«).
Junge Liberale, Abk. **Juli,** polit. Jugendorganisation, gegr. 1980, seit Nov. 1982 Nachwuchsorganisation der FDP.
Jünger, in den Religionen der Schüler eines religiösen Meisters; im N. T. bes. die zwölf ↗ Apostel.
Jünger, 1) Ernst, Schriftsteller, *Heidelberg 29. 3. 1895, †Riedlingen 17. 2. 1998, Bruder von 2); war 1913 in der Fremdenlegion, im Ersten Weltkrieg Freiwilliger (Orden Pour le Mérite), Studium der Zoologie und Philosophie, seit 1926 freier Schriftsteller, seit 1941 im Stab des dt. Militärbefehlshabers in Frankreich; nach dem 20. 7. 1944 wegen »Wehrunwürdigkeit« entlassen. Aus seiner im Ersten Weltkrieg gewonnenen Gesinnung eines »Heroischen Nihilismus« heraus, der Kampf, »Blut«, Grauen als Erlebnis feiert, entwickelte J. den Mythos eines neuen unbürgerl. Menschen (»In Stahlgewittern«, 1920, »Der Arbeiter«, 1932) und einen Stil kühler Präzision. Der Roman »Auf den Marmorklippen« (1939) wurde vielfach als literar. Angriff auf das nat.-soz.

Regime gedeutet. In J.s späteren Werken rückt ein konservativer Humanismus in den Vordergrund. J.s immer wieder vollzogener Wandel des geistigen Standpunkts blieb bis heute ebenso umstritten wie sein umfangreiches literar. Werk, u. a. »Der Friede« (Essay, 1945), »Eine gefährl. Begegnung« (R., 1985), »Zwei Mal Halley« (Tagebuch, 1987), »Die Schere« (Schriften, 1990), »Siebzig verweht« (Tagebuch, 1993–95). J. erhielt 1982 den Goethepreis der Stadt Frankfurt am Main.

2) **Friedrich Georg,** Schriftsteller, * Hannover 1. 9. 1898, † Überlingen 20. 7. 1977, Bruder von 1); als Lyriker Klopstock, Hölderlin und der Antike verpflichtet (»Gedichte«, 1934; »Ring der Jahre«, 1954); schrieb ferner die Romane »Der erste Gang« (1954), »Zwei Schwestern« (1956), die Erinnerungen »Spiegel der Jahre« (1958), »Wiederkehr« (Erzählungen, 1965) und Essays.

Junges Deutschland, politisch oppositionelle literar. Bewegung in der Restaurationszeit des 19. Jh. Hauptvertreter waren K. Gutzkow, L. Wienbarg, T. Mundt, H. Laube, die in der Nachfolge von L. Börne und H. Heine versuchten, einen neuen, polit. Literaturbegriff durchzusetzen: Das J. D. trat ein für die Freiheit des Geistes und des Wortes, die Emanzipation des Individuums, für Verfassung und Demokratie, man bekämpfte Konvention, Orthodoxie und Absolutismus. – Der Name J. D. wurde durch Wienbarg bekannt (Abhandlung »Ästhet. Feldzüge«, 1834), doch sprachen Laube und Gutzkow schon vorher von »la jeune Allemagne« in Analogie zu politisch-revolutionären Geheimorganisationen wie »Giovine Italia« (gegr. 1831 v. G. Mazzini) und »Junges Europa« (gegr. 1834 in der Schweiz). – Unmittelbaren Anlass zur staatl. Verfolgung des J. D. bot 1835 W. Menzels denunziator. Kritik von Gutzkows Roman »Wally, die Zweiflerin« (1835). Die Schriften des J. D. wurden durch die Bundesversammlung des Dt. Bundes am 10. 12. 1835 als staatsgefährdend verboten; 1842 wurde das Ausnahme-Ges. in Preußen aufgehoben.

Junge Union, Abk. **JU,** satzungsmäßig unabhängige Nachwuchsorganisation der CDU und CSU. Seit den 1960er-Jahren sucht sie, häufig im Zusammenwirken mit den CDU-Sozialausschüssen, eigene programmat. Zielsetzungen zu entwickeln.

Jungfer, urspr. junge Adlige, im 17./18. Jh. bürgerl. Mädchen (im Unterschied zum adligen Fräulein).

Jungfer im Grünen, Zierpflanze, ↗ Schwarzkümmel.

Jungfernbecher (Brautbecher), Sonderform des Doppelbechers. Über einem nach unten gestülpten Trichterbecher in Gestalt einer jungen Frau mit weitem Rock ist ein kleiner bewegl. Becher aufgehängt, den das Figürchen hochhält. Beide Becher mussten von Mann und Frau gleichzeitig ausgetrunken werden, wobei nichts verschüttet werden durfte. J. wurden im 16. und 17. Jh. in Dtl., v. a. in Nürnberg hergestellt.

Jungfernfahrt, die erste planmäßige Reise eines Schiffes nach seiner Probefahrt; danach auch übertragen z. B. auf Flugzeuge **(Jungfernflug).**

Jungfernfrüchtigkeit (Parthenokarpie), Fruchtbildung bei Pflanzen ohne Befruchtung; natürl. J. kommt bei Banane, Ananas und einigen Zitrusgewächsen vor.

Jungfernhäutchen, das ↗ Hymen.

Jungfern|inseln (engl. Virgin Islands), Inselgruppe der Westind. Inseln im Bereich der Kleinen Antillen (östlich von Puerto Rico). Die Bewohner sind fast ausschl. Nachkommen afrikan. Sklaven. Die ursprüngliche trop. Waldvegetation ist durch die Plantagenwirtschaft weitgehend vernichtet worden. Haupterwerbszweig ist heute der Fremdenverkehr. Es gibt einige Ind.betriebe (Erdölraffinerie, Aluminiumhütte, Uhrenmontage, Rumherstellung) sowie Offshorebanken. Der westl. Teil der Inselgruppe mit den Hauptinseln Saint John, Saint Thomas (mit der Hptst. Charlotte Amalie) und Saint Croix bildet zus. mit noch über 50 meist unbewohnten Eilanden ein Territorium der USA, die **Amerikan. J.,** amtlich **Virgin Islands of the United States** (352 km² und 122 000 Ew.). Der östl. Teil mit über 40 bis 50 z. T. unbewohnten Inseln, Eilanden, Riffen und Sandbänken bildet die brit. Kronkolonie **Brit. J.,** amtlich **British Virgin Islands** (153 km² und 24 000 Ew.), deren Hauptinseln Tortola (größte Insel mit der Hptst. Road Town), Virgin Gorda, Anegada und Jost Van Dyke sind. – Die Inselgruppe wurde 1493 von Kolumbus entdeckt, nach Ausrottung der Ureinwohner durch die Spanier im 17. Jh. u. a. von Briten und Dänen besiedelt. Der brit. Teil wurde 1733 Kolonie mit Selbstverw., der dän. Teil, seit 1775 Kolonie, kam 1917 durch Kauf an die USA.

Friedrich Georg Jünger

Jungfrau: Blick von der Drahtseilbahn des Schilthorns

Jungfernrebe (Parthenocissus), Gattung der Weinrebengewächse mit etwa 15 Arten in Nord- und Südamerika sowie in Süd- und Ostasien; mit blauen ungenießbaren Beeren und Haftscheiben an den Ranken; verbreitete Art ist der **Wilde Wein** (Parthenocissus quinquefolia), ein kletternder Strauch mit fünfteiligem Laub, das sich im Herbst rot färbt.

Jungfernzeugung (Parthenogenese), Art der Fortpflanzung, bei der aus unbefruchteten tier. oder pflanzl. Eizellen Nachkommen hervorgehen; v. a. bei einigen Würmern und Insekten vorkommend.

Jungfrau, Berg in den Berner Alpen, Schweiz, 4 158 m ü. M., aus kristallinen Gesteinen und eingefalteten Juraschichten aufgebaut; Erstbesteigung 1811. Die 9,3 km lange **J.-Bahn** (elektr. Zahnradbahn, die oberen 7,1 km im Tunnel, erbaut 1896–1912), führt von der Kleinen Scheidegg (2 061 m ü. M.) zum J.-Joch (3 471 m ü. M.; Bahnstation 3 454 m ü. M.) mit Fremdenverkehrsanlagen, Gletschergrotte und hochalpiner Forschungsstation sowie einem Observatorium auf dem Felsgipfel Sphinx (3 569 m ü. M.).

Jungfrau 1) Sternbild

Jungfrau, 1) *Astronomie:* (lat. Virgo), zum ↗ Tierkreis (Zeichen ♍) gehörendes großes Sternbild der Äquatorzone, in unseren Breiten im Frühjahr am Abendhimmel sichtbar; hellster Stern ist Spika. Die J. enthält zahlr. extragalakt. Sternsysteme (Virgo-Haufen).
2) *Biologie:* ↗ Jungfräulichkeit.

Jungfrauen, kluge und törichte, eines der Himmelreichsgleichnisse im N.T. (Mt. 25, 1–12). Das Himmelreich wird mit einer Hochzeit verglichen. Als sich die Ankunft des Bräutigams bis in die Nacht verzögert, müssen die fünf törichten Jungfrauen umkehren, da das Öl in ihren Lampen zur Neige geht. Nach ihrer Rückkehr werden sie nicht zur Hochzeit eingelassen. In der frühen Kirche und im MA. meist als Erwartung der Wiederkunft Jesu Christi gedeutet. – In der bildenden Kunst erscheint das Motiv seit frühchristl. Zeit als Hindeutung auf das Jüngste Gericht.

Jungfrauenadler (Harpyie), *Heraldik:* Adler mit dem Oberleib einer Frau, z.B. im Wappen von Emden.

Jungfrauengeburt, in zahlreichen, v.a. grch. und oriental. Mythen die Vorstellung der Geburt eines Gottes, Heroen oder heiligen Menschen ohne vorhergehende geschlechtl. Zeugung. – In der *christl. Glaubenslehre* im Anschluss an Mt. 1, 18ff. und Lk. 1, 26ff. die Empfängnis und Geburt Jesu Christi.

jungfräuliche Kurve, *Physik:* ↗ Hysterese.

Jungfräulichkeit (Virginität), medizinisch der Zustand einer Frau **(Jungfrau)** vor dem ersten Geschlechtsverkehr bzw. vor der dadurch bedingten ↗ Defloration. J. gilt, bes. in patriarchalisch oder religiös begründeten Familien- oder Gesellschaftsordnungen, bei Eingehen der Ehe als unerlässl. Gebot. – In der *Theologie* der christl. (v.a. kath. und orth.) Kirche erfuhr die J. bes. Ausprägung und Wertschätzung. Maßgebend waren dabei die asket. Ideale, die durch den Hellenismus auf das Christentum einwirkten. Im christl. Mönchtum wurde die J. im Sinne von ↗ Keuschheit und Ehelosigkeit zum ersten und wichtigsten Ordensgelübde (↗ evangelische Räte). – Zum kath. Kirchenrecht ↗ Zölibat.

Jungfrau von Orléans [- ɔrle'ã], ↗ Jeanne d'Arc.

Junggrammatiker, sprachwiss. Schule um 1880 in Leipzig (daher auch **Leipziger Schule**), die sich (aus positivist. Sicht) mit historisch vergleichender Sprachwiss. beschäftigte, vertrat den Grundsatz von der Ausnahmslosigkeit der Lautgesetze.

Junghegelianer, die Vertreter des linken Flügels der hegelschen Schule (↗ Hegelianismus).

Jungius, Joachim, Mathematiker, Mediziner und Naturforscher, *Lübeck 22.10.1587, †Hamburg 23.9.1657; wurde 1609 Prof. der Mathematik in Gießen, gründete 1623 in Rostock die erste dt. wiss. Gesellschaft, ab 1629 Prof. in Hamburg. J. lieferte Beiträge zur Erneuerung der Logik und trug zum Vordringen der Atomistik und zur Begründung der Chemie als Wiss. bei. Seine naturwiss. Erkenntnisse bemühte er sich zu systematisieren und mithilfe math. Methodik wiss. zu begründen.

Robert Jungk

Jungk, Robert, eigtl. R. Baum, österr. Publizist und Zukunftsforscher, *Berlin 11.5.1913, †Salzburg 14.7.1994; jüd. Herkunft, 1933–45 in der Emigration (Paris, Prag, Zürich); warnte frühzeitig vor den Gefahren der Kernenergie (»Die Zukunft hat schon begonnen«, 1952; »Der Atomstaat«, 1977); Repräsentant der Friedensbewegung; bei den österr. Bundespräsidentenwahlen 1992 Kandidat der Grünen.

Junglestyle [ˈdʒʌŋlstaɪl], engl. »Dschungelstil« *der,* im Jazz Bez. für einen charakterist. lautmalerischen Klangeffekt, bei dem auf Blechblasinstrumenten mithilfe von Dämpfern Raubtierlaute nachgeahmt werden; eingeführt vom Orchester Duke Ellingtons.

Jungpaläolithikum, Abschnitt der ↗ Altsteinzeit.

Jungschein, Schreiben, mit dem sich ein Emittent neuer Wertpapiere verpflichtet, diese an eine Wertpapiersammelbank (in Dtl. die ↗ Clearstream International) zu liefern, sobald die Urkunden gedruckt sind. Diese richtet ein **J.-Konto** ein und wird mit der Gutschrift des in dem J. genannten Wertpapierbetrages Treuhänder des federführenden Emissionshauses (Treuhandgiroverkehr).

Jungsozialisten, 1) eine Richtung innerhalb der SPD, ging 1919 v.a. aus der sozialist. Jugendbewegung hervor, bestand bis 1933 (Organ: »Jungsozialist. Blätter«).
2) Abk. **Jusos,** polit. Nachwuchsorganisation der SPD nach 1945, umfasst als Arbeitsgemeinschaft der SPD formell alle Mitgl. unter 35 Jahren.

Jungsteinzeit (Neolithikum), letzte Epoche der vorgeschichtl. Steinzeiten; die Kupfer verarbeitenden späten Phasen werden auch als **Kupfer-** oder **Kupfersteinzeit** (Aeneolithikum, Chalkolithikum) abgegrenzt. Die ursprüngl. Definition der J. umfasste das erste Auftreten von geschliffenen Steinwerkzeugen (Axt, Beil), Keramik sowie größeren Ansiedlungen als Ausdruck der Sesshaftigkeit des Menschen. Nach heutiger Definition ist für die J. der Umschwung von der aneignenden Wirtschaftsweise der Jäger, Sammler und Fischer zur produzierenden Wirtschaftsform der Bauern (Anbau von Kulturpflanzen wie Emmer, Gerste, Hülsenfrüchte) und Viehzüchter (Domestikation von Schaf, Ziege, Schwein, Rind, später auch Pferd in der Alten Welt) kennzeichnend. Als weitere entscheidende Neuerung gilt die Bildung von Besitz in Form von Haustieren, Saatgut, Schmuckgegenständen und Rohstoffen. Dieser Bruch in Ökonomie und Lebensweise wird auch als »neolith. Revolution« bezeichnet. In den einzelnen Erdteilen nahm die J., die in Teilen S- und SO-Asiens sowie in Afrika südlich der Sahara meist als »späte Steinzeit« (Later Stone Age) bezeichnet wird, sehr versch. Zeiträume ein.

Die Anfänge der J. gehen bis in das 10. Jt. v. Chr. zurück. Die ältesten Zeugnisse stammen aus Kleinasien, N-Mesopotamien und der Levante (»Fruchtbarer Halbmond«), wo sich der Wandel von Sammeln und Ernten des Wildgetreides zum gezielten Anbau vollzog. Die hierdurch verbesserte Nahrungsbasis hatte ein bis dahin nicht gekanntes Bev.wachstum und die Entstehung der ältesten stadtartigen Ansiedlungen der Menschheit zur Folge (z. B. Jericho, Jarmo, Tell Halaf, Çatal Hüyük). Um 6500 v. Chr. entstand die erste Keramik. Von Vorderasien aus breitete sich die J. über mehrere Wege nach Europa aus. Dort begann sie um 7000 v. Chr. mit dem vorkeram. Neolithikum Griechenlands und der südl. Balkanhalbinsel, nur wenig später im westl. Mittelmeergebiet. Mit dem Einsetzen der vollneolith. Phase unter erweiterter Haustierhaltung und Verwendung von Keramik ging von Anfang an eine Aufgliederung in versch. Kulturgruppen einher. Früheste Gruppe in Mitteleuropa war die bandkeram. Kultur (etwa 5700–4800 v. Chr.), die bereits durch hoch entwickelte Hausbautechnik (dreischiffige, bis zu 50 m lange Pfostenbauten) gekennzeichnet war. Neben den vollneolith. Kulturen hielten sich v. a. in N-Europa noch Jägervölker mit mittelsteinzeitl. Wirtschaftsform (Ertebøllekultur).

Die wichtigsten Formen- und Kulturgruppen des europ. Neolithikums sind: 1) die ägäische bemaltkeram. Kultur (Sesklokultur) auf dem Gebiet des heutigen Griechenland, die mit kleinasiat. Kulturen zusammenhängt; 2) das westmediterrane Neolithikum in den Küstenländern des Mittelmeers; sein Hauptmerkmal ist Keramik mit Abdrücken von Muschelrändern (Impressokeramik); 3) die Starčevokultur als älteste und von Anfang an bäuerl. J.-Kultur Südosteuropas (Balkanhalbinsel); 4) die auf diese folgenden Kulturen des anatolisch-balkan. Kreises in demselben Gebiet, gekennzeichnet durch unbemalte dunkle Gefäße, große, langlebige Siedlungen und in der Spätstufe Metallschmuck und -geräte; darunter die Vinčakultur, die auch rote verzierte Keramik und Idolfiguren kennt; 5) die bandkeram. Kultur in Mitteleuropa. Ihr folgten regionale J.-Kulturen (z. B. Michelsberger Kultur, Lengyelkultur), von denen einige in der Spätphase zunehmend auch Kupfer verwendeten; 6) die Trichterbecherkulturen NW- und N-Europas; 7) die Hirtenkulturen (Grubengrab-, Katakombenkultur) in den südruss. Steppen; 8) die kamm- und grübchenkeram. Kulturen (Jäger, Fischer und Sammler, doch mit Kenntnis von Keramik und geschliffenen Steinwerkzeugen) in NW-Russland, im Baltikum und in Finnland. – Das Ende der J. in Europa stand im Zeichen tief greifender Wandlungen, deren Ursprünge weitgehend unerforscht sind, die aber u. a. auch als Folge von Wanderungen größerer Menschengruppen interpretiert wurden. In diesem als Endneolithikum bezeichneten Abschnitt (etwa ab 2800 v. Chr.) war die Glockenbecherkultur von der Iber. Halbinsel bis ins südl. Dänemark und Ungarn verbreitet. Etwa gleichzeitig sind Gruppen der Streitaxtkulturen zw. dem Balkan und Nordeuropa belegt, zu denen die Kultur der Schnurkeramik in Mitteleuropa und die Bootaxtkultur in Nordeuropa zählen. Aus den versch. Gruppen der Glockenbecher- und Streitaxtkulturen entwickelte sich um 2300–2000 v. Chr. allmählich die frühe Bronzezeit.

Pflanzenbau und Tierzucht lenkten die Aufmerksamkeit des Menschen auf die Fruchtbarkeit, den zykl. Ablauf der Jahreszeiten und die Beobachtung der Gestirne. Die entstehende Fruchtbarkeitsreligion führte zur Verehrung menschen-, tier- und mischgestaltiger Wesen (Idole). Die Totenbeisetzung im Haus und in Großsteingräbern (Megalithgräber) zeugt von der Ausübung des Ahnenkults.

Jüngstenrecht, örtl. Brauch, bei ungeteilter Einzelerbfolge eines Bauern- oder Adelsguts (↗ Höferecht) das jüngste Kind zu bevorzugen. Unter **Minorat** versteht man die Nachfolge des Jüngsten unter mehreren gleich nahen Verwandten, unter **Juniorat** die Nachfolge des jüngsten männl. Familienmitglieds ohne Rücksicht auf die Nähe der Verwandtschaft.

Jüngstes Gericht, auf die jüd. Apokalyptik zurückgehende Vorstellung eines umfassenden endzeitl. Gerichts Gottes; im A.T. »Tag Jahwes« (Amos 5, 18–20); im N.T. Beurteilung der Menschen nach ihren Taten und Scheidung der Gerechten von den Ungerechten durch Christus (Mt. 25, 31 ff.). Auch der Islam hat Vorstellungen vom J. G. entwickelt. (↗ Himmel, ↗ Hölle)

Kunst: In der frühchristl. Kunst wird das J. G. zunächst symbolisch dargestellt (Scheiden der Böcke von den Schafen, kluge und törichte Jungfrauen). Der figurenreiche Darstellungstyp mit dem thronenden Christus, Maria und Johannes dem Täufer als Fürbittern und den Aposteln als Beisitzern über den Auferstehenden, die von Engeln zum Himmel geleitet oder von Teufeln in die Hölle geschleppt werden, wurde in der byzantin. Kunst entwickelt (etwa seit dem 8. Jh.) und blieb vom 10. Jh. an weitgehend unverändert. Häufig sind Reliefs in den Bogenfeldern mittelalterl. Kirchenportale sowie Fresken; bed. Altarbilder u. a. von S. Lochner, H. Memling und P. P. Rubens.

Jungsteinzeit: Modell der bandkeramischen Siedlung Köln-Lindenthal (Bonn, Rheinisches Landesmuseum)

Jung-Stilling, Johann Heinrich, eigtl. J. H. Jung (Stilling nach »die Stillen«, d. h. die Pietisten), Schriftsteller, *Grund (heute zu Hilchenbach) 12. 9. 1740, †Karlsruhe 2. 4. 1817; wuchs in dörflicher Umgebung in einer streng pietist. Familie auf, studierte 1769–72 Medizin in Straßburg, war Augenarzt in Elberfeld, wurde berühmt wegen seiner Staroperationen; seit 1778 Lehrer in Kaiserslautern, von 1803 an lehrte er Staatswiss.en in Heidelberg; 1806 wurde er Hofrat in Karlsruhe. J.-S. verfasste eine gemütvolle Darstellung seiner Jugend, deren 1. Teil Goethe bearbeitete und als »Heinrich Stillings Jugend« 1777 herausgab, und schrieb auch Romane, Gedichte, mystisch-pietist. und spiritist. Werke.

Jungtürken, nationaltürk. Reformpartei westl. Ausrichtung, die um 1876 entstand und seit etwa 1900 Einfluss auf das türk. Offizierskorps gewann; sie regierte 1908–18. Durch Kemal Atatürk wurde sie ausgeschaltet und verboten.

Juni [lat. junius »Monat der Juno«] (veraltet: Brachmonat, Brachet), der 6. Monat des Jahres, mit 30 Tagen; im altröm. Kalender der 4. Monat mit 29 Tagen.

Juniaufstand, Bez. für den Aufstand am ↗ Siebzehnten Juni 1953 in der DDR.

Junier, Name eines altröm. plebejischen Geschlechts seit dem 4. Jh. v. Chr. Zu den J. zählten die Träger des Cognomen ↗ Brutus.

Junikäfer (Brachkäfer, Amphimallon solstitialis), einfarbig brauner, bis 18 mm langer, maikäferähnl. Blatthornkäfer; schwärmt an Juniabenden über Wiesen und Brachen.

Junin-Virus [ç-, nach der peruan. Prov. Junín], zur Familie der Arenaviren gehörendes Virus. J.-V. können beim Menschen epidemisch-hämorrhag. Fieber hervorrufen; sie werden vermutlich durch die Ausscheidungen kleiner Nagetiere, v. a. von Mäusen, bzw. durch direkten Kontakt mit ihnen übertragen.

Jungsteinzeit: Tongefäß in Form einer thronenden Göttin, »Venus von Kökénydomb«, Südungarn (um 2800/2500 v. Chr.; Budapest, Historisches Museum)

Johann Heinrich Jung-Stilling

junior [lat.], Abk. **jr., jun.,** der Jüngere.
Juniorat, ↗ Jüngstenrecht.
Juniorprofessur, ↗ Hochschulen.
Juniorsportler des Jahres, ↗ Sportler des Jahres.
Juniperus [lat.], die Pflanzengattung ↗ Wacholder.
Junk-Art [ˈdʒʌŋkɑːt, engl.] *die,* Richtung der zeitgenöss. Kunst, die Abfallprodukte der Industriegesellschaft zu künstler. Objekten gestaltet.
Junk-Bond [ˈdʒʌŋk-, engl.] *der,* Schuldverschreibung von Emittenten geringer Bonität, die wegen des hohen Risikos hochverzinslich und hochspekulativ ist; bes. in den USA zur Finanzierung von Unternehmensübernahmen verbreitet.
Junker [ahd. »junger Herr«], urspr. Sohn eines adligen Grundherrn, im späten MA. adliger Grundherr ohne Ritterschlag. (↗ Junkertum)
Junker, Hermann, Ägyptologe, * Bendorf 29. 11. 1877, † Wien 9. 1. 1962; war 1929–45 Direktor des Dt. Archäolog. Inst. in Kairo; wurde v. a. bekannt durch seine Grabungen in Giseh (1912–14 und 1925–29) und die Erforschung der ptolemäischen Tempeltexte von Philae.
Junkerlilie (Asphodeline), Gattung der Liliengewächse mit etwa 20 Arten im Mittelmeergebiet und Orient; Pflanzen mit gelben oder weißen Blüten in langen, dichten, aufrechten Trauben; einige Arten werden als Zierpflanzen kultiviert.
Junkers, Hugo, Flugzeugkonstrukteur und Unternehmer, * Rheydt (heute zu Mönchengladbach) 3. 2. 1859, † Gauting 3. 2. 1935; entwickelte u. a. 1907 den Doppelkolbenmotor, 1910 ein Nurflügelflugzeug, 1915 das erste Ganzmetallflugzeug mit freitragenden Flügeln (J 1), 1919 das erste Ganzmetallverkehrsflugzeug (F 13) und 1929 den ersten Schwerölflugmotor nach dem Doppelkolbenprinzip. – J. gründete 1913 die **J.-Motorenbau GmbH** und 1919 die **J.-Flugzeugwerke AG,** beide in Dessau, die 1934 verstaatlicht und 1936 zu den **J.-Flugzeug und Motorenwerken AG** zusammengefasst wurden, in denen die Verkehrsflugzeuge Ju 52 (1931, »Tante Ju«), Ju 90 (1937) und die Kampfflugzeuge Ju 87 (1935, »Stuka«), Ju 88 (1936) entstanden. Nach dem Krieg blieben die Werke in der sowjet. Besatzungszone staatlich; die im Bereich der Bundesrep. Dtl. reprivatisierten Werke gingen 1969 in der Messerschmitt-Bölkow-Blohm GmbH auf.
Junkertum, vom dt. Liberalismus des Vormärz geprägte Bez. für den Grund besitzenden ostelb. (preuß.) Adel, der sich als administrative und militär. Elite ausbildete. (↗ Gutsherrschaft)
Junktim [lat.] *das,* eine wegen innerer Zusammengehörigkeit erfolgte Verknüpfung zweier oder mehrerer Verträge, Gesetzesvorlagen u. a., die nur alle zus. Gültigkeit haben können. **J.-Klausel,** die von Art. 14 Abs. 3 GG vorgeschriebene Verbindung von Enteignung und Entschädigung.
Junktor [zu lat. iungere »verbinden«] *der,* Verknüpfungszeichen in der formalen Logik: »und« (∧), »oder« (∨), »wenn, dann« (⇒ oder →), »genau dann, wenn« (⇔) sowie »nicht« (¬).
Jünnan, Prov. in China, ↗ Yunnan.
Juno (lat. Iuno), **1)** *Astronomie:* einer der hellsten und größten ↗ Planetoiden.
2) *röm. Mythos:* höchste röm. Göttin, urspr. wohl die weibl. Entsprechung des ↗ Genius, als Schutzgeist zu jeder Frau gehörend. Sie wurde unter zahlr. Beinamen verehrt. Als **J. Regina** herrschte sie mit Jupiter und Minerva auf dem Kapitol, als **J. Lucina** schützte sie die Geburten. J. wurde früh mit der grch. Hera

gleichgesetzt und auch in der bildenden Kunst wie diese dargestellt.
Junta [ˈxunta] *die,* in Spanien und Lateinamerika ein Ausschuss, der Reg.aufgaben wahrnimmt; heute allg. eine durch Staatsstreich an die Macht gekommene Gruppe von Offizieren (**Militär-J.**), die die Reg.gewalt diktatorisch ausübt.
Junus Emre (Yunus Emre), anatol.-türk. Dichter und Mystiker, * Şarköy (?) um 1250, † ebd. um 1320; seine in der sufischen Tradition stehende, pantheist. Dichtung ist im Stil der Volkspoesie gehalten; die Gedichte wurden nach seinem Tod zu einem Diwan zusammengestellt.
Juon, Paul (Pawel Fjodorowitsch), russ. Komponist und Musiktheoretiker schweizer. Herkunft, * Moskau 6. 3. 1872, † Vevey (Kt. Waadt) 21. 8. 1940; schrieb, der romant. Tradition des 19. Jh. verpflichtet, v. a. Kammermusik, ferner Orchester-, Klavierwerke, Lieder, Konzerte.
Jupiter, 1) erste erfolgreiche amerikan. Mittelstreckenrakete, einstufig, 1955–59 für die Streitkräfte entwickelt; 2) **J.-C** (auch **Juno I** gen.), amerikan. vierstufige Trägerrakete, 1954–57 entwickelt, brachte 1958 die ersten NASA-Satelliten (so Explorer 1) in eine Erdumlaufbahn.

Jupiter: Astronomische und physikalische Daten	
Äquatordurchmesser	142 984 km
Poldurchmesser	133 980 km
Abplattung	0,063
Masse	$1,9 \cdot 10^{27}$ kg
mittlere Dichte	1,33 g/cm³
Rotationsdauer	9 h 55 min 40 s
Dauer eines Umlaufs um die Sonne	11,86 Jahre
mittlere Entfernung zur Sonne	778 Mio. km

Jupiter, 1) *Astronomie:* Zeichen ♃, größter Planet unseres Sonnensystems, von der Sonne aus gezählt der 5.; seine Masse beträgt mit etwa dem 318fachen der Erdmasse rd. $^2/_3$ der Gesamtmasse aller Planeten; Hauptvertreter der Riesen- oder jupiterartigen ↗ Planeten. Die geringe mittlere Dichte (weniger als $^1/_4$ der Dichte der Erde) und die gewaltigen Ausmaße (1 335faches Volumen der Erde) lassen sich nur erklären, wenn J. zum überwiegenden Teil aus leichten Elementen besteht; er ist vermutlich aus flüssigem molekularem und metall. Wasserstoff aufgebaut, der einen dichten Gesteinskern von bis zu rd. 20 Erdmassen umgibt. J. gehört mit einer scheinbaren Helligkeit in Oppositionsstellung von $-2^m,5$ zu den hellsten Objekten am Himmel.
Die wolkenreiche *Atmosphäre* von J. besteht hauptsächlich aus Wasserstoff und Helium; daneben enthält sie Ammoniak, Methan, Äthan u. a. Die auffälligsten Atmosphärenerscheinungen sind parallel zum Äquator liegende, abwechselnd dunkle und helle Streifen, die zarte Rot-, Orange-, Braun- bzw. Gelbtöne aufweisen. Die starke Strukturierung der Wolkenschichten lässt auf ein kompliziertes Wind- und Strömungssystem in der J.-Atmosphäre schließen. Deren effektive Temperatur beträgt etwa 125 K. Seit 1973 wurde J. von amerikan. Raumsonden erkundet (↗ Pioneer 10 und 11, ↗ Voyager 1 und 2), die eine Fülle von Daten und Fotos zur Erde übermittelten. So konnte der (schon Mitte des 17. Jh. beobachtete) **Große Rote Fleck** auf der Südhalbkugel des J. als gewaltiger atmosphär. Wirbel mit dem Charakter eines Hochdruckgebietes und mit einer Ausdehnung von etwa 40 000 km × 14 000 km erkannt werden, der durch seine Zirkulation Materie nach oben

transportiert. – Das *Magnetfeld* des J. reicht weit in den interplanetaren Raum hinaus und kann deutlich mehr elektrisch geladene Teilchen in Form von Strahlungsgürteln mitführen als das ird. Magnetfeld. Messungen der Raumsonde ↗Ulysses (1992) ermittelten beträchtl. Schwankungen der J.-Magnetosphäre.

Von den 16 schon länger bekannten *J.-Monden* (Satelliten) mit genau bestimmten Bahndaten wurden vier bereits 1610 von G. Galilei und S. Marius beobachtet. Diese **Galileischen Monde (Io, Europa, Ganymed, Callisto)** sind größer als oder fast so groß wie der Planet Merkur. Auf Io fanden Voyager 1 und 2 Spuren eines aktiven Vulkanismus. – Je 12 weitere Satelliten wurden 2000 und 2002 entdeckt. Bis Juli 2003 wurde die Entdeckung von weiteren 21 (irregulären) Satelliten bekannt gegeben, sodass heute (mindestens) 61 J.-Monde bekannt sind.

J. besitzt außerdem ein etwa 6000 km breites und 30 km starkes *Ringsystem,* das 1979 von Voyager 1 nachgewiesen und 2002 von der Raumsonde Galileo durchflogen wurde.

2) *röm. Mythos:* höchster röm. Gott (lat. Iuppiter), Herr des lichten Himmels **(J. Lucetius)**, des Blitzes und Donners **(J. Tonans)** sowie Regenspender **(J. Pluvialis)**, Beschützer des Rechts und Schwurzeuge. Sein Heiligtum auf dem Kapitol, wo er als **J. Optimus Maximus** (»der beste und größte J.«) verehrt wurde, war das Wahrzeichen röm. Macht. J. wurde mit dem grch. Zeus identifiziert. Auch für seine Darstellung in der röm. Kunst wurden grch. Vorbilder maßgeblich.

Jupiterlampe, sehr starke Lichtquelle (z. B. Bogen- oder Xenonlampen), die auf Bühnen sowie für Film- und Fernsehstudioaufnahmen verwendet wird.

Jupitersäulen (Gigantensäulen), dem Jupiter geweihte Denkmäler der provinzialröm. Kunst des Rheingebiets im 2. und 3. Jh. n. Chr., die mit Gestalten der röm. Götterwelt besetzt sind und von einer Jupiterstatue gekrönt werden.

Juppé [ʒy'pe:], Alain Marie, frz. Politiker, * Mont-de-Marsan (Dép. Landes) 15. 8. 1945; war 1993–95 Außenmin., 1995–97 Premiermin.; 1994–97 Vors. des gaullist. Rassemblement pour la République (RPR) und seit 2002 der konservativen Union pour un Mouvement Populaire (UMP).

Jura [Pl. von lat. Ius], die Rechte, die Rechtswissenschaft.

Jura *der,* eines der geolog. Systeme des Mesozoikums, dauerte rd. 60 Mio. Jahre, während denen bes. Tone, Mergel und Kalksteine abgelagert wurden (nutzbar: Eisenerz-, Gips- und Salzlager). In diese Zeit fallen das weitere Zerbrechen des Urkontinents Pangäa, zahlr. Meeresüberflutungen (Entstehung des Atlantiks), gewaltige Lavaeruptionen und ein mildes Klima. Unterteilt wird der J. in Lias, Dogger, Malm oder nach den in Süd-Dtl. vorherrschenden Gesteinsfarben in Schwarzen, Braunen und Weißen Jura.

Jura, 1) *der,* Gebirgszug in Mitteleuropa, nordwestlich und nördlich der Alpen. Der **Französisch-Schweizer. J.** erstreckt sich in einem flachen Bogen vom Lac du Bourget nach N und NO. Der frz. Teil entspricht in seiner Ausdehnung etwa der Franche-Comté, der schweizer. Teil (etwa 10 %) reicht vom Genfer See bis zum Randen (bei Schaffhausen). Der J. ist hauptsächlich aus den Schichten des J.-Systems aufgebaut, die im Tertiär aufgefaltet wurden, am stärksten im SO, im **Kettenjura.** Die dicht gedrängten Falten bilden hier mit ihren Sätteln und Kämmen (crêts) die höchsten Erhebungen (Crêt de la Neige 1 718 m ü. M.); in den Mulden entstanden breite Längstäler (Vallées), die durch enge Quertäler (Cluses, Klusen) verbunden sind. Gegen W schließt der weniger gefaltete **Plateau-J.** an mit weiten Hochflächen (bis 800 m ü. M.), Talmäandern (von Doubs und Ain) und Karsterscheinungen (oberfläch). Wasserarmut, Dolinen, Poljen, Höhlen). Der im N gelegene **Tafel-J.** hatte an der Faltung wenig Anteil, seine vielfach aus Muschelkalk gebildeten, stark zerschnittenen Hochflächen erreichen Höhen um 750 m ü. M. Das Klima ist rau und feucht, der Wald wurde durch die Weidewirtschaft auf die Hänge zurückgedrängt. In der Landwirtschaft überwiegt die Viehzucht, in den Tälern und im Vorland gibt es Acker- und Obst-, im S auch Weinbau. Der J. ist dicht besiedelt und stark industrialisiert: Holzind., Edelsteinschleiferei und bes. im Schweizer J. (aus dem Hausgewerbe hervorgegangen) Uhrenindustrie. Im frz. J. entstanden in einigen Zentren wie Montbéliard, Dôle, Besançon, Champagnole moderne Großbetriebe.

In Dtl. setzen sich die J.-Schichten jenseits des Hochrheins nach NO und N in der ↗Schwäbischen Alb und der ↗Fränkischen Alb fort, die früher deshalb auch Schwäb. und Fränk. J. genannt wurden, tektonisch jedoch anders aufgebaut sind als der Französisch-Schweizer. Jura.

2) [ʒy'ra], frz. Dép. im frz. Jura, in der Franche-Comté, 4999 km², 251 000 Ew.; Hptst. ist Lons-le-Saunier.

3) [frz. ʒy'ra] (amtlich République et Canton de J.), Kanton der Schweiz, umfasst die Bez. Delémont, Franches-Montagnes und Porrentruy, 839 km², (2000) 68 800 vorwiegend kath., französischsprachige Ew.; Hptst. ist Delémont. J. hat überwiegend ländl. Charakter; wichtiger Ind.zweig ist die Uhrenind., ferner Maschinen- und Fahrzeugbau sowie Metallverarbeitung; in der Landwirtschaft dominieren Viehzucht und Grünlandwirtschaft. – *Verfassung:* Nach der Verf. vom 20. 3. 1977 liegt die Gesetzgebung beim Großen Rat (60 Abg.) und die Exekutive beim Reg.rat (fünf Mitgl.). Beide Gremien werden für vier Jahre gewählt. – Im 20. Jh. entstand bes. im kath. Nord-J. eine polit. Bewegung zur Schaffung eines eigenständigen Kantons. Nach drei Abstimmungen (1974, 1975 und 1978) wurde am 1. 1. 1979 aus dem nordwestl. Teil des Kantons Bern der neue Kanton J. geschaffen. Mit Abkommen (1994) zw. den Kantonen J. und Bern sowie der Eidgenossenschaft wurden die Grenzen endgültig festgelegt und die Institution einer »Interjurass. Versammlung« gebildet.

4) ['dʒʊərə], Insel im S der Inneren Hebriden, Verw.gebiet Argyll and Bute, W-Schottland, bis 784 m ü. M., 360 km², 400 Ew.; Whiskyherstellung, Tourismus.

Jura 3)
Kantonswappen

Jurassi|er (frz. Jurassiens), die Einwohner des französischsprachigen Teils des Schweizer Jura.

jurassisch [frz.], a) zum geolog. System Jura gehörend; b) aus dem Juragebirge stammend.

Jürgens, 1) Curd, Schauspieler, * München 13. 12. 1915, † Wien 18. 6. 1982; Bühnen- u. Filmrollen, oft verkörperte er den Typ des smarten Liebhabers und stattlichen Kerls, gestaltete aber auch Draufgängerrollen, u. a. »Des Teufels General« (1955), »Der Schinderhannes« (1958), »Schachnovelle« (1960).

2) Udo, eigtl. Udo Jürgen Bockelmann, österr. Schlagersänger und -komponist, * Schloss Ottmanach (heute zu Magdalensberg, bei Klagenfurt) 30. 9. 1934; wurde internat. bekannt mit Songs wie »Merci chéri« und »Griechischer Wein«.

Curd Jürgens

Udo Jürgens

Jurinac [-nats], Sena (Srebrenka), aus Bosnien stammende österr. Sängerin (Sopran), *Travnik 24. 10. 1921; war 1944–82 Mitgl. der Wiener Staatsoper; gefeiert v. a. in Mozart- und Strauss-Partien sowie im italien. Fach.

Jurisdiktion [lat.] *die,* Gerichtsbarkeit.

Jurisdiktionsnorm, das österr. Gesetz vom 1. 8. 1895, das die Ausübung der Zivilgerichtsbarkeit und die Zuständigkeit der ordentl. Gerichte in bürgerl. Rechtssachen regelt.

Jurisprudenz [lat.] *die,* Rechtswissenschaft.

Jurist *der,* rechtlich nicht geschützter Titel, der für eine rechtskundige Person verwendet wird, die ein Universitätsstudium der Rechtswiss. von mindestens vier Jahren mit abschließender erster Prüfung (eine universitäre Schwerpunktbereichsprüfung und eine staatl. Pflichtfachprüfung) und einen »Vorbereitungsdienst« (Referendardienst) von zwei Jahren bei Gerichten, Staatsanwaltschaft, Behörden (jeweils mindestens drei Monate), Rechtsanwälten (neun Monate) u. a. mit abschließendem 2. jurist. Staatsexamen (Assessorexamen) durchlaufen hat, in dem die Befähigung zum Richteramt (gleichbedeutend mit dem »Voll-J.«) erworben wurde. Die Ausbildung ist im Dt. Richter-Ges. i. d. F. v. 19. 4. 1972 und in landesrechtl. Vorschriften geregelt. Die Befähigung zum Richteramt ist Voraussetzung für den Zugang zu den meisten jurist. Berufen, nicht für den des Rechtspflegers. – An einigen Fachhochschulen führt jetzt eine Ausbildung zum Abschluss Diplom-Wirtschafts-J. (FH).

In *Österreich* ist zur Ausbildung der J. ein an einer Universität zu absolvierendes, in zwei Studienabschnitte gegliedertes, mindestens vier Jahre dauerndes Diplomstudium und ein darauf aufbauendes Doktoratsstudium vorgesehen. Grundsätzlich genügt das Diplomstudium zur Ausübung aller jurist. Berufe. In der *Schweiz* ist die Ausbildung der J. nicht einheitlich. Das rechtswiss. Studium an den Univ. wird i. Allg. mit dem Lizenziat abgeschlossen. Zur Ausübung des Anwaltsberufes ist (zusätzlich) ein kantonales Anwaltspatent erforderlich. Eine jurist. Ausbildung ist beim Bund und in den meisten Kantonen i. d. R. nicht Wählbarkeitsvoraussetzung für ein Richteramt.

juristische Person, von der Rechtsordnung mit eigener ↗Rechtsfähigkeit versehene Personenvereinigung (z. B. eingetragener Verein) oder Vermögensmasse (z. B. Stiftung). Die j. P. ist wie die natürl. Person Träger von Rechten und Pflichten, kann Vermögen erwerben und besitzt im Prozess Parteifähigkeit. Sie handelt durch ihre Organe. Man unterscheidet j. P. des Privatrechts (z. B. eingetragener Verein, GmbH, AG) und des öffentl. Rechts (z. B. Körperschaften wie Bund, Länder, Gemeinden). Privatrechtl. j. P. entstehen durch privatrechtl. Gründungsakt (bes. Vertrag) und ergänzenden Hoheitsakt, j. P. des öffentl. Rechts durch Gesetz oder Hoheitsakt.

Jūrmala ['juːr-], Stadt und Seebad in Lettland, erstreckt sich über 33 km am Rigaischen Meerbusen, 59 000 Ew.; ganzjähriger Kurbetrieb; Papierfabrik.

Jurte [türk.] *die,* zerlegbares, leicht zu transportierendes Wohnzelt mongol. und türk. Nomadenvölker in W- und Zentralasien; Rundbau aus Holzstangen, darüber Filzdecken, innen mit Teppichen oder Grasmatten ausgekleidet.

Juruá, Rio [rriu ʒu'rua] *der* (span. Río Yuruá), rechter Nebenfluss des Amazonas, 3 250 km lang, entspringt in den peruan. Anden, mündet bei Fonte Boa in Brasilien.

Jurte

Jürüken, Bez. für die früher in ganz Anatolien und auf dem Balkan nomadisierenden Türken; einst sehr zahlreich, sind sie heute durch Übergang zur Sesshaftigkeit stark zurückgegangen.

Jury *die,* 1) ['dʒʊəri], in Großbritannien und den USA Spruchkörper von meist 12 Geschworenen im Strafprozess, der i. d. R. über Tatfragen und Schuld des Angeklagten, nicht aber über die Strafe entscheidet; auch in Zivilverfahren kann auf Verlangen einer Partei eine J. gebildet werden.
2) [frz. ʒy'ri], Ausschuss von Sachverständigen, die als Preisrichter bei sportl. (Kampfgericht) oder künstler. Wettbewerben tätig sind oder die bei Ausstellungen, Filmfestspielen o. Ä. über die Annahme eines Werkes entscheiden.

Jus [lat.] *das,* das Recht, ↗Ius.

Jus [ʒyː; frz. aus lat. ius »Brühe«] *die, das* oder *der,* Fleischsaft, der sich nach Erkalten in Gallerte verwandelt.

Juschno-Sachalinsk, Hptst. des Gebietes Sachalin, an der S-Küste der Insel Sachalin, Russland, 179 900 Ew.; Forschungsinstitute für Meeresbiologie und für Meeresgeologie und Geophysik; Fischverarbeitung, Möbelindustrie. – 1882 als **Wladimirowka** gegr., 1905–45 (bis 1946 Stadtname **Toyohara**) bei Japan.

Juschtschenko, Wiktor, ukrain. Politiker, *Choruschiwka (Gebiet Sumy, NO-Ukraine) 23. 2. 1954; ab 1977 im Bankenwesen tätig, wurde 1993 Vorstandsvors. und 1997 Präs. der ukrain. Nationalbank; 1999–2001 reformorientierter Ministerpräsident.

Jusos, Abk. für ↗Jungsozialisten.

Jusowka, bis 1924 Name der Stadt ↗Donezk.

Jus primae noctis [lat.] *das* (ius primae noctis), »Recht der ersten Nacht«, angebl. Recht des Grundherrn auf »die erste Nacht« (Beischlaf) mit der Frau eines neu vermählten Hörigen, Leibeigenen; in der Wiss. umstritten.

Justaucorps [ʒysto'kɔːr, frz.] *der* oder *das,* taillierter, knielanger Männerrock, meist kragenlos und mit breiten Ärmelaufschlägen, der höf. Kleidung des 18. Jh. Der J. entwickelte sich um 1680 aus dem Soldatenrock. Ende des 18. Jh. wurde er vom Frack abgelöst und erhielt sich in der Livree.

Juste-Milieu [ʒystmil'jø; frz. »richtige Mitte«] *das,* frz. Schlagwort, nach der Julirevolution von 1830 auf die gemäßigte Regierungsweise Louis Philippes angewendet.

Justi, 1) Carl, Kunsthistoriker, * Marburg 2. 8. 1832, † Bonn 9. 12. 1912, Onkel von 2); verfasste Biografien kunsthistorisch bedeutender Persönlichkeiten (Winckelmann, Murillo, Velázquez, Michelangelo), die er vor dem eindringlich gezeichneten Hintergrund ihrer Zeit darstellt.

2) Ludwig, Kunsthistoriker, * Marburg 14. 3. 1876, † Potsdam 19. 10. 1957, Neffe von 1); war 1909–33 Direktor der Berliner Nationalgalerie; seit 1946 Generaldirektor der Staatl. Museen in Berlin (Ost). J. arbeitete über Giorgione und über die Kunst des 19. und 20. Jahrhunderts.

justieren [von lat. iustus »richtig«], 1) *allg.:* techn. Geräte und Einrichtungen vor Gebrauch genau einstellen bzw. einrichten.

2) *Münztechnik:* einen Münzrohling auf das im Münzgesetz vorgeschriebene Gewicht prüfen und anpassen.

Justin, Philosoph und Wanderlehrer, * Flavia Neapolis (heute Nablus), † Rom um 165 (Märtyrertod). Mit J. beginnt im Christentum die ernsthafte Auseinandersetzung mit antiker Philosophie und Staatlichkeit (»Apologie«). – Heiliger; Tag: 1. 6.

Justinian, byzantin. Kaiser: 1) **J. I., der Große,** Kaiser (527–565) in Doppelherrschaft mit seiner Gattin Theodora († 548), * Tauresium (in der Nähe von Skopje) 482, † Konstantinopel 11. 11. 565; unterwarf mithilfe Theodoras den ↗Nikaaufstand (532), eroberte durch seine Feldherren Belisar und Narses einen großen Teil des von german. Stämmen besetzten Weström. Reiches und begründete die Verflechtung von Staat und Kirche im Byzantin. Reich. Im Kampf gegen das Heidentum schloss er 529 die Athener Philosophenschule. Kirchenpolitisch suchte er den Ausgleich mit den Monophysiten (Konzil 553). Er ließ die Hagia Sophia neu erbauen und gab dem Rechtsleben eine feste Grundlage durch das ↗Corpus Iuris Civilis.

2) **J. II. Rhinotmetos** [grch. »mit der abgeschnittenen Nase«], Kaiser (685–695 und 705–711), * 669, † (ermordet) Sinope 711; zwang die Slawen um Thessalonike zur Anerkennung der byzantin. Herrschaft, baute die Themenverfassung (↗Thema) aus. Durch einen Aufstand abgesetzt und körperlich verstümmelt, gelangte er mithilfe der Bulgaren wieder auf den Thron, errichtete eine Schreckensherrschaft und wurde bei einer Revolte seiner Streitkräfte ermordet.

Just-in-time-Fertigung [dʒʌst ɪn 'taɪm-; engl.], Organisationsprinzip der Produktion und der Materialwirtschaft, das unter Ausnutzung der Möglichkeiten der Informations- und Kommunikationstechnik versucht, Materialzuliefer- und Produktionstermine so aufeinander abzustimmen, dass die kurzfristige Kapazitätsplanung und Materialbereitstellung an die Fertigungs- und Auftragssituation angepasst sind (»Produktion auf Abruf«) und dadurch Materialbestände und Durchlaufzeiten kostengünstig minimiert werden. Eine Methode der J.-i.-t.-F. ist das **Kanban-System,** ein sich selbst steuernder Regelkreis zw. erzeugenden und verbrauchenden Bereichen.

Justitia [lat.], röm. Göttin, ↗Iustitia.

Justitium [lat.] *das,* Stillstand der Rechtspflege durch Krieg u. a. Ereignisse; bewirkt in Zivilprozessen Unterbrechung des Verfahrens (§ 245 ZPO).

Justiz [lat.] *die,* die Rechtspflegeorgane (ordentl. Gerichte, Staatsanwaltschaften, Notariate) und die Justizverwaltung.

justizfreier Hoheitsakt, ↗gerichtsfreier Hoheitsakt.

Justizgewährungsanspruch, verfassungsrechtl. Anspruch des Einzelnen, zur Wahrung seiner Rechte die staatl. Gerichte in Anspruch nehmen zu können und von diesen eine Entscheidung in der Sache treffen zu lassen (Art. 19 Abs. 4 GG). Dem J. entspricht die Justizgewährungspflicht des Staates.

Justiziabilität [lat.] *die,* die Eigenschaft eines Rechtsverhältnisses, der Beurteilung durch ein ordentl. Gericht zu unterliegen.

Justiziar [lat.] *der,* mit der Bearbeitung der Rechtsangelegenheiten einer Behörde, eines Verbands oder eines Unternehmens Beauftragter.

Justizirrtum, Fehlentscheidung eines Gerichts, bes. bei einem Urteil im Strafprozess.

Justizmord, Hinrichtung eines Unschuldigen infolge ↗Justizirrtums oder Rechtsmissbrauchs.

Justizrat, früher an ältere Richter, Anwälte und Notare ehrenhalber verliehener Titel.

Justizverwaltung, Tätigkeit der Gerichte, Staatsanwaltschaften und sonstigen Justizbehörden mit Ausnahme der Rechtspflege, bes. 1) die Dienstaufsicht über die Organe der Rechtspflege (einschließlich Rechtsanwälte, Notare), 2) die Schaffung der sachl. und personellen Voraussetzungen für eine geordnete Rechtspflege, 3) die Führung des Strafregisters, 4) die Durchführung des Strafvollzugs. Oberste Behörden der J. sind die Justizministerien.

Justizvollzugsanstalt, ↗Strafvollzug.

Justus van Gent ['jystys van 'xɛnt], eigtl. Joos van Wassenhove, niederländ. Maler, * wohl zw. 1435 und 1440, † Urbino (?) nach 1480; ab 1473 im Dienst des Herzogs Federigo da Montefeltro in Urbino. Sein einziges gesichertes Werk ist »Die Einsetzung des hl. Abendmahls« (1473/74). J. v. G. verband Stilelemente der niederländ. Tradition mit Einflüssen der italien. Renaissance.

Jute [angloind.] *die,* Fasern aus dem Bast der aus Indien stammenden, einjährigen J.-Pflanzen Corchorus capsularis und Corchorus olitorius, den nach der Baumwolle wichtigsten Faserpflanzen. Die Faserbündel sind sehr lang, aber wesentlich weniger fest als Hanf und Flachs. Verwendet wird J. v. a. für Verpackungs-, Polster- und Wandbespannungsmaterial sowie als Grundgewebe für Teppiche und Linoleum.

Jüten, german. Stamm in Jütland, urspr. wohl an der W-Küste Mitteljütlands, um 300 n. Chr. von den Dänen unterworfen. Teile der J. übersiedelten mit Angeln und Sachsen im 5. Jh. nach Britannien.

Jüterbog, Stadt im Landkreis Teltow-Fläming, Brandenburg, an der Nuthe, im Niederen Fläming, 13 900 Ew.; Eisenbahnknoten. – Mittelalterl. Stadtkern mit Liebfrauenkirche (1174 geweiht), den spätgot. Backsteinhallenkirchen Sankt Nikolai und Franziskaner-Mönchskirche (Mönchskirche; Bibliothek, Theater- und Konzertstätte), Rathaus (Anfang 14. Jh.; 1478–1506 umgebaut) und Teilen der mittelalterl. Befestigung mit drei Stadttoren (15. Jh.). Im Stadtteil **Kloster Zinna** Zisterzienserkloster Zinna mit spätroman. Kirche (1226 geweiht). – Erhielt 1174 Stadtrecht; war bis 1993 Kreissitz.

Jütland (dän. Jylland), Halbinsel zw. Nordsee, Skagerrak, Kattegat und Kleinem Belt, bildet den

Ludwig Justi

festländ. Teil Dänemarks, mit vorgelagerten Inseln 29 765 km², 310 km lang und 172 km breit. Der Meeresarm Limfjord trennt im NW die Insel Vendyssel-Thy ab. 75% der Landfläche werden landwirtschaftlich genutzt. – J. war urspr. von den ↗Jüten bewohnt.

Juvenal (lat. Iuvenalis), Decimus Iunius, röm. Redner und Dichter, *wohl Aquincum (Latium) um 60 n. Chr., †nach 128; griff in seinen Gedichten mit äußerster Schärfe und geschliffenem Wort menschl. Schwächen an; er hat damit den modernen Begriff der Satire maßgeblich bestimmt. Für die Sittengeschichte zur Epoche Neros und der Domitians ist J. eine wichtige Quelle.

juveniles Wasser, dem Magma entstammendes, bei vulkan. Vorgängen frei werdendes Wasser, das (im Unterschied zu vadosem Wasser) neu in den Wasserkreislauf eintritt.

Juvenilhormone (Larvalhormone, Corpora-allata-Hormone), in speziellen Hormondrüsen gebildete Insektenhormone, die zus. mit den Häutungshormonen die Larvenentwicklung (einschl. der Larvenhäutungen) steuern.

Juventas, röm. Göttin, ↗Iuventas.

Juwel [niederländ.-frz.] *das,* auch *der,* kostbarer Schmuckstein.

Jyväskylä, Stadt in Mittelfinnland, am See Päijanne, 76 200 Ew.; Univ., Museum; Holzverarbeitung, Papierind., Maschinenbau, Margarineerzeugung; Wintersport. – Das Stadtbild bestimmen moderne Bauten von A. Aalto. – Stadtrecht seit 1837.

k, K 1): Druckschriftvarianten

k, K, 1) Konsonant (↗ Laut); der 11. Buchstabe des dt. Alphabets, stimmloser Verschlusslaut. In den ältesten lat. Inschriften gab es das K, später wurde es durch das C verdrängt. Die roman. Sprachen benutzen das K nicht mehr. Im Althochdeutschen waren k und c gleichbedeutend; später wurde c auf bestimmte Fälle eingeschränkt.
2) *Chemie:* **K,** Symbol für ↗ Kalium.
3) *Einheitenzeichen:* **K** für ↗ Kelvin.
4) *Formelzeichen:* k für die ↗ Boltzmann-Konstante, *K* für ↗ Kerma.
5) *Informatik:* **K,** Größenvorsatz für Bit und Byte; Abk. für $2^{10} = 1024$.
6) *Münzwesen:* **K,** Kennbuchstabe auf österr.-ungar. Münzen für die Münzstätte Kremnitz, auf frz. (1539–1878) für Bordeaux.
7) *Vorsatzzeichen:* k für ↗ Kilo.
K 2 (Mount Godwin-Austen, Chogori), zweithöchster Berg der Erde, höchster Gipfel des Karakorum, in dem unter pakistan. Verw. stehenden Teil Kaschmirs; nach Neuvermessung (1992/96) 8614 m ü. M. (vorherige Höhenangabe: 8611 m ü. M.); Erstbesteigung am 31. 7. 1954 durch italien. Expedition.
Ka [ägypt.] *der,* in der altägypt. Religion die dem Menschen innewohnende Lebenskraft.
Kaaba [arab. »Würfel«] *die* (Kaba), Hauptheiligtum des Islam mit dem Beinamen »Haus Gottes«; ein Gebäude in Mekka, in das Hadjar al-Aswad (schwarzer Stein), ein Meteorit, eingelassen ist; Ziel des ↗ Hadjdj.

Kaas, Ludwig, kath. Theologe und Politiker, *Trier 23. 5. 1881, †Rom 15. 4. 1952; 1928–33 Vors. des Zentrums; stimmte 1933 dem ↗ Ermächtigungsgesetz zu, ging 1933 nach Rom, wo er maßgeblich an der Ausarbeitung des ↗ Reichskonkordats mitwirkte.
Kababisch, Stammesgruppe arab. Beduinen, mit berber. und negriden Elementen gemischt; die über 70 000 K. leben als Kamel- und Schafzüchternomaden zw. Kordofan und Dongola im O der Rep. Sudan.
Kabakow, Ilja Jossifowitsch, russ. Künstler, *Dnjepropetrowsk 30. 9. 1933; zunächst Zeichnungen für Kinderbücher, seit den 1980er-Jahren Rauminstallationen. In der Darstellung banaler und absurder Situationen stößt K. auf Fragwürdigkeiten menschl. Existenzbedingungen.
Kabale [frz., zu hebr. Kabbala] *die, veraltet:* geheimer Anschlag, Ränke, Intrige.
Kabalewski, Dmitrij Borissowitsch, russ. Komponist, *Sankt Petersburg 30. 12. 1904, †Moskau 16. 2. 1987; schrieb in der Tradition der russ. Musik des 19. Jh. u. a. Opern (»Colas Breugnon«, 1938), Sinfonien, Solokonzerte, Bühnen- und Filmmusiken, ein Requiem, Lieder.
Kabardiner, Volk in Nordkaukasien, mit den ↗ Tscherkessen nahe verwandt, rd. 400 000 Menschen, vorwiegend sunnit. Muslime.
Kabardino-Balkarien (Republik der Kabardiner und Balkaren), Teilrep. der Russ. Föderation, an der N-Abdachung des Kaukasus, 12 500 km², 786 000 Ew. (48% Kabardiner, 32% Russen, 9% Balkaren); Hptst. ist Naltschik. In den niederen Lagen der sich bis zum über 5 000 m hohen Gebirgskamm hinziehenden Gebirgszone Rinder- und Schafzucht, in der Ebene Getreide-, Obst- und Weinbau. Abbau von

Kaaba: muslimische Pilger bei der Umkreisung der Kaaba zum Abschluss der großen Wallfahrt (Hadjdj) nach Mekka

Molybdän-, Wolfram-, Blei- und Zinkerzen. Im Elbrusgebiet Hochgebirgstourismus.

Kabarett [aus frz. cabaret, »Schenke«] *das*, Kleinkunst, die kleine Formen der darstellenden Kunst (Szene, Monolog, Dialog, Pantomime, Sketch), der Literatur (Gedicht, Ballade) und der Musik (Lied, Chanson, Couplet) verknüpft und (auf einer Bühne) als humoristisch-satir. oder politisch-gesellschaftskrit. Programm zur Aufführung bringt; seit den 1960er-Jahren auch als Medien-K. in Hörfunk und Fernsehen.

Das K. entwickelte sich als **literar. K.** aus den »Cabarets chantants«, den Künstlerkneipen des Pariser Montmartre, wo 1881 R. Salis das »Chat noir« eröffnete. 1901 entstanden das erste dt. K. »Überbrettl« (»Bunte Bühne«, gegr. von E. von Wolzogen in München), in Berlin M. Reinhardts »Schall und Rauch« und in München das K. »Elf Scharfrichter« (O. Falckenberg u. a.). Die meist kurzlebigen literar. K. bestanden aus Chansons, Tänzen, Instrumentalmusik, Sketchen, Parodien, verbunden durch Ansagen eines Conférenciers. Gegen die nationalist. Stimmung zu Anfang des Ersten Weltkriegs agierte das 1916 in Zürich gegründete dadaist. »Cabaret Voltaire« mit antimilitarist. Tendenz. Bes. Ende der 1920er-Jahre tendierte das K. zur Revue. Erfolgreich waren dennoch »K. der Komiker« (1924), »Katakombe« (1929 gegr. u. a. von W. Finck und R. Platte), »Die Vier Nachrichter« (1931 gegr. u. a. von H. Käutner), bes. durch die Vortragskünstler T. Hesterberg, C. Waldoff, G. Holl, R. Valetti. Bed. Volkskomiker dieser Zeit waren K. Valentin, Liesl Karlstadt, O. Reutter, W. Reichert und Weiß Ferdl. Während des Nationalsozialismus wurden viele Kabarettisten verhaftet bzw. in KZs gebracht. Die bedeutendsten antifaschistisch orientierten Emigranten-K. waren u. a. in Wien »Der liebe Augustin« (1931) und »Literatur am Naschmarkt« (1933) sowie in Zürich »Die Pfeffermühle« (1933). Nach dem Zweiten Weltkrieg entstanden zahlr. neue K., z. B. in München »Schaubude« (1945 gegr. von E. Kästner, mit U. Herking), in Düsseldorf »Kom(m)ödchen« (1947 gegr. von K. und L. Lorentz), in Berlin (West) das Rundfunk-K. »Insulaner« (gegr. 1947) und »Die Stachelschweine« (gegr. 1949, mit W. Neuss), in Stuttgart und Hamburg »Mausefalle« (1948 gegr. von W. Finck), in München »Münchner Lach- und Schießgesellschaft« (gegr. 1955 von S. Drechsel und D. Hildebrandt) und »Rationaltheater« (gegr. 1965), in Köln »Floh de Cologne« (gegr. 1966). In der DDR entstanden »Die Distel« (1953) in Berlin, »Die Pfeffermühle« (1954) und die »academixer« (1966) in Leipzig sowie die »Herkuleskeule« (1955) in Dresden. In der Bundesrep. Dtl. profilierten sich als Solokabarettisten u. a. W. Finck, W. Neuss, J. von Manger, H.-D. Hüsch, D. Hildebrandt, D. Kittner, M. Richling, L. Fitz, G. Polt, B. Jonas, G. Schramm. Seit 1976 existiert in Mainz das **Dt. K.-Archiv**. – Bed. **österr.** Kabarettisten sind G. Kreisler, H. Qualtinger, W. Schneyder, E. Steinhauer, I. Stangl, A. Dorfer, J. Hader, bed. zeitgenöss. K.-Ensemble »Die Hektiker« in Wien; für die *Schweiz* u. a. F. Hohler, E. Steinberger, M. Birkenmeyer.

Kabbala [hebr. »Überlieferung«] *die*, seit dem 13. Jh. Bezeichnung der jüd. Mystik und religionsphilosoph. Geheimlehre. Der **Kabbalist** verbindet traditionelle jüd. Exegese mit Elementen der Gnosis, des Pythagoreismus, des Neuplatonismus und exklusivmyst. Frömmigkeit. Als erste kabbalist. Schrift gilt »Das Buch Bahir« (hebr. »hell«, »klar«), entstanden im 12. Jh. in S-Frankreich; das klass. Hauptwerk ist das Buch ↗ *Sohar* (hebr. »Lichtglanz«, 13. Jh.). Gemeinsame Grundlage kabbalist. Spekulation ist die Anschauung von den vier Welten und zehn Sphären, in denen sich die göttl. Kräfte abgestuft entfalten und das Geschehen in der materiellen Welt bestimmen, das der Kabbalist durch seine Frömmigkeit positiv beeinflussen kann. Dem Bösen als »der anderen Seite« wird dabei durchaus eigene Macht zuerkannt. Im 13. Jh. in Spanien zu hoher Blüte gelangt – Azriel (* 1160, † 1238) und Moses ben Nachman (* 1194, † 1270) aus Gerona, Abraham Abulafia (* 1240, † 1291) aus Saragossa –, verbreitete sich die K. in der Folgezeit über die ganze Diaspora, wo sie sich als popularisierte K. mit messian. Hoffnungen, Volksglauben und Magie (Zahlenmystik) verband und den Chassidismus (↗ *Chassidim*) wesentlich beeinflusste.

Kabel [mhd. kabel »Ankerseil«, »Schiffstau«], Leitung zur Übertragung von elektr. Energie bzw. Signalen für Verlegungen in Luft, Wasser und im Boden. K. bestehen (im Ggs. zur flexiblen Litze) aus gegeneinander isolierten, starren Kupferdrähten. Die leitenden **Adern** sind nach außen durch den isolierenden **K.-Mantel** und ggf. eine **Bewehrung** aus Kunststoff oder Metall geschützt.

Starkstrom-K. (Leistungs-K.) werden nach ihrer Nennspannung in **Niederspannungs-, Mittelspannungs-K.** (Spannung zw. 0,61 kV und 18 bzw. 30 kV) und **Hochspannungs-K.** (> 26 bzw. 45 kV) eingeteilt. Auch die Art der Isolation hängt von der Höhe der Spannung ab, sie besteht bei Niederspannungs-K. vorwiegend aus Polyvinylchlorid. – Bei **Fernmelde-K. (Nachrichten-K.)** sind Leiterquerschnitt und Isolationsdicke geringer. Man unterscheidet Fernmelde-K. mit symmetr. Leiteranordnung (**symmetr. K.**) mit glei-

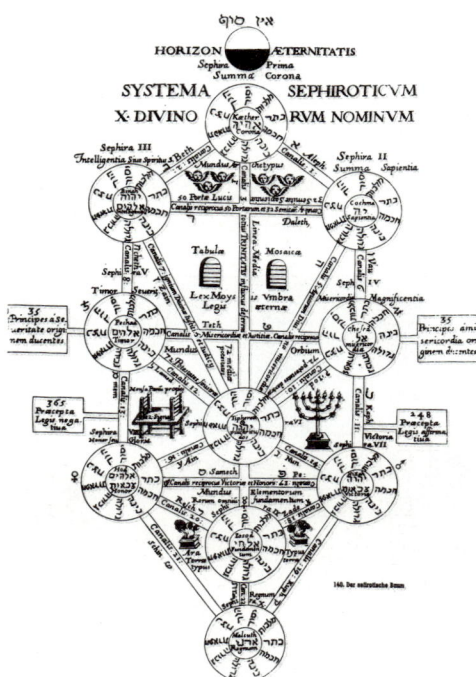

Kabbala: Darstellung der sich aus dem göttlichen Einen (»En Sof«) entfaltenden zehn göttlichen Kräfte (»Sefirot«) in ihren abgestuften Wirkungen in der materiellen Welt, dem Schöpfungswerk Gottes (Zeichnung aus dem »Oedipus Aegyptiacus« von Athanasius Kircher, 1635)

chen Hin- und Rückleitern aus verseilten Drähten sowie K. mit koaxialer Leiteranordnung (**Koaxial-K.**, ↗ Koaxialleitung). Zur opt. Signalübertragung dienen z. B. **Lichtleit-K.** (↗ Lichtleiter).

Kabelfernsehen, Verteilung von Fernsehprogrammen im Rahmen des Kabelrundfunks. Das K. setzt ein breitbandiges Kabelnetz voraus; dabei werden mehrere Fernsehprogramme übertragen und in Gemeinschaftsempfangsanlagen in die Frequenzbereiche der Fernsehempfänger umgesetzt. Über Breitbandkabel sind mehrere Dienste mittels Multiplextechnik empfangbar. (↗ Fernsehen)

Kabeljau (Gadus morrhua), bis 150 cm langer Raubfisch aus der Familie der Dorsche, bis 15 kg Gewicht, selten bis 40 kg, im N-Atlantik, in der Nord- und Ostsee; die Ostseeform wird als **Dorsch** bezeichnet; wichtiger Nutzfisch. Im Handel meist frisch, seltener getrocknet **(Stockfisch)** oder gesalzen und getrocknet **(Klippfisch).**

Kabeljau

Kabellänge, ältere Längeneinheit der Schifffahrt: $1/10$ Seemeile = 185,2 m.

Kabelrundfunk, Verteilung von Hörfunk- und Fernsehprogrammen (Kabelfernsehen, ↗ Fernsehen) über kabelgebundene Breitbandnetze (BK-Netze, ↗ Breitbandkommunikation). Die Programmzuführung in die BK-Netze erfolgt über Fernmeldesatelliten, Richtfunkstrecken oder heranführende Kabelstrecken des öffentl. Kommunikationsnetzes.

Kabelschuh, Schraubbefestigung zum Anschluss elektr. Leitungen an Kabel.

Kabila, Laurent Désiré, Offizier und Politiker in der Demokrat. Rep. Kongo, *Moba (Prov. Shaba) 1940, †(ermordet) Kinshasa 16. 1. 2001; seit Mitte der 1960er-Jahre an regionalen Aufständen in der Demokrat. Rep. Kongo (später Zaire) beteiligt; führte mit seinen Truppen einen Guerillakrieg, der schließlich 1997 Mobutu Sese-Seko zur Aufgabe der Macht zwang; K. ernannte sich daraufhin zum Präs. des nun wieder Demokrat. Rep. Kongo genannten Staates; er fiel einem Attentat zum Opfer.

Kabinenbahn, 1) mit Fahrgastkabinen ausgerüstete Seilschwebebahn (↗ Bergbahnen).

2) spurgebundenes Nahverkehrsmittel mit vollautomat. (fahrerlosem) Betrieb. Groß-K. (z. B. VAL, Véhicule Automatique Léger, in Frankreich) verkehren stadtbahnähnlich im Linienbetrieb. Die in Dtl. entwickelten Klein-K., C-Bahn (Cabinentaxi), H-Bahn (Hängebahn) oder M-Bahn (Magnetbahn) konnten sich bisher nicht durchsetzen. Lediglich in Dortmund führt eine H-Bahn-Strecke über das Universitätsgelände zur S-Bahn. (↗ Hängebahn)

Kabinett [frz.] *das,* **1)** *allg.:* kleines Zimmer, in Schlössern Raum für intime Zwecke, als Geheimgemach oder zur Unterbringung wertvoller kleiner Kunstgegenstände; im übertragenen Sinne deshalb kleinerer Ausstellungsraum in Museen (Kupferstich-K., Münz-K., Naturalien-K.).

2) *Lebensmittelrecht:* nach dem dt. Weingesetz unterste Stufe der Qualitätsweine mit Prädikat; bereitet aus Trauben, die bei der Lese ein Mindestmostgewicht aufweisen müssen.

3) *Staatsrecht:* die Gesamtheit der Min. einer Regierung, in Dtl. die Bundes- oder Landesreg. In Großbritannien und Frankreich gehört nur ein Teil der Min. zum eigentl. K. – Die Bez. K. kam im 17. Jh. für die persönl. Berater **(Geheimes K.)** auf, mit dem das Staatsoberhaupt seine monarch. Selbstregiment gegenüber den Fachressorts sicherte **(K.-System).**

Kabinettkäfer (Anthrenus), Gattung 2–4,5 mm langer, ovaler, meist auf schwarzem Grund hell gefleckter Speckkäfer, Blütenbesucher, z. B. der **Wollkrautblütenkäfer** (Anthrenus verbasci). Die stark behaarten Larven zerfressen Felle, Teppiche u. a.

Kabinettmalerei, Verfahren der ↗ Glasmalerei.
Kabinettprojektion, ↗ Kavalierprojektion.
Kabinettscheibe, ↗ Glasmalerei.
Kabinettschrank (Kunstschrank), in der Renaissance entwickelter Schrank, meist mit einem Untersatz in Form eines tischartigen Gestells. Das Oberteil hat viele Schubfächer; bes. aufwendig in Dtl. in der 2. Hälfte des 16. und im 17. Jahrhundert.

Kabinettsjustiz, im Absolutismus die Eingriffe des Landesherrn in die Rechtspflege.

Kabinettsvorlage, Antrag (meist eines Min.) auf Beschlussfassung durch die Gesamtregierung.

Kabotage [-ˈtaːʒə; frz.] *die* (Cabotage), i. e. S. die Küstenschifffahrt; i. w. S. die Beförderung von Personen und Gütern zw. zwei Orten im Inland, die nach nat. Recht inländ. Unternehmen vorbehalten sein kann. Im Rahmen der EG ist der K.-Vorbehalt weitgehend überholt.

Kabriolett [frz.] *das* (Cabriolet), **1)** leicht gebaute, zweirädrige Kutsche (Einspänner), meist mit Verdeck; **2)** Kurzbez. **Kabrio** oder **Cabrio,** Pkw mit offenem Aufbau, zurückklappbarem Stoffverdeck, abnehmbarem Kunststoffverdeck (Hardtop) oder im Kofferraum versenkbarem Verdeck und versenkbaren Seitenfenstern.

Laurent Désiré Kabila

Kabinettkäfer: Wollkrautblütenkäfer und dessen Larve

Kabinettschrank: Augsburger Kabinettschrank, Holz und Halbedelsteine (1620; Florenz, Museo degli Argenti)

Kabuki [japan.] *das,* volkstüml. ↗ japanisches Theater mit betontem, ritualisiertem Kunstcharakter.

Kabul, 1) *der,* rechter Nebenfluss des Indus, etwa 450 km lang, entspringt westlich der Stadt K. im Kuh-e Baba, Afghanistan, und mündet bei Attock in Pakistan; Wasserkraftwerke.
2) Hptst. von Afghanistan, am Fluss K. in einem von Gebirgen umgebenen, bewässerten Hochbecken, 1 795 m ü. M., etwa 700 000 Ew.; Univ., Polytechnikum; Textil-, Metall-, Leder- u. a. Ind.; internat. Flughafen. Wirtschaft, Handel und Verkehr sind durch den Bürgerkrieg stark in Mitleidenschaft gezogen worden. – Das Stadtbild mit seinen histor. Bauten und der modernen Architektur hat unter den Zerstörungen, bes. seit 1992, stark gelitten. Nur z. T. erhalten sind die Stadtmauer (im Kern 5. Jh.) und die eingeengt zw. Fluss und der Festung Bala Hissar (16. Jh.; 1879 gesprengt, wiederhergestellt) liegende Altstadt. – K. gehörte seit dem 16. Jh. zum Reich der Großmoguln und wurde 1747 Hptst. des Afghanenreichs.

Kabwe (bis 1968 Broken Hill), Provinzhptst. in Sambia, nördlich von Lusaka, 1 180 m ü. M., 214 000 Ew.; Bergbau (Blei, Zink) und Hüttenwerke. – Fundort des **Rhodesiamenschen (Homo rhodesiensis),** der dem europ. Neandertaler entspricht.

Kabylei *die,* Gebirgslandschaft des Tellatlas in N-Algerien. Die **Große K.** im W umfasst das Jurakalkgebirge des Djurdjura (2 308 m ü. M.), sie wird intensiv agrarisch genutzt (Feigen- und Olivenbäume, Weinbau) und ist dicht besiedelt; die **Kleine K.** im O erreicht im Djebel Bahor 2 004 m ü. M., Waldgebiete mit Rodungsflächen (Gartenbaukulturen).

Kabylen [arab. »Stamm«], Sammelbez. für die Berbergruppen in N-Algerien (↗ Berber), ansässig bes. in der ↗ Kabylei. Die etwa 3,1 Mio. K. sind sunnit. Muslime; sie sind v. a. Saisonarbeiter; Kunsthandwerk (Keramik, Silberschmuck, Waffen). Ihre Sprache, das **Kabylische,** ist ein Berberdialekt.

Kachel [ahd. chachala »irdener Topf«], Platte aus reinem oder mit Schamotte gemagertem Ton, glatt oder reliefartig gemustert, mit Glasur auf der Vorderseite. Die K. werden in Muffel- oder Tunnelöfen gebrannt, oft bei einem zweiten Brand mit der Glasur überzogen. K. werden wegen ihrer Wärme speichernden Eigenschaft v. a. zur Ummantelung von K.-Öfen (Ofen-K.) und zur Wandverkleidung (Wand-K.) verwendet.

Kachel|ofen, ↗ Heizung.

Kachexie [grch.] *die* (Auszehrung), hochgradige Abmagerung, z. B. bei bösartigen Tumoren.

János Kádár

Ismail Kadare

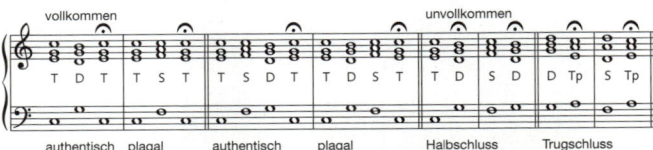

Kadenz 2): T = Tonika (I. Stufe), D = Dominante (V. Stufe), S = Subdominante (IV. Stufe), Tp = Tonikaparallele (VI. Stufe)

Kachin [-tʃ-] (Katschin, Chingpo), mongolides Volk (einschl. verwandter Gruppen: Maru, Lashi, Atsi) mit tibetobirman. Sprache, v. a. in N-Birma (bes. im Kachin- und Shanstaat) sowie im W der chines. Provinz Yunnan und in NO-Indien; etwa 650 000.

Kachinstaat [-tʃ-], autonomes Sondergebiet und Staat im äußersten N von Birma, 89 041 km², 1,135 Mio. Ew., Hauptort ist Myitkyina; dicht bewaldet **(Kachinbergland);** Teakholzgewinnung, Seidenrau-penzucht, in den Tälern Anbau von Reis, Zuckerrohr, Baumwolle, Tabak und Gemüse.

Kachowkaer Stausee, Stausee des Dnjepr, Ukraine, 2 155 km², 18,2 Mrd. m³ Fassungsvermögen; Kraftwerk (352 MW); Ausgangspunkt des Nordkrim- und Kriwoi-Rog-Kanals.

Kaçkar Dağı [katʃˈkar daˈ:ɪ], höchster Berg (3 937 m ü. M.) des Pontischen Gebirges, Türkei, mit kleinen Gletschern und Karseen.

Kaczawa [kaˈtʃava], Fluss in Polen, ↗ Katzbach.

Kádár, János, ungar. Politiker, * Fiume (heute Rijeka) 25. 5. 1912, † Budapest 6. 7. 1989; trat 1931 der ungar. KP bei, 1948–51 Innenmin., 1951–54 wegen angebl. Opposition gegen M. Rákosi inhaftiert, wurde Ende Okt. 1956 – zu Beginn des ungar. Volksaufstandes – Gen.-Sekr. der als Ungar. Sozialist. Arbeiterpartei (USAP) reorganisierten KP. Zunächst selbst Mitgl. der Aufstandsreg., wandte er sich dann gegen sie, bildete eine Gegenreg. und bat die UdSSR um Militärintervention. Nach Niederschlagung des Aufstandes setzte er als maßgebl. Führungsfigur seiner Partei (bis 1988; 1956–58 und 1961–65 auch Min.-Präs.) einen integrativen, an die UdSSR angelehnten Kurs durch, der vorsichtige Reformen mit u. a. T. liberalen Zugeständnissen anstrebte; 1988 zum Rücktritt gedrängt, 1988–89 (einflussloser) Parteipräsident.

Kadare, Ismail, alban. Schriftsteller, * Gjirokastër 27. 1. 1936; lebt seit den 1990er-Jahren überwiegend in Paris; schreibt Lyrik und v. a. Romane (»Der General der toten Armee«, 1963; »Die Festung«, 1970; »Der große Winter«, 1972, »Konzert am Ende des Winters«, 1988) über Vergangenheit und Gegenwart des alban. Volkes; auch Kurzprosa (»Alban. Frühling. Berichte, Briefe, Betrachtungen«, 1991), außerdem »Elegie für Kosovo« (2000).

Kaddisch [aramäisch »heilig«] *das,* jüd. Gebet der Trauernden im Trauerjahr und jährlich am Todestag.

Kadelburg, Gustav, österr. Schauspieler und Bühnendichter, * Budapest 26. 7. 1851, † Berlin 11. 9. 1925; verfasste mit O. Blumenthal, F. von Schönthan u. a. Schwänke und Lustspiele (»Im weißen Rößl«, 1898).

Kaden-Bandrowski, Juliusz, poln. Schriftsteller, * Rzeszów 24. 2. 1885, † Warschau 8. 8. 1944; sein übersteigerter expressionist. Prosastil übte auf die moderne poln. Literatur starken Einfluss aus; sein zeitkrit. und satir. Werk schildert das zeitgenöss. poln. Leben (»General Barcz«, R., 1923).

Kadenz [italien., zu lat. cadere »fallen«] *die,*
1) *Metrik:* rhythm. Gestalt des Versausgangs beim akzentuierenden Versprinzip.
2) *Musik:* die Akkordfolge, die den Abschluss einer Komposition oder eines Abschnitts herbeiführt. Die **vollkommene K.,** auch **authent. K.** genannt, schließt mit der Akkordfolge Dominante–Tonika (V–I), die **unvollkommene K.,** auch **plagale K.** genannt, schließt mit der Akkordfolge Subdominante–Tonika (IV–I). Der Halbschluss endet auf der V. Stufe, der Dominante, der Trugschluss meist auf der VI. Stufe, der Tonika-Paralleltonart. Die K. ist ein wesentl. Bestandteil der abendländ. Musik etwa der letzten 300 Jahre, der in der atonalen Musik völlig fehlt. – Im Instrumentalkonzert ist die K. ein fantasieartiger Soloteil kurz vor Satzschluss, der dem Interpreten Gelegenheit zur virtuosen Entfaltung gibt, urspr. vom Interpreten improvisiert, später auch von Komponisten oder Interpreten aufgeschrieben.
3) *Waffenkunde:* Feuergeschwindigkeit einer Feuerwaffe in Schuss pro Minute, meist für Dauerfeuer und kadenzgesteuertes Einzelfeuer bei Maschinen-

waffen. Die K. moderner Maschinenwaffen liegt zw. 1 000 und 2 000 Schuss pro Minute für Kaliber bis 50 mm.

Kader [frz. cadre »Rahmen«] *der,* **1)** *Militärwesen:* Stammbestand einer Truppe. **2)** *Politik:* Gesamtheit der leitenden Personen mit wichtigen Funktionen in Partei, Staat und Wirtschaft in den ehem. sozialist. Staaten.

Kadett [frz. cadet »der Jüngere«] *der,* **1)** früher Zögling eines Unterrichts- oder Erziehungsinstituts für künftige Berufsoffiziere. – Für Seeoffiziersanwärter in der Bundeswehr ist die Bez. Seekadett noch gebräuchlich. **2)** blau-weiß oder schwarz-weiß gestreiftes Baumwollgewebe für Berufskleidung.

Kadetten (russ. Kadety), die Mitgl. der 1905 in Russland gegründeten Konstitutionellen Demokrat. Partei. Die K. traten für eine konstitutionelle und parlamentar. Monarchie sowie für Agrar- und Sozialreformen ein; gehörten nach der Februarrevolution 1917 der Provisor. Reg. an. Nach der Oktoberrevolution wurde die Partei im Dez. 1917 von den Bolschewiki verboten und im Bürgerkrieg (1918–21) ausgeschaltet. 1990 Wiedergründung.

Kadhimain (Kazimein, Al-Kazimija), alte Vorstadt von Bagdad, Irak, bed. Wallfahrtsort der Schiiten mit der Großen Moschee (16. Jh., im 19. Jh. restauriert).

Kadi [türk., arab.] *der,* in den islam. Ländern Richter der religiösen Gerichtsbarkeit; 1922 in der Türkei abgeschafft; in den arab. Staaten heute Richter aller Gerichtsbarkeiten.

Kadijewka (ukrain. Kadijiwka), bis 1937 und 1940–78 Name der ukrain. Stadt ↗ Stachanow.

Kadishman [-ʃ-], Menashe, israel. Künstler, *Tel Aviv 1932; begann mit archaisch wirkenden Steinskulpturen, später entstanden große, der Minimalart nahe stehende Außenplastiken. In den 1970er-Jahren bestimmten Werke der Concept-Art und des Environments sein Schaffen.

Kadjaren [-dʒ-] (Kadscharen), pers. Dynastie (1794–1925); begründet von Agha Mohammed, einem Führer des turkmen. Stammes der Kadjaren, der Teheran zur Hptst. machte.

Kadmium *das,* eingedeutschte Schreibung für chemisch fachsprachlich ↗ Cadmium.

Kadmos, *grch. Mythos:* Sohn des phönik. Königs Agenor, Bruder der Europa; gründete auf Befehl des Orakels von Delphi Theben mit der Burg **Kadmeia,** nachdem er dort den Drachen des Ares erschlagen hatte. Die Zähne des Drachen säte er aus. Ihnen entsprangen Krieger, die sich bekämpften, bis nur fünf übrig blieben, die die Stammväter des theban. Adels wurden. Die Götter gaben K. ↗ Harmonia zur Frau.

Kadoma (früher Gatooma), Stadt in Simbabwe, im westl. Maschonaland, 1 200 m ü. M., 86 800 Ew.; Handelszentrum in einem Agrargebiet; Goldbergbau.

Kaduna, Hptst. des Bundesstaates K. in N-Nigeria, am Fluss K., 1,41 Mio. Ew.; kath. Erzbischofssitz; Technikum, Inst. zur Erforschung der Schlafkrankheit, Nationalmuseum; Handelszentrum; Kfz-Montagewerk, Textil- u. a. Ind., Erdölraffinerie; Bahnknotenpunkt, Flughafen.

Kaduzierung [lat.], Verfallserklärung; Aktien oder GmbH-Anteile können wegen nicht geleisteter Einzahlung dem Aktionär oder Gesellschafter gegenüber für verlustig erklärt (kaduziert) werden (§ 64 Aktien-Ges., § 21 GmbH-Gesetz).

Kaempfer [ˈkɛ-], Engelbert, Arzt und Forschungsreisender, *Lemgo (Kr. Lippe) 16. 9. 1651, †ebd. 2. 11. 1716; reiste über Persien, Arabien, Indien, Sumatra, Java und Siam nach Japan (Aufenthalt 1690–92). Sein Japanbild blieb bis ins 19. Jh. in Europa maßgebend.

Kaendler [ˈkɛ-], Johann Joachim, Bildhauer, Porzellanmodelleur, *Fischbach (bei Dresden) 15. 6. 1706, †Meißen 18. 5. 1775; seit 1731 Modellmeister der Porzellanmanufaktur in Meißen. Seine kraftvoll modellierten Figuren, Tiere und Gruppen wurden für die Porzellanplastik des 18. Jh. vorbildlich.

Johann Joachim Kaendler: Porzellangruppe »Dame mit Mops« (1737; Sankt Petersburg, Eremitage)

Kaeseberg [ˈkɛ-], eigtl. Tomas Fröbel, Maler und Bildhauer, *Leipzig 16. 11. 1964; in dreidimensionalen Wand- und Bodenarbeiten aus bevorzugt unbearbeiteten Materialien (Holz, Metall) benutzt er eine Chiffren- und Symbolsprache, die auf myth. Welten und Science-Fiction-Fantasien verweist.

Kaesŏng [kɛsʌŋ] (Kaegyŏng, früher Songdo), Stadt mit Provinzstatus (1 255 km^2) im SW Nord-Koreas, auf 38° n. Br., 334 000 Ew.; Hochschule, Textil-, keram. Industrie. – 918–1392 Hptst. des korean. Königreichs Koryŏ (zahlr. Bauwerke aus dieser Zeit). 1951 begannen in K. die Waffenstillstandsverhandlungen im Koreakrieg.

Käfer [ahd. chevar, eigtl. »Nager«] (Koleopteren, Coleoptera), mit rd. 350 000 Arten in fast allen Biotopen weltweit verbreitete Ordnung 0,25–160 mm langer Insekten (davon rd. 5 700 Arten in Mitteleuropa); Körper mit meist hartem Hautpanzer und stark verhärteten Deckflügeln (Elyton), die in Ruhe die gefalteten, häutigen Hinterflügel (Alae) schützen und meist auch den ganzen Hinterleib bedecken. Zum Flug werden nur die Hinterflügel benutzt. Am Körper sind drei gelenkig miteinander verbundene Abschnitte zu unterscheiden: 1) Kopf mit Facettenaugen, Fühlern und kauenden Mundwerkzeugen; 2) Halsschild mit einem Beinpaar; 3) mittleres und letztes Brustsegment (mit je einem Bein- und Flügelpaar sowie dem Schildchen [Scutellum]), starr verschmolzen mit dem Hinterleib, an dem sich die Atemöffnung (Stigma) befindet. Die meisten K. sind Pflanzenfresser, viele leben räuberisch. Entwicklung durch ↗ Metamorphose.

Käferschnecken (Polyplacophora, Placophora), Klasse 0,3–33 cm langer mariner Weichtiere mit abgeflachtem Körper; die Rückenschale besteht aus dachziegelartigen bewegl. Kalkplatten. Die bekannteste Gattung ist **Chiton,** u. a. mit der im Mittelmeer häufigen Art **Mittelmeer-Chiton** (Chiton olivaceus).

Kaffa (Kafa, Kefa, Kaffitscho), Volk in SW-Äthiopien, mit kuschit. Sprache, etwa 500 000 Angehörige (25% sind Christen); treiben Feldbau und Viehhaltung. – Das von den K. im 14. Jh. gegründete Reich verlor erst 1897 seine Unabhängigkeit.

Kaffa (Kafa, Kefa), Bergland und ehem. Region (56 634 km², 2,74 Mio. Ew.) im SW Äthiopiens, bis 3 500 m ü. M. hohes, stark gegliedertes Hochland mit mildem Klima und üppiger Vegetation; Heimat des wilden Kaffeestrauchs; Getreideanbau, Kaffeeplantagen. Hauptort: Jima.

Kaffee [ˈkafe, auch, österr. nur kaˈfe; arab.], **1)** das aus den gerösteten und gemahlenen K.-Bohnen bereitete Getränk.

2) (Kaffeestrauch, Coffea), Gattung der Rötegewächse, im trop. Afrika und Asien heimisch; Sträucher oder 4–8 m hohe Bäume mit weißen Blüten. Die Früchte sind rote, kirschenähnl. Steinfrüchte (**Kaffeekirschen**) mit meist zwei Steinkernen, die mit ihren abgeflachten Seiten zueinander liegen. Unter der äußeren Hornschale befindet sich der ebenfalls auf einer Seite abgeflachte und auf dieser Seite mit einer Furche versehene Samen (**K.-Bohne**), der von der Silberhaut (Samenschale) umgeben ist. Beim rundbohnigen **Perl-K.** ist nur eine Samenanlage ausgebildet. – Die wichtigsten K.-Arten sind: **Arab. K.** (Berg-K., Coffea arabica), urspr. wohl aus Äthiopien, heute allg. in den Tropen (v. a. in Brasilien) kultiviert; **Robusta-K.** (Kongo-K., Coffea canephora), aus dem trop. Afrika, angebaut v. a. in W-Afrika, Indonesien, Indien. **Liberia-K.** (Coffea liberica) hat nur noch geringe Bedeutung.

Bearbeitung: Bei der seltener gewordenen trockenen Aufbereitung werden die Früchte getrocknet und maschinell geschält. Bei der nassen Methode wird das Fruchtfleisch in einer Maschine (Entpulper) abgequetscht und die Samenschale entfernt. Bei beiden Verfahren erhält man den hellen, grünl. **Roh-K.** Vor dem Verkauf durch den Kleinhandel werden die Rohbohnen geröstet, wodurch sich erst die aromat. Stoffe, die den K. zu einem Genussmittel machen, entwickeln. Geröstet K. enthält etwa 1,2% (Arab. K.) und 1,6–2,6% (Robusta-K.) Koffein, gebunden an Chlorogensäure. Das Koffein kann dem K. durch Dämpfen der rohen Bohnen und darauf folgendes Extrahieren mit Lösungsmitteln entzogen werden. Koffeinfreier K. darf nicht mehr als 0,08%, koffeinarmer K. nicht mehr als 0,2% Koffein enthalten. – Über die Wirkung des K. ↗Koffein.

Geschichte: Von Äthiopien breitete sich die Sitte des K.-Trinkens vermutlich seit dem 13. Jh. in der islam. Welt aus. In Europa kommt der K. erstmalig 1582 in dem Buch des Arztes L. Rauwolf, der den Vorderen Orient bereist hatte, unter dem Namen »Chaube« vor. Mitte des 17. Jh. gelangte er in die großen europ. Seehandelsstädte. 1671 kamen die ersten K.-Pflanzen nach Java, bald darauf setzte der Anbau auf Ceylon und in Surinam ein, in der 2. Hälfte des 18. Jh. breitete er sich in Südamerika aus. – Heute liegen die wichtigsten K.-Anbaugebiete in Brasilien, Kolumbien, Mexiko und Indonesien.

Kaffee|ersatz (Kaffeesurrogat), geröstete Pflanzenteile, die durch Überbrühen mit heißem Wasser ein kaffeeähnl. Getränk ergeben; Rohstoffe sind z. B. Gerste, Roggen, Malz, Zichorie.

Kaffeefahrt (Werbefahrt), der Verkaufsförderung dienende Kombination aus Reise- und Verkaufsveranstaltung, auf die die Vorschriften über die ↗Haustürgeschäfte anwendbar sind.

Kaffeehaus, bes. in Österreich übl. Bez. für ein Café, in dem Zeitungen, Spiele u. a. bereitgestellt werden und Gäste länger verweilen. Zuerst im 16./17. Jh. im Osman. Reich verbreitet als beliebter öffentl. Ort

Kaffee 2): Trocknen der Kaffeebohnen auf einer Kaffeeplantage in El Salvador

Kaffee 2): Sprosse mit Blüten und Früchten, (unten) geröstete Kaffeebohne

für Unterhaltung und Spiel, trugen K. auch bald in Europa (Eröffnung des ersten K. 1647 in Venedig) zur Veränderung des Sozialverhaltens bei. Das erste K. Dtl.s soll 1673 in Bremen gegr. worden sein. Das Wiener K. geht auf J. Diodato zurück, dem am 17. 1. 1685 das Privileg erteilt wurde, das »oriental. Getränk« zu verkaufen. Zu den ältesten europ. K. zählt neben dem »Café Procope« (1686, Paris) auch das Leipziger »Haus zum Arab. Coffe Baum« (sicher belegt seit 1694), das seit 1999 auch das erste dt. Kaffeemuseum beherbergt. Im 19. Jh. entwickelten sich K. zu wichtigen Zentren kultureller, polit. und wirtsch. Kontakte (z. B. »Roman. Café«, Berlin; »Antico Caffè Greco«, Rom; »Café de la Paix«, Paris).

Kaffeesteuer, dem Bund zufließende Verbrauchsteuer auf die Herstellung oder Einfuhr von Röstkaffee (2,19 €/kg) sowie Auszügen, Essenzen und Konzentraten aus Kaffee (4,78 €/kg); Steueraufkommen: (2001) 1,04 Mrd. €.

Kaffern, frühere Bez. für die ↗Xhosa.

Kaffitscho, Volk in Äthiopien, ↗Kaffa.

Kafir [arab. »Ungläubiger«] *der,* im Islam Bez. für Nichtmuslim.

Kafiren, ehem. Bez. für die Bewohner von Nuristan, heute als ↗Nuristani bezeichnet.

Kafka, Franz, österr. Schriftsteller, * Prag 3. 7. 1883, † Kierling (heute zu Klosterneuburg) 3. 6. 1924; Jurist und Versicherungsbeamter, stand dem Kreis Prager Schriftsteller um F. Werfel und M. Brod nahe; seit 1917 infolge einer Kehlkopftuberkulose mehrere Kuraufenthalte; 1912 Begegnung mit Felice Bauer (* 1887, † 1960), mit der er sich 1914 verlobte, 1917 wurde die Beziehung endgültig gelöst. 1920–22 Liebesbeziehung zu Milena Jesenská (* 1896, † 1944). Zu seinen Lebzeiten erschienen nur einige Erzählungen; die Romane gab M. Brod gegen K.s Wunsch aus dem Nachlass heraus. Von 1910 an führte K. Tagebuch (intensive Selbstanalyse). Bes. wichtig wurde ihm die Beschäftigung mit dem Judentum, v. a. auch mit der jidd. Kultur (»Rede über die jidd. Sprache«, 1912). Mit der Erzählung »Das Urteil« (1912) gelang ihm der Durchbruch zu der ihm eigenen (danach »kafkaesk« ben.) literar. Ausdrucksform, einer durch eine Lakonik der Bedrohung geprägten und auf rätselhafte Weise unheimlich wirkenden Schreibweise (»Die Verwandlung«, Erz., 1915; »Brief an den Vater«, entstanden

Franz Kafka (Foto, 1924)

1919; »Ein Landarzt«, Erz., 1920; »Ein Hungerkünstler«, 1922). In dem Romanfragment »Der Verschollene« (bekannt u. d. T. »Amerika«, gedruckt 1927, das 1. Kapitel erschien 1913 u. d. T. »Der Heizer«) wird der jugendl. Held allmählich aus der Gesellschaft gedrängt, weil er in einer über seine subjektive Schuld hinausgehenden Weise von seinen Eltern und deren Ersatzfiguren zurückgestoßen wird. Im Roman »Der Prozeß« (gedruckt 1925) werden Schuld und Selbstverurteilung eines sich den Gemeinschaftsaufgaben Entziehenden dargestellt. Thema des Romanfragments »Das Schloß« (1926), ausgelöst durch das »Milena-Erlebnis«, ist der Kampf des Autors um die Verwurzelung in der menschl. Gesellschaft. – Die weltweite, bis heute ungebrochene Wirkung von K.s Werk setzte erst in der 2. Hälfte des 20. Jh. ein.

Kaftan [türk.] *der,* langärmeliger, vorn offener, langer Überrock, bes. der vorderasiat. und südosteurop. Völker; viele Sonderentwicklungen.

Kafue *der,* linker Nebenfluss des Sambesi, 960 km lang, entspringt westlich von Lubumbashi (Demokrat. Rep. Kongo), durchfließt in Sambia den Copperbelt und den **K.-Nationalpark** (mit 22400 km² einer der größten Afrikas), mündet unterhalb des Karibadamms. Am Unterlauf durch den **K.-Damm** gestaut (Kraftwerke).

Kaganowitsch, Lasar Moissejewitsch, sowjet. Politiker, * Kabany (Gouv. Kiew) 22. 11. 1893, † Moskau 25. 7. 1991; seit 1930 Mitgl. des Politbüros der KPdSU, hatte als enger Mitarbeiter Stalins Anteil am Aufbau der Schwerind., der Zwangskollektivierung und der großen »Säuberung« (1935–39; ∕ Tschistka). 1953–57 war er Erster stellv. MinPräs.; 1957 von N. S. Chruschtschow aller Ämter enthoben.

Kagel [span. kaˈxɛl], Mauricio Raúl, Komponist argentin. Herkunft, * Buenos Aires 24. 12. 1931; lebt seit 1957 in Köln, war dort 1974–97 Prof. für neues Musiktheater. K. ging von der seriellen Musik aus und experimentiert mit elektroakust. und audiovisuellen Medien. Er entwickelte das ∕ instrumentale Theater (u. a. »Sur scène«, 1960). – *Weitere Werke: Bühnenwerke:* Staatstheater (1971); Die Erschöpfung der Welt (1980); Aus Dtl.: Eine Lieder-Oper (1981); Tantz-Schul (1988, Ballet d'action). – *Instrumentalwerke:* Exotika (1972, für außereurop. Instrumente); Klangwölfe (1979, für Geige und Klavier); Konzertstück für Pauken und Orchester (1992); Étude Nr. 3 (1997, für großes Orchester); Entführung im Konzertsaal (2000, konzertante Oper). – *Filme:* Ludwig van (1969); Ex-Position (1978).

Kagera *der,* Fluss im Zwischenseengebiet O-Afrikas, mit 850 km Länge Hauptzufluss des Victoriasees und wichtigster Quellfluss des Nils; entsteht an der Grenze zw. Tansania und Ruanda aus dem Zusammenfluss von **Ruvubu** und **Nyabarongo.** Im östl. Ruanda erstreckt sich der **K.-Nationalpark** (2500 km²).

Kagoshima [-ʃ-], Hptst. der Präfektur K. auf Kūyshū, Japan, an der K.-Bucht, 546 300 Ew.; Wirtschaftshochschule; Nahrungsmittel-, Textilind., Herstellung von Porzellan; Hafen, Flughafen.

Kahane, Kitty, Grafikerin, Malerin und Designerin, * Berlin 14. 10. 1960; studierte 1983–89 an der Kunsthochschule in Berlin-Weißensee, ab 1989 freiberuflich tätig; neben Malerei und Grafik auch Illustrationen, Entwürfe für Bühnenbild und Porzellandekor, Bemalung von Stoffen, Textilien und Möbeln, ferner Grafikdesign, Kunst am Bau, Inneneinrichtungen.

Kahla, Stadt im Saale-Holzland-Kreis, Thür., an der Saale, 7800 Ew.; Porzellan- (seit 1844), Holzindustrie. – Die planmäßig angelegte Altstadt des 13. Jh.

ist weitgehend erhalten. Auf einem Bergkegel östlich von K. liegt die seit 1221 urkundlich erwähnte Burg **Leuchtenburg.** – K. wurde 876 erstmals urkundlich erwähnt und erhielt vor 1299 Stadtrecht.

Kahl a. Main, Gem. im Landkreis Aschaffenburg, Bayern, am Untermain, 7200 Ew., Elektro-, Metall-, Baustoffind., Maschinenbau; nahebei das erste dt. Versuchsatomkraftwerk (seit 1961; seit 1986 stillgelegt).

Kahlenberg (Kahlengebirge), bis an die Donau reichende Gruppe des Wienerwalds, nordöstlichster Ausläufer der Ostalpen, Österreich, mit Hermannskogel (542 m ü. M.), Kahlenberg (483 m ü. M.) und Leopoldsberg (423 m ü. M.). – Durch die **Schlacht am K.** (12. 9. 1683) wurde Wien von der türk. Belagerung befreit (∕ Türkenkriege).

Kahler Asten, zweithöchste Erhebung des Sauerlands, im Rothaargebirge, bei Winterberg, NRW, 841 m ü. M.; meteorolog. Station, Aussichtsturm, Wintersportgebiet.

Kahlhechte (Amiiformes), Fischordnung der Knochenganoiden mit der einzigen Art ∕ Schlammfisch.

Kahlhieb (Kahlschlag, Abtrieb), Gesamtfällung auf einer Forstfläche.

Kahlo, Frida, mexikan. Malerin, * Coyoacán (Distrito Federal) 6. 7. 1907, † ebd. 13. 7. 1954; begann nach einem Unfall, an dessen Folgen sie zeitlebens litt, zu malen. 1929 heiratete sie den Maler D. Rivera. In ihren der Tradition der mexikan. Volkskunst und der Moderne verpflichteten Bildern setzte sie sich v. a. mit ihrer persönl. Situation auseinander.

Mauricio Kagel

Frida Kahlo: Selbstbildnis mit kurzem Haar (1940; New York, Museum of Modern Art)

Kahmhefen, Hefen der Gattung Candida, Pichia, Hansenula u. a., die bei Anwesenheit von Sauerstoff auf der Oberfläche von kohlenhydrathaltigen Flüssigkeiten eine feine bis kräftige Haut **(Kahmhaut)**

bilden. K. können die Herstellung von Wein (**Kahmigwerden**) beeinträchtigen.

Kahn, 1) Herman, amerikan. Kybernetiker, * Bayonne (N. J.) 15. 2. 1922, † Chappaqua (N. Y.) 7. 7. 1983; Mitbegründer und Leiter des Hudson-Inst., das zur mittel- und langfristigen Planung für Politik und Wirtschaft arbeitet; er entwickelte die Strategie der militär. Eskalation bis zum »kontrollierten Nuklearkrieg«; seine Futurologie ist methodisch umstritten.

2) Louis Israel Isidore, amerikan. Architekt, * auf Saaremaa (Estland) 20. 2. 1901, † New York 17. 3. 1974; seit 1957 Prof. an der University of Pennsylvania in Philadelphia, für die er sein Hauptwerk, das Richards Medical Research Building (1957–64), schuf; Vertreter des ↗ Brutalismus.

3) Oliver, Fußballtorhüter, * Karlsruhe 15. 6. 1969; spielte 1976–94 beim Karlsruher SC und seitdem beim FC Bayern München; 60 Länderspiele (seit 1995), Vizeweltmeister 2002. Welttorhüter des Jahres 1999, 2001 und 2002, Fußballer des Jahres 2000 und 2001.

Kahnbein, kahnförmig gestalteter Fuß- bzw. Handwurzelknochen.

Kahneman, Daniel, israelisch-amerikan. Psychologe, * Tel Aviv 1934; Prof. an der Hebrew University, Jerusalem (1973–78), an der University of British Columbia (1978–86), an der University of California, Berkeley (1986–94) und an der Princeton University, New Jersey (seit 1993); erhielt 2002 zus. mit V. L. Smith den Nobelpreis für Wirtschaftswiss.en für die Erweiterung der ökonom. Theorie durch Erkenntnisse der Psychologie und die Begründung eines neuen Forschungsgebietes (Behavioral Economics).

Kahnschnabel (Cochlearius cochlearius), 50 cm großer nachtaktiver Reiher, lebt in den trop. Gebieten von Mexiko bis Brasilien, mit verlängerten Nackenfedern und breitem Schnabel.

Kahnweiler, Daniel-Henry, frz. Kunsthändler, * Mannheim 25. 6. 1884, † Paris 12. 1. 1979; eröffnete 1907 in Paris seine erste Galerie, wo er u. a. die Fauves A. Derain und M. Vlaminck ausstellte. Er förderte die Kunst des ↗ Kubismus, deren Bedeutung er zuerst erkannte; vertrat seit 1907 P. Picasso als Kunsthändler.

Josef Kainz

Kahr, Gustav Ritter von (seit 1911), Politiker, * Weißenburg i. Bay. 19. 11. 1862, † (ermordet) München 30. 6. 1934; 1917–24 RegPräs. in Oberbayern, Sept. 1920 bis Sept. 1921 MinPräs. (Rücktritt wegen der von ihm abgelehnten Entwaffnung und Auflösung der Einwohnerwehren), erhielt als Generalstaatskommissar im Sept. 1923 die vollziehende Gewalt in Bayern. Am 9. 11. 1923 schlug er in dieser Funktion den Hitlerputsch nieder. Im Verlauf des Röhm-Putschs ermordet.

Kahramanmaraş [-raʃ] (früher Maraş), Hptst. der türk. Provinz K. in S-Anatolien, im O-Taurus, 242 500 Ew.; Hethitermuseum; Nahrungsmittel-, Textilindustrie.

Kahuzi-Biega [-s-], Nationalpark im O der Demokrat. Rep. Kongo, in den Mitumbabergen (Kahuzi 3 308 m ü. M.), 6 000 km² groß (UNESCO-Weltnaturerbe); 1970 gegr. zum Schutz des Berggorillas, der in den Bergwäldern in Höhen bis 2 400 m ü. M. lebt.

Kai [niederländ.] *der* (Kaje), durch steile Uferfassung (K.-Mauer) befestigtes, zum Laden und Löschen von Schiffen bestimmtes Uferbauwerk. **K.-Zunge** oder **Pier** heißt ein in das Wasser vorgebauter, mehrseitig vom Wasser umgebener Kai.

Kaifeng, Stadt in der Prov. Henan, China, 6 km südl. des Hwangho, 507 800 Ew.; Chemie-FH; Baumwoll- und Seiden-, chem., Nahrungsmittelind.; Marktort für den Erdnussanbau in den Sanddünen des Hwangho; Eisenbahnknotenpunkt. – 13-stöckige »Eisenpagode« (1049), mehrere Paläste, Klöster und Pagoden. Im S die 555 gegründete Xiangguo-Klosteranlage; der heutige Gebäudekomplex (1766) umfasst u. a. die Große Schatzhalle und eine Halle zur Aufbewahrung der Sutren. – K., eine der ältesten Städte Chinas, war mehrmals Hptst. versch. Dynastien.

Kai|inseln (Keiinseln, Ewabinseln), Inselgruppe der Südmolukken, Indonesien, im O der Bandasee, 1 438 km²; im Innern bewaldet, Mangrovenküste.

Kailas *der* (tibet. Kangrinboqê Feng), Berg im westl. Transhimalaja, in Tibet, China, 6 714 m ü. M.; gilt den Hindus als heilig (Sitz des Gottes Shiva); Pilgerziel; auch im Buddhismus als heiliger Berg verehrt.

Kaimane [span.-indian.], mittel- und südamerikan. Verwandtschaftsgruppe der Alligatoren mit drei Gattungen: **Brillen-K.** (Caiman), **Mohren-K.** (Melanosuchus) und **Glattstirn-K.** (Paleosuchus).

Kaimanfisch (Lepisosteus spatula), Art der Knochenhechte im Süßwasser Nordamerikas, bis zu 3 m lang.

Kaimaninseln, karib. Inseln, ↗ Cayman Islands.

Kain [hebr. vielleicht »Schmied«], nach 1. Mose 4, 1 der erstgeborene Sohn Adams und Evas; erschlug aus Neid seinen Bruder Abel (1. Mose 4, 8); gilt als Ahnherr der Keniter. Das **Kainszeichen,** durch das K. vor der Blutrache geschützt wurde (1. Mose. 4, 15), entsprach möglicherweise einer bei Beduinen übl. Tätowierung; meist verstanden als Brandmarkung (Kainsmal) des Brudermörders.

Kainit [grch.] *der,* monoklines, leicht in Wasser lösliches Salzmineral der Zusammensetzung KMg[Cl|SO₄] · 3H₂O, weiß, oft gelblich bis grau oder rot; meist in derben Massen als Hutbildung in Zechsteinlagerstätten; früher wichtiges Kalidüngemittel.

Kainz, 1) Friedrich, österr. Philosoph und Psychologe, * Wien 4. 7. 1897, † ebd. 1. 7. 1977; grundlegende Arbeiten zur Sprachpsychologie (»Psychologie der Sprache«, 5 Bde. in 6 Teilen, 1941–69) und zum Problemkreis Sprache und Denken.

2) Josef, österr. Schauspieler, * Moson (heute zu Mosonmagyaróvár) 2. 1. 1858, † Wien 20. 9. 1910; wirkte am Dt. Theater in Berlin, ab 1899 am Wiener Burgtheater; gilt als Begründer einer modernen, mit psycholog. Mitteln arbeitenden Schauspielkunst.

Kaiphas, jüd. Hoherpriester (18–36 n. Chr.), führte nach Mt. 26, 57 ff. den Vorsitz im Prozess gegen Jesus.

Kairo (engl. Cairo, arab. Misr el-Kahira), Hptst. Ägyptens, am Beginn des Nildeltas, ist mit 9,586 Mio. Ew. (städt. Agglomeration über 15 Mio. Ew.) die größte Stadt Afrikas und der arab. Welt. K. ist polit., geistiger und wirtsch. Mittelpunkt des Landes und des gesamten Nahen Ostens, Sitz der Reg., des Parlaments und des Obersten Gerichts; mit über 500 Moscheen geistige Hochburg des Islam; außer der islam. Azhar-Univ. die staatl. K.-Univ. (Sitz: Giseh), die Ain-Schams-Univ., die Heluan-Univ. sowie die Palästina- (ehem. amerikan.) Univ.; zahlr. Forschungsinst.; mehrere Theater, Oper, Museen (Museum für Islam. Kunst, Ägypt. Museum, Kopt. Museum u. a.), zoolog. Garten. K. ist Fremdenverkehrszentrum; Knotenpunkt des ägypt. Eisenbahn- sowie Straßennetzes, bed. Geschäfts-, Handels- und Industriestadt (v. a. Erdölraffinerie, Metallverarbeitung, Nahrungsmittel-, Textil-, Druckind.); hat Börse und Messegelände; Nilhafen und internat. Flughafen.

Stadtbild: Die Altstadt (UNESCO-Weltkulturerbe) bildet ein einzigartiges Ensemble islam. Baukunst mit architekton. Höhepunkten in der Ibn-Tulun-

Moschee (876–879), der Azhar-Moschee (970–972) und der Sultan-Hasan-Moschee (1356–62). Unter den über 600 islam. Bauten der Stadt ragen ferner die Al-Hakim-Moschee (990–1013), die Al-Akmar-Moschee (1125), Befestigungstore (1171–76) und Zitadelle (1179) sowie der Stiftungskomplex des Sultans Kalaun (1284/85) heraus. – Ende des 19. Jh. entwickelte sich neben dem traditionellen ein neues K. (Al-Ismailija und At-Taufikija), das mit seiner aus Europa importierten Struktur und Architektur fast unabhängig existierte. Die Stadtsilhouette wird heute v. a. von Hochhäusern geprägt. Auf der Nilinsel Gesira entstand 1985–88 das neue Kulturzentrum mit Opernhaus im klassisch-arab. Stil.

Geschichte: Am O-Ufer des Nils bestand eine altägypt. Siedlung, von den Griechen **Babylon** gen., in der die Römer ein Kastell anlegten; nördlich davon wurde 641, zu Beginn der arab. Eroberung Ägyptens, ein Feldlager errichtet, aus dem sich die Hptst. **Fustat** entwickelte (heute Alt-K.). Unter den seit 750 herrschenden Abbasiden wurde nördlich des abgebrannten Fustat eine neue Residenz **Al-Askar** gegr., später zu **Al-Katai** erweitert. Den eigentl. Kern K.s gründeten die Fatimiden 969 mit **Al-Kahira**, nördlich von Al-Katai. In der Mameluckenzeit (1250–1517) entwickelte sich K. zum Zentrum islam. Kultur. Nach Eroberung durch die Türken (1517) setzte ein wirtsch. Niedergang ein. Die Entwicklung zur Weltstadt begann mit Mehmed Ali Anfang des 19. Jahrhunderts.

Kairọs [grch.] *der*, der »günstige Augenblick«, der dem Menschen nach Auffassung der Antike schicksalhaft entgegentritt und von ihm zu nützen ist. Im N.T. Bez. für die Heilszeit, die mit dem Kommen Christi angebrochen ist.

Kairo: Blick auf die Sultan-Hasan-Moschee (1356–62)

Kairouan: Teilansicht der Großen Moschee Sidi Okba, an der von 672 bis ins frühe 20. Jh. gebaut wurde

Kairouan [kɛrˈvan, kaıruˈaːn] (span. Kairuán, arab. Al-Qairawan), Stadt in Zentraltunesien, in der Tieflandsteppe, Verw.sitz des Gouvernorats K., 102 600 Ew.; eine der vier heiligen Städte des Islam (Pilgerstätte); Handels- und Marktzentrum; Teppichknüpferei, Kunsthandwerk. – In der von einer Backsteinmauer (zw. 1052) umgebenen Medina (UNESCO-Weltkulturerbe) liegt die Große Moschee Sidi Okba (begonnen 672, bis ins frühe 20. Jh.), die zum Archetyp der westislam. Sakral- und Profanbaukunst wurde. Bed. Beispiele islam. Dekorkunst sind die Fassade der Moschee Tleta Bibane (»Moschee der Drei Tore«, 866) und die gesamte Zawija des Sidi Sahab (»Barbiermoschee«, nordwestlich der Medina, heutiger Bau zw. 1629 und 1692 mit Stuck- und Fayencedekor) sowie die Zawija des Sidi Abid El-Ghariani (frühes 14. Jh., mehrfach umgestaltet). 8 km östlich die Ruinen der Aghlabidenresidenz Rekkada, 1,5 km südwestlich die Ruinen der Fatimiden-Residenzstadt Sabra Mansourija.

Kaiser, höchster weltl. Herrschertitel, entstanden aus dem Beinamen **Caesar** (lat., K.; nach G. J. Caesar) der Alleinherrscher des antiken Röm. Reiches, die staatsrechtlich die Titel **Imperator** und **Augustus** führten (K.-Titel). Während das weström. Kaisertum 476 erlosch, bestand das oström. (byzantin.) Kaisertum (mit den K.-Titeln **Autokrator** und **Basileus**) bis 1453. Im W schuf Karl d. Gr. 800 als Erneuerung des weström. (»Renovatio Imperii«) das abendländ. Kaisertum. Ein neues Element bildete das Krönungsrecht des Papstes, verbunden mit dem Krönungsort Rom (bis 1452). Dem Niedergang der K.-Würde folgte die Übertragung des Kaisertums auf das dt. Regnum (später »Hl. Röm. Reich«) durch Otto I. (962). Doch weniger die bis zum Ende des Hoch-MA. anhaltende polit. Vormachtstellung des K. durch seine Herrschaft im Hl. Röm. Reich als vielmehr seine Verbindung mit dem Papst im universalen Führungsanspruch des Abendlandes prägte die Bedeutung des Kaisertums. Die weltlich-geistl. Einheit zerbrach im ↗ Investiturstreit; in der bis ins 14. Jh. dauernden Auseinandersetzung zw. K. und Papst um die abendländ. Vorrangstellung verlor der K. an Autorität und Macht (v. a. in Reichsitalien). Parallel dazu wurde jedoch der päpstl. Anspruch auf die Bestätigung des Röm. Königs und auf die K.-Krönung zurückgewiesen (Marsilius von Padua) und die dt. Königswahl durch die Kurfürsten 1338/56 reichsgrundsätzlich festgelegt (Goldene Bulle). 1530 wurde Karl V. als letzter K. vom Papst in Bologna gekrönt; schon 1508 hatte Maximilian I. ohne K.-Krönung den Titel **Erwählter Röm. K.** angenommen (mit Anspruch auf die K.-Gewalt durch die Königskrönung; ↗ deutsche Geschichte, Übersicht Könige und Kaiser). – In Russland ersetzte Peter I. 1721 offiziell den Titel **Zar**

Georg Kaiser

Kaiserling

Kaisermantel: Männchen

Kaiserslautern 2) Stadtwappen

durch den Titel K. (Imperator). 1804 schuf Napoleon I. ein erbl. Kaisertum der Franzosen (1804–14; 1852–70 Napoleon III.), der letzte Röm. K., Franz II., 1804 im Gegenzug das österr. Kaisertum (bis 1918). Die Proklamation des preuß. Königs zum **Dt. K.** 1871 (bis 1918) war nur eine äußerl. Anknüpfung an das Röm. Kaisertum. Außer in China (221 v. Chr. bis 1911) und später in Annam, Korea, Japan, Äthiopien sowie Persien/Iran (1925–79) fand der K.-Titel in außereurop. Gebieten v. a. zur Stützung kolonialer Herrschaft Anwendung: Brasilien (1822–89), Mexiko (1864–67), Indien (1876–1947), Äthiopien (1936–43).

Kaiser, 1) Georg, Dramatiker, *Magdeburg 25. 11. 1878, †Ascona 4. 6. 1945; der meistgespielte Dramatiker des dt. Expressionismus; 1933 Aufführungsverbot; emigrierte 1938 über die Niederlande in die Schweiz. Seine Bühnenstücke sind durch abstrakte, rhetor. Sprache gekennzeichnet, ihr – für den Expressionismus typisches – Thema ist die Erneuerung des Menschen. K.s erster Erfolg war das Drama »Die Bürger von Calais« (1914); in »Die Koralle« (1918) und »Gas« (2 Tle., 1918 und 1920) übt er Kritik an der kapitalist. Ordnung, an Industrialisierung und Automatisierung. – *Weitere Werke:* »König Hahnrei« (1913); »Das Floß der Medusa« (UA 1945, vollständig hg. 1963).

2) Jakob, Politiker, *Hammelburg 8. 2. 1888, †Berlin (West) 7. 5. 1961; bis 1933 führend in den christl. Gewerkschaften tätig, 1933 MdR (Zentrum), im Widerstand gegen den Nationalsozialismus tätig, war 1945 Mitbegründer, 1945–47 Vors. der CDUD in der SBZ und Berlin (von der SMAD abgesetzt). In der Bundesrep. Dtl. 1949–57 MdB, war er Bundesmin. für gesamtdt. Fragen; bis 1958 stellv. Vors. der CDU, danach Ehrenvorsitzender.

Kaiseraugst, Gemeinde im Kt. Aargau, Schweiz, am Rhein, 3 700 Ew.; hier und v. a. in der Nachbargemeinde **Augst** (Kt. Basel-Landschaft) Reste der röm. Siedlung **Augusta Raurica.**

Kaiserchronik, frühmhd. Reimchronik; um 1150 als Gemeinschaftsarbeit Regensburger Geistlicher entstandene Folge von Biografien röm. und dt. Kaiser bis Konrad III., die mit Sagen und Legenden verwoben sind; erste deutschsprachige Dichtung mit weltl. Stoff seit dem Hildebrandslied.

Kaisergebirge, Gebirgsstock der Nordtiroler Kalkalpen, Österreich, zw. Inn und Tiroler Ache, östlich von Kufstein, gliedert sich in den zerklüfteten **Wilden Kaiser** (im Ellmauer Halt 2 344 m ü. M.) im S und den niedrigeren **Zahmen Kaiser** (in der Pyramidenspitze 1 997 m ü. M.) im N.

Kaiserjäger (Tiroler K.), 1816 aufgestellte österr. Feldjägertruppe; 1918 aufgelöst.

Kaiserkanal (Großer Kanal, chines. Da Yunhe), ältester und längster Kanal in China, von Hangzhou nach Peking, verbindet Jangtsekiang, Huai He und Hwangho, 1 782 km lang. Kanalbauten aus dem 6./5. Jh. v. Chr. wurden im 6. Jh. n. Chr. zum K. zusammengefasst, der das Jangtsekiangtal mit der Hptst. Chang'an (heute Xi'an) verband; im 13. Jh. von den Mongolen bis Peking verlängert; 1958 zum Großschifffahrtsweg ausgebaut; dient auch der Be- und Entwässerung.

Kaiserkrone, die zu den Insignien der kaiserl. Würde gehörige Krone. Die K. des Hl. Röm. Reiches (**Reichskrone**), im 10. Jh. angefertigt, gehörte zu den ↗Reichskleinodien. Die dt. K. von 1871 existierte nur in einem Modell und auf Denkmälern; für herald. Zwecke wurde sie 1888 umgezeichnet.

Kaiserkrone (Fritillaria imperialis), innerasiat. Liliengewächs; Gartenzierpflanze mit ziegelroten oder gelben Blüten, die kronenähnlich unterhalb eines Blattschopfes angeordnet sind.

Kaiserling (Amanita caesarea), in Dtl. seltener Ständerpilz mit 10–12 cm breitem orangefarbenem Hut und gelbem Stiel; Speisepilz, kann mit dem Fliegenpilz verwechselt werden.

Kaisermantel (Silberstrich, Argynnis paphia), in Eurasien verbreitete Art der Fleckenfalter mit oberseits goldbraunen, schwarz gefleckten Flügeln und unterseits grünl. Hinterflügeln mit streifiger Perlmutterzeichnung; Flügelspannweite etwa 6 cm.

Kaiserpfalz, ↗Pfalz.

Kaiserquartett, Streichquartett von J. Haydn (C-Dur op. 76 Nr. 3, 1797) mit Variationen über seine Kaiserhymne. (↗Deutschlandlied)

Kaiserreich, (umgangssprachl.) Kurzbez. für das Dt. Reich (1870/71–1918; ↗deutsche Geschichte).

Kaisersage, Sage von einem im Berg schlafenden Kaiser, der aufwachen und die alte entschwundene Kaiserherrlichkeit erneuern wird. Karl d. Gr. soll im Untersberg bei Salzburg, Friedrich I. Barbarossa (auch Otto I., d. Gr., Friedrich II. von Hohenstaufen) im Kyffhäuser fortleben.

Kaiserschmarrn, österr. Mehlspeise; Pfannkuchenteig aus Mehl, Zucker, Salz, Eigelb und untergezogenem Eischnee; wird flach ausgestrichen gebacken, mit Rosinen bestreut, in kleine Stücke gerissen und mit Puderzucker bestreut serviert.

Kaiserschnitt (Schnittentbindung, Sectio caesarea), geburtshilfl. Operation zur raschen Beendigung der Geburt oder der Schwangerschaft bei Gefahr für die Mutter (Vorliegen der Plazenta vor dem Kind, vorzeitige Plazentalösung, drohende Gebärmutterruptur) oder das Kind (Veränderung der kindl. Herztöne, Nabelschnurvorfall) oder für beide (Querlage des Kindes) durch Bauchschnitt und künstl. Eröffnung der Gebärmutter, selten auch von der Scheide her ausgeführt. In bestimmten Fällen wird der K. zur Verhütung mögl. Komplikationen schon vor Geburtsbeginn angewendet.

Kaiserkrone: die wohl für die Kaiserkrönung Ottos I. (962) angefertigte Reichskrone

Kaiserslautern, 1) Landkreis in Rheinl.-Pf., 640 km², 110 200 Einwohner.

2) kreisfreie Stadt und Krst. von 1) in Rheinl.-Pf., an der Lauter, am Rand des Pfälzer Waldes, 99 800 Ew.; Univ., FH, Atlant. Akademie, Inst. für pfälz. Gesch. und Volkskunde, Pfalzgalerie des Bezirksverbandes Pfalz (mit Werken des 19. und 20. Jh.), Museum, Pfalztheater. Wichtigster Ind.zweig ist der Maschinenbau (Fertigung von Autoteilen, Nähmaschinenfabrik). – Ehem. Prämonstratenser-Stiftskirche (1176 gegr.; Langhaus 1325 ff.) mit bed. frühgot. Chor (1250–90). – Um 830 erstmals urkundlich erwähnt. Neben dem Ende des 9. Jh. genannten fränk. Königshof (**Villa Lutra**) entwickelte sich bald eine Siedlung, die 985 Markt- und Zollrecht erhielt. Ab 1152 Bau der Kaiserpfalz (nur geringe Reste erhalten). **Lautern** wurde 1276 Reichsstadt, kam aber 1375 an Kurpfalz.

Ka̱iserstuhl, markanter Gebirgsstock (ehem. Vulkan; im O aus Sedimenten aufgebaut) in der südl. Oberrhein. Tiefebene, nordwestlich von Freiburg im Breisgau, Bad.-Württ., im Totenkopf 557 m ü. M.; auf Lössböden wird bei mildem Klima Wein- und Obstbau betrieben.

Ka̱iserswerth, seit 1929 Stadtteil von Düsseldorf. K. war im MA. Reichsstadt; Ruine der stauf. Kaiserpfalz, Stiftskirche St. Suitbert (zw. 11. und 13. Jahrhundert).

Ka̱iserwald (tschech. Slavkovský les), Bergland in NW-Böhmen, Tschech. Rep., zw. Marienbad und Karlsbad, bis 983 m ü. M. (Lesný).

Ka̱iser-Wi̱lhelm-Gesellschaft zur Förderung der Wissenschaften e.V., gegr. 1911 in Berlin unter dem Protektorat Kaiser Wilhelms II. zur Pflege vornehmlich naturwiss. Forschung; Nachfolgeorganisation wurde 1948 die ⁊ Max-Planck-Gesellschaft zur Förderung der Wissenschaften e. V.

Ka̱iser-Wi̱lhelm-Kanal, früherer Name des ⁊ Nord-Ostsee-Kanals.

Ka̱iser-Wi̱lhelm-II.-Land, Gebiet der Antarktis, ⁊ Wilhelm-II.-Küste.

Ka̱iser-Wi̱lhelms-Land, das ehem. dt. Schutzgebiet Deutsch-Guinea (⁊ Papua-Neuguinea).

Ka̱iwurm, Larve des ⁊ Apfelblütenstechers.

Ka̱izen [-zɛn] *das,* aus Japan stammendes Unternehmensführungskonzept, das auf einer Philosophie der ewigen Veränderung beruht und als »kontinuierl. Verbesserungsprozess« auch in westl. Ind.staaten an Einfluss gewann. K. ist charakterisiert durch eine ausgeprägte Orientierung an den Kundenwünschen, das Streben nach hoher Qualität sowie das Bewusstsein aller Mitarbeiter des Unternehmens für die Vernetztheit der betriebswirtsch. Prozesse.

Ka̱jak [eskimoisch] *der,* selten *das,* 1) geschlossenes Einmannboot der Eskimomänner aus Holz, Knochen, Sehnen, bespannt mit Tierhäuten; mit Sitzloch und Doppelpaddel; zu unterscheiden vom ⁊ Umiak; 2) Bootstyp im ⁊ Kanusport.

Ka̱jalstift, Stift mit weicher Schminkmine zur Verstärkung der Augenkonturen.

Kaja̱nus, Robert, finn. Komponist und Dirigent, * Helsinki 2. 12. 1856, † ebd. 6. 7. 1933; erstrebte durch Verarbeitung finn. Volksmelodik einen nat. Musikstil, gründete 1882 das erste finn. Sinfonieorchester.

Ka̱je, *der,* ⁊ Kai.

Kajepu̱tbaum (Melaleuca leucadendra), indonesisch-austral. Myrtengewächs mit weißer, abblätternder Rinde **(Weißbaum),** speerspitzenförmigen Blättern und weißen Blütenähren, aus denen Kajeputöl gewonnen wird.

Ka̱kadu-Nationa̱lpark, Naturschutzgebiet bei Darwin, Northern Territory, Australien, im Einzugsgebiet des South Alligator River, 20 000 km²; eingerichtet zum Schutz der Millionen Vögel, der Krokodile und der zahlr. Felsbilder der Aborigines (UNESCO-Welterbe).

Ka̱kadus [malaiisch] (Cacatuinae), von Australien bis Celebes und auf den Philippinen heim. Unterfamilie der ⁊ Papageien, z. B. der bis 50 cm große **Gelbhaubenkakadu** (Cacatua galerita), mit aufrichtbarer Federhaube und kurzem Schwanz.

Kaka̱o [auch ka'kau; span., von aztek. cacauatl »Kakaokern«], das aus den Samen des K.-Baumes gewonnene K.-Pulver sowie das aus K.-Pulver hergestellte Getränk.

Zur Aufbereitung lässt man die geernteten Bohnen 2–20 Tage zum Gären stehen. Ist die Fermentierung,

Kaiserslautern 2): Pfalzgalerie, im Vordergrund Edelstahlskulptur von Erich Hauser

das Rotten, beendet und sind die bitteren Gerbstoffe und verwandte Verbindungen in das mildere Kakaobraun umgewandelt, werden die Bohnen gewaschen und getrocknet. Dieser **Roh-K.** ist das Ausgangsmaterial für die Herstellung von K.-Pulver, ⁊ Kakaobutter und ⁊ Schokolade. Die Bohnen werden geröstet, gebrochen, von Schale und Keimling befreit, alkalisch aufgeschlossen, um die Säure zu neutralisieren, und gemahlen **(K.-Masse).** Die K.-Masse wird durch hydraul. Druck entölt und vom meisten K.-Fett befreit, wobei das **K.-Pulver** entsteht. »Schwach entöltes« K.-Pulver enthält 20 bis 22 % K.-Butter, »stark entöltes« weniger als 20 %, jedoch mindestens 10 %. Die **K.-Schalen** dienen als Viehfutter, Düngemittel oder zur Herstellung von ⁊ Theobromin.

Kaka̱obaum (Theobroma), Gattung der Sterkuliengewächse mit 20 Arten im trop. Amerika. Die wichtigste, in den Gebieten des Amazonas und des Orinoco beheimatete, in Mittel- und Südamerika, in W-Afrika und einigen asiat. Ländern angebaute Art ist **Theobroma cacao** mit einer großen Anzahl von Zuchtformen (z. B. Criollo, Amazonasforastero und Trinitaro): ein bis 10 m hoher Baum mit knorrigem Stamm und breiter Krone. Die Blüten sind gelblich weiß oder rötlich. Sie erscheinen in Büscheln aus dem Stamm (Kauliflorie) oder den Ästen. Die gurkenförmigen Früchte (Trockenbeeren) sind 10–20 cm lang, gelb oder rotbraun, mit 25–60 in Längsreihen angeordneten weißl. Samen **(Kakaobohnen),** die zu Kakao verarbeitet werden. Die Samen enthalten etwa 40–53 % Fett, 15 % Eiweiß, 8 % Stärke, 7 % Gerbstoffe, die Alkaloide Theobromin (1–2 %) und Koffein (0,2–0,3 %). – Der K. liebt hohe Luftfeuchtigkeit, etwa 2 000 mm Niederschlag pro Jahr und eine mittlere Jahrestemperatur von 24 bis 28 °C. Die Ernte setzt im fünften Jahr ein. Die Früchte reifen in 5–8 Monaten. Im Durchschnitt können alle 6 Wochen 40–50 Früchte geerntet werden; die Erträge schwanken i. Allg. zw. 200 und 1 200 kg Bohnen je ha. – Die wichtigsten K.-Anbaugebiete liegen an der Elfenbeinküste, in Ghana, Indonesien, Brasilien und Nigeria.

Geschichte: Als Kulturpflanze ist der K. zuerst (wahrscheinl. um 1 000 v. Chr.) in Costa Rica nachweisbar; zw. 800 und 400 v. Chr. wurde er von Olmeken an die pazif. Küste von Guatemala und Chiapas (Mexiko), von dort spätestens um 250 n. Chr. nach Belize und NW-Honduras gebracht. Chemisch ist Kakao in Gefäßen des Grabgewölbes 19 von Río Azul (Guatemala, 460–480 n. Chr.) nachgewiesen. Um 1520 kam der Kakao nach Spanien; in Frankreich,

Kakadus: Gelbhaubenkakadu

Kakaobaum: am Stamm wachsende reife Früchte

England, Dtl. und Italien wurde er zw. 1610 und 1650 bekannt. Die Herstellung des Kakaopulvers erhielt erst Anfang des 19. Jh. größere Bedeutung, als C. van Houten in den Niederlanden die Entölung des Rohpulvers und das Aufschließen mit Alkalien einführte.

Kakaobutter (Kakaofett), v. a. aus Palmitin-, Stearin- und Ölsäureglyceriden bestehendes Pflanzenfett aus den Samenkernen des Kakaobaumes, wird als Zusatz zu Schokoladen, Konditoreiwaren und Hautpflegemitteln verwendet.

Kakemono [japan. »Hängeding«] *das,* japan. Bez. für eine / Hängerolle.

Kakerlak [niederländ.], / Schaben.

Kakinada (Cocanada), Hafenstadt im Bundesstaat Andhra Pradesh, an der O-Küste Indiens, 279 900 Ew.; Textilind., kleine Werften.

Kakipflaume, eine / Dattelpflaume.

kako... [grch.], schlecht..., übel..., miss...

Kakodylverbindungen, übel riechende, giftige Alkyl- (insbes. Methyl-)Verbindungen des Arsens, gemeinsamer Strukturteil $(CH_3)_2As-$.

Kakogawa, Stadt auf Honshū, Japan, in der Himejiebene, 260 600 Ew.; Metallind., Kautschukverarbeitung.

Kakophonie [grch.] *die,* Missklang von Tonfolgen oder Akkorden.

Kakteen [lat.-grch.] (Kaktusgewächse, Cactaceae), Pflanzenfamilie mit rd. 200 Arten v. a. in den trop. und subtrop. Wüsten und Steppen Amerikas; fast ausschl. Stammsukkulenten (/ Sukkulenten) mit dornigen, borstigen oder behaarten reduzierten Kurztrieben (Areolen); Blüten meist einzeln, werden von Insekten, Vögeln oder Fledermäusen bestäubt; Stämme bzw. Sprosse z. B. schlangenförmig (Schlangenkaktus), rutenförmig (Rutenkaktus), säulenförmig (Säulenkaktus), kugelig (Teufelszunge), abgeflacht (Feigenkaktus) oder gegliedert (Gliederkaktus). Einige Arten sind Nutzpflanzen, z. B. Feigenkaktus (/ Opuntia), viele K. sind als Zimmerpflanzen in Kultur. Die meisten blühen nur, wenn sie im Winter hell, trocken und kühl, im Sommer sonnig und warm stehen.

Kakteen (von oben): Feigenkaktus und Teufelszunge

Kaktusfeige, essbare Frucht von Kakteen.

Kala-Azar [Hindi »schwarze Krankheit«] *die,* / Leishmaniasen.

Kalabarbohne (Physostigma venenosum), windender, halbholziger Schmetterlingsblütler W-Afrikas, dessen giftige Samen das arzneilich genutzte **Physostigmin** liefern.

Kalabreser *der,* breitkrempiger Filzhut, in der 1. Hälfte des 19. Jh. von italien. Freiheitskämpfern aus Kalabrien getragen; um 1848 Gesinnungszeichen dt. Revolutionäre, dann auch nach F. Hecker **Heckerhut** gen.; Form und Name wurden später für den mod. Damenstrohhut übernommen.

Kalabrien (italien. Calabria), Region in S-Italien, der südl. Vorsprung der Apenninhalbinsel zw. der Straße von Messina und dem Golf von Tarent, zum größten Teil vom **Kalabr. Gebirge** durchzogen (Sila 1929 m ü. M., Aspromonte 1956 m ü. M.), umfasst die Prov. Catanzaro, Cosenza, Crotone, Reggio di Calabria und Vibo Valentia, 15 080 km², 2,043 Mio. Ew., Hptst. ist Catanzaro; in höheren Lagen Weidewirtschaft, an den Gebirgshängen mediterrane Mischkulturen (Weizen, Feigen, Oliven, Wein), in den Küstenebenen Zitruskulturen; Steinsalzlager, Schwefelgruben. – Im Altertum hieß das heutige K. / Bruttium, K. war der Name des südl. Teils des heutigen Apulien. Das Gebiet gehörte im MA. zunächst zu Byzanz, die Normannen vereinigten es mit dem Königreich Neapel-Sizilien; die Region ist bis heute belastet durch die Probleme des / Mezzogiorno.

Kalabscha, ägypt. Tempel in Nubien am ehem. W-Ufer des Nils. Der dem Mandulis geweihte Tempel, zw. 29 v. Chr. und 14 n. Chr., an der Stelle eines Heiligtums der 18. Dynastie erbaut, folgt dem Vorbild der großen Ptolemäertempel (Philae, Dendera, Idfu). Um den Tempel beim Aufstau des Nils durch den neuen Assuanhochdamm vor Überflutung zu bewahren, wurde er 1961–64 abgebaut und etwa 38 km weiter nördlich auf einer Kuppe wieder errichtet.

Kalach (assyr. Kalchu), antike Stadt am Tigris, bei Mosul, Irak, heute der Ruinenhügel **Nimrud**. K. wurde um 1270 v. Chr. gegründet und war zeitweilig die Hptst. Assyriens; 612 v. Chr. beim Untergang des Assyrerreiches von den Medern zerstört. Im 19. und 20. Jh. Ausgrabungen (Paläste, Tempel, bed. Wandreliefs, Keilschrifttafeln).

Kaladije *die* (Buntwurz, Caladium), Gattung der Aronstabgewächse im trop. Amerika, mit knolligem Wurzelstock, oft buntblättrig; mehrere Arten sind Zierpflanzen.

Kalahari *die,* abflusslose Beckenlandschaft im südl. Afrika, rd. 1 Mio. km², 800–1 200 m ü. M., zw. Sambesi, Limpopo, Oranje und dem südwestafrikan. Hochland; der größte Teil gehört zu Botswana, der S zur Rep. Südafrika, der W zu Namibia. Die Niederschläge nehmen von S (unter 250 mm) nach N (über 650 mm) zu; wegen des durchlässigen, sandigen Untergrunds herrscht äußerste Wasserarmut; das nur episodisch fließende Wasser hat zur Bildung großer Salzpfannen geführt. Im S haben sich mächtige Dünenwälle gebildet; im N versiegt das Wasser des Okawango im großen Sumpfgebiet des Okawangobeckens; vorherrschend Trockensteppe. In der K. leben Buschleute und einzelne Bantugruppen (v. a. Tswana). Der Wildreichtum wird in Reservaten geschützt: u. a. **K. Gemsbock National Park** (Rep. Südafrika) und **Central K. Game Reserve** in Botswana. Die reichen Bodenschätze werden bisher wenig genutzt (Diamanten, Kohle, Eisen, Kupfer, Nickel).

Kalam [arab.] *der,* Bez. für die frühe islam. Theologie; ausgeformt v. a. im 8./9. Jh., lehrt die K. bes. die absolute (jede anthropomorphe Deutung der Eigenschaften Gottes ausschließende) Einheit Gottes und die dem Menschen von Gott gegebene (die volle Verantwortlichkeit des Menschen für seine Taten einschließende) Willensfreiheit.

Kalam, Avul Pakir Jainulabdeen Abdul, ind. Politiker, * Dhanushkodi (Distr. Rameswaram, Tamil Nadu) 15. 10. 1931; aus einer muslim. Tamilenfamilie; Luftfahrtingenieur; wurde 1982 Direktor der Forschungs- und Entwicklungsorganisation des Verteidigungsministeriums und damit Leiter des Raketenentwicklungsprogramms, 1999 zum obersten Wissenschaftsberater der Reg. unter Premiermin. A. B. Vajpayee ernannt; seit 2002 Staatspräsident.

Kalamas *der,* grch. Fluss, / Thyamis.

Kalamata (Kalamá), Hptst. des grch. VerwBez. Messenien in der südwestl. Peloponnes, 43 600 Ew.; Museen; Ausfuhrhafen am Messen. Golf und Verwertungszentrum für Korinthen, Wein, Olivenöl, Zitrusfrüchte, Pistazien; Containerterminal; Flughafen.

Kalamazoo [kæləməˈzuː], Stadt im SW von Michigan, USA, 80 300 Ew.; Western Michigan University; Zentrum eines Obst- und Gemüsebaugebiets; Papierind., Bau von Druck-, Straßenbau- und Bohrmaschinen.

Kalamis, wahrscheinlich aus Böotien stammender grch. Bildhauer aus der Mitte des 5. Jh. v. Chr.; die antike Literatur nennt zahlr. seiner Werke. K.

wird eine Zeusstatue, der Gott aus dem Meer (um 460 v. Chr.; Athen, Archäolog. Nationalmuseum), zugeschrieben sowie der Omphalosapollon (um 470/60; Kopie des Bronzeoriginals in Athen, ebd.).

Kalanchoe [grch.] *die,* Gattung der Dickblattgewächse mit rd. 200 Arten, bes. in Afrika und Madagaskar; Stauden oder Halbsträucher mit fleischigen Blättern, Blüten vierzählig, in vielblütigen Trugdolden, weiß, gelb oder rot; viele Zierpflanzen, die in Mitteleuropa nicht winterhart sind. Bes. verbreitet ist das **Flammende Käthchen** mit roten oder gelben Blüten.

Kalander [frz.] *der,* Maschine mit weichen (Papier, Baumwolle) und harten (Hartguss, Stahl) gegenläufigen, z. T. heizbaren Walzen zur Verbesserung der Oberfläche von Papier und textilen Flächen (z. B. zur Appretur) sowie zur kontinuierlichen Erzeugung von bahnenförmigem Halbzeug aus thermoplast. Kunststoffen (Folien, Platten). Das Gut wird unter regelbarem Druck und regelbarer Temperatur zw. den Walzen durchgezogen. Textile Flächen werden dichter, glatter und glänzender. Der Glanz kann von Matt- über Seiden- bis Hochglanz variiert werden **(Roll-, Riffel-, Friktions-K.).** Das Einpressen von Mustern geschieht auf **Präge-K. (Gaufrier-K.).**

Kalandsbrüder, im 13. Jh. gestiftete, bis zur Reformationszeit v. a. in Nord-Dtl. verbreitete karitative Bruderschaften (Unterstützung in Not Geratener, Totengeleit); ben. nach ihrem anfängl. Versammlungstermin am Monatsersten (lat. »Calendae«).

Kalaschnikow [nach dem russ. Waffenkonstrukteur Michail Timofejewitsch Kalaschnikow, *1919], Bez. für Schützenwaffen, die zur Ausrüstung der Armeen des Warschauer Paktes gehörten sowie bei den Streitkräften anderer Länder und in versch. Guerillaorganisationen in Gebrauch sind. Die bekannteste K. ist der 1947 entwickelte Maschinenkarabiner AK(Automat Kalaschnikow)-47, ein automat. Gewehr mit Kaliber 7,62 mm. Seit den 1970er-Jahren gibt es K.-Waffen mit kleinerem Kaliber (5,45 mm). Die AK-47 ist eines der verbreitetsten Gewehre der Erde.

Kalat Beni Hammad, Ruinenstadt der berber. Siridendynastie in N-Algerien, in den Hodnabergen bei Bichara; 1007 gegr., 1152 von den Almohaden zerstört. Die Ruinen von fünf Palastanlagen und der Großen Moschee (mit 13-schiffigem Betsaal und urspr. 25 m hohem Minarett) innerhalb einer weitläufigen Ummauerung zeigen die Bedeutung von K. B. H. als Bindeglied zw. ostislam. und westislam. Kunst sowie als Geburtsstätte wesentl. Elemente des maur. Stils (UNESCO-Weltkulturerbe).

Kalatosow, Michail Konstantinowitsch, eigtl. M. Kalatozichwili, georg. Filmregisseur, *Tiflis 28. 12. 1903, †Moskau 27. 3. 1973; wurde bes. durch seine Filme »Wenn die Kraniche ziehen« (1957) und »Ein Brief, der nie ankam« (1959) bekannt.

Kalat Siman, Ruinenstätte in N-Syrien, 30 km nordwestlich von Aleppo; im 5. Jh. großer Kirchenkomplex (vier in Kreuzform angeordnete Basiliken); im Zentrum die Reste der Säule, auf der der syr. Asket Symeon Stylites d. Ä. (*um 390, †459) über 30 Jahre lebte; das bedeutendste Denkmal syrisch-christl. Architektur.

Kalanchoe: Flammendes Käthchen

Kalauer *der,* meist nicht sehr geistreicher Wortwitz; der Begriff geht auf frz. / Calembour zurück und wurde erst im 19. Jh. (wahrscheinlich in Berlin) auf die Stadt Calau (Brandenburg) bezogen.

Kalawa, sorb. Name der Stadt / Calau.

Kalb, 1) *Biologie:* das noch nicht einjährige Rind; Junges bei vielen Huftieren (z. B. Giraffe, Hirsch).

2) *Jägersprache:* Junges vom Rot-, Elch- und Damwild; beim Rehwild: Kitz.

Kalb, Charlotte von, geb. Marschalk von Ostheim, Schriftstellerin, *Waltershausen (heute zu Saal an der Saale, Kr. Rhön-Grabfeld) 25. 7. 1761, †Berlin 12. 5. 1843; ab 1783 ∞ mit dem in frz. Diensten stehenden Offizier Heinrich von K. (*1752, †1806); 1784 in Mannheim mit Schiller befreundet, später mit Hölderlin, ab 1796 mit Jean Paul; verfasste ihre Memoiren (»Charlotte«, hg. 1879) und einen Roman (»Cornelia«, 1851).

Charlotte von Kalb

Kalben, 1) *Geographie:* / Eisberg.

2) *Tiermedizin:* Geburtsvorgang beim Rind.

Kälberflechte, die, / Glatzflechte.

Kälberkropf (Kälberkern, Chaerophyllum), Gattung der Doldenblütler, verbreitet von Europa bis Mittelasien; in Dtl. an Ufern der **Knollenkerbel (Rüben-K.,** Chaerophyllum bulbosum) mit weißen Blüten und walnussgroßer Knolle.

Kalbsmilch, der Thymus der Kälber.

Kalchas, grch. *Mythos:* ein Seher der Griechen, der im Trojan. Krieg eine wichtige Rolle spielte (u. a. forderte er den Opfertod der Iphigenie vor der Ausfahrt der grch. Flotte).

Kalchedon, grch. Stadt, / Chalkedon.

Kalckreuth, Leopold Graf von, Maler und Grafiker, *Düsseldorf 15. 5. 1855, †Eddelsen (heute zu Seevetal) 1. 12. 1928; studierte u. a. in München (Bekanntschaft mit F. von Lenbach); gehört mit seinen schlichten Landschaften, Bildern aus dem Landleben und Porträts zu den Hauptvertretern des dt. Impressionismus.

Kälberkropf: Knollenkerbel

Kaldaunen [zu lat. calduna »Eingeweide«], / Kutteln.

Kaldor [ˈkɔːldə], Nicholas, Baron (seit 1974) of Newnham in the City of Cambridge, brit. Volkswirtschaftler ungar. Herkunft, *Budapest 12. 5. 1908, †bei Cambridge 30. 9. 1986; Prof. in Cambridge (1966–75); Hauptvertreter des Keynesianismus; Beiträge zur Wohlfahrts-, Konjunktur- und Wachstumstheorie. Als Berater zahlr. Regierungen befasste er sich v. a. mit Steuerpolitik.

Kalebasse [span.] *die,* Trink-, Transport- und Lagergefäß aus dem verholzten Perikarp der Früchte

Leopold Graf von Kalckreuth: Sommer (1890; Bremen, Kunsthalle)

des Kalebassenbaumes und des Flaschenkürbisses, wegen des leichten Gewichts bei Nomaden beliebt; im Hochland West-Neuguineas auch Schambedeckung zur Betonung der Männlichkeit (**Penis-K.**).

Kalebassenbaum (Crescentia), Gattung der Bignoniengewächse im trop. Amerika; mit trichterförmigen, am Stamm wachsenden Blüten und hartschaligen Früchten, die zur Herstellung von Kalebassen verwendet werden.

Kaledin, Sergei Jewgenjewitsch, russ. Schriftsteller, * Moskau 28. 8. 1949; schildert drastisch und ungeschminkt das Leben einfacher Menschen in »Stiller Friedhof« (Erz., 1987); in »Pope Valeri und die Seinen« (Erz., 1991) beschreibt er den unheiligen Alltag einer russ. Dorfkirchengemeinde.

Kaledoni|en (lat. Caledonia), keltisch-röm. Name für N-Schottland.

kaledonische Gebirgsbildung (kaledonische Faltungsära), Ära der Gebirgsbildung im Altpaläozoikum, vom Oberkambrium bis zum Unterdevon; mehrere Faltungsphasen. Der erfasste Bereich, die **Kaledoniden (Kaledon. Gebirge)**, erstreckt sich v. a. vom W der Skandinav. Halbinsel bis nach Schottland, Wales und Irland. Die kaledonisch gefalteten Zonen der übrigen Europa (u. a. Ardennen, Rhein. Schiefergebirge, Harz, Zentralmassiv, Armorikan. Gebirge) wurden durch spätere Gebirgsbildungen stark überformt. Kaledon. Faltungszüge finden sich u. a. auch in Spitzbergen, Grönland, den nördl. Appalachen, Neufundland, Alaska und in O-Sibirien.

Kaledonischer Kanal, Kanal in N-Schottland, zw. der O-Küste (Inverness am Moray Firth) und der W-Küste (Firth of Lorne); im 19. Jh. erbaut; verläuft im tekton. Tal Glen More unter Einbeziehung natürl. Seen (z. B. Loch Ness), 97 km lang.

Kaleidoskop [grch. »Schönbildseher«] *das,* fernrohrähnliches opt. Spielzeug, das durch mehrfache Spiegelung unregelmäßig liegender bunter Glasstückchen o. Ä. regelmäßige Figuren darstellt; Sinnbild ständig wechselnder Eindrücke.

Kaléko, Mascha, Schriftstellerin, * Chrzanów (Galizien) 7. 6. 1912, † Zürich 21. 1. 1975; wuchs in Berlin auf, emigrierte 1938 in die USA, lebte zeitweise auch in Jerusalem. Ihre Lyrik ist geprägt durch Charme, Melancholie, politisch-satir. Schärfe und pointierte Sprachkunst (u. a. »Das himmelgraue Poesie-Album«, 1968).

Kalema [portugies.] *die,* schwere Brandung an der afrikan. W-Küste und im südl. Atlant. Ozean.

Kalemie [-'mje] (bis 1966 Albertville), Handelsstadt am Tanganjikasee, Demokrat. Rep. Kongo, 172 300 Ew.; kath. Bischofssitz; Hafen (Umschlag Schiff/Bahn), Flughafen; nahebei Steinkohlenbergbau.

Kalenberg, Pfaffe vom, ↗ Frankfurter, Philipp.

Kalendarium [lat.] *das,* Verzeichnis kirchl. Gedenk- und Festtage.

Kalenden *Pl.* (lat. Calendae), der erste Tag jedes Monats im röm. Kalender.

Kalender [mlat., zu lat. calendae »erster Tag des Monats«, übertragen »Monat«] *der,* Festlegung zur Zeiteinteilung. Schon seit dem 14. Jh. v. Chr. (Ägypten) wurden »Zeitweiser« bzw. »Zeitplaner« für das Jahr nachgewiesen; seit dem MA. als Verzeichnis der nach Wochen und Monaten geordneten Tage (Kalendarium gen.). – Basis aller bekannten K. sind die astronomisch begründeten Festsetzungen zur Einteilung der Zeit, bes. nach Sonnen- und Mondjahren (↗ Jahr). Das aus 12 Mondumläufen mit 354 Tagen bestehende Jahr heißt **Mondjahr.** Da es 11 Tage kürzer ist als das Sonnenjahr, läuft sein Anfang in 33 Jahren durch alle Jahreszeiten. Viele Völker haben daher versucht, Jahre mit 12 und 13 Monaten abwechseln zu lassen (**gebundenes Mondjahr, Lunisolarjahr**), um so den Anschluss an das Sonnenjahr zu erreichen. Beim **Sonnenjahr** werden die Monate nur als Unterabteilungen des Jahres aufgefasst und haben ihre Beziehung zum Mondlauf verloren. Neben den rein prakt. Bedürfnissen haben überall religiöse Vorstellungen in der Entwicklung des K. eine Rolle gespielt.

Der heutige K. hat sich aus dem röm. K. entwickelt. Er beruhte im alten Rom auf dem Mondjahr, wobei von Zeit zu Zeit Monate eingeschaltet wurden. Hierdurch entstanden Unstimmigkeiten, die Julius Caesar 46 v. Chr. durch Einführung des **julian. K.** beseitigte. Aus dem ägypt. K. wurde die Schaltung eines Tages in den durch 4 teilbaren Jahren übernommen. Von nun an zählte ein Jahr 365 Tage, jedes vierte Jahr als Schaltjahr 366 Tage; aber die mittlere Jahreslänge war mit 365,25 Tagen um 11 min 12 s gegenüber dem Sonnenjahr (365,2422 Tage) zu groß. 1582 führte daher Papst Gregor XIII. ein genaueres Einschaltungsverfahren ein: Der alle vier Jahre eintretende Schalttag des julian. K. fällt bei dem vollen Jh. aus, mit Ausnahme der durch 400 teilbaren (wie 1600, 2000 usw.). Die durchschnittl. Jahreslänge wurde auf 365,2425 Tage festgesetzt. Um die bis dahin angewachsene Differenz von 10 Tagen auszugleichen, folgte auf den 4. 10. der 15. 10. 1582. Dieser **gregorian. K.** wurde zuerst in Spanien, Portugal, Italien eingeführt, sehr bald in den übrigen kath. Ländern; die evang. Länder folgten erst viel später, so die Staaten Deutschlands 1700, England 1752, Schweden 1753 (**K.-Reform**). Russland benutzte seit dem 13. Jh. den julian. K., der vorher unsichere Jahresbeginn wurde durch Peter d. Gr. auf den 1. 1. festgelegt (seit 1. 1. 1700). Im Febr. 1918 führte die UdSSR den gregorian. K. ein, der 1. 2. (alten Stils) wurde zum 14. 2. (neuen Stils).

Der **jüd. K.** benutzt ein gebundenes Mondjahr, und zwar Monate von versch. Länge und Jahre von 12 und 13 Monaten, sodass Jahre mit 353, 354, 355, 383, 384 und 385 Tagen vorkommen. Es gibt 3 Jahresformen: Gemeinjahr, mangelhaftes und überzähliges Jahr. Die Jahreszählung beginnt mit der Weltschöpfung, die auf 3761 v. Chr. verlegt wird. – Dem **K. der Muslime** liegt ein reines Mondjahr zugrunde, eingeteilt in abwechselnd 30- und 29-tägige Monate; das Gemeinjahr hat 354, das Schaltjahr 355 Tage. – Der 1793 eingeführte **K. der Ersten Frz. Rep.** hatte das am 22. 9. 1792 beginnende Jahr mit 12 Monaten zu je 30 Tagen, eingeteilt in 3 Dekaden zu je 10 Tagen, daneben 5, in Schaltjahren 6 Ergänzungstagen; 1806 wurde aber der gregorian. K. wieder eingeführt. Mit dem **immer währenden** oder **ewigen K.** kann zu jedem Datum der Wochentag abgelesen werden. – Im heutigen **bürgerl. K.**, der auf dem gregorian. K. basiert, ist seit der Jahreswende 1975/76 nach DIN 1355 nicht mehr der Sonntag, sondern der Montag der erste Tag der Woche. (↗ Ära, ↗ Chronologie, ↗ Volkskalender.)

Kalendergeschichte, kurze volkstüml. Erzählung; seit dem 18. Jh. wichtiger Bestandteil der Volkskalender, seit dem 19. Jh. selbstständige Sammlungen (u. a. »Vademecum für lustige Leute«); J. P. Hebel (»Schatzkästlein des rhein. Hausfreundes«) brachte die K. zur Meisterschaft. Im 20. Jh. hat sich die K. oft vom Kalender gelöst und wurde, wie bei B. Brecht, zur selbstständigen Kunstform.

Kalenderjahr, die Zeit vom 1. Jan. bis 31. Dez. eines Jahres, im Unterschied zum Rechnungsjahr.

Kalesche [tschech. oder poln.] *die,* leichte Kutsche mit Faltverdeck.

Kalebassenbaum: Zweig mit Früchten

Kalevala [»Land des Kaleva«] *das,* finn. Nationalepos, in 50 Gesängen (runo) mit 22 795 Versen, behandelt Schöpfungsmythos und Kämpfe zw. den Völkern von K. und Pohjola. Die einzelnen Lieder, von Volkssängern überliefert, wurden im 18. Jh. teilweise aufgezeichnet; aus einzelnen Liedzeilen setzte E. Lönnrot 1835 ein Epos zusammen.

Kalevipo|eg [»Kalevs Sohn«] *der,* estn. Epos, 1857–61 von F. R. Kreutzwald (* 1803, † 1882) aus Sagen und Volksliedern zusammengestellt. Der Held des Epos, K., wurde zur symbol. nationalen Gestalt erhoben und übte auf die geistige Entwicklung Estlands starken Einfluss aus.

Willem Kalf: Stillleben mit Perlmuttpokal (um 1660; Moskau, Puschkin-Museum)

Kalf, Willem, niederländ. Maler, getauft Rotterdam 3. 11. 1619, †31. 7. 1693; lebte etwa 1645–50 in Paris, wo er kleine Küchenstücke schuf; seit 1653 entwickelte er in Amsterdam seinen reifen Stil. Er malte Arrangements aus kostbaren Porzellan-, Silber- und Glasgefäßen mit Früchten, in tiefdunkler Tonigkeit mit prachtvoll aufleuchtenden Farben und differenzierter Oberflächenstrukturierung.

Kalfaktor [lat.] *der* (Kalfakter), jemand, der versch. untergeordnete Hilfsdienste verrichtet; auch Strafgefangener, der den Gefangenenwärter in seinem Dienst unterstützt.

Kalfaterung [niederländ., wohl aus dem Arabischen] *die,* Dichtung der Nähte zw. den Planken der Außenhaut und der Decks von Holzschiffen mit ↗ Werg und Kunstharz (früher Pech).

Kalgan, Stadt in China, ↗ Zhangjiakou.

Kalgoorlie-Boulder [kælˈɡʊəlɪ ˈbəʊldə], Stadt in Westaustralien, in einem wüstenhaften Gebiet an der Transkontinentalbahn, 30 500 Ew.; Bergbauschule; Mittelpunkt des Goldbergbaus auf der 1893 entdeckten »Goldenen Meile«; heute auch Nickelerzabbau und -verhüttung.

Kalhana, ind. Geschichtsschreiber des 12. Jh.; lebte am Hof der Fürsten von Kaschmir. Sein 1148 vollendetes Epos »Rajatarangini« (»Fluss der Könige«) ist das bedeutendste Geschichtswerk der Sanskritliteratur. Es entwirft ein annähernd getreues Bild der Geschichte Kaschmirs.

Kali [arab.] *das,* unpräzise Bez. für ↗ Kalium und seine Verbindungen, v. a. K.-Salze.

Kali [Sanskrit »die Schwarze«], v. a. in Bengalen verehrte hinduist. Göttin; »göttl. Mutter«; verkörpert den zerstörer. Aspekt der Göttin ↗ Durga.

Kalian [pers.] *der* oder *das,* pers. Form der ↗ Wasserpfeife.

Kaliber [frz. über arab. aus grch. kalopódion »Schusterleisten«] *das,* 1) *Hüttenkunde:* Einschnitt (Walzspalt) zw. zwei Walzen, der das Walzprofil ergibt. Neben dem **offenen K.,** in dem das Walzgut ungehindert zur Seite ausweichen kann, gibt es **halb offene** oder **geschlossene K.** für das Auswalzen von Profilen (z. B. Doppel-T-Träger).

2) *Waffentechnik:* als innerer Durchmesser von Lauf oder Geschützrohr einer Feuerwaffe oder als äußerer Durchmesser eines Geschosses definierte Größe. Maßeinheiten sind mm, cm oder Bruchteile von engl. Zoll (inch).

kalibrieren, 1) *Fertigungstechnik:* ein Werkstück durch abschließendes geringes Umformen auf genaues Maß bringen.

2) *Messtechnik:* (einmessen), einen reproduzierbaren Zusammenhang zw. Ausgangs- und Eingangsgröße feststellen, z. B. zw. der Anzeige eines Messgeräts und der Messgröße.

Kalidasa, ind. Dichter, lebte um 400 n. Chr. ; über sein Leben ist wenig bekannt; er gilt als Klassiker der ind. Literatur und des ind. Theaters z. Z. der Guptadynastie; schuf die Epen »Raghuvamsha« (»Geschlecht des Raghu«), das die Geschichte der Herrscher von Ajodhja behandelt, und »Kumarasambhava« (»Entstehung des Kumara«), unvollendetes Epos über die Geburt des Kriegsgottes Kumara, das lyr. Gedicht »Meghaduta« (»Wolkenbote«) und bes. das Drama »Shakuntala«, dessen Stoff aus dem Mahabharata stammt.

Kalif [arab. »Nachfolger«] *der,* seit 632 offizieller Titel von Mohammeds Nachfolgern in der Herrschaft über die muslim. Gemeinschaft **(Kalifat).** Nach sunnit. Auffassung wurden die K. gewählt; sie hatten ihren Sitz (bis 657) in Medina. Die ersten vier »rechtgeleiteten« K. (Abu Bakr, Omar I., Othman, Ali) begründeten das islam. Großreich **(Kalifenreich).** Im Kampf mit Ali, der auch zur Spaltung der Muslime in Schiiten, Sunniten und Charidjiten führte, errang mit Moawija I. die Dynastie der Omaijaden (661–750) die K.-Würde; sie regierte in Damaskus, bis sie durch die Abbasiden (750–1258) gestürzt wurde, die den Sitz der Herrschaft nach Bagdad verlegten. Neben dem rechtmäßigen K. haben auch die Omaijaden in Spanien (756–1031), die Fatimiden (909 bis 1171) und die Abbasiden (1261–1517) in Ägypten diese Würde beansprucht. Mit der Eroberung Ägyptens durch den Osmanensultan Selim I. (1460) ging die Würde des K. an die Sultane von Konstantinopel über (endgültig 1517). Nach dem Zerfall des Osman. Reiches im Ersten Weltkrieg kam es zur Abschaffung des Kalifats durch die Türk. Republik (3. 3. 1924).

Kalifornien (engl. California, Abk. Calif.), drittgrößter und volkreichster Bundesstaat der USA, am Pazifik und an der Grenze zu Mexiko, 424 002 km², (2001) 34,5 Mio. Ew. Der Anteil der Weißen sank in den 1990er-Jahren von ehemals 69% (1990) auf 46,7% (2000) der Gesamtbev., die Nachkommen mexikan. Einwanderer (↗ Chicanos) bilden mit 32,4% die nächstgrößere, am stärksten zunehmende Minderheit. Auch die Zahl der Asiaten hat mit 10,8% deutlich zugenommen (v. a. in San Francisco und im Silicon

Kalifornien
Flagge

Kalifornien: Leuchtturm am Battery Point in Crescent City, Kaliforniens nördlichster Stadt

Michail Iwanowitsch Kalinin

Valley), daneben ist der Anteil der Schwarzen mit 6,4% gering. Hptst. ist Sacramento. Größte Städte sind Los Angeles und San Francisco (auch Haupthafen). K. hat Anteil an den Küstenketten, dem Kaliforn. Längstal, der Sierra Nevada, der Cascade Range und dem Großen Becken. Das Klima ist gemäßigt bis subtropisch mit von N nach S abnehmenden Niederschlägen; jenseits der Küstenketten Trockengebiete. Intensive Landwirtschaft, Anbau von Baumwolle, Gerste, Weizen, Mais, Hafer, Bohnen, Zuckerrüben; bed. v. a. der Südfrucht- und Gemüsebau im Kaliforn. Längstal mithilfe künstl. Bewässerung. Bed. Vieh- und Geflügelzucht, Fischerei. K. hat reiche Vorkommen an Bodenschätzen: u. a. Erdöl, Erdgas, Borsalze, Quecksilber, Magnesit, Wolfram, Gold (stark zurückgegangen). Die Ind. ist hoch entwickelt: Luftfahrt-, Raumfahrt-, Elektronik- und Computerind. (Silicon Valley), Fahrzeugbau, Nahrungsmittelind., Hüttenwerke u. a. Eine starke Bindung des Hightechbereichs besteht an die Stanford University in Palo Alto. Sitz der Filmind. ist Hollywood. Anziehungspunkte des Fremdenverkehrs sind neben der Filmstadt v. a. Disneyland, San Francisco, die Nationalparks und Badestrände.

Geschichte: 1542 von Mexiko aus durch den Portugiesen J. R. Cabrillo erreicht, wurde Nieder-K. (Baja California) erst seit 1697 durch Jesuitenmissionen, Ober-K. (Alta California) seit 1769 von San Diego aus durch die Franziskaner erschlossen. Im N gründeten Russen Handels- und Fangstationen (u. a. Fort Ross). 1821 wurde K. mexikan. Provinz. Amerikan. Siedler, bes. am Sacramento River, erklärten nach Ausbruch des Krieges zw. den USA und Mexiko (1846–48) die Unabhängigkeit von K. (»Bear Flag Republic«); im Frieden von Guadalupe Hidalgo (1848) trat Mexiko Ober-K. an die USA ab. Am 9. 9. 1850 wurde K. als 31. Staat in die Union aufgenommen. Nach Goldfunden auf J. A. Sutters Besitz (1848) kamen bald Hunderttausende nach K., wo sich in der Folge ein pazif. Zentrum der amerikan. Wirtschaft entwickelte.

Kalifornilen, Golf von (Golfo de California, Mar de Cortés, nach der manchmal durch Plankton entstandenen rötl. Farbe Mar Bermejo), 160 000 km² großes Nebenmeer des Pazif. Ozeans zw. der W-Küste Mexikos und der Halbinsel Niederkalifornien (Baja California).

Kalifornisches Längstal, Teil der Grabenzone, die sich in Nordamerika entlang der Pazifikküste vom Golf von Kalifornien bis Alaska erstreckt, in Kalifornien, USA; über 700 km lang, im Durchschnitt 80 km breit zw. Sierra Nevada und Cascade Range im O und den Coast Ranges im W.

Kaliko [nach der ind. Stadt Calicut] *der* (frz. Calicot), dichtes, fein- bis mittelfädiges Gewebe aus Baumwolle oder Chemiefasern in Leinwandbindung, mäßig appretiert, oft kalandert (↗Kalander); Verwendung z. B. als Buchbinderleinen.

Kalilauge, ↗Kalium.

Kalimạntan, indones. Name von ↗Borneo.

Kalịnin, 1931–90 Name der russ. Stadt ↗Twer.

Kalịnin, Michail Iwanowitsch, sowjet. Politiker, * Werchnjaja Troiza (Gouv. Twer) 19. 11. 1875, † Moskau 3. 6. 1946; Mitarbeiter Lenins und Stalins, wurde 1925 Mitgl. des Politbüros der KPdSU; 1919–46 nominelles Staatsoberhaupt der UdSSR.

Kalinịngrad, ↗Königsberg.

Kalinọwski, Horst Egon, Objektkünstler, Maler und Grafiker, * Düsseldorf 2. 1. 1924. K. arbeitete zunächst als Maler, bevor er Collagen aus Packpapier sowie Materialbilder, seit 1960 Objekte schuf. Seit den 1970er-Jahren entstehen »Pendants« (frei hängende Objekte), »Termes« (Pfähle), »Tiroirs« (Schubladen) und wieder Collagen, die in Verbindung mit großformatigen Zeichnungen verwendet werden.

Kalisalze, natürlich vorkommende Chloride und Sulfate des Kaliums, meist Doppelsalze (mit Magnesium, Mg; Calcium, Ca; Natrium, Na), z. B. Carnallit, Kainit, Sylvin, Polyhalit. **Primäre K.** entstehen unter ariden Klimabedingungen durch Eindunsten von Salzwasser. Hier scheiden sich entsprechend ihrer Löslichkeit nacheinander Kalkstein, Gips, Anhydrit, Steinsalz und K. aus. Weitere K. bilden sich durch **sekundäre Umwandlung** der Primärausscheidungen (»Salzmetamorphose«). K. wurden in allen geolog. Zeitaltern seit dem Kambrium nachgewiesen; große Lagerstätten aus dem Unterperm, Zechstein und Tertiär. K. dienen v. a. zur Herstellung von Düngemitteln, daneben als Rohstoffe in der chem. Industrie.

Kalisz [ˈkaliʃ] (dt. Kalisch), Stadtkreis und Krst. in der poln. Wwschaft Großpolen, an der Prosna, 108 100 Ew.; kath. Bischofssitz; Maschinen-, Fernsehgerätebau, Textil-, keram. Ind., Klavierbau. – St. Nikolaus- (1253 ff.), Kollegiats- (1353, 1790), Franziskanerkirche (13./14., 17. Jh.). – In K. schlossen Preußen und Russland ihr Bündnis gegen Napoleon I. (28. 2. 1813).

Kalium [zu Alkali] *das,* chem. Symbol **K,** Alkalimetall aus der 1. Hauptgruppe des Periodensystems, Ordnungszahl 19, relative Atommasse 39,0983, Dichte (bei 20°C), 0,862 g/cm³, Schmelzpunkt 63,38°C, Siedepunkt 759°C. – K. ist wachsweich und silberweiß glänzend; es ähnelt chemisch dem Natrium, reagiert heftig unter Flammenbildung mit Wasser zu K.-Hydroxid und Wasserstoff. Um K. vor der Verbindung mit Sauerstoff zu schützen, wird es in reaktionsträgen Flüssigkeiten, z. B. Petroleum, aufbewahrt. Zur Gewinnung von K. wird meist K.-Fluorid mit Calciumcarbid umgesetzt oder geschmolzenes K.-Chlorid mit Natrium reduziert; Verfahren der Schmelzflusselektrolyse von wasserfreiem K.-Hydroxid werden heute nicht mehr durchgeführt. – K. ist in der Erdrinde mit 2,59 % enthalten. Es wird spektralanalytisch nachgewiesen. Das Isotop ⁴⁰K (zu 0,0117 % in natürl. K. enthalten) ist radioaktiv und wird zur Altersbestimmung herangezogen (↗Kalium-Argon-Methode).

K., ein notwendiges Element für alle tier. und pflanzl. Organismen, hat große biolog. Bedeutung. Im Zellsaft enthalten, beeinflusst es Membrandurchlässigkeit, enzymat. Reaktionen, Synthese von Phosphaten und den osmot. Druck in der Zelle. K. ist an elektr. Vorgängen in erregbaren Strukturen (Nerven- und Muskelgewebe) beteiligt. Der Tagesbedarf des Menschen an K. liegt bei etwa 1 g. K.-Mangel führt zu Symptomen der Kraftlosigkeit, Muskel- und Kreislaufschwäche, Apathie. – Landpflanzen sind K.-Sammler; bei ihrer Veraschung fällt das Element als K.-Carbonat an. – Einige K.-Verbindungen sind wichtige gesteinsbildende Minerale: Feldspat, Glimmer, Leucit. K. hat kaum techn. Bedeutung, da es durch das billigere Natrium zu ersetzen ist.

Verbindungen: K. tritt in Verbindungen einwertig positiv auf. **K.-Hydrid,** KH, ein weißes kristallines Pulver, entsteht aus K.-Metall und Wasserstoff. Mit Sauerstoff bilden sich die beim Verbrennen des K. an der Luft entstehenden Verbindungen **K.-Peroxid,** K_2O_2, **K.-Dioxid,** KO_2, und das farblose **K.-Oxid,** K_2O, das aus K.-Nitrat dargestellt werden kann. **K.-Hydroxid (Ätzkali, K.-Oxidhydrat),** KOH, eine undurchsichtige weiße Masse, entsteht in wässriger Lösung bei der Elektrolyse von K.-Chlorid. Das aus dieser Lösung **(Kalilauge)** durch Abdampfen gewonnene feste K.-Hydroxid ist sehr hygroskopisch, eine starke Base, zieht Kohlendioxid an, schmilzt leicht und wirkt ätzend. Verwendet wird es in der Seifen- und Farbenindustrie. **K.-Carbonat (Pottasche),** K_2CO_3, ein Bestandteil der Pflanzenasche, wird hauptsächlich durch Elektrolyse von K.-Chlorid und Sättigen mit Kohlendioxid dargestellt. Das weiße Salz wird zur Herstellung von Glas, Seifen, Ätzkali, Wasserglas und in der chem. Ind. verwendet. – Durch Einleiten von Kohlendioxid in eine konzentrierte Lösung des Salzes entsteht **K.-Hydrogencarbonat,** $KHCO_3$. **K.-Sulfat,** K_2SO_4, dient zur Darstellung von Alaun und als Düngemittel. **K.-Chlorat,** $KClO_3$, wird durch Einleiten von Chlor in heiße Kalilauge oder durch Elektrolyse wässriger Chlorkaliumlösungen dargestellt, verwendet als sauerstoffreiche Verbindung, z. B. in der Zündholz-, Sprengstoff- und Feuerwerksindustrie. **K.-Bichromat,** $K_2Cr_2O_7$, aus Chromeisenstein gewonnen, wird in der Färberei und Druckerei als Oxidationsmittel und Beize, als fotograf. Verstärker (Chromverstärker) für unterbelichtete Negative, zum Bleichen von Fellen, zur Herstellung von Zündwaren, von gelben und roten Mineralfarben verwendet. Durch Einleiten von Chlor oder Kohlendioxid in eine wässrige Lösung von K.-Manganat bildet sich **K.-Permanganat,** $KMnO_4$, grünschwarze, metallisch glänzende Kristalle, die sich in Wasser mit tief violetter Farbe lösen; das starke Oxidationsmittel dient als Desinfektionsmittel und wird in der Oxidimetrie verwendet. **K.-Sulfid,** K_2S, bildet sich beim Glühen von K.-Sulfat mit Kohle als rötl. Masse; beim Kochen der konzentrierten Lösung mit Schwefel entstehen **K.-Polysulfide,** K_2S_3, K_2S_4, usw. Durch Erhitzen von K.-Carbonat mit Schwefel entsteht ein Gemisch von **K.-Pentasulfid** und **K.-Thiosulfat,** die **Schwefelleber,** die in der Medizin zu keratolyt. Schwefelbädern dient. Weitere K.-Verbindungen sind z. B. **K.-Bromid** (↗ Brom), **K.-Chlorid** (↗ Chlor), **K.-Ferricyanid** bzw. **-Ferrocyanid,** das rote bzw. gelbe Blutlaugensalz, **K.-Nitrat,** der Kalisalpeter (↗ Salpeter) und **K.-Silicat,** das Kaliwasserglas (↗ Wasserglas).

Kalium-Argon-Methode, Methode der Altersbestimmung von Gesteinen. Sie beruht auf dem radioaktiven Zerfall des Kaliumisotops ^{40}K, das mit 0,0117 % zum natürlichen Kalium beiträgt. Das ^{40}K-Nuklid zerfällt mit einer Halbwertszeit von 1,3 Mrd. Jahren, zu 11 % durch Elektroneneinfang zum Argonisotop ^{40}Ar und zu 89 % durch Betazerfall zum Calciumisotop ^{40}Ca (dualer Zerfall). Als Edelgas akkumuliert sich radiogenes ^{40}Ar im Mineral, sodass seine Menge – bezogen auf den Kaliumgehalt – ein Maß für das Alter ist. ^{40}Ar wird zus. mit den anderen Argonisotopen massenspektrometrisch nachgewiesen, wodurch es von absorbiertem Luftargon unterschieden werden kann. Die K.-A.-M. ist eines der am häufigsten angewendeten geochronolog. Verfahren mit einem zeitlich weiten Anwendungsbereich, der von der Bildung des Planetensystems (Meteoriten) vor 4,6 Mrd. Jahren bis in das jüngste Pleistozän reicht.

Kaliumcyanid (Cyankali), Abk. **KCN,** hochgiftiges Kaliumsalz der Blausäure; bildet ein weißes, in Wasser leicht lösl. Pulver. (↗ Blausäurevergiftung)

Kalixt II. (Calixtus II.), Papst (1119–24), eigtl. Guido, † Rom 13. 12. 1124; Erzbischof von Vienne, beendete 1122 durch das Wormser Konkordat den Investiturstreit.

Kalixtiner, ↗ Hussiten.

Kali-Yuga [Sanskrit »Weltperiode der Kali«], letztes der vier hinduist. Weltzeitalter (Yuga), als dessen Anfang das Jahr 3102 v. Chr. angenommen wird und das noch andauert; wird als das (vom Bösen beherrschte) Zeitalter des Weltuntergangs beschrieben.

Kalk, Bez. für Calciumverbindungen, die in einfachem Zusammenhang mit Calciumoxid, CaO, stehen. **Kohlensaurer K., Calciumcarbonat,** $CaCO_3$, ist in der Natur verbreitet als Kalkstein, Kreide, Marmor, Kalkspat, Aragonit, ferner als Hauptbestandteil von Eierschalen u. Ä. sowie als Aufbaustoff der Knochen. K. ist lebenswichtig für den Stoffwechsel bei Mensch, Tier und Pflanze. **Gebrannter K., Ätzkalk,** entsteht aus Kalkstein, der im Kalkofen bei über 900 °C gebrannt wird, Kohlendioxid wird ausgetrieben, es verbleibt Calciumoxid, CaO. Der gebrannte K. ist porös, bröcklig und nimmt Wasser aus der Luft auf (daher trockene Lagerung). **Lösch-K., gelöschter K.,** entsteht aus gebranntem K., der mit Wasser übergossen wird; es bildet sich Calciumhydroxid, $Ca(OH)_2$. Dabei wird Wärme frei, die das überschüssige Wasser verdampfen lässt (»Rauchen« beim Kalklöschen). Gelöschter K. geht durch Aufnahme von Kohlendioxid aus der Luft wieder in $CaCO_3$ über. Deshalb wird er bei der Mörtelbereitung und in der Landwirtschaft (Kalkdüngung) verwendet.

Kalka *die,* Nebenfluss des Kalmius im S des Gebiets Donezk, Ukraine. Hier besiegten die Mongolen am 31. 5. 1223 eine Streitmacht russ. Fürsten und der Polowzer.

Kalk|algen, versch. Arten der Algen, die an oder in der Zellwand Kalk ablagern; fossile K. aus dem Jura bildeten Kalksedimente (Schreibkreide).

Kalk|alpen, die vorwiegend aus Kalken und Dolomiten aufgebauten, nördlich und südlich der kristallinen Zentralzone verlaufenden Ketten der ↗ Alpen; mit schroffen Wänden, zerklüfteten, kahlen Hochflächen und oft maler. Felsformen.

Kalkane|ussporn, der ↗ Fersensporn.

Kalkar, Stadt im Kr. Kleve, NRW, am linken Ufer des Rheins, 13 100 Ew.; Museum; Zuckerfabrik, Milchwerke mit Käserei, Zentralschlachthof; das Kernkraftwerk mit dem schnellen Brüter wurde nie in Betrieb genommen (Umwandlung in einen Freizeitpark). – K., 1230 gegr., 1242 Stadtrechte, bed. mittelalterl. Gepräge (got. Rathaus am Markt; 1438–46) und bed. Werke der **Kalkarer Schule** (Bildschnitzer und Maler des 15. und 16. Jh.) in der Pfarrkirche St. Nikolai (H. ↗ Douvermann).

Kalkar (Calcar), Jan Joest van, auch J. Joost van K., Joest van Haarlem, niederrheinisch-niederländ. Maler, *Wesel um 1460, †Haarlem 1519; benannt nach seinem Meisterwerk, dem Hochaltar der Pfarrkirche St. Nikolai in Kalkar (1505–08), dem einzigen gesicherten Werk. Bezeichnend für seine Werke sind die atmosphär. Raum- und Lichtwirkungen seiner Landschaftsdarstellungen und die porträthaft charakterisierten Figuren.

Jan Joest van Kalkar: Bildnis eines Mannes (um 1505; Nürnberg, Germanisches Nationalmuseum)

Kalkpflanzen, Pflanzen, die nur auf kalkhaltigem Boden vorkommen (kalkstete Pflanzen) oder sich v. a. dort finden (kalkholde Pflanzen).

Kalkriese, Dorf im Landkreis Osnabrück, Ndsachs., seit 1974 Ortsteil von Bramsche. – Nach neueren archäolog. Forschungen (systemat. Grabungen seit 1989) fand am Kalkrieser Berg 9 n. Chr. die ⁄ Varusschlacht statt; Museumspark.

Kalksandstein, 1) *Bautechnik:* aus einem Teil Kalk und bis zu 15 Teilen Quarzsand in Ziegelformat gepresster und gehärteter Mauerstein aus Silikatbeton.

2) *Petrographie:* durch kalkiges Bindemittel verkitteter Sandstein.

Kalkseife (Calciumseife), unlösl., schmierendes, nicht reinigendes und nicht schäumendes Reaktionsprodukt aus versch. höheren Fettsäuren und Calciumverbindungen, z. B. als Ablagerung (Rand) in Waschbecken.

Kalksinter (Kalktuff), poröser Kalkstein, ⁄ Tuff.

Kalkspat (Calcit, Kalzit), trigonales, formen- und flächenreichstes Mineral, $CaCO_3$, meist farblos oder weiß, eines der wichtigsten gesteinsbildenden Minerale. Dichte bis körnige Aggregate von K. sind Kalkstein, Kreide und Marmor. Seine starke ⁄ Doppelbrechung ist bereits makroskopisch erkennbar. Große K.-Kristalle werden daher auch in opt. Instrumenten verwendet (Doppelspat, Islandspat, früher v. a. auf Island abgebaut). Eine metastabile Modifikation des K. ist der ⁄ Aragonit.

Kalkstein, überwiegend aus Calciumcarbonat (Kalkspat, Aragonit, Dolomit) bestehendes Sedimentgestein, meist mariner Entstehung. Die Ablagerungen bildeten sich vorwiegend biogen, aus Kalkschalen oder -skeletten von Tieren oder unter Beteiligung pflanzl. Organismen (Kalkalgen), seltener durch chem. Ausfällung.

Kalkstickstoff (Calciumcyanamid), $CaCN_2$, entsteht durch Umsetzung von Calciumcarbid mit Stickstoff bei Rotglut; wichtiger Stickstoffdünger.

Kalkül [frz.] *der,* **1)** *Logik:* Weiterentwicklung des axiomat. Systems, bei der das log. Schließen durch das Umformen von Symbolketten ersetzt ist. Auf der Grundlage eines Alphabets (definierte Grundzeichen) werden aus Axiomen mit Ableitungsregeln neue Sätze und Theoreme hergeleitet, die insgesamt einen Formalismus bilden. Jeder ⁄ Algorithmus ist ein K. oder kann auf die Form eines K. gebracht werden.

2) *Mathematik:* ein System von Zeichen und Regeln zur formalen Ausführung math. Rechnungen.

Kalkulation [lat.] *die* (Kostenträgerstückrechnung), Teilgebiet der ⁄ Kostenrechnung zur Ermittlung der Selbstkosten einer Leistungs- oder Produkteinheit oder eines Gesamtauftrags.

Kalkulationspunkt, *Skispringen:* der ⁄ K.-Punkt.

Kalkulationszinsfuß, Berechnungsgrundlage für den Kapitalwert; mit steigendem K. nimmt der Kapitalwert einer künftigen Zahlung ab. Anhaltspunkte für die Höhe des K., wodurch z. B. Investitionsentscheidungen beeinflusst werden, sind die Kosten der Fremdfinanzierung und die Rendite alternativer Anlagen.

kalkulatorische Kosten, in der Erfolgsrechnung zu berücksichtigende Kosten, denen unmittelbar keine Ausgaben entsprechen und die deshalb erfolgsneutral behandelt werden müssen. Unterschieden werden Zusatz- (z. B. Eigenkapitalzins, kalkulator. Unternehmerlohn) und Anderskosten (z. B. kalkulator. Abschreibungen und kalkulator. Wagnisse). Durch k. K. sollen die Selbstkosten allein nach betriebswirtschaftl. Grundsätzen möglichst genau ermittelt werden.

Kalkutta (engl. Calcutta) (Kolkata), Hauptstadt des Bundesstaates West Bengal, Indien, am Hugli (einem Mündungsarm des Ganges), 4,58 Mio. Ew., als Agglomeration Groß-K. 13,22 Mio. Ew. (größte Stadtregion Indiens); kath. Erzbischofssitz, mehrere Univ. und Hochschulen, wiss. Inst. und Gesellschaften, Museen, Nationalbibliothek, zoolog. und botan. Garten; Mittelpunkt der chem. Ind., außerdem Schwer-, Maschinen-, Fertigwaren-, Jute-, Baumwoll- und Seidenind., Schiffbau; Überseehafen (rd. 150 km vom Golf von Bengalen entfernt); seit 1984 U-Bahn; internat. Flughafen in Dum Dum. – Mittelpunkt des modernen K. ist der Dalhousie Square mit Hauptpost (1868) und Writers Building (1880), weitere bed. Bauten sind die Saint John's Church (1784), der 1799–1802 errichtete Amtssitz des Gouv., die neugot. Town Hall (1872), Saint Paul's Cathedral (1847), Victoria Memorial (1921), der New Market (1847), die Nakhoda-Moschee und das Geburtshaus R. Tagores sowie im Badri-Das-Park ein Komplex mehrerer Dschainatempel (19. Jh.; Bild ⁄ Indien). – 1495 wird das Dorf **Kalikata** erwähnt; 1690 errichtet die engl. Ostind. Kompanie eine Handelsniederlassung, die später zur befestigten Siedlung (Fort William) ausgebaut wird; 1756 von den Bengalen erstürmt, 1757 von R. Clive zurückerobert; 1773 bis 1912 Reg.sitz von Britisch-Indien, seit 1947 Hptst. von West Bengal.

Kallaiker, keltoiber. Volksstamm, ⁄ Galläker.

Kallait [grch.] *der,* das Mineral ⁄ Türkis.

Kállay [ˈkaːlɔi], Miklós von, ungar. Politiker, * Nagyhalász (Bez. Szabolcs-Szatmár-Bereg) 23. 1. 1887, † New York 15. 1. 1967; suchte als MinPräs. (1942 bis 1944) und Außenmin. (1942/43) Ungarn aus dem Bündnis mit dem nat.-soz. Dtl. zu lösen und einen Sonderfrieden mit den Westalliierten zu erreichen. 1944/45 war er in dt. Haft; danach in der Emigration.

kalli... [grch.] (kali...), schön...

Kalliasfriede (fälschl. Kimonischer Friede), von dem Athener Kallias ausgehandelter und zw. dem Attisch-Del. Seebund und Persien 449/448 v. Chr. abgeschlossener Friedensvertrag; bedeutete das Ende der Perserkriege und brachte die Anerkennung der Autonomie der kleinasiat. Griechenstädte.

Kallidin *das,* / Kinine.

Kalligramm [grch.] *das,* Form eines poet. Textbildes; die Anordnung der Buchstaben erfolgt als auf den Inhalt des Textes hinweisendes Bild, u. a. von G. Apollinaire in dem Gedichtband »Calligrammes« (1918) angewendet.

Kalligraphie [grch.] *die,* Kunst des schönen Schreibens, am höchsten entwickelt im Islam, in China und Japan.

Kallikrates, grch. Architekt des 5. Jh. v. Chr.; neben Iktinos am Parthenon tätig; um 448 mit dem Entwurf für den Niketempel der Athener Akropolis beauftragt.

Kallikrein [grch.] *das,* Protease der Bauchspeicheldrüse und des Blutplasmas, die aus den Kininogenen die gefäßerweiternden / Kinine freisetzt.

Kallimachos, 1) grch. Bildhauer und Maler des späten 5. Jh. v. Chr.; Schüler des Phidias, nur literarisch überliefert. Die Zuschreibung in Kopien erhaltener Werke an K. (z. B. Venus Genetrix, eine Marmoraphrodite) ist unbewiesen; galt als Erfinder des korinth. Kapitells.

2) grch. Gelehrter und Dichter, * etwa 305 v. Chr., † etwa 240 v. Chr.; aus Kyrene in Libyen; verfasste in Alexandria den Katalog der Alexandrin. Bibliothek, schuf Hymnen, Epigramme und die »Aitia« (»Ursachen«), d. h. Sagen, die den Ursprung bestehender Kulte und Bräuche erzählen. K. wurde von den röm. Dichtern, bes. Properz und Ovid, nachgeahmt.

Kalliope [grch.], Muse des Epos und der Elegie.

Kallisthenes, grch. Geschichtsschreiber, * Olynth um 370 v. Chr.,† Baktra 327 v. Chr.; Großneffe und Schüler des Aristoteles, Begleiter Alexanders d. Gr. beim Perserfeldzug; schrieb u. a. eine panegyr. Alexandergeschichte; wegen angebl. Teilnahme an einer Verschwörung gegen Alexander hingerichtet.

Kallisto [grch. »die Schönste«] (lat. Callisto),
1) *Astronomie:* der Jupitermond Callisto (/ Jupiter).
2) *grch. Mythos:* eine Jagdgefährtin der Artemis; von Zeus geliebt, nach einer Überlieferung dann von Artemis, als diese ihre Schwangerschaft entdeckte, davongejagt. Nach der Geburt ihres Sohnes Arkas wurde K. von Hera in eine Bärin verwandelt, später mit Arkas von Zeus unter die Sterne versetzt, K. als »Großer Bär«, Arkas als Bärenhüter.

Kallus [lat. »Schwiele«] *der,* **1)** *Botanik:* bei Pflanzen auftretende Gewebewucherung an Wundflächen, dient dem Wundverschluss; häufig als Überwallung an Baumstämmen.
2) *Medizin:* (Knochenschwiele), Knochenkeimgewebe, das nach einem Knochenbruch den Bruchspalt überbrückt und sich durch Kalkeinlagerungen in Knochen umwandelt.

Kálmán ['ka:lma:n], Emmerich, ungar. Komponist, * Siófok (Bez. Somogy) 24. 10. 1882, † Paris 30. 10. 1953; schrieb in Wien, wo er bis 1938 lebte, von der ungar. Folklore beeinflusste Operetten, u. a. »Die Csárdásfürstin« (1915), »Gräfin Mariza« (1924), »Die Zirkusprinzessin« (1926). Lebte 1940–45 in den USA, danach in Paris.

Kalmar, 1) VerwBez. (Län) in S-Schweden, 11 171 km^2, 236 500 Einwohner.
2) Hauptstadt von 1), 59 100 Ew., Hafen, Handelsplatz und Verkehrsknotenpunkt mit **K.-Sund** gegenüber der Insel Öland (mit 6 km langer Brücke verbunden); Univ.; Bau von Schienenfahrzeugen, Autoind., Elektroapparatebau, Holz verarbeitende, Bekleidungs- und Nahrungsmittelind., Schiffbau; Fremdenverkehr. – Die Altstadt, im 17. Jh. planmäßig auf der Insel **Kvarnholmen** angelegt, ist z. T. erhalten: Tor Kavaljersporten (1697), Dom (1682 geweiht), Rathaus (1684–90), Residenz (1674), Fachwerkhäuser; dem Festland vorgelagert ist das fünftürmige **Schloss Kalmarhus** (12. Jh., im 16. Jh. erweitert, heute z. T. Museum). – K., um 1000 als Handelsplatz nachgewiesen, wurde im 11. Jh. als südlichste schwed. Seefestung gegen Dänemark ausgebaut; 1611 niedergebrannt.

Kalligraphie aus China

Kalmare [lat.], schlanke zehnarmige Kopffüßer mit schwimmtüchtigen Flossen. Die **Riesen-K.** (volkstümlich **Riesenkraken,** Architeuthis) sind mit über 20 m Gesamtlänge (einschl. Tentakeln) und 1 t Gewicht die größten wirbellosen Tiere. Der etwa 50 cm lange **Gemeine K.** (Loligo vulgaris) wird im Mittelmeer und Westatlantik gefischt.

Kalmarer Union, Vereinigung der Königreiche Dänemark, Norwegen und Schweden; faktisch begründet durch die Krönung Margaretes I., der Königin von Dänemark und Norwegen, zur Königin von Schweden 1389; bestätigt durch die Unionsakte und die Krönung Erichs von Pommern zum Unionskönig 1397 in Kalmar; bestand mit Unterbrechungen bis zur Wahl Gustavs I. Eriksson Wasa zum König von Schweden bis 1523.

Kalmen [frz.] (Mallungen, Doldrums), Bez. für Windstillen, u. a. über den Ozeanen. Als **K.-Gürtel** bezeichnet man das Gebiet schwacher, veränderl. Winde und häufiger Windstillen am Äquator, mitunter auch die **Rossbreiten** zw. 25 bis 35° nördl. bzw. südl. Breite.

Kalmit *die,* höchster Berg der Haardt und des gesamten Pfälzerwalds, 673 m ü. M., südwestlich von Neustadt an der Weinstraße, Rheinl.-Pf.; Wetterwarte.

Kalmücken, westmongol. Volk von etwa 164 000 Menschen, v. a. in Kalmückien, etwa 20 000 auch in anderen Gebieten sowie in der Region Stawropol in Russland; früher Nomaden und Halbnomaden, gewinnen sie nach dem Ende der Sowjetherrschaft, unter der sie sesshaft wurden, ihre kulturelle Identität zurück. – Die K. wanderten im 17. Jh. über den Ural an die untere Wolga; ein großer Teil kehrte Ende des 18. Jh. zurück. Die an der unteren Wolga verbliebenen K., im Zweiten Weltkrieg zwangsweise umgesiedelt, durften z. T. nach Kalmückien zurückkehren. Die K. sind lamaist. Buddhisten. Ihre Sprache gehört zu den mongolischen Sprachen.

Kalmückien (Republik K., kalmückisch Chalmg Tangtsch), Teilrep. der Russ. Föderation, in der westl.

Kalmare: Gemeiner Kalmar

Kalmus:
Echter Kalmus

Kaspisenke, 76 100 km², 314 300 Ew. (45% Kalmücken, 38% Russen); Hptst. ist Elista; überwiegend Wüsten und Halbwüsten, im W die Jergenihöhe (222 m ü. M.); Schafzucht, in geringem Ausmaß Bewässerungsfeldbau; Fischfang im Kasp. Meer; Erdöl- und Erdgasgewinnung.

Kalmus [lat.-grch.] *der* (Acorus), würziges, aus Asien und Amerika stammendes und seit dem 16. Jh. in ganz Europa an Ufern von Teichen, Seen und Flüssen eingebürgertes Aronstabgewächs mit oft über 1 m langen schwertförmigen Blättern und unscheinbaren, zwittrigen Blüten in einem 10–20 cm langen, frei hervorragenden Blütenkolben. Die bekannteste Art ist der **Echte Kalmus** (Deutscher Ingwer, Acorus calamus). Die Wurzel enthält äther. Öle (**K.-Öl**), die als verdauungsförderndes Magenmittel, Arznei- und Seifenzusatz verwendet werden.

Kalomel [grch. »Schönschwarz«] *das,* 1) *Chemie:* alte Bez. für Quecksilber(I)-chlorid (↗ Quecksilber).
2) *Mineralogie:* (Quecksilberhornerz), tetragonales Mineral der chem. Verbindung Hg_2Cl_2, entsteht sekundär bei der Verwitterung quecksilberhaltiger Minerale.

Kalong *der,* malaiische Art der ↗ Flughunde.

Kalorie [frz., zu lat. calor »Wärme«] *die,* Einheitenzeichen **cal**, veraltete, aber noch häufig verwendete Einheit der Energie (Wärme), ursprünglich definiert als die Energie, die 1 g Wasser um 1 °C erwärmt. SI-Einheit ist das ↗ Joule: 1 cal = 4,1868 J bzw. 1 J = 0,2388 cal. In Nährwertangaben wurde meist die Kilokalorie (kcal) verwendet.

Kalorimeter [lat.-grch.] *das,* 1) *Elementarteilchenphysik:* Detektor zur Messung der Energie und der Richtung von Teilchen und -bündeln (Jets). Man unterscheidet elektromagnet. K. für Elektronen, Myonen und Photonen (auch Schauerzähler gen.) und Hadronen-K. für stark wechselwirkende Teilchen.

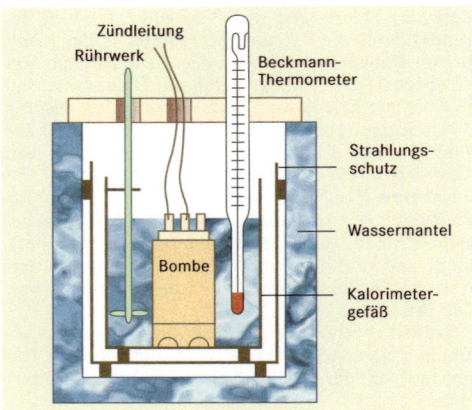

Kalorimeter 2): Schema einer kalorimetrischen Bombe

2) *Thermodynamik:* gegen Wärmeaustausch mit der Umgebung isoliertes Gerät zum Messen von Wärmemengen, die bei physikal. oder chem. Prozessen erzeugt oder verbraucht werden, sowie von spezif. Wärmekapazitäten (**Kalorimetrie**).
Beim **Flüssigkeits-K.** wird der Probekörper bzw. das Reaktionsgefäß in eine Flüssigkeit mit gutem Wärmeleitkontakt im K. eingebracht und aus ihrer Temperaturänderung die umgesetzte Wärmemenge bestimmt. – Verbrennungswärmen werden in der **kalorimetr. Bombe** (Bomben-K., Berthelot-Bombe) gemessen, die aus einem abgeschlossenen dickwandigen, innen emaillierten Stahlgefäß (Bombe) besteht. Hierin verbrennt man eine genau abgewogene Menge einer festen oder flüssigen Substanz nach Zündung durch einen elektr. Glühdraht (Zündleitung) in Sauerstoff von 25 bis 35 MPa Druck. Während der Verbrennung taucht die Bombe in eine abgemessene Wassermenge ein; die Verbrennungswärme des verbrannten Brennstoffs wird an das Wasser abgegeben und ruft dort eine messbare Temperaturerhöhung hervor, aus der man die frei gewordene Wärmemenge bestimmen kann. – In **isothermen K.** wird die umgesetzte Wärmemenge für eine isotherme Phasenumwandlung (Schmelzen, Verdampfen, Kondensieren) einer Substanz genutzt, d.h., die Temperatur bleibt während des kalorimetr. Prozesses konstant. Aus der Volumen- oder Gewichtsänderung der Substanz lässt sich die umgesetzte Wärmemenge ermitteln.

Kalotte [frz.] *die,* 1) *Anatomie:* das ↗ Schädeldach.
2) *Geometrie:* Kugelkappe (↗ Kugel).
3) *Mode:* das Haar schützende oder schmückende Netzhaube des 14.–17. Jh., aus wollenen oder seidenen Schnüren geflochten, auch unter dem ↗ Barett getragen. Urspr. Kopfschutz unter dem Helm. – Als Scheitelkäppchen (Pileolus) gehört die K. zur Kleidung der höheren kath. Geistlichen und kennzeichnet in ihrer Farbe deren Rang: weiß (Papst), rot (Kardinäle), violett (Bischöfe, Äbte, Prälaten).

Kalottenlautsprecher, *Elektroakustik:* mit einer Kugelkappe (Kalotte) als Membran ausgestatteter elektrodynam. Lautsprecher, bes. als Mittel- und Hochtonlautsprecher geeignet.

Kalpak [türk.] *der* (Kolpak), urspr. hohe Lammfellmütze der Tataren, später auch die glatte Pelzmütze ohne Krempe in der Männertracht der südl. Balkanländer, dann nur noch Name für den an der linken Seite der Mütze herabhängenden beutelförmigen Behang aus meist rotem Tuch.

Kaltblut (Kaltblutpferd), Bez. für kräftige und schwere Hauspferderassen und -schläge mit ruhigem Temperament.

Kaltblüter, volkstüml. Bez. für wechselwarme Tiere, ↗ Poikilotherme.

Kältebrücke, *Bautechnik:* Teil einer wärmeisolierenden Wand oder Decke von Gebäuden, der eine im Vergleich zur Umgebung höhere Wärmeleitfähigkeit besitzt und deshalb aus geheizten Räumen überdurchschnittlich viel Wärme abzieht. Durch mögl. Kondenswasserbildung im Bereich der K. kann die Bausubstanz beschädigt werden.

Kältemaschine, Anlage zur Kühlung von geschlossenen Räumen und von festen, flüssigen oder gasförmigen Körpern auf eine vorgegebene, unter der Umgebungstemperatur liegende Temperatur und zu deren Aufrechterhaltung. Dazu muss unter Arbeitsaufwand Wärmeenergie von einem kälteren Körper, der dabei noch kälter wird, auf einen wärmeren Körper übertragen werden. Das Funktionsprinzip der K. beruht auf der Ausnutzung versch. physikal. Effekte und der Anwendung thermodynam. Kreisprozesse. Der wichtigste Kreisprozess ist der **Kaltdampfprozess,** bei dem ein leicht siedendes, flüssiges ↗ Kältemittel zw. zwei versch. Drücken und den dazugehörigen Siedetemperaturen geführt wird. Die zur Verdampfung des flüssigen Kältemittels benötigte Wärmeenergie (Verdampfungswärme) wird der Umgebung entzogen, wodurch sich diese abkühlt. – Bei der **Kompressions-K.** befindet sich das siedende Kältemittel in einem Verdampfer, wo es die Verdampfungswärme dem Kälteträger, dem Kühlraum oder dem Kühlgut entzieht. Der Kältemitteldampf wird von einem Kompressor

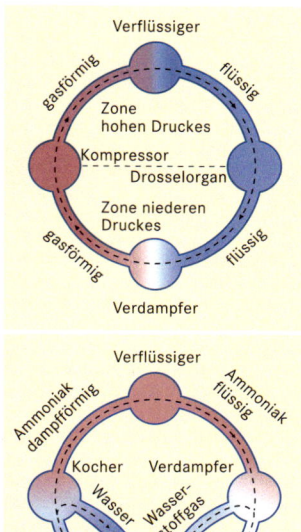

Kältemaschine: Schema des Kältemittelkreislaufs einer Kompressionskältemaschine (oben) und einer Absorptionskältemaschine

aus dem Verdampfer abgesaugt, verdichtet und dann in einem luft- oder wassergekühlten Kondensator unter Wärmeabgabe verflüssigt. Das flüssige Kältemittel wird dann durch einen Drosselvorgang wieder auf den Ausgangsdruck entspannt und in den Verdampfer expandiert, womit der Kreislauf geschlossen ist. – Bei der **Absorptions-K.** wird der mechan. durch einen »therm. Kompressor« mit einer zw. Absorber und Austreiber umlaufenden Lösung ersetzt. Der Kältemitteldampf wird verdichtet, sodass er im Absorber bei niedrigem Druck von der (an Kältemittel) armen Lösung absorbiert und im Austreiber (Kocher, Generator) bei hohem Druck unter Wärmezufuhr aus der reichen Lösung ausgetrieben wird. Die übrig bleibende, arme Lösung fließt über einen Wärmetauscher in den Absorber zurück. Der Kältemitteldampf wird im Kondensator verflüssigt, im Drosselorgan entspannt und im Verdampfer unter Wärmeaufnahme verdampft. Die beiden wichtigsten Stoffpaare für diesen Prozess sind Ammoniak (als Kältemittel) mit einer wässrigen Ammoniaklösung (als Absorptionsmittel) oder Wasser (als Kältemittel) mit einer wässrigen Lithiumbromidlösung (als Absorptionsmittel). Das Stoffpaar Wasser/Lithiumbromidlösung kann nur bei Verdampfungstemperaturen oberhalb 0 °C eingesetzt werden (z. B. in der Klimatechnik).

Kältemischung, Mischung von Salzen, die eine negative Lösungswärme besitzen, mit Wasser oder Eis; kann zur einmaligen Kälteerzeugung genutzt werden. Die Temperaturerniedrigung entsteht dadurch, dass die Stoffe beim Lösen Wärme verbrauchen, die der Mischung entzogen wird.

Kältemittel, Arbeitsstoffe, die in einer ↗ Kältemaschine durch Verdampfen bei niedriger Temperatur und niedrigem Druck Wärme aufnehmen und durch Verflüssigen bei höherer Temperatur und höherem Druck Wärme abgeben. Als K. werden leicht siedende Flüssigkeiten mit großer Verdampfungswärme verwendet, z. B. Ammoniak (für Großkälteanlagen). In Kühl- und Gefrierschränken waren FCKW lange Zeit von größter Bedeutung (↗ Fluorchlorkohlenwasserstoffe). Ersatz-K. ist z. B. der teilfluorierte Kohlenwasserstoff R 134 a.; auch werden die noch umweltverträglicheren K. Propan oder Butan verwendet.

Kaltenbrunner, Ernst, Politiker (NSDAP), * Ried im Innkreis (OÖ) 4. 10. 1903, † (hingerichtet) Nürnberg 16. 10. 1946; war seit 1943 Chef der Sicherheitspolizei (Sipo) und des SD sowie des Reichssicherheitshauptamts (RSHA); 1946 vom IMT in Nürnberg zum Tode verurteilt.

Kaltenkirchen, Stadt im Kr. Segeberg, Schlesw.-Holst., nördlich von Hamburg, 16 900 Ew.; Nahrungs- und Genussmittelind., Maschinen- und Fahrzeugbau, elektrotechn., feinmechan. und opt. Industrie. Erhielt 1973 Stadtrecht.

Kältepole, die Orte der Erde mit den niedrigsten Temperaturen: auf der Nordhalbkugel Oimjakon in Jakutien, NO-Sibirien (−77,8 °C); auf der Südhalbkugel die russ. Station Wostok in der Antarktis (tiefster Wert: −89,2 °C).

Kälte|resistenz, die Fähigkeit von Organismen, länger dauernde Einwirkung tiefer Temperaturen ohne bleibende Schäden zu ertragen. Allg. existiert eine große individuelle Variabilität im Ertragen von Kälte, die u. a. abhängig ist vom Flüssigkeitsanteil am Lebendgewicht der Organismen bzw. dem Verhältnis von freiem zu gebundenem Wasser sowie Einwirkungsdauer, Plötzlichkeit und Wiederholung der Kälteeinwirkung. Organismen kühlerer Klimate besitzen eine wesentlich größere K. als Pflanzen und Tiere wärmerer Lebensräume, die häufig schon bei einigen Graden über 0 °C zum Kältetod führende Schäden erleiden. – Häufig wird bei Pflanzen die **Frostresistenz,** tiefe Temperaturen unter 0 °C lebend zu überstehen, von der K. unterschieden. Sinkende Temperaturen lösen die Bildung von Frostschutzstoffen aus, die u. a. in Chloroplasten eingelagert werden und vor Wasserentzug schützen.

kalter Krieg, Bez. für eine nicht militär. Konfrontation zweier Staaten oder Staatenblöcke, bei der ideolog. und propagandist. Unterwanderung, wirtsch. Kampfmaßnahmen (Embargo), Wettrüsten, Begründung und Ausbau von Bündnissen mit polit. Offensiven und Kriegsdrohungen bis zum Rande eines Kriegsausbruches führen können; als Schlagwort zuerst von B. M. Baruch gebraucht. Seit 1947 geläufige Bez. **(Kalter Krieg)** für den Ost-West-Konflikt, der in der Berliner Blockade und im Koreakrieg seine Höhepunkte erreichte; wurde nach dem Tod Stalins (1953) mit Unterbrechungen (u. a. Kubakrise 1962) durch die Entspannungspolitik abgelöst und fand sein Ende mit der Auflösung des Warschauer Paktes 1991, vorbereitet durch die ↗ Charta von Paris.

Kaltern an der Weinstraße (italien. Caldaro sulla Strada del Vino), Gemeinde in der Prov. Bozen, Südtirol, Italien, 523 m ü. M., am Fuß des Mendelpasses, 6 800 Ew.; Weinmuseum, Weinhandel. Nahebei liegt der **Kalterer See** (216 m ü. M., 1,48 km²), Mittelpunkt eines Wein- und Obstanbaugebietes; Fremdenverkehr. – Pfarrkirche Mariä Himmelfahrt (1791/92) mit barocken Deckenfresken, spätgot. Schloss Kampan und Schloss Ringberg, ein Viereckbau des 17. Jh.; im Ortsteil Altenburg Kirchenruine St. Peter (um 400).

kaltes Licht, Licht, das nicht von einer therm. Lichtquelle stammt, d. h. keine oder nur wenig Infrarotstrahlung (Wärmestrahlung) enthält, sondern v. a. durch Lumineszenz oder Gasentladungen hervorgerufen wird, z. B. bei Leuchtstofflampen.

Kältestarre, mit Bewegungshemmung und weitgehender Einstellung des Stoffwechsels verbundener

Kalt Kältetechnik

Kaltnadelradierung: Rembrandt, »Die Frau mit dem Pfeil« (1661; u. a. Frankfurt, Städelsches Kunstinstitut)

Körperzustand von Pflanzen und Tieren unterhalb der zum aktiven Leben erforderl. Temperatur, ohne dass es zum Absterben **(Kältetod)** kommt.

Kältetechnik, techn. Disziplin, die sich mit der Erzeugung und Anwendung von Temperaturen unterhalb der Umgebungstemperatur sowie mit der Konstruktion aller dazu erforderl. Maschinen, Apparate, Steuer- und Regeleinrichtungen befasst. Bei Temperaturen unterhalb von 77 K (−196 °C) spricht man von Tieftemperatur- oder ↗ Kryotechnik. – Die Verfahren der K. nutzen die negative Lösungsenthalpie zur Abkühlung aus (↗ Kältemischung), verwenden die Verdampfung einer Flüssigkeit unter Aufnahme von Verdampfungswärme (↗ Kältemaschine), die adiabat. Entspannung oder Drosselung eines Gases oder Gasgemisches (↗ Joule-Thomson-Effekt) oder den Wärmetransport durch thermoelektr. Vorgänge (↗ Peltier-Effekt). Ein wichtiges Anwendungsgebiet der K. ist die Lebensmitteltechnik (Herstellung, Kühllagerung und -transport von Lebensmitteln, Entwicklung und Bau von Kühlmöbeln).

Kältezittern, gesteigerte Aktivität der Muskulatur zur Erhöhung der Wärmebildung, sodass trotz kalter Umgebung, verbunden mit Wärmeentzug, die Kerntemperatur des Organismus nicht absinkt. Der Energieumsatz erhöht sich dabei auf das 3- bis 5fache des Grundumsatzes.

Kaltformung (Kaltverformung), Umformung metall. Werkstoffe bei Temperaturen unterhalb der Rekristallisationstemperatur des betreffenden Metalls (↗ Rekristallisation), i. d. R. bei Raumtemperatur. Fertigungsverfahren, die als K. durchgeführt werden können, sind v. a. Stauchen, Prägen, Fließpressen, Einsenken, Walzen, Draht-, Rohr- und Tiefziehen sowie Verfahren der Blechbearbeitung.

Kaltfront, Meteorologie: ↗ Front.

Kalthauspflanzen, Ziergewächse, die im Kalthaus (↗ Gewächshaus) überwintern und nicht mehr als 3–10 °C Wärme verlangen.

Kaltkaustik, die ↗ Elektrokoagulation.

Kaltleiter (PTC-Thermistor), ein ↗ Thermistor mit positivem Temperaturkoeffizienten; mit zunehmender Temperatur steigt sein Widerstand, die Leitfähigkeit nimmt ab. Zu den K. gehören u. a. alle Metalle; Anwendung für Regelzwecke, als Überlastschutz, zur Strombegrenzung in elektr. Stromkreisen; Ggs.: ↗ Heißleiter.

Kaltluftsee, Meteorologie: flache Ansammlung von Kaltluft, die sich aufgrund deren Schwere in Mulden, Kesseln und Talsohlen oder infolge Kaltluftstaus an Hindernissen ausbildet.

Kaltmetalle, Legierungen, v. a. Mangan- und Nickelstähle, mit geringer Wärmeleitfähigkeit, die z. B. für Handgriffe an Kochgeräten verwendet werden.

Kaltnadelradierung, graf. Tiefdruckverfahren, bei dem die Zeichnung mit einer »kalten« Nadel (aus Stahl, seltener Diamant) in die Kupferplatte geritzt wird (im Ggs. zum Wärme erzeugenden chem. Prozess der geätzten Radierung). Die Späne werden im Unterschied zum Kupferstich nicht herausgeritzt, sondern nur an den Rand gedrückt.

Kaltstart, das Anlassen eines kalten Verbrennungsmotors; erfordert bei Ottomotoren ein »fetteres« Kraftstoff-Luft-Gemisch, bei Nebenkammer-Dieselmotoren eine Aufheizung der Kammer durch eine Glühkerze. Nur Direkteinspritzer-Dieselmotoren haben i. d. R. keine K.-Hilfe.

Kaltzeit, geolog. Periode mit kühlerem Klima als in Warmzeiten; ↗ Eiszeitalter.

Kaluga, Hauptstadt des Gebiets K. in Russland, an der Oka, 342 400 Ew.; PH; Raumfahrtmuseum; Dampfturbinenbau, Herstellung von Duftstoffen, Streichhölzern, Möbeln, Musikinstrumenten und Nahrungsmitteln. – Zahlr. Kirchen und Adelspaläste des 17.–19. Jh. – Erstmals 1371 erwähnt.

Kalumet [frz. aus lat.] das, die ↗ Friedenspfeife.

Kalundborg [kalon'bor], Stadt in Dänemark, im W der Insel Seeland, 19 300 Ew.; Erdölraffinerie, chem., Metall-, Nahrungsmittelind.; Hafen. – Die Frauenkirche (1170–90) ist ein Zentralbau mit fünf achteckigen Türmen; Fachwerkhäuser (17. Jh.).

Kamakura: Die 1252 geschaffene, fast 12 m hohe Buddhastatue im Kotokuin-Tempel wurde aus mehreren getrennt gegossenen Teilen zusammengesetzt.

Kalvari|enberg [zu lat. calvaria »Schädel«], 1) (Schädelstätte), das bibl. ↗ Golgatha.
2) Anhöhe mit meist plast. Darstellung der Kreuzigungsgruppe als Abschluss eines ↗ Kreuzweges.

Kalvinismus der, ↗ Calvin.

Kalydon, antike Hauptstadt Ätoliens; bekannt durch die Sage vom **Kalydon. Eber,** der von Artemis in das Land des Königs Oineus gesandt und von Meleagros und Atalante erlegt wurde.

Kambodscha

Fläche:	181 035 km²
Einwohner:	(2000) 13,1 Mio.
Hauptstadt:	Phnom Penh
Verwaltungsgliederung:	24 Provinzen
Amtssprache:	Khmer
Nationalfeiertage:	24. 9. und 9. 11.
Währung:	1 Riel (CR) = 10 Kak = 100 Sen
Zeitzone:	MEZ + 6 Std.

Kalyke, ein Mond des Planeten Jupiter.

Kalymnos, Insel des Dodekanes, Griechenland, 111 km², 15 700 Ew.; Heimat der meisten grch. Schwammfischer; Fremdenverkehr.

Kalypso [grch. »Verbergerin«] (lat. Calypso),
1) *Astronomie:* der Saturnmond Calypso (↗ Saturn).
2) *grch. Mythos:* Nymphe, in der »Odyssee« eine Tochter des Atlas, die die Insel Ogygia bewohnt und den dort gestrandeten Odysseus sieben Jahre zurückhält.

Kalzinieren, ↗ Calcinieren.

Kalzium, eingedeutschte Schreibung für chemisch fachsprachlich ↗ Calcium.

Kama, in der ved. Religion der Drang zum Guten, in nachved. Zeit der ind. Liebesgott **Kamadeva.** (↗ Kamasutra)

Kama *die,* linker und längster Nebenfluss der Wolga, Russland, 1 805 km lang, entspringt im **K.-Bergland** (337 m ü. M.), entwässert mit den Nebenflüssen Belaja und Wjatka das westl. Vorland des Mittleren und Südl. Ural, mündet in den Kuibyschewer Wolgastausee; große Stauseen und Wasserkraftwerke bei Perm (1 915 km²; 504 MW), Wotkinsk (1 120 km²; 1 000 MW) und Nabereschnyje Tschelny (Unterkama-Stausee: 2 580 km²; 1 248 MW).

Kamakura, Stadt auf Honshū, Japan, an der Sagamibucht, 170 300 Ew.; Museum für moderne Kunst; Antennen- und Computerbau; Seebad. – Im Kotokuin-Tempel große Buddhastatue (1252) aus Bronze; 65 buddhist. Tempel und 18 Shintoschreine. – K. war 1192–1333 Residenz der Shogune.

Kamaldulenser, aus der kirchl. Reformbewegung des 11. Jh. entstandene Ordensgemeinschaft, die auf der Grundlage der Benediktinerregel Gemeinschafts- und Einsiedlerleben verbindet; zurückgehend auf die von dem italien. Benediktinermönch Romuald (* um 952, † 1027) zw. 1023 und 1026 in Camaldoli (Toskana) errichtete Einsiedelei. – 1085 Gründung des weibl. Ordenszweiges (**Kamaldulenserinnen**).

Kamaran, kleine Gruppe von Korallenseln im Roten Meer, 57 km², vor der Küste Jemens; 1915–67 britisch.

Kamares, Kulthöhle am S-Abhang des Idagebirges auf Kreta, Griechenland, in der Keramik (u. a. Weihegaben) aus dem Anfang des 2. Jt. v. Chr. gefunden wurden. Die nach diesem Fund benannte Gruppe von schwarzgrundiger Keramik (**K.-Vasen**) war weiß, rot und orangefarben bemalt, häufig mit Spiralmotiven u. a. verziert. Die K.-Vasen waren Erzeugnisse der Palasttöpfereien von Phaistos.

Kamarilla [-'rilja; span. »kleine Kammer«] *die,* Hof- oder Günstlingspartei, die, im Ggs. zum verantwortl. Ministerium, einen unkontrollierten Einfluss auf den Herrscher ausübt.

Kamasutra *das,* altind. Lehrbuch der Liebeskunst des Brahmanen Vatsyayana (4. Jh.); das in sachl. Stil gehaltene K. enthält wertvolle kulturhistor. Informationen.

Kambium [lat.] *das,* peripherer Gewebemantel aus teilungsfähigen Zellen in Spross und Wurzel der mehrjährigen Nacktsamer, der Zweikeimblättrigen und einiger Einkeimblättriger (z. B. Drachenbäume), der nach innen sekundäres Holz, nach außen sekundäre Rinde erzeugt und dadurch Dickenwachstum bewirkt.

Kambodscha (amtlich Khmer: Preah Reach Ana Pak Kampuchea; dt. Königreich K.), Staat in SO-Asien, im südl. Hinterindien; grenzt im W und NW an Thailand, im NO an Laos, im O und SO an Vietnam, im SW an den Golf von Thailand.

Staat und Recht

Nach der Verf. vom 21. 9. 1993 ist K. eine konstitutionelle Wahlmonarchie mit Mehrparteiensystem. Staatsoberhaupt, Oberbefehlshaber der Streitkräfte sowie Vors. des Nat. Verteidigungsrats ist der auf Lebenszeit vom Thronrat gewählte König. Gesetzgebendes Organ ist die Nationalversammlung (122 Abg., für 5 Jahre gewählt). Ende 1998 wurde der Senat als zweite Kammer des Parlaments geschaffen. Die Exekutive liegt bei der Reg. unter Vorsitz des Premiermin., der vom König auf Empfehlung des Präs. der Nationalversammlung ernannt wird. Einflussreichste Parteien: Kambodschan. Volkspartei (CPP), FUNCINPEC-Partei und Sam-Rainsy-Partei.

Landesnatur

K.s Kernland wird von dem fruchtbaren Mekong- und Tonle-Sap-Becken gebildet, das im W, N und O von bis zu 1 500 m ü. M. aufsteigenden Randgebirgen, im S vom Mekongdelta begrenzt wird. Im SW verläuft die flache und buchtenreiche Küste des Golfs von Thailand, in dessen Nähe das Kardamomgebirge bis 1 744 m ü. M. ansteigt. Im flachen Landesinneren liegt der bei Hochwasser mit dem Mekong verbundene See Tonle Sap, dessen Fläche jahreszeitlich schwankt. Das Klima ist tropisch (Regenzeit Juni–November); nur noch 30 % der Landesfläche sind durch unkontrollierten Kahlschlag bewaldet (Regenwald, lichter Monsunwald); Mangrovenküste.

Bevölkerung

Rd. 92 % der Bev. sind Angehörige des Khmervolkes, etwa 5–7 % Vietnamesen, 2 % Chinesen, Cham u. a. Gruppen malaiischer Herkunft sowie versch. Bergstämme, z. B. Moi und Lao. Diese anderen ethn. Gruppen machten vor 1975 etwa 15 % der Bev. aus, wurden aber zw. 1975 und 1979 zus. mit den Intellektuellen von den Roten Khmer umgebracht, vertrieben

königliches Wappen

internationales Kfz-Kennzeichen

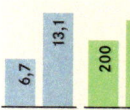

Bevölkerungsverteilung 2000

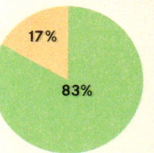

Bruttoinlandsprodukt 2000

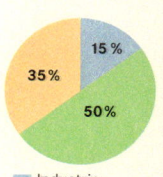

oder, von den übrigen Khmer abgesondert, in den NW zur Bewirtschaftung der Reisfelder zwangsweise umgesiedelt. Der größte Teil der Bev. lebt im zentralen Tiefland. Das jährl. Bev.wachstum beträgt 2,8%. – Über 90% der Bev., darunter fast alle Khmer, bekennen sich zum Hinayana-Buddhismus, der seit 1993 wieder die Staatsreligion K.s ist. Die Cham und Malaien sind sunnit. Muslime, die meisten im Lande lebenden Vietnamesen kath. Christen. Traditionelle ethn. Religionen haben sich bei den in den Gebirgen lebenden Bergstämmen erhalten. – Es besteht eine fünfjährige Grundschulpflicht ab dem 6. Lebensjahr. Die Analphabetenquote beträgt 32%.

Kambodscha: Pfahlhütten am Mekongufer

Wirtschaft, Verkehr

In dem ausgeprägten Agrarland, das zu den ärmsten Ländern der Welt zählt, arbeiten rd. 70% der Erwerbstätigen in der Landwirtschaft. Während der Herrschaft des Pol-Pot-Regimes und durch mehrjährigen Bürgerkrieg wurde die Wirtschaft des Landes weitgehend ruiniert (u. a. Zerstörung der Landwirtschaft und der Infrastruktur, Einführung der Natural- und Tauschwirtschaft). Auch nach dem Bürgerkrieg verhinderten die anhaltenden Kämpfe einen kontinuierl. Wiederaufbau. Auf rd. 70% der Ackerfläche wird Reis (Hauptanbaugebiete am Tonle Sap und Mekong) kultiviert, daneben wird Kautschuk als zweitwichtigstes Exportprodukt in Kautschukpflanzungen im O des Landes angebaut. Weiterhin erfolgt der Anbau von Mais, Zuckerrohr, Maniok, Bananen, Tabak und Pfeffer. Der Reichtum an Edelhölzern in den Randgebirgen wird verstärkt genutzt (Teak, Mahagoni, Ebenholz). Seit Anfang der 1990er-Jahre ist Holz das wichtigste Exportprodukt. Übermäßige Abholzungen führten aber in den letzten Jahren zu verstärkter Bodenerosion an den Oberläufen der Flüsse und bedingten stärkere Überschwemmungen und Trockenheiten sowie begünstigen die zunehmende Verlandung des Tonle Sap. Der Tonle Sap wird jedes Jahr mit dem Sinken des Wasserspiegels fast vollständig abgefischt; auch Küstenfischerei. Es gibt wenig Bodenschätze; im N Eisenerzlager; Vorkommen an Gold und Edelsteinen; Phosphat- und Meersalzgewinnung. Vorwiegend in Kleinbetrieben Herstellung von Textilien, Geräten und Werkzeugen sowie Verarbeitung von Agrarprodukten; Reifenproduktion (in Phnom Penh). Die Handelsbilanz ist stark defizitär. – Das Verkehrswesen befindet sich in einem sehr schlechten Zustand. Das Straßennetz hat eine Gesamtlänge von rd. 35 800 km, davon sind nur etwa 4 200 km asphaltiert. Das Schienennetz ist 612 km lang, die wichtigste Eisenbahnlinie führt von der thailänd. Grenze über Battambang und Phnom Penh zum einzigen Seehafen Kompong Som (Sihanoukville). Die Binnenschifffahrt auf dem Mekong ist für den Güterverkehr der wichtigste Verkehrsträger. Internat. Flughafen bei Phnom Penh.

Geschichte

Im 6. Jh. eroberten die Khmer das unter ind. Einfluss gegr. Reich Funan im S Hinterindiens. Das unter Jayavarman II. (802–850) entstandene Khmerreich mit der Hptst. Angkor (seit 889) erlebte im 12. Jh. und Anfang des 13. Jh. den Höhepunkt seiner Macht und zugleich eine Zeit höchster kultureller Blüte. Nach wiederholter Eroberung und der Zerstörung Angkors durch die Thai wurde die Hptst. mehrmals verlegt, zuletzt 1434 nach Phnom Penh. Vom 17. bis 19. Jh. Streitobjekt zw. Thai und Vietnamesen, schloss K. 1863 einen Protektoratsvertrag mit Frankreich und wurde 1887 Indochina einverleibt. Nachdem japan. Streitkräfte 1941 ganz Indochina besetzt hatten, rief König Norodom Sihanouk (1941–55) im März 1945 die Unabhängigkeit aus, unterstellte das Land aber nach der japan. Kapitulation erneut Frankreich. 1949 erhielt das Königreich den Status eines assoziierten Staates innerhalb der Frz. Union. Im Indochinakrieg (1945/46–54) unterstützten antifrz. Guerillaeinheiten (bes. die Khmer Issarak) die Vietminh in Vietnam. Auf der Genfer Indochinakonferenz erhielt K. 1954 die volle Unabhängigkeit.

1955 dankte Norodom Sihanouk zugunsten seines Vaters ab, ließ sich zum MinPräs. ernennen und wurde 1960 Staatspräs. V. a. wegen seiner Neutralitätspolitik wurde er 1970 durch eine proamerikan. Gruppe unter General Lon Nol gestürzt und ging ins Exil nach China. Sihanouks Anhänger und die kommunistisch orientierten ↗ Roten Khmer führten einen erbitterten Bürgerkrieg gegen die Reg. Lon Nol, der mit der Einnahme von Phnom Penh durch die Truppen der Roten Khmer am 17. 4. 1975 entschieden wurde (Proklamation des »Demokrat. Kampuchea«, Verf. vom Januar 1976). Der 1975 nach K. zurückgekehrte Sihanouk wurde unter Hausarrest gestellt und der größte Teil der königl. Familie hingerichtet. Die Macht übernahmen Pol Pot (eigentl. Kopf des »Angka(r)« [»die Organisation«] gen. Führungsgremiums und formell ab 1976 MinPräs.), Ieng Sary (stellv. Reg.chef und zuständig für Außenpolitik), Khieu Samphan (ab April 1976 nominell Staatsoberhaupt), Nuon Chea (Chefideologe), Son Sen (verantwortlich für Verteidigungspolitik) und Ta Mok (ein brutaler Regionalbefehlshaber), die sich vorher ihrer innerparteil. Gegner (v. a. vom provietnames. Flügel) auf blutige Weise entledigt hatten. Die Roten Khmer unterwarfen das Land einem radikalen gesellschaftl. Umformungsprozess, der auf die Schaffung primitiver agrarkommunist. Verhältnisse gerichtet war (häufig als »Steinzeitkommunismus« apostrophiert): Die Bewohner der Städte wurden auf das Land zwangsumgesiedelt und gemeinsam mit dem dort lebenden Bev.teil in Kooperativen vereinigt, wo man sie als rechtlose Arbeitssklaven in der Landwirtschaft einsetzte (Tod vieler auf den »Killing Fields«). Angehörige der früheren Armee und Polizei, Beamte, Intellektuelle und der buddhist. Klerus waren grausamer Verfolgung ausgesetzt und wurden ermordet. Darüber hinaus schafften die Roten Khmer das Geld ab und zerstörten die kulturellen und religiösen Einrichtungen. Es entwickelte sich ein Terrorregime, dem etwa 2 Mio. Menschen (v. a. durch Hunger, Krankheit und Massenhinrichtungen) zum Opfer fielen. Vietnam unterstützte seit 1976 die Gegner der Reg. Pol Pot innerhalb der kommunist. Führungsschicht K.s, die im Dez. 1978 unter Führung von Heng Samrin die »Einheitsfront für die nat. Rettung K.s« gründeten. Nach dem Einmarsch vietnames. Truppen in K. (Dez. 1978–Jan. 1979; Fall von Phnom Penh am 7. 1.) und dem Sturz der Roten Khmer übernahm am 8. 1. 1979 ein von Vietnam unterstützter »Revolutionärer Volksrat« unter Heng Samrin (1979–81 Reg.chef und 1979–91 Staatschef) die Macht und rief am 10. 1. 1979 die »Volksrepublik Kampuchea«, Abk. VRK, aus. Das neue Reg.system wurde jedoch nur von den Staaten des Ostblocks und wenigen Ländern der Dritten Welt (z. B. Indien) anerkannt. Die UNO unterstützte zunächst das in den Untergrund gegangene Regime der Roten Khmer als legitimen Vertreter des kambodschan. Volkes, ebenso die VR China, die im Febr./ März 1979 im Sinne einer »Strafexpedition« (für die Besetzung K.s) einen Grenzkrieg gegen Vietnam führte. Die (v. a. aus den Dschungelgebieten an der Grenze zu Thailand heraus operierenden) Roten Khmer verwickelten die Phnom Penher Reg. der VRK in einen blutigen Bürgerkrieg. Im Juni 1982 bildete Sihanouk aus der von ihm gegr. FUNCINPEC (frz. Abk. für »Nat. Einheitsfront für ein unabhängiges, neutrales, friedl. und genossenschaftl. Kambodscha«), der von Son Sann geführten »Nat. Front zur Befreiung des Khmervolkes« und den Roten Khmer eine – politisch sehr heterogene und durch Rivalitäten beeinträchtigte – Dreierkoalition. In die Kämpfe zw. den von vietnames. Streitkräften unterstützten Reg.truppen und den Guerillaeinheiten wurde in wachsendem Maße Thailand verwickelt, in dessen Grenzgebiet mehrere von den Roten Khmer beherrschte Flüchtlingslager entstanden waren. 1989 zog Vietnam seine Truppen aus K. zurück. Durch eine Verf.änderung im selben Jahr erfolgte die Umbenennung des Landes in »Staat K.«, der sich für blockfrei erklärte. Internat. Schlichtungsbemühungen seit 1989 (K.-Konferenzen) führten im August 1990 zu einem Friedensplan für K. (Kernpunkte: Waffenstillstand, Entwaffnung der Bürgerkriegsparteien, Übergangsverw. durch die UNO und von ihr überwachte freie Wahlen). Am 23. 10. 1991 schlossen die vier kambodschan. Konfliktparteien ein Friedensabkommen in Paris. Im selben Monat gab die kommunist. Staatspartei ihr Machtmonopol auf (Umbenennung in Kambodschan. Volkspartei, CPP). Im Nov. 1991 kehrte Sihanouk nach K. zurück und trat das Amt des Staatsoberhaupts (Vors. des Obersten Nationalrats) an. Zur Sicherung der Friedensordnung und des Wiederaufbaus nahm im März 1992 die UNO-Übergangsverw. UNTAC (United Nations Transitional Authority in Cambodia) mit insgesamt 22 000 Mitarbeitern (davon rund 16 000 Blauhelme) ihre Tätigkeit auf. Die Roten Khmer widersetzten sich der Entwaffnung ihrer Truppen, brachen wiederholt den Waffenstillstand und boykottierten die Wahlen zur verfassunggebenden Versammlung im Mai 1993, die die Sihanouk nahe stehende FUNCINPEC gewann. Am 24. 9. 1993 endete mit In-Kraft-Treten der neuen monarchist. Verf. und der Thronbesteigung durch Sihanouk formell das Mandat der UNTAC.

Im Okt. 1993 wurde Prinz Ranariddh (FUNCINPEC) Erster Premiermin., Hun Sen (CPP) Zweiter Premiermin. Seit Anfang 1996 verschärften sich die Spannungen zw. beiden Koalitionspartnern. Anfang Juli 1997 setzte Hun Sen Ranariddh ab und übernahm die Macht; aus den Wahlen vom 26. 7. 1998 ging seine Partei als stärkste Kraft hervor (ab Nov. 1998 Hun Sen offiziell alleiniger Premiermin., Ranariddh wurde Präs. der Nationalversammlung). Auch die ersten Kommunalwahlen in K. im Febr. 2002 entschied die CPP deutlich zu ihren Gunsten. Bei den Parlamentswahlen am 27. 7. 2003 wurde die CPP erneut stärkste Kraft.

1996/97 zerfielen die Roten Khmer weitgehend; die übrig gebliebenen Rebellengruppen kapitulierten Ende 1998 (im März 1999 Festnahme des letzten Guerillakommandanten Ta Mok durch Reg.soldaten). Am 30. 4. 1999 wurde K. als letzter Staat SO-Asiens in die ASEAN aufgenommen. 2001 stimmten Parlament und Verf.rat der Einrichtung eines internat. Tribunals in K. zur Verurteilung der Hauptschuldigen am Terrorregime der Roten Khmer zu; die UNO und die kambodschan. Reg. einigten sich erst nach jahrelang geführten und zeitweilig unterbrochenen Verhandlungen im März 2003 auf gemeinsame Schritte zur Schaffung eines solchen Gerichtshofes. Schwere antithailänd. Ausschreitungen in Phnom Penh Ende Jan. 2003 (u. a. Inbrandsetzung der thailänd. Botschaft) führten zu einer zeitweiligen Krise und vorübergehenden Grenzschließung zw. Thailand und Kambodscha.

kambodschanische Kunst, ↗ Khmer.

Kạmbrium *das, Geologie:* ältestes System des Paläozoikums nach dem weithin fossilfreien Proterozoikum, dauerte rd. 60 Mio. Jahre. Das im Präkambrium begonnene Aufbrechen des frühen Urkontinents in die Großkontinente Gondwana und Laurasia setzt sich fort, es beginnt die sprunghafte Entfaltung einer vielgestaltigen Fauna und Flora. Die rein marine Fauna weist schon alle Stämme der Wirbellosen auf.

Kambyses II., pers. Großkönig, † 522 v. Chr.; Sohn von Kyros II., dem er 529 in der Herrschaft nachfolgte; eroberte 525 Ägypten, unterwarf Kyrene und machte Nubien steuerpflichtig.

Kamee [-ˈmeː(ə), frz.] *die,* geschnittener Stein mit erhaben gearbeiteter Darstellung. (↗ Gemme)

Kamele: Trampeltier (Körperlänge 2,3–3,5 m)

Kamẹle (Camelidae), Familie der Paarhufer, Schwielensohler. K. haben dicke Polster unter den Zehen, dichtes, wolliges Haar, eine gespaltene Oberlippe und ovale Blutkörperchen (einmalig bei Säugetieren). K. sind genügsame, langbeinige Passgänger und Wiederkäuer mit einem mehrkammerigen Magen. Die **Altwelt-K.** (Groß-K., Gatt. Camelus) gehören zu den größten Paarhufern (bis 650 kg schwer); mit einem oder zwei Rückenhöckern, die als Fettspeicher dienen, sowie verschließbaren Nasenlöchern (Schutz bei Sandstürmen). Das **Dromedar** (Einhöckeriges K., Camelus dromedarius) bewohnt die Trockengebiete N-Afrikas und Arabiens; in Persien, SW-Afrika, Australien und Mexiko wurde es eingeführt;

es kann bis 17 Tage ohne Wasser auskommen; durch langes Dursten verliert ein Dromedar bis zu 30% seines Körpergewichts; außerdem kann es Wasser ungewöhnlich schnell wieder aufnehmen (ca. 100 Liter in 10 Minuten). Das **Trampeltier** (Zweihöckeriges K., Camelus ferus) bewohnte die Trockengebiete Innerasiens; heute lebt noch ein kleiner Bestand in der Wüste Gobi. Von ihm stammt das als Last- und Reittier, Milch-, Fleisch- und Dunglieferant gehaltene Haus-K. ab. – Die höckerlosen **Neuwelt-K.** (Schaf-K. oder **Lamas,** Gatt. Lama) bewohnen in zwei Arten Südamerika: das **Guanako** (Lama guanicoë) die trockenen Berg- und Flachländer, das **Vicuña** (Vikunja, Lama vicugna) die höheren Lagen der Anden. Vom Guanako stammen die beiden Haustierformen **Lama** (Last- und Fleischtier) und **Alpaka** (Wolllieferant) ab.

Kamelhaar, das Haar der Kamele. Die steifen Grannenhaare werden zu techn. Textilien und Teppichgarnen, die weichen Flaumhaare zu Geweben für Mäntel und Decken verarbeitet.

Kamelhalsfliegen (Rhaphidioptera), Ordnung der Insekten, u. a. mit der Art Raphidia notata; räuberisch lebende Netzflügler, mit halsartig verlängerter Vorderbrust.

Kamelie [nach dem mähr. Jesuiten G. J. Kamel, *1661, †1706] *die* (Kamellie, Camellia), ostasiat. Gattung der Teestrauchgewächse, mit immergrünen, ledrigen Blättern, roten bis weißen, rosenähnl. Blüten und holzigen Kapselfrüchten. Häufig als Zierpflanze kultiviert wird die bis zu 15 m hohe **Chinarose** (Camellia japonica).

Kamen, Stadt im Kr. Unna, NRW, am O-Rand des Ruhrgebiets, 47 000 Ew.; Bergamt, Sportschule (Kaiserau); Maschinenbau, Kunststoff-, Textil-, elektrotechn. und opt. Industrie. – K. wurde im 13. Jh. Stadt; von 1873 bis 1983 Bergbau auf Steinkohle.

Kamenen, / Camenae.

Kamenew, Lew (Leo) Borissowitsch, eigtl. L. B. Rosenfeld, sowjet. Politiker, *Moskau 22. 7. 1883, †(hingerichtet) ebd. 25. 8. 1936; enger Mitarbeiter Lenins; wurde 1919 Mitgl. des Politbüros, 1922 stellv. Vors. des Rates der Volkskommissare. Nach Lenins Tod unterstützte er zunächst mit Sinowjew Stalins Machtkampf gegen Trotzki, geriet jedoch dann mit Sinowjew seinerseits in Ggs. zu Stalin. 1925/26 verlor er seine Partei- und Staatsämter; 1936 zum Tode verurteilt; 1988 rehabilitiert.

Kamenez-Podolski (ukrain. Kamjanets-Podilskyj), Stadt in der Ukraine, Gebiet Chmelnizki, Zentrum der Landschaft Podolien, 108 000 Ew.; Landwirtschaftshochschule; botan. Garten; Maschinenbau, Nahrungsmittel-, Holzindustrie.

Kamenski, Wassili Wassiljewitsch, russ. Schriftsteller, *bei Perm (auf einem Schiff auf der Kama) 17. 4. 1884, †Moskau 11. 11. 1961; Mitbegründer des russ. Futurismus; schrieb u. a. Versepen (»Stenka Rasin«, 1916; »Jemeljan Pugatschow«, 1931).

Kamenskoje, bis 1936 Name von / Dnjeprodserschinsk.

Kamensk-Uralski, Stadt im Gebiet Swerdlowsk, Russland, auf der östl. Abdachung des Mittleren Ural, 192 000 Ew.; Röhrenwerk, Aluminiumhütte, Buntmetallverarbeitung.

Kamenz (sorb. Kamjenc), **1)** Landkreis im Reg.-Bez. Dresden, Sachsen, 1 340 km², 155 000 Einwohner.
2) Kreisstadt von 1) in Sachsen, in der Oberlausitz, an der Schwarzen Elster, 19 000 Ew.; Statist. Landesamt vom Sachsen, Lessinghaus mit -museum (Geburtsort von G. E. Lessing), Museum der Westlausitz, Stadttheater; Textilind. (u. a. Herstellung von Fahnen und Flaggen), Treppenbau u. a. Kleingewerbe. – Spätgot. Stadtkirche St. Maria (15. Jh.), Klosterkirche St. Annen (15./16. Jh.; Wand-, Deckenmalereien), Rathaus (1847/48). – Um 1190 gegr., 1225 erstmals erwähnt; trat 1346 dem Sechsstädtebund bei.

Kamera [Kurzform von Camera obscura] *die,* Aufnahmegerät in der Fotografie (/ fotografische Apparate), beim Film und beim Fernsehen (/ Videokamera).

Kameralismus [zu lat. camera »Kammer«] *der,* alle Bereiche der öffentl. Verwaltung umfassende prakt. Lehre des 17. und 18. Jh. unter besonderer Berücksichtigung der landesfürstl. Haushalts. Der K., auch als dt. Ausprägung des / Merkantilismus bezeichnet, erstrebte v. a. eine Sicherung der Staatsfinanzen durch planmäßige Förderung der Wirtschaft. Für die **Kameralwiss.** wurden 1727 in Halle (Saale) und Frankfurt (Oder) erste Lehrstühle errichtet. Bed. **Kameralisten** waren J. J. Becher, Philipp Wilhelm von Hornigk (*um 1640, †1714), V. L. von Seckendorff, Johann Heinrich Gottlob von Justi (*1717, †1771) und J. von Sonnenfels.

kameralistisches Rechnungswesen (Kameralistik), Rechnungsstil der öffentl. Verw. sowie der mit ihr verbundenen Institutionen und Unternehmen. Im Ggs. zur doppelten / Buchführung erfasst das k. R. empfangene und abgegebene Leistungen sowie die Zahlungsabwicklung des Leistungsverkehrs in einem einzigen, in Spalten gegliederten Konto. Dadurch soll ein laufender Vergleich zw. Anordnung (Soll) und tatsächl. Stand oder Vollzug (Ist) ermöglicht werden.

Kamerarekorder, Videoaufzeichnungsgerät, das / Videokamera und / Videorekorder zus. in einem Gehäuse enthält.

Kamerlingh Onnes [- 'ɔnəs], Heike, niederländ. Physiker, *Groningen 21. 9. 1853, †Leiden 21. 2. 1926; seit 1882 Prof. in Leiden, wo er 1894 ein Laboratorium gründete, in dem er das Verhalten von Gasen und Metallen bei tiefen Temperaturen untersuchte. 1906 gelang ihm die Verflüssigung des Wasserstoffs, 1908 die des Heliums, 1911 entdeckte er die Supraleitfähigkeit am Quecksilber. K. O. erhielt 1913 den Nobelpreis für Physik.

Kamerun (amtlich frz. République du Cameroun, engl. Republic of Cameroon; dt. Rep. K.), Staat im W Zentralafrikas, grenzt im SW an den Golf von Guinea, im W an Nigeria, im NO an Tschad, im O an die Zentralafrikan. Rep., im S an die Rep. Kongo, Gabun und Äquatorialguinea.

Staat und Recht

Nach der Verf. von 1972 (mehrfach revidiert) ist K. eine präsidiale Rep. mit Mehrparteiensystem. Staatsoberhaupt und Oberbefehlshaber der Streitkräfte ist der mit großen Machtbefugnissen ausgestattete Präs. (auf 7 Jahre direkt gewählt). Er ernennt das Kabinett unter Vorsitz des MinPräs., das ihm verantwortlich ist. Die Legislative liegt bei der Nationalversammlung (180 für 5 Jahre gewählte Abg.) und beim Präs., der u. a. das Recht der Gesetzesinitiative hat. Wichtigste Parteien: Demokrat. Bewegung des kamerun. Volkes (RDPC), Volksdemokrat. Bewegung K.s (CPDM), Sozialdemokrat. Front (SDF), Demokrat. Union K.s (UDC), Union der Bevölkerung K.s (UPC).

Landesnatur

K. erstreckt sich von der flachen Küstenregion am Golf von Guinea über das Westkameruner Bergland (überragt vom 4 070 m ü. M. hohen / Kamerunberg) und das Hochland von Adamaua (um 1 000 m ü. M.)

Kamerun

Fläche:	475 442 km²
Einwohner:	(2000) 15,422 Mio.
Hauptstadt:	Yaoundé
Verwaltungsgliederung:	10 Provinzen
Amtssprachen:	Französisch und (regional) Englisch
Nationalfeiertage:	1. 1. und 20. 5.
Währung:	1 CFA-Franc = 100 Centimes
Zeitzone:	MEZ

zum abflusslosen Tschadbecken mit dem Tschadsee im N. Im S schließt sich das altkristalline Südkameruner Hochland an (300–700 m ü. M.), das sich im SO zum Kongobecken senkt. Hauptflüsse sind Logone, oberer Benue und Sanaga. Das Klima ist im S tropisch mit Niederschlägen um 4 000 mm jährlich (am Kamerunberg 10 000 mm). Die Niederschlagsmengen nehmen nach N rasch ab, der äußerste N ist ein Trockengebiet bei extrem schwankenden Temperaturen. In der Küstenregion herrscht dichter Regenwald vor; landeinwärts schließen sich Feucht- und Trockensavanne an, im N liegen ausgedehnte Grasfluren.

Kamerun: Lehmkegelbauten der Musgu in Nordkamerun

Bevölkerung

In K. leben über 200 ethn. Gruppen, im S und SW vorwiegend Bantuvölker (Fang, Douala u. a.), im Regenwald etwa 10 000 Pygmäen, deren Lebensraum immer mehr eingeengt wird, im N bes. Sudanvölker und Fulbe. Am dichtesten besiedelt sind das Küstenland um Douala und das Hochland von Mittelkamerun. – Etwa 55 % der Bev. sind Christen (überwiegend Katholiken), rd. 22 % Muslime, etwa 20 % Anhänger von traditionellen afrikan. Religionen. – Es besteht eine sechsjährige Grundschulpflicht ab dem 6. Lebensjahr. Die Analphabetenquote beträgt 24 %.

Wirtschaft, Verkehr

K. hat seit Beginn der 1980er-Jahre ein starkes Wirtschaftspotenzial entwickelt. Wichtigster Sektor ist die Landwirtschaft, sie beschäftigt rd. 62 % der Erwerbstätigen und deckt weitgehend den Bedarf an Nahrungsmitteln. Rd. ein Fünftel der Landesfläche wird landwirtsch. genutzt. Zur Eigenversorgung werden in kleinbäuerl. Betrieben v.a. Hirse, Mais, Reis, Maniok, Jamswurzeln angebaut; für den Export meist in Plantagen Kakao und Kaffee (wichtigste Exportprodukte), Baumwolle, Bananen, Erdnüsse, Ölpalmen, Zuckerrohr, Kautschuk. Auf dem Adamauahochland werden Rinder und Pferde, im feuchteren S Schweine, Schafe, Ziegen und Hühner gehalten. Über 40 % der Landesfläche sind bewaldet (trop. Regenwald im S, Savannenwald im N); wichtig ist der Export von Holz und Holzerzeugnissen. Küsten-, Fluss- und Hochseefischerei können den Bedarf an Fisch nicht decken. Bedeutung hat die Erdölförderung vor der Küste (seit 1977), bes. auch für den Export. Der Bergbau ist sonst wenig entwickelt (v.a. Abbau von Eisen-, Zinn-, Titanerzen, Gold, Bauxit). Größte Ind.unternehmen sind das Aluminiumwerk in Édéa (dort auch Wasserkraftwerke) und die Erdölraffinerie in Limbe; besondere Bedeutung haben die Verarbeitung von Agrarprodukten und die Holzind. (Sägewerke, Furnier- und Sperrholzfabriken); Hauptstandorte der Ind. sind Douala und Yaoundé. – Haupthandelspartner sind Frankreich, Spanien, Italien und Deutschland. – Das Verkehrsnetz ist relativ dicht, das Eisenbahnnetz ist 1 104 km lang, davon entfallen 929 km auf die Transkamerunbahn Douala–Édéa–Yaoundé–Bélabo–Ngaoundéré; das Straßennetz beträgt 34 300 km, davon knapp 10 % asphaltiert). Wichtigster Überseehafen ist Douala, wichtigster Holzexporthafen Kribi; internat. Flughäfen liegen bei Douala, Yaoundé, Garoua und Bafoussam.

Geschichte

Die nördl. Landesteile wurden seit dem 13. Jh. islamisiert und gehörten zum Einflussbereich des alten Reichs Kanem-Bornu. Als erste Europäer kamen im 15. Jh. Portugiesen an die Küste K.s. Im 19. Jh. bestand im Gebiet des unteren Benue das islam. Fulbe-Reich Adamaua, südlich davon lag das Reich Bamum. Bei den Douala, die im 19. Jh. den Küstenhandel beherrschten, ließen sich seit 1845 christl. Missionare nieder, gefolgt von europ. Kaufleuten. 1884–1916 stand K. unter dt. Schutzherrschaft. 1916 kam es zum ersten (1922 zum endgültigen) Teilungsvertrag zw. Großbritannien und Frankreich: Der westl. Teil kam unter brit. Herrschaft, der östliche unter französische. Frankreich errichtete eine von seinen übrigen Territorien unabhängige Verw. (1946 Wahlrecht für die Kameruner), West-K. wurde der Kolonie Nigeria angegliedert. 1946 wurde das gesamte K. unter UN-Treuhandschaft gestellt, am 1. 1. 1960 die unabhängige Rep. K. ausgerufen. Bei der Volksabstimmung 1961 in Britisch-K. sprach sich die

Staatswappen

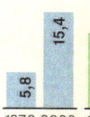
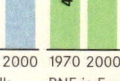

1970 2000 1970 2000
Bevölk.   BNE je Ew.
(in Mio.) (in US-$)

49 % / 51 %

Stadt
Land
Bevölkerungsverteilung 2000

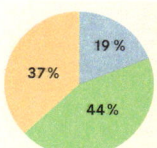

19 %
37 %
44 %

Industrie
Landwirtschaft
Dienstleistung
Bruttoinlandsprodukt 2000

Kamerunberg

Bev. des N-Teils für den Verbleib bei Nigeria, die des S-Teils für die Vereinigung mit der Rep. K. aus. Am 1. 10. 1961 wurde die Bundesrep. K. ausgerufen, am 20. 5. 1972 erfolgte die Umwandlung in die Vereinigte Rep. K. mit neuer Verf. (seit 1984: Rep. K.). Präs. war 1961–82 A. Ahidjo, sein Nachfolger wurde P. Biya (seitdem mehrfach wieder gewählt), der 1983 auch den Vorsitz der Einheitspartei UNC (seit 1985 RDPC) übernahm. Nach schweren Unruhen 1990/91 wurde ein Mehrparteiensystem eingeführt; bei den Wahlen im März 1992 verlor die RDPC die absolute Mehrheit, blieb aber stärkste Partei. Bei den Parlamentswahlen 1997 konnte die RDPC schließlich ihre absolute Mehrheit wieder erlangen. – Seit 1995 ist K. Mitgl. des Commonwealth.

Kamerunberg, Vulkanmassiv (letzter Ausbruch 1959) in Kamerun, am Golf von Guinea, die höchste Erhebung Westafrikas, im Fako 4070 m ü. M. Die dichten Wälder der unteren Hänge sind im W, S und O Pflanzungen von Kakao, Bananen, Kautschuk und Ölpalmen gewichen.

Kames [engl. keɪmz], *Geomorphologie:* meist in Gruppen auftretende Hügel und Wälle des Grundmoränenlandes, parallel oder auch regellos angeordnet.

Kamienna Góra [- ˈgura] (dt. Landeshut, bis 1945 amtlich Landeshut i. Schles.), Krst. in der Wwschaft Niederschlesien, Polen, am oberen Bober, 23 000 Ew.; Webereimuseum; Textil- und Bekleidungsind., Maschinenbau. – Ehem. evang. Gnadenkirche (1709–17), barocke Bürgerhäuser. Im Ortsteil **Krzeszów** (dt. **Grüssau**) ein ehem. Benediktinerkloster (1242–1810, 1919–46), heute Benediktinerinnenkloster mit Abteikirche (1728–35).

Kamień Pomorski [ˈkamjɛn -] (dt. Cammin in Pommern), Krst. in der Wwschaft Westpommern, Polen, 10 km vor der Ostseeküste, 9 200 Ew.; Sol- und Moorbad. – Dom, 1176 als roman. Basilika begonnen, im 14./15. Jh. gotisch umgebaut (jährl. Orgelmusikfestival); Renaissancebauten. – Erhielt 1274 lüb. Stadtrecht.

Kamikaze [japan. »Götterwind«] *der* (K.-Flieger), japan. freiwillige Kampfflieger in der Endphase des Zweiten Weltkriegs, die sich in mit Sprengstoff beladenen Flugzeugen im Selbstopferangriff **(Jibaku)** auf Einheiten der US-Flotte (vor allem auf Flugzeugträger) stürzten.

Kamilavkion [grch.] *das* (Kamelauchion, russ. Kamilawka), in der orth. Kirche des byzantin. Ritus die Kopfbedeckung der Mönche und Bischöfe in der Form eines nach oben sich erweiternden, krempenlosen schwarzen oder weißen Zylinders mit dem **Epikamilavkion,** dem nach hinten hinabfallenden Schleier.

Kamille [zu lat. camomilla], 1) (Chamomilla), Korbblütlergattung, meist einjährige Kräuter. In Europa und Westasien wächst die bis 40 cm hohe **Echte K. (Feld-K.,** Chamomilla recutita), mit kegelförmigem, hohlem Blütenboden und abwärts gebogenen Zungenblüten, die würzig duften. Wegen der Inhaltsstoffe (u. a. äther. Öl, Flavouride) werden die Blüten v. a. als krampflösendes und entzündungshemmendes Mittel medizinisch verwendet. 2) (Hunds-K., Anthemis), Korbblütlergattung, einjährige bis ausdauernde Kräuter. Die **Röm. K.** (Anthemis nobilis), die gelbe Röhren- und weiße, abstehende Zungenblüten hat, aus Südeuropa eingeführt wurde und wie Echte K. duftet, wird wie diese genutzt. **Stinkhunds-K.** (Anthemis cotula) und **Ackerhunds-K.** (Anthemis arvensis) sind europ. Feldunkräuter. Die gelb blühende **Färberhunds-K.** (Anthemis tinctoria), die auf sonnigen Kalkhängen Süd- und Mittel-Dtl.s wächst, diente früher zum Gelbfärben.

Kamille (von oben): Echte Kamille und Ackerhundskamille jeweils mit Blütenlängsschnitt (links)

Kamillianer (lat. Ordo Clericorum Regularium Ministrantium Infirmis, Abk. MI), kath. Regularklerikerorden (↗Regulare), 1584 in Rom von Camillo de Lellis (* 1550, † 1614) als Krankenpflegegemeinschaft gegr.; heutige Tätigkeitsschwerpunkte: Krankenpflege und Seelsorge in Krankenhäusern, Heilstätten und Altenheimen.

Kamin (von lat. caminus »Feuerstätte«), 1) *Alpinismus:* meist senkrechte, sehr enge Felsspalte, in der die gegenüberliegenden Wände beim Durchklettern berührt werden (müssen); **K.-Klettern:** spezielle Technik zum Überwinden eines Kamins. 2) *Bautechnik:* 1) andere Bez. für ↗Schornstein; 2) offene Feuerstelle in einer Wandnische, die Wärme nur durch Strahlung abgibt.

Kaminer, Wladimir, Schriftsteller und Dramaturg russ. Herkunft, * Moskau 19. 7. 1967; der seit Anfang der 1990er-Jahre in Berlin lebende Autor schreibt v. a. autobiografisch beeinflusste Kurzgeschichten in lakon. Stil über die sowjet. Gesellschaft der 1980er-Jahre (»Militärmusik«, 2001), über Berlin (»Russendisko«, 2000) und andere Orte (»Die Reise nach Trulala«, 2002).

Kamiński, 1) André, schweizer. Schriftsteller, * Genf 19. 5. 1923, † Zürich 12. 1. 1991; wanderte 1945 nach Polen aus, wurde 1968 wieder ausgewiesen und arbeitete danach in der Schweiz als Dramaturg und Drehbuchautor beim Fernsehen. Bekannt wurde K. durch seinen Roman »Nächstes Jahr in Jerusalem« (1986) über das Leben seiner ostjüd. Vorfahren in Form eines Schelmenromans.

2) Heinrich, Komponist, * Tiengen (heute zu Waldshut-Tiengen) 4. 7. 1886, † Ried (heute zu Kochel a. See) 21. 6. 1946; verband reiche Polyphonie mit sensitiver Harmonik; schrieb Opern (»Jürg Jenatsch«, 1929), überwiegend geistl. Vokalmusik, Orchester- und Kammermusik.

Kamiri, Baum, der ↗Bankul.

Kamisarden [von provenzal. camiso »(Unter)hemd«] (frz. Camisards), die Hugenotten der Cevennen und des Languedoc. Die Unterdrückung nach der Aufhebung des Edikts von Nantes durch Ludwig XIV. (1685) trieb sie 1702 zum Aufstand **(Cevennenkrieg),** der 1710 endgültig niedergeschlagen wurde.

Kamisol [frz., zu lat. camisia »Hemd«] *das,* in der Kleidung des 16./17. Jh. langärmeliges oder ärmelloses Oberteil, das als Schoßjacke für Frauen in einigen Volkstrachten weiterlebte.

Kamjanets-Podilskyj [-kej], Stadt in der Ukraine, ↗Kamenez-Podolski.

Kamjenc [-jɛnts], sorb. Name der Stadt und des Landkreises ↗Kamenz.

Kamlah, Wilhelm, Philosoph, * Hohendorf-Neugattersleben (heute Neugattersleben, Landkr. Bernburg) 3. 9. 1905, † Erlangen 24. 9. 1976; legte Studien zur augustin. und mittelalterl. Geschichtstheologie vor; arbeitete zu Fragen der Logik, Sprach- und Wiss.kritik sowie der philosoph. Anthropologie.

Kamm, 1) mit Zinken versehenes, handl. Gerät zum Ordnen und Festhalten des Haares, auch zu dessen Schmuck, u. a. aus Schildpatt, Horn, Elfenbein, Holz, Metall oder Kunststoff.

2) *Bautechnik:* Querverbindung ungleich hoch liegender Hölzer.

3) *Gastronomie:* Nackenstück des Schlachtviehs und Wildschweins.

4) *Geographie:* lang gestreckter, schmaler Gebirgsrücken; ↗Grat.

5) *Zoologie:* häutiger Auswuchs auf dem Scheitel der Hühner (↗Hahnenkamm) und auf der Stirn des

Kondors sowie die Hautfalte auf dem Rücken mancher Molche.

Kammer [von lat. camera »Gewölbe«], **1)** *Geschichte:* Behörde zur Verw. der Domänen und sonstigen Einnahmequellen eines Fürsten.
2) *Justizverwaltung:* Spruchkörper eines Kollegialgerichts der ersten, z. T. auch der Rechtsmittelinstanz, so bei den Landgerichten (Zivil-, Straf-K., K. für Handelssachen), den Arbeits- und den Landesarbeitsgerichten, den Sozial- und den Verw.gerichten. Beim Bundesverfassungsgericht entscheiden mit drei Verfassungsrichtern besetzte K. v. a. über die Annahme von Verfassungsbeschwerden.
3) *öffentl. Verwaltung:* Körperschaft des öffentl. Rechts zur Selbstverwaltung gemeinsamer Angelegenheiten von Angehörigen bestimmter Berufszweige (z. B. Handwerkskammer).
4) *Staatsrecht:* Volksvertretung (↗Zweikammersystem).

Kämmerer (Stadtkämmerer), in Gemeinden Bez. für den Leiter der Finanzverwaltung.

Kammerflimmern, ↗Herzrhythmusstörungen.

Kammergericht, 1) *Recht:* das Oberlandesgericht in Berlin.
2) *Rechtsgeschichte:* im MA. das fürstl. und königl. Obergericht; das königl. K. wurde 1495 in das ↗Reichskammergericht umgewandelt.

Kammerherr (Kämmerer), aus dem mittelalterl. Schatzmeisteramt hervorgegangenes Hofamt. In neuerer Zeit war K. Ehrentitel von Edelleuten und Amtstitel der adligen Hofbeamten.

Kammerjäger, Schädlingsbekämpfer. Die Bez. trugen zunächst nur fürstl. Bedienstete, die die herrschaftl. Gemächer von Ungeziefer, Mäusen, Ratten usw. freihielten.

Kammerlinge, die ↗Foraminiferen.

Kammermusik, die Instrumental- und Vokalmusik für kleine, solist. Besetzung im Unterschied zur Orchester- und Chormusik. Zu ihr zählen Werke für Streicher-, Bläser- und gemischte Ensembles, ferner für klavierbegleitete Soloinstrumente (z. B. Violinsonate) oder Gesang (z. B. Klavierlied). Der um 1560 in Italien geprägte Begriff (»musica da camera«) umfasste urspr. alle für die höf. »Kammer« bestimmten weltl. Musikarten in Abgrenzung zu Kirchen- und Opernmusik. Frühe Zeugnisse der K. waren z. B. Madrigal und Frottola in vokaler bzw. vokalinstrumental gemischter Besetzung sowie die rein instrumentalen Formen Ricercar und Canzona da sonar (↗Kanzone); die meistgepflegten Formen der Barockzeit waren die generalbassbegleitete Triosonate, die Solosonate, das Concerto grosso und das Solokonzert. An ihre Stelle traten im 18. Jh. die K. mit obligatem Klavier und das von J. Haydn, W. A. Mozart, später von L. van Beethoven und F. Schubert auf einen gattungsstilist. Höhepunkt geführte Streichquartett. Die Bevorzugung des Kammerstils im 20. Jh. hatte eine neue Blüte der K. und die Pflege von Zwischengattungen wie Kammersinfonie (z. B. A. Schönberg, op. 9), Kammerkonzert (z. B. A. Berg) und Kammeroper (z. B. R. Strauss »Ariadne auf Naxos«, P. Hindemith »Cardillac«) zur Folge.

Kammersänger, von staatl. oder städt. Institutionen verliehener Titel an verdiente Sänger; entsprechend **Kammersängerin, Kammermusiker.**

Kammersee, der ↗Attersee im Salzkammergut.

Kammerspiele, kleines Theater, bes. für Stücke mit wenigen handelnden Personen und geringer bühnentechn. Ausstattung; auch Bez. für die dort gespielten dramat. Werke intimen Charakters.

Kammerton (Normalton), der 1885 auf eine Frequenz von 435 Hz, seit 1939 auf 440 Hz festgelegte **Stimmton** a^1 zum Einstimmen von Musikinstrumenten.

Kammgarn, feines, glattes, langfaseriges Garn mit paralleler Faserlage aus Wolle und/oder Chemiefasern.

Kammgras (Cynosurus), Gattung der Gräser, in deren Blütenrispen neben den fruchtbaren Ährchen unfruchtbare sitzen, die kammförmigen Blättchen ähneln. Das **Weide-K. (Wiesen-K.,** Cynosurus cristatus) Europas ist ein ertragsarmes Horstgras feuchter Lagen.

Kammkeramik, mit Kammeindrücken verzierte Tonware, kennzeichnend für die nordeuras. Kulturgruppen der Jungsteinzeit und Bronzezeit.

Kämmmaschine, Spinnereivorbereitungsmaschine, die aus dem Faservlies Kurzfasern **(Kämmlinge),** Fasernoppen **(Nissen)** und Verunreinigungen auskämmt, eine verbesserte Parallellage der Fasern bewirkt und ein feineres Ausspinnen ermöglicht. Das Ergebnis ist der **Kammzug.**

Kammmuscheln (Pectinidae), Muschelfamilie mit fächerförmig gerippter Schale, zahlr. Tentakeln, Augen am Mantelrand; die Schalen der **Jakobsmuschel** (Pecten jacobaeus) dienten den Kreuzzugpilgern zum Wasserschöpfen.

Kammontunnel, die Tunnel zw. den japan. Inseln Honshū und Kyūshū: 1) Eisenbahntunnel zw. Shimonoseki und Kitakyūshū (Moji), 3 614 m lang; eröffnet 1942; 2) kombinierter Straßen- und Fußgängertunnel aus zwei Ebenen zw. Shimonoseki und Kitakyūshū (Moji), 3 605 m lang, davon 1 140 m unter der Kammonmeerenge; 1958 eröffnet; 3) Shin-Kammon-Tunnel (»Neuer K.«) für die Shinkansen-Schnellbahn, 18 560 m lang, davon 880 m unter der Meerenge zw. Shimonoseki und Kitakyūshū (Kokura); 1975 fertig gestellt.

Kamp [von lat. campus »Feld«] *der,* **1)** (Pflanzgarten, Baumschule, Forstgarten), *Forstwirtschaft:* Fläche zur Anzucht von Forstpflanzen.
2) *Landwirtschaft:* eingezäuntes Land (meist Viehweide) oder Feld, auch einzelnes Ackerstück (Parzelle), Grasplatz am Hof.

Kamp *der,* linker Nebenfluss der Donau im Waldviertel, NÖ, 134 km lang, entspringt im Weinsberger Wald, mündet unterhalb von Krems an der Donau; im Mittellauf Ottensteiner, Dobra- und Thurnberger Stausee; am Unterlauf Weinbau.

Kampagne [kam'panja; lat.-italien.-frz.] *die,* **1)** *allg.:* 1) groß angelegte, zeitlich begrenzte Aktion für oder gegen jemanden bzw. etwas; 2) veraltete Bez. für Feldzug.
2) *Wirtschaft:* Betriebszeit in saisonabhängigen Unternehmen, z. B. in der Zuckerindustrie.

Kampala, Hauptstadt Ugandas, nördlich des Victoriasees auf mehreren Hügeln gelegen, 1,208 Mio. Ew.; Sitz eines kath. und anglikan. Erzbischofs; Univ., Nationalmuseum, Kunstsammlungen; Wirtschaftszentrum mit Sägewerken, Metallwaren-, Textil- und Nahrungsmittelind., Schuh- u. a. Fabriken; Hafen: Port Bell (10 km östlich); 40 km südlich der internat. Flughafen von Entebbe. – In vorkolonialer Zeit und wieder seit 1993 Residenz des Kabaka (König) von Buganda. 1890 als Stützpunkt der British East Africa Company gegr., seit 1962 Hauptstadt. – Abb. S. 2340

Kampani|en (italien. Campania), Landschaft und Region im südl. Italien, 13 595 km^2, 5,782 Mio. Ew., bestehend aus den Prov. Avellino, Benevent, Caserta, Neapel und Salerno; Hptst. ist Neapel. K.

Kampala: das Parlamentsgebäude

reicht von den Ketten des Apennin zum Küstenland zw. dem Golf von Gaeta und dem Golf von Policastro; Steilküsten begrenzen die Halbinsel von Sorrent. Im Golf von Neapel liegen die Inseln Capri und Ischia. Intensive Landnutzung in den küstennahen Schwemmlandebenen und Tälern sowie um den Vesuv: Baum- und Rebkulturen, Anbau von Gemüse, Kartoffeln, Zuckerrüben, Getreide und Tabak. Die Ind. ist im Großraum Neapel konzentriert; Fremdenverkehr. – K. war urspr. von den italischen Oskern bewohnt; seit dem 8. Jh. v. Chr. siedelten Griechen in den Küstengebieten. Im 6. und Anfang des 5. Jh. war K. etruskisch, um 350 v. Chr. wurde es von den Römern erobert; im frühen MA. u. a. unter langobard. und normann. Herrschaft, gehörte die Region seit dem 11. Jh. zum Königreich Neapel bzw. Sizilien.

Kampanile, ↗ Campanile.

Kampecheholz [-tʃ-; nach dem mexikan. Staat Campeche], das ↗ Blauholz.

Kampen [ˈkampə], Stadt in der niederländ. Prov. Overijssel, an der Ijssel, 32 200 Ew.; theolog. Hochschule der Niederländ. Ref. Kirche, Militärakademie; Maschinenbau, Möbel-, Bekleidungsind., Kunststoffverarbeitung. – Zahlreiche mittelalterl. Bauten sind erhalten, u. a. got. Sint-Nicolaas- oder Bovenkerk, got. Onze-Lieve-Vrouwe- oder Buitenkerk; spätgot. Rathaus, Stadttore und Bürgerhäuser. – K. war seit 1441 Hansestadt.

Kampen (Campen), Jakob van, niederländ. Baumeister und Maler, *Haarlem 2. 2. 1595, † Huis Randenbroeck (bei Amersfoort) 13. 9. 1657; begründete den strengen an Palladio und Scamozzi anknüpfenden Klassizismus in den Niederlanden (Mauritshuis in Den Haag, 1633–44; Rathaus in Amsterdam, begonnen 1648; heute Königl. Palast); als Maler von der Utrechter Schule beeinflusst.

Kampen (Sylt), Gemeinde auf der Insel Sylt, Kr. Nordfriesland, Schlesw.-Holst., 600 Ew.; Nordseeheilbad.

Kampfer [mlat. (Campher)], bizykl., zur Gruppe der Terpene gehörendes Keton, $C_{10}H_{16}O$; wird synthetisch oder durch Destillation von Spänen des Kampferbaumes gewonnen. Technisch wird K. als Geliniermittel für Celluloseacetat und -nitrat verwendet. Medizinisch wird K. aufgrund seiner durchblutungsfördernden Wirkung zum Einreiben bei Rheumatismus, Neuralgien u. Ä. angewendet.

Kämpfer, *Architektur:* 1) Widerlager auf dem tragenden Gesims, Pfeiler oder Kapitell einer Säule, das den **K.-Druck** des aufsteigenden Bogens oder Gewölbes aufnimmt (Auflager); 2) fest stehendes Querholz zw. unterem und oberem Fensterflügel.

Kampferbaum (Cinnamomum camphora), ein in S-China, Taiwan und Japan heimisches Lorbeergewächs; bis 50 m hoher Baum, der in allen Teilen reich an ↗ Kampfer ist.

Kampffische (Betta), Gattung der Labyrinthfische; Maulbrüter oder Schaumnestbauer. **Betta splendens,** aus SO-Asien, etwa 6 cm lang, ist ein farbenprächtiger Aquarienfisch. Die Männchen führen oft heftige Paarungskämpfe um die Weibchen.

Kampfflugzeug, ein für den militär. Einsatz bestimmtes Flugzeug. Da mit modernen K. ein großer Teil der takt. Kampfaufgaben in Angriff, Verteidigung und Aufklärung bewältigt werden kann, bezeichnet man sie als **takt. K.** oder **Mehrzweck-K.** – Takt. K. stellen den zahlenmäßig größten Anteil am fliegenden Gerät der meisten Luftstreitkräfte. Verwendet werden ein- oder zweistrahlige Flugzeuge mit hoher Geschwindigkeit, sehr gutem Steig- und Beschleunigungsvermögen, guter Manövrierfähigkeit, ausreichendem Kampfradius sowie mit Eignung für Start und Landung auf kurzen Pisten. – Folgende Aufgaben werden von takt. K. erfüllt: 1) takt. Luftaufklärung; 2) Abfangjagd und Begleitschutz für eigene Luftangriffs- oder Lufttransportkräfte; 3) Luftnahunterstützung eigener Land- und Seestreitkräfte, Bekämpfung gegner. Ziele in der Tiefe des Raumes sowie Kampf gegen feindl. Luftstreitkräfte am Boden. Eine vorzeitige Entdeckung muss dabei durch Unterfliegen der Radarwarnzone im extremen Tiefflug vermieden werden.

Kampfgericht, ↗ Jury.

Kampfgruppen, 1) militär. Einheiten, zusammengestellt aus versch. Truppengattungen; 2) **K. der Arbeiterklasse (Betriebskampfgruppen),** in der DDR 1953–89/90 bestehende paramilitär. Verbände (etwa 15 000 mit insgesamt 400 000 Angehörigen); gebildet 1953; u. a. mit dem Bau der Berliner Mauer eingesetzt. Laut Beschluss der DDR-Reg. vom Dez. 1989 bis zum 30. 6. 1990 aufgelöst.

Kampfhunde, Bez. für Hunde, die vom Menschen zu Kampfzwecken gezüchtet und eingesetzt werden. Hundekämpfe sind, obwohl meist verboten, in einigen Ländern noch weit verbreitet, z. B. in den USA. Gemeinsame Wesensmerkmale der als K. bezeichneten Hunderassen sind hohe Aggressivität, gefördert durch gezielte Zucht und entsprechende Erziehung, geringe Schmerzempfindlichkeit sowie fehlende Angst. Rassen, deren Veranlagung sie bes. geeignet macht, als K. ausgebildet zu werden, sind u. a. American Pitbull-Terrier, American Staffordshire-Terrier, Staffordshire-Bullterrier, Bullterrier, Mastiff, Bullmastiff, Bordeauxdogge, Fila Brasileiro. Im Rahmen des Polizei- und Ordnungsrechts sind grundsätzlich die Bundesländer für die Gesetzgebung zur Abwehr von Gefahren durch gefährl. Hunde zuständig. Auf Empfehlung der Innenministerkonferenz vom Mai 2000 wurden landesrechtlich u. a. aggressive Zuchtlinien verboten, eine Zuverlässigkeitsprüfung für Hundehalter und eine besondere Erlaubnis für die Haltung gefährl. Hunde eingeführt. Ergänzend wurde durch Bundes-Ges. vom 12. 4. 2001 ein Einfuhrverbot für Pitbull-Terrier, American Staffordshire-Terrier, Staffordshire-Bullterrier, Bullterrier und deren Kreuzungen sowie für nach Landesrecht bestimmte gefährl. Hunde erlassen. Das Tierschutz-Ges. wurde um ein Zuchtverbot für Hunde ergänzt, bei denen durch die

Kamtschatka: Blick über Petropawlowsk-Kamtschatski auf die Vulkane (von links nach rechts) Korjakskaja Sopka (3 456 m ü. M.), Awatschinskaja Sopka (2 751 m ü. M.) und Koselskaja Sopka (2 190 m ü. M.)

Zucht erblich bedingte Aggressionssteigerungen verstärkt werden. Mit Freiheits- oder Geldstrafe sind sowohl Verstöße gegen das Import- und das Zuchtverbot als auch das Halten von gefährl. Hunden ohne die erforderl. Genehmigung bedroht. Bereits im Jan. 2000 bestätigte das Bundesverwaltungsgericht die Zulässigkeit einer erhöhten Hundesteuer für Kampfhunde.

Kampfläufer (Philomachus pugnax), etwa 30 cm großer Schnepfenvogel in der Tundra Nordeurasiens. Die Männchen bekommen im Hochzeitskleid einen spreizbaren Federkragen und führen zur Balz Scheinkämpfe aus.

Kampfpreis, unter dem marktübl., z. T. auch unter den Selbstkosten liegender Preis, mit dessen Hilfe Konkurrenten Marktanteile abgenommen oder diese vom Markt verdrängt werden sollen. K. sind an sich legal, können aber z. B. als Behinderungsmissbrauch gegen das Ges. gegen Wettbewerbsbeschränkungen oder das Ges. gegen unlauteren Wettbewerb verstoßen. K. im Außenwirtschaftsverkehr sind Dumpingpreise.

Kampfrichter, *Sport:* Person, die bei sportl. Wettkämpfen die Einhaltung der entsprechenden Bestimmungen überwacht und die erbrachte Leistung feststellt (z. B. Leichtathletik) oder durch Punktvergabe bewertet (z. B. Kunstturnen, Eiskunstlauf); in diesem Fall auch als **Punktrichter** bezeichnet. In den Ballsportarten heißt der K. / Schiedsrichter.

Kampfsportarten, zusammenfassende Bez. für diejenigen Sportarten, die vorwiegend durch den unmittelbaren Kampf »Mann gegen Mann«, meist mit Körperkontakt, gekennzeichnet sind; dazu gehören die »Zweikampfsportarten« (z. B. Boxen), die »Kampfkünste« des / Budos und die »Kampfspiele« (z. B. American Football).

Kampfstoffe, zum Kriegseinsatz bestimmte radioaktive Materialien, chem. Reizstoffe (u. a. Blaukreuz) und Gifte (meist als Binär-K. aus zwei gerinngiftigen Vorprodukten hergestellt) sowie krankheitserregende Mikroorganismen (/ ABC-Waffen).

Kampftruppen, in der Bundeswehr Bez. für diejenigen Truppengattungen, die den Kern der Landstreitkräfte bilden und den Kampf auf dem Gefechtsfeld führen.

Kampfwachteln, die / Laufhühnchen.

Kampfwagen, der / Streitwagen der Antike.

Kamp-Lintfort, Stadt im Kr. Wesel, NRW, am Niederrhein, 40 200 Ew.; geolog. Museum; Steinkohlenbergbau, Elektroindustrie, Kommunikationstechnologie. – Das 1123 gegründete Kloster **Kamp** (go- tisch-barocke Kirche, 1683–1700; got. Chor 1410–15, Ordensmuseum) war die erste Niederlassung der Zisterzienser in Deutschland. 1934 erfolgte der Zusammenschluss mit **Lintfort,** seit 1950 Stadt.

Kampong (Kampung) *der* oder *das,* in Indonesien und Malaysia Bez. für Dörfer und für Stadtteile in ländl. Bauweise.

Kampuchea [-tʃ-], früherer Name von / Kambodscha.

Kamsin, Wüstenwind, / Chamsin.

Kamtschadalen, die in das russ. Volk integrierten / Itelmen.

Kamtschatka, Halbinsel in NO-Asien, Russland, 1 200 km lang, bis zu 450 km breit, 370 000 km², trennt das Ochotsk. Meer vom Beringmeer. Von den etwa 160 Vulkanen sind noch 28 tätig (höchster ist die Kljutschewskaja Sopka mit 4 750 m ü. M.), zahlr. Geysire; Erdbeben sind häufig. Bei sommerkühlem und winterkaltem Klima besteht die Vegetation aus Fichten-Lärchen-Taiga, darüber Birkenwald und alpine Matten. Die Halbinsel wurde von der UNESCO zum Weltnaturerbe erklärt. Im K.-Längstal zw. zwei die Halbinsel durchziehenden Gebirgsketten werden Gemüse und Kartoffeln angebaut; Pelztierfang, Fisch- und Krabbenfang; zwei geotherm. Versuchskraftwerke (12 MW); reich an Bodenschätzen, Kohle-, Erdgas-, Goldgewinnung; an der O-Küste Kronezki-Biosphärenreservat (11 420 km²); Halbinsel

Kampfläufer: Männchen im Winter, darunter im Hochzeitskleid

Kana: Paolo Veronese, »Die Hochzeit zu Kana« (Ausschnitt); 1562/63 (Paris, Louvre)

Kanada

Fläche:	9 984 670 km²
Einwohner:	(2001) 30,0 Mio.
Hauptstadt:	Ottawa
Verwaltungsgliederung:	10 Provinzen und 3 Territorien
Amtssprachen:	Englisch und Französisch
Nationalfeiertag:	1. 7.
Währung:	1 Kanadischer Dollar (kan$) = 100 Cent (c)
Zeitzone:	MEZ (von O nach W) – 4,5 bis – 9 Std.

Staatswappen

internationales Kfz-Kennzeichen

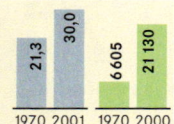

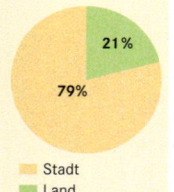

Bevölkerungsverteilung 2000

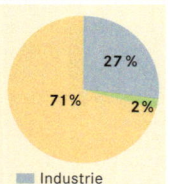

Bruttoinlandsprodukt 2001

und nördl. anschließendes Gebiet bilden das Gebiet K. (472 300 km², 423 000 Ew., Hauptort Petropawlowsk-Kamtschatski an der südl. O-Küste), dessen N-Teil zum Gebiet des Autonomen Kreises der ⁄ Korjaken gehört. – 1697–99 von dem Kosaken W. W. Atlassow erkundet.

Kamyschin, Stadt im Gebiet Wolgograd, Russland, am Wolgograder Stausee der Wolga, 126 000 Ew.; TH; Baumwollwerk, Kranbau, Glaswaren-, Farbenfabrik; Wolgahafen. – 1668 als Festung gegr., seit 1780 Stadt.

Kan., Abk. für den Bundesstaat ⁄ Kansas, USA.

Ka̱na (Kanaa), Ort in Galiläa; nach Joh. 2, 1–11 Ort des Hochzeitswunders Jesu (Verwandlung von Wasser in Wein); vermutlich das heutige Chirbet Kana, rd. 10 km nördlich von Nazareth.

Ka̱na|an, histor. Begriff für die syrisch-palästinens. Küste; im A. T. das gesamte Land westlich des Jordan (1. Mos. 10, 18 f.), in das Abraham gezogen ist (1. Mos. 12, 5, ff.).

kana|anäische Sprachen, Sammelbez. für die hebr. Sprache, die amurrit. Sprache (die Sprache der Amoriter), das Phönikische (mit dem Punischen) sowie das Moabitische. Die k. S. gehören zum nordwestl. Zweig der semit. Sprachen.

Ka̱na|aniter (Kanaanäer), im A. T. Sammelbez. für die aus verschiedenen semit. Völkern zusammengesetzte vorisraelit. Bevölkerung Kanaans.

Ka̱nada (amtlich engl. und frz. Canada), Bundesstaat in Nordamerika, grenzt im O an den Atlantik, im S und NW (Alaska) an die USA, im W an den Pazifik, der Kanadisch-Arkt. Archipel liegt im Nordpolarmeer.

▸ **Staat und Recht** ◂

Nach der Verf. von 1982 ist K. eine bundesstaatlich geordnete parlamentar. Monarchie im Commonwealth. Staatsoberhaupt ist der brit. Monarch, vertreten durch den auf Vorschlag der kanad. Reg. ernannten Gen.-Gouv. Die Exekutive wird von der dem Unterhaus verantwortl. Reg. unter Vorsitz des Premiermin. wahrgenommen. Die Legislative liegt beim Zweikammerparlament, bestehend aus Senat (105 ernannte Vertreter der Provinzen) und Unterhaus (301 Abg., für 5 Jahre gewählt). Die Prov. verfügen über eigene Verf. sowie Legislativ- und Exekutivorgane. – Wichtigste Parteien: Liberale Partei (LP), Kanad. Allianz (bisher Reformpartei [RP]), Quebec-Block (BQ), Neue Demokrat. Partei (NDP), Fortschrittl. Konservative Partei (PCP).

▸ **Landesnatur** ◂

K. umfasst den N des nordamerikan. Kontinents (außer Alaska). Fast die Hälfte des Landes wird vom ⁄ Kanadischen Schild eingenommen, der SO von den hügeligen Ausläufern der Appalachen. Die Ebenen am Sankt-Lorenz-Strom und im Gebiet der Großen Seen sind Teil der Inneren Ebenen (Interior Plains) Nordamerikas. Westlich des Kanad. Schilds erstreckt sich das Prärietafelland der ⁄ Great Plains, das in weiträumigen Stufen von 300 m ü. M. im O bis zur Vorgebirgszone der Rocky Mountains im W auf 1 500 m ü. M. ansteigt. Der W des Landes wird vom kanad. Teil der Kordilleren (Rocky Mountains, innere Plateaus, Coast Mountains) eingenommen. Die Ketten erreichen 3 000–4 000 m ü. M., im Mount Logan 5 959 m ü. M.; die Plateaus liegen meist in einer Höhe von 1 000–2 000 m ü. M. Nördlich des kanad. Festlands erstreckt sich der Kanadisch-Arkt. Archipel; im S flach bis 400 m ü. M., im N bis 2 900 m ü. M. aufragend und stark vergletschert. Da 97 % des Landes von Eis bedeckt waren, sind die Oberflächenformen weitgehend eiszeitlich geprägt. Die Großen Seen, an denen K. einen Anteil von 36 % hat, gehören wie der Große Bärensee, der Große Sklavensee und der Winnipegsee zu den größten Seen der Erde. Wichtigste Flüsse sind Nelson River, Churchill River (zur Hudsonbai) und Mackenzie River (zum Nordpolarmeer); überragende Verkehrsbedeutung hat allein der Sankt-Lorenz-Strom. – K. hat überwiegend kontinentales Klima mit langen, kalten Wintern und warmen, im Inneren heißen Sommern. Der Kanadisch-Arkt. Archipel und das nordöstl. Festland liegen in der arkt., der zentrale und westl. N des Landes in der subarkt. Klimaregion. Im SO ist das Klima gemäßigt, im W schützen die Kordilleren die Küstengebiete vor arkt. Kaltlufteinbrüchen. Westwinde bringen am W hohe Niederschläge, im Windschatten der Gebirge herrscht dagegen große Trockenheit. – An die Moos- und Flechtentundra im hohen N schließt sich südlich ein breiter Waldgürtel an (Fichten, Tannen, Lärchen, im Lorenzstromgebiet auch Ulmen, Ahorn u. a.). Östlich der Rocky Mountains grenzt an den Waldgürtel ein breiter Steppengürtel (Prärie), der etwa bis 100° w. L. reicht. An der W-Küste gibt es Wälder mit Zedern, Douglasien und Hemlocktannen.

▸ **Bevölkerung** ◂

Von der zumeist auf Einwanderungen zurückgehenden Bev. sind rd. 17 % brit., über 9 % frz., 26 % brit. und frz., 29 % anderer Abstammung, der Anteil der Ethnien aus außereurop. Ländern ist auf etwa 10 % angestiegen. Die Mehrzahl der Einwanderer (seit 1990 Festlegung der jährl. Einwanderungsquote) kommt aus Asien. Rd. 3–4 % der Einwohner sind Indianer, die über ganz Kanada verstreut leben, und Eskimo (bes. im N des Landes). Große Teile des polaren N sind fast unbesiedelt. Die meisten Ew. leben in einem Streifen entlang der Grenze zu den USA, fast 65 % davon im S der Prov. Quebec und Ontario. Ziele der Einwanderer sind v. a. die Großstädte Toronto, Vancouver und Montreal. – Rd. 80% der Bev. sind Christen (rd. 42% Katholiken, 33,5% Protestanten, 2,5% Anglikaner, 2% Orthodoxe). Religiöse Minderheiten bilden die rd. 500 000 Muslime, 370 000 Juden, 250 000 Hindus und jeweils rd. 220 000 Sikhs und Buddhisten. – Die Organisation des Schulwesens erfolgt in Verantwortung der Provinzen. Es besteht eine neun- bzw. zehnjährige allg. Schulpflicht ab dem 6. Lebensjahr.

Wirtschaft, Verkehr

K. wird durch seine natürl. Reichtümer (Bodenschätze, Energiequellen, fruchtbare Böden im Präriegebiet, Wälder) zwar begünstigt, Erschwernisse stellen aber die Erschließung der nördl. Gebiete, ferner die zu geringe Bev.dichte dar. Die Ballungsräume im S des Landes haben untereinander nur wenige Verbindungen, sind dagegen stark mit den benachbarten Wirtschaftsräumen der USA verflochten. Ungeachtet dieser Probleme ist der Lebensstandard in K. einer der höchsten der Erde.

Die Landwirtschaft nutzt nur etwa 8% der Gesamtfläche (davon etwa 62% als Ackerland) und beschäftigt nur noch 4% aller Erwerbstätigen. Obwohl sie lediglich rd. 7% des Exportwerts erbringt, gehört K. zu den fünf größten Exporteuren landwirtsch. Erzeugnisse. Wichtigste Ackerbaugebiete mit weitgehend mechanisiertem Anbau sind die Prärieprovinzen Manitoba, Saskatchewan und Alberta, auf die ein Großteil des Weizen-, Hafer- und Gerstenanbaus so-

Kanada: Verwaltungsgliederung (2001)

Provinz/ Territorium	Fläche in km²	Ew. in 1000	Ew. je km²	Hauptstadt
Provinzen				
Alberta	661 848	2 974,8	4,5	Edmonton
British Columbia	944 735	3 907,7	4,1	Victoria
Manitoba	647 797	1 119,6	1,7	Winnipeg
New Brunswick	72 908	729,5	10,0	Fredericton
Newfoundland	405 212	512,9	1,3	Saint John's
Nova Scotia	55 284	908,0	16,4	Halifax
Ontario	1 076 395	11 410,1	10,6	Toronto
Prince Edward Island	5 660	135,3	23,9	Charlottetown
Quebec	1 542 056	7 237,5	4,7	Quebec
Saskatchewan	651 036	978,9	1,5	Regina
Territorien				
Northwest Territories	1 346 106	37,4	0,03	Yellowknife
Nunavut Territory	2 093 190	26,8	0,01	Iqaluit
Yukon Territory	482 443	28,7	0,06	Whitehorse
Kanada	9 984 670	30 007,1	3,0	Ottawa

wie fast der gesamte Anbau an Ölsaaten (Raps, Leinsaat, Sonnenblumen u. a.) entfallen. Die Erträge liegen unter denen westeurop. Länder. Obst und Gemüse werden v. a. in den atlant. Provinzen angebaut, Tabak bes. in Ontario. Rd. 50% der landwirtsch. Erträge erbringen Vieh- und Milchwirtschaft. – Die Forstwirtschaft erbringt, zus. mit den Aufbereitungs- sind. (Sägewerke, Zellstoff-, Papierfabriken), rd. 9%

des Exportwerts. Etwa 36% der Landfläche sind mit Wald bedeckt, aber nur die Hälfte davon ist wirtschaftlich nutzbar. V. a. an den Küsten von British Columbia wachsen außertrop. Regenwälder, deren Nutzung in Kahlschlägen starke Kritik im In- und Ausland hervorgerufen hat. Wiederaufforstungen sollen Umweltschäden begrenzen. In der Produktion von Holzschliff, Zellstoff, Papier und Pappe steht K. an erster Stelle der Welterzeugung. – Wichtiger als der auch heute noch ausgeübte Pelztierfang ist die Pelztierzucht (bes. Nerze und Füchse). Die Jagd auf Sattelrobben wird hauptsächlich vor den Küsten von Neufundland und Labrador betrieben. – Die Küsten K. gehören zu den fischreichsten der Erde. 1977 errichtete die Reg. die 200-Seemeilen-Zone mit drast. Einschränkung der Fangerlaubnis für ausländ. Schiffe. Der größte Teil der Fänge (Schellfisch, Hering, Makrele, Dorsch im Atlantik, Lachs im Pazifik) wird exportiert.

K. zählt zu den führenden Bergbaunationen. Der Bergbau erbringt rd. 25% des Exportwerts. Von der gesamten Förderung entfällt wertmäßig etwa die Hälfte auf Erdöl und Erdgas. Den größten Anteil an der Bergbauproduktion haben Alberta (bes. Erdöl, Erdgas, Kohle), Ontario (bes. Nickel, Kupfer, Eisen, Gold), British Columbia (bes. Kupfer, Zink, Molybdän) und Quebec (bes. Eisen, Kupfer, Asbest). Die Bodenschätze im N des Landes können wegen des Dauerfrostbodens und der Transportprobleme nur schwer erschlossen werden. Die großen Vorkommen von Ölsanden in Alberta werden seit 1978 genutzt (bei Fort McMurray). Weitere Erdöl- und Erdgasvorkommen gibt es in der kanad. Arktis, in Offshorefeldern vor den Provinzen Nova Scotia und Newfoundland.

Die Industrie (einschließlich Baugewerbe) beschäftigt rd. 17% aller Erwerbstätigen; Schwerpunkte sind Ontario und Quebec. Eine schnelle Entwicklung nahm der W mit British Columbia und Alberta. Bedeutendster Zweig ist die Zellstoff- und Papierherstellung. Als Wachstumsind. gelten die chem. Ind. (v. a. Petrochemie), Kfz- und Flugzeugbau, Kunststoffverarbeitung sowie die elektron. Ind., zunehmend auch Schlüsselindustrien des Hightechbereiches. Wichtig sind weiter Nahrungsmittel- sowie Eisen- und Stahlindustrie. Neben der Verkehrslage ist die Energieerzeugung ein wichtiger Standortfaktor, bes. bei der bed. Aluminiumproduktion, die v. a. in Quebec und British Columbia angesiedelt ist. – K. gehört zu den größten Energieproduzenten der Erde und verfügt über ein riesiges Wasserkraftpotenzial. Von der installierten Energiekapazität werden knapp zwei Drittel von Wasserkraftwerken und über 17% in Kernkraftwerken erzeugt.

Die Einnahmen aus dem Fremdenverkehr (zu 80% Touristen aus den USA) liegen noch unter den Ausgaben kanad. Touristen im Ausland, sind aber im Steigen. – Die Handelsbilanz war in den letzten Jahren positiv. Das amerikanisch-kanad. Freihandelsabkommen von 1988 wurde 1994 durch die Nordamerikan. Freihandelszone (NAFTA) zw. K., den USA und Mexiko erweitert. Haupthandelspartner sind die USA (über zwei Drittel des Außenhandelsumsatzes); es folgen die EU-Länder (v. a. Großbritannien, Dtl.) und Japan. – Eisenbahn und Autostraßen konzentrieren sich auf den dichter besiedelten S; neben den beiden großen transkontinentalen Eisenbahnlinien, den staatl. »Canadian National Railways« und der privaten »Canadian Pacific Ltd.«, gibt es nur einzelne Querverbindungen sowie Stichbahnen nach N (Gesamtlänge der Eisenbahnstrecken rd. 96 000 km). Das Straßennetz umfasst 901 900 km, davon sind 35% asphaltiert. Eine Autobahn (Transcanada Highway) verbindet seit 1962 O- und W-Küste (7 871 km lang). Große Bedeutung hat die Schifffahrt, bes. auf den Großen Seen und dem Sankt-Lorenz-Seeweg, sowie die Küstenschifffahrt. Die größten Häfen sind Vancouver, Sept-Îles, Port Cartier, Halifax, Saint John und Montreal. Ein dichtes Flugnetz überzieht das ganze Land und ist lebenswichtig für den unerschlossenen N. Die größten Flughäfen haben Montreal, Vancouver, Toronto, Calgary und Edmonton.

Geschichte

Die O-Küste von K. war norweg. Seefahrern (Leif Eriksson) schon um 1000 bekannt und wurde 1497 von G. und S. Caboto neu entdeckt. Zwischen 1534 und 1541 nahm J. Cartier das Gebiet des Sankt-Lorenz-Stromes für Frankreich in Besitz (»Neufrankreich«). 1608 gründete S. de Champlain die Stadt Quebec. Es entwickelte sich ein ausgedehnter Pelzhandel, der die so genannten »Voyageurs« (Waldläufer) hervorbrachte. 1663 übernahm die frz. Krone die Verw. der Kolonie. Vom Sankt-Lorenz-Strom aus errichteten die Franzosen eine Kette von Forts bis an die Großen Seen und in das Mississippigebiet. Die frz. Siedler gerieten in heftige Kämpfe mit den engl. Kolonien, in die auch ansässige Indianerstämme hineingezogen wurden (u. a. Irokesen als Bundesgenossen der Engländer). Im Ergebnis des Siebenjährigen Krieges (1756–63) verlor Frankreich das östl. K. an Großbritannien. Die engl. Quebec-Akte von 1774 sicherte den kath. Frankokanadiern volle Religionsfreiheit zu und trug viel dazu bei, dass diese sich nicht am nordamerikan. Unabhängigkeitskampf beteiligten. Königstreue angelsächs. Siedler (rd. 40 000 »Loyalisten«) wanderten aus den USA in das Gebiet nördlich der Seen ein. Die Politik der freien Landnahme zog auch später viele amerikan. Siedler an. So entstanden zwei nach Bevölkerung, Kultur und Religion verschiedene Siedlungskerne: das vorwiegend engl. Ober-K. und das frz. Unter-K. (1791 Bildung entsprechender Provinzen durch den »Constitutional Act«). 1812–14 scheiterte der Versuch der USA, die brit. Besitzungen in Nordamerika zu erobern. 1840 vereinigte die brit. Reg. Ober- und Unter-K. zu einer Provinz (mit parlamentar. Regierung). Aufgrund des »British North America Act« schlossen sich 1867 Ontario (Ober-K.), Quebec (Unter-K.), Nova Scotia und New Brunswick zu einem Bundesstaat (Dominion of Canada) zusammen, an den 1869 die Hudson's Bay Company ihr Gebiet (die späteren Provinzen Manitoba, Alberta und Saskatchewan) abtrat. 1871 schloss sich British Columbia, 1873 Prince Edward Island an. Der Bau von Eisenbahnen (1885 Fertigstellung der ersten kanad. Transkontinentalbahn) ermöglichte die Besiedlung des Westens. K. unterstützte Großbritannien im Burenkrieg (1899–1902) und im Ersten Weltkrieg (1914–18). Durch das Statut von Westminster (1931) erhielt K. die Unabhängigkeit. Nach Ausbruch des Zweiten Weltkriegs erklärte K. am 10. 9. 1939 Dtl. den Krieg und beteiligte sich 1943–45 an den militär. Operationen in Europa.

1945 war K. Gründungsmitgl. der UNO und 1949 der NATO. 1949 schloss sich Newfoundland K. als 10. Provinz an. 1957 wurden die seit Mitte der 1930er-Jahre regierenden Liberalen von den Konservativen unter J. G. Diefenbaker abgelöst. 1963 kamen die Liberalen erneut an die Macht und stellten mit L. B. Pearson (1963–68) und P. E. Trudeau (1968–79, 1980–84) die Premierminister. In der mehrheitlich von Frankokanadiern bewohnten Provinz Quebec entwickelte sich eine starke Autonomiebewegung. Versuche

1 Lake Moraine und das »Valley of the Ten Peaks« in den Rocky Mountains, Provinz Alberta
2 Lake Peyto im Banff National Park (UNESCO-Weltnaturerbe) in den Rocky Mountains, Provinz Alberta
3 Skyline von Calgary, Provinz Alberta
4 nördliche Waldtundra im Yukon Territory
5 »Cathedral Crags« im Yoho National Park in den Rocky Mountains, Provinz British Columbia

des 1976–85 in Quebec regierenden radikalautonomist. »Parti Québécois«, die Provinz politisch aus dem Staatsverband K. zu lösen, lehnte die Bev. jedoch 1980 ab. 1982 ersetzte ein neues Verfassungsgesetz für ganz K. den »British North America Act« von 1867. Nach dem Wahlsieg der Konservativen 1984 wurde B. Mulroney Premiermin. (bis 1993). Eine im Aug. 1992 zw. Mulroney und den Reg.chefs der Provinzen ausgehandelte Verf.reform, die die Einheit des Landes sichern sollte und die Anerkennung Quebecs als »besondere Gesellschaft«, die Erweiterung der Verwaltungskompetenzen der Provinz sowie Autonomierechte der Ureinwohner vorsah, wurde in einem Referendum am 26. 10. 1992 abgelehnt. Im Mai 1993 unterzeichneten die Reg. und Vertreter der Eskimo (Inuit) einen Vertrag über die Schaffung eines eigenen, selbst verwalteten Territoriums in den Northwest Territories (am 1. 4. 1999 als ↗ Nunavut Territory konstituiert; Übertragung von 350 000 km² als Eigentum an die Ureinwohner). Vor dem Hintergrund einer anhaltenden wirtsch. Rezession unterlagen die Konservativen unter Premierministerin K. Campbell (Amtsantritt Juni 1993) bei den Parlamentswahlen im Okt. 1993 der Liberalen Partei; Premiermin. wurde J. Chrétien. Seine Reg. leitete eine Neugestaltung des Finanzausgleichs zw. den Provinzen ein. Nachdem am 30. 10. 1995 ein zweites Referendum zur Loslösung Quebecs gescheitert war, räumte 1996 ein Gesetz dieser Prov. einen Sonderstatus als »eigenständige Gesellschaft« ein und gab allen Provinzen ein Vetorecht in Fragen der Verf. Die vorgezogenen Parlamentswahlen im Juni 1997 konnte die Liberale Partei erneut für sich entscheiden (Bestätigung Chrétiens als Reg.chef). Mit dem im Juli 2000 vom Parlament verabschiedeten »Clarity Act« wurden Sezessionsbestrebungen von Prov. (bes. Quebecs) enge Grenzen gesetzt (Grundsatz: »klare Mehrheit« für eine »klare Referendumsfrage«). Bei vorgezogenen Parlamentswahlen am 27. 11. 2000 sicherte sich die regierende Liberale Partei mit 40,8 % der Stimmen erneut ihre absolute Mehrheit; Chrétien wurde damit als erster kanad. Premiermin. nach dem Zweiten Weltkrieg zum dritten Mal hintereinander im Amt bestätigt, sah sich aber v. a. aufgrund von Konflikten innerhalb des Kabinetts 2002 zu mehreren Reg.umbildungen veranlasst.

Ein mehrjähriger Fischereistreit (»Lachskrieg«) zw. K. und den USA konnte durch eine im Juni 1999 geschlossene Vereinbarung der beiden Staaten beigelegt werden. Nach den Terroranschlägen in den USA vom 11. 9. 2001 setzte K. im Dez. 2001 ein Antiterrorgesetz (Bill C-36) in Kraft (u. a. Maßnahmen zur Überprüfung von Immigranten). Im Rahmen der Antiterrorkoalition beteiligte es sich ab Okt. 2001 mit Kriegsschiffen und ab Febr. 2002 mit einem Truppenkontingent an der von den USA geführten Militäraktion in Afghanistan; für 2003 sicherte K. seine Teilnahme an der dort wirkenden internat. Friedenstruppe ISAF zu.

kanadische Kunst: Joey Morgan, »Have you ever loved me?« (1988; Privatbesitz)

Kanadabalsam, sehr klares, farbloses bis blassgelbes Harz der nordamerikan. Balsamtanne, löslich in Äther, Alkohol, Benzin u. a.; hat die gleiche Brechzahl wie Kronglas und wird daher u. a. als Spezialkitt für opt. Linsen verwendet.

Kanadier (Canadier), urspr. Indianerboot mit hochgerundetem Steven, heute Bootstyp im ↗ Kanusport; wird ohne Steuer, kniend (vorwiegend im Renn-K.) oder sitzend mit Stechpaddel (rechts oder links vom Boot) gefahren.

Kanadisch-Arktischer Archipel, die dem nordamerikan. Festland vorgelagerten Inseln im Nordpolarmeer, Teil des Nunavut Territory und der Northwest Territories von Kanada, 1,3 Mio. km²; umfasst im S Banks Island, Victoria Island, King William Island, Prince of Wales Island, Somerset Island und Baffin Island, nördlich davon die Queen Elizabeth Islands.

kanadische Kunst. Die Kunst in Kanada blieb bis ins 19. Jh. von den in Europa herrschenden Stilrichtungen abhängig. Geprägt von einem starken Nationalgefühl und inspiriert von den Landschaften Kanadas entwickelte Anfang des 20. Jh. die »Group of Seven« (1919–31, u. a. L. S. Harris, * 1885, † 1970; A. Lismer, * 1885, † 1969; F. H. Varley, * 1881, † 1969; F. Johnston, * 1888, † 1949) eine eigenständige Bildsprache. Daneben nahm der Einfluss der amerikan. Kunst zu; kanad. Künstler arbeiteten in Paris und in New York, im Lande entwickelten sich u. a. Toronto und Montreal zu aktiven Kunstzentren. Bemerkenswerte Beiträge zur modernen Kunst leisteten u. a. J. Morgan (* 1951), E. Bond (* 1948), C. Whiten (* 1945), S. Alexander (* 1959), W. Gorlitz (* 1952), I. Wallace (* 1943), L. Magor (* 1948), K. Adams (* 1951), M. Fernandes (* 1944), J. Peacock (* 1955) und B. Steinman (* 1950).

Zu den herausragenden Beispielen moderner Architektur in Kanada gehören der International Airport (1957–64) in Toronto von J. B. Parkin (* 1911, † 1975), das für die Weltausstellung 1967 in Montreal entworfene Terrassenhaus »Habitat 67« von M. Safdie, das Scarborough Civic Center (1966–73) in Toronto von R. Moriyama (* 1929), das Citadel Theatre (1973–76) in Edmonton von Barton Myers Associates und RL Wilkin Architects, das unterird. Einkaufszentrum Place Desjardins (1976) in Montreal von J. Ouellet (* 1922) und der Société LaHaye sowie die Gestaltung des Robson Square (1979 vollendet) in Vancouver von A. C. Erickson (* 1924). Der Kanadier C. Ott (* 1946) plante die Opéra de la Bastille in Paris (1990 eröffnet).

kanadische Literatur, die in Kanada in frz. und engl. Sprache verfasste Literatur. Voraussetzung für eine eigenständige k. L. in **frz. Sprache (frankokanadische Literatur)** war die Loslösung Kanadas von Frankreich (1763), als Kanada engl. Kolonialbesitz wurde und Englisch Amtssprache. Seit der 1. Hälfte des 19. Jh. verwendete man das Französische als Literatursprache; unter Einbeziehung landeseigener Traditionen entwickelte sich dabei ein frankokanad. Nationalgefühl. Die zunehmende starke Orientierung der Frankokanadier am frz. Mutterland in der 2. Hälfte des 19. Jh. hatte das Aufgreifen der entsprechenden Strömungen der frz. Lit. wie Realismus, Naturalismus und Symbolismus, u. a. durch den Romancier L. Hémon, zur Folge. In neuerer Zeit hat sich die k. L. in frz. Sprache engagiert und experimentell geäußert. Wichtige zeitgenöss. Autoren sind u. a. A. Major, A. Langevin, Y. Thériault, Anne Hébert, G. Bessette, C. Jasmin, R. Ducharme, Antonine Maillet, G. Miron, J. Godbout, Yolande Villemaire, Nicole Brossard, Marie-Claire Blais, M. Tremblay. – Die k. L. in **engl. Sprache (anglokanadische Literatur)** weist v. a. Werke aus Lyrik und Epik auf: histor. Romane (Mazo de la Roche) und realist. Auseinandersetzungen mit den nat. Problemen; Themen der Prosa sind die Gegensätze zw. der frz.- und der engl.sprachigen Bev., die Integration der Eskimos und die Judenfrage. In der Lyrik werden nach anfänglich idyll. Schilderungen des Kleinstadtlebens, Natur- und Liebeslyrik auch religiöse und soziale Probleme behandelt. Die gegenwärtige k. L. in engl. Sprache wird u. a. durch Margaret Laurence, Margaret E. Atwood, H. J. B. Hood, R. Wiebe, Mavis Gallant, Alice Munro, M. Avison. M. Ondaatje, R. Kroetsch, G. Bowering, Aritha van Herk, D. Coupland und Carol Shields geprägt.

Kanadischer Schild (Laurentischer Schild), aus präkambr. Gesteinen aufgebaute Landmasse im Umkreis der Hudsonbai; Kernland von ↗Laurentia.

Kanaken [polynes. kanaka »Mensch«], abwertende Bez. für die Einwohner der Südseeinseln; heute Eigenbez. der einheim. Bev. von Neukaledonien.

Kanal [aus lat. canna »Röhre«], **1)** *Elektronik:* der Teil eines (unipolaren) Halbleiterbauelements, durch den der gesteuerte Strom fließt. (↗Feldeffekttransistor)
2) *Informatik:* Komponente zum Datentransfer zw. internen und peripheren Einheiten eines Datenverarbeitungssystems, die neben der physikal. Verbindung dieser Einheiten auch alle notwendigen Funktionseinheiten zur selbstständigen Steuerung und Überwachung von Ein-Ausgabe-Vorgängen umfasst.
3) *Informationstheorie, Nachrichtentechnik:* (Nachrichtenkanal, Übertragungskanal), Übertragungsstrecke (z. B. Leitung, Funkverbindung) zw. **Nachrichtenquelle** und **Nachrichtensenke.** Aufgabe und techn. Auslegung eines K. werden durch Komposita näher charakterisiert (z. B. Daten-, Funk-, Breitband-K.). Ein Signalumsetzer (Modulator) wandelt das Signal des Senders in ein im K. übertragbares Signal um, das am Ort des Empfängers durch einen Demodulator zurückgewandelt wird.
4) *Wasserbau:* künstl. Wasserlauf. **Abwässer-K.** dienen zur Abführung der Schmutz- und Regenwässer (↗Kanalisation), die **Be-** und **Entwässerungs-K.** zur Be- und Entwässerung von landwirtschaftlich genutzten Flächen, **Werk-K.** zur Zu- und Ableitung des Betriebswassers von Wasserkraft- und Ind.anlagen und **Schifffahrts-K.** zur Herstellung zusammenhängender Schifffahrtswege. Letztere haben kein natürl. Gefälle; Höhenunterschiede im Gelände werden durch Schleusen oder Schiffshebewerke überwunden, die die K.-Strecke in verschiedenen Höhenlagen halten. Der theoretisch günstigste K.-Querschnitt ist das Muldenprofil; wegen der wirtschaftlicheren Bauausführung wird heute meist ein Querschnitt mit etwa fünf Knickpunkten verwendet. Die K.-Böschungen werden durch Steinschüttung, Pflaster, Betonplatten oder Lebendverbauung geschützt. **Binnenschifffahrts-K.** ergänzen das durch die Flüsse gebildete Wasserstraßennetz (↗Mittellandkanal, ↗Oder-Spree-Kanal, ↗Elbe-Lübeck-Kanal). Oft übersteigen sie trennende Wasserscheiden (Main-Donau-Kanal, ↗Rhein-Main-Donau-Großschifffahrtsweg) oder führen neben schwer befahrbaren oder überlasteten Flussstrecken her **(Seiten-K., Umgehungs-K.),** oder sie verbinden größere Wirtschaftsgebiete mit Seehäfen. **Seeschifffahrts-K.** verbinden zwei Meere miteinander, entweder in offenem Durchstich (↗Sueskanal) oder als **Schleusen-K.** (↗Panamakanal, ↗Nord-Ostsee-Kanal), oder sie dienen als Zugang zu landeinwärts gelegenen Seehäfen (↗Neuer Wasserweg).

Kanal, Der, der ↗Ärmelkanal.

Kanal|inseln (Normannische Inseln, engl. Channel Islands, frz. Îles Normandes), Gruppe von Inseln, Eilanden und Felsen vor der Küste N-Frankreichs im Ärmelkanal, insgesamt 195 km^2, 152 000 Ew. Zu Frankreich gehören nur die Roches Douvres und die Îles Chausey. Alle anderen Inseln unterstehen der brit. Krone und bilden die Selbstverwaltungsgebiete Jersey und Guernsey. Das Selbstverwaltungsgebiet Jersey besteht aus den Inseln Jersey (116 km^2), Les Ecréhou und Les Minquiers, das Selbstverwaltungsgebiet Guernsey aus den Inseln Guernsey (63 km^2), Alderney (8 km^2), Sark (5 km^2; mit zusätzl. Autonomierechten), Brechou, Herm, Jethou und Lihou. Hauptorte sind Saint Hélier auf Jersey und Saint Peter Port auf Guernsey. Amtssprache ist Englisch, auf Jersey Französisch, daneben werden normannofrz. Mundarten gesprochen. Bei mildem Klima wird Gemüse-, Obst- und Gartenbau betrieben; einheim. Rinderrassen liefern hohe Erträge an Milch. Eine wichtige Rolle spielt der Fremdenverkehr. – Die K. gehörten im MA. zur Normandie, sie blieben bei England, als die Normandie 1450 an Frankreich fiel.

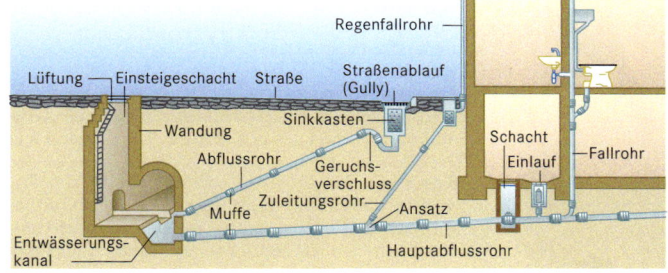

Kanalisation: schematische Darstellung einer Kanalisationsanlage

Kanalisation die, Anlage zur Sammlung und Abführung von Abwasser, Regen- und Schmelzwasser durch unterird. Kanäle. Abwasser und Niederschlagswasser werden entweder vermischt durch ein einheitl. Kanalsystem abgeführt **(Misch-K.)** oder getrennt **(Trenn-K.)** in eine Kläranlage bzw. ein natürl. Gewässer geleitet. Für das Niederschlagswasser beginnt das Kanalnetz in Regenrohren und Straßenabläufen mit Sinkkästen. Die Ableitung des Schmutzwassers beginnt in den Einrichtungen der Hausentwässerung (Ausguss, Toiletten) und führt über senkrechte **Fallrohre** zur **Grundleitung** unter dem Keller, die i. d. R. durch eine Anschlussleitung mit dem öffentl. Kanalnetz verbunden ist. Die kleinen **Anschlusskanäle** fließen in größeren **Straßenkanälen** zus.; mehrere Neben- und Hauptsammler münden in einen Hauptkanal **(Endsammler),** der das Wasser der Kläranlage zuführt (↗Abwasserreinigung). Der Übertritt von übel riechenden und gesundheitsgefährdenden Gasen aus der K. in die Wohnungen wird durch ↗Geruchverschlüsse verhindert. – Die größeren Kanäle sind durch **Einstiegsschächte** zugänglich, die in Abständen von 50 bis 80 m angeordnet sind.

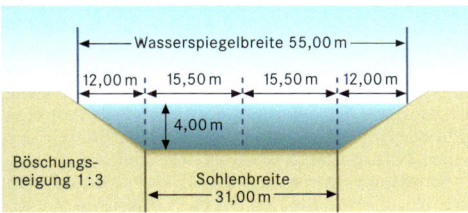

Kanal 4): Längsschnitt

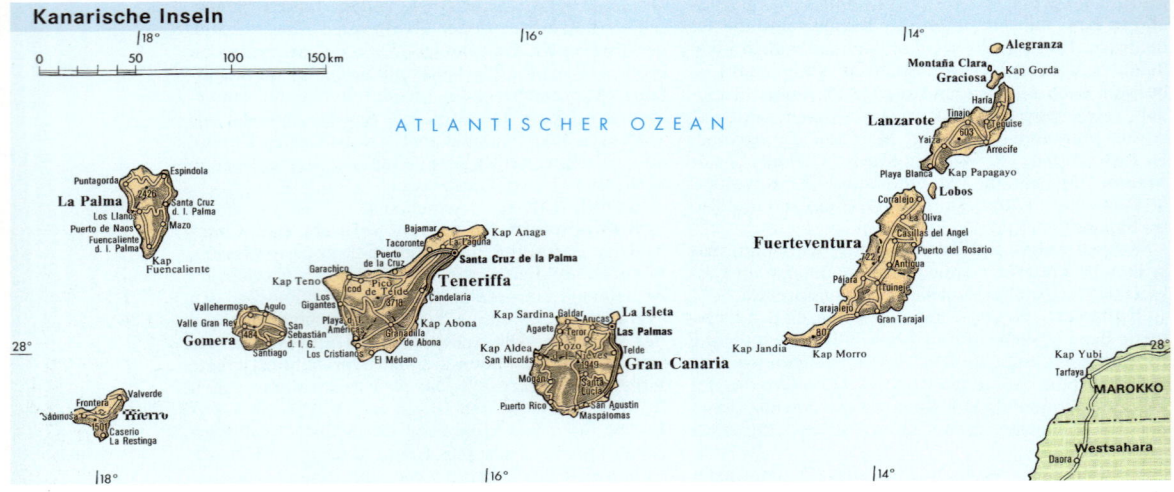

Unter tief gelegenen Wasserläufen, Untergrundbahnen, Tälern werden die Kanäle durch ↗ Düker geführt.

Kanalisierung, 1) *Psychologie:* die Begrenzung und Lenkung der menschl. Antriebe und Bedürfnisse durch die jeweiligen Normen, Sitten und Gebräuche einer Kultur und Gesellschaft.

2) *Wasserbau:* unkorrekt für ↗ Stauregelung.

Kanalstrahlen, historisch bedingte Bez. für positive Ionenstrahlen, die durch eine Bohrung (Kanal) in der Kathode von Niederdruckgasentladungsröhren aus dem Entladungsraum in das dahinter liegende Vakuum austreten.

Kanaltunnel, ↗ Eurotunnel.

Kanalwähler, kompakte Baugruppe in einem Fernseh- oder UKW-Hörfunkempfänger zur ↗ Abstimmung auf einen der zur Verfügung stehenden Kanäle. (↗ Tuner)

Kananga (bis 1968 Luluabourg), Hptst. der Region West-Kasai, Demokrat. Rep. Kongo, am mittleren Lulua, 422 000 Ew.; kath. Erzbischofssitz; Handelszentrum (v. a. für Baumwolle); Textil- und Nahrungsmittelind.; Straßenknotenpunkt, Flugplatz.

Kanara [ˈkænərə], Landschaft an der W-Küste Vorderindiens südlich von Goa; Haupthafen ist Mangalore.

Kanaribaum (Canarium), südasiatisch-südafrikan., fiederblättrige Gattung der Balsambaumgewächse, liefert Balsamharz **(Elemi);** einige Arten haben essbare Steinfrüchte oder ölhaltige Samen.

Kanari|engras, ein ↗ Glanzgras.

Kanari|envogel (Serinus canaria), etwa 12 cm langer, zu den Girlitzen gestellter Vogel (Finkenart) auf den Kanar. Inseln, den Azoren und Madeira; lebt gesellig in kleinen Schwärmen; ernährt sich vorwiegend von Sämereien und Blättern. Er ist leicht zu züchten. Das Weibchen legt 4–5 Eier je Brut (bei domestizierten Formen jährlich 3–4 Bruten). Zuchtformen sind z. B. **Harzer Roller** (einfarbig gelb; guter Sänger), **Roter K.** (orangefarbig), **Hauben-K.** (mit verlängerten Oberkopffedern).

Kanaris, Konstantin, grch. Admiral und Freiheitskämpfer, *auf Psara 1790, †Athen 14. 9. 1877; besiegte in der grch. Erhebung (1821–27) mehrfach die osman. Flotte; war nach 1843 wiederholt Min. und Ministerpräsident.

Kanarische Inseln (Kanaren, span. Islas Canarias), Gruppe von sieben größeren und sechs kleineren Inseln im Atlantik vor der NW-Küste Afrikas, 7 447 km², 1,69 Mio. Ew.; bilden eine autonome span. Region mit den zwei Provinzen Santa Cruz de Tenerife (Teneriffa, La Palma, Gomera, Hierro) und Las Palmas (Gran Canaria, Lanzarote, Fuerteventura). Die beiden östl. Inseln, Lanzarote und Fuerteventura, sitzen dem afrikan. Festlandsockel auf, die übrigen Inseln erheben sich aus 3 000 m Meerestiefe, die Oberflächenformen sind häufig vom Vulkanismus geprägt. Höchste Erhebung ist der Pico de Teide (3 718 m ü. M.) auf Teneriffa. Das Klima ist ozeanisch-subtropisch, fast dauernd weht der trockene NO-Passat, der nur von kurzen Winterregen unterbrochen wird. Die K. I. sind dank des beständigen milden Klimas ein begehrtes Reiseziel und in den Weltluftverkehr einbezogen; die Häfen Las Palmas und Santa Cruz de Tenerife sind Stützpunkte der Atlantikschifffahrt. Kulturlandschaft und Städte tragen span. Charakter. Die Urbevölkerung (↗ Guanchen) ist in der span. Bev. aufgegangen. – Angebaut werden Mais, Gerste, Weizen, Hülsenfrüchte; außerdem Fischfang (bes. Thunfisch). Ausgeführt werden Bananen, Tomaten, Frühkartoffeln, Gemüse, Zwiebeln, Mandeln, ferner Stickereien und Spitzen. Auf Teneriffa arbeiten eine Erdölraffinerie und eine Kunstdüngerfabrik. – Die K. I., den Römern als die »glückl. Inseln« bekannt, wurden im 11. Jh. von den Arabern besucht, im 14./15. Jh. u. a. von Genuesen, Spaniern und Portugiesen. 1478–96 für Spanien erobert, gewannen sie große Bedeutung für die span. Entdeckung und Eroberung Amerikas. 1936 waren die K. I. Ausgangspunkt der militär. Aktionen Francos gegen die span. Republik.

Kanat *der* (Qanat, in NW-Afrika Foggara, Kares, Faladj), unterird. Stollen, der das Grundwasser unter den Schuttflächen der Gebirge sammelt und zutage leitet.

Kanarienvogel: Wildform (oben) und domestizierte Form

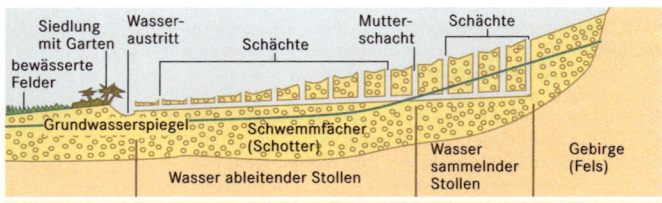

Kanat: schematischer Längsschnitt durch einen Kanat

Kanazawa [-z-], Hptst. der Präfektur Ishikawa, W-Honshū, Japan, 454 000 Ew.; Univ., Hochschulen, Krebsforschungsinst.; Textilmaschinen-, Seiden- u. a. Ind., Herstellung von Lacken und Porzellan. – Ehem. Burgstadt mit Samuraihäusern sowie Teehandelshäuser aus der Edozeit. Im SW liegt der Landschaftspark Kenroku-in mit der Residenz des Lokalfürsten.

Kanchipuram [kænˈtʃiːpʊrəm] (bis 1949 Conjeeveram), Stadt im Bundesstaat Tamil Nadu, Indien, 132 000 Ew., hl. Städte des Hinduismus; große Tempelbauten (↗indische Kunst); Seidenindustrie.

Kandahar, Stadt im S von Afghanistan, 1 030 m ü. M., 225 000 Ew.; Verarbeitung landwirtsch. Produkte; Handelszentrum; Straßenknotenpunkt, Flughafen. – K. wurde durch Kriegseinwirkungen (seit 1979) stark zerstört.

Kandare [von ungar. kantár »Zaum«] *die,* ↗Zaum.

Kandelaber [zu lat. candela »Kerze«] *der,* mehrarmiger, säulenartiger Ständer für Kerzen, Lampen oder Räucherschalen.

Kandertal, Talschaft der **Kander** im Berner Oberland, Schweiz, entspringt aus dem Kanderfirn an der Blümlisalp, mündet in den Thuner See. Zentraler Ort ist Frutigen; im oberen K. liegt der Fremdenverkehrsort **Kandersteg** (1 176 m ü. M., 1 100 Ew.) mit Autoverladebahnhof für den Lötschbergtunnel.

Kandidat [lat.] *der,* 1) *Hochschulwesen:* Abk.: **cand.,** Student nach einer Vorprüfung oder in der Abschlussprüfung.
2) *Politik:* Bewerber um ein Amt oder Mandat (z. B. bei der Wahl von Legislativgremien).

Kandidatenturnier, *Schach:* Turnier der im Interzonenturnier bestplatzierten Spieler zur Ermittlung des Herausforderers des jeweiligen Weltmeisters.

kandieren, *Kochkunst:* Früchte und andere Pflanzenteile (z. B. Wurzeln, Blüten) in konzentrierten Zuckersirup einlegen, damit sie vollständig von Zucker durchdrungen und gleichzeitig mit diesem überzogen werden.

Kandinsky, Wassily, russ. Maler und Grafiker, * Moskau 4. 12. 1866, † Neuilly-sur-Seine 13. 12. 1944; zunächst Ökonom und Jurist; wandte sich erst 1896 der Malerei zu und siedelte nach München über, wo er bei F. von Stuck studierte; erwarb 1909 mit seiner Lebensgefährtin Gabriele Münter ein Haus in Murnau a. Staffelsee. 1911 gründete er mit F. Marc den ↗Blauen Reiter; 1914–21 wirkte er in Russland; 1922–33 am ↗Bauhaus in Weimar, Dessau und Berlin, 1924 Mitbegründer der »Blauen Vier« (Feininger, Jawlensky, Klee); 1933 emigrierte K. nach Paris, seine Werke wurden 1937 als »entartet« verfemt; 1939 erhielt er die frz. Staatsbürgerschaft. Sein Frühwerk ist deutlich an russ. Volkskunst und Jugendstil orientiert. 1908/09 gehörte er zu den wichtigsten Expressionisten in Dtl.; 1910 malte er sein erstes abstraktes Aquarell, das die kontinuierl. Entwicklung der abstrakten Malerei einleitete. Die theoret. Grundlegung seiner Kunst erfolgte in »Über das Geistige in der Kunst« (1912). Auf die impulsiven »Improvisationen«, die den unmittelbaren Natureindruck wiedergebenden »Impressionen« und die auf einem farbl. Bezugssystem beruhenden »Kompositionen« folgten zunehmend geometrische und linear gefestigte Bilder. In seiner Bauhausschrift »Punkt und Linie zur Fläche« (1926) legte er die fundamentale Harmonielehre der abstrakten Malerei dar. Als Grafiker bevorzugte K. zunächst den Holzschnitt, später die Radierung (Zyklen: »Klänge«, 1912; »Kleine Welten«, 1922).

Kandis [italien.] *der* (Kandiszucker, Kandelzucker), bes. grobkristalliner und sehr reiner Zucker; wird durch langsames Auskristallisieren aus Lösungen gewonnen.

Kandla, Hafenstadt am Golf von Kutch, NW-Indien, 24 000 Ew., einer der größten Überseehäfen Indiens; Kunstdüngerfabrik.

Kandrzin [-ʒɪ], Stadt in Polen, ↗Kędzierzyn-Koźle.

Kandschar [türk.], ein Krummschwert, ↗Handschar.

Wassily Kandinsky: Komposition VII (1913; Moskau, Tretjakow-Galerie)

Kandschur [tibet. »das übersetzte Wort« (Buddhas)] *der,* eine 689 Einzelwerke umfassende Samml. hl. Schriften des ↗Lamaismus; bildet mit dem ↗Tandschur den buddhist. Kanon Tibets; enthält Texte des ↗Tipitaka, aber auch Zauberliteratur.

Kandy [ˈkændɪ], Distr.-Hptst. auf Sri Lanka, 500 m ü. M., im inneren Bergland, 110 000 Ew.; Univ., Forschungsinstitute, botan. Garten; Teehandelszentrum; Kunsthandwerk; bed. Fremdenverkehr. Pilgerzentrum zur Verehrung der Zahnreliquie Buddhas im Tempel Dalada Maligawa, nahebei der Höhlentempel Degaldoruva (18. Jh.). – Ehem. singhales. Königspalast (16. Jh., 1803 umgestaltet). Die Heilige Stadt wurde von der UNESCO zum Weltkulturerbe erklärt.

Kaneelbaumgewächse (Canellaceae), Pflanzenfamilie in den Tropen und Subtropen Nordamerikas; bekannt v. a. der auf den Westind. Inseln heim. **Zimtrindenbaum** (Canella winterana), dessen weißlich gelbe Rinde (Kaneelrinde) den wie Zimt verwendeten weißen Kaneel (Ceylonzimt) liefert.

Kanellopulos, Panayotis, grch. Politiker und Soziologe, * Patras 13. 12. 1902, † Athen 11. 9. 1986; mehrmals Min. und MinPräs.; nach dem Militärputsch 1967–74 eine der zentralen Figuren des innergrch. Widerstandes.

Kanem-Bornu, ehem. afrikan. Reiche im Gebiet des Tschadsees. – Im 8. Jh. gründeten die Kanembu unter der Dynastie Saif (bis 1846) nördlich des Tschadsees das Reich **Kanem** (im 11. Jh. islamisiert). Um 1390 verlagerten die Saifherrscher ihr Reich nach **Bornu,** westlich des Tschadsees. Nach einer Blütezeit im 16. Jh. zerfiel Bornu Ende des 19. Jh. unter dem Druck der Fulbe. Nach 1900 kam der größere Teil Bornus an die brit. Kolonie Nigeria, Kanem wurde dem frz. Kolonialreich eingegliedert.

Kanevas [frz.] *der, Textiltechnik:* ↗Canevas.

Kangchendzönga [-tʃen-, tibet.] (Kangchenjunga), dritthöchster Berg der Erde, im Himalaja, an der Grenze zw. Nepal und Indien (Sikkim), 8 586 m

Wassily Kandinsky

Panayotis Kanellopulos

Kanggye, Prov.-Hptst. im nördl. Nord-Korea, 223 400 Ew.; Hochschule für Veterinärmedizin; Metall verarbeitende, chem., keram., Holzind.; nahebei Kupfer- und Zinkerz-, Kohle- und Graphitabbau.

Kängururatten, / Taschenspringer.

Kängurus [austral.] (Macropodidae), Familie der Beuteltiere, 25–165 cm körperlang, mit langen Hinterbeinen (Fortbewegung überwiegend auf den Hinterbeinen hüpfend) und kräftigem Stützschwanz, schwachen Vorderbeinen und kleinem Kopf; Pflanzenfresser, hauptsächlich in den Grassteppen Australiens. Nach kurzer Tragezeit (30–40 Tage) wird i. d. R. nur ein etwa daumengroßes Junges geboren, das selbstständig in den Beutel der Mutter kriecht und sich an einer Zitze festsaugt; nach mehreren Monaten verlässt es den Beutel. Wichtige Gattungen sind: **Fels-K.** (Petrogale), **Baum-K.** (Dendrolagus), **Wallabys** (Wallabia), **Riesen-K.** (Macropus).

Kanikolafieber [lat. canicola »Hündchen«] (Canicolafieber, Stuttgarter Hundeseuche), durch Leptospiren (Leptospira canicola) hervorgerufene, durch Hunde übertragbare grippeartige Infektionskrankheit; verläuft beim Menschen gutartig. Symptome sind Fieber mit Nackensteifigkeit, Kopfschmerzen.

Kanin, Halbinsel im N des europ. Teils von Russland, zw. Weißem Meer und Tschoschabucht der Barentssee, rd. 10 500 km², bis 242 m ü. M. (**K.-Berge**); Torfmoostundra, im Sommer Rentierweide.

Kaninchen (von links): Deutscher Widder und Deutsches Riesenkaninchen

Kaninchen (Karnickel), zusammenfassende Bez. für die Wild-K. und die aus diesen gezüchteten K.-Rassen. Die Gattung Wild-K. (Oryctolagus) hat nur eine Art, das **Europ. Wild-K.** (Oryctolagus cuniculus); urspr. in SW-Europa heimisch, heute über weite Teile Europas verbreitet und in Australien, Neuseeland und Chile eingebürgert; Körperlänge 35–45 cm, oberseits graubraun, unterseits weißlich. Es ist die Stammform der gegenwärtig mehr als 80 eigenständigen K.-Rassen, die Fleisch und Pelzwaren (Kanin) liefern. Die Felle werden auf Haarlänge von 1,5–2 cm gekürzt, oft gefärbt und veredelt (z. B. zu Nerz-, Zobel-, Großkatzenimitationen). Die Haare liefern Filz, Wolle, die Haut sehr weiches Leder. Man unterscheidet große, mittelgroße, kleine und Zwergrassen sowie Lang- und Kurzhaarrassen. Zu den **großen Rassen** zählen u. a.: Belg. Riesen, Dt. Riesen, ferner die Dt. Riesenschecken und die Dt. Widder. Zu den **mittelgroßen Rassen** gehören u. a.: Dt. Großsilber, Alaska-K., Weiße Wiener, Großchinchilla, Havanna-K. Bei den **kleinen Rassen** findet man: Engl. Schecken, Holländer, Kleinsilber, Loh-K. und Russen-K. (Himalaja-K.). Zu den **Zwergrassen** (Zwerg-K., Zwerghasen) gehören u. a. die albinotischen weißen Hermelin-K. Die **Langhaarrassen** werden hauptsächlich durch die mittelgroßen Angora-K. vertreten; sie liefern die Angorawolle; Schur alle drei Monate. Die **Kurzhaarrassen** werden durch die mittelschweren Rex-K. (Behaarung z. T. samtartig, auch leicht gekräuselt) repräsentiert.

Kanisch (Kanesch, Kanis), antike Stadt in Anatolien, heute der Ruinenhügel **Kültepe,** 21 km nordöstlich von Kayseri, Türkei. Ausgrabungen erbrachten den Nachweis einer Besiedlung von der frühen Bronzezeit bis zur Römerzeit. Bed. sind v. a. die zahlr. Keilschriftfunde aus dem 2. Jt. v. Chr., die einen intensiven Handelsverkehr zw. dem von den Hethitern bewohnten Land und assyr. Handelskolonien belegen, sowie Funde kappadok. Keramik.

Kankan [frz. kã'kã], Prov.-Hptst. in der Rep. Guinea, am bei Hochwasser ab K. schiffbaren Milo, 261 300 Ew.; Verw.- und Handelszentrum der Region Oberguinea; PH, Versuchsanstalt für Reisbau; Reismühle, Holzverarbeitung, Motoren- und Maschinenmontage; Endpunkt der Bahn von Conakry.

Kanker, / Weberknechte.

Kankiang, Fluss in China, / Gan Jiang.

Kannenbäckerland [nach den hier hergestellten Tonkannen], Landschaft im SW des Westerwaldes, Rheinl.-Pf., bed. Steinzeugindustrie; Mittelpunkt ist / Höhr-Grenzhausen.

Kannenpflanze (Nepenthes), einzige Gattung der zweikeimblättrigen Pflanzenfamilie **Kannenstrauchgewächse,** v. a. im trop. Asien und in Australien; Fleisch fressende, kletternde, teilweise epiphyt. Sträucher, häufig mit Blattranken; Blätter (ausgewachsen) meist kannenförmig. In der Kanne befindet sich eine von Drüsen ausgeschiedene, wässrige Flüssigkeit (enthält v. a. Eiweiß spaltende Enzyme), in der die in die Kanne geglittenen Tiere ertrinken und zersetzt werden. K. werden in vielen Hybriden (z. B. Nepenthes-mixta-Hybride) als Zierpflanzen kultiviert.

Kannibalismus der, **1)** (Anthropophagie), der Verzehr von Menschenfleisch durch Menschen. K. zu Nahrungszwecken (**profaner K.**) ist nur von wenigen Reisenden und Forschern beschrieben worden; für Notsituationen (**Überlebens-K.**) ist er für eine Reihe von Fällen belegt. Der **rituelle K.** ist bis in die Gegenwart (W-Neuguinea) vorgekommen und oft schriftl. belegt. Dabei handelt es sich i. d. R. um einen Bestattungsritus: das zeremonielle Trinken der speziell zubereiteten Knochenasche oder den Verzehr des Leichnams eines Angehörigen (**Endo-K.**). Ein Sonderfall ist der **symbol. K.,** der kannibal. Praktiken nur vorgibt (Biss in das Herz eines Geopferten, Altmexiko).

2) *Zoologie:* An- oder Auffressen von Artgenossen, meist infolge zu hoher Populationsdichte, die Aggressivität erzeugt.

Kannon, buddhist. Gottheit, / Guanyin.

Kano, Hptst. des Bundesstaates K., N-Nigeria, 3,17 Mio. Ew.; Wirtschafts- und Kulturzentrum der Hausa; Sitz eines Emirs; Univ. (gegr. 1977), PH; Zentrum eines Viehzucht-, Baumwoll- und Erdnussanbaugebietes mit Verarbeitung von Fleisch, Erdnüssen, Leder; Textilind., Brauerei, Zementfabrik, Montagewerk für Lastkraftwagen und Traktoren; internat. Flughafen. – Die Altstadt mit dem Palast des Emirs (15. Jh.) vermittelt ein geschlossenes Stadtbild in sudan. Lehmbauweise; 18 km lange Lehmmauer mit 15 Toren.

Kanō, japan. Malerschule der weit verzweigten Familie K., die bes. vom 16. Jh. bis Ende des 19. Jh. einflussreich war. Die K.-Schule wurde von K. Masanobu (* 1434, † 1530) gegr.; größter Meister war sein Sohn K. Motonobu (* 1476, † 1559), der die chines. Tuschmalerei ins Großflächig-Dekorative übersetzte

Alexander Kanoldt: Klausen (1911; Kochel a. See, Franz-Marc-Museum)

und damit den charakterist. K.-Stil schuf. Weitere Vertreter sind Eitoku (*1543, †1590), Sanraku (*1559, †1635) und Tanyū (*1602, †1674).

Kanoldt, Alexander, Maler und Grafiker, * Karlsruhe 29. 9. 1881, † Berlin 24. 1. 1939; Mitbegründer der Neuen Sezession in München, Hauptvertreter der Neuen Sachlichkeit; malte in einem farbenprächtigen, plast. Stil.

Kanon [grch.-lat. »Regel«, »Norm«, »Richtschnur«] *der,* 1) *allg.:* Richtschnur, Leitfaden.
2) *Architektur und bildende Kunst:* die auf Polyklet zurückgehende Regel für die ideale Proportionierung des menschl. Körpers; grundlegend für Antike und Renaissance (Leonardo da Vinci, A. Dürer).
3) *Literatur:* urspr. eine von alexandrin. und byzantin. Gelehrten zusammengestellte Liste der als exemplarisch angesehenen Werke; heute in modifizierter Bedeutung die – in den jeweiligen Nationalliteraturen und Epochen unterschiedlich ausgewählten – wichtigsten Werke, die v. a. Grundlage des Literaturunterrichts sind.
4) *Musik:* auf dem Prinzip der Imitation beruhende kontrapunkt. Form, bei der zwei oder mehr Vokal- oder Instrumentalstimmen nacheinander in bestimmtem Abstand einsetzen und die gleiche Melodie singen oder spielen, sodass aus der einen Melodie ein mehrstimmiger Satz entsteht. Bei der einfachen Form des K., dem **Zirkel-K. (Kreis-K.),** läuft der Schluss wieder in den Anfang zurück, sodass das Stück beliebig oft wiederholt werden kann. Beim K. in der Prime fängt die nachahmende Stimme die Melodie mit dem gleichen Ton an wie die erste Stimme, beim K. in der Oktave sieben Töne höher oder tiefer usw. Der drei- und mehrstimmige K. verbindet oft mehrere dieser Arten. Der **Doppel-K.** verbindet zwei selbstständige K., der **Tripel-K.** drei.
5) *Religionen* und *Kirche:* a) in den Religionen die endgültig festgelegte Samml. der für den Glauben maßgebenden und verbindl. hl. Schriften; b) in der kath. Kirche das amtl. Verzeichnis ihrer Heiligen; c) in der Liturgie das eucharist. Hochgebet als feststehender Teil der röm. Messe; d) im kath. Kirchenrecht Bez. der Konzilsbeschlüsse und definierten Glaubenssätze; heute v. a. der kirchenrechtl. Einzelvorschriften.

Kanone [italien., von lat. canna »Rohr«] *die,* Flachfeuergeschütz, ↗ Geschütze.

Kanonenboot, kleines Kriegsschiff.

Kanonier *der,* in der Bundeswehr unterster Mannschaftsdienstgrad bei der Artillerie- und Heeresflugabwehrtruppe.

Kanoniker *der* (Chorherr), Mitgl. eines Dom- oder Stiftskapitels oder eines Ordens regulierter Chorherren.

Kanonisation *die,* ↗ Heiligsprechung.

kanonisch [lat., zu Kanon], 1) *Physik:* Bez. für nach einer festen Regel gebildete Größen, Operationen u. a., die für die Beschreibung eines physikal. Vorgangs am besten geeignet sind.
2) *Religionen:* dem ↗ Kanon gemäß.

kanonisches Recht, ↗ Kirchenrecht.

Kanonisse *die,* 1) die ohne lebensläng. Gelübde in religiöser Gemeinschaft lebende Frau; 2) (Chorfrau), weibl. Mitgl. der Kanonikerorden.

Kanopen [grch.-ägypt.], 1) altägypt. Gefäße, in denen die Eingeweide Verstorbener gesondert beigesetzt wurden; seit dem Neuen Reich (1552–1070 v. Chr.) bildeten die Köpfe der vier Schutzgötter (Horussöhne), denen die K. unterstellt wurden, den Deckel.
2) etrusk. Aschenurnen aus Ton oder Bronze; Deckel in Kopfform.

Känophytikum [grch.] *das* (Neophytikum), *Geologie:* die Neuzeit der erdgeschichtl. Pflanzenentwicklung, seit der oberen Unterkreide; Erscheinen der Angiospermen (Bedecktsamige).

Kanovitz [ˈkænəvɪts], Howard, amerikan. Maler und Grafiker, * Fall River (Mass.) 9. 2. 1929; Vertreter des Fotorealismus, komponiert unter Benutzung fotograf. Vorlagen Bilder mit Gegenständen und Figuren, die sich versch. Realitätsebenen bzw. Illusion und Wirklichkeit zuordnen lassen.

Kanopen 1): Eingeweidekrüge aus Ägypten mit Deckeln, die die vier Schutzgötter darstellen (um 600 v. Chr.; Hildesheim, Roemer- und Pelizaeus-Museum)

Känozoikum [grch.] *das* (Neozoikum, Erdneuzeit), jüngste, bis in die Gegenwart reichende erdgeschichtl. Ära, gegliedert in das Tertiär und das aus Pleistozän und Holozän bestehende Quartär.

Kanpur (früher Cawnpore), Stadt im Bundesstaat Uttar Pradesh, N-Indien, am Ganges, 1,96 Mio. Ew.; Univ., TU; Industriezentrum mit Düngemittelfabrik, Waggonbau, Rüstungs- und Stahlindustrie.

Kans., Abk. für den Bundesstaat ↗ Kansas, USA.

Kansas [ˈkænzəs], Abk. **Kans.,** Bundesstaat im geograph. Mittelpunkt der USA, 213 111 km², 2,69 Mio. Ew.; Hptst. ist Topeka. K. liegt in der flachwel-

Kansas Flagge

ligen Tafellandschaft der Great Plains und hatte vor der Kultivierung Steppenvegetation; das Klima ist kontinental mit wenig Niederschlägen; Blizzards und Tornados treten häufig auf. Größte Städte sind Wichita und Kansas City. Weizenanbau und Rinderhaltung; bed. Industrie, u. a. Flugzeugbau, Heliumproduktion; an Bodenschätzen werden Erdöl und Erdgas, Blei- und Zinkerz gewonnen. – K. bildete einen Teil des frz. Louisiana, kam mit diesem 1763 an Spanien, 1803 an die USA, 1861 wurde es der 34. Staat der Union.

Kansas City [ˈkænzəs ˈsɪtɪ], **1)** Metropolitan Area in den USA, an der Mündung des Kansas River in den Missouri, 1,69 Mio. Ew.; dazu gehören K. C. 2) und K. C. 3).
2) Stadt in Kansas, USA, Teil von K. C. 1), 150 000 Ew., kath. Erzbischofssitz; Schwerind. und Fleischverarbeitung.
3) Stadt in Missouri, USA, Teil von K. C. 1), 441 300 Ew., Univ.; Handelszentrum des landwirtsch. Umlands mit vielseitiger Ind. (Lebensmittel, Kraftfahrzeuge, Papier, Maschinen, Chemikalien u. a.).

Kansas River [ˈkænzəs ˈrɪvə], rechter Nebenfluss des Missouri in den USA, 274 km lang, entsteht durch den Zusammenfluss von Smoky Hill River (900 km) und Republican River (679 km); mündet in der Metropolitan Area Kansas City.

Kansk, Stadt in Russland, östlich von Krasnojarsk, an der Transsibir. Eisenbahn, 107 500 Ew.; Baumwoll-, Maschinenbau-, Holzindustrie. Nahebei Braunkohlenbecken **K.-Atschinsk.**

Kansu, Provinz im NW Chinas, ↗ Gansu.

Kant, 1) Hermann, Schriftsteller, * Hamburg 14. 6. 1926; 1978–89 Präs. des Schriftstellerverbandes der DDR, 1986–89 Mitgl. des ZK der SED; seine Erzählungen und Romane vermitteln mit iron.-kritischem Blick zahlr. Details des Alltags in der DDR, ohne das System infrage zu stellen (Romane: u. a. »Die Aula«, 1965; »Das Impressum«, 1972; Erzählungen: »Bronzezeit«, 1986). In »Der Aufenthalt« (R., 1977) setzte er sich mit der Verantwortung des Einzelnen im Nationalsozialismus auseinander. Die nach dem polit. Umbruch entstandenen Werke (u. a. Autobiografie »Abspann«, 1991; Roman »Kormoran«, 1994) sind künstlerisch schwächer.

Hermann Kant

Immanuel Kant, Ausschnitt aus einem Gemälde von Gottlieb Doebler (1791; Duisburg, Museum der Stadt Königsberg)

2) Immanuel, Philosoph, * Königsberg 22. 4. 1724, † ebd. 12. 2. 1804; aus pietist. Elternhaus; seit 1770 Prof. für Logik und Metaphysik in Königsberg. – K.s Philosophie bedeutet Abschluss und Überwindung des Aufklärungszeitalters (↗ Aufklärung), zugleich den Ausgangspunkt für viele neuere philosoph. Richtungen (↗ deutsche Philosophie). Zunächst (»vorkrit. Zeit«) gelangte K. in seinen I. Newton orientierten Schriften zu Mathematik, Physik und Kosmologie (»Allg. Naturgesch. und Theorie des Himmels ...«, 1755) zu einer Theorie der Entstehung des Sonnensystems (↗ Kant-Laplace-Theorie) sowie zu einer neuen Definition des Wesens der Materie als »Kraft« (Energie). Philosophisch stand er anfangs in der Tradition des Rationalismus (G. W. Leibniz, C. Wolff), wählte jedoch unter dem Einfluss des engl. Empirismus (D. Hume) eine Neuorientierung, die in die krit. Philosophie mündete. Seine seit der »Kritik der reinen Vernunft« (1781, 2., veränderte Auflage 1787) entwickelte Lehre (»Kritizismus«) versucht, entgegen den Ansprüchen des (zur Skepsis führenden) Empirismus und des dogmat. Rationalismus, durch eine krit. Prüfung der Verstandeskräfte die Quellen und Grenzen der Erkenntnis zu bestimmen. Dabei kam K. zu dem Ergebnis, dass alles für uns allgemein gültige Erkennen abhängig sei von dem Menschen eigenen Erkenntnisformen: den reinen Verstandesbegriffen (den Kategorien; z. B. Substanz und Kausalität) und den Anschauungsformen (Zeit und Raum). Diese Formen liegen erkenntnislogisch vor der Erfahrung (sind apriorisch) und machen diese erst möglich, indem mit ihrer Hilfe die Vielfalt der Sinneseindrücke zur Einheit der Gegenstandserkenntnis geordnet wird. K. nennt sie als bewusstseinsimmanente Erkenntnisbedingungen transzendental. K.s Lehre bedeutet eine Eingrenzung der menschl. Erkenntnis, die nach K. niemals das »Ding an sich«, sondern nur die »Erscheinungen« erfassen kann. In der Sittenlehre (Hauptwerk: »Kritik der prakt. Vernunft«, 1788) stellte er ein oberstes und allg. Sittengesetz auf, das die Pflichterfüllung in den Mittelpunkt der sittl. Wertordnung stellt (↗ kategorischer Imperativ) und verbietet, den Menschen nur als Mittel zu benutzen (»Grundlegung zur Metaphysik der Sitten«, 1785). Die Ideen »Gott«, »Freiheit« und »Unsterblichkeit« sind für K. nicht Verstandesbegriffe, sondern letzte Forderungen (Postulate) der Vernunft, die für die Bildung von Erfahrung aber nur »regulative« Bedeutung haben. Wenn sie auch nicht theoret. erkennbar sind, muss ihre Realität doch angenommen werden, da sie Bedingungen sittl. Handelns sind. Grundlegend wurden auch seine Untersuchungen zur Ästhetik und zum Zweckbegriff (»Kritik der Urtheilskraft«, 1790). In seinem staatsphilosoph. Denken trat er für einen Rechtsstaat in republikan. Sinn, für Weltbürgerrecht und den »Ewigen Frieden« ein. – Die nachkant. Philosophie versuchte, die Lehren K.s zu einem einheitl. System zusammenzufassen (↗ deutscher Idealismus, ↗ Neukantianismus) oder im Sinne des Empirismus zu überwinden (↗ Positivismus).

Immanuel Kant: Autogramm

Kantabri|en, autonome Region in N-Spanien, entspricht der gleichnamigen Provinz, 5 321 km², 535 100 Ew.; Hptst.: Santander. K. umfasst überwiegend den Mittelteil des Kantabr. Gebirges; der atlant. Küstensaum (Costa Verde) hat viele kleine Buchten und Nehrungen. Obstplantagen, Fischfang (Sardinen).

Kantabrisches Gebirge, westl. Fortsetzung der Pyrenäen entlang der span. Nordküste, in den Picos de Europa 2 648 m ü. M.; Eisen-, Blei-, Mangan-, Zinkerzlager, Kohle- und Kalisalzlager.

Kantalupmelone (Cucumis melo var. cantalupa), große Zuckermelone (↗ Melone) mit dunkelgrüner bis fleckiger, gerillter, gelegentlich mit Warzen bedeckter Schale. Das Fruchtfleisch, bes. der Türkischen Warzenmelone, ist sehr wohlschmeckend.

Kantate [italien. »Singstück«] die, Vokalkomposition mit Instrumentalbegleitung; entstanden um 1600 in Italien als mehrteiliges, generalbassbegleitetes Sologesangsstück mit Rezitativ und Arie. Während hier der Schwerpunkt auf der weltl. K. **(Kammer-K.)** lag, wurde in Dtl. die K. Ende des 17. Jh. zu einer Hauptform der evang. Kirchenmusik **(Kirchen-K.),** bei der ein Chorsatz dem Wechsel von Rezitativ und Arie vorangestellt ist und ein mehrstimmiger Choral den Abschluss bildet. J. S. Bach gilt als der bedeutendste Meister der K., neben ihm sind G. Böhm, J. P. Krieger, G. F. Händel, G. P. Telemann und J. C.

Graupner bed. Vertreter der Gattung. Dem Niedergang der Form im ausgehenden 18. und im 19. Jh. folgte im 20. Jh. eine Wiederbelebung. Im Rahmen der »Gebrauchsmusik« entstand die bes. für das gemeinschaftl. Musizieren bestimmte K. (P. Höffer, P. Hindemith). In der Neuen Musik spielt die K. als Ausdrucksform religiöser, philosoph. oder polit. Inhalte eine wichtige Rolle (H. Eisler, A. Webern, P. Boulez, D. Milhaud, L. Nono, H. W. Henze).

Kantate [lat. »singet!«, Anfangswort des 98. Psalms], im Kirchenjahr der vierte Sonntag nach Ostern.

Kantele [finn.] *die,* finn. Nationalinstrument, eine Zither in Flügelform mit urspr. fünf, heute bis zu 46 Saiten.

Kantharide [grch.] *der,* / Spanische Fliege.

Kantharos [grch.] *der,* Becher mit zwei hochgezogenen Henkeln; seit dem 6. Jh. v. Chr. in Griechenland bekannt.

Kantilene [italien.] *die,* sanglich geführte, lyr. Melodie (vokal oder instrumental), meist in getragenem Zeitmaß.

Kantional [von lat. cantio »Gesang«] *das,* eine Samml. meist vierstimmiger Bearbeitungen von geistl. Liedern und Chorälen im einfachen, akkordisch-homophonen Satz (K.-Satz) mit melodieführender Oberstimme.

Kant-Laplace-Theorie [-la'plas-], zusammenfassende Bez. für zwei versch. Theorien zur Entstehung des Sonnensystems. Nach I. Kant (1755) hat sich die hochverdünnte Materie kosm. Gaswolken durch Gravitation gleichzeitig zu Sonne und Planeten verdichtet. Nach P. S. Laplace (»Nebularhypothese«, 1796) wurden aus der zuerst entstandenen Sonne durch schnelle Rotation Gasmassen herausgeschleudert, die zu Planeten kondensierten.

Kanton [frz.] *der,* **1)** Gliedstaat der Schweiz.
2) (frz. Canton), Verwaltungsbezirk, Unterabteilung des Arrondissements in Frankreich und des Distrikts in Luxemburg.

Kanton (Canton, chines. Guangzhou), Hptst. der Provinz Guangdong, China, an der Mündung des Perlflusses, 150 km vom offenen Meer, 6,6 Mio. Ew.; zwei Univ., TU, Fachhochschulen, Museen, Forschungsinst.; traditionelles Handelszentrum (Frühjahrs- und Herbstmesse). Schiffbau, Stahl-, Maschinen-, chem., pharmazeut., Zement-, Textil-, Papier-, Nahrungsmittel-, Genussmittelind.; Eisenbahnanschluss nach Peking und Hongkong, U-Bahn, internat. Flughafen. Seehafen ist **Huangpu** (Whampoa) 20 km unterhalb von K. am Perlfluss. – Histor. Bauwerke sind u. a. der Tempel Guangxiao (gegr. 4. Jh.), die Tempelanlage »Von den sechs Banyanbäumen« (479) mit der oktogonalen, neunstöckigen »Geschmückten Pagode« (537, mehrfach zerstört und wieder aufgebaut), die Moschee Huaisheng (627). An die jüngste Geschichte erinnern das »Grabmal der 72 Märtyrer« (1918) und die Sun-Yatsen-Gedächtnishalle (1925). – K. war schon während der Tang-Dynastie (618–907) ein wichtiger Überseehandelsplatz; 1517 erster Kontakt mit Europäern (Portugiesen). Von der 2. Hälfte des 18. Jh. bis 1842 (Ende des Opiumkrieges) einziger Außenhandelsplatz Chinas. 1924 erster Nationalkongress der Guomindang; an der Militärakademie Huangpu wirkten viele spätere Führer Chinas; 1938–45 von Japan besetzt.

Kantonfluss, Fluss in China, / Perlfluss.

Kantonsrat, schweizer. Kantonsparlament in Kantonen, die keine Landsgemeinde haben.

Kantor [lat. »Sänger«] *der,* Vorsänger bei der Liturgie; Leiter des Kirchenchors und Organist bei

Kanton: Blick über den Perlfluss auf die Stadt

evang. Gemeinden; in kleineren Orten früher zugleich Lehrer; in den Lateinschulen des 16. Jh. dem Direktor nachgeordnet; bed. war das Amt des Leipziger Thomaskantors, das u. a. J. S. Bach verwaltete.

Kantorei, Chorgemeinschaft für Kirchenmusik.

Kantor, Maxim, russ. Maler und Grafiker, * Moskau 22. 12. 1957; seine expressiv-figurative Malerei beschäftigt sich mit dem russ. Alltag.

Kantorowicz [-vitʃ], **1)** Alfred, Schriftsteller und Literarhistoriker, * Berlin 12. 8. 1899, † Hamburg 27. 3. 1979; 1936–38 Offizier im Span. Bürgerkrieg, seit 1946 in Berlin (Ost), übersiedelte 1957 in die Bundesrep. Dtl.; Verdienste als Hg. der Werke H. Manns und als Erforscher der Exilliteratur; schrieb u. a. »Dt. Tagebuch« (2 Bde., 1959–61), »Exil in Frankreich« (1971).

Maxim Kantor: Morgenrundgang (1985; Emden, Kunsthalle)

2) Ernst Hartwig, dt.-amerikan. Historiker, *Posen 3. 5. 1895, †Princeton (N. J.) 9. 9. 1963; jüd. Abstammung; Mitgl. des George-Kreises; 1932–33 Prof. in Frankfurt am Main (NS-Gegnerschaft), 1938 Emigration in die USA (1945–50 Prof. in Berkeley, ab 1951 in Princeton). – (Umstrittene) Hauptwerke: »Kaiser Friedrich der Zweite« (1927; Ergänzungs-Bd. 1931); »The King's two bodies« (1957; dt. »Die zwei Körper des Königs«, 1990).

Kantorowitsch, Leonid Witaljewitsch, russ. Mathematiker und Wirtschaftswissenschaftler, *Petersburg 19. 1. 1912, †Moskau 7. 4. 1986; entwickelte die Grundlagen der linearen math. Programmierung und leistete einen wesentl. Beitrag zur Theorie der optimalen Ressourcenallokation; erhielt 1975 mit T. C. Koopmans den Nobelpreis für Wirtschaftswissenschaften.

Leonid Witaljewitsch Kantorowitsch

Kantscheli, Gija, georg. Komponist, *Tiflis 10. 8. 1935; schrieb Orchesterwerke (u. a. 7 Sinfonien, 1967–86), die Oper »Musik für die Lebenden« (1983), Kammermusik (»Besuch in der Kindheit«, 1999, für Oboe, Klavier, Bassgitarre und Streicher), Lieder, zahlr. Bühnen- und Filmmusiken.

Kanu [auch kaˈnuː; von karib. can(a)oa »Baumkahn«] *das,* urspr. ein leichtes, kielloses Boot der Indianer, aus Baumrinde oder Tierhäuten hergestellt, die über einen Holzrahmen gespannt wurden; heute Bez. für alle mit Paddeln gefahrenen Sportboote. (↗ Kanusport).

Kanüle [frz.] *die,* 1) Hohlnadel unterschiedl. Stärke **(Injektions-K.)** mit Ansatz für Injektionsspritzen; 2) Röhrchen **(Tracheal-K.)** zum Lufteintritt in die Luftröhre nach Luftröhrenschnitt.

Kanuri (Hausaname Beriberi), zentralsudanes. Volk mit starkem Berbereinschlag, südwestlich des Tschadsees, seit dem 11. Jh. Muslime; Staatsvolk des alten Reichs Bornu (↗ Kanem-Bornu), heute etwa 3,5 Mio. in NO-Nigeria (Gliedstaat Borno).

Kanusport, Sammelbegriff für sportl. Betätigung in Kajaks und Kanadiern, u. a. als Kanurennsport, -slalom und Wildwasserrennsport. – Im **Kanurennsport** werden Geschwindigkeitswettbewerbe auf stehenden Gewässern in versch. Bootsklassen ausgetragen: Einerkajak (K 1), Zweierkajak (K 2) sowie Viererkajak (K 4); Einerkanadier (C 1) und Zweierkanadier (C 2). **Kanuslalom** erfolgt auf einer wildwasserähnl. Slalomstrecke mit künstl. und natürl. Hindernissen. **Wildwasserrennen** werden auf einer Wildwasserstrecke mit natürl. Hindernissen oder einem künstlich angelegten Wasserlauf mit z. T. eingebauten Hindernissen ausgetragen. **Wildwasserrodeo** entwickelte sich aus dem alpinen Wildwasserfahren (Freizeitsport); es setzt fahrer. und akrobat. Können voraus und wird mit speziellen, extrem klein gebauten Kajaks und Kanadiern ausgeübt. **Kanumarathon** ist eine Wettkampfdisziplin für Kajak- und Kanadierboote über eine Strecke von 20 bis 100 km. Beim **Kanupolo** versuchen zwei Mannschaften, vom Boot aus mit dem Paddel einen Plastik- oder Gummiball in das gegner. Tor zu treiben. (↗ Sportarten, Übersicht)

Kanzel *die,* 1) Baukunst: der erhöhte Standort für die Predigt, von einer Brüstung umgeben und über eine Treppe erreichbar. nach den »cancelli«, den Chorschranken der frühchristl. Kirche, mit denen der ↗ Ambo verbunden war. Die K. fanden seit dem 12./13. Jh., v. a. unter dem Einfluss der Bettelorden, an den Langhauspfeilern ihren Platz. In Italien seit der Spätgotik v. a. im Norden mit reichem Reliefschmuck ausgestattet. Außen-K. wurden v. a. an Wallfahrtskirchen angebracht.

2) *Flugzeug:* ältere Bez. für den Pilotenraum **(Piloten-K.),** speziell für den vorspringenden und verglasten Rumpfbug mehrmotoriger Flugzeuge.

kanzerogen [lat.], ↗ karzinogen.

Kanzlei [von lat. cancelli »Schranken« (die den Amtsraum abtrennten)] *die,* 1) Geschäftsräume, Büro (z. B. eines Rechtsanwalts oder einer Behörde).

2) seit dem 4. Jh. Behörde der röm. Kurie **(Apostol. K.),** dann der merowing. Könige, bei den Karolingern **Hofkapelle** gen. (↗ Kanzler), ab dem 13. Jh. auch zentrale Behörde eines Landesherrn (Fürsten) oder einer Stadt, der die Ausfertigung der Urkunden und die Durchführung des Schriftverkehrs oblagen. In den Territorien wurde die K. seit dem Spät-MA. die wichtigste Fachbehörde.

Kanzleisprachen, Formen der dt. Sprache in der öffentl. Verwaltung, seit dem 13. Jh. bes. in Urkunden und Rechtsvorschriften belegt. Die K. hatten maßgebl. Einfluss auf das Mitteldeutsche, das zur Grundlage der dt. Schriftsprache wurde.

Kanzel 1): die von Giovanni Pisano 1302–12 geschaffene Kanzel im Dom von Pisa

Kanzler [lat.], 1) *Geschichte:* hoher Beamter, der v. a. für die Ausfertigung von Staatsurkunden zuständig war. Die Bez. ist seit dem 4. Jh. belegt (↗ Kanzlei). Zur organisator. Einrichtung des Amtes kam es im (späteren) Hl. Röm. Reich 953 durch König Otto I., d. Gr.: Bis 1559 oblag dem K. die Leitung der Reichskanzlei. Bis 1806 war das Amt des **Erz-K. (Reichs-K.)** eines der ↗ Erzämter. Auch die landesherrl. Kanzleien wurden von einem K. geführt. In *Frankreich* war der Leiter der königl. Kanzlei der **Chancelier,** in *England* bzw. *Großbritannien* entwickelten sich aus dem Amt des K. die Ämter des ↗ Chancellor. In *Preußen* war 1747–1810 **Groß-K.** der Titel des Leiters der Justizverw., 1810–22 **Staats-K.** der Titel Hardenbergs. In *Österreich* war der Titel **Hof- und Staats-K.** 1742–1849 fakt. Amtsbez. des Außenmin. – Im *Dt. Reich* (1871–45) ↗ Reichskanzler, in Dtl., Österreich und der Schweiz ↗ Bundeskanzler.

2) an einigen wiss. Hochschulen Amtsbez. für den obersten Verwaltungsbeamten.

Kanzone [italien.] *die*, **1)** *Literatur:* lyr. Gedichtform aus 5–10 gleich gebauten Strophen (Stanzen), die aus elf- und siebensilbigen Versen gebildet sind; am Schluss folgt meist eine kürzere Strophe (»Geleit«). Die K. wurde seit dem 12. Jh. in provenzal. und nordfrz. Dichtung gepflegt und erhielt im 13./14. Jh. in Italien ihre eigentl. Form; zu höchster Vollendung brachte sie F. Petrarca. In dt. Sprache dichteten K. bes. A. W. Schlegel, Z. Werner, A. von Platen, F. Rückert.
2) (Canzona), *Musik:* im 13.–16. Jh. mehrstimmiges, meist weltl. Strophenlied (ebenso **Kanzonette**), nur gelegentlich die vertonte Gedichtform gleichen Namens; im 16.–17. Jh. Bez. für ein aus dem frz. Chanson hervorgegangenes Instrumentalstück (Canzona da sonar), seit dem 18. Jh. auch für ein lyr. Vokal- oder Instrumentalstück.

Kaohsiung [-çi-], Stadt in Taiwan, / Gaoxiong.

Kaokoveld [-f-], Gebirgslandschaft in NW-Namibia, am O-Rand der Namib, 1 300–1 800 m ü. M.; steppenhafte Hochfläche mit Trockentälern. Im K. leben verstreut z. T. nomad. Himba und Tjimba.

Kaolack, Hptst. der Region K. in Senegal, am (80 km langen) Mündungsästuar des Saloum, 227 300 Ew.; kath. Bischofssitz; Handelszentrum für Erdnüsse mit Ölmühle, Salinen, Fleischverarbeitung; Bahnlinie zum Hochseehafen, Flugplatz.

Kaoliang, die Hirseart Kauliang (/ Sorghumhirse).

Kaolin [nach dem chines. Berg Kaoling] *das*, fachsprachl. *der* (Porzellanerde), ein an Tonerde (Al_2O_3) reiches Gestein, dessen Hauptmineralbestandteile Kaolinit, daneben die chemisch gleich zusammengesetzten Minerale Dickit und Nakrit, ferner Glimmer, Quarz und Feldspat sind; wird mit Wasser plastisch; durch Brennen stellt man aus ihm Porzellan, Steingut und Steinzeug her.

Kaolinit [zu Kaolin] *der*, triklines oder monoklines Tonerdesilikat der chem. Zusammensetzung $Al_2[(OH)_4|Si_2O_5]$, weiß oder hell gefärbt, entsteht bes. durch Verwitterung von Feldspäten.

Kaonen, *Physik:* die K-Mesonen (/ Mesonen).

Kap [niederländ. kaap, zu lat. caput »Haupt«] *das* (engl. Cape, frz. Cap, italien. Capo, span. und portugies. Cabo), der vorspringende Teil eines Ufers oder einer Küste, manchmal eine Landspitze. – Mit K. zusammengesetzte Namen suche man auch unter den Eigennamen.

Kapaun *der,* kastrierter Hahn.

Kapazitanz [lat.] *die,* der kapazitive / Blindleitwert; Wechselstromwiderstand einer Kapazität.

Kapazität [lat.] *die,* **1)** *allg.:* Fassungsvermögen, Aufnahmefähigkeit.
2) *Betriebswirtschaft:* Leistungsvermögen eines Betriebsmittels (z. B. Maschinen, Produktionsanlagen und -stätten) während einer definierten Bezugsperiode **(Perioden-K.)** oder während der gesamten Nutzungsdauer **(Total-K.).**
3) *Elektrochemie:* bei Akkumulatoren und Batterien das Produkt aus Entladestrom und Entladezeit, gemessen in Amperestunden (Ah).
4) *Elektrostatik:* (elektrische K.), Formelzeichen C, SI-Einheit ist das Farad (F), das Verhältnis des Betrags Q der gleich großen, aber ungleichnamigen elektr. Ladungen auf zwei Leitern und der zw. diesen bestehenden Spannung U; $C = Q/U$. Die K. ist (bes. bei / Kondensatoren) ein Maß für das Aufnahmevermögen elektr. Ladungen. (/ Elektrizität)

Kapazitätsdiode (Varaktor, Varaktordiode), Halbleiterbauelement, dessen Kapazität von der Spannung abhängt und damit gesteuert werden kann.

Kap der Guten Hoffnung südlich von Kapstadt in Südafrika

Es gibt drei Realisierungsmöglichkeiten: 1) bei der **pn-Diode** wird die in Sperrrichtung auftretende und von der Sperrspannung abhängende Stärke der Sperrschicht ausgenutzt; 2) bei der **Schottky-Diode** erhält man gegenüber der pn-Diode im Bereich kleiner Spannungen eine sehr starke nichtlineare Kapazität, jedoch eine höhere Grenzfrequenz bis über 1 000 GHz; 3) beim **MIS-Varaktor** wird eine Änderung der Kapazität durch geringe Dotierung (»Verarmung«) ausgenutzt. K. werden zur Frequenzsteuerung, -vervielfachung, Mischung sowie in parametr. Verstärkern genutzt.

Kapazitätseffekt, die Veränderung des gesamtwirtsch. Produktionspotenzials bzw. des Kapitalstocks aufgrund von Investitionen. Der K. entspricht dem Produkt aus Nettoinvestitionen und Kapitalproduktivität bzw. dem Quotienten aus Nettoinvestitionen und Kapitalkoeffizient.

kapazitiver Blindwiderstand (kapazitiver Widerstand, Kondensanz), Zeichen X_C, SI-Einheit: Ohm (Ω); Kehrwert des Produkts aus Kapazität C und Kreisfrequenz $\omega = 2\pi f$ im Wechselstromkreis mit der Frequenz f. Der k. B. bewirkt ein Nachlaufen der Spannung gegenüber dem Strom um 90°.

Kap Blanc [- blã; frz. »weißes Kap«], Landzunge an der afrikan. NW-Küste, mit der mauretan. Hafenstadt Nouadhibou (früher Port Étienne).

Kap der Guten Hoffnung (engl. Cape of Good Hope), Felsvorsprung am westl. Südende der Kaphalbinsel, Rep. Südafrika, ein steiles Kliff südlich von Kapstadt; erstmals 1488 von B. Diaz umfahren.

Kapela *die,* 130 km lange, bewaldete Gebirgskette des Dinar. Gebirges in Kroatien, gliedert sich in Große K. (1 533 m ü. M.) und Kleine K. (1 280 m ü. M.), in deren S-Teil die Plitvicer Seen liegen.

Kapelle [mlat. cap(p)ella »kleines Bethaus«] *die,* **1)** für gottesdienstl. Zwecke bestimmtes kleines Gebäude oder kleiner Raum (Gebets-, Tauf-, Grab-K.). Dem Lang- oder Querhaus größerer Kirchen wurden oft **K.-Reihen,** dem Chor ein **K.-Kranz** angegliedert. Burg- und Schloss-K. bestehen oft aus zwei Geschossen **(Doppel-K.),** die durch eine Mittelöffnung im Gewölbe des unteren miteinander verbunden sind.
2) *Musik:* urspr. Bez. für den im K.-Raum der Kirche aufgestellten Sängerchor (Kirchenchor), dem die ein- und später mehrstimmige Vokalmusik (a cap-

pella) übertragen war. Im 17. Jh. ging der Name K. auf das Instrumentalorchester über.

Kapellmeister, der Leiter (Dirigent) eines Chors oder Orchesters, bes. der dem (General-)Musikdirektor oder (Chef-)Dirigenten nachgeordnete zweite oder dritte Dirigent eines großen Sinfonie- oder Opernorchesters.

Kaper [niederländ.] *der,* bewaffnetes Privatschiff, das aufgrund staatl. Ermächtigung (**K.-Brief**) feindl. Handelsschiffe aufbrachte. Die Kaperei wurde durch die Pariser Seerechtsdeklaration von 1856 abgeschafft.

Kapern: Knospe und Blüten einer dornlosen Varietät des Echten Kapernstrauchs; die Blüten öffnen sich nur wenige Stunden am Tag.

Kapern [grch.], Blütenknospen des in den Mittelmeerländern wachsenden dornigen, lederblättrigen **Echten Kapernstrauchs** (Capparis spinosa). Die K. werden in Salzlake, Essig oder Öl konserviert; Gewürz bes. für Soßen und Salate.

Kaperna|um (grch. Kapharnaum), Ort in Galiläa, Mittelpunkt des Wirkens Jesu am See Genezareth (Mt. 4, 13 ff., Lk. 4, 23); heute **Tell Hum.**

Kapetinger, frz. Königsgeschlecht, ben. nach Hugo Capet (König 987–996), von dessen Reg. an die K. in direkter Linie bis 1328, in Seitenlinien (Valois, Bourbonen, Orléans) bis 1792 und 1814/15–48 herrschten.

Kapfenberg, Stadt in der Obersteiermark, Österreich, an der Mürz, 22 600 Ew.; Höhere Techn. Lehranstalt für Maschinenbau und Elektrotechnik; Edelstahlwerk, Werkzeug- und Gerätebau, Kunststoffindustrie. – Spätgot. Pfarrkirche, Schloss (17./18. Jh.), reicher Bestand an Bürgerhäusern des 16.–18. Jh. – Seit 1192 Markt, seit 1924 Stadt.

Kapholländisch, / Afrikaans.

kapillar [zu lat. capillus »Haar«], 1) die Kapillaren betreffend; 2) haarfein, haarartig.

Kapillaren, 1) *allg.:* Röhren mit sehr kleinem Innendurchmesser.

2) *Anatomie:* (Haargefäße), feinste, dünnwandige Blutgefäße, in denen der Stoff- und Gasaustausch mit den Körperzellen erfolgt. Sie bilden das Bindeglied zw. Arterien und Venen.

Kapillarität *die,* das durch die Grenzflächenspannung bedingte Verhalten von Flüssigkeiten in engen Hohlräumen fester Körper (z. B. Spalten, Kapillaren, Poren). Beim Eintauchen einer engen Röhre in eine benetzende Flüssigkeit, z. B. Wasser, steigt diese in dem Kapillarrohr empor (**Kapillaraszension**). Handelt es sich jedoch um eine nicht benetzende Flüssigkeit, z. B. Quecksilber, so sinkt sie im Kapillarrohr ab und steht dort tiefer als außerhalb (**Kapillardepression**); Ursache für diese Art der K. sind die im Vergleich zu den Adhäsionskräften zw. Flüssigkeit und Kapillarwand größeren Kohäsionskräfte zw. den Flüssigkeitsmolekülen. – Als **Kapillarkondensation** wird die in kapillaren Hohlräumen poröser Körper bereits oberhalb des Siedepunkts eintretende Kondensation von Flüssigkeitsdämpfen bezeichnet. Sie beruht auf einer Erniedrigung des Dampfdrucks, da sich infolge der Adhäsionskräfte der Kapillarwände die Oberfläche der Flüssigkeit verkleinert.

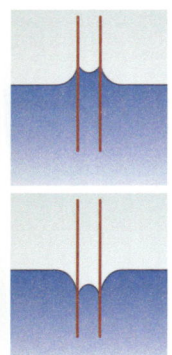

Kapillarität (von oben): Kapillaraszension und Kapillardepression

Kapillarwasser, durch Adhäsions- und Kohäsionskräfte in den feineren Poren des Bodens festgehaltenes Wasser; bei Anlagerung an feste Bodenteile spricht man von / Bodenwasser.

Kapital [italien., zu lat. capitalis »hauptsächlich«] *das, Volkswirtschaftslehre:* urspr. Bez. für eine zum Ausleihen bestimmte, Zinsertrag versprechende Geldsumme, später für alle Gütervorräte, dann für die der Produktion dienenden Gütervorräte (produzierte Produktionsmittel), danach eingeschränkt für alle für Investitionen zur Verfügung stehenden Finanzierungsmittel (**Geld-K.**); heute ist K. allg. der Bestand einer Volkswirtschaft an sachl. Produktionsmitteln (**Sach-K., Real-K., K.-Güter, K.-Stock**) in Anlagen (Anlage-K., fixes, gebundenes K.) oder in Vorräten (Lagerbestände an Roh-, Hilfs-, Betriebsstoffen, Betriebs-K. sowie Halb- und Fertigwaren, umlaufendes, zirkulierendes K.) oder an menschl. Fähigkeiten, Kenntnissen und Verhaltensweisen (/ Humankapital), der, einzelwirtschaftlich gesehen, seinen Eigentümern Einkommen und/oder Einfluss verschafft (**Erwerbs-K., Privat-K.**) und volkswirtschaftlich als einer der Produktionsfaktoren zur Erzeugung des Inlandsprodukts dient (**Produktiv-K.**). Für das wirtsch. Wachstum wichtig ist die **K.-Bildung,** d. h. die Erhöhung des volkswirtsch. K.-Stocks durch Konsumverzicht der Wirtschaftssubjekte (Sparen) und die Freistellung von Teilen des Inlandsprodukts für Investitionen (Subsistenzfonds). Die investierbaren K.-Mengen werden über den Kapitalmarkt der volkswirtschaftlich erwünschten Verwendung zugeführt. – Die **K.-Theorie** befasst sich mit Begriff, Entstehung, Funktionen und Entlohnung des K. in Form von Zins. Der Zins im Verhältnis zum eingesetzten K. ist die **K.-Rendite.** Die Relation von Kapitalstock zum realen Bruttoinlandsprodukt, der **K.-Koeffizient,** gibt an, wie viel K.-Einsatz je Produktionseinheit durchschnittlich erforderlich ist. Der reziproke Wert, die **K.-Produktivität,** zeigt das Produktionsergebnis pro eingesetzter K.-Einheit. Das Verhältnis von eingesetztem K. zur eingesetzten Arbeit, die **K.-Intensität,** zeigt die durchschnittl. Kapitalausstattung je Arbeitsplatz bzw. -kraft.

In der *Betriebswirtschaftslehre* wird unter K. der Gesamtwert aller betriebl. Sach- und Finanzmittel verstanden, im betriebl. Rechnungswesen der dem Vermögen eines Unternehmens auf der Passivseite in gleicher Höhe gegenüberstehende Bilanzposten, der Auskunft über die Herkunft der dem Unternehmen in Form von Geld oder Sachwerten zur Verfügung stehenden Mittel gibt. Nach der Rechtsstellung der K.-Geber wird zw. / Eigenkapital und / Fremdkapital unterschieden, wobei das Eigen-K. auch als Unternehmer- oder Beteiligungs-K. und das Fremd-K. auch als

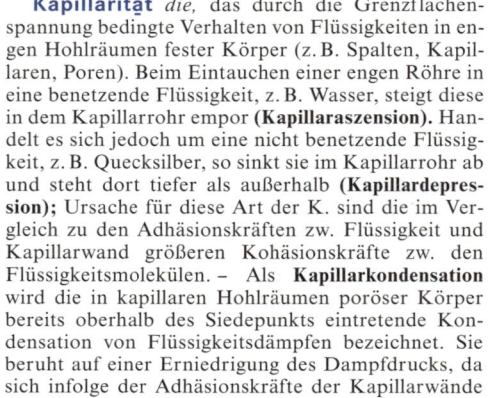
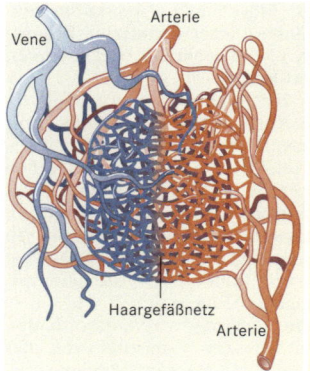

Kapillaren 2): vereinfachtes und vergrößertes Schema der Kapillaren zwischen der (zuführenden) Arterie und der (abführenden) Vene aus der Hirnrinde des Menschen

Kredit- oder Gläubiger-K. bezeichnet wird. V. a. aus Rückstellungen für die betriebl. Altersversorgung ergibt sich das ↗ Sozialkapital. Nach der Form der Bindung des K. wird unterschieden zw. Sach- oder Real-K. (z. B. Grundstücke, Maschinen) und Finanz- oder Geld-K. (z. B. Bargeldbestand, Wertpapiere).

Kapital|anlage, langfristige Anlage von Ersparnissen zur Einkommenserzielung und/oder (mindestens) Werterhaltung, v. a. Wertpapiere, Immobilien, Edelmetalle, Kunstgegenstände.

Kapital|anlagegesellschaft, ↗ Investmentfonds.

Kapitalbilanz, ein Teil der ↗ Zahlungsbilanz.

Kapitälchen *das,* Großbuchstabe in der Höhe der Mittellängen der Kleinbuchstaben.

Kapitaldienst, Zins- und Tilgungszahlungen für aufgenommene Kredite und Anleihen sowie laufend wiederkehrende Leistungen (z. B. Renten).

Kapital|einkünfte, Erträge aus Kapitalvermögen, v. a. Zinsen, Gewinnanteile (Dividenden) und sonstige Bezüge aus Genussrechten sowie Anteilen an Kapitalgesellschaften und Genossenschaften. K. unterliegen der Einkommensteuer (↗ Kapitalertragsteuer).

Kapital|erhaltung, Bez. für das Ziel, die Leistungskraft eines Unternehmens zu erhalten. **Nominelle K.** liegt vor, wenn das urspr. eingesetzte Geldkapital dem Betrag nach erhalten bleibt. **Reale K.** ist erreicht, wenn die Kaufkraft des Kapitals zu Beginn und Ende der Rechnungsperiode gleich ist. Bei der **substanziellen K.** wird angestrebt, nicht nur das Geldkapital, sondern das gesamte Realvermögen leistungsmäßig zu erhalten.

Kapital|erhöhung, Maßnahmen zur Erhöhung des Eigenkapitals eines Unternehmens entweder von außen als Beteiligungsfinanzierung oder unternehmensintern durch Selbstfinanzierung (Einbehaltung von Gewinnen, Rücklagenbildung). Das Aktiengesetz unterscheidet die K. gegen Einlagen oder **ordentl. K.** (Ausgabe neuer Aktien durch Beschluss der Hauptversammlung), das **genehmigte Kapital** (K. aufgrund eines Vorstandsbeschlusses), die **bedingte K.** (von der Ausübung der Bezugs- und Umtauschrechte abhängige K.) und die K. aus Gesellschaftsmitteln oder **nominelle K.** (Umwandlung offener Rücklagen in Grundkapital durch Ausgabe von Gratisaktien).

Kapital|ertragsteuer, besondere Erhebungsform der Einkommen- bzw. Körperschaftsteuer, die durch Steuerabzug (↗ Quellensteuer) auf bestimmte inländ. Kapitalerträge erhoben wird. Die K. wird vom Schuldner der Kapitalerträge für den Gläubiger einbehalten und an das Finanzamt abgeführt (§§ 43–45d EStG). Die Abzüge gelten als Vorauszahlung und sind bei der Veranlagung zur Einkommensteuer anzurechnen und den persönl. Verhältnissen anzupassen. Die K. beträgt 20 % bei Gewinnanteilen aus Aktien (Dividenden), GmbH-Anteilen und Genossenschaftsanteilen. Sie wird ferner als **Zinsabschlagsteuer** mit einem Steuersatz von 30 % (bei Tafelgeschäften 35 %) auf Zinsen aus festverzinsl. Wertpapieren, Termin- und Spareinlagen, zinsähnl. Erträgen, nicht aber bei Privatdarlehen erhoben. Der Zinsabschlag entfällt bei Vorlage einer Nichtveranlagungsbescheinigung oder Erteilung eines Freistellungsauftrages bis zur Höhe von 1 601 € (Einzelperson) oder 3 202 € (zus. veranlagte Eheleute). – Die K. (Aufkommen 2001: 29,8 Mrd. €, davon 9,0 Mrd. € Zinsabschlag) fließt je zur Hälfte dem Bund und den Ländern zu. Neuere Planungen in Dtl. sehen die Ersetzung der Zinsabschlagsteuer durch eine Abgeltungsteuer vor, nach der Zinserträge mit einem pauschalen Satz von 25 % (ohne Verrechnung mit der individuellen Einkommensteuer) versteuert werden. Innerhalb der EU verständigten sich die Finanzminister 2003 über eine Regelung zur grenzüberschreitenden Zinsbesteuerung. Danach werden 12 EU-Staaten bis 1. 1. 2005 ein lückenloses, automat. Informationssystem über Zinseinkünfte von Gebietsfremden einführen. Belgien, Luxemburg und Österreich wahren ihr Bankgeheimnis und müssen statt Kontrollmitteilungen der Banken an die Finanzbehörden eine Quellensteuer auf Zinseinnahmen in Höhe von zunächst (2005–07) 15 % (2008: 20 %, 2011: 35 %) erheben. Die Einnahmen müssen zu drei Vierteln an jenes EU-Land abgeführt werden, in dem der betreffende Konto- oder Depotinhaber seinen Wohnsitz hat.

In *Österreich* wird seit 1994 eine Abgeltungsteuer auf Zinsen in Höhe von 25 % erhoben, mit der Einkommen- und Erbschaftsteuer für diese Erträge pauschal abgegolten werden. In der *Schweiz* erhebt der Bund als K. eine Verrechnungssteuer auf den Ertrag bewegl. Kapitalvermögen mit einem Steuersatz von 35 %, die bei der Deklaration der persönl. Einkünfte angerechnet wird.

Kapital|export, i. w. S. jede Kapitalanlage von Inländern im Ausland, i. e. S. nur langfristige Kapitalanlagen. Der K. wird ausgelöst durch 1) Gewährung langfristiger Kredite aller Art an das Ausland durch Exporteure, Kreditinstitute und öffentl. Stellen, 2) Erwerb von Eigentum an ausländ. Sachgütern (Grund und Boden, Beteiligungen), Kauf von Aktien ausländ. Unternehmen, 3) Erwerb ausländ. Schuldverschreibungen im Ausland oder Zeichnung von im Inland aufgelegten Anleihen ausländ. Emittenten, 4) Kreditgewährung zur Überbrückung von Zahlungsbilanzdefiziten.

Kapitalflucht, i. w. S. die Übertragung von Vermögen, insbesondere liquiden Mitteln, ins Ausland bzw. in eine ausländ. Währung aus Gründen der Sicherheit, Rentabilität, Besteuerung (Steuerflucht) oder Spekulation, häufig illegal, aber auch legale spontane Kapitalverlagerung privater Anleger aufgrund einer plötzl. pessimistischeren Einschätzung der nat. Kapitalmarktperspektiven; i. e. S. die illegale Übertragung von Geld- und Sachwerten unabhängig von Zins- und Kursüberlegungen, um das Vermögen aus polit. und wirtsch. Gefahren (v. a. vor Enteignung) zu retten.

Kapitalgesellschaft, Ges. mit eigener Rechtsfähigkeit (↗ juristische Person), bei der für die Mitgliedschaft die Kapitalbeteiligung der Gesellschafter im Vordergrund steht und nicht die persönl. Mitarbeit wie bei den Personengesellschaften. Die Haftung der Gesellschafter ist auf ihren Anteil am Grund- oder Stammkapital beschränkt. Rechtsformen: AG, KGaA, GmbH.

Kapitalherabsetzung, Verminderung des Grundkapitals einer AG oder des Stammkapitals einer GmbH. Bei einer **nominellen K.** wird die Höhe des Eigenkapitals rechtlich und buchhalterisch den entstandenen Verlusten angepasst; bei einer **effektiven K.** wird ein Teil des Grund- oder Stammkapitals zurückgezahlt oder den Rücklagen zugeführt.

Kapital|intensität, ↗ Kapital.

Kapitalisierung, Rückrechnung von laufenden Zahlungen, v. a. von Erträgen, Renten und Annuitäten, auf einen bestimmten Zeitpunkt. Durch die K. werden diese kontinuierl. Wertflüsse auf einen Barwert abgezinst (diskontiert).

Kapitalismus *der,* Anfang des 19. Jh. geprägter Begriff für eine Wirtschafts- und Gesellschaftsordnung, die durch Privateigentum an den Produktionsmitteln, privates Unternehmertum, das Prinzip der Gewinn- bzw. Nutzenmaximierung, Steuerung des Wirtschaftsgeschehens über den Markt (↗ Marktwirtschaft), Wettbewerb, Rationalität, Individualismus und den Ggs. zw. Kapital und Arbeit (Arbeitgeber und -nehmer) gekennzeichnet ist.

Für K. Marx ist der K. in gesetzmäßiger histor. Abfolge die Produktionsweise zw. Feudalismus und Sozialismus/Kommunismus. Der von feudalen Fesseln (Leibeigenschaft) und vom Eigentum an Produktionsmitteln »freie« Lohnarbeiter ist in der Lage und gezwungen, dem Eigentümer der Produktionsmittel, dem Kapitalisten, seine Arbeitskraft zu verkaufen. Der Tauschwert der Ware Arbeitskraft liegt dabei niedriger als die im Produktionsprozess erzeugten Werte. Den so erzeugten Mehrwert eignen sich die einzelnen Kapitalisten als Profit (bzw. als Zins oder Rente) an. Gemäß dem Gesetz der Konkurrenz muss der größte Teil davon akkumuliert, also zur Erweiterung der Produktion eingesetzt werden. Daraus erklärt Marx sowohl die Entfesselung der Produktivkräfte in der industriellen Revolution als auch die zunehmende Polarisierung der Gesellschaft in zwei Klassen (Kapitalisten und Lohnarbeiter). Nach Marx verschärft sich der den K. kennzeichnende Grundwiderspruch zw. gesellschaftl. Produktion und privater Aneignung der Ergebnisse der Produktion bis zu seiner revolutionären Aufhebung im Sozialismus/Kommunismus, in dem dann auch die ↗ Entfremdung aufgehoben werde, die sich im K. dadurch ergebe, dass das Verhältnis zw. den Menschen durch Sachen bestimmt sei. Die marxsche Theorie wurde später durch den Marxismus-Leninismus sowie verschiedene neomarxist. Strömungen modifiziert und z. T. neu formuliert (↗ Marxismus, ↗ Neomarxismus).

Außerhalb des Marxismus wird der K. unterschiedlich definiert: Nach W. Sombart wird er durch Erwerbsprinzip, Rationalität und Individualismus bestimmt, nach M. Weber durch rationale Arbeitsorganisation zur Gewinnerzielung auf Basis eines formalisierten Rechnungskalküls, nach J. A. Schumpeter durch die Dominanz innovativer dynam. Unternehmer. – Verbreitung fand Sombarts Periodisierung: **Früh-K.** (im Wesentlichen die Zeit des ↗ Merkantilismus), **Hoch-K.** (klass. Konkurrenz-K., entstanden im 18. Jh. im Zuge der industriellen Revolution) und **Spät-K.** (entstanden v. a. nach dem Ersten Weltkrieg und gekennzeichnet durch wachsende Kapitalkonzentration sowie zunehmende Eingriffe des Staates in das wirtsch. Geschehen). Die Vertreter der v. a. von W. Eucken entwickelten Ordnungstheorie halten den Begriff K. für entbehrlich und bestehen auf dem Begriff der Marktwirtschaft zur Charakterisierung einer dezentral geplanten Wirtschaft im Ggs. zur Plan- bzw. Zentralverwaltungswirtschaft.

Seit dem Zusammenbruch der Zentralverwaltungswirtschaften in Europa dominieren auch in der gesellschaftskrit. Diskussion marktwirtsch. Konzeptionen, sozialist. Alternativmodelle sind weitgehend obsolet. Als Vorzüge des K. gelten seine Produktivität, Effizienz, Dynamik und Adaptionsfähigkeit sowie der in den westl. Ind.staaten erreichte Massenwohlstand – verbunden mit staatl. Sozialpolitik, Tarifautonomie und Mitbestimmungsrechten (»sozial gebändigter K.«, ↗ soziale Marktwirtschaft). Dennoch steht dieses Wirtschaftssystem gegenwärtig vor einer Vielzahl nicht bzw. nur unzureichend gelöster Fragen. Dazu gehören v. a. Umweltprobleme, Massenarbeitslosigkeit, Unternehmens- und Vermögenskonzentration, ein umfassender Strukturwandel und weitere Folgen der ↗ Globalisierung.

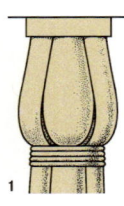
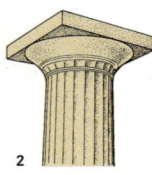

Kapitell: verschiedene Formen; 1 ägyptisches Knospenkapitell (Lotos); 2 dorisches Kapitell; 3 ionisches Kapitell; 4 korinthisches Kapitell

Kapitalkonto, *Buchführung:* bei Personengesellschaften und Einzelunternehmen das Konto zur Verbuchung des Eigenkapitals unter Einschluss der Zugänge (Einlagen, Gewinne) und der Minderungen (Entnahmen, Verluste); bei Kapitalgesellschaften das unveränderl. Konto des Grund- oder Stammkapitals.

Kapitalmarkt, Markt für langfristige Kredite und Kapitalanlagen, i. e. S. für langfristige Wertpapiere, der in **Rentenmarkt** (für festverzinsl. Wertpapiere) und **Aktienmarkt** (für Beteiligungspapiere) unterteilt wird. Ggs.: ↗ Geldmarkt.

Kapitalstock, Bestand an produzierten Produktionsmitteln einer Volkswirtschaft (z. B. Maschinen, betrieblich genutzte Gebäude), in der amtl. Statistik das jahresdurchschnittl. Bruttoanlagevermögen.

Kapitalverbrechen [von lat. caput »Haupt«], urspr. Verbrechen, die mit Todesstrafe bedroht waren, jetzt schwere Verbrechen.

Kapitalverflechtung, wechselseitige Beteiligung zweier oder mehrerer Unternehmen an dem jeweiligen Eigenkapital.

Kapitalverkehr, i. w. S. Gesamtheit aller finanziellen Transaktionen, entweder als Gegenleistung für den Bezug von Waren und Dienstleistungen oder für die Änderung von Forderungen und Verbindlichkeiten; i. e. S. die zw. versch. Ländern entstehenden Forderungen (Kapitalexport) und Verbindlichkeiten (Kapitalimport) privater und öffentl. Stellen, die in der K.-Bilanz (Kapitalbilanz) statistisch erfasst werden.

Kapitalverkehrsteuer, Oberbegriff für Steuern auf Rechtsgeschäfte des Kapitalverkehrs, die der Kapitalbildung **(Gesellschaftsteuer)** und der Kapitalbewegung **(Börsenumsatzsteuer)** dienen. Durch das Finanzmarktförderungs-Ges. vom 22. 2. 1990 wurde die Gesellschaftsteuer mit Wirkung vom 1. 1. 1992, die Börsenumsatzsteuer mit Wirkung vom 1. 1. 1991 abgeschafft.

Kapitalwert, der Bar- oder Gegenwartswert der Summe aller künftigen Mittelrückflüsse unter Berücksichtigung der Anschaffungsausgaben; durch Abzinsung (Diskontierung) mit dem Kalkulationszinsfuß errechnet; Ggs. Ertragswert.

Kapitän [lat. capitaneus, zu caput »Haupt«], 1) *Militärwesen:* seit dem 16. Jh. der Führer einer Kompanie; heute Dienstgradbez. in den Heeren versch. Länder.

2) *Seeschifffahrt:* (naut. Schiffsoffizier), Führer eines (Handels-)Schiffes (bei der Bundesmarine: **Kommandant**) mit staatl. Befähigungszeugnis (K.-Patent), für dessen Erwerb an Fach(hoch)schulen für Seefahrt (Nautik) und Schiffsbetriebstechnik u. a. ein Mindestalter, vorgeschriebene Fahrzeiten sowie eine mindestens zweijährige Fahrzeit als naut. Schiffsoffizier erforderlich sind. Der K. trägt stets die persönl. Verantwortung für Schiff, Ladung und Besatzung. Er hat außerdem gewisse Vertretungsbefugnisse und auf hoher See eine beamtenähnl. Stellung mit öffentlichrechtl. Befugnissen.

Kapitel [von lat. capitulum »Köpfchen«, zu caput »Kopf«] *das,* 1) *Buchwesen:* Abschnitt eines Textes in einem Schrift- oder Druckwerk (urspr. kurze, einem Text vorangestellte Inhaltsangabe).

2) *kath. Kirchenrecht:* Kollegium von Priestern an einer Dom- oder Stiftskirche (↗ Domkapitel, Kollegiatkapitel), auch die Versammlung der Klostergemeinde auf allen Ebenen **(Kloster-, Provinzial-, Generalkapitel).**

Kapitell [lat.] *das,* der oberste, zw. Stütze und Last vermittelnde Teil einer Säule, eines Pfeilers oder Pilasters. In der grch. ↗ Säulenordnung entsprach jedem der drei großen Stile eine eigene Form des K. (dorisch, ionisch, korinthisch). Zu großem Formenreichtum entwickelte sich das K. in der Romanik, die außer dem schlichten Würfel-K., einer Durchdringung von Halbkugel und Würfel, K. mit Figurenreliefs, Flechtwerk und anderen Ornamenten verwendete. Der Schmuck des got. K. beschränkte sich auf Knospen- und Blattwerk. Seit der Renaissance wurden die Formen des antiken K. wieder aufgenommen.

Kapitelsaal, der Sitzungssaal im Kloster.

Kapitol *das,* 1) (lat. Capitolium), Name des kleinsten der Sieben Hügel Roms mit zwei Kuppen, urspr. nur Bez. der südl. Kuppe. Auf der nördl. Kuppe stand die Burg (Arx), auf der anderen der Tempel der Göttertrias Jupiter, Juno und Minerva (509 v. Chr. geweiht), religiöser und polit. Mittelpunkt Roms. Der Platz des heutigen K. wurde nach Plänen Michelangelos angelegt. Der zum K. emporführenden Treppe gegenüber erhebt sich der Senatorenpalast, links das Kapitolin. Museum, rechts der Konservatorenpalast, in der Mitte das antike Reiterstandbild Mark Aurels (Original im Kapitolin. Museum).

2) (engl. Capitol), in den USA das Parlamentsgebäude; das K. in Washington (D. C.) wurde 1793–1824 nach Plänen von William Thornton (*1759, †1828) erbaut; der Kuppelbau wurde nach 1850 vollendet.

Kapitol 2): das Parlamentsgebäude in Washington (D. C.)

Kapitolinische Wölfin, etrusk. Bronzeplastik (Höhe 75 cm) aus der 1. Hälfte des 5. Jh. v. Chr., seit 1471 auf dem röm. Kapitol; dem Bildwerk wurden im späten 15. Jh. die Zwillinge Romulus und Remus hinzugefügt. Die K. W. ist im Kapitolinischen Museum in Rom ausgestellt.

Kapitularien (lat. Capitularia), Königsgesetze des Fränk. Reiches z. Z. der Karolinger in lat. Sprache; ben. nach ihrer Kapiteleinteilung.

Kapitularvikar (Kapitelsvikar), der vom Domkapitel gewählte Leiter einer Diözese während einer ⁄ Sedisvakanz; heute i. d. R. ein Weihbischof.

Kapitulation [lat.] *die,* früher ein völkerrechtl. Vertrag, durch den eine europ. Macht das Recht erhielt, für ihre Untertanen in nicht europ. Staaten durch eigene Konsuln in beschränktem Umfang die Zivil- und Strafgerichtsbarkeit ausüben zu lassen (Konsulargerichtsbarkeit). – Im Kriegsrecht eine völkerrechtl. Vereinbarung zw. den Befehlshabern gegner. Streitkräfte, die es den Streitkräften, die kapituliert haben, unmöglich macht, die Kampfhandlungen fortzusetzen. Die K. kann mit Bedingungen versehen oder bedingungslos sein. Eine Freistellung des Siegers von den Normen des Völkerrechts oder internat. Konventionen wird durch die bedingungslose K. nicht bewirkt. Die K. hat keinerlei Auswirkung auf die Völkerrechtssubjektivität des Staates, dessen Streitkräfte kapituliert haben.

Kapiza (Kapitza, Kapica), Pjotr Leonidowitsch, russ. Physiker, * Kronstadt 8. 7. 1894, † Moskau 8. 4. 1984; 1921–34 Mitarbeiter von E. Rutherford in Cambridge, ab 1955 Direktor des von ihm gegründeten Inst. für physikal. Probleme an der Akademie der Wiss.en der UdSSR in Moskau; entdeckte 1938 die Suprafluidität des Heliums. K. erhielt für seine grundlegenden Entdeckungen auf dem Gebiet der Tieftemperaturphysik 1978 (mit A. A. Penzias und R. W. Wilson) den Nobelpreis für Physik.

Kaplan *der,* in einer kath. Pfarrei der dem Gemeindepfarrer kirchenrechtlich untergeordnete, ihn bei der Gemeindearbeit unterstützende Priester.

Kaplan, 1) Anatoli Lwowitsch, eigtl. Tankhum Lewikowitsch K., russ. Grafiker und Maler, * Rogatschow (Gebiet Gomel) 28. 12. 1902, † Leningrad 3. 7. 1980; Hauptthema seiner Lithographien, Pastelle, Gouachen, Zeichnungen und Keramiken ist die jüd. Folklore; graf. Folgen und Illustrationen zur jüd. Literatur.

2) Viktor, österr. Maschineningenieur, * Mürzzuschlag 27. 11. 1876, † Unterach am Attersee (OÖ) 23. 8. 1934; erfand 1912 die **K.-Turbine,** eine axial durchströmte Wasserturbine mit verstellbaren Laufradschaufeln.

Kapland, umgangssprachl. Bez. für das Gebiet um Kapstadt und das Kap der Guten Hoffnung mit der Kaphalbinsel; i. w. S. die ehem. Kapprovinz der Rep. Südafrika (721 004 km², 5 Mio. Ew.), die sich heute in die Provinzen Nord-Kap, West-Kap und Ost-Kap gliedert.

Kapodistrias, Ioannes Graf, grch. Politiker, * Korfu 11. 2. 1776, † (ermordet) Nauplion 9. 10. 1831; vertrat Russland auf dem Wiener Kongress und wurde 1815 russ. Außenmin., musste 1821 wegen Unterstützung des grch. Unabhängigkeitskampfes zurücktreten; 1827–31 Regent Griechenlands.

Kapok [malaiisch] *der* (Ceibawolle, vegetabilische Wolle, Pflanzendaunen), weiße bis gelbliche Faserwolle aus Haaren der inneren Kapselfruchtwand des Echten ⁄ Kapokbaums (Polster-, Füll- und Isoliermaterial).

Kapitolinische Wölfin: Bronzeplastik aus dem 5. Jh. v. Chr., die Zwillinge Romulus und Remus wurden erst im späten 15. Jh. beigefügt (heute Rom, Kapitolinisches Museum).

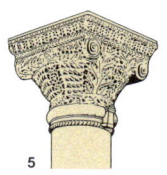

Kapitell:
5 byzantinisches Kämpferkapitell;
6 romanisches Würfelkapitell;
7 gotisches Kelchkapitell

Pjotr Kapiza

Kaprun: Kitzsteinhorn

Kapstachelbeere: Pflanze mit Blüten, unreifen Früchten und sichtbarer reifer Frucht

Kapstadt Stadtwappen

Kapokbaum (Baumwollbaum, Wollbaum, Ceiba), Gattung der Wollbaumgewächse mit rd. 20 Arten in den Tropen; bis 70 m hohe Bäume; bekannt ist der **Echte K.** (Ceiba pentandra); die Früchte liefern ↗ Kapok, die Samen das zu techn. und Speisezwecken verwendete **Kapoköl.**

Kapoor [ˈkapuːə], Anish, brit. Plastiker ind. Herkunft, * Bombay 12. 3. 1954; Rauminstallationen aus monochrom eingefärbten Steinen, Objekten und Zeichnungen.

Kaposi-Sarkom [nach dem österr. Dermatologen Moritz Kaposi, * 1837, † 1902] das (Retikuloangiomatose), an Haut und Schleimhaut sowie inneren Organen und Lymphknoten zahlreich auftretende schmerzhafte, rotviolette Knötchen und Knoten; verursacht durch das Herpesvirus Typ 8. Das K.-S. tritt v. a. bei HIV-Infektion (↗ Aids) auf.

Kaposvár [ˈkɔpɔʃvaːr], Hptst. des Bez. Somogy (südl. des Plattensees), SW-Ungarn, 66 800 Ew.; Mühlen, Zuckerfabrik, Fleisch-, Baumwollverarbeitung, Elektronikindustrie.

Kapotte [frz. Capote] die (Kapotthut, ↗ Kiepenhut.

Kapovaz, Kurzwort für **kap**azitäts**o**rientierte variable Arbeits**z**eit, fälschl. Bez. für eine Form der Teilzeitarbeit, bei der Arbeitnehmer nur entsprechend dem betriebl. Bedarf beschäftigt werden; geregelt in § 12 Teilzeit- und Befristungs-Ges. vom 21. 12. 2000. Lage und Dauer der Arbeitszeit richten sich nach dem Arbeitsanfall, wobei sich die Arbeitnehmer verpflichten, dem Arbeitgeber auf Abruf zur Verfügung zu stehen, ohne dass ihnen die Wartezeiten vergütet werden **(Arbeit auf Abruf).**

Kapowahöhle (Schugan Tasch), Höhle (etwa 2 km lang) am Oberlauf der Belaja im Südl. Ural, Baschkortostan (Russ. Föderation); die 1959 entdeckten Wandmalereien mit eiszeitl. Tieren (Mammut, Nashorn, Pferd, Wisent) gelten als die östlichsten Höhlenbilder der jüngeren Altsteinzeit.

Kapp, Wolfgang, Politiker, * New York 24. 7. 1858, † Leipzig 12. 6. 1922; gründete 1917 die Dt. Vaterlandspartei; versuchte im März 1920 in Berlin vergebens, die Reichsreg. zu stürzen (↗ Kapp-Putsch); starb in Untersuchungshaft.

Kappa das, K, κ, der 10. Buchstabe des grch. Alphabets.

Kappadoki|en, antiker Name einer Landschaft im mittleren und östl. Kleinasien, vom Halys (heute Kızılırmak) durchflossen, benannt nach dem um 700 v. Chr. eingewanderten iran. Volk der **Kappadoken;** zuerst von anatol. Völkern bewohnt, seit Mitte des 2. Jt. v. Chr. unter hethit. Herrschaft, 547/546 v. Chr. pers. Satrapie. 17 n. Chr. wurde K. zur röm. Provinz **Cappadocia** (Hptst.: Caesarea, heute Kayseri). Im 4. Jh. n. Chr. wurde das Land Mittelpunkt der Christianisierung (Zentrum war ↗ Göreme). Die bizarren Felskegelformationen K.s, die zahlr. Höhlenkirchen (v. a. 9.–13. Jh.) beherbergen, wurden von der UNESCO zum Weltkulturerbe erklärt.

Kappadoki|er (drei große Kappadokier), *Kirchen-* und *Theologiegeschichte:* die sich auf ihre Heimat beziehende Sammelbezeichnung der drei östl. Kirchenväter Basilius der Große, Gregor von Nazianz und Gregor von Nyssa.

Kappe, 1) *Architektur:* der zw. zwei Graten oder Rippen liegende Teil eines Kreuzgewölbes (↗ Gewölbe).

2) *Mode:* rundum geschlossener Überziehmantel, mit Kapuze als Reisemantel im MA. getragen; in der span. Mode des 16./17. Jh. kurzer, steifer Schulterumhang (cappa); lebt heute in »Cape« fort; übertragen auf eine barett- oder haubenförmige Kopfbedeckung.

Kappel am Albis, Gemeinde im Kt. Zürich, Schweiz, 860 Ew. – Ehem. Zisterzienserabtei (1185–1524). – In den beiden **Kappeler Kriegen** (1529–31) rangen die ref. Stände und die kath. Orte um die religiöse Vorherrschaft (↗ Schweiz, Geschichte); in der Schlacht bei K. a. A. (11. 10. 1531) fiel U. Zwingli.

Kappeln, Stadt im Kr. Schleswig-Flensburg, Schlesw.-Holst., an der sich hier letztmalig verengenden Schlei, 10 300 Ew.; Fischerei-, Wasser- und Schifffahrtsamt; Fischräucherei, Bootswerft; entwickelte sich nach dem Bau einer Pontonbrücke über die Schlei (1866; heute Drehbrücke) zum Verkehrsknotenpunkt. – Das Stadtbild wird von Bürgerhäusern des 18. und 19. Jh. geprägt. – Entstand im 14. Jh., wurde 1870 Stadt.

Kapp-Putsch, Umsturzversuch in der Weimarer Rep. (13.–17. 3. 1920), geplant von Teilen der dt. Armee unter Führung des Generals W. Freiherr von Lüttwitz und rechtsradikalen Politikern (Nat. Vereinigung) mit W. Kapp an der Spitze; zwang die Reichsreg. zur Flucht nach Stuttgart, scheiterte aber u. a. am Generalstreik der Gewerkschaften, an der Loyalität der Ministerialbürokratie sowie mangelnder Unterstützung seitens der Reichswehrführung.

Kapr, Albert, Schrift- und Buchkünstler, * Stuttgart 20. 7. 1918, † Leipzig 31. 3. 1995; 1951–83 Prof. in Leipzig, ebd. seit 1955 Leiter des Inst. für Buchgestaltung; entwarf versch. Druckschriften (»Leipziger Antiqua«, »Leipziger Kursiv« u. a.), auch Lichtsatzschriften; schuf monumentale Holzschnitttexte und gestaltete über 200 Bücher (v. a. Einbände).

Kapriole [italien. »Bockspruck«] *die, Reitsport:* Sprungfigur, wobei das Pferd senkrecht emporschnellt und mit der Hinterhand ausschlägt. (↗ hohe Schule)

Kaprow [ˈkæprəʊ], Allan, amerikan. Künstler, * Atlantic City (N. J.) 23. 8. 1927; studierte Architektur, Kunstgeschichte und Malerei, bevor er sich unter dem Einfluss von J. Cage ab 1958 auf Happenings spezialisierte.

Kaprubin, Schmuckstein, handelsübl., aber falsche Bez. für Pyrop (↗ Granat).

Kaprun, Gemeinde im Bundesland Salzburg, Österreich, im Pinzgau, 786 m ü. M.; 3 000 Ew.; umfasst das Kapruner Tal, das rechte Seitental der Salzach in den Hohen Tauern, von der **Kapruner Ache** durchflossen, mit vergletschertem Talschluss (Bärenkopf

Kap Verde

Fläche:	4 033 km²
Einwohner:	(2000) 437 000
Hauptstadt:	Praia
Verwaltungsgliederung:	14 Kreise
Amtssprache:	Portugiesisch
Nationalfeiertag:	5. 7.
Währung:	1 Kap-Verde-Escudo (KEsc) = 100 Centavo (CTS)
Zeitzone:	MEZ − 2 Std.

3 401 m, Großes Wiesbachhorn 3 564 m, Kitzsteinhorn 3 203 m ü. M.); Fremdenverkehr (Wintersport; zahlr. Seilbahnen; im Jahr 2000 verheerende Brandkatastrophe der Zugseilbahn im Kitzsteinhorntunnel mit 155 Toten). − Im oberen Talabschnitt wird die Kapruner Ache für die Tauernkraftwerke Glockner-Kaprun (Limbergkraftwerk, 112 MW; Hauptkraftwerk 220 MW) zum Stausee Mooserboden (2 036 m ü. M., max. 88 Mio. m³ Wasser) und zum Stausee Wasserfallboden (1 672 m ü. M., max. 85 Mio. m³ Wasser) gestaut; außerdem gelangt durch den 12 km langen Möllstollen unter dem Tauernhauptkamm das im Speicher Margaritze aufgefangene Schmelzwasser der Pasterze in den Mooserboden.

Kapstadt: Blick auf Kapstadt, im Hintergrund der Tafelberg

Kapsel, 1) *Anatomie:* bindegewebige Umhüllung von Organen oder Gelenken.
2) *Botanik:* zur Reifezeit aufspringende Fruchtform.
3) *Pharmazie:* Umhüllung aus Stärke, Gelatine oder anderen verdaul. Stoffen für feste oder flüssige Arzneimittel.
Kapspur, eine Spurweite von Eisenbahnen (1 067 mm); urspr. nur in Südafrika, heute z. B. auch in Ostafrika, Ghana, Nigeria, Sudan, Australien, Neuseeland, Indonesien, Schweden und Norwegen.
Kapstachelbeere (Physalis peruviana), aus Peru stammendes, später von Südafrika aus über alle Kontinente mit warmen Klimazonen verbreitetes Nachtschattengewächs mit gelbl. bis orangefarbenen runden, 2 cm großen essbaren Früchten, die in reifem Zustand von einem hellbraunen, geschlossenen Blütenkelch umgeben sind.

Kapstadt (engl. Cape Town, afrikaans Kaapstad), Hptst. der Prov. West-Kap, Rep. Südafrika, 854 600 Ew., als Agglomeration 3,087 Mio. Ew.; ihr Kerngebiet südlich der Tafelbucht des Atlant. Ozeans wird überragt vom Tafelberg (bis 1 086 m ü. M.); Sitz des südafrikan. Parlaments, eines anglikan. und eines kath. Erzbischofs; kulturelles Zentrum mit zwei Univ., Forschungsinstituten, Museen, Bibliotheken, Theater, botan. und zoolog. Garten. K. ist bed. Verkehrs- und Ind.zentrum; Textil-, Nahrungsmittel-, petrochem. u. a. Ind., Werften; Hafen, internat. Flughafen. − Das älteste erhaltene Bauwerk Südafrikas ist die Festung (Castle of Good Hope) mit fünf Bastionen (1666−79). Im regelmäßig angelegten Stadtkern sind Bauten im niederländ. Kolonialstil (kapholländ. Stil) erhalten. Bed. auch das Alte Rathaus (1755−61), das Parlamentsgebäude (1886) mit angrenzendem De Tuynhuys (heute Amtssitz des Staatspräs.). Das histor. Malaienviertel befindet sich nordwestlich des Stadtkerns am Fuß des Signal Hill (350 m ü. M.). − Die Stadt wurde 1652 von Niederländern gegründet; 1806−1910 Hauptstadt der brit. Kapkolonie.

Kapuziner, franziskan. Reformorden; ↗ Franziskaner.

Kapuziner|affen (Cebinae), Unterfamilie der Neuweltaffen in den Waldgebieten Mittel- und Südamerikas, meist mit mindestens körperlangem Rollschwanz, der häufig als »Greifhand« eingesetzt wird, sowie kapuzenartigem Haarschopf.

Kapuzinerkresse [nach der kapuzenähnl. Blüte] (Blumenkresse, Tropaeolum), südamerikan. Gattung meist kletternder Kräuter der K.-Gewächse mit schildförmigen Blättern und gespornten gelben bis roten Blüten. Die am häufigsten kultivierte Art ist die **Große K.** (Topaedum majus), eine beliebte Zierpflanze.

Kapuzinerpredigt (Kapuzinade), strafende oder tadelnde Predigt, wie sie bei den Kapuzinern üblich war; bekannt v. a. die K. des ↗ Abraham a Sancta Clara.

Kap Verde [portug. verde »grün«] (frz. Cap Vert), Halbinsel an der Küste Senegals mit dem westlichsten Punkt des afrikan. Festlands (17° 33′ w. L.).

Kap Verde (amtlich portugies. República de Cabo Verde, dt. Rep. K. V. und Rep. Kapverden), Inselstaat im Atlantik vor der W-Küste Afrikas.

Staat und Recht

Nach der Verf. vom 25. 9. 1992 ist K. V. eine Rep. mit Mehrparteiensystem. Staatsoberhaupt mit weitgehend repräsentativen Aufgaben ist der auf 5 Jahre direkt gewählte Präs. Exekutivorgan ist die Reg. unter Vorsitz des vom Parlament gewählten MinPräs. Die

Staatswappen

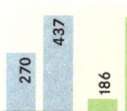

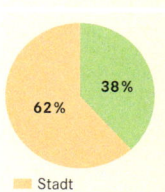

Bevölkerungsverteilung 2000

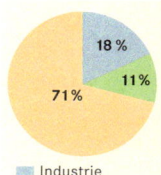

Bruttoinlandsprodukt 2000

Legislative liegt bei der Nationalversammlung (72 Abg., für 5 Jahre gewählt). Wichtigste Parteien: Afrikan. Partei für die Unabhängigkeit von K. V. (PAICV), Bewegung für Demokratie (MPD).

Landesnatur

K. V. umfasst die **Kapverdischen Inseln (Kapverden)**, zehn größere Inseln (davon neun bewohnt) und fünf Inseln, die sich in die beiden Gruppen Barlavento (Santo Antão, São Vicente, Santa Luzia, São Nicolau, Sal, Boa Vista) und Sotavento (São Tiago, Fogo, Maio, Brava) gliedern. Die Inseln sind vulkan. Ursprungs, teilweise gebirgig und stark zertalt; die westl. Inseln

Kap Verde: durch Vulkanismus geprägte Landschaft im Südosten der Insel Santo Antão

haben über 100 m hohe Steilküsten. Auf den östl. Inseln sind größere Flächen mit Dünensand oder Salzsümpfen bedeckt. Höchste Erhebung ist der noch tätige Vulkan Pico de Cano (2 829 m ü. M.; nach 44 Jahren seit 1995 wieder aktiv) auf Fogo. Das Klima wird den größten Teil des Jahres vom trockenen Nordostpassat bestimmt, nur von Ende Juli bis Anfang Nov. geringe, in höheren Gebirgslagen höhere Niederschläge. Es herrscht Halbwüstenvegetation vor.

Bevölkerung

Die Bev. besteht zu rd. 71 % aus Mischlingen (Kreolen), 28 % Schwarzen, 1 % Weißen. Fast die Hälfte der Ew. lebt auf São Tiago; zweitgrößte Stadt, wichtigster Hafen und Wirtschaftszentrum ist Mindelo auf São Vicente. – Rd. 95 % der Bev. gehören der kath. Kirche an, rd. 3 % prot. Kirchen (Church of the Nazarene, Adventisten u. a.). – Es besteht eine sechsjährige Grundschulpflicht. Die Analphabetenquote beträgt 26 %.

Wirtschaft, Verkehr

K. V. gehört zu den Entwicklungsländern mit mittlerem Einkommen. Neben der Landwirtschaft, die v. a. der Selbstversorgung der Bev. dient, spielt zunehmend der Dienstleistungssektor eine Rolle. Die oft dürrebedingten geringen Erträge reichen nicht zur Selbstversorgung, so dass ein Großteil der Nahrungsmittel eingeführt werden muss. Angebaut werden v. a. Mais, Bohnen, Maniok, Kartoffeln; für den Export Bananen, Kaffee, Orangen, Zuckerrohr. Wichtig sind Viehhaltung (Ziegen, Schweine, Rinder) und Fischfang (Fang und Verarbeitung von Thunfisch und Hummer); Gewinnung von Salz, Puzzolan (für Baustoffe) und Kalk. Ausgeführt werden v. a. Fischprodukte (50 % der Exporterlöse), Bananen, Kaffee, Salz, Baustoffe und Textilien; Haupthandelspartner sind Portugal und die Niederlande. Tourist. Anziehungspunkte sind die vulkanisch geprägten Bergregionen v. a. auf Fogo und weite Sandstrände auf den östl. Inseln. – Der Verkehr zw. den Inseln erfolgt durch Linienflugzeuge und Motorboote; das Straßennetz auf den Inseln hat eine Länge von 1 100 km (davon 858 km befestigt). Überseehäfen: Mindelo auf São Vicente und Praia auf São Tiago; internat. Flughäfen bei Praia auf São Tiago und Espargos auf Sal.

Geschichte

1455/56 wurden die unbewohnten Inseln von Portugiesen entdeckt, seit 1461 besiedelt. Wirtschaftsgrundlage wurde der Sklavenhandel (erst 1876 abgeschafft). Seit 1951 portugies. Überseeprovinz und seit 1974 autonom, wurde am 5. 7. 1975 die Unabhängigkeit proklamiert. Nach der Abkehr vom Marxismus-Leninismus und der Einführung eines Mehrparteiensystems 1990 wurde 1991 A. Mascarenhas Monteiro (MPD) Staatspräs. (Wiederwahl 1996), der nach den Wahlen 2001 von Pedro Pires (PAICV) abgelöst wurde.

Kap-York-Halbinsel (engl. Cape York Peninsula), Halbinsel im trop. NO Australiens (Queensland), mit dem nördlichsten Punkt des austral. Festlandes (10° 41′ s. Br.), vorgelagert die Torresinseln; dünn besiedelt, an der O-Küste trop. Regenwald, Bauxitabbau bei Weipa.

Kar [ahd. char »Schüssel«] *das,* Geomorphologie: nischen- oder sesselförmige Hohlform in den Steilhängen vergletscherter und ehemals vergletscherter Gebirge; auf dem Karboden liegt häufig ein Karsee.

Karabiner [frz. carabine »kurze Reiterflinte«] *der,* Gewehr mit kurzem Lauf.

Karabinerhaken, ein Haken, der durch eine federnde Zunge zur geschlossenen Öse wird.

Kara-Bogas-Gol [türk. »schwarze Bucht«], flache Bucht am O-Ufer des Kasp. Meeres, Turkmenistan, etwa 12 000 bis 13 000 km²; Salzgehalt: 300 ‰. Die K.-B.-G wurde 1980 durch einen Damm vom offenen Meer abgeriegelt, der jedoch 1984 durchbrochen wurde, da sie stark austrocknete (Schrumpfung der Fläche bis 1983 auf 6 000 km²); seit etwa Mitte der 1980er-Jahre durch Meeresspiegelanstieg im ↗ Kaspischen Meer wieder reichlich gefüllt; größtes Natriumsulfatvorkommen der Erde, reiche Salzlager.

Karabük, Stadt in der Prov. Zonguldak, N-Türkei, im westl. Pont. Gebirge, 114 700 Ew.; ältestes türk. Eisenhüttenwerk (1939).

Karachaniden, türk. Dynastie in Turkestan, ↗ Iligchane.

Karachi [kəˈrɑːtʃi], Stadt in Pakistan, ↗ Karatschi.

Karadj [kaˈrædʒ] (Karadsch, Karaj), Stadt in N-Iran, am S-Fuß des Elbursgebirges, 941 000 Ew.; Mittelpunkt einer intensiv bewirtschafteten Oase; Hochschulen; chem. Ind., Glasfabrik, Zuckerfabrik. Nordöstlich der Stadt wird der Fluss K. gestaut (Kraftwerk, Wasserversorgung Teherans).

Karadjordje [-dʒɔːrdʒe] (Karađorđe), eigtl. Đorđe (Georg) Petrović, gen. Kara [türk. »der Schwarze«], Karageorg, Führer des serb. Freiheitskampfes, * Viševac (Šumadija) 14. 11. 1768 (?), † (ermordet) Radovanje bei Smederevska Palanka (Serbien) 25. 7. 1817; Sohn eines Bauern; hatte im serb. Aufstand seit 1804 den Oberbefehl, vertrieb die Türken und war bis 1813 der erste Fürst Serbiens. Er wurde auf Befehl von ↗ Miloš Obrenović ermordet. Seine Nachkommen, die serb. Dynastie **Karadjordje-**

vić, wechselten sich in der Herrschaft mit dem Fürstenhaus ∕Obrenović ab. K.s Sohn Alexander war 1842–59 vierter Fürst; dessen ältester Sohn wurde 1903 als Peter I. König von Serbien. Diesem folgte 1921 als König von Jugoslawien sein zweiter Sohn Alexander I., nach Alexanders Ermordung (1934) dessen ältester Sohn Peter II., der 1941 emigrierte.

Karadžić [-dʒitɕ], Vuk Stefanowić, serb. Philologe, *Tršić (bei Loznica) 7. 11. 1787, †Wien 7. 2. 1864; schuf die moderne serb. Schriftsprache.

Karäer [hebr. wohl »Leute der Schrift«], im 8. Jh. entstandene, in der Folge weite Teile des oriental. Judentums ergreifende jüd. Sondergemeinschaft, die allein die hebräische Bibel, nicht aber den Talmud und die rabbin. Auslegungstradition anerkennt. Heute leben die meisten K. in Israel (rd. 15 000), dazu sehr kleine Gruppen in der Türkei (Istanbul), Polen, in der südl. Ukraine und in Litauen (Trakai).

Karafuto, japan. Name für die Insel ∕Sachalin.

Karaganda (kasach. Qaraghandy), Hptst. des Gebiets K., Kasachstan, am Irtysch-K.-Kanal (458 km lang), inmitten des K.-Kohlebeckens, 436 900 Ew.; Univ., TH, medizin. Hochschule; Steinkohlenbergbau, Schwermaschinenbau, Leichtindustrie.

Karagatsis, M(itsos), eigtl. D. Rodopulos, neugrch. Erzähler, *Athen 24. 6. 1908, †ebd. 14. 9. 1960; schrieb Romane und Erzählungen in neorealist. Prosa mit Betonung sexueller Konflikte.

Karagöz [-ˈgøːs] (Karagös) [türk. »Schwarzauge«], Hauptfigur des türk. **K.-Spiels,** ein Figurenspiel mit begrenzt bewegl., farbig auf einen Schirm projizierten Figuren aus Pergament. K. ist der gewitzte und listige Repräsentant des türk. Volkscharakters.

Karaiben, ∕Kariben.

Karajan, Herbert von, österr. Dirigent, *Salzburg 5. 4. 1908, †Anif (bei Salzburg) 16. 7. 1989; war 1955–89 Chefdirigent der Berliner Philharmoniker, daneben seit 1957 auch künstler. Leiter der Wiener Staatsoper (bis 1964) sowie seit 1956 der Salzburger Festspiele (bis 1988); 1967 begründete er die Salzburger Osterfestspiele, bei denen er v.a. die Opern R. Wagners inszenierte und dirigierte. Seit 1969 veranstaltet die **H.-v.-K.-Stiftung** alle zwei Jahre den H.-v.-K.-Wettbewerb zur Förderung junger Dirigenten.

Karakalpaken [türk. »Schwarzmützen«], den Kasachen nahe stehendes Volk, südlich des Aralsees, etwa 465 000 Menschen, v.a. in ∕Karakalpakien; sprechen eine Turksprache, betreiben Ackerbau, Viehzucht, früher auch Fischfang. Ihre Religion ist der sunnit. Islam.

Karakalpakien (karakalpakisch Qoraqalpoghiston, Karakalpak. Rep., Karakalpakstan), Teilrep. innerhalb Usbekistans, am Aralsee, 164 900 km², 1,45 Mio. Ew. (32% Karakalpaken, 33% Usbeken, 26% Kasachen); Hptst. ist Nukus. K. liegt im W der Wüste Kysylkum und im SO-Teil des Ust-Urt-Plateaus; trockenheißes kontinentales Klima. Auf Naturweiden Schaf- und Kamel-, in bewässerten Ackerbaugebieten (Baumwollmonokultur) auch Rinder-, Pferde-, Seidenraupen- und Pelztierzucht. Der Fischfang in ∕Aralsee musste aus ökolog. Gründen weitgehend eingestellt werden.

Karaklis, bis 1935 und für kurze Zeit nach 1992 Name der armen. Stadt ∕Wanadsor.

Karakol (1889–1921 und 1939–94 Prschewalsk), Hauptstadt des Gebiets Issykkul, in Kirgistan, 1 770 m ü. M., 64 300 Ew.; Univ.; Weinkellereien, Bekleidungsindustrie. Nördlich von K. liegt der Hafenort **Pristan-Prschewalsk** am Issykkul. Um K. Kurorte und Sanatorien (Thermalquellen).

Karakorum 2): der Passugletscher oberhalb des Hunzatales

Karakorum [auch -ˈrʊm], **1)** Hptst. des Mongolenreiches im 13. Jh., 1220 von Dschingis Khan im Tal des Flusses Orchon gegr., ab 1235 Blütezeit unter Großkhan Ögädäi. Ende des 14. Jh. wurde die Stadt von chines. Truppen zerstört. 1586 entstand hier das lamaist. Kloster Erdeni Dsu.

2) *der,* innerasiat. Hochgebirge zw. Hindukusch, Pamir, Kunlun Shan, Transhimalaja und Himalaja, in China und Kaschmir (Indien, Pakistan), bildet die Hauptwasserscheide zw. dem Indus (Ind. Ozean) und dem abflusslosen Tarimbecken, mit vier Achttausendern (K2, Gasherbrum I und II, Broad Peak) und riesigen Gletschern. 1978 wurde die K.-Straße (wichtigste Passstraße) zw. Pakistan (Kaschmir) und China (Sinkiang) fertig gestellt, an der von dem dt. Ethnologen Karl Jettner im Hunza- und im Industal seit 1979 rd. 30 000 Felsbilder und Inschriften entdeckt wurden. Die ältesten Bilder gehören zur Frühbronzezeit.

Karaköy [-ˈkœj], türk. Name von Galata, einem Stadtteil von ∕Istanbul.

Karakulschaf, mittelgroßes, heute weltweit verbreitetes Fettschwanzschaf aus Vorderasien; die wertvollen lockigen Lammfelle kommen als **Persianer** (**Karakul**; von 1–5 Tage alten Lämmern) oder als **Breitschwanz** (von früh- oder tot geborenen Lämmern) in den Handel.

Karakum [türk. »schwarzer Sand«] *die,* Sandwüste im S des Tieflands von Turan, Turkmenistan, etwa 350 000 km²; mit extremem kontinentalem Klima; Naturweide für Kamele und Schafe; am 1 445 km langen und schiffbaren **K.-Kanal,** der nördlich des Kopet-Dag vom Amudarja bis Bacharden nordwestlich von Aschchabad verläuft, Bewässerungsfeldbau; Erdgas-, Erdöl- und Schwefelgewinnung.

Karamai (Karamay, chines. Kelamayi), Stadt in der westl. Dsungarei (Autonomes Gebiet Sinkiang), China, 189 000 Ew.; Erdölzentrum mit Pipelines nach Dushanzi und Ürümqi; Flugplatz.

Karaman, Prov.-Hptst. in Innenanatolien, Türkei, am N-Fuß des Taurus, 1 080 m ü. M.; 76 700 Ew.; Gebirgsfußoase mit Ackerbau und Schafzucht. – Festung (13. Jh.), Moscheen und Mausoleen (14. und 15. Jh.). – K., im Altertum und MA. **Laranda,** war 1275–1466 Hptst. eines türk. Kleinfürstentums.

Karamanlis, Konstantin, grch. Politiker, *Proti (Makedonien) 23. 2. 1907, †Athen 23. 4. 1998; Rechtsanwalt, 1956–63 Vors. der »Nationalradikalen Union«, 1955–63 mit kurzen Unterbrechungen Min.-Präs., 1963–74 im Exil in Paris, leitete als MinPräs.

Herbert von Karajan

Konstantin Karamanlis

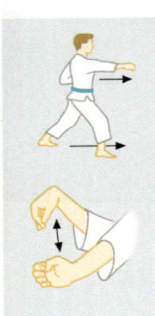

Karate
(von oben): Schlagtechniken Oi-Tsuki, Koken-Shotei, Empi-Uchi; Fußtechniken Mawashi-Geri, Hiza-Uke

und Vors. der »Neuen Demokratie« 1974–80 die Rückkehr zur parlamentar. Demokratie ein und setzte den Beitritt zur EG durch. 1980–85 und 1990–95 Staatspräs. 1978 Internat. Karlspreis der Stadt Aachen.

Karambola, die Sternfrucht (/ Carambola).

Karambolage [karambɔ'laːʒə, frz.] *die,* 1) *allg.:* Zusammenstoß.
2) *Billard:* das regelgerechte Aufeinandertreffen der Bälle.

Karamell [über frz. caramel aus span., portugies. caramelo »Zuckerrohr«, »gebrannter Zucker«] *der* (Zuckercouleur), durch trockenes Erhitzen von Zucker oder Zuckerlösungen auf rd. 200 °C (**Karamellisieren**) entstehende Röstprodukte; Verwendung z. B. in der Süßwaren- und Spirituosenind. als Geschmacks- und Farbstoffe.

Karamsin, Nikolai Michailowitsch, russ. Schriftsteller und Historiker, * Michailowka (bei Simbirsk) 12. 12. 1766, † Petersburg 3. 6. 1826; führte durch seine »Briefe eines russ. Reisenden« (1791/92) und Erzählungen (»Die arme Lisa«, 1792) den empfindsamen Stil in die russ. Literatur ein und legte als Sprach- und Stilreformer die Grundlage für die neuere russ. Literaturprosa. Seine »Geschichte des russ. Reiches« (12 Bde., 1816–29) war grundlegend für die Ausbildung eines russ. Geschichtsbewusstseins.

Kara Mustafa, / Mustafa.

Karan ['kærən], Donna, amerikan. Modedesignerin, * Long Island 2. 10. 1948; gründete 1985 ihre Modemarke »Donna Karan New York«, 1988 die preisgünstigere Linie »DKNY«; Männerkollektionen, Unterwäsche, Accessoires und Parfüm kamen hinzu. Ihre Mode ist bequem bis sportlich, meist aus Jersey oder Stoffen mit hohem Stretchanteil. K. lancierte den / Body anstelle von Blusen oder T-Shirts.

Karaoke [japan. »leeres Orchester«] *das,* Veranstaltung, bei der zur (vom Band abgespielten) Instrumentalmusik eines Schlagers dessen Text von nicht berufsmäßigen Sängern gesungen wird; auch die dafür geeignete Musikaufnahme.

Karaosmanoğlu [-nɔːlu], Jakup Kadri, türk. Schriftsteller und Diplomat, * Kairo 27. 3. 1889, † Ankara 14. 12. 1974; hat als Romancier entscheidenden Anteil an der Entwicklung der modernen, an westl. Vorbildern orientierten türk. Literatur.

Karasee (Karisches Meer), Teil des Nordpolarmeers, flaches Randmeer (mittlere Tiefe 118 m, maximale 620 m) vor der Küste Sibiriens zw. Nowaja Semlja und Sewernaja Semlja, den größten Teil des Jahres eisbedeckt. Verbindung zur Barentssee durch die 33 km lange und 45 km breite **Karastraße** zw. Nowaja Semlja und der Waigatschinsel, zur Laptewsee durch die / Wilkizkistraße. Wegen der Versenkung von Atom-U-Booten und atomarem Müll der ehem. Sowjetunion droht eine atomare Verseuchung.

Karat [frz., zu grch. kerátion »kleines Horn«] *das,*
1) der getrocknete Samen des Johannisbrotbaumes, mit dem früher Gold und Edelsteine aufgewogen wurden.
2) (metr. K.), Einheitenzeichen **Kt, ct,** gesetzl. Einheit zur Angabe der Masse von Edelsteinen: 1 Kt = 0,2 g.
3) Verhältniszahl zur Angabe des Feingehalts von Goldlegierungen; eine Legierung, die zu $^2/_4$ aus Gold besteht, hat 1 K.; reines Gold hat 24 Karat.

Karatau, nordwestl. Ausläufer des Tienschan im S von Kasachstan, bis 2 176 m ü. M.; Phosphorite.

Karate [japan., eigtl. »leere Hand«] *das,* zu den Budokünsten (/ Budo) gehörender, aus O-Asien stammender, waffenloser Kampfsport bzw. ein Selbstverteidigungssystem, bei dem die Gliedmaßen des Körpers zu natürl. Waffen ausgebildet und für Schläge, Stöße und Tritte (ohne Griffe und Hebel) gegen empfindl. Körperstellen eingesetzt werden; im traditionellen K. (Shotokan-Stil) werden die Angriffe vor dem Körper des Gegners abgestoppt. Daneben besteht der Leichtkontaktstil, bei dem der Angriff kontrolliert durchgezogen wird. Beim Vollkontakt-K. darf voll zugeschlagen oder zugetreten werden. – Die Kampffläche, keine Matte, sondern glatter Boden, ist 8 × 8 bis 10 × 10 m groß, die Kampfzeit beträgt 2–3 min; K. wird nach feststehenden sportl. Regeln als **Kata** (Perfektionsübungen) und in versch. Gewichtsklassen als **Kumite** (Partnerübung) ausgeübt.

Karatepe, Name mehrerer altorientral. Ruinenstätten; besondere Bedeutung erlangte der K. in Kilikien am Fluss Ceyhan, Türkei; hier entdeckte H. T. Bossert 1946 die Ruinen einer späthethit. Grenzfestung des 8. Jh. v. Chr. Die zweisprachige Inschrift am Toraufgang, deren phönik. Version fast wörtlich den hethit. Hieroglyphen entspricht, trug wesentlich zu deren Entzifferung bei.

Karatschaier, Volk an den N-Hängen des westl. Großen Kaukasus, 150 000 Angehörige; betreiben Viehzucht (Transhumanz), auch Ackerbau. Die K. sind seit etwa 1780 Sunniten. Ihre Sprache ist dem Balkarischen verwandt.

Karatschai-Tscherkessien (Republik der Karatschaier und Tscherkessen), Teilrep. im S der Russ. Föderation, beiderseits des oberen Kuban, 14 100 km², 433 300 Ew. (31 % Karatschaier, 10 % Tscherkessen, 42 % Russen, 7 % Abasiner), Hptst. ist Tscherkessk. Die Rep. erstreckt sich auf der Nordabdachung des Kaukasus (Dombai-Ulgen, 4 046 m ü. M.; Teile des Elbrusmassivs), im N hügelige Ebene; bei mildem Klima Zuckerrüben-, Kartoffel-, Sonnenblumenanbau sowie Obst-, Weinbau und Rinderzucht, im Gebirge Schafzucht; Bergbau (Kohle, Blei, Zink, Kupfer). Im Dombai- und Teberdatal Fremdenverkehrs- und Wintersportorte.

Karatschi (engl. Karachi), größte Stadt Pakistans und Hptst. der Prov. Sind, am Arab. Meer, am W-Rand des Indusdeltas, 9,27 Mio. Ew.; kath. Erzbischofssitz; zwei Univ., TU, Hochschulen, Museen, Aquarium; Handels-, Banken- und Ind.zentrum des Landes; über seinen Hafen erfolgt der größte Teil des pakistan. Außenhandels sowie des Transitverkehrs für Afghanistan; zur Entlastung wurde der Kohle- und Erzhafen Port Mohammad Bin Qasim im SO von K. eröffnet, dort auch moderne Werft und zwei Trockendocks. Nahrungsmittel-, Textil-, (petro)chem., Glas-, Elektroind., Walzwerke u. a.; Kernkraftwerk (seit 1972); internat. Flughafen. An der Straße nach Hyderabad liegt das Gräberfeld von Chaukandi mit stufenförmigen Grabmälern aus Sandstein aus dem 16.–18. Jh.; in die z. T. gut erhaltenen Steinplatten sind kunstvolle Muster, Blüten- und Reitermotive gemeißelt. – K. war bis zur brit. Annexion des Sind ein kleiner Fischerort mit Fort und natürl. Hafen. 1947–59 Hptst. Pakistans.

Karausche [aus litauisch karõsas] (Bauernkarpfen, Carassius carassius), karpfenartiger Süßwasserfisch N-Europas, 15–30 cm lang, mit rötl. Flossen.

Karavan, Dani, israel. Künstler, * Tel Aviv 7. 12. 1930; seit 1959 architektonisch-plast. Environments; bezieht in seine von geometr. Formen ausgehenden Gestaltungen landschaftl. Gegebenheiten ein: Heinrich-Böll-Platz in Köln (»Maalot«, 1986).

Karavelle [frz., über portugies. caravela »Küstenschiff«] *die,* Segelschifftyp (2–3 Masten) des 14. bis 16. Jh. unterschiedl. Größe, mit geringem Tief-

Karavelle: Modell mit typisch hohem Heckaufbau und Lateinsegeln

gang, hohem Heckaufbau und Lateinsegel; mit K. wurden z. T. die Entdeckungsfahrten der Spanier und Portugiesen durchgeführt.

Karawane [pers.] *die,* 1) durch unbewohnte Gebiete (z. B. Asiens oder Afrikas) ziehende Gruppe von v. a. Reisenden, Kaufleuten, Forschern; 2) größere Anzahl von Personen oder Fahrzeugen, die sich in einem langen Zug hintereinander fortbewegen.

Karawanken, Gebirgsgruppe der Südl. Kalkalpen, zw. der Drau im N, der Save im S, der Gailitz im W und der Mißling im O, gipfelt im Hochstuhl (2 238 m ü. M.). Über den Hauptkamm verläuft seit 1920 die österreichisch-slowen. Grenze. Verkehrswichtige Übergänge sind der Wurzenpass (1 073 m ü. M.), der Loiblpass (1 368 m ü. M., mit 1,6 km langem Straßentunnel in 1 026 m Höhe) und der Seebergsattel (1 218 m ü. M.); die Eisenbahn unterfährt die K. in 637 m Höhe im **K.-Tunnel** (7 976 m lang), westlich davon verläuft der **K.-Straßentunnel** (7 864 m lang, 1991 eröffnet).

Karawelow, Ljuben Stojtschew, bulgar. Schriftsteller und Publizist, *Kopriwschtiza (Region Sofia) um 1834, †Russe 21. 1. 1879; wirkte für die nat. Befreiung Bulgariens. Mitbegründer des bulgar. krit. Realismus; polit. Schriften, Kritiken, daneben Lyrik, Novellen, ein Drama.

Karbid [lat.] *das,* / Calciumcarbid.

Karbolineum *das* (Carbolineum), braunrotes, wasserunlösl. Gemisch aus Steinkohlenteerprodukten, desinfizierend und fäulnishemmend; Holzschutzmittel; Krebs erregend, darf aus Gesundheitsgründen nur noch gewerblich verwendet werden.

Karbon [lat.] *das,* geolog. System des Paläozoikums, in **Unter-** und **Ober-K.** gegliedert; charakterisiert durch kalkige und sandig-schiefrige Schichten und die obere, die Kohlenflöze enthaltende Schicht. Im Ober-K. faltete sich in Mitteleuropa das / Variskische Gebirge auf. In der Folge der tekton. Vorgänge drangen zahlr. Granite auf, die Erzbringer der europ. Mittelgebirge. Warmfeuchtes Klima und reicher Pflanzenwuchs führten in den durch die Gebirgsbildung abgesenkten Räumen Eurasiens zur Bildung von mächtigen Torfmooren, deren Pflanzenstoffe zu Kohle umgewandelt wurden. Vertreter der Pflanzenwelt, die die Steinkohlenwälder bildete, sind bes. schachtelhalm- und bärlappartige Gewächse.

Karbonade [frz.] *die,* Fleischstück aus dem Rückenfleisch von Kalb, Schwein oder Hammel; auch Bez. für das / Kotelett.

Karbonisieren, 1) *Chemie:* die Umwandlung organ. Substanzen in Kohlenstoff oder Carbonate, auch das Anreichern mit Kohlendioxid.
2) *Textiltechnik:* das Behandeln von Wolle oder Wollwaren mit verdünnten Säuren, Aluminiumchlorid- bzw. Magnesiumchloridlösungen und anschließendem Erhitzen; dient dem Entfernen von pflanzl. Verunreinigungen bzw. Beimischungen von Pflanzenfasern.

Karbunkel [lat.] *der,* / Furunkel.

Karburieren (Carburieren) [frz.], das Erhöhen des Heizwertes und der Leuchtkraft von Brenn- und Leuchtgasen durch feste, flüssige oder gasförmige Zusätze, die elementaren Kohlenstoff enthalten oder diesen durch therm. Reaktion freisetzen.

Kardamom [grch.] *der* oder *das* (Cardamom, Elettaria), Gattung der Ingwergewächse mit zwei Arten: der v. a. an der ind. Malabarküste beheimatete **Malabar-K.** (Elettaria cardamomum) und der weniger wertvolle **Ceylon-K.** (Elettaria major). Beide sind 2–4 m hohe, schilfartige Stauden mit bräunl. Fruchtkapseln. Die Samen enthalten ein würzig riechendes, äther. Öl und werden als Gewürz (mit brennend würzigem Geschmack), v. a. für Backwaren, Fleisch- und Wurstwaren, Liköre und Gewürzmischungen verwendet.

Kardamomgebirge, / Cardamomgebirge.

kardanische Aufhängung [nach G. Cardano], eine Aufhängevorrichtung, bei der ein Körper allseitig drehbar gelagert ist; besteht aus drei Ringen, von denen jeder um jeweils eine der drei mögl. senkrecht aufeinander stehenden Achsen im Raum beweglich ist. Ein im innersten Ring befindl. Körper (z. B. Schiffskompass) behält bei Lageänderung der k. A. seine Schwerpunktslage oder durch Kreiselwirkung vorgegebene Stellung im Raum bei.

Kardanwelle [nach G. Cardano], eine / Gelenkwelle.

Karde [italien.] *die* (Dipsacus), distelähnl. Pflanzengattung der K.-Gewächse (Dipsacaceae). Die K. sind stachelige oder borstige Stauden oder zweijährige Kräuter, deren gegenständige Blätter z. T. am Grund verwachsen sind; aus ihren zapfenförmigen Blütenständen ragen stechende oder hakige Hüllblätter. In Europa, Vorderasien und N-Afrika wächst auf tonigem Boden die bis 2 m hohe **Wilde K.** (Wolfsdistel, Dipsacus silvestris), die 5–8 cm lange lilafarbige Blütenköpfe hat. Die hellviolett blühende **Weber-K.** (Weber-, Walkerdistel, Dipsacus sativus) wurde früher mit ihren hakenstachligen Köpfen zum Aufrauen mancher Wollstoffe benutzt und deshalb angebaut.

Karde *die* (Krempel), *Textiltechnik:* Spinnereimaschine zur Auflösung von Fasern in Wirrlage (Flocken), zur Faserparallelisierung **(Kardieren),** zum Ausscheiden von Verunreinigungen und zur Herstellung eines Faserbands.

Kardec [-'dɛk], Allen, eigtl. Hippolyte Léon Denizard Rivail, frz. Schriftsteller, Spiritist, *Lyon 3. 10. 1804, †Paris 31. 3. 1869; widmete sich ab 1850 spiritist. Studien und gründete in Paris die »Gesellschaft für spiritist. Studien«, deren Ausprägung des Spiritismus (Verbindung mit dem Reinkarnationsgedanken) als **Kardecismus** seither bes. in Lateinamerika (Brasilien) eine große Anhängerschaft gefunden hat.

Kardelj, Edvard, jugoslaw. Politiker, *Ljubljana 27. 1. 1910, †ebd. 10. 2. 1979; Slowene, seit 1928 Mitgl. der KP, seit 1941 Führer der slowen. Partisanen, arbeitete eng mit Tito zusammen. Nach 1945

Kardamom: Blütentrieb des Malabarkardamoms

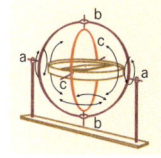

kardanische Aufhängung: Der Kompass ist um die drei aufeinander senkrecht stehenden Achsen a, b und c drehbar gelagert.

Karde: Wilde Karde

u. a. Vizepräs. der Rep., 1948–53 Außenmin.; führender Theoretiker des Titoismus (u. a. Hauptinitiator der Wirtschaftsreformen von 1964/65).

Kardia [grch.] *die, Anatomie:* der Mageneingang (/ Magen).

Kardiaka, die / Herzmittel.

kardial, das Herz betreffend, vom Herzen ausgehend.

Kardinal [zu lat. cardinalis »wichtig«, »vorzüglich«], in der kath. Kirche höchster Würdenträger nach dem Papst. Die K. werden vom Papst ernannt, sie sind seine engsten Mitarbeiter in der Leitung der Gesamtkirche und unterstehen kirchenrechtlich ausschließlich seiner Jurisdiktionsgewalt. Seit 1179 haben sie das ausschl. Recht der Papstwahl. Die 1586 auf 70 festgelegte Zahl der K. wird seit 1958 überschritten, um Vertreter aller Erdteile in das **K.-Kollegium** aufnehmen zu können (nach dem Konsistorium vom 21. 2. 2001: 184 Kardinäle). Als Obergrenze der zur Papstwahl berechtigten K. legte Paul VI. die Höchstzahl 120 fest. Für die Wahrnehmung von Papstwahl und Funktionen in den ständigen Einrichtungen der röm. / Kurie und des Vatikanstaates gilt eine Altersgrenze von 80 Jahren. Wer zum Kardinal erhoben werden soll, muss die Priesterweihe empfangen haben und soll, wenn er noch nicht Bischof ist, die Bischofsweihe empfangen. Zeichen der besonderen Stellung der K. in der Kirche ist neben Titel, Insignien und Wappen die Kleidung (u. a. roter **Kardinalshut**).

Kardinäle (Cardinalinae), zu den Ammern gestellte Unterfamilie amerikan. Singvögel; ihr Schnabel ist finkenartig. Wegen ihres melod. Gesangs sind K. beliebte Stubenvögel, z. B. **Roter Kardinal (Blutkardinal, Virgin. Nachtigall,** Cardinalis cardinalis), etwa 20 cm lang, im SO der USA verbreitet, das Männchen ist rot (mit schwarzer Gesichtsmaske), das Weibchen bräunlich gefärbt. **Grauer Kardinal (Graukardinal,** Paroaria coronata), im trop. Südamerika, Kopf mit Haube rot, übriges Gefieder oben grau, unten weiß.

Kardinal|elemente, die Punkte, Strecken oder Flächen **(Kardinalpunkte, -strecken, -flächen),** die nach den Gesetzen der geometr. Optik für die Abbildungseigenschaften eines opt. Systems charakteristisch sind. K. sind v. a. die der opt. Achse liegenden, jeweils objekt- und bildseitigen Brennpunkte (*F, F'*), Hauptpunkte (*H, H'*) und Knotenpunkte (*N, N'*) und die durch diese definierten bzw. hindurchgehenden Strecken und Flächen; für die Hauptpunkte ist der Abbildungsmaßstab, für die Knotenpunkte das Winkelverhältnis gleich 1. (/ Abbildung).

Kardinalshut, die Kopfbedeckung der Kardinäle; früher (belegt seit 1245) ein runder, roter Hut mit außergewöhnlich breiter Krempe und 15 Quasten (oft als Wappenzier verwendet); 1969 durch ein Scheitelkäppchen (Pileolus) und ein Birett in roter Farbe ersetzt.

Kardinaltugenden, die vier seit Platon zusammengestellten Haupttugenden: Weisheit, Tapferkeit, Besonnenheit, Gerechtigkeit. Auf sie wurden von der Stoa an die übrigen Tugenden zurückgeführt. Thomas von Aquin fügte diesen die drei theolog. Tugenden Glaube, Hoffnung und Liebe hinzu.

Kardinalzahl, *Mathematik:* die / Mächtigkeit einer Menge.

Kardiologie [grch.] *die,* Teilgebiet der inneren Medizin bzw. der Kinderheilkunde; befasst sich mit der Erkennung der Herz- und Kreislauferkrankungen sowie deren Behandlung.

Kardiomyopathie [zu griech. mŷs »Maus«, »Muskel« und páthos »Leiden«, »Krankheit«] *die* (Myokardiopathie), Schädigung des Herzmuskels durch Entzündungen infektiöser und nicht infektiöser Art, Stoffwechselkrankheiten (z. B. Hämochromatose), Gifte, Tumoren oder auch Verletzungen.

Kardioplegie [grch.] *die,* künstlich herbeigeführter Herzstillstand bei Operationen am offenen Herzen.

Kardiotokographie [zu grch. tókos »Geburt«], fortlaufende und gleichzeitige graf. Aufzeichnung (Tokogramm) von mütterl. Wehentätigkeit (Häufigkeit, Dauer und Stärke) und kindl. Herzschlagfrequenz vor und während der Geburt durch ein spezielles Gerät mit elektron. Bauteilen (Kardiotokograph). Die K. dient insbesondere zur Überwachung und zur frühzeitigen Erkennung einer unzureichenden Sauerstoffversorgung des noch ungeborenen Kindes.

kardiovaskulär [lat. vasculum »kleines Gefäß«], das Herz und die Blutgefäße betreffend.

Kareli|en (Republik K.), Teilrep. der Russ. Föderation, zw. der Kandalakscha- und Onegabucht des Weißen Meeres im N und Ladoga- und Onegasee im S, 172 400 km², 761 800 Ew. (10% Karelier, 74% Russen, 8% Weißrussen), Hptst. ist Petrosawodsk. K. wird von einer wald-, seen-, moor- und flussreichen Ebene eingenommen, die von einzelnen Hügeln und Höhenzügen unterbrochen wird. Das Klima ist kühl und feucht, etwa die Hälfte der Gesamtfläche ist bewaldet. Neben der Eisenerzförderung (um Kostomukscha) und der Gewinnung anderer Metalle (Zinn, Chrom, Vanadium, Titan, Molybdän, Gold, Platin) Natursteingewinnung, Holzeinschlag und -verarbeitung, Papierind., Maschinen- und Schiffbau, Aluminiumerzeugung und Fischverarbeitung; mehrere Wasserkraftwerke. Im südl. Teil wird Landwirtschaft (bes. Milchrinderzucht) betrieben. Wichtige Verkehrslinien sind die Murmanbahn und der Weißmeer-Ostsee-Kanal. Seit 1992 an der Grenze zu Finnland Paanajärvi-Natioalpark (1 030 km²).

Geschichte: Die Rep. K. umfasst den größten Teil der histor. Landschaft K. (finn. **Karjala**), das restl. Gebiet (rd. 23 500 km²) gehört zu Finnland. K. geriet im 12. Jh. unter die Herrschaft Nowgorods; 1323 in ein russ. und schwed. Hoheitsgebiet geteilt. Durch den Frieden von Stolbowo (1617) kam der größte Teil von Russisch-K. an Schweden; der Nord. Krieg (1700–21) brachte Russland in den Besitz eines Teils von K. mit Wyborg. Als Finnland 1809 an Russland fiel, gliederte Zar Alexander I. den W dem Großfürstentum Finnland an. Die aus den ostkarel. Gebieten 1923 geschaffene **Karelo-Finn. ASSR** wurde 1940–47 mit dem von Finnland abgetretenen West-K. zur **Karelo-Finn. SSR** vereinigt; diese wurde 1956 als **Karel. ASSR** wieder Bestandteil Russlands (seit 1991 **Rep. Karelien**).

Kareli|er, finn. Volksstamm in O-Finnland und Karelien, 125 000 Menschen. Ihre Sprache, das Karelische, gehört zu den / finnougrischen Sprachen.

Karelische Land|enge, bis 43 km breite, wald-, seen- und moorreiche Landenge zw. dem Finn. Meerbusen und Ladogasee, Russland.

Karen, tibetobirman. Volk, v. a. in S-Birma (etwa 3 Mio. K.), auch in W-Thailand; die K. leben zu einem Drittel im Grenzgebirge zu Thailand (**Karenstaat**), die Mehrheit hat sich im birman. Tiefland angesiedelt; Anbau von Reis, Gemüse, Gewürzen und Baumwolle. Die meisten K. hängen noch ihren traditionellen Glaubensvorstellungen an; ihre Sprache gehört zu den sinotibet. Sprachen. Durch die birman. Behörden 1997 Zwangsumsiedlung oder Vertreibung von etwa 200 000 K., viele flüchteten nach Thailand.

Karenzzeit [zu lat. carere »entbehren«], Wartezeit, Sperrfrist.

Karersee (italien. Lago di Carezza), See in Südtirol, Italien, 1530 m ü. M., südöstlich von Bozen, in den Dolomiten am Nordhang des Latemar. Der **Karerpass** (1753 m ü. M., Passo di Costalunga) führt vom Eggental ins Fassatal.

Kares, pers. Bezeichnung für / Kanat.

Karettschildkröte [frz.], 1) **Echte K.** (Eretmochelys imbricata), bis 0,9 m lange Meeresschildkröte. Die schindelartig angeordneten Hornschilder sind kontrastreich geflammt oder marmoriert und werden als Schildpatt gehandelt. 2) **Unechte K.** (Caretta caretta), die häufigste Schildkröte im Mittelmeer; mit braunem bis rotbraunem Rückenpanzer, Panzerlänge bis 1 m.

Karfiol [von italien. cavolfiori] *der, österr.:* Blumenkohl.

Karfreitag [zu ahd. chara »Wehklage«, »Trauer«] (Stiller Freitag), der Freitag in der Karwoche; Tag der Kreuzigung Christi; seit dem 2. Jh. als Tag der Buße (Fasten) nachweisbar; gilt in der evang. Tradition als höchster Feiertag; seit dem 2. Vatikan. Konzil auch kath. Feiertag.

Karfunkel [von lat. carbunculus »kleine Kohle«] *der* (Karfunkelstein), alte Bez. für roten edlen Granat oder auch Rubin.

Kargo, *Güterverkehr:* / Ladung.

Karibasee (früher Elizabethsee), Stausee im Sambesi, an der Grenze Sambia/Simbabwe, 5230 km² (Stauinhalt 180 Mrd. m³), gestaut vom **Karibadamm**, 125 m hoch, 620 m lang; Kraftwerke.

Kariben (Karaiben), Völker einer indian. Sprachfamilie auf den Kleinen Antillen, in der Küstenzone (**Küsten-K., Kalinya**) von N-Brasilien (hier teilweise mit anderen Ethnien vermischt und **Galibí** gen.), in Französisch-Guayana, Guyana und Surinam sowie im Inneren von NO-Venezuela, zus. etwa 15000.

Karibik *die,* die Inselwelt Mittelamerikas und der umgebende Meeresraum (v. a. das Karib. Meer), i. w. S. einschl. der Küstengebiete des angrenzenden Festlandes (von der zentralamerikan. Landbrücke über Kolumbien und Venezuela bis Guyana). Die Inselwelt besteht im Wesentlichen aus den / Westindischen Inseln.

Karibische Gemeinschaft (engl. Caribbean Community), Abk. **CARICOM,** Zusammenschluss von 15 Ländern des karib. Raums zur Koordinierung der Außenpolitik sowie Kooperation in den Bereichen Gesundheit und Soziales, Erziehung, Kultur und Sport, Wiss. und Technik; gegr. 1973, Sitz: Georgetown (Guyana). Weitere 8 Staaten haben Beobachterstatus. Zur wirtsch. Integration wurde der **Karib. Gemeinsame Markt** (engl. Caribbean Common Market, CCM) gebildet. Bisher wurden u. a. ein gemeinsamer Außenzolltarif, Doppelbesteuerungsabkommen, Entwicklungsplanung und Förderung der Industrialisierung vereinbart.

karibische Literatur (westindische Literatur), die in engl., frz., niederländ. und span. Sprache sowie in den entsprechenden kreol. Sprachen verfasste Literatur der Westind. Inseln, Französisch-Guayanas, Surinams und Guyanas, wobei die / kubanische Literatur i. d. R. der lateinamerikan. Literatur zugerechnet wird.

Die Entwicklung der k. L. wurde v. a. von der kolonialen Situation bestimmt, die die Bevölkerung unterschiedl. Kulturkreise sozial und rassisch miteinander verschmolz. Erst seit Ende des 19. Jh. entstand eine eigenständige Lit., die auf den mündlich überlieferten literar. Traditionen der Sklaven und ihrer Nachkommen und den literar. Vorbildern des jeweiligen Mutterlandes aufbaute. Erste Vorstellungen von einer allumfassenden afrikan. Identität finden sich in der **anglophonen Lit.** in der Lyrik T. R. F. Elliots in Guyana. Den ersten westind. Roman (»Jane's career«) schrieb 1914 H. G. De Lisser. Richtungweisend wirkte der gebürtige Jamaikaner C. McKay. Selbstbewusste Hinwendung zu Afrika kennzeichnet die Romane V. Reids und die Lyrik D. Walcotts, der den Nobelpreis für Literatur 1992 erhielt; wichtige sozialkrit. Erzähler sind A. Mendes, C. L. R. James, E. A. Mittelholzer und R. Mais. Volkstüml. Traditionen (Worksongs) und Musikformen wie Calypso und Reggae verbindet E. K. Brathwaite mit Techniken moderner Lyrik. Zentren westind. Emigration und ihrer Kultur wurden neben London verstärkt New York, Boston und Toronto (Paula Marshall, Jamaica Kincaid, D. Walcott, A. Clarke). Eine Sonderstellung nehmen V. S. Naipaul (Nobelpreis für Literatur 2001) und W. Harris ein. Die **frankophone Lit.** begann mit Reiseberichten frz. Missionare im 18. Jh. Erste Schriften schwarzer und mulatt. Autoren mit haitian. Thematik entstanden auf Haiti im 19. Jh. (D. F. Toussaint Louverture). Die romant. Dichtung brachte das Volkstümliche zur Geltung (O. Durand). Die amerikan. Besetzung (1915–34) führte in der Lit. zur Besinnung auf afrohaitian. Kulturgut (J. Price-Mars). Bäuerl. Leben wurde im Roman dargestellt (P. Thoby-Marcellin, J. Roumain, J. S. Alexis). Während der Diktatur der Duvaliers gingen zahlreiche krit. Autoren (R. Depestre, J.-F. Brierre) ins Exil. In den übrigen Gebieten (Guayana, Guadeloupe, Martinique) bestand eine weiterhin auf Frankreich ausgerichtete Literatur. In den 1930er-Jahren begründeten karib. (A. Césaire, L.-G. Damas) und afrikan. (L. S. Senghor) Intellektuelle die Dichtung der / Négritude. V. a. mit dem Kolonialismus setzte sich die nach 1945 entstehende Literatur auseinander (F. Fanon, Maryse Condé). Das Konzept einer spezifisch karib. Identität vertreten neben E. Glissant auch D. Maximin, P. Chamoiseau und Simone Schwarz-Bart. Die **spanischsprachige Lit.** war beeinflusst vom spanisch-amerikan. Modernismus und dem afrokarib. Erbe in den frankophonen Gebieten. Sie entwickelte u. a. in der afroantillen Lyrik eigenständige Richtungen. Bed. Vertreter sind in der Dominikan. Republik M. de Cabral, P. Mir, M. Rueda, V. Villegas und J. Bosch; in der Lit. Puerto Ricos u. a. L. Palés Matos, R. Marqués, R. Ferré und M. Ramos Otero. Auf den Niederländ. Antillen gibt es neben der spanischsprachigen und niederländ. k. L. auch eine Lit. in der kreol. Sprache Papiamento, deren bedeutendster Vertreter F. M. Arion aus Curaçao ist. Aus Surinam kommt der Schriftsteller R. Dobru.

Karibisches Meer, der S-Teil des Amerikan. Mittelmeeres, zw. Antillen, Süd- und Zentralamerika, 2,64 Mio. km² groß und im Caymangraben bis zu 7680 m tief.

Karibu [indian.] *das* oder *der,* nordamerikan. / Rentier.

Karettschildkröte (von links): Echte Karettschildkröte und Unechte Karettschildkröte

Kari|en (grch. Karia, lat. Caria), antike Küstenlandschaft im SW Kleinasiens, von den **Karern** bewohnt; seit 334 v.Chr. Teil des Reiches Alexanders d.Gr.; seit 129 v.Chr. Teil der römischen Prov. Asia.

Kari|es [lat.] *die,* 1) *Medizin:* (Knochenfraß) durch chron. Knochenentzündung, v.a. bei Tuberkulose, hervorgerufene Zerstörung des Knochengewebes.

2) *Zahnmedizin:* ↗ Zahnkaries.

Karikatur: Spottbild auf die katholischen Theologen Murner, Emser, Eck, Lempp und auf den Papst Leo X., der als Antichrist dargestellt ist; Holzschnitt (um 1520; Privatsammlung)

Karikatur [italien., zu caricare »überladen«] *die,* satirisch-kom. Darstellung von Menschen oder gesellschaftl. Zuständen, meist bewusst überzogen und mit polit. Tendenz.

Die Anfänge der K. in der bildenden Kunst datiert man bis ins Neue Reich Ägyptens zurück; karikierende Darstellungen bes. aus dem Bereich des Mythos und Volksglaubens finden sich in der grch., körperl. Deformationen bis zur Groteske in der röm. Kunst. Die meist grobe K. des MA. richtet sich häufig gegen bestimmte Personengruppen (Mönche, Landsknechte u.a.). Künstlerisch profiliert zeigt sich die K. in der Renaissance (Leonardo da Vinci, A. Dürer, H. Bosch). Zu der Darstellung des Individuellen kommt seit der Renaissance und Reformation Kritik an Institutionen wie Kirche und Staat.

Mit Goya beginnt die Reihe bed. Karikaturisten des 19.Jh. In Frankreich arbeiten H. Monnier, J.J. Grandville, P. Gavarni, H. Daumier für C. Philipons (*1806, †1862) satir. Ztschr. (»La Caricature«, »Charivari«). Es folgen A. Grévin (*1827, †1892), G. Doré, A. Gill (*1840, †1885), später T. A. Steinlen; H. de Toulouse-Lautrec karikiert die Lebe- und Halbwelt des Pariser Fin de Siècle. Neben dem um 1800 tätigen J. Gillray werden in England T. Rowlandson, später G. Cruikshank, J. Leech (*1817, †1864) u.a., die v.a. für den »Punch« arbeiten, bedeutend; in den USA T. Nast (*1840, †1902). Der dt. Illustrator der Goethezeit, D. Chodowiecki, ist zugleich polit. Karikaturist; in der 2. Hälfte des 19.Jh. arbeitet W. Scholz für den »Kladderadatsch«, A. Oberländer für die »Fliegenden Blätter«. W. Buschs Bildgeschichten zeigen karikaturist. Elemente. Am Beginn des 20.Jh. stehen die gesellschaftskrit. K. von K. Arnold, R. Blix (*1882, †1958), O. Gulbransson, T.T. Heine, E. Thöny u.a. (alle im »Simplicissimus«). In der Weimarer Rep. erheben H. Zille, K. Kollwitz, G. Grosz, O. Dix mit expressionist. K. soziale Anklage. A. Kubin und A. P. Weber zeichnen apokalypt. K. Heute ist die polit. K. v.a. in Zeitungen und Ztschr., die fantast. und kom. K. auch durch Anthologien (häufig unter dem Begriff Cartoon) verbreitet. Schule bildend für einen rein aus der graf. Linie wirksamen K.-Stil wurde S. Steinberg. Weitere bekannte zeitgenöss. Karikaturisten sind u.a. C. Addams, Bosc, Chaval, J. Effel, R. Peynet, R. Searle, Sempé, Siné, T. Ungerer, P. Flora, K. Halbritter, H. E. Köhler, E. M. Lang, Loriot, F. K. Waechter, R. Topor, H. Traxler, Frans de Boer (efbé), Marie Marcks, D. Levine, C. Poth.

Karimow, Islam Abduganijewitsch, usbek. Politiker, *Samarkand 30. 1. 1938; 1989–91 Erster Sekr. des ZK der usbek. KP, führte 1991–96 die Volksdemokrat. Partei (KP-Nachfolgerin), wurde 1990 Parlamentspräs., 1991 Staatspräs. (Amtszeit per Referendum vom 27. 3. 1995 und durch Wiederwahl am 9. 1. 2000 verlängert, erneut durch eine Volksabstimmung am 27. 1. 2002); errichtete ein autoritäres Präsidialsystem.

Karisches Meer, ↗ Karasee.

Karisimbi *der,* höchster Gipfel der Virungavulkane, in Ostafrika, 4507 m ü. M.

Karitas [lat.], ↗ Caritas.

Karkasse [frz. »Gerippe«, »Rumpf«] *die,* Gewebeunterbau des Luftreifens (↗ Reifen).

Karkemisch (Gargamisch), altoriental. Handelsstadt am Euphrat, an der Stelle des heutigen **Djerablus,** Syrien; seit dem frühen 2. Jt. v.Chr. besiedelt, Fürstensitz der Hethiter (um 1340–1200 v.Chr.), nach deren Untergang als selbstständige Stadt bed. Zentrum späthethit. Kultur; 717 v.Chr. von Sargon II. dem assyr. Reich eingegliedert. Brit. Ausgrabungen ab 1911 (u.a. durch C. L. Woolley).

Karkonosze [karkɔˈnɔʃɛ], ↗ Riesengebirge.

Karl, Herrscher:

Römische Kaiser: **1) K. I., der Große** (lat. Carolus Magnus, frz. Charlemagne), König der Franken (768–814), Röm. Kaiser (800–814), *2. 4. 748 (?), †Aachen 28. 1. 814; Sohn Pippins III., d. J., 754 Königssalbung gemeinsam mit seinem Bruder Karlmann, stellte nach dessen Tod 771 die Einheit des Fränk. Reichs durch Alleinherrschaft wieder her. 772

Karl I., der Große (Reiterstatue aus Bronze, Höhe 23,5 cm, 9. Jh.; Paris, Louvre)

begannen seine Kriege gegen die Sachsen; bis 785 unterwarf er Widukind, bis 804 waren die Sachsen nach blutigen Kämpfen völlig ins Fränk. Reich eingegliedert und christianisiert. 773/774 eroberte er, vom Papst zu Hilfe gerufen, das Langobardenreich und nahm den Titel Rex Langobardorum an. Nach SW erweiterte er sein Reich bis zum Oberlauf des Ebro (trotz Niederlage gegen die Basken, ⁄ Roland) und errichtete die Span. Mark. Nach Absetzung des Herzogs Tassilo hob er das Herzogtum Bayern auf (788) und zerstörte 791–805 das Reich der Awaren, wo er 796 die Ostmark errichtete, machte Böhmen tributpflichtig und befriedete die Liutizen und Sorben. Papst Leo III. krönte ihn am 25. 12. 800 in Rom zum Röm. Kaiser. Nach dem Tod seiner Söhne Karl und Pippin erhob er Ludwig (den Frommen) 813 zum Mitkaiser. – K. sicherte die Grenzen durch Errichtung von ⁄ Marken. Mit der Beseitigung selbstständiger Herzogtümer und Stammesstaaten verband er die Einführung der Grafschaftsverfassung. Er sorgte durch Aufzeichnung von Stammesrechten und durch Gesetzgebung (⁄ Kapitularien) für die Rechtsordnung und stärkte die Zentralgewalt durch das Amt der Königsboten, die die Amtsführung der Grafen regelmäßig überwachten. Der Hof hielt sich bevorzugt in den Pfalzen Aachen, Ingelheim und Nimwegen auf. K. förderte Handel, Gewerbe und Landwirtschaft. Zahlr. gelehrte Männer wirkten an seinem Hof, so Alkuin, seine Biografen Einhard, Paulus Diaconus. Er belebte die Kenntnis der Antike (»karoling. Renaissance«) und ließ die german. Heldenlieder sammeln. K. wurde in der Aachener Pfalzkapelle beigesetzt. Friedrich I. Barbarossa ließ ihn 1165 heilig sprechen. Mit der Verschmelzung antiken Erbes, christl. Religion und german. Gedankenwelt hat K. die histor. Entwicklung Europas geprägt. In den ⁄ Karlssagen lebte seine Gestalt fort.

2) K. II., der Kahle, König des Westfränk. Reichs (840/843–877), Römischer Kaiser (875–877), * Frankfurt am Main 13. 6. 823, † Avrieux (Savoyen) 6. 10. 877; jüngster Sohn Ludwigs des Frommen, erhielt nach dem Bruderkrieg um das Erbe seines Vaters im Vertrag von Verdun 843 das westl. Drittel des Reichs, von den Pyrenäen bis zur Schelde, zugesprochen (⁄ Fränkisches Reich). Im Vertrag von Mersen (870) bekam er das östl. Lothringen. Nach dem Tod Kaiser Ludwigs II. (875) wurde er von Papst Johannes VIII. zum Kaiser gekrönt.

3) K. III., der Dicke, König des Ostfränk. Reichs (876–887) und des Westfränk. Reichs (885–887), Röm. Kaiser (881–887), *839, † Neudingen a. d. Donau 13. 1. 888; Sohn Ludwigs des Deutschen, erhielt 876 Alemannien und einen Teil Lothringens. Als Erbe seiner Brüder Karlmann († 880) und Ludwig III. († 882) sowie des westfränk. Karolingers (885) vereinigte K. zum letzten Mal das Reich Karls d. Gr.; 881 zum Kaiser gekrönt. Im Kampf gegen die Normannen blieb er ohne Erfolg, wurde 887 auf dem Reichstag in Trebur (bei Groß-Gerau) zur Abdankung gezwungen.

Hl. Röm. Reich: **4) K. IV.,** eigtl. Wenzel, Röm. König (1346–78), König von Böhmen (seit 1347), Kaiser (seit 1355), König von Burgund (seit 1365), * Prag 14. 5. 1316, † ebd. 29. 11. 1378; Sohn König Johanns von Böhmen, Luxemburger, wurde 1346, gestützt von Papst Klemens VI., zum Gegenkönig zu Ludwig IV., dem Bayern, gewählt (seit 1347 allg. anerkannt). Burgund verlieh er 1377 dem frz. Thronfolger. Durch die Goldene Bulle von 1356 garantierte er die Kurfürstenrechte und regelte die Königswahl (gültig bis 1806). Er erweiterte seine Hausmacht (Schlesien, die Lausitz , Brandenburg) und machte Böhmen, v. a. Prag (1348 erste dt. Univ.), zum geistigen Mittelpunkt des Reichs, der bed. Künstler und Humanisten (P. Parler, Petrarca, C. di Rienzo) anzog.

5) K. V., Römischer König (1519–56), Kaiser (1530–56), als König von Spanien **K. I.** (1516–56),

Karl V., Römischer Kaiser, in der schwarzen Hoftracht der spanischen Granden (Gemälde von Francesco Terzio, um 1550; Innsbruck, Schloss Ambras)

* Gent 24. 2. 1500, † San Gerónimo de Yuste 21. 9. 1558; Sohn Philipps I., des Schönen, und Johannas der Wahnsinnigen, Enkel Maximilians I., Habsburger; 1519 bei der Wahl zum Röm. König (als Nachfolger Maximilians I.; mit Anspruch auf die Kaisergewalt) dem frz. König Franz I. vorgezogen (finanziert von Jakob II. Fugger); 1521–30 von seinem Bruder Ferdinand (I.) im Reich vertreten. 1530 in Bologna als letzter Kaiser von einem Papst gekrönt. Gegen Franz I. führte er vier Kriege (1521–25 [Sieg bei Pavia], 1527–29 [»Sacco di Roma«], 1536–38, 1542–44) um das burgund. Erbe und um die Herrschaft in Italien (endgültig im Frieden von Crépy 1544 anerkannt). Weniger erfolgreich kämpfte K. gegen die Türken (1532, 1541). Während seiner Reg.zeit wurde durch die Eroberung Mexikos (1519–21) und Perus (1532/33) das span. Kolonialreich in Amerika begründet. Streng katholisch gesinnt, trat K. der luther. Reformation entgegen (Wormser Edikt, 1521), musste aber 1532 den Nürnberger Religionsfrieden gewähren. Erst 1546/47 besiegte er im ⁄ Schmalkaldischen Krieg die prot. Fürsten; aber die Fürstenverschwörung von 1552 unter Führung des Moritz von Sachsen beseitigte das kaiserl. Übergewicht und führte zum Augsburger Religionsfrieden von 1555. Darauf dankte K. 1556 ab; in Spanien und Burgund folgte ihm sein Sohn Philipp II., im Reich sein Bruder Ferdinand I.

6) K. VI., Kaiser (1711–40), als König von Spanien **K. III.** (1703–11), * Wien 1. 10. 1685, † ebd. 20. 10. 1740; Sohn Kaiser Leopolds I., Bruder Josephs I., letzter Habsburger (im Mannesstamm); musste, nachdem er die österr. Erblande und die Kaiserwürde erlangt hatte, den Bourbonen Philipp V. als König von Spanien anerkennen; erhielt nach Beendigung des Span. Erbfolgekriegs (Rastatter Frieden, 1714) die Span. Niederlande, die Lombardei, Neapel und Sizilien. Durch die von Prinz Eugen erfolgreich geführten Türkenkriege (1716–18) erwarb er Serbien, die Walachei, das Banat u. a. In der Pragmat. Sanktion von 1713 sicherte er die Thronfolge seiner Tochter Maria Theresia. In den Friedensschlüssen nach dem Poln. Thronfolgekrieg (1735/38) und im Frieden von Belgrad (1739) musste K. auf viele Erwerbungen verzichten.

Karl IV., Römischer Kaiser (Ausschnitt aus einem Votivbild, vor 1371)

Karl VI., Römischer Kaiser (Ausschnitt aus einem Gemälde von Martin van Meytens; Florenz, Uffizien)

7) K. VII., Kaiser (1742–45), als **K. Albrecht** Kurfürst von Bayern (1726–45), König von Böhmen (1741–45), *Brüssel 6. 8. 1697, †München 20. 1. 1745; Wittelsbacher; eröffnete als Schwiegersohn Kaiser Josephs I. nach dem Tod Kaiser Karls VI. den ↗Österreichischen Erbfolgekrieg, wurde 1742 von den Gegnern Habsburgs zum Kaiser gewählt. Nach seinem plötzl. Tod musste sein Sohn auf alle Ansprüche gegen die Habsburger verzichten.

Baden: **8) K. Friedrich,** Markgraf (1738–1803), Kurfürst (1803–06) und Großherzog (seit 1806), *Karlsruhe 22. 11. 1728, †ebd. 10. 6. 1811, Großvater von 9); war zunächst in Baden-Durlach, seit 1771 auch in Baden-Baden ein Musterregent des aufgeklärten Absolutismus (Aufhebung der Folter und der Leibeigenschaft; vorbildl. Lehranstalten, Pensions- und Versicherungswesen). K. trat 1806 dem napoleon. Rheinbund bei und konnte infolge der territorialen Neuordnung sein Land um ein Vielfaches vergrößern.

9) K. Ludwig Friedrich, Großherzog (1811–18), *Karlsruhe 8. 6. 1786, †Rastatt 8. 12. 1818, Enkel von 8); 1806 ∞ mit Napoleons I. Stieftochter Stéphanie de Beauharnais (*1789, †1860); gab Baden am 22. 8. 1818 die liberalste Verf. im damaligen Deutschland.

Bayern: **10) K. Albrecht,** Kurfürst, ↗Karl 7).

11) K. Theodor, Kurfürst, ↗Karl 26).

Braunschweig: **12) K. Wilhelm Ferdinand,** Herzog (1780–1806), *Wolfenbüttel 9. 10. 1735, †Ottensen (heute zu Hamburg) 10. 11. 1806; Neffe Friedrichs d. Gr., seit 1773 preuß. General, führte die Koalitionstruppen 1792–94 im 1. Frz. Revolutionskrieg sowie 1806 das preuß. Heer; bei Auerstedt verwundet, starb er auf der Flucht. Zu Ehren seiner (überschätzten) militär. Erfolge in Holland (1787) wurde das ↗Brandenburger Tor erbaut.

Burgund: **13) K. der Kühne,** Herzog (1467–77), *Dijon 10. 11. 1432, †Nancy 5. 1. 1477; Sohn Philipps des Guten, plante die Errichtung eines selbstständigen burgund. Reichs unter Einschluss Lothringens; belagerte 1474/75 als Bundesgenosse des abgesetzten Kurfürsten Ruprecht von Köln vergeblich Neuss, unterlag gegen die Eidgenossen und Lothringer bei Grandson (2. 3.) und Murten (22. 6. 1476), fiel in der Schlacht bei Nancy. Durch die Ehe (1477–82) seiner Tochter Maria mit Maximilian I. kamen die Niederlande und die Freigrafschaft Burgund an Habsburg, während das Herzogtum Burgund von Frankreich eingezogen wurde.

England: **14) K. I.,** König von England, Schottland und Irland (1625–49), *Dunfermline (Schottland) 19. 11. 1600, †(hingerichtet) London 30. 1. 1649, Vater von 15); aus dem Haus Stuart; war streng absolutistisch gesinnt, nahm 1628 unter dem Druck des Parlaments die ↗Petition of Right an. Seit 1629 regierte er ohne Parlament, musste jedoch nach einem Aufstand der schott. Presbyterianer 1640 das ↗Lange Parlament einberufen. Nach der Niederlage der Royalisten (»Kavaliere«) im 1642 ausgebrochenen Bürgerkrieg (Entscheidungsschlachten bei Marston Moor 1644 und Naseby 1645) floh K. 1646 zu den Schotten, wurde von diesen ausgeliefert und 1649 auf Betreiben O. Cromwells zum Tode verurteilt.

15) K. II., König von England, Schottland und Irland (1660–85), *London 29. 5. 1630, †ebd. 6. 2. 1685, Sohn von 14); lebte seit 1646 in Frankreich, landete 1650 in Schottland, fiel in England ein, wurde aber von O. Cromwell 1651 bei Worcester geschlagen. Durch die Restauration gelangte er 1660 auf den engl. Thron. K. neigte zum Katholizismus und schloss sich außenpolitisch eng an Ludwig XIV. von Frankreich an. 1679 setzte das Parlament die ↗Habeas-Corpus-Akte durch.

Fränkisches Reich: **16) K. Martell** [altfrz. »Hammer«], Hausmeier (seit 717), *um 688, †Quierzy (Picardie) 22. 10. 741; Sohn Pippins II., des Mittleren, unterwarf die rechtsrhein. Stämme und sicherte bes. durch den Sieg bei Poitiers über die Araber (732) das Frankenreich vor der muslim. Eroberung. K. begründete den Aufstieg der karoling. Dynastie und die Großmachtstellung des Fränk. Reichs.

17) K. II., der Kahle, ↗Karl 2).

Frankreich: **18) K. VII.,** König (1422–61), *Paris 22. 2. 1403, †Mehun-sur-Yèvre (bei Bourges) 22. 7. 1461, Großvater von 19); wurde 1420 enterbt, konnte sich aber im ↗Hundertjährigen Krieg gegen die Engländer südlich der Loire halten. 1429 begann mit ↗Jeanne d'Arc, die K. 1429 in Reims krönen ließ, die Eroberung des Nordens, die 1453 vollendet war. K. reorganisierte Staat und Verw. und schuf 1439 mit den »Ordonnanzkompanien« ein stehendes Heer.

19) K. VIII., König (1483–98), *Amboise 30. 6. 1470, †ebd. 7. 4. 1498, Enkel von 18); besetzte 1494/95 vorübergehend das von ihm als Erbe der Anjou beanspruchte Königreich Neapel. K.s Zug nach Italien gilt als Wendepunkt in der Entstehung des europ. Staatensystems. Durch seine Heirat mit Anne de Bretagne (1491) kam die Bretagne zur frz. Krone.

20) K. IX., König (1560–74), *Saint-Germain-en-Laye 27. 6. 1550, †Vincennes 30. 5. 1574; stand unter dem Einfluss seiner Mutter Katharina von Medici, die dem schwachen König, der mit den Hugenotten sympathisierte, sein Einverständnis zur ↗Bartholomäusnacht abverlangte.

21) K. X., König (1824–30), *Versailles 9. 10. 1757, †Görz 6. 11. 1836; jüngerer Bruder Ludwigs XVI. und Ludwigs XVIII., als Prinz Graf von **Artois,** leitete die Unternehmungen der Emigranten gegen die Frz. Revolution. Seit der Restauration

Karl I., König von England, mit Reitknecht und Page (Gemälde von Anthonis van Dyck, um 1635; Paris, Louvre)

Karl der Kühne, Herzog von Burgund (Ausschnitt aus einem Gemälde von Rogier van der Weyden, um 1454–60; Berlin, Gemäldegalerie)

Karl VII., König von Frankreich (Ausschnitt aus einem Gemälde von Jean Fouquet, 1444/45; Paris, Louvre)

1814/15 war er das Haupt der äußersten Rechten, der »Ultraroyalisten«, und führte auch als König eine klerikale und ultraroyalist. Politik. Seine Ordonnanzen vom 26. 7. 1830 (Einschränkung der Pressefreiheit und des Wahlrechts) führten zur Julirevolution; am 2. 8. musste er abdanken.

Hessen-Kassel: **22) K.**, Landgraf (1670–1730), *Kassel 3. 8. 1654, †ebd. 23. 3. 1730; war neben Kurfürst Friedrich Wilhelm von Brandenburg eine Hauptstütze des Protestantismus und der antifrz. Politik; nahm Hugenotten auf, für die er u. a. Karlshafen gründete; förderte Wiss. und Künste.

Mainz: **23) K. Theodor**, Reichsfreiherr von Dalberg, Kurfürst (1802–13), *Herrnsheim (heute zu Worms) 8. 2. 1744, †Regensburg 10. 2. 1817; wurde 1800 Bischof von Konstanz, 1802 Erzbischof und Kurfürst von Mainz, blieb durch Anschluss an Napoleon Bonaparte auch nach 1803 (Säkularisation) Kurfürst; betrieb die Gründung des Rheinbunds und wurde 1806 Fürstprimas für Dtl., 1810 Großherzog von Frankfurt; nach der Völkerschlacht bei Leipzig (1813) zur Abdankung gezwungen, blieb er Erzbischof von Regensburg.

Neapel-Sizilien: **24) K. I. von Anjou**, König (1266–85), *März 1226, †Foggia 7. 1. 1285; Sohn Ludwigs VIII. von Frankreich, Graf von Anjou und seit 1246 der Provence. 1263 vom Papst mit dem bisher stauf. Königreich Sizilien belehnt, eroberte er es durch seine Siege bei Benevent (1266) über Manfred und bei Tagliacozzo (1268) über Konradin, den er hinrichten ließ. Seine Hptst. verlegte er nach Neapel; Sizilien verlor er wieder durch die »Sizilian. Vesper« (1282).

Österreich-Ungarn: **25) K. I.**, Kaiser (1916–18), als König von Ungarn **K. IV.**, *Persenbeug (NÖ) 17. 8. 1887, †Funchal (Madeira) 1. 4. 1922; Großneffe von Kaiser Franz Joseph I., erstrebte einen Verständigungsfrieden mit der Entente und knüpfte im Frühjahr 1917 durch seinen Schwager, den Prinzen ↗ Sixtus von Bourbon-Parma, geheime Verhandlungen mit Frankreich an. Sein Völkermanifest zur föderativen Neugliederung des Staates (16. 10. 1918) kam zu spät; am 11. 11. 1918 verzichtete er auf die Ausübung der Reg. in Österreich, am 13. 11. in Ungarn, ohne formell abzudanken; nach vergebl. Putschversuchen in Ungarn (März und Okt. 1921) wurde er nach Madeira verbannt. Seit 1911 ∞ mit Zita von Bourbon-Parma.

Pfalz: **26) K. Theodor**, Kurfürst von der Pfalz (1742–99) und von Bayern (1777–99), *Schloss Droogenbosch (bei Brüssel) 10. 12. 1724, †München 16. 2. 1799; stammte aus dem Hause Pfalz-Sulzbach und vereinigte durch Erbfolge alle pfälz. und bayer. Besitzungen der Wittelsbacher in seiner Hand, war ein bed. Förderer der Künste, des Baukunst (Schwetzingen) und der Musik (Mannheimer Schule).

Rumänien: **27) K. I.**, Fürst (1866–81), König (1881–1914), *Sigmaringen 20. 4. 1839, †Schloss Peleş (bei Sinaia) 10. 10. 1914, Großonkel von 28); aus dem Haus Hohenzollern-Sigmaringen; 1866 zum Fürsten gewählt. Im Russisch-Türk. Krieg von 1877/78 machte er sich von der Türkei unabhängig und nahm 1881 den Königstitel an. K. führte ein konstitutionelles Reg.system ein. Der Kronrat beschloss am 3. 8. 1914 gegen K. die Neutralität Rumäniens.

28) K. II., König (1930–40), *Sinaia 15. 10. 1893, †Estoril (bei Lissabon) 4. 4. 1953, Großneffe von 27); ∞ 1921–28 (geschieden) mit Helene, Prinzessin von Griechenland, musste 1926 wegen seiner Beziehungen zu Helene Lupescu auf seine Thronrechte verzichten. 1930 rief die Reg. Maniu K. aus dem Pariser Exil zurück und proklamierte ihn zum König. Er schlug einen autoritären Kurs ein, setzte 1938 die demokrat. Verf. außer Kraft und verbot alle Parteien (»Königsdiktatur«). Nach außenpolit. Misserfolgen wurde er von Marschall I. Antonescu am 6. 9. 1940 zur Abdankung zugunsten seines Sohnes Michael gezwungen.

Sachsen-Weimar-Eisenach: **29) K. August**, Herzog (1758–1815), Großherzog (1815–28), *Weimar 3. 9. 1757, †Graditz 14. 6. 1828, Großvater von 30); stand ab 1775 unter der Vormundschaft seiner Mutter Anna Amalia, wurde u. a. von C. M. Wieland erzogen. Die Freundschaft mit Goethe machte Weimar und Jena (Univ.) zu Zentren des dt. Geisteslebens; er gründete das Hoftheater (1791) und berief J. G. Herder und Schiller nach Weimar. Politisch schloss er sich eng an Preußen an; 1806–13 nur gezwungen Mitgl. des Rheinbunds. Er führte bereits am 5. 5. 1816 eine landständ. Verfassung ein.

30) K. Alexander, Großherzog (1853–1901), *Weimar 24. 6. 1818, †ebd. 5. 1. 1901, Enkel von 31); förderte Kunst, Musik und Lit.; Protektor der Schiller-Stiftung (1859), der Dt. Shakespeare-Ges. (1864), der Goethe-Ges. (1885) und des Goethe-und-Schiller-Archivs (1896).

Savoyen-Sardinien: **31) K. Albert**, König (1831 bis 1849), *Turin 2. 10. 1798, †Porto 28. 8. 1849; aus der Nebenlinie Savoyen-Carignan, nach der Thronbesteigung zunächst der österr. Politik zugeneigt; erließ jedoch bei Ausbruch der Revolution von 1848 eine Verf. und erklärte als Vorkämpfer der italien. Einheitsbewegung Österreich den Krieg. Nach den Niederlagen bei Custoza und Novara dankte er zugunsten seines Sohnes Viktor Emanuel II. ab.

Schweden: **32) K. IX.**, König (1604–11), *Stockholm 4. 10. 1550, †Nyköping 30. 10. 1611; jüngster Sohn Gustavs I. Wasa, Herzog von Södermanland, sicherte die Reformation in Schweden, wurde 1595 Reichsverweser und besiegte 1598 seinen Neffen, den kath. Sigismund III. von Polen-Schweden, bei Stangebro. 1599 zum Regenten gewählt, 1600 als König anerkannt, nahm er 1604 den Titel an und wurde 1609 gekrönt.

33) K. X. Gustav, König (1654–60), *Nyköping 8. 11. 1622, †Göteborg 13. 2. 1660, Vater von 34); aus dem Hause Pfalz-Zweibrücken, bestieg nach der Abdankung Königin Christines den Thron. Als einer der fähigsten Feldherren seiner Zeit behauptete er im Krieg gegen Polen (1655–60) die schwed. Ostseeherrschaft, zwang Dänemark 1658 im Frieden von Roskilde zur Abtretung von Schonen.

34) K. XI., König (seit 1660, bis 1672 unter Vormundschaft), *Stockholm 24. 11. 1655, †ebd. 5. 4. 1697, Sohn von 33), Vater von 35); verlor in der Auseinandersetzung mit dem Großen Kurfürsten (Schlacht bei Fehrbellin 1675) einen Teil Schwedisch-Pommerns. Innenpolitisch brach er durch die Einziehung von Krongütern die Macht des Adels. 1682 übertrug der Reichstag ihm fast unumschränkte Macht.

35) K. XII., König (1697–1718), *Stockholm 27. 6. 1682, †bei Fredrikshald (heute Halden) 11. 12. (30. 11. a. St.) 1718, Sohn von 34); besiegte im Großen Nord. Krieg (1700–21) das russ. Heer bei Narwa (1700) und erreichte im Frieden von Altranstädt (1706) den Verzicht Augusts des Starken auf die poln. Krone; wurde 1709 von Peter d. Gr. entscheidend bei Poltawa geschlagen und floh auf türk. Territorium (Bender am Dnjestr); kehrte 1714 nach Schweden zurück, griff Norwegen an und fiel vor der Festung Fredrikshald. Mit ihm endete die Großmachtstellung Schwedens.

Karl I., Kaiser von Österreich-Ungarn

Karl XII., König von Schweden

Karl XVI. Gustav, König von Schweden

Jerome Karle

Karlsbad Stadtwappen

36) K. XIV. Johann, König von Schweden und Norwegen (1818–44), urspr. Jean-Baptiste Bernadotte, *Pau (Dép. Pyrénées-Atlantiques) 26. 1. 1763, †Stockholm 8. 3. 1844; in den frz. Revolutionskriegen General; ∞ seit 1798 mit ↗Désirée. Napoleon I. erhob ihn 1804 zum Marschall, 1806 zum Fürsten von Pontecorvo. 1810 wurde K. von den schwed. Ständen zum Kronprinzen gewählt und von Karl XIII. (1809–18) adoptiert. Er veranlasste 1812 den Anschluss Schwedens an die Gegner Napoleons und befehligte in den ↗Befreiungskriegen die Nordarmee. 1814 zwang er Dänemark im Frieden von Kiel zur Abtretung Norwegens. K. leitete die schwed. Neutralitätspolitik ein.

37) K. XV., König (1859–72), *Stockholm 3. 5. 1826, †Malmö 18. 9. 1872. Unter ihm wurde Schweden zum liberalen Verfassungsstaat (1866 Einführung des Zweikammersystems). Sein Plan einer skandinav. Dreistaatenunion scheiterte.

38) K. XVI. Gustav (schwed. Carl XVI. Gustaf), König (seit 1973), *Schloss Haga (bei Stockholm) 30. 4. 1946; folgte seinem Großvater, König Gustav VI. Adolf, auf den Thron; ∞ seit 1976 mit Silvia Sommerlath (*1943).

Spanien: **39) K. I.,** ↗Karl 5).

40) K. II., König (1665–1700), *Madrid 6. 11. 1661, †ebd. 1. 11. 1700; der letzte span. Habsburger. Er verlor die Freigrafschaft Burgund und wichtige Grenzgebiete der Span. Niederlande an Ludwig XIV. von Frankreich. Während seiner Reg. setzte sich der polit. und wirtsch. Verfall Spaniens fort.

41) K. III., König (1759–88), als **K. IV.** König von Neapel-Sizilien (1735–59), *Madrid 20. 1. 1716, †ebd. 14. 12. 1788; Sohn des Bourbonen Philipp V., Vater von 42); unterstützte Frankreich im Siebenjährigen Krieg und im Unabhängigkeitskrieg der USA gegen England. Er regierte im Geist des aufgeklärten Absolutismus, förderte Wirtschaft, Handel und beschränkte die Macht der Kirche.

42) K. IV., König (1788–1808), *Portici (bei Neapel) 11. 11. 1748, †Rom 20. 1. 1819, Sohn von 41); setzte anfänglich die Reformpolitik seines Vaters fort, überließ dann die Reg. seiner Frau Marie Luise von Parma und deren Günstlingen (↗Godoy). Napoleon I. zwang 1808 zunächst K., kurz danach auch seinen Sohn Ferdinand zum Thronverzicht zugunsten von Joseph Bonaparte.

Ungarn: **43) K. I. Robert,** König (1308–42), *Neapel 1288, †Visegrád 16. 7. 1342; aus der neapolitan. Linie des Hauses Anjou, stärkte die Königsmacht, förderte Städtegründungen und Bergbau.

Württemberg: **44) K. Alexander,** Herzog (1733–37), *Stuttgart 24. 1. 1684, †Ludwigsburg 12. 3. 1737, Vater von 45); bediente sich zur Besserung der Finanzen seines Finanzrats J. S. Oppenheimer, der großen Einfluss gewann; geriet deswegen und wegen seines Übertritts zum Katholizismus in heftigen Streit mit den Landständen.

45) K. Eugen, Herzog (1737–93), *Brüssel 11. 2. 1728, †Hohenheim (heute zu Stuttgart) 24. 10. 1793, Sohn von 44); am Hof Friedrichs d. Gr. erzogen, prachtliebend (Lustschlösser Solitude und Hohenheim; Opernhaus in Ludwigsburg) und gewalttätig (u. a. Einkerkerung C. F. D. Schubarts); regierte bis 1770 (»Erbvergleich«) absolutistisch in Konflikt mit den Ständen; Gründer der ↗Karlsschule.

Karla (Karle, Karli), Ort im ind. Bundesstaat Maharashtra, mit vier frühbuddhist. Höhlentempeln; die bed. Höhle Nr. 1, ein Felsentempel aus dem 1. Jh. n. Chr., ist als dreischiffige Säulenhalle mit Tonnengewölbe und monolith. Stupa in der Apsis angelegt.

Karle [kɑːl], Jerome, amerikan. Physikochemiker und Kristallforscher, *New York 18. 6. 1918; seit 1946 am Forschungslaboratorium der amerikan. Marine in Washington (D. C.); erhielt für seine Beiträge zur Entwicklung direkter Methoden zur Kristallstrukturbestimmung 1985 mit H. A. Hauptman den Nobelpreis für Chemie.

Karlfeldt, Erik Axel, schwed. Lyriker, *Folkärna (Dalarna) 20. 7. 1864, †Stockholm 8. 4. 1931; wurde 1912 Ständiger Sekretär der Schwed. Akademie. K.s neuromant. Dichtung schildert Natur und Volksleben seiner Heimat; später überwiegen Wehmut und Resignation; Nobelpreis für Literatur 1931 (posthum).

Karlisten, in Spanien seit 1833 die Anhänger des Thronanwärters Don ↗Carlos und seiner Nachkommen, die ihre Thronansprüche in den drei **Karlistenkriegen** (1833–39, 1847–49 und 1872–76) verfochten. Sie waren streng klerikal und absolutistisch gesinnt. 1936 schlossen sie sich F. Franco Bahamonde an, der sie 1937 mit der Falange vereinigte. Bis in die Gegenwart lehnen sie einen Nachkommen Alfons' XIII. auf dem span. Thron ab; ihr Prätendent ist Carlos Hugo von Bourbon-Parma.

Karll, Agnes Caroline Pauline, Krankenschwester, Berufs- und Sozialreformerin, *Embsen (Landkr. Lüneburg) 25. 3. 1868, †Berlin 12. 2. 1927; setzte sich innerhalb der Sozial- und Frauenbewegung für eine grundlegende Reform der Krankenpflege und die sozialrechtl. Absicherung der Krankenpflegerinnen ein und hat die Grundlagen der modernen Krankenpflege wesentlich mitgelegt.

Karlmann, fränk. Herrscher aus dem Hause der Karolinger:
1) K., Hausmeier, *715(?), †Vienne (Dép. Isère) 17. 8. 754; ältester Sohn Karl Martells, teilte das Reich mit seinem Bruder Pippin (III., d. J.), beauftragte Bonifatius mit der Reform der fränk. Kirche, unterwarf die Alemannen 746, entsagte 747 der Herrschaft und ging als Mönch nach Monte Cassino.
2) K., König der Franken (768–771), *751, †4. 12. 771; Bruder Karls d. Gr., erhielt 768 Burgund, die Provence, Septimanien, einen Teil Aquitaniens und Alemannien. Nach seinem Tod nahm Karl d. Gr. die Söhne K.s enterbte, sein Reich an sich.
3) K. von Bayern, König des Ostfränk. Reichs (876–880), *um 830, †Altötting 29. 9. 880; ältester Sohn Ludwigs des Deutschen, erhielt 876 Bayern, Kärnten, Pannonien, Böhmen und Mähren, wurde in Pavia 877 zum König von Italien erhoben, das er aber 879 an seinen Bruder ↗Karl 3) abtrat.

Karl Martell, ↗Karl 16).

Karl-Marx-Stadt, 1953–90 Name von ↗Chemnitz.

Karlovac [-vats] (dt. Karlstadt), Stadt in Kroatien, an der Kupa, 59 400 Ew.; Maschinenbau, Textil-, Leder-, chem. Ind., Brauerei; Verkehrsknoten. – 1579 als Festung gegen die Türken gegründet.

Karlovy Vary [ˈkarlovɪ ˈvarɪ], Stadt in der Tschech. Rep., ↗Karlsbad.

Karlowitz, Stadt in Serbien, ↗Sremski Karlovci.

Karlsbad (tschech. Karlovy Vary), Stadt und Kurort in Westböhmen, Tschech. Rep., Verw.sitz des Bez. K., an der Mündung der Tepl in die Eger, 374 m ü. M., 53 900 Ew.; seinen Weltruf verdankt es seinen zwölf alkal. Glaubersalzquellen (bis 72 °C); Porzellanind., Glaswerk, Oblatenbäckerei, Herstellung von Karlsbader Salz; Flughafen. – Kurhaus an der Wiese (1711), barocke Kirche St. Maria Magdalena; Zentrum des Kurbetriebs ist die klassizist. Mühlbrunn-Kolonnade (1878). – K., im 14. Jh. als

»Warmbad« erwähnt, wurde nach Kaiser Karl IV. benannt; 1370 Stadtrecht; ab 1711 Entwicklung zum Kurort.

Karlsbader Beschlüsse, die auf den Karlsbader Konferenzen (6.–31. 8. 1819) verabredeten Maßnahmen gegen »demagog. Umtriebe« (Demagogenverfolgung) aus Anlass des Attentats des Burschenschafters K. Sand auf A. von Kotzebue (23. 3. 1819). Die von Österreich (Metternich) und Preußen vorbereiteten, von der Bundesversammlung am 20. 9. 1819 angenommenen K. B. waren bis 1848 gültig.

Karlsbader Salz, Glaubersalz (Natriumsulfat) enthaltendes, durch Eindampfen von Karlsbader Mineralwasser gewonnenes oder künstlich hergestelltes Salzgemisch; dient v.a. als Abführmittel.

Karlsburg, Stadt in Rumänien, ∕ Alba Iulia.

Karlshafen, Bad, ∕ Bad Karlshafen.

Karlshorst, Ortsteil des Berliner Stadtbez. Lichtenberg; war ab 1945 Sitz der sowjet. Militärverw., dann bis 1955 des sowjet. Hochkommissars; Pferderennbahn.

Karlskrona [-'kru:na], Hptst. des VerwBez. Blekinge, Schweden, an der Ostsee, 60 400 Ew.; Marinehafen mit Marinemuseum, Marineschule und Werft für Kriegsschiffe; außerdem Textil-, Porzellan-, Holzind.; Fischexporthafen. – Der Marinehafen als herausragendes Beispiel einer planmäßig angelegten europ. Marinestadt des späten 17. Jh. wurde von der UNESCO zum Weltkulturerbe erklärt. Die Admiralitätskirche (1685) ist die größte Holzkirche Schwedens. – 1679 von Karl XI. gegr., 1680 Stadt.

Karlspreis, 1) (Internat. K. zu Aachen), nach Karl d. Gr. benannter, seit 1950 von der Stadt Aachen verliehener Preis für Verdienste um die europ. Bewegung und die Einigung Europas. Preisträger sind: R. Graf Coudenhove-Kalergi (1950), H. Brugmans (1951), A. De Gasperi (1952), J. Monnet (1953), K. Adenauer (1954), Sir W. Churchill (1956), P. H. Spaak (1957), R. Schuman (1958), G. C. Marshall (1959), J. Bech (1960), W. Hallstein (1961), E. Heath (1963), A. Segni (1964), J. O. Krag (1966), J. Luns (1967), Kommission der europ. Gemeinschaften (1969), F. Seydoux (1970), R. Jenkins (1972), S. de Madariaga (1973), L. Tindemans (1976), W. Scheel (1977), K. Karamanlis (1978), E. Colombo (1979), S. Veil (1981), König Juan Carlos I. von Spanien (1982), K. Carstens (1984), das Volk von Luxemburg (1986), H. Kissinger (1987), F. Mitterrand und H. Kohl (1988), Frère R. Schutz (1989), G. Horn (1990), V. Havel (1991), J. Delors (1992), F. González Márquez (1993), Gro Harlem Brundtland (1994), F. Vranitzky (1995), Königin Beatrix der Niederlande (1996), R. Herzog (1997), B. Geremek (1998), T. Blair (1999), B. Clinton (2000), G. Konrád (2001), der Euro (2002), V. Giscard d'Estaing (2003).

2) (Europ. K.), von der sudetendt. Landsmannschaft 1958 gestifteter, jährlich verliehener Preis für Verdienste um die Verständigung zw. Dtl. und seinen östl. Nachbarn; ben. nach Kaiser Karl IV. (1355–78).

Karlsruhe, 1) RegBez. in Bad.-Württ., 6919 km², 2,684 Mio. Ew.; umfasst die Stadtkreise Baden-Baden, Heidelberg, Karlsruhe, Mannheim, Pforzheim und die Landkreise Calw, Enzkreis, Freudenstadt, Karlsruhe, Neckar-Odenwald-Kreis, Rastatt und Rhein-Neckar-Kreis.

2) Landkreis im RegBez. K., Bad.-Württ., 1085 km², 419 600 Ew.

3) Stadt in Bad.-Württ., Stadtkreis sowie Sitz der Verw. von 1) und 2), in der Oberrhein. Tiefebene, zw. Ausläufern des nördl. Schwarzwaldes und dem Rhein, 116 m ü. M., 278 600 Ew.; Bundesverfassungsgericht, Bundesgerichtshof, Bundesanstalt für Wasserbau, Bundesforschungsanstalt für Ernährung, Oberlandesgericht, Landesanstalt für Umweltschutz, Landesbank Bad.-Württ; Univ. (seit 1967) Fridericiana (1825 als TH gegr.), Hochschule für Musik, Akademie der Bildenden Künste, PH, FH, Hochschule für Gestaltung, Berufs-, Verw.- und Wirtschaftsakademie, Forschungszentrum K. Umwelt und Technik, Fraunhofer-Institute, Zentrum für Kunst und Medientechnologie (ZKM) mit Städt. Galerie, Medienmuseum u.a.; Staatstheater, Museen und Bibliotheken, Staatl. Kunsthalle, Generallandesarchiv, botan. und zoolog. Garten. Die wirtsch. Entwicklung beruht nicht zuletzt auf der günstigen Ver-

Karlsbad: Der bekannte Kurort erstreckt sich im Engtal der Tepl bis in die Ausläufer des Slavkovský les.

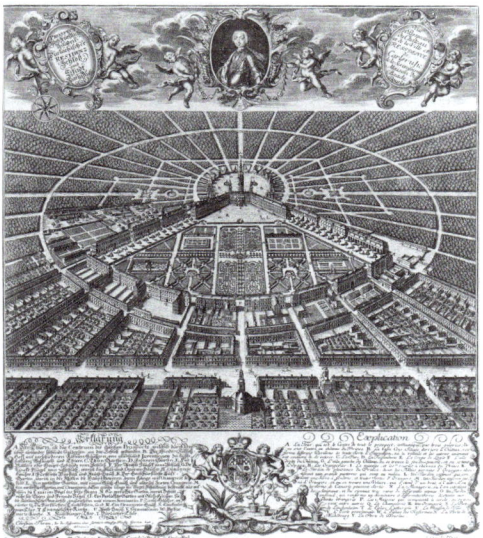

Karlsruhe 3): die auf einem Kupferstich aus dem Jahre 1739 dargestellte barocke Stadtanlage mit dem Schlossturm als Ausgangspunkt von 32 strahlenförmig angelegten Straßen

Karlsruhe 3)
Stadtwappen

kehrslage, auch seinem Rheinhafen (1998: 6 Mio. t). Maschinen-, Fahrzeug-, Apparatebau-, elektrotechn., feinmechanisch-opt., pharmazeut., chem. Ind., Erdölraffinerien mit Ölhafen und Fernleitungen von Marseille sowie von und nach Ingolstadt, Nahrungsmittel- und Bekleidungsind., Druckereien, Verlage, Staatl. Majolika-Manufaktur.

Stadtbild: Mittelpunkt der Stadtanlage ist der Turm des Schlosses (1715; 1752–85 Umbau weitgehend nach Plänen B. Neumanns), von dem 32 Straßen strahlenförmig ausgehen. Nur der Bereich um die neun südl. Straßen wurde bis 1738 bebaut (Fächerform). Seit 1800 prägte F. Weinbrenner das klassizist. Bild der Stadt mit kath. Stadtpfarrkirche, evang. Stadtkirche, Markgräfl. Palais und Rathaus sowie der Pyramide auf dem Marktplatz. Die Orangerie (1853–57) ist ein frühes Beispiel der Glasarchitektur (heute Museum). Aus den 1950er-Jahren stammen die Schwarzwaldhalle (mit erster Hängedachkonstruktion Europas), das Gebäude der Karlsruher Lebensversicherung und die Neubauten der Universität. Moderne Bauten sind u. a. die Europahalle (1979–82), die Stadthalle (1982–85), die Bad. Landesbibliothek (1984–92), das Neue Ständehaus (1991–93) mit Stadtbibliothek und Erinnerungsstätte »Ständehaus«. – Im S von K. eine der ältesten dt. Gartenstädte (ab 1907) und die Siedlung Dammerstock (1929 ff. nach Plänen von W. Gropius angelegt). In K.-Durlach blieb von dem 1565 angelegten, aber nie vollendeten Schloss der Prinzessinnenbau, an den sich der lang gestreckte O-Trakt (1698/99) anschließt, erhalten.

Geschichte: Älteste Siedlung ist das um 790 erstmals erwähnte Knielingen (heute Ortsteil von K.). **Durlach,** gegr. Ende 12. Jh., war ab 1565 Residenz der ernestin. Linie der bad. Markgrafen (seitdem von Baden-Durlach); 1715 Neugründung durch Markgraf Karl Wilhelm von Baden-Durlach (K.); 1771 sow Vereinigung der Linien Baden-Durlach und Baden-Baden Residenz der vereinigten Markgrafschaft, ab 1803 des Kurfürstentums, 1806–1918 des Großherzogtums Baden.

Karlssagen, ep. Erzählungen um Karl d. Gr. und seine 12 Paladine, seit Ende des 11. Jh. in Frankreich (»Chanson de Roland«) nachweisbar, im 14. Jh. zum »Königszyklus« vereinigt. Der Stoff wird u. a. auch im dt. »Rolandslied« des Pfaffen Konrad behandelt.

Karlsschule, 1770 von Herzog Karl Eugen von Württemberg auf dem Lustschloss Solitude als Militärwaisenhaus gegr., 1773 zur Herzogl. Militärakademie umgebildet, 1775 nach Stuttgart verlegt, 1781 durch Kaiser Joseph II. zur Hochschule **(Hohe K.)** erhoben, 1794 aufgelöst; zu ihren Schülern gehörten F. Schiller (1773–80) und G. de Cuvier.

Karlstad [-sta:d], Hptst. des schwed. VerwBez. Värmland, an der Mündung des Klarälv in den Vänersee, 80 000 Ew.; evang. Bischofssitz; Univ.; Maschinenbau, Metall-, Nahrungsmittel-, Textilind., Munitionsfabrik; bed. Binnenhafen. – Dom (1723–30). – Seit 1584 Stadt.

Karlstadt, Krst. des Main-Spessart-Kreises, in Unterfranken, Bayern, am Main, 15 300 Ew.; Zementwerk, Baustofffind., Metallverarbeitung, Maschinenbau, Herstellung von Musikinstrumenten. – Vom alten K., von der Ruine der Karlburg (12. Jh.) überragt, sind Reste der Stadtmauer und Türme (15.–16. Jh.), die spätgot. Pfarrkirche (neugotisch restauriert), Rathaus (1422) und Fachwerkhäuser erhalten. – K. wurde um 1200 als Stadt gegründet.

Karlstadt, 1) eigtl. Andreas Rudolf Bodenstein, reformator. Theologe, * Karlstadt (Bayern) um 1480,

Theodore von Kármán

† Basel 24. 12. 1541; schloss sich 1517 Luther an; seit 1518 Prof. in Wittenberg; führte 1519 zus. mit Luther die ∕ Leipziger Disputation; Bruch mit Luther wegen unterschiedl. Auffassungen zum Abendmahl; seit 1534 Prof. in Basel.

2) Liesl, eigtl. Elisabeth Wellano, Volksschauspielerin, * München 12. 12. 1892, † Garmisch-Partenkirchen 27. 7. 1960; bekannt als Partnerin (ab 1915) des Komikers Karl Valentin.

Karlstein (tschech. Karlštejn), Burg südwestlich von Prag, Tschech. Rep., 319 m ü. M., auf einem 72 m hohen Kalkfelsen über der Beraun, von Karl IV. 1348–57 errichtet (im 16. und 19. Jh. umgebaut, 1988 ff. restauriert), diente als Aufbewahrungsort der Reichskleinodien (heute in der Wiener Hofburg) und des böhm. Kronschatzes (heute im Prager Dom). Berühmt ist die mit 128 Tafelbildern des Meisters Theoderich geschmückte Heiligkreuzkapelle (Gewölbe mit vergoldeten venezian. Sternglasscheiben belegt).

Karls-Universität Prag, die Univ. in Prag; geschichtlich die älteste Univ. im Hl. Röm. Reich, 1348 durch Kaiser Karl IV. gegründet. Die Änderung ihrer Verf. zugunsten der böhm. Nation durch König Wenzel IV. (1409) führte zum Auszug der Magister und Scholaren anderer Nationalität und u. a. zur Gründung der Univ. Leipzig.

Karma [Sanskrit »Tat«] *das* (Karman), zentraler Begriff des Hinduismus, Buddhismus und Dschainismus; bezeichnet das universelle Gesetz, nach dem jedes Dasein kausale Folge eines früheren Daseins ist; der Mensch bestimmt durch seine Handlungen, in welcher Daseinsform (z. B. Pflanze, Tier) oder Kaste er wiedergeboren wird. Kreislauf und Erlösung: ∕ indische Philosophie und Religion.

Karmal [selbst gewählter Name, svw. »Arbeiterfreund«], Babrak, afghan. Politiker, * Kamari (bei Kabul) 26. 1. 1929, † Moskau 1. 12. 1996; zeitweise im Exil in Moskau, wurde nach dem Einmarsch sowjet. Truppen in Afghanistan (Ende Dez. 1979) in die obersten Partei-, Staats- und Reg.funktionen eingesetzt: Gen.-Sekr. der kommunistisch orientierten Demokrat. Volkspartei (1979–86), Vors. des Revolutionsrates (1979–86) sowie MinPräs. (1979–81); blieb im Kampf gegen die Mudschaheddin erfolglos.

Kármán [ˈkɑːrmɑːn], Theodore von, ungar. Physiker und Aerodynamiker, * Budapest 11. 5. 1881, † Aachen 7. 5. 1963; ab 1913 Prof. in Aachen, ab 1930 in Pasadena (USA) und Direktor (1930–49) des Guggenheim Aeronautic Laboratory am California Institute of Technology; Arbeiten u. a. über Strömungslehre, Turbulenzen, Tragflügelprofile.

kármánsche Wirbelstraße [ˈkɑːrmɑːn-; nach T. Kármán], zwei parallele Reihen von Wirbeln mit entgegengesetztem Drehsinn. Eine k. W. kann u. a. bei der Umströmung zylindr. Objekte entstehen und dabei Töne erzeugen (z. B. Singen von Telegrafendrähten); im Extremfall wird das Objekt zerstört.

Karmapa-Lama [zu Sanskrit ∕ Karma und tibet. bla-ma »der Obere«], das Oberhaupt der Kagyüpa-Schule des Lamaismus, die sich als die das Karma (die »Heilsaktivität«) aller Buddhas vereinende »Schule der autoritativen Überlieferung« beschreibt. Der K.-L. nimmt in der Hierarchie des tibet. Buddhismus die dritte Stelle ein (nach dem Dalai-Lama und dem Pantschen-Lama) und verkörpert dessen älteste Reinkarnationslinie (begr. 1110; ∕ Tulku). Nach dem Tod des 16. K.-L. (1981) kam es infolge der Inthronisation von zwei Knaben – in Tibet (anerkannt durch den Dalai-Lama) und in Indien – zum 17. K.-L. zu einer Spaltung innerhalb der Kagyüpa-Schule.

Karmel [hebr. »Baumgarten«] *der,* etwa 35 km langer Gebirgsrücken aus Kreidekalk in N-Israel, bis 546 m ü. M., begrenzt die Bucht von Haifa im SW. An der N-Spitze liegt das Stammkloster der Karmeliter. Die **K.-Höhlen** (Tabun, Skhul und Wad) enthielten umfangreiche Siedlungsschichten vom Acheuléen bis zum Aurignacien und dem mittelsteinzeitl. Natufien; Neandertalerskelettfunde.

Karmeliter (Karmeliten, lat. Ordo Fratrum Beatae Mariae Virginis de Monte Carmelo), kath. Orden, hervorgegangen aus einer von Kreuzfahrern im 12. Jh. gegründeten Einsiedlerkolonie auf dem Karmel; 1226 päpstl. Bestätigung der ersten Regel; seit 1235 Übersiedlung der K. nach Europa (Zypern, Sizilien, S-Frankreich); 1249 erstes dt. Kloster in Köln; 1452 Gründung des weibl. Zweiges (**Karmeliterinnen, Karmelitinnen);** nach den Reformen Theresias von Avila und Johannes' vom Kreuz 1593 Gründung und päpstl. Anerkennung eines eigenen, streng asketisch und kontemplativ ausgerichteten Ordens der **unbeschuhten K.;** auch heute v. a. in der Seelsorge tätig.

Karmelitergeist (Melissenspiritus), alkohol. Zubereitung aus äther. Ölen (neben Melissenöl meist auch Muskat-, Zimt- und Nelkenöl). Anwendung äußerlich bei Muskelkater und Nervenschmerzen, innerlich bei leichten krampfartigen Magen-Darm- und Einschlafstörungen.

Karmin [arab. aus Sanskrit] *das* (Carmin), roter Farbstoff, der aus der ⁄ Koschenille gewonnen wird; färbender Bestandteil ist die ⁄ Carminsäure.

karmosieren, einen Edelstein beim Fassen mit weiteren kleinen Steinen umgeben.

Karnak, ägypt. Dorf bei Luxor am O-Ufer des Nils, an der Stelle des antiken Theben, mit Resten eines riesigen Tempelbezirkes (UNESCO-Weltkulturerbe). Bed. v. a. die Ruinen des Tempelkomplexes des Reichsgottes Amun (seit der 11. Dynastie), in der 19. Dynastie um den Großen Säulensaal, in der Spätzeit um die heutige Fassade (1. Pylon) erweitert.

Karnallit, ⁄ Carnallit.

Karnataka (bis 1973 Mysore), Bundesstaat im S ⁄ Indiens. – Mysore war seit Beginn des 17. Jh. ein selbstständiges Fürstentum unter der Hindudynastie der Wadiyar; 1761–99 unter muslim. Herrschaft (Haidar Ali und Tipu Sultan); kam 1831 unter brit. Verwaltung, ab 1881 wieder von den Maharadschas regiert. 1947 schloss es sich der Ind. Union an.

Karner *der,* Beinhaus, Totenkapelle zur Aufnahme der bei Anlage neuer Gräber gefundenen Gebeine.

Karneval [italien. carnevale, vermutlich volksetymolog. Umdeutung von mlat. carne vale »Fleisch lebe wohl« oder carrus navalis »Schiffskarren«] *der,* Sonntag vor Aschermittwoch, urspr. Sonntag vor der vorösterl. Fleischenthaltung (kirchenlat. dominica ante carnes tollendas), dann auf eine längere Zeit gesteigerten Lebensgenusses vor dem Fasten erweitert, entsprechend der Bez. ⁄ Fastnacht. Für die K.-Bräuche (z. T. schon 1142 unter lat. Bez. bezeugt) wurden lange Zeit Einflüsse aus spätantik-röm. und aus byzantin. Winter- und Frühlingsfesten angenommen; inzwischen betont die europ. Brauchforschung allein den christl. Hintergrund (Fastenzeit). Glanzvoll entfaltete sich der K. im 15. Jh. in Florenz, dann in Rom und Venedig. Von dort kam die Bez. in der 2. Hälfte des 17. Jh. auch nach Dtl.; v. a. im Rheinland erfuhr der K. in den 1820er-Jahren seine »jecke« Prägung (Höhepunkt: der **Straßen-K.** ab »Weiberfastnacht«). Vom späten 19. Jh. an gelangten höchst aufwendige K.-Feiern in Viareggio, Nizza, Rio de Janeiro zu internat. Berühmtheit.

Karnak: Ruinen des Amun-Tempelkomplexes

Karnies *das* (Glockenleiste), *Baukunst:* Profil mit s-förmigem Querschnitt an einem Gesims oder Rahmen.

Karnisch, ⁄ rätoromanische Sprache.

Karnische Alpen, Teil der Südl. Kalkalpen, südlich des Gailtals, in der Hohen Warte 2780 m ü. M., in der Kellerwand 2769 m ü. M.; über den Kamm verläuft die österr.-italien. Grenze; wird von den Straßen über den ⁄ Plöckenpass und den Naßfeldpass gequert.

Karnivoren [lat.], ⁄ Fleischfresser.

Kärnten, das südlichste Bundesland Österreichs, 9 536 km², (2001) 559 400 Ew.; Landeshptst. ist Klagenfurt. Umfasst den Einzugsbereich der oberen Drau mit ihren Nebenflüssen, bes. der Gail, zw. beiden die Gailtaler Alpen. Im S grenzt K. an Slowenien (Karawanken) und Italien (Karn. Alpen). K. bildet eine in sich geschlossene Beckenlandschaft zw. Karawanken und Karn. Alpen im S, Hohen Tauern im SW, Gurk- und Seetaler Alpen sowie Packalpe im N und der Koralpe im O. Es gliedert sich in das gebirgige **Ober-K.** (oberes Drautal, Möll-, Lieser- und Gailtal) und das meist flachwellige **Unter-K.,** dessen Kernraum das Klagenfurter Becken ist, das größte inneralpine Becken der Ostalpen. In K. liegen vier große (Wörther, Ossiacher, Millstätter und Weißensee) und etwa 200 kleinere Seen. – Die Bev. ist zu 95 % deutschsprachig, südlich der Drau und im Untergailtal wohnen Slowenen.

Wirtschaft: Ackerbau wird nur in Unter-K. und in den großen Tälern betrieben (v. a. Mais, Gerste, Hafer, Weizen, Kartoffeln, Obst), bedeutender ist die Viehzucht. Auf dem Waldreichtum beruht eine umfangreiche Holz verarbeitende Ind. (Sägewerke, Papierfabriken). Der Bergbau liefert v. a. Magnesit (Radenthein), seit 1985 im Gebiet der Koralpe Lithiumerze; der Abbau von Blei- und Zinkerzen (Bleiberg-Kreuth) wurde 1993 eingestellt. K. liefert rd. 10 % der österr. Elektroenergie; bed. sind die Wasserkraftwerke an der Drau. Schwerpunkte der Ind. sind die Metallverarbeitung, die Elektrotechnik und Elektronik, die Nahrungsmittel- und chem. Ind., Papiererzeugung und Holzverarbeitung; die wichtigsten Standortzentren sind Klagenfurt, Villach, Spittal a. d. Drau, der Raum St. Veit a. d. Glan–Althofen und das untere Lavanttal mit Wolfsberg. – Wichtigster Verkehrsknotenpunkt ist Villach mit Tauern- und Karawankenbahn, Südautobahn und Tauernautobahn.

Kärnten
Landeswappen

Mittelpunkte des bed. Fremdenverkehrs sind die Kärntner Seen und die Hohen Tauern.

Verfassung: Nach der Landesverfassung von 1974 (mit späteren Änderungen) liegt die gesetzgebende Gewalt beim Landtag (36 Abg., für 5 Jahre gewählt) und die vollziehende Gewalt bei der von ihm gewählten Landesreg. (7 Mitgl.).

Geschichte: In der Antike war K. Teil der röm. Provinz Noricum; um 590 drangen Slawen ins Land, die im 8. Jh. unter bayr. Oberhoheit, dann unter die der fränk. Karolinger kamen. 976 wurde K. ein eigenes Herzogtum; es kam 1286 an die Grafen von (Görz-)Tirol, 1335 an die Habsburger. 1809–14 gehörte der Villacher Kreis zur frz. Illyr. Provinz, 1816–49 K. zum österr. Königreich Illyrien; danach österr. Kronland. Ansprüche des späteren Jugoslawien auf den Süden K.s (1918) führten 1918/19 zu »Abwehrkämpfen«; auf der Basis des Friedens von Saint-Germain-en-Laye 1919 kam es am 10. 10. 1920 zur Volksabstimmung, die die Zugehörigkeit zu Österreich festlegte (seitdem Bundesland); ohne Abstimmung fielen das Mießtal an Jugoslawien, das Kanaltal an Italien – Landeshauptmann: 1989–91 und ab 1999 J. Haider (FPÖ).

karolingische Kunst: Torhalle des Klosters Lorsch (wohl vor 875 vollendet)

Karo [frz.] *das,* 1) *allg.:* auf der Spitze stehendes Quadrat.
2) *Kartenspiel;* dt. auch Eckstein; Farbzeichen der frz. Spielkarten (rote Raute); entspricht den Schellen des dt. Spiels.

Karo-Bube (russ. Bubnowy Walet), russ. Künstlervereinigung, die 1911–16 bestand. Das Programm der Gruppe, die sich stark an der europ. Avantgarde (Fauves, Kubisten, Expressionisten) orientierte, beinhaltete die geistig-künstler. Erneuerung des russ. Kunstbetriebes. Hauptvertreter u. a. M. F. Larionow, Natalja S. Gontscharowa, R. R. Falk.

Karoline Henriette Christiane, Landgräfin von Hessen-Darmstadt, *Straßburg 9. 3. 1721, †Darmstadt 30. 3. 1774; pfälz. Prinzessin, ⚭ mit Landgraf Ludwig IX. (* 1719, † 1790), für den sie zeitweise die Reg. führte. Ihr reger geistiger Verkehr mit J. G. Herder, J. W. Goethe und C. M. Wieland machte Darmstadt zum »Musenhof«.

Karolinen (engl. Caroline Islands), größte Inselgruppe Mikronesiens, 963 Inseln im westl. Pazifik mit rd. 1 200 km² Landfläche und (1998) rd. 151 000 Ew., meist Mikronesiern. Die K. erstrecken sich nördlich des Äquators von den Palauinseln im W bis zur Insel Kosrae im O über eine Länge von 3 700 km, sie gliedern sich in die **West-K.** mit den Palauinseln und Yap Islands und die **Ost-K.** mit den Truk Islands und Senyavin Islands. Das Klima ist tropisch-ozeanisch. Die Wirtschaft beruht v. a. auf der Nutzung der Kokospalmen (Koprahandel), Fischfang und Fremdenverkehr. Auf vielen Inseln Ruinen von Steinbauten. Auf Yap war bis in das 20. Jh. Steingeld in Gebrauch.

Geschichte: Die im 16. Jh. von Spaniern entdeckten und nach dem span. König Karl II. benannten Inseln wurden erst im 19. Jh. von Spanien kolonisiert und 1899 an Dtl. verkauft; 1914 von Japan besetzt, dem sie nach dem Ersten Weltkrieg als Völkerbundsmandat unterstanden. 1944 von amerikan. Truppen erobert, kamen die K. 1947 als UNO-Treuhandgebiet unter Verw. der USA. Die westl. K. wurden 1994 selbstständig (↗Palau), die östl. K. 1991 (↗Mikronesien).

Karolinger, fränk. Herrschergeschlecht aus dem Maas- und Moselgebiet, nach Karl d. Gr. benannt; hervorgegangen aus einer Verbindung der Nachkommen Arnulfs von Metz (**Arnulfinger**) und Pippins I., d. Ä. (**Pippiniden**). Sie erlangten mit Pippin II., dem Mittleren, 687 das Amt des Hausmeiers im ganzen ↗Fränkischen Reich, mit Pippin III., d. J., 751 die Königswürde. Durch Karls d. Gr. Enkel teilte sich das Geschlecht in drei Hauptlinien. Die älteste, von Kaiser Lothar I. gegr., regierte in Lotharingien, wo sie 869 mit Lothar II., und in Italien, wo sie 875 mit Kaiser Ludwig II. ausstarb. Die zweite, von Ludwig dem Deutschen ausgehend, herrschte in Dtl. und endete 911 mit Ludwig dem Kind. Die dritte, deren Stammvater Karl der Kahle ist, regierte bis 987 in Frankreich, wo sie durch die Kapetinger abgelöst wurde. Mit dem Aufstieg der K. verlagerte sich das Machtzentrum Europas vom Mittelmeer nach Frankreich und Deutschland.

karolingische Kunst, die Kunst in dem von Karl d. Gr. geschaffenen Reich. Zentrum war sein Hof in Aachen, an den er Künstler zog, die der röm. oder byzantin., aber auch der angelsächs., merowing. und langobard. Tradition entstammten. Durch sein Bemühen um eine Erneuerung (»renovatio«) des röm. Imperiums (karoling. Renaissance) entstand aus diesen verschiedenartigen Strömungen der karoling. Stil, der die erste Stufe der abendländisch-mittelalterl. Kunst ist. Die Blütezeit reichte vom Ende des 8. bis in die Mitte des 9. Jh. Aus diesen Ansätzen entwickelten sich sowohl die ↗deutsche Kunst als auch die ↗französische Kunst. Der german. Holzbau wurde durch den Steinbau ersetzt, im Ggs. zur gleichzeitigen byzantin. Bilderfeindlichkeit entstanden große christl. Bilderfolgen; die menschl. Figur verlor ihre ornamentale Bindung.

In der *Baukunst* wurden versch. Bautypen übernommen, so aus Italien der Zentralbau in dem nach dem Muster von San Vitale in Ravenna errichteten Aachener Münster. Die altchristl. Basilika wurde durch Einbeziehung des Querhauses (Einhardsbasi-

Karoline Henriette Christiane, Landgräfin von Hessen-Darmstadt

Karolinger, Stammtafel (Auswahl)

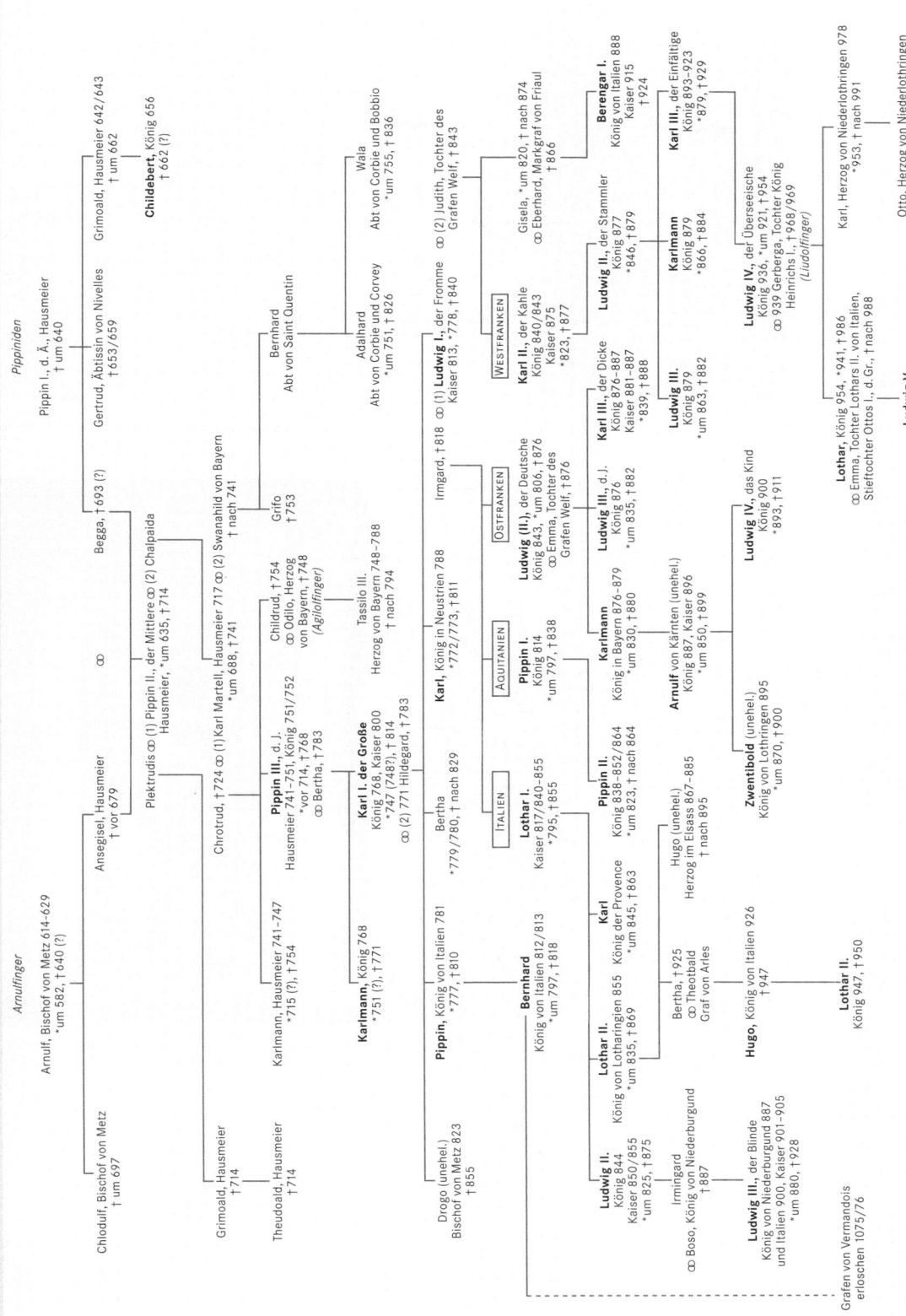

karolingische Kunst: Elfenbeintäfelchen »Sieg Karls des Großen über die Barbaren« (9. Jh.; Florenz, Museo Nazionale del Bargello)

lika Steinbach [heute zu Michelstadt]), Erweiterung der Ringkrypta (St. Lucius in Chur, St. Emmeram in Regensburg), Ausbildung des die weitere Entwicklung in Gallien bestimmenden Chorumgangs mit Kapellenkranz (Saint-Martin in Tours), Anlage eines Westchors oder Westwerks (Abteikirche des Benediktinerklosters Corvey) und durch Vierungs- und Treppentürme bereichert. Das besterhaltene Beispiel einer Fassadendekoration bietet die Torhalle des Klosters ↗ Lorsch.

Die Bronzetüren und Emporengitter des Aachener Münsters belegen eine hoch entwickelte Gusstechnik. Beispiele der *Goldschmiedekunst* sind der ↗ Tassilokelch (Kremsmünster, Schatzkammer der Abtei), das Rupertuskreuz (Bischofshofen, Pfarrkirche), der Adelhausener Tragaltar (Freiburg im Breisgau, Augustinermuseum) und die Stephansbursa (Wien, Kunsthistor. Museum). Reste von *Wandmalerei* sind im Westwerk der Abteikirche Corvey, in der Torhalle des Benediktinerinnenklosters Frauenchiemsee und in St. Johann in Müstair (Kt. Graubünden) erhalten.

In Aachen entstand die »Hofschule« Karls d. Gr., aus der zahlr. *Buchmalereien* und *Elfenbeinarbeiten* erhalten sind. Mit dem Codex aureus aus Lorsch (heute aufgeteilt auf Bibliotheken in Rom, Bukarest und London) sowie dem Dagulf-Psalter (Paris und Wien) haben sich Handschriften mit ihrem vollständigen Deckelschmuck erhalten. Die Elfenbeintafeln des Lorscher Evangeliars folgen fünfteiligen Diptychen frühchristl. Zeit. Reines Nachleben spätantiker Formen zeigt die gleichfalls in Aachen beheimatete Gruppe des Wiener Krönungsevangeliars. Mit der »Reimser Schule« (Ebo-Evangeliar, Épernay; Utrecht-Psalter, Utrecht) verlagert sich das Schwergewicht nach Westen. Weitere Zentren sind die »Schule von Tours« (Grandval-Bibel in London, Vivian-Bibel in Paris) und die wohl in Paris zu lokalisierende »Hofschule Karls des Kahlen« (Sakramentar und Psalter Karls des Kahlen, Paris). Zahlr. spätkarolig. Elfenbeinarbeiten, neben mehreren Buchdeckeln der Kamm des hl. Heribert (Köln, Schnütgen-Museum), stammen aus Metz. Aus dem gleichen westfränk. Raum kommen auch die bedeutendsten Goldschmiedearbeiten wie die Deckel des Codex aureus von St. Emmeram in Regensburg, das Arnulf-Ciborium (beide München) und der Goldaltar (»Paliotto«) von Sant'Ambrogio zu Mailand.

Karolus, August, Physiker, * Reihen (heute zu Sinsheim) 16. 3. 1893, † Zollikon (Kt. Zürich) 1. 8. 1972; Prof. in Leipzig und Freiburg im Breisgau. K. entwickelte 1923 die auf dem Prinzip der ↗ Kerr-Zelle beruhende K.-Zelle zur trägheitslosen Lichtmodulation, die er u. a. zur Messung der Lichtgeschwindigkeit verwendete und für die Bildtelegrafie, die Film- und Fernsehtechnik nutzbar machte. 1925 stellte er ein auf dieser Technik basierendes Fernsehgerät der Öffentlichkeit vor.

Károlyi [ˈkaːroji], **1)** Julian (Gyula) von, Pianist ungar. Herkunft, * Losonc (heute Lučenec, Slowak. Rep.) 31. 1. 1914, † München 1. 3. 1993; trat bes. als Chopin-Interpret hervor.

2) K. von Nagykárolyi, Michael Graf, ungar. Politiker, * Budapest 4. 3. 1875, † Vence (Dép. Alpes-Maritimes) 19. 3. 1955; 1913–16 Führer der Unabhängigkeitspartei, ab Okt. 1918 MinPräs., Jan. bis März 1919 Staatspräs. (↗ Ungarn, Geschichte).

Karoshi [-ʃi] *der* (Karoschi), mit dem japan. Arbeitssystem und -ethos zusammenhängendes Phänomen, das als »Tod durch Überarbeitung« bezeichnet wird.

Karosse [italien.-frz., von lat. carrus »Wagen«] *die,* prunkvoll ausgestattete Kutsche.

karolingische Kunst: der Thron Karls des Großen im Obergeschoss der Pfalzkapelle des Aachener Münsters

Karosserie *die,* Aufbau des Kraftwagens über dem Fahrgestell. Die **nicht selbsttragende K.,** die auf einen tragenden Fahrzeugrahmen (Chassis) aufgesetzt ist, wird nur noch für Lkw angewendet. Bei Pkw überwiegt wegen des geringeren Gewichts die **selbsttragende K.,** die aus punktverschweißten Blechhohlkörpern und Schalen besteht; die Trieb- und Fahrwerksteile werden unmittelbar an verstärkten Stellen der K. befestigt. – Aus Sicherheitsgründen werden an die K. von Pkw besondere Anforderungen hinsichtlich Festigkeit und Verformbarkeit bei Unfällen gestellt. Daher besitzen die K. eine stabile, gestaltfeste

Fahrgastzelle, während Bug- und Heckpartien als **Knautschzonen** verformbar sind.

Karotin, ∕ Carotin.

Karotis [grch.] *die,* die ∕ Halsschlagader.

Karotte [aus frz.], ∕ Möhre.

Karpacz [-tʃ] (dt. Krummhübel), Stadt in der Wwschaft Niederschlesien, Polen, am Fuß der Schneekoppe, 550–880 m ü. M., 5 700 Ew.; Luftkur- und Wintersportort; im Ortsteil K. Górny eine aus Norwegen hierher verbrachte Stabkirche (Kirche Wang aus dem 13. Jh.).

Karpaten, Gebirgszug im südöstl. Mitteleuropa, der sich in einem 1 300 km langen, 50–150 km breiten, nach W geöffneten Bogen von der Donau bei Bratislava bis zum Banater Gebirge (Rumänien) erstreckt und das Ungar. Tiefland umschließt. In ihrem Aufbau ähneln die K. den Alpen. Deutlich treten zwei Faltenzonen hervor: eine äußere Sandsteinzone und eine innere, vorwiegend kristalline Zone. Diese ist stark gestört, z. T. völlig abgesunken und von vulkan. Ausbruchsmassen durchsetzt. Beckeneinbrüche und tief einschneidende Täler gliedern den Gebirgszug in mehrere Teile: **West-K.** (in ihrer Zentralzone die Hohe Tatra), **Wald-K.** vom Dukla- bis zum Prislop-Pass, **Ost-K.** bis zum Predeal und **Süd-K.,** die über das Eiserne Tor hinausreichen.

Die K. haben überwiegend Mittelgebirgscharakter; sie überschreiten nur in den höchsten Erhebungen 2 000 m ü. M. (Hohe Tatra: Gerlsdorfer Spitze 2 655 m ü. M.). Das Klima ist gemäßigt kontinental mit strengem Winter und warmem Sommer. Die Niederschläge steigen in der Gipfelregion auf 2 000 mm/Jahr an. Der weit verbreitete Wald besteht in den tieferen Lagen v. a. aus Buchen und Fichten, in den höheren aus Tannen und Lärchen; die Waldgrenze liegt bei 1 500–1 900 m ü. M. In den Wäldern leben Bären, Wölfe und Luchse. Der Ackerbau ist auf die Täler und Becken beschränkt; die Viehzucht (hauptsächlich Schafe) ist, außer in den Süd-K., wegen des Mangels an Weiden wenig entwickelt. Der einst bedeutsame Bergbau im Slowak. Erzgebirge, im südl. Teil der West-K. (Eisen, Mangan, Kupfer, Antimon, Molybdän, Nickel), in den Ost-K. (Mangan, Kupfer) und in den Süd-K. (Kohle, Eisen) ist zu großen Teilen stark zurückgegangen. Am S-Rand des K.-Bogens wird Erdöl gewonnen; Teile der K. sind Fremdenverkehrs- und Wintersportgebiet (Tatra, Beskiden, Süd-K.).

Karpatendeutsche, dt. Minderheit in der Slowak. Rep., v. a. im O des Landes; noch etwa 6 000 (auch auf 15 000–20 000 geschätzt). Nachkommen dt. Siedler, die, beginnend im 13. Jh., zumeist als Handwerker und Bergleute einwanderten und die MA. nachhaltig Wirtschaft und Kultur prägten; infolge Magyarisierung (19./20. Jh.), Aussiedlung, Enteignung (1945–47) und Zwangsassimilation (1945/46 bis 1989) nimmt ihre Zahl ständig ab; 1991 wurde ein »Verein der K.« gegründet (Sitz: Kaschau).

Karpathos, gebirgige Insel des Dodekanes, Griechenland, zw. Kreta und Rhodos, 301 km², 5 300 Ew.; Fremdenverkehr v. a. im S der Insel, wo die Kalkketten einem tertiären Hügelland weichen.

Karpato-Ukraine, ∕ Transkarpatien.

Karpell [grch.-lat.] *das,* Fruchtblatt, ∕ Blüte.

Karpfen (Cyprinus carpio), Art der Karpfenfische, v. a. in seichten, schlammigen Gewässern; wird als Speisefisch gezüchtet, kann über 1 m lang und 60 cm hoch werden. Der **Wild-K.** ist voll beschuppt, der herausgezüchtete **Spiegel-K.** hat nur einige größere Schuppen, der **Leder-K.** ist nackt, der **Aischgründer K.** bes. hochrückig.

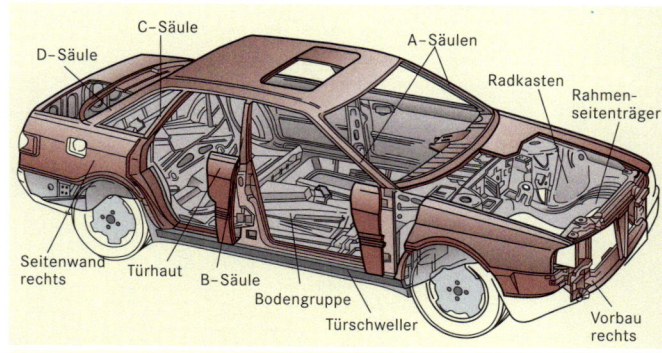

Karosserie: selbsttragende Karosserie eines Personenkraftwagens

Zucht: Ein Satz von 3–8 Jahre alten und 3–7 kg schweren **Laich-K.** (2 Milchner, 1 Rogner) wird im Frühjahr in Teichen zum Laichen ausgesetzt, wo das Weibchen bis zu 2 Mio. 1,5–2 mm große Eier an Gras oder Wasserpflanzen absetzt. Nach 5–8 Tagen werden die 1,3–2 cm großen Brütlinge in Streckteiche übergeführt, wo sie bis zum Herbst zu 5–15 cm langen **K.-Sömmerlingen** heranwachsen. Den Winter verbringen sie in tieferen Teichen, aus denen sie im Frühjahr als **Satz-K.** in Abwachsteiche gebracht werden, in denen sie bei reichl. Nahrungsangebot 0,2–0,5 kg erreichen. Nach nochmaligem Überwintern und sommerl. Abwachsperiode haben sie die Größe von **Speise-K.** erreicht (Gewicht 1–2 kg).

Karpfen: Spiegelkarpfen

Karpfenfische (Cyprinidae), Familie der Karpfenartigen Fische mit etwa 1 200 Arten, darunter ∕ Karpfen, ∕ Karausche, ∕ Schleie. Weitere K.: **Blei** (**Brachsen, Brassen,** Abramis brama), wird bis 75 cm lang und 6 kg schwer, ist von W-Europa bis zum Ural verbreitet, auch in der Ostsee. Als Halbbrachsen wird die **Güster** oder **Blicke** (Blicca bjoerkna) bezeichnet, die 30 cm lang wird und die mittel- und osteurop. Gewässer bewohnt; mancherorts Speisefisch.

Karpow, Anatoli Jewgenjewitsch, russ. Schachspieler, *Slatoust 23. 5. 1951; seit 1970 Internat. Großmeister; 1975 durch Nichtantreten von R. Fischer (USA) Schachweltmeister (bis 1985, Niederlage gegen G. Kasparow); 1993–99 FIDE-Weltmeister.

Karpowicz [-vitʃ], Tymoteusz, poln. Schriftsteller, *Zielona (bei Vilnius) 15. 12. 1921; Vertreter der »linguist. Poesie«; versucht den Leser anzuregen, die in der Sprache verborgene »Vielfalt der Bedeutungen« zu entdecken.

Karrageen [nach Carragheen bei Waterford, Irland] *das* (Carragen, Karraghenmoos, Irländisches Moos, Irisches Moos), Droge aus Rotalgen der Gattungen **Chondrus, Euchoma** und **Gigartina,** mit hoher Quell- und Gelierfähigkeit. Es dient als Stabilisator für Ölemulsionen und verdickt Speiseeis, Gelees und Puddings.

Karren [zu Kar] (Schratten), *Geomorphologie:* durch ablaufendes Wasser ausgelaugte Furchen in lösungsfähigen Gesteinen, bes. Kalken (Karsterschei-

Karru: verwitterte Sandsteinfelsen in Kagga Kamma, am W-Rand der Großen Karru

nung); bilden mitunter ganze **K.-Felder** (z. B. Gottesackerplateau im Allgäu).

Karrer, Paul, schweizer. Biochemiker, *Moskau 21. 4. 1889, †Zürich 18. 6. 1971; Prof. in Zürich, arbeitete über Polysaccharide und Pflanzenfarbstoffe, isolierte die Vitamine A und K, synthetisierte die Vitamine B_2 und E. 1937 erhielt er mit W. N. Haworth den Nobelpreis für Chemie.

Karrhai [grch.] (lat. Carrhae, Carrhä, keilschriftlich Harran oder Charran), ehem. Stadt südöstlich von Şanlıurfa in der SO-Türkei, als bed. Handelsstadt des alten Orients seit dem 18. Jh. v. Chr. bezeugt; kam um 1300 v. Chr. an Assyrien, um 600 v. Chr. an Babylonien; bekannt v. a. durch den Kult des Mondgottes. Brit. (1951–56) und türk. Ausgrabungen. – Bei K. wurde 53 v. Chr. Crassus von den Parthern besiegt und 217 n. Chr. Caracalla ermordet.

Paul Karrer

Karru die (engl. Karoo), Landschaft im W und SW Südafrikas; bei geringen Niederschlägen herrschen Halbwüsten und Trockensteppen vor; nach Regenfällen kurzzeitig blumenreiche Vegetation; Zucht von Merinoschafen und Angoraziegen.

Kars, Prov.-Hptst. in NO-Anatolien, Türkei, 1750 m ü. M.; 79 500 Ew.; Verarbeitung landwirtsch. Produkte; Garnisonstadt. – Ehem. armen. Kirche (930–937); heute Museum.

Karsai, Hamid (H. Karzai), afghan. Politiker, *Kars (bei Kandahar) 24. 12. 1957; Paschtune; studierte bis 1982 Politikwiss.en in Simla (Indien), war anschließend Geschäftsmann in den USA; 1992–94 stellv. Außenmin. in zwei Mudschaheddinreg., übernahm 1999 die Führung des Afghanenstammes der Popalsai; stellte sich nach Beginn der US-Militäraktion in Afghanistan im Okt. 2001 an die Spitze der Antitalibantruppen im Raum Kandahar; wurde im Dez. 2001 Reg.chef einer afghan. Interimsreg. Im Juni 2002 wählte ihn die Loya Jirga (Große Ratsversammlung) zum Präs. Afghanistans.

Hamid Karsai

Karsamstag [zu ahd. chara »Wehklage«, »Trauer«] (Ostersonnabend), der Tag vor Ostern, Gedächtnistag der Grabesruhe Jesu. Am Abend Beginn der Feier der Osternacht; in den Ostkirchen feierl. Prozession mit dem Grabtuch Christi, danach Segnung von Brot und Wein für die Teilnehmer der Osterliturgie.

Karsawina, Tamara, brit. Tänzerin russ. Herkunft, *Sankt Petersburg 9. 3. 1885, †Beaconsfield (bei London) 26. 5. 1978; debütierte 1902 am Petersburger Marientheater und war dort seit 1907 Ballerina; seit 1909 Mitgl. der »Ballets Russes« bei S. Diaghilew; lebte ab 1918 in London; bed. Vertreterin des klass. Balletts.

Karsch, Anna Luise, geb. Dürbach, gen. Karschin, Dichterin, *Meierei »Auf dem Hammer« bei Schwiebus (heute Świebodzin) 1. 12. 1722, †Berlin 12. 10. 1791; arbeitete als Kuhmagd; kam 1761 nach Berlin, wo sie u. a. durch G. E. Lessing gefördert und als »deutsche Sappho« gefeiert wurde.

Karschi, Hptst. des Gebiets Kaschkadarja, Usbekistan, am Fluss Kaschkadarja, inmitten der bewässerten **K.-Steppe** (Erdgasgewinnung), 175 000 Ew.; Baumwollreinigung, Teppichfabereien. – K., bis zu seiner Befestigung im 14. Jh. **Nachscheb** oder **Nesef** gen., entstand an einer Karawanenstraße von Samarkand und Buchara nach Indien; seit 1926 Stadt.

Karst (slowen. und serbokroat. Kras, italien. Carso), die meist waldlose Kalkhochfläche östlich des Golfes von Triest, in Slowenien und Kroatien sowie Italien; i. w. S. zusammenfassend für Kalkhochflächen und -gebirgsgruppen.

Karstadt Quelle AG, einer der größten europ. Warenhaus- und Versandhandelskonzerne, entstanden 1999 durch Verschmelzung von Karstadt AG (gegr. 1881) und Schickedanz Handelswerte GmbH & Co. KG (einschließlich Tochtergesellschaften, v. a. Quelle AG); Sitz: Essen. Geschäftsfelder: Einzel- und Versandhandel, Touristik und Dienstleistungen. Unter dem Dach der Holding operieren als selbstständige Konzerngesellschaften u. a. Karstadt Warenhaus AG, Quelle AG und Neckermann Versand AG. Wesentl. Beteiligungen: Thomas Cook AG und NUR Touristik GmbH (je 50 %).

Karst|erscheinungen, *Geomorphologie:* Bez. für Formen an und unter der Erdoberfläche, die auf Lösungsvorgänge (Korrosion) an oder in dafür geeigneten Gesteinen (Kalk, Dolomit, Gips, Steinsalz) zurückgehen. Oberirdisch sind Karren, Katavothren, Dolinen, Poljen, Uvalas, unter Tage Höhlen, oft mit Tropfsteinbildung und Seen, sowie unterird. Gewässernetze charakteristisch. Typisch für die Verkarstung in den Tropen und sommerfeuchten Subtropen sind steilwandige Kuppen oder Türme (Kegelkarst, Turmkarst).

Kartätsche [italien.] *die,* mit einer größeren Anzahl kleinerer Kugeln gefülltes Artilleriegeschoss, das vom 16. bis 19. Jh. zur Bekämpfung von Infanterie und Kavallerie auf nahe Distanz verwendet wurde; Ende des 19. Jh. durch das Schrapnell ersetzt.

Kartaune [italien.] *die,* schweres Geschütz (16.–17. Jh.).

Kartause [nach dem Kloster Grande Chartreuse bei Grenoble] *die,* Kloster der Kartäuser.

Kartäuser *der* (Kartäuserorden, lat. Ordo Cartusiensis), Abk. **OCart.,** kontemplativer kath. Eremitenorden; 1084 bei Grenoble (in der Chartreuse) durch Bruno von Köln gegr., 1176 päpstlich bestätigt. Innerhalb des Klosters (der Kartause) leben die K. in kleinen Einzelhäusern ein strenges Einsiedlerleben mit Schweigegebot. Im 14. und 15. Jh. entstanden zahlr. neue Kartausen; im 16. Jh. größte Ausdehnung des Ordens. Heute (2003) gibt es rd. 400 K. (davon 50 Nonnen) in 24 Kartausen.

Karte, eine in die Ebene projizierte, maßstäblich verkleinerte und generalisierte Abbildung der Erdoberfläche oder eines Teils von ihr, anderer Weltkörper oder des Weltraums. Bei der Abbildung der Erdkugel in die Ebene treten Verzerrungen auf, die Verzerrung auf je nach Wahl des K.-Netzwurfs (↗ Kartennetzentwürfe). Großmaßstäbige K. oder Pläne sind die nicht im Handel erhältl. **Kataster-** oder **Flur-K.** (bis 1:5000), die über Eigentumsverhältnisse informieren, wie auch die **topograph. K.** mit Grundrissdarstellung, Gewässerzeichnung, Relief und Kennzeichnung der Vegetation. Dazu gehören u. a. die **Grund-K.** (in Dtl. 1:5000) und die topograph. K. 1:25 000 (früher Messtischblatt). Zu den K. mit mittleren Maßstäben zählt u. a. die ehem. Generalstabs-K. (1:100 000). Kleinmaßstäbig dargestellt werden Welt-K., so z. B. die Internat. Welt-K. 1:1 Mio.; ferner ∕ Seekarten. **Themat. K.** (beliebiger Maßstab) enthalten Aussagen über Geologie (**geolog. K.,** meist Maßstab 1:25 000), Klima, Wirtschaft usw. **Bild-K.** sind K., die aus Ansichtsdarstellungen (z. B. Gebäude) bestehen; auch Name für Luftbildkarten. – Zur Geschichte ∕ Kartographie.

Kartell [frz.] *das,* 1) *Politik:* früher Bez. für ein von Parteien oder Verbänden geschlossenes Bündnis zur Erreichung eines gemeinsamen Ziels; im heutigen Sinne ein Vorläufer der Koalition.

2) *Wirtschaft:* Zusammenschluss rechtlich und wirtsch. weitgehend selbstständig bleibender Unternehmen der gleichen Wirtschaftsstufe auf der Basis eines K.-Vertrages, um den Wettbewerb auf einem Markt ganz oder teilweise auszuschalten. Nicht vertraglich geregelte, mündl. Absprachen über Verhaltenskoordinierung werden als **Frühstücks-K.** bezeichnet. Vom K. zu unterscheiden sind ∕ Fusion und ∕ Konzern. Das K. als besondere Form einer Wettbewerbsbeschränkung kann auf interne Bindungen der Mitgl. (Produktion und Absatz) beschränkt, also für Dritte unerkennbar sein **(K. niederer Ordnung)** oder die Beziehungen der Mitgl. zu Abnehmern oder Lieferanten unmittelbar regeln **(K. höherer Ordnung).** Die K.-Vereinbarungen können sich auf versch. Bereiche beziehen, z. B. Festlegung einheitl. Preise **(Preis-K.),** einheitl. Gestaltung der Geschäfts-, Liefer- und Zahlungsbedingungen **(Konditionen-K.),** Festlegung von Absatzhöchstmengen **(Kontingentierungs-K.),** regionale Marktaufteilung **(Gebiets-K.),** Spezialisierung auf unterschiedl. Normen und Typen **(Spezialisierungs-K.).** Bei strenger Zusammenfassung von Absatz oder Einkauf durch eine Dachorganisation spricht man von einem **Syndikat.**

In Dtl. besteht nach dem (1998 reformierten) Ges. gegen Wettbewerbsbeschränkungen i. d. F. v. 26. 8. 1998, Abk. GWB **(K.-Gesetz),** ein K.-Verbot. Ausnahmen vom K.-Verbot gelten für Normen-, Typen-, Konditionen-, Spezialisierungs- und Mittelstands-K. (§§ 2–4 GWB). Sie bedürfen für die Freistellung vom K.-Verbot der Anmeldung bei der K.-Behörde und werden wirksam, wenn die K.-Behörde nicht innerhalb von drei Monaten widerspricht (Widerspruchs-K. Andere Arten von K., z. B. Strukturkrisen-K. oder Rationalisierungs-K., sind nur aufgrund einer Genehmigung der K.-Behörde zulässig (§§ 5–7 GWB, Erlaubnis-K.). Eine besondere Ausnahme vom K.-Verbot ist das Mittelstands-K.: Kleinen und mittleren Unternehmen werden viele Formen der zwischenbetriebl. Zusammenarbeit zum Zweck der Rationalisierung erlaubt, soweit diese zur Verbesserung der Wettbewerbsfähigkeit beitragen und den Wettbewerb nicht wesentlich beeinträchtigen. Sind Beschränkungen des Wettbewerbs aus Gründen der Gesamtwirtschaft und des Gemeinwohls notwendig, kann der Bundes-Min. für Wirtschaft und Arbeit ein Sonder-K. genehmigen (§ 8 GWB, Ministererlaubnis). K.-Behörden sind die jeweils zuständige oberste Landesbehörde (i. d. R. der Wirtschafts-Min.) und das ∕ Bundeskartellamt. Alle zugelassenen K. unterliegen der ∕ Missbrauchsaufsicht.

Das *österr.* K.-Gesetz 1988 (mehrfach geändert) verbindet Elemente des Missbrauchs- und des Verbotsprinzips. – Das *schweizer.* Bundes-Ges. über K. u. a. Wettbewerbsbeschränkungen vom 6. 10. 1995 (in Kraft seit 1. 7. 1996) enthält kein K.-Verbot, sondern geht von einem Missbrauchsverbot aus.

Internat. K., an denen Unternehmen versch. Länder beteiligt sind, die den internat. Handel untereinander aufteilen wollen, können durch das nat. Wettbewerbsrecht nicht ausreichend kontrolliert werden. Innerhalb der EU gilt ebenfalls das K.-Verbot (Art. 81 EG-Vertrag). Wettbewerbsbehörde ist die Europ. Kommission, die über eigene Zuständigkeiten und Gestaltungsmöglichkeiten zur Durchsetzung des europ. Wettbewerbsrechts verfügt. Das Bundeskartellamt kann aber auch europ. Wettbewerbsrecht anwenden, soweit die Europ. Kommission nicht selbst tätig wird.

Kartell-Verband, Abk. **KV,** ∕ studentische Verbindungen.

Kartenlegen (Kartenschlagen), seit Mitte des 14. Jh. verbreitete Orakelpraktik; Form der Wahrsagerei mit der Behauptung, aus der Aufeinanderfolge von gemischten Spielkarten zukünftige Ereignisse voraussagen zu können.

Kartenmessung (Kartometrie), das Messen in Karten oder Übertragen geometr. Größen auf Karten: **Winkelmessungen** (z. B. mit Winkelmessern am Profilen oder mit Neigungsmaßstab), **Koordinatenmessungen** (z. B. mit Koordinatograph, Planzeiger, Millimeterpapier) zur genauen Ortsbestimmung, **Längenmessungen** (z. B. mit Maßstab oder Kurvenmesser), **Höhenmessungen** (aus Höhenlinien), **Flächenmessungen** (mit Planimetern oder Auszählen der bedeckten Felder einer Quadratglastafel).

Kartennetzentwürfe (Kartenprojektionen, Kartenabbildungen), die math. Übertragung (Abbildung) von Punkten und Linien der Oberfläche der Erde oder eines anderen Weltkörpers auf eine Kartenebene als geometr. Grundlage. K. i. e. S. sind die Abbildungen des geograph. Gradnetzes (Gradnetzentwürfe), die bes. bei kleinmaßstäbigen Karten (etwa ab 1:500 000) angewendet werden. Karten großer und mittlerer Maßstäbe beruhen heute vorwiegend auf geodät., meist konformen Abbildungen im Koordinatensystem der Landesvermessungen. Den Karten bis etwa zum Maßstab 1:2 Mio. liegt als Erdfigur ein Rotationsellipsoid, bei kleineren Maßstäben die Kugel zugrunde. Abbildungen in die Kartenebene sind nicht ohne Verzerrungen möglich (nur der Globus ist verzerrungsfrei). Diese treten als Längen-, Flächen- und Winkelverzerrungen auf, die durch die Indikatrix veranschaulicht werden.

Hauptgruppen der K.: 1) **azimutale Abbildungen:** Abbildungen auf eine Berührungsebene (Azimutalentwürfe und Azimutalprojektionen), z. B. orthograph., stereograph. und zentrale (gnomon.) Azimutalprojektion. Die Letztgenannte ist das Projektionszentrum im Mittelpunkt der Erdkugel, von dem die Kugelpunkte auf die Berührungsebene projiziert werden. 2) **kon. Abbildungen:** Abbildungen auf einen Kegelmantel (Kegelentwürfe und Kegelprojektionen). 3) **zylindr. Abbildungen:** Abbildungen auf einen Zylindermantel (Zylinderentwürfe und Zylinderprojektionen). Hierzu gehört auch der winkeltreue Mercatorentwurf (bes. für die Seekarten wichtig). Alle Abbildungen, die solche geometr. Deutungen mit Hilfsflächen zulassen, heißen auch **echte K.** Wo solche Erklärungen nicht oder nur z. T. möglich sind, spricht man von **unechten K.** (v. a. bei Gesamtdarstellungen der Erdoberfläche).

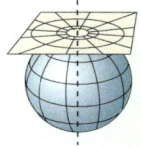
azimutaler Entwurf (Tangentialebene)

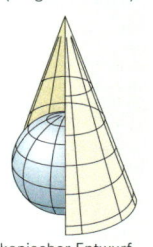
konischer Entwurf (Kegelfläche)

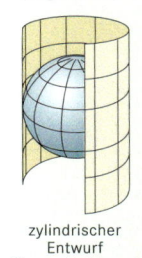
zylindrischer Entwurf (Tangentialebene)

Kartennetzentwürfe

K. werden ferner nach der Lage der Abbildungsflächen unterschieden. Danach gibt es **normale** (erdachsige, polständige) K., wenn die Achse des Kegels oder Zylinders mit der Erdachse übereinstimmt oder die Azimutalebene im Pol (Polarprojektion) berührt. **Transversale** (querachsige, äquatorständige) K. liegen vor, wenn die Achsen in der Äquatorlinie liegen oder wenn die Azimutalebene den Äquator (Äquatorialprojektion) berührt. Alle anderen Lagen gelten als **schiefachsige** (zwischenständige) K. Berechnung und Zeichnung von K. sind heute auch mit Computern möglich, denen ein automat. Zeichengerät angeschlossen ist.

Kartennull (Landkartennull), der Nullhorizont, auf den sich die Höhenangaben in Karten beziehen (z. B. Normalnull, NN).

Kartenspiele, Spiele mit für sie charakterist. Karten, z. B. Quartettspiele, oder mit Spielkarten versch. Wertes und versch. Zusammenstellung nach unterschiedl. Spielregeln, meist für drei oder mehr, selten für zwei Spieler, z. B. Skat, Rommé, Tarock, Bridge, Canasta. In Europa ist das Kartenspiel seit dem 14. Jh. belegt.

Kartesianismus der (Cartesianismus), die Lehre und Schule des Rationalismus von R. ↗ Descartes.

kartesisch (cartesisch, kartesianisch), nach R. Descartes (latinisiert Cartesius) benannt.

kartesischer Taucher, kleine, taucherglockenähnl. Figur, die so weit mit Luft gefüllt ist, dass sie gerade noch in einer bestimmten Höhe einer Flüssigkeit schwebt. Der k. T. sinkt, wenn durch Erhöhen des Drucks über oder in der Flüssigkeit sein Luftvolumen und dadurch sein Auftrieb verringert wird. Das »Täucherlein« wurde 1648 erstmals von Magiotti beschrieben und später zu Unrecht mit R. Descartes in Verbindung gebracht.

kartesisches Blatt, algebraische Kurve 3. Ordnung, definiert durch $x^3 + y^3 = 3axy$ (a Konstante).

kartesisches Produkt (Kreuzprodukt, Mengenprodukt, Produktmenge), für zwei Mengen A und B die Menge $A \times B$ (»A kreuz B«) aller geordneten Paare (a, b) mit $a \in A$ und $b \in B$.

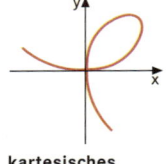

kartesisches Blatt: algebraische Kurve im kartesischen Koordinatensystem

Karthago (lat. Carthago), antike Stadt auf einer Halbinsel nordöstlich von Tunis, heute die Ruinenstadt **Carthage**. K. wurde nach antiken Quellen 814/813, nach archäolog. Befund um 750 v. Chr., von Phönikern (Puniern) aus Tyros gegründet und entwickelte sich zur bedeutendsten See- und Handelsmacht im westl. Mittelmeerraum. Aufgrund seines hervorragenden Hafens und der strategisch günstigen Lage übernahm K. im 7. Jh. v. Chr. den Schutz der Phönikerstädte Siziliens gegen die Griechen. Im 5. Jh. v. Chr. erstreckte sich der Machtbereich K.s von der Westgrenze der Cyrenaika bis westlich von Gibraltar. Schon im 6. Jh. v. Chr. hatte K. Kolonien in Sardinien, Sizilien, Spanien, Gallien und an der W-Küste Afrikas. Im 3. Jh. v. Chr. kamen die Karthager mit den Römern in feindl. Berührung. In den beiden ersten ↗ Punischen Kriegen wurde die Kraft K.s gebrochen. Der dritte endete mit der Eroberung und Zerstörung der Stadt (146 v. Chr.); ihr Gebiet wurde der röm. Provinz Africa einverleibt. Caesar gründete 44 v. Chr. hier wieder eine Kolonie (Colonia Iulia Carthago), die sich neben Alexandria zur führenden Stadt Afrikas entwickelte. Dieses neue K. wurde 439 n. Chr. vom Wandalenkönig Geiserich erobert, 533 von Belisar (der K. mit dem Oström. Reich vereinigte) und 698 durch die Araber zerstört. – Hauptgottheiten der Karthager waren Baal Hammon, der als Geber reicher Ernten galt, und die Muttergottheit Tanit, denen vielleicht Kinderopfer gebracht wurden (heute umstritten). – Im Ausgrabungsgebiet liegen Museen und ein Archäolog. Park. In Salambo, dem Hafengebiet von K., befinden sich die pun. Hafenanlagen und der Tophet (Heiligtum und Kinderfriedhof, früher als Stätte für Kinderopfer gedeutet). Die Ruinen von K. gehören zum UNESCO-Weltkulturerbe.

Kartierung die, genaue graf. Auswertung von Vermessungen, Berechnungen oder photogrammetr. Aufnahmen durch maßstäbl. Auftragen von Punkten, Geraden und Kurven mit **Kartiergeräten** (Lineale, rechtwinklige Dreiecke, Anlegemaßstäbe, Winkelmesser, Kartiernadeln, Zirkel) auf Karton oder Folie als Grundlage für die nachfolgende zeichner. Gestaltung. Auch die Herstellung einer themat. Karte durch Geländeaufnahme oder durch Luft- oder Satellitenbildauswertung.

Karting (Kartsport), Rennwettbewerbe mit ↗ Gokarts. Dabei wird unterschieden zw. Outdoor-K. (auf Freiluftkartbahnen) und Indoor-K. (in Hallen).

Kartoffel (Solanum tuberosum), wirtsch. wichtigste Art der Gattung Nachtschatten aus Südamerika; mehrjährige (in Kultur einjährige) krautige Pflanze mit unterbrochen gefiederten Blättern, weißen oder blassvioletten Blüten und grünen, giftigen Beerenfrüchten. Alle oberird. Pflanzenteile sowie grün gewordene K. und Keime enthalten das giftige Alkaloid Solanin. Die unterird. Ausläufer bilden Sprossknollen (K., Erdäpfel, Erdbirnen, Grundbirnen) aus. Diese speichern Reservestoffe, v. a. Stärke (10–30%). Außerdem enthalten sie 65–80% Wasser, 2% Rohprotein sowie Rohfett, Zucker, Spurenelemente und versch. Vitamine. Anbaugebiete sind die subtrop. und gemäßigten Regionen aller Erdteile sowie die trop. Anden; am wichtigsten sind heute Russland, die Ukraine und Mitteleuropa. Je nach Verwendungszweck unterscheidet man zw. Speise-, Futter-, Wirtschafts- und Saat-K. (Pflanz-K.); nach der Reifezeit zw. Früh-, Mittel- und Spät-K. – Vermehrung i. d. R. vegetativ.

Tier. Schädlinge: Das etwa 1 mm lange K.-Älchen (K.-Nematode, Heteroda rostochiensis) schädigt das Wurzelgewebe, ruft Wachstumsstörungen sowie das

Absterben der Blätter hervor und verhindert den Knollenansatz. Ebenfalls an den Wurzeln fressen die Larven der etwa 2–3 mm großen, braungelben K.-Erdflohs (K.-Flohkäfer, Psylliodes affinis). / Kartoffelkäfer.

Pflanzl. Schädlinge: Meldepflichtig ist der durch den Pilz Synchytrium endobioticum hervorgerufene **K.-Krebs** (verursacht tumorartige Zellwucherungen). Die Knollen faulen und zerfallen, wodurch die nächste Sporengeneration den Boden verseucht. Durch den Strahlenpilz Streptomyces scabies hervorgerufen wird der **gewöhnl. K.-Schorf.** Der Pilz dringt in das Schalengewebe ein und verursacht raue, korkige bis blättrige Schorfstellen und einen unangenehmen Geschmack. Die **Kraut-** und **Knollenfäule** wird durch den Falschen Mehltaupilz Phytophthora infestans hervorgerufen. Erste Anzeichen sind Blattflecken, dann stirbt das Kraut ab. Die Sporangien gelangen bei Regen von den Blättern in den Boden und infizieren die Knollen; Bekämpfung mit Fungiziden.

Geschichte: Bei den Indianern der Nazcakultur und Mochekultur war die K. Hauptnahrungsmittel. Die span. Eroberer brachten sie im 16. Jh. nach Spanien. Die älteste botan. Beschreibung stammt von 1585 und wurde von J. T. Tabernaemontanus verfasst. Während des Dreißigjährigen Krieges wurde die K. gelegentlich angebaut. Im Siebenjährigen Krieg befahlen einige Landesfürsten den Anbau. Seit den Napoleon. Kriegen ist die K. in Europa eines der Hauptnahrungsmittel.

Kartoffelbovist (Scleroderma citrinum), zu den Hartbovisten gehörender, giftiger Bauchpilz mit kartoffelähnl., 3–10 cm großem Fruchtkörper und unangenehm stechendem Geruch; Außenhaut braun bis gelbbraun, meist feldrig-warzig aufgesprungen.

Kartoffelkäfer (Koloradokäfer, Leptinotarsa decemlineata), etwa 1 cm lange, breit ellipt., gelber Blattkäfer; mit schwarzen Längsstreifen auf den Flügeldecken; Larven rötlich, mit je zwei Seitenreihen schwarzer Warzen. Imago und Larve sind gefürchtete Kartoffelschädlinge, die die Pflanze völlig kahl fressen können; Eiablage (etwa ab Mai) an der Blattunterseite in mehreren Eiplatten, Verpuppung im Boden, Imagines der neuen Generation schlüpfen im Juli. – Der K. wurde aus Nordamerika (Colorado) 1877 über Frankreich nach Mitteleuropa eingeschleppt (erstes starkes Auftreten am Rhein 1938/39). – Bekämpfung durch Kontaktinsektizide; biolog. Bekämpfung u. a. durch die räuber. Schildwanze Perillous bioculatus oder durch Eintrieb von Hühnern.

Kartogramm *das,* themat. Karte auf der Grundlage einer Karte mit Gebietsgrenzen, die die mittlere statist. Intensität einer Erscheinung innerhalb der jeweiligen Gebiete (z. B. durch farbl. Abstufung oder unterschiedl. Schraffierung) darstellt, etwa eine Bevölkerungsdichtekarte (Flächen-K., Gebietsflächenkarte); auch die kartograph. Darstellung von topograph. Gegebenheiten in stark schematisierter Form.

Kartographie *die,* Wiss. und prakt. Tätigkeit, die sich mit der Herstellung und Nutzung von raumbezogenen Informationen unter Verwendung graf. (analoger) und grafikbezogener (digitaler) Ausdrucksmittel (Zeichensysteme) befasst. Es gibt versch. kartograph. Ausdrucksformen, unter denen die / Karte am bedeutendsten ist. Alle übrigen Formen sind kartenverwandte Darstellungen, so dreidimensionale Gebilde wie Globus und Relief, ebene Darstellungen wie u. a. aus der Vogelperspektive, als Panorama, Blockbild oder Profil. – Die K. ist heute geprägt durch die vielseitigen Anwendungen in der themat. K., die wachsende Nutzung der automat. Datenverarbeitung sowie der Photogrammetrie und Fernerkundung.

Geschichte: Die Ursprünge der K. reichen bis ins Altertum, doch sind nur wenige Darstellungen überliefert. Babylonier (Tonplättchenkarten um 3800 v. Chr.), Chinesen und Ägypter gelten als erste Hersteller von Karten. Bei den Griechen lag den Karten zunächst noch die Kreisform der Erde mit Griechenland als Mittelpunkt zugrunde (Anaximander); später führten die astronom. und geograph. Forschungen zur ersten Gradnetzkarte mit Annahme der Erde als Kugel (Eratosthenes). Die »Geographie des Ptolemäus«, in Europa erst seit dem 15. Jh. bekannt, hat lange Zeit die K. beeinflusst. Aus der Römerzeit sind v. a. die Wegekarten (/ Itinerar) bedeutend. Später widmeten sich bes. die Araber der K. Die mittelalterl., meist in Klöstern betriebene K. brachte keinen Fortschritt. Dieser setzte erst mit zunehmender Seefahrt im 15. Jh. ein (/ Portolane). Die Renaissance befruchtete die K. v. a. in Italien (Fra Mauro), Dtl. (M. Waldseemüller, M. Behaim, G. Mercator) und den Niederlanden (W. J. Blaeu). Neben Seekarten entstanden Erdkarten, Regionalkarten, Atlanten und Globen. Vom Ende des 18. Jh. an wurden die Karten, ausgehend von Frankreich (C.-F. Cassini), auf der exakten Grundlage trigonometr. Vermessungen hergestellt. Daneben wandelte sich die Kartenwiedergabe von einer teilweise noch recht bildhaften Aussage zu einer reinen Grundrissdarstellung.

Kartometrie *die,* die / Kartenmessung.

Karton [kar'tõ, auch -'to:n, frz.] *der,* **1)** / Papier.
2) *Kunst:* maßstabsgerechte Vorzeichnung auf starkem Papier für monumentale Gemälde, Fresken, Wandteppiche, Mosaiken oder Glasmalereien, ausgeführt in Kohle, Graphit, Rötel oder Tusche. Seit dem 15. Jh. v. a. in der italien. Malerei bei großformatigen Werken zur Übertragung der Vorzeichnung auf die Malfläche benutzt (Leonardo da Vinci, Michelangelo).

Kartonieren, *Buchbinderei:* Einhängen eines mehrlagigen Buchblocks in einen Kartonumschlag.

Kartsport, das / Karting.

Kartusche [von frz. cartouche »Papierhülse«, zu lat. charta »Papier«] *die,* **1)** *Archäologie:* die ovale Umrahmung der Königsnamen in altägypt. Hieroglypheninschriften, erfolgte in Form einer als mag. Schutzring doppelt gelegten Schnur.
2) *Kunst:* seit der Renaissance häufig verwendete Ornamentform, bestehend aus einer medaillon- oder schildförmigen Fläche, meist mit einer Inschrift, einem Wappen oder Emblem, und einer mit Voluten, Rollwerk u. a. reich geschmückten Umrahmung.
3) *Militärwesen:* im 17. und 18. Jh. Bez. für eine Patronentasche; heute die in einem Beutel (**Beutel-K.**) oder einer Metallhülse (**Metall-K.**) enthaltene Treibladung eines Geschosses.

Kartweli|er, Eigenbez. der / Georgier.
Kartwelsprachen, / kaukasische Sprachen.
Karun *der,* wasserreichster Fluss Irans, rd. 850 km lang, entspringt im Zagrosgebirge, mündet in den Schatt el-Arab; zur Bewässerung bes. im Tiefland von Khusistan und der Oase von Isfahan (Überleitung durch unterird. Stollen) genutzt.

Karuna [Sanskrit], im Buddhismus das mit der tätigen Zuwendung verbundene Mitleiden mit allen Lebewesen; zentrale Eigenschaft aller Buddhas.

Karunsee, See im / Faijum, Ägypten.

Karviná [-na:] (dt. Karwin), Stadt im Nordmähr. Gebiet, Tschech. Rep., an der Grenze zu Polen, 66 100 Ew.; Steinkohlenbergbau (seit 1776); Walz-

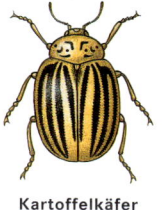

Kartoffelkäfer

Karw Karweelbau

Karwendelgebirge: Am Fuß der vorderen Gebirgskette liegt Mittenwald, die Stadt des deutschen Geigenbaus.

werk, Maschinenbau. Im Ortsteil Lázně Darkov jod- und bromhaltige Mineralquellen.

Karweelbau, Bootsbauweise, ↗ Kraweelbau.

Karwendelgebirge, Teil der Nordtiroler Kalkalpen, in Österreich (Tirol) und Bayern, zw. Seefelder Sattel und Achensee, im S vom Inn begrenzt; in der Birkkarspitze 2 749 m ü. M.; dünn besiedelt und wenig erschlossen; bei Mittenwald Bergbahn auf die Westl. Karwendelspitze; steht zum größten Teil unter Naturschutz.

Karwin, Stadt in der Tschech. Rep., ↗ Karviná.

Karwoche [zu ahd. chara »Wehklage«, »Trauer«] (Stille Woche), im Kirchenjahr die Woche vor Ostern, mit den Haupttagen Palmsonntag, Gründonnerstag, Karfreitag und Karsamstag; im Mittelpunkt der Gottesdienste steht die Passionsgeschichte Jesu Christi.

Karyatide [grch.] *die,* weibl. Gewandfigur, die als Gebälkstütze dient, meist anstelle einer Säule (Korenhalle des Erechtheions in Athen), in versch. Epochen auch als von einer Funktion weitgehend gelöstes Element; männl. Gegenstück ↗ Atlant.

Karyogramm [grch.] *das,* nach Größe und Gestalt geordneter, grafisch wiedergegebener Bestand an Chromosomen im diploiden Chromosomensatz einer Zelle; für jede Organismenart ist das K. kennzeichnend.

Karyokinese [grch.] *die,* ↗ Kernteilung.

Karyolyse [grch.] *die,* das Verschwinden der Kernmembran und die scheinbare Auflösung des Zellkerns zum Beginn der Kernteilung; auch Auflösung des Kerns nach dem Zelltod.

Karyon [grch.] *das,* der ↗ Zellkern.

Karyotyp, Gesamtheit der in den Zellen enthaltenen Chromosomen (↗ Karyogramm).

Karzer [lat. carcer »Kerker«] *der,* früher Arrestraum einer Univ. oder höheren Schule.

karzinogen [grch.] (kanzerogen), Krebs erregend (↗ Krebs).

Karzinoid [grch.] *das,* krebsähnl., hormonbildender Tumor, bes. im Magen-Darm-Kanal (85%) oder in den Bronchien (10%); nach sehr langsamem Wachstum erfolgt Metastasierung, v. a. in Leber und Lymphknoten; die Behandlung erfolgt operativ.

Karzinom [zu grch. karkínos »Krebs«] *das* (Carcinoma), vom Epithel ausgehender bösartiger Tumor, ↗ Krebs.

Kasachen (bis Mitte der 1920er-Jahre auch Kirgis-Kaisak, oft auch irrtümlich Kirgisen), turksprachiges, mongolides Volk in Zentralasien, vom Kasp. Meer bis zur Gobi, in Kasachstan, Usbekistan, Turkmenistan, China, der Mongolei und Afghanistan; insgesamt etwa 9,3 Mio. Menschen; überwiegend Hir-

Kasachstan   **Kasa**   2385

Kasachstan

Fläche:	2 717 300 km²
Einwohner:	(2001) 16,092 Mio.
Hauptstadt:	Astana
Verwaltungsgliederung:	14 Gebiete und 3 unmittelbare Städte
Amtssprache:	Kasachisch
Nationalfeiertage:	25. 10. und 16. 12.
Währung:	1 Tenge (T) = 100 Tiin
Zeitzone:	MEZ + 3 bis + 5 Std.

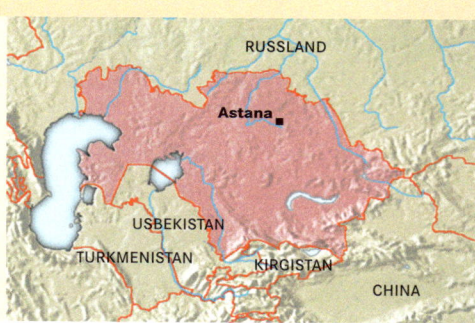

tennomaden und Jäger, z. T. auch Ackerbauern; sie sind überwiegend Muslime.

Kasachische Schwelle (Kasachisches Kleinhügelland), Hügelland im östl. und zentralen Teil Kasachstans, bis 1 566 m ü. M.; im N Steppe, im S Halbwüste; reich an Bodenschätzen.

Kasachstan (Kasachien, kasach. Qazaqstan, amtlich Qazaqstan Respublikasy), Staat in Mittelasien, grenzt im NW, N und NO an Russland, im SO an China, im S an Kirgistan, Usbekistan und Turkmenistan und im W an das Kasp. Meer.

Staat und Recht

Nach der am 5. 9. 1995 in Kraft getretenen Verf. (1998 revidiert) ist K. eine präsidiale Republik. Staatsoberhaupt und Oberbefehlshaber der Streitkräfte ist der mit weitgehenden Vollmachten ausgestattete Präs. (auf 7 Jahre direkt gewählt). Er bestimmt die Richtlinien der Politik und ernennt den MinPräs. sowie auf dessen Vorschlag die übrigen Mitgl. des Kabinetts. Die Legislative liegt beim Zweikammerparlament (Legislaturperiode 5 Jahre), bestehend aus Medschelis (77 Abg., davon 67 durch Mehrheitswahl und 10 durch Verhältniswahl bestimmt) und Senat (47 Mitgl., davon 7 vom Präs. ernannt). Einflussreichste Parteien: republikan. Partei »Otan« (Vaterland), Bürgerpartei »Azamat« (Gleichheit), Kommunist. Partei, Agrarpartei und Kooperative Volkspartei.

Landesnatur

K. erstreckt sich vom Tiefland der unteren Wolga und dem Kasp. Meer im W über 3 000 km bis zum Altai im O und vom Westsibir. Tiefland im N über 1 700 km bis zum Aralsee, zur Kysylkum und zum Tienschan im Süden. Es besteht überwiegend aus Ebenen (im W die Kasp. Senke [tiefster Punkt die Karagijesenke, bis 132 m u. M.], im SW das Tiefland von Turan) und niedrigen Plateaus (im SW das Ust-Urt-Plateau, in N das Tafelland von Turgai mit der Turgaisenke); größere Höhen erreichen im NW die Mugodscharberge (657 m ü. M.), im zentralen Teil die Kasach. Schwelle (1 566 m ü. M.) und die Nördl. Hungersteppe. Im O und SO erstrecken sich bis 6 995 m ü. M. aufragende Hochgebirgsketten (Tienschan u. a.). Das Klima ist extrem kontinental und trocken. Auf kalte schneearme Winter (Januarmittel im N − 18 °C, im S − 3 °C) folgen nach kurzem Frühjahr lange, heiße und trockene Sommer (Julimittel im N 19 °C, im S 28–30 °C). Die jährl. Niederschlagsmengen nehmen von N nach S von 400 mm auf weniger als 100 mm ab, in den Hochgebirgen steigen sie bis über 1 000 mm an. Starke Winde in den Steppen und Wüsten führen zu beträchtl. Bodenerosion. An die Waldsteppe im äußersten N schließt sich südlich die echte Steppenzone an, die etwa ein Drittel der Fläche bedeckt. Sie geht im S in die Halbwüsten- und Wüstenzone über, die die größte Fläche von K. einnimmt.

Bevölkerung

Die Bev. setzt sich aus Kasachen (53 %), Russen (30 %), Ukrainern (4 %), Usbeken (3 %), Deutschen (2 %), Tataren (2 %) und aus etwa 125 anderen Nationalitäten zusammen. Am dichtesten besiedelt sind die landwirtsch. genutzten Steppenbereiche im N, die industriell geprägten Gebiete Tschimkent, Karaganda, Atyrau (Erdöl) und die Bewässerungsgebiete in der südl. Vorgebirgszone, am schwächsten die Gebiete Dscheskasgan sowie die Halbinsel Mangyschlak. Die Kasachen, Usbeken, Tataren und übrigen turksprachigen Völker bekennen sich zum Islam. Die orth. Christen (v. a. Russen) werden geistlich von der russisch-orth. Kirche betreut; die Deutschen gehören mehrheitlich der kath. Kirche und der ↗ Evangelisch-Lutherischen Kirche in Russland und anderen Staaten an. – Es besteht eine neunjährige allgemeine Schulpflicht ab dem 7. Lebensjahr. Die Analphabetenquote beträgt 2 %.

Wirtschaft, Verkehr

K. ist ein bergbaulich-industriell geprägtes Entwicklungsland. Die Wirtschaft wird von der Gewinnung von Energieträgern (Erdöl, -gas, Kohle), vom Erzbergbau, der Verarbeitungsind. und von der Landwirtschaft (Getreideanbau) dominiert. Nach der polit. Unabhängigkeit 1991 vollzog sich ein von wirtsch. Rückschlägen begleiteter Transformationsprozess von der sozialist. Plan- zur Marktwirtschaft, der seit 1996 trotz verschiedener wirtschaftshemmender russisch-kasach. Gegensätze und trotz der russ. Wirtschaftskrise von einer durch reiche Erdöl- (Tengisfeld, Kaspischelflagerstätten) und Erdgasfunde gestützten Stabilisierungs- und anschließenden leichten Aufschwungphase gekennzeichnet ist. Knapp ein Viertel der Beschäftigten ist in der Landwirtschaft tätig. Die landwirtsch. Nutzfläche umfasst nur ein Viertel der Landesfläche. Die Viehhaltung erbringt 60 % der landwirtsch. Bruttoproduktion. Im gesamten Wüstensteppenbereich dominiert die Zucht von Schafen, Kamelen und Ziegen, im N werden außerdem Rinder, Schweine, Pferde und Geflügel gehalten. Der Schwerpunkt des Ackerbaus liegt beim Weizenanbau (1954–60 extensive Erweiterung der Anbaufläche durch Neulanderschließung). Daneben ist der Anbau von Futterpflanzen, Sonnenblumen, Zuckerrüben, Baumwolle, Tabak, Gemüse und Flachs bedeutsam. Durch ungeeignete Landbewässerung entstanden große Umweltschäden (↗ Aralsee), die Kernwaffentests bei Semipalatinsk führten zur Verseuchung weiter Landstriche. Knapp ein Drittel der Beschäftigten ist in der Ind. tätig. Etwa 80 % des kasach. Öls wird

Staatswappen

internationales Kfz-Kennzeichen

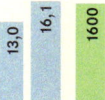

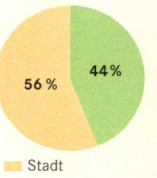

Bevölkerungsverteilung 2000

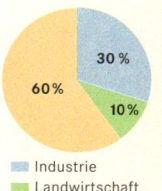

Bruttoinlandsprodukt 2000

von ausländ. oder Gemeinschaftsunternehmen gefördert. Neben Energieträgern ist K. auch reich an andern Bodenschätzen (Kupfer-, Zinn-, Blei-, Zink-, Eisenerze, Bauxit, Gold, Silber, Phosphorite u. a.). Auf der Grundlage der reichen Rohstoffvorkommen entwickelte sich nach 1940 eine umfangreiche Schwerind. (Eisen- und Buntmetallerzverhüttung, Aluminiumwerk, Land-, Schwermaschinenbau, Rüstungsind., Erdölverarbeitung, chem. Ind.). Elektroenergie wird in Wärmekraftwerken (86%) erzeugt, 14% entstammen den Wasserkraftwerken am Irtysch, Syrdarja und Ili. Traditionelle Branchen sind die Nahrungsmittel-, Textil- und Lederindustrie. – Ausgeführt werden v. a. Erdöl, Buntmetalle, Eisen, Kohle u. a. Rohstoffe, Chemieerzeugnisse, Getreide, Fleisch, Wolle und Häute; wichtigste Handelspartner sind Russland, die Ukraine, die mittelasiat. Republiken, Großbritannien, Dtl., Italien. – Das Eisenbahnnetz hat eine Länge von etwa 14 000 km (davon 3 300 km elektrifiziert); von den rd. 141 000 km Straßen haben 104 000 km eine feste Decke. Schifffahrt wird v. a. auf dem Kasp. Meer, Balchaschsee, Ural und Irtysch betrieben. Wichtigste Seehäfen sind Atyrau und Aktau; internat. Flughäfen in Almaty, Atyrau und Aktau. Eine wichtige Erdöl-Exportleitung (1 580 km) führt vom Tengis-Ölfeld nordöstlich des Kasp. Meeres zum russ. Schwarzmeerhafen Noworossisk.

Geschichte

Das seit dem Paläolithikum besiedelte Land geriet im 6. Jh. unter die Herrschaft eines Turkvolkes, war im 10. Jh. Bestandteil des Karachanidenreiches und wurde 1219–21 von den Mongolen unter Dschingis Khan erobert. Im 15. Jh. trennten sich die Kasachen von den nach Zerfall der Goldenen Horde entstandenen usbek. Khanat und bildeten ein eigenes Khanat, das sich in drei Horden gliederte (Kleine Horde im W, Große Horde im O, Mittlere Horde in den dazwischenliegenden Steppengebieten). In der 1. Hälfte des 18. Jh. wurde K. durch Einfälle der Dsungaren (Oiraten) verwüstet; zw. 1731 und Mitte des 19. Jh. unterstellten sich die einzelnen kasach. Gebiete der Oberhoheit Russlands. Ende 1917 proklamierte die von der Stammeselite (Beis, Mullahs) und bürgerl. Nationalisten getragene »Alasch Orda« die Autonomie von K. und kämpfte gegen die Bolschewiki; 1920 wurde die Kirgis. ASSR innerhalb der RSFSR gebildet. Nach den 1924 in Mittelasien vorgenommenen Grenzfestlegungen kamen die Gebiete Syrdarja und Siebenstromland (bis dahin Turkestan. ASSR) zur Kirgis. ASSR, die 1925 in Kasach. ASSR umbenannt wurde. Die 1929 in K. eingeleitete Kollektivierung der Landwirtschaft, die mit der zwangsweisen Sesshaftmachung des nomadisierenden kasach. Volkes verbunden war, stieß auf harten Widerstand und löste (nach Flucht vieler Kasachen mit ihren Herden nach China sowie Viehabschlachtungen) jahrelange schwere Hungersnöte aus. 1936 erhielt K. den Status einer Unionsrep. 1941 kam es zur Zwangsansiedlung von Russlanddeutschen. Unter N. S. Chruschtschow begann 1954 eine groß angelegte Erschließung landwirtsch. Neulandes. Am 25. 10. 1990 erklärte K. seine Souveränität innerhalb der UdSSR. Im Aug. 1991 wurde das Atomtestgelände bei Semipalatinsk geschlossen (ab 1949 mehr als 500 ober- und unterird. Kerntests). Unter Staatspräs. N. Nasarbajew (seit 1990 im Amt, zunächst 1991 durch Wahl und 1995 durch ein Plebiszit bestätigt) proklamierte K. am 16. 12. 1991 seine Unabhängigkeit.

Am 21. 12. 1991 schloss sich K. der ↗GUS an und unterstellte die auf seinem Territorium befindl. Atomwaffen einem gemeinschaftl. Oberkommando. In einem Freundschafts- und Sicherheitsvertrag erkannten Russland und K. 1992 gegenseitig ihre Souveränität und territoriale Integrität an. K. ratifizierte 1992 den START-Vertrag und 1993 den Kernwaffensperrvertrag. 1994 schloss es sich der NATO-Initiative »Partnerschaft für den Frieden« an. Das Verhältnis zur VR China konnte u. a. durch ein Kooperationsabkommen (1993) verbessert werden; die Situation der v. a. in Sinkiang lebenden Kasachen blieb jedoch ungeklärt. Territoriale Spannungen mit Kirgistan wurden spätestens mit der zw. diesem, Russland, Weißrussland und K. am 29. 3. 1996 vereinbarten »Gemeinschaft Integrierter Staaten« entschärft (seit 1999 auch Tadschikistan deren Mitgl.). Im Dez. 1997 zogen Staatspräs., Reg. und Parlament von Almaty nach Akmola um, das als neue Hauptstadt 1998 in Astana (kasach. »Hauptstadt«) umbenannt wurde. Durch die am 7. 10. 1998 von beiden Parlamentskammern bestätigte Verf.änderung (u. a. Ausdehnung der Amtszeit des Staatspräs. von fünf auf sieben Jahre) baute der zunehmend autokratisch regierende Präs. Nasarbajew (durch vorgezogene Wahlen im Jan. 1999 erneut bestätigt) seine Machtposition aus.

Außenpolitisch bedeutsam waren u. a. ein im Juli 1998 geschlossenes Grenzabkommen mit der VR China (zugleich Vereinbarung einer Intensivierung der wirtschaftl. Zusammenarbeit) sowie ein im selben Monat unterzeichneter kasachisch-russ. Freundschaftsvertrag (einschließlich militär. Beistandsklauseln), mit dem zus. auch ein von anderen Anrainerstaaten kritisiertes Abkommen zw. K. und Russland über die Nutzung des nördl. Teils des Kasp. Meeres (insbesondere der dort lagernden Erdölvorkommen) zustande kam.

Kasack [frz. »Kosakenbluse«] der, hüftlanges, gerades bis blusenartiges Kleidungsstück der Damenoberbekleidung.

Kasack, Hermann, Schriftsteller, *Potsdam 24. 7. 1896, †Stuttgart 10. 1. 1966; Mitbegründer des dt. PEN-Zentrums, 1953–63 Präs. der Dt. Akademie für Sprache und Dichtung. Sein Hauptwerk ist der Roman »Die Stadt hinter dem Strom« (1947), die surrealist. Darstellung einer Totenstadt. Neben weiteren Romanen (»Das große Netz«, 1952) auch Erzählungen und Lyrik.

Kasai der, linker Nebenfluss des Kongo, rd. 2 000 km lang, entspringt im Hochland von Angola, mündet als **Kwa** bei Kwamouth in der Demokrat. Rep. Kongo; wichtige Wasserstraße.

Kasakow, Juri Pawlowitsch, russ. Schriftsteller, *Moskau 8. 8. 1927, †ebd. 1. 12. 1982; schrieb Erzählungen und Novellen in der Tradition A. P. Tschechows und I. Bunins (Samml.: »Arktur, der Jagdhund«, 1958; »»Zwei im Dezember«, 1966; »Über die Tapferkeit des Schriftstellers«, 1976).

Kasan, Hptst. von Tatarstan, Russ. Föderation, am Kuibyschewer Stausee der mittleren Wolga, 1,092 Mio. Ew.; Sitz des Muftis der sunnit. Muslime des europ. Russland; Univ., TU, technolog., medizin. und islam. Univ., medizin. und tatar. Akademie, mehrere Hochschulen, Staatsmuseum von Tatarstan, tatar. und russ. Theater; Rüstungsind., Maschinen- und Gerätebau, chem., mannigfaltige Leicht- und Nahrungsmittelind.; Hafen, internat. Flughafen. – Kreml (16.–19. Jh.; UNESCO-Weltkulturerbe) mit Verkündigungskathedrale; Kirchen und Klöster; die wenigen erhaltenen Moscheen sind aus dem 18./19. Jh.; Bürgerhäuser des Barock, Klassizismus und Historismus. – Die (nach neuesten Angaben) 1177 von den Wolgabulgaren gegründete und Ende des 14. Jh. an die Wolga verlegte Stadt entwickelte sich zum Zentrum des gleichnamigen Khanats der Goldenen Horde, das der russ. Zar Iwan IV. 1552 eroberte; wurde 1708 Gouv.-Hptst., 1920 Hptst. der Rep. der Tataren (später Tatar. ASSR).

Kasanlăk (Kazanlăk), Stadt im Gebiet Stara Sagora, im mittleren Bulgarien, im Tal der Tundscha, 54 021 Ew.; Zentrum der bulgar. Rosenölerzeugung, Forschungsinst. für Duftstoffe; Maschinenbau, Metall-, Textil-, Konservenind., Töpfereien, Musikinstrumentenbau. – Kuppelgrab eines thrak. Fürsten (um 300 v. Chr.) mit Wandmalereien (UNESCO-Weltkulturerbe). – K. wurde im 15. Jh. zur Sicherung des Schipkapasses gegründet.

Kasantataren (Wolgatataren, Eigenbez. Kasanlik), größtes Volk der Tataren, im Gebiet der mittleren Wolga und der unteren Kama, v. a. in Tatarstan und Baschkortostan. Die K. betreiben Ackerbau und Viehzucht, daneben auch Handwerk und Handel; die Gläubigen sind vorwiegend sunnit. Muslime.

Kasatschok [russ.] *der*, ukrain. Kosakentanz im $^2/_4$-Takt mit immer schneller werdendem Tempo.

Kasba [arab.] *die* (Kasbah), 1) im westislam. Bereich (N-Afrika, Spanien) die hoch gelegene, weitläufige Zitadelle als Teil einer Stadt; auch Bez. für die gesamte Altstadt; 2) die burgartige Residenz berber. Stammesoberhäupter im Hohen Atlas; 3) im Antiatlas Getreidespeicher (Igherm) sowie Flucht- und Speicherburg (Agadir).

Kasbek *der*, erloschener Vulkan im Großen Kaukasus, in Georgien, nahe der Grenze zu Russland, 5 047 m ü. M. (nach anderen Angaben 5 033 m ü. M.); vergletschert.

Kaschan (Kashan, Keshan), Oasenstadt in Zentraliran, 155 200 Ew.; bed. Kunstgewerbe seit dem MA.: Herstellung von Teppichen, glasierten Ziegeln, Fliesen, Gefäßen v. a. in Lüstertechnik. – Bauwerke aus der Seldschukenzeit.

Kaschau, Stadt in der Slowak. Rep., ↗ Košice.

Käscher (Kescher), Netzbeutel mit Bügel und Stiel zum Fangen von Fischen, Wasserorganismen und Schmetterlingen.

Kaschgar (Kashgar, chines. Kashi), Stadt im Autonomen Gebiet Sinkiang, China, im westl. Tarimbecken, 1 304 m ü. M., in einer fruchtbaren Oase (Getreide-, Baumwollanbau, Seidenraupenzucht) an der Vereinigung von N- und S-Route der ehem. Seidenstraße um die Takla-Makan, 202 000 Ew.; Baumwoll-, Nahrungsmittel-, Zementind., Landmaschinenbau, Töpferei, Teppichknüpferei. – Maler. Stadt mit traditionellem Basar und großer Id-Kah-Moschee.

kaschieren [frz.], 1) *allg.:* so darstellen, dass eine positive Wirkung erzielt wird; (Mängel) verheimlichen, verdecken.
2) *Technik:* Teile gleichen od. versch. Materials (Papier, textile Flächen, Schaumstoffe, Kunststoff-, Metallfolien u. a.) zusammenkleben oder bei erhöhter Temperatur unter Druck miteinander verbinden oder Schichten eines Materials auf Trägerstoffe aufbringen.

Kaschmir [nach der Landschaft Kaschmir] *der,* das sehr feine und weiche Flaumhaar der **K.-Ziege**, vorwiegend für Strickgarne höchster Qualität verwendet.

Kaschmir, Gebirgslandschaft und ehem. Fürstentum (bis 1947) im nordwestl. Himalaja und im Karakorum; heute geteilt. Der von Indien verwaltete Teil gehört zum Bundesstaat **Jammu and Kashmir** (Dschammu und K.) mit den Hauptstädten Srinagar (im Sommer) und Jammu (im Winter) und hat eine Fläche von 144 122 km² und (2001) 10,07 Mio. Ew. Die übrigen Teile werden von Pakistan (Azad Kashmir [78 114 km²] sowie Baltistan, Gilgit und Hunza) verwaltet, z. T. auch von China (v. a. Teile von Ladakh [36 000 km²]) besetzt. Die Bev. besteht v. a. aus Kaschmiri, einem Hinduvolk mit indoar. Sprache, ferner aus afghan. und mongol. Stämmen.

Hauptsiedlungsgebiet ist der SW, bes. das im ind. Teil gelegene Hochbecken (rd. 1 500 m ü. M.) von K., das vom Jhelum durchflossen wird, der den Wularsee sowie viele andere Seen (ehem. Flussläufe) bildet. Das Klima ist kontinental, die Hänge sind stark bewaldet; im Talboden und auf Terrassen Anbau von Reis, Weizen, Mais und Obst, im Hochgebirge Sommerweiden; außerdem Seiden-, Teppich- und Wollweberei, Kunsthandwerk sowie neuerdings Herstellung von Uhren und Telefonapparaten; Fremdenverkehr. Den O-Teil des ind. Gebietes (↗ Ladakh mit Zanskar) und das pakistan. Gebiet bildet v. a. die Talschaft des oberen Indus; von hier besteht seit 1978 mit der Straße (von Gilgit durch Hunza) über den Karakorum (Pass 4 890 m ü. M.) Verbindung mit China (Sinkiang).

Geschichte: Das bis zum 14. Jh. von Hindufürsten, dann von muslim. Herrschern regierte Land wurde 1586 dem Mogulreich unter Akbar angegliedert; es fiel 1756 an Afghanistan und 1819 an das Sikhreich im Pandschab. 1846 wurde es brit. Schutzstaat unter dem Maharadscha Gulab Singh. Nach der Teilung Britisch-Indiens (Aug. 1947) erklärte der Maharadscha Hari Singh im Okt. 1947 den Beitritt K.s zur Ind. Union gegen den Protest Pakistans, das K. als ein Gebiet mit vorwiegend muslim. Bevölkerung für sich beanspruchte. Ind. Truppen besetzten den (größeren) südöstl., pakistan. Truppen den nordwestl. Teil. Die UNO vermittelte einen Waffenstillstand (1949) und schlug zur Lösung des **K.-Konflikts** eine Volksabstimmung vor, die jedoch nicht stattfand. Nach Festlegung der Demarkationslinie (1949) entstand das pakistan. Azad Kashmir und das ind. Jammu and Kashmir (seit 1957 Bundesstaat Indiens). Mohammed Abdullah (»Der Löwe von Kaschmir«, * 1905, † 1982), seit 1947 Reg.chef im ind. Teil K.s, wurde 1953 von der ind. Reg. abgesetzt (1953–64 meist in Haft), da er in zunehmendem Maße die Unabhängigkeit von K. befürwortete. – Im Sept. 1965 brach zw. Indien und Pakistan ein weiterer militär. Konflikt um K. aus, der auf Vermittlung der UdSSR im Vertrag von Taschkent (Jan. 1966) auf der Basis des Status quo beigelegt wurde. – Im indisch-chines. Grenzkonflikt 1962 besetzte China Teile Ladakhs. 1963 trat Pakistan einen Streifen von Azad Kashmir an China ab. Auch in den 80er- und 90er-Jahren kam es im ind. Teil (1990–96 direkt der Zentralgewalt unterstellt und weiterhin von der Stationierung starker ind. Truppen betroffen) zu heftigen, teils blutigen Auseinandersetzungen um die Autonomie- bzw. Unabhängigkeitsforderungen der kaschmir. Bev. und zu wiederholten Spannungen zw. Indien und Pakistan bis hin zu militär. Auseinandersetzungen um die K.-Region (erneute schwere Konfrontation 1999/2000). Das erfolglose indisch-pakistan. Gipfeltreffen im Juli 2001 offenbarte die prinzipiellen Differenzen der beiden Atommächte im K.-Konflikt, in dem Indien der pakistan. Seite Unterstützung für die grenzüberschreitenden Aktionen islamist. Terroristen anlastete und sich gegen die von Pakistan angestrebte Internationalisierung einer Konfliktlösung wandte. Das K.-Problem blieb angesichts der Verstärkung der Aktivitäten islamist. Rebellen (u. a. terrorist. Anschlag auf das Regionalparlament in Srinagar am 1. 10. 2001 sowie zahlr. weitere Gewalttaten) und der fortgesetzten militär. Spannungen zw. Indien und Pakistan (wiederum 2002/03) stark belastet.

Kaschnitz, Marie Luise, Schriftstellerin, * Karlsruhe 31. 1. 1901, † Rom 10. 10. 1974; seit 1925 ⚭ mit dem österr. Archäologen Guido Freiherr K. von Weinberg (* 1890, † 1958); schrieb stark autobiogr., stimmungshaltige Lyrik (»Ewige Stadt«, 1952; »Dein Schweigen – meine Stimme«, 1962; »Überallnie«, Auswahl 1965; »Ein Wort weiter«, 1965), Erzählungen (»Lange Schatten«, 1960; »Ferngespräche«, 1966), Romane (»Elissa«, 1937) und Betrachtungen (»Wohin denn ich«, 1963; »Orte«, 1973).

Kascholong *der,* Schmuckstein, Varietät des ↗ Opal.

Kaschuben [poln. kaszuba »Pelzrock« nach ihrer Tracht], westslaw. Volksstamm in NW-Polen, zw. Weichsel und Stolpe, Rest der altslaw. Pomoranen.

Kaschubische Schweiz (poln. Pojezierze Kaszubskie), wald- und seenreicher östl. Teil des Pommerschen Höhenrückens, südwestlich von Danzig, Polen; der Turmberg (331 m ü. M.) ist die höchste Erhebung des gesamten Balt. Landrückens.

Kaschunuss, ↗ Cashewnuss.

Kasdan [ˈkæzdən], Lawrence, amerikan. Filmregisseur, * Miami Beach (Fla.) 14. 1. 1949; zunächst Verfasser von Drehbüchern, inszenierte u. a.: »Heißblütig – kaltblütig/Die heißkalte Frau« (1981), »Der große Frust« (1983), »Silverado« (1985), »Grand Canyon – Im Herzen der Stadt« (1992), »Wyatt Earp« (1994), »French Kiss« (1995), »Mumford« (1999).

Käse, hochwertiges, leicht verdaul. Nahrungsmittel aus dickgelegter Käsereimilch (zur Herstellung von K. bestimmte Kuh-, Schaf-, Ziegen-, Büffelmilch sowie aus diesen Erzeugnissen gewonnene Sahne [Rahm], Magermilch, Buttermilch und Molke); die Erzeugnisse dürfen eingedampft und miteinander vermischt sein.

Die zur Gewinnung des **K.-Teiges (Bruch)** erforderl. Gerinnung der Milch wird entweder durch Dicklegen frischer Milch mit Lab (Lab- oder Süßmilch-K.) oder durch Säuerung (Sauermilch-K.) erzielt, die durch von selbst entstehende Reinkulturen von Milchsäurebakterien hervorgerufen wird. Der anfallende Bruch wird von der Molke abgetrennt, je nach K.-Typ unterschiedlich geformt und behandelt und in klimatisierten Kellern zur Reife gebracht. Dabei werden die Eiweißstoffe aufgeschlossen und spezif. Aromastoffe gebildet. Die aus dem restl. Milchzucker entstehende Milchsäure wird u. a. zu Kohlendioxid abgebaut, was zur Bildung von Löchern im K. führt.

Hart-K. sind z. B. der Emmentaler mit den charakterist. großen Löchern und der Greyerzer mit kleineren Löchern. Der sehr feste Parmesan-K. benötigt eine Reifezeit von mindestens drei Jahren. Der engl. Chester-K. besitzt fast keine Löcher und wird mit einer gewachsten Gaze umgeben. **Schnitt-K.** ist etwas weicher als Hart-K., z. B. die mit einer Wachsschicht umgebenen Sorten Gouda und Edamer sowie der Tilsiter. **Edelpilz-K.** entsteht durch Impfung mit essbaren Blauschimmelpilzen vor der Reifung, z. B. der aus Schafmilch hergestellte Roquefort und der aus Kuhmilch hergestellte Gorgonzola. **Weich-K.** sind z. B. der aus der belg. Prov. Limburg stammende Limburger mit einem rötl. Bakterienbelag und die an der Oberfläche mit Weißschimmelpilzen geimpften Sorten Camembert und Brie. Lässt man den K. nicht reifen, so entsteht **Frisch-K.** (z. B. Speisequark) mit säuerl. Geschmack und feinflockiger Struktur. Schicht-K. besteht aus zwei Lagen Magerquark, zw. denen eine fettreichere Quarkschicht liegt. Aus Sauermilchquark werden **Sauermilch-K.,** z. B. Harzer K. (Hand-K.), hergestellt. Durch Erhitzen von Sauermilchquark erhält man **Koch-K.; Schmelz-K.** entsteht durch Zusatz von Schmelzsalz zu zerkleinertem und erhitztem Roh-K. (meist Hart-K.), wobei sich eine plast. Masse bildet.

Wirtschaft: Die wichtigsten K.-Produzenten waren 2001 (in 1000 t) die USA (4024), Dtl. (1765), Frankreich (1652), Italien (975) und die Niederlande (652). Weltproduktion 2001: 16,75 Mio. t (Erzeugung in landwirtschaftl. Betrieben eingeschlossen).

Geschichte: K. wurde wohl schon vor mehr als 7000 Jahren hergestellt. Bildl. Darstellungen aus Mesopotamien und Ägypten (3100–3000 v. Chr.) zeigen die Verarbeitung von Milch. Die Bibel erwähnt Schaf- und Kuh-K. Im grch. Kulturkreis war K. ebenfalls bekannt (Odyssee). Auch in Rom war K. ein wichtiges Nahrungsmittel. Nach der Völkerwanderung betrieben und vervollkommneten bes. die Klöster die Käserei (Fastenspeise). Roquefort wird Ende des 11. Jh. erwähnt, etwa um die gleiche Zeit der Edamer, im 12. Jh. der Chester-K., der Brie um 1500.

Käse	
Fettgehaltsstufe	Fettgehalt in Trockenmasse (Fett i. Tr.)
Doppelrahmstufe	60–85 %
Rahmstufe	50–59 %
Vollfettstufe	45–49,5 %
Fettstufe	40–44,9 %
Dreiviertelfettstufe	30–39,9 %
Halbfettstufe	20–29,9 %
Viertelfettstufe	10–19,9 %
Magerstufe	0–9,9 %

Käsefliege (Piophila casei), 4–5 mm große schwarze Fliege, deren weiße Larve **(Käsemade),** die springen kann, als Vorratsschädling u. a. im Käse lebt. Die Larven können im menschl. Darm zu heftigen Beschwerden führen.

Kasein, ↗ Casein.

Kaseinfarben, Anstrichmittel, die ↗ Casein als Bindemittel enthalten.

Kasel [von mlat. casula »Kapuzenmantel«] *die, das* ↗ Messgewand.

Käsemade, ↗ Käsefliege.

Käsemann, Ernst, evang. Theologe, * Bochum 12. 7. 1906, † Tübingen 17. 2. 1998; Prof. in Mainz, Göttingen und Tübingen; Arbeiten über den histor. Jesus sowie die Theologie des Johannesevangeliums und des Römerbriefs; betonte das N. T. als Botschaft der Freiheit unter dem Kreuz Jesu und hob auch deren polit. Dimension hervor.

Kasematte [italien., von grch. cháṣma »Erdkluft«] *die, Militärwesen:* 1) Geschützstand unter einer gepanzerten Decke; schusssicherer Raum in Festungsanlagen; 2) gepanzerter Geschützraum auf Kriegsschiffen des 19. Jahrhunderts.

Kasernierte Volkspolizei, Abk. **KVP,** von 1952 bis 1956 Bez. für die im Aufbau befindl. Streitkräfte der DDR; Vorläufer der NVA.

Käseschmiere, *die,* ↗ Fruchtschmiere.

Kashgar [-ʃ-] (Kashi), Stadt im Autonomen Gebiet Sinkiang, China, ↗ Kaschgar.

Kasimir (poln. Kazimierz), Herrscher von Polen: **1) K. I., der Erneuerer,** Herzog (1034/39 bis 1058), * 25. 7. 1016, † 28. 11. 1058; 1037 durch die Adelsopposition vertrieben, stellte er 1039 mithilfe Kaiser Heinrichs III. seine Macht und die der Kirche wieder her. 1047 eroberte er Masowien und 1050 Schlesien.

Marie Luise Kaschnitz

Lawrence Kasdan

2) K. III., der Große, König (1333–70), *Kowal (Kujawien) oder Krakau 30. 4. 1310, †Krakau 5. 11. 1370; letzter Herrscher aus dem Hause der Piasten, überließ Böhmen für dessen Verzicht auf alle poln. Kronansprüche Schlesien (1335/39), dem Dt. Orden für dessen Herausgabe Kujawiens und des Dobriner Landes Pomerellen und das Culmer Land (1343); erwarb Rotreußen (das spätere Ostgalizien) und brachte auch Masowien in Lehnsabhängigkeit (1351).

3) K. IV. Andreas, der Jagiellone, König (1447–92), *Krakau 30. 11. 1427, †Grodno 7. 6. 1492; wurde 1440 Großfürst von Litauen; führte 1454–66 Krieg gegen den Dt. Orden, erwarb im 2. Thorner Frieden (1466) Pomerellen, das Culmer Land sowie Ermland und brachte den Hochmeister des Ordens in ein Abhängigkeitsverhältnis. K. konnte für seinen Sohn Wladislaw die Kronen Böhmens (1471) und Ungarns (1490) gewinnen.

Kasimir, Schutzpatron von Polen und Litauen, *Krakau 3. 10. 1458, †Vilnius 4. 3. 1484; zweiter Sohn König Kasimirs IV.; 1471 Prätendent für den ungar. Thron; später Statthalter in Krakau oder Vilnius; Heiliger, Tag: 4. 3.

Kasino [italien. »Häuschen«] *das* (Casino), 1) Speise- und Aufenthaltsraum für Offiziere; 2) Gebäude mit Räumen für gesellige Zusammenkünfte; 3) kurz für Spielkasino.

Kasjanow, Michail, russ. Politiker und Finanzexperte, *Solnzewo 8. 12. 1957; studierte Ingenieurwiss.en. Seit 1995 stellv. Finanzmin., wurde er im Mai 1999 Leiter dieses Ressorts und im Jan. 2000 Erster stellv. MinPräs. Im Mai 2000 übernahm er das Amt des Ministerpräsidenten.

Kaskade [frz., aus italien. cascata »Wasserfall«] *die,* 1) *allg.:* stufenförmiger Wasserlauf; meist in Parkanlagen (für Wasserspiele) künstlich angelegt.
2) *Artistik:* schwieriger Sprung (z. B. Salto mortale); **Kaskadeur,** Artist, der K. ausführt.
3) *Physik:* Kaskadenschauer.

Kaskadengebirge, Cascade Range.

Kaskadengenerator (Cockcroft-Walton-Generator), Gerät zur Erzeugung hoher Gleichspannungen (einige Hundert kV bis etwa 3 MV) bei großen Stromstärken; beruht auf einer Kaskadenschaltung von Gleichrichtern (Stromventilen) und Kondensatoren, bei der Letztere parallel aufgeladen und in Reihe entladen werden. – K. werden in der Technik zur Prüfung von Isolatoren und in der Kernphysik zum Betrieb von Teilchenbeschleunigern verwendet. Mit einem Beschleuniger dieses Typs führten J. D. Cockcroft und E. T. S. Walton 1932 die ersten künstl. Kernumwandlungen durch.

Kaskadenschaltung, *Elektrotechnik:* Art der Hintereinanderschaltung gleich gearteter Bauteile oder -gruppen (z. B. Transformatoren), bei der außer der Spannungsteilung auf die beiden hintereinander geschalteten Elemente noch ein Spannungsgefälle entsteht.

Kaskadenschauer (Kaskade), *Physik:* lawinenartige Vermehrung energiereicher Elementarteilchen, ausgelöst durch Wechselwirkung hochenerget. Teilchen mit Materiebausteinen; als **Elektronen-K.** erstmals in der kosm. Strahlung beobachtet, wobei durch Elektronen sehr hoher Energie hochenerget. Photonen erzeugt werden, die sich durch Paarbildung in neue Elektron-Positron-Paare umwandeln, die wiederum Photonen erzeugen usw.

Kasko [span. casco »Scherbe«] *der,* Schiffsrumpf, v. a. der unfertige, aber schon schwimmende Schiffskörper im Ggs. zur Ladung (Cargo).

Kaskoversicherung, eine Transportversicherung; die Auto-K. (Teil-, Voll-K.) zählt jedoch zur Kraftfahrtversicherung.

Käsmark, Stadt in der Slowak. Rep., Kežmarok.

Kaspar (Caspar), einer der Heiligen Drei Könige, seit dem 14. Jh. dargestellt als Mohr.

Kasparow, Gary (Garri), eigtl. Harry Weinstein, für Russland startender aserbaidschan. Schachspieler, *Baku 13. 4. 1963; 1985 nach Sieg über A. J. Karpow Weltmeister, verteidigte den Titel gegen ihn 1986, 1987 und 1990. 1993 gründete K. die Professional Chess Association (PCA), worauf ihm von der FIDE der WM-Titel aberkannt wurde. 1993–2000 PCA-Weltmeister.

Kasperltheater, volkstüml. (Hand-)Puppenspiel (seit dem 19. Jh.); zentrale Gestalt ist die lustige Figur des Kasperl; mit derbem Humor und Mutterwitz verhilft er in einfacher Fabel und naiver Typik dem Guten zum Sieg, die Bösen werden drastisch bestraft. Weitere Personentypen sind Gretel, Prinzessin, König, Polizist, Räuber, Hexe, Teufel. – Die Gestalt des Kasperl war urspr. eine lustige Person des Wiener Volkstheaters, u. a. in der Tradition des Hanswurst.

Kaspisches Meer (Kaspisee, pers. Darya-e Khazar, in der Antike Mare Caspium), mit heute etwa 400 000 km² (1930: 424 300 km²) größter See der Erde, zu Aserbaidschan, Russland, Kasachstan, Turkmenistan, im S (etwa 15%) zu Iran; Wasserspiegel bei 28 m u. M., füllte wiederholt die Kasp. Senke, das rd. 200 000 km² große, wüstenhafte Tiefland am N-Ufer. Sein Wasserspiegel sank bis 1971 infolge der Verdunstung (jährlich 2 000 mm), die Niederschläge und Süßwasserzufluss beträchtlich übersteigt. Durch Wasserbauten an der Wolga, die einst mit zwei Dritteln zum Wasser des K. M. beitrug, trat weiterer Wasserverlust ein. Seit 1977 ist ein allmähl., seit Ende der 1980er-Jahre ein rascher Wasserspiegelanstieg bemerkbar (1977–95 um etwa 3 m). Der Salzgehalt beträgt an der Wolgamündung 1‰, im mittleren Teil 13‰, im S-Teil 14‰, am O-Ufer in der Bucht Kara-Bogas-Gol 300‰. Der Fischfang, bes. auf Stör (Kaviargewinnung), ging durch Umweltbelastung zurück; reger Schiffsverkehr. Das K. M. und die umliegende Kaspisenke (zusammenfassend Kaspiregion gen.) sind reich an Erdöl und -gas und rücken seit 1990 immer mehr ins geopolit. Zentrum der Weltpolitik. Die industrielle Erdölförderung begann hier 1872 (Baku), im K. M. in größerer Entfernung vom Ufer 1947 vor Baku (Aserbaidschan). Durch einen Vertrag wurden 1998 die Erdölvorkommen zw. Russland und Kasachstan aufgeteilt.

Kasprowicz [-vitʃ], Jan, poln. Dichter und Literaturwissenschaftler, *Szymborze (bei Inowrocław) 12. 12. 1860, †Poronin (bei Zakopane) 1. 8. 1926; Vertreter des »Jungen Polen«; schrieb formbetonte, ausdrucksstarke Gedichte von tiefem gedankl. Inhalt.

Kassa [ˈkɔʃʃɔ], ungar. Name der Stadt Košice.

Kassageschäft (Kassengeschäft, Komptantgeschäft, Promptgeschäft), Geschäftsabschluss, bei dem Wertpapiere sofort oder kurzfristig geliefert und bezahlt werden, im Ggs. zum Termingeschäft. An Warenbörsen entspricht dem K. das Loko- oder Effektivgeschäft. Die K. werden zum **Kassakurs** abgerechnet; die Gesamtheit der K. wird als **Kassahandel**, das Börsensegment für K. als **Kassamarkt** bezeichnet (Kurs).

Kassala, Stadt im NO von Sudan, nahe der eritreischen Grenze, 234 600 Ew.; Handels- und Verkehrszentrum an der Bahnlinie Sennar–Port Sudan; Baumwollverarbeitung; Flugplatz.

Kassel 3): Orangerieschloss (1702–10), das, durch einen Luftangriff 1943 zerstört, nach 1945 wieder aufgebaut wurde

Kassel 3)
Stadtwappen

Kassander (grch. Kassandros), Diadoche, ältester Sohn des Feldherrn Antipater, *um 355 v. Chr., †Mai 297 v. Chr.; gewann 317 v. Chr. die Reichsverweserschaft in Makedonien und Teilen Griechenlands und nahm 305 den Titel eines Königs von Makedonien an; gründete um 316 Thessalonike (Saloniki).

Kassandra, grch. Mythos: eine Tochter des Priamos, die von Apoll une die Gabe der Weissagung erhalten hatte. Da sie seine Liebeswerbungen zurückwies, bewirkte er aus Rache, dass man ihren Weissagungen niemals glaubte; so warnte sie vergebens davor, das hölzerne Pferd nach Troja hineinzubringen (daher die Bez. **K.-Rufe** für ungehörte Warnungen). Nach der Eroberung der Stadt nahm Agamemnon sie als Sklavin mit; sie wurde zus. mit diesem ermordet. – Gedicht von Schiller (1802); als Nebenfigur in Dramen von Aischylos (»Agamemnon«) und Euripides (»Die Troerinnen«), Erzählung von C. Wolf (1983).

Kassation, Recht: die Aufhebung eines gerichtl. Urteils wegen fehlerhafter Rechtsanwendung, erfolgt durch ein höheres Gericht; in Dtl. durch die ↗ Revision ersetzt. In der DDR wurde sie 1949 als außerordentl. Rechtsmittel wieder eingeführt. Die gemäß Einigungsvertrag befristet mögl. K. von rechtsstaatswidrigen Strafurteilen der DDR-Gerichte wurde durch die Regelungen des Strafrechtl. Rehabilitierungs-Ges. ersetzt (↗ Rehabilitation).

Kassationsgericht, in einzelnen schweizer. Kantonen oberster kantonaler Gerichtshof für Zivil- und Strafsachen.

Kassationshof, oberster Gerichtshof, z. B. in Frankreich (»Cour de cassation«, nur zur Überprüfung der Rechtsanwendung, keine Tatsacheninstanz), Italien, Belgien; in der Schweiz eine Abteilung des Bundesgerichts, die in Strafsachen bei Verletzung von Bundesrecht gegen Urteile kantonaler Gerichte angerufen werden kann.

Kassave [span. aus indian.] die, ↗ Maniok.

Kasse [lat.-italien.], Wirtschaft: 1) Bargeld; 2) Abteilung einer Behörde oder eines Unternehmens für den Zahlungsverkehr; Raum, in dem sich die K. befindet (Kassenraum, Schalterraum); 3) kurz für: Kranken- oder Sparkasse; 4) im Geschäftsverkehr meint **per K.** sofortige Zahlung, **netto K.** zahlbar ohne weitere Abschläge, **Vor-K.** Zahlung im Voraus.

Kassel, 1) RegBez. in Hessen, 8289 km², 1,266 Mio. Ew.; umfasst die Landkreise Fulda, Hersfeld-Rotenburg, Kassel, den Schwalm-Eder-Kreis, Waldeck-Frankenberg, Werra-Meißner-Kreis sowie die kreisfreie Stadt Kassel.

2) Landkreis in Hessen, 1293 km², 245700 Einwohner.

3) kreisfreie Stadt, Sitz der Verw. des RegBez. K. und des Landkreises K., in Hessen, 194700 Ew.; im hügeligen, vom Nordhess. Bergland umrahmten Kasseler Becken beiderseits der Fulda gelegen; die einzige Großstadt Nordhessens und dessen Verw.-, Wirtschafts- und Kulturzentrum; Bundessozialgericht, Hess. Landesamt für Regionalentwicklung und Landwirtschaft, Kirchenleitung der Evang. Kirche von Kurhessen und Waldeck; Gesamthochschule-Univ., Lehr- und Versuchsanstalt für Gartenbau, botan. Garten, Staatstheater; Kunstsammlungen, Naturkundemuseum, Dt. Tapetenmuseum, Brüder-Grimm-Museum, Museum für Sepulkralkultur, Hauptbahnhof seit 1995 auch Zentrum für Film, Medien und Kunst (»Kulturbahnhof«). Jeweils im Herbst finden die Kasseler Musiktage und im Abstand von vier Jahren die Kunstausstellung ↗ documenta statt. Die Ind. umfasst Fahrzeugbau, Maschinenbau, Nahrungsmittel-, chem. und Elektroind.; Thermalsolebad.

Stadtbild: Am 22. 10. 1943 wurde K. durch Luftangriffe zu über 78% zerstört. Wieder aufgebaut wurden u. a. die Martinskirche (14./15. Jh.), die evang. Brüderkirche (1292–1376), die Karlskirche (1689–1706), das ehem. Elisabethhospital (1586/87), der Marstall (1591–93, heute Markthalle), das Fridericianum am Friedrichsplatz (1769–76), das ehem. Palais Bellevue (1714, 1790 umgebaut) sowie das Orangerieschloss (1702–10), dessen westl. Eckpavillons, Marmorbad (1722–28) und Küchenpavillon (1765/66), erhalten geblieben waren. Der Park Karlsaue wurde 1954 für die Bundesgartenschau umgestaltet. Im Stadtteil Wilhelmshöhe liegen das Schloss (1786 ff.) und das über einer Wasserkaskade aufragende oktogonale »Riesenschloss« (1718) mit der Statue des Herkules (1713–17), dem Wahrzeichen der Stadt; im Park u. a. die künstl. Ruine der Löwenburg (1793–1801).

Geschichte: 913 als fränk. Königshof bezeugt; erhielt 1189 Stadtrecht; seit 1277 Residenz der Landgrafen (seit 1803 der Kurfürsten) von Hessen. Für die nach 1685 aufgenommenen Hugenotten entstand die Oberneustadt. 1807–13 war K. Hptst. des Königreichs Westphalen, 1866–1945 der preuß. Provinz Hessen-Nassau.

Kasseler das, gepökeltes und geräuchertes Fleischstück vom Schwein, z. B. K. Kotelett (K. Rippenspeer).

Kassem, Abd al-Karim, irak. General und Politiker, *Bagdad 1914, †ebd. 9. 2. 1963; führte den Militärputsch vom 14. 7. 1958 gegen die Monarchie und proklamierte am 27. 7. 1958 die Republik. Als Min.-Präs. (1958–63) errichtete er ein diktator. Reg.system. Die Betonung der irak. Eigenständigkeit brachte ihn in Konflikt mit panarab. Kräften; durch Militärputsch gestürzt und getötet.

Kassen|ärztliche Vereinigung, Abk. **KV,** Körperschaft des öffentl. Rechts, die die im Bereich eines Bundeslandes zu den gesetzl. Krankenkassen zugelassenen Ärzte erfasst (Mitgliedschaft verbindlich); Hauptaufgabe ist die Sicherstellung der ärztl. Versorgung der Sozialversicherten. Entsprechendes gilt für die **Kassenzahnärztl. Vereinigung.** Auf Bundesebene sind die KV in der **Kassenärztl. Bundesvereinigung,** Abk. **KBV,** zusammengeschlossen.

Kassenbuch, *Buchführung:* Nebenbuch zur Erfassung der mit Ein- und Auszahlungen verbundenen (baren) Geschäftsvorfälle eines Tages; enthält gewöhnlich Spalten für die laufende Nummer des Geschäftsvorfalls, Datum, Belegnummer, Buchungstext, Ein- bzw. Auszahlungsbetrag sowie auf der Einzahlungsseite den Kassenanfangsbestand und auf der Auszahlungsseite den Kassenendbestand.

Kassengeschäft, ↗ Kassageschäft.

Kassiten: Zikkurat (Tempelturm) von Dur-Kurigalzu in Mittelmesopotamien, heute noch etwa 57 m hoch

Kassen|obligationen, festverzinsl. Schuldverschreibungen mittlerer Laufzeit (meist bis zu 4 Jahren). K. werden in Dtl. in hoher Stückelung (i. d. R. 1 000–2 500 €) vom Bund und seinen Sondervermögen, den Ländern und Spezialkreditinstituten (z. B. von der Kreditanstalt für Wiederaufbau), seltener von Banken emittiert und an der Börse gehandelt. Wegen ihrer Laufzeit und ihrer Rückzahlbarkeit in einem Betrag zählen K. zu den Geldmarktpapieren, haben aber wegen ihrer festen Verzinsung Anleihecharakter.

Kassenverstärkungskredit, Kreditmittel, die von einem öffentl. Verband zur Überbrückung unvorhergesehener, kurzfristiger Liquiditätsengpässe bis zu einem im Haushaltsges. festgelegten Höchstbetrag aufgenommen werden können. Seit 1994 (2. Stufe der Europ. Wirtschafts- und Währungsunion) darf die Dt. Bundesbank keine K. mehr gewähren; Bund und Länder sind auf die Geld- und Kapitalmärkte angewiesen.

Kasserine [kas'rin], Prov.-Hptst. in W-Tunesien, 47 600 Ew.; Verarbeitung des in der Umgebung wachsenden Alfagrases (Flechterei, Zellstoffwerk); Verkehrsknotenpunkt; nördlich das Erdölfeld Douleb mit Pipeline nach Skhirra.

Kasserolle [frz.] *die,* flaches Brat- und Schmorgefäß mit Deckel.

Kassette [frz.] *die,* 1) *allg.:* verschließbares Kästchen.
2) *Architektur:* kastenförmig vertieftes Feld einer Decke (**K.-Decke**).
3) *Elektroakustik:* meist zweischaliges, flaches Kunststoffgehäuse genormter Abmessung zur Aufnahme von Magnetton- oder Videobändern.
4) *Fotografie:* der in fotograf. Geräte einsetzbare lichtdichte Behälter für das lichtempfindl. Material.

Kassettendeck (Tapedeck), ein Kassettentonbandgerät ohne Niederfrequenz-Leistungsverstärker und Lautsprecher; v.a. als Komponente in Anstellkombinationen und Hi-Fi-Türmen verwendet.

Kassettenrekorder, Tonbandgerät, in dem Tonbandkassetten mit Eisenoxid-, Chromdioxid-, Ferrochrom- oder Reineisenbändern (Bandbreite 3,91 mm, Bandgeschwindigkeit 4,75 cm/s) zur Aufnahme und Wiedergabe von Tonsignalen verwendet werden. K. sind i. d. R. mit Verstärker und Lautsprecher ausgerüstet, als **Radiorekorder** auch mit einem Hörfunkempfangsteil. Stereo-K. für höhere Klangqualität (Highfidelity) arbeiten gewöhnlich mit Netzbetrieb und ↗ Rauschunterdrückungssystem. – DAT-K. (↗ DAT) dienen zur Wiedergabe von mit DAT-Rekordern erfolgten digitalen Tonaufnahmen, wobei das Kassettenformat kleiner ist als das herkömml. Kasetten. **DCC-K.** (DCC Abk. für engl. digital compact cassette) arbeiten mit normalem Kassettenformat; Abspielmöglichkeiten sowohl für Tonbandkassetten als auch für Digital-Kompaktkassetten.

Kassiber [jidd. kessaw »Geschriebenes«] *der,* heiml. schriftl. Mitteilung zw. Gefangenen oder von diesen an Außenstehende.

Kasside [arab.] *die,* arab. Gedichtform aus dem 6. Jh. in kunstvollen Metren, mit 25 bis 100 Zeilenpaaren und dem Reimschema aa xa xa xa ...; später in die pers. und türk. Lit. übernommen; in der dt. Lit. von F. Rückert und A. von Platen nachgebildet.

Kassi|e [grch.] *die* (Cassia), Gattung der Caesalpiniengewächse in wärmeren Gebieten (mit Ausnahme der Mittelmeerländer); Bäume, Sträucher, Kräuter mit paarig gefiederten Blättern und meist gelben Blüten. Die Frucht ist eine röhrenförmige oder flache Hülse. In den Tropen wird oft die **Röhren-K.** (Cassia fistula) kultiviert, deren bis 60 cm lange, essbare Früchte (in Europa als Manna bezeichnet) als »Leckerei« gelten. In der Volksmedizin werden die getrockneten, sennosidhaltigen Blätter (**Sennesblätter**), Früchte (**Sennesschoten**) und Rinden einiger Arten z. B. als Abführmittel verwendet.

Kassiopeia [grch.] (lat. Cassiopeia), 1) *Astronomie:* zirkumpolares Sternbild am Nordhimmel, wegen der Anordnung seiner fünf hellsten Sterne (der hellste heißt **Schedir**) auch **Himmels-W** genannt. Der Sternhaufen M 103 in der Nähe des Sterns Cas δ ist bereits mit einem Feldstecher beobachtbar.
2) *grch. Mythos:* die Mutter der Andromeda, die wie diese an den Himmel versetzt würde.

Kassiten (Kossäer, babylon. Kaschschu), im 2. bis 1. Jt. v. Chr. nachweisbares altoriental. Volk im SW des Zagrosgebirges. Kassit. Könige regierten von etwa 1530 bis 1155 v. Chr. Babylonien. Vorübergehend diente ihnen das um 1400 v. Chr. gegründete Dur-Kurigalzu (heute Aqar Quf nordwestlich von Bagdad) als Residenz. Alexander d. Gr. unterwarf die K. 324/323 v. Chr. Ihre Spuren verlieren sich um die Zeitenwende.

Kassiterit *der,* Mineral, der ↗ Zinnstein.

Käßmann, Margot, evang. Theologin, * Marburg 3. 6. 1958; wurde 1985 ordiniert; war 1991 bis März

Kassiopeia 1): die hellsten Sterne (α bis ε) im Sternbild sowie der Sternhaufen M 103

Margot Käßmann

2003 (Austritt) Mitgl. des Exekutivausschusses des Ökumen. Rates der Kirchen, 1994–99 Generalsekretärin des Dt. Evang. Kirchentags. Seit Juni 1999 ist K. Bischöfin der Evang.-Luth. Landeskirche Hannover.

Kassner, Rudolf, österr. Kulturphilosoph und Essayist, * Großpawlowitz (heute Velké Pavlovice, Südmähr. Gebiet) 11. 9. 1873, † Siders (Kt. Wallis) 1. 4. 1959; seine Lehre der intuitiven Weltdeutung (»Physiognomik«) sucht nach geheimen Entsprechungen von Körper, Seele und Geist, Erde, Mensch und Kosmos (»Die Mystik, die Künstler und das Leben«, 1900, 2. Aufl. u. d. T. »Englische Dichter«, 1920; »Zahl und Gesicht«, 1919; »Das physiognom. Weltbild«, 1930; »Das inwendige Reich«, 1953).

Kastagnette [-ɲ-, span.] *die,* Rhythmusinstrument aus zwei muschelförmigen, mit einer Schnur verbundenen Hartholzschalen, die mit den Fingern einer Hand gegeneinander geschlagen werden; dient zur Begleitung von span. und süditalien. Tänzen (oft paarweise gespielt).

Kastanie [von grch. kástanon »Kastanienbaum«], 1) *Botanik:* 1) (Castanea), Gattung der Buchengewächse mit zwölf Arten in der gemäßigten Zone; bekannteste Art ↗ Edelkastanie; 2) allg. Bez. für die Arten der ↗ Rosskastanie, die Edelkastanie sowie deren Früchte.

2) *Zoologie:* hornige, haarfreie Schwiele an den Beinen mancher Säugetiere, z. B. beim Pferd.

Kaste [portugies. casta, zu lat. castus »rein«], 1) *Ethnologie:* urtüml. Form der gesellschaftl. Ordnung, meist ein bestimmter Kreis von Familien, zusammengehalten durch gemeinsame Lebensformen und sittl. Normen, auch durch Heiratsordnung und gemeinsamen Kult. Die K. sind hierarchisch geordnet (K.-Ordnung); mit der Zugehörigkeit zu einer K. ist i. d. R. der gesellschaftl. Rang festgelegt. Als Gesellschaftsform – entweder durch ↗ Überschichtung oder durch berufl. Spezialisierung entstanden – findet sich die K.-Ordnung im alten Persien und Ägypten, bei manchen Naturvölkern und im alten Japan, am ausgeprägtesten heute in Indien. Sie ist hier, obwohl von ind. Staat gesetzlich aufgehoben, nach wie vor, v. a. in ländl. Regionen, ein vom Hinduismus begründeter soziokultureller Ausdruck der Gesellschaft. Die urspr. vier Haupt-K. (Brahmanen [Priester], Kshatriyas [Krieger], Vaishyas [Bauern und Handwerker], Shudras [Knechte]) gliedern sich heute in rd. 3 000 Neben-K. auf. Den K. stehen die außerhalb des K.-Systems stehenden ↗ Parias, die Unberührbaren, als quasi »unterste Kaste« gegenüber.

2) *Soziologie:* sozialkritisch gebrauchte Bez. für eine sich (aufgrund übertriebenen Standesbewusstseins) gesellschaftlich streng absondernde Gruppe oder Schicht.

Kastell [lat. Castellum] *das,* 1) im Röm. Reich Bez. für ein kleines, befestigtes, i. d. R. im unmittelbaren Grenzbereich gelegenes Truppenlager; 2) im roman. Sprachbereich Bez. für Burg, Schloss, Festung.

Kastellan [mlat. castellanus »Burgvogt«] *der,* im MA. Kommandant einer Burg (Burggraf); heute Aufsichtsperson über Burgen und Schlösser.

Kastilien (span. Castilla), das zentrale Hochland Spaniens, durch das Kastil. Scheidegebirge geteilt in **Alt-K.,** das der Region **K. und León** (Castilla y León) entspricht (mit den Prov. Ávila, Burgos, León, Palencia, Salamanca, Segovia, Soria, Valladolid und Zamora; 94 223 km², 2,45 Mio. Ew., Hptst. Valladolid) und **Neu-K.,** das die Regionen **K.-La Mancha** (Castilla-La Mancha; mit den Prov. Albacete, Ciudad Real, Cuenca, Guadalajara und Toledo; 79 463 km², 1,76 Mio. Ew., Hptst. Toledo) und **Comunidad de Madrid** (8 028 km² und 5,18 Mio. Ew.) umfasst.

Geschichte: K. war im 8. Jh. Grenzland zw. Asturien-León und arabisch besetztem Gebiet, wurde 930 Großgrafschaft mit der Hptst. Burgos, kam 1026 an Navarra und wurde unter Ferdinand I. (1035–65) selbstständiges Königreich, mit dem 1230 León endgültig vereinigt wurde. Im Laufe der Reconquista eroberten die Könige, v. a. Alfons VI. und Alfons VIII., maur. Gebiet: 1085 Toledo; 1236 Córdoba, 1248 Sevilla und 1262 Cádiz. Durch die Heirat der Königin Isabella I. mit Ferdinand II. von Aragonien (1469) wurde der Grundstein für das neuzeitl. Spanien gelegt.

Kastilisches Scheidegebirge (Iberisches Scheidegebirge, span. Cordillera Central), Gebirgskette im Innern der Iber. Halbinsel, trennt Altkastilien von Neukastilien sowie die Flusssysteme des Duero und des Tajo; in der Sierra de Gredos 2 592 m ü. M.

Kastler [kast'lɛːr], Alfred, frz. Physiker, * Gebweiler (Elsass) 3. 5. 1902, † Bandol (Dép. Var) 7. 1. 1984; Prof. in Bordeaux und Paris; entwickelte Verfahren der Hochfrequenzspektroskopie (Doppelresonanzmethode) und führte 1950 das ↗ optische Pumpen ein. 1966 erhielt er den Nobelpreis für Physik.

Alfred Kastler

Kästner, 1) Erhart, Schriftsteller, * Augsburg 13. 3. 1904, † Staufen im Breisgau 3. 2. 1974; 1950–68 Leiter der Herzog-August-Bibliothek in Wolfenbüttel, schrieb Reise- und Erinnerungsbücher: »Zeltbuch von Tumilad« (1949), »Ölberge, Weinberge« (1953), »Die Stundentrommel vom heiligen Berg Athos« (1956), »Aufstand der Dinge« (1973).

2) Erich, Schriftsteller, * Dresden 23. 2. 1899, † München 29. 7. 1974; lebte seit 1927 als freier Schriftsteller und Journalist in Berlin, in nat.-soz. Zeit kaum Publikationsmöglichkeit, 1942 totales Schreibverbot. K.s Lyrik ist von schlichter, alltagsnaher Sprache gekennzeichnet, ihre Spannweite umfasst sowohl resignativ-melancholische als auch satirischzeitkrit. und humorist. Töne (»Herz auf Taille«, 1928; »Ein Mann gibt Auskunft«, 1930; Auswahl: »Bei Durchsicht meiner Bücher«, 1946). Zu K.s umfangreichem Werk gehören weiterhin geistreiche Feuilletons, Theaterstücke, Drehbücher sowie Romane: »Fabian« (1931), eine bittere Satire auf die zeitgenöss. Gesellschaft, trägt autobiograf. Züge. Am bekanntesten wurden seine Romane für Kinder, die in neuartiger Weise Alltagswirklichkeit mit Spannung und Sozialkritik verbinden, v. a. »Emil und die Detektive« (1929) wurde ein Welterfolg; weitere Kinderbücher: »Pünktchen und Anton« (1930), »Das fliegende Klassenzimmer« (1933), »Das doppelte Lottchen«, 1949). 1957 erhielt K. den Georg-Büchner-Preis.

Erich Kästner

Kastor, 1) *Astronomie:* ↗ Castor.

2) *grch. Mythos:* einer der ↗ Dioskuren.

Kastoria, Hptst. des Verw.gebiets K. in NW-Makedonien, Griechenland, am abflusslosen See von K., 14 800 Ew.; Pelzhandel und -verarbeitung. – Bed. byzantin. Kirchen und Klöster mit Fresken (11.–16. Jh.) an Innen- und Außenwänden; schöne Bürgerhäuser.

Kastraten [italien., zu lat. castrare »verschneiden«], Sänger, die, bes. vom 16. bis 19. Jh. in Italien, bereits in der Jugend zur Erhaltung ihrer Sopran- oder Altstimme kastriert wurden. Das Timbre der K.-Stimme war in der Kirchenmusik und bes. in der Oper beliebt.

Kastration [lat.] *die,* Ausschaltung der Keimdrüsen (Hoden, Eierstöcke) durch operative Entfernung, Anwendung von Röntgen- oder ionisierenden Strahlen (Strahlen-K.) oder Gabe von Hormonantagonisten (z. B. Antiandrogene) als zeitlich begrenzte chem. oder hormonelle K., im Unterschied zur ↗ Sterilisation. Beim männl. Geschlecht führt der Hodenverlust (auch durch Unfälle und schwere Entzündungen hervorgerufen) zu physiognom. Veränderungen, deren Bild vom Zeitpunkt der K. (vor- oder nachpubertär) abhängt (∕ Eunuchismus). Bei Frauen zu Heilzwecken bei Eierstockerkrankungen (Zysten, Tumoren) oder bei der Behandlung des Gebärmutter- oder Brustkrebses durchgeführte K. (Ovarektomie) wirkt sich wie das natürl. Erlöschen der Eierstocktätigkeit in den Wechseljahren aus.

Die K. bes. von männl. Tieren wird v. a. bei landwirtsch. Nutztieren vorgenommen, u. a. um unerwünschte Paarungen zu vermeiden, zahmere Arbeitstiere zu erhalten, bei Masttieren den Fettansatz zu steigern und wohlschmeckenderes Fleisch zu erzielen.

Kastrationskomplex, *Psychoanalyse:* eine in früher Kindheit durch traumat. Eindrücke (Strafandrohungen, z. T. im Zusammenhang mit ödipalen Regungen) entstandene Furchtvorstellung, die sich z. B. in Angst des Knaben vor Kastration (oder »Penisneid« des Mädchens) ausdrückt und Ursache von Neurosen werden kann.

Kasuali|en [zu lat. *casus* »Fall«], geistl. Amtshandlungen, z. B. Taufe, Trauung.

Kasuare [malaiisch] (Casuariidae), Familie großer flugunfähiger Laufvögel mit drei Arten in den Regenwäldern N-Australiens, Neuguineas und einiger vorgelagerter Inseln; Körper strähnig befiedert, dunkelbraun bis schwarz. Am weitesten verbreitet ist der bis 1,5 m hohe **Helmkasuar** (Casuarius casuarius) mit helmartigem Hornaufsatz auf dem blauen Kopf und zwei nackten, roten Hautlappen am Hals.

Kasuarine [wegen ihres kasuarfederähnl. Zweigwerks] *die* (Casuarina), Gattung zweikeimblättriger Pflanzen, v. a. Bäume Australiens und Indonesiens mit grünen Rutenästen, schachtelhalmähnlich gegliedert, quirlig mit Schuppenblättchen besetzt. K. liefern harte Nutzhölzer und Gerbrinde.

Kasuistik [lat.] *die,* **1)** *Ethik:* die Lehre über die Anwendung allg. sittl. Normen auf konkrete Situationen oder Handlungen.

2) *kath. Moraltheologie:* im 17. und 18. Jh. v. a. von den Jesuiten beeinflusstes, auf sittl. Grenzfällen beruhendes System, das das sittlich Gebotene als die Summe eth. Mindestnormen (des gerade noch Erlaubten) versteht.

3) *Recht:* Methode der Rechtsfindung, die nicht durch generalisierende Grundsätze, sondern durch möglichst viele Einzelregelungen alle denkbaren Fälle zu erfassen sucht.

Kasus [lat.] *der,* **1)** *Sprachwissenschaft:* grammat. Kategorie (Fall), die die syntakt. Beziehungen der deklinierbaren Wörter im Satz kennzeichnet. Das Neuhochdeutsche besitzt vier K.: ∕ Nominativ, ∕ Genitiv, ∕ Dativ, ∕ Akkusativ, andere indogerman. Sprachen z. B. noch ∕ Ablativ und ∕ Instrumentalis.

2) *Völkerrecht:* ∕ Casus.

kata..., kat... [grch.], 1) abwärts; 2) gänzlich.

katabatischer Wind [grch.], ein Wind mit abwärts gerichteter Bewegungskomponente (Fallwind).

Katabolismus [grch.] *der,* Abbaustoffwechsel; i. e. S. Proteinabbau der Lebewesen. Ggs.: Anabolismus.

Katachrese [grch.] *die,* urspr. der uneigentl. Gebrauch eines Wortes für eine fehlende Benennung einer Sache, z. B. Tisch*bein.* In der *Rhetorik* der so genannte **Bildbruch,** d. h. die Kombination nicht zueinander passender bildl. Wendungen, z. B. »lass nicht des Neides Zügel umnebeln deinen Geist«.

Katafalk [italien.] *der,* schwarz verhängtes Gerüst für den Sarg zur feierl. Aufbahrung bei Trauerfeierlichkeiten.

Katajew, Walentin Petrowitsch, russ. Schriftsteller, *Odessa 28. 1. 1897, †Moskau 12. 4. 1986; schilderte in teils romantisch-abenteuerl. oder satir. Erzählungen und Romanen Revolution und Bürgerkrieg sowie den sozialist. Aufbau (»Im Sturmschritt vorwärts«, 1932; »Es blinkt ein einsam Segel«, 1936; »In den Katakomben von Odessa«, 1951).

Kataklase [grch.] *die,* durch starken tekton. Druck bedingte feinkörnige Zertrümmerung eines Gesteins und seiner Minerale.

Kataklysmentheorie (Katastrophentheorie), bes. von G. Cuvier vertretene Theorie, die Faunen- oder Florenunterschiede innerhalb der Erdgeschichte durch Katastrophen und anschließende Neuschöpfung oder Einwanderung aus anderen Gebieten erklärt.

kataklysmische Veränderliche [grch.], veränderl. Sterne, deren Lichtwechsel mit dem Überfließen von Materie von einer Komponente in einem engen Doppelsternsystem auf die andere (Weißer Zwerg) zusammenhängt. K. V. sind z. B. die Novae.

Katakombe: Priscilla-Katakombe in Rom

Katakombe [lat.] *die,* unterird. Begräbnisanlage der ersten Christen im Mittelmeerraum (z. B. Priscilla-K. und Domitilla-K. in Rom), mit ausgedehnten, sich labyrinthisch verzweigenden Gängen; auch in mehreren Stockwerken übereinander. Die Toten wurden in Grabnischen der Seitenwände beigesetzt. Kunstgeschichtlich bed. sind die in den röm. K. des 2.–4. Jh. erhaltenen frühchristl. Wand- und Deckenmalereien, Grundlage der christl. Ikonographie. (∕ frühchristliche Kunst)

Katalanen, zu den Romanen gehörendes Volk mit katalan. Muttersprache in Katalonien, in der Prov. Valencia, auf den Balearen sowie im Roussillon und in Andorra. Im Kampf um Anerkennung einer eigenen katalan. Identität haben sich nationale und regionale Bräuche erhalten, z. B. der alte Rundtanz »Sardana«.

katalanische Literatur. Erste literar. Werke sind vom Ende des 12. Jh. erhalten (ältestes Beispiel die »Homilies d'Organyà«, um 1200). Die mittelalterl. k. L. stand zunächst unter provenzal. Einfluss und erreichte im 15. Jh. ihre Blütezeit (A. March). Herausragende Gestalt dieser Zeit war R. Lullus (katalan. Llull). Einer der Höhepunkte der älteren k. L. ist der Ritterroman »Tirant lo blanc« (entstanden um 1455, hg. 1490) von J. Martorell. Der vom 16. Jh. an aufgrund der kastil. Hegemonie zu beobachtende Niedergang des literar. Lebens in Katalonien wurde im 19. Jh. durch die Renaixença-Bewegung beendet, die, national, historisch und philologisch am katalan. MA. orientiert, eine dem zeitgenöss. Kenntnisstand entsprechende Wiederbelebung der k. L. anstrebte. Eigentl. Begründer der neukatalan. Lyrik ist J. Rubió i Ors. Eine »Identität von Politik und Lit.« anstrebende Richtung vertraten J. Carner und C. Riba Bracóns, avantgardist. Tendenzen J. Salvat-Papasseit, J. V. Foix und S. Espriu; als bed. Dramatiker trat A. Guimerà hervor. Unter der Franco-Diktatur konnte kaum in katalan. Sprache publiziert werden, viele Autoren gingen ins Exil. Wichtige Vertreter der zeitgenöss. k. L. sind u. a. P. Gimferrer, M. de Pedrolo, Mercè Rodoreda, L. Villalonga, J. Fuster, Montserrat Roig, Carme Riera, J. Perucho, B. Porcel, Terenci Moix, Quim Monzó.

katalanische Sprache, zu den westroman. Sprachen gehörende Sprache (insgesamt rd. 9,5 Mio. Sprecher), die in Katalonien, Teilen Aragoniens und der Provinz Valencia, auf den Balearen, in Andorra, im Roussillon sowie in Alghero auf Sardinien gesprochen wird. Die k. S. geht auf das Vulgärlatein zurück, Einflüsse anderer roman. Sprachen sowie des Arabischen sind nachweisbar; seit 1978 in Spanien als regionale »Nationalsprache« anerkannt.

Katalase [grch.] *die,* eisenhaltiges Enzym, das das für Zellen giftige Wasserstoffperoxid (H_2O_2) in Wasser (H_2O) und Sauerstoff (O_2) zerlegen kann; kommt in sehr vielen tier. Organen, bei Pflanzen und Mikroorganismen vor.

Katalaunische Felder [nach dem kelt. Stamm der Catuvellauner], Gegend zw. Troyes und Châlons-sur-Marne, wo 451 der siegreiche Kampf der mit Franken und Westgoten verbündeten Römer unter Aetius gegen die Hunnen unter Attila stattfand.

katalektisch [grch.], *Metrik:* unvollständig; ein Vers, dessen letzter Fuß verkürzt ist; Ggs.: akatalektisch.

Katalepsie [grch.] *die,* abnorm langes Verharren in gegebener (oft unbequemer) Körperhaltung, z. B. bei Schizophrenie oder Schädelhirntrauma.

Katalonien (katalan. Catalunya, span. Cataluña), Region und histor. Landschaft im NO Spaniens, umfasst die Provinzen Girona, Barcelona, Lleida und Tarragona, 32 114 km² mit 6,3 Mio. Ew. K.

Katamaran am Strand der Bahamas

reicht vom Kamm der Pyrenäen über das Ebrobecken am Segre und über das Katalon. Randgebirge (im Montseny 1 741 m ü. M.) bis zur Mittelmeerküste. Verbreitet sind Weinbau (v. a. weiße Rebsorten für die Herstellung von Schaumwein [Cava]), Baum- und Strauchkulturen (Oliven, Mandeln, Haselnüsse, Feigen, Johannisbrot) und Bewässerungskulturen (Nelken, Frühkartoffeln). Wirtsch. bed. ist die Rinderhaltung. Der Bergbau liefert bes. Kalisalze, Braunkohle, Blei-, Zink-, Mangan-, Eisen- und Kupfererze sowie Bauxit. Die relativ hoch entwickelte Ind. (Textil-, Chemie-, Druck-/Papier-, Elektro- und Metall verarbeitende Ind.) konzentriert sich auf das Küstengebiet um Barcelona und Tarragona. Geistiger und wirtsch. Mittelpunkt ist Barcelona. Der Tourismus spielt eine wichtige Rolle.

Geschichte: K. wurde um 200 v. Chr. römisch. In der Völkerwanderung wurde es von den Alanen, dann um 415 von den Westgoten besetzt. Karl d. Gr. schuf hier die Span. Mark des Frankenreichs, die Grafen der Hptst. Barcelona machten sich Ende des 9. Jh. unabhängig. Durch Heirat wurde K. 1137 mit Aragonien vereinigt (»Krone von K.-Aragonien«). Einige Sonderrechte blieben bis Anfang des 18. Jh. erhalten. Nach dem ⁄ Pyrenäenfrieden zw. Spanien und Frankreich (1659) kamen das Roussillon und Teile der Cerdagne zu Frankreich. Im 19. Jh. entstanden in dem wirtsch. starken K. Unabhängigkeitsbewegungen. Nach Errichtung der Rep. erhielt K. ein Autonomiestatut (Generalidad de Cataluña, heute katalan. Generalitat de Catalunya), im Span. Bürgerkrieg stand es auf republikan. Seite, nach dem Sieg Francos wurde die Autonomie wieder aufgehoben. Im Zuge der Demokratisierung nach 1975 gewährte die Reg. der Region zunächst beschränkte Selbstständigkeit, die 1979 zu einem Autonomiestatut erweitert wurde.

Katalysator *der,* **1)** *Chemie:* Stoff, der durch Bildung aktiver Zwischenprodukte eine chem. Reaktion ermöglicht, beschleunigt oder in eine bestimmte Richtung lenkt. K. setzen die Aktivierungsenergie der Reaktion herab und erhöhen dadurch ihre Reaktionsgeschwindigkeit, ohne selbst verbraucht zu werden.

2) *Technik:* mit katalytisch wirksamen Substanzen (⁄ Katalysator 1) ausgerüstete Vorrichtung zur Reini-

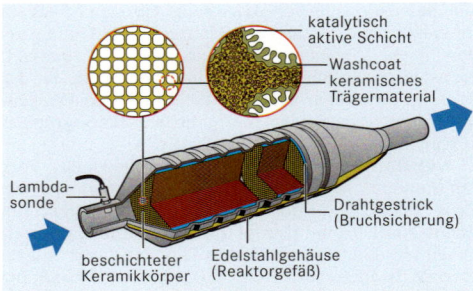

Katalysator 2): Schema eines Dreiwegekatalysators mit Lambdasonde

Katar

Fläche:	11 437 km²
Einwohner:	(2000) 599 000
Hauptstadt:	Doha
Amtssprache:	Arabisch
Nationalfeiertag:	3. 9.
Währung:	1 Katar-Riyal (QR) = 100 Dirhams
Zeitzone:	MEZ + 2 Std.

gung der Abgase von Kfz, Kraftwerken und Ind.anlagen (katalyt. Abgasreinigung). I. e. S. techn. Vorrichtung zur Reduzierung der Schadstoffemission von Kfz-Abgasen. Bei Ottomotoren sind die für die Umwelt schädl. Abgasbestandteile Kohlenmonoxid (CO), Kohlenwasserstoffe (H_mC_n) und Stickoxide (NO, NO_2, zusammengefasst als NO_x). Im **Dreiwege-K. (geregelter K.)**, der wirkungsvollsten Form, werden Kohlenwasserstoffe zu Kohlendioxid (CO_2) und Wasserdampf (H_2O), Kohlenmonoxid zu Kohlendioxid oxidiert und Stickoxide zu Stickstoff (N_2) reduziert (insgesamt um bis zu 90%). Die hierzu erforderl. (möglichst konstante) Abgaszusammensetzung wird durch eine elektronisch geregelte Aufbereitung des Kraftstoff-Luft-Gemischs erreicht; dazu muss ständig der Sauerstoffanteil im Abgas (mithilfe einer ∕ Lambdasonde) gemessen werden. Der im motornahen Teil der Auspuffanlage eingebaute K. besteht aus einem wabenförmigen Keramikkörper, in dessen Kanälen eine Trägerschicht aus Aluminiumoxid aufgebracht ist, die die Oberfläche stark vergrößert und auf der das eigentl. Katalysatormaterial v. a. Edelmetalle wie Platin, Palladium, Rhodium) aufgebracht ist.

Dieselmotoren arbeiten mit **Oxidations-K.**, die Kohlenmonoxid und Kohlenwasserstoffe umsetzen. Mit dem Peugeot 607 kam erstmals ein Pkw mit **Partikelfilter** serienmäßig zum Einsatz. Der Partikelfilter unterbindet die Rußemission von Dieselmotoren.

Katalyse [grch. »Auflösung«] *die,* Beschleunigung einer chem. Reaktion unter der Wirkung eines ∕ Katalysators. Bei der **homogenen K.** befinden sich Katalysator und Reaktionspartner in einer Phase, oder der Katalysator liegt in gelöster Form vor und ist an der Reaktion beteiligt. Besondere techn. Bedeutung hat die **heterogene K.,** bei der die flüssigen oder gasförmigen Reaktionspartner an der Oberfläche eines meist festen Katalysators (Kontakt) zur Reaktion kommen. Bei der **Auto-K.** wirkt ein bei der Reaktion gebildeter Stoff als Katalysator. So genannte K.-Gifte können die Aktivität des Katalysators verringern.

Katamaran [engl., von tamil. kattumaram] *der,* auch *das* (Doppelrumpfboot), Wasserfahrzeug mit zwei gleichartigen, durch Traversen oder ein durchlaufendes Deck starr miteinander verbundenen Rümpfen. Die leichten Renn-K. sind die schnellsten Segelboote. Man unterscheidet »Internat. A-K.« (Einmannboot) und Tornado oder »Tornado-K.« (Zweimannboot, seit 1976 olymp. Bootsklasse). Die K.-Bauweise wird auch für größere Schiffe verwendet (z. B. Fährschiffe).

Katanga, früherer Name der Region ∕ Shaba im SO der Demokrat. Rep. Kongo.

Kataphorese [grch.] *die,* ∕ Elektrophorese.

Kataplexie [grch.] *die* (affektiver Tonusverlust), plötzl., anfallartiger Tonusverlust der Kopf-, seltener der gesamten Körpermuskulatur; wird durch einen starken Affekt (z. B. Erschrecken, sog. Schreckstarre oder Schrecklähmung) ausgelöst.

Katapult [grch.-lat.] *der* oder *das,* **1)** *Technik:* (Startschleuder), eine Einrichtung, mit der Flugzeuge bei nicht vorhandener oder zu kurzer Rollbahn (z. B. Deck eines Flugzeugträgers) zusätzlich zu ihrer eigenen Vortriebseinrichtung auf Abhebegeschwindigkeit beschleunigt werden.

2) *Waffenkunde:* im Altertum und MA. eine Wurfmaschine u. a. für Steine, brennende Objekte; verwendet bei Belagerungen.

Katar (Qatar, amtlich arab. Daulat al-Qatar; dt. Staat K.), Staat in Vorderasien, auf der gleichnamigen Halbinsel im Pers. Golf, grenzt im S an Saudi-Arabien.

Staat und Recht

Nach der am 29. 4. 2003 durch Referendum gebilligten Verf. ist K. eine konstitutionelle Erbmonarchie (Emirat). Staatsoberhaupt und oberster Inhaber der Legislative und Exekutive ist der Emir. Der Konsultativrat soll 2004 durch ein Parlament (30 gewählte, 15 vom Emir ernannte Abg.) ersetzt werden. Die Reg. unter Vorsitz des Premiermin. wird vom Emir ernannt. Parteien existieren nicht.

Landesnatur

Die wüstenhafte Halbinsel K. springt etwa 170 km in die flachen Gewässer des Pers. Golfs vor und ist bis 80 km breit. Von den Salzsümpfen und Dünen im S steigt das Land leicht nach N zu einer flachen Kalksteinebene (bis 95 m ü. M.) an, die nur von wenigen Oasen durchsetzt ist. Es herrschen hohe Temperaturen und hohe Luftfeuchtigkeit. Trinkwasser wird durch zwei Meerwasserentsalzungsanlagen gewonnen.

Bevölkerung

Die einheim. Bev. besteht zum größten Teil aus Arabern, der Anteil der in K. tätigen Ausländer (Inder, Pakistani, sonstige Araber, Iraner) liegt bei 75 %. – Die gesamte einheim. Bev. bekennt sich zum sunnit. Islam, der Staatsreligion ist. – Es besteht keine Schulpflicht, jedoch ein breites kostenloses Bildungsangebot von der Grundschule bis zur Univ. in Doha (gegr. 1973). Die Analphabetenquote beträgt 19 %.

Wirtschaft, Verkehr

K. zählt nach seinem jährl. Bruttosozialprodukt zu den reichsten asiat. Ländern. Fast die gesamten Staatseinnahmen erbringen Erdöl und Erdgas, die an der W-Küste sowie in einem Offshorefeld bei der Insel Halul von einer staatl. Ges. gefördert werden. Die seit 1991 genutzten Erdgasvorkommen (North-

Staatswappen

internationales Kfz-Kennzeichen

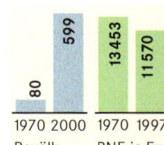

1970 2000   1970 1997
Bevölk.   BNE je Ew.
(in 1000)   (in US-$)

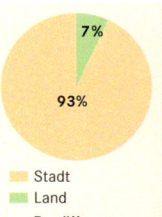

Stadt
Land
Bevölkerungsverteilung 2000

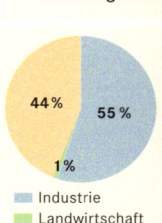

Industrie
Landwirtschaft
Dienstleistung
Bruttoinlandsprodukt 1998

Katar: Uhrturm von Doha

Dome-Feld) am Pers. Golf gelten derzeit als die größte Naturgaslagerstätte der Welt; seit 1997 erfolgt die Gasverflüssigung in Ras Laffan. In Umm Said entstand ein bed. exportorientierter Schwerind.komplex mit Erdölraffinerie, Erdgasaufbereitung, Stahlwerk, Werft, Zement- und Düngemittelproduktion sowie Hafenanlagen. Wirtsch. wenig bed. sind Oasenwirtschaft, Viehhaltung und Fischerei. Wichtigste Handelspartner: USA, Großbritannien, Japan. Gut ausgebautes Straßennetz: 1 230 km; Erdölhäfen: Umm Said und das Terminal bei der Insel Halul; weltgrößter Flüssiggashafen am Kap Ras Laffan; Tiefwasserhafen und internat. Flughafen Doha.

Geschichte

Im 9./10. Jh. unter der Herrschaft Bahrains, seit um 1750 (wie Kuwait) unter der Herrschaft versch. Beduinenstämme; 1810/11 von Oman zerstört, stand K. dann unter der Hoheit von Bahrain; 1868 wurde es als selbstständiges Scheichtum anerkannt. 1872–1913 unterstand es osman. Herrschaft und war 1916–71 brit. Protektorat. Am 1. 9. 1971 erklärte die brit. Reg. K. für unabhängig und schloss am 3. 9. 1971 einen Freundschaftsvertrag. Ab Febr. 1972 (unblutiger Staatsstreich) herrschte Emir Scheich Chalifa Ibn Ahmed ath-Thani. 1974 verstaatlichte das Emirat die Erdölförderung. 1991 beteiligte es sich am 2. Golfkrieg aufseiten der antiirak. Koalition. 1992 schloss K. ein Verteidigungsabkommen mit den USA, 1994 einen Sicherheitsvertrag mit Großbritannien. Im Zuge einer Palastrevolution stürzte 1995 Kronprinz Scheich Hamad Ibn Chalifa ath-Thani (* 1950) seinen Vater (Aussöhnung 1997) und übernahm die Herrschaft im Emirat. Er leitete eine vorsichtige Demokratisierung ein und bemühte sich um eine selbstständige Außenpolitik (1997/98 Spannungen mit Ägypten). Im Irak-Krieg 2003 befand sich in K., in Doha, der Sitz des amerikan. und brit. »Zentralkommandos« (Hauptquartier).

Katarạkt [grch.], **1)** *die, Augenheilkunde:* (Cataracta, grauer Star), angeborene oder erworbene Trübung der Augenlinse mit je nach Sitz und Ausprägung unterschiedl. Beeinträchtigung des Sehvermögens. Ursachen sind innere Krankheiten, Gifte, Verletzungen, Augenentzündungen oder altersbedingte Stoffwechselstörungen der Linse. Am häufigsten ist der doppelseitige **Altersstar (Cataracta senilis),** der meist um das 60. Lebensjahr in versch. Reifegraden auftritt: **Cataracta incipiens** (beginnende K.) mit peripheren, zunächst noch nicht oder nur wenig störenden Linsentrübungen; **Cataracta progrediens** (fortgeschrittene K.) mit Auftreten von grauweißen, speichenförmigen, bis ins Zentrum der Linse ziehenden Trübungen, die das Sehen behindern; **Cataracta matura** (reife K.) mit vollständig getrübter Linse. Im letzten Stadium (**Cataracta hypermatura,** überreife K.) kommt es zur Verflüssigung der von der Linsenkapsel umschlossenen Linsenfasern mit der Gefahr des Austritts von Linsensubstanz ins Kammerwasser und Behinderung des Kammerwasserabflusses. Nach dem Sitz der Trübung unterscheidet man den häufigen **Rindenstar** mit radialen, zum Zentrum ziehenden Trübungen und den **Kernstar.** – Die angeborene K., eine nicht fortschreitende, gleich bleibende Trübung, kann jeweils charakterist. Anteile oder die gesamte Augenlinse betreffen (**Cataracta totalis,** meist Folge einer mütterl. Virusinfektion). – Die *Behandlung* erfolgt durch operative Entfernung der Augenlinse und Einsetzen einer Kunststofflinse.
2) *der, Geographie:* ↗ Stromschnelle.

Katạrrh [lat.-grch.] *der,* mit Schleimabsonderung verbundene Entzündung von Schleimhäuten, z. B. bei Schnupfen oder Bronchitis.

Katase, Kazuo, japan. Künstler, * Shizuoka 24. 7. 1947; beschäftigt sich in Zeichnungen, Fotoarbeiten, Objektakkumulationen, Rauminstallationen und Lichtinszenierungen ausschließlich mit den plast. und assoziativen Qualitäten der Lichtfarbe Blau.

Katạster [lat.] *der oder das,* **1)** früher die Liste der Steuerpflichtigen; heute das **Liegenschafts-K.,** das vom **K.-Amt** geführte amtl. Verzeichnis aller Grundstücke; besteht aus Flurbuch (Liegenschaftsbuch) und ↗ Flurkarten; Grundlage für das Grundbuch und die Bemessung der Grundsteuer.
2) *Umweltschutz:* eine (häufig kartograph.) Darstellung spezieller Belastungen in definierten Untersuchungsgebieten (↗ Emissionskataster, ↗ Immissionskataster).

Katastrophe [grch.] *die,* **1)** *allg.:* schweres Unglück; Naturereignis mit verheerender Wirkung (↗ Katastrophenschutz, ↗ Naturkatastrophen).
2) *Poetik:* im letzten Teil des (antiken) Dramas die entscheidende Wendung der Handlung, die den dramat. Konflikt (tragisch) löst.

Katastrophenschutz, Maßnahmen zur Abwendung von Gefahren und Schäden, die im Katastrophenfall (z. B. Sturmflut, Großbrände) drohen; Teil des ↗ Zivilschutzes, wird überwiegend von den Kreisen und kreisfreien Städten wahrgenommen. Zu den Einrichtungen des K. zählen u. a. Feuerwehr, Bundesanstalt Techn. Hilfswerk, Dt. Rotes Kreuz.

Katastrophentheorie, 1) *Biologie:* die ↗ Kataklysmentheorie.
2) *Mathematik:* Gebiet der angewandten Mathematik; entwickelt Modelle und Methoden, mit denen sich sprunghaft auftretende Systemänderungen (so

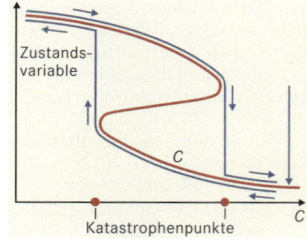

Katastrophentheorie 2): Zustandskurve (Trajektorie) bei einem System mit einem Parameter C; die Projektion auf die Parameterachse ergibt zwei Katastrophenpunkte.

genannte **Katastrophen** oder **singuläre Ereignisse**) beschreiben lassen. Die Systemänderungen hängen von äußeren Parametern ab, die auf das System einwirken (z. B. der Übergang in einen anderen Aggregatszustand von Temperatur und Druck). Variiert man diese Parameter, so erhält man versch. Werte, bei denen das System »umkippt«. Unter bestimmten Voraussetzungen lassen sich alle Katastrophenmengen von Systemen mit maximal vier Einflussgrößen auf nur sieben Arten von **Elementarkatastrophen** zurückführen.

Katathermometer, ein besonderes Stabthermometer, das in der Klimatechnik zur Bestimmung einer Klimasummengröße aus Lufttemperatur, Luftgeschwindigkeit und mittlerer Temperatur der Raumumgrenzungsflächen dient. Der ermittelte **Katawert** ist der Wert für die therm. Behaglichkeit.

Katatonie [grch.] *die,* psych. Krankheitsbild mit ausgeprägter Störung der willkürl. Bewegung; tritt z. B. auf bei (katatoner) Schizophrenie oder Hirntumoren.

Katavothre [grch.] *die,* / Ponor.

Katazone [grch.], *Geologie:* Bereich der regionalen Gesteinsmetamorphose mit Temperaturen über 700 °C und hohen allseitigen Drücken.

Katechese [grch.] *die,* die Unterweisung in der christl. Botschaft mit dem Ziel der Vermittlung des christl. Glaubens; in der frühen Kirche der Taufunterricht erwachsener Taufbewerber **(Katechumenen);** durch die Reformation (Luther) neu belebt, heute Konfirmandenunterricht.

Katechet *der,* der die Katechese durchführende kirchl. Mitarbeiter.

Katechetik *die,* innerhalb der / prakt. Theologie die Lehre von Inhalt, Ziel und Methodik der Glaubensunterweisung.

Katechine, die / Catechine.

Katechismus [grch.] *der,* seit dem 16. Jh. ein (kurz gefasster) formal meist in Frage- und Antwortform aufgebauter Leitfaden der christl. Glaubenslehre zur Unterweisung in Kirche, Schule und Familie. Bedeutend sind Luthers großer und kleiner K. (beide 1529), für die reformator. Kirchen der Heidelberger (1563) und der Genfer K. (1545), für die kath. Kirche der »Catechismus Romanus« (1566), seit 1992 der neue gesamtkirchl. kath. K. (»Welt-K.«).

Katechu [malaiisch] *das* (Catechu), gerbstoffreicher Extrakt aus dem Holz trop. und subtrop. Akazienarten; wird medizinisch als Mittel gegen Durchfall und zum Gurgeln verwendet.

Kategorie [grch. »Aussage«] *die,* **1)** *allg.:* Gruppe, Gattung, Klasse, Art.
2) *Philosophie:* begriffl. Grundform des Seins und/oder des Erkennens. Eigentl. Begründer der **K.-Lehre** ist Aristoteles, der entsprechend den Urteilsarten 10 K. in Bezug auf alles Seiende annahm: Substanz, Quantität, Qualität, Relation, Ort, Zeit, Lage, Haben, Wirken und Leiden. Kant stellte 12 K. als aprior. Bedingungen jeder Erfahrung auf. Umfassende K.-Systeme entwickelten in neuerer Zeit u. a. Hegel, N. Hartmann, A. N. Whitehead.

kategorischer Imperativ, in I. Kants prakt. Philosophie Formel für das oberste, a priori gültige Sittengesetz. Eine Formulierung des k. I. lautet: »Handle so, dass die Maxime deines Willens jederzeit zugleich als Prinzip einer allgemeinen Gesetzgebung gelten könne.«

Katerini, Hpst. des Verw.gebiets Pieria in Makedonien, N-Griechenland, in der Küstenebene am Thermaischen Golf, nordöstlich des Olymps, 43 600 Ew.; Bekleidungsindustrie.

Katgut *das* (engl. Catgut), aus Säugetierdarm hergestelltes chirurg. Nähmaterial (»Darmsaiten«), das während der Wundheilung resorbiert wird.

Kath, / Kathstrauch.

Katharer [grch. »die Reinen«], eine der größten und hinsichtlich ihres polit. Einflusses bedeutendsten religiösen Bewegungen des MA., von den Zeitgenossen auch **Albigenser** (in Frankreich), **Paterener** (in Italien) und **Manichäer** genannt. Erstmals im Rheinland nachweisbar (Köln 1143), breiteten sich die K. im 12. und 13. Jh. v. a. in S-Frankreich und Oberitalien aus. Als kirchenkrit. Bewegung lehnten sie Ehe, Eid, Bilder-, Heiligen- und Reliquienverehrung und den Kriegsdienst ab. Theologisch sind sie vom Dualismus der / Bogomilen und / Paulikianer beeinflusst. Der gute Gott des N. T. liegt in einem ständigen Kampf mit dem bösen (Schöpfer-)Gott des A. T., in radikaler Interpretation mit Satan gleichgesetzt. Regional zeitweilig von großem Einfluss und blutig verfolgt (Albigenserkriege 1209–29), erlosch die Bewegung im 14. Jh., u. a. infolge der Ausbreitung der Bettelorden.

Katharina, Herrscherinnen:
England: **1) K. von Aragonien,** Königin, * Alcalá de Henares 15. 12. 1485, † Kimbolton (bei Huntingdon, Cambridgeshire) 7. 1. 1536; erste Frau Heinrichs VIII. (1509–33); Mutter der späteren Königin Maria I., der Katholischen; heiratete nach dem Tod ihres ersten Gatten Arthur Tudor († 1502) dessen jüngeren Bruder Heinrich, der dann ab 1526 die Annullierung der Ehe betrieb und sie 1533 ohne päpstl. Zustimmung löste (Anlass zur Trennung Englands von der röm. Kirche). K., die die Entscheidung nicht anerkannte, wurde bis zu ihrem Tod gefangen gehalten.

2) K. Howard (Catherine Howard), Königin, * um 1520, † London 13. 2. 1542; fünfte Frau Heinrichs VIII. (seit 1540), Nichte des Herzogs von Norfolk, wurde wegen des (unberechtigten) Verdachts ehel. Untreue hingerichtet.

3) K. Parr (Catherine Parr), Königin, * 1512, † Sudeley Castle (bei Cheltenham) 7. 9. 1548; sechste und letzte Frau Heinrichs VIII. (seit 1543), heiratete nach Heinrichs Tod (1547) den Lord Thomas Seymour.

Frankreich: **4) K. von Medici** (Catherine de Médicis), Königin, * Florenz 13. 4. 1519, † Blois 5. 1. 1589; ∞ seit 1533 mit dem späteren König Heinrich II.; erst als Regentin für ihren 2. Sohn, Karl IX. (1560–63), trat sie politisch hervor. Sie suchte die Stellung der Krone zw. den Hugenotten unter Coligny und der kath. Partei zu behaupten. Der überragende Einfluss Colignys auf Karl IX. trieb sie 1572 zu dem Blutbad der / Bartholomäusnacht. Unter ihrem 3. Sohn, Heinrich III., sank ihr Einfluss.

Russland: **5) K. I.** (Jekaterina I. Alexejewna), urspr. Marta Skawronskaja, Kaiserin (1725–27), * 15. 4. 1684, † Sankt Petersburg 17. 5. 1727; aus litauischer Bauernfamilie, erst Geliebte A. D. Menschikows, ab 1703 Mätresse Peters d. Gr., der sie 1712 heiratete und 1724 zur Kaiserin krönen ließ. Sie folgte ihm auf dem Thron.

6) K. II., die Große (Jekaterina II. Alexejewna), Kaiserin (1762–96), * Stettin 2. 5. 1729, † Zarskoje Selo 17. 11. 1796; geb. Sophie Friederike Auguste von Anhalt-Zerbst, ∞ seit 1745 mit dem russ. Thronfolger, dem späteren Kaiser Peter III.; ließ diesen 1762 durch Gardeoffiziere stürzen und sich zur Kaiserin ausrufen. Hoch gebildet im Geiste der Aufklärung, regte sie viele Reformen (Verselbstständigung der Gouverneure, Einführung der Statthalterschaftsverf., Abbau der Sonderstellung der Ukraine) an, stärkte aber in

Katharina von Aragonien, Königin von England (Ausschnitt aus einem anonymen Gemälde, 18. Jh.; Florenz, Uffizien)

Katharina von Medici, Königin von Frankreich (Ausschnitt aus einem zeitgenössischen Gemälde; Versailles, Musée National)

Katharina

Katharina II., die Große, Kaiserin von Russland (Gemälde, zugeschrieben Johann Baptist Lampi, um 1780/90; Wien, Hofburg)

der Praxis die übernommene Sozialordnung (Ausdehnung der Leibeigenschaft). Der große Bauern- und Kosakenaufstand J. I. Pugatschows wurde 1774 niedergeschlagen. Durch zwei Türkenkriege (1768–74 und 1787–92) gewann sie die Nordküste des Schwarzen Meeres. Die Krim wurde 1783 annektiert; zugleich sicherte sie Russland bei den Teilungen Polens (1772, 1793 und 1795) einen bed. Gebietszuwachs und nahm 1795 auch Kurland in Besitz. So erneuerte und festigte sie die Stellung Russlands als europ. Großmacht. Der einflussreichste ihrer Liebhaber war G. A. ↗Potjomkin.

Katharina, Heilige: **1) K. von Alexandria,** Märtyrerin, † (nach der Legende) Anfang des 4. Jh.; historisch nur über die Katharinenlegende (6./7. Jh.) und den Katharinenkult (8. Jh.) zu belegen; gilt seit dem MA. als eine der 14 Nothelfer, Heilige; Schutzpatronin der Philosophen; Tag: 25. 11.

2) K. von Siena (eigtl. Caterina Benincasa), Dichterin, Mystikerin, Kirchenlehrerin, *Siena um 1347, † Rom 29. 4. 1380; gehörte zum Dritten Orden der Dominikaner; sah sich aufgrund ihrer Visionen beauftragt, in die Politik einzugreifen (u. a. Rückführung des Papsttums von Avignon nach Rom); Heilige; Patronin des Dominikanerordens, Italiens und der Stadt Siena; Tag: 29. 4.

Katharinenkloster (Dornbuschkloster, Sinaikloster), grch.-orth. Kloster am Fuß des Djebel Musa auf der Halbinsel ↗Sinai; seit 869 als Bischofssitz bezeugt, seit 1575 besitzt es kirchenrechtlich den Status des grch.-orth. Patriarchat von Jerusalem zugeordneten autonomen »Erzbistums des Berges Sinai«. Als heiligster Ort des wohl seit dem 3./4. Jh. bestehenden K. gilt die »Kapelle des brennenden Dornbuschs«, an deren Stelle nach der Legende der Dornbusch gestanden haben soll, in dem Jahwe sich Moses als Gott Israels offenbarte (2. Mos. 3, 2–6).

Katharobien [grch.] (Katharobionten), in völlig sauberem (katharobem) Wasser lebende Organismen; Ggs. Saprobien.

Katharsis [grch. »Reinigung«] die, **1)** Literaturwissenschaft: nach Aristoteles die Wirkung der Tragödie (↗Drama).

2) Psychologie: Abreaktion von verdrängten Affekten, Lösung von inneren Spannungen.

Katheder [grch.] das, Lehrstuhl, Lehrpult.

Kathedersozialismus, Richtung der dt. Volkswirtschaftslehre im letzten Drittel des 19. Jh., die im Ggs. zum strengen Wirtschaftsliberalismus (»Manchestertum«) für ein Eingreifen des Staates in Wirtschaft und Sozialpolitik eintrat, um die Klassengegensätze zu mildern und den sozialen Aufstieg der Arbeiter zu fördern. Die Bez. wurde von liberalen Gegnern geprägt, die Kathedersozialisten waren jedoch weniger Sozialisten als Sozialreformer. Ihr wiss. Mittelpunkt wurde der 1872 gegr. »Verein für Socialpolitik«; bed. Vertreter: A. Wagner, G. Schmoller, L. Brentano.

Kathedrale [grch.] die, Bischofskirche; in Dtl. meist Dom genannt.

Katheten [grch.], die beiden kürzeren Seiten eines rechtwinkligen Dreiecks, die die Schenkel des rechten Winkels bilden.

Kathetensatz (euklidischer Lehrsatz), Satz der Geometrie: Im rechtwinkligen Dreieck ist das Quadrat über einer Kathete flächengleich dem Rechteck aus der Hypotenuse und dem Hypotenusenabschnitt, der der Kathete anliegt.

Katheter [grch.] der, röhrenförmiges starres oder elast. Instrument, das in Hohlorgane oder Gefäße eingeführt werden kann. K. dienen v. a. der Ableitung von Flüssigkeiten aus Hohlorganen (z. B. Harnblase), der Spülung (mittels doppelläufiger K.), der Einbringung von Arznei- oder Kontrastmitteln, von Nährlösungen zur künstl. Ernährung und der Erweiterung (Rekanalisierung) verengter bzw. verschlossener Durchgänge oder Gefäße (z. B. Harn- oder Speiseröhre, Blutgefäße). (↗Herzkatheterisierung)

Kathiawar [ˈkaːtjaːwaː], Halbinsel im N der W-Küste Indiens, Teil des Bundesstaates Gujarat, rd. 60 000 km², erreicht Höhen bis 1 117 m ü. M.; Baumwoll- und Getreideanbau mit Bewässerung; Vorkommen von Manganerz, Bauxit und Erdöl.

Kathmandu: Durbarplatz (Palastplatz) mit dem Shiva-Parvati- und dem dreigeschossigen Maju-Deval-Tempel (1692)

Kathmandu (Katmandu), Hptst. von Nepal, 1 340 m ü. M., 535 000 Ew.; bildet mit den im fruchtbaren K.-Tal (rd. 30 km lang, rd. 20 km breit; UNESCO-Weltkulturerbe) liegenden Städten Patan und Bhadgaon eine Agglomeration von rd. 800 000 Ew.; Univ., Königl. Nepales. Akademie, Bibliotheken, Museum; Holzverarbeitung, Nahrungsmittelind., Kunstgewerbe; über die Hälfte der Bev. lebt von der Landwirtschaft; bed. Tourismus; internat. Flughafen. – Das Stadtbild mit den typ. roten Ziegelbauten geht z. T. auf das 16.–18. Jh. zurück, aus dieser Zeit stammen der Königspalast mit dem Haupttempel Taleju (um 1560) und dem Degutaletempel (Ende 16. Jh.) und der Shiva-Parvati-Tempel (2. Hälfte des

18. Jh.); nahe der Stadt große buddhist. Kloster- und Stupabauten. – 723 gegr., wurde 1768 Reg.sitz der Gurkhadynastie.

Kathode [grch.] die (Katode), die elektrisch negative ↗Elektrode (Minuspol) in Elektronen- und Entladungsröhren, Elektrolysezellen, elektrochem. Elementen u. a., an der die negative Ladung austritt und positive Ionen entladen werden; Ggs. ↗Anode.

Kathodenfall, ↗Gasentladung.

Kathodenstrahlen, histor. Bez. für die z. B. bei Gasentladungen oder beim glühelektr. Effekt (Glühemission) aus der Kathode austretenden (niederenerget.) ↗Elektronenstrahlen. Die K. wurden 1858 von dem Mathematiker und Physiker J. Plücker entdeckt.

Kathodenstrahlröhre, die ↗Elektronenstrahlröhre.

Kathodenzerstäubung, das Herausschlagen **(Sputtern)** von Atomen aus der Metallkathode durch die aufprallenden Ionen einer Gasentladung. Das zerstäubte Metall schlägt sich im Entladegefäß als gleichmäßige Schicht nieder. Technisch von Bedeutung ist die K. z. B. für die Herstellung dünner Schichten und metall. Gläser.

Katholikentag, Deutscher, Bez. für die vom Zentralkomitee der dt. Katholiken (ZdK) organisierte Versammlung der dt. Katholiken. Die K. verstehen sich als Foren des Gesprächs zw. Kirche und Gesellschaft. Geschichtlich stehen sie in der Tradition der ersten »Generalversammlung der Katholiken Dtl.s« 1848 in Mainz, das auch Veranstaltungsort des Jubiläumskatholikentags 1998 war. Veranstaltungsort des 94. Deutschen K. 2000 war Hamburg.

Katholikos [grch. »allgemeiner (Bischof)«] der (K.-Patriarch), Amtstitel der Oberhäupter der altoriental. armen., ostsyr. (»nestorian.«, assyr.) und westsyr. (»jakobit.«) Kirche und der orth. Kirche Georgiens; die Vollmachten eines K. entsprechen heute im Wesentlichen denen eines Patriarchen.

katholisch [grch. katholikós »allgemein«], in der frühen Kirche Bez. der Gesamtkirche (erstmals durch Ignatius von Antiochia); nach der Reformation Bez. der **römisch-kath. Kirche** (↗katholische Kirche).

katholische Akademien, seit 1945 entstandene Einrichtungen der kath. Kirche zur Erwachsenenbildung, die sich als wiss., weltanschaul. und polit. Dialogforen verstehen. K. A. bestehen in den meisten dt. Bistümern, außerdem in Brixen und Zürich.

Katholische Aktion, bis zum 2. Vatikan. Konzil übl. Bez. der auf die Enzyklika »Ubi Arcano« Papst Pius' XI. zurückgehenden und fest in die hierarch. Strukturen der Kirche eingebundenen Laienaktivitäten in der kath. Kirche (Laienapostolat).

Katholische Arbeitnehmer-Bewegung, Abk. **KAB,** organisator. Zusammenschluss kath. Arbeitervereine in Dtl. mit Sitz (KAB-Bundesverband) in Köln. Der KAB gehören auch die Christl. Arbeiter-Jugend (CAJ) und die Vereinigung italien. Arbeitnehmer in Dtl. an. Die KAB ist aus den ↗christlich-sozialen Bewegungen des 19. Jh. hervorgegangen. Heute ist sie die größte nicht gewerkschaftl. Arbeitnehmerorganisation in Dtl. und versteht sich als Selbsthilfeeinrichtung ihrer Mitgl. mit berufs- und sozialpolit. Zwecksetzung. (↗Evangelische Arbeitnehmer-Bewegung)

Katholische Briefe, Bez. für sieben Briefe des N. T. (Jak., 1. und 2. Petr., 1., 2. und 3. Joh., Jud.); sie gehören zu wohl im 2. Jh. entstandenen, inhaltlich und stilistisch sehr versch. neutestamentl. Spätschriften (theolog. Erörterung, Mahnung und Trost, Warnung vor Irrlehren, Befestigung im Glauben) deren Aufnahme in den ↗Kanon z. T. lange umstritten war.

Aufgrund der fehlenden oder sehr allg. gehaltenen Adressaten gelten sie in der kirchl. Tradition als an die christl. Gemeinden allgemein gerichtete (d. h. »kath.«) Schreiben.

katholische Kirche, Selbstbez. der vom Papst geleiteten christl. Kirche, wobei das Attribut »katholisch« in ihrem theolog. Selbstverständnis begründet ist; ihre konfessionskundl. Bez. ist **römisch-kath. Kirche,** unter der sie seit dem 2. Vatikan. Konzil auch offiziell am interkonfessionellen Gespräch der ↗ökumenischen Bewegung teilnimmt. Die k. K. ist die größte christl. Kirche und zählt weltweit (Anfang 2003) rd. 1,06 Mrd. Mitgl., darunter über 17 Mio. in den unierten ↗Ostkirchen.

Die k. K. ist hierarchisch und episkopal verfasst. Die Grundlage ihrer inneren (Rechts-)Beziehungen bildet das kath. Kirchenrecht (für den lat. Ritus der ↗Codex Iuris Canonici). Dem Papst, der nach kath. Verständnis in der direkten und ununterbrochenen Nachfolge des Apostels Petrus steht, kommen der allg. Jurisdiktionsprimat bei der Leitung der Gesamtkirche und (seit 1870) die unfehlbare Lehrautorität in Glaubensfragen zu (↗Unfehlbarkeit). Ihm stehen die Kardinäle (↗Kurie) und das Kollegium der ↗Bischöfe zur Seite, deren Einfluss auf die Leitung der Gesamtkirche mit der Schaffung der Bischofssynode durch das 2. Vatikan. Konzil wesentlich gestärkt worden ist. Sie besitzen die kirchl. Lehr- und Jurisdiktionsgewalt über die Geistlichen und Kirchenmitgl. ihrer Diözesen. Nach kath. Verständnis in der ↗apostolischen Nachfolge stehend, garantiert der Bischof in seinem Jurisdiktionsbezirk die rechtmäßige Verwaltung der Sakramente und den geordneten Ablauf des kirchl. Lebens in seinen versch. Aufgabenfeldern (»Liturgia« [Gottesdienst], »Martyria« [Verkündigung], »Diakonia« [Dienst am Nächsten], »Communio« [Gemeinschaft], »Missio« [Sendung]). – Organisatorisch sind i. d. R. mehrere Diözesen zu einer Kirchenprovinz zusammengefasst, die unter der Leitung eines Erzbischofs oder Patriarchen steht. Daneben gibt es exemte Bistümer und besondere kirchenrechtl. Organisationsstrukturen, die dem Hl. Stuhl direkt unterstehen (z. B. die Apostol. Administraturen und in Missionsgebieten die Apostol. Präfekturen und Vikariate). Neben den Ortspfarreien mit dem i. d. R. auf Lebenszeit bestellten Pfarrer und ggf. Hilfsgeistlichen (↗Kaplan) kennt die k. K. für besondere Gruppen und seelsorgl. Aufgaben Personalpfarreien (z. B. Studentengemeinden, Militärseelsorge). – Grundlage und Norm kath. Kirchenverständnisses sind die Hl. Schrift und die kirchl. Tradition, repräsentiert im ↗kirchlichen Lehramt und verbindlich durch dieses ausgelegt.

Theologisch versteht sich die k. K. als *heilige* (von Jesus Christus gestiftete), *apostol.* (in der Nachfolge der Apostel stehende) und *kath.* (weltumspannende) Kirche. Die Zugehörigkeit zur Kirche ist nach kath. Auffassung heilsnotwendig (im traditionellen Sprachgebrauch »allein selig machend«). Der damit verbundene exklusive Anspruch der k. K. als *der* allein selig machenden Kirche wurde jedoch durch das 2. Vatikan. Konzil, dessen insgesamt 16 Dokumente die eingehendste amtl. Reflexion ihres heutigen Selbstverständnisses darstellen, im Dekret über den ↗Ökumenismus dahingehend modifiziert, dass auch nichtkath. Kirchen theologisch das Kirche-Sein zugesprochen wird, als den »Schwesterkirchen«, die im Hl. Geist an der einen christl. Wahrheit und Heilszusage teilhaben. Ein bedeutendes Dokument bildet in diesem Zusammenhang die 1999 durch den Päpstl. Rat für die Förderung der Einheit der Christen und den Luther. Welt-

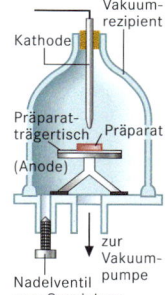

Kathodenzerstäubung: Schema der Apparatur für die Kathodenzerstäubung

Katholische Arbeitnehmer-Bewegung

Kath katholische Kirche

bund verabschiedete »Gemeinsame Erklärung zur Rechtfertigungslehre« (/ Rechtfertigung).

Die gegenwärtige Situation der k. K. in Afrika, Asien und Lateinamerika, wo rd. zwei Drittel aller kath. Christen leben, ist nach wie vor durch große karitative, in einem neuen Maße aber auch durch theolog. Herausforderungen (/ Inkulturation) geprägt. In Westeuropa sieht sich die k. K. bes. durch die (fort-

Die katholischen Bistümer in Deutschland, Österreich, der Schweiz und in Liechtenstein (Stand 2003)

Bistum	Katholiken[1]	Bischof	(geb.; seit ...)
Deutschland			
Kirchenprovinz Bamberg			
Bamberg	770 000	Ludwig Schick	(1949; 2002)
Eichstätt	453 000	Walter Mixa	(1941; 1996)
Speyer	625 000	Anton Schlembach	(1932; 1983)
Würzburg	886 000	seit Juli 2003 vakant	
Kirchenprovinz Berlin			
Berlin	380 000	Georg Sterzinsky[2]	(1936; 1989)
Dresden-Meißen	180 000	Joachim Reinelt	(1936; 1988)
Görlitz	48 000	Rudolf Müller	(1931; 1994)
Kirchenprovinz Freiburg im Breisgau			
Freiburg im Breisgau	2 125 000	Robert Zollitsch	(1938; 2003)
Mainz	809 000	Karl Lehmann[2]	(1936; 1983)
Rottenburg-Stuttgart	2 020 000	Gebhard Fürst	(1948; 2000)
Kirchenprovinz Hamburg			
Hamburg	405 000	Werner Thissen	(1938; 2002)
Hildesheim	682 000	Josef Homeyer	(1929; 1983)
Osnabrück	583 000	Franz-Josef Hermann Bode	(1951; 1995)
Kirchenprovinz Köln			
Köln	2 250 000	Joachim Meisner[2]	(1933; 1989)
Aachen	1 214 000	Heinrich Mussinghof	(1940; 1994)
Essen	988 000	Felix Genn	(1950; 2003)
Limburg	718 000	Franz Kamphaus	(1932; 1982)
Münster	2 072 000	Reinhard Lettmann	(1933; 1980)
Trier	1 621 000	Reinhard Marx	(1953; 2001)
Kirchenprovinz München und Freising			
München und Freising	1 855 000	Friedrich Wetter[2]	(1928; 1982)
Augsburg	1 536 000	Viktor Josef Dammertz	(1929; 1993)
Passau	520 000	Wilhelm Schraml	(1935; 2001)
Regensburg	1 343 000	Gerhard Ludwig Müller	(1947; 2002)
Kirchenprovinz Paderborn			
Paderborn	1 786 000	Hans-Josef Becker	(1948; 2003)
Erfurt	175 000	Joachim Wanke	(1941; 1994)
Fulda	444 000	Heinz Josef Algermissen	(1943; 2001)
Magdeburg	168 000	Leopold Nowak	(1929; 1994)
Österreich			
Kirchenprovinz Salzburg			
Salzburg	520 000	Alois Kothgasser	(1937; 2002)
Feldkirch	269 000	Klaus Küng	(1940; 1989)
Graz-Seckau	933 000	Egon Kapellari	(1936; 2001)
Gurk	440 000	Alois Schwarz	(1952; 2001)
Innsbruck	413 000	seit November 2002 vakant	
Kirchenprovinz Wien			
Wien	1 380 000	Christoph Schönborn[2]	(1945; 1995)
Eisenstadt	229 000	Paul Iby	(1935; 1993)
Linz	1 074 000	Maximilian Aichern	(1932; 1982)
Sankt Pölten	574 000	Kurt Krenn	(1936; 1991)
Schweiz			
Basel[3]	1 116 000	Kurt Koch	(1950; 1996)
Chur[3]	610 000	Amédée Grab	(1930; 1998)
Lausanne-Genf-Freiburg[3]	676 000	Bernard Genoud	(1942; 1999)
Lugano[3]	236 000	seit Januar 2003 vakant	
Sankt Gallen[3]	275 000	Ivo Fürer	(1930; 1995)
Sitten[3]	226 000	Norbert Brunner	(1942; 1995)
Liechtenstein			
Vaduz[4]	25 000	Wolfgang Haas	(1948; 1997)

[1] Mitgliederzahlen: Stand Januar 2001. – [2] Kardinal. – [3] Exemtes Bistum: gehört keiner Kirchenprovinz an, sondern untersteht Rom unmittelbar. – [4] Exemtes Erzbistum: gehört keiner Kirchenprovinz an, sondern untersteht Rom unmittelbar.

Kirchenprovinzen und Bistümer der katholischen Kirche in Deutschland

schreitende) ↗Säkularisierung (»Entkirchlichung«) weiter Teile der Gesellschaft und deren Folgen (z. B. den geringer werdenden Einfluss im öffentl. Bewusstsein), aber auch durch krit., innerkirchl. Reformen (Rolle der Frau in der Kirche, Zölibat) anmahnende Laien vor große Herausforderungen gestellt. Einen Schwerpunkt der kirchl. Arbeit in Mittel-, Südost- und Osteuropa bildete in den 1990er-Jahren die Rekonstitution und Neuordnung der kirchl. Organisationsstrukturen in den ehem. kommunist. Staaten. Wachsende Bedeutung in der kath. Kirche insgesamt haben in jüngster Zeit zahlr. ↗neue geistliche Gemeinschaften und Bewegungen.

Katholische Könige, Ehrentitel der span. Könige, 1496 von Papst Alexander VI. an Isabella I. von Kastilien und Ferdinand II. von Aragonien verliehen.

katholische Presse, Zeitungen und Zeitschriften, die von Einrichtungen der kath. Kirche herausgegeben werden oder als unabhängige Veröffentlichungen die kath. Kirche bei Verkündigung und Lehre unterstützen. Eine wichtige Organisation der k. P. ist die Arbeitsgemeinschaft Kath. Presse e. V. (AKP, gegr. 1949; Sitz: Bonn).

katholische Reform, Bez. für die innere Erneuerung der kath. Kirche im 16. und 17. Jh. In ihren Anfängen auf kirchl. Reformbestrebungen des 15. Jh. zurückgehend (z. B. ↗Devotio moderna), erhielt die k. R. entscheidende Anstöße durch die Reformation und erreichte im Konzil von Trient (1545–63) ihren entscheidenden Durchbruch. In der Folge energisch durch die Päpste Pius V., Gregor XIII. und Sixtus V. gefördert und durch den neu gegr. Jesuitenorden unterstützt; ihr Hauptziel sah die k. R. in der Verbreitung des kath. Glaubens und seiner Vertiefung durch intensive religiöse Unterweisung, bes. im Rahmen des von ihr geschaffenen Bildungswesens. Als innerkirchl. Reformbewegung von der ↗Gegenreformation zu unterscheiden.

Katholisches Bibelwerk, 1937 gegr. kath. Verlag (als »Kath. Bibelbewegung GmbH«); veröffentlicht Bibeln und Literatur zum A. T. und N. T.; Sitz: Stuttgart.

Katholisches Büro Berlin, Verbindungsstelle der kath. Dt. Bischofskonferenz zur Bundesregierung; gegr. 1951, bis 1998 **Kath. Büro Bonn.**

katholische Soziallehre, ↗Soziallehren der christlichen Kirchen.

katholische Universitäten, ↗kirchliche Hochschulen.

Katholische Volkspartei, 1) 1895 gebildete konservative Partei in Österreich, nannte sich seit 1901 **Zentrumsklub,** schloss sich 1907 mit der Christlichsozialen Partei zusammen.
2) polit. konservative Partei in der Schweiz, gegr. 1894; Vorläuferin der ↗Christlichdemokratischen Volkspartei der Schweiz.

Katholizismus der, seit dem 18. Jh. übl. Bez. der Gesamtheit der von der kath. Kirche und ihrer Lehre im jeweiligen geschichtl. Kontext inspirierten Anschauungen und Aktivitäten.

Katholizität die, Begriff der kath. Ekklesiologie; beschreibt (im überkonfessionellen Sinn) die eine, von Jesus Christus gestiftete weltweite (»katholische«) Kirche und den ihr von Christus gegebenen, räumlich und zeitlich nicht begrenzten Sendungsauftrag.

Kathstrauch (Kath), Gatt. der Spindelbaumgewächse mit der einzigen, vom S der Arab. Halbinsel bis zum Kapland verbreiteten Art **Catha edulis.** Die Triebe und Blätter (sie werden gekaut) enthalten anregende Alkaloide.

Kat|ion [grch.] das, positiv geladenes Ion, das im elektr. Feld zur Kathode wandert.

Katipunan, 1892 von A. Bonifacio als Geheimbund organisierte Unabhängigkeitsbewegung der Filipinos; löste 1896 einen Volksaufstand gegen die span. Kolonialherrschaft aus, der blutig niedergeschlagen wurde, aber den Auftakt des nat. Befreiungskampfes auf den Philippinen darstellte.

Katmai ['kætmaɪ], Vulkan in Alaska, USA, auf der Alaskahalbinsel, 2 047 m ü. M.; beim gewaltigen Ausbruch von 1912 wurde ein grünes Tal in das »Tal der zehntausend Dämpfe« verwandelt, in dem bis 1950 zahlr. Fumarolen aktiv waren. Das Gebiet um den K. bildet den **Katmai National Park** (15 035 km^2; eingerichtet 1918 und 1980).

Katmandu, Hptst. von Nepal, ↗Kathmandu.

Katode [grch.] die, die ↗Kathode.

Katowice [-'vitsɛ], Stadt in Polen, ↗Kattowitz.

Katsav, Moshe, israel. Politiker, * Yazd (Iran) 1945; sephard. Jude; übersiedelte 1951 nach Israel; seit 1977 Abg. der Knesset (Likud); zw. 1981 und 1999 mehrfach Min.; wurde 2000 Staatspräsident.

Katschberg, Pass in den Ostalpen, zw. Hohen und Niederen Tauern, Österreich; ↗Alpenstraßen (Übersicht).

Katsina, Hptst. des Bundesstaates K. im äußersten N Nigerias, 201 500 Ew.; Sitz eines Emirs; Handelszentrum; Stahlwalzwerk. – Im 17. und 18. Jh. Kulturzentrum und Hptst. eines Hausastaates.

Kattarasenke (Qattara), größte Senke der ägypt. Oasendepressionen, in der Libyschen Wüste, rd. 20 000 km^2, bis 133 m u. M. (tiefste Stelle Afrikas); überwiegend Salzsumpf.

Katte, Hans Hermann von, preuß. Offizier, * Berlin 28. 2. 1704, † Küstrin 6. 11. 1730; Jugendfreund des späteren Königs Friedrich II., d. Gr., von Preußen; wurde als Mitwisser der gescheiterten Flucht des Kronprinzen Friedrich auf Befehl von dessen Vater, König Friedrich Wilhelm I., vor den Augen des Kronprinzen enthauptet.

Kattegatt das, Meerenge zw. der flachen Ostküste Jütlands und der steilen, felsigen Westküste Schwedens; verbindet Nord- und Ostsee.

Kattnigg, Rudolf, österr. Komponist, * Oberdorf (heute zu Treffen, bei Villach) 9. 4. 1895, † Klagenfurt 2. 9. 1955; v. a. bekannt als Operettenkomponist (u. a. »Balkanliebe«, 1937; »Bel Ami«, 1948).

Kattowitz (poln. Katowice), Hptst. der Wwschaft Schlesien, Polen, Stadtkreis am W-Rand der Oberschles. Platte, 340 500 Ew.; kath. Erzbischofssitz; Schles. Univ. (1968 gegr.), Bergbau-Inst. u. a. Hochschulen, Theater, Planetarium, Philharmonie, Zoo. K. ist Mittelpunkt des Oberschles. Industriegebiets mit Steinkohlenbergbau, Eisen-, Zinkhütten, Gießereien, Maschinenbau, elektrotechn., chem. und Druckindustrie. Nahebei Flughafen. – Das um 1590 (belegt 1598) gegründete K. erhielt erst 1865 Stadtrecht. Obwohl es 1921 für den Verbleib im Dt. Reich gestimmt hatte, fiel es 1922 aufgrund eines Völkerbundgutachtens an Polen.

Kattun [arab.] der, feinfädiges Gewebe in Leinwandbindung aus Baumwoll- oder Chemiefasergarn.

Katyn [ka'tɪn], russ. Ort westlich von Smolensk, am oberen Dnjepr. – In einem Wald bei K. entdeckten dt. Soldaten im Frühjahr 1943 Massengräber mit den Leichen von über 4 000 erschossenen poln. Offizieren. Die Toten gehörten zu den beim Einmarsch der Roten Armee in O-Polen (Sept. 1939) in sowjet. Kriegsgefangenschaft geratenen rd. 14 700 Militärs, die zus. mit weiteren poln. Gefängnisinsassen auf Befehl Stalins und anderer Mitgl. der sowjet. Führung

Katzen

1 Perserkatze Exotic Chinchilla mit Jungen **2** Abessinerkatzen **3** Faltohrkatze **4** Europäische Halblanghaarkatze **5** Türkische Van-Katze (mit zweifarbigen Augen) **6** Europäische Kurzhaarkatze (getigert) **7** Colourpoint **8** Perserkatze golden-shaded **9** Kartäuserkatze **10** Birmakatze **11** Perserkatze blau

durch das NKWD 1940 ermordet wurden (insgesamt mehr als 21 000 Opfer). Die UdSSR wies die Schuld an diesem Verbrechen den dt. Besatzungstruppen zu, obwohl aufgrund versch. Untersuchungen die Tötung bereits auf April/Mai 1940 datiert wurde. Die ungeklärten Umstände führten schon während des Krieges zu Spannungen zw. der poln. Exilregierung und der sowjet. Führung unter Stalin und überschatteten die Beziehungen zw. Polen und der UdSSR, die erst 1990 die Verantwortung der sowjet. Seite offiziell eingestand. Im Okt. 1992 übergab die russ. Reg. Polen Kopien von Dokumenten aus dem ehem. Präsidialarchiv der UdSSR, unter denen sich die von Stalin und weiteren Politbüromitgliedern am 5. 3. 1940 unterzeichnete Anordnung an das NKWD zur Erschießung der poln. Offiziere und Zivilisten befand.

Katz [kæts], Sir (seit 1969) Bernard, brit. Biophysiker dt. Herkunft, *Leipzig 26. 3. 1911, †London 20. 4. 2003; Arbeiten zur Physiologie der Nerven und der Muskeltätigkeit; erhielt für die Aufklärung chem. Vorgänge bei der Erregungsübertragung an den Synapsen 1970 mit J. Axelrod und U. S. von Euler-Chelpin den Nobelpreis für Physiologie oder Medizin.

Bernard Katz

Katzbach die (poln. Kaczawa), linker Nebenfluss der Oder in Polen, 84 km lang, entspringt im Bober-Katzbach-Gebirge. – Während der Befreiungskriege siegten in der **Schlacht an der K.** Blücher und Gneisenau am 26. 8. 1813 über die frz. Truppen des Generals A. Macdonald.

Kätzchen, eine Form des razemösen Blütenstands (eine hängende Ähre).

Katzen (Felidae), Familie der Landraubtiere mit hoch spezialisiertem Gebiss, sprungkräftigen Hinterbeinen und einziehbaren Krallen (Ausnahme: Gepard), sehr gutem Gehör, Tast- (Tasthaare am Kopf) und Sehvermögen. – Rezent sind die **Eigentl. K.** (**Echte K.**, Felinae) mit zwei Gattungsgruppen, den Klein-K. (Felini) und der Groß-K. (Pantherini), und die **Geparden** (Acinonychinae). Alle zu den **Groß-K.** gehörenden Arten besitzen anstelle des verknöcherten Zwischenasts des Zungenbeins ein elast. Band und können daher brüllen und nur beim Ausatmen schnurren (Ausnahme: ↗Schneeleopard). Hierher gehören u. a. ↗Leopard, ↗Jaguar, ↗Tiger, ↗Löwe. Die **Klein-K.** hingegen, die ein vollständig verknöchertes Zungenbein besitzen, können nicht brüllen, hingegen beim Ein- und Ausatmen schnurren. Zu den in diese Gruppe gehörenden fast 30 Arten, die mit Ausnahme des bis 1,8 m körperlangen ↗Pumas bis etwa 1 m körperlang sind, zählen u. a.: ↗Wildkatze, ↗Serval, ↗Luchse, ↗Ozelot. – Die **Haus-K.** stammt von der Wild-K. ab, insbesondere von der in Ägypten und Nubien verbreiteten Nub. Falb-K. (Felis silvestris libyca). Sie wurde im 3. oder 2. Jt. v. Chr. in Ägypten und Kleinasien domestiziert. Die Rassenmannigfaltigkeit ist bei der Haus-K. viel geringer als z. B. beim Hund. Die Haus-K. unterscheiden sich in Zeichnung, Färbung und Beschaffenheit des Haarkleides, in Körperform und Größe. Man unterscheidet zw. »gewöhnl.« Haus-K. und Rasse-K. Letztere werden in Langhaar- und Kurzhaarrassen eingeteilt, die meist in mehreren Spielarten und Farbschlägen vorkommen. Zu den **Langhaarrassen** sind u. a. Perser-K., Colourpoint (Khmer), Birma-K. und Türk. K., zu den **Kurzhaarrassen** Europ. Kurzhaar-K., Orientl. Kurzhaar-K. einschl. Siam-K., Abessinier-, Burma-, Korat-, Russischblaue und Rex-K. zu zählen. Rasse-K. erlangen die Zuchtreife mit 10–12 Monaten. Nach einer Tragezeit von 63 bis 65 Tagen (Siam-K. etwa 67) werden meist 3–6 Junge geboren. Sie sind blind und taub und öffnen die Augen im Alter von 8 bis 10 Tagen. – Bildtafel S. 2403

Katzen|auge, 1) *Mineralogie:* Bez. für Schmucksteine (bes. Chrysoberyll, Quarz, Turmalin), die einen streifigen Lichteffekt zeigen (Asterismus).
2) *Verkehrstechnik:* ein ↗Rückstrahler.

Katzenbär, der Kleine Panda, ↗Pandas.

Katzenbuckel, höchster Berg des Odenwalds, östlich von Eberbach, Bad.-Württ., 626 m hohe Basaltkuppe über dem Buntsandsteinplateau des Odenwalds.

Katzenelnbogen, Stadt im Rhein-Lahn-Kreis, Rheinl.-Pf., im Hintertaunus, 2 100 Ew.; Luftkurort; Steinbrüche. – Über dem Ort die Stammburg der Grafen von K. – Die Grafschaft K. wurde 1479 hessisch. Die im 14. Jh. erbaute Burg Neu-K., die »Katz« am Rhein gegenüber Sankt Goar, wurde 1806 zerstört, 1896–98 wieder aufgebaut. Stadtrecht seit 1312.

Katzenfrett, ein ↗Kleinbär.

Katzengold, volkstüml. Bez. für fälschlich für Gold gehaltene Minerale, z. B. Glimmer (Biotit) und Pyrit (Schwefelkies).

Katzenhaie (Scyliorhinidae), Familie kleiner, in trop. und gemäßigten Bereichen aller Ozeane lebender Haifische, für den Menschen ungefährlich. Der **Großgefleckte K.** (Scyliorhinus stellaris) wird bis 150 cm lang, der **Kleingefleckte K.** (Scyliorhinus caniculus) bis zu 80 cm.

Katzenmakis (Cheirogalaginae), Unterfamilie der ↗Lemuren.

Katzenpfötchen (Antennaria), Korbblütlergattung, graufilzige Kräuter mit vielblütigen Blütenkörbchen und z. T. trockenhäutigem Hüllkelch. Das **Gemeine K.** (Antennaria dioica) hat weiße bis weinrote Blütenkörbchen; es wächst auf magerem Grasboden Europas, N-Asiens und Nordamerikas.

Katzenschwanz (Acalypha hispida), im indomalaiischen Archipel beheimatetes Wolfsmilchgewächs; bis 4 m hoher Strauch mit lang herabhängenden, leuchtend roten, kätzchenartigen Blütenständen; wärmebedürftige Zierpflanze.

Katzenstaupe, die ↗Panleukopenie.

Katzer, Georg, Komponist, *Habelschwerdt (heute Bystrzyca Kłodzka) 10. 1. 1935; schreibt u. a. Opern (»Gastmahl oder Über die Liebe«, 1988; »Antigone oder Die Stadt«, 1991), Ballette, Orchester-, Kammermusik, Chorwerke; nutzt dabei serielle und aleator. Kompositionstechniken.

Katzir, Ephraim, eigtl. Katchalski, israel. Politiker und Biophysiker, *Kiew 16. 5. 1916; war 1973–78 israel. Staatspräsident.

Kauai [kaʊ'waɪ], eine der Hawaii-Inseln, 1 445 km², 58 500 Einwohner.

Kaub, Stadt im Rhein-Lahn-Kreis, Rheinl.-Pf., am rechten Rheinufer, 1 200 Ew.; Blüchermuseum; Lotsenstation; Weinbau; Fremdenverkehr. – Auf einer Felseninsel im Fluss liegt die Burg **Pfalzgrafenstein,** eine alte kurpfälz. Zollburg (erste Hälfte des 14. Jh.); hier überschritt die schles. Armee unter Blü-

Katzenelnbogen: Im Rheintal gegenüber Sankt Goar liegt die im 14. Jh. erbaute Burg Neukatzenelnbogen.

cher in der Neujahrsnacht 1813/14 den Rhein. Oberhalb von K. die Burg Gutenfels (erste Hälfte 13. Jh., im 19. Jh. ausgebaut). Stadtrecht seit 1324.

Kaudasyndrom, Krankheitsbild, das durch Quetschung der Nervenfasern im unteren Lendenwirbelsäulenbereich (z. B. bei Bandscheibenvorfall oder Rückenmarktumoren) hervorgerufen wird; Symptome sind Blasen- und Mastdarmstörungen, Schmerzen, Gefühlsstörungen und Lähmungen im Bereich der Beine.

Kauderwelsch, unverständl. oder verworrene Sprache; urspr. Bez. für die rätoroman. (»welsche«) Sprache im Gebiet von Chur (mundartl. »Kauer«).

Kaudinische Pässe, Engpass beim samnit. Ort Caudium (heute Montesarchio), zw. Capua und Benevent, bekannt durch die Niederlage, die hier im 2. Samnitenkrieg die Römer durch die Samniten erlitten. Die Römer sollen als Besiegte unter einem Joch aus Speeren hindurchgezogen sein; danach: **kaudin. Joch,** eine Zwangslage, aus der es ohne Demütigung keine Rettung gibt.

Kauen, Stadt in Litauen, ⟋ Kaunas.

Kauf, ein Vertrag, durch den sich der Verkäufer verpflichtet, dem Käufer die Sache zu übergeben und das Eigentum an der Sache oder dem verkauften Recht (z. B. Anteil an einer Kapitalgesellschaft) zu übertragen, während sich der Käufer zur Kaufpreiszahlung und Abnahme des K.-Gegenstandes verpflichtet (§ 433 BGB). Mit Abschluss des K.-Vertrages geht das Eigentum an der Sache nicht automatisch über; es entsteht lediglich die Verpflichtung des Verkäufers, einen Übereignungsvertrag (⟋ Übereignung) mit dem Käufer abzuschließen. Diese den Abstraktionsprinzip folgenden Vorgänge fallen bei Geschäften des tägl. Lebens meist zeitlich zusammen, sodass sie in dieser Bedeutung nicht wahrgenommen werden. Der K. kann formlos abgeschlossen werden; der K. von Grundstücken bedarf notarieller Beurkundung des K.-Vertrages. Der Verkäufer schuldet beim Sach- wie beim Rechts-K. als Hauptleistungspflicht die Mangelfreiheit der Sache und haftet für die Sach- und Rechtsmängel, die der Käufer beim Abschluss des K. nicht kannte. Ist die K.-Sache mangelhaft (Sachmangel), d. h. nicht vertragsgemäß, kann der Käufer Nacherfüllung verlangen, vom Vertrag zurücktreten oder den Kaufpreis mindern, Schadensersatz oder Ersatz seiner vergebl. Aufwendungen geltend machen (§§ 437 ff. BGB, sog. Gewährleistungsrechte). Bei der Nacherfüllung hat der Käufer die Wahl zw. Mangelbeseitigung und Ersatzlieferung auf Kosten des Verkäufers. Die Gewährleistungsansprüche können durch ausdrückl. Vereinbarung beschränkt oder ausgeschlossen werden (Ausnahme: Verbrauchsgüterkauf, Rechtsgeschäft zw. Privatmann und Unternehmer), allerdings haftet der Verkäufer trotz einer solchen Vereinbarung für arglistig verschwiegene Mängel weiter. Die Gewährleistungsansprüche verjähren, wenn der Mangel nicht arglistig verschwiegen worden ist, bei bewegl. Sachen nach zwei Jahren, bei Bauwerken nach fünf Jahren von der Übergabe an. Herausgabeansprüche aus dingl. Rechten verjähren nach 30 Jahren (§ 438 BGB). Die Rechte des Käufers wegen eines Mangels sind ausgeschlossen, wenn er bei Vertragsschluss den Mangel kennt (§ 442 BGB). Bes. geregelt sind u. a. der K. auf Probe, der Raten-K. (⟋ Verbraucherkredit), die Haustürgeschäfte, der internat. Waren-K. (⟋ CISG), der K. im Internet (⟋ Fernabsatzvertrag). – In *Österreich* (§§ 1053 ff. ABGB) und in der *Schweiz* (Art. 184–236 OR) gelten ähnl. Regelungen wie in Deutschland.

Kauf auf Probe, Kaufvertrag, der unter der aufschiebenden Bedingung geschlossen wird, dass der Käufer die Kaufsache fristgemäß billigt (§ 454 BGB); schweigt der Käufer, gilt dies als Billigung. **Kauf nach Probe,** Kaufvertrag, bei dem die Eigenschaften einer vorgelegten Probe (eines Musters) als zugesichert gelten (§ 494 BGB alter Fassung), ist im Zusammenhang mit der Schuldrechtsmodernisierung entfallen.

Kaufbeuren, kreisfreie Stadt im RegBez. Schwaben, Bayern, an der Wertach, 41 900 Ew.; Maschinenbau, Textil-, feinmechan. u. a. Ind.; sudetendt. Heimatvertriebene haben nach 1945 im Stadtteil K.-Neugablonz ihre Glas- und Schmuckwarenind. neu aufgebaut. – St.-Martin-Kirche (15. Jh.), St.-Blasius-Kapelle (15. Jh.), Rathaus (19. Jh.). – K., seit 1286 Reichsstadt, kam 1802 an Bayern.

Käufermarkt, Marktlage, bei der das Angebot die Nachfrage übersteigt; Angebot und Nachfrage passen sich bei funktionsfähigem Wettbewerb über sinkende Preise an; Ggs.: Verkäufermarkt.

Kauffmann, 1) Angelica, schweizer. Malerin und Radiererin, *Chur 30. 10. 1741, †Rom 5. 11. 1807; lebte 1766–81 in London (1768 Mitgl. der Royal Academy) und seit 1782 in Rom, wo ihr Haus ein gesellschaftl. Mittelpunkt für Künstler und Gelehrte (Winckelmann, Herder, Goethe) war. Ihre Werke betonen den klassizist. Grundton des späten Rokoko. Bekannt v. a. durch ihre Porträts (zahlr. Selbstbildnisse).
2) Hans, Kunsthistoriker, *Kiel 30. 3. 1896, †Bonn 15. 3. 1983; 1936–56 Prof. in Köln, 1957–64 Prof. und Direktor des Kunsthistor. Inst. der Freien Univ. Berlin; neben Monographien v. a. Essays über die italien. Renaissancearchitektur, die holländ. Malerei des 17. Jh. und die Dürerrenaissance um 1600.

Kaufhaus, Großbetrieb des Einzelhandels, der überwiegend mit Bedienung ein tief gegliedertes, aber im Unterschied zum Warenhaus engeres Sortiment aus häufig nur einer Branche (z. B. Möbel) anbietet. Umgangssprachlich wird K. als Synonym für Warenhaus gebraucht.

Kaufhof Holding AG [- ˈhəʊldɪŋ -], ⟋ Metro AG.

Kaufkraft, allg. die Geldsumme, die einem Wirtschaftssubjekt in einer Zeiteinheit zur Verfügung steht (Einkommen und aufgenommene Kredite abzüglich der zu tilgenden Schulden); in der Volkswirtschaftslehre diejenige Gütermenge, die mit einer Geldeinheit gekauft werden kann. Diese K. des Geldes (Geldwert, Tauschwert des Geldes) entspricht dem Verhältnis von nominalem zu realem Volkseinkommen bzw. dem Kehrwert des Preisniveaus. Steigt

Kaub: Der im frühen 14. Jh. als Zollburg erbaute Pfalzgrafenstein nimmt eine kleine Rheininsel ein; über der Stadt die Burg Gutenfels (13. Jh.).

Kaufbeuren
Stadtwappen

Angelica Kauffmann

(fällt) das Preisniveau, erhält man für eine Geldeinheit weniger (mehr) Güter, d. h. die K. sinkt (steigt).

Kaufkraftparität, Übereinstimmung des Austauschverhältnisses zweier Währungen mit dem Verhältnis ihrer jeweiligen Binnenkaufkraft. Nach der Kaufkraftparitätentheorie entsprechen die Wechselkurse zweier Währungen ihrer K.; in der Realität wird der Wechselkurs jedoch nicht nur von Preisentwicklungen und Güterströmen, sondern u. a. auch von Devisenspekulation, Zinsdifferenzen und polit. Faktoren bestimmt.

Kaufmann. Das Handelsrechtsreform-Ges. vom 22. 6. 1998 hat den K.-Begriff modernisiert und vereinheitlicht. Die Unterscheidung zw. Voll- und Minder-K. ist aufgegeben worden. Der K.-Begriff gilt nunmehr für alle Gewerbetreibenden ohne Unterscheidung nach Branchen (z. B. auch für Dienstleistungsgewerbe, Handwerk). Grundhandelsgeschäfte kennt das HGB nicht mehr.

K. ist kraft Gesetzes (auch ohne Eintragung im Handelsregister) derjenige, der ein ↗Handelsgewerbe selbstständig betreibt (§ 1 Abs. 1 HGB, **Ist-K.**). Darüber hinaus ist der K., dessen Unternehmen als Handelsgewerbe gilt, d. h., wenn die Firma des Unternehmens im Handelsregister eingetragen ist (§§ 2, 3 HGB, **Kann-K.**, durch freiwillige Eintragung; z. B. Kleingewerbetreibende, Unternehmen der Land- und Forstwirtschaft). Die ↗Handelsgesellschaften sind, auch wenn sie im Einzelfall kein Handelsgewerbe betreiben, K. kraft Rechtsform (§ 6 HGB, **Form-K.**). Wer K. im Sinne des HGB ist, hat die für Kaufleute festgesetzten Pflichten (z. B. Buch- und Firmenführung, Bilanzierung) und Rechte (z. B. Erteilung einer Prokura). Die von ihm vorgenommenen Rechtsgeschäfte gelten als Handelsgeschäfte, für die das HGB spezielle Regelungen trifft, die den kaufmänn. Verkehr erleichtern und beschleunigen sollen (§§ 343 ff. HGB). – In *Österreich* gilt das dt. HGB von 1897 mit dem K.-Begriff, der in Dtl. vor der Handelsrechtsreform gültig war. Das *schweizer.* Recht kennt keinen eigenen K.-Stand; es ordnet die kaufmänn. Verhältnisse im allg. Recht, bes. im Obligationenrecht. Sachlich wird aber, und zwar nach ähnl. Merkmalen wie im dt. Recht, der K.-Eigenschaft umschrieben; sie äußert sich v. a. in der Pflicht zur Eintragung ins Handelsregister und zur Führung von Geschäftsbüchern.

Kaufmann, Arthur, Strafrechtslehrer und Rechtsphilosoph, *Singen (Hohentwiel) 10. 5. 1923, †München 11. 4. 2001; befasste sich v. a. mit Problemen der Schuld; schrieb u. a. »Das Schuldprinzip« (1961); »Rechtsphilosophie im Wandel« (1972); »Gerechtigkeit – der vergessene Weg zum Frieden« (1986); »Grundprobleme der Rechtsphilosophie« (1994).

Kaufmännische Krankenkasse, Abk. **KKH,** eine der größten Ersatzkassen in Dtl., 1890 in Halle (Saale) gegr., Sitz: Hannover.

Kaufunger Wald, Buntsandsteinplateau in NO-Hessen, zw. Fulda und Werra, weitgehend bewaldet, im Hirschberg 643 m ü. M.

Kaufvertrag, ↗Kauf.

Kaugummi, feste, durch Kauen gummiartig werdende Masse, früher meist aus ↗Chiclegummi, heute aus Polyvinylester, Polyäthylen u. a., mit Zusatz von Zucker und Aromastoffen.

Kaukasi|en (russ. Kawkas), die Landbrücke zw. dem Schwarzen und dem Kasp. Meer, im N begrenzt von der Manytschniederung, im S von der Grenze zur Türkei und zu Iran; rd. 440 000 km². Politisch haben Russland, Georgien, Aserbaidschan und Armenien Anteile. Quer durch K. erstreckt sich der Kaukasus. **Nord-K. (Zis-K.)** umfasst die Nordabdachung des Großen Kaukasus und das Kaukasusvorland mit der Stawropoler Höhe, der Kubanniederung und dem S-Teil der Kasp. Senke. **Trans-K.** erstreckt sich südlich des Hauptkammes des Großen Kaukasus und umfasst dessen Südabdachung, die fruchtbare Niederung der Kolchis, die Kura-Arax-Niederung, das Tiefland von Länkäran, den Kleinen Kaukasus sowie die armen. und aserbaidschan. Anteile am Ararathochland, am Tal des mittleren Arax und am Talyschgebirge.

Geschichte: Im Altertum kam es in K. nur südwestlich der Hauptkämme zur Bildung polit. Einheiten (Georgien, Armenien), die wie das Stämme im O und SO (u. a. Tschetschenen, Osseten, Tscherkessen) zumeist von anderen Mächten abhängig waren. Seit dem 8. Jh. wurde Ost-K. allmählich zum Islam bekehrt, der im 17.–19. Jh. das Christentum auch aus dem westl. K. verdrängte. Im 16./17. Jh. kämpften das Osman. Reich und Persien um die Vormachtstellung in K., dessen Unterwerfung durch Russland (seit Ende des 18. Jh.) im Ersten Weltkrieg besiegelt wurde; die Bergvölker im Hochland leisteten bis 1859 (bes. unter Führung des Imams Schamil) Widerstand. Nach der Oktoberrevolution von 1917 verselbstständigten sich Provinzen und besetzte Gebiete und gründeten unabhängige Republiken. 1920/21 setzten sich die Bolschewiki in ganz K. durch. Nord-K. wurde unter Bildung versch. »autonomer« Gebiete und Republiken der RSFSR angeschlossen (1921–24 Existenz der ↗Bergrepublik, 1921 Gründung der Dagestan. ASSR, beides multiethn. Gebilde); in Süd-K. bestand 1922–36 die »Transkaukas. Sozialist. Föderative Sowjetrep.«, aus der dann die Sowjetrep. Georgien, Armenien und Aserbaidschan hervorgingen (seit 1991 unabhängige Staaten). Die während des Zweiten Weltkrieges unter dem Vorwand der Kollaboration mit den Deutschen nach Mittelasien zwangsdeportierten Bergvölker (u. a. Tschetschenen, Inguschen, Karatschaier, Balkaren), die – mit Ausnahme der Mescheten – zumeist in den 50er-Jahren in ihre Heimat zurückkehren konnten, verstärkten Ende der 80er-/Anfang der 90er-Jahre ihre Unabhängigkeitsbestrebungen; in diesem Zusammenhang entstand 1991 die »Konföderation kaukas. Bergvölker«. Versch. lokale, z. T. blutige Konflikte seit Beginn der 90er-Jahre (z. B. Separationsbestrebungen Südossetiens und Abchasiens in Georgien, Kämpfe zw. Armeniern und Aserbaidschanern um Bergkarabach sowie zw. Inguschen und Osseten u. a. wegen gegenseitiger Gebietsforderungen) ließen K. zu einer Krisenregion werden. Als bes. folgenreich erwies sich der Versuch Tschetscheniens, sich der Oberhoheit der Russ. Föderation zu entziehen, was zu zwei opferreichen russ. Militärinterventionen (1994–96 und 1999/2000) sowie – durch Verwicklung der angrenzenden Republiken (hauptsächlich Dagestan, Inguschien) in die Auseinandersetzungen – zu einer weiteren Destabilisierung des nördl. K.s führte.

kaukasische Sprachen, Sprachen des kaukas. Berglandes und der vorgelagerten Ebenen, soweit sie nicht zu den indogerman., semit. und den Turksprachen gehören. Sie gliedern sich in drei Hauptgruppen: **südkaukas. Sprachen** oder **Kartwelsprachen** (mit Georgisch, Sanisch und Swanisch), **nordwestkaukas.** (mit Abchasisch, Abasinisch, Ubychisch, Tscherkessisch [Adygeisch]) und **ostkaukas. Sprachen,** die sich in dagestan. Sprachen (awaroand. und lakkisch-dargin. Gruppe), didoische Sprachen und lesg. Sprachen (u. a. Rutulisch) gliedern. Die einzige alte Literatursprache ist die zu den südkaukas. Sprachen zählende ↗georgische Sprache. Übereinstimmungen im

Sprachbau zw. den k. S. und dem Baskischen sowie einigen altkleinasiat. Sprachen reichen nicht aus zum Nachweis einer genet. Verwandtschaft. Schriftgrundlage ist meist nicht das kyrill. Alphabet.

kaukasische Völker (Kaukasusvölker, Kaukasier), i.e.S. die kaukasische Sprachen sprechenden Völker, so die Georgier, Lesgier, Tschetschenen, Tscherkessen und Abchasen, i.w.S. auch andere in Kaukasien lebende Völker: mit indogerman. Sprachen die Armenier, Osseten, Tataren, Talyschen, ferner die turksprachigen Aserbaidschaner, Kumüken, Karatschaier, Balkaren und Bergtataren. Die k. V. sind in der Mehrheit Muslime.

Kaukasus, 1) Großer K., Hochgebirge zw. Schwarzem und Kasp. Meer, über 1 100 km lang, bis 180 km breit, im Elbrus bis 5 642 m ü. M. Die Hauptachse des Großen K. wird von W nach O gegliedert in: 1) **Schwarzmeer-K.** oder **Pontischer K.** (von der Halbinsel Taman bis zum Berg Fischt), 600–1 200 m ü. M., mit mediterraner Vegetation an der Küste und Laubwäldern in den höheren Lagen; 2) **westl. Hochgebirgs-K.** (bis zum Elbrus-Meridian) im teilweise vergletscherten Dombai-Ulgen 4 046 m ü. M.; über den Kluchoripass, 2 781 m ü. M., führt die Suchum. Heerstraße, seit 1999 UNESCO-Weltnaturerbe; 3) **zentraler Hochgebirgs-K.** zw. Elbrus (5 642 m ü. M.) und Kasbek (5 047 m ü. M.); in diesem stark vergletscherten Abschnitt erheben sich noch mehrere andere Gipfel über 5 000 m Höhe; Übergang für die Osset. Heerstraße ist der Mamissonpass (2 829 m ü. M.), für eine 1989 fertig gestellte Autostraße (120 km) der untertunnelte Rokpass (2 996 m ü. M.); 4) **Dagestanischer K.,** östl. Hochgebirgs-K. (zw. Kreuzpass, 2 379 m ü. M., dem die ⁄ Georgische Heerstraße folgt, und dem Babadagh, 3 629 m ü. M.), erreicht noch vielfach Höhen über 4 000 m (Tebulos-Mta., 4 493 m ü. M.); in einem 23 km langen Tunnel unter dem Archotskipass (etwa 1 400 m ü. M.) wird der K.-Kamm von einer neuen Eisenbahnlinie (187 km lang) von Tiflis nach Wladikawkas überwunden; 5) **Kaspischer K.** mit einer Durchschnittshöhe von 500–1 000 m ü. M.; läuft zur Halbinsel Apscheron hin aus. – Dem geolog. Bau nach gehört der K. zu den Gebirgen der tertiären Faltung.

2) Kleiner K., Gebirgsland in Transkaukasien, umfasst die nördl. Randketten des Ararathochlandes, z. T. in Georgien, z. T. in Aserbaidschan; erreicht Höhen bis 3 724 m ü. M., weist aber i. Allg. Mittelgebirgscharakter auf. Er ist durch das Suramigebirge (bis 926 m ü. M.) mit dem Großen K. verbunden.

Kaukasusvölker, ⁄ kaukasische Völker.

Kaulbach, 1) Friedrich, Philosoph, *Nürnberg 19. 2. 1912, †Heilsbronn 10. 5. 1992; Prof. in Münster; Beiträge v. a. zur Ethik, Handlungs-, Erkenntnis- und Wissenschaftstheorie.

2) Wilhelm von (seit 1866), Maler, *Arolsen (heute Bad Arolsen) 15. 10. 1805, †München 7. 4. 1874; Schüler von P. von Cornelius; seit 1826 in München, wo er ab 1837 Hofmaler war; schuf u. a. effektvolle Wand- und Deckengemälde und Buchillustrationen.

Kaulbarsch [zu Kaule »Kugel«] (Gymnocephalus cernua), bis 25 cm langer Barschartiger Fisch in Flüssen und Seen, von Mitteleuropa bis Sibirien verbreitet, braungrün mit dunklen Flecken.

Kauliang [chines.], Art der ⁄ Sorghumhirse.

Kauliflorie [grch.] *die* (Stammblütigkeit), das Hervorbrechen der Blüten aus dem Stamm von Bäumen, z. B. beim Kakao- und Kolabaum.

Kaulquappen, die Larven der ⁄ Froschlurche.

Kaumagen, der Zerkleinerung der Nahrung dienender Abschnitt des Darmkanals bei manchen Tieren, z. B. Insekten. Funktionell als K. wirkt auch der als **Muskelmagen** ausgebildete Teil des Verdauungskanals der (Körner fressenden) Vögel.

Kaumuskulatur, der Bewegung des Unterkiefers zur Zerkleinerung der Nahrung dienende Muskelgruppe; besteht aus paarigem Schläfen-, Kau- sowie innerem und äußerem Flügelmuskel.

Kaunas (poln./russ. Kowno, dt. Kauen), Stadt in Litauen, an der Mündung der Wilija in die Memel, 381 300 Ew.; Sitz eines kath. Erzbischofs; Univ., TU, mehrere Hochschulen, veterinärmedizin. Akademie, Bildergalerie, Kunst- u. a. Museen, Zoo; Maschinen-, Motoren-, Turbinen-, Fernsehgerätebau, chem., Textil-, Nahrungsmittelind.; Hafen, internat. Flughafen. – Ruinen des alten Backsteinschlosses (13.–17. Jh.), Rathaus (1542–62), spätgot. Hallenkirchen (Dom, Juragis-, Vytautas-Kirche), spätgot. Hansekontor. – K., im 13. Jh. erstmals als litauische Burgsiedlung erwähnt, wurde 1362 vom Dt. Orden erobert; 1404 wieder litauisch, erhielt 1408 Stadtrecht und war im MA. Sitz eines Hansekontors. Bei der 3. Teilung Polens (1795) kam K. an Russland (1915 von dt. Truppen erobert). 1920–40 war K. anstelle des von Polen besetzten Vilnius provisor. Hptst. Litauens.

Kaunda, Kenneth, samb. Politiker, *Lubwe 28. 4. 1924; Lehrer, führende Persönlichkeit der Unabhängigkeitsbewegung in Nordrhodesien. Nach der Unabhängigkeit Sambias (1964) war er bis 1991 Staatspräs.; er wandelte 1972 Sambia in einen Einparteienstaat um, unterzeichnete jedoch 1990 eine Verf.änderung zur Einführung eines Mehrparteiensystems.

Kaunertal, rechtes Seitental des Oberinntals in den Ötztaler Alpen, Tirol, Österreich, 27 km lang, durchflossen vom Faggenbach, der im Oberlauf zum Stausee **Gepatsch** gestaut wird (Kraftwerk in Prutz, 395 MW am Ausgang ins Oberinntal); im Talschluss Sommerskigebiet Wiesjagglkopf (Mautstraße bis 2 750 m ü. M.).

Kaunitz, Wenzel Anton Graf von, seit 1764 Reichsfürst von K.-Rietberg, österr. Staatsmann, *Wien 2. 2. 1711, †ebd. 27. 6. 1794; leitete 1753–93 als Staatskanzler die österr. Außenpolitik, wobei er an dem Bündnis mit Russland festhielt und dem preußisch-engl. Abkommen 1756 ein Defensivbündnis mit Frankreich entgegenstellte, das nach dem Ausbruch des Siebenjährigen Krieges (1756–63) in ein Offensivbündnis umgewandelt wurde (1757). Diese »Umkehrung der Allianzen« ist einer der Wendepunkte der europ. Politik. Sein Staatsdenken war absolutistisch

Kaukasus 1): Blick auf den Kasbek im Großen Kaukasus

Kenneth Kaunda

Wenzel Anton Graf von Kaunitz

Kaur — Kauri

Aki Kaurismäki: Szene aus dem Film »Das Mädchen aus der Streichholzfabrik« (1989)

sowie der Ideenwelt der rationalist. Aufklärung verhaftet und beeinflusste wesentlich die Reformtätigkeit Maria Theresias und Josephs II. (↗Josephinismus).

Kauri [Hindi] *der* oder *die* (Kaurischnecken, Caorischnecken, Monetaria), Gattung bis 25 mm langer ↗Porzellanschnecken, die im Ind. und Pazif. Ozean an Korallenstöcken leben. Die Gehäuse der K. dienten in S- und SO-Asien und im trop. Afrika bis ins 19. Jh. als Zahlungsmittel.

Kaurifichte [Maori] (Kopalfichte, Agathis australis), in Neuseeland vorkommende Art der Araukariengewächsgattung Agathis; bis 50 m hoher Baum mit blattartigen Nadeln und weißlich gelbem, sehr harzreichem (↗Kopal) duftendem Holz (Bau- und Schiffsholz).

Kaurismäki, Aki, finn. Filmregisseur, * Helsinki 4. 4. 1957; dreht seit den 1980er-Jahren sozialkrit. Filme über eigenwillige Außenseiter (in Helsinki) mit lakonisch-spröd. Humor, u. a. die Trilogie: »Schatten im Paradies« (1986), »Ariel« (1988) und »Das Mädchen aus der Streichholzfabrik« (1989). – *Weitere Filme:* Hamlet Goes Business (1987); Leningrad Cowboys Go America (1989); I Hired a Contract Killer (1991); Das Leben der Bohème (1992); Tatjana (1994); Juha (1999); Der Mann ohne Vergangenheit (2002).

kausal [lat.], ursächlich, dem Prinzip der Kausalität entsprechend.

Kausalität *die,* 1) *allg.:* der Zusammenhang von Ursache und Wirkung.
2) *Philosophie:* das Vorliegen eines (gesetzmäßigen) Wirkungszusammenhangs zw. Ereignissen bzw. Erscheinungen in der Weise, dass in ein Ereignis *A* unter bestimmten Bedingungen ein Ereignis *B* (mit ↗Notwendigkeit) hervorbringt (verursacht), wobei die Ursache *A* der Wirkung *B* zeitlich vorausgeht und *B* niemals eintritt, ohne dass vorher *A* eingetreten ist. Die universale Gültigkeit der K. behauptet das **Kausalprinzip (K.-Prinzip),** wonach jedes Geschehen seine (materielle) Ursache hat, und es keine ursachelosen, »akausalen« Dinge, Erscheinungen, Abläufe usw. gibt. Dieses in elementarer Form bereits von Aristoteles formulierte Kausalprinzip entspricht der Interpretation des **Satzes vom zureichenden Grund:** »nihil fit sine causa« (»nichts geschieht ohne Ursache«). Von den urspr. vier Ursachenarten des Aristoteles (↗Causa) entspricht die Wirkursache (causa efficiens) der neuzeitl. K., die zum universellen Erklärungsmodell der Naturwiss. wurde. Die anderen Ursachenarten, bes. die Zweckursache (causa finalis), wurden in der Neuzeit als unwiss. verworfen. Kausalprinzip und **Kausalgesetz** (»gleiche Ursachen haben gleiche Wirkungen«) wurden in der Folge sowohl realistisch-ontolog. (K. findet tatsächlich in der Natur statt) – so z. B. bei B. de Spinoza – als auch methodologisch-nominalistisch gedeutet: für D. Hume ist K. nichts als das Resultat gewohnheitsmäßiger Verknüpfung von Ereignissen durch den Wahrnehmenden; für Kant ist K. eine im Erkenntnissubjekt liegende, Erfahrung ermöglichende Verstandesstruktur.

Im 19. und bis ins 20. Jh. hinein wurde die K. systematisch vorwiegend im Rahmen der Logik behandelt, wobei sich allerdings Einflüsse der Erkenntnistheorie, des Empirismus und des Rationalismus geltend machten. Mit der Entwicklung der Logik zu einer reinen Formalwiss. verschwand das Problem der K. fast völlig aus der log. Diskussion und wird erst wieder in neuerer Zeit v. a. im Rahmen der allg. Wissenschaftstheorie erörtert. – Ein neues philosoph. Verständnis der K. brachte die Relativitätstheorie: Ereignisse können jeweils nur mit Ereignissen aus bestimmten Bereichen des Raum-Zeit-Kontinuums kausal verknüpft sein und nicht mit beliebigen. Die Kopenhagener Deutung der Quantenmechanik erkennt zwar noch das Kausalprinzip an, aber nicht mehr, dass Ereignisse genau vorhersagbar seien. – Auch im Rahmen der Chaostheorie, wonach (kleine) Änderungen unvorhersehbare (große) Wirkungen hervorrufen können, musste das K.-Denken modifiziert werden.

3) *Recht:* die ursächl. Verknüpfung einer menschl. Handlung mit einem bestimmten Ergebnis. Im *Strafrecht* ist eine Handlung dann kausal für den (schädl.) Erfolg, wenn sie nicht weggedacht werden kann, ohne dass der Erfolg entfiele, z. B. die Abgabe eines Schusses mit dem Erfolg einer Körperverletzung. Für das *Zivilrecht* gilt, dass nur die Folgen durch die Handlung verursacht sind, mit deren Eintreten nach allg. Lebenserfahrung gerechnet werden konnte.

Kausalsatz, Begründungssatz. (↗Syntax, Übersicht)

Kausativ *das, Sprachwissenschaft:* Verb, das die Veranlassung einer Handlung bezeichnet, z. B. *tränken* (zu *trinken*), *fällen* (zu *fallen*).

Kaustik [grch.] *die,* 1) *Medizin:* die ↗Kauterisation.
2) *Optik:* (Brennfläche, kaust. Fläche), bei einem opt. System die einhüllende Fläche derjenigen Punkte, in denen sich die Bildstrahlen eines parallel einfallenden Lichtbündels schneiden. Die K. an spiegelnden Flächen heißt **Katakaustik,** die bei brechenden Systemen (Linsen) **Diakaustik.**

Kauterisation [grch.] *die* (Kaustik), operative Gewebezerstörung durch Anwenden von Hitze, Kälte oder Ätzmitteln. (↗Elektrokoagulation)

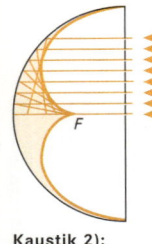

Kaustik 2): Schnittdarstellung der Katakaustik (gelb) eines Hohlspiegels (schwarz); die geschwungene, spitz zulaufende Fläche stellt die Schnittlinie der Kaustik dar; F Brennpunkt

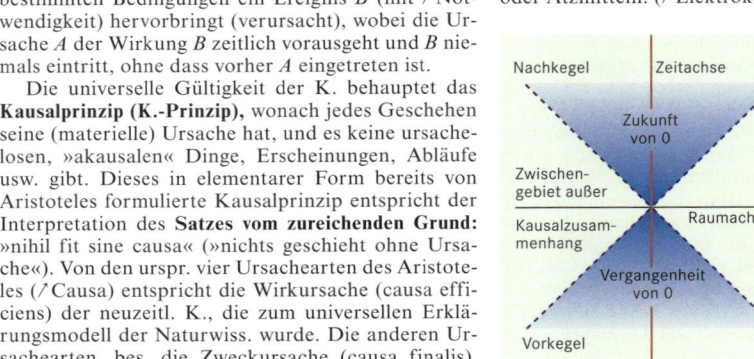

Kausalität 2): Kausalzusammenhang nach der Relativitätstheorie

Kaution [lat.] *die, ↗* Sicherheitsleistung.
Kautionsversicherung, ↗ Kreditversicherung.
Käutner, Helmut, Schauspieler, Film- und Bühnenregisseur, * Düsseldorf 25. 3. 1908, † Castellina in Chianti (Prov. Siena) 20. 4. 1980; 1930 Mitbegründer des Kabaretts »Die vier Nachrichter«; 1939 führte K. zum ersten Mal Filmregie (»Kitty und die Weltkonferenz«). – *Weitere Filme:* Große Freiheit Nr. 7 (1944); Unter den Brücken (1945); Die letzte Brücke (1953); Des Teufels General (1955); Der Hauptmann von Köpenick (1956); Schinderhannes (1958); Der Rest ist Schweigen (1959); Das Glas Wasser (1960); Das Haus in Montevideo (1963).

Kautschuk: Kautschukgewinnung in Indonesien

Kautschuk [aus einer peruan. Indianersprache »tränender Baum«] *der,* unvernetztes, aber vernetzbares (vulkanisierbares) Polymer mit gummielast. Eigenschaften bei Raumtemperatur, das bei höherer Temperatur oder unter dem Einfluss deformierender Kräfte plastisch verformbar ist. K. ist Ausgangsstoff für die Herstellung von Elastomeren (Gummi). **Natur-K.** (Abk. NR, für engl. natural rubber) ist im Milchsaft (Latex) versch. trop. Pflanzen enthalten, von denen Hevea brasiliensis die größte Bedeutung hat. Hauptproduzenten sind Malaysia und Indonesien. Zum Zapfen des Latex wird die Rinde des K.-Baumes bogenförmig angeschnitten. Latex ist eine kolloide Dispersion von 32–38% K. und 1–2% Eiweißstoffen in einer wässrigen Lösung. Fest-K. wird meist durch Koagulation mit Säuren erzeugt. Das Koagulat wird entweder zu »Fellen« ausgewalzt oder durch Rauch konserviert (sog. Smoked Sheets), oder unter Waschen auf Walzwerken verarbeitet (sog. Crêpe). Der rohe Natur-K. wird nur in geringem Umfang direkt zur Herstellung von Klebebändern und -lösungen, Knetgummi u. a. verwendet; meist wird er durch ↗ Mastikation und ↗ Vulkanisation in **Gummi** überführt. Vulkanisierter Natur-K. zeichnet sich durch hohe Elastizität, Zugfestigkeit und Kälteflexibilität aus. Er wird u. a. zur Herstellung von Autoreifen und dünnwandigen Artikeln hoher Festigkeit verwendet. Das Polymer des Natur-K. ist linear angeordnetes cis-1,4-Polyisopren mit 3 000–5 000 Isopreneinheiten. Durch Chlorieren und Sulfonieren erhält man Produkte, die zu Klebstoffen, Lackrohstoffen oder Verpackungsfolien verarbeitet werden. (↗ Synthesekautschuk)

Geschichte: Die Indianer Brasiliens verwendeten K. zur Herstellung von elast. und unzerbrechl. Flaschen, von Spielbällen und als Fackeln. 1744 brachte der frz. Gelehrte C. M. de la Condamine einige Proben aus Südamerika nach Frankreich. Industrielle Bedeutung erlangte der K. erst 1839, als C. Goodyear das Vulkanisieren erfand.

Kautsky, Karl, Sozialist, * Prag 16. 10. 1854, † Amsterdam 17. 10. 1938; schloss sich 1875 der österr. Sozialdemokratie an. In seinem Londoner Exil (1881–90) wurde er enger Mitarbeiter von F. Engels; er gründete 1883 das theoret. SPD-Organ »Die Neue Zeit«, war neben E. Bernstein Verf. des Erfurter Programms der SPD (1891) und trug wesentlich zur Durchsetzung marxist. Gedankenguts in der dt. Sozialdemokratie bei. Er bekämpfte sowohl den Revisionismus Bernsteins als auch den revolutionären Radikalismus Rosa Luxemburgs. Später lehnte er auch den Bolschewismus ab. Er betrachtete die demokrat. Republik als Rahmen für die Verwirklichung des Sozialismus. 1917–22 Mitgl. der USPD, seitdem wieder der SPD. 1938 emigrierte er nach Amsterdam.

Kauz, ↗ Eulen.

Kavala (Kavalla), Hptst. des VerwBez. K. im östl. Makedonien, Griechenland, am Golf von K., 58 000 Ew.; Tabakind. und -handel, chem., Textilind.; Hafen mit Containerterminal, Fährverkehr nach Thasos. Seit 1981 Förderung der untermeer. Erdöl- und Erdgasvorkommen.

Kavalier [frz.-italien., zu lat. caballus »Pferd«] *der,* urspr. Angehöriger eines ritterl. Ordens, seit dem 17. Jh. Bez. für jeden adligen Herrn; umgangssprachlich gebildeter, taktvoller Herr.

Kavalierprojektion (Kavalierperspektive, Frontalaxonometrie), Form der schiefen Parallelprojektion, bei der die *yz*-Ebene (»Aufrissebene«) eines räuml. orthogonalen Achsenkreuzes (*x*, *y*, *z*) unverzerrt dargestellt wird und die *x*- und *y*-Achse einen Winkel von 135° einschließen (isometr. Projektion). Bei der **Kabinettprojektion** (Kabinettperspektive) wird die *x*-Achse außerdem um die Hälfte verkürzt; ein Körper wird dabei mit seiner wirkl. Breite und Höhe dargestellt, während die Tiefen unter einem Winkel verkürzt gezeichnet werden (dimetr. Projektion). – Die Bez. K. stammt vermutlich aus der Praxis des Festungsbaus im 18. Jahrhundert.

Kavaliersdelikt, ein strafrechtl. Tatbestand, der in bestimmten Gruppen der Gesellschaft als nicht ehrenrührig gilt.

Kavallerie [frz.-italien.] *die,* urspr. die Reiterei, d. h., eine berittene Truppe. K. wurde schon im Altertum eingesetzt. Nach dem Ersten Weltkrieg wurde die K. durch motorisierte und Panzertruppen ersetzt und nach dem Zweiten Weltkrieg in fast allen Heeren aufgelöst. Hauptvorzüge der K. waren Schnelligkeit und Beweglichkeit, ihre Hauptaufgaben u. a. Aufklärung, Sicherung und Verfolgung.

Kavatine [italien.] *die* (Cavatina), in Oper und Oratorium des 18. und 19. Jh. kürzeres, instrumental begleitetes Sologesangsstück von einfachem, liedmäßigem Charakter; im 19. Jh. auch arioser Instrumentalsatz.

Kaverne [lat. »Höhle«] *die,* 1) unterird. Hohlraum, der sich durch seine gedrungene Form von Tunnel, Stollen und Schächten unterscheidet. Künstl. K. werden durch Sprengungen oder im Solverfahren (in Salzlagern oder -stöcken) hergestellt. K. dienen als Speicher für Gas, Öl, Wasser o. Ä., als Lager für Sondermüll und radioaktive Abfälle sowie zur Unterbringung techn. oder militär. Einrichtungen.

Karl Kautsky

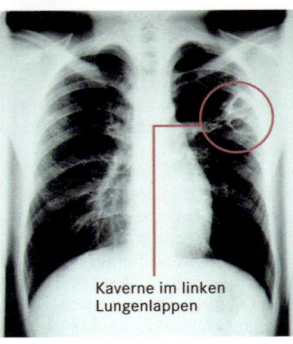

Kaverne 2): Bildung einer Kaverne bei Tuberkulose

Kaverne im linken Lungenlappen

2) *Medizin:* krankhafte Hohlraumbildung durch Gewebeeinschmelzung, bes. in der Lunge bei Tuberkulose.

Kaviar [türk.] *der,* die gereinigten und gesalzenen Rogen (Eier) der störartigen Fische, die hauptsächlich im Schwarzen und Kasp. Meer gefangen werden, z. B. Beluga, Schip, Ossiotr, Sewruga. Nach der Zubereitung unterscheidet man **Malossol** (mild gesalzen) und **Fass-K. (Salz-K.,** stark mit Salz gemischt). Dt. K. wird v. a. aus Rogen vom Seehasen und anderen Seefischen hergestellt.

Kavität [lat.] *die,* Hohlraum; in der Zahnmedizin sowohl die durch Karies entstandene als auch die zur Aufnahme einer Füllung präparierte Höhlung eines Zahnes.

Kavitation [lat.] *die* (Hohlsog), Bildung und nachfolgende schlagartige Kondensation von Dampfblasen in strömenden Flüssigkeiten, hervorgerufen durch Geschwindigkeitsänderungen (z. B. auf Turbinenschaufeln oder Schiffsschrauben). In der Nähe der K.-Stelle kann es zur mechan. Zerstörung des Werkstoffes kommen.

Yasunari Kawabata

Kawabata, Yasunari, japan. Schriftsteller, * Ōsaka 14. 6. 1899, † (Selbstmord) Zushi (bei Yokohama) 16. 4. 1972; urspr. Neoimpressionist, behandelte später in Erzählungen (»Die kleine Tänzerin von Izu«, 1926) und Romanen (»Schneeland«, endgültige Fassung 1948; »Tausend Kraniche«, endgültige Fassung 1952; »Ein Kirschbaum im Winter«, endgültige Fassung 1954; »Kyoto oder Die jungen Liebenden in der alten Kaiserstadt«, 1962) Themen wie Einsamkeit, Vergänglichkeit und Tod, aber auch Liebe und die Schönheit des alten Japan. Nobelpreis für Literatur 1968.

Kawaguchi [-tʃi] (Kawagutschi), Stadt auf Honshū, Japan, nördlich von Tokio, 448 900 Ew.; geolog. Forschungsinst.; Maschinenbau, Textil-, elektrotechn. Industrie.

Kawakubo, Rei, japan. Modedesignerin, * Tokio 1942; gründete 1973 in Tokio die Firma und Modemarke »Comme des Garçons«, die 1978 durch eine Männerlinie vervollständigt wurde; 1981 gründete sie einen Salon in Paris. Ihre Mode fand als »Fetzen- und Löcher-Look« große Nachahmung. Drapierungen, Asymmetrien, Raffungen und Schichtungen signifizieren ihren meist in neutralen Farbtönen gehaltenen Stil. Kreiert auch Parfüm.

Nikos Kazantzakis

Kawalerowicz [-tʃ], Jerzy, poln. Filmregisseur, * Gwoździec (Wwschaft Katowice) 19. 1. 1922; einer der anerkanntesten poln. Regisseure. – *Filme:* Nachtzug (1959); Mutter Johanna von den Engeln (1960); Pharao (1965); Spiel (1968); Der Tod des Präsidenten (1977); Bronsteins Kinder (1991).

Kawara, On, japan. Künstler, * Präfektur Aichi 2. 1. 1933; Vertreter der Concept-Art. Sein Hauptthema ist die Zeit, die er in seinen Arbeiten u. a. anhand von Daten (»date paintings«, ab 1966) zu dokumentieren sucht.

Kawasaki, Hafenstadt in Japan, auf Honshū, an der W-Küste der Bucht von Tokio, 1,25 Mio. Ew.; Kernforschungszentrum, mehrere Forschungsinst.; Schiff- und Maschinenbau, petrochem., Stahl-, elektrotechn., Lebensmittelind., Erdölraffinerien. – Zwei buddhist. Tempel (10. und 12. Jh.).

Kawasaki-Syndrom [nach dem zeitgenöss. japan. Kinderarzt Tomisaku Kawasaki] (mukokutanes Lymphknotensyndrom), zuerst in Japan beobachtete, v. a. bei Kleinkindern auftretende akute fieberhafte Erkrankung noch unbekannter Ursache (vermutlich Autoimmunkrankheit). Symptome sind Fieber, Entzündung von Augenbindehaut und Mundschleimhaut und Lymphknotenschwellung.

Kawerin, Weniamin Alexandrowitsch, eigtl. W. A. Silber, russ. Schriftsteller, * Pskow 19. 4. 1902, † Moskau 4. 5. 1989; verfasste zunächst histor., fantast. und Kriminalerzählungen; sein Abenteuerroman »Zwei Kapitäne« (2 Bde., 1938–44) gehörte zu den populärsten sowjet. Jugendbüchern. Bedeutend sein Künstlerroman »Vor dem Spiegel« (1971).

Kawir (Kewir), Bez. der abflusslosen Salztonebenen der inneriran. Wüstenbecken.

Kayahstaat, Gliedstaat im östl. Birma, an der Grenze zu Thailand, 11 733 km², 228 000 Ew.; Hauptstadt Loikaw. Im S des Shanhochlandes gelegen (bed. Teakholzbestände), ist der K. der Hauptsiedlungsraum der **Kayah,** eines Hauptstamms der Karen.

Kayes [ke:z, frz. kaj], Regionshptst. im W von Mali, am Senegal (ab hier schiffbar), 83 100 Ew.; kath. Bischofssitz; Marktzentrum (Rinder- und Schafhandel). K. ist einer der heißesten Orte der Erde (mittlere monatl. Temperaturmaxima über 30 °C).

Kaye-Smith [keɪˈsmɪθ], Sheila, engl. Schriftstellerin, * Saint Leonard's-on-Sea (bei Hastings) 4. 2. 1887, † Northiam (Cty. Sussex) 14. 1. 1956; schrieb Romane über das Leben der Bauern in Sussex.

Kayser, **1)** Christian Gottlob, Verleger und Bibliograf, * Priester (bei Eilenburg) 21. 12. 1782, † Leipzig 16. 11. 1857; begründete das für das zeitgenöss. Buchhandelswesen bed. »Vollständige Bücher-Lexicon ...« (36 Bde., 1834–1912).
2) Wolfgang, Literaturwissenschaftler, * Berlin 24. 12. 1906, † Göttingen 23. 1. 1960; verfasste richtungweisende Arbeiten zur Poetik (»Gesch. der dt. Ballade«, 1936; »Das sprachl. Kunstwerk«, 1948).

Kayseri, Provinz-Hptst. in Zentralanatolien, Türkei, 1 040 m ü. M., am Fuß des Erciyas Daği, 463 800 Ew.; Univ., Museen; Textilind., Herstellung von Teppichen, Lederwaren, Flugzeugteilen und Zement, Zuckerfabrik. – Stadtmauer und gut erhaltene Zitadelle, z. T. aus byzantin. Zeit (bis 1080); bed. seldschuk. Baudenkmäler, u. a. die Moscheen Ulu Cami (1205/06) und Külük Cami (1210), Komplex der Honat Hatun (1237/38); zahlr. seldschuk. Grabmäler, u. a. Döner Kümbet (um 1276/77). – K. war die bedeutendste Stadt Kappadokiens, im 12. und 13. Jh. zeitweilig Seldschukenresidenz.

Kazan [kəˈzɑːn], Elia, eigtl. Kasanioglus, amerikan. Regisseur und Schriftsteller grch. Abstammung, * Konstantinopel 7. 9. 1909; drehte sozialkrit., realist. Filme: »Endstation Sehnsucht« (1951), »Die Faust im Nacken« (1954), »Jenseits von Eden« (1955), »Baby Doll« (1956), »Das Arrangement« (1969), »Der letzte Tycoon« (1975) u. a.; auch Bühneninszenierungen.

Kazanlak, / Kasanlak.

Kazantzakis (Kasantzakis), Nikos, neugrch. Schriftsteller, * Heraklion (Kreta) 18. 2. 1883, † Frei-

Buster Keaton

burg im Breisgau 26. 10. 1957; sprachgewaltiger Vertreter der neugrch. Literatur; lebte nach dem Zweiten Weltkrieg v. a. in Frankreich; bekannt sind seine von philosoph. Fragestellungen bestimmten Romane, u. a. »Alexis Sorbas« (1946), »Die letzte Versuchung« (1951), »Freiheit oder Tod« (1953), »Griechische Passion« (1954), »Mein Franz von Assisi« (1956), »Rechenschaft vor El Greco« (Erinnerungen, hg. 1961). Schrieb auch Essays, Reisebücher und Lyrik; übersetzte u. a. Homer, Dante, Goethe, Nietzsche.

Kazike [indian.] *der,* 1) Stammes- und Dorfhäuptling bei den Indianern Mittel- und Südamerikas. 2) Titel eines indian. Gemeindevorstehers in Mexiko und Guatemala.

Kazimein [kað-] (Al-Kazimija), Wallfahrtsort in Irak, ↗ Kadhimain.

Kaziranga-Nationalpark, Nationalpark für rd. 1 200 Nashörner im Bundesstaat Assam, im NO von Indien, in sumpfiger Talaue am linken Ufer des Brahmaputra, 430 km^2; eingerichtet 1908 als Reservat, seit 1974 Nationalpark (UNESCO-Weltnaturerbe).

kcal, Einheitenzeichen für Kilokalorie (↗ Kalorie).

Kea [Maori] *der,* Art der ↗ Nestorpapageien.

Kea (altgrch. Keos), Insel im W der Kykladen, Griechenland, 131 km^2, 1 800 Ew.; der Hauptort K. (im Altertum Iulis) liegt im Innern der Insel. Reste einer Siedlung mit keram. Import aus Kreta; Heiligtum aus der späten Bronzezeit.

Kean [ki:n], Edmund, engl. Schauspieler, * London 4. 11. 1787, † Richmond upon Thames (heute zu London) 15. 5. 1833; bed. Darsteller von Shakespeares Charakterrollen.

Keaton [ki:tn], **1)** Buster, eigtl. Joseph Francis K., amerikan. Schauspieler, * Pickway (Kans.) 4. 10. 1895, † Los Angeles (Calif.) 1. 2. 1966; Darsteller und Regisseur in amerikan. Stummfilmkomödien (»Der General«, 1926; »Die Kreuzfahrt der Navigator«, 1924, u. a.); bekannt als »der Mann, der niemals lachte«.

2) Diane, amerikan. Filmschauspielerin und Regisseurin, * Los Angeles (Calif.) 5. 1. 1946; Darstellerin expressiver Emotionalität; Zusammenarbeit mit W. Allen u. a. in »Der Stadtneurotiker« (1977) und »Manhattan« (1979); trat u. a. 1987 als Regisseurin mit dem Dokumentarfilm »Heaven«, 1995 mit dem Spielfilm »Entfesselte Helden« hervor. – *Weitere Filme:* Reds (1981); Der Vater der Braut (1991); Der Club der Teufelinnen (1996); Ganz normal verliebt (1999); Hanging Up (2000).

Keats [ki:ts], John, engl. Dichter, * London 29. oder 31. 10. 1795, † Rom 23. 2. 1821; als Vertreter der zweiten Generation der engl. Romantik gehört K. zu den hervorragendsten engl. Odendichtern. Seine Dichtung, in bild- und klangreicher Sprache, erwuchs aus einer sinnenstarken Hingabe an die Natur; von hier aus fand er den Weg zur antiken Mythologie, die er nacherlebte und neu gestaltete, so in den Verserzählungen »Endymion« (1818) und »Hyperion« (1819). Fieberhafte Sinnlichkeit durchzieht das romant. Märchen »Isabella« (1818), die Romanze »The Eve of Saint Agnes« (1819), seine großen Oden (»To a nightingale« und »On a Grecian urn«, 1819 entstanden) und die düstere Ballade »La Belle Dame sans Merci« (1820).

Keban, Bergbauort in der Prov. Elâzığ, O-Türkei, 1 000 m ü. M., am oberen Euphrat; 5 600 Ew.; Abbau von silberhaltigen Blei-Zink-Erzen, Bleischmelze. Oberhalb von K. entstand 1974 am Zusammenfluss der Euphratquellflüsse Karasu und Murat der **K.-Stausee** (680 km^2) mit Kraftwerk (1 240 MW).

Kebnekaise (Kebnekajse) *der,* mit 2 111 m ü. M. höchster Berg Schwedens, in Lappland, westlich von Kiruna.

Keck-Teleskop, ↗ Mauna Kea.

Kecskemét ['kɛtʃkɛme:t], Hptst. des Bezirks Bács-Kiskun, S-Ungarn, zw. Donau und Theiß, 105 500 Ew.; Fachhochschule für Maschinenbau, Weinbauforschungsinst., Museen; Landmaschinenbau, Spirituosenfabrik; Obst- und Weinbau.

Kedah, Bundesstaat Malaysias, auf der Malaiischen Halbinsel, an der Grenze zu Thailand, 9 425 km^2, 1,65 Mio. Ew.; Hptst. ist Alor Setar.

Kędzierzyn-Koźle [kɛn'dʒɛʒɨn 'kɔʒlɛ], Krst. in der Wwschaft Opole (Oppeln), Polen, an der Oder und am Gleiwitzkanal, 69 600 Ew., entstand 1975 durch Zusammenlegung von Kędzierzyn (bis 1934 Kandrzin, 1934–45 Heydebreck O. S.) und Koźle (dt. Cosel); Hafen mit Werft; chem., Maschinenbau-, Papier-, Lebensmittelind. – Koźle war 1312–55 Sitz einer Herzogslinie der Piasten; 1742 an Preußen.

Keelinginseln ['ki:lɪŋ-], die ↗ Kokosinseln.

Keelung [dʒi-], Hafenstadt an der N-Küste von Taiwan, ↗ Jilong.

Keersmaeker [-ma:kər], Anne Teresa De, belg. Tänzerin und Choreographin, * Mecheln 11. 6. 1960; ausgebildet an M. Béjarts Brüsseler Mudra-Schule sowie an der New Yorker School of Arts, fand sie als Gründungsmitgl. der Gruppe Rosas bereits 1983 mit »Rosas danst Rosas« zu einer eigenen Tanztheatersprache. Seit 1992 dem Théâtre Royal de la Monnaie verbunden, gründete 1995 in Brüssel die »Performance Arts Research and Training Studios« (P.A.R.T.S).

Keesom, Willem Hendrik, niederländ. Physiker, * Texel 21. 6. 1876, † Leiden 3. 3. 1956; arbeitete zur Tieftemperaturphysik. K. gelang 1926 erstmals die Darstellung von Helium in festem Zustand; 1936 entdeckte er die Suprawärmeleitung.

Keetmanshoop [ki:atməns'huəp], wichtigste Stadt von S-Namibia, 1 001 m ü. M., an der Bahnstrecke Kapstadt–Windhuk, 14 900 Ew.; Handelszentrum eines bed. Karakulschafzuchtgebiets, Flugplatz.

Kefermarkt, Marktgemeinde in Oberösterreich, nordöstlich von Linz, 2 000 Ew.; in der Pfarrkirche spätgot. Schnitzaltar (13,50 m hoch; um 1490), eine der hervorragendsten Arbeiten der oberdt. Schnitzkunst.

Kefije [arab.] *die* (Keffijje, Kafija, Kufija, Kufiyya), quadrat. Kopftuch der Araber aus weißer, rot bzw. schwarz gemusterter Seide, Leinen oder Baumwolle, das zu einem Dreieck gefaltet über den Kopf gelegt und durch ein **Egal** (auch **Ogal** oder **Akal** gen.), eine dunkle Schnur aus gedrehten Ziegenhaaren bzw. seltener aus Schafwolle, zusammengehalten wird; rot kariert und mit Fransen zum Symbol der PLO geworden (**Palästinensertuch**).

Kefir [russ.] *der,* Sauermilcherzeugnis aus Frischmilch, die mit K.-Pilzen (Gemisch spezif. Bakterien und Hefen) versetzt ist; wegen der Gärung enthält K. 0,2–1 % Alkohol.

Keflavík ['kjɛblavi:k], Stadt in SW-Island, auf der Halbinsel Reykjanes, an der Faxabucht, 7 600 Ew.; Fischfang und -verarbeitung; internat. Flughafen; seit 1946 amerikan. und seit 1951 NATO-Stützpunkt.

Kegel, 1) *graf. Technik:* ↗ Letter.

2) *Mathematik:* ein Körper, der von einer Fläche (**K.-Fläche**) mit geschlossener Leitkurve und einer die Leitkurve enthaltenden Ebene begrenzt wird. Dabei ist eine K.-Fläche eine Fläche, die ein durch einen festen Punkt *S* des Raumes (den **Scheitel**) gehender und längs einer Kurve *k* (der **Leitkurve, Leitlinie**) gleiten-

John Keats

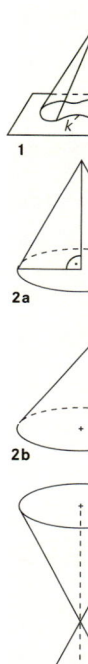

Kegel 2):
1 allgemeiner Kegel, *E* Ebene, *k* Leitkurve, *S* Scheitel;
2 mögliche Formen von Kreiskegeln,
a gerader Kreiskegel, b schiefer Kreiskegel,
c Doppelkegel,
d Kegelstumpf

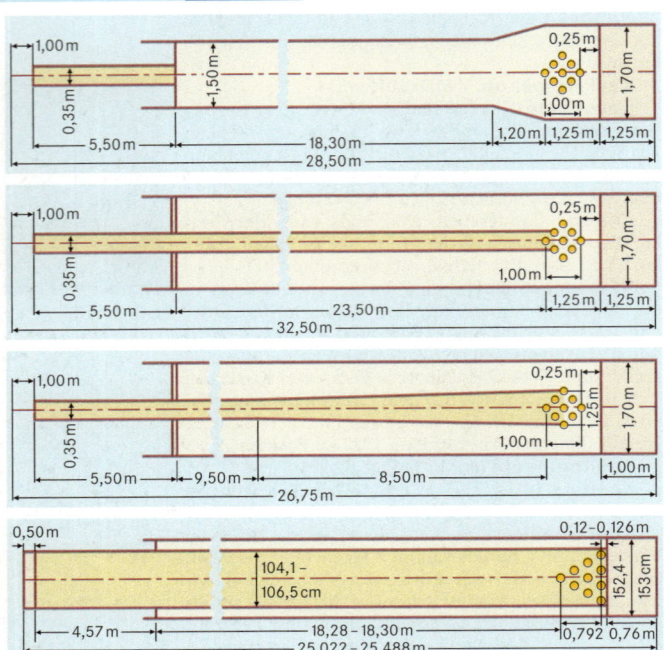

Kegeln (von oben): Asphaltbahn, Bohlenbahn, Scherenbahn, Bowlingbahn

die das Verhältnis ihrer Abstände zu einem gegebenen Punkt (Brennpunkt) und zu einer gegebenen Geraden (Leitlinie) konstant ist. K. lassen sich in einem kartes. Koordinatensystem durch Gleichungen zweiten Grades beschreiben.

Kegelstumpf, / Kegel.

Kehdingen, Land, Marsch- und Moorgebiet am linken Ufer der Unterelbe, Ndsachs.; auf den Marschböden werden Grünlandwirtschaft und Obstbau betrieben; größtes der Niedermoore ist das **Kehdinger Moor.**

Kehl, Stadt (Große Kreisstadt) im Ortenaukreis, Bad.-Württ., an der Mündung der Kinzig in den Rhein, 33 200 Ew.; FH für öffentl. Verw.; Stahlwerke, Beton-, Holzind.; Hafen. Die Europabrücke zw. K. und Straßburg ist ein wichtiger Grenzübergang nach Frankreich. – K. wurde 1388 durch eine feste Brücke mit Straßburg verbunden. Nach Eroberung durch die Franzosen baute Vauban K. 1680–88 zur frz. Festung aus. K. wurde 1774 Stadt.

Kehle, 1) *Anatomie:* vorderer Halsteil der Säugetiere und des Menschen im Bereich von Kehlkopf und Luftröhre.

2) *Bautechnik:* Schnittkante oder gerundeter Verbindungsstreifen zw. zwei winklig aufeinander treffenden Flächen.

Kehlkopf (Larynx), beim Menschen und den lungenatmenden Wirbeltieren der Luftröhre vorgelagertes Organ zur Stimmbildung. Das Knorpelgerüst besteht aus Kehldeckel-, Schild-, Ring- und zwei Stell- (Gießbecken-)Knorpeln. Der Schildknorpel kann bei Männern als »Adamsapfel« vorspringen. Im Inneren des K. springen zwei Faltenpaare gegen die Mitte vor, oben die **Taschenfalten,** unten die zw. Schild- und Stellknorpel ausgespannten **Stimmbänder,** die die **Stimmritze (Glottis)** begrenzen. Der **Kehldeckel (Epiglottis),** die von Schleimhaut überzogene Knorpelplatte des K., verschließt dessen Eingang beim Schlucken.

Kehlkopf|entzündung (Kehlkopfkatarrh, Laryngitis), Entzündung der Kehlkopfschleimhaut einschl. der Stimmlippen. Die K. verläuft akut oder chronisch. Symptome sind bei Stimmbandbefall ständige Heiserkeit, rasche Ermüdung der Stimme und Missempfindungen beim Sprechen. Behandlung: Kopfdampfbäder, Antibiotika, daneben Schonung der Stimme und Rauchverbot.

Kehlkopfgenerator, / Sprechhilfen.

Kehlkopfkrebs (Kehlkopfkarzinom, Larynxkarzinom), häufigster bösartiger Tumor im Halsbereich; tritt v. a. zw. dem 50. und 70. Lebensjahr vorwiegend bei Männern auf und ist durch Heiserkeit und Schluckbeschwerden gekennzeichnet. Die Behandlung besteht in einer teilweisen oder völligen operativen Entfernung des Kehlkopfs **(Laryngektomie)** mit anschließender Bestrahlung.

Kehlkopflähmung (Rekurrenslähmung, Stimmbandlähmung, Laryngoparalyse), durch Schädigung des Kehlkopfnervs (Nervus laryngeus recurrens) bedingte Lähmung der inneren Kehlkopfmuskeln; Symptome sind Heiserkeit, Stimmlosigkeit.

Kehlkopfpfeifen, Erkrankung des Kehlkopfs oder der Luftröhre beim Pferd; pfeifende oder röchelnde Geräusche beim Einatmen; Beseitigung durch operativen Eingriff.

Kehlkopfspiegelung (Laryngoskopie), Betrachtung des Kehlkopfs mit einem Laryngoskop. Dieses wird für die **indirekte K.** als Planspiegel (Kehlkopfspiegel), für die **direkte K.** oder **Autoskopie** als Kehlkopfspatel mit Beleuchtungseinrichtung oder als Bronchoskop verwendet.

Kehllaut, *Phonetik:* / Laut.

der Strahl (die **Erzeugende**) beschreibt. Die K.-Fläche schneidet aus dieser Ebene die **Grundfläche** G des K. aus, nach der **Kreis-K., ellipt. K.** u. a. unterschieden werden. Der den K. begrenzende Teil der K.-Fläche heißt **K.-Mantel,** die auf ihr gelegenen Geradenstücke **Mantellinien.** Wird die Spitze eines K. durch einen parallel zur Grundfläche geführten Schnitt abgetrennt, bleibt ein **K.-Stumpf** zurück. – Für das Volumen V eines K. der Höhe h gilt: $V = \frac{1}{3} G h$.

3) *Sport:* Figur beim / Kegeln.

Kegellade, eine Windlade in der Orgel.

Kegeln (Kegelsport), Kugel- und Vollballspiel, das als Gesellschaftsspiel oder als sportl. Wettbewerb ausgetragen wird. Der Kegler bringt nach einem kurzen Anlauf eine **Kugel** aus Kunststoff auf einer Kegelbahn ins Rollen, um möglichst alle an deren Ende aufgestellten **Kegel** umzustoßen. Dabei gibt es den Wurf in die Vollen auf alle Kegel oder das Abräumen der stehen gebliebenen Kegel. – Das sportl. Kegeln wird in vier Disziplinen auf Bahnen ausgetragen, die in Form, Oberfläche und Ausrüstung unterschiedlich sind: Asphalt-, Bohlen- und Scherenbahn mit je neun Kegeln sowie / Bowling mit zehn Kegeln. Gewertet wird nach der Zahl der gefallenen Kegel in Punkten.

Kegelprojektion, ein / Kartennetzentwurf.

Kegelrad, *Maschinenbau:* / Zahnrad.

Kegelschnecken (Conidae), Familie der Giftzüngler; Meeresschnecken mit kegelförmigem, meist buntem Gehäuse. Das Gift einiger Arten kann auch für den Menschen gefährlich werden.

Kegelschnitt, ebene Kurve, die sich aus dem Schnitt eines geraden Kreiskegels mit einer Ebene ergibt. Je nach Lage der Ebene am Kegel ergeben sich die geschlossene Ellipse (im Sonderfall ein Kreis), die Parabel oder die aus zwei Ästen bestehende Hyperbel. Geht die Schnittebene durch den Scheitel des Kegels, so artet der K. zu einem Punkt, einer Geraden oder einem Paar von Geraden aus. – In der analyt. Definition sind K. die geometr. Orte aller Punkte, für

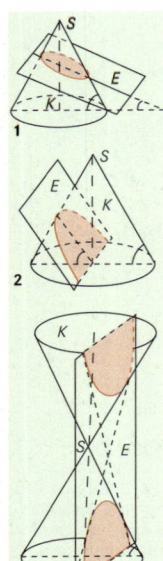

Kegelschnitt:
1 Ellipse, 2 Parabel, 3 Hyperbel

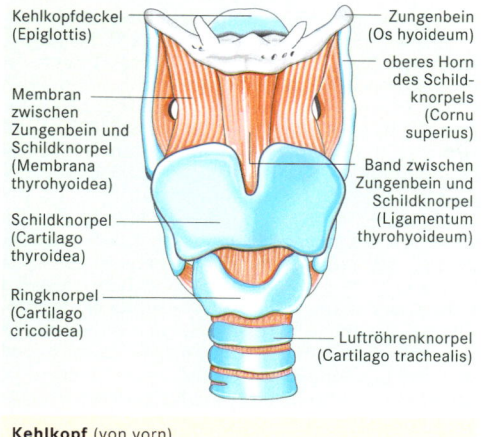

Kehlkopf (von vorn)

Labels: Kehlkopfdeckel (Epiglottis); Membran zwischen Zungenbein und Schildknorpel (Membrana thyrohyoidea); Schildknorpel (Cartilago thyroidea); Ringknorpel (Cartilago cricoidea); Zungenbein (Os hyoideum); oberes Horn des Schildknorpels (Cornu superius); Band zwischen Zungenbein und Schildknorpel (Ligamentum thyrohyoideum); Luftröhrenknorpel (Cartilago trachealis)

Kehre, *Geräteturnen:* eine Beinschwungbewegung bzw. ein Stützsprung über ein Sprunggerät mit geschlossenen und gestreckten Beinen bei gebeugten Hüftgelenken und $1/4$-Drehung um die Körperlängsachse.

Kehrreim (Refrain), meist am Strophenende wiederkehrender Vers oder Versteil, häufig in Volksliedern (i.d.R. von allen mitzusingen); auch Stilmittel der Kunstlyrik.

Kehrwert (reziproker Wert), *Mathematik:* bei einem Bruch a/b der Wert b/a; z.B. ist $3/4$ der K. von $4/3$.

Keihin, urspr. Name der 1941 gegründeten Hafengemeinschaft Tokio, Chiba, Kawasaki und Yokohama; heute das bedeutendste Ind.gebiet Japans, auf Honshū.

Kei|inseln, indones. Inselgruppe, /Kaiinseln.

Keil, *Physik, Technik:* gleichschenkliges dreiseitiges Prisma, bei dem zwei ebene Flächen unter einem spitzen Winkel in einer geradlinigen Kante zusammenlaufen und dessen Basis im Vergleich zur Schenkellänge klein ist; dient als Mittel zum Trennen oder Spalten. Die wirkende Kraft wird in zwei Teilkräfte zerlegt. K.-Form haben auch die Schneiden von Beil, Messer, Schere sowie von allen spanenden Werkzeugen, z.B. Meißel, Feile, Sägezahn. – Im Maschinenbau ist ein K. ein lösbares Verbindungselement zw. zwei Maschinenteilen (z.B. Welle und Rad). Eine der Begrenzungsflächen ist geneigt; ein selbstständiges Lösen der K.-Verbindung wird durch Selbsthemmung verhindert.

Keil, Birgit, Tänzerin, * Kowarschen (heute Kovářov) 22. 9. 1944; gehörte 1961–94 dem Stuttgarter Ballett an; tanzte klassisch-romant. Ballerinenrollen und kreierte Hauptrollen in Balletten u.a. von J. Cranko, J. Kylián, H. Spoerli. 1995 gründete sie die »Tanzstiftung Birgit Keil«; 1997 wurde sie Direktorin der Akademie des Tanzes in Mannheim (Staatl. Hochschule für Musik und Darstellende Kunst).

Keilbein, *Anatomie:* 1) Knochen der Schädelbasis mit der K.-Höhle; 2) Bez. für drei Fußwurzelknochen.

Keilberg (tschech. Klínovec), höchster Berg des Erzgebirges (1 244 m ü. M.), in der Tschech. Rep.; Wintersportgebiet.

Keilberth, Joseph, Dirigent, * Karlsruhe 19. 4. 1908, † München 20. 7. 1968; war seit 1950 Chefdirigent der Bamberger Symphoniker, zusätzlich seit 1959 Generalmusikdirektor an der Bayer. Staatsoper in München.

Keiler, das über zwei Jahre alte männl. Wildschwein.

Keilrahmen, durch Keile verstellbarer Rahmen zum Spannen der Malleinwand. Vorgänger ist der fest gefügte **Blendrahmen.**

Keilriemen, *Technik:* endloser Riemen aus Gummi mit Gewebeeinlagen; trapezförmiger Querschnitt. Dient z.B. bei Kfz u.a. zum Antrieb von Lichtmaschine, Wasserpumpe, Ventilator.

Keilschrift, die im antiken Vorderasien, bes. in Babylonien und Assyrien, verwendete Schrift, deren keilförmige Striche mit einem Rohrgriffel in Tontafeln eingedrückt wurden. Sie besteht aus urspr. meist bildhaften, dann stark vereinfachten Wortzeichen und von diesen abgeleiteten Silbenzeichen, die nicht den Wortsinn, sondern dessen Lautwert wiedergeben. Die K. entstand um 2900 v.Chr. bei den Sumerern und wurde bald auch von anderen kleinasiat. Völkern übernommen. Um 1400 v.Chr. war sie die internat. verwendete Schrift des Alten Orients, deren sich auch der ägypt. Hof im diplomat. Verkehr mit Vorderasien bediente. Ausgehend von der babylon. K. entstanden bei einigen Völkern Sonderformen und eigene Systeme, zu denen v.a. die altpers. K. der achaimenid. Könige gehört. Diese war die erste, deren Entzifferung durch G. F. Grotefend 1802 gelang.

Keilschwanzsittiche, Gattungsgruppe mittelgroßer amerikan. Papageien der Unterfamilie **Psittacinae** mit kurzem, dickem Schnabel und langem, gestuftem Schwanz.

Keim, *Botanik:* der /Embryo.

Keimbahntherapie, /Gentherapie.

Keimbläs|chen (Blastozyste), aus dem Maulbeerkeim (Morula) hervorgehendes Entwicklungsstadium der plazentalen Säugetiere (einschl. Mensch).

Keilschrift: Ausschnitt aus einer altbabylonischen Verwaltungsurkunde

ursprüngliche piktographische Schrift	piktographische Schrift der späteren Keilschriftzeit	Frühbabylonisch	Assyrisch	ursprüngliche oder abgeleitete Bedeutung
				Vogel
				Fisch
				Esel
				Ochse
				Sonne, Tag
				Korn, Getreide
				Obstgarten
				pflügen, ackern
				Bumerang werfen, umwerfen
				stehen, gehen

Keilschrift: Beispiele zur Entwicklung der Keilschrift von einfachen Bildern zur Keilform

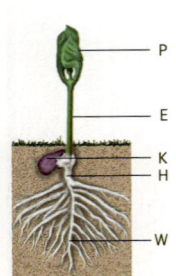

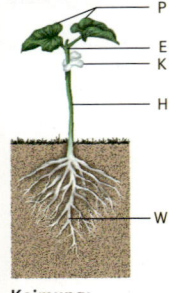

Keimung:
Keimpflanzen der Feuerbohne (hypogäische Keimung; oben) und der Gartenbohne (epigäische Keimung);
P Primärblätter,
E Epikotyl, K Keimblätter (oben in der Samenschale),
H Hypokotyl,
W Primärwurzel

Urho Kekkonen

Keimblatt, 1) *Botanik:* (Kotyledone), das erste, bereits an der Keimachse des pflanzl. Embryos im Samen angelegte, kurzlebige Blattorgan der Samenpflanzen.
2) *Embryologie:* in der Embryonalentwicklung vielzelliger Tiere auftretende Zellschicht, aus der sich Gewebe und Organe herausbilden. Das **äußere K. (Ektoderm)** bildet Hautepithel und Hautdrüsen, Vorder- und Enddarm, Nervensystem und Sinnesepithelien; das **innere K. (Entoderm)** bildet den Mitteldarm mit seinen Anhangsdrüsen sowie z. B. Schilddrüse, Thymus. Bei den bilateral-symmetr. Tieren kommt ein drittes, das **mittlere K. (Mesoderm)** vor; es bildet v. a. Innenskelett, Muskulatur, Blutgefäße, Bindegewebe, Unterhaut und Exkretionsorgane.

Keimdrüsen, die ↗ Geschlechtsdrüsen.

Keimgifte, chem. Substanzen, die direkt oder als Auslöser einer Wirkungskette dauerhafte Veränderungen des genet. Materials bewirken; bes. Stoffe, die Keimzellen abtöten, die Mitose und Meiose von Zellen der Keimbahn beeinflussen (Mitosegifte, zytostat. Mittel), das embryonale Wachstum stören (Teratogene) oder Mutationen erzeugen (Mutagene).

Keimhemmungsmittel, Substanzen, die bes. bei Kartoffeln die unerwünschte vorzeitige Keimung verhindern oder verzögern.

Keimling, der ↗ Embryo, bes. der Pflanze.

Keimträger, *Medizin:* der ↗ Dauerausscheider.

Keimung, Bez. für die ersten Entwicklungsvorgänge bei Pflanzen. Der Wiederaufnahme des Wachstums des Embryos nach der Samenruhe geht eine Wasseraufnahme unter Quellung des Sameninhalts und Sprengung der Samenschale voraus. Es folgt die Streckung der Keimwurzel des Embryos, die in den Boden einwächst, Wurzelhaare ausbildet und sich verzweigt. Damit ist die Keimpflanze verankert und die Aufnahme von Wasser und Nährstoffen aus dem Boden gewährleistet. Bei der Entwicklung des Sprosssystems durchbricht die sich stark streckende Keimachse (Hypokotyl) bogenförmig die Erdoberfläche und bringt die Keimblätter ans Tageslicht, wo sie die ersten Assimilationsorgane darstellen (**epigäische K.,** z. B. bei Raps). In anderen Fällen (**hypogäische K.,** z. B. bei Eichen) bleiben Hypokotyl und die als Nährstoffspeicher dienenden Keimblätter mit der Samenschale im Boden; dafür streckt sich das erste Sprossglied (Epikotyl) mit der Sprossknospe, durchbricht die Bodenoberfläche und bildet die ersten Laubblätter aus.

Keimzelle, die Geschlechtszelle (↗ Gameten).

K-Einfang, *Physik:* die Absorption eines Elektrons aus der K-Schale der Atomhülle durch den Atomkern, wobei sich ein Proton unter Emission eines Neutrinos in ein Neutron verwandelt; eine Art der ↗ Kernumwandlung.

Keirin [keɪ-], *Bahnradsport:* Wettbewerb für Elitefahrer über eine Distanz von 2 000 m, bei dem max. 9 Fahrer hinter einem Schrittmacher in den ersten 3 bis 4 Runden fahren und dabei Positionskämpfe austragen, um dann den Endspurt (ohne Schrittmacher) zu bestreiten.

Keiser, Reinhard, Komponist, getauft Teuchern (bei Weißenfels) 12. 1. 1674, † Hamburg 12. 9. 1739; bed. Vertreter der frühen dt. Oper, Leiter der Oper am Gänsemarkt in Hamburg. K. schrieb mehr als 70 Opern sowie Kantaten, Kirchen- und Kammermusik.

Keistut (litauisch Keistutis, Kynstute), litauischer Fürst, *etwa 1297, † 1382; Sohn des Großfürsten Gedimin, übernahm nach dessen Tod (1341) das Teilfürstentum Troki (litauisch Trakai) und Schamaiten, verteidigte die litauische Westgrenze. Mit seinem Bruder Algirdas kämpfte er gegen den Dt. Orden; im Auftrag seines Neffen Jagiełło ermordet.

Keitel, 1) [kaɪˈtɛl], Harvey, amerikan. Schauspieler, *New York 13. 5. 1939; v. a. Charakterdarsteller in Filmen von M. Scorsese (»Hexenkessel«, 1973; »Taxi Driver«, 1976; »Die letzte Versuchung Christi«, 1988). – *Weitere Filme:* Bad Lieutenant (1992); Das Piano (1993); Pulp Fiction (1994); Der Blick des Odysseus (1994); Smoke – Raucher unter sich (1995); Cop Land (1997); Holy Smoke (2000).
2) [ˈkaɪtl], Wilhelm, Generalfeldmarschall (seit 1940), *Helmscherode (heute zu Bad Gandersheim) 22. 9. 1882, † (hingerichtet) Nürnberg 16. 10. 1946; leitete 1935–38 das Wehrmachtsamt. 1938–45 war er Chef des Oberkommandos der Wehrmacht. In Ausführung der Befehle Hitlers zeigte er sich sehr ergeben. 1940 führte er auf dt. Seite die Waffenstillstandsverhandlungen mit Frankreich. Er unterzeichnete am 8. 5. 1945 die bedingungslose Kapitulation der dt. Wehrmacht. 1946 verurteilte ihn das Internat. Militärtribunal in Nürnberg als einen Hauptkriegsverbrecher zum Tod.

Keith [kiːθ], Sir Arthur, brit. Anatom und Anthropologe, *Old Machar (bei Aberdeen) 5. 2. 1866, † Downe (bei London) 7. 1. 1955; untersuchte mit M. W. Flack (*1882, †1931) den **Keith-Flack-Knoten,** den ↗ Sinusknoten des Herzens.

KEK, Abk. für ↗ **K**onferenz **E**uropäischer **K**irchen.

Kẹkkonen, Urho Kaleva, finn. Politiker, *Pielavesi 3. 9. 1900, † Helsinki 31. 8. 1986; Jurist, Mitgl. der Zentrumspartei, ab 1936 mehrfach Min. und Reichstagspräs., 1950–53 und 1954–56 MinPräs. Als Staatspräs. (1956–81) setzte K. die von seinem Vorgänger J. K. Paasikivi eingeleitete Politik eines gutnachbarl. Verhältnisses zur UdSSR bei Wahrung fester Beziehungen zu den westl. Demokratien fort. Er trug wesentlich zur Einberufung der KSZE (1973–75) bei.

Kẹkrops, *grch. Mythos:* erdgeborener erster König von Attika, halb Mensch, halb Schlange.

Kekulé von Strạdonitz, August, Chemiker, *Darmstadt 7. 9. 1829, † Bonn 13. 7. 1896; Prof. in Gent und Bonn, entdeckte die Vierwertigkeit des Kohlenstoffs und postulierte 1865 die Ringstruktur des Benzols.

Kelamayi, Stadt in China, ↗ Karamai.

Kelang (früher Klang), Stadt an der W-Küste Malaysias, Sultanat Selangor, 243 400 Ew.; Zinnerzschmelze, Kautschukaufbereitung, Herstellung von Schuhen und Obstkonserven. Der Seehafen **Port K.** (früher **Port Swettenham**), durch Eisenbahn mit Kuala Lumpur verbunden, ist einer der wichtigsten Malaysias.

Kelạntan, Bundesstaat (Sultanat) Malaysias, auf der Malaiischen Halbinsel, an der Grenze zu Thailand, 15 024 km², 1,31 Mio. Ew., Hptst. ist Kota Baharu.

Kelch [von lat. calix »Trinkbecher«], **1)** *Botanik:* die äußeren Hüllblätter (**K.-Blätter**) der Blüte.
2) *christl. Liturgie:* liturg. Gefäß (Trinkbecher) zur Aufnahme des Weins bei der Feier des ↗ Abendmahls bzw. der Eucharistie (↗ Laienkelch). – Der K., wohl aus dem spätröm. Doppelbecher hervorgegangen, bestand urspr. aus Fuß, Knauf (Nodus) und Trinkschale (Cuppa). Der »Tassilo-K.«, von Herzog Tassilo III. von Bayern dem Stift Kremsmünster geschenkt (um 780), ist einer der ältesten erhaltenen Kelche.

Kelchwürmer (Kelchtiere, Kamptozoa, Entoprocta), Stamm wirbelloser Tiere; meist im Meer lebend, bis zu 10 mm lang, mit Tentakelkranz am kelchförmigen Körper, der an der Unterlage festsitzt.

Kelemen, Milko, kroat. Komponist, *Podravska Slatina 30. 3. 1924; gründete 1961 die Musikbiennale Zagreb als Internat. Festival für Neue Musik, schrieb Orchester-, Kammer- und Vokalmusik, Bühnenwerke (u. a. Oper »Der Belagerungszustand«, 1970, nach A. Camus; Multimedia-Ballettoper »Apocalyptica«, konzertant 1979, als Ballettfassung 1983).

Kelheim, **1)** Landkreis im RegBez. Niederbayern, 1 067 km², 109 500 Einwohner.
2) Krst. von 1) in Bayern, am Zusammenfluss von Altmühl und Donau, am W-Ausgang des Durchbruchstals der Donau durch die Fränk. Alb, 15 800 Ew.; chem., Textil-, Baustoffind., Motorenbau, Parkettfabrik, Brauerei; Flusshafen. – Auf dem Michelsberg die zur Erinnerung an die Befreiungskriege erbaute Befreiungshalle (1837 ff.), ein antikisierender Rundbau. Nahebei die Benediktinerabtei ⁄ Weltenburg.

Kelim [türk.] *der* (Kilim), Wandbehang, Decke oder Teppich in oriental. Musterung mit beidseitig gleichem Aussehen. Der Schussfaden wird eingeflochten, sodass im Ggs. zum Gobelin an den kettparallelen Rändern Schlitze entstehen, die später vernäht werden. Daher werden geometr. Muster mit rechtwinkligen Abstufungen bevorzugt.

Kelkheim (Taunus), Stadt im Main-Taunus-Kreis, Hessen, 26 400 Ew.; Wohnstadt für Frankfurt am Main am S-Hang des Taunus; bed. Möbelind., Forschungszentrum der Varta AG. Seit 1938 Stadt.

Keller [zu lat. *cella* »Zelle«, »Kammer«] *(engl. stack, Stapel), Informatik:* Form der Datenorganisation in einem Speicher **(K.-Speicher, Stapelspeicher),** bei der die zuletzt eingegebene Information zuerst wieder ausgegeben wird **(Lifo-Prinzip,** engl. **l**ast **i**n, **f**irst **o**ut). Die aktuelle Adresse des K. wird in einem speziellen Register (engl. *stack pointer*) geführt. K. sind u. a. für den Ablauf eines Interrupts von Bedeutung, bei dem die Inhalte des Befehlszählers und der Register in einen K. geschrieben werden.

Keller, 1) Adolf, schweizer. ref. Theologe, *Rüdlingen (Kt. Schaffhausen) 7. 2. 1872, † Los Angeles 10. 2. 1963; initiierte 1922 die Europ. Zentralstelle für kirchl. Hilfsaktionen; war entscheidend am Entstehen des Ökumen. Rates der Kirchen beteiligt.
2) Augustin, schweizer. Pädagoge und Politiker, * Sarmenstorf (Aargau) 10. 11. 1805, † Lenzburg 8. 1. 1883; liberal-kath. Schulpolitiker, initiierte die Aufhebung der Klöster im Aargau; Vorkämpfer der Antijesuitenbewegung, Mitbegründer der altkath. (christkath.) Kirche der Schweiz.
3) Evelyn Fox, amerikan. Molekularbiologin und Philosophin, *New York 20. 3. 1936; seit 1992 Prof. am Massachusetts Institute of Technology; feminist. Theoretikerin, sieht die Struktur der Wiss. von männl. Dominanz geprägt (»Liebe, Macht und Erkenntnis«, dt. 1986); auch wissenschaftshistor. Werke (»Barbara McClintock. Die Entdeckerin der springenden Gene«, dt. 1995; »Das Jh. des Gens«, dt. 2001).
4) Gottfried, schweizer. Schriftsteller, *Zürich 19. 7. 1819, † ebd. 15. 7. 1890; erkannte während seiner Ausbildung zum Maler in München (1840–42) seine dichter. Begabung; hörte 1848–50 Vorlesungen in Heidelberg, wo er durch den Atheismus L. Feuerbachs beeinflusst wurde. 1850–55 lebte K. in Berlin; hier entstand der autobiografisch bestimmte Roman »Der grüne Heinrich« (4 Bde., 1854/55, Umarbeitung 1879/80), ein in der Tradition der großen Bildungsromans stehendes Hauptwerk des »poet. Realismus«. Seit 1855 lebte K. wieder in Zürich, wo er 1861–76 das Amt des Ersten Staatsschreibers innehatte; hier erschienen auch die bed. Novellenzyklen, die zu den Meisterwerken der Gattung in dt. Sprache gehören: »Die Leute von Seldwyla« (1856, erweitert 1874), »Sieben Legenden« (1872), »Züricher Novellen« (2 Bde., 1878) und »Das Sinngedicht« (1882). Liebevoll, auch mit wehmütigen oder satir. Zügen, gestalten sie Höhen und Tiefen des menschl. Alltags. Sein letzter Roman, »Martin Salander« (1886), setzt sich mit der Gefährdung demokrat. Ideen in der Zeit der Gründerjahre auseinander. K. schuf auch ein umfangreiches lyr. Werk (»Gesammelte Gedichte«, 1883).
5) Helen, amerikan. Schriftstellerin, *Tuscumbia (Ala.) 27. 6. 1880, † Westport (Conn.) 1. 6. 1968; verlor mit 19 Monaten Augenlicht und Gehör, bekam Unterricht bei Anne Sullivan Macy (*1866, † 1936), studierte am Radcliffe College; schrieb autobiograf. Werke und Schriften zur Blindenerziehung, wie »Geschichte meines Lebens« (1902), »Meine Welt« (1908), »Dunkelheit« (1913).
6) Paul, Schriftsteller, *Arnsdorf 6. 7. 1873, † Breslau 20. 8. 1932; Gründer der Zeitschrift »Die Bergstadt« (1912–31); in Romanen (»Waldwinter«, 1902; »Sohn der Hagar«, 1907; »Ferien vom Ich«, 1915) schildert er die Menschen seiner schles. Heimat.

Keller|assel, Krebstier, ⁄ Asseln.

Kellermann, Bernhard, Schriftsteller, * Fürth 4. 3. 1879, † Klein-Glienicke (Potsdam) 17. 10. 1951; errang mit dem technisch-utop. Roman »Der Tunnel« (1913) Welterfolg; in gesellschaftskrit. Romanen schilderte er v. a. Zeiterscheinungen in Dtl. nach 1918.

Kellerschnecke (*Limax flavus*), 8–10 cm lange, gelbl. Nacktschnecke mit dunkler Netzzeichnung. Der graue Mantelschild ist hell gefleckt. Vorratsschädling (Kartoffeln, Gemüse).

Kellerschwamm (Warzenschwamm, *Coniophora cerebella*), neben dem Echten ⁄ Hausschwamm einer der gefährlichsten Holz zerstörenden Pilze (Holzfäule); kommt in Häusern bei hoher Holzfeuchtigkeit vor.

Kellerspeicher, *Informatik:* ⁄ Keller.

Kellerwald, bewaldetes Bergland zw. Eder und Schwalm, in Hessen, östlicher Ausläufer des Rheinischen Schiefergebirges, im Wüstegarten 675 m ü. M.; im O steiler Abfall zum Löwensteiner Grund; neben Forstwirtschaft spielt der Fremdenverkehr eine Rolle (Bad Wildungen, Edersee).

Kelley [ˈkelɪ], Mike, amerikan. Künstler, * Detroit (Mich.) 27. 10. 1954; entwirft in Performances, Rauminstallationen, Objektgruppen sowie in Comics verwandten Zeichnungen und Gemälden ein Gegenbild zu einer von Gesellschaft, Kirche und Staat aufrechterhaltenen Vorstellung von einer »heilen Welt« und stellt albtraumhaft Erziehungs- und Gesellschaftsstrukturen bloß.

Kellinghusen, Stadt im Kreis Steinburg, Schlesw.-Holst., an der Stör, auf dem Geestrand, 8 100 Ew.; Herstellung von keram. Erzeugnissen (von 1764 bis 1860 bed. Fayenceproduktion).

Kellogg, Frank Billings, amerikan. Politiker, * Potsdam (N. Y.) 22. 12. 1856, † Saint Paul (Minn.) 21. 12. 1937; Jurist, 1925–29 Außenmin., erhielt 1929 als Mitinitiator des ⁄ Briand-Kellogg-Paktes den Friedensnobelpreis. 1930–35 war er Mitgl. des Internat. Gerichtshofes in Den Haag.

Kelly [ˈkelɪ], **1)** Ellsworth, amerikan. Maler, Grafiker und Bildhauer, * Newburgh (N. Y.) 31. 5. 1923. Seine Werke stellen in scharfer Kontrastierung homogener Farbfelder und gekanteter Flächen wichtige Beiträge zur Kunst des ⁄ Hardedge dar.

Kelch 2): goldener Altarkelch mit Ornamenten aus Gold und buntem Email (um 1585; Kopenhagen, Schloss Rosenborg)

Gottfried Keller, Ausschnitt aus einem Gemälde von Frank Buchser (1872)

Frank B. Kellogg

Gene Kelly

Petra Kelly

Rudolf Kelterborn

2) Gene, amerikan. Filmschauspieler, Tänzer, Choreograph, *Pittsburgh 23. 8. 1912, †Los Angeles (Calif.) 2. 2. 1996; erfolgreicher Darsteller und Choreograph in Filmmusicals wie »Broadway Melodie 1950« (1946), »Ein Amerikaner in Paris« (1951) und »Du sollst mein Glücksstern sein« (»Singin' in the rain«, 1952); in »Hello Dolly!« (1968) führte er auch Regie.
3) Grace, amerikan. Filmschauspielerin, ⁄ Gracia Patricia.
4) Petra, Politikerin, *Günzburg 29. 11. 1947, †Bonn 1. 10. 1992 (nach dem Polizeibericht); bis 1979 Mitgl. der SPD; 1979 Gründungsmitgl. der Partei »Die Grünen«, 1980–82 eine ihrer Vors., 1983–90 MdB; engagierte sich bes. in der Friedens-, Menschenrechts- und Ökologiebewegung (alternativer Nobelpreis 1982). – Am 19. 10. 1992 wurde sie zus. mit ihrem Mitstreiter und Lebensgefährten (G. Bastian, *1923) tot aufgefunden; die Staatsanwaltschaft ging davon aus, dass K. von Bastian erschossen wurde, der sich danach selbst tötete.

Kelly-Bag [ˈkelibæg] *die,* ⁄ Hermès.

Keloid [grch.] *das,* derbe Bindegewebewucherung im Bereich von Narben, z. B. nach Verbrennungen, Verätzungen oder Impfung.

Kelsen, Hans, amerikan. Jurist österr. Herkunft, *Prag 11. 10. 1881, †Berkeley (Calif.) 19. 4. 1973; 1919–29 Prof. in Wien, 1930 in Köln; 1933 Emigration, 1942 Prof. in Berkeley (Calif.). Schöpfer der österr. Verf. von 1920; entwickelte als Vertreter des strengen Rechtspositivismus eine »Theorie des positiven Rechts«. – *Werke:* Vom Wesen und Wert der Demokratie (1920); Reine Rechtslehre (1934) u. a.

Kelsos, spätantiker Philosoph, ⁄ Celsus.

Kelsterbach, Industriestadt im Landkreis Groß-Gerau, Hessen, am Untermain, 14 400 Ew.; Herstellung von Chemiefasern und Kunststoffen. Seit 1952 Stadt.

Kelten (grch. Keltoi, lat. Celtae), Sammelname für kelt. Sprachen sprechende Völkergruppen in Europa. Früheste schriftl. Nachrichten grch. Autoren (aus dem 6./5. Jh. v. Chr.) geben Hinweise auf Siedlungsgebiete in West- und Mitteleuropa. Aus archäolog. Sicht dürfte sich die Stammesbildung der K. z. Z. der spätbronzezeitl. Urnenfelderkultur vollzogen haben. Als keltisch geprägt werden die späte Hallstatt- und die La-Tène-Kultur angesehen, aber auch außerhalb dieser Kulturen gab es kelt. Volksgruppen. Als Kernraum der frühen K. gilt das südwestl. Mitteleuropa, wo sie spätestens seit dem 7./6. Jh. v. Chr. nachweisbar sind. Von dort breiteten sie sich über Frankreich auf die Brit. Inseln und auf die Iber. Halbinsel (Keltiberer) aus. Um 400 fielen sie in Oberitalien ein, stießen mehrfach nach Mittelitalien vor (Schlacht an der Allia und Besetzung Roms mit Ausnahme des Kapitols 387/386 v. Chr.) und konnten von den Römern, von denen sie Gallier genannt wurden, erst im 3./2. Jh. v. Chr. endgültig besiegt werden. Im 4. Jh. v. Chr. drangen K. ins Gebiet des heutigen Siebenbürgen und nach Dalmatien ein; 280/279 stießen sie nach Makedonien und Griechenland vor und plünderten 279 Delphi. 278/277 überquerte eine Gruppe kelt. Stämme – von den Griechen als Galater bezeichnet – den Bosporus und siedelte in Zentralanatolien (Galatien). Staaten- oder Stammesbünde wurden nicht gebildet; eine Ausnahme bildete das von etwa 277 bis 221 blühende K.-Reich von Tylis (heute Tilios) in Thrakien. Der Rückgang der kelt. Macht begann im südl. Mitteleuropa und im transalpinen Gallien. Im N wurden die K. seit dem 2. Jh. v. Chr. von der Wanderungsbewegung der Germanen bedrängt; im W und S bedeuteten die Eroberung Galliens durch Caesar (58–51) und die röm. Unterwerfung Noricums, Vindeliciens und Pannoniens das Ende der letzten K.-Herrschaften auf dem Festland. Unter dem Druck röm., später angelsächs. Eroberungen in Britannien wanderten im 5. und 6. Jh. n. Chr. trotz der Romanisierung noch Keltisch sprechende Volksgruppen aus Wales und Cornwall in die heutige Bretagne ein. Gleichzeitig gingen vom kelt. Irland Eroberungen in Wales und Schottland aus.

Kelter [von lat. calcatura, zu calcare »mit den Füßen stampfen«], Gerät zum Auspressen von Weintrauben und anderen Früchten (Obst, Oliven).

Kelterborn, Rudolf, schweizer. Komponist, *Basel 3. 9. 1931; komponiert auf der Basis der Zwölftontechnik, bezieht seit den späten 1960er-Jahren auch serielle Verfahren und Aleatorik ein; schrieb Opern (u. a. »Ophelia«, 1984; »Julia«, 1991), Orchesterwerke, Kammermusik, Vokalwerke (»Gesänge der Liebe«, 1988 für Bariton und Orchester).

Kelt|iberer, nach älterer Auffassung Mischbevölkerung aus Kelten und Iberern im Gebiet der span. Provinz Soria; wahrscheinlich jedoch zunächst Bez. aller kelt. Stämme auf der Iber. Halbinsel, später nur noch Name der Ebrokelten.

keltische Kunst, die v. a. in kunsthandwerkl. Objekten, aber auch in plast. Werken sich äußernde Kunst der Kelten, deren Beginn erst gegen Mitte des 6. Jh. v. Chr. am Ende des westl. Kreises der späten Hallstattkultur angesetzt wird, die freilich heute meist bereits als »frühkeltisch« gilt. Die frühkelt. Kunst fand bei diesem Ansatz ein Ende um 350 v. Chr. In ihrer Endphase ist z. T. ein Nebeneinander von frühkelt. und den neuen Elementen der Kunst der La-Tène-Zeit zu beobachten.

Unter Einwirkung etrusk. und skyth. Elemente erfährt die frühe k. K. auf dem **europ. Kontinent** ihre erste Blüte v. a. im Marne- und im Mittelrheingebiet sowie in S-Dtl. und S-Böhmen, wo in fürstl. Bestattungen Schmuck u. a. Beigaben aus Gold, Bronze und Eisen entdeckt wurden (u. a. ⁄ Hochdorf, ⁄ Vix). Am Mittelrhein und in Zentralfrankreich sind pflanzl., dem mittelmeer. Bereich entlehnte Motive vorherrschend (Palmetten, Lotosblüten), während im O von Bayern bis Österreich abstrakt geometr., auf ältere Motive zurückgehende Muster vertreten sind. Aus dem 5. Jh. v. Chr. stammt die lebensgroße Sandsteinstatue eines Keltenfürsten, die aus einem Grabhügel beim hess. ⁄ Glauberg geborgen wurde. Die auf den

Ausbreitung der Kelten

frühkelt. Stil im 4. Jh. folgende 2. Stilphase wird nach dem Fundort (1869) im Kreis Mainz-Bingen »Waldalgesheim-Stil« genannt; sie knüpfte an die grch. Rankenornamentik an (v. a. auf Arbeiten der Flachgräberzone von Frankreich bis Ungarn). Aus ihm entwickelten sich im 3. Jh. sowohl der »Schwertstil« als auch der freie plast. Stil. Die Dekorationen wurden gehämmert, geritzt oder von innen gepunzt, auch kommen Durchbrucharbeiten vor, die den andersfarbigen Untergrund zur Wirkung bringen. In der Wanderzeit der Kelten sind die Funde spärlicher. Im 2. und 1. Jh. v. Chr. kam es zu einer neuen Blütezeit, für die es im gesamten kelt. Bereich Zeugnisse gibt. Beliebt sind nun Einlagen aus Koralle und Bernstein sowie versch. Techniken der ∕ Emailkunst. Seit der Mitte des 1. Jh. v. Chr. wurde die k. K. von der provinzialröm. Kultur assimiliert, jedoch lebten viele Motive (z. B. in der Bauplastik) weiter. In **Britannien** traten vom 4. bis 1. Jh. v. Chr. – nach Übernahme kontinentaler Motive im 5. Jh. – eine eigenständige Flechtwerk- und Kreisornamentik, aber auch Vogelmotive und fließende plast. Muster auf. Unter wachsendem röm. Einfluss wurden sie gegen Ende des 1. Jh. v. Chr. allmählich strenger symmetrisch konzipiert, z. B. der bronzene »Battersea-Schild« aus der Themse (London, British Museum). In **Irland** bildeten sich gegen Ende des 1. Jh. v. Chr. eigenständige Leistungen in der Metallkunst (Goldhalsring von Broighter, 1. Jh. v. Chr., Dublin, Nationalmuseum) heraus. Die Steinskulptur ist nur durch wenige im La-Tène-Stil verzierte Monolithe vertreten. Der schönste ist der Stein von Turoe (3. Jh.), der wohl kult. Zwecken diente, aus der Grafschaft Galway. Nach dem 6. Jh. traten in der ir. Kunst zu den kelt. Motiven german., wie verschlungene Bänder oder Tiere, und bis Ende des 7. Jh. auch christl. Bilddarstellungen. Aus dieser Synthese entstand ein neuer Kunststil (∕ irische Kunst).

keltische Kunst: »Battersea-Schild«, bronzene Vorderplatte, verziert mit Treibmustern aus stilisierten Palmetten und Spiralen sowie roten Glasnuppen (London, Britisches Museum)

keltische Kunst: lebensgroße Statue eines keltischen Herrschers (5. Jh. v. Chr.), 1996 am Fuß des Glaubergs in Hessen entdeckt

keltische Mythologie. In dem großen, zersplitterten Siedlungsgebiet der Kelten lassen sich nur wenige gemeinsame Züge einer urspr. k. M. finden. Durch die frühe Romanisierung erhielten auch die Gottheiten lat. Namen und wurden z. T. mit röm. Göttern identifiziert. Wahrscheinlich stand an der Spitze des Pantheons Lug (mit Merkur gleichgesetzt), Hauptgötter waren auch der krieger. Teutates (Mars) und der Himmelsgott Taranis (Jupiter). Auf Fruchtbarkeitskulte weisen die vielen Muttergottheiten hin, so die Matres (»Mütter«), die oft zu Dreiheiten (Matronen) zusammengefasst wurden. Verbreitet war die Verehrung aller Arten von Naturobjekten: die Pferdegöttin Epona, die Bärengöttin Artio, der Hirschgott Cernunnos u. a. Wichtigste religiöse Instanz waren die ∕ Druiden. In der Mythologie der Inselkelten finden sich keine röm. Elemente. Ihre Spuren sind in der mittelalterl. irischen Literatur erhalten, wenn auch christlich umgedeutet. Götterkönig und Stammvater war hier Dagda (Ollothair), als seine Schwester oder Tochter wurde Brigantia angesehen, die in der hl. Brigitta weiterlebt. Einige Züge der k. M. haben sich auch in den Sagen um König ∕ Artus erhalten.

keltische Sprachen, Zweig der indogerman. Sprachfamilie, für den u. a. der Verlust des »p« kennzeichnend ist (z. B. lat. »palter«, altir. »athir«). Geographisch unterscheidet man das chronologisch relativ früh überlieferte **Festlandkeltisch** und **Inselkeltisch,** genetisch 1) Goidelisch mit Irisch, Schottisch-Gälisch (Ersisch) und Manx-Gälisch, 2) Keltiberisch, 3) Lepontisch, 4) Gallobritannisch mit Gallisch (einschließlich Galatisch, der Sprache der Galater) und den britann. Sprachen Kymrisch (Walisisch), Kornisch (ausgestorben), Kumbrisch (bruchstückhaft überliefert) und Bretonisch, das seit der 2. Hälfte des 5. Jh. n. Chr. durch Auswanderung kelt. Briten aus SW-England in die Bretagne gelangte. Die Zugehörigkeit des Piktischen ist ungeklärt. Die k. S. sind sowohl durch archaische Züge als auch durch Übereinstimmung bes. mit westindogerman. Sprachen charakterisiert. In Irland wurde beschränkt die ∕ Oghamschrift verwendet; die Inselkelten übernahmen später die röm. Schrift. Schriftl. Überlieferungen gibt es bes. in ir. und kymr. Sprache, von den Festlandkelten ist nur mündl. Überlieferung durch die Druiden bezeugt.

Kelvin [nach W. ∕ Thomson, Lord Kelvin] *das,* Einheitenzeichen **K,** SI-Basiseinheit der thermodynam. ∕ Temperatur. Die Teilung der K.-Skala entspricht der Celsius-Skala, doch ist ihr Skalen-Nullpunkt der absolute Nullpunkt der Temperatur. Die thermodynam. Temperatur des Eispunktes beträgt $T_0 = 273{,}15\,\text{K}$ ($= 0\,°\text{C}$) und die des Tripelpunktes von Wasser $T_\text{tr} = 273{,}16\,\text{K}$.

Kemal, Yaşar, türk. Schriftsteller, ∕ Yaşar Kemal.
Kemal Atatürk, Mustafa, bis 1934 Mustafa Kemal Pascha, türk. Politiker, * Saloniki 12. 3. 1881, † Is-

Kemal Atatürk

Wilhelm Kempff

Walter Kempowski

Kempten (Allgäu) Stadtwappen

Edward C. Kendall

Henry W. Kendall

tanbul 10. 11. 1938; nahm 1908–09 am Aufstand der Jungtürken teil, führte im Ersten Weltkrieg eine Armee. 1919 trat er an die Spitze der nationalrepublikan. Bewegung und brach mit der Reg. des Sultans. Er berief die 1. Große Nationalversammlung ein (1920; 1920–23 deren Präs.), zwang die Griechen militärisch zur Räumung Kleinasiens (1922), beseitigte das Sultanat (1922), rief die Rep. aus (1923) und schaffte das Kalifat ab (1924). Ab 1923 Staatspräs., wurde er durch Reformen (u. a. Trennung von Staat und Religion, Europäisierung) und Ablehnung des Panislamismus Schöpfer der modernen Türkei. Ab 1934 führte er den Ehrennamen **Atatürk** (»Vater der Türken«). Seine Ideen, der **Kemalismus,** bleiben trotz Einschränkungen die ideelle Basis des türk. Staates.

Kemelman [-mən], Harry, amerikan. Schriftsteller, *Boston (Mass.) 24. 11. 1908, †Marblehead (Mass.) 15. 12. 1996; belebte den traditionellen Kriminalroman, indem er den Rabbi David Small an die Stelle des Detektivs treten ließ: u. a. »Am Freitag schlief der Rabbi lang« (1964), »Am Samstag aß der Rabbi nichts« (1966), »Am Dienstag sah der Rabbi rot« (1974).

Kemenate [von lat. caminata, zu caminus »Ofen«] *die,* urspr. Bez. für kleinere, z. T. beheizbare Wohngemächer im ↗ Palas, später (auf größeren Burgen) übertragen auf den den Damen vorbehaltenen eigenen Wohnbau.

Kemerowo (bis 1932 Schtscheglowsk), Hauptstadt des Gebiets K., Russland, im Kusnezker Kohlenbecken, in W-Sibirien, 496 300 Ew.; Univ., medizin. u. a. Hochschulen, mehrere Theater; Kohlenbergbau, chem., Maschinenbau-, elektrotechn. Industrie.

Kemi, Stadt in N-Finnland, am südl. Mündungsarm des Kemijoki in den Bottn. Meerbusen, 24 900 Ew.; Kunst-, Freilichtmuseum; Ausfuhrhafen und bed. Ind. (Sägewerke, Zellstoff- und Papierfabriken, Alkoholherstellung), nahebei Chromerzwerk. – Stadtrecht seit 1869.

Kemijoki *der,* längster Fluss Finnlands, 520 km lang, entspringt im nördl. Lappland, mündet bei Kemi in den Bottn. Meerbusen. Der sehr wasserreiche K. ist bed. Floßweg; Kraftwerke.

Kempe, Rudolf, Dirigent, *Niederpoyritz (heute zu Dresden) 14. 6. 1910, †Zürich 11. 5. 1976; leitete seit den 1960er-Jahren das Royal Philharmonic Orchestra in London, das Tonhalle-Orchester in Zürich, die Münchner Philharmoniker und das Londoner BBC Symphony Orchestra; bes. bekannt als Wagner- und Strauss-Interpret.

Kempen, Stadt im Kr. Viersen, NRW, in der niederrhein. Bucht, 36 200 Ew.; Textil- und Nahrungsmittelind., Herstellung von Werkzeugmaschinen, Elektroschaltanlagen und Stahlrohrmöbeln, graf. Gewerbe. – Gut erhaltener mittelalterl. Stadtkern, Burg (1396–1400), Pfarrkirche St. Maria (15. Jh.), im Franziskanerkloster und seiner Kirche (17./18. Jh.) zwei Museen. – Erhielt 1294 Stadtrecht.

Kempenland (niederländ. Kempen, frz. Campine), Landschaft in N-Belgien und den S-Niederlanden, zw. Maas und Schelde. Mit der Erschließung der Fettkohlenlager begann die Industrialisierung in dem ursprüngl. Heideland; im niederländ. K. Elektroind. in Eindhoven, Tabak- und Zigarrenind. in Valkenswaard, Textilind. in Tilburg; in Belgien Zink-, Kupfer- und Glashütten, Kernforschungszentrum Mol; das Naturschutzgebiet »Bokrijk« mit Schloss und Freilichtmuseum liegt zw. Hasselt und Genk.

Kempff, Wilhelm, Pianist und Komponist, *Jüterbog 25. 11. 1895, †Positano (Prov. Salerno) 23. 5. 1991; bed. Interpret der dt. Klassik und Romantik, v. a. Beethovens; schrieb Sinfonien, Chor- und Kammermusik, Opern, Konzerte.

Kempner, 1) Alfred, Theaterkritiker und Schriftsteller, ↗ Kerr, Alfred.

2) Friederike, Schriftstellerin, *Opatów (Posen) 25. 6. 1836, †Friederikenhof (bei Reichthal, Schlesien) 23. 2. 1904; schrieb unfreiwillig komisch wirkende Gedichte.

Kempowski, Walter, Schriftsteller, *Rostock 29. 4. 1929; 1948–56 in der SBZ bzw. DDR wegen angebl. Spionage im Zuchthaus Bautzen inhaftiert. K. versteht sich als Chronist der dt. Geschichte des 20. Jh.; er verarbeitet sowohl autobiograf. (u. a. »Im Block«, Haftbericht, 1969; Romanchronik: »Tadellöser & Wolff«, 1971, »Uns geht's ja noch gold«, 1972, »Schöne Aussicht«, 1981, »Herzlich willkommen«, 1984; »Hundstage«, R., 1988) als auch rein dokumentar. Material, am konsequentesten in den Werken, die unter der Gattungsbezeichnung »kollektives Tagebuch« unterschiedlichste private und öffentl. Zeitzeugnisse versammeln: »Das Echolot. Januar und Februar 1943« (4 Bde., 1993); Fortsetzungen: »Das Echolot. Fuga furiosa. 12. Jan. bis 14. Febr. 1945 (4 Bde., 1999); »Das Echolot. Barbarossa '41« (2002).

Kempten (Allgäu), kreisfreie Stadt im RegBez. Schwaben, Bayern, an der Iller, 61 400 Ew.; FH; Alpinmuseum, Allgäu-Museum; Milchwirtsch. Untersuchungs- und Lehranstalt; kultureller und wirtsch. Mittelpunkt des Allgäus mit Süddt. Butter- und Käsebörse; Maschinen- und Apparatebau, Metall-, elektron., Verpackungs- und Nahrungsmittelind. (v. a. Milchverarbeitung). – In der Altstadt St.-Mang-Kirche (auf Vorgängerbauten im 15./16. Jh. errichtet, 1767/68 barockisiert) und Rathaus (1474), in der Neustadt (Stadtrecht 1712) das Fürststift mit Residenz (1651–74) und der St.-Lorenz-Kirche (1651 begonnen). – Spätkelt. Oppidum **Cambodunum.** Die sich um das 752 gegründete Benediktinerkloster, später adliges Fürststift (1803 säkularisiert), entwickelnde Stadt erhielt 1289 die Reichsfreiheit, hatte 1340 Ulmer Stadtrecht, kaufte sich 1525 von der Grundherrschaft des Stiftes frei und wurde protestantisch; fiel 1803 an Bayern.

Ken, japan. Verwaltungseinheit (Präfektur).

Kena (Kina, Qena), Gouvernoratshptst. in Oberägypten, am Ostufer des Nilknies, 171 300 Ew.; Inst. für Bergbau der Univ. Kairo; Handelszentrum, Töpferei, Textil-, Zuckerindustrie.

Kenaihalbinsel [ˈkiːnaɪ-], Halbinsel im S Alaskas, USA, zw. Cook Inlet und Prince William Sound, 250 km lang, bis 200 m breit; an der fjordreichen SO-Küste die vergletscherten Kenai Mountains (bis 1 884 m ü. M.) mit dem **Kenai Fjords National Park** (2 710 km²; eingerichtet 1980). Die Siedlungen liegen v. a. an der eisfreien W-Seite.

Kendall [kendl], **1)** Edward Calvin, amerikan. Biochemiker, *South Norwalk (Conn.) 8. 3. 1886, †Princeton (N. J.) 4. 5. 1972; entdeckte 1914 das Schilddrüsenhormon Thyroxin, stellte 1936 Cortison rein dar. Für seine Arbeiten über die Hormone der Nebenniere erhielt er 1950 mit P. S. Hench und T. Reichstein den Nobelpreis für Physiologie oder Medizin.

2) Henry Way, amerikan. Physiker, *Boston (Mass.) 9. 12. 1926, †Wakulla Springs State Park (Fla.) 15. 2. 1999; ab 1967 Prof. am Massachusetts Institute of Technology. K. erhielt 1990 mit J. I. Friedman und R. E. Taylor den Nobelpreis für Physik für seine Forschungen über die Streuung von Elektronen

Kenia

Fläche:	582 646 km²
Einwohner:	(2000) 30,34 Mio.
Hauptstadt:	Nairobi
Verwaltungsgliederung:	7 Provinzen und die Hauptstadt
Amtssprachen:	Suaheli, Englisch
Nationalfeiertag:	12. 12.
Währung:	1 Kenia-Schilling (K. Sh.) = 100 Cent (cts)
Zeitzone:	MEZ + 2 Std.

an Protonen und gebundenen Neutronen, mit denen um 1970 das Quarkmodell der Hadronen bestätigt wurde.

Kendo [japan. »Weg des Schwertes«] *das,* urspr. die Kriegskunst der Samurai, bei der mit Schwertern und ohne Schutzpanzer gekämpft wurde; heute zu den Budokünsten (↗Budo) zählende zeremonielle Kampfsportart mit Fechtstöcken. K. wird auf einer 11 × 11 m großen Fläche ausgeübt. Der Fechtstock (»Shinai«), mit dem nach den geschützten Körperstellen geschlagen wird, besteht aus vier zusammengebundenen, 1,05–1,20 m langen Bambusspießen. Hiebe und Stöße werden voll ausgeführt. Die Kampfzeit beträgt i. d. R. 5 Minuten.

Kendrew [ˈkendru:], Sir John Cowdery, brit. Molekularbiologe, *Oxford 24. 3. 1917, †Cambridge 23. 8. 1997; erhielt 1962 zusammen mit M. F. Perutz für die Strukturaufklärung des Myoglobins den Nobelpreis für Chemie.

Kenia: Dornstrauchsavanne mit dem 5 199 m hohen Mount Kenia im Hintergrund

Keneally [keˈni:li], Thomas, austral. Schriftsteller, *Sydney 7. 10. 1935; seit 1991 Prof. für engl. Literatur an der University of California at Irvine; 1987–90 Vors. und seit 1990 Präs. des austral. Schriftstellerverbandes. Seine kath. Herkunft wird deutlich in der häufigen Gestaltung existenzieller Konflikte zw. Gewissen, freiem Willen und dem Zwang schicksalhafter Umstände. Viele seiner mytholog., anthropolog. und histor. Anspielungen erhalten vor diesem Hintergrund brisante gesellschaftl. Relevanz. K. erhielt u. a. den Booker-Preis für den Tatsachenroman über den Holocaust in Krakau »Schindler's ark« (1982; »Schindlers Liste«; 1993 Film von S. Spielberg). – *Weitere Werke:* Australische Ballade (1972); Am Rande der Hölle (1976); The place where souls are born (1992; Reisebericht); Eine Stadt am Fluß (1995).

Kenia (amtlich Suaheli: Jamhuri ya Kenya, engl. Republic of Kenya; dt. Rep. K.), Staat in Ostafrika, grenzt im N an die Rep. Sudan und an Äthiopien, im O an Somalia, im SO an den Ind. Ozean, im S an Tansania und im W an Uganda.

Staat und Recht

Nach der Verf. von 1963 (mehrfach, zuletzt 1997, revidiert) ist K. eine präsidiale Rep. mit Mehrparteiensystem. Staatsoberhaupt, Reg.chef und Oberbefehlshaber der Streitkräfte ist der auf 5 Jahre direkt gewählte Präsident. Er ernennt den Vizepräs. und die Mitgl. des Kabinetts, die der Nationalversammlung verantwortlich sind. Die Legislative liegt bei der Nationalversammlung (210 auf 5 Jahre gewählte und 12 vom Präs. ernannte Abg. sowie der Speaker und der Generalstaatsanwalt als Mitgl. kraft Amtes). Einflussreichste Parteien: Nat. Regenbogenkoalition (NARC; im Okt. 2002 als Partei registriert), Afrikan. Nationalunion K.s (KANU; nach Vereinigung mit der M. Entwicklungspartei [2002] New KANU), Forum für die Wiederherstellung der Demokratie für das Volk (FORD-P).

Landesnatur

Von der Küste des Ind. Ozeans steigt das Land nach NW zu weiten Hochflächen (1 500–2 000 m ü. M.) an, überragt von einzelnen erloschenen Vulkanen (Mount ↗Kenia). Die Küstenebene ist im S schmal mit guten Naturhäfen, nach N wird sie breiter. Den westl. Teil des Landes durchzieht der Ostafrikan. Graben mit seinen abflusslosen Seen, unter ihnen der Turkanasee. Im SW hat K. Anteil am Victoriasee. K. liegt beiderseits des Äquators und hat trop. Klima; die an der Küste hohen Temperaturen sind im Innern durch die Höhenlage gemildert. Die Niederschläge sind an den Aufwölbungen der Grabenzone, an den Luvseiten der Vulkane und im südl. Küstengebiet reichlich und nehmen nach N und NO ab. Die Gebiete mit hohen Niederschlägen tragen Regenwald und Feuchtsavanne; ein großer Teil des Hochlandes ist Trocken- und Dornstrauchsavanne, der äußerste N ist Halbwüste. Infolge des Raubbaus an Holz sind die von Dürre bedrohten trockenen Gebiete auf etwa 87 % der Gesamtfläche angewachsen. K. hat mehrere Nationalparks und Wildschutzgebiete, die reich an afrikan. Großtieren sind: u. a. Elefanten, Geparde, Strauße.

Staatswappen

internationales Kfz-Kennzeichen

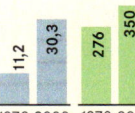

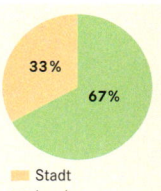

Bevölkerungsverteilung 2000

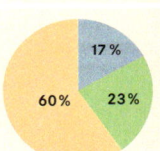

Bruttoinlandsprodukt 2000

Kenia, Mount

Bevölkerung

Die etwa 40 ethn. Gruppen unterscheiden sich sprachlich (30 Sprachen) und kulturell stark voneinander. Hauptgruppen sind die Bantuvölker (Kikuyu, Luhya, Kamba, Kisii), ferner nilot. und hamitonilot. Gruppen (Luo, Masai, Kalenjin u. a.). Vor der Unabhängigkeit des Landes lebte eine starke weiße Siedlerschicht im klimatisch begünstigten Hochland. Am dichtesten besiedelt sind die niederschlagsreichen Gebiete (mittleres und westl. Hochland, südl. Küstengebiet). Größte Städte sind Nairobi, Mombasa, Kisumu und Nakuru. – Rd. 79 % der Bev. sind Christen (rd. 22 % gehören weit über 200 unabhängigen afrikan. Kirchen an), mindestens 7 % sind Muslime. Traditionellen afrikan. Religionen werden über 10 % der Bev. zugerechnet. – Es besteht eine achtjährige allgemeine Schulpflicht ab dem 6. Lebensjahr. Die Analphabetenquote beträgt 17 %.

Wirtschaft, Verkehr

Trotz einer entwickelten Ind. und bed. Tourismus ist die Landwirtschaft Existenzgrundlage für knapp 80 % der Erwerbstätigen, hat aber nur einen Anteil von etwa 25 % am Bruttoinlandsprodukt. Nur 17 % des Landes sind land- und forstwirtschaftlich nutzbar (davon 4 % ackerbaulich); die übrigen Gebiete (bes. im Hochland) sind v. a. Weideland für intensive sowie nomadisierende Viehhaltung und für Wildtiere (Reservate). Für den Eigenbedarf werden in bäuerl. Betrieben v. a. Mais, Kartoffeln, Maniok, Weizen, Bananen und Bataten angebaut; in Plantagenwirtschaft bes. für den Export Kaffee, Tee, Sisal, Südfrüchte, ferner zunehmend Gemüse und Blumen. Im Viktoriasee werden auch für den Export Fische gefangen. In der Ind. dominiert die Verarbeitung landwirtsch. Erzeugnisse, ferner Textil-, Zement-, Düngemittel-, Holz verarbeitende Ind. und Weiterverarbeitung von importiertem Erdöl. Der Tourismus ist der wichtigste Devisenbringer. Wichtigste Handelspartner sind Großbritannien, Dtl., die Rep. Südafrika und die Vereinigten Arab. Emirate. – Das Straßennetz beträgt insgesamt 68 000 km (etwa 14 % asphaltiert); das Eisenbahnnetz (einspurig) ist 2 735 km lang, die Hauptverbindung führt von Mombasa über Nairobi und Nakuru nach Uganda. Der Haupthafen Mombasa am Ind. Ozean dient auch der Versorgung der Binnenstaaten Uganda, Burundi und Ruanda; von regionaler Bed. sind die Häfen Lamu und Malindi sowie Kisumu am Victoriasee. Internat. Großflughäfen sind Nairobi, Mombasa und Eldoret.

Geschichte

Im Bereich der islam. Suahelikultur (1000–1500 n. Chr.) bestanden an der Küste des heutigen K. u. a. die Stadtstaaten Mombasa und Malindi. Im 16. Jh. gewannen die Portugiesen, im 18. Jh. Araber aus Oman und im 19. Jh. das Sultanat Sansibar die Herrschaft in dieser Region. Ab 1848/49 begann die Erforschung des Landesinneren durch Europäer. 1890 (Helgoland-Sansibar-Vertrag) einigten sich Dtl. und Großbritannien über ihre Interessensphären in O-Afrika: Dtl. beschränkte sich auf Tanganjika mit Ruanda und Urundi, Großbritannien erhielt K. und Uganda. Das 1895 proklamierte brit. Protektorat Ostafrika wurde 1920 in die Kronkolonie K. umgewandelt; der Küstenstreifen, weiterhin formell unter dem Sultan von Sansibar, blieb Protektorat und kam mit der Unabhängigkeit 1963 als Prov. an K. Unter dem Druck des Mau-Mau-Aufstandes (1952–56) schuf die brit. Kolonialmacht 1954 einen multiethnischen Min.rat. Als Basis der Unabhängigkeitsbewegung gründete 1960 J. Kenyatta die »Kenia African National Union« (KANU). Im Juni 1963 erhielt K. innere Autonomie, am 12. 12. 1963 die volle Unabhängigkeit, zunächst als Monarchie, seit dem 12. 12. 1964 als Rep. im Commonwealth. Staatspräs. wurde J. Kenyatta.

Außenpolitisch bildete K. 1967 zus. mit Uganda und Tansania die Ostafrikan. Gemeinschaft. Diese Wirtschaftsgemeinschaft löste sich 1977 auf, wird jedoch seit 1993 wieder schrittweise etabliert. Nach dem Tod Präs. Kenyattas (1978) folgte ihm D. arap Moi im Amt nach. Machtkämpfe und soziale Spannungen gipfelten 1982 in einem (gescheiterten) Militärputsch. Unter dem Druck internat. Kreditgeber und einer erstarkenden Demokratiebewegung wurde im Dez. 1991 die (seit 1969 faktisch und seit 1982 de jure bestehende) Einparteienherrschaft abgeschafft. Der weiterhin autoritär herrschende Moi wurde 1992 bei den ersten freien Präsidentschaftswahlen im Amt bestätigt (Wiederwahl 1997). Ein allmähl. Reformprozess wurde jedoch durch Stammeskonflikte, die Unterdrückung der stark zersplitterten und ethnisch geprägten Opposition, durch Korruption, Gewaltverbrechen und Menschenrechtsverletzungen erschwert. Bei den Parlamentswahlen im Dez. 2002 erreichte das Oppositionsbündnis »Nationale Regenbogenkoalition« (NARC) die Mehrheit der Sitze. Bei den gleichzeitig abgehaltenen Präsidentschaftswahlen setzte sich der Kandidat der NARC und ehem. Vizepräs., Mwai Kibaki, durch. Der am 30. 12. 2002 vereidigte neue Präs. kündigte für die Zukunft des Landes v. a. Gerechtigkeit sowie den Kampf gegen Korruption und Misswirtschaft an.

Kenia, Mount [maʊnt ˈkenjə] (engl. Mount Kenya), erloschener Vulkan, in dem nach ihm benannten Staat, 5 199 m ü. M., zweithöchster Berg Afrikas. In den Höhenlagen zw. 1 500 und 3 600 m ü. M. trop. Nebelwald (mit Zedern, Kampfer, Bambus). Oberhalb 3 300 m Naturschutzgebiet (Mount-Kenya-Nationalpark, 584 km², UNESCO-Weltnaturerbe) mit Klippschliefern und Leoparden. Die Gipfelregion ist z. T. vergletschert.

Kenitra (arab. El-Qenitra, 1932–56 Port Lyautey), Provinzhptst. in Marokko, an der Mündung des Sebou, in der fruchtbaren Agrarlandschaft Rharb, 448 800 Ew.; Handels- und Marktzentrum; chem. Ind.; Flusshafen mit 11 km langem Kanal zur Atlantikküste, Vorhafen Mehdia-Plage; Flughafen.

Kennan ['kenən], George Frost, amerikan. Diplomat und Historiker, * Milwaukee (Wis.) 16. 2. 1904; seit 1926 im diplomat. Dienst (1944–46 Berater des amerikan. Botschafters in Moskau), konzipierte als Leiter des Planungsstabes im Außenministerium (1947–49) die Politik des ↗ Containment. 1952–53 war er Botschafter in Moskau, 1961–63 in Belgrad. 1956 wurde er Prof. in Princeton; erhielt 1982 den Friedenspreis des Dt. Buchhandels.

Kennedy ['kenɪdɪ], **1)** *Alison Louise*, schott. Schriftstellerin, * Dundee 22. 10. 1965; veröffentlicht seit den 1990er-Jahren Kurzgeschichten (»Ein makelloser Mann«, 2001; dt. Ausw.) und Romane (»Alles was du brauchst«, 1999), wobei sie den häufig düsteren Themen um Liebe, Sehnsüchte, Tod und Gewalttätigkeit mit Zartheit und gleichzeitig mit Sarkasmus und nicht selten drastisch-obszöner Sprache entgegentritt. – *Weitere Werke: Kurzgeschichten:* Tea and Biscuits (1996). – *Romane:* Einladung zum Tanz (1993); Gleißendes Glück (1999).

2) *Edward Moore*, amerikan. Politiker, * Brookline (Mass.) 22. 2. 1932, Sohn von 4), Bruder von 3) und 7); seit 1963 Senator von Massachusetts, 1969–71 stellv. Fraktionsvors. der Demokrat. Partei im Senat, lehnte nach der Ermordung seines Bruders Robert Francis 1968 und erneut 1974 eine Präsidentschaftskandidatur ab. 1980 scheiterte er mit seiner Bewerbung um die Präsidentschaftskandidatur der Demokraten.

3) *John Fitzgerald*, 35. Präs. der USA (1961–63), * Brookline (Mass.) 29. 5. 1917, † (ermordet) Dallas (Tex.) 22. 11. 1963, Sohn von 4), Bruder von 2) und 7); ⚭ seit 1953 mit Jacqueline Lee Bouvier (* 1929, † 1994; 1968–75 Ehefrau des grch. Reeders A. Onassis). 1947–53 war K. Abg. der Demokrat. Partei im Repräsentantenhaus, 1953–61 Senator für Massachusetts; er wurde im Nov. 1960 mit knapper Mehrheit gegen R. Nixon zum (ersten kath.) Präs. der USA gewählt. Mit seinem Aufruf zur polit. Neubesinnung (»New Frontier«) suchte K. seiner Reg.übernahme den Charakter eines Durchbruchs der jungen Generation zu geben. Innenpolitisch verfolgte er ein weit reichendes Programm zur Ankurbelung der Wirtschaft, zur Verbesserung der sozialen Situation breiter Bev.kreise (Krankenversorgung, Sozialversicherung, Bildungswesen), zur Bürgerrechtsfrage und sah sich dabei mit dem Widerstand des von konservativen Kräften beherrschten Kongresses konfrontiert. In der Außenpolitik bemühte sich seine Administration um die Überwindung des Kalten Krieges und war bestrebt, die Entwicklungshilfe für die Staaten der Dritten Welt auf die Ebene gegenseitiger Partnerschaft zu stellen (Peace Corps). 1962 kam es zu einem schweren Konflikt mit der UdSSR um Kuba (↗ Kubakrise). Mit der Entsendung amerikan. Spezialeinheiten nach Südvietnam (seit 1961) intensivierte K. das militär. Engagement der USA in Vietnam (↗ Vietnamkrieg). – Die Hintergründe für seine Ermordung wurden bisher nicht restlos aufgeklärt. Dem Bericht der »Warren-Kommission« (1964), wonach L. H. Oswald als polit. Einzelgänger der alleinige Attentäter gewesen sei, steht die Feststellung eines Sonderausschusses des Kongresses (1977–79) gegenüber, dass es sich wahrscheinlich um eine Verschwörung handelte.

4) *Joseph Patrick*, amerikan. Politiker, * Boston (Mass.) 6. 9. 1888, † Hyannisport (Mass.) 18. 11. 1969, Vater von 2), 3) und 7); Bankier und Reeder, Mitgl. der Demokrat. Partei; verdiente durch Spekulationen ein großes Vermögen; ab 1930 Mitarbeiter F. D. Roosevelts, 1937–40 Botschafter in London.

5) *Margaret*, seit 1952 Lady Margaret Davies, brit. Schriftstellerin, * London 23. 4. 1896, † Adderbury 31. 7. 1967; verfasste elegant und witzig erzählte Romane: »Die treue Nymphe« (1924), »Gottesfinger« (1956) sowie eine krit. Biografie Jane Austens (1950).

6) *Nigel Paul*, brit. Violinist, * Brighton 28. 12. 1956; studierte u. a. bei Y. Menuhin; bekannt durch seine unkonventionelle Art der Darbietung klass. Violinwerke (bes. von A. Vivaldis »Vier Jahreszeiten«); bearbeitete für sein Instrument auch Kompositionen von D. Ellington.

7) *Robert Francis*, amerikan. Politiker, * Brookline (Mass.) 20. 11. 1925, † (ermordet) Los Angeles (Calif.) 6. 6. 1968, Sohn von 4), Bruder von 2) und 3); engster Berater seines Bruders John Fitzgerald, 1961–64 Justizmin., 1965–68 Senator für New York. K. war ein entschiedener Gegner jeder Rassendiskriminierung und heftiger Kritiker der Vietnampolitik L. B. Johnsons. Als aussichtsreicher Bewerber um die Präsidentschaftskandidatur der Demokrat. Partei fiel er während einer Wahlkampfreise einem Attentat zum Opfer.

Kennedy Space Center ['kenɪdɪ 'speɪs 'sentə], NASA-Startgelände (für bemannte Raumflüge) auf Cape ↗ Canaveral.

Kennelly-Heaviside-Schicht ['kenəlɪ 'hevɪsaɪd-], frühere Bez. für die E-Schicht der ↗ Ionosphäre, 1902 von E. A. Kennelly (* 1861, † 1939) und O. Heaviside (* 1850, † 1925) postuliert.

Kenngröße, 1) *Physik:* die ↗ Kennzahl.
2) *Stochastik:* die ↗ Maßzahl.

Kenning [altnord., eigtl. »Erkennung«] *die*, zwei- oder mehrgliedrige Begriffsumschreibung in der altnord. (Skaldendichtung, Edda) sowie in der angelsächs. Dichtung; z. B. »fleina brak« (»Das Tosen der Pfeile«) für »Kampf«.

Kennleuchten, an Land-, Luft- und Seefahrzeugen angebrachte Lichter, zur Kennzeichnung von Position, Bewegungsrichtung und Einsatzart (↗ Lichterführung). Über K. für Kraftfahrzeuge im Straßenverkehr ↗ Rundum-Kennleuchten.

Kennlini|e (Charakteristik), graf. Darstellung eines technisch wichtigen Zusammenhanges zw. den funktionalen Größen eines Systems.

Kennung, *Nachrichtentechnik, Navigation:* beim Leuchtfeuer charakterist. Folge, Dauer oder Farbe abgestrahlter Lichtsignale; beim Funkfeuer oder Sender bestimmtes, im Morsealphabet ausgesendetes Rufzeichen; im Sprechfunk Namens- oder Stationsangabe. – Im militär. Bereich dient die **Freund-Feind-K.** zur Unterscheidung eigener oder feindl. Kräfte, z. B. durch farbige Leuchtkugelkombinationen oder ↗ IFF-Gerät.

Kennwort, *Informatik:* das ↗ Passwort.

Kennzahl, 1) *Betriebswirtschaftslehre:* (Kennziffer, betriebl. Kennziffer), ein Indikator, der für wichtige betriebl. Tatbestände ermittelt wird und dem inner- oder zwischenbetriebl. Vergleich oder dem Soll-Ist-Vergleich zur Kontrolle oder Planung dient. Man unterscheidet: **absolute K.,** die als Einzelzahlen, Summen oder Differenzen auftreten können (z. B. Gewinn, Umsatz oder Bilanzsumme), und **relative K.** oder Verhältniszahlen, bei denen zwei absolute K. zu-

George F. Kennan

John F. Kennedy

Nigel Kennedy

Robert F. Kennedy

einander in Beziehung gesetzt werden, z. B. K. der Produktivität, Rentabilität, Liquidität oder Umschlagshäufigkeiten.

2) *Physik:* (Kenngröße), dimensionslose Größe zur Beschreibung physikal. Vorgänge (bes. in der Strömungslehre, Thermodynamik, bei Wärme- und Stofftransport), z. B. ↗ Mach-Zahl und ↗ Reynolds-Zahl. K. ergeben sich aus der ↗ Ähnlichkeitstheorie.

Kenotaph [grch.] *das,* Leer- oder Scheingrab zum Gedächtnis an einen Toten.

Kensington and Chelsea [ˈkenzɪŋtən ənd ˈtʃelsɪ], westl. Stadtbezirk (Bourough) von London (seit 1965), (1996) 159 000 Einwohner.

Kent, Cty. in SO-England, 3 736 km², 1,551 Mio. Ew.; Verw.sitz ist Maidstone. Die Kreidekalkschichtstufe der North Downs quert das fruchtbare, von mildem Klima begünstigte, wellige Flachland (Getreide-, Obst-, Hopfen-, Gartenbau, Milch- und Schafwirtschaft), das zum Kanal hin weite ansteigt und in steiler Kreideküste abfällt. Bedeutender Fremdenverkehr u. a. in den Seebädern Margate und Ramsgate sowie in Leeds Castle, einer urspr. normann. Festung; wichtige Häfen für den Verkehr über den Ärmelkanal sind Dover und Folkestone. K. ist eines der wichtigsten Pendelwohngebiete für London. – Im Altertum Siedlungsgebiet der kelt. Cantii; geriet 43 n. Chr. unter röm. Herrschaft; war nach der Einwanderung von Sachsen und Jüten (5. Jh.) eines der sieben angelsächs. Kleinkönigreiche. – Seit 1799 ist K. ein Herzogstitel für königl. Prinzen.

Kent, William, engl. Baumeister, Gartengestalter und Maler, * Bridlington (Cty. Humberside) 27. 5. 1684, † London 12. 4. 1748; hielt sich 1709–19 in Rom auf. Seine in streng palladian. Stil entworfenen Bauten beeinflussten intensiv die engl. Architektur. Besondere Bedeutung hatte K. als Begründer des engl. Landschaftsgartens (↗ Gartenkunst).

Kentaur [grch.] *der* (lat. Centaurus, dt. Zentaur), **1)** *Astronomie:* ein Sternbild am südl. Himmel mit dem sonnennächsten Stern **Proxima Centauri;** Hauptstern des Sternbildes ist ↗ Alpha Centauri.

2) *grch. Mythos:* Fabelwesen mit Pferdeleib und menschl. Oberkörper; berühmt war der weise ↗ Chiron.

Kenton [ˈkentən], Stan, eigtl. Stanley Newcomb K., amerikan. Jazzpianist, Bandleader, * Wichita (Kans.) 19. 2. 1912, † Los Angeles (Calif.) 25. 8. 1979; Hauptvertreter des Progressive Jazz.

Kentucky [kenˈtʌkɪ], Abk. **Ky.,** einer der südöstl. Mittelstaaten der USA, zw. Ohio im N, Mississippi im W und dem Cumberlandplateau im O, 104 665 km², (2001) 4,07 Mio. Ew.; Hptst. ist Frankfort. Auf den fruchtbaren Böden der Bluegrass Region Anbau von Tabak, Mais, Sojabohnen, Weizen; bed. Rinder- und Pferdezucht. An Bodenschätzen kommen Kohle, Erdöl und Erdgas vor. Größte Stadt ist Louisville. K. hat Schiffsverkehr auf dem Ohio und Mississippi, an denen die wichtigsten Ind.orte liegen. Seit 1775 (D. Boone u. a.) ständig besiedelt; während des Unabhängigkeitskrieges stark von Kriegszügen der mit den Briten verbündeten Indianer betroffen; wurde 1792 15. Staat der Union.

Kentucky
Flagge

Kentucky River [kenˈtʌkɪ ˈrɪvə] *der,* linker Nebenfluss des Ohio, in Kentucky, USA, entsteht im Cumberlandplateau, 417 km lang, mündet bei Carrollton.

Kentumsprachen, eine Gruppe der ↗ indogermanischen Sprachen.

Kenyatta [kenˈjata; Kikuyu »Brennender Speer«], Jomo, eigtl. Johnstone Kamau Ngengi, kenian. Politiker, * Ichaweri 10. 10. 1891, † Mombasa

Jomo Kenyatta

22. 8. 1978; lebte 1929–46 meist in Großbritannien, wo er für die panafrikan. Bewegung arbeitete. 1953 wurde er als angebl. Anstifter der Mau-Mau-Verschwörung zu sieben Jahren Haft verurteilt. Ab 1960 Präs. der »Kenya African National Union« (KANU), führte K. als MinPräs. (1963–64) Kenia 1963 in die Unabhängigkeit; 1964–78 Staatspräsident.

Kenzan [-z-], japan. Maler und Keramikkünstler; Mitglied der Familie ↗ Ogata.

Kenzō, Takada, japan. Modeschöpfer, * Himeji 28. 2. 1939; arbeitet seit 1970 in Paris, zunächst berühmt durch seine Boutiquekollektion »Jungle Jap«; sein Modestil wird bestimmt von japan. und westl. Modeelementen mit einer Vorliebe für großflächige Blumenmuster.

Keoladeo-Nationalpark, ein Schutzgebiet (UNESCO-Weltnaturerbe) für rd. 120 Vogelarten (eine der größten Reiherpopulationen der Erde) im Bundesstaat Rajasthan, Indien, 2,8 km²; die z. T. künstlich erschaffene Sumpflandschaft ist auch Überwinterungsort für zahlr. Zugvögel.

Keos, grch. Insel, ↗ Kea.

kephal... [grch.], vor Konsonanten: **kephalo...,** kopf...

Kephalhämatom, ↗ Kopfgeschwulst.

Kephaline [zu grch. kephaē »Kopf«] (Cephaline), Gruppe von bes. im Nervengewebe und in der Hirnsubstanz vorkommenden Glycerinphosphatiden; setzen sich wie die Lecithine aus Glycerin, Phosphorsäure sowie versch. gesättigten und ungesättigten Fettsäuren zusammen, enthalten jedoch anstelle des Cholins entweder das Colamin oder die Aminosäure Serin.

Kephallenia (ngrch. Kephallinia), die größte der Ion. Inseln, 781 km², vor dem Eingang des Golfs von Patras, 29 400 Ew.; Hauptort: Argostolion; in fruchtbaren Tälern Anbau von Wein, Oliven, Feigen. – 1953 von Erdbeben schwer erschüttert. Der bewaldete Gipfel des Aenos ist seit 1962 Nationalpark.

Kepheus [grch.] (lat. Cepheus), **1)** *Astronomie:* Sternbild in der Nähe des Nordpols mit dem Stern **Delta Cephei,** dem Prototyp einer Klasse veränderl. Sterne (↗ Cepheiden).

2) *grch. Mythos:* König von Äthiopien, Gemahl der Kassiopeia, Vater der Andromeda, wie diese in ein Sternbild verwandelt.

Kepler, Johannes, Astronom, * Weil (heute Weil der Stadt) 27. 12. 1571, † Regensburg 15. 11. 1630; wurde 1594 Lehrer der Stiftsschule in Graz, veröffentlichte 1596 die Schrift »Mysterium cosmographicum« (»Das Weltgeheimnis«). 1600 ging er als Gehilfe T. Brahes nach Prag; war nach dessen Tod (1601) bis 1612 kaiserl. Mathematiker und Hofastronom Rudolfs II. In dieser Zeit veröffentlichte er ein Lehrbuch der geometr., physiolog. und astronom. Optik; erkannte, dass sich die Planeten nicht auf Kreis-, sondern auf ellipt. Bahnen bewegen, und formulierte die später nach ihm benannten Gesetze in seinem Hauptwerk »Astronomia nova« (»Neue Astronomie«, 1609). Seine Optik (»Dioptrice«, 1611) enthält den ersten Entwurf des astronom. (keplerschen) ↗ Fernrohrs mit zwei Konvexlinsen. Nach dem Tode Rudolfs II. war er 1612–26 Prof. in Linz, vollendete hier »Harmonice mundi libri V« (»Weltharmonik«, 5 Bücher, 1619) und weitere astronom. und math. Schriften, so die »Tabulae Rudolphinae« (»Rudolfin. Tafeln«, 1627), einen Sternkatalog mit Sonnen-, Mond- und Planetenörtern. 1626 siedelte er nach Ulm über, 1628 nach Sagan zu Wallenstein, dem er aus wirtsch. Gründen auch Horoskope erstellte. – K. vervollkommnete das kopernikan. Weltsystem: Er gab als Erster eine dynam. Erklärung der Planetenbewegung,

Johannes Kepler, anonymes Ölgemälde (1619/20; Straßburg, Collegium Wilhelmitanum)

indem er von der Vorstellung ausging, dass die Planetenbewegungen durch eine von der Sonne ausgehende Kraft verursacht werden.

keplersche Gesetze, die von J. Kepler gefundenen Gesetze der Planetenbewegung: 1. Die Bahnen der Planeten sind Ellipsen, in deren einem Brennpunkt die Sonne steht. 2. Die Verbindungslinie von der Sonne zum Planeten (Radiusvektor, Fahr- oder Leitstrahl) überstreicht in gleichen Zeiten gleiche Flächen **(Flächensatz).** 3. Die Quadrate der Umlaufzeiten der Planeten verhalten sich wie die Kuben (3. Potenzen) der großen Halbachsen ihrer Bahnellipsen. – Aus den k. G. leitete I. Newton das Gravitationsgesetz ab.

keplersches Problem [nach J. Kepler], das ↗Zweikörperproblem.

Kepler-Vermutung, von J. Kepler 1611 aufgestellte Behauptung, dass die Anordnung von Kugeln in Form eines kubisch flächenzentrierten Gitters die räumlich dichteste Kugelpackung darstellt. Dabei wird jede Kugel von sechs anderen umgeben (berührt), deren Mittelpunkte ein regelmäßiges Sechseck bilden; in der dritten Schicht liegen die Kugelmittelpunkte jeweils genau über denen der ersten. Eine solche Packung ergibt sich z. B. beim Stapeln von Früchten in Pyramidenform. – Für die lange unbewiesene K.-V. hat der amerikan. Mathematiker Thomas C. Hales (* 1958) 1999 einen Beweis vorgelegt.

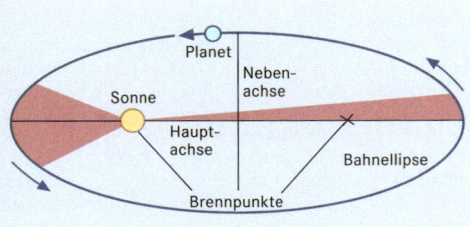

keplersche Gesetze: schematische Darstellung einer Planetenbahn um die Sonne; die vom Fahrstrahl in gleichen Zeitintervallen überstrichenen Flächen (blau unterlegt) sind nach dem Flächensatz gleich groß

Kerala [ˈkerələ], Bundesstaat an der Malabarküste im SW ↗Indiens. 1956 wurden Travancore-Cochin und der Bezirk Malabar zum Unionsstaat K. vereint, um die Malayalam sprechende Bevölkerung staatlich zusammenzufassen.

Keramik [grch.] *die,* Bez. für durch Sintern hergestellte, anorganisch-nichtmetall. Erzeugnisse. Die Fertigung erfolgt durch Mischen feinkörniger Rohstoffe (durch Wasser plastifizierbare tonige Substanzen aus Kaolinit, Illit und Montmorillonit mit Quarz, Feldspat, Glimmer und Kalk), Formen zu Gegenständen bei Raumtemperatur und anschließendes Brennen. Hierbei bildet sich ein dauerhafter Werkstoff, der vorwiegend aus feinen Kristallen besteht, zw. denen sich häufig Poren und vielfach glasartige Bindesubstanz befinden. Urspr. gehörten zur K. nur vorwiegend aus Ton hergestellte Formkörper (Tonwaren) mit porösem bzw. dichtem ↗Scherben, die als Baustoffe oder Geschirr Verwendung fanden.

Die traditionelle Einteilung der klass. K. erfolgt in **Grob-** und **Fein-K.** Sind die Inhomogenitäten eines keram. Scherbens (Poren, Kristalle, Körner, Glasbereiche u. Ä.) mit dem bloßen Auge zu unterscheiden, spricht man von einem grobkeram., andernfalls von einem feinkeram. Werkstoff. Zur Fein-K. gehören ↗Steingut und ↗Porzellan, zur Grob-K. Erzeugnisse der Bau-K.: Ziegel, Klinker, Terrakotten, Steinzeug wie Kanalisationsrohre, säurefeste Steine, und Feuerfestwerkstoffe wie Schamottsteine, Silikasteine, Magnesit- und Dolomiterzeugnisse. Für die Verwendung wird zw. Bau-, Geschirr- (bzw. Haushalts-), Sanitär-, Kunst-, Dental- und Schneid-K. unterschieden. Neben dieser klass. K. gibt es sonderkeram. Werkstoffe, die durch Optimierung bestimmter Eigenschaften und Formgebungsverfahren eine spezielle Verwendung erlauben. Die **Oxid-K.** werden in einer Hochtemperaturbehandlung verfestigt. Die Rohstoffe sind völlig frei von Quarz (SiO_2), sodass keine glasige Bindephase entsteht. Ausgangsmaterialien sind z. B. die Oxide des Aluminiums, des Magnesiums, des Berylliums oder Oxidmischungen. Die technisch genutzten Eigenschaften der Oxid-K. sind u. a. Temperaturbeständigkeit, Isoliervermögen, Härte und Korrosionsbeständigkeit, Nachteile sind Sprödigkeit und Brüchigkeit. Die Oxid-K. werden u. a. für Werkzeuge zum Schleifen und Schneiden von hartem Material, als Halbleiter, Knochenersatz oder Reaktorwerkstoff verwendet. Eine neue, der Oxid-K. überlegene Klasse von Hochtemperaturmaterialien bilden **Verbundwerkstoffe** (↗Cermets) aus einer keramikverstärkten intermetall. Verbindung, z. B. mit Siliciumcarbid (SiC) verstärktes Molybdändisilicid ($MoSi_2$). Die Festigkeit dieses Werkstoffes ist zw. 1 200 und 1 800 °C der Aluminiumoxid-K. um das Vierzigfache überlegen. Anwendung zur Herstellung von Teilen für Kfz-Motoren und Flugzeugtriebwerke und für die Fertigung industrieller Heizelemente. Verbundwerkstoffe aus Kohlefasern und Keramik sind leicht, mechanisch stabil, bruchsicher und äußerst hitzebeständig (bis 2 800 °C); Anwendung für bes. belastete Teile bei Düsentriebwerken und für Brennkammern und Düsen von Flüssigtriebwerken bei Raketen. – Zu den sonderkeram. Werkstoffen gehört die ↗Glaskeramik.

Geschichte: (Idol-)Figuren aus Ton treten schon im Jungpaläolithikum (Dolní Věstonice) und erneut im Neolithikum auf. Die Scherben vorgeschichtl. keramischer, unterschiedlich verzierter Gefäße bilden das Hauptmaterial für die zeitl. und räuml. Gruppierung der Kulturen (Band-, Becher-, Schnur-K. usw.). In den frühen Hochkulturen künstlerisch bedeutende K. v. a. in N-Irak (Samarra-K., 6. Jt., weibl. Gesichtsgefäße, Schalen), SW-Iran (Elam, 4. und 3. Jt.), Ägypten (Negadekultur, Anfang 4. Jt.). Die Töpferscheibe ist seit dem 4. Jt. bezeugt (Mesopotamien), Fußantrieb um 3000 (Ägypten). Die ägypt. K. des 3. Jt. wurde bereits glasiert; grünblaue K. unter der 18. Dynastie. Die Harappakultur (4.–2. Jt.) formte neben Gefäß-K. Terrakottastatuetten. Die minoische Kultur überzog im 2. Jt. v. Chr. die gemusterten Gefäße mit Kalk; daneben gab es kunstvolle farbige K. (Kamaresvasen). Im antiken Griechenland wurde eine hohe Gefäßkunst (/ Vase) entwickelt. Bes. die Etrusker schufen Terrakottaplastik (Sarkophagfiguren, Statuen, Bauplastik). Die Römer entwickelten die / Terra sigillata. In Anknüpfung an pers. Traditionen breitete sich die keram. Kunst im ganzen islam. Bereich aus. Durch Kontakt mit den Arabern kam die Lüsterglasur (Kupferoxid u. a.), seit dem 9. Jh. bezeugt (Samarra), sowie zinnglasierte Tonware nach Europa (/ Fayence). Sie setzte sich in Dtl. erst im 17. Jh. gegen / Hafnerware und Steinzeug durch und wich im 18. Jh. dem Porzellan und auch dem Steingut.

Der Entwicklung des Porzellans geht in O-Asien eine lange keram. Tradition voraus. Gefäße, seit dem 5. Jt. v. Chr. bekannt, erlebten eine Blüte im 3. Jt. v. Chr. (/ Yangshaokultur). Tönerne Wächterfiguren wurden für die unterird. Grabanlage des Kaisers Shi Huangdi († 210 v. Chr.) geschaffen. Die K. erlebte in der Songzeit einen künstler. Höhepunkt (/ Seladon). In Japan bildeten sich – ebenfalls nach frühen Anfängen – K.-Zentren heraus, in denen seit dem 13. Jh. zunächst unglasierte Gefäße hergestellt wurden. Durch die Schlichtheit der Form, die die Teezeremonie verlangte, stieg im 16. Jh. der Bedarf an glasierten Schalen, Teedosen u. a. von hohem künstler. Wert. In Kyôto begann die Herstellung des Raku-yaki (dickwandige Gefäße mit mehrfarbigen Bleiglasuren). Im 17. Jh. entstand auf Kyûshû durch korean. Töpfer Karatsu-K., einfache, weißlich oder dunkel glasierte Ware. Die farbig glasierte K. beeinflusste das Porzellan, das seit 1616 in Arita entstand.

Keramikfasern, anorgan. Chemiefasern (z. B. Silikat- oder Bornitridfasern), die für hochhitzebeständige und chemisch beständige Isoliermaterialien eingesetzt werden. Gerichtete K. dienen als Verstärkungskomponente in Verbundwerkstoffen.

keramische Farben, anorgan. Verbindungen zum Färben und Verzieren von Keramik, meist Oxide, Silikate, Aluminate und Borate von Metallen. Man unterscheidet Unterglasurfarben, Inglasurfarben (als Einsink- und Scharffeuerfarben) sowie Aufglasurfarben (Schmelz-, Emailfarben).

Keratine [zu grch. kéras »Horn«], Hornsubstanzen, Skleroproteine, die in der Hornhaut, in Haaren, Hufen, Nägeln, Hörnern, Geweihen u. a. vorkommen.

Keratitis [grch.] *die,* / Hornhautentzündung.

Keratokonus, der / Hornhautkegel.

Keratom [grch.] *das,* geschwulstartige Verdickung der Hornschicht der Haut, bes. an Fußsohlen und Handinnenflächen.

Keratophyr [grch.] *das,* mesozoisch gebildetes, helles, meist graues vulkan. Gestein, enthält v. a. Alkalifeldspat und Chlorit.

Keratoplastik, die / Hornhauttransplantation.

Kerbel (Anthriscus), Gattung weiß blühender Doldengewächse mit mehrfach fiederteiligen Blättern. Als Gewürzpflanze ist der im Mittelmeergebiet und in Vorderasien beheimatete und in vielen anderen Gegenden, darunter in Mitteleuropa, angebaute **Garten-K.** (Anthriscus cerefolium) bekannt. Der bis 1,50 m hohe **Wiesen-K.** (Anthriscus sylvestris) ist eine in Eurasien verbreitete Wiesenpflanze.

Kerbela (Karbala), Hauptstadt der Prov. K., Irak, am O-Rand der Syr. Wüste, an einem Kanal des Euphrats, 296 700 Ew. – Mit den aus safawid. Zeit stammenden Grabmoscheen Husains (Sohn des Kalifen / Ali) und seines Halbbruders Abbas ist K. neben Nedjef der bedeutendste Wallfahrtsort der Schiiten.

Kerberos [grch.] (lat. Cerberus, Zerberus), *grch. Mythos:* der Höllenhund, der den Eingang zur Unterwelt bewachte. Er ließ jeden hinein, aber niemanden wieder hinaus. Ihn zu bezwingen war eine der Arbeiten des / Herakles. K. wurde meist dreiköpfig und mit Schlangenschweif dargestellt.

Kerbholz, im Rechtsleben des MA. häufig ein längs gespaltener Holzstab, in dessen beide Hälften Kerben zur Zählung und Abrechnung von Schuldforderungen, Leistungen oder Zeitangaben eingeschnitten wurden. – **Kerbzettel** sind geteilte Urkunden (/ Charta).

Kerbstift, *Maschinenbau:* zylindr. Metallstift mit drei Kerbfurchen zum Verbinden zweier Teile oder zur Sicherung eines Teils gegen Lockerung. Der **Kerbnagel** besitzt einen Halbrund- oder Senkkopf und dient u. a. zur Befestigung von Blechteilen und Schildern.

Kerbtiere, die / Insekten.

Kerenski, Alexander Fjodorowitsch, russ. Politiker, * Simbirsk 4. 5. 1881, † New York 11. 6. 1970; Rechtsanwalt, nach der Februarrevolution 1917 Justizmin. in der ersten provisor. Reg.; setzte als Kriegsmin. (seit Mai 1917) die letzte von den Alliierten geforderte Offensive durch. Seit Juli 1917 MinPräs., wurde er von den Bolschewiki in der / Oktoberrevolution gestürzt. K. emigrierte 1918 und lebte seit 1940 in den USA.

Kerényi [ˈkɛrɛːnji], Karl (Károly), ungar. klass. Philologe und Religionswissenschaftler, * Temesvar 19. 1. 1897, † Kilchberg (Kt. Zürich) 14. 4. 1973; seit 1943 in der Schweiz; erforschte v. a. die grch. Mythologie; zeitweise am C.-G.-Jung-Institut in Zürich.

Werke: Apollon (1937); Die antike Religion (1940); Einführung in das Wesen der Mythologie (1941, mit C. G. Jung); Prometheus (1946); Die Mythologie der Griechen (2 Bde., 1951–58); Die Heroen der Griechen (1958).

Kerfe, die / Insekten.

Kerguelen [kɛrˈgeːlən, kɛrgəˈlɛn], Inselgruppe im südl. Ind. Ozean, Teil des frz. Überseeterritoriums Terres Australes et Antarctiques Françaises, etwa 300 Inseln, insgesamt 7 215 km² groß, vulkan. Ursprungs, aus Basalt. Die Hauptinsel, 5 800 km², bis 1 960 m ü. M., ist im W vergletschert, im O seenreiche Glazialandschaft mit Fjorden; wiss. Station seit 1950. – 1772 von dem frz. Seemann Y. J. de Kerguelen de Trémarec entdeckt, seit 1893 französisch.

Kericho [kəˈriːtʃəʊ], Stadt in SW-Kenia, 1 830 m ü. M., 48 700 Ew.; Zentrum des größten Teeanbaugebiets des Landes; Ostafrikan. Teeforschungsinstitut.

Kerimäki, Dorf in SO-Finnland, nördlich von Savonlinna, mit der 1845–49 erbauten größten Holzkirche der Erde (3 400 Sitzplätze).

Kerka *die,* Fluss in Slowenien, / Krka.

Kerker [von lat. carcer »Umfriedung«], 1) veraltet für Gefängnis; 2) bis 1974 in Österreich die schwerste Form der Freiheitsstrafe.

Kerkouane [kɛrkuˈan] (Kerkouann, Kerkuan), Ruinenstätte in NO-Tunesien, an der N-Spitze der Halbinsel Kap Bon; 1952 entdeckt (seither Ausgrabungen). K., um 574 v. Chr. von phönik. Flüchtlingen aus Tyros planmäßig gegründet und im 3. Jh. v. Chr. (vor Ankunft der Römer) wieder aufgegeben, ist die einzige vollständige pun. Stadtanlage ohne Überlagerung durch spätere Zivilisationsschichten (UNESCO-Weltkulturerbe).

Kerkovius, Ida, Malerin lett. Herkunft, * Riga 31. 8. 1879, † Stuttgart 7. 6. 1970; studierte bei

Kerbel: Wiesenkerbel

A. Hoelzel an der Stuttgarter Akademie, 1920–23 am Bauhaus bei W. Kandinsky, P. Klee und J. Itten. Sie schuf Landschaften, Figurenbilder und Blumenstilleben von expressiver Farbkraft und Dynamik.

Kerkrade, niederländ. Stadt in der Prov. Limburg, 52 100 Ew.; vielfältige Konsumgüterind. in Industrieparks. Der seit dem Hoch-MA. betriebene Bergbau auf Steinkohle (älteste Bergbaustadt Europas mit dem Kloster Rolduc als ältester Bergbaugesellschaft) wurde 1970 eingestellt.

Kerkuan, Ruinenstätte in NO-Tunesien, ↗Kerkouane.

Kerkuk, Stadt in Irak, ↗Kirkuk.

Kerkyra, grch. Name für Stadt und Insel ↗Korfu.

Kerma [Abk. für engl. **k**inetic **e**nergy **r**eleased in **ma**terial] *die, Dosimetrie:* Formelzeichen *K*, SI-Einheit ist das Gray (Gy); Quotient aus der Summe der kinet. Energien aller geladenen Teilchen, die durch indirekt ionisierende Strahlung in einem Volumenelement eines Stoffes freigesetzt wird, und dessen Masse.

Kermadecgraben [kəˈmædek-], Tiefseegraben im südwestl. Pazif. Ozean, östlich der Kermadecinseln, bis 10 047 m u. M.; setzt sich im Tongagraben fort.

Kermadecinseln [kəˈmædek-], zu Neuseeland gehörende Inselgruppe vulkan. Ursprungs, im Pazif. Ozean, 34 km² groß; auf Raoul Island meteorolog. und Flugsicherungsstation.

Kerman (Kirman), Hptst. der Prov. K., Iran, 1 700 m ü. M., in wüstenhafter Umgebung, 385 000 Ew.; Kreuzungspunkt von Karawanenrouten; Zentrum der Teppichknüpferei; im Umkreis Erzvorkommen; Flughafen. – K. besitzt einen großen Basar und mehrere bed. Moscheen, u. a. die Malikmoschee (11. Jh.) und die Freitagsmoschee (11. und 13. Jh.).

Kermanschah (bis 1994 Bachtaran), Prov.-Hptst. in Iran, 1 630 m ü. M. im Zagrosgebirge, 693 000 Ew., Erdölraffinerie, Zuckerfabrik, Teppichwebereien.

Kermesbeere, 1) (Phytolacca), Gattung der K.-Gewächse mit strahligen Blüten in Trauben, meist in den Tropen und Subtropen; v. a. in Weinbaugebieten wird vielfach die bis 3 m hohe **Amerikanische K.** (Phytolacca americana) kultiviert. Der dunkelrote Saft der Beeren wird im Mittelmeergebiet und in W-Asien als Färbemittel, z. B. für Rotwein und Zuckerwaren, verwendet.

2) ↗Kermesschildläuse.

Kermes|eiche (Quercus coccifera), bis 2 m hohe, meist strauchig wachsende Eichenart des Mittelmeerraumes, mit dornig gezähnten, ledrigen Blättern. Auf der K. leben die ↗Kermesschildläuse.

Kermesschildläuse, versch. Arten der Schildläuse, z. B. **Kermes vermilio** und **Kermes ilicis,** die in S-Europa und im Nahen Osten bes. auf der ↗Kermeseiche leben. Die erbsengroßen Weibchen wurden früher getrocknet (Scharlach-, Karmoisin-, Kermes-, Kermesinbeeren) und als Lieferanten des roten Farbstoffs Kermes gewonnen.

Kern, 1) *Biologie:* der in einer Zelle vorhandene Zell-K.; der Samen des K.-Obstes **(Stein-K.);** innerer Bereich des Holzkörpers bestimmter Bäume **(K.-Holz).**

2) *Gießerei:* bei Metallformgussstücken ein in die Form eingelegter Körper zur Erzeugung von Durchbrüchen, Hohlräumen oder Aussparungen am Gussstück.

3) *Kernphysik:* der innerste, aus einem oder mehreren Nukleonen bestehende Teil eines ↗Atoms **(Atom-K.)** oder eine endl. Zahl von Nukleonen bestehendes System ähnl. Art, z. B. ein ↗Compoundkern oder ein ↗Nuklid.

Kern, 1) [engl. kə:n], Jerome David, amerikan. Komponist, *New York 27. 1. 1885, †ebd. 11. 11. 1945; schrieb Operetten, Shows, Musicals (u. a. »Show Boat«, 1927, mit dem Song »Ol' man river«) und Filmmusiken.

2) Johann Konrad, schweizer. Politiker, *Berlingen (Kt. Thurgau) 11. 6. 1808, †Zürich 14. 4. 1888; 1833–48 Tagsatzungsgesandter, Gegner des ↗Sonderbundes, 1854 Präs. des eidgenöss. Schulrats, 1857–83 bevollmächtigter Min. in Paris.

Kernbeißer (Coccothraustes coccothraustes), bis 18 cm langer Finkenvogel in Eurasien und NW-Afrika, mit dickem, kegelförmigem Schnabel; frisst Sämereien und harte Kerne.

Kernbindung, die durch die ↗Kernkräfte bewirkte Bindung mehrerer Nukleonen zu einem Kern.

Kernbindungs|energie, die bei der Bildung eines Atomkerns frei werdende Energie E_B. Beim Aufbau von leichten Kernen aus Protonen und Neutronen wird als K. die Energie frei, die aufgewendet werden müsste, um den Kern gegen die Anziehung der ↗Kernkräfte wieder in seine einzelnen Bausteine zu zerlegen. Aufgrund der Äquivalenz von Masse und Energie sind zusammengesetzte Kerne leichter als die Summe ihrer Bausteine (↗Massendefekt). Der Verlauf der K. pro Nukleon, E_B/A, aufgetragen über der Massenzahl A, zeigt für stabile Kerne drei auffallende Merkmale: 1) E_B/A ändert sich nur wenig über den gesamten Bereich aller Nuklide; 2) es gibt ein breites Maximum bei etwa $A = 60$; 3) der Verlauf hat eine Feinstruktur mit z. T. ausgeprägten relativen Maxima und Minima, v. a. bis etwa $A = 20$.

Aus diesen Merkmalen folgt, dass die Kernkräfte im Kern abgesättigt sind, dass sowohl bei der Verschmelzung leichter (↗Kernfusion) als auch bei der Spaltung schwerer Kerne (↗Kernspaltung) Energie frei wird, und dass es Nukleonenzahlen gibt, die ↗magischen Zahlen, bei denen die Kerne bes. fest gebunden sind, d. h. eine Schalenstruktur der Atomkerne besteht. Aus dem Tröpfchenmodell (↗Kernmodelle) kann der Verlauf von E_B/A sehr gut abgeleitet werden.

Kernbrennstoffe, nukleare Brennstoffe zur Energiegewinnung. Das Material, aus dem durch Kernspaltung im Kernreaktor Kernenergie gewonnen wird, befindet sich als Metall, Legierung oder chem. Verbindung in den ↗Brennelementen der Kernreaktoren. Es enthält den **Spaltstoff,** d. h. Nuklide, die durch Neutronen exotherm spaltbar sind und dabei Neutronen für weitere Spaltungen freisetzen. Einziger natürl. Spaltstoff ist das Isotop Uran 235, das zu etwa 0,7 % im Natururan enthalten ist und für Leichtwasserreaktoren auf ca. 3 % angereichert wird. In schnellen Brutreaktoren entstehen aus Uran 238 bzw. in Hochtemperaturreaktoren aus Thorium 232 die künstl. Spaltstoffe Plutonium 239 bzw. Uran 233. – Bei der durch Kernfusion erzeugten Energie (z. B. in Sternen) bilden v. a. Wasserstoffisotope (Deuterium, Tritium) die Kernbrennstoffe.

Kernbrennstoffkreislauf, die Kette der Verfahren, die der Versorgung der Kernreaktoren von Kernkraftwerken mit Kernbrennstoffen und deren Entsorgung dienen; hierzu gehören Brennstoffaufbereitung, Anreicherung des Gehaltes an U 235, Herstellung der Brennelemente und deren Einsatz in einem Kernreaktor, Entsorgung und ↗Wiederaufarbeitung der abgebrannten Brennelemente zur Rückgewinnung der nicht verbrauchten Brenn- und Brutstoffe sowie deren Rückführung in den K. bis hin zur ↗Endlagerung der radioaktiven Abfälle. Im Allg. ist

Kernbeißer: Männchen

der K. nur partiell ein wirkl. Kreislauf; einem solchen kommt ein K. mit Wiederaufarbeitung nahe (»geschlossener« K.). Eine Alternative zur Wiederaufarbeitung ist die direkte Endlagerung der verbrauchten Brennelemente.

Kernchemie (Nuklearchemie), Gebiet der Chemie, das sich mit der Erforschung von Atomkernen und Kernreaktionen unter Verwendung chem. Methoden befasst. Untersucht werden u. a. Vorkommen, Reindarstellung, physikochem. Eigenschaften und Reaktionsverhalten von Radioelementen und -nukliden. Die K. wird im Allg. in ↗ Radiochemie und techn. K. unterteilt, die v. a. die Verfahren des Kernbrennstoffkreislaufs umfasst.

Kern|emulsion, die ↗ Kernspuremulsion.

Kern|energie (allgemeinsprachlich Atomenergie), der durch ↗ Kernreaktionen freisetzbare oder freigesetzte Anteil der ↗ Kernbindungsenergie. K. ist somit eine Form von Primärenergie, die in Primärenergieträgern, z. B. Uran (U), gespeichert ist. Trotz bedeutender Fortschritte in der Forschung zur kontrollierten ↗ Kernfusion ist die ↗ Kernspaltung gegenwärtig die einzig mögl. und großtechnisch nutzbare Form der K.-Gewinnung. I. w. S. wird deshalb unter K. auch der wirtsch.-technolog. Bereich verstanden (K.-Wirtschaft, K.-Industrie, »Atomindustrie«), der auf dieser Art der Gewinnung von Sekundärenergie (v. a. Elektroenergie) in Kernreaktoren basiert.

Geschichte: Die durch Neutronen induzierte Kernspaltung wurde 1938 von O. Hahn und F. Straßmann entdeckt und 1939 von L. Meitner und R. O. Frisch theoretisch erklärt. Nachdem F. und I. Joliot-Curie die Möglichkeit einer Kettenreaktion bei der Kernspaltung nachgewiesen hatten, gelang E. Fermi am 2. 12. 1942 in Chicago die Inbetriebnahme des ersten Kernreaktors. Die weitere Entwicklung wurde wesentlich durch die angestrebte militär. Nutzung der K. bestimmt. Am 16. 7. 1945 brachten die USA in Alamogordo (N. Mex.) die erste Atombombe zur Explosion, bald gefolgt von der militär. Anwendung in Hiroshima (6. 8. 1945, Uranbombe) und Nagasaki (9. 8. 1945, Plutoniumbombe). Die erste Wasserstoffbombe, bei deren Explosion K. durch Kernfusion frei wird, wurde 1952 gezündet. – Die Forschung zur friedl. Anwendung der K. setzte in größerem Umfang erst nach dem Krieg ein. Sie führte zur Entwicklung vieler Reaktortypen und zum Bau erster Kernkraftwerke: 1954 Inbetriebnahme des ersten Leistungsreaktors in Obninsk bei Moskau, 1956 erstes Großkernkraftwerk in Calder Hall in Großbritannien; in Dtl. erster Reaktor 1957 in Garching, erstes Kernkraftwerk 1961 in Kahl a. Main.

Ausstiegsdiskussion in Dtl.: Die Nutzung der K. ist seit den 1970er-Jahren umstritten. Die K.-Gegner betonen v. a. die Freisetzung von Strahlung im Normalbetrieb, das Risiko eines Reaktorunfalls (↗ Tschernobyl), das ungelöste Problem der Entsorgung bzw. der Wiederaufbereitung radioaktiver Abfälle und die polit. Folgerungen einer K.-Wirtschaft (»Atomstaat«). Die 1998 gewählte rotgrüne Bundesreg. strebt erstmals den Ausstieg aus der Nutzung der K. an. Am 14. 6. 2000 einigten sich die dt. Bundesreg. und die führenden Energieversorgungsunternehmen (EVU) auf eine Vereinbarung zum Ausstieg aus der Nutzung der K. (↗ Atomausstieg).

Kern|energieagentur, ↗ Nuclear Energy Agency.

Kern|energieantrieb (Atomenergieantrieb, Atomantrieb, Nuklearantrieb), Fahrzeugantrieb mithilfe eines Kernreaktors, dessen Wärmeenergie in zum Fahrzeugantrieb geeignete mechan. Energie umgewandelt wird. – Der K. ist bisher nur als **Schiffsantrieb** praktisch verwirklicht, wobei Druckwasserreaktoren hochgespannten Wasserdampf zum Antrieb von Dampfturbinen (Leistung bis etwa 15 MW) liefern. Die Gewichtsersparnis durch den Wegfall der bei anderen Antriebsarten benötigten großen Brennstoffmengen wird durch das größere Gewicht des Reaktors, einschließlich aller Kollisions- und Strahlenschutzeinrichtungen, wieder ausgeglichen. Wesentl. Vorteil ist allein der praktisch unbegrenzte Fahrbereich, bes. bei U-Booten auch die hohe Geschwindigkeit ohne Zufuhr von Verbrennungsluft. Der Einführung des K. in die Handelsschifffahrt stehen teils polit. Gründe, teils Sicherheitsfragen (Versicherung, Hafenbeschränkung) und die geringe Wirtschaftlichkeit entgegen. – Das erste mit K. angetriebene Schiff war das amerikan. U-Boot »Nautilus« (Stapellauf 1954); erster Flugzeugträger mit K. war die »Enterprise« (Stapellauf 1960), erstes ziviles Überwasserschiff mit K. war der sowjet. Eisbrecher »Lenin« (Stapellauf 1957). Das dt. Forschungsfrachtschiff »Otto Hahn« (Stapellauf 1964, erste Fahrt 1968) wurde 1979 außer Dienst gestellt.

Kern|energierecht (Atomenergierecht, Atomrecht, Nuklearrecht), Gesamtheit der Rechtsvorschriften, die bei sämtl. Anwendungsarten von spaltbarem Material und radioaktiven Stoffen einschließlich ihres Transports, ihrer Lagerung und der Beseitigung ihrer Abfälle zu beachten sind. In Ländern, in denen die militär. Nutzung der Kernenergie verboten ist, wie in Dtl., beschränkt sich das K. auf die friedl. Nutzung der Kernenergie. Ein Bereich des K. ist das Strahlenschutzrecht.

Wichtigste Rechtsgrundlage für das K. ist das novellierte Atom-Ges. i. d. F. v. 22. 4. 2002, das Einfuhr, Ausfuhr, Beförderung, Verwahrung und Besitz von Kernbrennstoffen der Genehmigungspflicht unterwirft. Der Zweck des Ges. besteht seit der Novelle v. a. in der geordneten Beendigung der Kernenergienutzung zur Erzeugung von Elektrizität (↗ Atomausstieg) und der Sicherstellung eines geordneten Betriebes bis zur Beendigung. Die Errichtung von Anlagen zur Spaltung von Kernbrennstoffen für die gewerbl. Erzeugung von Elektrizität und zur Aufarbeitung bestrahlter Kernbrennstoffe wird nicht mehr genehmigt. Für jedes bestehende Kernkraftwerk wurde im Ges. eine Reststrommenge festgeschrieben, die noch produziert werden darf (gerechnet ab 1. 1. 2000). Reststrommengen können auch von einem (älteren) Kernkraftwerk auf ein anderes übertragen werden. Die Berechtigung zum Leistungsbetrieb erlischt, wenn die Reststrommenge erzeugt worden ist. Die Entsorgung wird auf die direkte Endlagerung beschränkt, die Abgabe von bestrahlten Kernbrennstoffen zur Wiederaufarbeitung ist ab 1. 7. 2005 verboten. Erstmals wurde im Atom-Ges. die Pflicht zu regelmäßigen Sicherheitsüberprüfungen der Kernkraftwerke festgeschrieben. Der Besitzer von Kernbrennstoffen hat durch radioaktive Strahlung verursachte Schäden im Rahmen bestimmter Höchstbeträge ohne Rücksicht auf Verschulden zu ersetzen (Höchstgrenze für Deckungsvorsorge wurde durch Ges. erhöht); übersteigen Schäden die Deckungssumme der obligator. Haftpflichtversicherung, so ist der Bund für den ungedeckten Rest zur Freistellung bis zu einem Höchstbetrag verpflichtet. Der strafrechtl. Schutz vor den Gefahren der Kernenergie ist in den §§ 307, 309–312 und 326–328 StGB verankert worden.

In *Österreich* wurden aufgrund einer Volksabstimmung durch Bundes-Ges. vom 15. 12. 1978 Errichtung und Betrieb von Kernkraftwerken verboten.

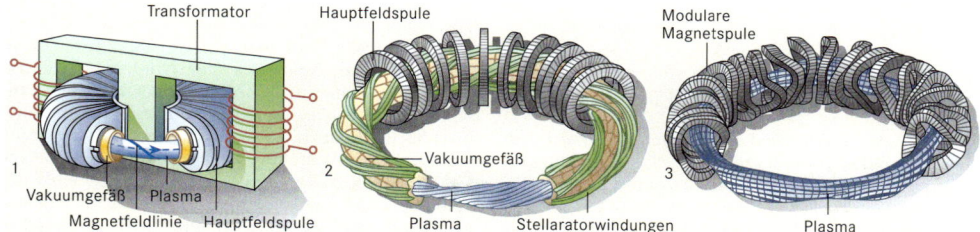

Kernfusion: schematische Darstellung des magnetischen Einschlusses mit toroidalen Konfigurationen; 1 Tokamak, 2 Stellarator mit helikalen Windungen, 3 Stellarator mit modularen Magnetspulen

Über den Bereich der Energieversorgung hinaus gelten das Atomhaftpflicht-Ges. von 1964 und das Strahlenschutz-Ges. von 1969. In der *Schweiz* bildet das Atom-Ges. vom 23. 12. 1959 (1986 geändert) die Grundlage des K. Durch Bundesbeschluss zum Atom-Ges. von 1987 wurden die Voraussetzungen für den Bau und Betrieb von Kernkraftwerken verschärft. – Den grenzüberschreitenden Risiken der Kernenergie versuchen versch. internat. Abkommen zu begegnen.

Kerner, Justinus, Arzt und Dichter, * Ludwigsburg 18. 9. 1786, † Weinsberg 21. 2. 1862; studierte Medizin in Tübingen, wo er L. Uhland und G. Schwab kennen lernte, mit denen er lebenslang befreundet war; seit 1819 Oberamtsarzt in Weinsberg. Hier pflegte er Friederike Hauffe, deren Lebensgeschichte in den Roman »Die Seherin von Prevorst« (2 Bde. 1829) einging; wichtiger Vertreter der spätromant. schwäb. Dichterschule. Seine dem Volkslied verpflichtete Lyrik ist durch schlichte Sprache und frischen Humor, andererseits jedoch durch tiefe Wehmut sowie Neigung zum Mystischen und Okkulten gekennzeichnet.

Kern|explosion, Kernreaktion, bei der ein Atomkern durch das Auftreffen eines energiereichen Teilchens, z. B. aus der kosm. Strahlung oder einem Teilchenbeschleuniger, in seine Bestandteile (Nukleonen) zerlegt wird. Beträgt die Geschossenergie mindestens 300 MeV pro Nukleon, treten bei der K. meist sehr viele Teilchen auf (Nukleonen, Nukleonencluster, Pionen). Bei einer schwächeren Form der K., der **Spallation (Kernzertrümmerung),** mit einer Geschossenergie von etwa 100 MeV ist die Kernauflösung nicht so vollständig. Es bleiben unter Aussendung von Nukleonen und Alphateilchen größere Kernbruchstücke (Fragmente) übrig (meist ein oder zwei). – K. sind immer von der Emission hochenerget. Gammastrahlung begleitet. Sie wurden erstmals 1937 in ↗ Kernspuremulsionen nachgewiesen. Die sternförmigen Spuren dieser Ereignisse, die man nach der fotograf. Entwicklung in den Kernspurplatten erhält, werden auch als **Stern** bezeichnet. (↗ ABC-Waffen)

Kernfächer, in der gymnasialen Oberstufe die Fächer Deutsch, Mathematik und eine Fremdsprache, von denen zwei durchgängig bis zum Abitur zu belegen sind und eines als Prüfungsfach gewählt werden muss. I. w. S. zählen auch Geschichte und eine Naturwissenschaft zu den Kernfächern.

Kernfäule, Zersetzung des Kerns lebender Bäume durch parasit. Pilze, z. B. Rotfäule.

Kernfusion (Kernverschmelzung), die Verschmelzung leichter Atomkerne zu einem schwereren. Die K. tritt ein, wenn sich zwei Atomkerne bis zur Reichweite der anziehenden Kernkräfte nähern. Die sehr starke abstoßende Coulomb-Kraft wird v. a. in Beschleunigern oder in Plasmen mit genügend hoher Temperatur (z. B. der Sonne) überwunden, in denen Kerne mit extrem hoher Geschwindigkeit aufeinander treffen. Auch eine stat. Annäherung der Kerne ist möglich, z. B. in myon. Molekülen des schweren Wasserstoffs, in denen das Elektron in der Atomhülle durch ein ca. 200-mal schwereres Myon ersetzt wird. Aufgrund seiner größeren Masse zwingt das Myon die beiden Atomkerne auf einen ca. 200-mal geringeren Abstand und erhöht damit die Wahrscheinlichkeit zur Kernfusion. Da die stat. Überwindung der Coulomb-Abstoßung keine hohen Temperaturen erfordert, spricht man auch von **kalter Kernfusion.**

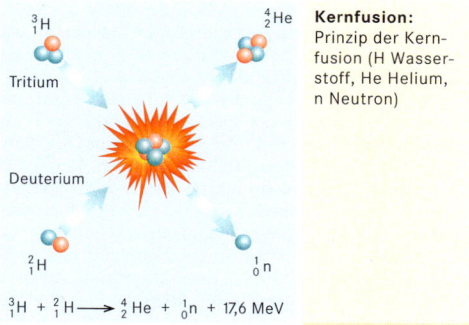

Kernfusion: Prinzip der Kernfusion (H Wasserstoff, He Helium, n Neutron)

$$^{3}_{1}H + ^{2}_{1}H \longrightarrow ^{4}_{2}He + ^{1}_{0}n + 17{,}6 \text{ MeV}$$

Die K. ist die wichtigste Energiequelle der Natur. Die von der Sonne (↗ Sonnenenergie) und den Sternen ausgestrahlten Energien stammen größtenteils aus K.-Prozessen, die bei den in ihrem Inneren herrschenden extrem hohen Temperaturen (etwa 15 Mio. K bei der Sonne) und Drücken ablaufen. Dabei treten je nach den in den Sternen vorherrschenden Bedingungen versch. Prozesse auf; die wichtigsten sind die ↗ Proton-Proton-Reaktion, der ↗ Bethe-Weizsäcker-Zyklus und der ↗ Drei-Alpha-Prozess.

Eine künstl. K. mit positiver Energiebilanz konnte bisher nur unkontrolliert in der Wasserstoffbombe realisiert werden. Angestrebt wird die **kontrollierte (gesteuerte) K.** in Fusionsreaktoren, die als mögl. Energiequelle der Zukunft gilt. Bes. groß ist der Energiegewinn bei der Fusion der Wasserstoffisotope Deuterium (^{2}D) und Tritium (^{3}T) sowie des Heliumisotops ^{3}He mit den Reaktionen (n Neutron, p Proton):

(1) $^{2}D + ^{3}T \rightarrow ^{4}He\,(3{,}517\text{ MeV}) + n\,(14{,}069\text{ MeV})$
(2) $^{2}D + ^{3}He \rightarrow ^{4}He\,(3{,}67\text{ MeV}) + p\,(14{,}681\text{ MeV})$.

Die Erforschung der kontrollierten K. hat sich bisher auf die Reaktion (1) konzentriert, da sie u. a. die höchste Reaktionswahrscheinlichkeit hat und ihre maximale Ausbeute bei der niedrigsten Temperatur auftritt. Tritium kann mithilfe der bei der K. erzeugten Neutronen aus Lithium erbrütet werden, das, wie auch Deuterium, praktisch unbegrenzt als Kernbrennstoff auf der Erde zur Verfügung steht. Um eine kontrollierte K. einzuleiten, müssen die Reaktionspartner mit Energien zw. 10 und 100 keV aufeinander treffen. Dafür werden Deuterium und Tritium auf Temperaturen über 100 Mio. K aufgeheizt (**thermonukleare Reaktion**), wobei die Gasatome vollständig ionisiert werden und ein Plasma, d. h. ein Gemisch aus Ionen und Elektronen großer Teilchendichte, bilden. Weiterhin muss das Plasma lange genug in einem Reaktionsvolumen eingeschlossen bleiben, damit Fusionsstöße häufig genug auftreten.

Zum Einschluss des Plasmas wird die Wirkung von Magnetfeldern oder Trägheitskräften ausgenutzt. Beim **magnet. Einschluss** werden die Plasmateilchen aufgrund ihrer elektr. Ladung durch ein Magnetfeld auf eine Kreisbahn senkrecht zur Richtung der Feldlinien gezwungen. Bei **toroidalen (geschlossenen) Konfigurationen** schließt sich das Magnetfeld zu einem Ring oder Torus. Da das Magnetfeld hierdurch nicht mehr räumlich konstant ist, überlagert sich der Kreisbewegung der Plasmateilchen eine zusätzl. Driftbewegung, die zu einer radial nach außen an die Gefäßwand gerichteten Beschleunigung des Plasmas führt. Um diese radiale Bewegung zu unterdrücken, werden die Magnetfeldlinien »verdrillt«, indem man dem toroidalen Feld ein zusätzl. (poloidales) Feld derart überlagert, dass die Feldlinien nicht nur kreisförmig um die Torusachse laufen, sondern sich schraubenförmig um die Torusseele winden. Nach der Art der Erzeugung des poloidalen Zusatzfeldes werden zwei Hauptklassen von toroidalen Anordnungen unterschieden. Beim **Tokamak-Prinzip** (russ. für »torusförmige Kammer mit Magnet«) besorgt dies ein toroidal im Plasma fließender Strom, der durch einen Transformator induziert oder durch andere Stromtriebmechanismen angetrieben wird. Der **Stellarator** vermeidet einen Plasmastrom und benutzt externe Zusatzspulen, die geeignet geformt sind (helikale Stellaratorwindungen oder modulare Magnetspulen). – Beim **Trägheitseinschluss** wird ein Materiekügelchen (»Pellet«) mit intensiven fokussierten Laserstrahlen (**Laserfusion**) oder Teilchenstrahlen so schnell aufgeheizt, dass die Atomkerne infolge ihrer Trägheit für einen Zeitraum zusammengehalten werden, der für genügend viele Fusionsstöße ausreicht.

Forschung: Wegen des enormen apparativen und finanziellen Aufwands ist die K.-Forschung hauptsächlich in internat. Programmen organisiert. Neben den Tokamak-Großforschungsanlagen in den USA (TFTR, Abk. von engl. toroidal fusion test reactor), Japan und Russland sowie der europ. Fusionsforschungsanlage /JET läuft u. a. seit 1988 ein internat. Forschungsprojekt unter dem Namen /ITER. Bis zur wirtsch. Nutzung der K. sind jedoch noch zahlreiche physikal. und technolog. Probleme zu lösen.

Kern|induktion, 1946 von F. Bloch entwickelte Methode der Hochfrequenzspektroskopie zum Nachweis der /Kernspinresonanz, bei der durch die Präzession der Kerndipolmomente bzw. Kernspins in der Empfangsspule ein Signal induziert wird.

Kern|isomerie, das Auftreten von Atomkernen gleicher Protonen- und Neutronenzahl, die außer im Grundzustand in relativ langlebigen (bis zu einigen Jahren) angeregten Zuständen (**isomere Zustände**) existieren. Die versch. Energiezustände unterscheiden sich z. B. in Spin, Parität, Halbwertszeit und Strahlungsenergie.

Kernit *der,* farbloses monoklines Mineral der chem. Zusammensetzung $Na_2B_4O_7 \cdot 4H_2O$, wichtig für die Borgewinnung; Hauptvorkommen in Kalifornien.

Kernkettenreaktion, *Physik:* /Kettenreaktion.
Kernkräfte, Kräfte zw. den Nukleonen, die deren Zusammenhalt in den Atomkernen, d. h. die **Kernbindung**, bewirken. Sie gehören zu den starken /Wechselwirkungen, die nur im Bereich des Kerns wirken, d. h. auf eine Entfernung von rd. 10^{-15} m; innerhalb des Kerns sind sie sehr viel stärker als die Coulomb-Kraft, außerhalb sind sie nicht nachzuweisen. Die K. sind ladungsunabhängig, wie Streuversuche von Nukleonen an Nukleonen zeigen, spinabhängig und haben den Charakter einer Zentralkraft. Eine theoret. Basis zur Beschreibung der K. liefert das im Rahmen der /Quantenchromodynamik entwickelte Quark-Gluonen-Bild.

Kernkraftwerk, Abk. **KKW** (allgemeinsprachlich Atomkraftwerk, Abk. AKW), ein mit /Kernreaktoren betriebenes Dampfkraftwerk. Die Energie wird bisher ausschließlich durch Spaltung schwerer Atomkerne (/Kernspaltung) gewonnen, die als kontrollierte Kettenreaktion in einem Kernreaktor abläuft. Zur näheren Kennzeichnung eines K. wird auch der verwendete Reaktortyp angegeben (z. B. Leichtwasser-K.), von dem Gestaltung und Auslegung eines K. wesentlich abhängen. In Dtl. werden in K. derzeit nur noch Druckwasserreaktoren (DWR) und Siedewasserreaktoren (SWR) eingesetzt. Die in den westl. Industrieländern übl. Blockgrößen liegen heute bei mehr als 1 000 MW elektr. Leistung.

Die im Kernreaktor freigesetzte Wärme wird direkt (**Einkreisanlage,** z. B. bei K. mit SWR) oder über Dampferzeuger (**Zweikreisanlage**) den Turbinen eines Generators zur Umwandlung in elektr. Energie zugeleitet. Ein K. mit DWR hat zwei hintereinander geschaltete Kühlkreisläufe. Im **Primärkreislauf** fördert eine Hauptkühlmittelpumpe das unter hohem Druck stehende Kühlwasser in den Reaktordruckbehälter, wo es beim Durchtritt durch den Reaktorkern erwärmt und einem Dampferzeuger zugeführt wird; von hier wird es wieder zum Reaktordruckbehälter zurückgeleitet. Abhängig von der Leistung des Reaktors werden mehrere Primärkreise an den Reaktordruckbehälter angeschlossen und entsprechend auch mehrere Dampferzeuger betrieben. In diesen übertragen die vom Primärkühlwasser durchströmten Heizrohre die Wärme an das Wasser des **Speisewasser-Dampf-Kreislaufs (Sekundärkreislauf),** das unter geringem Druck steht und verdampft wird. Der erzeugte Sattdampf (Temperatur rd. 280°C, Druck 6,4 MPa) wird einer Turbine zugeführt, die den Generator antreibt; außerdem beinhaltet der Sekundärkreis die Kühlung des Kondensators und die Umwandlung des Dampfes in Wasser. K. mit natriumgekühlten schnellen Brutreaktoren verfügen über einen zusätzl. Kühlkreislauf (**Dreikreisanlage**). Da Natrium beim Durchtritt durch den Reaktorkern in hohem Maße aktiviert wird, muss zw. Primärkreis und Dampferzeuger ein weiterer Kühlkreis installiert werden (meistens ebenfalls mit Natrium als Kühlmittel).

Die bei der Nutzung der Kernenergie unvermeidl. Strahlengefährdung macht umfangreiche Maßnahmen des Strahlenschutzes notwendig. Zur Vermeidung eines Austritts radioaktiver Stoffe in die Außenwelt sind der Kernreaktor und die Dampferzeuger mit einem stählernen Sicherheitsbehälter (Containment) umgeben; das Reaktorgebäude, eine Stahlbetonhülle, umschließt den Sicherheitsbehälter. Jedes K. ist außerdem zum Schutz vor Betriebsunfällen mit umfangreichen techn. Sicherheitseinrichtungen versehen, die bei schwerwiegenden Störungen für Schnellabschal-

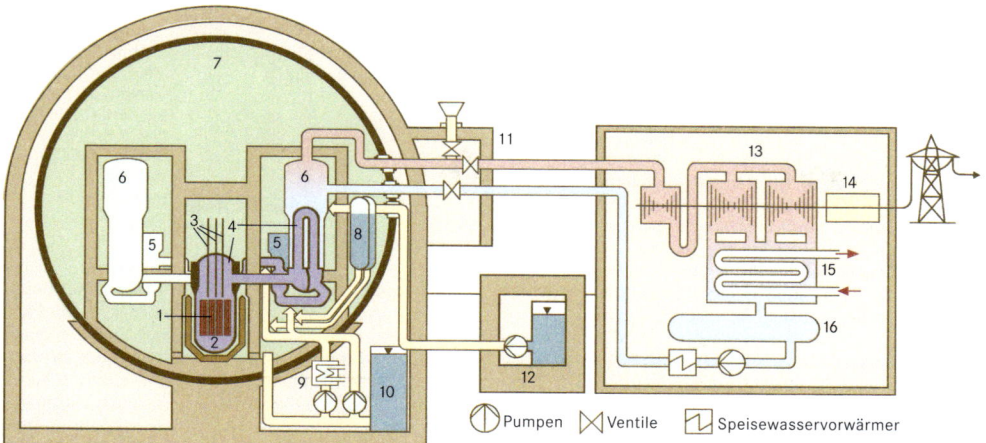

Kernkraftwerk: Schema eines Kernkraftwerks mit Druckwasserreaktor; 1 Reaktorkern im Reaktordruckbehälter, 2 Brennelemente, 3 Steuerelemente, 4 Primärkreislauf, 5 Hauptkühlmittelpumpe, 6 Dampferzeuger, 7 Sicherheitsbehälter (Containment), 8 Druckspeicher, 9 Nachwärmekühler, 10 Flutbehälter für Notkühlsystem, 11 Abblasestation, 12 Wasservorrat für Notspeisewassersystem, 13 Turbine, 14 Generator, 15 Kondensator, 16 Speisewasserbehälter

tung des Reaktors durch Steuerelemente sowie Abfuhr der nach der Abschaltung noch erzeugten Wärme (z. B. Notkühl-, Notspeisewassersystem, Nachwärmekühler, Abblasestation) sorgen. Bau und Betrieb von K. unterliegen in Dtl. dem ↗ Kernenergierecht.

Kernladungszahl, Formelzeichen Z, die Anzahl der positiven Elementarladungen eines Atomkerns, stimmt mit der **Protonenzahl** (Zahl der Protonen im Atomkern) und der Ordnungszahl des chem. Elements überein.

kernmagnetische Resonanzspektroskopie, die ↗ NMR-Spektroskopie.

Kernmagneton, *Physik:* ↗ Magneton.

Kernmodelle, von experimentellen Fakten ausgehende Modellvorstellungen über Struktur und Verhalten von Atomkernen (↗ Atom). Zu den auf den Vorstellungen der klass. Physik beruhenden **phänomenolog. K.** gehören das **Clustermodell**, in dem Nukleonen in Kernen Unterstrukturen, so genannte ↗ Cluster, ausbilden, die ähnlich dem Alphateilchen eine große Bindungsenergie besitzen, und das **Tröpfchenmodell**, in dem der Atomkern als ein homogen geladenes Tröpfchen einer inkompressiblen, wirbel- und reibungsfreien Flüssigkeit aus Protonen und Neutronen betrachtet wird, die sich in ständiger Wechselwirkung befinden. Mit dem Tröpfchenmodell können u. a. Kernbindungsenergien berechnet und die Kernspaltung qualitativ erklärt werden; es eignet sich nicht zur Beschreibung der inneren Struktur der Kerne.

Zu den **quantenmechan. K.** gehört das ↗ Schalenmodell, ein Einteilchenmodell; Vielteilchenmodelle sind das Modell eines ↗ Fermi-Gases und das aus dem Schalen- und Tröpfchenmodell entwickelte **Kollektivmodell**. Dieses berücksichtigt die Wechselwirkung der »Leuchtnukleonen« mit dem als Flüssigkeitstropfen betrachteten Kernrumpf und erklärt Deformationen von Kernen und das Auftreten kollektiver Bewegungen der Nukleonen. Weitere K. sind die Vorstellung eines ↗ Compoundkerns zur Beschreibung von Kernreaktionen sowie das **opt. K.** zur Erklärung von Streuung und Absorption bei Stoßprozessen von Kernen.

Kernmomente, die elektr. und magnet. Multipolmomente der Atomkerne.

Kern|obst, die Obstsorten aus der Familie der Rosengewächse (z. B. Apfel, Birne, Quitte), die eine fleischige Sammelfrucht (Apfelfrucht) bilden. Die eigentl. Frucht ist das aus pergamentartigen Fruchtblättern bestehende Kernhaus mit den Kernen als Samen.

Kernphotoeffekt, durch Absorption energiereicher Gammaquanten eingeleitete Kernreaktion, bei der ein Atomkern so weit angeregt wird, dass er Nukleonen (meist ein Neutron) emittiert; 1934 von J. Chadwick und M. Goldhaber bei der Photospaltung des Deuterons entdeckt.

Kernphysik, Zweig der Physik, in dem die Struktur und Eigenschaften der Atomkerne sowie die Wechselwirkung von Kernen untereinander, mit ihren Bestandteilen (den Nukleonen) und mit den übrigen Elementarteilchen untersucht werden. Sie ist eng mit Atom- und Elementarteilchenphysik verbunden.

Man unterteilt die K. auch in: 1) **Niederenergie-K.** (klass. K.), die sich mit den physikal. Eigenschaften der Atomkerne und den zw. den Kernbausteinen wirkenden ↗ Kernkräften beschäftigt, 2) **Mittelenergie-K.** bei Energien jenseits der Schwelle der Mesonenerzeugung (etwa 300 MeV) und 3) **Schwerionenphysik** (↗ Schwerionenforschung). – Experimentelle Daten über die Kerneigenschaften werden aus ↗ Kernreaktionen, Streuexperimenten, massen- und kernspektroskop. Untersuchungen, der Hyperfeinstruktur der Atomspektren (Mößbauer-Effekt), Verfahren zur Untersuchung der Kernspinresonanz u. a. gewonnen. – Kernphysikal. Methoden werden u. a. in der medizin. Diagnostik und Therapie, der Materialforschung, Spurenanalyse, Altersbestimmung, bei der Bestrahlung von Lebensmitteln, der biolog. Wachstums- und Mutationsbeeinflussung und zur Aufklärung von Verbrechen eingesetzt. Aus der Anwendung der K. ist die ↗ Kerntechnik hervorgegangen.

Kernreaktion, jede durch einen Stoß mit einem anderen Kern oder Elementarteilchen bewirkte Umwandlung von Atomkernen. K. unterscheiden sich damit von spontan ablaufenden Kernumwandlungen (↗ Radioaktivität, spontane ↗ Kernspaltung). Da die Bindung der Nukleonen im Kern millionenfach stärker ist als die Bindung der Hüllenelektronen (chem. Bindung), werden bei K. millionenmal größere Energien umgesetzt als bei chem. Reaktionen. Daher finden natürl. K. in größerem Umfang nur im Innern von Sternen statt, wo bei extremen Temperaturen die notwendigen kinet. Energien verfügbar sind. K. sind z. B. ∕ Abstreifreaktionen, ∕ Einfangprozesse, ∕ Kernexplosionen, elast. und inelast. Streuprozesse; die technisch wichtigste K. ist die Kernspaltung.

Für künstlich induzierte K. kann man energiereiche, in Beschleunigern erzeugte Teilchen gezielt auf die Teilchen einer Probe (Target) schießen oder nutzt natürl. Kernumwandlungen, wie die Uranspaltung, zur Anregung; so werden die meisten künstlich erzeugten Radionuklide durch Neutronenbeschuss im Kernreaktor gewonnen. Wandelt man den Zielkern A durch Beschuss mit dem Teilchen a in einen Kern B um, wobei ein Teilchen b emittiert wird, d. h. A + a → B + b, so schreibt man vereinfacht A(a, b)B. – Die erste künstliche K. beobachtete E. Rutherford 1919: Beim Prozess $^{14}_{7}Na + ^{4}_{2}He \rightarrow ^{17}_{8}O + ^{1}_{1}He$ wird ein Alphateilchen (Heliumkern) auf das Stickstoffisotop $^{14}_{7}Na$ geschossen, das sich dabei unter Aussendung eines Protons in das Sauerstoffisotop $^{17}_{8}O$ umwandelt.

Kernreaktor (Reaktor, allgemeinsprachlich Atomreaktor), Anlage, in der eine sich selbst erhaltende ∕ Kettenreaktion zur Nutzung von Kernenergie geregelt abläuft. Die bei der ∕ Kernspaltung in einem Kernbrennstoff frei werdende Kernenergie wird in Leistungsreaktoren zunächst in Wärme und dann in elektr. Energie oder mechan. Antriebsenergie (∕ Kernenergieantrieb) umgewandelt. Die meist kleineren Forschungsreaktoren werden als Neutronenquellen für Forschung und Ausbildung, für Werkstoffuntersuchungen und Strahlentherapie sowie zur Produktion von Radionukliden verwendet.

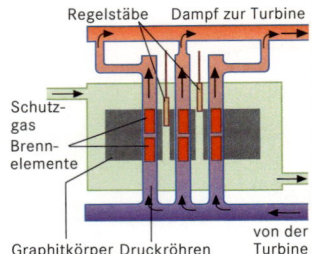

Kernreaktor: Der Druckröhrenreaktor ist ein in der UdSSR entwickelter, graphitmoderierter und leichtwassergekühlter Reaktor, betrieben u. a. auch in Tschernobyl.

Kernkettenreaktion führen kann. – Kernspaltungen können durch therm. (langsame) oder schnelle Neutronen bewirkt werden. Neben dieser und der durch den Verwendungszweck bestimmten Unterscheidung werden K. klassifiziert nach dem verwendeten Kernbrennstoff, dem Arbeitsprinzip des zur Abführung der erzeugten Wärme dienenden Kühlsystems bzw. dem Kühlmittel (z. B. Druck-, Siedewasserreaktor bzw. gas-, wasser- oder natriumgekühlter Reaktor), nach den erzeugten Temperaturen (u. a. Hochtemperaturreaktor), nach dem Moderator (Leichtwasser-, Schwerwasser- oder Graphitreaktor); nach dem Grad der Gewinnung neuen Spaltstoffs unterscheidet man ∕ Brutreaktoren und Konverter.

Der Kernbrennstoff befindet sich (meist in Form von Tabletten) in gasdicht abgeschlossenen Brenn(stoff)stäben, die zu Brennelementen zusammengesetzt sind. Diese bilden, bei therm. Reaktoren zus. mit dem Moderator, die **Spaltzone (Reaktorkern,** engl. **Core)** des Kernreaktors. Der Moderator, ein zusätzlicher den Brennstoff umgebender Stoff, wird bei

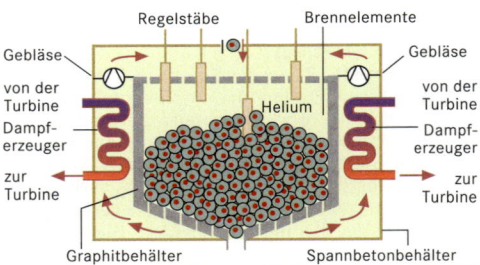
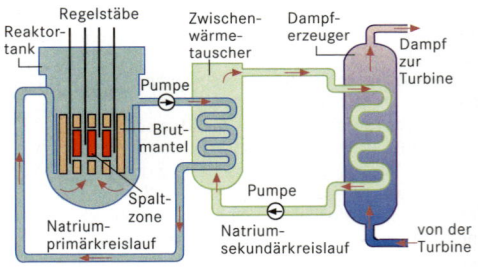

Kernreaktor (von links): Beim heliumgekühlten Hochtemperaturreaktor dient der Reaktorbehälter (aus Graphit) als Reflektor und befindet sich zusammen mit den Dampferzeugern in einem Spannbetondruckbehälter; beim schnellen Brutreaktor wird im Brutmantel aus Uran 238 thermisch spaltbares Plutonium 239 erbrütet; der Natriumsekundärkreislauf (Zwischenkühlkreislauf) trennt den radioaktiven Natriumprimärkreislauf vom Wasser-Dampf-Kreislauf des Dampferzeugers.

Bei der Kernspaltung durch Neutronen bricht der Spaltstoffkern nach Einfang eines Neutrons unter Freigabe von ∕ Kernbindungsenergie auseinander, wobei neben den Kernbruchstücken auch einige schnelle Neutronen entstehen. Diese werden entweder von anderen Atomkernen absorbiert, durch Zusammenstöße abgebremst oder verlassen den Brennstoff durch die Oberfläche. Wenn am Ende dieses Prozesses insgesamt im Mittel genauso viele Neutronen für die Spaltung weiterer Kerne zur Verfügung stehen wie zu Beginn (Neutronenmultiplikationsfaktor $k = 1$), kommt eine stationäre Kernkettenreaktion und gleichförmige Energiefreisetzung in Gang: Der K. ist **kritisch.** Ist die Zahl dieser Neutronen größer bzw. kleiner als die ursprüngliche, dann ist der K. **überkritisch** bzw. **unterkritisch,** was im ersten Fall zur Leistungserhöhung, im zweiten zum Erlöschen der

therm. K. eingesetzt, um die durch die Kernspaltung entstehenden schnellen Neutronen auf therm. Energien abzubremsen, da langsame Neutronen mit größerer Wahrscheinlichkeit von Spaltstoffkernen eingefangen werden und Kernspaltungen auslösen als schnelle. Bes. wirksame Moderatoren sind gewöhnl. (leichtes) Wasser, schweres Wasser und Graphit. Der gesamte Reaktorkern ist meist von einem gasdichten Druckbehälter (Reaktordruckbehälter) umgeben, der innen mit einem Neutronen reflektierenden, aus den gleichen Stoffen wie der Moderator bestehenden Material (Reflektor) zur Reduktion der Neutronenverluste ausgekleidet ist. Durch eine Änderung des Kühlmittelstroms durch den Reaktorkern und/oder der Neutronenabsorption lässt sich die Leistung eines K. während des Betriebes je nach Bedarf regeln. Die Erhöhung oder Verminderung der Neutronenabsorption erfolgt meistens durch Ein- und Ausfahren Neutronen absorbierender Regel-, Trimm- und Abschaltstäbe, z. B. aus Borkarbid oder Silber-Indium-Cadmium. Zur Abführung der in Wärme umgewandelten Energie muss der Reaktorkern gekühlt werden. Als Kühlmittel dienen Flüssigkeiten, Gase und niedrig schmelzende Metalle mit geringer Neutronenabsorption und guten Wärmeübertragungseigenschaften.

Der als Leistungsreaktor in Kernkraftwerken am häufigsten eingesetzte K.-Typ ist heute der **Leichtwasserreaktor (LWR),** ein therm. K. mit leichtem Wasser als Moderator und Kühlmittel. Er wird als **Druckwasserreaktor (DWR)** und **Siedewasserreaktor (SWR)** gebaut. Als Brennstoff wird leicht mit U 235 angereichertes Uran (im Mittel ca. 3 %) in Form von Urandioxid verwendet, das sich in gasdicht verschlossenen Rohren aus Zircaloy befindet und zus. mit diesen die Brennstäbe bildet. Der hohe Druck im Primärkreislauf des DWR und die dadurch verursachte Siedepunkterhöhung verhindern eine Dampfbildung im Reaktorkern; die Wärme wird im indirekten Kreislauf abgeführt. Der DWR, der in Dtl. als Standardreaktor gilt, liefert heute elektr. Leistungen bis zu etwa 1 500 MW. Im Ggs. zum DWR kommt es beim SWR zum Sieden des Wassers; der im K. erzeugte Dampf wird meist direkt zur Turbine geleitet. Der **Schwerwasserreaktor,** ein mit schwerem Wasser (D$_2$O) moderierter K., arbeitet nach dem Prinzip des DWR und wird ebenfalls als Leistungsreaktor eingesetzt. Wegen der guten Moderationseigenschaften des schweren Wassers (geringe Neutronenabsorption) kann dieser K. mit Natururan als Brennstoff arbeiten. Eine andere Baulinie, die **Druckröhrenreaktoren,** führt leichtes oder schweres Wasser als Moderator und Kühlmittel in einzelnen Druckröhren (ohne Reaktordruckbehälter) durch den Reaktorkern. Der **Hochtemperaturreaktor (HTR),** ein therm. K., arbeitet mit Graphit als Moderator und dem Edelgas Helium als Kühlmittel. Kernbrennstoff ist ein Gemisch aus Uran- und Thoriumkarbid. Die hohen Kühlgastemperaturen erlauben den Einsatz moderner Dampfprozesse und Turbogeneratoren mit hohem therm. Wirkungsgrad sowie die Auskopplung von Prozesswärme. Beispiele sind die K. in Jülich und Hamm-Uentrop (heute stillgelegt). – Da bei der Kernspaltung durch ein Neutron jeweils mehr als zwei neue Neutronen freigesetzt werden, ist nicht nur die Aufrechterhaltung einer Kernkettenreaktion, sondern auch die Umwandlung von nicht spaltbarem Material in spaltbares **(Konversion)** möglich, wobei unter bestimmten Bedingungen mehr Spaltstoff erzeugt werden kann als gleichzeitig zur Energieerzeugung verbraucht wird (↗Brüten). Für diesen Prozess eignen sich das Uranisotop U 238 und das Thoriumisotop Th 232. Beim bes. effektiven Uran-Plutonium-Brutprozess wandeln sich bei der Kernspaltung entstehende schnelle Neutronen U-238-Kerne in spaltbare Pu-239-Kerne um **(schneller Brutreaktor, schneller Brüter).** Dieser Reaktortyp arbeitet ohne Moderator und mit flüssigem Natrium als Kühlmittel. Im Reaktorkern ist die Spaltzone von einem so genannten Brutmantel umgeben, in dem im Wesentlichen der Brutprozess stattfindet. Brutreaktoren können durch Umwandlung des nicht spaltbaren U 238 eine bis zu 100fach höhere Energieausbeute aus Natururan als Leichtwasserreaktoren erzielen. Der schnelle Brutreaktor in Kalkar wurde 1991 aus wirtsch. und polit. Gründen nicht in Betrieb genommen. 1994 wurde der Prototyp eines schnellen Brutreaktors in Japan (Monju) erstmals kritisch. Am 8. 12. 1995 traten dort bei einem schweren Störfall des Kühlsystems fast 3 t flüssiges Natrium aus. Die größte Anlage dieses Typs, der »Superphénix« (1 200 MW) in Frankreich (Creys-Malville), soll nicht mehr der Stromerzeugung, sondern nur noch Forschungs- und Demonstrationszwecken dienen. – Weltweit sind heute über 1 000 K. in Betrieb; davon etwa 300 Forschungsreaktoren als Neutronenquellen, ca. 430 in Kernkraftwerken, die übrigen in Schiffen (fast ausschließl. im militär. Bereich) mit Kernenergieantrieb.

Kernresonanz, die ↗Kernspinresonanz.

Kernresonanzfluoreszenz, das Verhalten von Atomkernen (eines Absorbers) gegenüber der Gammastrahlung, die von gleichartigen Kernen ausgestrahlt wird: Atomkerne absorbieren unter bestimmten Bedingungen Gammaquanten **(Kernresonanzabsorption)** und emittieren wenig später die Anregungsenergie in Form eines Gammaquants gleicher Energie. Bei der Wechselwirkung zw. Atomkern und Gammaquant treten durch den großen Rückstoß (Impulserhaltung) Energieverluste auf, sodass Absorptions- und Emissionsfrequenz sich merklich unterscheiden. K. wird daher nur beobachtet, wenn der Unterschied durch Doppler-Verschiebung beim Strahler oder Absorber kompensiert wird; über rückstoßfreie K. ↗Mößbauer-Effekt.

Kernresonanzspektroskopie, ↗NMR-Spektroskopie.

Kęrnsdorfer Hǫ̈he (poln. Dylewska Góra), höchste Erhebung Ostpreußens, im Hockerland, Polen, 312 m über dem Meeresspiegel.

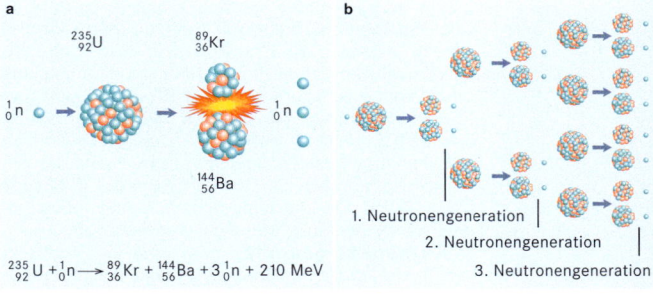

Kernspaltung: Prinzip der Kernspaltung und der Kettenreaktion in Uran 235 (Kr Krypton, Ba Barium, U Uran, n Neutron)

Kernspaltung, Ende 1938 von O. Hahn und F. Straßmann beim Beschuss des Elements Uran mit langsamen Neutronen entdeckte Zerlegung eines Atomkerns mit hoher Nukleonenzahl in zwei Kerne mittlerer Nukleonenzahl und vergleichbarer Massen (so genannte Spaltprodukte). Die K. ist mit der Emission von Elementarteilchen wie Neutronen, Neutrinos, Betateilchen und Photonen verbunden. Die erste theoret. Erklärung für die K. gaben 1939 L. Meitner und O. R. Fritsch. Die Nuklide der schweren Elemente Thorium und Uran sowie der Transurane sind instabil und zerfallen durch Zuführung einer geeigneten Anregungsenergie, z. B. durch das Eindringen eines Neutrons in den Atomkern, in zwei mittelschwere Kerne **(induzierte K.),** z. T. aber auch mit einer bestimmten, i. Allg. sehr großen Halbwertszeit von selbst **(spontane K.).** Hierbei werden pro Spaltung etwa 10 % der gesamten Kernbindungsenergie, rd. 200 MeV, frei, die sich zunächst in kinet. Energie der Spaltprodukte und Strahlungsenergie, schließlich in Wärmeenergie umsetzen. Die Energie entsteht durch Massenumwandlung des Spaltstoffes (↗Massendefekt). Pro Spaltvorgang werden zwei bis drei schnelle

Neutronen (**Spaltneutronen**) ausgesandt, die den Spaltprozess aufrechterhalten können (↗ Kettenreaktion); weil die Neutronen i. Allg. nicht sofort, sondern z. T. erst nach mehreren Sekunden frei werden (**verzögerte Neutronen**), ist der Spaltungsprozess steuerbar. Die Spaltprodukte sind überwiegend radioaktiv, da sie meist einen erhebl. Neutronenüberschuss besitzen, den sie durch mehrfache Emission von Betastrahlung ausgleichen (Betazerfälle).

Am wichtigsten sind die K. der Uranisotope U 233 und U 235 sowie des Plutoniumisotops Pu 239, da sie bereits durch therm. Neutronen (Energie < 0,025 eV) ausgelöst werden können (**therm. K.**). Diese Isotope dienen als Kernbrennstoff zur Energieerzeugung in Kernreaktoren oder als Spaltmaterial in Kernwaffen. Mit höheren Neutronenenergien sind alle Uran- und Thoriumisotope sowie Transurane spaltbar, bei geeigneter Energiezufuhr durch Stoßprozesse beliebiger Art (Alphateilchen, Deuteronen, Protonen, Photonen) auch leichtere und sogar stabile Kerne wie die von Wismut, Blei, Thallium, Quecksilber und Gold bis herab zum Platin. Darüber hinaus wurden auch beim Beschuss von Urankernen mit energiereichen Uranionen K. beobachtet.

Kernspaltungsspuren-Methode (Spaltspurmethode, Fission-Track-Methode), Methode zur numer. Altersbestimmung von Gesteinen, deren Anwendungsbereich von einigen 100 Mio. bis zu einigen 1 000 Jahren reicht. Sie beruht auf der spontanen Kernspaltung des ^{238}U-Nuklids, das 99,3 % Anteil am natürl. Uran hat. Die beiden schweren Kernfragmente jeder einzelnen Spaltung hinterlassen in Mineralen **Spaltspuren,** die durch Anätzen mikroskopisch sichtbar werden. Die Halbwertszeit dieses radioaktiven Zerfalls ist mit $8 \cdot 10^{15}$ Jahren zwar ziemlich lang, reicht aber aus, um in geolog. Zeiträumen genügend Spuren zu hinterlassen. Aus der Anzahl der Spuren lässt sich das Alter berechnen. Als metastabile Strahlenschäden neigen die Spaltspuren im Laufe der Zeit zum Verheilen, was zur Erniedrigung des Spaltspuralters führt. Die Ausheilgeschwindigkeit hängt von der Art des Minerals und der Temperatur ab.

Kernspektroskopie, kernphysikal. Verfahren zur Bestimmung der Energieniveaus von Atomkernen, der zugehörigen Quantenzahlen sowie der Lebensdauern und Zerfallsmöglichkeiten angeregter Zustände. Methoden der K. sind Beta-, Gamma- und NMR-Spektroskopie, der Kernphotoeffekt und die Kernresonanzfluoreszenz.

Kernspinresonanz (Kernresonanz, [para]magnetische Kernresonanz), Abk. **NMR** (von engl. **n**uclear **m**agnetic **r**esonance), die Auslösung von Richtungsänderungen der Drehimpuls- bzw. Spinachse eines Atomkerns, der in einem homogenen Magnetfeld eine ↗ Larmor-Präzession ausführt, durch ein äußeres magnet. Wechselfeld. Der Übergang eines Teils der Spins in ein Niveau mit größerer magnet. Energie ist an der Energieentnahme aus dem Wechselfeld als Dämpfung (Absorption) erkennbar und wird als Absorptionssignal des Wechselfeldes (»Purcell-Methode«) oder durch ↗ Kerninduktion (»Bloch-Methode«) nachgewiesen. Die K. wird bes. zur Strukturaufklärung in der ↗ NMR-Spektroskopie genutzt.

Kernspintomographie (Kernspinresonanztomographie, Magnetresonanztomographie), Untersuchungsverfahren zur Erzeugung von Querschnittsbildern der anatom. Verhältnisse des menschl. Körpers unter Nutzung der Kernspinresonanz. Der Patient befindet sich im Magnetfeld eines Kernspintomographen. Aus den räuml. Verteilungen der Kernresonanzsignale können, vergleichbar der Computertomographie mit Röntgenstrahlen, mittels Computer Schichtbilder mit beliebigen Orientierungen der Schnittflächen erzeugt oder Stoffwechselvorgänge verfolgt werden. Die K. arbeitet ohne ionisierende Strahlung, d. h., es besteht kein Strahlenrisiko. Sie dient u. a. zur Darstellung und z. T. zur Unterscheidung gut- oder bösartiger Tumoren oder krankhafter Prozesse in Gehirn und Rückenmark. Die **funktionelle K. (funktionelle Magnetresonanztomographie,** Abk. **fMRT)** ist ein Untersuchungsverfahren zur Erzeugung von Hirnstrombildern, auf denen die Hirnregionen identifiziert werden können, in denen durch definierte Verhaltensänderungen, Lernprozesse und/oder Sinnesaktivitäten erhöhte oder reduzierte Aktivitäten der Nervenzellen auftreten. Grundlage dieses Verfahrens ist der lokal gesteigerte Blutfluss in aktivierten Hirnregionen. Die funktionelle K. erlaubt Funktionsanalysen des gesunden und des erkrankten Gehirns.

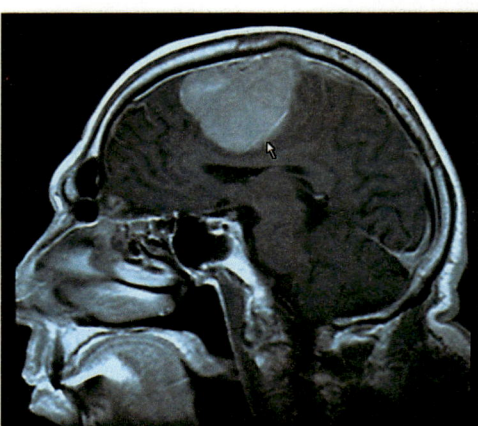

Kernspintomographie: Darstellung einer Gewebeneubildung (Meningeom) im Gehirn

Kernsprung, Zerspaltung von Gesteinsblöcken an radial verlaufenden Fugen oder Klüften in zwei oder mehrere größere Einzelblöcke, v. a. in ariden Gebieten; bedingt durch Hydratation, Temperaturverwitterung oder Frostsprengung.

Kernspur|emulsion (Kernemulsion), Silberhalogenidschicht einer Fotoplatte (**Kernspurplatte**), die durch Erhöhung des Silberhalogenidanteils und Verminderung sowie Gleichmäßigkeit der Korngröße für die Untersuchung von Kernreaktionen und Vorgängen der kosm. Strahlung bes. empfindlich ist. Durchsetzen Kernbruchstücke oder andere geladene Teilchen die Schicht, so erzeugen sie längs ihrer Bahnen in dichter Folge Ionenpaare, die die getroffenen Silberhalogenidkristalle entwickelbar machen. Man erhält Reihen von Schwärzungskörnern, die die Teilchenspuren markieren. Deren Auswertung liefert Daten über Masse, Energie, Ladung u. a. der Teilchen und erlaubt ihre Identifizierung.

Kerntechnik (Kernenergietechnik), Bereich der Technik, der die prakt. Nutzbarmachung der Kernenergie und die Anwendung von Radionukliden umfasst. Die K. beinhaltet v. a. Entwicklung, Bau und Betrieb von Kernreaktoren und Kernkraftwerken sowie alle damit zusammenhängenden Probleme: Entwicklung von automat. Kontroll-, Bedienungs- und Sicherheitseinrichtungen, Gewinnung, Verarbeitung und Wiederaufarbeitung von Kernbrennstoffen, Produktion und Gewinnung von Radionukliden, Beseitigung radioaktiver Abfälle, Bau von Strahlenschutzanlagen, Entwicklung von Reaktorwerkstoffen sowie von Systemen zur Abführung und Ausnutzung der in einem Kernreaktor frei werdenden Wärme.

Kernteilung, die direkte (**Amitose**) oder indirekte Teilung (**Karyokinese, Mitose, Meiose**) des Zellkerns der Organismen, der meist eine Zellteilung folgt.

Kern|umwandlungen, jede durch äußere Einwirkung bewirkte (induzierte) oder von selbst (spontan) erfolgende Umwandlung eines Atomkerns in einen oder mehrere andere Kerne. Zu den K. gehören sowohl ↗ Kernreaktionen als auch radioaktive Umwandlungen (↗ Radioaktivität).

Kernverdampfung, Kernreaktion eines Einfangprozesses, bei der ein hochangeregter Zwischenkern durch Emission von einzelnen Nukleonen, Deuteronen oder Alphateilchen in einen stabilen Zustand übergeht; hierzu kann schon eine Anregungsenergie von 10 MeV ausreichen. Während diese Prozesse bei hinreichend hoher Energie der Geschossteilchen bei allen Kernen stattfinden können, tritt die bereits bei niedrigen Geschossenergien eintretende ↗ Kernspaltung nur bei schweren Atomkernen auf, bei denen die Kernbindungsenergie kleiner ist als die ihrer beiden mittelschweren Bruchstücke.

Kernverschmelzung, die ↗ Kernfusion.

Kernwaffen, ↗ ABC-Waffen.

Kernwaffensperrvertrag (Atomwaffensperrvertrag, offiziell engl. Treaty on the Non-Proliferation of Nuclear Weapons), Vertrag über die Nichtweiterverbreitung von Kernwaffen, ausgehandelt 1965–68 von den USA, der UdSSR und Großbritannien, unterzeichnet am 1. 7. 1968; trat 1970 nach der Ratifizierung durch die Depositarmächte (USA, UdSSR, Großbritannien) und 40 weitere Unterzeichnerstaaten in Kraft. Unter Hinweis auf ihre nat. Souveränität und die Gefahr eines weltpolit. Übergewichts der USA und der UdSSR unterzeichneten Frankreich und China den Vertrag erst 1992. Konferenzen über die Wirksamkeit des K. fanden seit 1975 alle 5 Jahre statt. Am 11. 5. 1995 wurde der Vertrag von mittlerweile 178 Staaten unbefristet verlängert. Ziel des K. ist es, die Verbreitung von Kernwaffen, ihren Ankauf oder ihre Herstellung durch bisher kernwaffenlose Staaten zu verhindern. Die Wirksamkeit des K. wird durch die ihm nicht beigetretenen **Schwellenmächte** (Staaten mit dem technolog. und wirtsch. Potenzial zur Produktion von Atomwaffen) beeinträchtigt.

Kernzertrümmerung, ↗ Kernexplosion.

Kerogen [grch. kērós »Wachs«] *das,* in Sedimentgesteinen dispers verteilte, gelbe bis braune, feste Substanz aus hochpolymeren organ. Verbindungen. Aus K. können Erdöl und Erdgas entstehen.

Kerosin *das,* zw. etwa 150 und 250 °C siedende Erdölfraktion. K. wird v.a. als Flugturbinenkraftstoff, in geringerem Umfang für Beleuchtungszwecke und zur Gewinnung von Normalparaffinen verwendet.

Kerouac [ˈkeruæk], Jack, amerikan. Schriftsteller, * Lowell (Mass.) 13. 3. 1922, † Saint Petersburg (Fla.) 21. 10. 1969; neben A. Ginsberg und W. S. Burroughs einer der bekanntesten Autoren der Beatgeneration; gestaltete in dem Roman »Unterwegs« (1958) den Bruch mit der als erstarrt erlebten Wohlstandsgesellschaft; spätere Werke sind außerdem vom Zen-Buddhismus beeinflusst (»Gammler, Zen und hohe Berge«, 1959; »Engel, Kif und neue Länder«, 1960).

Kerpen, Stadt im Erftkreis, NRW, am Westrand der Ville, 62 400 Ew.; Metall- und Fahrzeugbau, elektrotechn. Ind.; der Braunkohlenbergbau ist erloschen. – Kath. Pfarrkirche St. Martin (13.–15. Jh.). – 871 erstmals urkundlich erwähnt; seit 1975 Stadt.

Kerr, 1) [kɛr], Alfred, urspr. A. Kempner, Kritiker und Schriftsteller, * Breslau 25. 12. 1867, † Hamburg 12. 10. 1948; einer der einflussreichsten Theaterkritiker Berlins in der Zeit vom Naturalismus bis 1933 (»Tag«, »Neue Rundschau«, »Berliner Tageblatt«); förderte H. Ibsen und G. Hauptmann. K. sah in der Kritik eine eigene Kunstform und schuf dafür einen treffenden, geistreich-iron. und oft absichtlich saloppen Stil (»Die Welt im Drama«, 5 Bde., 1917; »Was wird aus Deutschlands Theater?«, 1932). 1933 emigrierte K. nach London.

2) [engl. kɑː, auch kəː], Deborah Jane, brit. Filmschauspielerin, * Helensburgh (Strathclyde Region) 30. 9. 1921; nach dem Film »Die schwarze Narzisse« (1947) spielte sie überwiegend in den USA; auch Theater- und Fernsehrollen (»Hold the Dream«, 1986). – *Weitere Filme:* Verdammt in alle Ewigkeit (1953); Bonjour Tristesse (1958); Das Arrangement (1969); Reunion at Fairborough (1984).

3) [engl. kɑː, auch kəː], John, brit. Physiker, * Ardrossan (North Ayrshire) 17. 12. 1824, † Glasgow 18. 8. 1907; entdeckte den elektroopt. (1875) und den magnetoopt. (1876) ↗ Kerr-Effekt und entwickelte die ↗ Kerr-Zelle.

Kerr-Effekt [nach J. Kerr], 1) **elektroopt. K.-E.,** Erscheinung, dass isotrope Stoffe (bes. Flüssigkeiten) durch Ausrichtung ihrer polaren Moleküle im elektr. Feld doppelbrechend werden (↗ Doppelbrechung). Der relative opt. Gangunterschied für die beiden parallel und senkrecht zum elektr. Feld polarisierten Komponenten eines einfallenden Lichtstrahls ist dem Quadrat der elektr. Feldstärke und der durchlaufenen Strecke des Feldes proportional; die Proportionalitätskonstante ist die wellenlängenabhängige **Kerr-Konstante** des betreffenden Stoffes.

2) **magnetoopt. K.-E.,** an magnetisierten ferromagnet. Spiegeln bei der Reflexion von Licht auftretende Änderung der Polarisationsverhältnisse. Die Drehung der Schwingungsellipse des reflektierten Lichts und die Änderung des Achsenverhältnisses sind der im Spiegel erzeugten Magnetisierung proportional.

3) **opt. K.-E.,** Effekt der nichtlinearen Optik, nach dem die Brechzahl *n* eines transparenten Mediums bei hohen Lichtintensitäten linear mit wachsender Intensität zunimmt. Der opt. K.-E. führt u.a. zu einer Selbstfokussierung eines intensiven Laserstrahls.

Alfred Kerr

Kerrie: blühender Zweig

Kerri|e *die* (Goldröschen, Ranunkelstrauch, Kerria japonica), ostasiat. Rosengewächs, sommergrüner Strauch mit tief gesägten Blättern und gelben Blüten; Parkpflanze.

Kerry [ˈkerɪ] (irisch Ciarraí), Cty. im SW der Rep. Irland, 4 701 km², 125 900 Ew.; Hptst. ist Tralee. Einzelne gebirgige, moorbedeckte Halbinseln ragen weit in den Atlantik (Riaküste). Die eiszeitl. Überprägung hat Täler und Seenlandschaften entstehen lassen. Milchwirtschaft, Jungviehaufzucht, Schafwirtschaft, daneben Küstenfischerei und Tourismus.

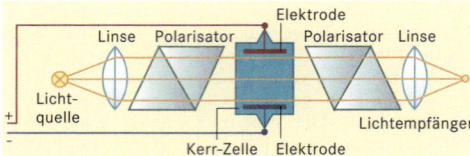

Kerr-Zelle: schematischer Aufbau eines Gerätes zur Umwandlung elektrischer Spannungsschwankungen in Lichtintensitätsschwankungen mithilfe der Kerr-Zelle

Kerr-Zelle (Karolus-Zelle) [nach J. Kerr und A. Karolus], Gerät zur Umwandlung elektr. Spannungsschwankungen in Lichtintensitätsschwankungen. In einem mit Nitrobenzol gefüllten Glasgefäß befinden sich in geringem Abstand zwei Elektroden, an die Wechselspannung angelegt wird. Die Polarisationsebene eines hindurchgehenden polarisierten Lichtstrahls wird infolge der induzierten Doppelbrechung (↗Kerr-Effekt) beim Durchgang durch die K.-Z. gedreht, wobei die Größe der Drehung von der Spannung an den Elektroden abhängt. Fängt man Licht mit der Schwingungsrichtung der einfallenden Welle durch einen (gekreuzten) Analysator ab, so erhält man einen Lichtstrahl, dessen Helligkeit sich im Takt der Spannungsschwankungen ändert. K.-Z. werden u. a. zur Umwandlung von Mikrofonströmen in Lichtimpulse beim Tonfilm (Lichtsteuergeräte), als Lichtmodulator bei der Lasersteuerung und als schnelle elektroopt. Schalter z. B. bei der Hochgeschwindigkeitsfotografie verwendet. Höhere Modulationsfrequenzen erzielt man aber erst mit Kristallen als aktivem Medium.

Kersantit *der,* zu den Lamprophyren gehörendes dunkles Ganggestein, besteht vorwiegend aus Plagioklas und Biotit.

Kerschensteiner, Georg, Pädagoge, *München 29. 7. 1854, †ebd. 15. 1. 1932; Schulreformer, Bildungstheoretiker, Begründer der Berufsschule; Vorkämpfer der Arbeitsschule (mit Betonung des Werkunterrichts); setzte sich für ein begabungs- und entwicklungsgemäßes Schulsystem ein.

Georg Kerschensteiner

Kersting, Georg Friedrich, Maler, *Güstrow 31. 10. 1785, †Meißen 1. 7. 1847; leitete ab 1818 die Malereiabteilung der Meißener Porzellanmanufaktur; malte, von C. D. Friedrich beeinflusst, kleinformatige Bilder schlichter Innenräume mit einzelnen, in ihre Tätigkeit vertieften Menschen.

Kertész [ˈkɛrteːs], Imre, ungar. Schriftsteller, *Budapest 9. 11. 1929; wegen seiner jüd. Herkunft 1944 nach Auschwitz deportiert, 1949–50 Journalist. Sein literar. Werk ist geprägt von der Erfahrung des Holocaust, den er als unauslöschl. Zäsur der Menschheitsgeschichte begreift. Für seinen autobiograf. »Roman eines Schicksallosen« (1975) erhielt er 2002 den Nobelpreis für Literatur. Das Werk zählt zu seiner »Trilogie der Schicksallosigkeit«, zu der außerdem die Romane »Fiasko« (1988) und »Kaddisch für ein nicht geborenes Kind« (1990) gehören. Sie sind literar. Schlüsselwerke zum Thema Holocaust. K.' autobiograf. Aufzeichnungen aus den späteren Jahren (»Galeerentagebuch«, 1992; »Ich – ein anderer«, 1997) sind gleichfalls davon bestimmt.

Imre Kertész

Kertsch, Straße von, Meerenge zw. den Halbinseln Krim und Taman, 4–15 km breit, 41 km lang; Eisenbahnfähre; im Winter Eisgang.

Kertsch, 1) Landvorsprung im O der Halbinsel (Rep.) Krim, Ukraine, rd. 3000 km² groß, mehrere Schwefelwasserstoff ausscheidende Schlammvulkane; Ackerbau; der Eisenerztagebau (Limonit) wurde 1992 eingestellt.

2) Stadt auf 1) an der Straße von K., in der zur Ukraine gehörenden autonomen Rep. Krim, 157 000 Ew.; Eisenerzbergbau, Hüttenwerk, Großtankerbau, Fischverarbeitung; Eisenbahnfährhafen. – K., das altgrch. Pantikapaion, war seit dem 5. Jh. v. Chr. Hptst. des Bosporan. Reiches, im 13. Jh. genues. Handelsplatz; vom 13. Jh. bis 1475 unter mongol. Herrschaft, danach türkisch und seit 1774 russisch; im Krimkrieg 1855 zerstört. – Archäolog. Funde um K. sind v. a. der 6 km westlich der Stadt liegende skyth. Grabhügel Kul-Oba des 4. Jh. v. Chr. mit reichen Funden (Schmuck u. a. Gegenstände aus Gold), **Kertscher Vasen** (attisch-rotfigurige Vasen des 4. Jh. v. Chr.), Reste von Terrassenanlagen und Häusern.

Kerulen *der* (chines. Herlen He), Fluss im O der Mongolei (1090 km) und in China (164 km), entspringt am S-Hang des Kenteigebirges, durchfließt steppenhafte Gebiete, endet im See Hulun Nur, der in niederschlagsreichen Jahren einen Abfluss zum Argun hat.

Georg Friedrich Kersting: Caspar David Friedrich in seinem Atelier (1811; Hamburg, Kunsthalle)

Kerullarios, Patriarch, ↗Michael Kerullarios.

Kerygma [grch. »das durch den Herold Ausgerufene«] *das,* im N. T. Bez. die Predigt Jesu und der nachösterl. Predigt über Jesus Christus (Röm. 16, 25); ihr Zentrum ist das Zeugnis von Tod und Auferstehung Jesu Christi als der Mitte des christl. Glaubens (1. Kor. 15). Die von der historisch-krit. Exegese vorgenommene Unterscheidung zw. **histor. Jesus** als der geschichtlich geformten Überlieferung und **kerygmat.** (d. h. verkündigtem) **Christus** als dem sich immer neu ereignenden, den Hörer treffenden Wort Gottes

(R. Bultmann) führte in der Konsequenz zu einer Abwertung des Interesses an der Person Jesu, was v. a. von E. Käsemann kritisiert worden ist.

Kerze, 1) *allg.:* Beleuchtungsmittel aus Talg, Bienenwachs, Stearin oder Paraffin; mit Docht. – Bei den Griechen waren K. wohl unbekannt, die Römer benutzten Talg-, Pech- und Wachskerzen. Im MA. war die K. die gebräuchlichste Beleuchtungsart. Seit 1818 gibt es Stearin-K., seit etwa 1830 K. aus Paraffin. – In *christl. Kirche* sind K. seit dem 3. Jh. bei Begräbnisfeiern nachweisbar, als **Oster-K.** (»Lumen Christi«) erstmals im 5. Jh. in der Jerusalemer Grabeskirche. In der Frömmigkeit der orth. Kirche ist das Stiften von **Opfer-K.** weit verbreitet, in den westl. Kirchen der Brauch der **Taufkerze.**
2) *Lichttechnik:* (Hefner-K.), / Hefner-Alteneck.

Kerzen|nussbaum, der / Bankul.

Keschm (Kischm, Qeshm), lang gestreckte Felseninsel am Eingang zum Pers. Golf, zu Iran, rd. 1 200 km^2; Salzgewinnung, Perlenfischerei; ergiebige Erdgasfelder; Freihandelszone (im Aufbau Betriebe der Petrochemie, Stahl-, Düngemittelproduktion); internat. Flughafen.

Kesey [ˈkiːsɪ], Ken Elton, amerikan. Schriftsteller, *La Junta (Colo.) 17. 9. 1935, †Eugene (Oreg.) 10. 11. 2001; zentrale Figur der Hippiekultur; benutzt in dem Roman »Einer flog über das Kuckucksnest« (1962; verfilmt) die Metapher der geschlossenen psychiatr. Anstalt zu scharfer Kritik an der amerikan. Gesellschaft. – *Weitere Werke: Romane:* Manchmal ein großes Verlangen (1964); Demon (1986); Last go round (1994). – *Prosa:* Der Tag, an dem Superman starb (1980).

Kessel, 1) [frz. kɛˈsɛl], Joseph, frz. Schriftsteller russ. Herkunft, *Clara (Prov. Entre Ríos, Argentinien) 10. 2. 1898, †Avernes (Dép. Val d'Oise) 23. 7. 1979; schrieb den ersten frz. Fliegerroman »L'équipage« (1923), später Abenteuerromane, erfolgreiche Gesellschaftsromane (»Die Spaziergängerin von Sanssouci«, 1936; verfilmt) und Reportagen.
2) Martin, Schriftsteller, *Plauen 14. 4. 1901, †Berlin 14. 4. 1990; schrieb Gedichte und Romane aus dem Großstadtleben und war ein Meister der essayist. und aphorist. Kleinform: »Herrn Brechers Fiasko« (R., 1932), »Lydia Faude« (R., 1965); »Aphorismen« (1948). Georg-Büchner-Preis 1954.

Kesselring, Albert, Generalfeldmarschall (seit 1940), *Marktsteft (Landkreis Kitzingen) 30. 11. 1885, †Bad Nauheim 16. 7. 1960; war 1936–37 Chef des Generalstabs der Luftwaffe; führte im Zweiten Weltkrieg Luftflotten; 1941–45 war er Oberbefehlshaber Süd (seit 1943 Südwest) im Mittelmeergebiet (Italien, N-Afrika), 1945 (März–April) Oberbefehlshaber West (W-Dtl.); 1947 wegen Geiselerschießungen von einem brit. Gericht zum Tode verurteilt, später zu lebenslängl. Haft begnadigt, 1952 freigelassen.

Kesselstein, Belag in Kesseln, Rohren, Kochgefäßen; entsteht beim Erhitzen von hartem Wasser unter Ausscheidung von Carbonaten (/ Wasserhärte). K. lässt sich mit verdünnter Säure (z. B. Essigessenz) entfernen (Entkalkung).

Kesseltreiben, Treibjagd auf einen Mittelpunkt zu; eine ausschl. auf dem Feld ausgeübte Jagdart auf Hasen.

Keßler, Harry Graf, Schriftsteller und Diplomat, *Paris 23. 5. 1868, †Lyon 30. 11. 1937; studierte Jura und Kunstgeschichte; langjähriger Präs. der Dt. Friedensgesellschaft, gründete 1913 in Weimar die »Cranach-Presse«, auf der mustergültige Handpressendrucke hergestellt wurden; war Mitherausgeber der Ztschr. »Pan« (1895–1900). K. schrieb »Walter Rathenau« (1928), »Gesichter und Zeiten« (1935), »Tagebücher 1918–37« (hg. 1961).

Kesten, Hermann, Schriftsteller, *Podwołoczyska (heute Podwolotschisk, Gebiet Ternopol, Ukraine) 28. 1. 1900, †Riehen (bei Basel) 3. 5. 1996; kam mit seiner Familie früh nach Dtl. (Nürnberg); galt vor 1933 bes. mit den Romanen »Josef sucht die Freiheit« (1927), »Glückl. Menschen« (1931), »Der Scharlatan« (1932) als einer der wichtigsten Vertreter der Neuen Sachlichkeit; danach wurden seine Bücher verboten und verbrannt. K. lebte ab 1933 im Exil in Amsterdam und den USA (amerikan. Staatsbürger), von 1949 an in Rom und New York, ab 1980 in der Schweiz. K. war 1972–76 Präs. des PEN-Zentrums der Bundesrep. Dtl.; er erhielt 1974 den Georg-Büchner-Preis. Seine Romane und Novellen, die eine kritisch-satir. Zeitdiagnose stellen, sind Bekenntnisse zu Humanität und Freiheit (»Die Kinder von Gernika«, R., 1939; »Ein Mann von sechzig Jahren«, R., 1972; »Der Freund im Schrank«, Nov., 1983). K. schrieb auch Dramen (»Babel oder Der Weg zur Macht«, UA 1990), Gedichte (»Ich bin der ich bin«, 1974) sowie Essays; war auch als Übersetzer, Kritiker und Herausgeber tätig.

Kesting, Edmund, Maler, Grafiker und Fotograf, *Dresden 27. 7. 1892, †Birkenwerder (heute zu Hohen Neuendorf, Landkreis Oberhavel) 21. 10. 1970; in der Malerei und Grafik, ausgehend vom Expressionismus, wandte er sich bald bildner. Experimenten zu (Collage, Assemblage), wobei ab etwa 1923 konstruktiv-abstrakte Formen zunehmend vorherrschen. Um 1927 beginnt die Fotografie eine größere Rolle in seinem Schaffen zu spielen (Lichtmontage, Mehrfachbelichtung). Zu seinen herausragenden Leistungen gehören Porträtfotografien (u. a. Herwarth Walden, 1929) sowie die Serie »Totentanz von Dresden« (1945).

Keszthely [ˈkɛsthɛj], Kur- und Badeort am W-Ende des Plattensees, Ungarn, 20 600 Ew.; landwirtsch. Univ.; Plattenseemuseum. – Ehem. Franziskanerkirche (1386; 1747 barock umgebaut), Rathaus (1790), ehem. Schloss Festetics (ab 1745).

Ketchup [ˈkɛtʃʌp; malaiisch-engl.] *der* oder *das* (Ketschup, Catchup), Würze ostind. Herkunft i. Allg. aus Tomaten, Zwiebeln, Zucker, Essig und Gewürzen.

Ketene [Kw.], sehr reaktionsfähige, unbeständige organ. Verbindungen mit der allgemeinen Formel $R_1R_2C=C=O$ (R_1, R_2 organ. Reste). Das einfachste der K. ist das Keten, $CH_2=C=O$, ein giftiges, scharf riechendes Gas, das für Acetylierungen dient; durch Dimerisierung entsteht **Diketen.**

Ketolide [Kw.], neue Klasse von Antibiotika, chemisch eng mit den / Makrolidantibiotika verwandt, stellen sie eine Weiterentwicklung dieser Gruppe dar; sie sind das Ergebnis der gezielten Suche nach Substanzen, die auch gegen makrolidresistente Stämme wirksam sind, d. h., sie zeichnen sich dadurch aus, dass sie gegen penicillin- und erythromycinresistente grampositive Bakterienstämme zumindest noch teilweise wirksam sind. Außerdem besitzen K. ein ähnl. Wirkungsspektrum wie die Makrolidantibiotika (insbes. bei Atemwegsinfektionen) und eine ähnlich gute Verträglichkeit.

Ketone, organ. Verbindungen, bei denen die Carbonylgruppe $>C=O$ an Alkyl- oder Arylgruppen gebunden ist. Der einfachste aliphat. Vertreter ist das / Aceton, das einfachste aromat. K. das Benzophenon (Diphenylketon), $C_6H_5-CO-C_6H_5$. K. sind u. a. Lösemittel und Riechstoffe. Ketonverbindungen sind

Harry Graf Keßler

Hermann Kesten

u. a. intermediäre Stoffwechselprodukte (↗ Ketonkörper). Ketonharze, bes. in der Lackind. eingesetzt, sind meist sehr helle Kunstharze.

Ketonkörper, Substanzen des intermediären Stoffwechsels (Aceton, Acetessigsäure, β-Hydroxybuttersäure), die beim Fettsäureabbau entstehen und bes. bei Hungerzuständen und Diabetes mellitus vermehrt im Blut **(Ketonämie)** und im Harn **(Ketonurie)** vorkommen können.

Ketosäuren, ↗ Oxocarbonsäuren.

Ketosen, Monosaccharide, die eine Ketongruppe enthalten, z. B. Fructose.

Kętrzyn [ˈkɛntʃɪn] (dt. Rastenburg), Krst. in der Wwschaft Ermland-Masuren, Polen, im ehem. Ostpreußen, 30 100 Ew.; Lebensmittel-, elektrotechn., Holz-, Bekleidungsindustrie. – Ordensburg (um 1370, im 17. Jh. umgebaut). Bei K. befand sich Hitlers Hauptquartier ↗ Wolfsschanze (dort am 20. 7. 1944 missglücktes Attentat auf Hitler).

Ketsch [engl.] *die,* größere Segeljacht mit zwei Masten. Der hintere, kleinere (Besan-)Mast steht vor dem Ruder.

Ketschua (Quechua), **1)** *das,* agglutinierende Sprache der Indios in den Zentralanden, mit einer Vielzahl voneinander abweichender Dialekte. K. war die einstige Verw.sprache des Inkareichs; heute in Peru neben Spanisch Amtssprache. Bekanntestes Literaturwerk in K. ist das Drama »Ollantay« (15. Jh.). **2)** die Ketschua sprechenden Indios in den Anden von Ecuador bis Bolivien; meist Bauern und Hirten, die sich aufgrund ihrer gemeinsamen Geschichte (staatstragende Bev. des Inkareiches) als Kulturgemeinschaft, nicht aber als einheitl. Volk begreifen. Die etwa 10 bis 13 Mio. K. stellen heute noch den überwiegenden Teil der indian. Bev. in Peru, Bolivien, N-Chile, NW-Argentinien und S-Kolumbien.

Kette, 1) *Maschinenbau:* aus einzelnen Gliedern zusammengesetztes Zug- oder Treiborgan. Man unterscheidet **Glieder-K.,** deren Einzelglieder beweglich ineinander greifen und für schwerste Beanspruchungen mit zusätzl. Gliedstegen (Steg-K.) versehen sind, sowie **Gelenk-K. (Laschen-K.),** deren Einzelglieder durch eingesteckte Bolzen gelenkig miteinander verbunden sind. Zu Letzteren gehören Bolzen-K. (Laschen sitzen auf Bolzen), Hülsen-K. (Buchsen-K.; Innenlaschen sind auf Buchsen gepresst, die beweglich auf den mit den Außenlaschen fest verbundenen Bolzen sitzen), Rollen-K. (zur Verminderung der Reibung ist über die Bolzen der Hülsen-K. noch eine lose Rolle geschoben), Zahn-K. (Laschen besitzen Zähne, die in Zahnräder eingreifen) und Raupen-K. für die Fahrwerke von geländegängigen Förder- und Gleiskettenfahrzeugen. **2)** *Schmuck:* ein Hals-, Hand-, oder Fußschmuck, der u. a. aus ineinander greifenden Metallgliedern, beweglich miteinander verbundenen Plättchen oder aufgereihten Perlen oder Schmucksteinen besteht. **3)** *Textiltechnik:* 1) Weberei: Gesamtheit der in der Webmaschine gespannt geführten Fäden (Kettgarn), die für den Schusseintrag durch Heben und Senken des Webfach bilden; im Gewebe das in Längsrichtung verlaufende Fadensystem; 2) Wirkerei: Gesamtheit der in einer Kettenwirk- bzw. Raschelmaschine (↗Wirkerei) den Nadeln von einem Kettbaum für die Maschenbildung gespannt zugeführten Fäden.

Ketteler, Wilhelm Emmanuel Freiherr von, kath. Bischof, * Münster 25. 12. 1811, † Burghausen (Landkreis Altötting) 13. 7. 1877; seit 1850 Bischof von Mainz; 1848/49 Mitgl. der Frankfurter Nationalversammlung; 1871/72 MdR; forderte die rechtl. und kulturelle Autonomie der Kirche; war Gegner des

Wilhelm Emmanuel Freiherr von Ketteler

Staatskirchentums; erkannte früh die Bedeutung der sozialen Frage (↗ christlich-soziale Bewegungen); Gegner der Unfehlbarkeitserklärung des 1. Vatikan. Konzils; unterwarf sich aber dessen Beschluss.

Ketten|arbeitsvertrag, Aneinanderreihung mehrerer befristeter Arbeitsverträge zw. denselben Parteien (↗ befristetes Arbeitsverhältnis).

Kettenbruch, *Mathematik:* ein Bruch der Form

$$z = b_0 + \cfrac{a_1}{b_1 + \cfrac{a_2}{b_2 + \cfrac{a_3}{b_3 + \ldots}}}$$

Man unterscheidet endl. und unendl. K.; für die unendl. K. gibt es Konvergenzkriterien. Sind alle $a_i = 1$, alle b_i ganze Zahlen und $i > 1$, $b_i > 0$, so heißt der K. regelmäßig. Man kann jede reelle Zahl durch einen regelmäßigen K. darstellen. Auch irrationale Zahlen lassen sich in K. entwickeln, sie sind dann aber nicht endlich.

Kettenfahrzeuge, die ↗ Gleiskettenfahrzeuge.

Kettengebirge, lang gestreckte Gebirge von kettenförmiger Anordnung der Hauptkämme wie die meisten jungen Faltengebirge der Erde (Alpen, Himalaja, Anden); Ggs.: Massive.

Kettenlini|e (Seilkurve), parabelähnl. Kurve, die ein biegsamer, undehnbarer Faden bei freier Aufhängung an zwei Punkten infolge der Schwerkrafteinwirkung bildet.

Kettenmoleküle, die ↗ Makromoleküle.

Kettenreaktion, 1) *Chemie:* Vorgang, der sich, einmal eingeleitet, von selbst wiederholt, da die für die Auslösung (oder Aufrechterhaltung) des Prozessablaufs benötigten Produkte oder Reaktionspartner immer wieder neu erzeugt werden. Eine chem. K. besteht aus **Start-, Wachstums-** und **Abbruchreaktion.** Bei einer K. überträgt sich die an einer Stelle eingeleitete Reaktion auf viele Moleküle, die weitere Moleküle zur Reaktion bringen. Dabei treten instabile, reaktionsfähige Zwischenprodukte (K.-Träger) auf, bei Radikal-K. Radikale und bei Ionen-K. Ionen. Chem. und biochem. K. heißen Stufenreaktionen. Beispiel einer photochem. K. ist die Chlorknallgasreaktion (hv Lichtquantenenergie)

$$\begin{aligned}
Cl_2 + hv &\rightarrow Cl^{\cdot} + Cl^{\cdot} & \}\text{Startreaktion}\\
Cl^{\cdot} + H_2 &\rightarrow HCl + H^{\cdot} & \}\text{Wachstums-}\\
H^{\cdot} + Cl_2 &\rightarrow HCl + Cl^{\cdot} & \}\text{reaktion}\\
H^{\cdot} + Cl^{\cdot} &\rightarrow HCl & \}\text{Abbruch-}\\
2H^{\cdot} + 2Cl_2 &\rightarrow H_2 + Cl_2 & \}\text{reaktion}
\end{aligned}$$

2) *Physik:* (Kernkettenreaktion), eine sich selbst erhaltende Folge von ↗ Kernspaltungen, bei der die je Kernspaltung freigesetzten Neutronen (etwa 2,5) so viele weitere Kernspaltungen bewirken, dass der Prozess erst zum Erliegen kommt, wenn er durch äußere Einwirkung unterbrochen wird (z. B. mithilfe von Abschaltstäben in einem Kernreaktor) oder aufgrund innerer Gesetze erlischt (z. B. weil die Menge des Spaltstoffs zu gering ist). Die K. läuft im Kernreaktor kontrolliert unter gleichförmiger Energiefreisetzung ab. Bei Kernwaffen schwillt die Zahl der Kernspaltungen dagegen rasch an, was zu einer explosionsartigen Energiefreisetzung führt.

Kettenreim, *Verslehre:* 1) **innerer K.,** das Ende der Verszeile reimt mit einem Wort innerhalb des folgenden Verses. 2) **äußerer K.,** Endreime mit der Reimstellung a b a, b c b, c d c, z. B. die Reimfolge der Terzine.

Kettenschluss, *Logik:* Folge von Schlüssen, bei denen die Konklusion (Schlussfolgerung) eines vorausgehenden Schlusses eine Prämisse (Voraussetzung) des nachfolgenden bildet.

Kettenstich (Kettelstich), Zierstich mit einem Faden, der als Schleife durch das Nähgut geführt und auf der Austrittsseite mit sich selbst verkettet wird.

Kettering, Charles Franklin, amerikan. Ingenieur und Erfinder, * Ashland County (Oh.) 29. 8. 1876, † Dayton (Oh.) 25. 11. 1958; leitete 1919–47 das Forschungslaboratorium von General Motors, erfand u. a. die Batteriezündung (»Delco«-System, 1908), den elektr. Anlasser (1911) sowie das Antiklopfmittel Bleitetraethyl (1921).

Ketterle, Wolfgang, Physiker, * Heidelberg 21. 10. 1957; 1982–90 wiss. Mitarbeiter in München und Heidelberg, wechselte 1990 an das Massachusetts Institute of Technology (MIT) in Cambridge (Mass.), wo er seit 1998 als Prof. der Physik auf dem Gebiet der Atomkühlung durch Laserlicht arbeitet. K. erhielt 2001 zus. mit E. A. Cornell und C. E. Wieman für die Erzeugung der ↗ Bose-Einstein-Kondensation in verdünnten Gasen aus Alkaliatomen und für frühe grundsätzl. Studien über die Eigenschaften der Kondensate den (100.) Nobelpreis für Physik.

Kettler, Gotthard, ↗ Gotthard Kettler.

Kettner, Gerhard, Grafiker, * Mumsdorf (heute zu Meuselwitz) 10. 8. 1928, † Dresden 14. 6. 1993; war seit 1969 Prof. in Dresden; gestaltete in Zeichnungen und Lithographien psychologisch eindringl. Porträts, histor. und polit. Themen.

Ketzer [von ↗ Katharer abgeleitet], seit dem 13. Jh. übl. Bez. für den Anhänger einer von der kirchl. Lehre abweichenden Lehre. (↗ Häresie)

Keuchhusten (Stickhusten, Pertussis, Tussis convulsiva), äußerst ansteckende, akute Infektionskrankheit der Atemwege; tritt vorwiegend bei Kleinkindern auf und ist lebensbedrohlich bei Säuglingen. Erreger des K. ist das Bakterium Bordetella pertussis, dessen Übertragung durch Tröpfcheninfektion erfolgt. Die Inkubationszeit beträgt 7–14 Tage. Kennzeichnend sind krampfhafte, stoßartige Hustenattacken mit Blauwerden und typ. ziehendem Einatmungsgeräusch (Keuchen) sowie Erbrechen zähen Schleims. Der K. dauert i. Allg. 6–8 (auch bis 10) Wochen und hinterlässt eine lang andauernde Immunität. Die *Behandlung* erfolgt v. a. mit Antibiotika und Expektoranzien; günstig sind häufige kleine Mahlzeiten. Vorbeugende Maßnahmen sind die Isolierung von Säuglingen und die Schutzimpfung mit inaktivierten Erregern zw. dem 3. und 5. Lebensmonat.

Keule, 1) *Gastronomie* und *Weidmannssprache:* Oberschenkel des Schlachtviehs (beim Schwein Schinken) und des Haarwildes.
2) *Völkerkunde:* Hieb-, Schlag- und Wurfwaffe, meist aus Holz, z. T. mit schweren Schlagköpfen aus Stein, Metall oder Knochen versehen.

Keulen, urspr. das Töten eines Schlachttieres mit einem Hammer; heute eine durch das Tierseuchengesetz geregelte Maßnahme, bei der ein Tierbestand zur Seuchenbekämpfung getötet wird. Die Tierkörper dürfen danach nicht normal verwertet werden.

Keulenpilze, Pilze mit keulenförmigen oder verzweigt keulenförmigen Fruchtkörpern, z. B. Arten der Gattung **Keule** (Clavaria).

Keun, Irmgard, Schriftstellerin, * Berlin 6. 2. 1910, † Köln 5. 5. 1982; schrieb Unterhaltungsromane, z. T. mit scharfer satir. und zeitkrit. Tendenz: »Gilgi – eine von uns« (1931; verfilmt), »Das kunstseidene Mädchen« (1932; verfilmt) und Erzählungen (»Blühende Neurosen«, 1962).

Keuper [von fränk. »Kipper« oder »Keiper«], obere Abteilung der german. Trias vor 230–205 Mio. Jahren, gegliedert in unteren K. oder **Letten-K.**, mittleren K. oder **Gips-K.** und oberen K. oder **Rät.** Der K. besteht aus bunten Mergeln, kohligen Schichten, Sandsteinen und Gips-Salz-, Kalkstein- und Dolomiteinlagerungen; erstes Auftreten der Säugetiere und Samenpflanzen mit bunten Blüten.

Keuschheit, geschlechtl. Enthaltsamkeit und Selbstbeherrschung im phys., aber auch im psych. Sinn. – Viele Religionen kennen zeitweilige oder ständige K. im Sinne von kultisch-ritueller Reinheit, da oft das Geschlechtliche mit der Vorstellung dämonisch-verunreinigender Mächte oder unreiner Geister verbunden ist. Im Christentum erlangte die K. im Ideal der ↗ Jungfräulichkeit bereits in der frühen Kirche große Bedeutung.

Keuschheitsgürtel (Florentiner Gürtel, Venusgurt), angeblich zur Zeit der Kreuzzüge erfundener metallener Gürtel, der, mit einem Schloss und einem die Genitalien bedeckenden Steg versehen, von Frauen bei längerer Abwesenheit des Ehemannes getragen werden musste; nachgewiesen und dargestellt jedoch erst im Kyeser-Codex von 1405 (Göttingen, Univ.-Bibliothek), dem zufolge K. von Florentinerinnen getragen wurden.

Keusch|lamm, eine Art der Pflanzengattung ↗ Mönchspfeffer.

keV, Einheitenzeichen für Kiloelektronvolt, 1 keV = 1 000 eV (↗ Elektronvolt).

Kevelaer [ˈkeːvəlaːr], Stadt im Kr. Kleve, NRW, in der Niederrhein. Tiefebene, 25 m ü. M., 26 300 Ew.; volkskundl. Museum; Kunsthandwerk, Orgelbau, Metall-, Leder- und graf. Ind., Blumenzucht. – K. ist der größte nordwesteurop. Wallfahrtsort (Marienwallfahrt seit 1642). Die erste Wallfahrtskirche (Kerzenkapelle) wurde 1643–45, die Gnadenkapelle 1654, die neugot. Basilika St. Maria 1858–64 erbaut (über dem Hauptportal Bronzerelief »Der wiederkommende Christus« von Bert Gerresheim, 2002).

Kevlar® [ˈkef-], Handelsname einer Aramidfaser (↗ Aramide) mit hohem Dehnungswiderstand sowie großer Festigkeit und Biegsamkeit; verwendet als Verstärkungsmaterial in der Reifen- und Flugzeugindustrie.

Kewir, Salztonebene in Iran, ↗ Kawir.

Key [kɛj], 1) Ellen Karolina Sofia, schwed. Pädagogin, * Sundsholm (Småland) 11. 12. 1849, † Gut Strand (am Vättersee) 25. 4. 1926; behandelte Fragen der Frauenbewegung und Kindererziehung (»Das Jahrhundert des Kindes«, 1900).
2) Lieven de, niederländ. Baumeister, * Gent um 1560, † Haarlem 17. 7. 1627; seit 1593 Stadtbaumeister in Haarlem. K. war einer der führenden niederländ. Architekten an der Wende zw. Renaissance und Barock; sein Hauptwerk sind die Entwürfe für die Fassade des Leidener Rathauses (1593–94) und die Fleischhalle in Haarlem (1602–03).

Keyboard [ˈkiːbɔːd; engl. »Klaviatur«], allgemeine Bez. für alle Tasteninstrumente, i. e. S. Bez. für elektron. Tasteninstrumente (Elektronenorgel, E-Piano, Synthesizer).

Keynes [keɪnz], John Maynard, Lord K. of Tilton (seit 1942), brit. Volkswirtschaftler und Diplomat, * Cambridge 5. 6. 1883, † Firle (Cty. East Sussex) 21. 4. 1946; leitete als Berater des brit. Schatzamtes dessen Delegation bei der Versailler Friedenskonferenz, trat 1919 von dieser Funktion zurück, weil er die alliierten Reparationsforderungen für volkswirtsch. nicht vertretbar hielt; 1920–46 Prof. am King's College in Cambridge. K. befasste sich mit Fragen der Geldtheorie und der Arbeitslosigkeit, zu deren Bekämpfung er staatl. Interventionen befürwortete. Un-

Wolfgang Ketterle

John Maynard Keynes

ter dem Eindruck der Weltwirtschaftskrise widerlegte er die klass. wirtschaftsliberale Sicht, nach der das sich bei freier Konkurrenz einspielende Preis-, Lohn- und Zinsniveau automatisch zur Vollbeschäftigung führe. Er wies nach, dass Unterbeschäftigung auch bei gesamtwirtsch. Gleichgewicht möglich ist. Die in seinem Hauptwerk (»Die allg. Theorie der Beschäftigung, des Zinses und des Geldes«, 1936) entwickelte Wirtschaftstheorie löste eine nachhaltige und kontroverse Diskussion aus und ließ K. zum Begründer einer neuen Richtung der Nationalökonomie (↗Keynesianismus) werden. Seine beschäftigungs- und geldtheoret. Vorstellungen wurden von der Wirtschaftspolitik zahlr. westl. Länder v. a. in den 1970er-Jahren aufgegriffen. Insbesondere wurde seine Auffassung Allgemeingut, dass in der wirtsch. Krise staatl. Arbeitsbeschaffungsprogramme, ggf. durch Defizitfinanzierung, zur Überwindung der Arbeitslosigkeit eingesetzt werden müssten.

Keynesianismus [keɪnz-] *der,* die von J. M. Keynes entwickelte und von seinen Anhängern (den »Keynesianern« wie N. Kaldor, L. R. Klein, J. Robinson, P. A. Samuelson, J. Tobin) weiter ausgebaute Wirtschaftstheorie; deren wesentl. Elemente sind: 1. Die ökonom. Analyse richtet sich auf die Gesamtgrößen des Wirtschaftskreislaufs (Makrogrößen). 2. Ein wirtsch. Gleichgewicht mit Vollbeschäftigung wird lediglich als ein Sonderfall mögl. Gleichgewichtszustände verstanden. 3. In der Geldtheorie wird ein Zusammenhang zw. monetärem und güterwirtsch. Bereich abgeleitet. 4. In die Analyse werden auch psychol. Annahmen über das wirtsch. Verhalten der Wirtschaftssubjekte und dessen Bestimmungsgründe (u. a. Liquiditätspräferenz, Hang zum Verbrauch) eingeführt. 5. Ausgehend von der Abhängigkeit der Konsumausgaben vom Einkommen, der Investitionen vom Zinssatz, der Geldnachfrage von Einkommen und Zinssatz wird der Zusammenhang zw. Geldmenge, Zinssatz, Investitionen, Einkommen und Beschäftigung analysiert. – Der K. war von Anfang an praktisch ausgerichtet, da er die theoret. Grundlage für eine staatl. Wirtschaftspolitik liefern wollte, die v. a. durch variables Nachfrageverhalten des öffentl. Sektors zum Ausgleich einer ungenügenden effektiven Nachfrage der Privaten – ggf. auch durch Haushaltsdefizite (↗Defizitfinanzierung) – den Wirtschaftsprozess beeinflussen sollte, z. B. in Form der ↗Globalsteuerung.

Keyserling, 1) Eduard Graf von, Schriftsteller, *Schloss Paddern (Kurland) 14. oder 15. 5. 1855, †München 28. 9. 1918; schildert in seinen impressionist. Romanen (u. a. »Dumala«, 1908; »Wellen«, 1911; »Abendl. Häuser«, 1914) und Erzählungen (u. a. »Beate und Mareile«, 1903) in kunstvoller Stimmungsmalerei und voller Resignation die Welt des kurländ. Adels.

2) Hermann Graf, Philosoph, *Könno (Livland) 20. 7. 1880, †Innsbruck 26. 4. 1946; entwickelte eine Philosophie der »Sinn«-Erkenntnis, die er bes. als Kulturpsychologe ausbaute. In seiner 1920 in Darmstadt gegr. »Schule der Weisheit« wollte er den Menschen durch schöpfer. Erkenntnis zur Selbstverwirklichung führen.

Key West [ˈkiː ˈwest], die südlichste Stadt der festländ. USA, in Florida, auf den durch eine Dammstraße verbundenen Florida Keys, 25 300 Ew.; Fremdenverkehr, Fischerei.

Kežmarok [ˈkɛʒmarɔk] (dt. Käsmark), Stadt im Ostslowak. Gebiet, Slowakei, am Fuß der Hohen Tatra in der Zips, 17 300 Ew.; Leineweberei; Fremdenverkehr. – Die got. Burg, im 16. Jh. zum Schloss ausgebaut, ist heute Museum. – 1190 von dt. Siedlern (»Zipser Sachsen«) gegr., wurde 1380 königlich-ungar. Freistadt.

KFOR [Abk. für engl. **K**osovo **For**ce, »Kosovotruppe«], internat. Friedenstruppe mit UN-Mandat und unter NATO-Führung zur militär. Absicherung einer Friedensregelung für das Kosovo. Der zeitlich unbefristete Einsatz begann am 12. 6. 1999. Die (2003) rd. 33 000 KFOR-Soldaten (ursprünglicher Umfang etwa 50 000 Mann) werden von der NATO (auch bis zu 6 000 Bundeswehrsoldaten; 2003 etwa 4 000 Mann) und ihren Partnerstaaten (u. a. Russland) gestellt. Zu den Aufgaben der KFOR bestimmte der UN-Sicherheitsrat u. a.: Verhinderung neuer Feindseligkeiten; Entwaffnung der Kosovo-Befreiungsfront UÇK; Errichtung eines sicheren Umfeldes, damit Flüchtlinge und Vertriebene zurückkehren können, eine Übergangsverwaltung eingerichtet sowie humanitäre Hilfe ausgeführt werden kann; Garantie der öffentl. Sicherheit und Ordnung; Überwachung der Minenräumarbeiten; Schutz internat. Organisationen. Langfristig ist ein gemeinsames Kommando von KFOR und der in Bosnien und Herzegowina stationierten SFOR geplant. Im Febr. 2003 nahmen Einheiten der KFOR erstmals drei mutmaßliche Kriegsverbrecher fest, die vom Haager Tribunal (↗Kriegsverbrechertribunal) gesucht wurden.

KfW, Abk. für ↗**K**reditanstalt **f**ür **W**iederaufbau.

kg, Einheitenzeichen für ↗**K**ilogramm.

KG, Abk. für **K**ommandit**g**esellschaft.

KGaA, Abk. für **K**ommandit**g**esellschaft **a**uf **A**ktien.

KGB *der* oder *das,* russ. Abk. für »Komitee für Staatssicherheit«, ab 1954 Name des sowjet. Geheimdienstes. Der KGB mit seiner Zentrale in Moskau (so genannte »Lubjanka«) hatte als »Schwert und Schild der Partei« v. a. die Herrschaft der KPdSU in der UdSSR zu sichern, übernahm die Überwachung und Ausschaltung der inneren Opposition (Dissidenten), den Schutz der Staatsgrenze und die Kontrolle des Funktionärs- und Staatsapparates. Neben der Auslandsspionage (Agentennetz, Besetzung wichtiger Stellen in diplomat. Vertretungen) gehörte auch die Einflussnahme auf die Entwicklung in den Ostblockländern und in versch. Staaten der Dritten Welt zu seinem Auftrag. Nach seiner maßgebl. Beteiligung am Putschversuch gegen Staatspräs. M. S. Gorbatschow (Aug. 1991) wurde im Okt. 1991 die Auflösung des KGB beschlossen; er blieb jedoch – zergliedert in drei einzelne Dienste (Interrepublikan. Sicherheitsdienst, zentraler Aufklärungsdienst, Grenzschutztruppen) – bestehen. Mit dem Zerfall der UdSSR (Dez. 1991) organisierte die russ. Reg. die Inlands- und Auslandstätigkeit des Geheimdienstes neu (mehrere Umstrukturierungen sowie Umbenennungen). Der »Auslandsaufklärungsdienst« (russ. Abk. SWR) übernahm Aufgaben eines zivilen Auslandsnachrichtendienstes. Nach der Auflösung des »Ministeriums für Sicherheit« (russ. Abk. MBR) im Dez. 1993 trat an dessen Stelle der »Föderale Dienst für Gegenaufklärung« (russ. Abk. FSK); durch ein 1995 verabschiedetes Ges. erhielt der seitdem »Föderaler Sicherheitsdienst« (russ. Abk. FSB) genannte Inlandsgeheimdienst erweiterte Befugnisse. Im März 2003 wurden dem FSB im Rahmen einer Restrukturierung und Machtkonzentration der Sicherheitsbehörden die Grenzschutztruppen unterstellt und nach Auflösung des für die Kommunikationsüberwachung zuständigen Dienstes FAPSI auch dessen Kompetenzen übertragen. (↗Tscheka, ↗GPU, ↗NKWD)

KGV, Abk. für ↗**K**urs-**G**ewinn-**V**erhältnis.

k. g. V., Abk. für das ↗**k**leinste **g**emeinsame **V**ielfache.

Khaiberpass (Chaiber, Khyber), Pass in Pakistan nahe der Grenze zu Afghanistan, 1 067 m ü. M. Die 53 km lange serpentinenreiche Passstraße über den K. ist die wichtigste Verbindung zw. beiden Ländern. – Der K. war in beiden angloafghan. Kriegen (1838–42, 1878–80) heftig umkämpft.

Khaïr-Eddine [xaˈir εˈdiːn], Mohammed, marokkan. Schriftsteller frz. Sprache, *Tafraoute (Prov. Tiznit) 1941, † Rabat 18. 11. 1995; Mitbegründer der progressiven marokkan. Literaturzeitschrift »Souffles« (1966–72, mit Abdellatif Laabi, *1942); er galt als Protagonist der Avantgarde des Maghreb. Sein Werk steht im Zeichen der von ihm postulierten »Sprachguerilla«. Formal ist es charakterisiert durch den Bruch mit der traditionellen Romanform zugunsten einer polyphonen Prosa, inhaltlich durch die Revolte gegen eine archaische, theokratisch geprägte Gesellschaftsordnung und die intensive Auseinandersetzung mit den eigenen Wurzeln, d. h. mit Geschichte und Landschaft der südmarokkan. Berbervolksgruppe der Shilh. – *Werke: Lyrik:* Ce Maroc! (1975); Résurrection des fleurs sauvages (1981); Mémorial (1991). – *Prosa:* Agadir (1967); Corps négatif (1968); Der Ausgräber (1973); Légende et vie d'Agoun'chich (1984).

Khajuraho [kædʒˈrɑːhəʊ], Dorf im Bundesstaat Madhya Pradesh, Indien, bei 24°51′ n. Br. und 79°56′ ö. L., am N-Rand des Dekhan, 4 700 Ew. – K. war die religiöse Zentrum der Candelladynastie (9.–11. Jh.); zw. 950 und 1050 entstanden über 80 (größtenteils aus Sandstein erbaute) hinduist. und dschainist. Tempel, von denen 23 erhalten sind (UNESCO-Weltkulturerbe), die jedoch infolge schädl. Umwelteinflüsse in ihrer Bausubstanz stark gefährdet sind.

Khaki [engl., von pers.-Hindi »staubfarben«, »erdfarben«] *der* (Kaki), erdfarbener Stoff aus Baumwolle in Atlas- oder Köperbindung; seit dem 19. Jh. auch Bez. für die entsprechende Modefarbe.

Khaled [x-], Cheb, eigtl. Khaled Feddal, alger. Sänger, *Oran 1959; einer der prominentesten Vertreter der ↗Raï-Musik, die in Algerien bis Mitte der 80er-Jahre offiziell verboten war. 1986 emigrierte K. nach Frankreich. Seine Hits (u. a. »Hada Raykoum«, »La Baraka«) sind v. a. auf Kassetten vertrieben worden. 1997 entstand das Ethnoalbum »Sahra«, das auch karib. Einflüsse, Funk-Pop und Rap aufweist.

Khamenei [xamǝˈneɪ] (Chamenei), Ayatollah Saijid Ali, iran. Geistlicher und Politiker, *Meschhed 1940 (?); ab 1980 religiöses Oberhaupt von Teheran; Mitbegründer und 1981–87 Gen.-Sekr. der Islam. Republikan. Partei, 1981–89 Staatspräs.; wurde nach dem Tod Khomeinis (Juni 1989) oberster geistl. Führer Irans (1998 bestätigt); konservativer Gegenspieler von Staatspräs. Khatami.

Khami, Ruinenstadt in SW-Simbabwe, westlich von Bulawayo; wurde von der UNESCO zum Weltkulturerbe erklärt. – K., im 15. Jh. gegr., Mitte des 17. Jh. verlassen, war wichtiges Handelszentrum.

Khan [x-, k-] (Chan), türkisch-mongol. Herrschertitel; wird dem Namen angefügt; in den muslim. Nachfolgestaaten des Mongolenreichs in Zentralasien Titel der regierenden Fürsten (das Fürstentum ist das **Khanat**); in Persien Titel hoher Würdenträger des Staates.

Kharg [x-], iran. Insel im Pers. Golf, ↗Charg.

Khartoum [-ˈtuːm, arab. xarˈtuːm] (Al-Chartum, Khartum), Hptst. der Rep. Sudan, am Zusammenfluss von Weißem und Blauem Nil, 378 m ü. M., 1,245 Mio. Ew., bildet mit **K.-Nord** und **Omdurman** eine städt. Agglomeration von 5,863 Mio. Ew.; Kulturzentrum, Univ., Sitz eines kath. Erzbischofs, bed. Museen; wichtigster Handelsplatz (Baumwollauktionen) und Ind.standort des Landes (Textilfabriken, Ölmühlen, pharmazeut. Ind. u. a.); Verkehrsknotenpunkt mit Flusshafen und internat. Flughafen. – K. wurde 1820 als ägypt. Militärlager gegründet, wurde 1830 Hptst.; 1885 von den Truppen des Mahdi eingenommen, 1898 von H. Kitchener wieder zurückerobert.

Khartum [arab. xarˈtuːm], ↗Khartoum.

Khashm el-Girba [xaʃm -], Bewässerungsgebiet in O-Sudan, ↗New-Halfa-Projekt.

Khasi, paläomongolides Volk (etwa 900 000 Menschen) mit Mon-Khmer-Sprache in NO-Indien, im Gebiet der K.-Berge. Die K. betreiben Nassreisfeldbau und haben Mutterrecht.

Khasiberge (engl. Khasi Hills), zentrale Berggruppe des Shillongplateaus im Bundesstaat Meghalaya, NO-Indien, bis 1961 m ü. M.; dicht bewaldet.

Khatami [x-] (Chatami), Saijid Mohammed, iran. Geistlicher und Politiker, *Ardakan (Prov. Yazd) 1943; studierte in Kum (Ghom) Theologie und in Isfahan Philosophie, leitete 1978–79 das Islam. Zentrum in Hamburg. 1982–92 war er iran. Kulturmin., 1992–97 Direktor der Nationalbibliothek in Teheran; wurde im Mai 1997 zum Staatspräs. gewählt (Amtsantritt im Aug. 1997, Wiederwahl im Juni 2001). Gegen den Widerstand der konservativen Geistlichkeit nahm er Kurs auf eine vorsichtige innenpolit. Liberalisierung und suchte außenpolitisch die Wiederaufnahme eines Dialogs mit den USA sowie eine Verbesserung der Beziehungen zu den EU-Staaten, aber auch zu den arab. Ländern zu erreichen.

Khatchaturjan [xatʃa-], Aram, armen. Komponist, ↗Chatschaturjan.

Khedive [aus pers. »Herr«], 1867–1914 Titel des Vizekönigs von Ägypten.

Khieu Samphan [kjø samˈpan], kambodschan. Politiker, *in der Prov. Svay Rieng 22. 7. 1932; entwickelte das Konzept eines autarken Agrarkommunismus, das später unter der Herrschaft der Roten Khmer zur ideolog. Grundlage der gesellschaftl., mit terrorist. Mitteln durchgeführten Umwandlung Kambodschas wurde. 1976–79 war er Vors. des Staatspräsidiums (Staatsoberhaupt) des von den Roten Khmer errichteten »Demokrat. Kampuchea«. Nach dem Sturz dieses Terrorregimes (1979) blieb K. S. als wichtigster Vertrauter Pol Pots einer der Führer der Roten Khmer. 1991 gehörte er zu den Unterzeichnern des Pariser Friedensabkommens und war (kurzzeitig) Mitgl. des aus allen kambodschan. Bürgerkriegsparteien gebildeten Obersten Nationalrates. Angesichts des völligen Zerfalls der Roten Khmer stellte er sich im Dez. 1998 der kambodschan. Reg., blieb aber vorerst auf freiem Fuß.

Khilafatbewegung, eine im frühen 20. Jh. entstandene, an die Idee des Kalifats (↗Kalif) anknüpfende Bewegung, die die Integrität des muslimisch-sunnit. Raumes gegen den Zugriff christl. Staaten verteidigen wollte. Nach der Niederlage des Osman. Reiches (1918), dessen Herrscher als Träger des Kalifentitels die Einheit des muslimisch-sunnit. Raumes ideell repräsentierten, wuchs die Bewegung zeitweilig an, bes. in Britisch-Indien. Dort verband sie sich mit der Nationalbewegung Mahatma Gandhis. Nach der Absetzung des türk. Sultans (1922) und der Abschaffung des Kalifentitels (1924) durch türkisch-republikan. Kräfte brach die K. zusammen.

Khmer, austroasiat. Volk in Hinterindien, stellt in Kambodscha die Bev.-Mehrheit; K. leben auch in den angrenzenden Gebieten von Thailand, Vietnam und

Laos, seit dem kambodschan. Bürgerkrieg auch als Flüchtlinge in den Ländern der westl. Welt; insgesamt etwa 9 Mio. Menschen. Das eigentl. **K.-Reich** (Reich von Angkor, seit dem 9. Jh.) erreichte im 12. Jh. seine Blüte (Bau der Tempelanlagen von ↗ Angkor). Mit dem 14. Jh. setzte der Niedergang ein; Taivölker, Vietnamesen und Cham drängten die K. immer mehr zurück. Der Aufteilung entging das K.-Reich nur durch die Errichtung des frz. Protektorats über Kambodscha 1863. – Die K. sind Reisbauern und Fischer; ihre Religion ist der Buddhismus. Ihre Sprache gehört zu den Mon-Khmer-Sprachen, ihre Schrift ist von ind. Silbenschriften abgeleitet; die reiche Lit. umfasst religiöse Werke, Chroniken, Romane, Volkserzählungen, Gedichte. Die histor. Kunst der K. im heutigen Kambodscha und im südöstl. Thailand entwickelte sich zunächst nach ind. Vorbildern (Reich Funan); Anfang des 7. Jh. entstanden dann mit den Tempelanlagen von Sambor Prei Kuk die ersten eigenständigen Ausdrucksformen der Khmer. Vorderind. Tempel, Statuen des Gupta- und Pallavareiches wurden übernommen, ihre Religionen mit einheim. Berg- und Ahnenkulten vermischt.

Khoisan (Khoi-San), wiss. Gesamtname für Hottentotten (Khoikhoin) und Buschleute (San), die urspr. Bev. Süd- und Südwestafrikas, und zwar aufgrund sprachl. (K.-Sprachen), anthropolog. und z. T. kultureller Gemeinsamkeiten; auch als **Khoisanide** bezeichnet.

Ruhollah Mussawi Khomeini

Khomeini [xɔˈmeɪnɪ] (Chomeini), Ruhollah Mussawi, iran. Schiitenführer (Ayatollah) und Politiker, * Khomein 17. 5. 1900, † Teheran 3. 6. 1989; lebte 1964–79 im Exil, zunächst in Irak, ab 1978 in Frankreich, von wo aus er eine Aufstandsbewegung gegen Schah Mohammed Resa Pahlewi führte. Nach dessen Sturz kehrte er am 1. 2. 1979 nach Teheran zurück und rief am 1. 4. 1979 eine »Islam. Republik Iran« aus. Im Zuge einer als Revolution verstandenen Neuordnung von Verwaltung und Wirtschaft, wie Erziehung und Rechtswesen setzte K. den Islam als allein maßgebl. Kraft durch, legte in der Verf. vom Dez. 1979 die führende Rolle der schiit. Geistlichkeit fest und führte das Amt des »Fakih« (Führer der Nation) ein, das er selbst übernahm. Gestützt v. a. auf die islam. »Revolutionswächter«, ließ er religiös und politisch Andersdenkende inhaftieren und viele von ihnen hinrichten. 1989 rief er alle Muslime zur Ermordung des Schriftstellers S. Rushdie auf, dessen Roman »Satan. Verse« er als Herabsetzung des Islam verurteilte.

Außenpolitisch vollzog K. v. a. einen radikalen Bruch des Iran mit den USA. Die Besetzung der US-Botschaft in Teheran (4. 11. 1979–20. 1. 1981, »Geiselaffäre«) stellte er als revolutionäre Tat heraus. In der islam. Welt gewann er als charismat. Führer der iran. »Revolution« eine große Anhängerschaft. Im Nahostkonflikt entwickelte er sich zu einem der entschiedensten Gegner Israels. Er bekämpfte bes. das sozialistisch-laizist. Regime unter Präs. Saddam Husain in Irak. Nach dessen Angriff auf Iran (Sept. 1980, 1. ↗ Golfkrieg) bestimmten deshalb neben militärisch-polit. Gesichtspunkten sehr stark religiöse Motive den opferreichen achtjährigen Krieg; 1988 willigte K. in einen Waffenstillstand ein.

Khond, ind. Volksstamm, ↗ Kond.

Har Gobind Khorana

Khorana [kɔˈrɑːnə], Har Gobind, amerikan. Biochemiker ind. Herkunft, * Raipur 9. 1. 1922; synthetisierte als Erster Polynucleotide mit bekannter Basensequenz und konnte damit im genet. Code alle Codons den Aminosäuren zuordnen und zeigen, dass ein Codon jeweils drei Nucleinbasen enthält. 1968 er-

hielt K. (mit M. W. Nirenberg und R. Holley) den Nobelpreis für Physiologie oder Medizin.

Khorasan [xɔra-; pers. »Land des Sonnenaufgangs«] (Chorasan, Hurasan), Prov. in NO-Iran, 302 766 km^2, 6,05 Mio. Ew.; Hptst.: Meschhed. Im NO-Teil von K. erheben sich die unwegsamen Ketten des iran. Grenzgebirges (Gebirgsland von K.) bis über 3 400 m ü. M. In den Tälern (v. a. des Atrek und Keschaf Rud) wird intensiver Bewässerungsfeldbau (Getreide, Baumwolle, Zuckerrüben) betrieben. Weiter im S folgt sehr dünn besiedeltes Wüstensteppenhochland mit einzelnen Oasen, im SW Salztonwüste. Im N wohnen überwiegend Tadschiken und nomad. Turkmenen. Im S leben nomad. Belutschen, längs der O-Grenze Hazara. Auf der Grundlage einer ausgedehnten Schafhaltung und Wollproduktion ist die Teppichknüpferei (K.-, Meschhed-Teppiche) überall in K. verbreitet. – K. war im MA. (10.–13. Jh.) ein Mittelpunkt der persisch-islam. Kultur; seit 1598 endgültig zu Persien, das im 19. Jh. den O (um Herat) an Afghanistan und den NO (um Merw, heute Mary) an Russland verlor.

Khoratplateau [-plato] (Koratplateau), flachwelliges Hochland in NO-Thailand, das nach W und S in etwa 1 000 m hohen Steilstufen (maximal 1 328 m) abfällt; von Trockenwald, an den gebirgsartigen Stufen von Regenwald bestanden; Anbau von Reis und Maniok, Viehhaltung; Salzgewinnung.

Khorramshahr [xɔramʃ-] (Chorramschahr), Stadt und wichtiger Hafen in Iran, an der Mündung des Karun in den Schatt el-Arab, 34 800 Ew.; neben Bender Khomeini Ausgangspunkt der transiran. Bahn. Im 1. Golfkrieg völlig zerstört.

Khotan [x-], Oase in China, ↗ Hotan.

Khouribga [ku-], Provinz-Hptst. in W-Marokko, südöstlich von Casablanca, 294 700 Ew.; Zentrum des marokkan. Phosphatbergbaus; außerdem Abbau von Eisen- und Bleierz.

Khubilai, mongol. Khan, ↗ Kubilai.

Khulna, Stadt in Bangladesh, an einem Mündungsarm des Ganges, 546 000 Ew.; Verarbeitung von Jute und Baumwolle, Nahrungsmittel-, chem., Lederind.; Werft. 30 km südlich von K. entstand der neue Hafen von Chalna.

Khusistan [x-] (Chusistan, früher Arabistan), wirtschaftlich wichtigste Provinz Irans, im SW des Landes am Pers. Golf; 63 238 km^2, 3,75 Mio. Ew.; Hptst. ist Ahwas. Den Kernraum bilden die Flussgebiete des Karun und die Kherka im südiran. Tiefland; Wüstensteppen- und Sumpfgebiete überwiegen; Anbau von Weizen, Reis, Zuckerrohr und Baumwolle. In K. liegen die ergiebigsten Erdölvorkommen Irans (erschlossen seit 1908); Erdölindustrie. – Der Einmarsch irak. Truppen 1980 in K. löste den 1. Golfkrieg aus.

Khyber [ˈkaɪbə], Pass in Pakistan, ↗ Khaiberpass.

kHz, Einheitenzeichen für Kilohertz, 1 kHz = 1 000 Hz (↗ Hertz).

KI, 1) Abk. für **K**ommunistische **I**nternationale, ↗ Komintern.

2) Abk. für ↗ **k**ünstliche **I**ntelligenz.

Kiamusze [dʒjamusi], Stadt in China, ↗ Jiamusi.

Kiang [tibet.] der, ein ↗ Halbesel.

Kiangsi [dʒjaŋɕi], Provinz in China, ↗ Jiangxi.

Kiangsu [dʒjaŋ-], Provinz in China, ↗ Jiangsu.

Kiarostami, Abbas, iran. Filmregisseur, * Teheran 22. 6. 1940; als internat. bedeutender Regisseur etablierte sich K. mit einer 1987–94 entstandenen Trilogie: »Wo ist das Haus meines Freundes« (1987), »Und das Leben geht weiter« (1992) und »Quer durch den Olivenhain« (1994). – *Weitere Filme:* Brot und

Straße (1970); Mosafar (1972); Die Grundschüler (1985); Close up (1990); Der Geschmack der Kirsche (1997); Der Wind wird uns tragen (1999).

Kiautschou [kiau'tʃau] (chines. Jiaozhou), ehem. dt. Pachtgebiet und dt. Flottenstützpunkt an der K.-Bucht im S der Halbinsel Shandong, China, 515 km², (1914) 200 000 Ew.; Hptst. war Tsingtau. – K. wurde 1898 auf 99 Jahre durch das Dt. Reich gepachtet, aber 1914 an die Japaner übergeben; seit 1922 zu China.

Kibbuz [hebr. »Sammlung«] *der,* kollektive, basisdemokratisch organisierte ländl. Siedlung in Israel; ab 1908/09 entstanden, seit den 1990er-Jahren zunehmender Bedeutungs- bzw. Attraktivitätsverlust.

Kibla [arab.] *die,* im Islam Gebetsrichtung, in die die Muslime beim Gebet blicken; urspr. Jerusalem, später Mekka. In der Moschee ist die K. durch eine Gebetsnische (Mihrab) bezeichnet.

Kibo *der,* Hauptgipfel des ⁄ Kilimandscharo.

Kicher|erbse (Cicer arietinum), Schmetterlingsblütler mit gefiederten Blättern, weißl. oder violetten Blüten und kurzen, leicht bauchigen Hülsen mit 1–3 erbsengroßen Samen; wird im Mittelmeergebiet, in Asien und Lateinamerika als Gemüse angebaut.

Kickboard [-bɔːd, engl.], zusammenklappbarer, mit z. B. zwei Rädern hinten und einem Rad vorn ausgestatteter (Personen-)Tretroller (ca. 50 cm lang, 60 cm hoch und 3,2 kg schwer).

Kickboxen, aus asiat. Kampfsystemen wie Karate, Taekwondo und Kung-Fu entwickelte Kampfsportart, deren Ziel darin besteht, dem Gegner Körper- und Kopftreffer mit Fuß oder Faust zu versetzen.

Kickelhahn, Berg im Thüringer Wald bei ⁄ Ilmenau.

Kickstarter, bei leichten Motorrädern Fußhebel zum mechan. Starten des Motors.

Kidd, William, gen. Captain Kidd, Pirat, * Greenock (Schottland) um 1645, † (hingerichtet) London 23. 5. 1701; nach 1689 Bukanier gegen die Franzosen in Westindien, wurde um 1690 Reeder in New York; erhielt 1695 in England königl. Kaperbriefe für den Kampf gegen Piraten im Ind. Ozean und zur Aufbringung frz. Schiffe, wurde dann aber als Kapitän der 1696 aufgebrochenen »Adventure Galley« selbst zum Freibeuter. K. galt – obwohl dies nicht der Fall war – seinen Zeitgenossen und auch in der Überlieferung als Inbegriff des kühnen und erfolgreichen Seeräubers, dem auch vergrabene Schätze von unermessl. Wert zugeschrieben wurden.

Kidderminster ['kɪdəmɪnstə], Stadt in der Cty. Hereford and Worcester, W-England, am Stour, 54 700 Ew.; Teppichherstellung, Zuckerfabrik, elektrotechn., Textil-, chem. Industrie.

Kidekscha, Dorf im Gebiet Wladimir, Russland, bei ⁄ Susdal.

Kidman [-mən], Nicole, austral. Filmschauspielerin, * Honolulu 20. 6. 1967; spielt seit den 1980er-Jahren Film- und Fernsehrollen (»Todesstille«, »Bangkok Hilton«, beide 1989), seit den 1990er-Jahren auch in Hollywood erfolgreich; 1990–2001 ∞ mit T. Cruise. – *Weitere Filme:* Malice (1993); To Die For (1995); Eyes Wide Shut (1999); Moulin Rouge (2001); The Others (2001); The Hours (2003).

Kidnapping [-næpɪŋ, engl. »Kinderraub«] *das,* Entführung eines Menschen mit Gewalt oder List, oft um Lösegeld zu erpressen; strafbar als erpresser. ⁄ Menschenraub.

Kidron, Tal zw. Jerusalem und dem Ölberg; alte Begräbnisstätte; nach Joel 4,12 (Tal Josaphat) Ort des Endgerichts.

Kiebitz (Vanellus vanellus), etwa 32 cm langer Regenpfeifer Eurasiens; grünschwarz und weiß, rotbeinig, Kopf mit weißen Wangen und schwarzer Federhaube; K. sind Teilzieher.

Kiedrich, Weinbaugemeinde im Rheingau-Taunus-Kreis, Hessen, 3 700 Ew. – Spätgot. Kirche St. Valentin mit reicher Ausstattung, Orgel aus dem 16. Jh. (wohl älteste spielbare Orgel Dtl.s); alte Adelshöfe, Renaissancerathaus.

Kiefer, bei wirbellosen Tieren aus harter Kutikula (z. B. Chitin) bestehende Bildungen in der Mundregion, die der Nahrungsaufnahme dienen; Gliederfüßer haben umgebildete Gliedmaßen als K. (Mundgliedmaßen). Bei den Wirbeltieren gehört der knöcherne Anteil der K. zum Kopfskelett (K.-Bogen). Die K. der Vögel sind zu einem zahnlosen, hornüberzogenen Schnabel geworden, sonst tragen die K. der Wirbeltiere meist Zähne. Beim Menschen ist der **Ober-K. (Oberkieferbein, Maxillare)** unbeweglich, er ist mit eingeschobenem Zwischenkieferknochen fest mit dem Gesichtsschädel verwachsen und bestimmt durch seine Form, Größe und Stellung die Gesichtsform mit. Der **Unter-K. (Unterkieferbein, Mandibula)** ist gelenkig mit den Schädelbeinen verbunden. Er wird durch eine kräftige Kaumuskulatur bewegt. Die K. tragen die Zähne, sind urspr. paarig angelegt, verschmelzen aber noch vor der Geburt.

Kiefer (Pinus), Gattung immergrüner, einhäusiger Nadelhölzer (Kieferngewächse) fast ausschl. auf der nördl. Erdhalbkugel. Die langen, von einer Scheide umgebenen Nadeln sitzen zu zweit bis zu fünft, selten einzeln, an Kurztrieben. Die Früchte (Zapfen) fallen nach der Reife (2–3 Jahre) als Ganzes ab. Das Holz ist meist harzreich. Die **Wald-K.** (**Gemeine K., Föhre, Forche,** Pinus sylvestris) mit rotgelber Rinde am oberen Stammteil und zu zweit an den Kurztrieben sitzenden Nadeln und gestielten Zapfen ist sehr anpassungsfähig an Klima und Boden und bildet in Europa und Nordasien ausgedehnte Wälder; sie ist, v. a. im Flachland, wichtiger Lieferant von Wirtschaftsholz. Auf trockenen Böden wird in Dtl. die aus SO-Europa stammende **Schwarz-K.** (Pinus nigra) angepflanzt; sie hat schwarzgraue Rinde, längere Nadeln und ungestielte Zapfen. In höheren Lagen (z. B. Alpen) bis zur Baumgrenze tritt die **Berg-K.** (Pinus mugo) auf, die in aufrechten und in strauchig niederliegenden Wuchsformen (**Latsche, Legföhre**) mit kniefömig aufsteigenden Zweigen (**Krummholz**) vorkommt. In Hochmooren wächst die **Moor-K.,** eine meist verkrüppelt wachsende Form der Berg-K. Ein seltener Baum der Hochgebirge (Alpen, Karpaten) mit essbaren Samen (Zirbelnüsse) und wertvollem Holz ist die **Zirbel-K.** (**Arve,** Pinus cembra); nahe verwandt ist die fälschlich als Zeder bezeichnete **Sibir. Zirbel-K.** (Pinus sibirica). Die nordamerikanische **Sumpf-K.** (Pinus palustris) liefert das echte Pitchpinholz. Ebenfalls in Nordamerika beheimatet, oft auch in Europa angepflanzt, ist die **Weymouths-K. (Strobe,** Pinus strobus) mit langen, weichen Nadeln und glatter graugrüner Rinde. Durch ihre schirmförmige Krone gibt die **Pinie** (Pinus pinea) den Mittelmeerländern ihr charakterist. Bild; ihre Nadeln sind bis 20 cm lang, die Samen (Pinienüsse) essbar. Die **Grannen-K.** (Pinus aristata) aus den Hochgebirgen Kaliforniens wird bis zu 4 900 Jahre alt.

Kiefer, 1) Anselm, Maler, * Donaueschingen 8. 3. 1945; gestaltet großformatige expressive Bilder zu mytholog., histor. und polit. Themen. Eine wichtige Rolle spielt für K. außerdem das Buch, u. a. zur Umsetzung von Bildprojekten. – Abb. S. 2442

2) Nicolas, Tennisspieler, * Holzminden 5. 7. 1977; siegte 1995 bei den Juniorenwettbewerben der Grand-

Kiebitz

Kiefer (von oben): Zweig der Zirbelkiefer mit Zapfen und weiblichen (rechts) sowie männlichen (links) Blütenständen; Zweig mit Zapfen der Bergkiefer und offener Zapfen der Bergkiefer

Slam-Turniere in Flushing Meadows und in Melbourne; seit 1995 Profi, gewann u. a. seit 1997 fünf Grand-Prix-Turniere.

Kiefer|anomalien, nicht normgerechte Entwicklungszustände im Kieferbereich mit Biss-, Gebiss- und Kieferunregelmäßigkeiten; hervorgerufen meist durch das Zusammenwirken innerer (Vererbung, Keimschädigung, Sekretion) und äußerer (Kaufunktion, schlechte Angewohnheiten u. a.) Einflüsse. Die häufigsten K. sind **Schmalkiefer,** eine Kieferverengung, häufig mit vorstehenden Frontzähnen **(Prognathie); Kreuzbiss,** die unteren Zähne umfassen die oberen und hemmen das Oberkieferwachstum; **Vorbiss (Progenie),** die unteren Frontzähne beißen vor; **Deckbiss,** die oberen Zähne sind nach innen geneigt, überdecken teilweise oder völlig die unteren Frontzähne und beißen mitunter auf den unteren äußeren Zahnfleischsaum; **offener Biss,** der Kiefer schließt nur im Seitenzahngebiet; **Rückbiss,** der Unterkiefer liegt gegenüber dem Oberkiefer zu weit vor; **Diastema,** zwischen den mittleren Schneidezähnen liegt eine Lücke.

Kieferhöhle, größte der ↗Nasennebenhöhlen.

Kieferklemme, durch Entzündungen und Veränderungen der Kaumuskulatur, des Kiefergelenkes, durch Narben oder nervale Störungen verursachte Öffnungsbehinderung des Mundes.

Kieferlose (Agnatha), Überklasse im Wasser lebender, fischähnl. Wirbeltiere ohne Kieferskelett; heute existiert nur noch die Klasse der ↗Rundmäuler.

Kiefern|eule, der Schmetterling ↗Forleule.

Kiefernschwärmer (Tannenpfeil, Hyloicius pinastri), grau gemusterter, bis 8 cm spannender Schmetterling. Die Raupe, grün mit hellen Seitenlinien und einem rotbraunen Rückenstreifen, frisst meist Kiefernnadeln (Schäden unbedeutend).

Kiefernspanner (Bupalus piniarius), Schmetterling mit 3–4 cm Flügelspannweite; die Flügel der Männchen sind schwarzbraun mit hellen Flecken, die Flügel der Weibchen rötlich hellbraun; Raupe grün mit weißl. Längsstreifen, frisst Kiefernnadeln; gefürchteter Forstschädling, da zu Massenvermehrung neigend.

Kiefernspinner (Dendrolimus pini), rötlich grauer Schmetterling der Familie Glucken, 5–8 cm spannend; v. a. in Kiefernwäldern. Die Raupe ist bis 8 cm lang und behaart.

Kiefer|orthopädie, Fachgebiet der Zahnmedizin, das sich mit der Behandlung von Gebiss- und Kieferanomalien befasst. Korrekturen werden sowohl direkt durch mechanisch einwirkende Kräfte (fest sitzende Apparate) als auch indirekt durch lose sitzende Apparate (Aktivatoren), die kaufunktionell wirkende Kräfte erzeugen, durchgeführt.

Kieferspalte (Gnathoschisis), angeborene Spaltbildung im Bereich des Ober- oder Unterkiefers; tritt immer in Kombination mit Lippenspalte (↗Spaltbildungen) auf.

Kiefersperre (Bisssperre), Unfähigkeit, die Zahnreihen zu schließen; am häufigsten bei beidseitiger Verrenkung des Kiefergelenks **(Kieferluxation),** Kieferbrüchen oder akuten Gelenkentzündungen. (↗Kieferklemme)

Kiel, 1) *Schiff-* und *Bootsbau:* unterster, mittschiffs verlaufender Längsverband, auf dem das Schiff im Dock ruht; ausgeführt als **Balken-K.** (Holz- oder Stahlbalken, aus dem Boden herausragend), **Flach-K.** (verstärkter Plattengang, eben) oder **Flossen-K.** (bei Segeljachten mit Ballast beschwerte K.-Flosse). Ein **Schlinger-K.** dämpft die Bewegungen im Seegang.

2) *Zoologie:* der Feder-K. (↗Federn).

Kiel, Landeshptst. von Schlesw.-Holst., kreisfreie Stadt, 232 200 Ew. K. liegt an der Ostsee beiderseits der Kieler Förde und am Nord-Ostsee-Kanal. K. ist Sitz des Landtags, der Landesreg. und vieler nachgeordneter Landesbehörden; Wasser- und Schifffahrtsdirektion, Kirchenamt der Nordelbischen Ev.-Luth. Kirche; Christian-Albrechts-Univ. (gegr. 1665) mit dem ↗Institut für Weltwirtschaft, dem Institut für Meereskunde und dem Forschungszentrum für marine Geowissenschaften GEOMAR. Außerdem hat K. FH, viele Institute und Forschungseinrichtungen (u. a. Bundesanstalt für Milchforschung, Institut für Schadensverhütung und Schadensforschung der öffentlichrechtl. Versicherer), Landesbibliothek, Museen (u. a. Schifffahrtsmuseum), Opernhaus, Theater, Funkhaus, botan. Garten. Der Kieler Hafen hat einen Güterumschlag von (2001) 3,35 Mio. t. K. ist Austragungsort der ↗Kieler Woche. Bed. Werftind., Maschi-

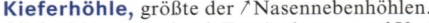

Anselm Kiefer: »Glaube, Hoffnung, Liebe«, Collage (1973; Stuttgart, Staatsgalerie)

Kiefernspanner (von oben): Männchen und Weibchen

Kiel Stadtwappen

Kiel: Hafenanlagen und Stadtzentrum

nenbau, elektrotechn., feinmechan. und opt. Ind., Fischkonservenind.; Flugplatz in K.-Holtenau. Seit 1956 ist K. wieder Marinestützpunkt. – Der Altstadtkern am Südende der Förde wurde im Zweiten Weltkrieg schwer zerstört. Das Schloss, von dessen ehem. Bausubstanz nur der Rantzau-Bau (1695–97) erhalten ist, wurde 1961–65 neu errichtet; Alte Univ.bibliothek (1881–84, Entwurf M. Gropius); Rathaus (1907–11 von H. Billing). Vor der got. Nikolaikirche (13. bis 15. Jh., Wiederaufbau mit Betonpfeilern) die Bronzeplastik »Geistkämpfer« (1927/28) von E. Barlach. Mensa und Bauten für das Studentenwerk (1963–66 von F. W. Kraemer), Sportforum (1970–77 von M. von Gerkan und K. Nickels). – K. wurde zw. 1233 und 1242 gegr., erhielt 1242 Stadtrecht, war Mitgl. der Hanse, 1721–73 Sitz der Herzöge von Holstein-Gottorf, 1773–1866 dänisch, danach preußisch; wurde 1871 dt. Reichskriegshafen und 1917 preuß. Provinz-Hptst.; 1918 gaben die Matrosen des Kieler Hafens den Auftakt zur Novemberrevolution. Seit 1946 ist K. Landeshauptstadt. – Im **Kieler Frieden** (14. 1. 1814) musste Dänemark der antinapoleon. Koalition beitreten und verlor Norwegen an Schweden.

Kielbogen (Eselsrücken), *Baukunst:* kielförmig geschweifter Spitzbogen, bes. in der islam. Kunst, auch in der Spätgotik.

Kielboot, ⁄ Segelboot.

Kielce ['kjɛltsɛ], Hptst. der Wwschaft Heiligkreuz, Polen, Stadtkreis und Krst. am W-Rand des Kielcer Berglandes, 211 000 Ew.; kath. Bischofssitz; TH, PH; Kugellagerfabrik, Maschinen-, Chemieanlagen-, Motorrad-, Lkw-Bau, Nahrungsmittelindustrie. – Kathedrale (1171 gegr., im 16./17. Jh. neu gestaltet), ehem. Schloss der Bischöfe von Krakau (1637–41; Nationalmuseum). – Das 1084 als Handelsplatz erstmals erwähnte K. erhielt um 1364 Stadtrecht. – Während der dt. Besetzung im Zweiten Weltkrieg (1939–45) nahezu vollständige Vernichtung der jüd. Bev. (1939 etwa 24 000 Personen). Dem von poln. Ew. sowie Militär- und Sicherheitskräften verübten Pogrom am 4. 7. 1946 (42 Opfer) folgte die massenhafte Emigration von Überlebenden des Holocaust aus Polen und O-Europa.

Kiel des Schiffes (lat. Carina), in der Milchstraße gelegenes Sternbild des südl. Himmels, Teil des früheren Sternbilds Schiff Argo; hellster Stern ist ⁄ Canopus.

Kieler Bucht, Teil der westl. Ostsee vor der schleswig-holstein. Küste, zw. der Landschaft Schwansen (im NW) und der Insel Fehmarn.

Kieler Förde, weit (17 km, bei 1–6 km Breite) in das holstein. Küstengebiet eingreifender Teil der Kieler Bucht (Ostsee), untergliedert in die **Innenförde** (hier endet in Kiel der Nord-Ostsee-Kanal) und die **Außenförde** (mit den Seebädern Laboe, Kiel-Schilksee, Strande).

Kieler Woche, alljährlich im Juni stattfindende internat. Segelregatten auf der Kieler Förde, erstmals 1882 veranstaltet; nach dem Zweiten Weltkrieg mit anderen sportl. und kulturellen Veranstaltungen verbunden. (⁄ Travemünder Woche, ⁄ Warnemünder Woche)

Kielfüßer (Atlantoidea, Heteropoda), Vorderkiemerschnecken warmer Meere, bei denen der Fuß zu einem Flossenblatt geworden ist.

Kielland [´çɛlan], Alexander Lange, norweg. Schriftsteller, *Stavanger 18. 2. 1849, †Bergen 6. 4. 1906; witziger Satiriker, bekämpfte in seinen realist. Romanen soziale Missstände und gab kulturhistor. Schilderungen seiner Heimat (»Garman und Worse«, 1880; »Schiffer Worse«, 1882).

Kiel|lini|e, seetakt. Formation eines Schiffsverbandes, in der die einzelnen Schiffe hintereinander in gleichen Abständen auf gleichem Kurs fahren.

Kielce: ehemaliges Schloss der Bischöfe von Krakau (1637–41)

Kiemen [niederdt. Form für Kimme »Einschnitt«] (Branchien), Atmungsorgane im Wasser lebender Tiere. Meist sind es stark mit Blut bzw. Körperflüssigkeit versorgte oder von Tracheen (**Tracheen-K.**) durchzogene dünnhäutige Ausstülpungen der Körperwand (äußere K.) oder der Schleimhaut des Vorderdarms (innere K.), die den Gasaustausch zw. Wasser und Blut ermöglichen; unterschiedlich ausgebildet. Gitterförmige **Faden-K.** kommen bei versch. Muschelgruppen vor. Aus ihnen gehen die **Blatt-K.** mit zahlr. blättchenförmigen Lamellen hervor. – Manteltiere, Lanzettfischchen und Fische haben einen von K.-Spalten durchbrochenen Vorderdarm, den sog. **K.-Darm.** Die K. der Fische werden durch ein knorpeliges oder knöchernes K.-Skelett, die **K.-Bögen**, gestützt.

Kienholz, harzdurchtränktes Kiefernholz; abgespaltene Späne (**Kienspäne**) dienten früher als Fackeln.

Kienholz, Edward, amerikan. Objektkünstler, * Fairfield (Wash.) 23. 10. 1927, †Hope (Id.) 10. 6. 1994; setzt in seinen gesellschaftskrit. und polit. Environments die spanisch-mexikan. Tradition eines Objektrealismus fort; arbeitete ab 1973 mit seiner Frau Nancy Reddin K. (* 1943) zusammen.

Kienle, Hans, Astrophysiker, * Kulmbach 22. 10. 1895, †Heidelberg 15. 2. 1975; ab 1924 Prof. in Göttingen und Leiter der dortigen Sternwarte, ab 1939 Direktor des astrophysikal. Observatoriums in Potsdam und 1950–62 der Landessternwarte in Heidelberg. K. arbeitete u. a. über Sterntemperaturen.

Kienzl, Wilhelm, österr. Komponist und Musikkritiker, *Waizenkirchen (OÖ) 17. 1. 1857, †Wien 3. 10. 1941; schrieb spätromant. Volksopern (»Der Evangelimann«, 1895), Orchester-, Kammer-, Klaviermusik und Lieder.

Kiepenheuer, Karl-Otto, Astrophysiker, *Weimar 10. 11. 1910, †Ensenada (Mexiko) 23. 5. 1975; Begründer und Direktor des Fraunhofer-Instituts für Sonnenforschung (heute Kiepenheuer-Institut für Sonnenphysik) in Freiburg im Breisgau; arbeitete v. a. über die Phänomenologie der Sonnenaktivität.

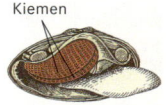

Kiemen: Fadenkiemen einer Muschel (oben) und Blattkiemen eines Fisches

Kiepenhut (Schute), haubenförmiger Frauenhut mit einer gewölbten, das Gesicht rahmenden Krempe, kam vor 1800 in Mode; zahlr. Varianten, meist mit reichem Band-, Rüschen- und Spitzenschmuck; um 1880 wurde die kleine, schräg auf dem Scheitel sitzende **Kapotte** modern.

Kiepura [kjɛˈpura], Jan, amerikan. Sänger (Tenor) poln. Herkunft, * Sosnowitz (heute Sosnowiec) 16. 5. 1902, † Harrison (N. Y.) 15. 8. 1966; sang an allen bed. Opernhäusern; wurde auch durch Operetten- und Filmrollen populär; war ∞ mit der Sängerin Martha Eggerth.

Kierkegaard [ˈkergəgɔːr], Søren Aabye, dän. Theologe, Philosoph und Schriftsteller, * Kopenhagen 5. 5. 1813, † ebd. 11. 11. 1855; 1841 Prediger in Kopenhagen; studierte 1841/42 in Berlin (u. a. bei F. W. J. Schelling); lebte nach seiner Rückkehr als Schriftsteller in Kopenhagen, wo er durch seine radikale Kritik an der akadem. Theologie und dem bürgerl. Christen- und Staatskirchentum zunehmend in Ggs. zur dänischen luth. Staatskirche geriet; trat 1854 aus der Kirche aus. – Dem Systemdenken Hegels stellt K. seine Philosophie der individuellen Existenz entgegen: Existenz vollzieht sich als Werden des je Einzelnen in drei »Stadien des Lebens«, dem ästhet., eth. und religiösen Stadium. In Letzterem erst ist der Aufstieg aus Angst und Verzweiflung – durch die Gnade Gottes – möglich. An seine subjektivistisch-individualist. christl. Existenzdeutung, v. a. seine Analyse der Begriffe »Existenz«, »Freiheit« und »Angst«, sowie den Gedanken des »absoluten qualitativen Unterschieds zw. Gott und Mensch« knüpften die ↗ dialektische Theologie und die Existenzphilosophie des 20. Jh. an. – *Werke:* Entweder–Oder, 2 Bde. (1843); Furcht und Zittern (1843); Der Begriff der Angst (1844); Die Krankheit zum Tode (1849); Einübung im Christentum (1850).

Kierspe, Stadt im Märk. Kreis, NRW, Luftkurort (350 m ü. M.) im Sauerland, 17 900 Ew.; Metall-, elektrotechn. Ind., Kunststoffverarbeitung.

Kies, 1) Bez. für vom Wasser rund geschliffene Gesteinstrümmer von 2 bis 63 mm Durchmesser. In der Bautechnik werden Grob-, Mittel- und Fein-K. unterschieden.
2) metallisch glänzende, harte sulfid. Erzminerale mit Härten von 5–6, z. B. Eisen-K., Arsen-K., Kupfer-K.; bilden oft wichtige Erzlagerstätten.

Kiesel (Kieselstein), durch fließendes Wasser abgerundeter, kleiner Stein, meist aus Quarz.

Kiesel|algen (Diatomeen, Diatomeae, Bacillariophyceae), Klasse mikroskopisch kleiner, einzelliger Algen des Süß- und Meerwassers; Chromatophoren meist braun gefärbt; die zwei Zellen haben einen schachtelartig zusammenpassenden zweiteiligen Panzer aus Kieselsäure. Man unterscheidet zwei Ordnungen, die unbewegl. **Centrales** mit runden Schalen und die bewegl. **Pennales** mit stab- oder schiffchenförmigen Schalen. – Fossile Lager von K. liefern die technisch vielfältig verwendete ↗ Kieselgur.

Kieselfluorwasserstoffsäure, die ↗ Fluorkieselsäure.

Kieselglas, das ↗ Quarzglas.

Kieselgur (Diatomeenerde, auch Diatomit, und fälschlich Infusorienerde), Süßwassersediment, das zu über 70% aus Panzern von Kieselalgen besteht; leicht, hochporös, hell- bis dunkelgrau; Vorkommen in ehem. Seebecken des Tertiärs oder Pleistozäns, u. a. im Vogelsberg und in der Lüneburger Heide; dient als Absorptionsmaterial, Füllstoff, Filtrier-, Isolier- und Poliermittel.

Kieselkupfer, Mineral, der ↗ Chrysokoll.

Kieselsäuren, Sammelbez. für die Sauerstoffsäuren des Siliciums, die in der Natur nur in Form ihrer Salze, der Silikate, vorkommen und aus diesen durch Ansäuern hergestellt werden. Die am einfachsten gebaute K. ist die nur kurzzeitig beständige **Mono-** oder **Ortho-K.**, H_4SiO_4, die unter fortschreitendem Wasseraustritt (Kondensation) in komplizierte Polymere übergeht, die als **Poly-K.**, $H_{2n+2}Si_nO_{3n+1}$, bezeichnet werden. Beim Überschreiten eines bestimmten Kondensationsgrades können aus den kolloidal gelösten K. stark wasserhaltige, gallertige K., die **Kieselgele** oder **Kieselsäuregele**, und als Endstufe der Kondensation Siliciumdioxid entstehen. Beim Erhitzen der Kieselgele entweicht langsam das eingeschlossene Wasser und ein weißes, trübes, äußerst poröses Produkt, das **Silicagel** (oder **Kieselxerogel**), bleibt zurück, das wegen seiner großen inneren Oberfläche als sehr wirksames Adsorptions-, Reinigungs- und Trockenmittel für Gase und Lösungen verwendet wird.

Kieselschiefer, grau bis schwarz gefärbtes, paläozoisches, geschiefertes Kieselgestein.

Kieselsinter (Geysirit), aus heißen Quellen sich absetzender Opal.

Kieselzink|erz, Mineral, der ↗ Hemimorphit.

Kieserit [nach dem Arzt D. G. Kieser, * 1779, † 1862] *der,* weißes oder gelbl. monoklines Mineral der chem. Zusammensetzung $MgSO_4 \cdot H_2O$, meist feinkörnige Massen in Salzlagerstätten.

Kieseritzky, Ingomar von, Schriftsteller, * Dresden 21. 2. 1944; erfolgreich v. a. als Autor von Hörspielen (Hörspielpreis der Kriegsblinden 1996 für »Compagnons und Konkurrenten oder Die wahren Künste«); auch experimentelle Romane (u. a. »Kleiner Reiseführer ins Nichts«, 1999; »Da kann man nichts machen«, 2001).

Kiesinger, Kurt Georg, Politiker (CDU), * Ebingen (heute zu Albstadt) 6. 4. 1904, † Tübingen 9. 3. 1988; Rechtsanwalt, 1949–58 und 1969–80 MdB; 1958–66 MinPräs. von Bad.-Württ. Als Bundeskanzler einer großen Koalition (CDU/CSU-SPD; 1966–69) bemühte er sich, eine mittelfristige Finanzplanung, Notstandsgesetze, Reformen der Sozialpolitik und des Strafrechts sowie eine vorsichtige Neuorientierung der Ostpolitik durchzusetzen; 1967–71 Bundesvors. der CDU.

Kieślowski [kjɛɕ-], Krzysztof, poln. Filmregisseur, * Warschau 27. 6. 1941, † ebd. 13. 3. 1996; drehte neben Dokumentarfilmen u. a. »Dekalog« (1987/88), eine Fernsehserie zu den Zehn Geboten (UA 1989, 10 Tle.; daraus als Kinofassung: »Ein kurzer Film über das Töten«, 1988; »Ein kurzer Film über die Liebe«, 1988), und Spielfilme. – *Weitere Filme:* Personal (1974); Der Filmamateur (1979); Veronique (1991). – *Trilogie:* Drei Farben: Blau, Weiß, Rot (1993/94).

Kiew (ukrain. Kyjiw), Hptst. der Ukraine, beiderseits des Dnjepr, 2,611 Mio. Ew.; wiss. und kultureller Mittelpunkt der Ukraine mit Univ. (gegr. 1834), Ukrain. Akademie der Wiss.en, vielen Hochschulen, etwa 25 größeren Museen und sieben Theatern, Goethe-Inst., Planetarium, botan. und zoolog. Garten und Filmstudios; Sitz des Metropoliten der autonomen »Ukrain. Orth. Kirche« und des Patriarchen der vom Moskauer Patriarchat nicht anerkannten »Ukrain. Orth. Kirche – Patriarchat K.« (↗ ukrainische Kirchen). Ind.stadt mit Maschinen-, Apparate-, Präzisionsgeräte-, Fahrzeugbau, chem. und pharmazeut., Textil-, Nahrungsmittelind. und Werft; Flusshafen (für kleinere Seeschiffe erreichbar), U-Bahn, internat. Flughafen. Oberhalb von K. Staudamm (Stausee 922 km²) mit Kraftwerk (551 MW) und

Søren Kierkegaard (Lithografie von Hans Peter Hansen)

Kurt Georg Kiesinger

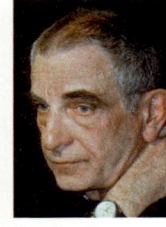

Krzysztof Kieślowski

Kiew: Sophienkathedrale (urspr. 1037–1061; 1240 zerstört, im 17./18. Jh. Wiederaufbau), Blick aus dem Südosten auf die Apsiden mit dem freigelegten ursprünglichen Mauerwerk

Pumpspeicherwerk. – K. ist reich an histor. Bauten, darunter die Sophienkathedrale, eine fünfschiffige Kreuzkuppelanlage (1037–1061, 1240 zerstört, 17./18. Jh. Wiederaufbau; UNESCO-Weltkulturerbe), das 1051 von Antoni dem Heiligen gegr. und vom 11. bis zum 18. Jh. erbaute **Kiewer Höhlenkloster** (Kiewo-Petscherskaja Lawra; UNESCO-Weltkulturerbe), das älteste Kloster im russ. Gebiet, sowie weitere Klöster und zahlr. Kirchen aus dem MA. und dem Barock. – K., um 860 erstmals in einer Chronik erwähnt, erhielt nach einer Legende seinen Namen von dem angebl. Gründer Ki; im 9. bis 12. Jh. war es Zentrum eines ausgedehnten Reiches (Kiewer Rus); 988–1300 auch der kirchl. Mittelpunkt Russlands. 1240 durch die Mongolen zerstört, kam K. 1362 an Litauen, 1569 an Polen, 1654/67 an Russland und wurde 1793 Gouv.-Hptst., 1934 Hptst. der Ukraine; 1941–43 von dt. Truppen besetzt.

Kiez [slaw.], kleine Auenrandsiedlung in Form einer gedrängten, kurzen Dorfzeile, im slaw. Siedlungsgebiet rechts der Elbe. K. entstanden zw. 600 und 900 neben Burgen als Wohnsitze niederer Dienstleute slaw. Abkunft (häufig Fischer, daher **Fischer-K.**). Manche wurden zu Vorstädten (nach ihnen wurde K. auch regionale Bez. für arme Stadtviertel).

Kigali, Hptst. von Ruanda, in einem weiten Hochtal im Zentrum des Landes, 1 540 m ü. M., 608 100 Ew.; kath. Erzbischofssitz; Handelszentrum, Nahrungsmittel-, Textil- u. a. Ind.; Straßenknotenpunkt, internat. Flughafen.

Kikuyu, Bantuvolk in Kenia, mit rd. 5,3 Mio. Angehörigen eines der größten Völker Ostafrikas. Die K. waren 1952–56 Hauptträger des Aufstandes der ↗ Mau-Mau.

Kikwit, Stadt in der Demokrat. Rep. Kongo, am Kwilu, 182 800 Ew.; kath. Bischofssitz; Handelsplatz, Verkehrsknotenpunkt; Flughafen.

Kilauea, Vulkan auf der Insel Hawaii, 1 243 m ü. M., Nebenkrater des ↗ Mauna Loa; seit dem Ausbruch 1983 wiederholter Lavafluss.

Kilby ['kɪlbɪ], Jack St. Clair, amerikan. Physiker, * Jefferson City (Mo.) 8. 11. 1923; 1958–70 bei Texas Instruments Inc. (Dallas), 1978–84 Prof. für Elektrotechnik an der Texas A&M University. K.s Idee, alle Bauteile eines Schaltkreises aus einem Material (Silizium) herzustellen, führte zur Entwicklung des ersten integrierten Schaltkreises, den er am 12. 9. 1958 bei Texas Instruments präsentierte. K. erhielt für seine bahnbrechenden Leistungen zus. mit H. Kroemer und S. Alferow 2000 den Nobelpreis für Physik.

Kildare [kɪl'deə] (irisch Cill Dara), Cty. in der Rep. Irland, westlich von Dublin, 1 694 km², 134 900 Ew.; Verw.sitz ist Naas; Rindermastgebiet und Zentrum der irischen Pferdezucht; Torfabbau; neuere Industrieansiedlungen (v. a. Leichtindustrie).

Kilian, ir. Wanderbischof, Missionar, † (ermordet) Würzburg um 689; wirkte in Ostfranken, Patron des Bistums Würzburg und der fränk. Winzer; Heiliger, Tag: 8. 7.

Kilikien, antike Landschaft im SO Kleinasiens, umfasst den Mitteltaurus und im SO die fruchtbare **Kilik. Ebene;** wichtigster Durchlass durch den Mitteltaurus ist die **Kilik. Pforte,** durch die Eisenbahnlinie und Straße von Zentralanatolien in die Küstenebene führen.

Kilimandscharo [Suaheli »Berg des bösen Geistes«] der (Kilimandjaro), vulkan. Gebirgsstock in Ostafrika, in NO-Tansania, mit 5 892 m ü. M. (Neuvermessung 1999) höchster Berg Afrikas; aus drei Vulkanen zusammengewachsen: Schira (4 000 m ü. M.), Mawensi (5 270 m ü. M.) und Kibo (5 892 m ü. M.; mit Firnkappe und Hängegletschern); weist ausgeprägte Vegetations- und Bodennutzungsstufen auf; Nationalpark (UNESCO-Welterbe). – Erstbesteigung 1889 durch Hans Meyer und L. Purtscheller.

Kilimandscharo

Kilimane [kelə'manə], Stadt in Moçambique, ↗ Quelimane.

Kilkenny (ir. Cill Chainnigh), **1)** Cty. in der Rep. Irland, 2 062 km², 75 200 Ew.; durchflossen vom Nore; Viehwirtschaft, Ackerbau.

2) Hptst. von 1), am Nore, 19 000 Ew.; kath. und anglikan. Bischofssitz; Brauerei, moderne Leichtindustrie. – Die 1175 zerstörte Burg wurde 1192 wieder errichtet und 1858–62 erneuert; zwei Kathedralen (13. und 19. Jh.), Dominikanerkloster (13. Jh.).

Killarney [kɪ'lɑːnɪ] (irisch Cill Áirne), Stadt in der Cty. Kerry, Irland, 10 200 Ew.; Bischofssitz; Maschinenbau, Schuh-, Textilind.; Fremdenverkehr.

Killer|alge (Caulerpa taxifolia), giftige trop. Grünalge, die im Mittelmeer die heim. Algenarten überwuchert (und erstickt) und sich aufgrund fehlender Fressfeinde sehr stark ausbreitet.

Killerbiene, die ↗ Mörderbiene.

Killersatellit, ↗ militärische Satelliten.

Killing Fields [-fi:ldz; engl. »mörder. Felder«], ↗ Kambodscha (Geschichte). – Auch Titel eines Films von R. Joffé (1984) über die Schreckensherrschaft der Roten Khmer (1975–79).

Killy, 1) [ki'li:], Jean-Claude, frz. alpiner Skiläufer, *Saint-Cloud 30. 8. 1943; u. a. Olympiasieger 1968 (Abfahrtslauf, Slalom, Riesenslalom) und Weltmeister 1966 (Abfahrtslauf, alpine Kombination); gewann 1966/67 den Gesamtweltcup.
2) ['kıli], Walter, Germanist, *Bonn 26. 8. 1917, †Kampen (Sylt) 28. 12. 1995; 1978–83 Direktor an der Herzog-August-Bibliothek, Wolfenbüttel; Hg. von Textsammlungen und des »Literatur Lexikon. Autoren und Werke dt. Sprache« (15 Bde., 1988 ff.).

Kilmarnock [kıl'mɑːnək], Stadt in SW-Schottland, 44 300 Ew.; Zentrum von East Ayrshire; Textil-, Schuhindustrie, Maschinenbau, Whiskybrennereien.

Kilmuir [kıl'mjuə], David Patrick Maxwell Fyfe, Viscount (seit 1954), Earl of K. (seit 1962), brit. Jurist und Politiker, *Edinburgh 29. 5. 1900, †Withyham (Cty. East Sussex) 27. 1. 1967; Mitgl. der Konservativen Partei, 1945–46 brit. Hauptankläger beim Internat. Militärtribunal in Nürnberg, 1951–54 Innenmin. und 1954–62 Lordkanzler.

Kilo [grch.], Vorsatz (Zeichen **k**) vor Einheiten für das Tausendfache, z. B. 1 kg = 1 000 g, 1 km = 1 000 m; in der *Informatik* Größenvorsatz (Zeichen **K**) vor Bit oder Byte in der Bedeutung $2^{10} = 1024$.

Kilogramm, Einheitenzeichen **kg**, SI-Basiseinheit der Masse, definiert durch das seit 1889 in Sèvres bei Paris aufbewahrte Urkilogramm (Platin-Iridium-Zylinder).

Kilometerpauschale, 1994–2000 bei der Einkommensteuer als Werbungskosten oder Betriebsausgaben absetzbare Aufwendungen für berufsbedingte Fahrten mit dem privaten Fahrzeug; 2001 von der ↗ Entfernungspauschale abgelöst.

Kilometerwellen, ↗ Langwellen.

Kilopond, Einheitenzeichen **kp**, veraltete Einheit der Kraft; 1 kp = 1 000 p (Pond) ist die Gewichtskraft einer Masse von 1 kg bei der Normalfallbeschleunigung. Die SI-Einheit der Kraft ist das Newton (N); 1 kp = 9,806 65 N.

Kilowattstunde, Einheitenzeichen **kW · h**, gesetzl. Einheit der Energie, bes. in der Elektrotechnik: $1 \text{ kW} \cdot \text{h} = 3 600 \text{ kW} \cdot \text{s} = 3{,}6 \cdot 10^6 \text{ W} \cdot \text{s} = 3{,}6 \text{ MJ}$ (Megajoule).

Kilt [engl.] *der,* kurzer Schottenrock, auf den kelt. Schurz (Deckenschurz) zurückgehend. Der gewickelte Faltenrock ist aus einem in den Farben des Clans (Stammesfarben) gehaltenen karierten Wollstoff (»Tartan«) und wird mit einer Nadel zusammengehalten; schott. Einheiten der brit. Streitkräfte tragen den K. in Parade- und Ausgehuniform.

Kilwa Kisiwani (Kilwa Kiswani), Koralleninsel an der Küste Südtansanias, mit den Ruinen (UNESCO-Weltkulturerbe) der Stadt **Kilwa**, die vom 12. bis 15. Jh. als schönste Stadt Ostafrikas galt.

Kim, Anatoli Andrejewitsch, russ. Schriftsteller korean. Herkunft, *Sergijewka (Kasachstan) 15. 9. 1939; gestaltet in seinen Werken Menschenschicksale unter Verwendung allegorisch-fantast. Mittel und ostasiat. Mythologie (»Nachtigallenecho«, Erz., 1980; »Der Nephritgürtel«, R., 1981; »Eichhörnchen«, R., 1984; »Der Waldvater«, R., 1989).

Kimbangu, Simon, afrikan. Evangelist und Prophet, *1889, †Elisabethville (heute Lubumbashi) 12. 10. 1951; begründete in Belgisch-Kongo (heute Demokrat. Rep. Kongo) eine christl. Massenbewegung afrikan. Gepräges, aus der die **Kimbangische Kirche** hervorging (seit 1975 Mitgl. des Ökumen. Rates der Kirchen); heute größte unabhängige Kirche Schwarzafrikas.

Kimberley ['kımbəlı], Hptst. der Prov. Nord-Kap, Rep. Südafrika, 1 198 m ü. M., 170 400 Ew.; Zentrum der Diamantengewinnung und -schleiferei sowie eines Viehzuchtgebietes mit verarbeitender Industrie. – K. wurde 1871 nach Diamantenfunden gegründet.

Kimberleyplateau ['kımbəlıplato], Gebirgslandschaft in NW-Australien, stark zertalt, bis 936 m ü. M. (Mount Ord); Rinderzucht; Eisenerzabbau, Diamantengewinnung, Bauxitvorkommen.

Kimberlit [nach der Stadt Kimberley] *der,* ultrabas. dunkles Tiefengestein (ein oft serpentinisierter und carbonatisierter Peridotit), Muttergestein der Diamanten; wird in engen Eruptionsschloten (Pipes) gefördert. Das in frischem Zustand bläulich grüne Gestein **(Blauer Grund, Blue Ground)** wird durch die Verwitterung gelblich braun **(Gelber Grund, Yellow Ground).**

Kimbern (lat. Cimbri), german. Stamm, wanderte Ende des 2. Jh. v. Chr. von Jütland in die Ostalpen und nach Gallien; besiegten mehrfach röm. Heere. Als sie in Oberitalien eindrangen, wurden sie 101 v. Chr. von den Römern unter Marius bei Vercellae (↗ Vercelli) vernichtend geschlagen (↗ Teutonen).

Kim Dae Jung [- dɛ dʒ-], südkorean. Politiker, *Hugwang-ri (SW-Korea) 3. 12. 1925; 1971 Präsidentschaftskandidat; wurde zur Kristallisationsfigur der Opposition gegen das autoritäre Reg.system Park Chung Hees und seiner Nachfolger. Beschuldigt, am Aufstand von ↗ Kwangju maßgeblich beteiligt gewesen zu sein, verurteilte ihn 1980 ein Militärgericht zum Tode (1981 zu lebenslanger Haft begnadigt). 1982 durfte er in die USA ausreisen. Nach seiner Rückkehr (1985) wurde er 1987 Vors. der neu gegr. Partei für Frieden und Demokratie (später in Demokrat. Partei umbenannt); kandidierte 1987 und 1992 erfolglos bei den Präsidentschaftswahlen. 1995 konstituierte er den Nationalkongress für neue Politik (ab 2000 Demokrat. Millenniumspartei). 1998–2003 war K. Staatspräs. Mit seiner gegenüber Nord-Korea betriebenen »Sonnenscheinpolitik« versuchte er der innerkorean. Annäherung neue Impulse zu verleihen. K. erhielt den Friedensnobelpreis 2000.

Kim Il Sung [-il-], nordkorean. Politiker, *Mangyongdae (bei Pjöngjang) 15. 4. 1912, †Pjöngjang 8. 7. 1994; organisierte in den 1930er-Jahren eine Guerillatruppe (»Korean. Revolutionäre Volksarmee«), mit der er gegen die Japaner kämpfte; zog sich 1941 mit seinen Truppen in die UdSSR zurück. 1945 zurückgekehrt, rief er im nördl. Korea unter sowjet. Schutz 1948 die demokrat. Demokrat. Volksrepublik Korea aus. Dort war er 1948–72 MinPräs. und ab 1972 Staatspräs., 1948–66 Vors., seitdem Gen.-Sekr. des ZK der »Partei der Arbeit Koreas«. 1950–53 führte er Krieg gegen Süd-Korea (↗ Koreakrieg). Er errichtete ein diktator., von einem Kult um ihn und seine Familie geprägtes Reg.system. Seit den 1980er-Jahren setzte er sich für die Wiedervereinigung Koreas ein. 1992 ließ er sich zum Großen Marschall ernennen. – K. bestimmte seinen Sohn Kim Jong Il zu seinem Nachfolger.

Kim Jong Il [- dʒ- il], nordkorean. Politiker, *(offiziell in einem antijapan. Widerstandslager am Paektusan, inoffiziell Chabarowsk) 16. 2. 1942 (oder 1941); Sohn von Kim Il Sung; seit 1980 Mitgl. des Politbüros und der Zentralen Militärkommission der Partei der Arbeit Koreas (PdAK), wurde 1991 Oberbefehlshaber der Armee, 1992 Marschall der Streitkräfte und 1993 Chef der Nat. Verteidigungskommission. Seit langem in den Kult um die Person seines Vaters einbezogen, war er in steigendem Maße an der Leitung der Reg.-Geschäfte beteiligt. Nach dem Tod Kim Il Sungs 1994 trat er – ohne zunächst dessen Ämter zu erlangen – de facto seine Nachfolge an; 1997 wurde er Gen.-Sekr. der PdAK und 1998 Vors. des (zum neuen höchsten Machtorgan deklarierten) Nat. Verteidigungsausschusses.

Kimm, 1) *Schiffbau:* gekrümmter Übergang vom Schiffsboden zur Schiffswand.
2) *Seefahrt:* die sichtbare Horizontlinie auf See.
Kimme, bei Hand- und Faustfeuerwaffen der (meist dreieckige) Ausschnitt des Visiers, durch den der Schütze über das Korn nach dem Zielpunkt sieht.
Kimmerier, ein urspr. in S-Russland ansässiges nomad. Reitervolk; stieß über den Kaukasus nach S vor und zerstörte um 700 v.Chr. das phryg. Großreich. 652 eroberten die K. die lyd. Hptst. Sardes, wurden aber um 600 von dem Lyderkönig Alyattes endgültig geschlagen und aufgerieben.
Kimon, athen. Staatsmann und Feldherr, Sohn des Miltiades, * um 510 v.Chr., ✕ vor Kition (Zypern) 449 v.Chr.; seit 478/477 immer wieder Stratege, siegte 466 am Eurymedon über die Perser, wurde wegen spartafreundl. Politik 461 verbannt, 451 zurückgerufen. K. fiel 449 bei dem Versuch, den Persern Zypern zu entreißen.
Kimono [auch ki'mo:no, japan.] *der,* japan. kaftanartiges Bekleidungsstück der traditionellen japan. Männer- und Frauenkleidung; aus zwei geraden Stoffbahnen zusammengesetzt mit mittlerer Rückennaht, mit angeschnittenen, so genannten K.-Ärmeln, vorn offen und um einem Gürtel (Obi) zusammengehalten.
Kim Young Sam [- jɔŋ -], südkorean. Politiker, * auf der Insel Koje (bei Pusan) 20. 12. 1927; lange Zeit einer der führenden Oppositionspolitiker, arbeitete zeitweilig mit Kim Dae Jung zusammen. Nach den Unruhen von Kwangju (1980) stand K. unter Hausarrest. Als Vors. der Partei für Wiedervereinigung und Demokratie (1987–90) unterlag er bei den Präsidentschaftswahlen von Dez. 1987. Nach dem Zusammenschluss seiner Partei mit der Reg.-Partei (1990) wurde er 1992 Vors. der neuen Partei (zunächst Demokrat. Freiheitspartei gen., ab 1992 Demokratisch-Liberale Partei, ab 1995 Neue Korea-Partei). 1993–98 war er Staatspräsident.
Kina *das,* Abk. **K,** Währungseinheit in Papua-Neuguinea; 1 K. = 100 Toea (t).
Kinabalu (Gunung K.), der höchste Berg Borneos, in Sabah, Ostmalaysia, 4 101 m ü.M.; Teil des K. National Parks.
kinästhetische Empfindungen [zu grch. kineīn »bewegen« und aísthēsis »Empfindung«] (Kinästhesie, Bewegungsempfindung, Bewegungssinn), die Fähigkeit, Lage und Bewegungsrichtung von Körperteilen zueinander und in Bezug zur Umwelt unbewusst reflektorisch zu kontrollieren und zu steuern.
Kind, der Mensch in der ersten Alters- und Entwicklungsphase. I. Allg. unterscheidet man jedoch zw. Neugeborenem (bis 10. Lebenstag), Säugling (1. Lebensjahr), Kleinst-K. (im 2. und 3. Lebensjahr), Klein-K. (4.–6. Lebensjahr) und Schul-K. (7.–14. Lebensjahr). Bis zum 2. Lebensjahr ist eine relativ schnelle Zunahme von Körperlänge und -größe charakteristisch. Danach findet eine langsamere Längen-

und Gewichtszunahme statt, die in der Pubertät noch einmal eine Beschleunigung erfährt. Das unterschiedl. Wachstum der einzelnen Körperabschnitte bewirkt dabei Proportionsverschiebungen.
Geistig-seel. Entwicklung: Bereits für den Fetus wird Erinnerungs- und Lernfähigkeit angenommen; die Psyche des Neugeborenen ist in Grundzügen strukturiert. Etwa bis zum 7. Lebensmonat besteht eine intensive Beziehung zur Hauptbezugsperson (meist die Mutter); bis zum 12. Monat beginnt der Säugling, zw. sich und der Umwelt zu unterscheiden. Das Kleinst-K. hat einen starken Bewegungsdrang. Sein Wortschatz, der mit 1 ½ Jahren rasch anwächst, enthält vorerst hauptsächlich Gegenstands-, dann Tätigkeits- und schließlich Eigenschaftsbezeichnungen. Zw. 2 ½ und 3 Jahren schreitet die Entwicklung der Fantasie und des Willens schnell voran. Stürmisch geäußerte Ansprüche auf Liebe und Beachtung offenbaren die Sozialbezogenheit. Vom 4. Lebensjahr an tritt beim Klein-K. der Wunsch nach Selbstständigkeit und nach Umgang mit Gleichaltrigen hervor; sein Denken ist primär anschaulich und die vorrangige Betätigung das ↗Spiel. Im beginnenden Schulkindalter werden Gemeinschaftsspiele und Gruppenunternehmungen bevorzugt. Mit etwa 10 Jahren erreicht die kindl. Entwicklung einen Höhepunkt. Das K. ist leistungswillig; Abstraktionsfähigkeit und schlussfolgerndes Denken machen große Fortschritte. Das 10- bis 14-jährige K. versucht, in die Bereiche der Natur und Technik einzudringen, indem es experimentiert und sammelt. Es löst sich mehr und mehr aus der elterl. Pflege und beginnt Einsicht in die sozialen Aufgaben in der Gesellschaft zu gewinnen.
Im *Recht* sind K. die Verwandten ersten Grades: 1) leibl. K., 2) Adoptivkinder. Das Kindschaftsrechtsreform-Ges. vom 16. 12. 1997 hat den rechtl. Unterschied zw. ehel. und ↗nichtehelichen Kindern beseitigt. (↗elterliche Sorge, ↗Geschäftsfähigkeit, ↗Strafmündigkeit, ↗Vaterschaft)
Kindbettfieber, das, ↗Wochenbettfieber.
Kindchenschema, *Psychologie:* die Kombination versch. für das Kleinkind charakterist. Körpermerkmale, die beim Menschen als Schlüsselreiz den (elterl.) Pflegeinstinkt ansprechen: ein im Verhältnis zum übrigen Körper großer Kopf, Pausbacken, »tollpatschige« Bewegungsabläufe.
Kinder|arbeit, i. e. S. die im Einklang mit gesetzl. Schutzbestimmungen erfolgende Erwerbstätigkeit von Kindern und Jugendlichen (↗Jugendschutz), i. w. S. die darüber hinaus erfolgende, d. h. illegale Beschäftigung von Kindern. Rechtl. Bestimmungen zur K. auf internat. Ebene wurden bes. von der Internat. Arbeitsorganisation (IAO) erarbeitet. Das IAO-Übereinkommen von 1973 bestimmt, dass das Mindestalter für die Arbeitsaufnahme nicht unter demjenigen liegen darf, in dem die Schulpflicht endet; auf keinen Fall unter 15 Jahren (Ausnahmen: Altersgrenze in Entwicklungsländern 14 Jahre, für leichte Arbeiten 12 Jahre). Die UN-Konvention über die Rechte des Kindes von 1989 dient dem Schutz des Kindes vor wirtsch. Ausbeutung, vor Arbeiten, die Gefahren mit sich bringen bzw. die die Erziehung oder die Gesundheit des Kindes beeinträchtigen können. Nach einer EG-Richtlinie von 1993, 1994 in dt. Recht umgesetzt, ist die reine Erwerbstätigkeit Jugendlicher grundsätzlich verboten. Im Jahr 2000 trat eine weitere Konvention der IAO in Kraft, nach der die Staaten verpflichtet sind, v.a. Kindersklaverei, Zwangsarbeit, Kinderprostitution, Kinderpornographie und K. z. B. in Bergwerken zu verbieten und zu beseitigen.

Kim Jong Il

Geschichte: Im MA. leisteten Kinder Hand- und Frondienste, später arbeiteten sie in Manufakturen und der Industrie. 1839 wurde in Preußen ein erster gesetzl. K.-Schutz geschaffen, um die gravierendsten Auswirkungen des Raubbaus an kindl. Arbeitskraft einzudämmen (Verbot der Arbeit von Kindern unter neun Jahren in Fabriken, Berg-, Hütten- und Pochwerken). Da K. für den Lebensunterhalt vieler Familien notwendig war, wurden Verbote oft umgangen. Erst 1903 wurde in der Kinderschutz-Ges. der Arbeitsschutz auf alle gewerbl. Betriebe ausgedehnt.

Entwicklungsländer: Gravierend ist das Problem der K. in den Entwicklungsländern. Nach Schätzungen der IAO verrichten weltweit 250 Mio. Heranwachsende K., davon etwa 20 Mio. als »Kindersklaven«, die von Unternehmen gezwungen werden, ohne Lohn zu arbeiten, um die Schulden ihrer Eltern zu tilgen. Neun von zehn Kindern arbeiten in der Landwirtschaft bzw. ihrem Umfeld. Weitere Aspekte der K. sind Kinderprostitution und der Einsatz von Kindersoldaten.

Kinder|arzt (Pädiater), Facharzt für ↗ Kinderheilkunde.

Kinderbetreuungsfreibetrag (Betreuungsfreibetrag), zum 1. 1. 2002 eingeführter einkommensteuerrechtl. Freibetrag für den Betreuungs- und Erziehungs- oder den Ausbildungsbedarf eines Kindes in Höhe von 1 080 €/Jahr (je Elternteil bei getrennt lebenden Eltern) bzw. 2 160 €/Jahr (zus. zur Einkommensteuer veranlagte Eltern), der bis zum Abschluss der Ausbildung neben dem Kinderfreibetrag alternativ zum Kindergeld gewährt wird.

Kinderbetreuungskosten, seit 1. 1. 2002 als außergewöhnl. Belastungen bei der Einkommensteuer abziehbare Aufwendungen für Dienstleistungen zur Betreuung eines zum Haushalt gehörenden Kindes, welches das 14. Lebensjahr noch nicht vollendet hat oder wegen einer vor Vollendung des 27. Lebensjahres eingetretenen körperl., geistigen oder seel. Behinderung außerstande ist, sich selbst zu unterhalten. Je Kind können bis maximal 750 €/Jahr (je Elternteil bei getrennt lebenden Eltern) bzw. 1 500 €/Jahr (bei zusammenlebenden Eltern) berücksichtigt werden, soweit die Aufwendungen 774 € bzw. 1 548 € übersteigen. Voraussetzung ist, dass die Steuerpflichtigen entweder erwerbstätig sind, sich in der Ausbildung befinden, behindert oder krank sind.

Kinderbuch, ↗ Bilderbuch, ↗ Kinder- und Jugendliteratur.

Kinderdörfer, Einrichtungen zur langfristigen Betreuung von Kindern und Jugendlichen außerhalb ihrer Herkunftsfamilien. Die Aufnahme erfolgt im Kindesalter (bei Geschwistern auch darüber hinaus); die Betreuungsform besteht in familienähnl. Hausgemeinschaften (4–6 Kinder in Europa, z. T. auch bis 12 Kinder für eine Kinderdorfmutter), die jeweils ein Haus bewohnen. Nach Anfängen schon im 19. Jh. (J. H. Wicherns ↗ Rauhes Haus in Hamburg, 1833) nahm die Kinderdorfbewegung nach dem Zweiten Weltkrieg einen großen Aufschwung. Bedeutendste Organisation ist das von H. Gmeiner 1949 initiierte Sozialwerk **SOS-Kinderdorf e. V.,** das seine familiennahe Erziehung auf Kinderdorfmütter stützt. 1948 erfolgte in Paris die Gründung des Dachverbandes der K., die »Fédération Internationale des Communautés d'Enfants« (FICE). In Dtl. gibt es (2003) 14 SOS-Kinderdörfer und über 30 SOS-Kinderdorf-Einrichtungen (u. a. Berufsausbildungs-, Beratungs- und Mütterzentren); weltweit bestehen über 430 SOS-Kinderdörfer und rd. 1 100 SOS-Kinderdorf-Einrichtungen in über 130 Ländern.

Kinder|erziehungszeiten, ↗ Rentenversicherung.

Kinderfreibetrag, ↗ Kinderlastenausgleich.

Kinderfrüherkennungsuntersuchungen, diagnost. Vorsorgemaßnahmen zur möglichst frühzeitigen Erkennung von kindl. Entwicklungsstörungen oder von Krankheitszuständen bei Kindern bis zur Vollendung des 5. Lebensjahres. Das Programm der gesetzl. Krankenkassen umfasst für Kinder in dieser Zeit insgesamt neun Untersuchungen (U 1 bis U 9). Dazu gehören auch Tests auf Stoffwechselstörungen (z.B. Phenylketonurie) sowie Beratung über Rachitis, Kariesprophylaxe und Impfempfehlungen (↗ Impfkalender).

Kindergarten, halb- oder ganztägige (auch Kindertagesstätte gen.) Einrichtung zur Betreuung und pädagog. Förderung der Drei- bis Sechsjährigen; z.T. rein privat organisiert (Kinderladen). Zu den Hauptaufgaben eines K. gehört es, die Selbstständigkeit und das Selbstbewusstsein, den Gemeinschaftssinn und die Umweltbegegnung sowie die allgemeine geistige, bes. sprachl. Entwicklung der Kinder zu fördern; schulähnl. Leistungsdenken soll fern gehalten werden. – **Sonderschul-K.** betreuen behinderte Kinder und **Schul-K.** Kinder im Schulalter, die noch nicht schulreif sind. Nach § 24 SGB VIII hat in Dtl. jedes Kind vom vollendeten 3. Lebensjahr bis zum Schuleintritt Anspruch auf den Besuch eines K. – Die Idee der außerhäusl. Kleinkindbetreuung geht bes. auf J. A. Comenius und Erhard Weigel (*1625, †1699) zurück. Der Begriff »K.« stammt von F. Fröbel, der in Blankenburg (Thür.) den ersten K. gründete.

Kindergeld, quantitativ die wichtigste Maßnahme des ↗ Kinderlastenausgleichs. K. wird unabhängig davon, ob das Kind (auch Stief- und Adoptivkinder sowie ggf. Pflegekinder und Enkel) eine Ausbildung absolviert oder eigene Einkünfte hat, bis zum 18. Lebensjahr gezahlt. Bei Kindern zw. 18 und 27 Jahren wird K. geleistet, wenn sie sich in einer Ausbildung oder in einer Übergangszeit von höchstens vier Monaten zw. zwei Ausbildungsabschnitten befinden, eine Berufsausbildung mangels Ausbildungsplatzes nicht beginnen oder fortsetzen können, ein freiwilliges soziales oder ökolog. Jahr leisten. Es entfällt in diesen Fällen jedoch, wenn die Einkünfte des Kindes 7 188 € (2002 und 2003), 7 428 € (ab 2004) und 7 680 € (ab 2005) jährlich übersteigen. Anspruch haben auch Arbeit Suchende bis zum 21. Lebensjahr und ohne Altersbegrenzung Behinderte, die sich nicht selbst unterhalten können. Das K. beträgt ab 2002 für das 1., das 2. und das 3. Kind 154 € monatlich und für das 4. sowie jedes weitere Kind 179 € monatlich. Seit 1996 wird es grundsätzlich als Steuervergütung und unabhängig vom Einkommen der Eltern gewährt. Zuständig für K. ist die Familienkasse des Arbeitsamts. – In *Österreich* entspricht dem K. die **Familienbeihilfe.** In der *Schweiz* gibt es keine vergleichbare Leistung.

Kinder Gottes, religiöse Bewegung, ↗ Family.

Kinderhandel, aufgrund des internat. Abkommens zur Unterdrückung des Frauen- und K. vom 30. 9. 1921 unter Strafe gestellte Tat (↗ Frauenhandel). In Dtl. wird K. des Weiteren in Form des Überlassens des eigenen noch nicht 14 Jahre alten Kindes unter grober Vernachlässigung der Fürsorgepflicht an einen anderen auf Dauer gegen Entgelt oder in der Absicht, sich oder einen Dritten zu bereichern, mit Freiheitsstrafe bis zu 5 Jahren oder Geldstrafe bestraft (§ 236 Abs. 1 StGB). Nach § 236 Abs. 2 ist auch die unbefugte Adoptionsvermittlung einer Person unter 18 Jahren als K. strafbar.

Kinderheilkunde (Pädiatrie), Fachgebiet der Medizin, das sich mit der Vorbeugung, Diagnostik und Therapie von phys. und psych. Erkrankungen im Kindes- und Jugendalter befasst. Spezialgebiete sind z. B. Kinderchirurgie, Kinderkardiologie und Kinder- und Jugendpsychiatrie. Wiss. Vereinigung ist die Dt. Gesellschaft für K., gegr. 1883 in Freiburg im Breisgau.

Kinderhort, / Kindertagesstätte.

Kinderkanal (KI.KA), von ARD und ZDF getragener Spartenkanal; gegr. 1997; Sitz: Erfurt.

Kinderkrankheiten, die vorwiegend oder ausschl. im Kindesalter auftretenden Erkrankungen. K. i. e. S. sind bestimmte Infektionskrankheiten wie Masern, Röteln, Scharlach, Windpocken, aber auch Mumps, Keuchhusten und Diphtherie. Diese K. sind äußerst ansteckend, sodass meist schon der erste Kontakt zur Erkrankung führt; sie hinterlassen aber meist eine lebenslange Immunität. Die nicht infektiösen K. sind auf den hohen Stoffumsatz des wachsenden kindl. Organismus und seinen hohen Wasser- und Mineralstoffbedarf zurückzuführen. Ernährungsstörungen (Erbrechen, Durchfälle) führen bes. beim Säugling und Kleinkind rasch zu ernstl. Störungen. Allg. besteht bei Kindern eine erhöhte Empfänglichkeit für katarrhal. Entzündungen der Atemwege, Hautreizungen und eine erhöhte Krampfbereitschaft.

Kinderkreuzzug, / Kreuzzüge.

Kinderkriminalität, die von Kindern begangenen, mit Strafe bedrohten Handlungen. In Dtl. sind Personen unter 14 Jahren strafunmündig, d. h., sie werden nicht strafrechtlich zur Verantwortung gezogen (ebenso in Österreich; anders in der Schweiz, wo eine beschränkte strafrechtl. Verantwortung ab dem 7. Lebensjahr beginnt). Der Anteil der K. (v. a. Diebstähle, Sachbeschädigung, Brandstiftung) an der Gesamtkriminalität wird mit etwa 6% angenommen; allerdings ist bei K. die Dunkelziffer bes. hoch.

Kinderkrippe, / Kindertagesstätte.

Kinderladen, / Kindergarten.

Kinderlähmung (spinale K., Poliomyelitis epidemica anterior acuta, kurz Polio, Heine-Medin-Krankheit), meldepflichtige, durch Tröpfchen- oder Kotinfektion übertragene akute Infektionskrankheit der grauen Rückenmarksubstanz, seltener des Gehirns mit (irreparablen) Lähmungen; Erreger sind die Poliomyelitisviren. Die Erkrankung befällt bes. Kinder. Die Inkubationszeit beträgt 7–14 Tage (bis 5 Wochen). Akute Erkrankungen und latente Infektionen hinterlassen lebenslängl. Immunität. Die K. beginnt uncharakteristisch (grippeartig) mit Fieber, Kopfschmerzen, Entzündung der Nasen-Rachen-Schleimhaut, trockenem Husten, häufig auch mit Gliederschmerzen oder mit Erbrechen und Durchfall. Nur in etwa 10–20% der Erkrankungsfälle kündigt sich die Beteiligung des Zentralnervensystems durch neurolog. Zeichen wie starke Kopfschmerzen, Nackensteifigkeit, Überempfindlichkeit der Haut, Muskelschmerzen und Muskelschwäche sowie durch Reflexübererregbarkeit und seitenungleiche Sehnenreflexe an. – Nach einem meist kurzen fieberfreien Intervall setzt plötzlich die paralyt. Phase (Lähmungsphase) mit schlaffen Lähmungen, bes. der Beine, ein. In der Reparationsphase bilden sich die Lähmungen allmählich mehr oder weniger zurück. Der endgültige Zustand (Wachstumshemmungen, Kontrakturen, Gelenkfehlstellungen) ist oft erst nach 1–2 Jahren erkennbar. Eine spezif. Behandlung ist nicht bekannt; wichtig ist die wirkungsvolle Vorbeugung durch Impfung (/ Impfkalender).

Kinderlastenausgleich, Maßnahmen, die auf eine Entlastung der Eltern von einem Teil ihrer Kinderkosten abzielen. Es wird begrifflich zw. dem K. i. e. S. (Maßnahmen, die auf das i. d. R. einkommenslose Kind als Individuum gerichtet sind) und dem K. i. w. S. oder **Familienlastenausgleich** (auf die Familie bezogene Maßnahmen) unterschieden. Zum K. gehören u. a.: a) direkte Einkommensübertragungen der öffentl. Hand (z. B. Kindergeld, Zuschläge, Zulagen); b) steuerl. Erleichterungen durch Freibeträge (z. B. Kinder-, Ausbildungsfreibetrag, Freibetrag für den Betreuungs- und Erziehungs- oder Ausbildungsbedarf), Abzüge von der Steuerschuld; c) verbilligte oder unentgeltl. öffentl. Sachleistungen (Kindergärten); d) Regelungen im Beitrags- und Leistungsrecht der gesetzl. Kranken-, Pflege-, Renten- und Unfallversicherung (z. B. Mutterschaftshilfe, Waisenrente). Das Kindergeld und der einkommensteuerl. Kinderfreibetrag (je Elternteil bei getrennt lebenden Eltern: ab 2002: 1824 €/Jahr; zusammen bei zur Einkommensteuer veranlagte Eltern: 3648 €/Jahr) sowie der Freibetrag für den Betreuungs- und Erziehungs- oder den Ausbildungsbedarf (ab 2002: 1080 €/Jahr bzw. 2160 €/Jahr) werden nicht mehr nebeneinander, sondern alternativ gewährt, bei der Steuerveranlagung wird im Nachhinein die günstigere Alternative berücksichtigt.

Kinderlieder (Kinderreime), textlich und musikalisch meist einfache Lieder, die Kindern vorgesungen werden oder die zum Aufsagen oder Singen für Kinder bestimmt sind, z. B. Wiegenlieder, Spottlieder, Lieder zu Ball- und Reigenspielen, Abzählreime.

Kinderpornographie, / Pornographie.

Kinderraub, veraltet für / Entziehung Minderjähriger.

Kinderrechtskonvention, Bez. für das 1990 in Kraft getretene »Übereinkommen der Vereinten Nationen über die Rechte des Kindes«, das von 191 Staaten ratifiziert wurde. Die K. beinhaltet den Schutz von Kindern und stellt die Nichtdiskriminierung, die Berücksichtigung des Wohles des Kindes und das Recht des Kindes auf Anhörung in allen es betreffenden Angelegenheiten in den Vordergrund. Um die in der K. genannten Bestimmungen zum Schutz der Kinder in bewaffneten Konflikten und vor sexueller Ausbeutung zu verbessern, wurden 2000 bei den Vereinten Nationen zwei Zusatzprotokolle zur Unterzeichnung ausgelegt. Das Zusatzprotokoll »Kinder in bewaffneten Konflikten« soll die Situation von / Kindersoldaten verbessern, das Zusatzprotokoll »Kinderhandel, Kinderprostitution und Kinderpornographie« soll bestimmte Tatbestände unter Strafe stellen und die internat. Zusammenarbeit bei der Bekämpfung und Strafverfolgung derartiger Delikte fördern.

Kindersoldaten, Bez. für Kinder und Jugendliche unter 18 Jahren, die für die Streitkräfte rekrutiert werden bzw. im Dienst von Regierungsarmeen oder Rebellenverbänden an Kriegen oder bewaffneten Konflikten teilnehmen. Nach UN-Schätzungen gibt es (2001) weltweit etwa 350 000 K. (darunter in Afrika rd. 200 000), die zumeist in diesen Dienst gezwungen und hauptsächlich als aktive Kämpfer, Kuriere sowie zur Minenräumung eingesetzt werden. Vielfach unter Drogen stehend, werden sie außerdem sexuell missbraucht. In den regulären Streitkräften der Staaten (z. B. Großbritannien) dienen Heranwachsende unter 18 Jahren hingegen freiwillig. Die / Kinderrechtskonvention der Vereinten Nationen schreibt u. a. für eine freiwillige Rekrutierung ein Mindestalter von 15 Jahren vor. Im Sept. 2000 wurde jedoch bei den Vereinten Nationen ein Zusatzprotokoll »Kinder in bewaffneten Konflikten« zur Unterzeichnung ausgelegt, das im Februar 2002 in Kraft trat. Das Protokoll sieht u. a. vor, das Mindestalter für die Rekrutierung und Teilnahme an Kampfhandlungen auf 18 Jahre, für die Rekrutierung auf freiwilliger Basis auf 16 Jahre anzuheben. Außerdem sind versch. Schutzbestimmungen einzuhalten.

Kindertagesstätte, Sammelbez. für Einrichtungen des pädagog. Elementarbereichs mit familienergänzender oder -unterstützender Zielsetzung, in denen Kinder versch. Altersstufen regelmäßig, z. T. ganztägig betreut werden. Die K. umfassen ↗ Kindergärten, **Kinderkrippen** (für Kinder bis zu drei Jahren), **kombinierte Tageseinrichtungen** (Kindergarten und Kinderkrippe) und **Kinderhorte** (für schulpflichtige Kinder; v. a. Kinder im Grundschulalter).

Kinder- und Jugendhilfe, die staatl. und sonstigen Maßnahmen zur sozialen Förderung von Kindern, Jugendlichen und jungen Erwachsenen, die von Jugendämtern und Landesjugendämtern sowie Verbänden und nicht staatl. Organisationen (Träger der freien Jugendhilfe) erbracht werden. Die K.- u. J. ist im Kinder- und Jugendhilfe-Ges. vom 26. 6. 1990 i. d. F. v. 8. 12. 1998 geregelt, das als achtes Buch in das Sozialgesetzbuch (SGB VIII) eingefügt wurde. Die Leistungen der K.- u. J. werden unterschieden in: a) allg. angebotene Hilfen und Einrichtungen, z. B. Jugendarbeit, Jugendsozialarbeit, erzieher. Kinder- und Jugendschutz, Förderung der Erziehung in der Familie, bes. von allein erziehenden Elternteilen, individuelle ↗ Erziehungshilfe, Hilfe bei Trennung und der Entscheidung über das Sorgerecht, und b) Hilfen für Einzelne (i. d. R. die Personensorgeberechtigten), z. B. Erziehungsberatung, Hilfe durch Erziehungsbeistände und Beratungshelfer, Erziehung im Heim oder in einer fremden Familie. Andere Aufgaben der K.- u. J. sind die Inobhutnahme von Kindern und Jugendlichen in Notfällen, die Mitwirkung in Verfahren vor dem Vormundschafts- und Familiengericht sowie vor dem Jugendgericht, Beratung und Unterstützung von Pflegern und Vormündern, Tätigkeit als ↗ Beistand. – In *Österreich* sind die Grundsätze über Mutterschafts-, Säuglings- und Jugendfürsorge im Jugendwohlfahrts-Ges. vom 15. 3. 1989 geregelt. In der *Schweiz* ist die Jugendfürsorge überwiegend Aufgabe der Kantone, die die Ausführung den Gemeinden übertragen.

Kinder- und Jugendliteratur, Sammelbez. für bildlich-literar. Werke, die von Kindern und Jugendlichen bevorzugt (gelesen) werden. Ältere Darstellungen beschränken den Begriff K.- u. J. auf die Bücher, die eigens für Kinder und Jugendliche geschrieben wurden.
Entwicklung: Schon in der grch. und röm. Antike gab es didakt. Bearbeitungen von Homers »Ilias«. Während des gesamten MA. dienten Äsops Fabeln als K.- u. J., speziell als Schullektüre. Seit dem 18. Jh., beginnend mit J. H. Campes Umarbeitung von D. Defoes »Robinson Crusoe« (1719), wurden v. a. erzählende Werke der Weltliteratur in speziellen Jugendausgaben verlegt, z. B. J. F. Coopers »Lederstrumpf«-Erzählungen, J. Swifts »Gullivers Reisen«, Cervantes' »Don Quijote«, Grimmelshausens »Simplicius Simplicissimus« und H. Melvilles »Moby Dick«. Viele Strömungen der K.- u. J. entstanden im 19. Jh.: W. Scott schuf mit »Ivanhoe« (1819) die bis heute beliebte Form der erzählten Geschichte; A. von Chamisso, E. T. A. Hoffmann und später H. C. Andersen führten die fantast. Erzählungen ein. Kindergedichte schrieben v. a. H. Hoffmann (»Struwwelpeter«) und A. H. Hoffmann von Fallersleben. Ebenfalls zu Beginn des 19. Jh. wurde durch die Romantiker die Volksliteratur für die K.- u. J. erschlossen; Kinderreime, Volkslieder, Märchen, Legenden, Volksbücher, Sagen, Schelmengeschichten (»Till Eulenspiegel«) wurden neu erzählt und illustriert. Später pflegten K. May u. a. den Wert der Exotik und Spannung. Zu Beginn des 20. Jh. wurde die Umwelterzählung entwickelt; kindl. Helden, die ihre Probleme selbst in die Hand nehmen, wurden in der deutschsprachigen K.- u. J. zum ersten Mal von F. Molnár (»Die Jungen der Paulstraße«, 1907) und E. Kästner (»Emil und die Detektive«, 1929) vorgestellt. Nach dem Zweiten Weltkrieg fanden die fantastisch-abenteuerliche utop. Erzählung, das jugendl. populärwiss. Sachbuch und der Comic weite Verbreitung. Zunehmende Bedeutung gewinnt das realistisch-zeitgemäße Problembuch mit bisher gemiedenen Themen wie Sexualität, Umweltschutz, Drogenprobleme, Jugendstrafvollzug, Behinderte, Rocker, Wohngemeinschaft, Jugendarbeitslosigkeit, Arbeitswelt und Probleme der Dritten Welt.
Förderung: Versch. private und staatl. Institutionen und Organisationen fördern anspruchsvolle K.- u. J. auf nat. und internat. Ebene, in Dtl. u. a. die Internat. Jugendbibliothek in München, der Arbeitskreis »Das gute Jugendbuch« e. V. im Börsenverein des Dt. Buchhandels und der Arbeitskreis für Jugendliteratur in München, der jährlich den vom Bundesministerium für Familie, Senioren, Frauen und Jugend gestifteten Dt. Jugendliteraturpreis vergibt. Dieser Arbeitskreis ist Mitgl. des Internat. Kuratoriums für das Jugendbuch (International Board on Books for Young People, IBBY) in Zürich; er verleiht alle zwei Jahre (seit 1956) die Hans-Christian-Andersen-Medaille, den wichtigsten internat. Jugendbuchpreis, seit 1966 auch an Illustratoren. Auf seine Anregung hin wird seit 1966 jährlich am 2. 4. (Geburtstag H. C. Andersens) der Internat. Kinderbuchtag begangen.

Kinder- und Jugendpsychiatrie (Pädopsychiatrie), eigenständiges Fachgebiet der Psychiatrie, das sich mit psych., psychosomat. und neurolog. Krankheiten von Kindern und Jugendlichen beschäftigt.

Kinder- und Jugendpsychologie, Teilbereiche der Entwicklungspsychologie, die sich mit der Eigenart und Entwicklung des kindl. Erlebens und Verhaltens und der geistigen Fähigkeiten (Sprache, Denken, Gedächtnis) des Kindes, dem Einfluss von Erziehung, Milieu und Umwelt sowie den entwicklungs- und persönlichkeits-, sexual- und sozialpsycholog. Aspekten der Pubertät und Adoleszenz beschäftigen.

Kindes|annahme, die ↗ Annahme als Kind.

Kindes|entziehung (früher Kinderraub), ↗ Entziehung Minderjähriger.

Kindesmisshandlung (eigtl. Misshandlung von Schutzbefohlenen), schwere Form der ↗ Körperverletzung nach § 225 StGB (Freiheitsstrafen von sechs Monaten bis zu zehn Jahren). Geschützt sind u. a. Personen unter 18 Jahren, die von Fürsorge- oder Obhutspflichtigen gequält, roh misshandelt oder böswillig vernachlässigt werden. Zur K. i. w. S. zählen auch die **Kindesvernachlässigung** – Gefährdung des körperl. und sittl. Wohls eines Kindes (unter 16 Jahren) durch gröbl. Vernachlässigung der Fürsorgepflichten (§ 171 StGB) – und der **sexuelle Missbrauch von Schutzbefohlenen und von Kindern** (§§ 174, 176 StGB). – Ähnl. Strafvorschriften zum Schutz von Kindern haben *Österreich* (§§ 92 ff., 197, 199, 206 ff., 212 StGB) und die *Schweiz* (Art. 123 ff., 187 ff. StGB).

Kindestötung, zum 1. 4. 1998 aufgehobener Straftatbestand, der die vorsätzl. Tötung eines nichtehel. Kindes durch die Mutter bei oder gleich nach der Geburt erfasste; regelte eine Strafmilderung im Vergleich zur Tötung eines ehel. Kindes (§ 217 StGB alter Fassung). K. fällt nunmehr unter die allgemeinen Strafbestimmungen für ⁄ Totschlag. – Das *österr.* (§ 79 StGB) und das *schweizer.* Strafrecht (Art. 116 StGB) behandeln ebenfalls die Tötung eines ehel. oder nichtehel. Kindes bei der Geburt gleich.

Kindes|unterschiebung, ⁄ Personenstandsfälschung.

Kindi, Jakub Ibn Ishak al-K., arab. Philosoph, * Basra um 800, † Bagdad nach 870; Übersetzer und Kommentator des Aristoteles, suchte als erster arab. Philosoph die aristotelisch-neuplaton. Philosophie mit dem Islam zu verbinden.

Kindsbewegungen, fühlbare, z. T. sichtbare Bewegungen des Kindes im Mutterleib; werden von der Schwangeren erstmals um die 20. Schwangerschaftswoche wahrgenommen.

Kindschaftsrecht, die Regelungen des BGB, die die rechtl. Stellung des Kindes betreffen, bes. Abstammungs-, Sorge-, Umgangs-, Namens-, Adoptions- und Unterhaltsrecht; auch das damit zusammenhängende Recht des gerichtl. Verfahrens. Eine völlige Neuordnung des K. wurde durch das K.-Reformgesetz vom 16. 12. 1997, in Kraft seit 1. 7. 1998, bewirkt (⁄ nichteheliche Kinder).

Kindschaftssachen, Rechtsstreitigkeiten bezüglich 1) Feststellung, ob zw. den Parteien ein Eltern-Kind-Verhältnis besteht, auch Feststellung der Wirksamkeit oder Unwirksamkeit einer Vaterschaftsanerkennung, 2) Anfechtung der Vaterschaft, 3) Feststellung, dass der einen Partei über die andere die elterl. Sorge zu- oder nicht zusteht (§§ 640–641 i ZPO).; nicht Streitigkeiten über die Unterhaltspflicht.

Kindspech (Mekonium), klebrige, schwarzgrüne Stuhlentleerung des Neugeborenen während der ersten beiden Lebenstage; besteht u. a. aus verschlucktem, eingedicktem Fruchtwasser, Schleim, Wollhaaren.

Kinefilm, der in der Kinematographie und bes. in der Kleinbildfotografie verwendete 35 mm breite, beidseitig perforierte Film.

Kinegram®, ⁄ optisch variables Grafiksystem.

Kinemathek [grch.] *die* (Cinemathek, Filmothek), (wissenschaftl.) Samml. von Filmen, Filmliteratur, Drehbüchern. (⁄ Filmarchiv).

Kinematik [grch.] *die* (Bewegungslehre), die Untersuchung und Beschreibung von Bewegungen (Bahnkurve, Geschwindigkeit, Beschleunigung) der Körper ohne Berücksichtigung der sie verursachenden Kräfte (im Unterschied zur Dynamik und zur Kinetik). – In der Technik ist die K. ein wichtiger Teil der Getriebelehre.

Kinematographie [grch.] *die,* Gesamtheit der Verfahren zur (fotograf.) Aufnahme und Wiedergabe von Bewegungsabläufen; innerhalb der Filmtechnik Sammelbegriff für die physiolog., opt. und gerätetechn. Grundlagen der Aufnahme und Wiedergabe von (Ton)-Filmen.

Kinetik [grch., zu kineîn »bewegen«] *die,* 1) *Chemie:* ⁄ Reaktionskinetik.

2) *Physik:* Teilgebiet der klass. Mechanik; Lehre von den Bewegungen der Körper unter dem Einfluss innerer oder äußerer Kräfte.

kinetische Energie, die Bewegungsenergie (⁄ Energie).

kinetische Gastheorie, Teilgebiet der statist. Mechanik, das die Gesetzmäßigkeiten und makroskop. Eigenschaften eines Gases, wie Druck, Volumen, Wärmeleitung, innere Reibung und Diffusion, aus der Bewegung seiner Moleküle ableitet. In der Modellvorstellung der k. G. betrachtet man die Atome und Moleküle eines Gases als Massenpunkte, die sich in ständiger regelloser, nur statistisch erfassbarer Bewegung befinden sowie untereinander und auf die Gefäßwand nur elast. Stöße ausüben. Auf der Grundlage dieses Modells des idealen ⁄ Gases folgt u. a. der Zusammenhang zw. absoluter Temperatur T und der mittleren kinet. Energie der Moleküle: $W_{\text{kin}} = \tfrac{3}{2}kT$ (k Boltzmann-Konstante).

Die k. G. wurde 1738 von D. Bernoulli begründet und 1856–68 von A. Krönig, R. Clausius, C. Maxwell und L. Boltzmann weiter ausgebaut. Sie trug wesentlich zur Anerkennung der wiss. Atomtheorie bei.

kinetische Kunst: Jean Tinguely, »Balouba No. 3« (1961; Köln, Sammlung Ludwig)

kinetische Kunst, Richtung der zeitgenöss. Kunst, die die Bewegung an sich zum Gestaltungsprinzip erhebt; durch bewegte Objekte (mittels Magnetismus, Elektroenergie u. Ä.) wird ein optisch variiertes Erscheinungsbild erzeugt; werden Lichtspiele und -spiegelungen einbezogen, entsteht **kinet. Lichtkunst.** Anregungen lieferte der »Dynamismus« der Futuristen sowie v. a. der ⁄ Konstruktivismus (A. Rodtschenko, N. Gabo, L. Moholy-Nagy). Zahlr. Vertreter, u. a. A. Calder, L. Nussberg, G. Rickey, N. Schöffer, W. Takis, J. Tinguely; dt. Vertreter sind u. a. H. Mack, G. Uecker, H. Goepfert, H. Kramer, A. Luther.

Kinetosen [grch.] (Bewegungskrankheiten), bei Mensch und Tier auftretende Störungen in den Funktionen des vegetativen Nervensystems, verbunden mit Schweißausbruch, Schwindelgefühl, Übelkeit, Erbrechen. K. werden durch andauernde Bewegungen, z. B. Schlingern eines Schiffes, hervorgerufen. Sie beruhen auf Übererregung von Teilen des Gleichgewichtsorgans und der vegetativen Zentren im Stammhirn. Sie treten v. a. als Reisekrankheit (Auto-, Eisenbahn-, Luft-, Seekrankheit) auf. Vorbeugend wirken beruhigende und brechreizhemmende Arzneimittel.

Martin Luther King

Ben Kingsley

Gottfried Kinkel

King [kɪŋ], **1)** James, amerikan. Sänger (Heldentenor), * Dodge City (Kans.) 22. 5. 1928; trat an den führenden Opernbühnen der Welt (u. a. Wiener Staatsoper, Metropolitan Opera in New York, Mailänder Scala) sowie bei Festspielen (Salzburg, Bayreuth) auf.

2) Martin Luther, amerikan. Theologe, Baptistenpfarrer und Bürgerrechtler, * Atlanta (Ga.) 15. 1. 1929, † (ermordet) Memphis (Tenn.) 4. 4. 1968; seit Mitte der 1950er-Jahre in der Bürgerrechtsbewegung der USA aktiv, war ab 1957 Vors. der Bewegung für den gewaltlosen Widerstand gegen Diskriminierung und Rassenhetze »Southern Christian Leadership Conference« (SCLC). Anlässlich eines Demonstrationszuges nach Washington forderte er am 28. 8. 1963 unter dem Leitwort »I have a dream« eine freie und zugleich auf Gleichheit beruhende Gesellschaft. K. war mehrfach inhaftiert. 1964 erhielt er den Friedensnobelpreis. Nach mehreren erfolglosen Mordanschlägen fiel er einem Attentat zum Opfer.

3) Philipp, brit. Bildhauer, * Kheredine (bei Karthago, Tunesien) 1. 5. 1934; war einer der ersten Bildhauer, die mit Kunststoff und Fiberglas arbeiteten. In mehrteiligen geometr. Konstruktionen betont er die Beziehungen von Farbe, Raum und Licht.

4) Stephen, amerikan. Schriftsteller, * Portland (Me.) 21. 9. 1947; schildert in seinen fantast. Horrorgeschichten, mit denen er große Popularität erlangte, bizarre Einbrüche des Übernatürlichen in ein psychologisch genau ausgeleuchtetes Milieu; K.s bislang letzte Erzählung »Riding the Bullet« (2000) wird nur über das Internet veröffentlicht. – *Weitere Werke: Romane:* Carrie (1974); Friedhof der Kuscheltiere (1983); Es (1986); Sie (1987); Die grüne Meile (1996).

5) William Lyon Mackenzie, kanad. Politiker, * Berlin (heute zu Kitchener, Ontario) 17. 12. 1874, † Kingsmere (bei Ottawa) 22. 7. 1950; 1919–48 Führer der Liberalen Partei, war 1921–26, 1926–30 und 1935–48 Premierinin. Er erreichte die Unabhängigkeit Kanadas von Großbritannien.

Kingisepp, 1952–88 Name der estn. Stadt ↗ Kuressaare.

King Kong, Gestalt des Horrorfilms »K. K. und die weiße Frau« (1933) von E. B. Schoedsack und M. C. Cooper, dem weitere K.-K.-Filme folgten. K. K., ein Riesenaffe, liebt und entführt eine Frau, was schließlich zu seiner Vernichtung führt.

Kingsley [ˈkɪŋzlɪ], **1)** Ben, eigtl. Krishna Bhanji, brit. Schauspieler ind. Abstammung, * Snainton (Cty. North Yorkshire) 31. 12. 1943; 1970–80 Mitgl. der Royal Shakespeare Company; auch vielseitiger Charakterdarsteller beim Film, v. a. mit der Verkörperung histor. Gestalten (»Gandhi«, 1982). – *Weitere Filme:* Schindlers Liste (1993); Der Tod und das Mädchen (1995); Moses (1996); Sexy Beast (2000).

2) Charles, engl. Schriftsteller, * Holne (Cty. Devon) 12. 6. 1819, † Eversley (Cty. Hampshire) 23. 1. 1875; führendes Mitgl. der christlich-sozialen Bewegung, schrieb u. a. den kultur- und religionsgeschichtl. Roman »Hypatia« (1853).

Kingston [ˈkɪŋstən], **1)** Hptst. und Haupthafen von Jamaika, 103 000 Ew. (als Metropolitan Area 692 700 Ew.); Erzbischofssitz; Univ.; botan. und zool. Garten; Stahlwerk, Erdölraffinerie, Herstellung von Pharmazeutika, Elektrogeräten u. a.; internat. Flughafen. – K. wurde 1692 gegründet; nach Erdbeben von 1907 wieder aufgebaut.

2) Hafenstadt in der Prov. Ontario, Kanada, am Ontariosee; 55 000 Ew.; Erzbischofssitz; Univ., Militärakademie; Lokomotivenbau u. a. Industrie.

Kingston upon Hull [ˈkɪŋstən əˈpɒn ˈhʌl] (Hull), Hafenstadt in O-England, an der Mündung des Hull in den Humber, 310 600 Ew.; Univ.; Schifffahrtsmuseum; Handelshafen mit Fährverkehr nach Rotterdam und Zeebrugge; bed. Fischereihafen; Fischverarbeitung, Mühlen, Ölpressen, Fahrzeugbau, Farben-, Metall-, Druckind.; bei K. u. H. die 2 200 m lange Hängebrücke über den Humber. – Kirche Holy Trinity (14./15. Jh.).

Kingston upon Thames [ˈkɪŋstən əˈpɒn ˈtɛmz], London Borough (seit 1965) im SW von Greater London, 141 800 Ew.; war die Krönungsstadt der angelsächs. Könige.

Kingtehchen, Stadt in China, ↗ Jingdezhen.

Kinine, 1) *Botanik:* Gruppe von Phytohormonen, die die Zellteilung fördern und eine Stimulierung des pflanzl. Stoffwechsels bewirken.

2) *Physiologie:* zu den Gewebehormonen zählende Substanzen, die stark gefäßerweiternd wirken, die Permeabilität der Kapillaren steigern sowie eine Kontraktion der glatten Muskulatur verursachen. K. werden aus Vorstufen, den Kininogenen, durch die Protease ↗ Kallikrein freigesetzt; hierbei entsteht zuerst das aus 10 Aminosäuren bestehende **Kallidin,** das zu ↗ Bradykinin weiter abgebaut werden kann.

Kinkel, 1) Gottfried, Schriftsteller, * Oberkassel (heute zu Bonn) 11. 8. 1815, † Zürich 13. 11. 1882; ab 1846 Prof. für Kunst- und Kulturgesch. in Bonn, wegen Beteiligung am pfälzisch-bad. Aufstand 1849 zu lebenslängl. Festungsstrafe verurteilt, 1850 von C. Schurz befreit, floh nach England, wurde 1866 Prof. in Zürich; Verserzählung (»Otto der Schütz«, 1846), »Selbstbiographie 1838–48« (hg. 1931).

2) Klaus, Politiker, * Metzingen 17. 12. 1936; Jurist, 1979–82 Präs. des BND, 1982–90 Staatssekr. im Justizministerium, 1991–92 Bundesmin. der Justiz, seit 1991 Mitgl. der FDP, 1993–95 deren Vors., war 1992–98 Außenmin., 1993–98 auch Vizekanzler.

3) Tanja, Schriftstellerin, * Bamberg 27. 9. 1969; ihre histor. Romane illustrieren in gut recherchierter Handlung meist Ereignisse aus MA. und Renaissance: u. a. »Die Löwin von Aquitanien« (1991), »Die Puppenspieler« (1993), »Die Schatten von La Rochelle« (1996); in »Die Söhne der Wölfin« (2000) wandte sie sich der Antike zu; veröffentlicht auch Kinderbücher.

Kinn (Mentum), mittlerer, mehr oder weniger stark hervortretender Abschnitt des Unterkiefers beim Menschen; fehlt bei Affen und fossilen früheren Menschenformen.

Kinnock [ˈkɪnək], Neil Gordon, brit. Politiker, * Tredegar (Wales) 28. 3. 1942; 1970–95 Mitgl. des Unterhauses. Urspr. zum linken Parteiflügel gehörend, setzte er als Führer der Labour Party (1983–92) in dieser eine gemäßigte polit. Linie durch. 1995 wurde K. Mitgl. der Europ. Kommission (bis 1999 zuständig für Transport- und Verkehrsfragen, seitdem für Verw.reform), 1999 Vizepräs. der Kommission.

Kino [Kw. für **Kin**ematograph] *das,* **1)** Gebäude oder Raum zur Vorführung von Filmen, Lichtspieltheater; **2)** die Filmvorführung selbst; **3)** Film als Medium.

Kinsey [ˈkɪnzɪ], Alfred Charles, amerikan. Zoologe und Sexualforscher, * Hoboken (N. J.) 23. 6. 1894, † Bloomington (Ind.) 25. 8. 1956. Unter seiner Leitung entstand der **K.-Report,** eine durch Befragung von rd. 20 000 Amerikanern ermittelte und statistisch ausgewertete Datensamml. über das geschlechtl. Verhalten des Menschen.

Kinshasa [kɪnˈʃaːza] (bis 1966 Léopoldville), Hptst. der Demokrat. Rep. Kongo, am linken Ufer des unteren Kongo, am Ende des Stanleypool, 6,07 Mio. Ew.; Verw.-, Wirtschafts- und Kulturzentrum des Landes, kath. Erzbischofssitz, Univ., Kunstakademie, Nationalmuseum, botan. Garten; Nahrungsmittel-, Textil-, Metallind., internat. Flughafen; Hauptumschlagplatz zw. Kongoschifffahrt und Bahn zum Hafen Matadi (mit Erdölraffinerie). – 1881 gegr., war ab 1923 Hptst. von Belgisch-Kongo.

Kinski, 1) Klaus, eigtl. Nikolaus Günther Nakszynski, Bühnen- und Filmschauspieler poln. Herkunft, *Zoppot 18. 10. 1926, †Lagunitas (Calif.) 23. 11. 1991, Vater von 2); verkörperte oft das Böse, Dämonische oder Übersteigerte, z. B. in Edgar-Wallace-Filmen, Italowestern sowie Filmen von W. Herzog; auch Rezitator. – *Filme:* Aguirre, der Zorn Gottes (1973); Nosferatu – Phantom der Nacht (1979); Woyzeck (1979); Fitzcarraldo (1982); Cobra Verde (1987); Paganini (1988).
2) Nastassja, Filmschauspielerin, *Berlin (West) 24. 1. 1961, Tochter von 1); spielte u. a. in »Reifezeugnis« (Fernsehfilm, 1977), »Tess« (1979), »Katzenmenschen« (1981), »Frühlingssinfonie« (1982), »Paris, Texas« (1984), »Harem« (1985).

Kintatal (engl. Kinta Valley), Kegelkarstlandschaft in Westmalaysia, im Bundesstaat Perak, eine der reichsten Zinnerzlagerstätten der Erde.

Kinyaruanda, Bantusprache, gesprochen in Ruanda und in angrenzenden Gebieten der Demokrat. Rep. Kongo und Ugandas; weicht vom **Rundi,** der Amtssprache von Burundi, nur mundartlich ab.

Kinzig *die,* **1)** rechter Nebenfluss des Mains, in Hessen, 82 km lang, entspringt bei Schlüchtern, durchfließt die Wetterau, mündet bei Hanau.
2) rechter Nebenfluss des Rheins, in Bad.-Württ., 95 km lang, entspringt bei Freudenstadt, durchquert den Schwarzwald, mündet unterhalb von Kehl.

Kiosk [auch -'ɔsk, türk.] *der,* **1)** *allg.:* Verkaufsstand u. a. für Zeitungen und Zeitschriften.
2) in der islam. Baukunst ein pavillonähnl. Bau.

Kioto, Stadt und Verw.gebiet in Japan, / Kyōto.

Kiowa [ˈkaɪɔwa:], Stamm der / Prärie- und Plains-Indianer in SW-Oklahoma, USA. Die etwa 9400 K. leben in dem Gebiet ihrer aufgelösten Reservation.

Kip *der,* Währungseinheit in Laos.

Kipling, Rudyard, engl. Schriftsteller, *Bombay 30. 12. 1865, †London 18. 1. 1936; lebte bis 1872 sowie ab 1892 in Indien, ab 1902 in England; Meister der Kurzgeschichte; Höhepunkte seiner v. a. das Indien der Kolonialzeit beschreibenden Erzählungen sind die Tiergeschichten seiner »Dschungelbücher« (1894, 1895) und der farbenprächtige Roman »Kim« (1901); schrieb auch Lyrik, v. a. Balladen, eine Autobiografie und Reisebeschreibungen. 1907 Nobelpreis für Literatur.

Kippah [hebr. »Kappe«] *die* (Kippa, poln.-jidd. Jarmulke), die flache kappenförmige Kopfbedeckung der Juden (»Judenkäppchen«), die in der Synagoge, auf dem Friedhof und (von frommen Juden) zu Hause zur Sabbatfeier (deshalb auch **Schabbes** oder **Schebbes** gen.) getragen wird.

Kipp-Apparat [nach dem niederländ. Apotheker Petrus Jacobus Kipp, *1808, †1864] (Kipp-Gasentwickler), gläsernes Laborgerät zur Entwicklung von Gasen durch Umsetzung von Feststoffen mit Flüssigkeiten, z. B. zur Gewinnung von Wasserstoff aus Zink und verdünnter Schwefelsäure mit wenigen Tropfen Kupfersulfatlösung.

Kippe, *Geräteturnen:* Grundübung an Reck, Barren, Ringen und im Bodenturnen; stoßartige, aus gebeugtem Körper (Kipplage) nach oben vorwärts gerichtete Bewegung, die durch den Kippstoß den Körper in eine höhere Position führt.

Kippenberg, Anton, Verleger, *Bremen 22. 5. 1874, †Luzern 21. 9. 1950; wurde 1905 Leiter des Insel-Verlags in Leipzig; schuf die größte private Goethe-Sammlung (seit 1953 im Goethe-Museum, Düsseldorf); 1938–50 Präs. der Goethe-Gesellschaft.

Kippenberger, Martin, Künstler, *Dortmund 25. 2. 1953, †Wien 7. 3. 1997; zählt als Maler zum Kreis der / Neuen Wilden; setzte sich in seinen Werkserien mit der Mythenbildung in Alltag und Kunst auseinander. Seit Mitte der 1980er-Jahre auch Bücher (Zeichnungen), in denen er sich – sich selbst beobachtend – in absurd-zyn. Weise mit seiner Imaginationswelt und seinem künstler. Tun beschäftigte.

Kipper und Wipper [von niederdt. kippen »abschneiden« und wippen »wägen«], Geldfälscher während der Inflation in Dtl. von 1618 bis 1622/23 (**Kipper-und-Wipper-Zeit),** die vollwertige Münzen gegen unterwertige aufkauften und durch Abkippen der Ränder und ungenauen Gebrauch der Goldwaage weitere untergewichtige Münzen in den Verkehr brachten. Rüstungsausgaben und Soldzahlungen bei Ausbruch des Dreißigjährigen Krieges veranlassten nicht nur illegale Münzstätten (/ Heckenmünze), sondern auch die großen Münzstände des Hl. Röm. Reiches bis hin zum Kaiser, ebenfalls unterwertige kleine Sorten auszuprägen.

Kippfiguren, *Wahrnehmungspsychologie:* / Umspringbilder.

Kippflügelflugzeug, ein / Senkrechtstarter.

Kipphardt, Heinar, Schriftsteller, *Heidersdorf (Schlesien) 8. 3. 1922, †München 18. 11. 1982; war 1950–59 Chefdramaturg am Dt. Theater in Berlin (Ost), 1959 Übersiedlung in die Bundesrep. Dtl.; schrieb z. T. dokumentarische Dramen: »Der Hund des Generals« (1963), »In der Sache J. Robert Oppenheimer« (1964), »Joel Brand« (1965), »Bruder Eichmann« (hg. 1983), Erzählungen, den Roman »März« (1976, dramatisiert 1980) sowie »Traumprotokolle« (1981).

Kippmoment, das maximale Drehmoment, das eine mit Nennfrequenz und -spannung gespeiste elektr. Wechselstrommaschine bei langsamer Steigerung der Belastung erreichen kann. Wird das K. überschritten, kommt es zu einem Drehmomentenabfall und bei Motorbetrieb zu einem Absinken der Drehzahl, im Generatorbetrieb zu einem spontanen, unzulässigen Drehzahlanstieg.

Kippregel, *Vermessungskunde:* bei der Messtischaufnahme (/ Messtisch) benutztes kippbares Fernrohr mit Distanzmessfäden und Höhenkreis, das über eine tragende Säule mit der als Zeichenlineal ausgebildeten Grundplatte verbunden ist.

Kippschaltung (Kippstufe), elektron. Schaltung, bei der sich das Ausgangssignal sprunghaft oder nach einer bestimmten Zeit zw. zwei Werten ändert. Die Änderung (Kippen) kann durch die Schaltung selbst oder durch ein Auslösesignal erfolgen. Die **bistabile K.** besitzt zwei stabile Ausgangszustände, wobei der jeweilige Zustand auch nach Wegnahme der Eingangssignale bis zur nächsten Umschaltung erhalten bleibt; sie dient u. a. der Speicherung von Informationen. Beim / Flipflop (bistabiler Multivibrator) genügt dazu ein kurzer Impuls, während beim Schmitt-Trigger ein andauerndes Signal erforderlich ist. Die **monostabile K.** (Monoflop, monostabiler Multivibrator, Univibrator, Zeitschalter) ist eine Digitalschaltung, bei der ein Eingangsimpuls den Ausgang vom stabilen in den nichtstabilen Zustand schaltet. Nach einer bestimmten Zeit kehrt die monosta-

Klaus Kinski

Nastassja Kinski

Rudyard Kipling, Foto um 1900

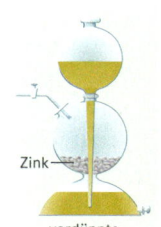

Kipp-Apparat

Heinar Kipphardt

Kipp — Kippschwingung

bile K. selbsttätig in den stabilen Zustand zurück; sie wird z. B. als Impulsgeber in Zeitschaltern oder Frequenzteilern verwendet. Die **astabile K.** (astabiler ↗ Multivibrator) wird in der Impulstechnik als Rechteckspannungsgenerator verwendet, wobei ihre Frequenz durch ↗ RC-Glieder bestimmt wird. – Als K. werden auch solche Anordnungen bezeichnet, die sägezahnförmige Kippschwingungen liefern.

Kippschwingung, elektr. Schwingung, die auf periodisch sich wiederholenden Ausgleichsvorgängen in ↗ Kippschaltungen beruht und deren zeitl. Verlauf oder dessen Ableitung einen Sprung oder Knick aufweist. Unter K. wird v. a. die Sägezahnschwingung verstanden, verwendet als Zeitablenkspannung oder -strom für die Horizontalablenkung des Elektronenstrahls in Bild- und Oszilloskopröhren.

Kippstufe, die ↗ Kippschaltung.

Kiprenski, Orest Adamowitsch, russ. Maler, *Gut Neschinskaja (bei Sankt Petersburg) 24. 3. 1782, †Rom 17. 10. 1836; bed. Porträtist, auch Historien- und Genrebilder.

Kiptschak, türk. Volksgruppe, die im MA. im Gebiet von Aralsee, Kasp. Meer und Schwarzem Meer lebte; ihren westl. Zweig bildeten die ↗ Kumanen.

Kir [nach dem Bürgermeister von Dijon, Félix Kir, *1876, †1968] der, alkohol. Mixgetränk aus weißem Burgunder und Cassislikör; **K. royal** wird mit Champagner statt mit Wein bereitet.

Kirch, Leo, Medienunternehmer, *Würzburg 21. 10. 1926; Studium der Betriebswirtschaft und Mathematik; gründete 1955 die erste Firma zur Verwertung von Filmrechten (»Sirius-Film GmbH«) und 1956 die ↗ KirchGruppe, die über den Filmhandel hinaus früh in Film- und Fernsehproduktion, Synchronisation, Merchandising und kommerzielle Fernsehsender investierte, 2002 aber Insolvenz anmeldete.

Kirchbach, Hans-Peter von, General, *Weimar 3. 8. 1941; Eintritt in die Bundeswehr 1960; nach Generalstabsausbildung, Dienst in der Truppe und in Führungsstäben war er 1999–2000 Generalinspekteur der Bundeswehr; danach in den einstweiligen Ruhestand versetzt.

Kirchdorf an der Krems, Bez.-Hptst. im oberen Kremstal, OÖ, 4 000 Ew.; Zementwerke, Herstellung landwirtsch. Maschinen, Waagen, Keramikwaren. – Wurde 1437 Marktort.

Kirche [zu grch. kyriakón »das zum Herrn (grch. kýrios) gehörige (Haus)«] (Ecclesia), Ort der öffentl. Versammlung der christl. Gemeinde; später Bez. des Gebäudes, in dem sich Christen zum Gottesdienst versammeln; *religionssoziologisch* die christl. Religionsgemeinschaften, deren theolog. Lehrgrundlage (im Unterschied zu den ↗ Sekten) die christl. Glaubenslehre in ihrer Gesamtheit ist. – Begründung der K. *im theolog. Sinn* ist das in Apg. 2 geschilderte Pfingstwunder (↗ Pfingsten), das sie als vom Hl. Geist gestiftet ausweist; als *geschichtl. Größe* begegnet sie erstmals in der ↗ Urgemeinde von Jerusalem. Zu einer K.-Bildung im Sinn eines zentral organisierten Verbandes christl. Gemeinden kam es im 2. Jh. durch Zusammenschluss der Einzelgemeinden im Röm. Reich zur (früh)kath. K. und Festlegung der für alle verbindlichen »Normen der Orthodoxie« (einheitl. Taufbekenntnis, ↗ Kanon des N. T., apostol. Bischofsamt). Cyprianus von Karthago begründete als erster Theologe eine Lehre von der Einheit der K. Die kath. Theologie sieht in der K. das Volk Gottes; als solches ist K. die vom Hl. Geist gestiftete Gemeinschaft der Heiligen, vereint unter dem gleichen Bekenntnis, den gleichen Sakramenten und der in der apostol. Nachfolge stehenden Hierarchie. Die orth. Theologie begreift K. v. a. als (mystischen) Leib Christi, der sich in der zeitl. irdischen K., die Abbild der ewigen himml. K. ist, in Raum und Zeit entfaltet. Für luther. Verständnis ist K. »die Versammlung der Gläubigen, in der das Evangelium unverfälscht verkündet und die Sakramente (Taufe und Abendmahl) in rechter Weise verwaltet werden« (↗ Augsburgische Konfession). Für die ref. K. und die Freikirchen ist – in der Tradition des N. T. – die um Wort und Sakrament versammelte Gemeinde K. im vollgültigen Sinn.

Kirche Augsburgischer Konfession von Elsass und Lothringen (frz. Église de la Confession d'Augsbourg d'Alsace et de Lorraine), luth. Kirche in Frankreich; entstanden 1802 als Zusammenschluss versch. luth. Kirchen in Elsass und Lothringen. Heute (2003) mit rd. 218 000 Mitgl. in 206 Gemeinden die größte luth. und zweitgrößte (nach der ↗ Reformierten Kirche Frankreichs) prot. Kirche Frankreichs. Sitz des Direktoriums und des Präs.: Straßburg.

Kirchen|ältester, ↗ Presbyter.

Kirchen|amt, in der *kath. Kirche* ein auf Dauer eingerichteter kirchl. Dienst mit bestimmten Aufgaben, der nach kirchl. Recht von der zuständigen Autorität (Bischof) übertragen wird, in den *evang. Kirchen* im ursprünglich reformator. Verständnis das geistl. Amt der Wortverkündigung und Sakramentsverwaltung.

Kirchen|asyl, ↗ Asylrecht.

Kirchenaustritte in Deutschland (1991–2001)		
Jahr	katholische Kirche	evangelische Landeskirchen
1991	167 900	320 000
1992	192 700	361 000
1993	154 000	285 000
1994	155 800	290 000
1995	168 200	298 000*)
1996	133 000	225 600
1997	123 800	196 600
1998	119 200	182 700
1999	129 000	191 000
2000	129 500	188 600
2001	113 700	171 800

*) einschließlich Übertritte zu anderen christlichen Kirchen.

Kirchen|austritt, rechtl. Trennung des Kirchenmitgl. von der Kirche durch eine Erklärung vor dem Amtsgericht oder Standesamt.

Kirchenbann, frühere Bez. für ↗ Exkommunikation.

Kirchenbau, dem Gottesdienst bzw. der Kultausübung dienender Bau. Man unterscheidet nach Funktion und Rang Bischofskirchen (Dom oder Münster, Kathedrale), Pfarr-, Kloster-, Wallfahrts-, Taufkirchen, Kapellen, Oratorien u. a. Der K. hat seine Hauptformen der Spätantike entlehnt. Wichtigste Grundrissform ist ein gerichteter **Langbau** (↗ Ostung), ein- oder mehrschiffig, mit meist hervortretendem Chor (meist im Osten). Er wird häufig durch ein oder zwei Querhäuser (mit Chor) bereichert; dazu treten Türme oder Turmgruppen (Ein- und Zweiturmfassaden, Vierungstürme) sowie Vorhallen, Unterkirchen und Krypten. Der über diesem Grundriss errichtete Baukörper ist entweder eine Saalkirche, eine ↗ Basilika oder eine ↗ Hallenkirche. Der Grundriss des zweiten Haupttypus, des **Zentralbaus,** zeigt einen beherrschenden zentralen Raum, um den sich Teilräume gleichmäßig gruppieren. Der mitunter mehrgeschossige Aufbau ist oft von einer Kuppel geschlossen. Daneben bestehen Kombinationen aus den beiden Haupttypen; bes. im Barock gelang die Verschmelzung von Langhaus und Zentralraum. Der K. der Gegenwart hat außer zahlr. Varianten der histor. Bautypen auch Trapez- und Parabelformen in den Grundriss aufgenommen sowie stumpfwinklig aneinander stoßende Formen und Kreissegmente damit verbunden. Im Extremfall sind geometr. Grundformen aufgegeben (z. B. Ronchamp). Ebenso vielgestaltig ist der Aufbau, wobei häufig die traditionellen Fenster durch Fensterbänder, Glas- oder Betonglaswände ersetzt sind.

Kirchenbeiträge, österr. Form der ↗ Kirchensteuer.

Kirchenbücher, in den evang. und kath. Gemeinden geführte Register der Taufen, Konfirmationen, Firmungen, Trauungen und Todesfälle; in Dtl. seit dem 16. Jh. allg. vorgeschrieben.

Kirchenburg, ↗ Wehrkirchen.

Kirchengebote, *kath. Kirche:* i. w. S. alle Normen des Kirchenrechts, i. e. S. die fünf K.: Feiertagsheiligung, Messbesuch, Einhaltung der Fasttage, jährl. Beichte und Osterkommunion.

Kirchengemeinde, ↗ Gemeinde.

Kirchengeschichte, 1) die in der Jerusalemer ↗ Urgemeinde ihren Anfang nehmende geschichtl. Entwicklung der christl. Kirchen.
2) theolog. Teildisziplin oder histor. Hilfswiss. der Theologie, die sich wiss. mit 1) beschäftigt; Einzeldisziplinen sind u. a. Frömmigkeits-, Papst-, Reformations-, Missionsgeschichte, K. der einzelnen Länder.

Kirchengeschichtsschreibung, die schriftl. Darstellung der Kirchengeschichte; theologisch verstanden als Darstellung der Wirkungen des Evangeliums in den jeweils konkreten gesellschaftl., polit. und kulturellen Zusammenhängen der Zeit. In der frühen Kirche unkritisch und im Wesentlichen apologetisch, nach der Reformation im Sinne des Konfessionalismus of polem. Charakters, ist die heutige K. meist um krit. (aus kirchl. Sicht selbstkrit.) Reflexion der histor. Entwicklung der Kirchen bemüht. Erste Ansätze zu einer K. finden sich bereits in der Apostelgeschichte des N. T.; die eigentl. K. beginnt mit ↗ Eusebios von Caesarea. Seine bis 324 reichende Kirchengeschichte (»Historia Ekklesiastike«) bildete im Jt. lang die Grundlage jegl. K. Das für die luth. K. grundlegende Werk entstand unter M. Flacius mit den »Magdeburger Zenturien« (1559–74), dem auf kath. Seite Cäsar Baronius (* 1538, † 1607) die »Annales ecclesiasticae« (1588 bis 1605) entgegensetzte. Grundlegend für die K. des Pietismus wurden Gottfried Arnolds »Unparteiische Kirchen- und Ketzerhistorie« (1699–1700), für die K. der Aufklärung die Arbeiten Johann Lorenz von Mosheims (* 1694, † 1755). Von der Geschichtsauffassung der Romantik beeinflusst sind die Schriften K. A. von Hases, vom hegelschen Geschichtsbegriff die Arbeiten F. C. Baurs. Bed. Kirchenhistoriker des 19. und 20. Jh. waren auf evang. Seite u. a. A. von Harnack und Albert Hauck, dessen »Kirchengeschichte Dtl.s« als eines der klass. Werke der K. gilt; auf kath. Seite u. a. J. I. Döllinger, Hubert Jedin (* 1900, † 1980) und Joseph Lortz (* 1887, † 1975) mit »Die Reformation in Dtl.« (1939).

Kirchengewalt, in der *kath. Kirche* die Vollmacht, die Kirche zu leiten (Jurisdiktionsgewalt) und die gottesdienstl. Handlungen zu vollziehen (Weihegewalt). In den *evang. Kirchen* die Verw. des ↗ Kirchenamtes durch die dazu in besonderer Weise durch ↗ Ordination Beauftragten und die Befugnisse der Kirchenleitungen. (↗ Kirchenregiment, ↗ Hierarchie)

Kirchenjahr, die sich aus dem christl. Festkalender ergebende Ordnung des Jahres; in den abendländ. Kirchen beginnt das K. am 1. Advent, in den Ostkirchen am 1. 9. (Indikation; Gedenken an das erste Auftreten Jesu in Nazareth).

Kirchenkampf, in der *Geschichtswiss.* und *Kirchengeschichtsschreibung* verwendeter (nicht unumstrittener) Begriff zur Charakterisierung der Gesch. der Kirchen im nat.-soz. Dtl. (1933–45). Geprägt von der entstehenden ↗ Bekennenden Kirche, bezeichnete der Begriff zunächst die innerkirchl. Auseinandersetzungen um den »evangeliumsgemäßen« Weg der evang. Kirchen in dem neuen Staat, wurde dann jedoch Synonym für die Auseinandersetzungen der christl. Kirchen mit der nat.-soz. Kirchenpolitik und den kirchl. Widerstand gegen die Ideologie und Praxis des Nationalsozialismus.

Die Unterdrückung des Christentums war ein weltanschaul. und polit. Hauptziel der nat.-soz. Diktatur. Mit der ab 1934 propagierten »Entkonfessionalisierung des öffentl. Lebens« kam es zu sich verschärfenden Diskriminierungen von Christentum und Kirchen, u. a. Zerschlagung der den Kirchen angeschlossenen Vereine und Verbände, Unterdrückung der kirchl. Presse, Aufhebung der konfessionellen Schulen, Verfolgung von Ordensangehörigen durch Devisen- und Sittlichkeitsprozesse, Überwachung von Gottesdiensten und Verhaftung von Pfarrern. Der K. wurde, v. a. seit 1938, bes. getragen von H. Himmler, J. Goebbels, A. Rosenberg, M. Bormann.

Gegenüber den *evang. Kirchen* fand der K. bes. Ausdruck in der Parteinahme des Staates für die ↗ Deutschen Christen (Einsetzung des Reichsbischofs L. Müller) sowie in harten Maßnahmen gegen die Bekennende Kirche (Amtsenthebung, Verfolgung, Inhaftierung von Pastoren, Professoren und Laien, Bücherverbote, Behinderung der kirchl. Organisationen und Presse u. a.). Gegenüber der *kath. Kirche* verband sich damit (trotz der Regelung der Staat-Kirche-Beziehungen im ↗ Reichskonkordat, 1933) die Bekämpfung der Klöster und die rücksichtslose Verfolgung (zeitweilig in Schauprozessen) aller von einzelnen Geistlichen oder Ordensleuten vermeintlich gegen staatl. Gesetze begangenen Verstöße. Die Kirchen traten dem Vorwurf der Staatsfeindlichkeit entgegen; sie griffen aber die Ideologie und offenkundige Menschenrechtsverletzungen auch grundsätzlich an (u. a. in der vom dt. Episkopat mitverfassten Enzyklika Pius' XI. ↗ Mit brennender Sorge, 1937; Predigten von Bischof C. A. Graf von ↗ Galen gegen die Euthanasie, 1941). – Bekannte christl. Persönlichkeiten des Widerstands waren u. a. D. Bonhoeffer, A. Delp, E. Gerstenmaier.

Kirchenkreis, *evang. Kirche:* mittlere Verwaltungseinheit, in der mehrere Kirchengemeinden unter eigenen Leitungs- und Verfassungsorganen (Superintendent, Dekan, Kreissynode) zusammengefasst sind; entspricht dem kath. Dekanat.

Kirchenlehrer (Doctores ecclesiae), seit dem 4. Jh. in der Kirche Bez. für normgebende Theologen, die sich durch Rechtgläubigkeit, Heiligkeit des Lebens und Gelehrtheit auszeichnen; hervorgegangen aus der seit dieser Zeit geübten Praxis, die Rechtgläubigkeit theolog. Auffassungen durch Zitate allg. anerkannter theolog. Autoritäten zu untermauern; in der kath. Kirche als kirchl. Ehrentitel seit dem 16. Jh. durch die Päpste vergeben, 1970 erstmals an Frauen

Kirchenlehrer

Albertus Magnus	Hilarius von Poitiers
Ambrosius	Isidor von Sevilla
Anselm von Canterbury	Johannes Chrysostomos
Antonius von Padua	Johannes vom Kreuz
Athanasios	Johannes von Damaskus
Augustinus	Katharina von Siena
Basilius der Große	Kyrill von Alexandria
Beda	Kyrill von Jerusalem
Roberto Bellarmino	Laurentius von Brindisi
Bernhard von Clairvaux	Leo I.
Bonaventura	Liguori, Alfonso Maria di
Petrus Canisius	Petrus Chrysologus
Ephräm der Syrer	Petrus Damiani
Franz von Sales	Theresia von Ávila
Gregor I.	Theresia von Lisieux
Gregor von Nazianz	Thomas von Aquin
Hieronymus	

(Theresia von Ávila und Katharina von Siena). Gegenwärtig (2003) werden 33 K. verehrt.

Kirchenlied, das von der Gemeinde im christl. Gottesdienst gesungene stroph. volkssprachl. Lied mit z. T. liturg. Funktion.

Kirchenmitgliedschaft (Kirchengliedschaft), theologisch die durch die Taufe begründete Zugehörigkeit zur universalen Kirche Jesu Christi; kirchenrechtlich die mit bestimmten Rechten und Pflichten verbundene Zugehörigkeit zu einer bestimmten christl. Kirche. Die K. im theolog. Sinn kann durch den Menschen nicht beendet werden; die K. im kirchenrechtl. Sinn wird durch ↗ Kirchenaustritt, Übertritt in eine andere christl. Kirche (↗ Konversion) oder den Tod beendet. Nach kath. Verständnis ist ein Kirchenaustritt auch kirchenrechtlich nicht möglich und wird als schwere Verfehlung, ggf. als Glaubensabfall (Apostasie) angesehen. Voraussetzungen für die K. sind in der *kath. Kirche* neben der Taufe das Bekenntnis des gleichen Glaubens, die Gemeinschaft der gleichen Sakramente und die Unterordnung unter die ↗Hierarchie; in den *evang. Kirchen* das evang. Bekenntnis, die Zugehörigkeit zu einer Landeskirche bzw. bei Freikirchen die persönl. Beitrittserklärung. Die Ostkirchen unterscheiden in frühchristl. Tradition nicht zw. der K. im theolog. und kirchenrechtl. Sinn. Die K. in den *orth. Kirchen* hat allein die Taufe und die unmittelbar mit ihr verbundene Firmung (Myronsalbung) zur Voraussetzung.

Kirchenmusik, die für den christl. Gottesdienst bestimmte liturg. und außerliturg. Musik in ihrer Bindung an den Kirchenraum, überwiegend Gesangsmusik ohne oder mit Instrumentalbegleitung; Hauptinstrument ist die Orgel. Die Grundlage der kath. K. ist der einstimmige gregorian. Gesang. Mit dem ↗ Organum beginnt um 900 die Geschichte der mehrstimmigen K. Höhepunkt der mittelalterl. K. ist die Motettenkunst des 12. und 13. Jh. Das 14. Jh. brachte die ersten bekannten vollständigen Kompositionen des Ordinarium Missae (Kyrie, Gloria, Credo, Sanctus, Agnus Dei). Messe und Motette sind die dominierenden Formen der K. im 15. Jh., wobei sich das künstler. Schwergewicht seit 1450 von Italien und Frankreich in den burgundisch-niederländ. Kulturkreis verschob. Im Schaffen der führenden Musiker (u. a. J. Dunstable, G. Dufay, J. Ockeghem, J. Obrecht, Josquin Desprez) stehen an Zahl wie an Bedeutung die Werke der K. an erster Stelle. Mit dem Wirken von A. Willaert in Venedig kündigt sich eine Schwerpunktverlagerung nach Italien an (A. und G. Gabrieli, G. P. da Palestrina, Orlando di Lasso). Auf dem Wege über Oratorium und geistl. Konzert drangen im 17. Jh. Rezitativ und Arie in die Messe ein. Das Vordringen von Elementen aus Oper und Instrumentalmusik kennzeichnete die K. des 18. Jh. und der Klassik ebenso wie die Werke des 19. Jh., in denen (wie etwa in A. Bruckners K.) das Orchester einen beherrschenden Part einnahm. Demgegenüber haben – auf kath. Seite – C. Ett, F. X. Haberl, F. X. Witt auf die eigentl. Aufgaben und die Vorbilder der K. im 16. Jh. hingewiesen und eine Restauration einzuleiten versucht (Caecilianismus).

Die evang. K. war anfangs von der kath. nur durch die Einführung der dt. Sprache (Luther) unterschieden. Im 16. Jh. gelangte mit dem einstimmigen Gemeindegesang der evang. Choral mit Orgelbegleitung zu hoher Blüte. Seit etwa 1600 drang der neue Sologesang mit Generalbass in Gestalt der geistl. Konzerte ein (J. H. Schein). Der überragende Meister des 17. Jh. war H. Schütz. Einen weiteren Höhepunkt erreichte die evang. K. in den Kirchenkantaten und Passionen J. S. Bachs, ferner in den Werken von G. P. Telemann, G. F. Händel u. a. Auf Bach griffen J. Brahms und M. Reger zurück. – In neuerer Zeit zeigen sich neben der Hinwendung zu den alten Meistern in beiden Konfessionen Bemühungen um eine den liturg. Ansprüchen entsprechende zeitgenöss. K., die neben gottesdienstl. Gebrauchsmusik auch Werke von künstler. Rang hervorgebracht hat (I. Strawinsky, D. Milhaud, W. Fortner, O. Messiaen, Klaus Huber, H. W. Zimmermann, K. Penderecki u. a.). Die Einführung von Jazz, elektron. Musik, Rock- und Popmusik in den Kirchenraum wird diskutiert und erprobt.

Kirchen|ordnung, schriftlich niedergelegte, für die Kirchenmitgl. i. d. R. verbindl. Anweisungen und Bestimmungen zur Regelung des Lebens in den Kirchen und einzelnen Kirchengemeinden. Die älteste erhaltene K. ist die ↗Didache.

Kirchenpatron, 1) Inhaber eines ↗Patronats. 2) Schutzheiliger einer kath. Kirche.

Kirchenpräsident, Bez. für das geistl. Leitungsamt in den evang. Landeskirchen von Hessen-Nassau, der Pfalz und von Anhalt sowie Amtstitel ihrer Leiter.

Kirchenprovinz, in der *kath. Kirche* mit bestimmten Rechten ausgestattete Zusammenfassung mehrerer Bistümer unter einem Erzbischof; in der *Evang. Kirche der altpreuß. Union* bis 1945 Bez. der den staatl. preuß. Provinzen entsprechenden kirchl. Verwaltungseinheiten; seit 1945 selbstständige Gliedkirchen der EKD.

Kirchenrat, *evang. Kirchen:* 1) in manchen Gemeinden der Kirchenvorstand; 2) in einzelnen Landeskirchen die kirchl. Verwaltungsbehörde; 3) Amtsbez. für Mitgl. der kirchl. Verwaltung.

Kirchenrecht (lat. Ius ecclesiasticum, geistliches Recht), 1) die Gesamtheit der von einer Kirche erlassenen, für ihre Mitgl. verbindl. Vorschriften zur Regelung des innerkirchl. Lebens. Das *kath. K.* (kanon. Recht) für den lat. Ritus wurde seit dem 2. Vatikan. Konzil überarbeitet und liegt seit 1983 in der erneuerten Fassung des ↗ Codex Iuris Canonici vor. Der 1929 begonnene Prozess der Kodifizierung des K. der unierten ↗Ostkirchen kam 1990 mit der Veröffentlichung und Inkraftsetzung eines einheitl. ostkirchl. Gesetzbuches, des Codex Canonum Ecclesiarum Orientalium zum Abschluss. Grundlage des K. in den *evang. Kirchen* bilden die bibl. Weisungen (v. a. des N. T.), konkretisiert wird es durch die Bekenntnisschriften und Ordnungen der Landeskirchen. Bei den *Ostkirchen* schließt der Begriff des Ritus das Kirchenrecht, das bürgerl. Recht, die Kultur und manchmal die Staatszugehörigkeit ein. Einen Hauptbestandteil des K. der orth. Kirche bilden die Beschlüsse der ⁄ Trullanischen Synoden.

2) *Theologie:* Disziplin, die sich wiss. mit der kirchl. Rechtsordnung befasst **(Kanonistik).**

Kirchenregiment, *evang. Kirchen:* die bis 1918 ausgeübte Kirchenleitung durch die Landesherren (⁄ Summepiskopat).

Kirchenschatz, Begriff aus der Gnadenlehre der mittelalterl. Theologie, auf dem die theolog. Aussage aufbaut, dass durch das Leben und Sterben Jesu Christi so viel Gnade erwirkt wurde, dass der einzelne Gläubige (z. B. durch einen Ablass) zur Tilgung seiner Sündenstrafen auf diesen der Kirche anvertrauten Schatz zurückgreifen kann; v. a. in der spätmittelalterl. Ablasspraxis vielfach im Sinne eines per se (ohne persönl. Buße) wirkenden »Gnadenautomatismus« missgedeutet.

Kirchenslawisch, urspr. die Sprache der bibl. und liturg. Bücher der orth. Slawen, in zwei Schriftformen: der älteren ⁄ Glagoliza und der ⁄ Kyrilliza. Die älteste Form des K. **(Alt-K.** oder **Altbulgarisch)** geht auf die Übersetzungen der Slawenapostel ⁄ Kyrillos und Methodios zurück und beruht auf deren Heimatdialekt (Umgebung von Saloniki). Unter dem Einfluss der einzelnen Volkssprachen nahm das K. seit dem 12. Jh. versch. Färbungen an **(Bulgarisch-K.** oder **Mittelbulgarisch, Serbisch-K., Russisch-K.),** sie hielten sich jahrhundertelang als Literatursprachen.

Kirchenspaltung, ⁄ Schisma.

Kirchensprache, die ⁄ liturgische Sprache.

Kirchenstaat, das ehem. Herrschaftsgebiet des Papstes in Mittelitalien; seit dem 6. Jh. auch **Patrimonium Petri** (Vermögen des Petrus) genannt. Den Kern des K. bildete der (zunächst private) Grundbesitz der Kirche von Rom, der dieser seit dem 4. Jh. in Rom und Italien (bes. in Mittel- und Süditalien und in Sizilien) aus zahlr. Schenkungen und Vermächtnissen zuwuchs.

Territoriale Entwicklung des Kirchenstaates vom 8. bis 13. Jh.

Kirchenstaat: Kaiser Konstantin der Große überlässt Papst Silvester I. die Insignien der kaiserlichen Gewalt über Rom und die umliegenden Gebiete, die so genannte »Konstantinische Schenkung« (Ausschnitt aus einem Fresko, 1246; Rom, Oratorio di San Silvestro)

Bereits im 6. Jh. war der Papst in seiner Funktion als Bischof von Rom der größte Grundbesitzer Italiens. Papst Gregor d. Gr. (590–604) richtete für den Gesamtbesitz eine zentrale Verw. ein, der zunehmend öffentl. Aufgaben zufielen (innere Verw., Versorgung der Bevölkerung, Verteidigung), die unter Anerkennung der Oberhoheit des oström. Kaisers über den byzantin. Verwaltungsbezirk (Dukat) von Rom (zuletzt nur noch formal) wahrgenommen wurden. Die Expansionspolitik des Langobardenkönigs Aistulf führte zum Bündnis Papst Stephans II. (752–757) mit dem Fränk. Reich. Als Gegenleistung für die kirchl. Legitimierung der Karolinger erwarb er im Ergebnis der ⁄ Pippinschen Schenkung (754; durch Karl d. Gr. bestätigt und erweitert) die bis dahin byzantin. Gebiete des Exarchats von Ravenna und der ⁄ Pentapolis, die Dukate Spoleto und Benevent und die Romagna. Die Beerbung der in Mittelitalien reich begüterten Markgräfin Mathilde von Tuszien († 1115) führte in der Folgezeit zu einer beträchtl. Gebietserweiterung. Nach dem Zusammenbruch der byzantin. Macht in Italien versuchten die Päpste unter Berufung auf die ⁄ Konstantinische Schenkung die volle Souveränität über ihre Besitzungen zu erlangen; die durch die Pippinsche Schenkung begründete Schutz- und Oberhoheit der abendländ. Kaiser über die päpstl. Besitzungen blieb noch bis zum Sturz der Staufer (1266/68) erhalten. Papst Innozenz III. (1198–1216) ist im eigentl. Sinn als Begründer des K. anzusehen, doch erst Papst Julius II. (1503–13) gelang es, seine volle Souveränität auch gegenüber dem italien. Adel durchzusetzen. Er gestaltete den K. zu einem zentralistisch organisierten Staatswesen um. Unter ihm erreichte der K. seine größte Ausdehnung. Der Versuch einer selbstständigen Außenpolitik seit Mitte des 15. Jh. scheiterte jedoch. Wie die übrigen italien. Staaten blieb der K. bis Ende des 18. Jh. von den Großmächten abhängig, die um die Vorherrschaft in Italien rangen. Durch die napoleon. Kirchenpolitik wurde der durch Gebietsabtretungen stark verkleinerte K. am Ende des 18. Jh. zur Röm. Republik erklärt und 1809 dem Königreich Italien eingegliedert. Nach dem Wiener Kongress 1815 fast vollständig wiedererrichtet, wurde der K. 1860 auf das einstige Patrimonium Petri reduziert und 1870 dem italien. Nationalstaat eingegliedert, woraufhin sich Papst Pius IX. (1846–78) als »Gefangener des Vatikans« betrachtete (↗ Italien, Geschichte). Erst 1929 wurde dem Papst in den ↗ Lateranverträgen die volle Souveränität über das päpstl. Territorium (↗ Vatikanstadt) zugesprochen.

Kirchensteuer, eine öffentlich-rechtl. Zwangsabgabe, die in *Dtl.* unter den als Körperschaften des öffentl. Rechts anerkannten Religionsgemeinschaften die kath. Kirche und die evang. Landeskirchen zur Finanzierung ihrer Aufgaben von ihren Mitgl. erheben. Rechtl. Grundlage sind in Dtl. Art. 137 Abs. 6 Weimarer Reichs-Verf., Konkordate, die K.-Ges. der Länder sowie kircheneigene Vorschriften (K.-Ordnungen und K.-Beschlüsse). Der Steuerpflicht unterliegen nur Kirchenmitglieder. Erhoben wird die K. als Zuschlag zur Einkommen- bzw. Lohnsteuer in Höhe von 8 oder 9% (je nach Bundesland). Auf Antrag oder von Amts wegen erfolgt eine Begrenzung (»K.-Kappung«) der K. auf einen Höchstbetrag von 3 bis 4% des zu versteuernden Einkommens. K. ist bei der Einkommensteuer unbeschränkt als Sonderausgabe abzugsfähig. Die Einnahmen aus der K. fließen den Landeskirchen bzw. Diözesen, seltener den Ortsgemeinden zu; sie betrugen in Dtl. 2001 bei den evang. Kirchen 4,1 Mrd. €, bei der kath. Kirche 4,5 Mrd. €. Das **Kirchgeld** ist ein von den Kirchengemeinden neben der K. erhobener einkommensteuerunabhängiger Geldbetrag (v. a. bei glaubensverschiedenen Ehen). – In *Österreich* entsprechen der K. von den Kirchen durch eigene Kirchenbeitragsordnungen festgesetzte **Kirchenbeiträge,** die sich eng an die staatl. Einkommensteuer und Lohnsteuer anlehnen, der Sache nach aber privatrechtl. Pflichtleistungen sind. In der *Schweiz* wird die K. von den Finanzbehörden der Kantone eingezogen.

Kirchenstrafen, ↗ Kirchenzucht.

Kirchentag (Dt. Evang. K.), seit 1949 regelmäßig (i. d. R. alle zwei Jahre) stattfindende Großveranstaltung evang. Christen in Dtl.; ist Teil der evang. Laienbewegung und versteht sich als Forum für das Gespräch über theolog., gesellschaftspolit. und ökumen. Fragen. Der 29. Dt. Evang. K. fand 2001 in Frankfurt am Main statt; der erste gesamtkirchl. **Ökumen. K.** in Dtl. 2003 unter dem Leitwort »Ihr sollt ein Segen sein« in Berlin.

Kirchentonarten

Modus	ältere Benennung	jüngere Benennung	Skalenausschnitt	Finalis	Tenor
I	Protus authentus	dorisch	d–d^1	d	a
II	Protus plagalis	hypodorisch	A–a	d	f
III	Deuterus auth.	phrygisch	e–e^1	e	(h)c^1
IV	Deuterus plag.	hypophrygisch	H–h	e	(g)a
V	Tritus auth.	lydisch	f–f^1	f	c^1
VI	Tritus plag.	hypolydisch	c–c^1	f	a
VII	Tetrardus auth.	mixolydisch	g–g^1	g	d^1
VIII	Tetrardus plag.	hypomixolydisch	d–d^1	g	(h)c^1

Kirchentonarten (Kirchentöne, Modi), Tonordnungen, die der altgrch. Musik entstammen und in abgewandelter Form der mittelalterl. kirchl. Musik, bes. der Gregorianik, zu Grunde lagen. Die K. sind keine Tonleitern im modernen Sinn, sondern Skalenausschnitte, die das Tonmaterial von modellartig verwendeten Melodien enthalten. Man unterscheidet **authent.** und **plagale Modi.** Besondere Bedeutung für den einzelnen Modus haben die Finalis (Endton, Zielton), die für je einen authent. und einen plagalen Modus dieselben sind, und der Tenor (Tuba, Reperkussionston), der bei der authent. Modi eine Quinte, bei den plagalen eine Terz oder eine Quarte über der Finalis liegt. Die authent. Modi bauen sich über der Finalis auf, bei den plagalen liegt die Finalis in der Mitte des Skalenausschnittes. Sie wurden abgelöst durch die um 1600 aufkommenden Dur- und Molltonarten.

Kirchenväter, Ehrentitel der altkirchl. ↗ Kirchenlehrer und Kirchenschriftsteller des 2.–7. Jh., die die beginnende christl. Theologie mit dem geistigen Erbe der griechisch-röm. Antike verschmolzen.

Kirchenvertrag, ein Vertrag zw. dem Staat und einer oder mehreren evang. Kirchen, der im Unterschied zu einem ↗ Konkordat jedoch nicht als völkerrechtl., sondern als öffentlich-rechtl. Vertrag betrachtet wird.

Kirchenvorstand, das bei der Leitung und Verw. der Kirchengemeinde mitwirkende, von wahlberechtigten Gemeindemitgl. gewählte kollegiale Organ; in der *kath. Kirche* in Dtl. unter Leitung des Pfarrers das Beschlussorgan über das Kirchenvermögen, in den *evang. Kirchen* obliegt dem Gemeindekirchenrat, K. oder Presbyterium in gemeinsamer Verantwortung mit dem Pfarrer auch die Leitung der Kirchengemeinde.

Kirchenzucht, von den Kirchen gegenüber ihren Mitgl. ausgeübte Disziplinargewalt (**Kirchenstrafen**) bei vorsätzl. Verstößen gegen die Kirchenordnung oder das Kirchenrecht. In der *kath. Kirche* wird zw. Beugestrafen (Exkommunikation, Interdikt, Suspension), Sühnestrafen (z. B. Entzug von kirchl. Ämtern) und Strafbußen unterschieden. In den *evang. Kirchen* sind nach vorangegangener Ermahnung als Sanktionen der Ausschluss vom Abendmahl, die Aberkennung kirchl. Rechte (z. B. Patenamt; kirchl. Wahlrecht) und die Versagung von Amtshandlungen (z. B. kirchl. Trauung; kirchl. Begräbnis) möglich.

Kircher, Athanasius, Universalgelehrter, * Geisa (Thür.) 2. 5. 1602, † Rom 27. 11. 1680; Jesuit, Prof. für Mathematik, Philosophie und oriental. Sprachen in Würzburg, Avignon und in Rom (Gregoriana). Auf K. gehen die Urform der Laterna magica, eine der ältesten Rechenmaschinen, die erste im Druck erschienene kartograph. Aufzeichnung der wichtigsten Meeresströmungen und eine der ältesten Mondkarten zurück. Er führte als Erster Blutuntersuchungen mit dem Mikroskop durch. Einflussreich wurde seine Musiktheorie »Musurgia universalis« (1650).

Kirche von England (engl. Church of England, anglikanische Kirche), die engl. Staatskirche; Mutterkirche der aus ihr hervorgegangenen, in der ↗ Anglikanischen Kirchengemeinschaft zusammengeschlossenen anglikan. Kirchen. Oberhaupt der K. v. E. ist der König bzw. die Königin. Die Krone ernennt die Bischöfe, an deren Spitze der Erzbischof von Canterbury (»Primas von ganz England«) steht, der auch Vors. der Vollversammlung der anglikan. Bischöfe (↗ Lambeth-Konferenzen) ist. Die K. v. E. gliedert sich in die Kirchenprovinzen Canterbury und York mit insgesamt 44 Diözesen; zur Provinz Canterbury gehört auch die Diözese Gibraltar. Grundlage für Gottesdienst und Bekenntnis ist neben der Bibel das ↗ Common Prayer Book in der Fassung von 1662 mit den 39 Glaubensartikeln, die im Wesentlichen der stark kalvinistisch beeinflussten Fassung von 1552 entspricht. Daneben gibt es seit 1980 ein Alternative Service Book. In ihrer jurist. Gestalt entstand die K. v. E. durch den Bruch Heinrichs VIII. mit dem Papst und seiner darauf folgenden Ernennung zum »Alleinigen Oberhaupt der K. v. E. auf Erden« durch das Parlament in der Suprematsakte von 1534. Die K. v. E. verstand sich weiterhin als Bestandteil der kath. Kirche und hielt in Bezug auf Bischofsamt (apostol. Sukzession), Gottesdienst und Hierarchie an der kath. Tradition fest. Unter Eduard VI. (1547–53) kam es durch den für den minderjährigen König die Regentschaft führenden Edward Seymour Somerset zu Reformen im prot. Sinn. Seit den 60er-Jahren des 16. Jh. setzte die Bewegung der ↗ Puritaner ein. Seit dem 19. Jh. gibt es drei Hauptrichtungen in der K. v. E.: die niederkirchl. **Low Church,** die ein aktives Christsein im Alltag fordert und sozial stark engagiert ist, die hochkirchl. **High Church,** die als konservative Richtung in Theologie und Kultus auf das kath. Erbe zurückgreift, und die gemäßigt liberale, von der historisch-krit. Theologie beeinflusste **Board Church.** Seit 1992 sind in der K. v. E. Frauen zum Priesteramt zugelassen (1994 erste Weihen von Priesterinnen), was im Vorfeld der Entscheidung mit heftigen innerkirchl. Auseinandersetzungen verbunden war und von kirchlich konservativ geprägten Gruppen (Geistlichen und Laien) nach wie vor kritisiert wird.

Kirchgeld, ↗ Kirchensteuer.

KirchGruppe, ehem. Medienkonzern, gegr. 1956 von L. ↗ Kirch; Sitz: Ismaning (bei München). Dachgesellschaft war die TaurusHolding GmbH & Co. KG mit den Zwischenholdings KirchMedia (Film-, Video- und Fernsehproduktion und -vertrieb, Rechtehandel; Sportsender DSF; ProSiebenSat.1 Media AG mit der Sendergruppe Sat.1, ProSieben, Kabel 1, N24; Nachrichtenagentur ddp), KirchPayTV (Betreiber des Pay-TV-Senders Premiere) und KirchBeteiligungs GmbH & Co. KG (Beteiligungen u. a. an Lokalfernsehsendern und Sportrechtegesellschaften). – Die hohe Schuldenlast des Konzerns v. a. infolge des defizitären Pay-TV führte 2002 zur Insolvenz und in der Folge zum sukzessiven Verkauf von Unternehmensteilen.

Kirchhain, Stadt im Landkreis Marburg-Biedenkopf, Hessen, im N des Amöneburger Beckens, 16 300 Ew.; Tapetenfabrik, Metall verarbeitende Industrie. – Evang. Pfarrkirche (14. Jh.), Fachwerkrathaus (1562), Wohnhäuser des 16./17. Jh. – 1352 Stadtrecht.

Kirchheimbolanden, Krst. des Donnersbergkreises, RegBez. Rheinhessen-Pfalz, Rheinl.-Pf., 7600 Ew.; Schuh-, Maschinen-, Fahrzeug-, Glasindustrie. – Pfarrkirche Sankt Paul (1739–44) mit Fürstengruft und Orgel (1745), ehem. Schloss (1738–40). – 714 erstmals erwähnt; 1368 Stadtrecht.

Kirchheim unter Teck, Große Krst. im Landkreis Esslingen, Bad.-Württ., am Fuß der Teck (Schwäb. Alb), 38 400 Ew.; Museen; Metall-, Textil-, Papier-, Holzind., Maschinenbau. – Spätgot. Pfarrkirche, Kornhaus (um 1560, heute Heimatmuseum), Schloss (1538–56), Rathaus (1722–24). – 960 erstmals erwähnt, Stadtrecht seit 1220/30.

Kirchhoff, 1) *Bodo,* Schriftsteller, * Hamburg 6. 7. 1948; spielt in seinen Romanen und Erzählungen mit psycholog. Perspektive und Identität seiner Figuren, wobei der Sprache eine zentrale Rolle zukommt (Romane u. a.: »Zwiefalten«, 1983; »Infanta«, 1990); das iron. Spiel mit Erzählmustern erreicht einen Höhepunkt im »Schundroman« (2002). Schreibt auch Stücke (u. a. »Der Ansager einer Stripteasenummer gibt nicht auf«, 1994) und Drehbücher.

2) *Gustav Robert,* Physiker, * Königsberg (heute Kaliningrad) 12. 3. 1824, † Berlin 17. 10. 1887; wirkte 1850–54 als Prof. in Breslau, 1854–75 in Heidelberg und 1875–86 in Berlin. K. stellte 1845 bereits als Student in Königsberg unter Verallgemeinerung des G. S. Ohm die Gesetze der Stromverzweigung auf (↗ kirchhoffsche Regeln). Er führte zus. mit R. W. Bunsen 1859/60 Untersuchungen zur Emission und Absorption des Lichts durch, die die Grundlage der Spektralanalyse darstellten und zur Aufstellung des ↗ kirchhoffschen Strahlungsgesetzes führten. Mit der Spektralanalyse konnte er die fraunhoferschen Linien als Absorptionslinien erklären und entdeckte dadurch gemeinsam mit Bunsen die Elemente Cäsium und Rubidium. K. untersuchte außerdem Fragen der Mechanik, der Akustik (Erklärung der Chladni-Figuren) und der Elektrizitätsleitung, wobei er 1857 erkannte, dass diese annähernd mit Lichtgeschwindigkeit erfolgt.

kirchhoffsche Regeln [nach G. R. Kirchhoff], Sätze über stationäre Strom- und Spannungsverteilungen, von großer Bedeutung bei der Hintereinander- und Parallelschaltung linearer elektr. Leiter:
1) **Knotenregel:** In jedem Verzweigungspunkt (Knoten) ist die Summe der zufließenden Ströme gleich der Summe der abfließenden, sodass für die Ströme I_v allg. gilt:

$$\sum_{v=1}^{n} I_v = 0;$$

2) **Maschenregel:** In jedem geschlossenen Stromkreis (Masche) ist die Summe der elektromotor. Kräfte (Urspannungen) E_v gleich der Summe aller Spannungsabfälle, d. h. der Produkte IR (I Strom, R Widerstand), d. h.:

$$\sum_{v=1}^{n} E_v = \sum_{v=1}^{n} I_v R_v$$

Die Maschenregel ist eine Erweiterung des ↗ ohmschen Gesetzes.

kirchhoffsches Strahlungsgesetz, von G. R. Kirchhoff 1859 formulierter Zusammenhang, nach dem bei ↗ Temperaturstrahlern der Quotient aus Emissions- und Absorptionsvermögen bei gegebener Wellenlänge und Temperatur – unabhängig von allen Materialeigenschaften – gleich dem Strahlungsvermögen eines ↗ schwarzen Körpers bei der gleichen Temperatur und Wellenlänge ist.

kirchliche Gerichtsbarkeit, Rechtsprechung der *kath. Kirche* gegenüber ihren Mitgl. in geistl. und gemischten Sachen, bes. Ehesachen, auf Grundlage des ↗ Kirchenrechts durch eigene Institutionen der Rechtspflege und die auf Kleriker beschränkte kirchl. Verwaltungsgerichtsbarkeit. Die *evang. Kirchen* kennen keine k. G. Im Konfliktfall werden gegenüber den Mitgl. Maßnahmen der ↗ Kirchenzucht und gegenüber den Amtsträgern Maßnahmen der innerkirchl. Disziplinargewalt wirksam.

kirchliche Hochschulen, von den Kirchen errichtete und in ihrer Rechtsträgerschaft stehende wiss. Hochschulen zur Ausbildung von Geistlichen und auch von Laien in theolog. u. a. Wiss.disziplinen. Zu den ältesten k. H. gehören die päpstl. Hochschulen in Rom (Atenei Romani): neben der ↗ Gregoriana weitere vier Voll-Univ. sowie versch. wiss. Spezialhochschulen. Bes. bekannte **kath. Univ.** sind die Univ. in Löwen und Paris (Institut Catholique). Die kath. Univ. Lublin – die einzige kirchl. Univ. im ehem. Ostblock – konnte auch im kommunist. Polen ihren Lehrbetrieb aufrechterhalten. In Dtl. bestehen die Kath. Univ. Eichstätt, außerdem neun k. H. mit Promotionsrecht (»theolog. Fakultäten«), drei werden von der zuständigen Erzdiözese getragen (Fulda, Paderborn, Trier), sechs sind Ordenshochschulen: die Philosophisch-Theolog. Hochschulen in Benediktbeuern (Salesianer Don Boscos), Frankfurt am Main (Gesellschaft Jesu), Münster (Franziskaner und Kapuziner), St. Augustin (Gesellschaft des Göttl. Wortes) sowie Vallendar (Pallottiner) und die Hochschule für Philosophie in Mün-

Gustav Robert Kirchhoff

chen (Gesellschaft Jesu); die Theolog. Fakultät Erfurt wurde 2003 in die Erfurter Univ. eingegliedert.

Die älteste evang. k. H. ist die Kirchl. Hochschule Bethel (gegr. 1905) in Bielefeld. Die Kirchl. Hochschule in Wuppertal wurde 1935 von den Bruderräten der Bekennenden Kirche gegr. Nach dem Zweiten Weltkrieg entstanden die Augustana-Hochschule in Neuendettelsau (gegr. 1947) und die Luther. Theolog. Hochschule in Oberursel (Taunus, gegr. 1950).

kirchliches Lehramt, in der *kath. Kirche* die »Instanz«, der als Verkörperung der Lehrautorität, die den Aposteln von Jesus Christus selbst zugesprochenen worden ist, die authent. Bewahrung, Weitergabe, Entfaltung und Auslegung der Glaubensinhalte in letzter Verbindlichkeit obliegt. Träger des k. L. sind der Papst, das ökumen. Konzil, die regierenden Bischöfe und die durch kirchl. Sendung (↗ Missio canonica) mit Lehr- und Verkündigungsaufgaben Beauftragten (z. B. Priester, Theologieprofessoren, Katecheten). Das Selbstverständnis der *evang. Kirchen* schließt ein k. L. nach kath. Verständnis aus.

Kirchner, 1) Alfred, Theaterregisseur, * Göppingen 22. 5. 1937; war als Oberspielleiter v. a. in Stuttgart, Bochum und am Wiener Burgtheater (1986–90) tätig, 1990–92/93 Generaldirektor der Staatl. Schauspielbühnen in Berlin, seitdem freiberuflich im In- und Ausland tätig.

2) Ernst Ludwig, Pseud. Louis de Marsalle, Maler und Grafiker, * Aschaffenburg 6. 5. 1880, † (Selbstmord) Frauenkirch (heute zu Davos) 15. 6. 1938; studierte in Dresden Architektur und gründete dort 1905 mit E. Heckel und K. Schmidt-Rottluff die ↗ Brücke. Seit 1911 arbeitete er in Berlin und ab 1917 nach schwerer Erkrankung in Frauenkirch. 1937 wurden in Dtl. seine als »entartet« diffamierten Werke beschlagnahmt. – K. war ein Hauptvertreter und der führende Grafiker des ↗ Expressionismus. Eines seiner Hauptthemen war das Großstadtleben. Seit 1927 gelangte er zu einem abstrahierenden Stil (Einflüsse des Kubismus, bes. Picassos). K.s graf. Hauptwerk ist die Folge von 47 Holzschnitten zu G. Heyms »Umbra vitae« (1924). Seine bedeutendsten bildhauer. Arbeiten (v. a. Skulpturen aus Holz) entstanden in der Schweiz. Die größte öffentlich zugängl. K.-Sammlung beherbergt das K.-Museum in Davos.

3) Ignaz, Schauspieler, * Andernach 13. 7. 1948; Engagements an der Freien Volksbühne Berlin (1973–74), in Stuttgart (1974–78), Bremen (1978–81), an den Münchner Kammerspielen (1982–86) und in Köln (1983–84). Ab 1987 hatte er große Erfolge am Wiener Burgtheater, v. a. unter der Regie von G. Tabori; 1992–97 am Dt. Theater Berlin, seit 1997/98 wieder am Burgtheater.

4) Volker David, Komponist, * Mainz 25. 6. 1942. Seine Musik bewegt sich zw. eingängigen, dissonanzfreien Dur- und Moll-Klängen und ganztönigen Klangballungen sowie chromat. Reihungen; schrieb u. a. »Die fünf Minuten des Isaak Babel« (1980, szen. Oratorium), »Das kalte Herz« (1980, szen. Ballade für Musik), »Totentanz« (1980, 1. Sinfonie), »Mythen« (1992, 2. Sinfonie, für drei Frauenstimmen, Orchester und Tonband), »Dybuk« (1996, für Marimbaphon).

Kirchschläger, Rudolf, österr. Politiker, * Obermühl (heute zu Kirchberg ob der Donau, OÖ) 20. 3. 1915, † Wien 30. 3. 2000; Jurist; an den Abschlussverhandlungen über den Österr. Staatsvertrag 1955 beteiligt, Mitautor des österr. Neutralitätsgesetzes; 1970–74 Außenmin., 1974–86 Bundespräs. (parteilos; Kandidat der SPÖ).

Kirchweih, alljährl. Fest zur Erinnerung an die Kirchweihe, oft in Verbindung mit dem Erntefest, als Volksfest (Tanz, Jahrmarkt) begangen (auch **Kirchmesse, Kirmes, Kirmse, Kirbe, Kirwe, Kerwe, Kerbe, Kermes, Kirta** gen., schweizer. **Kilbe, Chilbi**).

Kirchweihe, in der *kath. Kirche* und der *orth. Kirche* die vom Bischof vollzogene feierl. Einweihung einer Kirche mit Eucharistiefeier; in den *evang. Kirchen* erfolgt die Übergabe einer Kirche an die Gemeinde mit einem Festgottesdienst.

Kirejewski, Iwan Wassiljewitsch, russ. Religions- und Kulturphilosoph, * Moskau 22. 3. 1806, † Sankt Petersburg 10. 6. 1856; ein Theoretiker der ↗ Slawophilen, sah den Zwiespalt zw. Wissen und Glauben im Denken der orth. Kirchenväter überwunden.

Kirgisen, mongolides Turkvolk in Mittel- und Zentralasien, insgesamt etwa 3,4 Mio., bes. in Kirgistan (rd. 3 Mio.), ferner in Usbekistan, Tadschikistan und Kasachstan sowie in China, im nordöstl. Afghanistan (heute z. T. in Pakistan und der Türkei); früher Hirtennomaden, heute meist Ackerbauern. Früher wurden auch die Kasachen oft irrtümlich als K. bezeichnet.

Kirgistan (amtlich Kyrgyz Respublikasy; dt. Kirgis. Rep.; auch Kirgisien, Kirgisistan, Kyrgyzstan), Staat in Mittelasien, grenzt im N an Kasachstan, im O und SO an China, im SW an Tadschikistan und im W an Usbekistan.

Staat und Recht

Nach der Verf. vom 5. 5. 1993 (mehrfach, zuletzt 1998, revidiert) ist K. eine präsidiale Rep. mit Mehrparteiensystem. Staatsoberhaupt und Oberbefehlshaber der Streitkräfte ist der mit weit reichenden Befugnissen ausgestattete, auf 5 Jahre direkt gewählte (einmalige Wiederwahl möglich) Präs. Das Zweikammerparlament besteht aus der Gesetzgebenden Versammlung mit 60 und der Volksversammlung mit 45 Abg., die jeweils im Mehrheitswahlsystem für 5 Jahre gewählt werden. Die Exekutive wird von der

Ernst Ludwig Kirchner: Fünf Frauen auf der Straße (1913; Köln, Museum Ludwig)

Kirgistan **Kirg** 2461

Kirgistan

Fläche:	198 500 km²
Einwohner:	(2000) 4,685 Mio.
Hauptstadt:	Bischkek
Verwaltungsgliederung:	sieben Gebiete und die Hauptstadt
Amtssprachen:	Kirgisisch, Russisch
Nationalfeiertag:	31. 8.
Währung:	1 Kirgistan-Som (K.S.) = 100 Tyin
Zeitzone:	MEZ + 4 Std.

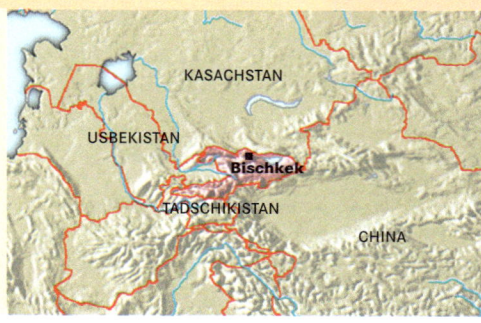

Reg. unter Vorsitz des MinPräs. ausgeübt; sie wird vom Präs. ernannt und entlassen. Einflussreichste Parteien: Kommunist. Partei K.s, Union der Demokrat. Kräfte, Demokrat. Frauenpartei, Partei der Afghanistan-Veteranen, Partei »Mein Land«.

Landesnatur

Fast ganz K. ist ein Hochgebirgsland (etwa die Hälfte seines Territoriums liegt zw. 1 000 und 3 000 m, ein Drittel über 3 000 m ü. M.); es gehört überwiegend zum erdbebenreichen Gebirgssystem des Tienschan (höchste Erhebungen Pik Pobeda, 7 439 m ü. M.; Chan-Tengri, 6 995 m ü. M.) im NO-Teil der Republik. Den kleineren Teil nehmen Alai und Transalai (Pik Lenin, 7 134 m ü. M.) im SW ein. Die stark vergletscherten Gebirgsketten umschließen Längstäler (Talas-, Tschu-, Alaital) und Becken (Issykkulbecken, Ferganabecken). – Das Klima ist ausgeprägt kontinental und trocken, deutlich sind Höhenstufen erkennbar. In den Becken herrscht kontinentales Klima mit Dauerfrost im Winter und trockenen, heißen Sommern. Die jährl. Niederschlagsmenge bleibt meistens unter 300 mm, nur die West- und Nordhänge der Gebirge erhalten 800–1 000 mm/Jahr. – Die Vegetation ist durch das Vorherrschen von Wüsten, Halbwüsten und Steppen gekennzeichnet. Zw. 1 500 und 4 000 m ü. M. gibt es trockene Bergsteppen, die mit zunehmender Höhe in Wiesensteppen, subalpine und alpine Wiesen übergehen; nur noch 1% der Fläche ist waldbedeckt. Für den S sind Nussbaumwälder charakteristisch.

Bevölkerung

Die Bev. setzt sich aus Kirgisen (65%), Usbeken (14%), Russen (13%), Ukrainern (1%), Tataren (1%), Deutschen (0,4%) und Angehörigen kleinerer Nationalitäten (u. a. Kasachen, Dunganen, Tadschiken, Uiguren u. a.) zusammen. Große ethn. Spannungen zw. den Kirgisen einerseits und den Usbeken u. a. Minderheiten andererseits führten seit Anfang der 1990er-Jahre zu starker Abwanderung der nicht kirgis. Bev. (v. a. Russen und Deutsche). Am dichtesten sind die Agrargebiete in den Tälern der Tschu und Talas sowie das Issykkul- und Ferganabecken besiedelt. – Die Kirgisen, Usbeken, Tataren und übrigen turksprachigen Völker bekennen sich zum Islam. Die orth. Christen (v. a. Russen) werden geistlich von der russisch-orth. Kirche betreut; die Deutschen gehören mehrheitlich der kath. Kirche und der ⁄ Evangelisch-Lutherischen Kirche in Russland und anderen Staaten an. – Es besteht eine neunjährige allgemeine Schulpflicht. Die Analphabetenquote beträgt 3%.

Wirtschaft, Verkehr

Die Wirtschaft basiert auf der Landwirtschaft, wo etwa ein Drittel der Beschäftigten tätig ist. Die nach dem Zerfall der Sowjetunion einsetzende, in Mittelasien beispielgebend verlaufende marktwirtsch. Entwicklung war mit Produktionsrückgang, hoher Inflation und einer Verarmung großer Teile der Bev. verbunden. Trotz einer Stabilisierung der wirtsch. Lage seit Mitte der 1990er-Jahre mithilfe des IWF bleibt die ökonom. Situation v. a. wegen der 1998 eingetretenen russ. Finanzkrise angespannt. Nur die Hälfte der Landesfläche ist landwirtsch. nutzbar, davon rd. 85% Weiden und Wiesen, 10% Ackerland (über 70% bewässert). Etwa ein Drittel des Agrarlandes ist privatisiert. Größte Bedeutung haben die Schafwollproduktion, die Ziegen-, Jak- und Mastrinderhaltung und die Seidenraupenzucht (Naturseideerzeugung) sowie der Anbau von Baumwolle, Kartoffeln, Zuckerrüben, Getreide, Tabak, Futterpflanzen (bes. Luzerne), Mohn und Gemüse, der Obst- und Weinbau. K. verfügt über relativ wenig Rohstoffe, jedoch sind bes. im SW einige wertvolle Bodenschätze vorhanden, v. a. Gold (Kumtor-Mine im SO von K.; Goldgewinnung mit ausländ. Firmen), ferner Antimon-, Quecksilber-, Blei-, Zink-, Arsen-, Uranerze, Wismut, Kohle sowie Erdöl und Erdgas (Ferganabecken), Aluminium, Asbest, Schwefelkies und Salz sowie Marmor. In Ind. und Bauwirtschaft sind knapp drei Zehntel der Beschäftigten tätig. Die Ind. konzentriert sich auf das Tschutal (v. a. Buntmetallerzverhüttung, Maschinenbau, elektrotechn., Textil-, Nahrungsmittel- und Lederind.) und die kirgis. Randzone des Ferganabeckens mit den Schwerpunkten Bischkek und Osch. Die Wasserkraftwerke an den Hochgebirgsflüssen sind zu 80% an der Elektroenergieerzeugung beteiligt. Am Issykkul und im zentralen Tienschan bestehen an Thermal- und Mineralquellen zahlr. Erholungsorte. – Ausgeführt werden Baum-, Schafwolle, Tabak, Nichteisenmetalle, Kohle, Hydroenergie, Nahrungsmittel und Textilien, eingeführt Getreide, Eisenmetalle, industrielle Konsumgüter, Erdöl, -gas, Holz, Maschinen und Ind.anlagen, Pkw u. a. Umfangreichere Handelsbeziehungen bestehen mit China, den mittelasiat. Nachbarrepubliken, Russland und Kuba. – Hauptbedeutung hat der Kraftverkehr. Bes. das Landesinnere von K. ist verkehrsmäßig wenig erschlossen. Das Straßennetz ist 18 560 km lang (davon 16 890 km mit fester Decke), darunter die Hochgebirgsstraßen Ostpamir- (Osch–Chorog) und Großer Kirgistantrakt (Bischkek–Osch). Schienenstränge der Eisenbahn (417 km langes Streckennetz) gibt es nur in N-Kirgistan. Der Flugverkehr ist für die Personenbeförderung, in schwer zugängl. Gegenden auch für den Gütertransport bedeutsam. Internat. Flughäfen liegen bei Bischkek und Osch. Auf dem Issykkul Schiffsverkehr.

Geschichte

Die turksprachigen kirgis. Stämme, die im 7./8. Jh. zw. Jenissei und Orchon siedelten und im 9. Jh. das Reich

Staatswappen

internationales Kfz-Kennzeichen

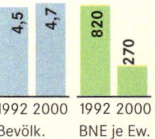

1992 2000   1992 2000
Bevölk.   BNE je Ew.
(in Mio.)   (in US-$)

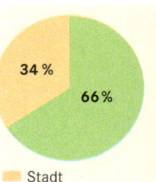

Stadt
Land
Bevölkerungsverteilung 2000

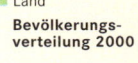

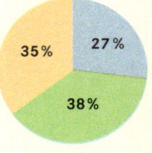

Industrie
Landwirtschaft
Dienstleistung
Bruttoinlandsprodukt 2000

Kiribati

Fläche:	811 km² (Landfläche 717 km²)
Einwohner:	(2000) 91 000
Hauptstadt:	Bairiki (auf Tarawa)
Amtssprachen:	Gilbertesisch, Englisch
Nationalfeiertag:	12. 7.
Währung:	1 Austral. Dollar/Kiribati ($A/K) = 100 Cent (c)
Zeitzone:	MEZ + 11 Std. (Bairiki)

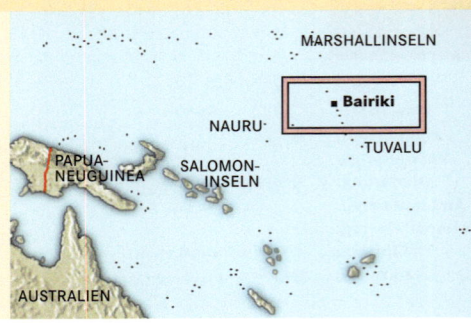

Staatswappen

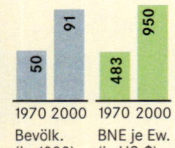

1970 2000 · 1970 2000
Bevölk. (in 1000) · BNE je Ew. (in US-$)

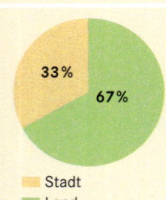

33 %
67 %

■ Stadt
■ Land
Bevölkerungsverteilung 2000

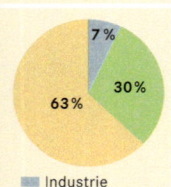

7 %
30 %
63 %

■ Industrie
■ Landwirtschaft
■ Dienstleistung
Bruttoinlandsprodukt 1998

der Uiguren in der Mongolei zerstörten, wanderten seit dem 10./11. Jh. in das Gebiet des heutigen K. ein. Dieses kam im 13. Jh. unter die Herrschaft der Mongolen, im 17./18. Jh. unter die der Dsungaren. Zu Beginn des 19. Jh. gerieten die Kirgisen in Abhängigkeit des kasach. Khanats Kokand; mit diesem wurde K. 1876 Russland angegliedert. Nach der Teilnahme am Mittelasiat. Aufstand gegen Russland (1916) und der Oktoberrevolution wurde in K. 1918 die Sowjetmacht errichtet. K. gehörte zunächst zu der 1918 gegründeten Turkestan. ASSR. Das 1924 innerhalb der RSFSR gebildete Karakirgis. Autonome Gebiet wurde 1925 in Kirgis. Autonomes Gebiet umbenannt, aus ihm ging 1926 die Kirgis. ASSR hervor. Den folgenschwersten Einschnitt stellte die Zwangskollektivierung ab 1929 dar (Zwangsansiedlung der Nomaden, mit der Vertreibung der Sippenoberhäupter einhergehende »Entkulakisierung«, Erweiterung der Baumwollanbauflächen); sie führte nicht nur zur Flucht vieler Kirgisen mit ihren Viehherden nach China und Afghanistan, sondern auch zum Wiederaufleben des erst 1926 zerschlagenen Widerstandes der islam. Basmatschen. Opposition in den Reihen der kirgis. Intelligenz einschl. des Parteiapparates wurde mit »Säuberungen« beantwortet (Reduzierung der Mitgl.zahl der KP um 51 %). 1936 Umwandlung K.s in eine Unionsrepublik. Der Ausbau der Transportwege und die einsetzende Industrialisierung förderten einen Zustrom von Arbeitskräften aus den europ. Teilen der UdSSR, der Zweite Weltkrieg und die Aufnahme deportierter Völkerschaften verstärkten diesen Prozess. Im Juni 1990 kam es zu blutigen ethn. Auseinandersetzungen zw. Kirgisen und der usbek. Minderheit im S der Rep. (Gebiet von Osch). Am 15. 12. 1990 erklärte K. seine Souveränität innerhalb der UdSSR, am 31. 8. 1991 seine Unabhängigkeit. Staatspräs. A. Akajew (seit Okt. 1990 im Amt, durch Wahlen 1991, 1995 und 2000 bestätigt) leitete nach dem Verbot der KP 1991 eine allmähl. Demokratisierung der polit. Strukturen (Verabschiedung einer neuen Verf. am 5. 5. 1993 durch das Parlament) sowie Reformen in der Wirtschaft (u. a. Privatisierung von Unternehmen, Bekämpfung der Korruption) ein. Im Febr. 1995 wählte die Bev. erstmals seit der Unabhängigkeit ein Parlament (Mehrheit der Mandate für Präs. Akajew nahe stehende Abg.). Bes. durch eine 1996 per Referendum gebilligte Verf.änderung, die dem Staatspräs. eine weit gehende Bestimmung von Innen- und Außenpolitik zusprach, konnte Präs. Akajew seine Machtposition stärken. In einem weiteren Referendum im Okt. 1998 stimmte die Bev. für die Privatisierung von Agrarland und die Förderung der privaten Landwirtschaft. In einer Konfliktregion gelegen, entwickelte sich K. zunehmend zu einem Transitland für den Rauschgiftschmuggel aus Afghanistan und sah sich mit dem grenzüberschreitenden Wirken muslim. Extremisten konfrontiert (1999 und erneut 2000 Kämpfe zw. der Armee und einer aus Tadschikistan vorgedrungenen islam. Rebellengruppe). Im Febr. 2000 fanden – bei Ausschluss von großen Oppositionsparteien – Parlamentswahlen statt, bei denen erstmals über Kandidaten mit Parteizugehörigkeit abgestimmt werden konnte und aus denen die (1992 neu gegründete) KP als stärkste Kraft hervorging (allerdings nur Vergabe von 15 der 105 Abg.sitze über Parteilisten, 90 an »Unabhängige«). In Auseinandersetzung mit einer wachsenden Opposition verstärkte Akajew die autoritären Züge seiner Präsidialherrschaft; in einem Referendum Anfang Febr. 2003, das auch die Umwandlung des Zweikammer- in ein Einkammerparlament vorsah, ließ er sich per Referendum bis 2005 im Amt bestätigen.

Im Dez. 1991 trat K. der ↗ GUS bei. Im März 1992 wurde es Mitgl. der UNO und unterzeichnete 1994 die NATO-Initiative »Partnerschaft für den Frieden«. Mit dem Beitritt zur kasachisch-usbek. Wirtschaftsunion (1994, seit dem Anschluss Tadschikistans 1998 Zentrale Wirtschaftsgemeinschaft gen.) und zur Gemeinschaft Integrierter Staaten (GIS; 1996) innerhalb der GUS intensivierte K. die Beziehungen zu seinen Nachbarstaaten. Dem dienten u. a. auch die Unterzeichnung eines Grenzabkommens mit der VR China (1996) und die Vereinbarung einer Zollunion zw. den Mitgl. der (um Tadschikistan erweiterten) GIS (1999). Als erste der ehem. Sowjetrepubliken wurde K. im Okt. 1998 in die Welthandelsorganisation aufgenommen; am 1. 7. 1999 trat das Partnerschafts- und Kooperationsabkommen mit der EU in Kraft.

Kiribati (amtlich engl. Republic of K.; dt. Rep. K.), Inselstaat im südwestl. Pazifik, umfasst die Gilbert- und Phönixinseln, Banaba (Ocean Island) und acht der elf Linieninseln, erstreckt sich beiderseits der Datumsgrenze über mehrere Zeitzonen, beiderseits des Äquators 3 870 km in W-O- und 2 050 km in N-S-Ausdehnung in einem Meeresgebiet von rd. 5 Mio. km² (200-Seemeilen-Meereszone 3,55 Mio. km²).

Staat und Recht

Nach der Verf. von 1979 ist K. eine präsidiale Rep. im Commonwealth. Staatsoberhaupt und Reg.chef ist der auf 4 Jahre direkt gewählte Präs.; die Legislative liegt beim Einkammerparlament (40 gewählte Abg., ein von Banaba nominierter Vertreter sowie der Generalstaatsanwalt). Parteien: Mwaneaaban te Mauri Party (MMP), Boutokanto Koaua Party (BKP).

Landesnatur

Außer Banaba (bis 81 m ü. M.) sind alle übrigen 32 Inseln Koralleninseln und -eilande (Atolle), die nur 1–3 m über Fluthöhe liegen. Banaba umfasst 6 km² und (1990) 280 Ew.; Gilbertinseln: 16 Atolle, 286 km², 67 500 Ew. (davon 29 000 auf Tarawa); Phönixinseln: acht Atolle, ohne ständige Bewohner; drei bewohnte Linieninseln (Teraina oder Washington Island, Tabuaeran oder Fanning Island, Kiritimati oder Christmas Island; zus. 4 700 Ew.). – Tropisch-ozean. Klima, mit sehr geringen jahreszeitl. Temperaturunterschieden und schwankenden Niederschlägen (in Äquatornähe geringer als auf den nördl. und südl. Inseln; Regenzeit Okt.–März); verbreitet sind Kokospalme und Schraubenbaum.

■ **Bevölkerung**

97 % sind Mikronesier, daneben gibt es polynes., europ. und chines. Minderheiten. – Über 93 % der Bev. sind Christen (mehrheitlich Katholiken). – Es besteht eine neunjährige allgemeine Schulpflicht ab dem 6. Lebensjahr. Die Analphabetenquote beträgt 10 %.

■ **Wirtschaft, Verkehr**

Seit Einstellung des Phosphatabbaus 1979 (Vorkommen erschöpft) basiert die Wirtschaft v. a. auf Kopraproduktion und Fischerei (bes. für Export); zur Eigenversorgung dienen Taro, Bananen, Papaya, Brotfrüchte; Algenkulturen. Einfuhr von Lebensmitteln, Maschinen, Fahrzeugen, Konsumgütern und Mineralöl. Haupthandelspartner sind Australien, Japan, Neuseeland und die USA. Zinseinkünfte aus dem Phosphatfonds und Einkünfte aus Fischereilizenzen. – Straßennetz 640 km lang; Haupthafen Betio und internat. Flughafen Bonriki auf Tarawa.

■ **Geschichte**

Einige der Gilbertinseln wurden 1765, andere 1788 von engl. Seefahrern entdeckt (unter ihnen Thomas Gilbert, nach dem die Inselgruppe später benannt wurde). Seit 1837 kamen die ersten ständigen europ. Siedler, 1857 begann die christl. Missionierung. 1892 Errichtung des brit. Protektorats (ab 1916 Kronkolonie) Gilbert and Ellice Islands; 1942–43 von Japan besetzt (das Atoll Tarawa war vom 20.–23. 11. 1943 Schauplatz eines der heftigsten Kämpfe zw. Japanern und Amerikanern im Pazifikkrieg); 1975/76 Lösung der Ellice-Inseln aus der gemeinsamen Verwaltung (/Tuvalu). Am 12. 7. 1979 entließ Großbritannien die Gilbertinseln als K. in die Unabhängigkeit. 1985 schloss sich der Inselstaat der atomwaffenfreien Zone des Südpazifik an. Nach der Wiederaufnahme der frz. Atomtests 1995 suspendierte K. seine diplomat. Beziehungen zu Frankreich. Im Sept. 1999 wurde der Inselstaat in die UNO aufgenommen.

Kırıkkale [kəˈrəkkalɛ], Prov.-Hptst. in Zentralanatolien, Türkei, 154 800 Ew.; Stahlwerk, Fahrzeugbau, chem. Ind., Waffen- und Munitionsfabrik.

Kirin, Stadt und Prov. in China, /Jilin.

Kiritimati (früher Christmas Island, dt. Weihnachtsinsel), Korallenatoll der Linieninseln, Kiribati, im W des Pazifik, 388 km², 5 300 Ew.; Kokospalmenplantagen; Flugplatz. Am 24. 12. 1777 von J. Cook entdeckt.

Kirke (lat. Circe), grch. *Mythos:* die zaubermächtige Tochter des Helios auf der Insel Aia, die Odysseus' Gefährten in Schweine verwandelte; von ihm durch Gegenzauber überwunden; gebar ihm den Sohn Telegonos.

Kirkeby, Per, dän. Künstler, * Kopenhagen 1. 9. 1938; nahm als Geologe an Expeditionen u. a. nach Grönland, Mittelamerika und Zentralasien teil und verarbeitete seine Eindrücke in Bildzyklen in Mischtechnik, ging um 1977 zur Ölmalerei in neoexpressionist. Stil über. Trat mit architekton. Backsteinskulpturen hervor (Dt. Bibliothek, Frankfurt am Main, 1997); auch schriftstellerisch tätig.

Kirkenes [ˈçirkənes], Ort in N-Norwegen, an einem Nebenarm des Varangerfjords, heute Teil der Gemeinde Sør-Varanger; Endpunkt der Schifffahrtslinie Hurtigrute, Verschiffungshafen der südlich von K. abgebauten Eisenerze; chem., Holz-, Zementind.; Flughafen.

Kirkpatrick [kəːˈkpætrɪk], Ralph, amerikan. Cembalist, * Leominster (Mass.) 10. 6. 1911, † Guilford (Conn.) 13. 4. 1984; trat bes. als Interpret barocker und zeitgenöss. Cembalomusik hervor.

Kirkuk (Kerkuk), Prov.-Hptst. in Irak, 419 000 Ew.; Zentrum eines Erdölgebiets; Erdölraffinerie.

Kirkwall [ˈkəːkwɔːl], Hptst. der Orkneyinseln, Schottland, auf Mainland, 7 000 Ew.; Handelshafen, Bootsbau, Whiskyherstellung; Versorgungszentrum für die Nordseeölfelder. – Ehem. Kathedrale (12.–16. Jh.).

Kirlian-Fotografie [nach dem russ. Techniker S. D. Kirlian] (Hochspannungsfotografie), Verfahren zur Registrierung von Hochspannungsentladungsmustern. Zw. einer flächigen Elektrode und einem geerdeten Objekt befindet sich ein lichtempfindl. Aufzeichnungsmaterial. Bei der Entladung tritt blaues Licht auf, das von der lichtempfindl. Schicht registriert wird. Je nach Art und Form des Objektes werden versch., charakterist. Muster erzeugt.

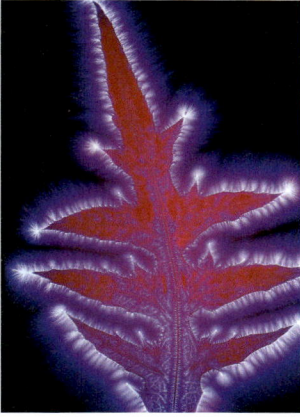

Kirlian-Fotografie eines Distelblattes

Kirmes (Kirmse), /Kirchweih.

Kirn, Stadt im Landkreis Bad Kreuznach, Rheinl.-Pf., an der Nahe, 9 200 Ew.; Leder-, Kunststoffind. – Über der Stadt die Ruine Kyrburg (1128 erstmals erwähnt, 1734 zerstört). – Seit 1857 Stadt.

Kirow (bis 1934 Wjatka), Gebietshptst. im europ. Teil Russlands, an der Wjatka, 466 100 Ew.; Hochschulen; Metall verarbeitende, chem., Spielwarenind., Musikinstrumentenbau; Fluss-, Flughafen, Bahnknotenpunkt. – K. wurde Ende des 12. Jh. gegründet.

Kirow, Sergei Mironowitsch, eigtl. S. M. Kostrikow, sowjet. Politiker, * Urschum (Gouv. Wjatka) 27. 3. 1886, † (ermordet) Leningrad (heute Sankt Petersburg) 1. 12. 1934; schloss sich 1904 den Bolschewiki an. Als enger Mitarbeiter Stalins wurde er 1926 Erster Sekretär der Leningrader Parteiorganisation, 1930 Mitgl. des Politbüros, 1934 ZK-Sekretär. Seine (wahrscheinlich von Stalin veranlasste) Ermordung durch einen Studenten löste die große Säuberung (/Tschistka) aus.

Kirowabad, 1935–89 Name der aserbaidschan. Stadt /Gäncä.

Rainer Kirsch

Sarah Kirsch

Kirowakan [nach S. M. Kirow], 1935–91 Name der armen. Stadt ↗ Wanadsor.

Kirow-Ballett [nach S. M. Kirow], Ballett des Staatlichen Akademischen Marien-Theaters Sankt Petersburg, neben der Truppe des Moskauer Bolschoitheaters führendes russ. Ballettensemble, dessen Aufführungsstätte seit 1860 das Marien-Theater in Sankt Petersburg ist; ging aus einer 1738 von Jean-Baptiste Landé († 1748) in Sankt Petersburg für die Kinder der Bediensteten des Hofes gegr. Ballettschule hervor und wurde unter M. Petipa weltbekannt.

Kirowograd (ukrain. Kirowohrad, bis 1924 Jelisawetgrad, 1924–36 Sinowjewsk, 1936–39 Kirowo), Hptst. des Gebietes K., Ukraine, am Ingul, 253 000 Ew.; Hochschule für Landmaschinenbau; Landwirtschaftstechnik, Zuckerfabrik. – Gegr. 1764.

Kirsch, 1) Rainer, Schriftsteller, * Döbeln 17. 7. 1934; 1958–68 ∞ mit 2); schreibt u. a. zeitkrit. und Naturlyrik (»Anna Katharina oder Die Nacht am Moorbusch«, 1991), Erzählungen und poet. Kinderbücher (»Der kleine lila Nebel«, 1985); bed. Nachdichtungen, u. a. aus dem Russ. und Französischen.

2) Sarah, geb. Ingrid Bernstein, Schriftstellerin, * Limlingerode (heute zu Hohenstein, Landkreis Nordhausen) 16. 4. 1935; siedelte 1977 nach Berlin (West) über, lebt seit 1983 in Schlesw.-Holst. K. ist v. a. Lyrikerin, zentrales Motiv ihrer persönlich gehaltenen, assoziationsreichen Gedichte ist die Beziehung zw. Mensch und Natur aus weibl. Perspektive (u. a. »Gespräch mit dem Saurier«, 1965, mit Rainer K.; »Drachensteigen«, 1979; »Katzenleben«, 1984; »Erlkönigs Tochter«, 1992; »Bodenlos«, 1996; »Schwanenliebe«, 2002); auch in ihrer Prosa artikuliert sie weibl. Erfahrungen (»Die Pantherfrau«. Fünf unfrisierte Erzählungen aus dem Kassetten-Recorder«, 1973; »Irrstern«, 1986), autobiografisch in »Allerlei-Rauh. Eine Chronik« (1988), »Das simple Leben« (1994), »Islandhoch. Tagebuchbruchstücke« (2002). Hörspiele, Kinderbücher, Übersetzungen. Erhielt 1996 den Georg-Büchner-Preis.

Kirsche (Kirschbaum), Bez. für mehrere zur Rosengewächsgattung Prunus zählende Steinobstgewächse. Die **Süß-** oder **Vogel-K.** (Prunus avium), ein bis 20 m hoher Baum Mitteleuropas und West-Asiens, hat weiße Blüten in Doldenbüscheln. Die kugeligen Früchte sind bei der wild wachsenden Vogel-K. erbsengroß, rot oder schwarzrot, bei Kulturformen größer und süß. Sie werden in **Herz-K.** mit weichfleischigen roten oder schwarzroten Früchten und **Knorpel-K.** mit hartfleischigen gelben oder roten Früchten unterteilt. Die wild oder verwildert im Kaukasus und Kleinasien vorkommende **Sauer-K.** (**Weichsel-K.**, Prunus cerasus) wird auf der N-Halbkugel in vielen Sorten und Varietäten als Obstbaum kultiviert; die roten Früchte (Sauer-K.) enthalten reichlich Fruchtsäuren. Die wichtigsten Varietäten der Sauer-K. sind: **Schattenmorelle** (Strauchweichsel) mit sauren dunkelroten Früchten; **Glas-K.** (Amarelle, Baumweichsel) mit nur mäßig sauren Früchten; **Morelle** (Süßweichsel) und die v. a. in SO-Europa angepflanzte **Maraskakirsche.**

Kirsche: Blütendolde der Süßkirsche (oben) und Zweig mit Früchten der Knorpelkirsche

Kirschfruchtfliege (Kirschfliege, Rhagoletis cerasi), 3–5 mm lange Bohrfliege mit gelbem Schildchen und vier bläulich schwarzen Flügelquerbinden, die ihre Eier bes. an gerade sich verfärbenden Süßkirschen ablegt. Die Larve (**Kirschmade**) frisst das Fruchtfleisch.

Kirschlorbeer (Lorbeerkirsche, Prunus laurocerasus), aus SO-Europa und Kleinasien stammendes Rosengewächs mit glänzenden, immergrünen Blättern, weißen Blütentrauben und schwärzl. Früchten;

Kirschlorbeer: Zweige mit Blüten und Früchten

Zierstrauch. Der K. enthält in allen Pflanzenteilen das giftige **Kirschlorbeeröl.**

Kirschwasser (Kirsch), Obstbranntwein aus vergorener Kirschmaische, Alkoholgehalt mindestens 38 Vol.-%.

Kirst, Hans Hellmut, Schriftsteller, * Osterode in Ostpreußen (heute Ostróda) 5. 12. 1914, † Bremen 23. 2. 1989; schrieb zeitbezogene Unterhaltungsromane: »08/15« (Trilogie, 1954/55), »Verdammt zum Erfolg« (1971), »Ende '45« (1982) u. a.

Kiruna [ˈkiryna], nördlichste Stadt Schwedens, im Bez. (Län) Norrbotten, am Luossajärvi, 500–570 m ü. M., 24 800 Ew.; Polarlichtforschungszentrum der ESA; bed. Eisenerzbergbau (Magnetit); Bau von Förderanlagen. K. liegt zw. den Erzbergen Kirunavaara (urspr. 748 m) und Luossavaara (urspr. 729 m); Ausfuhr über die 168 km lange Bahnlinie nach Narvik; Flughafen. – Bergbau seit 1900.

Kirundi, afrikan. Sprache, ↗ Rundi.

Kiš [-ʃ], Danilo, serb. Schriftsteller, * Subotica 22. 2. 1935, † Paris 15. 10. 1989; lebte seit 1979 in Paris; behandelte in seinen von einer poet., subjektiven Weltsicht geprägten Romanen und Erzählungen häufig jüd. Schicksale (»Garten, Asche«, R., 1965; »Ein Grabmal für Boris Dawidowitsch«, R., 1976; »Enzyklopädie der Toten«, Erz., 1983).

Kisangani (bis 1966 Stanleyville), Regions-Hptst. in der Demokrat. Rep. Kongo, am Kongo, unterhalb der Stanleyfälle (Boyomafälle), 498 000 Ew.; kath. Erzbischofssitz, Univ., Institut Pasteur; Nahrungsmittel-, Textil- u. a. Ind.; Endpunkt der Schifffahrt auf dem Kongo und der Eisenbahnlinie von Ubundu, internat. Flughafen.

Kisch (Kish), Insel im Pers. Golf, vor dem südl. Festland des Iran; rd. 91 km²; seit 1993 Freihandelszone; internat. Flughafen.

Kisch, Egon Erwin, tschech. Journalist und Schriftsteller, * Prag 29. 4. 1885, † ebd. 31. 3. 1948; schrieb in dt. Sprache, war Reporter in Prag, Wien und Berlin. 1933 Abschiebung in die Tschechoslowakei, 1937/38 Kämpfer für das republikan. Spanien; 1939–46 Emigration (USA, Mexiko); K. erhob die Reportage zu literar. Rang; der Titel seiner Sammlung »Der rasende Reporter« (1925) wurde zum Synonym für K. selbst.

Kischi, Insel im Onegasee, Karelien (Russ. Föderation), mit bed. Werken der russ. Holzbaukunst (UNESCO-Weltkulturerbe): Glockenturm (1874), Verklärungskirche (Preobraschenskirche, 1714) mit 22 Kuppeln; Kirche zu Mariä Schutz und Fürbitte (Pokrowkirche, 1764); Freilichtmuseum.

Kischinjow (Kischinew), russ. Name der Stadt ↗ Chişinău.

Kishi [-ʃi], Nobusuke, japan. Politiker, * Präfektur Yamaguchi (Honshū) 13. 11. 1896, † Tokio 7. 8. 1987; Jurist, 1956–57 Außenmin., war 1957–60 MinPräs. und Vors. der Liberaldemokrat. Partei. In seiner Reg.zeit wurde im Jan. 1960 der japanisch-amerikan. Sicherheitsvertrag abgeschlossen.

Kishon [kiˈʃɔn], Ephraim, israel. Schriftsteller, * Budapest 23. 8. 1924; kam 1949 nach Israel, seit 1952 satir. Kolumnist bei versch. Tageszeitungen, glossiert und kritisiert in Erzählungen, Romanen, Theaterstücken und Hörspielen bes. das israel. Alltagsleben. – *Werke: Romane und andere Prosa:* Drehn Sie sich um, Frau Lot (1962); Arche Noah, Touristenklasse (1963); Kein Öl, Moses? (1974); Mein Freund Jossele (1977); Total verkabelt (1989); Ein Apfel ist an allem schuld (1994); Picassos süße Rache (1995).

Kislowodsk, Stadt in der Region Stawropol, Russland, am N-Rand des Großen Kaukasus, 120 800

Ew.; Kurort mit Heilquellen; Mineralwasserversand; künstl. See (70 ha).

Kismaayo (Kisimaju, früher italien. Chisimaio), Hafenstadt in S-Somalia, an der Mündung des Juba, 200 000 Ew. (städt. Agglomeration); Flughafen; seit dem MA. bed. Handelsplatz der Suaheli.

Kismet [türk., zu arab. kisma »Los«] *das,* im Islam das dem Menschen von Allah zugeteilte, unabänderl. Schicksal; von der islam. Theologie als Erfahrung der Souveränität Gottes durch den Menschen beschrieben, die seinem Handeln und Trachten einerseits Grenzen setzt, andererseits jedoch von ihm verantwortetes Handeln erwartet.

Kisseljowsk (Kiselevsk), Stadt im Gebiet Kemerowo, Russland, im Kusnezker Kohlenbecken, 116 000 Ew.; Steinkohlenbergbau, Maschinenbau.

Kissin, Jewgeni, russ. Pianist, * Moskau 10. 10. 1971; debütierte bereits als Zwölfjähriger mit den Klavierkonzerten von F. Chopin, begann 1986 eine weltweite Konzerttätigkeit; interpretiert v. a. die romant. Klavierliteratur, aber auch Werke von J. S. Bach, J. Haydn und W. A. Mozart.

Kissingen, Bad, ↗ Bad Kissingen.

Kissinger [ˈkɪsɪndʒə], Henry Alfred, amerikan. Politiker dt. Herkunft, * Fürth 27. 5. 1923; emigrierte 1938 mit seinen jüd. Eltern in die USA; als Politikwissenschaftler 1959–69 Prof. an der Harvard University, lehrte seit 1977 an der Georgetown University in Washington (D. C.). Ab 1961 war er zeitweilig Berater der Präs. J. F. Kennedy und L. B. Johnson. Als Sicherheitsberater (1969–75) der Präs. R. M. Nixon und G. R. Ford sowie als Außenmin. (1973–77) bereitete er eine amerikanisch-chines. Annäherung vor und förderte Entspannung und Rüstungskontrolle im Ost-West-Konflikt. Der von ihm mit ↗ Le Duc Tho ausgehandelte Waffenstillstand in Vietnam (1973), für den beide den Friedensnobelpreis erhielten, leitete den Rückzug der USA aus SO-Asien ein. Im ↗ Nahostkonflikt, bes. nach dem israelisch-arab. Krieg vom Okt. 1973, suchte K. im Rahmen einer ausgedehnten Reisediplomatie zu vermitteln. 1982 gründete K. die Beratungsfirma »K. Associates, Inc.«, die Regierungen und Unternehmen weltweit Informationen und Analysen anbietet. Nach dem Zusammenbruch des Ostblocks (1989/91) trat er u. a. für die Erhaltung der transatlant. Beziehungen ein und forderte – angesichts der Globalisierung der Wirtschaft und der durch zahlr. Konflikte unruhiger gewordenen Welt – eine Neubestimmung der polit. Ziele der USA und der westl. Staaten. 1987 erhielt er den Internat. Karlspreis der Stadt Aachen.

Kissinger Diktat, formelhafte Auffassungen zur künftigen Außenpolitik des Dt. Reiches, die O. von Bismarck am 15. 6. 1877 seinem Sohn Herbert während eines längeren Kuraufenthaltes in Bad Kissingen diktierte: Sein Ziel sei eine europ. Mächtekonstellation, »... in welcher alle Mächte außer Frankreich unser bedürfen, und von Koalitionen gegen uns durch ihre Beziehungen zueinander nach Möglichkeit abgehalten werden«.

Kistna, Fluss in Indien, ↗ Krishna.

Kisuaheli *das* (Kiswahili), ↗ Suaheli.

Kisumu (früher Port Florence), Prov.-Hptst. in Kenia, am Kavirondogolf des Victoriasees, 1 146 m ü. M., 273 400 Ew.; kath. Erzbischofssitz; Handels- und Umschlagplatz (Schiff/Bahn); Flughafen.

Kitaj [ˈkiːtaːʒ], R(onald) B., eigtl. Ronald Brooks, amerikan. Maler und Grafiker, * Chagrin Falls (Oh.) 29. 10. 1932; schuf montageartig angelegte Kompositionen mit gesellschaftspolit. Thematik, Pastelle und Kohlezeichnungen.

Kitakyūshū [-ʃuː], Hafen- und Ind.stadt im N der japan. Insel Kyūshū, 1,01 Mio. Ew.; TH; Eisen- und Stahl-, chem., elektrotechn. Ind., Maschinen- und Fahrzeugbau; durch zwei untermeer. Eisenbahntunnel und einen Straßentunnel (↗ Kammontunnel) sowie eine Hochbrücke mit Shimonoseki (Honshū) verbunden; Flughafen. – 1963 durch Vereinigung der Städte Yahata (Jawata), Tobata, Wakamatsu, Moji, Kokura entstanden.

Kitale, Stadt in W-Kenia, am Ostfuß des Mount Elgon, 1 900 m ü. M., 86 300 Ew.; Nationalmuseum von W-Kenia; Zentrum eines Landwirtschaftsgebiets (Mais, Weizen, Tee, Kaffee; Viehzucht); Eisenbahnanschluss, Flugplatz.

Kitan (Qidan, Chi-tan), mongol. Stämmeverband, seit dem 5. Jh. n. Chr. bekannt, in NO-China ansässig, gründete 907 ein Reich, das 937 den chines. Namen **Liao** annahm und in seiner Blütezeit von Korea bis in die westl. Mongolei reichte, aber 1125 vernichtet wurde. Die nach W geflüchteten Überlebenden gründeten zw. 1129 und 1141 das Reich der **Kara Kitai.** Dieses Reich wurde 1218 von den Mongolen erobert.

Kitano, Takeshi, japan. Filmregisseur, * Tokio 18. 1. 1948; auch als Romancier, Essayist und durch Fernsehunterhaltung bekannt; drehte u. a. die Filme: »Violent Cop« (1989), »Sonatine« (1993), »Hana Bi – Feuerblume« (1998), »Kikujiros Sommer« (1999).

Kitasato, Shibasaburō, japan. Bakteriologe, * Oguni (Präfektur Kumamoto) 20. 12. 1856, † Nakanojō (Präfektur Gunma) 13. 6. 1931; Schüler und Mitarbeiter R. Kochs in Berlin; mit E. von Behring entdeckte er die Diphtherie- und Tetanusantitoxine (1890), fand 1894 den Pestbazillus, 1898 entdeckte er den Erreger der Ruhr.

Kitchener [ˈkɪtʃɪnə] (bis 1916 Berlin), Stadt in der kanad. Prov. Ontario, 178 400 Ew. (Agglomeration 382 900 Ew.); Reifen-, Textil-, Leder-, Möbelind., Maschinenbau. – 1824 von deutschsprachigen Mennoniten gegründet.

Kitchener [ˈkɪtʃɪnə], Horatio Herbert, Earl (seit 1914) K. of Khartoum and of Broome, brit. Feldmarschall (seit 1909), * Crotter House bei Listowel (Cty. Kerry, Irland) 24. 6. 1850, † vor den Orkneyinseln 5. 6. 1916; eroberte als Oberbefehlshaber der ägypt. Armee 1896–98 den Sudan, zwang die Franzosen in der ↗ Faschodakrise zum Rückzug, war im Burenkrieg (1899–1902) Oberbefehlshaber, 1914–16 Heeresmin. (Durchsetzung der allg. Wehrpflicht). K. ertrank beim Untergang des Panzerkreuzers »Hampshire« auf einer diplomat. Reise.

Kiteboarding [kaɪtbɔːdɪŋ, engl.], *das,* ↗ Kitesurfen.

Kitesailing [kaɪtseɪlɪŋ, engl.] *das, Trendsport:* das Fahren auf alpinen Ski hinter einem Lenkdrachen über Schnee- und Eisflächen.

Kiteskating [kaɪtskeɪtɪŋ, engl.] *das, Trendsport:* das Fahren auf speziellem Skateboard (Longboard: 89 bis 120 cm Länge) hinter einem Lenkdrachen über Asphaltflächen.

Kitesurfen [kaɪtˈsəːfn, engl.] *das* (Kiteboarding), *Trendsport:* das Segeln mit Surfboard (zentral positionierte Fußschlaufen) und einem an zwei Seilen geführten Lenkdrachen. Die Leinenlänge beträgt etwa 15 bis 40 m. Reviere zum K. müssen großräumig sein und dürfen keine Hindernisse aufweisen.

Kithara (grch.) *die,* altgrch. Saiteninstrument, eine Leier (↗ Lyra) mit geschwungenen Jocharmen und urspr. sieben, später zwölf Saiten.

Kitimat [-mæt], Hafenort in der Prov. British Columbia, Kanada, 11 200 Ew.; Aluminiumwerk, Papier-, Methanolfabrik. – Gegr. 1948 als Werksiedlung.

Egon Erwin Kisch (Ausschnitt aus einer zeitgenössischen Zeichnung)

Ephraim Kishon

Henry Kissinger

Shibasaburō Kitasato

Horatio Herbert Kitchener

Kiwi:
Zweig mit Früchten

Kiwis:
Streifenkiwi

Kitsch, um 1870 in Münchener Künstlerkreisen entstandener Begriff (Wortherkunft nicht geklärt), der urspr. billig hergestellten Kunstersatz bezeichnete; heute dient der Begriff zur Umschreibung von Produkten aus allen Bereichen der Darstellung (Bild, Text, Musik), die (im Unterschied zum Kunstgewerblichen, zur Unterhaltungsliteratur, -musik) »höhere Werte« vortäuschen und so als etwas »Schönes« erscheinen. Die Grenze zw. K. und Kunst ist nicht immer deutlich, wobei Kunst u. a. auch durch die Art und Weise der Rezeption verkitscht werden kann.

Kitt, Bez. für knetbare bis zähflüssige Massen, die je nach Anforderung an die Haftfestigkeit in Kleb- und Füll-K. unterteilt werden. **Kleb-K.** sind bei Raumtemperatur plastisch verformbare Klebstoffe, die i. d. R. Füllstoffe und keine oder nur flüchtige Lösungsmittel enthalten. Sie dienen gleichzeitig zum Füllen dickerer Klebfugen. **Füll-K.** sind für das Ausfüllen oder Abdichten (z. B. von Hohlräumen, dickeren Fugen) geeignete Massen, an die keine besonderen Anforderungen hinsichtlich der Haftfestigkeit gestellt werden.

Kitt Peak [-pi:k], Berg in Arizona, USA, 90 km südwestlich von Tucson, 2095 m ü. M. Die auf dem Gipfel gelegenen Observatorien, das **K. P. National Observatory** (u. a. mit 4-m-Spiegelteleskop) und das **National Solar Observatory,** gehören zu den bedeutendsten Forschungszentren für opt. Astronomie.

Kitwe, Bergbau- und Ind.stadt in N-Sambia, 1350 m ü. M., 786000 Ew. (mit Vororten); Techn.univ., forstwiss. Institut; Zentrum des Kupfererzbergbaus, Metall-, Holz-, Lebensmittel- u. a. Ind. – Gegr. 1936.

Kitz, Junges von Reh, Gämse, Steinwild. Das männl. heißt **Bock-K.,** das weibl. **Geißkitz.**

Kitzbühel, Bez.-Hptst. in den Kitzbüheler Alpen, Tirol, Österreich, 762–1800 m ü. M., 8600 Ew.; internat. Fremdenverkehrsort, Wintersport (u. a. Hahnenkammrennen); zahlr. Lift- und vier Seilbahnanlagen (**Hahnenkamm** 1668 m ü. M., **Kitzbüheler Horn** 1996 m ü. M.); am Schwarzsee Moorbad. – Maler. Stadtbild, v. a. barock geprägt. – 1165 erstmals erwähnt, Stadt seit 1271.

Kitzbüheler Alpen, Teil der Ostalpen in Tirol und Salzburg, Österreich, zw. Zillertal im W und Zeller See im O, im Kreuzjoch 2558 m ü. M.; Teil der Schiefer- und Grauwackenzone, Wald und »Grasberge«.

Kitzingen, 1) Landkreis im RegBez. Unterfranken, Bayern, 684 km², 89000 Einwohner.
2) Krst. von 1) in Bayern, Große Krst., am Main, 21 200 Ew.; Fachschulen; Dt. Fastnachtmuseum; Rebveredlungsanstalt; Maschinenbau, Metall-, Textil-, Farben-, Glaswarenind., bed. Weinbau; Hafen. – Teile der Befestigung (15. Jh.) sind erhalten, dazu Rathaus (1561–63), got. Hallenkirche St. Johannes (15. Jh.), ev. Pfarrkirche (1686–93); Heiligkreuzkapelle von B. Neumann (1741–45). – Entstand im 12./13. Jh.

Kitzler (Klitoris, Clitoris), das entwicklungsgeschichtlich dem Penis entspr. Geschlechtsorgan der weibl. Säugetiere. Bei der Frau liegt der K. (als wichtigste erogene Zone) am Ende der kleinen Schamlippen, besteht aus zwei Schwellkörpern und der Eichel.

Kitzsteinhorn, Gipfel der Hohen Tauern, Österreich, ↗ Kaprun.

Kiukiang, Stadt in China, ↗ Jiujiang.

Kiuschu, japan. Insel, ↗ Kyūshū.

Kiutschüan, Oasenstadt in China, ↗ Jiuquan.

Kivi, Aleksis, eigtl. A. Stenvall, finn. Dichter, *Nurmijärvi 10. 10. 1834, †Tuusula 31. 12. 1872; leitete den Beginn der modernen Literatur in finn. Sprache ein. Seine Dramen (»Die Heideschuster«, 1864, u. a.) ermöglichten die Gründung des finn. Nationaltheaters.

Kivik ['tçi:vik], an der O-Küste von Schonen südlich Kristianstad, Schweden, gelegener Fundort eines bronzezeitl. Hügelgrabs mit Grabkammer in Megalithbauweise; erhalten sind Wandsteine mit kult. Darstellungen.

Kiwano (Hornmelone, Cucumis metuliferus), aus Neuseeland stammendes, im südl. Afrika wild vorkommendes Kürbisgewächs mit walzenförmigen, gelbbraunen bis orangefarbenen, 10–15 cm langen Früchten mit hornartigen Auswüchsen. Das essbare grüne Fruchtfleisch ist weich, saftig und von vielen Samen durchsetzt.

Kiwi [engl., Herkunft ungeklärt] *die* (Chinesische Stachelbeere), die essbare Frucht des Chines. Strahlengriffels (Actinidia chinensis), eines in China beheimateten, bis 8 m hoch rankenden, wärmeliebenden windenden Strauches mit großen Blättern und zweihäusigen, weißl. Blüten. Die K. sind länglich oval, bis über 8 cm groß, mit brauner, behaarter Schale und grünem, saftigem Fruchtfleisch; reich an Vitamin C.

Kiwis [Maori] (Schnepfenstrauße, Apterygidae), Familie bis 35 cm hoher, flugunfähiger, nachtaktiver Laufvögel mit drei Arten in den Wäldern Neuseelands; mit graubraunem, strähnigem Gefieder, kräftigen Beinen und langem, schnepfenartigem Schnabel; stehen unter Naturschutz.

Kiwusee (Kivusee), See im Zentralafrikan. Graben, 1460 m ü. M., 2650 km² groß, mehr als 450 m tief, wegen des hohen Gasgehaltes (Gemisch aus Kohlendioxid und Methan) sehr fischarm. Der W-Teil gehört zur Demokrat. Rep. Kongo, der O-Teil zu Ruanda. Vom N-Ufer erstreckt sich der 8000 km² große **Kiwu-Nationalpark.**

Kızılırmak [kə'zələrmak; türk. »Roter Fluss«] (im Altertum Halys), der längste Fluss der Türkei, 1355 km lang, entspringt mit zwei Quellflüssen östlich von Sivas am Kızıl Dağ und am Dumanlı Dağ, fließt durch Zentralanatolien, durchbricht das Pont. Gebirge und mündet bei Bafra ins Schwarze Meer; mehrere Talsperren.

kJ, Einheitenzeichen für Kilojoule, 1 kJ = 1000 J (↗ Joule).

Kjellén [tçɛ'le:n], Rudolf, schwed. Politiker und Staatsrechtler, *Torsö 13. 6. 1864, †Uppsala 14. 11. 1922; prägte den Begriff und entwickelte die Lehre von der ↗ Geopolitik in Fortführung der polit. Geographie F. Ratzels.

Kjökkenmöddinger ['kø:-] (dän. Køkkenmøddinger), Abfallhaufen, Überreste vorgeschichtl. Siedlungsstellen in Strandnähe, die v. a. aus Muschelschalen und Schneckengehäusen bestehen; bes. die dän. K. der Mittelsteinzeit.

Kjui, Zesar Antonowitsch (César Cui), russ. Komponist frz. Abstammung, *Wilna 18. 1. 1835, †Petrograd (heute Sankt Petersburg) 26. 3. 1918; Schüler M. A. Balakirews; gehörte zur »Gruppe der Fünf«; komponierte Opern, Orchester-, Kammermusik, Chöre und Lieder, die Einflüsse R. Schumanns zeigen. Schrieb »La musique en Russie« (1880).

k. k., Abk. für kaiserlich-königlich im Unterschied zur Abk. **k.** für königlich-ungar., ↗ Österreich-Ungarn.

KKK, Abk. für ↗ **K**aufmännische **K**rankenkasse.

KKW, Abk. für ↗ **K**ern**k**raftwerk.

KL, im nat.-soz. Dtl. offizielle Abk. für ↗ **K**onzentrationslager.

Klabautermann [zu kalfatern], *Volksglaube:* Schiffskobold, der Segelschiffe begleitet und durch Hämmern auf Schäden hinweist.

Klabund, eigtl. Alfred Henschke, Schriftsteller, *Crossen a. d. Oder 4. 11. 1890, †Davos 14. 8. 1928; ∞ mit Carola Neher. Subtiler Lyriker (»Der himml. Vagant«, 1919), zu seiner Zeit bes. bekannt durch provokante Chansons und erot. Lieder; Erzähler, stilistisch zw. Impressionismus und Expressionismus angesiedelt; einfühlsamer Nachdichter fernöstl. Lyrik (nach engl. und frz. Übersetzungen); schrieb die Kurzromane »Moreau« (1916) und »Bracke« (1918) sowie das von B. Brecht verwertete Drama »Der Kreidekreis« (1924, nach einer chines. Vorlage).

Kladderadatsch, 1848–1944 in Berlin erschienenes politisch-satir., national ausgerichtetes Wochenblatt, gegr. u. a. von D. Kalisch; wichtigster Karikaturist war W. Scholz.

Kladno, Stadt im Mittelböhm. Gebiet, Tschech. Rep., westlich von Prag, 71 700 Ew.; Steinkohlenbergbau, Eisen-, Stahlind. – Schloss (1740) von K. I. Dientzenhofer.

Kladogenese [grch.] *die, Abstammungslehre:* Abwandlung der anagenetisch entstandenen Grundtypen (↗Anagenese) durch Spezialisation zu größerer Formenmannigfaltigkeit.

Klaffmuscheln (*Mya*), Gattung der Muscheln, bei deren Arten die Schalen am Austritt des langen Siphos auseinander klaffen. Die bis 12 cm lange **Sandklaffmuschel** (**Strandauster,** *Mya arenaria*) lebt im Wattenmeer (beliebte Speisemuschel).

Klagenfurt: Das Wahrzeichen von Klagenfurt ist der Lindwurmbrunnen (1593) auf dem Neuen Platz.

Klage, im gerichtl. Verfahren (mit Ausnahme des Strafprozesses, ↗Anklage, ↗Privatklage) das Begehren um Rechtsschutz durch richterl. Entscheidung. Die K. wird i. d. R. schriftlich eingereicht, unterliegt im Verfahren vor den Landgerichten dem Anwaltszwang. Vor den Amtsgerichten, im Arbeits-, Sozial-, Verwaltungs- und Finanzgerichtsprozess kann sie von der Partei selbst abgefasst oder zu Protokoll des Urkundsbeamten der Geschäftsstelle erhoben werden. Wesentl. Erfordernisse der **K.-Schrift** sind die Bez. der Parteien (des Klägers und des Beklagten) und des Gerichts, die bestimmte Angabe des K.-Gegenstands und Grundes des erhobenen Anspruchs (**K.-Grund**) sowie der daraus hergeleitete **K.-Antrag.** In der K. soll im Zivilprozess auch der Streitwert angegeben werden. Über den K.-Antrag darf das Gericht im Urteil nicht hinausgehen (§ 308 ZPO). Die K.-Erhebung erfolgt durch Zustellung der K. an den Beklagten (§ 253 ZPO). Die K. unterbricht die Verjährung des geltend gemachten Anspruchs. Zw. der Zustellung und dem Verhandlungstermin soll die ↗Einlassungsfrist liegen, ohne der Beklagte nicht zu verhandeln braucht. Eine **K.-Änderung** als Änderung des mit der K. geltend gemachten Streitgegenstandes ist zulässig, wenn der Gegner einwilligt oder sie sachdienlich ist. Die **K.-Rücknahme** beendet den Prozess ohne Entscheidung über den K.-Antrag, der Kläger hat die Prozesskosten zu tragen. War bereits mündlich verhandelt, bedarf sie der gegner. Zustimmung. Ein **K.-Verzicht** hat die Abweisung der Klage zur Folge und verwehrt dem Kläger, denselben K.-Antrag erneut zu stellen. K.-Arten: z. B. ↗Feststellungsklage, ↗Gestaltungsklage, ↗Leistungsklage. Das Gericht entscheidet über die K. i. d. R. durch Urteil. – In *Österreich* und der *Schweiz* gelten ähnl. Grundsätze.

Klage, Die, mhd. Dichtung des 13. Jh. in vierhebigen Reimpaaren; vermutlich in Bayern entstanden; variiert den Stoff des »Nibelungenliedes«.

Klage|erzwingungsverfahren, strafprozessrechtl. Verfahren, das der durch eine Straftat Verletzte einleiten und mit dem er die öffentl. Klage (Anklage) erzwingen kann, wenn die Staatsanwaltschaft das Strafverfahren eingestellt hat (§§ 172 ff. StPO). Hat der Verletzte bei den Strafverfolgungsbehörden die Verfolgung einer Straftat beantragt, ist er von der Einstellung zu unterrichten und über die Möglichkeit einer Anfechtung dieser Entscheidung zu belehren. Er kann dann grundsätzlich binnen zwei Wochen bei dem vorgesetzten Beamten Beschwerde einlegen und, wenn diese erfolglos bleibt, innerhalb eines weiteren Monats die Entscheidung des OLG beantragen.

Klagefrauen (Klageweiber), ↗Totenklage.

Klagelieder Jeremias, bibl. Buch, ↗Jeremia.

Klagemauer, Teil der westl. Umfassungsmauer des Jerusalemer Tempelplatzes; als hl. Stätte der Juden Ort des Gebets, v. a. der persönl. Bitt- und Dankgebete, die auf Zettel geschrieben, zusammengerollt und in die Fugen der K. gesteckt werden.

Klagenfurt, Hptst. des österr. Bundeslandes Kärnten, im Klagenfurter Becken, östlich des Wörther Sees, Stadt mit eigenem Statut, 90 800 Ew.; Sitz der Landesregierung, des Landgerichts, des Bischofs des Bistums Gurk, Univ. für Bildungswiss., Höhere techn. Lehr- und Versuchsanstalt, Landesarchiv, Landeskonservatorium, Theater, Landes-, Bergbau-, Eisenbahn-, Freilichtmuseum; jährl. K.er und Holzmesse, Leder-, Holz-, Maschinen-, Elektroind.; Flughafen. – In der Altstadt u. a. kath. evang. Kirche 1582–91 erbaut, seit 1604 kath.), Landhaus (1574–90, 1740 z.T. barockisiert), Lindwurmbrunnen (1593), Laubenhöfe (16. Jh. ff.). – Als Markt um 1195 gen.; um 1270 Stadtrecht.

Klages, Ludwig, Philosoph und Psychologe, *Hannover 10. 12. 1872, †Kilchberg (bei Zürich) 29. 7. 1956; schuf eine allg. Ausdrucks- und Charakterkunde. Er vertrat das philosoph. Weltbild einer ursprüngl. Leib-Seele-Einheit, die durch den Intellekt gestört werde (»Der Geist als Widersacher der Seele«, 3 Bde., 1929–32).

Klaipėda (dt. Memel), Stadt in Litauen, gegenüber der N-Spitze der Kur. Nehrung, am Ausgang des Kur. Haffs zur Ostsee, 202 500 Ew.; Univ. (seit 1992), Seefahrtschule; Museum für das Memelgebiet (»Klein-Litauen«); Werft; Fischverarbeitungs-, Holz-, Papier-, Textilind.; Freihandelszone; eisfreier Hafen (Eisenbahn-/Autofähre nach Sassnitz-Mukran, Rügen; Autofähre nach Kiel), über einen Kanal mit der Memel verbunden; Flughafen. – Gegr. 1252 vom livländ. Zweig des Dt. Ordens. Die Stadt, die seit 1254 Lüb. Recht besaß, erhielt 1475 Culmer Recht. 1807/08 Zufluchtsort des preuß. Hofes vor Napoleon I., 1854 weitgehende Zerstörung der Altstadt durch einen Brand. 1924–39 Sitz des Gouv. und Direktoriums des ↗Memelgebietes.

Klabund

Klaffmuscheln: Sandklaffmuschel

Klagenfurt Stadtwappen

Klaj [klaɪ], latinisiert Clajus, **1)** *Johannes,* Grammatiker, * Herzberg a. d. Elster 24. 6. 1535, † Bendeleben (bei Sondershausen) 11. 4. 1592; stellte in seiner »Grammatica germanicae linguae« (1578) die dt. Betonungslehre und Syntax anhand von Luthers Bibelübersetzung dar.

2) *Johannes,* Dichter, * Meißen 1616, † Kitzingen 1656; gründete 1644 in Nürnberg mit G. P. Harsdörffer den ↗ Pegnitzorden, schrieb weltl. und geistl. Lieder und lyrisch-dramat. »Geistl. Trauer- und Freudenspiele«; Wegbereiter des Oratoriums.

Klamm, schmale, von einem Gebirgsbach tief eingeschnittene Felsschlucht, meist geologisch jung.

Klammer, 1) *Chirurgie:* **Wund-K.,** kleiner u-förmig gebogener korrosionsfreier Metallstreifen (Silberdraht, Edelstahl); mithilfe eines K.-Nahtgerätes werden die Hautränder von Operations- o. a. Wunden vereinigt.

2) *Mathematik:* paarweise verwendete Zeichen, z. B. (), [], ⟨⟩, {}, mit vielfältigen Bedeutungen; in der Elementarmathematik v. a. zur Kennzeichnung der Abarbeitungsreihenfolge einer Berechnung. (↗ mathematische Zeichen, Tabelle)

Klammer, *Franz,* österr. alpiner Skiläufer, * Mooswald (Kärnten) 3. 12. 1953; u. a. Olympiasieger 1976 (Abfahrt) und Weltmeister 1974 (alpine Kombination); gewann 26 Weltcuprennen.

Klammer|affe, *Informatik:* Zeichen @, ↗ a.

Klammer|affen (Ateles), Gattung der Klammerschwanzaffen mit dünnen, sehr langen Gliedmaßen und langem, muskulösem Schwanz; leben in Wäldern Mittel- und Südamerikas.

Klampfe, Musikinstrument, ↗ Gitarre.

Klan *der* (Clan), *Völkerkunde:* eine Bev.gruppe, die ihre Abstammung von einem gemeinsamen Ahnen (z. B. einem übernatürl. Wesen) ableitet.

Klang, *Akustik:* eine vom Ohr wahrnehmbare periodische mechan. Schwingung, die durch das Zusammenklingen von mehreren Tönen (**Teiltönen**) entsteht, deren Schwingungen sinusförmig verlaufen. Dabei bestimmt der tiefste Teilton (**Grundton**) die subjektiv empfundene **K.-Höhe.** Die Frequenzen der höheren Teiltöne (**harmon. Töne, Obertöne**) sind ganzzahlige Vielfache des Grundtons. Die Anzahl und die relative Stärke der Obertöne bestimmen die **K.-Farbe** einer Tonquelle, z. B. eines Musikinstruments. – Im Ggs. zum K. besteht das Tongemisch aus sinusförmigen Schwingungen mit beliebigen Frequenzen, d. h., die auftretenden Teiltöne sind nicht harmonisch. Das K.-Gemisch setzt sich aus Klängen mit Grundtönen beliebiger Frequenz zusammen.

Die **K.-Analyse,** eine Form der ↗ Fourier-Analyse, ist die Auflösung eines K. in die ihn zusammensetzenden Teiltöne mithilfe von Filtern und Resonatoren. Das dabei entstehende **K.-Spektrum** gibt die Frequenzen der Einzeltöne mit ihren Intensitätsverhältnissen wieder. Ihr Gegenteil, die **K.-Synthese,** ist ein Verfahren zum Aufbau künstl. Klänge aus willkürlich ausgewählten Komponenten, z. B. mit einem ↗ Synthesizer.

Klang, früherer Name der malays. Stadt ↗ Kelang.

Klang|einsteller (Klangregler), Vorrichtung an elektroakust. Anlagen zur Klangkorrektur; meist zweifach zur Beeinflussung (Anhebung oder Absenkung) der hohen und tiefen Frequenzen vorhanden (Fächerentzerrer); einfachste Form ist die ↗ Tonblende. Klangregeleinrichtungen oder selbstständige Geräte mit mehr als zwei K. werden auch als ↗ Equalizer bezeichnet.

Klangfarbenmelodie, von A. Schönberg in seiner »Harmonielehre« (1911) geprägter Begriff für die Aufeinanderfolge wechselnder Klangfarben eines Tons oder Akkords entsprechend den wechselnden Tonhöhen einer Melodie aus Tönen, erstmals verwirklicht im dritten seiner »Fünf Orchesterstücke«, op. 16 (1909).

Klangfiguren, die Chladni-Figuren (↗ Chladni).
Klanghöhe, *Akustik:* ↗ Klang.
Klangstufen, *Musik:* ↗ Stufenbezeichnung.

Klapheck, *Konrad,* Maler und Objektkünstler, * Düsseldorf 10. 2. 1935; gestaltet Bildserien von Maschinen und Alltagsobjekten (Schreib-, Nähmaschinen, Telefone) als Metaphern menschl. Verhaltens und allg. Vorstellungen des Lebens. K.s Bilder waren 1955 eines der entschiedensten Signale für die Rückkehr zur gegenständl. Malerei.

Konrad Klapheck: Athletisches Selbstporträt (1958; Aachen, Neue Galerie – Sammlung Ludwig)

Klappe, 1) *Anatomie:* bei Mensch und Tieren Membran oder häutiges Gebilde, das Hohlräume ventilartig verschließt und zur Strömungsregulation in Herz, Venen oder Lymphgefäßen dient.

2) *Musik:* bei Blasinstrumenten das über Hebel durch die Finger bewegbare Plättchen, mit dem die Tonlöcher geöffnet oder geschlossen werden können.

3) *Technik:* plattenförmiges Absperrorgan, das um eine in der Klappenebene liegende Achse drehbar ist; die Betätigung erfolgt mechanisch (z. B. Drossel-K.) oder selbsttätig (z. B. Rückschlag-K.) durch das Strömungsmedium.

Klapper, Rhythmusinstrument, meist aus zwei gegeneinander zu schlagenden Teilen gleicher Bauart und gleichen Materials (u. a. Holz, Metall); bes. bei Naturvölkern.

Klappernuss, der Strauch ↗ Pimpernuss.

Klapperschlangen (Crotalus), Gattung amerikan. Grubenottern, die bei Erregung mit Hornringen am Schwanzende ein rasselndes Geräusch erzeugen; bei jeder Häutung entsteht ein neues Segment der Klapper. Das hochwirksame Gift der K. enthält vorwiegend zytotox. und hämotox., aber auch neurotox. Komponenten, bes. bei der einzigen südamerikan. Art, der **Schauer-K.** (Crotalus durissus). Im südl. Nordamerika leben die etwa 2 m lange **Texas-K.** (Crotalus atrox) und die mehr als 2,5 m lange **Diamant-K.** (Crotalus adamanteus).

Klappertopf (Rhinanthus), Rachenblütlergattung in Europa, W-Asien und Nordamerika; Blattgrün enthaltende Halbschmarotzer an Wurzeln, v. a. von Wiesenpflanzen; Samen in reifen Früchten sind lose, beim Schütteln klappernd. In Deutschland ist die verbreitetste Art der 10–50 cm hohe **Kleine K.** (Rhinanthus minor).

Klappmütze, ⌐ Seehunde.

Klaproth, Martin Heinrich, Chemiker, *Wernigerode 1. 12. 1743, †Berlin 1. 1. 1817; dort seit 1810 Prof., Wegbereiter der analyt. Chemie. Entdeckte zahlr. Elemente, u. a. Kalium, Uran, Zirkonium, Strontium, Cer, Tellur und Titan, führte wichtige Mineralanalysen durch; verhalf der antiphlogist. Lehre Lavoisiers in Dtl. zum Durchbruch.

Klarälv der (in Norwegen Trysilelv), Zufluss des Vänersees in Schweden, 397 km lang (davon 132 km in Norwegen); entfließt dem Femundsee (663 m ü. M.) in Norwegen, mündet bei Karlstad; Flößerei, Kraftwerk.

Klär|anlage (Klärwerk), Anlage zur ⌐ Abwasserreinigung.

Klara von Assisi, Ordensgründerin, *Assisi 1194, †San Damiano (heute zu Assisi) 11. 8. 1253; gründete den weibl. Zweig der ⌐ Franziskaner (Klarissen); Heilige; Tag: 11. 8.

Klären, *Verfahrenstechnik:* das Beseitigen von Verunreinigungen aus flüssigen Substanzen durch Absetzen (Sedimentieren), Aufschwimmen (Flotation), Filtrieren oder Zentrifugieren.

klarieren [lat.], die Zoll- u. a. Formalitäten beim Ein- und Auslaufen eines Schiffes erledigen.

Klarinette [von italien. clarinetto, zu lat. clarus »hell tönend«], Holzblasinstrument mit einfachem Rohrblatt und zylindr. Röhre. Die K. besteht aus dem Mundstück (Schnabel), der Birne, dem Ober- und Unterstück und dem trichterförmigen Schallbecher. Das Rohrblatt wird mit einer Metallzwinge an den schräg abgeflachten Schnabel gepresst. Die K. dt. Systems hat zur Veränderung der Tonhöhe in der Regel 22 Klappen und fünf Ringe. Am gebräuchlichsten ist die B-Stimmung (Umfang des/d–b^3), daneben sind Instrumente in A- und C-Stimmung verbreitet. Ferner gibt es tiefere K., so das ⌐ Bassetthorn, Bass-K. und Kontrabass-K., daneben auch höhere K. – Die K. wurde nach 1700 vermutlich von J. C. Denner aus dem Chalumeau entwickelt. Die Klappenzahl wurde von zwei allmählich auf 13 erhöht (I. Müller, um 1810). 1839 erhielt die K. durch die Franzosen H. E. Klosé und L. A. Buffet den von T. Boehm für die Querflöte erfundenen Klappenmechanismus.

Klarissen (lat. Ordo Sanctae Clarae), Abk. OSCl, weibl. Zweig der ⌐ Franziskaner.

Klarluftturbulenz (Clear-Air-Turbulenz), heftige Turbulenz im wolkenfreien Raum der Troposphäre, die zur Gefährdung von Luftfahrzeugen führen kann. K. entsteht durch vertikale therm. Konvektionsströmungen, durch Leewellenströmungen hinter Gebirgszügen oder durch Windscherungen in den Randbezirken der hohen ⌐ Jetstreams.

Klärschlamm, wässrige Suspensionen mit etwa 5 % Trockenmasse, die bei der ⌐ Abwasserreinigung in den Absetzbecken (Klärbecken) einer Kläranlage anfallen. K. setzt sich aus dem **Primärschlamm** (abgesetzte Stoffe aus der Vorklärung) und dem **Überschussschlamm** (bei der Abwasserreinigung zuwachsende Mikroorganismen) der biolog. Behandlung zusammen. Bei der anaeroben Schlammfaulung in Faultürmen bildet sich **Klärgas** (etwa 65 % Methan und 35 % Kohlendioxid), das zur Erwärmung des K. und zur Energieversorgung der Anlage verwendet wird (⌐ Biogas). Der ausgefaulte Schlamm wird in Trockenbeeten bzw. mit Maschinen bis zur Stichfestigkeit getrocknet. Bei Großanlagen, bes. bei biolog. Kläranlagen für industrielle Abwässer, gibt man aus Zeit- und Platzgründen der therm. Entwässerung den Vorzug.

Die K.-VO vom 15. 4. 1992 regelt den zulässigen Gehalt an Schwermetallen und organ. Schadstoffen (z. B. Dioxine, Furane, polychlorierte Biphenyle) für K., der als Dünger verwendet wird. Durch die in vielen K. enthaltenen Schadstoffe ist eine landwirtschaftl. Verwertung und Kompostierung oft unmöglich. Deshalb werden derzeit in Dtl. nur ca. 28 % des K. landwirtschaftlich verwertet, der restl. K. wird auf Deponien gelagert (rd. 59 %) oder verbrannt (rd. 9 %).

Klarschrift, *Informatik:* aus Buchstaben, Ziffern und Sonderzeichen bestehende Schrift, meist Normschrift (wie die OCR-Schriften).

Klarschriftleser, *Informatik:* Lesegerät für die (halbdirekte) Dateneingabe von einem Klarschriftbeleg. Dabei wird der Beleg zunächst gescannt (⌐ Scanner) und anschließend das gespeicherte Bitmuster mit geeigneter Software interpretiert. Für die unterschiedl. Belegform haben sich entsprechende Gerätetypen (z. B. Streifenleser, Belegleser) herausgebildet.

Klasse [lat. classis »Abteilung«], 1) *allg.:* Gruppe von Objekten mit gemeinsamen Merkmalen.
2) *biolog. Systematik:* Bez. für eine taxonom. Einheit zw. Stamm und Ordnung.
3) *Mathematik:* 1) meist gleichbedeutend mit Menge; 2) Bez. für eine Teilmenge, die entsteht, wenn man eine Menge *M* von Elementen derart unterteilt, dass ein Element immer nur zu genau einer Teilmenge gehört; man spricht auch von einer **K.-Zerlegung (K.-Einteilung)** von *M* (z. B. in Äquivalenzklassen).
4) *Pädagogik:* Schüler, die mindestens ein Schuljahr hindurch in (fast) allen Fächern gemeinsam unterrichtet werden; in den Kurssystemen der Gesamtschulen und Gymnasien gibt es keine festen Klassen.
5) *Sozialwiss.:* soziale Gruppe innerhalb einer Gesellschaft, deren Mitgl. v. a. durch eine bestimmte ökonom. Lage, ähnl. Bildungsgrad und ähnl. Interessen gekennzeichnet werden können; im Unterschied zu Stand, Kaste u. a. meist auf die Industriegesellschaft bezogen. Der Begriff K. wird oft synonym mit Schicht gebraucht (⌐ Schichtung). Die umfassendste **Klassentheorie** entwickelte der ⌐ Marxismus; K. Marx führte den Begriff der K. zur Kennzeichnung jeder geschichtl. Gesellschaftsform ein. Die in einem unversöhnl. Ggs. (K.-Gegensatz) befindl. K. der jeweili-

Klappertopf: Kleiner Klappertopf

Martin Heinrich Klaproth

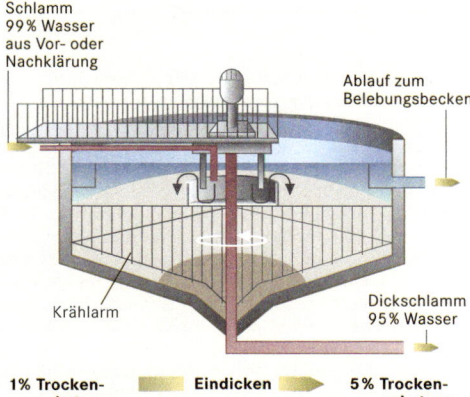

Klärschlamm: Der Rohschlamm aus dem Vor- oder Nachklärbecken wird in die Mitte des Eindickers eingeleitet und verteilt sich von dort zum Rand. Feste Bestandteile setzen sich dabei am Boden ab, wo der Dickschlamm abgeleitet wird. Am äußeren Rand befindet sich der Wasserablauf, von dem aus das Wasser ins Belebungsbecken geleitet wird. Unterstützt wird der Prozess durch ein Rührwerk.

gen Besitzenden und Herrschenden einerseits (Bourgeoisie) und der Ausgebeuteten andererseits (Proletariat) seien in ihrer K.-Lage durch den histor. Entwicklungsstand der Produktivkräfte und die Produktions- und Herrschaftsverhältnisse bestimmt. Die Gesch. der Gesellschaft wird als eine Gesch. der ↗Klassenkämpfe gedeutet. – Neben der ökonom. Stellung spielen in nichtmarxist. Theorien auch andere Kriterien eine kennzeichnende Rolle, z. B. Beruf, Bildung, Umwelt, Familie, Konfession. Auch sind Übergänge von einer K. zur anderen möglich (soziale Mobilität).

Klassenkampf, nach der marxist. Geschichtsauffassung die sich im geschichtl. Ablauf ständig vollziehende Auseinandersetzung zw. jener sozialen Gruppe, die über die Produktionsmittel und damit über die Herrschaft, Machtmittel und Privilegien verfügt, und der übrigen, der beherrschten Bev., deren »objektives Interesse« es sei, sich von dieser Herrschaft zu befreien. Die Gesch. aller bisherigen Gesellschaft wird als eine Gesch. von K. beschrieben. Die proletar. Revolution gilt als der letzte K.: Die aus ihr hervorgehende Diktatur des Proletariats diene der Vorbereitung der **klassenlosen Gesellschaft.** Die Sozialdemokratie (↗Revisionismus) erkannte die Realität des K. an, erwartete aber seine Abschwächung und Überwindung durch Reformen (↗Marxismus).

Klassensprachen, Sprachen, deren hervorstechendes morpholog. Merkmal die Einteilung der Nomina in Klassen ist (z. B. für Menschen, Tiere, Großes, Kleines). Mit diesen Nominalklassen verbinden sich weitere Unterscheidungen. Die Klassen werden durch Präfixe oder Suffixe oder beides gekennzeichnet. Bekannte K. sind die ↗Niger-Kongo-Sprachen.

Klassensteuer, Vorläuferin der ↗Einkommensteuer, bei der sich die Steuerschuld des Steuerpflichtigen nicht aus dem Einkommen, sondern aus seiner gesellschaftl. Stellung ergab. Die in Preußen 1820 eingeführte K. bezweckte, ein »Eindringen in die Geheimnisse des Eigentums« zu vermeiden.

Klassierung (Separierung, Sortierung), Auftrennung feinkörniger Feststoffgemische nach der Teilchengröße oder Masse. K. kann durch Sieben **(Sieb-K.)** oder durch Ausnutzung der unterschiedl. Sinkgeschwindigkeit verschieden großer Teilchen in einem Luft- **(Aero-K., Windsichten)** oder Wasserstrom **(Strom-K., Hydro-K.)** oder durch Fliehkraft (↗Zyklon) erreicht werden.

Klassifikation [lat.] *die,* Einteilung von Dingen oder Begriffen nach gemeinsamen Merkmalen, z. B. ↗Dezimalklassifikation, ↗Schiffsklassifikation; K. der Lebewesen, ↗Systematik.

Klassik [zu »klassisch« gebildet], 1) Bez. für eine geistesgeschichtl. Epoche, die von nachfolgenden Zeiten als vorbildhaft, normbildend, kanonisch anerkannt wird. In diesem Sinne beurteilte bereits die röm. Antike die grch. Lit. und Kunst. In der Renaissance verstand man unter K. einerseits die gesamte grch.-röm. Antike, andererseits deren Höhepunkte: im grch. Altertum die perikleische Epoche, im röm. Altertum die Zeit der goldenen Latinität. Dieses an Maßhalten, Harmonie und Vorbildlichkeit von Kunst und Lit. v. a. der Griechen im 5. und 4. Jh. v. Chr. orientierte Verständnis wurde später auch auf andere geschichtl. Räume, Völker und Kulturepochen übertragen. In Dtl. bezeichnet der Begriff für die Zeit um 1800 die ↗Weimarer Klassik. (↗klassisch)

2) *Musik:* 1) Wertbez. für höchste Vollendung musikal. Gestaltung; 2) Stilbez. für die Epoche Haydns, Mozarts und Beethovens (↗Wiener Klassik), in der auf der Basis neu entwickelter, im Wesentlichen instrumentaler Formen, v. a. der Sonatensatzform, und durch Gestaltungsprinzipien, wie leichte Verständlichkeit, Liedhaftigkeit und Einfachheit der komposit. Anlage, Gestalt und Gehalt der Musik zu vollkommener Einheit gebracht sind.

3) *Wirtschaft:* ↗klassische Nationalökonomie.

Klassiker, *Straßenradsport:* Bez. für die internat. bekanntesten Eintagesrennen der Elitefahrer (↗Elite), die stets auf dem (nahezu) gleichen Kurs ausgetragen werden (z. B. Flandern-Rundfahrt).

klassisch [lat. classicus »die höchsten Vermögensklassen betreffend«, übertragen: »erstklassig«, »ersten Ranges«, »mustergültig«], 1) die grch.-röm. Antike oder bestimmte Epochen der Antike betreffend, bezogen auf die Kultur, Dichter, Philosophen und Künstler, auf die Sprachen (Griechisch, Latein), auch auf die Wiss., die sich mit Sprache und Lit. der Antike beschäftigt (klass. Philologie); 2) aufgrund bestimmter Merkmale den antiken Klassikern, Werken oder Epochen gleichgestellte neuzeitl. Autoren und Künstler, Werke oder Epochen; 3) Stilbegriff in der Bedeutung von harmonisch, maßvoll, vollendet; 4) allg. vorbildhaft, mustergültig, Maßstäbe setzend, normativ; typisch, zeitlos, z. B. ein klass. Beispiel, ein klass. Kostüm; 5) als Bez. für den Teilbereich einer Wiss., der vor einer umwälzenden neuen Theorie bzw. ohne die dieser zugrunde liegenden Vorstellungen entwickelt wurde, z. B. die klass. Physik.

klassische National|ökonomie (Klassik), Bez. für eine im 18. und 19. Jh. v. a. von brit. Volkswirtschaftlern begründete ökonom. Lehre, deren Hauptkennzeichen die These ist, dass durch autonome Verfolgung der Privatinteressen zugleich und automatisch der Wohlstand der Nation gemehrt werde. Begründet wurde die k. N. von A. Smith.; wesentl. Vertreter sind D. Ricardo, T. R. Malthus und J. S. Mill in Großbritannien, J. B. Say und F. Bastiat in Frankreich sowie in Dtl. J. H. von Thünen und H. H. Gossen. Die unter dem Eindruck der industriellen Revolution entstandene k. N. nimmt eine Position des Wirtschaftsliberalismus (Manchestertum) ein, nach der dem Staat lediglich die Aufgabe zufällt, Ordnungs- und Schutzfunktionen auszuüben und solche Probleme zu lösen, die die Möglichkeiten des Einzelnen übersteigen. Eine darüber hinausgehende Wirtschaftspolitik des Staates wird abgelehnt (»Laissez faire, laissez aller«), da nur durch freie Konkurrenz Preise, Beschäftigung, Einkommen bzw. Produktion und Verteilung sowie Konsum, Sparen und Investition wie von einer »unsichtbaren Hand« (A. Smith) in ein natürl. Gleichgewicht gebracht werden. Wichtigste Voraussetzung dafür sei die Handlungs- und Entscheidungsfreiheit des Einzelnen (Homo oeconomicus). – Die Annahme der automat. Herstellung eines wirtsch. Gleichgewichts bei Vollbeschäftigung war Hauptkritikpunkt für J. M. Keynes, der alle Vertreter einer solchen Auffassung der k. N. zurechnet. Nach einem engeren Begriff von k. N. ist ihr letzter Vertreter bereits J. S. Mill, der das Bestehen einer natürlichen harmon. Ordnung zumindest teilweise bezweifelte und staatl. Maßnahmen zur Milderung der Einkommensunterschiede für erforderlich hielt. (↗Neoklassik)

klassische Technik (klassischer Stil), *nord. Skisport:* der herkömml. (»klass.«) Laufstil beim Langlauf, bei dem das eine Bein abstößt, während das andere mit dem Ski gleitet. Jeder Schritt wird durch einen Stockschub mit dem gegenüberliegenden (diagonalen) Arm unterstützt. (↗freie Technik)

Klassizismus [lat.] *der,* 1) *Kunst:* Stilbegriff zur Bez. von wiederkehrenden Kunstströmungen, die sich bewusst auf antike, meist grch. Vorbilder berufen. In der Architektur lassen sich klassizist. Richtungen seit

Klassizismus 1)

1 Karl Friedrich Schinkel, Neue Wache in Berlin (1816–18) **2** Leo von Klenze, Propyläen am Königsplatz in München (1846–60) **3** Jacques-Louis David, »Der Schwur der Horatier« (1784; Paris, Louvre) **4** Johann Gottfried Schadow, Grabmal des Grafen von der Mark (1790 errichtet; Berlin, Nationalgalerie) **5** Jean Auguste Dominique Ingres, »Die Badende von Valpinçon« (1808; Paris, Louvre) **6** Christian Daniel Rauch, Porträtbüste Friedrich Daniel Ernst Schleiermachers (1829; Berlin, Nationalgalerie) **7** Wilhelm von Kobell, »Jugendporträt von Josef Schilcher« (1814; Dietramszell, Sammlung Schilcher)

dem 16. Jh. in Frankreich (Classicisme), England und den Niederlanden (Palladianismus) nachweisen, die um 1770 zum vorherrschenden Stil in der europ. und amerikan. Kunst wurden. Klassizist. Tendenzen, die sich oft nur schwer vom Historismus abgrenzen lassen und meist als Neo-K. bezeichnet werden, finden sich um 1870, im 1. Viertel des 20. Jh. und wieder in der postmodernen Architektur seit 1970.

K. im Besonderen ist die Stilepoche zw. 1750 und 1830, der die Stile Biedermeier, Directoire, Empire und Louis-seize untergeordnet sind. Die eingehende wiss. Erforschung der antiken Kunst und Architektur bildete die Grundlage für die Rezeption antiker Vorbilder in allen Bereichen der Kunst. Anstöße gaben u. a. die frühen Ausgrabungen in Herculaneum und Pompeji und die Schriften J. J. Winckelmanns.

Seine deutlichste Ausprägung erfuhr der K. in Architektur und Stadtplanung fürstl. Residenzen des aufgeklärten Absolutismus. Bezeichnend sind blockartige, streng gegliederte Bauformationen mit vorgesetzten Säulenordnungen. In Dtl. traten hervor: F. W. von Erdmannsdorff (Schloss in Wörlitz, 1769–73), C. G. Langhans (Brandenburger Tor, Berlin, 1788–91), F. Gilly (Denkmal für Friedrich d. Gr., Entwurf 1796), F. Weinbrenner in Karlsruhe, L. von Klenze in München und v. a. K. F. Schinkel in Berlin; in Frankreich: J.-G. Soufflot (Panthéon in Paris, 1764–90), C.-N. Ledoux, C. Percier und P. F. L. Fontaine; in England: die Brüder Adam sowie W. Chambers, R. Smirke und J. Soane, die v. a. unter dem Einfluss der palladian. Lehre standen. Das gilt auch für Italien und die skandinav. Länder.

Václav Klaus

In der Plastik bilden in Frankreich die unpathet., an grch. Statuen geschulten Werke J.-A. Houdons einen Höhepunkt. Aus der Schule von A. Canova ging der Däne B. Thorvaldsen hervor. In England wurde J. Flaxman bedeutendster Vertreter klassizist. Bildhauerkunst, der sich in Dtl. J. H. von Dannecker, G. Schadow und C. D. Rauch, in Schweden J. T. Sergel, in den USA H. Greenough und in Russland I. P. Martos verschrieben.

Für die Malerei des K. bedeutet das Deckengemälde »Parnaß« (1761) von A. R. Mengs in der Villa Albani in Rom den programmat. Anfang, an dem u. a. seine Schüler H. F. Füger und Angelica Kauffmann anknüpften. J. P. Hackert und v. a. J. A. Koch traten mit heroischen Landschaften hervor. A. J. Carstens und Flaxman orientierten sich bei ihren strengen Umrisszeichnungen an antiken Vasenbildern. Gestaltungsprinzipien einer scharfen Linienführung und klaren Farbgebung wurden in Frankreich in den Gemälden von J.-L. David und J. A. D. Ingres weiterentwickelt; das Historienbild galt als wichtigste Gattung. In England fand G. Hamilton, ein wichtiger Wegbereiter des K., keine ebenbürtige Nachfolge.

2) *Literatur:* auf die klass. Antike bezogener Stil- und Wertbegriff für Dichtung, die sich antiker Stilformen und Stoffe bedient. Unter dem Aspekt der Imitation älterer Formmuster wurde bisweilen schon die röm. Klassik in ihrem Verhältnis zur grch. als klassizistisch eingestuft. In der Neuzeit tritt klassizist. Dichtung, orientiert an einem an der Antike gebildeten Regelkanon, erstmals in der italien. Renaissance auf; diese Strömung wirkte im Rahmen des europ. Humanismus v. a. in Frankreich (P. de Ronsard) und auf die im Frz. als »classicisme« bezeichnete Blütezeit der frz. Kultur (17. Jh.). In England lassen sich breiter klassizist. Strömungen erst im 18. Jh. feststellen (A. Pope, J. Gay), in der russ. Lit. setzte der aufklärer. K. in den 40er-Jahren des 18. Jh. als erste Epoche der neuruss. Lit. ein (A. Cantemir, M. W. Lomonossow,

A. P. Sumarokow, G. R. Derschawin, D. J. Fonwisin). In Dtl. erfolgte die Hinwendung zu antiken Formidealen insbesondere durch J. C. Gottsched, dann in der Anakreontik, bei C. M. Wieland, im 19. und 20. Jh. bei A. von Platen und dem Münchner Dichterkreis, im 20. Jh. u. a. bei S. George und dem Neoklassizismus.

klastische Gesteine (Klastite, Trümmergesteine), aus den Bruchstücken älterer Gesteine gebildete Sedimentgesteine.

Klatschmohn, Art der Pflanzengattung ↗ Mohn.

Klau, *Schifffahrt:* gabelförmiges Ende der ↗ Gaffel, mit dem diese auf dem Mast gleitet.

Klaue, 1) *Maschinenbau:* klauenförmiger Ansatz an einem Maschinenteil, der mit einer korrespondierend geformten Vertiefung oder Aussparung an einem zweiten Maschinenteil eine lösbare, formschlüssige Verbindung bildet.

2) *Zoologie:* das dem Huf entsprechende Endglied der beiden Zehen der Paarhufer.

Klauer, Martin Gottlieb, Bildhauer, * Rudolstadt 29. 8. 1742, † Weimar 4. 4. 1801; dort seit 1773 Hofbildhauer, schuf lebensnahe, monumentale Bildnisbüsten aus dem Weimarer Goethekreis in klassizist. Stil, auch Grab- und Gartenplastik.

Klaus, 1) Josef, österr. Politiker, * Mauthen (heute zu Kötschach-Mauthen, Kärnten) 15. 8. 1910, † Wien 26. 7. 2001; Jurist, Mitgl. der ÖVP, 1949–61 Landeshauptmann von Salzburg, 1961–63 Finanzmin., war 1963–70 Parteiobmann und 1964–70 Bundeskanzler.

2) Václav, tschech. Politiker, * Prag 19. 6. 1941; Volkswirtschaftler, im Nov. 1989 Mitbegründer, von Okt. 1990 bis Febr. 1991 Vors. des Bürgerforums, war von April 1991 bis Dez. 2002 Vors. der konservativen Demokrat. Bürgerpartei (ODS), von Juli 1992 bis Dez. 1997 MinPräs. der Tschech. Rep., Juli 1998 bis Juni 2002 Präs. des Parlaments; am 28. 2. 2003 zum Staatspräs. gewählt.

Klause [lat.], **1)** (Kloster-)Zelle, Einsiedelei.

2) *Botanik:* die aus zwei Fruchtblättern gebildete Spaltfrucht der Lippenblütler und Borretschgewächse.

3) *Geomorphologie:* (Kluse, Klus), Engtalstrecke, bes. in den Alpen.

Klausel [lat.], **1)** *Literatur* und *Musik:* Schlussformel (in der antiken Rhetorik; in der Musik des MA.).

2) *Recht:* jede im Rahmen eines Rechtsgeschäfts (Vertrag, Testament) getroffene Einzelbestimmung, z. B. die ↗ Wertsicherungsklausel. In Gesetzen finden sich ↗ Generalklauseln. Eine K. eigener Art ist die Vollstreckungs-K. in der ↗ Zwangsvollstreckung.

Klausen (italien. Chiusa), Stadt in Südtirol, Prov. Bozen, Italien, am Eisack, 4 600 Ew. – Roman. Kirche St. Sebastian (13. Jh.), Pfarrkirche St. Andreas und Apostelkirche (beide 15. Jh., spätgot.). K. wird von der Burg Branzoll und dem Kloster Säben mit Hl.-Kreuz-Kirche (7. und 17. Jh.) und Klosterkirche (17. Jh.) überragt.

Klausenburg (rumän. Cluj-Napoca, ungar. Kolozsvár), Hptst. des Bezirks Cluj, Rumänien, in Siebenbürgen, 318 000 Ew.; Mittelpunkt der in Rumänien lebenden Ungarn; Sitz eines rumänisch-orth., eines ref. und eines unitar. Bischofs; Univ. (1872 gegr.), polytechn., medizinisch-pharmazeut., landwirtsch. und Kunsthochschule, Konservatorium, Museen für die Gesch. und Volkskunde Siebenbürgens. Ind.zentrum: Schweranlagen-, Fahrzeugbau, elektrotechn., pharmazeut., Möbel-, Schuh-, Bekleidungs- und Nahrungsmittelind.; Verkehrsknotenpunkt, Flughafen. – Got. Michaelskirche (um 1350 begonnen); spätgot.

Minoritenkirche (15. Jh.), barocke ehem. Jesuitenkirche (1718–24); Rathaus (16.–18. Jh.), barocker Bánffypalast (18. Jh.; jetzt Kunstmuseum). – Das dakisch-röm. **Napoca** wurde zur Zeit Hadrians Munizipium, im 3. Jh. Mittelpunkt Dakiens. Als **Castrum Clus** im 12. Jh. Mittelpunkt eines ungar. Komitats; 1405 königlich-ungar. Freistadt. Ansiedlung dt. Kolonisten (Siebenbürger Sachsen) im 13. Jh.; 1316 Stadterhebung; ab 1541 unter osman. Oberhoheit. Ab 1569 Sitz des siebenbürg. Landtags; seit 1691 unter österr. Herrschaft. 1790–1848 und 1861–67 Hptst. Siebenbürgens; seit 1919/20 rumänisch; 1940–44/47 zu Ungarn.

Klausenpass, Alpenpass im schweizer. Kt. Uri, 1 952 m ü. M. Die 38 km lange **Klausenstraße** über den K. verbindet Altdorf im Kt. Uri mit Linthal im Kt. Glarus.

Klausner, ↗ Eremit.

Klaustrophobie [lat.-grch.] *die,* krankhafte Angst vor Aufenthalt in geschlossenen Räumen.

Klausur [lat. »Einschließung« zu claudere »(ab-, ver-)schließen«] *die,* **1)** *kath. Ordenswesen:* der ausschließl. Ordensangehörigen vorbehaltene Bereich eines kath. Klosters, zu dem Außenstehende keinen Zutritt haben.
2) *Pädagogik:* (Klausurarbeit), schriftl. Prüfungsarbeit unter Aufsicht.

Klaviatur [von mlat. clavis »Taste«] *die* (Tastatur), die Gesamtheit der Tasten eines Tasteninstruments (Klavier, Orgel), sowohl Manual als auch Pedal.

Klavichord [-'kɔrd] *das* (Clavichord), ein im 14. Jh. aus dem Monochord entwickeltes Tasteninstrument, dessen quer zur Tastatur verlaufende Saiten von Metallstiften (Tangenten) angeschlagen werden. Dieselbe Saite (bzw. der Saitenchor) kann für versch. Tonhöhen (bis zu fünf) verwendet werden, wobei die Tangente wie ein ↗ Bund wirkt **(gebundenes K.)**; um 1700 wurde jeder Taste ein Saitenchor zugeordnet **(bundfreies K.)**. Das K. wurde um 1800 durch das Hammerklavier verdrängt.

Klavier [von mlat. clavis »Taste«], urspr. svw. Klaviatur, später Sammelbez. für Tasteninstrumente; im 18. Jh. bes. Bez. für das ↗ Klavichord. Seit 1800 ist K. die Bez. für Tasteninstrumente, deren Saiten durch Hämmerchen **(Hammer-K.)** angeschlagen werden; wegen der Möglichkeit des Laut-leise-Spiels auch **Pianoforte** oder **Fortepiano** genannt.

Über den tonverstärkenden und -abstrahlenden Resonanzboden, der auf einem Balkengefüge ruht, läuft der Saitenbezug. Die Schwingungen der Metallsaiten werden durch den Steg auf den Resonanzboden übertragen. Gespannt werden die Saiten in dem früher hölzernen, heute gusseisernen Rahmen, indem man sie auf der einen Seite in Stifte einhängt, auf der anderen durch die im Stimmstock (Hartholz oder Metall) sitzenden Stimmwirbel anzieht. Urspr. entsprach jedem Ton eine Saite. Der Bezug ist heute chörig, d. h., außer bei den tiefsten Tönen gehören jeweils zwei oder drei Saiten zu je einem Ton. Der Umfang des K. reichte zuerst von C bis f^4, er wurde immer mehr erweitert und ist jetzt mit über sieben Oktaven genormt ($_2$A–a^4 beim Pianino, $_2$A–c^5 beim Flügel).

Der zw. Tasten und Saiten liegende Teil des K. wird Mechanik genannt. Die um 1775 von J. A. Stein entwickelte Prellmechanik (dt. oder Wiener Mechanik) prägte das ganze 19. Jh. hindurch den Wiener Klavierbau. Endgültig setzte sich jedoch die im Prinzip schon bei B. Cristofori vorhandene, durch Broadwood & Sons gebaute Stoßmechanik (engl. Mechanik) durch. Wird bei dieser die Taste vorn niedergedrückt, so hebt sie hinten den Stößer, der in die Hammernuss greift, den Hammer (Hammerkopf) gegen die Saite schleudert und gleichzeitig ausrastet, sodass der Hammer zurückfallen kann. Bei der von S. Érard vor 1821 entwickelten Repetitionsmechanik fängt der Stößer den Hammer nach dem Anschlag in einer zweiten Kerbe auf. Dadurch kann der Ton repetiert (wiederholt) werden, ohne dass die Taste erst ganz in die Ausgangsstellung zurückkehren muss.

Alle Saiten des K., außer den höchsten, haben je einen Dämpfer, der beim Anschlag emporgehoben, beim Freilassen der Taste wieder gegengedrückt wird. Der rechte Fußhebel (Fortepedal) ermöglicht eine ständige Aufhebung aller Dämpfer. Durch das linke Pedal (Pianopedal, Verschiebung) kann beim Flügel die Mechanik etwas verschoben werden, sodass von den chörigen Saiten je eine weniger angeschlagen wird, beim Pianino rückt es die Hämmer näher an die Saiten.

Geschichte: 1709 Erfindung des Hammer-K. durch B. Cristofori. Die äußere Form wurde zunächst vom Cembalo übernommen. Neben diesem noch heute gebräuchl., **Flügel** genannten Typ kam 1742 das dem Klavichord nachgestaltete, inzwischen verschwundene, rechteckige **Tafel-K.** auf. Das schlechthin K. genannte Instrument mit senkrechtem Saitenbezug und Resonanzboden **(Piano)** hat sich um 1800 aus dem Pyramiden-K. entwickelt; die Kleinform heißt **Pianino**. Die seit etwa 1850 vorgenommenen technisch-klangl. Verbesserungen haben am Wesen des K. nichts mehr ändern können. Seit den 1980er-Jahren werden auch digitale K. gebaut. Sie basieren auf der elektron. Speicherung und Umwandlung analoger Klänge in digitale Werte, die auf Tastendruck abgerufen und, in analoge Signale zurückverwandelt, über Lautsprecher wiedergegeben werden.

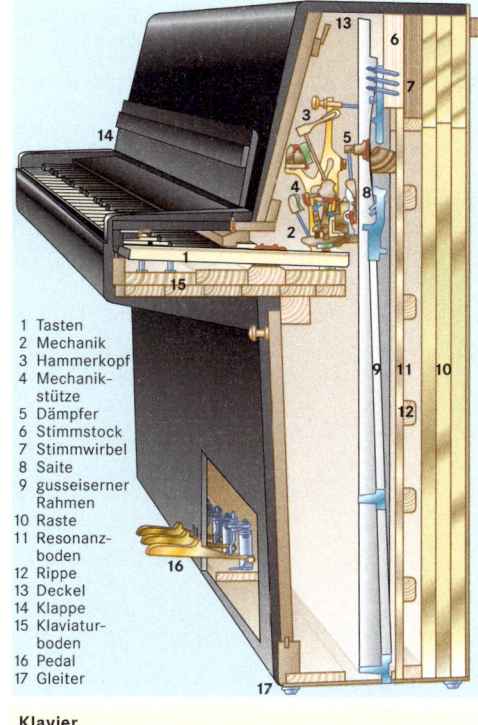

1 Tasten
2 Mechanik
3 Hammerkopf
4 Mechanikstütze
5 Dämpfer
6 Stimmstock
7 Stimmwirbel
8 Saite
9 gusseiserner Rahmen
10 Raste
11 Resonanzboden
12 Rippe
13 Deckel
14 Klappe
15 Klaviaturboden
16 Pedal
17 Gleiter

Klavier

Klavier|auszug, Bearbeitung eines zunächst nicht für das Klavier komponierten Musikstücks zur Wiedergabe auf dem Klavier. Bei dem zum Studium dienenden K. größerer Vokalwerke ist nur der Instrumentalteil für Klavier bearbeitet; die Singstimmen werden unverändert darüber gesetzt.

Klaviermusik, Musik für Tasteninstrumente (Klaviaturinstrumente) wie Cembalo, Klavichord, Pianoforte und bis ins 17. Jh. auch für Orgel. Die frühesten Quellen der K. sind Umarbeitungen mehrstimmiger Vokalsätze des 14./15. Jh. Die Tabulaturbücher der dt. Orgelmeister des 16. Jh. (u. a. A. Schlick, P. Hofhaimer) enthalten neben Übertragungen auch eigenständige Kompositionen. Italien. Organisten (A. und G. Gabrieli, G. Frescobaldi u. a.), engl. Virginalisten, J. P. Sweelinck und seine dt. Schüler bildeten selbstständige Formen instrumentalen Charakters aus (Ricerar, Fantasie, Toccata u. a.). Die Klaviersuite und das Programmstück gehen auf frz. Clavecinisten (u. a. F. Couperin) und J. J. Froberger zurück, die Entwicklung der italien. Klaviersonate auf D. Scarlatti. G. F. Händel und J. S. Bach (»Wohltemperiertes Klavier«) pflegten bes. die Suite und als Erste das Orgel- bzw. Klavierkonzert (Cembalokonzert). Die in Italien entstandene Klaviersonate erhielt in der Wiener Klassik (J. Haydn, W. A. Mozart, L. van Beethoven) ebenso wie das Klavierkonzert die endgültige Form. Im 19. Jh. wurden von F. Schubert, F. Mendelssohn Bartholdy, R. Schumann und J. Brahms lyr. Kleinformen (Moment musical, Impromptu, Intermezzo u. a.) gepflegt. F. Liszt und F. Chopin schufen virtuose K. (Etüden) von hohem Rang. Der Klavierstil Liszts wurde von F. Busoni, P. I. Tschaikowsky, S. W. Rachmaninow und den frz. Impressionisten (C. Debussy, M. Ravel) fortentwickelt. Die K. des 20. Jh. ist gekennzeichnet durch die Erweiterung der Klangfarben mittels neuer Techniken (direktes Anschlagen der Saiten und des Instrumentenkörpers, Cluster, präpariertes Klavier, Elektronik) sowie durch Versuche der Verschmelzung von Klavier- und Orchesterklang. Bed. Werke für Klavier schrieben A. N. Skrjabin, I. Strawinsky, B. Bartók, P. Hindemith, C. Ives, H. Cowell, J. Cage, A. Schönberg, A. Berg, A. Webern, L. Nono, P. Boulez, O. Messiaen und K. Stockhausen.

Giselher Klebe

Paul Klee: Ad Parnassum (1932; Bern, Kunstmuseum)

Klavizimbel [lat.-grch.] *das,* das ⁄ Cembalo.

Klazomenai, ion. Stadt am S-Ufer des Golfs von İzmir (Türkei), Fundort einer großen Gruppe bemalter Tonsarkophage des 6. und frühen 5. Jh. v. Chr. (**Klazomenische Sarkophage**). Heimat des grch. Philosophen Anaxagoras.

Kleanthes, grch. Philosoph, * Assos (nördl. Ägäisküste) um 331, † 232/231 v. Chr.; Schüler und Nachfolger Zenons d. J. in der Leitung der ⁄ Stoa, deren Aufspaltung er nicht verhindern konnte.

Klebe, Giselher, Komponist, * Mannheim 28. 6. 1925; schuf Werke im gemäßigt modernen Stil: Orchester-, Kammer-, Kirchenmusik, Ballette, Opern, u. a. »Die Räuber« (1957); »Alkmene« (1961); »Jakobowsky und der Oberst« (1965); »Das Märchen von der schönen Lilie« (1969); »Ein wahrer Held« (1975); »Der jüngste Tag« (1980); »Die Fastnachtsbeichte« (1983); »Gervaise Macquart« (1995).

Klebebindung, fadenloses Buchbindeverfahren auf Klebebindeautomaten, wobei Einzelblätter oder im Bundsteg geschlitzte Bogen durch Auftragen eines Klebstoffs auf den aufgerauten Rücken zu einem Buchblock verbunden werden.

Kleber (Klebereiweiß, Gluten), im Mehlkörper v. a. von Weizen und Mais enthaltenes Eiweiß, das die Backfähigkeit des Mehls beeinflusst.

Kléber [kleˈbɛːr], Jean-Baptiste, frz. General, * Straßburg 9. 3. 1753, † (ermordet) Kairo 14. 6. 1800; schlug 1793 den royalist. Aufstand in der Vendée nieder, war im Ägyptenfeldzug ab Aug. 1799 Oberbefehlshaber, eroberte Kairo und siegte über die Türken bei Heliopolis (1800).

Klebsiella [nach dem Bakteriologen Edwin Klebs, * 1834, † 1919] *die,* Bakteriengattung, gramnegative, unbewegl. Stäbchen, die beim Menschen u. a. eine Lungenentzündung hervorrufen können.

Klebstoffe, nichtmetall. Werkstoffe, die Körper durch Oberflächenhaftung (Adhäsion) und innere Festigkeit (Kohäsion) verbinden können, ohne das Gefüge der Körper wesentlich zu verändern (Leim, Kleister, Kitt). Zu den natürl. K. gehören Kasein-, Glutinleime, Stärkeprodukte (Kleister) und Naturharze. Von größerer Bedeutung sind heute synthet. Klebstoffe. **Schmelz-K.** werden heiß als Schmelze aufgetragen und bilden beim Erstarren die Klebverbindung. Verwendet werden v. a. Mischungen von Äthylen-Vinylacetat-Copolymeren mit Harzen und Wachsen. Diese Gruppe schließt die **Heißsiegel-K.** ein, die z. B. zum Verschließen von Joghurtbechern dienen. **Kontakt-K.** müssen auf beide zu verklebenden Oberflächen aufgetragen werden. Nach einer Vortrocknung erfolgt die Klebung durch kurzzeitiges, starkes Zusammendrücken. Verwendet werden u. a. Copolymere von Butadien mit Styrol oder Acrylnitril. **Haft-K.** sind dauerklebrige K., meist auf Kautschukbasis, die unter geringem Druck haften, bei dauernder Last aber zum »Kriechen« neigen. Sie werden für Haftetiketten und Dekofolien verwendet. **Alleskleber** sind u. a. Lösungen von Polyurethan oder Polyvinylacetat in Estern, Ketonen oder Kohlenwasserstoffen, die durch Verdunsten des Lösungsmittels abbinden. **Anlösende K.** werden für Kunststoffe verwendet. Sie enthalten ein Lösungsmittel (z. B. Aceton für Polystyrol), das die zu verklebenden Oberflächen anlöst, sodass nach Diffusion der Makromoleküle und Verdunstung des Lösungsmittels Klebung eintritt. **Reaktions-K.** (Ein- und Zweikomponentenkleber) binden durch chem. Reaktion ab. Sie enthalten u. a. Aminoplaste oder Epoxidharze.

Klecki [ˈklɛtski] (Kletzki), Paweł (Paul), schweizer. Dirigent poln. Herkunft, * Lodz 21. 3. 1900,

† Liverpool 5. 3. 1973; leitete u. a. 1967–70 das Orchestre de la Suisse Romande; komponierte u. a. Orchesterwerke, Klavier- und Kammermusik.

Klee (Trifolium), Gattung der Schmetterlingsblütler mit etwa 300 Arten; Kräuter mit meist dreizähligen Blättern, kopfig, doldig oder traubig angeordneten Blütenständen und kurzen Fruchthülsen. Mitteleurop. Arten und wichtige Futterpflanzen sind: **Wiesenklee** (Trifolium pratense) mit roten Blütenköpfchen, **Inkarnatklee** (Trifolium incarnatum) mit blutroten längl. Blütenköpfchen, **Weißklee** (Trifolium repens) mit weißen Blüten, am weitesten verbreiteter Weidenklee. Wildpflanzen sind der meist rot blühende **Voralpenklee** (Trifolium alpinum) und der weißlich bis rötlich blühende **Hasenklee** (Trifolium arvense).

Klee, Paul, Maler und Grafiker, * Münchenbuchsee (bei Bern) 18. 12. 1879, † Muralto (bei Locarno) 29. 6. 1940; studierte 1898–1901 bei F. von Stuck u. a. in München, war 1901 in Italien und ließ sich 1906 in München nieder, wo er mit den Malern des ∕ Blauen Reiters befreundet war. 1912 empfing er in Paris Anregungen bes. von R. Delaunay, P. Picasso und H. Rousseau. 1914 reiste K. mit A. Macke und L. R. Moillet nach Tunis und Kairouan. Seit 1921 wirkte er als Meister am Bauhaus in Weimar und Dessau, seit 1931 als Akademieprof. in Düsseldorf, 1933 übersiedelte er nach seiner Entlassung nach Bern. 1937 wurden in Dtl. 102 seiner Werke als »entartet« beschlagnahmt. – Das Frühwerk umfasst v. a. Handzeichnungen und Druckgrafik von linearer Dynamik bei z. T. primitivierender Reduzierung der Gegenstandswiedergabe. Die Tunisreise wurde ausschlaggebend für den Durchbruch der Farbe. In der Folgezeit befasste sich K. mit einer Vielzahl maler. Techniken, die er in subtiler Differenzierung anwandte. Seine Kompositionen reichen von relativer Gegenständlichkeit über poet. Traumassoziationen und ironisch-skurrile Themen bis zu reiner Abstraktion. Im Spätwerk ist die künstler. Ausdrucksweise auf eine elementare Symbol- und Zeichensprache reduziert. K. übte bedeutenden Einfluss auf die Kunst des 20. Jh. aus. – Schriften: »Über die moderne Kunst« (hg. 1945), »Tagebücher 1898–1918«, hg. von Felix Klee (1957).

Kleefarn (Marsilea), Gattung der Kleefarngewächse; mit vierzähligen, kleeblattähnl. Blättern, auf sumpfigem Boden in der Uferzone von Teichen. In Süd- und Mitteleuropa heimisch ist der **Vierblättrige K.** (Marsilea quadrifolia).

Kleeseide, Art der Gattung ∕ Seide.

Kleeteufel, ∕ Sommerwurz.

Kleiber (Sittidae), den Meisen verwandte Familie der Singvögel, die an Baumstämmen (auch kopfabwärts) klettern und einen kräftigen, zum Hämmern geeigneten Schnabel haben. Die meisten Arten verkleinern den Eingang zur Nisthöhle mit Lehm. In den Wäldern und Parks Eurasiens heimisch ist der bis 14 cm große **Europ. K.** (Sitta europaea) mit schieferblauer Ober- und rostroter Unterseite.

Kleiber, 1) Carlos, argentin. Dirigent, * Berlin 3. 7. 1930, Sohn von 2); seit Mitte der 50er-Jahre an den Opernhäusern Düsseldorf, Zürich, Stuttgart tätig, seit 1975 internat. als Gastdirigent.

2) Erich, argentin. Dirigent österr. Herkunft, * Wien 5. 8. 1890, † Zürich 27. 1. 1956, Vater von 1); war u. a. 1923–34 Generalmusikdirektor an der Berliner Staatsoper; seit 1935 im Exil, wirkte 1936–49 in Buenos Aires; trat seit 1947 wieder in Europa auf.

Kleideraffe, ∕ Schlankaffen.

Kleidermotte, Schmetterling, ∕ Motten.

Kleider|ordnungen, obrigkeitl. Erlasse über Zuschnitt, Material, Ausstattung der Kleidung, auch

Kleiber: Europäischer Kleiber

über die zulässige Anzahl, Farben und Anlässe zum Tragen einzelner Kleidungsstücke. Bereits im Röm. Reich gab es Standeszeichen. Im Jahre 808 erließ Karl d. Gr. Kapitularien über die Kleidung. Bis zum 18. Jh. blieben K. Teil der städt. oder landesherrl. Gesetzgebung.

Kleidung, die in verschiedensten Formen und aus unterschiedl. Material gefertigte Körperbedeckung einschl. Unter-K., Fußbekleidung und Kopfbedeckung zum Schutz gegen Wetter und Verletzungsgefahren, zur Anpassung des Äußeren an kulturelle, religiöse, standesmäßige und berufl. Gegebenheiten sowie als schmückende und rein mod. Veränderung.

Als Material dienten dem Menschen zuerst Tierfelle, seit dem Neolithikum auch Gewebe. Im alten Ägypten bestand die K. des Mannes aus einem knie- oder wadenlangen Schurz, die der Frau aus einem knöchellangen Träger- oder Wickelgewand. Vornehme trugen schnabelförmige Sandalen. Die K. der babylon.-assyr. Bev. bestand aus einem kurzärmligen, langen hemdartigen Gewand, ergänzt durch ein schräg um den Körper gewickeltes langes Fransentuch. Wichtigste K.-Stücke im antiken Griechenland, aus Stoffbahnen drapiert und in den Grundzügen bis in den Hellenismus unverändert, waren in der Frauen-K. der hemdartige, seitlich offene ∕ Peplos bzw. der ∕ Chiton, der auch vom Mann mit dem ∕ Himation als gewickeltes Übergewand getragen wurde. Jugendliche, Krieger und Reiter hatten einen Schultermantel, die ∕ Chlamys. Beide Geschlechter trugen allg. Sandalen. In der röm. K., wesentlich durch die grch. beeinflusst, entspricht die ∕ Toga bzw. die ∕ Palla der Frau dem Himation, die von beiden Geschlechtern getragene ∕ Tunika dem Chiton. Frauen legten die Palla oft über den Kopf und trugen Sandalen, die Männer Sandalen im Haus, zur Toga einen geschlossenen Schuh, den Calceus. Die Frauen der europ. Bronzezeit trugen meist

Carlos Kleiber

Kleidung: Eine Wandmalerei aus dem »Grab des Sennedjem« zeigt den ägyptischen Handwerker Sennedjem im Schurz, seine Frau linefferti im Wickelgewand (um 1280 v. Chr.; Nekropole von Theben).

wadenlange Röcke, Schlupfblusen, Mantelumhang und Kopfputz; der Mann einen Wickelrock. Charakteristisch für die Tracht der Skythen, ebenso der Parther in Iran sowie der Kelten und der Germanen der Eisenzeit war die Hose, dazu Kittel und Umhänge. Im hohen MA. war für beide Geschlechter von Stand die reich verzierte Tunika, auch Cotte oder Kotta gen., als zweites Obergewand der Surcot typisch. Der Mann des Volkes behielt den knielangen Kittel (Rock) bei. Die Bauern trugen den german. Bundschuh. Seit Mitte des 14. Jh. trug der Mann eine allmählich bis zur Schritthöhe verkürzte Jacke (↗Schecke), zur Strumpfhose (Oberhose) verlängerte Strümpfe und Schnabelschuhe. In der Frauen-K. des MA. veränderten sich v. a. die Kopfbedeckungen, vom einfachen Schleier zu dem mit einer Krause versehenen Kruseler, dem Gebende (ein Stirn- und Kinnband) bis zu dem aufwendigen ↗Hennin und der ↗Hörnerhaube des späten MA. In der Männer-K. kamen im 15. Jh. zur Zeit der tonangebenden burgund. Mode lange Mantelröcke wie Houppelande und der seitlich offene ↗Tappert hinzu, darunter wurde das ↗Wams getragen. Im 16. Jh. wurde in der Männer-K. die ↗Schaube üblich, die man über dem Wams trug. Das Hemd zeigte am Hals eine Krause. Auch die Frauen trugen eine (fußlange) Schaube. Das Kleid wurde in Rock und Mieder, unter dem das Hemd sichtbar blieb, geteilt. In der 2. Hälfte des Jh. dominierte die ↗Spanische Mode, damit für beide Geschlechter die steife ↗Halskrause (Kröse), für die höf. Frau der ↗Reifrock. Im 17. Jh. (Barock) trat

Kleidung: Diego Rodríguez de Silva y Velázquez, »Die Infantin Margaretha Theresia in blaurotem Reifrock mit Spitzentüchlein«, Ausschnitt (um 1660; Madrid, Prado)

bei beiden Geschlechtern neben die steife Kröse ein breiter, spitzenverzierter Schulterkragen. Es kamen neue Hosenformen auf, wie die weite Pump- und Schlumperhose sowie 1660–80 die Rheingrafenhose (↗Rhingrave), eine Art Rockhose. Die Frauenmode verzichtete auf den Reifrock und wurde dekolletiert. Im 18. Jh. trug der Mann unter dem Einfluss der frz. Hoftracht (↗Justaucorps) einen vorn geknöpften, etwa knielangen Mantelrock (engl. »frock-coat«) meist mit Umlegekragen, enge Kniehose (frz. »Culotte«) und Weste. Die Zopf- und Haarbeutelperücke gehörte ebenso dazu wie der ↗Dreispitz. In der vornehmen Frauenmode wurden um 1720 erneut der Reifrock und ein enges Mieder beliebt. Oberer Rock und Mieder bildeten ein »Mantelkleid«, den Manteau. Im letzten Viertel des Jh. begann eine von England ausgehende bürgerl. K. Fuß zu fassen: der ↗Frack für den Mann und das unversteifte Kleid für die Frau. Die Kniehosen wurden seit der Frz. Revolution durch lange Röhrenhosen (↗Pantalons) ersetzt, der Dreispitz durch den ↗Zylinder. Die Revolutionstracht der Frauen (Rock und Jacke) wurde bald durch antikisierende Hemdkleider (↗Chemise) abgelöst. Im Biedermeier zeigte das Kleid einen weiten, knöchellangen Rock, anliegendes Oberteil mit schmaler Taille und großem Keulenärmel; dazu ein Schutenhut. Der Rock erhielt Mitte des 19. Jh. erneut einen Reifrock (↗Krinoline), durch C. ↗Worth propagiert, gegen Ende der 1860er-Jahre eine ↗Turnüre. Die mod. Figur wurde Anfang des 20. Jh. durch das enge Sans-Ventre-Korsett bestimmt, gegen das lose Reformkleid, von P. ↗Poiret zur Mode hochstilisiert, propagiert wurde. Das sachl. Schneiderkostüm kam auf; Rock und Bluse wurden immer beliebter. 1911 kreierte Poiret den ersten Hosenrock, 1912 den vorn geschlitzten Tangorock.

Die Herrenmode der 2. Hälfte des 19. Jh. entwickelte versch. sachliche Mantelformen (↗Raglan), für den Tagesanzug den ↗Sakko, den ↗Cutaway und den ↗Smoking. Im Ersten Weltkrieg wurde das Kostüm mit weitem Rock und Schlupfbluse aus Jersey modern, in den 1920er-Jahren bestimmten das Modebild: Kostüme in Herrenfasson (Garçonnemode), kniekurze Röcke und ↗Jumper, Hänge- und Hemdblusenkleider sowie das von Coco ↗Chanel lancierte »Kleine Schwarze«. In den 1930er-Jahren dominierte u. a. eine sehr figurbetonte, wadenlange Kleidmode im Schrägschnitt von Madeleine ↗Vionnet. In der Herrenmode gelangten vor 1945 Blazer und Trenchcoat in die Tages-K., auch Knickerbocker und Sweater. Danach bestimmten ausschließlich der Sakkoanzug und die Kombination aus Sakko und andersfarbiger Hose den Trend. In den 1950er-Jahren bestimmten die mod. Linien von C. ↗Dior, ausgehend vom New Look 1947, die Mode mit ihrer figurbetonten Linie einerseits und dem weiten Petticoat-Unterrock andererseits. Nach 1964 waren die Minimode von M. ↗Quant und der Courrèges-Stil (↗Courrèges), in den 1970er-Jahren der ↗Hippielook und die ↗Folkloremode sowie die Punkmode (↗Punk), in den 1980er-Jahren das ↗Oversize aktuell. ↗Jeans und ↗T-Shirt sind als Freizeitmode und z. T. auch am Arbeitsplatz akzeptiert. Die Mode der 1990er-Jahre ist individueller und stark von den Ideen der Designer wie ↗Dolce & Gabbana, J.-P. ↗Gaultier, ↗Gucci, R. ↗Kawakubo, H. ↗Lang, M. ↗Margiela, ↗Prada, V. ↗Westwood sowie dem ↗Grunge beeinflusst. (↗Mode)

Kleie, beim Mahlen abgesonderte Schalen, Keime und äußere Schichten der Getreidekörner; enthält 15–18 % Eiweiß, die Vitamine B und E; Verwendung: früher als Viehfutter, heute auch zur Herstellung von einigen Brotsorten.

Kleienpilzflechte, die ↗Pityriasis.

Kleihues [-hu:s], Josef Paul, Architekt, * Rheine 11. 6. 1933; 1979–87 Planungsdirektor der Internat. Bauausstellung in Berlin (IBA), 1994–98 Prof. an der Kunstakademie in Düsseldorf, 1996 Gründung des Büros K. + K., seit 2001 Direktor der Bauakademie Berlin. Seine Bauten sind geprägt von der Auseinandersetzung mit der rationalen Architektur und dem preuß. Klassizismus der Schinkel-Zeit (u. a. Museum für Vor- und Frühgeschichte in Frankfurt am Main, 1980–89, Umbau und Erweiterung des Hamburger Bahnhofs zu einem Museum für Gegenwart in Berlin, 1992–96, Haus Liebermann und Haus Sommer am Pariser Platz ebd., 1995–98).

Klein, 1) Calvin, amerikan. Modedesigner, * New York 19. 11. 1942; gründete 1968 sein eigenes Modeunternehmen in New York. 1970 kam der große Erfolg mit seinem »pea coat«, einem zweireihigen Damenkurzmantel in der Art einer Caban-Jacke. Seine Mode ist dem typisch amerikan. »casual wear« verbunden: anliegende Pullover, Cardigans und schmale Röcke, enge Schlauchkleider für den Abend. Zu einem internat. Markenbegriff wurde 1982 die von ihm kreierte Herrenunterwäsche; erfolgreich auch mit Designerjeans und Parfüm (»ck one«).
2) Christian Felix, Mathematiker, * Düsseldorf 25. 4. 1849, † Göttingen 22. 6. 1925; arbeitete zur Funktionentheorie, Geometrie und zur Theorie des Kreisels; begründete mit dem »Erlanger Programm« auf Basis der Gruppentheorie eine Systematisierung der Geometrie; setzte sich für eine Neuordnung des mathematisch-naturwiss. Unterrichts ein.
3) Lawrence Robert, amerikan. Volkswirtschaftler, * Omaha (Nebr.) 14. 9. 1920; seit 1958 Prof. in Philadelphia; Hauptvertreter des Keynesianismus; erhielt 1980 für die Konstruktion ökonometr. Konjunkturmodelle und deren Verwendung bei Analysen der Wirtschaftspolitik den Nobelpreis für Wirtschaftswissenschaften.
4) Melanie, österr. Psychoanalytikerin, * Wien 30. 3. 1882, † London 22. 9. 1960; entwickelte eine Spieltechnik und eine Spielanalyse, die neue Möglichkeiten zur psychoanalyt. Behandlung von Kindern eröffneten.
5) [klɛ̃], Yves, frz. Maler und Bildhauer, * Nizza 28. 4. 1928, † Paris 6. 6. 1962; schuf seit 1949 monochrome Bilder, bes. in leuchtendem Blau. Von seinen Anthropometrien (Körperabdrücke), Feuerbildern und anderen Experimenten gingen Anregungen auf die zeitgenöss. Kunst aus. K. war Mitbegründer des ⁄ Nouveau Réalisme.

Kleinaktilen, Aktien mit geringem Nennbetrag; in Dtl. ist durch § 8 Aktienges. ein Mindestnennbetrag von 1 € vorgeschrieben. Höhere Aktiennennbeträge müssen auf volle Euro lauten.

Kleinasilen (Anatolien, türk. Anadolu), die zw. Schwarzem Meer, Marmarameer, Ägäischem Meer und östl. Mittelmeer nach W vorspringende Halbinsel Asiens, umfasst mit dem westl. und mittleren Anatolien den Großteil des asiat. Gebietes der ⁄ Türkei. – *Geschichte:* Bed. jungsteinzeitl. Fundorte in Hacılar und ⁄ Çatal Hüyük, dessen Funde ein bemerkenswert hohes Kulturniveau bezeugen. Für die Bronzezeit ist der wichtigste Fundplatz ⁄ Troja. In der mittleren Bronzezeit treten bereits schriftl. Quellen auf. Um 1200 v. Chr. brach das Reich der ⁄ Hethiter zusammen. Danach wanderten von NW versch. Völker ein: Karer (⁄ Pelasger), Lykier, Lyder, Kilikier, Pisidier, Tyrrhener (⁄ Etrusker) u. a. Von ihnen bildeten die Phryger im 8. Jh. v. Chr. und die Lyder im 7./6. Jh. v. Chr. u. a. unter Alyattes und Krösus) größere Reiche. Noch vor 1000 v. Chr. siedelten Griechen an der W-Küste. Auch die Thraker griffen nach K. über. 546 v. Chr. ging das Lyd. Reich im Perserreich auf. Unter Alexander d. Gr. wurde K. mit Ausnahme von Kappadokien und Armenien makedonisch. Im 3. Jh. v. Chr. entstand das Pergamen. Reich, das 133 v. Chr. an die Römer fiel, daraus die Provinz Asia schufen und dann ganz K. eroberten. Später gehörte K. zum Byzantin. Reich, im 11. Jh. kam es unter die Herrschaft der Seldschuken, im 14. Jh. an die Osmanen (⁄ Türkei, Geschichte).

Kleinbären (Procyonidae), Raubtierfamilie von marder- bis bärenähnl. Gestalt; gute Kletterer; vorwiegend nachtaktive Allesfresser. Ursprünglichster Vertreter ist das in Mittel- und Nordamerika lebende **Katzenfrett** (Bassariscus astutus) mit katzenartigem Gesicht und schwarzweiß geringeltem Schwanz. Zu den K. gehören weiterhin die ⁄ Waschbären, ⁄ Nasenbären (Coatis) und der ⁄ Wickelbär.

Kleinbildkamera, ⁄ fotografische Apparate.

Kleinbürgertum, Teil der Stadtbev. der vor- und frühindustriellen Gesellschaft, gegenüber dem Großbürgertum von geringerem Besitz und Bildungsstand. Abgesehen von begrenzten Wirkungsmöglichkeiten in polit. Parteien war das K. ohne größeren polit. Einfluss. Heute meint der Begriff einen mit Kleinbesitz und sozialen Vorurteilen verbundenen Lebensstil.

Kleindeutsche, im 19. Jh., v. a. in der Frankfurter Nationalversammlung 1848/49, die Befürworter einer Lösung der dt. Frage (im Unterschied zu den Großdeutschen) durch einen Bundesstaat unter preuß. Führung und unter Ausschluss Österreichs (auch Erbkaiserliche gen.). In der Geschichtsschreibung vertraten die kleindt. Richtung u. a. J. G. Droysen, H. von Sybel, H. von Treitschke.

Kleine Brüder und Schwestern Jesu (frz. Petits Frères [Petites Sœurs] de Jésus), 1933 (**Kleine Brüder Jesu**) und 1939 (**Kleine Schwestern Jesu**) in der Sahara gegründete kath. Ordensgemeinschaften zur Verbreitung des christl. Glaubens. Die K. B. u. S. J. setzen die christl. Mission im Sinne C. de ⁄ Foucaulds fort: dem persönl. Vorleben eines durch Gastfreundschaft, Gebet, gemeinsame Arbeit und einfache Lebensführung geprägten christl. Lebens.

Kleine Entente [- ã'tã:t], Bündnissystem zw. der Tschechoslowakei, Rumänien und Jugoslawien, um den durch die Pariser Vorortverträge 1919/20 geschaffenen Status quo im Donauraum gegen Revisionsforderungen Ungarns, Bulgariens und Italiens zu sichern. Initiator war der damalige tschechoslowak. Außenmin. E. Beneš. Aufgrund seines Bündnisses mit der Tschechoslowakei (1924) betrachtete Frankreich die K. E. als einen wichtigen Pfeiler der frz. Sicherheitspolitik. Die K. E. zerbrach 1938 mit dem Abschluss des Münchener Abkommens.

Kleine Fahrt, in Dtl. der die gesamte Ostsee und die Nordsee bis 61° n. Br. und 7° w. L. sowie die Häfen Großbritanniens, Irlands und der frz. Atlantikküste umfassende Fahrtbereich eines Schiffes.

Kleine Propheten (Zwölfprophetenbuch, grch. Dodekapropheton), in der Bibelwiss. Sammelbez. für die zwölf alttestamentl. Prophetenbücher Hosea, Joel, Amos, Obadja (Abdias), Jona, Micha, Nahum, Habakuk, Zephanja, Haggai, Sacharja und Maleachi.

Kleiner Bär, das Sternbild Ursa Minor (⁄ Bär).

Kleiner Hund, das Sternbild Canis Minor (⁄ Hund).

Kleiner Kaukasus, ⁄ Kaukasus.

Kleiner Sankt Bernhard, Alpenpass an der frz.-italien. Grenze, 2 188 m ü. M., zw. Isère- und Aostatal.

Kleiner Sklavensee (engl. Lesser Slave Lake), See in der kanad. Prov. Alberta, 1 168 km², 577 m ü. M., entwässert zum mittleren Athabasca.

Kleiner Wagen, Teil des Sternbilds Kleiner Bär (⁄ Bär).

Kleinerzeichen, das Zeichen <, das zur abkürzenden Schreibweise bei Ungleichungen verwendet wird, z. B. 7 < 9.

Christian Felix Klein

Lawrence R. Klein

Kleines Haff, der westl. Teil des ↗Stettiner Haffs.

Kleine Sundainseln, Teil des Malaiischen Archipels, Indonesien, mit den Hauptinseln (von W nach O) Bali, Lombok, Sumbawa, Sumba, Flores und Timor.

Kleines Walsertal, Nebental der Iller, ↗Walsertal.

Kleingärten, kleine Wirtschaftsgärten, die der nichterwerbsmäßigen gärtner. Nutzung, bes. zur Gewinnung von Obst und Gemüse für den Eigenbedarf, und zur Erholung dienen. K. sind in Anlagen mit gemeinschaftl. Einrichtungen (u. a. Wege, Spielflächen) zusammengefasst. K. sollen nicht größer als 400 m² sein, sie werden oft auch **Schrebergärten** genannt (nach dem Arzt D. ↗Schreber).

Kleingruppenforschung, empir. Forschungsrichtung der Mikrosoziologie und Sozialpsychologie, die sich mit Fragen der Entstehung sozialer Kleingruppen sowie Kommunikationsstrukturen, sozialen Rollen, Konflikten, Außenbeziehungen usw. in ihnen befasst.

Kleinhirn, ↗Gehirn.

Kleinkirchheim, Bad, ↗Bad Kleinkirchheim.

Kleinklima (Mikroklima), kleinräumige Klimaerscheinungen, bes. der bodennahen Luftschicht bis zu etwa 2 m Höhe; K. ergibt sich u. a. aus dem Strahlungsumsatz und der daraus abgeleiteten Temperaturverteilung an der Erdoberfläche.

Kleinkunst, 1) *bildende Kunst:* unterschiedlich gebrauchter kunstwiss. Begriff, urspr. im 19./20. Jh. für kunstgewerbl. Arbeiten verwendet, dann eher zur Abhebung von Werken kleineren Formats von hoher künstler. Qualität gegenüber der breiteren Masse von Erzeugnissen des Kunsthandwerks. Der Begriff K. wird auch verwendet, um den intimen Charakter einer Kunstgattung zu unterstreichen (z. B. Buchmalerei, Kleinplastik, Siegel). **2)** *darstellende Kunst:* Sammelbez. für kabarettist. Darbietungen.

Kleinmachnow [-no], Gem. im Landkreis Potsdam-Mittelmark, Brandenburg, am Teltowkanal, 14 800 Ew.; Biolog. Bundesanstalt für Land- und Forstwirtschaft; Kokillengießerei.

Kleinmeister, nach ihren kleinformatigen Stichen benannte Gruppe von Kupferstechern und Radierern bes. der 1. Hälfte des 16. Jh. in der Nachfolge A. Dürers und A. Altdorfers (u. a. H. S. und B. Beham sowie G. Pencz in Nürnberg, H. Aldegrever in Soest).

Kleinpolen 1) (poln. Małopolska), seit dem 15. Jh. der amtl. Name für den südöstl., »jüngeren« Teil des Königreichs Polen (im Unterschied zum »älteren« Großpolen), urspr. die Wwschaften Krakau, Sandomir und Lublin; 1569 kamen Rotreußen, Podlachien, Wolhynien und Podolien hinzu. **2) Woiwodschaft Kleinpolen** (poln. Województwo Małopolskie, Wwschaft (seit 1999) in S Polens, 15 144 km², 3,234 Mio. Ew.; Verw.zentrum ist Krakau.

Kleinrussen, ↗Ukrainer.

Kleinrussland (russ. Malorossija), vom 17. bis zum Beginn des 20. Jh. offizielle Bez. für die Ukraine.

Kleinspannung (Schutzkleinspannung), umfasst alle ↗Nennspannungen von Wechselspannungen bis 25 V und von Gleichspannungen bis 60 V; alle darüber liegenden Spannungswerte sind aus medizin. Sicht für den Menschen potenziell gefährlich.

Kleinspecht, Art der ↗Spechte.

Kleinstaat, ein Staat, dessen Größe (Territorium, Bev.zahl) oder Machtpotenzial (wirtsch. und militär. Stärke) im Vergleich zu einer Großmacht sehr gering ist. K. haben Anspruch auf uneingeschränkte Achtung ihrer Souveränität und auf Gleichbehandlung in internat. Beziehungen und Organisationen. Im internat. Kräftefeld suchen sie sich u. a. durch Neutralität, Bündnisse, internat. Garantien zu behaupten.

Kleinstadt, in der amtl. dt. Statistik eine Gemeinde von 5 000 bis unter 20 000 Einwohnern.

kleinstes gemeinsames Vielfaches, Abk. **k. g. V.,** die kleinste natürl. Zahl, die durch zwei oder mehrere gegebene Zahlen ohne Rest teilbar ist. Man kann ihn mithilfe der Primfaktorzerlegung bestimmen; z. B. erhält man für die Zahlen 8 (= 2^3) und 12 (= $2^2 \cdot 3$) das k. g. V. 24 (= $2^3 \cdot 3$).

Kleintierzucht, die Zucht bes. von Geflügel, Kaninchen, Ziegen, Hunden, Pelztieren, Bienen.

Kleinwelka, Gemeindeteil der Stadt ↗Bautzen.

Kleist, pommersches Adelsgeschlecht, 1263 erstmals genannt.

1) Ewald von, Generalfeldmarschall (seit 1943), * Braunfels 8. 8. 1881, † Lager Wladimirowka (UdSSR) Okt. 1954; im Zweiten Weltkrieg 1939-42 Oberbefehlshaber einer Panzerarmee (1940 Durchbruch zum Kanal bei Abbeville; 1942 Vorstoß zum Kaukasus), 1942–44 der Heeresgruppe A (S-Ukraine), wurde 1944 von Hitler seines Kommandos enthoben. Als brit. Kriegsgefangener wurde K. 1946 an Jugoslawien, von dort 1948 an die UdSSR ausgeliefert.

2) Ewald Christian von, Dichter, * Zeblin (bei Köslin) 7. 3. 1715, † Frankfurt (Oder) 24. 8. 1759; wurde 1736 dän. Offizier, ab 1740 in preuß. Diensten; in Leipzig schloss er Freundschaft mit G. E. Lessing; er ist der Adressat von Lessings »Briefen, die neueste Literatur betreffend«, gilt auch als Vorbild für die Figur des Tellheim in Lessings »Minna von Barnhelm«. K. verfasste unter dem Einfluss F. G. Klopstocks die bukol. Idylle »Der Frühling« (1749), daneben Oden, vaterländ. Gedichte und Versepik.

3) Friedrich, Graf K. von Nollendorf (seit 1814), preuß. Generalfeldmarschall, * Berlin 9. 4. 1762, † ebd. 17. 2. 1823; zeichnete sich in den Befreiungskriegen aus (v. a. Herbstfeldzug 1813), vereitelte bei Kulm und Nollendorf den frz. Ausbruchsversuch.

4) Heinrich von, Schriftsteller, * Frankfurt (Oder) 18. 10. 1777 (nach eigener Angabe 10. 10.), † Berlin 21. 11. 1811; Sohn eines preuß. Hauptmanns; quittierte 1799 den Dienst in der preuß. Armee, begann ein Philosophiestudium (v. a. Kant) und reiste (u. a. Paris, Schweiz); 1807 wurde er in Berlin als Spion von den Franzosen verhaftet und sechs Monate inhaftiert; danach ging er nach Dresden (Kontakte zum Kreis um C. G. Körner) und kehrte nach kurzem Aufenthalt in Prag 1809 nach Berlin zurück. Seit 1803/04 versuchte K. immer wieder, sich in der literar. Welt zu etablieren: er begann mit der Arbeit an Trauerspielen (»Familie Schroffenstein«, anonym erschienen 1803; »Robert Guiskard. Herzog der Normänner«, als Fragment gedruckt 1808) und gab Ztschr.n heraus (in Dresden »Phoebus«, zus. mit Adam Müller, nur Jahrgang 1808 erschienen; in Berlin 1810/11 die »Berliner Abendblätter«). Parallel dazu entstanden die großen dramat. Werke, die Novellen sowie zahlr. kleinere Schriften, v. a. für seine Zeitschriften. K.s Interesse galt meist überlieferten Stoffen, die durch extreme Gefühle und Leidenschaften, denen die Figuren ausgesetzt sind, eine neue Dimension erhalten, so der Tragikomödie »Amphitryon« (1807) und in der Tragödie »Penthesilea« (1808). In den histor. Dramen, v. a. dem »großen histor. Ritterschauspiel« »Das

Heinrich von Kleist

Käthchen von Heilbronn« (gedruckt 1820) und in »Prinz Friedrich von Homburg« (Uraufführung und gedruckt 1821), folgt das Individuum frei von gesellschaftl. Konventionen allein dem eigenen Gefühl. Von patriot. Geist ist »Die Hermannsschlacht« (gedruckt 1821) erfüllt. Zentrales Motiv der Dramen K.s ist das Spiel zw. Schein und Sein, es bestimmt auch sein bühnenwirksamstes Stück, das Lustspiel »Der zerbrochene Krug« (Uraufführung 1808, gedruckt 1811), dessen Handlung identisch ist mit einer Gerichtsverhandlung, die den Dorfrichter Adam als Täter entlarvt. Eine mit äußerster Konzentration geführte Fabel zeichnet auch die Novellen aus, mit denen die Gattung in der dt. Literatur einen neue Qualität erreichte (u. a. »Die Marquise von O. ...«, 1808; »Das Erdbeben von Chili«, 1810); die bekannteste, »Michael Kohlhaas« (1808), greift wiederum auf einen histor. Stoff zurück: Kompromissloses Rechtsgefühl führt zu Rache, Verbrechen und Todesurteil.

Bei den Zeitgenossen stieß K.s Gestaltungskunst auf Unverständnis. Die von Goethe initiierte Uraufführung des »Zerbrochenen Krugs« in Weimar war ein Misserfolg, auch die anderen Stücke wurden zu Lebzeiten des Autors kaum aufgeführt, die Novellen erschienen in seinen eigenen Zeitschriften. Ohne Existenzgrundlage, nahm er sich zus. mit Henriette Vogel (* 1773) am Morgen des 21. 11. 1811 am Ufer des Kleinen Wannsees das Leben. Das Interesse an K. begann mit L. Tiecks Herausgabe der »Hinterlassenen Schriften« (1821). Zw. Weimarer Klassik, Romantik, Spätaufklärung und der politisch engagierten Lit. der Befreiungskriege stehend, weist das Werk auf die Moderne voraus und nimmt, v.a. durch die spannungsreiche Sprache, in manchem den Expressionismus vorweg.

Ausgaben: Sämtliche Werke u. Briefe, hg. v. I.-M. Barth u. a., 4 Bde. 1987–97. – Sämtliche Werke u. Briefe, hg. v. S. Streller, 4 Bde. ⁴1995. Sämtliche Werke u. Briefe, hg. v. H. Sembdner, Neuausg. München 2001.

Kleister [mhd. klīster »Klebstoff«], pastöser Papierklebstoff aus Stärke, Mehl oder wasserlösl. Cellulose- und Stärkeäthern; als Buchbinder-K. und Tapeten-K. verwendet.

Kleisthenes, athen. Staatsmann des 6. Jh. v. Chr.; bewirkte 510 v. Chr. die Vertreibung des Hippias, schuf 507 durch eine Phylenordnung (↗Phyle) die Grundlage der Demokratie in Athen. Der ↗Ostrakismos geht wohl auf ihn zurück.

Kleistogamie [grch.] *die,* Selbstbestäubung in geschlossener Blüte (z. B. bei Veilchen).

Kleist-Preis, Förderpreis für junge dt. Dichter, der von 1912 bis 1932 vergeben wurde, u. a. an: O. Loerke (1913), A. Zweig (1915), H. H. Jahnn (1920), B. Brecht (1922), R. Musil (1923), E. Barlach (1924), C. Zuckmayer (1925), A. Neumann und A. Lernet-Holenia (1926), Anna Seghers (1928), Ö. von Horváth (1931), Else Lasker-Schüler (1932). Er wurde erstmals wieder 1985 auf der Jahrestagung der 1962 neu gegr. Heinrich-von-Kleist-Ges. vergeben. Preisträger u. a.: A. Kluge (1985), T. Brasch (1987), Heiner Müller (1990), G. Salvatore (1991), M. Maron (1992), E. Jandl (1993), Herta Müller (1994), H. J. Schädlich (1996), B. Honigmann (2000), Judith Hermann (2001), M. Mosebach (2002), A. Ostermaier (2003).

kleistsche Flasche [nach dem Physiker E. J. von Kleist, * 1700, † 1748], die ↗Leidener Flasche.

Klematis [auch 'kleːmatɪs, grch.] *die,* Art der Pflanzengattung ↗Waldrebe.

Klemens (Clemens), Päpste:

1) K. I., ↗Klemens von Rom.
2) K. V. (1305–14), eigtl. Bertrand de Got, * in der Gascogne, † Roquemaure (bei Avignon) 20. 4. 1314; begründete durch die Wahl Avignons zur Residenz (1309) das »Babylon. Exil« der Päpste (bis 1377).
3) K. VII. (1523–34), eigtl. Giulio de' Medici, * Florenz 26. 5. 1478, † Rom 25. 9. 1534; bekämpfte Kaiser Karl V., um dessen Vorherrschaft in Italien einzudämmen, was die Erstürmung Roms (↗Sacco di Roma) zur Folge hatte; K. wurde gefangen genommen; 1529 musste er den Frieden von Barcelona schließen, 1530 Karl V. in Bologna zum Kaiser krönen; konnte die Loslösung der engl. Kirche von Rom durch Heinrich VIII. nicht verhindern.
4) K. XI. (1700–21), eigtl. Giovanni Francesco Albani, * Urbino 22. 7. 1649, † Rom 19. 3. 1721; neigte im Span. Erbfolgekrieg Frankreich zu; entschied im ↗Ritenstreit gegen die Jesuiten; verurteilte den ↗Jansenismus 1713 in der Bulle »Unigenitus«.
5) K. XIV. (1769–74), eigtl. Giovanni Vincenzo Antonio Ganganelli, * Sant' Arcangelo (bei Rimini) 31. 10. 1705, † Rom 22. 9. 1774; hob 1773 den Jesuitenorden auf; förderte Künste und Wiss.en und gründete das »Museo Clementino« in Rom.

Klemensbriefe, zwei Schriften der frühen Kirche; der **1. K.** ist ein Schreiben der christl. Gemeinde Roms an die Gemeinde in Korinth, verfasst um 96–98 wahrscheinlich von Klemens von Rom. Der ihm fälschlich zugeschriebene, um 150 entstandene **2. K.** ist die älteste christl. Homilie.

Klemens von Alexandria (Titus Flavius Clemens Alexandrinus), Theologe und Philosoph, * Athen (?) um 140/150, † Kleinasien um 215; verbindet grch.-philosoph. Denken (Platon, Stoa) mit der kirchlich-theolog. Überlieferung; versteht das Christentum als die »wahre Philosophie« und den göttl. ↗Logos, Fleisch geworden in Jesus Christus, als die Fülle der Wahrheit und Quelle aller Erkenntnis.

Klemens von Rom, Ende des 1. Jh. Bischof von Rom; nach altkirchl. Überlieferung der dritte Nachfolger des Petrus; wird in der kath. Kirche als Papst Klemens I. (90/92–101[?]) gezählt; wahrscheinlich Verf. des 1. ↗Klemensbriefes. Heiliger, Tag: 23. 11.

Klementine [frz.] *die* (Clementine), kernlose Sorte der Mandarine, bes. süß.

Klemke, Werner, Grafiker, * Berlin 12. 3. 1917, † ebd. 26. 8. 1994; gestaltete neben zahlr. Illustrationen (u. a. für die Monatszeitschrift »Magazin«) auch Plakate, Theaterprospekte, Schallplattenhüllen, Figurinen.

Klemm, 1) Friedrich, Technikhistoriker, * Mulda/Sa. (Landkreis Freiberg) 22. 1. 1904, † München 16. 3. 1983; war Bibliotheksdirektor am Dt. Museum in München und wegweisend als Prof. für Gesch. der exakten Naturwiss.en und der Technik.

2) Hanns, Flugzeugkonstrukteur, * Stuttgart 4. 4. 1885, † Fischbachau (Landkreis Miesbach) 30. 4. 1961; entwickelte als Chefkonstrukteur der Daimler-Flugzeugbau in Sindelfingen das für den Leichtflugzeugbau vorbildl. L 20 (zweisitziger Tiefdecker mit 20-PS-Mercedes-Flugmotor, 1924) u. a. Leichtflugzeuge. K. gründete 1926 die Firma **Leichtflugzeugbau K. GmbH** in Böblingen (1945 erloschen).

Klemmenspannung (Klemmspannung), i. e. S. an den Anschlussklemmen einer elektr. Maschine messbare Spannung; i. w. S. Spannung an den Eingangs- oder Ausgangsklemmen eines Betriebsmittels oder einer Anlage.

Klemperer, 1) Otto, Dirigent, * Breslau 14. 5. 1885, † Zürich 6. 7. 1973; war seit 1927 Leiter der Kroll-Oper und des Philharmon. Chores Berlin, emi-

Hanns Klemm

Otto Klemperer

grierte 1933 in die USA und leitete dort u. a. bis 1939 das Los Angeles Philharmonic Orchestra; wurde 1955 Chefdirigent des (New) Philharmonic Orchestra in London; bed. Interpret der Musik der Wiener Klassik und der Werke G. Mahlers.

2) Victor, Romanist, *Landsberg (Warthe) 9. 10. 1881, †Dresden 11. 2. 1960; arbeitete v. a. über die frz. Literatur des 18. Jh.; bekannt wurde er jedoch mit seinen persönl. Aufzeichnungen, veröffentlicht u. d. T. »Ich will Zeugnis ablegen bis zum letzten. Tagebücher 1933–1945« (2 Bde., 1995) und »So sitze ich denn zwischen allen Stühlen. Tagebücher 1945–1959« (2 Bde., 1999), Zeitdokumenten geistigen Widerstands gegen den Totalitarismus. Wichtigstes Werk ist »LTI. Lingua Tertii Imperii« (1947, 1966 u. d. T. »Die unbewältigte Sprache«), eine entlarvende Analyse zum Sprachgebrauch totalitärer Systeme. Erhielt posthum den Geschwister-Scholl-Preis.

Victor Klemperer

Leo von Klenze: Glyptothek in München (1816–30)

Klenau, Paul August von, dän. Komponist und Dirigent, *Kopenhagen 11. 2. 1883, †ebd. 31. 8. 1946; vereinigte spätromant. Grundhaltung mit moderner Tonalität (z. T. Zwölftontechnik). – Opern (u. a. »Michael Kohlhaas«, 1933; »Rembrandt van Rijn«, 1937), Sinfonien, Chorwerke, Lieder, Kammermusik.

Klenze, Franz Karl Leo von (seit 1833), Baumeister, *Schladen 29. 2. 1784, †München 27. 1. 1864; Vertreter des Klassizismus; 1808–13 war er in Kassel Hofarchitekt des Königs Jérôme von Westfalen, ab 1816 des späteren Königs Ludwig I. von Bayern (seit 1819 Hofbauintendant), in dessen Auftrag er Plätze und Straßen in München einheitlich gestaltete (Königsplatz, Ludwigstraße, Odeonsplatz, große Teile der Brienner Straße). Er erbaute die Walhalla in Donaustauf, Landkreis Regensburg (1830–42), die Neue Eremitage in Sankt Petersburg (1839–52) und vollendete die von F. von Gärtner begonnene Befreiungshalle bei Kelheim (1842–63). Sein Baustil entfaltete sich aus Elementen der antiken grch. Baukunst und Formen der italien. Hochrenaissance. – *Weitere Bauten* (alle in München): Leuchtenberg-Palais (1816–21); Glyptothek (1816–30); Festsaalbau (1823–42) und Königsbau (1826–35) der Residenz; Alte Pinakothek (1826–36); Allerheiligen-Hofkirche (1826–37); Monopteros im Engl. Garten (1833–35); Ruhmeshalle (1843–54); Propyläen am Königsplatz (1846–60).

Kleon, athen. Politiker, ✕ Amphipolis 422 v. Chr.; Gegner des Perikles und des Nikias und schärfster Vertreter der Kriegspartei, ließ 425 Friedensversuche scheitern. Fiel im Kampf gegen die Spartaner.

Kleopatra VII., die Große, ägypt. Königin (seit 51 v. Chr.), *69 v. Chr., †Alexandria 30 v. Chr.; regierte zunächst mit ihrem Bruder Ptolemaios XIII. († 47 v. Chr.); von ihm vertrieben, wandte sie sich um Hilfe an Caesar. Dieser gab ihr nach schweren Kämpfen (Alexandrin. Krieg) die Herrschaft zurück. 46–44 lebte sie in Rom, kehrte nach Caesars Tod nach Ägypten zurück, wo sie ihren von Caesar stammenden Sohn Kaisarion (*47 v. Chr.) zum Mitregenten erhob. Im Bürgerkrieg von 43/42 neutral, gewann sie 41 Antonius für sich, mit dem sie seit 37 (Eheschließung) verbunden blieb. Ihr Ziel, dem Land und der Dynastie neuen Glanz zu geben, wurde von Antonius gefördert. Oktavian, der spätere Kaiser Augustus, betrachtete K. jedoch als Feindin Roms und führte den Kampf gegen Antonius offiziell nur gegen sie. Nach der verlorenen Schlacht bei Aktium (31) floh K. nach Ägypten und tötete sich durch Schlangenbiss.

Klephten [ngrch. »Räuber«], räuber. Freischärler in den Gebirgen N-Griechenlands, Thessaliens und Makedoniens, die einen Kleinkrieg gegen die osman. Fremdherrschaft führten; wurden in den **Klephtenliedern** besungen.

Jochen Klepper

Klepper, Jochen, Schriftsteller, *Beuthen (heute Bytom) 22. 3. 1903, † (Selbstmord mit seiner jüd. Frau und deren Tochter) Berlin 11. 12. 1942; schrieb christlich-histor. Romane (»Der Vater«, 1937) und geistl. Lyrik; seine Tagebücher (hg. 1956 und 1958) sind erschütternde Zeitdokumente.

Kleptomanie [grch.] *die,* (Stehlsucht), zwanghafter, vom Willen nicht kontrollierbarer Trieb zum Stehlen, u. a. bei neurot. Erkrankungen oder Essstörungen.

Klerides, Glafkos, zypriot. Politiker, *Nikosia 24. 4. 1919; gründete 1969 die konservative Vereinigte Demokrat. Partei, 1976 die Demokrat. Sammlung (DISY). 1968–76 führte er auf grch.-zypriot. Seite die Verhandlungen mit der türkisch-zypriot. Volksgruppe (R. Denktasch). Von Juli bis Dez. 1974 amtierte K. als provisor. Staatspräs.; als gewählter Staatspräs. (1993–2003) war er bemüht um Lösung der Zypernfrage.

Glafkos Klerides

klerikal [kirchenlat. »priesterlich«], i. w. S. streng kirchlich gesinnt; i. e. S. zum ↗ Klerus gehörig.

klerikale Standesprivilegien, Vorrechte des Klerus. (↗ Immunität)

Klerikalismus *der* (politischer K.), polem. Bez. für vom (insbesondere kath.) Klerus getragene Bestrebungen, die Interessen und Auffassung der (kath.) Amtskirche in Gesellschaft und Staat durchzusetzen (z. B. über die Gesetzgebung). – Im Ggs. zum K. steht der ↗ Laizismus.

Kleriker *der,* allg. der Geistliche; in der kath. Kirche der geistl. Amtsträger.

Klerk, 1) Frederik Willem de, südafrikan. Politiker, *Johannesburg 18. 3. 1936; Jurist, Mitgl. der National Party (NP), seit 1978 mehrmals Min., zuletzt 1984–89 Erziehungsmin., setzte als Vors. der NP (1989–97) und als Staatspräs. (1989–94), seit 1990 in enger Zusammenarbeit mit N. Mandela, den Abbau der Rassengesetzgebung und den friedl. Übergang Südafrikas zu einer pluralist. und gemischtrassigen Demokratie durch. 1993 erhielten beide den Friedensnobelpreis. 1994–96 war K. Vizepräs. der Rep. Südafrika.

2) Michel de, niederländ. Architekt, *Amsterdam 24. 11. 1884, †ebd. 24. 11. 1923; Vertreter des Expressionismus, schuf u. a. in Amsterdam Wohnbauten (»Spaarndammerbuurt«, 1913–19); auch Möbelentwürfe.

Klerksdorp, Stadt in der Prov. Nord-West, Rep. Südafrika, 137 300 Ew.; Sitz der größten Getreidegenossenschaft des Landes; Gold-, Uranerzbergbau.

Klerus [grch.-(kirchen-)lat.] *der* (Geistlichkeit), allg. der geistl. Stand. Die Aufnahme in den K. erfolgt in der kath. Kirche durch die Weihe zum ↗ Diakon.

Klestil, Thomas, österr. Politiker, * Wien 4. 11. 1932; Diplomat, 1969–74 Generalkonsul, 1978–82 Botschafter bei den UN, 1982–87 Botschafter in Washington (D. C.) und 1987–92 Gen.-Sekr. im österr. Außenministerium; seit 1992 Bundes-Präs. (parteilos, Kandidat der ÖVP; wieder gewählt 1998).

Klette (Arctium), Gattung der Korbblütler in den gemäßigten Zonen der Alten Welt. Die häufigste Art ist die auf Schuttplätzen, Ödland, an Wegrändern und Ufern vorkommende, graufilzig behaarte **Große K.** (Arctium lappa) mit bis 4 cm großen, rötl. bis purpurfarbenen Blütenköpfchen, deren Hüllblätter mit einer hakigen Stachelspitze versehen sind.

Klettenberg, Susanna Katharina von, * Frankfurt am Main 9. 12. 1723, † ebd. 13. 12. 1774; war eng befreundet mit Goethes Mutter; schrieb geistl. Lieder und pietist. Aufsätze; nahm sich Goethes während seiner körperl. und seel. Krise 1768/69 an; wurde das Urbild der »Schönen Seele« in Goethes »Wilhelm Meister«.

Kletterbeutler, Familie der Beuteltiere in Australien und Indonesien, z. B. Beutelbär (↗ Koala) und ↗ Flugbeutler.

Klettergarten, *Bergsteigen:* Bez. für eine Felsgruppe mit unterschiedl. Schwierigkeiten (zur Einübung der Kletter- und Seiltechnik).

Klettern, ein an Kunstwänden mit variablen, 12 m hohen und 18 m breiten Fiberglaselementen betriebener (Trend-)Sport. Dabei wird im Unterschied zum alpinen Bergsteigen auf Steighilfen verzichtet, nicht jedoch auf Sicherungsmittel (Haken, Gurt, Seil). Beim **Schwierigkeits-K.** treten jeweils zwei Kletterer auf festgelegten Routen im K.-o.-System gegeneinander bis zum Finale an. Gewonnen hat stets, wer als Erster die Route durchstiegen hat.

Kletterpflanzen, die ↗ Lianen.

Klettertrompete (Trompetenblume, Campsis), Gattung der Bignoniengewächse; Schlingsträucher mit Haftwurzeln, Fiederblättern und großen scharlachroten bis gelben Blüten. In wärmeren Gebieten Europas wird v. a. die nordamerikan. Art **Campsis radicans** kultiviert.

Klettgau, histor. Landschaft zw. Schaffhausen und dem Schwarzwald, kam z. T. an die Stadt Schaffhausen, z. T. 1687 an die Fürsten von Schwarzenberg (1813 an Baden).

Klett-Verlag (Ernst Klett AG), Verlagsgruppe, entstanden aus der 1844 gegründeten »Buchdruckerei zu Gutenberg«, 1897 von Ernst Klett sen. (* 1863, † 1947) übernommen; Sitz: Stuttgart und Leipzig. Das Unternehmen mit den Verlagsschwerpunkten Schulbücher, Wörterbücher (Pons), audiovisuelle Lehr- und Lernprodukte, Software für Aus- und Weiterbildung wurde 1995 von einer GmbH & Co. in eine AG in Familienbesitz umgewandelt (bis 1983 Ernst Klett OHG). 1977 übernahm der K.-V. die »J. G. Cotta'sche Buchhandlung Nachf.«, die unter der Bez. **Verlag Klett-Cotta** belletrist. und wiss. Werke veröffentlicht.

Klettverschluss, Haftverschluss aus zwei selbstklebenden Textilbändern an Kleidungsstücken, Schuhen u. Ä.

Kletzki, Paul, ↗ Klecki, Paweł.

Kleve, 1) Kreis im RegBez. Düsseldorf, NRW, 1 232 km², 301 900 Einwohner.
2) Kreisstadt von 1) in NRW, nahe dem unteren Niederrhein, 48 700 Ew.; Nahrungsmittel-, Lederind., Maschinenbau; Herstellung von Spektralanalysegeräten und magnet. Datenträgern; Hafen, durch den Spoykanal mit dem Rhein verbunden. – Die bemerkenswertesten Bauwerke wurden im Zweiten Weltkrieg zerstört. Die Schwanenburg über der Stadt (1. Anlage im 10. Jh., heutiger Bestand v. a. 15.–17. Jh.; Sage vom Schwanenritter Lohengrin) und die got. Stiftskirche (mit Schnitzaltären; Grablege der Herzöge von K.) wurden wieder aufgebaut. Moderner Museumskomplex »Kurhaus K.« (v. a. künstler. Nachlass von E. Mataré) und ehem. Atelier (1957–63) von J. Beuys im benachbarten Badehaus. – Entstand im frühen 13. Jh. bei der im 9. Jh. errichteten Burg K.; 1242 Stadtrecht; im 18./19. Jh. viel besuchter Kurort.
3) histor. Grafschaft am Niederrhein; entstand im 11. Jh. um die Burg K., kam 1368 an die Grafen von der Mark; 1417 zum Herzogtum erhoben; 1511/21 Personalunion mit Jülich-Berg-Ravensburg; fiel 1614 nach dem ↗ Jülich-Kleveschen Erbfolgestreit an Brandenburg. 1795/1805 frz., ab 1815 preußisch.

Klezmer [-z-], seit dem 15./16. Jh. v. a. in Osteuropa gespielte Musik jüd. Volksmusikanten, die umherzogen und zu privaten Festen, religiösen Feiertagen oder zum Tanz aufspielten. Ein K.-Ensemble bestand urspr. aus Streichinstrumenten mit Hackbrett, Flöte und Trommel. Im 19. Jh. wurde die stimmführende Geige durch die Klarinette ersetzt, im 20. Jh. kamen Blechblasinstrumente, Klavier (statt Hackbrett) und Akkordeon hinzu. Durch das Folk-Revival ab Ende der 1960er-Jahre wurde K. in Europa wieder populär.

Klient [lat.] *der,* **1)** *allg.:* Auftraggeber, z. B. eines Rechtsanwalts (Mandant) oder Steuerberaters.
2) *Psychotherapie:* Person, die um psychotherapeut. Beratung oder Therapie nachsucht.
3) *Rechtsgeschichte:* im altröm. Recht landloser oder landarmer Halbfreier, später den Plebejern gleichgestellt, der sozial und rechtlich von seinem Patron abhängig war.

klientenzentrierte Psychotherapie, die ↗ Gesprächstherapie.

Kliesche, Fisch, ↗ Plattfische.

Kliff [engl.], durch die ↗ Abrasion geschaffener Steilhang der Küste.

Klima [grch.-lat. clima »Neigung (zum Äquator)«] *das,* der mittlere Zustand der Atmosphäre über einem bestimmten Gebiet und der für dieses Gebiet charakterist. (durchschnittl.) Ablauf der Witterung. Wegen der Schwankungen ist das K. nur für bestimmte Zeiträume, z. B. für die als ↗ Normalperiode angenommene Zeit von 1931 bis 1960, streng definiert. Erforscht wird es von der Klimatologie. Die wichtigsten **K.-Elemente** sind Temperatur, Luftdruck, Windrichtung und -stärke, Niederschläge, Luftfeuchtigkeit, Bewölkung und Sonnenscheindauer. Das K. eines Ortes ergibt sich aus dem Zusammenwirken der durch die allg. Zirkulation der Atmosphäre bedingten Häufigkeit von Advektion und dynam. Stabilität mit den lokalen **K.-Faktoren.** Dazu gehören: die geograph. Breite, die unterschiedl. Ausbildung der Erdoberfläche als Land und Meer, Berg und Tal, Wald und Freiland sowie die Höhe über dem Meer. Trotz des vielfältigen Zusammenwirkens der Faktoren folgt aus der breitenabhängigen Strahlungsintensität und der jeweils typ. unterschiedl. Zirkulation der Atmosphäre über Kontinenten und Ozeanen eine gewisse Regelmäßigkeit in der räuml. Verteilung der **K.-Zonen.** So befindet sich um den Äquator die Region der **trop. Regenwaldklimate** mit jahreszeitlich variablen Niederschlägen; innere Tropen (immerfeucht/vollhumid) im Ggs. zu den äußeren Tropen (wechselfeucht/semihumid). Die Temperatur hat in den inneren Tropen fast

Thomas Klestil

Klette: Große Klette

Klettertrompete (Campsis radicans)

Klima: Klimazonen

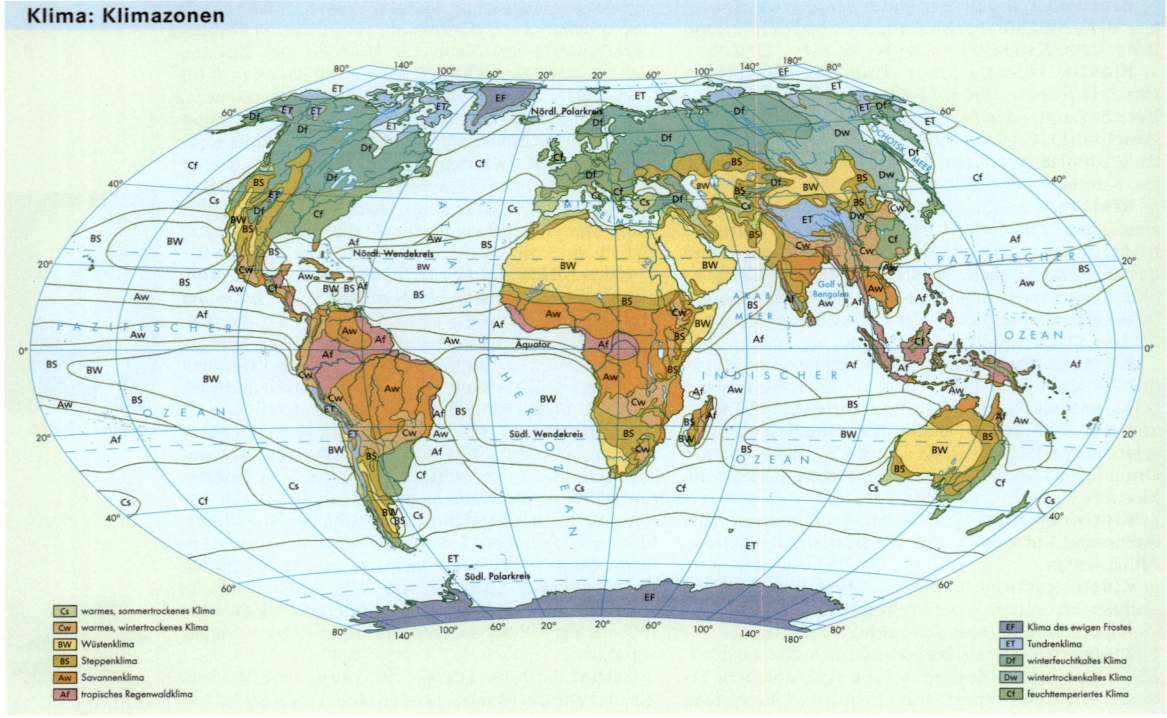

- Cs warmes, sommertrockenes Klima
- Cw warmes, wintertrockenes Klima
- BW Wüstenklima
- BS Steppenklima
- Aw Savannenklima
- Af tropisches Regenwaldklima
- EF Klima des ewigen Frostes
- ET Tundrenklima
- Df winterfeuchtkaltes Klima
- Dw wintertrockenkaltes Klima
- Cf feuchttemperiertes Klima

gleich bleibende Monatsmittelwerte über 18 °C. Zu den Wendekreisen hin steigt die Jahresamplitude allmählich an. Mit Übergang zu den sie umgebenden Savannen und Steppen bilden die Wüsten die Zone der **Trockenklimate,** in denen die mögl. Verdunstung den Niederschlag stets übertrifft. Polwärts folgen in den hohen Mittelbreiten **warmgemäßigte Klimate,** winter- oder sommertrocken, mit großen jahreszeitl. Temperaturunterschieden. Relativ warme Sommer und kalte Winter sowie geringe Luftfeuchtigkeit und Niederschläge zeichnen das **kontinentale K.** aus. Das entsprechende **maritime K.** zeigt thermisch wie den Niederschlag bzw. die Luftfeuchte betreffend einen ausgeglicheneren Verlauf. Monatsmittel unter 10 °C haben die **Schnee-** oder **Eisklimate** der Polargebiete.

K.-Schwankungen sind kurzzeitige period. Veränderungen der klimat. Gegebenheiten durch Abweichungen (Anomalien) von einem mittleren Wert, der sich über einen sehr langen Zeitraum hin ergibt. Sie stehen im Ggs. zu nachhaltigen Veränderungen des K., die nur in einer Richtung verlaufen, den K.-Änderungen, sind aber von diesen nicht immer deutlich zu unterscheiden. Auffällige Erscheinungen sind Temperaturerhöhung (K.-Optimum) und -rückgang (K.-Pessimum). Extreme sind die Eiszeiten, in denen die Tieflandvereisung äquatorwärts bis 50° Breite vordrang, sowie Warmzeiten mit weitgehend eisfreiem Polarmeer. (⁊Klimaänderung)

Klima, Viktor, österr. Politiker, * Wien 4. 6. 1947; Mitgl. der SPÖ, 1992–95 Min. für öffentl. Wirtschaft (u. a. Abschluss des Transitvertrages mit der EU), 1995–97 Finanzmin., war vom 27. 1. 1997 bis 4. 2. 2000 Bundeskanzler sowie April 1997 bis April 2000 Bundesobmann (Parteivors.) der SPÖ.

Klíma, Ivan, tschech. Schriftsteller, * Prag 14. 9. 1931; war als Kind im KZ Theresienstadt; lebte 1969/70 in den USA; schildert kritisch, z. T. satirisch-bitter den tschech. Alltag, schrieb Reportagen, Erzählungen (»Ein Liebessommer«, 1973; »Liebe und Müll«, 1990), Theaterstücke (»Ein Schloß«, Dr., 1964; »Spiele«, Dr., 1974; »Gesellschaftsspiele«, 1976; »Der Gnadenrichter«, 1979).

Klima|änderung, Sammelbez. für alle nachhaltigen Veränderungen des Klimas. Von K. werden v. a. die allg. Zirkulation der Atmosphäre, Luftdruck, Temperatur und Niederschlag betroffen, wobei vielfältige, auch Rückkopplungseffekte enthaltende Wechselwirkungen bestehen. Neben den **natürl. K.,** bedingt u. a. durch Variabilität der Sonneneinflüsse (v. a. Veränderungen der Strahlungsbilanz) und Vulkaneruptionen (Verstärkung der stratosphär. Aerosolschicht), gibt es vom Menschen verursachte (**anthropogene K.**), v. a. durch Energiezufuhr, Abgase, Zunahme von Kohlendioxid, Spurengasen sowie Veränderungen durch Zerstörung der Vegetation. Es werden räumlich begrenzte Beeinträchtigungen der Atmosphäre hervorgerufen, die vielfach schwere Schäden verursachen (u. a. ⁊Abwärme, ⁊saurer Regen, ⁊Smog, ⁊Photooxidantien, ⁊Luftverschmutzung). Noch folgenreicher sind global wirksame K.; ob sie natürlich oder anthropogen entstanden sind, ist oft schwer nachzuweisen, so die Tatsache, dass seit rd. 100 Jahren mit der Industrialisierung die globale Temperatur der Atmosphäre in Erdbodennähe um 0,7 °C zugenommen hat, am stärksten in den letzten 10 Jahren. Die gegenwärtige Erwärmung ist statistisch signifikant, also nicht als mehr oder minder übl. Schwankung zu erklären. (⁊Treibhauseffekt, ⁊Ozonloch, ⁊Regenwald, ⁊Klimarahmenkonvention).

Klima|anlage, raumlufttechn. Anlage, die die Lufttemperatur und die Luftfeuchte in einem Raum selbsttätig auf vorgegebenen Werten hält. Die von Ventilatoren angesaugte Außenluft wird gefiltert, vorgewärmt (oder abgekühlt), in der Düsenkammer durch Wasserzerstäubung befeuchtet, im Nacherhitzer auf die gewünschte Temperatur eingestellt und als so aufbereitete Zuluft dem Raum zugeführt. Die verbrauchte Luft wird als Abluft aus dem Raum abgeführt; soweit diese nicht als Fortluft über die Trennkammer ins Freie gelangt, wird sie in der Mischkammer mit Außenluft vermischt. Zu- und Abluftventilatoren sorgen für den Transport der Luft in den entsprechenden Kanalleitungen.

Klimabehandlung, die ↗Klimatherapie.

Klimakammer, luftdicht abgeschlossener Raum, in dem versch. Klimakomponenten (Temperatur, Feuchtigkeit, Luftdruck, -geschwindigkeit, -zusammensetzung, Lichtverhältnisse u. a.) künstlich verändert werden können; wird zu therapeut. Zwecken (z. B. bei Erkrankungen der Atmungsorgane), für physiol. Untersuchungen an Menschen, Tieren und Pflanzen sowie zur Materialprüfung verwendet.

Klimakonferenzen, ↗Weltklimakonferenz.

Klimakterium [grch.] *das,* die ↗Wechseljahre.

Klimakurort (Luftkurort), landschaftlich bevorzugter Kurort, dessen Klima (unterstützt durch Kureinrichtungen) einen heilsamen Einfluss auf bestimmte Krankheiten hat; man unterscheidet Meeresküsten-, Mittelgebirgs- (Höhe bis 1000 m) und Hochgebirgsklima. Günstig sind bei Erkrankungen der Atemwege alle Klimalagen, bei Herz- und Kreislauferkrankungen, Allergien, neurovegetativen Störungen, Rekonvaleszenz und bei Erkrankungen im Kindesalter Mittelgebirge und Meeresküste.

Klimarahmenkonvention, Abk. **KRK,** auf der UN-Konferenz über Umwelt und Entwicklung in Rio de Janeiro 1992 (»Erdgipfel«) von vielen Staaten unterzeichnete Konvention zum Schutz des Erdklimas. Damit wurde eine völkerrechtlich verbindl. Grundlage zum globalen Klimaschutz geschaffen. (↗Weltklimakonferenz)

Klimaschutz, ↗Weltklimakonferenz.

Klimasteuer, ↗Umweltabgaben.

Klimatechnik (Raumlufttechnik), Fachrichtung der Ingenieurwiss., die die Beeinflussung der klimat. Umgebungszustände in geschlossenen Räumen durch Änderung von Temperatur, Druck, Feuchtigkeit, Geschwindigkeit und Zusammensetzung der Raumluft und durch Änderung der Temperatur der Raumumgrenzungsflächen zum Inhalt hat. Die bekanntesten Verfahren sind Heizung, Kühlung, Lüftung, Entstaubungsverfahren sowie Be- und Entfeuchtung. Darüber hinaus sind Thermodynamik, Strömungs-, Messund Regelungstechnik, Hygiene sowie Akustik wesentl. Bestandteile der modernen K.

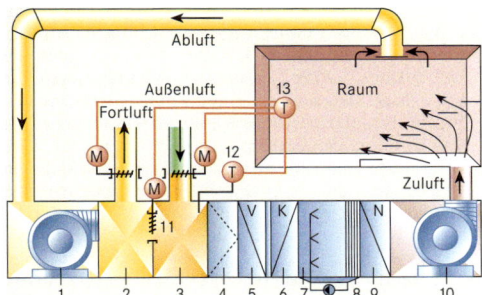

Klimaanlage: Einkanalklimaanlage mit Luftführung von unten nach oben: 1 Abluftventilator; 2 Trennkammer; 3 Mischkammer; 4 Luftfilter; 5 Luftvorerhitzer (V); 6 Luftkühler (K); 7 Düsenkammer; 8 Tropfenabscheider; 9 Luftnacherhitzer (N); 10 Zuluftventilator; 11 Umluftklappe mit Stellmotor (M); 12 Mischkammerthermostat; 13 Raumthermostat (T)

Klimatherapie (Klimabehandlung, Klimotherapie), die Ausnutzung der Reiz- bzw. Schonwirkung klimat. Wirkungskomplexe auf den Organismus zur Verhütung oder Besserung von Erkrankungen. Das beruhigende, dämpfende **Schonklima** der Mittelgebirge ist bei Herz- und Kreislaufkrankheiten, das anregende und abhärtende **Reizklima** des Hochgebirges (niedriger Sauerstoffpartialdruck, starke UV-Strahlung; nur bei guter Herz- und Kreislauffunktion) und der Meeresküste (jod- und kochsalzhaltige Aerosole) bei chron. Erkrankungen der Atemwege und bei Ekzemen angezeigt.

Klimatologie die (Klimakunde), Wiss. vom Klima; Teilgebiet der Meteorologie, aber auch der Geographie (Klimageographie). Eine wichtige Aufgabe der K. ist die statist. Auswertung langjähriger Mess- und Beobachtungsreihen von Klimaelementen; mithilfe der EDV kann sie heute in wesentlich größerem Umfang durchgeführt werden. Um vergleichbare Elemente zu erhalten, wählt man gewöhnlich Mittelwerte 30-jähriger ↗Normalperioden aus. Neben der **Mittelwerts-K.** steht die **Witterungs-K.,** die sich mit der Aufeinanderfolge, Häufigkeit und örtl. Ausbildung typ. Witterungen im Jahresablauf unter Einbeziehung der Großwetterlage befasst. Mittelwerts- und Witterungs-K. ergänzen sich und führen erst miteinander zur vollständigen Erfassung der Erscheinungen, die in den Begriffen Klima und Klimaklassifikation zusammengefasst werden. Die **synopt. K.** untersucht das Klima auf der Grundlage der großräumigen atmosphär. Zirkulation, der Steuerung und Luftmassenbeeinflussung. Die **dynam. K.** setzt die dynam. Vorgänge in der Atmosphäre in Bezug zu den meteorolog. Erscheinungen und Wetterlagen. Von besonderer Bedeutung für den Menschen und die anderen Lebewesen ist das Klima der bodennahen Luftschicht, das Aufgabengebiet der **Mikro-K.** In der **theoret. K.** wird die theoret. Behandlung klimatolog. Vorgänge vorgenommen, wobei von den Ursachen der Klimabildung (Klimagenese) und den dabei auftretenden Kräften (z. B. Änderung der Erdbahnelemente, Polverlagerungen, Verschiebung von Meeres- und Luftströmungen, die Lage von Aktionszentren und Frontalzonen) ausgegangen wird. Sie führt u. a., ausgehend von globalen Energiebilanzen, zu einfachen und dreidimensionalen Klimamodellen. Zu den Anwendungsbereichen der **angewandten K.** gehören Wirtschaft, Technik (u. a. Heizung, Lüftung, Klimatisierung), Bauwesen (Gebäude-K.), Energiewesen, Gesundheitswesen (Bio-K.), Landwirtschaft (Agrarmeteorologie), Wasserwirtschaft (Hydrometeorologie), Verkehrswesen, Standort-, Stadt-, Regional- und Landesplanung, Umweltschutz, Luftreinhaltung.

Klimax [grch.] *die,* Rhetorik: stufenartige Ausdruckssteigerung, z. B. lat. »veni, vidi, vici« (»ich kam, ich sah, ich siegte«).

Klimke, Reiner, Dressurreiter, *Münster 14. 1. 1936, †ebd. 17. 8. 1999; u. a. im Einzel Olympiasieger 1984, Weltmeister 1974 und 1982, Europameister 1967, 1973 und 1985, mit der Mannschaft fünfmal Olympiasieger (zw. 1964 und 1988), viermal Weltmeister (zw. 1966 und 1986) und achtmal Europameister (zw. 1965 und 1985).

Klimme, Pflanzengattung, ↗Cissus.

Klimow, Elem Germanowitsch, russ. Filmregisseur, *Stalingrad (heute Wolgograd) 11. 11. 1933; gesellschaftskrit. Filme; beendete 1983 den von seiner Frau Larissa J. Schepitko (†1979) begonnenen Film »Abschied von Matjora«, außerdem »Agonia – Rasputin, Gott und Satan« (1974, Uraufführung 1981), »Komm und sieh« (1985).

Klimsch, Fritz, Bildhauer, *Frankfurt am Main 10. 2. 1870, †Freiburg im Breisgau 30. 3. 1960; geschult an der Berliner Bildhauertradition und ihrer Verbindung von klass. Figurenstrenge und Realistik, schuf weibl. Aktfiguren, Bildnisbüsten, Denk- und Grabmäler, Brunnen und Brunnenplastik.

Gustav Klimt: Die drei Lebensalter der Frau (1905; Rom, Galleria Nazionale d'Arte Moderna)

Klimt, Gustav, österr. Maler, *Baumgarten (heute zu Wien) 14. 7. 1862, †Wien 6. 2. 1918; Mitbegründer der Berliner Sezession (1898); Hauptvertreter des österr. Jugendstils, leitete 1897–1905 die von ihm mitbegründete »Wiener Sezession«. K. schuf zartfarbige Kompositionen meist symbol. Bedeutung, in deren flächenhaftem, mosaikartigem Stil sich Figürliches mit Jugendstilornamentik zu dekorativen Wirkungen verbindet. In seinen Zeichnungen und Gemälden dominieren erot. Motive.

Klindworth, Karl, Pianist und Komponist, *Hannover 25. 9. 1830, †Stolpe (bei Oranienburg) 27. 7. 1916; dirigierte in Berlin die Philharmon. Konzerte, gründete ebd. eine Klavierschule; bekannt als Verf. von Klavierauszügen sämtl. Opern R. Wagners.

Kline [klaɪn], **1)** Franz, amerikan. Maler, *Wilkes-Barre (Pa.) 23. 5. 1910, †New York 13. 5. 1962; gehörte zu den führenden Vertretern des ↗abstrakten Expressionismus in den USA.
2) Kevin, amerikan. Schauspieler, *Saint Louis (Mo.) 24. 10. 1947, machte sich mit vielseitigen Charakterrollen einen Namen. – *Filme:* »Sophies Entscheidung« (1982), »Schrei nach Freiheit« (1987), »Ein Fisch namens Wanda« (1988), »French Kiss« (1995), »Wild Wild West« (1999), »Ein Sommernachtstraum« (1999).

Klinefelter-Syndrom [ˈklaɪnəfeltə-, nach dem amerikan. Arzt Harry Klinefelter, *1912], angeborene, durch eine ↗Chromosomenanomalie verursachte Keimdrüsenstörung beim Mann; vermutlich durch fehlendes Auseinanderweichen der Geschlechtschromosomen bei der ersten Reifeteilung entsteht ein 47-XXY-Chromosomenmuster. Folgen: reduzierte sekundäre männl. Geschlechtsmerkmale, Hodenatrophie, Sterilität, eunuchoider Hochwuchs, auch Intelligenzstörungen. Die *Behandlung* besteht in der Substitution von Testosteron.

Kling, Thomas, Schriftsteller, *Bingen 5. 6. 1957; schreibt assoziationsreiche experimentelle Lyrik, die er durch eigenen Vortrag populär macht (u. a. »nacht. sicht. gerät«, 1993; »Fernhandel«, 1999; »Sondagen«, 2002).

Klingel, akust. Signalvorrichtung. Bei der nach dem Prinzip des wagnerschen Hammers (↗Unterbrecher) arbeitenden **elektr. K.** (»Rasselwecker«) schwingt der Unterbrecherkontakt hin und her, solange der Stromkreis durch Druck auf den K.-Knopf geschlossen bleibt; die Glocke wird dauernd angeschlagen. – In Telefonen verwendete **Wechselstromwecker** enthalten einen drehbar gelagerten Permanentmagneten, der im magnet. Wechselfeld eines vom Rufstrom durchflossenen Elektromagneten im Takt der Rufstromfrequenz hin- und herpendelt.

Klingeln, das ↗Klopfen bei Ottomotoren.

Klingemann, Ernst August, Schriftsteller und Bühnenleiter, *Braunschweig 31. 8. 1777, †ebd. 25. 1. 1831; Theaterdirektor in Braunschweig (1829 erste öffentl. Aufführung von Goethes »Faust«), schrieb Ritterromane, romant. Dramen.

Klingenberg, Gerhard, Theaterleiter und Regisseur, *Wien 11. 5. 1929; ab 1968 Regisseur des Wiener Burgtheaters, 1971–76 dessen Direktor, 1977–82 Direktor des Schauspielhauses Zürich, 1985–94 Intendant des Renaissance-Theaters Berlin, auch Fernseharbeit.

Klingenkulturen, Kulturgruppen der Altsteinzeit, deren Geräteinventar hauptsächlich aus klingenförmigen Feuersteinabschlägen besteht.

Klingenthal/Sa., Stadt im Vogtlandkreis, Sachsen, im oberen Vogtland, am Fuße des Aschbergs (936 m ü. M.), 10 500 Ew.; Musikinstrumentenbau; Erholungsort und Wintersportplatz. Nordwestlich von K. Topasfelsen **Schneckenstein** (890 m ü. M.; einziger Topasfundort in Europa). – Schloss (1628, 1828 umgebaut), Stadtkirche (1736/37). – Entstand um 1600; seit 1919 Stadt; war 1952–95 Kreisstadt.

Klinger, 1) Friedrich Maximilian (seit 1780), Dichter, *Frankfurt am Main 17. 2. 1752, †Dorpat (heute Tartu) 9. 3. 1831; mit Goethe befreundet; 1776/77 Schauspieler und Theaterdichter der Seylerschen Truppe; 1780 russ. Offizier, als Kurator der Univ. in Dorpat (1803–17) wichtiger Vermittler dt. Kultur. Neben J. M. R. Lenz bedeutendster Dramatiker des Sturm und Drang, dem er mit seinem gleich lautenden Drama (1776; ursprüngl. Titel »Wirrwarr«) die Epochenbez. gab; in späteren Jahren schrieb er lebensphilosoph. Romane (»Fausts Leben, Thaten und Höllenfahrt«, 1791).

Friedrich Maximilian von Klinger

2) Max, Maler, Radierer, Bildhauer, *Leipzig 18. 2. 1857, †Großjena (heute zu Naumburg [Saale]) 4. 7. 1920; lebte 1888–93 in Rom, wo ihn A. Böcklin beeinflusste, seitdem in Leipzig; bed. Vertreter des Symbolismus. Seine künstler. Ausdrucksmittel reichen vom Klassizismus über die Romantik bis zum Jugendstil. K. schuf virtuose Radierungen, ferner meist großformatige Gemälde mit antiker und christl. Thematik sowie Porträts und einige Landschaftsbilder. Als Bildhauer suchte er durch Verwendung von verschiedenfarbigem Marmor und anderen Materialien die farbige Wirkung antiker Plastiken zu realisieren.
Werke: Radierfolgen: Paraphrase über den Fund eines Handschuhs (1881), Ein Leben (1884), Vom Tode I (1889), II (1898 ff.), Brahmsphantasie (1894). *Gemälde:* Das Urteil des Paris (1886/87; Wien, Kunsthistor. Museum), Die Kreuzigung Christi (1890; Leipzig, Museum der bildenden Künste), Christus im Olymp (1889–97; erhaltene Teile ebd.). *Skulpturen:* Die neue Salome (1893; Leipzig, Museum der bildenden Künste), Kassandra (1895; ebd.), Beethovendenkmal (1886–1902; Leipzig, Museum der bilden-

den Künste), Brahmsdenkmal (1905–09; Hamburg, Musikhalle).

Klingsor (Klinschor), mächtiger Zauberer im »Parzival« des Wolfram von Eschenbach; im Gedicht »Der Sängerkrieg auf der Wartburg« ist er als König von Ungarland im Rätselspiel der Gegner Wolframs; auch Figur im »Parsifal« R. Wagners.

Klingspor, Karl, Schriftgießer, *Gießen 25. 6. 1868, †Kronberg im Taunus 1. 1. 1950; übernahm 1892 die von seinem Vater Carl K. erworbene Schriftgießerei (seit 1906 Gebr. K.). Durch Zusammenarbeit mit bed. Schriftkünstlern belebte K. die künstler. Druckschrift in Deutschland neu. Seine privaten Samml. bildeten den Grundstock des 1953 gegründeten **K.-Museums** (Offenbach am Main) für Buch- und Schriftkunst seit Ende des 19. Jahrhunderts.

Klingstein, das Gestein ↗ Phonolith.

Klinik [grch.] *die,* Krankenhaus mit Spezialeinrichtungen, z. B. als Fach-K. (Frauen-, chirurg. K.), v. a. im universitären Bereich; dort als Poli-K. auch zur ambulanten Versorgung von Patienten.

Klinikum *das,* 1) Zusammenschluss mehrerer Univ.kliniken unter einheitl. Leitung und Verwaltung. 2) prakt. Teil der ärztl. Ausbildung.

klinische Psychologie, Teilgebiet der angewandten Psychologie, das sich mit der Entstehung, Beschreibung und Feststellung, Beeinflussung, Heilung und Vorbeugung von Störungen des Erlebens und Verhaltens befasst. Psych. Störungen werden dabei vorwiegend als Fehlentwicklungen des sozialen Lernens verstanden, die verändert werden können. – Für die Praxis bemüht sich die k. P. um die Erstellung wiss. Klassifikationssysteme zur Erfassung solcher Störungen und die Entwicklung verbesserter diagnost. und therapeut. Verfahren.

Max Klinger: Landschaft an der Unstrut (1912; Altenburg, Lindenau-Museum)

Klinkenstecker, *Elektrotechnik:* zwei- oder mehrpoliger Steckverbinder, dessen Kontaktkopf aus zwei oder mehreren zylindr. und isoliert axial hintereinander liegenden Kontaktstücken besteht. Die zugehörige Klinkenkupplung oder -buchse enthält die Kontaktfedern und z. T. weitere gesonderte Schaltkontakte, die beim Steckvorgang ausgelöst werden.

Klinker, gebrannter Ziegel sehr hoher Festigkeit; wird aus kalkarmen Tonen mit etwa 5–8 % Eisengehalt bei ca. 1 100–1 400 °C gesintert; Anwendung als Mauer- und Pflasterstein und zur Verblendung.

Klinkerbau, *Schiffbau:* Bauweise mit dachziegelartig übereinander liegenden Planken; größere Festigkeit als beim ↗ Kraweelbau.

Klínovec [ˈkliːnɔvɛts, tschech.], höchster Berg des Erzgebirges, ↗ Keilberg.

Klio (grch. Kleio »die Rühmende«), Muse der Geschichte.

Kliometrie [grch. »Geschichtsmessung«, nach der Muse Klio] *die,* die Erschließung histor. Quellen mithilfe quantifizierender Methoden.

Klippe [mittelniederländ.], für die Schifffahrt gefährl. Felsen wenig unter oder über einer Wasserfläche, bes. häufig an Steilküsten; entsteht im Meer durch die Abrasion.

Klipper [engl. clipper, zu to clip »schneiden«] *der* (Clipper), in der Mitte des 19. Jh. gebautes, schnelles Segelschiff mit schlankem Rumpf, scharfem Bug, drei oder vier hohen Masten und einer großen Segelfläche; meist als Vollschiff getakelt.

Klippfisch, gesalzener, (urspr. auf Klippen) getrockneter Kabeljau, Schellfisch u. a. Fisch.

Klippschliefer (Procavia), zu den Schliefern gehörende, hasengroße, primitive Säugetiere mit stummelförmigem Schwanz und elast. Polstern an den Sohlen; gesellige, tagaktive Pflanzenfresser, die felsige Steppen Afrikas bewohnen.

Klippspringer (Oreotragus oreotragus), gedrungene, knapp rehgroße Antilope mit steil stehenden, parallelen Hörnern beim männl. Geschlecht; tritt nur mit den Spitzen der senkrecht gestellten Klauen auf; Gebirgsbewohner S- und O-Afrikas.

Klirrfaktor, ein Maß für die in einem ↗ Vierpol (z. B. Verstärker, Schallwandler) auftretenden nichtlinearen Verzerrungen innerhalb der Aussteuerungsgrenzen. Der K. wird meist als **Klirrgrad** k in Prozent angegeben. Man unterscheidet den **Einsatz-K.** für die einzelnen Oberwellen und den **Gesamt-K.** als Verhältnis des Effektivwerts der Oberwellenspannung zum Effektivwert des Gesamtspannungsgemisches. Der K. ist frequenzabhängig und wird meist bei 1 000 Hz angegeben; die Messung erfolgt z. B. mit K.-Messgeräten, bei denen die Frequenzabhängigkeit der Einstellung einer wienschen Brücke ausgenutzt wird. Die Wahrnehmbarkeitsgrenze liegt bei Musik bei etwa 1–2 %; bei großen Lautstärken überwiegt jedoch bald die im Ohr selbst entstehende Verzerrung.

Klischee [frz.] *das,* 1) allg.: Abklatsch, unschöpfer. Nachbildung, eingefahrene Vorstellung, abgegriffene Redewendung.

2) *graf. Technik:* falsche, jedoch noch häufig gebrauchte Bez. für sämtl. Arten von Hochdruckplatten und Druckstöcken.

Klistier [grch.] *das* (Klysma), der ↗ Einlauf.

Klitoris [grch.] *die,* der ↗ Kitzler.

Klitschko, ukrain. Boxer: Witali, *Belowodsk (Kirgistan) 19. 7. 1971; seit 1996 Profiboxer (Schwergewicht); Okt. 1998 bis Juni 1999 und seit Nov. 2000 Europameister, Mai 1998 bis Juni 1999 WBO Intercontinental Champion und seit Jan. 2001 WBA Intercontinental Champion; 34 Kämpfe (32 Siege). – Sein

Klaus von Klitzing

KLM

Bruder Wladimir K., *Semipalatinsk (Kasachstan) 25. 3. 1976, 1996 Olympiasieger im Superschwergewicht, boxt ebenfalls seit 1996 als Profi im Schwergewicht; Febr. bis Dez. 1998 und März bis Okt. 2000 WBC Intercontinental Champion, Sept. 1999 bis Oktober 2000 Europameister, Juli 1999 bis Okt. 2000 WBA Intercontinental Champion, Okt. 2000 bis März 2003 WBO-Weltmeister (K.-o.-Niederlage gegen den Südafrikaner C. Sanders); 43 Kämpfe (41 Siege).

Klitzing, Klaus von, Physiker, *Schroda (heute Środa, Wwschaft Großpolen) 28. 6. 1943; seit 1985 Direktor am Max-Planck-Institut für Festkörperphysik und Prof. in Stuttgart; erhielt 1985 für die Entdeckung des ↗Quanten-Hall-Effekts den Nobelpreis für Physik.

Kljutschewskaja Sopka, mit 4750 m ü. M. höchster tätiger Vulkan Russlands, auf der Halbinsel Kamtschatka.

Kljutschewski, Wassili Ossipowitsch, russ. Historiker, *Wosnessenskoje (Gouv. Pensa) 28. 1. 1841, †Moskau 25. 5. 1911; ab 1882 Prof. in Moskau. Sein Hauptwerk ist eine v. a. sozialgeschichtlich orientierte »Geschichte Rußlands« (5 Bde., 1904–10).

KLM, Abk. für **K**oninklijke **L**uchtvaart **M**aatschappij N. V., niederländ. Luftverkehrsgesellschaft, gegr. 1919, Sitz: Amstelveen; älteste Fluggesellschaft der Erde; Hauptaktionär ist mit rd. 38% der niederländ. Staat (↗Luftverkehrsgesellschaften, Übersicht).

Kloake [lat.] *die,* **1)** *allg.:* unterird. Abzugskanal zur Ableitung häusl. Abwässer.
2) *Zoologie:* gemeinsamer Endabschnitt von Darm, Harn- und Geschlechtsorganen bei Haifischen, Amphibien, Reptilien, Vögeln und Kloakentieren sowie wenigen Wirbellosen.

Kloakentiere (Monotremata), primitivste Säugetiergruppe mit einer ↗Kloake; die Weibchen legen dotterreiche Eier (↗Ameisenigel, ↗Schnabeltier).

Kloben [ahd. klobo »gespaltenes Holz«], **1)** *Fertigungstechnik:* Vorrichtung zum Einspannen kleiner Werkstücke, z. B. Feilkloben.
2) *Fördertechnik:* Bez. für die Flaschen eines ↗Flaschenzugs.

Klöckner & Co. AG, Handels- und Dienstleistungskonzern (v. a. Stahl- und Metallhandel); Sitz: Duisburg; gegr. 1906 von Peter Klöckner (*1863, †1940), seit 1988 AG; seit 2002 Tochtergesellschaft der brit. Balli Group plc.

Klöckner-Werke AG, Unternehmen der Kunststoffverarbeitung und des Maschinenbaus, Sitz: Duisburg; gegr. 1897, heutiger Firmenname seit 1923, als Peter Klöckner (*1863, †1940) seine Industriebeteiligungen in diesem Unternehmen zusammenfasste.

Klodnitz *die* (poln. Kłodnica), rechter Nebenfluss der Oder, in Oberschlesien, Polen, entspringt südlich von Kattowitz und mündet gegenüber von Kędzierzyn-Koźle, 75 km lang. Neben ihr verläuft der 41 km lange Gleiwitzkanal.

Kłodzko [ˈkuɔtskɔ] (dt. Glatz), Krst. in der Wwschaft Niederschlesien, Polen, im Glatzer Kessel, beiderseits der Glatzer Neiße, 30 200 Ew.; Museen; Lebensmittel-, Metall-, Holz-, Bekleidungsindustrie. – Pfarrkirche (spätgotisch, innen barock), Franziskanerkloster und -kirche (17./18. Jh.), Rathaus und Bürgerhäuser aus Renaissance und Barock. – K., im 10. Jh. als böhm. Grenzfeste gegen Polen gegr., wurde seit dem 12. Jh. von Deutschen besiedelt; 1114 erstmals als Stadt bezeichnet. K. war Hptst. der Grafschaft Glatz und diente bis 1877 als Festung.

Klon [engl., von grch. klṓn »Schössling«, »Zweig«] *der,* durch Zellteilung bei Einzellern oder ungeschlechtl. Vermehrung (Abgliederung vegetativer Keime, Stecklinge, Teilung von Embryonalzellen u. a.) aus einer pflanzl. oder tier. Ursprungszelle entstandene erbgleiche Nachkommenschaft. In der Gentechnik wird als K. auch selektiv vervielfältigte DNA bezeichnet (↗Klonieren).

Klondike River [ˈklɔndaɪk ˈrɪvə] *der,* rechter Nebenfluss des Yukon River im Yukon Territory, Kanada, mündet bei Dawson, etwa 150 km lang. Der Goldfund am Bonanza Creek, einem Nebenflüsschen des K. R., löste den Goldrausch von 1897 aus (1966 Einstellung der Goldförderung).

Klonen, das ↗Klonieren, besonders von Säugetieren aus Körperzellen erwachsener Tiere.

Klonieren (Klonen), Bez. für das Herstellen einer größeren Anzahl gleichartiger, genetisch ident. Nachkommen einer Zelle oder identischer DNA-Moleküle (↗Klon). Die moderne Biologie arbeitet mit mehreren Verfahren: 1) Selektion und Vermehrung eines einzelnen Bakteriums, das Träger für eine bestimmte Mutation ist; 2) Anregung einzelner Lymphozyten des Immunsystems zu Zellteilungen auf einen Reiz durch ein Antigen hin; 3) Vermehrung von DNA-Stücken durch den Einbau in Plasmide von Bakterien; 4) Züchtung von vollständigen, normalen Pflanzen aus isolierten Zellen in einem Nährmedium durch bestimmte Wuchsstoffzusätze; 5) Ersatz der Zellkerne in unbefruchteten Eizellen durch Kerne aus Körperzellen eines anderen Tierembryos (v. a. Frösche, Mäuse). Das K. eines Säugers aus Somazellen (Körperzellen) eines erwachsenen Tieres gelang erstmals 1996 in einem schott. Labor unter Leitung von Ian Wilmut und ist 1997 der Öffentlichkeit in Gestalt eines sieben Monate alten Schafes (»Dolly«) vorgestellt worden. Hierbei wurde die entkernte Eizelle eines Schafes mit einer Körperzelle aus dem Euter eines anderen Schafes verschmolzen. Die so manipu-

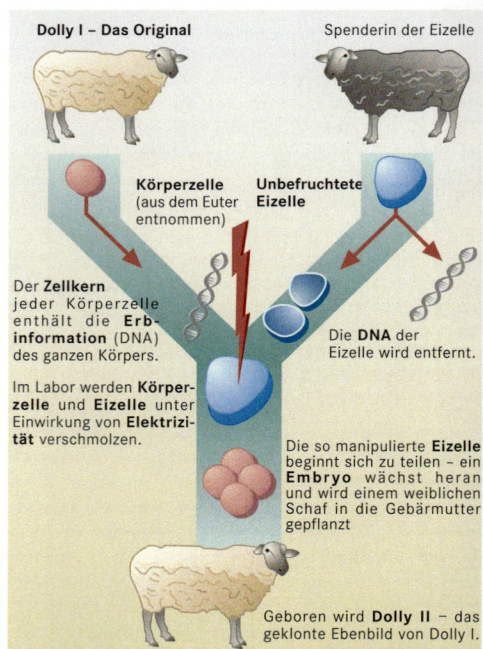

Klonieren: Verschmelzung einer unbefruchteten entkernten Eizelle mit der Körperzelle eines erwachsenen Schafes

lierte Eizelle teilte sich im Reagenzglas, ein Embryo wuchs heran, den man einem dritten Schaf in die Gebärmutter einpflanzte. Geboren wurde ein genetisch ident. Ebenbild des Schafes, dem die Körperzelle aus dem Euter entnommen worden war. Inzwischen sind auch andere Säugetiere aus Körperzellen mit dem gleichen oder ähnl. Verfahren kloniert worden. – Das Klonen menschl. Embryonen, z. B. zur Gewinnung von Stammzellen, die zur Bildung von Zell- und Gewebeersatz verwendet werden können (∕ therapeutisches Klonen), ist aus eth. Gründen heftig umstritten. Die gezielte Erzeugung menschl. Klone (z. B. mit bestimmten Eigenschaften, als »Wiedergeburt« eines Verstorbenen oder als Organspender) wird mehrheitlich von Politik und Wissenschaft abgelehnt.

Kloos, Willem, niederländ. Dichter und Kritiker, * Amsterdam 6. 5. 1859, † Den Haag 31. 3. 1938; einer der Hauptvertreter der neueren niederländ. Literatur und führender Theoretiker der Tachtigers, die Naturalismus, Impressionismus und Symbolismus in der niederländ. Literatur durchsetzten; Mitbegründer der Ztschr. »De Nieuwe Gids« (1885); formstrenge, sprachlich virtuose Lyrik.

Klootschießen (niederländ. Klootschieten, engl. Bowlplaying), bes. an der niederländ. (v. a. um Twente und in der Prov. Friesland) und norddt. Küste (v. a. in den ostfries. Landkreisen sowie in den oldenburg. Landkreisen Ammerland, Friesland und Wesermarsch), aber auch in Irland (bes. in der Cty. Cork und im Distr. Armagh) betriebenes, dem ∕ Boßeln verwandtes Kugelwurfspiel für Frauen und Männer. Spielgerät ist eine durchbohrte, mit Blei ausgegossene Hartholzkugel (Klootkugel bzw. [der] Kloot). In Irland werden Eisenkugeln verwendet.

Klopfen (Klingeln), unregelmäßiges, häufig hell klingelndes oder klopfendes Geräusch in Kolbenkraftmaschinen infolge ungleichmäßiger, schlagartiger Verbrennung des Kraftstoff-Luft-Gemisches. (∕ Antiklopfmittel)

Klopffestigkeit, Eigenschaft eines Ottokraftstoffs, ohne ∕ Klopfen zu verbrennen. Einer hohen Selbstzündungstemperatur des Ottokraftstoffes entspricht eine hohe K.; sie wird in speziellen Prüfmotoren bestimmt und als ∕ Oktanzahl angegeben. Je höher das Verdichtungsverhältnis eines Motors ist, umso höher muss die K. des Kraftstoffs sein. (∕ Antiklopfmittel)

Klopfkäfer (Nagekäfer, Pochkäfer, Anobiidae), Familie bis 6 mm langer, walzenförmiger, meist dunkler Käfer, deren Larven (»Holzwürmer«) in Holz und trockenen pflanzl. Substanzen bohren. Einige Arten erzeugen mit dem Kopf Klopfgeräusche; viele sind Holzschädlinge.

Klöppeln, Herstellen von Klöppelspitze durch fortschreitendes mustergemäßes Umeinanderdrehen, Verkreuzen oder Verflechten von auf Holzspulen (Klöppel) aufgewundenen Fäden, von Hand auf dem Klöppelkissen (-sack) nach dem Klöppelbrief (vorgezeichnetes Muster) über Stecknadeln mit Glaskopf oder mithilfe einer Klöppelmaschine.

Klopstock, Friedrich Gottlieb, Dichter, * Quedlinburg 2. 7. 1724, † Hamburg 14. 3. 1803; pietistisch erzogen, besuchte die Fürstenschule Schulpforta (1739–45), studierte Theologie in Jena (1745/46) und Leipzig (1746–48) und war 1748–50 als Hauslehrer in Langensalza tätig (unglückl. Liebe zu seiner Kusine, der »Fanny« seiner Oden). 1750 traf er J. J. Bodmer in Zürich; 1751 ging er nach Kopenhagen, erhielt vom dän. König eine Lebensrente und heiratete 1754 Meta Moller (* 1728, † 1758), die »Cidli« seiner Oden; lebte seit 1770 in Hamburg. Mit seinen eigenwilligen sprachl. Neuprägungen und freien Rhythmen löste sich K. vom Spätbarock und wies mit seiner individuell geprägten Sprach- und Gefühlswelt auf Empfindsamkeit sowie Sturm und Drang, wodurch er zum Wegbereiter der modernen dt.sprachigen Lyrik wurde. Sein bekanntestes Werk ist das pietist. Denken verpflichtete Hexameterepos »Der Messias« (1748–73); in diesen Umkreis gehören auch die »Geistl. Lieder« (2 Tle., 1758–69). Seine Oden (u. a. »Die Frühlingsfeier«, »An meine Freunde«, erschienen 1771) behandeln Themen wie Liebe, Freundschaft, Vaterland. Die Prosaschrift »Die dt. Gelehrtenrepublik, ...« (1774) enthält Ansätze einer eigenen Poetik.

Klos, Vladimir, Tänzer tschech. Herkunft, * Prag 1. 7. 1946; seit 1981 dt. Staatsbürger; begann beim Prager Studio-Ballett, wurde 1968 Mitgl. (1973 Solist) des Stuttgarter Balletts; tanzte in klass. und modernen Balletten.

Klose, Margarete Frida, Sängerin (Alt), * Berlin 6. 8. 1902, † ebd. 14. 12. 1968; wirkte 1931–61 an der Staatsoper bzw. der Städt. Oper in Berlin; wurde bes. als Wagner- und Verdi-Interpretin bekannt.

Klossowski, Pierre, frz. Schriftsteller und Maler, * Paris 9. 8. 1905, † ebd. 12. 8. 2001, Bruder des Malers ∕ Balthus; schrieb Essays sowie Romane, die sexuelle und religiöse Thematik verbinden: »Die Gesetze der Gastfreundschaft« (Trilogie 1954–60), »Lebendes Geld« (1970).

Kloster [von lat. claustrum »abgeschlossener Ort«], in versch. Religionen (Buddhismus, Christentum, Islam, Dschainismus, Daoismus) der gegenüber der Außenwelt abgeschlossene Lebens- und Kultbereich einer Nonnen- oder Mönchsgemeinschaft. Die christl. K. haben ihre Wurzeln im frühchristl. Mönchtum des 3. Jh., das Askese mit radikaler Jesusnachfolge verbindet. Der Kopte Pachomius begründete das K. im eigentl. Sinn als den Zusammenschluss der bis dahin als Einsiedler lebenden Mönche unter einer für alle verbindl. Regel (**Zönobitentum**). Begründer des abendländ. Mönchtums ist ∕ Benedikt von Nursia, dessen Regel zur Hauptordnung der europ. K. wurde. Als geistige und wirtsch. Mittelpunkte übten die K. seit dem frühen MA. entscheidenden Einfluss auf die Entwicklung der sie umgebenden Regionen aus und waren Ausgangspunkte innerkirchl. Reformen (∕ Cluny). In der kath. und in den orth. Kirchen haben die K. nach wie vor große, v. a. geistl., sozial-diakon. und missionar. Bedeutung. In den evang. Gebieten wurden sie durch die Reformation nahezu vollständig aufgehoben; in neuerer Zeit versuchen **evang. Kommunitäten** den Gedanken des K.-Lebens als geistl. Gemeinschaft zu verwirklichen.

Baugeschichtlich sind die K. aus den Einsiedlerkolonien, die sich seit Beginn des 4. Jh. in Ägypten und Palästina bildeten, hervorgegangen (∕ Lawra). Diese machte schon Pachomius durch Umschließung mit einer Mauer, den Einbau einer Kirche, gemeinsame Speise-, Wohn-, Bücherräume zu einem Kloster. Die abendländ. K. unterscheiden sich infolge der Benediktregel durch eine straffer organisierte Gesamtanlage. Das älteste erhaltene Zeugnis ist der Plan von St. Gallen (um 820), dem im Wesentlichen die meisten K.-Anlagen entsprechen: An die Südseite der Anlage beherrschenden Kirche schließt sich der Kreuzgang an, den die der Klausur unterworfenen Bauten des gemeinsamen Lebens umgeben: der Speisesaal (Refektorium, meist gegenüber der Kirche und parallel zu ihr), der Kapitelsaal und der Schlafsaal (Dormitorium, später manchmal über dem Kapitelsaal). Sie bilden mit der Kirche eine architekton. Ein-

Friedrich Gottlieb **Klopstock,** Jugendbildnis (1750; Quedlinburg, Klopstockhaus)

heit, um die andere Bauten und Anlagen errichtet wurden (z. B. Abts-, Arzt-, Schul-, Novizen-, Gäste-, Krankenhaus, Bibliothek, Wirtschaftsgebäude, Gärten, Friedhof).

Klosterbibliotheken, im MA. die wichtigsten Stätten zur Pflege von Wissenschaft und Literatur; in den Schreibstuben (Skriptorien) wurden kostbare Handschriften, oft Abschriften, angefertigt. Dank der K. wurden klass. und kirchl. Literatur, histor. Quellen und ein großer Teil der Nationalliteratur der Nachwelt erhalten. Bed. waren in Italien Bobbio, Montecassino, in Frankreich Tours, Corbie, Fleury, Cluny, Saint-Victor, Saint-Germain-des-Prés, im Dtl. des MA. St. Gallen, Reichenau, Fulda, Murbach, Lorsch, Corvey, Hersfeld, Werden (Essen). In den evang. Ländern gelangten die K. im 16. Jh. in weltl. Hand, in den kath. Ländern (einschließlich der im Barock neu entstandenen K.) erst im 18./19. Jh. durch die Frz. Revolution und die Säkularisation 1802/03. Viele K. sind wegen ihrer barocken Ausstattung berühmt (u. a. Waldsassen, Wiblingen in Ulm, St. Gallen). In Österreich gibt es noch große K. in Sankt Florian, Kremsmünster, Admont, Klosterneuburg und Melk, in der Schweiz in Einsiedeln.

Klosterlausnitz, Bad, ∕ Bad Klosterlausnitz.

Klosterneuburg, Stadt in NÖ, am rechten Ufer der Donau, 23 900 Ew.; Bundeslehranstalt für Wein- und Obstbau, Museen; Maschinenbau, Nahrungsmittel-, chem., pharmazeut., Baustoffind. – Augustiner-Chorherrenstift (gegr. um 1100, 1133 den Augustinern übergeben), 1730–50 barock ausgebaut; die Stiftskirche des ehem. Klosters ist im Kern romanisch (1136 geweiht) und wurde im 17. Jh. barockisiert. In der anschließenden Leopoldskapelle dem ehem. Kapitelsaal, befindet sich der Verduner Altar (1181). Die Klosterbibliothek umfasst 160 000 Bände. – K., Residenz von Markgraf Leopold III. von Österreich (1095–1136), erhielt 1298 Wiener Stadtrecht; 1938–54 gehörte K. zu Wien.

Klosters, Kurort im Kt. Graubünden, Schweiz, an der Landquart, 1 125–1 313 m ü. M., als Gemeinde Klosters-Serneus 3 900 Ew.; Wintersport. – Benannt nach einem 1222 gegründeten und 1525 aufgelösten Prämonstratenserkloster.

Klosterschulen, im MA. die an den Klöstern bestehenden Schulen; im 6./7. Jh. in den irischen und angelsächs. Klöstern aufgekommen. Die Klöster waren Träger des frühmittelalterl. und zus. mit den Erzbistümern (∕ Domschulen) Träger des mittelalterl. Schulwesens. Urspr. nur zur Ausbildung des geistl. Nachwuchses gedacht, wurden seit dem 9. Jh. auch Laienschüler in die K. aufgenommen. Gelehrt wurden, neben dem Elementarunterricht (Latein, Rechnen, Gesang), die Fächer des Triviums, in einigen K. auch die des Quadriviums (∕ freie Künste). Bed. K. waren Fulda, Reichenau, St. Gallen, Melk u. a.

Klostertal, rechtes Nebental der Ill in Vorarlberg, Österreich, zw. den Lechtaler Alpen im N und der Verwallgruppe im S, von der Alfenz durchflossen; durch das K. verlaufen Straße und Eisenbahn über den Arlberg; Fremdenverkehr. Bei Braz und Wald Kraftwerke.

Kloten, Stadt im Kt. Zürich, Schweiz, 16 300 Ew.; Wohnvorort von Zürich; internat. Flughafen.

Klotho, grch. Schicksalsgöttin, eine der drei ∕ Moiren.

Klothoide [grch.] *die* (Cornu-Spirale), ebene Kurve, deren Krümmungsradius r in jedem Punkt ihrer Bogenlänge s aus Ursprung aus umgekehrt proportional ist: $r = a^2 / s$ ($a = $ const.); Anwendung z. B. im Straßenbau zur Konstruktion von Kurven.

Klotz, Mathias, Geigenbauer, * Mittenwald 11. 6. 1653, † ebd. 16. 8. 1745; bed. Vertreter der Mittenwalder Geigenbauerfamilie K. und des Mittenwalder Geigenbaus.

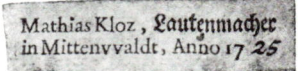

Mathias Klotz: Geigeninschrift (1725)

Kluane National Park [ˈkluːeɪn ˈnæʃnl pɑːk], grenzübergreifendes Schutzgebiet (UNESCO-Weltnaturerbe) in Nordamerika, im SO Alaskas (USA), im Yukon Territory und in der Prov. British Columbia (Kanada), 98 391 km²; die vier National- und Provinzparks **Wrangell-Saint Elias, Kluane, Glacier Bay** und **Tatshenshini-Alsek** sind durch eine Hochgebirgslandschaft mit Eisfeldern, zahlr. Gletschern, Flüssen und Seen geprägt. Küsten- und Bergwald, präalpine und alpine Tundra bestimmen die Vegetation, Schwarz-, Braun- und Grizzlybär, Schneeziege, Rotwild u. a. die Tierwelt.

Klub *der,* 1) (engl. club), Gemeinschaft zur Pflege bestimmter Interessen. Das K.-Wesen kam in England im 16. Jh. auf und ist dort heute noch am ausgeprägtesten und stark an soziale Gruppen gebunden. – Gegenwärtig dienen viele K. der Freizeitgestaltung. – 2) Österreich: Bez. für Fraktion im Nationalrat.

Kluckhohn [ˈklʌkhəʊn], Clyde Kay Maben, amerikan. Ethnologe und Ethnopsychologe, *Le Mars (Ia.) 11. 1. 1905, † Santa Fe (N. M.) 28. 7. 1960; versuchte, ausgehend von einem psychoanalyt. Ansatz, für alle Kulturen gemeinsame Erlebnis- und Handlungsweisen aufzuzeigen.

Kluczbork [ˈkludʒbɔrk] (dt. Kreuzburg, bis 1945 amtlich Kreuzburg O. S. [Oberschlesien], Krst. in der Wwschaft Opole (Oppeln), Polen, 26 800 Ew.; Maschinen-, Möbelbau. – Rathaus (1752). – 1252/53 als Stadt nach dt. Recht angelegt.

Kluft, Riss oder Fuge im Gestein, manchmal zu einem Spalt, gelegentlich mit auskristallisierten Mineralen (K.-Minerale), erweitert.

Klug, Aaron, brit. Biochemiker südafrikan. Herkunft, *Johannesburg 11. 8. 1926; Prof. für Molekularbiologie in Cambridge, erhielt für seine kristallograph. Untersuchungen der Struktur von Nucleinsäure-Protein-Komplexen, bes. der Chromosomen der Zellkerne, 1982 den Nobelpreis für Chemie.

Kluge, 1) Alexander, Jurist, Schriftsteller und Filmregisseur, *Halberstadt 14. 2. 1932; dreht seit den 1960er-Jahren Filme (z. B. »Die Artisten in der Zirkuskuppel, ratlos«, 1967), häufig auch Kurz- und Dokumentarfilme aus inszenierten und dokumentar. Elementen; 1962 Mitinitiator des »Oberhausener Manifestes«, das die Abkehr vom alten dt. Film formulierte; gründete 1988 eine Produktionsfirma, die (Kultur-)Magazine für das Fernsehen dreht; veröffentlicht auch Essays und Gespräche über Film, Filmwirtschaft und Politik und verfasst Prosawerke (hg. als Sammelband »Chronik der Gefühle«, 2000). K. erhielt 2003 den Georg-Büchner-Preis. – 2) Hans Günther von, Generalfeldmarschall (seit 1940), *Posen 30. 10. 1882, † (Selbstmord) bei Metz 18. 8. 1944; im Zweiten Weltkrieg 1939–41 Oberbefehlshaber der 4. Armee, 1941–43 der Heeresgruppe Mitte in Russland; übernahm nach der alliierten Invasion in der Normandie im Juli 1944 den Oberbefehl im Westen, dann die Führung der Heeresgruppe B in Frankreich. Wegen seiner Mitwisserschaft an den Umsturzplänen gegen Hitler (20. 7. 1944) von diesem im Aug. 1944 abgesetzt.

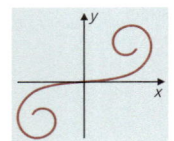

Klothoide

Aaron Klug

Alexander Kluge

3) Kurt, Schriftsteller, Erzgießer, Bildhauer, * Leipzig 29. 4. 1886, † Fort Eben Emael (bei Lüttich) 26. 7. 1940; war Prof. für Erzguss an der Akademie für bildende Künste Berlin. In seinen Romanen (»Der Glockengießer Christoph Mahr«, 1934; »Der Herr Kortüm«, 1938; »Die Zaubergeige«, 1940) steht K. in der Tradition von Jean Paul und W. Raabe.

kluge und törichte Jungfrauen, Gleichnis des N. T., ↗ Jungfrauen, kluge und törichte.

Klugheit, die verständige Überlegenheit richtigen Verhaltens in schwierigen Situationen. Aristoteles zählte die K. (grch. »phronesis«, lat. »prudentia«) zu den Verstandestugenden; I. Kant definierte sie als ein pragmat. Wissen um die zur Beförderung der eigenen Glückseligkeit dienl. Mittel. Als **Lebens-K.** eng mit der charakterl. Eigenart des Menschen verbunden.

Klumpfuß, ↗ Fußdeformitäten.

kluniazensische Reform, von der Benediktinerabtei ↗ Cluny im 10. Jh. ausgegangene Klosterreformbewegung. Im Kampf gegen die allg. Verweltlichung des Ordenslebens sollten das Mönchtum geistlich erneuert, die Ordensregel wieder in Geltung gesetzt und die Unabhängigkeit der Klöster gegenüber den weltl. Herrschern wiederhergestellt werden. Die urspr. rein geistl. Erneuerungsbewegung wurde zum Ausgangspunkt der von versch. Päpsten unterstützten kirchl. Reformbewegung des 11. Jahrhunderts.

Kluppe, Werkzeug zum Schneiden von Außengewinden, v. a. auf Rohren **(Schneidkluppe).**

Klus (Kluse), ↗ Klause.

Klute, Fritz, Geograph, * Freiburg im Breisgau 29. 11. 1885, † Mainz 7. 2. 1952; arbeitete bes. über Klima und Eiszeit sowie Länderkunde Afrikas. Herausgeber des »Hb. der Geograph. Wiss.«, 12 Bde. (1930–50).

Kluterthöhle, Kalksteinhöhle bei ↗ Ennepetal.

Klüver [aus niederländ. kluiver, zu kluif »Klaue«] *der,* auf kleineren Segelschiffen dreieckiges Stagsegel zw. Fockmast und **K.-Baum,** der vorderen Verlängerung des Bugspriets.

Klystron [grch.] *das* (Triftröhre), zu den ↗ Laufzeitröhren gehörende Elektronenröhre, bei der die Wechselwirkung zw. einem Elektronenstrahl und stehenden elektromagnet. Feldern in Spalten von Resonatoren ausgenutzt wird. Beim einfachsten K., dem **Zweikammer-K.,** werden die aus der Kathode austretenden Elektronen beschleunigt und durch den Spalt eines ersten Hohlraumresonators geschickt, in dem eine Geschwindigkeitsmodulation stattfindet. Im anschließenden feldfreien Raum, dem Triftraum (Laufraum), kommt es zur Modulation der Elektronenstrahldichte; es bilden sich Elektronenpakete, die durch den Spalt eines zweiten Hohlraumresonators (Auskoppelraum) fliegen und den Resonator zu hochfrequenten Schwingungen anregen. Danach werden die Elektronen von einer speziellen Elektrode (Kollektor) aufgefangen. Da die Nutzleistung größer ist als die aufgewendete Steuerleistung, arbeitet das Zweikammer-K. als Verstärker; der Einsatzbereich liegt bei Frequenzen von 0,5 bis 100 GHz. Eine höhere Verstärkerleistung erreicht das **Mehrkammer-K.** durch Hintereinanderschalten weiterer Resonatoren und Triftstrecken.

Klytämnestra, *grch. Mythos:* Tochter des Tyndareus und der Leda, Frau des Agamemnon, Mutter von Iphigenie, Elektra, Chrysothemis und Orest. Sie ließ Agamemnon bei dessen Heimkehr aus dem Trojan. Krieg durch ihren Geliebten Ägisth ermorden und wurde deshalb später von Orest getötet.

km, Einheitenzeichen für Kilometer; **km²,** Einheitenzeichen für Quadratkilometer.

km/h, Einheitenzeichen für Kilometer je Stunde.

KMK, Abk. für ↗ **K**ultus**m**inister**k**onferenz.

KMT, Abk. für **Ku**o**m**in**t**ang, ↗ Guomindang.

kn, Abk. für ↗ **Kn**oten.

kN, Einheitenzeichen für **K**ilo**n**ewton, 1 kN = 1 000 N (↗ Newton).

KNA, Abk. für **K**atholische **N**achrichten-**A**gentur GmbH; 1953 in München gegr. konfessioneller Nachrichten- und Informationsdienst; Sitz von Geschäftsleitung und Zentralredaktion: Bonn.

Knab, Armin, Komponist, * Neuschleichach (heute zu Oberaurach, Landkreis Haßberge) 19. 2. 1881, † Bad Wörishofen 23. 6. 1951; komponierte v. a. Vokalwerke, darunter viele volkstüml. Lieder.

Knabenkraut [nach den hodenähnl. Wurzelknollen], Bez. für zwei bodenbewohnende Orchideengattungen: 1) **Orchis,** u. a. mit der Art **Purpur-K. (Purpurorchis,** *Orchis purpurea*), bis 80 cm hoch, Blütentrauben mit zahlr. braunpurpurnen oder violetten Blüten; Lippe weiß oder hellrosa und braun getüpfelt; auf kalkhaltigen Wiesen und in Kiefernwäldern Mitteleuropas; 2) **Dactylorhiza,** darunter das **Gefleckte K.** (*Dactylorhiza maculata*), bis 65 cm hoch, mit gefleckten Blättern und hellrosafarbenen, selten weißen Blüten; auf feuchten oder moorigen Wiesen und in Wäldern. – In Dtl. unter Naturschutz.

Knabenliebe, die ↗ Päderastie.

Knäckebrot [von schwed. knäcka »knacken«], Schrotbrot aus Weizen oder Roggen in Form dünner Fladen; Dauerbackware.

Knagge (Knaggen), **1)** *Bautechnik:* dreikantiges Verbindungs- und Stützteil im Holzbau, auch im Stahlbau.

2) *Maschinenbau:* Blech- oder Winkelstück zum Aufspannen (z. B. an der Planscheibe einer Drehbank) oder Zusammenziehen von Werkstücken (z. B. beim Schweißen).

Knallgas, Gemisch aus Wasserstoff und Sauerstoff (2 : 1), das bei Zündung mit scharfem Knall explodiert; i. w. S. auch zündfähige Mischungen brennbarer Gase mit Luft. Im **K.-Gebläse** werden Sauerstoff und Wasserstoff über einen daniellschen Hahn getrennt zugeführt, sodass die Zündung im Augenblick des gleichzeitigen Austritts erfolgt; hierbei erreicht man Temperaturen bis 3 300 °C (Anwendung im chem. Labor und beim autogenen Schweißen). Die **K.-Reaktion** ($2\,H_2 + O_2 \rightarrow 2\,H_2O + 485\,kJ$) läuft beim

Knabenkraut: Geflecktes Knabenkraut

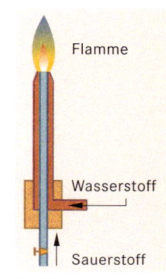

Knallgas: Knallgasgebläse

Klystron: Schema eines Zweikammerklystrons

K: Kathode
A: Kollektor
H₁: Hohlraumresonator 1
L: Triftraum
H₂: Hohlraumresonator 2
U₀: Beschleunigungsspannung

Erhitzen des Gasgemisches auf 500–600 °C spontan ab, kann aber in Gegenwart von geeigneten Katalysatoren auch bei Raumtemperatur und kontrolliert vor sich gehen (/ Brennstoffzelle).

Knallquecksilber (Quecksilberfulminat), $Hg(CNO)_2$, das äußerst explosive Quecksilbersalz der Knallsäure, entsteht durch Lösen von Quecksilber in Salpetersäure und Eintragen der Lösung in Alkohol; wird als Initialsprengstoff verwendet.

Knallsatz, / Pyrotechnik.

Knallsäure, HCNO, eine isomere Form der Cyansäure, die frei ein giftiges Gas ist; wenig beständig. Die knallsauren Salze oder **Fulminate,** z. B. Knallquecksilber und Knallsilber, sind äußerst explosiv.

Knappe, im MA. junger Mann von edler Geburt, der im persönl. Dienst eines Ritters als **Schild-K.** oder **Edel-K.** zur Schwertleite geführt wurde. – Die Bez. wurde später auf Lehrlinge versch. Berufe übertragen und war auch Berufsbez. für den Bergmann (/ Knappschaft).

Knappertsbusch, Hans, Dirigent, *Elberfeld (heute zu Wuppertal) 12. 3. 1888, †München 25. 10. 1965; Generalmusikdirektor der Münchner Staatsoper (1922–35); Dirigierverbot durch die Nationalsozialisten; übernahm 1936 die kommissar. Leitung der Wiener Staatsoper; nach 1945 als Gastdirigent (u. a. in München und Bayreuth) tätig.

Knappschaft (Knappschaftsverein), seit dem 13. Jh. zunftmäßiger Zusammenschluss der Bergleute **(Knappen),** v. a. zu gegenseitiger Unterstützung bei Krankheit und Unfällen. In Dtl. sind die Mitgl. in der **Bundesknappschaft** (gegr. 1969, Sitz: Bochum) zusammengeschlossen. Diese öffentlich-rechtl. Selbstverwaltungskörperschaft ist Trägerin der / Knappschaftsversicherung.

Knappschaftsversicherung, die Kranken-, Pflege- und Rentenversicherung für Beschäftigte in knappschaftl. Betrieben, getragen von der Bundesknappschaft. In der knappschaftl. Rentenversicherung werden die Schwere der Bergmannsarbeit und die vorzeitige Minderung der Leistungsfähigkeit der Bergleute bes. berücksichtigt.

Knauf [verwandt mit Knopf], kugel-, birnen-, scheiben- oder pilzförmiges, auch künstlerisch gestaltetes Griffende oder Zierstück.

Knäulgras (Knaulgras, Dactylis), Gattung der Süßgräser, weltweit verbreitet. In Mitteleuropa kommen zwei Arten vor, davon häufig das **Wiesen-K. (Gemeines K.,** Dactylis glomerata), ein ausdauerndes, horstbildendes Wiesengras; es wird auch als Futtergras kultiviert.

Knaus-Ogino-Methode [nach dem österr. Gynäkologen Hermann Knaus, *1892, †1970, und dem japan. Gynäkologen Ogino Kynsaku, *1882, †1975], natürl. Methode der / Empfängnisverhütung.

Knautie die (Knautia, Witwenblume), Gattung der Kardengewächse. Die **Acker-K.** (Knautia arvensis) ist eine bis 1,5 m hohe steifhaarige Staude mit Pfahlwurzel, graugrünen Blättern und violetten bis weißen Blütenköpfen; wächst auf trockenen Wiesen.

Knautschzone, bei Kfz Teil der / Karosserie.

Knebelungsvertrag, Vertrag, durch den eine Partei von der anderen in ihrer wirtsch. oder persönl. Freiheit in einer den guten Sitten widersprechenden Weise beschränkt wird bzw. von der anderen Partei abhängig wird. Der K. ist nichtig.

Knecht, 1) im MA. der / Knappe, später auch für gemeine Söldner gebräuchlich **(Lands-K.);** 2) in Verbindung mit Berufs-Bez. veraltete Bez. für Gehilfe oder Geselle (z. B. Mühl-K. oder Mühlknappe; Gerichts-K.); zuletzt nur noch im landwirtschaftl. Bereich üblich.

Knecht Ruprecht, im *Brauchtum* der Weihnachtszeit pelzvermummte Gestalt mit Sack und Rute oder Kette, die Gaben spendet oder ermahnt; seit dem späten 17. Jh. im Gefolge des Christkinds, seit dem 18. Jh. als Begleiter des hl. Nikolaus am Vorabend des 6. 12. (Kinderschreck). Verwandt sind der **Pelznickel** am Mittelrhein, der **Bartel** im östl. Österreich, der **Krampus** in Wien, Beelzebub, schwarzer Piet u. a. Figuren. (/ Weihnachtsmann)

Knechtsände, Wattengebiet in der Nordsee **(Kleine K., Großer Knechtsand)** zw. Weser- und Elbmündung südlich der Insel Neuwerk, Teil des Nationalparks Niedersächs. Wattenmeer (v. a. Naturschutzgebiet für Vögel).

Knef, Hildegard, Schauspielerin, Chansonsängerin, *Ulm 28. 12. 1925, †Berlin 1. 2. 2002; ab den 1940er-Jahren Bühnen- (1954–56 am New Yorker Broadway) und Filmrollen (»Die Mörder sind unter uns«, 1946; »Die Sünderin«, 1951; »Jeder stirbt für sich allein«, 1976); seit den 1960er-Jahren auch Chansonsängerin; auch Autorin (autobiografisch: »Der geschenkte Gaul«, 1970; »Das Urteil«, 1975).

Hildegard Knef

Kneffel, Karin, Malerin, *Marl 17. 1. 1957; benutzt das Abbildhafte und Konventionelle, um über die Darstellung der Stofflichkeit des Gegenstandes (v. a. Tierdarstellungen, Früchtestillleben, Feuerbilder) eine ideelle Distanz zu schaffen.

Kneip, Jakob, Schriftsteller, *Morshausen (Rhein-Hunsrück-Kreis) 24. 4. 1881, †Mechernich 14. 2. 1958; gründete mit J. Winckler und W. Vershofen die Dichtergemeinschaft der »Werkleute auf Haus Nyland«; mit der bäuerl. und kath. Tradition seiner Heimat verbundener Erzähler (Romane, u. a.: »Hampit der Jäger«, 1927; »Porta Nigra«, 1932; »Der Apostel«, 1955), Lyriker und Essayist.

Kneipp, Sebastian, kath. Geistlicher und Naturheilkundiger, *Stephansried (heute zu Ottobeuren) 17. 5. 1821, †Bad Wörishofen 17. 6. 1897; Begründer der / Hydrotherapie. Er propagierte die Anwendung des Wassers als Abhärtungs- und Heilmittel.

Sebastian Kneipp

Kneippkur, von S. Kneipp entwickeltes Heilverfahren mit Anwendungen kalten Wassers (bes. Güsse, Wassertreten, Bäder), meist mit anderen Reizwirkungen wie Luft, Sonne, Bewegung und Diät kombiniert; angewendet v. a. zum Anregen der Kreislauftätigkeit, bei Erschöpfungszuständen und Störungen des vegetativen Nervensystems sowie zur Vorbeugung vor sog. Zivilisationskrankheiten, auch zur Rehabilitation.

Knesset [neuhebräisch »Versammlung«] *die* (Knesseth, Kneset), das israel. Parlament.

Knick, mit Gebüsch bepflanzter Erdwall als Einfriedigung von Wiesen und Äckern, auch Windschutz. (/ Heckenlandschaft)

Knickerbocker [ˈnɪkəbɔkə, engl.], seit Ende des 19. Jh. beliebte sportl. Männerhose mit weiten, überfallenden, wadenlangen Beinen; ben. nach der Hauptfigur eines Romans von W. Irving.

Knickfuß, / Fußdeformitäten.

Knidos, antike grch. Stadt auf der Halbinsel Reşadiye, Türkei; heute Ruinenstätte. K. war berühmt durch seine Ärzteschule (seit dem 5. Jh. v. Chr.) und ein Aphroditeheiligtum, für das Praxiteles die **Knidische Aphrodite** schuf.

Knie, das / Kniegelenk.

Kniebis *der,* Buntsandsteinhochfläche des nördl. Schwarzwaldes, bedeckt mit Wald, Hochmoor und Heide, bis 971 m ü. M.; beliebtes Ausflugsziel.

Kniebundhose (Bundhose), Oberhose mit schmalen, unterhalb der Knie geschlossenen Beinen, heute meist Wanderhose beider Geschlechter, um 1980 auch mod. Damenhose. Im 18. Jh. trug der Herr die K., damals französich »Culotte« bezeichnet, zu ↗Justaucorps und ↗Weste. (↗Kleidung)

Kniegeige, svw. Viola da Gamba (↗Gambe).

Kniegelenk (Knie), beim Menschen und den Wirbeltieren bewegl. Verbindung zw. Oberschenkelknochen und Schienbein. Der Raum zw. den Gelenkhöckern des Oberschenkels und den beiden Gelenkflächen des Schienbeins wird von halbrunden, im Querschnitt keilförmigen Knorpelscheiben (**Innen- und Außenmeniskus**) ausgefüllt. Von der Rinne zw. den Gelenkhöckern ziehen zwei sich überkreuzende starke, bei jeder Stellung des Knies sich spannende und damit dieses sichernde Bänder (Kreuzbänder) nach vorn und hinten zu dem Mittelrand des Schienbeins. In die durch Bänder verstärkte Gelenkkapsel ist vorn die **Kniescheibe** (Patella) eingelassen. Durch mehrere Schleimbeutel werden bes. belastete Stellen des K. gegen Druck und Reibung geschützt.

Kniegrotte, Höhle in einem Zechsteinriff nahe der thüring. Gem. Döbritz im Saale-Orla-Kreis; in altsteinzeitl. Fundschichten (Magdalénien) entdeckte man 1930 zahlreiche Stein- und Knochengeräte u. a. Artefakte.

Kniehebel, Mechanismus, der aus zwei einarmigen, durch ein Gelenk (**Knie**) miteinander verbundenen Hebeln besteht, die an ihren Enden ebenfalls gelenkig gelagert sind. Durch eine am Knie senkrecht zur Verbindungslinie seiner äußeren Endpunkte angreifende Kraft wird der K. gestreckt. Anwendung findet er bei Pressen (K.-Presse), Schneidgeräten u. a.

Knielauf, in der Siegel- und Reliefkunst des Altertums (seit der akkad. Kunst) und der Antike (archaische Zeit) sowie auf antiken Münzen dargestellte Haltung des Menschen, bei der ein Knie aufgestützt zu sein scheint; sie gibt eine Bewegungsphase des Laufens wieder.

Kniesehnenreflex (Patellarsehnenreflex, Quadriceps-femoris-Reflex), reflektor. Streckbewegung des Unterschenkels, wenn bei entspannter Haltung des Beins ein Schlag mit dem »Reflexhammer« gegen die Patellarsehne des vierköpfigen Schenkelstreckers (Musculus quadriceps femoris) unterhalb der Kniescheibe geführt wird; kann bei bestimmten Erkrankungen des Nervensystems fehlen, abgeschwächt oder gesteigert sein.

Kniestock, *Bautechnik:* der ↗Drempel.

Knietsch, Rudolf Theophil Joseph, Chemiker, *Oppeln 13. 12. 1854, †Ludwigshafen am Rhein 28. 5. 1906; entwickelte bei der BASF das Kontaktverfahren zur Herstellung von Schwefelsäure sowie ein kontinuierl. Verfahren zur Indigoproduktion; arbeitete über Kontaktgifte.

Knigge, Adolph, Freiherr von, Schriftsteller, *Bredenbeck (bei Hannover) 16. 10. 1752, †Bremen 6. 5. 1796; studierte Jura in Göttingen; 1780–84 führendes Mitgl. des aufklär. Illuminatenordens; bekannt v. a. durch die Sammlung von Lebensregeln: »Über den Umgang mit Menschen« (2 Bde., 1788, kurz »Knigge« genannt). K. verfasste auch zeitkrit. Romane, Satiren, moral. und polit. Schriften sowie den autobiograf. Roman »Der Roman meines Lebens. In Briefen« (4 Bde., 1781–83).

Knight [naɪt; engl. »Knecht«, »Knappe«], die unterste Stufe des Adels in Großbritannien; nicht erblich. Der K. führt den Titel »Sir« (weibl. Entsprechung »Dame«).

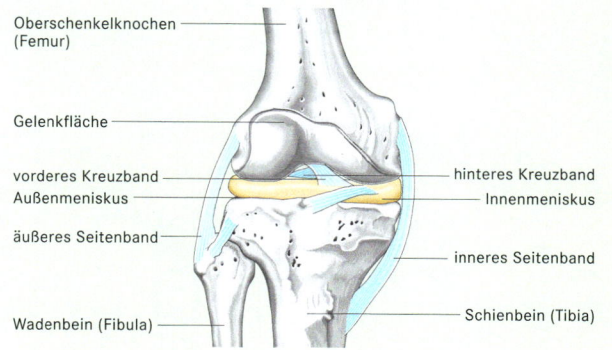

Kniegelenk: Ansicht von vorn

Knights of Labor [naɪts əv ˈleɪbə; engl. »Ritter der Arbeit«], erste bedeutende nat. Gewerkschaftsorganisation in den USA; begründet 1869 in Philadelphia (Pa.) unter dem Namen »Noble Order of the K. of L.«; urspr. eine Geheimorganisation, um die Mitgl. vor Repression durch Arbeitgeber zu schützen und den Zusammenhalt zu fördern. Sie gewann nach ihrer Reorganisation (1879) in Arbeitskämpfen der 1880er-Jahre Bedeutung.

Knipperdolling, Bernhard (Bernt), Täufer, *Münster um 1490, †(hingerichtet) ebd. 22. 1. 1536; urspr. Tuchhändler, ab 1534 Bürgermeister von Münster; errichtete zus. mit Johann Bockelson (*1509, †1536) die Herrschaft der ↗Täufer in Münster.

Knittel, John, schweizer. Schriftsteller, *Dharwar (Indien) 24. 3. 1891, †Maienfeld (Kt. Graubünden) 26. 4. 1970; schrieb, anfangs in engl. Sprache, zahlr. Abenteuer- und Gesellschaftsromane, u. a.: »Therese Etienne« (1927), »Via mala« (1934), »El Hakim« (1936), »Amadeus« (1939).

Knittelfeld, Bez.-Hptst. in der Obersteiermark, Österreich, an der Mur, 13 200 Ew.; Werkstätten der Österr. Bundesbahnen, Elektromotorenwerk, Emailfabrik, Anlagen-, Maschinen- und Werkzeugbau. – Seit 1302 Stadt.

Knittelvers (Knüttelvers, Knüppelvers), der in der frühneuhochdt. Dichtung dominierende vierhebige Reimvers, der auf den altdt. Reimpaarvers zurückzuführen ist; zunächst im 17. Jh. auf leonin. Verse, dann auch auf Alexandriner mit Zäsur und Endreim angewandt. Beide Formen galten als regelwidrig und waren daher in der Poetik des 17./18. Jh. verpönt (M. Opitz). Seit der 2. Hälfte des 18. Jh. wieder verschiedentlich verwendet.

Knittergold, das ↗Rauschgold.

Knivskjelodden [ˈkniːvʃeˌlɔdən], Nordspitze der Insel Magerøy, N-Norwegen, und nördlichster Punkt Europas, 71° 11′ 08″ n. Br. und 25° 43′ ö. L. Nur 1,5 km südlicher liegt das ↗Nordkap.

KNN, Abk. für künstliche neuronale Netze (↗neuronale Netze).

Knobelsdorff, Georg Wenzeslaus von, Baumeister und Maler, *Gut Kuckädel (heute zu Bobrowice, bei Crossen [Oder]) 17. 2. 1699, †Berlin 16. 9. 1753; nach Studien in Italien und Paris von Friedrich II., d. Gr., 1740 als Oberintendant der königl. Schlösser und Gärten berufen, entwickelte das »friderizian. Rokoko«. – Bauten: Um- und Ausbau des Schlosses Rheinsberg (1737–39); Neuer Flügel des Charlottenburger Schlosses (1740–46); Opernhaus in Berlin

Adolph Freiherr von Knigge

Knoblauch

Georg Wenzeslaus von **Knobelsdorff:** Opernhaus in Berlin (1741–43)

Knoblauch

(1741–43); Umbau und Kolonnade des Potsdamer Stadtschlosses (1744–51); Schloss Sanssouci, nach Entwürfen des Königs (1745–47).

Knoblauch (Allium sativum), bis 70 cm hohe Lauchart aus Zentralasien; mit länglich-eiförmigen Nebenzwiebeln (Zehen), die als Gewürz und als Heilmittel verwendet werden. K. enthält schwefelhaltiges, scharfes Öl.

Knöchel (Fußknöchel, Malleolus), am distalen Ende des Unterschenkels an der Wadenbein- **(äußerer K.)** und an der Schienbeinseite **(innerer K.)** auftretender Knochenhöcker.

Knöchelbruch (Malleolarfraktur), häufigster Bruch der unteren Gliedmaße; beim einfachen K. tritt nur die Verletzung eines Knöchels auf, beim doppelten K. kommt es zu einer Sprengung der Knöchelgabel des Sprunggelenks. Der K. entsteht meist durch Gewalteinwirkung beim Umknicken des Fußes, wobei durch Zug der Sprunggelenkbänder Abrissbrüche des inneren oder äußeren Knöchels auftreten.

Knochen (Ossa), Stützelemente der Wirbeltiere (einschl. des Menschen), die meist über Gelenke miteinander verbunden sind und in ihrer Gesamtheit das Skelett bilden. Alle K. sind bis auf die Gelenkflächen und die Ansatzstellen von Sehnen und Bändern von **K.-Haut** (Periost, Beinhaut), die Blutgefäße und Nerven heranführt, umhüllt. Unter der K.-Haut liegt die K.-Substanz. Sie besteht zu 20 % aus Wasser, zu 25 % aus organ. Material (bewirkt Biegeelastizität) und zu 55 % aus anorgan. Salzen (bewirken Stabilität; hauptsächlich Calciumphosphat, Calciumcarbonat). Die massiven K.-Bezirke werden als **Kompakta,** die gerüstartigen (schwammähnl. K.-Bälkchen) als **Spongiosa** bezeichnet. Entsprechend ihrer Gestalt unterscheidet man lange, kurze und platte K.; die langen K. werden **Röhren-K.** genannt, weil sie eine mit Knochenmark ausgefüllte Markhöhle besitzen. Sie bestehen aus einem Schaft **(Diaphyse)** und den zwei verdickten Enden **(Epiphysen). Deck-K.** (Haut-K., Bindegewebe-K., sekundäre K.) gehen ohne knorpeliges Vorstadium direkt aus dem Hautbindegewebe hervor (z. B. Stirnbein und Nasenbein). **Ersatz-K.** (primäre K.) entstehen durch Verknöcherung (Härtung von Gewebe durch anorgan. Substanzen) knorpelig vorgebildeter Skelettteile (fast alle Skelett-K.). Histologisch besteht K.-Gewebe aus K.-Zellen (Osteozyten) und K.-Grundsubstanz mit eingelagerten kollagenen Fasern. K. haben die gleiche Elastizität wie Eichenholz und die gleiche Zugfestigkeit wie Kupfer. Die Druckfestigkeit ist größer als die des Sandsteins, die Biegefestigkeit entspricht der des Flussstahls.

Knochenbildung, die ↗ Ossifikation.

Knochenbreccie [-brɛtʃə], das ↗ Bonebed.

Knochenbruch (Fraktur), Trennung des natürl. Gewebezusammenhanges eines Knochens, meist durch äußere Gewalteinwirkung (Schlag, Stoß, Fall u. Ä.). Beim **offenen K.** sind auch Weichteile und Haut durchtrennt (Infektionsgefahr). Sichere Zeichen des K. sind abnorme Beweglichkeit, Knochenreiben, Formabweichung durch Verschieben (Dislokation) der Bruchstücke (Fragmente). Die *Behandlung* erfolgt nach klin. und Röntgenuntersuchung durch Einrichten (Reposition) und Ruhigstellen im Gips-, Schienen- oder Streckverband oder durch Operation (z. B. Nagelung, Verplattung, ↗ Osteosynthese). Die Heilung wird durch Bildung von Kallus (Schwiele, festes Bindegewebe), das den Bruchspalt überbrückt und später verknöchert, eingeleitet.

Knochendichtemessung, die ↗ Osteodensitometrie.

Knochen|erweichung (Osteomalazie), der Rachitis ähnl. Veränderungen am Skelett des Erwachsenen, die in einer unzureichenden Mineralisation der Knochengrundsubstanz infolge Calcium- und Phosphatmangels bestehen. Ursache ist meist eine Störung des Vitamin-D-Stoffwechsels. Symptome sind Glieder- und Kreuzschmerzen, Skelettverformungen v. a. im Bereich des Beckens und der Wirbelsäule, X- und O-Beine. Die *Behandlung* erfolgt je nach Grunderkrankung medikamentös v. a. mit Calcium- und Phosphatgaben oder Vitamin D (Calciferole).

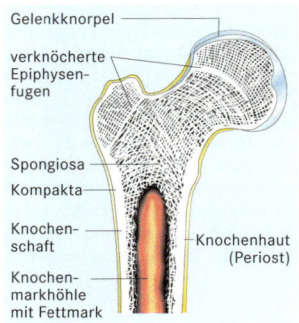

Knochen: Hüftkopf des Oberschenkelknochens

Knochenfische (Osteichthyes), Klasse der Wirbeltiere; Fische mit weitgehend oder völlig verknöchertem Skelett; Ggs. Knorpelfische.

Knochengano|iden (Holostei), Überordnung der Strahlenflosser mit z. T. verknöchertem Skelett; Schuppen vielfach mit Ganoinüberzug; zwei Ordnungen: Knochenhechte und Kahlhechte.

Knochenhaut|entzündung (Periostitis), schmerzhafter Reizzustand der gefäß- und nervenreichen Knochenhaut; kann durch lokale Verletzung oder bei fortgeleiteten Entzündungen aus der Umgebung (Weichteile, Knochen) entstehen. Die *Behandlung* umfasst Ruhigstellung, Antibiotikagaben oder operative Beseitigung des Entzündungsherdes.

Knochenhechte (Lepisosteiformes), Ordnung der Knochenganoiden mit nur einer Gattung, deren Arten in Süßgewässern Nord- und Mittelamerikas verbreitet sind. K. besitzen Ganoidschuppen und eine

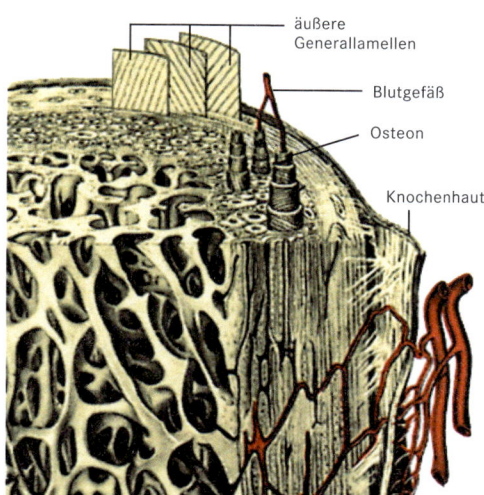

Knochen: schematische Darstellung vom inneren Bau eines Röhrenknochens; in dem sektorartigen Ausschnitt ist links das Maschenwerk aus Knochenbälkchen (Spongiosa), rechts die massive Knochenrinde (Kompakta) dargestellt; plastisch hervorgehoben sind drei äußere Generallamellen (Zwischensubstanz an der äußeren und inneren Oberfläche der Kompakta) und drei Osteone, Blutgefäßkanälchen umschließende Knochenlamellen; rechts ist die faserige Knochenhaut (Periost) mit ihren Gefäßen dargestellt

gekammerte Schwimmblase, die als Lunge dienen kann. Zu den K. gehören u. a. der bis 3 m lange **Kaimanfisch** sowie der **Gefleckte Alligatorhecht**.

Knochenkohle, durch Glühen frischer und entfetteter Knochen unter Luftabschluss gewonnene ↗Aktivkohle.

Knochenmark (Medulla ossium), Bindegewebe, das die Markhöhle der Knochen ausfüllt; ist als **rotes K.** die Hauptbildungsstätte der roten und weißen Blutkörperchen und der Blutplättchen; wandelt sich, v. a. in Röhrenknochen, abhängig vom Lebensalter, in **gelbes K.** (Fettmark) um.

Knochenmark|entzündung (Osteomyelitis), eitrige Entzündung des Knochenmarks mit Ausbildung abgestorbener Knochenteile und Fistelbildungen. K. kann auf dem Blutweg (hämatogen) oder nach Verletzungen entstehen. Symptome sind Fieber, Schüttelfrost, Schmerzen und Schwellung der betroffenen Gliedmaße. Die *Behandlung* erfolgt durch Ruhigstellen, hochdosierte Antibiotikagaben, Transplantation und Operation.

Knochenmark|transplantation, ↗Stammzelltransplantation.

Knochenmehl, fein gemahlene Knochen; dient in entleimter Form wegen des Gehalts an Phosphorsäure als Dünger; unentleimtes K. ist ein wertvolles Zusatzfuttermittel.

Knochentransplantation, Übertragung von frisch entnommenem oder in einer Knochenbank konserviertem Knochengewebe; das Transplantationsmaterial (z. B. Knochenspäne von Beckenkamm oder Rippen) entstammt entweder dem eigenen Körper oder einem fremden (auch tier.) Spender. Es hat nach dem Auffüllen des Knochendefekts eine stimulierende Wirkung auf das Knochenwachstum. Die K. wird u. a. angewendet bei Brüchen, Tumoren oder traumat. Schädelverletzungen.

Knochenzüngler (Osteoglissidae), Familie der Knochenfische in den Süßgewässern Afrikas, Südamerikas und des Indoaustral. Archipels. Der **Arapaima (Barramunda,** Arapaima gigas) des Amazonasgebietes ist einer der größten Süßwasserfische (3–4 m lang); mit großen, meist grünl. Schuppen.

Knock-out [nɔkˈaʊt, engl.] *der,* Abk. **K. o.,** *Boxen:* Niederschlag, der zur Kampfunfähigkeit führt; **technischer K. o.:** Kampfaufgabe.

Knock-out-Mäuse [nɔkˈaʊt-], gentechnisch veränderte Mäuse, bei denen durch Deletionen Gene gezielt entfernt wurden. K. werden zur Aufklärung der biolog. Funktion von Genen speziell gezüchtet. Einige solcher Mäusestämme haben Bedeutung als Krankheitsmodelle erlangt, an denen z. B. die Wirkung von Medikamenten erprobt werden kann.

Knoebel, Imi, eigtl. Klaus Wolf K., Künstler, *Dessau 31. 12. 1940; zunächst Videoprojektionen; Anfang der 70er-Jahre entwickelte er eine (v. a. K. Malewitsch verpflichtete) Weiß-in-Weiß-Malerei, die zunehmend auf eine kontemplative Raumwirkung abzielte; später expressive Farbsetzungen auf geschichteten Holz- und Metallplatten.

Knöffel, Johann Christoph, Baumeister, *Dresden 1686, †ebd. 6. 3. 1752; Oberintendant aller kö-

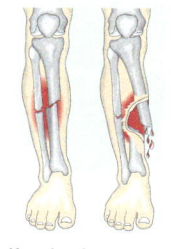

Knochenbruch: geschlossener (links) und offener Bruch (rechts)

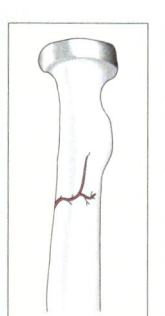
unvollständige Fraktur

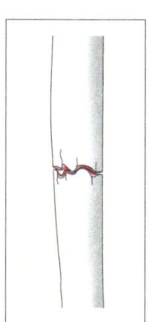
Querfraktur

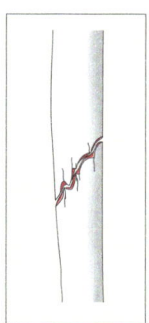
Schrägfraktur

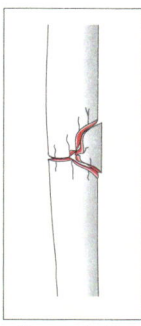
Biegungsfraktur mit Biegungskeil als 3. Fragment

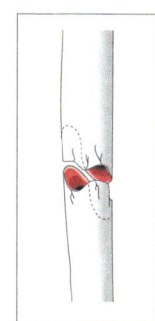
Drehfraktur

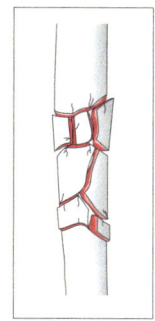
Trümmerfraktur

vollständige Frakturen

Knochenbruch: verschiedene Formen von Knochenbrüchen (Frakturen)

Knolle
(von oben):
Sprossknollen:
Radieschen,
Kohlrabi, Kartoffel; Wurzelknollen einer Dahlie

nigl. Gebäude in Dresden, wo er eine Reihe von Palais errichtete und bis 1752 an der Vollendung der Hofkirche arbeitete. 1743–51 leitete er den Umbau von Schloss ↗Hubertusburg. K.s Bauten sind bezeichnend für den Übergang vom Rokoko zum Klassizismus.

Knokke-Heist [-hɛjst], Seebad in der belg. Provinz Westflandern, 32 800 Einwohner.

Knöllchenbakteri|en, gramnegative Bakterien der Gattung Rhizobium, die mit Hülsenfrüchtlern (Leguminosen) in Symbiose leben. Nach Infektion mit den Bakterien bilden sich 1–3 mm große Knöllchen an den Wurzeln, worin die K. leben. Diese fixieren elementaren Stickstoff (oft ein Mangelfaktor für die Pflanzen), dafür werden sie mit Assimilationsprodukten der Pflanze versorgt. K. sind wichtig für die Stickstoffanreicherung im Boden. – Die Symbiose mit K. macht Hülsenfrüchtler bes. gut zur Gründüngung geeignet.

Knolle (Knollen), meist unterird. fleischig verdickter Spross- oder Wurzelabschnitt **(Spross-K., Wurzel-K.),** der bes. mit Stärke angefüllt ist und als Überdauerungsorgan für Kälte- oder Trockenperioden dient.

Knollenblätterpilz, Bez. für mehrere Arten der Ständerpilzgattung Amanita mit deutl. Knolle am Grunde des Stiels, weißl. Lamellen (»Blätter«) an der Unterseite des Hutes und einem häutigen Ring um den Stiel. Zu den K. gehören die gefährlichsten einheim. Giftpilze, der **Grüne K.** (**Grüner Giftwulstling, Grüner Wulstling,** Amanita phalloides) mit weißem bis olivgrünl., 8–12 cm breitem Hut und die beiden auch unter der Bez. **Weißer K.** bekannten Arten **Frühlings-K.** (Amanita verna) mit weißem, 3–10 cm breitem Hut und **Spitzhütiger K.** (Amanita virosa) mit spitzkegeligem oder glockigem, ebenfalls weißem, 4–10 cm breitem Hut. Die Gefährlichkeit beruht v. a. darauf, dass die Symptome der K.-Vergiftung häufig erst nach 10–20 Stunden einsetzen und das Gift (Phalloidin und α-Amanitin) dann schon vollständig vom Körper aufgenommen ist. Die Vergiftung ist gekennzeichnet durch Bauchschmerzen, Erbrechen, Durchfall, Kreislaufstörungen, Bewusstlosigkeit; eine sinnvolle Behandlung besteht, sofern der Verzehr noch nicht allzu lange zurückliegt, in Magenspülungen und Darmentleerung, zusätzlich gibt man Kohletabletten. Die Entfernung des Giftes erfolgt außerdem durch Hämodialyse oder Austauschtransfusionen. Zur Verhinderung oder Begrenzung der Toxinaufnahme durch die Leber werden Silibinininfusionen (Inhaltsstoff von Silybum marianum, der Mariendistel) angewendet.

Knoller, Martin, österr. Maler, *Steinach (am Brenner) 8. 11. 1725, †Mailand 4. 7. 1804; malte v. a. Deckenfresken für Kirchen in Tirol und Süd-Dtl. (Ettal, Neresheim), auch Altarbilder und Porträts. K. ging von der italien. Barockmalerei aus, schloss sich dem bayer. Rokoko an und gelangte schließlich zum Klassizismus.

Knopf [urspr. »Knoten«, »Knauf«], Kleidungsverschluss, auch Zierbesatz aus unterschiedl. Material; bereits aus der Jungsteinzeit bekannt, wahrscheinlich Schmuckfunktion; in der Antike nicht gebräuchlich, jedoch in der bronzezeitl. Männerkleidung. Im europ. MA. taucht er infolge der enger werdenden Kleidung im 14. Jh. auf und wurde zeitweise mod. Attribut.

Knopfkraut (Franzosenkraut, Galinsoga), Gattung der Korbblütler in Amerika. Nach Mitteleuropa wurden im 19. Jh. zwei Arten eingeschleppt, darunter das **Kleinblütige Knopfkraut** (Galinsoga parviflora) mit zahlr., etwa 5 mm großen, vier- bis sechsstrahligen Köpfchen mit gelben Röhrenblüten und weißen Zungenblüten; Acker- und Gartenunkraut.

Knopfzelle, *Elektrotechnik:* eine Batterie mit runder, flacher Bauform und Zellspannungen zw. 1,35 und 3,6 V, Stromquelle z. B. für Digitaluhren, Taschenrechner, Hörgeräte (z. T. wieder aufladbar). Nach dem Elektrodenmaterial unterscheidet man u. a. Silberoxid-, Quecksilberoxid- und Lithiumzelle.

Knorpel, festes, druckelast., biegsames Stützgewebe der Wirbeltiere und des Menschen, das aus K.-Zellen (Chondrozyten) und K.-Grundsubstanz mit eingelagerten Bindegewebefasern besteht und von K.-Haut (Perichondrium) umgeben ist. Nach dem Fasergehalt und der Zusammensetzung der K.-Grundsubstanz werden drei K.-Arten unterschieden: **hyaline K.** (Wasser- oder Glas-K.), die sich z. B. in Gelenken finden, **elast. K.** (Netz-K.), die z. B. in der Ohrmuschel vorkommen, und **Faser-K.** (Bindegewebe-K.), die z. B. Bestandteil von Bandscheiben sind.

Knorpelfische (Chondrichthyes), Klasse der Wirbeltiere; Fische mit knorpeligem Skelett (im Ggs. zu den Knochenfischen); gegliedert in die Unterklassen Elasmobranchii (z. B. Haie und Rochen) und Holocephali (Seedrachen).

Knorpelgano|iden (Chondrostei), Überordnung der Strahlenflosser mit z. T. knorpeligem Skelett, Schuppen mit Ganoinüberzug; eine Ordnung: Störe.

Knorpelkirsche, Süßkirsche mit festem Fruchtfleisch.

Knorpelwerk, Ornamentform des 17. Jh., ohrmuschelförmige, sich knorpelartig verdickende Gebilde, oft mit Masken.

Knospe, 1) *Botanik:* Bez. für die noch nicht voll entwickelte Sprossspitze höherer Pflanzen. Je nach Art der aus der K. hervorgehenden Organe werden Laub-, Blüten- und gemischte K. unterschieden. Am Ende des Hauptsprosses befindet sich die **End-** oder **Gipfel-K.,** die bei einigen Pflanzen enorme Größe erreichen kann (z. B. Köpfe von Weiß-, Rot- und Wirsingkohl). In den Achseln von Laubblättern bilden sich **Achsel-K.** (Seiten-K.), von denen die Verzweigung des Sprosssystems ausgeht. K. treiben entweder im Jahr der Bildung als **Bereicherungs-K.** oder im folgenden Jahr als **Erneuerungs-K.** (Winter-K.) aus. Manche K. können als »schlafende Augen« ruhen.

2) *Zoologie:* ↗Knospung.

Knospung (Sprossung), Form der ungeschlechtl. Fortpflanzung bei verschiedenen niederen Lebewesen, u. a. bei Algen, Pilzen, vielen Schwämmen und Moostierchen. Dabei werden Zellkomplexe als Körperauswüchse (Knospen) mehr oder weniger weitgehend abgeschnürt (Tochterindividuen). Verbleiben diese am Mutterorganismus, so entstehen Kolonien oder Tierstöcke.

Knossos, Stadt des minoischen Kreta, 5 km südöstlich des heutigen Heraklion; nach grch. Mythos die Stätte des von Daidalos erbauten Labyrinths; Herrschersitz des Königs Minos und Schauplatz der Sage von Theseus und Ariadne. Bed. Fundstätte (Besiedlung seit dem Neolithikum, bis zu 7 m hohe Kulturschichten). Um 2000 v. Chr. wurde hier der bedeutendste der minoischen Paläste Kretas errichtet; durch ein Erdbeben um 1700 v. Chr. zerstört. Bald darauf wurde auf dem alten Grundriss der jüngere Palast erbaut, um 1375 v. Chr. abermals zerstört; ab 1900 von A. Evans freigelegt und z. T. rekonstruiert. Fresken schildern das tägl. Leben (Originale im Archäolog. Museum von Heraklion; hier auch die Schrifttafeln mit Abrechnungen in der Linear-B-Schrift).

Knötchenflechte, eine Hautkrankheit, ↗Lichen.

Knoten, 1) *allgemein:* festgezogene Verschlingung von Fäden, Schnüren, Tauen u. a.; die speziellen in der Schifffahrt verwendeten K. werden als **Seemanns-K., Schiffer-K.** oder **Steks** bezeichnet. Bei Knüpfteppichen unterscheidet man den türk. Ghordes- (Gördes-) vom pers. Sennehknoten.

2) *Astronomie:* die beiden Schnittpunkte der Bahn eines Himmelskörpers mit einer anderen Ebene, bes. der Ekliptik (**aufsteigender K.** in nördl., **absteigender K.** in südl. Richtung). Die Länge des aufsteigenden K. ist eines der sechs Bahnelemente (↗ Bahn). Die Knoten der Mondbahn heißen **Drachenpunkte**, Drachenkopf der aufsteigende, Drachenschwanz der absteigende Knoten.

3) *Bautechnik:* Zusammenlaufstelle einzelner Stäbe bei Fachwerkkonstruktionen.

4) *Botanik:* Verdickung des Stängels am Blattansatz.

5) *Mathematik:* einfache (doppelpunktfreie) geschlossene Kurve im dreidimensionalen Anschauungsraum, Gegenstand der **K.-Theorie.** Zwei solche Kurven gelten als äquivalent, wenn es eine zerschneidungs- und durchdringungsfreie Transformation gibt, die die eine dieser Kurven in die andere überführt. K. kann man sich durch geschlossene dünne elast. Schnüre realisieren vorstellen. – Im abstrakteren Sinn sind K. Einbettungen niedrigdimensionaler topolog. Räume in höherdimensionale und werden ähnlich wie die einfachen K. in versch. Typen klassifiziert.

6) *Medizin:* krankhafte, bei oberflächl. Lage tastbare Gewebeverdickung von fester, auch harter Beschaffenheit unterschiedl. Ursache, z. B. als Gicht-K., Geschwulst-K. (Tumor).

7) *Metrologie:* Einheitenzeichen **kn**, Einheit für die Fahrtgeschwindigkeit eines Schiffes; 1 kn = 1 Seemeile je Stunde = 1,852 km je Stunde.

8) *Physik:* bei stehenden ↗ Wellen diejenigen Orte, an denen die Schwingungsamplitude gleich null ist.

Knotenblume (Leucojum), Gattung der Amaryllisgewächse in Europa und Vorderasien; Zwiebelpflanzen mit schmalen, grundständigen Blättern und weitglockigen Blüten. Die **Frühlings-K.** (**Märzenbecher**, Leucojum vernum) hat weiße Blüten mit gelblich grünen Malen am Blütensaum, wächst in feuchten Wäldern und auf Bergwiesen und ist geschützt; auch Gartenzierpflanze.

Knotenschiefer, ↗ Kontaktschiefer.

Knotenschnur, ↗ Quipu.

Knotentheorie, *Mathematik:* math. Theorie, die sich insbes. mit der Typisierung von ↗ Knoten befasst. Dabei gelten äquivalente Knoten als typgleich.

Knöterich (Polygonum), Gattung der zweikeimblättrigen Pflanzenfamilie K.-Gewächse (Polygonaceae) mit rd. 150 weltweit verbreiteten Arten: u. a. **Vogel-K.** (Polygonum aviculare), mit kleinen grünl. Blüten mit weißem oder rötl. Rand, sowie **Wiesen-K.** (**Schlangen-K.,** Polygonum bistorta), 30–100 cm hoch, mit rötl. Blüten; auf Feuchtwiesen und in Auwäldern. Eine beliebte Zierpflanze zum Begrünen von Mauern, Zäunen u. a. ist der aus W-China stammende, schnell wachsende **Schling-K.** (Polygonum aubertii, Fallopia aubertii) mit weißen Blütenrispen.

Knotten|erz, in Buntsandstein eingesprengter Bleiglanz u. a. Erzminerale in Form erbsengroßer, knötchenförmiger »Knotten«; u. a. in der Eifel und in Schweden.

Know-how [nəʊ'haʊ; engl. »wissen, wie«] *das,* das Wissen, wie man eine Sache praktisch verwirklicht oder anwendet.

Knowles [nəʊlz], William S., amerikan. Chemiker, * 1917; promovierte 1942 an der Columbia University, war danach bis 1986 bei der Monsanto Company beschäftigt. K. erhielt für die Entwicklung der katalyt. asymmetrischen Synthese organ. Verbindungen, speziell für seine Arbeiten über chiral katalysierende Hydrierungsreaktionen, 2001 mit R. Noyori und K. B. Sharpless den Nobelpreis für Chemie.

Knox [nɔks], John, schott. Reformator, * Giffordgate (heute zu Haddington) 1513 (?), † Edinburgh 24. 11. 1572; wirkte seit 1546 als Prediger für die Reformation in Schottland, musste 1554 (Regierungsantritt Marias I., der Katholischen) aus England fliehen; seit 1556 in Genf (enger Kontakt mit Calvin) Pfarrer der engl. Auslandsgemeinde; kehrte 1559 nach Schottland zurück und kämpfte dort zus. mit dem prot. Adel für die Reformation.

Knoxville ['nɔksvɪl], Stadt in Tennessee, USA, am Tennessee River, 169 500 Ew.; Univ. (seit 1794), Sitz der ↗ Tennessee Valley Authority; Maschinenbau, chem., Bekleidungs- und Marmorind., Tabakmarkt. – Gegr. 1786; 1796–1812 und 1817–19 Hptst. von Tennessee.

Knüll *der,* Basalt- und Buntsandsteingebirge im Hess. Bergland, im Eisenberg 636 m ü. M., im Knüllköpfchen 634 m ü. M.

Knüpfen, eine der ältesten Handarbeitstechniken (seit etwa 3000 v. Chr.), bei der Fäden durch Verschlingungen und Knoten miteinander verbunden werden; dient zur Herstellung von Netzen, Spitzen und Fransen. – K. ist auch der wesentl. Arbeitsgang bei der Herstellung von geknüpften ↗ Teppichen.

Knurrhähne (Seehähne, Triglidae), Familie der Knochenfische (Ordnung: Panzerwangen); der Kopf besteht aus einem festen Knochenpanzer, oft mit Stacheln besetzt. Die unteren Strahlen der flügelartigen, bunten Brustflossen werden fingerartig bewegt und dienen zum Laufen auf dem Meeresboden. Viele Arten können mithilfe der Schwimmblase knurrende Töne erzeugen. An der europ. Atlantikküste kommen bes. der bis 50 cm lange **Graue K.** oder **Gurnard** (Eutrigla gurnardus) und der etwas längere **Rote K.** (Trigla lucerna) vor.

Knut, Herrscher:

Dänemark: **1) K. der Große,** König (1018 bis 1035), * um 995, † Shaftesbury (Cty. Dorset) 12. 11. 1035; schuf ein skandinav. Großreich (König von England 1016–35, von Norwegen 1028–35), das nach seinem Tod wieder zerfiel. Kaiser Konrad II. trat ihm die Mark Schleswig ab.

2) K. IV., der Heilige, König (1080–86), * um 1040, † (ermordet) Odense 10. 7. 1086; wurde 1101 heilig gesprochen (Tag: 10. 7.; zus. mit Olaf), Schutzheiliger Dänemarks.

3) K. VI., König (1182–1202), * 1163, † 12. 11. 1202; Sohn Waldemars I., gewann bis 1187 Pommern (»König der Wenden«) und Mecklenburg, 1201 Holstein; entzog sich der dt. Lehnshoheit.

Knuth, Gustav, Schauspieler, * Braunschweig 7. 7. 1901, † Zollikon (Kt. Zürich) 1. 2. 1987; wirkte als Charakterdarsteller in Basel, Hamburg und Berlin; ab 1949 in Zürich; gestaltete auch Film- und Fernsehrollen.

Knüttelvers, ↗ Knittelvers.

KO, Abk. für **K**onkurs**o**rdnung, ↗ Konkurs.

K. o., Abk. für ↗ Knock-out.

Koadjutor [lat. »Mitgehilfe«] *der,* kath. Kirchenrecht: vom Papst mit besonderen Vollmachten ausgestatteter, dem Diözesanbischof zugeordneter Titularbischof mit dem Recht der Nachfolge.

Koagulation [lat. »das Gerinnen«] *die,* das Ausfällen (Ausflocken) kolloidaler Stoffe aus ihrer Lösung durch chem., physikal. oder therm. Einflüsse,

Knollenblätterpilz: Frühlingsknollenblätterpilz (oben) und Spitzhütiger Knollenblätterpilz

Knotenblume: Frühlingsknotenblume (Höhe 5–25 cm)

Gustav Knuth

z. B. der Übergang von Eiweiß aus dem lösl. in den unlösl. Zustand bei Temperaturänderungen, beim Schütteln, bei Zusatz von Fremdstoffen, insbesondere von Ionen, u. a. Einwirkungen. Der ausgeflockte Stoff wird **Koagulat** genannt.

Koala [austral.] *der* (Beutelbär, Phascolarctos cinereus), Kletterbeutler in den Eukalyptuswäldern O-Australiens; mit rd. 60–80 cm Körperlänge und 16 kg Höchstgewicht größte Kletterbeutlerart; Kopf rundlich mit kurzer Schnauze und großen, runden Ohren; besitzt ein silbergraues, wolliges Fell sowie eine mit spitzen Krallen versehene Greifhand; nachtaktiver Baumbewohner; lebt nur von bestimmten Eukalyptusblättern; trinkt nie Wasser. Der K. steht unter strengem Schutz.

Koala

Koaleszenz [spätlat.] *die*, das Zusammenfließen der Tröpfchen einer ↗ Emulsion zu einer kompakten Flüssigkeitsphase.

Koalition [engl.-frz., zu lat. coalescere »zusammenwachsen«] *die*, ein zweckgerichtetes Bündnis unabhängiger Partner; erfolgt v. a. zw. Staaten (bes. zu gemeinsamer Kriegführung) und in parlamentar. Demokratien zw. selbstständigen Parteien zur Bildung einer gemeinsamen Reg. (**K.-Regierung**). Man unterscheidet die **Allparteien-K.**, die **große K.** (meist von den beiden stärksten parlamentar. Gruppen gebildet, daher mit großer Mehrheit im Parlament) und die **kleine K.** (mit relativ geringer Mehrheit im Parlament). – Auch in der Wirtschaft können Angehörige einer bestimmten Berufsgruppe eine K. bilden (↗ Koalitionsfreiheit).

Koalitionsfreiheit, das Grundrecht, zur Wahrung und Förderung der Arbeits- und Wirtschaftsbedingungen Vereinigungen (bes. der Arbeitnehmer und Arbeitgeber, v. a. Gewerkschaften und Arbeitgeberverbände) zu bilden (Art. 9 Abs. 3 GG). Dazu gehört sowohl das Recht, Koalitionen zu gründen, den bestehenden beizutreten und sich in ihnen zu betätigen, sowie das Recht der Koalition selbst auf Bestand und Betätigung (**positive K.**) als auch das Recht, einer bestimmten Koalition nicht oder überhaupt keiner Koalition beizutreten (**negative K.**). Ein wesentl. Bestandteil der K. ist das Recht, Tarifverträge abzuschließen und Arbeitskämpfe zu führen. – Die K. ist in *Österreich* durch Art. 12 Staatsgrundgesetz von 1867, in der *Schweiz* durch Art. 23 Bundes-Verf. gewährleistet.

Koalitionskrieg, Bez. für Kriege wechselnder europ. Verbündeter von 1792 und 1807 gegen das revolutionäre und napoleon. Frankreich (↗ Französische Revolutionskriege, ↗ Napoleonische Kriege).

Koaxial|leitung (Koaxialkabel), elektr. Doppelleitung, bestehend aus einem zylindr. Innenleiter, der von einem verlustarmen Dielektrikum umgeben ist und von einem rohrartigen Außenleiter (meist Kupfer- oder Aluminiumdrahtgeflecht) koaxial (d. h. mit gleicher Achse) eingeschlossen wird. Die übertragenen elektromagnet. Wellen werden im Dielektrikum geführt und durch den Außenleiter begrenzt. K. eignen sich als **Breitbandkabel** zur Übertragung breiter Frequenzbänder (z. B. in UKW- und Fernsehantennen).

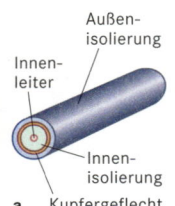

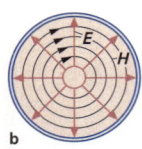

Koaxialleitung: (a) Aufbau und (b) Feldlinienverteilung im Inneren der Koaxialleitung (*E* elektrisches Feld, *H* magnetisches Feld)

Außenisolierung
Innenleiter
Innenisolierung
a Kupfergeflecht

Kobalt [eigtl. »vom Kobold verzaubertes Erz«] (fachsprachlich Cobalt) *das*, chem. Symbol **Co**, stahlgraues, ferromagnet., metall. Element aus der 8. Nebengruppe des Periodensystems, Ordnungszahl 27, relative Atommasse 58,9332, Dichte (bei 20°C) 8,9 g/cm^3, Schmelzpunkt 1495°C, Siedepunkt 2927°C. K. hat nur ein einziges stabiles Isotop (^{59}Co), alle anderen Isotope sind radioaktiv mit Halbwertszeiten zw. 0,3 Sekunden und 5,2 Jahren.

K. ist härter und fester als Stahl und sehr zäh. Im chem. Verhalten dem Eisen und Nickel ähnlich, an der Luft beständig, wird es von oxidierend wirkenden Säuren gelöst. K. kommt stets als Begleiter des Nickels vor, ist aber etwa viermal weniger häufig als dieses (Gehalt der Erdkruste 0,001 %). In Eisenmeteoriten ist K. stark angereichert (0,6 %). Gediegenes K. kommt in der Natur nicht vor. Es findet sich in Erzen, bes. in Speis-K., K.-Glanz, K.-Nickel-Kiesen, Linneit, K.-Blüte. Wichtige Erzlagerstätten liegen v. a. in der Demokrat. Rep. Kongo, in Sambia, Kanada, Marokko, Australien und den USA.

Technisch gewonnen wird K. durch Reduktion der beim Rösten der Minerale gewonnenen K.-Oxide mit Koks. Insgesamt umfasst die Gewinnung des K. alle auch in der Metallurgie des Nickels angewandten Methoden. Über 80 % der K.-Erzeugung dienen der Herstellung von Werkzeugstählen, korrosionsbeständigen Legierungen und Dauermagneten. Kobalthaltiges **Wolframcarbid (WC)** ist ein äußerst harter Sinterwerkstoff. **Smalte (Schmalte),** ein K.-Pigment, wird zum Blaufärben von Glasflüssen in der keram. und Glasind. verwendet. Das K.-Isotop 60 ist ein starker Gammastrahler, der für Bestrahlungen in Medizin und Technik (Materialprüfung) eingesetzt wird.

Verbindungen: K. tritt in seinen Verbindungen v. a. zwei- und dreiwertig auf. **K.(II)-Oxid,** CoO, ein olivgrünes Pulver, entsteht durch Glühen von **K.(II)-Hydroxid,** Co(OH)$_2$, oder **K.(II)-Carbonat,** CoCO$_3$, unter Luftabschluss. In feuchtem Zustand oxidiert es zu braunem **K.(III)-Hydroxid,** CoO(OH), beim Glühen unter Luftzutritt entsteht blauschwarzes **K.(II, III)-Oxid,** Co$_3$O$_4$. Das aus K.(II)-Oxid und Aluminiumoxid, Al$_2$O$_3$, beim Glühen sich bildende tiefblaue Doppeloxid CoO·Al$_2$O$_3$ ist als Malerfarbe **Thenards Blau,** das Doppeloxid mit Zinkoxid, ZnO·Co$_2$O$_3$, als **Rinmanns Grün** bekannt. K.-Oxide lösen sich mit tiefblauer Farbe (»Kobaltblau«) in Schmelzen von Phosphaten, Boraten und Silikaten auf, worauf Nachweis und vielfältige Anwendungen beruhen (K.-Glas, K.-Glasuren). Außerdem gibt es eine ganze Reihe anderer K.-Pigmente. – In Komplexverbindungen ist das dreiwertige K. sehr stabil. Es weist darin stets die Koordinationszahl 6 auf. Neben Ammoniak, NH$_3$, sind Hauptliganden die Halogenidionen, ferner CN$^-$, NO$_2^-$ und Wasser. Auf diese Weise ist eine Vielzahl von Komplexverbindungen möglich (allein mit Ammoniak etwa 2000 **K.-Ammine** oder **Kobaltiake**). Viele davon tragen Namen, die ihre Farbe angeben, z. B. **Purpureosalze, Roseosalze.** Eine organ. K.-Verbindung ist das Vitamin B$_{12}$.

Kobalt|arsenkiese, Minerale, kobalthaltige Arsenkiese; Abarten: **Danait** mit 6–12 % Kobalt und **Glaukodot** mit über 46 % Kobalt (statt Eisen); wichtige Kobalterze.

Kobaltblüte (Erythrin), karmesin- bis pfirsichrotes, durchscheinendes monoklines Mineral, $Co_3[AsO_4]_2 \cdot 8H_2O$, Verwitterungserz, das Kobaltgänge anzeigt.

Kobaltglanz (Cobaltin, Cobaltit, Glanzkobalt), silberweißes bis graues, metallisch glänzendes kub. Mineral, CoAsS, kontaktpneumatolytisch oder hydrothermal entstanden, wichtiges Kobalterz (bis 35 % Co).

Kobaltnickelkiese, Gruppe meist hydrothermal gebildeter Sulfidminerale der allgemeinen chem. Formel $M^{II}M_2^{III}S_4$ (M = Ni, Co, Fe, Cu), z. B. ↗ Linneit.

Kobankultur [nach dem Dorf Koban bei Wladikawkas in Nordossetien, Russ. Föderation], spätbronze- bis früheisenzeitl. Kulturgruppe des mittleren Kaukasus (11.–4. Jh. v. Chr.); typisch sind Bestattungen in Steinkisten und Flachgräbern, darin oft als Beigaben verzierte bronzene Streitäxte, Fibeln u. a.; starke vorderasiat. Einflüsse.

Kobayashi [-ʃi], **1)** Hideo, japan. Essayist und Literaturkritiker, * Tokio 11. 4. 1902, † ebd. 5. 10. 1978; gilt als Begründer der modernen Literatur- und Kulturkritik in Japan.

2) Masaki, japan. Filmregisseur, * Otaru auf Hokkaidō 14. 2. 1916, † Tokio 5. 10. 1996; bekannt durch seine Trilogie über den Zweiten Weltkrieg »Barfuß durch die Hölle«, »Die Straße zur Ewigkeit«, »Und dann kam das Ende« (1959–61). Bed. Samuraifilme sind »Harakiri« (1962) und »Rebellion« (1967); außerdem »Kaseki« (1973), »Der Prozeß von Tokio« (1984), »Haus ohne Tisch« (1985).

Kōbe, Hptst. der Präfektur Hyōgo auf Honshū, Japan, 1,49 Mio. Ew.; zwei Univ. u. a. Hochschulen, Museen; zweitgrößter Seehafen Japans (Hafengemeinschaft Hanshin zus. mit Ōsaka) und bed. Handels- und Ind.zentrum (Industriegelände z. T. auf dem Meer abgewonnenem Neuland [u. a. Port Island, 436 ha, mit Sport- und Kongresszentrum sowie Ausstellungsgelände]): Eisen- und Stahlind., Schiff-, Maschinenbau, Herstellung von Gummiwaren, Metallerzeugnissen, Textilien, Nahrungsmitteln, Getränken (Sake); U-Bahn. Schwere Zerstörungen durch Erdbeben 1995. – Mehrere buddhist. Tempel und Schreine aus dem 3.(?), 8., 9. und 14. Jh.; moderne Bauten: u. a. Rathaus (1957), der 108 m hohe Port Tower (1963; mit Schifffahrtsmuseum) und die Terrassensiedlungen Rokkō I und II (1980–86) von Andō Tadao. – Bis zur Öffnung Japans 1867 Fischerdorf, dann Ausländerwohnbezirk, Ende des 19. Jh. mit dem alten Handelszentrum Hyōgo zusammengelegt.

Kobell, 1) Ferdinand, Maler und Radierer, * Mannheim 7. 6. 1740, † München 1. 2. 1799, Vater von 2); folgte in seinen Landschaftsbildern zunächst holländ. Meistern und C. Lorrain und wurde nach 1780, bes. mit seinen Aschaffenburger Veduten, zum Wegbereiter der realist. Landschaftsmalerei des 19. Jahrhunderts.

2) Wilhelm von (seit 1817), Maler und Radierer, * Mannheim 6. 4. 1766, † München 15. 7. 1855 (1853?), Sohn von 1); Vertreter des Biedermeier in München, dort 1792 Hofmaler, 1814 Prof. an der Akademie, malte nach seinen von holländ. Vorbildern bestimmten Frühwerk realist. Landschaften, für die sorgfältig behandelte Vordergründe mit Staffage und atmosphär., weiträumige Hintergründe charakteristisch sind.

Koberger, Anton, Buchdrucker, Verleger und Buchhändler, * Nürnberg um 1440, † 3. 10. 1513; seine Firma war eine der bedeutendsten des 15. Jh. (bis 1533); ihr Vertrieb erfasste große Teile Europas. Bekannteste Druckwerke sind die dt. Bibel mit Holz-

Kōbe: Blick auf die Stadt zwischen dem Rokkogebirge und der Ōsakabucht der Inlandsee

schnitten (1483) und die Schedelsche Weltchronik in lat. und dt. Ausgabe (1493).

Koberling, Bernd, Maler, * Berlin 4. 11. 1938; seit 1988 Prof. in Berlin; in stimmungsvollen nord. Landschaften, die z. T. Darstellungen von Tieren und menschl. Figuren einbeziehen, verbindet er einen dynamisch-expressiven Malgestus mit ruhiger Flächenmalerei.

Koblenz, 1) bis 1999 RegBez. in Rheinl.-Pf., 8 072 km², 1,524 Mio. Ew.; umfasste die kreisfreie Stadt K. und die Landkreise Ahrweiler, Altenkirchen (Westerwald), Bad Kreuznach, Birkenfeld, Cochem-Zell, Mayen-K., Neuwied, Rhein-Hunsrück-Kr., Rhein-Lahn-Kr., Westerwaldkreis.

2) kreisfreie Stadt, Sitz des Landkreises Mayen-K., Rheinl.-Pf., an der Mündung der Mosel in den Rhein (Deutsches Eck), 107 700 Ew.; Bundesarchiv, Bundesamt für Wehrtechnik und Beschaffung, Bundesanstalt für Gewässerkunde, Verf.gerichtshof Rheinl.-Pf.; Landeshauptarchiv, Oberlandesgericht, Oberverwaltungsgericht Rheinl.-Pf.; Univ. K.-Landau, FH, Verw.- und Wirtschaftsakademie; Landes-, Rhein-, Mittelrhein-, Ludwig-Museum. – Ind.: Bremsenherstellung, Aluminiumwerke, Brauerei, Druckerei, Sekt-, Weinkellereien, Stoßdämpfer-, Dosen-, Waschmittelherstellung u. a.; Verkehrsknoten mit Rhein- und Moselhafen; Fremdenverkehr. – Bauwerke: Stiftskirche St. Kastor (Gründungsbau 836 geweiht, hochroman. Neubau, 1208 geweiht, spätgot. Einwölbung 1496–99); St. Florin (um 1100, got. Chor um 1350); Ballei der Deutschordensritter (1216 gegr.); Liebfrauenkirche (12./13. Jh., Chor und Einwölbung 1404 ff.); Jesuitenkirche (1613–17, nur Giebelfassade erhalten); Rathaus (16./17. Jh., urspr. Jesuitenkolleg); frühklassizist. Schloss (1777–91); Theater (1786/87); ↗ Deutsches Eck mit Mahnmal für die dt. Einheit. Gegenüber der Moselmündung die Festung ↗ Ehrenbreitstein; unterhalb der Festung das Dikasterialgebäude (1739–48 von B. Neumann und J. Seitz). Im Vorort Güls die alte Servatiuskirche, heute Klosterkirche (Anfang 13. Jh.). Bei K. Schloss ↗ Stolzenfels. – 9 v. Chr. als röm. Kastell am Zusammenfluss von Mosel und Rhein (**Confluentes**) gegr.; fiel 1018 an die Erzbischöfe von Trier (seit Mitte des

Koblenz 2) Stadtwappen

15. Jh. Residenz); 1794 bis 1813/14 zum frz. Rhein-Mosel-Dep.; 1815–1946 preußisch (seit 1822 Hptst. der Rheinprov.; stärkste Rheinfestung); 1946–50 Landeshptst. von Rheinland-Pfalz.

Koblenz, Babette, Komponistin, * Hamburg 22. 8. 1956; studierte an der Hamburger Musikhochschule u. a. bei G. Ligeti. Wesentlich für ihr kompositor. Schaffen ist die Suche nach neuen Formen des Musiktheaters sowie nach neuen Möglichkeiten musikal. Zeiteinteilung (»flexible beats«). – *Werke: Musiktheater:* Hexenskat (1984, mag. Oper); Alla testa (1985, Hologramm-Lichttheater); Altdorfer auf Atlantis (1985, mag. Oper); Ikarus (1990, Figurentheater, mit H.-C. von Dadelsen); Recherche über die Substanz der Zeit (1999; Musiktheater). – *Orchesterwerke:* Radar (1988, für Klavier und Orchester); Al fondo negro (1993). – *Kammermusik:* Streichtrio (1988); Schofar (1989, für acht Instrumente); Bläserquintett (1990); Le monde (1992, Klaviertrio); Streichquartett (1999). – *Vokalmusik:* Messe française (1991, für Chor und Orchester).

Kobold [»Walter des Hauses«], im dt. *Volksglauben* (auch tück.) Geist im Haus- und Hofbereich; zwergenhaft klein, bringt Wohlstand, spielt Schabernack.

Koboldmakis (Gespenstaffen, Gespensttiere, Tarsiidae), Familie bis 18 cm großer, langschwänziger Halbaffen mit drei Arten in den Wäldern der Sundainseln und Philippinen; nachtaktive Tiere mit außergewöhnlich großen Augen und unabhängig voneinander bewegl. Ohren. Finger- und Zehenenden sind scheibenförmig verbreitert. K. ernähren sich von Insekten u. a. Kleintieren.

Kobras (Hutschlangen, Schildottern, Naja), Gattung südasiat. und afrikan. Giftnattern. Einige Arten richten den Vorderkörper senkrecht auf und flachen den Nacken durch Spreizen der Halsrippen scheibenförmig ab (Hut); bei der bis 1,8 m langen **Brillenschlange** (Naja naja) tritt dabei zw. den Schuppen eine brillenähnl. Zeichnung hervor. Die **Speikobra** (Naja nigricollis) spritzt zur Verteidigung dem Gegner bis 3 m weit ihr Gift entgegen. – Durch eigene Bewegungen reizen Flöten blasende »Schlangenbeschwörer« die Tiere zum Pendeln des Oberkörpers; auf die Töne können die Schlangen infolge ihrer Taubheit nicht reagieren.

Kocaeli [-dʒ-], Stadt in der Türkei, /İzmit.

Kočevje [kɔˈtʃɛ:vjɛ] (dt. Gottschee), Stadt in Slowenien, im S der Krain, 8 900 Ew.; Holzind. – Bis 1941 Mittelpunkt der dt. Sprachinsel Gottschee.

Koch, 1) Joseph Anton, österr. Maler, * Obergiblen (heute zu Elbigenalp, Tirol) 27. 7. 1768, † Rom 12. 1. 1839; lebte seit 1795 in Rom, wo er sich v. a. A. J. Carstens anschloss; ab 1803 konzentrierte er sich auf die Ölmalerei und malte unter dem Einfluss der Werke N. Poussins und C. Lorrains Landschaften, die er mit architekton. Strenge aufbaute und mit Staffage versah. Nach einem Aufenthalt in Wien (1812–15) wurde K. zum Mittelpunkt der Deutschrömer. Den Höhepunkt seiner langjährigen Beschäftigung mit der Dichtung Dante Alighieris bilden die 1824–29 ausgeführten Fresken im Casino Massimo in Rom.

2) Robert, Bakteriologe, * Clausthal (heute Clausthal-Zellerfeld) 11. 12. 1843, † Baden-Baden 27. 5. 1910; Mitbegründer der modernen experimentellen Bakteriologie; mit der Entdeckung der Milzbrandsporen und der Klärung der Ursache des Milzbrandes (1876) wies K. erstmals einen lebenden Mikroorganismus als Erreger einer Infektionskrankheit nach. 1882 entdeckte er den Tuberkelbazillus, 1883 den Erreger der Cholera; 1905 Nobelpreis für Physiologie oder Medizin.

3) Roland, Politiker, * Frankfurt am Main 24. 3. 1958; Anwalt; in Hessen ab 1987 MdL, 1993–99 Fraktionsvors. sowie 1998–99 Landesvors. der CDU, ab 7. 4. 1999 MinPräs. (zunächst einer CDU-FDP-Koalition, ab 2003 in absoluter Mehrheit).

4) Rudolf, Schriftkünstler, Grafiker, Kunsthandwerker, * Nürnberg 20. 11. 1876, † Offenbach am Main 9. 4. 1934; arbeitete seit 1906 für die Schriftgießerei Gebrüder /Klingspor, 1911–24 gab er mit Rudolf Gerstung die »Rudolfin. Drucke« (z. T. mit Holzschnitten, nach Art der Blockbücher) heraus. K. entwarf rd. 30 Druckschriften.

Kochab *der,* Stern 2. Größe, der Stern β im Sternbild Kleiner Bär (/Bär).

Kochanowski, Jan, poln. Dichter, * Sycyna (bei Radom) 1530, † Lublin 22. 8. 1584; bedeutendster Dichter der poln. Renaissance; seine an humanist. Traditionen orientierte Lyrik schöpfte erstmals die künstler. Möglichkeiten der poln. Sprache aus. – *Werke:* »Die Abfertigung der grch. Gesandten« (1578, Tragödie), Nachdichtung der Psalmen (1579), Klagelieder auf den Tod seiner Tochter (1580).

Kobras: Brillenschlange

Kochel a. See, Gem. und Luftkurort im Landkreis Bad Tölz-Wolfratshausen, Oberbayern, am Kochelsee, 605 m ü. M., 4 100 Ew.; Franz-Marc-Museum; Walchenseekraftwerk, Keramikmaschinenbau; Bade- und Freizeitzentrum. Der **Kochelsee** ist 5,9 km² groß, 599 m ü. M., bis 66 m tief.

Köchelverzeichnis, Abk. **KV,** 1862 von dem Österreicher Ludwig Ritter von Köchel (* 1800, † 1877) herausgegebenes »Chronologisch-themat. Verzeichnis sämtl. Tonwerke W. A. Mozarts«.

Kochen (Sieden), Erhitzen bis zum Siedepunkt; speziell das Garen von Lebensmitteln in siedendem Wasser, um sie leichter verdaulich und wohlschmeckender zu machen. I. w. S. wird unter K. jedes Zubereiten von Lebensmitteln durch Erhitzen verstanden, also auch Braten, Schmoren, Grillen, Dünsten und Dämpfen. Beim Erhitzen werden u. a. Zellgewebe aufgeschlossen, Geschmacksstoffe gebildet, Mineralstoffe und Zucker ausgelaugt, Eiweiß ausgefällt und Stärke verkleistert, Vitamine z. T. zerstört, Mikroorganismen z. T. abgetötet. – Die **Kochkunst** umfasst neben der Wahl des geeigneten Garverfahrens auch die Zusammenstellung harmonierender Lebensmittel, die Auswahl und Dosierung von Gewürzen und anderen geschmacksverbessernden Zutaten sowie das appetitanregende Anrichten und die wirtsch. Verarbeitung. **Kochbücher** gab es bereits im antiken Griechenland sowie in Rom. Das älteste gedruckte dt. Kochbuch wurde 1485 in Nürnberg veröffentlicht.

Kocher *der,* rechter Nebenfluss des Neckars, 180 km lang, entspringt in der Schwäb. Alb, mündet bei Bad Friedrichshall.

Kocher, Emil Theodor, schweizer. Chirurg, * Bern 25. 8. 1841, † ebd. 27. 7. 1917; beschäftigte sich

Robert Koch

Emil Theodor Kocher

v. a. mit der operativen Behandlung des Kropfes und gilt als einer der Begründer der Bauchchirurgie. 1909 erhielt er für seine Verdienste um die Schilddrüsenforschung den Nobelpreis für Physiologie oder Medizin.

Köcherblümchen, die Gattung / Cuphea.

Köcherfliegen Trichoptera), Ordnung 0,3–6 cm langer, mottenähnl. Insekten mit meist dachförmig gelegten Flügeln. Die raupenförmige Larve **(Sprock, Köcherlarve, Kärder)** lebt in Gewässern, meist in einem köcherförmigen Gehäuse. Bekannte einheim. Familien sind: **Frühlingsfliegen** (Phryganeidae) und **Wassermotten** (Hydropsychidae).

Koch-Gotha, Fritz, Maler und Illustrator, * Eberstädt (heute zu Sonneborn, Landkreis Gotha) 5. 1. 1877, † Rostock 16. 6. 1956; zeichnete seit 1904 v. a. für die »Berliner Illustrirte Zeitung« Blätter von treffend charakterisierendem Spott über Großstadttypen und Großstadtleben, auch Buchillustrationen.

Kochi [ˈkəʊtʃɪ], Stadt in Indien, / Cochin.

Kōchi [-tʃi], Hptst. der Präfektur K. auf Shikoku, Japan, 322 000 Ew.; Papier-, Zement-, Seidenindustrie. – Chikurinjitempel (724). – Ehem. Burgstadt, 1603 erbaut (Turmbau 1753 wieder errichtet).

Koç Holding S. A. [kotʃ ˈhəʊldɪŋ -], türk. Handels- und Finanzgruppe; Sitz: Istanbul, gegr. 1926 von Vehbi Koç (* 1901, † 1996). Zur Gruppe gehören rd. 100 Unternehmen, die in den Bereichen Kfz, Energie, Nahrungsmittel, Einzel- und Außenhandel, Finanzdienstleistungen und Tourismus tätig sind.

Kochsalz, Bez. für handelsübl., aus natürl. Vorkommen gewonnenes, mehr oder weniger reines Natriumchlorid, NaCl; es ist meist bis zu 3 % mit anderen Salzen (Magnesium- und Calciumchlorid, Sulfate des Magnesiums, Calciums und Natriums) gemischt, von denen Magnesiumchlorid das Feuchtwerden des K. bewirkt (reines NaCl ist nicht hygroskopisch); außerdem enthält es versch. Spurenelemente. Verschiedentlich wird Jod beigesetzt (Jodsalz). K. bildet farblose, in Wasser leicht lösl. Kristalle; es kommt in der Natur als / Steinsalz in Salzlagerstätten, in Solen und / Salzseen sowie im Meerwasser (Anteil 2,7 %) vor. Gewonnen wird K. durch Vermahlen von bergmännisch abgebautem Steinsalz oder durch Eindampfen von gesättigten Solen in flachen Siedepfannen **(Sole-** oder **Sudsalz).** Bei 60 °C erhält man das **Grobsalz,** das durch Zentrifugieren von der restl. Sole getrennt und dann getrocknet wird, bei Siedehitze das weiße, feinkörnige **Siedesalz,** das vorwiegend als **Speisesalz (Tafelsalz)** verwendet wird. Durch Eindunsten von Meerwasser in / Salinen gewinnt man in wärmeren Ländern das **Meer-, See-** oder **Baysalz** (mit 96 % NaCl). – Der durchschnittl. Tagesbedarf eines Erwachsenen beträgt 3–5 g und kann bei starken Verlusten, z. B. durch Schwitzen, auf bis zu 20 g ansteigen.

Kock, Manfred, evang. Theologe, * Burgsteinfurt (heute Steinfurt) 14. 9. 1936; war ab 1980 Superintendent in Köln, 1988–92 und 1994–98 Präses der Synode der EKU, 1997–2003 Präses der Evang. Kirche im Rheinland; seit 1997 Vors. des Rates der EKD.

Kocka, Jürgen, Historiker, * Haindorf (Sudetenland) 19. 4. 1941; 1973–88 Prof. in Bielefeld, seit 1988 in Berlin; zahlr. Veröffentlichungen zur Sozialgeschichte des 19. und 20. Jh. sowie zur dt. Zeitgeschichte, u. a. »Weder Stand noch Klasse« (1990), »Vereinigungskrise« (1995), »Interventionen« (2001); wurde 2000 Präs. des Internat. Historikerverbandes.

Kocor [ˈkɔtsɔr], Korla Awgust, dt. Karl August Katzer, sorb. Komponist, Lehrer und Kantor, * Berge (heute zu Großpostwitz, Landkreis Bautzen) 3. 12. 1822, † Kittlitz (Landkreis Löbau-Zittau) 19. 5. 1904; Begründer der sorb. Kunstmusik, komponierte u. a. die sorb. Nationalhymne und die erste sorb. Oper (»Jakub a Katha«, 1871).

Koda [italien. »Schwanz«] die (Coda), in der Musik der an eine Komposition angehängte Schlussteil.

Kodály [ˈkodaːj], Zoltán, ungar. Komponist, * Kecskemét 16. 12. 1882, † Budapest 6. 3. 1967; lehrte seit 1907 an der Budapester Musikakademie; Volksliedsammler und -forscher (zus. mit B. Bartók). Seine Werke stellen eine Synthese von westeurop. Kunst- und ungar. Volksmusik dar, u. a. Vokalwerke (»Psalmus Hungaricus«, 1923), Singspiele (»Háry János«, 1926; »Székler Spinnstube«, 1924–32; »Czinka Panna«, 1946–48), Orchesterwerke (»Tänze aus Galánta«, 1933); Lieder, Chöre, Kammermusik.

Kode [koːt], / Code.

Kodein, / Codein.

Köderflugkörper, von strateg. Angriffsflugzeugen (Bombern) gestartete und diesen vorausfliegende Flugkörper, welche die gegner. Luftverteidigung täuschen und auf sich lenken (ködern) sollen.

Kodex [lat.] der, 1) Buchwesen: (Codex), Buchform der Spätantike und des MA. mit Handschriften auf Papyrus- bzw. Pergamentblättern zw. zwei Holzdeckeln, die mit Leder und Metall überzogen sein können. (/ Codex argenteus, / Codex aureus)

2) Etikette: (Ehrenkodex), die Regeln und Verhaltensweisen, deren Beachtung von den Angehörigen einer bestimmten Gesellschaftsgruppe erwartet wird.

Kodiak Island [ˈkəʊdɪæk ˈaɪlənd], gebirgige, fjordreiche Insel vor der S-Küste von Alaska, USA, 8 975 km², 7 100 Ew.; Hauptort: Kodiak (bed. Fischereihafen).

Kodifikation [lat.] die, Zusammenfassung des Stoffes einer oder mehrerer Rechtsgebiete in systematisch aufgebauten Gesetzen oder Gesetzbüchern.

Kodikologie die, die Handschriftenkunde (/ Handschrift).

Kodizill [lat.] das, im röm. und noch heute im österr. Recht (§ 553 ABGB) letztwillige Verfügung, die keine Erbeinsetzung oder Enterbung, sondern andere Anordnungen enthält.

Koedukation [zu lat. educatio »Erziehung«] (Germeinschaftserziehung), die gemeinsame Erziehung von Jungen und Mädchen im öffentl. Bildungswesen; setzte sich im schul. Bereich erst im 20. Jh. durch. (/ Mädchenbildung)

Koeffizient [lat.] der, 1) Mathematik: konstanter Faktor vor einer veränderl. Größe.

2) Physik, Technik: Größe, die den Einfluss einer Stoffeigenschaft oder eines Systems auf einen physikal. Zusammenhang kennzeichnet (z. B. Absorptions-, Ausdehnungs- oder Elastizitäts-K.).

Koenig [ˈkøː-], 1) Friedrich, Buchdrucker, * Eisleben 17. 4. 1774, † Oberzell (heute zu Zell a. Main) 17. 1. 1833; entwickelte mit dem Mechaniker Andreas Friedrich Bauer 1812 die Zylinder-Flachform-Druckmaschine (früher Schnellpresse gen.) für den Buchdruck.

2) Fritz, Bildhauer, * Würzburg 20. 6. 1924; fasste in seinen freiplast. Arbeiten aus Bronze seit Mitte der 50er-Jahre figurale Elemente durch rhythm. Wiederholung zu Gruppen, Reihen und Mengen zusammen, seit den 60er-Jahren geht er in seinen Kompositionen von Elementarformen aus. Seine Bronzeplastik (»Große Kugelkaryatide«, 1967–72) vor dem World Trade Center in New York wurde bei dem Terroranschlag am 11. Sept. 2001 beschädigt, jedoch nicht zerstört. Als Mahnmal wurde sie im Battery Park an der Südspitze Manhattans wieder aufgestellt.

3) [køˈniɡ], Marie Pierre, frz. General, * Caen 10. 10. 1898, † Neuilly-sur-Seine 3. 9. 1970; schloss

Manfred Kock

Zoltán Kodály

Wolfgang Koeppen

sich 1940 nach der Niederlage Frankreichs General C. de Gaulle an. 1944 wurde er Oberbefehlshaber der frz. Truppen in Großbritannien und der Résistance-Verbände. 1945–49 war er Oberbefehlshaber der frz. Truppen in Dtl. und zugleich Militärgouv. in der frz. Zone; 1954 und 1955 Verteidigungsminister.

Koeppen [ˈkœ-], Wolfgang, Schriftsteller, * Greifswald 23. 6. 1906, † München 15. 3. 1996; war Schauspieler, Dramaturg, Feuilletonredakteur. Seine zeitkrit. Romane (»Eine unglückl. Liebe«, 1934; R.-Trilogie: »Tauben im Gras«, 1951, »Das Treibhaus«, 1953, »Der Tod in Rom«, 1954; »Morgenrot«, 1987) sind von moderner Romankunst (innerer Monolog, film. Schnitt- und Rückblendetechnik) bestimmt; daneben Filmdrehbücher, Reiseberichte, Essays (»Die elenden Skribenten«, 1981). 1962 Georg-Büchner-Preis. Unter dem Pseud. **Jakob Littner** schrieb er den Roman »Aufzeichnungen aus einem Erdloch« (1948).

Ko|erzitivfeldstärke [lat.], *Physik:* ↗ Hysterese.

Koestler [ˈkœ-], Arthur, engl. Schriftsteller ungar. Herkunft, * Budapest 5. 9. 1905, † (Selbstmord) London 3. 3. 1983; 1931–37 Mitgl. der KP, war 1932/33 in der UdSSR, 1936/37 als Korrespondent in Span. Bürgerkrieg, entfloh 1939 aus einem frz. Gefängnis; 1941/42 in der brit. Armee. In seinen Berichten und Romanen (»Sonnenfinsternis«, R., 1940; »Die Geheimschrift«, Autobiografie, 1954) setzte er sich mit dem Kommunismus auseinander und wandte sich eth. und naturphilosoph. Fragen zu (»Das Gespenst in der Maschine«, Studie, 1967).

Kōetsu, eigtl. Honami K., japan. Maler, Kalligraph, Lackmeister, Töpfer, * Kyōto 1558, † Takagamine (bei Kyōto) 1637; gründete ebd. eine Kolonie für Handwerker und Künstler. Er schuf die Grundlagen eines neuen dekorativen Stils, ausgehend von Motiven des Yamato-e, die er meisterhaft mit der Kalligraphie in Einklang brachte. Er schrieb Gedichte auf Pflanzen- und Landschaftsdarstellungen, die mit Gold- und Silberbrei gemalt waren und meist Sōtatsu zugeschrieben werden.

Koexistenz [lat.], das Nebeneinander unterschiedl. geistiger, ökonom., polit. und gesellschaftl. Systeme. – Nach der Machtübernahme durch N. S. Chruschtschow (1953) wurde die **friedliche K.** zur außenpolit. Leitlinie der UdSSR und der von ihr geführten Staaten. Sie ging von der Vermeidbarkeit von Kriegen zw. den Staaten unterschiedl. Gesellschaftssysteme aus, schloss aber »revolutionäre Volkserhebungen« und »nat. Befreiungskriege« gegen »kapitalist.« und »imperialist.« Systeme nicht aus.

Kofel *der,* ↗ Kogel.

Koffein [zu engl. coffee »Kaffee«] *das* (Coffein), in den Samen des Kaffeestrauchs, in den Blättern des Teestrauchs (hier früher Tein gen.) und der Matepflanze sowie in den Früchten des Kakao- und Kolabaums vorkommendes Alkaloid (chemisch das 1,3,7-Trimethylxanthin, $C_8H_{10}N_4O_2$); auch synthetisch herstellbar. K. wirkt in den übl. Dosen (eine Tasse Kaffee enthält etwa 100 mg) erregend auf das Zentralnervensystem, bes. die Großhirnrinde (klarerer Gedankenfluss, Verzögerung oder Unterdrückung des Müdigkeitsgefühls), sowie das Atem- und Gefäßzentrum; es beschleunigt die Herztätigkeit und wirkt herzkranzgefäßerweiternd und diuretisch. Überdosierung von K. führt zu Unruhe, Gedankenflucht, Schweißausbrüchen, Schlaflosigkeit, Muskelzittern, extrem hohe Dosierung zu Krämpfen (**K.-Vergiftung**).

Kofferfische (Ostraciontidae), zu den Haftkiefern gehörende Familie etwa 10–50 cm langer Knochenfische in trop. Küstengebieten, bes. in Korallenriffen. Körper kastenförmig mit einem aus Platten bestehenden Knochenpanzer.

Koffka, Kurt, Psychologe, * Berlin 18. 3. 1886, † Northampton (Mass.) 22. 11. 1941; wandte gestaltpsycholog. Prinzipien systematisch auf die Bereiche der Wahrnehmungs-, Lern- und Entwicklungspsychologie an; bed. Vertreter der Berliner Schule.

Köflach, Stadt in der Steiermark, Österreich, 11 000 Ew.; Museum; Braunkohlenbergbau (für Wärmekraftwerke; seit 1768); Metallverarbeitung, Glasind., Schuhfabrik. In der Nähe das Gestüt **Piber** mit Lipizzanerzucht. – Stadtrecht 1939.

Kofler, Leo, Philosoph und Soziologe, * Chocimierz (bei Bytów) 26. 4. 1907, † Köln 29. 7. 1995; von M. Adler und G. Lukács beeinflusster Theoretiker des Marxismus (»Zur Gesch. der bürgerl. Gesellschaft«, 1948; »Soziologie des Ideologischen«, 1975).

Kōfu, Hptst. der Präfektur Yamanashi, auf Honshū, Japan, 201 100 Ew.; Mittelpunkt des japan. Weinbaus; Seidenweberei, Glasind., Edelsteinschleifereien.

Kog *der,* der ↗ Koog.

Kogan, Leonid Borissowitsch, russ. Violinist, * Dnjepropetrowsk (Ukraine) 14. 11. 1924, † Moskau 17. 12. 1982; Solist an der Moskauer Philharmonie.

Køge [ˈkøːɣə], Stadt in Dänemark, an der O-Küste Seelands; 38 500 Ew.; Museum; Seifen-, Gummi-, Holz- u. a. Ind.; Badeort und Naherholungsort von Kopenhagen. – Nikolaikirche (15. Jh.), Fachwerkhäuser (16./17. Jh.). – Stadtrecht 1288.

Kogel *der* (Kofel), in Bayern und Tirol Bez. für Bergkuppe.

Kogge, gedrungenes, breites Handels- oder Kriegsschiff des 13.–15. Jh., bes. der Hanse; urspr. nur einmastig, später zwei- oder dreimastig und mit Vor- und Achterkastell für Bewaffnung. Das Ruderblatt war erstmals am Hintersteven angebracht; Tragfähigkeit zw. 100 und 300 t.

Kognak [ˈkɔnjak] *der,* umgangssprachl. für Weinbrand (↗ Cognac).

Kognaten [lat.], im röm. und dt. Recht die Blutsverwandten. Die Verwandtschaft beruht auf der gemeinsamen Abstammung von einem Mann oder einer Frau; Ggs.: Agnaten.

Kognition [lat. »das Erkennen«, »Kennenlernen«] *die,* Sammelbez. für alle Prozesse und Strukturen, die mit dem Wahrnehmen und Erkennen zusammenhängen.

Kognitionspsychologie (kognitive Psychologie), ↗ Denkpsychologie.

Kognitionswissenschaft (kognitive Wissenschaft), fachübergreifender Forschungsansatz, der versch. Aspekte kognitiver Prozesse, insbesondere menschl. und maschinelle Intelligenzleistungen, untersucht. Beiträge zur K. liefern u. a. Biologie, Psychologie, Kybernetik und Linguistik.

kognitive Dissonanz, Begriff zur Bez. eines emotionalen Zustands, der darauf zurückzuführen ist, dass Wahrnehmungen, Gefühle, Einstellungen u. a. logisch unvereinbar sind und/oder mit früher gemachten Erfahrungen nicht übereinstimmen.

Kogon, Eugen, Publizist und Politikwissenschaftler, * München 2. 2. 1903, † Falkenstein (heute zu Königstein im Taunus) 24. 12. 1987; als Gegner des Nationalsozialismus 1939–45 im KZ (Buchenwald), gründete 1946 mit W. Dirks die »Frankfurter Hefte« und gab sie seitdem heraus; bekannt v. a. als Verf. des zeitgeschichtlich bedeutsamen Werks »Der SS-Staat. Das System der dt. Konzentrationslager« (1946).

Kohabitation [lat. »das Beisammenwohnen«] *die,* **1)** der ↗ Geschlechtsverkehr.
2) *Politik:* ↗ Cohabitation.

kohärent [lat.], zusammenhängend, Kohärenz zeigend; Ggs.: inkohärent.

kohärente Einheit, ↗ Einheitensystem.

kohärente Optik (Kohärenzoptik), Teilgebiet der Optik, das sich mit der lichtopt. Abbildung durch zeitlich und räumlich kohärente Strahlungsfelder beschäftigt.

Kohärenz [lat.] *die, Physik:* 1) das Vorliegen zeitlich unveränderl. Beziehungen zw. den Phasen eines Wellenfeldes an versch. Orten, allg. zw. den Zufallsgrößen von beliebigen stochast. Prozessen. Die K. von Wellenfeldern ist die Voraussetzung für deren Interferenzfähigkeit (↗ Interferenz). Im Ggs. zum natürl. ↗ Licht, das inkohärent ist, sind Phase und Amplitude des Wellenfeldes eines ↗ Lasers wegen der dominierenden induzierten Emission weitgehend konstant, Laserlicht ist daher fast vollkommen kohärent. 2) In der *Quantentheorie* bezeichnet K. bzw. **kohärenter Zustand** einen speziellen quantenmechan. Superpositionszustand, der eine klass. Welle bestmöglich annähert. Das bekannteste Beispiel eines solchen Zustandes ist eine von einem Einmodenlaser (Laser mit einer Resonatoreigenschwingung) erzeugte Lichtwelle. (↗ Dekohärenz)

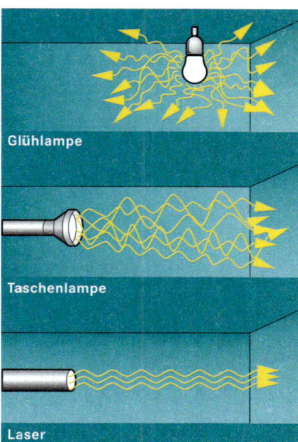

Kohärenz: Vergleich von inkohärent strahlenden Lichtquellen (Glühlampe, Taschenlampe) mit einer kohärenten Strahlungsquelle (Laser)

Kohärenzlänge, in der Wellenoptik der größte Lichtwegunterschied zweier Strahlenbündel, bei dem noch ↗ Interferenz beobachtbar ist.

Kohäsion [lat.] *die,* Zusammenhalt der Atome und Moleküle eines Stoffes durch zwischenmolekulare Anziehungskräfte **(K.-Kräfte);** das Aneinanderhaften versch. Stoffe beruht dagegen auf ↗ Adhäsion. Die K. bewirkt die Zerreißfestigkeit der Festkörper und die Oberflächenspannung bei Flüssigkeiten.

Kohäsionsfonds [-fɔ̃-], von den EU-Staaten 1994 geschaffenes strukturpolit. Instrument zur Förderung des wirtsch. und sozialen Zusammenhalts der Gemeinschaft. Gefördert werden Projekte in den Bereichen Umwelt und transeurop. Netze zur Verbesserung der Verkehrsinfrastruktur in Mitgl.staaten, deren Bruttoinlandsprodukt je Ew. weniger als 90% des EU-Durchschnitts beträgt und die ein Programm zur Erfüllung der im Maastrichter Vertrag aufgestellten Konvergenzkriterien aufweisen können. Die Finanzmittelausstattung beträgt 2000–06 18 Mrd.€; begünstigt sind derzeit Griechenland, Irland, Portugal und Spanien.

Kohelet [hebr.] *der,* Buch des A. T., ↗ Prediger Salomo.

Kohima, Hptst. des Bundesstaates Nagaland, Indien, 53 100 Ew.; Marktort.

Kohinoor [kohiˈnuːr, pers.] *der* (Koh-i-Nur), großer Diamant im brit. Kronschatz von 106 Karat.

Kohl [aus lat. caulis] (Brassica), Gattung der Kreuzblütler mit etwa 30 meist ein- oder zweijährigen Arten (v. a. im Mittelmeergebiet). Der K. i. e. S. ist der **Gemüse-K. (Garten-K.,** Brassica oleracea), eine zwei- oder mehrjährige (als Kulturform auch einjährige) Pflanze mit kräftigem Stiel, dicken Blättern und schwefelgelben (seltener weißen) Blüten in locker verzweigtem, traubigem Blütenstand. Der Gemüse-K. ist eine alte Kulturpflanze mit zahlr. Zuchtformen, die sich morphologisch in Blätter-K. (z. B. Grün-K.), Stamm-K. (z. B. Kohlrabi), Kopf-K. (z. B. Weiß-K.) und Infloreszenz-K. (z. B. Blumen-K.) unterscheiden lassen. Neben dem Gemüse-K. sind zahlr. andere K.arten in Kultur, so z. B. China-K., Raps, Rüben.

Kohl, Helmut, Politiker (CDU), *Ludwigshafen am Rhein 3. 4. 1930; Jurist, Historiker; war in Rheinl.-Pf. 1959–76 MdL und 1969–76 MinPräs.; war 1969–73 stellv., 1973–1998 Bundesvors. der CDU sowie 1976–2002 MdB (1976–82 Vors. der CDU/CSU-Bundestagsfraktion) und 1976 Kandidat von CDU und CSU für das Amt des Bundeskanzlers. Am 1. 10. 1982 wählte ihn der Bundestag zum Bundeskanzler einer Koalition aus CDU/CSU und FDP (im Amt – nach der Wahlniederlage gegen G. Schröder am 27. 9. – bis 27. 10. 1998).

Helmut Kohl

Ab Ende 1989 setzte sich K. – zunächst behutsam, dann mit Nachdruck – erfolgreich für die zügige Vereinigung der beiden dt. Staaten sowie deren außenpolit. Absicherung ein. Er machte sich verdient um den Ausbau der europ. Institutionen und unterstützte den Reformprozess im östl. Europa. – 1999/2000 Mittelpunkt einer von ihm mitzuverantwortenden CDU-Finanz- und -Parteispendenaffäre. – 1988 erhielt K. mit F. Mitterrand den Internat. Karlspreis der Stadt Aachen für Verdienste um die europ. Einigung.

Kohl, Hermann, Flieger, *Neu-Ulm 15. 4. 1888, †München 7. 10. 1938; führte am 12./13. 4. 1928 mit G. Freiherr von Hünefeld und James Fitzmaurice (*1898, †1965) den ersten Nonstopflug über den N-Atlantik in O-W-Richtung durch.

Kohle, Gruppe von kohlenstoffreichen, festen Brennstoffen. I. e. S. die brennbaren Überreste von Pflanzen u. a. organ. Substanzen, die in langen geolog. Zeiträumen durch Inkohlung in braune bis schwarze Sedimentgesteine verwandelt wurden **(Mineral-K.);** i. w. S. jeder brennbare, braun bis schwarz gefärbte, unter Luftabschluss entstandene Entgasungsrückstand, z. B. Holz-K. Nach der Art der organ. Ausgangsstoffe unterscheidet man bei den Mineral-K. die aus dem Lignin und der Cellulose von Pflanzen hervorgegangene **Humus-K.** von der aus Fetten und Eiweißstoffen des Faulschlamms entstandenen **Sapropel-** oder **Bitumen-K.** (z. B. Boghead-K., Blätter-K., Gagat und Kännel-K.). Entsprechend dem Inkohlungsgrad teilt man ein in ↗ Braunkohle, ↗ Steinkohle und ↗ Anthrazit. – Die Gefügebestandteile der K., die Mazerale, sind bei der Stein-K. oft streifenartig angeordnet.

K. enthält im Wesentlichen die Elemente Kohlenstoff, Wasserstoff, Sauerstoff, Stickstoff und Schwefel. Braun-K. besteht zu 65–75% aus Kohlenstoff, Stein-K. zu 75–91,5%. Mit steigendem Inkohlungsgrad erhöht sich der Gehalt an Kohlenstoff, während der Gehalt an flüchtigen Bestandteilen, u. a. Wasserstoff, Sauerstoff (Gasflamm-K.: 35–40%, Mager-K.:

Kohle: Zusammensetzung (deutsche Einteilung)

	Wassergehalt (frisch gefördert) %	flüchtige Bestandteile %	Kohlenstoff*) %	Wasserstoff %	Sauerstoff %	Heizwert in kJ/kg
Weichbraunkohle	45–60	70–50	65–70	5–9	30–18	25 100–26 800
Hartbraunkohle	10–30	64–45	70–75	5–6	18–12	26 800–28 500
Flammkohle	4–7	45–40	75–82	5,8–6,0	> 9,8	< 32 850
Gasflammkohle	3–6	40–35	82–85	5,6–5,8	9,8–7,3	bis 33 900
Gaskohle	3–5	35–28	85–87	5,0–5,6	7,3–4,5	bis 35 000
Fettkohle	2–4	28–19	87–89	4,5–5,0	4,5–3,2	bis 35 400
Esskohle	2–4	19–14	89–90	4,0–4,5	3,2–2,8	35 400
Magerkohle	1–3	14–10	90–91,5	3,75–4,0	2,8–2,5	bis 35 600
Anthrazit	< 2	10–6	> 91,5	< 3,75	< 2,5	bis 36 000

*) in wasser- und aschefreier Substanz

10–14%), abnimmt. – K.-Bildung gibt es bereits im Präkambrium (**Schungit**) sowie im Altpaläozoikum. Nach der Entwicklung der Landpflanzen ist ein erster Höhepunkt im Karbon und Perm zu verzeichnen. Im Mesozoikum gibt es nur lokale Vorkommen. Im Tertiär entstanden die größten Braunkohlenlagerstätten. – *Wirtschaft:* K. dient als Energieträger und Rohstoff. Größere Bedeutung erlangte sie um die Wende des 18./19. Jh. mit der Entwicklung der Eisenbahn und Dampfschifffahrt, der Einführung des Kokshochofens (um 1750) in Großbritannien, des Siemens-Martin-Ofens (1864) und des Thomas-Verfahrens (1879) in der Eisen- und Stahlgewinnung, mit der sich schnell ausweitenden Gaswirtschaft sowie dem Bau von Wärmekraftwerken (um 1900). Nach 1920 fand die K. als Rohstoff in der Chemie zunehmende Verwendung. Künftig wird die Bedeutung der K. wesentlich von der Entwicklung des Weltenergiebedarfs und der alternativen Energieträger abhängen. – Die Weltvorräte an gewinnbarer K. werden auf rund 1 032 Mrd. t geschätzt, darunter 519 Mrd. t Steinkohle.

Kohlechemie, Teilgebiet der Chemie, das sich mit der Aufklärung der Struktur und Zusammensetzung der versch. Kohlen befasst. Zur K. gehören auch alle chem. Prozesse und Verfahren, bei denen Kohle der Ausgangsstoff ist und die der chem. »Veredlung« der Kohle dienen (↗ Kohleveredlung ↗ Kohlehydrierung) und sich mit der Weiterverarbeitung der dabei anfallenden Produkte befassen. Mit dem Ausbau der Petrochemie verlor die K. an Bedeutung. Es werden aber noch etwa 15% des Benzols, über 90% des Naphthalins, 25% des Rußes sowie praktisch das gesamte Anthracen und Chinolin aus Kohle hergestellt.

Kohle|entschwefelung, zusammenfassende Bez. für techn. Verfahren, die den Schwefelgehalt von Kohlen und damit die Emission von Schwefeldioxid bei der Verbrennung vermindern. Kohle enthält Schwefel organisch gebunden und als Pyrit (FeS_2). Die **mechanische** K. beruht auf der größeren Absetzgeschwindigkeit der Pyritpartikel, wenn fein gemahlene Kohle mit Wasser aufgeschlämmt oder mit Luft verwirbelt wird. Bei der **chemischen** K. wird das Pyrit z. B. mit Eisensulfatlösung herausgelöst, während es bei der **mikrobiellen** K. durch geeignete Mikroorganismen (z. B. Thiobacillus ferrooxidans) in lösl. Eisensulfat umgewandelt wird.

Kohlefasern (Graphitfasern), ↗ Kohlenstofffasern.

Kohlehydrierung (Kohleverflüssigung), Verfahren zur Herstellung flüssiger Kohlenwasserstoffe aus Kohle und Wasserstoff. Man unterscheidet indirekte Verfahren, denen eine Kohlevergasung vorangeht (z. B. **Fischer-Tropsch-Verfahren**), und direkte Verfahren, z. B. das von F. Bergius 1913 erstmalig durchgeführte und von M. Pier bei der I. G. Farbenindustrie unter Verwendung von Katalysatoren zur techn. Reife entwickelte **Bergius-Pier-Verfahren (IG-Verfahren).** Dabei wurden Kohlen bei bis zu 460 °C und 700 bar mit Wasserstoff umgesetzt. Zw. 1927 und 1945 wurden in Dtl. zwölf Hydrierwerke betrieben. Nach 1945 war die K. wegen der niedrigen Rohölpreise unwirtschaftlich. Nach einigen bes. in Dtl. weiterentwickelten Konzepten werden fein gemahlene Kohle und ein Katalysator mit Mittel- und Schweröl oder anderen Rückständen aus der Petrochemie angemaischt und bei 475 °C und 300 bar mit Wasserstoff behandelt; auch diese Verfahren erwiesen sich jedoch als wirtsch. nicht konkurrenzfähig. K. wird heute noch in der Rep. Südafrika industriell betrieben.

Kohlekraftwerk, ↗ Wärmekraftwerk.

Kohlendioxid, CO_2, das Anhydrid der ↗ Kohlensäure, ungenau selbst Kohlensäure genannt; farbloses, nicht brennbares Gas von säuerl. Geschmack. Da seine Dichte etwa 1,5-mal so groß wie die der Luft ist, sammelt sich K. an vertieften Stellen in der Nähe seiner Entstehung (Erstickungsgefahr in Gärkellern; ↗ Mofette). Bei −78,5 °C und Normaldruck geht K. unmittelbar in den festen Zustand über. Unter Druck kann es verflüssigt werden. Die krit. Temperatur der K. liegt bei 31,04 °C, der krit. Druck bei 73,83 bar. Stahlflaschen des Handels enthalten flüssiges K. unter einem Druck von rd. 57 bar bei 20 °C. Infolge des starken Wärmeverbrauchs bei der Verdunstung von flüssigem K. erstarrt ausströmendes, flüssiges K. teilweise zu einer weißen Masse von festem K. **(Kohlensäureschnee).** Festes K. kommt in Blöcke gepresst als **Trockeneis** in den Handel und dient als Kühlmittel. K. ist in Wasser gut löslich, die Lösung reagiert schwach sauer infolge Bildung von Kohlensäure.

K. kommt in der Luft (etwa 0,03 Vol.-%) und in vielen Mineralwässern vor. In gebundenem Zustand ist es als **Calcium-** und **Magnesiumcarbonat** weit verbreitet. Im Laboratorium erhält man K. durch Zersetzung von Carbonaten mit Säuren, technisch durch Verbrennen von Koks mit überschüssiger Luft oder als Nebenprodukt beim Kalkbrennen. K. wird verwendet zur Herstellung künstl. Mineralwässer, in der Kältetechnik, als Feuerlöschmittel, Inertgas, chem. Rohstoff. 4–5% K. in der Atemluft wirken betäubend, mit steigender Konzentration kommt es zu Kopfschmerzen, Schwindel, Krämpfen, Bewusstlosigkeit und Tod durch Ersticken.

K. ist Endprodukt der Verbrennung von Kohlenstoff und aller organ. Substanzen. Die grünen Pflanzen führen mittels Lichtenergie das K. der Luft in organ. Verbindungen über (↗ Assimilation), die als Nahrung im Tierkörper wieder abgebaut und in K. zurückverwandelt werden. Dieser natürl. Kreislauf des Kohlenstoffs wird in zunehmendem Maße infolge der steigenden Verbrennung fossiler Brennstoffe sowie durch die Abholzung großer Waldgebiete und die nachfolgende Oxidation der Humusschicht gestört und führt zu einer Erhöhung des K.-Gehalts der Atmosphäre. Die K.-Moleküle können Infrarotstrahlung absorbieren und in Wärme umwandeln; K. ist eines der wirksamsten Treibhausgase (/ Treibhauseffekt). Die Bundesrep. Dtl. hat sich über die Klimarahmenkonvention hinaus verpflichtet, die K.-Emission bis zum Jahr 2005 um 25% zu reduzieren (im Vergleich zu 1990).

Kohlendisulfid, der / Schwefelkohlenstoff.

Kohlenhobel, *Bergbau:* Maschine zur schälenden Kohlegewinnung.

Kohlenhydrate (Kohlenstoffhydrate, Saccharide), in der Natur weit verbreitete Stoffklasse, zu der einfache Zucker (Monosaccharide), Di-, Tri- usw., allg. Oligo- und Polysaccharide gehören. Der Name ist darauf zurückzuführen, dass viele K. die Summenformel $C_n(H_2O)_m$ haben, d.h. formal Hydrate des Kohlenstoffs sind. K. sind jedoch chemisch mehrwertige Alkohole, bei denen eine primäre oder eine sekundäre Hydroxylgruppe zur Aldehydgruppe bzw. Ketogruppe oxidiert ist. Sie werden von Pflanzen durch Photosynthese aus Kohlendioxid und Wasser aufgebaut und v. a. in Form des **Reserve-K.** Stärke in Samen und Knollen (Getreide, Kartoffeln) abgelagert. Als Gerüstsubstanz der pflanzl. Zelle ist Cellulose das in der Natur am weitesten verbreitete K. In tier. (und menschl.) Zellen sind K. (Glucose und das Reserve-K. Glykogen) die wichtigsten Energieträger. 1 g K. liefert eine Energie von 17 kJ (= 4,1 kcal). Der Mensch benötigt mindestens 100–150 g K. täglich.

Kohlenkalk, *Geologie:* kalkige Fazies des Unterkarbons in Mitteleuropa.

Kohlenmon|oxid (Kohlenoxid), CO, farb- und geruchloses, in Wasser kaum lösl., sehr giftiges Gas, das bei $-191,5\,°C$ flüssig und bei $-204,0\,°C$ fest wird. K. verbrennt mit bläul. Flamme zu Kohlendioxid (CO_2). Es entsteht bei der Verbrennung von Kohle bei unzureichender Luftzufuhr und ist auch in den Abgasen von Benzinmotoren (Ottomotoren) enthalten. Techn. Darstellung in Form von Generator- und Wassergas aus Ameisensäure und Schwefelsäure. K. ist Ausgangsprodukt vieler großtechn. organ. Synthesen. Reines K. dient in der Metallurgie als Reduktionsmittel und über die Carbonyle zur Gewinnung reiner Metalle.

Kohlen|monoxidvergiftung (Kohlenoxidvergiftung), Gasvergiftung durch Einatmen von Kohlenmonoxid (CO); häufige Unfallursache im privaten Bereich (Leuchtgas, Auspuffgase) und in der Ind.; die Giftigkeit des CO beruht auf seiner gegenüber Sauerstoff 300-mal größeren Affinität zu Hämoglobin. Da das mit CO beladene Hämoglobin keinen Sauerstoff mehr transportieren kann, kommt es zum Sauerstoffmangel in den Geweben. Symptome sind Kopfschmerzen, Sehstörungen, Erbrechen, Schwindel, Steigerung der Puls- und Atemfrequenz, Bewusstlosigkeit. Der Tod tritt infolge Atemlähmung und Herzversagens ein. Sofortmaßnahmen: Frischluft, Beatmung mit Sauerstoff, Intensivüberwachung.

Kohlensäure, H_2CO_3, schwache Säure, die in geringer Menge beim Auflösen von Kohlendioxid in Wasser entsteht: $CO_2 + H_2O \rightleftharpoons H_2CO_3$. K. ist rein nicht isolierbar. Als zweibasige Säure bildet K. **Hydrogencarbonate**, z. B. Natriumhydrogencarbonat, $NaHCO_3$ (Natron), und **Carbonate**, z. B. Natriumcarbonat, Na_2CO_3. Alle Carbonate außer denen der Alkalimetalle sind in Wasser schwer löslich; sie sind in der Natur weit verbreitet. Die Hydrogencarbonate sind meist leichter löslich und oft nur in Lösung beständig. – Ungenau verwendet man den Begriff K. auch für das Kohlendioxid.

Kohlensäurediamid, der / Harnstoff.

Kohlenstaub, staubförmig-feinkörnige Kohle, die beim Mahlen von Kohle entsteht und zur Befeuerung von Kohlekraftwerken dient. K.-Luft-Gemische sind durch eine heiße Flamme entzündbar (**K.-Explosion**). Der in Kohlengruben anfallende K. muss zur Vermeidung von Schlagwetterexplosionen (/ Schlagwetter) abgesaugt oder gebunden werden.

Kohlenstoff, chem. Symbol **C**, nichtmetall. Element aus der 4. Hauptgruppe des Periodensystems. Ordnungszahl 6, relative Atommasse 12,011, Dichte je nach Modifikation unterschiedlich, Schmelzpunkt > 3550 °C, Siedepunkt 4827 °C. – Natürl. Isotope sind ^{12}C, ^{13}C und ^{14}C. Die Masse des Isotops ^{12}C, das 98,89% des natürl. K. bildet, wird seit 1962 als Standard für die Festlegung von Atommassen verwendet. Das radioaktive ^{14}C wird zur Altersbestimmung herangezogen (/ Radiokohlenstoffmethode). – K. tritt in drei Modifikationen auf, als hexagonaler / Graphit, kub. / Diamant und in Form von / Fullerenen. Diamant wandelt sich beim Erhitzen unter Luftabschluss auf 1650–1800 °C spontan in Graphit um, der umgekehrte Prozess ist nur bei hohen Drücken und Temperaturen durchführbar. **Ruß, Holzkohle, Koks** sind versch. Erscheinungsformen des K., zu Tier- oder Holzkohle / Aktivkohle. – K. ist chemisch reaktionsträge, setzt sich aber bei höherer Temperatur mit Wasserstoff, Sauerstoff und zahlreichen Metallen um. Seine Fähigkeit, als einziges Element durch Einfach- oder Mehrfachbindungen mit sich selbst Ketten und Ringe von fast beliebiger Länge und Anordnung zu bilden, ist die Grundlage der organ. Chemie (/ Kohlenstoffverbindungen). K. ist in Form der Carbonate ein wichtiger Bestandteil gesteinsbildender Minerale. Als / Kohlendioxid kommt K. im Wasser und in der Atmosphäre vor.

Kohlenstoffbrennen, / Sternentwicklung.

Kohlenstofffasern (Carbonfasern), anorgan. Fasern, die aus Polyacrylnitril, Celluloseacetat oder aus dem teerartigen Rückstand der Erdölraffination gewonnen werden. Die Faserherstellung erfolgt in drei Schritten: Überführen in eine unschmelzbare Form, unter Streckung, durch Luftoxidation bei 200–300 °C (Stabilisierung), Carbonisation unter Abspaltung flüchtiger Produkte bei 1200–1500 °C und schließlich Graphitisierung bei 2000–3000 °C. – Bei der Carbonisation entstehen hochfeste (**HF-K.**) und bei der Graphitisierung Hochmodul-K. (**HM-K.**), die gelegentlich auch als Graphitfasern bezeichnet werden. Zur Herstellung von carbonfaserverstärkten Kunststoffen (CFK) werden die K. noch einer (oxidativen) Oberflächenbehandlung unterzogen, um eine bessere Adhäsion zw. Faser und Kunststoff zu erhalten; zur Herstellung kompakter Teile werden die unbeschichteten K. mit Metallen beschichtet, gepresst und gesintert. K. sind hochfest, temperatur- und korrosionsbeständig, bes. zugfest (HF-K.) oder elastisch (HM-K.) und haben eine wesentlich geringere Dichte als Metalle. Sie finden u.a. Anwendung bei der Herstellung von Fahrzeugbauteilen, Sportgeräten, medizin. Implantatwerkstoffen und in der Elektronikindustrie.

Kohlenstoffkreislauf, die zykl. Umsetzung des Kohlenstoffs in der Biosphäre. – Der auf etwa 26×10^{15} t geschätzte Gesamtvorrat an Kohlenstoff

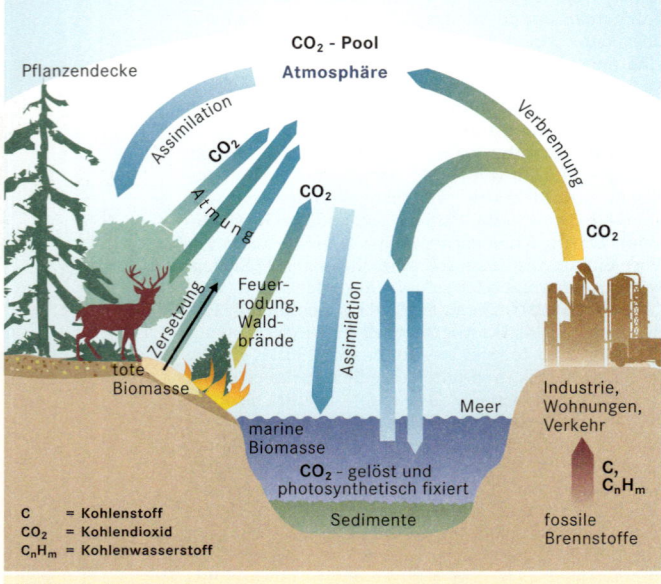

Kohlenstoffkreislauf

auf der Erde liegt fast völlig in Form anorgan. Verbindungen vor, davon über 99% in Sedimenten (Carbonatgesteine), der Rest findet sich als gelöstes Kohlendioxid sowie in Form von Hydrogencarbonat- bzw. Carbonationen in Gewässern sowie als gasförmiges Kohlendioxid in der Atmosphäre. Der organ. gebundene Teil (0,05%) ist zu 64% in fossilen Lagerstätten (Torf, Kohle, Erdöl, Erdgas), zu 32% in organ. Abfällen (Tier-, Pflanzenreste) zu finden. Der K. wird im Wesentlichen durch die Organismen in Gang gehalten. Ca. 6–7% des in der Atmosphäre und im Oberflächenwasser vorhandenen Kohlendioxids werden jährlich von autotrophen Pflanzen photosynthetisch in organ. Verbindungen festgelegt; davon kehrt ein Drittel über die pflanzl. Atmung wieder in die Luft bzw. das Wasser zurück, während zwei Drittel in die Nahrungsketten der heterotrophen Organismen eintreten, in deren Ablauf alle Kohlenstoffverbindungen über Atmung, Gärung und Verwesung wieder zu ↗Kohlendioxid um- und freigesetzt werden. Gestört wird dieser weitgehend ausgeglichene K. bes. durch die zunehmende Verfeuerung fossiler Brennstoffe.

Kohlenstoffmethode (C-14-Methode), die ↗Radiokohlenstoffmethode.

Kohlenstoff-Stickstoff-Zyklus, der ↗Bethe-Weizsäcker-Zyklus.

Kohlenstoffverbindungen, chem. Verbindungen des Kohlenstoffs, gekennzeichnet v. a. durch die Verknüpfung von Kohlenstoffatomen miteinander, wie sie in den Grundgerüsten der organ. Verbindungen vorliegt. Die Kohlenstoffatome sind durch Einfachbindungen (**gesättigte K.**) oder durch Doppel- und Dreifachbindungen (**ungesättigte K.**) zu einem stabilen Kohlenstoffgerüst verknüpft. Die derart aufgebauten Kohlenstoffgerüste besitzen »freie Valenzen« zur Bindung anderer Elemente, im einfachsten Fall von Wasserstoff (↗Kohlenwasserstoffe). Die riesige Zahl der K., die die aller anderen chem. Verbindungen weit übersteigt, wird dadurch ermöglicht, dass außer Wasserstoff beliebige andere Atome oder Atomgruppen als **funktionelle Gruppen** den Gerüsten der K. angeheftet sein können. Durch ↗Isomerie vervielfachen sich Strukturmöglichkeiten bei K. Bes. wichtige K. sind ↗Kohlenwasserstoffe, ↗Kohlenhydrate, ↗Fette, ↗Proteine, ↗Aromaten. Anorgan. K. sind ↗Carbide, ↗Kohlenmonoxid, ↗Kohlendioxid, ↗Kohlensäure.

Kohlenwasserstoffe, chem. Verbindungen, die nur aus Kohlenstoff (C) und Wasserstoff (H) aufgebaut sind. In den K. sind Kohlenstoffatome durch kovalente Bindungen zu geraden oder verzweigten Ketten (**azykl.** oder **aliphat. K.**) oder Ringen (**zykl. K.**) miteinander verbunden. Die **Alkane** sind gesättigte azykl. K. (d. h. mit Einfachbindung). Azykl. K. mit Doppel- oder Dreifachbindung werden als **Alkene** bzw. **Alkine** bezeichnet. Gesättigte zykl. K. heißen analog **Cycloalkane,** solche mit Doppelbindung **Cycloalkene.** Sie ähneln in ihren Eigenschaften den aliphat. K. und werden deshalb auch **alizykl.** (= **ali**phatisch-**zykl**ische) **K.** genannt. Zykl. K., die sich vom Benzol ableiten, werden als Aromaten bezeichnet. **Polyzykl. K.** enthalten mehrere Ringsysteme. Sind mindestens zwei weitgehend ungesättigte Ringe über mindestens zwei gemeinsame C-Atome miteinander verbunden, spricht man von **kondensierten polyzykl. K.** Bei verbrückten polyzykl. K. haben mindestens zwei gesättigte Ringe wenigstens zwei gemeinsame C-Atome. In **Spiro-K.** sind zwei Ringe über ein einziges C-Atom miteinander verbunden.

K. mit bis zu vier C-Atomen sind bei Raumtemperatur und Atmosphärendruck Gase. Mit steigender C-Zahl bilden K. zunächst leicht bewegl., dann ölige Flüssigkeiten und schließlich Feststoffe. Alle K. lassen sich zu Kohlendioxid und Wasser verbrennen. – K. sind Bestandteile von Erdgas, Erdöl und Steinkohlenteer. Bestimmte K. kommen auch im Pflanzen- (z. B. Terpene) und Tierreich (z. B. Steroide) vor. – Synthetisch lassen sich K. durch ↗Kohlehydrierung herstellen. – K. spielen als Bestandteile von Kraftstoffen, Heizölen, Lösungsmitteln sowie als chem. Rohstoffe (↗Petrochemie) eine große Rolle.

Kohlepapier, meist einseitig mit einer farbabgebenden Schicht (urspr. nur Kohlenruß mit einem Bindemittel) beschichtetes dünnes Papier, das als Zwischenlegepapier bei Schreibarbeiten die Anfertigung von Kopien gleichzeitig mit dem Original ermöglicht. Heute vielfach durch **Reaktionsdurchschreibpapier** ersetzt, bei dem sich keine äußerlich sichtbare Farbschicht auf der Papieroberfläche befindet.

Kohlepfennig, 1974 eingeführte Ausgleichsabgabe auf den Stromverbrauch, die von den Elektrizitätsversorgungsunternehmen (EVU) zu entrichten war und von ihnen an die Verbraucher weitergegeben wurde. Der K. diente dazu, den Einsatz der im Vergleich zu importierten Energieträgern teureren dt. Steinkohle finanziell zu fördern. Nachdem das Bundesverfassungsgericht den K. 1994 zur verfassungswidrigen Sonderabgabe erklärt hatte, wird er seit 1996 nicht mehr erhoben. Die Kohlesubventionierung muss seither aus allg. Haushaltsmitteln bestritten werden. Im Zusammenhang mit dem Auslaufen des ↗Jahrhundertvertrags war bereits 1994 festgelegt worden, die Subventionierung der Verstromung dt. Steinkohle auf 7,5 Mrd. DM 1996 bzw. jährlich 7 Mrd. DM (1997 bis 2000) zu begrenzen; 1997 wurden weitere Kürzungen bis zum Jahr 2005 festgelegt.

Köhler (Pollachius virens), zu den Dorschartigen gehörender, über 1 m langer Raubfisch der nordatlant. Küsten und der Nordsee; kommt als Seelachs in den Handel, frisch oder geräuchert und gefärbt wird er als Lachsersatz verwendet.

Köhler, 1) Georges Jean Franz, Immunologe, *München 17. 4. 1946, †Freiburg im Breisgau 1. 3.

1995; seit 1984 ebd. am Max-Planck-Institut tätig. K. revolutionierte die theoret. und angewandte Immunforschung mit den von ihm erstmals hergestellten monoklonalen Antikörpern. Hierfür erhielt er 1984 mit N. K. Jerne und C. Milstein den Nobelpreis für Physiologie oder Medizin.

2) Horst, Volkswirtschaftler, Finanzpolitiker, *Skierbieszów (Wwschaft Lublin) 22. 2. 1943; 1990–93 Staatssekretär im Bundesfinanzministerium, 1993–98 Präs. des Dt. Sparkassen- und Giroverbandes; 1998–2000 Präs. der Osteuropabank; seit 23. 3. 2000 geschäftsführender Direktor des IWF.

3) Wolfgang, Psychologe, *Reval 21. 1. 1887, †Lebanon (N. H.) 11. 6. 1967; emigrierte 1935 in die USA; mit seinen gestaltpsycholog. Arbeiten (u. a. »Die phys. Gestalten in Ruhe und im stationären Zustand«, 1920) ein Hauptvertreter der Berliner Schule.

Köhlerei, handwerkl. Form der Holzkohleherstellung. Lufttrockenes Holz von 1–2 m Länge wird um einen aus Stangen errichteten Feuerschacht **(Quandel)** dicht gesetzt und mit einer luftdichten, feuerfesten Decke aus lehmiger Erde, Moos, Laub und grünem Rasen bedeckt. Angezündet wird der fertige **Meiler** im Quandel, der mit leicht brennbarem Material locker angefüllt ist. Er muss zum Einsetzen des Kohlungsprozesses eine Temperatur von 300 bis 350 °C besitzen. Durch Steuerung der Luftzufuhr kann vermieden werden, dass er erlischt oder verbrennt. Die Ausbeute beträgt für die meisten verwendeten Holzarten um 20–25 %, bezogen auf trockenes Holz.

Kohleule: Schmetterling und Raupe

Kohl|eule (Mamestra brassicae, Barathra brassicae), Eulenschmetterling, Flügelspannweite bis 45 mm, dessen Raupe an Kohlpflanzen frisst **(Herzwurm).**

Kohleveredlung, alle Prozesse zur Wertsteigerung der geförderten Kohle. Mechan. und physikal. Verfahren umfassen die Methoden der Kohleaufbereitung; therm. Verfahren sind die Schwelung und die Verkokung; chem. Verfahren sind die Aufarbeitung von Kohlewertstoffen (Rohteer, Rohbenzol), die ↗Kohlehydrierung und die ↗Kohlevergasung. Auch die Umwandlung in höherwertige Energie bzw. in gasförmige Brenn- und Heizstoffe sind K.-Verfahren.

Kohleverflüssigung, die ↗Kohlehydrierung.

Kohlevergasung, Umsetzung der organ. Kohlesubstanz mit Vergasungsmitteln wie Sauerstoff, Luft, Wasserdampf u. a. zu Brenn- und Synthesegasen. Wichtige Vergasungsreaktionen sind:

1) $C + \tfrac{1}{2} O_2 \rightleftharpoons CO$ exotherm
2) $C + H_2O \rightleftharpoons CO + H_2$ endotherm
3) $C + 2H_2 \rightleftharpoons CH_4$ exotherm
C = Kohlenstoff   H = Wasserstoff
O = Sauerstoff CH_4 = Methan

Für die K. sind Mindesttemperaturen von etwa 700 °C (Braunkohle) und 900 °C (Steinkohle) erforderlich, die bei der **autothermen K.** durch die exotherme Reaktion 1) erreicht werden. Höhere Gasausbeuten können ohne Sauerstoffzufuhr erzielt werden, wenn die für Reaktion 2) erforderl. Energie von außen zugeführt wird **(allotherme K.).** Seit 1930 wurde Synthesegas für die Ammoniaksynthese durch Vergasung von feinkörniger Kohle mit Sauerstoff und Dampf in der Wirbelschicht hergestellt (Winkler-Verfahren). Bei der Lurgi-Druckvergasung von stückiger Kohle begünstigt der erhöhte Druck (10–30 bar) die Methanbildung und führt zu einem Gas mit höherem Brennwert.

Kohle-Zink-Zelle, das ↗Leclanché-Element.

Kohlfliegen (Phorbia), Gattung der Blumenfliegen, deren weiße Maden **(Kohlmaden)** Kohlarten u. a. Kreuzblütler befallen und Wurzeln sowie Stängel zerstören.

Kohlgrub, Bad, ↗Bad Kohlgrub.

Kohlhase, Hans, Kaufmann, †(gerädert) Berlin 22. 3. 1540; geriet 1532 wegen zweier Pferde in Rechtsstreit mit dem sächs. Junker G. von Zaschwitz und erließ 1534 einen Fehdebrief gegen ihn und ganz Kursachsen. Als er sich auch gegen seine märk. Landsleute wandte, wurde er nach Berlin gelockt und zum Tode verurteilt. – Novelle von H. von Kleist (»Michael Kohlhaas«, 1808, vollständig 1810).

Kohlherni|e [lat. hernia »Eingeweidebruch«], durch den Pilz Plasmodiphora brassicae an Kohl u. a. Kreuzblütlern hervorgerufene kropfartige Wurzelverdickungen; die Pflanzen kümmern und welken.

Köhlmeier, Michael, österr. Schriftsteller, *Hard 15. 10. 1949; vielseitiger Autor; in seiner erzählenden Prosa spiegelt sich seine Vorarlberger Heimat (»Moderne Zeiten«, 1984; »Bleib über Nacht«, 1993) oder – in symbolreichen und melanchol. Geschichten – menschl. Scheitern in der modernen Welt (»Sunrise«, 1994; »Calling«, 1998; »Der Tag, an dem Emilio Zanetti berühmt wurde«, 2002); in Adaptionen antiker Stoffe gelingen ihm neue, originelle Interpretationen (Romane »Telemach«, 1995; »Kalypso«, 1997); auch Dramen.

Kohlmeise, Singvogel, ↗Meisen.

Kohlrabi [von italien. cavoli rape, zu cavolo »Kohl« und rapa »Rübe«] (Oberrübe, Brassica oleracea var. gongylodes), Kulturform des Gemüsekohls (↗Kohl), bei der durch kräftige Verdickung der Sprossachse (oberirdisch) fleischige Knollen entstehen.

Kohlrausch, 1) Eduard, Strafrechtslehrer, *Darmstadt 4. 2. 1874, †Berlin 22. 1. 1948; bemühte sich um eine Strafrechtsreform im Sinn F. von Liszts.

2) Friedrich Wilhelm Georg, Physiker, *Rintelln 14. 10. 1840, †Marburg 17. 1. 1910; Prof. in Göttingen, Zürich, Darmstadt, Würzburg, Straßburg und Berlin; 1895–1905 Präs. der Physikalisch-Techn. Reichsanstalt in Berlin-Charlottenburg, zu deren Weltgeltung K. entscheidend beitrug. K. untersuchte das Leitvermögen der Elektrolyte, fand das nach ihm benannte Gesetz von der unabhängigen Wanderung der Ionen, entwickelte neue elektr. und magnet. Messinstrumente und führte Präzisionsbestimmungen der elektromagnet. Grundgrößen aus. Sein »Leitfaden der prakt. Physik« (1870) gilt noch heute als Standardwerk der Experimentalphysik (24. Aufl., 1996, u. d. T. »Prakt. Physik«).

Kohlrös|chen (Nigritella), Gattung der Orchideen mit zwei Arten in Gebirgen N- und Mitteleuropas; bis 20 cm hohe Pflanzen auf Bergwiesen mit fast kugeligem, schwarzrotem oder hellrosa Blütenstand **(Schwarzes K.,** Nigritella nigra) oder mit eiförmigem bis zylindr., leuchtend rotem Blütenstand **(Rotes K.,** Nigritella rubra). Beide Arten sind geschützt.

Kohlrübe (Dotsche, Erdkohlrabi, Steckrübe, Wruke, Brassica napus var. napobrassica), aus Wild-

Georges Köhler

Friedrich Kohlrausch

kohl entstandene Gemüse- und Futterpflanze mit fleischig verdickter essbarer Rübe.

Kohlrübenblattwespe (Rübenblattwespe, Athalia rosae), 6–9 mm lange Blattwespe; die Larven (**Afterraupen**) fressen an Raps, Rübsen, Kohlrüben und Senf.

Kohlsaat, der, ↗Raps.

Kohlschnake (Tipula oleracea), Art der Schnaken mit sehr langen Beinen, deren Larve bes. an Klee, Gras, Getreide und Gemüse schädlich wird, indem sie Blätter und Sprosse abbeißt und an den Wurzeln nagt.

Kohlwanze (Eurydema oleraceum), 5–7 mm lange Schildwanze; metallisch grün oder blau mit gelben oder roten Flecken, saugt an Kohl; gelegentlich auch räuberisch lebend.

Kohlwanze

Kohlweißlinge, Arten der Weißlinge, deren Raupen an Kreuzblütlern wie Kohlrüben, Raps und Senf schädlich werden können. Wichtigste Arten: der **Große K.** (Pieris brassicae) mit etwa 6 cm und der **Kleine K.** (Pieris rapae) mit etwa 4–4,5 cm Spannweite.

Kohn, Walter, amerikan. Chemiker österr. Herkunft, * Wien 9. 3. 1923; erhielt zus. mit J. A. Pople 1998 den Nobelpreis für Chemie für seine Arbeiten zu einer Theorie der Quantenchemie.

Kohorte [lat. cohors »Schar«, »Gefolge«] die, altröm. Truppeneinheit: 1) der 10. Teil einer Legion; 2) Einheit der stadtröm. Truppen (cohortes urbanae), der Feuerwehr Roms (cohortes vigilum) und der Prätorianer (cohortes praetoriae) 3) Infanterie-Hilfstruppen in der Kaiserzeit (500 oder 1 000 Mann).

Pavel Kohout

Kohout [ˈkɔhout], Pavel, tschech. Schriftsteller, * Prag 20. 7. 1928; einfallsreicher Bühnengestalter und Experimentator; seine Stücke behandeln aktuelle Probleme, oft Familienleben und Liebe (»So eine Liebe«, Dr., 1958; »August, August, August«, Dr., 1967; »Armer Mörder«, Dr., 1972; »Maria kämpft mit den Engeln«, Dr., 1981); schreibt auch Romane (»Die Henkerin«, 1978; »Wo der Hund begraben liegt«, 1987; »Ich schneie«, 1991; »Meine Frau und ihr Mann«, 1998). K. war einer der Wortführer des »Prager Frühlings«, Initiator der »Charta 77«; lebte nach der Ausbürgerung (1979) in Wien (1980 österr. Staatsbürger).

Kohtla-Järve, Stadt im NO von Estland, 4 km vom Finn. Meerbusen entfernt, 47 100 Ew.; Inst. für Ölschieferforschung, Ölschiefermuseum; Mittelpunkt eines Ölschiefer-Abbaugebiets mit Chemiewerk.

Koi-Karpfen (Kois, Cyprinus carpio var.), aus Japan stammende Zuchtformen des Karpfens in zahlr. Varietäten; bis etwa 1 m lange Bunt- oder Farbkarpfen für die Liebhaberzucht.

Koilonychie [grch.] die (Hohlnägel, Löffelnägel), konkav gekrümmte, brüchige Finger- und Zehennägel; Vorkommen z. B. bei ständigem Eisen- und Vitaminmangel oder Durchblutungsstörungen.

Junichirō Koizumi

Koine [grch. »die gemeinsame (Sprache)«] die, 1) die als Verkehrssprache dienende ↗griechische Sprache im Zeitalter des Hellenismus.
2) durch Einebnung von Dialektunterschieden entstandene Sprache.

Ko|inzidenz [lat.] die, Zusammentreffen zweier Ereignisse (↗Coincidentia Oppositorum).

Ko|inzidenzmessung, auf W. Bothe und W. Kolhörster (1929) zurückgehendes Verfahren, Teilchenstrahlen, die einen definierten zeitl. Abstand voneinander haben, zu registrieren sowie auch die Bahnen, Geschwindigkeiten und Reichweiten von Teilchen zu bestimmen. Dabei spricht ein Zählgerät nur dann an, wenn zwei oder mehrere Detektoren innerhalb eines festen Zeitintervalls einen Impuls liefern. Die lineare Anordnung von zwei Detektoren mit Koinzidenzschaltung, von denen der erste einen teilchenspezif. Energieverlust und der zweite die Gesamtenergie misst, wird **Zählerteleskop** genannt. Mit der K. können Zeitdifferenzen bis zu 10^{-11} s aufgelöst werden.

Willem Kok

Koitus [lat.] der, der ↗Geschlechtsverkehr.

Koivisto, Mauno, finn. Politiker, * Turku 25. 11. 1923; Mitgl. der Sozialdemokrat. Partei, 1966–67 und 1972 Finanzmin., 1968–82 Generaldirektor der Bank von Finnland, 1968–70 und 1979–82 MinPräs., war 1981–82 amtierendes Staatsoberhaupt und 1982–94 als Nachfolger U. K. Kekkonens Staatspräs. (1988 Wiederwahl). Nach dem Zerfall der UdSSR setzte K. die Politik der guten Nachbarschaft nunmehr zu Russland fort, förderte zugleich die stärkere Hinwendung zu europ. Institutionen (1995 Beitritt Finnlands zur EU).

Koizumi, Junichirō, japan. Politiker, * Yokosuka (Präf. Kanagawa) 8. 1. 1942; schloss 1967 ein Studium an der wirtschaftswiss. Fakultät der Keiō-Universität in Tokio ab; seit 1972 Mitgl. des Unterhauses, war 1992–93 Min. für Post und Telekommunikation, 1988–89 sowie 1996–98 für Gesundheit und Wohlfahrt; wurde im April 2001 Vors. der Liberaldemokrat. Partei und Ministerpräsident.

Kojève [kɔˈʒɛːv], Alexandre, eigtl. A. Koschewnikow, frz. Philosoph russ. Abstammung, * Moskau 1902, † Paris Mai 1968; wirkte mit seinen Interpretationen der Philosophie Hegels nachhaltig auf die frz. Philosophie (J.-P. Sartre, M. Merleau-Ponty u. a.).

Koi-Karpfen

Kojiki [-dʒi-; japan. »Aufzeichnung alter Begebenheiten«], Geschichtswerk, kompiliert 712 n. Chr. von Ō no Yasumaro († 723); erstes japan. Sprachdenkmal; überliefert Mythologie und Geschichte bis zum Jahr 628, als frühe Quelle des Shintō von Bedeutung.

Kojote [aztek.] der (Coyote), ↗Präriewolf.

Kok, Willem (Wim), niederländ. Politiker, * Bergambacht (Prov. Südholland) 29. 9. 1938; Wirtschaftsberater, leitete 1973–85 den sozialist. Gewerkschaftsbund und 1985/86 den Gewerkschaftsdachverband der Niederlande, stand 1979–82 auch an der Spitze des Europ. Gewerkschaftsbundes; war 1986–2001 Vors. der sozialdemokrat. Partei der Arbeit (PvdA), 1989–94 stellv. Reg.chef sowie Finanzmin. und 1994–2002 (Rücktritt) Ministerpräsident.

Kokain das (Cocain), aus den Blättern des Kokastrauchs gewonnenes oder halbsynthetisch hergestelltes Tropanalkaloid (chemisch der Benzoesäureester des Methylecgonins, $C_{17}H_{21}NO_4$). K. ist eines der gefährlichsten und verbreitetsten Rauschgifte. Es besitzt eine zentral stimulierende, lokalanästhet. und gefäßzusammenziehende (sympathikuserregende) Wirkung. K. unterliegt dem Betäubungsmittel-Ges., da seine wiederholte missbräuchl. Anwendung aufgrund seiner euphorisierenden sowie ängstl. Spannungszustände, Hunger und Müdigkeit mildernden Wirkung zur psych. Abhängigkeit (**Kokainismus;** mit raschem Abbau der Persönlichkeitsstruktur) führt. Überhöhte Dosierung führt zu akuten tox. Erscheinungen (Pupillenerweiterung, Herzbeschleunigung, Blutdruckanstieg, zentralnervöse Erregung).

Kokand (usbek. Quqon), Stadt in Usbekistan, im Ferganabecken, 190 100 Ew.; Baumwollverarbeitung, chem., Nahrungsmittelind.; Flughafen. – 1732 entstanden, Hptst. des Khanats K., das 1876 an Russland fiel.

Kokarde [frz.] *die,* rundes oder rosettenförmiges Abzeichen an Hut oder Mütze von Uniformen; in Frankreich im 18. Jh. beim Heer eingeführt, in Dtl. seit 1806 in den jeweiligen Landesfarben; wurde auch von Polizei, Zoll u.a. Institutionen übernommen. In der K. Dtl.s bildet Schwarz die Mitte, Gold den äußeren Ring. K. werden vielfach auch die oft kreisförmigen Hoheitszeichen von Militärflugzeugen genannt.

Kokardenblume (Gaillardia), in Amerika heim. Korbblütlergattung; Kräuter oder Stauden mit lang gestielten, meist großen, gelben oder roten Blütenköpfen; Randblüten meist zungenförmig, als Gartenblumen kultiviert.

Kokarzinogene [grch.], Substanzen, die selbst nicht krebserregend wirken (z. B. Phenole), jedoch die Wirkung von Kanzerogenen verstärken (sog. Promotoren).

Kokastrauch (Koka, Coca, Erythroxylum coca), Storchschnabelgewächs in den subandinen Gebieten Perus und Boliviens, auch in Indien und auf Java kultiviert; immergrüner Strauch mit kleinen, gelbl. oder grünlich weißen Blüten und kleinen, ovalen, ↗Kokain enthaltenden Blättern. – Der Genuss von Kokablättern als leistungssteigerndes, Hunger und Durst linderndes Mittel ist bei den südamerikan. Indianern sehr verbreitet, die daraus unter Zusatz von Pflanzenasche, Kalk und Wasser Kügelchen kneten, aus denen beim Kauen das Kokain langsam freigesetzt wird.

Kokel *die* (rumän. Târnava), linker Nebenfluss der Maros in Rumänien, rd. 20 km lang; entsteht aus dem Zusammenfluss der **Großen K.** (rumän. Târnava Mare, 226 km) mit der **Kleinen K.** (rumän. Târnava Mică, 196 km). Beide Flüsse entspringen im Harghitagebirge, O-Karpaten, und durchqueren Siebenbürgen in westl. Richtung.

Kokerei, techn. Anlage zur therm. Zersetzung von Kohle unter Luftabschluss (**Verkokung**). Bei niedrigen Temperaturen (um 500 °C) spricht man von **Schwelung.** Große Bedeutung für die Herstellung von Hochofenkoks hat die **Hochtemperaturverkokung** (bei 1000 °C). Produkte der K. sind ↗Koks und K.-Gas, ein v. a. aus Wasserstoff, Methan, Stick- und Kohlen-

Belgien — Deutschland — Frankreich — Großbritannien — Niederlande — USA

Kokarde: Hoheitszeichen an Militärflugzeugen

stoff bestehendes Gas, das für Heizzwecke verwendet werden kann.

Kokille [frz.] *die,* metall. Gussform. (↗Gießverfahren)

Kokken [grch.], Kugelbakterien. (↗Bakterien)

Kökkenmöddinger, ↗Kjökkenmöddinger.

Kokkola (schwed. Gamlakarleby), Stadt in der Prov. Vaasa, Finnland, Hafen am Bottn. Meerbusen, 35 600 Ew. (etwa 19,3 % schwedischsprachig); Buntmetallhütte, Holzexport; Fähre nach Skellefteå. – Klassizist. Rathaus (1845). – 1620 als Stadt gegründet.

Kokkolithen [grch.], ozean., aus Kalk aufgebaute abgestorbene Algen in den Ablagerungen der Tiefsee.

Kokon [koˈkɔ̃, frz.] *der,* Gespinsthülle (oft mit Fremdkörpern wie Erde, Holzspäne u. a.), mit der sich viele Insektenlarven beim Verpuppen umgeben (**Puppen-K.**), auch Gespinst- oder Sekrethülle (**Ei-K.**) zum Schutz der Eigelege (z. B. bei Spinnen, Regenwürmern).

Kokoschka [kɔˈkɔʃka, ˈkɔkɔʃka], Oskar, österr. Maler, Grafiker, Dichter, * Pöchlarn (Bez. Melk) 1. 3. 1886, † Villeneuve (Kt. Waadt) 22. 2. 1980; studierte in Wien, wo er mit Bildnissen und Illustrationen, z. T. zu eigenen Dichtungen, hervortrat, 1919–23 Prof. an der Kunstakademie in Dresden, nach zahlr. Reisen ab 1933 in Wien, 1934 Übersiedlung nach Prag, 1938 Emigration nach London, lebte seit 1953 am Genfer See. K., dessen Werke 1937 als »entartet« aus öffentl. Sammlungen in Dtl. entfernt wurden, gehörte zu den führenden Künstlern des dt. Expressionismus. In seiner von leidenschaftl. Unruhe bewegten Kunst wirkt das österr. Barock fort; er schuf Porträts, Landschafts- und Städtebilder von suggestiv gesteigertem Ausdruck. Seine Dichtung ist getragen von ekstat. Ausbrüchen und bildkräftiger Fantasie.

Kokosfaser (Coir), Fruchtfaser aus der Umhüllung der Kokosnuss, fäulnis- und scheuerfest, wird u. a. zu Matten und Seilen verarbeitet.

Kokosfett, weißes bis gelbl. Fett, das durch Auspressen des Fleisches der Kokosnuss (Kopra) gewon-

Oskar Kokoschka

Oskar Kokoschka: Macht der Musik (1920; Eindhoven, Van Abbemuseum)

Koko Kokosinsel

Kokospalme: Früchte, noch von der äußeren Fruchthülle umgeben

Leszek Kołakowski

nen wird; schmilzt bei 20–23 °C, dient zur Speisefett-, Seifen- und Kosmetikaherstellung.

Kokos|insel (span. Isla del Coco), Insel vulkan. Ursprungs im Pazifik, 24 km²; zu Costa Rica gehörig. Die von trop. Regenwald bedeckte, unbewohnte Insel ist Nationalpark und UNESCO-Welterbe.

Kokos|inseln (engl. Cocos Islands, Keelinginseln), zwei Atolle mit 27 kleinen Koralleninseln im Ind. Ozean, 14 km² groß, (1996) 609 Ew.; Kokospalmenpflanzungen, Flughafen; die Insel North Keeling (120 ha) ist Nationalpark. – Die K., 1609 vom engl. Seefahrer W. Keeling entdeckt, wurden 1857 britisch, seit 1955 unter austral. Verwaltung.

Kokospalme [span.] (Cocos), Fiederpalmengattung mit der einzigen Art K. (Cocos nucifera), durch Kultur im trop. Küstenbereich weit verbreitet. Der bis 30 m hohe Stamm ist durch Blattnarben geringelt. Die Fruchthülle der **Kokosnuss** besteht aus einem trockenhäutigen äußeren Epikarp, einem faserigen, dicken Mesokarp und einem inneren harten Endokarp mit nur einem Samen (Steinkern). Die Samenschale ist sehr dünn; sonst besteht der Samen zum überwiegenden Teil aus Endosperm und einem winzigen, unterhalb einer der drei (dünnwandigen) Keimporen des steinharten Endokarps gelegenen Embryo. Das essbare Endosperm ist in eine feste, ölreiche Phase (**Kopra**) und eine flüssige Phase (**Kokosmilch**) gegliedert. Die Fasern der Fruchtwand werden zur Herstellung von Seilen und Matten verwendet, Endknospen und Blätter als **Palmkohl** gegessen; der nach Abschneiden des Blütenstandes austretende Saft ergibt vergoren **Palmwein.** (↗ Kokosfaser, ↗ Kokosfett)

Koks [engl.] der, schwarzer oder grauer, fester Rückstand der Schwelung (**Schwel-K.**) oder Verkokung von Stein- und Braunkohle, Erdölrückständen (**Petrol-K.**) u. a.; **Hochofen-K.** wird meist durch Hochtemperaturverkokung in Kokereien gewonnen. **Gießerei-K.** dient als Brennstoff zum Schmelzen von Roheisen im Kupolofen, so genannter **EM-K.** elektrometallurg. Zwecken.

Koktschetaw (kasach. Kökschetau), Hptst. des Gebiets K., Kasachstan, 123 400 Ew.; Porzellanfabrik, Apparatebau, Bekleidungsindustrie.

Kokura, ehem. Burgstadt in Japan, ↗ Kitakyūshū.

Kokzidi|en (Coccidia), parasit. ↗ Sporentierchen; häufig im Darmepithel; Erreger der **Kokzidiose**, einer Infektionskrankheit der Jungtiere (Küken, Kanin-chen, Kälber und Lämmer); schädigen die Darmschleimhaut, rufen blutige Durchfälle hervor.

Kola, Halbinsel zw. Weißem Meer und Barentssee, Russland, von Taiga, in höheren Lagen von Tundra bedeckt, rd. 100 000 km². Im N steile Murmanküste, im W das Gebirge **Chibiny** (**Chibinen,** bis 1 191 m ü. M.); bed. Lagerstätten von Nephelin und Apatit, die bei Kirowsk und Nikel abgebaut werden; Holzwirtschaft, Ren-, Pelztierzucht, Wasserkraftwerke, Gezeiten-, nördlich von Kandalaksha Kernkraftwerk; Haupthafen ist Murmansk (ganzjährig eisfrei). Durch umweltbelastende Montanind. und radioaktive Abfälle von U-Booten ökologisch stark gefährdet. – Seit 1970 Forschungsbohrung zur Erkundung der tieferen Erdkruste (bis 1998 knapp 13 000 m Tiefe).

Kolabaum [westafrikan. kola, kolo] (Colabaum, Kolanussbaum, Cola), Gattung der Sterkuliengewächse im trop. Afrika; 6–20 m hohe Bäume. Mehrere Arten werden im Sudan, im trop. Amerika und trop. Asien zur Gewinnung der Samen kultiviert, deren Keimling (**Kolanuss**) bis 3% ↗ Koffein, bis 0,1% Theobromin, etwa 40% Stärke und 4% Gerbstoffe enthält und als Nahrungsmittel bzw. zur Herstellung von Erfrischungsgetränken verwendet wird.

Kołakowski [kɔυa-], Leszek, poln. Philosoph, * Radom 23. 10. 1927; 1953–68 Prof. in Warschau, seit 1970 in Oxford. K. behauptete, gegen die kommunist. Theorie – bes. den Stalinismus – gewendet, in seiner Philosophie des moral. Bewusstseins die Existenz einer autonomen Welt der Werte; auch die revolutionäre Praxis müsse sich an ihnen messen lassen. Hauptwerk: »Die Hauptströmungen des Marxismus. Entstehung, Entwicklung, Zerfall«, 3 Bde. (1976–78). Friedenspreis des Dt. Buchhandels 1977.

Kolář [ˈkɔla:rʃ], Jiří, tschech. Schriftsteller und bildender Künstler, * Protivín (Südböhm. Gebiet) 24. 9. 1914, † Prag 11. 8. 2002; lebte in den 1980er-Jahren im Pariser Exil; bed. Vertreter der experimentellen Dichtung, u. a. Figurengedichte (Dichterporträts), »Rollagen« (in Streifen geschnittene und neu zusammengesetzte Drucke), Glaskästen mit Gegenständen (»Knotengedichte«), lesbare Collagen (»Dny v roce« [Tage im Jahr], 1945; »Das sprechende Bild. Poeme, Collagen, Poeme«), mit Text- und Bildfragmenten aus Zeitungen beklebte Objekte.

Kolar Gold Fields [ˈkəυlɑ: ˈgəυld ˈfi:ldz], Stadt im Bundesstaat Karnataka, Indien, auf dem Dekhan, 144 000 Ew.; früher bed. Goldgewinnung.

Kolarowgrad, 1950–65 Name der bulgar. Stadt ↗ Schumen.

Kolas, Jakub, eigtl. Konstantin Michailowitsch Mizkewitsch, weißruss. Schriftsteller, * Akintschizy (Gebiet Minsk) 3. 11. 1882, † Minsk 13. 8. 1956; Mitbegründer der weißruss. Literatursprache, behandelt in Lyrik und Prosa »Am Scheidewege«, Trilogie 1923–54) folklorist. Themen, auch soziale Probleme.

Kolb, Annette, Schriftstellerin, * München 3. 2. 1870, † ebd. 3. 12. 1967; dt.-frz. Herkunft, emigrierte 1933 nach Paris, 1940 in die USA, 1945 Rückkehr nach Europa; äußerte sich als Essayistin (»13 Briefe einer Deutsch-Französin«, 1916), Biografin (u. a. »Mozart«, 1937) und Übersetzerin zu Zeiterscheinungen und kulturellen Themen; zeitlebens war sie um einen Ausgleich mit Frankreich bemüht. In ihren oft autobiograf. Romanen schildert sie Frauenschicksale (»Das Exemplar«, 1913; »Die Last«, 1918; »Daphne Herbst«, 1928; »Die Schaukel«, 1934); Erinnerungen: »Memento«, 1960.

Kolbe, 1) Georg, Bildhauer, * Waldheim 15. 4. 1877, † Berlin 20. 11. 1947; ging nach seiner Ausbildung als Maler 1897 nach Paris, dann nach Rom (1898–1901), wo er sich unter dem Einfluss von L. Tuaillon und A. Gaul der Bildhauerei zuwandte, lebte seit 1904 meist in Berlin, schuf in Auseinandersetzung mit A. Rodin v. a. Bronzeplastiken, daneben Bildnisse weibl. und männl. Aktfiguren. Das Georg-K.-Museum in Berlin, 1949/50 in seinem Atelierhaus eingerichtet (1996 Erweiterungsbau), betreut seinen Nachlass und zeigt eine Auswahl seiner Plastiken und Aktzeichnungen.

2) **Maksymilian Maria,** eigtl. Rajmund K., poln. Franziskanerkonventuale, * Zduńska Wola 7. 1. 1894, † (ermordet) Auschwitz 14. 8. 1941; wurde 1941 wegen Hilfeleistung für Flüchtlinge (darunter viele Juden) verhaftet und ins KZ Auschwitz gebracht. Er bewahrte einen zum Tode verurteilten Mithäftling, den Familienvater Franciszek Gajowniczek († 1995), vor dem Tod, indem er sich erbot, für ihn zu sterben. – Heiliger, Tag: 14. 8.

3) **Uwe,** Schriftsteller, * Berlin (Ost) 17. 12. 1957; seine Lyrik ist seit dem Debüt »Hineingeboren« (1980) autobiografisch geprägt, die formenreichen Gedichte in teilweise verschlüsselten Bildern thematisieren die Suche nach Herkunft und Lebenssinn (u. a. »Abschiede«, 1981; »Bornholm II«, 1986; »Vaterlandkanal. Ein Fahrtenbuch«, 1990; »Die Farben des Wassers«, 2001). Aufsätze, Reden und autobiograf. Aufzeichnungen vereint der Band »Renegatentermine. 30 Versuche, die eigenen Erfahrungen zu beschreiben« (1998).

Kolben [verwandt mit Keule], 1) *Botanik:* ährigdickachsiger Blüten- und Fruchtstand, z. B. beim Mais.

2) *Chemie:* unterschiedlich geformtes, hitzebeständiges Reaktionsgefäß aus Geräteglas.

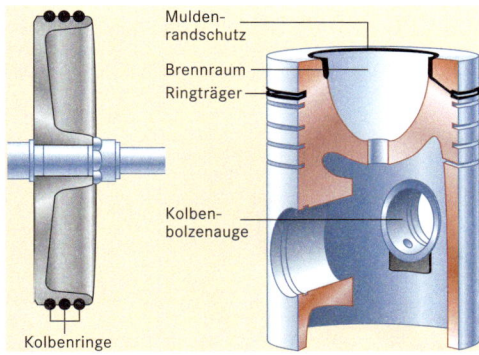

Kolben 3): Scheibenkolben (links) und Kolben eines Dieselmotors mit Brennraum (Muldenkolben) sowie eingegossenem Ringträger und Muldenrandschutz

3) *Maschinenbau:* im Zylinder der K.-Maschinen oszillierendes (Hubkolbenmaschinen) oder sich drehendes (Kreiskolbenmaschinen) Bauteil, das die Volumenveränderung des Arbeitsraums bewirkt. Bei den K.-Kraftmaschinen (Verbrennungsmotor, Dampfmaschine u. a.) wird vom Gas oder Dampf bei der Expansion Arbeit am K. geleistet und die Kraft des Arbeitsmediums auf das Pleuel übertragen und in Bewegungsenergie umgewandelt. Im Ggs. dazu leistet der K. beim Verdichter oder bei der Pumpe (K.-Arbeitsmaschinen) Arbeit am Gas oder einer Flüssigkeit. Scheiben-K. sind meist an der K.-Stange starr befestigt, die mittels Kreuzkopfs geführt ist, z. B. für Dampfmaschinen. Tauch-K. sind am Pleuel gelenkig befestigt, z. B. bei Verbrennungskraftmaschinen und Pumpen (ohne K.-Ringe als Plungerkolben).

4) *Waffentechnik:* Bez. für das verdickte Ende des Schafts bei Gewehren (Anschlagkolben).

Kolbenmaschinen, Maschinen, die mittels volumenveränderl. Räume Gase oder Flüssigkeiten ansaugen, verdichten (bei Gasen) und ausschieben. Die Volumenänderung erfolgt durch ∕ Kolben.

Kolbenpalme (Carludovica), Gattung der Scheibenblumengewächse im trop. Amerika, mit kolbenförmigen Blüten- und Fruchtständen. Die fächerpalmenähnl. **Panamapalme** (Carludovica palmata) liefert Blattstreifen für Panamahüte.

Kolbenwasserkäfer (Hydrophilinae), fast weltweit verbreitete Familie 1–50 mm langer Käfer; Fühler kolbenförmig; leben meist im Wasser. Viele Arten betreiben Brutfürsorge. So spinnt z. B. das Weibchen des **Großen K.** (Hydrous piceus) seine Eier in einen Gespinstkokon (Eierkokon) mit senkrechtem Luftschlot ein. Der Große K. steht unter Naturschutz.

Kolberg, Stadt in Polen, ∕ Kołobrzeg.

Kolbermoor, Stadt im Landkreis Rosenheim, Oberbayern, an der Mangfall, 17 000 Ew.; Textilind., Apparatebau, Werkzeugfabrik. – 1863 entstanden, seit 1963 Stadt.

Kolchis die, fruchtbare Anschwemmungsebene am unteren Rioni, östlich des Schwarzen Meeres, Georgien; einst stark versumpft, heute Anbaugebiet für Tee, Zitrusfrüchte, Maulbeerbäume. – In der grch. Mythologie Heimat der Medea.

Kolchos [Kw., russ. »Kollektivwirtschaft«] *der* (Kolchose), genossenschaftlich organisierter landwirtsch. Großbetrieb (im Ggs. zum ∕ Sowchos) in der UdSSR. Nach 1917 auf der Grundlage der Freiwilligkeit entstanden, seit 1929 durch (Zwangs-)Kollektivierung bäuerl. Einzelwirtschaften, in deren Folge Millionen von Bauern vertrieben wurden und umkamen (∕ Kulak). Der staatseigene Boden wurde den K. zur Nutzung gegen Pflichtablieferungen zu staatlich fixierten Preisen überlassen, Überschüsse zu freien Preisen auf den so genannten Kolchosmärkten verkauft. Das im Rahmen der Reformpolitik M. S. Gorbatschows 1988 verabschiedete Genossenschafts-Ges. schrieb erste Veränderungen fest, z. B. Voraussetzungen für Bildung freier landwirtsch. Genossenschaften, vertragl. Beziehungen der K. zur Ind. u. a. Abnehmern, private Hofwirtschaft, Pacht von Land, Maschinen und Gebäuden innerhalb und außerhalb der K. – Die russ. Reg. fasste 1992 auf der Grundlage eines Präsidentenerlasses einen Beschluss über die Reorganisation von K. und Sowchosen (u. a. Schritte zur Privatisierung von Boden und Immobilien, private, kollektive u. a. Formen der Bodennutzung, aber auch Pflichtablieferungen zur Sicherung der Lebensmittelversorgung).

Koldewey, Carl, Polarforscher, * Bücken (bei Hoya) 26. 10. 1837, † Hamburg 17. 5. 1908; Leiter der ersten (1868) und zweiten (1869–70) dt. Nordpolarexpedition; auf der zweiten, mit den Schiffen »Germania« und »Hansa« unternommen, erkundete er die O-Küste Grönlands zw. 73° und 77° nördl. Breite.

Kolding [ˈkɔlɛŋ], Hafenstadt an der O-Küste Jütlands, Dänemark, 61 100 Ew.; Viehexportmarkt, Schlachtbetriebe; Nahrungsmittel-, Möbel- u. a. Ind. – Burg **Koldinghus** (1248 ff., Museum). – Stadtrecht 1321.

Koleopteren [grch.], die ∕ Käfer.

Kolgujew, russ. Insel in der Barentssee, 3 200 km²; bis 176 m ü. M.; Tundra; Erdölförderung; Rentierzucht der Nenzen; Seevögelkolonien.

Kolhapur [ˈkəʊləpʊə], Stadt im Bundesstaat Maharashtra, Indien, in den W-Ghats, 405 100 Ew.; Univ. (gegr. 1962); Zucker-, Textilind., Maschinenbau.

Kolhörster, Werner, Physiker, * Schwiebus (heute Świebodzin) 28. 12. 1887, † München 5. 8. 1946; entdeckte 1913 unabhängig von V. F. Hess die kosm. Strahlung und wies deren Korpuskularcharakter nach; entwickelte mit W. Bothe die Methode der Koinzidenzmessung.

Kolibakteri|um (Escherichia coli), zur Gattung Escherichia gehörendes gramnegatives (↗ Gramfärbung), bewegl., sporenloses Stäbchen. Die Kolibakterien gehören zur normalen Darmflora; es kommen auch pathogene Vertreter (Krankheitserreger) vor, die z. B. Enteritis, Eiterungen u. a. auslösen; Indikator für Fäkalverunreinigungen von Trinkwasser (Kolititer) und Nahrungsmitteln (↗ Ehec-Bakterien).

Kolibris [karib. »leuchtende Fläche«] (Trochilidae), Familie meist farbenprächtiger Vögel Amerikas mit nur zum Sitzen geeigneten Füßen und z. T. an die Nektarentnahme aus Blütenröhren (gleichzeitig Blütenbestäubung) angepassten Schnäbeln; z. B. Helmkolibri (Oxypogon guerinii), Adlerkolibri (Eutoxeres aquila), Topaskolibri (Topaza pella). K. können mit den Flügeln sehr schnell schlagen (bis 80 Schläge pro Sekunde) und im Schwirrflug sowohl vor- wie rückwärts, auf- und abwärts fliegen und auch an einer Stelle verharren. Zu den K. gehören die kleinsten Vögel, wie etwa die **Bienenelfe** (Calypte helenae) auf Kuba, die 2 g wiegt und die 6 cm lange **Hummelelfe** (Acestrura bombus) aus Ecuador.

Kolibris: Hummelelfe

Kolik [ˈkoːlik, koˈliːk; grch.] *die,* krampfartige, sehr schmerzhafte Kontraktionen eines Hohlorgans (z. B. Gallen-, Nieren-, Darm-K.); oft mit Schweißausbruch und Erbrechen verbunden.

Kolín [ˈkɔliːn] (dt. Kolin), Stadt im Mittelböhm. Gebiet, Tschech. Rep., an der Elbe, 30 900 Ew.; Fachschulen; Elektro-, chem., Nahrungsmittelind., Maschinenbau, Erdölraffinerie, Elbhafen. – Got. Sankt-Bartholomäus-Kirche (1261 ff.), am Marktplatz barocke Bürgerhäuser und Rathaus (1887) der Neurenaissance. – 1261 erstmals erwähnt. – Im Siebenjährigen Krieg besiegten die Österreicher am 18. 6. 1757 bei K. die Preußen (Rückzug Friedrichs d. Gr. aus Böhmen).

Kolitis [grch.] *die* (Colitis), ↗ Darmentzündung.

Kolk [dän. kulk »Rachen«] *der* (Strudeltopf), *Geomorphologie:* durch die Wirkung von im Wasser wirbelnden Steinen und Sandkörnern (**Evorsion**) entstandene Vertiefung (**Auskolkung**) bes. im engen Flussbett, unterhalb von Wasserfällen, an Steilküsten, Gletschersohlen (Gletschermühlen) und hinter Brückenpfeilern.

Kolkata, Stadt in Indien, ↗ Kalkutta.

Kolk|rabe (Corvus corax), bis 64 cm langer und 1,2 kg schwerer Rabenvogel, der sein Nest in unzugängl. Felsen oder auf hohen Bäumen baut; war in weiten Teilen Dtl.s ausgerottet, breitet sich aber zunehmend wieder aus. Vogel mit guter Lernfähigkeit.

kollabieren [lat. collabi »niedersinken«], einen ↗ Kollaps erleiden.

Kollaboration [frz.-lat.] *die,* Bez. für die Zusammenarbeit mit den Kriegsgegner des eigenen Landes; 1940 in Frankreich entstandene Begriff für die polit. Zusammenarbeit mit der dt. Besatzungsmacht. Mit dem Einzug der provisor. Regierung in Paris (Aug. 1944) wurden in Frankreich die **Kollaborateure**, d. h. Politiker, Offiziere, Journalisten, die der Zusammenarbeit mit der dt. Besatzungsmacht beschuldigt wurden, vor Militär- oder Sondergerichte gestellt und zu schweren Strafen verurteilt, v. a. P. Pétain und P. Laval. – Nach der Befreiung von der dt. Besatzungsmacht wurden neben Frankreich auch in einer Reihe weiterer Länder, bes. in Belgien, Jugoslawien (v. a. in Kroatien), den Niederlanden, in Norwegen (↗ Quisling), der Tschechoslowakei, in Ungarn und der UdSSR, Personen der K. beschuldigt und zum Tode oder zu schweren Freiheitsstrafen verurteilt. Unmittelbar nach Abzug der dt. Truppen wurden viele der K. verdächtigte Menschen ohne Verfahren getötet.

Kollage [-ˈlaʒə, frz.], Klebebild, ↗ Collage.

Kollagene [grch.], langfaserige, hochmolekulare Skleroproteine des Stütz- und Bindegewebes (Haut, Knorpel, Sehnen, Knochen), die bis zu 25 % des Gesamtproteins des menschl. und tier. Körpers ausmachen; Ausgangsstoff für Leim und Gelatine.

Kollaps [lat., vgl. kollabieren] *der, Medizin:* Kreislauf-K., rasch einsetzende und kurz dauernde Kreislaufregulationsstörung, bei der die Ausgleichsmöglichkeiten des Organismus nicht mehr ausreichen, um eine genügende Durchblutung der lebenswichtigen Organe zu gewährleisten; hervorgerufen z. B. durch Verletzung, Blutung, Herzinfarkt. Der akute Blutmangel im Gehirn führt hierbei zur Ohnmacht. Vorzeichen sind meist Gesichtsblässe, kalter Schweiß, Schwindelgefühl und Gliedmaßenzittern. Beim *orthostat.* K. kommt es durch abruptes Aufstehen oder nach längerem Stehen zum Absinken des Blutes in die Bein- und Beckenvenen mit Blutdruckabfall. – Die *Behandlung* umfasst Tieflagerung des Kopfes, Gefäßreizung (mit kaltem Wasser) und Anwendung kreislaufanregender Mittel.

Kollar [lat.] *das,* die Brust bedeckendes, meist schwarzes Tuch mit einem weißen, vorn geschlossenen Stehkragen; Bestandteil der Alltagskleidung bes. von kath. und anglikan. Geistlichen.

Kollár [-laːr], Ján, slowak. Dichter und Gelehrter, * Mošovce (bei Nove Mesto nad Váhom, Westslowak. Gebiet) 29. 7. 1793, † Wien 24. 1. 1852; Begründer des romant. Panslawismus; Sonettzyklus »Slávy dcera« (1824), wiss. Werke und Volksliedersammlung.

Kolkrabe

kollateral [lat.], seitlich; auf der gleichen Körperseite befindlich; seitlich angeordnet.

Kollateralkreislauf (Umgehungskreislauf), Blutversorgung eines Organs oder Körperteils über Nebengefäße bei Verschluss des Hauptgefäßes, z. B. durch Embolie, Thrombose.

Kollateralschaden, bei einer militär. Aktion entstehender (schwerer) Schaden, der nicht beabsichtigt ist und nicht in unmittelbarem Zusammenhang mit dem Ziel der Aktion steht, aber dennoch in Kauf genommen wird; von der NATO im Kosovokrieg 1999 gebrauchter Begriff v. a. für die bei den Luftangriffen getöteten Zivilisten.

Kollath, Werner, Hygieniker und Bakteriologe, * Gollnow 11. 6. 1892, † Porza (Kt. Tessin) 19. 11.

1970; gilt als Begründer der modernen Vollwerternährungslehre.

Kollation *die, Erbrecht:* die ↗ Ausgleichungspflicht.

Kollationieren, *graf. Technik:* 1) Kontrolle der Druckbogen auf Vollständigkeit und richtige Reihenfolge vor der Weiterverarbeitung; 2) vergleichende Prüfung eines gedruckten (gesetzten) Textes mit dem Manuskript auf Richtigkeit.

Kolle, 1) Kurt, Psychiater, *Kimberley (Südafrika) 7. 2. 1898, †München 21. 11. 1975, Sohn von 2); verfasste neben einem »Lb. der Psychiatrie« (1939) bed., anthropologisch ausgerichtete Arbeiten auf dem Gebiet der Psychopathologie.
2) Wilhelm, Hygieniker, *Lerbach (heute zu Osterode am Harz) 2. 11. 1868, †Wiesbaden 10. 5. 1935, Vater von 1); Schüler von Robert Koch; entwickelte die Choleraschutzimpfung und verbesserte die Salvarsantherapie.

Kölleda, Stadt im Landkreis Sömmerda, Thür., 6 200 Ew.; elektrotechn. Ind., Heil-, Duft- und Aromapflanzenanbau. – Klosterkirche St. Johannis des ehem. Zisterzienserinnenklosters (um 1300), Pfarrkirche St. Wiperti (um 1720–40, im Kern spätgotisch). – Seit 1392 Stadt.

Kolleg [lat.] *das,* 1) akadem. Vorlesung.
2) Inst. zur Erlangung der Hochschulreife, Einrichtung des ↗ zweiten Bildungswegs. Voraussetzung sind Realschulabschluss oder eine abgeschlossene Berufsausbildung bzw. eine mindestens dreijährige qualifizierte Berufstätigkeit, Eignungsprüfung; Berufstätigkeit während des K.-Besuchs ist nicht zulässig (Vollzeitschule im Unterschied zum Abendgymnasium).

Kollegialgericht, ↗ Kollegialprinzip.

Kollegialprinzip, Verankerung von Entscheidungskompetenzen bei mehrköpfigen, untereinander nicht weisungsgebundenen Gremien; in der Gerichtsorganisation vorherrschend (**Kollegialgericht**), in der öffentl. Verw. vereinzelt anzutreffen.

Kollegschule, Schulart in NRW, die in einem Bildungsgang sowohl berufl. Abschlüsse wie auch das Abitur der allgemein bildenden gymnasialen Oberstufe vergibt; der Schüler kann beide Abschlüsse (heute meist zeitversetzt) erwerben.

Kollekte [lat.] *die,* 1) die Sammlung freiwilliger Geldspenden für kirchl. Zwecke im Gottesdienst; 2) das Tagesgebet, mit dem der kath. Priester die Eröffnung der Messe abschließt.

Kollektiv [lat.] *das,* 1) Gruppe, Team.
2) von ideolog. Grundsätzen im Sinne des ↗ Kollektivismus getragene Produktions- und Arbeitsgemeinschaft; Arbeitsgruppe in sozialist. Ind.betrieben oder landwirtsch. Kolchosen.

Kollektivbewusstsein, soziolog. Begriff (É. Durkheim) für die allen Mitgl. derselben Gesellschaft gemeinsamen Glaubensvorstellungen und Gefühle.

kollektive Sicherheit, ↗ Sicherheitspolitik.

kollektives Unbewusstes, nach C. G. Jung der allen Menschen gemeinsame Teil des ↗ Unbewussten, dessen Inhalte durch Archetypen (Urbilder) strukturiert werden.

kollektives Verhalten, *Sozialpsychologie* und *Gruppensoziologie:* das mehr oder weniger gleichförmige Verhalten von Menschen in größeren Gruppen oder (sporad.) Menschenansammlungen; kann auf gleichartige äußere Reaktionen beschränkt sein, aber auch durch verbindende Ziele und Interessen bestimmt oder durch den Situationsdruck bestimmter Ereignisse (z. B. Naturkatastrophen, gesellschaftl. Notlagen, polit. Krisen) hervorgerufen sein.

Kollektivgesellschaft, Personengesellschaft des schweizer. Rechts, die großenteils der dt. OHG entspricht (Art. 552 ff. OR).

Kollektivierung, Form der Vergesellschaftung von Privateigentum an Produktionsmitteln in kommunist. Staaten, bes. Überführung von privatem landwirtsch. Eigentum in einen kollektiven landwirtsch. Betrieb mit gemeinsamer Bewirtschaftung (↗landwirtschaftliche Produktionsgenossenschaft, ↗Kolchos) sowie Zusammenschluss von Handwerksbetrieben in Produktionsgenossenschaften (PGH).

Kollektivismus *der,* eine Gesellschaftslehre, die auf zwei Grundsätzen aufbaut: 1) Das gesellschaftl. Ganze habe seins-, sinn- und wertmäßig den Vorrang vor dem Individuum. 2) Das Denken und Handeln des Individuums sei ausschl. vom Kollektiv (Gesellschaft, Gruppe, Staat, Partei) her zu bestimmen. Vertreten wird der K. v. a. in einigen Strömungen des Kommunismus, aber auch in nationalist. und faschist. Bewegungen. – Ggs.: ↗ Individualismus.

Kollektivmarke, die für einen rechtsfähigen gewerbl. Verband (auch Dach- und Spitzenverband) eingetragene ↗ Marke (§§ 97 ff. Marken-Ges.).

Kollektivmodell, ↗ Kernmodelle.

Kollektivschuld, der gegenüber einer bestimmten Gruppe oder Gesamtheit erhobene Schuldvorwurf wegen unmoral. oder verbrecher. Handlungen Einzelner oder einer größeren oder repräsentativen Anzahl von Angehörigen dieser Gruppe oder Gesamtheit ohne Rücksicht darauf, ob auch die Übrigen sich durch Mitwirkung, Billigung oder Duldung individuell schuldig gemacht haben. So diente die Vorstellung der K. im MA. zur Begründung der Judenpogrome, die als christl. Vergeltungsaktionen an den »Mördern Jesu Christi« angesehen wurden. – Die Annahme einer K. ist mit einer aufgeklärten Moral nicht vereinbar, die nur eine persönl. Verantwortung und dementsprechend nur einen individuellen Schuldvorwurf anerkennt; so insbesondere im heutigen Strafrecht (↗ Schuld). Der im und nach dem Zweiten Weltkrieg erhobene Vorwurf einer K. des dt. Volkes für die Verbrechen des Nationalsozialismus ist umstritten geblieben. Dies gilt bereits für die grundsätzl. Frage, ob es überhaupt die K. eines Volkes geben kann. – Im ↗Stuttgarter Schuldbekenntnis (1945) drückte die EKD eine gemeinsame, rechtlich aber nicht einklagbare Verantwortung für das im nat.-soz. Dtl. geschehene Unrecht aus (ohne das Wort K. zu verwenden).

Kollektivum [lat.] *das, Sprachwissenschaft:* im Singular stehende Sammel-Bez. für eine Reihe gleichartiger Gegenstände, Lebewesen oder Sachverhalte, z. B. Gebirge, Herde, Wirtschaft, Volk.

Kollektivvertrag, 1) *Arbeitsrecht:* Bestimmungen, die für viele Arbeitsverhältnisse gelten, z. B. ↗ Tarifvertrag und ↗ Betriebsvereinbarung.
2) *Völkerrecht:* ein internat. Vertrag mit mehr als zwei Vertragschließenden zur Schaffung internat. Rechts. Die Satzung (Verf.) einer internat. Organisation ist stets ein Kollektivvertrag.

Kollektor [lat.] *der,* 1) *Elektronik:* Elektrode eines ↗ Bipolartransistors (mitunter auch als K.-Anschluss oder K.-Elektrode bezeichnet).
2) *Elektrotechnik:* der ↗ Kommutator.
3) *Optik:* opt. Element, dem eine abbildende bzw. fokussierende Funktion zukommt; v. a. bei der Mikroskopbeleuchtung als Sammellinse verwendet.
4) *Technik:* ↗ Solarkollektor.

Kollektorschaltung, eine der drei Grundschaltungen des Bipolartransistors mit dem Kollektor als gemeinsamer Bezugselektrode für Eingang und Ausgang der Schaltung. Die K. besitzt einen sehr großen

Eingangswiderstand und einen sehr kleinen Ausgangswiderstand, hohe Stromverstärkung und eine Spannungsverstärkung von ungefähr 1. Da das Emitterpotenzial dem Basispotenzial nachfolgt, wird die K. auch als **Emitterfolger** bezeichnet.

Kollenchym [grch.] *das,* dehnungs- und wachstumsfähiges pflanzl. Festigungsgewebe aus lebenden Zellen, deren Wände teilweise verdickt sind.

Koller [mhd. kollier, gollier, von frz. collier, zu lat. collum »Hals«] (Goller), *Mode:* 1) in der weibl. Oberbekleidung des 15./16. Jh. Schulterkragen oder unter der Brust endende ärmellose Kurzjacke; 2) aus der Soldatenkleidung in die zivile Männerkleidung des 16./17. Jh. übernommenes Lederwams, zuerst ärmellos, später auch langärmelig; 3) Schulterpasse an Jacken und Mänteln.

Alfred Kolleritsch

Koller, Arnold, schweizer. Politiker, *Appenzell 29. 8. 1933; Jurist, 1972 als Mitgl. der CVP (Christlichdemokrat. Volkspartei) in den Nationalrat gewählt; 1987–89 Leiter des Eidgenöss. Militär-, 1989–99 des Justiz- und Polizeidepartements. K. war 1990 und 1997 Bundespräsident.

Kolleritsch, Alfred, österr. Schriftsteller, *Brunnsee (heute in Eichfeld, Bez. Radkersburg) 16. 2. 1931; Gründungsmitgl. der Grazer Künstlervereinigung »Forum Stadtpark«; bes. als Hg. der Literaturzeitschrift »manuskripte« und Förderer junger Talente bedeutend. In seinen Gedichten (»Einübung in das Vermeidbare«, 1978; »Absturz ins Glück«, 1983; »Augenlust«, 1986; »Die Summe der Tage«, 2001) und im erzähler. Werk (»Die grüne Seite«, R., 1974; »Allemann«, R., 1989; »Der letzte Österreicher«, Erz., 1995) gestaltet er die Suche nach individuellen Freiräumen und geistigen Modellen zum Verständnis der Welt.

Kollhoff, Hans, Architekt, *Lobenstein 18. 9. 1946; setzt in seinen Wohnanlagen die eigene, der klass. Moderne verpflichtete Formensprache in Beziehung zu einem urbanen Umfeld, das weitgehend von einer traditionalist. Architektur bestimmt wird (Rathaus von Spandau, Berlin, 1988; Wohnhaus am Luisenplatz in Berlin-Charlottenburg, 1982–88; Kindertagesstätte in Frankfurt am Main, 1988–94).

Kollier [kɔlˈje, frz.] *das* (Collier), Halsschmuck.

Kollimator [lat.] *der,* Gerät zur Erzeugung paralleler Strahlen. Bei Licht oder Teilchenstrahlung nicht zu hoher Energie wird die Strahlungsquelle oder eine als solche wirkende enge Blende (Spalt, Lochblende) in den Brennpunkt einer opt. bzw. elektronenopt. Sammellinse gebracht, die sie ins Unendliche abbildet, sodass die Strahlen das Objektiv parallel verlassen. In der Optik werden K. in Spektralapparaten und für Justierzwecke in Verbindung mit Zielfernrohren benutzt. Bei Röntgen- und energiereicher Teilchenstrahlung, für die es keine Linsensysteme gibt, werden durch hintereinander koaxial aufgestellte Blenden die divergenten Strahlenanteile absorbiert, was zu starken Intensitätsverlusten führt.

René Kollo

kollinear, Bez für drei oder mehrere Punkte, die zus. auf einer Geraden liegen.

Kollisionsnormen [lat.], ∕ internationales Privatrecht.

Kollo, 1) René, Sänger (Tenor), *Berlin 20. 11. 1937, Enkel von 2); tritt bes. als Wagner-Interpret hervor, aber auch in Operettenpartien. Inszenierte 1986 in Darmstadt R. Wagners »Parsifal«.

2) Walter, eigtl. Kollodzieyski, Operettenkomponist, *Neidenburg (heute Nidzica) 28. 1. 1878, †Berlin 30. 9. 1940, Großvater von 1); schrieb Schlager und Operetten: »Wie einst im Mai«, 1913 (darin »Es war in Schöneberg«); »Der Juxbaron«, 1913 (darin

Walter Kollo

»Kleine Mädchen müssen schlafen gehn«); »Die Frau ohne Kuß«, 1924 (darin »Das ist der Frühling von Berlin«).

Kollodium [grch.-lat.] *das* (Collodium), zähflüssige Lösung von **K.-Wolle** (niedrig nitriertes Cellulosenitrat) in einem Alkohol-Äther-Gemisch; wird u. a. verwendet zum Verschluss kleiner Wunden, zur Lack- und Filmfabrikation.

Kolloide [grch.-lat.] (kolloiddisperse oder kolloidale Systeme), fein verteilte Stoffe, ∕ Dispersionen mit Teilchen aus etwa 10^3–10^9 Atomen, deren Größe (Durchmesser von 10^{-5} bis 10^{-7} cm oder 100 bis 1 nm) gerade unterhalb der lichtmikroskop. Sichtbarkeit bleibt und werden in der Molekülabmessungen von niedrig molekularen Stoffen liegt; Licht wird jedoch gestreut (∕ Tyndall-Effekt). Dispersionsmittel und disperse Phase können in K. fest, flüssig oder gasförmig sein. Ist die disperse Phase relativ frei beweglich, so spricht man von einem **Sol,** sind die einzelnen Teilchen dagegen netzartig miteinander verbunden und daher nur schwer gegeneinander zu verschieben, so liegt ein **Gel** vor. Übergänge zw. den beiden Zuständen verlaufen in manchen Fällen reversibel (z. B. Abkühlen oder Erhitzen von Sülze), in anderen lässt sich eine Gelierung nicht mehr ohne weiteres rückgängig machen (z. B. Vernetzung von Polymeren). Kolloidal verteilte Stoffe können bei genügender Größe mit einem Ultra- oder Elektronenmikroskop direkt beobachtet werden; zur indirekten Analyse dienen bes. Streulicht-, Sedimentations- und osmot. Messungen.

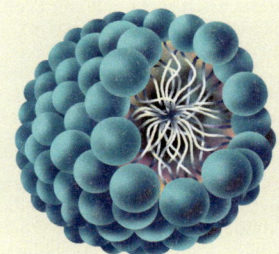
Kolloide: Die hydrophilen Gruppen der Micelle sind als Kugeln eingezeichnet, die hydrophoben Kohlenwasserstoff-Ketten reichen wie bewegliche Wurzeln in das Innere der Micelle.

Man unterscheidet zw. Dispersions-, Assoziations- und Molekül-K.: **Dispersions-K.** entstehen durch geeignete Zerteilung (K.-Mühle, elektr. Zerstäubung, chem. Fällung) der zu dispergierenden Substanzen. Diese K. sind instabil und werden nur durch Solvatation, gleichsinnige elektr. Auflading oder **Schutz-K.** (z. B. ein geeignetes Molekül- oder Assoziations-K.) daran gehindert, in echte Lösungen überzugehen. **Assoziations-K.** entstehen durch Zusammenlagern von Molekülen zu größeren Aggregaten (**Micellen**); das Auftreten derartiger Molekülklumpen stellt häufig eine Folge großer Polaritätsunterschiede innerhalb des assoziierenden Teilchens dar. **Molekül-K.** sind in ihrer Größe bereits durch ihre makromolekulare Struktur (∕ Makromoleküle) weitgehend festgelegt, z. B. Eiweißstoffe, Polysaccharide, Kautschuk.

K. sind von großer prakt. Bedeutung (Emulgatoren, Waschmittel, Polymere, Katalysatoren, Farbstoffe, fotograf. Schichten u. a.). In der Biologie und Medizin spielen sie eine entscheidende Rolle, da ja alle Lebensvorgänge in der kolloiden Phase abspielen. – Begründer der **Kolloidchemie** war der brit. Chemiker T. Graham.

Kolloidkarzinom, der ∕ Gallertkrebs.

Kollontai, Alexandra Michailowna, russ. Theoretikerin und Politikerin, *Sankt Petersburg 31. 3. 1872, †Moskau 9. 3. 1952; schloss sich 1915 den Bolschewiki an; im ersten Kabinett Lenins Volkskommissarin für das soziale Wohl; später Botschafterin in Norwegen, Mexiko und Schweden. – Beeinflusst von A. Bebel und den ∕ Suffragetten, analysierte K. das Verhältnis von Feminismus und Sozialismus: Der Kommunismus könne nur gelingen, wenn ein grundlegender Wandel im Geschlechterverhältnis stattfände.

Kollusion [lat.] *die, Recht:* das unerlaubte, zum Schadensersatz verpflichtende Zusammenwirken mehrerer zum Nachteil eines Dritten, z. B. regelwidrige Absprachen des Vertreters mit einem Geschäftspartner zulasten des Vertretenen.

Kollwitz, Käthe, geb. Schmidt, Grafikerin, Bildhauerin, * Königsberg (heute Kaliningrad) 8. 7. 1867, † Moritzburg (Landkreis Meißen) 22. 4. 1945; 1919–33 Prof. an der Preuß. Akademie der Künste, schuf v. a. Zeichnungen und graf. Folgen, die von tiefem menschl. Mitgefühl und sozialem Engagement für das Proletariat geprägt sind. Radierzyklen (»Ein Weberaufstand«, 1897/98), Holzschnittzyklen (»Der Krieg«, 1922/23); auch – von E. Barlach beeinflusste – bildhauer. Arbeiten, u. a. Gefallenenmal (Vater- und Mutterfigur) bei Diksmuide (Modelle 1924–31, in Granit 1932; 1954 Kopie für Sankt Alban, Köln). 1993 wurde die vierfach vergrößerte Bronzekopie ihrer Kleinplastik »Pietà« (1937) in der Neuen Wache in Berlin als Mahnmal (»Den Opfern von Krieg und Gewaltherrschaft«) aufgestellt. Der Rüdenhof in Moritzburg, ihre letzte Wohnstätte, wurde 1995 als Gedenkstätte eröffnet.

Kolmar, Gertrud, eigtl. Chodziesner, Schriftstellerin, * Berlin 10. 12. 1894, † Auschwitz 1943 (?); als Jüdin 1943 verschleppt und verschollen; schrieb visionäre Naturlyrik und Gedichte über histor. Themen in bildhafter, dunkler Sprache; auch volksliedhafte Töne (»Gedichte«, 1917; »Preuß. Wappen«, 1934; »Welten«, hg. 1947); »Eine Mutter« (Erz., hg. 1965); »Susanna« (Erz., hg. 1993).

Kolmogorow, Andrei Nikolajewitsch, sowjet. Mathematiker, * Tambow 25. 4. 1903, † Moskau 20. 11. 1987; zählt zu den bedeutendsten Mathematikern des 20. Jh., förderte die intuitionist. Logik und begründete mit der von ihm gefundenen Axiomatik des Wahrscheinlichkeitsbegriffs (**K.-Axiome,** 1933) die moderne ∕ Wahrscheinlichkeitsrechnung.

Köln, 1) RegBez. in NRW, 7365 km², 4,31 Mio. Ew.; umfasst die kreisfreien Städte Aachen, Bonn, Köln, Leverkusen und die Kreise Aachen, Düren, Erftkreis, Euskirchen, Heinsberg, Oberberg. Kreis, Rheinisch-Berg. Kreis, Rhein-Sieg-Kreis.

2) kreisfreie Stadt und Verw.sitz von 1), NRW, in der ∕ Kölner Bucht, zu beiden Seiten des Rheins, 967 900 Ew.; Sitz eines Erzbischofs und bed. kulturelles Zentrum; Univ., Dt. Sporthochschule, Kunsthochschule für Medien, Hochschule für Musik, FH, Rheinische FH K.; Forschungsinstitute: Max-Planck-Institute für Gesellschaftsforschung, für neurolog. Forschung und für Züchtungsforschung, Dt. Zentrum für Luft- und Raumfahrt. Bundeswehrstandort. Bundesamt für Verfassungsschutz, Bundesverwaltungsamt, Bundesamt für den Zivildienst, Bundesagentur für Außenwirtschaft, Bundeszentrale für gesundheitl. Aufklärung; Westdt. Rundfunk, Deutschlandfunk, Dt. Welle; Dt. Städtetag, Städtetag NRW, Internat. Handelskammer, Bundesärztekammer, Institut der dt. Wirtschaft u. a. sowie viele diplomat. und konsular. Vertretungen des Auslands. – Kulturelle Einrichtungen: Wallraf-Richartz-Museum, Museum Ludwig, Römisch-German. Museum, Rautenstrauch-Joest-Museum für Völkerkunde, Museum für Ostasiat. Kunst, Schnütgen-Museum, Köln. Stadtmuseum, Museum für angewandte Kunst, Erzbischöfl. Diözesanmuseum, Josef-Haubrich-Kunsthalle (nur für Ausstellungen), zahlr. Kunstgalerien; Oper, mehrere Theater, Puppenspiele, zoolog. und botan. Garten; Sternwarte. Bed. Ind.- und Handelszentrum mit Waren- und Produktionsbörse sowie Fachmessen (Messegelände in Deutz). – Fahrzeug-, Maschinenbau, elektrotechn., chem., pharmazeut., Textil-, Bekleidungs-, Bau-, Nahrungsmittelind., Mineralölverarbeitung, Druckereien, Verlage. – Bed. Verkehrskreuz: acht Brücken über den Rhein, Bahn- und Straßenknotenpunkt, U-Bahn, Binnenhafen, internat. Flughafen K.-Bonn in der Wahner Heide.

Stadtbild: Vom röm. K. sind u. a. Teile der röm. Stadtmauer (um 50 n. Chr.), Reste der Wasserleitung, das Praetorium (1.–4. Jh. n. Chr.; unter dem Neuen Rathaus) erhalten. Die im Zweiten Weltkrieg zerstörten Kirchen sind wiederhergestellt, u. a. der ∕ Kölner Dom, Groß St. Martin (um 1150–1250), Cäcilienkirche (roman. Pfeilerbasilika um 1130–60; seit 1956 Schnütgen-Museum), St. Aposteln (Pfeilerbasilika; 11.–13. Jh.), St. Maria im Kapitol (über dem röm. Kapitolstempel; 1065 geweiht), St. Gereon (spätröm. Kern, 11.–12. Jh.), St. Pantaleon (953–980, mit otton. Westwerk). Von den Profanbauten wurden u. a. restauriert: Altes Rathaus (1360, Rathausturm 1407–14), Außenbau des ∕ Gürzenich (1441–47), roman. Overstolzenhaus (um 1225–30); Stadttore (12./13. Jh.). Moderne Architektur u. a.: Hansa-Hochhaus (1924/25) von J. Koerfer, Messebauten (1926–28) von A. Abel, Museen und Philharmonie östlich des Doms (1982–86) von P. Busmann und G. Haberer, die 1998 eröffnete Kölnarena von P. Böhm, der Neubau des Wallraf-Richartz-Museums von O. M. Ungers (1996–2000). Der 148,5 m hohe »KölnTurm« (Entwurf: J. Nouvel) markiert als »Campanile« den neuen »MediaPark«, der 1988/89–2003 nach einem städtebaul. Konzept vom Büro »Zeidler Grinnell Partnership Architects« unter Beteiligung namhafter Architekten entstand.

Geschichte: 38 v. Chr. siedelte Agrippa am linken Rheinufer die german. Ubier an (**Oppidum Ubiorum,** 50 n. Chr. wurde die Ubierstadt erweitert, befestigt und zur röm. Kolonie (**Colonia Claudia Ara Agrippinensium,** kurz **Colonia Agrippinensis,** später nur: **Colonia**) erhoben; im 4. Jh. Bischofssitz (seit 795 Erzbistum). Mitte des 5. Jh. wurde K. als letzte röm. Festung am Rhein fränkisch und Hptst. der ripuar. Franken. Während der Stadtherrschaft des Erzbischofs 953 bis 1288 kam es zu schweren Auseinandersetzungen mit

Käthe Kollwitz: Der Weberauszug, Radierung aus dem Zyklus »Ein Weberaufstand« (1897/98)

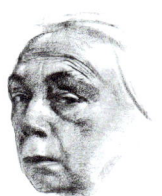

Käthe Kollwitz (Selbstbildnis)

Köln 2) Stadtwappen

Köln | Kölner Bucht

Köln 2): Blick über den Rhein auf den Dom und die aus dem 12./13. Jh. stammende Kirche Groß Sankt Martin (links)

den Bürgern; ab 1288 war K. Reichsstadt. Aufgrund enger Handelsverbindungen mit England wurde K. noch vor Entstehung der Hanse wichtigstes Mitgl. einer Kaufmannsvereinigung in London. 1370/96 verdrängten die Zünfte das Patriziat aus seiner beherrschenden Stellung in der städt. Selbstverwaltung. Die Univ. (1388 gegr., 1798 aufgehoben, 1919 wieder eröffnet) wurde als erste dt. Univ. auf Initiative eines städt. Rats gegründet. 1801 kam K., seit 1794 frz. besetzt, an Frankreich, 1815 an Preußen (Rheinprovinz). Bed. wirtsch. Aufschwung während der Industrialisierung im 19. Jh. 1888 wurde Deutz eingemeindet, 1910 Kalk (seit 1881 Stadt), 1914 Mülheim (seit 1322 Stadt). Im Zweiten Weltkrieg schwere Bombenschäden (72%, Innenstadt über 90%); 1946 zu NRW.

3) Erzbistum und ehem. geistl. Kurfürstentum, eines der ältesten Bistümer (erster Bischof seit 313/314: Maternus) auf dem Boden des späteren Hl. Röm. Reiches, 795 Erzbistum. Ein schmaler linksrhein. Landstreifen bildete seit der 2. Hälfte des 10. Jh. die territoriale Grundlage des Erzstifts (Kur-K.). Seit 1031 war der Erzbischof Erzkanzler für Italien (Grundlage der späteren Kurwürde). Für die Reichspolitik bed. Erzbischöfe (bis 1288 Herrschaft über die Stadt K.) waren u. a. Pilgrim (1021–36) und Anno II. (1056–75). Der Versuch des Erzbischofs Gebhard zu Waldburg, K. in ein weltl. prot. Kurfürstentum umzuwandeln, löste 1582 den **Köln. Krieg** aus, in dem er unterlag. 1801 annektierte Frankreich den linksrhein. Teil des Erzstifts, der rechtsrhein. wurde 1803 säkularisiert. – Zur heutigen Kirchenprovinz K. gehören seit 1821 die Bistümer Münster und Trier, seit 1929 Aachen und Limburg, seit 1957 Essen. Von 1929 bis zu seiner Eingliederung in die neu errichtete Kirchenprovinz Hamburg 1994 gehörte auch das Bistum Osnabrück zur Kirchenprovinz Köln.

Kölner Bucht, der innere Teil der Niederrhein. Bucht zw. dem Horst der Ville und dem Berg. Land, eines der großen Senkungsfelder, die im Tertiär in die dt. Mittelgebirgsschwelle eingebrochen sind; fruchtbarer Löss- und Lehmboden, Acker- und Gartenbau, Braunkohlenbergbau.

Kölner Dom, St. Peter und Maria, die größte got. Kirche Dtl.s (UNESCO-Weltkulturerbe), seit 1248 errichtete fünfschiffige Basilika mit dreischiffigem Querhaus, Umgangschor und Kapellenkranz. Baumeister: Meister Gerardus, Meister Arnold, unter dessen Sohn Johannes 1322 Chorweihe. Um 1400 wurde der Südturm zwei Geschosse, im 14.–16. Jh. Langhaus und Querhaus etwa 15–18 m hochgeführt, aber erst 1842–80 nach ursprüngl. Plan vollendet, ebenso die monumentale W-Fassade (Plan um 1310). Sie erreicht mit ihren zwei hohen Türmen eine Höhe von 157,38 m. Der 1944 schwer beschädigte Bau wurde wiederhergestellt, wobei Fundamente älterer Anlagen aus röm., karoling. und roman. Zeit gefunden wurden. Bed. Ausstattung: Chorgestühl, Chorpfeilerfiguren und Hochaltar (um 1320); Dreikönigsschrein (um 1181–1230; ↗ Drei Könige) und Königsfenster (um 1315–20); Gerokreuz (um 970); Mailänder Madonna (um 1290); »Kölner Dombild« von Stephan Lochner (um 1440) sowie bed. Grabmäler; Schatzkammer.

Kölner Malerschule, Schule der seit etwa 1300 bis ins 16. Jh. in Köln und Umkreis wirkenden Maler, deren Werke einheitl. Stilmerkmale wie Detailfreudigkeit, behutsame Gestaltung der Gesichter, Engel als häufiges Motiv aufweisen. Bekannteste Vertreter: der Anfang des 15. Jh. tätige »Meister der hl. Veronika« und Stephan Lochner sowie mehrere in der 2. Hälfte des 15. Jh. unter niederländ. Einfluss arbeitende Künstler: »Meister der Georgslegende«, »Meister der Verherrlichung Mariä«, »Meister des Marienlebens«, »Meister des Bartholomäusaltars«, »Jüngerer Meister der hl. Sippe« und der »Meister der Ursulalegende«.

Kölner Wirren (Kölner Kirchenstreit), die Auseinandersetzungen zw. dem preuß. Staat und der kath. Kirche 1836–41 über die Frage der Mischehen

Kölner Dom: Luftaufnahme von Nordosten mit Blick auf den gotischen Ostchor (1322 geweiht), Lang- und Querhaus und die westliche Doppelturmfront (1880 vollendet)

und den Hermesianismus (Georg ↗ Hermes). Die K. W. erlebten ihren Höhepunkt 1837 in der Verhaftung des Erzbischofs Droste zu Vischering (* 1773, † 1845). In ihrer Folge führten sie zur Festigung des polit. Katholizismus in Deutschland.

Kol nidre [hebr. »alle Gelübde«] *das,* Name und Anfangsworte des jüd. Gebets, das am Vorabend des Versöhnungstages (Jom Kippur) den Gottesdienst in der Synagoge einleitet; Gott wird darum gebeten, alle persönl. Gelübde, die unwissentlich oder unüberlegt abgelegt wurden, als nichtig zu betrachten.

Kölnischwasser, das ↗ Eau de Cologne.

Kołobrzeg [kɔ'uɔbʒɛk] (dt. Kolberg), Krst. in der Wwschaft Westpommern, Polen, an der Mündung der Persante in die Ostsee, 47 900 Ew.; Seebad und Kurort (Solquellen und Moor); Bootswerften, Fischverarbeitung, elektrotechn., Süßwarenind.; Hochseehafen. – Ehem. got. Kollegiatskirche (1321–31, im 14. Jh. erweitert). – K. erhielt 1255 lüb. Stadtrecht; seit 1284 Hansestadt; fiel 1648 von Pommern an Brandenburg; 1807 verteidigten Gneisenau und Nettelbeck die Stadt sechs Monate erfolgreich gegen die Franzosen; kam 1945 an Polen.

Kolokasi|e *die,* die Pflanzengattung ↗ Taro.

Koloman (Colomannus), irischer Märtyrer, † Stockerau (bei Wien) 17. 7. 1012; wurde während einer Pilgerreise nach Palästina als Spion verdächtigt und erhängt; bis 1663 Landespatron Österreichs. Heiliger, Tag: 13. 10.

Kolomenskoje, Stadtteil im S von Moskau, ehem. Sommerresidenz des Zaren; erhalten sind Kanzleipalast (heute Museum) sowie Tor-, Uhr- und Wasserturm (alle 17. Jh.). Die Himmelfahrtskathedrale (1532) gilt als eine der frühesten Zeltdachkirchen (UNESCO-Weltkulturerbe).

Kolomna, Stadt im Gebiet Moskau, Russland, an der Mündung der Moskwa in die Oka, 151 500 Ew.; Bau von Diesel-, Elektrolokomotiven und Maschinen; Hafen. – Kreml (16. Jh.), Kathedrale (urspr. 14. Jh., 1672 umgestaltet).

Kolon [grch.] *das,* 1) *Anatomie:* ↗ Darm.
2) *Interpunktion:* Doppelpunkt (↗ Satzzeichen, Übersicht).

Kolonat *das* (lat. Colonatus), eine in der späten röm. Kaiserzeit verbreitete Form der Grundhörigkeit, die sich zunächst auf den kaiserl. Domänen, dann auch auf dem privaten Großgrundbesitz findet. Häufig wurden Kriegsgefangene, bes. Germanen, als **Kolonen** angesiedelt (persönlich frei, dinglich unfrei, erblich an die Scholle gebunden und zu Abgaben verpflichtet).

Kolonel [ital. colonella »kleine Säule«] *die, graf. Technik:* Schriftgrad von sieben ↗ typographischen Punkten (etwa 2,5 mm Schrifthöhe).

Kolonialismus *der,* eine auf Erwerb, Ausbeutung und Erhaltung von ↗ Kolonien gerichtete Politik und die sie legitimierende Ideologie; Fremdherrschaft mit spezif. Strukturen.

Der neuzeitl. K. ist eine histor. Begleiterscheinung des entstehenden Kapitalismus und seiner weltweiten Expansion. In den internat. Beziehungen wird mit dem Begriff des K. die Politik zahlr. europ. Staaten, der USA und Japans gegenüber Völkern und Ländern v. a. in Afrika, Asien, Süd- und Mittelamerika vom Ende des 15. und der Mitte des 20. Jh. bezeichnet. In der Zeit des ↗ Imperialismus (seit dem letzten Viertel des 19. Jh.) erlebte der K. seine volle Ausprägung als internat. Kolonialsystem. Die Rivalität der Kolonialmächte führte zu schwerwiegenden Konflikten und gehörte zu den Ursachen der Weltkriege. Mit der Herausbildung der nat. Befreiungsbewegungen und den Erschütterungen der europ. Staatenwelt im Zweiten Weltkrieg verschärfte sich die Krise des K.; weltweit setzte die ↗ Entkolonialisierung ein. Bei direktem polit. Machtverlust konnten die früheren Kolonialmächte sowie die USA ihre wirtsch. Vormachtstellung in der Dritten Welt jedoch weitgehend behaupten (↗ Neokolonialismus).

Geschichte: Im Zeitalter der Entdeckungen (15./16. Jh.) errichteten die damals führenden Seemächte, Portugal und Spanien, später v. a. Großbritannien, Frankreich und die Niederlande, Kolonien in Gebieten außerhalb Europas. Mit der militär. Sicherung, der verkehrsmäßigen Erschließung, der wirtsch. Beherrschung und der rechtl. Anbindung an die Kolonialmacht entwickelten sich – meist unter Anwendung politisch-militär. Gewalt – seit dem 16. Jh. die großen Kolonialreiche. Eng verschmolzen mit dem K. war die Idee der christl. Missionierung; in den span. Kolonien verband sich diese mit einer gewaltsamen »Bekehrung«. Im Zuge einer stärkeren Säkularisierung europ. Denkens verknüpfte sich der Gedanke der Christianisierung seit dem 18. Jh. immer stärker mit dem Motiv der »Modernisierung« der »primitiven« Völker. Eine wichtige Triebkraft des K. war die Minderung des Bev.überschusses europ. Länder durch Auswanderung und Gründung von Siedlungskolonien (bes. in Amerika und Australien); im Verlauf dieser Kolonialisierung wurde die Ur-Bev. zumeist ausgerottet oder gesellschaftlich isoliert. Mit der staatl. Verselbstständigung von Siedlungskolonien entstanden Ende des 18., Anfang des 19. Jh. neue Staaten, bes. auf dem amerikan. Kontinent. Damit setzte eine erste Gegenbewegung ein, die sich im Bereich der europ. Siedlungskolonien während des 19. und beginnenden 20. Jh. fortsetzte. In der Zeit des Imperialismus beteiligten sich neben Spanien, Portugal, Großbritannien, den Niederlanden und Frankreich auch Belgien, das Dt. Reich, Italien, Japan, Russland und die USA am »Wettlauf« um die Aufteilung der Welt.

Mit Ausnahme Lateinamerikas, wo die ehem. Kolonien bereits im 19. Jh. ihre staatl. Selbstständigkeit errungen hatten, geriet das System der direkten Kolonialherrschaft in den Jahrzehnten nach dem Zweiten Weltkrieg im Rahmen einer entscheidend veränderten polit. Weltkonstellation in seine abschließende Krise. Der Übergang der Kolonialterritorien zu nat. Unabhängigkeit verlief seit 1945 phasenweise und regional unterschiedlich; er begann in Asien, setzte sich in den arab. Ländern fort, erreichte in Afrika zu Beginn der 1960er-Jahre seinen Höhepunkt und vollendete sich (abgesehen von einigen Überresten) mit dem Zusammenbruch der port. Kolonialherrschaft in Afrika Mitte der 1970er-Jahre. Das Ergebnis dieses Prozesses war widersprüchlich: Einerseits wurden die neuen Nationalstaaten ein wichtiger Faktor in der Weltpolitik (u. a. blockfreie Staaten), andererseits hinterließ der K. in Form von neokolonialer Abhängigkeit, Armut und Unterentwicklung polit., wirtsch., sozialpsycholog. und kulturelle Strukturen, die für die Dritte Welt als charakteristisch gelten (↗ Nord-Süd-Konflikt).

Kolonialstil, Architekturstil in den Kolonialländern, der mit geringem zeitl. Abstand der Stilentwicklung des kolonisierenden Landes folgte; zwei Hauptgruppen: renaissancistisch-manierist. bzw. barocker Stil in den spanisch- oder portugiesischsprachigen Ländern und der vorwiegend klassizist. Stil der englischsprachigen Länder.

Kolonie [lat. colonus »Feldbauer«] *die,* 1) *Biologie:* die Vergesellschaftung von Einzelorganismen der gleichen Art zu einer Lebensform höherer Ordnung

Kolosseum: Das größte Amphitheater Roms wurde 79/80 eingeweiht.

unter teilweiser oder völliger Aufgabe der Individualität (z. B. Korallenstock). Als K. bezeichnet man auch die zeitlich begrenzten Ansammlungen von Vögeln zur Brut und Aufzucht der Nachkommen (**Brut-K.**), ferner manche Familienstaaten von Insekten, z. B. von Ameisen.

2) Geschichte: die von europ. Staaten in der Neuzeit erworbenen auswärtigen, meist überseeischen Besitzungen.

Typen von Kolonien: **Siedlungs-K.** dienten der Aufnahme von Auswanderern aus dem Mutterland, wobei entweder die Siedler die einheim. Bev. fast ganz verdrängten (Nordamerika) oder als herrschende Schicht den Hauptteil des Wirtschaftsertrags und der polit. Macht in Anspruch nahmen (z. B. Spanisch- und Portugiesisch-Amerika, Französisch-Algerien). Eine Vermischung mit Einheimischen wurde meist abgelehnt. Rassentrennung wurde noch bis 1993 in Südafrika durchgeführt (↗ Apartheid). **Wirtschafts-K.** wurden erworben, um Reichtümer in das Mutterland zu überführen (z. B. Gold aus Spanisch-Amerika), das Mutterland mit Rohstoffen für seine Ind. zu versorgen (z. B. Baumwolle aus Ägypten) und um Absatzmärkte und günstige Investitionsbedingungen für Kapital aus dem Mutterland zu sichern (z. B. Indien im 19. Jh.). **Militär-K.** wurden aus strateg. Gründen angestrebt, bis 1945 v. a. Flottenstützpunkte (z. B. Malta, Gibraltar). **Straf-K.** dienten der Unterbringung von Sträflingen (New South Wales, Cayenne, Neukaledonien).

Geschichte: Schon Phöniker, Griechen, Römer, Chinesen, Araber, Türken u. a. verfolgten eine Politik kolonialer Ausdehnung. Von weltgeschichtl. Bedeutung wurde die neuzeitl. Kolonisation der europ. See- und Handelsmächte, die mit der Entdeckung Amerikas (1492) und der Auffindung des Seewegs nach Ostindien (1498) einsetzte. In vielfältiger Rivalität untereinander schufen sich seit 1500 Portugal, Spanien, Frankreich, die Niederlande und Großbritannien Kolonialreiche; dabei gewannen im 19. Jh. Frankreich und v. a. Großbritannien (↗ Britisches Reich und Commonwealth) eine herausragende Stellung. Erst spät (2. Hälfte des 19. Jh.) traten Belgien, das Dt. Reich und Italien in den Kreis der Kolonialmächte.

Die Tendenz der kolonisierten Völker zur Zusammenarbeit mit den Kolonialmächten fand Ausdruck in der Übernahme von Funktionen im Verw.- und Wirtschaftsbereich sowie in der Annahme von Kulturimpulsen. Dabei entstand eine neue Bildungselite. Widerstand gegen die Kolonialmächte äußerte sich oft in Aufständen, im 20. Jh. auch im passiven Widerstand (M. Gandhi). Versuche revolutionärer Umstürze zielten im 20. Jh. nicht nur auf die Beseitigung der Kolonialherrschaft, sondern auch auf die Umgestaltung der Gesellschaft im Sinn moderner Ideologien. Im Zuge der ↗ Entkolonialisierung sind die K. meist in unabhängige Staaten umgewandelt worden.

Adolf Kolping

Kolpingwerk

Kolonisation *die,* 1) die ↗ innere Kolonisation.
2) die Besiedlung und die Erschließung fremder Gebiete (äußere K.; ↗ Kolonie).

Kolonnade [frz.] *die, Baukunst:* Säulengang mit geradem Gebälk im Unterschied zur ↗ Arkade.

Kolonne [frz. »Säule«] *die,* 1) *allg.:* geordnete Formation.
2) *chem. Technik:* Trennungssäule bei der Destillation oder Extraktion.

Kolophonium [nach der altgrch. Stadt Kolophon] *das,* hellgelbes bis rubinrotes Naturharz; gewonnen als Rückstand der Destillation von Terpentinöl aus Kiefernbalsam, durch Extraktion aus Kiefernwurzelstöcken sowie aus Tallöl. K. besteht v. a. aus Abietinsäure; Verwendung zur Herstellung von Klebstoffen, Lacken und als Bogenharz für Streichinstrumente.

Koloquinte, Art der ↗ Wassermelone.

Koloratur [italien.] *die,* reiche Auszierung der Gesangsstimme mit Figurenwerk und Läufen, die zusammenhängend auf einer Textsilbe ausgeführt werden, bes. bei Arien (**K.-Arie**), wobei die Verzierungen teils vom Komponisten vorgeschrieben, teils vom Sänger improvisiert werden. Man unterscheidet rein virtuose von dramatisch begründeter K. Zum K.-Singen eignen sich bes. Sopranstimmen (K.-Sopran, z. B. Königin der Nacht in W. A. Mozarts »Zauberflöte«).

Kolorimetrie [lat. »Farbmessung«] *die, Chemie:* Verfahren der analyt. Chemie, bei dem die Bestimmung der Konzentration einer farbigen Substanz durch Farbvergleich mit einer Standardlösung derselben Substanz in nicht absorbierenden Lösungsmitteln erfolgt. Der Vergleich ist visuell möglich, wird aber heute i. d. R. mit photometr. Methoden durchgeführt, wobei nicht immer streng zw. K. und ↗ Photometrie unterschieden wird.

Kolorismus [lat.] *der,* Malweise, bei der die Eigenwertigkeit der Farbwirkung als Gestaltungsmittel bestimmend wird.

Kolorit [italien.] *das,* 1) *Malerei:* Farbgebung und -wirkung.
2) *Musik:* durch Instrumentation und Harmonik bedingte Klangfarbe.

Koloskopie [grch.] *die* (Kolonoskopie), Untersuchung des Dickdarms mit einem flexiblen Spezialendoskop (Koloskop); dient zur Gewebeentnahme (u. a. bei Verdacht auf bösartige Tumoren) und zur Durchführung kleiner operativer Eingriffe (z. B. Entfernung von Polypen).

Kolossalordnung, *Baukunst:* zwei oder mehrere Geschosse einer Fassade übergreifende Säulenordnung (bes. im Barock angewendet).

Kolosserbrief, Abk. **Kol.,** im N. T. ein Paulus zugeschriebener, wohl aber von einem seiner Schüler zw. 90 und 100 verfasster Brief an die christl. Gemeinde von Kolossai (Kleinasien). Durch den Einfluss jüd. oder gnost. Vorstellungen auf die Gemeinde veranlasst, betont er den Triumph Jesu Christi als des alleinigen Erlösers über jede Herrschaft und Gewalt.

Kolosseum [mlat. nach dem damals dort noch erhaltenen Koloss des Nero] *das* (italien. Colosseo, Coliseo), das größte Amphitheater Roms und der antiken Welt, unter Vespasian begonnen und, noch unvollendet, von ihm 79 n. Chr. und nochmals von Titus 80 n. Chr. eingeweiht; ein viergeschossiger ellipt. Bau

Kolumbien

Fläche:	1 141 748 km²
Einwohner:	(2001) 42,803 Mio.
Hauptstadt:	Bogotá (Santa Fe de B.)
Verwaltungsgliederung:	32 Dep. und der Hauptstadtdistrikt
Amtssprache:	Spanisch
Nationalfeiertag:	20. 7.
Währung:	1 Kolumbian. Peso (kol$) = 100 Centavo (c, cvs)
Zeitzone:	MEZ − 6 Std.

(Längsachse: 188 m, Höhe: 48,5 m) mit etwa 45 000 Sitz- und 4000–5000 Stehplätzen. Gladiatorenkämpfe fanden zuletzt im Jahr 403, Tierhetzen bis 523 statt. Im 12. Jh. in die Burg der Frangipani einbezogen, diente es lange als Festung, später als Steinbruch, bis es 1749 als Märtyrerstätte geweiht wurde. Im Juli 2000 wurde das K. nach umfangreicher Restaurierung als Theaterstätte wieder eröffnet.

Koloss von Rhodos, von Charos von Lindos um 300 v. Chr. in Bronze gegossene, etwa 32 m hohe Statue des Sonnengottes (Helios) am Hafen von Rhodos, um 225 v. Chr. durch Erdbeben umgestürzt und zerstört; gilt als eines der sieben Weltwunder.

Kolostrum [lat.] *das* (Erstmilch, Vormilch), vor und in den ersten Tagen nach der Geburt abgesonderte Milch; unterscheidet sich von der normalen Muttermilch durch höheren Gehalt an Proteinen und Vitaminen. Bei Säugetieren auch **Biestmilch** genannt.

Kolozsvár [ˈkoloʒvaːr], ungar. Name der rumän. Stadt / Klausenburg.

Kolping, Adolf, kath. Theologe, *Kerpen 8. 12. 1813, †Köln 4. 12. 1865; Schuhmachergeselle, seit 1845 Priester; entwickelte aus dem 1846 von Johann Gregor Breuer in Elberfeld gegründeten »Kath. Gesellenverein« das / Kolpingwerk. – Seliger; Tag: 4. 12.

Kolpingwerk (Internationales Kolpingwerk), auf A. Kolping zurückgehende internat. Bildungs- und Aktionsgemeinschaft kath. Laien. Ziel des K., das früher nur Handwerksgesellen betreute (heute alle Ausbildungsberufe), ist es, den Mitgl. soziale, berufl., mus. und polit. Bildung zu bieten. Sitz: Köln; weltweit rd. 450 000 Mitglieder.

Kolpitis [grch.] *die,* die / Scheidenentzündung.

Kolportage [-ˈtaːʒə; frz. colportage »Hausierhandel«] *die,* literarisch minderwertiger, auf billige Wirkung abzielender Bericht. Ein K.-Roman ist ein anspruchsloser Sensationsroman. Im übertragenen Sinne meint K. die Verbreitung von Gerüchten.

Kolposkopie [grch.] *die,* Untersuchung der Scheidenschleimhaut des Gebärmutterhalses mit dem **Kolposkop,** einem binokularen Vergrößerungsgerät (10- bis 30fach) mit Beleuchtungsvorrichtung zur Erkennung krankhafter Gewebeveränderungen (Krebsfrüherkennung); meist verbunden mit der Entnahme einer Gewebeprobe (Abstrich).

Kolpozytologie, Beurteilung des von der seitl. Scheidenwand entnommenen Zellabstrichs; dient zur Krebsfrüherkennung und zur Beurteilung der hormonellen Einflüsse auf die Scheidenschleimhaut.

Kölsch [rhein. kölsch »kölnisch«] *das,* obergäriges, kohlensäurearmes Kölner Weißbier; schon 1414 ausgeschenkt.

Koltès [-ˈtɛz], Bernard-Marie, frz. Schriftsteller, *Metz 9. 4. 1948, †Paris 15. 4. 1989. K.' Stücke, die v. a. durch Inszenierungen von P. Chereau bekannt wurden, kreisen um Randexistenzen der Gesellschaft (u. a. »Kampf des Negers und der Hunde«, 1980; »Rückkehr in die Wüste«, 1988).

Koltschak, Alexander Wassiljewitsch, russ. Admiral, *Petersburg 16. 11. 1874, †(erschossen) Irkutsk 7. 2. 1920; befehligte 1916/17 die Schwarzmeerflotte; bildete 1918 in Sibirien eine antibolschewist. Armee und beherrschte als Diktator (Reichsverweser) zeitweise von Omsk aus das fernöstl. Russland. Seine Truppen wurden schließlich von der Roten Armee besiegt.

kolumbianische Literatur, zählt zur lateinamerikan. Literatur in span. Sprache. Den Übergang von der Neoklassik zur Romantik bilden die Werke von J. G. Ortiz (*1814, †1892). Romantiker waren J. E. Caro (*1817, †1853), R. Pombo (*1833, †1912), R. Núñez (*1835, †1894) und M. A. Caro (*1843, †1909). Den Modernismus in der Lyrik vertraten G. Valencia (*1873, †1943), M. A. Osorio (*1883, †1942) und in der Prosa J. M. Vargas Vila (*1860, †1933). Realistische regionalist. Romane schrieben T. Carrasquilla (*1858, †1940) und J. E. Rivera (*1889, †1928). Avantgardist. Tendenzen setzten sich durch mit den Werken von L. de Greiff (*1895, †1976) und J. Zalamea (*1905, †1969). Zu den bedeutendsten Schriftstellern der Gegenwart gehören u. a. E. Caballero Calderón (*1910, †1993), G. García Márquez (Nobelpreis für Literatur 1982) und M. Mejia Vallejo (*1923, †1998), in der Lyrik J. Ibáñez (*1919), Á. Mutis (*1923), J. García Maffla (*1944).

Kolumbi̩en (amtlich span. República de Colombia), Staat im NW Südamerikas, grenzt im W an den Pazifik, im NW an Panama, im N an das Karib. Meer, im NO und O an Venezuela, im SO an Brasilien, im S an Peru und Ecuador. Zu K. gehören auch die rd. 200 km vor der Küste Nicaraguas liegenden Inseln Isla de San Andrés, Isla de Providencia und Cayos de Albuquerque, die zus. ein Dep. bilden, sowie die 2 km² große unbewohnte Pazifikinsel Malpelo.

Staat und Recht

Nach der Verf. vom 6. 7. 1991 ist K. eine präsidiale Rep. Staatsoberhaupt, Reg.chef und Oberbefehlshaber der Streitkräfte ist der auf 4 Jahre direkt gewählte Präs. (Wiederwahl nicht möglich). Die Legislative liegt beim Zweikammerparlament, bestehend aus Senat (102 Mitgl., davon 2 indian. Einheimische) und Abg.haus (165 Abg., davon 4 für ethn. Minderheiten und Auslandskolumbianer reserviert), jeweils für 4 Jahre gewählt. Einflussreichste Parteien: Liberale Partei (PL), Konservative Partei (PC), Bewegung für einen radikalen Wechsel (CR), Bewegung der liberalen Öffnung (AL) sowie das Kleinparteienbündnis »Coalición«.

Staatswappen

internationales Kfz-Kennzeichen

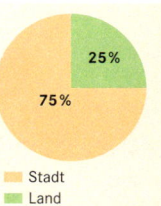

Bevölkerungsverteilung 2000

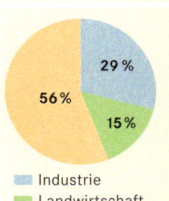

Bruttoinlandsprodukt 2000

Kolu Kolumbien

Landesnatur

Kernraum des Staates sind die Anden, die sich im S (Gebirgsknoten: Nudo de Pasto) in drei Gebirgsketten teilen: in die Ostkordillere (Nevado del Cocuy, 5493 m ü. M.) mit ausgedehnten Hochbecken (u. a. Sabana de Bogotá) in 2500–2800 m ü. M., die Zentralkordillere mit jungen, z. T. tätigen Vulkanen (Nevado del Huila, 5500 m ü. M., Nevado del Tolima, 5215 m ü. M., Nevado del Ruiz, 5400 m ü. M.) und die Westkordillere (Cumbal, 4764 m ü. M.). Den tiefen Talfurchen (Grabenbrüchen) zw. den Gebirgszügen folgen die Hauptströme (Río Magdalena, Río Cauca, Río Atrato) zum Karib. Meer. Den O und SO K.s nehmen Tiefländer ein, mit Feuchtsavannen (Llanos) im N, trop. Regenwald im S. Aus dem Tiefland an der karib. Küste erhebt sich der isolierte Gebirgsstock der Sierra Nevada de Santa Marta mit der höchsten Erhebung des Landes (Pico Cristóbal Colón, 5775 m ü. M.); im NW des pazif. Küstentieflands die Küstenkordillere (bis 1810 m ü. M.). Das Klima ist tropisch; wesentl. Temperaturunterschiede ergeben sich durch die Höhenstufung (↗Tierra); Schneegrenze bei 4600 bis 4800 m ü. M. Hohe Niederschläge erhalten die pazif. Küstenebene, die W-Abdachung der Westkordillere und das südöstl. amazon. Tiefland; bes. trocken das nordöstl. Küstentiefland. Die Bev. lebt v. a. in der Tierra fría (etwa 2000–2800 m ü. M.).

Bevölkerung

Überwiegend Mischlinge (fast 60% Mestizen, 14% Mulatten), 20% Weiße, 4% Schwarze (v. a. im pazif. Küstentiefland), weniger als 2% Indianer (v. a. Península de Guajira, östl. und pazif. Tiefland, Westkordillere). K. ist nach Brasilien und Mexiko das bevölkerungsreichste Land Lateinamerikas. Am dichtesten

Kolumbien: Berglandschaft der Sierra Nevada de Santa María

besiedelt sind die Hochbecken und Gebirgstäler; 15% der Bev. leben in und um Bogotá; die Tiefländer im O sind fast menschenleer (auf 58% der Landesfläche nur 4,5% der Bev.). Drei Viertel der Bev. leben in Städten (allein fast 30% in den 4 Millionenstädten), oft über 50% der Bewohner in inner- und randstädt. Elendsvierteln (Tugurios). Die Zuwachsrate der Bev. ist rückläufig (rd. 2%/Jahr). – Rd. 93% der Bev. gehören der kath. Kirche an, über 3% versch. prot. Kirchen. – Es besteht eine neunjährige allg. Schulpflicht ab dem 6. Lebensjahr; dieser vorgeschaltet ist eine einjährige obligatorische Vorschule. Die Analphabetenquote beträgt 8%.

Wirtschaft, Verkehr

Nach seinem Bruttonationaleinkommen (BNE) je Ew. zählt K. innerhalb Lateinamerikas zu den Ländern mittleren ökonom. Entwicklungsniveaus. Die Wirtschaftsstruktur des Landes hat sich seit Beginn der Industrialisierung erheblich verändert. Die Bedeutung der Landwirtschaft ist stetig gesunken, während Ind. und insbes. der Dienstleistungssektor ihren Anteil am Bruttoinlandsprodukt (BIP) wie auch an den Beschäftigten deutlich steigern konnten. – Die Landwirtschaft beschäftigt rd. 23% aller Erwerbstätigen. Etwa 44% der Gesamtfläche werden landwirtsch. genutzt. Wichtigstes Markterzeugnis ist Kaffee, der in Höhen zw. 600 und 1600 m ü. M. v. a. in Klein- und Kleinstbetrieben angebaut wird; rd. 85% der Ernte werden exportiert. K. erzeugt 10–15% der Weltproduktion und steht damit hinter Brasilien an 2. Stelle. Neben Kaffee bauen die Kleinbetriebe Kartoffeln, Getreide, Hülsenfrüchte, Obst und Gemüse zur Selbstversorgung und lokalen Marktbelieferung an, während in Mittel- und Großbetrieben Baumwolle, Zuckerrohr, Bananen, Tabak, Reis und seit 1974 Schnittblumen für den Export produziert werden. Große Bedeutung haben illegale Produktion und Handel mit Marihuana und Kokain (v. a. aus peruan. und bolivian. Rohmaterial), deren Umsatz wahrscheinlich den Wert der legalen Exporte K.s übertrifft. Die Kokainkartelle von Medellín und Cali haben großen Einfluss in Wirtschaft, Politik und Verw. gewonnen. Neben bed. Erdöl- und Erdgaslagerstätten besitzt K. die größten Steinkohlevorkommen Lateinamerikas (bes. auf der Halbinsel La Guajira, Abbau v. a. für den Export). Weiterhin wichtig sind die Vorkommen an Edelmetallen (Gold [größter Förderer

Lateinamerikas], Silber, Platin), Smaragden (weltweit führender Produzent), Eisen-, Nickel-, Kupfererzen und Steinsalz. Die Ind. wurde nach dem Zweiten Weltkrieg ausgebaut und weist seit Jahren eine wachsende Produktion auf. Hauptindustriezweige sind die Nahrungsmittel-, Textil- und chem. Ind. Der Fremdenverkehr ist durch die Guerillatätigkeit beeinträchtigt. Hauptanziehungspunkte sind die Karibikküste (einschl. Isla San Andrés), die präkolumb. Stätten im Hochland sowie die Städte Bogotá und Cartagena. Exportiert werden v. a. Erdöl und -produkte, Kohle, Kaffee, Bananen, Blumen und Industrieerzeugnisse. Haupthandelspartner sind die USA, Venezuela, Mexiko, Brasilien, Ecuador und Dtl. – Wegen der geograph. Bedingungen hat der Luftverkehr große Bedeutung. Die Eisenbahn verfügt über Strecken von 3 300 km, die aber nur teilweise genutzt werden; die Beförderungsleistung ist stark rückläufig. Straßenlänge: 115 000 km (davon 11 700 km asphaltiert und 4 800 km befestigt), z. T. als Carretera Panamericana. Wichtige Binnenwasserstraße ist der Río Magdalena (rd. 1 500 km schiffbar). Wichtigste Seehäfen sind Buenaventura (rd. 50% aller Ein- und Ausfuhren) am Pazifik, Barranquilla, Cartagena und Santa Marta sowie Puerto Bolívar (Kohle) an der Karibik; internat. Flughäfen in Bogotá, Medellín, Cali, Barranquilla, Cartagena und auf der Isla San Andrés.

Geschichte

Die Küste K.s wurde 1499 durch A. de Hojeda und A. Vespucci entdeckt. 1536–39 unterwarf G. Jiménez de Quesada die kleinen Reiche der ↗ Muisca und begründete das Generalkapitanat Neugranada. Es wurde 1739 ein Vizekönigreich, das die heutigen Staaten K., Ecuador, Panama und Venezuela umfasste. Das Land lieferte v. a. Gold nach Spanien. Die span. Herrschaft wurde im Unabhängigkeitskampf 1810–19 unter der Führung S. Bolívars beseitigt; er gründete die Rep. Groß-K. (etwa identisch mit Neugranada). 1829/30 zerfiel dieser Staat in die Republiken K., Ecuador und Venezuela. Nach der Präsidentschaft F. Santanders (1833–37) folgten Jahrzehnte der Instabilität und der Kämpfe um eine zentralist. oder föderalist. Staatsform. 1886 wurde durch eine Verf. der Einheitsstaat wiederhergestellt, doch mündeten Spannungen zw. Liberalen und Konservativen in einen Bürgerkrieg (1899–1901). Da K. den Bau des Panamakanals ablehnte, erklärte die Prov. Panama 1903 auf Drängen der USA ihre Unabhängigkeit. Nach jahrzehntelanger konservativer Herrschaft übernahmen 1930 die Liberalen die Reg. Sie leiteten wirtsch. und soziale Reformen ein, aber die Spaltung der Partei brachte den Konservativen 1946 die Macht zurück. Die sozialen Konflikte eskalierten 1948 in einen Bürgerkrieg, der bis 1958 200 000 Opfer forderte. Nach einem Militärputsch einigten sich im Dez. 1957 Liberale und Konservative in einer »Nat. Front« (FTN), die die Macht paritätisch verteilte; die Präs. wurden im Wechsel gestellt. 1974 löste sich die FTN auf; bei den ersten freien Präsidentschaftswahlen siegte der Liberale A. López Michelsen. Die weiterhin ungelösten wirtsch. und sozialen Probleme führten ab 1975 wieder zu Unruhen, die durch spektakuläre Aktionen der Stadtguerilla und harte Polizeigewalt verstärkt wurden. Zunehmend war auch die internat. Drogenmafia in die Auseinandersetzungen verwickelt. Der liberale Präs. V. Barco (1986–90) bekämpfte sie zwar, auch mithilfe der USA, doch eskalierte der Terror im Präsidentschaftswahlkampf 1989/90, bei dem drei Kandidaten ermordet wurden. Präs. C. Gaviria Trujillo (PL; 1990–94) und sein Nachfolger, E. Samper Pisano (PL; 1994–98), bemühten sich, das Land zu befrieden und die Drogenkartelle zurückzudrängen, doch blieb das öffentl. Leben von brutalen Auseinandersetzungen zw. Guerilla, Drogenkartellen und Staatsgewalt bestimmt. Seit 1995 waren das innenpolit. Klima und die Beziehungen zu den USA schwer belastet, da dem Präs. vorgeworfen wurde, seinen Wahlkampf aus Gewinnen des Drogengeschäfts finanziert zu haben. Der 1998 gewählte Präs. A. Pastrana Arango (PC) verstärkte die Anstrengungen um die Befriedung des Landes (Einrichtung einer entmilitarisierten Zone, Verhandlungen mit den großen Guerillaorganisationen, auch unter Einbeziehung europ. Länder). So konnten sich schließlich im Jan. 2002 die Reg. und die größte Guerillaorganisation FARC (Fuerzas Armadas Revolucionarias de Colombia) auf ein Waffenstillstandsabkommen einigen, das urspr. bis zum 7. 4. 2002 unterzeichnet werden sollte. Nach zahlr. Attentaten und Anschlägen der FARC und schließlich der Entführung eines Passagierflugzeugs durch mutmaßl. FARC-Rebellen erklärte jedoch Präs. Pastrana Arango am 20. 2. 2002 den Friedensprozess für gescheitert. Zugleich wurde die im S des Landes den FARC überlassene neutrale Zone von Reg.truppen militärisch besetzt. Da Pastrana Arango nicht mehr kandidieren konnte, wurde im Mai 2002 Álvaro Uribe Vélez (PL), der jedoch als unabhängiger Kandidat antrat, zum neuen Staatspräs. gewählt. Unter internat. Vermittlung (auch durch die UN) will er den seit Jahrzehnten andauernden Bürgerkrieg zu beenden versuchen, der bislang schätzungsweise 200 000 Menschenleben forderte.

Kolumbus ergreift Besitz von der Insel Hispaniola (Darstellung von Johann Theodor de Bry, veröffentlicht 1594).

Kolumbus (Columbus), Christoph, italien. Cristoforo Colombo, span. Cristóbal Colón, genues. Seefahrer in span. Diensten, *Genua zw. 25. 8. und 31. 10. 1451, †Valladolid 20. 5. 1506; wollte, bestärkt durch den Florentiner Astronomen P. Toscanelli, Indien auf dem Westweg über den Atlant. Ozean erreichen. Da die portugies. Krone 1484 die Unterstützung verwehrte, wandte sich K. nach Spanien, wo es ihm aber erst am 17. 4. 1492 gelang, mit den span. Herrschern Isabella und Ferdinand II. einen Vertrag zu schließen. Zu seiner **1. Reise** (3. 8. 1492–15. 3. 1493) brach K. als Großadmiral und Vizekönig der zu entdeckenden Länder mit den Karavellen »Santa Maria«, »Pinta« und »Niña« von Palos aus auf und er-

Kolu Kolumne

Die Reisen des Kolumbus

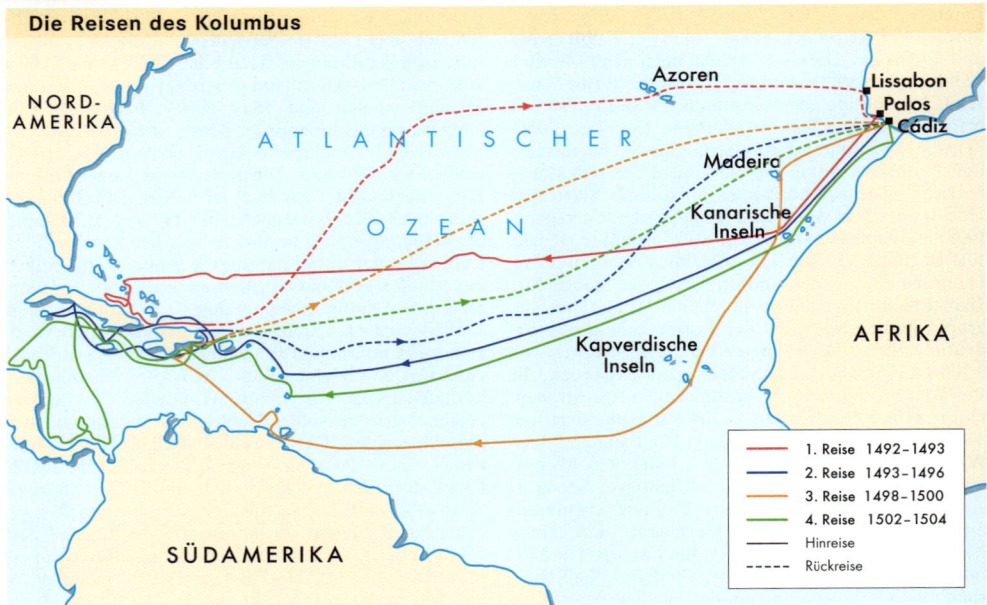

1. Reise 1492–1493
2. Reise 1493–1496
3. Reise 1498–1500
4. Reise 1502–1504
— Hinreise
--- Rückreise

reichte am 12. 10. 1492 eine von den Einheimischen Guanahani genannte Bahamainsel (vielleicht San Salvador); er entdeckte am 27. 10. Kuba, am 6. 12. Hispaniola, wo er eine Niederlassung gründete. Auf seiner **2. Reise** (25. 9. 1493–11. 6. 1496) mit 17 Schiffen und etwa 1 500 Mann fand K. im Nov. 1493 die Kleinen Antillen und Puerto Rico, im Mai 1494 Jamaika. 1496 kehrte er wegen Missstimmung unter den Siedlern auf Hispaniola und unter seinen Begleitern nach Europa zurück. Während seiner **3. Reise** (30. 5. 1498–25. 11. 1500) mit sechs Schiffen entdeckte K. das südamerikan. Festland an der Orinocomündung und die Insel Trinidad; aufgrund von Anschuldigungen der Siedler wurde er durch den 1500 von der Krone entsandten F. Bobadilla in Ketten nach Spanien gebracht, konnte sich dort aber rechtfertigen. Mit vier Schiffen trat er seine **4. Reise** (11. 5. 1502–7. 11. 1504) an, auf der er bei Honduras das mittelamerikan. Festland erreichte und vergeblich eine Durchfahrt nach dem Meer im W suchte; er musste umkehren, erlitt an der Küste Jamaikas Schiffbruch und traf schließlich 1504 krank in Spanien ein. – K. starb in dem Glauben, den westl. Seefahrtsweg nach Indien gefunden zu haben (daher die Bezeichnungen »Westind. Inseln« und »Indianer«). Obwohl K. nicht als erster Seefahrer Amerika erreicht hatte (vor ihm u. a. die Wikinger unter Leif Eriksson um 1000), gilt er als der eigentl. Entdecker dieses Kontinents, dessen Erschließung und Eroberung durch europ. Mächte (zunächst Spanien und Portugal) er einleitete. Seine Reisen brachten zahlr. neue geograph. Kenntnisse und standen am Beginn des »Zeitalters der großen Entdeckungen«.

Kolumne [lat. »Säule«] *die,* **1)** *graf. Technik:* der auf die richtige Seitenhöhe umbrochene Schriftsatz, die Seite einer Druckform.
2) *Presse:* kurzer Meinungsartikel vom Umfang einer Druckspalte, der regelmäßig unter gleich bleibender Überschrift, an gleicher Stelle in der Zeitung oder Zeitschrift erscheint.

Kolumnist *der,* Verfasser einer Kolumne.

Koluren [grch.], *Astronomie:* zwei durch die Himmelspole gelegte Großkreise, die durch die Pole der Ekliptik und die Solstitialpunkte (**Solstitial-K.**) oder die Äquinoktialpunkte (**Äquinoktial-K.**) gehen.

Kolwezi [-z-], Bergbaustadt in SW-Shaba, Demokrat. Rep. Kongo, 1 443 m ü. M., 776 000 Ew.; kath. Bischofssitz; Abbau von Kupfer- und Kobalterzen; Kupfererzaufbereitung und Kupferraffinerie (erzeugt Elektrolytkupfer), Zinkhütte (Nebenprodukt: Cadmium).

Kolyma *die,* Fluss in NO-Sibirien, Russland, 2 129 km lang, entspringt mit zwei Quellflüssen im Tscherskigebirge, mündet mit Delta in die Ostsibir. See (Nordpolarmeer); auf 2 000 km schiffbar. Am Oberlauf Wasserkraftwerk (3 500 MW) und Goldfelder.

kom... [lat. »zusammen«], Nebenform von /kon... vor Wörtern, die mit b, p oder m beginnen: z. B. »Kommentar«.

Koma [grch. »tiefer Schlaf«] *das,* länger dauernde, tiefe Bewusstlosigkeit ohne Reaktion auf Weckreize, bei massiven Stoffwechselstörungen (Diabetes, Urämie u. a.), Vergiftungen (z. B. durch Schlafmittel, Alkohol), Gehirnblutungen oder z. B. Hirntumoren.

Koma [grch. kómē »Haar«] *die,* **1)** *Astronomie:* /Kometen.
2) *Optik:* ein /Abbildungsfehler.

Komanen, Nomadenvolk, /Kumanen.

Komantschen, Indianer, /Comanchen.

Komárno [ˈkɔmaːrnɔ] (dt. Komorn), Stadt und Donauhafen im W der Slowakei, an der Mündung der

Waagdonau in die Donau, 37 900 Ew.; Großmühlen, Werft; Umschlagplatz, durch Straßen- und Eisenbahnbrücke mit Komárom, Ungarn, verbunden. – Bis 1920 ungarisch; die ehem. Festung K. verteidigte sich im ungar. Freiheitskampf 1848/49 erfolgreich gegen Österreich.

Komárom ['koma:rom] (dt. Komorn), ungar. Stadt an der Donau, 19 600 Ew.; Leinen- und Hanfind.; Thermalbad; Donauhafen. – Bis 1920 ein Außenbez. der damals ungar. Stadt Komárno auf dem gegenüberliegenden Donauufer.

Kombattanten [frz., zu combattre »kämpfen«], die nach Völkerrecht zur Durchführung von Kampfhandlungen in internat. bewaffneten Konflikten allein berechtigte Personengruppe. Nach der Haager Landkriegsordnung zählen dazu neben den Streitkräften auch die zur »kämpfenden Bev.« gehörenden Personen, die die Vorschriften des Kriegsrechts einhalten.

Kombilohn, Bez. für einen (niedrigen) Lohn, der mit einem staatl. Zuschuss kombiniert ist. Ziel einer derartigen Lohnsubventionierung ist es, den Abstand zw. Arbeitslosen- und Sozialhilfe und unteren Einkommensgruppen zu vergrößern und damit einen Anreiz zur Aufnahme einer Beschäftigung zu bieten. Eine Form des K. ist die ↗ Arbeitnehmerhilfe.

Kombinat [lat.] *das,* in der DDR u. a. sozialist. Ländern grundlegende Wirtschaftseinheiten in der Industrie, im Bau- und Verkehrswesen sowie in der Landwirtschaft; seit den 50er-Jahren durch Zusammenschluss von juristisch und ökonomisch selbstständig bleibenden volkseigenen Betrieben versch. Produktionsstufen unter Leitung eines Stammbetriebes gebildet. In der DDR waren die Kombinate hinsichtlich Planung und Leitung entweder den Industrieministerien **(zentral geleitete K.)** oder dem Rat eines Bezirks **(bezirksgeleitete K.)** unterstellt. Ab Mitte 1990 wurden die (172 zentral geleiteten und 143 bezirksgeleiteten) K. in Kapitalgesellschaften umgewandelt und der Treuhandanstalt zur Privatisierung unterstellt.

Kombination [lat.] *die,* **1)** *allg.:* Verknüpfung, Zusammenfügung, Verbindung, **2)** *Mathematik:* ↗ Kombinatorik. **3)** *Sport:* 1) in Sportspielen das Zusammenwirken der Spieler; 2) die Verbindung mehrerer Übungen zu einer Gesamtübung, im Kunstturnen der Aufbau einer Übung; 3) aus mehreren Disziplinen bestehender Wettkampf, im alpinen Skisport ↗ alpine Kombination, im nord. Skisport ↗ nordische Kombination; 4) im Pferdesport zwei oder drei einzeln nacheinander zu springende Hindernisse, die als Einzelhindernis gewertet werden; 5) die Addition der Wertungen aus mehreren Disziplinen einer Sportart zu einer Gesamtwertung.

Kombinationsfrequenzen (Mischfrequenzen), Summen- und Differenzfrequenzen, die bei der Mischung von zwei oder mehr Schwingungen versch. Frequenzen oder deren Oberwellen auftreten.

Kombinations|töne, Wahrnehmung zusätzlich auftretender Töne beim Zusammenklingen mehrerer Töne mit annähernd gleicher und nicht zu geringer Intensität. Die Frequenzen f von K. ergeben sich beim gleichzeitigen Erklingen von zwei Tönen aus der Beziehung $f = mf_1 \pm nf_2$ ($m, n = 1, 2, …$) als **Summationstöne** ($f_1 + f_2$) oder **Differenztöne** ($f_1 - f_2$).

Kombinatorik [lat.] *die,* Teilgebiet der Mathematik, in dem u. a. die Anzahl der verschiedenen mögl. Anordnungen der Elemente einer Menge oder der Anzahl von mögl. neuen Mengen, die mithilfe der Elemente einer Ausgangsmenge gebildet werden können, untersucht wird.

Jede Zusammenstellung von $k \leq n$ Elementen a_i einer n-elementigen Menge $A = \{a_1, a_2, …, a_n\}$ nennt man eine **Auswahl.** In der elementaren K. gibt es folgende Grundtypen der Auswahl: 1) **Permutationen** sind die mögl. Anordnungen aller Elemente einer endl. Menge A, d. h. die mögl. Verteilungen dieser n Elemente auf n Plätze, also die umkehrbar eindeutigen Abbildungen von A auf sich. Dafür gibt es $n!$ (↗ Fakultät) Möglichkeiten, z. B. für $A = \{1, 2, 3\}$ gibt es 3! mögl. Permutationen: 123, 132, 213, 231, 312, 321. – 2) **Kombinationen ohne Wiederholungen** von n Elementen zur k-ten Klasse sind die mögl. Teilmengen von A mit k Elementen, d. h. die mögl. Verteilungen der n Elemente auf k Plätze ohne Berücksichtigung der Reihenfolge. Es gibt »n über k« (↗ Binomialkoeffizient) solcher Kombinationen:

$$\binom{n}{k} = \frac{n(n-1) … n(n-k+1)}{1 \cdot 2 \cdot … \cdot k}$$
$$= \frac{n!}{k!(n-k)!},$$

z. B. für $A = \{1, 2, 3\}$ und $k = 2$ die Kombinationen 12, 13, 23. Bei **Kombinationen mit Wiederholungen** darf ein Element bei der Verteilung auf die k Plätze mehrmals auftreten. – 3) **Variationen mit Wiederholungen** von n Elementen zur k-ten Klasse sind geordnete k-Tupel, also mit Berücksichtigung der Reihenfolge, gebildet mit den Elementen des k-fachen kartes. Produkts A^k von A. Es gibt n^k solche Variationen; ist z. B. $A = \{1, 2, 3\}$ und $k = 2$, dann gibt es die Variationen 11, 12, 13, 21, 22, 23, 31, 32, 33. Bei **Variationen ohne Wiederholungen** tritt ein Element jeweils nur einmal auf.

kombinierter Verkehr (kombinierter Ladungsverkehr, Abk. KLV), Güterverkehrsart, bei der innerhalb einer Transportkette das Transportgefäß bei Wechsel des Transportmittels (z. B. vom Schiff auf die Bahn, von der Bahn auf Lkw) beibehalten wird. Als Transportgefäße dienen Container, Großpaletten, auswechselbare Sattelauflieger oder ganze Transportfahrzeuge. Varianten des k. V. sind der unbegleitete **Huckepackverkehr,** bei dem Sattelauflieger, Container, Wechselbehälter usw. auf speziellen Schienenfahrzeugen transportiert werden; bei der sog. **rollenden Landstraße** (RoLa) werden komplette Lkw verladen und von den Fahrern begleitet. Die RoLa besteht seit 1994 nur noch auf internat. Relationen. Der k. V. gehört zum **intermodalen Verkehr** (Güter werden in derselben Ladeeinheit oder demselben Straßenfahrzeug mit zwei oder mehr Verkehrsträgern befördert).

Komburg (Comburg), ehem. Benediktinerkloster bei Schwäbisch Hall, Bad.-Württ.; befestigte Klosterburg auf einem Bergvorsprung über dem Kocher; gegr. um 1079, Blütezeit im 12. Jh.; 1488 wurde K. Chorherrenstift; roman. Kirchenbau (Türme erhalten), im 18. Jh. barock erneuert; Erhardskapelle (frühes 13. Jh.).

Kombüse [niederdt.], seemänn. Bez. für die Schiffsküche.

Kōmeitō [japan. »Partei für saubere Politik«], 1964 gegr. japan. Partei, entstand als polit. Arm der buddhist. Laienorganisation ↗ Sōka-gakkai, mit der sie auch nach der offiziellen Loslösung (1970) eng verbunden blieb. Die Mehrheit der Mitgl. verband sich 1994 mit anderen Parteien zu der bis 1997 bestehenden Neuen Fortschrittspartei (Shinshintō, ging z. T. in der Demokrat. Partei auf) und erklärte ihre Partei für aufgelöst. Ein Teil blieb als eigene Organisation unter dem Namen **Kōmei** bestehen; diese schloss sich 1998 mit der Neuen Friedenspartei zu ei-

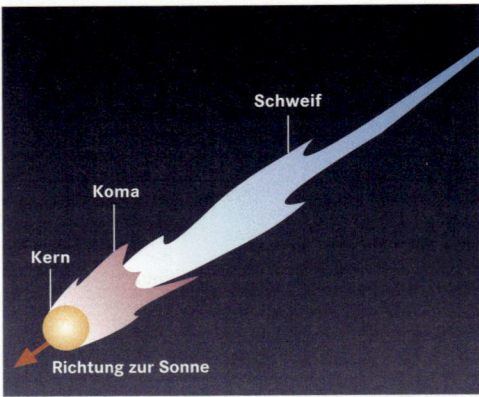 

Kometen (von links): Schema eines voll entwickelten Kometen; der Komet Hale-Bopp im Frühjahr 1997

ner Partei mit der früheren Bez. K. zus., die 1999 in die Regierungskoalition aufgenommen wurde.

Kometen [zu grch. kómē »Haar«] (Haarsterne, Schweifsterne), Körper des Planetensystems, der in Sonnennähe große Mengen flüchtiger Gase und von ihnen mitgerissene feste Teilchen freisetzt, wodurch er neblig oder mit einem leuchtenden Schweif versehen in Erscheinung tritt. Die meisten K. sind nur mit Fernrohr, ganz wenige mit bloßem Auge sichtbar.

Bei einem K. unterscheidet man den Kern und die Koma, die zus. den **Kopf** bilden, sowie den Schweif. Der **Kern** besteht aus einer lockeren Ansammlung von Wassereis, gefrorenen Gasen (Ammoniak, Methan, Kohlenmonoxid, Dicyan), Staub, Steinen u. a. mit einer Gesamtmasse von etwa 10^{11} bis 10^{14} kg. K.-Kerne haben einen Durchmesser von etwa 0,5 bis 10 km, die größten Kerne bis zu 100 km. – Bei Annäherung an die Sonne finden als Folge der intensiven Bestrahlung Ausbrüche leuchtender Gasmassen statt, die sich als **Koma** um den Kern legen und meist 90% des Lichts liefern. Von der Erde aus ist die Koma bis zu einer Kernentfernung von rd. 10^5 km nachweisbar, die Gasdichte liegt bei etwa 10^4 Moleküle je cm³. Die äußerste, v. a. von Wasserstoffatomen gebildete Koma kann einen Radius von mehr als 10^7 km erreichen und ist nur bei extraterrestr. Beobachtungen wahrnehmbar. Die Größe der sichtbaren Koma ist zeitlich veränderlich, ebenfalls die Helligkeit eines K., die wesentlich von der Koma bestimmt wird und stark mit der Entfernung von der Sonne variiert. – Nur wenige K. entwickeln einen Schweif. Er bildet sich nur bei K., die der Sonne auf weniger als etwa 1,5–2 AE nahe kommen. Die Schweife werden hauptsächlich durch Wechselwirkung des ↗Sonnenwindes und des Strahlungsdrucks der Sonne mit der vom Kern entweichenden Materie (Gas, Staub) gebildet. Man unterscheidet den lang gestreckten, aus Plasma bestehenden **Ionenschweif (Plasma-** oder **Gasschweif),** der infolge des Sonnenwindes immer von der Sonne abgewandt ist, und den gekrümmten **Staubschweif.** Die Materiedichte im Schweif ist wesentlich geringer als in der Koma und verringert sich mit wachsendem Kernabstand. Die meisten K. haben Ionenschweife von 1–10 Mio. km Länge, große K. sogar von 250 Mio. km; die Gestalt des Schweifs wird vom interplanetaren Magnetfeld beeinflusst.

Wenige K. kehren als **period. K.** nach bestimmter Zeit in Sonnennähe zurück. Period. K. bewegen sich auf Ellipsenbahnen, unperiodische auf Parabel- oder Hyperbelbahnen. **Langperiod. K.** haben Umlaufzeiten von mehr als 200 Jahren, **kurzperiod. K.** von weniger als 200 Jahre. Diese zeigen bei jeder Wiederkehr Zerfallserscheinungen und eine geringere Helligkeit. Man nimmt an, dass sie infolge planetarer Störungen (v. a. durch große Planeten wie Jupiter) aus langperiod. K. hervorgegangen sind. Manche K. lösen sich in mehrere Teile auf, die als Meteorschauer in Erscheinung treten (↗Biela-Komet). Aus der Zahl der beobachteten langperiod. K. schließt man auf eine Gesamtheit von 10^{11} bis 10^{12} K., die die Sonne in einer riesigen Wolke (↗Oortsche Wolke) umgeben. – Der **Halleysche K.** ist mit einer Periode von rd. 76 Jahren der hellste K., der **Enckesche K.** hat mit 3,3 Jahren die kürzeste Periode.

Kometen[*]

Name	kleinster Abstand zur Erde (in Mio. km)	Datum
Halley (374)	13,2	1. April 374
Halley (607)	13,4	19. April 607
Halley (837)	5,0	10. April 837
Halley (1066)	15,6	23. April 1066
Temple-Tuttle (1366)	3,4	26. Oktober 1366
Ikeya-Seki	145	21. Oktober 1965
Kohoutek	120	15. Januar 1974
West	119	29. Februar 1976
Halley (1986)	62,8	11. April 1986
Hyakutake	15,2	25. März 1996
Hale-Bopp	197	23. März 1997
Ikeya-Zhang	60,4	30. April 2002

[*] Auswahl einiger mit bloßem Auge am Himmel wahrzunehmender Kometen

Komi [Eigenbez.] (früher Syrjänen), Volk in der Rep. Komi der Russ. Föderation, im Westsibir. Tiefland und auf der Halbinsel Kola; zus. etwa 345 000 K., davon 260 000 in der Rep. Komi. Die K. sprechen eine finnougr. Sprache; sie betreiben Ackerbau, Viehzucht (Rentiere), Pelztierjagd und Fischfang. Verwandt mit den K.-Permjaken im gleichnamigen autonomen Kreis.

Komi (Republik Komi), Teilrep. der Russ. Föderation, im äußersten NO Europas, 415 900 km², 1,124 Mio. Ew. (23% Komi, 58% Russen, ferner Ukrainer, Weißrussen, Tataren u. a.); Hptst.: Syktywkar. Wald-(Weltnaturerbe Nationalpark Komiforst, 32 800 km²), seen- und sumpfreiche, im O vom Ural begrenzte Ebene, im W vom Timanrücken durchzogen, im N

Tundra. Bergbau (Steinkohle, Erdöl, -gas, Bauxit), Holzwirtschaft. Im S Rinder-, Schweinezucht und Getreideanbau, im N Rentierzucht. Von der Petschorabahn durchzogen. Seit 1921 autonomes Gebiet, seit 1936 ASSR, seit 1992 Teilrepublik.

Komik [grch. kōmikós »possenhaft«, »lächerlich«] *die,* eine der Tragik entgegengesetzte Form des übertreibenden Kontrastierens, die Wahrnehmung widersprüchl. Prinzipien als ein belustigender, aber auch befremdender Eindruck, wobei es sich aber um ungleichwertige Prinzipien handelt, sodass die Spannung in Lachen gelöst werden kann.

Kominform *das,* Kurzwort für **Kom**munistisches **Inform**ationsbüro (eigtl. Informationsbüro der kommunist. und Arbeiterparteien), bestand 1947–56; Sitz: 1947–48 Belgrad, 1948–56 Bukarest; umfasste nach dem Ausschluss der KP ↗ Jugoslawiens (1948) die kommunist. Parteien Bulgariens, Frankreichs, Italiens, Polens, der UdSSR, der Tschechoslowakei, Rumäniens und Ungarns. Das K. diente von Anfang an der UdSSR als Hilfsorgan ihrer Außenpolitik.

Komintern *die,* Kurzwort für **Kom**munistische **Intern**ationale, Abk. **KI,** auch **III. (Dritte) Internationale** genannt, gegr. im März 1919 in Moskau auf Anregung Lenins als Vereinigung aller kommunist. Parteien, verstand sich als Vollstreckerin des Kommunist. Manifests und der Ersten Internationale, stand in scharfem Ggs. zur (II.) »Sozialist. Internationale«. Die K. lenkte die Politik der Gliedparteien hauptsächlich durch ihr ständiges Organ, das Exekutivkomitee (EKKI), koordinierte sie auch organisatorisch nach einheitl. Grundsätzen und verfolgte als Endziel die Weltrevolution. Seit Mitte der 1920er-Jahre geriet die K. ganz in den Machtkampf zw. Stalin und seinen Gegnern innerhalb der KPdSU. Im Zuge dieser Entwicklung wurde die K. ein Instrument der Außenpolitik Stalins. Während des Zweiten Weltkrieges ließ dieser die K. im Mai 1943 als Konzession an die mit der UdSSR verbündeten Westmächte auflösen.

Komi-Permjaken, Autonomer Kreis der, VerwBez. im Gebiet Perm, Russ. Föderation, 32 900 km², 150 300 Ew. (60% Komi-Permjaken, 36% Russen), Verw.zentrum: Kudymkar. Flachhügelige, vermoorte Niederung an der oberen Kama im westl. Uralvorland, zu etwa 80% bewaldet. Getreide-, Flachsanbau, Vieh-, im N Pelztierzucht; Holzverarbeitung. – Gegründet 1925.

komische Person (lustige Figur), lustige Bühnenfigur, deren typ. Eigenschaften Gefräßigkeit, Possenreißerei, Tölpelhaftigkeit und Gerissenheit sind. Ihre Funktionen sind: Erheiterung des Publikums; Durchbrechung der Bühnenillusion durch direkte Anrede der Zuschauer; antithet., parodierende Relativierung des Bühnengeschehens. Die k. P. gibt es in verschiedenen nat. Ausprägungen: u. a. als gerissener Sklave im antiken ↗ Mimus, als Salbenverkäufer im mittelalterl. dt. Osterspiel, als Bauerntölpel im Fastnachtsspiel, als Pickelhering oder Stockfisch der engl. Wanderschauspieler im 16./17. Jh., als Arlecchino in der ↗ Commedia dell'Arte, als Guignol und Harlekin in Frankreich, als Hanswurst in Dtl. und Kasperl oder Staberl im Wiener Volkstheater. K. P. finden sich auch im Puppentheater und, als Clown und dummer August, im Zirkus. Entsprechende kom. Figuren sind tschech. Kašpárek, russ. Petruschka, türk. Karagös.

komisches Epos, epische Behandlung kom. Ereignisse, meist als Parodie der großen Epen: die ↗ Batrachomyomachie parodiert die »Ilias«, der »Der Ring« H. Wittenweilers die höf. Epen, Ariosto ironisierte im »Orlando furioso« (1516–21, erweitert 1532) den Roland-Stoff. A. Tassoni begründete mit »Der geraubte Eimer« (1622) die Tradition des **heroischkom. Epos.** Im 18.Jh. erlebte das k. E. noch einmal eine Blüte, u.a. mit »Der Lockenraub« (1712) von A. Pope und den scherzhaften dt. Heldengedichten wie »Der Renommiste« (1744) von J. F. W. Zachariae, den grotesk-kom. Knittelversgedichten K. A. Kortums (»Die Jobsiade«, 1799) und den kom. Verserzählungen C. M. Wielands. Im 19. Jh. knüpften u. a. K. Immermanns »Tulifäntchen« (1830) und die kom. Bildgeschichten W. Buschs an die Tradition an.

Komitat [lat.] *das,* bis 1949 Bez. für einen ungar. Verwaltungsbezirk.

Komitee Cap Anamur (Dt. Not-Ärzte e.V.), im medizin., sozialen und humanitären Bereich tätige private Hilfsorganisation. Das K. C. A. (Name seit 1982; Sitz: Köln) ging aus dem 1979 von dem Journalisten Rupert Neudeck (*1939) mit Unterstützung des Schriftstellers H. Böll gegründeten Aktionskreis »Ein Schiff für Vietnam« hervor, dessen erstes gemietetes Schiff **Cap Anamur** (ben. nach einem Kap in der Türkei) im Südchines. Meer über 9 500 vietnames. Bootsflüchtlinge (sog. ↗ Boatpeople) vor dem Ertrinken rettete.

Komitee zur Verteidigung der Arbeiter, poln. Abk. **KOR** (später Komitee für gesellschaftl. Selbstverteidigung), 1976 entstandene Gruppe der Bürgerrechtsbewegung in Polen, eine der Keimzellen der Gewerkschaftsorganisation Solidarność.

Komiti|en [lat.], im antiken Rom Versammlungen der röm. Bürger mit Stimmrecht zu Beamtenwahl, Erlass von Gesetzen, Beschlussfassung über Krieg und Frieden, Entscheidung von Strafklagen.

Komma [grch.] *das,* 1) *Interpunktion:* Beistrich (↗ Satzzeichen, Übersicht).
2) *Musik:* Differenz zw. zwei annähernd gleich großen Intervallen, z. B. der Überschuss von zwölf reinen Quinten über sieben Oktaven, das **pythagoreische K.,** oder der Überschuss des großen Ganztons über den kleinen, das **synton.** oder **didym. Komma.**

Kommafalter, ↗ Dickkopffalter.

Kommandeur [-'dø:r] *der,* Führer eines militär. Verbandes vom Bataillon an aufwärts, auch Leiter militär. Schulen.

Kommandeur|inseln [-'dø:r-] (russ. Komandorskije ostrowa), russ. Inselgruppe 200 km östlich von Kamtschatka, 1 848 km², besteht aus der **Beringinsel** (1 660 km²; bis 751 m ü. M.) und den Inseln Medny, Toporkow und Ari Kamen. Die K. gehören zum Kommandeur-Naturschutzgebiet (36 490 km²), bes. für Seerobben und -löwen.

Kommanditgesellschaft, Abk. **KG,** Form einer Handelsges. (Personenges.), bei der mindestens ein Gesellschafter persönlich mit seinem ganzen Vermögen haftet **(persönlich haftender Gesellschafter, Komplementär),** der andere Teil nur mit einer bestimmten, aus dem Handelsregister ersichtl. Vermögenseinlage **(Kommanditist,** *schweizer.:* **Kommanditär).** Komplementär kann auch eine AG oder eine GmbH (GmbH & Co.) sein, womit eine Haftungsbeschränkung aller Beteiligten erreicht wird. Der Kommanditist ist zu Geschäftsführung und Vertretung der KG nur bei entsprechender Vereinbarung berechtigt; er muss nur bei außergewöhnl. Geschäften gefragt werden, nimmt am Gewinn und, bis zur Höhe der Einlage, am Verlust teil (§§ 161 ff. HGB). Die **KG auf Aktien** (Abk. **KGaA**) ist eine Ges. mit eigener Rechtsfähigkeit, bei der die Kommanditisten mit Einlagen auf das in Aktien zerlegte Grundkapital beteiligt sind (§§ 278ff. Aktiengesetz). – Die *österr.* KG entspricht der *deutschen;* in der *Schweiz* ist die KG in Art. 594ff. OR ähnlich geregelt, als Komplementäre sind nur natürl. Personen zugelassen.

komische Person: Pickelhering (oben) und Hanswurst

Kommando [italien.] *das,* **1)** *Informatik:* ↗ Befehl.
2) *Militärwesen:* 1) ein Befehl, der in Dienstvorschriften für bestimmte Tätigkeiten wörtlich festgelegt ist; 2) eine zu einem bestimmten Zweck zusammengestellte Abteilung (Wach-, Begleit-K.); 3) Bez. für bestimmte Stäbe, z. B. Heeresführungskommando.

Kommandobrücke (Kurzbez.: Brücke), auf Schiffen hoch gelegenes Aufbaudeck mit allen Steuer- und Navigationseinrichtungen.

Kommando Spezialkräfte, Abk. **KSK,** Spezialtruppe des Heeres der Bundeswehr und Teil der Krisenreaktionskräfte. Die Aufstellung des KSK wurde 1996 eingeleitet. Das KSK gehört zur »Division Spezielle Operationen« und besteht aus einem Kommandostab, einer Stabs- und Fernmeldekompanie, einer Unterstützungskompanie, mehreren Kommandokompanien und einer Fernspähkompanie mit zus. etwa 1000 Mann; als einsatzbereit gelten (2002) etwa 400 Soldaten. Die Aufgabe des KSK besteht darin, Kommandounternehmen zu Lande, aus der Luft und von See durchzuführen und v. a. dt. Staatsbürger aus Geiselhaft oder terrorist. Bedrohung zu retten und aus Krisen- und Konfliktgebieten zu evakuieren. Eingesetzt wurde bzw. wird das KSK u. a. bei Spezialoperationen im Rahmen der SFOR und KFOR auf dem Balkan (z. B. Jagd nach Kriegsverbrechern) sowie in Afghanistan bei der von den USA geführten Operation »Enduring Freedom« zur Bekämpfung des internat. Terrorismus. Die KSK-Einheiten operieren in Afghanistan zus. mit amerikan. Einheiten, erhielten jedoch im Nov. 2002 einen erweiterten Auftrag zur Führung eigenständiger Kampfeinsätze.

Kommaschildlaus (Lepidosaphes ulmi), fast weltweit verbreitete, bes. an Obstbäumen schädl. Schildlausart; Weibchen mit kommaförmigem Schild.

Kommende [lat.] *die,* **1)** *kirchl. Rechtsgeschichte:* kirchl. ↗ Pfründe, deren Inhaber die Einkünfte bezieht, aber von den Amtspflichten befreit ist.
2) *Ritterorden:* Komturei (↗ Komtur).

Kommensalismus [lat.] *der,* Zusammenleben zweier Organismen versch. Arten, wobei sich der eine **(Kommensale)** vom Nahrungsüberschuss des anderen ernährt, seinen Wirt aber nicht oder nur unwesentlich schädigt.

kommensurabel [lat.], **1)** *allg.:* mit gleichem Maß messbar, vergleichbar.
2) *Mathematik:* k. heißen z. B. zwei Zahlen, wenn sie ganzzahlige Vielfache einer dritten Zahl sind; zwei beliebige rationale Brüche sind k.; Ggs.: inkommensurabel.

Kommensurabilität [lat.] *die, Astronomie:* das durch kleine ganze Zahlen darstellbare Verhältnis der Umlaufzeiten zweier Himmelskörper um einen dritten. Die K. bewirken Resonanzen bei den Umlaufzeiten, die starke gegenseitige Bahnstörungen verursachen können.

kommensurable Observable, *Quantentheorie:* ein Paar von Observablen, für das keine ↗ Unschärferelation gilt, d. h., das prinzipiell gleichzeitig genau gemessen werden kann.

Kommentar [lat.] *der,* **1)** *Publizistik:* Meinungsbeitrag in Presse, Hörfunk und Fernsehen. Als subjektiv wertende Beurteilung ist der K. eine Form der Kritik und wird allg. durch Art. 5 des GG und bes. von den Pressegesetzen der dt. Bundesländer geschützt.
2) *Recht:* fortlaufende Erläuterungen der Sätze eines Gesetzes in der Form einer die Tatbestandsmerkmale und Rechtsfolgen zergliedernd behandelnden Interpretation. Rechtsgeschichtl. ↗ Glossatoren.
3) *Sprach- und Literaturwissenschaft:* sprachl. und sachl. Erläuterungen zu einem Text (in einem gesonderten Anhang).

Kommentatoren [lat.], ↗ Postglossatoren.

Kommerell, Max, Literaturwissenschaftler und Schriftsteller, *Münsingen 25. 2. 1902, †Marburg 25. 7. 1944; gehörte zeitweise zum George-Kreis, hatte wesentl. Anteil an der Entwicklung der modernen Textinterpretation (»Geist und Buchstabe in der Dichtung«, Essays, 1940; »Gedanken über Gedichte«, 1943); schrieb selbst Lyrik, Stücke, Erzählungen (»Der Lampenschirm aus drei Taschentüchern«, 1940); auch Übersetzer (Calderón, Michelangelo).

Kommern, Ortsteil von ↗ Mechernich.

Kommers [lat.-frz.] *der,* student. Trinkabend in festl. Rahmen.

Kommersbuch, student. Liederbuch, älteste Sammlung von 1781.

Kommerz [zu lat. commercium »Handel und Verkehr«] *der,* heute meist abwertend für Wirtschaft, Handel und Geschäftsverkehr.

Kommerzialisierung *die,* Bez. für die Unterordnung ideeller, v. a. kultureller Werte unter wirtsch. Interessen.

Kommerzienrat, Ehrentitel, im Dt. Reich bis 1919 an Persönlichkeiten der Wirtschaft verliehen; in Österreich noch heute **Kommerzialrat.**

Kommilitone [lat. »Mitsoldat«] *der,* Mitstudent, Studienkollege.

Kommissar [lat.] *der* (Kommissär), eine im Auftrag des Staates oder einer Gemeinde tätige Person; auch Amtsbez. Vielfach heißen K. die Beamten, die vom Staat zur Ausübung der Staatsaufsicht über bestimmte Einrichtungen eingesetzt oder zur vorübergehenden (kommissar.) Verw. einer Selbstverwaltungskörperschaft bestellt werden. Im Dt. Reich gab es 1918–33 **Reichs-K.** für bestimmte Aufgaben (z. B. für Osthilfe), im nat.-soz. Dtl. 1933–45 als oberste Reichsbehörden (z. B. in den besetzten Gebieten nach 1939). In der Bundesrep. Dtl. bestellten die Westmächte zw. 1949 und 1955 **Hohe K.** zur Ausübung ihrer Kontrollbefugnisse; die gleiche Bez. wurde u. a. auch für Beauftragte des Völkerbundes und der Vereinten Nationen mit versch. Aufgaben gewählt (z. B. ↗ Hoher Flüchtlingskommissar der Vereinten Nationen). Nach Art. 84 GG können in Dtl. Beauftragte **(Bundes-K.)** im Rahmen der Bundesaufsicht zu obersten Landesbehörden entsandt werden.

Kommissarbefehl, vom Oberkommando der Wehrmacht (OKW) auf Weisung Hitlers erlassener Befehl vom 6. 6. 1941, der in Vorbereitung des Überfalls auf die UdSSR die (völkerrechtswidrige) Erschießung aller gefangen genommenen polit. Kommissare der Roten Armee anordnete. Der K., der v. a. von den ↗ Einsatzgruppen durchgeführt wurde, bezog jedoch auch die Wehrmacht in die nat.-soz. Vernichtungspolitik ein.

kommissarisch, vorübergehend, in Vertretung (ein Amt verwaltend).

kommissarische Vernehmung, im Strafprozess die Vernehmung von Zeugen und Sachverständigen außerhalb der Hauptverhandlung durch einen ersuchten oder beauftragten Richter, wenn dem Erscheinen vor Gericht für längere Zeit Krankheit oder andere Gründe entgegenstehen (§§ 223, 224 StPO). Ähnl. Regelungen enthalten in *Österreich* § 156 StPO, in der *Schweiz* Art. 164 Ges. über die Bundesstrafrechtspflege. – Eine k. V. kann auch im Zivilprozess stattfinden (§§ 361 ff. ZPO). ↗ Rechtshilfe

Kommission [lat.] *die,* 1) *allg.:* zu einem bestimmten Zweck gebildeter Ausschuss.
2) *Recht:* (Kommissionsgeschäft), Rechtsgeschäft, durch das ein Kaufmann (der **Kommissionär**) es übernimmt, Waren oder Wertpapiere im eigenen Namen, aber für Rechnung (d. h. im Auftrag) eines anderen (des **Kommittenten**) einzukaufen oder zu verkaufen (§§ 383 ff. HGB). Vertragspartner des Ausführungsgeschäfts (also mit einem Dritten) ist der Kommissionär als Käufer oder Verkäufer. Der Kommissionär hat Anspruch auf Provision und Aufwendungsersatz, ggf. ein Pfandrecht an den Waren für seine Ansprüche, der Kommittent Auskunfts- und Herausgabeansprüche. – In *Österreich* gelten §§ 383 ff. HGB, in der *Schweiz* Art. 425 ff. OR, wobei hier der Kommissionär nicht Kaufmann zu sein braucht.
Kommissionsbuchhandel, Zweig des Buchhandels, der zur Vereinfachung des Geschäftsverkehrs zw. Buchhandlung (Sortimentsbuchhandel) und Verlag vermittelt. Der buchhändler. Kommissionär handelt im Auftrag, im Namen und für Rechnung seiner Kommittenten.
Kommode [frz.], niedriges Schrankmöbel mit Schubladen, seit etwa 1700 in Gebrauch.
Kommodore [italien.] *der,* 1) *Luftwaffe:* Kommandeur eines Geschwaders.
2) *Marine:* Kapitän zur See in Admiralsstellung; in der Handelsmarine Ehrentitel für ältere verdiente Kapitäne.
kommunal [lat.], eine Gemeinde oder einen Gemeindeverband betreffend.
Kommunal|abgaben, Gesamtheit der Gebühren, Beiträge und Steuern einer Gemeinde (↗Gemeindefinanzen, ↗Gemeindesteuern).
Kommunal|anleihe, ↗Kommunalkredit, ↗Kommunalobligationen.
Kommunal|aufsicht, ↗Staatsaufsicht.
kommunale Betriebe, die wirtsch. Unternehmen der Gem. und Kreise, die im Unterschied zu den nichtwirtsch. Unternehmen und Einrichtungen einen Ertrag für den Haushalt der Gem. erwirtschaften sollen. Nach der Rechtsform unterscheidet man **öffentlich-rechtliche k. B.** (Regiebetriebe, Eigenbetriebe und rechtlich selbstständige Anstalten mit eigener Rechtspersönlichkeit wie Sparkassen) sowie **privatrechtliche k. B.** mit eigener Rechtspersönlichkeit und beschränkter Haftung der Kommunen (als AG oder GmbH gegr.), bei alleiniger Trägerschaft der Gem. auch kommunale Eigengesellschaften genannt. Hinzu kommen die i. d. R. von kommunalen Gebietskörperschaften getragenen Zweckverbände.
kommunale Gebietsreform, ↗Verwaltungsreform.
kommunale Spitzenverbände, Zusammenschlüsse von Gemeinden und Landkreisen zur Auswertung von Erfahrungen und zur Vertretung gemeinsamer Interessen. In Dtl. bilden der **Dt. Städtetag** (gegr. 1905, Hauptgeschäftsstellen: Köln und Berlin), der **Dt. Städte- und Gemeindebund** (Sitz: Berlin) und der **Dt. Landkreistag** (Sitz: Berlin) die Bundesvereinigung der kommunalen Spitzenverbände.
Kommunalkredit, Kredit, der Gemeinden u. a. öffentlich-rechtl. Gebietskörperschaften gewährt wird. Kurzfristige K. werden v. a. von Sparkassen und Landesbanken bereitgestellt; mittel- und langfristige K. (**Kommunaldarlehen**) zur Finanzierung öffentl. Investitionen werden bei Hypothekenbanken und Realkreditinstituten oder direkt am Kapitalmarkt durch Emission von Schuldverschreibungen (**Kommunalanleihen**) aufgenommen.

Kommunal|obligationen, festverzinsl., börsennotierte Wertpapiere, die im Ggs. zu den **Kommunalanleihen** (von den kreditaufnehmenden Gebietskörperschaften selbst emittiert) von privaten Hypothekenbanken, öffentlich-rechtl. Grundkreditanstalten oder Landesbanken zur Refinanzierung von Kommunalkrediten als Inhaber- oder Namenspapier ausgegeben werden.
Kommunalpolitik, Sammelbegriff für polit. Handeln, das sich auf die öffentl. Angelegenheiten in Gemeinde, Stadt, Bezirk, Kreis oder Distrikt richtet, also auf eine kommunale Gebietskörperschaft, die mit begrenzter Eigenverantwortung (z. B. in der Bauleitplanung, der Wirtschaftsförderung, im Umweltschutz und im Personennahverkehr) tätig wird und zugleich zu einem übergreifenden Gemeinwesen gehört. In vielen parlamentar. Demokratien, z. B. in der Schweiz, in Österreich, in den Niederlanden und in der Bundesrep. Dtl., gilt heute die kommunale Ebene als Sockel des demokrat. Staates. Formen und Verfahren der K. werden überwiegend geprägt durch die staatlich gegebenen Kommunalverfassungen.
Kommunalverband Ruhr, ↗Ruhrgebiet.
Kommunalverfassung, die grundlegenden Rechtsquellen und Organisationsprinzipien der ↗Gemeinden.
Kommunalverwaltung, ↗Selbstverwaltung, ↗Gemeinde.
Kommunalwahlen, Wahlen der Volksvertretungen in den Gemeinden und Kreisen. Das Kommunalwahlrecht ist durch Landesgesetze geregelt (aktives Wahlrecht: Deutsche meist ab vollendetem 18. Lebensjahr, u. a. in Schlesw.-Holst. ab vollendetem 16. Lebensjahr, die eine Mindestzeit im Wahlgebiet wohnen; passives Wahlrecht: die aktiv Wahlberechtigten ab vollendetem 18. Lebensjahr, z. T. erst ab vollendetem 21. Lebensjahr). Seit Ende 1992 sind nach Art. 28 Abs. 1 Satz 3 GG bei K. auch Personen, die die Staatsangehörigkeit eines Mitgliedstaates der EU besitzen, wahlberechtigt und wählbar.
Kommunarde *der,* 1) Mitgl. einer Kommune im soziolog. Sinne; 2) Anhänger der Pariser Kommune (↗Kommune).
Kommunarsk, 1961–92 Name der ukrain. Stadt ↗Altschewsk.
Kommune [lat. communis »gemeinsam«] *die,* 1) Gemeinde.
2) der mittelalterl. Stadtstaat in Italien mit republikan. Verfassung.
3) **Pariser Kommune** (Commune de Paris), der Pariser Stadtrat von Juli 1789 bis 1795 und von Ende März 1871 bis Ende Mai 1871. Am 15. 3. 1871 führten nat. Widerstand gegen den Vorfrieden mit Dtl. und die Opposition der republikan. Pariser gegen die monarchisch gesinnte Nationalversammlung und die Reg. Thiers zum Aufstand. Der von den **Kommunarden** gewählte Gemeinderat erstrebte überwiegend bürgerlich-radikale Ziele (Trennung von Staat und Kirche, Erlass von Mietschulden, Stundung von Wechseln). Die K. wurde durch Regierungstruppen der Nationalversammlung in Versailles unter MacMahon in blutigen Straßenkämpfen niedergeworfen. Während der »blutigen Woche« bis zum 28. 5. 1871 starben mindestens 20 000 Menschen. Bis 1875 folgten zahlr. Prozesse (26 Hinrichtungen) und Deportationen. – Die Interpretation des Aufstands als eines planmäßigen Versuchs sozialist. Revolution, wie sie K. Marx am 30. 5. 1871 vor der 1. Internationale gab, bestimmte weitgehend das spätere Bild der Kommune.

4) Lebens- und Wohngemeinschaft nicht untereinander verwandter Personen; während der Zeit der ⁄ Studentenbewegung bes. als Gemeinschaftsform praktiziert, die bürgerl. Eigentums-, Leistungs- und Moralvorstellungen bewusst ablehnte; heute übl. (student.) Bez.: **Wohngemeinschaft,** Abk. **WG.**

Kommunikation [lat. »Unterredung«, »Mitteilung«] *die,* der Prozess des Zeichenaustausches zw. Menschen (Human-K.), Tieren (animal. K.), innerhalb lebender Organismen (Bio-K.) wie auch innerhalb oder zw. techn. Systemen (techn. K., Maschinen-K.) bzw. zw. Mensch und techn. System (Mensch-Maschine-K.). Bei der menschl. K. handelt es sich um einen wechselseitigen Prozess der Bedeutungsvermittlung, um Interaktion, unmittelbar oder durch Zwischenschaltung eines techn. Verbreitungsmittels (⁄ Massenkommunikation). Elemente des K.-Aktes sind Sender (Kommunikator, Quelle der Information), Empfänger (Adressat, Rezipient), Code (Sprache, Druck, Bild, Ton; Zeichenvorrat, Sprachschicht), Kanal (phys. Übertragungsweg, z. B. Sprache, Schallwellen, Schrift), Kontext (situationale Bestimmungsmomente) und Inhalt (Gegenstand der K.). Zum K.-Prozess gehören Verschlüsselung (Encodierung), Übermittlung (Signalisierung) und Entschlüsselung (Decodierung, Interpretation).

Kommunikationspolitik, ⁄ Medienpolitik.

Kommunion [lat. »Gemeinschaft«] *die,* in der kath. Kirche die Teilnahme an der Feier der ⁄ Eucharistie. Erstmals zur K. zugelassen **(Erst-K.)** werden Kinder etwa ab dem 7. Lebensjahr.

Kommuniqué [-myniˈkeː; frz. »Mitteilung«] *das* (Communiqué), amtl. Verlautbarung, Mitteilung.

Kommunismus [lat. communis »gemeinsam«] *der,* um 1840 in Frankreich entstandener politisch-ideolog. Begriff in mehreren Bedeutungen: 1) gesellschaftstheoret. Utopien, die auf die Idee der sozialen Gleichheit und Freiheit aller Gesellschaftsmitgl. auf der Basis von Gemeineigentum und kollektiver Problemlösung beruhen; 2) ökonom. und polit. Lehren mit dem Ziel der Errichtung einer herrschaftsfreien und klassenlosen Gesellschaft, die sich wesentlich auf die Theorien von K. Marx, F. Engels und W. I. Lenin stützen; 3) polit. Parteien, Bewegungen und Herrschaftssysteme mit dem Ziel, derartige Lehren in die Praxis umzusetzen. Historisch ist eine Abgrenzung zum ⁄ Sozialismus nicht immer möglich.

Vorläufer und Frühformen: Elemente kommunist. Ideen finden sich in antiken Staats- und Gesellschaftstheorien (Platon, Vertreter der Stoa), in den Ideen und dem Zusammenleben der christl. Urkirche, in mittelalterl. Sekten (radikale Teile der Bettelorden, Albigenser), bei T. Müntzer, in utop. Staatsromanen der Neuzeit (u. a. T. More, T. Campanella) sowie im Gefolge der Frz. Revolution (v. a. F. N. Babeuf, L. A. Blanqui, C. Fourier, R. Owen, É. Cabet).

Entwicklung von Marx bis Lenin: Fast alle kommunist. Bewegungen ab der 2. Hälfte des 19. Jh. waren wesentlich vom ⁄ Marxismus beeinflusst. Marx, der gemeinsam mit Engels das 1848 erschienene »Kommunist. Manifest« verfasste, betrachtete den K. als reale Bewegung, die unter Überwindung der bürgerl. Gesellschaft einen Zustand der freien Selbstfaltung des Menschen ermöglichen sollte. Notwendig sei dazu der revolutionäre Sieg des Proletariats im Klassenkampf mit der Bourgeoisie, um durch Beseitigung des Privateigentums an den Produktionsmitteln und durch Aufhebung aller Klassen die Emanzipation des Menschen von sämtl. ökonom., polit., sozialen und religiösen Zwängen zu bewirken. Auch die so unmittelbar auf den Kapitalismus folgende Gesellschaftsformation bezeichnete Marx als K., den er in eine »niedere« Phase der Verteilung nach Leistung und eine »höhere« Phase der Verteilung nach Bedürfnissen unterteilte. Dieses Prinzip wurde in der UdSSR und in den nach ihrem Gesellschaftsmodell geformten Staaten übernommen und die erste Phase als Sozialismus, die zweite als K. bezeichnet.

Die in der 2. Hälfte des 19. Jh. entstandenen Parteien der Arbeiterbewegung in West- und Mitteleuropa waren (unter Beibehaltung einer grundsätzl. Kritik an der damaligen Gesellschaftsordnung) gezwungen, aufgrund der drängenden tagespolit. Aufgaben eher reformist. Praxis innerhalb des gegebenen staatl. Rahmens den Vorrang vor der unmittelbaren Forderung nach einer sozialistisch-kommunist. Gesellschaftsordnung zu geben. V. a. E. Bernstein forderte eine Revision der Lehren von Marx und Engels (⁄ Revisionismus, ⁄ Sozialdemokratie).

Marxismus-Leninismus: Diese Entwicklung in der Sozialdemokratie wurde v. a. von Lenin bekämpft, dem zufolge der Kapitalismus in die Phase des Imperialismus eingetreten sei. Notwendig sei eine »Partei neuen Typs«, die, nach dem Prinzip des ⁄ demokratischen Zentralismus organisiert, als kommunist. Avantgarde das Klassenbewusstsein in die Arbeiterklasse hineintragen und diese politisch führen müsse. Seit Lenin, unter dessen Führung mit der Oktoberrevolution 1917 in Russland das erste kommunist. Herrschaftssystem errichtet wurde, kennzeichnen dieses (in versch. Spielarten) i. d. R. folgende Merkmale: 1) der Marxismus-Leninismus als verpflichtende Weltanschauung; 2) eine auf der Vergesellschaftung bzw. Verstaatlichung aller Produktionsmittel fußende Wirtschafts- und Sozialordnung, die (meist) zentral gelenkt und geplant wird; 3) eine Herrschaftsform mit einer leninist. Partei als entscheidendem Machtträger.

Entwicklung nach 1917: Bestimmend war die Tatsache, dass die Sowjetunion lange Zeit das einzige (selbstständige) kommunistisch regierte Land blieb. Die unter dem Eindruck der russ. Oktoberrevolution gebildeten kommunist. Parteien anderer Staaten (z. B. die ⁄ Kommunistische Partei Deutschlands) verloren bis Mitte der 1920er-Jahre ihre Unabhängigkeit an die zunehmend von der KPdSU beherrschte ⁄ Komintern. In der Sowjetunion selbst entstand die Diktatur Stalins (⁄ Stalinismus), die das Bild des K. historisch entscheidend geprägt hat.

Entwicklung seit 1945: In der Folge des Zweiten Weltkriegs gewann die UdSSR die von der Roten Armee besetzten Gebiete Ost-, Südost- und Mitteleuropas als Einflussbereich. Zunächst waren die dortigen Staaten um einen eigenen, auch. Weg zum Sozialismus auf der Basis von Volksfrontbündnissen bemüht. Spätestens nach der (meist) zwangsweisen Vereinigung der sozialdemokrat. mit den kommunist. Parteien in zahlr. dieser Länder erfolgte der Aufbau des Sozialismus jedoch nach sowjet. Modell. Demokratisierungsversuche nach dem Tode Stalins (1956; Polen, Ungarn) und in der Folgezeit (1968, ČSSR) wurden niedergeschlagen. Allerdings entzogen sich v. a. Jugoslawien (1948) und China (1963) dem Einfluss der Sowjetunion und versuchten einen eigenen. Weg zum K. Auch die kommunist. Parteien Westeuropas betonten ab Mitte der 1960er-Jahre zunehmend ihre Eigenständigkeit gegenüber Moskau und entwickelten neue polit. Konzepte (Eurokommunismus, Reformkommunismus). – Das ökonom. System der kommunistisch regierten Staaten Europas erwies sich als nicht effizient. Durch eine streng zentralisierte staatl. Kommandowirtschaft und dogmat. Leitung aller gesellschaftl. Prozesse wurden außerdem Initiativen jeder

Art unterdrückt. Die Nichtgewährung demokrat. Grundrechte und der Versuch, den Einfluss der kommunist. Parteien und ihrer Ideologie in allen Lebensbereichen durchzusetzen, führten zu einer fortschreitenden Abkehr vieler Menschen vom kommunist. System und zu einem Rückzug in die Privatsphäre. Jedoch entstanden trotz der auf dem Informationsmonopol des Staates beruhenden, zielgerichteten ideolog. Beeinflussung der Bev. und des rücksichtslosen, teilweise unmenschl. Vorgehens der Geheimdienste in allen kommunistisch regierten Staaten Bürgerrechtsbewegungen, deren Kampf um Freiheit und Menschenrechte v. a. von der Gewerkschaftsbewegung (Polen) und kirchl. Gruppen (DDR) getragen wurde, die sich aber auch eigenständig profilieren konnten (ČSSR, Ungarn). Zusätzlich motivierende Impulse erhielt diese Entwicklung seit Mitte der 1970er-Jahre durch die Ergebnisse der ∕ KSZE sowie v. a. seit Mitte der 1980er-Jahre durch die Reformbestrebungen innerhalb der ∕ Kommunistischen Partei der Sowjetunion unter M. S. Gorbatschow. Seit Ende der 1980er-Jahre wurden die kommunist. Parteien Mittel- und Südosteuropas von ihren Machtpositionen verdrängt oder mussten ihre Alleinherrschaft aufgeben.

Der Zerfall des kommunist. Weltsystems diskreditierte die gesellschaftstheoret. Idee des K. erheblich. V. a. die kommunist. Parteien Westeuropas (Frankreich, Italien, Spanien) bemühten sich um eine innerparteil. Demokratisierung und Neubestimmung ihrer polit. Ziele (z. B. Verzicht auf die Diktatur des Proletariats; Änderung des Parteinamens). Auch der Versuch, kommunist. Herrschaftssysteme in Ländern der Dritten Welt zu installieren, kann als gescheitert angesehen werden (u. a. Äthiopien, Moçambique). Nach dem Zusammenbruch der kommunist. Herrschaftssysteme in Mittel-, Ost- und Südosteuropa (1989–91) bestehen kommunistisch geführte Gesellschaftssysteme v. a. noch – mit Einschränkungen – in der VR China (∕ China, Geschichte, ∕ Kommunistische Partei Chinas), in Nord-Korea, Laos, Vietnam und Kuba. – Im geistes- und sozialwiss. Bereich sind sowohl die kommunist. Utopie einer gerechten Gesellschaft als auch der Marxismus (mit seinem Anspruch, dieser Utopie eine philosophisch-wiss. Grundlage zu geben) in der Diskussion. Durch »Das Schwarzbuch des K.« (1997) von S. Courtois u. a., das zu dem Ergebnis kommt, dass der K. weltweit über 80 Mio. Opfer gefordert hat, entbrannte die Diskussion um die Vergleichbarkeit von K. und Nationalsozialismus als totalitären Systemen neu.

Kommunismus, Pik, bis 1998 Name des tadschik. Berges Pik ∕ Ismail Samani.

Kommunistische Internationale, ∕ Komintern.

Kommunistische Partei Chinas, Abk. **KPCh,** polit. Partei, gegr. 1921 unter maßgebl. Mitwirkung der Komintern, arbeitete eng mit der Guomindang (GMD) zusammen, baute nach der gewaltsamen Beendigung dieser Zusammenarbeit durch den Oberbefehlshaber der GMD-Streitkräfte Chiang Kai-shek (1927) unter Führung von Mao Zedong in der Prov. Jiangxi ein Rätesystem nach sowjet. Muster auf. Von den Truppen Chiang Kai-sheks bedrängt, zogen die Kommunisten auf dem ∕ Langen Marsch (1934–35) von S- nach N-China und schufen sich in der Prov. Shaanxi (im Bereich von Yan'an) ein neues Herrschaftsgebiet. Nach dem Ende des Zweiten Weltkriegs in Asien eroberten die Truppen der KPCh 1947–49 ganz China. Unter Führung Mao Zedongs errichtete die KPCh 1949 die VR China und wurde dort die allein herrschende Partei (∕ China).

Kommunistische Partei der Sowjetunion, Abk. **KPdSU,** 1917/18–91 Staats- und Reg.partei in Sowjetrussland bzw. der UdSSR; hervorgegangen aus der 1898 gegründeten Sozialdemokrat. Arbeiterpartei Russlands (SDAPR), die sich 1903 in **Menschewiki** und die von Lenin geführten **Bolschewiki** (B) spaltete. Letztere konstituierten sich 1912 formell als selbstständige Partei unter der Bez. SDAPR (B). In der ∕ Oktoberrevolution 1917 übernahmen die Bolschewiki nach einem bewaffneten Aufstand die Macht, die sie nach Ausschaltung ihrer Bündnispartner (linke Sozialrevolutionäre) ab März 1918 allein innehatten und in einem blutigen Bürgerkrieg sowie im Kampf gegen eine ausländ. Intervention (1918–21) behaupten konnten. Innenpolit. Gegner wurden in den folgenden Jahren auch mit terrorist. Mitteln ausgeschaltet. 1918 benannte sich die Partei in **Kommunist. Partei Russlands,** KPR (B), um. Nach dem Tod Lenins (1924) gelang es Stalin, der bereits seit 1922 Gen.-Sekr. war, seine innerparteil. Rivalen L. D. Trotzki, L. B. Kamenew, G. J. Sinowjew und N. I. Bucharin nach und nach auszuschalten und später zu liquidieren (Schauprozesse und Hinrichtungen). Die alte Führungsschicht der – 1925 in **KPdSU (B)** umbenannten – Partei wurde in der »Großen Säuberung« (1935–39; ∕ Tschistka) durch Stalin stark dezimiert. Unter ihm wurde die KPdSU (B) zum Instrument seiner persönl. Diktatur (∕ Stalinismus). Das von Lenin entwickelte Prinzip des demokrat. Zentralismus und der Grundsatz der kollektiven Führung waren außer Kraft gesetzt. Nach Stalins Tod (1953) verurteilte der 20. Parteitag 1956 unter dem neuen Ersten Sekr. N. S. Chruschtschow die Herrschaftsmethoden Stalins ebenso wie den Kult um seine Person (∕ Entstalinisierung), die Parteiführung leitete eine Kurskorrektur ein. Die KPdSU (1952 Streichung des Zusatzes »B«) wurde wieder der eigentl. polit. Machtträger. Die von Chruschtschow gegenüber dem Westen verfolgte Politik der »friedl. Koexistenz« führte zum polit. Bruch mit der KP Chinas und zu einer rd. drei Jahrzehnte währenden Rivalität innerhalb der kommunist. Weltbewegung. Nach Chruschtschows Sturz 1964 wurde eine kollektive Leitung eingeführt, in der jedoch L. I. Breschnew (bis 1982) eine große Machtfülle auf seine Person vereinigen konnte. Seine Nachfolger waren J. W. Andropow (1982–84) und K. U. Tschernenko (1984–85).

Ohne die polit. Führungsrolle der KPdSU infrage zu stellen, leiteten Reformkräfte um Gen.-Sekr. M. S. Gorbatschow (seit 1985) mit der Politik von »Glasnost« und »Perestroika« in der 2. Hälfte der 1980er-Jahre eine grundlegende staatlich-gesellschaftl. Umstrukturierung ein, die auch die Partei erfasste. Eine immer größer werdende wirtsch. Misere, das Aufbrechen jahrzehntelang aufgestauter Nationalitätenkonflikte, das Autonomiestreben bes. der balt. Staaten und Verselbstständigungstendenzen nat. Parteiorganisationen (z. B. in Litauen) riefen eine tiefe innenpolit. Krise hervor und bewirkten zunehmende Kritik der Radikalreformer wie auch orth. Kräfte in der KPdSU am polit. Kurs Gorbatschows. Gegen starken innerparteil. Widerstand setzte dieser im Febr. 1990 den Verzicht auf das verfassungsrechtlich abgesicherte Machtmonopol der KPdSU durch. Der Prestige- und Machtverlust der KPdSU äußerte sich in einem starken Rückgang der Mitgl. der KPdSU.

Um dem Zerfall der KPdSU entgegenzuwirken, unterbreitete Gorbatschow 1991 den Entwurf eines neuen Parteiprogramms, der sich an Prinzipien der Sozialdemokratie orientierte und die Umwandlung der KPdSU von einer »Partei der Arbeiterklasse« in eine Partei »aller arbeitenden Menschen« vorsah. Dennoch kam es zu organisator. Abspaltungen von der KPdSU (u. a. Gründung der »Demokrat. Partei der Kommunisten Russlands«).

Nach dem gescheiterten Putschversuch orthodoxer kommunist. Partei- und Staatsfunktionäre im Aug. 1991 wurde die Tätigkeit der KPdSU auf dem gesamten Staatsgebiet der UdSSR untersagt und ihr Vermögen in Staatseigentum übergeführt. Gorbatschow trat am 24. 8. 1991 als Gen.-Sekr. zurück. In einer Reihe von Unionsrepubliken, die zumeist bereits ihre Unabhängigkeit erklärt hatten, wurden die bisher der KPdSU eingegliederten nat. KP-Organisationen verboten (u. a. Ukraine, Georgien, Russland), in anderen formierten sie sich unter neuem Namen (Usbekistan) oder lösten sich selbst auf (z. B. in Aserbaidschan). Im Sept. 1991 erfolgte auch die Selbstauflösung des kommunist. Jugendverbandes ↗Komsomol. Nach einem Prozess um das von Präs. B. N. Jelzin erlassene Verbot der KPdSU und der KP Russlands entschied das russ. Verfassungsgericht im Nov. 1992, dass zwar das Verbot der Führungsstrukturen verfassungskonform sei, nicht aber das der Grundorganisationen. Daraufhin begannen sich die russ. KP-Nachfolgeorganisationen neu zu formieren. 1993 konstituierte sich unter Führung von G. A. Sjuganow die Kommunist. Partei der Russ. Föderation (KPRF), die bei den Parlamentswahlen von 1995 stärkste Partei wurde.

Kommunistische Partei Deutschlands, Abk. **KPD,** polit. Partei, gegr. am 30. 12. 1918/1. 1. 1919 durch Zusammenschluss von Spartakusbund und Bremer Linksradikalen, bald danach durch den Tod von F. Mehring und die Ermordung von R. Luxemburg, K. Liebknecht und L. Jogiches geschwächt. Die unter Führung der KPD errichteten lokalen Räterepubliken (München, Bremen) scheiterten ebenso wie von ihr initiierte Aufstände (Berlin 1919 und 1920, Ruhrgebiet 1920, Mittel-Dtl. und Vogtland 1921, Hamburg 1923). Ende 1920 wurde die KPD durch die Vereinigung mit dem linken Flügel der USPD zur Massenpartei. Der mit der USPD zur KPD gekommene E. Thälmann übernahm 1925 nach z. T. erbitterten Fraktionskämpfen (u. a. gegen R. Fischer) die Führung der Partei. In den folgenden Jahren erfolgte die Durchsetzung von Theorie und Praxis des Bolschewismus in der KPD (»Bolschewisierung«). Bis 1932 konnte sie, v. a. in der Weltwirtschaftskrise, Mitglieder- und Wählerzahl stark erhöhen. Im Rahmen einer »ultralinken Taktik«, die für die Jahre der Wirtschafts- und Staatskrise in Dtl. maßgebend blieb, wurden die Sozialdemokraten 1928 als »Sozialfaschisten« zum Hauptfeind erklärt. Damit wurde bewusst eine gemeinsame Handlungsbasis der KPD mit der SPD zur Abwehr des Nationalsozialismus verhindert. Nach dem Reichstagsbrand (27. 2. 1933) von der sich formierenden nat.-soz. Diktatur verfolgt, ging die KPD in den Untergrund; ihre Funktionäre wurden verhaftet (u. a. E. Thälmann), viele ihrer Mitgl. verloren ihr Leben im Widerstand gegen Hitler. Von den ins Exil gegangenen kamen viele im Span. Bürgerkrieg (in den internat. Brigaden) um, andere fielen den stalinist. Säuberungen in der UdSSR, die auch die Komintern erfassten, zum Opfer. Die bis in die 1930er-Jahre in der KPD vorherrschende »Sozialfaschismustheorie« wurde – v. a. nach dem 7. Kongress der Komintern (1935) – zugunsten der Volksfrontpolitik aufgegeben. Im Moskauer Exil gewann W. Ulbricht immer stärkeren Einfluss in der Führung der Partei. Nach dem Ende des Zweiten Weltkriegs sofort wieder aufgebaut, war die KPD zunächst an den Länderregierungen beteiligt. In der SBZ betrieb sie, gestützt auf die SMAD, den Zusammenschluss mit der SPD zur ↗Sozialistischen Einheitspartei Deutschlands (SED) als allein herrschende Führungspartei in der späteren DDR. In der Bundesrep. Dtl. verlor die KPD nach 1949 an Bedeutung; nach ihrem Verbot am 17. 8. 1956 setzte sie ihre Tätigkeit illegal bis 1968 (Gründung der DKP) fort.

Kommunistisches Informationsbüro, ↗Kominform.

Kommunistisches Manifest, polit. Flugschrift, im Auftrag des »Bundes der Kommunisten« in London 1847/48 von K. Marx und F. Engels verfasst, ist die erste zusammenfassende Darstellung der marxist. Lehre (↗Marxismus).

Kommunitarismus [zu engl. community »Gemeinschaft«, »Gemeinwesen«] *der, Politikwissenschaft* und *Soziologie:* Bez. für Theorieansätze, die die Bedeutung des Begriffs »Gemeinschaft« bei der Analyse moderner Gesellschaften hervorheben. In den USA aus der Kritik am Liberalismus entwickelt, betont der K. die Einbettung von Individuen, Rechten, Normen und Institutionen in Gemeinschaften versch. Art, von der Familie bis zur polit. oder kulturellen Gemeinschaft. Innerhalb der Soziologie findet sich der K. als Kritik an der fortschreitenden Individualisierung moderner pluralist. Gesellschaften, v. a. an der Entwertung traditioneller und zugleich solidar. Lebensformen. Die seit Mitte der 1980er-Jahre in den USA von A. Etzioni ins Leben gerufene polit. Bewegung sieht sich als parteiübergreifenden Versuch, Gemeinsinn und Verantwortung des Einzelnen für die Gemeinschaft zu fördern und das »Übermaß« individueller Rechtsansprüche an den Staat zu reduzieren.

Kommunitäten [lat.], evang. Bruder- und Schwesternschaften, die den kath. Orden und Kongregationen vergleichbar sind. K. entstanden im evang. Raum v. a. im 19./20. Jh. unter dem Einfluss des Pietismus und der hochkirchl. Bewegung. Beispiele sind die Evang.-ökumen. Johannes-Bruderschaft, die Evang. ↗Michaelsbruderschaft, die Jesus-Bruderschaft Gnadenthal (bei Bad Camberg) und die ökumen. Bruderschaft von ↗Taizé.

kommunizieren [lat.], **1)** *allg.:* in Verbindung stehen; sich verständigen.
2) *kath. Kirche:* die ↗Kommunion empfangen.

kommunizierende Röhren, oben offene, unten miteinander verbundene, mit Flüssigkeit gefüllte Röhren oder Gefäße. Eine Flüssigkeit steht unabhängig von der Gefäßform überall gleich hoch (Abweichungen können eine Folge der ↗Kapillarität sein). Auf dieser Erscheinung beruhen z. B. Wasserstandsmesser und artes. ↗Brunnen.

kommutativ, umstellbar, vertauschbar.

Kommutativgesetz, math. Gesetz: Eine Verknüpfung ($\circ$) von zwei Elementen a und b einer Menge heißt **kommutativ,** wenn $a \circ b = b \circ a$; so sind z. B. für beliebige Zahlen Addition und Multiplikation kommutativ, Subtraktion und Division dagegen nicht.

Kommutator [lat. commutare »verändern«, »(aus)tauschen«] *der,* **1)** *Elektrotechnik:* (Kollektor), auf der Welle eines ↗Universalmotors aufgebrachter Ring von gegeneinander isolierten Kupferlamellen, auf dem Bürsten aufliegen, um den Stromkontakt zw. Stator und Rotor sicherzustellen. – Bei Gleichstrommaschinen bilden Lamellen und Bürsten einen Schalter, der bei Drehung des Ankers die Richtung des Stromes zweier benachbarter Ankerspulen umkehrt (Kommutierung). Der K. heißt daher auch **Strom-** oder **Polwender.** Bei **Drehstrom-K.-Maschinen** bilden

Lamellen und Bürsten einen mech. Frequenzwandler, der die Netz- in die Ankerfrequenz umwandelt. Daher können Drehstrom-K.-Maschinen grundsätzlich mit Strömen beliebiger Frequenz betrieben werden.

2) *Physik:* die aus zwei Operatoren F und G gebildete Größe $[F, G] = FG - GF$; gibt insbesondere in der Quantentheorie die Vertauschungsrelation zweier i. Allg. nicht vertauschbarer Größen an.

Komnenen, byzantin. Kaiserhaus aus kleinasiat. Militäradel, herrschte 1057–59 und 1081–1185 in Konstantinopel, 1204–1461 in Trapezunt. Unter den K. von Konstantinopel erlebten Kunst und Literatur eine Blütezeit.

Komödie [grch. kōmōdía »Gesang bei einem frohen Gelage«] *die,* literar. Bühnenwerk mit heiterem Inhalt und meist glückl. Ausgang. Der (Schein-)Konflikt beruht oft auf menschl. Unzulänglichkeiten sozialer Gruppen oder Typen. Neben der Tragödie ist die K. die wichtigste Gattung des europ. Dramas. K.-Formen sind u. a. Schwank, Posse, Farce, Burleske. Die K. entstand aus dem Zusammenwirken verbaler Komik und vorliterar. mimet. Spieltraditionen (Pantomime, Tanz).

Geschichte: K. sind seit 486 v. Chr. in Athen als Teil der staatl. Dionysosfeiern bezeugt. Berühmt wurden die polem. K. des Aristophanes, der die Missstände seiner Zeit kritisierte. Die mittlere und neue attische K. wurde dagegen allmählich zur Konversations-K. (Menander). Die röm. K. blieb weitgehend an der neuen attischen K. orientiert (Livius Andronicus, Plautus, Terenz). Im europ. MA. war die antike K.-Tradition (bis auf Terenz) unterbrochen; stattdessen entwickelten die nat. Kulturen volkstüml. K.-Traditionen wie die frz. Sottien, die niederländ. Kluchten und die dt. Fastnachtsspiele. Die italien. Renaissance belebte am Ende des 15. Jh. wieder die antike Tradition; ihre Form wurde von der Renaissancepoetik fixiert, der zufolge für die K. neben der Akteinteilung die Befolgung der drei Einheiten (/Drama), der Ständeklausel und der Genera Dicendi (niederer, mittlerer und hoher Stil) verbindlich wurden. Daneben entwickelte sich in der /Commedia dell'Arte die volkstüml. Stegreiftradition weiter. Die Rezeption der Renaissance-K. verlief bis zum 18. Jh. in den einzelnen Nationalstaaten unterschiedlich: In England entstand als neuer Typ die romant. K., die bei Shakespeare ihren Höhepunkt fand, daneben die in antiker Tradition stehende Comedy of Humours (eine Art Typen-K., die menschl. Schwächen satirisch bloßstellt, Verfasser u. a. B. Jonson) und die die gesellschaftl. Sitten der neu entstehenden Bürgerschicht kommentierende und karikierende Comedy of Manners (J. Dryden u. a.). In Spanien entwickelte sich aufgrund der religionspolit. Situation (Gegenformation) das unpolitisch-unsatir. Mantel- und Degenstück (Lope de Vega, P. Calderón de la Barca u. a.). Frankreich stand unter italien. und span. Einfluss, wobei der Typus der Charakter-K. verfeinert wurde (Molière). Erst im 18. Jh., im Gefolge der Aufklärung, erfuhr die K. eine gesamteurop. Ausprägung und nahm Züge einer bürgerlichen didakt. Tugendlehre an. In Dtl. wurden die frz. und engl. Vorbilder diskutiert und mit G. E. Lessings »Minna von Barnhelm« (1767) die erste bedeutende dt. K. geschaffen; ähnlich bed. waren nur noch H. von Kleist, F. Raimund und J. N. Nestroy. Im 19. Jh. wurde die Konversations-K. wieder beliebt, bes. in Österreich, gleichzeitig entwickelte sich die soziale K. (Junges Deutschland; N. Gogol, A. N. Ostrowski, A. P. Tschechow; G. Hauptmann, C. Zuckmayer) bis zur Tragi-K. (C. Sternheim, F. Wedekind). In der Gegenwart zeigt die K. v. a. die absurde, groteske Widerspiegelung der Wirklichkeit (A. Jarry, S. Beckett, H. Pinter, A. L. Kopit, E. Ionesco, J. Audiberti, F. Dürrenmatt), andererseits entstand das fantast., existenzielle oder philosoph. Problemstück (E. Rostand, L. Pirandello, F. García Lorca, J. Giraudoux, J. Anouilh, W. B. Yeats). Die polit. K. entstand in Russland um 1920 (W. P. Katajew, M. A. Bulgakow, W. W. Majakowski), in den USA ist sie u. a. mit G. S. Kaufman, in Großbritannien mit P. Ustinov, H. Brenton repräsentiert; in Dtl. vertritt u. a. R. Hochhuth diesen Typus. Die Funktion der K. wird in der Gegenwart immer mehr vom Konversationsstück übernommen.

Komodo-Nationalpark, Schutzgebiet (UNESCO-Weltnaturerbe) des Komodowarans (etwa 2 000 Tiere auf der Insel Komodo) auf den Kleinen Sundainseln, Indonesien, 2 200 km²; Nationalpark seit 1980; umfasst die Komodoinsel (etwa 480 km², im Gunung Arab bis 735 m hoch) und die westl. Küstenabschnitte von Flores u. a. Inseln; an den Küsten z. T. Mangroven, sonst trop. Monsunregenwald, Grasland und Savanne; Regenzeit von Dez. bis März, sonst trocken und heiß.

Komodowaran, Art der /Warane.

Komoé-Nationalpark [kɔmɔ'e-, frz.], Naturschutzgebiet im NO der Rep. Elfenbeinküste, im Einzugsgebiet des Komoé, 11 500 km²; wurde wegen der schützenswerten Pflanzen- und Tierwelt (v. a. Elefanten, Büffel, Löwen, Leoparden, Antilopen) von der UNESCO zum Weltnaturerbe erklärt.

Kom Ombo, Stadt in Ägypten, nördlich von Assuan am Ostufer des Nils, 30 000 Ew.; Zentrum eines Bewässerungsgebietes (Baumwolle, Getreide, Zuckerrohr), in das 45 000 Nubier vor dem Aufstau des Nassersees umgesiedelt wurden. – Zur Ptolemäerzeit (2. und 1. Jh. v. Chr.) strateg. Ausgangspunkt nach Nubien und Äthiopien; aus dieser Zeit stammt ein Doppeltempel am Nil, geweiht dem krokodilköpfigen Gott Sobek und dem falkenköpfigen Gott Horus; reicher Reliefschmuck an Wänden und Säulenschäften.

Komondor *der,* ungar. Hirtenhund mit zu »Schnüren« verfilzendem, zottigem weißem Fell; Schulterhöhe beim Rüden bis 80 cm.

Komoren, Inselgruppe im Ind. Ozean an der Ostküste Afrikas, umfasst die frz. Insel /Mayotte sowie drei weitere Hauptinseln, die mit den zahlr. Nebeninseln den Staat /Komoren bilden. Die gebirgigen Hauptinseln sind vulkan. Ursprungs, höchster Berg ist der noch tätige Vulkan Kartala (2 361 m ü. M.) auf Njazidja. In höheren Lagen dichter Regenwald. Das Klima ist tropisch und regenreich (Regenzeit November–April).

Komoren (amtlich arab. Udzima wa Komori, frz. Union des Comores, dt. Union der K.), Inselstaat im Ind. Ozean zw. Madagaskar und der Ostküste Afrikas, umfasst die Inseln Njazidja (frz. Grande Comore; 1 148 km²), Nzwani (frz. Anjouan; 424 km²), Mwali (frz. Mohélie; 290 km²) und zahlr. kleinere Inseln.

Staat und Recht

Nach der Verf. vom 23. 12. 2001 (durch Referendum gebilligt) sind die K. eine föderative Rep. Die neue Verf. gewährt Njazidja, Nzwani und Mwali größere Autonomie (eigene Regional-Verf., Parlamente und Reg.); /Mayotte bleibt vorerst unter frz. Verwaltung. Als Staatsoberhaupt fungiert der von den 3 Inseln abwechselnd gewählte Präs. Er ernennt die Unions-Reg. unter Vorsitz des MinPräs., die v. a. für Außen-, Verteidigungs- und Währungspolitik zuständig ist. Die

2530 **Komo** Komorn

Komoren

Fläche:	1 862 km²
Einwohner:	(2000) 714 000
Hauptstadt:	Moroni
Amtssprachen:	Arabisch, Französisch
Nationalfeiertag:	6. 7.
Währung:	1 K.-Franc (FC) = 100 Centimes
Zeitzone:	MEZ + 2 Std.

Staatswappen

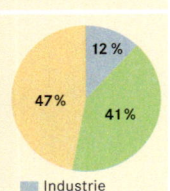

210 714 | 480 380
1970 2000 | 1970 2000
Bevölk. (in 1000) | BNE je Ew. (in US-$)

33% / 67%
Stadt / Land
Bevölkerungsverteilung 2000

12% / 41% / 47%
Industrie / Landwirtschaft / Dienstleistung
Bruttoinlandsprodukt 2000

Legislative liegt beim Bundesparlament (33 Abg., davon 15 durch die Regionalparlamente, die übrigen direkt gewählt).

■ **Landesnatur**
↗ Komoren, Inselgruppe.

■ **Bevölkerung**
Die Bev. setzt sich aus afrikan., indisch-indones. und arab. Einwanderern zusammen. Die Araber sind führend in der Politik, die Inder im Handel; meist afrikanisch geprägt ist die kleinbäuerl. Landbevölkerung. Größte Stadt ist die Hptst. Moroni (60 000 Ew.), Hauptort von Nzwani ist Mutsamudu (20 000 Ew.), der von Mwali ist Fomboni (5 600 Ew.). – Mit über 98% bekennt sich nahezu die gesamte Bev. zum sunnit. Islam, der Staatsreligion ist. – Es besteht eine neunjährige allg. Schulpflicht. Die Analphabetenquote beträgt 44%.

■ **Wirtschaft, Verkehr**
Fast 75% der Bev. leben von der Landwirtschaft; zur Eigenversorgung dienen der Anbau von Reis, Maniok, Süßkartoffeln, Mais und Bananen sowie die Fischerei (v. a. Thunfisch); auf Plantagen werden für den Export v. a. Parfümpflanzen (Ylang-Ylang-Bäume), Vanille, Kokospalmen (Kopragewinnung), Gewürznelken, Kakao, Pfeffer und Sisal angebaut. Die Ind. ist wenig entwickelt, überwiegend Verarbeitung landwirtsch. Produkte. Hauptanziehungspunkte des Tourismus sind die Badestrände und Tauchmöglichkeiten. Wichtigste Exportgüter sind Vanille, äther. Öle, Kopra, Gewürznelken; importiert werden u. a. Nahrungsmittel, Kfz, Erdölprodukte, Konsumgüter. Wichtigste Handelspartner: Frankreich, die USA und die Rep. Südafrika. – Das Straßennetz umfasst rd. 900 km; Haupthäfen: Moroni, Fomboni und Mutsamudu; internat. Flughafen Moroni-Hahaya auf Njazidja.

■ **Geschichte**
Die K. gehörten seit dem 10. Jh. zum Bereich der arabisch geprägten Suahelikultur. Um 1591 wurden die K. wohl erstmals von Europäern besucht. Mayotte wurde 1843, die übrigen K. wurden 1886 frz. Protektorat, 1912 frz. Kolonie, die 1914 Madagaskar unterstellt wurde. 1946 erhielten die K. den Status eines frz. Überseeterritoriums (seit 1961 mit beschränkter innerer Autonomie). Nachdem sich die Bev. bei einer Volksabstimmung 1974 für die Unabhängigkeit entschieden hatte, erklärte der Reg.chef A. A. Abderemane am 6. 7. 1975 die Unabhängigkeit der K. Die Insel ↗ Mayotte, deren Bev. bei der Abstimmung die Unabhängigkeit abgelehnt hatte, stellte sich unter frz. Schutz. Diese Sonderstellung wurde von den UN und der OAU nicht anerkannt. – Gestützt auf eine Einheitspartei errichtete Abderemane zu Beginn der 1980er-Jahre ein autoritäres Reg.system. Nach der Ermordung Abderemanes (1989) wurde Said Mohammed Djohar Staatspräs. (1991 durch Wahl bestätigt). Im März 1995 wählte die Bev. M. Taki Abdoulkarim († Nov. 1998) zum Staatspräs. Nach einem Putsch übernahm im April 1999 das Militär unter Oberst Azali Assoumani die Macht. Nachdem 1997 die Inseln Mwali und Nzwani ihre Unabhängigkeit erklärten, erfolgte 2001 die Bildung einer föderativen Republik. Da die Übergangs-Reg. Azali Assoumani zum Sieger der Präsidentschaftswahlen vom April 2002 erklärt hatte, verschärfte sich die innenpolitisch verworrene Situation.

Komorn, 1) Stadt in der Slowak. Rep., ↗ Komárno.

2) Stadt in Ungarn, ↗ Komárom.

Komotau (tschech. Chomutov), Stadt in Nordböhmen, Tschech. Rep., am Fuß des Erzgebirges, 51 600 Ew.; Hüttenwerk, chem. Ind.; neben Brüx (tschech. Most) ein Zentrum des nordböhm. Braunkohlenreviers. – Bed. Baudenkmäler vom MA. bis zum Barock; am Marktplatz Bürgerhäuser des 16. bis 19. Jh. mit Laubengängen. – Im 11. Jh. Ansiedlung von Deutschen, 1252–1416 zum Dt. Orden, seit Ende des 14. Jh. Stadt.

Komotini, Hptst. des grch. Nomos Rhodope, am S-Fuß des Rhodopegebirges, in W-Thrakien, 37 000 Ew.; orth. Bischofssitz; Univ. (1973); Textil-, Tabak-, Nahrungsmittelindustrie.

Kompaktsportspiele, *Freizeit-* und *Turniersport:* (Indoor-)Wettbewerbe mit Sport- und Spielcharakter, die auf bzw. an kleinen und daher i. d. R. transportablen Anlagen durchgeführt werden; gekennzeichnet durch geringen Platzbedarf und relativ geringen materiellen und organisator. Aufwand. Zu den K. zählen z. B. ↗ Darts und ↗ Tischfußballspiele.

Kompander [Kw. aus **Kom**pressor und Ex**pander**] *der, Elektroakustik:* ein ↗ Rauschunterdrückungssystem.

Kompanie [frz.] *die,* **1)** ↗ Compagnie, ↗ Handelskompanien.

2) in den meisten Streitkräften Bez. für die kleinste takt. Einheit; **K.-Chef** ist ein Hauptmann oder Major.

Komparation [lat.] *die,* **1)** *allg.:* Vergleich.

2) *Grammatik:* Steigerung, die dreistufige Formabwandlung des Adjektivs, mit denen sich verschiedene Grade eines Merkmals kennzeichnen lassen: **Positiv** (Grundstufe: *lang, gut*), **Komparativ** (Mehr-, Höherstufe: *länger, besser*), **Superlativ** (Meist-, Höchststufe: *am längsten, am besten*).

Komparatistik [lat.] *die,* ↗ vergleichende Literaturwissenschaft und ↗ vergleichende Sprachwissenschaft.

komparative Kosten, das Verhältnis der Produktionskosten zweier Güter, wobei die Produktionskosten des Gutes A im Verhältnis zu jenen des Gutes B ausgedrückt werden. Maßgeblich sind nicht die absoluten, sondern die relativen Kostenunterschiede. Die von D. Ricardo entwickelte und von Gottfried von Haberler (*1900, †1995) weitergeführte **Theorie der k. K.** liefert den klass. Erklärungsansatz für das Entstehen von Außenhandel: Ein Land kann auch dann aus dem internat. Handel Vorteile ziehen, wenn es bei der Produktion aller Güter dem Ausland gegenüber absolute Kostennachteile aufweist. Es muss sich dazu auf die Produktion derjenigen Güter konzentrieren, bei denen es Kostenvorteile besitzt, und diese ausführen. Umgekehrt muss es die Güter importieren, bei denen es komparative Kostennachteile aufweist. Dies setzt allerdings Freihandel voraus.

Komparator [lat.] *der,* 1) *Astronomie:* Gerät zum Vergleichen (Positionen, Helligkeiten u. a.) zweier zeitlich nicht identischer fotograf. Aufnahmen des gleichen Sternfeldes, z. B. durch einen ↗ Blinkkomparator.

2) *Elektronik:* Schaltungsanordnung zum Vergleich zweier Größen. K. bestehen meist aus einem ↗ Operationsverstärker mit nichtlinearen Gliedern zur symmetr. Begrenzung der Ausgangsgröße in der Rückführung.

3) *Messtechnik:* Vorrichtung zur genauen ↗ Längenmessung, z. B. mechanisch-optisch durch Vergleich eines Prüflings mit einem Normal (Strichmaßstab). Der K. besteht dann aus zwei vertikal gerichteten, starr miteinander verbundenen Messmikroskopen und einem in einer Richtung verschiebbaren Aufnahmetisch (Schlitten). Prüfling und Normal liegen entweder parallel nebeneinander oder fluchtend hintereinander; der Mikroskopträger oder der Schlitten wird beim **Transversal-K.** senkrecht zur Längsrichtung des Normals verschoben, beim **Longitudinal-K.** in Längsrichtung. **Interferenz-K.**, deren Aufbau sich vom Michelson-Interferometer ableitet, nutzen die Interferenz von Lichtstrahlen v. a. zum Ausmessen und Vergleichen der Länge von Endmaßen.

Komparse [italien.] *der,* (in Massenszenen mitwirkende) Person ohne Sprechrolle beim Film. Auf der Bühne heißen die stummen Darsteller meist Statisten.

Kompartiment [lat.] *das, Zellbiologie:* durch eine einfache Elementarmembran oder durch Doppelmembran abgegrenzter Bezirk oder Reaktionsraum in einer Zelle. Die Membranen können Barrieren für bestimmte Substanzen sein. Größere K. mit besonderen Funktionen heißen ↗ Zellorganellen.

Kompass [italien., zu *compassare* »ringsum abschreiten«, »abmessen«] *der,* Instrument zur Bestimmung der Himmelsrichtung, wobei v. a. Magnet-K. und Kreisel-K. von Bedeutung sind. Der **Magnet-K.** beruht auf der vom ↗ Erdmagnetismus ausgehenden, auf einen Magneten ausgeübten Richtkraft, die die Magnetnadel fast überall auf der Erde (ausgenommen sind die Polargebiete) in den magnet. Meridian, d. h. in die magnet. N-S-Richtung, einstellt. Da die magnet. Pole nicht mit den geograph. Polen übereinstimmen, zeigen K. eine örtlich versch. Abweichung von der N-S-Richtung, die Missweisung (↗ Deklination). Bei kleineren K. spielt die auf einer feinen Spitze **(Pinne)** sitzende Nadel über der **K.-Rose,** einer mit Markierungen für die Himmelsrichtungen und einer Skala für weitere Unterteilungen des Vollkreises versehenen runden Scheibe. Bei größeren K. sind meist mehrere Magnetnadeln (stabförmige Dauermagnete) an der Unterseite der K.-Rose angebracht, die sich,

Komoren: an der Ostküste der Insel Njazidja

auf einer Pinne drehend, selbst in den magnet. Meridian einstellt. Dem empfindl. **Trocken-K.** steht der **Schwimm-K. (Fluid-K.)** gegenüber, der bes. in der See- und Luftfahrt verwendet wird. Bei diesem liegt die Rose innerhalb des K.-Kessels als Schwimmkörper, der in einem Wasser-Alkohol-Gemisch mit nur geringem Auflagedruck auf der Pinne ruht. **Steuer-K.** werden zum Kurshalten, **Peil-K.** zur Ortsbestimmung verwendet. Die Fehler von Magnet-K. sind jedoch infolge der unbekannten magnet. Störungen so groß, dass sie mittlerweile nicht mehr als primäres Navigationsgerät verwendet werden, sondern nur noch als Reservegeräte. – Der **Kreisel-K.** nutzt die Erdrotation zum Aufsuchen der N-Richtung. Ein mit etwa 20 000 U/min rotierender axialsymmetr. Kreiselkörper ist so aufgehängt, dass seine Drehachse in die Horizontalebene gezwungen wird. Aufgrund der Kreiselgesetze versucht die Drehachse, sich parallel zur Erdrotationsachse zu stellen. Während die Horizontalebene infolge der Erddrehung ihre Lage im Raum verändert, sucht der Kreisel die Lage seiner Drehachse beizubehalten; da aber die Drehachse z. B. durch ein Pendelgewicht in der Horizontalebene gehalten wird, kann sie sich nur in Richtung des geograph. Meridians (Längenkreis) einstellen. Der Kreisel-K. ist im Gegensatz zum Magnet-K. vom Magnetfeld der Erde un-

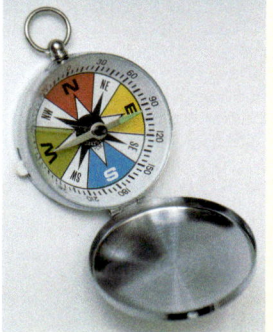 

Kompass (von links): Magnetkompass in Form eines Taschenkompasses und historische Kompassrose

abhängig. Seine einwandfreie Funktion wird oft mit einem Magnet-K. kontrolliert.

Kompass (lat. Pyxis, Schiffskompass), *Astronomie:* kleines Sternbild des Südhimmels, in Mitteleuropa an Winterabenden knapp über dem südl. Horizont sichtbar.

Kompassorientierung, die Fähigkeit von Organismen, durch Orientierung z. B. nach dem Stand von Sonne, Mond oder den Sternen bzw. dem Magnetfeld der Erde eine bestimmte Richtung einzuschlagen. Am weitesten verbreitet ist im Tierreich die Sonnen-K. (z. B. Fische, Amphibien, Reptilien, Vögel, manche Säugetiere).

Kompasspflanzen, Pflanzen, die ihre Blattspreite zum Schutz gegen zu starke Erwärmung oder Verdunstung (fast) senkrecht zu den einfallenden Sonnenstrahlen stellen, z. B. der Kompasslattich.

kompatibel, vereinbar, verträglich; Ggs. inkompatibel.

Kompatibilität *die,* **1)** *Informatik:* die Austauschbarkeit oder Verknüpfbarkeit von Geräten, Datenträgern, Daten und Programmen ohne besondere Maßnahmen. Von **Aufwärts-K.** spricht man, wenn das jeweils größere oder neuere Modell eines Computersystems die Programme des kleineren oder älteren Modells verarbeiten kann, nicht aber umgekehrt.

2) *Medizin:* Verträglichkeit von transplantiertem Gewebe mit dem Gewebe des Empfängers (↗Geweberträglichkeit).

Kompendium [lat.] *das,* **1)** kurz gefasstes Lehrbuch, Abriss.

2) *Fotografie:* Vorrichtung (Sonnenblende), die verhindert, dass seitlich einfallendes Licht (Streulicht) auf das Objektiv fotograf. Kameras fällt; K. dienen ferner zur Fassung und Halterung von Filtern, Softscheiben, Masken u. ä. Einrichtungen.

Kompensation [lat.] *die,* **1)** *allg.:* Ausgleich.

2) *Bankwesen:* Verrechnung von Kauf- und Verkaufsaufträgen für ein bestimmtes Wertpapier durch die Bank als Kommissionär. Überschießende Salden werden als Aufträge über die Börse abgewickelt. Seit 1968 sind die Banken laut den allg. Geschäftsbedingungen verpflichtet, Kundenaufträge generell über die Börse auszuführen.

3) *Medizin:* Ausgleichsleistungen des Körpers (↗Dekompensation).

4) *Messtechnik:* (Kompensationsmethode), Messverfahren, bei dem einer zu messenden Größe eine gleich große, aber entgegengerichtete Hilfsgröße überlagert wird. Die Gleichheit der beiden Größen **(Nullabgleich)** wird durch Nullanzeige eines hoch empfindl. Messgeräts **(Nullinstrument)** angezeigt. Im abgeglichenen Zustand wird der Messgröße keine Energie entzogen. Die K.-Methode wird v. a. in der Strom- und Spannungsmesstechnik angewendet.

5) *Psychologie:* Begriff aus der Individualpsychologie A. Adlers, bezeichnet den Ausgleich von Minderwertigkeitsgefühlen aufgrund empfundener Mängel durch besondere Leistungen auf einem anderen Gebiet. Übersteigertes Streben nach Vollwertigkeit, Geltung und Macht **(Über-K.** oder **Fehl-K.)** kann zu **K.-Neurosen** führen.

6) *Strafrecht:* Strafmilderung oder Absehen von Strafe bei wechselseitigem Verschulden; für einen oder beide Täter möglich, wenn eine Beleidigung auf der Stelle erwidert wurde (§ 199 StGB). Im *Zivilrecht* Schadensausgleich in Geld, auch Aufrechnung.

Kompensationsfarben, zwei Farben, die bei additiver Farbmischung Unbunt ergeben (↗Gegenfarbe).

Kompensationsgeschäft (Gegenseitigkeitsgeschäft, Kopplungsgeschäft), Vereinbarung, bei der ein Import- mit einem Exportgeschäft gekoppelt ist. K. umfassen i. d. R. zwei getrennte Verträge, die unabhängig voneinander abgewickelt und in konvertibler Währung erfüllt werden. Die Grundform des K. ist das **Parallelgeschäft (Gegengeschäft),** bei dem sich der Exporteur verpflichtet, Güter im Wert eines bestimmten Prozentsatzes des Liefervertrages aus dem Partnerland zu importieren und ggf. in Drittländer zu exportieren, wobei Import- und Exportvertrag vollkommen unabhängig voneinander sind. Beim **Rückkaufgeschäft (Buy-back-Geschäft)** liefert der eine Partner Maschinen und Anlagen, deren Wert er ganz oder teilweise aus oft über Jahre dauernder Lieferung von damit erstellten Produkten zurückerhält. Wird der Export von Waren mit weiteren Kooperationsformen (z. B. Direktinvestitionen, Joint Ventures) verknüpft, spricht man von **Offsetgeschäften.** Spielen finanzielle Transaktionen keine Rolle und werden auf der Basis eines Vertrages nur Waren gegen Waren getauscht, liegt ein **Tauschgeschäft (Bartergeschäft)** vor.

Kompensationstheorie, Lehre, nach der die Verbilligung bestimmter Güter durch den techn. Entwicklung eine Mehrnachfrage nach anderen Gütern auslöst und so zur Wiedereinstellung der durch Maschineneinsatz und Rationalisierung frei gewordenen Arbeitskräfte führt.

Kompensator [lat.] *der,* **1)** *Elektrotechnik:* auf der Kompensationsmethode (↗Kompensation) beruhendes Messgerät zur Spannungsbestimmung (v. a. Gleichspannung).

2) *Optik:* Vorrichtung für kristall- und polarisationsopt. Untersuchungen, z. B. zur Messung oder zum Ausgleich von Gangunterschieden. Zur Messung eines durch Doppelbrechung hervorgerufenen konstanten Gangunterschieds verwendet man u. a. das Lambda-Viertel-Plättchen. Veränderl. Gangunterschiede werden z. B. mit **Babinet-K.** und **Babinet-Soleil-K.** erzeugt, die elliptisch polarisiertes Licht in linear polarisiertes umwandeln. Sie dienen u. a. zur Bestimmung opt. Konstanten, z. B. von Absorptionsindizes. Der **Soleil-Keil-K.** zur Kompensation der Drehung der Polarisationsebene des Lichts in einer zu untersuchenden optisch aktiven Substanz besteht aus einer rechtsdrehenden planparallelen Quarzplatte und zwei linksdrehenden Quarzkeilen, deren Wirkungen sich in der Nullstellung aufheben.

Kompetenz [lat.] *die,* **1)** *allg.:* Sachverstand; Zuständigkeit.

2) *Staatsrecht:* (Kompetenz-Kompetenz), in einem Bundesstaat die Befugnis des Gesamtstaates, seine eigene ↗Zuständigkeit durch Verf.änderung zu lasten der Gliedstaaten zu erweitern. Allerdings darf in Dtl. nach Art. 79 Abs. 3 GG durch Verf.änderung die bundesstaatl. Struktur nicht aufgehoben werden.

Kompetenzkonflikt, Zuständigkeitsstreit zw. zwei Staatsorganen, bes. Gerichten, die sich beide in derselben Sache für zuständig **(positiver K.)** oder nicht zuständig **(negativer K.)** halten. Jedes Gericht entscheidet selbst für andere Gerichte bindend über die Zulässigkeit des zu ihm beschrittenen Rechtsweges; bei Nichtzuständigkeit Verweisung an das zuständige Gericht des zulässigen Rechtsweges (§§ 17 a f. GVG. Ein Zuständigkeitsstreit zw. Gerichten desselben Rechtsweges wird i. d. R. durch das nächsthöhere gemeinsame Gericht entschieden.

Kompilation [zu lat. »plündern«] *die,* aus anderen Büchern zusammengestelltes Werk; auch ein Werk, in dem Stoffe aus älteren Quellen nur oberflächlich verbunden sind.

kompilieren [lat.], *Informatik:* ein Quellprogramm mithilfe eines ⁄ Compilers übersetzen.

Komplement [lat.] *das,* 1) *allg.:* Ergänzung, Ergänzungsstück.
2) *Informatik:* 1) die Negation in booleschen Algebren; 2) das K. einer Folge von Nullen und Einsen ist diejenige Folge, die sich ergibt, wenn jede 0 durch eine 1 und jede 1 durch eine 0 ersetzt wird. Bei Binärzahlen unterscheidet man zw. **Eins-K.** (jede 0 wird durch eine 1 und jede 1 durch eine 0 ersetzt) und **Zwei-K.** (Bildung des Einer-K. und Addition von 1). Das K. einer Zahl wird in Digitalrechnern zur Durchführung der Subtraktion verwendet.
3) *Mathematik:* ⁄ Mengenlehre.
4) *Medizin:* das im Blutserum und auf Zelloberflächen vorkommende funktionelle System hochmolekularer Proteine, das bei der Infektabwehr und Beseitigung körperfremder Stoffe unter oder ohne Mitwirkung von Antikörpern eine entscheidende Bedeutung besitzt. Das K. wird v. a. spezifisch durch Antigen-Antikörper-Komplexe aktiviert, unspezifisch durch versch. Kofaktoren. Die biolog. Wirkung besteht in einer Aktivierung des Immunsystems, Zytolyse (Auflösung von Fremdzellen) und Förderung der ⁄ Phagozytose.

Komplementär [lat.] *der,* ⁄ Kommanditgesellschaft.

komplementäre Medizin (alternative Medizin), Richtung in der Medizin, die naturgemäße, z. T. auch historisch überlieferte Heilmethoden (z. B. Akupunktur, Homöopathie) einzusetzen versucht.

Komplementärfarben (Ergänzungsfarben), zwei Farben, deren additive Farbmischung Weiß ergibt.

Komplementarität *die,* 1) *Logik:* das Verhältnis zweier sich gegenseitig ausschließender, aber sich ergänzender Begriffe (z. B. männlich/weiblich).
2) *Physik:* von N. Bohr 1928 in die Quantenmechanik eingeführtes Prinzip zur Charakterisierung sich in einem Experiment gegenseitig ausschließender (komplementärer) physikal. Größen wie Ort und Impuls (heisenbergsche ⁄ Unschärferelation) und Erscheinungsformen mikrophysikal. Systeme (Lichtquanten, Elementarteilchen), z. B. der ⁄ Dualismus von Welle und Teilchen. Die K. ergibt sich aus der Notwendigkeit, zur Beschreibung mikrophysikal. Systeme in der klass. Physik gebildete und nicht miteinander zu vereinbarende Begriffe heranziehen zu müssen.
3) *Psychologie:* das Aufeinanderbezogensein von äußerem Verhalten oder körperl. Vorgängen und der subjektiven Erlebniswelt. Die Annahme einer solchen K. ist bes. fruchtbar in der ⁄ Psychosomatik und Psychophysiologie.
4) *Volkswirtschaftslehre:* Verhältnis zweier Güter bzw. Produktionsfaktoren, die sich gegenseitig notwendig ergänzen (⁄ Gut).

Komplementbindungsreaktion, Abk. **KBR,** serolog. Methode zum Nachweis eines unbekannten Antigens oder Antikörpers, in deren Verlauf das zugesetzte ⁄ Komplement (falls eine Antigen-Antikörper-Reaktion im System I zustande kommt) gebunden wird, was am Verhalten eines zweiten, hämolyt. Antigen-Antikörper-Systems (System II oder Testsystem) abgelesen werden kann; Anwendung z. B. bei Viruserkrankungen.

Komplementwinkel (Komplementärwinkel), der Winkel, der einen gegebenen zu 90° ergänzt.

Komplet [lat.] *die* (Completorium), die letzte Gebetszeit des kirchl. Stundengebets.

Komplex [lat.] *der,* 1) *allg.:* ein Ganzes, dessen Teile vielfältig miteinander verknüpft sind.

2) *Chemie:* ⁄ Komplexverbindungen.
3) *Psychologie:* die Verbindung einer Mehrheit von Sinneseindrücken und Vorstellungen zu einem Ganzen. In der Psychoanalyse ein »affektmächtiger Gedanken- und Interessenkreis« (S. Freud), der oft unbewusst (verdrängt) ist und in Träumen, Fehlleistungen, Neurosen, Zwangsvorstellungen weiterwirkt, z. B. der ⁄ Ödipuskomplex oder der Minderwertigkeits-K. (⁄ Minderwertigkeitsgefühl).

Komplexbildner, chem. Verbindungen, die zur Bildung von Komplexverbindungen (i. e. S. von ⁄ Chelaten) befähigt sind. Als Bestandteile von Waschmitteln verhindern K. z. B. die Kalkabscheidung an Waschmaschinenteilen und auf der Wäsche.

komplexe Systeme, Bez. für eine nicht präzise abgegrenzte Klasse **dynam. Systeme,** d. h. math. Modelle zeitabhängiger Prozesse. K. S. sind dynam. Systeme, deren langfristiges Verhalten entweder extrem stark von den Anfangsbedingungen abhängt (z. B. chaotisches ist), oder bei denen es Singularitäten gibt bzw. Katastrophen eintreten können.

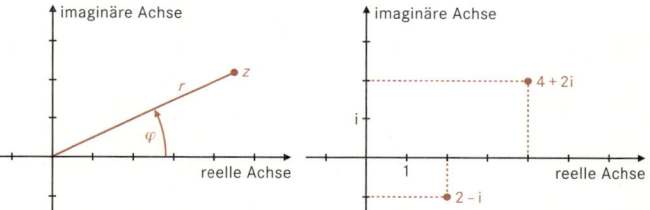

komplexe Zahl (von links): Darstellung einer komplexen Zahl *z* und Darstellung der komplexen Zahl *z* = 4 + 2i und *Z* = 2 − i in der gaußschen Zahlenebene

komplexe Zahl, Zahl der Form $z = a + ib$ mit reellen Zahlen a und b sowie der **imaginären Einheit** $i^2 = -1$ (bzw. $i = \sqrt{-1}$). Man bezeichnet a als **Realteil** ($a = \text{Re}\,z$) und b als **Imaginärteil** ($b = \text{Im}\,z$) der k. Z.; stimmen Real- und Imaginärteil zweier k. Z. überein, so sind sie gleich. Für $b = 0$ ist z reell, im Falle $a = 0$ liegt eine (rein) **imaginäre Zahl** vor. Eine von 0 ($= 0 + 0 \cdot i$) verschiedene k. Z. z kann man durch ihre Entfernung r vom Koordinatenursprung und den Winkel φ zw. der Verbindungsstrecke zum Koordinatenursprung und der positiven reellen Achse in einem kartes. Koordinatensystem angeben. Als **konjugiert k. Z.** zu z bezeichnet man die k. Z. $\bar{z} = a - ib$ (in der Elektrotechnik auch z^*). – Für die als Paare (a, b) reeller Zahlen definierten k. Z. sind folgende Verknüpfungen festgelegt:

$$(a, b) \pm (a', b') = (a \pm a', b \pm b')$$
$$(a, b) \cdot (a', b') = (aa' - bb', ab' + a'b)$$
$$(a, b) : (a', b') = \left(\frac{aa' + bb'}{a'^2 + b'^2}, \frac{a'b - ab'}{a'^2 + b'^2}\right)$$

Die reellen Zahlen selbst lassen sich in die Menge dieser Paare einbetten als die Menge der Paare $(a, 0)$. Bezeichnet $i := (0, 1)$ die imaginäre Einheit, so lässt sich jedes Paar in der Form $(a, b) = (a, 0) + (0, 1)(b, 0) = a + ib = z$ schreiben.

Mithilfe eines kartes. Koordinatensystems wird z durch den Punkt (a, b) dargestellt. In dieser Darstellung heißt die Menge der k. Z. (Zeichen $\mathbb{C}$) auch **gaußsche Zahlenebene** oder **komplexe Ebene,** wobei die *x*-Achse die **reelle,** die *y*-Achse (mit i als Einheit) die **imaginäre Achse** bezeichnet. Der euklid. Abstand $|z| = \sqrt{a^2 + b^2}$ von (a, b) zum Nullpunkt heißt **Betrag** von *z*, der Winkel $\varphi = \arg z$ zw. der *x*-Achse und dem

Strahl vom Ursprung durch (a, b) **Argument** von z. In Polarkoordinaten schreibt man:

$$z = a + ib = r(\cos\varphi + i\sin\varphi) = re^{i\varphi}$$

(eulersche Darstellung); dabei ist $r = |z|$ und $\varphi = \arctan(b/a)$.

Die Menge der k. Z. $\mathbb{C}$ bildet mit der Addition und Multiplikation einen Körper, der den Körper der reellen Zahlen $\mathbb{R}$ umfasst und in dem jede algebraische Gleichung eine Lösung besitzt. – Die Einbettung der reellen Zahlen in den Körper $\mathbb{C}$ der k. Z. ist ein Beispiel für einen Isomorphismus: Der reellen Zahl a entspricht im komplexen Bereich die k. Z. $(a,0)$. Ein **hyperkomplexes System**, auch als **K-Algebra** bezeichnet, ist eine Weiterentwicklung der k. Z. Anstelle der Basiselemente 1 und i gibt es dabei endlich viele Basiselemente $\beta_1, \beta_2, ... \beta_n$, anstelle der reellen Zahlen a und b als Koeffizienten treten Elemente $a_1, a_2, ... a_n$ aus einem beliebigen Körper K auf. Für die Ausdrücke $a_1 \cdot \beta_1 + ... + a_n \cdot \beta_n$ (Elemente des hyperkomplexen Systems, im einfachsten Fall **hyperkomplexe Zahlen**), die sich in nahe liegender Weise (koeffizientenweise) addieren lassen, kann man wieder eine Multiplikation erklären. Ist diese assoziativ, spricht man von einem hyperkomplexen System (↗ Quaternionen). $\mathbb{C}$ kann als ein hyperkomplexes System über $\mathbb{R}$ aufgefasst werden.

Komplexitätstheorie, Forschungsgebiet der Mathematik, in dem sich mit dem Rechenaufwand (der Komplexität) von Algorithmen beschäftigt. Hauptziel ist es, zu einem Problem den Algorithmus mit dem geringsten Rechenaufwand zu ermitteln.

Komplexometrie [lat.-grch.] *die,* Verfahren der Maßanalyse, bei der das zu bestimmende Ion mit einem Komplexbildner zu einem Chelatkomplex titriert wird. Die Endpunktbestimmung wird mithilfe von Farbindikatoren durchgeführt.

Komplexverbindungen (Komplexe), *Chemie:* Verbindungen höherer Ordnung, die durch Zusammenschluss von Molekülen entstehen, im Ggs. zu Verbindungen 1. Ordnung, die aus Atomen gebildet werden. K. sind die anorgan. und metallorgan. ↗ Koordinationsverbindungen sowie (im eigentl. Sinn) die zahlreichen organ. Molekülverbindungen, u. a. Charge-Transfer-Komplexe, Chelate und Sandwichverbindungen. Vielfach werden die Begriffe K. und Koordinationsverbindungen gleichgesetzt. – Mit der Darstellung und Untersuchung von K. befasst sich die **Komplexchemie.**

Komplott [frz.] *das,* Verschwörung; die Verabredung mehrerer zur gemeinsamen Begehung eines Verbrechens wird wie der Versuch bestraft (§ 30 StGB).

Komponente [lat.] *die,* **1)** *allg.:* Bestandteil eines Ganzen, z. B. eines Stoffgemisches.
2) *Mathematik:* bei einem ↗ Vektor $\mathbf{a} = (a_x, a_y, a_z)$ in einem kartes. Koordinatensystem Bez. für die senkrechten Projektionen a_x, a_y, a_z auf die Koordinatenachsen.

Kompositen [lat.], die Pflanzenfamilie ↗ Korbblütler.

Komposition [lat.] *die,* **1)** *bildende Kunst:* Bildgefüge, Formaufbau von Kunstwerken (bes. Gemälde, Zeichnung, Grafik, Relief); die Elemente der K. (Proportion, Perspektive, Fläche, Kontur, Symmetrie, Reihung, Isokephalie, Farbe, Licht) vermitteln die Vorstellung vom Ganzen in einer erkennbaren Gesetzmäßigkeit (Stil) als K.-Prinzip; in der Architektur der Grund- und Aufriss. Von Gesamt-K. spricht man, wenn mehrere Bauten durch Beziehung aufeinander, durch Straßenzüge oder Plätze in einen Wirkungszusammenhang gebracht sind.

2) *Musik:* das vom Komponisten ausgearbeitete Werk, das i. d. R. tonschriftlich fixiert ist, auch dessen musikal. Aufbau.

Kompositkapitell, *Architektur:* die röm. Sonderform des korinth. Kapitells: die Voluten sind wie die ionischen gebildet und diagonal gestellt. (↗ Säulenordnung)

Kompositum [lat. »Zusammensetzung«] *das,* zusammengesetztes Wort, z. B. »Haustür«. Ggs.: ↗ Simplex.

Kompost [frz. aus mittellat.] *der,* aus tier. und pflanzl. Abfällen (z. B. Kleintiermist, Laub, Gemüseabfälle) erzeugtes Verrottungsprodukt. Die Abfälle werden einer aeroben (mit ausreichender Luftzufuhr erfolgenden) Umsetzung überlassen. Dabei werden die organ. Substanzen weitgehend ab- und umgebaut und mit Humin- und Nährstoffen angereicherte Endprodukte erzielt. Nach wenigen Monaten ist die Rotte so weit fortgeschritten, dass der K. umgesetzt werden kann; nach etwa zwei Jahren ist der K. genügend gesetzt, um als krümeliges Bodenverbesserungsmittel im Gartenbau verwendet zu werden.

Kompostierung, steuerbarer Prozess, bei dem org. Substanzen, wie Biomüll, Garten- und Parkfälle, durch Einwirkung von Mikroorganismen unter Luftzufuhr in feuchtem Milieu abgebaut und zu einem Humusprodukt, dem Kompost, umgewandelt werden. Dieser auch als **Rotte** bezeichnete aerobe Behandlungsprozess, bei dem das Rottegut i. d. R. zu einem Haufwerk (Miete) von 1 bis 3 m Höhe aufgebaut wird, führt aufgrund intensiver Abbauvorgänge zunächst zu einer Selbsterhitzung des Rotteguts. Nach einer Rottedauer von ca. 12 Wochen (in entsprechenden Anlagen) ist der Kompost fertig. Für die K. in größeren techn. Anlagen mit jährl. Verarbeitungskapazitäten zw. 2 000 und 80 000 t sind versch. K.-Verfahren erprobt und verfügbar.

Kompresse [lat.] *die,* Mullauflage zur Wundabdeckung; auch feuchter Umschlag.

Kompressibilität [lat.] *die,* Formelzeichen κ, SI-Einheit ist Pa^{-1}; Eigenschaft der Körper, unter allseitigem Druck ihr Volumen zu verkleinern; gemessen durch den negativen Quotienten, der aus der relativen Volumenänderung und der Druckänderung gebildet wird. Für feste Körper und Flüssigkeiten ist die K. sehr klein, während sie für Gase sehr große Werte annimmt.

Kompression [lat.] *die,* **1)** *Informatik:* ↗ Datenkompression.
2) *Medizin:* mechan. Abdrücken eines (blutenden) Gefäßes.
3) *Physik, Technik:* ↗ Verdichtung.

Kompressionsmodul, bei der elast. Kompression von Festkörpern der Kehrwert der ↗ Kompressibilität.

Kompressor *der, Technik:* ein ↗ Verdichter.

Komptabilität [frz.] *die,* Rechenschaftspflicht, Verantwortlichkeit für die Rechnungslegung, v. a. im Staat und anderen öffentl. Gemeinwesen. Nach Art. 114 GG hat der Bundesfinanzmin. gegenüber Bundestag und -rat über alle Einnahmen und Ausgaben des Bundes sowie über Vermögen und Schulden jährlich Rechnung zu legen.

Komptantgeschäft [kõ'tã-], ↗ Kassageschäft.

Komputistik [lat.] *die* (Computistik), Wiss. von der Kalenderberechnung.

Komsomol *der,* russ. Kw. für Leninscher Kommunist. Allunions-Jugendverband, die kommunist. Jugendorganisation für die 14- bis 28-Jährigen. Die Nachwuchsorganisation der KPdSU hatte die Aufgabe, die Jugend im Sinne der herrschenden marxistisch-leninist. Maximen zu erziehen. Der K. umfasste 1988 etwa 40 Mio. Mitglieder. Er betreute auch die kommunist. Pionierorganisation »W. I. Lenin« (für Kinder von 10 bis 15 Jahren).

Komsomolsk am Amur (russ. Komsomolsk-na-Amure), Stadt in der Region Chabarowsk, im Fernen Osten Russlands, am unteren Amur, 295 100 Ew.; TH; Hochseehafen am östl. Endpunkt der Baikal-Amur-Magistrale; Stahlwerk, Werft, Flugzeug-, Maschinenbau, Erdölraffinerie (Pipeline von Sachalin), Holzind.; Flughafen.

Komtesse [kɔ̃'tɛs] *die,* eingedeutscht für Comtesse (↗ Comte).

Komtur [lat.] *der,* 1) bei den Ritterorden (Dt. Orden, Johanniter, Templer) der Verwalter einer **Komturei (Kommende)** als deren kleinster Verwaltungseinheit. Mehrere Komtureien bilden eine ↗ Ballei. 2) (Kommandeur), in den neueren Verdienstorden meist der Inhaber der mittleren von fünf Klassen (Ordenszeichen am Hals).

kon... [lat.] (con...), zusammen..., mit...

Konarak (Konarka), Dorf 30 km nordöstlich von Puri im Bundesstaat Orissa, Indien; Reste eines Sonnentempels, »Schwarze Pagode«, aus dem 13. Jh. (UNESCO-Weltkulturerbe). Stilistisch veranschaulicht der Tempel den Höhepunkt der nachklass. Tempelarchitektur Orissas.

Konarski, Stanisław, eigtl. Hieronim Franciszek K., poln. Aufklärer und Reformer, * Żarczyce 30. 9. 1700, † Warschau 3. 8. 1773, trat 1718 in den Piaristenorden ein, als dessen Provinzial für Polen er die Schulen reformierte (u. a. Einführung des Französischunterrichts).

Konche [grch.-lat. »Muschel«] *die,* halbrunde Apsis, die von einer Halbkugel überwölbt ist; auch nur dieses (einer Muschel vergleichbare) Gewölbe selbst, v. a. in frühchristl. und mittelalterl. Kirchen.

Konchoide [grch.] *die,* ebene Kurve K, die aus einer gegebenen Kurve C dadurch entsteht, dass der Radiusvektor von einem festen Punkt O zu jedem Punkt P von C um eine feste Länge c verändert wird. Ist C eine Gerade, erhält man die **K. des Nikomedes** (etwa 200 v. Chr.); die Gleichung lautet in rechtwinkligen Koordinaten: $(x^2 + y^2)(x - a)^2 - c^2 x^2 = 0$.

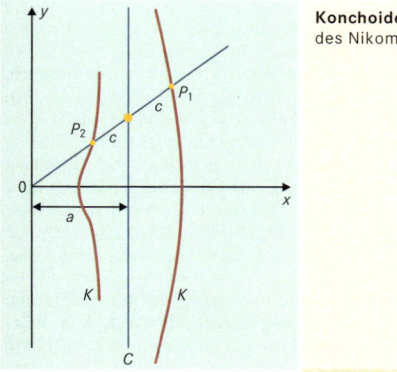

Konchoide des Nikomedes

Konchylie [grch.] *die,* Schale der Weichtiere.

Kond (Kondh, Khond, Khand, Eigen-Bez. Kui), bäuerl. Volksgruppe (etwa 700 000 Menschen) mit dravid. Sprache (Kui) im Bergland von Orissa und in angrenzenden Gebieten.

Konde, dicht besiedelte Agrarlandschaft in SW-Tansania, nördlich des Njassasees, überragt vom Rungwe (2961 m ü. M.); Anbau von Kaffee, Tee, Mais, Reis, Bananen u. a.; bewohnt von den K., einem Bantuvolk (↗ Nyakyusa).

Kondensanz [lat.] *die,* der ↗ kapazitive Blindwiderstand.

Kondensation [lat.] *die,* 1) *Chemie:* Reaktion, bei der durch Vereinigung von zwei Molekülen unter Austritt von einfachen Molekülen wie Wasser oder Alkoholen ein größeres Molekül gebildet wird. Wiederholte K. unter Bildung von Molekülketten wird als **Poly-K.** bezeichnet und spielt bei der Herstellung von Kunststoffen eine große Rolle.

2) *Physik:* der Übergang eines Stoffes aus dem gasförmigen in den flüssigen oder (bei sublimierenden Stoffen) in den festen Zustand beim Überschreiten der Sättigungsdichte seines Dampfes infolge Abkühlung oder Druckerhöhung. Die bei der K. entstehende Flüssigkeit heißt **Kondensat**. Die frei werdende Wärme, die **K.-Enthalpie** (früher **K.-Wärme**), ist gleich der Verdampfungs- oder Sublimationswärme, die Temperatur, bei der die gasförmige und die flüssige oder feste Phase im Gleichgewicht stehen (**K.-Temperatur, K.-Punkt),** stimmt bei konstantem Druck mit der Siedetemperatur überein. Ist keine entsprechende flüssige oder feste Phase vorhanden, so kann **K.-Verzug** auftreten, dem man durch Zuführen von kleinen Fremdkörpern (Staub, Ionen u. a.), so genannten **K.-Kernen,** entgegenwirken kann.

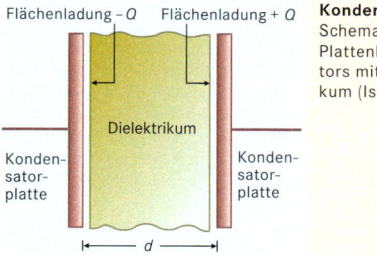

Kondensator 1): Schema eines Plattenkondensators mit Dielektrikum (Isolator)

Kondensator *der,* 1) *Elektrotechnik:* Bauelement zum (kurzzeitigen) Speichern von elektr. Ladung bzw. Energie. K. bestehen in ihrer Grundform aus zwei durch ein ↗ Dielektrikum (z. B. Luft, Glimmer, Keramik) voneinander getrennten, meist flächenhaften metall. Leitern; sie werden durch die in Farad (F) angegebene elektr. ↗ Kapazität C gekennzeichnet. Bei Anlegen einer Gleichspannung U zw. den Leitern wird auf diesen jeweils eine entgegengesetzt gleich große elektr. Ladung vom Betrag $Q = C \cdot U$ gespeichert. Jeder K. wirkt gegenüber Gleichstrom wie ein unendlich großer Widerstand, d. h., er unterbricht einen Gleichstromkreis praktisch vollständig. Bei Anlegen einer Wechselspannung fließt jedoch ein Verschiebungsstrom durch das Dielektrikum, der K. hat einen endl. kapazitiven ↗ Wechselstromwiderstand, dessen Größe mit wachsender Frequenz abnimmt.

Je nach geometr. Anordnung der Leiter unterscheidet man u. a. Platten-, Kugel- und Zylinderkondensatoren. Die Kapazität eines **Platten-K.,** der aus zwei gleich großen Metallplatten (Fläche A, Plattenabstand d) besteht, ist $C = \varepsilon_0 \varepsilon_r A / d$ (ε_r relative ↗ Dielektrizitätskonstante des Dielektrums, ε_0 elektr. Feldkonstante). Zw. beiden Platten bildet sich ein homogenes elektr. Feld aus, in dem die Feldlinien senkrecht zu den Platten verlaufen. – Spezielle Arten von K. sind Dreh-, Papier-, Kunststoff-, Keramik-, Elektrolyt-, Wickel- und Abgleich-K. (z. B. Trimmer).

Kondor: Andenkondor

Kirill Kondraschin

K. dienen v. a. in der Hochfrequenztechnik als Bestandteile von Schwingkreisen sowie zu Trenn-, Koppel-, Entstör- und Glättungszwecken. Als Arbeits-K. finden sie z. B. zur kapazitiven Erwärmung oder Trocknung sowie in der Starkstromtechnik zur Verbesserung des Leistungsfaktors und zur Blindleistungskompensation Anwendung.

2) *Energietechnik:* 1) Vorrichtung in Dampfkraftanlagen zum Niederschlagen (Abscheiden) des austretenden Abdampfs. Im **Oberflächen-K.** wird der Dampf an von Kühlmittel durchflossenen Rohrleitungen kondensiert; das Kondensat wird zum Speisewasser zurückgeführt. Beim **Einspritz-K. (Misch-K.)** für Kolbendampfmaschinen wird der Dampf durch direkt eingespritztes, fein vernebeltes Wasser niedergeschlagen. 2) **Verflüssiger**, ein Wärmetauscher bei Kältemaschinen, in dem der verdichtete Kältemitteldampf unter Wärmeabgabe an Kühlwasser oder Kühlluft verflüssigt wird.

kondensierte Ringe, aus einfachen Ringverbindungen aufgebaute Moleküle (z. B. Anthracen aus Benzol).

Kondensor [lat.] *der, Optik:* sammelndes System zur Ausleuchtung eines zu beobachtenden Objekts (z. B. Dia, mikroskop. Präparat). Der K. soll das von einer Lichtquelle ausgehende Licht möglichst vollständig erfassen und so lenken, dass es ohne Verluste das Objekt und das abbildende System passiert und in die Auffangebene (z. B. Projektionswand, Netzhaut) gelangt.

Kondensstreifen, weiße, streifenförmige Gebilde aus Wassertröpfchen oder Eiskristallen, die sich durch Kondensation von Wasserdampf in den Flugzeugabgasen bilden, wenn die Luft in Flughöhe genügend feucht und kalt ist.

Kondenswasser, Flüssigkeit, die sich aus ihrer Dampfphase unterhalb des ↗Taupunkts durch Kondensation bildet.

Konditionalismus [lat.] *der,* erkenntnistheoret. Lehre, die die Wirklichkeit als Bedingungszusammenhang auffasst: Erkenntnis komme nur durch die Erfassung der Gesamtheit der Bedingungen zustande. Der K. ersetzt den Begriff der Ursache durch den der Reihe der Bedingungen.

Konditionalsatz, Bedingungssatz (↗Syntax, Übersicht).

Konditionierung [lat.] *die, Psychologie:* die (bes. experimentelle) Ausbildung eines ↗bedingten Reflexes; durch wiederholte Koppelung eines urspr. neutralen Reizes mit einem reflexauslösenden löst der vorher neutrale Reiz schließlich den Reflex aus.

Konditionsgut, *Buchhandel:* Ware, die der Sortimentsbuchhändler bei Nichtverkauf nach einer vereinbarten Frist an den Verlag zurücksenden kann (Remittenden) oder die er für eine weitere Frist unberechnet am Lager behält (Disponenden).

Kondo-Effekt [1964 nach dem japan. Physiker Jun-Ichi Kondo benannt], Erscheinung der Tieftemperaturphysik, bei der kleine Mengen von magnet. Fremdatomen in Metallen bei tiefen Temperaturen ein Ansteigen des elektr. Widerstandes bewirken. Dem resultierenden Widerstandsminimum wird die **Kondo-Temperatur** zugeordnet. Als Ursache des K.-E. gilt die Wechselwirkung zw. den lokalisierten magnet. Momenten der Fremdatome und den Leitungselektronen.

Kondom [vielleicht nach einem engl. Arzt Condom oder Conton, 18. Jh.?] *das* oder *der* (Präservativ), dünne Hülle aus vulkanisiertem Gummi für das männl. Glied zur ↗Empfängnisverhütung sowie zum Schutz gegen Geschlechtskrankheiten (v. a. Aids).

Kondominium [lat.] *das* (Kondominat), ↗Condominium.

Kondor [Ketschua] *der,* Bez. für zwei heute zu den Storchenvögeln gestellte Arten. Der **Anden-K.** (Vultur gryphus) ist mit bis 3,25 m Flügelspannweite neben den Straußen der größte Vogel; Aasfresser. Der kleinere **Kaliforn. K.** (Gymnogyps californianus) lebt nur noch in geringer Zahl in S-Kalifornien.

Kondraschin, Kirill Petrowitsch, russ. Dirigent, *Moskau 6. 3. 1914, †Amsterdam 8. 3. 1981; 1960–76 Chefdirigent der Moskauer Philharmonie; emigrierte 1978 nach Westeuropa, war seit 1979 ständiger Dirigent des Concertgebouworkest Amsterdam.

Kondratjew (Kondratieff), Nikolai Dmitrijewitsch, russ. Volkswirtschaftler, *4. 3. 1892, †1938 (?); Gründer und 1920–28 Direktor des Konjunkturinstituts in Moskau; bekannt v. a. durch die Entdeckung langfristiger, von J. A. Schumpeter später nach ihm benannter Konjunkturwellen (**Kondratieff-Zyklen**). K., der gegen die vollständige Kollektivierung der Landwirtschaft und die disproportionale Entwicklung von Ind. und Landwirtschaft auftrat, wurde 1931 zunächst zu 8 Jahren Haft, 1938 zum Tode verurteilt.

Konduktanz [lat.] *die, Elektrotechnik:* der ↗Wirkleitwert.

Konduktometrie [lat.] *die,* elektrochem. Analysemethode; sie beruht auf dem Verfolgen chem. Reaktionsabläufe in Lösungen durch Messen der elektr. Leitfähigkeit, die sich mit der Konzentration freier Ionen ändert.

Konduktor [lat.] *der, Medizin:* gesunder Überträger einer genet. Krankheitsanlage, die beim anderen Geschlecht auftritt (z. B. der Bluterkrankheit, an der nur Männer erkranken, während Frauen als Konduktorinnen wirken).

Kondylom [grch.] *das* (Feigwarze), nässende Hautwucherung mit zerklüfteter Oberfläche, die an Geschlechtsteilen und in der Aftergegend auftritt; **spitzes K.** (bei Entzündungen, Ausfluss, Tripper, Wurmbefall, Diabetes; hervorgerufen durch das Warzenvirus); **breites K.** (beetartig, infektiös, im Sekundärstadium der Syphilis).

Konfektion [frz.] *die,* serienmäßig hergestellte Kleidung (Fertigkleidung) und ihre Herstellung, im Unterschied zur Maßschneiderei. Die K. entwickelte sich in den 1830er-Jahren in Berlin maßgeblich durch K.-Geschäfte von Hermann Gerson, den Brüdern Mannheimer und Rudolph Herzog.

Konfektionsgrößen, Größenbez. für menschl. Körpermaße, nach denen die Bekleidungsind. arbeitet. Die Zusammenstellung der K. erfolgt in Größentabellen, die nach Größenreihen (Maßverhältnisse der versch. Trägergruppen) unterteilt sind. **Standardgrößen** sind **L** für große, **M** für mittelgroße und **S** für kleine Personen. Als **Spezial-** oder **Sondergrößen** bezeichnet man die davon abweichenden Größenmaße, z. B. XL, XXL, XS und XXS. – Zu den K. zählen auch die **Übergrößen**.

Konferenz [lat.] *die,* Sitzung, Beratung, Tagung.

Konferenz Europäischer Kirchen, Abk. **KEK**, 1959 in Nyborg (Dänemark) gegründete regionale ökumen. Organisation evang., anglikan., orth. und altkath. Kirchen Europas mit Sitz in Genf; vereint (2003) 123 Mitgliedskirchen und 25 assoziierte Organisationen aus allen europ. Staaten sowie aus drei Staaten Asiens (Armenien, Georgien, Zypern).

Konferenz für Umwelt und Entwicklung, vom 3. bis zum 14. 6. 1992 in Rio de Janeiro von den Vereinten Nationen veranstaltete Konferenz (↗Rio-Gipfel).

Konferenzschaltung, Sammelschaltung bei Telefondiensten sowie bei Hörfunk und Fernsehen, bei der die Teilnehmer miteinander verbunden sind und jeder Einzelne mit allen Übrigen sprechen bzw. sie anschreiben kann. Nicht angeschlossen werden können öffentl. Telefone und Autotelefone.

Konferenz über Sicherheit und Zusammenarbeit in Europa, ↗ KSZE.

Konferenz über Vertrauensbildung und Abrüstung in Europa, Abk. **KVAE,** Tagung aller Staaten der ↗ KSZE vom 17. 1. 1984 bis zum 19. 9. 1986 in Stockholm, als deren Ergebnis am 1. 1. 1987 eine Schlussakte mit folgenden sicherheitspolit. Bestimmungen im Bereich konventioneller Rüstung in Kraft trat: Recht auf gegenseitige Inspektionen; gestaffelte Zeiträume für die Ankündigung sämtl. militär. Aktivitäten und Manöver mit mehr als 300 Panzern und 13 000 Soldaten (Luftlande- und amphib. Truppen ab 3 000 Soldaten); Einladung zu Manövern, wenn mindestens 17 000 Soldaten (bei amphib. Aktivitäten und Luftlandeoperationen 5 000 Soldaten) daran teilnehmen. Die polit. Bedeutung lag in der erstmaligen Teilnahme der nicht paktgebundenen europ. Staaten an Beratungen über Sicherheit und Abrüstung in Europa.

Konfession [lat.] *die,* ↗ Bekenntnis.

Konfessionalismus *der, christl. Kirchen:* in positiver Bedeutung die Bekenntnistreue; negativ Bez. für die einseitige und ausschließl. Betonung einer bestimmten (der eigenen) kirchl. Tradition.

Konfessionelles Zeitalter, Periodisierungsbegriff in der neueren Geschichtsschreibung für die Zeit der ↗ Gegenreformation.

Konfessionsschule (Bekenntnisschule), eine Schule, in der die Konfession über den (obligaten) Religionsunterricht hinaus eine maßgebl. Rolle spielt; meist Privatschulen in kirchl. Trägerschaft.

konfessionsverschiedene Ehe, ↗ Mischehe.

Konfidenzschätzung [zu lat. confidentia »Vertrauen«] (Intervallschätzung), *Statistik:* Schätzverfahren mit der Angabe eines Intervalls **(Konfidenz-, Vertrauensintervall),** in dem die zu schätzende unbekannte Kenngröße der Grundgesamtheit aufgrund von Stichprobeninformationen vermutet wird, und das die Kenngröße mit möglichst großer Wahrscheinlichkeit überdeckt.

Konfiguration [lat.] *die,* 1) *allg.:* Gestaltung, Anordnung, Zusammenstellung.

2) *Chemie:* räuml. Anordnung von Atomen oder Atomgruppen in einem Molekül ohne Berücksichtigung der versch. Atomanordnungen, die sich voneinander nur durch Rotationen um Einfachbindungen unterscheiden.

Konfirmation [lat. »Befestigung«, »Bestätigung«] *die,* in den evang. Kirchen die feierl. Aufnahme junger Christen (i. d. R. im Alter von 14 Jahren) als Mitgl. der christl. Gemeinde mit allen Rechten und Pflichten. Die K. erfolgt nach vorangegangener Unterweisung (Konfirmandenunterricht) im Rahmen eines Gottesdienstes. Ihrem Selbstverständnis nach ist sie individueller Bekenntnisakt des **Konfirmanden** zu seiner Taufe.

Konfiskation [lat.] *die,* Beschlagnahme, bes. die entschädigungslose Entziehung des Eigentums Einzelner oder bestimmter Gruppen, häufig unter dem Vorwurf oder Vorwand staats- oder sozialschädl. Verhaltens der Betroffenen. In Dtl. ist die K. mit dem Eigentumsschutz (Art. 14 GG) nicht zu vereinbaren, kann aber ausnahmsweise bei Missbrauch des Eigentums zu verfassungsfeindl. Zwecken (Art. 18 GG) oder im Strafprozess (↗ Einziehung) zulässig sein. Keine K. ist die ↗ Enteignung.

Konflikt [lat. »Widerstreit«] *der,* das Aufeinandertreffen einander entgegengesetzter Interessen, Intentionen oder Motivationen; auch innerer Widerstreit von Bewusstseinsinhalten oder Handlungstendenzen. **Soziale K.** (zw. Individuen, Gruppen oder größeren sozialen Einheiten) sind durch Unvereinbarkeit der Ziele, Unteilbarkeit eines von den K.-Parteien angestrebten Ziels und/oder Unvereinbarkeit der Mittel gekennzeichnet. Als **K.-Regelung** werden Strategien bezeichnet, die einem K. zugrunde liegende Differenz zu beseitigen bzw. zu verringern oder eine Gewalt mindernde und Schaden begrenzende Austragungsform des K. herbeizuführen.

Konfliktforschung, ↗ Friedensforschung.

Konfluenz [lat.] *die,* Zusammenfluss, bes. bei Gletschern; Ggs.: Diffluenz.

Konföderation [lat.] *die,* eine auf Dauer angelegte völkerrechtl. Staatenverbindung mit gemeinsamen Organen und Institutionen, bes. für gemeinsame Außen- und Verteidigungspolitik. Die verbundenen Staaten bleiben dabei Subjekte des Völkerrechts, während die K. keine oder nur eine begrenzte Völkerrechtssubjektivität besitzt. Bisher waren K. stets nur von kurzer Dauer und führten entweder zum Zusammenschluss im Bundesstaat (USA, Schweiz) oder zur Auflösung (Rheinbund).

Konföderationen-Cup [-kʌp], *Fußball:* der FIFA Confederations Cup (↗ FIFA).

Konföderation Evangelischer Kirchen in Niedersachsen, ein 1971 von den Evang.-luth. Landeskirchen Hannover, Braunschweig, Oldenburg, Schaumburg-Lippe und der Evang.-ref. Kirche gegründeter Verband mit Sitz in Hannover; unterhält gemeinsame Einrichtungen in Niedersachsen und vertritt gemeinsame kirchl. Anliegen gegenüber dem Land Niedersachsen.

Konföderierte Staaten von Amerika, 1860/61–65 Bund der 11 von den USA abgefallenen Südstaaten, der im ↗ Sezessionskrieg den bei der Union verbliebenen Nordstaaten unterlag. Der Reg.sitz war Richmond (Va.), Präs. J. Davis.

konform [lat.], übereinstimmend, gleichförmig.

Konformation [lat.] *die,* (Konstellation), *Chemie:* die räuml. Anordnungsmöglichkeiten der Atome oder Atomgruppen eines Moleküls, erzeugt durch Rotation um Einfachbindungen. Die Moleküle in den versch. K. werden als **K.-Isomere (Konformere, Rotationsisomere)** bezeichnet.

konforme Abbildung (winkeltreue Abbildung), Abbildung eines Gebietes G der komplexen Ebene auf ein anderes, bei der der Umlaufsinn einer Figur und die Schnittwinkel zweier beliebiger Kurven der Größe nach erhalten bleiben. Die durch die komplexe differenzierbare Funktion $w = f(z)$ vermittelte Abbildung ist konform für alle Punkte z aus G, in denen $f'(z) \neq 0$ ist. K. A. spielen z. B. in Elektrotechnik, Geodäsie, Hydro- und Aerodynamik eine wichtige Rolle.

Konformismus [lat.] *der,* Anpassungsbereitschaft an die vorherrschende Meinung; angepasstes Verhalten in der Gesellschaft (↗ Masse).

Konformisten, ↗ Conformists.

Konfrontation [lat.] *die,* Gegenüberstellung einander widersprechender Personen, Meinungen oder Sachverhalte; Auseinandersetzung.

Konfusion [lat.] *die,* 1) *allg.:* Verwirrung, Unklarheit.

2) *Zivilrecht:* Vereinigung von Gläubiger und Schuldner in einer Person, z. B. wenn ein Schuldner seinen Gläubiger beerbt.

Konfuzianismus *der,* die auf Konfuzius zurückgehende, neben Daoismus und Buddhismus einfluss-

2538 **Konf** Konfuzius

Kongo, Demokratische Republik

Fläche:	2 344 885 km²
Einwohner:	(2000) 51,964 Mio.
Hauptstadt:	Kinshasa
Verwaltungsgliederung:	10 Regionen und die autonome Hauptstadt
Amtssprache:	Französisch
Nationalfeiertag:	30. 6.
Währung:	1 Kongo-Franc (FC) = 100 Centimes
Zeitzone:	OEZ und MEZ

internationales
Kfz-Kennzeichen

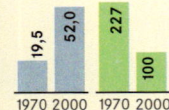

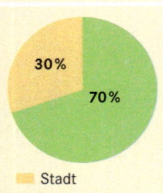
Bevölkerungsverteilung 2000

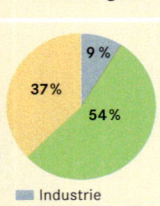
Bruttoinlandsprodukt 1999

reichste philosoph. Richtung in China und O-Asien; war in China seit der Han-Dynastie (202 v. Chr. – 220 n. Chr.) bis zum Ende des Kaisertums (1912) verbindl. Staatsdoktrin. Zentrales Anliegen ist die Einbettung des Einzelnen in Familie, Staat und Moral im Sinne der chines. Tradition. Die »Fünf Beziehungen« zw. Fürst und Staatsdiener, Vater und Sohn, Mann und Frau, älterem und jüngerem Bruder, Freund und Freund werden durch die Tugenden der Menschenliebe, der Gerechtigkeit und Ehrerbietung bestimmt. Pietät bildet die Grundlage für das Familienleben wie für den Staat. Sie äußert sich in der Hochhaltung des Ererbten, der Riten, der Musik und der literar. Bildung und erstreckt sich über den Tod hinaus (Ahnenverehrung). Aus Verschmelzung einheim. und buddhist. Elemente entstand der **Neo-K.** der Song-Zeit (960–1279). Die Staatsethik war aristokratisch.

Konfuzius (latinisiert aus K'ung-fu-tzu, Kong fuzi [»Meister K'ung«]), eigtl. Kong Qiu, chines. Philosoph, * Qufu 551 v. Chr., † ebd. 479 v. Chr.; war Beamter, wurde verbannt und kehrte im Alter in seine Heimat zurück. K. versuchte, das mythologisch-religiöse Wertsystem des chines. Feudalreiches zu restaurieren (↗ Konfuzianismus).

kongenital [lat.], *Medizin:* ererbt und bei der Geburt vorhanden (angeboren).

Konglomerat [lat.] *das,* **1)** *allg.:* Zusammenballung, Gemisch. **2)** *Geologie:* aus Geröllen bestehendes, durch kalkige, kieselige, tonige u. a. Bindemittel verkittetes Sedimentgestein; Ggs.: Brekzie. **3)** *Wirtschaft:* ↗ Mischkonzern.

Kongo *der* (Zaire), zweitgrößter, wasserreichster Strom Afrikas, 4374 km lang, Einzugsgebiet 3,69 Mio. km²; entspringt als Lualaba im Mitumbagebirge, durchbricht die südöstl. Randschwelle des K.-Beckens (Stromschnellen), heißt ab den Stanleyfällen (Boyomafällen) bei Kisangani K., durchfließt als breiter Flachlandstrom das **K.-Becken,** wird zum Stanley Pool (Malebo Pool) gestaut, durchbricht die Niederguineaschwelle in über 32 Stromschnellen und Wasserfällen (Livingstone- oder Ingafälle); Kraftwerke am Lualaba und bei Inga) und mündet unterhalb von Matadi in den Atlant. Ozean. Die Schiffbarkeit des K. beginnt bei Bukama; nicht schiffbare Stromabschnitte (Stromschnellen) werden durch Eisenbahnlinien umgangen. Mit seinen Nebenflüssen (u. a. von rechts: Lukuga, Aruwimi, Ubangi, Sanga, von links: Lomami, Busira, Kasai) rd. 13 000 km Wasserstraßen. Der K. ist von der Mündung des Ubangi bis in das erste Drittel der Livingstonefälle Grenzfluss zw. der Demokrat. Rep. Kongo und der Rep. Kongo, unterhalb von Matadi zw. der Demokrat. Rep. Kongo und Angola.

Kongo, 1) ehem. Königreich in Afrika; das Kerngebiet erstreckte sich südlich des unteren Kongo zw. Atlantikküste und Kwango, im S etwa bis Luanda. 1482 entdeckte der Portugiese Diego Cão K., dessen König Alfons I. (1507–43) sich um eine Modernisierung und Christianisierung seines Reiches bemühte. Das lose Staatswesen zerfiel durch Übergriffe (Sklavenhandel) der Portugiesen und Angriffe anderer afrikan. Völker; der letzte König regierte (nur noch nominell) 1770–86.
2) (Bakongo), Bantuvolk am unteren Kongo, in der Demokrat. Rep. Kongo, der Rep. Kongo und in Angola; etwa 10,2 Mio.; hauptsächlich Waldlandpflanzer; staatstragendes Volk des ehem. Königreichs Kongo; überwiegend Christen.

Kongo (amtlich frz. République Démocratique du Congo, dt. Demokrat. Rep. Kongo; 1971–97 Zaire), Staat in Zentralafrika, grenzt im N an die Zentralafrikan. Rep. und an Sudan, im O an Uganda, Ruanda, Burundi und Tansania, im SO und S an Sambia, im SW an Angola, im W an den Atlantik und die Exklave Cabinda (Angola) sowie an die Rep. Kongo.

▸ **Staat und Recht**

1997 wurden der bis dahin Zaire genannte Staat in Demokrat. Rep. K. umbenannt, die provisor. Verf. von 1996 suspendiert, das Parlament aufgelöst und L. D. Kabila zum Chef des Staates, der Reg. und zum Oberbefehlshaber der Streitkräfte erklärt. Seit Aug. 2000 existiert ein Interimsparlament (300 ernannte Mitgl.). Am 2. 4. 2003 einigten sich die Bürgerkriegsparteien auf eine neue Verf. und eine Übergangsreg., die am 30. 6. 2003 ernannt wurde. Staatschef ist J. Kabila, assistiert von vier Vizepräs. An der Übergangsreg. beteiligt sind Vetreter der bisherigen Reg., der polit. Opposition, der beiden Rebellenbewegungen Mouvement pour la Libération du Congo (MLC) und Rassemblement Congolais pour la Démocratie (RCD) (je 7 Min.) sowie die Bürgergesellschaft und die Kampftruppen RCD-National, RCD-Mouvement de libération und Maï-Maï (je zwei Min.-Posten). Nach Ablauf von zwei Jahren sollen allg. Wahlen stattfinden.

▸ **Landesnatur**

K. umfasst den größten Teil des Kongobeckens und seine Randschwellen (bis 1000 m ü. M.). Im O reicht es bis in den Zentralafrikan. Graben mit seinen Randgebirgen und Seen; höchste Erhebungen an der W-Flanke des Grabens mit den Virungavulkanen und dem Ruwenzori (5 119 m ü. M.). Im W hat K. mit 40 km langer Küste Anteil am Atlantik. Das Klima ist tropisch, immerfeucht im N und im Zentrum (Hauptniederschläge im Frühjahr und Herbst), wechselfeucht im S (Regenzeit Nov. bis April); Jahresniederschläge im Zentrum bis über 2000 mm, im S 1200–1400 mm, im O und an der Küste bis unter 1000 mm; vorherrschend immergrüner Regenwald, der nach N und S in Feuchtsavanne, im SO in Trockensavanne übergeht.

Bevölkerung

Sie besteht aus einer Vielzahl von Ethnien: über 70% Bantuvölker (v. a. Luba, Kongo, Mongo), knapp 20% Sudanvölker, ferner Niloten, Hamiten und Hima (im O), im Regenwald Pygmäen. Neben Bantusprachen wird auch Suaheli als Verkehrssprache verwendet. – Rd. 95% der Bev. sind Christen (etwa die Hälfte Katholiken), über 1% Muslime (im O und NO des Landes), rd. 3% Anhänger traditioneller afrikan. Religionen. – Es besteht eine sechsjährige Grundschulpflicht. Die Analphabetenquote beträgt 39%.

Wirtschaft, Verkehr

Durch den Bürgerkrieg ist das Land wirtsch. vollkommen zerrüttet. Die reichen Naturschätze werden von den versch. Bürgerkriegsparteien hemmungslos ausgeplündert. Hauptwerbszweig ist die Landwirtschaft, von der zwei Drittel der Bev. leben. Zur Eigenversorgung Anbau von Mais, Reis, Maniok, Kochbananen, Süßkartoffeln, Zuckerrohr, für den Export von Kaffee, Tabak, Tee, Kakao, Kautschuk, Zuckerrohr und Ölpalmen; bed. Fischerei. Trotz großer Waldbestände (rd. 75% der Landesfläche, 6% der Weltbestände) ist der Holzexport gering. Größte Bedeutung hat der Bergbau (Schwerpunkt in der Region Shaba); gefördert werden Kupfererz, Diamanten (bei Ind.diamanten an 2. Stelle der Weltproduktion), Steinkohle, Zinn-, Kobalt-, Zink-, Mangan-, Uranu. a. Erze, Silber, Gold, Erdöl u. a.; Hütten- und chem. Ind. sind auf Shaba konzentriert; Nahrungsmittel-, Textil-, Holz- u. a. Ind. um Kinshasa und Kisangani. Die großen Wasserkraftreserven werden erst z. T. genutzt, v. a. durch die Inga-Kraftwerke am unteren Kongo. Hauptausfuhrgüter: mit 85% Bergbauprodukte (Diamanten, Erdöl, Kupfer, Kobalt, Gold), Kaffee u. a. agrar. Erzeugnisse. Haupthandelspartner sind Belgien, die Rep. Südafrika, die USA, Dtl. und Frankreich. – Wichtige Verkehrsträger sind Eisenbahn (5138 km Streckennetz; Umgehung der nicht befahrbaren Flussstrecken) und Binnenschifffahrt (fast 16000 km schiffbare Flussabschnitte); das Straßennetz umfasst 157000 km (rd. 3000 km asphaltiert). Wichtigster Seehafen: Matadi (160 km vor der Kongomündung); internat. Flughäfen Kinshasa, Lubumbashi, Bukavu, Goma, Kisangani.

Geschichte

Staatenbildungen reichen bis ins 6. Jh. zurück. Im 13. Jh. entstand das Kongoreich, das im 16. Jh. seine größte Ausdehnung erreichte. Im Auftrag Leopolds II. von Belgien erwarb H. M. Stanley 1881–85 weite Teile des Kongobeckens durch Protektoratsverträge. Der so geschaffene »Unabhängige Kongostaat« wurde dem belg. König Leopold II. auf der Kongokonferenz als persönl. Besitz bestätigt. 1908 verkaufte Leopold II. den Kongo an den belg. Staat, der ihn als Kolonie **Belgisch-Kongo** übernahm.

Als die seit 1953 entstandenen polit. Parteien, so die Alliance de Bakongo (ABAKO), seit 1960 Alliance Congolaise, unter Führung von J. Kasavubu und die von P. Lumumba geleitete Kongoles. Nationalbewegung (MNC), die sofortige Autonomie ihres Landes forderten, entließ Belgien seine Kolonie überstürzt in eine unvorbereitete Unabhängigkeit. Am 30. 6. 1960 wurde die **Demokrat. Rep. Kongo** ausgerufen (zur Unterscheidung von der Rep. Kongo [Brazzaville] bis 1966 auch Kongo [Léopoldville], danach bis zur Umbenennung in Zaire 1971 Kongo [Kinshasa] genannt); Kasavubu wurde Staatspräs., Lumumba MinPräs. Die seit 1958/59 andauernden Unruhen spitzten sich weiter zu und führten zu Bürgerkrieg und wirtsch. Chaos (Kongokrise); die damalige Prov. Katanga (heute Shaba) machte sich unter Führung des Provinzgouverneurs M. K. Tshombé selbstständig. Nach einem Militärputsch übernahm Mobutu Sese-Seko die Macht. Er ließ 1960 Lumumba verhaften und nach Katanga abschieben; dabei kam Lumumba auf bis heute nicht geklärte Weise zu Tode. 1960 griffen die UN im Kongo ein und beendeten 1963 gewaltsam die Autonomie Katangas. Die Wahlen von 1965 gewann die Sammlungsbewegung Tshombés; im Okt. 1965 wurde Tshombé von Staatspräs. Kasavubu entlassen. Daraufhin übernahm Mobutu Sese-Seko mit der Armee die Macht, ernannte sich zum Staatspräs., gründete die Staatspartei MPR und leitete Anfang der 1970er-Jahre einen Afrikanisierungsprozess ein (u. a. teilweise Verstaatlichung ausländ. Konzerne). Den Staat und den namengebenden Fluss seines Landes ließ er in **Zaire** umbenennen.

Unter internat. Druck verkündete Mobutu Sese-Seko, der sich innenpolitisch zugleich mit einer wachsenden Opposition konfrontiert sah, 1990 das Ende der Einparteienherrschaft, widersetzte sich jedoch tatsächlich grundlegenden Reformen. 1991 trat zum ersten Mal eine alle polit. Kräfte umfassende Nationalkonferenz zusammen und bildete 1992 eine Übergangsreg., die jedoch von Mobutu Sese-Seko nicht anerkannt wurde. Das von diesem installierte Parlament ernannte eine konkurrierende Reg. Nachdem dieses Parlament mit der Nationalkonferenz 1994 zum »Hohen Rat der Republik« vereinigt worden war, bildete L. Kengo wa Dondo 1994 eine Übergangsreg., die sowohl vom Präs. als auch von den gemäßigten Teilen der Opposition anerkannt wurde.

Neben der persönl. Diktatur Mobutu Sese-Sekos, der Korruption und den immer zahlreicher werden-

Kongo, Demokratische Republik

Kong   Kongo

Kongo, Republik

Fläche:	342 000 km²
Einwohner:	(2000) 2,83 Mio.
Hauptstadt:	Brazzaville
Verwaltungsgliederung:	9 Regionen und 6 eigenständige Stadtgemeinden
Amtssprache:	Französisch
Nationalfeiertag:	15. 8.
Währung:	1 CFA-Franc = 100 Centimes (c)
Zeitzone:	MEZ

Staatswappen

internationales
Kfz-Kennzeichen

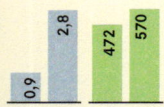
1970 2000   1970 2000
Bevölk.   BNE je Ew.
(in Mio.) (in US-$)

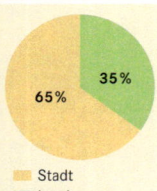
Stadt
Land
Bevölkerungsverteilung 2000

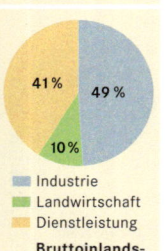
Industrie
Landwirtschaft
Dienstleistung
Bruttoinlandsprodukt 2000

den Übergriffen der Sicherheitskräfte destabilisierten Sezessionsbewegungen v. a. im S (Prov. Shaba) und O (Prov. Kivu) den Gesamtstaat. Seit dem blutigen Bürgerkrieg in ↗ Ruanda (1994) kamen zahlr. Flüchtlinge (u. a. 1,2 Mio. ruand. Hutu) in den östl. Teil des Landes. Unter dem Druck der kongoles. Zentralreg., aber zunehmend infolge bürgerkriegsähnl. Kämpfe und einer sich ausbreitenden Hungersnot kehrten 1996 etwa 600 000 Hutu in ihre Heimat zurück. Mit dem Versuch kongoles. Reg.truppen, den zum Tutsi-Volk gehörenden Stamm der Banyamulenge zu vertreiben, entwickelte sich Ende 1996 unter Führung von L. D. Kabila in O-Zaire ein Aufstand, der im Mai 1997 zum Sturz Mobutu Sese-Sekos und seines polit. Systems unter Umbenennung Zaires in **Demokrat. Rep. Kongo** führte. Am 29. 5. 1997 übernahm Kabila offiziell als Staatspräs. die Führung des Landes. Im Aug. 1998 begann eine von Ruanda und Uganda mit Truppen unterstützte Militärrevolte gegen Kabila, in deren Verlauf v. a. Angola, Simbabwe und Namibia zugunsten Kabilas militärisch intervenierten. Im Juli/Aug. 1999 unterzeichneten die an dem Konflikt Beteiligten ein Waffenstillstandsabkommen, das jedoch nur zu einem teilweisen Ende der Kampfhandlungen führte. Ein von Kabila eingesetztes Übergangsparlament nahm schließlich im Aug. 2000 seine Arbeit auf. Nach einem tödl. Attentat auf Kabila im Jan. 2001 übernahm sein Sohn Joseph Kabila das Präsidentenamt. Die im März/April 2002 im südafrikan. Sun City geführten Friedensgespräche scheiterten und konnten den Bürgerkrieg, der seit seinem Ausbruch 1996 nach UN-Schätzungen etwa 2,5 Mio. Menschenleben forderte, nicht beenden. Unter südafrikan. Vermittlung schlossen schließlich die Präsidenten von K. und Ruanda im Juli 2002 einen Friedensvertrag, der u. a. den Rückzug der ruand. Streitkräfte (etwa 40 000 Mann) aus K. sowie die Entwaffnung der Hutu–Milizen, die bislang von K. aus in Ruanda militärisch operierten, vorsieht. In einem am 6. 9. 2002 mit Uganda unterzeichneten Friedensabkommen wurde u. a. der Abzug der etwa 2 000 ugand. Soldaten sowie ein Vorgehen gegen die von K. aus in Uganda kämpfenden Rebellen geregelt. Nachdem erste Einheiten Ruandas und Ugandas abgezogen wurden, begann auch schrittweise der Abzug der schätzungsweise 12 000 simbabw. Soldaten. Am 17. 12. 2002 unterzeichneten die wichtigsten Rebellenbewegungen mit der Reg. ein Friedensabkommen, das u. a. die Beteiligung der Rebellengruppen an einer neuen Übergangsreg. der nat. Einheit sowie bis Ende 2004 Wahlen vorsieht; bis zu diesem Zeitpunkt soll J. Kabila als Staatspräs. im Amt bleiben. Diese Regelungen wurden am 2. 4. 2003 im südafrikan. Sun City in einem weiteren Vertrag bekräftigt. Außerdem einigten sich die am Konflikt Beteiligten auf eine neue Verf. und die Integration der Rebellen in eine neu aufzubauende Armee. Im Mai 2003 begannen im NO des Landes (Region Ituri im Grenzgebiet zu Ruanda und Uganda) Kämpfe und Massaker zw. den traditionell verfeindeten Volksgruppen der Lendu (sesshafte Ackerbauern) und Hema (nomadisierende Viehzüchter), bei denen auch der Streit um Landbesitz vor dem Hintergrund neuer Gold- und Erdölfunde eine zusätzl. Rolle spielt. Nach einem entsprechenden UN-Mandat, das die Anwendung von Waffengewalt erlaubt, entsandte die Europ. Union im Juni 2003 eine unter frz. Führung stehende EU-Eingreiftruppe (Operation »Artémis«; Stärke rd. 1 500 Mann) zur Verbesserung der Sicherheit und der humanitären Lage in die Krisenregion, in der seit 1999 schätzungsweise 50 000 Menschen getötet wurden.

Kongo (amtlich frz. République du Congo; dt. Rep. K.), Staat in Zentralafrika, grenzt im N an Kamerun und die Zentralafrikan. Rep., im O und S an die Demokrat. Rep. Kongo, im S an Cabinda (Angola), im SW an den Atlantik, im W an Gabun.

▸ **Staat und Recht**

Nach der durch Referendum vom 20. 1. 2002 gebilligten Verf. ist K. eine präsidiale Republik. Staatsoberhaupt, Reg.chef und Oberbefehlshaber der Streitkräfte ist der mit umfassenden Vollmachten ausgestattete Präs. (auf 7 Jahre direkt gewählt; einmalige Wiederwahl möglich). Die Legislative liegt beim Zweikammerparlament, bestehend aus Nationalversammlung (137 Abg., für 5 Jahre gewählt) und Senat (66 Mitgl., auf 6 Jahre gewählt). Einflussreichste Partei ist die Kongoles. Partei der Arbeit (PCT).

▸ **Landesnatur**

K. liegt im äußersten NW des Kongobeckens und hat im SW Anteil an der Niederguineaschwelle (im Bergland von Mayombe bis 800 m ü. M.). Im NO, am unteren Ubangi und Sanga, finden sich ausgedehnte Sumpfgebiete. Es herrscht äquatoriales Regenklima mit zwei Regenzeiten (Jan. bis Mai und Okt. bis Mitte Dez.; Jahresniederschläge 1400–1900 mm, an der Küste weniger). Im N und weiten Teilen des Hochlandes trop. Regenwald; an der Küste Mangrovenvegetation, an die sich Feuchtsavanne anschließt.

▸ **Bevölkerung**

Sie besteht fast ausschl. aus Bantuvölkern (50% Kongo, 17% Teke, 12% Mboshi u. a.). In den Wald- und Sumpfgebieten des NO leben Pygmäen (1,5%). – Über 90% der Bev. sind Christen (etwa die Hälfte Katholiken), etwa 5% werden traditionellen afrikan. Religionen zugerechnet; nur wenige Muslime. – Es besteht eine zehnjährige allg. Schulpflicht ab dem 6. Lebensjahr. Die Analphabetenquote beträgt 19%.

Wirtschaft, Verkehr

Bestimmend für die Wirtschaft sind seit den 80er-Jahren Erdölförderung, -verarbeitung und -export (rd. 90% der Exporterlöse). Bedeutung hat weiterhin die Forstwirtschaft (über 55% Waldfläche); die küstennahen Bestände sind fast erschöpft, daher Holzertrag, -verarbeitung und -export (Okume- und Limbaholz) stark rückläufig. Nur knapp 1% der Landesfläche dient dem Ackerbau. Von Landwirtschaft und Fischerei lebt über die Hälfte der Bev.; für Eigenversorgung v.a. Anbau von Maniok, Mais, Erdnüssen, Jamswurzel, Kochbananen; für den Export geringe Mengen Kaffee, Kakao, Zuckerrohr; unbed. Viehhaltung (wegen der Tsetsefliege). Die landwirtsch. Erzeugung reicht nicht für die Ernährung der Stadtbev., daher ist Import von Weizen, Reis und Mais notwendig. Vorkommen von Kalisalzen, Eisen-, Kupfererz, Gold, Phosphat, Bauxit u.a. Bodenschätzen werden bisher wenig genutzt. Wichtigste Industrien sind neben Erdölverarbeitung Nahrungsmittel-, Textil-, Zement- und chem. Ind. sowie Holzverarbeitung; Wirtschaftszentrum ist Pointe-Noire. Haupthandelspartner sind Frankreich, die USA, Belgien, Italien. – K. ist ein wichtiges Transitland für die Nachbarstaaten. Das Straßennetz umfasst rd. 17 000 km, das Eisenbahnnetz 1 152 km, das Wasserstraßennetz 5 000 km; internat. Flughäfen Pointe-Noire, Brazzaville und Oyo (in Bau).

Geschichte

Das Gebiet nördlich der Kongomündung gehörte im 15./16. Jh. zum Königreich ⁄ Kongo. Die Küste, an der seit 1766 frz. Missionare tätig waren, war bis ins beginnende 19. Jh. bevorzugtes Sklavenhandelsgebiet. 1880–85 brachte P. Savorgnan de Brazza durch Abschluss von Protektoratsverträgen das Gebiet der heutigen Rep. K. in frz. Besitz, der durch die ⁄ Kongokonferenz 1885 bestätigt wurde. 1891 wurde K. selbstständige Kolonie, 1910 mit Gabun, Ubangi-Schari (heute Zentralafrikan. Rep.) und Tschad zur Kolonialföderation Französisch-Äquatorialafrika (bis 1946) mit Sitz in Brazzaville vereinigt. 1911 trat Frankreich weite Teile seiner Kongokolonie an Dtl. ab (1916 wieder frz.). K. wurde 1946 frz. Überseeterritorium, 1958 autonome Rep. innerhalb der Frz. Gemeinschaft, am 15. 8. 1960 unabhängige Rep. (K. [Brazzaville]). Das autoritäre Regime des ersten Präs. F. Youlou wurde 1963 gestürzt. Der neue Präs. A. Massemba-Débat errichtete 1964 eine Einparteienherrschaft. 1968 wurde der Präs. von linksradikalen Kräften unter Führung von M. Ngouabi (Staatspräs. 1969–77) gestürzt. 1977 fiel Ngouabi einem Putschversuch zum Opfer, neuer Staatschef wurde 1979 Oberst D. Sassou-Nguesso. Die Einheitspartei (PCT) stimmte 1990 der Bildung eines Mehrparteiensystems zu. Bei den ersten freien Präsidentschaftswahlen siegte 1992 P. Lissouba, Vors. der UPADS. Seit 1993 verfügen die wichtigsten Parteien über bewaffnete Gruppen, die sich erstmals 1993/94 schwere Kämpfe lieferten. In einem blutigen Bürgerkrieg (1997) setzten sich die Milizen des ehem. Staatspräs. Sassou-Nguesso gegen die des amtierenden Staatschefs Lissouba durch. Sassou-Nguesso erklärte sich 1997 erneut zum Staatschef; seit 1998 kam es wiederholt zu blutigen Auseinandersetzungen zw. Sicherheitskräften der neuen Reg. sowie Milizen Lissoubas. Um den Bürgerkrieg zu beenden, wurde im Jan. 2000 ein Friedensabkommen unterzeichnet. Die nach Einführung der neuen Verf. (Jan. 2002) durchgeführten Präsidentschaftswahlen im März 2002 bestätigten Sassou-Nguesso im Amt.

Kongo (Brazzaville) [- braza'vɪl], Kurz-Bez. für die Rep. ⁄ Kongo.

Kongo (Kinshasa) [- kɪn'ʃa:za], Kurz-Bez. für die Demokrat. Rep. ⁄ Kongo.

Kongokonferenz, auf belg. Veranlassung von Bismarck nach Berlin einberufene Konferenz von 14 Mächten (5. 11. 1884–26. 2. 1885). Ihr Ergebnis wurde in der **Kongoakte** niedergelegt: Neutralisierung des Kongobeckens, Handels- und Schifffahrtsfreiheit auf dem Kongo, Verbot des Sklavenhandels, Anerkennung des »Unabhängigen Kongostaates« als Eigentum König Leopolds II., Bestätigung des frz. Besitzes des Protektorats Congo (heute Rep. Kongo). Die K. verhinderte ein brit. Kolonialmonopol.

Kongorot, Azofarbstoff aus der Gruppe der Benzidinfarbstoffe; dient als Indikator (Umschlag von Rotorange nach Blauviolett bei pH 5,2 bis 3,0).

Kongregation [lat. »Vereinigung«] *die,* 1) der Zusammenschluss mehrerer Klöster eines Ordens zu einem Klosterverband (**monast. K.**); 2) eine Ordensgemeinschaft mit öffentl. Gelübden (**religiöse K.**); 3) eine religiöse Laienvereinigung ohne öffentl. Gelübde (z. B. ⁄ Marianische Kongregationen).

Kongregationalismus *der,* aus dem engl. Puritanismus hervorgegangene, theologisch dem Kalvinismus verpflichtete religiöse Bewegung. Im Ggs. zur Kirche von England ist der K. vom Staat unabhängig und lehnt eine episkopale oder presbyteriale Kirchen-Verf. ab. Maßgebl. Strukturelement ist die Einzelmeinde (engl. congregation). Allein Jesus Christus wird als »Bischof« anerkannt; im Sinne eines strengen Biblizismus gilt »Gottes Wort« als höchste Norm. (⁄ Independenten)

Kongress [lat.] *der,* 1) *allg.:* Zusammenkunft, bes. von Bevollmächtigten, auch mehrerer Staaten.
2) *Staatsrecht:* bes. in den USA das aus Senat und Repräsentantenhaus bestehende Gesetzgebungsorgan des Bundes.

Kongress der Volksdeputierten, ⁄ Russland (Geschichte), ⁄ Sowjetunion (Politisches System).

Kongresspartei, ⁄ Indian National Congress.

Kongresspolen, das durch den Wiener Kongress 1815 aus dem Herzogtum Warschau geschaffene Königreich Polen, das in Personalunion mit Russland vereinigt war; verlor nach dem Aufstand 1830/31 seine Eigenverwaltung.

kongruent [lat.], 1) *allg.:* in allen Punkten übereinstimmend, völlig gleich; Ggs.: inkongruent.
2) *Geometrie:* (deckungsgleich), Zeichen ≅, zwei Figuren heißen k., wenn sie in Größe und Gestalt übereinstimmen und sich durch eine Bewegung (**Kongruenzabbildung**) ineinander überführen lassen.

Kongruenz *die, Grammatik:* Übereinstimmung von syntaktisch zusammengehörigen Satzteilen in Person, Numerus, Genus und Kasus.

Kongsberg ['kɔŋsbær], Stadt im Verw.gebiet (Fylke) Buskerud, S-Norwegen, 23 000 Ew.; staatl. Münze, Bergbau- und kulturhistor. Museum; Waffen- und Munitionsfabrik; 1624–1957 Silbererzbergbau (Besucherstollen).

Konidi|en [grch.] (Exosporen), ungeschlechtlich gebildete Verbreitungsorgane niederer Pilze.

Koniferen [lat.], ⁄ Nadelhölzer.

Koniferen|öle, aus Nadeln, Zweigen und Zapfen versch. Nadelhölzer durch Wasserdampfdestillation gewonnene, farblose, balsamisch riechende äther. Öle; in der Parfümerie und Pharmazie verwendet.

König, 1) *Spiel* und *Sport:* 1) im Kartenspiel zweithöchste Karte (nach dem Ass); 2) Hauptfigur beim Schach; 3) der in der Mitte stehende Kegel mit der Nummer 5 beim Kegeln.

2) Staatsrecht: nach dem Kaiser Träger der höchsten monarch. Würde. Das Königtum als staatsrechtl. Institution gab es zu allen Zeiten, z. B. in den altgrch. Stadtstaaten und im Rom der Frühzeit. Bei den Germanen traten zu den Herrschervorstellungen vom Volkskönigtum (Wahl unter den Mitgliedern einer sich oft durch Abstammung von den Göttern legitimierenden K.-Sippe durch die Volksversammlung) und Heerkönigtum seit dem Fränk. Reich (Königtum der Merowinger und Karolinger) der antik-röm. Amtsgedanke und die christl. Vorstellung vom Gottesgnadentum hinzu, d. h. Gebundensein an die überlieferten Volksgesetze und die Zustimmung der Großen bei eigener Gesetzgebungs-, Besteuerungs-, Gerichts- und Heeresgewalt sowie Kirchenhoheit, oberste Instanz der Friedenswahrung.

Im Unterschied zur dynast. Erbfolge in Frankreich und England blieb das Königtum im Regnum Teutonicum/Hl. Röm. Reich wie in der german. Frühzeit bis 1806 formal ein Wahlkönigtum, eingeengt durch die ∕ Designation und das ∕ Geblütsrecht. Seit dem 13. Jh. (zuerst Lothar III. von Supplinburg) setzte sich der Grundsatz der völlig freien Wahl ohne Rücksicht auf erbl. Vorrechte durch, bis das Haus Habsburg von Friedrich III. (1440–93) an tatsächlich – mit Unterbrechung 1742–45 – im erbl. Besitz des K.-Titels blieb, wenn auch in Form der **K.-Wahl.** Wahlberechtigt waren zunächst alle anwesenden weltl. und geistl. Reichsfürsten, seit dem Interregnum nur die ∕ Kurfürsten (1356 in der Goldenen Bulle verankert). Die Wahl fand seit 1152 fast ausnahmslos in Frankfurt am Main statt, die Krönung bis 1531 in Aachen, seitdem auch in Frankfurt. Seit Otto I., d. Gr., (962) führten die K. im (später so genannten) Hl. Röm. Reich (fälschlich ∕ Deutscher König) den Titel eines »Röm. Kaisers«, sobald sie in Rom vom Papst gekrönt waren; seit 1508 und 1556 nannten sie sich ohne päpstl. Krönung stets Kaiser (»Erwählter Röm. Kaiser«) bzw. leiteten mit der K.-Wahl den Anspruch auf die Kaisergewalt ab. Der noch zu Lebzeiten eines Kaisers gewählte Nachfolger hieß seit dem 11. Jh. »Röm. K.«. (∕ deutsche Geschichte, Übersicht). – Von den dt. Landesfürsten nahmen 1701 die Kurfürsten von Brandenburg für das Herzogtum Preußen (außerhalb des Reichs) den K.-Titel an; Napoleon I. erhob 1806 die Kurfürsten von Bayern, Württemberg, Sachsen zu K.; auf dem Wiener Kongress wurde 1815 Hannover als K.-Reich anerkannt.

König, 1) Franz, österr. kath. Theologe, * Warth (heute zu Rabenstein an der Pilach, NÖ) 3. 8. 1905; 1956–85 Erzbischof von Wien, seit 1958 Kardinal; hat durch zahlr. Reisen in osteurop. Länder die nachkonziliare vatikan. Ostpolitik nachhaltig beeinflusst und fördert bes. die Beziehungen zw. der kath. Kirche und den Ostkirchen und das Gespräch mit den nicht christl. Religionen.

2) Leo Freiherr von, Maler, * Braunschweig 28. 2. 1871, † Tutzing 19. 4. 1944; malte, vom Spätimpressionismus ausgehend, v. a. Porträts (E. Barlach, E. Nolde, K. Kollwitz u. a.).

3) René, Soziologe, * Magdeburg 5. 7. 1906, † Köln 21. 3. 1992; war 1949–74 Prof. in Köln. Schwerpunkte seiner Arbeit waren Grundfragen der soziolog. Theorie und Methodologie sowie die empir. Sozialforschung; beeinflusste durch seine Werke wesentlich die Soziologie in Dtl.; Verfasser u. a. von »Materialien zur Soziologie der Familie« (1946), »Soziologie heute« (1949), »Soziolog. Orientierungen« (1965), »Handbuch der empir. Sozialforschung« (2 Bde., 1962–69; Hg.), »Soziologie in Dtl. Begründer, Verfechter, Verächter« (1987).

Königgrätz
Stadtwappen

König, Bad, ∕ Bad König.
Könige, Bücher der, Abk. **Kön.**, zwei Bücher des A. T. (entstanden Mitte des 6. Jh. v. Chr.), in denen die Geschichte des Königtums in Israel (und Juda) vom Tod Davids (965/964 v. Chr.) bis zur Rehabilitierung Jojachins (561 v. Chr.) dargestellt wird.
Königgrätz (tschech. Hradec Králové), Stadt in Ostböhmen, Tschech. Rep., Verw.sitz des Bez. Hradec Králove, an der Mündung der Adler in die Elbe; 98 200 Ew.; kath. Bischofssitz; Hochschulen für Medizin und Pharmazie; Anlagenbau, chem., Nahrungs- und Genussmittelind., Klavierfabrik. – Der Ring mit der got. Kathedrale (1307 gegr., 1339–60 erbaut), dem Weißen Turm (1574–85; 68 m hoch), der ehem. Jesuitenkirche (1654–66) und der Mariensäule (1714–16) hat noch altertüml. Gepräge. – Um 1255 Stadt; 1766–89 Ausbau zur (1893 geschleiften) Festung. – In der Schlacht bei K. (bes. in Frankreich und Großbritannien nach dem nahe gelegenem Ort Sadowa genannt) siegten im ∕ Deutschen Krieg 1866 am 3. 7. die Preußen unter Generalstabschef von Moltke über die Österreicher und Sachsen unter L. A. von Benedek (heute Museum).

Königin, 1) *Biologie:* (Weisel) das fruchtbare Weibchen bei Staaten bildenden Insekten (Bienen, Hummeln, Ameisen).
2) *Staatsrecht:* Herrscherin in einem Königreich mit auch weibl. Erbfolge oder Gattin eines Königs.
Königin der Nacht (Selenicereus grandiflorus), in Mittel- und Südamerika beheimatetes Kaktusgewächs mit schlangenförmigem, kletterndem Stamm und bis 30 cm langen duftenden weißgelben Blüten, die nur eine Nacht blühen.

Königin der Nacht

Königinhofer Handschrift, die von V. Hanka 1817 angeblich in Königinhof an der Elbe (heute Dvůr Králové nad Labem, bei Königgrätz) aufgefundene Handschrift aus dem 13. Jh. in alttschech. Gedichten; wurde wie die auch von ihm »entdeckte« **Grünberger Handschrift** aus dem 9./10. Jh. als Fälschung erkannt. Sie gelten jedoch heute als bed. Mystifikationen des beginnenden 19. Jh., die einen starken Einfluss auf die tschech. Nationalbewegung ausübten.
Königin von Saba, legendäre Herrscherin des altsüdarab. Reiches Saba (∕ Sabäer); ist nach jüd. Legenden die Stammmutter der »Schwarzen Juden« (∕ Falascha) und gelangte nach islam. Überlieferung (Koran, Sure 27, 22 ff.) mit ihrem Volk durch Salomo zum Glauben an den einen und einzigen Gott (Allah).
König Rother, mittelhochdt. Epos, ∕ Rother.
Königs|au (dän. Kongeå), 65 km langer Fluss in Jütland, Dänemark, mündet in die Nordsee; bis 1864 Grenze zw. dem Königreich Dänemark und dem Herzogtum Schleswig; bis 1920 deutsche Reichsgrenze.
Königsberg, 1) Königsberg (bis 1945 amtlich Königsberg (Pr), seit 1946 russ. Kaliningrad), Hptst. des

Königsberg 1): der nach der Zerstörung im Zweiten Weltkrieg wieder aufgebaute Dom

Königsberg 1) historisches Stadtwappen

Gebiets Kaliningrad (eine russ. Exklave zw. Litauen und Polen), beiderseits des Pregels, 7 km vor dessen Mündung in das Frische Haff, 427 200 Ew.; Univ. (1967 wieder gegr.), Fischerei-, Seefahrthochschule; Bernsteinmuseum; Schauspielhaus; Fischverarbeitung, Schiff-, Maschinenbau, Waggonfabrik, Zellulose-, Papier-, Holzind.; Hafen (durch den Königsberger Seekanal mit dem Vorhafen Pillau [heute Baltisk] verbunden), Marine- und Fischereihafen. Fährverbindung mit Sassnitz-Mukran auf Rügen und mit Kiel; internat. Flughafen; Sonderwirtschaftszone. – 1944/45 wurde die Innenstadt mit den meisten histor. Bauten zerstört. Die Ruinen des Schlosses (begonnen 1287–92) und der Steindammer Pfarrkirche St. Nikolaus (14.–15. Jh.) wurden abgetragen. Der Dom (1325–82) wurde in der zweiten Hälfte der 1990er-Jahre wieder aufgebaut. Die Ruine der Altstädt. Pfarrkirche St. Nikolaus (erbaut 1838–45 nach Entwurf von K. F. Schinkel) konnte gesichert werden. Unzerstört blieben u. a. Teile des Speicherviertels. In ähnl. Formen wieder aufgebaut wurde die 1844–62 im Neurenaissancestil nach Entwurf von A. Stüler errichtete Neue Universität. – Die Burg K. wurde 1255 vom Dt. Orden erbaut und zu Ehren König Ottokars II. von Böhmen benannt. Im Schutz der Burg entstanden die drei Städte Altstadt K., Löbenicht und Kneiphof (alle Culmer Stadtrecht; seit 1340 Mitgl. der Hanse), die 1724 zu einer Stadtgemeinde vereinigt wurden. Nach dem Verlust der Marienburg (1457) Sitz der Hochmeister und 1525–1618 der Herzöge von Preußen. 1544 gründete Herzog Albrecht die Univ. (1945 aufgelöst). 1701 und 1861 Krönungsstadt der preuß. Könige. 1755–96 lehrte I. Kant an der Univ. Bis 1945 Hptst. der Provinz Ostpreußen; kam im Mai 1945 zur UdSSR, 1947/48 Aussiedlung der dt. Bevölkerung.

2) Königsberg (Neumark), Stadt in Polen, ↗ Chojna.

Königsboten (mlat. Missi dominici), im Fränk. Reich Beamte, die der König mit außerordentl. Vollmachten aussandte **(Sendgrafen).**

Königsbrunn, Stadt im Landkr. Augsburg, Bayern, 515 m ü. M., auf dem Lechfeld, südlich von Augsburg, 25 600 Ew.; Maschinen- und Werkzeugbau, elektron. und elektrotechn. Ind., Kartonagenfabrik. – Seit 1967 Stadt.

Königsdorf, Helga, Schriftstellerin, * Gera 13. 7. 1938; Mathematikerin; schreibt Erzählungen, die in knapper Sprache mit ironisch-krit. Blick das Alltagsmilieu (der DDR, später das gesamtdt.) verfremden: »Meine ungehörigen Träume« (1978), »Der Lauf der Dinge« (1982), »Die Entsorgung der Großmutter« (1997). Fragen nach eth. Werten und Verantwortung bestimmen u. a. die Erzählungen »Respektloser Umgang« (1986) sowie den Briefroman »Ungelegener Befund« (1990); auch Lyrik und essayist. Prosa, autobiografisch in »Landschaft in wechselndem Licht« (2002).

Königsfarn, ↗ Rispenfarn.

Königsfelden, ehem. Doppelkloster der Franziskaner (1310–1528) bei Brugg im Kt. Aargau, Schweiz, als habsburg. Grablege gestiftet; die Kirche (begonnen 1310), eine dreischiffige Basilika mit Flachdecke, verfügt über einen bed. Gemäldezyklus in den Fenstern des Chors (1325–30).

Königsfeld im Schwarzwald, Gemeinde im Schwarzwald-Baar-Kreis, Bad.-Württ., 763 m ü. M., im östl. Hochschwarzwald, 5 900 Ew.; heilklimat. und Kneippkurort. – Königsfeld wurde 1807 von Herrnhutern gegr.; Einrichtungen der Brüdergemeine.

Königsfisch (Gotteslachs, Lampris guttatus), einzige Art der Glanzfische, bis 2 m lang, auffallend bunt; v. a. im Atlantik und Pazifik.

Königsfriede, 387/386 v. Chr. zw. Sparta (unter Antalkidas) und dem pers. Großkönig Artaxerxes II.

Königsfelden: Glasfenster mit der Darstellung der Vogelpredigt des heiligen Franz von Assisi im Chor der mittelalterlichen Kirche

Königskrone 1)

geschlossener Friede. In diesem Frieden wurden die Griechen Kleinasiens der pers. Herrschaft unterstellt, dafür erlangte Sparta die Hegemonie über Griechenland.

Königshainer Berge, kleines kuppiges und bewaldetes Granitgebiet im Niederschles. Oberlausitzkreis, Sachsen, westlich von Görlitz, bis 406 m ü. M.; seit 1999 von einem 3,3 km langen doppelröhrigen Tunnel der Autobahn Eisenach–Görlitz unterquert.

Königshofen i. Grabfeld, Bad, ∕ Bad Königshofen i. Grabfeld.

Königshütte, Stadt in Polen, ∕ Chorzów.

Königskerze (Wollblume, Verbascum), Gattung der Rachenblütler in Eurasien und im Mittelmeerraum; meist wollig behaarte zweijährige Kräuter mit traubigen oder rispigen Blütenständen. In Mitteleuropa u. a. die häufig an Wegrändern vorkommende, bis 2 m hohe **Großblütige K.** (Verbascum densiflorum) mit großen, leuchtend gelben Blüten.

Königskrone, 1) *Geschichte:* zu den Insignien gehörendes Herrschaftszeichen des Königs; im MA. ein mit Edelsteinen besetzter, oben mit vier Blattornamenten verzierter Goldreif, seit dem 16. Jh. meist mit Bügeln als Zeichen der »Souveränität« geschlossen. Moderne K. haben acht Bügel, auf deren Scheitelpunkt in christl. Monarchien ein Reichsapfel ruht. Ältere K. (Stephanskrone von Ungarn, Wenzelskrone von Böhmen) sind abweichend gestaltet. (∕ Reichskleinodien).
2) *Heraldik:* Wappenzeichen königl. Würde: Krone mit fünf sichtbaren Blattornamenten und Bügeln.

Königslutter am Elm, Stadt im Landkreis Helmstedt, Ndsachs., 16 800 Ew.; Steinmetzschule; Zucker-, Papierind., Herstellung von Zigarren und Kühltechnik. – Die roman. Stiftskirche St. Peter und Paul (Kaiserdom) des ehem. Benediktinerklosters, 1135 von Kaiser Lothar III. zu Supplinburg gegr., ist Grabstätte des Kaisers, seiner Gemahlin Richenza und seines Schwiegersohnes Heinrich des Stolzen. – Seit Anfang des 15. Jh. Stadtrecht.

Königskerze: Großblütige Königskerze

Georgs I. von Hannover, dann Augusts II., des Starken, von Sachsen-Polen, Mutter von Moritz von Sachsen; seit 1700 Pröpstin des Stifts Quedlinburg.
2) Philipp Christoph Graf von, *14. 3. 1665, † (ermordet?) 11. 7. 1694, Bruder von 1); Abenteurer, Geliebter der Prinzessin Sophie Dorothea von Hannover (∕ Sophie). Als sein Verhältnis und die verabredete Flucht offenbar wurden, verschwand er spurlos im Schloss zu Hannover.

Königspalme (Roystonea regia), auf Kuba heim., bis 25 m hohe Fiederpalme mit in der Mitte verdicktem Stamm; trop. Zierbaum.

Königsritt (Umritt), in german. Zeit und im MA. der Huldigungsritt des gekrönten Königs, der damit sein Reich (in seinen Kernländern) in Besitz nahm; in Schweden **Eriksgata** genannt.

Königsschlange, ∕ Boaschlangen.

Königssee, See in den Berchtesgadener Alpen zw. den 2 000 m hohen Ostwand des Watzmanns im W und dem Hagengebirge im O, 603 m ü. M., bis 189 m tief, 5,2 km² groß; Abfluss durch die Königsseer Ache zur Salzach. Auf dem Schwemmkegel des Eisbaches liegt die Wallfahrtskirche St. Bartholomä (Neubau 1697) und ein Jagdschloss (1708–09).

Königsstuhl, im Hl. Röm. Reich Versammlungsort der Kurfürsten zur Beratung über Reichsangelegenheiten. Der alte K. bei Rhens am Rhein ist ein durch Kaiser Karl IV. 1376 aufgeführter achteckiger Bau, 1794 von den Franzosen zerstört, 1843 wiederhergestellt, 1929 auf eine Höhe westlich von Rhens übertragen.

Königsstuhl, Kreidefelsen der Stubbenkammer auf der Insel Rügen, 118 m ü. M.; Aussichtspunkt.

Königstein, 1) Königstein im Taunus, Stadt im Hochtaunuskr., Hessen, 362 m ü. M., am SO-Abfall des Taunus, 15 500 Ew.; heilklimat. Kurort; Museum. – Überragt von den Ruinen der 1215 erstmals genannten, im 16. Jh. zur Festung ausgebauten Burg (1796 gesprengt). – Stadtrecht seit 1313.
2) Königstein/Sächs. Schw., Stadt im Landkreis Sächs. Schweiz, Sachsen, im Elbtal, unterhalb des Königsteins (Sandsteintafelberg, 360 m ü. M.), 2 700 Ew.; Urlaubs- und Erholungsort; Feinpapier-, Kunststoff-, Holzind.; bei K. 1967–90 Uranerzbergbau (Uranbergwerk wurde 2001 geflutet). – Auf dem Königstein die Festung K. (erbaut 16.–18. Jh., heute militärhistor. Freilichtmuseum; bekanntester Gefangener: J. F. ∕ Böttger). – K. entstand im 13. Jh. (1379 bezeugt).

Königstiger, ∕ Tiger.

Königstuhl, 1) Berg am Abbruch des südl. Odenwaldes zum Oberrhein. Tiefland, oberhalb von Heidelberg, 566 m ü. M., mit Landessternwarte sowie Max-Planck-Inst. für Astronomie; Bergbahn.
2) (Karlnock), 2 336 m hoher Gipfel der Gurktaler Alpen, Österreich, im Dreiländereck Salzburg, Kärnten, Steiermark.

Königswahl, ∕ König, ∕ Wahlkapitulation.

Königswasser, Mischung von konzentrierter Salz- und Salpetersäure (3 : 1), die infolge Bildung von Nitrosylchlorid, NOCl, und freiem Chlor stark oxidierend wirkt. K. löst fast alle Metalle, auch Gold (»König der Metalle«).

Königswelle, *Maschinenbau:* senkrecht stehende Welle zur Übertragung einer Drehbewegung; bei Verbrennungsmotoren eine Welle zum Antrieb einer oben liegenden Nockenwelle; sie ist durch je ein Kegelradpaar mit der Nocken- und Kurbelwelle verbunden.

Königswinter, Stadt im Rhein-Sieg-Kr., NRW, am rechten Rheinufer zu Füßen des Siebengebirges,

Königssee: Wallfahrtskirche Sankt Bartholomä (1697) am Königssee, im Hintergrund der Watzmann

Königsmarck (Königsmark), altmärk. Adelsgeschlecht, urkundlich zuerst 1225 genannt. Die in Mecklenburg und Altpreußen ansässige Linie erhielt 1817 die preuß., ein anderer Zweig 1651 die schwed. Grafenwürde. Bed. Vertreter:
1) Maria Aurora Gräfin von, *Stade 8. 5. 1662, † Quedlinburg 16. 2. 1728, Schwester von 2); Geliebte

37 800 Ew.; Siebengebirgsmuseum; Autozubehörind., Gerätebau; Weinbau und -handel, bed. Fremdenverkehr; Zahnradbahn zum Drachenfels. – Frühklassizist. Pfarrkirche (1779/80, früher roman. Vorgängerbau), neugot. Schloss Drachenburg (1882–84). Zu K. gehört ↗ Heisterbach. – Stadt seit 1889.

Königs Wusterhausen, Stadt im Landkreis Dahme-Spreewald, Brandenburg, südöstlich von Berlin, an der Mündung der kanalisierten Notte in die Dahme, 17 400 Ew.; funktechn. Museum im Bereich der früheren Großfunkstelle; Binnenhafen (Umschlag von Massengütern für Berlin). – Jagdschloss (16.–18. Jh.). – 1375 erstmals erwähnt; 1935 Stadtrecht; war 1952–93 Kreisstadt.

Konimeter [zu grch. kónis »Staub«] *das,* Messgerät zum Feststellen des Staubgehaltes der Luft. Eine definierte Luftmenge wird über eine Düse an einer drehbaren Objektscheibe vorbeigesaugt, auf der sich der Staub niederschlägt und unter dem Mikroskop auf Anzahl und Größe der Staubteilchen ausgezählt wird.

Konin, Krst. in der Wwschaft Großpolen, Polen, an der Warthe, 83 500 Ew.; Zentrum eines Braunkohlenreviers; Großkraftwerke und Aluminiumhütte.

Koniotomie [grch.] *die* (Interkrikothyreotomie, Krikothyreotomie), operative Eröffnung des Kehlkopfs durch einen Querschnitt zw. Schild- und Ringknorpel; Noteingriff bei Erstickungsgefahr, meist mit nachfolgender ↗ Tracheotomie.

Konisation [zu Konus] *die* (Portiokonisation, Zervixkonisation), *Gynäkologie:* Entnahme eines kegelförmigen Gewebestücks aus dem Gebärmutterhals zur histolog. Untersuchung und Klärung des Verdachts auf eine bösartige Gewebeveränderung.

Konitz [ˈkəʊ-], Lee, amerikan. Jazzmusiker, *Chicago (Ill.) 13. 10. 1927; bed. Altsaxophonist des Cooljazz.

Köniz, Stadt im Kt. Bern, Schweiz, 36 200 Ew.; Bundesämter für Landestopographie und für Messwesen, Eidgenöss. Forschungsanstalt für Agrikulturchemie und Umwelthygiene sowie für Milchwirtschaft; Metall verarbeitende, graf. und Möbelindustrie. – Evang. Kirche, ehem. St. Peter und Paul, ein roman. Bau des 11.–13. Jh. mit bemalter Decke (1503) im Langhaus und Glasmalerei.

Konjugation [lat.] *die,* **1)** *Biologie:* Form der geschlechtl. Fortpflanzung bei Wimpertierchen, wobei sich vorübergehend zwei Partner zusammenlegen und über eine Zytoplasmabrücke Wanderkerne austauschen. – Bei Bakterien werden über einen fadenförmigen Zellanhang Teile des Chromosoms übertragen.

2) *Grammatik:* Flexion des Verbs (↗ Verb, Übersicht).

konjugiert, zusammengehörend, einander verbunden.

konjugierte Doppelbindungen, *Chemie:* ↗ Kohlenstoffverbindungen.

konjugierte Durchmesser. Die Mittelpunkte M aller zu einem Durchmesser (d_1) eines Kegelschnitts parallelen Sehnen liegen wieder auf einem Durchmesser (d_2), dem zum ersten Durchmesser k. D. des Kegelschnitts. – K. D. einer Ellipse sind das affine Bild zweier rechtwinkliger Durchmesser eines Kreises.

konjugierte Punkte, *Optik:* die sich entsprechenden Punkte (Objektpunkt und Bildpunkt) einer Abbildung.

konjugiert komplex, *Mathematik:* ↗ komplexe Zahl.

Konjunktion [lat.] *die,* **1)** *Astronomie:* (Gleichschein), eine ↗ Konstellation, bei der die Sonne auf der Linie Erde–Planet steht. K. des Mondes mit der Sonne bedeutet Neumond und bei gleicher Breite Sonnenfinsternis. Bei den inneren Planeten Merkur und Venus unterscheidet man zw. **oberer K.** (Planet weiter entfernt als die Sonne) und **unterer K.** (Planet zw. Sonne und Erde).

2) *Logik:* die Zusammensetzung zweier (oder mehrerer) Aussagen durch den Junktor »und« (Zeichen ∧ oder &). Die neue Aussage $A ∧ B$ ist nur dann wahr, wenn sowohl A als auch B wahr sind. – In der *Digitaltechnik* ist die K. eine der Grundfunktionen der ↗ Schaltalgebra.

3) *Sprachwissenschaft:* Bindewort; unflektierbares Wort, das der Verknüpfung von Wörtern, Wortgruppen und Sätzen dient, kann nebenordnenden (z. B. und, aber, nur) oder unterordnenden (z. B. als, da, dass) Sinn haben. Die unterordnenden K. leiten Nebensätze ein.

Konjunktiv [lat.] *der, Grammatik:* Möglichkeitsform; Modus des Verbs, der ein Geschehen oder ein Sein als erwünscht oder behauptet darstellt (z. B. »käme sie doch endlich!«, »er sah aus, als sei er sehr müde«). Der K. wird im Deutschen außerdem verwendet in der indirekten Rede (»er sagte, sie solle sofort nach Hause kommen«) und im ↗ Irrealis. Häufig ist die reine K.-Form durch die Umschreibung mit würde plus Infinitiv ersetzt (»wenn ich Zeit hätte, würde ich das Buch lesen«, statt: »...läse ich«).

Konjunktiva [lat.] *die,* Bindehaut des ↗ Auges.

Konjunktivitis *die,* ↗ Bindehautentzündung.

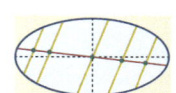

konjugierte Durchmesser

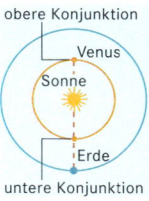

Konjunktion 1)

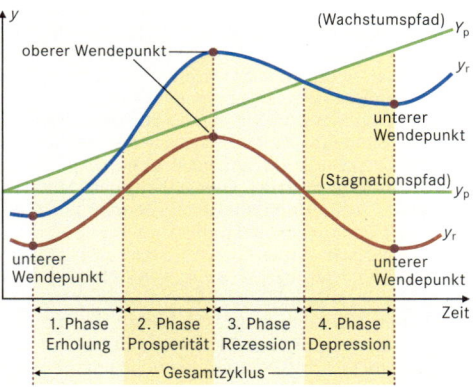

Konjunktur: Phasen des Konjunkturzyklus; y_r reales Inlandsprodukt, y_p Produktionspotenzial

Konjunktur [lat.] *die,* allg. Bez. für die Geschäftslage; in der Volkswirtschaftslehre durch zusammenwirkende Veränderungen bestimmte ökonom. Größen bedingte gesamtwirtsch. Nachfrage- und Produktionsschwankungen, die zu Veränderungen im Auslastungsgrad des gesamtwirtsch. Produktionspotenzials führen. Es wird von einem mehr oder weniger zykl. Verlauf, dem K.-Zyklus, ausgegangen, der nach J. A. Schumpeter aus den vier Phasen Erholung (heute Aufschwung, Wiederbelebung, Expansion), Prosperität (heute Hoch-K., Boom), Rezession (heute Abschwung, Entspannung) und Depression (heute Kontraktion, Rezession, Krise) besteht.

In der empir. K.-Forschung werden folgende, nach ihren jeweiligen Entdecker benannte **K.-Zyklen** unterschiedl. Wellenlänge unterschieden: 1) die kurzen Kitchin-Wellen (rd. 40 Monate), 2) die Juglar-Wellen mittelfristigen Charakters (8–10 Jahre) und 3) die langen Kondratieff-Wellen (50–60 Jahre), die durch technolog. Entwicklungsschübe ausgelöst werden.

Das gesamte Erscheinungsbild der wirtsch. Schwankungen kann man sich nach J. A. Schumpeter als Überlagerung der langen, mittleren und kurzen Wellen vorstellen. In Dtl. zeigen sich – gemessen an den jährl. Veränderungsraten des Bruttoinlandsprodukts (BIP) – K.-Zyklen, die einem sinkenden Trend folgen und sich bis auf Ausnahmen nicht in absoluten Rückgängen des BIP, sondern in zykl. Bewegungen seiner Wachstumsraten äußern.

Die **K.-Theorie** untersucht Ursachen und Verläufe konjunktureller Bewegungen. Nach der klass. Nationalökonomie werden K.-Schwankungen u. a. von techn. Fortschritt, Bevölkerungsentwicklung oder wirtsch. Stimmungslage verursacht und über Preis-, Lohn- und Zinsmechanismus bis hin zu einem neuen gesamtwirtsch. Gleichgewicht verarbeitet. Nach der traditionellen K.-Theorie werden konjunkturelle Schwankungen aus dem marktwirtsch. System heraus verursacht, sei es, dass die Investitionen vorpreschen (Überinvestitionstheorie), dass Gewinne begünstigt werden (Unterkonsumtionstheorie) oder dass das Geld- und Kreditsystem zur Destabilisierung beiträgt (monetäre K.-Theorie). K. Marx erklärt die K.-Zyklen mit dem Fall der Profitrate, dem die Kapitalisten durch eine Akkumulation zu begegnen suchen, die zu einer die Absatzmöglichkeiten übersteigenden Produktion führe. Nach Ansicht des Keynesianismus wird der K.-Zyklus durch Schwankungen der effektiven Nachfrage verursacht. Wenn der Staat die gesamtwirtsch. Nachfrage nicht belebt, könne ein marktwirtsch. System in einem Unterbeschäftigungsgleichgewicht mit Arbeitslosigkeit verharren. Moderne K.-Theorien haben die Analyse der Schwingungsprozesse theoretisch verfeinert und versuchen, den mikroökonom. Ansatz mit dem makroökonom., keynesianisch orientierten Ansatz zu verbinden. Wegen der Verbindung zu Prozessen wirtsch. Wachstums sind die Grenzen zur Wachstumstheorie fließend.

Konjunkturpolitik, Gesamtheit der Maßnahmen der öffentl. Hand zur Beeinflussung der Konjunkturschwankungen im Hinblick auf eine Stabilisierung der wirtsch. Entwicklung im Sinne eines gesamtwirtsch. Gleichgewichts. Ziele und Mittel der K. sind in Dtl. v. a. im ↗ Stabilitätsgesetz verankert. Ziele sind hoher Beschäftigungsstand, Stabilität des Preisniveaus und außenwirtsch. Gleichgewicht bei stetigem und angemessenem Wirtschaftswachstum im Rahmen der marktwirtsch. Ordnung (↗ magisches Viereck). Die K. ist somit eng mit der Stabilitäts- und Wachstumspolitik verbunden. Das Instrumentarium der K., das ein Zusammenwirken von Geld-, Finanz-, Einkommens- und Währungspolitik sowie deren Trägern erfordert, wurde als nachfrageorientierte Strategie bes. unter dem Einfluss des ↗ Keynesianismus entwickelt (Globalsteuerung, Fiskalpolitik). Schwierigkeiten für die keynesianisch geprägte, antizykl. K. ergeben sich aus mögl. Zielkonflikten (↗ Phillips-Kurve), aus Problemen beim Zusammenwirken von Entscheidungsträgern der K. (Staat, Zentralbank, Tarifpartner), aus Wirkungsverzögerungen bei konjunkturpolit. Maßnahmen und aus den beschränkten Möglichkeiten einer autonomen K. bei internat. wirtsch. Verflechtungen. Seit Anfang der 1980er-Jahre wurden unter dem Einfluss des ↗ Monetarismus v. a. in Großbritannien, den USA und in Dtl. Konzepte einer angebotsorientierten Wirtschaftspolitik entwickelt.

konkav [lat.], hohl, nach innen gewölbt (z. B. bei ↗ Linsen); Ggs.: konvex.

Konklave [lat.] *das,* von der Außenwelt abgeschlossener Raum, in dem die Kardinäle zur Papstwahl zusammenkommen; auch Bez. für die Kardinalsversammlung zur Wahl sowie für die Wahl selbst.

konkludente Handlung, *Recht:* eine Handlung, aus der auf einen bestimmten Willen des Handelnden geschlossen wird; sie ersetzt die ausdrückl., wörtl. Erklärung des Willens.

Konkordanz [lat. concordantia »Übereinstimmung«] *die,* **1)** *Buchwesen:* alphabet. Verzeichnis aller in einer Schrift vorkommenden Wörter **(Verbal-K.)** oder Sachen **(Real-K.)** mit Stellenangabe (↗ Bibelkonkordanz).
2) *Geologie:* gleichsinnige, ungestörte Lagerung jüngerer Schichten auf älteren; Ggs.: ↗ Diskordanz.
3) *graf. Technik:* typograph. Längenmaß von 4 Cicero, d. h. 48 ↗ typographischen Punkten.
4) *Humangenetik:* bei Zwillingen die Identität in Bezug auf bestimmte Merkmale, z. B. Augenfarbe, Sommersprossen.
5) *Sprachwissenschaft:* Übereinstimmung grammat. oder lexikal. Einheiten von Sprachen.

Konkordat [lat.] *das,* i. d. R. als völkerrechtlich bzw. völkerrechtsähnlich geltender Vertrag zw. der kath. Kirche und einem Staat; erstreckt sich v. a. auf folgende Sachbereiche: Gewährleistung der Religionsfreiheit, Kirchenfreiheit (freie kirchl. Ämterverleihung, Lehre, Verkündigung und Vermögensverwaltung), Religionsunterricht, theolog. Fakultäten, Eherecht, kirchl. Besteuerungsrecht, Mitwirkung in den Gremien des öffentlich-rechtl. Hörfunks und Fernsehens. – Evang. Kirche: ↗ Kirchenvertrag.

Konkordi|enbuch [lat.], die 1580 veröffentlichte Samml. luth. ↗ Bekenntnisschriften.

Konkordi|enformel [lat.], das zur Beilegung innerluther. Auseinandersetzungen verfasste einheitl. luth. Lehrbekenntnis von 1577; Bestandteil des Konkordienbuches (↗ Bekenntnisschriften). Die K. wurde zur Grundlage der luth. Orthodoxie.

konkret [lat.], gegenständlich, sinnlich wahrnehmbar, anschaulich; Ggs.: abstrakt.

konkrete Kunst (frz. Art concret), 1930 von T. van Doesburg vorgeschlagener Name für die bis dahin nur abstrakte Kunst genannte ungegenständl. Malerei und Plastik. Die Bez. soll hervorheben, dass die Gestaltung hier nicht von einem Abstraktionsvorgang ausgeht, sondern Linie, Fläche, Raum, Farbe ohne

konkrete Kunst: Max Bill, »Konstruktion aus 6 Rechtecken« (1956; Ludwigshafen am Rhein, Wilhelm-Hack-Museum)

jede Assoziation als autonome künstler. Mittel eingesetzt werden.

konkrete Musik, Musik, die aus alltägl. Geräuschen (Straßen-, Industrielärm u. a.) und Klängen (Musikinstrumente, Vogelstimmen) besteht, die auf Tonband aufgenommen und auf elektron. Weg zu einer Komposition montiert werden. Vertreter sind u. a. P. Schaeffer, O. Messiaen, P. Boulez, L. Ferrari.

konkrete Poesie (konkrete Dichtung), Strömung der modernen Literatur, die bestrebt ist, aus Buchstaben, Silben und Wörtern, also »konkretem« sprachl. Material, von traditionellen Zusammenhängen losgelöste Aussagen zu formulieren. Vorformen finden sich schon im italien. Futurismus und im Dadaismus. Die eigtl. k. P. entstand um 1950 und wurde von der / Wiener Gruppe zum Programm erhoben. Sie ordnet die Textelemente nach visuellen und/oder semant. Gesichtspunkten an, die die kreative Mitarbeit des Rezipienten fordern. Eine Nebenform ist die akust. Dichtung. Bed. Vertreter: E. Gomringer, E. Jandl, H. Heissenbüttel, Friederike Mayröcker, F. Mon.

Konkretion [lat.] *die, Petrologie:* unregelmäßig rundl., knollen-, trauben- oder linsenförmige Mineralausscheidung in Sedimentgesteinen, aus übersättigten Lösungen von innen nach außen gewachsen, durch Diagenese entstanden; z. B. Lösskindel, Feuerstein; Ggs.: / Sekretion.

Konkubinat [lat.] *das, veraltet:* eheähnl. Gemeinschaft ohne förml. Eheschließung.

Konkupiszenz [lat.] *die,* in der christl. Theologie der Hang des Menschen zur Sünde (dem Bösen) als Folge seiner Abkehr von Gott (/ Erbsünde).

Konkurrenz [lat.] *die,* **1)** *Strafrecht:* Verletzung mehrerer Strafgesetze durch eine oder mehrere Handlungen derselben Person (/ Gesetzeskonkurrenz, / Idealkonkurrenz, / Realkonkurrenz).
2) *Wirtschaft:* / Wettbewerb.

Konkurrenzklausel, / Wettbewerbsverbot.

konkurrierende Gesetzgebung, in einem Bundesstaat der Bereich der Gesetzgebung, für den der Gesamtstaat und die Gliedstaaten nebeneinander zuständig sind. Die Gliedstaaten haben Befugnis zur k. G. nur, wenn und soweit der Gesamtstaat von seiner Kompetenz nicht Gebrauch gemacht hat. In Dtl. sind die Gegenstände der k. G. in Art. 74 und 74a GG aufgezählt. Der Bund darf von dieser Befugnis nur Gebrauch machen, wenn eine Angelegenheit durch die Länder nicht wirksam geregelt werden kann, wenn die Regelung durch ein Land die Interessen anderer Länder beeinträchtigen könnte oder wenn eine bundeseinheitl. Regelung zur Wahrung der Rechts- und Wirtschaftseinheit erforderlich ist. – Auch in *Österreich* besteht in einigen Bereichen die k. G. der Länder. In der *Schweiz* fällt die Mehrzahl der Gesetzgebungsmaterien in die k. G. von Bund und Kantonen.

Konkurs [lat.] *der,* nach früherem Recht Generalzwangsvollstreckung in das gesamte Vermögen des wirtschaftlich zusammengebrochenen Schuldners **(Gemeinschuldner),** zur gleichmäßigen, anteilmäßigen Befriedigung aller K.-Gläubiger; war für die alten Länder in der K.-Ordnung (KO) vom 10. 2. 1877, für die neuen Länder in der Gesamtvollstreckungsordnung i. d. F. v. 23. 5. 1991 geregelt. Mit Wirkung vom 1. 1. 1999 wurde das K.- und Vergleichsrecht reformiert und für ganz Dtl. vereinheitlicht (/ Insolvenzordnung, / Insolvenzverfahren).

Konkurs|anfechtung, frühere Bez. für Insolvenzanfechtung (/ Insolvenzverfahren).

Konkurs|ausfallgeld, / Insolvenzgeld.

Konkursstraftaten, frühere Bez. für / Insolvenzstraftaten.

Konnektionismus [zu engl. connections »Verbindungen«] *der* (Neuroinformatik), interdisziplinäre Forschungsrichtung im Grenzbereich von Informatik, (Neuro-)Biologie, Physik und Psychologie, die sich mit der Entwicklung künstl. / neuronaler Netze zur Simulierung von natürl. Intelligenz befasst.

Könnern, Stadt im Landkreis Bernburg, Sa.-Anh., 4 200 Ew.; Zuckerfabrik, Bauindustrie.

Konnex [lat.] *der,* Zusammenhang, Verbindung, auch persönl. Kontakt. Im *bürgerl. Recht* ist **Konnexität** der natürl. wirtschaftl. Zusammenhang wechselseitiger Ansprüche; Voraussetzung für die Ausübung des Zurückbehaltungsrechts.

Konnivenz [lat.] *die, Strafrecht:* Verleitung eines Untergebenen zu einem Amtsdelikt oder wissentl. Duldung eines solchen durch den Vorgesetzten; nach § 357 StGB strafbar.

Konnossement [italien.-frz.] *das,* Wertpapier des Seefrachtverkehrsrechts, das den Empfang der Güter bestätigt und den wesentl. Inhalt des Frachtvertrages dokumentiert. Zugleich verpflichtet das K. den Verfrachter zur Herausgabe der Frachtgutes an den namentlich oder durch / Indossament legitimierten Inhaber der Urkunde (§§ 642 ff. HGB). Das K. trägt meist die Orderklausel. Schon vor Empfang der Güter kann der Empfänger durch Übergabe des K. an den zur Empfangnahme legitimierten Inhaber über die Ladung verfügen, womit der Erwerber des K. Eigentümer des Gutes wird.

Konnotation [zu lat. con... »mit« und notatio »Bezeichnung«] *die, Sprachwissenschaft:* die begriffl. Grundbedeutung eines Wortes überlagernde (subjektive, emotionale, assoziative) Nebenbedeutung, Begleitvorstellung (im Ggs. zum / Denotat).

Konoe [-oe], Fumimaro, Fürst, japan. Politiker, * Tokio 12. 10. 1891, † (Selbstmord) ebd. 16. 12. 1945; 1933–37 Präs. des Oberhauses, 1939–40 des Geheimen Staatsrats, 1937–39 und 1940–41 MinPräs., verfolgte eine expansive Außenpolitik (Krieg gegen China seit 1937). In seiner Amtszeit wurde Japan 1940 Mitgl. des / Dreimächtepaktes. In der ersten Nachkriegsreg. 1945 war K. stellv. MinPräs.; verübte unter dem Vorwurf, Kriegsverbrechen begangen zu haben, Selbstmord.

Konoe Fumimaro

Konopnicka [-'nitska], Maria, poln. Schriftstellerin, * Suwałki 23. 5. 1842, † Lemberg 8. 10. 1910, behandelte in ihren Werken, bes. Lyrik, gesellschaftskrit. Themen, u. a. Probleme der Bauern und das Schicksal poln. Emigranten.

Konquistadoren [kɔŋkis-, span.], die span. und portugies. Eroberer Mittel- und Südamerikas im 16. Jh. (u. a. H. Cortez, F. Pizarro), die auf ihren Expeditionen die indian. Reiche (z. B. der Azteken und Inka) unterwarfen.

Konrad, Herrscher:
Hl. Röm. Reich (Ostfränk. Reich): **1) K. I.,** König (911–918), Herzog der Franken (seit 906), † 23. 12. 918; Konradiner, wurde nach dem Aussterben der ostfränk. Karolinger von den Stämmen der Franken, Sachsen, Bayern und Schwaben gewählt. Im vergebl. Kampf gegen die Stammesherzöge stützte er sich auf die Bischöfe. Dass K. seinen Hauptgegner, Herzog Heinrich von Sachsen, noch vor seinem Tod zum Nachfolger (Heinrich I.) designiert habe, hält die neuere Forschung zumeist für eine otton. Legitimationslegende.

Hl. Röm. Reich: **2) K. II., der Salier,** König (1024–39), * um 990, † Utrecht 4. 6. 1039; wurde 1024 auf Betreiben des Mainzer Erzbischofs zum König gewählt, 1026 zum König der Langobarden (Italien) und 1027 in Rom zum Kaiser gekrönt. 1028 erreichte er die Wahl seines Sohns Heinrich (III.) zum Röm. König (Sicherung der sal. Herrschaft). Er festigte die Verbindung Italiens mit Dtl., betrieb eine erfolgreiche Grenzpolitik gegenüber Polen und Ungarn und wurde aufgrund der von Heinrich II. geschlossenen Erbverträge und der verwandtschaftl. Beziehungen der Kaiserin ↗Gisela 1033 zum König von Burgund gewählt. – Beigesetzt in dem von ihm als Grablege gegr. Speyerer Dom.

3) K. III., König (1138–52), *1093, †Bamberg 15. 2. 1152; Staufer, 1127 als Gegenkönig gegen Kaiser Lothar III. (von Supplinburg) aufgestellt, wurde erst 1138 nach dessen Tod (irregulär) zum König gewählt. Die Ächtung Heinrichs X., des Stolzen, Herzog von Bayern und Sachsen, begründete den welfisch-stauf. Gegensatz. Auf Drängen Bernhards von Clairvaux unternahm er den erfolglosen 2. Kreuzzug (1147–49). Innenpolitisch prägten Auseinandersetzungen mit den Welfen seine Reg.zeit. Dennoch erweiterte er das Hausgut und baute die Reichsverw. aus. Unter Hintansetzung seines eigenen Sohnes schlug er Friedrich (I.) Barbarossa zum Nachfolger vor.

4) K. IV., König (1250–54), als **K. III.** Herzog von Schwaben (seit 1235), *Andria in Apulien 25. (26.?) 4. 1228, †bei Lavello 21. 5. 1254; Sohn Kaiser Friedrichs II., wurde bereits 1237 zum König gewählt, konnte sich gegen die Gegenkönige nur schwer behaupten. 1251 ging er nach Italien, um sein sizilian. Erbreich zu retten; Vater von ↗Konradin.

5) K. von Teck, König (1292), ↗Teck.

Köln: **6) K. von Hochstaden,** Erzbischof und Kurfürst (1238–61), *um 1205, †Köln 18. 9. 1261; zunächst Anhänger Kaiser Friedrichs II., betrieb er seit 1239 maßgebend die Wahl der stauferfeindl. Gegenkönige Heinrich Raspe (IV.) und Wilhelm von Holland, später die Richards von Cornwall, den er 1257 in Aachen krönte; legte 1248 den Grundstein zum Kölner Dom.

Meißen: **7) K. von Wettin** (Konrad I., d. Gr.), Markgraf von Meißen (1123/25–56) und der Lausitz (1136–56), *vor 1098, †Petersberg bei Halle (Saale) 5. 2. 1157; Begründer des späteren wettin. Territorialstaates (Sachsen); er förderte die innere Kolonisation; wurde 1156 Mönch im Kloster Lauterbach (bei Petersberg).

Schwaben: **8) K. von Rothenburg,** Herzog (1191–96), *um 1170, †(erschlagen) Durlach (heute zu Karlsruhe) 15. 8. 1196; 4. Sohn Kaiser Friedrich I. Barbarossas. K. setzte seine Macht und seine militär. Fähigkeiten zur Unterstützung der Herrschaft seines Bruders, Kaiser Heinrichs VI., ein.

Konrád [ˈkɔnraːd], György, ungar. Schriftsteller, *Debrecen 2. 4. 1933; war nach dem Philosophiestudium u. a. als Beamter im Jugendschutz tätig. Aufgrund der dabei gesammelten Erfahrungen schrieb er seinen ersten Roman »Der Besucher« (1969), in dem er in pointierter Formulierung Reflexionen über die Antinomien des menschl. Daseins anstellt. In den folgenden essayistisch durchwirkten Romanen konzentrieren sich seine geistvoll-analyt. Betrachtungen auf soziale und polit. Probleme, v. a. auf die den kommunistisch beherrschten Gesellschaften; schreibt auch Essays. 1991 erhielt K. den Friedenspreis des Dt. Buchhandels, 1997–2003 Präs. der Berlin-Brandenburgischen Akademie der Künste.

Weitere Werke: Romane: Der Komplize (1980); Geisterfest (1989, dt. 1986); Melinda und Dragoman (1989); Steinuhr (1995); Nachlaß (1998). – *Essay:* Die Intelligenz auf dem Wege zur Klassenmacht (1978).

György Konrád

Konrad von Einbeck: Selbstbildnis (?) aus Stein (vor 1411 oder um 1425; Halle [Saale], Moritzkirche)

Konrad-Adenauer-Preis, in mehreren Sparten vergebener Preis, der heute i. d. R. alle zwei Jahre von der 1966 in München gegr. **Deutschland-Stiftung e. V.** jeweils an eine Persönlichkeit aus Wiss., Literatur und Publizistik sowie Politik (**Konrad-Adenauer-Freiheitspreis;** seit 1979) für ein »Lebenswerk aus vorwiegend konservativer und christl. Sicht« verliehen wird.

Konrad-Adenauer-Stiftung e. V., polit. Stiftung, Sitz: Sankt Augustin, gegr. 1964, eng mit den Prinzipien der christlich-demokrat. Bewegung verbunden, sieht sich v. a. dem außenpolit. Werk Adenauers verpflichtet.

Konrad der Pfaffe, mittelhochdt. Dichter des 12. Jh.; von ihm stammt die erste dt. Übersetzung des ↗Rolandsliedes.

Konradin (italien. Corradino), eigtl. Konrad, Herzog von Schwaben, Sohn König Konrads IV., *Burg Wolfstein (bei Landshut) 25. 3. 1252, †Neapel 29. 10. 1268; letzter Staufer; als Papst Alexander IV. nach dem Tod König Manfreds 1266 das stauf. Königreich Sizilien an Karl von Anjou verlieh, zog K. 1267 nach Italien, um seine Ansprüche durchzusetzen, wurde aber 1268 bei Tagliacozzo gefangen genommen und im selben Jahr in Neapel enthauptet.

Konrad von Einbeck, Baumeister und Bildhauer, *Einbeck um 1360, †um 1428; vermutlich in der Bauhütte P. Parlers in Prag ausgebildet. Ab 1388 war er für die Moritzkirche in Halle (Saale) tätig, deren Bauplanung wahrscheinlich von ihm stammt und für die er auch Plastiken schuf: hl. Moritz, 1411; Schmerzensmann, 1416; trauernde Maria, kurz nach 1416; Christus an der Martersäule, 1419. Eine Büste im nördl. Nebenchor ist wohl ein Selbstbildnis (vor 1411 oder um 1425).

Konrad von Soest, Maler, *Dortmund (?) um 1370, †ebd. nach 1422; ab 1395 in Dortmund tätig, beeinflusst von der burgund. Malerei, entwickelte er sich zu einem bed. Vertreter des ↗schönen Stils. Seine bedeutendsten Arbeiten sind der Altar der Stadtkirche in Bad Wildungen (1403) und sein letztes bekanntes Werk, der Marienaltar der Dortmunder Marienkirche (um 1420, stark beschnitten in einen Barockrahmen eingepasst).

Konrad von Würzburg, mittelhochdt. Dichter bürgerl. Herkunft, *Würzburg um 1230, †Basel 31. 8. 1287; als höf. Epigone der stauf. Dichtung verpflichtet, beherrschte er virtuos die überkommenen Stilmittel. Sein Vorbild war Gottfried von Straßburg. Überliefert sind u. a. Lyrik, Epen und Versnovellen wie »Die Herzmaere«, »Der Welt Lohn«. Unvollendet hinterließ er das histor. Epos »Trojanerkrieg«.

Konsalik, Heinz G., Schriftsteller, *Köln 28. 5. 1921, †Wals-Himmelreich (bei Salzburg) 2. 10. 1999; schrieb publikumswirksame Unterhaltungsromane mit klischeehafter Handlung (»Der Arzt von Stalingrad«, 1956; »Strafbataillon 999«, 1959; »Westwind aus Kasachstan«, 1992).

Kon|sanguinität [lat.] *die,* die Blutsverwandtschaft (↗Verwandtschaft). – **Konsanguinitätstafel,** die Verwandtschaftstafel (↗Genealogie).

Konsekration [lat.] *die,* **1)** *Geschichte:* in der röm. Rep. der Akt, in dem der Staat einen Gegenstand oder einen Ort den Göttern zum Eigentum überwies, in der Kaiserzeit auch die Vergöttlichung des verstorbenen Kaisers.

2) *kath. Kirche:* Bez. für die liturgisch vollzogene Weihe von Personen; in der Eucharistiefeier die Brot und Wein wandelnde Weihehandlung (↗Wandlung).

konsekutiv [lat.], abgeleitet, (zeitlich) folgernd.

Konsekutivsatz (Folgesatz), Teilsatz, der eine Folge oder Wirkung des im anderen Teilsatz genannten Geschehens ausdrückt (╱ Syntax, Übersicht).

Konsequenz [lat.] *die,* **1)** *allg.:* 1) Folgerichtigkeit; 2) Unbeirrbarkeit; 3) Folge, Auswirkung.
2) *Logik:* eine Folgerung, die logisch aus ╱ Aussagen geschlossen wird.

Konservatismus, der ╱ Konservativismus.

konservativ [von lat. conservare »bewahren«], **1)** *allg.:* am Hergebrachten hängend, festhaltend (bes. im polit. Leben).
2) *Medizin:* bewahrend, v. a. bezogen auf erhaltende (z. B. medikamentöse) Behandlungsmaßnahmen im Unterschied zum operativen Eingriff.
3) *Physik:* Bez. für abgeschlossene mechan. Systeme **(konservative Systeme),** in denen nur **konservative Kräfte** (╱ Kraft) wirken und deren Gesamtenergie zeitlich konstant bleibt. Nichtkonservative Systeme, Kräfte u. a. heißen dissipativ.

Konrad von Würzburg: Seite aus dem Epos »Trojanerkrieg« in einer Papierhandschrift (Mitte 15. Jh.; Berlin, Deutsche Staatsbibliothek)

Konservative und Unionistische Partei (engl. Conservative and Unionist Party), brit. Partei, 1832 aus den Tories hervorgegangen, bezeichnet sich seit ihrem Zusammenschluss mit den liberalen Unionisten (1912) als K. u. U. P. Unter Sir Robert Peel dehnte sie ihre Basis von den Landbesitzern auf die Mittelklasse aus. Nach zwei Ministerien Peel (1834–35 und 1841–46) mit bed. Reformen baute B. Disraeli in der Opposition die zentrale und lokale Parteiorganisation auf und suchte den Konservativen mit dem Konzept der »Tory-Demokratie« (verbunden mit imperialist. Bestrebungen) eine breite Anhängerschaft zu sichern. Nach dem ersten Höhepunkt der Macht z. Z. des 2. Ministeriums B. Disraeli (1874–80) war die konservative Partei im Bündnis mit den liberalen Unionisten 1885–1905 fast ununterbrochen an der Regierung, führte eine bed. Sozialgesetzgebung durch, betrieb eine koloniale Expansionspolitik und gab schließlich in der Entente cordiale die Splendid Isolation auf. 1915 trat sie in das Kriegskoalitionskabinett H. H. Asquith ein. In der Zwischenkriegszeit (Premiermin.: A. B. Law 1922/23; S. Baldwin 1923, 1924–29, 1935–37; A. N. Chamberlain 1937–40) vertrat die K. u. U. P. außenpolitisch zunächst den Abschluss der ╱ Locarnoverträge, später die Politik des ╱ Appeasement, gegen die sich jüngere Politiker wie W. Churchill, R. A. Eden und H. Macmillan wandten. Im Koalitionskabinett des Zweiten Weltkriegs stärkste polit. Kraft, verlor die Partei trotz des außerordentl. Prestiges von Churchill (Premiermin. 1940–45) und des militär. Sieges die Wahlen von 1945 und blieb bis 1951 in der Opposition. Seit dem 2. Kabinett Churchill (1951–55) machte sie Sozialisierungsmaßnahmen der Labour Party in der Eisenindustrie und im Transportwesen rückgängig. Premiermin. Eden (1955–57) scheiterte an der Sueskrise; Macmillan (1957–63) erreichte eine wirtsch. Erholung. E. R. G. Heath, der 1965 die Parteiführung übernahm und nach dem Wahlsieg von 1970 Premiermin. wurde, vollzog den Eintritt in die EG. Unter M. H. Thatcher, seiner Nachfolgerin als Parteivors. (1975–90) und Premiermin. (1979–90), suchte die Partei stärker die von der Labour Party geprägten wohlfahrtsstaatl. Strukturen im Sinne einer marktwirtsch. orientierten Leistungsgesellschaft zu verändern. Unter der Führung von Premiermin. J. Major (ab 1990) bei den Unterhauswahlen von 1992 zunächst erfolgreich, verlor die Partei vor dem Hintergrund zunehmender Kritik an der Wirtschafts- und Finanzpolitik der Reg. seit 1993 immer stärker an Ansehen bei der Bev., zugleich sah sie sich in innerparteil. Auseinandersetzungen über die Europapolitik der Reg. verstrickt. Nach der schweren Niederlage bei den Unterhauswahlen vom Mai 1997 und dem Rücktritt Majors als Parteiführer und Premiermin. wählte die konservative Unterhausfraktion W. Hague zum Oppositionsführer und zum neuen Parteivorsitzenden. Dieser vermochte mit einer euroskept. Politik gegenüber dem pragmat., sich auf breite Zustimmung stützenden Regierungskurs der Labour Party kaum Einfluss zu gewinnen und musste bei den Unterhauswahlen Anfang Juni 2001 eine weitere schwere Niederlage seiner Partei hinnehmen; daraufhin trat Hague zurück. Zu seinem Nachfolger als Parteiführer wurde im Sept. 2001 I. D. Smith gewählt.

Konservativismus [lat.] *der* (Konservatismus), eine geistige, soziale und polit. Haltung, die überkommene Ordnungen wertmäßig bejaht und grundsätzl. zu erhalten strebt. Der K. lehnt Neuerungen nicht schlechthin ab, verlangt aber von jedem, der sie fordert, den Beweis ihrer Notwendigkeit. Staat, Gesellschaft und Kultur gelten ihm als geschichtlich gewordene, organisch sich entwickelnde Gebilde. Allen Einrichtungen, die Kontinuität, Identität und Sicherheit verbürgen, misst er hohe Bedeutung zu. Er verwirft sowohl den ╱ Individualismus wie den ╱ Kollektivismus. Politisch hat sich der K. meist erst in der Gegenwehr gegen progressive, insbesondere liberale, demokrat. und radikale Bewegungen zu grundsätzl. Stellungnahme und zu eigenen Parteibildungen verfestigt. In Abwehr der Ideen der Frz. Revolution vertrat E. Burke das historisch gewachsene Recht gegen die Willkür der Mehrheitsherrschaft. Der frz. Traditionalismus (L. G. A. de Bonald, J. M. de Maistre) entwickelte eine rationalist. Rechtfertigung der altständ. Ordnung, des legitimen Königtums und der kirchl. Autorität. Die Romantik begründete den K. durch die Lehre vom organ. Charakter und vom naturhaften Wachstum geistiger und gesellschaftl. Gebilde, bes. des Staats und des Rechts (F. Gentz, Adam Heinrich Müller, histor. Rechtsschule [F. C. von Savigny]). Ihrer polit. Auswirkung nach wurden der frz. Traditionalismus wie die polit. Romantik in Dtl. zu Verbündeten der Restauration gegen den Liberalismus. Die Staatslehre F. J. Stahls fasste die Gedanken des alten K. zusammen und leitete sie zur Idee der konstitutionellen Monarchie über. – Das Erstarken der Arbeiterbewegung und die Gefahr der sozialen Revolution seit 1848 riefen ein Bündnis zw. dem K., der sich nun zum nat. Einheitsstaat und zur Verfassungsidee bekannte, und den Nationalliberalen, soziologisch zw. dem Großgrundbesitz und dem großbürgerl. Unternehmertum, hervor. Eine breitere Grundlage schuf sich der K. als Vertretung der landwirtsch. Interessen (Bund der Landwirte) sowie im Mittelstand. Im Ggs. zum brit. K., der Demokratisierung und Sozialstaat aktiv förderte, war der dt. K. durch seine Fehlanpassung an die Ind.gesellschaft belastet. Massenwirkung und Integration suchte er u. a. durch völk., antisemit. und antikapitalist. Strömungen. Nach 1918 trug die rechtskonservative DNVP, vielfach an extremem Nationalismus, an Republikfeindschaft und vorfaschist. Ideologie orientiert, wie auch die von völk., jungkonservativen, nationalrevolutionären und bünd. Gruppen getragene rechtsintellektuelle Bewegung der **konservativen Revolution** (A. Moeller van den Bruck u. a.) entscheidend dazu bei, dem revolutionär-totalitären Nationalsozialismus in den dt. Führungsschichten den Boden zu bereiten. Die seit 1945 sich in der Bundesrep. Dtl. formierenden konservativen Strömungen gingen von der Demokratie als staatl. Grundmodell aus, trugen aber auch restaurative Züge. V. a. als Reaktion auf die antiautoritäre Studentenbewegung der 1960er-Jahre breitete sich in W-Europa der in den USA entstandene **Neo-K.** aus, der gesellschaftl. Werteverfall, Hedonismus und Individualismus beklagt. Am Ende des 20. Jh. ringen der neoliberale K. (marktkonforme Gestaltung von Gesellschaft und Wirtschaft) und der ökolog. Wert-K. (Bewahrung der natürl. Umwelt) um eine zeitgemäße Perspektive des K. Eine antiliberale Variante des K. repräsentiert die ↗ neue Rechte.

Konservator [lat.] *der*, Berufsbez. für einen beamteten Mitarbeiter in der Denkmalpflege oder im Museumsdienst, dem die Erhaltung und Pflege von Kunstwerken, Bauten und naturwiss. Sammlungen untersteht.

Konservatorium [lat.] *das*, Ausbildungsstätte für alle Zweige der Musik, meist unter städt. oder privater Leitung. An den K. können staatlich anerkannte Diplome erworben werden. K. mit Hochschulrang heißen in Dtl. und in Österreich meist **Hochschulen für Musik**, in der Schweiz K., Musikhochschule oder -akademie. – In den seit dem 16. Jh. in Italien entstandenen K. wurden v. a. musikalisch begabte Waisenkinder zu Musikern erzogen; bed. K. entstanden Ende des 18. Jh. und v. a. im 19. Jh., u. a. in Paris (1795), Prag (1811), Wien (1817), Leipzig (1843), Berlin (1850), Sankt Petersburg (1862).

Konserve [zu lat. *conservare* »erhalten«, »bewahren«] *die*, durch geeignete Behandlung (↗ Konservierung) und Verpackung vor dem Verderben geschütztes Lebens- oder Genussmittel. Man unterscheidet **Voll-K.** (mindestens 2 Jahre haltbar), **Halb-K. (Präserve)** (durch Zusatz u. a. von ↗ Konservierungsmitteln beschränkt haltbar) sowie **Dreiviertel-K.** (bei Lagerung bis max. 20°C bis zu 12 Monate haltbar).

Konservierung [lat.] *die*, **1)** Maßnahmen, um verderbl. Stoffe in ihrem gegenwärtigen Zustand zu erhalten oder vor Verderb durch chem., physikal. und/oder biolog. Einflüsse zu bewahren. In der Lebensmitteltechnologie werden zur Frischhaltung chem. und physikal. K.-Verfahren angewendet. – Bei **chemischen K.-Verfahren** (Einsalzen, ↗ Pökeln, ↗ Räuchern, Einlegen, Einzuckern und Einsäuern/Säuern) werden dem Lebensmittel Substanzen zugesetzt, die eine konservierende Wirkung haben. Die Zugabe von Konservierungsmitteln, die das Wachstum von Mikroorganismen v. a. durch Einwirken auf die Zellmembranen und Enzymsysteme hemmen, ist in Dtl. gesetzlich geregelt; ihr Gehalt muss auf Verpackungen, Speisekarten u. Ä. angegeben werden. – **Physikal. K.-Verfahren** nutzen v. a. den Einfluss der Temperatur zur Haltbarmachung. Hierzu gehören Kühlung, ↗ Pasteurisieren und ↗ Sterilisation. Weitere spezielle K.-Verfahren sind Eindicken (Konzentrieren), Trocknen (insbesondere Zerstäubungstrocknung), Vakuumerzeugung und Hochdruckverfahren. Zur K. von Lebensmitteln durch Bestrahlung ↗ Lebensmittelbestrahlung.

2) *Kunstwissenschaft:* die Erhaltung und Sicherung eines bestimmten Zustandes eines Kunstwerkes, Bau- oder Bodendenkmals. (↗ Denkmalpflege, ↗ Restaurierung)

Konservierungsmittel (Konservierungsstoffe), der Konservierung von Natur- und Industrieprodukten dienende Stoffe, die je nach Warengruppe sehr unterschiedl. Aufgaben haben, z. B. sollen Textilien vor Befall und Zerstörung durch Mikroorganismen und/oder Insekten geschützt werden; Anstrichmittel, Lacke, Holzschutzmittel enthalten fungizide Wirkstoffe, Kosmetika und Reinigungsmittel Desinfektionsmittel. – Besondere Bedeutung haben K. in der Lebensmittelindustrie. K. sind Substanzen, die das Wachstum von Mikroorganismen hemmen und damit die Haltbarkeit von Lebensmitteln verlängern. Von diesen sind in Dtl. nach der Zusatzstoff-Zulassungs-VO z. B. zugelassen: Sorbin- und Benzoesäure, die Salze der gen. Säuren und p-Hydroxybenzoesäureester (↗ PHB-Ester). Sie dürfen nur bestimmten Lebensmitteln bis zu einer vorgeschriebenen Höchstmenge zugesetzt werden; der Zusatz muss kenntlich gemacht sein. Zur Konservierung von Zitrusfrüchten (nur Oberflächenbehandlung) dürfen Biphenyl und o-Phenylphenol (Orthophenylphenol), für Bananen auch Thiabendazol verwendet werden. Propionsäure sowie Natrium-, Calcium- und Kaliumpropionat finden Anwendung für abgepacktes und geschnittenes Brot. Schwefeldioxid und Sulfite sind z. B. für Wein und Gemüseprodukte zugelassen. – Die Zusatzstoff-Zulassungs-VO führt in einer Positivliste alle Lebensmittel auf, die mit K. versetzt werden dürfen, gleichzeitig auch die mengenmäßige Begrenzung in mg pro kg Lebensmittel.

Konsignation [lat.] *die*, Form des Kommissionsgeschäfts im internat. Handel, bei der Waren von einem Exportkommissionär (**Konsignant**) an einen ausländ. Verkaufskommissionär (**Konsignatar**) geschickt werden. Der Konsignatar versucht diese Waren, die Eigentum des Konsignanten bleiben, für dessen Rechnung zum günstigsten Preis zu verkaufen; er erhält dafür eine Provision.

Konsistenz [lat.] *die*, **1)** *allg.:* äußere Beschaffenheit eines Stoffes und sein Verhalten gegen Formänderungen.

2) *Logik:* Widerspruchsfreiheit eines axiomat. Systems. (↗ Axiom)

3) *Statistik:* Eigenschaft einer Schätzfunktion; diese heißt konsistent, wenn ihre Schätzwerte bei wachsender Beobachtungsanzahl mit gegen null strebender Wahrscheinlichkeit vom »wahren« Wert abweichen.

Konsistorium [lat.] *das,* **1)** in den dt. *evang. Kirchen* die nach der Reformation geschaffenen Vollzugsorgane des landesherrl. ↗ Kirchenregiments. Seit dessen Aufhebung nach dem Ersten Weltkrieg sind die K. landeskirchl. oberste Verw.behörden (andere Bezeichnungen heute auch: Landeskirchenamt, Oberkirchenrat, Landeskirchenrat).

2) in der *kath. Kirche* die durch den Papst einberufene und unter seinem Vorsitz tagende (Voll-)Versammlung der Kardinäle in Rom.

Konskription [lat.] *die,* bedingte Wehrpflicht, die noch Loskauf oder Stellvertretung zuließ; im 19. Jh. durch die allg. Wehrpflicht ersetzt.

Konsole [frz.] *die,* **1)** *Bautechnik:* aus der Wand vorkragendes Auflager aus Stein **(Kragstein)**, Holz, Stahl oder Beton zur Unterstützung von Bauteilen und als Standort für Statuen **(Tragstein)**.

2) *Informatik:* Bedienungseinrichtung eines Computers, zu der Tastatur und Datensichtstation gehören. **Spiel-K.** (z. B. für ↗ Videospiele) können auch mit einem Fernsehgerät verbunden werden.

Konsolidation [lat.] *die,* **1)** *allg.:* Ausgleich, Sicherung, Festigung.

2) *Finanzwirtschaft:* ↗ Konsolidierung.

3) *Recht:* das Zusammenfallen eines Rechts an einer Sache (z. B. Pfandrecht) mit dem Eigentumsrecht bei derselben Person. Bei bewegl. Sachen erlischt das Recht, nicht bei Grundstücksrechten.

konsolidierte Bilanz (Konzernbilanz), Bez. für die Zusammenfassung der Jahresabschlüsse der einzelnen Gesellschaften eines Konzerns zu einem Abschluss des Gesamtunternehmens in der Weise, dass die Vermögens-, Finanz- und Ertragslage des Konzerns als wirtsch. Einheit durch Ausschaltung der wirtsch. Beziehungen innerhalb des Konzerns (Konsolidierung) dargestellt wird.

Konsolidierung [lat.] *die,* in der Unternehmensfinanzierung die Umwandlung kurzfristiger Schulden in langfristige Schulden oder Eigenkapital; beim öffentl. Kredit auch unter der Bez. **Konsolidation** die Umwandlung schwebender Schulden in längerfristige (fundierte) Anleihen sowie die Zusammenfassung mehrerer älterer Anleihen mit unterschiedl. Zins- und Rückzahlungsbedingungen zu einer einheitl. Gesamtanleihe mit meist günstigeren Bedingungen (z. B. niedrigerem Zinsfuß); beim öffentl. Haushalt als **Haushalts-K.** alle finanzpolit. Maßnahmen zum Abbau eines Defizits durch Veränderungen der Ausgaben und Einnahmen in Höhe und Struktur.

Konsonant [lat.] *der* (Mitlaut), ↗ Laut.

Konsonanz [lat. »Zusammenklang«] *die, Musik:* Klangeinheit aus zwei oder mehr Tönen, die, im Ggs. zu der nach Auflösung drängenden ↗ Dissonanz, so ineinander verschmelzen, dass ihr Zusammenklang vom Ohr als ausgeglichen und spannungslos empfunden wird. Die Einteilung der Intervalle in K. und Dissonanzen hat sich im Laufe der Musikgeschichte geändert. Seit Beginn der abendländ. Mehrstimmigkeit wurden Einklang, Quinte und Oktave als K. betrachtet, während Quarte, Terz und Sexte zeitweise als Dissonanzen angesehen wurden. Als konsonant gelten heute neben den Intervallen Prime (Einklang), Oktave, Quinte, Quarte, Terz und Sexte auch die Akkorde Dreiklang und Sextakkord. Die Schwingungs-zahlen konsonanter Töne stehen im Verhältnis kleiner ganzer Zahlen (Oktave 1:2, Quinte 2:3, Quarte 3:4, große Terz 4:5 usw.). Die Beurteilung konsonanter Klänge geht vom Gehör aus und ist somit subjektiv.

Konsortium [lat.] *das,* Gelegenheitsgesellschaft (i. d. R. Ges. bürgerl. Rechts), gebildet durch (meist befristeten) Zusammenschluss von rechtlich und wirtschaftlich selbstständig bleibenden Unternehmen zur gemeinsamen Durchführung eines größeren Geschäfts **(Konsortialgeschäft)**. Konsortien dienen der Erweiterung der Kapital- und Geschäftsbasis und/oder der Verringerung des Risikos. Beispiele sind das Industrie-K. als Arbeitsgemeinschaft (ARGE) zur Abwicklung von Bauprojekten oder das Banken-K. zur Durchführung umfangreicher Kredit- oder Wertpapiergeschäfte.

konstant [lat.], beständig, fest, unveränderlich; Ggs.: inkonstant.

Konstantan [lat.] *das,* Legierung aus 57% Kupfer und 41% Nickel, 1% Eisen und 1% Mangan mit nahezu temperaturunabhängigem ohmschem Widerstand. Verwendung für elektr. Messwiderstände und Thermoelemente.

Konstante [lat.] *die,* **1)** *Mathematik:* Symbol mit einer festen unveränderl. Bedeutung (im Ggs. zur Variablen), z. B. π.

2) *Physik:* die als unveränderbar angesehenen universellen Natur-K. (↗ physikalische Konstanten) und die nur bei gegebenen Bedingungen unveränderl. Material-K. (↗ Stoffkonstanten).

Konstantin, Herrscher:

Römisches Reich: **1) K. I., der Große** (lat. Flavius Valerius Constantinus), Kaiser (306–337), *Naissus (heute Niš) 27. 2. 272 oder 273 (oder um 280?), †bei Nikomedia 22. 5. 337; Sohn von Constantius I. Chlorus und der Helena; besiegte 312 seinen Gegner Maxentius an der Milvischen Brücke, 324 Licinius bei Adrianopel und Chrysopolis (heute Skutari) und wurde Alleinherrscher. K. begünstigte das Christentum (Toleranzedikt von Mailand, 313) und bahnte damit dessen Entwicklung zur Staatsreligion an (Sonntagsheiligung, Kirchenbauten, Gerichtshoheit für die Bischöfe. Zur Schlichtung des Arian. Streits berief er 325 das Konzil von Nikaia ein, an dessen Entscheidungen er wesentlich mitwirkte. 330 verlegte er den Kaisersitz von Rom nach Byzanz (Konstantinopel). K. vollendete die Neugestaltung der inneren Ordnung des Röm. Reiches (Fortführung der Heeres- und Verw.reform Diokletians). Er sicherte die Reichsgrenzen gegen Germanen und Sarmaten. Vor seinem Tod ließ er sich taufen. Obwohl die Hinrichtung seines ältesten Sohnes Crispus und seiner Gattin ↗ Fausta einen Schatten auf ihn warf, feiert die christl. Überlieferung K. als Vorbild des wahren Herrschers. Er gehört zu den Heiligen der armen., grch. und russ. Kirche; Tag: 21. 5. – Nach K.s Tod wurde das Reich unter seinen Söhnen Konstantin II., Constantius II. und Constans aufgeteilt.

Byzantinisches Reich: **2) K. VII., Porphyrogennetos,** Kaiser (913–59), *Konstantinopel 905, †ebd. 9. 11. 959; besiegte 943 die Araber; vielseitiger Schriftsteller und Künstler.

3) K. XI., Palaiologos, auch **Dragases,** letzter byzantin. Kaiser (1449–53), *Konstantinopel 7. 2. 1404, † ebd. 29. 5. 1453; fiel im Kampf gegen die eindringenden Türken.

Griechenland: **4) K. I.,** König (1913–17, 1920–22), *Athen 2. 8. 1868, †Palermo 11. 1. 1923; Sohn König Georgs I., Großvater von 5), versuchte im Ersten Weltkrieg neutral zu bleiben; am 11. 6. 1917 von E. Venizelos und der Entente gestürzt, am 19. 12.

Konstantin I., der Große, Fragment einer Kolossalstatue (Rom, Kapitolinisches Museum)

Kons Konstantinische Schenkung

Konstantinsbogen: Triumphbogen in Rom (315 n. Chr. vollendet)

1920 durch Volksabstimmung wieder gewählt; verzichtete am 27. 9. 1922 auf den Thron.

5) K. II., König (1964–73), * Psychiko (bei Athen) 2. 6. 1940; Sohn Pauls I., Enkel von 4), seit 1964 ∞ mit Prinzessin Anne-Marie von Dänemark; musste nach einem gescheiterten Gegenputsch (13. 12. 1967) gegen die seit April 1967 herrschende Militärreg. ins Exil gehen. Im Juni 1973 erklärte ihn die Junta für abgesetzt.

Konstantinische Schenkung (lat. Donatio Constantini), im 15. Jh. als Fälschung erkannte Urkunde, nach der Konstantin d. Gr. den Vorrang Roms über alle Kirchen anerkennt und dem Papst die Herrschaft über Rom und alle abendländ. Prov. zugesteht; zw. 750 und 850 entstanden, diente in den Auseinandersetzungen mit dem Kaisertum zur Legitimierung päpstl. Herrschafts- und Besitzansprüche (↗ Kirchenstaat).

Konstantinopel, seit 330 n. Chr. Name von ↗ Byzanz, das von Konstantin d. Gr. ausgebaut und als K. zur neuen Hptst. des Röm. Reichs erhoben wurde. – 395 Hptst. des Byzantin. Reichs. Justinian I. festigte die Orthodoxie in K. endgültig (Bau der ↗ Hagia Sophia) und verhalf dem Patriarchen der Stadt zum 2. Rang in der Kirche nach dem Bischof von Alt-Rom. 1204 durch das abendländ. Heer des 4. Kreuzzugs erobert, 1261 von den Byzantinern unter Michael VIII. wieder genommen, am 29. 5. 1453 (nach fast 100-jähriger Bedrohung) von den Türken erobert; bis 1918 Hptst. des Osman. Reiches. 1918–23 von den Alliierten besetzt. (↗ Istanbul)

Konstantinopel, Konzile von, vier in Konstantinopel abgehaltene ↗ ökumenische Konzile: 381, 553, 680–81, 869–70.

Konstantinsbogen, dreitoriger Triumphbogen in Rom, gestiftet von Senat und Volk anlässlich des Sieges Konstantins d. Gr. über Maxentius, 315 vollendet.

Konstanz, 1) Landkr. im RegBez. Freiburg, Bad.-Württ., 818 km², 266 200 Einwohner.

2) Krst. von 1) in Bad.-Württ., Große Krst., am Bodensee, auf der den Obersee vom Untersee trennenden Landbrücke, 77 200 Ew.; Univ., FH, Inst. für Limnologie (Bodenseeforschung) und für Kommunikations-Design, Bodensee-Akademie der Friedrich-Naumann-Stiftung; Archäolog. Landesmuseum, Bodensee-Naturmuseum, Rosgarten-, Hus-Museum, Bibliotheken, Theater, Spielbank; Betriebe der Datenverarbeitung und Elektrotechnik, chem. Ind., Druckgewerbe; bed. Fremdenverkehr (4 Zollübergänge in die Schweiz). Zum Stadtgebiet gehört die Insel ↗ Mainau. – Münster (1089 geweiht, später verändert) mit Krypta aus dem 10. Jh., der »Schnegg« (Treppenspindel, 1438) und der Mauritiusrotunde (926) und Hl. Grab (um 1280); ehem. Dominikanerkloster (1236–1785, hier lebte der Mystiker Seuse; heute Hotel); »Kaufhaus« am Hafen (1388; Konzilgebäude); Rathaus (1589–94); Zunfthäuser aus dem 14.–16. Jh. An der Stelle der Verbrennung des J. Hus (1415) steht der Husenstein. – Schon in kelt. Zeit besiedelt; um 300 röm. Kastell (**Constantia**), vor 600 (bis 1821) Bischofssitz. Im **Frieden von K.** (25. 6. 1183) bestätigte Kaiser Friedrich I. Barbarossa den lombard. Städten ihre Selbstverwaltung. 1192–1548 Reichsstadt. 1414–18 ↗ Konstanzer Konzil. 1430 parität. Verteilung der Sitze im Rat zw. Zünften und Patriziat; 1548–1806 vorderösterr. Landstadt; 1806 an Baden. – Das ehem. **Bistum**, gegr. um 600, wurde 1803 säkularisiert, 1821 zugunsten des Erzbistums Freiburg i. Br. aufgehoben.

Konstanz 2) Stadtwappen

Konstanza, rumän. Hafenstadt, ↗ Constanţa.

Konstanze, röm.-dt. Kaiserin, Erbin des normann. Königreichs Sizilien, * 1154, † Palermo 27. 11. 1198; ∞ seit 1186 mit dem Staufer Heinrich VI., Mutter Kaiser Friedrichs II. Nach Heinrichs Tod (1197) ließ sie ihren Sohn unter Verzicht auf die röm.-dt. Königskrone zum König von Sizilien krönen und bestimmte Papst Innozenz III. zum Vormund.

Konstanzer Konzil, das 16. allg. (ökumen.) Konzil 1414–18 in Konstanz; beendete das Abendländ. Schisma (↗ Reformkonzilien); verurteilte J. Hus und ließ ihn als Ketzer verbrennen.

Konstellation [lat.] *die*, **1)** *allg.:* Gesamtheit und Gruppierung der Faktoren, die für eine Situation oder einen Vorgang bedeutsam sind.

2) *Astronomie:* (Aspekt), von der Erde aus gesehene (Winkel-)Stellung der Sonne zu Mond oder Planeten. Je nach dem ekliptikalen Längenunterschied zw. Gestirn und Sonne werden als besondere K. unterschieden: ↗ **Konjunktion** (**Gleichschein;** Zeichen ☌) findet statt, wenn zwei Gestirne auf dem gleichen Längenkreis stehen. **Opposition** (**Gegenschein;** ☍) tritt ein, wenn der Längenunterschied 180° beträgt. Sonne und Mond in Opposition bedeutet Vollmond und bei genügend kleinem Breitenunterschied Mondfinsternis. **Quadratur** (**Geviertschein;** □) bedeutet 90°, **Trigonalschein** (△) 120°, **Sextilschein** (✳) 60° Längenunterschied.

Konstanz 2): Das 1388 erbaute »Kaufhaus« am Hafen (Konzilgebäude) war Ort des Konklaves zur Wahl Papst Martins V. (1417).

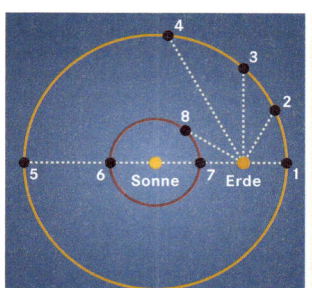

Konstellation 2): von der Erde aus gesehene Stellungen von Planeten zur Sonne; äußerer Planet: 1 Opposition, 2 Trigonalschein, 3 Quadratur, 4 Sextilschein, 5 Konjunktion; innerer Planet: 6 obere und 7 untere Konjunktion, 8 größte Elongation

In der *Astrologie* wird auch die Anordnung der Sterne zu Sternbildern als K. oder Aspekt bezeichnet. **3)** *Chemie:* die ↗Konformation.

Konstituante [lat.-frz.] *die,* ↗Constituante.

Konstituenten|analyse (engl. Immediate constituent analysis, IC-Analyse), *Sprachwissenschaft:* Methode zur Ermittlung und Beschreibung der Konstituenten, d. h. von syntaktisch zusammengehörenden Teilen von Sätzen sowie der hierarch. Abhängigkeitsverhältnisse der Konstituenten untereinander. Die im amerikan. Strukturalismus entwickelte K. geht von der Teilbarkeit eines Satzes in die unmittelbaren Konstituenten Subjekt und Prädikat aus, wobei das Subjekt syntaktisch der Kategorie Nominalphrase (NP), das Prädikat der Kategorie Verbalphrase (VP) angehört. VP wiederum kann geteilt werden in Verb (V), mögl. Objekte (NP), Präpositionalphrasen (PP) u. a. Die Konstituentenstruktur eines Satzes kann danach in ihrem hierarch. Aufbau und mit Angabe der syntakt. Kategorien in einem Stammbaum (Stemma) dargestellt werden.

Konstitution [lat.] *die,* **1)** *Anthropologie:* Summe aller phys. und psych. Eigenschaften eines Menschen; die K. bildet die Grundlage für die umstrittene Einteilung in die sog. ↗Konstitutionstypen.
2) *Chemie:* die Struktur einer chem. Verbindung, d. h. die für jede Verbindung charakterist. Anordnung der Atome und Atomgruppen im Molekül sowie die zw. ihnen bestehenden Bindungen.
3) *Recht:* Verfassung, Verfassungsurkunde.

Konstitutionalismus *der* (konstitutionelles System), i. w. S. eine Herrschaftsform, bei der die Staatsgewalt im Rahmen einer Verf. (Konstitution) oder grundlegender Gesetze ausgeübt wird. Die Berufung jener, die die Staatsgewalt ausüben, ihre Amtsbefugnisse und die Dauer ihres Amtes werden in der Verf. festgelegt; meist ist die Staatsgewalt an bestimmte Grundrechte der Bürgers gebunden. I. e. S. bezeichnet der Begriff K. die Reg.form der konstitutionellen Monarchie und der Präsidialdemokratie. Sie wird unterschieden vom Parlamentarismus, der Reg.form der parlamentar. Demokratie. Der K. wurde in Anlehnung an die Machtstellung des engl. Parlaments von den Staatsrechtlern des 18. Jh. (J. Locke, Montesquieu) theoretisch entwickelt (↗Gewaltenteilung). Zuerst in England 1689 (»Bill of Rights«), in den USA 1787/88 (Bundesverf.), in Frankreich 1789 (Revolution) verwirklicht, wurde der K. zum polit. Hauptziel des älteren Liberalismus.

Konstitutionstypen (Körperbautypen), von E. Kretschmer aus der Zusammenfassung ähnl. individueller Konstitutionen (Summe der körperl. und psych. Eigenschaften eines Menschen) entwickelter umstrittener Einteilungsversuch in so genannte Leittypen: **1) leptosomer (asthen.) Typ:** schmal aufgeschossen, mager, mit flachem Brustkorb und langen, schlanken Gliedern, **2) athlet. Typ:** grober Knochenbau mit kräftiger Muskulatur, breiten Schultern, breitem Brustkorb, **3) pykn. Typ:** mittelgroß, gedrungen, gewölbter Brustkorb, Neigung zum Fettansatz, kurzer Hals, breites Gesicht, **4) dysplast. Typ:** Sammelbegriff für eine Reihe von kleineren Körperbauvarianten.

konstitutiv [lat.], festsetzend, bestimmend, grundlegend; wesentlich.

konstitutive Wirkung, die rechtsbegründende, rechtsaufhebende oder rechtsgestaltende Wirkung einer Handlung, z. B. die Verleihung der Staatsbürgerschaft. Ggs.: ↗deklaratorische Wirkung.

Konstrukteurswertung [-'tø:r-], *Automobilsport:* ↗Markenweltmeisterschaft.

Konstruktion [lat.] *die,* **1)** *Geometrie:* die zeichner. Lösung einer Aufgabe, bei der aus vorgegebenen Elementen (z. B. Geraden, Kurven, Ebenen) unter Verwendung bestimmter K.-Mittel, bes. Zirkel und Lineal, geometr. Figuren hergeleitet werden. K.-Aufgaben sind die ↗Dreiteilung des Winkels, das ↗delische Problem und die Quadratur des Kreises (↗Quadratur).
2) *Technik:* Bauart eines techn. Erzeugnisses (Maschine, Anlage, Bauteil, Baugruppe, Gebäude); auch sein techn. Entwurf (Idee, K.-Zeichnung). Die **K.-Lehre** ist bestrebt, aus allen an das Erzeugnis gestellten, z. T. auch widersprechenden Forderungen eine geeignete Lösung zu finden, die v. a. die Erfüllung der techn. Aufgabe (Funktionalität), Wirtschaftlichkeit und Sicherheit für Mensch und Umwelt gewährleisten muss.

konstruktiv, aufbauend, sinnvoll fördernd.

Konstruktivismus 1): László Moholy-Nagy, »Gelber Kreis« (1921; Privatbesitz)

Konstruktivismus *der,* **1)** *Kunst:* um 1913/14 in Russland entstandene Richtung der modernen Kunst, die auf dem Bekenntnis zur modernen Technik und der Beschränkung auf einfache geometr. Formen beruht. Formbestimmende Voraussetzungen lagen im Kubismus, Futurismus und Kubofuturismus. Initiatoren waren W. Tatlin, A. Rodtschenko, El Lissitzky, seit 1917 auch die Brüder N. Gabo und A. Pevsner. Aus versch. gewöhnl. Materialien und Fundstücken entwickelte Tatlin ab 1913 Kontra-Reliefs, für die er die Bez. »konstruktiv« verwendete. Durch die Oktoberrevolution verstärkte sich ein Ggs., der von Anfang an im K. enthalten war: Während Tatlin u. a. die Kunst utilitaristisch für Architektur, Design, Typographie, Bühnenbilder und Mode nutzen und zur Revolution der Gesellschaft einsetzen wollte, entzog K. Malewitsch sich mit seinem ↗Suprematismus der gesellschaftl. Funktionalisierung von Kunst zugunsten ihrer reinen Formbestimmung (»Schwarzes Viereck auf weißem Grund«, 1913). Mit beiden Richtungen war der K. 1917–22 die offizielle Kunst der russ. Revolution, doch seit 1922 emigrierten führende Konstruktivisten unter dem Druck der polit. Verhältnisse in den Westen. Der K. beeinflusste nachhaltig ↗ Bauhaus, ↗ Stijl sowie ↗ kinetische Kunst, ↗ konkrete Kunst und ↗ Op-Art.

2) *Wissenschaftstheorie:* Auffassungen, die die Konstitutionsleistung des Subjekts im Erkenntnisprozess in den Vordergrund stellen (Ggs.: Empirismus). Denken, Reden und Handeln sollen rekonstruiert, d. h. hinsichtlich ihrer Gültigkeit begriffen werden. Dies gilt bes. für den Aufbau der Wissenschaftssprache, wobei meist die (alltägl.) Lebenswelt als unhintergehbarer Ausgangspunkt betrachtet wird. In der Rekonstruktion der vorwiss. Basis der Wiss. liegen Ergebnisse v. a. in der Geometrie und Physik (»Protophysik«) vor. – Die von Systemtheorie, Psychologie und Biologie beeinflussten Ansätze des radikalen K. liefern ganzheitl. Wissenschaftsmodelle und haben u. a. in Psychologie, Biologie, Soziologie, Kunst-, Sprach- und Literaturwiss. Eingang gefunden.

Konsubstantiation [mlat. »Wesensverbindung«] *die,* luther. *Theologie:* die wirkl. Gegenwart Jesu Christi (↗ Realpräsenz) in den *unverwandelten* Substanzen Brot und Wein im ↗ Abendmahl. – *Kath. Theologie:* ↗ Transsubstantiation.

Konsul [lat.] *der,* **1)** *Geschichte:* in der altröm. Rep. Titel der beiden obersten Beamten; das Konsulat war zuerst nur den Patriziern, seit 367 v. Chr. auch den Plebejern zugänglich. Die K. wurden auf ein Jahr gewählt. In der Kaiserzeit verloren sie ihre Macht und behielten nur bestimmte Ehrenrechte. – K. waren in Frankreich die drei höchsten Staatsbeamten während des Konsulats (frz. Regierungssystem 1799–1804). Erster K. war Napoléon Bonaparte.

2) *Völkerrecht:* der ständige Vertreter eines Staates in einem anderen zur Wahrnehmung der Interessen seines Staates auf den Gebieten des Handels, des Verkehrs und der Wirtschaft sowie in Visa- und Einwanderungsangelegenheiten auch gegenüber Personen, die nicht Staatsangehörige des Entsendestaates sind. Den K. obliegen keine polit. Aufgaben im Rahmen des diplomat. Verkehrs (↗ Diplomat). Rechtsgrundlage für den konsular. Verkehr sind das Wiener Abkommen vom 24. 4. 1963 über konsular. Beziehungen sowie die Konsular-Ges. der Staaten. Die **Berufs-K.** sind Beamte, die **Wahl-K.** oder **Honorar-K.** ehrenamtlich tätige Personen, die nicht Angehörige des Entsendestaates sein müssen. – Zur Ausübung seines Amtes bedarf der K. des ↗ Exequaturs des Empfangsstaates. K. genießen eine den Diplomaten angenäherte ↗ Exterritorialität.

Konsultation [lat.] *die,* Beratung, Befragung; im Völkerrecht die gemeinsame Beratung der Vertreter von Staaten zur Beilegung von Streitigkeiten oder zur Festlegung einer gemeinschaftl. Politik.

Konsultativpakt, Vereinbarung mehrerer Staaten, bestimmte außenpolit. Entscheidungen erst nach gemeinsamer Beratung zu treffen.

Konsum [lat.] *der,* allg. der Verbrauch von Sachgütern und Dienstleistungen zur unmittelbaren Bedürfnisbefriedigung, i. e. S. die Einkommensverwendung der privaten Haushalte zum Kauf von K.-Gütern (**privater K., privater Verbrauch**). Die mikroökonom. K.-Theorie untersucht die Bedingungen für den optimalen Verbrauchsplan eines privaten Haushalts (↗ Haushaltstheorie), die makroökonom. K.-Theorie fragt nach den Bestimmungsgründen der K.-Ausgaben in einer Volkswirtschaft, die betriebswirtsch. Konsumentenforschung versucht, das Verhalten des Menschen als Käufer und Verwender von K.-Gütern zu erklären (Konsumentenverhalten). Die Abhängigkeit des wertmäßigen K. vom Einkommen, aber auch von anderen Variablen (z. B. Vermögen, Preisniveau) kann als mathemat. Funktion (**K.-Funktion**) ausgedrückt werden. Das Verhältnis zw. K. und Einkommen ist die durchschnittl. **K.-Quote**; i. Allg. nimmt mit steigendem Einkommen der Anteil der K.-Ausgaben am Einkommen ab. – Die zentrale Bedeutung des K. im Modell der Marktwirtschaft ergibt sich daraus, dass die Nachfrage der privaten Haushalte nach K.-Gütern die Produktion und somit auch die Investitionen der Unternehmen bestimmt (**Konsumentensouveränität**).

Konsumausgaben des Staates, ↗ Staatsverbrauch.

Konsumenten, *Wirtschaft:* Wirtschaftssubjekte (v. a. private Haushalte) in ihrer Eigenschaft als Nachfrager und Verbraucher von Konsumgütern.

Konsumentenkredit, Bankkredit an private Haushalte zum Kauf von Konsumgütern, meist als Raten- oder Überziehungskredit gewährt. Der K. hat i. d. R. ein Volumen von bis zu 25 000 € (Kleinkredit) und eine Laufzeit von bis zu 72 Monaten. Die Kreditkosten sind vergleichsweise hoch. Wegen der Bedeutung für die private Nachfrage und der damit verbundenen konjunkturpolit. Wirkung sind die Banken verpflichtet, die Höhe der K. vierteljährlich der Dt. Bundesbank zu melden. (↗ Verbraucherkredit)

Konsumgenossenschaften (Konsumvereine, Verbrauchergenossenschaften), Vereine, die ihren Mitgl. (seit 1954 auch Nichtmitgl.) durch gemeinsamen Großeinkauf, ggf. auch durch eigene Fertigung, preisgünstige Konsumgüter beschaffen. Grundlegend für die Entwicklung der K. waren in England die Ideen von R. Owen und W. King (↗ Genossenschaft). In Dtl. entstanden um 1850 als Vorläufer Spar- sowie Marken- oder Rabattkonsumvereine, später Vereinigungen, die sich seit etwa 1900 zu Zentralverbänden zusammenschlossen; nach 1933 wurde die Tätigkeit der K. unterbunden. In der Bundesrep. Dtl. hatten sich 1974 viele K. unter dem Dach der ↗ »co op«-Gruppe zusammengeschlossen. Nach deren Konkurs ist der verbliebene K. im Zentralverband dt. K. e. V. (Sitz: Hamburg) organisiert. – In *Österreich* schlossen sich die regionalen K. 1978 zum »Konsum Österreich« zusammen; wegen Zahlungsunfähigkeit musste sich das Unternehmen 1995 aus dem Lebensmitteleinzelhandel zurückziehen. In der *Schweiz* bildeten die K. das Unternehmen ↗ Coop Schweiz.

Konsumgesellschaft, eine moderne Ind.gesellschaft, in der wesentl. soziale Beziehungen durch den Konsum bestimmt werden. Die K. ist gekennzeichnet durch relativ hohe Massenkaufkraft und materiellen Wohlstand breiter Bev.kreise (Wohlstandsgesellschaft), Massenproduktion relativ preisgünstiger und leicht beschaffbarer Verbrauchs- und Gebrauchsgüter, auf den Erwerb von Einkommen und damit auch Konsumchancen ausgerichtete ökonom. Orientierung der Bürger sowie z. T. durch Prestigekonsum. Die absatzorientierten Bemühungen der Konsumgüterind., kurzlebige Produkte anzubieten, eine Wegwerfmentalität zu propagieren sowie durch raschen Wechsel mod. Formen und techn. Ausstattung der Güter Sättigungstendenzen entgegenzuwirken und neue Bedürfnisse zu wecken, machten die Problematik eines vorwiegend auf Konsum orientierten Verhaltens deutlich. In jüngster Zeit spielen verstärkt Veränderungen bei den Bedürfnissen hin zu mehr Dienstleistungen sowie die Berücksichtigung ökolog. Aspekte eine Rolle.

Konsumgüter, Güter, die der Bedürfnisbefriedigung der Konsumenten dienen; unterteilt in ∕ Gebrauchsgüter und ∕ Verbrauchsgüter.

Konsumtion [lat. consumptio »Aufzehrung«] *die,* 1) *allg.:* Verbrauch von Wirtschaftsgütern. 2) *Strafrecht:* eine Form der Gesetzeskonkurrenz, bei der eine Haupttat den Unrechts- und Schuldgehalt einer Begleittat mit enthält und Letztere daher nicht selbstständig bestraft wird.

Kontagiosität [lat.] *die,* Ansteckungsfähigkeit; die Ansteckungskraft eines Erregers.

Kontakt [lat.] *der,* 1) *allg.:* Verbindung, (innere) Beziehung, Berührung. 2) *Chemie:* ∕ Katalyse. 3) *Elektrotechnik:* Verbindung elektrisch leitender Teile, durch die absichtlich (z. B. Lichtschalter) oder unabsichtlich (z. B. Kurzschluss) ein elektr. Stromkreis geschlossen wird. I. w. S. werden auch die zur Herstellung der Verbindung vorgesehenen Schaltstücke als K. bezeichnet. Der K. kann durch bloße Berührung (z. B. Schleif-, Roll-K.), durch mechan. Verbindung (Schraub-, Steck-, Feder-, Klemm-K.) oder durch eine feste materielle Verbindung (Löt-, Schweiß-K.) hergestellt werden. – Zu den **K.-Werkstoffen** gehören aufgrund ihrer guten elektr. Leitfähigkeit und Korrosionsbeständigkeit v. a. Gold, Silber und Silberlegierungen. 4) *Psychologie, Soziologie:* das gegenseitige In-Beziehung-Treten zweier oder mehrerer Individuen, ihre Interaktion; Ggs.: Distanz. Mangelnde K.-Fähigkeit ist durch emotionale Hemmungen bedingt (K.-Schwäche) und kann bis zur neurot. oder psychot. K.-Störung gesteigert sein.

Kontaktbestrahlung, Strahlentherapie mit einer tumornahen Strahlenquelle, z. B. durch Implantate oder Injektion einer radionuklidhaltigen Lösung.

Kontakt|ekzem (Kontaktdermatitis), allerg. Entzündungsreaktion der Haut nach Kontakt mit einer Fremdsubstanz, dem Allergen. Die Reaktion tritt meist erst nach 24 bis 72 Stunden auf. Im akuten Stadium kommt es zu Rötung, Schwellung, Bläschen- und Krustenbildung. Das chron. Stadium ist durch Schuppung und Vergröberung der Hautoberfläche gekennzeichnet. Zu K. kommt es z. B. bei Friseuren, Pflegepersonal oder Bäckern. Der oder die Auslöser des K. müssen lebenslang unbedingt vermieden werden.

Kontaktgesteine, ∕ Kontaktmetamorphose.

Kontaktgifte (Berührungsgifte), *Pflanzen-* und *Vorratsschutz:* Bez. für Gifte, die bei Berührung schädigend wirken, z. B. bestimmte Herbizide und Insektizide.

Kontaktlinsen (Kontaktschalen, Haftschalen), dünne, durchsichtige Schalen aus hartem oder weichem Kunststoff, die anstelle einer Brille getragen werden können. **Harte K.** bestehen aus Polymethylmethacrylat, **weiche K.** aus Hydroxyäthylmethacrylat oder Silikonkautschuk. Neuere Entwicklungen zeichnen sich v. a. durch ihren hohen Wassergehalt (70 % und mehr) und ihre große Sauerstoffdurchlässigkeit aus, wodurch eine längere Tragezeit ermöglicht wird. Die inzwischen vorwiegend verwendeten **Korneallinsen (Pupillenlinsen)** werden so auf das Auge gesetzt, dass sie auf einem Tränenfilm über der Hornhaut schwimmen. Im Unterschied zur Brille besteht erhöhter Pflegebedarf.

Kontaktmetamorphose, meist ohne Druckwirkung (statisch) verlaufende Umwandlung von Gesteinen (Entstehung von **Kontaktgesteinen**) am Kontakt mit aufdringenden magmat. Schmelzen. Man unterscheidet rein therm. K. (isochem. K.: **Thermo-** oder **Pyrometamorphose**) und K. mit Stoffzufuhr durch heiße Dämpfe, z. B. Fluorwasserstoff, Bortrioxid (allochem. K.: **Kontaktpneumatolyse, -metasomatose**). Im Einwirkungsbereich des Magmenkörpers (**Kontakthof, -aureole**) werden die Nebengesteine in Abhängigkeit vom Temperaturgefälle versch. stark umgewandelt, wobei zonenweise bestimmte neue Minerale (**Kontaktminerale,** z. B. in Kontaktschiefern) und Gesteinsgefüge entstehen.

Kontaktschiefer, tonige Sedimente von hohem Diagenese- oder geringem Metamorphosegrad, die bei Kontakt zu Tiefengesteinskörpern auffällige Rekristallisationserscheinungen zeigen. Hierzu gehören **Fleckschiefer** (mit fleckenartiger Anreicherung neu gebildeter Minerale, v. a. Andalusit und Cordierit), **Fruchtschiefer** (mit getreidekornähnl. Einsprenglingen), **Knotenschiefer** (mit knotenförmigen Einsprenglingen) und **Garbenschiefer** (mit stängeligen, garbenähnlich geformten Einsprenglingen).

Kontaktspannung, *Elektrochemie:* die ∕ Berührungsspannung.

Kontaktsperre, Unterbrechung jeder Verbindung eines Straf- oder Untersuchungsgefangenen mit anderen Gefangenen und der Außenwelt einschl. des schriftl. oder mündl. Verkehrs mit dem Verteidiger (§§ 31–38 Einführungs-Ges. zum GVG, eingefügt durch Ges. vom 30. 9. 1977 z. Z. zugespitzter Terrorismusbedrohung). Die K. kann gegenüber Gefangenen angeordnet werden, die wegen terrorist. Straftaten (§ 129a StGB) inhaftiert sind, wenn dies zur Abwehr einer gegenwärtigen Gefahr für Leben, Leib oder Freiheit einer Person erforderlich ist.

Kontaktverfahren, ∕ Schwefelsäure.

Kontamination [lat.] *die,* 1) *Kerntechnik:* eine durch radioaktive Stoffe verursachte Verunreinigung. 2) *Sprachwissenschaft:* (Blend), Form der Wortbildung, bei der zwei sprachl. Einheiten (Teile von Wörtern) aufeinander einwirken und eine neue sprachl. Einheit entsteht, z. B. »Stagflation« (aus »Stagnation« und »Inflation«). 3) *Umweltschutz:* die Verschmutzung von Räumen, Gegenständen, Boden, Wasser, Luft, Lebensmitteln u. a. durch ∕ Schadstoffe.

Kontarsky [-ki], 1) Alfons, Pianist, *Iserlohn 9. 10. 1932, Bruder von 2); wurde 1983 Prof. am Mozarteum in Salzburg; tritt allein oder mit seinem Bruder Aloys auf, v. a. mit Werken der Neuen Musik. 2) Aloys, Pianist, *Iserlohn 14. 5. 1931, Bruder von 1); wurde bekannt als Duopartner seines Bruders Alfons sowie des Violoncellisten S. Palm; war Solist bei Uraufführungen zahlr. Werke zeitgenöss. Musik.

Kontemplation [lat.] *die,* 1) *allg.:* konzentriert-beschaul. Nachdenken (∕ Meditation). 2) *Philosophie, Religionswissenschaft:* urspr. die Beobachtung des Himmels durch die Auguren; in der antiken Philosophie die geistige Schau (grch. theoria) der Welt; in der ∕ Mystik versch. Religionen das Sichversenken und meditative Nachdenken über die religiöse Wahrheit, die Schau Gottes oder des Göttlichen; in der christl. Mystik das innere ∕ Gebet als Weg der Gotteserkenntnis und -schau.

Kontenplan, systemat. Verzeichnis aller Konten der Buchführung, um die in einem Unternehmen anfallenden Buchungen einheitlich zu behandeln sowie Zeit- und Betriebsvergleiche zu ermöglichen. Grundlage für den K. bildet der **Kontenrahmen** als allg. Ordnungsgefüge für mögl. Kontengruppierungen in den Unternehmen eines bestimmten Wirtschaftszweiges.

konter... [frz.], ↗kontra...
Konterbande [frz.] *die,* ↗Banngut.
kontern [frz.-lat.], **1)** *allg.:* schlagfertig antworten; Gegenmaßnahmen ergreifen.
2) *graf. Technik:* eine seitenverkehrte Kopie herstellen.
3) *Sportspiele:* einen wirkungsvollen, schnellen Gegenangriff aus einer betonten Defensivhaltung heraus starten.
Konterrevolution (Gegenrevolution), der Versuch polit. Kräfte, die Ergebnisse einer Revolution rückgängig zu machen; urspr. für die Gegner der Frz. Revolution geprägt.
Kontertanz, die ↗Contredanse.
Kontext [lat.], Zusammenhang, Umfeld.
Kontinent [lat. »zusammenhängend«] *der,* große, geschlossene Festlandmasse einschl. des Schelfs; ↗Erdteil.
kontinental, zum Festland gehörig, ihm eigentümlich; binnenländisch.
Kontinentaldrift, die ↗Kontinentalverschiebung.

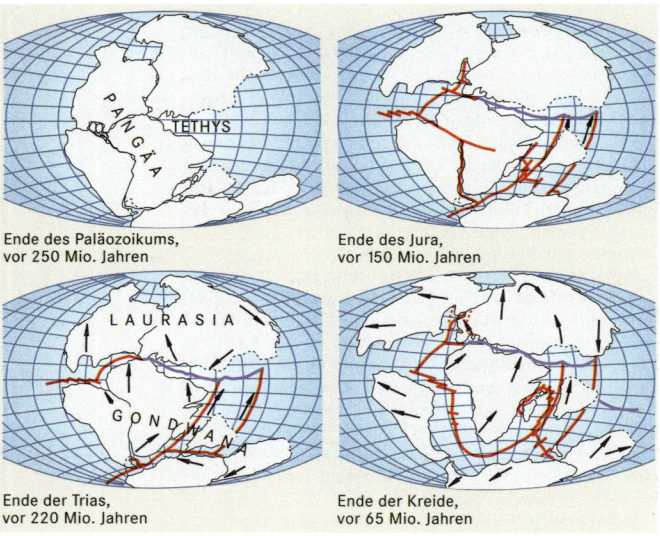

Kontinentalverschiebung: Lage der Kontinente im Laufe der Erdgeschichte (rote Linien: mittelozeanische Rücken- und Querbrüche; dunkelblaue Linien: Subduktionszonen)

Kontinentales Tiefbohrprogramm, Abk. **KTB,** wiss. Bohrprojekt der Bundesrep. Deutschland bei Windischeschenbach in der Oberpfalz. Durch die auf der »Erbendorfer Linie«, einer Art geolog. »Schweißnaht« zw. der Moldanub. (im S) und der Saxothuring. Zone (im N) des ↗Variskischen Gebirges, angesetzte Bohrung sollen v. a. der Aufbau und die physikal. und chem. Zustandsbedingungen der Erdkruste, die gesteins- und gebirgsbildenden Prozesse, die Mechanismen von Erdbeben, die Erdwärme und die Bildung von Lagerstätten erforscht werden. Nach einer Vorbohrung (Sept. 1987 bis April 1989) mit einer Endtiefe von 4000 m wurde seit 1990 die Hauptbohrung durchgeführt. Sie erreichte im Okt. 1994 die Endtiefe von 9101 m und wird seit 1996 als geowissenschaftl. Tiefenlabor durch das GeoForschungsZentrum (GFZ) Potsdam betrieben; u. a. werden hier wiss. Langzeitexperimente und Bohrlochmessungen durchgeführt. Die Erfahrungen und Ergebnisse des KTB-Projektes mündeten in das International Continental Scientific Drilling Program (ICDP).

Kontinentalkongress, der Delegiertenkongress der brit. Kolonien in Nordamerika, der vom 5. 9. bis 26. 10. 1774 (Erster K., noch ohne Georgia) sowie vom 10. 5. 1775 bis 1789 (Zweiter K.) in Philadelphia (Pa.) tagte und entscheidende Bedeutung für den Zusammenschluss der bisherigen Kolonien als Vereinigte Staaten von Amerika hatte. Im Juni 1775 stellte er eine gemeinsame Armee (Oberbefehl von G. Washington) auf und nahm nach der Unabhängigkeitserklärung vom 4. 7. 1776 am 15. 11. 1777 eine Staatenbund-Verf. an (Articles of Confederation, ratifiziert 1781).

Kontinentalschollen, nach der Lehre der ↗Isostasie die aus leichteren Gesteinen aufgebauten Erdkrustenteile, einschl. der Schelfmeere.

Kontinentalsperre, die Blockade des europ. Festlands, die Napoleon I. 1806 gegen Großbritannien verhängte; Großbritannien hinderte seinerseits seit 1807 neutrale Schiffe am Anlaufen frz. Häfen. Die brit. Wirtschaft wurde schwer geschädigt, ohne dass sich die Friedensbereitschaft erhöhte. Auf dem Festland konnten sich zwar wegen der Ausschaltung der brit. Konkurrenz einige Ind.zweige (Textil-, Rübenzuckerind.) gut entwickeln, jedoch überwogen die negativen Folgen, z. B. in Ost-Dtl., das auf den brit. Markt für Getreide angewiesen war. Russlands Widerstand (seit 1810) gegen die K. trug zum Kriegsausbruch 1812 bei.

Kontinentalverschiebung (Kontinentaldrift), Bez. für die v. a. von A. Wegener (seit 1912) und dem Amerikaner F. B. Taylor (1910) unabhängig voneinander angenommene, sehr langsame Horizontaldrift (Epeirophorese) der aus relativ leichtem Material aufgebauten Erdkrustenteile, der sog. Kontinentaltafeln, auf dem schweren plast. Untergrund, insbes. das Auseinanderdriften des amerikan. Doppelkontinents und der Alten Welt (relative Westdrift der Neuen gegenüber der Alten Welt), die zur Entstehung des Atlant. Ozeans geführt hat, und das Auseinanderstreben von Afrika, Antarktika, Australien und Indien. Die Theorie der K. geht von einem großen Urozean (Urpazifik) und einem großen zusammenhängenden Urkontinent (Pangäa) aus, der bis ins Jungpaläozoikum bestanden haben soll und zunächst in zwei Teile zerbrach, aus denen einerseits Nordamerika und Eurasien und andererseits Südamerika, Afrika, Antarktika, Australien und Indien entstanden, die seitdem in versch. Richtungen auseinander bzw. aufeinander zu driften; dabei sollen sich z. B. die Faltengebirge an der W-Küste Amerikas durch Stau gebildet und Indien sich auf die euras. Scholle aufgeschoben haben. Die Ursache für das Zerreißen der Kontinente bzw. Kontinentaltafeln und der Antrieb bzw. der Energielieferant für ihre Driftbewegung, deren Geschwindigkeit einige cm pro Jahr beträgt, wird allerdings nicht mehr in einer besonderen Polfluchtkraft, in der Gezeitenreibung u. a. gesucht, sondern in der Drift auf Litosphärenplatten und damit in der Öffnung und Erweiterung der Ozeane (↗Sea-Floor-Spreading). In den Mittelozean. Rücken quillt Materie des Erdmantels auf, u. a. an den Hot Spots, und erstarrt (unter Ausrichtung ihrer Magnetisierung parallel zum jeweiligen Erdmagnetfeld); auf der dadurch entstehenden Erhöhung gleitet die ozean. Erdkruste wie auf einer schiefen Ebene ab, wobei sie z. B. Afrika und Südamerika vor sich her schiebt oder an den Rändern des Pazifiks unter die Kontinente geschoben wird. (↗Plattentektonik)

Kontingent [lat.] *das,* **1)** *Militärwesen:* vertraglich oder gesetzlich festgelegter Beitrag an Truppen, den das Mitgl. eines Bundesstaates oder Staatenbundes, einer Länder- oder Verteidigungsgemeinschaft im Frieden ständig bereitzuhalten oder im Einsatzfall zu stellen hat.

2) *Wirtschaft:* begrenzte Menge, bes. der Anteil an Waren, Leistungen oder Rechten; bei der öffentl. Bewirtschaftung von Waren das Bezugs- oder Bearbeitungsrecht (↗ Rationierung); im Außenhandel die nach Menge, Wert und Herkunftsland bestimmte Befugnis zum Import (**Einfuhr-K.**) oder Export (**Ausfuhr-K.**) als Ausnahme von einem generellen Import- und/oder Exportverbot. Solche **Kontingentierungen** können sich auch auf Finanztransaktionen beziehen, als Handelshemmnisse widersprechen sie dem Freihandel.

Kontingenz [spätlat. »Möglichkeit«] *die, Philosophie:* allg. das nicht Notwendige und nicht Unmögliche, das auch als das Zufällige (das eintreten kann, aber nicht muss) bezeichnet wird. – Ggs.: ↗ Notwendigkeit.

kontinuierlich [zu lat.], stetig, gleichmäßig, ohne Unterbrechung (sich fortsetzend); Ggs.: diskontinuierlich, diskret.

Kontinuität [lat.] *die,* **1)** *allg.:* Stetigkeit, Zusammenhang; Ggs.: Diskontinuität.

2) *Geschichtsphilosophie:* Begriff, unter dem die Frage erörtert wird, ob neue Perioden als bloße Umprägungen der Überlieferung oder als im Untergang dessen anzusehen sind, was die Eigenart einer Kultur bis dahin ausgemacht hat.

3) *Philosophie:* der lückenlose Zusammenhang von Einheiten, Größen, Vorgängen, Mengen. Ein Gesetz der K., wonach die Natur nirgends Sprünge macht (»natura non facit saltus«), formulierte G. W. Leibniz. Die moderne Physik kennt jedoch Sprunghaftigkeit des Naturgeschehens (↗ Quantentheorie).

4) *Völkerrecht:* Fortbestehen der rechtl. Identität eines Staates. Änderungen der Verf. und des Gebietsstandes durchbrechen die K. nicht, sofern nicht ein Zerfall in mehrere Nachfolgestaaten (Dismembration) eintritt oder eine Neugründung stattfindet, die mit voller vollständigem Wandel der polit. und gesellschaftl. Lebensgrundlagen des Volkes einhergeht; in diesen beiden Fällen spricht man von **Diskontinuität.** Für Dtl. wird seit der Gründung des Norddt. Bundes (1867) von einer K. ausgegangen.

Kontinuitätsgleichung, math. Formulierung eines Erhaltungssatzes für eine physikal. Größe. Danach ist die zeitl. Abnahme der betrachteten Größe in einem Volumenelement durch den Strom dieser Größe durch dessen Oberfläche gegeben. Die K. spielt z. B. in der Hydrodynamik eine Rolle.

Kontinuum [lat.] *das,* **1)** *allg.:* das lückenlos Zusammenhängende, Stetige; Ggs.: Diskontinuum.

2) *Mathematik:* 1) in der Mengenlehre die Menge $\mathbb{R}$ der reellen Zahlen, ein Intervall von $\mathbb{R}$ oder jede zu $\mathbb{R}$ gleich mächtige Menge. Die **K.-Hypothese** (G. Cantor, 1878) ist die aus den Axiomen der Mengenlehre nicht beweisbare Vermutung: Es gibt keine überabzählbare Menge, deren Mächtigkeit kleiner als die der reellen Zahlen ist. 2) in der Topologie eine nichtleere, zusammenhängende, kompakte Menge.

3) *Physik:* der Bereich, innerhalb dessen alle Werte einer physikal. Größe lückenlos und stetig zusammenhängen. Die Annahme eines K. stellt häufig eine Idealisierung dar. Trotz Vernachlässigung der atomist. Struktur der Materie liefert die **Physik der Kontinua** bei makrophysikal. Anwendungen befriedigende Ergebnisse (z. B. in der K.-Mechanik).

Konto [italien. »Rechnung«] *das,* in der *Buchführung* zweiseitige Verrechnungsform zur art- und wertmäßigen Erfassung von Geschäftsvorfällen mit einer Soll- und Habenseite. Unterschieden werden Personenkonten (Kontokorrentkonten, ↗ Kontokorrent) und Sachkonten. Letztere werden unterteilt in Bestands- und Erfolgskonten. **Bestandskonten** weisen bestandsmäßige Änderungen einzelner Vermögens- oder Kapitalteile, aber keine Gewinne und Verluste aus (z. B. Kassen-K., Bank-K.). Sie werden in Aktiv- und Passivkonten unterteilt: Bei **Aktivkonten** (Konten der Aktivseite der Bilanz) stehen Anfangsbestand und Zugänge im Soll (linke Kontenspalte), Abgänge und Endbestand im Haben (rechte Kontenspalte), bei **Passivkonten** entsprechend seitenvertauscht. **Erfolgskonten** sind Unterkonten des Eigenkapital-K. und weisen Aufwendungen und Erträge aus. Bestandskonten werden über die Bilanz, Erfolgskonten über die Gewinn- und-Verlust-Rechnung abgeschlossen. – Im *Bankwesen* ist das K. die für den Kunden geführte Rechnung (**Bank-K.**) über Zahlungsein- und -ausgänge (Geldkonten wie Giro- oder Kontokorrent-, Termin-, Währungskonten) oder über Bestandsveränderungen (Depotkonten). Das Bank-K. ist i. d. R. ein Kontokorrent.

Kontokorrent [italien. »laufende Rechnung«] *das,* zum einen der die Personenkonten, d. h. die Konten der Kunden (Debitoren) und der Lieferanten (Kreditoren) umfassende Bereich der Buchführung (**K.-Buch**), zum anderen ein Konto, dem ein meist formlos geschlossener **K.-Vertrag** zugrunde liegt und auf dem alle gegenseitigen Forderungen und Verbindlichkeiten zweier Parteien im Rahmen einer Geschäftsbeziehung erfasst werden. Die Forderungen und Verbindlichkeiten auf dem **K.-Konto** werden in regelmäßigen Abständen aufgerechnet und gelten bis auf den festgestellten Saldo als getilgt. Im Bankwesen kann ein Kreditinstitut im Rahmen des **K.-Geschäfts** dem Kunden vertraglich einen Höchstbetrag (Kreditlimit) zusagen, bis zu dem er über sein Guthaben hinaus verfügen darf (**K.-Kredit**).

kontra..., contra..., konter... [lat.], gegen..., wider...

Kontrabass (volkstüml. Bassgeige, kurz Bass, italien. Violone), das größte und tiefste Streichinstrument, steht in der Form seines Schallkörpers noch den alten Violen nahe. Der K. ist meist mit vier Saiten bezogen, die in Quarten gestimmt sind ($_1$E, $_1$A, D, G). Um die Töne unterhalb des $_1$E spielen zu können, verlängert man die E-Saite mit der C-Maschine, einem Hebelmechanismus, oder nimmt eine fünfte, in $_1$C gestimmte Saite oder verwendet eine andere Stimmung. Der K. entstand Ende des 16. Jh. als Bassinstrument der Gamben-(Violen-)Familie.

Kontradiktion [lat.] *die,* Widerspruch; *Logik:* ↗ Gegensatz.

kontradiktorisches Verfahren, gerichtl. Verfahren mit gegensätzl. Anträgen der Parteien und streitiger (mündl.) Verhandlung, das mit einem kontradiktor. (streitigen) Urteil abgeschlossen wird.

Kontrafagott, Holzblasinstrument, das eine Oktave tiefer als das ↗ Fagott erklingt.

Kontrafaktur [lat.], seit dem MA. nachweisbare Umtexturierung beliebter, meist weltl. Melodien für neue, meist geistl. Liedertexte (z. B. das Kirchenlied »O Welt, ich muss dich lassen« auf die Melodie des Liedes »Innsbruck, ich muss dich lassen«).

Kontrahent [lat.] *der,* **1)** Vertragspartner.

2) Gegner (in geistiger Auseinandersetzung, im Sport).

kontrahieren [lat.], **1)** sich zusammenziehen.

2) *Rechtswissenschaft:* vereinbaren.

Kontrahierungszwang, gesetzl. Verpflichtung zum Abschluss eines Vertrages aus sozialem oder öf-

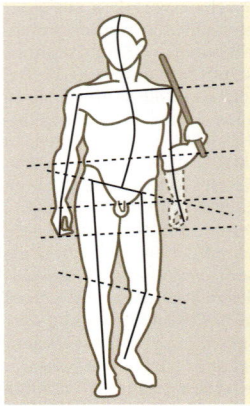

Kontrapost: Schema der Körperachsen einer klassischen griechischen Plastik; rechts daneben die »Verwundete Amazone«, Marmorkopie nach Kresilas (5. Jh. v. Chr.; Rom, Vatikanische Sammlungen)

fentl. Interesse, besteht v. a. für öffentl. und private Verkehrs- und Versorgungsunternehmen; bed. als ↗ Anschluss- und Benutzungszwang und bei der ↗ Beförderungspflicht.

Kontra|indikation, die ↗ Gegenanzeige.

Kontrakt [lat.] *der,* **1)** *allg.:* der Vertrag.

2) *Börsenwesen:* Vertrag mit standardisierten Vereinbarungen, der an der Börse gehandelt wird; v. a. üblich bei ↗ Termingeschäften.

Kontrakt|arbeiter (engl. Indentured Servants), durch Vertrag an einen Brotherren gebundene Arbeiter, die im Rahmen kolonialer Besiedlungspolitik und der wirtsch. Nutzung überseeischer Gebiete eingesetzt wurden; erhielten nur eine geringe Leistung des Brotherren wie die Vorauszahlung der Überfahrt in Höhe eines Jahreslohns. Die sich überwiegend aus irischen und engl. Einwanderern rekrutierenden K., die in der 2. Hälfte des 18. Jh. zeitweise bis zu 50% des Bev.-Zuwachses in den engl. Kolonien Nordamerikas ausmachten, existierten dort bis zum Bürgerkrieg neben Sklaven und freien Lohnarbeitern. Nach der Abschaffung der Sklaverei wurden v. a. ind. oder chines. K. zur Bewirtschaftung der Plantagen in die Karibik, nach Hawaii, Malaysia, Indonesien, Ceylon, Mauritius und Südafrika gebracht.

Kontraktion [lat.] *die,* **1)** *Physiologie:* Zusammenziehung, z. B. von Muskeln oder muskulären Hohlorganen.

2) *Sprache:* Zusammenziehung zweier oder mehrerer Vokale zu einem Vokal oder Diphthong (z. B. ahd. »lioht«, nhd. »Licht«).

3) *Wirtschaft:* ↗ Konjunktur.

Kontraktionstheorie (Schrumpfungstheorie), geotekton. Hypothese, nach der die tekton. Bewegungen der Erdkruste auf Volumenminderung der Erdkugel infolge Wärmeabgabe oder gravitativer Verdichtung des Erdinnern zurückzuführen sind.

Kontraktur [lat.] *die,* **1)** weichteilbedingte Fehlstellung eines Gelenks mit Funktionseinschränkungen durch Schrumpfung der Gelenkkapsel, -bänder und Muskeln; bedingt z. B. durch Entzündung.

2) dauernde Verkürzung und Schrumpfung von Weichteilen (z. B. Narben-K. der Haut).

Kontraoktave, die Oktave $_1C-_1H$ (↗ Tonbezeichnung).

Kontrapost [italien.] *der, bildende Kunst:* Ausgleich der tragenden und lastenden, der ruhenden und treibenden Kräfte in einer Figur, so im Ggs. von Stand- und Spielbein (auch: Stand- und Schwungbein); Beispiele sind die grch. Skulpturen aus hochklass. Zeit; die Renaissance nahm den K. wieder auf.

Kontrapunkt [lat. »(Note) gegen Note«], die Kunst, mehrere Stimmen in einer Komposition selbstständig zu führen, v. a. die Kunst, zu einer gegebenen Melodie, dem »Cantus firmus« (↗ Cantus), melodisch selbstständige Gegenstimmen zu erfinden. Auch die Gegenstimmen selbst werden K. genannt. K. bedeutet die Entfaltung melod. Linien (↗ Polyphonie), während die Harmonielehre den Zusammenklang der Akkorde in den Vordergrund rückt.

Man unterscheidet **einfachen K.** und **doppelten (mehrfachen) K.** Beim doppelten K. können die einzelnen Stimmen miteinander vertauscht, die Oberstimme kann also z. B. zur Unterstimme, der Bass zur Mittelstimme werden. Ein Hauptmittel des K. ist die melod. Nachahmung; die strengsten und geschlossensten Kunstformen sind Kanon und Fuge. – Höhepunkte erreichte der kontrapunkt. Stil im 15. und 16. Jh., dem Zeitalter der Niederländer und der klassisch-italien. Vokalpolyphonie, und im Werk J. S. Bachs. Die 1. Epoche fand ihre Vollendung im Werk von G. Palestrina (»Palestrinastil«) und seiner Zeitgenossen. J. S. Bach hat die Kompositionsart des K. zu einem Höhepunkt und zum Abschluss gebracht. In der Musik des 20. Jh. hat eine bestimmte Satztechnik unter der Bez. **linearer K.** einige Bedeutung erlangt.

konträr [lat.], entgegengesetzt, gegenteilig, z. B. »gut« und »böse«; *Logik:* ↗ Gegensatz.

Kontrasignatur, die ↗ Gegenzeichnung.

Kontraspiel, in Kartenspielen wie Tarock, Skat, Bridge Verdoppelung der Gewinn- oder Verlustprämie, indem die Gegenpartei **kontriert** (»Kontra« ansagt), weil sie den Gewinn des Spielenden bezweifelt. Die Prämie kann verdoppelt werden, wenn der Spielende siegessicher ist und »Re(kontra)« ansagt.

Kontrast [frz.] *der,* **1)** *allg.:* starker Gegensatz, auffallender Unterschied.

2) *Fotografie:* Verhältnis zw. hellstem und dunkelstem Wert eines Aufnahmeobjekts (Fernsicht ohne Vordergrund 1:10; offene Landschaft 1:30; Porträt

Kontrapunkt

bis 1:100; Landschaft mit dunklem Vordergrund etwa 1:1000; Gegenlichtaufnahmen 1:10000 und mehr).

3) *Optik:* 1) photometrisch bewertetes Maß für räuml. oder zeitl. Helligkeits- und Farbunterschiede. Der **photometr. Helligkeits-K.** ist der relative Leuchtdichteunterschied $(L_1 - L_2)/L_2$ oder $(L_1 - L_2)/L_1$ zw. zwei leuchtenden Stellen des Gesichtsfeldes mit den Leuchtdichten L_1 bzw. L_2. Mitunter wird der K. auch durch das absolute Verhältnis L_1/L_2 festgelegt. Der **photometr. Farb-K.** ist analog definiert; die jeweiligen Leuchtdichten sind jedoch mit einem farbabhängigen Faktor zu multiplizieren.

2) bei der opt. Abbildung Intensitätsunterschied $(I_{max} - I_{min})/(I_{max} + I_{min})$ zw. hellen und dunklen Objekt- bzw. Bildstrukturen der Intensität I_{max} und I_{min}.

4) *Wahrnehmungspsychologie:* als **physiolog. K.** die Verstärkung der Farbempfindung und des Helligkeitseindrucks, wenn die zugehörigen Lichtreize versch. Intensität oder Farbe haben und auf die Netzhautstellen des Auges gleichzeitig (**Simultan-K.**) oder kurz nacheinander (**Sukzessiv-K.**) einwirken.

Kontrastfarbe, physiologisch bedingte Farberscheinung: Beim Reiz einer Netzhautstelle mit buntem Licht sieht man nach dem Ende des Reizes eine Nachbildfarbe (z. B. Komplementärfarbe).

Kontrastmittel, bei bildgebenden Verfahren zur Verstärkung von Kontrastunterschieden verwendete Stoffe, v.a. Röntgen-K.; K. werden inzwischen auch in der Kernspintomographie und Ultraschalldiagnostik eingesetzt.

Kontra|subjekt [lat.], *Musik:* in der / Fuge die stets (bzw. häufig) mit dem Thema auftretende Gegenstimme; sie setzt mit dem / Comes ein.

Kontrazeption [lat.] *die,* / Empfängnisverhütung.

Kontribution [lat.] *die,* 1) urspr. jede Steuer, seit dem 15./16. Jh. bes. eine direkte Steuer für militär. Zwecke.
2) außerordentl. Geldleistung, die der Bev. in besetzten Gebieten in Kriegszeiten (**Kriegs-K.**) auferlegt wird; gemäß Haager Landkriegsordnung nur zur Deckung von Besatzungskosten, nicht als Strafe.

Kontrolle [frz.] *die,* 1) *allg.:* Überwachung, Nachprüfung, Aufsicht.
2) *Soziologie:* diejenigen Prozesse und Einflussnahmen in einer Gruppe oder Ges., die bei einem Mitgl. erwünschtes Verhalten im Sinne bestehender Normen und Regeln bewirken bzw. abweichendes Verhalten verhindern sollen.
3) *Wirtschaft:* (betriebl. K.), Vergleich zw. geplanten und realisierten Größen sowie Analyse der Abweichungsursachen; findet im Ggs. zur Prüfung (Revision) meist prozessbegleitend statt (z. B. **Qualitäts-K.**). (/ Controlling)

Kontrollkommission, 1) der alliierte Ausschuss zur Überwachung der Entmilitarisierung der Mittelmächte (1919–27).
2) (Sowjet. K.), Abk. SKK, / Sowjetische Militär-Administration in Deutschland.

Kontrollmitteilungen, schriftl. Feststellungen der Finanzverw., bes. im Rahmen einer Außenprüfung, die für die Besteuerung Dritter von Bedeutung sein können. Sie werden den für diese zuständigen Finanzbehörden zur Auswertung überlassen.

Kontrollrat (Alliierter K.), Organ der Siegermächte des Zweiten Weltkrieges in Dtl., durch das die USA, die UdSSR, Großbritannien und Frankreich die oberste Reg.gewalt in Dtl. ausübten, Sitz: Berlin; eingerichtet durch das Potsdamer Abkommen vom 2. 8. 1945 gemäß dem Londoner Abkommen über die Kontrolleinrichtungen in Dtl. vom 14. 11. 1944 und der Berliner Viermächte-Erklärung vom 5. 6. 1945. Der K. bestand aus den Oberbefehlshabern der vier Besatzungsmächte und erließ Gesetze (**Kontrollratsgesetze**), Befehle, Direktiven u. a. für alle Besatzungszonen in Dtl. Vor dem Hintergrund des beginnenden Ost-West-Konfliktes verließ der UdSSR-Vertreter am 20. 3. 1948 den K., der danach nicht mehr zusammentrat.

Kontrollturm (engl. Tower), / Flughafen.

Kontroll|uhr, Zeiterfassungsgeräte zur Überwachung von Arbeits-, Park- oder Fahrzeiten u. Ä., bei denen Anfang und Ende des zu erfassenden Zeitabschnitts mechanisch oder elektronisch angezeigt und/ oder mit geeigneten Datenträgern erfasst und gespeichert werden.

Kontur [frz.] *die,* Umriss, Umrisslinie.

Konturenflug (Terrainfolgeflug), Flug militär. Luftfahrzeuge mit geringem und möglichst gleich bleibendem Bodenabstand, um die Kontur der Bodenoberfläche als Schutz gegen eine vorzeitige Entdeckung und gegen Beschuss zu nutzen.

Kontusion [lat.] *die, Medizin:* die / Quetschung.

Konus [lat.] *der,* kegel(stumpf)förmiger Körper, meist Maschinenteil.

Konvaleszenz [lat.] *die,* das Gültigwerden von (schwebend) unwirksamen Rechtsgeschäften durch Wegfall des Gültigkeitshindernisses.

Konvektion [lat. »Zusammenbringen«] *die,*
1) *Meteorologie:* vertikale Luftbewegung, d. h. Aufsteigen erwärmter Luft bei gleichzeitigem Absinken kälterer Luft in der Umgebung.
2) *Physik:* die Mitführung bzw. Übertragung einer physikal. Eigenschaft oder Größe, wie Wärme (/ Wärmeübertragung) oder elektr. Ladung, durch Strömungen in Gasen oder Flüssigkeiten. Die K.-Strömung kann als Ausgleichsvorgang von selbst entstehen (**freie K.**) oder z. B. mithilfe von Pumpen erzeugt werden (**erzwungene K.**).

Konvektor [lat.] *der,* Heizkörper aus Rippenrohren mit vorderer Verkleidung. Die Raumluft tritt an einer unteren Öffnung der Verkleidung ein, erwärmt sich und strömt oben ab. (/ Heizung)

Konvent [lat.] *der,* 1) im revolutionären Frankreich 1792–95 die Volksvertretung, deren Ausschüsse, v. a. der / Wohlfahrtsausschuss, die Exekutivgewalt innehatten.
2) in den USA Bez. für die Parteikongresse, auf denen die Delegierten der Einzelstaaten und Territorien die Kandidaten für die Ämter des Präs. und des Vizepräs. wählen.
3) *Kirchenrecht:* in der kath. Kirche die Versammlung aller stimmberechtigten Mitgl. eines Klosters oder die Bez. für das Kloster selbst; in den evang. Kirchen die regelmäßige Zusammenkunft von Pfarrern auf Kreis- oder Landesebene.
4) *student. Verbindungswesen:* / Convent.

Konventikel [lat.] *das,* außerkirchl. religiöse Zusammenkunft privaten Charakters; z. B. die / Collegia pietatis.

Konvention [lat.] *die,* 1) *Soziologie:* Umgangs- oder Verhaltensregel, die allg. den gesellschaftl. Erwartungen entspricht, deren Nichteinhaltung aber nur relativ schwache negative Sanktionen (Missbilligung, Prestigeentzug) bewirkt.
2) *Völkerrecht:* Übereinkunft, multilateraler Vertrag, durch den völkerrechtl. Regelungen mit Geltung für die Signatarstaaten geschaffen werden.

Konventionalismus *der,* 1) in der *Sprachphilosophie* die Theorie, wonach Zeichen und Wörter ihre Bedeutung allein durch Konvention erlangen.

2) in der *Wissenschaftstheorie* die Auffassung, dass die Sätze einer exakten Wiss. weder die Natur beschreiben noch auf Beobachtungen beruhen, sondern auf vereinbarten Festsetzungen von Fundamentalsätzen aufbauen, ausgewählt nach Einfachheit, Zweckmäßigkeit, Brauchbarkeit.

Konventionalstrafe, ↗ Vertragsstrafe.

konventionelle Waffen, alle Waffen außer den ↗ ABC-Waffen.

Konvention über das Verbot der Entwicklung, Herstellung, Lagerung und des Einsatzes von chemischen Waffen, ↗ C-Waffen-Abkommen.

Konvention über das Verbot der Entwicklung, Herstellung und Lagerung bakteriologischer (biologischer) Waffen und Toxinwaffen, ↗ B-Waffen-Abkommen.

Konvention über das Verbot der Verwendung umweltverändernder Techniken zu militärischen Zwecken (Umweltkriegsübereinkommen), abgeschlossen (von 33 Staaten) am 18. 5. 1977, in Kraft getreten am 5. 10. 1978; verbietet den militär. Einsatz von Techniken, die Umweltveränderungen der Erde, u. a. der Atmosphäre sowie der Tier- und Pflanzenwelt, auslösen können.

Konvention über die Verhütung und Bestrafung des Völkermords, ↗ Völkermord.

Konvention zum Schutz der biologischen Vielfalt, auf der UN-Konferenz über Umwelt und Entwicklung 1992 in Rio de Janeiro verabschiedetes internat. Übereinkommen (in Kraft seit Dez. 1993) zum Schutz der biolog. Vielfalt (Biodiversität). Es soll die Vielfältigkeit von Arten und die genet. Vielfalt innerhalb einzelner Arten (einschl. der Sorten- und Rassenvielfalt von Nutztieren und Nutzpflanzen) wie auch die unterschiedl. Ökosysteme schützen. Ein Verlust der biolog. Vielfalt kann die stabilisierende und schützende Wirkung der Biosphäre auf Boden, Wasser, Atmosphäre und Klima beeinträchtigen. Verringerte Bodenfruchtbarkeit, Erosion und Überschwemmungen können die Folge sein. Die biolog. Vielfalt liefert die Rohstoffe und das genet. Material für die gesamte landwirtsch. Produktion, da z. B. viele Hochleistungssorten der Einkreuzung wilder Sorten bedürfen, um Resistenzen gegen Schädlinge und Krankheiten zu erwerben. Der Erhalt der biolog. Vielfalt ist somit für die Ernährung der Weltbevölkerung dringend notwendig.

Um dem Verlust an Biodiversität entgegenzuwirken, wurde im Aktionsplan des ↗ Weltgipfels für nachhaltige Entwicklung (2002) beschlossen, dass bis zum Jahr 2010 eine deutl. Reduzierung des Rückgangs der biolog. Vielfalt erreicht werden soll.

Konvention zum Schutz der Menschenrechte und Grundfreiheiten, ↗ Menschenrechte.

Konventualen [mlat.], Abk. **OFM-Conv,** seit 1517 selbstständige Ordensfamilie der ↗ Franziskaner.

Konvergenz [lat.] *die,* **1)** *allg.:* Annäherung, Übereinstimmung (z. B. von Meinungen, Zielen).

2) *Biologie:* unter ähnl. Umweltbedingungen, stammesgeschichtlich aber unabhängig voneinander entstandene weitgehende Ähnlichkeit bestimmter Organismengruppen, z. B. Ähnlichkeit der Körperform von Fischen und wasserlebenden Säugetieren (Delphine, Wale).

3) *Geomorphologie:* Übereinstimmung von Oberflächenformen, die in unterschiedl. Klimazonen in ähnl. oder gleicher Weise entstehen.

4) *Mathematik:* Eigenschaft von Folgen, einem ↗ Grenzwert zuzustreben (zu konvergieren); spezielle Folgen sind die ↗ Reihen.

5) *Optik:* das Zusammenlaufen von Strahlenbündeln, z. B. paralleler Lichtstrahlen hinter einer Sammellinse.

6) *Sinnesphysiologie:* neben der Entfernungseinstellung (Akkomodation) eine Komponente des räuml. Sehens. K. bezeichnet das Zusammenlaufen der Blicklinien beider Augäpfel beim Fixieren naher Gegenstände durch Einwärtsdrehung der Augen. Der Sichtwinkel kann dabei frei zw. 0° (unendliche Entfernung des Objekts) und etwa 15° (normaler Leseabstand) variieren.

Konvergenzkriteri|en, ↗ Europäische Wirtschafts- und Währungsunion.

Konvergenztheorie, Ende der 1950er-Jahre entstandene Theorie (Hauptvertreter: Pitirim Aleksandrowitsch Sorokin [* 1889, † 1968], J. K. Galbraith, J. Tinbergen), nach der ökonom. und sozialstrukturelle Tendenzen in Ind.gesellschaften trotz gegensätzl. polit. und wirtsch. Systeme zu einer Angleichung (Konvergenz) von Plan- und Marktwirtschaften führen.

Konversationslexikon, *veraltend:* alphabetisch geordnetes, allgemein verständl. Sachwörterbuch zu allen Themen, die Gegenstand einer gebildeten Unterhaltung (Konversation) sein könnten; seit dem 19. Jh. fließende Grenzen zur ↗ Enzyklopädie.

Konversationsstück (Gesellschaftsstück), meist in der höheren Gesellschaft spielendes Unterhaltungsstück im geistreichen Konversationston; zunächst in England und Frankreich, seit dem 19. Jh. auch in Dtl.; typ. Vertreter: A. Dumas d. J., E. Scribe, O. Wilde, G. B. Shaw, H. Bahr, A. Schnitzler, z. T. H. von Hofmannsthal. (↗ Komödie)

Konversion [lat.] *die,* **1)** Übertritt von einer Konfession zu einer anderen.

2) *Börsenwesen:* (Konvertierung), Umwandlung einer Anleihe in eine neue (**K.-Anleihe**) mit anderen Zins- und Tilgungsmodalitäten zwecks Anpassung an veränderte Kapitalmarktverhältnisse.

3) *Kerntechnik:* in einem Kernreaktor die Umwandlung von Brutstoffen in Spaltstoffe durch Neutroneneinfang (↗ Brüten).

4) *Psychologie:* die Umsetzung seel. Erregung in körperl. Symptome, z. B. funktionelle Sehstörung durch den Wunsch, eine bestimmte Situation (einschl. ihrer Anforderungen) nicht wahrnehmen zu müssen; wird nach S. Freud zu den psych. Abwehrmechanismen gerechnet.

5) *Wirtschaft:* Umstellung des Produktionsprogramms eines Unternehmens auf andere Güter, v. a. von militär. auf zivile Güter (↗ Rüstungskonversion).

Konverter [engl. »Umwandler«] *der,* **1)** *Elektronik:* **1)** ein ↗ Umsetzer; 2) **Frequenz-K.,** elektron. Schaltung, die ein Signal eines bestimmten Frequenzbereiches von einer höheren in eine niedrigere Frequenz (oder umgekehrt) durch Mischung mit einer Oszillatorfrequenz umsetzt (parametr. Verstärkung). K. werden meist mit einem nachgeschalteten Empfänger betrieben (z. B. bei den Fernsehsystemen PAL und SECAM).

2) *Hüttentechnik:* kippbares, früher birnen- oder tulpenförmiges metallurg. Frischgefäß mit feuerfester Auskleidung, in dem flüssiges Roheisen, Kupferstein u. a. Legierungen gefrischt werden, um Begleit- oder Verunreinigungselemente (z. B. Kohlenstoff, Silicium, Mangan, Phosphor bei der Stahlerzeugung oder Eisen, Schwefel, Arsen, Zink, Blei und Zinn bei der Kupfergewinnung) so weit wie nötig zu reduzieren. Der zum Frischen notwendige Sauerstoff wird entweder von oben über eine Lanze oder von unten durch einen Düsenboden zugeführt; erste, heute nicht mehr betriebene K.-Verfahren zur Stahlerzeugung sind das Bessemer-Verfahren und das Thomas-Verfahren. Das gegenwärtig bedeutendste K.-Verfahren ist das Linz-Donawitz-Verfahren (LD-Verfahren), bei dem Stahl im LD-K. durch Aufblasen von reinem Sauerstoff hergestellt wird.

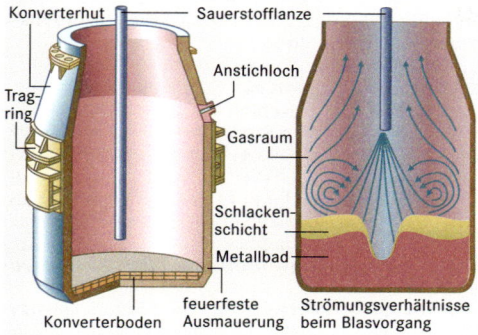

Konverter 2): schematische Darstellung eines LD-Konverters mit eingeblasenem Sauerstoffstrahl

3) *Kerntechnik:* ∕ Brutreaktor.
4) *Optik:* mehrlinsiges System negativer Brennweite, das zur Änderung des Abbildungsmaßstabes zw. Objektiv und Kamera gesetzt wird; verlängert die Brennweite eines opt. Systems und ersetzt so ein entsprechendes Teleobjektiv.
Konvertibilität *die* (Konvertierbarkeit), die Möglichkeit, eine Währung ohne Beschränkungen in eine andere umzutauschen (**volle K., frei konvertierbare Währungen**) im Ggs. zur Devisenbewirtschaftung (∕ Devisen). **Beschränkte K.** liegt vor, wenn der freie Umtausch nur auf bestimmte Personen oder Institutionen (Ausländer, ausländ. Zentralbanken), nur für bestimmte Zwecke (z. B. Zahlungen aus laufenden Transaktionen, Schuldendienste) oder nur auf bestimmte Währungen bezogen ist. Freie K. ist eine wesentl. Voraussetzung für unbeschränkten internat. Güter- und Zahlungsverkehr.
Konvertierung, *Informatik:* die Umwandlung von Daten und Programmen (z. B. von formatierten Texten) von einem Format in ein anderes. Unter Format ist dabei die Gesamtheit von Art, Aufbau, Anordnung u. a. der Daten sowie die Bedeutung von Steuerzeichen zu verstehen. K. können z. B. erforderlich sein, wenn Daten von einem Computer auf einen anderen übertragen werden sollen.
konvex [lat.], **1)** *Mathematik:* Bez. für eine Punktmenge, wenn sie zu je zwei Punkten auch deren Verbindungsstrecke enthält.
2) *Optik:* nach außen gewölbt (z. B. bei ∕ Linsen); Ggs.: konkav.
Konvikt [lat.] *das,* i. d. R. von den Kirchen unterhaltenes Wohnheim für Theologiestudenten.
Konvoi [kɔn'vɔi, 'kɔnvɔi; frz.-engl., eigtl. »Geleit«] *der* (Convoi), Geleitzug; Verbandzug aus Handelsschiffen, der von Kriegsschiffen gegen Angriffe feindl. See- und Luftstreitkräfte gesichert wird; auch von Truppen begleitete Transportkolonne zu Land sowie allg. (zusammengehörende) Fahrzeugkolonne.
Konvolut [lat.] *das, Medizin:* Knäuel; z. B. miteinander verwachsene oder verklebte Darmschlingen.
Konvulsion [lat.] *die, Medizin:* aus schnell aufeinander folgenden Muskelzuckungen bestehender Krampf (Schüttelkrampf) bei bestimmten Erkrankungen des Zentralnervensystems.
Konwitschny [-ni], **1)** Franz, Dirigent, * Fulnek (bei Ostrau) 14. 8. 1901, † Belgrad 28. 7. 1962, Vater von 2); war 1949–62 Gewandhauskapellmeister in Leipzig, 1953–55 Generalmusikdirektor der Staatsoper Dresden, seit 1955 der Dt. Staatsoper Berlin.
2) Peter, Opernregisseur, * Frankfurt am Main 21. 1. 1945, Sohn von 1); 1986–90 am Landestheater Halle engagiert, begründete er mit seiner szen. Interpretation von Opern G. F. Händels eine neue Ära der Händel-Pflege (»Rinaldo«, 1987); Gastregisseur an versch. Opernhäusern (u. a. mit W. A. Mozarts »Cosi fan tutte«, Graz 1993; R. Wagners »Parsifal«, München 1995; R. Strauss' »Daphne«, Essen 1999).
Konya, Hptst. der türk. Provinz K. in Inneranatolien, 1 027 m ü. M., 584 800 Ew.; Univ., theolog. Hochschule, sechs Museen; Getreidehandel, Nahrungsmittel-, Papier- und Metallind., Teppichherstellung; Flughafen. – Zahlreiche Moscheen und Medresen, u. a. Alaeddin-Moschee (1155–1221), Büyük-Karatay-Medrese (1251/52, heute Fayencenmuseum), Ince-Minare-Medrese (1258–79) u. a. Medresen des 13. Jh. Im Kloster Mewlana der »tanzenden Derwische« (heute islam. Museum) befindet sich das Mausoleum des islam. Mystikers Djalal od-Din Rumi (1274, das in die spätere Bausubstanz des 16. Jh. einbezogen ist); Selimiye-Moschee (zw. 1566 und 1574). – Besteht seit dem 8. Jh. v. Chr.; in byzantin. Zeit **Ikonion**; um 1080 von den Seldschuken erobert, ab etwa 1134 Hptst. der Rum-Seldschuken; gehörte 1397–1402 und endgültig ab 1466/67 zum Osman. Reich.
Kónya ['ko:njɔ], Sándor, Sänger (Tenor) ungar. Herkunft, * Sarkad (bei Gyula) 23. 9. 1923, † auf Ibiza 20. 5. 2002; debütierte 1951 in Bielefeld, wurde 1955 Mitgl. der Städt. Oper Berlin und trat 1961 erstmals an der Metropolitan Opera in New York auf; bekannt geworden als Wagner-Sänger (u. a. Lohengrin bei den Bayreuther Festspielen) und als Interpret italien. und frz. Partien.
Konz, Stadt im Landkreis Trier-Saarburg, Rheinl.-Pf., an der Mündung der Saar in die Mosel, 17 920 Ew.; Volkskunde- und Freilichtmuseum; Textilind., Maschinenbau, Kunststoffverarbeitung; Weinbau. Seit 1987 ist die Saar zw. Dillingen/Saar und K. für Schiffe bis 3 320 t befahrbar. – Um 370 fand die Moselbrücke, die im MA. von großer strategischer Bedeutung war, erste Erwähnung. – Moderne Kirche über Resten einer röm. Kaiservilla. – Seit 1959 Stadt.
Konzelebration, *lat.* und *ostkirchl. Liturgie:* die gemeinsame Feier einer liturg. Handlung, bes. der Messe und der Göttl. Liturgie, durch mehrere Geistliche (Konzelebranten).
Konzentration [lat. »Zusammenballung«] *die,* **1)** *Chemie:* der Mengenanteil einer bestimmten Komponente in einer Mischphase (Gasgemisch, Lösung, Mischkristall). Größen, die die quantitative Zusammensetzung einer Mischung angeben, heißen **Zusammensetzungsgrößen (Gehaltsgrößen,** früher **Konzentrationsmaße).**
Man unterscheidet **Massen-K.** (Partialdichte) m_i/V, **Volumen-K.** V_i/V und **Stoffmengen-K.** (früher Molarität) $c_i = n_i/V$, wobei m_i, V_i, n_i Masse, Volumen oder Molzahl eines Stoffes i (Stoffmenge) im Volumen V der Mischphase bedeuten. Weitere Stoffmengen-K. sind die ∕ Äquivalentkonzentration (früher Normalität) und die ∕ Molalität. – Neben diesen K.-Größen sind folgende Gehaltsanteile gebräuchlich: **Volumenprozent,** Vol.-% = 100 · (Volumen des Stoffes i / Gesamtvolumen), **Masse(n)prozent** (häufig

unkorrekt Gewichtsprozent, Gew.-%, genannt), Massen-% = 100 · (Masse des Stoffes i/Gesamtmasse), **Molprozent,** Mol-% = 100 · Molenbruch = 100 · (Molzahl des Stoffes/Gesamtmolzahl). Ohne den Faktor 100 werden diese Größen als **Volumen-, Massen-** und **Stoffmengenanteil** (veraltet Molenbruch) bzw. **-gehalt** oder **-bruch** bezeichnet. (↗ pp-Einheiten)

2) *Psychologie:* aktive, interessenbedingte Aufmerksamkeit.

3) *Wirtschaft:* Ballung ökonom. Größen, einschl. der Verfügungsgewalt; wird v. a. untersucht bei Unternehmensgrößen (↗ Unternehmenskonzentration), bei der räuml. Verteilung von Produktionsstätten (↗ Ballungsgebiet) sowie bei der Verteilung von Einkommen und Vermögen (↗ Einkommensverteilung).

Konzentrationslager, Abk. **KZ, KL,** Massenlager, die Elemente des Arbeits-, Internierungs- und Kriegsgefangenenlagers sowie des Gefängnisses und Gettos vereinigen. Vorläufer waren südstaatl. Kriegsgefangenenlager im nordamerikan. Sezessionskrieg und im Burenkrieg von Lord Kitchener 1901 für die Zivilbev. eingerichtete Lager. – Im nat.-soz. Dtl. wurden nach der Notverordnung vom 28. 2. 1933 polit. Gegner (Kommunisten, Sozialdemokraten u. a.) ab März 1933 in polizeil. »Schutzhaft« genommen. Erste K. waren das von Himmler am 20. 3. 1933 bei Dachau errichtete K. und die SA- und SS-Lager im Berlin (Oranienburg). 1934–37 wurden die K. der SA und die »wilden« Lager geschlossen. Die »staatl.« Lager (1937/38 Dachau, Sachsenhausen, Buchenwald, dann Groß-Rosen, Flossenbürg, Neuengamme, Ravensbrück [Frauen-KZ]; nach dem »Anschluss« Österreichs Mauthausen) unterstanden ab 1934 dem Inspekteur der K., der auch der Führer der bei den K. kasernierten SS-Wachverbände und SS-Totenkopfverbände war. Ab 1935 wurde nicht nur die Ausschaltung aller Regimegegner angestrebt, sondern auch aller Personengruppen, die aus ideolog. (Bibelforscher, Geistliche), rass. und nationalist. (Juden, Polen, Sinti und Roma, Emigranten) oder vorgeblich sozialen Gründen (»Arbeitsscheue« und »Asoziale«, »Gewohnheitsverbrecher«, Homosexuelle) zu »Volksschädlingen« deklariert wurden. Ab 1938 wurden die K. für den Zwangsarbeitseinsatz für Projekte der SS, später für die Rüstungsind. genutzt. Nach Kriegsbeginn wurde die Inspektion der K. dem neuen SS-Wirtschaftsverwaltungshauptamt (WVHA) eingegliedert; das Netz von Haupt- und Nebenlagern wurde zunehmend ausgebaut (Neuerrichtung von KZ u. a. in Bergen-Belsen, Mittelbau Dora bei Nordhausen). 1944 bestanden 20 K. mit 165 angeschlossenen Arbeitslagern. Die Mehrzahl der seit Kriegsausbruch Neuinhaftierten waren Angehörige besetzter Länder (u. a. in den KZ Stutthoff, s'Hertogenbosch, Natzweiler, Theresienstadt, Auschwitz, Majdanek und Riga). Bis März 1942 stieg die Zahl der K.-Häftlinge auf 100 000, bis Jan. 1945 auf rd. 715 000, die von 40 000 SS-Leuten bewacht wurden. In den meisten K. wurden medizin., nahrungsmittelchem. und andere Versuche an Häftlingen durchgeführt. V. a. ab 1943 kam es zu Massenvernichtungen von körperlich und psychisch kranken Häftlingen, Polen und sowjet. Kriegsgefangenen. Ab 1941 wurden ↗ Vernichtungslager eingerichtet: Dort und in den K. wurden bis 1945 mindestens zw. 5 und 6 Mio. jüd. und 500 000 nichtjüd. Häftlinge getötet (Holocaust). – Zu den K.-Prozessen nach dem Zweiten Weltkrieg ↗ Nürnberger Prozesse. – In der SBZ bestanden 1945–50 in den K. Buchenwald und Sachsenhausen Sonderlager des NKWD für dt. Zivilpersonen (↗ Internierungslager). – K. wurden auch in der UdSSR (Zwangsarbeitslager; ↗ GULAG) sowie von den Militärjunten in Griechenland (1967–74) und Chile (1973–89) eingerichtet, später im Krieg auf dem Balkan (1992–95).

konzentrieren [lat.], 1) *allg.:* zusammenziehen, sammeln; sich (geistig) sammeln.

2) *Chemie:* eine Lösung durch teilweises Abdampfen oder Abdunsten des Lösungsmittels anreichern, eindicken bzw. sättigen.

konzentrisch, mit gemeinsamem Mittelpunkt, um einen gemeinsamen Mittelpunkt angeordnet.

Konzept [lat. conceptus »das Zusammenfassen«] *das,* 1) erste Niederschrift, Entwurf eines Schriftstücks; 2) klar umrissener Plan, Programm für ein Vorhaben.

Konzeption [lat.] *die,* 1) Entwurf eines Werkes, schöpfer. Einfall; Gesamtentwurf.

2) *Medizin:* die ↗ Empfängnis.

Konzeptions|optimum, das ↗ Befruchtungsoptimum.

Konzeptionsverhütung, die ↗ Empfängnisverhütung.

Konzeptismus *der* (Conceptismo), Stilrichtung der span. Literatur in der Barockzeit (F. Gómez de Quevedo y Villegas, B. Gracián y Morales), die spitzfindige Gedanken in überraschender Form auszudrücken sucht und sich dabei des Wortspiels, mehrdeutiger Gedankenfiguren, ungewöhnlicher Metaphern u. Ä. bedient.

Konzeptkunst, die ↗ Concept-Art.

Konzeptualismus [lat. conceptus »Gedanke«, »Begriff«] *der, Philosophie:* im Universalienstreit des MA. zw. Realismus und Nominalismus vermittelnde Lehre, dass die allgemeinen Begriffe weder Realität noch bloße Wörter seien, sondern das dem Seienden Gemeinsame zusammenfassen; v. a. von W. von Ockham vertreten.

Konzeptualisten (Moskauer K.), Gruppierung von Moskauer Künstlern und Literaten, die seit Anfang der 1970er-Jahre mit Kollektivaktionen und einer medienübergreifenden Kunst hervorgetreten ist. Sie bedienen sich – grenzüberschreitend zw. Wort- und Bildkunst – spielerisch des Zeichencharakters von Buchstaben und experimentieren mit dem Vertexten von Bildern. Vertreter u. a. I. J. Kabakow.

Konzern [engl.] *der,* Zusammenfassung mehrerer rechtlich selbstständig bleibender Unternehmen zu einer wirtsch. Einheit unter einheitl. Leitung im Unterschied zur Fusion und zum Kartell. Ursachen der K.-Bildung sind z. B. Sicherung einer eigenen Rohstoff- oder Absatzbasis, Erschließung neuer Märkte und Produktionsstandorte, Diversifikation, Bildung größerer techn. Einheiten im Interesse der Senkung der Produktionskosten, Streben nach Marktmacht oder steuerl. Überlegungen. Man unterscheidet u. a. **horizontale, vertikale** und **diagonale K.,** je nachdem, ob es sich um eine Zusammenfassung von Unternehmen der gleichen, aufeinander folgender oder versch. Produktionsstufen handelt; K. auf der Grundlage von Beteiligungsverhältnissen im Sinne der Mehrheitsbeteiligung einer Mutter- an einer Tochtergesellschaft **(fakt. K.)** oder auf vertragl. Basis durch einen Beherrschungsvertrag **(Vertrags-K.);** K., bei denen ein herrschendes Unternehmen einem oder mehreren abhängigen Unternehmen gegenübersteht **(Unterordnungs-K.),** und solche, bei denen die zusammengefassten Unternehmen einander gleichgeordnet sind **(Gleichordnungs-K.).** Das Aktienges. von 1965 versucht das Konzernrecht systematisch zu regeln; es schreibt u. a. die Aufstellung einer ↗ konsolidierten

Bilanz vor. K.-Bildungen unterliegen der ↗Fusionskontrolle.

Konzert [italien.] *das,* **1)** eine auf das Zusammenwirken gegensätzl. Klanggruppen angelegte Komposition. Der Begriff kam mit der Mehrchörigkeit in Italien im 16. Jh. auf und bezeichnete zunächst das Gegeneinanderspielen versch. Klangkörper wie Singstimmen–Instrumente, Chor–Solisten oder Chor–Chor. Wegen des an sich konzertanten Verhältnisses von Sing- oder Instrumentalstimme zum Basso continuo wurde bald auch das solist. Musizieren im Generalbass Concerto genannt. Aus der Übertragung des Concertoprinzips auf die instrumentalen Gattungen Kanzone, Sonate und Sinfonia entstanden Ende des 17. Jh. das **Solo-K.** für ein einziges Soloinstrument und Orchester und das **Concerto grosso,** bei dem eine kleine, solistisch besetzte Strechergruppe (Concertino) einer chorisch besetzten (Tutti, Ripieno) gegenübersteht. A. Vivaldi entwickelte den für das Concerto grosso wie das Solo-K. verbindlich werdenden K.-Typus. Dieser besteht aus einem getragenen Mittelsatz und zwei schnellen Ecksätzen. Vivaldis K.-Form wurde u. a. auch von J. S. Bach übernommen. Solo-K. wurden im Barock hauptsächlich für Violine und Violoncello komponiert. Erste K. für Tasteninstrumente schufen J. S. Bach und G. F. Händel. Im Laufe des 18. Jh. wurde die zunächst in der Orchester- und Klaviermusik ausgebildete Sonatensatzform auf das K. übertragen. Das Solo-K. wurde durch Mozart eine Hauptgattung der Wiener Klassik. An Beethovens sinfon. Klavier-K. und sein Violin-K. knüpften R. Schumann und Brahms an; daneben wurde im 19. Jh. das Virtuosen-K. für Klavier (F. Mendelssohn Bartholdy, F. Chopin, F. Liszt, C. Saint-Saëns, S. W. Rachmaninow u. a.) und für Violine (N. Paganini, L. Spohr, M. Bruch u. a.) bes. gepflegt. Im 20. Jh. schufen bed. K. für Violine A. Berg, K. Penderecki, für Klavier F. Busoni, M. Reger, A. Chatschaturjan; beide Instrumente bedachten u. a. I. Strawinsky, P. Hindemith, A. Schönberg, S. Prokofjew, B. Bartók, H. W. Henze, A. Schnittke.
2) Musikaufführung. Die ersten öffentl. K. veranstalteten die 1725 gegr. Concerts spirituels in Paris.

konzertant, *Musik:* konzertmäßig, z. B. die konzertante Aufführung einer Oper.

Konzert der europäischen Mächte, ↗Europäisches Konzert.

konzertierte Aktion, nach § 3 Stabilitätsgesetz das aufeinander abgestimmte Verhalten von Gebietskörperschaften (Bund, Länder) und Tarifpartnern (Gewerkschaften, Arbeitgeberverbände) zur Erreichung der gesamtwirtsch. Ziele Preisstabilität, hoher Beschäftigungsstand, außenwirtsch. Gleichgewicht sowie stetiges und angemessenes Wirtschaftswachstum; zugleich auch Bez. für das 1967 eingerichtete, seit Ende der 1970er-Jahre nicht mehr einberufene Gesprächsforum als Instrument der Globalsteuerung. Seit 1989 besteht die **Konzertierte Aktion im Gesundheitswesen** als Beratungsgremium mit Vertretern der an der gesundheitl. Versorgung der Bev. beteiligten Gruppen (z. B. Krankenkassen, Ärzte, Apotheker).

Konzertmeister, der 1. Geiger eines Orchesters, der das Einstimmen leitet, solistisch wirkt und in den Proben zuweilen auch den Dirigenten vertritt. In Hofkapellen des 17.–19. Jh. war der K. der Leiter eines Instrumentalensembles.

Konzertzeichner, *Börsenwesen:* Spekulant, der bei Neuemission von Wertpapieren in Erwartung beschränkter Zuteilung mehr Stücke zeichnet, als er eigentlich erwerben möchte. K. beabsichtigen meist, diese Wertpapiere bald wieder mit Gewinn zu verkaufen.

Konzession [lat.] *die, Verwaltungsrecht:* personen- und/oder sachbezogene behördl. ↗Erlaubnis zum Betrieb eines nicht völlig erlaubnisfreien Gewerbes; von der Gewerbeordnung nur in Bezug auf die Erlaubnis zum Betrieb von Privatkliniken verwendet.

Konzessions|abgabe, vertragsmäßige, periodisch wiederkehrende Zahlung von Unternehmen für die Einräumung eines bevorzugten Nutzungsrechtes an öffentl. Eigentum; im kommunalen Bereich Entgelte, die ein Versorgungs- oder Nahverkehrsunternehmen für die Überlassung des Wegerechts für Leitungen und Schienen und/oder für die Überlassung der Versorgung mit Elektrizität, Gas und Wasser an die Gebietskörperschaft zahlt.

Konzessivsatz, Einräumungssatz; Teilsatz, der einen Einwand zu dem im anderen Teilsatz formulierten Sachverhalt geltend macht (↗Syntax, Übersicht).

Konzil [lat.] *das* (grch. Synode), **1)** *allg.:* Zusammenkunft, Versammlung.
2) *christl. Kirchen:* die Versammlung von kirchl. Repräsentanten zur Beratung und Entscheidung (gesamt)kirchl. Angelegenheiten; in der kath. Kirche und in den orth. Kirchen v. a. Bez. für die Versammlung der Bischöfe. Das kath. Kirchenrecht unterscheidet zw. den vom Papst einberufenen Universalkonzilen (**ökumen. K.**) und den mit Zustimmung des Papstes einberufenen Partikularkonzilen der Teilkirchen (**Plenar-K.** für eine Kirchenregion [Bischofskonferenz]; **Provinzial-K.** für eine Kirchenprovinz). Die orth. Kirchen erkennen – im Ggs. zur kath. Kirche – nur die sieben K. des 4.–8. Jh. als ökumen. K. an (↗ökumenisches Konzil).

Konziliarismus [lat.] *der,* im MA. in der abendländ. Kirche durch die kirchl. Rechtswiss. (Kanonistik) entwickelte Auffassung, dass ein allg. (ökumen.) Konzil die höchste Instanz in der (kath.) Kirche ist, dessen Beschlüsse auch päpstl. Entscheidungen übergeordnet sind. Seinen Höhepunkt erlebte der K. auf den Konzilen von Konstanz (1414–18) und Basel (1431–49), wo der K. formell dekretiert wurde. Die Gegenposition (↗Unfehlbarkeit und Jurisdiktionsprimat des Papstes) wurde durch das 1. Vatikan. Konzil (1869/70) beschlossen. Das 2. Vatikan. Konzil (1962–65) nahm Elemente des K. in die Kirchenverf. auf (↗Episkopalismus).

Koog, *der,* eingedeichtes Marschland an der schleswig-holstein. W-Küste. (↗Landgewinnung)

Koolhaas, Rem, niederländ. Architekt, *Rotterdam 17. 11. 1944; Vertreter des Dekonstruktivismus; gründete 1975 das niederländ. »Office for Metropolitan Architecture« (OMA). Zu den Hauptwerken gehören u. a. das Niederländ. Tanztheater in Den Haag (1984–88), die Kunsthalle in Rotterdam (1987–92) und die Multifunktionshalle »Congrexpo« in Lille (1995 eröffnet). K. erhielt 2000 für sein Schaffen den Pritzker-Preis.

Kooning, Willem de, amerikan. Maler niederländ. Herkunft, *Rotterdam 24. 4. 1904, †East Hampton (N. Y.) 19. 3. 1997; seit 1926 in den USA, einer der führenden Vertreter des abstrakten Expressionismus; kehrte zeitweilig zu einer mehr gegenständl. Malerei zurück. – Abb. S. 2564

Koons ['kuːnz], Jeff, amerikan. Künstler, *York (Pa.) 21. 1. 1955; beruft sich auf die ästhet. Strategien der Pop-Art; inszeniert vulgäre Kaufhausobjekte, deren Geschmacklosigkeit er auf die Spitze treibt. Seine Liaison mit dem italien. Pornostar Ilona Staller stilisierte er um 1990 als öffentl. Ereignis.

Tjalling C. Koopmans

Ko|operation [lat.] *die,* **1)** *allg.:* Zusammenarbeit.

2) *Wirtschaft:* als betriebl. K. die Zusammenarbeit zw. den Aufgabenträgern in einer Organisation; als zwischenbetriebl. K. die Zusammenarbeit rechtlich selbstständiger Unternehmen bezüglich einzelner Projekte oder Unternehmensbereiche (z. B. Forschung und Entwicklung, Vertrieb). Formen zwischenbetriebl. K. sind u. a. Gemeinschaftsunternehmen, Konsortium, strateg. Allianz.

Ko|operationsprinzip, Grundsatz der Umweltpolitik, nach dem gesellschaftl. Gruppen am umweltpolit. Willensbildungs- und Entscheidungsprozess möglichst frühzeitig beteiligt werden. Durch eine Kooperationslösung mit Verträgen und Absprachen im Sinne von Selbstverpflichtungen soll umweltschädl. Verhalten vermieden werden.

Koopman, Ton, niederländ. Organist, Cembalist und Dirigent, *Zwolle 2. 10. 1944; lehrt an den Konservatorien in Amsterdam und Rotterdam; machte sich v. a. als Interpret der Musik des 17. und 18. Jh. einen Namen.

Koopmans, Tjalling Charles, amerikan. Volkswirtschaftler niederländ. Herkunft *'s Graveland (Prov. Nordholland) 28. 8. 1910, †New Haven (Conn.) 26. 2. 1985; Prof. in Chicago (1946–55) und an der Yale University (1955–81); erhielt 1975 mit L. W. Kantorowitsch für Arbeiten zur Theorie der optimalen Allokation der Ressourcen den Nobelpreis für Wirtschaftswissenschaften.

ko|optieren [lat.], jemanden durch eine Nachwahl zusätzlich in eine Körperschaft aufnehmen.

Ko|ordinaten [lat.], **1)** *Astronomie:* ↗ astronomische Koordinaten.

2) *Mathematik:* Größen, durch die die Lage von Punkten und Punktmengen (z. B. Kurven, Flächen) in der Ebene oder im n-dimensionalen Raum in einem **K.-System** festgelegt wird.

Am häufigsten ist das **kartes. (rechtwinklige) K.-System.** Im Fall der Ebene ($n = 2$) besteht es aus zwei zueinander senkrechten Zahlengeraden (**K.-Achsen**), die das **Achsenkreuz** bilden. Ihr gemeinsamer Schnittpunkt wird **Ursprung** oder **Nullpunkt** genannt. Die Orientierung der Achsen, die die Ebene in vier Gebiete (**Quadranten**) teilen, ist so festgelegt, dass die positive x-Achse durch eine Drehung entgegen dem Uhrzeigersinn in die positive y-Achse übergeht. Es sei P ein Punkt der Ebene. Schneidet die Parallele durch P zur y-Achse die x-Achse in x_P (**x-K., Abszisse**) und die Parallele durch P zur x-Achse die y-Achse in y_P (**y-K., Ordinate**), so kann man dem Punkt P eineindeutig das Zahlenpaar (x_P, y_P) zuordnen. – Das kartes. K.-System im (dreidimensionalen) Raum ist ähnlich aufgebaut. Es besteht jedoch aus drei K.-Achsen, die paarweise rechtwinklig zueinander sind. – Kartes. und **schiefwinklige K.-Systeme** bei denen die K.-Achsen nicht rechtwinklig zueinander stehen, werden als **Parallel-K.-Systeme** bezeichnet. Neben diesen werden **krummlinige K.** (bzw. K.-Systeme) angewendet: Bei **Polar-K.** wird die Lage eines Punkts durch seinen Abstand vom Nullpunkt (Radiusvektor φ) und den Winkel (Polarwinkel r) festgelegt, den der Leitstrahl mit einer festen Achse, der Polarachse, einschließt. Die ebenen Polar-K. lassen sich z. B. zu räuml. **Zylinder-** oder **Kugel-K.** erweitern. – Der Übergang eines K.-Systems in ein anderes (**K.-Transformation**) ist durch Transformationsgleichungen möglich.

Ko|ordination [lat.] *die,* **1)** *allg.:* Zuordnung, Beiordnung.

2) *Chemie:* in Komplexverbindungen und im Kristallgitter die Anordnung (Struktur und Bindungsverhältnisse) der benachbarten Atome, Ionen und Atomgruppen (Liganden) um das Zentralatom oder -ion.

3) *Physiologie* und *Psychologie:* das vom Zentralnervensystem gesteuerte, den jeweiligen Gegebenheiten angepasste, geordnete und harmon. Zusammenspiel der Skelettmuskeln. Auch das harmon. Zusammenwirken rhythm. Bewegungsabläufe zweier oder mehrerer zentralnervöser Automatismen, z. B. beim Schreiben oder bei der Bedienung einer Maschine.

Ko|ordinationsverbindungen, chem. Verbindungen höherer Ordnung, bei denen ein **Zentralatom** von mehreren Atomen, Ionen oder Molekülen, den **Liganden,** umgeben ist. Die Zahl der Liganden (**Koordinationszahl**) ist unabhängig von der Wertigkeit des Zentralatoms und hängt vom verfügbaren Raum ab. K. bilden regelmäßige räuml. Anordnungen, z. B. Tetraeder mit der Koordinationszahl 4. Die aus Zentralatom und Liganden bestehende geschlossene Atomgruppe wird kurz als **Komplex** bezeichnet und bei den Formelzeichen durch eckige Klammern zusammengefasst, z. B.: Natriumhexafluoroaluminat (Kryolith), $Na_3[AlF_6]$. Die K. bilden eine große Gruppe der ↗Komplexverbindungen. – Bei den K. handelt es sich meist um Komplexionen, seltener um ungeladene Komplexe. Das Zentralatom (oder -ion) ist häufig ein Schwermetallion (meist ein Übergangsmetall-Kation), kann aber auch ein Nichtmetallatom sein. Es gibt neutrale, anionische und (seltener) kationische Liganden, z. B. Halogenid-, Hydroxid- und Cyanidionen oder Wasser-, Ammoniak- und Kohlenmonoxid-

Willem de Kooning: Untitled X (1976; Baden-Baden, Sammlung Frieder Burda)

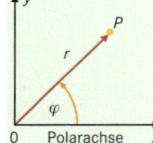

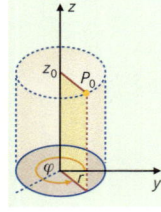

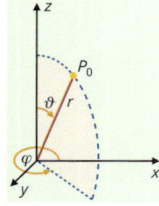

Koordinaten 2): ebene Polarkoordinaten, Zylinderkoordinaten und Kugelkoordinaten (von oben)

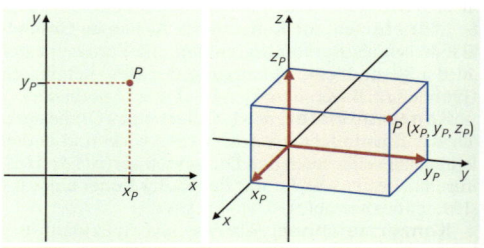

Koordinaten 2): kartesische Koordinaten in der Ebene (links) und im Raum

moleküle. Liganden können schwache heteropolare Bindungen (Ion-Ion-Bindung, Ion-Dipol-Bindung) zum Zentralteilchen ausbilden oder durch gemeinsame Elektronenpaare (koordinative chem. Bindung) fester gebunden sein (ältere, aber vielfach gebräuchl. Bez.: **Anlagerungs-** bzw. **Durchdringungskomplexe**). Theoretisch beschrieben werden die Bindungsverhältnisse der Komplexverbindungen heute v. a. mit der ∕ Ligandenfeldtheorie. K. mit so genannten mehrzähnigen Liganden, die mehrere Koordinationsstellen am Zentralteilchen besetzen, heißen ∕ Chelate. Mehrkernige K. enthalten mehrere Zentralatome.

Von besonderer Bedeutung sind heute u. a. Komplexe mit organ. Liganden; viele Spurenelemente sind im Körper als K. an Proteine oder einfachere Ringsysteme gebunden (z. B. Hämoglobin, Chlorophyll). Industriell werden K. zur Bildung gefärbter Komplexe für die Kolorimetrie und Textilfärbung sowie für Wasch- und Reinigungsmittel, Korrosionsschutzmittel, in der Polymerisationstechnik und chem. Analyse angewendet.

Ko|ordinatograph [lat.-grch.] *der* (Koordinator), in der Geodäsie, Kartographie, Photogrammetrie u. a. verwendetes Gerät zum genauen Kartieren von Punkten oder Abgreifen von Koordinaten.

ko|ordinierte Weltzeit, ∕ UTC.

Kootenay [ˈkuːtneɪ] *der,* linker Nebenfluss des Columbia River in Kanada und den USA, 781 km lang, entspringt in den kanad. Rocky Mountains, durchfließt im SO von British Columbia den **K. National Park** (1 378 km², 1920 errichtet; zus. mit den Nationalparks Banff, Jasper und Yoho UNESCO-Weltnaturerbe), mündet bei Castlegar.

Kopaïs *die,* oberirdisch abflussloses Beckenlandschaft in Böotien, Griechenland, nimmt den Seeboden des ehem. Kopaissees ein. Der durch starke Wasserstandsschwankungen und unterird. Abfluss charakterisierte See wurde 1883–92 durch Entwässerungskanäle trockengelegt und in Ackerland (Baumwollanbaugebiet) umgewandelt.

Kopaivabaum (Kopaibabaum, Copaifera), Gattung der Caesalpiniengewächse im trop. Amerika und Afrika; Bäume mit paarig gefiederten Blättern. Das Holz führt Balsam (Kopaivabalsam), Ausgangsstoff für Kopaivabalsamöl.

Kopal [span.-indian. copal »Harz«] *der* (Kopalharz), Sammelbez. für Harze, die in Afrika, Südamerika und auf den Philippinen gegraben werden (fossile K.), z. T. aber auch von Bäumen wie dem Kopalbaum, einem in Indien heim. Flügelfruchtgewächs, und der Kaurifichte gewonnen werden. Verwendung als Spachtelmasse und für Lacke.

Kopalfichte, ∕ Kaurifichte.

Kopeke [russ.] *die,* kleine Währungseinheit in Russland; 1 K. = $\frac{1}{100}$ Rubel; 1535–1719 in Silber, 1656–63 und 1701–1924 in Kupfer, ab 1926 in Aluminiumbronze geprägt. Die K. ist auch Währungseinheit in der Ukraine und in Weißrussland.

Kopelent, Marek, tschech. Komponist, *Prag 28. 4. 1932; war 1965–73 künstler. Leiter des Ensembles »Musica Viva Pragensis«, daneben Mitgl. der 1967 gegr. Prager Gruppe »Neue Musik«; bezieht in seine Musik, die sich aus differenzierten Klangflächen aufbaut, auch sprachl. und gestische Elemente ein; schrieb Orchesterwerke (»Musique concertante« für Violoncello solo, 12 Violoncelli und Orchester, 1992), Kammermusik und Vokalwerke.

Kopelew, Lew Sinowjewitsch, russ. Literaturwissenschaftler und Schriftsteller, *Kiew 9. 4. 1912, †Köln 18. 6. 1997; Propagandaoffizier im Zweiten Weltkrieg; 1945 zu zehn Jahren Lagerhaft verurteilt,

Kopenhagen: Blick über die Stadt

1956 rehabilitiert; danach v. a. als Übersetzer (bes. dt. Literatur) tätig; lebte in der Bundesrep. Dtl. (1981 aus der Sowjetunion ausgebürgert, 1990 rehabilitiert), erhielt 1981 den Friedenspreis des Dt. Buchhandels; schrieb u. a. den autobiograf. Roman über den Zweiten Weltkrieg »Aufbewahren für alle Zeit« (1975), Erinnerungen (»Und schuf mir einen Götzen«, 1978; »Tröste meine Trauer«, 1981), »Ein Dichter kam vom Rhein. Heinrich Heines Leben und Leiden« (1981), »Der Wind weht, wo er will« (Prosa, 1988).

Kopenhagen (dänisch København), Hptst. Dänemarks, am Öresund im O der Insel Seeland und auf Amager, durch eine feste Verbindung über den Öresund mit Malmö verbunden, 500 500 Ew. (ohne die weitgehend integrierte, aber verwaltungsmäßig selbstständige Enklave Frederiksberg und die nördlich anschließende Nachbarstadt Gentofte), als Agglomeration 1,085 Mio. Ew.; K. ist königl. Residenz, Sitz der Ministerien, des Folketing (Parlament), des Obersten Gerichtshofs, des Europ. Umweltamtes, eines evang.-luther. und eines kath. Bischofs, hat Univ. (gegr. 1479), TH, Ingenieurakademie, Veterinär- und Landwirtschaftshochschule, PH, zahnärztl., pharmazeut., Handelshochschule, Akademie der Wiss., königl. Akademie der schönen Künste, königl. Konservatorium, Opernakademie, bed. Bibliotheken, Theater, Museen (Thorvaldsen-, National-Museum, Glyp-

Lew Kopelew

Kopenhagen Stadtwappen

Kopenhagen: Bronzefigur der »Kleinen Meerjungfrau« von E. Eriksen (1913)

tothek, Hirschsprungsche Sammlung dän. Kunst, Louisiana-Museum); Vergnügungspark Tivoli (eröffnet 1843). Wichtigste Handels- und Ind.stadt Dänemarks: Werften, Motorenbau, Kabelwerke, Medizintechnik, Informationstechnologie, Pharma-, Textil- und Bekleidungs-, chem., Nahrungsmittel-, graf., Papier-, Porzellanind., Großbrauereien. Bed. Hafen, Fährverbindungen nach Bornholm; Flottenstützpunkt; internat. Flughafen in Kastrup auf Amager. – Die 1971 auf einem ehem. Kasernengelände im Stadtteil Christianshavn als »soziales Experiment« gegr. »Freistadt Christiania« erhielt 1986 von der Reg. einen begrenzten legalen Status.

Nikolaus Kopernikus

Stadtbild: Bed. sind u. a. die im holländ. Renaissancestil erbaute Börse (1619–40), Trinitatiskirche (1637–56) mit Rundem Turm (1642; früher Sternwarte), Holmens- (1619), Erlöserkirche (1682–96); die Frederikskirche (Marmorkirche, 1749–1894); die klassizist. Frauenkirche (urspr. die älteste Kirche; Dom) und die Schlosskirche (beide 19. Jh.); die Grundtvigkirche (1919 ff.) und das Rathaus (1892–1905); zahlr. Schlösser, v. a. Schloss Rosenborg (17. Jh.), Schloss Christiansborg (18. Jh.; wieder aufgebaut 1907–28) und das Rokokoschloss Amalienborg (18. Jh.). Wahrzeichen der Stadt ist die Bronzefigur der »Kleinen Meerjungfrau« (von E. Eriksen, 1913) auf einem Felsen am Hafen. Zu den bemerkenswerten Neubauten gehört das Museum für moderne Kunst (»Arken«) von Søren Robert Lund in Ishøj bei K. (1996 eröffnet).

Geschichte: Das im 11. Jh. erstmals als Fischerdorf Havn erwähnte K. (urspr. Købmandshavn »Kaufmannshafen«) kam im 12. Jh. in den Besitz des Bischofs Absalon (Bau einer Burg) und erhielt 1254 Stadtrecht. Unter König Erich VII. wurde K. 1416 Hptst. der seit 1397 vereinigten drei nord. Reiche (Kalmarer Union); seit 1443 königl. Residenz (starke Bautätigkeit unter König Christian IV. [1588–1648]). Brände (1728, 1795) und die Beschießung der Stadt durch brit. Kriegsschiffe (1807) richteten große Zerstörungen in K. an. 1894 Eröffnung des Freihafens.

Kopenhagener Deutung [nach der Wirkungsstätte von N. Bohr], die von N. Bohr und W. Heisenberg 1926/27 gegebenen Antworten auf die erkenntnistheoret. Grundfragen der modernen Quantentheorie (↗Quantenmechanik). Die K. D. interpretiert das Quadrat der ↗Wellenfunktion eines quantenmechan. Problems als Wahrscheinlichkeit für sein »potenziell« mögl. Verhalten; erst im Augenblick der Messung wird eine Entscheidung für ein »aktuelles« Verhalten getroffen.

Kopenhagener Porzellan, Porzellan der 1774 gegr. Porzellanmanufaktur in Kopenhagen (zw. 1780 und 1800 Blütezeit unter dt. und frz. Einfluss). Berühmteste Schöpfung ist das Service »Flora Danica« (1790–1802) für die Kaiserin Katharina II. von Russland.

Köpenick, ehem. Stadtbezirk von ↗Berlin.

Köpenickiade *die,* svw. Streich, Gaunerei, benannt nach der Besetzung des Rathauses in Köpenick am 16. 10. 1906 durch den arbeitslosen Schuhmacher W. Voigt, der in Hauptmannsuniform den Bürgermeister verhaftete und die Stadtkasse beschlagnahmte. Schauspiel von C. Zuckmayer (1931, verfilmt).

Köper [zu niederländ. keper »Balken«, »Sparren (im Wappen)«] *der* (frz. Croisé oder Serge, engl. Twill), *Textiltechnik:* eine der drei Grundbindungen (↗Bindung) in der Weberei sowie in K.-Bindung hergestellte Gewebe, deren charakterist., schräg verlaufende Streifenstruktur durch Berührung der Bindungspunkte in der Diagonalen entsteht.

kopernikanisches Weltsystem, das von N. ↗Kopernikus aufgestellte heliozentr. Weltsystem (↗heliozentrisch).

Kopernikus [latinisiert aus Koppernigk] (Copernicus, poln. Kopernik) Nikolaus, Astronom und Mathematiker, *Thorn 19. 2. 1473, †Frauenburg (heute Frombork) 24. 5. 1543; wurde nach astronom., math. und humanist. Studien 1491–94 in Krakau in das ermländ. Domkapitel zu Frauenburg aufgenommen, setzte seine Studien in Bologna (1496–1500), Rom und Padua fort (Kirchenrecht, Medizin) und promovierte 1503 an der Univ. Ferrara (kanon. Recht). K. lebte nach seiner Rückkehr 1506–12 als Berater seines Onkels, des Bischofs von Ermland, im Schloss zu Heilsberg und übernahm ab 1510 die Verwaltungsaufgaben eines Domherrn zu Frauenburg. Hier arbeitete er seine neuen Ansichten über den Bau des Sonnensystems aus. Nach einem kurzen vorläufigen Bericht über seine astronom. Annahmen (1514) verfasste er »Sechs Bücher über die Umläufe der Himmelskörper« (»De revolutionibus orbium coelestium libri VI«), in denen er das **kopernikan. Weltsystem** begründete, nach dem im Ggs. zu dem geozentr. Weltsystem des Ptolemäus die Sonne der von der Erde und den anderen Planeten umkreiste Mittelpunkt des Sonnensystems ist. Grundlage seiner Theorie bildete die Erklärung der tägl. Umdrehung des Sternhimmels durch die Eigendrehung der Erde und deren jährl. Umlauf um die Sonne, allerdings benutzte er noch die aristotel. Forderungen nach (exzentr.) Kreisbahnen sowie die ↗Epizykeltheorie. Erst 1543 wurde sein Hauptwerk, mit einer sinnentstellenden Vorrede des prot. Theologen A. Osiander (*1498, †1552) versehen, veröffentlicht und 1616 auf den Index gesetzt. Obwohl K. keine exakten Beweise für die Rotation der Erde erbringen konnte, stellte sein heliozentr. Weltsystem eine grundlegende Veränderung der Weltsicht dar **(kopernikan. Wende);** erst die Einführung der Planetenbahnen als Ellipsen durch J. Kepler verhalfen dem heliozentr. Weltbild zum Durchbruch.

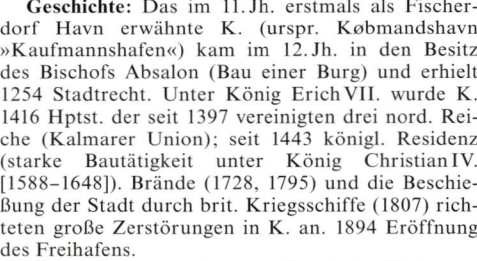

Kopet-Dag (Koppe Dagh), Grenzgebirge zw. Turkmenistan und Iran, rd. 650 km lang, bis 3 117 m ü. M. (in Iran); tertiäres Faltengebirge; häufig starke Erdbeben (↗Aschchabad).

Kopf (Caput), *Anatomie:* beim Menschen und bei den Wirbeltieren, z. T. auch bei Wirbellosen (Insekten und manche Weichtiere) der vom Rumpf abgesetzte, vordere bzw. obere Körperteil, der Gehirn, Sinnesorgane und den Eingang zu Verdauungs- und Atmungsorganen umschließt. Das Skelett des K. der Wirbeltiere ist der ↗Schädel. Der Gehirnteil ist von der derben, sehnigen **K.-Schwarte** und der gefäßreichen behaarten **K.-Haut** bedeckt. (↗Gesicht)

Köpf, Gerhard, Literaturwissenschaftler und Schriftsteller, *Pfronten 19. 9. 1948; schreibt assoziationsreiche Prosa mit vielfältigen literar. Zitaten und Anspielungen (Romane: »Innerfern«, 1983; »Die Strecke«, 1985; »Die Erbengemeinschaft«, 1987; »Eulensehen«, 1989; Erzählungen: »Borges gibt es nicht«, 1991; »Nurmi oder Die Reise zu den Forellen«, 1996).

Kopfblutgeschwulst, ↗Kopfgeschwulst.

Köpfchenschimmel (Mucor), Gattung der Jochpilze; bildet auf Mist, feuchtem Brot u. a. organ. Substraten weißgraue Schimmelrasen.

Kopffüßer (Tintenfische, Tintenschnecken, Cephalopoda), höchstentwickelte Weichtierklasse mit etwa 750 marinen, meist räuberisch lebenden Arten, zu der die größten wirbellosen Tiere gehören. Der

Körper ist plump, flach gedrückt oder lang gestreckt. Am Kopf acht (Achtfüßer) oder zehn (Zehnfüßer) saugnapf- oder hakenbesetzte, äußerst bewegl. Arme zum Ergreifen der Beutetiere und meist hoch entwickelte Linsenaugen, z. T. sehr groß (bis 40 cm Durchmesser). K. schwimmen mit seitl. Flossen, Flossensäumen oder mittels des Trichters, aus dem das in die Mantelhöhle aufgenommene Wasser mit großer Kraft ausgestoßen wird (Rückstoßprinzip). Dabei kann Tinte (Sepia) abgegeben werden. K. sind vielfach zu lebhafter Farbänderung der Haut fähig, tiefseebewohnende K. oft mit Leuchtorganen ausgestattet, die Schalen meist innerlich oder reduziert. K. sind getrenntgeschlechtig. (/ Kraken, / Kalmare).

Kopfgeschwulst (Geburtsgeschwulst), blutigseröser Erguss unter der Kopfhaut des Neugeborenen, der bei Kopflage als vorübergehender Geburtsschaden durch Druckwirkung auftreten kann, auch als Bluterguss (**Kopfblutgeschwulst, Kephalhämatom**) zwischen Schädelknochen und Knochenhaut.

Kopfgrippe, volkstüml. Bez. für die epidem. / Gehirnentzündung.

Kopfholz, als Flechtmaterial verwendetes Holz von regenerationsfähigen Laubbäumen (Weiden, Pappeln, Hainbuchen u. a.), die alle 3–10 Jahre geköpft werden.

Kopfhörer, elektroakust. Wandler zur Umwandlung tonfrequenter Wechselspannungen oder auch digitalisierter Tonsignale in akust. Schwingungen, die direkt ins Ohr abgestrahlt werden; meist als Doppel-K. ausgeführt und mit einem Bügel versehen. Ein **Ohrhörer** ist ein K. ohne Bügel.

Kopfjagd, das Erbeuten von Menschenköpfen, um das im Kopf vermutete Energiepotenzial einer anderen Person für sich nutzbar zu machen; bei Naturvölkern (**Kopfjägern**) verbreitet.

Kopfsauger (Echeneiformes, Discocephali), Ordnung der Knochenfische, bei denen die erste Rückenflosse zu einer lamellenförmigen Saugscheibe umgewandelt ist; mit ihr saugen sich die K. an Haifischen, Thunfischen u. a. fest; sie entfernen auch Hautparasiten. Einzige Familie der K. sind die **Schiffshalter** (Echeneidae) mit acht Arten.

Kopfschmerz (Kopfweh, Cephalgia), dumpfe, diffuse, anfallartig auftretende oder chron. Schmerzempfindungen im Bereich des knöchernen Schädels; u. a. bei Infektionskrankheiten (z. B. Meningitis), Hirntumoren, Stoffwechselstörungen, chron. Vergiftungen, Bluthochdruck, Halswirbelleiden, Brechungsfehlern der Augen oder nervösen Erschöpfungszuständen. K. ist eines der wichtigsten Symptome bei organ. Hirnerkrankungen, bes. bei Tumor; bedarf bei häufigem Auftreten der ärztl. Klärung. Oft handelt es sich um psychovegetative Störungen oder um / Migräne.

Kopfschuppen, Hautabschuppung am behaarten Kopf bei / Seborrhö.

Kopfsteuer, einfachste Form der Personensteuer, bei der jeder Steuerpflichtige ohne Rücksicht auf seine Einkommens- und Vermögensverhältnisse mit dem gleichen Betrag besteuert wird. Der K. liegt die Idee zugrunde, dass sie als Äquivalent für öffentl. Leistungen erhoben wird, an denen jeder Bürger gleichermaßen teilhat. Die in Dtl. 1930 eingeführte **Bürgersteuer** war eine grob abgestufte K.; sie wurde 1942 in die Einkommensteuer einbezogen.

Kopfstimme, *Musik:* die hohe Lage der menschl. Stimme, bei der die Kopfresonanz wesentlich ist; erweitert den Stimmumfang der Bruststimme.

Kopfwelle, die Stoßfront einer / Druckwelle. (/ Mach-Kegel).

Kophosis [grch.] *die, Medizin:* / Taubheit.

Kopie [von lat. copia »Menge«] *die,* **1)** *Bürotechnik:* Abschrift, Durchschrift, originalgetreue Wiedergabe eines geschriebenen Textes. Die maßstabsgetreue Wiedergabe von Dokumenten, Buchseiten u. a. durch fotograf. Kopierverfahren bezeichnet man als **Foto-K.** Beglaubigte F.-Kopien haben Urkundenwert. Als **Mikro(foto)-K.** bezeichnet man eine stark verkleinerte, nur mit Lupe o. Ä. lesbare fotograf. Reproduktion von Schrift- und Bilddokumenten.

2) *graf. Technik:* bei der Druckformherstellung die Übertragung einer Vorlage (Positiv oder Negativ) auf die Druckform oder auf Pigmentpapier.

3) *Kunst:* originalgetreue Nachbildung eines Kunstwerks von fremder Hand (im Unterschied zur Replik) zu Studienzwecken oder auf Bestellung eines Auftraggebers, auch in betrügerischer Absicht (/ Fälschung).

Kopieren, *Fertigungstechnik:* / Nachformen.

Kopierverfahren, Sammelbez. für reprograph. Verfahren, durch die mithilfe von Licht von ebenen Vorlagen (Schriftstücke, Zeichnungen u. a.) Wiedergaben (Ablichtungen, Kopien) und Vervielfältigungen hergestellt werden. Man unterscheidet **Trocken-K.** (elektrostat., photoelektr., thermograph. Verfahren) und **Nass-K.** (fotograf. Verfahren). Bei fotograf. K. verwendet man Silberhalogenidemulsionen für die Kopierschicht, wobei man neben der Reproduktion von Strichvorlagen (graf. Vorlagen) auch Halbtonbilder ohne Verwendung eines Rasters tonwertgetreu wiedergeben kann. Normalerweise erhält man von einer Negativvorlage eine Positivabbildung (Umkehrung der Helligkeitswerte; **Negativ-Positiv-Verfahren**). Beim **Positiv-Positiv-Verfahren (Direktduplikatverfahren)** verwendet man entweder Direktpositivmaterialien oder man führt eine Umkehrverarbeitung durch (Umkehrentwicklung, z. B. für Aufsichtskopien vom Diapositiv, zum Duplizieren eines Films mit Laufbildern). Die genannten Verfahren erfordern i. Allg. die Verarbeitung in einer Dunkelkammer.

Bei den **thermograph. Verfahren** verwendet man gegen Wärmestrahlen empfindl. Kopiermaterialien (z. B. Thermofaxverfahren). Lichtpausen, bes. nach dem Diazotypieverfahren, werden v. a. von Bau- und Konstruktionszeichnungen hergestellt (/ Lichtpause). Die **photoelektr.** und **elektrostat. Verfahren** (/ Elektrofotografie, / Xerographie) haben sich wegen ihrer Schnelligkeit durchgesetzt. Zu den neueren Entwicklungen zählen **digitale Laserkopiersysteme**, bei denen die Vorlage in einem Scanner durch CCD-Sensoren zeilenweise abgetastet und über einen Analog-digital-Wandler in digitale Informationen umgewandelt wird. Von der Abtasteinheit wird die Information über eine Datenleitung zum Drucker weitergeleitet, von einem Laserstrahl auf einen zuvor elektrostatisch aufgeladenen Zwischenträger zeilenweise aufgetragen und anschließend auf unbeschichtetes Papier oder Folie übertragen. Für das Übertragen von Dokumenten über Telefon- und Datenleitungen wurde das / Fax entwickelt.

Kopisch, August, Maler und Schriftsteller, * Breslau 26. 5. 1799, † Berlin 6. 2. 1853; ging nach Besuch der Kunstakademien in Prag und Wien 1823 nach Italien, wo er zus. mit dem Maler E. Fries auf Capri die Blaue Grotte wiederentdeckte; ab 1833 lebte er in Berlin, später in Potsdam, wo er »Die königl. Schlösser und Gärten« (1854) beschrieb. Volkstümlich und humorvoll sind seine Schwänke, Sagen, Novellen und Gedichte, u. a. »Die Heinzelmännchen von Köln«; auch Dramen und Übersetzungen aus dem Italienischen.

Kopit ['kɔpɪt], Arthur, amerikan. Schriftsteller, *New York 10. 5. 1937; satir. und absurde Dramen (»Oh Vater, armer Vater, Mutter hängt dich in den Schrank, und ich bin ganz krank«, 1960; »Indianer«, 1969; »End of the world«, 1984; »Nirvana«, 1991).

Kopp, Georg von (seit 1906), kath. Theologe, *Duderstadt 25. 7. 1837, †Troppau 4. 3. 1914; wurde 1881 Bischof von Fulda, 1887 Fürstbischof von Breslau, 1893 Kardinal; war maßgeblich an der Beilegung des Kulturkampfs beteiligt.

Kopparberg [-bærj], ehem. VerwBez. (Län) in Mittelschweden; 1997 in ⁄ Dalarna umbenannt.

Koppe, Heinrich, Meteorologe und Luftfahrtmesstechniker, *Nordhausen 26. 3. 1891, †Braunschweig 9. 11. 1963; arbeitete für die Sicherheit des Flugverkehrs, entwickelte eine systemat. Lehre des Führens von Luftfahrzeugen mithilfe techn. Mittel (Blindflugverfahren, Selbststeuerung).

Koppe Dagh, Gebirge an der turkmenisch-iran. Grenze, ⁄ Kopet-Dag.

Koppel, 1) *Landwirtschaft:* eingezäuntes Land-, bes. Weidestück.
2) *Musik:* bei Orgel, Cembalo und Harmonium eine Vorrichtung, die es ermöglicht, die Register des einen Manuals auch von einem anderen **(Manual-K.)** oder vom Pedal **(Pedal-K.)** aus zu spielen. Oktav-K. bewirken das Mitklingen der höheren oder der tieferen Oktave des angeschlagenen Tons.

Koppelgetriebe, *Maschinenbau:* das ⁄ Gelenkgetriebe.

Koppeln, ⁄ Navigation.

Koppelungsgeschäft, Vertrag, bei dem der Verkäufer eine Ware oder der Lieferant eine Leistung nur unter der Bedingung abgibt, dass der Erwerber gleichzeitig noch eine andere sachlich oder handelsüblich nicht zugehörige Ware oder Leistung abnimmt. K. können gegen die guten Sitten verstoßen und nichtig sein.

koptische Kunst: »Thronende Gottesmutter inmitten von Aposteln«, untere Frieszone des Apsisfreskos aus dem Apollonkloster in Bawit (7. /8. Jh.; Kairo, Koptisches Museum)

Kopper, Hilmar, Bankmanager, *Oslanin (heute poln. Osłonino, Wwschaft Pommern) 13. 3. 1935; 1975–77 Generalbevollmächtigter, seit 1977 Mitgl. des Vorstands, 1989–97 Vorstandssprecher und seit 1997 Aufsichtsratsvors. der Dt. Bank AG; seit 1998 auch Vors. des Aufsichtsrats der DaimlerChrysler AG.

Kopplung, 1) *Elektronik:* die Übertragung von elektr. Signalen oder Leistungen von einem Stromkreis auf einen anderen. *Erwünschte K.* werden nach der Art des Koppelglieds unterschieden und v. a. zw. Verstärkerstufen angewendet. Danach gibt es z. B. galvan. K. (Übertragung durch ohmsche Widerstände), **kapazitive K.** (mithilfe von Koppelkondensatoren, meist in Verbindung mit Widerständen) und **induktive K.** (mittels Spulen, meist mit anderen Gliedern kombiniert). *Nicht erwünschte K.* treten als Ursache für die einseitige oder wechselseitige Beeinflussung von elektr. Stromkreisen auf. Die K. erfolgt dabei durch elektromagnet. Felder oder durch galvan. Verbindungen. Der Grad der K. kann durch **K.-Faktoren** beschrieben werden. Nicht erwünschte K. rufen u. a. Störspannungen hervor, die die Arbeitsfähigkeit von Anlagen beeinträchtigen können.

2) *Physik:* die durch eine ⁄ Wechselwirkung aufgrund von Energie- und Impulsübertrag vermittelte Verbindung von Systemen oder Systemteilen. Je nach der Stärke der K. können die Teilsysteme als mehr oder weniger unabhängig voneinander angesehen werden. Bei der **elektromagnet. K.** wird die Energie durch elektromagnet. Felder übertragen, bei der **mechan. K.** durch mechan. Koppelglieder; z. B. führt die durch eine Feder zw. zwei Pendeln übertragene Schwingungsenergie zu gekoppelten Schwingungen. Die Stärke der K. wird durch **K.-Konstanten** ausgedrückt. – In der Atomphysik sind die K. zw. den Spins und den Bahndrehimpulsen der Elektronen für die energet. Verhältnisse in der Atomhülle und damit die ⁄ Feinstruktur der Spektrallinien maßgebend. In Festkörpern spielen K. zw. den versch. Elementaranregungen eine Rolle.

Kopra [tamil.-portugies.] *die,* getrocknetes, grob zerkleinertes, festes Nährgewebe der Kokosnuss; ist sehr fettreich und liefert durch Auspressen Kokosfett.

Koprolithen [grch.], fossile Exkremente, meist von Fischen oder Sauriern.

Koprophagen [grch.] (Kotfresser), Tiere, die sich von den Exkrementen anderer Tiere (bes. Pflanzenfressern) ernähren; z. B. Fliegenlarven, viele Käfer.

Kopten [arab.], die Arabisch sprechenden christl. Nachkommen der alten Ägypter; leben bes. in dem Abschnitt des Niltals zwischen El-Minja und Kena sowie in Kairo und Alexandria.

koptische Kirche, die christl. Nationalkirche Ägyptens; im 5. Jh. nach Ablehnung der Beschlüsse des Konzils von Chalkedon (451) entstanden, bildete sie eine eigene, traditionell als »monophysitisch«, im eigenen Verständnis jedoch als »miaphysitisch« (eine vereinigte Natur Christi) beschriebene Lehrtradition aus. Die k. K. führt ihre Tradition auf den Evangelisten Markus zurück und beansprucht, die wahrhaft orth. Kirche Ägyptens zu sein; umfasst weltweit 10–12 Mio. Kopten. Das Oberhaupt der k. K. führt den Titel »Papst von Alexandria und Patriarch des Stuhles des Hl. Markus« mit Sitz in Kairo. Die liturg. Sprachen sind Koptisch und Arabisch. Die ⁄ äthiopische Kirche ist eine Tochterkirche der k. K.

koptische Kunst, die Kunst der christl. Nachkommen der Ägypter des Altertums, die hellenistisch-röm., byzantin., syr. und arab. Einflüsse aufnahm, seit dem 5. Jh. eine eigene Formensprache ausbildete und bis ins 9. Jh. eine Blütezeit erlebte. Sie beeinflusste die Kunst im christl. Nubien und in Äthiopien, auch die frühe ir. und die merowing. Kunst. Die Kirchenbauten wurden meist mit Kuppeln überwölbt, beliebt war die Dreikonchenanlage. Bed. Bauwerke der Frühzeit sind die Basiliken von Deir al-Abiad (5. Jh.) und von Abu Mena (6. Jh.). Die in Klosterkirchen z. T. erhaltenen Wandmalereien, die Bauplastik, Textilarbeiten, Grabsteinreliefs, Elfenbein- und Holzschnitzereien neigen zu ornamentaler, flächenhaft li-

koptische Kunst: »Eva nach dem Sündenfall«, Fresko aus Umm el-Baragat (Faijum); Kairo, Koptisches Museum

nearer Gestaltung mit z. T. antik-myth. Gehalt, dann auch mit christl. Thematik.

koptische Sprache, die im 2./3. Jh. entstandene Schriftsprache der Kopten, geschrieben mit grch. Alphabet, die jüngste Entwicklungsform des Ägyptischen mit zahlr. grch. Fremdwörtern. Die k. S. wurde im MA. vom Arabischen verdrängt, hat aber als Kirchensprache bis in die Gegenwart Bedeutung. – Die **kopt. Literatur** besteht v. a. in Übersetzungen religiösen Schrifttums; bekannt ist bes. der Handschriftenfund von Nag Hammadi aus dem 4. Jahrhundert.

Kopula [lat. »Band«] *die, Sprachwissenschaft:* konjugierte Verbform, die die Verbindung zw. Subjekt und Prädikat herstellt: Die Rose *ist* rot.

Kopulation *die,* 1) *Biologie:* ↗ Begattung.
2) *Gartenbau:* ↗ Veredelung.

KOR, Abk. für poln. **K**omitet **O**brony **R**obotników, ↗ Komitee zur Verteidigung der Arbeiter.

kor... [lat.], Nebenform von ↗ kon... vor Wörtern, die mit r beginnen: *Korrespondent.*

Koraisch (Kuraisch), arab. Stamm, der in Mekka seinen Wohnsitz hatte; ihm gehörte Mohammed ebenso an wie die Kalifen aus der Dynastie der Omaijaden und der Abbasiden.

Korakan [tamil.], trop. Getreidegras; eine kleinkörnige Hirse.

Korallen [lat.] (Korallentiere, Blumentiere, Anthozoa), formenreiche Gruppe meeresbewohnender Hohltiere; meist dem Untergrund fest ansitzende Einzeltiere oder Tierstöcke (K.-Stock); von Polypengestalt. Vom Mund führt ein Schlundrohr in den weiten Darmraum. Von der Leibeswand springen in regelmäßiger Anordnung Scheidewände (**Septen**) vor, die mehrere taschenartige Räume, die **Radialkammern,** bilden. Die Septen enthalten Verdauungsdrüsen, Nesselfäden und die Geschlechtszellen. Aus der bewimperten Larve geht wieder ein Polyp hervor. Die K.-Stöcke entstehen durch ungeschlechtl. Vermehrung (Knospung); die Einzeltiere bleiben durch Ernährungskanäle in Verbindung. Zahlr. K. scheiden ein chitiniges, hornartiges oder kalkiges Außenskelett ab, das riffbildend sein kann (↗ Korallenbauten). Nach der Zahl der Arme werden unterschieden: **Hexakorallier** (sechsstrahlige Polypen: Seerosen, Riff-K., Dörnchen-K., Zylinderrosen, Krustenanemonen) und **Oktokorallier** (achtstrahlige Polypen: Blau-K., Rinden-K., Seefedern, Weiße Horn-K.). Zu Letzteren gehört die Gatt. **Edelkoralle (Corallium),** bei der um ein strauchförmig verzweigtes, blutrotes, weißes oder schwarzes Kalkskelett ein rindenförmi-

ger lebender Körper mit den weißen Polypenkelchen sitzt. Das Skelett wird zu Schmuck verarbeitet.

Korallenbaum (Erythrina), Gattung der Schmetterlingsblütler in den Tropen und Subtropen, Bäume und Sträucher; kultiviert wird der **Korallenstrauch** (Erythrina crista-galli) mit scharlachroten Blüten mit bis 5 cm langer Fahne.

Korallenbäumchen (Solanum pseudocapsicum), auf Madeira beheimatetes Nachtschattengewächs; bis 1 m hoher Strauch mit bis 1 cm großen, weißen Blüten und kirschgroßen roten, bei Zuchtformen auch orangefarbenen oder gelben Beeren, die anfangs weiß sein können; beliebte Topfpflanze.

Korallenbauten, Riffe und Inseln aus ungeschichteten Kalkablagerungen, die vorwiegend aus Skeletten von ↗ Korallen bestehen (**Korallenkalk**). Die **Riffkorallen** leben im mindestens 20 °C warmen, sauerstoff- und nährstoffreichen, klaren und gut durchlüfteten Wasser mit ausreichendem Salzgehalt und genügender Lichtmenge (bis rd. 40 m Meerestiefe). Dem entspricht ihre geograph. Verbreitung in Küstennähe der warmen (trop. und subtrop.) Meere. An den Westküsten der Kontinente werden sie durch kühles Auftriebwasser und stärkere Flusswasserzufuhr behindert. Zwischen den gewachsenen Kalkstöcken und den Skeletten anderer Kalkbildner sammeln sich noch durch Brandung erzeugte Trümmer des Korallenkalkes an, dessen feinstes Zerreibsel den **Korallensand** bildet. Nach der Form unterscheidet man: **Korallenbank,** eine Untiefe, die von Riffkorallen bewachsen ist; **Saumriff,** das von der nahen Küste durch eine Wasserrinne (Riffkanal, -lagune) getrennt ist; **Wall-** oder **Barriereriff** mit einem größeren Abstand zum Land, z. B. / Großes Barriereriff; und **Atoll,** ein ringförmiges Korallenriff, das nach außen steil und nach innen flach abfällt; die von ihm umschlossene Lagune kann bis 75 km Durchmesser haben. Atolle sitzen auf dem Gipfel untermeer. Vulkane. – K., die sich steil aus 4 000–6 000 m Meerestiefe erheben, wo kein Korallenleben möglich ist, entstanden durch das Absinken der Meeresböden, deren geringe Sinkgeschwindigkeit dem Korallenwachstum ein Schritthalten ermöglicht. Andere K. aus der geolog. Vergangenheit kamen durch Gebirgsbildung in große Höhen (z. B. Dolomiten, Schwäb. Alb). Die zunehmende Verschmutzung des Meerwassers ist eine große Gefahr für den Bestand der K., u. a. durch Vermehrung des Korallen fressenden Dornenkronenseesterns.

Korallenbeere (Korallenmoos, Nertera granadensis), laubmoosähnl., Färberrötengewächs Südamerikas und Neuseelands, in Indonesien verwildert; mit rotgelben, perlenähnl. Beeren; Zimmerpflanze.

Korallenfische, bis zu 20 cm lange Fische aus versch. Familien, die an Korallenriffen leben; farbenprächtig; z. B. Korallenbarsche, Doktor-, Kaiser-, Drücker-, Koffer-, Kugel- und Lippfische.

Korallen|ottern (Korallenschlangen), Sammelbez. für amerikan., vorwiegend nachtaktive Giftnattern mit auffällig bunter Ringelung.

Korallenpilze, Bez. für Ständerpilze mit korallenförmigen Fruchtkörpern.

Korallentiere, ↗ Korallen.

Korallenwurzel (Corallorhiza trifida), europ. Waldorchidee; ohne Blattgrün mit gelbl. Schuppenblättern.

Kor|alpe, Gebirgszug der Zentralalpen, Österreich, zw. Mur- und Lavanttal, im Großen Speikkogel 2 140 m ü. M.

Koran [arab. »Lesung«] *der,* das hl. Buch des Islam; enthält nach muslim. Glauben die dem Propheten Mohammed zw. 609/10 und 632 n. Chr. als Bot-

Korallenbäumchen

Korallenbeere

schaft Gottes in arab. Sprache zuteil gewordenen Offenbarungen. Der K. besteht aus 114 Abschnitten (Suren), ist in Reimprosa abgefasst und stellt das älteste arab. Prosawerk dar. Die erste Sure (»Fatiha«) bildet das Hauptgebet des Islam. Als Wort Gottes ist der K. für den Muslim unerschaffen, frei von Widersprüchen, sprachlich vollkommen und nicht wirklich in eine andere Sprache übersetzbar. Er beinhaltet persönlich Erlebtes, Erzählendes, Warnungen sowie die Verkündigung des Gerichts und der Einheit und Macht Gottes. Mit seinen Rechtsvorschriften (rd. ein Siebtel des Textes) bildet er die Grundlage des islam. Rechts (∕ Scharia).

Koratplateau [-plato], ∕ Khoratplateau.

Korbach, Krst. des Landkr. Waldeck-Frankenberg, Hessen, auf der Waldecker Hochfläche, 24 500 Ew.; Museum; Gummi-, Metall-, Elektroindustrie. – Spätgot. Pfarrkirchen St. Kilian und St. Nikolai, Rathaus (1377 ff.) mit Rolandssäule. – K., 980 erstmals urkundlich erwähnt, erhielt 1188 Stadtrecht.

Korbball, Sport: dem ∕ Basketball und ∕ Korfball verwandtes Ballspiel für Frauen und Mädchen, das sowohl im Freien als auch in der Halle gespielt wird. Die reguläre Spielzeit beträgt 2 × 15 Minuten. Jede Mannschaft besteht aus Feldspielerinnen (im Freien sechs, in der Halle vier), einer Wechselspielerin und einer Korbhüterin. Ziel des Spieles ist es, den Lederhohlball möglichst oft in den gegner. Korb zu werfen und Korberfolge des Gegners zu verhindern; jeder erfolgreiche Korbwurf zählt einen Punkt. Die Körbe sind am oberen Ende von 2,5 m hohen Korbständern angebracht, die vor der Mitte der Spielfeldschmalseiten stehen.

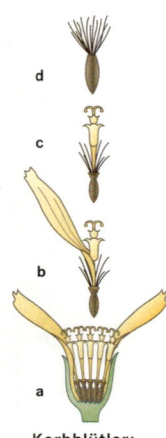

Korbblütler:
Arnika;
a Längsschnitt durch einen Blütenkopf,
b Zungenblüte,
c Röhrenblüte,
d Frucht

Korbblütler (Korbblütengewächse, Kompositen, Asteraceae, Compositae), eine der größten Pflanzenfamilien (Zweikeimblättrige) mit über 20 000 Arten; meist Kräuter oder Stauden; Blüten in charakterist. Blütenständen: der gemeinsame Blütenboden trägt meist viele Einzelblüten (Röhren- oder Zungenblüten oder beide Formen zus.), die von einem gemeinsamen Hüllkelch umgeben sind (Körbchen); Früchte (∕ Achäne) häufig mit Flugeinrichtungen. Zu den K. gehören u. a. zahlr. Nutzpflanzen (Artischocke, Sonnenblume), Heilpflanzen (Arnika, Huflattich, Kamille) und Zierpflanzen (Aster, Dahlie, Gerbera).

Körber, 1) Hilde, österr. Schauspielerin, * Wien 3. 7. 1906, † Berlin (West) 31. 5. 1969; ab 1924 an Berliner Bühnen; arbeitete auch bei Film (ab 1936) und Rundfunk; leitete seit 1951 die Max-Reinhardt-Schule in Berlin.

2) Kurt Adolf, Ingenieur, Unternehmer, * Berlin 7. 9. 1909, † Hamburg 10. 8. 1992; entwickelte Maschinen zur automat. Zigarettenherstellung, mit denen er ein Weltmonopol errang, und gründete 1946 das Maschinenbauunternehmen Hauni-Werke Körber & Co. KG (seit 1987 **Körber AG**, seit 1995 Holding für 28 selbstständige Maschinenbauunternehmen) sowie die ∕ Körber-Stiftung und (1961) den **Bergedorfer Gesprächskreis** zu wirtschafts- und sozialpolit. Themen.

Körber-Stiftung, gemeinnützige Stiftung, gegr. 1959 von K. A. Körber; Sitz: Hamburg; engagiert sich für internat. Verständigung (u. a. durch Jugendaustausch, Wettbewerbe, Workshops, Tagungen), unterstützt Wiss. und Forschung durch internat. Symposien und Preise (z. B. Körber-Preis für Europ. Wiss., seit 1985, mit 750 000 € dotiert), fördert junge Künstler (Gesangsstipendien, Boy-Gober-Preis für Schauspieler) und engagiert sich für allg. und polit. Bildung, Erziehung, Kultur sowie gemeinnützige und soziale Aufgaben. Die K.-S. hält 100 % des Stammkapitals der Körber AG.

Korbflechterei, ∕ Flechtarbeit.

Korbinian, Missionar und Wanderbischof, * bei Melun um 680, † Freising zw. 720 und 730; wirkte in Bayern; gilt als erster Bischof von Freising; Heiliger; Patron des Erzbistums München und Freising; Tage: 9. 9. und 20. 11.

Korbmarante (Calathea), Gattung der Marantengewächse im trop. Südamerika; Stauden mit am Grunde oft lang gestielten, großen, häufig bunt gefärbten Blättern; einige Arten sind beliebte Zierpflanzen.

Korçë [ˈkɔrtʃə], Bez.-Hptst. in S-Albanien, 835 m ü. M., 65 300 Ew.; Tabak-, Textil- und Bekleidungs-, Nahrungsmittelind., Gerätebau.

Korčula [ˈkɔːrtʃula], Adriainsel in Mitteldalmatien, Kroatien, 47 km lang, 6–8 km breit, 276 km², etwa 20 000 Ew.; gebirgig (bis 569 m ü. M.). Hauptort ist K. (etwa 3 000 Ew.), umgeben von Mauern und Bastionen (14.–16. Jh.), mit roman. Dom, got. Allerheiligenkirche (mit bemalter Kassettendecke) und Patrizierhäusern; Fremdenverkehr, Obst- und Weinbau, Fischerei.

Korczak [ˈkɔrtʃak], Janusz, eigtl. Henryk Goldszmit, poln. Kinderarzt und Sozialpädagoge, * Warschau 22. 7. 1878 (1879?), † KZ Treblinka Aug. 1942; leitete in Warschau 1911–14 ein jüd. Waisenhaus, ab 1919 ein Kinderheim für verwaiste nichtjüd. Arbeiterkinder und ab 1940 das Waisenhaus im Warschauer Getto. Als die SS 1942 die 200 Kinder des Waisenhauses zum Transport in das Vernichtungslager Treblinka abholte, lehnte er es ab, sie zu verlassen. Als Autor verfasste K. pädagog. Schriften und Kinderbücher. 1972 erhielt er posthum den Friedenspreis des Dt. Buchhandels.

Kord, Kazimierz, poln. Dirigent, * Pagórze 18. 11. 1930; 1980–86 Chefdirigent beim Sinfonieorchester des Südwestfunks Baden-Baden, 1989–91 erster Gastdirigent und musikal. Berater des Pacific Symphony Orchestra California.

Korda [ˈkɔːdə], Sir (seit 1942) Alexander, brit. Filmregisseur und -produzent ungar. Herkunft, * Pusztatúrpásztó (bei Túrkeve, Bezirk Jász-Nagykunszolnok) 16. 9. 1893, † London 23. 1. 1956; gründete 1932 in London die »London Film Production«; Regisseur u. a. von »Heinrich VIII.« (1932), »Rembrandt« (1936), Produzent von »Der dritte Mann« (1949).

Kordel, i. w. S. dünne, aus mehreren Fäden zusammengedrehte Schnur; i. e. S. schnurähnl. Rundgeflecht mit Fadeneinlage.

Kordieren [von frz. corder »(zusammen)drehen«] das, ∕ Rändeln.

Kordilleren [kɔrdiˈljeːrən] (span. Cordilleras), Gebirgssystem im W des amerikan. Doppelkontinents, von der Beringstraße bis Feuerland, das längste Faltengebirgssystem der Erde (über 15 000 km lang). Die nordamerikan. K. bestehen aus mehreren Gebirgszügen (∕ Rocky Mountains, ∕ Coast Ranges, ∕ Cascade Range, Sierra Nevada, Sierra Madre), die durch Becken und Plateaus voneinander getrennt sind; höchste Erhebung ist der Mount McKinley (6 198 m ü. M.) in der Alaskakette. Die K. von Südamerika, die **Anden** (span. **Cordilleras de los Andes**), sind 7 500 km lang. Landschaftlich sind diese das mannigfaltigste Gebirge der Erde, da sie an fast allen Klimazonen Anteil haben. Sie werden von hohen (Aconcagua 6 959 m ü. M.), z. T. vulkan. Gipfeln (Nevado Sajama 6 520 m ü. M.) überragt. Im mittleren Teil nehmen die Anden eine größere Breite (bis 800 km) ein. Die weniger hohe Küstenkordillere ist nach N durch das Große Längstal Chiles vom Hauptkamm getrennt. Dieser teilt sich in die Westkordillere und die Ostkordillere, zw. denen sich in rd. 4 000 m ü. M. eine abflusslose Hochfläche (**Altiplano**) mit vielen Salzpfannen und Seen (Titicacasee) erstreckt. Die Schneegrenze steigt von 700 m ü. M. auf Feuerland bis über 6 000 m am Wendekreis und fällt bis zum Äquator wieder auf 4 700 m.

Die K. bilden eine wichtige Klimascheide und die Hauptwasserscheide zw. dem Pazif. und dem Atlant. Ozean. Nur wenige Bahnlinien (/ Transandenbahnen) und Straßen queren sie. Die K. sind reich an Erzen aller Art, bes. Kupfer, Zinn, Zink, Blei, Silber, sowie an Salz, Salpeter, Borax, Jod und Erdöl (am Anden- und Kontinentalrand).

Kordofan, ehem. Region im Zentrum der Rep. Sudan, Hptst.: El-Obeid. K. gliedert sich seit 1994 in die (Bundes-)Staaten Nord-, Süd- und West-Kordofan; erstreckt sich von der Libyschen Wüste im N nach S bis zu den Sumpfgebieten am oberen Nil. Im N leben nomad. Kamelzüchter, im S Rinder haltende Nomaden, im zentralen Teil sowie in den Nubabergen eine sesshafte bäuerl. Bev., die Nuba.

kordofanische Sprachen, etwa 30 in der östl. Sudanzone (Afrika) gesprochene Sprachen; neben den Niger-Kongo-Sprachen Zweig der nigerkordofan. Sprachen. Sie sind z. T. durch ein System von Nominalklassenpräfixen und -suffixen charakterisiert (/ Klassensprachen).

Kore [grch. »Mädchen«] die, in der archaischen grch. Plastik lang gewandete Mädchengestalt; auch als / Karyatide ein Gebälk tragend.

Korea (korean. Chosŏn), Halbinsel und ehem. Staat in Ostasien, zw. dem Japan. und dem Gelben Meer, (im S durch die K.-Straße von den japan. Inseln getrennt); seit 1948 geteilt in die Staaten Nord-Korea und Süd-Korea (zus. 222 030 km²). *Landesnatur:* Der N-Teil des ehem. Staates K. besteht aus einem der O ans Japan. Meer grenzenden Festlandssaum mit Gebirgsketten, die an der chines. Grenze mit dem Vulkan Paektusan 2 744 m ü. M. erreichen. Die Flüsse Yalu und Tumen bilden mit ihren Talfurchen die NW- und N-Grenze zu China und Russland. Die südlich anschließende **Halbinsel K.** grenzt als Pultscholle mit dem Taebaekgebirge (im N bis über 2 000 m) und den Diamantbergen (bis 1 638 m) in einem Steilabfall ans Japan. Meer und geht in einer W-Abdachung in ein Küstentiefland zum Gelben Meer hin über. Der Scheitel der Pultscholle bildet die Hauptwasserscheide. Zahlr. Flüsse folgen in SW-Richtung der W-Abdachung. Die größeren Systeme (Hangang, Kŭmgang, Teadonggang) bilden breite Talungen, im S der Naktonggang, ein N-S-gerichtetes Becken (begrenzt vom Taebaekgebirge und der nach SW abzweigenden Diagonalkette). Dem Tiefland an der S- und W-Küste sind rd. 3 500 kleinere Inseln vorgelagert. – Das Klima steht unter Monsuneinfluss. K. ist ein Übergangsgebiet zw. kontinentalem Bereich mit kühlgemäßigtem und maritimem Bereich mit subtrop. Klima. Die Temperaturen übersteigen im Sommer 20 °C und sinken im Winter, außer an der S-Küste, unter 0 °C; Hauptregenzeit ist von Juni bis September. Im N herrschen Nadelwälder mit Fichte und Lärche vor, die gegen S in Mischwälder mit Eiche, Ahorn und Buche übergehen.

Geschichte: Die Gründung eines legendären ersten Reiches (»Chosŏn«) wird auf das Jahr 2333 v. Chr. datiert. Als erste historisch fassbare polit. Einheit gilt das um 400 v. Chr. in NW-Korea entstandene Alt-Chosŏn, das Ende des 3. Jh. v. Chr. vom Reich Wiman-Chosŏn abgelöst wurde. Dieses wurde 108 v. Chr. von den chines. Han erobert. Im Lauf eines Prozesses, der in Stammesgemeinschaften seinen Ausgang nahm, bildeten sich im 1. Jh. n. Chr. die drei Reiche Koguryŏ, Paekche und Silla heraus, dazu die sechs kleinen Kaya-Fürstentümer. Ihre Kultur war durch Konfuzianismus und Buddhismus geprägt. Im Kampf um die Vormacht setzte sich schließlich Silla durch, das mit Unterstützung von Truppen der chines. Tang-Dynastie 660 Paekche und 668 Koguryŏ unterwarf und K. unter seiner Herrschaft vereinte. Das im ehem. N-Koguryŏ um 700 entstandene Reich Parhae (chines. Pohai) wurde 926 von den tungus. Kitan vernichtet. Nach einer Phase territorialer Zersplitterung (9. Jh.) brachte das 918 vom Feldherrn Wang Kon in Nord-K. gegründete Reich Koryŏ (daher die europ. Bez. »Korea«) bis 936 ganz K. unter seine Oberhoheit, musste sich aber wiederholter Angriffe der Kitan erwehren. 1231, erneut 1232 fielen die Mongolen in K. ein, das sie bis Mitte des 14. Jh. beherrschten. Sie erzwangen korean. Waffenhilfe bei ihren Invasionsversuchen in Japan (1274 und 1281); seitdem verunsicherten japan. Piraten die Küsten von K. 1392 stürzte General Yi Songgye den König von Koryŏ und begründete die Yi-Dynastie (1392–1910), unter der K., nunmehr »Chosŏn« gen. (»Land der Morgenröte«, daher auch Chosŏn-Dynastie), v. a. im 15. Jh. eine kulturelle Blüte erlebte. Nach erfolglosen Invasionsversuchen japan. Heere unter Toyotomi Hideyoshi (1592–98) fielen seit 1627 die Mandschu in K. ein und zwangen das Land zur Anerkennung ihrer Oberhoheit, die bis 1894 bestand. Die ständige äußere Bedrohung veranlasste die Yi-Dynastie zu einer rigorosen Politik der Abschließung (1637–1876). Japan erzwang 1876 im Vertrag von Kanghwa die Öffnung mehrerer Häfen für den Handel; ähnl. Verträge folgten ab 1882 mit anderen Mächten (USA, Großbritannien, Dt. Reich und Russland). Als der korean. Hof zur Niederschlagung schwerer Bauernunruhen (1893/94, Tonghak-Bewegung) die chines. Schutzmacht zu Hilfe rief, geriet diese in Konflikt mit dem nach Hegemonie in K. strebenden Japan (Chinesisch-Japan. Krieg 1894/95) und musste das Land nach einer militär. Niederlage 1895 freigeben. 1897 nahm der korean. König den Titel eines »Kaisers von Taehan« (Groß-K.) an. Die Anlehnung an Russland löste den Russisch-Japan. Krieg (1904/05) aus. Nach dem Sieg Japans stand K. zunächst unter japan. Protektorat und wurde schließlich 1910 von Japan annektiert (als Generalgouvernement Chosŏn). Die wirtsch. Ressourcen des Landes wurden von Japan ausgebeutet. Nach der blutigen Niederschlagung einer Unabhängigkeitsbewegung (1919) konstituierte sich unter Syngman Rhee (Yi Sŭngman) in Schanghai eine korean. Exilreg.; kommunist. Partisanengruppen unter Führung Kim Il Sungs wurden ab 1934 gegen Japan aktiv. Nach der japan. Niederlage im Zweiten Weltkrieg wurde K., dessen Unabhängigkeit die Siegermächte garantiert hatten, 1945 im nördl. Teil von sowjet. Truppen, im südl. Teil von amerikan. Streitkräften besetzt (Demarkationslinie am 38. Breitengrad). In Süd-K. richteten die USA zunächst eine Militärreg. (1945–48) ein; in Nord-K. begann die von Kim Il Sung geführte »Korean. Arbeiterpartei« unter sowjet. Schutz eine kommunist. Gesellschaftsordnung aufzubauen (1946 Bodenreform, 1947 Verstaatlichung der Ind.). Nach dem Scheitern amerikanisch-sowjet. Verhandlungen über eine gesamtkorean. provisor. Reg. (1946) und nach den nur in Süd-K. unter UN-Aufsicht durchgeführten freien Wahlen (1948) kam es zur Spaltung des Landes in die am 15. 8. 1948 konstitu-

Kore
(6. Jh. v. Chr.;
Athen, Akropolismuseum)

Kore Korea

Korea (Nord-Korea)

Fläche:	122 762 km²
Einwohner:	(2000) 22,17 Mio.
Hauptstadt:	Pjöngjang
Verwaltungsgliederung:	9 Prov. und 4 regierungsunmittelbare Städte
Amtssprache:	Koreanisch
Nationalfeiertag:	9. 9.
Währung:	1 Won = 100 Chon
Zeitzone:	MEZ + 8 Std.

Staatswappen

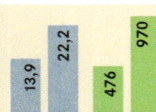

1970 2000 1970 1996
Bevölk. BNE je Ew.
(in Mio.) (in US-$)

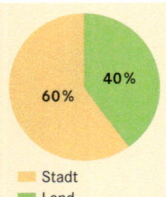

Bevölkerungsverteilung 2000
- Stadt
- Land

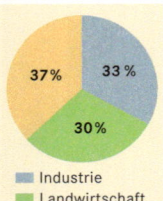

Bruttoinlandsprodukt 2000
- Industrie
- Landwirtschaft
- Dienstleistung

ierte Rep. K. im S und die am 9. 9. 1948 proklamierte Demokrat. Volksrep. K. im N. Die Besatzungsmächte zogen sich 1948/49 aus K. zurück. Nat. Konflikte und internat. Spannungen (Ost-West-Konflikt) lösten den ↗ Koreakrieg (1950–53) aus. Die nach dem Waffenstillstandsabkommen (27. 7. 1953) aufgenommenen Friedensverhandlungen scheiterten 1954; die Verbindungen zw. Nord- und Süd-K. wurden rigoros abgebrochen. Erst Anfang der 1970er-Jahre kam es wieder zu unregelmäßigen Reg.kontakten zw. Nord- und Süd-K., die schließlich 1990 in Gespräche der Min.-Präs. über Fragen der friedl. Wiedervereinigung mündeten. Im Sept. 1991 wurden beide Staaten zeitgleich in die UNO aufgenommen; im Febr. 1992 ratifizierten sie einen Vertrag über Aussöhnung, Nichtangriff, Austausch und Kooperation. Dennoch kam die Annäherung zw. den beiden korean. Staaten in der Folgezeit nur stockend und immer wieder von Rückschlägen begleitet voran (ab Dez. 1997 mehrfach unterbrochene Vorverhandlungen für ein Friedensabkommen). Ein polit. Durchbruch wurde im Juni 2000 mit dem ersten innerkorean. Gipfeltreffen erreicht, auf dem die Staatschefs Nord- und Süd-K.s u. a. Schritte zur Familienzusammenführung vereinbarten (im Aug. 2000 erstmals organisierte Treffen von Mitgl. der durch den Koreakrieg getrennten Familien), des Weiteren südkorean. Wirtschaftshilfe und als langfristiges Ziel die Wiedervereinigung Koreas. Allerdings gestaltete sich auch danach der innerkorean. Verständigungsprozess schwierig, v. a. wegen des nordkorean. Atomprogramms und der damit einhergehenden Interessenkonflikte (2002/03 Verstärkung der Spannungen Nord-K.s insbesondere zu den USA; Streben nach einer Verhandlungslösung unter Einbeziehung Süd-K.s, Chinas, Japans und Russlands). Weiteres ↗ Korea, Nord-Korea (Geschichte), ↗ Korea, Süd-Korea (Geschichte).

Korea (Nord-K., amtlich korean. Chosŏn Minjujuŭi In'min Konghwaguk; dt. Demokrat. VR K.), Staat in Ostasien, umfasst den Festlandanteil und den N der Halbinsel K., grenzt im W an die K.-Bucht und entlang den Flüssen Yalu und Tumen an China, an der Tumenmündung auf wenige Kilometer an Russland, im O an das Japan. Meer, im S grenzt es entlang einer Demarkationslinie um den 38. Breitengrad an Süd-Korea.

Staat und Recht

Nach der Verf. von 1972 (mehrfach, zuletzt 1998, revidiert) ist Nord-K. eine Volksrep. Als Staatsoberhaupt mit weitgehenden Vollmachten und Oberbefehlshaber der Streitkräfte fungiert seit 1998 der Vors. des Nat. Verteidigungsausschusses. Er bestimmt faktisch die Richtlinien der Politik. Das Amt des Staatspräs. wurde abgeschafft. Der Verwaltungsrat unter Vorsitz des MinPräs. als eigentl. Reg. hat den Charakter eines Verw.- und Vollzugsorgans. Die Legislative liegt bei der Obersten Volksversammlung (687 Abg., für 5 Jahre gewählt); die laufenden Geschäfte werden vom Ständigen Komitee wahrgenommen. Staatstragende Partei ist die kommunist. Partei der Arbeit K.s (PdAK); im Rahmen der Demokrat. Front für die Wiedervereinigung des Vaterlandes sind die Sozialdemokrat. Partei und die religiös fundierte Chundo-gyo-Chongu-Partei in die Politik der PdAK eingebunden.

Landesnatur

↗ Korea (Halbinsel).

Bevölkerung

Angaben über die fast ausschl. aus ↗ Koreanern bestehende Bev. beruhen nur auf Schätzungen. Nach dem Zweiten Weltkrieg flohen etwa 2 Mio. Menschen in den S der Halbinsel, v. a. während des Koreakrieges. Dicht besiedelt sind bes. die Ebenen im W des Landes. Auf dem Land sind die Lebensbedingungen offensichtlich noch schlechter als in den Städten, in denen fast zwei Drittel der Bev. wohnen; Bev.-Wachstum: 1,3 %. – Rd. 70 % der Bev. gelten offiziell als nicht religiös bzw. Atheisten, rd. 15 % werden traditionellen korean. Religionen schamanist. Ausprägung zugerechnet, rd. 13 % der Chundo-gyo-Religion, die Elemente des korean. Volksglaubens mit christl. Glaubenselementen verbindet. Sehr kleine religiöse Minderheiten bilden die Buddhisten (rd. 1,5 %) und die verschwindende Zahl der Christen (offiziell rd. 15 000 [mehrheitlich Protestanten]; 1945 rd. 400 000). Die von Kim Il Sung begründete »Juche«-Doktrin (das ausschließl. Vertrauen auf die Kraft des korean. Volkes) prägt alle Bereiche des gesellschaftl. Lebens und hat in der Verehrung seiner Person (des »Großen Führers«) quasireligiöse Züge angenommen. – Es besteht eine zehnjährige allg. Schulpflicht ab dem 6. Lebensjahr; dieser vorgeschaltet ist eine einjährige obligatorische Vorschule. Analphabetismus gibt es praktisch nicht mehr (Analphabetenquote 1945: 90 %).

Wirtschaft, Verkehr

Die Wirtschaft wird seit 1946 von einer zentralstaatl. Planungskommission kontrolliert. Durch den Zusammenbruch des Handels mit den ehem. Ostblockländern, mit denen der größte Teil des Außenhandels getätigt wurde, trat ab 1990 eine allg. Verschlechterung der ohnehin meist prekären Wirtschaftslage ein, die sich seit Mitte der 1990er-Jahre zuspitzte. – Die Planwirtschaft forcierte v. a. den Ausbau der Schwerind. (Erzverhüttung, Maschinen- und Fahrzeugbau, chem. Ind., Schiffbau), die auf reichen Rohstoffvorkommen basiert (Stein- und Braunkohle, Eisen-, Kupfer-, Wolfram-, Blei-, Zink- u. a. Erze, auch Graphit, Gold, Baryt, Cadmium und Salz). Erst seit den 1970er-Jahren wird die Konsumgüterind. verstärkt entwickelt. In den letzten Jahren führen aber unzureichende Energieversorgung sowie Probleme bei der Rohstoff- und Vorproduktlieferung z. T. zu Produktionsstilllegungen. Wichtige Ind.standorte sind im W Sinŭiju (seit 2002 Sonderverwaltungsregion mit dem Ziel der Schaffung eines internat. Handels- und Ind.zentrums), Pjöngjang, Haeju sowie an der O-Küste Ch'ŏngjin, Kimch'aek, Hŭngnam und Wŏnsan. – Durch die Teilung des Landes wurde Nord-K. vom damals überwiegend landwirtsch. strukturierten S abgeschnitten. Durch intensiven Ausbau der Landwirtschaft, die etwa 20% der Landesfläche nutzt, konnten diese nachteiligen Folgen zunächst weitgehend überwunden werden. Seit Ende der 1980er-Jahre kann die Selbstversorgung aber nicht mehr gewährleistet werden. Akuter Nahrungsmangel trat nach den katastrophalen Überschwemmungen von 1995 und 1996 ein und entwickelte sich nach den Dürreschäden von 1997 in einigen Landesteilen sogar zur Hungersnot, 2000/2001 kamen weitere Dürreschäden, gefolgt von Überschwemmungen, hinzu. Rd. 90% der landwirtsch. Nutzfläche (die Hälfte der Ackerfläche wird bewässert; Neulandgewinnung an der W-Küste) werden seit der Kollektivierung (1954–58) von rd. 3800 Produktionsgenossenschaften, die meist mit den Landgemeinden identisch sind, 5% von Staatsgütern bewirtschaftet; etwa 5% verblieben den Bauern als Eigentum. Hauptanbaugebiete sind die Ebenen der W-Küste, v. a. Reis, überwiegend auf Nassfeldern, ferner Mais, Hirse, Sojabohnen, Gerste, Weizen, Hafer, Kartoffeln, Baumwolle, Tabak. Fischfang und Fischzucht sind wichtige Wirtschaftszweige. Haupthandelspartner sind China, Japan und Süd-Korea. – Die Eisenbahn verfügt als wichtigster Verkehrsträger über ein Streckennetz von 5 200 km (zu 79% elektrifiziert). Das Straßennetz wird auf etwa 23 400 km (davon 682 km Autobahnen) geschätzt. Wichtigste Seehäfen sind Namp'o (Hafen für Pjöngjang) und Haeju am Gelben Meer, Ch'ŏngjin, Rajin, Hŭngnam und Wŏnsan am Japan. Meer; weitere Häfen: Sinŭiju am Yalu, Songnim am Taedonggang u. a. Internat. Flughafen bei Pjöngjang.

Geschichte

Zur Entwicklung bis 1948 ↗ Korea (Halbinsel). Nach dem ↗ Koreakrieg (1950–53) konzentrierte sich die herrschende Partei der Arbeit K.s (PdAK) auf den raschen Wiederaufbau mit sowjet. und chines. Hilfe (v. a. Industrialisierung im Rahmen unterschiedlich begrenzter Jahrespläne). Auf den machtpolitisch-ideolog. Konflikt zw. China und der Sowjetunion reagierte Nord-K. mit der »Juche«-Doktrin, die eine größere polit. Unabhängigkeit, wirtsch. Selbstständigkeit und »nat. Selbstverteidigung« propagierte. Nach Verabschiedung einer neuen Verf. (1972) übernahm Kim Il Sung (seit 1966 auch Gen.-Sekr. des ZK der PdAK) das Amt des Staatspräs. Auch nach dem Zerfall der Sowjetunion hielt Nord-K. an seiner orthodox kommunist. Politik fest. Nach dem Tode Kim Il Sungs im Juli 1994 übernahm sein Sohn Kim Jong Il faktisch die Nachfolge; er wurde im Okt. 1997 Gen.-Sekr. der PdAK und im Sept. 1998 auch Vors. des neu geschaffenen Nat. Verteidigungsausschusses (zum höchsten Machtorgan deklariert). Schon 1997 war ein neuer Kalender eingeführt worden (Beginn mit dem Geburtsjahr Kim Il Sungs 1912, gezählt in »Juche«).

Nachdem Nord-K. im März 1993 Sonderinspektionen von Atomanlagen durch die IAEA abgelehnt und mit der Kündigung des Kernwaffensperrvertrags gedroht hatte, kam es zu einem politisch-diplomat.

Nord-Korea: die Diamantberge an der Ostküste

Konflikt v. a. mit den USA. Nach langwierigen Verhandlungen schlossen beide Staaten am 21. 10. 1994 ein Rahmenabkommen, das eine Umstrukturierung des nordkorean. Atomprogramms binnen zehn Jahren vorsah. Vor dem Hintergrund weiter bestehender Spannungen zw. Nord- und Süd-K. vereinbarten 1997 beide Staaten sowie die USA und China die Vorbereitung direkter Friedensverhandlungen. Im Juni 2000 fand in Pjöngjang das erste innerkorean. Gipfeltreffen statt. Die Verständigung kam danach aber nur schleppend voran und wurde immer wieder von Zwischenfällen überschattet (z. B. im Juni 2002 Seegefecht zw. Schiffen beider Staaten im Gelben Meer). Wesentl. Impulse auf das beiderseitige Verhältnis gingen dabei von einer modifizierten Außenpolitik der USA aus, deren Präs. G. W. Bush (seit 2001) wieder eine härtere Haltung gegenüber Nord-K. einnahm und dieses im Rahmen des Antiterrorkampfes Anfang 2002 sogar zum Bestandteil einer »Achse des Bösen« erklärte. Als Nord-K. nach amerikan. Angaben im Okt. 2002 eingestand, vertragswidrig an einem Atomprogramm (zur Anreicherung von waffenfähigem Uran) zu arbeiten, und von den USA verlangte, einen Nichtangriffspakt zu schließen, drängten diese sowie zahlr. andere Staaten (bes. Japan, Süd-K.) auf eine rasche Aufgabe der nordkorean. Nuklearpläne. Die sich für eine kernwaffenfreie korean. Halbinsel einsetzende VR China forderte die amerikan. Reg. zu direkten Gesprächen mit Nord-K. und einer nat. Sicherheitsgarantie für dieses auf. Die USA unterbrachen zwar zunächst ihre Heizöl- und Lebensmittellieferungen an das weiterhin in Not leidende Nord-K., erklärten aber auch ihre Absicht, die Krise diplomatisch zu lösen; diese verschärfte sich jedoch in der Folgezeit, als Nord-K. nach dem Ausbleiben einer Einigung mit den

Kore Korea

Korea (Süd-Korea)

Fläche:	99 313 km²
Einwohner:	(2000) 47,3 Mio.
Hauptstadt:	Seoul
Verwaltungsgliederung:	9 Prov. und 7 Städte mit Provinzstatus
Amtssprache:	Koreanisch
Nationalfeiertag:	15. 8.
Währung:	1 Won (₩) = 100 Chon
Zeitzone:	MEZ + 8 Std.

Staatswappen

internationales Kfz-Kennzeichen

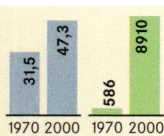
1970 2000 — Bevölk. (in Mio.): 31,5 / 47,3
1970 2000 — BNE je Ew. (in US-$): 586 / 8910

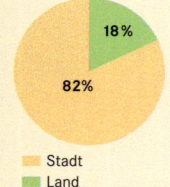
Bevölkerungsverteilung 2000
Stadt 82%, Land 18%

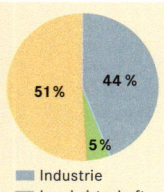
Bruttoinlandsprodukt 2000
Industrie 44%, Landwirtschaft 5%, Dienstleistung 51%

USA u. a. im Jan. 2003 aus dem Atomwaffensperrvertrag austrat, später die Zusammenarbeit mit der Internat. Atomenergie-Organisation aussetzte und im Febr. 2003 den Atomreaktor in Yongbyon wieder in Betrieb nahm. Im April 2003 begannen unter chines. Vermittlung und Teilnahme neue Verhandlungen zw. den USA und Nord-Korea (Ende Aug. 2003 »Sechsergespräche« unter zusätzl. Beteiligung Japans, Russlands und Süd-K.s ohne Fortschritte).

Korea (Süd-K., amtlich korean. Taehan Minguk; dt. Rep. K.), Staat in Ostasien, umfasst den S der Halbinsel K. südlich der Demarkationslinie am 38. Breitengrad einschließlich der vorgelagerten rd. 3 500 Inseln; grenzt im W an das Gelbe Meer, im S an die K.-Straße, im O an das Japan. Meer und im N an Nord-Korea.

Staat und Recht

Nach der am 25. 2. 1988 in Kraft getretenen Verf. ist Süd-K. eine präsidiale Rep.; Staatsoberhaupt und oberster Inhaber der Exekutive ist der auf 5 Jahre direkt gewählte Präs. (Wiederwahl nicht möglich). Er ernennt den MinPräs., der der Reg. vorsteht. Die Legislative liegt bei der Nationalversammlung (273 Abg., für 4 Jahre gewählt). Einflussreichste Parteien: Große Nationalpartei (GNP; 1997 aus Fusion von Demokrat. Partei und Neuer K.-Partei hervorgegangen), Demokrat. Millenniumspartei (MDP; Nachfolgerin des Nationalkongresses für neue Politik, NCNP), Vereinigte Liberale Demokraten (ULD), Demokrat. Volkspartei (DPP).

Landesnatur

↗ Korea (Halbinsel).

Bevölkerung

Ethnisch besteht die Bev. fast ausschl. aus Koreanern (daneben wenige Chinesen). Dicht besiedelt sind die Küstenebenen; über 80 % der Bev. wohnen in Städten. – Rd. 40 % der Bev. sind Christen (überwiegend Protestanten), jeweils etwa 20 % Buddhisten und Anhänger eines religiös geprägten Konfuzianismus; traditionellen korean. Religionen schamanist. Ausprägung werden rd. 10 % der Bev. zugerechnet. Unter den zahlr. in K. entstandenen neuen Religionen erlangte neben der Chundo-gyo-Religion (2–3 % der Bev.) bes. die ↗ Vereinigungskirche Bedeutung. Auf christl. Seite bestehen heute (aus den prot. Missionskirchen hervorgegangen) zahlr. unabhängige korean. Kirchen. – Es besteht eine neunjährige allg. Schulpflicht. Die Analphabetenquote beträgt 2 %.

Wirtschaft, Verkehr

Die nach dem Zweiten Weltkrieg mit ausländ. Hilfe durchgeführte rasche Industrialisierung brachte einen grundlegenden Wandel im vormals agrarisch ausgerichteten Land. Nach seinem Pro-Kopf-Einkommen zählt Süd-K. zu den südostasiat. Schwellenländern: chem., Textil- und Bekleidungs-, Schuh-, Spielzeugind., Eisen- und Stahlerzeugung, Maschinenbau. In den 1980er-Jahren entwickelte sich v. a. der Schiffbau und der Automobilbau (Pkw-Export seit 1986 in die USA, seit 1991 verstärkt nach Europa) sowie zunehmend die Bauwirtschaft und v. a. die Elektronikindustrie. Arbeitsintensive Produktionsprozesse werden zunehmend nach China ausgelagert. Verglichen mit Nord-K. ist Süd-K. relativ rohstoffarm. Gefördert werden Steinkohle, Eisen-, Wolfram-, Wismut-, Molybdän- u. a. Erze; bed. Titanerzvorkommen sind noch ungenutzt. 10 Kernkraftwerke liefern 40 % der Elektroenergie. In der hoch mechanisierten Landwirtschaft dominieren kleinbäuerl. Betriebe. Auf rd. 65 % der landwirtsch. Nutzfläche wird Reis angebaut, doch reichen die Ernten nicht zur Selbstversorgung aus. Daneben werden Gerste, Weizen, Mais, Hirse, Hülsenfrüchte, Sojabohnen, Kartoffeln, Tabak, Obst, Ginseng u. a. kultiviert; wichtig ist auch die Seidenraupenzucht. Süd-K. ist eines der führenden Fischfangländer der Welt (v. a. Hochseefischerei). Jährlich besuchen über 4 Mio. ausländ. Touristen, v. a. aus Japan, den USA und Taiwan, das Land. – Haupthandelspartner sind die USA, China, Japan, Saudi-Arabien, Australien, Dtl. und Großbritannien. Seit 2001 ist ein Handels- und Kooperationsabkommen zw. Süd-K. und der EU in Kraft getreten. – Das Eisenbahnnetz hat eine Länge von 6 240 km, das Straßennetz von 87 000 km, davon 2 800 km Autobahnen; Hochgeschwindigkeitsbahnstrecke zw. Seoul und Pusan (431 km). Wichtige Häfen besitzen außer Pusan noch P'ohang und Inch'ŏn; internat. Flughäfen bei Seoul und Pusan sowie auf Cheju.

Geschichte

Zur Entwicklung bis 1948 ↗ Korea (Halbinsel). Nach dem ↗ Koreakrieg (1950–53) lehnte sich Süd-K. politisch und militärisch weiterhin eng an die USA an (1954 In-Kraft-Treten eines Verteidigungsbündnisses, amerikan. Finanzhilfe). Der autoritär regierende Präs. Syngman Rhee wurde 1960 durch Studentenunruhen zum Rücktritt gezwungen; Neuwahlen brachten den Sieg der oppositionellen Demokrat. Partei. 1961 stürzte eine Militärjunta die Reg. und beseitigte die demokrat. Institutionen; die Macht übernahm General Park Chung Hee (seit 1962 Staatspräs.), der die autoritären Herrschaftsstrukturen durch mehrere Verf.änderungen stärkte. Nach dessen Ermordung (1979) wurde Choi Kyu Hah Staatspräs. Im Mai 1980 schlug die Armee einen Aufstand in Kwangju blutig nieder. Im Aug. 1980 ließ sich General Chun Doo

Hwan zum Staatspräs. wählen und versuchte dann, die Opposition auszuschalten (u. a. Todesurteil gegen den Oppositionsführer Kim Dae Jung, später unter internat. Druck begnadigt). Nach schweren Unruhen 1987 sah sich die Reg. gezwungen, die Direktwahl des Präs. wieder einzuführen; aufgrund der Spaltung des Oppositionslagers (mit Kim Young Sam und Kim Dae Jung Antritt von zwei Präsidentschaftskandidaten) konnte sich bei den Wahlen Roh Tae Woo (Demokrat. Gerechtigkeitspartei, engl. Abk. DJP) durchsetzen (Amtsantritt als Staatspräs. im Febr. 1988). Bei den Wahlen von 1992 und 1996 gewann die neu gebildete Demokratisch-Liberale Partei (DLP), die u. a. die früher regierende DJP und die oppositionelle Partei für Wiedervereinigung und Demokratie (PRD) vereinigte und sich 1995 in Neue K.-Partei (NKP) umbenannte, die Mehrheit der Mandate. Stärkste Oppositionspartei wurde 1992 die Demokrat. Partei (DP), 1996 der von der DP abgespaltene NCNP unter Kim Dae Jung. Die Präsidentschaftswahlen im Dez. 1992 gewann Kim Young Sam (Amtsantritt Febr. 1993); er setzte zahlr. Reformen durch, v. a. im Kampf gegen die korrupte Verflechtung von Wirtschaft und Politik sowie gegen den polit. Einfluss des Militärs. Ein Gericht verurteilte 1996 wegen Hochverrats und Korruption den früheren Präs. Chun Doo Hwan zum Tode (in lebenslängl. Haftstrafe umgewandelt) sowie seinen Nachfolger Roh Tae Woo zu langjähriger Haft; beide wurden Ende 1997 begnadigt. In der zweiten Hälfte der Amtszeit Kim Young Sams verstärkte sich die Kritik an seiner Politik, insbesondere wegen fehlender innenpolit. Kontinuität (häufiges Auswechseln der Reg.-Mitgl.), wegen seines zunehmend undemokrat. Führungsstils (repressive Arbeitsgesetzgebung) und der Verstrickung von Reg.politikern und sogar des Präsidentensohnes in Korruptionsskandale. Im Dez. 1997 wählte die Bev. Kim Dae Jung zum Staatspräs. (Amtsantritt im Febr. 1998). Von den Auswirkungen der asiat. Wirtschaftskrise (ab 1997) konnte sich Süd-K. zunächst relativ rasch wieder erholen. Auch gegen die Präsidentschaft von Kim Dae Jung richtete sich zunehmend Kritik, der er u. a. mit wiederholten Kabinettsumbildungen zu begegnen suchte. Bei den Parlamentswahlen im April 2000 wurde die Große Nationalpartei (GNP) stärkste Partei, gefolgt von der durch Kim Dae Jung geführten Demokrat. Millenniumspartei (MDP). Nach mehreren Reg.umbildungen 2001/02 und der erfolglosen Nominierung von zwei Kandidaten für das Amt des MinPräs. durch Präs. Kim Dae Jung seit Sommer 2002 (darunter erstmals einer Frau) wurde im Okt. 2002 mit Kim Suk Soo vom Parlament ein neuer Reg.chef bestätigt. Gegen die im Land stationierten US-Soldaten (etwa 37 000) richteten sich ab Herbst 2002 wiederholt Proteste. Die Präsidentschaftswahlen am 19.12. 2002 entschied der Kandidat der Demokrat. Millenniumspartei, Roh Moo Hyun, für sich (Amtsantritt als Staatspräs. im Febr. 2003).

Von außenpolit. Bedeutung war u. a. die Normalisierung der über Jahrzehnte gespannten Beziehungen zu China (Aug. 1992). Im Nov. 1992 schloss Süd-K. einen Grundlagenvertrag über freundschaftl. Beziehungen zu Russland. 1998 konnte auch das Verhältnis zu Japan grundlegend verbessert werden (bei einem Staatsbesuch Kim Dae Jungs Entschuldigung der japan. Reg. für die 35 Jahre währende brutale Kolonialherrschaft in Korea). Trotz Wiederaufnahme von Verhandlungen zw. Nord- und Süd-K. (unter Beteiligung Chinas und der USA) über einen Friedensvertrag (1997) brachen immer wieder z. T. militärisch bedrohl. innerkorean. Spannungen auf (erneut 1999). Dessen ungeachtet setzte Kim Dae Jung seinen als »Sonnenscheinpolitik« apostrophierten Annäherungs- und Entspannungskurs gegenüber Nord-K. konsequent fort. Das histor. Gipfeltreffen Kim Dae Jungs mit dem nordkorean. Staatschef Kim Jong Il im Juni 2000 in Pjöngjang war auf einen Neuanfang in den Beziehungen der beiden korean. Staaten gerichtet. Dieser gestaltete sich jedoch insbesondere wegen des seit 2001 wieder härteren Kurses der USA gegenüber Nord-K. als schwierig und blieb nicht frei von Rückschlägen (Ende Juni 2002 Seegefecht zw. Schiffen der beiden korean. Staaten im Gelben Meer); Ende Juli 2002 einigte man sich aber auf eine Fortführung des ins Stocken geratenen Annäherungsprozesses. Auch nach Bekanntwerden des vertragswidrigen nordkorean. Atomprogramms im Okt. 2002 hielt Süd-K. an seiner Verständigungspolitik fest und suchte im Konflikt zw. Nord-K. und den USA zu vermitteln.

Süd-Korea: die Insel Cheju vor der Südküste

Koreakrieg, Kampfhandlungen in Korea zw. Streitkräften der Demokrat. Volksrep. Korea (Nord-Korea) einerseits und Truppen der Rep. Korea (Süd-Korea) sowie einer Streitmacht der UN andererseits (1950–53); ausgelöst durch den nordkorean. Vorstoß (25. 6. 1950) über die Demarkationslinie am 38. Breitengrad. Die Bedrohung des Status quo führte zum Eingreifen einer UN-Streitmacht (Beschluss im Sicherheitsrat vom 27. 6. 1950, bei Abwesenheit der UdSSR). Die USA trugen die militär. Hauptlast (Mitbeteiligung von 15 weiteren Staaten; Oberbefehl unter dem amerikan. General D. MacArthur 1950–51, dann unter General M. B. Ridgway). Nord-Korea eroberte zunächst große Teile Süd-Koreas bis auf das Gebiet um Pusan im SO. Die Militäraktion des UN-Truppenkontingents begann am 15. 9. 1950. Nach mehreren wechselseitigen Offensiven, wobei Nord-Korea von China unterstützt wurde, stabilisierte sich im Frühjahr 1951 die Front um den 38. Breitengrad, der mit geringfügigen Änderungen im Waffenstillstand von Panmunjom (27. 7. 1953) wieder Teilungslinie wurde (Festlegung einer entmilitarisierten Zone und Einsetzung einer Waffenstillstands-

Kore Koreaner

Koreakrieg
- nordkorean. Vorstöße vom 25.6.– 14.9.1950
- Frontlinie am 15.9.1950
- Vorstöße der Südkoreaner und UN-Truppen bis Nov. 1950
- Frontlinie am 2.11.1950
- chin. und nordkorean. Vorstöße bis Januar 1951
- Frontlinie im Januar 1951
- Linie des Stellungskriegs um den 38. Breitengrad
- heutiges Territorium der Dem. Volksrep. Korea
- heutiges Territorium der Republik Korea

kommission). Der Versuch eines Friedensschlusses scheiterte 1954.

Koreaner, Volk auf der Halbinsel Korea und im angrenzenden Gebiet (bis nach China hinein) sowie auch in Usbekistan, Kasachstan, Japan, den USA, Kanada, Singapur u. a. Ländern; etwa 75 Mio. Menschen, davon etwa 4 Mio. außerhalb der Halbinsel Korea; Kultur und Religion der K. sind v. a. vom Buddhismus und Konfuzianismus, in neuerer Zeit auch vom Christentum geprägt.

koreanische Kunst, die Kunst der Halbinsel Korea. Sie zeigt trotz der deutl. kulturellen Abhängigkeit von China einen eigenen Charakter, v. a. in ihrem ausgeprägten Gefühl für die Linie. Beispiele der Bronzekunst (Dolche, Lanzen, Spiegel) zeigen häufig Tiermotive. Im 2. Jh. n. Chr. entstand im SO Koreas graue, hart gebrannte Keramik, Vorläufer der späteren Sillakeramik.

Aus der Zeit der drei Reiche sind neben der Kunst der Koguryöperiode im NO (Königs- und Fürstengräber mit Wandmalereien, 4.–7. Jh.) aus dem alten Reich von Silla auch kleine Goldkronen (5./6. Jh.) sowie elegante Buddha-Bronzeplastiken des 6. und 7. Jh. und (graue) Keramiken zu nennen. Aus Paekche sind ebenfalls kostbare, feine Goldschmiedearbeiten erhalten (5./6. Jh.). Mit der Gründung des Großreiches Silla (668) erreicht die k. K. Mitte des 8. Jh. eine Blütezeit, u. a. mit dem Pulguksa (Tempel des Buddhareiches) bei ↗ Kyŏngju und dem Shakyamuni-Buddha (im benachbarten Höhlentempel ↗ Sŏkkuram).

Koryŏ (918–1392): Zahlr. Pagoden werden errichtet, u. a. die fünfstöckige Kaesimsa-Pagode (1009), das pagodenartige Grabmal des Priesters Hongbop (1007) und die zehnstöckige Pagode des Kyŏngchonsa (14. Jh.; heute in Seoul). Das älteste Wandgemälde (1379) befindet sich im Tempel Pusŏksa. Größtes Ansehen genießt die vollendete Koryŏkeramik. Feine Seladonkeramik wird seit Anfang des 11. Jh. hergestellt, Mitte des 12. Jh. wird die rein korean. Porzellaneinlegetechnik (Sanggam) entwickelt, bei der vor der Glasierung die Vertiefungen des Dekors mit weißem oder schwarzem Schlicker ausgefüllt werden.

Chosŏn- oder *Yi-Dynastie* (1392–1910): Die grobkörnige Punchŏngkeramik (15. und 16. Jh.) steht in der Tradition der Seladonkeramik, daneben fertigt man u. a. weiße Ware mit blauem Dekor nach dem Vorbild der Mingkeramik. In der Baukunst werden v. a. Profanbauten (Paläste, Stadttore, Königsgräber, Schulen) ausgeführt, u. a. das Südtor von Seoul (1396). Die Malerei auf Papier und Seide steht unter chines. Einfluss (Song-, später Ming- und Qingkunst). Seit dem 17. Jh. entwickelt sich ein unabhängiger Stil mit realist. Genrebildern aus dem Volksleben. Im 20. Jh. wurden auch westl. Einflüsse in die k. K. aufgenommen. Internat. bekanntester Vertreter ist Nam June Paik.

koreanische Literatur. Mythen, Geschichte und Dichtung der altkorean. Völkerschaften wurden mündlich überliefert; chines. Schrift und Sprache blieben vom 5. Jh. bis ins MA. Medium der k. L. Fragmente altkorean. Dichtung, bes. die 25 Hyangga (»heimische Lieder«), stammen aus der Zeit des Großreiches Silla (668–918). Die Geschichtswerke »Samguk-sagi« (1145) und »Samguk-yusa« (13. Jh.) gehören bereits der Lit. des Reiches Koryŏ (918–1392) an, in der die chines. Sach- und Kunstprosa aufblühte. Korean. Dichtung hielt sich nur in der Poesie, v. a. im Changga (Langgedicht) und Sogyo (Volkslied). Mit der Erfindung der korean. Buchstabenschrift während der frühen Yi-Dynastie (1392–1910) begann eine neue Epoche mit dem Aufschwung der Lit. in korean. Sprache. Nach der Entwicklung einer nat. Poesie, dem Akchang (lyr. Hofgedicht mit Musikbegleitung), dem Kasa (Verserzählung) und dem volkstüml. Sijo (Kurzgedicht), das bis in die Gegenwart populär ist, konnte sich ab dem 15. Jh. auch korean. Erzählprosa mit z. T. sozialkrit. Tendenz herausbilden. Anfang des 20. Jh. endete die klass. Lit. Koreas; unter dem Einfluss westl. geistiger Strömungen kämpften die korean. Literaten für die Befreiung Koreas von der japan. Herrschaft (1910–45); es entstand eine Nationallit., die sich seit 1948 getrennt entwickelt: in Nord-Korea orientiert am sozialist. Realismus, in Süd-Korea z. T. im Rückgriff auf frühere Traditionen.

koreanische Musik. Die k. M., die durchgehend pentatonisch ist, erfuhr starke chines. Einflüsse, da zw. dem 7. und 10. Jh. die Musik der Tangzeit in Korea Eingang fand (Musik chines. Herkunft sowie vor der Tangzeit nach Korea gekommene Musik wird zur Unterscheidung von der Hyangak genannten Musik korean. Ursprungs als Tangak bezeichnet). Seit dem 6. Jh. wirkte die k. M. ihrerseits, bes. über ihr reichhaltiges Instrumentarium, auf die Musik Japans ein. Der autochthone Charakter der k. M. tritt nur in der

koreanische Kunst: »Buddha Shakyamuni auf dem Lotossockel«, Statue aus weißem Granit (3,50 m hoch) im Sŏkkuram-Tempel nahe der Stadt Kyŏngju (8. Jh.)

Volksmusik zutage und beruht nicht nur auf sprachlich bedingten Stimmmodulationen; z. B. kennt die k. M. im Unterschied zur chines. Musik ternäre Taktarten. Beliebte Gattungen der Volksmusik sind Pansori (ep. Geschichten, mit Gesang vorgetragen) und Sanjo (Improvisationen für Soloinstrument mit Trommelbegleitung). Von der Aak (elegante Musik), die urspr. nur Hofmusik chines. Herkunft und erst später alle höf. Genres umfasste, wird heute nur noch die rituelle konfuzian. Musik zweimal jährlich aufgeführt. Der Kunstgesang der Literaten umfasst die bis heute gepflegten Gattungen Kagok (zyklische lyr. Gesänge), Sijo (kurze lyr. Gesänge) und Kasa (erzählende Lieder).

koreanische Schrift, ostasiat. Schrift mit einem aus 10 Vokalen, 11 Diphthongen und 19 Konsonanten (darunter 5 Doppelkonsonanten) bestehenden Alphabet. Sie wurde in mehreren Stufen aus der chines. Schrift entwickelt.

koreanische Sprache, agglutinierende, strukturell dem Japanischen nahe stehende Sprache in Korea. Vor Einführung der chines. Sprache und Schrift lässt sie sich nur bedingt aus spärl. Zeugnissen der altkorean. Poesie in späteren Werken erschließen. Die k. S. entwickelte sich aus der altaischen Puyŏsprache im mandschurisch-nordkorean. Raum und der Hansprache im zentral- und südkorean. Raum.

Koreastraße, etwa 160 km breite Meerenge zw. Korea und Japan, verbindet Ostchines. und Japan. Meer.

Korfanty, Wojciech, poln. Politiker, *Sadzawka (bei Kattowitz) 20. 4. 1873, †Warschau 17. 8. 1939; Journalist, 1903–12 und 1918 MdR, 1919–21 poln. Abstimmungskommissar für Oberschlesien, leitete dort im Mai 1921 den dritten poln. Aufstand.

Korfball [niederländ., »Korbball«], *Sport:* dem ↗Basketball und ↗Korbball verwandtes Ballspiel für zwei Mannschaften mit je vier männl. und weibl. Spielern. Ziel ist es, einen Lederhohlball so oft wie möglich in den gegner. Korb zu werfen und Korberfolge des Gegners zu verhindern. Die reguläre Spieldauer beträgt 2×30 Minuten. Die Körbe sind am oberen Ende von 3,5 m hohen Korbständern angebracht, die vor der Mitte der Spielfeldschmalseiten stehen.

Korfu (grch. Kerkyra, Korkyra), **1)** grch. Insel, 592 km^2, 104 800 Ew., die nördlichste der größeren Ionischen Inseln, durch eine seichte Meeresstraße vom Festland getrennt; im N Kalkgebirge (bis 906 m ü. M.), im S Hügelland mit Obst- und Gemüseanbau, Ölbaum- und Rebkulturen; Fremdenverkehr.

2) Hptst. der grch. Region Ionische Inseln und des VerwBez. (Nomos) K., an der Ostküste der Insel K.; 31 400 Ew.; Sitz eines grch.-orth. Metropoliten und eines kath. Erzbischofs; Universität; archäolog. Museum; Hafen, Flugplatz. – Das antike K. liegt im heutigen südl. Stadtgebiet. Von der antiken Unterstadt sind die hellenist. Stadtmauern sichtbar, freigelegt wurde v. a. der große Artemisaltar (25,40 × 2,70 m). Die Stadt bewahrt mit Festungsresten, Kirchen und Palästen noch viel vom Stadtbild der Venezianerzeit. – K., nach antiker Meinung das **Scheria** der Odyssee, wurde angeblich 734 v. Chr. von Korinth aus besiedelt. 229 v. Chr. stellte sich K. unter röm. Schutz. Im Früh- und Hoch-MA. gehörte es zu Byzanz, kam 1258 zum Königreich Sizilien und stand 1386–1797 unter dem Schutz Venedigs; wurde 1797 frz., 1799 russ., 1807 frz., 1809 von den Briten besetzt, 1815 brit. Protektorat und kam 1864 zu Griechenland; 1941–43 von italien., dann von dt. Truppen besetzt.

Korhogo [kɔrɔˈgo], Stadt im N der Rep. Elfenbeinküste, 109 400 Ew.; Mittelpunkt des Gebiets der Senufo; kath. Erzbischofssitz; Flughafen.

Koriander [grch. »Wanzenkraut«, wegen des Geruchs] *der* (Coriandrum), einjähriger, urspr. aus dem Mittelmeergebiet stammender Doldenblütler mit zwei Arten, darunter der bis 60 cm hohe **Garten-K.** (Coriandrum sativum); mit weißen Blüten und pfefferkornähnl. Früchten, die wegen ihres Gehalts an äther. K.-Öl u. a. als Gurken- und Soßengewürz verwendet werden.

Kōrin, japan. Maler und Lackmeister; Mitgl. der Familie ↗Ogata.

Korinth (grch. Korinthos), Hptst. des VerwBez. (Nomos) K., Griechenland, im NO der Peloponnes,

Koriander: Gartenkoriander

Korinth: Isthmus von Korinth, Einfahrt zum Kanal von Korinth

Kori Korinthe

27 400 Ew. K. liegt am **Golf von K.**, einem 130 km langen Meeresarm, der Mittelgriechenland von der Peloponnes trennt; der **Kanal von K.** (6,34 km lang, 24,5 m breit, 1881–93 angelegt) durch den **Isthmus von K.** verbindet ihn mit dem Saronischen Golf. – K. ist grch.-orth. Bischofssitz; hat Erdölraffinerie; chem. und elektrotechn. Ind. – Die alte Stadt lag 5 km weiter südwestlich am Fuße des Burgfelsens Akrokorinth. Erdbeben haben die Stadt wiederholt zerstört. Von dem dor. Apollontempel (um 540 v. Chr.) sind Reste erhalten; andere freigelegte Bauten stammen aus röm. Zeit. – K., im 10. Jh. v. Chr. von Dorern gegr., war in der Antike nach Athen die reichste und bedeutendste Handelsstadt im südl. Griechenland. Als Mitgl. des Peloponnes. Bundes trieb es Sparta zum Peloponnes. Krieg. 395–386 v. Chr. führte K. mit Athen, Theben und Argos gegen Sparta den **Korinthischen Krieg.** 337 v. Chr. geriet K. unter die Herrschaft der Makedonier; nach ihrer Vertreibung gehörte es zum Achaiischen Bund (seit 243 v. Chr.); 146 v. Chr. wurde K. von den Römern zerstört, erst 44 v. Chr. durch Caesar als röm. Bürgerkolonie neu besiedelt. Paulus gründete hier eine Christengemeinde (↗ Korintherbriefe). Seit dem MA. stand K. unter der Herrschaft der Byzantiner, Kreuzfahrer, Venezianer, seit 1458 der Türken; 1829/30 kam es zu Griechenland. Nach dem Erdbeben von 1858 wurde Neu-K. (Nea Korinthos), 6 km nordöstlich der zerstörten Stadt, angelegt.

Korinthe die, kernlose, kleine, violettschwarze, getrocknete Weinbeere der Rebsorte Vitis minuta, zuerst in der Gegend von Korinth angebaut.

Korintherbriefe, Abk. **Kor.,** im N. T. zwei Briefe des Paulus (zw. 54 und 56) an die Gemeinde von Korinth; Thema des 1. K. ist der Kampf des Apostels um den Erhalt der Einheit der zerstrittenen jungen christl. Gemeinde (»Hohes Lied der Liebe«, I, 13); Thema des 2. K. die Begründung und Verteidigung seines Apostelamtes.

korinthischer Stil, ↗ griechische Kunst, ↗ Säulenordnung.

Koriolan, legendärer röm. Held, ↗ Coriolanus.

Kōriyama, Stadt auf Honshū, Japan, 326 800 Ew.; Seidenspinnerei, Textilind., Maschinenbau.

Korjaken, Volk der Paläosibirier in NO-Sibirien, v. a. im N von Kamtschatka, rd. 9 000 Menschen.

Korjaken, Autonomer Kreis der, autonomer Kreis im Gebiet Kamtschatka, Russland, hauptsächlich tundrabedecktes Mittelgebirgsland im N der Halbinsel Kamtschatka, 301 500 km², 28 500 Ew. (17% Korjaken, 62% Russen, 7% Ukrainer, ferner Tschuktscen, Itelmen, Ewenen); Verw.sitz ist Palana; Fischerei, Pelztierzucht und -jagd, Rentierhaltung; Edelmetallgewinnung, Kohleabbau.

Kork [span.] (Phellem), oberflächlich liegendes, meist braunes Schutzgewebe der pflanzl. Rinde, an Zweigen, Stämmen, Wurzeln, besteht aus lückenlos sich aneinander schließenden Zellen (K.-Zellen). Diese sind luftgefüllt und enthalten in ihren Zellwänden einen fettartigen Stoff, das Suberin, das die Wände für Gas und Wasser schwer durchlässig macht. Das K.-Gewebe ist für die Pflanze eine Schutzschicht gegen Verdunstung und Infektionen. – Der technisch verwendete K. stammt von der **K.-Eiche** (Quercus suber), die bes. in Portugal, Spanien, Algerien, Marokko, Tunesien, Südfrankreich, Korsika, Italien (Sardinien, Sizilien) wächst. Der in den ersten Jahren gebildete (»männl.«) K. ist wertlos. Ab dem 20. Jahr wird (»weibl.«) K. gebildet, der alle 8–12 Jahre in Platten vom Stamm geschält und zur Herstellung von Flaschenverschlüssen (Korken), Dekorati-

Kormorane: Gewöhnlicher Kormoran

Kork: entrindete Korkeiche

ons- und Dämmmaterial sowie Linoleum verwendet wird.

Korksäure (Suberinsäure), kristalline Dicarbonsäure, $COOH-(CH_2)_6-COOH$, die zur Herstellung von Polyamiden verwendet wird.

Kormophyten [grch.] (Cormophyta, Sprosspflanzen), die in Spross und Wurzel gegliederten, somit einen **Kormus** (Pflanzenkörper) besitzenden Pflanzen; Ggs.: ↗ Thallophyten. K. sind Samenpflanzen und Farne.

Kormorane [frz.] (Scharben, Phalacrocoracidae), Familie meist schwarzer, in Kolonien brütender, fast weltweit verbreiteter Ruderfüßer; Fischfresser. K. schwimmen und tauchen vorzüglich; sie nisten auf Klippen und Bäumen, an Küsten und Binnengewässern. In Europa heimisch ist u. a. der bis 90 cm große **Gewöhnliche K.** (Phalacrocorax carbo).

Korn, Spirituose aus Getreidedestillat, und zwar (lt. Gesetz) nur aus Weizen, Roggen, Gerste, Hafer und Buchweizen mit mindestens 32 Vol.-%, bei **Kornbrand** 37,5 Vol.-% Alkohol.

Korn, 1) *allg.:* Bez. für Getreide, v. a. für die wichtigste Getreideart eines Landes (z. B. in Dtl. meist der Roggen, in den USA der Mais).

2) *Fotografie:* der bei Vergrößerung sichtbare Aufbau des Bildes aus einzelnen Silberhalogenidpartikeln. Im Allg. wächst die Körnigkeit mit der Empfindlichkeit des Materials. Das K. kann durch Belichtung und durch Entwicklung beeinflusst werden.

3) *Waffentechnik:* der auf der Oberseite des Laufes oder Mantels nahe der Mündung angebrachte Teil der Visiereinrichtung.

Korn, Arthur, Physiker, *Breslau 20. 5. 1870, †Jersey City (N. J.) 22. 12. 1945; ihm gelang 1904 die erste telegraf. Bildübertragung auf der Leitung München–Nürnberg–München, 1923 die drahtlose Bildübertragung von Rom nach Bar Harbour (USA).

Kornberg [ˈkɔːnbəːg], Arthur, amerikan. Biochemiker, *Brooklyn (N. Y.) 3. 3. 1918; isolierte 1956 ein DNA-synthetisierendes Enzym, die K.-Polymerase, und erhielt dafür (mit S. Ochoa) 1959 den Nobelpreis für Physiologie oder Medizin.

Kornblume, eine ↗ Flockenblume.

Kornelkirsche, Art der Pflanzengattung ↗ Hartriegel.

Körnen, das Einschlagen kleiner kegeliger Vertiefungen mit einem spitzen Werkzeug (**Körner**) in die Oberfläche eines Werkstücks, z. B. zum Markieren von Bohrungsmittelpunkten.

Korner der (engl. Corner, Schwänze), *Börsenwesen:* Situation bei Termingeschäften auf Effekten-

und Warenmärkten, bei der am Erfüllungstag aufgrund eines übermäßigen Engagements (Leergeschäfte) der Baissiers oder durch systemat. Aufkäufe (Aufschwänzen) interessierter Kreise Materialmangel besteht, sodass sich die Baissiers zu stark gestiegenen Kursen eindecken müssen, um Wertpapiere liefern zu können.

Korner [ˈkɔːnə], Alexis, brit. Rockmusiker (Gitarrist, Sänger), * Paris 19. 4. 1928, † London 1. 1. 1984; gründete 1961 die Rockgruppe »Blues Incorporated«, aus der u. a. die »Rolling Stones« hervorgingen.

Körner, 1) Christian Gottfried, Jurist, * Leipzig 2. 7. 1756, † Berlin 13. 5. 1831, Vater von 3); wurde 1783 Oberkonsistorialrat in Dresden, seit 1815 im preuß. Staatsdienst; Freund und Verehrer des jungen Schiller, dem er 1785–87 in Loschwitz (heute zu Dresden) Obdach bot. Schrieb die erste zuverlässige Schillerbiografie (Einleitung zu seiner 12-bändigen Schillerausgabe, 1812–15).

2) Hermine, Schauspielerin, * Berlin 30. 5. 1878, † ebd. 14. 12. 1960; wirkte, zeitweise auch als Theaterleiterin, in Düsseldorf, München, Dresden, Berlin, Hamburg; spielte klass. Rollen und gilt als eine der letzten großen Tragödinnen.

3) Karl Theodor, Schriftsteller, * Dresden 23. 9. 1791, ⚔ bei Gadebusch 26. 8. 1813, Sohn von 1); studierte in Freiberg und Leipzig, ging 1811 nach Wien. Hier errang er große Erfolge mit Lustspielen in Kotzebues Art und mit Trauerspielen (»Zriny«, »Rosamunde«, »Toni«) in der Nachfolge Schillers. 1813 schloss er sich dem Lützowschen Freikorps an. Seine Kriegs- und Freiheitslieder erschienen 1814 u. d. T. »Leyer und Schwert«.

4) Theodor, österr. General und Politiker, * Komorn 24. 4. 1873, † Wien 4. 1. 1957; Pionieroffizier, 1915–18 (als Oberst) Generalstabschef einer Armee an der Isonzofront, schloss sich 1924 der SPÖ an, die ihn im selben Jahr in den Bundesrat entsandte (Mitgl. bis 1934). Von Febr. bis Dez. 1934 und nach dem 20. 7. 1944 in Haft. 1945–51 Bürgermeister von Wien und 1951–57 Bundespräsident.

Körnerkrankheit (ägyptische Körnerkrankheit), das ↗ Trachom.

Kornett [frz., zu cornette »Standarte«] der, früher jüngster Offizier einer Schwadron, der die Standarte trug.

Kornett [italien.-frz.] das, **1)** ein aus dem Posthorn durch Einbau von Ventilen entstandenes, um 1830 erstmals in Frankreich gebautes Blasinstrument. Am gebräuchlichsten sind das K. in der Stimmung B und das **Cornettino** in Es.

2) in der Orgel entweder eine den Zink nachahmende Zungenstimme oder eine gemischte Stimme mit Terz.

Korneuburg, Bez.-Hptst. in Niederösterreich, am linken Donauufer, nordwestlich von Wien, 10 900 Ew.; Stadtmuseum; bedeutendste Schiffswerft Österreichs, pharmazeut. und kosmet. Ind., Großdruckerei, Wärmekraftwerk. – Pfarrkirche St. Ägyd (13. Jh.), Augustinerkirche (1773 geweiht). – 1136 erstmals als Stadt erwähnt.

Kornfeld, Paul, Schriftsteller, * Prag 11. 12. 1889, † im Getto von Lodz 25. 4. 1942; schrieb expressionist. Tragödien (»Himmel und Hölle«, 1919; »Jud Süß«, 1930), Komödien, die bed. expressionist. Bekenntnisschrift »Der beseelte und der psycholog. Mensch« (1918) sowie den Roman »Blanche oder Das Atelier im Garten« (hg. 1957).

Korngold, Erich Wolfgang, österr. Komponist, * Brünn 29. 5. 1897, † Los Angeles 29. 11. 1957; errang großen Erfolg mit seiner Oper »Die tote Stadt« (1920); seit 1931 Prof. an der Wiener Musikakademie; emigrierte 1934 in die USA. Neben Filmmusiken schrieb K. weitere Opern, Orchester- und Kammermusik.

Kornisch, eine der ↗ keltischen Sprachen.

Kornkäfer (Schwarzer Kornwurm, Sitophilus granarius, Calandra granaria), braunschwarzer, etwa 4 mm langer Rüsselkäfer, verbreiteter Schädling an Getreidevorräten; die Larve frisst das Korninnere von Gerste, Hafer, Mais, Roggen, Weizen, befällt auch geschälten Reis und Teigwaren.

Kornmotte (Nemapogon granellus), Art der Echten Motten; die Raupe **(Weißer Kornwurm)** frisst an versch. pflanzl. Stoffen, häufig auch an trocken gelagertem Getreide und wird dann zum gefürchteten Vorratsschädling.

Kornrade (Agrostemma githago), bis 1 m hohes Nelkengewächs mit purpurfarbenen Blüten und großen giftigen Samen; früher lästiges Ackerunkraut.

Korntal-Münchingen, Stadt im Landkr. Ludwigsburg, Bad.-Württ., 17 300 Ew.; Werkzeugbau, Lackfabriken. – Korntal wurde 1819 von württemberg. Pietisten gegründet, 1975 mit Münchingen (seit Mitte des 12. Jh. urkundlich belegt) vereinigt.

Körnung, allg. das Vorhandensein von Körnern gleicher oder unterschiedl. **Korngröße** (Teilchengröße) in Pulvern, Stäuben, körnigen Gemengen (Mineralen, Baustoffe, Schleifwerkzeuge), Dispersionen (Pigmente), Aerosolen (Abgase) u. a.

Kornwestheim, Stadt (Große Kreisstadt) im Landkr. Ludwigsburg, Bad.-Württ.; 30 000 Ew.; Schuhind., Maschinenbau. – Evang. Pfarrkirche St. Martin (1516). – Seit 1931 Stadt.

Korolenko, Wladimir Galaktionowitsch, russ. Schriftsteller, * Schitomir 27. 7. 1853, † Poltawa 25. 12. 1921; lebte 1876–85 als Verbannter in Sibirien, schildert in seinen Erzählungen das Dasein bäuerl. Menschen: »Der Wald rauscht« (1886), »Der blinde Musiker« (1886). Literarisch und zeitgeschichtlich bed. sind seine Memoiren »Die Geschichte meines Zeitgenossen« (4 Bde., 1922).

Koroljow, Sergej Pawlowitsch, sowjet. Raumfahrttechniker, * Schitomir 12. 1. 1907, † Moskau 14. 1. 1966; war Laboratoriumsleiter am Inst. für Maschinenkunde der Akademie der Wiss.en der UdSSR, entwickelte seit 1933 Raketen, Sputnik I (1957), Satelliten, Sonden, Raumfahrzeuge (Wostok 1961–63, Woschod 1964–65) und Trägerraketensysteme.

Koromandelküste (engl. Coromandel Coast), der um Madras gelegene Küstenabschnitt in SO-Indien, rd. 700 km lang.

Korona [lat. »Kranz«] die, **1)** *Astronomie:* (Corona, Sonnenkorona), die weißlich leuchtende, strahlenförmige äußerste Schicht der Sonnenatmosphäre geringer Dichte, die die Sonne kranzartig umgibt und den stetigen Übergang zur interplanetaren Materie bildet; ist mit dem bloßen Auge nur während einer to-

Theodor Körner

Kornrade

Sergej Koroljow

Korona 1): Aufnahme der Sonnenkorona bei einer totalen Sonnenfinsternis

talen Sonnenfinsternis beobachtbar und kann mit einem / Koronographen untersucht werden. Die K. besteht aus einem Plasma hochionisierter Atome und freier Elektronen mit einer Temperatur von einigen Mio. K; das Strahlungsmaximum liegt im Röntgenbereich. Form und Helligkeit der strahlenförmigen Strukturen (K.-Strahlen) variieren während eines Sonnenfleckenzyklus.
 2) *atmosphär. Optik:* der / Kranz.
Korona|entladung, Leuchterscheinung aufgrund einer selbstständigen / Gasentladung, die bei hohen elektr. Feldstärken an Oberflächen von Hochspannungsfreileitern (bes. an Spitzen und Kanten) auftritt und damit zu unerwünschten Energieverlusten führt.
Koronarangiographie [lat.-grch.] *die* (Koronarographie), Röntgenkontrastdarstellung (Serie von Röntgenaufnahmen in schneller Bildfolge) der Herzkranzgefäße; dient der Diagnose von funktionellen Störungen und organ. Erkrankungen.
Koronargefäße, / Herz.
Koronar|infarkt, der / Herzinfarkt.
Koronarinsuffizienz, Mangeldurchblutung der Koronararterien, bei der ein Missverhältnis zw. Blutbedarf und tatsächl. Durchblutung mit der Folge einer unzureichenden Versorgung des Herzmuskels mit Sauerstoff und Nährstoffen besteht. Sie äußert sich zunächst in einer Einschränkung der Koronarreserve, d.h. der Fähigkeit zur belastungsabhängigen Steigerung der Durchblutung, im fortgeschrittenen Stadium in einer unzureichenden Versorgung im Ruhezustand (Ruheinsuffizienz).
Koronarsklerose, Verkalkung der den Herzmuskel versorgenden Herzkranzgefäße; führt zu ungenügender Blutversorgung des Herzmuskels, damit zur Minderung der Herzleistung.
Koronograph [lat.-grch.] *der,* astronom. Fernrohr zum Beobachten und Fotografieren der inneren Teile der / Korona der Sonne außerhalb einer totalen Sonnenfinsternis. Das wesentl. Element des K. ist eine kegelförmig ausgebildete Blende, die die Sonnenscheibe in der Bildebene des Objektivs gerade abdeckt (analog zum Mond bei einer Sonnenfinsternis). Der Blendenmantel ist poliert, um eine seitl. Reflexion des Sonnenlichts zu ermöglichen und so eine zu starke Aufwärmung der Blende zu verhindern.
Körös ['kørøʃ] *die* (dt. auch Kreisch, rumän. Criş), linker Nebenfluss der Theiß im Ungar. Tiefland, 303 km lang; Quellflüsse: Schwarze, Weiße und Schnelle Körös; stark schwankende Wasserführung.
Körper [aus lat. corpus], 1) *Algebra:* eine algebraische Struktur $(K, *, \circ)$ bestehend aus einer nichtleeren Menge K und zwei in ihr definierten Verknüpfungen $*$ und $\circ$ (z.B. Addition und Multiplikation), wobei $(K, *)$ eine kommutative Gruppe (mit 0 als neutralem Element bezüglich $*$) und $(K\setminus\{0\}, \circ)$ eine kommutative Gruppe (mit 1 als neutralem Element bezüglich $\circ$) bildet; die Verknüpfung $\circ$ ist distributiv bezüglich $*$. Einen K. mit den Verknüpfungen $+$ und $\cdot$ bildet z.B. die Menge der rationalen Zahlen. Bildet eine Teilmenge K selbst wieder einen K. bezüglich der in K definierten Verknüpfungen, so spricht man von einem **Unterkörper.** Der K. der rationalen Zahlen ist ein Unter-K. des K. der reellen Zahlen. Endl. K. besitzen keine Unterkörper. Sie sind von Primzahlcharakteristik, d.h., es gibt eine kleinste rationale Zahl $p \neq 0$ mit $p \circ 1 = 0$.
 2) *Geometrie:* (geometrischer K.), ein von ebenen oder gekrümmten Flächen allseitig begrenzter Teil eines Raumes. Die Gesamtheit der Begrenzungsflächen ist die Oberfläche des K., der von ihm einge-

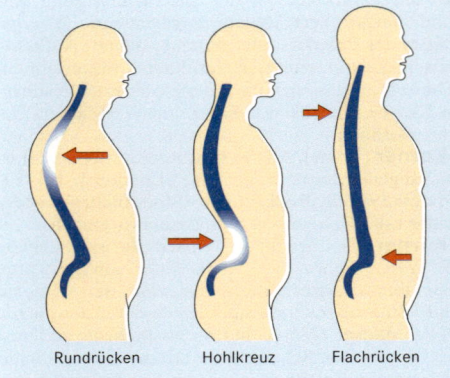

Körperhaltung: Fehlhaltungen der Wirbelsäule als Rundrücken, Hohlkreuz und Flachrücken

schlossene Teil des Raumes sein Volumen. **Regelmäßige K. (platon. K.)** sind Polyeder (Vielflächner), die von ebenen, deckungsgleichen, regelmäßigen Vielecken begrenzt werden. Zu diesen gehören der von vier gleichseitigen Dreiecken begrenzte **Tetraeder,** der von sechs Quadraten begrenzte **Würfel,** der von acht gleichseitigen Dreiecken begrenzte **Oktaeder,** der von zwölf Fünfecken begrenzte **Dodekaeder,** der von zwanzig gleichseitigen Dreiecken begrenzte **Ikosaeder.** Zu den von einer gekrümmten Fläche begrenzten K. gehören Kugeln und Ellipsoide; sowohl von ebenen als auch von gekrümmten Flächen werden Zylinder und Kegel begrenzt.
 3) *Physik:* Materiemenge mit beständiger oder veränderl. Gestalt. Zu den / Festkörpern gehören insbesondere / starre Körper, elast. (/ Elastizität), plast. (/ Plastizität) und amorphe K.; neben diesen festen K. gibt es auch flüssige und gasförmige.
Körperbehinderte, / Behinderte, / Schwerbehinderte.
Körperbemalung, bei vielen Völkern verbreitete Sitte, die Haut zu färben, als Schmuck, zum Zeichen der Trauer und Buße, als Stammes- oder Standeszeichen, Kriegsbemalung. (/ Tätowierung, / Tattoo)
Körperfarbe (Oberflächenfarbe), / Farbe einer nicht selbstleuchtenden Fläche, die durch Reflexion von Lichtstrahlung an einem Körper entsteht.
Körpergewicht, das von Geschlecht, Alter, Ernährungszustand, Körperlänge und endokrinen Faktoren abhängige Gewicht eines Individuums. Die Faustformel für die Berechnung des **Normal-** oder **Sollgewichts,** die **Broca-Formel,** kann nur als allg. Richtschnur gelten: Körperlänge (in cm) abzüglich 100 ergibt das Normalgewicht (in kg). Toleranzwerte von 10% über oder unter dem Normalgewicht werden als nicht gesundheitsschädlich angesehen. **Übergewicht** und **Untergewicht** bestehen, wenn das K. über bzw. unter dem Toleranzwert liegt. Eine wesentl. Rolle spielt auch der Knochenbau, da die Knochen mit etwa 17,5% am K. beteiligt sind. / Body-Mass-Index
Körpergröße, die vom Scheitel bis zur Sohle gemessene Länge des Menschen. Die normale K. beträgt beim Neugeborenen 48–54 cm, beim Erwachsenen etwa 150–190 cm. Frauen sind durchschnittlich 10–12 cm kleiner als Männer. Ein Zurückbleiben der K. unter der Altersnorm wird als **Minderwuchs** mit den Abstufungen **Kleinwuchs** (etwa 130–150 cm) und **Zwergwuchs** (etwa 80–130 cm) bezeichnet. Von **Rie-

Koronograph (schematischer Längsschnitt): L_1 Objektiv; K kegelförmige Blende; F Feldlinse, die das Objektiv L_1 am Ort der Ringblende B abbildet; diese dient der Abdeckung des am Objektivrand gebeugten Lichts; das Bild der Sonnenumgebung (bei K) wird mithilfe der Projektionslinse L_2 in der Bildebene E abgebildet.

senwuchs spricht man, wenn die K. bei der Frau 185 cm, beim Mann 200 cm übersteigt.

Körperhaltung, durch das Stützsystem des Körpers und die Innervation bestimmter Muskelgruppen bedingte aufrechte Haltung des menschl. Körpers. Das Zusammenwirken des aktiven (Muskeltonus) und des passiven Haltesystems (Knochen und Bänder) variiert je nach erbl. Veranlagung, Alter, Kräftezustand und psych. Verfassung des Betreffenden. Im medizin. Sprachgebrauch werden als **Haltungsfehler** die v. a. im Schul- oder Jugendalter auftretenden Abweichungen der Wirbelsäule nach vorn (Lordose) oder hinten (Kyphose) oder in seitl. Richtung (Skoliose) bezeichnet. Sie lassen sich jedoch bei rechtzeitigem Eingreifen (Gymnastik, orthopäd. Turnen) meist korrigieren. Im Unterschied dazu stehen die sekundären Haltungsstörungen **(Haltungsschäden);** sie sind v. a. auf krankhafte (angeborene oder erworbene) Veränderungen des knöchernen Skeletts zurückzuführen (z. B. Wirbelsäulenverkrümmung bei der angeborenen Hüftgelenkluxation).

Körperschaft (Korporation), *Recht:* rechtsfähige Vereinigung von Personen zu einem gemeinsamen Zweck. Neben privatrechtl. K. (Verein, AG, GmbH, Genossenschaft) gibt es **K. des öffentl. Rechts (öffentlich-rechtl. K.)** als rechtsfähige Verbände zur Wahrnehmung staatl. Zwecke unter Staatsaufsicht. Man unterscheidet Gebiets-K. (z. B. Gemeinde), Personal-K. (z. B. Berufskammer) und Verbands-K. (gemeindl. Zweckverband). Die Mitgliedschaft kann freiwillig oder gesetzlich vorgeschrieben sein.

Körperschaftsteuer, Steuer auf das wirtsch. Ergebnis (Gewinn, Reinertrag u. Ä.) bestimmter Unternehmensformen. In Dtl. sind gemäß K.-Ges. i. d. F. v. 15. 10. 2002 steuerpflichtig: Kapitalgesellschaften, Erwerbs- und Wirtschaftsgenossenschaften, Versicherungsvereine auf Gegenseitigkeit, sonstige jurist. Personen des privaten Rechts, nichtrechtsfähige Vereine, Anstalten, Stiftungen und andere Zweckvermögen des Privatrechts und Betriebe gewerbl. Art von jurist. Personen des öffentl. Rechts. Von der K. befreit sind u. a.: Bundeseisenbahnvermögen, Monopolverwaltungen des Bundes, Kreditanstalt für Wiederaufbau, kirchl., gemeinnützigen oder mildtätigen Zwecken dienende Körperschaften. Steuerbemessungsgrundlage ist der Gewinn, der grundsätzlich nach dem Einkommensteuer-Ges. und nach dem K.-Ges. ermittelt wird. Körperschaften mit Sitz oder Geschäftsleitung im Inland sind mit ihrem gesamten Welteinkommen steuerpflichtig **(unbeschränkte K.-Pflicht),** übrige Körperschaften nur mit ihrem Inlandseinkommen **(beschränkte K.-Pflicht).** In Dtl. galt 1977–2000 für die Ermittlung der individuellen Steuerschuld das Anrechnungsverfahren: Der Steuersatz für einbehaltene Gewinne betrug (seit 1994) 40 %, bei Ausschüttung war eine Steuerbelastung von 30 % vorgesehen. Die Aktionäre erhielten mit der Ausschüttung eine K.-Gutschrift, die auf die Einkommensteuerschuld des Empfängers (Aktionärs) angerechnet wurde. Lag der Persönl. Einkommensteuersatz unter 30 %, so erhielt der Aktionär eine entsprechende Vergütung durch das Finanzamt.

Zum 1. 1. 2001 wurde das K.-System umgestellt: Der K.-Satz für einbehaltene und ausgeschüttete Gewinne wurde einheitlich auf 25 % (2003: 26,5 %) gesenkt und das Vollanrechnungsverfahren abgeschafft. Der Gewinn der Kapitalgesellschaften wird damit auf Gesellschaftsebene mit 25 % endgültig besteuert (»Definitivsteuer«), für Dividenden entfällt die bisherige Verrechnung der K. mit der Steuer des Dividendenempfängers. Dafür gehen Dividenden beim Ak-tionär nur noch mit 50 % in die Einkommensteuerbemessungsgrundlage ein **(Halbeinkünfteverfahren).** – Das Aufkommen der K. sank von (2000) 23,6 Mrd. € auf (2001) –425,6 Mio. €.

In *Österreich* beträgt der K.-Satz für einbehaltene und ausgeschüttete Gewinne einheitlich 34 %. Aufseiten der Aktionäre entfiel die bis dahin erfolgte Besteuerung der Dividendenbezüge natürl. Personen mit dem halben individuellen Einkommensteuersatz (»Halbsatzverfahren«), die Einkommensteuerschuld ist nunmehr durch die seit 1994 als Abgeltungsteuer erhobene Kapitalertragsteuer auf Dividenden (25 %) abgegolten. In der *Schweiz* besteuert der Bund im Rahmen der direkten Bundessteuer den Ertrag (Gewinn) jurist. Personen, daneben unterwerfen alle Kantone Ertrag bzw. Gewinn (und Kapital bzw. Vermögen) der Kapitalgesellschaften und Genossenschaften eigenen »Ertragsteuern«, häufig versehen mit gemeindl. Zuschlägen.

Körperschaftswald, Wald im Alleineigentum von Gemeinden, Gemeindeverbänden, Stiftungen u. a. Körperschaften des öffentl. Rechts. In Dtl. umfasst der K. rd. 20 % der Waldfläche.

Körpersprache, die Gesamtheit des zur ↗ nichtverbalen Kommunikation rechnenden menschl. Ausdrucksverhaltens.

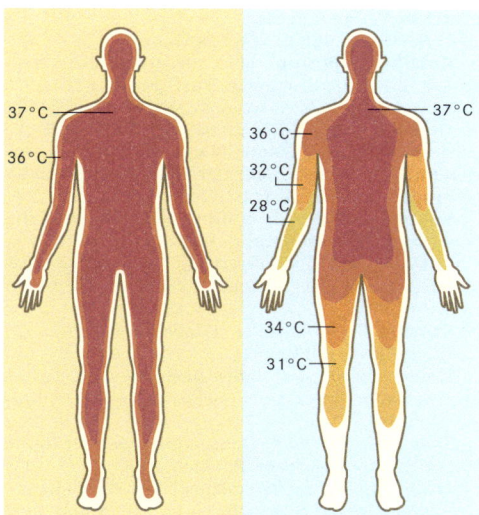

Körpertemperatur: Temperaturfeld des menschlichen Körpers bei hoher (links) und niedriger (rechts) Außentemperatur; die violette Fläche entspricht jeweils der Kerntemperatur.

Körpertemperatur, die Temperatur im bzw. am Körper bei Mensch und Tier; bei den Poikilothermen ist sie von der Umgebungstemperatur abhängig, bei den Warmblütern hat sie eine komplizierte räuml. Verteilung, die außerdem rhythm. Tagesschwankungen unterliegt, mit einem annähernd gleich warmen Körperkern (das Innere des Rumpfes und Kopfes), in dessen Bereich die **Kerntemperatur** herrscht. Beim Menschen liegt die höchste Normaltemperatur bei Messung in der Achselhöhle (axillar) bei 36,9 °C und im Mastdarm (rektal) bei 37,4 °C. Die K. liegt bei den meisten Säugetieren zw. 36 und 39 °C, bei den Vögeln zw. 40 und 43 °C.

Körpertherapi|en, *Psychotherapie:* Behandlungsformen psych. Leiden durch körperl. Übungen von Bewegung, Atem, Haltung und Konzentration; zu den K. gehören z. B. Bewegungs-, Atemtherapie, Yoga und Meditation.

Körperverletzung, die Beeinträchtigung der körperl. Unversehrtheit eines Menschen. Das StGB schützt die körperl. Integrität und unterscheidet bei ihrer Verletzung: **einfache vorsätzl.** und **fahrlässige K.**; weiterhin **gefährl. K.** (z. B. mittels Waffe), **schwere K.** (Verlieren wichtiger Körperteile oder Körperfunktionen) und **K. mit Todesfolge,** die **Misshandlung von Schutzbefohlenen** (z. B. Kindesmisshandlung; §§ 223–230 StGB) sowie die **K. im Amt** (§ 340 StGB). Einen besonderen Tatbestand bildet die Beteiligung an einer Schlägerei (§ 231 StGB). K. ist mit Geldstrafe (nicht in allen Tatbeständen) oder Freiheitsstrafe im Höchstmaß bis zu zehn Jahren bzw. im Mindestmaß nicht unter drei Jahren bedroht. Fahrlässige und einfache vorsätzl. K. werden i. d. R. nur auf Antrag verfolgt. – Objektiv liegt eine K. auch bei ärztl. Eingriffen vor, allerdings sind diese bei Einwilligung des Verletzten grundsätzlich nicht rechtswidrig. – In *Österreich* wird die K. nach §§ 83–88 StGB bestraft; in der *Schweiz* gelten die Art. 122–129 StGB.

Korporal [frz.] *der,* Unteroffiziersdienstgrad in versch. Heeren (nicht im dt. Heer).

Korporation [lat. corpus »Körper«] *die,* **1)** ↗ studentische Verbindungen.
2) *Recht:* veraltet für ↗ Körperschaft.

Korporativismus *der,* wirtschaftlich-gesellschaftl. Ideologie des italien. Faschismus; nach 1926 in Italien in Gestalt versch. »Korporationen« (Branchen- und berufsständ. Vertretungen) umgesetzt. An das Konzept des ↗ Ständestaates anknüpfend, verstand sich der K. als ein »dritter Weg« jenseits von Liberalismus und Sozialismus.

Korps [ko:r] *das,* **1)** (Corps), eine Art der ↗ studentischen Verbindungen.
2) *Militärwesen:* Großverband (frühere Bez. Armee-K.) und militär. Führungsstelle der oberen Führung.

Korpus [lat.] *(Corpus),* **1)** *der,* bildende Kunst: der Leib Christi am Kreuz.
2) *das,* Buchwesen: Belegsammlung von Texten oder Schriften (aus einer Epoche oder zu einem Spezialgebiet).
3) *die,* graf. Technik: (Garmond), ein Schriftgrad von 10 ↗ typographischen Punkten.
4) *der,* Musik: der Resonanzkörper der Saiteninstrumente oder die Schallröhre (ohne Mund- und Schallstück) der Blasinstrumente.

Korpuskarzinom, ↗ Gebärmutterkrebs.

Korpuskel [lat.] *das, Physik:* ↗ Teilchen.

Korpuskularstrahlen, die ↗ Teilchenstrahlen.

Korrasion [lat.] *die,* das Abreiben, Abscheuern, Abschleifen des Untergrunds durch Wind, Wasser oder Eis mithilfe von Geschieben, Geröllen, Sand, auch Schnee. Die K. hat den Hauptanteil an der fluvialen Erosion. In Trockengebieten entstehen durch die vom Wind mitgeführten Sandkörner, den so genannten **Sandschliff,** Windkanter (Dreikanter), Pilzfelsen u. a.

Korreferat [lat.] *das,* Nebenbericht, Gegenbericht.

Korreferent [lat.] *der,* Mitgutachter, Nebenberichterstatter.

Korrektor [lat.] *der,* Angestellter einer Druckerei oder eines Verlages, der Schriftsätze auf (Satz-)Fehler prüft.

Korrektur [lat.] *die,* Verbesserung, Richtigstellung.

Korrelat [lat.] *das,* Gegenstand oder Begriff, der zu einem anderen in (ergänzender) Wechselbeziehung steht.

Korrelation [lat.] *die,* **1)** *allg.:* das Aufeinanderbezogensein zweier Begriffe.
2) *Physiologie:* Wechselbeziehungen zw. Organen, Zellen, Strukturelementen eines Organismus.
3) *Stochastik:* die stochast. Abhängigkeit zweier Zufallsgrößen X und Y voneinander (z. B. Lebensalter und Sterbewahrscheinlichkeit). Als Maß für die K. bestimmt der **K.-Koeffizient** ϱ den linearen Zusammenhang zw. X und Y: $\varrho = \text{cov}(X, Y)/\sqrt{V(X)\,V(Y)}$, mit der Kovarianz $\text{cov}(X, Y)$ und $V(X)$ als ↗ Varianz von X. Im Falle einer Stichprobe (x, y) mit n Messungen, den Ergebnissen x_i und y_i ($i = 1, 2, ..., n$) und den Mittelwerten $\bar{x}, \bar{y}$ von x, y gilt:

$$\varrho = \frac{\sum_{i=1}^{n}(x_i - \bar{x})(y_i - \bar{y})}{\sqrt{\sum_{i=1}^{n}(x_i - \bar{x})^2 \sum_{i=1}^{n}(y_i - \bar{y})^2}}.$$

Für ϱ gilt: $-1 \leq \varrho \leq 1$; je näher der Absolutwert von ϱ bei 1 liegt, desto stärker ist die K., Zufallsgrößen mit $\varrho = 0$ heißen unkorreliert. – Die **K.-Analyse** untersucht K. (zeitabhängiger) stochast. Prozesse oder period. Zeitfunktionen unter Verwendung von **K.-Funktionen,** die die zeitl. Verzögerung zweier Prozesse zueinander berücksichtigen.

Korrespondent [lat.] *der,* **1)** kaufmänn. Angestellter für den Briefwechsel, z. B. als **Fremdsprachen-** bzw. **Wirtschafts-K.** (zwei Fremdsprachen, Ausbildung ein halbes bis drei Jahre).
2) *Publizistik:* angestellter oder freiberufl. Mitarbeiter von Nachrichtenagenturen, Informationsdiensten, Presse- und Rundfunkmedien, der nicht in der Hauptredaktion tätig ist; als **Ständiger K.** berichtet er von einem bestimmten Ort oder über spezif. Sachgebiete.

Korrespondenzprinzip, von N. Bohr abgeleitetes heurist. Prinzip, das eine Beziehung zw. den Gesetzen der klass. Mechanik und denen der ↗ Quantentheorie herstellt. Nach dem K. muss für den Grenzfall stationärer Zustände mit großen Quantenzahlen die quantenmechan. Beschreibung in die klassische übergehen.

Korridor [italien.] *der,* **1)** *allg.:* Gang, Flur.
2) *Völkerrecht:* ein Gebietsstreifen, der fremdes Staatsgebiet durchquert, z. B. der 1945 zw. den Besatzungsmächten vereinbarte Luftkorridor nach Berlin (West).

Korrigenzi|en, geschmacksverbessernde Zusätze in Arzneien, z. B. Himbeersirup oder äther. Öle.

Korrosion [lat.] *die,* **1)** *Geomorphologie:* chem. Zerstörung und Zerfurchung (Auslaugung) des Gesteins durch fließendes Wasser, z. B. Karren- und Höhlenbildung (↗ Karsterscheinungen).
2) *Werkstoffkunde:* die Zerstörung von Metall durch chem. oder elektrochem. Reaktion mit seiner Umgebung. Die meisten Gebrauchsmetalle sind schon gegenüber Sauerstoff und Wasser unbeständig; ein aggressiveres korrodierendes Angriffsmittel ist z. B. Schwefeldioxid, das in den Abgasen von Ind.anlagen enthalten ist. **Chem. K.** der Metalle liegt beim Angriff von Medien ohne Ionenleitfähigkeit vor, z. B. trockenen Gasen oder Metallschmelzen; **elektrochem. K.** tritt bei Einwirkung von Ionenleitern auf, z. B. Lösungen von Salzen, Säuren und Alkalien, wobei es zu Phasengrenzflächenreaktionen zw. den metall. und festen, gasförmigen oder flüssigen K.-Medien kommt. Sind ein edleres und ein unedleres Metall

durch Niet-, Schraub- oder Schweißverbindungen leitend miteinander verbunden, kommt es zur **Kontakt-K.** Einige unedle Metalle (z. B. Aluminium, Chromstähle) sind unter bestimmten Bedingungen (durch ↗ Passivierung) unerwartet korrosionsbeständig. Die K. von Eisen heißt ↗ Rost.

Korrosionsschutz, Maßnahmen zur Verhinderung der Korrosion metall. Werkstoffe durch Aufbringen von Schutzschichten gegen chem. oder elektrochem. Angriff **(passiver K.)** oder durch Anwendung sehr reiner oder legierter Werkstoffe, Einsatz von Korrosionsinhibitoren (z. B. Hydrazin, Amine, Thioharnstoffderivate) oder elektrochem. Schutzverfahren (kathodischer oder anodischer K.) sowie korrosionsschutzgerechtes Konstruieren **(aktiver K.).**

Korruption [lat.] *die,* Bestechung, Bestechlichkeit; die durch korrupte Machenschaften und politisch-moral. Verfallserscheinungen gekennzeichneten Verhältnisse innerhalb eines Staates, einer Gesellschaft. Zu den meistgenannten Erscheinungsformen der K. gehören: Unterschlagung, aktive und passive Bestechung (Bestechlichkeit), Vorteilsannahme und -gewährung, Ämterkauf, Richter- und Abgeordnetenbestechung, polit. Betrug, polit. Erpressung. Internat. Vereinbarungen zur K.-Bekämpfung sind die Konvention der OECD (seit Febr. 1999 in Kraft, stellt die Bestechung ausländ. Amtsträger unter Strafe) und die Konvention des Europarats (seit Juli 2002 in Kraft); in der EU wurde 1999 ein unabhängiges Amt zur Bekämpfung von Betrug, K. und Bestechlichkeit gebildet. In Dtl. ist durch das Ges. zur Bekämpfung der K. vom 13. 8. 1997 u. a. ein neuer Abschnitt »Straftaten im Wettbewerb« in das StGB aufgenommen worden (§§ 298–302), die Strafandrohung für einzelne Straftaten im Amt ist verschärft, das so genannte Anfüttern (Gewähren von Zuwendungen ohne Gegenleistung) unter Strafe gestellt worden.

Korsage [-ʒə, frz.] *die,* auf Figur gearbeitetes versteiftes, oft trägerloses Kleideroberteil.

Korsak [russ.] *der* (Steppenfuchs, Alopex corsac), tagaktiver, kurzohriger Fuchs in den Steppen Zentralasiens; mit einer Körperlänge von bis zu 68 cm etwas kleiner als der Rotfuchs.

Korsakow-Syndrom [nach dem russ. Psychiater S. S. Korsakow, *1854, †1900] (Psychosyndrom), psych. Krankheit, die v. a. mit hochgradigem Verlust der Merkfähigkeit verbunden ist und z. B. infolge Alkoholkrankheit auftritt.

Korschenbroich [-ˈbroːx], Stadt (seit 1981) im Kr. Neuss, NRW, östlich an Mönchengladbach anschließend, 32 900 Ew.; Textil-, Bekleidungs-, Metall verarbeitende Ind., Brauerei. – Wasserburg Schloss Myllendonk (14. bis 19. Jh.).

Korsen, die Bewohner Korsikas, entstanden aus einer Urbev. von (wahrscheinlich) Iberern und Ligurern durch Vermischung mit Karthagern, Etruskern, Römern, Mauren, Italienern und Franzosen. Ihre Sprache wurde seit dem 11. Jh. durch die Sprache der jeweils Herrschenden überlagert.

Korsett [frz.] *das, Mode:* Brust, Hüfte und Taille formende, durch Holz-, Fischbein- oder Metallstäbe versteifte Unterkleidung.

Korsika (frz. La Corse), Insel im Mittelmeer, 8 680 km^2, 260 000 Ew., Region Frankreichs mit zwei Dép. (Haute-Corse und Corse-du-Sud), Hptst. ist Ajaccio. – K. ist ein stark zertaltes, wildes Gebirgsland (im Monte Cinto 2 710 m ü. M.) mit fruchtbaren, z. T. versumpften Küstenebenen im O. Die Westküste ist reich gegliedert. K. hat Mittelmeerklima. Der größte Teil der Insel wird von Macchie und Wald eingenommen. Wichtigste Wirtschaftszweige sind Landwirtschaft (bes. Schaf- und Ziegenzucht) und Fremdenverkehr. In den Küstenzonen gedeihen Wein, Zitrusfrüchte, Olivenbäume und Korkeichen, in höheren Lagen Edelkastanien und Obstbäume. Fischerei, v. a. auf Thunfisch und Sardellen.

Korsika: Bonifacio, die südlichste Stadt Korsikas, liegt auf einem 100 m aus dem Meer aufragenden Felsrücken.

Geschichte: An der Küste von Etruskern, Griechen und Karthagern besiedelt, stand K. seit dem 5. Jh. v. Chr. unter karthag., seit 238 v. Chr. unter röm. Herrschaft, im 5./6. Jh. unter der Herrschaft der Wandalen, des Byzantin. Reiches und der Langobarden. Sarazenen und Mauren überfielen K. häufig. Nach deren Vertreibung durch Pisa und Genua stritten sich beide Städte um die Insel. 1735 machten die Korsen den Abenteurer Baron Theodor Neuhof zu ihrem König; 1755–59 war General P. Paoli Diktator. Genua verkaufte 1768 die Insel an Frankreich. Im Zweiten Weltkrieg war K. 1942/43 von dt. und italien. Truppen besetzt. Ende der 1960er-Jahre verstärkten sich die Autonomiebestrebungen, vertreten von der Union des kors. Volkes (UPC) und der Nat. Front zur Befreiung K.s (FLNC). 1982 erhielt K. ein Autonomiestatut, das 1992 erneuert und erweitert wurde. Die FLNC, die die Unabhängigkeit der Insel mit terrorist. Mitteln anstrebt, wurde 1983 verboten, trat aber auch danach immer wieder mit Anschlägen hervor. Am 6. 7. 2003 wurde auf K. eine von der frz. Reg. und auch von den Nationalisten befürwortete Verw.reform mit dem Ziel einer größeren Autonomie der Insel in einem Referendum abgelehnt.

Korso [italien.] *der,* Festzug geschmückter Wagen; auch breite Straße für Umzüge.

Korsør [kɔrˈsøːr], Stadt auf der Insel Seeland, Dänemark, am Großen Belt, 20 100 Ew.; Eisengießerei, Werft, Maschinenbau, Glasfabrik, Nahrungsmittelindustrie. – Im 13. Jh. entstanden.

Kort-Düse [nach dem Konstrukteur L. Kort, *1888, †1958], feste, ringförmige Ummantelung einer Schiffsschraube, mit der düsenartig die Anströmgeschwindigkeit des Wassers zur Schraube erhöht wird; dadurch entsteht ein Druckabfall unmittelbar vor der Schraube, eine größere Druckdifferenz zum Schraubenstrahl und somit ein verbesserter Schub. Beim **Kort-Düsenruder** ist die K.-D. in das Ruder eingebaut, oder der schwenkbare Düsenring übt die Ruderwirkung aus.

Kortisol *das,* ↗ Cortisol.
Kortison *das,* ↗ Cortison.

Fritz Kortner

Hans Koschnick

Tadeusz Kościuszko

Kortner, Fritz, österr. Schauspieler und Regisseur, *Wien 12. 5. 1892, †München 22. 7. 1970; ab 1911 am Dt. Theater, ab 1919 am Staatstheater Berlin; Prototyp des expressionist. Schauspielers (Glanzrollen: Geßler, Shylock, Richard III., Othello). 1933–49 Emigration (London, USA); schuf danach in Dtl. eine Reihe hervorragender Inszenierungen; schrieb Erinnerungen: »Aller Tage Abend« (1959) und »Letzten Endes« (hg. 1971).

Kortrijk [-rejk] (frz. Courtrai), Stadt in der belg. Prov. Westflandern, an der Leie, 75 400 Ew.; Abteilung der Univ. Löwen, Kunstmuseum, Nationalmuseum für Leinen; Textil-, Elektronik-, Metall-, Uhrenind.; Flusshafen. – Spätgot. Rathaus, St.-Martins-Kirche (13.–15. Jh.), Beginhof Shylock (13. Jh.), Liebfrauenkirche (13. Jh.), Beginhof (gegr. 1238), Belfried (13./14. Jh.). – K., das keltisch-röm. **Cortoriacum**, erhielt 1190 Stadtrecht. 1302 besiegten bei K. die flandr. Zünfte ein frz. Ritterheer (»Goldspornenschlacht«) und sicherten damit die Selbstständigkeit Flanderns.

Kortum, Karl Arnold, Schriftsteller, *Mülheim an der Ruhr 5. 7. 1745, †Bochum 15. 8. 1824; Arzt; schrieb und illustrierte das grotesk-kom. Epos in Knittelversen »Die Jobsiade oder Leben, Meinungen und Taten von Hieronymus Jobs dem Kandidaten« (3 Bde., 1784; von W. Busch 1874 illustriert).

Korund [ind.] *der,* trigonales Mineral der chem. Zusammensetzung α-Al_2O_3, farblos oder durch Beimengungen farbig, klar bis fast undurchsichtig, säulig, tonnenförmig und derb, Härte nach Mohs 9, Dichte 3,9–4,1 g/cm^3, kommt in tonerdereichen Tiefengesteinen und Pegmatiten sowie in metamorphen Gesteinen vor, in Seifen angereichert. Die klaren K. sind wertvolle Edelsteine: der rote **Rubin** (Färbung durch Chromoxid) und der blaue (Färbung durch Titanoxid und Magnetit), auch weiße oder gelbe **Saphir.** Der durch Eisenoxide getrübte gemeine K. ist Hauptbestandteil von Schmirgel (als Schleifmittel). Künstl. Rubine werden als Lagersteine in Uhren, künstl. Saphire als Abtaster in Tonabnehmersystemen verwendet.

Körung *die,* Tierzucht: Beurteilung männl. Nutz- und Haustiere im Zusammenhang mit ihrer Verwendung für die Zucht. Der Körzwang für landwirtsch. Nutztiere ist seit 1. 1. 1990 abgeschafft.

Korvette [frz. aus niederländ.] *die,* kleineres, voll getakeltes Segelschiff, später getakeltes Dampfschiff, Vorgänger der Panzerschiffe; heute mittelgroßes Kriegsschiff.

Korvettenkapitän, Marineoffizier im Rang des Majors.

Koryphäe [grch.], 1) *der,* im alten Griechenland polit. oder militär. Führer, später der Chorführer in der Tragödie.
2) *die, bildungssprachlich:* hervorragender Fachmann, führender Wissenschaftler oder Künstler.

Koryza [grch.] *die,* der ⁄ Schnupfen.

Kos [ko:s] (italien. Coo, türk. İstanköy), grch. Insel des Dodekanes im Ägäischen Meer, vor der Küste Kleinasiens, 290 km^2, 26 400 Ew.; Hauptort: Kos (14 700 Ew.); bis 846 m hoch, im N fruchtbare Ebene mit Anbau unter anderem von Wein, Zitronen, Feigen, Ölbäumen, Getreide; Fremdenverkehr. Im Altertum berühmt durch das urspr. Apollon geweihte Asklepiosheiligtum (seit dem 4. Jh. v. Chr.) und seine Ärzteschule (Hippokrates). 1523–1912 osmanisch, 1912–47 zum italien. Dodekanes.

Kosaken [russ.-poln., von turktatar. kazak »freier Krieger«, »Abenteurer«], ursprünglich tatar., später ostslaw. kriegerische Gemeinschaften freier Reiterverbände am Rande der osteurop. Steppenzone. Die K. rekrutierten sich v. a. aus russ. und ukrain. Bauern, die sich seit dem 15. Jh. der Leibeigenschaft bzw. dem wirtsch. Druck auf den Adelsgütern durch Flucht in die freien Steppen am mittleren und unteren Don entzogen. Seit dem 16. Jh. teilten sich die K. in zwei Gruppen: in die dem Moskauer Staat auf Dauer verbundenen städt. K., die am mittleren Dnjepr wohnten und sich v. a. der Grenzverteidigung, aber auch dem Handel widmeten, und in die Saporoger (»unterhalb der Stromschnellen«) K. am unteren Dnjepr (mit befestigtem Zentrum auf der Insel Sitsch; um 1550–1775), die von Beutezügen und etwas Landwirtschaft lebten und von denen fast alle anderen K.-Gruppen abstammen (u. a. Don-K., Ural-K.). Sie organisierten sich in Reiterheeren unter gewählten **Atamanen** (bei den Saporoger K. **Hetmanen**). 1648 erhoben sich die Saporoger K. unter S. B. M. Chmelnizki und versuchten, sich als unabhängiger Staat gegen Polen-Litauen, Osmanen und Krimtataren zu behaupten, gerieten jedoch allmählich unter die Oberhoheit des russ. Zaren. Katharina II. hob 1775 die Autonomie der Saporoger K. auf. Beginnend mit dem Feldzug Jermaks (1581), eroberten und erschlossen die K. Sibirien. Im zarist. Russland des 19. Jh. wurden die K. häufig zur Niederschlagung innerer Unruhen eingesetzt. Nach der Oktoberrevolution hob die Sowjetreg. im Juni 1918 sämtl. Privilegien der K. auf; v. a. deshalb kämpfte der größte Teil der K. im Bürgerkrieg auf der Seite der Weißen (nach Sieg der Bolschewiki Emigration von etwa 30 000 K.). Im Zweiten Weltkrieg wurden auf dt. Seite Freiwilligenverbände der K. gebildet, die von den westl. Alliierten 1945 an die Rote Armee ausgeliefert wurden. Anfang der 1990er-Jahre, bes. nach dem Zerfall der Sowjetunion (1991), lebte das lange Zeit nur folkloristisch (K.-Chöre) gepflegte Kosakentum wieder auf und organisierte sich auch wieder militärisch (Eingreifen in versch. lokale Konflikte).

Kosani, Hauptstadt des Verw.-Bez. (Nomos) K. in W-Makedonien, Griechenland, 31 600 Ew.; griechisch-orth. Bischofssitz; Herstellung von Textilien und landwirtschaftl. Geräten.

Koschenille [-ˈniljə] *die* (Cochenille, Kochenille), Bez. für getrocknete, zu Pulver zermahlene weibl. K.-Läuse, aus denen der Farbstoff Karmin gewonnen wird.

Koschenillelaus [-ˈniljə-, span.-frz.] (Dactylopius cacti), etwa 1 (Männchen) bis 6 mm (Weibchen) große, in Mexiko beheimatete, auch auf den Kanar. Inseln eingebürgerte Schildlaus; Schädling an Opuntien. (⁄ Koschenille)

koscher [jidd., von hebr. kascher »einwandfrei«], nach den jüd. Speisegesetzen rituell rein; zum Verzehr erlaubt.

Koschnick, Hans, Politiker (SPD), *Bremen 2. 4. 1929; Verwaltungsbeamter, 1963–67 Innensenator von Bremen, 1967–85 dort Präs. des Senats und Erster Bürgermeister; 1975–79 stellv. Vors. der SPD; MdB 1987–94; leitete von Juli 1994 bis März 1996 als Administrator den Wiederaufbau und die Wiedervereinigung von Mostar; war Oktober 1998 bis Ende 1999 Bosnien-Beauftragter der Bundesregierung sowie März 2000 bis Ende 2001 Flüchtlingsbeauftragter des »Balkan-Stabilitätspakts«.

Kosciusko, Mount [maʊnt kɒzɪˈʌskəʊ], höchster Berg Australiens, in den Snowy Mountains der Great Dividing Range (Austral. Alpen), 2 230 m ü. M.; bedeutendstes austral. Wintersportgebiet, in einem Nationalpark (5 316 km^2) gelegen.

Kościuszko [kɔɕˈtɕuʂkɔ], Tadeusz, poln. Offizier und Freiheitskämpfer, *Mereczowszczyna (Wolhy-

Košice: Dom Sankt Elisabeth (1390–1508)

nien, Weißrussland) 4. 2. 1746, † Solothurn 15. 10. 1817; kämpfte seit 1776 im amerikan. Unabhängigkeitskrieg, wurde dort General, kehrte 1784 nach Polen zurück, in dessen Armee er als General übernommen wurde. 1794 trat er an die Spitze des letzten Aufstands gegen die Teilungen Polens; er schlug die Russen bei Racławice (4. 4.), zwang die Preußen zur Aufhebung der Belagerung Warschaus, unterlag aber bei Maciejowice (10. 10.) der russ. Übermacht und geriet verwundet in Gefangenschaft. 1796 wurde er freigelassen und lebte im Ausland. Er wurde zu einer sehr populären Heldengestalt.

Kosekans [lat.] *der,* eine / Winkelfunktion.
Kösen, Bad, / Bad Kösen.
Koshiba [-ʃ-], Masatoshi, japan. Physiker, *Toyohashi (Präfektur Aichi) 19. 9. 1926; u. a. am International Centre for Elementary Particle Physics an der Univ. Tokio (Japan) tätig; Pionier der Neutrinoastronomie. K. war maßgeblich am Entwurf des japan. Neutrinoexperiments Kamiokande beteiligt und ist Mitbegründer des nachfolgenden / Superkamiokande-Experiments. 1987 konnte er mit seiner Arbeitsgruppe einen von einer entfernten Supernovaexplosion stammenden Neutrinoschauer nachweisen. K. wurde 2002 (gemeinsam mit R. Davis jr. zu je 25 %) für seine bahnbrechenden Arbeiten in der Astrophysik, insbesondere für den Nachweis kosm. Neutrinos, mit dem Nobelpreis für Physik ausgezeichnet. Mit der anderen Hälfte des Preises wurde R. Giacconi geehrt.
Košice [ˈkɔʃitse] (dt. Kaschau, ungar. Kassa), Stadt im O der Slowak. Rep., Verw.sitz des Bez. K., am Hernád, am O-Rand des Slowak. Erzgebirges, 242 200 Ew.; kath. Erzbischofssitz; Univ., TH, veterinärmedizin. Hochschule, Museen, Planetarium, Schwerind., Magnesitwerke, Elektronikind.; internat. Flughafen. – Fünfschiffiger Dom St. Elisabeth (1390–1508) mit Elisabethaltar (1474–77, 48 Tafelgemälde); zahlreiche spätgot. und barocke Bauten prägen das Stadtbild; Teile der mittelalterl. Stadtbefestigung sind erhalten. – 1241 als Stadt, 1290 als königlich-ungar. Freistadt erwähnt, im MA. bed. Handelszentrum; im 17. Jh. zur Festung gegen die Osmanen ausgebaut; kam 1921 zur ČSR (1938–45 zu Ungarn).
Kosinski, Jerzy, amerikan. Schriftsteller poln. Herkunft, * Łódź 14. 6. 1933, † (Selbstmord) New York 3. 5. 1991; ab 1957 in den USA, beschrieb in zeitkrit. Romanen die Macht des Bösen im Einzelnen und in der Gesellschaft (»Der bemalte Vogel«, 1965; »Aus den Feuern«, 1968; »Chance«, 1970; »Cockpit«, 1975; »Flipper«, 1982).
Kosinus [lat.] *der,* eine / Winkelfunktion.
Kosinussatz, Lehrsatz der *Trigonometrie:* für ein Dreieck mit den Seitenlängen a, b, c und dem Winkel γ, der der Seite mit der Länge c gegenübersteht, gilt $c^2 = a^2 + b^2 - 2ab \cdot \cos \gamma$. Für $\gamma = 90°$ folgt der / pythagoreische Lehrsatz.
Kosinzew, Grigori Michailowitsch, russ. Filmregisseur, * Kiew 22. 3. 1905, † Leningrad 11. 5. 1973; gründete mit L. S. Trauberg und S. I. Jutkewitsch die avantgardist. Kinogruppe »Fabrik des exzentrischen Schauspielers« (1921); später Hinwendung zum Realismus; bekannte Filme: »Don Quichote« (1957), »Hamlet« (1964), »König Lear« (1970); auch Theaterregisseur.
Kosiol, Erich, Betriebswirtschaftler, * Köln 18. 2. 1899, † Salzburg 7. 9. 1990; Hauptarbeitsgebiete: Unternehmens-, Organisations- und Wissenschaftstheorie, Rechnungswesen.
Köslin, Stadt in Polen, / Koszalin.
Koslodui, Stadt im Gebiet Wraza, in NO-Bulgarien, an der Donau, etwa 11 000 Ew.; Kernkraftwerk (sechs Blöcke, Blöcke 1 und 2 wurden Ende 2002 vom Netz genommen) mit (2003) insgesamt 2 880 MW, zu etwa 45 % an der bulgar. Elektroenergieerzeugung beteiligt.
Koslow, bis 1932 Name der russ. Stadt / Mitschurinsk.
Kosmas und Damianus, Märtyrer der diokletian. Christenverfolgung, nach der Legende Zwillingsbrüder und wunderbegabte Ärzte. – Heilige, Patrone der Ärzte, Apotheker, Kranken; Tag: 26. 9.
Kosmetika [grch.], Sammelname für extern angewandte Präparate, zur Pflege der Haut und zur Verschönerung des Äußeren.
kosmetische Chirurgie, / plastische Chirurgie.
kosmisch [grch. zu Kosmos], das Weltall betreffend, zu ihm gehörend; auch unermesslich, unendlich.
kosmische Geschwindigkeiten (astronautische Geschwindigkeiten), die Anfangsgeschwindigkeiten, die einem Raumflugkörper erteilt werden müssen, wenn er eine bestimmte Flugbahn erreichen soll. Schießt man einen Körper von einem wenig über der Erdoberfläche gelegenen Punkt mit der **ersten k. G. (Grenzgeschwindigkeit, Kreisbahngeschwindigkeit)** von 7,9 km/s in waagerechter Richtung ab, so beschreibt er eine Kreisbahn. Mit der **zweiten k. G. (Fluchtgeschwindigkeit, Entweichgeschwindigkeit)** von 11,2 km/s kann der Flugkörper den Bereich der Erde verlassen, bleibt jedoch innerhalb des Planetensystems. Ein von der Erde abgeschossener Körper verlässt das Gravitationsfeld der Sonne, wenn seine Anfangsgeschwindigkeit mindestens der **dritten k. G.** von etwa 16,6 km/s entspricht. Die **vierte k. G.** (etwa 100 km/s) ist die Geschwindigkeit, mit der ein Flugkörper von der Erde abgeschossen werden muss, damit er das Milchstraßensystem verlassen kann.
kosmische Hintergrundstrahlung (Drei-Kelvin-Strahlung, 3-K-Strahlung), eine das gesamte Weltall gleichmäßig erfüllende elektromagnet. Strahlung (Mikrowellenstrahlung), deren Intensität und Spektralverteilung der Strahlung eines schwarzen

Masatoshi Koshiba

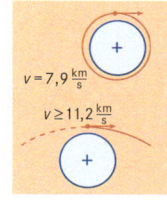
kosmische Geschwindigkeiten: erste (oben) und zweite kosmische Geschwindigkeit (v Anfangsgeschwindigkeit); die rote Linie verkörpert die Flugbahn.

Körpers der Temperatur von 2,725 K (also rd. 3 K) entspricht; das Maximum ihrer Energieverteilung liegt bei einer Wellenlänge von 1,1 mm. Die k. H. wird als Reststrahlung aus einem frühen Entwicklungszustand, dem »Feuerballzustand« des Weltalls mit extrem hoher Strahlungsdichte (↗Urknall), gedeutet, durch dessen Expansion die Temperatur auf den gegenwärtigen Wert sank.

Aufgrund einer geringen scheinbaren Anisotropie der k. H. lässt sich die Bewegung der Sonne um das galakt. Zentrum relativ zur k. H. nachweisen. Zusätzlich wurden, v. a. von dem Satelliten **COBE** (engl. **c**osmic **b**ackground **e**xplorer, 1989–94), in Himmelsbereichen mit einer Winkelausdehnung kleiner als etwa 20° Temperaturabweichungen von bis zu etwa $6 \cdot 10^{-6}$ K gegenüber dem großräumigen Mittelwert gemessen. Sie gehen vermutlich auf Quantenfluktuationen im Weltall unmittelbar nach dem Urknall zurück. Diese (und noch kleinräumigere) Anisotropien konnten auch durch Forschungsballone sowie durch die 2001 gestartete Raumsonde **WMAP** (engl. **W**ilkinson **M**icrowave **A**nisotropy **P**robe), die eine Kartierung der k. H. vornimmt, nachgewiesen werden. – Die k. H. wurde 1948 von G. Gamow vorhergesagt und 1965 von A. A. Penzias und R. W. Wilson entdeckt.

kosmische Strahlung (Höhenstrahlung, Ultrastrahlung), sehr energiereiche Strahlung aus dem Weltraum, die auf die Erdatmosphäre trifft (primäre k. S.) und nach mannigfachen Umwandlungen in der Lufthülle (sekundäre k. S.) noch in der festen Erdrinde und im Meer nachweisbar ist. Sie wurde 1911/13 von V. F. Hess (früher **Hess-Strahlung**) und W. Kolhörster bei Ballonaufstiegen bis zu 5 km Höhe entdeckt.

Die **primäre k. S.** besteht aus hochenerget. Partikeln, bes. Protonen (85%) und Alphateilchen (14%) sowie schweren Atomkernen. Die durch Kernreaktionen der Primärstrahlung mit den Luftmolekülen entstehende **sekundäre k. S.** enthält v. a. Pionen, die z. B. über Myonen in Elektronen oder in zwei Gammaquanten zerfallen. Myonen stellen den Hauptteil der zur Erdoberfläche gelangenden Sekundärstrahlung dar (harte Komponente). Elektronen bilden in versch. Prozessen hochenerget. Gammaquanten, die ihrerseits Elektron-Positron-Paare erzeugen, sodass es zu einer kaskadenartigen Vervielfachung von Sekundärteilchen kommt. Die energiereichsten beobachteten Primärteilchen bilden ausgedehnte Luftschauer, die an der Erdoberfläche ein Gebiet von mehreren Quadratkilometern mit mehr als 10 Mrd. Ladungsträgern erzeugen. Die Intensität der k. S. steigt vom Äquator nach beiden magnet. Polen an, da die geladenen Teilchen niedriger Energie durch das Erdmagnetfeld abgelenkt werden (↗Breiteneffekt). Außerdem ist die Intensität der k. S. vom elfjährigen Sonnenfleckenzyklus abhängig. Sie nimmt mit zunehmender Sonnenaktivität ab (↗Forbush-Effekt), da der dann stärker werdende Sonnenwind durch sein Magnetfeld das Eindringen der k. S. in die Atmosphäre erschwert. – Ein kleiner Anteil der k. S. wird von der Sonne erzeugt (Energie etwa 10^7–10^9 eV). Die k. S. mittlerer Energie (10^{10}–10^{16} eV) stammt aus dem Milchstraßensystem (z. B. von Supernovae und deren Überresten, den Pulsaren), während die energiereichste k. S. (bis 10^{20} eV) v. a. aus den aktiven Kernen anderer Galaxien stammt. – Zur Untersuchung der k. S. werden Ionisations- und Nebelkammern, Szintillationszähler sowie abbildende Tscherenkow-Teleskope (↗Gammaastronomie) benutzt.

kosmo... [grch.], welt..., weltraum...

Kosmobiologie [grch.] (Astrobiologie), interdisziplinäres Wissenschaftsgebiet, das sich mit den Zusammenhängen zw. den physikal. Bedingungen im Kosmos und lebenden Systemen befasst. Dazu gehören neben der Beeinflussung biolog. Vorgänge auf der Erde durch kosm. Erscheinungen die **Exobiologie (Ektobiologie),** die v. a. Möglichkeiten und Voraussetzungen von ↗außerirdischem Leben erforscht sowie die Einflüsse und Wirkungen auf den lebenden Organismus während des Aufenthalts im Weltraum untersucht.

Kosmochemie [grch.], Wiss. von der chem. Zusammensetzung und den chem. Veränderungen der Materie im Weltall. Die K. befasst sich v. a. mit der Verteilung der Häufigkeit der chem. Elemente, z. B. in Meteoriten, Kometen, Planeten und der interstellaren Materie; diese wird v. a. durch spektroskop. Untersuchungen der Strahlung selbstleuchtender Himmelskörper und durch chem. Analyse von Meteoriten und Mondgesteinen bestimmt.

Kosmodrom [russ., zu grch. kósmos »Weltall« und drómos »Rennbahn«, »Laufplatz«] *das,* Name der Startplätze für Großraketen, v. a. von Trägerraketen für Raumflugkörper, in der UdSSR und deren Nachfolgestaaten; am bekanntesten ist ↗Baikonur.

Kosmogonie [grch.] *die,* allg. die Lehre von der Entstehung des Kosmos. – In der heutigen *Astronomie* ist K. die Lehre von der Entstehung (und Entwicklung) der Himmelskörper, speziell des Sonnensystems und seiner Mitgl., der Sterne und Sterngruppierungen sowie der Sternsysteme einschl. des Milchstraßensystems. Struktur und Entwicklung der Welt als Ganzes sind Gegenstand der ↗Kosmologie.

In der *Religionsgeschichte* beinhaltet die K. den Mythos von der Entstehung der Welt und ihrer religiös fundierten Ordnung. Meist liegt den K. die Vorstellung von einem vorzeitl. Urstoff oder Urwesen zugrunde, aus dem oder durch dessen Umbildung die Welt entstanden sei. Nach altind. K. z. B. spaltete sich am Anfang der Welt ein Weltei spontan in zwei Hälften, die eine wurde der Himmel, die andere die Erde, der Eidotter die Sonne. – Von dieser Annahme ist die christl. Anschauung von der »Schöpfung« als Ergebnis des göttl. Willensaktes (↗Schöpfung, ↗Creatio ex nihilo) zu unterscheiden, nach der der Kosmos zunächst als »Gedanke« Gottes konzipiert und dann durch sein Wort (↗Logos) verwirklicht wird. – Die gnost. Erlösungsreligionen sehen die Welt als Werk eines dämon. Demiurgen, des Widersachers des guten, lichten Gottes an (↗Gnosis). – Im Dschainismus und frühen Buddhismus fehlen Vorstellungen über die K. des Kosmos.

Kosmographie [grch.] *die,* Weltbeschreibung, bis ins 17. Jh. gleichbedeutend mit Geographie.

Kosmologie [grch.] *die,* Wissenschaft vom Weltall (Kosmos, Universum) als einem einheitl. Ganzen, seiner Struktur und seiner Entwicklung. Die Entwicklung der K. ist eng mit den theoret. und techn. Fortschritten der Elementarteilchen- und Astrophysik verbunden, insbesondere mit der Entwicklung der modernen Beobachtungs- und Messtechnik (Großteleskope, Raumsonden u. a.) sowie der Radioastronomie, die u. a. zur Entdeckung von strahlungskräftigen aktiven Galaxien (↗Quasar) geführt haben.

Die heute mehrheitlich anerkannten dynam. Weltmodelle basieren im Rahmen der allgemeinen ↗Relativitätstheorie von A. Einstein und den darauf aufbauenden, von A. A. Friedmann, A. G. Lemaître u. a. entwickelten homogenen relativist. Modellen auf dem ↗Hubble-Effekt, der die in den Spektren kosm. Objekte feststellbare ↗Rotverschiebung als allgemeine

Expansion des Weltalls deutet. Entscheidende Annahmen zum Verständnis des Weltalls als Ganzes sind die **Universalität der Naturgesetze:** Alle auf der Erde gefundenen physikal. Gesetze gelten überall im Weltall und zu allen Zeiten sowie das **kosmolog. Prinzip,** nach dem das Weltall (im Großen gesehen) in allen Richtungen (Isotropie) und Entfernungen (Homogenität) im Wesentlichen gleich aussieht, d. h. nach dem kein Punkt und keine Richtung des Raumes ausgezeichnet ist. Da der kosm. Raum nach der allgemeinen Relativitätstheorie nicht den Gesetzen der euklid. Geometrie folgen muss, ist die Unendlichkeit des Raumes nicht zwingend; kosmolog. Theorien bevorzugen die Vorstellung, dass der Weltraum trotz Unbegrenztheit von endlicher, aber veränderl. Gesamtgröße ist. Auch die zeitl. Unendlichkeit des Weltalls ist aufgrund der mit der Rotverschiebung verbundenen Dynamik infrage gestellt.

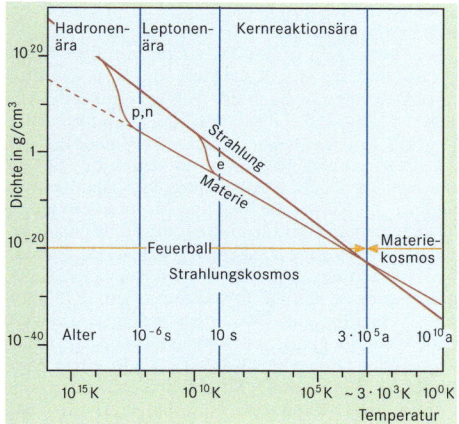

Kosmologie: die verschiedenen Entwicklungsphasen des expandierenden Universums; die stärkere Linie gibt die der Energiedichte der Strahlung äquivalente Materiedichte, die dünnen Linien geben die Dichte der (stofflichen) Materie (Leptonen e, Hadronen p, n) wieder; die vertikalen Linien markieren Zeitabschnitte (s Sekunde, a Jahr)

Nach der heute als *kosmolog. Standardmodell* angesehenen Theorie vom Urknall liegt der Ursprung des Kosmos, den man sich als Urexplosion extrem verdichteter Materie vorstellt, etwa 10–20 Mrd. Jahre zurück. Man geht heute davon aus, dass sich das Universum unmittelbar nach dem Urknall im Zustand höchster Symmetrie befand und gleich große Mengen von Materie und Antimaterie existiert haben. In den ersten 10^{-35} s dürfte die Energie jene Schwelle überschritten haben, bei der im Rahmen der Großen Vereinheitlichten Theorie elektromagnet., schwache und starke Wechselwirkung vereinigt und die Unterschiede zw. den versch. Materieteilchen aufgehoben sind. Vermutlich sind Quarks, Elektronen und deren Antiteilchen aus dem Zerfall der in dieser Anfangsphase angenommenen überschweren sog. X-Bosonen entstanden. Durch Symmetriebruch bildete sich ein geringfügiges Übergewicht von Quarks gegenüber Antiquarks. Später führte jeder Zusammenstoß von Antiquarks mit Quarks zur Vernichtung beider Teilchen unter Emission von Strahlung. Die heute beobachtbare Materie entspricht nach diesem Modell der Zahl der überschüssigen Quarks. Etwa 10^{-4}s nach dem Urknall entstanden die ersten Strukturen im Kosmos: die bei Temperaturen um 10^{13} K aus den Quarks sowie durch Paarbildung aufgebauten Protonen und Neutronen. Diese konnten sich teilweise noch zu Deuterium- und Heliumkernen verbinden, ehe die rasche Expansion die Temperatur des Weltalls unter die für die Elementsynthese erforderl. Grenze absinken ließ. Da außerdem auch Elektronen entstanden waren, die sich aufgrund der noch zu hohen Temperatur nicht mit den Atomkernen zu neutralen Atomen verbinden konnten, blieb das Weltall anfangs für elektromagnet. Strahlung undurchdringlich: Photonen, die etwa milliardenfach häufiger als Protonen und Neutronen waren, wurden an den Elektronen immer wieder gestreut. Erst einige 10 000 Jahre nach dem Urknall bei einer Temperatur von etwa 3 000 K bildeten sich die ersten Atome im Universum. Da diese elektrisch neutral sind und nicht direkt mit den Photonen wechselwirken, »entkoppelten« sich Strahlung und Materie, konnte sich die Photonenstrahlung frei durch das All bewegen; die Relikte jener Strahlung beobachtet man heute als kosmische Hintergrundstrahlung. Sie gilt neben dem Hubble-Effekt als Hauptstütze der Urknalltheorie, ebenso die beobachtete Häufigkeit der chem. Elemente im Weltall (rd. 75 % Wasserstoff, 25 % Helium und Spuren schwerer Elemente), die mit den theoret. Berechnungen zur **Elemententstehung** (Nukleogenese) während der bei der Expansion herrschenden Temperaturverhältnisse exakt übereinstimmt. Etwa 1 Mio. Jahre nach dem Urknall entstanden die ersten größeren Materiezusammenballungen, die Vorläufer der heutigen Galaxien. – Die urspr. Form dieses kosmolog. Modells geht auf G. Lemaître sowie auf H. A. Bethe und G. Gamow zurück. Gegenwärtig wird ein **inflationäres Weltmodell** favorisiert. Es geht von einer heißen Materieblase als Anfangszustand aus, der durch Abkühlung von einer höher symmetr. in eine weniger symmetr. Phase übergeht und kurzzeitig exponentiell (inflationär) expandiert. Die Inflationsphase (etwa 10^{-32} s nach dem Urknall) ist mit einer Volumenausdehnung auf das etwa 10^{50}fache verbunden.

Andere kosmolog. Modelle verzichten auf die Anfangssingularität des Urknalls, so die **Big-Bounce-Theorie** (W. Priester, H.-J. Blome, J. Hoell, 1989). Danach kontrahierte das urspr. homogene, isotrope und materiefreie Universum bis auf ein endl. Minimalvolumen, um hierauf (mit Materie erfüllt) nach dem »großen Aufprall« zunächst sehr schnell, dann relativ langsam zu expandieren. Historisch bedeutsam ist die **Steady-State-Theorie** (H. Bondi, T. Gold, F. Hoyle, 1948/49), nach der das Weltall nicht nur an allen Orten, sondern auch zu allen Zeiten gleich aussieht. Damit umgeht man das Problem der kosmolog. Singularität, muss dafür aber eine kontinuierl. Materieerzeugung postulieren, um eine konstante Materiedichte in einem expandierenden Weltall aufrechterhalten zu können.

Die gegenwärtig wohl wichtigsten *kosmolog. Probleme* sind die Bestimmung der Expansionsgeschwindigkeit des Weltalls (Messung der Hubble-Konstanten) sowie der mittleren Massendichte des Kosmos, da von deren Wert abhängt, ob das Universum weiter expandiert (**offenes Universum**) oder kontrahiert (**geschlossenes Universum**). Damit hängt die Frage der relativist. Krümmung des Kosmos (hyperbolisch, eben, sphärisch) zusammen. Man geht heute davon aus, dass das Weltall eine ebene (euklid.) Raumstruktur besitzt. Ein weiteres kosmolog. Problem betrifft die Aufklärung der Natur der Dunklen Materie: Nach der Theorie vom inflationären Weltall sollte die mittlere Materiedichte (beobachteter Wert in der

Größenordnung von 10^{-31} bis $10^{-30}\,\text{g/cm}^3$) gleich der so genannten krit. Dichte von $\approx 5 \cdot 10^{-30}\,\text{g/cm}^3$ sein, die der Grenze zw. Expansion und Kontraktion entspricht. Da die Dichte der sichtbar in Erscheinung tretenden Materie wesentlich geringer ist als die kritische, ist ungeklärt, in welcher Form die Dunkle Materie vorliegen könnte. Eine weiteres Problem betrifft die Erklärung der gegenwärtig existierenden extremen lokalen Anisotropie der Materieverteilung (Sterne, Sternsysteme, Haufen von Sternsystemen) im Ggs. zur globalen Isotropie der kosm. Hintergrundstrahlung.

kosmologische Singularität (kosmische Singularität), ↗ Urknall.

kosmologisches Prinzip, ↗ Kosmologie.

Kosmonaut [russ., zu grch. kósmos »Weltall« und naútēs »Schiffer«] der, russ. Bez. für ↗ Raumfahrer.

Kosovo: Getreideanbau im Gebiet um Pec

Kosmopolit [grch.] der, **1)** Weltbürger.
2) Biologie: Bez. für eine Tier- oder Pflanzenart, die in ihr zusagenden Lebensräumen über weite Teile der Erde verbreitet ist; z. B. Einjähriges Rispengras, Stubenfliege.

Kosmopolitismus der, ↗ Weltbürgertum.

Kosmos [grch. »Weltall«, eigtl. »Ordnung«, »Schmuck«] der, **1)** allg. die Welt als Ganzes, das ↗ Weltall (Universum). – In der antiken *Naturphilosophie* die harmon. und wohl gegliederte Ordnung des Weltalls (im Ggs. zu Chaos). Im Einzelnen bestanden unterschiedl. Vorstellungen (eine einzige oder viele Welten, mit oder ohne Anfang und Ende usw.). Der Gedanke einer göttl. Anordnung (z. T. als großer Gesamtorganismus mit der menschl. Ordnung als ↗ Mikrokosmos vorgestellt) trat in der Neuzeit zugunsten der Annahme zurück, dass der K. als eine durch Vernunftprinzipien gegliederte Ordnung zu begreifen sei, die der Erforschung zugänglich ist.

2) *Raumfahrt:* Sammelbez. zahlr. Satelliten, die seit 1962 für wiss. und militär. Zwecke von der UdSSR bzw. deren Nachfolgestaaten gestartet wurden.

Kosovaren (Kosovo-Albaner), Bez. für die alban. Bev. im ↗ Kosovo; eigenständige Kultur, zu rd. 85 % Muslime.

Kosovo (alban. Kosovë), Prov. Serbiens, im SW an Albanien grenzend, seit dem 10. 6. 1999 unter Verw. der UN, 10 887 km², 2,228 Mio. Ew., Hptst. ist Priština. K. ist ein fast allseitig von Gebirgen umschlossenes Gebiet mit den Beckenlandschaften ↗ Amselfeld und ↗ Metohija als Kernräume. 90 % der Bev. sind meist muslim. Albaner (↗ Kosovaren), knapp 5 % orth. Serben, ferner Montenegriner, Roma u. a. Die Bev.relationen haben sich nach 1990, bes. aber 1998/99, durch Flucht und Vertreibung der Kosovaren (nach Schätzungen knapp 0,9 Mio. Kosovaren) und Krieg sowie nach dem Einmarsch der NATO-Friedenstruppe durch die Flucht von etwa 240 000 Serben, ferner Sinti und Roma u. a. stark verändert. Mitte 2000 lebten noch etwa 90 000–100 000 Serben in K. Durch den K.-Konflikt wurde die ohnehin wenig entwickelte Wirtschaft des K. einschließlich der Infrastruktur nahezu vollständig zerstört, die andauernden Auseinandersetzungen zw. Serben und Albanern verhindern eine Stabilisierung der Lage. Bedeutend sind Ackerbau (Mais, Weizen, Tabak), Viehhaltung, Obst- und Weinbau sowie der Bergbau (Silber- sowie Blei-Zink-Erze, Braunkohle). Die weitgehend zerstörten Ind.betriebe sind auf die größeren Städte beschränkt.

Geschichte: Seit dem 8. Jh. v. Chr. von illyr. Stämmen besiedelt; im MA. Kerngebiet des serb. Großreiches (»Altserbien«); nach der Schlacht auf dem Amselfeld 1389–1459 den Türken tributpflichtig, 1459–1912 Teil des Osman. Reiches (»Wilajet K.«); in dieser Zeit, v. a. ab 1690, Abwanderung der Serben und – bes. im 18. Jh. – Ansiedlung von islamisierten Albanern. 1913 unter Serbien und Montenegro aufgeteilt; gehörte nach der Gründung (des späteren) Jugoslawiens ab 1918 ganz zu Serbien. 1941–43 dt.-italien.-bulgar. Besatzung, danach kurzzeitig Teil von Großalbanien (unter dt.-italien. Protektion). Seit 1945 autonomes Gebiet bzw. ab 1963 autonome Prov. (bis 1970 **K. und Metohija** gen.); seit 1981 anhaltende Unruhen zw. der alban. Bev. (Kosovaren) und der serb. Minderheit. Ab 1987 nutzte KP-Chef S. Milošević den v. a. im K. geschürten serb. Nationalismus zur Festigung seiner Herrschaft in Serbien. Febr. 1989 bis April 1990 Ausnahmezustand, zw. Frühjahr 1989 und Juli 1990 Aufhebung der Autonomie. Sept. 1991 Ausrufung einer internat. nicht anerkannten »Rep. K.«. Die 1989 gegr. Demokrat. Liga für K. (Abk. LDK) siegte bei den – für Serbien inoffiziellen – pluralist. Wahlen vom 24. 5. 1992 mit absoluter Mehrheit (66 %) und stellte mit ihrem Vors., Ibrahim Rugova (* 1944), den Präs. der Rep. (inoffiziell bis 2000). Kern des K.-Konflikts, im Abkommen von Dayton (1995) ausgeklammert, blieb die Statusfrage. Das Scheitern von Rugovas Politik des gewaltfreien Widerstandes führte seit Frühjahr 1996 zur allmähl. Radikalisierung der Kosovaren; Träger: Befreiungsarmee für K. (Ushtria Çlirimtare Kosoves, Abk. UÇK; gegr. 1996, offiziell aufgelöst 1999). Ab März 1998 kriegsähnl. Kämpfe zw. serb. Sonderpolizei und UÇK; gleichzeitig anhaltende Flucht bzw. Vertreibung der kosovar. Zivilbev. NATO-Ultimatum (Mitte Okt. 1998) und Waffenstillstand sowie internat. K.-Konferenz (Rambouillet, Febr. 1999; Paris, März 1999) blieben folgenlos. Zw. 24. 3. und 10. 6. 1999 Luftangriffe der NATO auf jugoslaw. Militär- und Infrastruktureinrichtungen (ohne UN-Mandat, deshalb umstritten); von serb. Seite extrem gesteigerte Vertreibung der Kosovaren. Nach »G-8-Plan« und UN-Resolution 1244 (Mai/Juni 1999) wurde ab Sommer 1999 eine UN-Übergangsverw. eingerichtet (Unmik; Abk. für »UN-Mission K.«); Hauptproblem: Kriminalitätsbekämpfung); gleichzeitig Abzug der serb. Verbände und Stationierung einer UN-Schutztruppe ↗ KFOR, bis Ende 1999 Rückkehr der 1,3 Mio. Flüchtlinge und Vertriebenen. Trotz Unmik und

KFOR gezielte Vertreibung von Serben und Zigeunern sowie Gewalttaten durch Kosovaren. Die Kommunalwahlen am 28. 10. 2000 gewann die LDK unter Rugova, ebenso die Parlamentswahlen vom 17. 11. 2001. Am 3. 3. 2002 wurde Rugova zum Präs. K.s gewählt. – Funktionierende ethn. Koexistenz in einem ungeteilten K. noch ungesichert. Polit. Hauptaufgabe weiterhin, K. entsprechend der UN-Resolution 1244 zu stabilisieren und den Status international neu festzulegen.

Kosovo polje, serbokroatisch für ↗ Amselfeld.

Kosovska Mitrovica [-tsa] (1982–91 Titova Mitrovica; alban. Mitrovicë), Stadt in Serbien, im Kosovo, am N-Rand des Amselfeldes, an der Mündung der Sitnica in den Ibar, 64 300 Ew.; chem., Textil-, Nahrungsmittelind.; nahebei der Bergbauort **Trepča** (Blei-Zink-Silbererze).

Kossel, 1) Albrecht, Biochemiker, *Rostock 16. 9. 1853, †Heidelberg 5. 7. 1927, Vater von 2); entdeckte die ↗ Nucleinsäuren und als deren Bestandteile die Purine und Pyrimidine, außerdem das Histidin; erhielt 1910 den Nobelpreis für Physiologie oder Medizin.
2) Walther, Physiker, *Berlin 4. 1. 1888, †Tübingen 22. 5. 1956, Sohn von 1); arbeitete zum Periodensystem der Elemente und trug entscheidend zur Deutung der heteropolaren chem. Bindung bei; begründete die Theorie des Kristallwachstums und entdeckte 1935 das Auftreten von Interferenzen bei der Aussendung monochromat. Röntgenstrahlen durch Kristalle **(K.-Effekt).**

Kossuth [ˈkoʃut], Lajos, Führer der ungar. Unabhängigkeitsbewegung von 1848/49, *Monok (Bez. Borsod-Abaúj-Zemplén) 19. 9. 1802, †Turin 20. 3. 1894; Jurist, trat auf dem Landtag von 1847/48 als Haupt der liberalen Opposition auf. Im März 1848 wurde er Finanzmin., im Sept. 1848 organisierte er als Präs. des Landesverteidigungsausschusses die Honvéd; nach der Thronentsetzung der Habsburger im April 1849 zum Reichsverweser Ungarns gewählt, musste er im Aug. abdanken (↗ Ungarn, Geschichte). Seitdem lebte er im Ausland. K. wird in Ungarn als Nationalheld verehrt.

Kossygin, Alexei Nikolajewitsch, sowjet. Politiker, *Sankt Petersburg 21. 2. 1904, †Moskau 18. 12. 1980; 1948–52 sowie seit 1960 Mitgl. des Politbüros (zeitweilig des Präsidiums) der KPdSU, bildete seit dem Sturz N. S. Chruschtschows (1964) als MinPräs. (1964–80) zus. mit L. I. Breschnew die Führungsspitze der UdSSR. Innenpolitisch widmete er sich bes. der Wirtschaftspolitik. Außenpolitisch war er u. a. 1966 als Vermittler im indisch-pakistan. Konflikt um Kaschmir tätig.

Kostanai, Stadt in Kasachstan, ↗ Kustanai.

Kostarika [kɔ-], Staat in Zentralamerika, ↗ Costa Rica.

Kostelić [-liç], Janica, kroat. alpine Skiläuferin, *Zagreb 5. 1. 1982; u. a. dreifache Olympiasiegerin 2002 (Slalom, Riesenslalom, alpine Kombination), Weltmeisterin 2003 (alpine Kombination, Slalom), Gewinnerin des Gesamtweltcups (1999/2000, 2001/02, 2002/03). – Ihr Bruder Ivica (*1979), ebenfalls alpiner Skiläufer, wurde 2003 Slalomweltmeister.

Kosten, 1) *Betriebswirtschaftslehre:* in Geldeinheiten bewerteter Verzehr von Produktionsfaktoren, der zur Erstellung und Verwertung der betriebl. Leistungen sowie zur Aufrechterhaltung der betriebl. Kapazitäten notwendig ist. Grundmerkmale der K. sind: 1) Es liegt ein mengenmäßiger Güterverbrauch vor; eingesetzte Güter sind z. B. Sachgüter, Dienstleistungen; 2) der Güterverbrauch muss leistungsbezogen sein; 3) er wird durch Multiplikation der verbrauchten Menge mit dem Geldbetrag je Mengeneinheit (Preis, Lohnsatz usw.) ermittelt. Die K. sind abzugrenzen von ↗ Ausgaben und ↗ Aufwendungen. – Die **K.-Theorie** untersucht die Faktoren, die die Höhe der K. beeinflussen: Zahl, Art und Güte der Produkte (Produktprogramm), Fertigungstyp (Einzel-, Serienfertigung u. a.), Kapazität der Anlagen und Arbeitskräfte (Betriebsgröße), Auslastungsgrad der gegebenen Kapazitäten u. a. Dabei interessieren v. a. die günstigsten (optimalen) Kombinationen, für die die K. je Produkteinheit **(Stück-K.)** am niedrigsten sind. – Die in einem Betrieb entstehenden K. gliedern sich in **direkte** oder **Einzel-K.,** die unmittelbar auf das Produkt entfallen (z. B. Rohstoff-, Lohn-K.), und **indirekte K.** (↗ Gemeinkosten). Die **fixen K.** (beschäftigungsunabhängige K.) bleiben ohne Rücksicht auf den Auslastungsgrad des Unternehmens unverändert (z. B. Abschreibungs- und Miet-K.), die **variablen K.** ändern sich je nach Produktmenge und Beschäftigungsgrad (z. B. Rohstoff- und Lohn-K.).
2) *Prozessrecht:* ↗ Gerichtskosten, ↗ Kostenpflicht.

Kostendeckungsprinzip, Grundsatz, nach dem aus wirtschafts- und sozialpolit. Gründen nur kostendeckende Gebühren und Beiträge erhoben werden, findet v. a. im Kommunalabgaberecht bzw. in öffentl. Betrieben und Einrichtungen Anwendung.

Kostenmiete, im Rahmen der ↗ sozialen Wohnraumförderung als Ausdruck der bestehenden Mietpreisbindung die höchstzulässige Miete (§§ 8 ff. Wohnungsbindungs-Ges. i. d. F. v. 13. 9. 2001).

Kosten-Nutzen-Analyse, Verfahren zur Bewertung von Investitionsvorhaben im öffentl. Sektor unter gesamtwirtsch. Aspekten. Durch die K.-N.-A. werden Grundprinzipien der privatwirtsch. Investitionsrechnung auf öffentl. Ausgabenentscheidungen übertragen. Anwendungsgebiet ist bes. der Vergleich von volkswirtsch. Nutzen und Kosten alternativer staatl. Investitionsprojekte. Problematisch ist v. a. der schwer zu beziffernde Nutzen öffentl. Investitionen, da er sich in vielfältigen, schwer quantifizierbaren Auswirkungen auf die Einzelwirtschaften und die Gesamtwirtschaft niederschlägt.

Kostenpflicht, Pflicht, die in einem Rechtsstreit oder sonstigen gerichtl. Verfahren anstehenden Gerichts- und außergerichtl. Kosten zu tragen. Grundsätzlich gilt, dass die Kosten dem aufzuerlegen sind, der im Verfahren unterlegen ist. In Strafverfahren hat der Verurteilte die Kosten zu tragen, bei Freispruch i. d. R. die Staatskasse. Derjenige, der ein Rechtsmittel einlegt und unterliegt, hat die Kosten des Rechtsmittels zu tragen. Im Zivilprozess und im Verwaltungsstreitverfahren werden bei Teilunterliegen und Teilobsiegen die Kosten zw. den Parteien aufgeteilt.

Kostenrechnung, Teilgebiet des betriebl. Rechnungswesens; bildet zus. mit der Leistungsrechnung die Betriebsbuchführung. Im Ggs. zur Geschäftsbuchführung, die dem handels- und steuerrechtl. Jahresabschluss dient, wird die K. insbesondere dazu verwendet, die Wirtschaftlichkeit des Unternehmensprozesses zu kontrollieren.

Die K. gliedert sich in Kostenerfassung und -verteilung. Die **Kostenerfassung** ermittelt die verbrauchten Gütermengen und bewertet sie mit geeigneten Preisen. Sie erfolgt in der **Kostenartenrechnung,** bei der die Kosten nach Güter- und Verbrauchsarten eingeteilt werden (u. a. Materialkosten, Personalkosten, Abschreibungen, Zinsen). Sie basiert auf den in der Geschäftsbuchführung dokumentierten Aufwendungen (jedoch ohne neutrale Aufwendungen wie z. B. Sonderabschreibungen, Spenden) sowie denjenigen

Albrecht Kossel

Lajos Kossuth

Alexei Kossygin

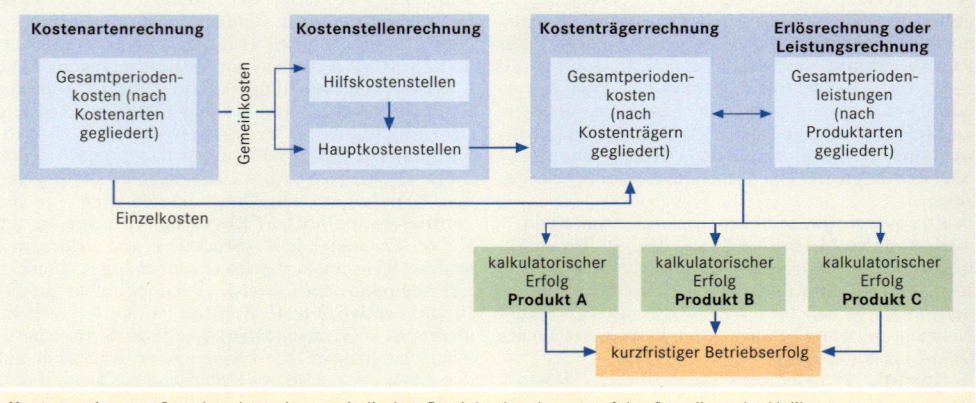

Kostenrechnung: Grundstruktur einer periodischen Betriebsabrechnung auf der Grundlage der Vollkosten

Kosten, denen keine Aufwendungen entsprechen (z. B. kalkulator. Unternehmerlohn, Zinsen für Eigenkapital). Die angefallenen Kosten werden in einem am Kontenplan orientierten Kostenartenplan erfasst.

In der Kostenstellen- und Kostenträgerrechnung schließt sich dann die Kostenverteilung (Kostenverrechnung) an. **Kostenstellen** sind die nach analyt. Zweckmäßigkeit abgegrenzten Leistungsbereiche des Unternehmens, z. B. Abteilungen, Werkstätten, Fertigungsstraßen. Mit den **Kostenträgern** sind die einzelnen Produkte (z. B. Absatz- oder innerbetriebl. Leistungen) des Unternehmens gemeint, aus deren Erlösen die Kosten gedeckt werden. Wenn sich die Kostenarten den Kostenstellen oder -trägern direkt zurechnen lassen, spricht man von **Einzelkosten,** ansonsten von **Gemeinkosten.** Die Gemeinkosten werden in der **Kostenstellenrechnung** mithilfe von Verteilungsschlüsseln (z. B. Raumgröße, Arbeits- und Maschinenzeiten) den Kostenträgern zugerechnet. Dafür werden allgemeine Kostenstellen für den Gesamtbetrieb (z. B. für Heizung, Sozialeinrichtungen), Materialstellen (für Beschaffung, Prüfung, Lagerung, Ausgabe der Werkstoffe), Fertigungsstellen und -hilfsstellen (z. B. Reparaturwerkstatt), Verwaltungs- und Vertriebsstellen gebildet.

Die K. lässt sich danach unterscheiden, ob ihr eine vergangenheits- oder zukunftsorientierte Betrachtung zugrunde liegt. Die **Ist-K.** zielt auf die nachträgl. Ermittlung und Verrechnung tatsächlich angefallener Kosten **(Istkosten).** Dagegen ist die **Plan-K.** zukunftsorientiert, indem sie für künftige Perioden Kostenvorgaben ermittelt **(Plankosten),** die den Istkosten regelmäßig gegenübergestellt werden. Weiter unterscheidet die K. zw. der vergangenheitsorientierten **Nachkalkulation,** die sich auf fertige und unfertige Fabrikate erstreckt, und der zukunftsbezogenen **Vorkalkulation,** die für die Preisbildung gebraucht wird.

Bezogen auf den Sachumfang der verrechneten Kosten werden Voll-K. und Teil-K. unterschieden. Während bei der **Voll-K.** sämtl. Kosten auf die jeweiligen Bezugsgrößen (z. B. Kostenstellen, Kostenträger) verrechnet werden, berücksichtigt die **Teil-K.** nur die für den jeweiligen Zweck der K. relevanten Kosten. Eine Teil-K. ist z. B. die **Deckungsbeitragsrechnung,** bei der die Erlöse des Kostenträgers in die Betrachtung einbezogen werden: Die Differenz zw. zurechenbarem Erlös (z. B. Stückpreis) und zurechenbaren Kosten (z. B. variable Stückkosten) des Kostenträgers bildet den **Deckungsbeitrag.** Damit ein Unternehmen keinen Verlust erleidet, müssen die Deckungsbeiträge (Bruttogewinn) so groß sein, dass die nicht zugerechneten Kosten gedeckt werden.

Kostensteuern, inhaltlich nicht eindeutig abgrenzbare, v. a. in der Betriebswirtschaftslehre verwendete Bez. für alle Steuern, die »Kostencharakter« haben, d. h. mit der Leistungserstellung und Aufrechterhaltung der Betriebsbereitschaft verbunden sind, und bei der Kalkulation berücksichtigt werden (z. B. Grund- und Kraftfahrzeugsteuer). Den Ggs. bilden die gewinnabhängigen Steuern (z. B. Einkommen- und Körperschaftsteuer).

Kostenvoranschlag, bei einem Werkvertrag die dem Besteller vom Unternehmer vorgelegte Berechnung der bei Ausführung des Werkes entstehenden Kosten. Hat der Unternehmer die Gewähr für die Verbindlichkeit des K. übernommen, wird dieser Vertragsbestandteil, sodass die Vergütung nur in der vereinbarten Höhe zu entrichten ist. Im Normalfall ist ein K. jedoch unverbindlich; er hat dann die Pflicht des Unternehmers zur Folge, eine wesentl. Überschreitung des K. unverzüglich anzuzeigen (§ 650 BGB), woraufhin der Besteller kündigen kann.

Kostjonki (Kostenki), nach dem Dorf K. im Gebiet Woronesch (Russland) benannter wichtiger Fundort der jüngeren Altsteinzeit; Reste von Behausungen und Bestattungen, u. a. kleine Frauenstatuetten und Tierfiguren sowie Arbeitsgeräte aus Stein, Knochen und Elfenbein.

Kostka, Stanislaus, poln. Jesuit, * Rostkow (Masowien) 28. 10. 1550, † Rom 15. 8. 1568; Patron Polens und der studierenden Jugend; Heiliger, Tag: 13. 11.

Kostolany [-ni], André, amerikan. Finanzexperte und Journalist ungar. Herkunft, * Budapest 9. 2. 1906, † Paris 14. 9. 1999; emigrierte 1940 in die USA, dort 1941–50 Präs. und Hauptaktionär der G. Ballai und Cie. Financing Co.; bekannt v. a. als Finanzberater, Börsenspekulant sowie durch zahlr. Bücher, Seminare, Zeitungsartikel zum Börsenwesen.

Köstritz, Bad, ↗ Bad Köstritz.

Kostromá, Hptst. des Gebiets K., Russland, an der oberen Wolga, 289 300 Ew.; technolog. und landwirtsch. Hochschule; traditioneller Standort der Leinenind.; Maschinenbau, Holz-, Nahrungsmittelind.; bei K. Erdgaskraftwerk (3 600 MW). – Epiphaniaskirche (1559–65), Ipatjew-Kloster (16. Jh.) mit Dreieinigkeitskathedrale (17. Jh.). – Das im 12. Jh. gegründete K. wurde Mitte des 13. Jh. Hptst. des Teilfürstentums K. und kam um 1360 zum Großfürstentum Moskau; im 16. und 17. Jh. eine der wichtigsten Städte Russlands; ab 1778 Hptst. eines Gouvernements.

Kostrzyn [ˈkɔstʃin] (dt. Küstrin), Stadt in der Wwschaft Lebus, Polen, an der Mündung der Warthe in die Oder, 16 700 Ew.; Papierfabrik; Flusshafen, Eisenbahnknotenpunkt und Grenzübergang nach dem ehem. Stadtteil Kietz (heute als Küstrin-Kietz Teil der Gem. Küstriner Vorland im Landkreis Märkisch-Oderland, Brandenburg). – Reste der Stadtbefestigung. – K., 1232 erstmals erwähnt, kam 1252 an die Markgrafen von Brandenburg und war 1535–71 Hptst. der ↗ Neumark. In der (mehrfach ausgebauten) Festung wurde 1730 Friedrich d. Gr. als Kronprinz gefangen gehalten und sein Freund H. H. Katte hingerichtet. Im Zweiten Weltkrieg fast völlig zerstört.

Kostüm [italien.-frz.] *das*, **1)** *allg.:* die ↗ Kleidung in ihren einzelnen Teilen, v. a. das europ. Mode-K. als Fest-, Alltags- und Sonderkleidung sowie als Theater-K. In dieser Bedeutung namengebend für die historisch-krit. Beschäftigung mit der Kleidung, die sich nach Anfängen im späten 18. Jh. im 19. Jh. als kulturgeschichtl. Disziplin der K.-Kunde etablierte. 1896 wurde die Ges. für histor. Waffen- und Kostümkunde als Forschungsgesellschaft mit Sitz in Berlin gegründet.
2) *Mode:* zweiteilige Frauenoberbekleidung aus Rock und zugehöriger Jacke.

Kosuth [ˈkɔsuθ], Joseph, amerikan. Künstler, *Toledo (Oh.) 31. 1. 1945; führender amerikan. Vertreter der Concept-Art, untersucht v. a. das Verhältnis Begriff – Wirklichkeit und das Problem Kunst – Kunstkritik.

K.-o.-System, *Sport:* das ↗ Pokalsystem.

Koszalin [kɔˈʃalin] (dt. Köslin), Stadtkreis und Krst. in der Wwschaft Westpommern, Polen, 12 km von der Ostsee entfernt, 111 600 Ew.; kath. Bischofssitz; Ing.hochschule; Maschinenbau, elektrotechn., elektron., Holz-, Lebensmittelindustrie. – Reste der Stadtmauer (1292–1310), Pfarrkirche Sankt Maria, eine got. Backsteinbasilika (1300–1333; im 19. Jh. erneuert, seit 1972 Kathedrale). – K., 1214 erstmals urkundlich erwähnt, erhielt 1266 lüb. Stadtrecht. Vom 15. bis 17. Jh. bischöfl. Residenz.

Köszeg [ˈkøːsɛg] (dt. Güns), Stadt in W-Ungarn, am Günser Gebirge, nahe der Grenze zu Österreich, 11 800 Ew.; Textilind.; Fremdenverkehr. – Burg (14./15. Jh., nach Brand im Barockstil wieder aufgebaut); spätgot. Pfarrkirche St. Jakob (15. Jh.).

Kot (Exkrement, Fäzes, Faeces, Stuhl), durch den Darm ausgeschiedenes Verdauungsprodukt, bestehend aus Wasser, Darmbakterien, abgeschilferten Zellen der Darmschleimhaut, Sekreten der Verdauungsdrüsen, nicht resorbierten Nahrungsschlacken sowie Gärungs- und Fäulnisprodukten, die den typ. K.-Geruch ausmachen. Die braune Farbe ist durch die Abbauprodukte der Gallenfarbstoffe bedingt.

Kota Baharu, Hptst. von Kelantan, Westmalaysia, 219 600 Ew.; Zentrum des Bewässerungsprojekts Kemubu; Textil-, Holz-, Nahrungsmittel- u. a. Ind.; Endpunkt des Ost-West-Highway (nach Pinang).

Kotabaru, Stadt in Indonesien, ↗ Jayapura.

Kota Kinabalu (bis 1967 Jesselton), seit 1946 Hptst. von Sabah (Ostmalaysia), an der NW-Küste Borneos, 208 500 Ew.; anglikan. Bischofssitz; Lehrerseminar, geolog. Landesamt, Sabahmuseum; Ind.park; internat. Flughafen, Überseehafen. – Gegr. 1899.

Kotangens [lat.] *der,* eine ↗ Winkelfunktion.

Kotarbiński [kɔtarˈbiɪ̃ski], Tadeusz, poln. Philosoph, *Warschau 31. 3. 1886, †ebd. 3. 10. 1981; Prof. in Warschau; befasste sich v. a. mit Fragen der Wissenschaftstheorie, der (formalen) Logik und Ethik; entwickelte eine Theorie des effektiven Handelns (»Praxeologie«, 1955).

Kotau [chines.] *der,* tiefe Verbeugung mit Niederknien und Neigen des Kopfes bis zur Erde, in China (bis 1911) üblich vor Respektspersonen und im Kultus.

Kote [frz.] *die* (Höhenkote), *Topographie:* die Höhenzahl eines Geländepunktes über einer Bezugsfläche, z. B. über NN (Normalnull).

Kotelett [frz.] *das* (Rippenstück, landschaftlich auch: Karbonade), dicke Fleischscheibe mit anhängender Rippe von Kalb, Hammel, Schwein, Wild.

Koteletten [frz.], kurzer Schläfen- oder Backenbart; um 1800 aufgekommen.

Kotfliegen (Cordyluridae), Fliegenfamilie mit etwa 500 schlanken, oft stark behaarten Arten (5–15 mm lang), z. B. die Art Scatophaga stercoraria häufig auf frischen Exkrementen; die Larven anderer K. werden schädlich durch ihre Fraßgänge in Blättern und Stängeln.

Kotflügel, urspr. flügelartig abstehende Überdeckung der Räder offener Straßenfahrzeuge zum Schutz der Insassen gegen hochgeschleuderten Straßenschmutz; die Bez. blieb trotz Wandels in Form und Funktion für den zur Abdeckung der Räder dienenden Teil der Karosserie erhalten.

Köth, Erika, Sängerin (Sopran), *Darmstadt 15. 9. 1927, †Speyer 20. 2. 1989; bes. Mozart- und Strauss-Interpretin.

Köthen, 1) Landkreis im RegBez. Dessau, Sa.-Anh., 480 km², 69 800 Einwohner.

Köthen 2): Spiegelsaal im 1597–1604 erbauten Renaissanceschloss

2) Köthen (Anhalt), Kreisstadt von 1) in Sa.-Anh., 30 800 Ew.; FH Anhalt, Abteilung K.; Naumann-Museum (Vogel-Samml.), histor. Museum mit Bach-Gedenkstätte; Kran-, Kesselbau, Herstellung von Lacken und Farbstoffen, Möbelbau und Eisengießerei. – Spätgot. Stadtkirche St. Jakob (1400–30) mit Fürstengruft, barocke Agnuskirche (1694–99), klassizist. Pfarrkirche St. Marien (1826–32); Renaissanceschloss (1597–1604). – 1115 erstmals erwähnt; 1603–1847 Residenz des Fürstentums Anhalt-Köthen.

Kothgasser, Alois, österr. kath. Theologe, Salesianer Don Boscos (seit 1955), *Lichtenegg (Steiermark) 29. 5. 1937; 1964 Priesterweihe; 1969–97 Lehrtätigkeit in Rom (Salesiana) und Benediktbeuern

Köthen 2)
Stadtwappen

Kotor: Blick auf die Bucht von Kotor am Fuß des Lovćen

August von Kotzebue

(Ordenshochschule der Salesianer); nach seiner Bischofsweihe (1997) Bischof von Innsbruck; seit Nov. 2002 Erzbischof von Salzburg.

Kothurn [grch.] *der,* traditioneller Bühnenschuh der Darsteller in der grch. Tragödie des Altertums. In der nachklass. Zeit wurde die Holzsohle sehr hoch, sodass der Schauspieler sich wie auf Stelzen bewegte. Die Darsteller der Komödie trugen den niedrigeren Soccus.

kotieren [frz.], ein Wertpapier zum amtl. Handel an der Börse zulassen.

Kotingas [span.] (Schmuckvögel, Cotingidae), Familie meisen- bis krähengroßer, träger, vorwiegend Früchte und Insekten fressender Sperlingsvögel in den Wäldern Mexikos bis N-Argentiniens; Männchen oft sehr bunt mit Kopfanhängen, Stimme klangvoll.

Kotka, Hafenstadt in S-Finnland, am Finn. Meerbusen, 56 100 Ew.; Holzverarbeitung (Zellstoff, Papier), Holzausfuhr; bed. Transithafen für Russland. – Grch.-kath. Kirche von 1795.

Kotkäfer (Onthophagini), Gruppe meist afrikan. Blatthornkäfer mit kleinen bis mittelgroßen Arten. Beide Geschlechter legen gemeinsam 10–60 cm tiefe Stollen mit kurzen Seitenstollen an, in die sie Kotballen als Larvennahrung eintragen.

Koto *das,* auch *die,* versch. Typen der japan. Wölbbrettzither (6- oder 13-saitig); am häufigsten wird das Sō-no-K., kurz K. gen., gebraucht. Moderne K. sind 180–190 cm lang, haben 13 oder mehr Saiten, die durch bewegliche Stege gestimmt und mit Plektren gespielt werden.

Kotohira, Wallfahrtsort auf Shikoku, Japan, am Fuße des shintoist. Bergheiligtums Kompira; bed. Bau (1659) im Shoinstil mit Malereien von Maruyama Ōkyo (*1733, †1795); Holzschnitzereien (1. Hälfte 19. Jh.) im »Schrein der aufgehenden Sonne«; die Schreingebäude erstrecken sich über mehrere Kilometer bergan; Häuser aus der Meijizeit.

Kotor (italien. Cattaro), Stadt in Montenegro, an der Bucht von K. (Boka Kotorska; UNESCO-Weltkulturerbe) am Fuß des ⁊ Lovćen, 5 300 Ew.; kath. Bischofssitz; Marinemuseum. – Über der Stadt die Festung Sveti Ivan (im Wesentlichen 16. Jh.); kath. Tryphon-Kathedrale (12. Jh., Doppelturmfassade von 1681). In der Altstadt Paläste, Patrizierhäuser, Kirchen und der Uhrturm von 1602. – K., von grch. Kolonisten gegr., wurde 168 v. Chr. römisch, gehörte seit 476 zum Byzanz. Reich; im MA. ein selbstständiger Stadtstaat unter byzantin., serb., ungar. und bosn. Oberhoheit, kam 1420 an Venedig und gehörte 1797–1805 und 1814–1918 zu Österreich. Nach dem Erdbeben von 1979 wieder aufgebaut.

K.-o.-Tropfen, umgangssprachl. Bez. für versch. Mischungen (z. B. Schlafmittel zus. mit Alkohol), die aufgrund ihres potenzierenden Effekts bes. rasch dämpfend auf das Zentralnervensystem wirken; meist in krimineller Absicht, z. B. zur Betäubung von Menschen, eingesetzt.

Kotscharjan, Robert, armen. Politiker, *Stepanakert 31. 8. 1954; Elektroingenieur, ab 1988 einer der Führer der Karabach-Befreiungsbewegung, wurde 1992 Reg.chef und Vors. des Verteidigungskomitees, 1994 Präs. der (nicht anerkannten) Rep. Bergkarabach (1996 durch Volkswahl im Amt bestätigt); 1997–98 MinPräs. Armeniens, seit 1998 Staatspräs. (2003 wieder gewählt).

Kotschinchina, ⁊ Cochinchina.

Kotyledone [-bu;] grch.] *die,* ⁊ Keimblatt.

Kotzebue [-bu;], **1)** August von (seit 1785), Dramatiker, *Weimar 3. 5. 1761, †Mannheim 23. 3. 1819, Vater von 2); war 1781–95 im russ. Staatsdienst. Seit 1807 bekämpfte er Napoleon I. in den Zeitschriften »Die Biene« (1808–10) und »Die Grille« (1811/12). Seit 1817 russ. Kulturattaché und polit. Beobachter in Dtl.; in Schriften, bes. in seinem 1818 gegr. »Literar. Wochenblatt«, verspottete er die liberalen Ideen und patriot. Ideale der Burschenschaften. Er wurde von dem Studenten K. L. Sand ermordet. K. war einer der erfolgreichsten Bühnendichter seiner Zeit (etwa 200 Stücke, am gelungensten das Lustspiel »Die dt. Kleinstädter«, 1803). Autobiografie: »Das merkwürdigste Jahr meines Lebens« (2 Tle., 1801).

2) Otto von, russ. Seefahrer und Naturforscher dt. Herkunft, *Reval 30. 12. 1787, †ebd. 15. 2. 1846, Sohn von 1); unternahm drei Weltreisen (1803–06, mit A. J. von Krusenstern, 1815–18, 1823–26); erforschte u. a. die Südsee und entdeckte den 1816 nach ihm bez. Kotzebuesund an der W-Küste Alaskas.

Kötzschenbroda, Stadtteil von Radebeul, Sa. – Seit 1924 Stadt, 1935 Radebeul eingemeindet. – Mit dem sächsisch-schwed. **Neutralitätsvertrag von K.** (27. 8./6. 9. 1645) endete erstmals offiziell der Dreißigjährige Krieg in einem dt. Territorium.

Kötzting, Stadt (seit 1953) im Landkreis Cham, Bayern, am Weißen Regen; 7 500 Ew.; Kneippkurort; Holz-, Metallindustrie. – Seit 1412 alljährl. »Pfingstritt«, eine Bittprozession zu Pferde.

Kouprey (Kouprey-Rind, Bos [Bibos] sauveli), in Indochina beheimatetes Wildrind, erst 1937 wiss. beschrieben; Körperlänge 210 bis 220 cm, erwachsene Tiere sind dunkelbraun bis schwarz gefärbt. Der Bestand wird auf etwa 200 Tiere geschätzt. Lebensraum sind v. a. bewaldete Savannen.

Kourou [kuˈru], Stadt an der Küste von Französisch-Guayana, 14 000 Ew.; seit 1967 entstand K. als Sitz des frz. Raumforschungszentrums mit einer Raketenabschussbasis, auch von der Europ. Weltraumorganisation (ESA) genutzt; Hafen.

Kovács [ˈkɔvɑːtʃ], Attila, Maler ungar. Herkunft, *Budapest 15. 12. 1938; arbeitet an der opt. Realisation math.-generierter Sequenzen, wobei er sich mit der systematisch-programmat. Untersuchung der Spannung zw. gedankl. Abstraktion und visueller Konkretion befasst.

kovalente Bindung, die Atombindung (⁊ chemische Bindung).

Kovarianz *die,* **1)** *Physik:* (Forminvarianz), die Unveränderlichkeit der Form von Gleichungen bei bestimmten Koordinatentransformationen.

2) *Stochastik:* Die K. cov(X, Y) zweier Zufallsvariablen X und Y ist definiert als der ⁊ Erwartungswert des Produktes der beiden zentrierten Variablen, d. h. als $E[\{X - E(X)\} \cdot \{Y - E(Y)\}]$. (↗ Korrelation)

Kowa, Victor de, eigtl. Victor Kowarzik, Schauspieler, * Hochkirch (bei Bautzen) 8. 3. 1904, † Berlin (West) 8. 4. 1973; Bonvivant- und Charakterdarsteller, auch in zahlr. Filmen.

Kowalewskaja, Sofja Wassiljewna, russ. Mathematikerin, * Moskau 15. 1. 1850, † Stockholm 10. 2. 1891; wurde 1889 in Stockholm die erste Prof. der Mathematik in Europa, Arbeiten zur Funktionentheorie und zur Theorie der partiellen Differenzialgleichungen; sie förderte die Emanzipation der Frau in den Wissenschaften.

Kowaljow, Sergej Adamowitsch, russ. Menschenrechtler, * Seredina-Buda (Gebiet Sumy, Ukraine) 2. 3. 1930; Biologe, Mitstreiter des russ. Bürgerrechtskämpfers A. D. Sacharow, nach Verlust seiner Arbeit (1970) 1974–84 wegen »antisowjet. Agitation« in Haft, arbeitete im Zuge der von M. S. Gorbatschow eingeleiteten Politik der »Perestroika« in versch. Organisationen und Funktionen für die Durchsetzung der Menschenrechte. K. unterstützte zunächst Präs. B. N. Jelzin, brach jedoch als Leiter der Menschenrechtskommission der russ. Reg. (1994–95) mit diesem nach dem militär. Vorgehen gegen Tschetschenien.

Kowalski, 1) Jochen, Sänger (Countertenor), * Wachow (bei Nauen) 30. 1. 1954; wurde 1983 Mitgl. der Kom. Oper Berlin; Opern-, Lied- und Oratoriensänger. Sein Repertoire umfasst v. a. Partien aus Werken der Komponisten des 17. und 18. Jh. (J. S. Bach, G. F. Händel, C. W. Gluck, W. A. Mozart), aber auch zeitgenöss. Komponisten.
2) Piotr, poln. Künstler, * Lemberg 2. 3. 1927; lebt seit 1953 in Paris. In den 60er-Jahren schuf er Skulpturen aus Kunststoff und Metall, in der Folgezeit gestaltete er Lichtplastiken und lichtkinet. Environments.

Kowary (dt. Schmiedeberg, bis 1945 amtlich Schmiedeberg i. Rsgb.), Stadt in der Wwschaft Niederschlesien, Polen, am N-Fuß des Riesengebirges, 12 800 Ew.; Luftkurort mit radonhaltigen Quellen, Wintersportplatz; Porzellanind., Teppich-, Filzfabrik, Maschinenbau. – Spätgot. Kirche, Rathaus (1786–89). – Seit 1513 Stadtrecht.

Kowloon [kaʊˈluːn], zu ↗ Hongkong gehörige Halbinsel.

Kowno, Stadt in Litauen, ↗ Kaunas.

Koxitis [lat.] *die,* ↗ Hüftgelenkentzündung.

Kōyasan, Berg auf der Halbinsel Kii (Honshū), Japan, 985 m ü. M.; auf dem K. die 816 gegr. Klosterstadt K., eine der bedeutendsten Klostersiedlungen Japans. Der Haupttempel Kongōbuji wurde 1861 nach einem Brand wieder aufgebaut. In der Halle des Mieidō befindet sich u. a. eine Skulptur des Kujako Myōō, eines »Königs des geheimen Wissens« in Gestalt eines Bodhisattva (1200); rd. 120 Tempel, ältestes erhaltenes Gebäude (Fudōdō) von 1198, Torgebäude (1705) mit Wächterfiguren, Schatzhaus mit über 5 000 Kunstobjekten.

Koyré [kwaˈre], Alexandre, frz. Philosoph russ. Herkunft, * Taganrog 29. 8. 1892, † Paris 28. 4. 1964; lehrte in Paris; seine wissenschaftshistor. Werke (u. a. »Von der geschlossenen Welt zum unendl. Universum«, 1957) hatten großen Einfluss auf die begriffsgeschichtl. Forschung der Gegenwart.

Kozhikode [ˈkoʊdʒɪkoʊd], Stadt in Indien, ↗ Calicut.

Kożuchów [kɔˈʒuxuf] (dt. Freystadt, bis 1945 amtlich Freystadt i. Niederschles.), Stadt in der Wwschaft Lebus, Polen, am N-Rand des Schles.

Landrückens, 9 500 Ew.; Herstellung von Autoteilen, Lebensmittel-, Baustoffindustrie. – Reste der Stadtmauer mit Basteien (15. Jh.), got. Kirche (15. Jh.), Schloss (15., Umbau im 17. und 19. Jh.). – Um 1270 im Zuge der dt. Ostsiedlung gegründet.

kp, Einheitenzeichen für ↗ Kilopond.

KP, Abk. für **K**ommunistische **P**artei. **KPD,** ↗ Kommunistische Partei Deutschlands; **KPdSU,** ↗ Kommunistische Partei der Sowjetunion.

KPdSU, Abk. für ↗ Kommunistische Partei der Sowjetunion.

K-Punkt, Kurzbez. für **K**alkulations**punkt** (früher Konstruktionspunkt, zuvor krit. Punkt), *Skispringen:* Stelle im Landebereich, nach der der Landedruck erheblich ansteigt. Die Schanzengröße wird nach der **K-P.-Weite** (Schanzentischkante bis K-P.) benannt.

Kr, chem. Symbol für ↗ Krypton.

Kra, Isthmus von, Landenge in Hinterindien, verbindet die Halbinsel Malakka mit dem asiat. Festland; an der schmalsten Stelle bis 75 m ü. M. und 40–50 km breit.

Kraal, ↗ Kral.

Krabbe, *Baukunst:* got. Zierform, ↗ Kriechblume.

Krabben, 1) (Kurzschwanzkrebse, Brachyuren, Brachyura) Unterordnung der Zehnfußkrebse mit gedrungenem Kopfbruststück, unter das der zu einer kurzen Schwanzplatte (bei den Weibchen Brutraum für die Eier) umgebildete Hinterleib eingeschlagen wird. Die gestielten Augen und die Fühler können in kleinen Gruben geborgen werden. Das erste Rumpfbeinpaar trägt große Scheren. K. sind Grundbewohner, die sehr gut seitwärts laufen können. Zu den K. gehören u. a. die Familien Woll-, Gepäckträger-, Scham-, Schwimm-, Süßwasser-, Renn-, Winker-, Felsen- und Land-K., die Seespinnen und die Taschenkrebse.
2) Handelsbez. für bestimmte ↗ Garnelen.

Krabbentaucher, ein Schwimmvogel, ↗ Alken.

Kracauer, Siegfried, amerikan. Publizist und Soziologe dt. Herkunft, * Frankfurt am Main 8. 2. 1889, † New York 26. 11. 1966; war bis zu seiner Emigration (1933 Frankreich, 1941 USA) als Architekt und Redakteur (1920–33 bei der Frankfurter Zeitung) tätig. In Amerika schrieb er filmtheoret. Werke und erwarb sich Anerkennung als Kulturkritiker (»Soziologie als Wiss.«, 1922; »Die Angestellten aus dem neuesten Dtl.«, 1930; »Von Caligari bis Hitler«, engl. 1947, dt. 1958; »Theorie des Films«, 1960).

Kracken [ˈkrækən], ↗ Cracken.

Krad, Kw. für ↗ Kraft**rad.**

Kraemer [ˈkrɛ-], Friedrich Wilhelm, Architekt, * Halberstadt 10. 5. 1907, † Köln 18. 4. 1990; gründete 1962 ein Architekturbüro in Braunschweig, ab 1974 in Köln; schuf v. a. Ind.- und Verwaltungsbauten, u. a. Jahrhunderthalle in Höchst (1960–62), Verwaltungsgebäude der Gas-, Elektrizitäts- und Wasserwerke AG, Köln (1977–80).

Kraepelin [ˈkrɛ-], Emil, Psychiater, * Neustrelitz 15. 2. 1856, † München 7. 10. 1926; Prof. in Dorpat, Heidelberg und München; teilte die Psychosen in die Formenkreise Dementia praecox (↗ Schizophrenie) und manisch-depressives Irresein (↗ Manie, ↗ Depression) ein.

Krafft, Adam (auch Kraft), Bildhauer, * Nürnberg um 1460, † Schwabach 1508/09; nach Lehrjahren am Oberrhein (u. a. in Straßburg) ab 1490 in Nürnberg. Er gehört zu den bedeutendsten Bildhauern der dt. Spätgotik. In seinen späteren Werken gelangte er zu einer neuen, der Renaissancegesinnung

Emil Kraepelin

entsprechenden Klarheit der Komposition und der plast. Gestaltung.

Werke (alle in Nürnberg): Epitaph des Sebald Schreyer mit Passionsreliefs am Chor der Sebalduskirche (1490–92); Sakramentshaus in der Lorenzkirche (1493–96; etwa 20 m hoch, mit heilsgeschichtl. Figuren und Reliefs sowie den Tragfiguren des Meisters und zweier Gesellen); Grabmäler in Nürnberger Kirchen; sieben Kreuzwegreliefs (1506–08, German. Nationalmuseum).

Krafft-Ebing, Richard Freiherr von, Psychiater, * Mannheim 14. 8. 1840, † Mariagrün (heute zu Graz) 22. 12. 1902; grundlegende Forschungen auf dem Gebiet der Sexualpathologie und Kriminalpsychologie.

Kraft, 1) *allg.:* Energie, Vermögen, Fähigkeit, etwas zu bewirken, Stärke.

Adam Krafft: Selbstbildnis des Meisters als Tragfigur am 1493–96 erbauten Sakramentshaus in der Nürnberger Lorenzkirche

2) *Physik:* Formelzeichen F, SI-Einheit ist das Newton (N); Grundbegriff der newtonschen Mechanik und (von dieser ausgehend) der klass. Physik; eine vektorielle physikal. Größe, die bei der Wechselwirkung physikal. Systeme auftritt und bei frei bewegl. Körpern Ursache von Beschleunigungen, bei gebundenen Körpern Ursache von Deformationen ist. Der quantitative Zusammenhang zw. Bewegungsänderung (Beschleunigung a) eines Körpers der Masse m und der einwirkenden K. ist definiert durch: $F = m \cdot a$ (↗newtonsche Axiome). Wirken auf einen Körper keine K., wird dessen Beschleunigung null.

Zwei oder mehr in einem Punkt angreifende K. versch. Richtung kann man durch eine einzige K., die **Resultierende,** ersetzen. Algebraisch findet man sie durch vektorielle Addition, geometrisch, indem man zwei beliebige K. F_1 und F_2 längs ihrer Wirkungslinie so verschiebt, daß ihre Angriffspunkte zusammenfallen und F_1 und F_2 zu einem Parallelogramm ergänzt werden (**Kräfteparallelogramm**). Die Diagonale $F = F_1 + F_2$ ist die resultierende Kraft. Mehr als drei in einem Punkt angreifende K. lassen sich sukzessiv nach der Parallelogrammregel zusammensetzen und ergeben ein **Kräftepolygon (K.-Eck),** bei dem die Resultierende vom Anfangspunkt des ersten zum Endpunkt des letzten K.-Vektors weist. Umgekehrt läßt sich jede K. in zwei Komponenten zerlegen, z. B. bei krummliniger Bewegung in eine Komponente normal und eine tangential zur Bahnkurve (**Normal-** und **Tangential-K.**). Aus der Wechselwirkungsnatur folgt, daß K. stets paarweise auftreten. Zwei gleich große, entgegengesetzt gerichtete K. F und $-F$ bilden ein **Kräftepaar,** das auf einen Körper ein ↗ Drehmoment M ausübt. Beliebig viele an einem starren Körper angreifende K. können stets durch eine Einzel-K. und ein Kräftepaar ersetzt werden.

An einem mechan. System können **innere** und **äußere K.** auftreten. Daneben unterscheidet man **eingeprägte K.,** die physikal. Ursprungs sind (z. B. die ↗ Schwerkraft), von den geometrisch bedingten ↗ Zwangskräften. In Bezugssystemen, die sich gegenüber einem Inertialsystem beschleunigt bewegen, treten zusätzl. **Trägheits-K.** (so genannte »Schein-K.«) auf, mit denen die Körper einer Änderung ihres Bewegungszustandes widersteben (z. B. ↗ Coriolis-Kraft, ↗ Zentrifugalkraft). Ursache der **Druck-K.,** die ein in ein Gefäß eingeschlossenes Gas auf die Wände ausübt, sind Trägheits-K., die die Bewegungsänderung der Moleküle bei ihrem Stoß auf die Wände erzeugen. Daneben kennt die klass. Physik die K. zw. ungleichnamigen (Anziehung) und gleichnamigen (Abstoßung) elektr. Ladungen (↗ Elektrizität) und Magnetpolen (↗ Magnetismus) sowie die in einem Magnetfeld auf eine bewegte Ladung ausgeübte K. (↗ Lorentz-Kraft), gleichbedeutend der K. zw. stromdurchflossenen Leitern. – Die Gesamtheit aller K.-Vektoren im Raum bildet ein **K.-Feld** (↗ Feld). Ist dieses wirbelfrei (rot $F = 0$; ↗ Rotation), heißt die K. **konservativ.** Während bei konservativen K. (Potenzial-K.) bzw. K.-Feldern die Summe aus kinet. und potenzieller Energie konstant bleibt, nimmt die Gesamtenergie bei **dissipativen K.** (z. B. Reibungs-K.) ab.

Nach ihrem physikal. Ursprung lassen sich alle K. auf die mit den fundamentalen ↗ Wechselwirkungen verbundenen Grund-K. zurückführen, zu denen die ↗ Gravitation, die elektromagnet. und die starke Wechselwirkung (einschl. der ↗ Kernkräfte) sowie die schwache Wechselwirkung gehören. Für den auch in der Kern- und Elementarteilchenphysik verwendeten K.-Begriff setzt sich zunehmend die allgemeinere Bez. der Wechselwirkung durch.

Kraft, 1) Adam, Bildhauer, ↗ Krafft, Adam.

2) Victor, österr. Philosoph, * Wien 4. 7. 1880, † Purkersdorf (bei Wien) 3. 1. 1975; einer der führenden Vertreter des ↗ Wiener Kreises; arbeitete an einer metaphysikfreien Erkenntnistheorie (»Erkenntnislehre«, 1960) und an einer rational begründeten Moraltheorie (»Die Grundlagen einer wiss. Wertlehre«, 1937).

Kraftdreikampf, *Sport:* Mehrkampf mit Gewichten für Männer und Frauen; besteht aus Kniebeuge mit Hantel auf der Schulter (belastete Kniebeuge), Gewichtdrücken in horizontaler Ruhelage auf einer Bank (Bankdrücken) und Hochziehen der Hantel bis zum aufrechten Stand (Kreuzheben).

Kräfteparallelogramm, *Physik:* ↗ Kraft.
Kräftepolygon, *Physik:* ↗ Kraft.
Kraftfahrstraße, die ↗ Kraftfahrzeugstraße.
Kraftfahrt-Bundesamt, Abk. KBA, in Dtl. durch Ges. vom 4. 8. 1951 errichtete, im Geschäftsbereich des Bundesministeriums für Verkehr, Bau- und Wohnungswesen tätige Bundesoberbehörde für den Straßenverkehr (Sitz: Flensburg). Wesentl. Aufgaben des KBA sind: 1) Erteilung von Typgenehmigungen für Fahrzeuge und Fahrzeugteile nach nat. und internat. Recht einschließlich der Kontrollen bei Herstellern und techn. Diensten; 2) Führung und wiss. Auswertung des ↗ Verkehrszentralregisters; 3) Führung des ↗ Zentralen Fahrzeugregisters; 4) Führung des Zentralen Fahrerlaubnisregisters.

Kraftfahrtversicherung (Autoversicherung, Kraftfahrzeugversicherung, Kraftverkehrsversicherung), Sammelbez. für versch. Versicherungsarten gegen Gefahren aus dem Gebrauch eines Kfz: 1) Die **Kfz-Haftpflichtversicherung** umfaßt die Befriedigung begründeter und die Abwehr unbegründeter Schadensersatzansprüche für Personen-, Sach- und Vermögensschäden aus dem Gebrauch eines Kfz, die auf-

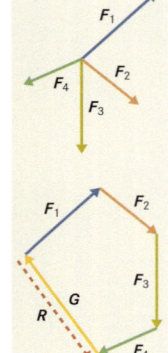

Kraft 2): Die in einem Punkt angreifenden Kräfte F_1 bis F_4 (oben) addieren sich zur Gesamtkraft R; die dieser entgegengerichtete Kraft G, die das Kräftepolygon schließt, bringt das Kräftesystem ins Gleichgewicht (unten).

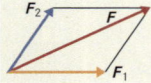

Kraft 2): Die beiden Kraftvektoren F_1 und F_2 spannen ein Parallelogramm auf: F_1 und F_2 addieren sich zur Gesamtkraft F.

grund gesetzl. Haftung gegen die Versicherten geltend gemacht werden. 2) Die **Fahrzeugversicherung** erstattet Schäden (zum Wiederbeschaffungswert) durch Zerstörung, Beschädigung oder Verlust des Kfz. In Form der Fahrzeug-Teilversicherung (Teilkaskoversicherung) deckt sie Schäden durch Brand, Explosion, Entwendung, Sturm, Hagel, Blitzschlag, Überschwemmung, Glasbruch, Zusammenstoß mit Haarwild sowie Kabelkurzschlüsse. Die Fahrzeugvollversicherung (Vollkaskoversicherung) deckt zusätzlich Schäden durch Fahrzeugunfall sowie durch mut- und böswillige Handlungen fremder Personen. Dies gilt für Verträge, die vor dem 29. 7. 1994 abgeschlossen wurden. In der Gestaltung der Versicherungsbedingungen für die danach abgeschlossenen Verträge sind die Versicherungsunternehmen frei. 3) Die **Kraftfahrt-Unfallversicherung** (Insassenunfallversicherung) erbringt Entschädigungszahlungen, wenn durch den Gebrauch des Kfz beim Fahrer oder bei Mitfahrern Gesundheitsschäden oder Tod verursacht wurden. – Die K. ist nach der Lebensversicherung der zweitgrößte Bereich des Versicherungswesens.

Kraftfahrzeug, Abk. **Kfz,** selbstfahrendes, gleisfreies Landfahrzeug, das durch Maschinenkraft angetrieben wird (z. B. ∕ Kraftwagen, ∕ Kraftrad, ∕ Traktor). Rechtsgrundlagen für Zulassung und Verkehr von K. sind in Dtl. das Straßenverkehrs-Ges. (StVG) i. d. F. v. 5. 3. 2003, die Straßenverkehrs-Zulassungs-Ordnung (StVZO) i. d. F. v. 28. 9. 1988 und die Straßenverkehrsordnung (StVO) vom 16. 11. 1970 (mehrfach geändert).

K. mit einer Höchstgeschwindigkeit von mehr als 6 km/h und ihre Anhänger müssen durch Erteilung einer Betriebserlaubnis oder einer EG-Typgenehmigung und durch Zuteilung eines amtl. Kennzeichens zum Betrieb auf öffentl. Straßen behördlich zugelassen sein; Zulassungsstelle sind die unteren Verwaltungsbehörden (Landkreise, kreisfreie Städte).

Die Betriebserlaubnis ist eine behördl. Anerkennung der Vorschriftsmäßigkeit eines Fahrzeugs, die zu erteilen (Rechtsanspruch) ist, wenn das Fahrzeug den Vorschriften der StVZO und der EWG-VO Nr. 3821 vom 20. 12. 1985 entspricht. Sie wird dem Hersteller serienmäßig gebauter K. nach einer Prüfung durch das Kraftfahrt-Bundesamt allg. durch Typschein erteilt. Das Zulassungsverfahren wird nach Vorlage des ∕ Fahrzeugbriefs und dem Nachweis, dass eine Haftpflichtversicherung (∕ Kraftfahrtversicherung) für das K. besteht und die K.-Steuer gezahlt wurde, durch Aushändigung des ∕ Kraftfahrzeugscheins oder Anhängerscheins und die Erteilung des amtl. Kennzeichens (∕ Kraftfahrzeugkennzeichen) abgeschlossen (∕ Versicherungskennzeichen). K. und ihre Anhänger sind vom Halter regelmäßig auf ihre Vorschriftsmäßigkeit zu überprüfen. Dies geschieht i. d. R. durch die Techn. Überwachungsvereine einmal pro Jahr (bei Kraftomnibussen, Krankenwagen, Lkw über 2,8 t) oder alle zwei Jahre (bei Krafträdern, Pkw); die erstmalige Kontrolle neuer Pkw findet erst nach 36 Monaten statt.

In *Österreich* gilt das Kraftfahr-G. vom 23. 6. 1967 nebst mehrerer Durchführungs-VO. Die Vorschriften ähneln den dt. Bestimmungen. Insbesondere findet eine jährl. Begutachtung der Verkehrssicherheit von K. statt. In der *Schweiz* wird das K.- und Straßenverkehrsrecht durch das Bundes-Ges. über den Straßenverkehr vom 19. 12. 1958 und die VO über die Straßenverkehrsregeln vom 13. 11. 1962 geregelt.

Kraftfahrzeugbrief, der ∕ Fahrzeugbrief.
Kraftfahrzeug|elektrik, alle für den Betrieb eines Kfz erforderlichen elektr. Anlagen. Die Spannung im elektr. System beträgt bei modernen Pkw 12 Volt, bei Lkw 24 Volt. Das gesamte elektr. Netz eines Kfz wird bei stehendem Motor von Batterien gespeist. Bei laufendem Motor erzeugt ein Generator (Lichtmaschine) ab einer bestimmten Motordrehzahl so viel Strom, dass die eingeschalteten elektr. Verbraucher von ihm versorgt werden können und die Batterie geladen wird. Über ein Zündschloss lässt sich das elektr. System zentral einschalten und der Motor mithilfe des Starters ingangsetzen. Die wichtigsten elektr. Verbraucher sind Zündanlage, Kfz-Beleuchtung, Elektromotoren für Scheibenwischer, Gebläse u. a. sowie Heckscheibenbeheizung. – Zur **Kraftfahrzeugelektronik** gehören die im Kfz-Bau verwendeten elektron. Bauteile (Schaltkreise, Mikroprozessoren, Sensoren) und Geräte zur optimalen Steuerung von Zündung, Kraftstoffverbrauch, Schadstoffemission, Antiblockiersystem, Fahrdynamikregelung, Navigation und zur Verschleiß- oder Ausfallanzeige wichtiger Aggregate.

Kraftfahrzeughaftung, ∕ Straßenverkehrshaftung, ∕ Kraftfahrtversicherung.
Kraftfahrzeughalter, der ∕ Halter.
Kraftfahrzeugkennzeichen, zur polizeil. Registrierung eines Kraftfahrzeugs dienendes amtl. Kennzeichen. Es wird bei der zuständigen Zulassungsstelle unter Vorlage des Kraftfahrzeugbriefs (§ 23 StVZO) sowie des Nachweises einer ausreichenden Kraftfahrzeug-Haftpflichtversicherung (∕ Kraftfahrtversicherung) beantragt. Die amtl. K. müssen mit dem Dienststempel der Zulassungsbehörde versehen sein; sie bestehen aus bis zu drei Buchstaben für den Verwaltungsbezirk (Anlage I zur StVZO) und weiteren Buchstaben und Zahlen in fortlaufender Folge (Anlage II der StVZO). Das Zulassungsverfahren wird durch die Ausfertigung und Aushändigung des Fahrzeugscheins abgeschlossen. Eigentümer und Halter von Kraftwagen haben bestimmte Meldepflichten zu beachten, so bei der nicht nur vorübergehenden Verlegung des regelmäßigen Standorts über einen Zeitraum von mehr als drei Monaten oder bei Veräußerung des Kraftwagens (§ 27 StVZO). Wird das Fahrzeug für länger als ein Jahr aus dem Verkehr gezogen, so hat der Halter dies der Zulassungsstelle anzuzeigen und das K. entstempeln zu lassen. Das Nationalitätszeichen für Dtl. (**D**) ist bei Fahrten ins Ausland zusätzlich anzubringen, nicht mehr notwendig ist es bei Fahrten in der EG, wenn das Kfz ein Euro-Kennzeichen hat. Die Zeichen **CC** und **CD** dürfen nur von Angehörigen des diplomat. oder konsular. Korps geführt werden (internat. Gültigkeit), **EUR** von Diplomaten der EU in Brüssel. **Z** auf ovalem Schild wird vom Zoll auf 1 Jahr an Ausländer für inländ. Kfz verliehen, die ausgeführt werden sollen. – Übersicht S. 2596/2597.

Kraftfahrzeugschein, bei der Zulassung eines Kfz erteilte Urkunde, die auf den Namen des Halters ausgestellt ist und die polizeil. Zulassungsnummer sowie die wichtigsten techn. Daten des Kfz enthält. Der K. ist vom jeweiligen Benutzer des Kfz mitzuführen (§ 24 StVZO). Entsprechend: **Anhängerschein.**

Kraftfahrzeugsteuer, Steuer auf das Halten von Kfz oder Kfz-Anhängern auf öffentl. Straßen (K.-Gesetz i. d. F. v. 21. 5. 1994). Die K. bemisst sich bei Krafträdern und Pkw nach dem Hubraum, bei anderen Fahrzeugen nach dem verkehrsrechtlich höchstzulässigen Gesamtgewicht. Bei Pkw u. a. Fahrzeugen mit einem Gewicht über 3 500 kg richtet sich die K. seit 1997 außerdem nach den Schadstoffemissionen. Pkw, die die Schadstoffgrenzwerte der Euro-3- und Euro-4-Norm einhalten, erhalten eine be-

Kraftfahrzeugkennzeichen der Städte und Landkreise in Deutschland (Stand Juli 2000)

A	Augsburg	DAH	Dachau	FRI	Friesland (Jever)	HS	Heinsberg
AA	Ostalbkreis (Aalen)	DAN	Lüchow-Dannenberg (Lüchow)	FS	Freising	HSK	Hochsauerlandkreis
AB	Aschaffenburg	DAU	Daun	FT	Frankenthal (Pfalz)		(Meschede)
ABG	Altenburger Land (Altenburg)	DBR	Bad Doberan	FÜ	Fürth	HST	Hansestadt Stralsund
AC	Aachen, Aachen (Würselen)	DD	Dresden			HU	Main-Kinzig-Kreis (Hanau)
AIC	Aichach-Friedberg (Aichach)	DE	Dessau	G	Gera	HVL	Havelland (Rathenow)
AK	Altenkirchen (Westerwald)	DEG	Deggendorf	GAP	Garmisch-Partenkirchen	HWI	Hansestadt Wismar
AM	Amberg	DEL	Delmenhorst	GC	Chemnitzer Land (Glauchau)	HX	Höxter
AN	Ansbach	DGF	Dingolfing-Landau	GE	Gelsenkirchen	HY	Hoyerswerda
ANA	Annaberg		(Dingolfing)	GER	Germersheim		
AÖ	Altötting	DH	Diepholz	GF	Gifhorn	IGB	St. Ingbert
AP	Weimarer Land (Apolda)	DL	Döbeln	GG	Groß-Gerau	IK	Ilm-Kreis (Arnstadt)
AS	Amberg-Sulzbach (Amberg)	DLG	Dillingen a. d. Donau	GI	Gießen	IN	Ingolstadt
ASL	Aschersleben-Staßfurt	DM	Demmin	GL	Rheinisch-Bergischer Kreis	IZ	Steinburg (Itzehoe)
	(Aschersleben)	DN	Düren		(Bergisch Gladbach)		
ASZ	Aue-Schwarzenberg (Aue)	DO	Dortmund	GM	Oberbergischer Kreis	J	Jena
AUR	Aurich	DON	Donau-Ries (Donauwörth)		(Gummersbach)	JL	Jerichower Land (Burg)
AW	Ahrweiler	DU	Duisburg	GÖ	Göttingen		
	(Bad Neuenahr-Ahrweiler)	DÜW	Bad Dürkheim	GP	Göppingen	K	Köln
AZ	Alzey-Worms (Alzey)	DW	Weißeritzkreis	GR	Görlitz	KA	Karlsruhe
AZE	Anhalt-Zerbst (Coswig)		(Dippoldiswalde)	GRZ	Greiz	KB	Waldeck-Frankenberg
		DZ	Delitzsch	GS	Goslar		(Korbach)
B	Berlin			GT	Gütersloh	KC	Kronach
BA	Bamberg	E	Essen	GTH	Gotha	KE	Kempten (Allgäu)
BAD	Baden-Baden	EA	Eisenach	GÜ	Güstrow	KEH	Kelheim
BAR	Barnim (Eberswalde)	EBE	Ebersberg	GZ	Günzburg	KF	Kaufbeuren
BB	Böblingen	ED	Erding			KG	Bad Kissingen
BBG	Bernburg	EE	Elbe-Elster	H	Hannover	KH	Bad Kreuznach
BC	Biberach		(Bad Liebenwerda)	HA	Hagen	KI	Kiel
BGL	Berchtesgadener Land	EF	Erfurt	HAL	Halle	KIB	Donnersbergkreis
	(Bad Reichenhall)	EI	Eichstätt	HAM	Hamm		(Kirchheimbolanden)
BI	Bielefeld	EIC	Eichsfeld (Heiligenstadt)	HAS	Haßberge (Haßfurt)	KL	Kaiserslautern
BIR	Birkenfeld Nahe,	EL	Emsland (Meppen)	HB	Hansestadt Bremen,	KLE	Kleve
	Idar-Oberstein	EM	Emmendingen		Bremerhaven, Bremen-Nord	KM	Kamenz
BIT	Bitburg-Prüm (Bitburg)	EMD	Emden		(Bremen-Vegesack)	KN	Konstanz
BL	Zollernalbkreis (Balingen)	EMS	Rhein-Lahn-Kreis (Bad Ems),	HBN	Hildburghausen	KO	Koblenz
BLK	Burgenlandkreis (Naumburg)		Lahnstein	HBS	Halberstadt	KÖT	Köthen
BM	Erftkreis (Bergheim)	EN	Ennepe-Ruhr-Kreis	HD	Rhein-Neckar-Kreis	KR	Krefeld
BN	Bonn		(Schwelm)		(Heidelberg), Heidelberg	KS	Kassel
BO	Bochum	ER	Erlangen	HDH	Heidenheim an der Brenz	KT	Kitzingen
BÖ	Bördekreis (Oschersleben)	ERB	Odenwaldkreis	HE	Helmstedt	KU	Kulmbach
BOR	Borken		(Erbach)	HEF	Hersfeld-Rotenburg	KÜN	Hohenlohekreis
BOT	Bottrop	ERH	Erlangen-Höchstadt		(Bad Hersfeld)		(Künzelsau)
BRA	Wesermarsch		(Erlangen)	HEI	Dithmarschen	KUS	Kusel
	(Brake Unterweser)	ES	Esslingen am Neckar		(Heide/Holstein)	KYF	Kyffhäuserkreis
BRB	Brandenburg	ESW	Werra-Meißner-Kreis	HER	Herne		(Sondershausen)
BS	Braunschweig		(Eschwege)	HF	Herford (Kirchlengern)		
BT	Bayreuth	EU	Euskirchen	HG	Hochtaunuskreis	L	Leipzig, Leipzig Land
BTF	Bitterfeld				(Bad Homburg v. d. Höhe)		(Leipzig)
BÜS	Büsingen am Hochrhein	F	Frankfurt am Main	HGW	Hansestadt Greifswald	LA	Landshut
	(Konstanz)	FB	Wetteraukreis	HH	Hansestadt Hamburg,	LAU	Nürnberger Land
BZ	Bautzen		(Friedberg [Hessen])		Hamburg-Bergedorf,		(Lauf a. d. Pegnitz)
		FD	Fulda		Hamburg-Harburg	LB	Ludwigsburg
C	Chemnitz	FDS	Freudenstadt	HI	Hildesheim	LD	Landau
CB	Cottbus	FF	Frankfurt/Oder	HL	Hansestadt Lübeck	LDK	Lahn-Dill-Kreis (Wetzlar)
CE	Celle	FFB	Fürstenfeldbruck	HM	Hameln-Pyrmont (Hameln)	LDS	Dahme-Spreewald
CHA	Cham	FG	Freiberg	HN	Heilbronn		(Königs Wusterhausen)
CLP	Cloppenburg	FL	Flensburg	HO	Hof	LER	Leer (Ostfriesland)
CO	Coburg	FN	Bodenseekreis	HOL	Holzminden	LEV	Leverkusen
COC	Cochem-Zell (Cochem)		(Friedrichshafen)	HOM	Saar-Pfalz-Kreis	LG	Lüneburg
COE	Coesfeld	FO	Forchheim		(Homburg)	LI	Lindau (Bodensee)
CUX	Cuxhaven	FR	Freiburg im Breisgau-	HP	Bergstraße	LIF	Lichtenfels
CW	Calw		Hochschwarzwald		(Heppenheim [Bergstraße])	LIP	Lippe (Detmold)
			(Freiburg im Breisgau)	HR	Schwalm-Eder-Kreis	LL	Landsberg a. Lech
D	Düsseldorf	FRG	Freyung-Grafenau		(Homberg)	LM	Limburg-Weilburg
DA	Darmstadt		(Freyung)	HRO	Hansestadt Rostock		(Limburg a. d. Lahn)

Kraftfahrzeugkennzeichen der Städte und Landkreise in Deutschland (Stand Juli 2000; Fortsetzung)

LÖ Lörrach	NOM Northeim	RV Ravensburg	UE Uelzen
LOS Oder-Spree (Beeskow)	NR Neuwied Rhein	RW Rottweil	UER Uecker-Randow (Pasewalk)
LU Ludwigshafen (Rhein)	NU Neu-Ulm	RZ Herzogtum Lauenburg	UH Unstrut-Hainich-Kreis
LWL Ludwigslust	NVP Nordvorpommern (Grimmen)	(Ratzeburg)	(Mühlhausen)
	NW Neustadt Weinstraße		UL Ulm, Alb-Donau-Kreis
M München	NWM Nordwestmecklenburg	S Stuttgart	(Ulm)
MA Mannheim	(Grevesmühlen)	SAD Schwandorf	UM Uckermark (Prenzlau)
MB Miesbach		SAW Altmarkkreis Salzwedel	UN Unna
MD Magdeburg	OA Oberallgäu (Sonthofen)	(Salzwedel)	
ME Mettman	OAL Ostallgäu (Marktoberdorf)	SB Saarbrücken	V Vogtlandkreis (Plauen)
MEI Meißen	OB Oberhausen	SBK Schönebeck	VB Vogelsbergkreis
MEK Mittlerer Erzgebirgskreis	OD Stormarn (Bad Oldesloe)	SC Schwabach	(Lauterbach [Hessen])
(Marienberg)	OE Olpe	SDL Stendal	VEC Vechta
MG Mönchengladbach	OF Offenbach am Main	SE Segeberg (Bad Segeberg)	VER Verden (Verden [Aller])
MH Mülheim a. d. Ruhr	OG Ortenaukreis (Offenburg)	SFA Soltau-Fallingbostel	VIE Viersen
MI Minden-Lübbecke (Minden)	OH Ostholstein (Eutin)	(Fallingbostel)	VK Völklingen
MIL Miltenberg	OHA Osterode am Harz	SG Solingen	VS Schwarzwald-Baar-Kreis
MK Märkischer Kreis	OHV Oberhavel (Oranienburg)	SGH Sangerhausen	(Villingen-Schwenningen)
(Lüdenscheid)	OHZ Osterholz	SHA Schwäbisch Hall	
ML Mansfelder Land (Eisleben)	(Osterholz-Scharmbeck)	SHG Schaumburg (Stadthagen)	W Wuppertal
MM Memmingen	OK Ohrekreis (Haldensleben)	SHK Saale-Holzlandkreis	WAF Warendorf
MN Unterallgäu (Mindelheim)	OL Oldenburg, Oldenburg	(Eisenberg)	WAK Wartburgkreis
MOL Märkisch-Oderland	(Wildeshausen)	SHL Suhl	(Bad Salzungen)
(Bad Freienwalde)	OPR Ostprignitz-Ruppin	SI Siegen-Wittgenstein (Siegen)	WB Wittenberg
MOS Neckar-Odenwald-Kreis	(Neuruppin)	SIG Sigmaringen	WE Weimar
(Mosbach)	OS Osnabrück	SIM Rhein-Hunsrück-Kreis	WEN Weiden i. d. OPf.
MQ Merseburg-Querfurt	OSL Oberspreewald-Lausitz	(Simmern)	WES Wesel
(Merseburg)	(Senftenberg)	SK Saalkreis (Halle)	WF Wolfenbüttel
MR Marburg-Biedenkopf	OVP Ostvorpommern (Anklam)	SL Schleswig-Flensburg	WHV Wilhelmshaven
(Marburg)		(Schleswig)	WI Wiesbaden
MS Münster	P Potsdam	SLF Saalfeld-Rudolstadt	WIL Bernkastel-Wittlich (Wittlich)
MSP Main-Spessart (Karlstadt)	PA Passau	(Saalfeld)	WL Harburg (Winsen [Luhe])
MST Mecklenburg-Strelitz	PAF Pfaffenhofen a. d. Ilm	SLS Saarlouis	WM Weilheim-Schongau
(Neustrelitz)	PAN Rottal-Inn (Pfarrkirchen)	SM Schmalkalden-Meiningen	(Weilheim i. OB)
MTK Main-Taunus-Kreis	PB Paderborn	(Meiningen)	WN Rems-Murr-Kreis
(Hofheim am Taunus)	PCH Parchim	SN Schwerin	(Waiblingen)
MTL Muldentalkreis (Grimma)	PE Peine	SO Soest	WND St. Wendel
MÜ Mühldorf a. Inn	PF Pforzheim, Enzkreis	SÖM Sömmerda	WO Worms
MÜR Müritz (Waren)	(Pforzheim)	SOK Saale-Orla-Kreis	WOB Wolfsburg
MW Mittweida	PI Pinneberg	(Oberböhmsdorf)	WR Wernigerode
MYK Mayen-Koblenz (Koblenz)	PIR Sächsische Schweiz (Pirna)	SON Sonneberg	WSF Weißenfels
MZ Mainz, Mainz-Bingen (Bingen)	PL Plauen	SP Speyer	WST Ammerland (Westerstede)
MZG Merzig-Wadern (Merzig)	PLÖ Plön	SPN Spree-Neiße (Forst)	WT Waldshut
	PM Potsdam-Mittelmark (Belzig)	SR Straubing, Straubing-Bogen	(Waldshut-Tiengen)
N Nürnberg	PR Prignitz (Perleberg)	(Straubing)	WTM Wittmund
NB Neubrandenburg	PS Pirmasens	ST Steinfurt	WÜ Würzburg
ND Neuburg-Schrobenhausen		STA Starnberg	WUG Weißenburg-Gunzenhausen
(Neuburg a. d. Donau)	QLB Quedlinburg	STD Stade	(Weißenburg i. B.)
NDH Nordhausen		STL Stollberg	WUN Wunsiedel i. Fichtelgebirge
NE Neuss	R Regensburg	SU Rhein-Sieg-Kreis (Siegburg)	WW Westerwald (Montabaur)
NEA Neustadt a. d. Aisch –	RA Rastatt	SÜW Südl. Weinstraße (Landau)	
Bad Windsheim	RD Rendsburg-Eckernförde	SW Schweinfurt	Z Zwickau, Zwickauer Land
(Neustadt a. d. Aisch)	(Rendsburg)	SZ Salzgitter	(Werdau)
NES Rhön-Grabfeld	RE Recklinghausen (Marl)		ZI Löbau-Zittau (Zittau)
(Bad Neustadt a. d. Saale)	REG Regen	TBB Main-Tauber-Kreis	ZW Zweibrücken
NEW Neustadt a. d. Waldnaab	RG Riesa-Großenhain	(Tauberbischofsheim)	
NF Nordfriesland (Husum)	(Großenhain)	TF Teltow-Fläming (Zossen)	
NI Nienburg (Weser)	RH Roth	TIR Tirschenreuth	
NK Neunkirchen	RO Rosenheim	TO Torgau-Oschatz (Torgau)	
NM Neumarkt i. d. Opf.	ROW Rotenburg (Wümme)	TÖL Bad Tölz-Wolfratshausen	
NMS Neumünster	RS Remscheid	(Bad Tölz)	
NOH Grafschaft Bentheim	RT Reutlingen	TR Trier, Trier-Saarburg (Trier)	
(Nordhorn)	RÜD Rheingau-Taunus-Kreis	TS Traunstein	
NOL Niederschlesischer	(Bad Schwalbach)	TÜ Tübingen	
Oberlausitzkreis (Niesky)	RÜG Rügen (Bergen)	TUT Tuttlingen	

Ortsnamen in Klammern bezeichnen den Sitz der Zulassungsstelle. – Kennzeichen, die nicht mehr zugeteilt werden und auslaufen, sind in der Übersicht nicht berücksichtigt.

fristete Steuerbefreiung bis zum 31. 12. 2005, längstens jedoch bis zum Erreichen bestimmter Beträge der Steuerersparnis. Das Aufkommen der K. (2001: 8,38 Mrd. €) fließt den Ländern zu.

Kraftfahrzeugstraße (Kraftfahrstraße, früher Autostraße), eine ausschl. für Kfz, deren bauartbedingte Höchstgeschwindigkeit 60 km/h überschreitet, bestimmte öffentl. Straße.

Kraftfutter, ↗ Futter.

Kraft Jacobs Suchard AG [- - sy'ʃaːr -], Abk. **KJS,** Nahrungs- und Genussmittelkonzern; Sitz: Zürich, entstanden 1993 durch Fusion der beiden europ. Tochtergesellschaften der Philip Morris Inc., der Jacobs Suchard AG und der Kraft General Foods Europe; Anbieter v. a. von Kaffee, Käse und Schokoladenerzeugnissen (»Milka«, »Toblerone«, »Côte d'Or«); firmiert seit 2000 innerhalb der Philip Morris Companies Inc. (seit 2003 Altria Group, Inc.) als **Kraft Foods Inc.**

Kraftlos|erklärung, gerichtl. Entscheidung, durch die Urkunden ihre Wirksamkeit entzogen wird; bes. durch Ausschlussurteil im Aufgebotsverfahren (↗ Aufgebot).

Kraftmaschine, Maschine zur Umsetzung einer Energieform (therm., kinet., elektr. Energie) in mechan. Energie zum Antrieb von Arbeitsmaschinen oder Fahrzeugen. Bei der Energieumwandlung werden treibende Kräfte erzeugt, die einen Kolben hin- und herbewegen (Hubkolbenmaschine) oder eine drehende Bewegung hervorrufen (↗ Kreiskolbenmotoren, ↗ Turbinen, Elektromotoren). Nach der Art der ausgenützten Energiequelle unterscheidet man Wärme-, Wasserkraftmaschinen und Elektromotoren.

Kraftrad, Kw. **Krad,** zweirädriges, einspuriges Kraftfahrzeug zur Beförderung von Personen und/oder Gütern; auch mit Beiwagen (dann zweispurig).

K. mit kleinen Rädern, verkleidetem Fahrwerk und freiem Einstieg zw. Lenksäule und Sitz. Nicht mehr üblich sind die Bez. **Moped** und **Mokick** für Kleinkrafträder mit max. 50 cm^3 Hubraum und einer Höchstgeschwindigkeit von 40 km/h.

Alle K. haben im Prinzip gleiche Baugruppen. Der Antrieb erfolgt gewöhnlich über einen luft-, evtl. auch wassergekühlten Viertaktmotor; der früher übl. Zweitaktmotor wird nur noch bei leistungsstarken Sportmotorrädern (wassergekühlt) oder bei Leicht- und Klein-K. (luftgekühlt) eingesetzt. Der Rahmen besteht meist aus geschweißten Stahlrohren, Rennmaschinen haben auch Aluminiumfahrwerke. Gussfelgen sind an die Stelle von Speichenrädern getreten. Vorder- und Hinterrad haben unabhängig voneinander arbeitende hydraul. Bremsen; bei schweren Motorrädern wird vorn eine Doppelscheibenbremse und hinten eine Trommel- oder Scheibenbremse eingesetzt. Kupplung, Schaltgetriebe und Motorgehäuse bilden einen kompakten Block. Geschaltet wird bei größeren K. mit dem linken Fuß, bei Motorrollern und Mofas mit einer Drehgriffschaltung an der linken Lenkerseite. Die Kraftübertragung zum Hinterrad übernimmt entweder eine Rollenkette oder eine Kardanwelle. Bei Mofamotoren erzeugt ein Schwungradmagnetzünder die Zündspannung, größere K. sind mit Drehstromlichtmaschine, Batteriezündanlage und einem elektr. Anlasser ausgestattet; kleinere K. besitzen einen Kickstarter.

Kraftschluss, Sicherung der Verbindung zweier Teile (z. B. zweier Getriebeglieder) dadurch, dass die Teile im Unterschied zum ↗ Formschluss durch eine äußere Kraft, meist eine Reibungskraft, in ihrer gegenseitigen Lage gehalten werden, z. B. zw. Rad und Fahrbahn.

Kraftsport, die ↗ Schwerathletik.

Kraftrad (von links): Motorrad Harley-Davidson »Heritage Softail Classic Custom« FLST (1991) und Sportkraftrad Honda NSR 125 R (1996)

Unterschieden werden: K. i. e. S., meist **Motorräder** gen., mit a) einem Hubraum über 50 cm^3 und einer Höchstgeschwindigkeit über 45 km/h (↗ Fahrerlaubnis Klasse A, ↗ Stufenführerschein) sowie b) mit einer Nennleistung von nicht mehr als 25 kW (34 PS) und einem Verhältnis von Leistung zu Leergewicht von nicht mehr als 0,16 kW/kg (Klasse A), **Leicht-K.** (Hubraum bis 125 cm^3, Nennleistung bis 11 kW [15 PS]; Klasse A1), **Klein-K.** (Hubraum bis 50 cm^3, Höchstgeschwindigkeit bis 45 km/h; Klasse M), **Fahrräder mit Hilfsmotor** (Hubraum bis 50 cm^3, Höchstgeschwindigkeit bis 45 km/h; Klasse M), **Motorfahrräder** oder **Mofas** (Höchstgeschwindigkeit bis 25 km/h) und schließlich **Leichtmofas** (Hubraum max. 30 cm^3, Höchstgeschwindigkeit bis 20 km/h; beide Mofaprüfbescheinigung). Das Tragen eines Schutzhelms ist bei allen K. Pflicht (außer Leichtmofa). **Motorroller** sind

Kraftstoffe, meist flüssige oder gasförmige Treibstoffe zum Betrieb von Verbrennungsmotoren. Man unterscheidet zw. Vergaser-K. (↗ Ottokraftstoffe), ↗ Dieselkraftstoffen und ↗ Turbinenkraftstoffen. – In dem Bestreben, den Erdölverbrauch zu senken, sowie v. a. aus Umweltschutzgründen werden seit einigen Jahren **Alternativ-K.** für Otto- und Dieselmotoren auf ihre Eignung untersucht. Mittelfristig kommen ↗ Flüssiggas (Autogas) und Alkohol-Benzin-Mischungen, langfristig auch reine Alkohole (v. a. ↗ Biokraftstoff) und Wasserstoff in Betracht.

Kraftverkehrsversicherung, die ↗ Kraftfahrtversicherung.

Kraftwagen (Automobil), Kw. **Auto,** mehrspuriges Kraftfahrzeug zum Transport von Personen und/oder Gütern, zum Ziehen von Fahrzeugen oder zur Arbeitsleistung; angetrieben gewöhnlich durch ↗ Verbrennungsmotor, seltener durch ⁄ Elektromotor oder eine Kombination von beiden (⁄ Hybridantrieb). Man unterscheidet Personen-K. und Nutz-K. **Personen-K.** (Pkw) wurden früher meist nach der Größe des Hubraums unterteilt in **Kleinwagen** (bis 1,0 Liter [l]), **Mittelklassewagen** (von 1,1 bis 2,0 l) und **Oberklassewagen** (über 2,0 l). Die Übergänge zw. den einzelnen Kategorien sind heute jedoch fließend. Ein anderes Unterscheidungsmerkmal ist die Ausführung der ⁄ Karosserie: Der geschlossene Wagen wird als Vier- bis Sechssitzer mit 2–4 Türen gebaut **(Limousine)**, mit erweitertem Innenraum **(Kombiwagen)** oder zweitürig, meist zweisitzig, sportlich geformt **(Coupé)**; Heckraumklappen sind bei allen Ausführungen möglich. Der offene Wagen kommt vor als Renn- oder zweitüriger Sportwagen **(Roadster)**, z. T. mit auf- und absetzbarem Dachaufbau **(Hardtop)** sowie zwei- oder viertürig mit zurückklappbarem Verdeck und versenkbaren Seitenfenstern **(Kabriolett)**. Zu den **Nutz-K.** (Nkw) gehören Lastkraftwagen (Lkw), Kraftomnibusse (Bus) und Zugmaschinen (Straßenzugmaschinen, Sattelzugmaschinen, Ackerschlepper).

Fahrwerk: Am Rahmen oder an der selbsttragenden Karosserie **(Chassis)** sind die Aufhängungs- und Federelemente für die Räder angebracht. Die Räder waren meist vorn und hinten durch starre Achsen verbunden (heute noch bei Lkw und Anhängern). Bei Pkw werden hinten Starrachsen oder Einzelradaufhängungen, vorn fast ausschl. Einzelradaufhängungen verwendet (Längs-, Schräg-, Doppelquerlenker- und McPherson-Federbein-Achse). Zur Federung dienen Blatt-, Schrauben- und Drehstabfedern, auch Luft- und Gasfedern, überwiegend mit hydraul. Stoßdämpfern. Die Wirkung der Federn wird häufig durch Stabilisatoren zur Beeinflussung des Eigenlenkverhaltens ergänzt. Durch Niveauregulierung kann, bes. bei Fahrzeugen mit Luft- und Gasfederung, eine lastunabhängige Fahrzeuglage erreicht werden. Das Einschlagen der gelenkten Vorderräder wird durch Drehung des Lenkrades bewirkt. Servolenkungen sind hydraul. Lenkkraftunterstützung finden zunehmende Verbreitung. Als Bremsen dienen beim Pkw vorwiegend Scheibenbremsen an der Vorderachse, Trommelbremsen oder, bei schnellen Wagen, Scheibenbremsen an der Hinterachse. Lkw sind meist mit Trommelbremsen ausgestattet. Zweikreisbremsanlagen sind vorgeschrieben. Bei Pkw und leichten Lkw ist eine hydraul. Bremsbetätigung, häufig mit Unterdruckverstärker, üblich; bei mittelschweren Lkw und Bussen wird eine hydraul. Bremsanlage mit Druckluftvorschaltung, bei schweren Lkw und Bussen eine reine Druckluftbremse verwendet. Als Räder werden i. Allg. Scheibenräder aus gepresstem Stahlblech, seltener für Pkw Leichtmetallräder und für Lkw und Busse Stahlgussräder eingesetzt.

Kraftwagen: Ford, Modell T (1915)

Triebwerk: Den Motor mit den zu seinem Betrieb notwendigen Einrichtungen und allen Kraftübertragungsteilen rechnet man zum **Triebwerk**. Die vom Motor (⁄ Ottomotor, ⁄ Dieselmotor, ⁄ Kreiskolbenmotor) erzeugte, als Drehmoment von der Schwungscheibe abgegebene Kraft wird über die K.-Kupplung (⁄ Kupplung), das ⁄ Kraftwagengetriebe und, je nach Lage des Motors, entweder über die Kardanwelle (Frontmotor mit Hinterradantrieb) oder direkt (Frontmotor mit Vorderradantrieb; Heckmotor mit Hinterradantrieb) auf das ⁄ Ausgleichgetriebe übertragen; dieses teilt das Drehmoment dann auf die Triebwellen mit den Triebrädern auf. Während vorn liegender Motor und angetriebene Hinterräder jahrzehntelang die Standardanordnung bildeten, hat der Frontmotor mit Vorderradantrieb bei kleinen bis mittleren Pkw große Verbreitung gefunden. Heckmotorenanordnung ist neuerdings bei Pkw selten, bei Bussen die Regel. Bei Gelände- und Baustellenfahrzeugen, zunehmend auch bei Pkw, wird oft Allradantrieb verwendet. Neuere Entwicklungen dienen v. a. der inneren und äußeren Sicherheit (z. B. ⁄ ABS), dem Umweltschutz (Geräuschminderung, Verringerung der Abgasemission, ⁄ Katalysator) und der größeren Wirtschaftlichkeit (Minderung von Kraftstoffverbrauch, Luftwiderstand und Wartungsaufwand).

Geschichte: Als Vorläufer des K. baute N. J. Cugnot 1769 den ersten dreirädrigen Straßendampfwagen mittlerer Größe, der als Zugmaschine für Artilleriefahrzeuge dienen sollte, sich aber nicht bewährte.

Kraftwagen (von links): millionstes Exemplar des »Käfers«, das 1955 vom Band lief, und Mercedes-Benz, SLK-Klasse (1996)

Zw. 1825 und 1865 verkehrten in Großbritannien und Dtl. bereits Dampfwagen zur Personenbeförderung. Etwa um 1870 experimentierte S. Marcus in Wien an einem primitiven K. mit Verbrennungsmotor, der eine elektr. Zündung besaß, sich aber nicht durchsetzte. Verkehrsfähige K. schufen 1885 C. F. Benz und 1886, unabhängig davon, G. Daimler. Benz baute den ersten Dreiradwagen mit Benzinmotor und Kettenantrieb, Daimler den ersten Vierradwagen mit Verbrennungsmotor und Riemenantrieb. Basis für die ersten »Fahrzeugmotoren« bildete der von N. A. Otto 1876 entwickelte stationäre Viertaktmotor. Während sich der K. in Dtl. nur langsam durchsetzte, erschienen 1890 die ersten Fahrzeuge von Panhard & Levassor sowie von Peugeot mit Daimlermotoren in Frankreich. 1893 brachte Benz seinen ersten vierrädrigen K. (»Benz Victoria«) mit Achsschenkellenkung heraus.

Die rasche Weiterentwicklung des K. war gekennzeichnet durch die Erfindung des Luftreifens von J. B. Dunlop (1888), des Spritzdüsenvergasers von W. Maybach (1893), die Einführung der Kraftübertragung mittels Kardanwelle durch die Brüder L. und F. Renault (1899 patentiert) sowie durch die Entwicklung der Kerzenzündung durch R. Bosch (1902). 1900/01 baute Maybach in der »Daimler-Motoren-Gesellschaft« einen Wagen, den »Mercedes« (vier Zylinder, 35 PS, 72 km/h Geschwindigkeit), der als der erste moderne K. bezeichnet werden kann. In den USA wurde seit 1908 durch H. Ford der K. zur Massenware (Modell T [»Tin Lizzie«], von dem in 19 Jahren über 15 Mio. Exemplare gebaut wurden). 1912 wurde das von H. Föttinger entwickelte hydrodynam. Getriebe (↗ Druckmittelgetriebe) erstmals in einen K. eingebaut. 1913 begann H. Ford mit der Fließbandfertigung im K.-Bau. Die erste hydraul. Bremse wurde 1914 entwickelt (von M. Lockheed), die erste Scheibenbremse 1939 (von H. Klaue) und der erste Gürtelreifen war 1948 gebrauchsreif. 1964 ging der erste K. mit dem von F. Wankel entwickelten Kreiskolbenmotor in Serienproduktion. Die ersten K. mit elektron. Benzineinspritzung wurden 1967 vorgestellt; 1973 wurde eine mechanisch gesteuerte Variante mit kontinuierl. Einspritzung und eine elektronisch gesteuerte mit intermittierender Benzineinspritzung entwickelt. Der serienmäßige Einbau von Katalysatoren erfolgt seit 1984. Für Diesel-K. wurden seit Mitte der 1980er-Jahre versch. Rußfiltersysteme entwickelt. Schwerpunkte der heutigen Entwicklung sind alternative Antriebe wie ↗ Brennstoffzellen, Elektro-, Erdgas- und Hybridantriebe. Im Kraftstoffverbrauch bes. sparsam ist das »Dreiliterauto«, das unter speziellen Prüfbedingungen nur noch drei Liter Kraftstoff auf 100 km verbraucht.

Kraftwagengetriebe, ein Schaltgetriebe, mit dem das Übersetzungsverhältnis zw. Motor und ↗ Ausgleichgetriebe geändert wird, sodass der Motor bei jeder Fahrgeschwindigkeit in dem für Leistung oder Kraftstoffverbrauch jeweils günstigsten Drehzahlbereich arbeitet. Beim mechan. **Stufengetriebe** handelt es sich i. d. R. um ein mehrstufiges, manuell oder automatisch schaltbares Zahnradgetriebe. Zum Anfahren wird die größte Übersetzung geschaltet. Handschaltgetriebe sind i. d. R. als **Zweiwellenvorgelegegetriebe** ausgeführt. Dabei wird von der Kupplungswelle über ein Zahnradpaar zunächst eine Vorgelegewelle (↗ Vorgelege) angetrieben, von der die einzelnen Zahnräder auf die Abtriebswelle (Hauptwelle) wirken; durch unmittelbares Kuppeln der Abtriebswelle mit der Kupplungswelle kann ein direkter Gang geschaffen werden. Beim Rückwärtsgang wird die Bewegungsumkehr durch ein drittes Zahnrad zw. den Wellen erzielt. I. d. R. sind die meist schräg verzahnten Räder ständig im Eingriff; die Räder auf der Hauptwelle sitzen lose und werden je nach eingelegtem Gang durch eine drehfeste, längs verschiebbare Schaltmuffe mit der Welle gekuppelt. Bei **Klauengetrieben** stellen seitl. Klauen an Schaltmuffe und Zahnrädern die Verbindung her; lediglich für den Rückwärtsgang werden heute noch Schiebezahnräder eingesetzt. Bei den heute übl. **Synchrongetrieben** wird

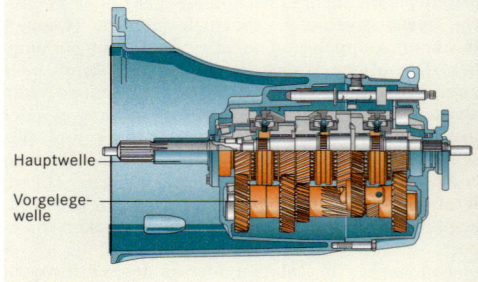

Kraftwagengetriebe: vollsynchronisiertes 5-Gang-Getriebe

das Einrasten der Klauen erleichtert, indem durch Reibungskupplungen die Drehzahl von Schaltmuffe (d. h. Welle) und Zahnrad annähernd angeglichen (synchronisiert) wird; **Sperrsynchronisierung** bedeutet, dass Schaltmuffe und Zahnrad zwangsweise erst bei Gleichlauf gekuppelt werden können. Zusätzl. Zahnradstufen hinter oder vor dem eigentl. Getriebe bilden **Gruppengetriebe** mit verdoppelter Gangzahl (Lkw). **Umlaufgetriebe (Planetengetriebe)** werden als Schnellgang-Zusatzstufe (**Overdrive** beim Pkw) oder in Verbindung mit hydrodynam. Getrieben eingesetzt. Beim **halbautomatischen K.** (hauptsächlich für Lkw) geht der Kraftfluss vom Motor über Drehmomentwandler und Kupplung zum Stufengetriebe. Das Anfahren wird vereinfacht, die Zahl der Schaltungen durch den Wandler verringert, Schalterleichterung kann eine automat. Betätigung der Kupplung bei Berühren des Schalthebels bieten. **Automat. Getriebe** wählen, schalten oder stellen selbsttätig die für die jeweilige Fahrgeschwindigkeit vorgesehene Übersetzung ein **(Getriebeautomat).** Fahrzeuge mit automat. Getriebe haben kein Kupplungspedal: Nach dem Wählen der Fahrstellung (einschl. Rückwärtsgang) mithilfe eines Wählhebels oder Druckknopfs wird nur noch Gas gegeben oder gebremst. Das Getriebe schaltet dann von selbst – abhängig von der Belastung – in den höheren oder niedrigeren Gang. Der Fahrer kann mit starkem Durchtreten des Gaspedals **(Kick-down)** die Fahrgeschwindigkeit, bei der von einem in den anderen Gang geschaltet wird, höher legen, sodass erst später hoch- und schon früher heruntergeschaltet wird. In der Neutralstellung ist der Motor von den Antriebsrädern getrennt; in Parkstellung bleibt der Motor über das automat. Getriebe mit den Antriebsrädern verbunden. **Getriebe mit selektiver Automatik** werden durch Stellen des Wahlhebels auf eine Zahl so beeinflusst, dass sie nur bis zum entsprechenden Gang hochschalten, was z. B. bei Talfahrt vorteilhaft sein kann.

Automat. Getriebe bei Fahrzeugen bestehen heute meist aus einem oder mehreren ↗ Planetengetrieben, denen eine Strömungskupplung vorgeschaltet ist. Diese erlaubt das Anfahren aus dem Stillstand allein durch Gasgeben, kann aber nur ein Drehmoment abgeben, das gleich dem Eingangsdrehmoment ist. Die Drehmomentwandlung (meist Vergrößerung des Drehmoments) übernehmen die nachgeschalteten Planetengetriebe. Bei einem solchen Getriebe stehen die Zahnräder dauernd im Eingriff. Das Schalten bzw. das Einstellen einer anderen Übersetzung kann hier durch wahlweises Festhalten der einzelnen Bauteile (des Sonnenrades, des Hohlrades oder des Planetenradträgers) erfolgen, die alle drei mit je einer Welle bzw. Hohlwelle verbunden sind. Um den konstruktiven Aufwand klein zu halten, wird fast immer nur eine dieser Wellen als Antriebswelle benutzt. Durch Festhalten von jeweils einer der beiden anderen Wellen ergeben sich dann zwei Übersetzungen. Zusätzlich ist eine Verblockung des Getriebes möglich, wobei sich dieses als Ganzes dreht: Dadurch ergibt sich eine dritte »Übersetzung«, der direkte Gang (Antriebs- gleich Abtriebsdrehzahl).

Die **Getriebesteuerung** erfolgt entweder rein hydraulisch durch Steuerdrücke, die von zwei Ölpumpen erzeugt werden, oder elektrohydraulisch, wobei die von Sensoren ermittelten Kenndaten (Getriebeabtriebsdrehzahl, Lastzustand, Motordrehzahl, Wählhebelstellung, Stellung des Programm- oder Kickdown-Schalters) an das Steuergerät weitergeleitet, verarbeitet und in entsprechende Ausgangssignale umgewandelt werden. Stufenlose Getriebe können als mechan., hydraul. oder elektr. Getriebe ausgeführt werden; stufenlose mechan. Getriebe erreichen eine stetig veränderbare Übersetzung meist mit Keilriemen und Riemenscheiben, die durch Fliehkraftgewichte und Servoeinrichtungen in Abhängigkeit von Fahrgeschwindigkeit und Gaspedalstellung verschoben wird.

Kraft-Wärme-Kopplung, Abk. **KWK,** die gleichzeitige Gewinnung von mechan. Energie (die i. d. R. unmittelbar in Elektrizität umgewandelt wird) und nutzbarer Wärme für Heizzwecke (Fernwärme) oder Produktionsprozesse (Prozesswärme) in einem thermodynam. Prozess in einer Anlage (Heizkraftwerk). Die KWK setzt grundsätzlich einen gleichzeitigen Bedarf von Elektrizität und Wärme voraus, wobei aus wirtsch. Gründen der Wärmebedarf den Gesamtprozess bestimmt. Eine Ausweichmöglichkeit bietet die Kälteerzeugung aus Wärme im Sommer (mit Absorptionskältemaschinen). Vorteil der KWK ist die hohe Ausnutzung der eingesetzten Primärenergie (Nutzungsgrad 85–90%, allerdings nur bei optimalem Verhältnis von Wärme- und Strombedarf). – Nach einem Kabinettsbeschluss der Bundesregierung soll die KWK mit einer Quotenregelung ausgebaut werden. Ziel ist es, den Kohlendioxidausstoß um 10 Mio. t bis 2005 und 23 Mio. t bis 2010 zu verringern.

Kraftwerk, techn. Anlage, in der durch Energieumwandlung Elektrizität erzeugt wird; kann in dieser Anlage auch Wärme ausgekoppelt werden (/ Kraft-Wärme-Kopplung), so bezeichnet man sie als Heizkraftwerk. Nach Energieträgern und Umwandlungsart unterscheidet man / Wärmekraftwerke (Dampf-K., / Kernkraftwerk, Diesel-K., Gasturbinen-K.), / Wasserkraftwerke, / Solarkraftwerke, / Windkraftwerke, / Gezeitenkraftwerke, ferner Meereswellenkraftwerke und Meeresströmungskraftwerke, Erdwärme- oder geotherm. Kraftwerke (/ geothermische Energie); nach der Art oder Dauer des Einsatzes Grundlast-K., Speicher-K. und Spitzenlast-K. Die primären Energieträger sind weltweit unterschiedlich an der Erzeugung elektr. Energie beteiligt. Den Hauptanteil stellt die Kohle, gefolgt von der Wasserkraft. Der Anteil von Erdöl und Erdgas nimmt zu, während der der Kernenergie aufgrund der gewandelten öffentl. Meinung zumindest stagniert.

Der Hauptanteil der elektr. Energie wird in **Groß-K.** erzeugt, die als Wärme-K. (einschl. Kern-K.) oder Wasser-K. ausgeführt, bei kontinuierl. Abgabe von Energie als / Grundlastkraftwerke betrieben werden. Belastungsspitzen werden von / Spitzenlastkraftwerken übernommen (Ausführung als Diesel-, Gasturbinen-, Speicherwasser-K.). **Speicherwasser-K.** sind Talsperren- oder Pumpspeicher-K. (Pumpspeicherwerke), wobei Letztere bes. wirtschaftlich zur Deckung von Belastungsspitzen eingesetzt werden. In belastungsarmen Zeitabschnitten wird elektr. Energie aus dem Netz entnommen und Wasser aus dem Unterbecken in ein hoch gelegenes Oberbecken gepumpt. Die potenzielle Energie des Wassers wird über Druckrohrleitungen den Maschinensätzen in der Spitzenbelastungszeit zugeführt.

Kragen, selbstständiges oder am Halsausschnitt von Mantel, Hemd, Jacke, Bluse befestigtes Gewandstück mit schmückender, wärmender oder bedeckender Funktion (/ Beffchen, / Halskrause, / Koller).

Kragen|echse (Chlamydosaurus kingii), bis etwa 90 cm lange, gelblich braune Agame in Trockenwäldern Australiens und Neuguineas; spreizt bei Erregung einen breiten Hautkragen ab.

Kragentiere (Branchiotremata, Hemichordata), Tierstamm der Deuterostomier in drei Abschnitte gegliedertem Körper und dreiteiliger Leibeshöhle. Alle K. leben als Strudler im Meer. Zwei Klassen: Eichelwürmer und Flügelkiemer.

Kragstein, *Bautechnik:* aus der Mauer hervortretender, als Auflager dienender Stein (/ Konsole, / Auskragung).

Kragujevac [-vats], Stadt in Serbien, am Moravanebenfluss Lepenica, 147 300 Ew.; orth. Bischofssitz; Univ., technisch-histor. Museum; Kraftfahrzeug-, Werkzeugmaschinenbau, elektrotechn., Konservenindustrie. – K. war 1818–39 Hptst. des Fürstentums Serbien.

Krähen, einige Rabenvogelarten aus der Gattung Corvus: in Europa die **Saatkrähe** (Corvus frugilegus), schwarz mit schillerndem Metallglanz, in Bäumen – auch in Städten – in Kolonien brütend, und die **Aaskrähe** (Corvus corone), ein Einzelbrüter im größten Teil der Alten Welt, bildet in Europa zwei Rassengruppen: im O die graue **Nebelkrähe** (Corvus corone cornix), im W die schwarze **Rabenkrähe** (Corvus corone corone).

Krähenbeere (Empetrum), Gattung heidekrautähnl. Sträucher; die rosa blühende, bis 45 cm hohe **Schwarze K.** (Empetrum nigrum) mit nadelförmigen Blättern wächst auf Moorheiden; sie hat blauschwarze, säuerliche essbare Beeren.

Krähenfuß (Coronopus), Gattung der Kreuzblütler; Kräuter mit fiederteiligen Blättern, kleinen weißl. Blüten in Trauben und runzligen Schötchen.

Krähen|indianer (engl. Crow, Eigenbez. Absaroka), nordamerikan. Indianerstamm der Sioux; im 19. Jh. berittene Bisonjäger und Händler; jetzt vorwiegend in einer Reservation im Bundesstaat Montana (USA); etwa 7 000 Angehörige.

Krähennest (früher auch Mastkorb), *seemännisch:* Bez. für den Ausguck am vorderen Schiffsmast, heute ersetzt durch den Radarmast.

Krahl, Hilde, österr.-dt. Schauspielerin, * Slavonski Brod (Kroatien) 10. 1. 1917, † Wien 28. 6. 1999; Darstellerin lebensvoller Frauengestalten; war ∞ mit W. / Liebeneiner; spielte am Theater (Berlin, Hamburg, Wien) und in Filmen (u. a. »Der Postmeister«, 1940; »Das Glas Wasser«, 1960).

Krähenbeere: Schwarze Krähenbeere

Krähwinkel, Ortsname in A. Kotzebues Lustspiel »Die deutschen Kleinstädter« (1803), dann in J. Nestroys Posse »Freiheit in K.« (1849); Sinnbild einer spießbürgerl. Kleinstadt.

Kraichgau, Landschaft zw. nördl. Schwarzwald und Odenwald, Oberrheinebene und Neckar in Bad.-Württ., ein durch Löss- und Lehmbedeckung fruchtbares, dicht besiedeltes Muschelkalk- und Keuperhügelland (200–300 m ü. M.) mit intensiver Landwirtschaft, auch Weinbau; Ind. bes. in den Städten am Rand des K.s (Bruchsal, Bretten, Wiesloch) und im zentralen Ort Sinsheim.

Kraichtal, Stadt im Landkr. Karlsruhe, Bad.-Württ., 14 500 Ew.; Bäckereimuseum; Kunststoff- und Textilverarbeitung, feinmechan. Ind. – Entstand 1971 durch Zusammenschluss der Städte Gochsheim und Unteröwisheim mit sieben weiteren Gemeinden.

Krain (slowen. Kranjska), Landschaft im W-Teil von Slowenien. Mittelpunkt ist das Becken um Ljubljana. Die **Ober-K.** (slowen. Gorenjsko) nördlich von Ljubljana ist Alpenland (Triglav 2 864 m ü. M.), die **Unter-K.** (Dolenjsko) südöstlich von Ljubljana ist fruchtbares und dicht besiedeltes Hügelland; die **Inner-K.** (Notranjsko) ist dünn besiedeltes Karstgebiet im SW der K. – *Geschichte:* Seit dem späten 1. Jh. v. Chr. zur röm. Provinz Pannonien; ab 590 von Slowenen besiedelt, mit Kärnten im 8. Jh. an Bayern und in das karoling., später otton. Markensystem eingegliedert (Mark Friaul, seit dem 10. Jh. »Mark K.«). Gehörte 1173/80–1228 den Grafen von Andechs, 1282–1335 von den Grafen von Görz verwaltet; kam 1335 an Habsburg (seit 1394 Herzogtum; mit dt. Sprachinseln). Bis 1806 zum Hl. Röm. Reich; 1809–14 zu den Illyr. Provinzen Napoleons, 1815–49 zum österr. Königreich Illyrien, ab 1849 österr. Kronland; fiel 1918/19 an Jugoslawien (Slowenien). Inner-K. gehörte 1918/19–47 zu Italien; Ober-K. war mit der S-Steiermark 1941–44 von Dtl. annektiert.

Kraits (Bungarus), Gattung bis über 2 m langer, gefährl., nachtaktiver Giftnattern in S- und SO-Asien; kontrastreich geringelt.

Krajina [»Grenzgebiet«], serb. Name für das seit dem 16. Jh. von Serben westlich der Save besiedelte Gebiet in Kroatien, entlang der Grenze zu Bosnien und Herzegowina, Hauptort: Knin. – *Geschichte:* Nach Errichtung der ⁄ Militärgrenze (1578) Ansiedlung von Wehrbauern, zumeist serb. Flüchtlingen, aus dem Osman. Reich zugefallenen Gebieten (daher »K.«); kam 1881 (wieder) zu Kroatien (weitgehende Autonomie für die »K.-Serben«); im Zweiten Weltkrieg unter dem Ustascha-Regime (1941–45) blutige Verfolgung der Serben. Nach dem Verlust der Autonomie im Aug. 1990 immer militanter werdender Widerstand der serb. Bev.mehrheit, danach fortschreitend Sezession und blutiger Bürgerkrieg: Dez. 1990 Proklamation einer »Serb. Autonomen Region K.«, mit der Annahme einer Verf. der **Rep. Serb. K.** (Abk. **RSK;** selbst ernanntes Parlament) am 19. 12. 1991 Erklärung der Unabhängigkeit. Zuvor im serbisch-kroat. Krieg Juli–Dez. 1991 Schauplatz schwerer Auseinandersetzungen sowie von serb. Milizen und Četnici-Verbänden besetzt, wurde die K. Febr. 1992 mit den serb. »autonomen Gebieten« West- und Ostslawonien verbunden; März 1992 Stationierung von UN-Schutztruppen (UNPROFOR) und Erklärung zur Schutzzone. Ungeachtet eines Waffenstillstandes eroberte Kroatien im Aug. 1995 die K. zurück; die »K.-Serben« flohen v. a. nach Serbien und Bosnien-Herzegowina.

Krakatau (Krakatoa, Rakata), vulkan. Insel in der Sundastraße, Indonesien, zw. Sumatra und Java, 15 km², 813 m hoch. Bildet mit zwei weiteren Inseln die Reste eines ehem. 2 000 m hohen Vulkans, der 1883 explodierte. Die ausgeworfene vulkan. Asche stieg bis in 50–80 km Höhe auf, verteilte sich hier über die ganze Erde und rief in der Atmosphäre noch drei Jahre später wahrnehmbare Dämmerungserscheinungen hervor. Beim Einsturz der bei dieser Eruption entstandenen Caldera bildete sich eine bis über 20 m hohe Flutwelle (Tsunami), die die Küsten W-Javas und SO-Sumatras verwüstete (36 000 Tote).

Krakau (poln. Kraków), Hptst. der Wwschaft Kleinpolen, Polen, Stadtkreis und Krst. an der Weichsel, mit 741 500 Ew. die drittgrößte Stadt Polens; kath. Erzbischofssitz; größtes poln. Kultur- und nach Warschau zweitgrößtes poln. Wiss.-Zentrum; Jagiellon. Univ. (1364 gegr.), TU, Akademien u. a. Hochschulen, Forschungsinstitute, Zweigstelle der Poln. Akademie der Wiss.en, Jagiellon. Bibliothek, Goethe-Inst., etwa 30 größere Museen, Theater, botan. und zoolog. Garten; Maschinenbau, elektrotechn., pharmazeut., Textil-, Lebensmittel- u. a. Ind., Druckereien; im Stadtteil **Nowa Huta** großes Hüttenwerk. Verkehrsknotenpunkt mit Weichselhafen und

Krakau: Alter Markt mit Marienkirche (1226 bis 15. Jh.)

Flughafen. – In der Altstadt (UNESCO-Weltkulturerbe) bed. Bauten: am Alten Markt u. a. Tuchhallen (14., 16. und 19. Jh.), got. Marienkirche (1226 bis 15. Jh.; Altar von V. Stoß, 1477–89) und die kleine roman. Kirche St. Adalbert; auf dem Burgberg (Wawel; ehem. königl. Residenz) Schloss (Renaissance-Neubau, 1502–36) und Dom (1320–64; später erweitert; bed. Kapellenanbauten des 15. und 16. Jh.), Krönungs- und Grabstätte der poln. Könige (u. a. Grabmal König Kasimirs IV. von V. Stoß). Zu den bemerkenswerten modernen Bauten gehört das Zentrum für japan. Kunst von Isozaki Arata (1994 eröffnet). – Das um 965 erstmals als Handelsplatz erwähnte K. wurde 1000 Bischofssitz, 1138 durch Boleslaw III. testamentarisch zum Sitz des Seniors der poln. Teilfürsten bestimmt; 1241 von Mongolen zerstört, 1257 nach Magdeburger Stadtrecht neu gegründet, trat 1430 der Hanse bei. 1320–1764 Krönungsstadt der poln. Könige, bis 1596 (Verlegung des poln. Hofes nach Warschau) auch Hptst. Polens; fiel mit der 3. Teilung Polens (1795) an Österreich und gehörte 1809–15 zum Herzogtum Warschau; durch den Wiener Kongress 1815 zum neutralen Freistaat (»Rep.« K.) erhoben (unter den Schutzmächten Österreich und Russland); nach der Niederschlagung eines nationalpoln. Aufstandes (1846) Österreich angeschlossen; kam nach dem Ersten Weltkrieg wieder zu Polen, im Zweiten Weltkrieg 1939–44 Verw.sitz des ⁄ Generalgouvernements.

Kraken [norweg.] (Oktopoden, Octopoda), artenreiche Ordnung achtarmiger Kopffüßer mit kurzem,

Kraken: Gemeiner Krake

sackförmigem Körper und sehr bewegl., meist gleich langen Armen mit Saugnäpfen. Der **Gemeine Krake** (**Oktopus,** Octopus vulgaris) der Küsten warmer Meere zeigt reichen Farbenwechsel und erreicht bis 3 m Länge. Volkstümlich werden Riesenkalmare (↗ Kalmare) oft als K. bezeichnet.

Kraków [-kuf], Stadt in Polen, ↗ Krakau.

Krakowiak [nach der Stadt Krakau] der, poln. Volkstanz, ein Paartanz im raschen $^2/_4$-Takt, mit synkopiertem Rhythmus und charakterist. hüpfenden und stampfenden Tanzschritten; im 19. Jh. als Gesellschaftstanz beliebt; gilt als poln. Nationaltanz.

Kral [afrikaans aus portugies.] der (Kraal), Rundlingssiedlung afrikan. Völker mit dem oft ebenso benannten Viehgehege in der Mitte.

Kraljević Marko [-vitsj-; serbokroat. »Königssohn« M.], bulgar. Krali Marko, serb. Fürst, * etwa 1335, † Rovine (bei Arad, Rumänien) 17. 5. 1395; seit 1371 Teilkönig um Prilep (Westmakedonien), fiel als türk. Vasall in der Schlacht bei Rovine; wurde seit dem 16. Jh. zum volkstümlichsten Helden der südslaw. Folklore.

Krall, Hanna, poln. Schriftstellerin, * Warschau 20. 5. 1932; versteht sich als Reporterin polnisch-jüd. Schicksale, so in den Romanen: »Schneller als der liebe Gott«, auch u. d. T. »Dem Herrgott zuvorkommen« (R., 1943), »Die Untermieterin« (1985) sowie in »Existenzbeweise« (1995) und »Hypnose« (Erzn., 1997).

Kralle, mehr oder weniger stark gekrümmte, zugespitzte epidermale Hornbildung oberseits der Zehenden (diese überragend) bei vielen vierfüßigen Wirbeltieren; entspricht dem Huf der Huftiere und dem Nagel des Menschen und der Affen.

Krallen|affen (Krallenäffchen, Callithricidae), Familie baumbewohnender Affen in Süd- und Mittelamerika, mit spitzen Krallen, nur die Daumenzehe hat einen breiten Nagel; die Ohren tragen manchmal Haarbüschel, das Fell ist seidenweich und oft auffällig gefärbt, der Schwanz ist sehr lang. Die kleinsten K. sind die **Zwergseidenäffchen** (Gattung Cebuella).

Krallenaffen: Großes Löwenäffchen (Leontocebus rosalia, Körperlänge bis 33 cm, Schwanzlänge bis 40 cm)

Weitere Gattungen: **Marmosetten** (Callithrix) mit schwarzen oder weißen Ohrpinseln, **Löwenäffchen** (Leontopithecus) mit langer Kopfmähne, **Tamarine** (Sanguinus). K. sind mit Kopf-Rumpf-Längen von 15–30 cm (Schwanzlängen von 20–40 cm) die kleinsten Affen.

Kramář [ˈkraːmaːrʃ], Karel, tschech. Politiker, * Hochstadt an der Iser (heute Vysoké nad Jizerou) 27. 12. 1860, † Prag 26. 5. 1937; trat als Führer der tschech. Nationalbewegung und Panslawist für eine Einigung aller slaw. Völker ein. Im Ersten Weltkrieg war er Vors. des tschech. Nationalausschusses. 1916 wurde er wegen Hochverrats zum Tode verurteilt, 1917 begnadigt. Von Nov. 1918 bis Juli 1919 war er der erste MinPräs. der Tschechoslowakei.

Kramatorsk, Industriestadt im Gebiet Donezk, Ukraine, im Donez-Steinkohlenbecken, 181 000 Ew.; Hochschule für Industriewesen; Schwermaschinenbau, Hüttenindustrie, Kohlechemiewerk.

Kramer, 1) [ˈkreɪmə], Stanley, amerikan. Filmproduzent und -regisseur, * New York 29. 9. 1913, † Los Angeles (Calif.) 19. 2. 2001; Filme (als Produzent): »Tod eines Handlungsreisenden« (1951), »12 Uhr mittags« (1952); (auch als Regisseur): »Flucht in Ketten« (1958), »Das Urteil von Nürnberg« (1961), »Das Domino-Komplott« (1976).

2) Theodor, österr. Lyriker, * Niederhollabrunn (NÖ) 1. 1. 1897, † Wien 3. 4. 1958; emigrierte 1939 nach Großbritannien, schrieb Gedichte, Balladen aus dem Leben von Außenseitern und gesellschaftl. Randfiguren, u. a. »Die Gaunerzinke« (1929), »Verbannt aus Österreich« (1943), »Einer bezeugt es« (hg. 1960).

Krämer-Badoni, Rudolf, Schriftsteller, * Rüdesheim am Rhein 22. 12. 1913, † Wiesbaden 18. 9. 1989; schrieb Zeitromane (»In der großen Drift«, 1949, Neufassung 1961), Essays; auch Theater-, Kunstkritiker.

Krammetsvogel, volkstüml. Bez. für die Wacholderdrossel (↗ Drosseln).

Kramnik, Wladimir, russ. Schachspieler, * Tuapse 25. 6. 1975; Großmeister seit 1993; u. a. Jugendweltmeister 1991, im Nov. 2000 PCA-Weltmeister (↗ Schach).

Krampf (Spasmus), unwillkürl. Kontraktionen einzelner Muskeln oder Muskelgruppen, die durch unterschiedl. Reize ausgelöst werden. Rasch aufeinander folgende und nur kurzfristige Kontraktionen werden als **klon. Muskel-K.** (Klonus) bezeichnet, Kontraktionen von längerer Dauer und stärkerer Intensität dagegen als **ton. Muskel-K.,** z. B. bei Tetanie. Der schmerzhafte ton. K. einzelner Muskelgruppen (**Krampus**) wird durch Überdehnung überbeanspruchter, ermüdeter Muskeln verursacht, z. B. bei Wadenkrämpfen.

Krampf|aderbruch, die ↗ Varikozele.

Krampf|adern (Varizen, Aderknoten), durch Stauung des Blutrücklaufs entstandene, krankhaft erweiterte (oberflächl.), geschlängelte Venen (Varikose) bes. an den Beinen. Ursachen sind Bindegewebeschwäche, Insuffizienz der Venenklappen, chron. Stauungszustände, z. B. stehende Tätigkeit, Schwangerschaft, Abflussbehinderungen. Die Behandlung besteht v. a. in der Anwendung von Stützverbänden oder Kompressionsstrümpfen, bei stärkerer Ausprägung in einer Verödung (↗ Venenverödung) bzw. chirurg. Entfernung der betroffenen Venen (↗ Venenstripping).

krampflösende Mittel (Spasmolytika, Antispasmodika), Arzneimittel, die Krampfzustände (Spasmen) der glatten Muskulatur des Magen-Darm-

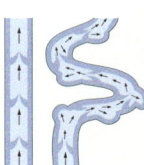

Krampfadern: links gesunde Vene, rechts geschädigte Vene mit Ausbuchtungen (Krampfader); weil sich die Klappen nicht mehr korrekt schließen, staut sich das Blut.

Kran (von links): zum Transport gesicherte Autodrehkräne; im Bauwesen verwendete Auslegerkräne (Turmdrehkräne) und Laufkran im Binnenhafen Düsseldorf

Kanals (einschl. der Gallenwege), der Atem- und Harnwege sowie der Gebärmutter beseitigen können.

Krampus, / Knecht Ruprecht.

Kramskoi, Iwan Nikolajewitsch, russ. Maler, * Ostrogoschsk (bei Woronesch) 8. 6. 1837, † Sankt Petersburg 5. 4. 1887; Mitbegründer der Künstlergruppe der / Peredwischniki. Er malte psychologisch einfühlsame Porträts, Bilder mit histor. und religiöser Thematik sowie Genreszenen.

Iwan Kramskoi: Porträt des Malers Ilja Repin (1876; Moskau, Tretjakow-Galerie)

Kran, Hebezeug mit großer Bauart- und Bezeichnungsvielfalt, das bevorzugt zum Heben von Lasten dient. – **Brücken-K.,** dazu gehören **Einträgerbrücken-** oder **Zweiträgerbrücken-K., Lauf-K., Hänge-K., Stapel-K.,** sind mit einer K.-Brücke ausgerüstet, die auf zwei hoch liegenden K.-Schienen verfahrbar abgestützt ist und selbst das Verfahren einer Laufkatze zulässt. Die Last befindet sich immer innerhalb der Radaufstandspunkte. Sie werden bevorzugt in Werkhallen (**Montage-K., Gieß-K.**) eingesetzt. – Die K.-Brücke der **Portal-K.** ist über ein Portal auf der Verkehrsebene abgestützt. Das Portal wird mit verfahren, i. d. R. mittels Schienenfahrwerk. Portal-K. mit kurzer Spannweite bezeichnet man als **Bock-K.;** ist die Brücke größer als die Portalstützweite, bezeichnet man sie als **Verladebrücke, Containerbrücke** oder **Schiffsbelader** bzw. **-entlader.** Diese K. dienen speziellen Aufgaben und sind mit entsprechenden Lastaufnahmemitteln wie Greifern für Schüttgut oder Spreadern für Container ausgerüstet.

Ausleger-K. nehmen die Last stets außerhalb ihrer Unterstützungsfläche auf. Nahezu alle Ausleger-K. können mit der Last um ihre vertikale Mittelachse eine Drehbewegung ausführen (**Dreh-K.**). Außerdem können sie die Last zur vertikalen Mittelachse durch Verfahren auf starren Auslegern (Katzauslegern) oder durch Schwenken (**Derrick-K.**) bzw. Wippen (horizontaler Lastweg, **Wippdreh-K.**) der Ausleger bewegen. Nach diesem Prinzip arbeiten insbesondere die **Hafen-K.** zum Umschlagen von Stück- und Schüttgut in Häfen und die **Bau-K.,** je nach Verwendungszweck als **Turmdreh-K.** oder **Kletter-K.** ausgeführt. Die Fahrzeug-K. sind für den Verkehr auf der Straße, Schiene, auf dem Wasserweg oder in der Luft mit einem Fahrgestell ausgerüstet: **Autodreh-K., Raupendreh-K., Eisenbahndreh-K., Schwimm-K.** und **K.-Hubschrauber.** – Für den Schiffbau, Holzumschlag, Staudammbau oder auf Großbaustellen benutzt man **Kabel-K.** Sie besitzen ein über mehrere Stützen (Türme oder Masten) gespanntes Tragseil mit Spannweiten bis 1 000 m, auf dem eine Seillaufkatze als Fahrbahn dient. Die Last hängt an einem Hubseil, verfahren wird die Laufkatze mittels Fahrseil.

Krängung [zu niederländ. krengen, eigtl. »sich abwenden«], seitl. Neigung eines Schiffs durch Winddruck, Seegang, Wassereinbruch, ungleich verteilte Ladung oder durch Zentrifugalkraft (beim harten Drehen).

Kranich (lat. Grus), *Astronomie:* Sternbild des südl. Himmels.

Kraniche (Gruidae), Familie großer, hochbeiniger Vögel mit langem Hals, kleinem Kopf und spitzem Schnabel. Der etwa 1 m große **Kronen-K.** (Balearica pavonina) Afrikas trägt gelbe Federstrahlen auf dem Kopf; er legt als einzige Art ein Baumnest an. Der etwa 1,2 m große **Graue K.** (Grus grus) hat aschgraues Gefieder und einen roten Scheitel. Er lebt in norddt. Sumpfgebieten; fliegt mit ausgestrecktem Hals und während des Vogelzugs häufig in Keilformation. Der etwa 1,5 m große graue **Sarus-K.** (Grus antigone) mit unbefiedertem rotem Kopf ist in den Sümpfen Vorder- und Hinterindiens heimisch. Der kleinere graue und schwarze, weißschopfige **Jungfern-K.** (Anthropoides virgo) ist in Südspanien, Südosteuropa und Mittelasien heimisch.

Kranichstein, ehemaliges Jagdschloss der Landgrafen von Hessen-Darmstadt nordöstlich von Darmstadt; dreiflügelige Anlage, errichtet 1571–79; heute Museum, z. T. Hotel.

Kraniologie [lat.-grch.] *die* (Schädellehre), Teilgebiet der Biologie; beschäftigt sich mit Messung (**Kraniometrie**) und Merkmalsbeschreibung (**Kranioskopie**) des Schädels; von Bedeutung ist die K. u. a. zur Bestimmung vorgeschichtl. Skelettfunde.

Krankengeld, / Krankenversicherung.

Krankengymnastik (früher Heilgymnastik), auf akut oder chronisch kranke Menschen abgestimmte, planmäßig durchgeführte Bewegungstherapie zur Er-

Kraniche: Grauer Kranich

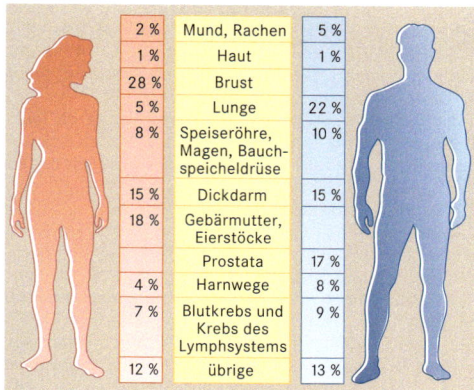

Krebs 3): die häufigsten Krebsarten

♀		♂
2 %	Mund, Rachen	5 %
1 %	Haut	1 %
28 %	Brust	
5 %	Lunge	22 %
8 %	Speiseröhre, Magen, Bauchspeicheldrüse	10 %
15 %	Dickdarm	15 %
18 %	Gebärmutter, Eierstöcke	
	Prostata	17 %
4 %	Harnwege	8 %
7 %	Blutkrebs und Krebs des Lymphsystems	9 %
12 %	übrige	13 %

Ursachen: Eine einheitl. Ursache der K.-Erkrankungen gibt es nicht, vielmehr sind zahlr. kanzerogene Faktoren (Risikofaktoren) bekannt, die einzeln oder in Kombination eine Zellentartung begünstigen oder auslösen können, jedoch nicht zur Erklärung aller Formen ausreichen. Zu den äußeren Einflüssen gehören v. a. die chem. Karzinogene; zurzeit sind ca. 10 000 chem. Substanzen bekannt, die im Tierexperiment und beim Menschen K. erzeugen können, unter ihnen v. a. polyzykl. aromat. Kohlenwasserstoffe, z. B. Benzpyren (Hautkarzinogen) sowie natürlich vorkommende Stoffe wie Aflatoxine (Leberkarzinogen). Manche Karzinogene entstehen im Körper selbst aus an sich unschädl. Vorstufen (z. B. Nitrosamine aus Nitrit und Aminen). Bei Einwirkung kleinerer Mengen dieser Stoffe über längere Zeit summiert sich deren Wirkung. Dies trifft auch auf die weitere Gruppe der physikal. Faktoren zu; hierzu gehören energiereiche ionisierende Strahlen wie Röntgen-, Alpha-, Beta- und Gammastrahlen (radioaktive Isotope), die durch Abgabe von Energie u. a. an den Nucleinsäuren der Chromosomen Schäden hervorrufen, nach langer Latenzzeit auch die UV-Strahlung des Sonnenlichts. Tumorviren als weitere mögl. äußere K.-Ursache sind bereits seit Anfang des 20. Jh. in der Tiermedizin bekannt. Auch beim Menschen besteht bei Gebärmutterhals-, Brust- und Leber-K. der dringende Verdacht der Beteiligung von Viren (z. B. Papillomviren). Der Eintritt und das Ausmaß der Zellschädigung durch äußere Einwirkungen ist jedoch auch von inneren Reaktionen im Körper abhängig. Alle äußeren Faktoren wirken über eine Schädigung des Genmaterials der Zelle; derartige Defekte werden in begrenztem Umfang von den Zellen repariert. Auch neu gebildete K.-Zellen werden anfangs von Killerzellen und Antikörpern zerstört. Die Leistungsfähigkeit des Genreparatursystems, des Immunsystems und der Entgiftung sind außerdem von vererbbaren genet. Faktoren sowie vom Lebensalter abhängig. Als weiterer innerer Faktor kommt die Wirkung von Hormonen in Betracht, die z. B. bei der Entstehung des K. am Gebärmutterkörper und der Brust beteiligt sind.

Kanzerogene Einflüsse werden bes. durch eine Reihe von Risikofaktoren der Genuss-, Ess- und Lebensgewohnheiten und der Umwelt wirksam. Chem. Kanzerogene sind v. a. durch das Rauchen Ursache von im Durchschnitt über 30 % aller krebsbedingten Todesfälle. Rauchen führt zu einem 10- bis 25fach erhöhten Risiko, an Lungen- oder Bronchial-K. zu erkranken und vervielfacht die Wahrscheinlichkeit des Auftretens von Kehlkopf-, Mundhöhlen-, Speiseröhren-, Harnblasen- und Nieren-K. Auch hochprozentige alkohol. Getränke gelten, v. a. in Verbindung mit starkem Rauchen, als Risikofaktor des Speiseröhrenkrebses.

Diagnose: Hauptverfahren zur K.-Erkennung sind Ultraschalldiagnostik, endoskop. Untersuchungen (z. B. Gastroskopie), Röntgenuntersuchungen (z. B. als Mammographie, Angiographie), einschl. der Computertomographie, Kernspintomographie und Szintigraphie. Die Zytodiagnostik durch Zellabstrich (z. B. vom Gebärmuttermund) und die histolog. Untersuchung (Biopsie) sind zur Sicherung der K.-Diagnose zwingend erforderlich. Hinzu kommen Laboruntersuchungen des Blutes auf Antikörper und Tumormarker.

Behandlung: K. ist unter der Voraussetzung heilbar, dass alle vorhandenen K.-Zellen entfernt oder zerstört werden können. Hauptmaßnahmen sind die chirurg. Entfernung des bösartigen Tumors bis in das gesunde Gewebe hinein, meist unter Einbeziehung der regionalen Lymphknoten, die Strahlenbehandlung durch möglichst exakt auf den Tumor gerichtete, optimal dosierte ionisierende Strahlen (Röntgenbehandlung, Neutronen-, Radium- oder Kobaltbestrahlung, Einpflanzung von Radionukliden) und die Chemotherapie mit zytostat. Mitteln, die die Entwicklung und Vermehrung von K.-Zellen hemmen soll; Strahlen- und Chemotherapie werden überwiegend bei fortgeschrittenem K. mit Metastasenbildungen im Anschluss an operative Maßnahmen unterstützend eingesetzt (adjuvante Therapie). V. a. die Chemotherapie ist jedoch mit starken Nebenwirkungen verbunden. Durch zytostat. Behandlungen konnte die Fünfjahres-Heilungsrate bei einzelnen, vorher meist unheilbaren K.-Arten (Hoden-K., akute lymphoblast. Leukämie, Lymphogranulomatose) auf bis zu 90 % gesteigert werden. Eine Möglichkeit zur Minderung der Schäden einer hoch dosierten zytostat. oder Strahlenbehandlung ist die autogene Knochenmarktransplantation. Bei bestimmten K.-Formen kann die Wirksamkeit der Behandlung mit Strahlen und/oder Arzneimitteln durch gleichzeitige gezielte Wärmeanwendung (mittels Ultraschall oder Mikrowellen auch in tieferen Körperbereichen) gesteigert werden, da diese Therapie zu einer Erhöhung der Empfindlichkeit der Tumorzellen gegenüber den Behandlungsmaßnahmen führt und sie zusätzlich direkt schädigt.

Zu den neueren Verfahren gehört die Immuntherapie mit Antikörpern (bereits gesichert bei Lymphomen), mit zytotox. T-Lymphozyten oder mittels Vakzinierung. Ein neuer Ansatz besteht in der Erprobung von gentechn. Methoden, um die von den Onkogenen übermittelten Informationen für die K.-Zellen unlesbar zu machen (z. B. mittels »Antisense-Nucleinsäuren«) oder auch ein verloren gegangenes Antionkogen in die K.-Zelle wieder einzufügen. Ein weiterer Erfolg versprechender Ansatz ist die gezielte Blockade der in den Krebszellen vorhandenen überlebenswichtigen mutierten Enzyme. Diese u. a. Verfahren (rationale Therapie) zielen auf die Beseitigung der Ursachen einer bösartigen Zellentartung.

Neben den schulmedizin. Behandlungsmethoden wurde eine Vielzahl von Außenseitermethoden, auch naturheilkundl. Art, entwickelt, die durch Pflanzenextrakte (z. B. Mistel), versch. Diätformen, Überwärmung (als »Mehrschritttherapie« auch in Verbindung mit Zytostatika und Sauerstofftherapie), Frischzellen, Heilseren, Mesenchymaktivierung einen Behandlungserfolg anstreben; ihre therapeut. Wirkung ist jedoch nicht belegt.

Edwin G. Krebs

4) *Musik:* satztechn. Verfahren in der Musik, bei dem eine Stimme oder ein ganzer Tonsatz rückwärts verläuft. Im **K.-Kanon** ist die 2. (imitierende) Stimme die rückwärts gelesene 1. Stimme. **Spiegel-K.** bedeutet die rückläufige und umgekehrte Lesung eines Themas oder einer Melodie (mit umgekehrtem Notenblatt). Der K. und seine ↗ Umkehrung (Spiegelung) sind wichtige Bauprinzipien der Zwölftonmusik (↗ Zwölftontechnik).
5) *Zoologie:* Krustentier, ↗ Krebstiere.

Krebs, 1) Edwin G., amerikan. Biochemiker, * Lansing (Ia.) 6. 6. 1918; entdeckte den biolog. Regelmechanismus, der das Zusammenspiel von bestimmten Proteinen (Anlagern und Abspalten von Phosphatgruppen, gen. reversible Phosphorylierung) im Körper steuert; erhielt dafür (mit E. H. Fischer) 1992 den Nobelpreis für Physiologie oder Medizin.
2) Sir (seit 1958) Hans Adolf, brit. Biochemiker dt. Herkunft, * Hildesheim 25. 8. 1900, † Oxford 22. 11. 1981; emigrierte 1933 nach England; entdeckte 1937 den Zitronensäurezyklus, wofür er 1953 mit F. A. Lipmann den Nobelpreis für Physiologie oder Medizin erhielt.

Konrad Krebs: der Großer Wendelstein genannte Treppenturm (1533–36) am Südostflügel von Schloss Hartenfels in Torgau

3) Konrad, Baumeister, * Büdingen (?) 1492, † Torgau 1. 9. 1540; schuf als kurfürstlich-sächs. Baumeister (ab 1532) den Südostflügel des Schlosses Hartenfels in Torgau (1533–36) mit dem vorspringenden Treppenturm (Großer Wendelstein), vorbildlich für den dt. Schlossbau der Renaissance.

Krebsfrüherkennungsuntersuchungen, gezielte medizin. Untersuchung bei Frauen und Männern zur Erkennung bestimmter Krebserkrankungen; bei Frauen sollen ab dem 20. Lebensjahr die Geschlechtsorgane, ab dem 30. Lebensjahr Geschlechtsorgane, Brust und Haut und ab dem 40. Jahr auch noch der Dickdarm untersucht werden; bei Männern sollen K. ab dem 40. Jahr an Penis, Hodensack, Prostata, Haut und Dickdarm durchgeführt werden.

Krebsmaus, gentechnisch veränderte Maus mit erhöhter Neigung zur Ausbildung von Tumoren; dient als Testorganismus für die Forschung.

Krebsnebel (Crabnebel), heller, in älteren Darstellungen krebsähnlich gezeichneter Nebelfleck im Sternbild Stier (Taurus), bestehend aus leuchtenden Gasmassen, dem Rest einer im Jahr 1054 aufgetretenen Supernova. Im Zentrum des K. befindet sich der **K.-Pulsar** (Krebs-, Crabpulsar), ein schnell rotierender Neutronenstern (Periode 0,0332 s), der sichtbare, ultraviolette und Röntgenstrahlung emittiert.

Krebsschere (Wasseraloe, Stratiotes aloides), zur Familie der Froschbissgewächse gehörende, kräftige rosettige Schwimmpflanze, z. T. auch unter der Wasseroberfläche wachsend, mit derben gezähnten längl. Blättern; bildet auf stehenden Gewässern oft Massenbestände.

Krebstiere (Krebse, Krustentiere, Krustazeen, Crustacea, Diantennata), mit etwa 45 000 Arten in allen Meeres- und Süßgewässern verbreitete Klasse 0,02–60 cm langer, kiemenatmender Gliederfüßer (einige Gruppen sind zu Landtieren geworden, z. B. viele Asseln); Körper meist in zwei oder drei Abschnitte gegliedert: Kopf, Brust (häufig miteinander verschmolzen zum Cephalothorax [Kopfbrust]), Abdomen; Kutikula meist als kräftiger Chitinpanzer entwickelt; zwei Paar Antennen; Extremitäten urspr. als zweiästige Spaltbeine (Spaltfuß) entwickelt, die jedoch mannigfach abgewandelt sein können (Scherenbildungen, Schreit-, Blatt-, Springbeine). Die K. sind meist getrenntgeschlechtig; die Weibchen betreiben fast immer Brutpflege, indem sie die Eier mit den Beinen, in speziellen Bruthöhlen oder am Körper angeklebt umhertragen. Die Entwicklung erfolgt direkt oder über eine larvale Verwandlung, die mit einer Naupliuslarve, die mit den Antennen schwimmt, oder einer Zoealarve, die mit den vorderen Brustbeinen schwimmt, beginnt. Das Wachstum erfordert regelmäßige Häutungen, nach denen die Körperdecke ihre Härte jeweils durch Kalkeinlagerungen wiedergewinnt. Die systemat. Einteilung der K. ist umstritten. Zu den K. gehören Kiemenfuß-, Blattfuß-, Muschelkrebse, Fischläuse, Ruderfußkrebse, Rankenfüßer und die, wohl eher urspr., **Höheren K.** (Malacostraca) mit den Fangschrecken-, Ranzen-, Leucht- und Zehnfußkrebsen.

Krechel, Ursula, Schriftstellerin, * Trier 4. 12. 1947; Vertreterin der Frauenbewegung; wurde durch ihr Stück »Erika« (1973) bekannt; später v. a. Lyrik in metaphernreicher, dennoch präziser Sprache (»Technik des Erwachens«, 1992; »Landläufiges Wunder«, 1995).

Kredel, Fritz, Maler, Grafiker, Buchillustrator, * Michelstadt 8. 2. 1900, † New York 11. 6. 1973; 1936 Emigration nach Österreich, 1938 in die USA; illustrierte volkstüml. Bücher und Kinderbücher wie auch Werke der Weltliteratur.

Kredenz [italien.] *die,* urspr. kleiner, neben dem Esstisch stehender Schrank zum Anrichten und Vorkosten der Speisen; heute allg. halbhoher Schrank, der als Anrichte dient (Sideboard).

Kredit [lat.] *das,* in der Buchführung Bez. für die rechte Seite (Haben) eines Kontos; Ggs.: Debet.

Kredit [lat.] *der,* die zeitlich begrenzte Überlassung von Geld und Sachwerten gegen Entgelt (↗ Zins) zw. einem **K.-Geber** (Gläubiger) und einem **K.-Nehmer** (Schuldner), wobei der Gläubiger auf die künftige Zahlungsfähigkeit und -willigkeit des Schuldners vertraut. Als **K.-Geschäft** wird jedes Verpflichtungsge-

Krebsnebel: Das helle, amorphe Nebelbild wird von hochenergetischen Elektronen verursacht, die Synchrotronstrahlung emittieren; die rötlichen Gebiete sind Filamente aus ionisierten Gasen.

schäft bezeichnet, aufgrund dessen der K.-Geber sofort, der K.-Nehmer erst zu einem späteren Zeitpunkt zu leisten hat. K.-Geschäfte sind der wichtigste Geschäftszweig der Banken und können unterteilt werden in **Geldleihgeschäfte** (Überlassung von Geld) und **K.-Leihgeschäfte** (Übernahme von Zahlungsversprechen gegenüber Dritten wie beim Aval-K. und Akzept-K.). Grundlage des K.-Geschäfts ist der **K.-Vertrag**, u. a. mit Vereinbarungen über Zins, Laufzeit, Tilgung und sonstige K.-Kosten.

An K.-Arten werden v. a. unterschieden: 1) nach der Verwendung **Konsumtiv-K.** oder **Konsumenten-K.**, der für Anschaffungen von Gütern des privaten Verbrauchs dient, und **Produktiv-K.** oder **Produzenten-K.**, der zur Erzeugung und für den Betrieb von Produktionsanlagen, zur Beschaffung von Betriebsmitteln und zur Lohn- und Gehaltszahlung verwendet wird; 2) nach der Dauer der K.-Gewährung **kurzfristiger K.** (bis zu einem Jahr, z. B. Wechsel-K.), **mittelfristiger K.** (bis zu vier Jahren) und **langfristiger K.** (mehr als vier Jahre, z. B. Anleihe-K.). Der Markt für kurzfristige K. ist der ⁄ Geldmarkt, für mittel- und langfristige K. der ⁄ Kapitalmarkt; 3) nach der K.-Sicherung **Personal-K.**, der sich allein auf der Vertrauenswürdigkeit des Kreditnehmers gründet (z. B. Kontokorrent-K.), und **Real-K.**, der durch besondere Sicherheiten in Gestalt bewegl. Güter (z. B. Lombard-K.) oder unbewegl. Güter (z. B. Hypothekar-K.) gedeckt ist.

Die volkswirtsch. Bedeutung des K. liegt darin, durch Zusammenfassung vieler kleiner Ersparnisse die Finanzierung größerer Vorhaben (z. B. Investitionen) zu ermöglichen und damit Geldkapital zur bestmöglichen Verwendung zu leiten, wo es z. B. zur Erweiterung der Produktion verwendet werden und auch eine Erhöhung des Inlandsprodukts und der Beschäftigung bewirken kann. Theoretisch wandern die K. zu den Stellen des dringendsten Bedarfs, der höchsten Priorität. Der Prozess der K.-Gewährung und der Bildung von Sichteinlagen (**K.-Schöpfung**) kann zur Ausweitung der Geldmenge führen (⁄ Geldschöpfung). Im Rahmen ihrer **K.-Politik** versucht die Noten- bzw. Zentralbank, den volkswirtsch. Geld- und K.-Umlauf zu regulieren, z. B. über Veränderungen der Bankenliquidität und der Zinsen das K.-Angebotsverhalten der Banken und die K.-Nachfrage der Wirtschaft zu beeinflussen (⁄ Geldpolitik).

Kredit|abwicklungsfonds [-fɔ̃], mit der dt. Vereinigung eingerichtetes Sondervermögen des Bundes, in dem die am 3.10.1990 aufgelaufenen Schulden des Staatshaushalts der DDR sowie die Verbindlichkeiten des Staates gegenüber dem ⁄ Ausgleichsfonds Währungsumstellung zusammengefasst wurden. Der K. wurde zum 31.12.1994 aufgelöst, seine Verbindlichkeiten gingen auf den ⁄ Erblastentilgungsfonds über.

Kredit|anstalt für Wiederaufbau, Abk. **KfW**, öffentlich-rechtl., von Bund (80 %) und Ländern (20 %) getragene Spezialbank; gegr. 1948; Sitz: Frankfurt am Main; seit 1994 auch eine Niederlassung in Berlin. Die KfW gilt nicht als Kreditinstitut gemäß Kreditwesenges., unterliegt aber der Bankenaufsicht. Aufgaben: Förderung der dt. Wirtschaft (urspr. ihres Wiederaufbaus nach dem Zweiten Weltkrieg) durch zinsgünstige Investitionskredite (v. a. für kleine und mittlere Unternehmen, Umweltschutz, Strukturmaßnahmen, Wohnungsbau), Zuschüsse und Bürgschaften sowie durch die Finanzierung langfristiger Exportgeschäfte, Gewährung von Finanzierungskrediten im Rahmen der Entwicklungshilfe. Die Kreditvergaben werden überwiegend aus eigenen bzw. am Kapitalmarkt aufgenommenen Mitteln und z. T. aus Zuschüssen des Bundeshaushalts und des ERP-Sondervermögens finanziert. 2003 erfolgt die Fusion mit der Dt. Ausgleichsbank. (⁄ Mittelstandsbank)

Kreditbrief, Anweisung an Banken, dem Inhaber des K. bei Vorlage die von ihm gewünschten Geldbeträge bis zur Erreichung des festgesetzten Gesamtbetrags auszuzahlen. Im Reiseverkehr ist der **Reise-K.** heute weitgehend durch Kreditkarte, Reisescheck u. a. abgelöst.

Kreditgefährdung, das Behaupten oder Verbreiten unwahrer Tatsachen wider besseres Wissen, die geeignet sind, den Kredit eines anderen zu gefährden oder sonstige Nachteile für dessen Erwerb oder Fortkommen herbeizuführen. Die K. ist als Verleumdung strafbar (§ 187 StGB). Zivilrechtlich kann die K. zum Schadensersatz verpflichten (§ 824 BGB).

Kreditgenossenschaften (Genossenschaftsbanken), v. a. auf lokaler Ebene tätige Kreditinstitute. Die Mitte des 19. Jh. als Selbsthilfeeinrichtungen des gewerbl. Mittelstandes (H. Schulze-Delitzsch, Volksbanken) und im landwirtsch. Bereich (F. W. Raiffeisen, Raiffeisenbanken, Darlehnskassen, Spar- und Darlehnskassen) entstandenen K. sind heute universell tätige Kreditinstitute. Zum **genossenschaftl. Bankenverbund** gehören neben Volks- und Raiffeisenbanken auch Post-, Spar- und Darlehnsvereine, Sparda-Banken, die genossenschaftl. Zentralbanken sowie als Spezialinstitute die Bausparkasse Schwäbisch-Hall, die Dt. Genossenschafts-Hypothekenbank AG, die Münchener Hypothekenbank eG, die R+V Versicherungsgruppe, die DIFA Dt. Immobilienfonds AG und die VR-Leasing-Gruppe; Spitzeninstitut ist die ⁄ DZ-Bank AG Deutsche Zentralgenossenschaftsbank.

Kredit|institute, nach § 1 Kreditwesenges. Unternehmen, die Bankgeschäfte betreiben und deren Geschäftsumfang einen in kaufmänn. Weise eingerichteten Geschäftsbetrieb erfordert. Zu den K. gehören Kreditbanken (Groß- und Regionalbanken, Privatbanken, Niederlassungen ausländ. Banken), Real-K., Sparkassen, Girozentralen, Kreditgenossenschaften, genossenschaftl. Zentralbanken, K. mit Sonderaufgaben (z. B. Mittelstandsbank), Teilzahlungs-K., Kapitalanlagegesellschaften. Keine K. sind u. a. die Dt. Bundesbank, Kreditanstalt für Wiederaufbau, Versicherungsunternehmen, Pfandleihunternehmen, Unternehmensbeteiligungsgesellschaften.

Kreditkarte, Ausweiskarte, die ihren Inhaber berechtigt, bei einem dem K.-System angeschlossenen Vertragsunternehmen (z. B. Einzelhandelsgeschäfte, Hotels, Tankstellen) Waren und Dienstleistungen bargeldlos, durch Unterschrift auf der Rechnung zu beziehen. Die Rechnung wird nach Abzug einer Provision durch die K.-Organisation bezahlt, die ihrerseits das Konto des K.-Inhabers mit den aufgelaufenen Rechnungsbeträgen belastet. Bei Erwerb einer K. muss die Kreditwürdigkeit nachgewiesen und ein Jahresbeitrag entrichtet werden. K. sind ein weltweit einsetzbares Zahlungsmittel und räumen dem Inhaber einen zinslosen Kredit bis zum Abrechnungsstichtag ein. Urspr. wurden K. nur von besonderen K.-Gesellschaften ausgegeben, hinter denen einzelne Banken (z. B. American Express Company, Diners Club Inc.) oder Bankkooperationen stehen (z. B. die »Eurocard« des dt. Kreditgewerbes), in jüngster Zeit auch von einzelnen Banken, Dienstleistungsunternehmen und Verbänden, die Lizenzen von K.-Gesellschaften erwerben und die K. mit ihrem eigenen Namen bzw. Logo versehen (**Co-Branding-Karte,** ↗ Co-Branding). Des Weiteren geben Handels- und Dienstleistungsunternehmen eigene K. (**Kundenkarte**) aus, die ihren Kunden das bargeld- und schecklose Bezahlen innerhalb ihres Filialnetzes oder Verbundes mit anderen Unternehmen ermöglichen. – K. werden zu Mehrfunktionskarten erweitert (Magnetkarte, Chipkarte), um z. B. die Benutzung von Kartentelefonen und Geldausgabeautomaten oder Electronic Cash zu ermöglichen.

Krefeld: Rathaus (ehemaliges Schloss der Familie von der Leyen; 1791–94)

Kreditkartenmissbrauch (Scheckkartenmissbrauch), Schädigung des Ausstellers einer Kredit- oder Scheckkarte durch den berechtigten Karteninhaber mittels Belastung eines ungedeckten Kontos, strafbar nach § 266b StGB.

Kreditkauf, Kauf, bei dem vertraglich vereinbart ist, dass die Zahlung des Kaufpreises erst nach Übergabe und/oder Übereignung der Kaufsache (oftmals in Raten) erfolgen soll. Bestimmungen zum Verbraucherkreditvertrag (↗ Verbraucherkredit) enthalten die §§ 491 ff. BGB.

Kreditlini|e (Kreditlimit), einem Kreditnehmer eingeräumter maximaler Kreditbetrag, in der Finanzwirtschaft auch als Kreditplafond (↗ Plafond), in der Außenwirtschaft als Kreditfazilität (↗ Fazilität) oder ↗ Swing bezeichnet.

Kreditoren [lat. »Gläubiger«], **1)** *Bankwesen:* auf der Passivseite der Bankbilanz ausgewiesene Verbindlichkeiten gegenüber Kreditinstituten u. a. Gläubigern.
2) *Buchführung:* Verbindlichkeiten aus dem Kauf von Waren und/oder Dienstleistungen auf Kredit (Zielkauf), die auf speziellen **K.-Konten** verbucht werden. K. sind in der Bilanz auf der Passivseite als Verbindlichkeiten aus Lieferungen und Leistungen aufzuführen; Ggs.: Debitoren.

Kreditpolitik, Gesamtheit der Maßnahmen einer Noten- bzw. Zentralbank zur Regulierung des volkswirtsch. Geld- und Kreditvolumens (↗ Geldpolitik).

Kreditversicherung, Risikoversicherung für den Kreditgeber für die Zahlungsunfähigkeit des Schuldners; Arten: Waren-K. für Forderungen aus Lieferungen und Leistungen, Investitions-K. für mittelfristige Kredite, Konsumenten-K. für Raten- und Dispositionskredite sowie die Ausgabe von Scheck- und Kreditkarten, K. für Ausfuhrkredite. Die Export-K. umfasst als Exportförderungsmaßnahme auch polit. Risiken (↗ Hermes Kreditversicherungs-AG). Zu den K. zählen weiterhin die **Kautionsversicherung** (Stellung von Bürgschaften und Garantien durch den Versicherer gegenüber Dritten für den Versicherungsnehmer) und die **Vertrauensschadenversicherung,** die die durch Untreuehandlungen der Mitarbeiter entstandenen Vermögensschäden ersetzt.

Kreditvertrag, ↗ Darlehen, ↗ Verbraucherkredit.

Kreditwesengesetz, Abk. **KWG,** Ges. i. d. F. v. 9. 9. 1998, das im Interesse des Anlegerschutzes die Struktur der Kreditwirtschaft und die Aufsicht über das Kreditwesen regelt. Nicht anwendbar ist das K. bes. auf die Dt. Bundesbank, die Kreditanstalt für Wiederaufbau, die Träger der Sozialversicherung, die Bundesanstalt für Arbeit, Versicherungsunternehmen. Es enthält u. a. Vorschriften über die Eigenkapitalausstattung der Kreditinstitute, ihre Liquidität, die Begrenzung von Beteiligungen, regelt Haftungsfragen. Auf seiner Grundlage wurde das Bundesaufsichtsamt für das Kreditwesen errichtet, das 2002 mit den Bundesaufsichtsämtern für Versicherungswesen und Wertpapierhandel zur ↗ Bundesanstalt für Finanzdienstleistungsaufsicht zusammengelegt wurde.

Kreditwürdigkeit, vom Kreditgeber einem Kreditnehmer nach Prüfung zugeordnete Eigenschaft, dass dieser die Verpflichtungen aus einem Kreditvertrag erfüllen wird; Kriterien sind v. a. die persönl. Zuverlässigkeit des Kreditnehmers und seine Einkommens- und Vermögensverhältnisse.

Krefeld, kreisfreie Stadt im RegBez. Düsseldorf, NRW, in der Niederrhein. Bucht, 239 600 Ew.; wirtsch. und kultureller Mittelpunkt des linken Niederrheingebiets; Geolog. Landesamt, FH Niederrhein, Textilforschungszentrum Nord-West. Museumszentrum Linn mit Landschaftsmuseum Burg Linn (kurköln. Wasserburg, 12./15. Jh. und 18. Jh.) und Dt. Textilmuseum; Stadttheater, zoolog. und botan. Garten; Edelstahl- und Maschinen- sowie chem. Ind., Waggonbau; die Textil- und Bekleidungsind. beruht auf traditioneller Leinen- und Seidenweberei (bed. Seidenmanufaktur, gegr. 1658). Rheinbrücke und Rheinhafen im Stadtteil **Uerdingen.** Die Innenstadt von K. wurde im Zweiten Weltkrieg zu 50 % zerstört. Erhalten ist u. a. die kath. Pfarrkirche St. Dionysius (1754–68, mehrfach verändert). Das Rathaus (ehem. Schloss der Familie von der Leyen, 1791–94) wurde 1955 wiederhergestellt. – Der Stadtteil **Gellep** ist Fundort des röm. Grenzkastells »Gelduba«; ferner römisch-fränk. Gräberfeld (u. a. fränk. Fürstengrab aus dem 6. Jh.). – K., 1105 erstmals erwähnt, kam 1226 an die Grafen von Moers; 1373 (Kölner) Stadtrecht; 1600–1702 unter oran. Herrschaft, 1702 an Preußen.

Kreide, 1) *Geologie:* das letzte System des Mesozoikums, dauerte rund 80 Mio. Jahre und wird gegliedert in die Abteilungen Untere K. und Obere K.; charakteristisch sind Kalke, Mergel, Tone, Sandsteine, Schreibkreide, z. T. auch Vulkanite. Nutzbar sind Kalkstein, Steinkohle, Eisenerze, Bauxit und Erdöl. Die K. ist eine Zeit großer Transgressionen. In den alpid. Geosynklinalen begannen die ersten Faltungen, Anden und Rocky Mountains entstanden. Der weitere Aufbruch ↗ Gondwanas, verbunden mit kräftigem Basaltvulkanismus, war nahezu beendet und die Umrisse der heutigen Kontinente waren etwa herausgebildet, die Tethys war verengt. In der K. erreichten Foraminiferen, Schwämme und Bryozoen eine Blütezeit. Muscheln, Ammoniten, Belemniten, Seeigel und Coccolithen (Kalkkörperchen mariner Flagellaten) haben Leitwert. Reptilien herrschten im Meer, auf dem Land und in der Luft (Saurier). In der Ober-K. traten die ersten Insektenfresser und Beuteltiere auf. In der K. setzte mit Erscheinen der Angiospermen bereits das ∕ Känophytikum ein. Das Klima war wesentlich wärmer als heute, aber Zuwachsringe der Bäume deuten auf jahreszeitl. Wechsel. Am Ende der K. starben wahrscheinlich durch einen Asteroideneinschlag nahezu die Hälfte der damals lebenden Arten, darunter die Dinosaurier, Ammoniten, Belemniten, Rudisten, mehrere Gruppen von Schnecken, die Meeresreptilien, Flugsaurier und zahntragende Vögel, aus.

2) *Petrographie:* weißer, feinkörniger, weicher, mariner Kalkstein, vorwiegend aus calcit. Mikrofossilien entstanden; typisch sind Lagen von Feuersteinkonkretionen. Verwendung als Schreib- und Schlämmkreide.

Kreidemanier (Crayonmanier), Technik des ∕ Kupferstichs.

Kreidolf, Ernst, schweizer. Maler und Zeichner, *Tägerwilen (Kt. Thurgau) 9. 2. 1863, †Bern 12. 8. 1956; verfasste und illustrierte Kinderbücher mit Bildern personifizierter Blumen und Insekten sowie Märchenfiguren.

Kreis, 1) *Geometrie:* geschlossene ebene Kurve, deren sämtl. Punkte von einem festen Punkt M, dem **Mittelpunkt** (oder **Zentrum**), gleich weit entfernt sind. Diese Entfernung r heißt **Radius** (oder **Halbmesser**), der Umfang des K. **K.-Linie** (oder **Peripherie**), eine den K. schneidende gerade Linie **Sekante.** Der in den K. fallende Teil der Sekante heißt **Sehne;** geht diese durch den Mittelpunkt, so heißt sie **Durchmesser,** ihre Länge ist $d = 2r$. Die den K. berührende Gerade heißt **Tangente,** sie steht senkrecht auf dem Radius vom Mittelpunkt zum Berührungspunkt; der **Bogen** ist ein Teil des Kreises. Eine durch den Mittelpunkt des K. gehende Gerade heißt **Zentrale.** Sehne und Bogen begrenzen einen **K.-Abschnitt (Segment),** zwei Halbmesser und ein Bogen einen **K.-Ausschnitt (Sektor).** Der K.-Umfang ist $U = 2\pi r$, die K.-Fläche $A = \pi r^2$ (∕ Pi). – Die **K.-Gleichung** für einen K. um $M(x_M; y_M)$ mit dem Radius r lautet in kartes. Koordinaten $(x - x_M)^2 + (y - y_M)^2 = r^2$, für den **Einheits-K.** gilt $x^2 + y^2 = 1$ mit M im Koordinatenursprung.

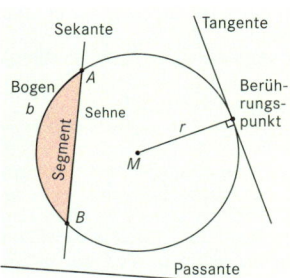

Kreis 1): Längenbeziehungen zwischen Kreis und Gerade

2) *Kommunalrecht:* (Landkreis), Gebietskörperschaft, d. h. Körperschaft des öffentl. Rechts, deren Hoheitsgebiet einen räumlich abgegrenzten Teil des Staatsgebiets und dessen Bev. umfasst. Ähnlich den Gemeinden sind die K. einerseits mit grundgesetzlich geschütztem Selbstverwaltungsrecht ausgestattete Körperschaften, allerdings mit überörtl. Aufgaben, andererseits untere staatl. Verw.behörde. K. bestehen in allen Ländern Dtl.s, mit Ausnahme der Stadtstaaten Bremen und Hamburg sowie des Landes Berlin, überwiegend unter der Bez. Land-K. Die kreisfreien Städte (meist mit mehr als 100 000 Ew.) erfüllen neben den Gemeindeaufgaben auch K.-Funktionen. Organe des K. sind der **K.-Tag;** er ist die polit. Vertretung des K. und seiner Einwohner und wird in den meisten Ländern alle fünf Jahre gewählt, und der **K.-Ausschuss;** er ist der »beschließende Ausschuss« des K.-Tages (er besteht nicht in allen Ländern) für Angelegenheiten über die der K.-Tag nicht Beschluss fasst. Der ∕ Landrat ist der Hauptverwaltungsbeamte des Kreises. Die K.-Verfassung, Aufgaben und Befugnisse sind durch Landes-Ges. unterschiedlich geregelt. – In *Österreich* wurden 1945 die Stadt- und Land-K. wieder abgeschafft. Auf der Verw.ebene zw. Gemeinden und Ländern steht die ∕ Bezirkshauptmannschaft. In der *Schweiz* gibt es K. im Sinne von Verwaltungs-K. z. B. in Graubünden; höhere Gemeindeverbände bilden eine Ausnahme.

Kreisauer Kreis, eine nach dem Ort ihrer Zusammenkünfte (v. a. zw. Pfingsten 1942 und 1943) auf dem Gut Kreisau (Niederschlesien) von H. J. Graf von Moltke ben. christlich-konservative Gruppe der dt. ∕ Widerstandsbewegung; 1940 entstanden, umfasste 43 meist jüngere Oppositionelle versch. konfessioneller und sozialer Herkunft sowie weltanschaulich-polit. Einstellung; erstrebte im Rahmen konservativer Vorstellungen einen sozialen Ausgleich zw. den Bev.gruppen, eine überschaubar gegliederte polit. Ordnung des Dt. Reichs ohne die »Fehler« der Weimarer Verf., mit einer Machtdelegierung von unten nach oben durch indirekte Wahlen. Mit Moltkes Verhaftung im Jan. 1944 und mit dem Fehlschlag des Attentats auf Hitler vom 20. 7. 1944 brach auch die Arbeit des K. K. zusammen. Zum Tode verurteilt und hingerichtet wurden u. a. Graf Moltke, P. Graf Yorck von Wartenburg, A. Delp, T. Haubach, J. Leber, A. Reichwein; Zuchthausstrafen erhielten E. Gerstenmaier u. a. Zum K. K. gehörten auch C. Mierendorff, H. Poelchau, T. Steltzer, A. von Trott zu Solz.

Kreisbahngeschwindigkeit, die erste der ∕ kosmischen Geschwindigkeiten. Die K. ist diejenige Geschwindigkeit, die ein tangential zur Oberfläche eines Himmelskörpers abgeschossener Flugkörper haben muss, damit er diesen auf der kleinstmögl. Kreisbahn umrunden kann.

Kreisbeschleuniger, ∕ Teilchenbeschleuniger.

Kreisel, *Physik:* in einem Punkt festgehaltener, sonst frei bewegl. starrer Körper, der um diesen Punkt (Rotationszentrum) Drehbewegungen ausführt. Der schon im Altertum bekannte Spiel-K. ist daher kein K. im physikal. Sinn, da seine Spitze nicht in einem Punkt festgehalten wird, sondern auf einer Fläche frei beweglich ist. In der Praxis wird v. a. die Bewegung symmetr. K. ausgenutzt, zu denen u. a. alle rotationssymmetr. Körper zählen, sofern das Rotationszentrum auf der Symmetrieachse liegt.

Beim **kräftefreien K.** greifen sämtl. äußeren Kräfte am festgehaltenen Drehpunkt an, Energie und Drehimpuls bleiben bei seiner Bewegung konstant. Der **kräftefreie symmetr. K.** lässt sich z. B. durch einen im Schwerpunkt unterstützten K. oder durch kardan. Aufhängung verwirklichen. Versetzt man einen K. bei festgehaltener K.-Achse (**Figurenachse, Symmetrieachse**) in Drehung, so bleibt diese Achse, auch nachdem sie freigegeben ist, in Ruhe (raumfest), der K. vollführt eine reine Rotation um die Figurenachse. I. Allg. fallen aber Figurenachse, die durch die Richtung des Drehimpulses festgelegte raumfeste Drehimpulsachse und die momentane Drehachse (bestimmt

Kreiselverdichter

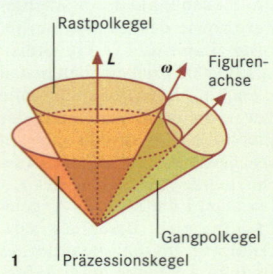
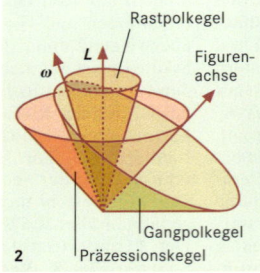
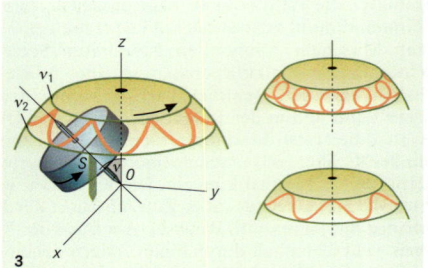

Kreisel: 1 Präzessions-, Rastpol- und Gangpolkegel eines Kreisels mit verlängertem Trägheitsellipsoid; 2 Präzessions-, Rastpol- und Gangpolkegel eines Kreisels mit abgeplattetem Trägheitsellipsoid; 3 Präzession eines schweren symmetrischen Kreisels mit überlagerter Nutation (verschiedene Bewegungsformen der Figurenachse); L Drehimpuls, ω Winkelgeschwindigkeit, S Schwerpunkt, ν Winkel zwischen Figurenachse und Vertikale (schwankt zwischen ν_1 und ν_2).

durch die Winkelgeschwindigkeit ω) nicht zus.; Figuren- und momentane Drehachse beschreiben je einen Kegel (**Präzessions-** bzw. **Rastpolkegel**) um die Drehimpulsachse, die momentane Drehachse beschreibt um die Figurenachse den Gangpolkegel. Diese Bewegung heißt **reguläre Präzession.** – Fällt der Schwerpunkt des K. nicht in den Stützpunkt (**schwerer K.**), so bilden die Schwerkraft und die entgegengesetzt gleiche Auflagerkraft ein äußeres Kräftepaar. Das resultierende Drehmoment führt zu einer für den K. charakterist. Bewegung. Der schnell rotierende K. gibt der Schwerkraft, die versucht, ihn um eine zu seiner momentanen Drehachse senkrechte Achse zu drehen, nicht nach, sondern weicht mit einer heftigen Drehbewegung um eine dazu senkrechte Achse aus, weil sich sein Drehimpuls in jedem Moment mit dem vom Drehmoment der Schwerkraft zusätzlich erzeugten Drehimpuls zu einer Resultierenden zusammensetzt, die um einen kleinen Winkel in der Horizontalen abweicht. Diese Ausweichbewegungen setzen sich zu einer neuen Drehbewegung zusammen. Die allg. Bewegung des schweren symmetr. K. wird bei hoher Drehgeschwindigkeit als **pseudoreguläre Präzession** bezeichnet, weil die Bewegung dann der regulären Präzession ähnelt und sich nur durch die **Nutation,** d. h. kleine Schwankungen der Figurenachse (die sich zw. zwei Kreiskegeln hin- und herbewegt), unterscheidet.

Die Eigenschaft des K., jeder Richtungsänderung seiner Drehachse einen starken Widerstand entgegenzusetzen, wird insbesondere für Navigationszwecke genutzt, z. B. mit dem K.-Kompass, dem ⁄künstlichen Horizont und dem ⁄Wendezeiger; in der Ballistik nutzt man die K.-Wirkung zur Stabilisierung der Flugbahn von Geschossen. – Auch die Erde ist ein großer K., der wegen der Abplattung an den Polen, der Neigung seiner Rotationsachse und der Gravitationswirkung von Sonne und Mond nicht völlig kräftefrei ist (⁄Nutation, ⁄Präzession).

Kreiselverdichter (Turboverdichter), ⁄Verdichter.

kreisfreie Stadt, ⁄Kreis.

Kreisfrequenz, ⁄Winkelgeschwindigkeit.

Kreisgericht, in der DDR das 1952 an die Stelle der Amtsgerichte getretene erstinstanzl. Gericht, das nach der Wiedervereinigung bis zur Umgestaltung der Gerichtsorganisation nach dem Muster der alten Bundesländer fortbestand.

Kreishandwerkerschaft, Zusammenschluss von Handwerksinnungen in einem Stadt- oder Landkreis als Gesamtinteressenvertretung in Form einer Körperschaft des öffentl. Rechts; den Vorsitz führt der Kreishandwerksmeister.

Bruno Kreisky

Kreiskolbenmotor (Rotationskolbenmotor), Verbrennungsmotor mit rotierendem Kolben. Beim **Wankelmotor** (F. ⁄Wankel), der bis jetzt als einziger K. techn. Bedeutung hat, bewegt sich ein Drehkolben (Läufer), der in der Form einem Bogendreieck ähnelt, in einem fest stehenden trochoidförmigen Gehäuse. Er führt dabei eine Bewegung aus, die sich aus einer Drehung um seinen eigenen Mittelpunkt und einer Kreisbewegung dieses Mittelpunktes um den Gehäusemittelpunkt zusammensetzt. Alle drei Ecken des Drehkolbens bewegen sich entlang der Gehäusewand. – Vorteile gegenüber dem Hubkolbenmotor: Vibrationsfreiheit (sehr gutes Laufverhalten), kompakte Bauweise, kein Ventilantrieb, günstiger Drehkraftverlauf, geringes Gewicht. Nachteile: schwierige Dichtung zw. Kolben und Gehäuse, ungünstige Brennraumform mit langen Brennwegen, höherer Kraftstoff- und Ölverbrauch, höhere Herstellungskosten, mehr unverbrannte Kohlenwasserstoffe im Abgas (dafür weniger Stickoxide), kein Dieselmotor möglich.

Kreisky, Bruno, österr. Politiker, *Wien 22. 1. 1911, †ebd. 29. 7. 1990; Jurist, Mitgl. der SPÖ, 1935–37 und 1938 aus polit. Gründen in Haft, emigrierte 1938 nach Schweden (bis 1945). 1953–59 war er Staatssekretär im Bundeskanzleramt und beteiligte sich 1955 maßgeblich an den Verhandlungen über den Österr. Staatsvertrag. 1959–66 war er Außenmin., 1967–83 Vors., 1983–87 Ehrenvors. der SPÖ, 1970–83 Bundeskanzler. K. gewann hohes Ansehen als Außenpolitiker, der bedeutende Vorschläge zur Lösung internat. Probleme machte.

Kreislauf, 1) *Physiologie:* kurz für ⁄Blutkreislauf.

2) *Wirtschaft:* ⁄Wirtschaftskreislauf.

Kreislaufkollaps, akutes Versagen der Kreislaufregulation, ⁄Kollaps.

Kreislaufmotor, Verbrennungsmotor als Antrieb für U-Boote, bei der Überwasser- oder Schnorchelfahrt mit Außenluft, bei der Unterwasserfahrt im Kreislaufbetrieb mit Sauerstoff betrieben. Beim Übergang zur Unterwasserfahrt werden die bisher frei austretenden Abgase durch eine Abgasumschaltklappe in den Abgaskreislauf geleitet und die Frischluftzufuhr abgesperrt. Der Sauerstoffvorrat wird gasförmig, flüssig oder chemisch gebunden (z. B. als Wasserstoffperoxid) mitgeführt.

Kreislaufstörungen, funktionelle Beeinträchtigungen des gesamten Blutkreislaufs oder einzelner Gefäßbereiche, die häufig anfallartig auftreten und meist vorübergehend sind. Sie äußern sich in starken Blutdruckschwankungen (Unterdruck, Hochdruck),

Schwindel, Kopfschmerzen, Herzbeschwerden, Schwächegefühl. Zu den Ursachen gehören psychosomat. Störungen, Bewegungsarmut, Stress und Umwelteinflüsse.

Kreislaufwirtschaftsgesetz, kurz für Kreislaufwirtschafts- und Abfallgesetz, am 7. 10. 1996 in Kraft getretenes Ges. zur Förderung der Kreislaufwirtschaft und zur Sicherung der umweltverträgl. Beseitigung von Abfällen (vom 27. 9. 1994). In Umsetzung des ↗Verursacherprinzips sind die Produzenten von Gütern für die Entsorgung der Rückstände selbst verantwortlich, wobei die Abfallvermeidung vor der Abfallverwertung und der Abfallbeseitigung Vorrang hat. (↗Abfallwirtschaft)

Kreisler, 1) Fritz, österr. Geiger und Komponist, *Wien 2. 2. 1875, †New York 29. 1. 1962; gefeierter Virtuose; schrieb Operetten, Violinmusik (z. B. »Alt-Wiener Tanzweisen«, darunter »Liebesfreud«, »Liebesleid« und »Schön Rosmarin«).
2) Georg, österr. Schriftsteller, Musiker, Kabarettist, *Wien 18. 7. 1922; emigrierte 1938 in die USA, kehrte 1955 nach Wien zurück und arbeitete dort bis 1958 an Kabarettprogrammen mit G. Bronner und H. Qualtinger zusammen; lebt seit 1975 in Berlin. K. ist Textautor und Komponist von makabren, parodist., auch sozialkrit. Liedern, die er selbst vorträgt. K. schrieb u. a. »Zwei alte Tanten tanzen Tango« (1961, Textsamml.), das Musical »Heute abend: Lola Blau« (1971), den Satireband »Ist Wien überflüssig?« (1987), Romane: »Ein Prophet ohne Zukunft« (1990), »Der Schattenspringer« (1996).

Kreisprozess, eine Folge von thermodynam. Zustandsänderungen eines Systems, nach dessen Ablauf Anfangs- und Endzustand übereinstimmen. Gelangt das System vom Anfangszustand 1 zu einem von diesem versch. Zustand 2 auf einem anderen Weg als vom Zustand 2 wieder zurück zum Zustand 1, so wird Wärme in Arbeit umgewandelt (Wärmekraftmaschine) oder unter äußerem Energie-(Arbeits-)Aufwand Wärme von einem tieferen auf ein höheres Temperaturniveau gehoben (Wärmepumpe). Beim **reversiblen K.** (z. B. ↗carnotscher Kreisprozess) durchläuft das System eine Folge von Gleichgewichtszuständen, beim **irreversiblen K.** treten Nichtgleichgewichtszustände auf.

Kreißsaal, Entbindungsraum in einer Klinik.
Kreisstadt, Stadt, in der die Kreisverw. ihren Sitz hat. (↗Große Kreisstadt)
Kreisverkehr, Möglichkeit der Verkehrsführung anstelle einer Kreuzung (Verteilerkreis). Ist an der Einmündung in den K. das Zeichen »K.« unter dem Zeichen »Vorfahrt gewähren« angeordnet, hat der Verkehr auf der Kreisfahrbahn Vorfahrt. Bei der Einfahrt in einen solchen K. ist nicht zu blinken (§ 9a StVO).
Kreiswehr|ersatzamt, ↗Wehrersatzwesen.
Krejča [ˈkrɛjtʃa], Otomar, tschech. Regisseur, Schauspieler, Theaterleiter, *Skrýšov 23. 11. 1921; 1951–69 am Nationaltheater Prag (1956–61 Schauspielleiter), 1965 Gründung des »Theaters hinter dem Tor« mit eigenem Ensemble (1972 geschlossen); 1976–78 Schauspieldirektor in Düsseldorf; ab 1982 Inszenierungen v. a. in europ. Ländern.
Krelle, Wilhelm, Physiker und Volkswirtschaftler, *Magdeburg 24. 12. 1916; Prof. in St. Gallen (1955–58) und Bonn (1958–81); bekannt v. a. durch seine »strukturelle« Verteilungstheorie, preis- und wachstumstheoret. sowie ökonometr. Arbeiten und Prognosemodelle.
Krematorium [lat.] *das,* Einäscherungsanstalt; kommunale Einrichtung mit Totenfeierhalle und Verbrennungsanlage zur Einäscherung (Feuerbestattung, Kremation) von Toten.

Krementschug (ukrain. Krementschuk), Stadt am Dnjepr, Gebiet Poltawa, Ukraine, 234 000 Ew.; Metall-, Erdölverarbeitung, Maschinenbau, pharmazeut., Leicht- und Lebensmittelind.; Hafen, Verkehrsknoten; nahebei Stausee (2 252 km^2) mit Wasserkraftwerk (625 MW); um K. Eisenerzabbau. – Im 16. Jh. entstanden.

Kremer, Gidon Markowitsch, Violinist lettisch-dt. Herkunft, *Riga 27. 2. 1947; Schüler von D. Oistrach; lebt seit 1980 im westl. Ausland; bed. Virtuose, dessen umfangreiches Repertoire von der Musik des Barock bis zu Werken zeitgenöss. Komponisten reicht. K. gründete 1981 die jährlich stattfindenden Festwochen für Kammermusik in Lockenhaus (Österreich), ab 1992 »KREMERata MUSICA« gen., und 1996 in Vilnius das Kammerensemble »KREMERata BALTICA« (zur Förderung begabter junger Musiker aus Estland, Lettland und Litauen). 1997–98 leitete er das Musikfestival in Gstaad.

Kreml [russ.] *der,* meist auf einer Anhöhe gelegener befestigter Kern russ. Städte im MA., Sitz der weltl. und geistl. Verwaltung. In vielen Städten (z. B. Kasan, Astrachan, Kolomna, Pskow) sind Befestigungsanlagen und Kirchen aus dem 16. und 17. Jh. noch erhalten; der bedeutendsten ist der K. in Moskau, Reg.sitz und oft synonym dafür gebraucht.

Kremnica [-njitsa] (dt. Kremnitz), alte Bergstadt im Mittelslowak. Gebiet, Slowakei, im Kremnitzer Gebirge südlich der Großen Fatra, 6 100 Ew.; Textilind., Maschinenbau. – Altstadt unter Denkmalschutz: Stadtburg mit got. Katharinenkirche, Karner und roman. Andreasrotunde, got. Bürgerhäuser, Reste der Stadtbefestigung. – 1317 erstmals erwähnt, königlich-ungar. Bergstadt, Zentrum des ungar. Gold- und Silberbergbaus; seit 1355 (nach 1918 staatl.) Münzstätte; bis 1945 dt. Sprachinsel (»Hauerland«).

Krempel *die, Textiltechnik:* die ↗Karde.

Krempling:
Kahler Krempling

Krempling (Paxillus), Gattung der Blätterpilze mit eingerolltem Hutrand und am Stiel herablaufenden Blättern (Lamellen); der auf Waldboden häufig vorkommende, ockergelbe oder rotbraune **Kahle K.** (Paxillus involutus) ist giftig.

Krems an der Donau, Bezirkshptst. in NÖ, am linken Ufer der Donau, die hier die Wachau verlässt, 23 400 Ew.; Stadt mit eigenem Statut; Handels- und Schulstadt, u. a. Donau-Univ., Höhere Techn. Bundeslehranstalt und Pädagog. Akademie; Kunsthalle, Stadtmuseum im ehem. Dominikanerkloster, Weinbau-, Motorradmuseum; Obst- und Weinbau und -handel (jährl. Weinmesse); Feinblechwalzwerk, chem., Kunststoffind., Teppich-, Zigarrenfabrik; Verkehrsknotenpunkt, Donauhafen; Fremdenverkehr. – Die schon 995 erwähnte Stadt besitzt Reste der Befestigung (Steiner Tor, um 1480, barocker Aufsatz von 1754), spätgot. Piaristenkirche (1508 ge-

Krem Kremser Weiß

Krems an der Donau: Steiner Tor (um 1480, barocker Aufsatz von 1754)

weiht), frühbarocke Pfarrkirche St. Veit (1616–30), ehem. Dominikanerkirche (13. Jh., heute Museum), alte Bürgerhäuser. Zur Stadt gehört **Stein an der Donau** (1938 eingemeindet) mit spätroman. ehem. Minoritenkirche (1264 geweiht) mit Fresken (14. Jh.), got. Frauenbergkirche (2. Hälfte 14. Jh.) und got. Pfarrkirche St. Nikolaus (15. Jh.), Kremser Tor (im Kern 15. Jh.).

Kremser Weiß, Malerfarbe, ↗ Bleiweiß.

Kremsier, Stadt in der Tschech. Rep., ↗ Kroměříž.

Kremsmünster, Marktgem. im Bez. Kirchdorf an der Krems, OÖ, 6 300 Ew.; Fahrzeugmuseum (im Schloss Kremsegg); Glas- und Kunststoffind., Herstellung von Gablonzer Glaswaren. – Das Benediktinerstift K. (gegr. 777 von Tassilo III. von Bayern) sowie Stiftskirche und Abtei stammen in jetziger Gestalt aus dem 17./18. Jh.; sie beherbergen bed. Gemälde-, Waffen- und Kunstsammlungen, eine wertvolle Bibliothek (Handschriften, Inkunabeln), Schatzkammer (mit dem ↗ Tassilokelch); Stern- und Wetterwarte im 1748–59 erbauten »Math. Turm«; »Fischbehälter«, eine Anlage mit mehreren von Arkadengängen umgebenen Wasserbecken (1690–92), Kalvarienbergkirche (1636/37).

Krenek (eigtl. Křenek), Ernst, österreichisch-amerikan. Komponist, *Wien 23. 8. 1900, †Palm Springs (Calif.) 22. 12. 1991; Schüler F. Schrekers; lebte seit 1938 in den USA; sein Gesamtwerk spiegelt die Spannweite der Musikentwicklung des 20. Jh.; schrieb Opern, Ballette, Orchesterwerke, Kammermusik, Chorwerke (Oratorium »Symeon der Stylit«, 1988), Lieder, elektron. Musik (»Orga-Nastro«, 1971, für Orgel und Tonband). Schriften: »Über neue Musik« (1937), »Im Zweifelsfalle. Aufsätze über Musik« (1984) u. a.

Johann Kresnik

Krenz, Egon, Politiker (SED), *Kolberg (Pommern) 19. 3. 1937; Lehrer; 1974–83 1. Sekretär der FDJ, ab 1983 Mitgl. des Politbüros der SED, ab 1984 auch stellv. Staatsratsvors., versuchte als Gen.-Sekr. der SED und Staatsratsvors. der DDR (Okt.–Dez. 1989) vergeblich, die Macht der SED und die DDR als Staat zu erhalten. Im Jan. 1990 schloss ihn die SED-PDS aus. Im Nov. 1995 wurde K. mit fünf anderen Mitgl. des letzten Politbüros der SED des mehrfachen Totschlags angeklagt und 1997 verurteilt (1999 bestätigt, Haftantritt im Jan. 2000).

Kreolen [frz. créole, zu span. criar »nähren«, »erziehen«] (span. Criollos, portugies. Crioulos), in Lateinamerika Bez. für die Nachkommen romanisch-europ. Einwanderer (weiße K.); oft unterschiedlich angewendet, z. B. in Brasilien auch für Nachkommen der Negersklaven (schwarze K.).

kreolische Sprachen (Kreolsprachen), Mischsprachen mit stark reduzierter sprachl. Struktur, die als Produkte andauernder gegenseitiger Beeinflussung zw. europ. und nichteurop. Sprachen entstanden sind, wobei die europ. Sprache dominiert. Bekannt sind u. a. die k. S. von Jamaika (Grundlage: Englisch), Haiti, Guadeloupe (Grundlage: Französisch), Curaçao (Papiamento; Grundlage: Spanisch).

Kreon, grch. Mythos: König von Theben, Bruder der ↗ Iokaste. (↗ Antigone)

Kreosot [grch.] das, rauchartig riechendes Öl, gewonnen aus Buchenholzteer; enthält u. a. Kresole und Guajakol. K. dient als Insektenabwehr- und Holzschutzmittel, besitzt antisept. Wirkung.

Krepitation [lat.] die, Medizin: knirschendes Reiben, z. B. von Bruchstücken eines Knochens; auch knisterndes Atemgeräusch bei Beginn und Abklingen einer Lungenentzündung.

Krepp der (frz. Crêpe), Bez. für Gewebe oder Gewirke u. a. textile Flächenerzeugnisse mit körnigem, gekräuseltem, welligem, narbigem oder blasigem Aussehen und Griff in K.-Bindungen (Bindungs-K.). Eine gute K.-Bindung darf weder in Kett- oder Schussrichtung noch in den beiden Diagonalrichtungen eine Streifigkeit erkennen lassen. K.-Gewebe werden zur Herstellung von Kleider-, Futter-, Dekorations- und Möbelstoffen verwendet und tragen versch. Bez. (z. B. Craquelé, Flamengo, Cloqué). **Lavabel** ist ein weich fließendes, knitterarmes, waschbares K.-Gewebe (v. a. aus Chemiefäden in Taftbindung).

Kresilas, aus Kydonia (Kreta) stammender grch. Bildhauer der 2. Hälfte des 5. Jh. v. Chr. Als Kopie seines Diomedes wird eine in Cumae gefundene Statue angesehen (Neapel, Museo Archeologico Nazionale). K. schuf die um 429 auf der Athener Akropolis aufgestellte Statue des Perikles, deren Kopf in Kopien erhalten ist.

Kresnik, Johann, österr. Choreograph und Ballettdirektor, *Sankt Margarethen (Kärnten) 12. 12. 1939; war 1968–78 Ballettdirektor in Bremen, 1979–89 in Heidelberg, danach bis 1994 wieder in Bremen; 1994–2002 leitete er an der Volksbühne am Rosa-Luxemburg-Platz in Berlin sein »Choreograph. Theater«. Seine Stücke sind gesellschaftskritisch-polit. motiviert und brechen klass. Bewegungsmuster durch Trivialbilder und Revueformationen (u. a. »Magnet«, 1978; »Macbeth«, 1988; »Ödipus«, 1989; »Ulrike Meinhof«, 1990; polit. Revue »Rosa Luxemburg – Rote Rosen für Dich«, 1993; »Hotel Lux«, 1998; »Goya«, 1999; »Picasso«, 2002). K. tritt auch als Zeichner und Maler hervor.

Kresole (Methylphenole, Hydroxytoluole), die drei stellungsisomeren Methylhomologe des Phenols, die aus Holz- und Steinkohlenteer gewonnen oder durch Alkylieren von Phenol hergestellt werden; dienten u. a. als Desinfektionsmittel, zur Holzkonservierung oder zur Herstellung von Phenolharzen.

Kresse (Lepidium), Kreuzblütlergattung mit weißen (selten gelben) Blüten und rundlich-eiförmigen Schötchen; die pfeffrig schmeckende **Garten-K.** (Lepidium sativum) ist Salat- und Würzpflanze. (/ Brunnenkresse, / Kapuzinerkresse)

Kreta (ngrch. Kriti), die größte grch. Insel im östl. Mittelmeer, 8 261 km², umfasst als Region (mit kleinen vorgelagerten Inseln) 8 336 km² mit 540 100 Ew.; gebirgig (im Ida 2 456 m ü. M.), in der Tiefebene Messara üppiger Pflanzenwuchs; Klima mediterran; Wein-, Oliven- und Obstbau. Auf der rd. 45 km² großen Lassithi-Hochebene werden (mit Bewässerung) v. a. Kartoffeln, Gemüse, Getreide angebaut. Bed. Fremdenverkehr. Die wichtigsten Städte, Rethymnon, Heraklion, Chania und Hagios Nikolaos, liegen an der N-Küste (Häfen); Univ. (1977 gegründet).

Geschichte: K. ist seit dem 6. Jt. v. Chr. kontinuierlich besiedelt. Nach Vorstufen in der Jungsteinzeit schufen die vorgrch. Kreter unter dem Einfluss der Hochkulturen des östl. Mittelmeerraums seit etwa 3000 v. Chr. die bronzezeitl. minoische Kultur (/ ägäische Kultur). Die Insel scheint in der ersten Hälfte des 2. Jt. v. Chr. ein einheitl., von Knossos aus beherrschtes Seereich gebildet zu haben. Mit den Palästen von Knossos, Phaistos, Mallia, Kato Zakros u. a. war K. der kulturelle Mittelpunkt des Ägäischen Meeres bis in die myken. Zeit. Nach 1400 v. Chr. eroberten die Achaier von der Peloponnes aus K. und um 1200 folgten die Dorer, die dort eine große Zahl unabhängiger Stadtgemeinden gründeten (inschriftlich erhalten ist das Stadtrecht von Gortyn). 67 v. Chr. wurde die Insel römisch und kam 395 n. Chr. an das Oström. (Byzantin.) Reich, war um 825–961 im Besitz der Sarazenen, dann wieder byzantinisch, kam Anfang des 13. Jh. an Venedig (nun oft **Candia** gen.), 1645 an das Osman. Reich. Im 19. Jh. suchte sich K. durch zahlr. Aufstände zu befreien, erhielt 1898 Selbstverw. unter grch. Einfluss und wurde 1913 mit Griechenland vereinigt. 1941–44/45 war K. von dt. Truppen besetzt.

Krethi und Plethi [hebr.], nach der lutherschen Übersetzung von 2. Sam. 8, 18 Bez. der zum größten Teil aus ausländ. Söldnern (vielleicht Kretern und Philistern) rekrutierten Streitmacht Davids; danach *abwertend:* jedermann, Hinz und Kunz.

Kretinismus [frz.] *der,* auf einem Versagen der Schilddrüsenfunktion beruhende angeborene hochgradige geistige Behinderung, u. a. verbunden mit Minderwuchs, Kropf, Taubheit und trockener Haut. Der Behandlung dient ein möglichst frühzeitiger Ersatz des fehlenden Schilddrüsenhormons; schon ausgeprägte Schädigungen sind nicht rückbildungsfähig.

kretische Schriften, voralphabet. Schriften der Einwohner Kretas. Aus einer in der frühminoischen Periode aufgekommenen, vielleicht von den ägypt. Hieroglyphen beeinflussten Bilderschrift entwickelten sich zwei Strichschriften (**Linear A** und **B**). Die Tontäfelchen in Linear A sind vermutlich in einer nichtindogerman. Sprache abgefasst. Linear B gibt die Sprache der Griechen um 1200 v. Chr. wieder; ihre Entzifferung gelang M. Ventris und J. Chadwick (1952).

kretisch-mykenische Kultur, / ägäische Kultur.

Kretschmer, Ernst, Psychiater, * Wüstenrot (Kr. Heilbronn) 8. 10. 1888, † Tübingen 8. 2. 1964; erforschte v. a. die Konstitution des Menschen und erarbeitete eine Typenlehre (/ Konstitutionstypen).

Kretzer, Max, Schriftsteller, * Posen 7. 6. 1854, † Berlin 15. 7. 1941; war Arbeiter, Autodidakt; bed. Vertreter des sozialen, naturalist. Romans, u. a. »Meister Timpe« (1888).

Kretzschmar, Hermann, Musikforscher, * Olbernhau (Mittlerer Erzgebirgskreis) 19. 1. 1848, † Berlin 10. 5. 1924; seit 1904 Prof. für Musikwiss. in Berlin, 1909–20 Direktor der Musikhochschule. Schrieb u. a. »Gesch. der Oper« (1919), »Einführung in die Musikgeschichte« (1920).

Kreuder, 1) Ernst, Schriftsteller, * Zeitz 29. 8. 1903, † Darmstadt 24. 12. 1972; wurde internat. bekannt durch die Erzählung »Die Gesellschaft vom Dachboden« (1946) und den Roman »Die Unauffindbaren« (1948), in denen einer inhuman geordneten techn. Welt traumhaft-fantast. Anarchie entgegengesetzt wird.

2) Peter, Komponist und Pianist, * Aachen 18. 8. 1905, † Salzburg 28. 6. 1981; komponierte Operetten, Musicals und Revuen, zahlr. Filmmusiken und Schlager (»Sag' beim Abschied leise Servus«). Erinnerungen: »Schön war die Zeit« (1955) und »Nur Puppen haben keine Tränen« (1971).

Kreusa, grch. Mythos: 1) Tochter des Priamos und der Hekabe, erste Frau des Äneas; 2) (Glauke), Frau des / Iason.

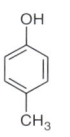

o-(ortho-)Kresol
(2-Methylphenol)

m-(meta-)Kresol
(3-Methylphenol)

p-(para-)Kresol
(4-Methylphenol)

Kresole

Kreta: die Samariaschlucht im Westteil der Insel (links) und Blick auf Hagios Nikolaos

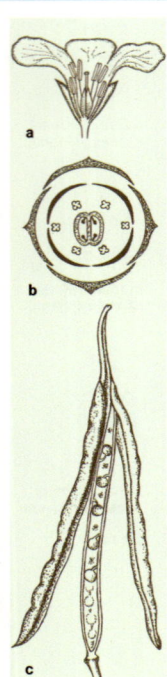

Kreuzblütler:
Raps; a Blüte,
b Blütendiagramm,
c aufgesprungene
Schote mit Samen

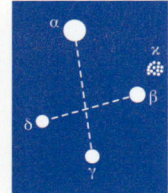

Kreuz des Südens
(Sternbild)

Kreuzdorn:
blühender Echter
Kreuzdorn und
dessen Früchte

Kreuth, Gemeinde im Landkr. Miesbach, Oberbayern, 800 m ü. M., im Tal der Weißach südlich vom Tegernsee, 3 600 Ew.; heilklimat. Kurort. Im Talinneren liegt **Wildbad K.** mit Schwefelquellen und Solbädern.

Kreutzberg, Harald, Tänzer und Choreograph, * Reichenberg (heute Liberec) 11. 12. 1902, † Muri (bei Bern) 25. 4. 1968; Schüler von Mary Wigman; wirkte als Solotänzer und Ballettmeister in Hannover und Berlin; reiste mit Soloprogrammen durch Europa und Amerika. 1955 gründete er eine eigene Schule in Bern. K. gehört zu den bedeutendsten Vertretern des Ausdruckstanzes.

Kreutzer, 1) Conradin, eigtl. Conrad Kreuzer, Komponist, * Meßkirch (Kr. Sigmaringen) 22. 11. 1780, † Riga 14. 12. 1849; war Kapellmeister in Stuttgart, Donaueschingen und Wien. Schrieb u. a. die romant. Oper »Das Nachtlager von Granada« (1834) sowie zahlreiche volkstüml. Männerchöre und Lieder v. a. auf Texte L. Uhlands.
2) Rodolphe, frz. Geigenvirtuose und Komponist dt. Herkunft, * Versailles 16. 11. 1766, † Genf 6. 1. 1831; war in Paris seit 1801 Konzertmeister und 1815–27 Kapellmeister der Großen Oper; schrieb Opern, Etüden für Violine und Violinkonzerte. L. van Beethoven widmete ihm die Sonate A-Dur op. 47 (1803) für Klavier und Violine (**Kreutzersonate**).

Kreuz [aus lat. crux], 1) *Heraldik:* ein Heroldsbild (Berührung der Schildränder mit allen seinen Enden) oder gemeine Figur (mindestens drei Seiten frei im Schild) in den unterschiedlichsten Varianten.
2) *Kartenspiel:* eine Farbe der frz. Spielkarte, ↗ Treff.
3) *Musik:* Versetzungszeichen, das die Erhöhung eines Tones um einen Halbton vorschreibt, Zeichen ♯.
4) *Religionsgeschichte* und *Theologie:* eines der ältesten religiösen Symbole und Heilszeichen der Menschheit (z. B. Rad-K., ↗ Hakenkreuz), verkörpert in den ältesten Kulturen und Religionen u. a. das All, die Fruchtbarkeit, das Glück, die Jahreszeiten, das menschl. Leben und Schicksal, die Sonne. – Die *christl. Theologie* beschreibt das K. als Symbol und Zeichen des durch Gott im Tod und in der Auferstehung Jesu Christi gewirkten Heils (↗ Kreuzestheologie). Die Passionsberichte der Evangelien lassen keine eindeutigen Schlüsse auf die Form des K. Jesu Christi zu; als seine histor. Form gilt das lat. K. (Querbalken, ein rechtwinklig schneidend mit dem nach unten längeren Längsbalken) verbunden mit dem ↗ Christusmonogramm (seit dem 3. Jh. nachweisbar). Nach einer schon im 4. Jh. verbreiteten, später vielfach ausgeschmückten Legende soll die Kaiserin Helena um 320 das K. Jesu Christi auf Golgatha aufgefunden haben. Es wurde in der Grabeskirche zu Jerusalem aufbewahrt. 614 von den Persern erbeutet, wurde es nach dem byzantin. Sieg über sie 630 nach Jerusalem zurückgebracht. Schon bald danach waren **K.-Reliquien** im ganzen christl. Europa verbreitet, die bedeutendsten in Konstantinopel, Rom, Paris und Trier. – Seit der Erhebung des Christentums zur alleinigen Staatsreligion im Röm. Reich (380/381) wurde die Verehrung des K. öffentlich gefördert, es war christl. Symbol und Heilszeichen, aber auch kaiserl. Siegeszeichen (↗ in hoc signo vinces). Als **Altar-K.** ist es erstmals Mitte des 5. Jh. in Syrien bezeugt und fand seit etwa 1200 in die lat. Kirche Eingang.

Kreuz|abnahme, die bildner. Darstellung der Abnahme Christi vom Kreuz (Matth. 27, 57ff.; Mark. 15, 46; Luk. 23, 53; Joh. 19, 38); Christus liegt in frühen abendländ. Darstellungen (9. Jh.) auf den Schultern von Joseph von Arimathaia, während Nikodemus die Nägel aus den Füßen zieht; in der byzantin. Kunst werden Maria und Johannes als weitere Teilnehmer der K. eingeführt, seit dem 10. Jh. auch im Westen.

Kreuzbein (Os sacrum), durch Verschmelzung von K.-Wirbeln (beim Menschen fünf K.-Wirbel) entstandener keilförmiger, gebogener Knochen. Das K. ist Bestandteil der Wirbelsäule und mit dem Becken gelenkig verbunden.

Kreuzberg, 1) Berg in der südl. Rhön (928 m ü. M.), Bayern, mit 1681–92 erbautem Franziskanerkloster, Wallfahrtsort.
2) ehem. VerwBez. von ↗ Berlin.

Kreuzblume 1)

Kreuzblume, 1) *Baukunst:* knaufartige, aus kreuzförmig angeordneten Knospen oder Blättern bestehende Bekrönung von got. Türmen, Fialen, Giebeln und Wimpergen; auch am Chorgestühl oder im Gesprenge von Altären.
2) *Botanik:* (Polygala), Pflanzengattung der Kreuzblumengewächse (**Polygalaceae**); Kräuter, Sträucher und Bäume in gemäßigten und wärmeren Klimagebieten; die **Gemeine K.** (Polygala vulgaris), ausdauernd, bis 30 cm hoch, mit blauen, rotvioletten oder weißen Blüten wächst auf trockenen Wiesen Europas und N-Asiens. Die Wurzel der nordamerikan. **Senega-K.** (Polygala senega) ist als **Senegawurzel (Klapperschlangenwurzel)** ein altes Heilmittel der Seneca-Indianer.

Kreuzblütler (Kreuzblütengewächse, Kruziferen, Brassicaceae, Cruciferae), weltweit verbreitete, vielgestaltige Pflanzenfamilie der Zweikeimblättrigen mit ca 3 000 Arten; meist Kräuter oder Stauden; Blüten in Trauben, mit je vier kreuzförmig stehenden, freien Kelch- und Blumenkronblättern; Frucht meist eine Schote oder ein Schötchen. Zu den K. zählen viele oft sehr alte Nutzpflanzen (z. B. Gartenkresse, Gemüsekohl, Rettich, Raps, Senf) sowie viele Zierpflanzen (z. B. Goldlack, Levkoje).

Kreuzburg, Stadt in Polen, ↗ Kluczbork.
Kreuzchor, ↗ Dresdner Kreuzchor.
Kreuz des Südens (lat. Crux), Sternbild des südl. Himmels; seine vier hellsten Sterne bilden ein schiefes Kreuz.
Kreuzdorn (Rhamnus), Pflanzengattung der zweikeimblättrigen Familie Kreuzdorngewächse; meist in der gemäßigten nördl. Zone vorkommend; z.T. dornige Sträucher oder Bäume; der **Echte K.** (Rhamnus catharticus), strauchig, mit dornigen Zweigen; wächst in Gebüschen und Wäldern Europas,

N-Afrikas und W-Asiens. Das gelbliche, rotkernige, harte Holz **(Kreuzholz, Haarholz)** dient zur Anfertigung von Drechsler- und Kunsttischlerwaren. Die erbsengroßen, grünen, zuletzt schwarzen Steinfrüchte **(Kreuz-, Kreuzdorn-, Gelb-, Grünbeeren)** sind giftig; in Mitteleuropa auch der ↗ Faulbaum.

Kreuzeck, Berg bei Garmisch-Partenkirchen, an der N-Seite des Wettersteingebirges, Bayern, 1 651 m ü. M.; Seilbahnen.

Kreuzeckgruppe, Gebirge südlich der Hohen Tauern, Österreich, zw. Möll- und Drautal, Kärnten, äußerster SW in Osttirol, im Polinik 2 784 m ü.M.; energiewirtschaftlich genutzt (Druckstollen zum Kraftwerk Kolbnitz im Mölltal).

kreuzen, *Seefahrt:* einen Zickzackkurs »am Wind« segeln, d.h. gegen den Wind segeln, der im spitzen Winkel schräg von vorn auf das Segel trifft.

Kreuzer, Abk. **kr., Xer,** urspr. eine ab 1271 in Tirol geprägte silberne Groschenmünze mit charakterist. Doppelkreuz (»Etsch-K.«), 1458 von Österreich übernommen (1 K. = 4 Wiener Pfennige); drang seit dem 15. Jh. nach S- und SW-Dtl. vor, wurde in Dtl. bis 1871, in Österreich bis 1892 geprägt; galt stets 4 Pfennige = $1/_{60}$ Gulden. Der Taler wurde urspr. mit 68, dann 72, 90, 120 und schließlich 144 K. gerechnet.

Kreuzer, Kriegsschifftyp in der Größe zw. Zerstörer und Schlachtschiff. Entstanden aus Fregatten der Linienschiffszeit, entwickelte sich der **Leichte K.** zum Späh- und Führungsschiff für Boote, der **Schwere K.** zum Kampfschiff zur Deckung eigener Kriegs- oder Handelsschiffsgeleite (Konvoi) und zur Bekämpfung feindl. Seetransporte. Heute nur noch in Form von **Lenkwaffen-** und **Hubschrauber-K.** in Dienst gestellt, z. T. nuklear angetrieben, bewaffnet mit Angriffs- und Verteidigungswaffen. Seine Aufgabe besteht hauptsächlich darin, Flugzeugträger gegen Angriffe aller Art zu schützen.

Kreuzestheologie (lat. Theologia Crucis), an Paulus anknüpfende Theologie, deren Mittelpunkt das Nachdenken über Leiden und Kreuzestod Jesu Christi ist (das »Wort vom Kreuz« [1. Kor. 1, 18 ff.]); als Begriff von Luther geprägt, ist die K. v. a. für die reformator. Theologie bestimmend geworden; sie steht als Beschreibung der christl. Nachfolge – gerade auch im Leiden – im Ggs. zur scholast. **Theologia Gloriae,** die Gottes Sein und Herrlichkeit in den Mittelpunkt ihres Nachdenkens stellt.

Kreuzgang, überdachter, gewölbter Bogengang um einen i. d. R. quadrat. Hof an der S-Seite der Kirche in Klosteranlagen; die Bez. wird von den Kreuzprozessionen abgeleitet, die dort stattfanden. Der K. bildete den Zugang zu den unmittelbar anschließenden Klausurgebäuden.

Kreuzgewölbe, ↗ Gewölbe.

Kreuzigung, aus dem Orient stammende, bei vielen antiken Völkern übl. Art der Hinrichtung von Männern, die oft im Aufspießen oder Aufhängen am einfachen Pfahl bestand, bei den Römern aber, die sie wahrscheinlich von den Karthagern übernahmen, meist im Annageln oder Anbinden an Pfahl und Querholz (in Form eines T oder eines grch. Kreuzes). Nach röm. Recht wurde die K. als entehrende Todesstrafe über Schwerverbrecher verhängt. Der Verurteilte musste selbst das Querholz zur Richtstätte tragen, wo er vor der K. ausgepeitscht wurde. Ein Holzklotz in der Mitte des Pfahls (Sedile) stützte den hängenden Körper und verhinderte einen raschen Tod.

Kreuzigung Jesu Christi. Nach den Passionsberichten der Evangelien (↗ Passion) wurde Jesus auf röm. Art gekreuzigt (↗ Kreuzigung). Am Kreuz wurde eine Tafel mit dem Schuldvorwurf angebracht

Kreuzigung Jesu Christi: »Goldene Tafel« mit »Kreuzigung Christi«, ursprünglich wohl Mittelfeld des Buchdeckels eines Evangeliars, Gold mit Emailschmelz (Mitte 12. Jh.; München, Wittelsbacher Ausgleichsfonds)

(↗ I. N. R. I.; ↗ Jesus Christus). – In der *bildenden Kunst* ist die K. J. C. das zentrale Thema der christl. Ikonographie und die wichtigste Darstellung innerhalb der Passion. Früheste Beispiele (5. Jh.) zeigen Christus zw. den beiden Schächern, dann meist zw. Maria und Johannes, auch mit Longinus und Stephaton, seit der karoling. Zeit mit der ↗ Ecclesia und Synagoge. Auffällig ist, dass in Darstellungen der K. J. C. in den ersten sechs Jahrhunderten Christus lebend mit offenen Augen am Kreuz erscheint (als Ausdruck der Überwindung des Todes). Später wurde der tote oder sterbende Christus mit Dornenkrone und in qualvollem Leiden stärker betont. Die meisten frühmittelalterl. Fassungen sind Werke der Malerei oder der Kleinplastik (Elfenbeinreliefs). Große Bildwerke entstanden in otton. Zeit in Dtl. (Gero-Kruzifix, Kölner Dom), auch als Triumphkreuze auf den Triumphbalken oder der Lettnerschranke zw. Chor und Langhaus des Kirchenraumes (u. a. Halberstadt, Dom, 2. Viertel des 13. Jh.). Sehr verbreitet waren seit dem Spät-MA. volkreiche Kreuzigungsdarstellungen, die das Geschehen auf dem ↗ Kalvarienberg (Golgatha) schildern. Im 19. Jh. wurde auf ikonograph. Vorbilder älterer Epochen zurückgegriffen. Im 20. Jh. erhält das Thema z. T. neue inhaltl. Bezüge u. a. in Auseinandersetzung mit Krieg und Gewalt, individuellen oder sozialen Nöten (M. Slevogt, M. Beckmann, O. Dix, F. Cremer).

Kreuzkopf, Bauteil im Kurbeltrieb von Kolbenmaschinen, das die gerade geführte Kolbenstange und die schwingende Schubstange (Pleuel) gelenkig verbindet. Der K. überträgt die beim Ausschwenken des Pleuels auftretende Seitenkraft über Gleitschuhe auf die K.-Führung.

Kreuzkraut (Greiskraut, Senecio), artenreiche Korbblütlergattung, meist Kräuter oder Halbsträu-

Kreuzkraut: Gemeines Kreuzkraut

cher; die Blütenkörbchen haben fünfzipfelige Röhren- und meist auch Zungenblüten. Die Früchtchen tragen einen weißl. Pappus. In Mitteleuropa heimisch sind u. a. das bis 50 cm hohe **Gemeine K.** (Senecio vulgaris), mit hellgelben, meist nur röhrenblütigen Köpfchen, Unkraut; **Jakobs-K.** (Senecio jacobaea), mehrjährig, bis meterhoch, auf Grasland Europas und W-Asiens. Viele K. sind Zierpflanzen, z. B. Zinerarie.

Kreuzkuppelkirche, / Kuppelkirche.

Kreuzlied, / Kreuzzugsdichtung.

Kreuzlingen, Bez.-Hptst. im Kt. Thurgau, Schweiz, südlich an Konstanz anschließend, 403 m ü. M., am S-Ufer des Bodensees, 17 800 Ew.; Lehrerseminar; Aluminium-, Textil-, Schuh-, chem. und pharmazeut. Ind., Schokoladenfabrik. – Augustinerchorherrenstift (1125 gegr.), die Stiftskirche (1650–53) wurde nach einem Brand 1963 wieder aufgebaut.

Kreuznach, Bad, / Bad Kreuznach.

Kreuzotter

Kreuz|otter (Vipera berus), etwa 50 bis 80 cm lange, lebend gebärende Viper in Eurasien in gemäßigten bis kühlen Zonen. Der Körperbau ist gedrungen, die Färbung variabel (Männchen silberfarbig bis graubraun, Weibchen gelb bis rotbraun), meist mit dunklem Zickzackband längs des Rückens. Rein schwarze Varianten werden als **Höllenotter,** rotbraune als **Kupferotter** bezeichnet. K. ernähren sich v. a. von Eidechsen, Fröschen und Mäusen. Das Gift der K. ist auch für den Menschen gefährlich, jedoch nur selten tödlich. Der Bestand der K. ist nach der Roten Liste stark gefährdet.

Kreuzprobe, gesetzlich vorgeschriebene Prüfung der serolog. Verträglichkeit von Spender- und Empfängerblut vor einer Bluttransfusion. Bei der **Majorprobe** werden Empfängerserum mit Spendererythrozyten (rote Blutkörperchen), bei der **Minorprobe** Empfängererythrozyten mit Spenderserum zusammengebracht. Eine Unverträglichkeit äußert sich durch Verklumpung.

Kreuzprodukt, das / kartesische Produkt.

Kreuzritter, 1) Teilnehmer an den Kreuzzügen.
2) Mitgl. des Dt. Ordens.

Kreuzschmerzen, Schmerzen im Bereich der unteren Wirbelsäule und Lendengegend. K. treten bei Wirbelsäulenerkrankungen (meistens degenerativer Art) sowie Überlastungen der Rückenmuskulatur bei Fußdeformitäten (z. B. Plattfuß) oder Erkrankungen des Bauchraums bzw. Beckens auf. (/ Hexenschuss)

Kreuzschnäbel (Loxia), Finkengattung mit gekreuzten Schnabelspitzen. Der etwa 15 cm große **Fichten-K.** (Loxia curvirostra) der europ. Gebirgswälder frisst bes. Fichtensamen. Die Männchen sind ziegelrot, Weibchen und Junge grünlich. Der **Kiefern-K.** (Loxia pytyopsittacus) lebt in Skandinavien und N-Russland.

Kreuzsee, das Aufeinandertreffen von Seegang oder Dünung aus versch. Richtungen, wobei eine steile, unruhige See entsteht.

Kreuzspinne (Araneus diadematus), große Radnetzspinne mit weißer Kreuzzeichnung auf dem Hinterleib; Weibchen bis 17 mm lang. Da die Cheliceren zu schwach sind, die menschl. Haut zu durchdringen, ist die K. entgegen landläufiger Vorstellung für den Menschen nicht gefährlich.

Kreuzspul|instrument, elektr. Messgerät mit zwei gegeneinander verdrehten Spulen, dessen Zeigerausschlag vom Verhältnis der durch die beiden Spulen fließenden Ströme abhängt; Anwendung u. a. zur Leistungs- und Widerstandsmessung.

Kreuzstab, *Astronomie:* der / Jakobsstab.

Kreuztal, Stadt im Kr. Siegen-Wittgenstein, NRW, im Siegerland; 32 200 Ew.; Stahlwerk, Walzwerke und Maschinenbau, Eisen und Blech verarbeitende Ind., Brauereien. – 1969 aus 12 Gemeinden neu gebildet.

Kreuzung, 1) *Tier-* und *Pflanzenzucht:* (Kreuzungszüchtung), die Paarung von Individuen mit unterschiedl. Erbanlagen; d. h. Rassen, Sorten, Arten. (/ Bastard)

2) *Verkehrswesen:* Überschneidung oder Zusammenführung von meist zwei Verkehrswegen gleicher oder ungleicher Verkehrsart. K. von Straßen untereinander oder z. B. von Straße und Eisenbahn befinden sich entweder in gleicher Höhe (**höhengleiche K.**), oder der eine Verkehrsweg ist als Über- oder Unterführung ausgeführt (**höhenfreie** oder **planfreie Kreuzung**).

Kreuzverhör, Vernehmung eines Zeugen oder Sachverständigen im Strafprozess im Wechsel von Staatsanwalt und Verteidiger (bevor der Vors. des Gerichts ergänzende Fragen stellen kann). Dieses im angloamerikan. Strafprozess wichtige Mittel zur Wahrheitsfindung wird im dt. Strafprozess nur selten angewandt (§ 239 StPO). – Die österr. StPO erwähnt das K. nicht; in der *Schweiz* ist es nicht üblich.

Kreuzweg, 1) *Christentum:* der Leidensweg Jesu vom Haus des Pilatus (Burg Antonia) zur Hinrichtungsstätte (Golgatha); wurde bereits von den ersten christl. Pilgern in Jerusalem betend abgeschritten; seit dem MA. in der *kath. Kirche* eine v. a. in der Passionszeit im Freien geübte Andachtsform, die den K. Jesu Christi symbolisch nachvollzieht. Seit dem 17. Jh. wird die K.-Andacht in 14 Stationen (urspr. 7) auch in den Kirchen geübt: Jesus wird zum Tode verurteilt (1), nimmt das Kreuz auf sich (2), stürzt zum ersten Mal unter dem Kreuz (3), begegnet seiner Mutter (4), wird von Simon von Kyrene unterstützt (5), erhält von Veronika ein Schweißtuch (6), stürzt zum zweiten Mal (7), tröstet die weinenden Frauen in Jerusalem (8), stürzt zum dritten Mal (9), wird seiner Kleider beraubt (10), wird ans Kreuz geschlagen (11), stirbt am Kreuz (12), wird vom Kreuz genommen (13), wird ins Grab gelegt (14).

2) *Volksglauben:* Kreuzungsstelle von Wegen (**Wegkreuzung, Scheideweg**), gilt bei vielen Völkern als Stätte bes. machtvoller Wirksamkeit übernatürl., meist Schaden bringender Geister, die durch Schutz verleihende, magisch-kult. Handlungen versöhnt werden müssen.

Kreuzworträtsel, Rätsel, bei dem die gesuchten Wörter in waage- und senkrechter Richtung buchsta-

Kreuzschnäbel: Männchen (oben) und Weibchen des Fichtenkreuzschnabels

ben- oder silbenweise in viereckige Kästchen eingetragen werden.

Kreuzzeichen, in den *christl. Kirchen* der Brauch, mit der Hand über sich selbst, andere Personen oder Sachen ein Kreuz zu zeichnen (erstmals um 200 bezeugt). Das K. ging in die Liturgie der kath. Kirche, der anglikan. Kirche und der Ostkirchen ein, wo es als Gebärde des Gebets auch Bestandteil der persönl. Frömmigkeit ist. Die luth. Kirchen praktizieren das K. als liturg. Segenserteilung bei den kirchl. Amtshandlungen der Taufe, Konfirmation, Trauung und Bestattung, beim Abendmahl und beim Schlusssegen im Gottesdienst.

Kreuzzüge, allg. die im MA. von der Kirche propagierten oder unterstützten Kriege gegen Ungläubige (z. B. heidn. Wenden, Prußen) und Ketzer (z. B. Albigenser) zur Ausbreitung oder Wiederherstellung des kath. Glaubens; i. e. S. die sieben vom 11. bis 13. Jh. geführten Kriegszüge der abendländ. Christenheit zur Rückeroberung der hl. Stätten von islam. Herrschaft. Anlass für den Beginn der K. war die Eroberung Jerusalems 1070 durch die türk. Seldschuken, die daraus resultierende Erschwerung der Pilgerfahrten ins »Hl. Land« und die Bedrohung Ostroms (Hilferuf des byzantin. Kaisers). Es entstand eine breite K.-Bewegung, verbunden mit der Gründung neuer Orden (z. B. Kreuzherren, v. a. aber geistl. Ritterorden wie Templer, Johanniter, Dt. Orden) und einer allg. Aufwertung der Kreuzesfrömmigkeit (Kreuz als Symbol der K.). Zur Sicherung der von ihnen eroberten Gebiete errichteten die Kreuzfahrer zahlr. Befestigungsanlagen (Kreuzfahrer- bzw. Kreuzritterburgen, z. B. Krak des Chevaliers in W-Syrien, etwa 80 km westl. von Homs, aus dem 12./13. Jh.); es entstanden mehrere Kreuzfahrerstaaten. Der **1. Kreuzzug** (1096–99), zu dem Papst Urban II. auf dem Konzil zu Clermont am 27. 11. 1095 aufrief, begann als Volkskreuzzug (begleitet von Judenverfolgungen in Rouen und bes. im Rheinland) unter Führung von Predigern wie Peter von Amiens und endete, nachdem diese zumeist zügellosen Scharen im Okt. 1096 in Kleinasien von den Seldschuken vernichtend geschlagen worden waren, mit der Eroberung Jerusalems (15. 7. 1099) durch ein Heer frz., lothring. und normann. Ritter. Als der 1099 zum »Vogt (Beschützer) des Hl. Grabes« ernannte Gottfried von Bouillon, Herzog von Niederlothringen, starb (1100), wurde sein Bruder Balduin der erste König von Jerusalem. Die teilweise schon vorher entstandenen Kreuzfahrerstaaten – neben dem Königreich Jerusalem die Grafschaft Edessa, das Fürstentum Antiochia und die Grafschaft Tripolis – schwächten einander durch Rivalitäten und Thronwirren. Als der Islam sich zum Gegenstoß sammelte und Edessa ihm 1144 erlag, rief Bernhard von Clairvaux zum **2. Kreuzzug** (1147–49) auf. An ihm beteiligten sich der Staufer Konrad III., Ludwig VII. von Frankreich sowie Roger II. von Sizilien. Doch scheiterte dieser Kreuzzug bereits auf dem Marsch durch Kleinasien. Der unter Führung Kaiser Friedrichs I. Barbarossa unternommene, durch die Einnahme Jerusalems durch Sultan Saladin (1187) ausgelöste **3. Kreuzzug** (1189–92), an dem auch die Könige Philipp II. August von Frankreich und Richard I. Löwenherz von England teilnahmen, führte nur zur Eroberung Akkos (1191), nachdem Friedrich 1190 gestorben war und die ihm nachfolgenden Könige sich entzweit hatten. Der **4. Kreuzzug** (1202–04) erreichte das Hl. Land nicht, sondern führte auf Betreiben des venezian. Dogen Dandolo nach Konstantinopel (Zerschlagung des Byzantin. Reiches und Errichtung des Lat. Kaiserreichs). Den **5. Kreuzzug**

Kreuzzüge: die Kreuzfahrerburg Krak des Chevaliers in Westsyrien (12. / 13. Jh.)

(1228/29) unternahm Kaiser Friedrich II. nach der Bannung durch Papst Gregor IX.; er erreichte bei Sultan Al-Kamil die Freigabe der christl. Pilgerstätten und krönte sich 1229 zum König von Jerusalem (die Stadt ging 1244 wieder verloren). Auf dem **6. Kreuzzug** (1248–54) eroberte Ludwig IX. von Frankreich Damiette (Ägypten), geriet mit seinem Heer in Gefangenschaft, wurde aber gegen Lösegeld freigelassen. Auf dem **7. Kreuzzug** (1270), der sich gegen Tunis richtete, starb Ludwig IX. Die Geschichte der Kreuzfahrerstaaten endete mit der Einnahme Akkos 1291 durch die Muslime. – Der sog. **Kinderkreuzzug** von 1212, der mittelalterl. Überlieferung nach ein von N-Frankreich und dem Rheinland ausgehender Kreuzzug tausender Kinder, war nach Ansicht der neueren Forschung wahrscheinlich v. a. ein Zug armer Leute (Knechte, Landarbeiter, Tagelöhner), der bereits in Italien scheiterte. – Die K., die viele tausend Menschen das Leben kosteten und neben den vordergründig religiösen auch wirtsch. und polit. Motive hatten, erzielten keine anhaltenden Erfolge, schufen aber durch die Berührung von Orient und Okzident die Voraussetzungen für das Bekanntwerden griechisch-orientalen Geistesgutes im Abendland. – Karte S. 2622

Kreuzzugsdichtung, mittelalterl. Dichtung, die einen Kreuzzug zum Thema hat. Nach der überlieferten **Kreuzzugsepik** lassen sich unterscheiden: 1. Dichtungen, die den Kreuzzug propagieren (»Rolandslied« des Pfaffen Konrad, 12. Jh.; »Chanson d'Antioche« von Richard le Pèlerin, vor 1099; »Livländ. Reimchronik«, Ende des 13. Jh.; »Kreuzfahrt Ludwigs des Frommen«, Anfang des 14. Jh.); 2. Dichtungen, die den Kreuzzug als Hintergrunds- oder Rahmenhandlung literarisieren (u. a. »Orendel«, 12. Jh.; »König Rother«, um 1150). In der Lyrik entwickelte sich die Form des **Kreuzliedes;** sein Hauptmotiv ist ein Aufruf zum Glaubenskrieg gegen »Heiden« oder Häretiker.

Krewo (weißruss. Krewa), Ort nordwestlich von Minsk, in Weißrussland. Hier wurde am 14. 8. 1385 eine poln.-litauische Union geschlossen, durch die das Großfürstentum Litauen unter Jagiełło nach seiner Krönung zum poln. König fest mit Polen verbunden werden sollte. Die Union von K. schuf die Voraussetzung für den Aufstieg Polen-Litauens zur Großmacht.

Kricke, Norbert, Bildhauer, * Düsseldorf 30. 11. 1922, † ebd. 28. 6. 1984; realisierte seine Raum-Zeit-Thematik v. a. in Plastiken aus Stahlstäben sowie architekturbezogenen Kompositionen, in deren Gestaltung er auch Wasser einbezog.

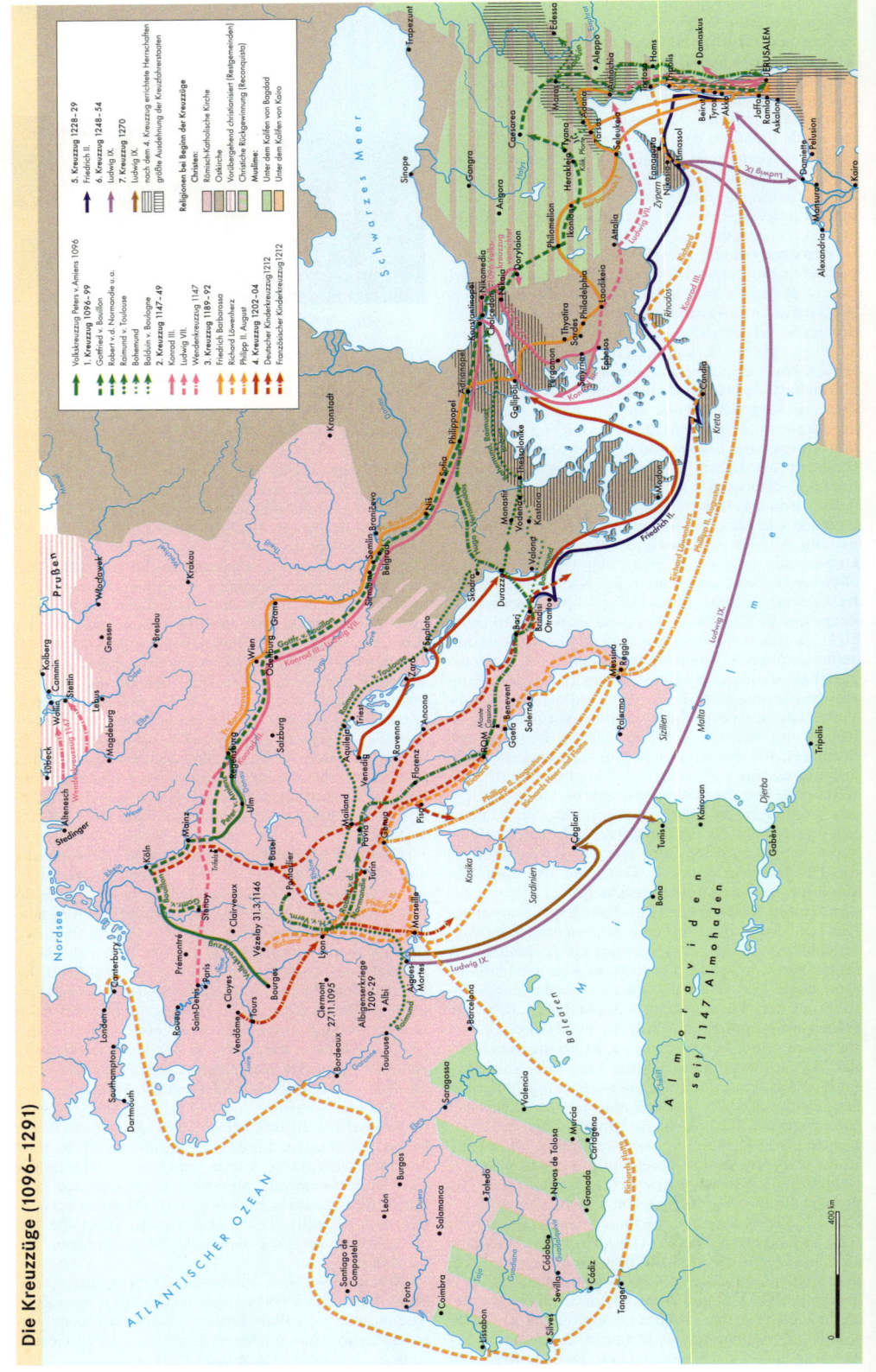

Die Kreuzzüge (1096–1291)

Krick|ente, ↗ Enten.

Kricket das (engl. Cricket), zu den Schlagball- und Abwurfspielen gehörendes Sportspiel zw. zwei Mannschaften (je 11 Spieler). Auf dem ovalen Spielfeld (Größe mindestens 60 × 80 m) befinden sich im Abstand von 20,12 m die beiden Tore (Wickets) aus jeweils drei nebeneinander stehenden Stäben. Der Ball ist ein 156–163 g schwerer, mit rotem Leder überzogener Korkball von 22,38–22,86 cm Umfang. Die Werfer der **Feldpartei** versuchen die Tore einzuwerfen, die von je einem Schläger der **Schlagpartei** mit der Schlagkeule (Bat) verteidigt werden. Die geworfenen Bälle sollen möglichst weit weggeschlagen werden, damit die beiden Schläger möglichst viele Platzwechsel zw. den beiden Toren ausführen können, bis es einem Spieler der Feldpartei gelingt, ein Tor einzuwerfen. Die Schlagpartei hat immer nur zwei Spieler im Feld; haben alle Spieler geschlagen, ist ein Durchgang beendet. Es werden zwei oder vier Durchgänge gespielt; Punktwertung nach gelungenen Läufen.

Krida [italien.] die, im österr. Recht die betrüger. oder fahrlässige Herbeiführung der Zahlungsunfähigkeit (§§ 156, 159 StGB).

Kriebelmücken (Kribbelmücken, Melusinidae, Simulidae), Familie fliegenähnl. Mücken; etwa 2–6 mm lang, kurzbeinig und von gedrungenem Bau. Die Larven entwickeln sich in Fließgewässern. Die Blut saugenden Weibchen fliegen oft in großen Schwärmen und können bei Massenbefall den Tod von Weidetieren hervorrufen.

Kriebsteintalsperre, Talsperre im Unterlauf der Zschopau, nördlich von Mittweida, Sachsen, 9 km langer Stausee, 1,3 km² groß, Stauinhalt 11,7 Mio. m³; 1927–29 erbaut; der N-Teil wird von der Burg Kriebstein (1384–1408 errichtet) überragt.

Kriechblume (Krabbe), in der Gotik ein blatt- oder blumenähnlich gebildetes Bauornament an den schräg ansteigenden Kanten von Wimpergen, Turmhelmen und Fialen.

Kriechen, 1) *Geomorphologie:* (Bodenkriechen), ↗ Hangbewegung.
2) *Werkstoffkunde:* zeitabhängiges Verformungsverhalten eines Materials bei unveränderter Belastung. Bei metall. Werkstoffen tritt K. oberhalb einer für jeden Werkstoff charakterist. Temperatur bereits bei Belastungen unterhalb der Fließgrenze auf. Die **Kriechgrenze** oder **Dauerstandfestigkeit** ist definiert als die Grenzspannung, bei der die auftretende plast. Deformation nach endl. Zeit zum Stillstand kommt und bei deren Überschreiten schließlich Bruch eintritt. – Bei Kunststoffen tritt K. bereits bei Normaltemperatur auf (»kalter Fluss«), wobei die Verformung u. a. von der chem. Natur des Materials abhängt.

Kriechstrom, unerwünschter Strom, der entlang der Oberfläche eines Isolierstoffs **(Kriechstrecke)** oder durch Luft **(Luftstrecke)** zw. zwei Spannung führenden Elektroden bzw. zw. spannungsführender Elektrode und Erde (z. B. Gehäuse) fließt, wenn das Isolationsvermögen des Isolierstoffes oder der Luft, z. B. durch Feuchtigkeit, herabgesetzt ist.

Kriechtiere, die Wirbeltierklasse ↗ Reptilien.

Krieg [ahd. »Hartnäckigkeit«], organisierter, mit Waffengewalt ausgetragener Machtkonflikt zw. Völkerrechtssubjekten oder zw. Bev.gruppen innerhalb eines Staates (↗ Bürgerkrieg) zur gewaltsamen Durchsetzung polit., wirtsch., ideolog. oder militär. Interessen. **Völkerrechtlich** tritt mit Beginn des K.-Zustandes (durch Abgabe einer K.-Erklärung bzw. mit Eröffnung des militär. Kampfes) das Friedensvölkerrecht außer Kraft. Der K.-Zustand kann durch den Abschluss eines Friedensvertrages, durch die endgültige, offiziell bekannt gemachte Einstellung der Kampfmaßnahmen oder durch den Untergang einer der Krieg führenden Parteien (Debellation) beendet werden. – **K.-Formen:** Nach der Absicht der Krieg führenden Parteien kann man Angriffs-, Verteidigungs-, Eroberungs-, Revanche-, Befreiungs-, Kolonial-, Religions- oder ↗ heilige Kriege unterscheiden, nach der Art der K.-Führung Bewegungs- und Stellungs-K., Partisanen- und Guerilla-K., nach der territorialen Ausweitung des K. einerseits lokale oder regionale K., andererseits globale oder Welt-K., nach dem Raum, in dem der K. überwiegend stattfindet, Land-, Luft- und See-K., nach den zum Einsatz kommenden Kampfmitteln konventionelle K., Atom-K., chem. und biolog. Kriege.

Die Frage nach der eth. Berechtigung des K. hat die Menschen seit Jahrtausenden beschäftigt. Seit der Antike wird der K. als Bewährungsprobe, schicksalbestimmende Kraft, aber auch als sittl. Gefahr betrachtet. Augustinus erlaubte den **gerechten Krieg (Bellum iustum)** als Mittel zur Wiederherstellung verletzten Rechts, mit einem gerechten Ziel und unter Anwendung rechtmäßiger Methoden. Diese Lehre blieb seit dem MA. (Thomas von Aquin) maßgebend; sie wurde auch von dem entstehenden Völkerrecht (F. de Vitoria, H. Grotius) aufgenommen. Während die Lehre vom Bellum iustum bes. im Zeitalter der Kabinettskriege (17./18. Jh.) zu einer bloßen Formel wurde, gewann die Lehre vom freien Kriegführungsrecht der Staaten **(Ius ad Bellum)** und die **Lehre vom Gleichgewicht der Macht** an Bedeutung, aus der die Berechtigung eines Präventiv-K. zur Verhinderung der Übermacht eines einzelnen Staates abgeleitet wurde. In seinem Werk »Vom Kriege« (1816–30) kennzeichnet C. von Clausewitz den K. als einen »Akt der Gewalt, um den Gegner zur Erfüllung unseres Willens zu zwingen ..., nichts anderes als eine Fortsetzung des polit. Verkehrs mit Einmischung anderer Mittel«. Das nationalstaatlich denkende 19. Jh. sah im K. das letzte Mittel der Machtbewährung des Staates und die Gestaltungsmacht der Geschichte (H. von Treitschke). Anderseits sind seit dem 19. Jh. die Bemühungen gewachsen, die Kriegsgefahr durch polit. Entspannung und völkerrechtl. Sicherungen zu vermindern. Nach der UN-Satzung (Art. 2 Nr. 4 und Art. 51) ist ein K. nur noch als Ausübung des Rechts auf individuelle oder kollektive Selbstverteidigung oder als militär. Sanktion des Sicherheitsrates zur Aufrechterhaltung oder Wiederherstellung des internat. Friedens und der internat. Sicherheit erlaubt.

Die gegenwärtige Haltung zum K. ist politisch wesentlich dadurch bestimmt, dass die hoch entwickelte K.-Technik und das nukleare Vernichtungspotenzial zu einer tödl. Gefahr für die Menschheit und ihre Kultur geworden sind. Ferner haben Opfer und Schäden beider Weltkriege, das jahrzehntelange Wettrüsten und die Tatsache, dass auf beide Weltkriege des 20. Jh. keine dauerhafte und allgemeine Wiederherstellung eines rechtlich und politisch begründeten Friedens folgte, zu einer weltweiten Ausbreitung der Kriegsgegnerschaft geführt (↗ Friedensbewegung, ↗ Friedensforschung, ↗ Pazifismus). Nach dem Wegfall der Blockkonfrontation (1989–91) und dem Zusammenbruch des östl. Militärbündnisses ist die Gefahr eines globalen (atomaren) K. zunächst gebannt. Es wächst aber die Gefahr der Entstehung von K. aus zwischen- oder innerstaatl. Konfliktherden im Zusammenhang mit Glaubens- und Nationalitätenkonflikten (z. B. in Afrika, in den Nachfolgestaaten der Sowjetunion und im ehem. Jugoslawien) sowie um wirtsch. und polit. Einfluss in einer Region.

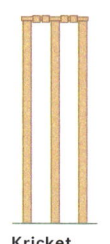

Kricket (von oben): Schlagkeule (Bat) und Tor (Wicket)

Krieg, Dieter, Maler und Zeichner, *Lindau (Bodensee) 21. 5. 1937; studierte u. a. bei HAP Grieshaber; seine frühen Bilder stellen die verkümmerte menschl. Figur dar; später folgten Objekte sowie Darstellungen isolierter Alltagsgegenstände, Übergang zu großflächiger Malerei.

Krieger, 1) Adam, Komponist, *Driesen (heute Drezdenko, Wwschaft Lebus) 7. 1. 1634, †Dresden 30. 6. 1666; Organist in Leipzig (1655–57) und Dresden (ab 1658), vertonte selbst gedichtete »Arien« für Singstimmen mit Instrumentalbegleitung; einer der profiliertesten Meister des dt. Barockliedes.

2) Johann Philipp, Komponist, *Nürnberg 26. 2. 1649, †Weißenfels 7. 2. 1725; seit 1680 Hofkapellmeister in Weißenfels, das unter ihm zu einer Stätte barocker Opernpflege wurde; schuf neben Opern Triosonaten, Sonaten, geistl. Arien, Kantaten.

Kriegführung, Bez. für Theorie und Praxis der Vorbereitung und Durchführung von Kampfhandlungen. Die K. wird hinsichtlich der unterschiedl. Dimensionen der Kampfhandlungen in ↗Taktik, operative Führung (↗Operation) und ↗Strategie unterteilt.

Krieglach, Markt-Gem. in der Steiermark, Österreich, an der Mürz, 608 m ü. M., 5 200 Ew.; Peter-Rosegger-Museum (in Roseggers Landhaus); Heimatmuseum (der Waldheimat); Rohrwerk, Fahrzeugbau.

Kriegs|anleihe, ↗Kriegsfinanzierung.

Kriegs|artikel, Pflichtenlehre und Verzeichnis der Strafen für den Soldaten, in Preußen seit 1713 K. genannt. Die für das dt. Heer bis zum Ersten Weltkrieg geltenden K. stammten von 1902.

Kriegsbericht|erstattung, die Berichterstattung über militär. Ereignisse in Wort, Bild oder Film. Die **amtl. K.** geschieht durch Verlautbarungen der militär. Führung und kann Teil der psycholog. Kriegführung sein. Art und Umfang der **nichtamtl. K.** hängen von der publizist. Praxis und von den polit. und militär. Umständen in den Krieg führenden Ländern ab (kriegsrechtl. Bestimmungen, Zensur).

Kriegsbeschädigte, Personen, die durch Kriegshandlungen gesundheitlich geschädigt worden sind; heute durch den Begriff Beschädigte ersetzt (↗Kriegsopferversorgung).

Kriegsdienstverweigerung, die Weigerung, Kriegsdienst mit der Waffe zu leisten. In Dtl. ist die K. durch Art. 4 Abs. 3 GG als Grundrecht geschützt; danach darf niemand gegen sein Gewissen zum Kriegsdienst mit der Waffe gezwungen werden. Hierzu gehören alle Tätigkeiten, die in unmittelbarem Zusammenhang mit Kriegswaffen stehen, auch die Kriegsdienstausbildung im Frieden. Auf das Recht der K. kann sich nur berufen, wer eine Gewissensentscheidung gegen »das Töten im Krieg schlechthin« getroffen hat, eine nur situationsbedingte Verweigerung wird nicht anerkannt. Nach dem K.-Ges. (KDVG) vom 9. 8. 2003, das am 1. 11. 2003 in Kraft tritt und das K.-Gesetz vom 28. 2. 1983 ersetzt, entscheidet das Bundesamt für Zivildienst in einem einheitl. Anerkennungsverfahren für alle Kriegsdienstverweigerer aufgrund eines schriftl. Antrages des Verweigerers bzw. der Verweigerin. Dem Antrag sind ein vollständiger Lebenslauf und eine ausführl. Darlegung der Beweggründe für den Antrag beizufügen (Führungszeugnis nicht mehr). Er hindert die Einberufung zum Wehrdienst, befreit aber nicht von der Pflicht zu Wehrerfassung und Musterung. Kriegsdienstverweigerer haben ↗Zivildienst zu leisten. Sie werden nicht zum Zivildienst herangezogen, wenn sie sich nach ihrer Anerkennung als Kriegsdienstverweigerer zur Leistung eines freiwilligen sozialen oder ökolog. Jahres verpflichtet haben (§ 14c Zivildienst-Ges., in Kraft ab 1. 8. 2002). Die Verweigerung auch des Zivildienstes (»Totalverweigerung«) ist nicht rechtens, doch ist für Zivildienstverweigerer aus Gewissensgründen die Möglichkeit geschaffen, in bestimmten freien Arbeitsverhältnissen den Dienst abzuleisten. – *Österreich:* Wehrpflichtige männl. Staatsbürger, die aus Gewissensgründen die Erfüllung der Wehrpflicht verweigern und hiervon befreit werden, haben gemäß Art. 9a Abs. 3 Bundes-Verf.-Ges. einen Ersatzdienst zu leisten. – *Schweiz:* Ein Recht auf K. aus Gewissensgründen wurde bis 1989 nicht anerkannt und K. unter Strafe gestellt. Durch Ges. von 1990 wurde K. entkriminalisiert und ein »waffenloser Dienst« eingeführt. Das Bundes-Ges. über den zivilen Ersatzdienst trat am 1. 10. 1996 in Kraft.

Kriegs|erklärung, im Völkerrecht eine einseitige, formlose, unzweideutige Willenserklärung gegenüber der gegner. Partei, die den Eintritt des Kriegszustandes ankündigt. In neuerer Zeit werden Kriege meist ohne K. begonnen. Die rechtl. Wirkungen des Kriegszustandes treten auch ohne K. ein.

Kriegsfinanzierung, die Beschaffung der im Kriegsfall benötigten finanziellen Mittel. Verschärfte Besteuerung ist bei der Höhe des Finanzbedarfs selten ausreichend, sodass staatl. Kreditaufnahme (so Auflegung von **Kriegsanleihen,** mit rd. 97 Mrd. Mark Erlös im Ersten Weltkrieg durch das Dt. Reich) oder Geldschöpfung (»geräuschlose K.« im Zweiten Weltkrieg) erforderlich ist. Die K. führte nach beiden Weltkriegen zur Inflation, z. T. auch zu Währungszusammenbrüchen. Kriegskosten wurden auch durch ausländ. Hilfsleistungen und Auslandsanleihen bei Verbündeten gedeckt. Die Kriegsschulden der europ. Staaten bei den USA belasteten die internat. Wirtschaft nach dem Ersten Weltkrieg schwer; daher haben die USA im Zweiten Weltkrieg ihre Hilfe an die Verbündeten durch das ↗Lend-lease-System gewährt.

Kriegsflagge, staatl. Hoheitszeichen auf Kriegsschiffen und militär. Dienstgebäuden, meist unterschieden durch Beizeichen von der National- und Handelsflagge.

Kriegsflugzeug, ↗Kampfflugzeug.

Kriegsfolgenrecht, das gesamte Recht zur Regelung der mit dem Zweiten Weltkrieg, dem Zusammenbruch des Dt. Reiches sowie mit Verfolgungsmaßnahmen der nat.-soz. Gewalthaber zusammenhängenden Verbindlichkeiten. Die wichtigsten Gebiete sind: Wiedergutmachung, Lastenausgleich, Heimkehrerrecht, Kriegsopferversorgung, Recht der Flüchtlinge, Vertriebenen und Evakuierten, Recht der früheren Angehörigen des öffentl. Dienstes, Währungsumstellung, Besatzungsschäden, Auslandsschulden (↗Londoner Schuldenabkommen), Reparations-, Restitutions- und Rückerstattungsschäden, Regelung der Verbindlichkeiten öffentl. Körperschaften; das letztere Rechtsgebiet wird v. a. durch das **Allgemeine Kriegsfolgengesetz** vom 5. 11. 1957 geregelt. Das Gesetz legt fest, dass alle Ansprüche gegen das Dt. Reich, die Sondervermögen (z. B. Dt. Reichsbahn), das Land Preußen und das Unternehmen Reichsautobahnen ersatzlos untergegangen sind, soweit nicht dieses Gesetz oder andere Rechtsvorschriften (z. B. Lastenausgleich) Entschädigungen vorsehen. Es gilt mit Ausnahme von §§ 1 und 2 nicht in den neuen Ländern. Das Kriegsfolgenbereinigungs-Ges. vom 21. 12. 1992 passte das K. bes. an die veränderten Bedingungen nach der dt. Wiedervereinigung an.

Kriegsgefangene, die in Feindeshand geratenen Angehörigen von Streitkräften und Personen mit dem Status von ↗ Kombattanten. Während K. früher rechtlos waren, sichert ihnen das heutige Völkerrecht durch die ↗ Haager Landkriegsordnung und die Genfer Konventionen (↗ Genfer Vereinbarungen) ihre bürgerl. Rechtsfähigkeit sowie eine unter allen Umständen menschenwürdige Behandlung zu. Der Status des K. dient dem Schutz der Einzelperson, die in ihrer Bewegungsfreiheit einzig zu dem Zweck behindert wird, sie von weiteren Feindseligkeiten abzuhalten. K. unterstehen der Reg. des Krieg führenden Staates, nicht der gefangen nehmenden Armee. Nach dem Ende der Feindseligkeiten sind sie in ihre Heimat zu entlassen.

Kriegsgericht, nach früherem Militärrecht das erkennende Gericht im Militärstrafverfahren. In Dtl. sind für die Aburteilung von militär. Straftaten im Frieden die ordentl. Strafgerichte zuständig. Art. 96 Abs. 2 GG sieht die Errichtung von **Wehrstrafgerichten** vor, die aber nur im Verteidigungsfall oder gegenüber Angehörigen der Streitkräfte im Ausland oder an Bord von Kriegsschiffen tätig werden können (notwendiges Ges. bisher nicht erlassen).

Kriegsgeschichte, ↗ Militärgeschichte.

Kriegsgräberfürsorge, die Sorge für die Auffindung, Instandhaltung und Pflege der Gräber und Friedhöfe der im Ersten und Zweiten Weltkrieg Gefallenen; in Dtl. vom **Volksbund Deutsche Kriegsgräberfürsorge e. V.** (gegr. 1919; Sitz: Kassel) wahrgenommen. Er verwaltet die **Zentralgräberkartei** aller dt. Kriegsgräber, vermittelt Kranzspenden sowie Fotografien von Gräbern, veranstaltet Gemeinschaftsreisen zu Soldatenfriedhöfen im Ausland und wirkt maßgeblich bei deren Gestaltung in Dtl. mit.

Kriegskommunismus, ↗ Sowjetunion, Geschichte.

Kriegsmarine, die Teilstreitkraft eines Staates, mit der dieser die Seemacht in Krieg und Frieden ausübt. Den Kern einer K. bildet die (Kriegs-)Flotte, die die Gesamtheit der ↗ Kriegsschiffe umfasst. Deren Versorgung, Wartung und Instandsetzung erfolgt in eigenen Stützpunkten (Kriegshäfen). Moderne K. verfügen über see- und landgestützte Marine- oder Seeluftstreitkräfte (Marineflieger) für Aufklärungs- und Kampfaufgaben sowie über amphib. Kräfte (↗ Marineinfanterie). Zur Führung der Kriegsschiffe vom Land aus gibt es besondere Führungs- und Fernmeldeeinrichtungen. In Dtl. heißt die K. als Teilstreitkraft der ↗ Bundeswehr amtlich **Dt. Marine.**

Kriegsmaschinen, Sammelbez. für die im Altertum und MA. bei Belagerungen eingesetzten Großgeräte, im MA. Antwerk genannt. Die K. lassen sich einteilen in **Schutzmaschinen** (bewegl. Schutzschirme, -dächer und -wände), **Trutz-** oder **Angriffsmaschinen** (Zerstörungsgerät, Wurfmaschinen und Angriffsgerät i. e. S.). Zu den Zerstörungsgeräten zählen u. a. Widder und Mauerbrecher, zu den Wurfmaschinen z. B. Katapulte und Onager. Als Angriffsgeräte i. e. S. bezeichnet man Belagerungsturm, Hebekasten, Sturmbrücke und Sturmwagenleiter.

Kriegsopferversorgung, die vom Staat zu tragenden Versorgungsleistungen für Personen, die infolge von Krieg oder Wehr- bzw. Zivildienst Gesundheitsschädigungen erlitten haben, bzw. an ihre Hinterbliebene; geregelt im Bundesversorgungs-Ges. i. d. F. v. 22. 1. 1982 (BVG). Durch Bezugnahme auf das BVG im Bundesgrenzschutz-, Infektionsschutz-, Häftlingshilfe-, Opferentschädigungs-, Soldatenversorgungs-, Zivildienst- sowie im Strafrechtl. Rehabilitierungs-Ges. wurde dessen ursprüngl. Geltungsbereich ausgeweitet. Die Versorgung umfasst u. a. die Heil- und Krankenbehandlung (im Wesentlichen entsprechend den Leistungen der Krankenversicherung; bei Arbeitsunfähigkeit Zahlung von **Versorgungskrankengeld**). Schädigungsbedingte Einkommensausfälle und Mehraufwendungen kompensiert die **Beschädigtenrente.** Beschädigte erhalten eine Grundrente, gestaffelt nach dem Grad der Minderung der Erwerbsfähigkeit (MdE). Beschädigte, die durch die Folgen der Schädigung außergewöhnlich betroffen sind, können die **Schwerstbeschädigtenzulage** erhalten. Schwerbeschädigte haben Anspruch auf zusätzl. Geldleistungen und ggf. **Ausgleichsrente,** wenn sie eine zumutbare Beschäftigung nur beschränkt ausüben können. Schädigungsbedingte Einkommenseinbußen werden ggf. durch einen **Berufsschadensausgleich** berücksichtigt. Hinterbliebenenrente wird an Witwen/Witwer, Waisen und Eltern gezahlt, wenn ein Beschädigter verschollen oder an den Folgen einer Schädigung gestorben ist. Weitere Leistungen sind Bestattungs- sowie Sterbegeld. Reichen die Leistungen der K. nicht aus, um eine angemessene Lebensstellung zu ermöglichen oder zu erhalten, wird ergänzend **Kriegsopferfürsorge** gezahlt.

Zuständig für die Durchführung der K. sind bes. die (Landes-)Versorgungsämter. In den neuen Ländern wurde die K. zum 1. 1. 1991 eingeführt. Die Berechtigten in den neuen Ländern erhielten Sachleistungen in gleichem Umfang wie diejenigen in den alten Ländern, aber eine niedrigere Grundrente. Gemäß Urteil des Bundesverfassungsgerichts vom 14. 3. 2000 sind jedoch die Grundrenten ab 1. 1. 1999 für alle Berechtigten gleich zu bemessen. – Ähnl. Vorschriften zur K. bestehen in *Österreich* mit dem K.-Ges. vom 14. 7. 1949 (KOVG). In der *Schweiz* sind die Entschädigungsleistungen des Bundes infolge Unfalls und Krankheit im Militärdienst im Bundes-Ges. über die Militärversicherung vom 19. 6. 1992 geregelt.

Kriegsrecht, 1) im Unterschied zum Friedensvölkerrecht die Rechtssätze des Völkerrechts, die während eines Krieges für die Krieg führenden Parteien untereinander wie gegenüber neutralen Staaten gelten; kodifiziert u. a. in der ↗ Haager Landkriegsordnung und in den Genfer Konventionen (↗ Genfer Vereinbarungen). Während in der Periode des klass. Völkerrechts der Grundsatz der Kriegsfreiheit galt, also der Souverän bestimmte, ob er seine Ziele auch mit krieger. Mitteln verfolgte, hat das 20. Jh. den Grundsatz des **Kriegsverbots** geprägt, das erstmals im Briand-Kellog-Pakt (1928) niedergelegt wurde, heute als allgemeine, zwingende Völkerrechtsnorm gilt und neben das fortbestehende Verteidigungsrecht getreten ist. In der Erkenntnis, dass Kriege meist nicht mehr durch Kriegserklärung beginnen und erst mit einem Friedensvertrag enden, ist der Begriff K. definitorisch durch den Begriff »Recht der bewaffneten Konflikte« ersetzt worden, ohne dass hierdurch eine inhaltl. Veränderung eingetreten wäre. Wichtigste Grundregel des K. ist die strenge Anweisung, Kriegshandlungen nur gegen militär. Objekte zu richten. Zivilpersonen und deren Eigentum dürfen nicht angegriffen werden. Kommen sie dennoch zu Schaden, werden solche »Kollateralschäden« vom K. nur geduldet, wenn sie als Nebenwirkungen in einem angemessenen Verhältnis zu dem angestrebten Erfolg stehen. Gezielte Angriffe auf zivile Objekte sind aber in jedem Fall verboten. Truppenteile, die sich ergeben, dürfen nicht weiter bekämpft werden.

2) im Staatsrecht die kriegsbedingten Änderungen des geltenden Rechts (↗ Notstandsverfassung).

Kriegsschäden, die dem Einzelnen durch Kriegseinwirkungen unmittelbar (z. B. Luftangriffe) oder mittelbar (Evakuierung) entstandenen Personen- und Sachschäden. Die K. der eigenen Staatsangehörigen werden während des Krieges und nach dessen Ende durch besondere Gesetze geregelt, wobei allerdings i. d. R. nicht voller Ersatz, sondern nur angemessener Ausgleich unter Berücksichtigung der staatl. Leistungsfähigkeit gewährt wird. Festlegungen zum Ausgleich der K. von Angehörigen der feindl. und der neutralen Staaten erfolgen durch Friedensvertrag und durch besondere völkerrechtl. Vereinbarungen. (↗ Kriegsfolgenrecht)

Kriegsschiffe, Kampf- und Hilfsschiffe, die den Seestreitkräften eines Staates angehören. K. besitzen auch im Ausland die Territorialität des Heimatstaates und dürfen von einer fremden Macht nicht kontrolliert werden. – Die Entwicklung der K. führte von mit Soldaten besetzten Handelsschiffen der Antike über Kriegsgaleeren und -galeonen zu den Fregatten, Korvetten und Linienschiffen des 17./18. Jh. Sie wurden abgelöst durch die motorgetriebenen K. der Neuzeit. – Gegenwärtige Klassifizierung: Flugzeugträger, Schlachtschiffe, Kreuzer, Zerstörer, Fregatten (einschließlich Korvetten), Unterseeboote, Minenkampfschiffe, Kleine Kampfschiffe (Schnellboote u. a.), Landungsfahrzeuge, Hilfsfahrzeuge.

Kriegsschuldfrage, die Frage nach der Schuld für die Verursachung eines Krieges; politisch bedeutsam für den Ersten und Zweiten Weltkrieg. Die Festlegung in Art. 231 des Versailler Vertrags (1919) der alleinigen dt. Kriegsschuld für den Ersten Weltkrieg führte zu einer intensiven Kriegsschuldforschung, die mit umfangreichen Aktenveröffentlichungen zur Vorgeschichte des Krieges verbunden war. Unumstritten ist in der wiss. Forschung die Schuld des Dt. Reiches am Zweiten Weltkrieg.

Kriegsverbrechen, Handlungen von Angehörigen eines Krieg führenden Staates, durch die das Verbot des Angriffskrieges oder die Regeln des ↗ Kriegsrechts verletzt werden. Nach den Genfer Konventionen (↗ Genfer Vereinbarungen) und dem 1. Zusatzprotokoll von 1977 besteht die Verpflichtung der Staaten, durch ihre Justizorgane K. zu verfolgen und zu ahnden, andernfalls macht sich der Staat eines völkerrechtl. Delikts schuldig. Im Gefolge v. a. des Zweiten Weltkrieges wurde der Begriff des K. (z. B. Grausamkeiten gegen die Zivilbevölkerung, Misshandlung und Tötung von Kriegsgefangenen, Plünderung) ausgedehnt: K. sind danach u. a. auch Völkermord, wirtsch. Ausbeutung besetzter Gebiete, Zwangsarbeit fremder Staatsangehöriger. Mit der Gründung des ↗ Internationalen Strafgerichtshofs (IStGH; das Römische Statut trat am 1. 7. 2002 in Kraft) wurde erstmals ein ständiges internat. Gericht geschaffen, das für die Verfolgung von K. zuständig ist, wenn in dem entsprechenden Fall kein staatl. Gericht tätig geworden ist. Zur innerstaatl. Umsetzung des Römischen Statuts wurde das dt. ↗ Völkerstrafgesetzbuch, Abk. VStGB, erlassen (in Kraft seit 30. 6. 2002), das Straftaten gegen das Völkerrecht, darunter K. (§§ 8–12 VStGB), mit Strafe bedroht. Das VStGB unterteilt K. (schwerste Straftaten, die im Zusammenhang mit einem internat. oder nicht internat. bewaffneten Konflikt begangen werden) in K. gegen Personen (§ 8), K. gegen Eigentum und sonstige Rechte (§ 9), K. gegen humanitäre Operationen und Embleme (§ 10), K. des Einsatzes verbotener Methoden (§ 11) und verbotener Mittel der Kriegführung (§ 12). K. verjähren nicht. (↗ Kriegsverbrechertribunal, ↗ Nürnberger Prozesse)

Kriegsverbrechertribunal, internat. Strafgericht zur Verfolgung von Verletzungen des humanitären Völkerrechts sowie von Verbrechen gegen die Menschlichkeit, von Völkermord und Kriegsverbrechen.

Das Internat. Strafgericht für Verbrechen im ehem. Jugoslawien mit Sitz in Den Haag (daher auch **Haager Tribunal** gen.) wurde vom UN-Sicherheitsrat 1993 eingerichtet. Es ist für Verbrechen gegen die Menschlichkeit, Völkermord und Kriegsverbrechen zuständig, die nach dem 1. 1. 1991 im ehem. Jugoslawien verübt wurden. Die ersten Verfahren wurden 1995 eröffnet; das erste Urteil fällte das Tribunal 1996. – Das Internat. Strafgericht für Ruanda (auch **Ruanda-Tribunal** gen.) mit Sitz in Arusha (zunächst Den Haag) mit einem Anklagebüro in Kigali wurde vom UN-Sicherheitsrat 1995 eingerichtet. Es untersucht die Massenmorde von 1994 in Ruanda, bei denen schätzungsweise eine Million Tutsi und Hutu getötet wurden. Die ersten Verfahren begannen 1996. Unabhängig von diesen K., die »Ad-hoc-Gerichtshöfe« sind, wurde 1998 das Statut des ↗ Internationalen Strafgerichtshofs verabschiedet.

Kriegsvölkerrecht, die völkerrechtl. Regeln des ↗ Kriegsrechts.

Kriegswaffen, Gegenstände, Stoffe und Organismen, die geeignet sind, allein, in Verbindung miteinander oder mit anderen Gegenständen, Stoffen oder Organismen Zerstörungen oder Schäden an Personen oder Sachen zu verursachen und die als Mittel der Gewaltanwendung bei bewaffneten Auseinandersetzungen zw. Staaten dienen. Bes. ABC-Waffen, Flugkörper, Kampfflugzeuge und -hubschrauber, Kriegsschiffe, Kampfpanzer und sonstige gepanzerte Fahrzeuge, Rohrwaffen (z. B. Gewehre, Kanonen), Panzerabwehrwaffen, Flammenwerfer, Minenleg- und Minenwurfsysteme, Torpedos, Minen, Bomben und Munition sowie Gefechtsköpfe und Zünder, Laserwaffen. Das **Gesetz über die Kontrolle von K. (K.-Kontrollgesetz)** vom 20. 4. 1961 (i. d. F. v. 22. 11. 1990) legt fest, dass in Dtl. die Herstellung, der Erwerb, der Transport sowie die Ein-, Aus- und Durchfuhr von K. genehmigungspflichtig sind.

Kriegswirtschaft, die zentral geplante und mit staatl. Zwangsmitteln durchgesetzte Orientierung einer Volkswirtschaft am Primat der Rüstung in unmittelbarer Vorbereitung auf einen Krieg oder während eines Krieges. Verstärkte Rüstungsproduktion und Konsumverzicht führen zu dirigist. Eingriffen des Staates in Güter-, Kapital- und Devisenmärkte und zu Planwirtschaft. Typ. Merkmale sind staatl. Reglementierung von Löhnen und Preisen, Warenkontingentierung, Dienstverpflichtung von Arbeitskräften, Steuererhöhungen, Zwangssparen; daraus resultieren meist gravierende Mangelerscheinungen und die Zerrüttung der Währung.

Kriegswissenschaften, veraltete Bez. für ↗ Wehrwissenschaften.

Kriemhild, Gestalt des ↗ Nibelungenlieds.

Krier, **1)** Léon, luxemburg. Architekt, *Luxemburg 7. 4. 1946, Bruder von 2); Vertreter der rationalen Architektur, konzipiert v. a. Stadtplanungsprojekte, in denen er eine Wiederherstellung des sozialen und urbanen Gefüges anstrebt (u. a. Entwurf für den Wettbewerb »Roma Interrotta«, Rom, 1978).

2) Rob, eigtl. Robert, luxemburg. Architekt, *Grevenmacher 10. 6. 1938, Bruder von 1); befasst sich mit der Rekonstruktion histor. Stadtstrukturen (u. a. Prager Platz in Berlin, 1976–78); streng geometr. Formen, Achsensysteme und Zitate histor. Bauformen bestimmen seine Entwürfe; auch als Bildhauer tätig.

Krill *der,* Bez. für massenhaft in polarnahen Meeren auftretendes tier. Plankton, bestehend v. a. aus Leuchtkrebsen und Ruderfußkrebsen; dient manchen

Krill: Leuchtkrebs (Euphausia superba, Länge etwa 6 cm)

Rob Krier: Kopfbau der IBA-Gebäude in Berlin (Rauchstraße) mit der Büste »Mann mit dem Goldhelm«; 1983–84

Fischen (z. B. Heringen) und bes. Bartenwalen als Hauptnahrung; er hat einen hohen Protein-, Vitamin- und Mineralgehalt.

Krim (ukrain. und russ. Krym, amtlich ukrain. Republika Krym), autonome Teilrep. innerhalb der Ukraine, umfasst die Halbinsel K. im N des Schwarzen Meeres, trennt dieses vom Asowschen Meer, 27 000 km², 2,034 Mio. Ew., Hptst. ist Simferopol. Im N ist die K. durch die Landenge von ↗Perekop mit dem Festland verbunden, im O wird sie vom Asowschen Meer und der Straße von Kertsch begrenzt; markante Teile sind die Halbinseln Tarchankut im W und Kertsch im O sowie das **K.-Gebirge** mit der Hauptkette Jailagebirge (bis 1 545 m ü. M.), im N das ebene bis wellige Tiefland der K.-Steppe. Im N ist das Klima gemäßigt kontinental, an der geschützten S-Küste mediterran. Von der Bev. sind 63% Russen, 24% Ukrainer, 10% Krimtataren; außerdem leben hier Armenier, Griechen, Bulgaren und Deutsche. Wirtschaftl. Bedeutung haben die Landwirtschaft (Weizen, Wein, Obst; Rinder, Schafe), verarbeitende Industrien (Maschinen-, Schiffbau, Nahrungsmittel-, Baustoffind.) und der Tourismus (bed. Erholungs- und Kurorte an der Schwarzmeerküste: Jalta, Aluschta, Alupka, Gursuf, Jewpatorija). Im NW wird Erdgas gefördert, die Eisenerzförderung auf der Halbinsel Kertsch wurde eingestellt.

Bis zum 8. Jh. v. Chr. war die K. (Taur. oder Skyth. Chersones) von den Kimmeriern bewohnt, dann von nomad. Skythen. Aus den im 6. Jh. v. Chr. gegr. grch. Kolonien entstand 480 v. Chr. auf der K. das Bosporan. Reich. Nach 63 v. Chr. geriet die K. in Abhängigkeit vom Röm. Reich und wurde im 4. Jh. n. Chr. von den Goten, dann von hunn. Stämmen und im 13. Jh. von den Mongolen erobert. Die Küste stand bis zum 13. Jh. unter byzantin., seit 1261/66 unter genues. Kontrolle. Mitte des 15. Jh. entstand ein selbstständiges Khanat der Krimtataren, das 1475 die Oberhoheit des Osman. Reiches anerkennen musste. 1783 kam die Halbinsel an Russland; sie war 1854/55 Kriegsschauplatz im ↗Krimkrieg, nach dt. Besetzung (April–Nov. 1918) im Bürgerkrieg (1918–21) Operationsbasis und Rückzugsgebiet der »weißen« Armeen A. I. Denikins und P. N. Wrangels. 1921 wurde die K. eine ASSR in der Russ. SFSR mit der Hptst. Simferopol. Im Zweiten Weltkrieg war sie 1941–44 wiederum von dt. Truppen besetzt. Nach sowjet. Rückeroberung wurden die ↗Krimtataren 1944 unter dem Vorwurf der Kollaboration mit den Deutschen nach Zentralasien deportiert, die ASSR wurde aufgelöst und in ein Gebiet der Russ. SFSR umgewandelt. 1954 erfolgte die Angliederung der K. an die Ukrain. SSR.

Die Rehabilitierung der Krimtataren 1967 führte nicht zur Wiederherstellung ihrer Autonomie (erst 1989 Rückkehrerlaubnis). Nach Auflösung der Sowjetunion (1991) wurde die K. zum Streitobjekt zw. der Ukraine und Russland, dessen Parlament im Mai 1992 die in der Amtszeit Chruschtschows erfolgte Übertragung der Halbinsel an die Ukraine für unrechtmäßig erklärte und sich für Verhandlungen aussprach. Die Unabhängigkeitserklärung der K. vom 5. 5. 1992 wurde unter dem Druck der Ukraine zurückgenommen; am 30. 6. 1992 billigte das ukrain. Parlament ein Gesetz, das der Rep. K. weitgehende Autonomie gewährte, und verabschiedete im Dez. 1998 eine neue Verf. für die K. (seit 12. 1. 1999 in Kraft), die die Halbinsel zu einer »Autonomen Rep. und (zum) integralen Bestandteil der Ukraine« erklärte; der K. wurden die Hoheit u. a. in den Bereichen Recht, Verwaltung, Finanzen sowie eigene Symbole (Wappen, Flagge und Hymne) zuerkannt.

Krimgoten, Reste der ↗Goten auf der Krim und der O-Seite der Straße von Kertsch, die unter häufig wechselnder Oberhoheit (von Alanen, Byzantinern, Chasaren, Tataren, ab 1475 Türken) für mehr als ein Jahrtausend ihre Eigenart in Kultur und Sprache **(Krimgotisch)** bewahren konnten. Ihre Hauptstadt war Eski-Kermen. Seit dem 16. Jh. sind sie nicht mehr nachzuweisen.

Krim: Schwarzmeerküste bei Gursuf

Kriminalfilm, Filmgenre, bei dem ein Verbrechen und seine Aufklärung im Mittelpunkt stehen.

Kriminalgeschichte, eine Erzählung, in der ein Verbrechen und dessen Aufklärung thematisiert werden; zus. mit dem Kriminalroman sowie dem Agenten- oder Spionageroman, der Detektivgeschichte und dem Detektivroman ein gattungsbildendes Element der ↗Kriminalliteratur.

Kriminalistik die, Lehre von den Maßnahmen, Methoden und Institutionen zur Verhütung und Aufklärung von Verbrechen. Sie umfasst die **Kriminaltaktik** (Lehre vom techn., psycholog. und prozessökonomisch zweckmäßigen Vorgehen bei der Verbrechensbekämpfung) und die **Kriminaltechnik** (Lehre von der Anwendung techn. Mittel und naturwiss. Methoden bei der Verbrechensaufklärung, bes. bei der Sicherung und Untersuchung von Spuren [z. B. ↗Daktyloskopie, ↗genetischer Fingerabdruck]), die **Kriminalstrategie** (Organisation der Verbrechensbekämpfung, die sinnvolle Aufgabenverteilung und das koordinierte Zusammenwirken der polizeil. Kräfte) und die **Kriminallogistik** (Planung und Bereitstellung von Führungs- und Einsatzmitteln für die Kriminalitätsbekämpfung durch die Polizei).

Kriminalität [zu lat. crimen »Vergehen«, »Verbrechen«] *die*, die Gesamtheit der in einem bestimmten Gebiet vorkommenden Straftaten. Dabei wird K. heute vorwiegend als eine besondere Form abweichenden Verhaltens von den in einer bestimmten Gesellschaft zu einer bestimmten Zeit festgelegten Normen verstanden, das mit gesetzlich festgelegten Sanktionen geahndet wird. In Dtl. wurden 2001 rund 6,36 Mio. Straftaten bekannt und von der polizeil. Kriminalstatistik (PKS) erfasst (davon 5,18 Mio. in den alten Ländern und Berlin; ohne Verkehrsdelikte). 1985 wies die PKS für das frühere Bundesgebiet rund 4,22 Mio., 1990 4,46 Mio. und 1995 für Dtl. rund 6,67 Mio. Straftaten aus. Abgeurteilt wurden allerdings im früheren Bundesgebiet (einschl. Berlin) 2000 nur etwa 908 000 Personen (1990: 878 000, 1980: 929 000).

Die Struktur der zeitgenöss. K. wird zahlenmäßig weiterhin v. a. von den Eigentums- und Vermögensstraftaten einerseits sowie den Verkehrsdelikten andererseits bestimmt. Nach der PKS, welche die Verkehrsdelikte nicht erfasst, stand der Diebstahl mit einem Anteil von (2001) rund 47 % an erster Stelle. Sachbeschädigung und Betrug machen zus. mit dem Diebstahl etwa drei Viertel der polizeilich registrierten K. aus. Viele der angezeigten Straftaten sind minder schwer. Etwa 44 % der einfachen Diebstähle und etwa 41 % der Betrugsfälle erreichen nur eine Schadenshöhe bis zu 50 €. Verglichen mit der Eigentums-K. fällt die Gewalt-K., gemessen an der Gesamtzahl der registrierten Straftaten, nicht sehr stark ins Gewicht. Sie liegt bei etwa 3 %, wenngleich die absolute Zahl der ermittelten Gewaltstraftaten mit nahezu (2001) 188 500 Fällen beträchtlich ist. Bedeutung hat auch in Mitteleuropa die ↗ organisierte Kriminalität gewonnen. Nach der PKS wird rd. die Hälfte der Straftaten in Großstädten mit mehr als 100 000 Ew. begangen. Die K. wird überwiegend von Männern geprägt. Der Anteil tatverdächtiger Frauen liegt bei etwa 23 % (beim Ladendiebstahl allerdings wesentlich höher). Der Anteil der nichtdt. Tatverdächtigen an allen polizeilich registrierten Tatverdächtigen beträgt rd. 25 %, wobei bes. Durchreisende, Asylbewerber und illegal Anwesende eine Rolle spielen. (↗ Jugendkriminalität, ↗ Kinderkriminalität)

In fast allen Industriestaaten, mit Ausnahme Japans, wird in der Zeit nach dem Zweiten Weltkrieg ein erhebl. K.-Anstieg beobachtet. Der Zuwachs der allgemeinen K. ist zu einer durchgängigen Erscheinung in den westl., neuerdings auch in den postkommunist. Gesellschaften geworden. In Dtl. und den Nachbarländern Österreich und der Schweiz hat die K. in den letzten Jahrzehnten beträchtlich zugenommen; von kleineren Abweichungen in der Erfassung abgesehen, ist die Deliktstruktur in Österreich und der Schweiz ähnlich und daher mit jener in Dtl. vergleichbar.

Kriminalliteratur, Sammelbez. für auf Spannung orientierte erzählende Literatur, in der das Verbrechen und seine Aufklärung im Mittelpunkt der Handlung stehen.

Hinsichtlich der Erzählstruktur lässt sich die K. in Detektivroman, Detektivgeschichte einerseits und Kriminalroman, Kriminalgeschichte (bzw. deren Gestaltungsvarianten Thriller und kriminalist. Abenteuererzählung) andererseits unterteilen. Im angelsächs. Sprachraum findet sich hierfür die Unterscheidung von »Detectivestory« und »Crimenovel«, das Französische kennt beide als »Roman policier«. Der **Detek**tivroman i. e. S. bezieht sein wesentl. Spannungsmoment aus der Darstellung der Aufklärung eines unter rätselhaften Umständen begangenen Verbrechens durch einen Detektiv. Der **Kriminalroman** i. e. S. zielt dagegen v. a. auf die Entwicklungen eines Verbrechens mit meist aktionsgeladener Verfolgung des Täters/der Täter. Eine Sonderform des Kriminalromans ist der Agenten- oder Spionageroman, der sich inhaltlich durch das Motiv der Spionage vom Detektivroman abhebt (G. Greene, J. le Carré, E. Ambler, L. Deighton). Die Forschung lehnt in jüngster Zeit eine starre Typologisierung der K. aufgrund ihrer ästhet. Bandbreite ab; die Unterteilung bzw. Zuordnung von Werken erfolgt i. d. R. pragmatisch durch die Interessenlage der Rezipienten bzw. des Buchmarktes.

Kriminalliteratur: Statue von A. C. Doyles berühmtem Detektiv Sherlock Holmes vor der Londoner U-Bahn-Station Baker Street

Die Geschichte der K. als eigene Gattung beginnt Ende des 18. Jh. Geistesgeschichtlich steht die Entwicklung in Zusammenhang mit dem Rationalismus und dem Vernunftideal der Aufklärung. Ihre sozialgeschichtl. Wurzeln liegen einerseits in der Konsolidierung des bürgerl. Rechtsstaates, dem damit verbundenen Interesse an Rechtsfragen und der Forderung nach verlässl. Justizverfahren, andererseits im Wandel des Strafprozesses, der den Sach- und Indizienbeweis an die Stelle des durch Folter erzwungenen Geständnisses setzte. Das starke Interesse der Öffentlichkeit an Strafverhandlungen griffen Zeitungen und Zeitschriften auf; diese hatten, wie später auch Film und Fernsehen, unmittelbaren Einfluss auf die Gestaltung der K. – Von den literar. Vorläufern sind v. a. F. Gayot de Pitavals Sammlung von Strafrechtsfällen und Kriminalgeschichten »Causes célèbres et intéressantes« (20 Bde., 1734–43) zu nennen. Elemente der K., wie die Häufung zunächst unerklärl. Ereignisse und deren rationale Aufklärung, finden sich in den ↗ Gothic Novels sowie in den Erzählungen der dt. Romantik (E. T. A. Hoffmann); Motive der Spurensuche und log. Deduktion verwendeten J. F. Cooper, H. de Balzac und E. Sue. Die für die K. typ. Elemente vereinigt E. A. Poe: den Einbruch des Irrationalen in eine geordnete Welt in Form eines rätselhaften Mordes, die Fahndung des genialen Detektivs nach dem Täter und der Triumph der Rationalität bei der Aufklärung des Verbrechens. Seinem Vorbild folgte A. C. Doyle, Erfinder des berühmten Sherlock Holmes. Doyle wurde Vorbild für eine Vielzahl pointierter Rätselromane mit einem Meisterdetektiv als Helden der Geschichte (G. K. Chesterton, E. Wallace, Margery Allingham,

Agatha Christie, G. Leroux, Dorothy Sayers, E. S. Gardner, R. Stout, später Ruth Rendell, D. Francis, Martha Grimes). In Abgrenzung von diesem Typus gab es in den 1930er-Jahren Ansätze einer an der harten großstädt. Wirklichkeit orientierten und dabei soziale, psycholog. und polit. Elemente stärker integrierenden K., der sog. »hard boiled school« (D. Hammett, R. Chandler; später R. Macdonald, C. Himes, M. Spillane). Eine Hinwendung zu einer realist., psychologisch überzeugenden K. zeigen ebenso die Romane von G. Simenon, F. Arnau, W. Serner, F. Glauser und L. Malet. Maj Sjöwall und P. Wahlöö betten die eigentl. Kriminalerzählung in eine sozialkrit. Bestandsaufnahme der zeitgenöss. schwed. Gesellschaft ein. P. Boileau und T. Narcejac sowie P. D. James, Margaret Millar und Patricia Highsmith behandeln den Kriminalfakt in individual-psycholog. Rahmen. Seit den 1950er-Jahren wurden Strukturen der K. u. a. benutzt, um die Nichtverstehbarkeit der Welt und ihre gestörte soziale Ordnung zu demonstrieren, so bei F. Dürrenmatt und L. Sciascia; für die Autoren der Postmoderne sind ihre Motive Versatzstücke, mit denen spielerisch Erwartungen des Lesers unterlaufen werden (U. Eco, L. G. Gustafsson, P. Süskind). International erfolgreiche Krimi-Autoren der Gegenwart sind u. a. H. Mankell, J. Grisham, Patricia Cornwell, Minette Walters, J. Deaver, A. Camilleri, Donna Leon, Shulamit Lapid, Alexandra Marinina. – In der Bundesrep. Dtl. erfuhr die K. in den 1970er-Jahren eine Belebung durch die »Sozio-Krimis« (F. Werremeier, R. Hey, M. Molsner, H. Bosetzky [Pseud. -ky] u. a.), während sie in der DDR auf der Annahme beruhte, dass im Sozialismus dem Verbrechen die Motivation entzogen sei. Sie wurde wesentlich durch Polizeiromane repräsentiert, mit z. T. krit. Darstellung des Alltags (H. Bastian, H. Pfeiffer, K. H. Berger, S. Mohr). Heute gibt es im dt.sprachigen Raum einen starken Trend der Regionalisierung, indem Autoren wie J. Berndorf, J. Arjouni, F. Ani, W. Haas, J. Juretzka u. a. die Handlung ihrer Geschichten in typische Großstädte oder Regionen verlegen. Zu den erfolgreichen Autoren der dt.sprachigen K. gehören ferner Pieke Biermann, B. Schlink und Ingrid Noll.

Kriminalpolizei, Kw. **Kripo,** Zweig der Polizei, dessen Aufgabe die Aufklärung von Straftaten und die Vornahme unaufschiebbarer strafprozessualer Maßnahmen ist (§ 163 StPO). Im strafprozessualen Ermittlungsverfahren ist die K. der Staatsanwaltschaft untergeordnet und hat deren Anweisungen Folge zu leisten. In Dtl. steht an der Spitze der K. jedes Landes ein **Landeskriminalamt;** zur Zusammenarbeit zw. Bund und Ländern wurde das ↗ Bundeskriminalamt errichtet, dem bis auf bestimmte Ausnahmen der notwendige Dienstverkehr mit ausländ. Polizei- und Justizbehörden vorbehalten ist.

Kriminalroman, ↗ Kriminalliteratur.

Kriminalstatistik, Statistik über bekannt gewordene und aufgeklärte Straftaten sowie ermittelte Täter **(polizeil. K.),** über Verurteilte und Freigesprochene **(Strafverfolgungsstatistik, amtl. K.)** sowie über Strafgefangene und Verwahrte **(Strafvollzugsstatistik).**

kriminelle Vereinigung, eine Vereinigung, deren Zweck oder Tätigkeit darauf gerichtet ist, Straftaten zu begehen; wer eine k. V. gründet, an ihr als Mitgl. beteiligt ist, für sie wirbt oder sie unterstützt, wird nach § 129 StGB mit Freiheitsstrafe bis zu fünf Jahren oder mit Geldstrafe bestraft. Die Anwendbarkeit des § 129 StGB erstreckt sich nach Maßgabe des § 129 b StGB auch auf ausländ. k. V. (↗ terroristische Vereinigung)

Kriminologie [lat.-grch.] *die,* interdisziplinäre Wiss. von den Verbrechen und der Kriminalität, der Persönlichkeit des Rechtsbrechers und von der Verbrechenskontrolle. Ihr Gebiet schließt auch das Verbrechensopfer (↗ Viktimologie) und die Verbrechensverhütung ein. Hauptaufgabe der K. ist die Dauerbeobachtung derartiger Erscheinungsformen, die Erkenntnissteigerung und praxisbezogene Untersuchung. Dabei sind Kriminalprognose, Verbrechensvorbeugung, Sanktionierung und Behandlung des Rechtsbrechers sowie Erfolgsmessung und Strafrechtserneuerung hervorzuheben. Die heutige K. kennt keine umfassende Universaltheorie zur Erklärung von ihr erforschten Erscheinungen, weshalb ihre Konzepte und Annahmen nur von beschränkter Reichweite sind. Jugend-, Randgruppen- und Drogenproblematik, das Dunkelfeld, Wirtschaftskriminalität einschl. Umweltschutzdelikten, Eigentums- und Gewaltkriminalität sowie Verkehrsdelinquenz und organisiertes Verbrechen stehen neben der Sanktions- und Justizforschung im Blickpunkt.

Krimkrieg, 1853/54–56 militär. Konflikt Russlands mit dem Osman. Reich, Großbritannien und Frankreich (ab 1855 auch mit dem Königreich Sardinien); ben. nach seinem Hauptschauplatz, der Halbinsel Krim. Anlass des K. war ein im Febr. 1853 vom russ. Kaiser Nikolaus I. an die türk. Regierung (die »Pforte«) gerichtetes Ultimatum, die russ. Schutzherrschaft über die orth. Christen des Osman. Reiches anzuerkennen. Als dies mit diplomat. Rückendeckung Großbritanniens und Frankreichs abgelehnt wurde, besetzten russ. Truppen im Juli 1853 die zum Herrschaftsbereich des türk. Sultans gehörenden Donaufürstentümer Moldau und Walachei. Nach den Kriegserklärungen der Pforte (4. 10. 1853) und der Westmächte (28. 3. 1854) führten britisch-frz. Truppen auf der Krim mit der Einnahme der elf Monate lang belagerten Festung Sewastopol (9. 9. 1855) die militär. Entscheidung herbei (erster Stellungskrieg der Militärgesch.). Am 28. 11. 1855 eroberte die russ. Armee die türk. Festung Kars. Im Pariser Frieden (30. 3. 1856) verzichtete Russland auf das Protektorat über die Donaufürstentümer und die orth. Christen im Osman. Reich, trat die Donaumündungen und das südl. Bessarabien an das Fürstentum Moldau ab, erkannte die Freiheit der Donauschifffahrt unter internat. Kontrolle an und gab Kars zurück; das Schwarze Meer wurde entmilitarisiert.

Krimml, Gemeinde im Oberpinzgau, Bundesland Salzburg, Österreich, 1 067 m ü. M., 900 Ew.; im Tal der **Krimmler Ache,** unterhalb der **Krimmler Wasserfälle,** mit 380 m (in drei Abschnitten) die größten Wasserfälle Mitteleuropas, vor der Einmündung in die obere Salzach gelegen. Ausgangspunkt der neuen Gerlospassstraße und des alten Saumpfades über die **Krimmler Tauern** (2 633 m ü. M.) ins Ahrntal; Fremdenverkehr.

Krimtataren, urspr. auf der Krim siedelndes, von Feldanbau, Viehhaltung und Fischfang lebendes Turkvolk, etwa 0,5 Mio.; sunnit. Muslime; entstanden beim Zerfall der Goldenen Horde v. a. aus unterworfenen Kumanen u. a. Turkstämmen, vermischt mit Krimgoten, Slawen u. a. Europäern. Die K., seit 1783 unter russ. Herrschaft und durch Abwanderung in die Türkei stark dezimiert, wurden 1944 wegen angebl. Kollaboration mit Dtl. nach Mittelasien (v. a. Usbekistan) unter erhebl. Verlusten deportiert. Obwohl bereits 1967 die offizielle Rehabilitierung der K. erfolgte, wurde erst 1989 die Rückkehr der K. gestattet; 1999 lebten etwa 210 000 K. auf der Krim. Kleinere Gruppen leben in Bulgarien, Rumänien, Polen und den USA; etwa 5 Mio. Nachfahren in der Türkei, weitgehend im türk. Volk aufgegangen.

Krinoline [frz.] *die,* mit Rosshaar (frz. »crin«) versteifter Unterrock der Frauenmode der 1840er-Jahre, ab 1856 ein Reifrock aus Stahlreifen.

Kripke, Saul Aaron, amerikan. Logiker und Philosoph, * Bay Shore (N. Y.) 13. 11. 1940; erregte 1959 Aufsehen, als er mithilfe der Modellvorstellung der »mögl. Welten« (**K.-Semantik**) zeigen konnte, dass die Modallogik vollständig ist. In seinem philosoph. Hauptwerk »Name und Notwendigkeit« (1972) entwarf er eine Namentheorie, der zufolge Eigennamen »starre Designatoren« sind, deren Bedeutung in allen mögl. Welten dieselbe ist. Neuere Arbeiten von K. betreffen die Wahrheitstheorie.

Krippe, 1) *Astronomie:* (lat. Praesepe), ein mit bloßem Auge sichtbarer offener Sternhaufen im Sternbild Krebs.
2) *Landwirtschaft:* Futtertrog.
3) *Volkskunde:* figürl. Darstellung eines bibl. Geschehens, am häufigsten der Hl. Familie im Stall von Bethlehem (nach Lk. 2) mit dem Jesuskind in einer K., den Hirten, den Weisen aus dem Morgenland u. a. (Weihnachts-K.), die zur Weihnachtszeit in Kirchen und Wohnungen aufgestellt werden. Reich ausgestaltete K. entstanden bes. im 18. Jh. in Italien (Neapel, Sizilien), Tirol und Bayern, später auch in Böhmen.

Krippenspiel, ↗ Weihnachtsspiel.
Krippentod, der ↗ plötzliche Kindstod.
Krips, Josef Alois, österr. Dirigent, * Wien 8. 4. 1902, † Genf 13. 10. 1974; war bes. geschätzt als Mozart-Interpret.

Kris [malai.] *der,* dolchartige Waffe der Indonesier mit doppelschneidiger, meist schlangenförmig gekrümmter Klinge.

Krise [grch.] *die,* **1)** *allg.:* schwierige Lage.
2) *Medizin:* (Krisis), Höhepunkt einer akuten Krankheit, auch Wendepunkt im Krankheitsgeschehen, z. B. der schnelle Fieberabfall bei Infektionskrankheiten.
3) *Psychologie:* entscheidender Abschnitt eines psych. Entwicklungsprozesses oder bestimmter Lebenssituationen (z. B. entwicklungspsycholog. Phasen wie Trotzphasen, Pubertät, Klimakterium; allg. **Existenz-** und **Lebens-K.,** z. B. ↗ Midlife-Crisis).
4) *Wirtschaftstheorie:* Bez. für die Phase des wirtsch. Niedergangs im Konjunkturzyklus (↗ Konjunktur, ↗ Wirtschaftskrise).

Krishna [-ʃ-] *die* (früher Kistna), Fluss in Indien, 1 250 km lang, entspringt in den Westghats, fließt nach O durch den Dekhan, mündet mit einem fruchtbaren, von Bewässerungskanälen durchzogenen Delta in den Golf von Bengalen; zur Bewässerung und Energiegewinnung aufgestaut.

Krishna: »Krishna und Radha als Liebespaar im Park unter einem Blütenbogen«, Miniatur der Rajasthan-Schule, Mewar (um 1700; Bombay, Prince of Wales Museum of Western India)

Krishna [-ʃ-; Sanskrit »der Dunkle«] (Krischna), populärster hinduist. Gott, gilt als Inkarnation (Avatara) ↗ Vishnus; Hauptgestalt der ↗ Bhagavadgita, wo er die Gottesliebe (Bhakti) als Weg der Erlösung verkündet; war nach der Legende vornehmer Herkunft, wuchs jedoch als Hirtenknabe auf; beliebte Motive in der ind. Kunst sind seine Liebesabenteuer mit den Hirtenfrauen (Gopis), v. a. mit Radha, sowie seine myth. Taten. Sie wurden seit dem 2.–3. Jh. in Stein- und Terrakottareliefs sowie in Bronzeplastiken und v. a. seit dem 16. Jh. in der Miniaturmalerei dargestellt, wo K. stets mit dunkelblauer Hautfarbe und mit Pfauenfedern geschmückt auftritt.

Krispeln, *Lederbearbeitung:* mechan. Weichmachen bes. von pflanzlich gegerbtem Feinleder (z. B. ↗ Saffianleder); dabei wird ein charakterist. Narbenprofil herausgearbeitet. Beim K. in Handarbeit (**Levantieren**) wird das Leder, Narbenseite auf Narbenseite, hälftig zusammengelegt und die gebildete Knickfalte unter leichtem Druck über die ganze Lederfläche hinweggezogen.

Kristall [grch.] *der,* homogener fester Körper, dessen Bausteine (Atome, Ionen, Moleküle) sich während seines Wachstums, der ↗ Kristallisation, aus Schmelzen, Lösungen, Dämpfen oder anderen festen Körpern räumlich-periodisch anlagern, und zwar nach ebenen Flächen, wenn das Wachstum nicht durch die Umgebung behindert wird. Der regelmäßige Aufbau unterscheidet K. von quasikristallinen oder amorphen Substanzen wie Gläsern, Flüssigkeiten oder Gasen. Alle Individuen einer K.-Art haben die gleiche Anordnung der Bausteine, das gleiche ↗ Kristallgitter. Frei gewachsene K. sind daher von ebenen Flächen begrenzt, und für jede K.-Art schließen die entsprechenden Flächen stets die gleichen Winkel ein. Die Gesamtform eines K. beurteilt man nach den Kriterien der ↗ Kristalltracht und des ↗ Kristallhabitus. Die Abstände der Bausteine (in der Größenordnung 10^{-8} cm) können durch Beugung und Interferenz von Röntgenstrahlung oder mit dem Elektronenmikroskop bestimmt werden. Oft sind sie in

Krippe 3): neapolitanische Hauskrippe (um 1720; München, Bayerisches Nationalmuseum)

versch. Richtungen unterschiedlich; daher sind auch die Eigenschaften der meisten K. richtungsabhängig (Anisotropie der K.). In realen K. (**Real-K.**) treten immer Abweichungen von der streng period. Anordnung der Bausteine auf (**K.-Baufehler,** Fehlordnungen). Da die physikal. Eigenschaften (z. B. Festigkeit oder elektr. Leitfähigkeit) stark mit der Zahl der Baufehler variieren, ist die Züchtung (⁄ Kristallzüchtung) möglichst fehlerfreier großer Einkristalle eine wichtige Voraussetzung für die Anwendung der K., z. B. in der Halbleitertechnik.

Eine Elementarzelle und mit ihr der ganze K. können nach versch. symmetrisch zueinander liegenden Richtungen den gleichen Aufbau zeigen (**K.-Symmetrie**). Die **Symmetrieelemente** (Dreh-, Drehspiegelachsen, Spiegelebenen) können zu mehreren an einem K. auftreten; einschl. der Symmetrielosigkeit und der einzelnen Symmetrieelemente gibt es davon 32 Kombinationen, die **32 K.-Klassen (Symmetrieklassen)**, die den ⁄ Kristallsystemen zugeordnet werden können.

An K.-Gittern lassen sich Drehungen und Spiegelungen auch mit Translationen verbinden; aus Drehachsen werden **Schraubenachsen,** aus Spiegelebenen **Gleitspiegelebenen.** Mit diesen Symmetrieelementen ergeben sich 230 Kombinationen (**Raumgruppen, Raumsysteme**). Die K.-Flächen werden durch die reziproken Werte der von ihnen auf den drei Koordinatenachsen abgeschnittenen, in Gitterkonstanten gemessenen Strecken bezeichnet; durch einen gemeinsamen Teiler gekürzt, sind diese Werte meist kleine ganze Zahlen (*h, k, l,* **millersche Indizes**). Wichtigstes Verfahren zur Untersuchung der K.-Struktur ist die ⁄ Röntgenstrukturanalyse.

Kristallgitter, period., dreidimensionale Anordnung von Atomen, Molekülen oder Ionen in festen Stoffen zu gitterförmigen Strukturen (**Kristallstruktur**), in denen die einzelnen Bausteine als Punkte aufgefasst werden. Die Anordnung der Punkte im K. lässt sich mit Gittervektoren beschreiben; deren Beträge und die von ihnen eingeschlossenen Winkel sind die **Gitterkonstanten** eines Kristalls. Die kleinstmögliche räuml. Anordnung dieser Gitterkonstanten bildet die für jedes Gitter typ. Elementarzelle in Form eines ⁄ Parallelepipeds. Ihre Wahl ist willkürlich, erfolgt aber meist entsprechend der äußeren Symmetrie des Kristalls. Durch gesetzmäßige, dreidimensionale Wiederholung der Elementarzelle lassen sich K. erzeugen. Man unterscheidet einfache K. von zusammengesetzten. Bei einfachen K. (**Translations-** oder **Punktgitter**) sind die Gitterpunkte nur mit Bausteinen desselben Elements besetzt, sie wiederholen sich durch Parallelverschiebung gegen die Ausgangslage. Fügt man zu einem reinen Translationsgitter die Gesamtheit aller Punktsymmetrie- und kombinierten Symmetrieelemente hinzu, entsteht ein **Raumgitter.** Geometrisch ergeben sich 7 einfache Raumgitter, deren Gitterpunkte nur eine Art von Kristallbausteinen darstellen. Diese können erweitert werden, indem man zusätzl. Punkte im Zentrum (**innenzentrierte K.**), an der Basis (**basiszentrierte K.**) oder an den Flächen (**flächenzentrierte K.**) annimmt. Insgesamt ergeben sich so die 7 + 7 = 14 so genannten **Bravais-Gitter.** Von diesen ausgehend, erhält man mithilfe der einzelnen Symmetrieoperationen die 230 mögl. Raumgitter.

Kristallglas, farbloses Wirtschaftsglas für meist geschliffene, auch geätzte Gebrauchs- und Luxuswaren, stark glänzend, mit hoher Lichtbrechung; enthält Blei-, Barium-, Kalium- oder Zinkoxid zu mindestens 10%. **Bleikristall** enthält mehr als 24%, Hochbleikristall mindestens 30% und Pressbleiglas mindestens 18% Bleioxid (PbO).

Kristallhabitus (kurz Habitus), die Kristallgestalt in ihren Grundzügen, z. B. prismatisch gestreckt, säulig, nadelförmig, tafelig, blättrig.

kristallin, bezeichnet den Zustand fester Körper, i. e. S. Minerale und Gesteine, die Kristallstruktur aufweisen. Ggs.: amorph.

kristalline Flüssigkeiten (Flüssigkristalle), die ⁄ flüssigen Kristalle.

kristalline Schiefer, Sammelbez. für metamorphe Gesteine mit deutlich gerichtetem Gefüge (Schieferung, Paralleltextur) von plattigen Mineralen, z. B. Gneis, Glimmerschiefer.

Kristallisation [grch.-lat.] *die,* Vorgang der Kristallbildung, ein wichtiges, auch techn. Verfahren zur Herstellung reiner Stoffe (⁄ Kristallzüchtung). Kristalle bilden sich um einen Keim (**Kristallkeim**) durch Substanzanlagerung aus Dämpfen, Schmelzflüssen oder Lösungen, durch Reaktionen und Umwandlungen (⁄ Polymorphie) im festen Zustand und durch Austauschreaktionen (⁄ Pseudomorphosen). Die Wachstumsgeschwindigkeit ist von den physikal. (z. B. Temperatur, Sättigungsgrad) und chem. Bedingungen (Zusammensetzung, Reinheit) in der Schmelze oder Lösung abhängig.

Kristallit [grch.] *der,* einzelnes Kristallkorn eines Kristallaggregats, das durch die Nachbarkörner am Wachsen gehindert wird. Ein aus vielen K. aufgebauter Festkörper wird **polykristallin** genannt.

Kristallklassen, ⁄ Kristall.

Kristallnacht (Reichskristallnacht, Novemberpogrom, Reichspogromnacht), Bez. (vermutlich wegen der zahlr. zertrümmerten Fensterscheiben) für die von den Nationalsozialisten in Dtl. in der Nacht vom 9. zum 10. 11. 1938 organisierten Pogrome gegen Juden. Auf Initiative von J. Goebbels wurde das von H. Grynszpan am 7. 11. 1938 am dt. Botschaftssekretär in Paris (E. vom Rath) verübte Attentat benutzt, um bei angeblich »spontanen Kundgebungen« fast alle Synagogen, jüd. Friedhöfe sowie mehr als 7 000 jüd. Geschäftshäuser zu zerstören. Damit begannen die direkten Aktionen zur Vernichtung der jüd. Bevölkerung (⁄ Holocaust; ⁄ Judenverfolgungen). Im Verlauf der K. starben 91 Menschen. Mehr als 30 000 Juden wurden verhaftet und zeitweilig in Konzentrationslagern inhaftiert.

Kristallographie [grch.] *die* (Kristallkunde), Wiss. von Bau, Struktur, chem. und physikal. Eigenschaften der ⁄ Kristalle.

Kristallometrie [grch.] *die,* die Berechnung der räuml. Anordnung und Symmetrie der Kristalle.

Kristalloptik, Spezialgebiet der Kristallphysik, das sich mit der Ausbreitung des Lichtes in anisotropen Kristallen und deren Anwendung beschäftigt. In anisotropen Kristallen sind die opt. Eigenschaften von der Ausbreitungsrichtung des Lichtes relativ zu den Kristallachsen abhängig. In optisch einachsigen Kristallen gibt es eine, in optisch zweiachsigen Kristallen zwei Richtungen, in die sich das Licht wie in isotropen Stoffen ausbreitet (**opt. Achsen**). In allen anderen Richtungen spaltet sich eine Welle in zwei senkrecht zueinander linear polarisierte Wellen unterschiedl. Geschwindigkeit auf (bei optisch einachsigen Kristallen in den **ordentl.** und den **außerordentl. Strahl**). An der Oberfläche anisotroper Kristalle tritt ⁄ Doppelbrechung ein. Manche anisotrope Kristalle zeigen ⁄ optische Aktivität und ⁄ Pleochroismus.

Kristallpalast (engl. Crystal Palace), von Sir Joseph Paxton für die Londoner Weltausstellung 1851 im Hydepark errichtetes, 1854 nach Sydenham versetztes Ausstellungsgebäude, eines der ersten großen

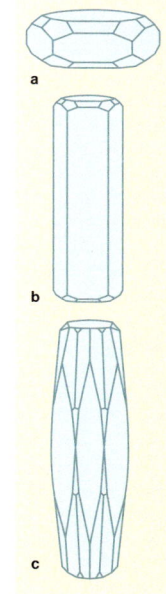

Kristall: Beispiele für verschiedene Kristallgestalten: Die Kristalle a und b haben gleiche Tracht, aber verschiedenen Habitus; b und c haben gleichen Habitus, aber verschiedene Tracht.

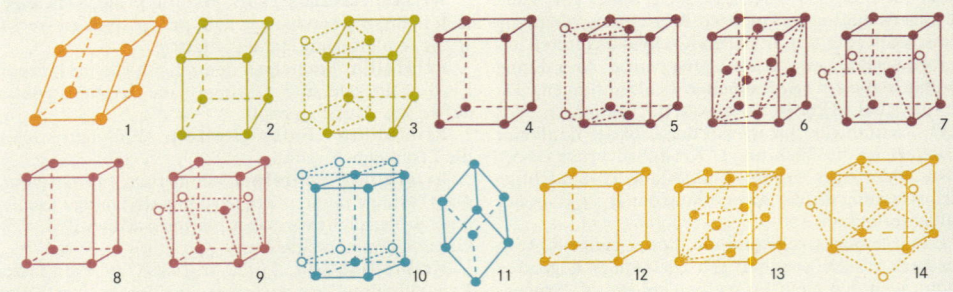

Kristallsysteme: Die Gitterpunkte der sieben einfachen Raumgitter stellen nur eine Art von Kristallbausteinen dar; durch zusätzliche Punkte im Zentrum (innenzentriert), an der Basis (basiszentriert) oder anderen Flächen (flächenzentriert) können die Raumgitter erweitert werden; 1 triklines, 2–3 monokline, 4–7 rhombische, 8–9 tetragonale, 10 hexagonales, 11 rhomboedrisches, 12–14 kubische Gitter.

Werke reiner Eisen- und Glasarchitektur, 1936 abgebrannt.

Kristallstruktur, die dreidimensionale period. Anordnung der Bausteine (Atome, Moleküle, Ionen) von ↗Kristallen.

Kristallstruktur|analyse, Bestimmung des Aufbaus eines Kristalls, d. h. der räuml. Anordnung seiner Bausteine (Ionen, Moleküle, Atomrümpfe u. a.), und zwar sowohl der Kerne (Massenschwerpunkte) als auch der dazwischen befindl. Elektronenwolken. Die Untersuchung erfolgt an Kristallpulvern (↗Debye-Scherrer-Verfahren) oder Einkristallen (↗Drehkristallmethode, ↗Laue-Verfahren) mithilfe verschiedener Verfahren, wobei bes. die Beugung von Röntgenstrahlen an der Kristallstruktur (↗Röntgenstrukturanalyse) wichtig ist. Aus dem erhaltenen Röntgenbeugungsdiagramm werden die Kristallstrukturdaten ermittelt. Außer Röntgenstrahlen können bei der K. auch Elektronen- oder Neutronenstrahlen (Elektronenbeugung, Neutronenbeugung) verwendet werden.

Kristallsysteme, Zusammenfassung mehrerer Kristallklassen aufgrund gemeinsamer Symmetrieverhältnisse. Jedes K. lässt sich auf ein bestimmtes kristallograph. Achsenkreuz beziehen. Diese unterscheiden sich nach Achsenlängen (a, b, c) und Winkeln (α, β, γ), die diese Achsen untereinander bilden. Es gibt insgesamt sieben Einteilungen:

1) triklin: $a \neq b \neq c$; $\alpha \neq \beta \neq \gamma$; $\alpha, \beta, \gamma \neq 90°$;
2) monoklin: $a \neq b \neq c$; $\alpha = \gamma = 90°$, $\beta \neq 90°$;
3) rhombisch: $a \neq b \neq c$; $\alpha = \beta = \gamma = 90°$;
4) tetragonal: $a = b \neq c$; $\alpha = \beta = \gamma = 90°$;
5) kubisch: $a = b = c$; $\alpha = \beta = \gamma = 90°$;
6) hexagonal (4 Achsen): $a_1 = a_2 = a_3 \neq c$;
   $\sphericalangle(a_1, a_2) = \sphericalangle(a_2, a_3) = \sphericalangle(a_3, a_1) = 120°$;
   $\sphericalangle(a_1, c) = \sphericalangle(a_2, c) = \sphericalangle(a_3, c) = 90°$;
7) rhomboedrisch: $a = b = c$; $\alpha = \beta = \gamma \neq 90°$.

Das hexagonale K. lässt sich auf ein trigonales K. mit drei Achsen reduzieren, die zu den Kanten eines Rhomboeders parallel laufen. (↗Kristall, ↗Kristallgitter)

Kristalltracht (kurz Tracht), Gesamtheit aller an einem Kristall entwickelten Flächen (Formen).

Kristallviolett, Triarylmethanfarbstoff für Stempelfarben, Durchschreibepapiere, Schreibmaschinenbänder.

Kristallwasser, in kristallinen ↗Hydraten und anderen kristallinen Verbindungen gebundenes Wasser. Die H_2O-Moleküle treten auf als **Koordinations-** und **Strukturwasser** (beim Erwärmen entweicht das K. unter Zerfall des Kristallgitters) und/oder als **Zeolith-** und **Quellungswasser** (das Wasser ist nicht am Gitteraufbau beteiligt).

Kristallzüchtung, die synthet. Herstellung von Einkristallen für wiss. und techn. Zwecke, z. B. von Siliciumkristallen für Transistoren und integrierte Schaltkreise, von Industriediamanten für die Materialbearbeitung, von Quarz für die Frequenzstabilisierung von elektr. Schwingkreisen oder von opt. Kristallen für die Lasertechnik und nichtlineare Optik. – Die K. aus der flüssigen Phase (**Schmelz-zieh-Verfahren**) geht von in die Schmelze eingebrachten Keimen (so genannten Impfkristallen) aus. Beim **Czochralski-Verfahren** werden zylindr. Einkristalle (z. B. von Germanium) durch gleichförmiges Herausziehen aus der Schmelze gewonnen. Beim **Bridgman-Verfahren** wächst der Einkristall in der zur Schmelztiegelbewegung entgegengesetzten Richtung. Rubine und Spinelle werden nach dem **Verneuil-Verfahren** gezüchtet, bei dem das feinkörnige Ausgangsmaterial in einer Knallgasflamme geschmolzen wird. Der Einkristall wächst durch Absenken eines Schamottestiftes. Beim tiegelfreien **Zonenschmelzverfahren** (v. a. zur Reinigung von Silicium und Germanium) wird durch einen zylindr. kristallinen Stab eine schmale Schmelzzone gezogen. – Die K. aus der Gasphase (z. B. durch Molekularstrahlepitaxie) erfolgt durch Sublimation fester Substanzen und anschließende Kondensation. (↗Epitaxie)

Kristiania (Christiania), 1624–1924 Name von ↗Oslo.

Kristiansand [-ˈsan], Hafenstadt und Verw.sitz der Prov. Vest-Agder in S-Norwegen, am Skagerrak gegenüber Kap Skagen, 70 600 Ew.; luther. Bischofssitz; Hochschule, Freilichtmuseum u. a. Museen; Schiffbau, Metall verarbeitende, Textil- u. a. Ind.; Garnison; Fährverkehr nach Hirtshals (Dänemark). – Gegr. 1641 mit rechtwinkligem Straßennetz.

Kristianstad [kriˈʃansta:d], 1) ehem. VerwBez. (Län) in S-Schweden, seit 1997 Teil des VerwBez. Skåne.
2) Stadt in S-Schweden, VerwBez. Skåne, 74 500 Ew.; Univ., histor. Filmmuseum; Glasfaserkabelherstellung, Nahrungsmittel- und Bekleidungsindustrie.

Kristiansund [-ˈsun], Hafen- und Fischereistadt an der W-Küste Norwegens, auf drei durch Brücken verbundenen Inseln; 17 100 Ew.; kulturhistor. Museum; Fisch verarbeitende Ind.; Versorgungszentrum für die vor der Küste lokalisierten Erdöl- und Erdgasfelder.

Kristóf, Agota, schweizer. Schriftstellerin, * Csikvánd (Ungarn) 1935; floh nach dem ungar. Aufstand 1956 in die Schweiz; schreibt in frz. Sprache v. a. Romane, die in karger, eindringl. Sprache die Erfahrungen der Trennung von der Heimat aufarbeiten (u. a. »Die dritte Lüge«, 1991; »Gestern«, 1995).

Kriterium [grch.-lat.] *das,* 1) *allg.:* unterscheidendes Merkmal, Kennzeichen.
2) *Straßenradsport:* Rundstreckenrennen mit Punktwertungen (höchste Gesamtpunktzahl entscheidet).

Kritias, athen. Politiker und Schriftsteller, *um 460 v. Chr., ✕ Munichia bei Athen 403; der bedeutendste und gewalttätigste der Dreißig Tyrannen zur Zeit des Peloponnes. Krieges. In seinen Gedichten und polit. Schriften vertrat K. eine stark sophist. Haltung.

Kritik [grch.] *die,* 1) Bewertung, Begutachtung; 2) Beanstandung, Tadel; 3) krit. Beurteilung, Besprechung einer künstler. Leistung, eines wiss., literar. oder künstler. Werkes.

Kritios (grch. Krịtios), athen. Bildhauer der 1. Hälfte des 5. Jh. v. Chr.; schuf zus. mit Nesiotes die zweite Tyrannenmördergruppe (in Kopien überliefert). Zugewiesen wird dem K. der »K.-Knabe« aus dem Perserschutt der Akropolis (um 480 v. Chr.; Athen, Akropolis-Museum).

kritisch, 1) *allgemein:* 1) prüfend, richtend, wählend; 2) entscheidend, bedrohlich, gefährlich, zugespitzt.
2) *Kerntechnik:* ↗ kritischer Zustand.
3) *Thermodynamik:* ↗ kritischer Zustand.

kritische Ausgabe, wiss. Neuausgabe eines älteren Werkes, die versucht, die Textfassung des Urhebers wiederzugeben, und die mit einem krit. Apparat versehen ist. Dieser besteht aus sprach- und literaturwiss. Anmerkungen zu Form und Inhalt des Textes und verzeichnet die Lesarten (unterschiedl. Textfassungen). (↗ Textkritik)

kritische Drehzahl, Drehzahl, die mit der Eigenfrequenz eines schwingungsfähigen Systems (Maschine, Fahrzeug, Bauwerk) übereinstimmt. Die auftretenden Kräfte können so groß werden, dass das System zerstört wird (Resonanzkatastrophe).

kritische Masse, *Kerntechnik:* ↗ kritischer Zustand.

kritischer Rationalismus, von K. R. ↗ Popper begründete wissenschaftstheoret. u. philosoph. Schule. Ihr Ausgangspunkt war die Auseinandersetzung mit zwei erkenntnistheoret. Grundproblemen, dem **Induktions-** und dem **Abgrenzungsproblem:** 1) im Ggs. zu klass. Empirismus und Neopositivismus bezweifelt der k. R. die Zuverlässigkeit von Induktionsschlüssen zur Verifizierung wiss. Allgemein- und Gesetzesaussagen (↗ Induktion) und betont die Theoriegeleitetheit aller Beobachtung. 2) Gegen den klass. Rationalismus und den krit. Idealismus Kants gewendet, behauptet der k. R. die prinzipielle Widerlegbarkeit (Falsifizierbarkeit) wiss. Aussagen; dies soll zugleich ein Kriterium für deren Abgrenzung von metaphys. Aussagen sein. Wiss. Erkenntnis bleibe immer hypothetisch; auch Hypothesen, die bisher nicht widerlegt wurden, gelten nicht als verifiziert, sondern lediglich als »bewährt«. – Trotz zahlr. Einzelschwierigkeiten bei der Durchführung seines Programms bleibt der k. R. eine der einflussreichsten Positionen in der Wissenschaftstheorie, v. a. im angelsächs. Bereich. Popper versuchte außerdem eine Übertragung der Grundvorstellungen auf die Ethik (Unmöglichkeit der Letztbegründung von Normen) und die Sozialwiss.en (Wertfreiheit der Wiss., Kritik umfassender Gesellschaftstheorien; ↗ Positivismusstreit).

kritischer Realismus, ↗ Realismus.

kritischer Zustand, 1) *Kerntechnik:* Zustand eines ↗ Kernreaktors, in dem die Anzahl der durch Kernspaltung entstehenden Neutronen ebenso groß wie die der absorbierten und nach außen entweichenden ist, d. h., wenn der effektive Vermehrungsfaktor gleich eins ist (↗ Reaktivität). Der k. Z. ist der normale Betriebszustand eines Kernreaktors. – Als **krit. Masse** bezeichnet man diejenige Masse an Kernbrennstoff, die erforderlich ist, damit eine gegebene Reaktoranordnung gerade kritisch wird, d. h., bei der sich die Kettenreaktion selbst aufrechterhält.
2) *Thermodynamik:* Zustand eines Stoffes, bei dem zwei Phasen gleichzeitig existieren, z. B. bei der Verflüssigung eines Gases die Flüssigkeits- und die Dampfphase, die in allen ihren physikal. Eigenschaften übereinstimmen. Komprimiert man ein Gas isotherm bei niedriger Temperatur, so scheidet sich ab einem bestimmten Volumen V_g Flüssigkeit ab. Während der Dampfdruck über der Flüssigkeit konstant bleibt, ist schließlich beim Volumen V_f das gesamte Gas kondensiert. Bei höherer Temperatur nähern sich V_g und V_f, bis sie in einem Grenzzustand, dem k. Z. oder **krit. Punkt,** zusammenfallen und eine Verflüssigung nicht mehr beobachtet wird. Flüssigkeit und Dampf können nicht mehr unterschieden werden. Der k. Z. ist durch die Zustandsgrößen **krit. Druck, krit. Volumen** und **krit. Temperatur** gekennzeichnet, die für den jeweiligen Stoff charakteristisch sind. Komprimiert man ein Gas isotherm oberhalb der krit. Temperatur, nehmen zwar Druck und Dichte immer mehr zu, Gas und Flüssigkeit trennen sich aber nicht mehr.

kritische Stromstärke, Stromstärke, bei der der widerstandslose Ladungstransport in einem Supraleiter zusammenbricht.

kritische Theorie, von M. Horkheimer, T. W. Adorno, H. Marcuse, E. Fromm u. a. in den 1930er-Jahren geprägte Bez. für die im Rahmen der ↗ Frankfurter Schule entwickelte marxistisch bestimmte, von der abendländ. Vernunftkritik geprägte, praxisbezogene krit. Gesellschaftstheorie und -analyse. Sie untersucht v. a. die Lebensbedingungen im Spätkapitalismus und korrigiert die Überbewertung des zweckrationalen Denkens, der »instrumentellen Vernunft«, zugunsten des moralisch-praktischen und des ästhetisch-expressiven Aspekts. Anfangs bes. auf die sozialökonom. und -psycholog. Kritik der kapitalist. Wirtschaft sowie der Familie und deren Autoritätsstrukturen gerichtet, widmete sie sich später der Analyse des Faschismus und Antisemitismus, des polit. Totalitarismus sowie autoritätsgebundener, antidemokrat. Einstellungen. Die k. T. hatte Einfluss auf die ↗ neue Linke und die sozialwiss. Theoriediskussion.

kritische Übergangstemperatur, ↗ Supraleitung.

Kritizismus *der,* seit I. Kant Untersuchung der Bedingungen, method. Prinzipien und Mittel, die die jeweilige Erkenntnis ermöglichen; unterbleibt die Erkenntniskritik, so verfällt nach Kant die Philosophie entweder dem Dogmatismus oder dem Skeptizismus.

Kriwitschen, ostslaw. Stammesverband, der im Quellgebiet von Wolga, Düna und Dnjepr lebte. Im 9. Jh. wurden Smolensk und Polozk Siedlungszentren der K., die 882 unter die Herrschaft der Kiewer Fürsten gerieten und 1162 letztmalig erwähnt wurden.

Kriwoi Rog (ukrain. Krywyi Rih), Stadt im Gebiet Dnjepropetrowsk, Ukraine, 667 000 Ew.; Bergbauhochschule; Zentrum eines reichen Eisenerzbeckens mit Erzförderung in 10 Schächten; Eisen-, Stahl-, Walzwerk, Schwermaschinenbau. – Gegr. 1775; 1873 Entdeckung der Erzvorkommen.

Kritios: Kritiosknabe, Marmor, Höhe 86 cm (um 480 v. Chr.; Athen, Akropolis-Museum)

Krk: Blick auf die Ortschaft Baška im Südosten der Insel

Krk [ˈkrk] (italien. Veglia), größte Adriainsel im Kvarner, Kroatien, 410 km², etwa 16 000 Ew.; Kalkberge bis 568 m ü. M., der Küstensaum ist dicht besiedelt, mit dem Festland durch eine 1 039 m lange Brücke verbunden. Erdölhafen Omišalj (Ausgangspunkt der Adria-Pipeline nach Ungarn und Tschechien). An einer Bucht der SW-Küste liegt der von venezian. Befestigungen umgebene Hauptort K. (3 200 Ew.; kath. Bischofssitz; Kastell von 1197, Dom aus dem 12. Jh., roman. Kirchen).

Krka [ˈkrka] *die* (dt. Kerka), Fluss in Mitteldalmatien, Kroatien, 72 km lang, entspringt an der Dinara, durchfließt in scharf eingetieftem Tal die Karstebene von Kistanje (viele Wasserfälle, im Unterlauf Seen); mündet bei Šibenik in die Adria.

Krkonoše [ˈkrkɔnɔʃɛ], tschech. Name für das ⁷Riesengebirge.

Krleža [ˈkrlɛʒa], Miroslav, kroat. Dichter, * Agram (heute Zagreb) 7. 7. 1893, † ebd. 29. 12. 1981; Erzähler, Lyriker, Essayist, schrieb sozialkrit. Dramen und Prosa (»Die Rückkehr des Filip Latinovicz«, 1932, »Tausendundein Tod«, 1933, »Ohne mich«, 1938).

Krnov [ˈkrnɔf] (dt. Jägerndorf), Stadt im Nordmähr. Gebiet, Tschech. Rep., an der Oppa, 26 000 Ew.; u. a. Textil-, pharmazeut. Ind., Orgelbau. – Histor. Stadtbild mit dem ehem. Fürstenschloss (16. Jh., nach Brand 1799 stark verändert). – K. war 1377–1474 Hptst. des Herzogtums Jägerndorf; kam 1523 an Brandenburg-Ansbach, 1622 an das Haus Liechtenstein, 1742 der nördl. Teil an Preußen, der Rest an Österreich.

Kroaten, südslaw. Volk v. a. in Kroatien, daneben auch in Slowenien, Sirmien, der Herzegowina und Bosnien, rd. 5 Mio. Angehörige (davon etwa 4 Mio. in Kroatien). Die K. erschienen im 7. Jh. im dinar. Binnenland und wanderten in das kroatisch-slawon. Tiefland ein. Die K. sind (im Unterschied zu den Serben) mehrheitlich röm.-kath. Christen.

Kroatien (amtlich kroat. Republika Hrvatska), Staat in SO-Europa, grenzt im NW an Slowenien, im N an Ungarn, im O an Serbien, im SO an Bosnien und Herzegowina, im W an die Adriat. Meer, im äußersten S an Montenegro. Zu K. gehören die der Küste vorgelagerten Dalmatin. Inseln.

Staat und Recht

Nach der Verf. vom 22. 12. 1990 (mehrfach, zuletzt 2001, revidiert) ist K. eine Republik mit Mehrparteiensystem. Staatsoberhaupt und Oberbefehlshaber der Streitkräfte ist der Präs. (für 5 Jahre direkt gewählt). Die Reg. unter Vorsitz des MinPräs. ist dem Parlament verantwortlich. Die Legislative liegt beim Repräsentantenhaus (151 Abg., für 4 Jahre gewählt; Auslandskroaten und Vertreter nat. Minderheiten werden berücksichtigt). Die zweite Parlamentskammer (Haus der Komitate; 68 Mitgl.) wurde im Mai 2001 aufgelöst. Einflussreichste Parteien: Sozialdemokrat. Partei Kroatiens (SDP), Kroat. Sozialliberale Partei (HSLS), Kroatisch-Demokrat. Gemeinschaft (HDZ), Kroat. Bauernpartei (HSS), Kroat. Volkspartei (HNS), Liberale Partei (LS), Istr. Demokrat. Versammlung (IDS).

Landesnatur

K. gliedert sich in vier Hauptgebiete: im NO **Nieder-K.,** das Slawonien mit fruchtbaren Ebenen (Posavina und Podravina) und den Slawon. Inselgebirgen zw. Drau und Save umfasst; im SW **Hoch-K.,** gekennzeichnet durch verkarstete Hochflächen (um 700 m ü. M.) mit eingelagerten Poljen, die von Bergketten wie der bewaldeten Kapela (1 533 m ü. M.; hier liegen die Plitvicer Seen), Plješevica (1 657 m ü. M.) und vom Velebit (1 758 m ü. M.) überragt werden. Im W hat K. großen Anteil an ⁷Istrien und im SW an ⁷Dalmatien mit rd. 1 800 km Adriaküste und mehr als 700 größeren vorgelagerten Inseln, Hauptgebiete des Tourismus. – Im Küstenbereich herrscht mediterranes, im Innern gemäßigtes Kontinentalklima; höchste Niederschlagsmengen an den W-Flanken der küstennahen Gebirge (teils über 3 000 mm/Jahr), im Innern 650–900 mm. Die natürl. Vegetation besteht im südl. Küstenbereich aus Macchie, in Nieder-K. z. T. Auenwälder, in höheren Lagen Laubmischwälder.

Kroatien

Fläche:	56 538 km²
Einwohner:	(2001) 4,437 Mio.
Hauptstadt:	Zagreb
Verwaltungsgliederung:	21 Komitate
Amtssprache:	Kroatisch
Nationalfeiertag:	30. 5.
Währung:	1 Kuna (K) = 100 Lipa (lp)
Zeitzone:	MEZ

Bevölkerung

In K. leben in der Mehrheit Kroaten (90%), ferner Serben (4%) und kleinere Minderheiten, in Istrien knapp 20 000 Italiener. Siedlungs- und Wirtschaftsschwerpunkte sind die Tiefebenen Nieder-K.s. Auch der dalmatin. Küstenstreifen und einige der Adriainseln sind dichter besiedelt, während die Karstgebiete Hoch-K.s fast menschenleer sind. – Rd. 95 % der Bev. gehören einer christl. Kirche an: die Kroaten ganz überwiegend der kath. Kirche, die Serben der ↗serbisch-orthodoxen Kirche. Daneben bestehen zahlenmäßig sehr kleine evang. Minderheitskirchen (bes. Reformierte und Lutheraner), eine islam. Minderheit (rd. 100 000) und eine kleine jüd. Gemeinschaft (rd. 2 000). – Es besteht eine achtjährige allg. Schulpflicht ab dem 7. Lebensjahr. Die Analphabetenquote beträgt 1,5 %.

Wirtschaft, Verkehr

K. verfügte bis 1990 über ein bed. Wirtschaftspotenzial und erbrachte etwa 25 % des damals jugoslaw. Bruttosozialprodukts. Durch den serbisch-kroat. Krieg hat die Wirtschaft großen Schaden genommen; die Ind.produktion ging um 43 % zurück. Gegenüber den früher tonangebenden Ind.zweigen Maschinen- und Schiffbau sind jetzt Nahrungsmittel-, Textil- und Lederindustrie in den Vordergrund getreten. Die Bedeutung der Landwirtschaft nahm ab. Agrarisch genutzt werden 26 % der Staatsfläche; Anbau von Mais, Weizen, Kartoffeln, Zuckerrüben, Gemüse; an der Küste Weinbau, Kultivierung von Zitrusfrüchten, Öl- und Feigenbäumen; bes. in Hoch-K. Viehhaltung, v. a. Schafzucht. Küstenfischerei an der Adria. Zum wichtigsten Wirtschaftszweig hat sich der Dienstleistungsbereich entwickelt, da der Fremdenverkehr, der infolge der Kriegshandlungen Anfang der 1990er-Jahre und des Kosovokrieges zurückging, sich weiter erholt. Exportiert werden v. a. Maschinen, Elektronik, Metallwaren, Schuhe, Textilien, chem. und pharmazeut. Produkte; wichtigste Handelspartner sind Italien, Dtl. und Slowenien. – Das Verkehrsnetz ist gut ausgebaut, das Straßennetz 27 000 km lang, davon 350 km Autobahnen; Eisenbahnnetz 2 700 km lang. Seehäfen: Rijeka, Split, Zadar, Pula, Šibenik, Ploče und Dubrovnik; internat. Flughäfen: Zagreb, Split, Pula, Krk, Zadar und Dubrovnik.

Geschichte

In röm. Zeit (seit 35 v. Chr.) gehörte K. zu Pannonien bzw. Illyrien; ab 7. Jh. von südslaw. Stämmen (Kroaten) besiedelt; 845–1091 Fürstentum bzw. (seit 924) Königreich unter einer kroat. Herrscherdynastie, die Slawonien und die dalmatin. Städte unterwarf. 1102–1918 bestand (in wechselnder Form) eine Personalunion mit Ungarn (unter einem Ban Sonderstellung mit eigenem Landtag). Venedig eroberte Dalmatien 1202 z. T. und 1409/20 ganz; dieses ging bis Ende des 18. Jh. mit Ausnahme von Dubrovnik wieder verloren. Seit Ende des 15. Jh. kam es immer wieder zu Türkeneinfällen; 1526 (↗Mohács) wurde das nordwestl. K. um Agram (Zagreb) habsburgisch (1527 Anerkennung Ferdinands [I.] als König), das übrige K. mit Ungarn Sandschak des Osman. Reiches, das bis Ende des 16. Jh. K. größtenteils besetzte; 1578 wurde die ↗Militärgrenze errichtet. 1699 (Frieden von Karlowitz) kamen die nördlich der Una gelegenen Teile wieder an das habsburg. Ungarn, die südlich gelegenen blieben beim Osman. Reich bzw. bei Bosnien (»Türkisch-K.« bis 1878). Ab 1790 bzw. 1814 wurden K. und Slawonien als Nebenländer der ungar. Krone behandelt; 1848/49 kämpften die Kroaten auf österr. Seite gegen die aufständ. Ungarn. Es entstanden Ideen der kroat. Wiedergeburt (↗Illyrismus). Das 1849 geschaffene selbstständige österr. Kronland K. (mit Slawonien, dem Küstenland und Fiume [Rijeka]) wurde 1867 wieder der ungar. Reg. (Transleithanien) unterstellt (vertraglich geregelt im kroatisch-ungar. Ausgleich 1868); Dalmatien kam zur österr. Hälfte von Österreich-Ungarn (Zisleithanien). Gegen die Magyarisierungspolitik v. a. seit 1880 wandten sich großkroat. und föderalist. Programme; die entstehenden kroat. Parteien (u. a. Kroat. Bauernpartei unter

Staatswappen

internationales Kfz-Kennzeichen

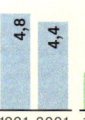
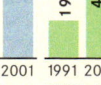

1991 2001 1991 2000
Bevölk.   BNE je Ew.
(in Mio.) (in US-$)

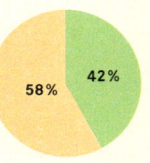

Stadt
Land
Bevölkerungsverteilung 2000

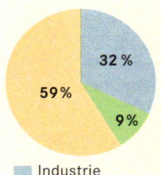

Industrie
Landwirtschaft
Dienstleistung
Bruttoinlandsprodukt 2000

Kroatien: Die Altstadt von Trogir, westlich von Split, liegt auf einer Insel an der Adriaküste und ist durch Brücken mit dem Festland verbunden.

S. Radić) strebten seit 1907 die Loslösung von Österreich-Ungarn an. 1918 Gründung des Agramer Nationalrats; am 1. 12. 1918 Vereinigung mit Serbien, Montenegro und Slowenien zum so genannten SHS-Staat (späteres Jugoslawien), zunehmende Konflikte mit dem großserb. Zentralismus. 1941 errichtete der Führer der Ustascha, A. Pavelić, einen »Unabhängigen Staat K.« (bis 1945), dessen Terror sich v. a. gegen die im Land lebenden Serben richtete, v. a. im KZ Jasenovac. 1946 wurde K. (mit Dalmatien und Slawonien) Teilrep. des wieder errichteten Staates Jugoslawien, der v. a. durch föderative Verfassungen, aber auch mit Gewalt (z. B. Niederschlagung des »kroat. Frühlings« 1971) die Spannungen zw. den Volksgruppen zu lösen suchte. Bei den Parlamentswahlen 1990 errang die HDZ die absolute Mehrheit. Ihr Vors. F. Tudjman wurde Staatsoberhaupt. Gleichzeitig mit Slowenien erklärte K. am 26. 6. 1991 seine Unabhängigkeit.

Von Juli bis Dez. 1991 entwickelten sich in K. schwere Kämpfe zw. der kroat. Nationalgarde und serb. Freischärlern (Četnici), die von der serbisch dominierten jugoslaw. Bundesarmee unterstützt wurden, v. a. in Ostslawonien und um Vukovar. Nach dem In-Kraft-Treten eines von der UNO vermittelten Waffenstillstands (3. 1. 1992) und der völkerrechtl. Anerkennung der Rep. K. durch zahlr. europ. Staaten (dt. Anerkennung Ende 1991) stationierte die UNO in K. eine Friedenstruppe (UNPROFOR). Im Mai bzw. Aug. 1995 eroberte K. Westslawonien und die Krajina zurück. Im Rahmen der Verhandlungen von Dayton (1995) vereinbarten Präs. Tudjman und Präs. S. Milošević die Rückgabe Ostslawoniens an K. (im Jan. 1998 erfolgt).

Durch die führende Stellung von Präs. Tudjman und der HDZ verfestigten sich totalitäre Strukturen. Nach den Parlamentswahlen vom 3. 1. 2000 übernahm eine »Zweierkoalition« (SDP und HSLS) die Reg.; MinPräs. wurde I. Račan (SDP). Zum Nachfolger Tudjmans († 1999) wurde am 24. 1./7. 2. 2000 S. Mesić (HNS) gewählt. – Mit der Aufnahme in den Europarat (Ende 1996) begann die polit. Westintegration K.s; dem Beitritt zum NATO-Programm »Partnerschaft für den Frieden« (Ende Mai 2000) sowie dem Stabilisierungs- und Assoziierungsabkommen mit der EU vom Okt. 2001 folgte Ende Februar 2003 der formale Antrag auf Beitritt zur EU.

kroatische Kunst. Gleichzeitig mit karoling. Bauten in Oberitalien entstanden in den adriat. Küstenstädten Kirchen, die an die spätantik-frühchristl. Tradition anknüpften (Donatuskirche in Zadar, 810–815). Hauptwerke aus roman. Zeit sind die Anastasiuskathedrale in Zadar (1285), die Holzportale (1214) der Kathedrale in Split und die Portalreliefs (1240) der Kathedrale in Trogir. Die Gotik begann sich erst im 14. Jh. durchzusetzen, an der Küste v. a. nach venezian. Vorbild (Kreuzgang des Franziskanerklosters in Dubrovnik, 1327–48). Dubrovnik erlangte besondere Bedeutung für die Ausbreitung der italien. Renaissance (Fürstenpalast, 15./16. Jh.; Palais Sponza, 1516–22).

Im 17. und 18. Jh. wurde die k. K. durch die Herrschaft Venedigs in Dalmatien und durch die Türken (Wohnhäuser, Brücken, Moscheen) im Landesinnern geprägt. Unter italien. Einfluss entstanden zahlr. Kirchen in Dubrovnik (Dom, 1671–89; St. Vlaho, 1707–15). Auch die österr. Barockbaukunst machte ihren Einfluss geltend (Katharinenkirche in Zagreb). Malerei und Plastik zeigten ebenfalls Anlehnungen an den italien. wie an den österr. Barock. Mit V. Karas, der Porträts im Stil des sentimentalen Klassizismus schuf, begann sich langsam im Sinne einer nat. Kultur

kroatische Kunst: Detail von der geschnitzten Nussbaumtür (1214) der Kathedrale in Split, in den Relieffeldern Szenen aus dem Leben Christi

eine neue k. K. zu entfalten. Es folgten F. Kikerec und N. Mašić mit Motiven aus dem Volksleben und mit Landschaftsdarstellungen. Daneben setzte sich auch der Akademismus mit antiken und nat. Stoffen stärker durch (V. Bukovac). Ende des 19. Jh. traten in der Malerei O. Iveković, M. K. Crnčić, M. Kraljević, J. Račić, V. Becić hervor, in der Plastik I. Rendić, R. Frangeš-Mihanović, T. Rosandić. V. a. im 20. Jh. nahmen die Künstler Anregungen aller wichtigen internat. Strömungen auf; in der Architektur u. a. H. Bollé und der O.-Wagner-Schüler V. Kovačić, der 1906 den »Klub kroat. Architekten« begründete; in der Plastik u. a. I. Meštrović, A. Augustinčić, V. Bakić; in der Malerei und Grafik u. a. K. Hegedušić. – Infolge des serbisch-kroat. Krieges 1991 wurden bed. Kunstdenkmäler (u. a. in Dubrovnik, Split, Vukovar) zerstört (Wiederaufbau z. T. mit Unterstützung der UNESCO).

kroatische Literatur. Seit dem 10. Jh. entwickelte sich an der norddalmatin. Küste (Senj) und bes. auf Krk eine kirchenslaw. Übersetzungsliteratur. Im 15./16. Jh. entstand unter dem Einfluss italien. Vorbilder eine bed. volkssprachl. Renaissanceliteratur; im 18. Jh. standen unter dem Einfluss der Aufklärung didakt. Themen im Vordergrund; gleichzeitig verstärkte sich das Interesse an der Volksdichtung. Entscheidend für die Herausbildung der modernen k. L. in den 1830er-Jahren waren ↗Illyrismus und Sprachreform; es entstanden Werke im Stil einer durch die Volkspoesie geprägten nationalbewussten Romantik; realist. Einflüsse wurden ab 1870 durch A. Šenoa wirksam. Schon im Ersten Weltkrieg kam der Expressionismus auf, u. a. vertreten durch M. Krleža, der dann in den 1950er-Jahren durch die Ablehnung der Doktrin des sozialist. Realismus und die Verteidigung des Kunstcharakters der Lit. die Entwicklung der kroat. Gegenwartslit. vorzeichnete; neben der klassisch-realist. Tradition mit gesellschaftskrit. und histor. Themen war ein zunehmender Einfluss der anglo-amerikan. Lit. und des frz. Existenzialismus deutlich, seit den 1960er-Jahren erwies sich die an J. D. Salinger und U. Plenzdorf orientierte »Jeans-Prosa« als einflussreich; die k. L. der Gegenwart ist durch eine Vielfalt an Themen und künstler. Verfahren gekennzeichnet (u. a. J. Horvat, J. F. Pločar, I. Raos, I. Aralica, S. Novak, J. Pupačić, Z. Golob, M. Mirić, Z. Mrkonjić, B. Glumac, Z. Majdak, A. Majetić, D. Kekanović , G. Tribuson, D. Ugrešić). Seit der Gründung der Rep. Kroatien und v. a. seit dem serbisch-kroat. Krieg 1991/92 sind neue Impulse unverkennbar, v. a. in der Romanlit., die geschichtl. Themen (Aralica, V. Stahuljak), gesellschaftl. Umbrüche und das Kriegsgeschehen verarbeitet (N. Fabrio, P. Pavličić, S. Tomaš), aber auch im Drama (T. Bakarić, I. Brešan) und in der Lyrik.

kroatische Sprache, offizielle Bez. der in der Rep. Kroatien verwendeten Amts- und Standardsprache (↗serbokroatische Sprache).

Kroatzbeere, landschaftlich für: Brombeere.

Krocket das (engl. Croquet), zu den Ziel- und Treibspielen gehörendes Spiel, bei dem markierte Holzkugeln mit Schlägern durch Drahtbügel (Tore) in vereinbarter Reihenfolge und Richtung von einem Abschlagstab aus um einen Wendestab bis zu einem Zielstab zu treiben sind; am Schlag bleibt, wer ein Tor passiert hat oder eine gegner. Kugel abseits schlagen (krockieren) kann. Sieger ist, wer zuerst die Bahn durchlaufen hat.

Kroemer, Herbert, Physiker, *Weimar 25. 8. 1928; seit 1959 in den USA; 1968–76 Prof. an der University of Colorado in Boulder, seit 1976 Prof. an der University of California in Santa Barbara; Hauptarbeitsgebiet ist die Entwicklung opto- und mikroelektron. Bauelemente für die Informationstechnologie. Für die Entwicklung von Halbleiterheterostrukturen für die Optoelektronik erhielt K. mit J. Kilby und S. Alferow 2000 den Nobelpreis für Physik.

Kroetz [krœts], Franz Xaver, Schriftsteller, Schauspieler, *München 25. 2. 1946; schreibt Volksstücke mit realist. Milieuschilderung, u. a. »Wildwechsel« (1971), »Männersache« (1971), »Heimarbeit« (1971), »Stallerhof« (1972), »Oberösterreich« (1972), »Mensch Meier« (1979), »Oblomow« (1989), »Bauerntheater« (1991), »Der Dichter als Schwein« (Uraufführung 1996); auch Prosa, u. a. »Der Mondscheinknecht« (R., 2 Bde., 1981–83); außerdem Rollen in Filmen von H. Dietl.

Krokodile: Leistenkrokodil

Krogh, Schack August Steenberg, dän. Physiologe, *Grenå (Verw.gebiet Århus) 15. 11. 1874, †Kopenhagen 13. 9. 1949; für seine Arbeiten über die Regulationsmechanismen der Blutkapillaren und den Gasaustausch bei der Atmung erhielt er 1920 den Nobelpreis für Physiologie oder Medizin.

Krohg, 1) Christian, norweg. Maler, Journalist und Schriftsteller, *Aker (heute zu Oslo) 13. 8. 1852, †Oslo 16. 10. 1925, Vater von 2); setzte sich in Norwegen für den Naturalismus ein und malte neben Porträts v. a. Bilder mit sozialkrit. Themen; schrieb den gesellschaftskrit. Roman »Albertine« (1886) über eine Prostituierte.

2) Per Larson, norweg. Maler, *Åsgårdstrand (Prov. Vestfold) 18. 6. 1889, †Oslo 3. 3. 1965, Sohn von 1); fand über die Auseinandersetzung mit Fauvismus, Kubismus und Surrealismus zu einem realist. Stil, der von Humor und Ironie gekennzeichnet ist (Fresken, u. a. im Osloer Rathaus, 1939–49).

Kroki das (frz. Croquis), mit einfachen Hilfsmitteln entworfene maßstäbl. Geländeskizze.

Krokodile [grch.] (Panzerechsen, Crocodylia), Ordnung der Reptilien mit drei Familien: Echte K., ↗Alligatoren und ↗Gaviale. Der Schädel hat eine meist lange Schnauze mit Zähnen; Gaumen und innere Nasenöffnung sind weit nach hinten gezogen, wodurch das Atmen durch die Nase bei unter Wasser geöffnetem Maul ermöglicht wird. Der Rumpf ist mit hornigen, zumindest auf dem Rücken verknöcherten Platten bedeckt. Der mehr als rumpflange kräftige Ruderschwanz trägt oben zwei Schuppenkämme, die sich zum Ende hin zu einem Kiel vereinigen. Die Extremitäten sind relativ kurz, die Füße tragen vorn fünf und hinten vier Zehen, die hinteren Zehen sind durch Schwimmhäute verbunden. K. sind vorwiegend Süßwasserbewohner der Tropen und Subtropen; Fleischfresser. Die Weibchen legen bis 100 hartschalige, gänseeigroße Eier in Nesthügel aus Laub und Ästen (einige Echte K. und alle Alligatoren) oder in Sandgruben und bewachen danach das Gelege. – Das westafrikan. **Stumpf-K.** (Osteolaemus tetraspis), bis 1,7 m lang, ist kurzschnauzig. Eine stark verlängerte Schnauze besitzt das **Sunda-K.** (Tomistoma schlegeli). Zu den K. der Gattung **Crocodylus** gehören das ind. **Sumpf-K.** (Crocodylus palustris), das afrikan. **Nil-K.** (Crocodylus niloticus) und das fast 10 m lange, Brack- und Seewasser bewohnende, indoaustral. **Leisten-K.** (Crocodylus porosus). Auffallend langschnauzig ist das amerikan. **Spitz-K.** (Crocodylus acutus). – Wegen des Krokodilleders werden K. stark bejagt und sind in ihrem Bestand gefährdet. Um den Lederbedarf zu decken, werden K. gezüchtet.

Krokodilwächter (Pluvianus aegyptius), etwa 22 cm langer, oberseits blaugrau gefärbter, mit den Brachschwalben verwandter Vogel an Binnengewässern Zentral- und O-Afrikas; Insektenfresser.

Krokoit [grch. »Safran«] der (Rotbleierz), monoklines, gelbrotes, nadel- oder säulenförmiges Mineral, Pb[CrO$_4$], entsteht in der Oxidationszone.

Krokus [grch. krókos »Safran«] der (Crocus), Gattung der Schwertliliengewächse mit etwa 40 Arten, mit weißen, lilafarbenen oder gelben Trichterblüten; im Vorfrühling oder Herbst blühende Zierpflanzen, z. B. der weiß oder violett blühende **Frühlings-K.** (Crocus albiflorus) der Alpen und der den gelben Farbstoff und das Safrangewürz (aus den getrockneten Narben gewonnen) liefernde, im Herbst violett blühende **Echte Safran** (Crocus sativus).

Kroll, Lucien, belg. Architekt, *Etterbeek (Region Brüssel) 17. 3. 1927; wurde bekannt durch das Studentenwohnheim der medizin. Fakultät in Woluwé-Saint-Lambert, Brüssel (1970–77). – Abb. S. 2638

Kroll-Verfahren, ein von dem luxemburg. Metallurgen W. J. Kroll (*1889, †1973) entwickeltes Verfahren zur Gewinnung schwer reduzierbarer Metalle, bes. von Titan und Zirkon.

Krolow [-lo], Karl, Schriftsteller, *Hannover 11. 3. 1915, †Darmstadt 21. 6. 1999; bed. dt. Lyriker des 20. Jh. Das Stimmungshafte seiner frühen Natur-

Herbert Kroemer

Franz Xaver Kroetz

Krokus: Echter Safran

Krokodilwächter

Lucien Kroll: Innenraum der Metrostation »Alma« in Woluwé-Saint-Lambert bei Brüssel; 1979–82

lyrik (unter Einfluss von W. Lehmann, O. Loerke) weicht später der Reflexion und epigrammat. Präzision; u. a. »Die Zeichen der Welt« (1952), »Tage und Nächte« (1956), »Unsichtbare Hände« (1962), »Zeitvergehen« (1972), »Das andere Leben« (Prosa, 1979), »Nacht-Leben oder Geschonte Kindheit« (Prosa, 1985), »Als es soweit war« (Ged., 1988), »Ich höre mich sagen« (Ged., 1992). 1956 Georg-Büchner-Preis; Übersetzer, Nachdichter frz. und span. Lyrik.

Kroměříž [ˈkrɔmjɛrʒiːʃ] (dt. Kremsier), Stadt im Südmähr. Gebiet, Tschech. Rep., an der March, 29 900 Ew.; Herstellung von Kraftfahrzeugelektrik. – Frühbarockes Schloss (Ende 17. Jh.) mit Schlosspark (nach Vorbild von Versailles) zum UNESCO-Weltkulturerbe erklärt; got. Propsteikirche St. Mauritius (1260 vollendet, mehrmals umgestaltet); Kirche St. Johannes Baptist (18. Jh.); Domherrenpalais. – 1110 erstmals erwähnt; 1290 (Brünner) Stadtrecht; seit dem 13. Jh. Residenz der Bischöfe (seit 1777 Erzbischöfe) von Olmütz. – 1848/49 tagte in K. der aus Wien verlegte österr. Reichstag **(Reichstag von Kremsier),** auf dem die slawisch- und deutschsprachigen Abgeordneten eine Erneuerung der Monarchie auf verfassungsmäßiger Basis, unter Berücksichtigung der sich aus der Nationalitätenfrage ergebenden Probleme, zu erlangen versuchten.

Kromlech [auch -lɛk; zu walis. crom »Kreis« und llech »flacher Stein«] (Cromlech), Anlagen kreis- oder halbkreisförmig aufgestellter Steinplatten oder -blöcke (Monolithe) kult. Charakters; in W-Europa (z. B. in Avebury und Stonehenge) bed. Bestandteil der Megalithkulturen.

Kromphardt, Jürgen, Volkswirtschaftler, * Kiel 25. 11. 1933; Prof. in Gießen und Berlin (seit 1980); Arbeiten u. a. zu Wachstum und Konjunktur sowie zur Makroökonomie; seit 1999 Mitgl. des Sachverständigenrates zur Begutachtung der gesamtwirtsch. Entwicklung.

Kronach, 1) Landkreis im RegBez. Oberfranken, Bayern, 651 km², 75 600 Einwohner.
2) Kreisstadt von 1) in Bayern, 310–540 m ü. M., am S-Rand des Frankenwaldes, 18 300 Ew.; Frankenwaldmuseum; Elektronik-, chem. u. a. Ind., Werkzeugbau. – Alte Stadtbefestigung (14. bis 17. Jh.), got. Stadtpfarrkirche (14.–16. Jh.), Rathaus (1583), Bürgerhäuser (16.–18. Jh.), darunter Geburtshaus von Lucas Cranach d. Ä. Über K. die **Feste Rosenberg** (Museum Fränk. Galerie, Jugendherberge). – 1323 als Stadt genannt.

Brigitte Kronauer

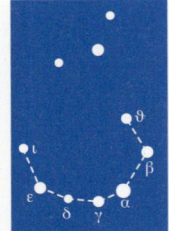

Krone 2): die hellsten Sterne der Nördlichen Krone

Kron|anwalt, in Staaten mit monarch. Verfassung ein Beamter, der die Aufgaben des Staatsanwalts wahrnimmt.

Kronauer, Brigitte, eigtl. B. Schreiber, Schriftstellerin, * Essen 29. 12. 1940; benutzt Literatur zur Hinterfragung eines für »wahr« und allgemein verbindlich gehaltenen Wirklichkeitsverständnisses, schreibt Erzählungen (»Schnurrer«, 1992), Romane (»Frau Mühlenbeck im Gehäus«, 1980; »Berittener Bogenschütze«, 1986; »Die Frau in den Kissen«, 1990; »Teufelsbrück«, 2000) und Essays (»Aufsätze zur Literatur«, 1987; »Die Einöde und ihr Prophet. Porträts«, 1996).

Kronberg im Taunus, Stadt im Hochtaunuskreis, Hessen, 17 700 Ew.; Luftkurort am S-Hang des Hochtaunus; Mineralquellen; Tiergehege (»Opelzoo«); Elektroind.; Obstbau. – Burg (13. Jh.), Schloss Friedrichshof (1889–93, im Tudorstil, heute Hotel). – Seit 1330 Stadt.

Krone [aus lat. corona »Kranz«], **1)** *Anatomie, Zahnmedizin:* (Zahnkrone), ↗ Zähne, ↗ Zahnersatz.
2) *Astronomie:* 1) **Nördl. K.** (lat. Corona Borealis), kleines Sternbild am Nordhimmel, hellster Stern (α) ist Gemma; 2) **Südl. K.** (lat. Corona Australis), unauffälliges, z. T. in der Milchstraße gelegenes Sternbild am Südhimmel.
3) *Botanik:* der obere auf den Stamm folgende, mehr oder weniger ausladende Teil des Baumes. Auch Bez. für die Gesamtheit der Kronblätter der Blüte der Bedecktsamer.
4) *Jägersprache:* Rehgehörn; auch oberer Teil des Rothirschgeweihs mit mindestens drei Enden (daher K.-Hirsch).
5) *Münzkunde:* Münznominal und Währungseinheit versch. Staaten: 1) frz. Goldmünze (Couronne d'Or [»goldene K.«] 1340, Écu), 2) engl. Talermünze (↗ Crown), 3) versch. skandinav. Silbermünzen des 17./18. Jh., v. a. Corona danica (»dän. K.«), von der 4) die skandinav. Münzunion von 1872 ausging, 5) portugies. Goldmünze 1836–89 (Corôa d'Ouro, »goldene K.«), 6) 1857–71 im Münzverein dt. und österr. Goldmünze (Vereins-K.; 1 K. = 913 Taler); 1871–1914 im Dt. Reich amtl. Bez. für die 10-Mark-Goldstücke (20-Mark-Stück = Doppel-K.); 1892 bis 1924 in Österreich Währungseinheit (1 K. = 100 Heller), 7) 1921–92 Währungseinheit in der Tschechoslo-

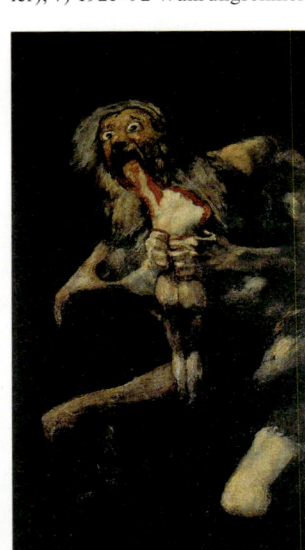

Kronos, eines seiner Kinder verschlingend (hier unter dem römischen Namen Saturn, Gemälde von F. de Goya y Lucientes; um 1821–23, Madrid, Prado)

wakei: 1 K. (Kčs) = 100 Haléřů (h); 8) aktuelle Währungseinheit in Dänemark, Island, Norwegen, Schweden, in der Slowak. Rep. und in der Tschech. Republik.

6) *Rangabzeichen:* Kopfschmuck und Teil der Insignien des Herrschers (/Krönung); bereits im Altertum bekannt, z. B. ägypt. Doppel-K., röm. Corona und Diadem. – Die K. des abendländ. MA. entwickelten sich aus röm. und byzantin. Vorläufern und german. Königshelm. Offene K. waren die /Eiserne Krone und die Helm-K.; durch Bügel und Mitra geschlossen (als Zeichen der Souveränität) waren Kaiser-, Königs-, Herzogs- und Fürsten-K. (Fürstenhut); Dynastien besaßen /Hauskronen. Im Hl. Röm. Reich gehörte die **Reichs-K.** (/Kaiserkrone) zu den /Reichskleinodien. Berühmte **Königs-K.**: /Stephanskrone, /Wenzelskrone. Dreifach ist die **Papst-K.** (/Tiara). – Den realen K. sind für den *herald. Gebrauch* die sich nach Anzahl der Blätter oder Perlen und Perlenzinken unterscheidenden /Rangkronen nachgebildet; seit dem 18. Jh. legten die Städte auf ihren Wappenschild /Mauerkronen auf.

7) *Technik:* (Bohrkrone), mit Hartmetall oder Diamanten besetzte Schneide eines Bohrwerkzeugs.

8) *Wasserbau:* oberer Abschluss eines Staudamms, einer Staumauer oder eines Deiches.

Kronecker, Leopold, Mathematiker, *Liegnitz (heute Legnica) 7. 12. 1823, †Berlin 29. 12. 1891; ab 1861 Mitgl. der Preuß. Akademie der Wiss.en, bedeutende Arbeiten zur Algebra, Funktionen- und Zahlentheorie, u. a. über Integrale, ellipt. Funktionen und Determinanten.

Kronecker-Symbol [nach L. Kronecker], das Zeichen δ_{ik} aller Paare (i, k) natürl. Zahlen, das für $i = k$ den Wert 1 und für $i \neq k$ den Wert 0 hat.

Kronen|orden (Orden der Krone), Verdienstorden, die meist im 19. Jh. von monarchisch regierten Staaten gestiftet wurden und zumeist mit den Monarchien erloschen, z. B. Verdienstorden der Bayer. Krone (1808), Preuß. K. (1861), Orden der Württemberg. Krone (1807 als Orden des Goldenen Adlers, neuer Name erst 1818).

Kröner, Adolf von (seit 1905), Verlagsbuchhändler, *Stuttgart 26. 5. 1836, †ebd. 29. 1. 1911; war 1882–87 und 1889–91 Erster Vorsteher des Börsenvereins der Dt. Buchhändler, führte im Buchhandel Festpreise ein (1888 Kröner-Reform). Sein Sohn Alfred (*1861, †1922) gründete 1898 den Alfred K. Verlag, Stuttgart.

Kronglas, ein /optisches Glas.

Kronkolonie, im Brit. Reich die von der Krone durch einen Gouverneur verwalteten Besitzungen ohne volle Selbstverwaltung, z. B. Falklandinseln.

Kronland, Erbland eines fürstl. Hauses, bes. die 1867–1918 im zisleithan. Reichsteil Österreich-Ungarns liegenden »Königreiche und Länder«, u. a. Erzherzogtum Österreich, Königreich Böhmen.

Kronoberg ['kru:nubærj], VerwBez. (Län) im S Schwedens, 8 458 km², 177 100 Ew.; Hptst. ist Växjö.

Kronos, grch. *Mythos:* ein Titan, jüngster Sohn des Uranos und der Gaia, entmannte auf Drängen der Mutter den Vater mit der Sichel und folgte ihm in der Herrschaft; durch seine Schwester Rhea wurde er Vater von Hestia, Demeter, Hera, Hades, Poseidon, Zeus. Da ihm geweissagt war, dass sein Sohn ihn stürzen werde, verschlang er alle seine Kinder bis auf Zeus, den Rhea vor ihm verbarg. Zeus entthronte ihn und warf ihn in den Tartaros; im röm. Mythos entsprach ihm Saturn, seit der Renaissance wird er auch als Symbolfigur der Zeit (Chronos) gesehen.

Kronberg im Taunus: Oberhalb der Stadt liegt die um 1220 errichtete, im Kern staufische Burg.

Kronprinz, in Monarchien der Thronfolger in direkter Linie; führt in einigen Staaten einen besonderen Titel, z. B. in Großbritannien **Prince of Wales;** hieß in Österreich **Erzherzog.**

Kronrat, in monarch. Staaten der unter dem Vorsitz des Monarchen tagende Ministerrat.

Kronstadt, 1) (rumän. Brașov), Hptst. des Bez. K. in Rumänien, im Burzenland (Siebenbürgen), am N-Rand der Südkarpaten, 283 900 Ew.; Univ. (gegr. 1971), Theater, Museen; Fahrzeug-, Maschinenbau, chem., Baustoff-, Textil-, Nahrungsmittelind., Holzverarbeitung. In der Nähe das Wintersportzentrum Poiana Brașov. – Mittelpunkt der Stadt ist die spätgot. »Schwarze Kirche« (1477 vollendet, im 18. Jh. verändert), ferner Rathaus (15. Jh., später barockisiert, jetzt Heimatmuseum, ehem. Zunfthaus (16. Jh.), Bartholomäuskirche (13.–15. Jh., Kirchenburg) und griechisch-orth. Nikolauskirche (15./16. Jh., 1751 erneuert); Reste der Stadtumwallung des 15. Jahrhunderts. – K. entwickelte sich um eine 1211 vom Dt. Orden gegr. Burg, wurde Hptst. des Burzenlandes und durch J. Honterus seit 1542 Mittelpunkt der Reformation in Siebenbürgen; kam 1920 von Ungarn an Rumänien.

Kronstadt 1) Stadtwappen

Kronstadt 1): Teil des Marktplatzes und »Schwarze Kirche«

2) (russ. Kronschtadt, 1703–23 Kronschlot), Stadt auf der Insel Kotlin im O des Finn. Meerbusens, westlich von Sankt Petersburg, Russland, 45 500 Ew.; Handels- und Kriegshafen. – K., 1703/04 als Seefestung (heute Museum) erbaut, wurde wichtigster russ. Flottenstützpunkt in der Ostsee. In der Oktoberrevolution 1917 waren die in K. stationierten Matrosen eine der Hauptstützen der Bolschewiki. Der **Kronstädter Aufstand** (2.–18. 3. 1921), in dem sich 16 000 Matrosen gegen die bolschewist. Einparteienherrschaft erhoben, wurde durch die Rote Armee niedergeschlagen.

Krönung, feierl. Einsetzung des Herrschers durch Aufsetzen der ↗ Krone, meist unter Verwendung der **K.-Insignien** (↗ Reichskleinodien). Im Fränk. Reich war die **Königs-K.** seit Pippin III. mit der kirchl. Salbung verbunden. Im Regnum Teutonicum (»Reich der Deutschen«) lehnte noch Heinrich I. die Salbung ab, Otto I. (936) führte sie ein. Funktion und Ritus orientierten sich bald an der seit dem 9. Jh. vom Papst vollzogenen **Kaiser-K.** Im Hl. Röm. Reich hatte bis 1024 und ab 1562 der Erzbischof von Mainz, 1024–1531 der Erzbischof von Köln das K.-Recht. K.-Ort war 936 (endgültig 1039) bis 1531 Aachen, seitdem war Frankfurt am Main Wahl- und Krönungsort.

Kronwicke (Coronilla), Gattung meist krautiger Schmetterlingsblütler mit langgestielter Blütendolde, in Europa und Asien. Die **Bunte K.** (Coronilla varia) ist eine liegende Staude mit rosaweiß-violetten Blüten und gegliederten Hülsen.

Kronzeuge, ein Tatbeteiligter, der gegen Zusicherung der Straflosigkeit oder Strafmilderung als (Haupt-)Belastungszeuge aussagt; die Regelung stammt aus dem angloamerikan. Recht. Im dt. Recht wurde 1989 eine (bis Ende 1999 befristete) K.-Regelung bei terrorist. Straftaten (§ 129a StGB) eingeführt, später auf kriminelle Vereinigungen (§ 129 StGB) ausgedehnt. Das Absehen von Strafverfolgungsmaßnahmen gegen mitwirkungsbereite terrorist. Täter lag danach im Ermessen des Generalbundesanwaltes und des BGH. Sog. kleine K.-Regelungen, nach denen das Gericht die Strafe mildern oder ggf. von einer Bestrafung absehen kann, wenn der Täter einer Straftat durch freiwillige Offenbarung seines Wissens zur Aufklärung derartiger Delikte wesentlich beiträgt oder mitwirkt, geplante Straftaten zu verhindern, bestehen u. a. für Drogendelikte (§ 31 Betäubungsmittel-Ges.) und bei Geldwäsche (§ 261 StGB).

Kropf, 1) *Medizin:* (Struma), diffuse oder knotige Schilddrüsenvergrößerung durch Entzündung oder Gewebeneubildungen (Adenome, Krebs), Jodmangel, kropferzeugende Substanzen in der Nahrung (z. B. Glykoside) und in Arzneimitteln (z. B. Pyrazolonderivate) oder auch durch Störungen der Schilddrüsenhormonsynthese; führt teilweise zu einer Schilddrüsenüberfunktion. Die Erkrankung erfordert eine Langzeitüberwachung. Die Behandlung erfolgt mit Jod- und Schilddrüsenhormonpräparaten. Bei bestimmten K.-Formen ist eine operative Entfernung **(Strumektomie)** erforderlich.

2) *Zoologie:* (Ingluvies), die Aussackung der Speiseröhre, in der bes. bei Körner fressenden Vögeln (z. B. Hühner, Tauben) die Nahrung durch Sekrete erweicht wird. Bei Wirbellosen werden als K. Erweiterungen im vorderen Abschnitt des Verdauungskanals mit unterschiedl. Funktion bezeichnet.

Kröpfen, *Bauwesen:* Herumführen eines profilierten Bauglieds um eine vorspringende Ecke; auch das handwerkl. Zusammenfügen von Holzleisten auf Gehrung an den Ecken bei Möbeln.

Kropfstörche, ↗ Marabus.

Kropotkin (Krapotkin), Pjotr Alexejewitsch, Fürst, russ. Revolutionär, * Moskau 9. 12. 1842, † Dmitrow (bei Moskau) 8. 2. 1921; Offizier und Geograph, wurde 1872 in der Schweiz Anarchist, 1874 in Russland verhaftet; lebte nach seiner Flucht aus der Peter-und-Pauls-Festung (1876) in Westeuropa und kehrte 1917 nach Russland zurück. K. war der bedeutendste Vertreter des kommunist. Anarchismus, er erstrebte das Gemeineigentum an den Produktions- und Konsumtionsmitteln. – *Werke:* Worte eines Rebellen (1885); Memoiren eines Revolutionärs (1899); Die Frz. Revolution 1789–1793 (1909).

Krosno, Stadtkreis und Krst. in der Wwschaft Vorkarpaten, Polen, im Karpatenvorland, am Wisłok, 49 400 Ew.; Erdöl- und Erdgasförderung, Glas-, Schuh-, Textilind., Maschinenbau. – Seit 1348 Stadt.

Krosno Odrzańskie [- ɔˈdʒaĩskje] (dt. Crossen, bis 1945 amtlich Crossen [Oder]), Krst. in der Wwschaft Lebus, Polen, an der Bobermündung, 12 400 Ew.; Holzverarbeitung, Metallind.; Oderhafen. – Dt. Besiedlung seit dem 12. Jh., Stadt seit 1233.

Kross, Jaan, estn. Schriftsteller, * Tallinn 19. 2. 1920; schrieb v. a. formal vollendete, z. T. experimentelle Lyrik (»Steinkohlenveredler«, 1958) mit aktueller Thematik, seit den 1970er-Jahren historisch-biograf. Prosa: »Das Leben des Balthasar Rüssow« (4 Bde. [dt. 3 Bde.], 1970–80), »Der Verrückte des Zaren« (R., 1978), »Die Frauen von Wesenberg oder Der Aufstand der Bürger« (R., 1982), »Professor Martens' Abreise« (R., 1984), »Bernhard Schmidt« (R., 1987), »Ausgrabungen« (1990), auch Novellen.

Krösus (grch. Kroisos, lat. Croesus), letzter König von Lydien, regierte um 560–547 v. Chr. Durch Eroberungen erweiterte er sein Reich bis zum Halys; 546 wurde er von dem Perserkönig Kyros II. besiegt und unterworfen. K. ließ die ersten Goldmünzen prägen; sein Reichtum war sprichwörtlich.

Kröten (Bufonidae), weltweit verbreitete Familie der Froschlurche, mit gedrungenem Körperbau. K. haben ein zahnloses Maul, ihre Pupille steht horizontal. Die Haut ist häufig mit warzigen Drüsen versehen, in der Ohrregion kommen oft verdickte Drüsenfelder (Ohrdrüsen) vor. Das Hautsekret ist häufig giftig und kann von einigen Arten (z. B. Aga-K.) mehrere Zentimeter weit aus den Ohrdrüsen herausgespritzt werden (↗ Krötengifte). K. haben relativ kurze Beine, springen kaum, können jedoch meist gut graben. K. sind i. Allg. Bodenbewohner, selten leben sie auf Bäumen oder im Wasser. Die meisten Arten suchen das Wasser nur zur Fortpflanzung auf und legen dort ihre Eier als Laichschnüre ab. Sie ernähren sich von Würmern, Insekten und deren Larven. Mitteleurop. Arten: die schwarzbraun bis gelbgrau gefärbte **Erd-K.** (Bufo bufo); auf hellem Grund dunkelgrün gefleckt mit vielen roten Warzen die **Wechsel-K.** (Bufo viridis); die **Kreuz-K.** (Bufo calamita) mit olivgrüner Oberseite mit rötlich grauen Flecken und heller Rückenlinie. (↗ Geburtshelferkröte)

Kröten|echsen (Phrynosoma), Gattung flacher, krötenähnl., mit stacheligen Hornfortsätzen bedeckter Leguane, mit 15 Arten in den Wüsten Nordamerikas beheimatet.

Krötenfrösche (Pelobatidae), Familie meist krötenähnlicher Froschlurche mit 83 Arten in Europa, Nordamerika, Südostasien und Australien. Die Pupille der K. steht senkrecht, der Oberkiefer ist bezahnt und die Haut glatt. K. sind meist gut grabende Bodenbewohner, oft ist der innere Mittelfußhöcker als Grabschwiele ausgebildet. Die Familie umfasst die Gattungen **Schaufelfüße, Schaufelkröten** (mit der

Knoblauchkröte als einzigem europäischen K.) und **Zipfelkrötenfrösche**.

Krötengifte (Bufotoxine), Gifte in den Sekreten der Hautdrüsen bestimmter Krötenarten, die z. T. auch herzwirksame Substanzen (**Bufogenine**) enthalten.

Kroto [ˈkrəʊtəʊ], Sir (seit 1995) Harold, brit. Chemiker, * Wisbech (Cty. Cambridgeshire) 7. 10. 1939; entdeckte bei der Laserverdampfung von Graphit die ↗ Fullerene, wofür er 1996 gemeinsam mit R. Curl und R. E. Smalley den Nobelpreis für Chemie erhielt.

Krøyer [ˈkrøjər], Peter Severin, dän. Maler, * Stavanger (Norwegen) 24. 6. 1851, † Skagen 20. 11. 1909; bildete ab 1882 den Mittelpunkt einer Künstlerkolonie in Skagen; malte v. a. Porträts und Genreszenen mit impressionist. Stilmitteln.

Franz Krüger: Ein Kosake zu Pferd (1837; Moskau, Puschkin-Museum)

Krozingen, Bad, ↗ Bad Krozingen.

Kru (Kroo), Völker- und Sprachgruppe in S- und O-Liberia und im SW der Rep. Elfenbeinküste; etwa 2,5 Mio. Angehörige; Bauern und Fischer.

Krubsacius, Friedrich August, Architekt und Architekturtheoretiker, * Dresden 21. 3. 1718, † ebd. 28. 11. 1789; Vertreter des klassizist. Richtung des Barock. Er trug wesentlich zur Entwicklung des Klassizismus in Sachsen bei. Eines seiner Hauptwerke ist das Landhaus in Dresden (1770–76, 1945 zerstört, Wiederaufbau bis 1967; heute Stadtmuseum).

Krucken (Krickel), die Hörner der Gämse.

Kruckenberg, Franz, Ingenieur, * Uetersen (Kr. Pinneberg) 21. 8. 1882, † Heidelberg 20. 6. 1965; baute den nach ihm benannten **K.-Wagen,** einen aerodynamisch günstigen Schienentriebwagen mit Luftschraubenantrieb aus Leichtmetall, der 1931 bei einer Versuchsfahrt zw. Ludwigslust und Wittenberge die damalige Weltrekordgeschwindigkeit von 230,2 km/h erreichte.

Krüdener, Barbara Juliane Freifrau von, geb. von Vietinghoff, balt. Schriftstellerin, * Riga 11. 11. 1764, † Karassubasar (heute Belogorsk, Gebiet Krim) 25. 12. 1824; verbreitete v. a. mit Predigten mystisch-pietistisches Gedankengut und beeinflusste u. a. Kaiser Alexander I. und die süddt. Erweckungsbewegung; schrieb geistl. Lieder.

Krueger [ˈkry:-], Felix, Philosoph und Psychologe, * Posen 10. 8. 1874, † Basel 25. 2. 1948; begründete die genet. Ganzheitspsychologie (Leipziger Schule), ausgehend vom Primat der Gefühle und gefühlsartigen Erlebnissen (»Das Wesen der Gefühle«, 1928; »Lehre von dem Ganzen«, 1948).

Krug, Manfred, Schauspieler und Sänger, * Duisburg 8. 2. 1937; spielte in der DDR u. a. an der Kom. Oper und am Berliner Ensemble, auch zahlr., oft kom. Filmrollen; seit 1977 in der Bundesrep. Dtl.; profilierte sich v. a. in gesellschaftskrit. Filmen, z. B. »Spur der Steine« (1966), »Phantasten« (1979) und »Neuner« (1990); auch Fernsehserien und -reihen (u. a. ab 1984 als »Tatort«-Kommissar); veröffentlichte 1996 das autobiograf. Buch »Abgehauen«, 1997 »Jurek Beckers Neuigkeiten«.

Kruger [ˈkru:gə], Barbara, amerikan. Medienkünstlerin, * Newark (N. J.) 26. 1. 1945; kombiniert in Plakaten, Wandbildern und Rauminstallationen Fotografien und Texte. Durch das Collagieren visueller und verbaler Trivialitäten, die meist den Bereichen Sexualität, Gewalt und Massenmedien entnommen werden, wirft sie provozierende Fragestellungen zu Machtstrukturen und Ideologien der westl. Welt auf.

Krüger, 1) Bartholomäus, Schriftsteller, * Sperenberg um 1540, † Trebbin (Landkreis Teltow-Fläming) nach 1597; ebd. 1580–97 Stadtschreiber und Organist, schrieb u. a. das Volksbuch »Hans Clawerts werckliche Historien« (Schwänke, 1587).

2) Franz, Maler, * Großbadegast (Landkreis Köthen) 10. 9. 1797, † Berlin 21. 1. 1857; schuf mit biedermeierl. Realismus Pferde- und Kavalleriebilder (»Pferde-K.«), Porträts der preuß. Königsfamilie, der Hofgesellschaft, des gehobenen Bürgertums sowie große Paradebilder.

3) Hardy, eigtl. Franz Eberhard August K., Schauspieler, * Berlin 12. 4. 1928; Star des dt. und internat. Films, u. a. in »Einer kam durch« (1957), »Die tödl. Falle« (1959), »Hatari« (1962), »Barry Lyndon« (1975); auch Schriftsteller und Drehbuchautor.

4) (afrikaans Kruger), Paulus, gen. Ohm Krüger, südafrikan. Politiker, * Vaalbank (Prov. Nord-Kap) 10. 10. 1825, † Clarens (Kt. Waadt) 14. 7. 1904. Unter seiner Führung erhoben sich 1880 die Buren in Transvaal und Oranje-Freistaat gegen die brit. Herrschaft. 1883–1902 Präs. von Transvaal; erreichte 1884 die Unabhängigkeit seines Landes als »Südafrikan. Republik«. 1895 wehrte er den ↗ Jameson Raid ab (↗ Krügerdepesche). Nachdem sich im 2. Burenkrieg gegen Großbritannien (1899–1902) der Verlust der Selbstständigkeit abzeichnete, reiste K. 1900 nach Europa, wo er sich vergeblich um Hilfe bemühte. (↗ Krüger-Nationalpark)

Krügerdepesche, Glückwunschbotschaft des dt. Kaisers Wilhelm II. am 3. 1. 1896 an den Präs. der Rep. Transvaal, P. Krüger, nach der Abwehr eines brit. Einfalls (↗ Jameson Raid). Die brit. Reg. betrachtete die K. als Einmischung in ihre Angelegenheiten, da Transvaal für sie Mitgl. des Empire war.

Krüger-Nationalpark, Natur- und Wildschutzgebiet in der Rep. Südafrika, 19 485 km², erstreckt sich in der Prov. Mpumalanga 320 km entlang der Grenze nach Moçambique; wurde 1898 von P. Krüger gegr., seit 1927 für die Öffentlichkeit zugänglich (rd. 2 000 km Straßen); Elefanten, Nashörner, Giraffen, Löwen, Leoparden, viele Antilopen- und 450 Vogelarten.

Krügerrand [nach P. Krüger], seit 1967 geprägte südafrikan. Goldmünze mit einer Unze (31,1 g) Fein-

Harold Kroto

Manfred Krug

Hardy Krüger

Paulus Krüger

Krügerrand: oben Vorderseite, unten Rückseite (Durchmesser 31 mm)

gehalt (Gewicht 33,9 g). Der K. ist formal gesetzl. Zahlungsmittel und wird mit einem etwas über seinem Goldwert liegenden Preis gehandelt.

Krugersdorp [ˈkryx-], Stadt in der Prov. Gauteng, Rep. Südafrika, Hauptort des westl. Witwatersrand, 1 740 m ü. M., 203 200 Ew.; Gold-, Mangan-, Uranerzbergbau, Metall- u. a. Ind.; Satelliten-Bodenstation.

Krukenberg, Hermann, Chirurg und Orthopäde, * Calbe (Saale) 21. 6. 1863, † Wernigerode 2. 10. 1935; erfand ein Verfahren, bei Verlust einer Hand den Unterarm in Elle und Speiche zu spalten, wodurch einfache Greifbewegungen möglich werden.

Krumau: Die von der oberen Moldau umflossene Altstadt hat ihr mittelalterliches Stadtbild bewahrt, im Hintergrund das hoch über der Moldau gelegene Schloss (14.–18. Jh.).

Krukenberg-Tumor [nach dem Pathologen F. Krukenberg, * 1871, † 1946], sekundärer, durch Metastasen v. a. bei Magen- und Darmkrebs hervorgerufener bösartiger, meist beidseitiger Tumor der Eierstöcke (Ovarialkarzinom).

Krull, Germaine, frz. Fotografin dt. Herkunft, * Wilna (bei Posen) 29. 1. 1897, † Wetzlar 30. 7. 1985; war als Porträt-, Architektur-, Industrie-, Mode- und Werbefotografin tätig, arbeitete auch als Kriegsberichterstatterin. 1965 wanderte sie nach Indien aus. Ihr Bildband »Métal« (1927) gehört zu den Schlüsselwerken der Fotografie.

Krumau (Böhmisch-Krumau, tschech. Český Krumlov), Stadt in Südböhmen, Tschech. Rep., an der Moldau, 509 m ü. M., 14 500 Ew.; Holz-, Papier-, Bleistift-, Textilind. – Malerisches Stadtbild mit unregelmäßigem Grundriss; Rathaus (bis 1580), got. Kirche St. Veit, Teil der Stadtbefestigung ist das Budweiser Tor (1596–98). Die Stadt wird überragt vom Schloss (14.–18. Jh.), das aus der Burganlage des 13. Jh. hervorgegangen ist. Das histor. Stadtzentrum ist UNESCO-Weltkulturerbe. – 1278 erstmals als Stadt urkundlich erwähnt. Im 16. Jh. durch Silber- und Bleierzbergbau wirtsch. Blüte.

Krumbach (Schwaben), Stadt im Landkreis Günzburg, Bayern, auf der Iller-Lech-Platte, 12 500 Ew.; Heimatmuseum, Fachakademie für Sozialpädagogik; Herstellung von Gummi-, Glas-, Wachswaren, Textilind., Maschinenbau; Heilbad **Krumbad.** – Pfarrkirche St. Michael (1751/52). – Stadt seit 1895.

Krümmer, gebogenes Rohr als Verbindungsstück für Rohrleitungen; bei Kfz auch als Auspuff-K. (Übergangsstück von den Zylindern zur Rohrleitung).

Krummholz (Knieholz), Bez. für in höheren Bergregionen wachsende Holzgewächse, deren Stämme oder Äste vielfältig gekrümmt sind.

Krummhorn, 1) Holzblasinstrument des 15.–17. Jh. mit Doppelrohrblatt und Windkapsel sowie am unteren Ende hakenförmig gebogener Schallröhre mit 6–8 Grifflöchern, einem Daumenloch und 1–2 Stimmlöchern.

2) Orgelregister mit kräftigem, klarinettenartigem Klang.

Krummhörn die, Seemarschengebiet im SW Ostfrieslands, zw. der Leybucht im N und dem Dollart im S, Ndsachs.; Grünlandwirtschaft. Den größten Flächenanteil hat die nordwestlich von Emden im Landkreis Aurich liegende Gem. K. (159 km²) mit 13 100 Ew. in 19 Ortsteilen, darunter der Fischereihafen Greetsiel mit Ausflugs- und Fremdenverkehr; bis 2,5 m u. M.; Wurtensiedlungen.

Krummhübel, Stadt in Polen, ↗ Karpacz.

Krummstab, der ↗ Bischofsstab.

Krümmung, *Mathematik:* Maß für die Abweichung einer Kurve (oder Fläche) von einer Geraden (oder Ebene). – Geraden besitzen in jedem Punkt die K. 0, Kreise die K. $1/r$ (r Kreisradius); man kann daher die K. einer Kurve in einem Punkt als die K. des Kreises definieren, der die Kurve in diesem Punkt berührt und sich am besten an die Kurve anschmiegt; der Kreis heißt **K.-Kreis (Schmiegkreis),** der dazugehörige Radius **K.-Radius.** – Auch für höherdimensionale Räume lässt sich eine K. definieren.

Krümpersystem, das 1808–12 in der preuß. Armee angewandte System, Rekruten **(Krümper)** nach kurzfristiger Ausbildung wieder zu entlassen; dadurch schuf sie sich eine Reserve, ohne die von Napoleon I. 1808 bestimmte Höchstgrenze von 42 000 Mann zu überschreiten.

Krumpfen, *Textiltechnik:* 1) Maßänderung von Textilien durch Einlaufen (Schrumpfen, Eingehen) beim Nasswerden; 2) Behandeln von Geweben, um sie krumpffest zu machen; erfolgt durch ↗ Appretur.

Krumpper (Krumper), Hans, Bildhauer und Baumeister, * Weilheim i. OB um 1570, † München 12. 5. 1634; stand im Dienst des bayer. Hofs; knüpfte in seinen Bildwerken an die spätgot. Tradition an. Erhalten ist von seinen Werken in München u. a. das Grabmal des Herzogs Ferdinand von Bayern (um 1608; Hl.-Geist-Kirche), die Patrona Bavariae und Figuren der vier Kardinaltugenden (1614–16; Fassade der Residenz).

Krung Thep, Hptst. Thailands, ↗ Bangkok.

Krupp [engl. to croup, eigtl. »krächzen«], membranbildende Entzündung im Kehlkopf bei Diphtherie mit schwerer Schleimhautzerstörung. Es wird zw. **Pseudo-K.,** einer leichteren Form der Membranbildung, hervorgerufen durch Grippeviren, und **echtem K.,** hervorgerufen durch Diphtheriebakterien, unterschieden. Symptome sind bellender Husten und Erstickungsanfälle.

Kruppade [frz.] die, *Reitsport:* Sprungfigur, bei der das Pferd senkrecht hochspringt und Vorder- und Hinterbeine anzieht. (↗ hohe Schule)

Kruppe [frz.], zw. Kreuz und Schwanzansatz liegender Teil des Rückens beim Pferd und Rind.

Krupp-Konzern, führender Konzern der Investitionsgüterindustrie; Sitz: Essen; gegr. 1811 von Friedrich Krupp (* 1787, † 1826), entwickelte sich unter dessen Sohn Alfred (* 1812, † 1887) zur weltgrößten

Krupp-Konzern: Alfred Krupp

Krustenechsen: Gilatier

Gussstahlfabrik. Alfred Krupp begründete auch das Sozialwerk des Unternehmens. Sein Sohn Friedrich Alfred (* 1854, † 1902) erwarb 1893 das Grusonwerk (Magdeburg-Buckau), 1902 die Germania-Werft (Kiel) und baute 1897 ein modernes Hüttenwerk in Rheinhausen. 1903 wurde das Unternehmen in eine AG umgewandelt; Inhaberin: F. A. Krupps älteste Tochter Bertha (* 1886, † 1957). Ab 1909 leitete deren Ehemann Gustav von Bohlen und Halbach (Krupp von Bohlen und Halbach; * 1870, † 1950) das Unternehmen. Während der beiden Weltkriege prosperierte der Konzern, v.a. durch Rüstungsaufträge. 1943 wurde er unter dem Alleininhaber Alfried Krupp von Bohlen und Halbach (* 1907, † 1967) wieder in eine Einzelfirma umgewandelt. 1948 wurde Alfried Krupp von einem amerikan. Militärtribunal als Kriegsverbrecher zu zwölf Jahren Haft verurteilt und sein Vermögen eingezogen. Nach Revision des Urteils (1951) und der Verpflichtung, seine Montanbeteiligungen zu verkaufen, übernahm er 1953 erneut die Unternehmensleitung. Nach seinem Tod wurden sein Privat- sowie das Konzernvermögen der 1968 gegr. **Alfried Krupp von Bohlen und Halbach-Stiftung** übertragen. 1969 erfolgte die Umwandlung des Unternehmens in eine GmbH, 1992 in eine AG (Fried. Krupp GmbH bzw. AG). Nach der Verschmelzung mit der Hoesch AG firmierte das Unternehmen 1992–98 als **Fried. Krupp AG Hoesch-Krupp.** 1999 wurde die Fusion mit der Thyssen AG zur / Thyssen Krupp AG rückwirkend zum 1. 10. 1998 vollzogen.

Krupskaja, Nadeschda Konstantinowna, russ. Revolutionärin und Pädagogin, * Sankt Petersburg 26. 2. 1869, † Moskau 27. 2. 1939; seit 1898 ∞ mit Lenin, mit dem sie seit 1917 zumeist in Verbannung bzw. im Exil lebte; nach der Oktoberrevolution Mitbegründerin der sowjet. Pädagogik; ab 1927 Mitgl. des ZK der KPdSU (B).

Kruse, 1) Käthe, Kunsthandwerkerin, * Breslau 17. 9. 1883, † Murnau a. Staffelsee 19. 7. 1968, Frau des Bildhauers Max K. (* 1854, † 1942), Mutter von 2); schuf individuell gestaltete Puppen, seit 1933 auch Schaufensterfiguren.

2) Max, Schriftsteller, * Bad Kösen 19. 11. 1921, Sohn von 1); Autor erfolgreicher Kinderbücher, die v. a. durch die (Fernseh-)Inszenierungen der »Augsburger Puppenkiste« bekannt wurden (»Urmel aus dem Eis«, 1969; »Don Blech und der goldene Junker«, 1971); auch autobiograf. Werke (»Die versunkene Zeit. Bilder einer Kindheit im Käthe-Kruse-Haus«, 1983).

Krusenstern, Adam Johann von, russ. Iwan Fjodorowitsch K., russ. Admiral dt. Herkunft, * Haggud (Estland) 19. 11. 1770, † Gut Ass (bei Tallinn) 24. 8. 1846; leitete 1803–06 die erste russ. Erdumsegelung.

Krusenstjerna [-ʃæːrna], Agnes von, schwed. Erzählerin, * Växjö 9. 10. 1894, † Stockholm 10. 3. 1940; ihre Romane und Novellen üben Kritik an der zeitgenöss. Aristokratie und am Großbürgertum Schwedens, u. a.: »Tony«-Zyklus (3 Bde., 1922–26), »Pahlen«-Zyklus (7 Bde., 1930–35).

Krüss, James, Schriftsteller, * auf Helgoland 31. 5. 1926, † auf Gran Canaria 2. 8. 1997; Autor von Kinder- und Jugendbüchern, u. a. »Timm Thaler oder Das verkaufte Lachen« (1962); Hörspiele und Theaterstücke für Kinder.

Krustazeen [lat.] (Crustacea), die / Krebstiere.

Krusten|echsen (Helodermatidae), Familie der Echsen. Giftige Arten sind das bis 60 cm lange **Gilatier** (Heloderma suspectum) im südl. Nordamerika und der mexikan. **Escorpion** (Heloderma horridum).

Krustentiere, die, / Krebstiere.

Kruzifix [lat. crucifixus »der ans Kreuz Geschlagene«] das, Darstellung Christi am Kreuz, / Kreuzigung Jesu Christi.

Kryal [grch., / kryo...] das, Ökologie: der Lebensraum von Organismen im Bereich von Gletschern und ihren Abflüssen.

Krylenko, Nikolai Wassiljewitsch, sowjet. Politiker, * 14. 5. 1885, † (hingerichtet) 29. 7. 1938; wurde nach der Oktoberrevolution 1917 Volkskommissar für Kriegsangelegenheiten und Oberkommandierender der Armee; hatte ab 1918 wesentl. Anteil am Aufbau des sowjet. Justizapparates, war bis 1931 Hauptankläger in den großen polit. Prozessen, ab 1931 Volkskommissar für Justiz der RSFSR und ab 1936 der UdSSR; 1938 verhaftet und ohne öffentl. Verfahren verurteilt, während der Entstalinisierung unter N. S. Chruschtschow 1956 rehabilitiert.

Krylow, Iwan Andrejewitsch, russ. Dichter, * Moskau 13. 2. 1768, † Sankt Petersburg 21. 11. 1844; seine Fabeln (erste Einzelveröffentlichung 1806, erste Sammlung 1809), einige nach Äsop und La Fontaine, wurden durch ihre volkstüml., witzige und farbenreiche Sprache zum Muster dieser Gattung in der russ. Literatur.

Krym, russ. und ukrain. Name der / Krim.

Krynica [kri'nitsa], Stadt in der Wwschaft Kleinpolen, Polen, 500–620 m ü. M., in den Beskiden, 13 100 Ew.; eines der größten poln. Heilbäder (Eisensäuerlinge); Wintersport; Mineralwasserversand.

kryo... [grch. krýos »Frost«], eis..., kälte...

Kryochirurgie (Gefrierchirurgie, Kältechirurgie), medizin. Anwendung extrem tiefer Temperaturen zur operativen Gewebedurchtrennung oder -zerstörung; die K. wird mittels einer vakuumisolierten Kanüle (Kryosonde) oder eines skalpellförmigen Instruments (Kryoskalpell) durchgeführt, an deren Spitze durch Verdampfen von verflüssigten Gasen (z. B. Stickstoff) Temperaturen bis zu −196 °C erzeugt werden. Vorteile der K. sind geringe Blutungsneigung durch Gewebeverschorfung, Schmerzarmut ohne zusätzl. Anästhesie, gute Heilung durch entzündl. Verklebung und Schonung des umgebenden Gewebes; sie ist bes. für Eingriffe bei älteren Menschen geeignet. Die K. dient v. a. zur Entfernung von Hautveränderungen (z. B. Hämangiome, Warzen), zur Behandlung des Prostatakarzinoms bzw. -adenoms, zur Netzhautfixierung bei Ablösung und zur Hämorrhoidenverödung.

Kryoflora, Algenflora, die sich auf längere Zeit unveränderten Altschneedecken im Hochgebirge oder Eis in Polarregionen entwickeln kann.

kryogene Gase, zur Erzeugung tiefer Temperaturen durch / Gasverflüssigung gewonnene Kühlmittel, die sich unter Normdruck bei einer krit. Temperatur unterhalb der Raumtemperatur verflüssigen. Häufig verwendet werden z. B. die Gase Stickstoff, N_2 (Siedetemperatur bei Normdruck 77,3 K), Parawasserstoff (20,3 K) oder Helium, ^4He (4,2 K). Als Kühlmittelstandard wird meist Helium verwendet. Luft eignet sich i. Allg. nicht als k. G., da die Bestandteile bei unterschiedl. Temperaturen in feste Phasen kondensieren, was in Kühlsystemen zu Verunreinigungen führen kann. – Nicht alle Temperaturbereiche lassen sich mithilfe von k. G. abdecken. Die Temperaturbereiche zw. den Siedepunkten werden durch **Kaltgaskühlung** überbrückt; dabei wird die tiefe Temperatur

James Krüss

Iwan Krylow

des aus der gewonnenen Flüssigkeit wieder verdampften Restflussgases ausgenutzt.

Kryogentank, wärmeisolierter Behälter zum Transport von bei Normaldruck und sehr tiefen Temperaturen verflüssigten Gasen, z. B. Erdgas bei etwa $-160\,°C$.

Kryohydrat [grch.], wässrige Salzlösung (Kältemittel) im eutekt. Mengenverhältnis (Eutektikum), bei der der Schmelz- oder Erstarrungsvorgang an eutekt. Punkt (bei einem K. auch **kryohydrat. Punkt** genannt) wie bei einer reinen Substanz bei einer konstanten Temperatur erfolgt.

Kryolith [grch. »Eisstein«] *der,* monoklines Mineral, $Na_3[AlF_6]$, weiß, auch rötlich bis bräunlich oder schwarz, derb, seltener in kleinen, farblosen Kriställchen auf Klüften; heute meist synthetisch erzeugt, wichtig als Flussmittel bei der elektrolyt. Gewinnung von Aluminium. K. dient auch zur Herstellung von Milchglas und Emaille.

Kryon [grch.] *das, Ökologie:* Bez. für Lebensgemeinschaften (Biozönosen) im Bereich von Gletschern und Gletscherabflüssen. **Eukryon** bezeichnet die Lebensgemeinschaften auf Gletscheroberflächen und Firnschneefeldern. Unter **Metakryon** versteht man die Lebensgemeinschaften in Gletscherabflüssen, v. a. mit Gletscherbachzuckmückenlarven. **Hypokryon** ist der Name für Lebensgemeinschaften in mittleren und unteren Bereichen von Gletscherabflüssen, gekennzeichnet durch das gewässerabwärts aufeinander folgende Hinzukommen von Zuckmücken, Kriebelmücken, Köcher-, Eintags-, Steinfliegen.

Kryopumpe, Vakuumpumpe zur Erzeugung von Hoch- und Ultrahochvakuum durch Kühlen der Wand des Vakuumbehälters mithilfe verflüssigter Gase auf extrem niedrige Temperaturen; an der Wand werden in fester Form Gasmoleküle durch Kondensation niedergeschlagen.

Kryoskopie [grch.] *die,* Methode zur Bestimmung der Molmasse von gelösten Stoffen aus der Herabsetzung des Gefrierpunktes der Lösung gegenüber dem des reinen Lösungsmittels.

Kryosphäre, Bez. für die die Erde bedeckenden Eismassen.

Kryostat [grch.] *der,* Kühlgerät mit Regeleinrichtung zur Erzeugung möglichst konstanter niedriger Temperaturen, arbeitet meist mithilfe von verflüssigten Gasen.

Kryotechnik (Tieftemperaturtechnik), Teil der Kältetechnik und Anwendungsgebiet der ↗Tieftemperaturphysik; umfasst die Verfahren, Geräte und Anlagen zur Erzeugung, Messung und techn. Nutzung tiefer Temperaturen bis in die Nähe des absoluten Nullpunktes, v. a. die Anwendung verflüssigter Gase in der Lebensmittel- und pharmazeut. Industrie, in der Metallurgie und Raumfahrt.

Kryotron [grch.] *das,* ein Schaltelement, das i. Allg. aus zwei voneinander isolierten Supraleitern unterschiedl. Sprungtemperatur besteht (↗Supraleitung). Der steuernde Leiter hat höhere Werte für Sprungtemperatur und krit. Feldstärke, sodass er stets im supraleitenden Zustand bleibt. Der gesteuerte Leiter kann durch eine bestimmte Stromstärke im steuernden Leiter über das entstehende Magnetfeld vom supraleitenden in den normal leitenden Zustand geschaltet werden.

Kryoturbation *die,* Bodenveränderungen im Bereich des Frostbodens, bes. in den periglazialen Gebieten. In der oberen wasserübersättigten Bodenschicht kommt es infolge wechselnden Gefrierens und Wiederauftauens zu Bodenbewegungen, wobei Strukturböden (Würge-, Taschen- oder Brodelböden) gebildet werden.

Krypta [grch.] *die, Baukunst:* unterird. Grabkammer; in frühchristl. Zeit das Grab des Märtyrers unter dem Altar der ihm geweihten Kirche; später Grabstätte auch geistl. Würdenträger, die in der Romanik als mehrschiffige Hallen-K. unter dem erhöht über ihr liegenden Chor errichtet wurde. In got. Bauten tritt die K. seltener auf, nachdem schon die ↗Hirsauer Bauschule darauf verzichtet hatte. Im Barock entstanden K. gelegentlich als Fürstengruft.

krypt(o)... [grch. *kryptós* »verborgen«], geheim..., verborgen...

Kryptogamen [grch.], die ↗Sporenpflanzen.

Kryptogramm *das,* ein Text, aus dessen Wörtern sich durch bes. bezeichnete oder als bedeutsam verabredete Buchstaben eine neue Angabe ergibt, z. B. ein Verfassername. (↗Akrostichon)

Kryptographie *die,* ↗Kryptologie.

Kryptokalvinisten, von den ↗Gnesiolutheranern aufgebrachte inkriminierende Bez. für die Anhänger P. Melanchthons (»Philippisten«) in den innerreformator. Auseinandersetzungen nach Luthers Tod um dessen authent. theolog. Erbe.

Kryptologie *die,* Wiss., deren Aufgabe die Entwicklung von Methoden zur Verschlüsselung (Chiffrierung) von (geheimen) Informationen (**Kryptographie**) und deren math. Absicherung gegen unberechtigte Entschlüsselung (Dechiffrierung) ist (**Kryptoanalyse**). Als interdisziplinärer Zweig der Informatik weist die K. enge Beziehungen zur Mathematik, v. a. zur Komplexitäts- und zur Zahlentheorie, auf. – Unter dem Aspekt der Datensicherheit hat das Interesse an der K. erheblich zugenommen. Grundprobleme bei der Entwicklung von Verschlüsselungsverfahren sind dabei: Vertraulichkeit (Schutz der Daten vor unberechtigter Kenntnisnahme), Authentisierung und Identifikation (Schutz der Daten vor unerkannter Veränderung, eindeutige Zuordnung ihrer Urheberschaft, ↗elektronische Signatur), Anonymität (Schutz vor dem Bekanntwerden des Absenders und Empfängers von Daten).

Chiffriermethoden dienen dazu, eine zu übertragende Nachricht (**Klartext**) so zu verschlüsseln, dass sie nur mithilfe einer entsprechenden Vorschrift (**Schlüssel**) vom Empfänger rekonstruiert werden kann. Das Verschlüsselungsverfahren (**Kryptoalgorithmus**) beruht auf einer Verschlüsselungsfunktion *V*, die jedem Klartext einen verschlüsselten Text (**Schlüsseltext**) zuordnet, und einer Entschlüsselungsfunktion *E*, die umgekehrt Schlüsseltexte in Klartext überführt. Den Funktionen *V* und *E* liegt eine Vorschrift zugrunde, wie einzelne Zeichen zu ver- und entschlüsseln sind. Verfahren, bei denen Sender und Empfänger den gleichen Schlüssel verwenden, nennt man **symmetr. Schlüsselverfahren** (z. B. für geschlossene Benutzergruppen). **Asymmetr. Schlüsselverfahren** verwenden math. zusammenhängende Schlüsselpaare, bei denen ein geheimer Schlüssel unausforschbar gespeichert wird und ein öffentl. Schlüssel allg. verfügbar ist (sog. **Public-Key-Kryptosysteme**). Der Sender chiffriert seine Nachricht mit dem öffentl. Schlüssel des Empfängers, dieser wiederum kann die Nachricht nur unter sein ihm bekannten Schlüssel dechiffrieren. Das **RSA-Verfahren** (nach R. Rivest, A. Shamir, L. Adleman, 1978), bekanntestes Beispiel eines solchen Verfahrens, beruht auf der Primfaktorzerlegung natürl. Zahlen. (↗Quantenkryptographie)

Krypton [grch.] *das,* chem. Symbol **Kr**, chem. Element aus der Gruppe der Edelgase. Ordnungszahl 36, relative Atommasse 83,80 g/cm³, Dichte 3,733 g/l, Schmelzpunkt −157,36 °C, Siedepunkt −153,22 °C. – Das farb- und geruchlose Gas ist eines der seltensten Elemente (in der Luft mit 0,0001 Vol.-% enthalten), es wird durch fraktionierte Destillation aus Rückständen der Luftverflüssigung gewonnen. Verwendung für Glühlampen und Gasentladungsröhren. K. ist wie alle Edelgase sehr reaktionsträge, bildet aber unterhalb −78 °C das K.-Difluorid, KF_2. Das instabile K.-Monofluorid, KrF, findet Anwendung in Lasern. Das radioaktive Isotop ^{85}Kr (β-Strahler, Halbwertszeit 10,76 Jahre) wird durch kerntechn. Anlagen freigesetzt.

Kryptorchismus [grch.] *der* (Maldescensus testis), (Hodendystopie), Hodenhochstand; dabei ist der normale Abstieg der Hoden gestört und ein oder beide Hoden bleiben in der Bauchhöhle (K. i. e. S., **Bauchhoden**) oder im Leistenkanal (**Leistenhoden**) zurück. Um eine irreversible Schädigung des Hodens und Sterilität zu vermeiden, ist eine Operation zw. dem 3. und 18. Lebensmonat erforderlich.

Kryptozoikum *das,* Bez. für das Präkambrium, die älteste erdgeschichtl. Ära, ohne oder mit nur wenigen Spuren tier. Lebens.

Krywyi Rih [krɛˈvej -], Stadt in der Ukraine, ↗Kriwoi Rog.

Krzeszów [ˈkʃɛʃuf] (dt. Grüssau), Ortsteil von ↗Kamienna Góra, Polen.

Ksar *das,* mauerumwehrte Siedlung der Berber in der nördl. Sahara, v. a. in Marokko, rechteckförmig, mit mehr oder weniger rechtwinkligem Straßennetz und von Türmen flankiertem Eingangstor; Wohnsitz für 20–100 Familien; im Innern oft Vorratsspeicher und bewässerte Blockfelder.

Ksar el-Kebir, Stadt in N-Marokko, in der fruchtbaren Ebene am Oued Loukos, 73 500 Ew.; Landwirtschafts-, Markt- und Kunstgewerbezentrum an der Bahnlinie und Straße Tanger–Rabat. – Maur. Medina mit Moscheen des 12.–15. Jh., Heiligtum der Lalla Fatma el-Andalusia (16. Jh.). – Gegr. im frühen 11. Jh. an der Stelle einer röm. Kolonie, Blütezeit unter den Meriniden; 1912–56 Teil Span.-Marokkos. In der Schlacht von K. el-K. 1578 wurde das portugies. Heer unter König Sebastian von Sultan Abd el-Malik I. vernichtend geschlagen, in der Folge geriet Portugal unter span. Oberherrschaft (1580–1640).

K-Schale, die zur Hauptquantenzahl $n = 1$ gehörende innerste Hauptschale der ↗Atome, die max. zwei Elektronen aufnehmen kann.

KSE-Vertrag, Vertrag über konventionelle Streitkräfte in Europa, am 19. 11. 1990 zw. NATO und Warschauer Pakt abgeschlossener Vertrag über eine Verringerung der konventionellen Land- und Luftstreitkräfte in Europa. Er gilt für das Gebiet zw. Atlantik und Ural die Obergrenzen der entsprechenden Waffenpotenziale (Kampfpanzer, gepanzerte Kampffahrzeuge, Artilleriesysteme, Kampfflugzeuge und Angriffshubschrauber) fest. Im Juni 1992 unterzeichneten die Staaten der GUS den Vertrag, nachdem die urspr. für die UdSSR vorgesehenen Obergrenzen auf die einzelnen Staaten der GUS aufgeteilt worden waren. Vereinbarungsgemäß wurde am 16. 11. 1995, 40 Monate nach dem In-Kraft-Treten des Vertrags, die Reduzierungsphase beendet. Nur drei Staaten (Aserbaidschan, die Ukraine, Weißrussland) konnten ihre Zerstörungsverpflichtungen nicht vollständig erfüllen. Es wurde jedoch das Ziel des Vertrags, umfassende Offensiven und Überraschungsangriffe der Vertragsstaaten unmöglich zu machen, im Vertragsgebiet erreicht. Verhandlungen über eine Senkung der Personalstärken der Land- und Luftstreitkräfte (KSE Ia) führten im Juli 1992 zur Unterzeichnung einer Abschließenden Akte durch 29 Staaten der NATO und des ehem. Warschauer Pakts, jedoch nicht zu einem völkerrechtlich bindenden Vertrag.

Da der detailliert auf Ausgewogenheit zw. den beiden gegner. Bündnissystemen des Ost-West-Konflikts bedachte Vertrag zum einen durch die Auflösung des Warschauer Pakts und den Zerfall der UdSSR, zum anderen durch den Prozess der Ost-Erweiterung der NATO faktisch funktionslos geworden war, unterzeichneten die inzwischen 30 Vertragsstaaten am 19. 11. 1999 eine Neufassung des KSE-V., der die Obergrenzen der Waffensysteme den einzelnen Vertragsstaaten nun direkt zuweist.

KSK, Abk. für ↗Kommando Spezialkräfte.

Ksyl-Orda (Kysylorda, kasach. Qyzlorda, Qyzylorda; vor 1853 Ak-Metschet, 1853–1925 Perowsk), Gebiets-Hptst. in Kasachstan, am Unterlauf des Syrdarja, 156 500 Ew.; PH; Zellstoff-, Nahrungsmittelind., Schuhfabrik.

KSZE, Abk. für **K**onferenz über **S**icherheit und **Z**usammenarbeit in **E**uropa, Europ. Sicherheitskonferenz, am 3. 7. 1973 in Helsinki eröffnete Konferenz von 33 europ. Staaten (alle außer Albanien) sowie Kanada und den USA. Die 2. Phase der KSZE (18. 9. 1973–21. 7. 1975) in Genf diente der Ausarbeitung der Abschlussdokumente. Das Gipfeltreffen in Helsinki (30. 7.–1. 8. 1975) bildete die 3. Phase der KSZE. Sie endete mit der Unterzeichnung der **Schlussakte von Helsinki.** Danach sollten zehn Prinzipien die Teilnehmerstaaten in ihren Beziehungen untereinander leiten: 1) souveräne Gleichheit und Achtung der der Souveränität innewohnenden Rechte, 2) keine Androhung oder Anwendung von Gewalt, 3) Unverletzlichkeit der Grenzen, 4) territoriale Integrität der Staaten, 5) friedl. Regelung von Streitfällen, 6) Nichteinmischung in innere Angelegenheiten, 7) Achtung der Menschenrechte und Grundfreiheiten, 8) Gleichberechtigung und Selbstbestimmungsrecht der Völker, 9) Zusammenarbeit zw. den Staaten, 10) Erfüllung völkerrechtl. Verpflichtungen. Außerdem sah die Schlussakte u. a. vertrauensbildende Maßnahmen auf militär. Gebiet, Zusammenarbeit in Wirtschaft, Wiss., Technik, Umwelt u. a. Bereichen vor. Um die Einhaltung der Prinzipien der Schlussakte zu prüfen, kam es zu KSZE-Folgekonferenzen (**Belgrader Nachfolgekonferenz,** Okt. 1977 bis März 1978, **Nachfolgekonferenz von Madrid,** Nov. 1980 bis Sept. 1983, **Nachfolgekonferenz in Wien,** Nov. 1986 bis Jan. 1989, **Nachfolgekonferenz in Helsinki,** März bis Juli 1992). Auf einer Sondergipfelkonferenz im Nov. 1990 in Paris wurden die zuvor in Wien paraphierten Abrüstungsvereinbarungen über den Abbau der konventionellen Streitkräfte in Europa (↗KSE-Vertrag) sowie die ↗Charta von Paris unterzeichnet. Im Juni 1991 fasste die KSZE-Außenministerkonferenz in Anbetracht der Krisensituation in O-Europa den Beschluss über ein KSZE-Krisenmanagement, um rasch auf regionale Konflikte von internat. Brisanz reagieren zu können. Als entscheidendes Organ fungierte der Ausschuss der Hohen Beamten, der durch ein Quorum von zwölf KSZE-Staaten innerhalb von drei Tagen einberufen werden konnte. 1991 wurden Albanien und die drei balt. Staaten, 1992 alle Staaten der GUS, Georgien, Kroatien, Bosnien und Herzegowina sowie Slowenien in den Kreis der KSZE-Staaten aufgenommen, Vertreter des von Serbien und Montenegro gebildeten Jugoslawien waren 1992–2000 ausgeschlossen. 1992 stimmten die KSZE-Staaten Beobachterflügen zur militär. Überwachung (↗Open

Kuala Lumpur: »Petronas Twin Towers« von Cesar Pelli (1996 erbaut)

Skies) zu. Auf dem KSZE-Gipfeltreffen im Juli 1992 in Helsinki wurde beschlossen, die KSZE als regionale Organisation der UN mit einem kollektiven Sicherheitssystem zu etablieren, um somit selbst Krisen und Konflikte auf friedl. Wege beizulegen. Auf dem **Nachfolgetreffen in Budapest** im Okt. 1994 benannte sich die KSZE mit Wirkung zum 1. 1. 1995 in Organisation für Sicherheit und Zusammenarbeit in Europa (↗ OSZE) um.

kt, Einheitenzeichen für Kilotonne, als **kt TNT** (Kilotonne Trinitrotoluol) zur Angabe der Sprengkraft von Kernwaffen.

Kt, Einheitenzeichen für Karat.

Ktesiphon, Ruinenstätte am linken Ufer des Tigris, etwa 32 km südöstlich von Bagdad, Irak. Hauptresidenz der Parther und Sassaniden, die hier große Paläste errichteten. Ausgrabungen legten K., eine Stadt mit rundem Grundriss, frei. Die Ruine des Königspalastes Taq-e Kisra mit riesigem oval gewölbtem Thron-Iwan ist Teil eines Palastes aus dem 3. Jh. oder 5./6. Jh. n. Chr. Außerdem wurden weitere Palastanlagen und reich dekorierte Villen des Hofstaates ausgegraben.

Kuala Lumpur, Hptst. (Regierungssitz Putrajaya) von Malaysia und zugleich Bundesterritorium (243 km²), auf der Malaiischen Halbinsel, am Kelang, 1,38 Mio. Ew.; anglikan. und kath. Bischofssitz; Univ., TH, Forschungsinstitute, Lehrerseminare, Goethe-Institut, Nationalbibliothek, -archiv, -museum, zoolog. Garten; Verw.-, Handels-, Bank- und Ind.stadt; Automobilmontage, Metall-, Zement-, Nahrungs- und Genussmittelind.; Touristenzentrum; südlich von K. L. Errichtung eines internat. Informations- und Telekomzentrums (750 km² großer Multimedia Super Corridor [MSC]); internat. Flughafen, neuer internat. Flughafen in Sepang südlich von K. L. (durch Schnellbahn verbunden) 1998 eröffnet. – Mit der Hafenstadt Port Kelang zusammengewachsen; ältere viktorianisch geprägte (z. B. der Selangor Club) sowie in maur. (z. B. das Sultan Abdul Samad Building) und malaiischem (z. B. das National Museum) Stil erbaute Gebäude; Nationalmoschee (1965); City Centre mit den »Petronas Twin Towers« (451,9 m hoch), derzeit das höchste Bürogebäude der Welt (fertig gestellt 1996). – Gegr. 1857 durch chines. Zinnminenarbeiter, seit 1880 Hptst. von Selangor, seit 1895 der Föderierten Malaiischen Staaten, seit 1946 der Malaiischen Union, 1948 des Malaiischen Bundes, 1963 des Staates Malaysia; seit 1974 Bundesterritorium.

Kuala Terengganu, Hptst. des Sultanats Terengganu, Westmalaysia, an der O-Küste der Malaiischen Halbinsel, 228 100 Ew.; Lehrerseminar; Erdölraffinerie, Bootsbau, Weberei, Herstellung von Metallarbeiten; Hafen, Flugplatz.

Kuantan, Hptst. des Sultanats Pahang, Westmalaysia, 199 500 Ew.; Hafenstadt und Wirtschaftszentrum an der O-Küste der Malaiischen Halbinsel; Überseehafen bei Tanjong Gelong; Flughafen. – Sultan-Ahmad-I.-Moschee (1964).

Kuba (Bakuba), Bantuvolk im SW der Demokrat. Rep. Kongo; etwa 75 000 Menschen; vom 16. Jh. bis 1904 Träger eines Königreichs (Herrscherschicht: Bushongo); Blütezeit des Reiches K. Anfang des 17. Jh. Geschickte Handwerker und Künstler schufen hölzerne Statuen und v. a. Masken (meist mit Blech beschlagen, mit Perlen und Kaurischnecken verziert, auch aus Rohr, Fell u. a.).

Kuba (Cuba, amtlich span. República de Cuba, dt. Republik Kuba), Staat in Mittelamerika, im Bereich der Westind. Inseln, umfasst neben der gleichnamigen Hauptinsel (105 007 km²) die Isla de la Juventud (früher Isla de los Pinos; 2 200 km²) und zahlr. kleine Inseln und Korallenriffe.

Kuba

Fläche:	110 860 km²
Einwohner:	(2001) 11,24 Mio.
Hauptstadt:	Havanna
Verwaltungsgliederung:	14 Prov. und das Sonderverwaltungsgebiet Isla de la Juventud
Amtssprache:	Spanisch
Nationalfeiertage:	1. 1., 26. 7., 10. 10.
Währung:	1 Kubanischer Peso (kub$) = 100 Centavo (¢)
Zeitzone:	MEZ – 6 Std.

Staatswappen

internationales Kfz-Kennzeichen

Staat und Recht

Nach der Verf. von 1976 (mit Änderungen von 1992) ist K. eine sozialist. Rep. mit Einparteiensystem. Staatsoberhaupt, Reg.chef und Vors. des Nat. Verteidigungsrates ist der mit weitgehenden Machtbefugnissen ausgestattete Vors. des Staatsrates. Die Legislative liegt bei der Nationalversammlung (601 Abg., auf 5 Jahre direkt gewählt). Das Parlament wählt aus seiner Mitte den Staatsrat (31 Mitgl.) als höchstes repräsentatives Staatsorgan, das zw. den Parlamentssitzungen auch gesetzgeber. Funktionen wahrnimmt. Der Min.rat (von der Nationalversammlung auf Vorschlag des Staatsoberhauptes gewählt) fungiert als Exekutiv- und Verwaltungsorgan. Einzige zugelassene Partei ist die Kommunist. Partei K.s (PCC); 11 illegale Oppositionsgruppen sind seit 1991 in der Demokrat. Konzertierten Aktion (CDC) zusammengeschlossen.

Landesnatur

Die 1 250 km lange und 30–190 km breite Hauptinsel ist mit 105 007 km² die größte Insel der Großen Antillen, sie liegt zw. dem Golf von Mexiko, dem Atlantik und dem Karib. Meer. Sie besteht größtenteils aus flach gewelltem Tiefland (Kalktafel), das kreidezeitl. vulkanischem Gestein aufliegt. Im N und S sind viele kleine, aus Korallensand und -kalk aufgebaute Nebeninseln, sog. Cayos, den Küsten, die von zahlr. Buchten (Bolsaháfen) durchbrochen sind, vorgelagert. Drei z. T. stark verkarstete Gebirge durchziehen die Insel: im SO die Sierra Maestra mit dem Pico Turquino (1 972 m), im S des mittleren Inselteils die Sierra del Escambray mit dem Pico San Juan (1 156 m) und im W die Cordillera de Guaniguanico (Pan de Guajalbón: 692 m ü. M.). Längster Fluss ist der Río Cauto (370 km). Das Klima ist wechselfeucht-randtropisch mit geringen Temperaturschwankungen (20°C im Febr., 28°C im Juli) und reichen Niederschlägen im Sommer (1 000–1 500 mm im Tiefland; Gebirge dauerfeucht). Wirbelstürme sind häufig. Die ursprüngl. Vegetation (Savanne, im Bergland Regenwald) ist weithin von Kulturland verdrängt worden.

Bevölkerung

37% der Bev. sind Weiße, meist Nachkommen span. Einwanderer, 11% sind schwarzafrikan. Herkunft, Abkömmlinge früherer Sklaven; 51% bezeichnen sich als Mischlinge (Mulatten und Mestizen); Chinesen (1%) wurden nach Verbot des Sklavenhandels (1845, de facto 1886) als Arbeitskräfte angeworben. Nachdem die Schwarzafrikaner um 1840 fast 60% der Bev. ausgemacht hatten, stellte die Einwanderung von Spaniern (1900–30: 700 000) das Übergewicht der Weißen wieder her. Über 1 Mio. Kubaner verließen das Land nach 1959 und ließen sich in den USA (bes. in und um Miami) nieder. Bev.wachstum: 0,7%. – Rd. 56% der Bev. gehören keiner Religionsgemeinschaft an, rd. 40% sind kath. Christen (vor 1959 rd. 90%), knapp 2% Mitgl. prot. Kirchen. Daneben gibt es Anhänger afrokuban. Religionen (v. a. der Religion der Yoruba [Santeria]) und des europ. Spiritismus (Kardecismus). – Es besteht eine sechsjährige Grundschulpflicht ab dem 6. Lebensjahr und ein für alle Kinder offenes einjähriges Vorschulangebot (nicht obligatorisch). Die Analphabetenquote beträgt 3%.

Wirtschaft, Verkehr

Nachdem die seit 1959 unter staatl. Leitung und Kontrolle stehende sozialist. Planwirtschaft Anfang der 1990er-Jahre mit dem Zerfall der UdSSR in eine tiefe Krise geriet, zeichnet sich seit 1995 eine leichte Verbesserung der wirtsch. Lage ab. Dieses Wachstum basiert v. a. auf der dynam. Entwicklung des Tourismussektors, der Legalisierung des US-Dollars, der teilweisen Privatisierung von Landwirtschaft, Handel und Kleinbetrieben sowie auf der Förderung von Joint Ventures (v. a. im Tourismus). Nach den 1993 eingeleiteten Reformen in der Landwirtschaft entstanden aus den großen Staatsbetrieben über 3 000 Kooperativen, die mit einer gewissen Autonomie ausgestattet sind. Außerdem wurden die ehemals verbotenen freien Bauernmärkte wieder eingeführt, die zur besseren Versorgung der Bev. beitragen sollen. Trotz dieser vorsichtigen Öffnung besteht die staatl. Regulierung und Kontrolle in allen Bereichen weiter, sodass bezüglich der wirtsch. Gesamtlage und der Versorgungsengpässe keine wesentliche Verbesserung erfolgt ist. Seit Mitte der 1990er-Jahre hat der Tourismus die Landwirtschaft als wichtigsten Wirtschaftszweig abgelöst und wurde mit Wachstumsraten von 20% pro Jahr neben Zucker und den Überweisungen der Exilkubaner zum Hauptdevisenbringer des Landes. Die Landwirtschaft hingegen musste Gewinneinbußen von über 50% hinnehmen. K. ist bis auf Zucker, Tabak, Zitrusfrüchte und Bananen in keinem Bereich Selbstversorger. Daher sind umfangreiche Nahrungsmittelimporte erforderlich. Hauptanbauprodukt ist nach wie vor Zuckerrohr. Da der Zucker je nach Ernteergebnis und Weltmarktpreis über 50% der Exportwerte erbringt, hängt die Wirtschaft stark von der Zuckerrohrernte ab. In der südl. Küstenebene wird Reis angebaut (zwei Ernten im Jahr). Wichtig sind ferner Tabak, Mais, Kartoffeln, Bataten, Maniok, Kaffee, Zitrusfrüchte und Gemüse sowie die Viehhaltung (Rinder). Wegen starker Rodung für den Zuckerrohranbau kann K. nur ein Drittel seines Holzbedarfs decken. Nach der Revolution wurde ein umfangreiches Aufforstungsprogramm durchgeführt. K. hat seine Fischereigrenze seit 1977 auf 200 Seemei-

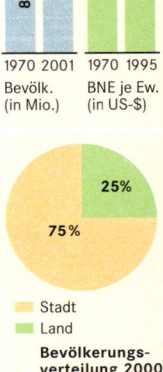

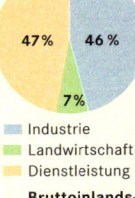

len ausgedehnt; kuban. Fischereifahrzeuge sind aber auch weltweit tätig. An Bodenschätzen verfügt K. über bed. Vorkommen von Nickel (etwa ein Drittel der Weltreserven), ferner Kupfer-, Chrom- und Eisenerz sowie Erdöl und Salz. Die verstaatlichte Ind. verarbeitet v. a. Zuckerrohr, dessen Rückstände als Rohstoffe für die Papier-, Kunststoff- und Düngemittelproduktion dienen. Wichtig sind auch die Stahl-, pharmazeut. Ind. und Biotechnologie, petrochem. Ind., Tabakverarbeitung (Zigarrenherstellung), Nahrungs- und Genussmittelind. (u. a. Rumherstellung).

Kuba: das Tal von Viñales mit seinen typischen Kalksteinklötzen und -bergen (Mogotes) des tropischen Kegelkarsts im Westen der Insel

Haupthandelspartner sind Spanien, Russland, Frankreich, Kanada und Mexiko. Seit 1997 gibt es vier Freihandelszonen (im Hafen Mariel, in Wajay, in Berroa und Cienfuegos), in denen ausländ. Firmen ansässig sind. – Das Straßennetz umfasst rd. 60 900 km (davon 29 800 km asphaltiert), die zentrale Hauptstraße, die 1 150 km lange »Carretera Central«, durchzieht die Insel in ganzer Länge. Von dem 11 300 km langen Eisenbahnnetz dient ein großer Teil dem Zuckerrohrtransport, ein kleinerer Teil dem öffentl. Verkehr. Wichtigster der 30 Seehäfen ist Havanna, der Hafen von Mariel wird ausgebaut. Zuckerexport v. a. über Cienfuegos. Internat. Flughäfen in Havanna, Santiago de Cuba, Camagüey, Holguín, Ciego de Àvila, Varadero, Cayo Largo und Cayo Coco.

Geschichte

K. wurde am 27. 10. 1492 von Kolumbus entdeckt und 1508–11 von den Spaniern erobert. Da die einheim. Bev. bald ausgerottet war, wurden in die span. Kolonie afrikan. Sklaven eingeführt, v. a. für die Zuckerplantagen. 1762 eroberten die Briten K., mussten es aber 1763 im Tausch gegen Florida wieder an Spanien abtreten. Die Unzufriedenheit mit der Kolonialherrschaft entlud sich im 19. Jh. in Unruhen und Aufständen: 1868–78 kämpften die Kreolen mit Unterstützung der USA um ihre Unabhängigkeit und erreichten u. a. die Abschaffung der Sklaverei (endgültig 1886). Der von J. Martí vorbereitete Aufstand von 1895–98 führte zum Krieg zw. den USA und Spanien, das K. im Frieden von Paris (1898) an die USA abtreten musste. Die USA gewährten der Insel zwar 1902 die Unabhängigkeit, behielten sich aber (bis 1934) das Interventionsrecht vor. Bei inneren Unruhen 1906, 1913 und 1917 griffen sie militärisch ein; der US-amerikan. Flottenstützpunkt Guantánamo besteht bis in die Gegenwart. Das Wirtschaftsleben K.s geriet völlig in Abhängigkeit von nordamerikan. Kapital. Unter Präs. G. Machado (1925–33) kam es nach schweren wirtsch. Rückschlägen zur Besserung der Zustände, doch führten Weltwirtschaftskrise und scharfe diktator. Maßnahmen 1933 zu seinem Sturz. Der eigentl. Machthaber wurde 1934 General F. Batista y Zaldívar, der als Präs. (1940–44, erneut seit 1952) diktatorisch regierte.

Nach seinem gescheiterten Putschversuch vom 26. 7. 1953 führte F. ↗ Castro Ruz einen Guerillakrieg gegen das Reg.system Batistas und zwang ihn am 1. 1. 1959 zur Flucht. Castro Ruz, seit Febr. 1959 Min.-Präs., proklamierte den sozialist. Staat, führte eine Bodenreform durch, verstaatlichte die Wirtschaft, ließ nur die kommunist. Einheitspartei zu und brachte die Medien unter seine Kontrolle. Die Konfiszierung amerikan. Eigentums und die enge Anlehnung K.s an die Sowjetunion führten zum Ausschluss aus der OAS und zu schweren Spannungen mit den USA, die – nach der gescheiterten Landung von Exilkubanern in der Schweinebucht im April 1961 und der Stationierung sowjet. Mittelstreckenraketen im Okt. 1962 – in der ↗ Kubakrise gipfelten. Das militär. Zurückweichen kompensierte die Sowjetunion mit verstärkter Wirtschaftshilfe. In den 60er-/70er-Jahren erlangte Castros Gesellschaftskonzept (↗ Fidelismus) erhebl. Einfluss in Lateinamerika, da seine sozialen Leistungen (medizin. Versorgung, Beseitigung des Analphabetentums) weit über den auf dem Kontinent übl. Standard hinausgingen. Auch unterstützte K. aktiv die Guerillabewegungen in Lateinamerika (u. a. durch E. »Che« ↗ Guevara Serna), später die kommunist. Befreiungsbewegungen in Afrika (u. a. 1975–89 Einsatz kuban. Truppen in Angola). Das Verhältnis zu den USA blieb deshalb weiterhin gespannt, doch wurden die Sanktionen der OAS 1975 aufgehoben. Wirtsch. Schwierigkeiten und Unterdrückung der Menschenrechte führten immer wieder zu Auswanderung in die USA; die Einführung privatwirtsch. Elemente in Handwerk und Landwirtschaft zu Beginn der 80er-Jahre brachte keine Erfolge. Den Umwälzungen in Osteuropa begegnete Castro mit entschlossenem Festhalten an kommunist. Positionen, allerdings verschärften sich mit dem Ausbleiben der Hilfe aus dem Ostblock die wirtsch. Schwierigkeiten. Die Verf. vom Juli 1992 ermöglicht zwar begrenzte wirtsch. Reformen, erweitert aber Castros Machtbefugnisse. Die erste direkte Parlamentswahl 1993 brachte Castro die erwartete Bestätigung seiner Politik, die Opposition war dabei nicht zugelassen; das System wurde auch bei den Wahlen 1998 beibehalten. Ein Zeichen für das Aufbrechen der internat. Isolation war der Besuch von Papst Johannes Paul II. im Jan. 1998. Auch lockern seit 1998/99 die USA vorsichtig ihre Sanktionspolitik.

Kubakrise, Konfrontation zw. den USA und der UdSSR (1962–63), die den Weltfrieden bedrohte, ausgelöst durch die Stationierung sowjet. Mittelstreckenraketen auf Kuba. US-Präs. J. F. Kennedy verlangte in einer öffentl. Erklärung (22. 10. 1962) von der UdSSR den Rücktransport der gelieferten Raketen und den Abbau der Abschussrampen. Am 28. 10. 1962 entsprach die UdSSR (N. S. Chruschtschow) der amerikan. Forderung. Mit einem gemeinsamen Schreiben der USA und der UdSSR an den Gen.-Sekr. der UNO wurde der Konflikt im Jan. 1963 beigelegt.

Kuban *der* (im Altertum Hypanis), Fluss in Nordkaukasien, Russland, 870 km lang, fließt vom Elbrus

Alfred Kubin: Illustration des Autors zu seinem Roman »Die andere Seite«

(zwei Quellflüsse) ins Asowsche Meer; bei Krasnodar Stauanlage (Stausee 400 km²); von der Labamündung schiffbar; im K.-Gebiet Reisanbau. – Charakteristisch für das Gebiet entlang dem K. und seinen Nebenflüssen sind die zahlr. Kurgane der frühen Bronzezeit, in denen sich oft kostbare Beigaben fanden. Früher als K.-Kultur bezeichnet, erfolgt heute die Gliederung in Maikop- und Nowoswobodnaja- (2. Hälfte des 3. Jt. v. Chr.) sowie in Nordkaukas. Kultur (2. Jt. v. Chr.).

Kubango der, Oberlauf des ⁄ Okawango, Angola.

kubanische Literatur, zählt zur lateinamerikan. Literatur in span. Sprache. Die ersten bed. Lyriker waren J. María de Heredia (* 1803, † 1839) und G. a. la Concepción Valdés (* 1809, † 1844). Romantik und Prosa verbinden sich in den Werken von C. Villaverde (* 1812, † 1894) und A. Suárez y Romero (* 1818, † 1878). Vorläufer des Modernismus war J. Martí (* 1853, † 1895), ein modernist. Lyriker J. del Casal (* 1863, † 1893). Den lyr. Expressionismus vertraten E. Florit (* 1903) und N. Guillén (* 1902, † 1989) mit der »poesía negra«, die jüngste Lyrik wird von R. Fernández Retamar, H. Padilla (* 1932), Z. Valdés (* 1959) repräsentiert; namhafte Prosaautoren sind A. Carpentier, J. Lezama Lima (* 1910, † 1976), G. Cabrera Infante (* 1929), E. Desnoes (* 1930), S. Sarduy, R. Arenas (* 1943, † 1990), M. Pereira (* 1948), N. Fuentes (* 1943), L. Otero und M. Barnet, die Dramatik vertreten u. a. V. Piñera (* 1912, † 1979), H. Quintero (* 1942). Aus wirtsch. oder polit. Gründen gingen einige Autoren ins Exil, so Cabrera Infante, Padilla, Arenas. Regimekritiker, wie J. Díaz (* 1941, † 2002), der im dt. und span. Exil lebte, trugen seit den 1990er-Jahren zur histor. und intellektuellen Auseinandersetzung mit dem Schicksal des Landes bei.

kubanische Musik, ⁄ lateinamerikanische Musik.

Kubba [arab.] die (Qubba), im islam. Bereich Bez. für Kuppelgrab.

Kubelík [ˈkubɛliːk], Rafael, schweizer. Dirigent und Komponist tschech. Herkunft, * Býchory (bei Kolín) 29. 6. 1914, † Luzern 11. 8. 1996; war 1936–48 Dirigent der Tschech. Philharmonie in Prag; 1950–53 Chefdirigent des Chicago Symphony Orchestra, 1955–58 Musikdirektor der Covent Garden Opera in London, 1961–79 Chefdirigent des Sinfonieorchesters des Bayer. Rundfunks in München, danach bis 1986 Gastdirigate. Komponierte Opern, Sinfonien, Konzerte, Vokalwerke.

Kubik... [von lat. cubus »Würfel«], Bestimmungswort mit der Bedeutung: 3. Potenz, z. B. **Kubikmeter** (m³), **Kubikzahl** (die 3. Potenz einer anderen Zahl, z. B. $8 = 2^3$) und 3. Wurzel **(Kubikwurzel)** aus einer nichtnegativen Zahl (⁄ Wurzel).

Kubilai (Khubilai, Kublai), mongol. Großkhan (seit 1260), als chines. Kaiser (seit 1279) **Shizu (Shitsu),** * 23. 9. 1215, † Peking 18. 2. 1294, Enkel Dschingis Khans; vollendete die Unterwerfung Chinas, einigte es 1278 unter der Yuan-Dynastie. An seinem Hof lebte Marco Polo.

Kubilius, Andrius, litauischer Politiker, * 8. 12. 1956; Physiker; schloss sich 1988 der Bewegung Sajudis an, 1993 der konservativen Vaterlandsunion; wurde 1992 Abg. des Seimas (Parlament), 1996 dessen Vizepräs.; seit Nov. 1999 Ministerpräsident.

Kubin, Alfred, österr. Zeichner und Schriftsteller, * Leitmeritz (heute Litoměřice) 10. 4. 1877, † Zwickledt (heute zu Wernstein am Inn, Bez. Schärding) 20. 8. 1959; gestaltete v. a. in seinen Federzeichnungen, zunehmend zu Strichgeflechten verdichtet, in Mappenwerken und Buchillustrationen (meist Lithographien) makabre Visionen des Untergangs und einer fantast. Welt, in denen er Vorstellungen des Surrealismus vorwegnimmt. Als Erzähler (»Der Guckkasten«, 1925) und Essayist dringt K. wie in seinem graf. Werk in die unheiml. Bezirke geheimnisvoll-düsteren Zaubers ein. Sein Hauptwerk ist der fantastisch-symbol. Roman »Die andere Seite« mit eigenen Illustrationen (1909).

kubisch [von lat. cubus »Würfel«], 1) *Kristallographie:* ⁄ Kristallsysteme.
2) *Mathematik:* würfelförmig, 3. Potenz, 3. Grades; z. B. ist eine **kubische Gleichung** eine algebraische Gleichung, bei der der höchste Exponent, der bei einer Variablen auftritt, 3 ist (»3. Grades«).

Kubismus: Pablo Picasso, »Les Demoiselles d'Avignon« (1907; New York, Museum of Modern Art)

Kubismus [von lat. cubus »Würfel«] der, Richtung der modernen Kunst, die, in Anlehnung an die neu entdeckte afrikan. Kunst, auf einer Umsetzung des im Bildwerk wiedergegebenen Gegenstandes in kubist. Formelemente basiert. Den Boden bereitete P. Cézanne, der in der Malerei die Natur auf geometr. Körper zurückführte. G. Braque und bald darauf auch Picasso entwickelten 1907 das kubist. Darstellungsverfahren; Picasso malte 1907 (beeinflusst von afrikan. Plastik) das programmat. Werk »Les Demoi-

Stanley Kubrick

selles d'Avignon« (New York, Museum of Modern Art). Der K. begann als **analyt. Kubismus:** Objektrepräsentation in einer facettierten Simultaneität versch. Ansichten. J. Gris integrierte 1912 Realitätsfragmente (Zeitungsausschnitte u. a.) in die Collagen und begründete damit den **synth. Kubismus:** Die Facettierung des Bildgegenstandes wird aufgegeben, das Bild (die Collage) wird getragen von zueinander geordneten Flächen bzw. Ebenen (Farbperspektive). Der K. wurde in den 20er-Jahren von der europ. Avantgarde übernommen. In enger Verbindung zu ihm stand der Orphismus. Kubist. Plastiken schufen v. a. Picasso, A. Archipenko, H. Laurens und J. Lipchitz.

Kubitschek de Oliveira [- di -], Juscelino, brasilian. Politiker, * Diamantina (Minas Gerais) 12. 9. 1902, † Resende (Rio de Janeiro) 22. 8. 1976; Arzt, Staatspräs. 1956–61, setzte sich für die Gründung der neuen Hptst. Brasília ein.

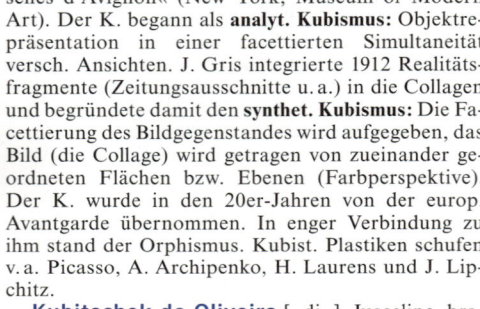

Kübler-Ross, Elisabeth, amerikan.-schweizer. Psychiaterin, * Zürich 8. 7. 1926; wurde bekannt als Sterbeforscherin (»Befreiung aus der Angst«, 1982, dt.; »Über den Tod und das Leben danach«, 1984; Autobiografie: »Das Rad des Lebens«, 1997, dt.).

Kubrick [ˈkjuː-], Stanley, amerikan. Filmregisseur, * New York 26. 7. 1928, † Saint Albans (Cty. Hertfordshire) 7. 3. 1999; begann als Fotograf und Dokumentarfilmer; in seinen Filmen kehrt das Thema einer inhumanen, pervertierten Gesellschaft wieder. – *Filme:* Der Tiger von New York (1955); Die Rechnung ging nicht auf (1956); Wege zum Ruhm (1957); Spartacus (1960); Lolita (1961); Dr. Seltsam oder Wie ich lernte, die Bombe zu lieben (1964); 2001: Odyssee im Weltraum (1968); Uhrwerk Orange (1971); Barry Lyndon (1975); Shining (1980); Full Metal Jacket (1987); Eyes Wide Shut (1999).

Kubus [lat. cubus] *der,* der Würfel.

Kučan [ˈkuʒan], Milan, slowen. Politiker, * Križevci v Prekmurju (bei Murska Sobota) 14. 1. 1941; 1978–86 Präs. des slowen. Parlaments, förderte 1986–89 als KP-Chef und Reformkommunist eine freiheitl. und pluralist. Entwicklung; 1990–2002 erster frei gewählter Präs. Sloweniens.

Küchenlatein (lat. Latinitas culinaria), Spottbez. für schlechtes Latein, bes. das fehlerhafte Mönchs- und Universitätslatein des späten Mittelalters.

Küchenschelle, ↗ Kuhschelle.

Küchenstück, Gattung der Malerei, die Elemente des Stilllebens und der Genremalerei in sich vereint. Das K. zeigt Motive aus Küchenräumen und Arrangements von Geräten und Esswaren sowie Personen, die Küchenarbeit verrichten. Es kam in der niederländ. Kunst des 16. Jh. auf und war im 17. Jh. in Spanien bes. beliebt.

Kuching [-tʃ-], Hptst. des Bundesstaates Sarawak, Ostmalaysia, am Sarawak, 30 km oberhalb seiner Mündung ins Südchines. Meer, 148 100 Ew.; anglikan. Bischofssitz; Lehrerseminar, Museum; Leichtind., Fischerei; Hafen, Flugplatz.

Kuckersit [nach dem estn. Ort Kuckers] *der,* fossilreicher, bräunlich gelber bis schwarzer ordoviz. Bitumenmergel, aus Faulschlamm oder Gyttja entstanden, dient zur Gewinnung von Schwelteer und Schieferöl, zur Herstellung von Klebstoff und als Brennstoff in Kraftwerken.

Kuckuck [lautmalend] (Cuculus canorus), bis 33 cm großer, schlanker, langschwänziger Zugvogel mit heller, dunkel quer gebänderter Unterseite; nützl. Raupenfresser; Brutparasit in Singvogelnestern; die Kuckuckseier sind denen der Wirte in Größe und Farbe sehr ähnlich, der nackte Jungvogel wirft die Eier oder Jungen des Wirtsvogels aus dem Nest und wird allein aufgezogen.

Milan Kučan

Kuckucksspeichel, ↗ Schaumzikaden.

Kuçovë [kuˈtʃova] (1950–90 Qyteti Stalin), Stadt in S-Albanien, 22 300 Ew.; Erdölverarbeitung.

Küçük Kaynarca [kyˈtʃyk kainarˈdʒa], türk. Name für ein bulgar. Dorf, ↗ Kütschük Kainardschi.

Kuczynski [kuˈtʃinski], Jürgen, Wirtschaftshistoriker, * Elberfeld (heute zu Wuppertal) 17. 9. 1904, † Berlin 6. 8. 1997; 1936–44 Emigrant in Großbritannien, 1946-70 Prof. an der Humboldt-Univ. in Berlin, 1955–90 Mitgl. der Akademien der Wiss.en der DDR und der UdSSR; galt als Nestor der marxist. Wirtschaftswiss.; schrieb u. a.: »Die Gesch. der Lage der Arbeiter unter dem Kapitalismus« (1960–72, 38 Bde.), »Zur Gesch. der bürgerl. polit. Ökonomie« (1975), »Gesch. des Alltags des dt. Volkes« (1980–85, 6 Bde.).

Kuder, *Jägersprache:* das männl. Tier von Wildkatze und Luchs.

Kudowa Zdrój [- zdruj] (dt. Bad Kudowa), Stadt in der Wwschaft Niederschlesien, Polen, in einem Talkessel (400 m ü. M.), am W-Fuß des Heuschergebirges, an der Grenze zur Tschech. Rep., 11 000 Ew.; Kurort (Mineralquellen, seit 1581 bekannt); Baumwoll-, Möbel-, Lebensmittelindustrie. – Im 17. Jh. gegr. von böhm. Protestanten, seit dieser Zeit Badeanlagen; Stadt seit 1945.

Kudrun (Gudrun, Kudrunlied), Heldenepos, im »Ambraser Heldenbuch« anonym überliefert. Die Entstehung des Werkes wird im 13. Jh. im bayerisch-österr. Raum angesetzt. Es umfasst 1 705 **K.-Strophen;** ihre paarweise gereimten Langzeilen, von denen die beiden ersten der Nibelungenstrophe entsprechen. Das Epos ist in 32 »Aventiuren« gegliedert. Es besteht aus drei sagengeschichtlich wohl urspr. unabhängigen Teilen: 1) der Vorgeschichte vom Greifenabenteuer des jungen Hagen; 2) einer ersten Brautwerbungsgeschichte um Hagens Tochter Hilde durch Hetel; 3) einer zweiten Brautwerbungsgeschichte um Hildes Tochter Kudrun.

Kudu *der* (Schraubenantilope), Wiederkäuer mit großem, schraubenförmig gewundenem Gehörn bei den männl. Tieren. Der bis 1,50 m hohe **Große K.** (Tragelaphus strepsiceros) lebt in lichten Wäldern und im Buschland südlich der Sahara. Der **Kleine K.** (Tragelaphus imberbis) wird bis 1 m hoch und kommt in Dornbuschgebieten O-Afrikas vor.

Kueisui, früherer Name der Stadt ↗ Hohhot, China.

Kues [kuːs], Stadtteil von ↗ Bernkastel-Kues.

Kues [kuːs], Nikolaus von, Philosoph, ↗ Nikolaus von Kues.

Kufa, kleine Stadt in Irak, am Euphrat. – Gegr. 638 von Kalif Omar als Militärlager, 657–661 Kalifenresidenz; im 7.–10. Jh. Mittelpunkt islam. Wiss.en (↗ kufische Schrift).

Kufe, alte dt. Volumeneinheit (v. a. für Bier) unterschiedl. Größe, z. B. in Preußen 4,58 hl, in Sachsen 7,96 hl.

Kufija [arab.] *die* (Kufiyya), die ↗ Kefije.

kufische Schrift [nach der Stadt Kufa], die eckige Monumentalform der ↗ arabische Schrift; sie wurde im 10./11. Jh. durch das leichter zu schreibende Neschi verdrängt; aus ihr entstand seit dem 10. Jh. die in N-Afrika noch gebräuchliche maghrebin. Schrift.

Küfou (Küfow), Stadt in China, ↗ Qufu.

Kufra, Oasengruppe in der Libyschen Wüste, liegt in einer 50 km langen, flachen Mulde zw. Dünenfeldern im W und dem **Bergland von K.** im O, etwa

Kuckuck

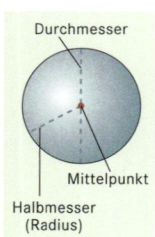
Kugel 1)

16 000 Bewohner; Hauptort: El-Djof; Beregnungsanlagen (Verwendung von fossilem Grundwasser) für Dattelpalmenkulturen; früher Hauptsitz der ↗ Senussi.

Kufstein, Bez.-Hptst. im Unterinntal, Tirol, Österreich, unweit der dt. Grenze am Fuß des Kaisergebirges, 15 000 Ew.; Glashütte, Skifabrik, Herstellung von Siebdruckmaschinen, Waffen u. a.; Fremdenverkehr; Grenzbahnhof, Autobahnübergang. – Über der Stadt die Festung K. (ausgebaut 1552–63), im Kaiserturm Heimatmuseum; spätgot. Pfarrkirche. – Stadt seit 1393; 1504 von Bayern an Tirol.

Kuge, der japan. Hofadel, der v. a. während der Heianzeit (Ende 8.–12. Jh.) eine staatsbeherrschende Rolle spielte, diese danach aber an den Kriegeradel (Buke) verlor. Am bedeutendsten war die Familie der ↗ Fujiwara.

Kugel, 1) *Geometrie:* gekrümmte geschlossene Fläche, deren Punkte von einem festen Punkt M (**K.-Mittelpunkt**) einen festen Abstand r (**K.-Radius**) haben. Gewöhnlich wird als K. auch der von dieser Fläche umschlossene Körper (**K.-Körper**) bezeichnet, der aus allen Punkten P mit $\overline{MP} \leq r$ besteht. – Jede Schnittfigur einer K. mit einer Ebene ist ein Kreis; geht die Ebene durch den Mittelpunkt, schneidet sie die K. in einem Großkreis. Dabei entstehen auf beiden Seiten der Ebene **K.-Abschnitte (K.-Segmente).** Den zur K.-Oberfläche gehörenden Teil eines K.-Abschnitts bezeichnet man als **K.-Haube (K.-Kappe, Kalotte).** Ergänzt man einen K.-Abschnitt über seinem Grundkreis durch einen Kegel, dessen Spitze im Mittelpunkt der K. liegt, so entsteht ein **K.-Ausschnitt (K.-Sektor).** Wird eine K. von zwei parallelen Ebenen geschnitten, so entsteht zw. diesen eine **K.-Schicht;** ihr zur K.-Oberfläche gehörender Teil bildet eine **K.-Zone.** Der Rauminhalt einer K. ist $V = \frac{4}{3}\pi r^3$ (**K.-Volumen**), der Flächeninhalt der K.-Oberfläche $A = 4\pi r^2$.

2) *Militärwesen:* Geschoss der Handfeuerwaffen, auch der Geschütze.

Kugelblitz, seltene Erscheinungsform des Blitzes in Gestalt einer leuchtenden Kugel von Tennis- bis Fußballgröße, bewegt sich langsam rollend oder springend nahe der Erdoberfläche; manchmal geräuschlos verschwindend, auch mit lautem Knall explodierend; noch nicht eindeutig erklärt.

Kugelblume (Globularia), Gattung der zweikeimblättrigen Pflanzenfamilie K.-Gewächse in Mitteleuropa und im Mittelmeergebiet; im Gebirge häufig die **Herzblättrige K.** (Globularia cordifolia) mit blaulilafarbenen Blüten in Köpfchen.

Kugeldistel (Echinops), Gattung der Korbblütler in Europa, Asien und Afrika; distelartige Stauden; Blütenstand kugelig; in Mitteleuropa die **Große K.** (Echinops sphaerocephalus) mit meist blauen Blüten. Die **Blaue K.** (Echinops ritro), aus S-Europa stammend, bis 1 m hoch, mit fein gefiederten Blättern und blauen bis weißen Blütenköpfen ist eine beliebte Gartenpflanze.

Kugeldreieck, das sphär. ↗ Dreieck.

Kugelfische (Tetraodontidae), Familie 6–90 cm langer, oft bunter Korallenfische in warmen Meeren; mit vier breiten Zahnplatten, die zum Aufbrechen der Gehäuse von Schnecken, Muscheln, Krebsen dienen. K. können sich (durch Luft- oder Wasseraufnahme in einen Luftsack) kugelig aufblasen und wirken dadurch abschreckend auf manche Raubfische. Sie werden in Japan trotz Giftigkeit (Tetrodotoxin) nach spezieller Zubereitung (Fugu) gegessen.

Kügelgen, 1) Gerhard von, Maler, *Bacharach 6. 2. 1772, †(ermordet) Loschwitz (heute zu Dresden)

Kufstein: die über der Stadt am Inn gelegene Festung aus dem 16. Jh.

27. 3. 1820, Vater von 2); ließ sich nach Aufenthalten u. a. in Rom und Sankt Petersburg 1805 in Dresden nieder; bedeutender als seine klassizist. Bilder mytholog. und religiösen Inhalts sind seine Porträts (Goethe, Schiller, Wieland u. a.).

2) Wilhelm von, Maler und Schriftsteller, *Sankt Petersburg 20. 11. 1802, †Ballenstedt 25. 5. 1867, Sohn von 1); 1818–25 Studium in Dresden, nach einjährigem Romaufenthalt 1827–29 in Russland, ab 1834 Hofmaler in Ballenstedt, malte Bildnisse und religiöse Bilder; Verfasser des berühmten Memoirenwerks »Jugenderinnerungen eines alten Mannes« (1870).

Kugelhaufen, kurz für Kugelsternhaufen (↗ Sternhaufen).

Kugelhaufenreaktor, *Kerntechnik:* ein Hochtemperaturreaktor mit kugelförmigen Brennelementen.

Kugelkopf, *Bürotechnik:* kugelähnl. Kunststoffkörper mit einem kompletten, auf der Oberfläche verteilten Schrifttypensatz für eine Schreibkopfmaschine (↗ Schreibmaschine).

Kugelpackung, räuml. Anordnung aus sich berührenden, gleich oder versch. großen starren Kugeln, bei der jede mindestens vier andere berührt und keine Verschiebung einer Kugel ohne gleichzeitiges Verrücken anderer möglich ist. Für die Kristallographie sind die dichtesten K. gleicher Kugeln bes. wichtig (↗ Kepler-Vermutung).

Kugelschreiber, eine Farbmine enthaltender Schreibstift, bei dem eine kleine rollende Kugel in der Minenspitze die Farbmasse auf das Schreibpapier überträgt; die stillstehende Kugel verschließt die Mine und verhindert dadurch deren Austrocknen. – Wurde 1938 von den ungar. Brüdern Ladislaus und Georg Biro erfunden.

Kugelstoßen, leichtathlet. Wettbewerb, bei dem eine metall. Kugel aus einem Kreis heraus gestoßen wird. Die **Kugel** für Männer hat eine Masse von 7,265 bis 7,285 kg (Durchmesser 11–13 cm), für Frauen von 4,005 bis 4,025 kg (Durchmesser 9,5–11 cm). K. ist auch Teil des Mehrkampfs (Zehnkampf: erster Tag, dritte Disziplin; Siebenkampf: zweiter Tag, zweite Disziplin). – Abb. S. 2652

Kugelzellen|anämie (Kugelzellenikterus, hereditäre Sphärozytose), autosomal-dominant erbl. Form der hämolyt. Anämie, die durch einen Mem-

Kugeldistel: Blaue Kugeldistel

Kugelfische: Spitzkopfkugelfisch (Canthigaster valentini, Länge bis 12 cm)

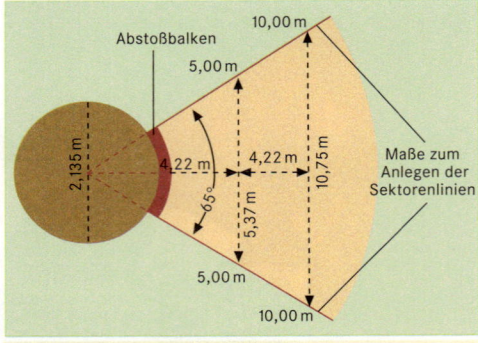

Kugelstoßen: Kugelstoßanlage

brandefekt der roten Blutkörperchen verursacht wird; dabei nehmen die roten Blutkörperchen durch vermehrten Wassereinstrom Kugelgestalt an (Sphärozyten) und werden in der Milz beschleunigt abgebaut; Folgen sind u. a. Blutarmut, Milzvergrößerung, Gelbsucht. Die *Behandlung* besteht in einer frühzeitigen Entfernung der Milz.

Kugler, Franz Theodor, Kunsthistoriker, Kulturpolitiker und Schriftsteller, *Stettin 18. 1. 1808, †Berlin 18. 3. 1858; wurde 1843 Kunstreferent im preuß. Kultusministerium; einer der Begründer der Kunstwiss.; schrieb: »Geschichte Friedrichs d. Gr.« (1840–42, mit Holzstichen von A. Menzel).

Kuh, das erwachsene weibl. Tier bei vielen Säugetierarten, z. B. Giraffen, Elefanten; beim Hausrind wird das weibl. Tier erst nach dem ersten Kalben als K. bezeichnet, vorher als Färse.

Kuh|antilopen (Alcelaphinae), Unterfamilie hochbeiniger, bis rothirschgroßer Antilopen in Afrika; Kopf auffallend in die Länge gezogen; Männchen und Weibchen mit mäßig langen, geschwungenen Hörnern. Man unterscheidet drei Gattungen: Gnus, Leierantilopen und **Hartebeests** (K. i. e. S., Alcelaphus) mit vielen Unterarten, u. a. Kongoni, Konzi und Kaama (Kama).

Kuhländchen, Landschaft in N-Mähren, Tschech. Rep., an der oberen Oder, mit Fulnek und Nový Jičín als Hauptorten, vom 11. Jh. bis 1945 dt. Sprachgebiet.

Kuhlau, Friedrich, dän. Komponist dt. Herkunft, *Uelzen 11. 9. 1786, †Lyngby (heute zu Lyngby-Tårbæk) 12. 3. 1832; gehört zu den Wegbereitern einer dän. Nationaloper (z. B. »Die Zauberharfe«, 1817); seine zwei- und vierhändigen Klaviersonaten und -sonatinen werden noch heute im Unterricht verwendet.

Kühler, 1) *Kraftfahrzeugtechnik:* Bauteil zur Rückkühlung des Motorkühlwassers oder des Motoröls, bei aufgeladenen Motoren ggf. auch der verdichteten und dadurch erwärmten Ansaugluft. Die Wärmeabfuhr erfolgt meistens an die Umgebungsluft, bei Öl-K. auch an das Motorkühlwasser.

2) *Labortechnik:* zum Abkühlen und Kondensieren von Dämpfen verwendetes Laborgerät. Die meist aus Glas hergestellten K. arbeiten i. Allg. mit kaltem Wasser als Kühlmittel, das dem zu kühlenden Stoff in einem gesonderten System (Kühlmantel) entgegenströmt. Häufig verwendete Formen sind z. B. Liebig-K., Kugel-K. und Schlangenkühler.

Kühlfalle, gekühlte Fläche in einem Vakuumsystem zur Kondensation von Dampfmolekülen.

Kuhlmann, Quirinus, Lyriker, *Breslau 25. 2. 1651, †Moskau 4. 10. 1689; religiöser Schwärmer unter dem Einfluss der Schriften J. Böhmes und Verfas-

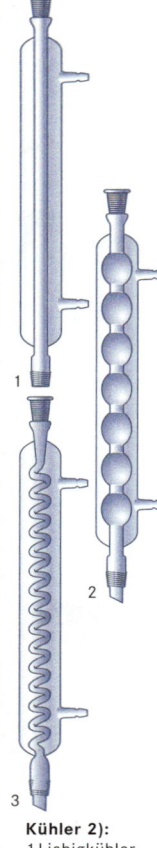

Kühler 2):
1 Liebigkühler,
2 Kugelkühler,
3 Schlangenkühler

ser mystisch-ekstat. Barocklyrik; wurde auf Verlangen des Moskauer Patriarchen als Unruhestifter verbrannt, nachdem er versucht hatte, den russ. Zaren für seine Lehre zu gewinnen.

Kühlmöbel, Sammelbez. für kleinere Kühlanlagen und -geräte zum Kühllagern und Frischhalten oder zum Tiefkühlen und Gefrieren von Lebensmitteln (↗Kühlschrank, ↗Gefrieranlagen).

Kühlschrank, gegen Wärmeeinfall isolierter Behälter in Schrankform, dessen Innenraum durch eine ↗Kältemaschine gekühlt wird. Als Wärmedämmung zw. innerer Auskleidung und Stahlblechgehäuse wird heute meist ein Polystyrolschaumstoff verwendet. Bei den am häufigsten verwendeten **Kompressions-K.** besteht der Kühlsatz aus einem kleinen Kompressor, der zus. mit dem antreibenden Elektromotor hermetisch gekapselt ist, und dem luftgekühlten Kondensator, in dem die abgeführte Wärme anfällt. Vom Kondensator aus gelangt das flüssige ↗Kältemittel über ein als Drosselorgan dienendes Kapillarrohr in den Verdampfer. Der Verdampfer (Tiefkühlfach) wird mit einer Klappe verschlossen. So entsteht ein Fach mit einer gegenüber der übrigen Innentemperatur des K. wesentlich niedrigeren Temperatur, für die nach Norm die Stufen −6 °C, −12 °C und −18 °C festgelegt und die durch einen, zwei oder drei Sterne kenntlich gemacht sind. Die Innentemperatur des K. wird durch einen Temperaturregler auf einem konstanten Wert gehalten. – Bei der Entsorgung von K. muss heute das Kältemittel (FCKW, FKW) umweltschonend entfernt werden. Im so genannten **Öko-K.** wird anstelle von FCKW oder FKW eine Mischung aus den Kohlenwasserstoffen Propan, Butan und Cyclopropan (»Dortmunder Mischung«) verwendet.

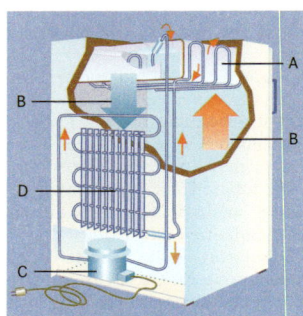

Kühlschrank:
A Kühlschlangen,
B Konvektionsströmung der Luft,
C Kompressor,
D Abwärmeschlangen mit Lamellen

Kühlturm, turmartige Kühlanlage, in der erwärmtes Kühlwasser insbesondere von Kraftwerken rückgekühlt wird. Bei **Nass-K.** wird das zu kühlende Wasser von Verteilerdüsen über Rieseleinbauten gesprüht und dabei durch Entzug der Verdunstungswärme gekühlt. Bei den umweltfreundlicheren **Trocken-K.** besteht kein direkter Kontakt zw. dem zu kühlenden Wasser und der Umgebungsluft; die Wärme wird über Rippenrohrbündel durch Konvektion an die Umgebung übertragen.

Kühlung, Temperaturerniedrigung eines Stoffes durch Wärmeentzug (z. B. beim ↗Peltier-Effekt oder ↗Verdampfen) bzw. durch Wärmeabgabe an ein Medium geringerer Temperatur, z. B. Luft, Wasser, das sich dabei erwärmt. K. kann u. a. aus werkstofftechn. (Festigkeit, Ausdehnung), schmiertechn. oder chemisch-physikal. Gründen notwendig sein. Allg. versteht man in der Technik darunter die Abführung von Verlustwärme aus Maschinen und Geräten oder von deren Oberfläche an die Umgebung. Zum Wärmetransport wird ein flüssiges oder gasförmiges Kühlmittel, bes. Luft (»Belüftung«) verwendet.

Kühlungsborn, Stadt im Landkreis Bad Doberan, Meckl.-Vorp., an der Mecklenburger Bucht, am Fuße des bewaldeten Endmoränenzugs Kühlung, 7 300 Ew.; Seebad; Schmalspurbahn (»Molli«; 15,4 km) von Bad Doberan; Inst. für Atmosphärenphysik der Univ. Rostock; Fischräucherei. – Frühgot. Feldsteinkirche in Brunshaupten. – Stadt seit 1938 durch den Zusammenschluss der Ostseebäder Brunshaupten, Arendsee und Fulgenhof.

Kühlwasser, Wasser zur Wärmeabfuhr von thermisch hoch belasteten Bauteilen, z. B. Verbrennungsmotoren. Es muss durch Zusätze den jeweiligen Bedingungen angepasst werden, z. B. durch Frost- und Korrosionsschutzmittel.

Kuhn, 1) *Adalbert,* Indogermanist und Mythologe, * Königsberg (Neumark; heute Chojna) 19. 11. 1812, † Berlin 5. 5. 1881; begründete mit seiner Schrift »Zur ältesten Geschichte der indogerman. Völker« (1845) die linguist. Paläontologie, aus der die indogerman. Altertumskunde hervorging; ferner vergleichende mytholog. Studien.

2) *Paul,* Pianist, Orchesterleiter und Komponist, * Wiesbaden 12. 3. 1928; begann als Jazzpianist und wurde in den 50er- und 60er-Jahren v. a. als Schlagersänger (»Der Mann am Klavier«) und mit eigenen Fernsehshows populär; 1968–80 leitete er das SFB-Tanzorchester (Berlin-West); seit den 80er-Jahren war er mit eigenen Swingcombos wieder verstärkt als Jazzpianist tätig. Er komponierte Schlager (»Es gibt kein Bier auf Hawaii«), Musicals (»Fanny Hill«, 1972), Hörspielmusiken.

3) *Richard,* Chemiker, * Wien 3. 12. 1900, † Heidelberg 31. 7. 1967; war seit 1929 Direktor des Instituts für Chemie im Kaiser-Wilhelm-Institut (seit 1948 Max-Planck-Institut) für medizin. Forschung in Heidelberg; erhielt für seine Arbeiten über Carotinoide und Vitamine 1938 den Nobelpreis für Chemie.

4) *Thomas Samuel,* amerikan. Wissenschaftshistoriker und -theoretiker, * Cincinnati (Oh.) 18. 7. 1922, † Cambridge (Mass.) 17. 6. 1996; Prof. in Berkeley (1958), Princeton (1964), seit 1979 Prof. in Cambridge (Mass.). Im Ggs. zum krit. Rationalismus behauptet K., dass die Wissenschaftsentwicklung nicht kontinuierlich verläuft, sondern immer wieder radikale Brüche (»Paradigmenwechsel«) auftreten. Bei diesen verändern sich die methodolog. Grundannahmen sowie die als verbindlich geltenden Fragestellungen, Lösungen und Interpretationen (»Die Struktur wiss. Revolutionen«, 1962).

Kühn, 1) *Alfred,* Zoologe, * Baden-Baden 22. 4. 1885, † Tübingen 22. 11. 1968; arbeitete bes. auf den Gebieten der Entwicklungsphysiologie und Genetik: »Grundriß der allgemeinen Zoologie« (1922), »Grundriß der Vererbungslehre« (1939).

2) *August,* eigtl. *Rainer Zwing,* Schriftsteller, * München 25. 9. 1936, † Unterwössen (Landkreis Traunstein) 8. 2. 1996; schildert in seinem realist. Erzählwerk traditionelles Arbeitermilieu, z. B. »Eis am Stecken. Betriebsroman« (1974), »Jahrgang 22 oder die Merkwürdigkeiten im Leben des Fritz Wachsmuth« (R., 1977), »Fritz Wachsmuths Wunderjahre« (R., 1978), »Die Abrechnung« (R., 1990); auch Theaterstücke und Drehbücher.

3) *Dieter,* Schriftsteller, * Köln 1. 2. 1935; vielseitiges Werk (u. a. Erzählungen, Essays, Hörspiele, Übertragungen aus dem Mittelhochdeutschen); erfolgreich v. a. mit umfangreichen Prosawerken, die Dokumentarisches, Fiktion und Fantasie zu farbigen Zeitgemälden verbinden, so »Ich Wolkenstein« (1977), »Der Parzival des Wolfram von Eschenbach« (1986), »Neidhart aus dem Reuental« (1988), »Clara Schumann, Klavier. Ein Lebensbuch« (1996), »Frau Merian. Eine Lebensgeschichte« (2002).

4) *Heinz,* Politiker, * Köln 18. 2. 1912, † ebd. 12. 3. 1992; Journalist, 1933–45 in der Emigration, 1953–63 MdB, 1979–84 MdEP, war in NRW 1962–73 Vors. der SPD, 1966–78 MinPräs., 1973–75 stellv. Bundesvors. der SPD.

5) *Herbert,* Kunsthistoriker und Prähistoriker, * Beelitz 29. 4. 1895, † Mainz 25. 6. 1980; Forschungen zur vorgeschichtl. Kunst. Gründer (1925) und Hg. des »Jahrbuches für prähistor. und ethnograph. Kunst«; schrieb: »Die Felsbilder Europas« (1952), »Eiszeitkunst« (1965), »Gesch. der Vorgeschichtsforschung« (1976).

Richard Kuhn

6) *Joachim,* Jazzmusiker (Pianist, Altsaxophonist), * Leipzig 15. 3. 1944, Bruder von 7); spielte 1966 im Quartett seines Bruders, dann in eigenen Gruppen und als Solist; erfolgreicher Free-Jazz- und Jazzrock-Pianist; auch Komponist.

7) *Rolf,* Jazzmusiker (Klarinettist, Saxophonist), * Köln 29. 9. 1929, Bruder von 6); spielte 1956–69 in den USA (u. a. mit B. Goodman), hatte dann eine eigene Bigband beim NDR Hamburg; gilt als einer der wichtigsten dt. Jazzklarinettisten.

Kuhnau, *Johann,* Komponist, * Geising (Weißeritzkreis) 6. 4. 1660, † Leipzig 5. 6. 1722; war als Vorgänger J. S. Bachs Thomaskantor (seit 1701), entwickelte die mehrsätzige Klaviersonate aus der italien. Triosonate; ferner u. a. Neue Clavier-Übung (1689–92, 2 Tle., je 7 Suiten) und Kantaten.

Kuhpocken (Rinderpocken), virusbedingter, akuter, mild verlaufender Hautausschlag bei Rindern (bes. am Euter); eine Übertragung auf den Menschen ist möglich.

August Kühn

Kuhschelle: Gewöhnliche Kuhschelle (Höhe bis 15 cm)

Kuhschelle (Küchenschelle, Pulsatilla), Gattung der Hahnenfußgewächse auf der N-Halbkugel. Eine vorwiegend auf Kalkböden vorkommende Art ist die giftige, geschützte **Gewöhnliche K.** (Pulsatilla vulgaris) mit glockigen, hellvioletten Blüten. Auf Bergwiesen, Heiden und in sandigen Kiefernwäldern wächst die geschützte **Frühlings-K.** (Pulsatilla vernalis), mit bräunlich gelber Behaarung und nickenden Blüten, die innen gelbweiß und außen violett gefärbt sind.

Kuibyschew, 1935–90 Name der russ. Stadt ↗ Samara.

Kuiper [ˈkœjpər], Gerard Peter, amerikan. Astronom niederländ. Herkunft, * Harenkarspel (Prov. Nordholland) 7. 12. 1905, † Mexiko 23. 12. 1973; Direktor des Yerkes-Observatoriums bei Chicago; einer der bedeutendsten Planetenforscher. K. wies u. a. Kohlendioxid in der Marsatmosphäre nach und entdeckte einen Mond der Planeten Uranus und Saturn.

Kuiper-Gürtel [ˈkœjpər-; nach G. P. Kuiper], gürtelförmige Zone in einem Abstand zw. 50 und 500 AE von der Sonne außerhalb der Planetenbahnen, in dem sich möglicherweise 10^8 bis 10^{10} Kometen aufhalten und der vermutlich das Ursprungsgebiet der kurzperiod. Kometen ist. Bisher sind 550 vermutlich zum K.-G. gehörende Objekte bekannt (2002), die sich außerhalb der Neptunbahn bewegen.

Ku-Klux-Klan: Demonstration von Mitgliedern 1926 in der Park Avenue, Washington (D. C.)

Kujat, Harald, General, * Mielke (Westpreußen) 1. 3. 1942; Eintritt in die Bundeswehr 1959; nach Generalstabslehrgang, Dienst in Führungsstäben (v. a. der Luftwaffe und im Verteidigungsministerium) sowie bei der NATO war er 2000–2002 Generalinspekteur der Bundeswehr und ist seit Juli 2002 Vors. des NATO-Militärausschusses.

Kujawi|en (poln. Kujawy), histor. Landschaft in Polen, links der unteren Weichsel, etwa zw. Bromberg und Gnesen (Wwschaft Kujawien-Pommern, zum kleinen Teil Großpolen). – K. war 1194–1267 ein selbstständiges (piast.) Fürstentum; 1332–43 vom Dt. Orden besetzt, danach wieder mit Polen vereinigt; kam mit der 1. und 2. Poln. Teilung (1772, 1793) an Preußen; 1807–15 Teil des Herzogtums Warschau. Der westl. Teil (um Hohensalza) gehörte 1815–1920 zur preuß. Prov. Posen.

Kujawi|en-Pommern, Woiwodschaft (poln. Województwo Kujawsko-Pomorskie), Wwschaft (seit 1999) im mittleren Teil Polens, 17 970 km², 2,1 Mio. Ew.; Sitz des Parlaments (Sejmik) der Wwschaft ist Thorn, Sitz des Woiwoden Bromberg.

k. u. k., seit 1867 Abk. für »**k**aiserlich **u**nd **k**öniglich« (↗ Österreich-Ungarn).

Ku K'ai-chih [-dʒi], chines. Maler, ↗ Gu Kaizhi.

Küken, 1) *Biologie:* das Geflügeljunge bis zum Alter von acht Wochen.

2) *Technik:* kon. Dichtkegel eines Hahns (Drehschieber) als Absperrorgan in Rohrleitungen.

Ku-Klux-Klan [kuːklʊksˈklaːn, engl. ˈkjuːklʌksklæn], Abk. **K.K.K.,** zwei terrorist. Organisationen im S der USA; die erste gegr. 1866 in Pulaski (Tenn.) als Geheimbund weißer Farmer, dessen Ziel eine Aufrechterhaltung der kolonialen Lebensformen in den Südstaaten war und der seine Aktionen (u. a. Brandstiftungen, Auspeitschungen, Fememorde) insbesondere gegen emanzipierte Schwarze und radikale Republikaner richtete; gekennzeichnet durch hierarch. Aufbau, ordensähnl. Rituale, Symbole (Flammenkreuz) und Tracht (weiße Kutte, spitze Kapuze), wurde 1869/71 aufgelöst.

Ein zweiter, 1915 in der Nähe von Atlanta (Ga.) gegründeter K.-K.-K. knüpfte nur äußerlich an den Vorläufer an und verfolgte neben rass., religiösen und ethn. Minderheiten (Schwarze, Katholiken, Juden, Iren) jetzt auch Intellektuelle, Gegner der Prohibition und Arbeiterorganisationen. 1924/25 stand der K.-K.-K. mit 4–5 Mio. Mitgl. auf dem Höhepunkt seines Einflusses, der aber während der Weltwirtschaftskrise und dem damit einhergehenden Wandel in den USA nach 1929 drastisch zurückging. Seit 1928 nicht mehr Geheimbund, erhielt der Klan in den 1960er-Jahren wieder etwas Zulauf. Trotz seines vergebl. Versuchs, die Durchsetzung der Bürgerrechtsgesetze im S gewaltsam zu verhindern, blieb der K.-K.-K. bis in die Gegenwart als kleine militante Gruppierung mit einigen Tausend Mitgl. bestehen und ging z. T. Verbindungen mit neonazist. und rechtsextremist. Organisationen ein.

Kuku Nur [mongol. »blauer See«] (Kuku-nor), See in China, ↗ Qinghai Hu.

Kukuruz [türk.] *der, österr.:* Mais.

Kulak [russ.] *der,* Bez. für den russ. Mittel- und Großbauern, der nach den Agrarreformen P. A. Stolypins (1906/10) nicht mehr in der Mir (Dorfgemeinschaft) integriert war und sein Land mit familienfremden Arbeitskräften bewirtschaftete. Im Verlauf der Kollektivierungsmaßnahmen unter Stalin wurden die K. 1929/30 als feindl. »Klasse« liquidiert (Vermögenskonfiszierung, Vertreibung von den Höfen, Deportationen, Erschießungen). Die Zwangskollektivierung hatte zudem eine verheerende Hungersnot (1932–34) mit Millionen von Toten zur Folge.

Kulan [türk.] *der,* ein ↗ Halbesel.

Kuldja [-dʒa] (Kuldscha), Stadt in China, ↗ Yining.

Kulenkampff, Georg, Geiger, * Bremen 23. 1. 1898, † Schaffhausen 4. 10. 1948; lehrte an der Musikhochschule in Berlin sowie am Konservatorium in Luzern; gefeierter Interpret klass. und romant. Violinwerke.

Kulierware (Kulierwirkware), ↗ Wirkerei.

Kulikow, Wiktor Georgijewitsch, Marschall der Sowjetunion (seit 1977), * Werchnjaja Ljubowscha (Gebiet Orel) 5. 7. 1921; 1969–71 Oberkommandierender der in der DDR stationierten »Gruppe der sowjet. Streitkräfte in Dtl.« (GSSD), danach Generalstabschef der Sowjetarmee und zugleich Erster Stellv. Verteidigungsmin.; 1977–89 Oberbefehlshaber der Streitkräfte des Warschauer Paktes.

Kulikowo pole [russ. »Schnepfenfeld«, neuerdings auch als »flaches Land am Fluss« übertragen], Ebene am Don, östlich von Tula. Hier siegten am 8. 9. 1380 die russ. Fürsten unter Dmitri Iwanowitsch Donskoi über die Tataren (bekannt als **Schlacht auf dem Schnepfenfeld**). Dieser erste bed. Sieg über ein tatar. Heer brachte jedoch noch nicht die Befreiung von der tatar. Oberherrschaft.

Kulmbach 2): Stadtansicht mit Blick auf die Plassenburg

Kulisch (Kuliš), Pantelejmon Oleksandrowytsch, ukrain. Schriftsteller, * Woronesch (Gebiet Sumy) 8. 8. 1819, † Matronowka (Gebiet Tschernigow) 14. 2. 1897; Mitbegründer (neben M. I. Kostomarow und T. Schewtschenko) der geheimen Kyrillos-Methodios-Gesellschaft, deswegen zeitweise verbannt; schrieb romant. Gedichte, Dramen und Prosa aus der Geschichte der Kosakenukraine (»Čorna rada«, R., 1857). Bedeutend für die Entwicklung der ukrain. Literatursprache waren seine Übersetzungen (u. a. Shakespeare, Goethe, Schiller).

Kulisse [frz. »Rinne«] *die,* **1)** *Börsenwesen:* Bez. für den nichtamtl. Börsenhandel (**K.-Geschäfte**) sowie für die freien Makler und Bankenvertreter, die Börsengeschäfte auf eigene Rechnung abschließen, i. d. R. um kurzfristige Kursschwankungen auszunutzen. Wertpapiere des nichtamtl. Handels werden auch **K.-Papiere** (**K.-Werte**) genannt.
2) *Bühnentechnik:* bewegl., stehende oder hängende Dekorationswand als seitl. Abschluss des Bühnenbildes, bestehend aus einem mit bemalter Leinwand, Pappe oder Papier bespannten Holzrahmen oder aus einer durch einen Metallrahmen verstärkten Sperrholzwand; Bühnendekoration.
3) *Maschinenbau:* das Steuerorgan für die Dampfzufuhr in ↗ Dampfmaschinen; v. a. angewendet bei Umkehrmaschinen, die vorwärts und rückwärts laufen müssen.

Kullak, Theodor, Pianist und Komponist, * Krotoschin (heute Krotoszyn, Wwschaft Großpolen) 12. 9. 1818, † Berlin 1. 3. 1882; war 1850 Mitbegründer des Sternschen Konservatoriums, 1855 Gründer der »Neuen Akademie der Tonkunst« in Berlin; bed. Lehrer, schrieb Klavierschulen und komponierte Klaviermusik.

Kulm [slaw.] *der* oder *das,* Berg, Kuppe, Hügel.

Kulmbach, 1) Landkreis im RegBez. Oberfranken, Bayern, 656 km², 78 800 Einwohner.
2) Krst. von 1) in Bayern, Große Krst., am Zusammenfluss von Weißem und Rotem Main, 28 300 Ew.; Bundesanstalt für Fleischforschung; Brauereien (erste Nennung 1349), Mälzereien, Maschinen-, Stahlbau, Fleischwaren-, Textilfabriken. – Überragt von der **Plassenburg** (1135 erstmals erwähnt, heutiger Bau 16.–18. Jh.), mit großem Turnierhof und Zinnfigurenmuseum, Landschaftsmuseum Obermain und staatl. Sammlungen (Jagdwaffen, Schlachtengemälde). – 1057–1248 im Besitz der Grafen von Andechs, ab 1398 Residenz der Markgrafen von Ansbach-K. (später Ansbach-Bayreuth), 1792 an Preußen, 1810 an Bayern.

Kulmbach, Hans von, eigtl. Hans Suess, Maler und Zeichner, * Kulmbach um 1480, † Nürnberg zw. 29. 11. und 3. 12. 1522; war einer der bedeutendsten Schüler Dürers, zw. 1509 und 1516 führte er mehrere Altäre für Kirchen in Krakau aus. Er malte in leuchtkräftigen, lichten Farben: Anbetung der Könige (1511; Berlin, Gemäldegalerie); Tucheraltar (1513; Nürnberg, St. Sebald); Katharinenaltar (1514–15; Krakau, Muzeum Narodowe); in seinen Zeichnungen orientierte er sich an den Künstlern der Donauschule.

Kulmination [lat.] *die,* **1)** *allg.:* Gipfelpunkt einer Entwicklung.
2) *Astronomie:* die größte (**obere K.**) oder kleinste (**untere K.**) Höhe eines Gestirns, die beim Durchgang durch den Meridian im **K.-Punkt** erreicht wird. Bei Zirkumpolarsternen liegen obere und untere K. über dem Horizont des Beobachtungsortes.

Kul-Oba, skyth. Grabhügel, ↗ Kertsch.

Külpe, Oswald, Philosoph und Psychologe, * Kandau (heute Kandava, Lettland) 3. 8. 1862, † München 30. 12. 1915; Prof. in Würzburg, Bonn und München; begründete, gegen Assoziationspsychologie und Sensualismus gerichtet, die Würzburger Schule der Denkpsychologie, vertrat erkenntnistheoretisch einen krit. Realismus. – *Werke:* Grundriß der Psychologie (1893); Einleitung in die Philosophie (1895); Die Realisierung, 3 Bde. (1912–23).

Kult [lat.] *der,* ↗ Kultus.

kultivieren [lat.], **1)** *allg.:* pflegen, bilden, verfeinern.
2) urbar machen (Brachland).

Kultur [lat. »Bebauung«, »Pflege« (des Körpers und Geistes), »Ausbildung«] *die,* **1)** Gesamtheit der typ. Lebensformen größerer Menschengruppen einschl. ihrer geistigen Aktivitäten, bes. der Werteinstellungen. K. gilt im weitesten Sinn als Inbegriff für all das, was der Mensch geschaffen hat, im Unterschied zum Naturgegebenen. Die materielle K., die techn. Grundlagen des Daseins samt deren materiellen Produkten sowie die institutionelle und soziale Gestaltung des Lebens (z. B. polit. K.) werden heute nicht mehr zu einer geistigen K. in Gegensatz gestellt (↗ Zivilisation). I. e. S. bezeichnet K. alle Bereiche der menschl. Bildung im Umkreis von Erkenntnis, Wissensvermittlung, eth. und ästhet. Bedürfnissen. K. wird auch bedeutungsgleich mit Kultiviertheit verwendet, z. B. im Hinblick auf die zwischenmenschl. Kommunikation (Gesprächs-, Konflikt-, Streit-K.).
2) auf geeigneten Nährböden gezüchtete Bakterien oder Zellarten; auch das Züchtungsverfahren selbst.

Kultur|anthropologie, humanwiss. Disziplin, die neben dem biolog. und philosoph. Aspekt der Forschung am Menschen v. a. den der Kultur berücksichtigt. In den angelsächs. Ländern wird als K. (**Cultural Anthropology**) die empirisch ausgerichtete Völkerkunde bezeichnet.

Kulturbund, kulturpolit. Organisation in der DDR; gegr. 1945 als »K. zur demokrat. Erneuerung Dtl.s«, arbeitete bis etwa 1947 interzonal, war dann in der DDR unter dem Namen »Dt. Kulturbund«, später unter dem Namen »Kulturbund der DDR« als Massenorganisation tätig, die die Kulturpolitik der SED unterstützte. Sein besonderes Ziel war die Herausbildung einer sozialist. Nationalkultur und die Pflege der Beziehungen zw. Arbeiterklasse und Intelligenz. – 1990 wurde der K. als **Kulturbund e. V.** auf Länderebene neu gegründet mit dem Ziel, Allgemeinbildung vorwiegend in den Bereichen Kunst, Kultur, Denkmalpflege, Umwelt- und Naturschutz sowie Heimatgeschichte zu pflegen.

Kulturdenkmäler, Bauwerke, Bodendenkmäler, Werke der Kunst, des Kunsthandwerks, des Handwerks, der Technik, Gegenstände des religiösen oder weltl. Brauchtums, Handschriften, Urkunden u. Ä., deren Erhaltung angestrebt wird und die vielfach durch ↗Denkmalpflege inventarisiert und geschützt sind. (↗Kulturerbe, ↗Kulturgüterschutz)

Kultur|erbe, Sammelbez. für aus der Vergangenheit überlieferte kulturelle Werte geistiger oder materieller Art. Für den Bereich des materiellen K. wurde 1972 von der UNESCO das »Übereinkommen zum Schutz des Kultur- und Naturerbes der Welt« verabschiedet, das 1975 in Kraft trat. Aufgrund dieser Konvention erstellt ein von der Generalversammlung der Mitgl.staaten gewähltes Komitee die World Heritage List und gibt auch Hilfestellung für die Erhaltung der registrierten Denkmäler. (↗Weltkulturerbe)

Kulturflüchter, Pflanzen- und Tierarten, die nur außerhalb des menschl. Kulturbereichs gedeihen und daher mit dessen Ausbreitung verschwinden; z. B. Elch, Biber, Schwarzstorch.

Kulturfolger, Pflanzen- und Tierarten, die aufgrund der günstigeren Lebensbedingungen den menschl. Kulturbereich als Lebensraum bevorzugen. Auch ihre Verbreitung verdanken sie weitgehend dem Menschen; z. B. Schuttpflanzen, Sperling, Amsel.

Kulturgeschichte, die Wandlungen des geistig-kulturellen Lebens (als Ausschnitt geschichtl. Prozesse) sowie deren Erforschung und Darstellung, Disziplin der ↗Geschichtswissenschaft. Im 18. Jh. zunächst als Ggs. zur polit. Geschichte verstanden, später die umfassende Bez. für die Gesamtheit des menschl. Schaffens und Wirkens in der Geschichte.

Ausgehend vom Glauben der Aufklärung (18. Jh.; u. a. Voltaire, J. C. Adelung, A. Ferguson, A. Condorcet, I. Kant) an eine linear stetig fortschreitende Kulturentwicklung, wurden in der 2. Hälfte des 19. Jh. die Entstehung von Staatsformen, Sitten und Gebräuchen, die Entwicklung der Familie, der Sprache, der Religion, des Rechts, der Kunst und der Wiss. tiefer untersucht, wobei hier auch die Flucht vor den Entfremdungserscheinungen der Industriemoderne den Blick leitete (v. a. J. Burckhardt). K. Lamprecht versuchte (folgenlos), die K. zur wiss. Methode aller Geschichtsforschung zu erheben. O. Spengler und A. J. Toynbee formten mit dem Modell von Blüte, Aufstieg und Verfall die vergleichende K. zur ↗Kulturphilosophie, A. Weber, H. Freyer u. a. entwickelten die K. zur ↗Kultursoziologie weiter. Im 20. Jh. vollzog sich außerdem die Etablierung der Kulturanthropologie, -morphologie und -philosophie, die später auch der K. wichtige Anregungen vermittelten. Nach 1945 wurde die K. von den Fragestellungen der polit. Geschichtsschreibung, dann auch von den neuen Forschungsansätzen der Sozial-, Wirtschafts- und Strukturgeschichte (Schule der ↗Annales) verdrängt. In der Folge wuchsen der K. jedoch gerade aus diesem Bereich wieder neue Impulse zu. Verbunden mit der poststrukturalist. Diskursanalyse kam es mit der neuen Betonung des Subjekts zu einer neuen »Konzeptualisierung« der K. (»new cultural history«), vor deren Vereinseitigung und Überbetonung (»Kulturalismus«) inzwischen auch gewarnt wird. Diese anthropolog. K. (»neue K.« bzw. »K. im Kleinen«) führte seit Mitte der 1970er-Jahre zu einer Fülle von Untersuchungen, sowohl beeinflusst von als auch befördernd für die Herausbildung neuer Richtungen und Formen der Geschichtsforschung: v. a. Mikro- und ↗Alltagsgeschichte, ↗Historische Anthropologie, ↗Mentalitätsgeschichte (»Sozio-K.«), histor. Volkskulturforschung, Geschlechtergeschichte.

Kulturgüterschutz, Schutz kulturell bed. Objekte gegen Zerstörung, Verfall, Verkauf ins Ausland. – Das *Staatsrecht* versteht den K. als nat. Aufgabe. In Dtl. ist K. Sache der Länder (↗Denkmalpflege). Nach dem »Gesetz zum Schutz dt. Kulturgutes gegen Abwanderung« i. d. F. v. 8. 7. 1999 werden Kulturgüter einschl. Bibliotheksgut, deren Abwanderung einen wesentl. Verlust für den dt. Kulturbesitz bedeuten würde, nach Entscheid der obersten Landesbehörde in ein »Verzeichnis nat. wertvollen Kulturgutes« eingetragen. Wird die Genehmigung zur Ausfuhr versagt (zuständig ist der Bundesinnenmin.), können die in eine wirtsch. Notlage geratenen und zum Verkauf gezwungenen Eigentümer von Kulturgütern eine Entschädigung beanspruchen. Das Kulturgüterrückgabe-Ges. vom 15. 10. 1998 regelt in Umsetzung von Richtlinien der EG den Rückgabeanspruch auf und die Rückgabepflicht von Kulturgut, das unrechtmäßig in das Hoheitsgebiet eines anderen Mitgl.staates der EU verbracht wurde. – Im *Völkerrecht* bedeutet K. das Verbot der Beschädigung und Wegnahme von Kulturgütern im Krieg, die Rückführung von Objekten in den Staat, zu dessen nat. kulturellem Erbe sie zählen (»Ursprungsland«) und die Verpflichtung des Ursprungslandes und der Weltgemeinschaft zum Schutz der Kulturgüter als Erbe der Menschheit vor Zerstörung. Das Völkerrecht regelt den K. im Rahmen internat. Abkommen: Haager Landkriegsordnung (HLKO) von 1899 und 1907, Haager Kulturgutschutzkonvention vom 14. 5. 1954 (bei bewaffneten Konflikten, soll durch ein zur Unterzeichnung ausliegendes »Zweites Protokoll« verbessert werden), Europ. Kulturabkommen vom 19. 12. 1954, Europ. Übereinkunft zum Schutz archäolog. Kulturguts vom 6. 5. 1969 und UNESCO-Übereinkommen zum Schutz des Kultur- und Naturerbes der Welt vom 23. 11. 1972 (↗Weltkulturerbe), Unidroit-Konvention über gestohlene oder rechtswidrig ausgeführte Kulturgüter vom 24. 6. 1995. Die Regelungen nach der HLKO wurden in Bezug auf das Wegnahmeverbot im Ersten Weltkrieg weitgehend beachtet, im Zweiten Weltkrieg massiv verletzt, einerseits durch den in Dtl. betriebenen Kunstraub, aber auch durch die Alliierten und insbesondere durch die UdSSR. Gegenwärtig ist bes. das bisher ungelöste Problem der Rückgabe der von der UdSSR weggeführten dt. Kulturgüter in der Debatte. Deren vertraglich vereinbarte Rückgabe wird von Russland verweigert mit der Begründung, es handele sich nicht um unrechtmäßig verbrachte Objekte, sondern um erlaubte Wegnahmen als Ersatz für die von dt. Seite zerstörten russ. Kulturgüter. Das russ. Verfassungsgericht bestätigte im Juli 1999 ein im April 1998 in Kraft getretenes Gesetz, das die im Zweiten Weltkrieg erbeuteten Kulturgüter zum rechtmäßigen Besitz des russ. Staates erklärt. Russland gab erstmals im April 2000 etwa 100 Zeichnungen und Grafiken an die Bremer Kunsthalle zurück, gleichzeitig erhielt Russland von Dtl. ein Mosaik und eine Kommode des Bernsteinzimmers.

Kulturhauptstadt Europas, ↗Kulturstadt Europas.

Kulturheros, eine in vielen polytheist. Hochreligionen vorkommende götterähnl. oder göttl. Gestalt; sie erklärt den Ursprung der menschl. Kulturgüter (z. B. Feuer, Getreide) und kulturellen Fertigkeiten

Kulturgüterschutz: Schildsymbol zur Kennzeichnung von Kulturgütern

(z. B. Schmiede- und Heilkunst, Städtebau), wobei der K. häufig eine Mittlerrolle zw. Göttern und Menschen einnimmt. Beispiele dafür sind Prometheus im griech. Mythos, der aztek. Regengott Quetzalcóatl und der sumerisch-babylon. Gilgamesch. Als göttl. Schelm (»Trickster«) kann der K. auch als Gegenspieler der Götter auftreten (wie der altnord. Loki).

Kulturhoheit, Bez. für die primäre Gesetzgebungszuständigkeit der Länder v. a. für das Schul-, Hochschul- und sonstige Erziehungswesen. Die K. der Länder ergibt sich aus der geringen Regelungskompetenz, die das GG dem Bund einräumt (Art. 74 Nr. 13; 75 Nr. 1 a; 91 a Abs. 1 Nr. 1), und der grundsätzl. Zuweisung staatl. Aufgaben an die Länder durch Art. 30. Nach der Rechtsprechung des Bundesverfassungsgerichts ist die K. »das Kernstück der Eigenstaatlichkeit der Länder«. 1998 wurde unter Wahrung der K. der Länder für Aufgaben, für die der Bund zuständig ist, ein Beauftragter der Bundesreg. für Angelegenheiten der Kultur und der Medien bestellt, der dem Bundeskanzler direkt untersteht. – In *Österreich* ist die K. überwiegend Bundessache. Die *schweizer.* Kulturpflege einschl. des Bildungs- und Erziehungswesens fällt in die Hoheit der Kantone.

Kulturkampf, auf R. Virchows antikirchl. Wahlaufruf von 1873 zurückgehender Begriff, der zum Synonym für die Auseinandersetzungen zw. dem 1871 gegr. Dt. Reich und der kath. Kirche um die (Neu-)Bestimmung des Verhältnisses von Staat und Kirche und den kirchl. Einfluss v. a. auf Bildungswesen sowie Ehe- und Schulgesetzgebung (1871–87) wurde, mit dem in der Folge aber auch ähnl. Auseinandersetzungen in Hessen, Baden (ab 1863/1864), Österreich (1855–74) und der Schweiz (1873–83) bzw. der grundlegende Konflikt zw. dem modernen Staat und der vom Traditionalismus geprägten kath. Kirche im 19. Jh. überhaupt bezeichnet wurden. Wesentl. Grundlagen für den K. bildeten einerseits der im Ergebnis der Revolution von 1848/49 politisch organisierte und einflussreiche Liberalismus und die zunehmende Emanzipation der bürgerl. Gesellschaft von der Kirche, andererseits die Bestrebungen des Papstes und der kath. Kirche, im Rahmen eines ↗ politischen Katholizismus ihren traditionellen polit. Einfluss zu bewahren und auszubauen und die nat. Teilkirchen enger an Rom zu binden (↗ Ultramontanismus). Mit besonderer Schärfe wurde der K. in Preußen geführt. Als Hauptgegner standen sich Fürst Otto von Bismarck und Papst Pius IX. gegenüber. Bismarck sah v. a. in der 1870 gegr. ↗ Zentrumspartei die polit. Kraft, mit der der Papst in die Angelegenheiten des weithin preußisch-protestantisch geprägten neuen Dt. Reiches hineinregierte, und versuchte, den Einfluss der kath. Kirche auf dem Wege der Gesetzgebung zu brechen. 1871 untersagte der so genannte **Kanzelparagraph** (StGB, § 130 a; in der Bundesrep. Dtl. 1953 aufgehoben) Geistlichen in Ausübung ihres Amtes die Behandlung staatl. Angelegenheiten »in einer den öffentl. Frieden gefährdenden Weise« unter Strafandrohung, 1872 wurde mit dem **Jesuitengesetz** die Tätigkeit des Jesuitenordens im Dt. Reich verboten. Den Höhepunkt erreichte der K. mit den **vier Maigesetzen** von 1873 (staatl. Schul- und Kirchenaufsicht; Regelung wesentl. innerkirchl. Angelegenheiten über Staatsgesetze). Die Verweigerung und der entschlossene Widerstand der Kirche führten zur Absetzung und Verhaftung zahlr. Bischöfe und Geistlicher. Mit dem so genannten **Brotkorbgesetz** wurden ab 1875 wurden alle staatl. Leistungen an die kath. Kirche eingestellt. Auch wurden fast alle Klostergenossenschaften (außer den krankenpflegenden) aufgelöst. Das **Zivilehegesetz** (1874 preuß. Landesgesetz, 1875 Reichsgesetz) führte die pflichtmäßige Zivilehe (ab 1876 Aufbau von Standesämtern und Personenstandsregistern [↗ Familienbuch]) ein. Trotz weiterer Maßnahmen 1876–78 konnte Bismarck sein polit. Ziel nicht erreichen. Die Erbitterung der kath. Bev. und der starke Stimmenzuwachs der Zentrumspartei veranlassten ihn zu Verhandlungen mit Papst Leo XIII. Ab 1879 begann der schrittweise Abbau der Maigesetze. Mit den **Friedensgesetzen** von 1886 und 1887 wurde der K. formell beendet. Die Aufhebung des Jesuitengesetzes erfolgte erst 1904 und 1917 (in zwei Stufen). In Baden, Bayern und Hessen ging es v. a. um die Beschneidung des kirchl. Einflusses auf das Schulwesen. In der Schweiz kam es zu Auseinandersetzungen mit der kath. Kirche zw. 1873 und 1883, bes. in den Kantonen Genf, Solothurn und Bern. Der Bundesrat brach 1874 die Beziehungen zum Vatikan ab (1920 wieder aufgenommen).

Kulturkreis, Bez. 1) für ein größeres Gebiet gemeinsamer Verbreitung gewisser Kulturgüter (bestimmte Siedlungs-, Haus-, Schiffs-, Schild-, Bogenform u. Ä.) und gesellschaftl. Verhältnisse (Lebenshaltung, Ehe, Mutterrecht, Totemismus u. A.) ohne notwendige Beschränkung auf einen Erdteil; 2) für einen größeren, hinsichtlich wichtiger Kulturelemente einheitl. geograph. Raum (z. B. abendländ. K.).

Kulturkreis der deutschen Wirtschaft im Bundesverband der Deutschen Industrie e. V., Vereinigung von Unternehmen und Privatpersonen aus der Wirtschaft, gegr. 1951 mit dem Ziel der Förderung junger Künstler in den Bereichen bildende Kunst, Musik und Literatur sowie von Architekten in Zusammenarbeit mit Universitäten. Weitere Aufgaben sind die Förderung von zukunftsorientierten Projekten, die Vermittlung zw. Kultur, Wirtschaft und Politik sowie Sprechertätigkeit für die Wirtschaft in kulturellen Fragen.

Kulturkritik, Analyse und auch krit. Bewertung einzelner sozialer und kultureller Erscheinungsformen in einer die jeweils ganze Kultur umfassenden Perspektive. Häufig tritt K. in Phasen des Umbruchs auf, so im Frankreich des 18. Jh. (J.-J. Rousseau), als Reaktion auf die mit der Industrialisierung einhergehenden Veränderungen der Gesellschaft im 19. Jh. und angesichts der polit. und sozialen Umwälzungen des 20. Jahrhunderts.

Kulturlandschaft, durch den Menschen stark umgestaltete Landschaft, in deren Gestaltung vielfach einzelne Faktoren dominieren (z. B. Agrarlandschaft, Industrielandschaft).

Kulturpflanzen, planmäßig zur Nutzung als Nahrungsmittel oder Rohstoff angebaute Pflanzen, deren Ertragsfähigkeit gegenüber den Wildformen durch Auslese und Züchtung ständig gefördert wird. Abhängig vom Hauptverwendungszweck werden unterschieden: Nahrungsmittel-, Genussmittel-, Gewürz-, Arzneipflanzen u. a. Nach den Formen des Anbaus wird unterteilt in landwirtsch., gärtner. und forstwirtsch. K. Die wichtigsten sind die landwirtsch. K. wie Körnergewächse (Mehl- und Hülsenfrucht-, i. w. S. Ölfruchtarten), Blatt-, Blüten-, Knollen-, Wurzelgewächse, Faser-, Grünfutterpflanzen.

Kulturphilosophie, Wiss. von der menschl. Lebens- und Kulturwelt; philosoph. Richtung, die bes. von Neukantianismus, Historismus und Lebensphilosophie beeinflusst war. Die formale (systemat.) K. strebte an, eine Art Wissenschaftslehre der Kulturwiss.en zu sein (W. Windelband, W. Dilthey, E. Cassirer), während die materiale (historisch-konkrete) K. eher als Kulturkritik oder konkrete Kulturanthropologie auftrat (A. Gehlen, A. J. Toynbee).

Kulturpolitik, Tätigkeit des Staates, der Kommunen, Kirchen, der öffentlich-rechtl. Körperschaften, Parteien u. a. sowie internat. Instanzen (z. B. UNESCO) mit dem Ziel der Erhaltung und Förderung von Kultur. Im Zentrum der K. stehen das Erziehungs- und Bildungswesen, die Bereiche Wiss., Kunst, Natur- und Landschaftsschutz sowie Denkmalpflege und Sport. Das Schul- und Hochschulwesen untersteht trotz steigender finanzieller Beteiligung und Rahmenkompetenz des Bundes der Länderhoheit. Die öffentlich-rechtl. Rundfunkanstalten sind über Aufsichtsgremien der Kontrolle von Öffentlichkeit und Parlamenten unterworfen. Die auswärtige K. wird vom Auswärtigen Amt betreut (u. a. Goethe-Institute, Dt. Histor. Institute).

Kulturprotestantismus, eine Strömung innerhalb des ↗ Neuprotestantismus, die besonderen Wert darauf legte, die Kirche mit der modernen Kultur zu verbinden; lehnte einen kirchenfeindl. Liberalismus ebenso ab wie den kirchl. Konfessionalismus und wurde v. a. vom »Dt. Protestantenverein« (gegr. 1863) getragen, der eine Erneuerung der evang. Kirche im Geiste prot. Freiheit und im Einklang mit der gesamten Kulturentwicklung anstrebte.

Kulturreligionen, in der *Religionswiss.* gebräuchl. Bez. für jene Religionen, die – im Unterschied zu den so genannten Naturreligionen (Stammesreligionen) – auf den größeren Horizont einer bestimmten Kultur hin orientiert sind. K. entstanden ab 3000 v. Chr. im Alten Orient und in Ägypten, dann in China und Indien, später in Mittel- und Südamerika. Anders als die späteren ↗ Universalreligionen beschränken sich aus auf ihren Kulturbereich. Sie sind polytheistisch, fassen die lokal verehrten Gottheiten zu einem Pantheon zusammen oder stellen sich als ein vieldimensionales Geflecht gegenseitiger Beziehungen, Funktionsabgrenzungen und kult. Regeln dar.

Kulturrevolution: Mitglieder der maoistischen Roten Garden 1966 in Peking

Kulturrevolution (Große Proletarische Kulturrevolution), Bez. für die innenpolit. Macht- und Richtungskämpfe in der VR China 1966–76; eingeleitet von Mao Zedong, um seine seit 1958/59 geschwächte Position (Scheitern der Politik des »Großen Sprungs nach vorn« und der »Volkskommunen«) wieder zu festigen und die mehr pragmatisch orientierte Gruppe um Liu Shaoqi (Staatsoberhaupt) und Deng Xiaoping (Gen.-Sekr. der KP) auszuschalten. Die K. ging einher mit einer breiten politisch-ideolog. Kampagne, die sich offiziell gegen Denk- und Lebensweisen westl. und traditionell chines. Prägung richtete. Vorbereitet durch Aktionen gegen krit. Intellektuelle (seit Herbst 1965), wurde die K. offiziell 1966 von der linken Fraktion um Mao Zedong, seine Frau Jiang Qing und Lin Biao (Verteidigungsmin.) ausgelöst. Zur Durchsetzung ihrer Ziele mobilisierten sie Millionen von Studenten und Schülern, die sich in ↗ Roten Garden organisierten; diese terrorisierten v. a. seit Mitte 1966 in den Großstädten die Kritiker Mao Zedongs (Demütigung, Misshandlung oder Tötung von Funktionären, Wissenschaftlern und Lehrern, z. T. Zwangsverschickung aufs Land zur Verrichtung körperl. Arbeit) und zerstörten zahlr. Kulturgüter (bes. religiöse Einrichtungen). Die von einer kult. Verehrung Mao Zedongs (»Großer Vors. und Steuermann«) begleitete K. führte zur weitgehenden Zerschlagung des Partei- und Staatsapparates (u. a. Sturz Liu Shaoqis und Deng Xiaopings). Die zunehmend außer Kontrolle geratenen Roten Garden, die v. a. in den Provinzstädten auf harten Widerstand stießen (bürgerkriegsähnl. Auseinandersetzungen), wurden 1967/68 in blutigen Aktionen von der Armee diszipliniert, die als Ordnungsmacht stark an Einfluss gewann. Mit dem IX. Parteitag der KP (1969), auf dem eine kulturrevolutionär orientierte Führungsgruppe gewählt und Lin Biao zum Nachfolger Mao Zedongs ernannt wurde, schien die K. ihre Ziele erreicht zu haben; Machtergreifungsambitionen Lin Biaos († 1971) und das Wiedererstarken der pragmat. Kräfte um Zhou Enlai sorgten jedoch dafür, dass die Auseinandersetzungen bis 1976 (Tod Mao Zedongs und Sturz der ↗ Viererbande) anhielten. Die meisten verfolgten Politiker und Intellektuellen wurden später rehabilitiert. Die K. beeinflusste nicht zuletzt das Denken der intellektuellen Linken in W-Europa v. a. in den 1960er-Jahren.

Kultursoziologie, Zweig der Soziologie, der die Kultur als soziale Erscheinung oder im Hinblick auf ihre sozialen Rahmenbedingungen und Grundlagen betrachtet sowie ihre Rückwirkungen auf die gesamtgesellschaftl. Strukturen untersucht.

Kultursponsoring, die (meist) finanzielle Förderung von Kunst und Kultur durch Unternehmen; im Unterschied zum Mäzenatentum (↗ Mäzen) mit Erwartungen an die werbl. Wirkung und/oder die Ausstrahlung des in der Öffentlichkeit gewünschten Unternehmensimages (↗ Corporate Identity) als »Gegenleistungen« verbunden. (↗ Sponsoring).

Kulturstadt Europas. Auf Initiative der EU (seit 1985) werden eine oder mehrere europ. Großstädte jeweils für ein Jahr zur K. E. ernannt (häufig auch die Bez. **Europäische Kulturhauptstadt**). Durch die verschiedensten kulturellen Veranstaltungen (Kongresse, Konzerte, Lesungen, Ausstellungen, Theater- und Filmvorführungen) sollen die ausgewählten Städte die kulturelle Einheit Europas und seine Vielfalt zeigen und fördern. Ausgewählt wurden bisher: Athen (1985), Florenz (1986), Amsterdam (1987), Berlin (West) (1988), Paris (1989), Glasgow (1990), Dublin (1991), Madrid (1992), Antwerpen (1993), Lissabon (1994), Luxemburg (1995), Kopenhagen (1996), Saloniki (1997), Stockholm (1998), Weimar (1999), Avignon, Bergen [Norwegen], Bologna, Brüssel, Helsinki, Krakau, Prag, Reykjavík, Santiago de Compostela (alle 2000), Porto und Rotterdam (beide 2001), Brügge und Salamanca (beide

2002), Graz (2003), Genua und Lille (beide 2004), Cork (2005). – Ab 2005 tritt eine Neuregelung in Kraft. Die Bez. wird offiziell zu **Kulturhauptstadt Europas** geändert. Nach einem neuen Auswahlverfahren können einzelne EU-Mitgliedstaaten für ein bestimmtes Jahr eine oder mehrere Städte als Kulturhauptstadt vorschlagen (ggf. mit Angabe einer Präferenz). Dtl. wurde für das Jahr 2010 ausgewählt, den Titel an eine oder mehrere dt. Städte zu vergeben.

Kultursteppe, durch Vernichtung der ursprüngl. (Wald-)Vegetation entstandene offene, baumlose Kulturlandschaft (Agrarlandschaft) mit steppenähnl. Merkmalen; Gefahr der Bodenerosion.

Kulturstiftung der Länder, Abk. **KSL,** seit 1988 bestehende Stiftung der Bundesländer (Mitgl. sind seit 1991 alle 16 Länder) mit der Zielsetzung, überregional bedeutsame Projekte kulturellen Charakters zu fördern und dt. Kulturgüter zu schützen (z. B. durch Ankäufe, bes. auch bei drohendem Verkauf ins Ausland).

Kulturtechnik (Kulturbautechnik, Agrartechnik), i. e. S. techn. Bodenverbesserung für die Landwirtschaft, bes. Hochwasserschutz, Vorflutregelung, Bodenentwässerung, ländl. Wasserversorgung, landwirtsch. Abwasserverwertung, Ödlandkultur, Neulandgewinnung, i. w. S. auch Flurbereinigung.

Kulturtransfer, kulturwiss. Bez. für Prozesse, in denen Kulturgüter, kulturelle Muster und Strömungen sowie die zugehörigen Verhaltensmuster (Habitus) aus einem kulturellen Zusammenhang in einen anderen übernommen bzw. übertragen werden, wobei (ähnlich wie bei Tradition) nicht nur die Übernahme, sondern auch die produktive Aneignung, Um- und Neudefinition sowie die zugehörigen Rahmenbedingungen eine Rolle spielen.

Kulturwissenschaften, zusammenfassender Terminus für eine Forschungsdisziplin, die sich um eine Integration der verschiedenen geistesgeschichtl., literaturwiss., kunstphilosoph., soziolog., histor., anthropolog. und psycholog. Betrachtungsweisen bemüht, wobei im Zentrum der Mensch als kulturschaffendes und sich dadurch in seiner jeweiligen histor., polit., kulturellen, aber auch geschlechtsspezif. Form erst hervorbringendes Wesen steht. Dabei werden Gesellschaft, Literatur und Kunst, Ökonomie, Recht u. a. als Handlungsfelder und Rahmenbedingungen untersucht.

Kulturzyklentheorien, im Unterschied zu Theorien mit linearem Geschichtsbild kultur- und geschichtsphilosoph. Theorien, denen zufolge kultureller Wandel und Entwicklung in Kulturen sich in einer Reihe regelmäßig aufeinander folgender, meist auch wiederkehrender Phasen (Aufstieg, Blütezeit, Verfall) vollziehen, insbesondere die universalgeschichtl. Theorie A. J. Toynbees. F. Nietzsche prägte den Gedanken der »ewigen Wiederkehr«; O. Spengler entwickelte eine »Kulturkreislehre«. (↗ Kulturgeschichte)

Kultus [lat.] *der* (Kult), **1)** in den *Religionen* die durch Tradition bzw. (religiöse) Gesetzgebung festgelegte, in geordneten Formen (Riten), an bestimmten (heiligen) Orten, zu bestimmten (heiligen) Zeiten in der Verantwortung bevollmächtigter Personen (z. B. Älteste, Schamanen, Priester) durchgeführte, i. d. R. gemeinschaftl. Verehrung (Adoration) einer oder mehrerer Gottheiten oder des als heilig Angesehenen durch die Kultgemeinschaft (z. B. Familie, Stamm, Religionsgemeinde).
2) in den *christl. Kirchen* der ↗ Gottesdienst.

Kultusfreiheit, als Element der Glaubens-, Gewissens- und Bekenntnisfreiheit das Recht zur Ausübung der zu einer Religion gehörenden Kulthandlungen.

Kultusministerium, oberste Behörde für das Erziehungs- und Bildungswesen, oft auch für Wiss., Jugend, Sport und verwandte Ressorts. In Dtl. liegt die ↗ Kulturhoheit bei den Ländern, sodass jedes Land ein eigenes K. hat, mit z. T. durch unterschiedl. Kompetenzzuweisung abweichender Bezeichnung. Auf Bundesebene besteht das Bundesministerium für Bildung und Forschung.

Kultusministerkonferenz, Abk. **KMK,** vollständig: »Ständige Konferenz der Kultusminister der Länder in der Bundesrep. Dtl.«, Zusammenschluss der für Bildung, Wiss. und Kultur zuständigen Min. der dt. Länder, gegr. 1948. Die KMK unterhält ein Sekretariat in Bonn und ein ständiges Büro in Berlin. Zu den Aufgaben der KMK gehören v. a. die Zusammenarbeit der Länder in der Bildungs- und Kulturpolitik sowie die Mitwirkung an der auswärtigen Kulturpolitik und an den internat. kulturellen Beziehungen in Zusammenarbeit mit der Bundesregierung.

Kultwagen: der Kesselwagen von Peckatel (bei Schwerin), ein Kultwagenmodell aus der jüngeren Bronzezeit, Gesamthöhe 38 cm (Lübstorf, Schloss Wiligrad, Archäologisches Landesmuseum)

Kultwagen, Fahrzeuge versch. Bauart für religiöse Zeremonien. Ihre Entstehung ist wohl auf die Verehrung der Gestirne (v. a. der Sonne) zurückzuführen, deren Bewegung sie symbolisieren. In Mitteleuropa finden sich seit der späten Bronzezeit große vierrädrige K. als Grabbeigaben, daneben auch Miniaturmodelle aus Bronze (u. a. Kesselwagen). Beispiel eines Miniatur-K. ist der Sonnenwagen von ↗ Trundholm.

Kulundasteppe, Landschaft im S des Westsibir. Tieflands, Russland und Kasachstan, zw. Ob und Irtysch, etwa 100 000 km²; Salzseen (Salzgewinnung); Bewässerungskulturen (Weizenanbau), Milchwirtschaft.

Kum (Ghom, Qum), Oasenstadt in Iran, Hptst. der Prov. K., 777 700 Ew.; Textilind., Teppichherstellung; in der Nähe Erdöl- und Erdgasfelder; nach Meschhed bedeutendster schiit. Wallfahrtsort Irans, mit theolog. Hochschule, geistiges Zentrum der Schiiten. – Grabmoschee (um 1600 vollendet, goldene Kuppel Anfang 19. Jh.) für Fatima (Tochter des 7. schiit. Imams, †816); Freitagsmoschee mit Mihrab und Kuppel aus der Seldschukenzeit; Grabstätte von zehn Königen und mehr als 400 islam. Heiligen.

Kuma *die,* Fluss in Nordkaukasien, Russland, 802 km lang, dient der Bewässerung, erreicht nur in niederschlagsreichen Jahren das Kasp. Meer.

Kumairi, ehem. Stadt in Armenien, ↗ Gümri.

Kuma-Manytsch-Niederung, Senke in Nordkaukasien, ↗ Manytschniederung.

Kumamoto, Hptst. der Präfektur K., auf Kyūshū, Japan, 650 300 Ew.; Univ., Frauenfachhochschule, Wirtschaftshochschule, meereskundl. Forschungsinstitut, Kunstmuseum; Textil-, chem., Papier-, pharmazeut. u. a. Ind., Kunsthandwerk; Flug-

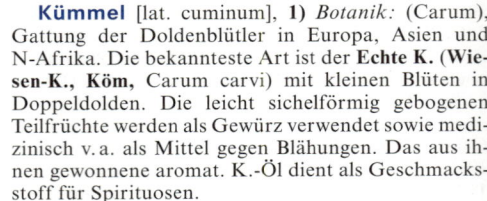

platz. – Eine der größten Burgstädte Japans; Burgruine (1607 erbaut, 1877 zerstört); bed. Landschaftsgarten Suizenji (1632).

Kumanen (Komanen, slaw. Polowzer), turksprachiges Nomadenvolk, das im 11. Jh. in die Ukraine eindrang, 1071/72 Ungarn verwüstete und zw. 1061 und 1210 Russland bedrängte. Die K. wurden 1239/40 von den Mongolen unterworfen und vermischten sich mit diesen und den Nogaiern, soweit sie nicht nach Ungarn abwanderten, wo sie bis ins 17. Jh. Sonderrechte bewahrten (K.-Komitate); erst im 18. Jh. wurden sie sprachlich völlig magyarisiert. Das **Kumanische** steht den heutigen Turksprachen der NW-Gruppe sehr nahe; es ist erhalten im Codex Cumanicus, einer im 13./14. Jh. geschaffenen Samml., die aus einem lateinisch-persisch-kuman. Glossar, einer kuman. Grammatik, religiösen Texten und Rätseln in kuman. Sprache besteht.

Kümmel 1): blühender Echter Kümmel, Fruchtstand (rechts) und Frucht mit zwei Teilfrüchten

Kumanien [nach den Kumanen] (ungar. Kunság), Gebiet im Großen Ungar. Tiefland. **Klein-K.** (ungar. Kiskunság) liegt zw. Donau und Theiß; Gemüse-, Obst- und Weinbau sowie Geflügelzucht; Hauptort ist Kiskunfélegyháza. **Groß-K.** (ungar. Nagykunság) erstreckt sich auf dem Lössrücken östlich der Theiß; bes. Weizen-, Reis-, Zuckerrübenanbau und Rinderzucht; reiche Erdöl- und Erdgasfunde; Hauptort ist Karcag.

Kumanovo, Stadt im N von Makedonien, 71 900 Ew.; Textil-, Leder-, Lebensmittel- (Tabak, Konserven), Metallindustrie.

Kumaratunga, Chandrika, Politikerin in Sri Lanka, *Colombo 29. 6. 1945; Tochter von Sirimavo Bandaranaike; gründete mit ihrem Ehemann Vijaya K. (1988 von singhales. Extremisten ermordet) 1984 die linksgerichtete Sri Lanka-Volkspartei, war ab 1986 deren Präsidentin, schloss sich dann aber der von ihrer Mutter geführten Sri Lanka-Freiheitspartei (SLFP) an; wurde 1993 Chefministerin der West-Prov. (mit Colombo); gewann im Aug. 1994 an der Spitze einer von der SLFP geführten »People's Alliance« (»Volksallianz«) die Parlamentswahlen und wurde Premierministerin. Im Nov. 1994 zur Staatspräsidentin gewählt, versuchte sie erfolglos den blutigen Konflikt mit der um einen eigenen Staat kämpfenden tamil. Guerillaorganisation »Liberation Tigers of Tamil Eelam« zu beenden, von der K. bei einem Attentat 1999 verletzt wurde. Im Dez. 1999 wurde sie als Staatspräsidentin wieder gewählt.

Kumquats: ganze Frucht, Längs- und Querschnitt (rechts unten)

Kumasi, Hptst. der Region Ashanti, Ghana, 619 400 Ew., zweitgrößte Stadt des Landes; kath. Bischofssitz; TU; nat. Kulturzentrum (Kunst der Ashanti) mit Freilichtmuseum, Armeemuseum, Zoo; Handelszentrum inmitten eines Kakaoanbaugebiets; Konsumgüterind.; Endpunkt von Eisenbahnlinien, Flughafen. – 1663 gegr., seit 1816 Sitz der Ashantikönige (Palast, 1874 von den Briten zerstört, 1896 wieder aufgebaut).

Kumbhamela [Sanskrit] (Kumbha Mela), eines der größten hinduist. Pilgerfeste, bei dem sich an bestimmten Tagen (Sonnen-, Mondfinsternisse u. a.) Pilger zusammenfinden, um zur Reinigung von Körper und Seele im Wasser der heiligen Ströme Indiens zu baden. Festorte (in unterschiedl. Zeitabständen) sind Hardwar am Ganges, Ujjain am Sipra, Nasik an der Godavari und v. a. ↗ Allahabad am Zusammenfluss von Ganges, Yamuna und dem myth. Sarasvati. Das Fest ist mit einer Versammlung von Asketen (Sadhus) und Yogis verbunden.

Kumbrisches Bergland, ↗ Cumbrian Mountains.

Kümmel [lat. cuminum], **1)** *Botanik:* (Carum), Gattung der Doldenblütler in Europa, Asien und N-Afrika. Die bekannteste Art ist der **Echte K.** (**Wiesen-K., Köm,** Carum carvi) mit kleinen Blüten in Doppeldolden. Die leicht sichelförmig gebogenen Teilfrüchte werden als Gewürz verwendet sowie medizinisch v. a. als Mittel gegen Blähungen. Das aus ihnen gewonnene aromat. K.-Öl dient als Geschmacksstoff für Spirituosen.
2) *Gastronomie:* Trinkbranntwein, dt. Bez. für ↗ Aquavit.

Kummer, Ernst Eduard, Mathematiker, *Sorau (heute Żary) 29. 1. 1810, †Berlin 14. 5. 1893; Prof. in Breslau (ab 1842) und Berlin (ab 1855); arbeitete v. a. über Zahlentheorie, Analysis (u. a. hypergeometr. Reihen, Integrationstheorie) und Geometrie (entdeckte u. a. die **kummersche Fläche,** eine Fläche 4. Ordnung).

Kummerbund [über engl. cummerbund aus gleichbed. Hindi kamarband] *der,* Taillenband (Bauchbinde) der Männer versch. National- und Volkstrachten (u. a. Armenier, Albaner, Griechen). Die in waagrechte Falten gelegte Leibbinde wurde 1893 von den Engländern beim Abendanzug anstelle der Weste übernommen. Im übrigen Europa setzte sich dieser K. in den 1930er-Jahren zum Smoking allmählich durch.

Kummerower See [-rɔar -], See in Meckl.-Vorpommern, auf der Mecklenburg. Seenplatte, nordöstlich von Malchin, von der oberen Peene durchflossen, 32,6 km², bis 26 m tief.

Kummet [von poln. chomąt] (Kumt), gepolsterter Leder- oder Stoffbalg um den Hals von Zugtieren.

Kumquats [engl., von chines. kam kwat] (Limequats, Zwergorangen, Zwergpomeranzen), bis 3,5 cm große, eiförmige bis kugelige Früchte verschiedener in Asien, N- und S-Afrika sowie in Amerika kultivierter Rautengewächse der Gattung **Fortunella;** angenehm bitter, süßsäuerlich schmeckendes Obst mit goldgelber, dünner, essbarer Schale.

Kumran, Ort am Toten Meer, ↗ Qumran.

Kumt, ↗ Kummet.

Kumücken (Kumüken, Kumyken), turksprachiges Volk im nordöstl. Kaukasus (Russ. Föderation), etwa 300 000 Angehörige, davon knapp 280 000 in Dagestan. Die K. sind sunnit. Muslime; sie betreiben Vieh- und Bienenzucht, Ackerbau und Fischfang im Kasp. Meer.

Kumul, Oasenstadt im autonomen Gebiet Sinkiang, China, ↗ Hami.

Kumulation [lat.] *die,* **1)** *allg.:* Anhäufung, Anreicherung (von Stoffen, Giften, Organismen).
2) *Wahlrecht:* die Häufung von Stimmen auf einen (oder mehrere) Kandidaten, vorausgesetzt, dass der Stimmberechtigte über mehrere Stimmen verfügt; in einigen dt. Ländern bei Kommunalwahlen möglich.

Kumulene (Cumulene), ungesättigte organ. Verbindungen mit einer größeren Anzahl direkt benachbarter (kumulierter) Doppelbindungen.

Kumulus *der,* Haufenwolke, ↗ Wolken.

Kumys [russ.] *der* (Kumyss), dickflüssiges Sauermilchgetränk mit 0,5–3 Vol.-% Alkohol und 0,5–1 Vol.-% Milchsäure, bei mongol. Nomadenvölkern aus Stuten- oder Kamelmilch bereitet.

Kun, Béla, ungar. Politiker, *Szilágycseh (heute Cehu Silvaniei, Kr. Baia Mare, Rumänien) 20. 2. 1886, †in Sibirien 30. 11. 1939 (?); Journalist, gründete am 24. 11. 1918 die ungar. KP, war die treibende Kraft der ungar. Räterepublik 1919, in deren Reg. er das Volkskommissariat des Äußeren innehatte; ab 1920 in der UdSSR für die Komintern tätig. Während der Großen Säuberung (Tschistka) 1937 verhaftet, starb unter nicht ganz geklärten Umständen in Lagerhaft; 1955 rehabilitiert.

Kuna [kroat. »Marder«] *die*, Abk. **K**, Währungseinheit in Kroatien; 1 K. = 100 Lipa (lp).

Kunashiri [-ʃ-], Insel der ↗ Kurilen.

Künast, Renate, Politikerin (Bündnis 90/Die Grünen), * Recklinghausen 15. 12. 1955; Juristin; 1985–87 und 1989–2000 Abg. im Berliner Senat sowie 1990–93 und 1998–2000 Fraktionsvors.; wurde im Juni 2000 Sprecherin des Bundesvorstands ihrer Partei, im Jan. 2001 Bundesmin. für Verbraucherschutz, Ernährung und Landwirtschaft.

Kunaxa [kuˈnaksa, ˈkuːnaksa], im Altertum Ort in Babylonien, am linken Ufer des Euphrat, genaue Lage unbekannt; 401 v. Chr. Schauplatz der Schlacht zw. Kyros d. J., der in der Schlacht fiel, und seinem Bruder Artaxerxes II.

Kunc [kunts], Milan, Maler tschech. Herkunft, * Prag 1944; gründete 1979 zus. mit Peter Angermann (* 1945) und Jan Knap (* 1949) die Gruppe »Normal«, die in ihren Bildern auf iron. Weise die Sinnleere ideolog. Zeichen und mythisierter Gestalten entlarvt.

Kuncewiczowa [kuntsɛviˈtʃɔva], Maria, poln. Schriftstellerin, * Samara (Russland) 30. 10. 1897, † Kazimierz Dolny (Wwschaft Lublin) 15. 7. 1989; emigrierte 1939, lebte seit 1956 in den USA, unterbrochen durch längere Aufenthalte in Polen. Schildert in ihren Romanen häufig das Scheitern von Frauen in ihren Rollenzwängen (»Die Fremde«, 1936; »Der Förster«, 1952; »Adieu Tristan«, 1967).

Kunckel, Johann, auch K. von Löwenstern, Alchimist, * Hütten (bei Eckernförde) 1630 oder 1638, † Stockholm 20. 3. 1703; erfand das Rubinglas (**K.-Glas**), verbesserte die Verfahren der Glasgewinnung, förderte die Anwendung von Glasgeräten im Labor.

Kundalini [Sanskrit »Schlange«] *die*, nach tantrist. Lehre eine spirituelle Kraft, die aufgerollt am Ende der Wirbelsäule jedes Menschen ruht. Wird sie mithilfe von Yoga wachgerufen, steigt sie durch die 6 entlang der Wirbelsäule liegenden ↗ Chakras empor, bis sie sich im 7. Zentrum über dem Scheitel des Kopfes mit dem Göttlichen vereinigt. Die geweckte K.-Kraft findet ihren Ausdruck in spirituellen Erkenntnissen, Visionen, schließlich Erleuchtung und ermöglicht eine Realisierung der göttl. Potenzen im Menschen.

Kunde (Bohne), bei Pferden die Vertiefung des Zahnschmelzes an der Kaufläche; infolge der Abnutzung der Zähne nur bis etwa zum 7. Lebensjahr sichtbar; dient der Altersbestimmung von Pferden.

Kundendienst (Service), freiwillige Dienstleistung eines Herstellers oder Händlers, die Kunden vor, während und nach dem Kauf angeboten wird. Es wird unterschieden zw. nicht warengebundenem K. (Parkplätze, Kinderbetreuung) und warengebundenem K. (Beratung, Anlieferung, Installation, Wartung, Kundenkredite).

Kundenkarte, ↗ Kreditkarte.

Kundera, Milan, tschech. Schriftsteller, * Brünn 1. 4. 1929; lebt seit 1980 in Paris; behandelt in Dramen (»Die Schlüsselbesitzer«, 1962), Erzählungen und Romanen (»Der Scherz«, 1968, dt.; »Das Buch von der lächerlichen Liebe«, 1970; »Das Leben ist anderswo«, 1973; »Abschiedswalzer«, frz. und engl. 1976, tschech. 1979; »Das Buch vom Lachen und vom Vergessen«, 1980; »Die unerträgliche Leichtigkeit des Seins«, frz. und dt. 1984, tschech. 1985; »Die Identität«, 1997; alle dt.) bes. menschlich-polit. Zeitproblematik, in deren Mittelpunkt die Gefährdung der menschl. Integrität durch den destruktiven Einfluss polit. Ideologien und die Macht der kollektiven Uniformität steht; schrieb auch Lyrik und Essays (»Verratene Vermächtnisse«, 1994).

Kündigung [mhd. kündigen »kundtun«], die einseitige empfangsbedürftige Erklärung, dass ein Schuldverhältnis, bes. ein Dauerschuldverhältnis (z. B. Miete) beendet oder eine Leistung fällig werden soll. Für die K.-Erklärung ist grundsätzlich keine besondere Form erforderlich, doch kann schriftl. K. vereinbart werden; die K. von Wohnraum und seit 1. 5. 2000 des Arbeitsverhältnisses bedarf stets der Schriftform. Die **ordentl. K.** des auf unbestimmte Zeit eingegangenen Schuldverhältnisses ist an Fristen, beim Arbeitsverhältnis oft auch an Termine gebunden. Die **außerordentl.,** meist fristlose K. ist zulässig, wenn dem Kündigenden aus wichtigem Grund die Fortsetzung des Schuldverhältnisses nicht bis zum Ablauf der K.-Frist zugemutet werden kann. Fristlose K. des Arbeitgebers nennt man auch fristlose Entlassung. Die **Änderungs-K.,** häufig im Arbeitsverhältnis praktiziert, ist die i. d. R. ordentl. Kündigung des Schuldverhältnisses mit dem gleichzeitigen Angebot, es unter geänderten Bedingungen fortzusetzen (Schriftform erforderlich). Auch diese Form der K. ist mit Rechtsmitteln angreifbar und auch bei ihr sind die K.-Fristen zu wahren.

Je nach Schuldverhältnis gibt es unterschiedl. K.-Gründe und -Fristen. Durch Änderung des BGB durch K.-Fristen-Ges. vom 7. 10. 1993 wurde die Unterschiedlichkeit der gesetzl. K.-Fristen von Arbeitern und Angestellten beseitigt (siehe Übersicht); abweichende Regelungen durch Tarifvertrag und Einzelvereinbarung (Verkürzung durch Einzelvertrag nur im Rahmen des § 622 Abs. 5 BGB) sind möglich. Für die K. des Arbeitsverhältnisses durch den Arbeitnehmer darf keine längere Frist vereinbart werden als für die K. durch den Arbeitgeber. Im Interesse des K.-Gegners wird zur Wirksamkeit der K. z. T. die Angabe von K.-Gründen verlangt (z. B. bei der K. des Arbeitgebers; ↗ Kündigungsschutz). – Im *österr.* Recht sind K. und K.-Fristen v. a. in den §§ 1116 ff., 1159 ff.

Milan Kundera

**Kündigung:
Regelung der Kündigungsfristen in Deutschland**

Grundsatz:

Das Arbeitsverhältnis eines **Arbeiters** oder eines **Angestellten** (Arbeitnehmers) kann von beiden Seiten mit einer Frist von vier Wochen zum Fünfzehnten oder zum Ende eines Kalendermonats gekündigt werden (§ 622 BGB).

Für eine Kündigung durch den Arbeitgeber gelten abhängig von der Beschäftigungsdauer folgende Fristen (jeweils zum Monatsende):

Beschäftigungsdauer	Frist
2 Jahre	1 Monat
5 Jahre	2 Monate
8 Jahre	3 Monate
10 Jahre	4 Monate
12 Jahre	5 Monate
15 Jahre	6 Monate
20 Jahre	7 Monate

Bei der Berechnung der Beschäftigungsdauer werden die Zeiten, die vor der Vollendung des 25. Lebensjahres des Arbeitnehmers liegen, nicht berücksichtigt. Während der Probezeit (bis 6 Monate) beträgt die Kündigungsfrist 2 Wochen.

Ausnahmen gelten für **Seeleute** (§ 63 Seemannsgesetz) und für **Handelsvertreter** (§ 89 HGB).

ABGB, im Angestellten-Ges. und durch Sonderbestimmungen für versch. Materien geregelt. In der *Schweiz* ist die Frist für die K. – vorbehaltlich anderer vertragl. Abreden – nach der Dauer des Arbeitsverhältnisses abgestuft (Art. 334 ff. OR i. d. F. v. 18. 3. 1988). Unterschiedl. K.-Fristen für Arbeitgeber und Arbeitnehmer sind unzulässig.

Kündigungsgeld, ⁄ Einlagen.

Kündigungsschutz, gesetzl. Bestandsschutz eines Vertragsverhältnisses (Arbeitsverhältnis oder Wohnungsmiete) vor Kündigungen durch den wirtsch. stärkeren Vertragspartner.

Arbeitsrecht: Nach dem K.-Gesetz i. d. F. v. 25. 8. 1969 (mit Änderungen), das für alle Arbeitnehmer (mit Ausnahme leitender Angestellter) gilt, die mindestens sechs Monate ununterbrochen in demselben Betrieb mit i. d. R. mehr als fünf Beschäftigten ein Arbeitsverhältnis haben, wobei Teilzeitbeschäftigte im Umfang ihrer Arbeitsleistung zu berücksichtigen sind (§ 23 K.-Ges.), ist eine Kündigung rechtsunwirksam, wenn sie sozial ungerechtfertigt ist. Sozial ungerechtfertigt ist eine Kündigung, wenn sie nicht durch Gründe, die in Person oder Verhalten des Arbeitnehmers liegen, oder durch dringende betriebl. Erfordernisse bedingt ist. Dies gilt auch, wenn die Kündigung gegen Auswahlrichtlinien einer entsprechenden Betriebsvereinbarung verstößt oder wenn die Weiterbeschäftigung an einem anderen Arbeitsplatz – ggf. nach Umschulungsmaßnahmen und zu geänderten Arbeitsbedingungen – möglich ist. Hat der Arbeitgeber aus dringenden betriebl. Erfordernissen gekündigt und bei der Auswahl des gekündigten Arbeitnehmers soziale Gesichtspunkte nicht oder nicht genügend berücksichtigt, ist die Kündigung trotzdem sozial ungerechtfertigt. Das gilt jedoch nicht, wenn betriebstechn., wirtsch. oder sonstige berechtigte betriebl. Bedürfnisse die Weiterbeschäftigung eines oder mehrerer bestimmter Arbeitnehmer bedingen und damit der Auswahl nach sozialen Gesichtspunkten entgegenstehen. Die Beweislast für die sozial ungerechtfertigte Kündigung trägt der Arbeitnehmer.

In Betrieben, in denen ein Betriebsrat besteht, ist vor Ausspruch der Kündigung der Betriebsrat zu hören. Unterbleibt diese Anhörung, ist eine dennoch ausgesprochene Kündigung unwirksam. Hält der Arbeitnehmer die Kündigung für sozial ungerechtfertigt, kann er binnen drei Wochen nach Zugang der Kündigung K.-Klage beim Arbeitsgericht erheben. Das Arbeitsgerichtsverfahren kann zur Abweisung der Klage, zur Feststellung, dass das Arbeitsverhältnis nicht aufgelöst ist, oder zur Auflösung des Arbeitsverhältnisses bei Verurteilung des Arbeitgebers zur Zahlung einer Abfindung führen. Ein besonderer K. besteht darüber hinaus für Mütter (⁄ Mutterschutz), für Schwerbehinderte, für Arbeitnehmer, die von einer Massenentlassung betroffen sind, für Mitgl. des Betriebsrats, für zum Wehrdienst Einberufene und Zivildienstleistende und für Abgeordnete.

In *Österreich* bestehen dem dt. Recht weitgehend entsprechende Regelungen. In der *Schweiz* wurde der K. wesentlich ausgebaut. Eine missbräuchl. Kündigung verpflichtet zu Schadensersatz. Eine vom Arbeitgeber in bestimmten Sperrfristen (z. B. während der Schwangerschaft) ausgesprochene Kündigung ist nichtig.

Zum K. im *Mietrecht* ⁄ Miete.

Kundrie, im »Parzival« Wolframs von Eschenbach die Gralsbotin; urspr. wohl eine kelt. Sagengestalt (Todesdämonin); in R. Wagners »Parsifal« ist **Kundry** die in triebhafter Sinnlichkeit gefangene Seele, die durch einen reinen Helden erlöst wird.

Kundt, August Adolph Eberhard, Physiker, *Schwerin 18. 11. 1839, †Israelsdorf (heute zu Lübeck) 21. 5. 1894; Prof. in Zürich, Würzburg, Straßburg und Berlin; Arbeiten über die Schallgeschwindigkeit in festen Körpern und Gasen (⁄kundtsche Staubfiguren), wies mit W. C. Röntgen 1879 die magnet. Drehung der Polarisationsebene des Lichtes für Gase nach.

Kundt-Effekt [nach A. Kundt], die außerordentlich starke Drehung der Polarisationsebene des Lichtes bei dünnen ferromagnet. Substanzen (Eisen, Nickel).

kundtsche Staubfiguren, von A. Kundt entdeckte Strukturen, die sich bilden, wenn in einem mit wenig Staub gefüllten Rohr (**kundtsches Rohr**) Gase zu stehenden Schallschwingungen erregt werden. Mit den k. S. lassen sich die Schallgeschwindigkeit in festen Körpern und Gasen und damit das Verhältnis der spezif. Wärmekapazitäten (Adiabatenexponent) eines Gases sowie der Elastizitätsmodul des festen Körpers bestimmen.

Kunene der (portugies. Cunene), Fluss im südl. Afrika, 975 km lang, entspringt im Hochland von Bié (Angola), bildet im Unterlauf die Grenze zw. Angola und Namibia, mündet in den Atlant. Ozean; mehrere Wasserkraftwerke.

Kunersdorf, Ort in Polen, ⁄ Kunowice.

Kunert, Günter, Schriftsteller, * Berlin 6. 3. 1929; 1977 aus der SED ausgeschlossen, lebt seit 1979 in der Bundesrep. Dtl.; mit seinem vielseitigen Werk krit.-skept. Chronist der dt. Wirklichkeit, die er in lakon., auch satir. Sprache spiegelt, u. a. in den Lyrikbänden »Erinnerung an einen Planeten« (1963), »Unterwegs nach Utopia« (1977), »Fremd daheim« (1990), »Mein Golem« (1996); Sammlung in »SO und nicht anders. Ausgewählte und neue Gedichte« (2002), in erzählender (u. a. »Im Namen der Hüte«, R., 1967; »Zurück ins Paradies«, Erz., 1984), essayist. (u. a. »Der andere Planet«, 1974; »Vor der Sintflut. Das Gedicht als Arche Noah«, Vorlesungen, 1985) und autobiograf. Prosa (u. a. »Erwachsenenspiele«, 1997; »Nachrichten aus Ambivalencia«, 2001); auch Drehbücher und Hörspiele.

Günter Kunert

Hans Küng

Küng, Hans, schweizer. kath. Theologe, * Sursee (Kt. Luzern) 19. 3. 1928; war theol. Berater auf dem 2. Vatikan. Konzil; wurde 1960 Prof. für dogmat. und ökumen. Theologie in Tübingen und lehrte nach dem Entzug der kirchl. Lehrbefugnis (1979; erfolgt v. a. aufgrund krit. Äußerungen zum Primat und zur Unfehlbarkeit des Papstes) dort außerhalb der theolog. Fakultäten ökumen. Theologie (1980–96); befasst sich in seinen Werken v. a. mit Fragen der Ökumene und der kirchl. Strukturen und widmet sich seit 1990 im Rahmen des von ihm initiierten Projektes ⁄Weltethos zus. mit Persönlichkeiten nichtchristl. Religionsgemeinschaften grundsätzl. Fragen der Verantwortung der Religionen in der heutigen Welt. – *Werke:* Die Kirche (1967); Unfehlbar? (1970); Christ sein (1974); Existiert Gott? (1978); Christentum und Weltreligionen (1984; mit J. van Ess u. a.); Theologie im Aufbruch (1987); Christentum und chines. Religion (1988; mit J. Ching); Projekt Weltethos (1990); Das Christentum (1994); Erkämpfte Freiheit. Erinnerungen (2002).

Kung-Fu [chines.] *das,* ⁄ Wushu.

Kunigunde, Kaiserin, †Kloster Kaufungen 3. 3. 1033; übte als Frau Kaiser Heinrichs II. erhebl. polit. Einfluss aus; gründete 1017 die Benediktinerinnenabtei Kaufungen; Heilige; Tag: 13. 7.; in Bamberg: 3. 3.

Kunkel|lehen, auch auf Frauen vererbbares Lehen.

Kunming: Daguan Tower (Daguan Lou Gongyan; 1691 vollendet; 1857 zerstört, 1869 neu errichtet)

Kunkelmage [zu ahd. chuncla, zu lat. colus »Spinnrocken«] *der* (Spindelmage), *german. Recht:* Bez. für die Blutsverwandten der kognat., auch die Frauen umfassenden Sippe.

Kunlun Shan [-ʃan], Gebirgssystem in China, das in einer Länge von über 3 000 km Innerasien von W nach O (vom Pamir und Karakorum bis nach Mittelchina) durchzieht (östl. Fortsetzung Qinling Shan), im Ulug Muztag 7 723 m ü. M.; größtenteils Hochgebirgswüste, reich an Bodenschätzen.

Kunming, Hptst. der Prov. Yunnan, China, auf einem Hochplateau nördlich des Kunmingsees, 1 900 m ü. M., 1,45 Mio. Ew.; Univ., FH, Observatorium; Eisen- und Stahlind., Kupferhütte, Maschinen- und Gerätebau, chem., Zement-, Nahrungsmittel- u. a. Ind.; Bahnknotenpunkt, Flugplatz; am Kunmingsee (etwa 300 km²) mit seinen Sehenswürdigkeiten reger Ausflugsverkehr. – Seit 1276 Hptst. von Yunnan.

Künneke, Eduard, Komponist, * Emmerich 27. 1. 1885, † Berlin 27. 10. 1953; schrieb über 20 Operetten, u. a. »Der Vetter aus Dingsda« (1921), »Glückl. Reise« (1932), ferner Opern, Singspiele, Orchesterstücke, Lieder sowie Musik für Film und Funk.

Kunowice [-tsɛ] (dt. Kunersdorf), Gem. in der Wwschaft Lebus, Polen, 15 km östlich von Frankfurt (Oder). – Im Siebenjährigen Krieg erlitt hier Friedrich d. Gr. 1759 durch die Österreicher unter G. von Laudon und die Russen unter P. S. Saltykow seine schwerste Niederlage.

Kunsan (Gunsan), Stadt in Süd-Korea, an der Mündung des Kŭmgang in das Gelbe Meer, 266 600 Ew.; chem., Metall-, Nahrungsmittelind.; Fischereihafen, Bahnknotenpunkt, Flugplatz.

Kunschak, Leopold, österr. Politiker, * Wien 11. 11. 1871, † ebd. 14. 3. 1953; Mitgl. der Christlichsozialen Partei (CP), gründete 1892 den Christlichsozialen Arbeiterverein und leitete ihn bis 1934. 1907–18 gehörte er dem Reichsrat, 1919–33 dem Nationalrat an. K. war ein Gegner der Heimwehr-Bewegung und des autoritären Regierungssystems. 1945–53 war K., seit 1945 Mitgl. der ÖVP, erster Präs. des Nationalrats.

Kunst [ahd., zu können], 1) im weitesten Sinn jede auf Wissen und Übung gegründete Tätigkeit (z. B. Reit-K., Koch-K.); 2) in einem engeren Sinn die Gesamtheit des vom Menschen Hervorgebrachten (Ggs.: Natur), das nicht durch eine Funktion eindeutig festgelegt ist oder sich darin erschöpft (Ggs.: Technik). Der Ggs. der K. zum Handwerk und zur Wiss. bildete sich erst im Übergang vom 18. ins 19. Jh. aus. Im heutigen Verständnis ist die K. in die Teilbereiche Literatur, Musik, darstellende K. sowie bildende K. gegliedert (in der Moderne sind Grenzüberschreitungen häufig); 3) im engsten Sinn steht K., v. a. im alltägl. Sprachgebrauch, für bildende Kunst.

Die Vorstellung von einem allgemein gültigen K.-Begriff, für alle Zeiten und Werke anwendbar, ist heute überholt. Die Einschätzung von K. hängt von den Maßstäben einer Epoche und in Zeiten pluralist. Denkweisen verstärkt von der individuellen Sicht ab. K.-Rezeption, K.-Theorien und K.-Begriff können nicht getrennt von der Stellung des Künstlers gesehen werden. – Die Grundlage für die Gesamtheit der menschl. Fähigkeiten, Fertigkeiten und der mit ihnen vollzogenen Handlung, K.-Werke zu schaffen, wird seit Kant in einer besonderen Erkenntnisform, dem ästhet. Vermögen des Menschen, gesehen. Während für Kants ästhet. Urteilskraft der Verstand eine konstituierende Rolle spielte, entwickelte sich bald ein von intuitiven Fähigkeiten geprägter Geniebegriff. Das Genie in seinem schöpfer. Enthusiasmus steht in Einklang mit der Natur, der den Kosmos durchwaltende göttl. Genius offenbart sich ihm (Shaftesbury). Der romant. Künstler erstrebte eine Annäherung an das Absolute und eine Vereinigung von Endlichkeit und Unendlichkeit in sich und seinem Werk. K. wurde so eine Leistung begnadeter Einzelner. – In der K.-Philosophie von Platon wie von Aristoteles wurde die ⁄ Mimesis, die Nachahmung (»K. imitiert Natur«), als Grundproblem der K. betrachtet, allerdings nicht als Nachahmung einer Naturerscheinung, sondern als Abbildung der Ideen (Platon) oder als Gestaltung in Richtung auf Vollendung der Natur (Aristoteles), da in der K. (philosoph. Begriff) wie in der Natur (Materie) die ⁄ Form Prinzip des Werdens sei. In der Renaissance wurde einerseits die Natur die Mutter der K. genannt, andererseits erhielt die Erfindung (»inventio«) diesen Rang; der Entwurf (»disegno«) wurde als das urspr. Künstlerische (Vasari) angesehen; er entspricht einer präexistenten Idee im Geist. Dank ihrer ergreift der Künstler die Wirklichkeit in reiner Gestalt, ist K. erst »natürlich«. Das 17. und 18. Jh., insbesondere auch die dt. Klassik, knüpften hier an. Das Universum bietet kein reines Abbild eines Ideals, K. erstrebt dieses Ideal, die wahre Natur darzustellen, in der Aufgabe des Zufälligen und im Ausdruck des Notwendigen. Der Künstler schaut im Besonderen das Allgemeine. Hegel bestimmte das Schöne als das sinnl. Scheinen der Idee.

Eduard Künneke

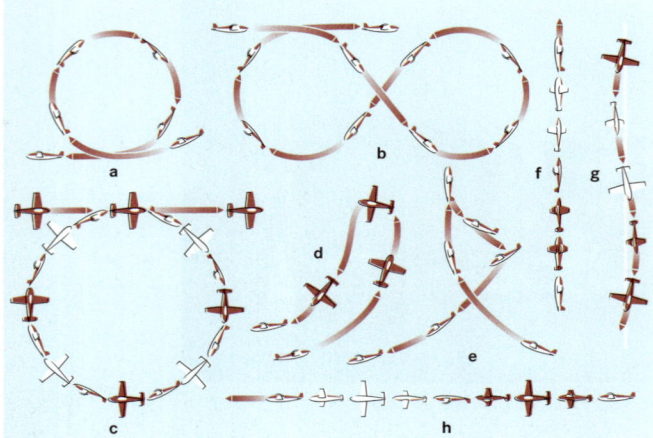

Kunstflug: verschiedene Kunstflugfiguren: a Looping; b Looping-Acht; c Rollenkreis; d Turn; e Männchen; f Schraube; g Trudeln; h Rolle

Das 20. Jh. ist charakterisiert durch versch. Versuche, den hergebrachten K.-Begriff als zu eng abzuschütteln. Spätestens seit M. Duchamp und den Dadaisten umfasst der Begriff K. nicht nur den zum Abschluss gelangten, einmaligen Akt der Formsetzung, das K.-Werk, sondern erstreckt sich auf Bereiche, die der materiellen Scheinhaftigkeit, der strukturellen Endgültigkeit, der formalen Intention und selbst der Anschaubarkeit entbehren können. K. öffnet sich damit jeder nur denkbaren Form in der Hoffnung oder Utopie einer allgemeinen Veränderung der Erlebensweisen.

Kunst, Hermann, evang. Theologe, *Ottersberg (bei Verden [Aller]) 21. 1. 1907, †Bonn 6. 11. 1999; war Mitgl. der Bekennenden Kirche; leitete 1945–49 das westfäl. Landeskirchenamt; war der erste Bevollmächtigte des Rates der EKD bei der Bundesrep. Dtl. (1950–77) und ab 1956 auch der erste evang. Militärbischof in der Bundesrepublik (bis 1972).

Kunst|after (künstlicher After, Anus praeternaturalis, kurz Anus praeter), durch ↗ Enterostomie operativ angelegte künstl. äußere Darmöffnung (äußere Darmfistel), meist mit Mündung im Bauchbereich **(Bauchafter).** Der K. dient der vorübergehenden Entlastung bei entzündl. Darmerkrankungen oder als dauerhafter Ersatz nach Entfernung von Mastdarm und After bei bösartigen Tumoren. Stuhl und Darmgase werden in einem auswechselbaren Kunststoffbeutel aufgefangen.

Kunst|akademie, ↗ Kunsthochschulen.

Kunst|auktion, ↗ Kunsthandel, ↗ Versteigerung.

Kunstdarm, koch- und räucherfeste Wursthülle, die v. a. aus Hautfaserbestandteilen von Schlachttieren sowie u. a. aus Cellulosehydrat oder Polyamid hergestellt wird.

Kunst der Fuge, Die, Werk J. S. Bachs (BWV 1080; 1749/50), ein Klavierwerk mit drei- bis vierstimmigen Fugen- (»Contrapunctus«) und Kanonkompositionen, sämtlich aus einem Thema entwickelt. Die unvollendete letzte Fuge beginnt im 3. Thema mit der Tonfolge b–a–c–h. Das Werk wurde später mehrfach für Orchester instrumentiert.

Kunstdünger, die synthet. ↗ Düngemittel.

Kunstfahren, der ↗ Kunstradsport.

Kunstfasern, umgangssprachlich für ↗ Chemiefasern.

Kunstfehler, ärztl. ↗ Behandlungsfehler.

Kunstflug, *Flugsport:* Ausführung schwieriger Flugbewegungen und -figuren mit Motor-, selten Segelflugzeugen. Verbands-K. (Formations-K.) wird v. a. mit Strahlflugzeugen von militär. K.-Staffeln bestritten. Flugraum und -höhe sind vorgeschrieben. Die Wertung erfolgt nach Punkten.

Kunstgeschichte, ↗ Kunstwissenschaft.

Kunstgewerbe, ↗ Kunsthandwerk.

Kunsthandel, An- und Verkauf von Werken der bildenden Kunst, von Antiquitäten, alten Büchern und Autographen (Handschriften), seit neuerer Zeit auch von Werken des Kunsthandwerks; erfolgt in drei Handelsformen: in Galerien, Antiquitäten- und Antiquariatsgeschäften; auf öffentl. Kunstauktionen; auf Kunst- und Antiquitätenmessen.

Kunsthandwerk, unter ästhet. Gesichtspunkten gestaltete Gebrauchsgegenstände und Ziergeräte aus den verschiedensten Materialien. Die im gleichen Sinn verwendete Bez. **Kunstgewerbe** entstand im 19. Jh., als die handwerkl. Herstellung solcher Objekte keine Selbstverständlichkeit mehr war und die maschinelle Produktion zunehmend an Bedeutung gewann. Dem K. verwandt sind die Begriffe »angewandte Kunst« und »dekorative Kunst«. – Der mit der industriellen Herstellung verbundenen Abwertung urspr. handwerklich erzeugter Gegenstände versuchten als Erste K. F. Schinkel und P. C. W. Beuth in Berlin entgegenzutreten; 1821 eröffneten sie die Berliner Gewerbeschule. Im Sinn des Historismus lehnte sich auch das K. stilistisch an vergangene Epochen an. Die Londoner Weltausstellung von 1851 zeigte kunstgewerbl. Arbeiten auf internat. Ebene und erweiterte den Geschmack um exot. und oriental. Stilelemente. Folgenreiche Impulse gingen auch von den Reformbestrebungen W. Morris' und des ↗ Arts and Crafts Movement aus. Die Weltausstellung von 1900 in Paris zeigte neben Meisterleistungen des Historismus bereits auch solche des Jugendstils, mit dem eine wirkl. Erneuerung des K. einsetzte. Die ↗ Wiener Werkstätte und der Dt. ↗ Werkbund, v. a. aber das 1919 von W. Gropius in Weimar gegründete ↗ Bauhaus leiteten über zum ↗ Industriedesign.

Kunstharze, ↗ Harze.

Kunsthochschulen, i. w. S. zusammenfassende Bez. für staatl. Hochschulen für bildende Kunst, Musik und darstellende Kunst, i. e. S. die Hochschulen für bildende Künste. Diese sind v. a. unter den Bez. Akademie der Bildenden Künste (ABK) oder Hochschule für Bildende Künste (HfBK, HBK) die staatl. Hochschulen zur Pflege der freien Kunst in den klass. Fächern Malerei (und freie Grafik), Bildhauerei und z. T. Architektur. Den K. und in einigen Ländern Gesamthochschulen und Univ. mit entsprechenden Studiengängen obliegt die Ausbildung des Künstlernachwuchses und meist der Kunsterzieher an allgemein bildenden Schulen. Je nach Struktur der K. ist der Fächerkanon auch auf angewandte Bereiche (z. B. Szenographie, Industrie- und Grafikdesign, Innenarchitektur, Architektur, Neue Medien) erweitert. – Erste Kunstschulen entstanden in der Renaissance. Um 1490 wurde in Florenz von Lorenzo I. de' Medici eine Bildhauerschule gegr., 1494 in Mailand von Leonardo da Vinci eine Malerschule (Accademia Vinciana). Die 1577 in Rom gegr. Accademia di San Luca wurde Vorbild für weitere Gründungen. Die Gründung der ersten staatl. dt. K. erfolgte 1696 in Berlin (heute Hochschule der Künste).

Kunsthonig, honigähnl. Masse aus invertiertem Zucker (↗ Invertzucker) oder Zuckersirup; gefärbt und aromatisiert.

Kunstkautschuk, der ↗ Synthesekautschuk.

Kunstkraftsport, ↗ Sportakrobatik.

Kunstkritik, beschreibende und kritisch analysierende Betrachtung von Kunstwerken aller Art, bes. der bildenden Kunst. (↗ Literaturkritik, ↗ Musikkritik, ↗ Theaterkritik)

Kunstleder, flexibler, flächenhafter Werkstoff, der in Aussehen und Eigenschaften dem Leder ähnlich ist; besteht aus einer abriebfesten Nutzschicht (meist Weich-PVC) mit oder ohne Schichtträger. Man unterscheidet Gewebe-K. (mit Gewebe oder Gewirke als Schichtträger), Folien-K. (ohne Schichtträger) und Faser-K. (aus Lederfasern und Bindemitteln).

Künstler, kreative Persönlichkeit v.a. auf dem Gebiet der bildenden oder darstellenden Kunst, als Schöpfer oder Interpret. Oft werden auch Vertreter der anderen Künste als K. bezeichnet, z.B. Dichter (Sprach-K.).

Künstlerdrucke (frz. Épreuves d'Artiste), *Druckgrafik:* die ersten Abzüge von der Druckplatte, die vom Künstler nach den ↗ Probedrucken vorgenommen werden und von hoher Bild- und Farbqualität sind; seit dem 19. Jh. vom Künstler meist mit E. A. signiert und nummeriert.

Künstlerkolonie, Form des Zusammenschlusses von Künstlern im 19. und 20. Jh., die sich v.a. in ländl. Gegenden zurückzogen, um künstlerisch tätig zu werden. Entscheidend bei den K. sind weniger Gemeinsamkeiten künstler. Gestaltungsweise als vielmehr Übereinstimmung im persönl. Verhältnis zur Natur als Voraussetzung für individuelle Kreativität. Von großem Einfluss auf die Nabis, auf Fauvismus und Expressionismus waren um die Mitte und gegen Ende des 19. Jh. die Schulen von ↗ Barbizon und Pont-Aven in Frankreich. Die bekanntesten in Dtl. waren die K. in Kronberg im Taunus, in Dachau und v.a. in ↗ Worpswede. Die ↗ Darmstädter Künstlerkolonie nimmt als mäzenat. Gründung eine Sonderstellung ein.

Künstlermonogramm, ↗ Monogramm.

Künstlersozialversicherung, die durch das K.-Ges. (KSVG) vom 27. 7. 1981 geregelte und am 1. 1. 1983 in Kraft getretene Einbeziehung der selbstständigen Künstler und Publizisten in die Rentenversicherung der Angestellten, in die gesetzl. Kranken- und Pflegeversicherung. Die Mittel für die Versicherung werden zur einen Hälfte durch Beitragsanteile der Versicherten, zur anderen Hälfte durch die Künstlersozialabgabe und durch einen Zuschuss des Bundes aufgebracht (§ 14 KSVG). Die **Künstlersozialabgabe** ist eine Umlage, die nach gesetzlich geregelten Prozentsätzen von Verlagen, Theater- und Konzertdirektionen, Galerien, Kunsthandlungen u.a. Unternehmen sowie von Hörfunk- und Fernsehunternehmen erhoben wird (§§ 23–26 KSVG).

Künstlervereinigungen, berufsständ. Interessenverbände von Künstlern oder Zusammenschlüsse von Vertretern bestimmter Kunstrichtungen mit dem Ziel, die Interessen der Künstler in der Gesellschaft wahrzunehmen und ihre künstler. Intentionen durchzusetzen. K. waren im MA. die ↗ Bauhütten, künstler. Werkstätten, Zünfte und Gilden. Im 16.–18. Jh. schlossen sich Künstler in Akademien zus. (Accademia di San Luca in Rom, 1577; Akademie der Malerei und Skulptur in Paris, 1648). Gegen deren Vorherrschaft richteten sich die im 19. und 20. Jh. gegr. K.: der Lukasbund der ↗ Nazarener, die ↗ Präraffaeliten, die Schule von ↗ Barbizon, die ↗ Peredwischniki. – Künstler. Widerstand organisierte sich im »Salon des Refusés« in Paris 1863, in den Sezessionen von München 1892, Wien 1897, Berlin 1898, deren überregionale Organisation der Dt. Künstlerbund (1903) wurde; 1907 kam der Dt. Werkbund hinzu. Interessenverband bildender Künstler der DDR war seit 1952 der Verband Bildender Künstler Dtl.s, 1970–90 unter der Bez. Verband Bildender Künstler der DDR. Als Interessenverbände bestehen heute in Dtl. u.a. der Dt. Künstlerbund e.V., der Dt. Werkbund e.V., der Bundesverband Bildender Künstlerinnen und Künstler, die Vereinte Dienstleistungsgewerkschaft (↗ ver.di), die ↗ GEDOK; daneben bildeten sich zahlr. lokale Verbände. – Von stilistisch gebundenen K. wurden v.a. die ↗ Brücke (1905), der ↗ Blaue Reiter (1911) und De ↗ Stijl (1917) berühmt. 1919 formierten sich die Surrealisten und das Bauhaus entstand. Jüngere K.: Cobra (Belgien, Niederlande, Dänemark), Zero und Zebra (Dtl.), Groupe de Recherche d'Art Visuel (GRAV, Frankreich).

Künstlerkolonie: Worpswede, Fritz Mackensen, »Gottesdienst im Moor« (1895; Hannover, Historisches Museum)

künstliche Atmung (künstliche Beatmung), durch die versch. Formen der Beatmung bewirkte künstl. Versorgung der Lunge mit Luft als Wiederbelebungsmaßnahme bei Atemstillstand und zur Behebung oder Vermeidung von Sauerstoffmangelzuständen bei Atemschwäche. Sie ist bei allen Unfallfolgen (z.B. Ertrinken), bei Vergiftungen sowie bei Erkrankungen, die (wie Wundstarrkrampf) mit Atemstörungen oder -lähmungen verbunden sind, erforderlich sowie vorbeugend bei Vollnarkose mit Anwendung von Muskelrelaxanzien. Eine k. A. kann mittels Atemspende oder mithilfe von Beatmungsgeräten erzielt werden. Bei der **Atemspende** bläst der Retter dem Verunglückten seine Ausatemluft ein, indem er seinen Mund auf den Mund oder die Nase des Verunglückten setzt (Mund-zu-Mund- oder Mund-zu-Nase-Beatmung; ↗ erste Hilfe). Einfache **Beatmungsgeräte** (Atemgeräte) sind das Atemspendegerät, bei dem der Helfer die Luft über ein Beatmungsventil einbläst, und der Atembeutel, ein Gummiballon mit Atemmaske. Die apparative Beatmung wird v.a. im klin. Bereich meist mittels elektrisch betriebener Respiratoren durchgeführt, die in regelbarem Rhythmus (zeitgesteuert) arbeiten oder das Einatmungsvolumen oder den Beatmungsdruck steuern. Geräte zur assistierten Beatmung unterstützen durch Überdruck eine ungenügende oder unregelmäßige Eigenatmung und können auch vom Patienten selbst gesteuert werden; Apparate zur kontrollierten Beatmung übernehmen die volle Atemfunktion. Die Luft (auch Atem- oder Narkosegasgemisch) wird über eine Atemmaske oder (v.a. bei der Dauerbeatmung) über einen Trachealtubus zugeführt. Zur Behandlung der Atemlähmung

(v. a. als Folge der Kinderlähmung) diente früher allg. die **eiserne Lunge,** eine den Rumpf des Patienten bis zum Hals umschließende Metallkammer, in der abwechselnd ein Unter- und Überdruck hergestellt wird; sie ist ein histor. Verfahren und durch die Endotrachealbeatmung (↗Intubation) ersetzt. Mittels elektr. Stimulation der Atemhilfsmuskulatur (über Hautelektroden) arbeitet die **Elektrolunge.**

künstliche Besamung (Samenübertragung), *Tierzucht:* die künstl. Übertragung von Sperma in den Uterus mittels Pipette oder Samenkatheter anstelle einer natürl. Begattung (fälschlich auch künstl. Befruchtung gen.). Das Sperma wird in Besamungsstationen gewonnen, es kann entweder mehrere Tage bei niedrigen Temperaturen (2–5°C) aufbewahrt (Frischsamen) oder, i. d. R. bei Rindern und Pferden, durch Tiefgefrieren bei −196°C in flüssigem Stickstoff konserviert werden, ohne dass die Spermien ihre Funktionsfähigkeit verlieren. Züchter sehen die Vorteile dieser Methode v. a. darin, dass aufwendige Tiertransporte entfallen und von hochwertigen Vatertieren sehr viel mehr Nachkommen produziert werden können. Auch außerhalb des Körpers stattfindende Besamungen (extrakorporale Insemination) werden vorgenommen, mit nachfolgendem Embryotransfer, ebenso der Embryotransfer nach vorheriger Embryoausspülung. – Über k. B. beim Menschen ↗Insemination, ↗In-vitro-Fertilisation.

künstliche Ernährung, die bei Ausfall oder Behinderung der oralen Nahrungsaufnahme erfolgende Zufuhr der lebenswichtigen Nährstoffe. Hauptverfahren sind die **parenterale Ernährung,** d. h. die Einleitung der Stoffe in steriler Lösung durch Infusion in eine größere Vene, und die **Sondenernährung,** bei der flüssige Nahrung durch einen Schlauch über Mund oder Nase in den Magen bzw. in den oberen Dünndarm geleitet wird.

künstliche Intelligenz, Abk. **KI** (engl. artificial intelligence, Abk. AI), interdisziplinärer Zweig der Computerwiss.en, mit dem Ziel, bestimmte abstrakte, berechenbare Aspekte menschl. Erkenntnis- und Denkprozesse auf Computern nachzubilden und mithilfe von Computern Problemlösungen anzubieten, die Intelligenzleistungen voraussetzen. Interdisziplinär geprägt ist die KI z. B. durch Informatik, Mathematik, kognitive Psychologie, Neurologie, Linguistik und Philosophie. Die Idee der vollständigen oder weitgehenden Ersetzung des menschl. Geistes durch die Maschine ist begleitet von (v. a. philosoph.) kontroversen Diskussionen.

Teilgebiet der KI sind: **Spielprogrammierung** (speziell Schachprogrammierung), **Verarbeitung von na-**

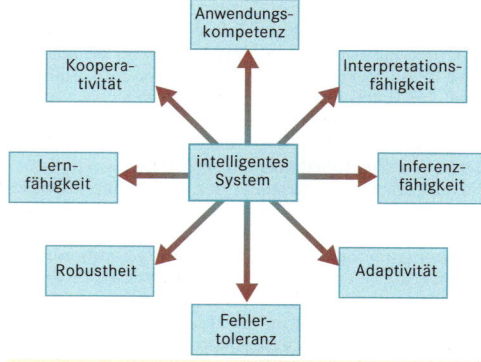

künstliche Intelligenz: Merkmale intelligenter Systeme

türl. Sprache (Erkennung und Rekonstruktion von gesprochener oder geschriebener natürl. Sprache, Mensch-Maschine-Kommunikation, automat. Sprachübersetzung), **Bildverarbeitung** (Mustererkennung, einfache Bilddeutung, Analyse natürl. Szenen und Umgebungen), die Entwicklung **autonomer Roboter** (d. h. flexibel einsetzbarer Handhabungsautomaten). Die größte prakt. Relevanz besitzen auf absehbare Zeit ↗Expertensysteme, d. h. automat. Problemlösungen der KI für Spezialgebiete (chem. Analyse, Gerätekonfiguration, Finanzanalyse u. a.), sowie Systeme mit gemischter Architektur, wie Kombinationen von Expertensystemen und künstl. ↗neuronalen Netzen. Eine alle KI-Systeme berührende Technik ist das **automatische Lernen** (↗lernende Automaten). – Programmiersprachen der KI sind z. B. ↗LISP und ↗PROLOG. Grundlagenforschung zur KI betreibt das »Dt. Forschungszentrum für Künstliche Intelligenz« (DFKI, gegr. 1988) in Kaiserslautern und Saarbrücken.

künstliche neuronale Netze, ↗neuronale Netze.

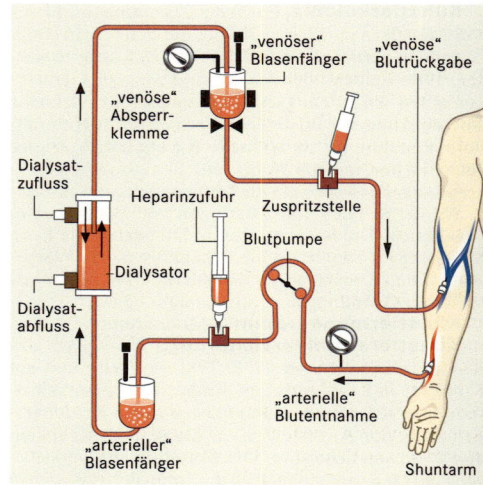

künstliche Niere: Funktionsschema einer künstlichen Niere

künstliche Niere (Dialysator, Dialysegerät), Apparatur zur künstl. Entfernung körpereigener harnpflichtiger Substanzen aus dem Blut (extrakorporale Hämodialyse, sog. Blutwäsche) bei akutem oder chron. Nierenversagen. Hierfür wird das mit Stoffwechselgiften beladene und ungerinnbar gemachte Blut des Kranken durch Dialysiermembranen (z. B. aus Cellulosehydrat) geleitet, die in Spülflüssigkeit eintauchen. Durch die Membranporen können die Stoffwechselgifte in die Spülflüssigkeit gelangen und so aus dem Blut entfernt werden. Die lebenswichtigen Eiweiße des Blutserums werden durch das ultrafeine Sieb der Membranschläuche dagegen zurückgehalten. Der Anschluss des Patienten an die k. N. erfolgt über eine operativ angelegte arteriovenöse Fistel (Kurzschlussverbindung zw. einer Arterie und einer Vene). Der Reinigungsvorgang dauert 3–5 Stunden. Wichtige Anwendungsgebiete sind chron. Niereninsuffizienz (Dauerbehandlung, i. d. R. dreimal je Woche) sowie akutes Nierenversagen und Vergiftungen mit dialysierbaren Giften. (↗Peritonealdialyse)

künstlicher After, der ↗Kunstafter.

künstlicher Horizont, 1) *Astronomie:* eine horizontale, spiegelnde Fläche (z. B. eine Quecksilberoberfläche); ermöglicht bei verdecktem Gesichtskreis die Gestirnshöhenmessung mit einem Sextanten.

2) *Luftfahrt:* (Kreiselhorizont), Flugzeugbordinstrument, das die Lage (Längs- und Querneigung) des Flugzeugs im Verhältnis zur Horizontlinie anzeigt. Der k. H. ersetzt dem Flugzeugführer beim Instrumentenflug den natürl. Horizont. Die Stellung eines mit einem kardanisch gelagerten Kreisel, der bei allen Flugbewegungen seine Lage im Raum beibehält, verbundenen Horizontalbalkens zu einem Flugzeugsymbol zeigt die relative Lage des Flugzeugs an. Eine Kombination von k. H. und ↗ Wendezeiger heißt **Wendehorizont**.

künstlicher Winterschlaf, *Medizin:* die künstl. Hibernation (↗ Hypothermie).

künstliches Herz (Kunstherz), apparativer Organersatz (mit extern oder intern angetriebenem künstl. Pumpsystem), der die Funktion eines kranken oder versagenden Herzens vorübergehend bis zur Herztransplantation übernehmen soll. Die erste vollständige Prothese wurde 1969 von dem amerikan. Chirurgen D. A. Cooley (* 1920) in Houston (Tex.) implantiert.

künstliche Sprache, 1) ↗ Sprachsynthese; 2) ↗ Welthilfssprachen.

Kunstlied, ein Lied, das sich, im Ggs. zum Volkslied und Gesellschaftslied, durch stilist. Komplexität, Individualität des Ausdrucks und hohe Ansprüche an die Wiedergabe auszeichnet.

Kunstmärchen, ↗ Märchen.

Kunstpädagogik, die Vermittlung ästhet., künstler. und kultureller Phänomene der »bildenden Künste« in Kindergarten, Vorschule, Schule, Museum und Erwachsenenbildung. Die schul. Kunsterziehung geht auf J. H. Pestalozzi zurück. Die Kunsterziehungsbewegung Anfang des 20. Jh. verstand K. zunächst als Hinführung zur »großen Kunst«; später rückte neben der Orientierung an der bildenden Kunst auch die schöpfer. Eigentätigkeit ins Blickfeld. Heute werden im unterschiedlich bezeichneten Kunstunterricht neben Gestaltung und Kunstbetrachtung auch kommunikationstheoret. Aspekte einbezogen (z. B. krit. Hinterfragung von Absicht, Form und Wirkung der Bildmedien) oder zum Hauptgegenstand gemacht (visuelle Kommunikation).

Kunstradsport (Kunstfahren), *Hallenradsport:* turner. und akrobat. Übungen auf speziellen Fahrrädern. Die Fahrfläche ist 11 m × 14 m groß, die Fahrzeit beträgt 6 Minuten. Es gibt internationale Wettbewerbe für Einer und Zweier sowie nat. für Vierer- und Sechsergruppen. Die Wertung erfolgt nach Punkten.

Kunstrasen, strapazierfähiger, wasser- und verrottungsfester Kunststoffteppich von rasenähnl. Aussehen z. B. für Terrassen und Dachgärten. K. für Sportplätze und -hallen enthält meist eine Schaumstoffschicht; er wird auf einen straßenähnl. Bitumenunterbau aufgeklebt.

Kunstsammlung, Sammlung von Kunstwerken in privatem und öffentl. Besitz. K. haben ihre Anfänge dort, wo im Kultraum oder in Grabstätten bestimmte Gegenstände nicht aus Gründen der Nützlichkeit, sondern wegen ihres mag. oder symbol. Gehalts aufbewahrt wurden. In grch. Tempeln bewahrte man Kunstwerke, Beutewaffen u. a. Kostbarkeiten ohne besondere Unterscheidung nebeneinander auf, ebenso wie auch der mittelalterl. Kirchenschatz Reliquien, Kultgeräte, Kunstwerke und Kuriosa umfasste; ähnlich waren auch die fürstl. Sammlungen des MA. zusammengestellt. Die Geschichte des modernen Kunstsammelns begann in Italien z. Z. der Frührenaissance, als das aufstrebende Bürgertum anfing, Sammlungen von Antiken, Münzen, Medaillen, Gemmen und Werken zeitgenöss. Kunst anzulegen. Seit dem 15. Jh. entstanden an den Fürstenhöfen umfangreiche »Kunstkammern« und bed. K. (Medici in Florenz, Rudolf II. in Prag, Philipp II. in Madrid, Katharina II. in Sankt Petersburg). Um die Mitte des 18. Jh. erfolgten erste Initiativen, die großen K. einem breiten Publikum zugänglich zu machen; 1739 gingen die K. der Medici in Staatsbesitz über, 1769 wurden die Vatikan. Sammlungen zum Besitz des Kirchenstaates erklärt und der Öffentlichkeit zugänglich gemacht, 1753 erfolgte mit der Übernahme der Privatsammlung von Sir H. Sloane die Gründung des Brit. Museums als erstem von Anfang an öffentl. Museum. Auch in der Folgezeit bildeten bed. Privatsammlungen (u. a. von J. P. Getty, S. R. und P. Guggenheim, P. und I. Ludwig, O. Reinhart, B. Sprengel, H. H. Thyssen-Bornemisza, E. von der Heydt, H. Nannen, H. Berggruen) den Grundstock oder wesentl. Bestandteil öffentl. Museen.

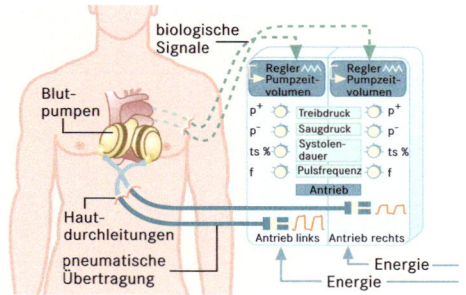

künstliches Herz: aus 2 in den Körper implantierten Pumpen bestehendes System, das über externe Zuleitungen per Druckluft angetrieben wird; hinzu kommen noch elektronische Datenleitungen, die Steuerungs- und Überwachungssignale übertragen

Kunstschwimmen, das ↗ Synchronschwimmen.

Kunstseide, ↗ Chemiefasern.

Kunstspringen, 1) *alpiner Skisport:* beim ↗ Freestyle eine Flugshow auf einem 34 bis 39° steilen Hang mit je zwei Sprüngen über bis 3,10 m hohe Schanzen; bewertet werden Absprung, Haltung, Landung, Höhe und Weite.

2) *Schwimmsport:* ↗ Wasserspringen.

Kunststoffbahn, *Sport:* Bahn v. a. für Lauf- und Sprungwettbewerbe in der Leichtathletik, deren auf eine Asphaltschicht aufgebrachter Belag aus hochelast., in Zusammensetzung, Körnung und Dicke unterschiedl. Kunststoff besteht; z. B. ↗ Tartan® (»Tartanbahn«).

Kunststoffe (Plaste, Polymerwerkstoffe, engl. plastics), Werkstoffe, deren Hauptbestandteile synthetisch oder durch Umwandlung von Naturstoffen hergestellte, meist organ. Polymere sind. Synthet. Polymere lassen sich durch ↗ Polymerisation, ↗ Polykondensation oder ↗ Polyaddition aus einfachen Molekülen (Monomeren) aufbauen. Die molaren Massen liegen i. Allg. zw. 10 000 und 1 Mio. g/mol. Je nachdem, ob die entstehenden Makromoleküle aus gleichartigen oder unterschiedl. Struktureinheiten aufgebaut sind, spricht man von Homo- oder Copolymeren.

Die Klassifizierung von K. erfolgt meist aufgrund ihres Verhaltens in der Wärme. **Thermoplaste** bestehen aus Molekülketten, die nur durch schwache Vander-Waals-Kräfte (↗zwischenmolekulare Kräfte) aneinander gebunden sind. Bei amorphen Thermoplasten (z. B. Polystyrol) sind die Molekülketten unregelmäßig ineinander verschlungen. Bei teilkristallinen Thermoplasten (z. B. Polyäthylen) existieren geordnete Bereiche. Thermoplaste erweichen oberhalb einer bestimmten Temperatur (Glastemperatur) und erhärten bei Abkühlung wieder. Dadurch wird eine plast. Verformung durch Spritzgießen, Extrudieren u. a. bei höherer Temperatur möglich. Thermoplaste sind schweißbar und i. Allg. in spezif. Lösemitteln löslich. Beispiele sind Polyäthylen, Polypropylen, Polyvinylchlorid, Polymethacrylate, Polystyrol, Celluloseester, Polyamide und Polycarbonate. Bei **Duroplasten** (besser **Thermodure**) oder **Duromeren** sind die Molekülketten durch kovalente Bindungen engmaschig vernetzt, sodass die Kettenbeweglichkeit verloren geht. Sie sind unschmelzbar, nicht plastisch verformbar und in Lösemitteln unlöslich. Zu den Thermoduren gehören Phenolharze, Aminoplaste, Epoxidharze und Polyurethane. Zw. Thermoplasten und Thermoduren liegen die weitmaschig vernetzten **Elastomere (Elaste)**. Sie sind vorwiegend amorphe Polymere mit Glastemperaturen unterhalb der Raumtemperatur. Sie sind formfest, aber elastisch stark verformbar (gummielastisch), sie schmelzen nicht, sind unlöslich, aber quellbar.

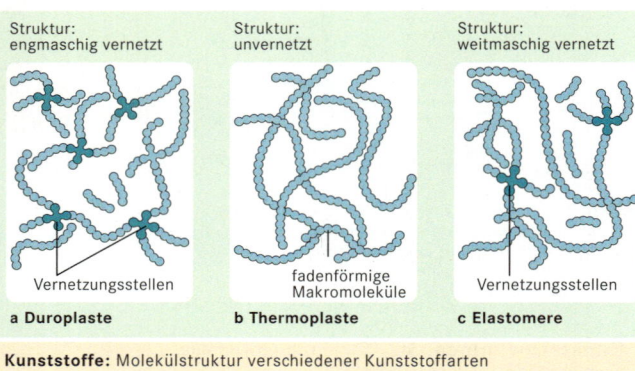

Kunststoffe: Molekülstruktur verschiedener Kunststoffarten

Die ungeformten K.-Erzeugnisse (↗Formmassen) enthalten häufig Füllstoffe (z. B. Holzmehl, Kreide) zur Verbilligung und zur Erzielung bestimmter Eigenschaften, Stabilisatoren zur Erhöhung der Beständigkeit gegenüber Wärme und Licht u. a. Zusätze. Durch Einbetten von Verstärkungsfasern (z. B. Kohlefasern) kann ein Verbundwerkstoff mit höherer Festigkeit gewonnen werden. Mithilfe von Weichmachern wird die Glastemperatur erniedrigt, d. h., harte Thermoplaste (bes. PVC) werden in einen leder- oder weichgummiartigen Zustand überführt. Die Schaumstoffe sind K. mit zelliger Struktur.

Geschichte: Die ersten K. waren Abkömmlinge von Naturstoffen wie vulkanisierter Kautschuk (1839) und Celluloid (1869). 1910 wurde der erste synthet. K. (Bakelit) produziert. Voraussetzung für die große Verbreitung der K. war das Angebot an billigem Erdöl und die Entwicklung der Petrochemie.

Wirtschaft: Die Produktion von K. lag in Dtl. 2001 bei etwa 15,8 Mio. t. Wichtigste Einsatzgebiete waren der Bau- und Verpackungssektor sowie die Fahrzeug-, Möbel- und Elektroindustrie. Weltweit wurden (2001) 181 Mio. t K. produziert. Der am meisten hergestellte K. ist Polyäthylen, gefolgt von Polypropylen und PVC.

K.-Recycling: Die weitere Entwicklung der K.-Technik wird u. a. davon abhängen, ob das Recycling von **K.-Abfällen** befriedigend gelöst werden kann. Derzeit werden drei Möglichkeiten der Wiederverarbeitung von K. unterschieden: das werkstoffl., das rohstoffl. und das energet. Verwerten. Unter **werkstoffl. Verwerten** versteht man die direkte Wiederverwendung für neue Produkte, wobei aus den Alt-K. erst Recyclate hergestellt werden. Die Arbeitsschritte dafür sind Zerkleinern, Waschen, Trocknen, Extrudieren und Granulieren. Dabei kommt es im K. zu einem Abbau langer Molekülketten, wodurch die Qualität der Recyclate und der daraus hergestellten Produkte abnimmt. Beim **rohstoffl. Verwerten** werden die Alt-K. mithilfe therm. oder chem. Verfahren in ihre chem. Grundbestandteile zerlegt. Je nach Verfahren werden flüssige oder zähe Öle oder Gase gewonnen, die als Rohstoffe wieder verwendet werden können. Unter dem **energet. Verwerten** wird die Verbrennung verstanden. In den letzten Jahren werden zunehmend neue Wege und Verfahren für das K.-Recycling gesucht und entwickelt, so z. B. der Einsatz agglomerierter Alt-K. im Hochofen als Ersatz für Erdöl.

Kunstturnen, stilisiertes, auf artist. wie ästhet. Hochleistung abzielendes Boden- und Geräteturnen. Der Mehrkampf (Männer ↗Sechskampf, Frauen ↗Vierkampf) enthält ausschl. Kürübungen. Es gibt Einzelwertungen in den Einzeldisziplinen und in den Mehrkämpfen sowie additive Mannschaftswertungen. Die Übungen sind entsprechend ihrer Schwierigkeit in A- (einfache Schwierigkeit), B- (mittlere Schwierigkeit), C- (höhere Schwierigkeit), D- (hohe Schwierigkeit) und E-Teile (höchste Schwierigkeit) eingestuft. Sie werden von 6 Kampfrichtern entsprechend den Wertungsvorschriften bis zur Höchstnote 10 bewertet, wobei die versch. Faktoren unterschiedlich in die Wertung eingehen.

Kunstwissenschaft, die wiss. Erforschung aller Künste, i. e. S. der bildenden Kunst. Ein wichtiger Zweig ist die **Kunstgeschichte,** die im Unterschied zur allg. K. die geschichtl. Entwicklung der bildenden Kunst untersucht, meist jedoch unter Ausschluss der antiken, der vorgeschichtl. und primitiven Kunst, die Gegenstand der Archäologie, der Vorgeschichte und Völkerkunde ist.

Die Kunstgeschichte entwickelte sich als wiss. Disziplin seit Ende des 18. Jh. Die Bestimmung ihres Inhalts und ihrer Aufgaben, speziell die Abgrenzung von K. und Ästhetik, ist seitdem in unterschiedl. Weise versucht worden und hat zur Etablierung einiger wiss. Ansätze geführt, die das Bild der Kunstgeschichte in der Gegenwart bestimmen. Neben einer starken Tendenz zu empir. Sachbehandlung gibt es weiterhin Beiträge zu Prinzipien- und Methodenfragen. Vorläufer der Kunstgeschichte sind Künstlerbiografien, Kunstkritik, Künstlertraktate u. a., die in der Antike (Plinius d. Ä., Vitruv u. a.), während des MA., bes. aber in der Renaissance (↗Ghiberti, ↗Alberti, ↗Leonardo da Vinci, ↗Dürer, ↗Vasari) ein reiches Erscheinungsspektrum hatten. Vasari gilt mit seinen Lebensbeschreibungen berühmter Maler, Bildhauer und Architekten (1550 und 1568) als »Vater der K.«, er lieferte das wichtigste Quellenwerk der italien. Kunst. Seinem Vorbild folgten der Niederländer C. van Mander und der Deutsche J. von Sandrart. J. J. Winckelmann stellte in seiner »Geschichte der Kunst des Altertums« (1764) Kunst erstmals in geschichtl. Zusammenhang dar; weiterführende Überlegungen gingen u. a. von Herder, Goethe, den Brüdern Schlegel und Boisserée aus. Das wachsende histor. und kunsthistor. Bewusstsein des 19. Jh. führte zu vermehrter

Sammlertätigkeit, zur Gründung von Museen, Einrichtung von Lehrstühlen (Univ. in Berlin [1844] und Wien). War damit der histor. Aspekt der Kunstgeschichte vorgearbeitet, steuerte die nun entstandene philosoph. Ästhetik I. Kants (»Kritik der Urtheilskraft«, 1790), F. W. J. Schellings (»Philosophie der Kunst«, »Vorlesungen über Ästhetik«, 1802/03), v. a. aber G. W. F. Hegels »Vorlesungen über die Ästhetik« (1835–38, 3 Bde.) den systemat. Bestandteil bei. Epoche machend wirkte das Werk von J. Burckhardt (»Die Cultur der Renaissance in Italien«, 1860), in dem die Kunst im Zusammenhang mit Staat, Religion und Kultur untersuchte. R. von Eitelberger-Edelberg begründete die Wiener Schule der Kunstgeschichte; zu ihr zählen A. Riegl, M. Dvořák, J. von Schlosser und H. Sedlmayr (Strukturanalyse). C. Fiedler entwickelte in seiner Theorie der »reinen Sichtbarkeit« einen rationalen Begriff des Sehens, von dem er auch den Inhalt der Kunst zu bestimmen suchte. Diese Auffassung von Autonomie und Formorientierung der Kunst lebt im Werk H. Wölfflins fort (»Kunstgeschichtl. Grundbegriffe«, 1915). Wölfflin verstand die Geschichte der Kunst als »Geschichte des Sehens«, die den Wandel der Anschauungsweisen (linear, malerisch usw.) und damit auch der Stile aufklären kann. Gegen diese Dominanz des Formbegriffs wenden sich die Überlegungen, die seit Dvořák, A. Warburg und E. Panofsky angestellt wurden und die sich um den Begriff des Symbols ranken. Hauptsächlich auf Warburg und Panofsky (»Studies on iconology«, 1939) geht die Entwicklung von Ikonographie und Ikonologie zurück, die bis Ende der 70er-Jahre wohl einflussreichste kunstgeschichtl. Methode. Daneben hat eine am Strukturbegriff orientierte Interpretation (bes. die »Strukturanalyse« Sedlmayrs) method. Bedeutung. Das Spektrum der jüngeren Kunstgeschichte wird u. a. bereichert durch soziologisch orientierte Werke (A. Hauser, F. Antal, M. Warnke) und psychologisch-philosophisch beeinflusste Arbeiten (E. Gombrich, K. Badt). Die Kunstgeschichte der 80er-Jahre distanzierte sich von Panofskys Konzept der Ikonologie und bezog in wachsendem Maße sozialgeschichtl. Analysen in ihre Forschungen ein. Die heutige Kunstgeschichte ist gekennzeichnet durch die Problematisierung des Bild- und Kunstbegriffs und durch den Geltungsanspruch visueller Massenmedien, sodass in den USA die Kunstgeschichte in eine »Visual Culture« transformiert wird.

Kunstwort, Sprache: meist aus lat. und grch. Bestandteilen in neuerer Zeit künstlich geschaffener Ausdruck, z. B. Automobil, Lokomotive.

Kunze, Reiner, Schriftsteller, *Oelsnitz/Erzgeb. 16. 8. 1933; schrieb zunächst an Brecht orientierte Lyrik, dann v. a. durch hintergründige Ironie gekennzeichnete Gedichte in knapper Diktion über Liebe, Kindheit, Erfahrungen der DDR-Wirklichkeit (»Sensible Wege«, 1969); »Zimmerlautstärke«, 1972; »Brief mit blauem Siegel«, 1973). Nach Veröffentlichung des krit. Prosabandes »Die wunderbaren Jahre« (1976) aus dem Schriftstellerverband der DDR ausgeschlossen, übersiedelte er 1977 in die Bundesrep. Dtl. Sein späteres Werk spiegelt v. a. intensives Naturerleben, so die Lyrikbände »eines jeden einziges leben« (1986), »ein tag auf dieser erde« (1998) und die autobiograf. Prosa »Am Sonnenhang. Tagebuch eines Jahres« (1993), auch Kinderbücher, Nachdichtungen tschech. Lyrik. 1977 Georg-Büchner-Preis. – *Weitere Werke: Prosa:* Deckname »Lyrik«. Eine Dokumentation (1990); Der Kuß der Koi. Prosa und Fotos (2002); Die Aura der Wörter (2002).

Künzels|au, Kreisstadt des Hohenlohekreises, Bad.-Württ., in der Hohenloher Ebene, am Kocher, 14 400 Ew.; FH Heilbronn, Außenstelle K., Museum Würth (Kunst der klass. Moderne bis zur Gegenwart), Heimatmuseum; Maschinen-, Elektromotorenbau, Großbuchbinderei u. a. Betriebe. – Evang. Stadtkirche (17. Jh.), ehem. Hohenlohesches Schloss (um 1680), Rathaus (1522). – K. ist seit dem 18. Jh. Stadt.

Kunzit der, Mineral, Varietät des ↗ Spodumens.

Kuomintang, Abk. **KMT,** chines. Partei, ↗ Guomindang.

Kuopio, Hptst. der mittelfinn. Prov. K., am W-Ufer des Sees Kallavesi im N der Finn. Seenplatte, 86 200 Ew.; Sitz eines luther. Bischofs und eines finnisch-orth. Erzbischofs; Universität; Museen; Fertighausfabrik, Textil- und Nahrungsmittelind.; Binnenschifffahrt; Fremdenverkehr. – Domkirche (1815). – Gegr. 1782.

Küpenfarbstoffe, wasserunlösl. Farbstoffe auf Indigo- und Anthrachinonbasis, die zum Färben und Bedrucken von Textilien zunächst durch Reduktion wasserlöslich und anschließend durch Oxidation wieder wasserunlöslich gemacht werden; licht-, wasch- und wetterecht.

Kupfer das (lat. Cuprum), chem. Symbol **Cu,** metall. Element aus der 1. Nebengruppe des Periodensystems, Ordnungszahl 29, relative Atommasse 63,546, Dichte (bei 20 °C) 8,96 g/cm^3, Schmelzpunkt 1 084 °C, Siedepunkt 2 562 °C. – Das Schwermetall K. ist relativ weich, sehr zäh und dehnbar; es ist (nach Silber) der beste Strom- und Wärmeleiter. In feuchter Luft überzieht sich das glänzend hellrote K. mit einer grünen Schicht von bas. K.-Carbonat (Patina). Durch Einwirkung von Essigsäure entsteht der giftige Grünspan (bas. K.-Acetat). Gediegenes K. findet sich verhältnismäßig rein am Oberen See (USA); daneben gebunden in Form zahlr. Oxide, Sulfide und Carbonate. Die wichtigsten K.-Minerale sind: K.-Kies (Chalkopyrit), Bornit, Rotkupfererz (Cuprit), Malachit, K.-Lasur (Azurit), Atacamit. In der Erdkruste sind im Mittel 0,007 % K. enthalten; abbauwürdige Lagerstätten enthalten wenigstens 1 % Kupfer.

Verbindungen: In Verbindungen kommt K. ein- und zweiwertig vor. **Kupfer(II)-oxid,** CuO, schwarzes Pulver, das beim Glühen von K.-Salzen entsteht, dient als grüne Porzellanfarbe und zur Herstellung grüner Gläser. Es ist ein kräftiges Oxidationsmittel, das oberhalb 800 °C unter Sauerstoffabspaltung in **Kupfer(I)-oxid,** Cu$_2$O, übergeht. K.-Hydroxid, Cu(OH)$_2$, ist ein blaugrüner Niederschlag, der bei Zugabe von viel Alkalilauge zu Kupfer(II)-salzlösungen entsteht und unter versch. Namen als Malerfarbe dient (Bremer Blau, Bergblau, Braunschweiger, Kalk- oder Neuwieder Blau). Von **K.-Carbonaten** gibt es zwei Arten: grünes bas. Carbonat (Malachit) und blaues bas. Carbonat (Azurit). **K.-Sulfat, K.-Vitriol,** CuSO$_4$ · 5 H$_2$O, tiefblau gefärbte, trikline Kristalle, wird verwendet zur galvan. Verkupferung, in galvan. Elementen, zur Herstellung von K.-Farben, in der Heilkunde als zusammenziehendes Mittel, bes. zur Bekämpfung von Schmarotzern, z. B. Brandpilzen, Peronospora des Weinstocks. **Kupfer(II)-chlorid,** CuCl$_2$ · 2 H$_2$O, grüne rhomb. Kristalle, scheidet sich aus einer Lösung von K.-Oxid (CuO) in Salzsäure ab. Beim starken Erhitzen im Chlorwasserstoffstrom entsteht unter Chlorabspaltung **Kupfer(I)-chlorid,** CuCl, das wegen seines großen Absorptionsvermögens für Kohlenmonoxid in der Gasanalyse verwendet wird. **K.-Sulfide** sind die beiden Minerale K.-Glanz und K.-Indig. **K.-Ammoniakverbindungen, K.-Ammine,** am-

Reiner Kunze

Kupfer: gediegenes Kupfer

moniakhaltige, stark blau gefärbte K.-Salze, entstehen durch Einwirkung von Ammoniak auf K.-Salze. **K.-Acetat** / Essigsäure.

Gewinnung und Verwendung: K.-Erze müssen i. d. R. durch selektive Flotationsverfahren auf verhüttungsfähige Konzentrate angereichert werden. Bei der Verhüttung der sulfid. Flotationsprodukte wird zunächst **Roh-K. (Schwarz-K.)** gewonnen. Dazu wird ein Teil des Schwefels durch Abrösten beseitigt und danach das Röstgut mit Kohle und silikathaltigen Zuschlägen verschmolzen. Neben der leichteren, flüssigen Eisensilikatschlacke entsteht schwerer, flüssiger **K.-Stein,** ein Gemisch von Cu_2S und FeS, der in einem Konverter bei 900 °C durch Einblasen von Luft entschwefelt wird; zugesetzter Quarz verschlackt das zuerst oxidierte Eisensulfid zu Eisensilikat. Weiteres »Verblasen« führt zur Umsetzung von entstandenem K.-Oxid mit unverändertem K.-Sulfid unter Bildung von metall. K. Das gewonnene Roh-K. besteht aus 94–97% K. mit Beimengungen von Zink, Arsen, Antimon, Eisen, Nickel, Schwefel und Edelmetallen. – Aus kupferarmen Erzen wird das K. in einem nassmetallurg. Verfahren mit verdünnter Schwefelsäure als K.-Sulfat ausgelaugt und aus dieser Lösung elektrochemisch mit Eisen (Schrott) elementares K. ausgefällt **(Zement-K.);** auch die mikrobielle Laugung mit Bakterien ist verbreitet. Das entstandene Roh-K. wird durch abwechselndes oxidierendes und reduzierendes Schmelzen weiter gereinigt. Dabei werden einige Verunreinigungen verflüchtigt (Zink, Blei, Arsen) oder verschlackt (Eisen, Nickel). Das nach dieser Raffination vorliegende **Gar-K.** ist schmiedbar und kommt als **Raffinat-K.** in den Handel. Bes. reines K. erhält man durch Elektrolyse **(Elektrolyt-K.)** mit über 99,95% K. Ca. 40% des verbrauchten K. stammt aus dem Recycling von Alt- und Abfall-K. sowie den Abwässern u. a. der Galvanoind. **(Sekundär-K.).** – Reines K. wird v. a. in Form von Draht und Stangen (Schienen) in der Elektroind., in Form von Blechen, Rohren u. a. in der Apparate- und Maschinenbauind. verwendet, wegen seiner guten Wärmeleitfähigkeit v. a. für Heiz- und Kühlschlangen, Braukessel, Siedpfannen. Weitere Verwendung zu Münzzwecken, für Beschläge, in Form von Verbindungen zur Schädlingsbekämpfung. Große Mengen werden auch in den **K.-Legierungen** verarbeitet. Die wichtigsten Legierungen: K. und Zinn ergeben / Bronze; K. und Zink / Messing und Tombak; K., Zinn und Zink Rotguss; K., Zink und Nickel / Neusilber, Alpakasilber, außerdem / Konstantan, / Monel. Ferner wird K. benutzt zur Herstellung einiger Leichtmetalle (z. B. / Duraluminium) und der / Lagermetalle.

Physiologie: K. ist für tier. Organismen ein wichtiges Spurenelement, das bes. an Elektronenübertragungsprozessen in Membranen beteiligt ist, z. B. als Bestandteil des aktiven Zentrums der Cytochromoxidase, einem wichtigen Enzymkomplex der Atmungskette. Außerdem ist K. für die Synthese von Hämoglobin notwendig, obwohl es selbst nicht Bestandteil des Hämoglobins ist. Die höchsten Konzentrationen an K. finden sich im menschl. Körper in der Leber und in den Knochen; auch das Blut enthält die Reihe von K.-Proteinen, die überwiegend Oxidations-Reduktions-Prozesse katalysieren. Der tägl. Bedarf des Menschen liegt bei 2 mg, die Menge im Körper bei 100 bis 150 mg. K. wirkt in höheren Dosen toxisch. Auch für Pflanzen ist K. ein wichtiges Spurenelement, das in Enzymen katalysierend wirkt.

Wirtschaft: Der K.-Gehalt der bisher bekannten Erzvorkommen mit durchschnittlich 1% K. wird auf rd. 590 Mio. t geschätzt; Lagerstätten v. a. in Chile, den USA, Australien, Sambia, der Demokrat. Rep. Kongo, Peru und Russland. In den westl. Industriestaaten werden rd. 40% des K.-Verbrauchs durch Recycling gedeckt: in Dtl. lag (2000) die Recyclingrate bei 58%.

Geschichte: Gediegenes K. gilt als das älteste Gebrauchsmetall, es wurde bereits in der Jungsteinzeit (um 8000 v. Chr.) zu Waffen und Geräten verarbeitet. Im 6./5. Jt. v. Chr. wurden Reduktion und Schmelzbarkeit von K.-Erzen entdeckt (Zentren in Vorderasien und auf der Balkanhalbinsel). Der K.-Bergbau geht in Ägypten (Sinai) bis zur Zeit der 3. Dynastie (2660–2590 v. Chr.), in Mitterberg (Salzburg) und Tirol bis um 1500 v. Chr. zurück.

Kupfer, Harry, Opernregisseur, *Berlin 12. 8. 1935; wurde 1972 Operndirektor und Chefregisseur an der Staatsoper Dresden und war 1981–94 Chefregisseur, 1994–2002 Operndirektor an der Kom. Oper Berlin. K. wurde durch unkonventionelle Inszenierungen bekannt (so »Der fliegende Holländer« und »Der Ring des Nibelungen« von R. Wagner bei den Bayreuther Festspielen 1978 und 1988); er inszenierte auch Uraufführungen, u. a. »Die schwarze Maske« von K. Penderecki (Salzburger Festspiele, 1986) und »Bernarda Albas Haus« von A. Reimann (Bayer. Staatsoper München, 2000).

Kupferdruck, künstler. Tiefdruck (/ Druckverfahren) von Kupferstichen, Radierungen u. a. auf der K.-Presse. Zw. zwei Walzen wird unter starkem Druck der Drucktisch hindurchgezogen, auf dem die mit Druckfarbe eingefärbte Kupferplatte in Kontakt mit dem angefeuchteten Papierbogen liegt. Dabei saugt das Papier die Farbe aus den Vertiefungen der Druckplatte.

Kupferfinnen, die / Rosacea.

Kupferglanz (Chalkosin), blei- bis dunkelgraues (auch bläul.), sulfid. Kupfermineral, Cu_2S, das in mehreren temperaturabhängigen Modifikationen auftritt **(Tief-K.,** rhombisch, unterhalb von 103 °C; **Hoch-K.,** hexagonal, oberhalb von 103 °C). Hoch-K. geht meist in das blaue, kub. Mineral **Digenit,** Cu_9S_5, über. K. entsteht hydrothermal oder ist in Sedimenten und Zementationszonen angereichert. Wichtigstes Kupfererz.

Kupfergürtel, der / Copperbelt in Sambia.

Kupfer|indig der (Covellin), blauschwarzes, hexagonales Mineral, CuS, Vorkommen in Kupferglanz- und Kupferkieslagerstätten.

Kupferkies (Chalkopyrit), messing- bis goldgelbes, oft schwarz oder bunt angelaufenes, tetragonales Mineral, $CuFeS_2$. K. entsteht v. a. hydrothermal. Wichtiges Kupfererz.

Kupferlasur, das Mineral / Azurit.

Kupferschiefer, dunkler, feinschichtiger, kohlig-bituminöser, sulfidreicher Mergelschiefer, der bis 3% Kupfer, daneben u. a. Blei, Zink, Silber enthält; aus Faulschlamm entstanden.

Kupferstich, das Verfahren, eine Zeichnung in eine Kupferplatte einzugravieren, sowie der von dieser auf Papier abgezogene Druck; die früheste Tiefdrucktechnik der druckgraf. Verfahren.

Beim K. i. e. S. werden mit dem **Grabstichel,** einem vorn abgeschrägten Stahl, auch **kalte Nadel** genannt, in die glatt polierte Oberfläche des Kupfers Furchen eingeritzt, die beim Abdruck der mit Druckfarbe eingeriebenen und von überflüssiger Farbe befreiten Platte je nach Tiefe und Breite der Furchen kräftigere oder zartere Linien ergeben (Kaltnadeltechnik). Bei der **Radierung** wird die Platte mit einer säurefesten Schicht von Wachs und Harz bestrichen und in diese mit der Nadel gezeichnet, sodass das Metall freigelegt

Kupferglanz: Kristallaggregat

wird. Wenn die Platte dann mit Säure übergossen wird, ätzt diese die Zeichnung ein, desto tiefer, je länger man sie wirken lässt. Nach Entfernung der Deckschicht und Abzug eines Probedrucks kann die Platte weiterbearbeitet werden, meist mit der kalten Nadel. Bei der **Schabkunst (Mezzotinto)** wird das Kupfer mit Roulette und Schabeisen gleichmäßig aufgeraut, um beim Abdruck ein samtartiges Schwarz zu erzielen; die Stellen, die hell erscheinen sollen, werden mit einem Polierstahl und Schaber wieder geglättet; wegen der Möglichkeit, Tonübergänge zu erzeugen, geeignet zur Wiedergabe von Pastell- u.a. Bildern mit Halbtoncharakter. Bei der **Punktiermanier**, die Schattierungen durch Punkte wiedergibt, wird die Platte mit Punzen bearbeitet. Die **Aquatinta** ist ein Ätzverfahren (↗ Aquatinta). Der Ätzung bedient sich auch die **Kreidemanier (Crayonmanier)**, bei der durch Verwendung von Roulette, Punze u.a. Werkzeugen ähnl. Wirkungen wie bei Kreidezeichnungen erzielt werden. Bei **Farbdrucken** werden mehrere Platten übereinander gedruckt. Um eine größere Zahl von Abzügen zu ermöglichen, stach man im 19. Jh. auch in Stahl (**Stahlstich**).

Die Entstehung des K. geht auf die seit dem Altertum bekannte Technik der Metallgravierung zurück. Die ersten von Kupferplatten auf Papier abgedruckten Stiche entstanden zu Beginn des 15. Jh. wohl in Süd-Dtl. (älteste Datierung: 1446). Zu den bedeutendsten Stechern der Frühzeit gehören der ↗ Spielkartenmeister und der Meister ↗ E. S. Die von ihnen noch zaghaft gehandhabte Technik bildete M. Schongauer zu Klarheit und rhythm. Ausgeglichenheit der Linienzeichnung aus. Gleichzeitig schuf der ↗ Hausbuchmeister malerisch zarte Kaltnadelarbeiten. Unter den italien. Stechern des 15. Jh. ragt A. Mantegna hervor. An Schongauer knüpfte Dürer an, der die Ausdrucksmöglichkeiten des K. zur Vollendung entwickelte. Von den großen dt. Malern seiner Zeit hat A. Altdorfer, vereinzelt auch L. Cranach d.Ä., in Kupfer gestochen. Die ↗ Kleinmeister arbeiteten unter Dürers Einfluss, der auch das Schaffen von Stechern des Auslandes mitbestimmte (L. van Leyden, M. Raimondi). – Die 1510 aufgekommene Technik der Radierung geht auf den Brauch zurück, Verzierungen in Rüstungen und Waffen zu ätzen. Zu den frühesten Werken gehören in Eisen geätzte Radierungen von Dürer und Altdorfer.

Mit dem ausgehenden 16. Jh. verlor der K. immer mehr an selbstständiger Bedeutung. Hervorragende Leistungen brachten in Frankreich bes. die Bildnisstecher hervor, die jedoch meist nach Werken anderer Künstler arbeiteten. Neben Bildnissen entstanden v.a. Reproduktionsstiche, deren zu hoher Genauigkeit entwickelte Wiedergaben von Gemälden bis zum Aufkommen photomechan. Verfahren zu den Hauptaufgaben der Kupferstecher gehörten (Rubens-Stecher, Watteau-Stecher). – Während der Arbeit abgezogene Probedrucke zeigen, an welchen Stellen Korrekturen angebracht werden müssen. Diese Probedrucke lassen die »Zustände« der einzelnen Etappen erkennen. Probedrucke nach Einsetzen des Namens werden ↗ avec la lettre bezeichnet. Folgende Zusätze nach dem Namen zeigen, welchen Beitrag der Künstler zu dem K. geleistet hat: ↗ invenit, ↗ sculpsit, ↗ exc., ↗ pinxit, ↗ delineavit. – Seit dem 17. Jh. bevorzugten die hervorragendsten Künstler die Radierung. Rembrandt entwickelte die durch das Ätzverfahren ermöglichten Hell-Dunkel-Wirkungen zu höchstem Ausdrucksreichtum. Im 17. Jh. radierten neben niederländ. Malern (A. van Ostade, P. Potter, J. van Ruisdael) die Franzosen J. Callot und C. Lorrain. In

Kupferstich: Hieronymus Cock, »Die großen Fische fressen die kleinen«, nach einer Vorlage von Pieter Bruegel d.Ä. (1557; Privatsammlung)

Dtl. wurde M. Merian mit seinen Stadtansichten bekannt. Sein Schüler W. Hollar schuf rd. 3000 K. Um 1640 erfand L. von Siegen das Schabkunstverfahren, das bes. in England weiterentwickelt wurde. Die neu aufgekommenen Verfahren der Aquatinta, der Kreide- und Punktiermanier dienten v.a. der Wiedergabe von Gemälden und Zeichnungen. Von den Radierern des 18. Jh. ragen in Italien Tiepolo und Piranesi, in England W. Hogarth, in Frankreich F. Boucher und J. H. Fragonard, in Dtl. D. Chodowiecki hervor. Der bedeutendste Radierer des 19. Jh. war F. Goya. In Dtl. wurden meisterhafte Radierungen von W. Leibl, M. Klinger und K. Kollwitz geschaffen. – Im 20. Jh. haben einzelne Künstler den K. wieder aufgenommen (z.B. Picasso); in der Buchillustration trat in jüngster Zeit Baldwin Zettl hervor.

Kupferstichkabinett, Samml. von Handzeichnungen, Kupferstichen u.a. Druckgrafik in Museen und Bibliotheken.

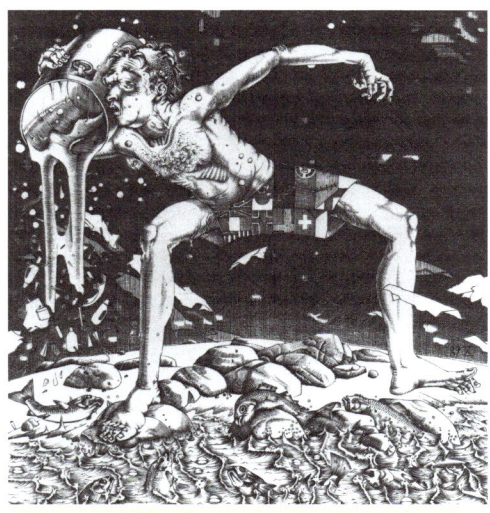

Kupferstich: Baldwin Zettl, »Der falsche Antonius« (1989)

Kupfervitriol, das Kupfersulfat (↗ Kupfer).

Kupferzeit (Steinkupferzeit, Aeneolithikum, Chalkolithikum), Bez. für den Zeitabschnitt zw. Jungstein- und Bronzezeit, in dem unlegiertes Kupfer zur Herstellung von Waffen, Geräten und Schmuck verwendet wurde; heute zumeist Bez. für die Kupfer führenden Kulturen der späten Jungsteinzeit.

kupieren [frz. »schneiden«], **1)** *Medizin:* den Verlauf einer Krankheit stark abkürzen oder ihren Ausbruch verhindern.
2) *Obstbau:* die Triebe kürzen.
3) *Tierzucht:* bei Tieren (v. a. bei bestimmten Hunderassen) den Schwanz oder die Ohren unvollständig amputieren; seit 1. 1. 1987 ist das K. der Ohren bei Hunden gesetzlich verboten.

Kupka, František, tschech. Maler und Grafiker, *Opočno (bei Náchod) 23. 9. 1871, † Puteaux (Dép. Hauts-de-Seine) 21. 6. 1957; übersiedelte 1895 nach Paris; ausgehend vom Jugendstil, wandte sich K. 1910/11 der abstrakten Malerei zu, deren musikalisch-rhythm. Richtung er mitbegründete.

Kupol|ofen (Kuppelofen), zylindr., mit feuerfesten Steinen ausgemauerter und von Stahlblech umkleideter Schachtofen zum Erschmelzen von Gusseisen in Gießereien. Die Beschickung (Roheisen, Koks, Zuschläge) wird an der Gicht aufgegeben, das flüssige Eisen unten abgestochen.

Kupon [-pɔŋ] *der* (frz. Coupon), Gutschein zur Einlösung von Zinsen oder Dividenden für festverzinsl. Wertpapiere oder Aktien; i. d. R. als gedruckte Quittungsformulare in Bogenform (**K.-Bogen**) jeder Wertpapierurkunde (**Mantel**) beigegeben. Bei Fälligkeit wird ein K. abgeschnitten und eingelöst. Die Einziehung der K. und die Gutschrift der Erträge wird meist von einer Bank als Depotverwalter übernommen.

František Kupka: Vertikale und diagonale Elemente (1913; Privatsammlung)

Kuppel [aus italien. cupola], einfaches sphär. Gewölbe aus Werk- oder Backstein, Beton oder Stahlbeton, Holz oder Stahl zur Überspannung eines kreisförmigen, quadrat. oder polygonalen Raumes. Bei eckigen Räumen kann der Fußkreis der K. dem Grundriss entweder umbeschrieben sein (**Hänge**- oder **Stutz-K.**, auch **böhm. Kappe**) oder ist diesem einbeschrieben. Dann bedarf es der Hilfskonstruktion über den Ecken, meist mittels ↗ Trompen oder mittels sphär. Dreiecke (Hängezwickel, Pendentif, **Pendentif-K.**). Die K.-Beleuchtung kann durch eine Scheitelöffnung (Opaion, Auge) erfolgen, der meist ein zylindr. Türmchen mit Fensterkranz (Laterne) aufgesetzt ist, oder durch eingeschnittene Öffnungen in ihrer Schale. Oft ruht die K. auf einem durchfensterten Zylinder (Tambour).
Grabbauten prähistor. Zeit und bes. der myken. Kultur (**K.-Gräber**) wurden mit K. aus ringförmig verlegten, übereinander vorkragenden, waagerechten Steinschichten überwölbt (»Schatzhaus des Atreus« in Mykene). Der K.-Bau aus Keilsteinen ist seit etrusk. und hellenist. Zeit nachweisbar und erreichte seinen Höhepunkt in der Halbkugel-K. des ↗ Pantheons in Rom. In der frühbyzantin. Baukunst trat neben die aus einzelnen sphär. Wölbsegmenten gebildete **Schirm**- oder **Segel-K.** die Pendentif-K. (↗ Hagia Sophia). Eine Weiterentwicklung erfuhr sie im Bereich des islam. Baukunst, in der Zellenwerk und Stalaktiten (Mukarnas) an die Stelle der Hängezwickel traten. F. Brunelleschis K. des Florentiner Doms und Michelangelos K. der ↗ Peterskirche in Rom mit innerer Raumschale und äußerer Schutzschale wurden zum Vorbild für viele K. des Barock. Im 19. Jh. wurden Rippen-K. aus Holz- oder Stahlbindern konstruiert, im 20. Jh. fand die dünnwandige Schalenbau-weise Anwendung, nach 1945 unter Ausnutzung des Spannbetons.

Kuppelei, gewohnheitsmäßige oder eigennützige Förderung zwischenmenschl. sexueller Handlungen. Seit dem 4. Strafrechtsreform-Ges. vom 23. 11. 1973 wird in Dtl. nur noch die Förderung sexueller Handlungen durch oder an Personen unter 16 Jahren mit Freiheitsstrafe bis zu drei Jahren oder mit Geldstrafe belegt (§ 180 StGB). Eine erschwerte Form ist die Förderung sexueller Handlungen gegen Entgelt oder unter Ausnutzung eines Autoritätsverhältnisses (bei Personen bis zu 18 Jahren strafbar), eine Sonderform die Ausbeutung von Prostituierten, z. B. durch gewerbsmäßige Führung eines Bordells, in dem Prostituierte in persönl. und wirtsch. Abhängigkeit gehalten werden (↗ Prostitution, § 180 a StGB). – Das *österr.* StGB (§§ 213–215) enthält ähnl. Strafvorschriften, das *schweizer.* StGB stellt die Förderung der Prostitution unter Strafe (Art. 195).

Kuppelgrab, ↗ Kuppel.

Kuppelkirchen, Kirchen, deren Raumteile überwiegend mit ↗ Kuppeln überwölbt sind. Die **Kuppelbasilika** wurde in Byzanz entwickelt und ist außer in S-Italien v. a. in S-Frankreich bei roman. Bauten anzutreffen, in denen meist mehrere Kuppeln in der Längsachse eines Saalbaus aneinander gereiht sind (Souillac, Abteikirche, Ende des 12. Jh.). Die **Kreuz-K.** auf dem Grundriss des grch. Kreuzes mit fünf (auf Tambouren ruhenden) Kuppeln (über der Vierung und den vier Kreuzarmen) entstand in mittelbyzantin. Zeit (6. oder 7. Jh.), war die Hauptform des byzantin. Kirchenbaus und verbreitete sich in der ganzen Ostkirche (Bulgarien, Serbien, Russland; auch Venedig). – Die **barocke K.** ist ein Zentralbau oder eine Verschmelzung von Zentral- und Langhausbau.

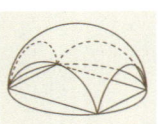
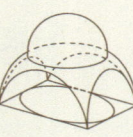
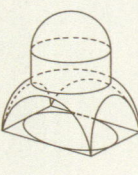
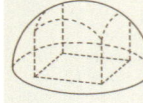

Kuppel (von oben): Hängekuppel, Pendentifkuppel, Kuppel über Pendentifs und Tambour sowie Stutzkuppel

Kupplung, lösbare Einrichtung zur Verbindung von Maschinenteilen, Fahrzeugen (z. B. Anhänger-K., ↗Eisenbahnkupplungen) oder Versorgungsleitungen. Bei flexiblen elektr. Leitungen nennt man die Steckvorrichtung ebenfalls Kupplung. – Im Maschinenbau Verbindung meist zweier Wellenenden **(Wellen-K.)** zur Übertragung eines Drehmoments vom treibenden auf das getriebene Teil (z. B. vom Motor auf eine Pumpe). Man unterscheidet **nicht schaltbare K.** bei denen eine Unterbrechung der Drehmomentübertragung i. Allg. nicht bzw. nur nach Ab- oder Ausbau der K. möglich ist, und **schaltbare K.** bei denen die treibende Welle von der getriebenen getrennt oder mit ihr verbunden werden kann, z. T. ohne Anhalten der treibenden Welle. Zu den nicht schaltbaren K. zählen die festen K., die die beiden Wellenenden starr miteinander verbinden, und die Ausgleichs-K.; zu den schaltbaren K. zählen alle durch äußeren Eingriff **(fremdgeschaltete K.** oder **Schalt-K.)** mechanisch, elektrisch, hydraulisch und pneumatisch betätigten form- und kraftschlüssigen K. einschl. der **selbsttätig schaltenden K.,** der Induktions-K. sowie der hydrodynam. K. (Strömungskupplung).

Feste K. setzen ein genaues Fluchten der zu kuppelnden Wellen voraus und sind nur für stoßfreien Betrieb oder geringe Drehmomentschwankungen geeignet. Hierzu gehören **Stirnzahn-K., Scheiben-K.** und **Schalen-K. Ausgleichs-K.** lassen entweder axiale, radiale winklige oder gleichzeitig parallele und winklige Wellenverlagerungen zu; in Längsrichtung bewegl. Ausgleichs-K. stellen außer der Wellenverbindung auch einen Längenausgleich her **(Ausdehnungs-K.).** Bei drehstarren Ausgleichs-K. wird das Drehmoment je nach Bauart durch Klauen **(Klauen-K.),** Innen- und Außenverzahnung **(Zahn-K.),** elast. Membranen **(Membran-K.)** oder Ringe **(Ring-K.,** z. B. Hardy-Scheibe) übertragen.

Formschlüssige Schalt-K. sind nur im Stillstand, bei Drehzahlgleichheit oder bei geringen Relativdrehzahlen beider Wellen schaltbar; sie können nur in diskreten Stellungen von An- zu Abtriebswelle arbeiten. Als Schaltelemente dienen Bolzen, Klauen oder Zähne. **Kraftschlüssige Schalt-K.** sind v. a. die Reibungs-K. Hier wird der Kraftfluss durch Anpressen von Reibflächen, die mit der einen Welle drehfest, aber verschiebbar verbunden sind, an entsprechende Gegenflächen der anderen Welle hergestellt. Sie sind während des Betriebs schaltbar. Müssen die Reibflächen der K. geölt werden, spricht man von einer **Nass-K.,** ist dies nicht nötig, von einer **Trocken-K.** Bei der in der Kraftfahrzeugtechnik am häufigsten verwendeten **Einscheibentrocken-K.** erfolgen Kraftschluss und Drehmomentwandlung bzw. Drehzahlanpassung in der Weise, dass eine axial verschiebbare, mit der Getriebewelle drehfest verbundene **K.-Scheibe** durch Federkraft mehr oder weniger stark gegen das Schwungrad des Motors gepresst und von diesem mit oder ohne entsprechenden Schlupf durch Reibung mitgenommen wird. Zur Lösung der K. wird die K.-Scheibe über das **K.-Pedal,** ein mechan. Gestänge, und die am K.-Ausrücklager anlenkende Ausrückgabel vom Schwungrad getrennt. Die übertragbaren Drehmomente sind abhängig vom Durchmesser der K.-Scheibe und von der Anpresskraft der K.-Federn. Wo sehr hohe Drehmomente zu übertragen sind (Lkw, Rennwagen) oder wo die K. nur kleine Dimensionen annehmen kann (Motorrad, automat. Getriebe), werden **Zweischeiben-** und **Mehrscheiben-K. (Lamellen-K.)** verwendet. Hier sitzen mehrere K.-Scheiben hintereinander auf der Getriebewelle, denen ebenso viele von der Motorwelle angetriebene, axial verschiebbare und zum so genannten **K.-Korb** verbundene Außenlamellen gegenüberstehen.

Im Gegensatz zu den fremdbetätigten K. leiten die **selbsttätig drehzahlgeschalteten K. (Anlauf-K.)** den Schaltvorgang erst nach Erreichen einer bestimmten Drehzahl ein. Dafür besitzen sie K.-Elemente, die im Ruhestand durch Federn nach innen gezogen werden und erst bei einer bestimmten Drehzahl, die von der eingestellten Federkraft abhängt, durch die Fliehkraft **(Fliehkraft-K.)** nach außen getrieben werden und dabei am abtriebsseitigen K.-Teil zum Anliegen kommen und dann die Antriebswelle mitnehmen. Bei **drehmomentgeschalteten K.,** meist Lamellen-K., ist der Anpressdruck der Federn auf die Reibscheiben so gewählt, dass ab einer bestimmten Grenzbelastung die K. »durchrutscht« **(Rutsch-K.)** und somit als **Sicherheits-K.** wirkt. **Drehrichtungsgeschaltete K.** sind formschlüssige Gesperre oder kraftschlüssige **Klemmkörper-K.,** bei denen sich Rollen, Kugeln u. a. zw. die K.-Teile klemmen, solange die Antriebsseite treibt. Wird die Antriebsseite vom Abtrieb überholt **(Überhol-K.),** entfällt die Klemmwirkung, An- und Abtrieb sind entkuppelt.

Kupplungsreaktionen, chem. Reaktionen, die zur Ausbildung von Bindungen zw. Kohlenstoffatomen oder einem Kohlenstoff- und einem Heteroatom führen. Besondere Bedeutung für die Herstellung von Azofarbstoffen haben K. von Diazoniumverbindungen mit aromat. Aminen oder Phenolen (Azokupplung).

Kuprin, Alexander Iwanowitsch, russ. Schriftsteller, * Narowtschat (Gebiet Pensa) 7. 9. 1870, † Leningrad (heute Sankt Petersburg) 25. 8. 1938; gehörte vor der Revolution der sozialkritisch orientierten Gruppe um M. Gorki an; lebte 1919–37 in der Emigration, meist in Paris; schrieb spannende naturalist. Erzählungen; Aufsehen erregten »Das Duell« (R., 1905) und »Die Gruft« (R., 1909).

Kur [lat. cura »Sorge«], ärztlich verordnetes und kontrolliertes Heilverfahren mit Orts- und Klimawechsel unter Anwendung spezieller Heilmittel.

Kur [ahd. kuri »Wahl«], Wahl, bes. die des Röm. Königs durch die Kurfürsten; auch das Kurfürstentum (↗Kurlande), die Kurfürstenwürde.

Kür, Sport: aus frei gewählten oder vorgegebenen Elementen zusammengestellte Übung, die im Wettkampf von den Kampfrichtern nach Schwierigkeitsgrad und Durchführung gewertet wird. (↗Pflicht)

Kura die (georg. Mtkwari, türk. Kuruçay), größter Fluss Transkaukasiens, 1 364 km lang, entspringt im Ararathochland (Türkei), durchfließt Georgien und Aserbaidschan und mündet ins Kasp. Meer (Delta); mehrfach gestaut (Mingetschaur-Stausee, 605 km², Kraftwerk mit 359 MW); auf 480 km schiffbar.

Kuraisch, arab. Stamm, ↗Koraisch.

Kurant [von frz. courant »umlaufend«] das (Kurantgeld), zum gesetzl. Zahlungsmittel erklärtes Geldzeichen (früher Goldmünze, jetzt Banknote), das vom Gläubiger in jeder Menge zur Einlösung von Schulden entgegengenommen werden muss (obligator. und definitives Geld). Früher war K. die Währungsmünze eines Landes, deren Nominalwert ihrem Metallwert entsprach.

Kurare das, ein Pfeilgift, ↗Curare.

Kurashiki [-ʃ-], Stadt in der Präfektur Okayama, auf Honshū, Japan, 422 800 Ew.; Kunstgalerie Ōhara, Museen, astronom. Observatorium, biolog. Forschungsinst.; Spinnereien, Metall-, chem., Baustoffind., Eisenerzverhüttung.

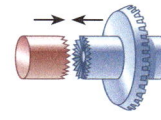

Schraubverbindungen

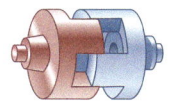

Kupplung (von oben): Stirnzahn-, Scheiben-, Schalen- und Klauenkupplung

Kürassiere, Waffengattung der Kavallerie, ausgerüstet u. a. mit dem Küraß (Brustharnisch), entstanden Ende des 17. Jh.; bis zum Ende des Ersten Weltkriegs in fast allen europ. Heeren.

Kurat [mlat.] *der, kath. Kirchenrecht:* ein Seelsorgegeistlicher mit einer dem Pfarrer vergleichbaren Stellung und eigenem Seelsorgebezirk **(Kuratie).**

Kuratel [lat.] *die,* veraltend für Vormundschaft, Pflegschaft; im *österr.* ABGB noch verwendet (§§ 271 ff.); im übertragenen Sinn strenge Aufsicht.

Kurator [lat.] *der,* **1)** *bürgerl. Recht:* Vormund, Pfleger.
2) *Verwaltungsrecht:* Aufsichtsbeamter des Staates an Hochschulen u. a. zur Vermögensverwaltung.

Kuratorium *das,* Aufsichtsgremium, z. B. einer öffentl. Körperschaft, Anstalt oder Stiftung; auch (gemeinnützige) Vereinigung.

Kuratorium Unteilbares Deutschland, Vereinigung zur Förderung der dt. Wiedervereinigung, Sitz: Bonn; gegr. am 17. 6. 1954, wurde nach der Wiedervereinigung (1990) 1992 aufgelöst.

Kurbelgetriebe (Kurbeltrieb), ein Gelenkgetriebe mit mindestens einem als Kurbel umlaufenden Glied; v. a. als Schub-K. ausgeführt, das z. B. in Hubkolbenmaschinen zur Umwandlung hin- und hergehender Kolbenbewegungen in Drehbewegungen und im Pumpenbau zur umgekehrten Bewegungsumformung verwendet wird.

Kurbelwelle, mehrfach gekröpfte Welle in einem Kurbelgetriebe. Die exzentrisch zum Wellenzapfen liegenden Kurbelzapfen übertragen über die Kurbelwangen die auf die Kröpfung einwirkende schwingende Bewegung eines Gestänges (meist einer Pleuelstange) auf die Welle und wandeln so eine oszillierende in eine rotierende Bewegung um oder umgekehrt.

Kurbette [frz.], *hohe Schule:* die ↗ Courbette.

Kürbis *der* (Cucurbita), Gattung der K.-Gewächse, aus dem südl. Nordamerika oder Südamerika stammend; kriechend wachsende oder kletternde Kräuter mit Blattranken, großen, gelben Blüten und fleischigen, oft sehr großen, in Form und Farbe versch. Beerenfrüchten. Bekannte Arten sind: **Speise-K.** (**Garten-K.,** *Cucurbita pepo*); die unreifen Früchte werden (als Gemüse gekocht) gegessen. **Riesen-K.** (**Zentner-K.,** *Cucurbita maxima*) mit über 4 m langen Stängeln; Frucht meist sehr groß, manchmal über 50 kg schwer; wird v. a. zur Herstellung von Kompott und Marmelade verwendet. (↗ Flaschenkürbis, ↗ Zucchini)

Kurden, Volk in Vorderasien mit iran. Sprache. Die K. leben als Ackerbauern und Halbnomaden im Grenzbereich (etwa 200 000 km²) Türkei/Irak/Iran sowie in NO-Syrien und SW-Armenien. Durch Migration und Umsiedlung gelangten K. auch nach Jordanien, Libanon, Zentralanatolien, O-Iran, Georgien und Mittelasien, als Arbeitskräfte auch in die W-Türkei (Istanbul, Adana u. a.) und nach Europa (v. a. Dtl.). Schätzungen über die Zahl der K. schwanken zw. 12 und 30 Mio., wobei die Zahl von 22,5 Mio. wahrscheinlich ist. Trotz gemeinsamer Sprache, Geschichte und Kultur konnten die K. keinen eigenen Nationalstaat errichten; sie bilden Minderheiten in der Türkei (12 Mio.), in Iran (6,1 Mio.), Irak (3,5 Mio.), Syrien (1 Mio.), in transkaukas. GUS-Staaten (0,15 Mio.) und im westl. Europa (0,62 Mio.). 75–80 % sind Sunniten, die Übrigen Schiiten meist extremer Richtungen. Die Angehörigen der Religionsgemeinschaft der ↗ Jesiden betrachten sich, trotz kurd. Muttersprache, selbst nicht als Kurden.

Geschichte: Erstmals 2150 v. Chr. in Sumer als »Land der Karda« erwähnt, im 3./4. Jh. n. Chr. fand die ethn. Konsolidierung ihren Abschluss. Zwischen 637 und 643 nahm die Mehrheit der K. den Islam an. Die Zugehörigkeit des Siedlungsgebietes der K., ↗ Kurdistan, zum Seldschukenreich (11./12. Jh.), später zum Pers. und Osman. Reich war selten mehr als nominell, vielmehr bildeten sich einheim. lokale Feudalherrschaften heraus. 1514 erstmals zw. Persern und Osmanen aufgeteilt, kam Kurdistan 1639 fast ganz unter osman. Herrschaft, im Zuge der Zentralisierung bis zum 19. Jh. die kurd. Emire durch türk. Gouverneure ersetzte. Im 19. und frühen 20. Jh. wanderten K. (Jesiden) nach Armenien und Georgien aus. Entgegen dem Frieden von Sèvres (10. 8. 1920), der den K. erstmals die Eigenstaatlichkeit zusprach und die Entstehung einer kurd. Nationalbewegung förderte, wurde der ehemals osman. Teil Kurdistans Irak, Syrien und der Türkei eingegliedert (2. Teilung Kurdistans; vorbereitet im ↗ Sykes-Picot-Abkommen von 1916). Der Frieden von Lausanne (24. 1. 1923) gestand den K. keinen Minderheitenschutz in der Türkei zu; zw. 1925 und 1937 schlug die türk. Armee mehrerer größere Aufstände nieder (↗ Türkei, Geschichte). Mit unterschiedl. Intensität betrieben die türk. Reg. seitdem gegenüber den »Bergtürken« genannten K. eine Politik der Türkisierung.

In NW-Iran erstarkte unter sowjet. Besatzung (1941–46) die kurd. Nationalbewegung. Unter Ghasi Mohammed bestand dort 1946 die »Kurd. Rep. Mahabad«. In Irak kam es nach Konflikten mit der Reg. (1931/32 und 1944/45) unter Führung von Mulla Mustafa Barsani 1961–70 zu einem allg. K.-Aufstand. Unzufrieden mit der Umsetzung der nach der neuen irak. Verf. (1970) gewährten Autonomie, erhoben sich die K. 1974 unter Barsani erneut (bis Frühjahr 1975).

Mit dem 1. und 2. ↗ Golfkrieg kam es abermals zu Aufständen irak. K. in N-Irak: Im März 1988 setzte Irak Giftgas gegen K. ein (500 000 K. flüchteten in die Türkei und nach Iran), ein weiterer K.-Aufstand (März 1991; Zentrum: Kirkuk; nach dem 2. Golfkrieg) wurde blutig niedergeschlagen und führte zur Flucht von etwa 1,5–2 Mio. K. nach Iran sowie ins Grenzgebiet zur Türkei; amerikan., brit. und frz. Truppen richteten im April 1991 in N-Irak (nördlich des 36. Breitengrads) eine Sicherheitszone ein. In deren Schutz entstand – ohne Zustimmung Iraks – ein faktisch autonomes Gebiet. Im Irakkrieg 2003 beteiligten sich kurd. Peschmerga an Kämpfen

Verbreitungsgebiet der Kurden

Kürbis: Kürbispflanze mit Blüten und junger Frucht

Kürbis: Früchte des Speise- und Riesenkürbisses

im N-Irak; Nahziel der K. im Irak wurde (laut Entwurf für die Verf. einer föderalen Rep. mit zwei Regionen) die Sicherung und Ausweitung ihrer Autonomierechte in Irakisch-Kurdistan.

Die türk. Reg. befürchtete, dass die De-facto-Autonomie des kurd. N-Irak auf Türkisch-Kurdistan ausstrahlen könnte. Mit starkem militär. Vorgehen konnte sie ab 1992/93 die ↗ PKK, die in SO-Anatolien ab 1984 den bewaffneten Guerillakampf für einen eigenen kurd. Staat (seit 1993/94 offiziell für Autonomie innerhalb der Türkei) führte, zerschlagen und zwang sie ab 1999 zum Rückzug (ein Großteil der PKK-Kämpfer floh nach N-Irak) sowie zur Aufgabe des bewaffneten Kampfes (bis hin zur Umbildung zur polit. Partei; Name ab 2002: Kadek). Syrien, Iran und die Türkei beharrten auch im Zusammenhang mit dem Irakkrieg 2003 auf Abwehr aller Bestrebungen zur Errichtung eines K.-Staates.

Kurdistan (pers. Kordestan), **1)** das von ↗ Kurden geschlossen oder überwiegend bewohnte Gebiet in Vorderasien.

2) Prov. in Iran, 29 151 km², 1,35 Mio. Ew., Hptst. Sanandaj; umfasst etwa ⅓ des von Kurden bewohnten iran. Gebietes.

3) seit 1991 faktisch autonome Region in Irak (↗ Kurden, Geschichte).

Kure, Stadt auf Honshū in der Präfektur Hiroshima, Japan, an der Japan. Inlandsee, 209 500 Ew.; Werften, Stahl-, Papierind., Maschinen-, Gerätebau.

Kuren, westfinn. Volksstamm, ↗ Kurland.

Kürenberg (Der von Kürenberg, Der Kürenberger), mhd. Lyriker des 12. Jh., wird als ältester Vertreter des »donauländ.« Minnesangs einem österr. Ministerialengeschlecht zugewiesen; unter seinem Namen überlieferte meist einstrophige Lieder sind durch Frauenstrophen, Wechsel (Dialoglieder) und das unbefangene Bekennen wechselseitiger Minne gekennzeichnet. Berühmt ist bes. das zweistrophige »Falkenlied«.

Kuressaare (früher dt. und schwed. Arensburg, 1952–88 Kingisepp), Stadt in Estland, Hauptort auf der Ostseeinsel Saaremaa, 16 300 Ew.; See- und Schlammbad; Fischverarbeitung, Textilind.; Fischereihafen am Rigaischen Meerbusen.

Kürettage [-'taʒə, frz.] *die,* ↗ Ausschabung.

nig von Böhmen. Ludwig IV., der Bayer, verfocht den Grundsatz, dass die Mehrheit der sieben K. zur rechtsgültigen Wahl genüge. Dies wurde 1338 vom ↗ Kurverein von Rhense anerkannt und 1356 Reichsgrundgesetz durch die ↗ Goldene Bulle, die u. a. auch die Reihenfolge der Stimmabgabe regelte. Das **K.-Kollegium,** Ergebnis des Interregnums und seit 1273 ein geschlossener Wahlkörper, bildete seit dem 15. Jh. auf den Reichstagen die 1. Kurie. Die böhm. Kurwürde ruhte seit den Hussitenkriegen (15. Jh.) bis 1708 mit Ausnahme der Beteiligung an der Königswahl; die pfälz. Kur wurde 1623 Bayern übertragen, der Pfalz aber 1648 eine 8. Kurwürde zugestanden, Braunschweig-Lüneburg (Hannover) hatte seit 1692 eine 9., nach Vereinigung Bayerns mit der Kurpfalz 1777 die 8. Kurwürde inne (seit 1778). 1803 (Reichsdeputationshauptschluss) wurden die Kurstimmen von Trier und Köln aufgehoben, die Mainzer Kur auf Regensburg-Aschaffenburg übertragen. Neu geschaffen wurden die **Kurfürstentümer** Salzburg (1805 auf Würzburg übertragen), Württemberg, Baden und Hessen-Kassel (K.-Titel bis 1866; Kurhessen).

Kurfürstendamm (volkstümlich Ku'damm), etwa 3,5 km langer Berliner Boulevard; urspr. ein im 16. Jh. von Kurfürst Joachim II. angelegter Dammweg zu seinem Jagdschloss im Grunewald, 1881 ausgebaut (53 m breit).

Kurfürstenkollegium, ↗ Kurfürsten, ↗ Kurie.

Kurgan [türk.-russ.] *der,* vorgeschichtl. Hügelgrab in O-Europa und W-Sibirien, bes. das der Skythen.

Kurgan, Hptst. des Gebiets K., Russland, am Tobol, Westsibirien, 367 200 Ew.; Hochschulen; Omnibuswerk, Maschinenbau, chem. Ind.; im Gebiet K. Urangewinnung; Bahnknoten an der Transsibir. Eisenbahn. – Gegr. 1662 als befestigte Siedlung, seit 1782 Stadt.

Kurhessen, 1) das 1803 aus der Landgrafschaft Hessen(-Kassel) geschaffene Kurfürstentum Hessen (↗ Hessen, Geschichte); **2)** die 1944 durch Aufteilung der preuß. Prov. Hessen-Nassau gebildete Prov. (bestand bis 1945).

Kuria-Muria-Inseln, Gruppe von fünf wüstenhaften Felsinseln vor der SO-Küste der Arab. Halbinsel, zu Oman gehörend, 76,2 km², rd. 100 Ew. auf der Hauptinsel Hallanija. – 1854–1967 britisch.

Kurfürsten: Kaiser Otto III. mit den drei geistlichen Kurfürsten (links) und den vier weltlichen Kurfürsten (rechts); Ausschnitt aus einer Darstellung in einem Atlas von Abraham Ortel Ortelius (um 1570; London, Royal Geographical Society London)

Kurfürsten [zu ahd. kuri »Wahl«] (lat. Electores), im Hl. Röm. Reich vom 13. Jh. bis 1806 die zur Königswahl berechtigten Fürsten. Vorher waren alle Reichsfürsten wahlberechtigt; seit 1198 mussten jedoch die Erzbischöfe von Trier, Mainz und Köln und der Pfalzgraf bei Rhein an der Wahl beteiligt sein. Seit der Wahl von 1257 galten sieben K. allein als Königswähler: die vier genannten Fürsten, der Herzog von Sachsen, der Markgraf von Brandenburg und der Kö-

Kuriatstimme (Gesamtstimme), die Stimme in einem Kollegium (Kurie), die von einem Stimmberechtigten nur mit anderen zusammen als Gesamtstimme abgegeben werden kann; im Reichstag des Hl. Röm. Reiches bis 1806 die gemeinschaftlich geführte Stimme der kleinen, zu Kurien vereinigten Reichsstände; Ggs.; ↗ Virilstimme.

Kurie [lat. curia] *die,* **1)** die älteste Gliederungsform der röm. Bürgerschaft in 30 Körperschaften, politisch wirksam in den ⁄ Komitien; dann auch Bez. für den Versammlungsraum des Senats.

2) der Gerichtshof oder eine andere Behörde sowie deren Sitz. Die Reichstage des Hl. Röm. Reiches gliederten sich nach K. (⁄ Kuriatstimme). Seit 1498 bildeten die ⁄ Kurfürsten die 1. K. (Kurfürstenkolleg[ium]).

3) die Gesamtheit der kirchl. Behörden, durch die der Papst die kath. Kirche leitet. Zur **röm. K.** gehören seit der K.-Reform (1988) fünf Behördengruppen: 1) das Staatssekretariat; 2) neun ⁄ Kurienkongregationen; 3) drei Gerichtshöfe; 4) elf Päpstl. Räte; 5) drei Ämter (u. a. die Vermögensverwaltung des Apostol. Stuhls). Mit der röm. K. verbunden sind versch. Institutionen, darunter das ⁄ Vatikanische Archiv, die ⁄ Vatikanische Bibliothek und Radio Vatikan.

Kuri|enkongregation (früher Kardinalskongregation), für die gesamte kath. Kirche zuständige, einem Ministerium vergleichbare, kollegial verfasste höchste Behörde der röm. Kurie, von einem Kardinalpräfekten geleitet; Mitgl. sind Kardinäle und Diözesanbischöfe. Schwerwiegende oder außergewöhnl. Entscheidungen bedürfen der Zustimmung des Papstes. Heute (2003) bestehen neun K.: für die Glaubenslehre, für die Ostkirchen, für den Gottesdienst und die Sakramente, für die Evangelisation der Völker, für die Bischöfe, für den Klerus, für die Ordensleute und Säkularinstitute, für das kath. Bildungswesen und für die Selig- und Heiligsprechungsverfahren.

Kurier [frz.] *der,* Eilbote, bes. ein Staatsbote zur Übermittlung wichtiger geheimer Nachrichten im diplomat. Dienst; danach: Name vieler Zeitungen.

Kurilen (japan. Chishima), Inselbogen zw. Hokkaidō und Kamtschatka, 1 270 km lang, mit über 30 größeren und vielen kleinen, nur z. T. bewohnten Inseln vulkan. Ursprungs (noch 39 tätige Vulkane), häufig Erd- und Seebeben, insgesamt 15 600 km²; Klima kalt und nebelreich, v. a. Fischfang. Auf der Insel Kunashiri (Kunaschir) K.-Nationalpark (653 km²). – 1643 durch den Niederländer M. de Vries entdeckt; danach drangen die Russen von N und die Japaner von S auf die K. vor, die 1875 vollständig an Japan fielen; 1945 von der UdSSR besetzt (heute zum russ. Gebiet Sachalin gehörend). Japan verzichtete auf die K. im Friedensvertrag von San Francisco 1951, den die Sowjetunion nicht unterzeichnete. Die von Japan geforderte Rückgabe der (dort »Nördl. Territorien« genannten) Inseln Habomei, Shikotan, Kunashiri und Iturup an Japan verweigerte die UdSSR; nunmehr wird eine Lösung des K.-Problems auf dem Verhandlungsweg mit Russland angestrebt.

Kurische Nehrung (litauisch Kuršių nerija, russ. Kurschskaja kossa), schmaler Dünenstreifen, 98 km lang, 0,4–3,8 km breit, zw. dem **Kur. Haff** (Strandsee, 1 610 km², bis 5 m tief) und der Ostsee, in Russland und Litauen. Die Landzunge setzt im S am Samland an und endet im N gegenüber Memel am **Memeler Tief** (schmale Rinne zw. Kur. Haff und Ostsee). Auf der Haffseite ziehen sich große, zeitweilig bis zu 70 m Höhe erreichende, z. T. wandernde Dünen hin. Die z. T. bewaldete K. N. ist Nationalpark und UNESCO-Weltkulturerbe; in Rossitten russische biolog. Station. Fischfang, -verarbeitung und Bäderverkehr sind die Hauptwirtschaftszweige.

Kurkuma *die,* die ⁄ Gelbwurzel.

Kurland (lett. Kurzeme), histor. Landschaft in Lettland, zw. Ostsee, Rigaischem Meerbusen und Düna. K. war neben Riga das Hauptsiedlungsgebiet des balt. Deutschtums.

Geschichte: K., im MA. Siedlungsgebiet der westfinn. Kuren, wurde im 13. Jh. vom Dt. Orden erobert und christianisiert. Nach dem Zerfall des livländ. Ordensstaates ab 1561 weltl. Herzogtum unter poln. Lehnshoheit. 1737 (Aussterben der von Gotthard Kettler begründeten Dynastie) erhob die Kaiserin Anna von Russland ihren Günstling E. J. von Biron zum Herzog von Kurland. 1795 kam K. an Russland (eins der drei Ostseegouvernemente, bed. Rolle des dt.-balt. Adels mit seinem Großgrundbesitz bis ins 20. Jh.). Das 1915–19 und erneut 1941–45 von dt. Truppen besetzte K. gehört seit 1918 zu ⁄ Lettland.

Kurlande, Reichslehnsgebiete, an die die Kurwürde der ⁄ Kurfürsten geknüpft war (endgültig geregelt in der Goldenen Bulle 1356).

Kurmark, ehem. der Hauptteil (Kurland) der Mark Brandenburg (Altmark, Mittelmark, Prignitz u. a.).

Kürnberger, Ferdinand, österr. Schriftsteller, * Wien 3. 7. 1821, † München 14. 10. 1879; nahm 1848 an der Revolution in Wien, 1849 in Dresden teil, lebte seit 1857 wieder in Wien; bed. Novellist des Realismus; Feuilletonist und Kritiker; wichtiges Zeitdokument ist der Lenau-Roman »Der Amerika-Müde« (1855).

Kishō Kurokawa: Wacoal-Kojimachi-Gebäude in Tokio (1984)

Kurokawa, Kishō, japan. Architekt, * Nagoya 8. 4. 1934; Theoretiker und führender Vertreter des Metabolismus; trat u. a. mit dem Nagakin-Hochhaus in Tokio (1971/72) hervor, mit dem er seine Idee von Wohnkapseln erstmals realisierte. In Amsterdam errichtete er den modernen Anbau des Van-Gogh-Museums (1999 eröffnet).

Kuroń [-rənj], Jacek, poln. Politiker und Publizist, * Lemberg 3. 3. 1934; gründete als Kritiker des kommunist. Gesellschaftssystems in Polen 1976 das »Komitee zur Verteidigung der Arbeiter« (Abk. KOR); beriet ab 1980 die Gewerkschaftsorganisation »Solidarność«, mehrfach inhaftiert (zuletzt 1981–84); wurde 1989 Abg. des Sejms und war 1989–90 und 1992–93 Arbeits- und Sozialminister.

Kur|ort, behördlich zu genehmigende Bez. für einen Ort oder Ortsteil, in dem durch natürl. Gegebenheiten und zwecksprechende therapeut. Einrichtungen bestimmte Krankheiten behandelt werden können oder deren Entstehung vorgebeugt wird. Es werden z. B. **Luft-K., Heilbäder, Kneipp-K.** unterschieden.

Kuros [grch. »Jüngling«] *der,* nackte Jünglingsfigur der archaischen grch. Kunst.

Kurosawa, Akira, japan. Filmregisseur und Produzent, * Tokio 23. 3. 1910, † Tokio 6. 9. 1998; Meister des japan. Films, der seit 1950 auch internat. bekannt wurde: »Rashomon« (1950), »Die sieben Samurai« (1953), »Uzala, der Kirgise« (1975), »Kagemusha« (1980), »Ran« (1985), »Rhapsodie im August« (1991).

Kuroshio [-ʃ-; japan. »schwarzer Strom«; nach der tiefblauen Wasserfarbe], warme, salzreiche Meeresströmung des Pazif. Ozeans auf der O-Seite der japan. Inseln.

Kurpfalz, das ehem. Kurfürstentum ↗ Pfalz.

Kurrentschrift [lat. »geläufige Schrift«], Schrift, bei der die einzelnen Buchstaben miteinander verbunden sind (Schreibschrift).

Kur|rheinischer Kreis, einer der (seit 1512 zehn) Reichskreise des Hl. Röm. Reiches bis 1806, umfasste die vier rhein. Kurfürstentümer Mainz, Trier, Köln und Pfalz sowie einige kleinere Territorien.

Kurs [lat. »Lauf«] *der,* **1)** *Börsenwesen:* Preis für an einer Börse gehandelte Wertpapiere, Derivate, Devisen und Waren, wobei der Begriff Börsen-K. offiziell durch die Bez. **Börsenpreis** ersetzt wurde. Seit In-Kraft-Treten der Börsen-Ges. vom 21. 6. 2002 entfällt die amtl. Feststellung des K. durch die von der Börsenaufsichtsbehörde bestellten K.-Makler. Die Ermittlung des Börsenpreises erfolgt künftig an Wertpapierbörsen im elektron. Handel oder durch zur Festsetzung des Börsenpreises zugelassene Unternehmen (**Skontroführer**) und ergibt sich aus dem zum Zeitpunkt der K.-Bildung bestehenden Verhältnis von Angebot und Nachfrage. Der Vorrang des Präsenzhandels entfällt; es bleibt den einzelnen Börsen überlassen, wie sie die von ihnen eingesetzten Handelssysteme (Parketthandel, elektron. gestützter oder vollelektron. Handel) in der Börsenordnung ausgestalten. Als **Einheits-K.,** der im Präsenzhandel nur einmal börsentäglich ermittelt wird – im Computerhandel (↗ Xetra®) finden ggf. mehrere Auktionen an einem Börsentag statt –, wird der Kurs notiert, zu dem anhand der vorliegenden Kauf- und Verkaufsaufträge (unlimitiert »billigst« bzw. »bestens« oder mit Preisvorgabe) die meisten Geschäfte abgeschlossen werden können (Meistausführungsprinzip). **Fortlaufende Notierungen (variable, schwankende, fortlaufende K.)** werden zu Beginn (**Eröffnungs-K.**), im Verlauf und zum Schluss der Handelsphase an der Börse (**Schluss-K.**) für Wertpapiere ermittelt, die zum variablen Handel zugelassen sind. Diese können seit 1. 6. 1999 an allen Präsenzbörsen ohne Mindestvolumina (ab Stückzahl eins) variabel (laufend) gehandelt werden. Damit wurden die früheren Mindestordergrößen aufgegeben. Für den Terminhandel gibt es noch die **Termin-K.** für Abschlüsse mit fest bestimmter Lieferungszeit oder -frist. An der Computerbörse können Börsengeschäfte mit umsatzstarken Wertpapieren direkt zw. Anbieter und Nachfrager abgeschlossen werden. An ausländ. Börsen kommt auch das **Auktionsverfahren** zur Anwendung: Makler rufen einzelne Papiere auf, Interessenten geben Gebote ab, und der Abschluss erfolgt durch Zuruf zu versch. K., oder man einigt sich durch Abstimmung von Angebot und Nachfrage auf einen Einheits-K. Ohne Einigung wird das Wertpapier nicht notiert.

K. werden i. d. R. in der jeweiligen Landeswährung festgestellt, in Dtl. ist seit 1989 auch eine Notierung in fremder Währung oder in Rechnungseinheiten möglich. K. für festverzinsl. Wertpapiere werden in Prozent des Nennwertes (Prozentnotierung), K. für Aktien (seit 1999) in Euro je Stück (Stücknotierung) angegeben. Der **K.-Wert** ist der sich aufgrund des Börsenkurses ergebende effektive Wert eines Wertpapiers im Ggs. zum Nenn- oder Nominalwert. Bei der Stücknotierung sind K. und K.-Wert identisch. Bei der Notierung in Prozent des Nennwerts errechnet sich der K.-Wert aus

$$\frac{\text{Nennwert} \times \text{Kurs}}{100}.$$

Für Devisen-K. ist die **Preisnotierung (direkte Notierung)** (x € für 100 Einheiten der Auslandswährung) üblich (z. B. 1,01 €/$), die auch für eine bestimmte Einheitsmenge einer gehandelten Ware angewandt wird, im Ggs. zur **Mengennotierung (Quantitätsnotierung)** oder **indirekten Notierung,** bei der die feste Währung im Inland liegt (x Einheiten der Auslandswährung für 100 €, z. B. 0,99 $/€); der Mengen-K. gibt an, wie viele Einheiten der ausländ. Währung dem fest bleibenden Betrag der inländ. Währung entsprechen.

Nachdem das seit 1851 veröffentlichte amtliche **K.-Blatt (K.-Zettel)** per 30. 12. 1999 eingestellt wurde, werden seit 3. 1. 2000 die K. mit den ergänzenden Angaben (**K.-Zusätze**), die Aufschluss über das Börsengeschehen geben, offiziell nur noch über die Internetadresse der Dt. Börse AG verbreitet. – Unter **K.-Regulierung** versteht man die Einflussnahme auf die K.-Bildung durch Kauf- oder Verkaufsorders durch an einem Wertpapier interessierte Kreise, v. a. Emissionsbanken, um z. B. eine Notierung überhaupt zu ermöglichen, größere K.-Schwankungen zu verhindern (**K.-Stabilisierung**) oder ein bestimmtes K.-Niveau zu halten (**K.-Stützung**). Die dauernde K.-Regulierung heißt **K.-Pflege** (Marktpflege).

2) *Bildungswesen:* Lehrgang, Reihe von Vorträgen; Unterrichtseinheit in der gymnasialen Oberstufe; die Schüler wählen K. im Rahmen von Pflicht- und Wahlbereichen. In Gesamtschulen auch Bez. von parallel laufenden Klassen der Sekundarstufe I mit differenziertem Unterricht.

3) *See-* und *Luftfahrt:* Winkel zw. der Längsachse eines Schiffes oder Luftfahrzeugs und der Nordrichtung. Je nach dem Bezugspunkt unterscheidet man den **rechtweisenden K.** (Richtung nach dem geograph. Nordpol), den **missweisenden K.** (Richtung nach dem nördl. Magnetpol) und den **Kompass-K.** (missweisender K. + Deviation, d. h. Abweichung durch das Magnetfeld des Fahrzeugs). Durch seitl. Versetzung infolge Wind- oder Strömungseinfluss (↗ Abdrift) wird der Kompass-K. zum **K. über Grund** (wahrer oder **Kartenkurs**).

Kuros (6. Jh. v. Chr.; Athen, Archäologisches Nationalmuseum)

Akira Kurosawa

Kurs: Kurszusätze (Auswahl)	
b, bz, bez.	= bezahlt: die vorliegenden Aufträge sind zu dem Kurs ausgeführt worden
G	= Geld: nur Nachfrage, kein Angebot; keine Abschlüsse
B, Br.	= Brief: nur Angebot, keine Nachfrage, keine Abschlüsse
bez. G, bz. G	= bezahlt Geld: überwiegende Nachfrage, die nur zum Teil befriedigt werden konnte
bez. B, bz. B	= bezahlt Brief: überwiegendes Angebot, das nur zum Teil untergebracht werden konnte
–	= gestrichen: keine Abschlüsse
r oder rep.	= rationiert oder repartiert: Angebot oder Nachfrage in einem bestimmten Verhältnis gleichmäßig, nur anteilig befriedigt
T	= Taxkurs: geschätzter Kurs, keine Umsätze
ex D., ex Div.	= ohne Dividende: erste Notiz nach dem Dividendenabschlag

Kursachsen, das wettin. (ab 1485 ernestin., ab 1547 albertin.) Kurfürstentum ↗ Sachsen (1423–1806); Kurland: »Kurkreis« Sachsen-Wittenberg).

Kürschner [slaw.], Handwerker, der Bekleidung aus Pelzwerk herstellt oder repariert.

Kürschner, Joseph, Lexikograph, * Gotha 20. 9. 1853, † Windischmatrei (heute Matrei in Osttirol) 29. 7. 1902; Hg. und Redakteur zahlr. Jahrbücher und Nachschlagewerke, u. a. »Dt. National-Litteratur« (1882–99, 220 Bde.). 1883 übernahm er die Leitung des von den Brüdern Hart gegründeten »Allg. Dt. Literaturkalenders« (als »K.s Dt. Literatur-Kalender« im 63. Jahrgang 2002/2003); daneben gibt es seit 1925 »K.s Dt. Gelehrten-Kalender« (ab ^{17}1996 in 2 Reihen; ^{19}2002/2003); seit 1929 »K.s Dt. Musik-Kalender« (^{3}2001); »K.s Biograph. Theater-Hb.« (1956); »K.s Graphiker-Hb.« (^{2}1967).

Kurs-Gewinn-Verhältnis, Abk. **KGV,** Kennziffer zur Beurteilung der Rentabilität einer Aktie; errechnet als Quotient aus dem Börsenkurs einer Aktie und dem (auch für künftige Jahre) geschätzten Gewinn (Jahresüberschuss) der AG pro Aktie. Durch einen Vergleich des KGV einer Aktie (Einzel-KGV) mit dem durchschnittl. KGV aller an der Börse gehandelten Aktien (Gesamtmarkt-KGV) kann deren Kurs beurteilt werden. Aktien mit einem relativ niedrigen KGV gelten danach als preiswert. Alternativ zum Gewinn kann auch der Cashflow je Aktie zum Börsenkurs in Beziehung gesetzt werden **(Kurs-Cashflow-Verhältnis).**

Kursivschrift [lat.] (Kursive), Schrift mit nach rechts geneigten Buchstaben.

Kursk, Hptst. des Gebiets K., Russland, am Seim, 445 000 Ew.; medizin. Univ., mehrere Hochschulen; Maschinenbau, chem., Leder-, Nahrungsmittelind.; unterhalb der Stadt Kernkraftwerk (zurzeit vier Blöcke mit insgesamt 3 800 MW). – Um 1036 erstmals erwähnt, 1238 von Tataren zerstört, seit 1596 als russ. Grenzfestung gegen die Krimtataren ausgebaut, seit 1797 Gouv.-Hptst. – Die **Schlacht am Kursker Bogen** (Juli/Aug.) 1943 war die größte Panzerschlacht des Zweiten Weltkriegs, in der der endgültige Rückzug der dt. Wehrmacht eingeleitet wurde.

Kursker Magnet|anomalie, größte magnet. Anomalie (Abweichung des erdmagnet. Feldes) der Erde, im europ. Teil Russlands, mit bed. Eisenerzlagern; Förderung (seit 1952) in Tagebauen, Verhüttung in Stary Oskol.

Kurskreisel, zur Kursüberwachung von Flugzeugen und -körpern verwendetes Kreiselgerät. Hauptbauelement ist ein kardanisch aufgehängter, kräftefreier ↗ Kreisel, der wegen der Erhaltung des Drehimpulses die Lage seiner Drehachse im Raum beibehält (Richtungs-, Kurshalter). Der Kardanrahmen trägt eine Kursskala mit Gradeinteilung, an der der jeweilige Kurs ablesbar ist. Im Gegensatz zum Kreiselkompass (↗ Kompass), der die Nordrichtung selbsttätig aufsucht, muss der K. auf die Nordrichtung eingestellt werden.

Kurs- und Marktpreismanipulation, das Verbreiten von unrichtigen Angaben oder das Verschweigen von Umständen, die geeignet sind, auf den Börsen- und Marktpreis eines Vermögenswertes (Wertpapiere, Derivate, Waren u. a., die zum Handel an der Börse zugelassen sind) einzuwirken (§ 20a Wertpapierhandelsges.). Als Ordnungswidrigkeit mit hoher Geldbuße und, sofern der Kurs tatsächlich beeinflusst wurde, als Straftat mit Freiheitsstrafe bis zu fünf Jahren oder Geldstrafe bedroht (§§ 38, 39 Wertpapierhandelsges.). – Nach Art. 161bis des *schweizer.* StGB ist die erhebl. Beeinflussung von Börsenkursen durch Verbreitung von Falschangaben oder durch Scheingeschäfte, um dadurch für sich oder für Dritte einen unrechtmäßigen Vermögensvorteil zu erzielen, mit Strafe bedroht.

Kurswagen, *Eisenbahnverkehr:* Reisezugwagen, der auf dem Weg vom Ausgangs- zum Bestimmungsbahnhof verschiedenen Zügen angehängt wird, bes. im internat. Zugverkehr.

Kurszettel (Kursbericht, Kursblatt), ↗ Kurs.

Kurtág [-taːg], György, ungar. Komponist, * Lugoj (Kr. Timiş) 19. 2. 1926; Schüler u. a. von O. Messiaen und D. Milhaud; seine Werke, vorwiegend Kammermusik, zeigen anfangs Einflüsse von B. Bartók, später von A. Webern; u. a. »Kafka-Fragmente« für Sopran und Violine (1987), »Messages/Botschaften für Orchester op. 34« (1998).

Kurtage [kurˈtaːʒ(ə)], ↗ Courtage.

Kurtaxe, in Heilbädern und Kurorten von den Gemeinden erhobene Abgabe (nach Aufenthaltszeit berechnet) für Benutzung der Kureinrichtungen.

Kurtisane die, urspr. Hoffräulein, später die Geliebte vornehmer Herren, auch Halbweltdame.

Kurtschatow, Igor Wassiljewitsch, sowjet. Physiker, * Sim (Gebiet Tscheljabinsk) 12. 1. 1903, † Moskau 7. 2. 1960; Prof. in Leningrad und Moskau, zuletzt am jetzt nach ihm benannten Kernforschungszentrum in Dubna; war maßgeblich beteiligt an der Entwicklung der sowjet. Atombombe, des ersten Kernkraftwerks der Welt (Obninsk) und von Teilchenbeschleunigern.

kurulischer Stuhl [lat.], tragbarer Klappstuhl ohne Rücken- und Seitenlehnen, im antiken Rom Amtssessel für die Inhaber der **kurul. Ämter:** Konsul, Prätor, Zensor, kurul. Ädil.

Kurvatur die, 1) *Anatomie:* Krümmung, gekrümmter Teil eines Organs, z. B. große und kleine K. des Magens.
2) *Baukunst:* in der grch. Architektur an Stufen, Mauern, seltener am Gebälk von Tempeln vorkommende leichte Aufkrümmung der Horizontalen zur Mitte hin.

Kurve [lat. curva] die, *Geometrie:* eine Linie, die man ohne abzusetzen durchlaufen kann. Liegt die K. in einer Ebene, so heißt sie **ebene K.** (z. B. Gerade, Kreis, Parabel), im anderen Falle **Raum-K.** (z. B. Schraubenlinie). Ebene K. haben i. Allg. eine Krümmung, Raum-K. Krümmung und Windung. Eine K. heißt **einfach,** wenn sie keine Doppelpunkte besitzt (d. h. sich selbst weder schneidet noch berührt), **geschlossen,** wenn sie keine Endpunkte hat. (↗ algebraische Kurve)

Kurvengetriebe (Kurventrieb), Getriebe, in dem von einem meist gleichförmig sich drehenden Kurventräger (Scheibe oder Zylinder) ein Eingriffs-

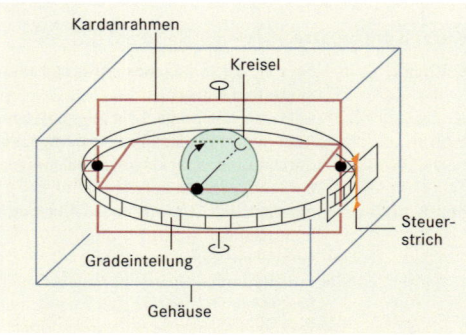

Kurskreisel

glied (Schieber oder Hebel) in bestimmt vorgeschriebene period. Bewegung versetzt werden kann, die durch entsprechende Kurvengestaltung realisiert wird. Bes. angewendet, wenn zw. den Bewegungszeiten vollkommene Stillstände des Eingriffsglieds (z. B. Nockenwelle) verlangt werden.

Kurvenmesser (Kurvimeter), Gerät zur Längenmessung von Kurven, z. B. in topograph. Karten; ein Messrädchen, das längs der Kurve gerollt wird, überträgt die Länge auf einen Zeiger, der sie an mehreren, den übl. Landkartenmaßstäben entsprechenden Skalen anzeigt.

Kurverein von Rhense, die Vereinigung der Kurfürsten (außer Böhmen) am 16. 7. 1338 in Rhense (heute Rhens, Kr. Mayen-Koblenz) zur Verteidigung des Reichsrechts und ihrer Kurrechte. Ihre Erklärung, dass der von ihnen mehrheitlich zum Röm. König Gewählte nicht der päpstl. Bestätigung (Approbation) bedürfe, wurde am 6. 8. 1338 von Ludwig IV., dem Bayern, zum Reichsgesetz erhoben.

Kurz, Isolde, Schriftstellerin, *Stuttgart 21. 12. 1853, †Tübingen 5. 4. 1944; lebte 1877–1913 in Florenz im Kreis Böcklins und A. von Hildebrands, 1915–43 in München. Vom Italienerlebnis sind ihre Novellen (»Florentiner Novellen«, 1890), Romane (u. a. »Vanadis«, 1931) und Erzählungen bestimmt.

Kurz|arbeit, vorübergehende Herabsetzung der betriebsübl. Arbeitszeit. Zweck ist die Erhaltung von Arbeitsplätzen trotz fehlender Kapazitätsauslastung infolge Auftragsmangels. Soll mit der Einführung von K. eine Lohn- und Gehaltskürzung einhergehen und bestehen keine tarifvertragl. Vereinbarungen für diesen Fall, so muss entweder eine Betriebsvereinbarung mit dem Betriebsrat oder eine entsprechende Vereinbarung mit den Arbeitnehmern getroffen oder eine Änderungskündigung ausgesprochen werden. Bei der beim Arbeitsamt angezeigten K. besteht unter bestimmten Voraussetzungen (erhebl. Arbeitsausfall, d. h. unvermeidbarer, vorübergehender, auf wirtsch. Gründen oder einem unabwendbaren Ereignis beruhender Arbeitsausfall, bei dem im Kalendermonat mindestens ein Drittel der Arbeitnehmer von einem Entgeltausfall von mehr als 10 % des Bruttoentgelts betroffen ist) Anspruch auf **Kurzarbeitergeld** aus der Arbeitslosenversicherung für die Ausfallstunden (§§ 169–182 SGB III). Das Kurzarbeitergeld beträgt 67 % (Arbeitnehmer mit Kindern), sonst 60 % des um die gesetzl. Abzüge verminderten Arbeitsentgelts und wird für längstens sechs Monate gezahlt (Frist kann durch RVO verlängert werden).

Kurz|atmigkeit, die ↗Atemnot.

Kürzel (Sigel), feststehende Kürzung in der dt. Kurzschrift (↗Stenografie).

Kurzeme [-z-], lett. Name für ↗Kurland.

kürzen, *Mathematik:* Zähler und Nenner eines ↗Bruches durch einen ihrer gemeinsamen Teiler dividieren, z. B. $^3/_9 = ^1/_3$ (»gekürzt durch 3«).

Kurzfilm, umfangmäßig begrenzter Film (zw. 300 und 1 200 m) aller Gattungen; Spieldauer wenige Sekunden bis eine Stunde.

Kurzflügler (Raubkäfer, Staphylinidae), weltweit verbreitete, artenreiche Käferfamilie mit stark verkürzten Flügeldecken und lang gestrecktem Hinterleib. Sie leben häufig räuberisch im Boden, Moder oder als Bewohner u. a. von Ameisennestern.

Kurzgeschichte, Lehnübersetzung des amerikan. Gattungsbegriffs ↗Shortstory, mit diesem jedoch nicht deckungsgleich, da im Unterschied zum Amerikanischen im Deutschen die K. gegen andere Formen der Kurzprosa, insbesondere Novelle, Anekdote und Skizze, abzugrenzen ist. Kennzeichen der K. sind u. a.

geringer Umfang, konzentrierte Komposition, Ausarbeitung des Details und Reduktion auf ein Moment inmitten alltägl. Begebenheiten.

Kurzköpfigkeit, die ↗Brachyzephalie.

Kurzläufer, Bez. für Schuldverschreibungen mit kurzer Laufzeit (i. d. R. bis zu 4 Jahren) bzw. (ursprüngl.) Langläufer mit geringer Restlaufzeit. **K.-Fonds** sind geldmarktnahe Wertpapierfonds, deren Anlageschwerpunkt kurz laufende Schuldverschreibungen, variabel oder festverzinsl. Wertpapiere mit kurzen Restlaufzeiten, Bankguthaben und unverzinsl. Schatzanweisungen bilden.

Kurzschluss, *Elektrotechnik:* unerwünschte leitende Verbindung, die bei Berührung zweier elektr. Leiter entsteht, die unterschiedl. Spannungspotenziale führen. Ein K. zw. spannungsführendem Leiter und Erde (Nullpotenzial) oder geerdeten Geräten heißt **Erdschluss.** Der K. kann durch schadhafte Isolation, durch Schaltfehler in elektr. Anlagen oder andere niederohmige Widerstände (z. B. ↗Lichtbogen) hervorgerufen werden. Der über die K.-Stelle fließende **K.-Strom** führt i. Allg. zu hohen Strömen, die starke Zerstörungen von Anlagen und Geräten durch K.-Stromerwärmung, Unterbrechung der Energieversorgung, Erdströme sowie K.-Stromkräfte bewirken können. Sicherungen, Leistungsschalter und Schutzrelais sorgen für eine rasche und wirksame Abschaltung der vom K. betroffenen Leitungen und Geräte vom übrigen Stromnetz.

Kurzschlusshandlung, rational unkontrollierte, unmittelbar durch starke emotionale Impulse (Affekte) ausgelöste Reaktion.

Kurzschlussläufermotor, ein ↗Elektromotor.

Kurzschrift, die ↗Stenografie.

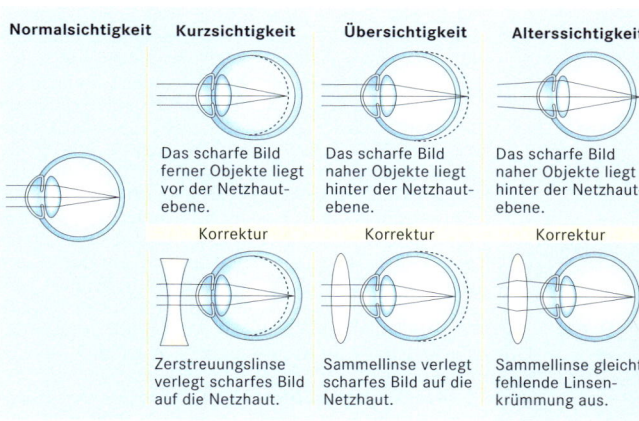

Kurzsichtigkeit: Strahlengang bei Kurz-, Über- und Alterssichtigkeit am unkorrigierten Auge und nach Korrektur durch die entsprechende Linse

Kurzsichtigkeit (Myopie), auf Brechungsfehlern beruhende angeborene oder erworbene Fehlsichtigkeit, bei der die von einem sehr weit entfernten Gegenstand parallel in das Auge einfallenden Strahlen sich bereits vor der Netzhaut vereinigen. Der Abbildungsgegenstand erscheint unscharf auf der Netzhaut. Bei der Achsen-K. (**Achsenmyopie**) liegt die Ursache in einer meist erbl. Überlänge des Augapfels. Die Korrektur der K. erfolgt durch konkav geschliffene Brillengläser (Zerstreuungslinsen) bzw. entsprechende Kontaktlinsen.

Kurzstartflugzeuge (STOL-Flugzeuge [STOL: Abk. von engl. **S**hort **T**ake-**o**ff and **L**anding]), Flugzeuge für kurze Start- und Landestrecken (etwa bis

300 m). Kurzstarteignung wird erreicht durch geringe ∕Flächenbelastung, hohen Startschub der Triebwerke sowie Verwendung von ∕Hochauftriebsmitteln.

Kurzstreckenlauf (Sprint), *Leichtathletik:* die Laufwettbewerbe über 100, 200 und 400 m bei den Männern und Frauen. K. ist auch Teil der Mehrkämpfe (Männer: 100 m, 400 m, Frauen: 200 m). Rekorde müssen (seit 1976) elektronisch gestoppt werden, Rekordverbesserungen mindestens $^2/_{100}$ s Unterschied aufweisen.

Kusair Amra: omaijadisches Jagdschloss aus dem frühen 8. Jh.

Kurzwellen, Abk. **KW,** engl. **HF** [**h**igh **f**requency] (Dekameterwellen), elektromagnet. Wellen mit Wellenlängen von 10 bis 100 m und entsprechend Frequenzen von 30 bis 3 MHz. Der K.-Bereich ist der wichtigste Frequenzbereich für funktechn. Fernverbindungen. K. können gerichtet gesendet und empfangen werden, da die Wellenlänge mit der Antennengröße vergleichbar sein kann. K. werden (ab einem bestimmten Winkel) an der Ionosphäre reflektiert und breiten sich als Raumwellen aus. Während die Bodenwelle infolge starker Absorption nur ca. 10–100 km weit empfangbar ist, erhält man wegen des Auftretens einer an der Ionosphäre gespiegelten Raumwelle eine extrem große Reichweite der Kurzwellen. Das zw. Boden- und Raumwellenempfang liegende Gebiet, in dem kein K.-Empfang möglich ist, nennt man ∕tote Zone. Dem K.-Rundfunk sind folgende Bänder zugeteilt (Bandbreite 200–500 kHz): 11-, 13-, 16-, 19-, 25-, 31-, 41- und 49-m-Band. Für den ∕Amateurfunk stehen das 10-, 15-, 20-, 40- und 80-m-Band zur Verfügung.

Kurzwellenbehandlung (Hochfrequenztherapie), Anwendung von elektromagnet. Wellen (Wechselstrom mit einer Frequenz von mehr als 0,5 MHz) zur elektrotherapeut. Behandlung. Mit gleicher Wirkung werden inzwischen bevorzugt Ultrakurzwellen eingesetzt. Zur Kurzwellendurchflutung des zu behandelnden Körperteils verwendet man entweder verstellbare Kondensatorelektroden, die auf einen bestimmten Hautabstand eingestellt werden, oder man legt induktiv wirkende Spulenelektroden an, die individuell angepasst werden. Die Wirkung der K. beruht auf der im Inneren des menschl. Körpers entstehenden Wärme, die sich bes. bei der Muskulatur und dem angrenzenden Fett- und Bindegewebe, weniger aber in der Haut auswirkt. In dem Bereich der Temperaturerhöhung kommt es zur Durchblutungssteigerung, Stoffwechselanregung, Muskelentspannung und zu einer schmerzstillenden Wirkung. Die K. wird v. a. bei Krankheiten des Bewegungssystems, bei Neuralgien, Durchblutungsstörungen sowie bei Schmerzen im Gelenkbereich eingesetzt.

Kurzzeile, *Metrik:* rhythm. Periode v. a. im ahd. Vers mit bis zu vier Hebungen; Ggs.: Langzeile.

Kurzzeitmesstechnik, Gesamtheit der Verfahren und Geräte zur Untersuchung und Messung sehr schnell (zw. 1 s und weniger als 1 ns) ablaufender Vorgänge. **Mechan. Kurzzeitmessgeräte** sind z. B. Stoppuhr oder Chronograph. In **elektr. Kurzzeitmessgeräten** können u. a. die Ladespannung eines Kondensators oder die Ablenkung eines Kathodenstrahls als Zeitmaß dienen. **Elektron. Zähler** arbeiten mit Impulsgeneratoren, die von dem zu messenden Vorgang gestartet werden. Die Anzahl der in dem Zeitintervall gelieferten Impulse ist ein Maß für dessen Zeitdauer. Mit Elektronenstrahloszillographen sind durch Vergleich mit einer bekannten Frequenz Zeiten von 10^{-9} s, bei period. Vorgängen mithilfe punktweiser Abtastung (Samplingoszillograph) sogar von 10^{-11} s messbar. Durch Kombination von fotograf. und elektron. Methoden können (z. B. mit der Streakkamera) noch Vorgänge im Bereich von 10^{-12} s zeitaufgelöst untersucht werden. – Durch die Entwicklung von Lasern, die intensive ultrakurze Lichtimpulse erzeugen können, und durch spektroskop. Untersuchungsmethoden (∕Femtosekundenspektroskopie) sind (z. B. mittels Laufzeitmessungen) Zeitdifferenzen von weniger als 10^{-13} s messbar. Solche hochauflösenden Kurzzeitmessungen werden v. a. in Physik, Chemie und Biologie benötigt.

Kusair Amra (Qasr Amra), kleines omaijad. Jagdschloss östlich von Amman (um 715 n. Chr.) mit Audienzhalle und Baderäumen in reicher Ausstattung, bed. Zeugnisse der islam. Kunst (UNESCO-Weltkulturerbe).

Kusbass, russ. Kurzform für ∕Kusnezker Kohlenbecken.

Kusch, hebr. Name für ∕Nubien. (∕Äthiopien)

Kusch [kuːʃ], Polykarp, amerikan. Physiker dt. Herkunft, *Blankenburg (Harz) 26. 1. 1911, †Dallas (Tex.) 20. 3. 1993; ab 1949 Prof. an der Columbia University; war an der Entwicklung der Atomstrahlresonanzmethode beteiligt, wies dabei 1947 nach, dass das magnet. Moment des Elektrons um rd. $^1/_{1000}$ größer ist als ein bohrsches Magneton; für diese Präzisionsmessung erhielt er 1955 (mit W. E. Lamb) den Nobelpreis für Physik.

Kuschiten, Sammelbez. für mehrere äthiopide Völker in NO-Afrika (Oromo, Somal, Bischarin u. a.); rd. 30 Mio. Die kuschit. Sprachen gehören zu den ∕hamitosemitischen Sprachen.

Kusel, 1) Landkreis in Rheinl.-Pf., 573 km², 78 500 Einwohner.
2) Krst. des Landkr. Kusel, im Nordpfälzer Bergland, 5 800 Ew.; Druckereimaschinenherstellung, Brauerei; Fremdenverkehr. Kusel wurde 1347 erstmals urkundlich als Stadt erwähnt.

Kushana [kuʃ-] (Kushan), Dynastie in Zentralasien und Indien im 1.–3./4. Jh. n. Chr.; ging hervor aus den Führern eines Klans der nomad. Tocharer (in chines. Quellen Yuezhi), die sich um 128 v. Chr. am mittleren Oxus (Amudarja) niederließen, Baktrien eroberten und das Gebiet zunächst in fünf Herrschaftsbezirke unterteilten (darunter das Fürstentum der K.). Nach Errichtung eines geeinten Reiches im 1. Jh. (Ausdehnung über den Hindukusch nach S, Eroberung des ersten der ∕indoskythischen Reiche) umfasste das Herrschaftsgebiet der K. unter Kanishka weite Teile Zentralasiens und N-Indien bis ins östl. Gangestal; löste sich seit dem 3. Jh. (Verlust Baktriens) unter dem Druck der Sassaniden auf.

Polykarp Kusch

Kushiro [kuʃ-], Hafenstadt auf Hokkaidō, Japan, 199 300 Ew.; Papier-, chem. Ind., Fischkonservenherstellung; Flugplatz.

Kuskokwim River [ˈkʌskəkwɪm ˈrɪvə] der, Fluss in Alaska, USA, 1 165 km lang, entspringt in der Alaskakette und mündet ins Beringmeer.

Kuskus der und das (Couscous), nordafrikan. Gericht aus Grieß, Hammelfleisch und Gemüse.

Kuskuse (Phalanger), Gattung nachtaktiver, ratten- bis katzengroßer Kletterbeutler mit Greifschwanz und großen Nachtaugen, die von N-Australien bis Celebes vorkommen.

Kusmin, Michail Alexejewitsch, russ. Schriftsteller, *Jaroslawl 5. 10. 1875, †Leningrad 3. 3. 1936; schloss sich den Symbolisten an, entwickelte aber dann eine mehr dem Konkreten zugewandte, formal klar gebaute Poesie **(Klarismus)**, die zum Surrealismus neigte; schrieb u. a. die Biografie »Das wunderl. Leben des Grafen Cagliostro« (1919).

Küsnacht, Stadt im Kt. Zürich, Schweiz, am O-Ufer des Zürichsees, 12 100 Ew.; Betriebe der Textilveredlung und der Verpackungsindustrie.

Kusnẹzker Kohlenbecken (russ. Kurzform Kusbass), eines der wichtigsten Steinkohlenreviere Russlands, im SO Westsibiriens. Kohle führende Schichten treten auf einer Fläche von 26 700 km² auf (bis 1 800 m Tiefe 548 Mrd. t geschätzter Gesamtvorrat), Förderung teilweise im Tagebau. Das K. K. versorgt neben den Hüttenwerken in Nowokusnezk die Ind. des S-Urals mit Koks und Kohle. Bergbau- und Industriestädte sind Nowokusnezk, Kemerowo, Prokopjewsk, Leninsk-Kusnezki (hier wichtigstes Stahlwerk des K. K.), Kisseljowsk, Belowo, Anschero-Sudschensk und Meschduretschensk.

Kuss, das Berühren eines Menschen oder Gegenstandes mit den Lippen. Neben seiner erotisch-sexuellen Bedeutung hat der K. die Funktion des Bezeugens von Zuneigung, Verehrung (Hand-K.), Unterwerfung (Fuß-K.), Versöhnung (Friedens-K.) oder der Begrüßung und Verabschiedung (als K. gilt auch der Nasengruß bei Naturvölkern); die symbol. Besiegelung von Verlöbnis und Eheschließung mit einem K. hatte früher (wie auch bei anderen Rechtsakten) Rechtskraft. – Grundlage der religiösen Symbolik des K. ist der Austausch von Kraft durch die Berührung und Begegnung des Atems (Hauchseele). Durch das Küssen von Kultbildern oder sakralen Gegenständen (Kaaba in Mekka, Kreuz, Altar, Bibel, Bischofsring) sollen göttl. Kraft und Segen übertragen werden. – Der Missbrauch des K. wird in allen Kulturen negativ gewertet (so der »Judas-K.« als Zeichen des Verrats).

Kussewịtzky, Sergej Alexandrowitsch, amerikan. Dirigent russ. Herkunft, *Wischni-Wolotschok (Gebiet Twer) 26. 7. 1874, †Boston 4. 6. 1951; setzte sich v. a. für Werke zeitgenöss. russ., frz. und amerikan. Komponisten ein.

Kußmaul, Adolf, Arzt, *Graben (heute zu Graben-Neudorf, Kr. Karlsruhe) 22. 2. 1822, †Heidelberg 28. 5. 1902; führte 1869 die Magenaushebung mit einer Pumpe zur Behandlung von Magenkrankheiten ein und beschrieb die nach ihm benannte vertiefte Atmung bei diabet. Koma.

Küssnacht am Rigi, Bez.-Hptst. im Kt. Schwyz, Schweiz, am Vierwaldstätter See, 10 600 Ew.; Heimatmuseum; Kalenderfabrik, Käserei, Obstbau; Fremdenverkehr. – Im Ortsteil Immensee, der sich bis an den Zuger See erstreckt, die durch die Tellsage bekannte Hohle Gasse mit Tellskapelle (1638); über dem Ort die »Geßlerburg« (1263 erstmals erwähnt).

Kusstafel, kath. Liturgie: ↗ Paxtafel.

Kustanai (kasach. Qostanai), Gebietshptst. im N von Kasachstan, am linken Ufer des Tobol, 221 400 Ew.; Hochschulen; Kunstfaser-, Kammgarnwerk, Schuhind., Motorenbau; Eisenbahnknotenpunkt, Flughafen.

Küste [niederländ. aus lat. costa »Seite«], Grenzraum zw. Meer und Land, von stark wechselnder Breite (1 m bis viele km). Die Berührungslinie im Mittelwasserniveau an gezeitenlosen K. oder im Mittelhochwasserniveau an Gezeiten-K. ist die **Ufer-** oder **Strandlinie**. Sie trennt die beiden Hauptzonen der K.: das landwärts bis zur obersten gegenwärtigen Meereswirkung reichende **Ufer** (sofern es von Sand oder Geröll bedeckt ist, auch **Strand**) und die sich meerwärts bis zur äußersten gegenwärtigen Brandung ausdehnende **Schorre**. Durch Brandung, Gezeiten, Meeresströmungen, Hebungs- und Senkungserscheinungen, Meeresspiegelschwankungen und durch die Ablagerungen der Flüsse wird die K. ständig verändert. Durch Nachlassen der Transportkraft beim K./Küstenversatz kann sich an einer Landspitze aus einer Sandzunge ein Haken entwickeln, der in Strömungsrichtung zur **Nehrung** wachsen kann, d. h. einem schmalen, aus Sand aufgebauten Landstreifen, der oft mit Dünen besetzt ist. Wird die Verbindung mit der K. wieder unterbrochen, spricht man von Nehrungsinsel oder **Lido**. Die von der Nehrung vom offenen Meer abgetrennte Bucht wird **Haff** genannt. Ein vollkommen abgeriegeltes Haff bezeichnet man als **Strandsee**. Die **Limane** der Nord-K. des Schwarzen Meeres sind haffähnl. Buchten, bei denen Nehrungen ertrunkene Flussmündungen abtrennen. Durch den K.-Versatz (Strandversetzung) kommt es zu einem Ausgleich in der K.-Linie (Ausgleichs-K.). Senkungs-K. entstehen durch das Eindringen des Meeres in den Festlandbereich, wobei je nach dem überfluteten Relief versch. Küstenformen entstehen können: **Fjord-K.** (Norwegen, Grönland, S-Alaska, S-Chile) sind ertrunkene glaziale Trogtäler, **Schären-K.** (Schweden, Finnland) entstanden um die Rundhöcker glazialer Ausraumgebiete. Aus Subglazialrinnen und Zungenbecken glazialer Aufschüttungsgebiete wurden **Förden-K.** (O-Seite Jütlands und Schleswig-Holstein) sowie **Bodden-K.** (Meckl.-Vorp.). Ertrunkene Flusstäler alter Faltenrümpfe bilden die **Ria-K.** (NW-Spanien, Bretagne, S-China), Flussmündungen und Talungen junger Kettengebirge die **Cala-K.** (westl. Mittelmeer) sowie **Canale-K.** (Dalmatien), Flusstäler flacher Tafelländer die **Liman-K.** (S-Russland). Bei der **Hebungs-K.** sind Bereiche des ehem. Strandes sowie vormals untermeer. Gebiete zu Land geworden, wovon oftmals gehobene Schorren, landeinwärts gelegene Kliffe und alte Strandwälle zeugen. Bei widerstandsfähigen Gesteinen bilden sich **Steil-K.** (Kliff-K.), bei weniger widerstandsfähigem Gestein **Flachküsten**.

Küstenfieber (afrikanisches K., Ostküstenfieber, rhodes. Fieber), durch das Sporentierchen Theileria parva hervorgerufene, durch Zecken übertragene ↗ Piroplasmose der Rinder, bes. im O und W Afrikas; verläuft mit Fieber, Lymphknotenschwellung, Atemnot, blutigem Durchfall.

Küstenfischerei, ↗ Fischerei, ↗ Fischereirecht.

Küstengebirge, Bez. für die Gebirgsketten an der Pazifikküste in Nordamerika, ↗ Coast Ranges.

Küstengewässer (Küstenmeer), die vor der Küste liegenden Meeresteile, die zum Hoheitsgebiet des Küstenstaates (Territorial-, Hoheitsgewässer) gehören mit der völkerrechtl. Einschränkung, dass allen Schiffen die friedl. Durchfahrt gestattet werden muss. Die Grenze zw. dem Staatsgebiet der Uferstaaten und der hohen See verläuft im Meer. Die Küstenlinie, von der aus die Ausdehnung des K. berechnet wird, richtet

Küste:
1 Haff,
2 Fjordküste,
3 Schärenküste,
4 Riaküste,
5 Boddenküste

sich nach dem tiefsten Meeresstand bei Tiefebbe; Sonderregeln bestehen für Inseln, Buchten und Meerengen. Für die allg. Festlegung dieser Grenze galt früher die **Dreimeilenzone** (5 556 m); nach der Seerechtskonvention vom 10. 12. 1982 können die Staaten maximal 12 Seemeilen in Anspruch nehmen.

Küstenkanal, Schifffahrtskanal in Ndsachs., von der Ems bei Dörpen zur Hunte bei Oldenburg (Oldenburg), 69,6 km lang, 1935 eröffnet, wichtig für den Verkehr vom Rhein-Ruhr-Gebiet nach Bremen; für 1 500-t-Schiffe befahrbar.

Küstenkordillere [-kɔrdɪljerə] (span. Cordillera de la Costa), Gebirgszüge der Anden in Südamerika. Die K. Venezuelas (auch **Cordillera del Norte**), an der karib. Küste, ist die Fortsetzung der Cordillera de Mérida. An der W-Küste Kolumbiens ist nur im N, in der **Serranía de Baudó** (bis 1 000 m ü. M.), eine K. ausgebildet. Weiter südlich entspricht ihr im W des Küstenlandes Ecuadors ein Höhenzug. In Peru fehlt eine K., die K. von Chile (bis 2 500 m ü. M.) löst sich in Höhe der Insel Chiloé in zahlr. Inseln und Halbinseln auf.

Küstenmeer, /Küstengewässer.

Küstenschifffahrt, Schifffahrtsverkehr entlang der Küste; i. e. S. die /Kabotage.

Küstenschutz, Maßnahmen zur Sicherung der Küsten des Festlandes und der Inseln gegen die zerstörenden Einwirkungen des Meeres. Man unterscheidet zw. Maßnahmen des Hochwasserschutzes (/Deich, /Sperrwerk) und des Erosionsschutzes, bei Letzterem zw. passiven und aktiven Maßnahmen. Zu den passiven zählen Baumaßnahmen zur Verteidigung der Küstenlinie (Buhnen, Ufermauern, Deckwerke, Wellenbrecher und Dünenbau), zu den aktiven die Gewinnung von Vorland (/Landgewinnung) vor einem Schardeich, um diesen bei Sturmflut zu entlasten.

Küstenversatz (Strandversetzung), Verlagerung von Sedimentmaterial längs einer Küste, verursacht durch schräg auflaufende Brandung und deren senkrechtes Zurückfluten.

Küster [von lat. custos »Wächter«] (Mesner, Kirchner, Glöckner), kirchl. Angestellter, dem die äußere Vorbereitung des Gottesdienstes und die Aufsicht über das Kirchengebäude obliegt.

Kustodie [lat.] *die,* wiss. Einrichtung an Univ. zur Inventarisierung, Aufbewahrung und Pflege sowie wiss. Erschließung von im Besitz der Univ. befindl. Kunst- und Kulturgütern.

Kustos [lat. »Wächter«] *der,* **1)** (Domkustos), der mit der Oberaufsicht über einen Dom betraute Domkapitular oder -vikar.
2) *Druckwesen:* früher die am Schluss einer Seite gesetzte Anfangssilbe der nächsten Seite.
3) wiss. Sachbearbeiter an Museen.

Küstrin, Stadt in Polen, /Kostrzyn.

Kusturica [-tsa], Emir, bosn. Filmregisseur, *Sarajevo 1954; studierte in Prag; beeindruckte mit preisgekrönten Spielfilmen: »Papa ist auf Dienstreise« (1984), »Time of the Gypsies« (1989), »Arizona Dream« (1992), »Underground« (1995), »Schwarze Katze, weißer Kater« (1998).

Kusus (Trichosurus), Gattung der Kletterbeutler in Australien und auf Tasmanien; **Fuchs-K.** (Trichosurus vulpecula; 35–55 cm Körperlänge, 25–40 cm Schwanzlänge, Färbung grau, braun oder schwärzl.) und **Hunds-K.** (T. caninus; 40–50 cm Körperlänge, 34–42 cm Schwanzlänge, Färbung oberseits grau, unterseits weißlich) haben einen buschigen Greifschwanz.

Kut (früher Kut al-Amara, Kut el-Imara), Prov.-Hptst. in Irak, am unteren Tigris; 183 200 Ew.; Baumwollverarbeitung; in der Nähe ein 1937–39 errichteter Staudamm (K. Barrage).

Kütahya, Prov.-Hptst. in der Türkei, im westl. Inneranatolien, 141 500 Ew.; Metallverarbeitung, Zucker-, Keramikind., Stickstoffwerk; westlich von K. bedeutender Braunkohlenabbau. – Mittelalterl. Zitadelle und Kuppelmedrese, Große Moschee (1411/12 gestiftet).

Kutaissi, Stadt in Georgien, am Übertritt des Rioni aus dem Großen Kaukasus, 238 200 Ew.; Univ. und TU, historisch-ethnograph. Museum; Lastkraftwagen-, Traktoren-, Bergbauausrüstungsbau, Leicht-, Nahrungsmittelindustrie. – Die Ruinen der Bagratkirche, einer 1003 errichteten Kreuzkuppelanlage (1691 zerstört) und Kloster Gelati (gegr. 1106, heute Museum) bei K. sind UNESCO-Weltkulturerbe. – Seit dem 10. Jh. bis 1122 Residenz der georg. Fürsten, seit dem 15. Jh. Hptst. von Imeretien, im 17./18. Jh. türkisch, 1810 an Russland.

Kutaissi: Ruine der Bagratkirche (1003 errichtet, 1691 zerstört)

kutan [lat. cutis »Haut«], die Haut betreffend.

Kutch, Golf von [-kʌtʃ], Bucht des Arab. Meeres an der nördl. W-Küste Indiens, zw. der Halbinsel Kathiawar und der Landschaft **Rann von Kutch,** einem ausgedehnten, periodisch überfluteten Salzsumpf an der Grenze zu Pakistan. Hier befand sich urspr. das Mündungsgebiet des Indus. Überseehafen Kandla.

Kuti, Fela Anikulapo, eigtl. Fela Ransome K., nigerian. Musiker, *Abeokuta 15. 10. 1938, †Lagos 2. 8. 1997; gilt als Begründer des Afrobeat; verband traditionelle afrikan. Musik mit Elementen des Soul und des Jazz. Wegen seiner Kritik an der polit. Führung Nigerias verfolgt, lebte K. zeitweilig in Ghana im Exil.

Kutikula [lat. »Häutchen«] *die* (Cuticula), von Epithelzellen nach außen abgeschiedene Schicht aus einer strukturlosen erhärteten Substanz (Cutin); bedeckt die Oberfläche vieler Tiere und Pflanzen als wirksamer mechan. Schutz und Verdunstungsschutz.

Kutná Hora (dt. Kuttenberg), Stadt in Mittelböhmen, Tschech. Rep., 21 700 Ew.; Nahrungsmittel-, Textilind., Maschinenbau; Blei-Zink-Erzbergbau. – Die Stadt steht unter Denkmalschutz (das histor. Stadtzentrum ist UNESCO-Weltkulturerbe). Bed. Bauten: u. a. spätgot. Sankt-Barbara-Kirche (Baubeginn um 1380, Bauplan aus der Parler-Hütte), der »Welsche Hof« (alte Münzstätte, 14./15. Jh.), das Steinerne Haus (Altes Rathaus, 15. Jh.), St.-Jakob-Kirche (1330–1420), Jesuitenkolleg (1667–1700). – K. H. war die bedeutendste Bergbaustadt Böhmens. Im 18. Jh. erlosch der seit 1237 betriebene Silberbergbau.

Kutsche [aus ungar. kocsi, eigtl. »Wagen (aus dem Ort Kocs)«], von Pferden gezogener Reisewagen mit festem oder zurückschlagbarem Verdeck. Aus der im 15. Jh. aufgekommenen und im 16. Jh. üblichen K. ha-

Leonid Kutschma

Michail Kutusow

Kuwait

Fläche:	17 818 km²
Einwohner:	(2000) 1,98 Mio.
Hauptstadt:	Kuwait
Verwaltungsgliederung:	5 Verwaltungsbezirke
Amtssprache:	Arabisch
Nationalfeiertag:	25. 2.
Währung:	1 Kuwait-Dinar (KD) = 1 000 Fils
Zeitzone:	MEZ + 2 Std.

ben sich viele Wagenformen (z. B. Berliner, Droschke, Landauer) entwickelt.

Kutscher, Artur, Literatur- und Theaterwissenschaftler, *Hannover 17. 7. 1878, †München 29. 8. 1960; seit 1915 Prof. ebd.; mit M. Herrmann Begründer der Theaterwiss.; u. a. »Grundriß der Theaterwissenschaft« (2 Bde., 1932–36).

Kutschma, Leonid Danilowitsch, ukrain. Politiker, *Tschaikino (Gebiet Tschernigow) 9. 8. 1938; Ingenieur, in sowjet. Zeit führend in der Rüstungsind. tätig, von Okt. 1992 bis Sept. 1993 MinPräs.; löste im Juli 1994 L. M. Krawtschuk im Amt des Staatspräs. ab und wurde im Nov. 1999 wieder gewählt. 2003 übernahm er den Vorsitz des Rats der Staatsoberhäupter der GUS.

Kütschük Kainardschi (türk. Küçük Kaynarca) [kyˈtʃyk kainarˈdʒa], in türk. Zeit Name des heutigen bulgar. Dorfes **Kajnardscha** in der Dobrudscha. Hier wurde am 21. 7. 1774 der Frieden zur Beendigung des Russisch-Türk. Krieges von 1768–74 unterzeichnet; räumte Russland bed. Gebietsgewinne ein, freie Schifffahrt im Schwarzen Meer und freie Durchfahrt der Handelsschiffe durch die Meerengen, andererseits wurde der Sultan als ⁄ Kalif aller (sunnit.) Muslime anerkannt. Das Khanat der Krimtataren erhielt den Status eines unabhängigen Staates.

Kutte [von mlat. cotta], Mönchsgewand, bis auf die Füße reichende, langärmelige, gegürtete Tunika mit Kapuze.

Kutteln (Kaldaunen), *Gastronomie:* Magen, Netz und Darm (Gekröse) von Rind und Lamm, aus denen mit Essig und Gewürzen ein Gericht (**Kuttelflecke, Flecke**) zubereitet wird.

Kuttenberg, Stadt in der Tschech. Republik, ⁄ Kutná Hora.

Kutter [zu engl. to cut »schneiden«], 1) einmastiges Segelschiff; heute auch Bez. für Jachten mit einem Großsegel und zwei Vorsegeln (Kuttertakelung); 2) Beiboot eines Kriegsschiffs zum Rudern (**Riemen-K.**) und/oder mit Segeln; 3) kleineres Fischereifahrzeug (10–30 m lang) für die Küsten- und kleine Hochseefischerei (**Fischkutter**).

Kutusow, Michail Illarionowitsch, Fürst Smolenski (seit 1812), russ. Feldmarschall, *Sankt Petersburg 16. 9. 1745, †Bunzlau 28. 4. 1813; befehligte in der Schlacht bei Austerlitz (2. 12. 1805) das österr.-russ. Heer. In der Schlacht bei Borodino (7. 9. 1812) setzte er als russ. Oberbefehlshaber der Armee Napoleons I. energ. Widerstand entgegen und besiegte sie bei Smolensk (Nov. 1812).

Kuvert [-ˈveːr oder -ˈvɛːr] *das* (Couvert), **1)** allg.: Briefumschlag.
2) *Gastronomie:* Gedeck für eine Person.

Küvette [frz.] *die,* Glas- oder Quarzgefäß mit plan geschliffenen Wänden für opt. Untersuchungen.

Kuwait (Kuweit, amtlich arab. Daulat al-K., dt. Staat K.), Staat (Emirat) am NW-Ende des Pers. Golfs, grenzt im W und N an Irak, im O an den Pers. Golf und im S an Saudi-Arabien.

Staat und Recht

Nach der Verf. von 1962 ist K. eine islam. Erbmonarchie (Emirat). Staatsoberhaupt und oberster Inhaber der Exekutivgewalt ist der von der herrschenden Dynastie gewählte Emir. Er ernennt den MinPräs. und auf dessen Vorschlag die übrigen Mitgl. des Kabinetts. Die Legislative liegt bei der Nationalversammlung (50 für 4 Jahre gewählte sowie 25 vom Emir ernannte Abg.). Wahlberechtigt sind nur in K. geborene männl. Staatsangehörige über 21 Jahre. Polit. Parteien sind offiziell nicht zugelassen.

Landesnatur

K. liegt inmitten einer wüstenhaften, von Hügelketten durchzogenen Küstenebene. Vor dem Schatt el-Arab befinden sich die Schwemmlandinseln Warbah und Bubian. Das Klima ist mit Ausnahme der Wintermonate (Temperaturen bis unter 0 °C; durchschnittlich 100 mm Niederschlag) heiß, regenlos, aber schwül. Trinkwasser wird durch Meerwasserentsalzung gewonnen oder importiert. Die während des 2. ⁄ Golfkrieges (1991) ausgelösten über 700 Brände von Erdöl- und Erdgasförderanlagen verursachten schwere Umweltschäden.

Bevölkerung

Sie lebt größtenteils in der Hptst. und anderen jungen städt. Siedlungen. Seit Beginn des Erdölexportes wuchs die Bev. durch den Zustrom ausländ. Arbeitskräfte stetig an. Über 60 % der Gesamtbev. sind Ausländer (75 % der Erwerbstätigen), davon rd. 60 % Araber (v. a. Ägypter, Palästinenser, Libanesen, Syrer u. a.); des Weiteren Ost- und Südasiaten, rd. 5 % staatenlose Beduinen und rd. 1 % Europäer. Als Kuwaiti gelten die ausschl. muslim. Staatsbürger, deren Familien seit 1920 in K. ansässig sein müssen. K. hat eines der höchsten Pro-Kopf-Einkommen aller Staaten. – Über 87 % der Bev. sind Muslime; etwa 70 % bekennen sich zum sunnit. Islam, der eine wahhabit. Prägung hat. Über die Hälfte der rd. 8 % Christen gehört der kath. Kirche an. Eine weitere religiöse Minderheit bilden die Hindus (rd. 2,5 %). – Es besteht eine achtjährige allg. Schulpflicht ab dem 6. Lebensjahr. Die Analphabetenquote beträgt 18 %.

Wirtschaft, Verkehr

Die während des 2. Golfkrieges stark zerstörten Wirtschafts- und infrastrukturellen Einrichtungen wurden weitgehend wieder erbaut. Grundlage der staatlich gelenkten Wirtschaft sind die umfangreichen Erdölvor-

Staatswappen

internationales Kfz-Kennzeichen

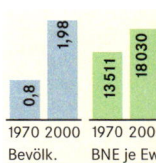

1970 2000   1970 2000
Bevölk.   BNE je Ew.
(in Mio.)   (in US-$)

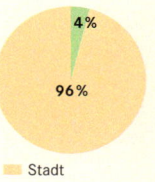

Stadt / Land
Bevölkerungsverteilung 2000

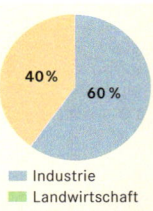

Industrie / Landwirtschaft / Dienstleistung
Bruttoinlandsprodukt 2000

kommen (Förderung seit 1946), deren Reserven zu den größten der Welt zählen. Die exportorientierte Erdölwirtschaft ist der weitaus wichtigste Wirtschaftszweig. K. verfügt mit 13 Mrd. t über die viertgrößten sicheren Erdölreserven der Erde und steht in der Förderung an 13. Stelle (2000). Bed. Ind.zweige sind die Erdölverarbeitung (drei Raffinerien), Erdgasaufbereitung, petrochem. Ind., Düngemittelproduktion, Meerwasserentsalzung und die Bauindustrie. Die Fischwirtschaft (v. a. Fang von Krustentieren) deckt nicht nur den einheim. Bedarf. Nur 1% der Staatsfläche wird landwirtsch. genutzt (v. a. Gemüsegartenbau; mit Bewässerung). – Einnahmen aus der Erdölwirtschaft ermöglichten Kapitalanlagen im Ausland. Haupthandelspartner sind Japan, die USA, Dtl., Saudi-Arabien, Italien und Großbritannien. – Das durchgehend asphaltierte Straßennetz hat eine Länge von 4 500 km. K. verfügt über fünf moderne Häfen, darunter vier Erdölexporthäfen; internat. Flughafen bei der Hauptstadt.

Geschichte

Im Gebiet von K., das 636 Bestandteil des Kalifenreiches wurde und an dessen Küste die Portugiesen im 16. Jh. ein Fort errichteten, ließen sich um 1716 Teile des arab. Stammes der Anaza nieder; 1756 übernahm ein Scheich aus der Familie Al-Sabbah die Macht in K. und begründete die bis heute regierende Dynastie. Ende des 18./Anfang des 19. Jh. von Eroberungszügen der Wahhabiten betroffen, erkannte K. 1829 die Oberhoheit des Osman. Reichs an; 1899 schloss es einen Protektoratsvertrag mit Großbritannien, der erst 1914 wirksam wurde. 1922 wurde mit brit. Unterstützung eine »Neutrale Zone« zw. K. und Nedjd (Teil des späteren Saudi-Arabien) geschaffen (1965 Aufteilung zw. beiden Staaten). Die 1946 einsetzende Erdölförderung begründete den Wohlstand von K. und bewirkte eine starke Zuwanderung ausländ. Arbeitskräfte. Mit Aufhebung des brit. Schutzvertrages erlangte K. am 19. 6. 1961 seine Unabhängigkeit, wurde im selben Jahr Mitgl. der Arab. Liga und 1963 der UNO. Erst 1963 erkannte Irak die Unabhängigkeit von K. an. 1974/75 wurden die im ausländ. Besitz befindl. Erdölgesellschaften verstaatlicht. Im 1. ⁄ Golfkrieg (1980–88) unterstützte K. Irak wirtschaftlich und politisch gegen Iran. Nach Auflösung des Parlaments (Juli 1986) sah sich der seit Dez. 1977 regierende Emir Jabir al-Ahmad al-Sabbah mit einer zunehmenden Opposition konfrontiert und kam den Forderungen nach Rückkehr zum Parlamentarismus teilweise nach (Wahlen zu einem Nationalrat als Übergangsparlament im Juni 1990). Der irak. Überfall auf K. (2. 8. 1990, am 28. 8. 1990 Angliederung als 19. Provinz Iraks) führte zum 2. ⁄ Golfkrieg (Jan./Febr. 1991), in dem alliierte Streitkräfte unter Führung der USA das Land wieder befreiten. Im März 1991 kehrte der am 2. 8. 1990 nach Saudi-Arabien emigrierte Emir in das schwer zerstörte K. zurück (erst am 6. 11. 1991 Löschung der letzten von irak. Truppen in Brand gesetzten Ölquellen). Die Reg. ging mit großer Härte gegen alle der Kollaboration Verdächtigen vor (Verfolgung, Verurteilung und Ausweisung bes. von Palästinensern). Das bis zum 26. 6. 1991 im Ausnahmezustand regierende Herrscherhaus verzögerte auch danach die Rückkehr zu einem parlamentar. System. Trotz des Wahlsieges der Opposition bei den Parlamentswahlen am 5. 10. 1992 beauftragte der Emir erneut den Kronprinzen Scheich Sad Abd Allah al-Salim al-Sabbah (seit 1978 MinPräs.) mit der Bildung der neuen Reg. Durch eine im April 1992 vom UNO-Sicherheitsrat gebilligte Grenzkorrektur erhielt

Kuwait: Wahrzeichen der Stadt sind die Wassertürme an der Küstenstraße

K. einen Streifen erdölreichen irak. Landes und einen Teil der irak. Hafenstadt Umm Kasr. Nach den Parlamentswahlen von 1996 stellten die Islamisten und die Anhänger der Reg. die meisten Abgeordneten; in den Wahlen von 1999 erzielten die liberalen Kräfte beträchtl. Stimmengewinne v. a. auf Kosten des Reg.lagers, die Islamisten konnten ihre Position behaupten.

2002/03 war der Norden K.s das wichtigste Aufmarschgebiet der amerikan.-brit. Truppen und im März 2003 Ausgangspunkt der alliierten Militäraktion gegen Irak.

Kuwa**it** (Kuweit), Hptst. von Kuwait, am NW-Ende des Pers. Golfs, am S-Ufer der Bucht von K.; K. City hat 193 000 Ew. (50% Ausländer); Univ., Nationalmuseum; Wirtschaftszentrum des Emirats K. mit internat. Banken; Hafen, internat. Flughafen. – Wahrzeichen sind seit 1979 die »K. Towers« (Wassertürme). – Die früher unscheinbare, von einer Lehmmauer umgebene Hafenstadt entwickelte sich seit 1950 zu einer modernen Großstadt.

Kux [aus dem Slaw.] *der,* Gesellschaftsanteil an einer ⁄ bergrechtlichen Gewerkschaft; lautet auf eine Quote am Gesamtvermögen, nicht (wie Aktien) auf einen festen Nennbetrag. Die Namen der Inhaber (Gewerken) sind im Gewerkenbuch eingetragen; die Übertragung erfolgt durch Zession (Abtretung) und Umschreibung im Gewerkenbuch. Der auf den K. verteilte Gewinn heißt **Ausbeute;** bei Kapitalbedarf können die Gewerken zu **Zubußen** herangezogen werden. Seit 1970 werden K. nicht mehr an der Börse gehandelt.

Kuyper [ˈkœjpər], Abraham, niederländ. ref. Theologe und Politiker, *Maassluis 29. 10. 1837, †Den Haag 8. 11. 1920; seit 1881 Führer der Antirevolutionären Partei; 1901–05 MinPräs.; bemühte sich um die polit. Umsetzung kalvinist. Grundsätze.

Kuznets [ˈkʊznɪts], Simon Smith, amerikan. Volkswirtschaftler russ. Herkunft, *Charkow 30. 4. 1901, †Cambridge (Mass.) 8. 7. 1985; seit 1936 Prof., u. a. 1960–71 an der Harvard University; erhielt 1971 den Nobelpreis für Wirtschaftswiss.en für seine empir. Forschungen zur Konjunktur- und Wachstumsanalyse.

kV, Einheitenzeichen für **K**ilo**v**olt, 1 kV = 1 000 V.

KV, 1) Abk. für ⁄ **K**öchel**v**erzeichnis.

2) Abk. für **K**artell-**V**erband, ⁄ studentische Verbindungen.

3) Abk. für ⁄ **K**assenärztliche **V**ereinigung.

kVA, Einheitenzeichen für **K**ilo**v**olt**a**mpere, 1 kVA = 1 000 VA.

KVAE, Abk. für ⁄ **K**onferenz über **V**ertrauensbildung und **A**brüstung in **E**uropa.

Abraham Kuyper

Simon S. Kuznets

Kvark, Name für die Engen des Bottn. Meerbusens in der Ostsee: Süd-K. nordwestlich der Ålandinseln; Nord-K. zw. Umeå und Vaasa, geteilt in West- und Ostkvark.

Kvarner [kroat.] *der* (italien. Quarnero), Bucht des nördl. Adriat. Meeres zw. der O-Küste Istriens und dem kroat. Festland, mit den Inseln Cres, Lošinj, Krk, Rab und Pag; i. e. S. nur die Bucht zw. Istrien und Cres.

Kvasir, *nord. Mythos:* aus dem Speichel der Asen und der Vanen geschaffenes göttl. Wesen von besonderer Weisheit, das von den Riesen Fjallar und Gallar getötet wurde. Aus seinem mit Honig gemischten Blut ging der Dichtermet (vgl. russ. »Kwass«) hervor.

KVP, Abk. für ∕**K**asernierte **V**olks**p**olizei.

kW, Einheitenzeichen für **K**ilo**w**att, 1 kW = 1 000 W.

KW, Abk. für ∕**K**urz**w**elle.

Kwacha [-tʃa], Währungseinheit in Sambia (1 K. = 100 Ngwee) und Malawi (1 Malawi-K. = 100 Tambala).

Kwakiutl, Stamm der Nordwestküstenindianer im NO der Insel Vancouver und auf dem gegenüberliegenden Festland von British Columbia, Kanada, etwa 7 500 K.; leben heute v. a. von der Lohnarbeit in der Fischverarbeitung und dem Kunsthandwerk (Holzskulpturen wie Masken und Wappenpfähle und Malereien in ausdrucksstarken Formen und kräftigen Farben); bekannt durch ihre Geschenkverteilungs- und Verdienstfeste (Potlatch).

KwaNdebele, ehem. Homeland der Ndebele in der Rep. Südafrika, gehört heute zur Prov. Mpumalanga; 1977 gebildet, 1994 aufgelöst.

Kwangju [-dʒu], Stadt im Rang einer Provinz in Süd-Korea, 501 km², 1,33 Mio. Ew.; kath. Erzbischofssitz; zwei Univ.; Textil-, Nahrungsmittel-, chem. Ind.; Flugplatz. – Als **Hansŏng** erste Hptst. des Reiches Paekche. 15. bis Anfang 20. Jh. bed. Zentrum für die Herstellung von weißem Porzellan. – Im Mai 1980 schlug das Militär hier einen Volksaufstand gegen das vom Regime verhängte Kriegsrecht und für Demokratisierung blutig nieder (mehrere Hundert Tote und Verletzte).

Kwango *der* (portugies. Cuango), linker Nebenfluss des Kasai, 1 100 km lang, entspringt im Hochland von Angola, bildet im Mittellauf die Grenze zw. Angola und der Demokrat. Rep. Kongo, mündet unterhalb von Bandundu.

Kwangsi Tschuang [guaŋçi dʒ-], autonomes Gebiet in S-China, ∕Guangxi Zhuang.

Kwangtung, Provinz in China, ∕Guangdong.

Kwannon, buddhist. Gottheit, ∕Guanyin.

Kwanza (portugies. Cuanza), Fluss in Angola, etwa 1 000 km, mündet südlich von Luanda in den Atlantik; im Unterlauf bei Dondo der Staudamm Cambambe mit Kraftwerk (450 MW).

Kwanza, Abk. **Kz,** Währungseinheit in Angola.

Kwashiorkor [-ʃ-; afrikan. »roter Junge«], ein ∕Mehlnährschaden.

Kwaśniewski [kvac-], Aleksander, poln. Politiker, *Białogard 15. 11. 1954; Journalist, zunächst Mitgl. der kommunist. Poln. Vereinigten Arbeiterpartei (poln. Abk. PZPR), 1985–87 Jugendmin., leitete 1988–89 im Reg.komitee, das ein umfassendes Reformprogramm ausarbeiten sollte. Nach der Selbstauflösung der PZPR im Jan. 1990 übernahm K. den Vorsitz der neu entstandenen Sozialdemokratie der Rep. Polen (SdRP). Bei den Präsidentschaftswahlen von 1995 siegte K. als Kandidat der Linksallianz über L. Wałęsa. Der bis dahin jüngste Staatspräs. in der Gesch. Polens trat anschließend aus der SdRP aus. In seine erste Amtszeit fielen der Beginn von Beitrittsverhandlungen seines Landes mit der EU (1998) und die Aufnahme Polens in die NATO (1999). Im Okt. 2000 wurde er als Staatspräs. wieder gewählt.

Kwa-Sprachen, Sprachgruppe der Niger-Kongo-Sprachen mit Akan, Ewe, Yoruba, Ibo, Baule u. a.

Kwass [russ.] *der* (Kwas), schwach alkoholisches russ. Getränk aus mit Wasser verrührtem Mehl oder zerkleinertem Brot, auch mit Früchten, wenige Tage vergoren, dem Bier ähnlich. (∕Kvasir)

KwaZulu [-ˈzu:lu:], ehem. Homeland der Zulu in der Rep. Südafrika, zehn verstreut liegende Teilgebiete; seit 1994 Teil der Prov. ∕KwaZulu-Natal.

KwaZulu-Natal [-ˈzu:lu:-], Provinz und Königreich in der Rep. Südafrika, an der O-Küste, an der Grenze zu Moçambique, Swasiland und Lesotho, 92 100 km², 8,987 Mio. Ew., Hptst. ist Pietermaritzburg; Residenz des Zulukönigs ist Ulundi; neben den Zulu starker Anteil der Bewohner ind. Herkunft. Bed. Zuckerrohranbau; Kohlebergbau (Export über Richards Bay); bed. Fremdenverkehr (u. a. zu den Drakensbergen und zu Wildreservaten); größte Stadt ist Durban.

KwaZulu-Natal: Der Banana-Express, eine dampfgetriebene Schmalspurbahn, fährt von Port Shepstone durch Bananen- und Zuckerrohrplantagen nach Izotsha und weiter nach Paddock.

Kweichow [gweɪdʒɔu], Prov. in China, ∕Guizhou.

Kweijang [gweɪjaŋ], Stadt in China, ∕Guiyang.

Kweilin [gweɪlɪn], Stadt in China, ∕Guilin.

Kweitschou [gweɪdʒɔu], Prov. in China, ∕Guizhou.

Kwekwe [kweɪkweɪ] (bis 1982 Que Que), Bergbau- und Ind.stadt im zentralen Simbabwe, 1 210 m ü. M., 75 400 Ew.; Eisen- und Stahlwerk; in der Umgebung Goldgewinnung und Eisenerzabbau.

k-Wert, ∕Wärmedurchgang.

kWh, Einheitenzeichen für ∕Kilowattstunde.

Kwidzyn [ˈkfidzin] (dt. Marienwerder), Krst. in der Wwschaft Pommern, Polen, am Rand der Weichselniederung, 39 900 Ew.; Papier-, elektrotechn. Industrie. – Der got. Backsteinbau der Burg (v. a. 14. Jh.) und die Kathedrale (1344–55) bilden eine baul. Einheit. – Die 1233 vom Dt. Orden errichtete Burg wurde 1250 dem Bischof von Pomesanien überlassen, war von 1285 bis zur Reformation Sitz des Domkapitels. 1722 wurde die Stadt, die 1236 Stadtrecht erhielt, Verw.sitz des RegBez. Westpreußen.

Ky., Abk. für den Bundesstaat ∕**K**entuck**y**, USA.

-ky, Pseud. für ∕Bosetzky, Horst.

Aleksander Kwaśniewski

Kyat [ˈkiːɑːt], Abk. **K**, Währungseinheit Birmas, 1 K. = 100 Pyas (P).

Kybele (lat. Cybele), vorgrch., aus Kleinasien stammende Göttin der Fruchtbarkeit, wurde bes. in Wäldern und auf Bergen verehrt. Ihre Begleiter waren die Korybanten, ihr Liebling der schöne Jüngling Attis. Der Kult hatte orgiast. Charakter; in Rom seit 204 v. Chr. als »Magna Mater« verehrt. Als Beschützerin der Städte wurde sie häufig mit Mauerkrone dargestellt.

Kyklopen: Kyklopenmauer der Burg von Tiryns (13. Jh. v. Chr.).

Kybernetik [von grch. kybernētikḗ (téchnē) »Steuermannskunst«] *die,* formale, fachübergreifende Wiss., die sich mit der math. Beschreibung und modellartigen Erklärung dynam. (komplexer) Systeme befasst, die gewisse allgemeine Eigenschaften und Verhaltensweisen realer Systeme aus den verschiedensten Bereichen der Wirklichkeit widerspiegeln. Die in realen Systemen ablaufenden Prozesse werden vorzugsweise unter dem Gesichtspunkt der Aufnahme, Übertragung sowie Rückkopplung von Informationen betrachtet, während von den gleichzeitig beteiligten Vorgängen materieller Art weitgehend abgesehen wird. Auf diese Weise wird aus gleichartigen oder ähnl. Erscheinungen in ganz unterschiedl. Bereichen ein abstraktes **kybernet. System** gewonnen. Die anhand eines solchen Modells gewonnenen Erkenntnisse können in sehr allgemeiner Weise zur Beschreibung und Untersuchung des Verhaltens techn. oder natürl. Systeme verwendet werden.

Die **allgemeine K.** untersucht die grundlegenden Strukturen und Funktionen von Regelsystemen; Hauptdisziplinen sind Systemtheorie, Steuerungs- und Regelungstheorie, Informations- und Automatentheorie sowie Zuverlässigkeits-, Algorithmen-, Spieltheorie und künstl. Intelligenz. Zu ihren Hauptmethoden zählen Analogie- und Modellverfahren (z. B. die Blackboxmethode). Die allgemeine K. stellt mit der **speziellen K.,** zu der die Theorie und Konstruktion von Automaten, von lernenden (sich selbst organisierenden) oder sich selbst reproduzierenden Maschinen (/lernende Automaten), von Informationssystemen, Modellen u. Ä. gehören, ein Lehrgebäude dar, das auch als »reine« K. bezeichnet wird.

Die **angewandte K.** umfasst diejenigen wiss. Teildisziplinen bzw. Bereiche, die sich v. a. in Technik, Ökonomie, Biologie (Bionik), Ökologie, Medizin, Soziologie, Pädagogik, Psychologie und Linguistik zur Erklärung empir. Sachverhalte kybernet. Begriffe und Theorien bedienen. – Eine inhaltlich prägnantere Beschreibung der K. und ihrer Ziele ist anhand des von ihr entwickelten Begriffssystems möglich; zentrale Begriffe sind v. a. /System, /Information, /Steuerung und /Regelung. – Der Name K. stammt von N. Wiener (»Cybernetics«, 1948), der neben C. E. Shannon, A. N. Kolmogorow, J. von Neumann u. a. grundlegende Arbeiten zur K. lieferte.

Kyd [kɪd], Thomas, engl. Dramatiker, getauft London 6. 11. 1558, †ebd. Ende 1594; gehörte in den Kreis um C. Marlowe und gilt neben ihm als der bedeutendste Tragödiendichter vor Shakespeare. Mit der ihm zugeschriebenen »Span. Tragödie« (1587) begründete er die Gattung der elisabethian. Rachetragödie.

Kyffhäuser [ˈkɪf-], waldreicher Bergrücken südlich des Unterharzes und der Goldenen Aue in Thüringen, im Kulpenberg 477 m ü. M.; 4 km westlich von Bad Frankenhausen/K. die mit der K.-Sage (/Kaisersage) verbundene /Barbarossahöhle. Auf dem NO-Kamm das K.-Denkmal von B. Schmitz (1891–96). Die ehem. Reichsburg Kyffhausen (erbaut um 1110) zum Schutz der Pfalz /Tilleda war eine der größten dt. Burgen im Hoch-MA. (seit dem 16. Jh. Ruine).

Kyffhäuserbund [ˈkɪf-], /Soldatenverbände.

Kyffhäuserkreis [ˈkɪf-], Landkreis in Thüringen, 1 035 km², 93 000 Ew.; Krst. ist Sondershausen.

Kyjiw [ˈkejɪʊ], Hauptstadt der Ukraine, /Kiew.

Kykladen (grch. Kyklades), Inselgruppe und VerwBez. (Nomos) im Ägäischen Meer, Griechenland, 2 572 km², (1991) 94 000 Ew.; Hptst. ist Hermupolis auf Syros. Gebirgige Inseln (bis 1 002 m ü. M.): v. a. Naxos, Andros, Paros, Tenos, Melos, Kea, Amorgos, Ios, Kythnos, Mykonos, Syros, Thera (Santorin), Seriphos, Siphnos; Fischerei, Anbau von Wein, Oliven, Obst, Getreide; Abbau von Eisenerz, Marmor, Bimsstein u. a.; Fremdenverkehr. – In der Antike wichtige Zwischenstationen für den Seeverkehr im Ägäischen Meer. Ab 1000 v. Chr. wurde die karische Urbev. von grch. Stämmen verdrängt. Die nördl., ionisch besiedelten Inseln bildeten 477 v. Chr. mit Küstenstädten den Attisch-Del. Seebund, die südl. waren dorisch besiedelt. In der hellenist. Zeit bildeten die K. den »Bund der Nesioten« (Inselgriechen). Ab 395 zu Byzanz, 1204 venezianisch, 1579 türkisch, seit 1830 zu Griechenland.

Kykladenkultur, Teilbereich der /ägäischen Kultur (auf den Kykladen); aus frühkyklad. Zeit (etwa 3200 bis 2000 v. Chr.) stammen zahlr. **Kykladenidole** (Grabbeigaben, meist weibl., stark abstrahierte, nach einem Proportionsschema aufgebaute Marmoridole; außerdem Steinbüchsen, Kupfernadeln, Keramik); im 2. Jt. unter minoischem, später myken. Einfluss.

Kyklopen [grch. »die Rundäugigen«] (Zyklopen), *grch. Mythos:* einäugige Riesen, in der »Odyssee« Menschen fressende Söhne des Poseidon, die auf einer Insel im Westen wohnen; Odysseus gerät in die Gefangenschaft des K. /Polyphem. Bei Hesiod sind es Söhne des Uranos und der Gaia, die dem Zeus die Donnerkeile schmieden. Sie galten auch als Gehilfen des Hephaistos und als Erbauer der **kyklop. Mauern,** vor- und frühgeschichtl. (megalith.) Mauern aus großen Steinblöcken ohne Mörtel, z. B. von Mykene und Tiryns.

Kylián [ˈkiljaːn], Jiří, tschech. Tänzer, Choreograph und Ballettdirektor, * Prag 21. 3. 1947; war 1968–75 Tänzer beim Stuttgarter Ballett; 1978–99 Direktor des Nederlands Dans Theater in Den Haag. Seine Choreographien zeichnen sich durch besondere Musikalität und starke tänzer. Dynamik aus, u. a. Rückkehr ins fremde Land (1974); Verklärte Nacht (1975); Sinfonietta (1978); Kaguyahime (1988); No

More Play (1988); Tantz-Schul (1989); Arcimboldo (1995); Anna and Ostriches (1996); Doux mensonges (1999).

Kymation [grch.] *das* (Kyma), Zierleiste mit blattförmigen Ornamenten in Kunst und Kunsthandwerk der Antike: **dorisches K.** (Hohlkehle), **ionisches K.** (↗Eierstab) und **lesbisches K.** (Herzlaub).

Kymographie [grch. »Wellenschreibung«] *die,* fortlaufende Aufzeichnung physiolog. Zustandsänderungen in Kurvenform **(Kymogramm);** in der Medizin v. a. zur Röntgendarstellung von Organwandbewegungen und Gefäßpulsationen (Herz, große Blutgefäße); durch die ↗Echokardiographie weitgehend ersetzt.

Kymren (kelt. Cymry), die kelt. Bewohner von Wales mit eigenem, fest bewahrtem Volkstum. Die kymr. Sprache (Eigenbez. Cymraeg), Walisisch (engl. Welsh), gehört zu den ↗keltischen Sprachen.

kymrische Literatur (walisische Literatur). Literatur in kymr. Sprache ist aus fast 1 300 Jahren erhalten. In der Zeit bis zum 11. Jh. entstanden u. a. episch-lyr. Heldengesänge. Die bedeutendsten Prosawerke nach den Gesetzeskodifikationen des Hywel Dda (1. Hälfte des 10. Jh.) waren die der Sammlung »Mabinogion« (Sagenerzählungen des 11. bis 13. Jh.). Zw. dem 11. und 14. Jh. entstand eine bed. Bardendichtung (z. B. Dafydd Ap Gwilym), die unter dem Druck der engl. Herrschaft im 17. Jh. endete. Eine Wiederbelebung der k. L. vollzog sich im 18. Jh. (Goronwy Owen). Neuere Prosaschriftsteller sind u. a. D. Owen, Tegla Davies, Rowland Hughes und Kate Roberts, neuere Dramatiker u. a. David Ivor Davies, Saunders Lewis und J. Gwilym Jones; die neuere Lyrik vertreten T. Gwynn Jones, W. J. Gruffydd, R. Williams Parry u. a.

Kyniker [grch., zu kýōn »Hund«] (Zyniker), die Vertreter der grch. Philosophenschule des **Kynismus,** gestiftet vom Sokratiker Antisthenes. Sie verwirklichten das von Sokrates übernommene Autarkie-Ideal der Bedürfnislosigkeit bis zur Verachtung des Anstandes, der staatl. und religiösen Gesetze (davon abgeleitet der Begriff Zynismus); viele Anekdoten sind überliefert, bes. über Diogenes von Sinope.

Kynologie [grch.] *die,* Lehre von Rassen, Zucht, Dressur und Krankheiten der Hunde.

Kyōdō, Kurzbez. für Kyōdō Tsūshinsha, japan. Nachrichtenagentur, gegr. 1945 als Genossenschaft von Presse- und Rundfunkunternehmen, Sitz: Tokio.

Kyŏngju [kjʌŋdʒu], Stadt in Süd-Korea, 273 000 Ew.; Marktort; bed. Fremdenverkehr; Mittelpunkt eines Nationalparks. – Die histor. Zeugnisse buddhist. Kunst wurden von der UNESCO zum Weltkulturerbe erklärt. Erhalten sind aus der Sillazeit die Überreste der Palastanlage sowie die 647 vollendete 9,25 m hohe Sternwarte Ch'ŏmsŏngdae, älteste erhaltene Sternwarte Asiens. Am Stadtrand liegen zahlr. Hügelgräber (Tumuli) der Fürsten von Silla (Grabbeigaben im Nationalmuseum von K.). 3 km entfernt steht am Fuß des Tohamsan der aus der Zeit des Vereinigten Königreichs stammende buddhist. Tempel Pulguksa (UNESCO-Weltkulturerbe), dessen zwei Pagoden (2. Hälfte des 8. Jh.) zu den schönsten Koreas zählen. Auf der Spitze des Berges befindet sich der Höhlentempel Sŏkkuram (ebenfalls UNESCO-Weltkulturerbe).

Kyōto (Kioto), Stadt im zentralen Teil der Insel Honshū, Japan, Verw.sitz der Stadtpräfektur K., 1,47 Mio. Ew.; 15 Univ., Hochschulen, Museen, botan. Garten; bed. Standort der Elektro- und Elektronik-, chem., opt., Textil-, Nahrungsmittel-, Porzellanind., traditionelles Kunsthandwerk; bed. Fremdenverkehr; U-Bahn. – Hauptzentrum der japan. Kultur und des Buddhismus in Japan; mit rechtwinkligem Straßennetz nach dem Vorbild der Tang-Hptst. Chang'an (heute Xi'an) angelegt; etwa 1 500 buddhist. Tempelanlagen, u. a. Sanjūsangendō, Seiryōji, Ninnaji, Myōshinji, Ryōanji, Tōji, Nishi Honganji, zahlr. Shintōschreine und Paläste, u. a. Goldener Pavillon (1394), Silberner Pavillon (1482), Kaiserpalast (1856 im alten Stil wieder aufgebaut), Nijōpalast (1602–40), Heianschrein (1895). Die histor. Bauten und Gärten von K. wurden von der UNESCO zum Weltkulturerbe erklärt. Der in der 2. Hälfte des 20. Jh. einsetzende Bauboom hat das Bild der Stadt sehr verändert (u. a. K. Tower Building und K. Tower, moderner Hauptbahnhof. – K. war von 794–1869 Residenz der japan. Kaiser.

Kyōto: Der 1950 zerstörte Goldene Pavillon, ein 1394 erbauter Shintōschrein, wurde 1955 originalgetreu wieder aufgebaut.

Kyphose [zu grch. kȳphós »gebückt«] *die,* dauerhafte, abnorme, nach hinten gerichtete (dorsal-konvexe) Wirbelsäulenverkrümmung **(Buckel)** im Bereich der Hals- oder Lendenwirbel. Zu den Ursachen der großbogigen K. **(Rundbuckel)** gehören v. a. Rachitis (führt im frühkindl. Alter zum **Sitzbuckel** im Lendenwirbelbereich), die im Entwicklungsalter auftretende Scheuermann-Krankheit, Wirbelveränderungen als Folge der Bechterew-Krankheit, Bandscheibendegeneration in höherem Alter (Alters-K.), Knochenentkalkung und verletzungs- oder krankheitsbedingte (z. B. durch Tumoren) Schädigungen der Wirbelkörper; Letztere können zur spitzwinkligen K. **(Sitzbuckel** oder **Gibbus)** führen. Die angeborene K. wird durch Fehlbildung von Wirbeln hervorgerufen. Von der versteiften K. ist der lockere **Rundrücken** als Haupttyp der jugendl. Haltungsschwäche zu unterscheiden.

Kyprianu, Spyros, grch.-zypriot. Politiker, * Limassol 28. 10. 1932; ab 1925 enger Mitarbeiter von Erzbischof Makarios III., war 1960–72 Außenmin., 1976–77 Parlaments-, 1977–88 Staatsprās. (von den türk. Zyprern nicht anerkannt).

Kypros [ngrch. ˈkipros], grch. Name von ↗Zypern.

Kyrenaika, altgrch. Name der ↗Cyrenaika.

Kyrenaiker, die Vertreter der vom Sokratiker Aristippos gegr. Philosophenschule von Kyrene **(Kyrenaische Schule).** Die K. vertraten den ↗Hedonismus, da allein sinnl. Erleben zur Erkenntnis der Wahrheit und zur Begründung der Werte führen könne, nicht begriffl. Spekulation und Ideenschau.

Kyrene (lat. Cyrene), antike Hptst. der ↗Cyrenaika, heute **Schahhat** in NO-Libyen; auch Name der Cyrenaika. – Reste grch. und röm. Bauten (Apollon-

Spyros Kyprianu

tempel, Theater, Thermen); UNESCO-Weltkulturerbe. – 631 v. Chr. von Griechen aus Thera gegr.; erlangte kulturelle Bedeutung durch seine Ärzte- und Philosophenschulen. Im 4. Jh. v. Chr. kam K. unter ptolemäische, 96 v. Chr. unter röm. Herrschaft. 643 von den Arabern erobert.

Kyrenia (türk. Girne), Stadt an der N-Küste Zyperns, im türk. besetzten Teil der Insel, 7000 Ew.; Hochschule; Museum für ein vor K. geborgenes Schiffswrack (grch. Handelsschiff des 4. Jh. v. Chr.). – K. liegt am Fuße der küstenparallel verlaufenden **K.-Kette** (im W bis 1024 m ü. M.); auf deren Höhe die Ruinen der ehem. Abtei Bellapais (gegr. Ende 12. Jh.) und der byzantin. Festung Hilarion. – K., eine antike Gründung (**Keryneia**), war im MA. unter den Lusignans Residenz; 1570 von den Osmanen erobert.

Kyrgyzstan, Staat in Mittelasien, ⇒ Kirgistan.

Kyrie eleison [grch. »Herr, erbarme dich«], urspr. ein hellenist. Huldigungsruf an einen Herrscher oder eine Gottheit; im christl. Gottesdienst der Ruf der Gemeinde (als Wechselgesang), mit dem das Bekenntnis zu Jesus Christus als dem Herrn (⇒ Kyrios) zum Ausdruck gebracht wird.

Kyrilliza [russ., nach dem Slawenapostel Kyrillos] (kyrillische Schrift), nach dem Vorbild der grch. Majuskel geschaffene Schrift, die im Laufe des 10. Jh. die ältere ⇒ Glagoliza verdrängte und zur alleinigen Schrift der grch.-orth. Slawen wurde. Die ältere K. wurde durch die Rechtschreibreform Peters I. 1707–10 vereinfacht und der lat. Schrift angenähert. Durch die Schriftreform 1917/18 weiter vereinfacht, wird die russ. K. heute auch zur Schreibung nicht slaw. Sprachen verwendet. (⇒ russische Schrift)

Kyrillos und Methodios, Apostel der Slawen, grch. Brüder aus Thessalonike (Saloniki): **Kyrillos,** eigtl. Konstantinos, Geistlicher und Gelehrter, *826/827, † Rom 14. 2. 869, **Methodios,** eigtl. Michael (?), hoher Beamter, später Mönch und Erzbischof, *um 815, † in Mähren (Staré Město?) 6. 4. 885; im südslaw. Raum Begründer der christlich-slaw. Kultur, ab 863 im Auftrag des byzantin. Kaisers Michael III. als Missionare im Großmähr. Reich tätig; übersetzten bibl. und liturg. Texte ins Slawische; gelten als Schöpfer des slaw. Alphabets (⇒ Glagoliza). Trotz der Bestätigung ihrer Mission nach kirchenrechtl. Auseinandersetzungen und der Ernennung des Methodios zum Erzbischof von Mähren und Pannonien durch Papst Hadrian II. mussten dessen Schüler nach seinem Tod infolge der polit. Entwicklung Mähren verlassen. Sie fanden jedoch in Bulgarien freundl. Aufnahme. Von dort verbreitete sich die slaw. Liturgie in den Bereich der späteren autokephalen orth. Nationalkirchen von Serbien, Rumänien und Russland. – Heilige, Patrone Europas, Tag: 14. 2.; in der orth. Kirche: 11. 5.

Kyrill von Alexandria, Kirchenlehrer, †27. 6. 444; seit 412 Patriarch von Alexandria; ging radikal gegen Andersgläubige und Andersdenkende vor (Vertreibung der Juden; Duldung der Ermordung der Philosophin ⇒ Hypatia); in den christolog. Auseinandersetzungen des 5. Jh. (Konzil von Ephesos 431) trat er entschieden dem Nestorianismus entgegen (⇒ Nestorianer). – Heiliger, Tag: 27. 6.; in der orth. Kirche: 9. 6.

Kyrill von Jerusalem, Kirchenlehrer, *um 313, † 386; wurde um 350 Bischof von Jerusalem; vertrat in den Auseinandersetzungen um den Arianismus einen gemäßigten Subordinatianismus (Unterordnung des Sohnes unter den Vater) und wurde mehrfach verurteilt und verbannt, stimmte aber später dem vom 2. ökumen. Konzil in Konstantinopel 381 (dessen Teilnehmer er war) beschlossenen Nicänisch-Konstantinopolitan. Glaubensbekenntnis zu. – Heiliger, Tag: 18. 3.

Kyrios [grch. »Herr«], in der Septuaginta Übersetzung des alttestamentl. Gottesnamens ⇒ Jahwe; im N. T. Hoheitstitel Jesu Christi (z. B. 1. Kor. 8,6).

Kyritz, Stadt im Landkreis Ostprignitz-Ruppin, Brandenburg, westlich der K.er Seenkette, 9200 Ew. – Spätgot. Pfarrkirche St. Marien (zweite Hälfte 14. Jh.), 1708–14 barockisiert.

Kyrklund [ˈtɕyrklʊnd], Willy, eigtl. Paul Wilhelm K., finnisch-schwed. Schriftsteller, * Helsinki 27. 2. 1921; lebt in Schweden; schreibt v. a. Prosa, u. a. »Solange« (R., 1951), »Vom Guten« (1988).

Willy Kyrklund

Kyros (lat. Cyrus), Angehörige des pers. Herrscherhauses aus dem Geschlecht der Achaimeniden:

1) K. II., der Gr., König 559–530 v. Chr., Begründer des pers. Großreiches, †530 v. Chr.; erlangte 550 v. Chr. die Herrschaft über das Mederreich und eroberte mehrere kleinasiat. Staaten, 539 Babylon. K. erlaubte die Rückkehr der in ⇒ Babylonischer Gefangenschaft lebenden Juden nach Jerusalem.

2) K. d. J., pers. Prinz, jüngster Sohn des Dareios II., * 423 v. Chr., † 401 v. Chr.; Statthalter von Kleinasien, erhob sich gegen seinen älteren Bruder Artaxerxes II. Mnemon; fiel in der Schlacht bei Kunaxa. Über sein Leben berichtet Xenophon in der »Anabasis«.

Kystadenom (Adenokystom, Kystom), ein- oder mehrkammrige, durch eine Kapsel abgeschlossene sackartige Gewebeneubildung. K. sind primär gutartig, können aber, bes. bei papillären Formen, bösartig werden. Vorkommen v. a. im Eierstock, aber auch in Brustdrüse, Niere, Lunge, Hoden oder Schilddrüse.

Kysyl, Hptst. der Rep. Tuwinien innerhalb der Russ. Föderation, S-Sibirien, am Zusammenfluss von Großem und Kleinem Jenissei, 98700 Ew.; tuwin. Forschungsinstitut; Bekleidungs-, Nahrungsmittelind., Möbelfabrik. In K. liegt der geograph. Mittelpunkt Asiens (Obelisk). – Gegr. 1914.

Kysylkum [türk. »roter Sand«] *die,* Sandwüste in Usbekistan, Kasachstan und Turkmenistan, im Tiefland von Turan, zw. Amudarja und Syrdarja, von inselbergartigen Erhebungen (bis 922 m ü. M.) durchzogen, rd. 300000 km²; Erdöl- und Erdgasgewinnung; teilweise Weideland (Karakulschafe, Kamele). Im SO der K. erstreckt sich die Südl. Hungersteppe (Baumwollanbau).

Kythera (italien. Cerigo, ngrch. Kythira), südlichste der Ion. Inseln, Griechenland, vor dem SO-Kap der Peloponnes, 278 km², 3000 Einwohner.

Kyu [japan.] *der, Budosport:* die sechs (Karate, Aikido) oder fünf (Judo, Jujutsu) Grade der Schüler bis zur Erlangung des 1. Meistergrads (⇒ Dan); sie werden durch die versch. Farben der über dem Kimono getragenen Gürtel angezeigt. Der 1. K. (brauner Gürtel) ist der ranghöchste Grad.

Kyudo [japan.] *das,* zu den Budosportarten (⇒ Budo) zählende japan. Form des Bogenschießens, die sich aus der Waffenkunst der japan. Ritter (⇒ Samurai), auch vom ⇒ Zen adaptiert, zu einer sportl. Übung gewandelt hat. Sportgerät ist ein asymmetrisch gegriffener Langbogen. Die Pfeile sind zur Flugstabilisierung gefiedert.

Kyūshū [-ʃu] (Kiuschu), südwestlichste und drittgrößte der vier japan. Hauptinseln, 42163 km² (mit Nebeninseln), 13,45 Mio. Ew.; größtenteils Berg- und Hügelland, mehrere Vulkane (u. a. Kujūsan im Aso-Nationalpark, 1788 m ü. M.). Auf der Grundlage des Chikuhō-Kohlenfeldes (im NW) entwickelte sich eine der großen japan. Ind.regionen um Kitakyūshū und Fukuoka. Landwirtschaft v. a. in den Ebenen der W-Seite.

KZ, Abk. für ⇒ **K**onzentrationslager.

	Altsemitisch
	Altgriechisch (archaisch)
	Römische Kapitalschrift
	Unziale
	Karolingische Minuskel
	Textur
	Humanistische Kursive
	Fraktur

l, L 1): Druckschriftvarianten

l, L, 1) Konsonant; der 12. Buchstabe des dt. Alphabets, geht über das grch. Lambda (λ) auf den semit. Buchstaben Lamed zurück; Fließlaut (Liquida). L kommt auch in Verbindung mit diakrit. Zeichen vor, z. B. im Polnischen als ł (dunkles l).
2) *Bekleidung:* L, ↗ Konfektionsgrößen.
3) Abk. L oder L., in röm. Inschriften und Texten für Lucius, ferner Lex, Liber, Lector, Libertus.
4) *Chemie:* L-, Vorsatz vor Namen in optisch aktiven chem. Verbindungen (↗ Stereochemie).
5) *Einheitenzeichen:* l für ↗ Liter.
6) *Formelzeichen:* l für ↗ Länge (in Dimensionsgleichungen L) und für Bahndrehimpulsquantenzahl (↗ Quantenzahlen); L für ↗ Induktivität und ↗ Leuchtdichte; L für ↗ Drehimpuls.
7) *Münzwesen:* l, Kennbuchstabe u. a. für die Münzstätte Bayonne (auf frz. Münzen, 1540–1837), für Leipzig auf kursächs. und poln. Münzen (1753–62).
8) *röm. Zahlzeichen:* L für 50.

La, 1) *Chemie:* Symbol für ↗ Lanthan.
2) *Musik:* in der Solmisation der 6. Ton der Tonleiter.

La., Abk. für den Bundesstaat **Louisia**na, USA.

Laa an der Thaya, Stadt im nördl. Weinviertel, NÖ, im fruchtbaren **Laaer Becken,** an der Grenze zur Tschech. Rep., 6 100 Ew.; Biermuseum, Südmährenmuseum; Brauerei, Nahrungsmittel-, Textilind., Fahrzeugbau. – Gegr. um 1200.

Laacher See, See im Vulkangebiet der Eifel, Rheinl.-Pf., in einer Caldera (entstanden 9080 v. Chr.), 275 m ü. M., 3,3 km², bis 53 m tief; gespeist von einem starken Grundwasserstrom; Naturschutzgebiet. Am SW-Ufer liegt die Benediktinerabtei ↗ Maria Laach. Seit 1926 steht der L. S. unter Naturschutz.

Laage, Stadt im Landkreis Güstrow, Meckl.-Vorp., etwa 20 km südöstlich von Rostock, 5 400 Ew.; Gasgeneratorenbau für die Airbag-Produktion; Militärflugplatz, im Gemeindeteil Kronskamp internat. Flughafen Rostock-Laage.

Laasphe, Bad [- ˈlaːsfa] ↗ Bad Laasphe.

Laatzen, Stadt im Landkreis Hannover, Ndsachs., an der Leine, am Stadtrand von Hannover, 37 700 Ew.; Elektroindustrie. – Stadt seit 1968.

Lab, ↗ Labferment.

Laban [hebr.], Gestalt des A. T.; Vater von Lea und Rahel, Schwiegervater Jakobs (1. Mos. 29, 10 ff.).

Laban, Rudolf von, eigtl. R. Lábán von Váraljas, Tänzer, Tanzpädagoge und -theoretiker, * Pressburg (heute Bratislava) 15. 12. 1879, † Weybridge (bei London) 1. 7. 1958; schuf eine neue Bewegungslehre, die Improvisation und individuelle Gestaltung im Tanz betonte und zur Grundlage des modernen Kunsttanzes wurde. Die von ihm entwickelte Tanzschrift (»Laban-Notation«) fand weite Verbreitung.

Laband, Paul, Staatsrechtslehrer, * Breslau 24. 5. 1838, † Straßburg 23. 3. 1918; war der führende Staatsrechtler des dt. Kaiserreichs und Hauptvertreter des staatsrechtl. Positivismus; schrieb: Das Staatsrecht des Dt. Reiches, 3 Bde. (1876–82).

Labarum [lat.] *das* (Kreuzfahne), von Konstantin d. Gr. nach seinem Sieg über Maxentius (312) eingeführte Kaiserstandarte mit Christusmonogramm.

Labdanum [lat.-grch.] *das* (Ladanum), seit der Antike bekanntes weiches Harz aus **Cistus ladaniferus;** vorwiegend in Spanien gewonnen, dient zur Gewinnung des äther. **L.-Öls** (Parfümerierohstoff).

Rudolf von Laban

Laacher See: Benediktinerabtei Maria Laach

Labe, tschech. Name der ⁄ Elbe.

Labé [la'be], Louise, eigtl. L. Charly, gen. La belle Cordière, frz. Dichterin, * Parcieux (bei Lyon) um 1526, † ebd. 25. 4. 1566; Frau eines reichen Seilermeisters; war Mittelpunkt eines literar. Kreises (»Lyoner Dichterschule«), schrieb von F. Petrarca beeinflusste Elegien und Liebessonette (1555).

Label [leɪbl, engl.] *das,* 1) *allg.:* Anhängezettel; Etikett, z. B. einer Schallplatte; Plattenfirma.
2) *Informatik:* (Marke), symbol. Adresse innerhalb eines Programms, auf die in Anweisungen Bezug genommen werden kann, z. B. zur Festlegung von Sprüngen und Verzweigungen.

Labenwolf, Pankraz, Erzgießer, * Nürnberg 1492, † ebd. 20. 9. 1563; vermutlich Schüler von P. Vischer; seit 1537 Leiter einer Gießhütte in Nürnberg. – *Werke:* Epitaph des Grafen Wernher von Zimmern (1551, Meßkirch, Stadtpfarrkirche); Puttenbrunnen im Nürnberger Rathaushof (1557).

Labferment (Lab, Chymosin, Rennin), Enzym des Labmagens saugender Kälber, das das Casein der Milch zur Gerinnung bringt (kommt wahrscheinlich in den Mägen aller jungen Säugetiere vor); wird zur Käseherstellung verwendet.

Labial *der,* Lippenlaut, ⁄ Laut.

Labiau, Stadt im Gebiet Kaliningrad (Königsberg), ⁄ Polessk. – Im **Vertrag von L.** sicherte Schweden am 20. 11. 1656 Kurbrandenburg volle Souveränität über das Herzogtum Preußen und das Fürstentum Ermland zu.

Labiche [la'biʃ], Eugène, frz. Dramatiker, * Paris 5. 5. 1815, † ebd. 23. 1. 1888; karikierte in rd. 100 possenhaften Lustspielen das Bürgertum (u. a. »Der Florentinerhut«, 1851).

Labilität [lat.] *die, Psychologie:* Unausgeglichenheit körperl. (**vegetative L.,** Somatisierungsstörung) oder seel. (**psych. L.**) Funktionen.

Labkraut (Galium), artenreiche Gattung der Rötegewächse; in Mitteleuropa u. a. das bis 60 cm hohe **Echte L.** (Galium verum) mit zitronengelben Blüten und das **Klebkraut** (**Kletten-L.,** Galium aparine) mit klimmenden Stängeln sowie Klettfrüchten. (⁄ Waldmeister)

Labmagen, ⁄ Wiederkäuer.

Laboe [la'bœ], Gemeinde und Ostseebad im Kr. Plön, Schlesw.-Holst., an der Kieler Außenförde, 5 000 Ew.; Fremdenverkehr; Hafen, Werftbetriebe. – Marineehrenmal (1927–36) mit 72 m hohem Turm, U-Boot-Museum.

Laboratorium [lat.] *das* (Labor), Arbeitsraum für wiss. und techn. Experimente mit den dazu erforderl. Einrichtungen (z. B. Foto-, Tiefseelabor).

Laborem exercens [lat. »die Arbeit verrichtend«], Enzyklika Papst Johannes Pauls II. vom 14. 9. 1981 anlässlich des 90-jährigen Jubiläums der Enzyklika ⁄ Rerum novarum Leos XIII.; betont das »Prinzip des Vorrangs der Arbeit gegenüber dem Kapital« und unterstreicht die Bedeutung von Solidarität sowie das Recht des arbeitenden Menschen auf ⁄ gerechten Lohn und (gewerkschaftl.) Zusammenschluss.

Laborsystem *Physik:* ein bezüglich des Labors, in dem der betreffende Versuch durchgeführt wird, festes Koordinatensystem. Im L. befindet sich der Schwerpunkt eines mechan. Systems i. d. R. nicht in Ruhe. (⁄ Schwerpunktsystem)

Labourforce-Konzept [ˈleɪbəfɔːs-; engl. »Arbeitnehmerschaft«], in den USA entwickeltes, auf Empfehlung der OECD seit 1957 auch in Dtl. eingeführtes Konzept zur statist. Erfassung der Erwerbsbevölkerung. Erhebungstatbestände sind nicht die überwiegende Quelle des Lebensunterhalts und die Art der Tätigkeit, sondern Erwerbsintensität und Beschäftigungsgrad.

Labour Party [ˈleɪbə ˈpɑːti, engl. »Arbeiterpartei«], brit. Partei, hervorgegangen aus versch. Organisationen der brit. Arbeiterbewegung: Nach der Gründung der ⁄ Fabian Society und der Scottish L. P. (1888) entstand 1893 die **Independent L. P.** und 1900 das **Labour Representation Committee** mit dem Ziel, den Gewerkschaften eine parlamentar. Vertretung zu geben. Faktisch war damit die L. P. gegründet worden, die diesen Namen jedoch erst 1906 annahm. Erster Sekretär wurde J. R. Macdonald. Die L. P., im Unterhaus zunächst mit Liberalen und irischen Nationalisten zusammengehend, wuchs rasch, v. a. durch den korporativen Beitritt zahlreicher Gewerkschaften. 1915–18 gehörte die Partei den Koalitionskabinetten Asquith und Lloyd George an. In dem von S. Webb verfassten Manifest »Labour and the new social order« (1918) forderte die Partei u. a. die staatl. Garantie der Vollbeschäftigung, Kontrolle der Industrie und Verstaatlichung der Produktionsmittel, Besteuerung von Grund und Boden, großen Vermögen und Einkommen. Ideologisch unorthodox, entwickelte sie in den folgenden Jahrzehnten diese Positionen weiter. Die Entwicklung zw. den Weltkriegen war gekennzeichnet von der verantwortl. Einbeziehung der L. P. in das parlamentar. Regierungssystem. 1924 und 1929–31 stellte sie Minderheitsregierungen unter Macdonald. Als Macdonald 1931 unter dem Eindruck der Weltwirtschaftskrise seine Reg. in eine Allparteienreg. umwandelte, versagte ihm die Mehrheit der Partei auf Initiative der Gewerkschaften die Gefolgschaft. Nachdem die L. P., seit 1935 geführt von C. Attlee, 1940–45 an der Kriegskoalition unter W. Churchill maßgeblich beteiligt gewesen war, setzte die nach ihrem Wahlsieg 1945 von ihr allein gestellte Reg. unter Attlee (1945–51) ein weit greifendes gesellschaftl. Reformprogramm durch: National Health Service, Education Act, Nationalisierung von Schlüsselindustrien (z. T. später von konservativen Regierungen rückgängig gemacht). Als Nachfolger Attlees übernahm 1955 H. T. Gaitskell die Führung der Partei, diesem folgte 1963 H. Wilson, der das Amt des Premiermin. 1964–70 und 1974–76 innehatte. 1976 übernahm J. Callaghan das Amt des Parteiführers (bis 1980) und des Premiermin. (bis 1979). Eskalierende innerparteil. Spannungen (v. a. zw. dem gemäßigten und radikalsozialist. Flügel) infolge der Wahlniederlage von 1979 führten 1981 zur Abspaltung der Social Democratic Party (SDP; 1990 Selbstauflösung). 1980–83 war M. Foot Partei- und Oppositionsführer. Unter seinen Nachfolgern N. Kinnock (1983–92), J. Smith (1992–94) und A. Blair (seit 1994) reformierte sich die Partei, um breitere Wählerschichten ansprechen zu können (u. a. Abschaffung der gewerkschaftl. Blockstimmen, 1993; offizieller Verzicht auf die Umwandlung der Produktionsmittel in Staatseigentum, 1995). Angesichts ihres v. a. von Blair durchgesetzten neuen Erscheinungsbildes als »New Labour« errang die L. P. Anfang Mai 1997 einen großen Wahlsieg; Blair wurde Premierminister. Unter seiner Führung konnte die L. P. Anfang Juni 2001 erstmals einen zweiten Wahlsieg in Folge erreichen.

Labrador, Halbinsel im O Kanadas, zw. Hudsonbai, Atlantik (Labradorsee) und Sankt-Lorenz-Golf, zum größten Teil zur Prov. Quebec gehörend, die atlant. Küstenregion zur Prov. Newfoundland. I. e. S. wird unter L. v. a. in Kanada nur der festländ. Teil der Prov. Newfoundland verstanden. Etwa 1,4 Mio. km², davon ungefähr 25 % Binnengewässer. Teil des Kanad. Schildes, der hier am O-Rand bis 1 652 m ü. M.

aufgewölbt wurde. Arkt. und subarkt. Klima, daher meist Tundra, im S Nadelwald. Bed. sind Waldnutzung, Abbau von Eisenerz, Ilmenit und Asbest sowie die Nutzung der Wasserkraft (an /Grande-Rivière und /Churchill River). – Um 1000 von dem Normannen Leif Eriksson entdeckt und 1497 von G. und S. Caboto aufgesucht; nach 1534 z.T. von J. Cartier für die frz. Krone in Besitz genommen. Die 1670 gegr. Hudson's Bay Company erhielt einen Freibrief für Land- und Handelsrechte für L. Ab 1763 britisch, gehörte abwechselnd zu Newfoundland und zu Quebec (endgültige Grenzfestlegung 1927).

Labradorit [nach der Halbinsel Labrador] *der* (Labrador, Labradorstein), Mineral, /Feldspäte.

Labradorsee, Teil des Nordatlantiks, zw. Labrador und Grönland, bis 3 804 m tief.

Labradorstrom, kalte Meeresströmung des Atlant. Ozeans vor Labrador und Neufundland, führt oft Eisberge mit sich.

Labrouste [laˈbrust], Henri, frz. Architekt, *Paris 11. 5. 1801, †Fontainebleau 24. 6. 1875; lehrte in Abkehr vom Eklektizismus form- und funktionsgerechtes Denken in der Architektur; verwendete als einer der Ersten Eisen als architekton. Element (Bibliothèque Sainte-Geneviève, 1843–50, sowie Lesesaal und Büchermagazin der Bibliothèque Nationale, 1854–68, beide in Paris).

La Bruyère [- bryiˈjer], Jean de, frz. Schriftsteller, *Paris 16. 8. 1645, †Versailles 10. oder 11. 5. 1696; bed. Vertreter der /Moralisten; »Die Charaktere oder die Sitten im Zeitalter Ludwigs XIV.« (1688) sind ein Höhepunkt der literar. Porträtkunst.

Labskaus [niederländ.-engl.] *das,* Gericht aus gekochtem Pökelfleisch, Fisch, Zwiebeln und gestampften Kartoffeln.

Labuan, zu Sabah, Ostmalaysia, gehörende Insel im Südchines. Meer, 10 km vor der NW-Küste Borneos, als Bundesterritorium 92 km², 75 500 Ew.; Hauptort: Victoria.

Laburnum [lat.] *das,* die Pflanzengattung /Goldregen.

Labyrinth [grch.] *das,* **1)** *allg.:* Gebäude mit vielfach sich kreuzenden Gängen, auch ein Irrgarten oder eine graf. Figur mit verschachteltem Linienbild, aber nur einem Zugang ins Zentrum; gen. nach dem L., das im grch. Mythos /Daidalos für den Minotaurus auf Kreta baute. – L.-Darstellungen finden sich häufig auf kret. Münzen, 5./4. Jh., und röm. Mosaiken. Die Mitte des L. bedeutete im MA. die Ecclesia (Kirche) oder sogar den Himmel, es konnte auch der Bußweg des Gläubigen nach Jerusalem gemeint sein; bekannt sind die L. auf Fußböden christl. Kirchen (Kathedralen in Chartres und Amiens). In der Gartenarchitektur des Barock ist das L. für Irrgärten eine Sonderform des Boskett.

2) *Anatomie:* das innere /Ohr.

Labyrinthfische (Anabantoidei), Unterordnung der Barschartigen Fische, meist farbenprächtige Süßwasserfische pflanzenreicher Gewässer Afrikas und SO-Asiens; können mithilfe eines zusätzl. Atemorgans (Labyrinth) Luftsauerstoff atmen; viele Arten betreiben Brutpflege und bauen ein Schaumnest an der Wasseroberfläche, in das die Eier abgelegt werden. Beliebte Aquarienfische sind u. a. die /Kampffische.

Labyrinthversuch, *Verhaltensforschung:* Methode zur Untersuchung des Lernverhaltens. Dabei muss ein Tier durch Versuch und Irrtum den kürzesten Weg durch ein System von Stegen oder Gängen finden, von denen nur einer zum Ziel führt und alle übrigen blind enden.

Lac [lak, frz., von lat. lacus] *der,* See. Mit L. zusammengesetzte Stichwörter, die man hier vermisst, suche man unter den Eigennamen.

Lacan [laˈkã], Jacques, frz. Psychoanalytiker und Philosoph, *Paris 13. 4. 1901, †Neuilly-sur-Seine 9. 9. 1981. Beeinflusst von Hegels Begriff des »Begehrens«, der Linguistik F. de Saussures und der Ethnologie entwirft L. das Unbewusste als sprachl. strukturiertes, von der Sprache erst hervorgebrachtes System. L. prägte mit C. Lévi-Strauss maßgeblich den frz. Strukturalismus und beeinflusste wesentlich die moderne Literaturwiss., Soziologie und Ethnologie.

Laccadive Islands [ˈlækədaɪv ˈaɪləndz], Inselgruppe Indiens, /Lakkadiven.

La Ceiba [la ˈseɪba], Hptst. des Dep. Atlántida, Honduras, am Karib. Meer, 89 200 Ew.; Nahrungsmittel-, Metallwaren-, Papier-, Kunststoff-, pharmazeut. Industrie; Bananenexporthafen, internat. Flughafen.

Lacerna [lat.] *die,* seit dem 1. Jh. v. Chr. Überwurf der röm. Soldatentracht, auf der Schulter mit einer Fibel geschlossen. Die L. wurde später von allen Bev.schichten getragen.

Lacerta [lat.], das Sternbild /Eidechse.

La Chaise [la ˈʃɛːz] (La Chaize), François d'Aix de, gen. Père de La C., frz. Jesuit, *Aix-la-Fayette (Dép. Puy-de-Dôme) 25. 8. 1624, †Paris 20. 1. 1709; Dozent für Philosophie und Theologie in Lyon, seit 1675 einflussreich als Beichtvater Ludwigs XIV., Gegner der Widerrufung des Edikts von Nantes (/Hugenotten). – Das den Jesuiten vom König geschenkte Landgut wurde 1804 in den Friedhof **Père-Lachaise** umgewandelt.

Labyrinth 1): Fußbodenmosaik aus einer römischen Villa in Salzburg mit der Darstellung der Theseusgeschichte im Labyrinth von Knossos (4. Jh.; Wien, Antikensammlung des Kunsthistorischen Museums)

La Chaussée [la ʃoˈse], Pierre Claude Nivelle de, frz. Dramatiker, *Paris 1692, †ebd. 14. 3. 1754; Begründer des moralisierenden Rührstücks (»Comédie larmoyante«), eines Vorläufers des bürgerl. Dramas.

La Chaux-de-Fonds [la ʃoˈdfɔ̃], Bez.-Hptst. im Kt. Neuenburg, Schweiz, in einem Hochtal des Kettenjura, um 1 000 m ü. M., 37 000 Ew.; Technikum,

Uhrmacher- und Mechanikerfachschulen, Berufsschulzentrum, Schule für Kunst und Kunstgewerbe, Internat. Uhrenmuseum u. a. Museen; Zentrum der Uhrenind., dazu feinmechan. Ind., Elektronik- und Nahrungsmittelind., Fremdenverkehr; Flugplatz. – Nach Brand von 1794 planmäßiger Aufbau als »Musterstadt des Geistes«.

Lachen, menschl. Ausdruckserscheinung, die mimisch durch Bewegung bestimmter Gesichtsmuskeln und (im Unterschied zum **Lächeln**) lautlich durch eine besondere Rhythmik des Stimmapparats gekennzeichnet ist. Als Reaktion auf heitere oder kom. Erlebnisse; Ausdruck bestimmter Stimmungslagen (freudig, albern, ironisch, verzweifelt) und soziale Reaktion (freundl. Grußlächeln, ansteckendes L.).

Lachenmann, Helmut, Komponist, *Stuttgart 27. 11. 1935; studierte u. a. bei L. Nono; orientiert sich an seriellen Techniken, steht der experimentellen Musik nahe; schrieb Vokal- und Orchesterwerke, die Oper »Das Mädchen mit den Schwefelhölzern« (1997), Kammermusik.

Lachesis, *grch. Mythos:* eine der drei ⁄ Moiren.

Lachgas, Distickstoffmonoxid, Stickoxidul, N_2O; farbloses, nahezu ungiftiges Gas; dient in Gemischen mit Sauerstoff als Inhalationsnarkosemittel mit stark schmerzstillender Wirkung.

Lachkrampf (Gelasma), zwanghaftes Lachen.

Lachmann, Karl, klass. Philologe und Germanist, *Braunschweig 4. 3. 1793, †Berlin 13. 3. 1851; Begründer der philolog. Textkritik; indem er die altphilolog. Methode der Textkritik auf mhd. Texte übertrug, leistete er einen entscheidenden Beitrag zur Kenntnis der mhd. Dichtung. Das Nibelungenlied versuchte er auf 20 von versch. Dichtern stammende Gesänge zurückzuführen. Neben zahlr. weiteren mhd. Dichtungen gab L. die Werke lat. Dichter (Properz, Tibull, Catull) und die G. E. Lessings heraus (1838–40).

Karl Lachmann

Lachmiden, arab. Dynastie (3. Jh. bis 602), die unter sassanid. Oberhoheit die pers. Grenze nach S sicherte (Residenz: Hira, südlich von Kufa, Irak). Ihre Rivalen waren die ⁄ Ghassaniden.

Lachner, Franz, Komponist, *Rain (bei Donauwörth) 2. 4. 1803, †München 20. 1. 1890; 1836–65 Hofkapellmeister in München; komponierte Opern (»Catarina Cornaro«, 1841), sieben Orchestersuiten (in kontrapunkt. Stil), acht Sinfonien, Lieder, Kirchenmusik (z. B. Requiem, 1856) u. a.

Wilhelm Lachnit: Brücke (1922; Sankt Petersburg, Eremitage)

Lachnit, Wilhelm, Maler und Grafiker, *Gittersee (heute zu Dresden) 12. 11. 1899, †Dresden 14. 11. 1962; Mitgl. der Dresdner Sezession, von den Nationalsozialisten verfolgt; 1947–54 Prof. an der Akademie in Dresden. Das Frühwerk ist durch einen sozial bestimmten Verismus, das Spätwerk durch eine stille Bildlyrik gekennzeichnet. Umfangreiches graf. Werk.

Lachse: Blanklachs

Lachse, Sammelbez. für einige Arten der Lachsfische. Wirtsch. von Bedeutung ist der **Europ. Lachs** (**Atlant. Lachs,** Salmo salar), 1 bis 1,5 m langer und bis 36 kg schwerer Wanderfisch, der bei seinen Laichwanderungen bis in die Oberläufe der Flüsse aufsteigt. Dort werden im Herbst/Winter im kiesigen Grund etwa 1 m große Laichgruben angelegt und bis zu 30 000 Eier abgelegt. Nach 1–5 Jahren Aufenthalt im Süßwasser wandert der **Sälmling** (Jung-L.) ins Meer. Kehrt er nach einem Jahr in den Fluss zurück, heißt er **Jakobs-L.,** nach 2–5 Jahren **Salm.** Die im Meer lebenden L. haben eine silbrige Färbung (**Blank-L.**), die laichreifen Tiere nehmen eine rote Tönung an. Beim männl. Salm bildet sich am Unterkiefer ein hakenförmiger, knorpeliger Fortsatz (**Haken-L.**). – L. können bis zu 10 Jahre alt werden. – Der Europ. L. zählt aufgrund von Wasserverschmutzung und der Errichtung von unüberwindbaren Staustufen zu den vom Aussterben bedrohten Arten; er wird in Norwegen seit Ende der 1970er-Jahre in großen Mengen in küstennahen Aquakulturbetrieben aufgezogen.

Lachsfische (Salmonidae), Familie der Knochenfische mit einer »Fettflosse« zw. Rücken- und Schwanzflosse, z. B. Huchen; Speisefische sind z. B. Lachse, Forellen, Saiblinge.

Lachtaube (Streptopelia roseogrisea), kleine, gelbbraune Taube mit schwarzem Nackenband und weißem Bauchgefieder, im steppenhaften N-Afrika; ähnlich der verwandten Türkentaube.

Lacke, Sammelbez. für flüssige oder pulverförmige Substanzen zur Erzeugung von Anstrichen mit spezif. Eigenschaften, wie Beständigkeit gegen Witterungseinflüsse, mechan. oder chem. Beständigkeit oder/und dekoratives Aussehen. Als **Bindemittel** wird der nicht flüchtige Anteil eines L. ohne Pigmente und Füllstoffe bezeichnet. Es besteht aus Filmbildnern (z. B. Kunst- und Naturharze) und gegebenenfalls ⁄ Weichmachern, ⁄ Trockenstoffen u. a. Hilfsstoffen. **Lackfarben** enthalten Pigmente, **Klar-L.** sind pigmentfrei. Man kennzeichnet L. nach dem Bindemittel (z. B. Alkydharz-L., Bitumen-L., Öl-L.), aber auch nach dem Lösungsmittel (z. B. Spiritus-L., Wasser-L.), nach der Reihenfolge im Anstrichaufbau (z. B. Deck-L.), nach Art der Trocknung (z. B. Einbrenn-L.), nach Art der Anwendung (z. B. Tauch-L.) oder nach dem Lackierobjekt (z. B. Boots-L.). Die Filmbildung (Trocknung) kann durch Verdampfen des Lösungsmittels, durch Verdampfen von Wasser aus Dispersionen polymerer Stoffe oder durch Abkühlung geschmolzener Stoffe (z. B. bei Pulver-L.) auf physikal. Weise erfolgen. Bei der chem. Trocknung bilden sich vernetzte Polymere, die durch Lösungsmittel nicht mehr gelöst werden. Es wird dabei zw. oxidativ trocknenden (z. B. mit trocknenden Ölen modifizierte Alkydharze), kalt härtenden (z. B. Zweikomponenten-Reaktions-L. auf der Basis Polyurethan) und ofentrocknenden L. (z. B. Einbrenn-L.) unterschieden.

Lackkunst, die in China erfundene (seit 1300 v. Chr. bekannt), v. a. auch in Japan ausgebildete kunsthandwerkl. Technik, Gegenstände aller Art mit einer Lackschicht zu überziehen und diese künstlerisch zu gestalten. Die L. gelangte von Ostasien nach Hinter- und Vorderindien und Persien. Zu den wichtigsten der in Ostasien verbreiteten Arten der L. gehören: **gemalte Lacke,** rote (seltener schwarze) **geschnittene Lacke, Lacke mit Einlagen** von Gold, Silber, Perlmutt. Aus Japan stammt auch die **Goldlacktechnik,** bei der eine Malerei durch Einstreuen von Gold- und Silberstaub in farblosen Lack ausgeführt wird. Die L. wurde im 17. Jh. in Europa eingeführt, gewann im 18. Jh. hier Eigenständigkeit.

Lackleder, meist chromgegerbtes Leder aus Rinderhäuten oder Kalbfellen mit Lackzurichtung, die Lackschicht wird entweder flüssig aufgetragen (Kaltlackverfahren) oder aufgeklebt.

Lackmus [niederländ.] *der* oder *das,* Farbstoff der L.-Flechte; wird z. B. in Form von **L.-Papier** als Neutralisationsindikator verwendet; der Farbumschlag erfolgt von Rot (sauer) nach Blau (alkalisch) im pH-Bereich 5,5–8,0.

Lackschildlaus (Laccifer lacca), 1–2 mm große Schildlaus in S- und SO-Asien. Aus den über die Lackdrüsen ausgeschiedenen Sekreten (Stocklack) wird Schellack gewonnen.

Lac Léman [lak le'mã], der ↗ Genfer See.

Laclos [la'klo], Pierre Ambroise François Choderlos de, frz. Schriftsteller, *Amiens 18. 10. 1741, †Tarent 5. 9. 1803; Offizier und Privatsekretär des Herzogs Louis Philippe von Orléans, während der Frz. Revolution Jakobiner. Sein Briefroman »Gefährliche Liebschaften« (1782), eine der bedeutendsten zeitgenöss. Darstellungen der korrumpierten aristokrat. Gesellschaft des Ancien Régime, übte durch die Darstellung der Perfektion und Faszination des Bösen großen Einfluss auf die Literatur des 19. und 20. Jh. aus.

La Condamine [la kɔ̃da'min], Charles Marie de, frz. Mathematiker und Forschungsreisender, *Paris 28. 1. 1701, †ebd. 4. 2. 1774; bereiste 1735–44 Ecuador und Peru (Gradmessungen), entwarf 1744 die erste wiss. Karte des Amazonasgebiets.

La Coruña [la ko'ruɲa], 1) Provinz in Spanien (Galicien), 7 950 km², 1,09 Mio. Einwohner.
2) (galic. A Coruña), Hptst. der galic. Prov. La C., 243 800 Ew.; Univ., Landwirtschafts- und Schifffahrtsschule, Theater; Fischkonserven-, chem. und pharmazeut. Ind., Aluminiumhütte, Metallverarbeitung; Erdölraffinerie; Erdöl- und Fischereihafen, Ausfuhr von Eisenerz; Flughafen. – Ummauerte Altstadt, Kirchen (u. a. Santa María del Campo, 12.–15. Jh.), Ruine des Klosters San Francisco (1214 erbaut, im 17. Jh. zerstört), Adelspaläste, an der Hafenseite vielstöckige Häuser aus dem 19. Jh.; modernes Museum »Domus« (1995 eröffnet). – L. C. existierte schon den Phöniziern als Hafen. An das röm. **Flavium Brigantium** (später **Ardobirium Coronium**) erinnert noch der Leuchtturm **Torre de Hércules** auf röm. Grundmauern. 1588 sammelte sich hier die ↗ Armada.

Lacq [lak], Gemeinde im Dép. Pyrénées-Atlantiques, Frankreich, 700 Ew.; bei L. das größte Erdgasvorkommen Frankreichs; bed. chem. Ind., Aluminiumwerk.

Lacroix [la'krwa], Christian, frz. Modeschöpfer, *Arles 17. 5. 1951; eröffnete 1987 sein eigenes Modehaus in Paris. L. kreiert eine extrem farbenfreudige Haute Couture, die durch unkonventionellen Mustermix und teilweise theatral. Überladenheit charakterisiert wird.

Lacrosse [la'krɔs, frz.] *das,* v. a. in Nordamerika, Großbritannien und Australien betriebenes Mannschaftsballspiel. Männer-L. (mit Ausrüstung und Körperkontakt) ähnelt dem Eishockey, Frauen-L. (ohne Ausrüstung und Körperkontakt) dem Feldhockey. Zwei Mannschaften (darunter je ein Torhüter) versuchen mit einem am Ende leicht gekrümmten dreieckigen Netzschläger (»Crosse«) den farbigen Gummiball und versuchen ihn damit ins gegner. Tor zu schleudern. Die Männer tragen Helm, Armschutz, Handschuhe und Schulterpolster, Torhüter zusätzlich Brustschutz (Torhüterinnen Körper- und Beinschutz). – Der Ursprung des L. liegt bei den nordamerikan. Indianern (erstmals 1630 erwähnt), verbreitet v. a. bei den Stämmen im SO Nordamerikas. Betrieben wurde es u. a. als spirituelles Spiel, als Kriegsersatz und bei Stammesfehden. L. war bei den Männern olymp. Disziplin in Saint Louis (1904) und in London (1908).

Lactame, zykl. innere Amide von Aminosäuren mit der Atomgruppierung $-NH-CO-$. Wichtige L. sind z. B. Caprolactam und Penicillin.

Lactantius (Laktanz), eigtl. Lucius Caecilius Firmianus, lat. Kirchenschriftsteller (»der christl. Cicero«), *in N-Afrika um 250, †Trier (?) nach 317; als zunächst von Diokletian berufener Lehrer der Rhetorik in Nikomedia; schon vor der diokletian. Verfolgung, die er später beschrieb, Übertritt zum Christentum; seit 317 Erzieher des Konstantin-Sohnes Crispus in Trier. Als sein Hauptwerk gilt »Divinae institutiones«, die erste Gesamtdarstellung der christl. Lehre in lat. Sprache.

Lactate [lat.], Salze und Ester der Milchsäure.

Lactone [lat.], zykl. innere Ester von Hydroxycarbonsäuren. Versch. natürl. und synthet., nach Moschus riechende L. werden in der Riechstoffind. verwendet.

Lactose [lat.] *die* (Laktose, Lactobiose, Milchzucker), ein Disaccharid, $C_{12}H_{22}O_{11}$; das wichtigste Kohlenhydrat in der Milch aller Säugetiere. L. wird durch verdünnte Säuren oder Enzyme zu D-Glucose und D-Galactose gespalten. Beim Sauerwerden der Milch geht sie mikrobiell in Milchsäure über.

Lacy ['lasi, 'la:si] (Lascy), Franz Moritz Graf von, österr. Feldmarschall (seit 1763), *Sankt Petersburg 21. 10. 1725, †Wien 24. 11. 1801; Generalstabschef unter L. von Daun im Siebenjährigen Krieg (1756–63), als Präs. des Hofkriegsrates (1766–74) bed. Heeresreformer mit großem polit. Einfluss.

Ladakh, Hochgebirgslandschaft in Kaschmir zw. dem Himalaja und dem Karakorum, zu beiden Seiten des oberen Indus. Der höchste Berg ist der Saser Kangri (7 672 m ü. M.). Auf das gesamte Gebiet von L. (rd. 96 000 km²) erhebt Indien Anspruch, de facto gehören jedoch nur 58 321 km² zum Distr. L. des ind. Bundesstaates Jammu and Kashmir. Die Bev. besteht aus den sesshaften **Ladakhi,** die Bewässerungsanbau (Getreide, Hülsenfrüchte, Obst) betreiben, und den **Khampa,** die Halbnomaden sind und Vieh züchten. Die Ladakhi des ind. Distrikts L. sind überwiegend Anhänger des Lamaismus (mehrere Klöster, u. a. Alchi, Lamayuru, Shey, Tikse, Hemis, Anziehungspunkte des bed. Tourismus), daher wird L. auch Klein-Tibet genannt. Marktort und Distr.-Hptst. ist **Leh** (3 520 m ü. M.; 9 000 Ew.). – L. war Teil des ers-

Lade Ladebaum

Ladakh: die 3 520 m ü. M. liegende Distrikthauptstadt Leh mit dem oberhalb gelegenen alten Königspalast

ten Tibet. Reiches (bis 9./10. Jh.), dann selbstständiges Königreich, 1834–42 vom Raj von Jammu erobert. Nach Festlegung der Demarkationslinie in ↗ Kaschmir (1949) kam der größere Teil L.s an Indien, der kleinere, nordwestl. (Baltistan) an Pakistan. Im indisch-chines. Grenzkonflikt (1962) besetzten chines. Truppen den Nordosten.

Ladebaum, *Schifffahrt:* an einem Mast oder Pfosten als Ausleger beweglich angebrachtes starkes Rundholz oder Stahlrohr, das in Verbindung mit dem Ladegeschirr (Takelage und Winden) einen Kran ersetzt. L. haben eine Tragfähigkeit bis zu 10 t, Schwergut-L. von 100 t und mehr.

Lądek Zdrój [ˈlɔndɛk ˈzdruj] (dt. Bad Landeck, bis 1945 amtlich Bad Landeck i. Schl. [in Schlesien]), Stadt in der Wwschaft Niederschlesien, Polen, 450–500 m ü. M., im Talkessel zw. Reichensteiner Gebirge und Glatzer Schneegebirge, 6 700 Ew.; Kurort (warme, stark radioaktive Schwefelquelle, Moorbäder). – L. Z. wurde 1325 erstmals urkundlich erwähnt.

Lademarke, die Freibordmarke (↗ Freibord).

Lademaß, *Eisenbahn:* Begrenzungslinie, die die Ladung eines offenen Güterwagens im (geraden) Gleis nicht überragen darf (↗ Lichtraumprofil).

Ladenburg, Stadt im Rhein-Neckar-Kr., Bad.-Württ., am unteren Neckar, 11 500 Ew.; Max-Planck-Institut für Zellbiologie, Museen; chem. und Elektronikind., Herstellung von Feuerlöschgeräten und Wärmedämmstoffen. – Röm. Mauerreste; got. Stadtpfarrkirche St. Gallus (13.–15. Jh.; 19. Jh.); Wormser Bischofshof (12.–17. Jh., heute Lobdengau-Museum); mehrere Adelshöfe und Fachwerkhäuser. – Ab etwa 50 n. Chr. stadtähnl. röm. Siedlung (**Lopodunum**); seit etwa 500 Hauptort des fränk. Lobdengaues (**Lobdenburg**); kam vor dem 10. Jh. zum Bistum Worms, 1705 an Kurpfalz, 1803 an Baden.

Ladenschluss, gesetzlich geregelter Zeitpunkt, zu dem Verkaufsstellen schließen (L.-Ges. vom 28. 11. 1956, mit Wirkung vom 1. 6. 2003 geändert). Verkaufsstellen müssen an Sonn- und Feiertagen ganztägig, montags bis samstags bis 6 Uhr (für Bäckereiwaren bis 5.30 Uhr) und ab 20 Uhr, an einem werktägl. 24. 12. bis 6 Uhr und ab 14 Uhr geschlossen bleiben. Die Verlängerung der Ladenöffnungszeiten an (allen) Samstagen bis 20 Uhr ist am 1. 6. 2003 in Kraft getreten. Ausnahmen gelten bes. für Apotheken, Zeitungskioske, Tankstellen, Verkaufsstellen auf Perso-

nenbahnhöfen sowie Flug- und Fährhäfen, Kurorte, bestimmte Waren (z. B. Milch, Backwaren). Aus Anlass von Märkten oder Messen dürfen Verkaufsstellen an jährlich höchstens vier Sonn- und Feiertagen geöffnet sein. – Nach dem in *Österreich* geltenden Öffnungszeiten-Ges. 2003 dürfen Verkaufsstellen, soweit vom Landeshauptmann nicht durch Verordnung engere Rahmenzeiten festgelegt sind, montags bis freitags von 5 Uhr bis 21 Uhr, an Samstagen von 5 bis 18 Uhr öffnen. Sonderregelungen gelten u. a. für Verkaufsstellen auf Bahnhöfen und Flugplätzen. In der *Schweiz* sind die L.-Zeiten Sache der Kantone; allgemeiner abendl. L. ist meist zw. 18.30 Uhr und 19 Uhr.

Lader, 1) *Informatik:* (Programm-L.), zum Betriebssystem eines Computers gehörendes Dienstprogramm zum »Laden« ablauffähiger Programme, z. B. von Festplatte oder CD-ROM, in den Arbeitsspeicher.

2) *Kraftfahrzeugtechnik:* Verdichter in einem Aufladegebläse oder einem Abgasturbolader zur ↗ Aufladung von Verbrennungsmotoren.

Ladeschein, Urkunde, die der Frachtführer beim Frachtgeschäft über seine Verpflichtung zur Auslieferung des Gutes an den Empfänger ausstellen kann (§§ 444 ff. HGB); gebräuchlich nur noch in der Binnenschifffahrt und daher auch **Fluss-** oder **Binnenkonnossement** gen.; von gleicher Bedeutung wie das ↗ Konnossement bei der Seefracht.

Ladikije, Stadt in Syrien, ↗ Latakia.

Ladiner, die rätoroman. Bewohner in den Dolomiten, Italien, v. a. in einem geschlossenen Gebiet um die Sellagruppe: im Grödener Tal und Gadertal (einschl. Seitentälern) in Südtirol (Prov. Bozen), im Fassatal (Prov. Trient) sowie im oberen Cordevoletal (Buchenstein und Colle Santa Lucia) und im Ampezzo (Prov. Belluno); rd. 30 000 Menschen. Die L. Südtirols sind seit 1972 als Volksgruppe staatlich anerkannt, haben kulturelle Autonomie; seit 1989 ist Ladinisch örtl. und regionale Verw.sprache. Das **Ladinische** ist ein Dialekt der ↗ rätoromanischen Sprache. Die Volkskultur ist eng mit der deutschtirolischen verwandt; bed. Schnitzkunst im Grödental.

Ladino [lat.-span.] *der,* Mischling von Weißen und Indianern in Zentralamerika; auch der Indianer, der seine traditionelle Lebensweise aufgegeben hat.

Ladino *das,* roman. Sprache iber. Juden, bes. ihrer im 15. und 16. Jh. vertriebenen Nachfahren, die sich v. a. in Amsterdam, Ferrara, Livorno, Marokko, im Osman. Reich (Zentren Saloniki und Smyrna) ansiedelten. L. ist eine auf dem Kastilischen basierende Sprache mit hebräischer Schrift. Man unterscheidet das eigentl. **Ladino** (Sprache der religiösen Literatur), das dem Altspanischen am nächsten steht, und das gesprochene **Judenspanisch,** das auch in nicht religiösem Schrifttum verwendet wird.

Ladislaus (ungar. László), ungar. Herrscher:
1) L. I., der Heilige, König (1077–95), *in Polen um 1040/1046, †Nitra 29. 7. 1095; förderte die Umgestaltung Ungarns nach westl. Vorbild; eroberte Kroatien (1091 Personalunion mit Ungarn), dauerhaft nur Slawonien; 1192 heilig gesprochen; Tag: 27. 6.
2) L. IV., König (1272–90), *1262, †Körösszeg 10. 7. 1290; unterstützte Rudolf I. von Habsburg gegen Ottokar II. Přemysl von Böhmen (Sieg von Dürnkrut, 1278); von Kumanen ermordet.
3) L. V. Postumus, König (1440/44–57), *Komárom 22. 2. 1440, †(Giftmord?) Prag 23. 11. 1457; Habsburger, Sohn von König Albrecht II.; obwohl schon 1440 gekrönt, erst 1444 (1446–52 regierte J. Hunyadi als Reichsverweser) anerkannt; seit 1453

auch König von Böhmen (mit G. von Podiebrad als Reichsverweser).

Ladogasee (finn. Laatokka, russ. Ladoschskoje osero), größter See Europas, im NW des europ. Teils Russlands, 5 m ü. M., 17 700 km² groß, durchschnittlich 51 m, max. 230 m tief; rd. 660 Inseln; mit Ausnahme des felsigen NW-Ufers herrschen flache, sandige Uferlinien vor. Hauptzuflüsse: Wolchow (vom Ilmensee), Vuoksi (von der Finn. Seenplatte) und Swir (vom Onegasee); sein Abfluss zum Finn. Meerbusen ist die Newa. Der L. ist bed. für die Binnenschifffahrt (Teil des Wolga-Ostsee-Wasserwegs); Fischfang.

Ladronen [zu span. ladrón »Dieb«] (Diebsinseln), alter Name der ↗ Marianen.

Ladung, 1) *Güterverkehr:* Gesamtheit der Güter im Laderaum eines Transportmittels **(Ladegut).** Bei Schiffs- und Luftverkehr heißt die L. auch **Kargo (Cargo).** Man unterscheidet v. a. Bulk- oder Schüttgut-L. (z. B. Getreide, Kohle), Nassgut-L. (z. B. Öl), Stückgut-L. (z. B. Kisten, Fässer) und Schwer- sowie Leichtgutladung.

2) *Physik:* a) **elektr. L. (Elektrizitätsmenge),** Formelzeichen Q, SI-Einheit ist das Coulomb (C); eine Eigenschaft bestimmter materieller Teilchen **(L.-Träger),** die die Ursache des elektromagnet. Feldes und damit der elektromagnet. Wechselwirkung ist. Alle Feldlinien eines elektrostat. Feldes beginnen und enden an ruhenden elektr. L., die man danach **positiv** (Quelle) und **negativ** (Senke) nennt. L. sind additive physikal. Größen. Gleiche Mengen positiver und negativer L. kompensieren sich zur **Gesamt-L.** null; es liegt dann äußerlich ein ladungsfreier oder elektrisch neutraler Zustand vor. Für die L. gilt ein Erhaltungssatz: Die in eine Reaktion eingebrachte Gesamt-L. bleibt stets erhalten, L. können weder erzeugt noch vernichtet werden. Bewegte elektr. L. stellen einen elektr. Strom dar, sie werden von magnet. Feldlinien umschlossen. Zw. gleichnamigen L. wirken abstoßende, zw. entgegengesetzten anziehende Kräfte (↗ Elektrizität). Diese Kraftwirkungen werden zur Messung von L., z. B. mit Elektrometern, ausgenutzt. Jede L. eines makroskop. Körpers ist ein ganzzahliges Vielfaches der ↗ Elementarladung. – b) **magnet. L.,** ↗ Monopol. – c) in der Elementarteilchen- und Quantenphysik gleichbedeutend mit **L.-Zahl,** d. h. der L. von Elementarteilchen in Einheiten der elektr. Elementarladung. Auch Quantenzahlen der Elementarteilchen, die wie die elektr. L. additiv sind, bezeichnet man als L. (↗ innere Quantenzahlen).

3) *Recht:* Aufforderung, vor einer Behörde, bes. vor einem Gericht, zu einem bestimmten Zeitpunkt zu erscheinen. Im Zivilprozess beträgt die zw. der Zustellung der L. und dem Termin liegende L.-Frist im Anwaltsprozess mindestens eine Woche, sonst drei Tage (§ 217 ZPO). Die L.-Frist ist hier von der ↗ Einlassungsfrist zu unterscheiden. Bei Nichteinhaltung der Frist kann, wenn der Gegner Widerspruch einlegt, nicht verhandelt werden und kein Versäumnisurteil ergehen. – Im Strafprozess beträgt die L.-Frist für die L. des Angeklagten und seines Verteidigers zur Hauptverhandlung mindestens eine Woche (§ 217 StPO), im beschleunigten Verfahren 24 Stunden. Bei Nichteinhaltung kann die Aussetzung der Verhandlung verlangt werden.

4) *Waffentechnik:* die bei Schusswaffen als Treibmittel für das Geschoss erforderl. Pulvermenge.

Ladungsdichte, das Verhältnis der elektr. Ladung zu Volumen **(Raum-L.),** Fläche **(Flächen-L.)** oder Länge **(Linien-L.).**

Ladungskonjugation, *Quantenfeldtheorie:* Zeichen C, math. Operation, die ein Elementarteilchen der elektr. Ladung Q in eines der Ladung $-Q$ überführt; spielt in den Symmetriegesetzen der Elementarteilchenphysik eine Rolle (↗ CPT-Theorem).

Ladungsträger, alle elektrisch geladenen Teilchen, bes. die (sub)atomaren Träger von Elementarladungen (wie Elektronen, Protonen, Ionen); i. e. S. geladene Teilchen oder Quasiteilchen, die sich unter der Wirkung eines elektr. Feldes bewegen und eine elektr. Leitfähigkeit hervorrufen, z. B. die Kationen und Anionen eines Elektrolyten, die Elektronen und Defektelektronen (Löcher) in Halbleitern und die freien Ionen und Elektronen eines Gases.

Ladungswechsel (Gaswechsel), *Technik:* derjenige Teil des Arbeitsspiels eines ↗ Verbrennungsmotors, bei dem die Verbrennungsgase ausgeschoben und das Kraftstoff-Luft-Gemisch oder die Verbrennungsluft angesaugt werden.

Lady [ˈleɪdɪ, engl.] *die,* **1)** urspr. Titel der engl. Königin und der königl. Prinzessinnen; in Großbritannien Titel bes. der Frau eines Peers sowie der Peeress (zunehmend allg. für adlige Damen), auch Anrede für die Frau des Inhabers eines hohen Staatsamtes (z. B. L. Mayoress).

2) angloamerikan. Bez. für eine Dame, die dem männl. Ideal des ↗ Gentleman entspricht. **First L.,** ranghöchste Dame einer Gesellschaft. **Our L.,** Unsere Liebe Frau, die Jungfrau Maria.

Ladysmith [ˈleɪdɪsmɪθ], Stadt in der Prov. Kwa-Zulu/Natal, Rep. Südafrika, am Fuß der Drakensberge, 1 000 m ü. M., 89 100 Ew.; Handelszentrum eines fruchtbaren Landwirtschaftsgebiets; Bahnknotenpunkt.

Lae [ˈlɑːɪ], Hafenstadt am Huongolf, Papua-Neuguinea, 79 600 Ew.; Zentrum der luth. Mission, kath. Bischofssitz; größter Umschlagplatz in Neuguinea; Flugplatz.

Laederach [ˈlɛ-], Jürg, schweizer. Schriftsteller, * Basel 20. 12. 1945; veröffentlichte Bühnenwerke und Prosa, die sich durch bewusst skurrile Einfälle und collagenhafte Sprachtechnik auszeichnen (»Das ganze Leben«, R., 1989; »Flugelmeyers Wahn. Ein Leben in sieben Tagen«, Erzählungen, 1986; »Emanuel. Wörterbuch des hingerissenen Flaneurs«, R., 1990; »Passion. Ein Geständnis«, R., 1993; »Schattenmänner«, Erzählungen, 1995).

Laënnec [laɛˈnɛk], René Théophile Hyacinthe, frz. Mediziner, * Quimper 17. 2. 1781, † Kerlouan (Dép. Finistère) 13. 8. 1826; erfand das Stethoskop und entwickelte die Auskultation zur Diagnostik der Herz- und Lungenkrankheiten.

Laer [laːr], Pieter van, niederländ. Maler, getauft Haarlem 14. 12. 1599, † ebd. 30. 6. 1642; lebte 1626–38 in Rom; schuf, angeregt durch die an Caravaggio anknüpfenden Maler, Bilder aus dem Volksleben in scharfem Helldunkel, für die die Bez. ↗ Bambocciade üblich wurde.

Laer, Bad [- laːr], ↗ Bad Laer.

Laertes, 1) in der »Odyssee« König von Ithaka, Vater des Odysseus.

2) in Shakespeares »Hamlet« der Bruder der Ophelia.

La Farge [lə ˈfɑːdʒ], Oliver, amerikan. Schriftsteller und Ethnologe, * New York 19. 12. 1901, † Albuquerque (N. Mex.) 2. 8. 1963; schrieb Berichte über seine ethnograph. und archäolog. Forschungsreisen, auch Romane (»Der große Nachtgesang«, 1929), Erzählungen und Kurzgeschichten, bes. aus dem Leben nordamerikan. Indianer.

La Fayette [-ˈjɛt], **1)** Marie Joseph de Motier, Marquis de, frz. Staatsmann, * Schloss Chavaniac (Dép. Haute-Loire) 6. 9. 1757, † Paris 20. 5. 1834;

Marie Joseph de Motier de La Fayette, Ausschnitt aus einem Gemälde von J. D. Court (Versailles, Musée National)

Marie-Madeleine de La Fayette

nahm seit 1777 als General am Unabhängigkeitskampf der USA teil und trug wesentlich zur Kapitulation der Briten bei Yorktown (19. 10. 1781) bei. 1789 in Paris Mitgl. der Generalstände, reichte er der Nationalversammlung am 11. 7. einen Entwurf zur Erklärung der Menschenrechte ein. Als einer der führenden Politiker der Revolution strebte er die konstitutionelle Monarchie an und musste deshalb 1792 nach der Radikalisierung der Revolution zu den Österreichern fliehen. Seit 1818 war er liberaler Abg., führte bei der Julirevolution von 1830 die Nationalgarde.

2) Marie-Madeleine, Marquise von, geb. Pioche de la Vergne, frz. Schriftstellerin, * Paris 18. (16.?) 3. 1634, † ebd. 25. 5. 1693; eng befreundet mit La Rochefoucauld. Ihr Roman »Die Prinzessin von Clèves« (1672) gilt als der erste psycholog. Roman der europ. Literatur.

La Ferrassie [la fɛraˈsi], altsteinzeitl. Höhlenfundstelle im frz. Dép. Dordogne mit Fundschichten des Moustérien, Aurignacien und Gravettien; in der Moustérienschicht Skelettfunde vom Typ des Neandertalers.

Lafette [frz.] *die,* Schießgerüst, i. d. R. auch das Fahrgestell der ↗ Geschütze, das die beim Schuss auftretenden Kräfte aufnimmt und in den Erdboden bzw. in die Fundamentierung überträgt.

Laffitte [laˈfit], Jacques, frz. Bankier und Politiker, * Bayonne 24. 10. 1767, † Paris 26. 5. 1844; nach 1815 einer der Führer der liberalen Opposition, 1830/31 Finanzmin. und Ministerpräsident.

La Flèche [la ˈflɛːʃ], Stadt im frz. Dép. Sarthe, 15 000 Ew.; Textil- und Lederind. – Im Schloss (urspr. 1537) richtete Heinrich IV. ein Jesuitenkolleg ein, an dem u. a. Descartes, Prinz Eugen von Savoyen und J. Picard studierten; seit Napoleon I. militär. Eliteschule.

La Follette [lə ˈfɔlɪt], Robert Marion, amerikan. Politiker, * Primrose (Wis.) 14. 6. 1855, † Washington (D. C.) 18. 6. 1925; machte als Gouv. (1901–06) und Senator (1906–25) Wisconsin zum Musterstaat des ↗ Progressive Movement; 1924 unabhängiger Präsidentschaftskandidat.

Lafontaine, 1) [lafɔ̃ˈtɛn], Marie-Jo, belg. Medienkünstlerin, * Antwerpen 17. 11. 1950. In kühlen Bild-Objekt-Inszenierungen (Themen: Liebe, Gewalt, Tod) untersucht sie mithilfe der Videokamera Bewegungsabläufe von Mensch und Tier sowie Gesten und Gesichtsausdrücke; kombiniert auch Malerei und Fotografie.

2) [ˈlafɔntɛn], Oskar, Politiker (SPD), * Saarlouis 16. 9. 1943; Dipl.-Physiker, 1976–85 Oberbürgermeister von Saarbrücken, 1977–96 Landesvors. der SPD im Saarland, 1985–98 MinPräs. des Saarlands, 1987–95 stellv. Bundesvors. der SPD. Bei den ersten gesamtdt. Wahlen zum Bundestag 1990 trat er als Kandidat der SPD für das Amt des Bundeskanzlers an; während des Wahlkampfes wurde L. bei einem Attentat schwer verletzt. Seit Nov. 1995 Vors. der SPD, seit Okt. 1998 Bundesmin. der Finanzen, trat L. im März 1999 von allen polit. Ämtern zurück.

Jean de La Fontaine

La Fontaine [lafɔ̃ˈtɛn], **1)** [la fɔ̃ˈtɛn], Jean de, frz. Dichter, * Château-Thierry 8. 7. 1621, † Paris 13. 4. 1695; lebte in Paris, gefördert von einflussreichen Gönnern, befreundet u. a. mit J. Racine und Molière. Von seinem vielseitigen Schaffen erlangten die 240 »Fabeln« (12 Bücher, 1668, 1678/79, 1694) weltliterar. Bedeutung: L. F. nutzte Überlieferungen (u. a. Babrios, Äsop, Phaedrus und ind. Quellen), kritisierte in leichten, eleganten, zuweilen auch pathet. Versen in unterhaltsamer Weise allg. menschl. Schwä-

chen und die zeitgenöss. Gesellschaft. Die »Contes et nouvelles en vers« (5 Tle., 1665–86, dt. »Schwänke und Märchen«) nehmen die galante Literatur des 18. Jh. vorweg.

La Fosse [la ˈfoːs] (Lafosse), Charles de, frz. Maler, * Paris 15. 6. 1636, † ebd. 13. 12. 1716; unter dem Einfluss venezian. Malerei, P. P. Rubens und Correggios, malte er Tafelbilder und v. a. Fresken im Schloss von Versailles und in der Kuppel des Invalidendoms in Paris.

La Fresnaye [la frɛˈnɛ], Roger-Noël-François de, frz. Maler, * Le Mans 11. 7. 1885, † Grasse 27. 11. 1925; Schüler von M. Denis und P. Sérusier, zunächst orientiert an Kubismus und den ↗ Fauves, wandte er sich in späteren Werken (v. a. Zeichnungen und Gouachen) realistischer Darstellung zu.

Lag [læg; engl. »Verzögerung«] *der,* **1)** *Soziologie:* ↗ Cultural Lag.

2) *Volkswirtschaftslehre:* (Timelag), zeitl. Verschiebung zw. der Änderung einer ökonom. Größe und der dadurch bewirkten Änderung anderer ökonom. Größen, z. B. zw. der Zunahme des Inlandsprodukts und einem dadurch ausgelösten Investitionsschub. L. sind Voraussetzung für die Formulierung dynam. Modelle, mit deren Hilfe zeitl. Anpassungsprozesse analysiert werden können.

Lagardère SCA [lagarˈdɛːr -] (urspr. Lagardère Groupe), Holdinggesellschaft des 1992 durch Fusion des Medienunternehmens ↗ Hachette und des Technologiekonzerns Matra (gegr. 1945; Luft- und Raumfahrt, Rüstung, Automobilindustrie) entstandenen frz. Mischkonzerns Matra-Hachette; Sitz: Paris. Geleitet wurde der Konzern von Jean-Luc Lagardère (* 1928, † 2003), dessen Sohn Arnaud (* 1961) seine Nachfolge antrat.

Lagasch, altorientael. Stadt, heute der Ruinenhügel **El-Hiba,** S-Irak. – Urspr. Zentrum eines gleichnamigen Staates, dessen Hptst. seit etwa 2400 v. Chr. Girsu (heute Tello) war. Unter Eannatum I. (um 2340 v. Chr.) erlangte L. die Vorherrschaft in Sumer. Im 21. Jh. v. Chr. erlebte L. unter dem Priesterfürsten Gudea eine nochmalige Blüte. – Amerikan. Ausgrabungen (seit 1968) legten u. a. Teile einer Tempelanlage mit ovaler Umfassungsmauer frei.

Lage, 1) *Geographie:* Bestimmung eines Ortes nach geograph. Länge und Breite, örtl. Gegebenheiten oder regionalen Beziehungen.

2) *Militärwesen:* die Feststellung und Beurteilung der jeweiligen Verhältnisse für den Einsatz von Streitkräften. Nach Umfang der Kampfhandlungen werden strateg., operative und takt. L. (Gefechts-L., L.-Bild) unterschieden.

3) *Musik:* a) Stellung der Töne im Tonraum: **hohe, tiefe, mittlere L.;** b) in der Harmonielehre die Stellung der Töne eines Akkords zueinander: **enge L.,** mit nahe beieinander, **weite L.,** mit auseinander liegenden Akkordtönen. Beim Dreiklang unterscheidet man außerdem **Oktav-L., Terz-L.** und **Quint-L.,** je nachdem, ob die Oktave, Terz oder Quinte den obersten Ton des Akkords bildet; c) bei Streich- und Zupfinstrumenten Bez. für die Position der Hand am Griffbrett.

Lage, Stadt im Kr. Lippe, NRW, an der Werre, im nordöstl. Vorland des Lipp. Waldes, 35 800 Ew.; Holz-, Möbel-, Textil-, Kunststoff-, Nahrungsmittel- und graf. Ind., Zuckerfabrik, Eisenverarbeitung. – Seit 1791/1843 Stadt.

Lagebericht, von Kapitalgesellschaften und OHG bzw. KG, deren persönlich haftende Gesellschafter Kapitalgesellschaften sind (§ 264a HGB), ergänzend zum Jahresabschluss aufzustellender Bericht. Im L. sind gemäß §§ 289, 315 HGB zumindest der Geschäftsverlauf und die Lage der Kapitalgesellschaft so darzustellen, dass ein den tatsächl. Verhältnissen entsprechendes Bild vermittelt wird. Dabei ist auch auf die Risiken der künftigen Entwicklung einzugehen.

Lagenholz, Holzwerkstoff aus mehreren verleimten Furnieren. Die einzelnen Lagen können in ihrer Faserrichtung parallel **(Schichtholz),** überkreuzt **(Sperrholz)** oder sternförmig **(Sternholz)** liegen. Durch Verleimen unter Druck entsteht das **Kunstharz-Pressholz.**

Lagenschwimmen, Wettbewerb, bei dem Teilstrecken (jeweils 50 bzw. 100 m) in Schmetterlings-, Rücken-, Brust- und Freistilschwimmen in der angegebenen Reihenfolge zurückzulegen sind. In der **Lagenstaffel** schwimmen vier Aktive je 100 m in der Reihenfolge: Rücken-, Brust-, Schmetterlings-, Freistilschwimmen.

Lager, 1) *Betriebswirtschaftslehre:* Bez. für 1) den Ort der Verw. (Aufnahme, Verwahrung, Abgabe, Verrechnung, Kontrolle) der zur Betriebsführung erforderl. Bestände an Waren aller Art; 2) die eingelagerten Gegenstände in Menge und Wert; 3) die mit der Lagerung befasste Betriebsabteilung. In der **L.-Kartei** werden die Ein- und Ausgänge verzeichnet. Der **L.-Bestand** ist Teil des Umlaufvermögens in der Bilanz und sichert den reibungslosen Verlauf der Produktion sowie ein kontinuierl. Warenangebot an die Abnehmer. Aus dem Verhältnis zw. Umsatz und durchschnittl. L.-Bestand ergibt sich der **L.-Umschlag;** je höher die Umschlagziffer, desto günstiger ist das Ergebnis der L.-Haltung. **L.-Kosten** zählen zu den Materialgemeinkosten.

2) *Geologie:* in andersartige Gesteinsschichten eingelagerte Mineral- und Gesteinskörper, z. B. Erze.

3) *Maschinenbau:* Maschinenelement zum Tragen oder Führen zweier relativ zueinander bewegt. Maschinenteile in Maschinen, Geräten oder Bauteilen, wobei es die auftretenden Kräfte aufnimmt und auf das Gehäuse, Bauteil oder Fundament ableitet (Drehführung). Nach Art der Bewegungsverhältnisse unterscheidet man Gleit-L. und Wälz-L.; beide können als Radial-L. (Quer-L.) mit zur Achse senkrechter Lastrichtung oder Axial-L. (Längs-L.) mit der Last in Achsrichtung ausgeführt werden. Während Fest-L. nur eine Drehbewegung zulassen, erlauben Los-L. auch eine axiale Verschiebung. Einfachste Form ist das **Gleit-L.;** bestehend aus einem bewegten Teil (meist eine Welle oder ein Wellenzapfen, »L.-Zapfen«) und einem fest stehenden Teil (L.-Schale oder in Gehäusen L.-Buchse) beim Radial-L. oder einem mit der Welle drehenden Laufring auf einem fest stehenden L.-Ring beim Axial-L. Die Bewegung der L.-Teile gegeneinander ist gleitend, die Reibung wird durch Schmiermittel (meist Öl, aber auch Feststoffe wie Graphit oder Molybdändisulfit) und besondere Gestaltung herabgesetzt. Von besonderer Bedeutung ist für Gleit-L. der Werkstoff, aus dem die L.-Schalen bestehen; verwendet werden ↗ Lagermetalle, aber auch Nichtmetalle (Kunststoffe, Gummi, Holz u. a.). **Wälz-L.** bestehen grundsätzlich aus zwei Ringen (beim Radial-L.) oder Scheiben (beim Axial-L.), zw. denen sich auf Rollbahnen oder Laufrillen metall. Wälzkörper (gehärtete, geschliffene und polierte Kugeln, Zylinderrollen, Nadeln, Kegel- oder Tonnenrollen) befinden. Diese werden i. d. R. durch Führungselemente (Käfig) an der gegenseitigen Berührung gehindert, seltener laufen sie ohne Käfig (käfiglose L.). Vorteile der Wälz-L. sind geringe, von der Drehzahl wenig abhängige Reibung, kleines Einbauvolumen, geringer Schmierstoffbedarf, weit gehende Wartungsfreiheit, Lieferung in einbaufertigem Zustand. Nachteilig können L.-Spiel, Empfindlichkeit gegen Schmutz, Laufgeräusch, Schwingungsübertragung und Drehzahlgrenze sein.

Lagerbier, untergäriges Bier, das erst durch die Reifung beim Lagern trinkfähig wird.

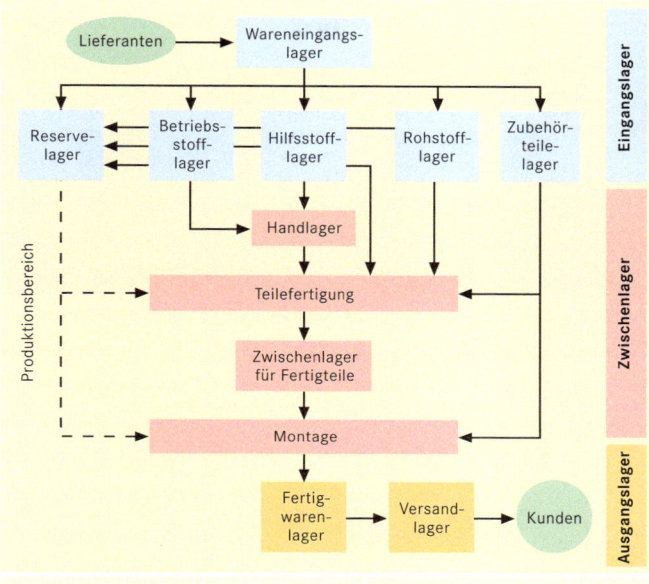

Lager 1): verschiedene Lagerstufen in einem Industriebetrieb

Lagerfeld, Karl, Modeschöpfer, * Hamburg 10. 9. 1938; seit 1964 freier Designer; begann 1965 für den Salon »Fendi« Pelzkollektionen zu entwerfen und war 1963–83 und erneut 1992–97 verantwortl. Prêt-à-porter-Designer der Modefirma »Chloé« in Paris. Zeitweilig auch eigene dt. Firma »K.-L.-Impression«. Seit 1983 Designer für die Haute-Couture-Kollektion und seit 1984 für das Prêt-à-porter des Hauses ↗ Chanel.

Lagergeschäft, die gewerbsmäßige, entgeltl. Lagerung und Aufbewahrung von fremden Gütern durch einen Lagerhalter auf der Grundlage eines Vertrages (Lagervertrag, §§ 467 ff. HGB; daneben gelten allg. Geschäftsbedingungen). Der Lagerhalter hat zur Sicherung der Lagerkosten ein gesetzl. Pfandrecht am eingelagerten Gut. Auf Verlangen kann er einen **Lagerschein** (Wertpapier) über die eingelagerte Ware ausstellen. – Die Regelung in *Österreich* entspricht dem dt. Recht. In der *Schweiz* gelten i. Allg. gleiche Vorschriften (Art. 482 ff. OR).

Lagerkvist, Pär, schwed. Schriftsteller, * Växjö 23. 5. 1891, † Stockholm 11. 7. 1974; begann als Expressionist, vertrat in der Folgezeit einen illusionslosen und krit. Humanismus. 1951 erhielt er für seinen Roman »Barabbas« (1950) den Nobelpreis für Literatur. Seine folgenden Romane (»Die Sibylle«, 1956; »Der Tod Ahasvers«, 1960; »Das heilige Land«, 1964; »Marianne«, 1967) kreisen um das Glaubensproblem; Gedichte, Dramen; »Gast bei der Wirklichkeit« (Autobiografie, 1925).

Pär Lagerkvist

Lagerlöf, Selma, schwed. Dichterin, * Gut Mårbacka (Värmland) 20. 11. 1858, † ebd. 16. 3. 1940; Hauptvertreterin der schwed. Neuromantik. Ihr Erstlingswerk »Gösta Berling« (1891) projiziert Motive aus ihrer värmländ. Heimat und das eigene Schicksal

Selma Lagerlöf

2698 **Lage** Lagermetalle

Lago Maggiore: Blick über die Borromäischen Inseln auf die am Westufer liegende Stadt Verbania

Lagos 2) Stadtwappen

Joseph Louis de Lagrange

in die Vergangenheit. Weitere Werke zeigen eine Synthese von Märchenhaftem und Realismus, vom Glauben an die Macht des Guten und Wissen um die existenzielle Gefährdung des Menschen (»Die Wunder des Antichrist«, R., 1897; »Jerusalem«, R., 2 Bde., 1901/02; »Wunderbare Reise des kleinen Nils Holgersson mit den Wildgänsen«, Kinderbuch, 1906/07; »Löwensköld-Trilogie«, unvollendet, 1925–28; »Ein Stück Lebensgeschichte«, Autobiografie, 1908). 1909 Nobelpreis für Literatur; 1914 wurde sie als erste Frau Mitgl. der Schwed. Akademie.

Lagermetalle, Metalle und Legierungen zur Herstellung von Lauf- und Gleitflächen in Lagern (↗ Lager), die bei geeigneter Schmierung geringe Reibung und Verschleiß aufweisen und sich nur wenig erwärmen; bei Wälzlagern chrom-, mangan- und molybdänlegierte Stähle; bei Gleitlagern Blei-, Zinn- und Aluminiumlegierungen, Bronze, Messing sowie Sintermetalle.

Lagerpflanzen, die ↗ Thallophyten.

Lagerstätten, natürl. Anreicherung wirtsch. nutzbarer Mineral- (v. a. Erze, Salz), Kohle-, Erdöl- und Erdgasvorkommen.

Laghouat [la'gwat], Oasenstadt in Algerien, 750 m ü. M. am S-Abfall des Saharaatlas, 71 800 Ew.; Marktort an der Transsaharastraße; Kunsthandwerk (Teppiche, Decken, Metallarbeiten); Dattelpalmenanbau; Flughafen.

Lagiden, anderer Name für ↗ Ptolemäer.

Lago [italien., span.] der, See. – Mit L. zusammengesetzte Stichwörter, die man hier vermisst, suche man unter dem Eigennamen.

Lago Maggiore [- mad'dʒoːre] (Lago Verbano, in der Schweiz auch Langensee), der zweitgrößte der norditalien. Seen, 212 km² groß, 65 km lang, 194 m ü. M., bis 372 m tief (durch eiszeitl. Gletscher ausgeschürftes Becken, von Endmoränenkranz umgeben), liegt zu $^1/_5$ im schweizer. Kanton Tessin, wird vom Tessin durchflossen; lebhafter Fremdenverkehr. Hauptorte: Locarno, Ascona in der Schweiz; Verbania, Stresa, Arona in Italien. In der einzigen größeren Bucht, bei Pallanza, liegen die ↗ Borromäischen Inseln.

Lagophthalmus [grch.-nlat.] der, erweiterte Lidspalte mit unvollständigem Lidschluss (sog. Hasenauge); entsteht z. B. bei Lähmung des Gesichtsnervs (Fazialis).

Lagos, 1) ['laɣuʃ], Stadt an der S-Küste Portugals, 13 000 Ew.; Fischerei, Fremdenverkehr. – Im 15. und 16. Jh. Ausgangspunkt großer Entdeckungsreisen.

2) frühere Hptst. Nigerias, an der Bucht von Benin und auf mehreren, durch Brücken verbundenen Inseln, 7,72 Mio. Ew.; Sitz eines kath. Erzbischofs und eines anglikan. Bischofs; Univ. (gegr. 1961), Nationalbibliothek, -museum, -theater; Handels- und Ind.zentrum (Fahrzeugbau, Montage von Radio- und Fernsehgeräten, Textil-, Nahrungsmittel-, Schuh- u. a. Ind.); wichtigster Hafen des Landes; internat. Flughafen Ikeja, Bahnlinie in den Norden. – Um 1650 um eine europ. Handelsniederlassung entstanden, 1861 von brit. Truppen erobert, 1954–91 Hptst. von Nigeria (heute ↗ Abuja).

La Goulette [la gu'lɛt] (arab. Halk el-Oued), Hafenstadt an der NO-Küste Tunesiens, am Golf von Tunis, 66 500 Ew.; Handels-, Fischerei-, Fährschiff- und Jachthafen. – Seebad mit spanisch-türk. Kasba.

La Grande-Motte [la grãd'mɔt], Ferienzentrum an der Languedoc-Küste bei Montpellier, frz. Dép. Hérault, 5 100 Ew.; Jachthafen. – La G.-M. wurde 1967–77 erbaut.

Lagrange [la'grãʒ], Joseph Louis de, frz. Mathematiker ital. Herkunft, * Turin 25. 1. 1736, † Paris 10. 4. 1813; herausragender Gelehrter des 18. Jh.; Prof. in Turin, Berlin und Paris, entwickelte die Variationsrechnung und wurde durch seine Zusammenfassung der Prinzipien der Mechanik zu den nach ihm benannten Gleichungssystemen der Begründer der analyt. Mechanik; Beiträge zur Theorie der analyt. Funktionen, zur Himmelsmechanik und Hydrodynamik.

Lagting das, das Oberhaus des norweg. Parlaments.

La Guaira [- 'ɣaira], Stadt in Venezuela, am Karib. Meer, nordwestlich von Caracas; 25 000 Ew.; Hauptimporthafen, durch Autobahn mit Caracas verbunden; Nahrungsmittel-, Bekleidungs- u. a. Ind.; internat. Flughafen Maiquetía.

Laguerre [la'gɛːr], Edmond Nicolas, frz. Mathematiker, * Bar-le-Duc 9. 4. 1834, † ebd. 14. 8. 1886; ab 1883 Prof. für math. Physik am Collège de France in Paris; einer der Begründer der modernen Geometrie; Arbeiten u. a. zur Theorie algebraischer Gleichungen. Die nach ihm benannten Polynome sind bei der quantenmechan. Beschreibung des Wasserstoffatoms von Bedeutung.

Lagune [lat. lacuna »Lache«, »Weiher«] die, ein durch Sandablagerungen (Nehrungen) oder Wallriffe (Korallenbauten) abgetrennter seichter Meeresteil an Flachküsten. Bei völligem Abschluss vom Meer bilden sich süßwassergefüllte Strandseen, sonst enthält die L. Brackwasser.

La Habana [- a'βana], Hptst. Kubas, ↗ Havanna.

Lahar [malaiisch] der, ↗ Mure aus vulkan. Asche mit Regen- oder Schmelzwasser, auch durch Entleerung eines Kratersees verursacht.

Lahmheit (Lahmen), Bewegungsstörung bei Tieren infolge schmerzhafter Veränderungen an den Gliedmaßen, d. h., Gliedmaßen können nicht funktionsgerecht benutzt werden. (↗ Hinken)

Lähmung, eingeschränkte Fähigkeit (**Parese**) oder vollständige Unfähigkeit (**Paralyse**), einen Muskel oder eine Muskelgruppe zu bewegen. **Myogene L.** sind die Folgen von Muskelerkrankungen (z. B. Muskelentzündung). Die wesentlich häufigeren **neurogenen L.** beruhen auf einem Funktionsausfall motor. Nerven oder Nervenkerne. Die **zentrale L.** geht vom Bereich des ersten motor. Neurons (zw. Großhirnrinde und Hirnnervenkernen bzw. Großhirnrinde und Rückenmarkvorderhörnern) aus. Sie ist gewöhnlich mit Tonuserhöhung der betroffenen Muskeln verbunden (**spast. L.**). **Zerebrale L.** geht vom Gehirn, **spinale L.** vom Rückenmark aus. Die **periphere L.** ist im Unterschied zur zentralen L. die Folge einer Schädigung im Bereich des zweiten Neurons (zw. Hirnnervenkernen bzw. Rückenmarkvorderhörnern und dem Erfolgsorgan); sie ist mit Verminderung des Muskeltonus, Muskelatrophie u. a. verbunden (**schlaffe L.**). Nach der Ausbreitung einer L. unterscheidet man zw. **Monoplegie** (eine Gliedmaße betroffen), **Diplegie** (doppelseitige L.) und **Tetraplegie** (alle vier Gliedmaßen betroffen).

Lahn, 1) *die,* rechter Nebenfluss des Rheins, 245 km lang, entspringt im südl. Rothaargebirge, mündet bei Lahnstein. Nebenflüsse: von rechts Dill, von links Ohm, Weil, Ems, Aar. Die L. berührt in ihrem an Burgen und Ruinen reichen Tal u. a. Marburg, Gießen, Wetzlar, Weilburg, Limburg, Nassau, Bad Ems und trennt im Mittel- und Unterlauf Westerwald und Taunus. V. a. im Unterlauf von tourist. Bedeutung.

2) 1977–79 bestehende kreisfreie Stadt und Verw.sitz des Lahn-Dill-Kreises, umschloss die Städte ↗ Gießen und ↗ Wetzlar sowie 14 umliegende Gemeinden.

Lahn-Dill-Kreis, Landkreis im RegBez. Gießen, Hessen, 1 067 km², 263 000 Ew.; Krst.: Wetzlar.

Lahnstein, Stadt im Rhein-Lahn-Kreis, Rheinl.-Pf., beiderseits der Mündung der Lahn in den Rhein, 18 900 Ew.; Papier-, chem., Kunststoff verarbeitende und Metall verarbeitende Ind. – In Ober-L. Martinsburg (14./15., 18. Jh.), Martinskirche (13. und 18. Jh.), spätgot. Rathaus (1507), in Nieder-L. Johanniskirche (Mitte 12. Jh., auf Vorgängerbau). Über L. die Burg **Lahneck** (um 1224 erwähnt, nach Zerstörung im 17. Jh. 1854 ff. im Stil der engl. Neugotik wieder aufgebaut). – L. entstand 1969 durch den Zusammenschluss von Nieder-L. (1018 erwähnt, 1332 Stadtrecht) mit Ober-L. (933 erwähnt, nach 1324 Stadtrecht).

Lahnung [niederdt.], *Wasserbau:* niedriger Dammbau aus Erde, Buschwerk, Holz, Kunststoff- oder Betonfertigteilen auf dem Watt zur Landgewinnung.

La Hogue [- ˈɔg], Bucht an der O-Küste der frz. Halbinsel Cotentin; am 29. 5. 1692 Seesieg der Engländer und Niederländer über die Franzosen.

Lahore [ləˈhɔː, engl.], Hptst. der Prov. Punjab, Pakistan, nahe der ind. Grenze, 5,06 Mio. Ew.; Univ., TU, Forschungsinstitute, Museen; Eisenbahnwerkstätten, Leder-, Woll-, chem. und Stahlind., Kunsthandwerk; internat. Flughafen. – Aus der Blütezeit L.s als Residenz der Großmogun (16./17. Jh.) stammen u. a. Burg, Paläste Jahangirs und Shah Jahans, die Badshahi-Moschee; am Stadtrand mehrere Mogulmausoleen. Die Festung (Baubeginn unter Akbar) sowie die Shalimar-Gärten wurden von der UNESCO zum Weltkulturerbe erklärt und fanden als besonders gefährdete Stätten Aufnahme in die »Rote Liste des Welterbes«. – Gegr. um 100 n. Chr., 1098–1206 unter der Herrschaft der Ghasnawiden und Ghoriden.

Lahr/Schwarzwald, Stadt (Große Kreisstadt) im Ortenaukreis, Bad.-Württ., am Schwarzwaldrand, 42 100 Ew.; Fachschulen, Museen; Sitz der Oberrheinagentur (für Hochwasserschutz u. a.); Druckereigewerbe, u. a. Maschinen- und Fahrzeugbau, Tabak-, Holz-, Metall-, elektrotechn., chem. Industrie, Möbelherstellung, Nahrungsmittelindustrie. – Seit 1279 Stadt.

Lahti [ˈlɑxti] (schwed. Lahtis), Stadt in der Prov. Häme, S-Finnland, am Südende des Päijänne, 96 200 Ew.; stärkster Rundfunksender Finnlands, Rundfunkmuseum u. a. Museen; Möbel-, Elektroind.; Wintersportzentrum.

Lahu (Musö, Lohei), Volk der Lologruppe in S-Yunnan, China (etwa 410 000), NO-Birma (125 000), N-Thailand (28 000) und NW-Laos (2 500) mit tibetobirman. Sprache; Brandrodungsfeldbau, Viehhaltung, Jagd.

Lai [lɛ, frz.] *das,* mittelalterl. Gattungen der frz. Literatur: a) Versnovelle, v. a. über Stoffe um König ↗ Artus, bedeutendste Autorin war Marie de France; b) lyr. Lied der höf. Dichtung ohne fest vorgegebene Form, dem dt. ↗ Leich verwandt; gepflegt u. a. von Guillaume de Machaut.

Laibach, dt. Name der slowen. Hauptstadt ↗ Ljubljana.

Laibung (Leibung), *Bautechnik:* bei Gewölben die innere Wölbfläche, bei Wandöffnungen (Fenster, Türen) die der Öffnung zugekehrten Mauerflächen.

Laich [mhd. leich, eigtl. »Liebesspiel«], von einer Schleim- oder Gallerthülle umgebene, einzeln, in Klumpen oder Schnüren, meist im Wasser abgelegte Eier an Fischen, Schnecken und Amphibien.

Laichkraut (Potamogeton), weltweit verbreitete Gattung der L.-Gewächse mit vielen, vorwiegend im Süßwasser vorkommenden Arten, oft mit versch. gestalteten Unterwasser- und Schwimmblättern, z. B. das **Schwimmende L.** (Potamogeton natans) in Teichen, Seen und Gräben.

Lahore: Die 1634 auf drei Terassen angelegten Shalimargärten (UNESCO-Weltkulturerbe) sind Zeugnis der Blütezeit von Lahore als Residenz der Großmoguln.

Laie [zu grch. laós »Volk«], **1)** *allg.:* Nichtfachmann.

2) *kath. Kirchenrecht:* Angehöriger der kath. Kirche, der kein geistl. Amtsträger (↗ Kleriker) ist.

Laien|apostolat, *kath. Kirchenrecht:* die allg. Pflicht und das Recht der Laien, als Einzelne oder in Vereinigungen zur Verbreitung des Glaubens beizutragen, bes. dort, wo den Menschen nur durch sie die christl. Verkündigung nahe gebracht werden kann.

Laienkelch, das Trinken des eucharist. Weins **(Kelchkommunion)** durch nicht zum Klerus gehörende Christen. Durch die Konzile von Konstanz 1415 (gegen die Hussiten) und Trient 1562 (in Abgrenzung zur Reformation) verboten, wurde der L. zum wesentl. konfessionellen Unterscheidungsmerkmal der Abendmahlspraxis zw. der kath. und den evang. Kirchen. Das 2. Vatikan. Konzil hob 1963 das Verbot des L. auf. Die Entscheidung, unter welchen Bedin-

Laienrichter, veraltet für ↗ehrenamtliche Richter.

Laienspiegel, Rechtshandbuch für Laien, von Ulrich Tengler (* um 1447, † 1511) verfasst, 1509 erstmals gedruckt.

Laienspiel, Theaterspiel, das von Laien aufgeführt wird (Amateurtheater). Als vorkünstlerisches Phänomen ging es dem kunstmäßigen Theater voraus und war schon früh Bestandteil weltl. und religiöser Jahreszeitenfeste, u. a. der ↗geistlichen Spiele und ↗Fastnachtsspiele des späten MA., deren Traditionen bis in die Gegenwart fortwirken (↗Bauerntheater, Oberammergauer Passionsspiel [↗Oberammergau]). Träger des L. waren Gemeinden, Gilden, Zünfte, (Kloster-)Schulen und Univ. (Schuldrama, Jesuitendrama) sowie andere Korporationen (Meistersinger, Rederijkers). Im 19. Jh. belebte die Romantik das Volksschauspiel. Seit etwa 1912 erwuchs aus der Jugendbewegung eine L.-Bewegung, die eine Erneuerung des Berufstheaters anstrebte.

Laios, grch. Mythos: der Vater des ↗Ödipus.

La|isierung die, kath. Kirchenrecht: die Rückversetzung eines kath. Priesters in den Laienstand.

Laisse [lɛ:s, frz.] die, die aus beliebig vielen, gleichartigen (acht-, zehn- oder zwölfsilbigen) Versen bestehende, durch Assonanz gebundene Strophe im altfrz. Heldenepos (↗Geste).

Laissez-faire, Laissez-aller [lɛseˈfɛ:r, lɛsezaˈle; frz. »lasst machen, lasst laufen«] das, Grundsatz des Wirtschaftsliberalismus: Die Wirtschaft gedeihe am besten, wenn der Staat sich nicht einmische.

La|izismus der, im 19. Jh. in Frankreich entstandene Bez. für die Bestrebungen, den Einfluss der Kirche auf den Staat und das öffentl. Leben einzuschränken; dort 1905 durch das Gesetz der Trennung von Staat und Kirche realisiert. Die Positionen des L. sind grundsätzlich antiklerikal (↗Klerikalismus), nicht jedoch notwendig antichristlich.

Lajta [ˈlɔjtɔ], ungar. Name des Flusses ↗Leitha.

Lakatos [ˈlɔkɔtʃ], Imre, brit. Wissenschaftstheoretiker und -historiker ungar. Herkunft, * Budapest 9. 11. 1922, † London 2. 2. 1974; Vertreter der Philosophie der Mathematik und des krit. Rationalismus. L. modifizierte K. R. Poppers Falsifikationstheorie und beschrieb die Wiss.entwicklung durch kontinuierlich einander ablösende Forschungsprogramme (entgegen der These T. S. Kuhns vom diskontinuierl. Fortschreiten).

Lake [mnd.], Salzlösung zum Einlegen von Fisch, Fleisch u. a. Lebensmitteln.

Lake [leɪk] der, engl. Bez. für (Binnen-)See. Mit L. zusammengesetzte Stichwörter, die man hier vermisst, suche man unter dem Eigennamen.

Lakedämon (grch. Lakedaimon), ↗Sparta.

Lake Placid [ˈleɪk ˈplæsɪd], Wintersportort in den Adirondacks, im N des Bundesstaates New York, USA, 1 483 m ü. M., 2 500 Ew.; Austragungsort der Olymp. Winterspiele 1932 und 1980.

Lake Superior [ˈleɪk sjuˈpɪəriə], ↗Oberer See.

Lakhnau, Stadt in Indien, ↗Lucknow.

Lakkadiven [altind.] (engl. Laccadive Islands), Gruppe von 36 Koralleninseln im Arab. Meer, westl. der SW-Küste Vorderindiens. Die Bewohner, arabisch-ind. Mischlinge, meist Muslime, leben vom Anbau trop. Früchte, Kokospalmen und von Fischerei. Die L. bilden mit den **Amindiven** (Amindive Islands) und **Minicoy** das ind. Unionsterritorium **Lakshadweep** (32 km², (1994) 60 000 Ew.); Hauptort: Kavaratti auf der Insel Kavaratti.

Lakkolith [grch.] der, Magmamasse, die zw. Schichtgesteine so eingedrungen ist, dass die überlagernden Deckschichten aufgewölbt wurden.

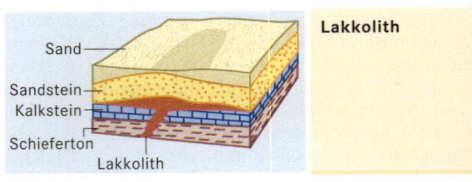

Lakoni|en (grch. Lakonia oder Lakonike), grch. Landschaft und Nomos (3 636 km², 95 700 Ew.) im SO der Peloponnes; Hptst.: Sparta; umfasst das Flussgebiet des Eurotas zw. Parnon und Taygetos. – L., seit etwa 1100 v. Chr. von Dorern besiedelt, war das Gebiet des Stadtstaates Sparta (amtlich **Lakedaimon**), der außer der Stadt Sparta den Landbesitz der Spartiaten sowie in den Randgebieten die Städte der Periöken umfasste. Um 830 von Byzanz, 1460 von den Osmanen erobert.

lakonisch [nach den Lakoniern, den Spartanern], wortkarg, kurz und treffend.

Lakritze [zu grch. »Süßwurz«] die, Extrakt aus der Wurzel von ↗Süßholz, als glänzend schwarze, süße Masse im Handel. Hauptbestandteil ist das Glykosid Glycyrrhizin; Bestandteil von Hustenmitteln.

Lakshadweep [læk'ʃædwi:p], ind. Unionsterritorium, umfasst die ↗Lakkadiven.

Lakshmi [-ʃ-] (Shri), ind. Göttin des Glücks, der Schönheit, Fruchtbarkeit und Ehe; ihr Symbol ist die Lotosblume, die Kuh ist ihr geweiht; Gattin des Vishnu.

lakt... [lat.], milch...

Laktation die, hormonal gesteuerte Absonderung von Milch aus den Brustdrüsen der Frau und der weibl. Säugetiere während der Stillzeit (L.-Periode).

Laktose, ↗Lactose.

lakustrisch (limnisch), die Seen betreffend; z. B. Ablagerungen oder Bildungen.

La Laguna, Stadt auf der span. Insel Teneriffa, 550 m ü. M., 121 800 Ew.; kath. Bischofssitz; Univ. (1701 gegr.); Flughafen. – Histor. Altstadt auf schachbrettartigem Grundriss (UNESCO-Weltkulturerbe). Ein schachbrettartiger Grundriss prägt die histor. Altstadt, die mit ihren prächtigen Bürgerhäusern und Adelspalästen sowie den interessanten Kirchen als »spanischste« Stadt der Kanaren gilt und von der UNESCO zum Weltkulturerbe erklärt wurde. – Bis 1723 Hptst. der Insel.

Lalebuch [»Narrenbuch«], dt. Volksbuch, Schwanksammlung eines unbekannten Verfassers über die Lalen, die um eines unbehelligten Lebens willen Narrheit annehmen, die zum Untergang ihrer Stadt Laleburg führt; entstanden im Elsass, erschienen 1597; 1598 u. d. T. »Die Schildbürger«, 1603 erweitert u. d. T. »Grillenvertreiber«.

Lalibela, Ort im Amharenhochland, Äthiopien, benannt nach dem äthiop. König Lalibela der Sagwe-Dynastie (12./13. Jh.). Dem König werden auch die elf Felsen-(Monolith-)Kirchen zugeschrieben, obwohl die Bauzeit insgesamt wohl 120 Jahre dauerte. Sie sind aus dem anstehenden Tuffstein herausgehauen. An der höchsten Stelle liegt die Erlöserkirche (Beta Medhane Alem); die von Pilgern häufig besuchte Marienkirche (Beta Maryam) besitzt eine reiche Ausstattung in leuchtenden Farben (15. Jh.); die Georgskirche (Beta Giyorgis) liegt am Rande des durch viele unterird. Gänge und Stollen verbundenen Komplexes, sie entstand als Letzte und ist in ihrer

Form am vollendetsten. Die Felsenkirchen von L. sind UNESCO-Weltkulturerbe.

La Línea de la Concepción [- kɔnθepˈθi̯on], Stadt in Andalusien, Provinz Cádiz, Spanien, 60 300 Ew.; Wohnort der in Gibraltar beschäftigten Spanier; Seebad.

Lalique [laˈlik], René, frz. Goldschmied und Glaskünstler, *Ay (heute Ay-Champagne, Dép. Marne) 6. 4. 1860, †Paris 1. 5. 1945; schuf Schmuckstücke, die häufig Naturformen nachgebildet sind, im Stil des Art nouveau (Jugendstil), mit denen er in der Schmuckgestaltung neue Maßstäbe setzte.

Lalo, Édouard, frz. Komponist span. Herkunft, *Lille 27. 1. 1823, †Paris 22. 4. 1892; schrieb u. a. Opern (z. B. »Le roi d'Ys«, 1888), Ballett »Namouna«, 1882), Violinkonzerte (»Symphonie espagnole«, 1873), Orchesterwerke, Lieder.

Lam, Wifredo, kuban. Maler, *Sagua la Grande (Prov. Villa Clara) 8. 12. 1902, †Paris 11. 9. 1982; kam 1937 nach Paris, wo er sich den Surrealisten anschloss und bes. von Picasso beeinflusst wurde; gestaltete in seinen Werken eine dämon. Bilderwelt mit rätselhaften Motiven und expressiv abstrahierten, von Pflanzen und Tieren abgeleiteten Formen.

Lama [peruanisch] *das,* ↗ Kamele.

Lama [tibet. »der Obere«] *der,* im tibet. Buddhismus (↗ Lamaismus) ein religiöser Meister, dessen spirituelle Autorität darauf beruht, dass sich in ihm die buddhist. Lehre rein verkörpert; er kann auch Vorsteher von Klöstern sein oder polit. Einfluss ausüben. (↗ Tulku, ↗ Dalai-Lama, ↗ Pantschen-Lama, ↗ Karmapa-Lama).

La Madeleine [lamaˈdlɛːn], altsteinzeitl. Fundstätte (Abri) bei Tursac an der Vézère (Dép. Dordogne), Frankreich, namengebend für die späteiszeitl. Kultur des ↗ Magdalénien; hier wurden u. a. Kleinkunstwerke sowie eine Mammutdarstellung entdeckt (UNESCO-Weltkulturerbe).

René Lalique: Steckkamm mit Hahnenkopf; Gold, Email, Amethyst und Horn (um 1898; Lissabon, Museu Calouste Gulbenkian)

Lamaismus *der* (tibetischer Buddhismus), die im 8. Jh. in Tibet entstandene, daneben heute in Bhutan, Nepal, der Himalajaregion Indiens (Sikkim, Arunachal Pradesh, Ladakh), der Mongolei, Nordchina (Innere Mongolei) und Russland (Burjatien, Kalmückien, Tuwinien) verbreitete Form des Buddhismus. In seinen ind. Spätformen (Mahayana, Vajrayana) um 632 in Tibet eingeführt, verschmolz er mit der **Bon-Religion,** der urspr. tibet. Religion. Aus ihr übernahm er den Dämonen- und Zauberglauben. Der L. ist eine Mönchsreligion, Grundlage der religiösen Praxis der Tantrismus, Zentrum der Lehre die Vorstellung vom Seienden als trüger. Illusion (»Leerheit«). In der vollkommenen Erkenntnis dieser Wahrheit liegt die Erlösung, die stufenweise durch Meditation, Yoga und ein kompliziertes System von (mag.) Ritualen erreicht wird. Typisch ist die unaufhörl. Rezitation mag. Formeln, die auch durch das Drehen der ↗ Gebetsmühlen und das Aufstellen von Gebetsfahnen erfolgen kann.

Lamaismus: kultische Handlung von Mönchen der »Schule der Tugend«, die nach der Farbe ihrer Kopfbedeckung »Gelbmützen« genannt werden

Die obersten Geistlichen des L. gelten als Verkörperungen des Bodhisattva Avalokiteshvara (↗ Dalai-Lama) und des Buddha Amitabha (↗ Pantschen-Lama). Die Kanonisierung der hl. Schriften des L. erfolgte im 14. Jh. in den Sammlungen des ↗ Kandschur und ↗ Tandschur. Als eigentl. Begründer des L. gilt der ind. Mönch Padmasambhava, der Mitte des 8. Jh. das erste Kloster gründete und die ersten Mönche weihte. Nach der Farbe ihrer Kopfbedeckung wurden sie »Rotmützen« (oder **rote Schule**) genannt. Ihre Klöster entwickelten sich zu den polit. und wirtsch. Zentren des Landes, die obersten Geistlichen (Lamas) erhielten im 13. Jh. vom mongol. Khan Kubilai die Oberherrschaft über Tibet zugesprochen. Gegen die zunehmende Verweltlichung richtete sich die Reformbewegung der von Tsongkhapa (*1357, †1419) gegr. »Schule der Tugend« (**Gelugpa; »Gelbmützen«** oder **gelbe Schule** genannt). Diese hatte die Erneuerung der buddhist. Ethik und Lehre, die Einführung des Zölibats für die Mönche, die Ausbildung einer strengen Hierarchie und die Errichtung eines Priesterstaates in Tibet zur Folge, geführt vom Dalai-Lama als polit. und geistl. Oberhaupt. Hauptstadt und hl. Stadt des L. ist seither Lhasa. Vom 16. Jh. an wurde die (bereits im 12./13. Jh. begonnene) Missionierung der Mongolei intensiviert, von wo aus mongol. Missionare den L. unter den Burjaten und Tuwinen verbreiteten. Nach Europa gelangte der L. zuerst durch die Kalmücken. In der 2. Hälfte des 20. Jh. kam es in Europa und Amerika (u. a. durch tibet. Flüchtlinge) zur Gründung von buddhist. Meditations- und Studienzentren. – Weiteres zur Geschichte / Tibet.

Lamarck, Jean Baptiste Pierre de Monet, frz. Naturforscher, *Bazentin (Dép. Somme) 1. 8. 1744, †Paris 18. 12. 1829; war Prof. am Jardin des plantes in Paris; unterschied Wirbellose und Wirbeltiere, führte ein neues System der Wirbellosen ein; prägte 1802 als einer der Ersten den Begriff »Biologie«; bestritt die Unveränderlichkeit der Arten (↗ Lamarckismus). – *Werke:* Zoologische Philosophie, 2 Bde. (1809), Histoire naturelle des animaux sans vertèbres, 7 Bde. (1815–22).

Jean Baptiste de Lamarck

Lamarckismus *der,* von Lamarck 1809 begründete Evolutionstheorie. Seine entscheidende An-

Alphonse de Lamartine

nahme, dass sich bestimmte Merkmale von Lebewesen durch die Wirkung von Umwelteinflüssen u. a. verändern und vererbt werden, hat sich bei genet. Untersuchungen nicht bestätigt. Der L. muss jedoch als wichtiger Vorläufer des ⁄ Darwinismus angesehen werden, der der ⁄ Abstammungslehre einen wesentl. Anstoß vermittelt hat.

Lamartine [lamarˈtɛ̃], Alphonse de, frz. Schriftsteller, * Mâcon 21. 10. 1790, † Paris 28. 2. oder 1. 3. 1869; zunächst Offizier, dann Diplomat, 1833 Abg. der Kammer, 1848 kurze Zeit Außenminister. Als Dichter begann er mit klangvollen, schwermütigen Versen (»Poet. Betrachtungen«, 1820; »Nouvelles méditations poétiques«, 1823; »Poet. und religiöse Harmonien«, 2 Bde., 1830), durch die er der frz. Romantik eine neue seel. Erlebnisweise erschloss. Von einer großen epischen Menschheitsdichtung, die er plante, wurden vollendet: »Jocelyn« (1836) und »Der Sturz eines Engels« (1838). Er verfasste außerdem Geschichtswerke, Reiseberichte und autobiograf. Schriften.

Lamb [læm], **1)** Charles, engl. Schriftsteller, * London 10. 2. 1775, † Edmonton (heute zu London) 27. 12. 1834; veröffentlichte zw. 1820 und 1825 unter dem Pseud. **Elia** in Zeitschriften geistreiche, witzige Essays. Zus. mit seiner Schwester Mary L. (* 1764, † 1847) veröffentlichte er für Kinder Nacherzählungen der Werke Homers und Shakespeares.
2) Willis Eugene, amerikan. Physiker, * Los Angeles (Calif.) 12. 7. 1913; bed. Arbeiten zur Atom- und Kernphysik (u. a. Theorie des Betazerfalls und der Neutronenstreuung). 1947 entdeckte er eine durch Fluktuationen des elektromagnet. Feldes verursachte Verschiebung von Energieniveaus des Wasserstoffatoms (**L.-Shift**) und wies damit die Hyperfeinstruktur des Wasserstoffspektrums nach. L. erhielt dafür 1955 (mit P. Kusch) den Nobelpreis für Physik.

Lambada [portugies.] *die,* 1989 aufgekommener, aus Brasilien stammender Modetanz in lateinamerikan. Rhythmus.

Lambarene (Lambaréné), Prov.-Hptst. in Gabun, auf einer Insel im Unterlauf des Ogowe, 26 300 Ew.; Flugplatz. – Am N-Ufer des Ogowe Albert-Schweitzer-Hospital (gegr. 1913, Neubau 1926, 1980 durch neuen Komplex ersetzt); Forschungslabor für Tropenmedizin.

Lambda *das,* (Λ, λ), elfter Buchstabe des grch. Alphabets; sein Lautwert entspricht dem heutigen L.

Lambarene: Blick auf die neuen Gebäude des Albert-Schweitzer-Hospitals (1980)

Lambdahyperon (Lambdateilchen, Λ-Teilchen), das leichteste aller ⁄ Hyperonen.
Lambdapunkt (λ-Punkt), *Physik:* ⁄ Suprafluidität.
Lambdasonde [nach dem Luftverhältnis λ, d. h. dem Verhältnis von zugeführter Luftmenge zum theoret. Luftbedarf], *Kraftfahrzeugtechnik:* Messfühler im Auspuffsystem von Verbrennungsmotoren mit Katalysator, mit dem der Restsauerstoffgehalt im Abgas ermittelt wird. Das Messsignal wird zur Einregelung der Gemischbildung (Kraftstoff–Luft) auf das gewünschte Luftverhältnis ($\lambda = 1$) genutzt.

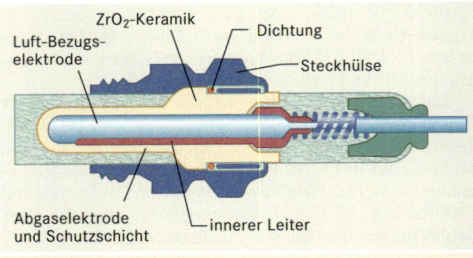
Lambdasonde

Lambert, 1) [lãˈbɛːr], Christopher, frz.-amerikan. Schauspieler, * New York 29. 3. 1957; trat zunächst im frz. Film auf, wurde dann mit seiner Tarzandarstellung in »Greystoke – Die Legende von Tarzan« (1984) und »Highlander« (1986) zum Star im Actionfilm.
2) Johann Heinrich, Physiker und Philosoph, * Mülhausen (Elsass) 26. 8. 1728, † Berlin 25. 9. 1777; ab 1765 Mitgl. der Berliner Akademie. Er entdeckte und klärte die Messung der Lichtstärke und die Gesetzmäßigkeiten der Lichtabsorption und begründete damit die Photometrie; stellte ein Gesetz für die Kometen- oder Planetenbewegung auf, verbesserte die Trigonometrie, wies die Irrationalität der Kreiszahl π nach. In seinem philosoph. Denken, bes. in seiner Wissenschaftstheorie, stand er G. W. Leibniz nahe.

Lambeth [ˈlæmbəθ], Stadtbezirk (Borough) von London, südl. der Themse, (1996) 264 700 Ew., mit dem **L. Palace,** der Londoner Residenz der Erzbischöfe von Canterbury.

Lambeth-Konferenzen [ˈlæmbəθ-], die seit 1867 i. d. R. alle zehn Jahre vom Erzbischof von Canterbury einberufenen Versammlungen aller anglikan. Bischöfe (13. L.-K. 1998), urspr. in seiner Londoner Residenz, dem **Lambeth Palace,** abgehalten. Ihre Beschlüsse haben den Charakter von Empfehlungen für die Kirchen der ⁄ Anglikanischen Kirchengemeinschaft. (⁄ Kirche von England)

Lambrequin [lãbrəˈkɛ̃, frz.] *der,* drapierter Querbehang an Fenstern, Türen u. a.; im Barock u. a. als bauplast. Element in Stein, Stuck, Holz und Bronze nachgebildet.

Lambsdorff, Otto Graf, Politiker, * Aachen 20. 12. 1926; Rechtsanwalt, 1968–78 Schatzmeister der FDP in NRW, 1972–98 MdB; war 1977–82 sowie 1982–84 Bundeswirtschaftsmin. (Rücktritt wegen Verwicklung in die ⁄ Parteispendenaffäre) und 1988–93 Vors. der FDP; 1998–2000 Beauftragter der dt. Bundesreg. für die Verhandlungen über die Entschädigung von ehem. NS-Zwangsarbeitern.

Lambskin [ˈlæmskɪn; engl. »Lammfell«] *das,* ⁄ Lammfell.

Lambswool [ˈlæmzwʊl, engl.] *die,* weiche Lamm- oder Schafwolle bzw. die daraus hergestellte feine Strickware.

Lamé [frz.] *der, Weberei:* Gewebe, das im Schuss (meist in größerem Abstand) Metallfäden aufweist.

Lamellenpilze, die ↗ Blätterpilze.

Lamennais [lam'nɛ] (La Mennais), Hugues Félicité Robert de, frz. kath. Theologe und Schriftsteller, *Saint-Malo 19. 6. 1782, †Paris 27. 2. 1854; seit 1816 Priester; verurteilte den ↗ Gallikanismus; forderte die Unabhängigkeit der Kirche vom Staat, von der Kirche die Öffnung für demokrat. Prinzipien; vom Papst dafür verwarnt, antwortete er 1834 mit seinem Hauptwerk »Worte eines Gläubigen«; in der Folge endgültiger Bruch mit der Kirche (1836) und zunehmende Annäherung an sozialist. Positionen.

Lamento [italien.] *das,* **1)** *Musik:* in der italien. Oper des 17./18. Jh. Bez. für eine Klageszene, z. B. C. Monteverdis »L. d'Arianna« (1608).

2) *umgangssprachlich* für: Wehklage.

lamentoso [italien.] (lamentabile), musikal. Vortragsbezeichnung: klagend, traurig.

La Mettrie (Lamettrie), Julien Offray de, frz. Philosoph und Mediziner, *Saint-Malo 25. 12. 1709, †Berlin 11. 11. 1751; Entlassung als Militärarzt wegen Religionsfeindlichkeit (»Histoire naturelle de l'âme«, 1745). Wegen seines Materialismus und Atheismus verfolgt, fand er 1748 Asyl bei Friedrich d. Gr. und wurde Mitgl. der Berliner Akademie; vertrat die Anschauung, dass der Mensch eine sich selbst steuernde Maschine und das geistige Leben vom körperl. abhängig sei (»L'homme machine«, 1748), und formulierte unter dem Eindruck C. Linnés den Gedanken der materiellen Einheit in der Mannigfaltigkeit der Organismen.

Lamia, Hptst. des Nomos Phthiotis und der Region Mittelhellas, Griechenland, 44 100 Ew.; Nahrungsmittelind. – Mittelalterl. Zitadelle.

Lamina [lat.] *die, Anatomie:* dünne, meist nicht zelluläre Schicht in Geweben.

laminare Strömung, ↗ Strömungslehre.

Laminarflow [-fləʊ, engl.] *der,* technisch erzeugte, wirbelfreie und durch Filterung keimfreie Luftströmung, z. B. für Operationsräume oder sterile Pflegeeinheiten (u. a. bei der Behandlung massiver Immunsuppression) und bei keimfreien Arbeiten in Laboratorien.

Laminarprofil, ein Tragflügelprofil mit weit nach hinten gelegter größter Dicke, bewirkt, dass die ↗ Grenzschicht möglichst lange anliegt, wodurch der Reibungswiderstand klein bleibt.

Laminat *das, Bautechnik:* mehrschichtiger Bodenbelag aus Trägerplatte, Dekorpapier mit Holz- oder Steinreproduktion und abriebfester Melaminharzbeschichtung.

Laminate, die ↗ Schichtstoffe.

Laminektomie [lat.-grch.] *die,* selten angewandte chirurg. Entfernung eines Wirbelbogens mit Dornfortsatz, z. B. bei Rückenmarktumor oder Bandscheibenvorfall; häufiger als Hemi-L. (Entfernung eines Halbbogens).

Laminieren [lat.-frz.], **1)** *graf. Technik:* Überziehen eines Buchs mit Transparentfolie.

2) *Spinnerei:* Strecken des Materials, um die Fasern längs zu richten.

Lamischer Krieg [nach der Stadt Lamia], der Krieg, den die Griechen unter Führung Athens 323 v. Chr. gegen Antipater begannen, um die makedon. Herrschaft abzuschütteln; er endete 322 v. Chr. mit der Niederlage der Griechen.

Lamium, die Pflanzengattung ↗ Taubnessel.

Lamm, junges Schaf oder junge Ziege; Sinnbild der Unschuld und Geduld.

Lammasch, Heinrich, österr. Jurist und Politiker, *Seitenstetten (Bez. Amstetten) 21. 5. 1853, †Salzburg 6. 1. 1920; Prof. in Innsbruck und Wien, seit 1900 Mitgl. des Internat. Schiedsgerichtshofes. Als Vorkämpfer der Völkerversöhnung trat er während des Ersten Weltkriegs für einen Verständigungsfrieden ein; vom 27. 10. bis 11. 11. 1918 war er der letzte österr.-ungar. Ministerpräsident.

Lammert, Will, Bildhauer und Zeichner, *Hagen 5. 1. 1892, †Berlin 30. 10. 1957; emigrierte 1933 nach Paris und 1934 in die Sowjetunion, lebte seit 1951 in der DDR. Sein Frühwerk, dem Jugendstil und Expressionismus verpflichtet, wurde zum großen Teil vom Nationalsozialismus zerstört. L. trat später v. a. mit Porträt- und Denkmalplastik von strenger, jedoch fein differenzierter Formgebung hervor (u. a. Mahnmal im KZ Ravensbrück, 1955–57, unvollendet).

Lammfell, Fell von tot geborenen, früh geborenen oder jungen Lämmern von Haus- und Zuchtschafrassen. **Edel-L.** sind vor allem L. vom Fettschwanzschaf. Die vielseitigste Lockenbildung zeigen die Felle junger Lämmer des Karakulschafes (**Persianer**), dessen Frühgeburten Breitschwanz genannt werden. Mit den Verfahren der Rauchwarenveredelung kann aus den Fellen der Kurzschwanzschafe durch versch. Schurarten und Färbemethoden ein vielseitig verwendbares Pelzmaterial hergestellt werden. – **Lambskin** ist eine L.-Imitation aus Plüsch.

Lamm Gottes, Hoheitstitel Jesu Christi im N. T., ↗ Agnus Dei.

Lamorisse [-'ris], Albert, frz. Filmregisseur, *Paris 13. 1. 1922, †(Hubschrauberunfall) Karadj (Iran) 2. 6. 1970; schuf künstlerisch-poet. Dokumentarfilme, u. a.: »Der weiße Hengst« (1952), »Der rote Ballon« (1955), »Die Reise im Ballon« (1958/60).

La Motte-Fouqué [lamɔtfu'ke], Friedrich, Baron de, Schriftsteller, ↗ Fouqué.

La Motte-Houdar [lamɔtu'dar], Antoine de, frz. Schriftsteller, ↗ Houdar de La Motte.

Lamoureux [lamu'rø], Charles, frz. Violinist und Dirigent, *Bordeaux 28. 9. 1834, †Paris 21. 12. 1899; gründete 1881 mit eigenem Orchester die »Neuen Konzerte« (»Concerts L.«), die er bis 1897 leitete.

Lampassen [zu Lampas] *Pl.,* Seidenstreifen an der Außennaht von Uniform-, Frack- und Smokinghosen.

Lampe, künstl. Lichtquelle. (↗ Leuchte)

Lampe, Name des Hasen in der Tierfabel.

Lampe, Jutta, Schauspielerin, *Flensburg 13. 12. 1937; bekannt durch die Zusammenarbeit mit P. Stein (bes. an der Schaubühne Berlin und bei den Salzburger Festspielen), C. Peymann und Luc Bondy; auch Filmrollen, u. a. in »Die bleierne Zeit« (1981), »Die Dämonen« (1988).

Lampedusa, die größte der ↗ Pelagischen Inseln.

Lampedusa, Giuseppe Tomasi di, italien. Schriftsteller, ↗ Tomasi di Lampedusa.

Lampertheim, Stadt im Landkreis Bergstraße, Hessen, in der Rheinebene, 32 200 Ew.; pharmazeut. und Metall verarbeitende Ind.; Tabak-, Spargelanbau. – Barockes Rathaus und Jagdhaus. – Stadt seit 1951.

Lampion [lam'pjɔŋ, frz.] *der,* seltener *das,* oft reich bemalte Papierlaterne; ostasiat. Ursprungs.

Lampionpflanze [lam'pjɔŋ-], die ↗ Blasenkirsche.

Lamprecht, 1) Gerhard, Filmregisseur, *Berlin 6. 10. 1897, †ebd. 4. 5. 1974; Filme: »Buddenbrooks« (1923), »Emil und die Detektive« (1931), »Madame Bovary« (1937); Mitbegründer der »Dt. Kinemathek«.

Julien Offray de La Mettrie

Heinrich Lammasch

Burt Lancaster

2) Günter, Schauspieler, *Berlin 21. 1. 1930; 1954–71 Engagements an versch. Bühnen; beim Fernsehen Rollen u. a. als »Tatort«-Kommissar.

3) Karl, Historiker, *Jessen (Elster) 25. 2. 1856, †Leipzig 10. 5. 1915; wurde 1890 Prof. in Marburg, 1891 in Leipzig; entfachte mit dem Versuch, Sozialgesch. als Kulturgesch. zu schreiben, einen heftigen Methodenstreit. – Werke: Dt. Wirtschaftsleben im MA., 4 Tle., (1885–86); Dt. Gesch., 14 Bde., 2 Erg.-Bde. (1891–1909); Die kulturhistor. Methode (1900); Einführung in das histor. Denken (1912).

Lamprecht der Pfaffe, moselfränk. Geistlicher, dichtete um 1140/50 nach dem altfrz. Lied des Alberich von Besançon ein Alexanderlied, den ersten weltl. dt. Versroman mit antikem Stoff. Es wurde um 1160/70, ebenfalls von einem Geistlichen, umgearbeitet (»Straßburger Alexander«).

Lamprete [galloroman.] die, / Neunaugen.

Lamprophyre [grch.], Gruppe dunkler kieselsäurearmer Ganggesteine, feinkörnig, oft durch Neubildung von Mineralen sekundär verändert, gering mächtig, z. B. die / Minette.

Lamu, Gruppe von Koralleninseln in der Küstenprovinz Kenias. Die Stadt L. auf der Hauptinsel L. (10 km lang, 7 km breit; 9 000 Ew.) ist religiöses Zentrum für die Muslime an der ostafrikan. Küste und hat ein geschlossenes Stadtbild in arab. Stil (UNESCO-Weltkulturerbe).

LAN [Abk. für engl. **l**ocal **a**rea **n**etwork] (lokales Netz), lokal begrenzte Vernetzung von Computern (/ Rechnernetz), z. B. in einem Gebäude. Ein LAN kann ringförmig, teil- oder vollvermascht, sternförmig oder als Bussystem (eine Basisleitung, von der die einzelnen Rechnerleitungen abgehen) aufgebaut sein. Eine spezielle Vernetzungstechnologie von LAN stellen das **Ethernet** bzw. Netze nach der Norm IEEE 802.3 dar. Diese Netze sind aus einzelnen Bussystemen zusammengesetzt und werden u. a. in der Bürokommunikation und Produktentwicklung (CAD) angewendet, da der Datenaustausch nicht im Echtzeitbetrieb erfolgen muss. Die Datenübertragungsgeschwindigkeit liegt bei 10 Mbit/s, 100 Mbit/s **(Fast Ethernet)** bzw. 1 Gbit/s **(Gigabit Ethernet).** 2002 wurde der Standard für das **10-Gigabit-Ethernet** verabschiedet, das damit die 1000fache Übertragungsrate der ersten Ethernet-Version ermöglicht (Einsatz auch in Stadt- und Weitverkehrsnetzen). LANs sind oft mit anderen Netzen verbunden. Sie werden zu Bereichsnetzen zusammengefasst und diese wiederum mit einem leistungsfähigen sog. / Backbonenetz verbunden.

Nicolas Lancret: Mademoiselle Camargo tanzt (um 1730; Sankt Petersburg, Eremitage)

Län [»Lehen«] das, Verwaltungsbezirk (Provinz) in Schweden und Finnland (finn. **Lääni**).

Lançade [lã'sad, frz.] die, hohe Schule: / Levade.

Lancashire [ˈlæŋkəʃɪə], Cty. in NW-England, an der Irischen See, 3 075 km², 1,426 Mio. Ew., Verw.sitz: Preston.

Lancaster [ˈlæŋkəstə], **1)** Stadt in der engl. Cty. Lancashire, 44 500 Ew.; kath. Bischofssitz; Univ.; Herstellung von Bodenbelägen, Baumwoll-, Seiden-, Chemiefaserverarbeitung. – Kirche Saint Mary (15. Jh.), Baureste der ehem. Burg v. a. aus dem 14. Jahrhundert.

2) Stadt in Pennsylvania, USA, 53 600 Ew.; geistiger Mittelpunkt der Mennoniten; Vieh-, Tabakmarkt, elektrotechn. Industrie.

Lancaster [ˈlæŋkəstə], eine Nebenlinie des engl. Königshauses Plantagenet. John of Gaunt (* 1340, † 1399), 4. Sohn König Eduards III., wurde zum Herzog von L. erhoben. Seine Nachkommen waren die engl. Könige aus dem Hause L. (1399–1461). Es erlosch 1471 in den Rosenkriegen.

Lancaster [ˈlæŋkəstə], **1)** Burt, amerikan. Filmschauspieler, *New York 2. 11. 1913, †Los Angeles (Calif.) 21. 10. 1994; Filme: »Verdammt in alle Ewigkeit« (1953), »Vera Cruz« (1954), »Die tätowierte Rose« (1955), »Der Leopard« (1962), »Gewalt und Leidenschaft« (1974), »Atlantic City, USA« (1980), »Local hero« (1983), »Archie & Harry« (1986).

2) Joseph, brit. Pädagoge, *London 25. 11. 1778, †New York 24. 10. 1838; errichtete (ähnlich wie A. / Bell) 1798 in London eine unentgeltl. Grundschule mit Monitorsystem, bei dem ältere Schüler Gruppen jüngerer unterrichteten; nach ihrem Vorbild entstanden in vielen Teilen Großbritanniens L.-Schulen.

Lancastersund [ˈlæŋkəstə-] (engl. Lancaster Sound), Meeresstraße im Kanadisch-Arkt. Archipel, verbindet Baffinmeer und Viscount-Melville-Sund. – Der L. wurde 1616 von W. Baffin befahren.

Lancé [lã'se, frz.] das, das / lancierte Gewebe.

Lancelot (Lanzelot), Ritter aus der Tafelrunde des Königs / Artus, als Kind von der Wasserfee Viviana geraubt, später von ihr bei seinen Abenteuern für die geliebte Guinevere (Ginevra), Gattin des Artus, unterstützt. Höf. Versroman von Chrétien de Troyes (um 1177–81), dt. »Lanzelet« von Ulrich von Zatzikhoven (um 1195/1200). Anfang des 13. Jh. entstand in Frankreich der große »L.-Gral-Zyklus« in Prosa.

Lanchow [lantʃau], Stadt in China, / Lanzhou.

lanciertes Gewebe [lãs-] (Lanciergewebe, Lancé), Gewebe mit von besonderen Fäden (Lancierkette, -schuss) gebildeten Figurenmustern. Wo sie keine Muster bilden, liegen sie auf der Warenrückseite frei oder werden abgeschoren.

Lancret [lã'krɛ], Nicolas, frz. Maler, *Paris 22. 1. 1690, †ebd. 14. 9. 1743; malte beeinflusst von A. Watteau »galante Feste«; sensibler Kolorist figürl. Szenen; auch Porträts.

Land|abgaberente, Rente, die nach dem Ges. über die Altershilfe für Landwirte an Landwirte gewährt wurde, wenn sie zw. dem 1. 7. 1969 und dem 31. 12. 1983 ihren Betrieb zum Zweck der Strukturverbesserung abgegeben hatten, das 60. Lebensjahr vollendet hatten oder berufsunfähig waren und mindestens 60 Monate Beiträge zur landwirtsch. Alterskasse geleistet hatten. Ist der Empfänger einer L. nach dem 31. 12. 1994 verstorben, erhält die Witwe (oder der Witwer) eine L., wenn sie (er) nicht wieder geheiratet hat und nicht Landwirt ist (§ 121 Ges. über die Altershilfe der Landwirte vom 29. 7. 1994).

Land|ammann, / Ammann.

Land|arbeiter, früher Bez. für das in der Hausgemeinschaft lebende Gesinde sowie die v. a. durch eine Werkswohnung und Naturallohn entlohnten Deputanten oder Instleute, ferner als Sonderform im nordwestl. Dtl. die **Heuerlinge** (im kombinierten Pacht- und Arbeitsverhältnis).

Land-Art ['lænd ɑ:t, engl.] *die,* Richtung der zeitgenöss. Kunst, in der die Landschaft zum Gestaltungsmaterial wird. Die Grundhaltung ist zivilisationskritisch. Bekannte Vertreter sind u. a. die Amerikaner M. Heizer, W. de Maria, R. Morris und R. Smithson, der Engländer R. Long sowie der Niederländer Jan Dibbets (* 1941).

Landau, 1) Landau a. d. Isar, Stadt im Landkreis Dingolfing-Landau, Niederbayern, 12 700 Ew.; Fahrzeugbau, Textil- und Holz verarbeitende Ind., Dachziegelwerk. – 1304 Stadtrecht.

2) Landau in der Pfalz, kreisfreie Stadt, Verw.sitz des Landkreises Südliche Weinstraße, Rheinl.-Pf., in der Rheinebene, an der Queich, 41 100 Ew.; Abteilung der Univ. Koblenz-L., Museum; Weinbau und -handel, Gummi- und Autozubehörind. – Frühgot. Stiftskirche, Reste der Festungsanlage. – 1268 erstmals genannt; 1274 Stadt, 1291 Reichsstadt (außer 1324–1511), 1680 von Frankreich annektiert, 1688–91 von S. de Vauban befestigt (1830–66 dt. Bundesfestung); 1816 an Bayern.

Landau, Lew Dawydowitsch, sowjet. Physiker, * Baku 22. 1. 1908, † Moskau 1. 4. 1968; Prof. in Charkow und Moskau; lieferte Beiträge zu fast allen Bereichen der modernen theoret. Physik, u. a. zum Diamagnetismus freier Elektronen in Metallen, zur Quantenelektrodynamik und Quantenfeldtheorie, verfasste ein »Lehrbuch der theoret. Physik« (10 Bde.). L. erhielt 1962 für die theoret. Klärung der Suprafluidität (Helium II) den Nobelpreis für Physik.

Landau 2): das Deutsche Tor, Teil der von Sébastian de Vauban 1688–91 erbauten Festungsanlage

Landauer [nach Landau in der Pfalz], zweiachsiger Kutschwagen mit abklappbarem Verdeck.

Landauer, Gustav, Publizist, Politiker, * Karlsruhe 7. 4. 1870, † (ermordet) München 2. 5. 1919; Mitgl. der Münchener Räteregierung 1919; undoktrinärer, radikaler Sozialist; schrieb erzähler. Werke, Essays zu Politik und Literatur.

Landbau, urspr. umfassende Bez. für Land- und Forstwirtschaft, ist heute für den ⁄ ökologischen Landbau gebräuchlich; i. e. S. der Ackerbau.

Landeck 2): Burg Landeck in Tirol (13. Jh.), heute Museum

Landbrücke, meist schmale Landverbindung zw. Kontinenten bzw. größeren Landmassen, wie die zentralamerikan. Landbrücke.

Landbund, 1) in Dtl. der ⁄ Reichslandbund.

2) frühere Partei in Österreich, gegr. 1920 unter dem Namen »Deutsche Bauernpartei«, nannte sich 1922 in L. um, vertrat bäuerl. Interessen, war 1927–33 Mitgl. von Reg.koalitionen; 1934 aufgelöst.

LANDCENT ['lændsent, engl.], Abk. für Allied **Land** Forces **Cent**ral Europe (Alliierte Landstreitkräfte Europa-Mitte), NATO-Kommandobehörde mit Sitz in Heidelberg, die die ihr in Zentraleuropa unterstellten alliierten Heeresgroßverbände nach Zuweisung durch den vorgesetzten Stab ⁄ AFNORTH führt. Im März 2000 wurde LANDCENT in **JHQ CENT** (Joint Headquarters Centre) umbenannt.

Landeanflug, Ausrichten eines Luft- oder Raumfahrzeugs auf eine vorgesehene Landebahn zur Einleitung der Landung.

Landebahn, ⁄ Flughafen.

Landeck, 1) Stadt in Polen, ⁄ Lądek Zdrój.

2) Bez.-Hptst. in Tirol, Österreich, im Oberinntal, 816 m ü. M.; 7400 Ew.; Textilind., Carbidwerk, Maschinenbau; Verkehrsknotenpunkt (Ausgangspunkt zur Arlbergstraße und zum Reschenpass). – Von der Burg L. (13. Jh.) überragt; spätgot. Pfarrkirche. – L. erhielt 1923 Stadtrecht.

Landé-Faktor [lã'de-; nach dem dt.-amerikan. Physiker A. Landé, * 1888, † 1975] (gyromagnetischer Faktor, kurz g-Faktor), tritt als dimensionsloser Proportionalitätsfaktor in Beziehungen zw. magnet. Momenten und Drehimpulsen von Teilchen oder Teilchensystemen auf.

Landeführungssysteme, funktechn. Verfahren und Anlagen für den Landeanflug von Flugzeugen ohne oder bei unzureichender Bodensicht (Blindlandung, Allwetterlandung). Beim **Instrumentenlandesystem (ILS)** wird der Anflugkurs durch die Schnittlinie zweier Leitstrahlebenen (Landekursebene und Gleitwegebene) festgelegt, deren Signale von einem Landekurssender abgestrahlt und einem

Lew Landau

Landehilfen

Bordinstrument angezeigt werden, wonach der Pilot steuert. Der Gleitwegsender steht ca. 150 m neben der Mittellinie der Landebahn in Höhe des Aufsetzpunktes. Die Einflugzeichensender haben Antennen, die

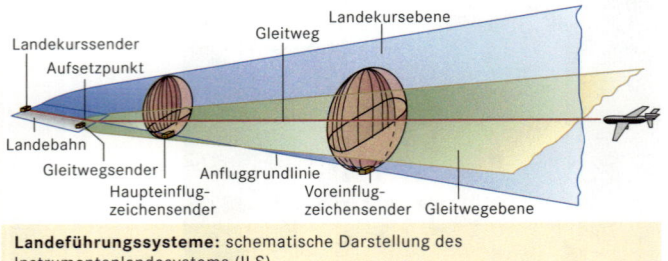

Landeführungssysteme: schematische Darstellung des Instrumentenlandesystems (ILS)

eine vom Boden nach oben gerichtete Strahlung erzeugen. Diese ist während des Überfliegens nur kurzzeitig messbar und wird für eine grobe Entfernungsbestimmung genutzt. Der Voreinflugzeichensender befindet sich ca. 7 km, der Haupteinflugzeichensender ca. 1 km vom Aufsetzpunkt entfernt auf der Anfluggrundlinie. **Mikrowellenlandesysteme (MLS)** liefern präzisere Führungssignale in der Aufsetzphase, da die abgestrahlte Energie schärfer gebündelt werden kann. Sie ermöglichen beliebige (auch gekrümmte) optimale Anflugbahnen und kontinuierl. Entfernungsanzeige. Das **GCA** (Abk. für engl. **g**round **c**ontrolled **a**pproach) bestimmt die Lage des Flugzeugs durch Präzisionsradar, der Radarlotse »spricht« das Flugzeug herunter.

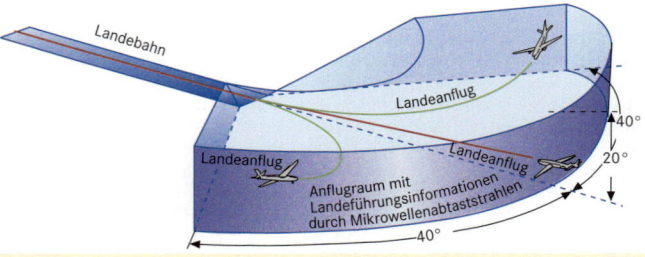

Landeführungssysteme: Mikrowellenlandesystem (MLS)

Landehilfen, *Flugtechnik:* 1) Einrichtungen zur Verkürzung der Landestrecke von Flugzeugen. Auftriebserhöhende L. sind Landeklappen (Spreiz-, Wölbungs-, Spalt-, Doppelspaltklappen, Fowler-Flügel und Vorflügel); widerstandserhöhende L. sind Bremsklappen, Bremsschirm und Schubumkehr; 2) funktechn. und opt. Hilfen auf Flugplätzen, die die Piloten während des Anflugs über ihre Abweichung vom Sollgleitpfad informieren, z. B. Leitstrahlsender, Instrumentenlandesystem, Gleitwegfeuer, Scheinwerfer.

Landeklappen, bewegl. Teile an den Vorder- und Hinterkanten von Flugzeugtragflügeln, werden bei Start und Landung so verstellt, dass sie als ↗Hochauftriebsmittel wirken.

Land|enge (Isthmus), schmale Landbrücke zw. ehem. Inseln, Halbinseln oder Kontinenten.

Länder, im Dt. Reich seit 1919, in der Bundesrep. ↗Deutschland seit 1949 die Gliedstaaten, die bis 1918 Bundesstaaten hießen. Eine GG-Änderung, die die Gliederung Dtl.s in L. und ihre Mitwirkung im Gesetzgebungsverfahren beseitigen würde, ist unzulässig (Art. 79 Abs. 3 GG). In der DDR wurden die L. 1952 durch ↗Bezirke ersetzt; mit Wirkung vom 14. 10. 1990 wurden wieder L. eingeführt. In *Österreich* bestehen neun selbstständige Teilgebiete (Bundesländer).

Länderfinanzausgleich, ↗Finanzausgleich.

Länderfinanzen, Gesamtheit der Einnahmen und Ausgabe der Bundesländer. Nach dem Grundsatz der Aufgaben- und Lastenverteilung (Art. 104 a GG) tragen die Länder grundsätzlich die Ausgaben, die sich aus der Wahrnehmung ihrer Aufgaben ergeben. Handeln die Länder im Auftrag des Bundes, so trägt dieser die sich daraus ergebenden Ausgaben. Für bedeutsame Investitionen der Länder und Gem. kann der Bund den Ländern Finanzhilfen gewähren. (↗Finanzausgleich, ↗Landessteuern)

Länderkammer, das Vertretungsorgan der Länder im Bundesstaat (zweite Kammer), durch das die Länder bei der Willensbildung des Bundes mitwirken; in Dtl. und in Österreich der ↗Bundesrat.

Länderkunde, Teil der ↗Geographie, der sich im Ggs. zur allg. Geographie mit Erforschung und Darstellung von bestimmten Teilräumen der Erdoberfläche, von Staaten, Ländern, Länderteilen oder größeren zusammenhängenden Räumen, Kulturerdteilen, Meeresgebieten, befasst. Die L. soll den Zusammenhang aller wesentl. geograph. Erscheinungen aufzeigen und den individuellen Charakter des betreffenden Raumes herausarbeiten.

Länderrat, 1) 1948–49 Organ im ↗Vereinigten Wirtschaftsgebiet.
2) 1945–49 eine regelmäßige Konferenz der Min.-Präs. der anfangs drei, dann vier Länder der amerikan. Besatzungszone Dtl.s (Bayern, Nord-Württ./Nord-Baden, Hessen, Bremen).

Land|erziehungsheim, Internatsschule auf dem Land, heute i. d. R. in Stiftungsbesitz, in der neben dem Unterricht das Gemeinschaftsleben der Schüler bes. gepflegt wird. Die ersten L. wurden nach engl. Vorbild von Hermann Lietz (* 1868, † 1919), G. Wyneken, K. Hahn und P. Geheeb gegründet. Geheeb führte Koedukation, Kurssystem und Schülermitverantwortung ein. Bekannte L. bestehen u. a. in Bieberstein (Rhön), Salem (Bodensee), Schondorf (am Ammersee), Hinterzarten (»Birklehof«), Reichersbeuern (bei Bad Tölz), Neubeuern (bei Rosenheim), Stein (an der Traun) und Haubinda (Westhausen bei Hildburghausen).

Landes [lãd, kelt. »Heide«], 1) in Frankreich häufiger Name für Landstriche, die mit Heide bewachsen, vermoort oder geröllbedeckt sind, z. B. die **L. de Gascogne** im SW zw. Gironde und Golf von Biscaya, etwa 14 000 km^2.
2) Dép. in SW-Frankreich, 9 243 km^2, 327 000 Ew.; Hptst.: Mont-de-Marsan.

Landes|arbeitsamt, mittlere Verwaltungsbehörde der Bundesanstalt für Arbeit.

Landes|aufnahme (Landesvermessung), die systemat. Vermessung und kartograph. Darstellung eines Landes. Die L. umfasst die Einrichtung und Laufendhaltung des Lagefestpunktfeldes (Methoden: Triangulation, Trilateration, Satellitengeodäsie), des Höhenfestpunktfeldes (Methoden: Nivellement, trigonometr. Höhenmessung) und des Schwerefestpunktfeldes; das Lagefestpunktfeld ist auf ein Referenzellipsoid bezogen, das Höhenfestpunktfeld auf eine Niveaufläche nahe dem Geoid (↗Normalnull), das Schwerefestpunktfeld wird durch Schweremessungen bestimmt. Außerdem gehören zur L. die topograph. Aufnahme (meist photogrammetrisch ausgeführt) und die anschließende Erstellung und Herausgabe der Landeskartenwerke in versch. Maßstäben. –

Die urspr. von militär. Dienststellen durchgeführte L. ist heute meist Aufgabe ziviler Vermessungsbehörden (in Dtl.: Landesvermessungsämter).

Landes|ausbau, ∕ innere Kolonisation.

Landesbank Baden-Württemberg, öffentlich-rechtl. Kreditinst.; entstanden 1999 durch Fusion von Südwestdt. Landesbank Girozentrale, Landesgirokasse und Landeskreditbank Bad.-Württ.; Sitz: Stuttgart, Karlsruhe und Mannheim. Die L. B.-W. ist Universal- und internat. Geschäftsbank, Sparkassenzentralbank sowie Sparkasse in Stuttgart. Gewährträger sind das Land Bad.-Württ. (39,5 %), der Badische und Württemberg. Sparkassen- und Giroverband (39,5 %) und die Stadt Stuttgart (21 %).

Landesbank Berlin – Girozentrale [- ʒi:ro-], Tochtergesellschaft der ∕ Bankgesellschaft Berlin AG.

Landesbanken, aus Provinzialhilfskassen, Provinzialbanken und Landeskreditkassen entstandene regionale öffentlich-rechtl. Kreditinstitute (Universalbanken), dienen den Bundesländern als Hausbanken. Durch Zusammenschluss mit den Girozentralen sind die L. zugleich Zentralinstitute der Sparkassen. In Dtl. gibt es (2002) 12 L. sowie als Spitzeninst. die ∕ DGZ-DekaBank.

Landesbank Hessen-Thüringen Girozentrale [- ʒi:ro-], Kurz-Bez. **Helaba,** Sitz: Frankfurt am Main und Erfurt, öffentlich-rechtl. Kreditinst.; entstanden 1953 durch Zusammenschluss von Hess. Landesbank – Girozentrale (gegr. 1940), Nassauischer Landesbank Wiesbaden (gegr. 1840) und Landeskreditkasse Kassel (gegr. 1832); jetziger Name seit 1992. Kapitaleigner ist der Sparkassen- und Giroverband Hessen-Thüringen.

Landesbank Nordrhein-Westfalen, öffentlich-rechtl. Kreditinst.; gegr. 2002, Sitz: Düsseldorf und Münster. Die L. N.-W. ist als Staats- und Strukturbank des Landes NRW v. a. als Investitionsbank, Wohnungsbauförderungsanstalt sowie internat. Geschäftsbank tätig. Kapitaleigner ist Bundesland NRW (43,2 %), Landschaftsverbände Rheinland und Westfalen-Lippe (je 11,7 %), Rhein. sowie Westfälisch-Lipp. Sparkassen- und Giroverband (je 16,7 %).

Landesbank Rheinland-Pfalz Girozentrale [- ʒi:ro-], Kurzbez. **LRP,** Sitz: Mainz, internat. tätiges, öffentlich-rechtl. Kreditinst.; gegr. 1958. Eigentümer: Sparkassen- und Giroverband Rheinl.-Pf. (50 %), Westdt. Landesbank Girozentrale (37,5 %) und Landesbank Baden-Württemberg (12,5 %).

Landesbank Saar Girozentrale [- ʒi:ro-], Kurzbez. **SaarLB,** öffentlich-rechtl. Kreditinstitut (Sparkassenzentral-, Kommunal- und Universalbank), gegr. 1941; Sitz: Saarbrücken. Eigentümer: Sparkassen- und Giroverband Saar (14,9 %), Bayer. Landesbank Girozentrale (75,1 %), Saarland (10,0 %).

Landesbank Sachsen Girozentrale [- ʒi:ro-], Kurzbez. **Sachsen LB,** öffentlich-rechtl. Kreditinstitut (Staats- und Kommunal-, Sparkassenzentral- sowie Geschäftsbank), gegr. 1992; Sitz: Leipzig. Eigentümer: Beteiligungszweckverband sächs. Sparkassen (26,9 %) und Finanzverband Sachsen (getragen zu 37,4 % vom Freistaat Sachsen und zu 62,6 % von den sächs. Kommunen; 73,1 %).

Landesbank Schleswig-Holstein – Girozentrale [- ʒi:ro-], Kurzbez. **LB Kiel,** Sitz: Kiel, universell tätiges öffentlich-rechtl. Kreditinst.; gegr. 1917 als Landesbank der Prov. Schlesw.-Holst.; fusionierte 2003 mit der Hamburg. Landesbank – Girozentrale zur ∕ HSH Nordbank AG.

Landesbeteiligungen, direkte oder indirekte kapitalmäßige Beteiligungen der Bundesländer an öffentlich-rechtl. oder privatrechtl. Unternehmen, v. a. an Banken, Energieversorgungsunternehmen, Wohnungsunternehmen und Flughäfen sowie an Lotterien, Spielbanken und Staatsbädern.

Landesbetriebe, rechtlich und organisatorisch unselbstständige Einrichtungen innerhalb der unmittelbaren Landesverwaltung mit erwerbs- oder bedarfswirtsch. Aufgaben (z. B. Krankenhäuser, Domänen).

Landesfarben (Nationalfarben), in bestimmter Reihenfolge in Flaggen, Fahnen, Standarten, Kokarden, Abzeichen usw. vorkommende Farben eines (Bundes-)Landes, Staates oder einer Nation (für Dtl. ∕ deutsche Farben).

Landesgerichte, in Dtl. Sammelbez. für die Gerichte der Länder aller Gerichtsbarkeiten. Mit Ausnahme der ∕ Bundesgerichte sind alle Gerichte L. In *Österreich* Bez. für Gerichtshöfe erster und auch zweiter Instanz der ordentl. Gerichtsbarkeit.

Landesgeschichte, als Disziplin der Geschichtswiss. die dynastisch-territoriale und kultursoziolog. Betrachtung räumlich begrenzter Gebiete, die ihre Eigenart in der Verbindung von Geographie und Gesch. entwickelte.

Landesgesetze, in Dtl. und Österreich die Ges. eines Landes im Unterschied zu Bundesgesetzen. Die Kompetenz zum Erlass von L. ergibt sich in Dtl. aus Art. 70 GG; danach haben die Länder das Recht zur Gesetzgebung, soweit nicht durch das GG eine Gesetzgebungskompetenz des Bundes begründet ist (∕ Gesetzgebungsverfahren). Das Verfahren zur Verabschiedung der L. richtet sich nach der jeweiligen Landesverfassung.

Landeshauptmann, in Österreich der Vors. der Landesreg.; in Wien ist der L. der Bürgermeister.

Landesherrschaft, Bez. für die seit dem MA. im Hl. Röm. Reich sich entwickelnde höchste Herrschergewalt unterhalb der des Kaisers. Die L. (lat. »dominium terrae«) ging anfänglich aus der adligen Hausherrschaft hervor, weiterhin trugen (zunächst begrenzt) überlassene Reichs- und Kirchenämter, verliehene Regalien sowie die Übertragung der Sorge um den Erhalt des Landfriedens zur weiteren Herausbildung der L. bei (festgeschrieben in den Reichs-

Länderfinanzen 2001 (in Mio. €)

Land	Einnahmen (bereinigt)	Ausgaben (bereinigt)	Finanzierungssaldo	Verschuldung in € je Einwohner[1]
Baden-Württemberg	28 911	31 558	−2 629	3 705
Bayern	32 331	33 227	−892	2 518
Berlin	17 339	22 574	−5 235	11 332
Brandenburg	9 353	9 916	−562	5 895
Bremen	3 893	4 189	−296[2]	13 465
Hamburg	8 260	9 758	−1 498	10 251
Hessen	17 322	18 512	−1 190	5 031
Mecklenburg-Vorpommern	6 651	7 039	−388	5 811
Niedersachsen	18 661	22 068	−3 408	5 459
Nordrhein-Westfalen	40 643	47 437	−6 794	5 981
Rheinland-Pfalz	10 423	11 440	−1 013	5 912
Saarland	3 230	3 275	−46[2]	6 653
Sachsen	15 384	15 474	−90	3 569
Sachsen-Anhalt	9 362	10 335	−973	6 813
Schleswig-Holstein	7 002	7 730	−727	6 593
Thüringen	8 837	9 616	−779	6 011
insgesamt[3]	229 224	255 770	−26 520[2]	–

[1] Wegen der Stadtstaaten einschließlich Gemeindeebene. – [2] Einschließlich Sanierungshilfen des Bundes für das Saarland und Bremen. – [3] Ohne Zahlungen im Rahmen des Finanzausgleichs der Länder.

grundgesetzen Kaiser Friedrichs II.; ↗Fürstenprivilegien). Die Steigerung der landesherrl. Macht der Kurfürsten durch die Goldene Bulle (1356) ließ die übrigen Reichsstände einschl. der Reichsstädte die hohe Gerichtsbarkeit, die Wehrhoheit sowie v. a. das Gesetzgebungsrecht (unter Mitwirkung von Landständen) erstreben. Der Übergang der urspr. als reichslehnbares Recht in der Person des Herrschers gebundenen L. auf die Fürsten u. a. führte zur ↗Landeshoheit in den seit dem Spät-MA. sich herausbildenden dt. Territorialstaaten.

Landeshoheit, Bez. für die Gesamtheit der Hoheitsrechte eines Landesherrn, die diesem im Hl. Röm. Reich seit dem 14. Jh. mit der Überlassung von Regalien und der Gewährung von Privilegien erwuchsen. Die Anerkennung der L. als die allen anderen Hoheitsrechten und Rechtstiteln gegenüber selbstständige territoriale Herrschaftsgewalt vollzog sich 1648 im Westfäl. Frieden. Volle Souveränität oblag im Reich aber allein dem Kaiser und ging erst mit der Auflösung des Reiches (1806) auf die Landesherren über.

Landeshut, Stadt in Polen, ↗Kamienna Góra.

Landeskirche, die auf ein bestimmtes Gebiet begrenzte und durch ein bestimmtes Bekenntnis geprägte evang. Kirche einer Region in Dtl. und der Schweiz (dort als **Kantonalkirche** bezeichnet). Die L. in Dtl. haben sich in der ↗Evangelischen Kirche in Deutschland zusammengeschlossen. L. mit gleichem Bekenntnisstand bilden außerdem eigene kirchl. Verbände (↗Vereinigte Evangelisch-lutherische Kirche Deutschlands, bis 2003 die ↗Evangelische Kirche der Union). In der Schweiz gehören die ref. Kantonalkirchen dem ↗Schweizerischen Evangelischen Kirchenbund an. Die geistl. Leitung in den einzelnen L. liegt beim Landesbischof, Bischof, Landessuperintendenten, Kirchenpräsidenten, Präses oder Präsidenten. Die obersten Verw.behörden tragen die Bezeichnungen L.-Amt, L.-Rat, Konsistorium, Oberkirchenrat, Kirchenamt, Kirchenverw., Kirchenkanzlei oder Synodalrat. Oberstes gesetzgebendes Organ einer L. ist die Landessynode bzw. Synode. Der Wirkungskreis einer L. ist auf ein bestimmtes Kirchengebiet beschränkt. Ihre Grenzen stimmen nicht mit den Grenzen der heutigen dt. Länder überein, sondern spiegeln die histor. Grenzen der Staaten des Dt. Bundes und der preuß. Provinzen wider.

Landeskirchliche Gemeinschaften, geschichtlich auf dem Boden der ↗Gemeinschaftsbewegung entstandene und diese heute tragende Gemeinschaften innerhalb der evang. Landeskirchen. Die L. K. sind organisatorisch selbstständig (i. d. R. in der Rechtsform eingetragener Vereine) und haben hauptberuflich angestellte Gemeinschaftspfleger und Prediger.

Landeskreditbank Baden-Württemberg, Karlsruhe, öffentlich-rechtl. Kreditinstitut; entstanden 1972 durch Fusion von Bad. Landeskreditanstalt Karlsruhe und Württemberg. Landeskreditanstalt Stuttgart; seit 1999 ↗Landesbank Baden-Württemberg.

Landeskultur, *Landwirtschaft:* Oberbegriff für die Maßnahmen zur Bodenerhaltung, Bodenverbesserung (Melioration), Neulandgewinnung und Flurbereinigung.

Landeskunde, die Erforschung und Kenntnis eines bestimmten Raumes in der Gesamtheit seiner gestaltenden Faktoren, v. a. der natürl. Gegebenheiten und der histor. Entwicklungen, der Geo- und Soziofaktoren. In dieser Problemstellung (auch methodisch) eng verknüpft mit der Landesgeschichte (histor. L.) und der histor. Geographie; in jüngster Zeit verstärkt Hinwendung zu sozialgeograph. Fragestellungen.

Landesliste, der bei der Bundestagswahl in Dtl. für ein Bundesland geltende Wahlvorschlag einer Partei (↗Wahlrecht).

Landesmedi|en|anstalten, die durch Landesgesetze errichteten Aufsichtsbehörden über die privatrechtl. Rundfunkgesellschaften in Deutschland.

Landes|ordnungen, in den früheren dt. Territorien seit dem 15. und 16. Jh. Rechtsquellen, die die Landesgesetze schlechthin umfassen oder nur Gesetze mit öffentlich-rechtl. Inhalt.

Landespflege, Gesamtheit aller Maßnahmen zur Erhaltung, Entwicklung und Wiederherstellung der Natur in ihrer Leistungsfähigkeit, ihrer Vielfalt, nachhaltigen Nutzbarkeit und Erholungsfunktion sowie der Gestaltung des Lebensraumes des Menschen. Hierzu gehören die **Landschaftsarchitektur** einschließlich der Freiflächengestaltung und der Gartenkunst, der **Landschaftsbau** sowie **Landschaftsplanung** und **Naturschutz.** Ziel der L. i. e. S. (**Landschaftspflege)** ist es, auf wiss.-ökolog. Grundlage unter Berücksichtigung der Standortbedingungen u. a. die biolog. Vielfalt zu erhalten, die nachhaltige Nutzbarkeit von Boden und Wasser zu sichern, das Lokalklima positiv zu beeinflussen sowie durch die Gestaltung des Landschaftsbildes die Erholungsfunktion der Natur zu erhalten bzw. zu verbessern. Landschaftspflegerische Aussagen werden heute auf allen planer. Ebenen von der Landesplanung bis zur Bebauungsplanung (Grünordnungsplan) integriert. Zu den wichtigsten Aufgaben der Landschaftspflege gehören die Planung und Umsetzung von komplexen Biotopverbund- und Vernetzungssystemen, Minimierung, Ausgleich und Ersatz von Eingriffen in die Landschaft, beispielsweise durch Bauvorhaben, Verkehrswege oder Abbau von Bodenschätzen, aber auch Erhalt und Pflege alter Kulturlandschaften und histor. Wirtschaftsweisen, z. B. Streuobstwiesen.

Landesplanung, Teilgebiet der ↗Raumordnung und Grundlage aller raumordnungspolit. Entscheidungen in Planungsräumen. Die L. umfasst die Summe aller Maßnahmen zur Beseitigung vorhandener (meist historisch entstandener) Schäden und Nachteile und soll durch eine sinnvolle Raumnutzung und Raumentwicklung zu möglichst optimalen Lebensverhältnissen beitragen. Sie ist übergeordnete Raumplanung mit dem Grundsatz der funktionsgerechten Einordnung der Gemeinden und Regionen in die L. des größeren Raums unter Berücksichtigung der natürl., sozialen, kulturellen und wirtsch. Bedingungen.

Landesrat, in den österr. Bundesländern Mitgl. der Landesregierung.

Landesrecht, in Bundesstaaten das Recht der Gliedstaaten im Unterschied zum Bundesrecht.

Landesregierung, in den Ländern der Bundesrep. Dtl. das aus dem MinPräs. (Regierender oder 1. Bürgermeister, Präs. des Senats) und den Min. bestehende oberste Leitungsorgan (in Bayern und Sachsen: Staatsreg.; in Berlin, Bremen, Hamburg: Senat). Die Reg.chefs werden von den Parlamenten gewählt. – In den österr. Bundesländern besteht die L. aus dem Landeshauptmann, dessen Stellvertreter und den Landesräten. L. in Wien ist der Stadtsenat.

Landesschulen (später Fürstenschulen), die drei von Herzog Moritz von Sachsen (seit 1547 Kurfürst) in aufgehobenen Klöstern aus Mitteln der eingezogenen Kirchengüter zur Heranbildung eines eigenen Nachwuchses prot. Geistlicher und Beamter errichteten Schulen: / Schulpforta (gegr. 1543), St. Afra in Meißen (1543; heute Gymnasium und Hochbegabtenschule) und St. Augustin in Grimma (1550; heute Gymnasium).

Landessportbund, Abk. **LSB,** Zusammenschluss der Fachverbände und überfachl. Organisationen (der Städte, Kreise und Bezirke) in jedem Bundesland; untersteht dem / Deutschen Sportbund (DSB).

Landessteuern, Gesamtheit der Steuern, die der Ertragshoheit der Länder unterliegen. Nach Art. 106 GG gehören dazu Vermögen-, Erbschaft-, Grunderwerb-, Kraftfahrzeug-, Bier-, Feuerschutz-, Rennwett- und Lotteriesteuer sowie Abgaben von Spielbanken. Darüber hinaus sind die Länder im Rahmen des / Finanzausgleichs an den Gemeinschaftssteuern (Einkommen-, Körperschaft- und Umsatzsteuer) beteiligt. Die Gesetzgebungshoheit liegt beim Bund; die Länder haben Gesetzgebungsbefugnis für die örtl. Verbrauch- und Aufwandsteuern, soweit diese nicht bundesgesetzlich geregelten Steuern gleichartig sind.

Landessynode, das oberste Leitungsorgan einer evang. Landeskirche; repräsentiert als parlamentar. Vertretung die Gesamtheit der Kirchengemeinden, verabschiedet die Gesetze und den Haushalt der Landeskirche und wählt deren leitenden Geistlichen. Die Kirchenleitung ist der L. rechenschaftspflichtig.

Landesverfassung, die Verf. eines Bundeslandes. Nach Art. 28 Abs. 1 GG müssen alle Länder eine L. haben, die den Grundsätzen des republikan., demokrat. und sozialen Rechtsstaates entspricht (Homogenitätsklausel). – In *Österreich* dürfen die Bundesländer gemäß dem Prinzip der relativen Verf.autonomie in ihren L. alle Regelungen treffen, die die Bundes-Verf. nicht berühren.

Landesvermessung, die / Landesaufnahme.

Landesverrat, im Unterschied zum Hochverrat und zur Rechtsstaatsgefährdung bestimmte, gegen die äußere Sicherheit und Machtstellung des Staates (im Verhältnis zu anderen Staaten) gerichtete Straftaten (§§ 94 ff. StGB). L. begeht, wer / Staatsgeheimnisse einer fremden Macht mitteilt, sie an einen Unbefugten gelangen lässt oder öffentlich bekannt macht, um die Bundesrep. Dtl. zu benachteiligen oder eine fremde Macht zu begünstigen und dadurch die Gefahr eines schweren Nachteils für die äußere Sicherheit herbeiführt (Freiheitsstrafe nicht unter einem Jahr). Das **Offenbaren von Staatsgeheimnissen** ohne die Nachteils- oder Begünstigungsabsicht wird i. d. R. milder bestraft. Das Verschaffen von Staatsgeheimnissen, um sie zu verraten oder zu offenbaren, wird als **landesverräter. Ausspähung** von Staatsgeheimnissen bestraft. Weitere Tatbestände sind: **Verrat illegaler Geheimnisse** (Mitteilung eines Geheimnisses, das kein Staatsgeheimnis ist, dessen Preisgabe aber die äußere Sicherheit gefährdet); **landesverräter. Agententätigkeit,** die auf die Erlangung oder Mitteilung von Staatsgeheimnissen gerichtet ist; **geheimdienstl. Agententätigkeit,** die auf die Lieferung von Tatsachen und Erkenntnissen, bei denen es sich nicht um Staatsgeheimnisse handeln muss, an den Geheimdienst einer fremden Macht gerichtet ist; **friedensgefährdende Beziehungen,** die unterhält, wer in der Absicht, einen Krieg oder ein bewaffnetes Unternehmen gegen die Bundesrep. Dtl. herbeizuführen, mit einer ausländ. Reg., Vereinigung oder Einrichtung in Verbindung steht; **landesverräter. Fälschung,** das Verbreiten von gefälschten Gegenständen, Nachrichten usw., die im Falle der Echtheit für die äußere Sicherheit der Bundesrep. Dtl. oder ihre Beziehungen zu einer anderen Macht von Bedeutung wären. – Ähnl. Vorschriften enthalten auch die StGB *Österreichs* (§§ 252–258) und der *Schweiz* (Art. 266, 266bis, 267).

Landesversicherungsanstalten, Körperschaften des öffentl. Rechts, die Träger der Rentenversicherung der Arbeiter und der Handwerkerversicherung sind.

Landeszentralbanken, Abk. **LZB,** unselbstständige Hauptverwaltungen der Dt. Bundesbank für die Bundesländer, die die Geschäfte mit dem Land oder den Ländern sowie mit den öffentl. Verwaltungen und den Kreditinstituten im Land oder in den Ländern ihres Zuständigkeitsbereichs durchführen. Die L. wurden 1947 als öffentlich-rechtl. Zentralbanken gegr. und 1948 in der Bank dt. Länder zusammengefasst, mit der die LZB 1957 zur Dt. Bundesbank verschmolzen wurden. Seit 1992 unterhält die Dt. Bundesbank statt der vorher 11 nur noch 9 L. für folgende Länder: Bad.-Württ.; Bayern; Berlin und Brandenburg; Bremen, Ndsachs. und Sa.-Anh.; Hamburg, Meckl.-Vorp. und Schlesw.-Holst.; Hessen; NRW; Rheinl.-Pf. und Saarland; Sachsen und Thüringen. Mit der Reform der Leitungsgremien der Dt. Bundesbank (Bundesbankänderungs-Ges. vom 23. 3. 2002) wurden die LZB in **Hauptverwaltungen** umbenannt. Diese werden jeweils von einem Präs. geleitet, der dem Vorstand der Dt. Bundesbank untersteht.

Landflucht, Abwanderung von Teilen der ländl. Bev. in Städte (Verstädterung), verbunden mit Verschiebungen in der Erwerbsstruktur zugunsten des sekundären und tertiären Sektors, wie er für die Industrialisierungsphase typisch ist. L. ist i. d. R. ein Symptom ungleicher Entwicklung der Arbeits- und Lebensbedingungen in Stadt und Land. In Dtl. führte diese Abwanderung im 19. und frühen 20. Jh. nicht zu einer absoluten Verringerung der ländl. Bev., sondern zur Abnahme ihrer Zuwachsrate. Gegenwärtig ist L. eines der Hauptprobleme der Entwicklungsländer, das durch eine Reihe von Faktoren (rasche Bev.entwicklung, fehlende Bodenreformen und andere Mängel der polit., ökonom. und sozialen Struktur, Abhängigkeit vom Weltmarkt, Bodenspekulation, Ausbeutung von Rohstoffen im Interesse der Ind.länder u. a.) verschärft wird.

Landfriede, im Hl. Röm. Reich ein vom Kaiser oder König erlassenes allg. Friedensgebot zur Verhinderung der Fehden, das örtlich begrenzt sein konnte. Die Verletzung des L. wurde mit Strafe bedroht. Eines der Reichsgrundgesetze war der / Ewige Landfrieden von 1495.

Landfriedensbruch, Straftat, die vorliegt, wenn die öffentl. Sicherheit dadurch gefährdet wird, dass aus einer Menschenmenge heraus mit vereinten Kräften Gewalttätigkeiten gegen Personen oder Sachen begangen werden oder Menschen mit Gewalttätigkeiten bedroht werden oder wenn mit dieser Zielsetzung auf eine Menschenmenge eingewirkt wird. L. wird nach § 125 StGB mit Freiheitsstrafe bis zu drei Jahren oder Geldstrafe bestraft, in bes. schweren Fällen (z. B. beim Führen von Waffen) mit Freiheitsstrafe von sechs Monaten bis zu zehn Jahren (§ 125a StGB). – Ähnl. Regelungen bestehen in *Österreich* (§ 274 StGB) und der *Schweiz* (Art. 260 StGB). In Österreich wird zudem das Versetzen der Bev. in Furcht und Unruhe durch Bedrohen von Leib, Leben und Vermögen als **Landzwang** mit Freiheitsstrafe bis zu drei Jahren bestraft (§ 275 StGB).

Landgericht, in Dtl. ein Gericht der ordentl. Gerichtsbarkeit, zw. dem Amtsgericht und dem Oberlandesgericht, das teils als zweite Instanz tätig wird, teils für Sachen von größerer Bedeutung die erste Instanz bildet. Die L. werden von einem Präsidium geleitet; Spruchkörper sind Kammern, bes. Zivil-, Handels- und Strafkammern. Die Kammern sind grundsätzlich mit drei Berufsrichtern einschl. des Vors. besetzt, in erstinstanzl. Zivilsachen entscheiden grundsätzlich ↗ Einzelrichter, deren Zuständigkeit durch die Zivilprozessreform ausgeweitet wurde; zwei sachverständige ehrenamtl. Richter wirken neben einem Berufsrichter z. B. in der Kammer für Handelssachen mit. Die sachl. Zuständigkeit des L. beginnt erstinstanzlich, soweit Streitigkeiten ihm nicht ausdrücklich vorbehalten sind, bei Streitwerten von mehr als 5 000 €, sonst ist das L. Berufungsinstanz. In Strafsachen urteilt das L. durch die kleine Strafkammer (ein Berufsrichter, zwei Schöffen) oder große Strafkammer sowie als ↗ Schwurgericht (grundsätzlich drei Berufsrichter einschließlich des Vors. und zwei Schöffen). Die kleine Strafkammer ist stets Berufungsinstanz (gegen Urteile des Strafrichters oder des Schöffengerichts), die große Strafkammer und das Schwurgericht sind erstinstanzl. Gerichte für schwerere Straftaten.

Landgewinnung (Neulandgewinnung), Gewinnung von Bodenflächen durch Auflandung von Flächen im Watten- und Flussdeltabereich, durch Strandaufspülungen (Küstenschutz), durch Abdämmung von Buchten mit künstl. Entwässerung durch ein Pumpwerk, durch Trockenlegung von Binnenseen

Landgewinnung am Jadebusen bei Wilhelmshaven

oder durch Entwässerung von Mooren und Sümpfen; früher v. a. zur Vergrößerung der landwirtsch. Anbaufläche, heute v. a. als Maßnahme des Küstenschutzes. So wird an Küsten mit günstigen Anschwemmungsverhältnissen L. aus dem Wattenmeer betrieben. Das Ablagern von Sinkstoffen während der Flut wird gefördert durch in das Watt vorgetriebene ↗ Lahnungen und ↗ Buhnen und dazwischengezogene Gräben (Gruppen, Grüppen). Der Schlick wird auf zw. den Gräben liegende Flächen gebracht. Bewachsung mit ↗ Queller festigt den Boden, der sich langsam erhöht. Wenn die Flächen das mittlere Hochwasser um 80–100 cm überragen, werden sie zum Koog (Polder) eingedeicht.

Landgraf (lat. Comes provinciae, Comes provincialis), seit dem 12. Jh. Vertreter königl. Rechte v. a. in Landfriedensbezirken (Reichsgut) und Gebieten schwacher herzogl. Gewalt, die z. T. ab dem 13. Jh. als **Landgrafschaft** zur Landesherrschaft des L. wurden. Der Titel hielt sich in Thüringen bis 1806, in Hessen-Homburg bis 1866.

Landgrebe, 1) Gudrun, Bühnen- und Filmschauspielerin, * Göttingen 20. 6. 1950; spielt seit den 1970er-Jahren Bühnen- und seit den 1980er-Jahren Filmrollen (u. a. in »Die flambierte Frau«, 1982; »Die Katze«, 1987; »Rossini«, 1996).
2) Ludwig, Philosoph, * Wien 9. 3. 1902, † Köln 14. 8. 1991; arbeitete an phänomenolog. Analysen von Gesellschaft und Geschichte (»Philosophie der Gegenwart«, 1952; »Phänomenologie und Geschichte«, 1967; »Der Streit um die philosoph. Grundlagen der Gesellschaftstheorie«, 1975; »Faktizität und Individuation ...«, 1982).

Landhalbkugel, die Erdhalbkugel mit größtmögl. Landfläche (49%); Zentrum in W-Frankreich (Loiremündung).

Landini (Landino), Francesco, italien. Organist und Komponist, * Fiesole um 1335, † Florenz 2. 9. 1397; seit früher Jugend erblindet; bedeutendster Vertreter der Florentiner Ars nova des italien. Trecento; erhalten sind etwa 140 Ballate, 11 Madrigale, ein Virelai und eine Caccia.

Landkärtchen (Gitterfalter, Araschnia levana), Art der Fleckenfalter mit rotbrauner Frühjahrs- und schwarzweißer (gelblicher) Sommergeneration (Saisondimorphismus); Flügelunterseite mit landkartenähnl. Gitterzeichnung.

Landkomtur, ↗ Landmeister.

Landkreis, Gebietskörperschaft, ↗ Kreis.

Ländler, alter bayerisch-österr., figurenreicher, mehrteiliger Werbetanz im langsamen $^3/_4$-Takt; Vorform des Walzers.

ländlicher Raum, in Raumordnung und Regionalforschung verwendete Bez. für nicht verdichtete Gebiete im Ggs. zum Verdichtungsraum.

Landmann, Michael, schweizer. Philosoph, * Basel 16. 12. 1913, † Haifa 25. 1. 1984; arbeitete über antike Philosophie, Kulturphilosophie und philosoph. Anthropologie.

Landmarke, weithin sichtbarer, in See- und Luftfahrtkarten eingetragener Geländepunkt, bes. wichtig an der Küste zur Schiffsortung.

Landmaschinen, Maschinen zur Mechanisierung der Landwirtschaft. L. dienen dem Ersatz tier. Zugleistung, der Vervielfältigung menschl. Arbeitsleistung und der Entlastung von schwerer körperl. Arbeit. Bei **Feldmaschinen** unterscheidet man nach der Arbeitsfolge im Jahresverlauf u. a. Bodenbearbeitungsgeräte, Sämaschinen, Pflanzmaschinen, Düngerstreuer, Hackgeräte, Beregnungsanlagen, Pflanzenschutzgeräte, Mähmaschinen, Feldhäcksler, Heubergungsmaschinen, Ballenpressen, Ladewagen, Mähdrescher, Erntemaschinen und Ackerwagen zum Transport. Nicht selbstfahrende L. werden mit dem Traktor verbunden. Zu den **Hofmaschinen** gehören u. a. Beiz- und Häckselmaschinen, Fütterungs- und Melkanlagen.

Landmeister, im Dt. Orden die Vertreter des Hochmeisters in Preußen (bis 1309), Livland und Binnen-Dtl. (Deutschmeister). Ihm entsprach der **Landkomtur** in entfernteren Ordensgebieten (Apulien, Achaia u. a.).

Landmesser, ↗ Vermessungsingenieur.

Landmine, *Waffentechnik:* ↗ Mine.

Landnahme, durch Ansiedlung und Bearbeitung (z. B. Urbarmachung) erfolgende Inbesitznahme von herrenlosem oder einem Herrn gehörendem Grund und Boden. Die german. L. der Völkerwanderung vollzog sich meist in Form der Beschlagnahme. Das

MA. kannte die innere Kolonisation durch **Landesausbau** auf Land, das rechtlich dem König gehörte, aber oft zum Zweck der L. einem Landesherrn als Grundherrn übertragen wurde.

Landnámabók *das,* die Ende des 13. Jh. von mehreren Verfassern zusammengestellte Geschichte der Besiedlung Islands im 9. und 10. Jahrhundert.

Landolfi, Tommaso, italien. Schriftsteller, * Pico (Prov. Frosinone) 9. 8. 1908, † Ronciglione (Prov. Viterbo) 8. 7. 1979; schrieb fantastisch-iron. Erzählungen und Romane (»Der Mondstein«, 1939), ferner Dramen (»Faust 67«, 1969).

Landolt, Hans Heinrich, schweizer. Chemiker, * Zürich 5. 12. 1831, † Berlin 15. 3. 1910; arbeitete über opt. Aktivität und Polarimetrie; 1883 Hg. der ersten »Physikalisch-chem. Tabellen« (mit R. Börnstein).

Landor ['lændə], Walter Savage, engl. Schriftsteller, * Ipsley Court (Cty. Warwickshire) 30. 1. 1775, † Florenz 17. 9. 1864; sein Ruhm beruht auf den »Erdichteten Gesprächen« (5 Bde., 1824–53), fiktiven Gesprächen mit histor. Figuren.

Landowska, Wanda, poln. Cembalistin und Pianistin, * Warschau 5. 7. 1879, † Lakeville (Conn.) 16. 8. 1959; lebte seit 1900 in Paris, emigrierte 1941 in die USA; erwarb sich große Verdienste um die Wiedererweckung alter Cembalomusik.

Landpacht, entgeltl. Nutzung landwirtsch. Grundstücke oder Betriebe. Neben den allg. Vorschriften zur ↗ Pacht gelten für L.-Verträge die §§ 585 ff. BGB und ergänzend das L.-Verkehrsgesetz vom 8. 11. 1985. Nach Letzterem sind L.-Verträge, soweit sie nicht zw. Ehegatten und nahen Verwandten geschlossen sind, der Landwirtschaftsbehörde anzuzeigen. Die Behörde kann den Vertrag binnen eines Monats beanstanden, wenn z. B. die Verpachtung eine ungesunde Verteilung der Bodennutzung bedeutet. L.-Verträge, die für länger als zwei Jahre geschlossen werden, bedürfen der Schriftform, sonst gelten sie für unbestimmte Zeit. Die regelmäßige Kündigungsfrist beträgt zwei Jahre, d. h., sie ist bis zum 3. Werktag eines Pachtjahres für den Ablauf des nächsten schriftlich auszusprechen. Stellt das gepachtete Grundstück die wesentl. Lebensgrundlage des Pächters dar, kann dieser der Kündigung widersprechen. L.-Verträge, die in der DDR geschlossen wurden, werden vom Beitritt an nach den Vorschriften des BGB behandelt.

Landpflanzen, außerhalb des Wassers lebende Pflanzen, die im Boden oder manchmal auf anderen Pflanzen (**Epiphyten**) wurzeln. Je nach der Feuchtigkeit des Lebensraumes werden sie als **Xerophyten, Mesophyten** oder **Hygrophyten** bezeichnet.

Landpfleger, von M. Luther in seiner Bibelübersetzung geprägte Bez.; im A. T. der Statthalter über einen Landesteil oder eine Prov. (z. B. 1. Kön. 10, 15), im N. T. der röm. Statthalter (Prokurator; z. B. Mt. 27, 2; Lk. 2, 2).

Landquart *die,* rechter Nebenfluss des Rheins im Kt. Graubünden, Schweiz, 43 km lang, kommt aus der Silvrettagruppe, durchfließt das Prättigau und mündet bei dem Ort Landquart.

Landrassen, urspr., von der menschl. Zuchtwahl kaum berührte Haustierrassen; wichtiges Genreservoir der Tierzucht.

Landrat, in allen dt. Ländern (außer den Stadtstaaten) der oberste Beamte eines Landkreises und Leiter der Kreisverw. bzw. Leiter der unteren staatl. Verw.behörde auf Kreisebene (Landratsamt); er wird entweder vom Volk (überwiegend) oder vom Kreistag gewählt. – In einigen *schweizer.* Kantonen Bez. für das Parlament.

Landsberg a. Lech 2): Stuckfassade des Rathauses von Dominikus Zimmermann (1718/19); im Vordergrund der Marktbrunnen mit der von Joseph Streiter geschaffenen Marienstatue (1783)

Landrecht, 1) im MA. das allg. Recht im Ggs. zu den Sonderrechten (Stadt-, Hof-, Lehnsrecht).

2) in der Neuzeit Gesetzbücher, die bürgerl. Recht vereinheitlichten. Am bekanntesten ist das ↗ Preußische Allgemeine Landrecht (1794).

Landrücken, lang gestreckter Höhenzug oder Hügelland mit gerundeten Bergformen, v. a. in ehem. Inlandeisgebieten (Endmoränenzüge).

Landsassen, im Hl. Röm. Reich bis 1806 die adligen, z. T. landständ. Untertanen eines Landesherrn, im Ggs. zu den Reichsunmittelbaren.

Landsberg, 1) Stadt im Saalkreis, Sa.-Anh., am Fuß des Kapellenberges, 4600 Ew.; Malzfabrik, Herstellung techn. Gase, Verzinkerei. – Reste der nach 1290 verfallenen Burg (erhalten ist die bed. spätroman. Doppelkapelle; 1860/61 und 1928–30 restauriert). – L. entstand neben einer Burg des späten 12. Jh. (Mittelpunkt der Markgrafschaft L. [eigenständiges Fürstentum 1261–91]); 1579 Stadtrecht.

2) (poln. Gorzów Wielkopolski, bis 1945 amtlich Landsberg [Warthe]), Stadtkreis und Krst. in Polen, Sitz des Woiwoden der Wwschaft Lebus, am N-Rand des Warthebruchs, an der Warthe, 126 300 Ew.; kath. Bischofssitz; Akademie für Leibeserziehung; Chemiefaserwerk, Magnetbandherstellung, Textilind., Maschinenbau; Hafen. – Got. Dom (um 1300).

Landsberg a. Lech, 1) Landkreis im RegBez. Oberbayern, 804 km², 105 900 Einwohner.

2) Krst. von 1) in Bayern, Große Krst., 25 100 Ew.; Fachakademie, Technikerschule, Museum; elektron. Ind., Gerätebau, Maschinenbau, Stahlveredlung. – Barock geprägtes Ortsbild mit Resten eines mittelalterl. Mauerrings; Rathaus (1699–1702), Pfarrkirche (Mitte des 15. Jh.). – Seit 1260 Stadt.

Landsbergis, Vytautas, litauischer Politiker und Musikwissenschaftler, * Kaunas 18. 10. 1932; ab 1978 Prof. in Vilnius; Veröffentlichungen zu Leben und Werk litauischer Komponisten der jüngeren Vergangenheit. Als Mitbegründer (1988) und Vors. der Volksfront »Sajudis« wurde er der führende Politiker der Unabhängigkeitsbewegung; rief nach dem Wahlsieg von »Sajudis« (Febr. 1990) am 11. 3. 1990 die staatl. Unabhängigkeit Litauens aus. 1990–92 Vors. des Obersten Rates von Litauen (Staatsoberhaupt); wurde 1996 Präs. des Seimas (Parlament).

Landschaft, ein bestimmter Teil der Erdoberfläche, der nach seinem äußeren Erscheinungsbild und durch das Zusammenwirken der hier herrschenden ↗Geofaktoren (einschl. der menschl. Tätigkeit) eine charakterist. Prägung besitzt und sich dadurch vom umgebenden Raum abhebt. Neben dem einzelnen, einmaligen L.-Individuum (Real-L.) gibt es **L.-Typen** (Ideal-L.), die sich über die Erde hin als **L.-Gürtel** oder **L.-Zonen** (v. a. klimatisch und vegetationsgeographisch) verfolgen lassen. Dabei ist zu beachten, dass die ursprüngl. L., die ↗Naturlandschaft, weithin durch menschl. Einwirkung in ↗Kulturlandschaft umgewandelt worden ist, in deren Gestaltung vielfach einzelne Faktoren dominieren (z. B. Agrar-L., Industrie-L.). Die Erforschung und Darstellung dieser L. ist Aufgabe der Geographie: Die **L.-Kunde** nimmt dabei eine vermittelnde Stellung zw. der allg. Geographie und der ↗Länderkunde ein. (↗Landschaftsökologie)

Landschaften (Ritterschaften), öffentlichrechtl. Agrarkreditanstalten, die zu den öffentlichrechtl. Grundkreditanstalten (↗Realkreditinstitute) gehören. Erste L. wurden in der 2. Hälfte des 18. Jh. in Schlesien, Pommern, Ost- und Westpreußen gegr., um den Rittergütern die Aufnahme langfristiger Kredite durch Ausgabe von Pfandbriefen zu ermöglichen; heute spielen sie in Dtl. nur noch eine untergeordnete Rolle.

Landschaftsarchitektur, ↗Landespflege.
Landschaftsgarten, ↗Gartenkunst.
Landschaftsmalerei, Gattung der Malerei. In den frühen Kulturen (z. B. in Ägypten und auf Kreta) findet man formelhafte landschaftl. Elemente zur Andeutung des Schauplatzes, illusionist. Landschaftsdarstellung in der hellenist. und röm. Kunst. Erst im 13. Jh. gewann die Landschaft neue Bedeutung, zuerst in der italien. Malerei (Giotto), im 14. Jh. ist sie bereits vereinzelt eigenständiges Bildthema (A. Lorenzetti). Entscheidend für die Entwicklung einer selbstständigen L. wurde die niederländisch-burgund. Buchmalerei (Brüder Limburg, Brüder van Eyck). Ein frühes Beispiel einer topographisch genauen Abbildung ist »Petri Fischzug« (1444, Musée d'Art et d'Histoire, Genf) von K. Witz mit einer Darstellung des Genfer Sees. Zum Studienobjekt ohne Figurenstaffage wurde die Landschaft in den Zeichnungen Leonardo da Vincis und in den Aquarellen A. Dürers. Eines der ersten reinen Landschaftsbilder nördlich der Alpen ist A. Altdorfers Gemälde »Donaulandschaft mit Schloß Wörth bei Regensburg« (1520–25, Alte Pinakothek, München). Daneben blieb die Landschaft Schauplatz v. a. bibl. Szenen, erhielt aber Gewicht als Träger von Stimmungen oder Sinnbild kosm. Kräfte (»Weltlandschaften« der Niederländer J. Patinir, P. Bruegel d. Ä. u. a.). Die venezian. Malerei baute eine sympathet. Beziehung zw. Figur und Landschaft auf durch die Schilderung der Atmosphäre und die Auflösung der Konturen in Farbabstufungen (Giorgione, Tizian). A. Elsheimer verband um 1600 beide Möglichkeiten in der **idealen Landschaft,** die zu den lyr. Kompositionen C. Lorrains führte. Auf N. Poussin geht die **heroische Landschaft** mit antiker Architektur und mytholog. Szenen zurück. Zur selbstständigen Gattung wurde die L. im 17. Jh. in den Niederlanden (J. Ruisdael, Rembrandt). Die L. des 18. Jh. bevorzugte wieder ideale (klassizist.) Ansichten, auch idyll. Parklandschaften (Watteau), die Romantiker suchten das Einssein des Menschen mit der Natur zu versinnbildlichen (P. O. Runge, C. D. Friedrich, G. Carus). Zur gleichen Zeit entstand in England mit J. Crome und J. Constable eine realist. L., die auf unmittelbarem Naturstudium gründete. Ihrer Zeit weit voraus waren die Landschaftsbilder W. Turners. Der Einfluss der engl. L. reichte in Frankreich von der Schule von ↗Barbizon über G. Courbet bis zu den Impressionisten. P. Cézanne gestaltete die Landschaft in seinen Bildern durch Modulation von Farbtönen. In der Kunst des 20. Jh. war die Landschaft noch einmal ein wesentl. Gegenstand der Auseinandersetzung für die Expressionisten und die Vertreter der ↗Land-Art. In der zeitgenöss. Malerei kommt ihr nur gelegentlich größerer Bedeutung zu.

In *Ostasien* spielt die L. eine bed. Rolle. Nach einem Höhepunkt chines. L. im 8. Jh. wurde sie in den um realist. Wiedergabe bemühten monochromen Meisterwerken des 11. und 12. Jh. (Fan Kuan, Guo Xi, Xu Daoning) weiterentwickelt. Seit dem 13. Jh. blühte die Literatenmalerei, die die L. als Ausdruck der Persönlichkeit auffasste. In Japan entwickelte sich die L. zw. dem 8. und 11. Jh. aus der buddhist. Malerei; auch die Tuschlandschaften der Mönchsmaler (Minshō, Shūbun, Sesshū) vom 14. bis 16. Jh. sind noch als Ausdruck des Zen zu sehen; erst ab Ende des 16. Jh. wurde die japan. L. zu einer selbstständigen Kunstrichtung in betont dekorativem Stil.

Landschafts|ökologie (Landschaftsbiologie), die Wiss. von den biolog. bzw. ökolog. Gegebenheiten in der durch den Menschen veränderten, zu einer mehr oder weniger künstl. Kulturlandschaft gewordenen Umwelt; die Erkenntnisse der L. können zur Verbesserung der Lebensbedingungen für Mensch, Tier und Pflanze genutzt werden.

Landschaftspflege, ↗Landespflege.
Landschaftsplanung, Fachplanung für den Naturschutz, die gemäß §§ 5, 6 Bundesnaturschutz-Ges. durch die Ausarbeitung überörtlicher Landschaftsprogramme (für ein Bundesland) oder Landschaftsrahmenpläne (für Teile eines Landes) und, soweit erforderlich, von Landschaftsplänen für den lokalen Bereich zu verwirklichen ist. Sie umfasst alle Planungsmaßnahmen für Landschaften, die u. a. durch gehäufte Ansiedlungen, durch Ind., Verkehr, Flurplanungen bedroht sind.

Landschaftsschutz, Teilbereich des Naturschutzes mit weniger strengen Schutzbedingungen; versucht einen Ausgleich zw. den Lebensbedürfnissen der Menschen und der Belastbarkeit der Natur herzustellen.

Landschaftsschutzgebiete, Abk. **LSG,** naturnahe Flächen, die zur Erhaltung ihrer ökolog. Vielfalt sowie eines ausgeglichenen Naturhaushalts und ihres Erholungswertes gegen Veränderungen, z. B. Abholzung, Aufforstung, Überbauung und Industrialisierung, geschützt werden. In Dtl. gibt es 6 801 Landschaftsschutzgebiete.

Landschaftszonen, ↗Landschaft.
Landschildkröten (Testudinidae), Familie der Schildkröten mit meist hochgewölbtem Panzer, stämmigen, säulenförmigen Beinen und bis auf die Krallen zu Klumpfüßen verwachsenen Zehen; der Kopf kann vollständig eingezogen werden; vorwiegend Pflanzenfresser. In S-Europa kommt die knapp 30 cm lange **Grch. L.** (Testudo hermanni) sowie die 25–35 cm lange **Breitrandschildkröte** (Testudo marginata), in W-Asien und NW-Afrika die ihr ähnl. **Maur. L.** (Testudo graeca) vor; Trockengebiete Mittelasiens bewohnt die **Steppen-** oder **Vierzehenschildkröte** (Agrio-

Landschaftsmalerei

1 Albrecht Dürer, »Weiher im Wald«, Aquarell (nach 1520; London, Britisches Museum) **2** Claude Lorrain, »Raub der Europa« (1655; Moskau, Puschkin-Museum)
3 Salomon van Ruysdael, »Flusslandschaft mit Fähre« (1639; München, Alte Pinakothek) **4** Caspar David Friedrich, »Frühschnee« (um 1828; Hamburg, Kunsthalle) **5** Camille Corot, »Stürmisches Wetter. Pas de Calais (Straße von Dover)«; um 1870 (Moskau, Puschkin-Museum) **6** Claude Monet, »Heumiete bei Giverny« (1886; Sankt Petersburg, Eremitage)

nemys horsfieldi) mit relativ flachem Panzer. Viele Arten sind vom Aussterben bedroht, so die **Strahlenschildkröte** (Asterochelys radiata) auf Madagaskar.

Landschildkröten: Breitrandschildkröte

Landseer ['lænsɪə], Sir (seit 1850) Edwin Henry, engl. Maler und Bildhauer, *London 7. 3. 1802, †ebd. 1. 10. 1873; war bes. geschätzt wegen seiner Tierdarstellungen mit sentimentalen und anthropomorphisierenden Zügen (Kolossallöwen aus Bronze an der Nelson-Säule, London, Trafalgar Square). L. schuf auch Porträts und Kupferstiche.

Landsgemeinde, in den schweizer. Kantonen Glarus und Appenzell Innerrhoden das oberste Gesetzgebungsorgan in Gestalt der Versammlung der stimmfähigen Bürger. Die L. entscheidet über Änderungen der Verfassung und über Annahme oder Änderung von Gesetzen, über wichtige, bes. finanzielle Verwaltungsakte und wählt u. a. die Regierung des Kantons.

Landshut, 1) Landkreis im RegBez. Niederbayern, 1 348 km², 142 400 Einwohner.

2) kreisfreie Stadt, Verw.sitz des RegBez. Niederbayern und des Landkreises L., an der Isar, 58 700 Ew.; FH; Museen; Elektro-, Baustoff-, Papierind., Maschinenbau, Glaswerk, Bekleidungsind., Lackherstellung, Gerätebau. – Gut erhaltenes Stadtbild mit Straßenmärkten, Giebelhäusern und Laubengängen;

Landshut 2): Stadtansicht mit der Pfarr- und Stiftskirche St. Martin und Kastulus (um 1387 begonnen)

Stadtresidenz (1536–43); die Stadtpfarr- und Stiftskirche St. Martin und Kastulus (um 1387 begonnen, auf roman. Vorgängerbau) und die Heiliggeistkirche (1407–61) wurden von den Baumeistern Stethaimer errichtet; links der Isar das Kloster Seligenthal (die urspr. got. Kirche im 18. Jh. barockisiert); über L. die Burg Trausnitz aus dem 13. Jh. (1579 ff. im Renaissancestil ausgebaut). – Um 1150 erstmals erwähnt; ab um 1200 Burg und Stadt (seit 1279) ausgebaut; 1255–1340 Hptst. von Niederbayern, 1392–1503 Residenz der Herzöge von Bayern-L. – »Die Landshuter Fürstenhochzeit anno 1475«, Festspiel, Festzug u. a. Veranstaltungen (/Georg, Herrscher [Bayern]), wird alle vier Jahre gefeiert.

Landsknechte, urspr. seit dem 15. Jh. die zu Fuß kämpfenden dt. Söldner, die die Ritterheere ablösten; erstmalig 1486 die Söldner Maximilians I. – Die dt. L. sind das erste geordnete Fußvolk der Neuzeit; ihre Organisation bildet die Grundlage allen späteren Heerwesens. Im Kriegsfall ernannte der Landesherr einen Feldhauptmann. Dieser wählte eine Anzahl Hauptleute als Führer der Fähnlein, die mit Musikbanden durchs Land zogen und L. warben. 10–15 Fähnlein zu 300–500 Mann bildeten ein Regiment unter einem Oberst. Zu dessen Stab gehörten sein Stellvertreter (Locotenent, Leutnant, Oberleutnant), der Ambosat (Sprecher), der Rottmeister (Führer einer »Rotte«), der Fähnrich (Fahnenträger), der Schultheiß (Richter mit Hauptmannsrang), der Quartierund der Proviantmeister, der Pfennigmeister (später Zahlmeister), der Hurenweibel (Führer des Trosses) und der Profos (Inhaber der Polizeigewalt). Die Waffen der L. waren der lange Spieß und ein Schwert, Einzelne trugen große Schwerter (Zweihänder). Die L.-Tracht war sehr farbenfreudig und bestand aus einem mit dickem Steppfutter versehenen Wams, mit oder ohne Schoß. Oberschenkelhosen wurden über meist ledernen Beinlingen (Ledersen) zu Kuhmäulern oder Hornschuhen und einem breitkrempigen, reich mit Straußenfedern geschmückten Barett getragen. Wams und Hosen waren mit Schlitzen versehen, durch die sich das Unterfutter bauschte. Im Verlauf des Dreißigjährigen Krieges änderte das Landsknechtstum seinen Charakter; an die Stelle der Landsknechtsheere traten die stehenden Heere.

Landskrona [-kru:na], Hafenstadt am Sund, im VerwBez. Skåne, Schweden, 37 300 Ew.; Elektro-, Düngemittel-, Verpackungsind., Maschinenbau, Gartenbaubetriebe. – Schloss (16. Jh.).

Landsmål [-moːl, norweg. »Landessprache«] das, ältere Bez. für Nynorsk, /norwegische Sprache.

Landsmannschaft, 1) die regionalen Zusammenschlüsse der Heimatvertriebenen, nach 1945 entstanden zur Pflege heimatl. Traditionen, gegenseitiger Hilfe sowie zur Vertretung gemeinsamer Rechte und Interessen; seit 1957 im /Bund der Vertriebenen – Vereinigte L. und Landesverbände organisiert.

2) in den westl. Besatzungszonen Dtl.s bzw. ab 1949 in der Bundesrep. Dtl. gegründete Vereinigungen von Flüchtlingen aus den Ländern der SBZ bzw. der DDR. Die einzelnen L. schlossen sich 1969 im /Bund der Mitteldeutschen zusammen.

3) /studentische Verbindungen.

Landsorten, durch regionale Auslese entstandene Formengemische einer Art, bes. bei Getreide. L. wurden meist durch ertragreichere Zuchtsorten ersetzt, werden jedoch heute v. a. für den Anbau in der Dritten Welt wegen der geringeren Betriebsmittelabhängigkeit wieder gesucht; oft in Hochleistungssorten für bessere Resistenz gegen Schädlinge und Krankheiten eingekreuzt.

Landstände, in den dt. Territorien des MA. und bis zum 18. Jh. die nach Ständen (Geistlichkeit, Ritterschaft, Städte, selten auch die Bauern) gegliederte Vertretung des Landes gegenüber dem Landesherrn. Die L. traten meist nur auf Einberufung durch den Landesherren zusammen. Zu ihren Befugnissen gehörte bes. das Steuerbewilligungsrecht. Der Absolutismus verminderte im 17. und 18. Jh. die Macht der L., die sich in ihrer alten Form nur noch in Mecklenburg bis 1918 erhielten; nach 1814/15 durch verfassungsmäßige Vertreter ersetzt.

Landsteiner, Karl, österr. Bakteriologe, *Wien 14. 6. 1868, †New York 26. 6. 1943; entdeckte das AB0-System der Blutgruppen und erhielt hierfür 1930 den Nobelpreis für Physiologie oder Medizin. 1937 entdeckte er mit Alexander Salomon Wiener (*1907, †1976) das Rhesussystem (↗Rhesusfaktor).

Landsknechte: Darstellung von Landsknechten auf einem Holzschnitt aus dem 16. Jh.

Landstreicherei, das Umherziehen ohne regelmäßige Arbeit unter ständigem Wechsel des Nachtquartiers, wobei der Lebensunterhalt überwiegend auf Kosten anderer bestritten wird; L. ist seit 1974 nicht mehr strafbar.

Landstufe, stufenartiger Übergang von einer tieferen zu einer höheren Landschaft (↗Schichtstufe).

Landstuhl, Stadt im Landkreis Kaiserslautern, Rheinl.-Pf., am N-Rand des Westrich, 9 200 Ew.; Porzellanfabrik, elektrotechn. Industrie. – In der Burg **Nannstein** bei L. wurde F. von Sickingen 1523 belagert und tödlich verwundet.

Landsturm, urspr. das Aufgebot aller Wehrfähigen. In Preußen endete die L.-Pflicht seit 1814 mit dem 50., in Dtl. seit 1888 bis in den Ersten Weltkrieg hinein mit dem 45. Lebensjahr (↗Volkssturm). – Österreich: ↗Landwehr; Schweiz: die Waffenfähigen vom 49. bis 60. Lebensjahr.

Landtag, in der Bundesrep. Dtl. die Volksvertretung in den Ländern (in Bremen und Hamburg Bürgerschaft, in Berlin Abgeordnetenhaus gen.), die nach Art. 28 GG aus allg., unmittelbaren, freien, gleichen und geheimen Wahlen hervorgehen muss. Die L. haben das Recht der Gesetzgebung und der Haushaltsfeststellung; sie wählen die Reg.chefs (z. T. die Min.) und kontrollieren die Landesreg. – In Österreich sind die L. die gewählten Volksvertretungen der Bundesländer; in Wien ist L. der Gemeinderat.

Geschichte: In den dt. Ländern bis 1806 hießen die Versammlungen der ↗Landstände Landtag. Im 19. Jh. war L. die Bez. für die Volksvertretungen (Abgeordneten- und Herrenhaus) in den konstitutionellen Staaten, später nur noch für das Abgeordnetenhaus. 1919–33 (aufgelöst) bestanden in allen dt. Ländern demokrat. gewählte L. (in den Hansestädten »Bürgerschaft«). 1946/47 wurden in den wieder oder neu errichteten Ländern wieder L. gewählt.

Landtechnik, Gesamtheit der techn. Hilfsmittel zur Mechanisierung der landwirtsch. Produktion. Im Mittelpunkt der L. stehen die ↗Landmaschinen und deren Einsatz.

Land- und Seewind, durch den Unterschied in der Erwärmung von Land und Wasser hervorgerufener Wind an Küsten und großen Seen, tagsüber vom Wasser zum stärker erwärmten Land **(Seewind)**, nachts umgekehrt **(Landwind)**.

Landungsfahrzeug, im Zweiten Weltkrieg entwickelter Kriegsschiffstyp für den Transport über See und die hafenunabhängige Anlandung von Truppen und Material an Küsten.

Landvogtei, im Hl. Röm. Reich der durch einen vom König eingesetzten **Landvogt** verwaltete Reichsgutbezirk (13.–15. Jh., z. T. bis 1806); in der *Schweiz* bis 1798 das von einem Landvogt verwaltete Untertanengebiet eines Kantons.

Landvolkbewegung, bäuerl. Protestbewegung in der Agrarkrise 1928–32, ausgehend von Schleswig-Holstein, verband antikapitalist. Positionen mit terrorist. Aktionen; bereitete ideologisch dem Nationalsozialismus den Weg.

Landwehr, 1) *Festungsbau:* (Landfrieden, Landgraben), eine bes. für die Germanen charakterist. Art der Grenzbefestigung (Wälle, Gräben), die größere Teile eines Gebiets umzog oder nur zur Sperrung von Zugängen diente, z. B. das ↗Danewerk (9. Jh.).

2) *Militärwesen:* das Aufgebot aller Wehrfähigen, 1813–1918 Bestandteil des preußisch-dt. Heeres, 1935–45 eine Form des Wehrdienstes. Die in Preußen 1813 aufgestellte L. umfasste alle nicht dem stehenden Heer angehörenden Männer vom 17. bis 40. Lebensjahr. 1814 wurde die milizartige L. in ein 1. Aufgebot (Wehrpflichtige vom 26. bis 32. Lebensjahr) und ein 2. Aufgebot (Wehrpflichtige vom 33. bis 39. Lebensjahr) geteilt. 1860 wurden die L.-Regimenter des 1. Aufgebotes in das stehende Heer übernommen, die übrige L. wurde zu einer aus der Feldarmee ausgegliederten Reserve. Ab 1888 dauerte die L.-Verpflichtung vom 28. bis 40. Lebensjahr, ab 1935 vom 35. bis 45. Lebensjahr. – In *Österreich* wurde die L. 1852 aufgelöst; später wurden mit L. (ungar. Honvéd) die stehenden Nationalheere in Österreich und Ungarn im Ggs. zur gemeinsamen (k. u. k.) Armee bezeichnet. Eine Verpflichtung zum **Landsturm** gab es schon seit dem 16. Jh. (Tiroler Landsturm in den Napoleon. Kriegen). – In der *Schweiz* die Altersklasse der Waffenfähigen vom 37. bis 48. Lebensjahr.

Landwehrkanal, Kanal in Berlin, der 21 km oberhalb der Spreemündung in die Havel aus der Oberspree abzweigt und nach 11 km bei Charlottenburg in die Unterspree mündet.

Landwirt, Eigentümer oder Pächter eines landwirtsch. Betriebs, allg. jeder, der eine landwirtsch. Berufsausbildung hat.

Landwirtschaft, wirtsch. Nutzung des Bodens zur Gewinnung pflanzl. und/oder tier. Erzeugnisse. Die L. ist mit den Produktionsfaktoren Boden, Arbeit und Kapital Teil der Urproduktion (primärer Sektor). Zur L. gehören neben Ackerbau, Viehwirtschaft i. w. S. auch Gartenbau einschließlich Zierpflanzen-, Gemüse- und Obstbau, Forstwirtschaft, Jagd sowie landwirtsch. Nebengewerbe (z. B. Mühlen, Molkereien, Kellereien).

Aufgrund der Nutzung als Acker-, Grün- oder Gartenland durch Anbau von ein- oder mehrjährigen oder Dauerkulturen (Obst, Reben, Hopfen u. a.) sowie des jeweiligen Anteils der einzelnen Kulturpflanzen zuei-

Karl Landsteiner

nander unterscheidet man versch. **Bodennutzungssysteme:** Grünland-, Futterbau-, Marktfruchtbau- (Getreide, Hackfrüchte, wie Kartoffeln und Zuckerrüben, Ölfrüchte u. a.), Gemüsebaubetriebe sowie weitere, einschl. der Übergänge zw. den einzelnen Bodennutzungssystemen. Im Fruchtfolgesystem, der Aufeinanderfolge der einzelnen Kulturpflanzen, unterscheidet man Feldwirtschaften mit Getreide und Blatt-(Hack-)Früchten, Wechselwirtschaften mit einem Wechsel zw. mehrjähriger Futternutzung und Ackerkulturen. Die pflanzl. Erzeugnisse dienen der menschl. Ernährung (einschl. Genussmittel), der Verwertung in der Viehwirtschaft oder der industriellen Verarbeitung. – Die **Viehwirtschaft** wird nach der Tiergruppe (Rinder, Schweine, Geflügel u. a.), nach der Nutzungsform und dem Nutzungsziel (Milch, Fleisch, Wolle u. a.) unterschieden. Sie basiert auf der Futtergrundlage des Betriebes. – Den ökolog. Belastungen durch die herkömml. L. (hohe Schadstoffbelastungen von Boden und Erzeugnissen, u. a. Herbizidrückstände, Arzneimittelrückstände in Schlachttieren) suchen neue »alternative« Formen der L. zu begegnen (↗ökologischer Landbau). Der Trend zur verstärkten Nachfrage nach Bioprodukten wird in Dtl. auch als »Agrarwende« bezeichnet. Den durch die Massentierhaltung entstandenen großen Problemen, wie z. B. der Verbreitung von BSE, versucht man durch gezielte Maßnahmen, u. a. das Tiermehl-Verfütterungsverbot, entgegenzuwirken.

Die Betriebsgröße wird gemessen an der Ausstattung mit Anlagevermögen und Betriebsmitteln, der Zahl der Arbeitskräfte oder der Gesamtproduktion. Seit 1973 wird ein aufgrund der Nettoleistung der einzelnen Betriebszweige errechnetes Standardbetriebseinkommen als Größenmaßstab verwendet. – Nach der Betriebsstruktur werden L.-Betriebe häufig unterteilt in Vollerwerbsbetriebe, Zuerwerbsbetriebe (die geringe Betriebsgröße erzielt ein nicht ausreichendes Einkommen; der Besitzer geht einer ergänzenden Nebentätigkeit im nicht landwirtsch. Bereich nach) und Nebenerwerbsbetriebe (werden nebenberuflich bewirtschaftet und zwingen den Besitzer, da sie keine Lebensgrundlage bilden können, einen nicht landwirtsch. Hauptberuf auszuüben). – Nach der Besitzform unterscheidet man Eigentums- und Pachtbetriebe. Die früher in S-Europa anzutreffende Teilpacht ist noch in Entwicklungsländern verbreitet. Nach der Wirtschaftsform unterscheidet man bäuerl. (Familien-)Betriebe, Plantagenwirtschaft, Produktionsgemeinschaften.

Bis in das 19. Jh. war die L. der eindeutig dominierende Bereich der Volkswirtschaft; im Verlauf der wirtsch. Entwicklung ging und geht die Bedeutung der L. im Vergleich zum sekundären (Waren produzierendes Gewerbe) und tertiären Sektor (Dienstleistungen) zurück. In der Bundesrep. Dtl. sank die Anzahl der landwirtsch. Betriebe von (1949) 1,94 Mio. auf (1999) 471 960 und die Zahl der Erwerbspersonen in der (1950) 5,33 Mio. auf (2001) 943 000. Die Probleme der L. in den marktwirtsch. orientierten Ind.staaten ergeben sich v. a. daraus, dass dem hohen Angebotsniveau aufgrund modernster Produktionstechniken eine geringe Nachfragesteigerung gegenübersteht. Dadurch entstehen Überschüsse an landwirtsch. Erzeugnissen, eine verschärfte Konkurrenz und die Tendenz zum relativen Sinken der Agrarpreise. Internat. wird von zahlr. Staaten (v. a. durch die USA und die Länder der ↗Europäischen Gemeinschaft) der Versuch unternommen, durch staatl. Maßnahmen zur Einkommensstützung, Flächenstilllegungen und strukturelle Anpassung dieser Entwicklung zu begegnen (↗Agrarpolitik).

In den meisten Entwicklungsländern ist die L. heute auch der wichtigste Wirtschaftsbereich. Vielen ist es bisher – trotz beträchtl. Fortschritte durch Einführung hoch ertragreicher Sorten in Verbindung mit mineral. Düngung und Bewässerung – nicht gelungen, die Nahrungsmittelproduktion der (v. a. durch starke Bevölkerungszunahme) wachsenden Nachfrage anzupassen.

Geschichte: Erste Spuren der Haustierhaltung (Ziegen) und des Ackerbaus (Weizen und Gerste) finden sich im Übergang von der Mittel- zur Jungsteinzeit im nordwestl. Irak aus dem 7. Jt. v. Chr. Die Fruchtbarkeit der bronzezeitl. Kulturen im Vorderen Orient war so groß, dass Großstädte mit einer erhebl. nicht landwirtsch. tätigen Bev. bestehen konnten. Für China ist die L. im 5. Jt., für Südamerika um 2000 v. Chr. nachgewiesen. In Mitteleuropa breitete sie sich zw. 5000 und 1800 v. Chr. aus.

Die Produktionsverfahren wandelten sich nur langsam. Bis zum MA. herrschte in Europa die unregelmäßige Feld-Gras-Wirtschaft, seit dem 6. Jh. n. Chr. auch die Dreifelderwirtschaft. Diese wurde im 18. und 19. Jh. durch die Einführung des Ackerfutterbaus und der Hackfrüchte abgelöst. Weitere grundlegende Änderungen traten mit der Einführung der mineral. Düngung und des Pflanzenschutzes in der 2. Hälfte des 19. Jh. sowie der Mechanisierung ein.

landwirtschaftliche Produktionsgenossenschaft, Abk. **LPG,** in der DDR juristisch selbstständiger genossenschaftsähnl. Großbetrieb, ab 1952 durch staatlich organisierten Zusammenschluss von Landwirten und landwirtsch. Arbeitskräften gebildet. Die teils freiwillig, z. T. durch ökonom. und polit. Druck durchgeführte Kollektivierung war 1960 abgeschlossen. Nach der dt. Vereinigung wurden die ehem. rd. 3 850 LPG gemäß Landwirtschaftsanpassungs-Ges. (i. d. F. v. 3. 7. 1991) bis Ende 1991 als Betriebsform aufgelöst. Viele von ihnen werden heute als Genossenschaften oder Kapitalgesellschaften (GmbH, AG) weitergeführt.

landwirtschaftliches Bildungswesen, von staatl., halbstaatl. und freien Körperschaften getragenes Unterrichtswesen im Bereich der Landwirtschaft. Dort können 14 Ausbildungsberufe (3 Jahre), u. a. Fischwirt, Gärtner, Landwirt, Molkereifachmann, Winzer und versch. Forstberufe, erlernt werden; weiterbildende Einrichtungen sind Fachschulen, Höhere Landbauschulen, Technikerschulen oder Fachhochschulen (»Diplomingenieur [FH]« für Landbau, Gartenbau, Landespflege, Forstwirtschaft, Ernährung, Hauswirtschaft). Durch ein Hochschulstudium wird der Titel »Diplom-Agraringenieur Univ.«, »Diplom-Ingenieur Univ.« (für Landespflege), »Diplom-Forstwirt« oder »Diplom-Ökotrophologe Univ.« erworben.

landwirtschaftliche Vereine und Gesellschaften, Organisationen zur Interessenvertretung in der Landwirtschaft; entstanden Mitte des 18. Jh. aus den ökonom. Gesellschaften (z. B. Thüring. Landwirtschafts-Gesellschaft in Weißensee 1762). Aus ihnen entwickelten sich die ↗Landwirtschaftskammern, daneben die Bauernverbände (↗Deutscher Bauernverband e. V., ↗Deutsche Landwirtschafts-Gesellschaft e. V.).

Landwirtschaftsanpassungsgesetz, Gesetz i. d. F. v. 3. 7. 1991, durch das die Umwandlung ↗landwirtschaftlicher Produktionsgenossenschaften (LPG) in den neuen Ländern in Unternehmen anderer

Rechtsform, ihre Auflösung, Teilung oder Zusammenlegung geregelt, den Bodeneigentümern wieder die volle Ausübung ihres Eigentumsrechts ermöglicht und Vorschriften für die Vermögensauseinandersetzung (u. a. Abfindungsanspruch für ausscheidende Mitgl.) aufgestellt wurden.

Landwirtschaftsfliegerei (Agrarluftfahrt), Einsatz von Flugzeugen (spezialisierte Starrflügelflugzeuge und Hubschrauber) zur Schädlings- und Unkrautbekämpfung, Düngung, Aussaat, Überwachung von Anbauflächen und Viehherden, Maßnahmen zum Frost- und Hagelschutz.

Landwirtschaftskammern, berufsständ. Vereinigungen in der Rechtsform von Körperschaften des öffentl. Rechts, die die Belange der Land- und Forstwirtschaft, z. B. Ausbildung, Wirtschaftsberatung, im Rahmen der ↗Landwirtschaftsverwaltung wahrnehmen. Organe sind Hauptversammlung, Vorstand, Präsident; die Aufgabenerledigung obliegt der Geschäftsführung. L. sind im Verband der L. (Bonn) zusammengeschlossen. – In *Österreich* gibt es neun L. mit ähnl. Zielsetzung.

Landwirtschaftsstatistik (Agrarstatistik), Statistik der Land- und Forstwirtschaft, gliedert sich als Teil der amtl. Statistik in die Bereiche Betriebs- und Arbeitskräfte-, Erzeuger-, Ernährungswissenschafts-, und Preisstatistik sowie in die Statistik der Verkaufserlöse und Betriebsausgaben; niedergelegt im jährl. ↗agrar- und ernährungspolitischen Bericht der Bundesregierung.

Landwirtschaftsverwaltung, die Organe, durch die der Staat Verwaltungsfunktionen in der Landwirtschaft wahrnimmt. In Dtl. ist die untere Landwirtschaftsbehörde das Landwirtschaftsamt auf Kreisebene; mittlere Landwirtschaftsbehörde ist in Bayern, Bad.-Württ. und Sachsen der RegPräs., in Hessen das Landesamt für Regionalentwicklung und Landwirtschaft, in Thür. das Landesverwaltungsamt/Abteilung Landwirtschaft, in den anderen Ländern die ↗Landwirtschaftskammer; obere Landwirtschaftsbehörden sind die Landwirtschaftsministerien der Länder bzw. die landwirtschaftl. Fachabteilungen der zuständigen Ministerien, auf Bundesebene das Bundesministerium für Verbraucherschutz, Ernährung und Landwirtschaft. (↗Verbraucherschutz)

Landwirtschaftswissenschaften (Agrarwissenschaften), Sammelbegriff der Forschungszweige, die sich auf die Landwirtschaft beziehen: Pflanzenproduktion (Acker- und Pflanzenbau, Pflanzenzucht, -ernährung, -krankheiten, Bodenkunde u. Ä.), Tierproduktion, Wirtschafts- und Sozialwiss.en des Landbaus (landwirtsch. Betriebslehre, landwirtsch. Marktlehre, ↗Agrarsoziologie, ↗Agrarpolitik u. Ä.) und Technologie der Landwirtschaft (landwirtsch. Bauwesen, Landmaschinenkunde, Kulturkunde u. a.); i. w. S. auch Gartenbau-, Ernährungswiss., Ökologie.

La Neuveville [lanœv'vil] (dt. Neuenstadt), Bezirkshauptort in Kt. Bern, Schweiz, am Bieler See, 3 200 Ew.; histor., Weinbaumuseum; Uhrenind., Weinbau.

Lanfranco, Giovanni, italien. Maler, *Terenzo (bei Parma) 26. 1. 1582, †Rom 30. 11. 1647; setzte in seinen Decken- und Kuppelfresken den illusionist. Stil Correggios im Sinne einer lichterfüllten maler. Gestaltung fort (Himmelfahrt Mariä, Sant'Andrea della Valle in Rom, 1621–25; Kuppelfresko, Cappella di San Gennaro im Dom von Neapel, 1641); auch bed. Altarbilder.

Lang, 1) Alexander, Schauspieler und Regisseur, *Erfurt 24. 9. 1941; expressiver Charakterschauspieler; Regiearbeiten am Dt. Theater in Berlin sowie am Hamburger Thalia-Theater, Gastregisseur an den Münchner Kammerspielen; 1990–93 künstler. Direktor der Staatl. Schauspielbühne Berlin; gestaltete auch Filmrollen (u. a. »Solo Sunny«, 1979).

2) Fritz, österr.-amerikan. Filmregisseur und -produzent, *Wien 5. 12. 1890, †Los Angeles 2. 8. 1976; war ∞ mit T. von Harbou; Mitbegründer des film. Expressionismus (»Der müde Tod«, 1921/22; »Dr. Mabuse, der Spieler«, 1922; »Metropolis«, 1926; »M«, 1931); emigrierte 1933 in die USA. Seine amerikan. Filme »Fury« (auch u. d. T. »Raserei«, 1936), »Du lebst nur einmal« (auch »Gehetzt«, 1936), »Rache für Jesse James« (1940), »Auch Henker sterben« (1943), »Die Frau im Fenster« (auch »Gefährl. Begegnung«, 1944), »Engel der Gejagten« (1951) waren internat. erfolgreich; letzte Filme entstanden in der Bundesrep. Dtl. (u. a. »Das ind. Grabmal«, 1959).

Fritz Lang

3) Helmut, österr. Modedesigner, *Wien 10. 3. 1956; gründete 1977 das Modestudio Bou Bou Lang in Wien, präsentierte 1986–97 seine Kollektionen (seit 1987 auch für Herren) in Paris, danach in New York. Mit seiner minimalist. Mode erreichte er in den 1990er-Jahren internat. Einfluss; gilt als Initiator des ↗Transparent-Looks.

4) Nikolaus, Künstler, *Oberammergau 12. 2. 1941; befasst sich v. a. mit der ↗Spurensicherung; seit 1986 stehen Kultur und Geschichte der Ureinwohner Australiens im Mittelpunkt seiner Arbeit.

Langage [lã'gaːʒ, frz. »Sprache«], ↗Langue.

Langbasis|interferometrie, ↗VLBI.

Langbehn, Julius, Schriftsteller, *Hadersleben 26. 3. 1851, †Rosenheim 30. 4. 1907; gen. der »Rembrandtdeutsche«; nach seinem 1890 anonym erschienenen Werk »Rembrandt als Erzieher«, das gegen Materialismus und Rationalismus polemisierte und zu Verinnerlichung und Idealismus aufrief, beeinflusste er die Heimatkunst-Bewegung.

Langdon-Down-Krankheit ['læŋdən-'daʊn-, engl.], das ↗Down-Syndrom.

Lange, 1) Christian, norweg. Politiker, *Stavanger 17. 9. 1869, †Oslo 11. 12. 1938; Pazifist, 1909–33 Gen.-Sekr. der Interparlamentar. Union und 1920–37 norweg. Vertreter im Völkerbund; erhielt 1921 zus. mit H. Branting den Friedensnobelpreis.

2) [engl. læŋ], Dorothea, amerikan. Fotografin, *Hoboken (N. J.) 26. 1. 1895, †Marin County (Calif.) 11. 10. 1965; trat 1935–42 mit sozial engagierten Dokumentarbildberichten hervor; arbeitete 1954–55 für die Ztschr. »Life«, ab 1958 als Bildreporterin in Asien, Südamerika und im Nahen Osten.

Christian Lange

Dorothea Lange: Migrant Mother (1936)

3) Friedrich Albert, Philosoph, Sozialpolitiker, *Wald (heute zu Solingen) 28. 9. 1828, †Marburg 21. 11. 1875; bejahte den Materialismus als naturwiss.

Methode, wies ihn jedoch als Metaphysik und Weltanschauung zurück (»Gesch. des Materialismus und Kritik seiner Bedeutung in der Gegenwart«, 2 Bde., 1866). Die Bedeutung von Religion, Metaphysik und Kunst sah L. in deren sinnstiftender Funktion.

4) Hartmut, Schriftsteller, * Berlin 31. 3. 1937; war Dramaturg am Dt. Theater in Berlin (Ost), ab 1965 in Berlin (West), seitdem auch Regisseur, setzte sich in Dramen und Fernsehfilmen mit kultur- und gesellschaftspolit. Themen auseinander (»Marski«, 1965; »Die Gräfin von Rathenow«, 1969); die seit den 1980er-Jahren entstandene Prosa, vorwiegend Novellen, beschreibt parabelhaft rätselhafte, oft bedrückende Vorgänge (u. a. »Die Ermüdung«, 1988; »Schnitzlers Würgeengel«, 1995; »Italien. Novellen«, 1998; »Die Bildungsreise«, 2000). – *Weitere Werke:* Irrtum als Erkenntnis. Meine Realitätserfahrung als Schriftsteller (2002).

5) Helene, Führerin der dt. Frauenbewegung, * Oldenburg (Oldenburg) 9. 4. 1848, † Berlin 13. 5. 1930; Lehrerin, forderte u. a. eine Neuordnung des Mädchenschulwesens unter weibl. Einfluss und unter Leitung von wiss. vorgebildeten Lehrerinnen. An der Spitze des von ihr gegr. »Allg. dt. Lehrerinnenvereins« übernahm sie die geistige Führung der Frauenbewegung (Ztschr. »Die Frau«, seit 1893). – *Werke:* Die Frauenbewegung in ihren modernen Problemen (1908); Lebenserinnerungen (1921); Kampfzeiten (2 Bde., 1928).

6) Horst, Schriftsteller, * Liegnitz 6. 10. 1904, † München 6. 7. 1971; ∞ mit der Lyrikerin Oda Schaefer; gestaltete in seinen Romanen (»Schwarze Weide«, 1937; »Ein Schwert zw. uns«, 1952) ein düsteres Bild des Daseins; auch Lyrik und Erzählungen.

7) [engl. læŋ], Jessica, amerikan. Filmschauspielerin, * Cloquet (Minn.) 20. 4. 1949; gehört zu den Charakterstars Hollywoods (»Wenn der Postmann zweimal klingelt«, 1981; »Tootsie«, 1982; »Sweet dreams«, 1985; »Music Box«, 1990; »Kap der Angst«, 1992; »Blue sky«, 1994; »Rob Roy«, 1995; »Eisige Stille«, 1998; »Titus«, 1999).

8) Oskar Ryszard, poln. Volkswirtschaftler und Statistiker, * Tomaszów Mazowiecki 27. 7. 1904, † London 2. 10. 1965; Prof. in Chicago und Warschau, 1945–48 poln. Botschafter in den USA, seit 1949 Mitgl. des ZK der Poln. Vereinigten Arbeiterpartei; Arbeiten zur Ökonometrie und zur Theorie der sozialist. Wirtschaftsordnung und -planung.

9) Samuel Gotthold, Dichter, * Halle (Saale) 22. 3. 1711, † Beesenlaublingen (Landkreis Bernburg) 25. 6. 1781; vertrat zunächst die Ideen Gottscheds und gründete mit I. J. Pyra eine »Gesellschaft zur Förderung der dt. Sprache, Poesie und Beredsamkeit«; später bezogen beide gegen Gottsched Position. Sammlung »Thyrsis' und Damons freundschaftl. Lieder« (Hg. mit J. J. Bodmer, 1745, erweitert 1749).

Länge, 1) *allg.:* 1) räuml. Ausdehnung in einer Richtung; 2) zeitl. Ausdehnung, Dauer.
2) *Astronomie:* 1) **ekliptikale L.** λ, Winkel zw. dem Frühlingspunkt und dem Schnittpunkt des ekliptikalen ↗ Längenkreises des Gestirns mit der Ekliptik; 2) **galakt. L.** *l*, Winkel zw. der Richtung zum galakt. Zentrum und dem Schnittpunkt des galakt. Längenkreises des Gestirns mit dem galakt. Äquator. (↗ astronomische Koordinaten)
3) *Geographie:* Die geograph. L. eines Ortes auf der Erdkugel ist der Winkel zw. seinem Meridian (**Längenkreis**) und dem Nullmeridian von ↗ Greenwich. Vom Nullmeridian aus wird nach O und W von 0° bis 180° gezählt. Orte auf dem gleichen Längenkreis haben gleiche Ortszeit, sodass man Unterschiede der L. auch in Zeit ausdrücken kann: 15° entsprechen 1 Stunde.
4) *Physik:* Formelzeichen *l* (in Dimensionsgleichungen L), SI-Einheit ist das Meter (m); eine die Ausdehnungen bzw. die gegenseitigen Abstände von Körpern beschreibende fundamentale physikal. Größe. Sie ist eine Basisgröße des Internat. Einheitensystems. Nach der Relativitätstheorie ist die L. zw. zwei Punkten eines Körpers abhängig von dessen Bewegungszustand (↗ Längenkontraktion).

Lange Kerls, volkstüml. Bez. der in rote Uniformen gekleideten »Riesengarde« (Leibgarde) König Friedrich Wilhelms I. von Preußen; ab 1713 600 auffallend große Männer (Mindestmaß: 6 preuß. Fuß, etwa 1,88 m); 1740 aufgelöst.

Langeland [-lan], dän. Insel südöstlich von Fünen, 52 km lang, 3–11 km breit, 284 km², 14 500 Ew.; Hauptort: Rudkøbing.

Langelsheim, Stadt im Landkreis Goslar, Ndsachs., an der Innerste, 13 800 Ew.; Niedersächs. Bergbaumuseum (im Stadtteil Lautenthal); chem., Metall verarbeitende, Textilind. – Seit 1951 Stadt.

Langemark (Langemarck), ehem. selbstständiger Ort in der belg. Provinz Westflandern, 8 km nördlich von Ypern, seit 1977 Teil der Gemeinde Langemark-Poelkapelle, 7 600 Einwohner. – Im Ersten Weltkrieg schwer umkämpft; 1914 verlustreicher Sturmangriff dt. Freiwilligenregimenter (v. a. aus Studenten und Schülern); dt. Soldatenfriedhof mit 45 000 Gräbern.

Lange-Müller, Katja, Schriftstellerin, * Berlin (Ost) 13. 2. 1951; entwickelte frühzeitig eine Oppositionshaltung zu ihrer Herkunft aus einer Funktionärsfamilie der DDR, übersiedelte 1984 nach Berlin (West); setzt sich in ihren – häufig autobiografisch geprägten – Erzählungen mit der dt. Teilung, mit Heimatlosigkeit und -suche auseinander: »Wehleid, wie im Leben« (1986), »Kaspar Mauser« (1988), »Verfrühte Tierliebe« (1995); »Die Letzten. Aufzeichnungen aus Udo Posbichs Druckerei« (2000).

Langen, Eugen, Ingenieur und Unternehmer, * Köln 9. 10. 1833, † ebd. 2. 10. 1895; erfand mit N. A. Otto 1867 einen atmosphär. Gasmotor und hatte wesentlichen unternehmer. Anteil an der Erfindung des Ottomotors (1876).

Längen|änderung, *Physik:* ↗ Dehnung.

Langenargen, Gemeinde im Bodenseekreis, Bad.-Württ., Kurort am Bodensee; 7 100 Ew.; Institut für Seenforschung, Fischereiforschungsstelle; Fremdenverkehr; auf einer Landzunge im See Schloss Montfort (1866, heute Kurhaus).

Langenau, Stadt im Alb-Donau-Kreis, Bad.-Württ., an der SO-Abdachung der Schwäb. Alb, 13 300 Ew.; Textil-, Metall verarbeitende Industrie. – Martinskirche (15. Jh.). – Seit 1376/1848 Stadt.

Langenbeck, Bernhard von (seit 1864), Chirurg, * Padingbüttel (bei Bremerhaven) 9. 11. 1810, † Wiesbaden 29. 9. 1887; besondere Verdienste um Kriegs-, Gliedmaßen- und plast. Chirurgie.

Langenberg, 1) höchster Berg des Rothaargebirges und des Sauerlands, Hessen und NRW, 843 m ü. M.; Wintersport.
2) ehem. Stadt in NRW, gehört seit 1. 1. 1975 zu Velbert.

Langenbielau, Stadt in Polen, ↗ Bielawa.

Langenburg, Stadt im Landkreis Schwäbisch Hall, Bad.-Württ., auf dem Langen Berg über dem Jagsttal gelegen, 439 m ü. M., 2 200 Ew.; Maschinenbau; Fremdenverkehr. – Renaissanceschloss der Fürsten zu Hohenlohe-Neuenstein-L. (15.–18. Jh.; Automuseum). – 1226 erstmals erwähnt.

Helene Lange

Langeneß [-'neːs], Hallig vor der Nordseeküste Schleswig-Holsteins, 8 km lang, 100 Ew. (auf 18 Warften); durch einen Damm über die Hallig Oland mit dem Festland verbunden.

Langenfeld (Rhld.), Stadt im Kr. Mettmann, NRW, 57 600 Ew.; Schuhfabrik, Röhrenwerk, Metallverarbeitung, Maschinen-, Fahrzeug-, Apparatebau. – Seit 1948 Stadt.

Längengrad, *Geographie:* Entfernung zw. zwei benachbarten Meridianen.

Langenhagen, Stadt im Landkreis Hannover, Ndsachs., 49 800 Ew.; Schornsteinfegerschule; Herstellung von Compact Discs, Zigarettenfabrik, Nahrungs- und Genussmittelind., Metall verarbeitende und elektrotechn. Ind.; internat. Flughafen von Hannover. – Seit 1959 Stadt.

Langen (Hessen), Stadt im Landkreis Offenbach, Hessen, im Messeler Hügelland, 34 700 Ew.; FH des Bundes für öffentl. Verw. (Fachbereich Flugsicherung und Wetterdienst), Bundesamt für Sera und Impfstoffe; Elektrogerätebau, Metall verarbeitende, Textil-, Holz-, Getränkeindustrie. – Großherzogl. Jagdschloss Wolfsgarten (1721–24). – Seit 1883 Stadt.

Längenkontraktion (Lorentz-Kontraktion), die Verkürzung der Länge eines relativ zu einem ruhenden Beobachter mit der Geschwindigkeit v in Längsrichtung bewegten Körpers um den Faktor $\sqrt{1 - v^2/c^2}$ gegenüber einem Beobachter, in dessen System der Körper ruht. Sie macht sich erst bei Geschwindigkeiten in der Nähe der Lichtgeschwindigkeit c bemerkbar. Die L. ergibt sich aus der speziellen ⟋ Relativitätstheorie; sie folgt unmittelbar aus der ⟋ Lorentz-Transformation.

Längenkreis, 1) *Astronomie:* jeder Großkreis an der Himmelskugel, der auf der Ekliptik senkrecht steht.
2) *Geographie:* ein durch Nord- und Südpol der Erdkugel verlaufender Großkreis; jeder L. schneidet den Äquator senkrecht; ein halber L. ist ein Meridian.

Längenmaße, die Längeneinheiten (⟋ Einheiten, Übersicht).

Längenmessung (Längenmesstechnik), Sammelbez. für Verfahren und Geräte zum Messen (Vergleich mit einer Längeneinheit) und Prüfen (Vergleich mit Grenzmaßen und Toleranzen) geometr. Größen (Länge, Winkel). Nach den Funktionsprinzipien der verwendeten Geräte unterscheidet man u. a.:
Mechan. L. (bes. Messungen kleiner Dicken) erfolgen u. a. mit Messschiebern, Dehnungsmessstreifen, Messschrauben. Grundlage der **elektr. L.** ist die messtechn. Ausnutzung der wegabhängigen Veränderung eines ohmschen, induktiven oder kapazitiven Widerstandes. **Magnet. L.** beruhen auf der Messung von Magnetfeld- bzw. Magnetflussänderungen an Grenzflächen, **pneumat. L.** meist auf der Messung von Strömungswiderständen, die ein gegen den Prüfling gerichteter Luftstrom erfährt. Bei der **Ultraschall-L.** wird entweder die Wellenlänge sich ausbildender stehender Wellen (bei Dickenmessungen) oder die Laufzeit von reflektierten Wellen (bei großen Strecken) bestimmt (⟋ Echolot). Zu den Geräten der häufig verwendeten **opt. L.** gehören z. B. ⟋ Komparatoren und ⟋ Entfernungsmesser. Genaueste Längenmessungen werden mithilfe von Lichtinterferenzen ausgeführt **(Interferenz-L.),** wozu versch. Interferenzkomparatoren verwendet werden.

Langen – Müller Verlag GmbH (Albert Langen – Georg Müller Verlag GmbH), entstanden 1932 aus dem Albert Langen (* 1869, † 1909) 1893 in Paris gegr. Verlag Albert Langen und dem 1903 von Georg Müller (* 1877, † 1917) gegr. Georg Müller Verlag; gehörte seit 1967 zur F. A. Herbig Verlagsbuchhandlung G. m. b. H., 1985–95 zur Ullstein-Langen-Müller GmbH & Co. KG, gehört heute zur Verlagsgemeinschaft **Langen Müller Herbig;** A. Langen gründete 1896 den ⟋ Simplicissimus.

Langensalza, Bad, ⟋ Bad Langensalza.

Langenscheidt KG, Holdinggesellschaft der gleichnamigen Verlagsgruppe, Sitz: Berlin und München; 1856 von Gustav Langenscheidt (* 1832, † 1895) in Berlin gegr., brachte frz. und engl. »Unterrichtsbücher« (Methode Toussaint-L.; nach dem frz. Sprachlehrer Charles Toussaint [† 1877]) heraus; auch »Enzyklopäd. Wörterbücher«. – 1961 Niederlassung in München, 1964 L. AG in Zürich, 1972 L.-Verlag GmbH in Wien, 1983 L. Publishers Inc. in New York; Verlagsprogramm: Wörterbücher, Reise- und Sprachführer, Sprachlehrwerke und Selbstlernprodukte in 64 Sprachen (in Buchform, als Audio- und Videokassetten, Disketten und CD-ROM sowie Software mit Lernmaterialien), Kartographie. Zur L. KG gehören u. a. die Thüringer Verlagsauslieferung Gotha, die Verlage Humboldt, Mentor, Polyglott, Blay Foldex, American Map, Apa Publications. Die L. KG ist Mehrheitsaktionär des Verlages ⟋ Bibliographisches Institut & F. A. Brockhaus AG (70 %).

Langensee, dt. Name des ⟋ Lago Maggiore.

Langeoog, eine der Ostfries. Inseln und Gemeinde im Landkreis Wittmund, Ndsachs., 14 km lang, 1,5 km breit, 19,7 km^2, 2 100 Ew.; Seebad; Schifffahrtsmuseum; Flugplatz, gezeitenunabhängiger Fährverkehr von Esens-Bensersiel.

Langer, 1) Bernhard, Golfspieler, * Anhausen (Bayern) 27. 8. 1957; gewann zweimal das US-Masters (1985, 1993), fünfmal die German Open (zw. 1981 und 1993), dreimal das German Masters (1989, 1991, 1997), dreimal die US PGA-Championships (1987, 1993, 1995) und zw. 1985 und 2002 sechsmal den Rydercup (Teamwettkampf USA gegen Europa).
2) František, tschech. Schriftsteller, * Prag 3. 3. 1888, † ebd. 2. 8. 1965; Dramaturg, schrieb Erzählungen, realistisch-psycholog. Dramen (Schauspiel aus Prags Elendsvierteln »Peripherie«, 1925), Lustspiele (»Ein Kamel geht durchs Nadelöhr«, 1923) und gab Schilderungen seiner Erlebnisse aus den Weltkriegen; Erinnerungen: »Byli a bylo« (1963).

längerfristige Refinanzierungsgeschäfte, geldpolit. Instrument der EZB im Rahmen der ⟋ Offenmarktpolitik zur Beeinflussung von Zinssätzen und Geldmenge in der Euro-Zone. Dabei bietet die EZB Geschäftsbanken monatlich im Ausschreibungsverfahren Zentralbankgeld mit einer Laufzeit von 3 Monaten an. Die l. R. ergänzen die in ihrer Laufzeit kürzeren ⟋ Hauptrefinanzierungsgeschäfte.

Langerhans, Paul, Pathologe, * Berlin 25. 7. 1847, † Funchal (Madeira) 20. 7. 1888; beschrieb den innersekretor. (endokrinen) Teil der ⟋ Bauchspeicheldrüse **(Langerhans-Inseln).**

Langer Marsch, der 1934/35 von den chines. Kommunisten und ihrer Roten Armee durchgeführte Marsch, ausgelöst durch den militär. Vorstoß der Truppen Chiang Kai-sheks gegen die 1931 in der Prov. Jiangxi gegründete »Chines. Sowjetrepublik«. Die von Mao Zedong (seit Jan. 1935 unbestritten an der Spitze der chines. KP), Zhu De und Zhou Enlai geführte Rote Armee zog unter großen Verlusten über 12 500 km von Jiangxi nach Yan'an (Prov. Shaanxi), wo ein neuer kommunist. Stützpunkt entstand. Von den insgesamt 300 000 Teilnehmern am L. M. erreichte nur etwa ein Zehntel das Ziel. – Den L. M. verklärte die KP Chinas später zum polit. Mythos; er wurde zum Symbol für eine lang andauernde, letztlich aber doch erfolgreiche Revolution.

Langes Parlament, das 1640 vom engl. König Karl I. einberufene und (mit Unterbrechungen) bis 1660 tagende Parlament; seit 1648 (Ausschluss der Presbyterianer) nur noch Rumpfparlament; 1653 von O. Cromwell gewaltsam auseinander getrieben; gab mit seiner Selbstauflösung (1660) den Weg für die Restauration der Monarchie frei.

Langeveld [ˈlaŋəvɛlt], Martinus Jan, niederländ. Erziehungswissenschaftler, * Haarlem 30. 10. 1905, † Naarden 17. 12. 1989; phänomenologisch fundierte, auf das erzieher. Handeln bezogene Erziehungstheorie; wesentl. Beiträge zur pädagog. Psychologie und zur Anthropologie des Kindes (»Einführung in die theoret. Pädagogik«, 1946; »Studien zur Anthropologie des Kindes«, 1956; »Das Kind und der Glaube«, 1956; »Erziehungskunde und Wirklichkeit«, 1971).

Langevin [lãˈvɛ̃], Paul, frz. Physiker, * Paris 23. 1. 1872, † ebd. 19. 12. 1946; formulierte die erste atomare Theorie für Paramagnetismus (Verallgemeinerung des curieschen Gesetzes) und Diamagnetismus; Arbeiten zur brownschen Molekularbewegung und kinet. Gastheorie.

Elisabeth Langgässer

Langgässer, Elisabeth, Schriftstellerin, * Alzey 23. 2. 1899, † Rheinzabern (Kr. Germersheim) 25. 7. 1950; erhielt 1936 (als Halbjüdin) Berufsverbot. Ihr Gesamtwerk ist von Naturmagie und Katholizität bestimmt; schrieb Lyrik (»Die Tierkreisgedichte«, 1935; »Der Laubmann und die Rose«, 1947) und Romane (»Der Gang durch das Ried«, 1936; »Das unauslöschliche Siegel«, 1946; »Märk. Argonautenfahrt«, 1950); auch Hörspiele und Essays. Georg-Büchner-Preis 1950.

Langhans, 1) Carl Ferdinand, Baumeister, * Breslau 14. 1. 1782, † Berlin 22. 11. 1869, Sohn von 2); Schüler seines Vaters und F. Gillys, beeinflusst von K. F. Schinkel, trat bes. als Theaterbaumeister hervor (Theater u. a. in Breslau, Dessau, Leipzig).

2) Carl Gotthard, Baumeister, * Landeshut i. Schles. 15. 12. 1732, † Grüneiche (heute zu Breslau) 1. 10. 1808, Vater von 1); tätig in Schlesien und seit 1788 in Berlin als Direktor des Oberhofbauamts. Seine Werke zeigten zunächst noch Elemente des Barock. Mit dem Bau des ↗ Brandenburger Tors ging er zum Frühklassizismus über.

Langhaus (Langschiff), *Baukunst:* der lang gestreckte, i. d. R. von W nach O gerichtete Teil einer ↗ Basilika oder ↗ Hallenkirche, der bei mehrschiffigen Bauten aus dem Mittelschiff und den parallel laufenden Seitenschiffen besteht.

Langhoff, 1) Matthias, Regisseur, * München 5. 3. 1941, Sohn von 3), Bruder von 2); seine Zusammenarbeit mit Manfred Karge (* 1938) begann am Berliner Ensemble; auch Inszenierungen in Hamburg, Genf und Frankreich; 1989–91 Theaterleiter in Lausanne; 1992/93 Kodirektor des Berliner Ensembles.

2) Thomas, Schauspieler und Regisseur, * Zürich 8. 4. 1938, Sohn von 3), Bruder von 1); trat an Berliner Bühnen mit Klassikeraufführungen hervor, inszenierte seit 1975 auch für das Fernsehen und die Oper; von 1991 bis 2001 Intendant des Dt. Theaters Berlin.

3) Wolfgang, Regisseur, Theaterleiter, * Berlin 6. 10. 1901, † ebd. 25. 8. 1966, Vater von 1) und 2); war Schauspieler und Regisseur in Wiesbaden, Düsseldorf, emigrierte nach KZ-Haft (Bericht: »Die Moorsoldaten«, 1935) in die Schweiz, leitete 1946–63 das Dt. Theater in Berlin (Ost).

Langkawi, Insel vor der W-Küste der Malaiischen Halbinsel, zu Kedah, Westmalaysia, an der Grenze gegen Thailand, zus. mit den umliegenden kleineren Inseln (L.-Inseln) 526 km², rd. 20 000 Ew.; Hauptort Kuah; Fremdenverkehr.

Langkofelgruppe (italien. Gruppo del Sasso Lungo), Gebirgsstock in den nordwestl. Dolomiten, Südtirol, Italien; im Langkofel 3181 m ü. M.; vom Sellajoch führt eine Kabinenbahn zur Scharte zw. Langkofel und Plattkofel.

Langköpfigkeit, ↗ Brachyzephalie.

Langland [ˈlæŋlənd], William, engl. Dichter, * in Shropshire (?) um 1332, † London (?) um 1400; sein allegor. Versepos »The Vision of William concerning Piers the Plowman« schildert in Form von Traumvisionen die materielle und geistige Not des Volkes sowie die kirchl. Missstände. L. gilt neben Chaucer als der bedeutendste engl. Dichter des Spätmittelalters.

Langhaus: Blick in das Mittelschiff des Langhauses der Kathedrale von Noyon (um 1150 begonnen)

Langlauf, *nord. Skisport:* Freizeit- und Wettkampfsport auf Loipen. Dem Schwierigkeitsgrad von Wettkampfstrecken entsprechend, soll die Strecke so natürlich wie möglich mit präparierten Teilen, mit Anstiegen und Abfahrten angelegt sein, um Monotonie zu vermeiden. Die Wettkampfstrecken betragen 1,5 (Sprint), 10, 15, 30 und 50 km bei den Männern sowie 1,5 (Sprint), 5, 10, 15 und 30 km bei den Frauen. Als Staffeln werden 4 × 10 (Männer) und 4 × 5 km (Frauen) gelaufen. Die Lauftechniken (↗ klassische Technik; ↗ freie Technik) sind in Bezug auf die Streckenlängen unterschiedlich festgelegt. (↗ Jagdrennen)

Langläufer, *Börsenwesen:* Bez. für Anleihen mit einer Laufzeit von 15 Jahren und mehr.

Langmuir [ˈlæŋmjʊə], Irving, amerikan. Physiker und Chemiker, * Brooklyn (N. Y.) 31. 1. 1881, † Falmouth (Mass.) 16. 8. 1957; entwickelte 1913 die gasgefüllte Glühlampe, erfand die Quecksilberkondensationsvakuumpumpe, stellte eine Theorie der chem.

Bindung auf, untersuchte die Elektronenemission aus Kathoden, forschte über die heterogene Katalyse. Für seine Arbeiten über Adsorption und Absorption an Grenzflächen erhielt er 1932 den Nobelpreis für Chemie.

Langnau im Emmental, Hauptort des Bez. Signau, Kt. Bern, Schweiz, an der Ilfis, 673 m ü. M., 8 800 Ew.; Käsefabrik und -handel; Maschinenbau, Holzind., Bunt- und Leinenweberei.

Langobarden [»Langbärte«], german. Stamm, der um Christi Geburt an der Unterelbe ansässig war. Nach Wanderungen und Kriegszügen kam es im 5. Jh. im nördl. Donauraum zu einer neuen Stammesbildung. 488 wurden L. im Land der Rugier (Niederösterreich) erstmals erwähnt. 508/509 besiegten sie die ⁊ Heruler. 546 siedelten sie nach Pannonien (Westungarn) über, vernichteten 567 das Reich der Gepiden und brachen 568 unter König Alboin in das damals byzantin. Italien ein, wo sie den größten Teil der später nach ihnen benannten Lombardei eroberten und bis Süditalien vordrangen. Ein Teil Italiens verblieb den Byzantinern (Exarchat) und dem Papst (Kirchenstaat). Südlich davon entwickelten sich die zeitweise unabhängigen langobard. Herzogtümer Spoleto und Benevent. Die Hinwendung zur röm. Kirche (seit Agilulf, †616) konsolidierte das Reich. Unter Rothari (636–652) wurde das langobard. Recht lateinisch aufgezeichnet. König Liutprand (712–744) führte das langobard. Reich auf den Gipfel seiner Macht. Aistulf (749–757) eroberte Ravenna und bedrohte Rom, wurde aber durch den Frankenkönig Pippin III., d. J., 754 und 756 gezwungen, seine Eroberungen herauszugeben. Sein Nachfolger Desiderius wurde 774 von Karl d. Gr. besiegt. Das langobard. Reich (ohne Benevent) kam daraufhin an das Frankenreich, behielt aber eine gewisse Selbstständigkeit, bis unter Otto d. Gr. die langobard. (italien.) Krone dauernd mit der dt. Königskrone verbunden wurde (951). Im S machte sich das langobard. Herzogtum Benevent zeitweise wieder selbstständig, bis es Ende des 11. Jh. unter die Herrschaft der Normannen kam.

Langobardisch, oberdt. Mundart der Langobarden; nach ihrer Romanisierung (11. Jh.) starb das L. aus.

Langreo, Stadt in Asturien, Spanien, 51 900 Ew.; Steinkohlenbergbau, Eisen- und Stahlerzeugung, Maschinenbau, Chemie- und Textilindustrie.

Langres [lãgr], Stadt im Dép. Haute-Marne, Frankreich, auf dem Plateau von L. über der Marne, 11 000 Ew.; Museen; Textil-, Metallindustrie. – Innerhalb der alten Befestigungsanlagen (u. a. Reste eines galloröm. Tores) Kathedrale (12./13. Jh., Fassade 18. Jh.), Kirche Saint-Martin (13.–18. Jh.). – Der Ort war als **Andematunnum** Hauptort der kelt. Lingonen, später das röm. **Lingones.**

langsamer Walzer, ⁊ Englishwaltz.
Langschiff, *Baukunst:* das ⁊ Langhaus.
Langspielplatte, ⁊ Schallplatte.
Längs|tal, ein parallel mit den Gebirgsketten verlaufendes Tal, z. B. das Inntal oberhalb Kufsteins; Ggs.: Quertal.

Langstreckenlauf, *Leichtathletik:* Laufwettbewerb im Freien über 5 000 und 10 000 m sowie als ⁊ Marathonlauf, in der Halle über 3 000 m (für Frauen). (⁊ Leichtathletik, Übersicht)

Langstreckenschwimmen, Dauerschwimmwettbewerbe in offenen Gewässern (**Freiwasserschwimmen**), bei Weltmeisterschaften über 10 und 25 km, bei Europameisterschaften über 5 und 25 km ausgetragen.

Langkofelgruppe mit dem Langkofel (links) und dem Plattkofel

Längstwellen, Abk. **VLF** [engl. very low frequency] (Myriameterwellen), elektromagnet. Wellen mit Wellenlängen zw. 10 und 30 km bzw. Frequenzen zw. 30 und 10 kHz. Mit L. lassen sich zuverlässige Verbindungen über große Entfernungen erzielen (geringer Schwund), sie erfordern aber sehr hohe Sendeleistungen.

Langue [lãːg, frz. »Sprache«] *die, Sprachwissenschaft:* von F. de Saussure geschaffenes Konstrukt, das das nach verbindl. Regeln verwendbare überindividuelle sprachl. Zeichensystem bezeichnet, an dem der Sprecher aufgrund seiner Sprachfähigkeit (**Langage**) teilhat und das er in konkreten Sprechakten (**Parole**) individuell aktiviert und realisiert. Die Begriffe L. und Parole werden in der Forschung z. T. unterschiedlich definiert.

Languedoc [lãgˈdɔk] *das,* ehem. frz. Provinz (bis 1789), umfasst die Küstenebene am Mittelmeer westlich der unteren Rhône und das südl. Zentralmassiv; Hptst. war Toulouse; entstand nach der Unterwerfung der Albigenser, als das Herzogtum Narbonne und die Grafschaft Toulouse an die frz. Krone fielen (1228 und 1271).

Langue d'oc [lãgˈdɔk, frz.] *die,* die ⁊ provenzalische Sprache nach dem Wort oc (aus lat. hoc) für »ja«; im Unterschied zur mittelalterl. nordfrz. **Langue d'oïl,** nach der Bejahungsform oïl (aus lat. hoc ille) = oui, aus der sich das moderne Französisch entwickelte. (⁊ französische Sprache)

Languedoc-Roussillon [lãgdɔkrusiˈjõ] *das,* Region in S-Frankreich, etwa dem Gebiet der histor. Landschaften Languedoc und Roussillon entsprechend; erstreckt sich von den Ostpyrenäen die Mittelmeerküste entlang bis zum Rhônedelta; umfasst die Dép. Aude, Gard, Hérault, Lozère, Pyrénées-Orientales; 27 376 km², 2,295 Mio. Ew.; Verw.-Sitz: Montpellier. Hinter der Küste mit Nehrungen und Strandseen breiten sich die Ebenen des Bas-Languedoc und des Roussillon aus. Im N Übergang in das südl. und südwestl. Zentralmassiv. Vorherrschend ist der Weinbau, daneben Anbau von Reis, Weizen, Ölfrüchten, Mais, Obst und Frühgemüse. Im L.-R. liegt das größte Bauxitvorkommen Frankreichs. Neben Aluminiumind. Seesalzgewinnung, Nahrungsmittel-, Bekleidungs-, Wirkwaren- sowie Holzind.; Ausbau der Küste zur modernen Ferienlandschaft.

Langue d'oïl [lãgˈdɔj] *die,* ⁊ Langue d'oc.

Irving Langmuir

Languren (Presbytis), südasiat. Gattung der Schlankaffen mit langem Schwanz, u. a. der ↗Hulman.

Langusten [frz. aus lat. locusta »Heuschrecke«] *die* (Palinuridae), zu den Panzerkrebsen gehörende Familie der Zehnfußkrebse; eine als Speisekrebs geschätzte Art ist die bis 45 cm lange und 8 kg schwere **Europäische L.** (**Stachelhummer,** Palinurus vulgaris) an Felsküsten von O-Atlantik und Mittelmeer.

Langvers, die ↗Langzeile.

Langusten: Die Europäische Languste ernährt sich vorwiegend von Muscheln, Schnecken und Stachelhäutern.

Langwellen, Abk. **LW,** engl. **LF** [low frequency] (Kilometerwellen), elektromagnet. Wellen mit Wellenlängen von 1 bis 10 km, entsprechend 300–30 kHz (für Hörfunk 1050–2000 m bzw. 285–150 kHz). L. breiten sich als Bodenwellen aus, die der Erdkrümmung durch Beugung folgen und in diesem Wellenlängenbereich kaum von der Erde absorbiert werden. Deshalb ist die Reichweite groß (bes. über den Meeren) und auch unabhängig von der Tageszeit.

Langzeile (Langvers), Vers der altgerman. Dichtung, der aus zwei durch Stabreim gebundenen, urspr. vierhebigen Kurzzeilen besteht. Da die Senkungen zw. den acht Hebungen mehrsilbig sein können oder auch ganz fehlen dürfen, kann die altgerman. L. sehr versch. Gestalt haben. In der mhd. Dichtung erscheinen durch den Endreim gebunden L. z. B. in der ↗Nibelungenstrophe.

Langzeitarbeitslosigkeit, Bez. für ↗Arbeitslosigkeit, bei der Personen ein Jahr und länger ohne Beschäftigung sind. Im früheren Bundesgebiet hat sich die Zahl der Langzeitarbeitslosen von (1992) 474 315 auf (2001) 810 337 erhöht; das sind 32,7% aller Arbeitslosen (1992: 26,2%). In den neuen Bundesländern stieg die Anzahl der Langzeitarbeitslosen von (1992) 271 129 auf (2001) 474 400; das entspricht 34,5% aller Arbeitslosen (1992: 23,2%). In Gesamtdtl. waren (2001) 33,4% aller Arbeitslosen von L. betroffen, wobei Problemgruppen des Arbeitsmarkts (Personen mit geringer Qualifikation oder gesundheitl. Einschränkungen, ältere Arbeitnehmer, Frauen) überdurchschnittlich vertreten waren. Aus volkswirtsch. Sicht gilt L. als Indikator für eine ungünstige Arbeitsmarktverfassung; so wird der Anteil Langzeitarbeitsloser von der OECD z. B. herangezogen, um im Ländervergleich flexible Arbeitsmärkte (USA) von verfestigten, überregulierten (z. B. Dtl., Frankreich) zu unterscheiden.

Länkärän (Lenkoran), Stadt im SO von Aserbaidschan, Zentrum des Tieflands von L. am Kasp. Meer (Anbau subtrop. Kulturpflanzen), 45 000 Ew.; Lebensmittelind. (bes. Fischverarbeitung, Weinkellereien), Möbelfabrik; Hafen, Flughafen.

Lanner, Joseph, österr. Komponist, * Wien 12. 4. 1801, † Oberdöbling (heute zu Wien) 14. 4. 1843; gründete 1824 ein eigenes Orchester; Meister des Wiener Walzers, dessen zykl. Form er entwickelte. L. komponierte Walzer, u. a. »Die Schönbrunner«; Ländler, Galopps.

Lanolin [von lat. lana »Wolle«] *das,* ↗Wollfett.

Lansdowne [ˈlænzdaʊn], Henry Charles Keith Petty-Fitzmaurice, 5. Marquess of L. (seit 1866), brit. Politiker, * London 14. 1. 1845, † Newtownanner (bei Clonmel, Irland) 3. 6. 1927; war 1883–88 Gen.-Gouv. von Kanada, 1888–93 Vizekönig von Indien, 1895–1900 Kriegsmin. In seine Amtszeit als Außenmin. (1900–05) fallen das britisch-japan. Bündnis von 1902 und die Grundlegung der britisch-frz. Entente cordiale (Abkommen von 1904). 1915/16 war L. Min. in der Koalitionsreg. Asquith; 1917 trat er für einen Verständigungsfrieden mit dem Dt. Reich ein.

Lansing [ˈlænsɪŋ], Hptst. des Bundesstaates Michigan, USA, am Grand River, 125 700 Ew.; kath. Bischofssitz; Univ. in East-Lansing (östl. Vorstadtbereich); Autoindustrie. – Hptst. seit 1847.

Lansing [ˈlænsɪŋ], Robert, amerikan. Politiker, * Watertown (N. Y.) 17. 10. 1864, † Washington (D. C.) 30. 10. 1928; Jurist, 1915–20 Außenmin.; erkannte im L.-Ishii-Abkommen (1917) die »besonderen Interessen« Japans in China an, musste wegen seiner Differenzen mit Präs. W. Wilson (u. a. Bedenken gegen den Völkerbund) zurücktreten.

Lanskoy [lɑsˈkɔj], André, eigtl. Graf Andrei Michailowitsch L., frz. Maler russ. Herkunft, * Moskau 31. 3. 1902, † Paris 22. 8. 1976; lebte seit 1921 in Paris; malte zunächst gegenständl. Bilder (Interieurs, Porträts, Stillleben) und wandte sich ab 1938 einer lyrisch-abstrakten Malerei zu.

Lansky [ˈlænski], Meyer, eigtl. Maier Suchowljansky, amerikan. Gangster, * Grodno (Russland) 4. 7. 1902, † Miami Beach (Fla.) 15. 1. 1983; stieg neben Lucky Luciano zu einem der einflussreichsten Bosse der amerikan. Mafia auf und galt als deren »Bankier«; häufte ein privates Vermögen von ca. 300 Mio. $ an.

Lantane (Wandelröschen, Lantana), Gatt. der Eisenkrautgewächse; z. T. Zierpflanzen; Blüten bei manchen Arten anfangs gelb, später rot.

Lanthan [grch.] *das,* chem. Symbol **La,** silberweißes Metall aus der 3. Nebengruppe des Periodensystems, Ordnungszahl 57, relative Atommasse 138,9055, Dichte je nach Modifikation versch., z. B. 6,162 g/cm³ (hexagonal), Schmelzpunkt 920 °C, Siedepunkt 3455 °C. – L. tritt in drei Modifikationen auf (unterhalb 310 °C hexagonal, zw. 310 °C und 868 °C kubisch flächenzentriert, oberhalb 868 °C kubisch raumzentriert); es ist dehnbar, oxidiert rasch an der Luft und ist chemisch sehr reaktionsfähig. Unterhalb 6 K (−268 °C) wird es supraleitend. Es kommt in der Natur v. a. mit Cer im ↗Monazit und ↗Orthit vor. L.-Oxid wird wegen seiner hohen Brechzahl und niedrigen Dispersion für opt. Gläser verwendet.

Lanthanoide, Gruppenbez. für die 14 auf Lanthan folgenden chem. Elemente der Ordnungszahlen 58 bis 71 (Cer bis Lutetium). Die L. sind ziemlich unedle, dem Lanthan ähnl. Metalle (Seltenerdmetalle), denen im Atombau drei äußere Valenzelektronen (in der 6. Elektronenschale) gemeinsam sind, während die 4. Elektronenschale von 18 auf 32 Elektronen aufgefüllt wird. Hierdurch erklärt sich ihre große chem. Ähnlichkeit. Die chem. Trennung der L. ist sehr schwierig und kann nur durch oft wiederholte Trennung (u. a. fraktionierte Kristallisation, Adsorption, Ionenaustausch) bewirkt werden.

Lantschou, chines. Stadt, ↗Lanzhou.

Lanugo [lat.] *die,* Flaum des menschl. Fetus, der sich während der 2. Schwangerschaftshälfte bildet

Joseph Lanner

Lanzarote: Lava- und Aschenkegellandschaft im Südwesten der Insel

und kurz vor oder bald nach der Geburt wieder abgestoßen wird.

Lanús, Stadt in Argentinien, 467 000 Ew., Teil von Groß-Buenos-Aires; Ind.; Wohnvorort.

Lanvin [lã'vɛ̃], Jeanne, frz. Modeschöpferin, *Paris 1. 1. 1867, † ebd. 6. 7. 1946; eröffnete 1890 in Paris ein eigenes Hutgeschäft und gründete später ebd. ein Haute-Couture-Haus. Sie lancierte 1918 das Stilkleid (Gesellschafts- oder Abendkleid mit weitem, in Hüfthöhe an das anliegende Oberteil angesetztem Rock) als Ggs. zum geraden Hängerkleid. Berühmt wurden ihre Kleider für Mutter und Tochter. Auch Parfüm.

Lanz, Johann Wilhelm, Fayence- und Porzellanmodelleur, † wohl Frankenthal (Pfalz) nach 1761; war 1748–54 in Straßburg, 1755–1761 als Modellmeister an der Frankenthaler Porzellanmanufaktur tätig; schuf Genrefiguren von gedrungener Gestalt und natürl. Anmut.

Lanza, Mario, eigtl. Alfredo Cocozza, amerikan. Sänger italien. Herkunft (Tenor), *New York 31. 1. 1921, † Rom 7. 10. 1959; wurde durch den Film »Der große Caruso« (1951) bekannt.

Lanzarote [lanθa'rote], die nordöstlichste der Kanar. Inseln, wüstenhaft, mit vielen Vulkanen; seit den Hauptausbrüchen (1730–36, 1824) sind mehr als 20% der Insel von einer Lava- und Ascheschicht bedeckt; bis 670 m ü. M., 862 km², 64 900 Ew., Hauptort: Arrecife (Hafen, internat. Flughafen. Wein-, Obst-, Gemüsebau (mittels Tauspeichermethode), Fischfang, Meersalzgewinnung, Fremdenverkehr; Nationalpark Timanfaya (5 107 ha); Biosphärenreservat.

Lanze, aus Spitze, Schaft und L.-Schuh bestehende Angriffswaffe, in der Frühzeit mit Holz-, Knochen-, Stein-, später Metallspitze als Stoßklinge. Sie war von der Altsteinzeit bis zur Einführung der Feuerwaffen ein Hauptteil der Bewaffnung und wurde als Stoß- oder Wurfwaffe berittener Truppen benutzt.

Lanzelot, /Lancelot.

Lanzenschlangen (Lanzenottern), sehr giftige, bis 2 m lange Grubenottern Südamerikas.

Lanzette [frz.] die, spitzes, zweischneidiges kleines Messer, bes. zum Impfen.

Lanzettfischchen (Branchiostoma), einzige rezente Vertreter der Schädellosen, eines Unterstamms der Chordatiere; Gestalt fischähnlich, aber ohne erkennbare Kopfregion, mit zeitlebens vorhandener Chorda dorsalis, Neuralrohr, segmental angeordneter Muskulatur und röhrenförmigem Herzschlauch; der durchscheinende Körper ist bis 7 cm lang mit unpaarem Flossensaum; Bodenbewohner der Küsten vieler Meere.

lanzettlich (lanzettförmig), Bez. für die Form einer Blattspreite; lanzettl. Blätter sind etwa drei- bis viermal länger als breit, oben zugespitzt.

Lanzhou [landʒɔu] (Lanchow, Lantschou, bis 1946 Kaolan), Hptst. der Prov. Gansu, China, am mittleren Hwangho, 1,32 Mio. Ew.; Univ., Chemiefachhochschule, Hochschule für Medizin; Forschungseinrichtungen (u. a. Erdölinst., Kernforschungszentrum); chem. Ind., Stahlwerk, Aluminium-, Zement-, Gummiind.; Flusshafen, Flughafen.

Lao, Volksgruppe der Tai im N und NO Thailands (14,7 Mio.) und in Laos (2,6 Mio.), wo sie das Staatsvolk bilden, sowie als kleine Minderheiten in Birma, Kambodscha und Vietnam mit Siedlungsschwerpunkt im Mekongtal; v. a. Anhänger des Hinayana-Buddhismus.

Laodikeia (lat. Laodicea), Städte des Altertums:
1) **Laodikeia in Phrygi|en** (L. am Lykos), nördlich von Denizli, Türkei, 253 v. Chr. von Antiochos II. von Syrien gegr., in röm. Zeit eine blühende Stadt (Verarbeitung von Wolle). Hier entstand früh eine christl. Gemeinde. Im Byzantin. Reich bed., wurde L. 1402 von den Türken zerstört.

2) **Laodikeia in Syri|en** (L. am Meer), durch Seleukos I. Nikator um 300 v. Chr. gegr., das heutige /Latakia.

Laois [li:ʃ] (Laoighis, früher Leix), Cty. in der histor. Provinz Leinster, Rep. Irland, 1 720 km², 52 800 Ew.; Verw.sitz: Portlaoise.

Laokoon, *grch. Mythos:* ein Priester des Apoll in Troja; er warnte die Trojaner vor dem hölzernen Pferd der Griechen, wurde bald darauf bei Darbringung des Opfers mit seinen beiden Söhnen von zwei Schlangen erwürgt. Die Sage ist v. a. durch Vergil (zweites Buch der Aeneis) bekannt. – Die bedeu-

Mario Lanza

Laokoon: Marmorgruppe, den rhodischen Bildhauern Hagesandros, Polydoros und Athenadoros zugeschrieben (Datierung nicht gesichert, 1. Jh. v. Chr.?; Rom, Vatikanische Sammlungen)

Laon

Laon

Laos

Fläche:	236 800 km²
Einwohner:	(2000) 5,497 Mio.
Hauptstadt:	Vientiane
Verwaltungsgliederung:	16 Provinzen, Hauptstadtpräfektur, 1 Sonderregion
Amtssprache:	Laotisch
Nationalfeiertag:	2. 12.
Währung:	Kip
Zeitzone:	MEZ + 6 Std.

Staatswappen

internationales Kfz-Kennzeichen

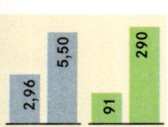
1970 2000 / 1970 2000
Bevölk. (in Mio.) / BNE je Ew. (in US-$)

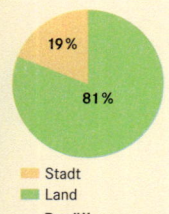
Stadt / Land
Bevölkerungsverteilung 2000

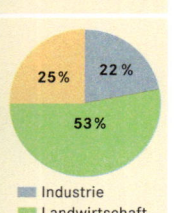
Industrie / Landwirtschaft / Dienstleistung
Bruttoinlandsprodukt 2000

tendste Darstellung des Mythos vom Tod des L. ist die den rhod. Bildhauern Hagesandros, Polydoros und Athenadoros zugeschriebene Marmorgruppe (Datierung nicht gesichert, 1. Jh. v. Chr.?; Rom, Vatikan. Sammlungen). Die 1506 in Rom im Goldenen Haus des Nero wieder entdeckte Gruppe hat wie kein zweites antikes Werk anregend auf die Kunst gewirkt (Winckelmann, Lessing).

Laon [lã], Hptst. des Dép. Aisne, in der Picardie, Frankreich, 26 500 Ew.; Metall-, chem. Ind. – Bed. frühgot. Kathedrale (um 1160 begonnen), Kirche Saint-Martin (12./13. Jh.), Justizpalast (13./15. Jh.); Doppelkapelle, 12. Jh.). – 497–1790 Bischofssitz.

La Oroya, Stadt in Zentralperu, 3 740 m ü. M., am Río Mantaro, 45 000 Ew.; Aufbereitung und Verhüttung der Erze von ∕ Cerro de Pasco, Morococha und Casapalca.

Laos (amtlich laot. Sathalanalath Paxathipatai Paxaxon Lao; dt.: Demokrat. Volksrepublik L.), Staat in SO-Asien, grenzt im N an China, im NO und O an Vietnam, im S an Kambodscha, im W an Birma und Thailand.

Staat und Recht

Nach der Verf. vom 14. 8. 1991 ist L. Volksrepublik. Staatsoberhaupt ist der auf 5 Jahre vom Parlament gewählte Präs.; die Exekutive liegt bei der Reg. unter Vorsitz des MinPräs. Als Legislativorgan fungiert die Nationalversammlung (109 Abg., für 5 Jahre gewählt). Die neue Verf. fixiert die Existenz unterschiedl. Eigentumsformen und den Übergang zu marktwirtsch. Strukturen, schreibt aber zugleich die Monopolstellung der Laot. Revolutionären Volkspartei (LRVP) fest.

Landesnatur

Der Binnenstaat L. erstreckt sich auf der Halbinsel Hinterindien in NW-SO-Richtung am Mekong. L. ist größtenteils gebirgig (Phou Bia; 2 817 m ü. M.), mit eingelagerten Hochebenen und Becken, u. a. das ehem. strategisch wichtige Tranninhplateau (Ebene der Tonkrüge). Fruchtbare, dicht besiedelte Ebenen finden sich längs des Mekong unterhalb von Vientiane. Inselhaft ragt im S das Bolovenplateau bis 1 702 m ü. M. auf. Das Klima ist tropisch; Monsunregen von Mai bis September. Vorherrschend ist ein in der Trockenzeit das Laub abwerfender Wald, in feuchteren Höhenlagen immergrüner trop. Regenwald.

Bevölkerung

L. ist relativ dünn besiedelt, der Verstädterungsgrad ist gering. Etwa 55 % der Bev. sind Lao-Lum (Tal-Lao, die Lao i. e. S.), 3 % Lao-Thai (Stammes-Lao), 27 % Lao-Theung (Lao der Berghänge, auch Kha gen.) und 15 % Lao-Sung (Lao der Berggipfel, einschl. Yao und Miao). – Rd. 58 % der Bev. bekennen sich zum Hinayana-Buddhismus (bis 1975 Staatsreligion), etwa ein Drittel (überwiegend im N) sind Anhänger traditioneller ethn. Religionen, jeweils rd. ein Prozent bilden die christl. und die islam. Minderheit. – Es besteht eine fünfjährige Grundschulpflicht ab dem 6. Lebensjahr. Die Analphabetenquote beträgt 51 %.

Wirtschaft, Verkehr

L. gehört zu den am wenigsten entwickelten Ländern der Erde; es bestehen jedoch kaum Ernährungsengpässe. Wichtigster Wirtschaftszweig ist die Landwirtschaft, in der die Subsistenzwirtschaft vorherrschend ist. Die 1978 eingeleitete Kollektivierung führte zur Bildung von 4 000 Genossenschaften, in denen 74 % der in der Landwirtschaft Erwerbstätigen beschäftigt sind. Hauptanbauprodukt ist Reis, gefolgt von Mais, Bataten, Maniok, Gemüse, Kaffee, Zuckerrohr und Tabak. Der Reichtum an Hölzern (etwa 40 % des Landes sind bewaldet), v. a. Teak, wird nur sehr wenig genutzt. Unkontrollierter Brennholzeinschlag und Brandrodungsfeldbau verursachen aber erhebl. ökolog. Schäden. Im Goldenen Dreieck erfolgt der Anbau von Schlafmohn zur Opiumgewinnung (Reduzierungsabsichten der Anbaufläche). Die z. T. umfangreichen Bodenschätze (Eisen-, Zinn-, Blei-, Kupfererz, Gold u. a.) werden kaum abgebaut; Kupfer- und Goldvorkommen bei Sepon im S des Landes werden mit austral. Hilfe erschlossen. Das gewaltige Wasserkraftpotenzial wird bisher nur durch die Kraftwerke Nam Ngum (150 MW) und Xeset genutzt; der Strom wird z. T. nach Thailand exportiert. Die Ind. ist wenig entwickelt (v. a. Weiterverarbeitung von Agrarprodukten); L. ist auf Wirtschaftshilfe angewiesen. Exportiert werden u. a. Textilien, Holz, Kaffee, Zinn. Bedeutendste Handelspartner sind Thailand, Singapur, Frankreich, Vietnam, China. – Wichtigste Wasserstraße ist der Mekong, doch ist er nicht durchgehend schiffbar (Stromschnellen). 1994 wurde die erste Brücke über den Mekong eröffnet (bei Tha Naleng), die zweite Mekongbrücke (bei Pakse) wurde 2000 fertig gestellt. Weniger als die Hälfte des 21 700 km langen Straßennetzes ist auch in der Regenzeit befahrbar. Ein internat. Flughafen liegt bei Vientiane.

Geschichte

Die aus S-China eingewanderten Lao errichteten im 14. Jh. das Königreich Lan Chang (»Land der Millionen Elefanten«), dessen erster Herrscher Fa Ngum (1353–73) war. 1563 wurde die Hptst. von Luang Prabang nach Vientiane verlegt. In der Reg.zeit von König Souligna Vongsa (1637–94), unter dem das Land eine Blütezeit erlebte, kamen die ersten Europäer nach Laos. Nach seinem Tod zerfiel Lan Chang in die miteinander rivalisierenden Reiche Luang Prabang,

Vieng Chiang (Vientiane) und Champassak, die in der 2. Hälfte des 18. Jh. in Abhängigkeit von Siam (Thailand) gerieten. Im Krieg des Königs Anou Vong (1804–27) von Vientiane gegen die Thai wurde sein Reich weitgehend zerstört und danach eine Provinz Siams. Das seit 1893 unter dem Protektorat Frankreichs stehende L. gehörte zu Frz.-Indochina (mit Ausnahme des formal weiterbestehenden Königreichs Luang Prabang). Mehrere Aufstände, u. a. der Kha (1901–07) und der Miao (1918–22), richteten sich gegen die frz. Herrschaft. Im März 1945 eroberten die Japaner das Land; nach der japan. Kriegskapitulation proklamierte der laot. Prinz Phetsarat im Sept. 1945 die Unabhängigkeit des Landes; am 12. 10. 1945 wurde die provisor. Reg. des »Pathet Lao« (Land Lao) geschaffen. Im Frühjahr 1946 besetzten die Franzosen jedoch erneut das Land und setzten den Monarchen von Luang Prabang, Sisavang Vong, als König von ganz L. ein. 1949 wurde L. im Rahmen der ∕ Französischen Union unabhängig; nach der frz. Niederlage im Indochinakrieg erhielt das Land 1954 die volle staatl. Souveränität. In den nachfolgenden Jahren entbrannte ein Machtkampf zw. den von den USA unterstützten prowestl. Kräften (Prinz Boun Oum), den Neutralisten (Souvanna Phouma) und der prokommunist., von Nord-Vietnam unterstützten Pathet-Lao-Bewegung (Souvanna Vong). Souvanna Phouma (1951–54, 1956–58 MinPräs.) nahm im Sinne einer Ausgleichspolitik 1957 Vertreter des Pathet Lao in seine Reg. auf. Als nach dem Sturz von Souvanna Phouma (1958) der Pathet Lao durch prowestl. Kräfte aus der Regierungsverantwortung gedrängt und verfolgt wurde, kam es zum Bürgerkrieg. Im Mai 1961 schlossen die laot. Konfliktparteien einen Waffenstillstand. Im Gefolge der Genfer L.-Konferenz (1961/62) wurde 1962 eine neue Koalitionsreg. unter Souvanna Phouma gebildet, die der Pathet Lao jedoch 1963 verließ. Der erneut ausbrechende Bürgerkrieg, in dessen Verlauf der Pathet Lao die Kontrolle über zwei Drittel des Landes gewann (wechselvolle Kämpfe um die »Ebene der Tonkrüge«), verband sich seit Mitte der 1960er-Jahre zunehmend mit dem Vietnamkrieg (Einbeziehung des vom Pathet Lao kontrollierten Gebietes in das nordvietnames. Nachschubsystem des ∕ Ho-Chi-Minh-Pfades, amerikan. Luftangriffe auf die »Ebene der Tonkrüge«, Vorstöße südvietnames. Truppen).

Nach Abschluss eines Friedensvertrags (1973) und der Bildung einer »Regierung der Nat. Einheit« (1974) unter Souvanna Phouma kam es nach dem Sieg der kommunist. Kräfte im Vietnamkrieg 1975 zu einer Machtverschiebung zugunsten des Pathet Lao. Am 2. 12. 1975 erfolgte die Proklamation der »Demokrat. Volksrepublik L.« mit Souvanna Vong als Staatspräs. (1975–86); allein regierende Staatspartei wurde die 1955 gegr. Laot. Revolutionäre Volkspartei (LRVP) unter Führung von Kaysone Phomvihane (1975–91 auch MinPräs. sowie 1991/92 Staatspräs.). Der Umbruch von 1975 löste einen Flüchtlingsstrom nach Thailand aus. 1989, 1992 und 1997 fanden Parlamentswahlen statt, bei denen die Bewerber um ein Mandat von der kommunistisch gelenkten Dachorganisation »Nationale Aufbaufront« bestätigt werden mussten. Nachdem 1992–98 Nouhak Phoumsavanh Staatspräs. war, übernahm dieses Amt Khamtay Siphandone (zuvor 1991–98 MinPräs., seit 1992 auch Vors. der LRVP). 1998 wurde Sisavath Keobounphanh Reg.-Chef, ihm folgte 2001 Boungnang Volachit als MinPräs. Bei den Wahlen zur Nationalversammlung 2002 erlangte die herrschende kommunist. LRVP 108 der 109 Abgeordnetensitze.

Laos: Der Fluss Nam Song in der Provinz Vientiane durchfließt eine tropische Karstlandschaft.

1995 ratifizierten L., Birma und China die Verträge über die Grenzfestlegung im Dreiländereck. Im Juli 1997 wurde L. Mitgl. der ASEAN.

Laoshan [-ʃ-] (Lauschan), Gebirge im SW der Halbinsel Shandong, China, östlich der Bucht von Kiautschou (Gelbes Meer); aus Granit aufgebaut; bis 1 087 m ü. M.

Laozi [chines. »alter Meister«] (Lao-tse), nur legendenhaft fassbarer chines. Philosoph (4.–3. Jh. v. Chr.?), Begründer des philosoph. ∕ Daoismus. Zugeschrieben wird ihm das »Daodejing«, das »Buch von Dao und De«; es besteht aus 81 kurzen, z. T. gereimten Abschnitten, aphoristisch aneinander gereiht, in denen gedankl. Tiefe mit sprachl. Einfachheit verbunden ist (∕ Dao).

Laozi auf einem Büffel reitend, Holzschnitt aus dem Mallehrbuch »Senfkorngarten« (Ausgabe von 1818)

La Palma, die nordwestlichste der Kanar. Inseln, 686 km², 78 900 Ew.; bis 2 423 m ü. M., vulkan. Ursprungs (der Teneguía war zuletzt 1971 aktiv); Nationalpark Caldera de Taburiente (4 690 ha) mit dem Roque de los Muchachos (bis 2 423 m ü. M.); internat. Observatorium; im Bau befindet sich das größte Teleskop Europas (Ø 10 m), das **Gran Telescopio Canarias (GTC),** das Ende 2003 funktionsbereit sein soll; Gemüse- und Tabakanbau, Reb- und Bananenkulturen; Hauptort: Santa Cruz de la Palma (Hafen, Flughafen); Fremdenverkehr.

Laparoskopie [grch.] *die* (Bauchspiegelung), zu diagnost. Zwecken vorgenommene Betrachtung der Bauchhöhle mit dem **Laparoskop,** einem starren Spezialendoskop, das nach örtl. Betäubung durch die Bauchdecke in die Bauchhöhle eingeführt wird.

Laparotomie [grch.] *die* (Bauchschnitt), das operative Eröffnen der Bauchhöhle.

La Paz [-s], größte Stadt Boliviens, in einem engen, vom Illimani überragten Talkessel, mit 3 100 bis 4 100 m ü. M. die höchstgelegene Großstadt der Erde, 740 000 Ew.; Sitz der Reg. und des Nationalkongresses (gesetzl. Hptst. ist Sucre); Erzbischofssitz; staatl. Univ., kath. Univ., wiss. Akademien, Kulturinstitute, Museen; wichtigster Ind.standort Boliviens, Verkehrsknotenpunkt, internat. Flughafen. – Kirchen San Pedro (vollendet 1790), San Agustín (17. Jh. ff.); die Kirchen San Francisco (1743–84) und San Domingo (17. Jh.) sind Hauptwerke des indian. Barockstils, Kathedrale (geweiht 1925). – Gegr. 1548 als Ciudad de Nuestra Señora de la P., nach 1825 La P. de Ayacucho gen., seit 1898 Reg.sitz.

La Paz
Stadtwappen

La Paz: Blick auf einen Teil der Unterstadt

La Pérouse [la pe'ru:z], Jean François de Galaup Comte de, frz. Seefahrer, *Schloss Guo (bei Albi) 22. 8. 1741, †bei den Santa-Cruz-Inseln 1788; brach 1785 von Brest zu einer Weltreise (in westl. Richtung) auf, auf der er 1787 die nach ihm ben. **La-Pérouse-Straße** zw. Sachalin und Hokkaidō entdeckte.

Lapilli [italien.], erbsen- bis nussgroße, eckige oder abgerundete Auswürflinge von Vulkanen; bilden **L.-Tuffe.**

Lapislazuli [lat.] *der* (Lasurstein), tiefblaues, undurchsichtiges Mineralaggregat, Hauptbestandteil ist der kubische **Lasurit** mit der Formel $(Na,Ca)_8[(SO_4,S,Cl)_2|(AlSiO_4)_6]$; wird als Schmuckstein verwendet; früher diente er gemahlen als natürl. Ultramarinblau.

Lapithen, *grch. Mythos:* Bewohner Thessaliens, Gegner der Kentauren, ihr König war Ixion.

Laplace [la'plas], Pierre Simon Marquis de (seit 1817), frz. Physiker, Mathematiker und Astronom, *Beaumont-en-Auge (Dép. Calvados) 28. 3. 1749, †Paris 5. 3. 1827; gab eine sehr detaillierte Darstellung der Bewegungsvorgänge der Himmelskörper, erklärte die Entwicklung des Sonnensystems (↗ Kant-Laplace-Theorie) und fasste die Erkenntnisse der Himmelsmechanik in seinem Hauptwerk »Traité de mecanique céleste« (5 Bde., 1799–1825) zusammen. L. begründete die Potenzialtheorie, entwickelte u. a. die ↗ Laplace-Gleichung sowie die L.-Transformation, eine Integraltransformation, und verfasste Arbeiten zur Schwingungs- und Wärmelehre sowie zur Wahrscheinlichkeitsrechnung.

Laplace-Gleichung [la'plas-; nach P. S. de Laplace] (Potenzialgleichung), partielle Differenzialgleichung 2. Ordnung der Form $\Delta u = 0$. Dabei ist $u = u(x_1, x_2, ..., x_n)$ die zu bestimmende, von den Ortskoordinaten x_i abhängige Funktion und Δ der auf eine skalare Funktion anwendbare **Laplace-Operator (Deltaoperator)** div grad (↗ Divergenz, ↗ Gradient), für den bei Verwendung kartes. Koordinaten im dreidimensionalen Raum gilt:

$$\Delta = \text{div grad} = \frac{\partial^2}{\partial x^2} + \frac{\partial^2}{\partial y^2} + \frac{\partial^2}{\partial z^2}.$$

laplacescher Dämon [la'plas-], die von P. S. de Laplace entwickelte Vorstellung einer übermenschl. Intelligenz, die im Sinne der mechanist. Vorstellung eines geschlossenen Weltsystems in der Lage sein müsste, das gesamte Weltgeschehen (in Vergangenheit, Gegenwart, Zukunft) genau zu berechnen, wenn ihr für einen bestimmten Augenblick die Lagen sämtl. Partikel im Universum und deren Geschwindigkeiten bekannt wären. Dieses Konzept ist mit den Erkenntnissen der Quantenmechanik nicht vereinbar.

La Plata, 1) *der,* ↗ Río de la Plata.
2) (1952–55 Evita Perón), Hptst. der Prov. Buenos Aires, Argentinien, am Río de la Plata, südöstlich von Buenos Aires; 520 400 Ew.; drei Univ., Museen, zoolog. und botan. Garten; Erzbischofssitz; Erdölraffinerie, Stahlwerk, Maschinen- und Fahrzeugbau, Nahrungsmittel-, Textil- u. a. Ind.; Hafen, Marinearsenal mit -akademie. – Die Stadt erhielt mit einem regelmäßigen Grundriss eine klare geometr. Ordnung (schachbrettartiges Straßenraster). – Gegr. 1882.

La-Plata-Staaten, die ganz oder großenteils zum Stromgebiet des Río de la Plata gehörenden Staaten: Argentinien, Uruguay und Paraguay.

Lappeenranta (schwed. Villmanstrand), Stadt in der finn. Provinz Kymi, am S-Ende des Saimasees; 57 200 Ew.; TU, Museen; Zementind., Maschinenbau, Pigmentherstellung; Flugplatz.

Lappen [finn.] (Eigenbez. Samek, Sg. Sabme, in Norwegen und Schweden Samen); Volk mit finnougr. Sprache im äußersten N Europas (Lappland), in Schweden und Norwegen auch weiter südlich lebend, 70 000 bis 80 000, davon 40 000 bis 50 000 in Norwegen, 20 000 in Schweden, etwa 7 000 Finnland und auch in Russland (etwa 2 000). Urspr. Fischer und Jäger, die z. T. zur Rentierzucht übergingen, heute überwiegend sesshaft oder Halbnomaden mit Wohnhütten oder traditionellen Koten (kegelförmige Zelte) bei den Sommerweiden im Gebirge und Häusern bei den Winterweiden im Waldland. Die L. in Finnland, Norwegen und Schweden sind Lutheraner, die Skolt-L. auf der Halbinsel Kola orth. Christen.

Läppen, Feinbearbeitungsverfahren, bei dem der Werkstoffabtrag durch loses, in einer Paste oder Flüssigkeit (Läppgemisch, Läppsuspension) befindl. Korn (z. B. Elektrokorund, Siliciumcarbid, Borcarbid) erfolgt. Werkzeug (Läppplatten oder -scheiben,

Läppdorne oder -hülsen) und Werkstück (aus Metall, Keramik, Glas, Kunststoff) gleiten bei fortlaufendem Richtungswechsel aufeinander, wodurch der Werkstoff durch die Schleifwirkung des Läppgemischs abgetragen wird. Beim L. können hohe Maßgenauigkeiten und Oberflächengüten erreicht werden.

Lappentaucher (Steißfüße, Podicipediformes), weltweit verbreitete Ordnung schwimm- und tauchgewandter Wasservögel verschilfter Binnengewässer; mit breiten Schwimmlappen beiderseits an den einzelnen Zehen und weit hinten ansetzenden Beinen (»Steißfüße«); bauen Schwimmnester aus faulenden Pflanzen und tragen häufig ihre Jungen auf dem Rücken; bekannte Arten: der 50 cm lange **Haubentaucher** (Podiceps cristatus) in Europa, Südafrika und Südostasien; der 27 cm lange **Zwergtaucher** (Podiceps ruficollis) in Europa, Südasien und Südafrika.

Lappi, größte Provinz in Finnland, 98 937 km^2, 196 600 Ew.; Hauptort: Rovaniemi; umfasst das finn. ↗ Lappland.

lappische Sprache (samische Sprache), zur finnougr. Sprachgruppe gehörende Sprache, die von den Lappen gesprochen wird; geht auf das Urlappische zurück, das sich nach geltender Ansicht aus der frühostseefinn. Spracheinheit ausgegliedert hat. Es gibt keine einheitl., sondern nur regionale Schriftsprachen, von denen die nordlapp. die weitaus wichtigste ist.

Lappland, urspr. das Wohngebiet der ↗ Lappen, gehört politisch zu Norwegen (Finnmark), Schweden (Västerbotten, Norrbotten), Finnland (Lappi) und Russland (Halbinsel Kola). L. senkt sich vom skandinav. Hochgebirge nach O hin zu niedriger Wald- und Sumpflandschaft; in N Tundra. Das Klima wird an der Küste von Ausläufern des Golfstroms günstig beeinflusst; die zentralen Hochflächen haben Kontinentalklima mit kurzem, warmem Sommer und extrem kaltem Winter. Wirtschaftliche Grundlagen bilden Waldnutzung, Viehzucht (Rentiere), reiche Erzlager (Eisen, Kupfer, Nickel), die seit dem 17. Jh. abgebaut werden (heute in Kiruna, Malmberget, Kirkenes, Petsamo) und Fremdenverkehr. Die **L.-Bahn** (476 km lang) durchquert L. von Luleå bis Narvik.

Lappo-Bewegung, radikale nationalist. Bauernbewegung in Finnland, 1929 in der Stadt Lapua (schwed. Lappo) entstanden, erzwang durch einen »Marsch auf Helsinki« 1930 den Rücktritt der Regierung und (nach Neuwahlen) die Verabschiedung antikommunist. Gesetze. Nach einem gescheiterten Putschversuch (1932) ging aus ihr die »Vaterländ. Volksbewegung« hervor (1944 endgültig verboten).

Lapsus [lat.] *der,* geringfügiger Fehler. – **L. Calami,** Schreibfehler; **L. Linguae,** Sprechfehler.

Laptewsee, Randmeer des Nordpolarmeeres zw. der Halbinsel Taimyr und Sewernaja Semlja im W und den Neusibir. Inseln im O; 662 000 km^2, bis 3 385 m tief; den größten Teil des Jahres eisbedeckt.

Laptop ['læptɔp, von engl. lap »Schoß« und top »Arbeitsplatte«] *der,* kompakter Computer von der Größe einer Reiseschreibmaschine, der wie eine Aktentasche getragen werden kann. L. haben die Leistungsfähigkeit eines Personalcomputers, können netzunabhängig betrieben werden, haben i. d. R. sehr flache Bildschirme, z. B. mit Flüssigkristall- oder Plasmaanzeige, und die Tastatur ist in ihrem Gehäuse integriert. Für die durch zunehmende Miniaturisierung gekennzeichneten L. wird meist die Bez. ↗ Notebook verwendet.

Laqueur [laˈkøːr, engl. ləˈkweə], Walter, amerikan. Historiker und Publizist dt. Herkunft, * Breslau 26. 5. 1921; 1944–55 Zeitungskorrespondent und freier Autor; 1964–91 Direktor des »Institute of Contemporary History and Wiener Library« in London (eine der führenden Einrichtungen zur Erforschung des Faschismus); 1970–87 Prof. an der Univ. in Tel Aviv und 1977–90 an der Georgetown University in Washington (D. C.); wurde 1973 Vors. des wiss. Beirats des »Center for Strategic and International Studies« in Washington (D. C.). Hg. u. a. des »Journal of Contemporary History« (seit 1965). L. schrieb neben zahlr. zeitgeschichtl. Studien (u. a. »Faschismus. Gestern – heute – morgen«, dt. 1997) auch Romane.

L'Aquila ['laːkuila], **1)** Prov. in der Region Abruzzen, Italien, 5 035 km^2, 303 500 Einwohner.
2) Hptst. von 1) und der Region Abruzzen, 70 000 Ew.; Erzbischofssitz; Univ., Nationalmuseum der Abruzzen; Textil-, elektron., Baustoffind., Maschinenbau. – Kastell (16. Jh.). – L'A., nach Plänen Kaiser Friedrichs II. gegr., erlangte im 15. und 16. Jh. wirtsch. und polit. Bedeutung.

Lar [lat.] *der,* ein Affe, ↗ Gibbons.

Larache [frz. laˈraʃ, span. laˈratʃɛ], Stadt in Marokko, ↗ Araisch.

Lappen: Rentierherde, für die Wanderung zu den Winterweiden zusammengetrieben

Larbaud [larˈbo], Valéry, frz. Schriftsteller, * Vichy 29. 8. 1881, † ebd. 2. 2. 1957; Verfasser sensibler Romane (»Fermina Márquez«, 1911), Erzählungen (»Kinderseelen«, 1918) und Gedichte. Versch. Gattungen und Stile verbindet er in seinem Hauptwerk, dem kosmopolit. (autobiograf.) Roman »A. O. Barnabooth« (1. vollständige Ausg. 1913); auch Essayist und Übersetzer (W. Whitman, J. Joyce).

Lärche (Larix), Gattung sommergrüner Kieferngewächse mit weichen Nadeln, die in dichten Büscheln an Kurztrieben und einzeln an Langtrieben stehen, und kleinen Samenzapfen; Bäume der gemäßigten Zone der nördl. Erdhalbkugel, vorwiegend im Gebirge; beste Wuchsleistungen auf nährstoffreichen, lehmigen Standorten. Die **Europ. L.** (Larix decidua) ist bes. in den Alpen bis zur Baumgrenze verbreitet; angepflanzt wird in Mitteleuropa auch die in Sibirien bis O-Asien ausgedehnte Wälder bildende **Japan. L.** (Larix kaempferi). Die L. liefert wertvolles Nutzholz.

Larderello, Teil der Gemeinde Pomarance in der Toskana, Italien, Prov. Pisa; aus den in und bei L. austretenden schwefelhaltigen heißen Gasen werden chem. Grundstoffe (Schwefel, Borsäure u. a.) gewon-

Lappentaucher: Haubentaucher

Michail Larionow: »Rayonistische Komposition« (um 1913/16; Ludwigshafen am Rhein, Wilhelm-Hack-Museum)

nen; 1913 entstand ein erstes geotherm. Kraftwerk (heutige Leistung 400 MW).

Laredo [laˈreɪdəʊ], Stadt in Texas, USA, am Río Grande del Norte; 140 700 Ew.; Univ.; Konservenind.; Erdöl-, Erdgasfelder; Grenzübergang nach Mexiko (Nuevo Laredo); Fremdenverkehr.

Laren [lat. Lares], altröm. Gottheiten, Schutzgeister der Familie, Feldflur und der Reisenden; mit den Penaten verwandt. In der Kaiserzeit verband sich der L.-Kult mit dem des Kaisers.

largando [italien.], musikal. Vortragsbezeichnung: langsamer werdend.

larghetto [larg-; italien. »etwas breit«], musikal. Tempovorschrift: weniger breit als ↗ largo.

largo [italien.], musikal. Tempovorschrift: breit; gewichtiger und i. d. R. langsamer als adagio. **Largo** bezeichnet ein Musikstück in diesem Zeitmaß.

Largo Caballero [ˈlarɣo kaβaˈʎero], Francisco, span. Politiker, * Madrid 15. 10. 1869, † Paris 25. 3. 1946; Arbeiter, ab 1918 Abg. in der Cortes, 1918–37 Gen.-Sekr. des span. Gewerkschaftsverbandes Unión General de Trabajadores (UGT), war nach Ausrufung der Rep. (1931) 1931–33 Arbeitsmin. und 1936–37 MinPräs. einer Volksfrontregierung. Nach dem Sturz der Rep. (1939) emigrierte L. C. nach Frankreich. Von dort verschleppte ihn die dt. Besatzungsmacht 1942 in das KZ Oranienburg; 1945 befreit.

Lari, Abk. **GEL**, Währungseinheit in Georgien; 1 L. = 100 Tetri.

La Rioja [-xa], Region im nördl. Spanien, umfasst die Prov. La R. (früher Logroño), 5 045 km², 276 700 Ew.; Hptst.: Logroño; benannt nach der histor. Landschaft Rioja im oberen Ebrobecken; erstreckt sich vom Ebro südwärts bis in die nördl. Ausläufer des Iber. Randgebirges (Sierra de la Demanda); bed. Weinbau (↗ Rioja), Anbau von Weizen, Zuckerrüben und Gemüse sowie Schafhaltung und Ölbaumkulturen.

Larionow, Michail Fjodorowitsch, ukrain. Maler, * Tiraspol (bei Odessa) 3. 6. 1881, † Fontenay-aux-Roses (Dép. Hauts-de-Seine) 10. 5. 1964; ausgebildet in Moskau; entwickelte mit seiner Frau N. S. Gontscharowa den ↗ Rayonismus und veröffentlichte 1913 das rayonist. Manifest; emigrierte 1915 und wohnte ab 1919 in Paris; v. a. Bühnendekorationen für die »Ballets Russes« von S. P. Diaghilew.

Larissa, ein Mond des Planeten ↗ Neptun.

Larissa (Larisa), Hauptstadt der grch. Region Thessalien und des VerwBez. L., 113 100 Ew.; Univ.; Textilind., Zuckerfabrik, Kartonagen-, Papierherstellung. – Der 26 m hohe Hügel von L. ist seit der Jungsteinzeit besiedelt.

Larix [lat.], die Pflanzengattung ↗ Lärche.

Lärm, jedes als störend empfundene laute Geräusch, dessen Intensität psychologisch als Lautheit, physikalisch als ↗ Lautstärke bezeichnet wird. Zur psych. Beeinträchtigung kann es bereits bei 35–65 dB(A) kommen, zusätzl. phys. oder psych. Störungen sind bei 65–90 dB(A) möglich, Hörschädigung (↗ Lärmschwerhörigkeit) bei L. zw. 85 und 120 dB(A). L. wirkt nicht nur auf das Gehörorgan, sondern auf den Gesamtorganismus. Lang andauernder L. bewirkt v. a. vegetativ-psych. Veränderungen **(L.-Syndrom),** die sich u. a. in Nervosität, Herz- und Kreislaufbeschwerden, Verdauungsstörungen, Schlaflosigkeit und Kopfschmerzen äußern. Als **L.-Schädigungsgrenzwerte** gelten folgende L.-Pegel: in reinen Industriegebieten am Tag und in der Nacht 70 dB(A); in gemischten Baugebieten tagsüber 60 dB(A), nachts 45 dB(A); in reinen Wohngebieten tagsüber 50 dB(A), nachts 35 dB(A).

Larmor-Präzession [ˈlɑːmɔː-; nach dem brit. Physiker J. Larmor, *1857, †1942], die ähnlich der Präzession eines mechan. Kreisels verlaufende Präzessionsbewegung eines elementaren magnet. Dipols in einem Magnetfeld; ihre Frequenz heißt **Larmor-Frequenz.** Ein elementarer Dipol ist z. B. ein Elektron, das aufgrund seiner Bewegung ein magnet. Dipolmoment besitzt.

Lärm: Schalldruckpegel (in Dezibel) verschiedener Schallquellen und Schallwirkungen

Lärmschutz, Vorrichtungen und Maßnahmen, die schädl. Lärm von Menschen abhalten sollen; kann durch Emissions- (Reduzieren der Schallerzeugung und -abstrahlung) und Immissionsschutz (Schutz gegen das Einwirken von vorhandenem Schall) erreicht werden; dazu gehören u. a. Schalldämpfer und Schalldämmstoffe an Maschinen, Erdwälle, L.-Wände, Mindestflughöhen, Verwendung geräuscharmer Triebwerke bei Flugzeugen. Als individueller L. bei

Lärmschutz: Lärmschutzwand am Frankfurter Flughafen (Richtung Kelterbach)

Arbeiten in lärmerfüllter Umgebung wird ein **Gehörschutz** verwendet, der teils direkt im Gehörgang getragen wird, teils ähnlich wie Kopfhörer die gesamte Ohrmuschel umschließt und abdeckt. L. dient der Vermeidung von Innenohrschäden (/ Lärmschwerhörigkeit) sowie von funktionellen, organ. und psych. Störungen.

Lärmschwerhörigkeit, allmählich zunehmende, beiderseitige, meist symmetr. Hörstörung infolge Innenohrschädigung durch lang andauernde Lärmbelastung. Die Schadwirkung des Lärms beginnt bei einer Schallintensität von 85 dB (A); das kurzfristige Einwirken großer Schallintensitäten, z. B. durch Explosion, führt überwiegend zu einseitiger Hörminderung, dagegen langfristig einwirkende hohe Lärmintensitäten zu beiderseitiger Schwerhörigkeit. Die L. ist eine häufige Berufskrankheit.

Larnaka, Hafenstadt an der SO-Küste Zyperns, 68 000 Ew.; Museen; Zigaretten-, Seifenfabrik, Erdölraffinerie, Salzgewinnung; internat. Flughafen; Badestrände. – L., das antike **Kition,** entwickelte sich seit der späten Bronzezeit. Reste antiker Tempel, byzantin. Kirchen, Moscheen.

La Roche [laˈrɔʃ], Marie Sophie, geb. Gutermann von Gutershofen, Schriftstellerin, *Kaufbeuren 6. 12. 1731, †Offenbach am Main 18. 2. 1807; Jugendgeliebte C. M. Wielands; verfasste von Werken S. Richardsons beeinflusste empfindsame Romane (»Geschichte des Fräuleins von Sternheim«, 2 Bde., 1771).

La Rochefoucauld [laʀɔʃfuˈko], François VI., Herzog von La R., Prince de Marcillac, frz. Schriftsteller, *Paris 15. 12. 1613, †ebd. 17. 3. 1680; war Offizier, Gegner Richelieus und Mazarins, Anhänger der / Fronde, durfte erst 1656 nach Paris zurückkehren. Seine »Memoires« (1662) sind ein bed. Zeitzeugnis. La R.s Hauptwerk sind die »Betrachtungen oder moral. Sentenzen und Maximen« (1665, endgültige Fassung 1678). In aphoristisch prägnanter Form verleiht er darin seinem pessimist. Weltbild Ausdruck: Alles menschl. Handeln habe seinen Ursprung ausschließlich in der Selbstsucht. La R. gehört zu den / Moralisten; die »Maximen« als Kunstform beeinflussten nachhaltig die europ. Literatur (v. a. Goethe).

La Rochelle [laʀɔˈʃɛl], Hauptstadt des Dép. Charente-Maritime, W-Frankreich, 71 100 Ew.; Bischofssitz; Museen (u. a. für Meereskunde mit Aquarium); mit dem Vorhafen La Pallice einer der wichtigsten frz. Handels- und Fischereihäfen; Schiffs-, Auto- und Flugzeugbau, chem. und Konservenindustrie. – Die Einfahrt zum alten Hafen wird von zwei Türmen (14. Jh.) flankiert; Kathedrale (18. Jh.), Arkadenhäuser. – La R. war der Hauptstützpunkt der Hugenotten, bis es 1628 von Richelieu erobert wurde.

La Roche-sur-Yon [la rɔʃ syrˈjɔ̃], Hauptstadt des Dép. Vendée in W-Frankreich, 48 500 Ew.; Herstellung von Autoteilen und Haushaltsgeräten. – Anstelle eines 1794 niedergebrannten Marktfleckens 1804 von Napoleon I. gegründet.

Larosière [laʀɔzˈjɛːr], Jacques de L. de Champfeu, frz. Währungsfachmann, *Paris 12. 11. 1929; 1978–86 geschäftsführender Direktor des IWF; 1987–93 Präs. der frz. Nationalbank und 1993–98 Präs. der Osteuropabank.

Larousse, Librairie [librɛˈri laˈrus], Buchverlag und Exportbuchhandlung in Paris, gegr. 1852 von P. A. Boyer und P. Larousse (*1817, †1875), Hg. des Konversationslexikons »Grand dictionnaire universel du XIXe siècle« (15 Bde., 1865–76; 2 Erg.-Bde., 1878 und 1890); in den letzten Jahren u. a.: »La Grande Encyclopédie alphabétique« (60 Bde., 1971–76; 2 Erg.-Bde., 1978 und 1981), »Grand Dictionnaire encyclopédique L.« (10 Bde., 1982–85; 1 Erg.-Bd., 1992) und »Théma« (5 Bde., 1990–91).

Larreta, Enrique Rodríguez, argentin. Schriftsteller, *Buenos Aires 4. 3. 1875, †ebd. 6. 7. 1961; sein histor. Roman »Don Ramiro« (1908) gilt als eines der bedeutendsten Prosawerke des Modernismus; auch Lyriker, Essayist und Dramatiker.

François VI., Herzog von La Rochefoucauld

La Rochelle: Blick auf den alten Hafen, dessen Einfahrt von zwei Türmen aus dem 14. Jh. flankiert wird

L'Arronge [laˈrɔ̃ʒ], Adolf, Dramatiker und Theaterdirektor, *Hamburg 8. 3. 1838, †Kreuzlingen (Kt. Thurgau) 25. 5. 1908; leitete 1883–94 das von ihm mitgegründete Dt. Theater in Berlin; schrieb Singspiele, Volksstücke und Berliner Lokalpossen.

Bartolomé de Las Casas

Larsson, Carl, schwed. Maler, * Stockholm 28. 5. 1853, † Sundborn (bei Falun) 22. 1. 1919; Hauptmeister des Jugendstils in Schweden, war ein glänzender Zeichner und produktiver Buchillustrator, bekannt v. a. durch Aquarellfolgen, die sein Heim, sein Familienleben und das Landleben in Sundborn schildern.

Lartet [-'tɛ], Édouard, frz. Prähistoriker, * Saint-Guiraud (Dép. Gers) 15. 4. 1801, † Seissan (Dép. Gers) 28. 1. 1871. Durch seine Ausgrabungen in Aurignac (Dép. Haute-Garonne) und im Dép. Dordogne wurde er zum Begründer der Erforschung der Altsteinzeit in Frankreich.

L'art pour l'art [larpur'laːr; frz. »die Kunst um der Kunst willen«] *das,* eine von V. Cousin (»Du vrai, du beau et du bien«, 1836) stammende Formel für eine Kunsttheorie, die in Frankreich 1830–70 verbreitet war und am entschiedensten von T. ∕ Gautier vertreten wurde. Danach ist Kunst Selbstzweck, losgelöst von allen moralischen, polit. oder sonstigen außerkünstler. Zielsetzungen und wirkt nur durch die ästhet. Gestaltung. In Frankreich waren u. a. G. Flaubert, C. Baudelaire und J. K. Huysmans Anhänger dieses Konzepts, in England O. Wilde, in Dtl. der Kreis um S. George. Das Konzept war mitbestimmend für viele nachfolgende künstler. Richtungen, z. B. Symbolismus, Formalismus und Neuromantik.

Larve [lat.], **1)** im röm. Volksglauben Bez. für die umherschweifenden Geister der Verstorbenen, ähnlich den ∕ Lemuren.
2) *ursprünglich:* Gesichtsmaske.
3) *Zoologie:* jugendl., meist noch nicht fortpflanzungsfähiges Tier, das in seiner Gestalt (vor der Metamorphose) wesentlich von den geschlechtsreifen Formen abweicht. L.-Formen sind bei den Insekten Raupe, Engerling, Made, bei Krebstieren der Nauplius oder die Zoea, bei den meisten Amphibien die Kaulquappe. Die L. vieler Insekten wandelt sich über das Stadium der ∕ Puppe in das ausgewachsene Vollinsekt um.

Larvenroller (Paguma larvata), in SO-Asien verbreitete Art nachtaktiver Schleichkatzen mit Schwarzweißzeichnung am Kopf; 50–75 cm lang, Schwanz etwa gleich lang; überwiegend baumbewohnend, Allesfresser.

Larvik, Hafenstadt in der Prov. Vestfold, Norwegen, am Skagerrak, 40 100 Ew.; Holzind., Mineralwasserabfüllung; Badeort (Heilquelle); Fährverkehr nach Frederikshavn (Dänemark).

Laryngektomie [grch.] *die,* völlige (mit Stimmverlust) oder teilweise (mit Erhaltung von Atemfunktion und Stimmbildung) operative Entfernung des Kehlkopfs.
Laryngitis *die,* die ∕ Kehlkopfentzündung.
Laryngoskopie *die,* die ∕ Kehlkopfspiegelung.
Larynx [grch.] *der,* der ∕ Kehlkopf.
Larynxkarzinom, der ∕ Kehlkopfkrebs.

Larzac, Causses du [kosdylar'zak], die größte der Kalkhochflächen der ∕ Causses im südl. Zentralmassiv, Frankreich; über 1 000 km², 560–920 m ü. M.; Weidewirtschaft (Schafe, Rinder).

Lasa, Hauptstadt von Tibet, ∕ Lhasa.

Lasagne [la'saɲə, italien.], Teigwarengericht, das in Schichten mit Hackfleisch oder vegetarisch gefüllt und mit geriebenem Käse in einerAuflaufform überbacken wird.

La Salle [la'sal], René Robert Cavelier de, frz. Entdecker und Kolonisator, * Rouen 22. 11. 1643, † (ermordet) Texas 19. 3. 1687; befuhr als erster Europäer den Mississippi bis zur Mündung und nahm am 9. 4. 1682 das Gebiet, das er nach Ludwig XIV. »Louisiane« (∕ Louisiana) nannte, für Frankreich in Besitz; verfehlte 1684 beim Versuch, im Mississippidelta eine Niederlassung zu errichten, die Strommündung und landete in der Matagorda Bay an der texan. Küste. 1687 wurde L. S. in der Nähe des Brazos River von Meuterern getötet.

Las Casas, Bartolomé de, span. Missionar, Dominikaner, »Apostel der Indianer«, * Sevilla 1474 (?), † Madrid 31. 7. 1566; Begleiter des Kolumbus; kämpfte gegen die Versklavung und Misshandlung der Indianer durch die span. Konquistadoren und erwirkte das Verbot der Indianersklaverei und die rechtl. Gleichstellung von Indianern und Spaniern in den »Neuen Gesetzen« (1542). Seit 1543 als Bischof von Chiapas (Mexiko) mit ihrer Durchführung befasst, scheiterte er an seinen Feinden unter den Konquistadoren. 1547 zur Rückkehr nach Spanien gezwungen, wirkte er seit 1551 als Berater am Hof weiter für die Rechte der Indianer. – Biograf des Kolumbus und bedeutender Geschichtsschreiber der Entdeckung und Inbesitznahme Amerikas.

Lascaux [las'ko], 1940 entdeckte Höhle (UNESCO-Weltkulturerbe) an der Vézère, bei Montignac (Dép. Dordogne), Frankreich; mit eindrucksvollen Wandmalereien und Gravierungen (v. a. Tierbilder, auch Szenen der Jagdmagie u. a.) aus der jüngeren Altsteinzeit; seit 1963 für den Publikumsverkehr geschlossen. Eine originalgetreue Nachbildung des Hauptteils der Höhle befindet sich in unmittelbarer Nähe.

Lascaux: Höhlenbild mit Darstellung verschiedener Tiere (u. a. Wildpferd, Urrind) auf der Flucht

Lasche, *Bautechnik:* Verbindungsstück zweier stumpf aneinander stoßender Konstruktionsstücke, z. B. im Brücken-, Hoch-, Eisenbahnbau.

Lasen (Lazi), den Georgiern nahe verwandtes Volk mit kartwel. Sprache, an der SO-Küste des Schwarzen Meeres und im Pont. Gebirge, v. a. in der Türkei (etwa 30 000) und als Minderheit in Adscharien (Georgien; etwa 2 000). Die L. sind sunnit. Muslime. Sie betreiben Landwirtschaft (Teeanbau), Fischerei und Handel.

Laser ['leɪzə; engl. für **l**ight **a**mplification by **s**timulated **e**mission of **r**adiation, »Lichtverstärkung durch induzierte Strahlungsemission«] *der,* Verstärker und Generator für kohärente elektromagnet. Wellen, v. a. im ultravioletten, sichtbaren und infraroten Spektralbereich, aber auch darüber hinaus (z. B. ∕ Maser, ∕ Röntgenlaser).

Die Funktion des L. beruht auf der **induzierten (stimulierten) Emission.** Diese kann eintreten, wenn ein angeregtes Atom oder Molekül mit einem elektromagnet. Strahlungsfeld in Wechselwirkung steht, dessen Frequenz der Energiedifferenz zw. dem angeregten und einem energetisch niedriger liegenden Zustand in dem System entspricht. Hierdurch wird ein Übergang in den niedrigeren Zustand induziert, wobei die Anregungsenergie als Photon emittiert wird. Als Voraussetzung für eine effektive Verstärkung des Strahlungsfeldes muss das höhere Niveau stärker besetzt sein als das tiefer liegende, da sonst die Schwächung der Strahlung durch Absorption (Übergang vom niederen zum höheren Zustand) größer wäre als die Verstärkung durch stimulierte Emission. Da eine derartige **Besetzungsinversion** in der Natur im therm. Gleichgewichtszustand nicht vorkommt, muss dem atomaren System von außen Energie (Pumpenergie) zur Umkehr der natürl. Besetzung zugeführt werden.

Wird ein laserfähiges (aktives) Medium in einen opt. Resonator eingebracht, der eine Rückkopplung der L.-Strahlung ermöglicht, so erhält man einen Oszillator (Generator) für elektromagnet. Schwingungen. Als Resonator dienen meist zwei einander gegenüberstehende ebene oder auch sphär. Spiegel, es sind aber auch Systeme mit drei oder mehr Spiegeln möglich (**Ringlaser**). Übertrifft die Strahlungsverstärkung im aktiven Medium die Verluste für einen Umlauf der zw. den Spiegeln hin- und herreflektierten Welle, so fängt der L. an, auf einer für das L.-Material charakterist. Wellenlänge zu schwingen, wobei sich zw. den Spiegeln ein stehendes Wellenfeld aufbaut. Wegen der gegenüber den Resonatorabmessungen kleinen Wellenlänge des Lichts werden sehr viele Resonatoreigenschwingungen (**Moden**) angeregt, sofern deren Zahl nicht durch selektive Verfahren (**Modenselektion**) reduziert wird; durch Phasenkopplung der Moden (**Modensynchronisation,** engl. modelocking) können wesentlich kürzere L.-Impulse erzeugt werden. Zur Auskopplung der L.-Strahlung aus dem Resonator ist einer der Spiegel schwach durchlässig. Viele L.-Materialien können viele versch. Frequenzen verstärken (z. B. Argon, Krypton, Kohlendioxid), andere (z. B. Lösungen organ. Farbstoffmoleküle) sogar jede Wellenlänge in einem breiten Frequenzband. Um in diesen Fällen eine monochromat. Emission auf einer gewünschten Wellenlänge zu erhalten, müssen zur Unterdrückung der anderen Wellenlängen Filter (Prismen, Gitter u. a.) in den Resonator eingesetzt werden.

Als Unterscheidungskriterium für L. dient z. B. das verwendete aktive Medium. Eingesetzt werden Festkörper (**Festkörper-L.**), v. a. Rubinkristalle, mit Neodym dotierte Kristalle oder Gläser, Halbleiter (↗ Halbleiterlaser) wie Gallium-Arsenid-Dioden, Flüssigkeiten (v. a. Lösungen organ. Farbstoffmoleküle, **Farbstoff-L.**) und Gase (**Gas-L.**) wie Kohlendi-oxid, Kohlenmonoxid, Stickstoff, Helium-Neon-Gemische, Metalldämpfe (z. B. Cadmium) und angeregte Edelgase sowie mit diesen gebildete Moleküle (sie bilden das L.-Medium der **Excimer-L.,** ↗ Excimer). – Die Besetzungsinversion lässt sich auf versch.

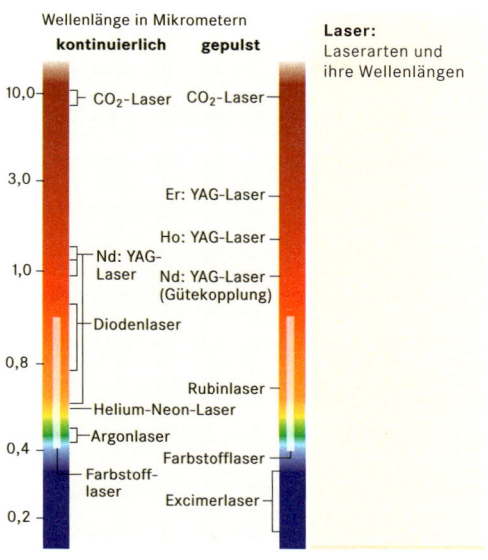

Laser: Laserarten und ihre Wellenlängen

Weise erzeugen, z. B. bei Gas-L. durch Elektronenstoß in einer Gasentladung, bei Halbleiter-L. durch Injektion von Ladungsträgern in einen ↗ pn-Übergang, bei den optisch gepumpten Festkörper- und Flüssigkeits-L. durch die intensive Strahlung einer therm. Hochleistungslichtquelle oder eines anderen Lasers. **Chem. L.** nutzen die bei chem. Reaktionen freigesetzte Energie (chem. Pumpen) zur Besetzungsinversion. Die Strahlungsverstärkung in L. an freien Elektronen (**Freie-Elektronen-L.,** Abk. FEL; engl. Free-Electron-L.) erfolgt in einem hochenerget. Elektronenstrahl, der durch ein periodisch seine Richtung änderndes Magnetfeld geschossen wird. – Nach der Dauer der Strahlungsemission werden kontinuierliche (**Dauerstrich-L.**) und diskontinuierl. L. (**Impuls-, Puls-L.**) unterschieden.

Von der Strahlung gewöhnl. (d. h. therm.) Lichtquellen (Glühlampen, Gasentladungslampen) unterscheidet sich L.-Licht durch folgende Eigenschaften: 1) Die Strahlung ist räumlich kohärent, d. h., die von verschiedenen räuml. Punkten im aktiven Material emittierten Wellenzüge haben eine feste Phasenbeziehung. Die Strahlung wird nicht in alle Raumrichtungen abgegeben, sondern ist scharf gebündelt, sodass eine exakte Fokussierung mit extrem hohen Leistungsdichten möglich ist. 2) Ein L. emittiert lange fortlaufende Wellenzüge mit nur geringen Phasenschwankungen, d. h., der L.-Strahl ist zeitlich kohärent. Verbunden damit ist die hohe Monochromasie der Strahlung. 3) Die in einem schmalen Wellenlängenbereich abgegebene Strahlungsleistung kann bei Puls-L. (Hochleistungs-L.) Werte von 10^{10} bis 10^{13} W erreichen. Die hohe elektr. Feldstärke in einem derartigen L.-Strahl hat zur Entdeckung völlig neuartiger physikal. Effekte bei der Wechselwirkung von Licht mit Materie geführt (↗ nichtlineare Optik). 4) Mit L. können ultrakurze, intensive Lichtpulse mit Pulsdauern weniger als 10^{-14} s erzeugt werden.

L. finden heute in fast allen Gebieten der Naturwiss. und Technik Anwendung (**L.-Technik**). Sie wer-

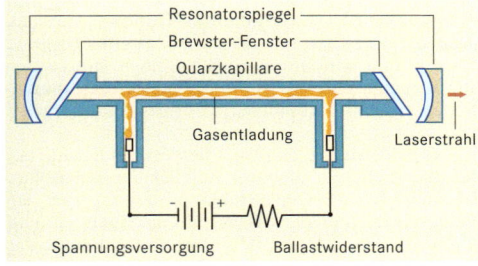

Laser: Schema eines Helium-Neon-Lasers. Der Laser wird durch eine Gasentladung gepumpt; durch die Brewster-Fenster wird erreicht, dass der Laser polarisiertes Licht erzeugt; der Resonator besteht aus zwei sphärischen dielektrischen Spiegeln.

den u. a. zur Materialbearbeitung (Schweißen, Schneiden, Bohren von Metallen u. a.), in der Messtechnik (z. B. zur Längenmessung, für Fluchtungs- und Steueraufgaben), zum Sichtbarmachen von Schwingungen (Vibrometrie, z. B. im Maschinenbau und bei Musikinstrumenten), in der Medizin (↗ Laserchirurgie), im Umweltschutz (↗ Spektralanalyse, ↗ Lidar) sowie zur opt. Informationsübertragung und -verarbeitung (u. a. für ↗ optische Speicher, ↗ Laserdrucker, ↗ Scanner) eingesetzt. L. sind wegen der hohen Kohärenz ihrer Strahlung hervorragende Strahlungsquellen für die ↗ Holographie. Weitere Anwendungsgebiete sind Mikroskopie, Spektroskopie (L.-Spektroskopie), Interferometrie (L.-Interferometrie), Kurzzeitmesstechnik, Flugnavigation, graf. Technik, Lithographie, Photochemie (L.-Chemie).

Die Theorie des L. geht auf die 1917 von A. Einstein vorausgesagte induzierte Emission zurück. Die Anwendung des Maserprinzips auf Licht schlugen 1958 A. L. Schawlow und C. H. Townes vor, theoret. Grundlagen lieferten auch N. G. Bassow und A. M. Prochorow. T. H. Maiman konstruierte 1960 den ersten Rubinlaser. 1962 wurden die ersten Halbleiter-L. entwickelt, ab 1997 die ersten ↗ Atomlaser.

Laser|ablation ['leɪzə-], Abtragung fester Stoffe durch kurze, intensive Laserpulse. Die L. ermöglicht die Überführung nicht oder schwer schmelzbarer Stoffe in ein Plasma gleicher chem. Zusammensetzung und damit eine Stoffabscheidung in Form dünner Schichten (z. B. zur Herstellung von Hochtemperatur-Supraleiterfilmen).

Laserchirurgie ['leɪzə-], Behandlung von Krankheiten mit scharf gebündelten Laserstrahlen, die daher nur eng begrenzte Gewebeveränderungen hervorrufen. Diese beruhen je nach Intensität und Wellenlänge des Lasers auf einer koagulierenden und anheftenden oder einer schneidenden Einwirkung. Der Kohlendioxidlaser entfaltet die beste Schnittwirkung, der Argon-Laser eine gute Koagulationswirkung (bis zu einer Tiefe von etwa 1 cm) durch Umwandlung von Licht in therm. Energie. Das Stillen massiver Magen-Darm-Blutungen ist mit dem Neodym-YAG-Laser möglich (größere Koagulationstiefe). Aufgrund der scharfen Bündelung ist auch der Einsatz eines Glasfaserlichtleiters bei endoskop. Eingriffen möglich. Zu den mit Laserstrahlen durchgeführten Operationen gehören v. a. die Behandlung der Netzhautablösung des Auges, die Entfernung von Tumoren (bes. im Gesichts- und Kehlkopfbereich), die blutstillende Wundverschorfung und die Entfernung von Warzen und Kondylomen.

Laserdiode ['leɪzə-], Abk. **LD** (Diodenlaser), strompumpter Halbleiterlaser, der einen in Flussrichtung gepolten p-n-Übergang als aktives Medium enthält. – L. werden als Kanten- und als Flächenstrahler hergestellt. Ein **Kantenstrahler** besteht im Wesentlichen aus einer Folge dünner Schichten mit unterschiedl. Breite der verbotenen Zone, die z. T. n-, z. T. p-dotiert sind (Heterostruktur). In der Raumladungszone des p-n-Übergangs befindet sich die dünne aktive Schicht mit einer Breite der verbotenen Zone, die kleiner ist als die der beiden angrenzenden Barriereschichten. Die Breite der verbotenen Zone der aktiven Schicht bestimmt die Quantenenergie (Farbe) des emittierten Lichts. Zwei gegenüberliegende planparallele Endflächen senkrecht zur Fläche des p-n-Übergangs dienen als Rückkopplungsspiegel und bilden zus. mit der lichtführenden Schicht einen Wellenleiterresonator.

L. zeichnen sich durch extrem kleine Abmessungen (Kantenlänge < 1 mm), hohe Verstärkung, sehr guten Wirkungsgrad und einfache Modulierbarkeit der Laserstrahlung aus. Breite Anwendungen finden L. z. B. in Laserdruckern, Leseköpfen und Brennern für CDs und DVDs, in der Messtechnik sowie als Pumplaser.

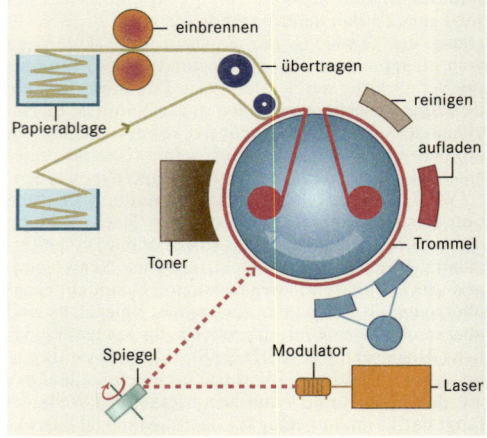

Laserdrucker: Prinzip eines Laserdruckers

Laserdrucker ['leɪzə-], von einem Mikroprozessor gesteuerter ↗ Drucker. Ein in seiner Richtung programmgesteuerter Laserstrahl bildet die zu druckenden Zeichen oder graf. Darstellungen auf eine elektrostatisch vorgeladene Photohalbleiterfolie ab. Das so entstehende Ladungsbild wird mithilfe von Tonerpartikeln von der mit der Folie überzogenen Drucktrommel auf das Papier übertragen. Vielfach werden anstelle des Laserspiegelsystems LED-Druckzeilen verwendet, die aus etwa 5 000 LEDs (Leuchtdioden) bestehen. LED-Drucker werden i. d. R. L. gen., obwohl die Bez. nicht zutrifft. – L. zeichnen sich durch hohe Auflösung, Druckqualität und -geschwindigkeit und geringe Geräuschentwicklung aus; jeder L. ist ein Seitendrucker.

La Serena, Hptst. der Region Coquimbo, Chile, im Kleinen Norden, 123 200 Ew.; kath. Erzbischofssitz; Obstverarbeitung, Fremdenverkehr (nahebei Seebad). In den Anden östlich von La S. befinden sich die ↗ Europäische Südsternwarte (La Silla) und das Cerro Tololo Interamerican Observatory.

Laserfusion ['leɪzə-], die Einleitung einer ↗ Kernfusion mithilfe gepulster Laser sehr hoher Leistung.

Laserkoagulation ['leɪzə-], die ↗ Lichtkoagulation.

Laserkraut (Laserpitium), Gattung eurasiat. Doldengewächse, heimisch u. a. das **Breitblättrige L.** (Laserpitium latifolium), bis 1,5 m hoch, mit großen Blattscheiden und bis 20 cm breiten weißen Blütendolden, in lichten Gehölzen, auf trockenen Bergwiesen.

Laserkühlung ['leɪzə-], die Verminderung der Bewegungsenergie atomarer Teilchen durch den Photonenimpuls von Laserstrahlung. Bewegt sich ein Atom oder Ion einem Laserstrahl entgegen, so wird durch resonante Absorption eines Laserphotons das Atom in einen angeregten Zustand versetzt und gleichzeitig seine Anfangsgeschwindigkeit in Bewegungsrichtung vermindert. Da die nachfolgende spontane Emission von Photonen isotrop (mit gleicher Wahrscheinlichkeit in jede Richtung) erfolgt, verbleibt nach genügend vielen Absorptions-Emissions-Zyklen nur eine betragsmäßig viel kleinere Endgeschwindigkeit, die einer niedrigeren Temperatur entspricht. (/ Teilchenfalle.)

Laserpinzette [ˈleɪzə-], *Mikrotechnik:* die / optische Pinzette.

Laserspektroskopie [ˈleɪzə-], zusammenfassende Bez. für alle spektroskop. Verfahren, die mit Laser als Strahlungsquelle arbeiten.

Lasertechnik [ˈleɪzə-], zusammenfassende Bez. für alle techn. Anwendungen von Laserstrahlen (/ Laser).

Laserwaffen [ˈleɪzə-], in Entwicklung befindl. Waffen, deren zerstörer. Wirkung durch Hochenergielaserstrahlen hervorgerufen wird. L. sollen v. a. Flugkörper in Erdnähe und im Weltraum bekämpfen.

Lash [læʃ, engl.; Kw. für **l**ighter **a**board **sh**ip] *das, Schifffahrt:* Transportverfahren, bei dem Spezialschiffe (Leichtertransportschiffe, Bargecarrier) Schwimmbehälter (Leichter, Bargen) im Huckepackverkehr über See befördern und nachfolgend auf Binnenwasserstraßen im Schubverband fahren. L. wurde erstmals 1969 auf der Route New Orleans–Rotterdam angewendet, heute ist es weitgehend durch Containerverkehr verdrängt.

Lasieren [zu Lasur], das Überziehen eines Werkstoffes (Holz) oder Gemäldes mit einer durchsichtigen Farb- oder Lackschicht; in der Aquarellmalerei Bez. für das dünne Auftragen von Wasserfarben (lasierende Aquarellmalerei).

Läsion [lat.] *die,* Verletzung oder Störung der Funktion eines Organs oder Körperglieds.

Laskaris, Name eines byzantin. Geschlechts, das nach der Einnahme Konstantinopels durch die Kreuzfahrer zw. 1204 und 1258 die regierenden Kaiser im Exilreich von Nikaia stellte (Dynastie der **Laskariden**).

Lasker, 1) Eduard, Politiker und Publizist, *Jarotschin (heute Jarocin, bei Posen) 14. 10. 1829, †New York 5. 1. 1884; 1867–84 MdR; 1866–80 Führer des linken Flügels der Nationalliberalen, von denen er sich 1880 trennte.

2) Emanuel, Mathematiker, Schachspieler und -theoretiker, *Berlinchen (bei Landsberg an der Warthe) 24. 12. 1868, †New York 11. 1. 1941; 1894–1921 Schachweltmeister; emigrierte 1933 in die USA.

Lasker-Schüler, Else, Schriftstellerin, *Elberfeld (heute zu Wuppertal) 11. 2. 1869, †Jerusalem 22. 1. 1945; ⚭ 1894–99 mit dem Arzt B. Lasker, 1901–11 mit H. / Walden; emigrierte 1933 aufgrund ihrer jüd. Abstammung in die Schweiz, lebte ab 1937 verarmt in Jerusalem. L.-S. gilt mit ihrem stark emotionalen Werk als Vorläuferin, Repräsentantin und Überwinderin des literar. Expressionismus. Sie begann mit eleg., dunkel-visionären Gedichten (»Styx«, 1902). In den schwärmerisch-ekstat. »Hebr. Balladen« (1913) wurde das Motiv des Weltendes mit traumhaften, fantast. Erlösungshoffnungen verbunden. Die schwermütigen Gedichte in dem Band »Mein blaues Klavier« (1943) vermitteln ein ergreifendes Bild ihrer Emigration; auch Erzählungen (»Der Prinz von Theben«, 1914) und das Drama »Die Wupper« (1909).

Laski [ˈlæski], Harold Joseph, brit. Politiker und Politikwissenschaftler, *Manchester 30. 6. 1893, †London 24. 3. 1950; Mitbegründer der Politikwissenschaft. Er entwickelte die Theorie des pluralist. Staates (/ Pluralismus).

Las Palmas, span. Provinz auf den / Kanarischen Inseln, 4066 km², 887 700 Ew; umfasst die Hauptinseln Gran Canaria, Lanzarote und Fuerteventura sowie sechs weitere Inseln.

Las Palmas de Gran Canaria, Hauptstadt der Prov. Las Palmas, Spanien, im NO der Insel Gran Canaria, 352 600 Ew.; kath. Bischofssitz; Univ.; Museen (u. a. Kolumbusmuseum, Atlant. Zentrum für Moderne Kunst, Freilichtmuseum kanar. Architektur); der Hafen spielt eine bed. Rolle im Transatlantikverkehr, Ausfuhr von Bananen, Tomaten, Frühgemüse; chem. u. a. Ind.; internat. Flughafen; Seebad mit bed. Fremdenverkehr. – In der maler. Altstadt im Stil der span. Kolonialzeit liegen die got. Kathedrale (1497–1570), die Casa de Colón (Kolumbushaus, Ende 15. Jh.) und die Eremita San Antonio Abad (15. Jh.).

Else Lasker-Schüler, Aquarell von Christian Rohlfs (1920; Marbach am Neckar, Schiller-Nationalmuseum)

Laspeyres-Index [lasˈpɛːr-], nach dem Statistiker Ernst Louis Étienne Laspeyres (*1834, †1913) benannte Indexzahl, mit der der Einfluss der Inflation auf die Lebenshaltungskosten dargestellt wird; misst die Veränderung von (Güter-)Mengen im Zeitablauf, wobei zur Gewichtung die Preise dieser Mengen im Basiszeitraum zugrunde gelegt werden.

La Spezia, 1) Prov. in Ligurien, Italien, 882 km², 221 600 Einwohner.

2) Hauptstadt von 1), 95 100 Ew.; Museen; bed. Hafen (Marine-, Handels- und Fischereihafen) im Golf von La S.; Erdölraffinerie, Werften, Eisenhütten- und Stahlwerk, Maschinenbau; Muschelzucht. – Entstand aus mehreren mittelalterl. Siedlungen. Nach starken Zerstörungen im Zweiten Weltkrieg wurde u. a. der Dom (16. Jh.) wieder aufgebaut.

Lassafieber, Viruskrankheit, die in den trop. Regionen W-Afrikas auftritt und erstmals 1969 in Lassa (Nigeria) beobachtet wurde. Erreger ist das zu den Arenaviren gehörende Lassavirus, als dessen Reservoir Nagetiere gelten; die Inkubationszeit beträgt 3–17 Tage. Hauptsymptome sind plötzl. hohes Fieber, Gelenkschmerzen, Mund- und Gaumengeschwüre, Hautblutungen, heftige Brechdurchfälle, Lungenent-

Else Lasker-Schüler

Ferdinand Lassalle

zündung, tox. Kreislauf- und Nierenversagen; die Krankheit endet häufig tödlich (Letalität liegt bei 30–50%). Die *Behandlung* erfolgt symptomatisch sowie mit Ribavirin (Virostatikum) und Rekonvaleszentenserum.

Lassalle [laˈsal], bis 1846 Lassal, Ferdinand, Publizist und Politiker, * Breslau 11. 4. 1825, † (an den Folgen eines Duells) Genf 31. 8. 1864; Sohn eines wohlhabenden jüd. Tuchhändlers, studierte 1843–46 Philologie, Geschichte und Philosophie; 1846–54 übernahm er die Prozessvertretung im Scheidungsprozess der Sophie Gräfin von ↗Hatzfeld; 1849 war er Mitarbeiter an der »Neuen Rhein. Zeitung« von K. Marx. L., zeitlebens ein Anhänger Hegels, setzte sich in seinem polit. Hauptwerk »Das System der erworbenen Rechte« (1861, 2 Bde.) mit dessen Rechtsphilosophie auseinander: Ein gleiches Recht für alle sei erst in einem künftigen demokrat. Staat mit seiner solidar. Gesellschaft von Gleichen zu erreichen. Seine Stellungnahmen zur Arbeiterfrage (v. a. »Arbeiterprogramm«, 1863) brachten ihn in Kontakt mit den Arbeitervereinen. Auf Bitten eines Komitees in Leipzig legte er in dem »Offenen Antwortschreiben« (1. 3. 1863) sein polit. Programm für einen allg. dt. Arbeiterkongress dar: Vom ↗ehernen Lohngesetz ausgehend, forderte er die Beteiligung der Arbeiter an der Produktion und ein allg. und gleiches Wahlrecht. Auf dieser programmat. Grundlage entstand am 23. 5. 1863 der »Allg. Dt. Arbeiterverein« (ADAV), zu dessen erstem Präs. L. gewählt wurde. Auf dem Höhepunkt des preuß. Verfassungskonflikts suchte L. Kontakte zu Bismarck zur Erhaltung legaler Betätigungsmöglichkeiten. – L.s Vorstellungen haben die ↗Sozialdemokratie stark beeinflusst.

Lassen Peak [ˈlæsn ˈpiːk] (Mount Lassen), Vulkan im S der Cascade Range, N-Kalifornien, USA, 3 187 m ü. M., bis 1921 tätig; bildet mit seiner Umgebung seit 1916 den **Lassen Volcanic National Park** (430 km²).

Lassnig, Maria, österr. Malerin, * Kappel am Krappfeld (Bez. Sankt Veit an der Glan) 8. 9. 1919; beschäftigt sich in ihren Arbeiten mit Körperbewusstsein, wobei sie sich verschiedener Ausdrucksformen bedient; schuf auch Zeichentrickfilme.

Lasso [span. lazo »Schlinge«] *das,* auch *der,* **1)** Wurfriemen oder -strick mit leicht zusammenziehbarer Schlinge, die über ein Jagdtier oder ein anderes Ziel geworfen wird. Bei den Reiter- und Hirtenvölkern der Alten Welt seit der Antike bekannt. Die Spanier brachten das L. im 16. Jh. nach Amerika.

2) *Eis-, Rollkunstlauf:* Figur im Paarlauf, wobei der Mann seine Partnerin während des Laufs Hand auf Hand über den Kopf hebt und sich mit ihr um die Körperachse dreht.

Lasso, Orlando di (Orlande oder Roland de Lassus), frankofläm. Komponist, * Mons (Hennegau) um 1532, † München 14. 6. 1594; 1553 Kapellmeister in Rom, leitete seit 1564 die Hofkapelle in München; neben G. P. da Palestrina der bedeutendste Komponist seiner Zeit. Seine Kunst verkörpert den letzten Höhepunkt der frankofläm. Vokalpolyphonie. L. komponierte über 70 Messen, 4 Passionen, über 500 Motetten, etwa 100 Vertonungen des Magnifikats, über 200 italien. Madrigale, 146 frz. Chansons, rd. 90 dt. Lieder, über 30 Hymnen und Litaneien.

Orlando di Lasso

Laßwitz, Kurd, Schriftsteller und Philosoph, * Breslau 20. 4. 1848, † Gotha 17. 10. 1910; seit 1884 Prof. am Ernestinum in Gotha; verfasste Essays und wiss. Schriften, utop. Märchen und Romane. V. a. »Auf zwei Planeten« (1897, 2 Bde.) gilt als frühes Beispiel dt. Science-Fiction.

Last, *Technik:* Benennung einer Größe von der Art einer Masse (z. B. Trag-L. eines Krans), einer Kraft oder Gewichtskraft, einer Leistung (insbesondere in der Elektrotechnik, z. B. Blind-L.), auch Bez. für einen (zu transportierenden) Gegenstand.

Last, James, eigtl. Hans L., Orchesterleiter, Komponist und Arrangeur, * Bremen 17. 4. 1929; urspr. Jazzbassist; gründete 1965 eine Bigband; wurde populär mit seinen Swingbearbeitungen von Schlagern, Volksliedern, Filmmelodien u. a.

Last|annahme, rechner. Größe, die Art, Größe und Richtung möglicher, auf ein Bauwerk, Fahrzeug oder Hebezeug ausgeübter Kräfte und deren mögl. Zusammenwirken vorgibt und die Grundlage für Dimensionierung, Berechnung und Festigkeitsversuche bildet.

Maria Lassnig: Selbstporträt mit Schwein (1975; Privatbesitz)

Last|aufnahmemittel, eine nicht direkt zum ↗Hebezeug gehörende Einrichtung, die eine Verbindung zw. Tragmittel und Nutzlast ohne besondere Um- und Einbaumaßnahmen ermöglicht, z. B. Lasthebemagnet, Greifer, Blockzange, Kübel.

Lasten, *Recht:* die auf einer Sache oder einem Recht liegenden öffentlich-rechtl. oder privatrechtl. Verpflichtungen zu Leistungen, die aus der Sache oder dem Recht vom Eigentümer oder sonstigen Berechtigten zu entrichten sind und den Nutzungswert mindern, Grundsteuer.

Lasten|ausgleich, in der Bundesrep. Dtl. nach dem Zweiten Weltkrieg der Vermögensausgleich zw. den durch die Kriegs- und Nachkriegsereignisse (Vertreibung, Flucht, Evakuierung, Währungsreform) Geschädigten und denen, die ihren Besitzstand ganz oder überwiegend bewahrt hatten (Ges. vom 14. 8. 1952 i. d. F. v. 2. 6. 1993; galt i. d. F. v. 1. 10. 1968 auch für Personen, die aus der DDR geflüchtet waren). Zur Durchführung wurden bis 31. 12. 1979 Ausgleichsabgaben erhoben: Natürl. und jurist. Personen hatten 50% ihres Vermögens (Einheitswert) nach dem Stand vom 21. 6. 1948 als Abgabeschuld für 30 Jahre in Vierteljahresraten von 1 bis 1,5% zu tilgen (**Vermögensabgabe,** Aufkommen: 42 Mrd. DM); eine **Hypothekengewinnabgabe** wurde auf Schuldnergewinne aus grundpfandrechtlich gesicherten Reichsmark-Verbindlichkeiten erhoben; die **Kreditgewinnabgabe** erfasste Schuldnergewinne der Währungsumstellung in der gewerbl. Wirtschaft. Die Erträge flossen dem Ausgleichsfonds zu. Seit 1980 werden verstärkt Mittel aus dem Bundeshaushalt zur Verfügung gestellt. Bei den Ausgleichsleistungen standen zunächst die Hilfen zur Eingliederung und zum laufenden Lebensunterhalt im Vordergrund. Die Zahlungen zur **Unterhaltshilfe** (neben der Entschädigungsrente als Form der **Kriegsschadenrente**) bilden noch heute die bedeutsamste Ausgabenkategorie. Darlehen zur Beschaffung von Wohnraum und zum Aufbau einer berufl. Existenz sowie die Hausratentschädigung sind jetzt weniger bedeutend. Kern des L. ist die **Hauptentschädigung**, die 1957 einsetzte und die Verluste an land- und forstwirtsch. Vermögen, Grund- und Betriebsvermögen, Sparguthaben, Wertpapieren, Beteiligungen usw. abgelten soll. Zur Durchführung des L. wurden das ⁄ Bundesausgleichsamt und die Ausgleichsämter der Stadt- und Landkreise errichtet. Nach 1989 wurden DDR-Bewohner nicht in den L. einbezogen. Das L.-Gesetz gilt in den neuen Ländern nur für Aussiedler, die nach dem Beitritt und vor dem 1. 1. 1993 ihren ständigen Aufenthalt in diesem Gebiet genommen haben. Vertriebene, die nach der Vertreibung ihren Wohnsitz in der DDR genommen und ihn dort bis zum 3. 10. 1990 beibehalten haben, erhielten anstelle einer Entschädigung nach dem Lastenausgleichs-Ges. eine einmalige Zahlung von 4000 DM nach dem Vertriebenenzuwendungs-Ges. vom 27. 9. 1994. L. kann seit dem 1. 1. 1996 nicht mehr beantragt werden.

Lasten|ausgleichsbank, ⁄ Deutsche Ausgleichsbank.

Laster, eine zur Gewohnheit gewordene Untugend; ausschweifende Lebensweise. In der grch. Philosophie wie auch im N. T. allg. Bez. für Fehler oder Mangelhaftigkeit; in der eth. Bedeutung von Bosheit und Schlechtigkeit der Ggs. zur ⁄ Tugend.

Las Termas de Río Hondo [- ˈɔndo], Kurort im NW Argentiniens, 265 m ü. M., am W-Rand des Gran Chaco, 21 000 Ew.; Thermalquellen.

Lastex® [Kw. aus **elas**tisch und L**atex**] *das,* elast. Gewebe aus umsponnenen Gummifäden, bes. für Badebekleidung.

Lastigkeit, Schwimmlage (Trimm) eines Schiffes oder Fluglage eines Luftfahrzeugs bezüglich der Horizontalen in Längsrichtung; man unterscheidet Kopf-L. (Vor-, Bug-L.), Gleich-L. und Heck-L. (Achter-L.).

Lastkraftwagen (Lastwagen), Abk. **Lkw, LKW,** ein ⁄ Kraftwagen, der nach Bauart und Einrichtung zum Transport von Ladungen (Gütern) bestimmt ist. Lkw werden nach ihrer Zuladekapazität in Leicht-, Mittel- und Schwerlastwagen eingeteilt. I. d. R. ist die Hinterachse als Treibachse mit Zwillingsbereifung ausgebildet, da sie gewöhnlich stärker belastet wird als die lenkende Vorderachse; geländegängige Lkw haben häufig Allradantrieb. Als Lkw-Motoren werden meist Dieselmotoren verwendet sowie Schaltgetriebe, die wesentlich mehr Abstufungen als bei Pkw ermöglichen (häufig sind 16 Gänge), wobei in Dtl. eine Leistung von 4,4 kW je Tonne zulässige Gesamtmasse vorgeschrieben ist. Elektron. Baugruppen zur Verbesserung der aktiven Fahrsicherheit, wie Antiblockiersystem (ABS), Antriebsschlupfregelung (ASR), Getrieberegelung, elektron. Kupplungsbetätigung werden heute zunehmend auch beim Lkw eingesetzt. Je nach Transportgut werden entsprechende Aufbauten, z. B. Pritsche, Kipper, Koffer-, Tankaufbau, ausgeführt; Spezialformen gibt es z. B. für Müllabfuhr, Feuerwehr. Zur Steigerung der Transportleistungen werden Sattelkraftfahrzeuge (Sattelzugmaschine mit Auflieger) und Lastzüge (Lkw mit Anhänger) eingesetzt; ihr Gesamtgewicht darf im Regelfall 40 t nicht überschreiten. Außerhalb geschlossener Ortschaften haben Lkw (3,5 t–7,5 t) eine Höchstgeschwindigkeit von 80 km/h, ansonsten (über 7,5 t) von 60 km/h zu beachten; auf Autobahnen gilt für alle Kfz über 3,5 t eine Geschwindigkeitsbegrenzung auf 80 km/h.

Lastman, Pieter, niederländ. Maler, *Amsterdam um 1583, †begraben ebd. 4. 4. 1633; in Rom beeinflusst von Elsheimer und Caravaggio, dessen Helldunkelmalerei er seinem Schüler Rembrandt vermittelte; Bilder zu bibl., mytholog. und histor. Themen.

Last-Minute-Angebot [ˈlɑːstˈmɪnɪt-; engl. last minute »in letzter Minute«], kurzfristiges Angebot von Reiseveranstaltern, Fluggesellschaften u. Ä., um gegen Preisnachlass für frei gebliebene Plätze noch Interessenten zu finden.

Lästrygonen, *grch. Mythos:* Menschen fressende Riesen, durch die Odysseus seine Flotte bis auf das eigene Schiff verlor.

Lastschrift, Buchung auf der Sollseite eines Kontos (Ggs.: Gutschrift); im Giroverkehr Mitteilung über ausgeführte Überweisungen.

Lastschriftverkehr, Form des bargeldlosen ⁄ Zahlungsverkehrs.

Lasur [arab.-mlat.] *die,* Anstrich mit transparentem Anstrichmittel, dessen Farbpigmente oder -stoffe einen dünnen, durchscheinenden Film ergeben. Man unterscheidet L.-Anstrichstoffe auf der Basis von Kunststoffdispersionen (L.-Farben) und auf der Basis von Lacken (L.-Lacke). – In der *Kunst* dient die L. bei Gemälden dazu, die Farbwirkung der darunter liegenden Malschicht zu verändern.

Lasurstein, der ⁄ Lapislazuli.

Las Vegas [engl. læs ˈveɪɡəs], Stadt in S-Nevada, USA, in einem wüstenhaften Gebiet, 478 200 Ew.; Univ.; Touristen- und Vergnügungszentrum mit Spielsalons; im Umland Viehwirtschaft, Bergbau. – Abb. S. 2736

Latakia (Lattakia, Ladikije), Hauptstadt der Prov. L. in Syrien, an der Mittelmeerküste, 303 000 Ew.; Univ.; wichtigster Hafen Syriens (bes. für Stückgut); Tabak-, Nahrungsmittel-, Zementind.; Flughafen. – Das antike **Laodikeia** war eine der bedeutendsten Städte des Seleukidenreiches.

Lätare [lat. »freue dich«; nach dem Anfangswort des Introitus Jes. 66, 10], der dritte Sonntag vor Ostern; in der kath. Kirche der 4. Sonntag der Fastenzeit, in kath. Gegenden auch **Rosensonntag** gen., weil

Lastkraftwagen: Schwerlastkraftwagen »Actros« von Mercedes-Benz (1996)

an diesem Tag (bis 1967) der Papst die ↗ Goldene Rose weihte; in den evang. Kirchen der 4. Sonntag der Passionszeit. – Seit dem MA. mit zahlr. Volksbräuchen verbunden (**Sommertag;** ↗ Winteraustreiben).

Late**in** (Lateinisch), ↗ lateinische Sprache.

Las Vegas: Hotel »Excalibur«

Late**in|amerika,** Bez. für die Länder Süd- und Mittelamerikas, in denen eine roman. Sprache gesprochen wird, wobei unter Mittelamerika die Landbrücke Zentralamerikas, Mexiko und die Westind. Inseln (Karibik) verstanden werden. Synonym dazu wird der Begriff **Iberoamerika** gebraucht; **Hispanoamerika** umfasst die einst span., **Lusoamerika** die einst portugies. Kolonien. Zur Geschichte ↗ Südamerika.

Late**in|amerikanische Integrationsvereinigung** (span. Asociación Latinoamericana de Integración, Abk. ALADI), Nachfolgeorganisation der Lateinamerikanischen Freihandelszone, gegr. 1980 durch den Vertrag von Montevideo, am 18. 3. 1981 in Kraft getreten; Sitz: Montevideo. Ziele: Förderung und Regulierung des Handels und der wirtsch. Zusammenarbeit der Mitgliedsländer und Schaffung eines gemeinsamen Marktes durch ein System regionaler Abkommen und Zollpräferenzen; neuerdings Öffnung für multilaterale Abkommen mit Drittländern. Zur ALADI gehören 12 Staaten: Argentinien, Bolivien, Brasilien, Chile, Ecuador, Kolumbien, Kuba (seit 1999), Mexiko, Paraguay, Peru, Uruguay, Venezuela.

late**in|amerikanische Kunst** (iberoamerikanische Kunst), die Kunst in den Spanisch und Portugiesisch sprechenden Ländern Mittel- und Südamerikas seit der Kolonisierung durch Spanien und Portugal (16. Jh.).

Spanische Kolonien: In Mexiko errichteten die Bettelorden festungsartige Klosteranlagen mit hohen Mauern. Die Klosterkirchen wurden im isabellin. Stil (nach Isabella I. ben., 15./16. Jh.) errichtet: einschiffig, mit rechteckiger oder quadrat. Apsis, mit Kreuzgewölben und mit nur wenigen Türen und Fenstern; dem Festungscharakter entsprechend krönt die Dächer ein Zinnenkranz. Die Ornamente fügen sich im Mudéjar-, meist jedoch im Platereskenstil ein. Lufttrocknete Ziegel oder Hausteine dienten als Baumaterialien. Obwohl Einheimische an den Bauten mitwirken, finden sich kaum Einwirkungen der altamerikan. Kunst. Bemerkenswert sind in Mexiko die Anlagen der Franziskaner in Huejotzingo, Cholula und San Andrés Calpan, der Dominikaner in Tepotzotlán, der Augustiner in Acolman und Actopan. Bei dem ecuadorian. Wehrkloster San Francisco (1564–75) in Quito zeigt sich der Einfluss des italien. Manierismus. Die früheste Kathedrale entstand in Santo Domingo (1520–41) auf der Antilleninsel Hispaniola. Bei den Kathedralen von Guadalajara, Oaxaca, Mexiko und Puebla in Mexiko sowie von Lima und Cuzco in Peru verbindet sich der strenge, schmucklose Stil der span. Spätrenaissance (Desornamentadostil) mit spätgot. Elementen. Im 17. Jh. wurde die Jesuitenkirche Il Gesù in Rom vorbildlich für Kirchen in Lateinamerika (↗ Jesuitenbaukunst). In Ecuador (Quito), Peru (Cuzco, Lima, Arequipa) und Argentinien (Córdoba) entstanden Jesuitenkirchen mit prunkvoll ausgestatteten Innenräumen, die Vorbild für weitere Kirchenbauten wurden. Im frühen 18. Jh. wurde der Churriguerismus (↗ Churriguera) in Mexiko eingeführt. Überreiche Ornamente finden sich am Außenbau v. a. an Portalen, im Innern an den Altären. In den größeren Städten wurden viele Paläste und öffentl. Gebäude errichtet; ihre reiche Baudekoration konzentrierte sich auf die Portale und Innenhöfe. Bes. ragen hervor die Kathedrale von Havanna auf Kuba, in Mexiko der sich an die Kathedrale anschließende Sagrario Metropolitano und die Kirche La Enseñanza Antigua in der Stadt Mexiko sowie die Rosenkranzkapelle (Capilla del Rosario) von Santo Domingo in Puebla, in Peru San Francisco, La Merced und der Palast Torre-Tagle in Lima, La Merced und Santo Domingo in Cuzco sowie das Kloster La Compañia in Arequipa, in Bolivien San Lorenzo in Potosí. In Ecuador und Bolivien (v. a. Quito, La Paz, Potosí, die Kirchen um den Titicacasee) ist der Bauschmuck der Sakralbauten mit indian. Motiven durchsetzt. In Mexiko ist das indian. Element in der Baukunst bes. häufig um Puebla zu finden (z. B. die Kirchen in Acatepec und Tonantzintla). Die *Skulptur* stand in den Kolonien v. a. im Dienst der Architektur. Ganz allg. ahmten die Bildhauer span. Vorbilder nach, meist sevillan. Skulpturen, jedoch bildeten sich durch einheim. Künstler gelegentlich regionale Varianten heraus. Die *Malerei* entwickelte sich unter dem Einfluss

lateinamerikanische Kunst: Diego Rivera, Detail der Wandmalereien zur spanischen Kolonisation Mexikos (1929–30; Cuernavaca, Palast von H. Cortez)

von Renaissance und Manierismus nach Vorbildern aus Spanien, Italien und Flandern. Wichtige Zentren der Malerei waren Quito, Potosí und La Paz.

Portugiesische Kolonien: In Brasilien setzte die künstler. Entwicklung später ein als in den span. Kolonien. Im 17. Jh. waren die Franziskaner und Jesuiten ihre Hauptförderer. Die europ. Stilelemente, bes. portugies. und italien., wurden fast unverändert übernommen. Die künstler. Zentren lagen an der Küste: Bahia (heute Salvador), Recife, Olinda und Rio de Janeiro. Nach dem Vorbild der ihrerseits von der italien. Architektur beeinflussten Kirchen São Roque und São Vincente de Fora in Lissabon wurden einschiffige Kirchen errichtet, meist ohne Vierung. Eine Besonderheit gegenüber Spanisch-Amerika stellen v. a. die Seitenkapellen des Presbyteriums dar. Schiff und Altarraum wurden mit Tonnengewölben geschlossen (meist aus Holz, oft mit Kassettierung). Die Kirchenfassaden des 17. Jh. waren relativ schmucklos, oft flankiert von zwei quadrat. Türmen (Olinda, Recife, Salvador). Giebel-, Tür- und Fensterrahmungen wurden sorgfältig ausgearbeitet. Im 18. Jh. zeigt sich der barocke Überschwang bes. in den reich mit vergoldeter Ornamentik ausgestatteten Kirchenschiffen (São Bento in Rio de Janeiro, São Francisco in Salvador, Capela Dourada und São Pedro dos Clérigos in Recife). Eine eigenständige Variante des Kolonialbarock bildete sich im 18. Jh. in dem an Gold u. a. Bodenschätzen reichen Staat Minas Gerais heraus. Hier war der Architekt und Bildhauer Aleijadinho tätig. Neben farbig gefassten, naturalistisch gestalteten *Skulpturen* gehören Kanzeln und Chorgestühl zu den Meisterleistungen brasilian. Bildschnitzerkunst (São Bento in Rio de Janeiro, São Francisco in Salvador). Die *Malerei* in Brasilien, im 17. Jh. von europ. Ordensgeistlichen begründet, fand ihren Höhepunkt in den Wand- und Deckenmalereien der Kirchen von Minas Gerais, Salvador und Rio de Janeiro.

Moderne Staaten: Im 19. Jh. ließen Unabhängigkeitskriege und polit. Wirren eigene künstler. Kräfte in Lateinamerika kaum aufkommen. Die europ. Akademietradition dominierte. Erst im 20. Jh. kam es zu einer eigenständigen Entwicklung, bes. durch die Rückbesinnung auf altamerikan. Kulturerbe. Herausragendes Beispiel dafür ist der mexikan. ↗ Muralismo. Bedeutende Wandmalereien schuf auch der Kolumbianer P. Nel Gómez (* 1899, † 1984). In Brasilien prägte v. a. der Maler C. Portinari eine nat. Kunstauffassung. Auch die Bildhauer Lygia Clark (* 1920) und S. de Camargo (* 1930) traten bes. hervor. Internat. Strömungen der Gegenwart werden oft von Künstlern vertreten, die in Europa, bes. Paris, und in den USA studierten, so von den Venezolanern J. R. Soto und G. Cruz-Diez. Für Kolumbien sind E. Negret (* 1920), E. Ramírez-Vilamizar (* 1923) und F. Botero repräsentativ, für Chile R. Matta Echaurren. In Argentinien setzten sich moderne Tendenzen bes. mit E. Pettoruti (* 1892, † 1971) durch, später beherrschten dort J. Le Parc (* 1928) und E. Mac Entyre (* 1929) die Kunstszene. Der Uruguayer J. Torres García (* 1874, † 1949) übte mit seiner konstruktivist. Auffassung großen Einfluss aus. – Die moderne Architektur Lateinamerikas erhielt z. T. Anregungen von europ. Emigranten, wie dem in Mexiko tätigen Spanier F. Candela, auch von O. Niemeyer, der neben L. Costa, R. Levi und A. E. Reidy (* 1909, † 1964) für Brasilien zu nennen ist. C. R. Villanueva vertrat die moderne Architektur in Venezuela. Der mexikan. Architekt L. Barragán erlangte mit seiner skulpturalen Architektur und den städtebaul. Projekten auch internat. Bedeutung.

lateinamerikanische Kunst

1 Jesuitenkirche in Cuzco, Peru (1650–68)
2 und **3** Kirche und Kloster San Francisco in Quito, Ecuador (1564–75)

Spätestens seit dem letzten Jahrzehnt hat die l. K. durchweg den Anschluss an die zeitgenöss. internationalen Kunstrichtungen gefunden, ohne die Charakteristika ihrer Herkunft zu verleugnen. Seit den 1980er-Jahren hat die Tendenz, in raumgreifenden Installationen soziale, metaphys. und ästhet. Probleme zu bearbeiten, bei den südamerikan. Künstlern zugenommen. Im Bereich der erweiterten Fotografie mischen sich Dokumentation und Inszenierung.

latein|amerikanische Literatur. Der geograph. Raum der l. L. umfasst die von den Spaniern eroberten Gebiete Mittel- und Südamerikas sowie das von den Portugiesen eroberte Brasilien. Neben nationalstaatl. Einzelentwicklungen existiert ein auf den geschichtl. und gesellschaftl. Erfahrungen während der kolonialen Vergangenheit basierendes, gemeinsames kulturelles Bewusstsein, das sich auch in der l. L. niederschlägt.

Die ↗ brasilianische Literatur ist in portugies., die der anderen Länder in span. Sprache geschrieben (↗ argentinische Literatur, ↗ bolivianische Literatur, ↗ chilenische Literatur, ↗ ecuadorianische Literatur, ↗ kolumbianische Literatur, ↗ kubanische Literatur,

/ mexikanische Literatur, / paraguayische Literatur, / peruanische Literatur, / uruguayische Literatur, / venezolanische Literatur). Unter der Bez. mittelamerikan. Literatur fasst man die / costa-ricanische Literatur, die / salvadorianische Literatur, die / guatemaltekische Literatur, die / honduranische Literatur, die / nicaraguanische Literatur und / panamaische Literatur zusammen. – Während der Kolonialzeit entwickelten sich die l. L. analog zu den Literaturen Spaniens bzw. Portugals. Im Lauf des 19. Jh. trat bes. der Einfluss Frankreichs in den Vordergrund (Romantik). Mit dem Aufkommen des / Modernismus gegen Ende des 19. Jh. wirkten die l. L. wieder auf Spanien zurück. Eine eigenständige Literatur entfaltete sich im Wesentlichen erst nach dem Ersten Weltkrieg.

latein|amerikanische Musik. Die l. M. umfasst hauptsächlich die Musik der Spanisch und Portugiesisch sprechenden Länder Mittel- und Südamerikas. Es ist anzunehmen, dass die span. Eroberer im Bereich der Hochkulturen Mexikos und Perus eine hoch entwickelte Kunstmusik vorfanden, über deren ursprüngl. Gestalt jedoch kaum Sicheres bekannt ist. Mit der Kolonialisierung begann im Lauf des 16. Jh. eine völlig neue, europäisch bestimmte Musikentwicklung, zunächst auf dem Gebiet der Kirchenmusik. Diese zeigt eine nach europ. Vorbildern geschaffene Organisation mit Chorgesang und Schola; auch der Gebrauch der Orgel breitete sich schnell aus. Seit der Mitte des 18. Jh. dominierte zunehmend ein von der italien. Oper und der span. Zarzuela geprägtes Repertoire. Frühe Zentren des städt. Musiklebens entstanden in Buenos Aires (Theater seit 1776) und v. a. Havanna (Theater seit 1783), das mit seiner reichen kreol. Oberschicht im 19. Jh. eine führende Stellung innerhalb der Musikkultur Lateinamerikas einnahm. Bei fortdauernder Bindung an die europ. Entwicklung brachte erst das 19. Jh. eine schrittweise Einbeziehung von Elementen aus der Tradition der indian. Urbevölkerung und der v. a. aus Westafrika stammenden schwarzen Bevölkerung sowie das Hervortreten nat. Schulen. Seit den 1920er-Jahren bildete sich auf der Grundlage des lateinamerikan. Kolorits eine zur internat. Moderne zählende Musik aus.

Argentinien: Von großer Bedeutung für einen argentin. Nationalstil waren A. Williams (* 1862, † 1952), der sich auch die Zwölftontechnik aneignete, und J. Aguirre (* 1868, † 1924). Um die nat. Kunstmusik bemühten sich auch u. a. Komponisten wie C. Lopez Buchardo (* 1881, † 1948), F. Boero (* 1884, † 1958) und F. M. Ugarte (* 1884, † 1975). Moderne Techniken erschlossen sich u. a. J. C. Paz (* 1901, † 1972), der bes. bekannte A. Ginastera sowie auf dem Gebiet der elektron. Musik M. Davidovsky (* 1934). Internat. Bedeutung erlangte der seit 1957 in der Bundesrep. Dtl. tätige M. Kagel. – *Brasilien:* Führend im 19. Jh. waren J. M. N. Garcia (* 1767, † 1830), F. M. da Silva (* 1795, † 1865) sowie der auch in Europa bekannt gewordene Opernkomponist A. C. Gomes (* 1836, † 1896). Eine brasilian. Nationalmusik entwickelte sich seit dem Ende des 19. Jh. v. a. durch A. Nepomuceno (* 1864, † 1920). Als zentrale Komponistengestalt Lateinamerikas im 20. Jh. gilt H. Villa-Lobos. Bei der Durchsetzung moderner Techniken vermittelnd wirkten der Deutsche H.-J. Koellreutter (* 1915) und der Schweizer E. Widmer (* 1927). E. Krieger (* 1928), G. Mendes (* 1922), R. Duprat (* 1932), M. Nobre (* 1939), J. Antunes (* 1942) und J. A. de Almeida Prado (* 1948) orientierten sich an der internat. Avantgarde. – *Chile:* Bewusst national komponierte E. Soro Barriga (* 1884, † 1954). Den Übergang zur Moderne vollzog P. H. Allende Sarón (* 1885, † 1959); 1958 gründete J. V. Asuar (* 1933) Lateinamerikas erstes Studio für elektron. Musik. Zur internat. Avantgarde zählen u. a. der seit 1957 in der Bundesrep. Dtl. lebende J. Allende-Blin (* 1928), J. Lémann (* 1928), H. Ramires (* 1941), E. Cáceves (* 1955). – *Kuba:* Die ins 19. Jh. zurückreichende Tradition der Einbeziehung afrokuban. Elemente (z. B. durch I. Cervantes, * 1847, † 1905) führten im 20. Jh. A. Roldán (* 1900, † 1939), A. García Caturla (* 1906, † 1940) und J. Ardévol (* 1911, † 1981) fort, vermischt mit avantgardist. Techniken u. a. A. de la Vega (* 1925), C. Fariñas (* 1934) und L. Brouwer (* 1939). – *Mexiko:* Nach der Revolution (1910–17) entwickelte sich Mexiko zu einem der führenden Länder der l. M. Seitdem ist die Folklore (einschl. indian. Elemente) Basis für die meisten Komponisten. Pionier auf diesem Gebiet war M. Ponce (* 1882, † 1948). Internat. Ruf erwarben sich C. Chávez Ramirez (* 1899, † 1978) und S. Revueltas (* 1899, † 1940). Vorwiegend an der Avantgarde orientierten sich u. a. M. Enríquez (* 1926), H. Quintanar (* 1936) und E. Mata (* 1942, † 1995). – *Venezuela:* In einem nat. Stil komponierten u. a. J. B. Plaza (* 1898, † 1965) und J. V. Lacuna (* 1899, † 1954). Vertreter der zeitgenöss. l. M. sind in Venezuela A. Estévez (* 1916), I. Carreño (* 1919), J. L. Muños (* 1928), der gebürtige Grieche Y. Ioannidis (* 1930), A. Del Monaco (* 1938) und E. Mendoza (* 1953), in *Peru* C. G. Lecca (* 1926), C. Bolaños (* 1931), E. Valcárcel (* 1932) und E. Iturriaga (* 1918), in *Uruguay* C. Estrada (* 1909, † 1970), H. Tosar (* 1923) sowie R. Storm (* 1930) und in *Kolumbien* L. A. Escobar (* 1925, † 1993), die gebürtige Belgierin J. Nova (* 1936, † 1975), F. Zumaqué (* 1945) und E. Barrera (* 1949).

latein|amerikanische Philosophie. Das erste philosoph. Werk Lateinamerikas schrieb der span. Augustiner Fray Alonso de la Veracruz (* 1504, † 1584). Die folgenden Jh. wurden von den philosoph. Systemen Europas bestimmt, bes. von der Scholastik, sozialphilosoph. Gedankengut und dem Positivismus. Erst mit der Abwendung vom Positivismus setzte eine eigenständigere l. P. ein. Sie wird vertreten von A. Caso (* 1883, † 1946) in Mexiko, A. O. Deústua (* 1848, † 1945) in Peru, A. Korn (* 1860, † 1936) in Argentinien, R. de Farías Brito (* 1862, † 1917) in Brasilien u. a. Anregungen gaben der Neukantianismus, die Lebensphilosophie, die Phänomenologie, die Existenzphilosophie und der Neuthomismus. Mit Wiss.- und Erkenntnistheorie beschäftigen sich M. Bunge (* 1919) in Argentinien und F. Miró Quesada (* 1918) in Peru.

Latein|amerikanisches Wirtschaftssystem (span. Sistema Económico Latinoamericano, Abk. SELA), Organisation von (2002) 27 Staaten Süd- und Mittelamerikas sowie der Karibik einschließlich Kubas zur Intensivierung der regionalen Zusammenarbeit auf ökonom. und sozialen Gebieten, zur besseren Nutzung wirtsch. Ressourcen und zur Abstimmung ihrer Strategien für das Auftreten in internat. Organisationen und gegenüber Ind.staaten; gegr. 1975 durch den Vertrag von Panama (seit 7. 6. 1976 in Kraft), Sitz: Caracas.

latein|amerikanische Tänze, Disziplin im / Tanzsport mit Rumba, Samba, Cha-Cha-Cha, Paso doble und Jive (/ Jitterbug). Die l. T. bilden mit den / Standardtänzen den Allroundwettbewerb.

lateinische Kirche, von der *Kirchengeschichtsschreibung* geprägte Bez. für den Teil der Kirche im Röm. Reich, der geographisch-politisch zur westl. Reichshälfte gehörte und seine Prägung wesentlich durch die römisch-lat. Kultur erhalten hat. Bis zum

Morgenländischen ↗Schisma (1054) Teil der einen röm. Reichskirche, umfasste die l. K. als nun rechtlich eigenständige Kirche unter der Jurisdiktion des Bischofs von Rom (als des Patriarchen des Abendlandes) bis zur Reformation die abendländ. Christenheit. In ihrer Einheit erstmals durch das Abendländische ↗Schisma (1378–1417) gefährdet, brach diese nach der Konsolidierung der Reformation auseinander. Einerseits bilden seither die aus der Gemeinschaft der l. K. ausgeschiedenen prot. Kirchen einen eigenständigen Zweig des abendländ. Christentums, andererseits erfuhr die l. K. durch die ebenfalls im 16. Jh. einsetzende weltweite kath. Mission eine Ausdehnung weit über den ehem. weström. Kulturkreis hinaus und umfasst heute – als nach wie vor stark lat.-abendländ. geprägte kath. Weltkirche – die überwiegende Mehrheit der Christen in der ganzen Welt.

lateinische Literatur, ↗römische Literatur, ↗frühchristliche Literatur, ↗mittellateinische Literatur, ↗neulateinische Literatur.

Lateinische Münz|union (Lateinischer Münzbund, offiziell frz. Convention Monétaire), 1865 in Paris zw. Frankreich, Belgien, Italien und der Schweiz (seit 1868 auch Griechenland) geschlossener Vertrag über die einheitl. Prägung von Gold- und Silbermünzen; erster Versuch eines einheitl. Währungssystems, erlosch 1927.

lateinische Schrift, das Alphabet der Römer; die l. S. entwickelte sich seit etwa dem 7. Jh. v. Chr. aus der grch. Schrift. Hierbei entstanden z. B. aus dem grch. Gamma im Lateinischen c und g, das lat. f geht auf das Digamma der ältesten grch. Alphabets zurück. Die l. S. wurde mit der lat. Sprache zunächst über den westl. Teil des Röm. Reichs, schließlich (bes. mit der Ausbreitung des Christentums) weltweit verbreitet.

Lateinisches Kaisertum, Kreuzfahrerstaat des 13. Jh., ↗Byzantinisches Reich.

lateinische Sprache (Latein), die zum italischen Zweig der indogerman. Sprachen gehörende Sprache des antiken Rom, die sich schon früh über Latium, dann über ganz Italien und weite Teile W-Europas und des Mittelmeergebietes im Röm. Reich ausbreitete. Sie war bis etwa ins 19. Jh. die geläufige abendländ. Gelehrtensprache und ist noch heute liturg. Sprache (Kirchenlatein). In ihrer geschriebenen Form ist die l. S. eine Standardsprache, da keine lokalen Dialekte auftreten.

Geschichte: Die Sprache der ältesten Epoche (bis zur Mitte des 3. Jh. v. Chr.) ist nur in wenigen bruchstückhaften Zeugnissen erhalten; tiefgreifende (v. a. lautl.) Veränderungen zw. dem 5. und 2. Jh. v. Chr. (z. B. Monophthongierung von ei, Rhotazismus von intervokal. s) sind in zahlreichen literar. Zeugnissen (Q. Ennius, T. M. Plautus, Terenz) der altlatein. Periode (bis etwa 100 v. Chr.) belegt. In dieser Zeit wurde der lat. Wortschatz durch Lehnwörter und -übersetzungen aus den Sprachen der unterworfenen Nachbarvölker stark erweitert und eine Schrift- und Dichtersprache ausgebildet. – Im 1. Jh. v. Chr. erreichte die Schriftsprache ihre verbindl. Normierung durch die Prosaschriftsteller der sog. goldenen Latinität, Cicero und Caesar. – Kodifizierung der grammat. Regeln, klarer Periodenbau mit strengen syntakt. Regeln und Purismus im Wortschatz sind die Hauptmerkmale des Lateins der klass. Zeit. Der Wortakzent hob die vorletzte Silbe, wenn sie lang war, sonst die drittletzte hervor. Das aus indogerman. Zeit ererbte Verbalsystem wurde von Grund auf umgestaltet; es bezeichnete nicht mehr den Aspekt, sondern die Zeitverhältnisse, z. T. durch neu geschaffene Tempora wie etwa Plusquamperfekt. – In der Periode der silbernen Latinität (etwa 14–117 n. Chr.) machten sich Provinzialismen und Vulgarismen sowie auch Gräzismen und Archaismen bemerkbar. – Nach der archaisierenden Periode im 2. Jh. n. Chr. setzte der Verfall der klass. Standardsprache im 3. Jh. verstärkt ein (Spätzeit); der Einfluss der gesprochenen Volkssprache, vornehmlich bei christl. Autoren, wurde immer stärker. Neben der normierten Schriftsprache gab es von Anfang an das im alltägl. Gebrauch gesprochene **Vulgärlatein,** das sich ständig wandelte und zur Grundlage der roman. Sprachen wurde. Das gesprochene Latein entfernte sich in nachklass. Zeit immer stärker von der normierten Schriftsprache in Aussprache und Lautstand (z. B. ['tsitsero:] für ['kikero:] »Cicero«), im Wortschatz und in der Syntax. – Während des Altertums war die l. S. zugleich auch die über das ganze Röm. Reich verbreitete Amts- und Verwaltungssprache. – Das **Mittellatein** (ungefähr zw. 500 und 1500) überwand als Sprache der Geistlichkeit alle nat. Grenzen. Es war einerseits die am Vorbild der klass. Latinität entwickelte Literatursprache, andererseits nahm es Formen und Begriffe der german. und roman. Volkssprachen auf. – Nach einer längeren Übergangsperiode (von der Mitte des 14. Jh. bis zum Anfang des 16. Jh.) wurde das mittelalterl. Latein vom sog. **Neulatein** verdrängt, für das allein die Sprache Ciceros vorbildhaft sein sollte. Die Gelehrten pflegten das Neulatein als internat. Verständigungsmittel, da v. a. in den Fachsprachen (Rechtswiss., Medizin, Philosophie, Theologie) eine bemerkenswerte lexikal. Kontinuität vorherrschte. Auch im akadem. Unterricht und in der Literatur behauptete sich noch bis ins 18. Jh. die l. S. in Europa als (Wiss.-)Sprache.

La-Tène-Kultur [la'tɛːn-], nach dem Fundplatz La Tène am NO-Ende des Neuenburger Sees (Schweiz) benannte Kultur der jüngeren Eisenzeit Europas (5.–1. Jh. v. Chr., »La-Tène-Zeit«); während ihrer größten Ausdehnung im 3. und 2. Jh. von Britannien bis zur unteren Donau und von der Mittelgebirgszone bis N-Italien verbreitet. Ihre Träger waren kelt. Stämme. Die La-T.-K. lässt sich anhand bestimmter Fibel-, Schwert- und Gefäßformen in drei Phasen gliedern. Die frühe La-T.-K. (nach dem Periodenschema von Paul Reinecke Stufen A und B) reicht vom 5. bis in die Mitte des 3. Jh. v. Chr., die mittlere Phase (Stufe C) umfasst die 2. Hälfte des 3. sowie das 2. Jh. v. Chr., die späte Phase (Stufe D) das 1. Jh. v. Chr. Die frühe La-T.-K. ist aus Schatzfunden, v. a. aber aus dem Beigabengut von Fürstengräbern bekannt. In Holzkammern, oftmals unter mächtigen Grabhügeln (↗Hallein, Reinheim, Waldalgesheim), wurden mehrere Skelettbestattungen (öfter Frauen) mit vier-, später zweirädrigen Wagen und reichen Beigaben an Luxusgütern gefunden. Kennzeichnend für die frühe Phase sind u. a. auch Prunkwaffen (Langschwerter, Ovalschilde) und die Töpferscheibe.

Die Schmuckfreude und die künstler. Meisterschaft sind in der frühen La-T.-K. am höchsten ausgebildet. Palmetten- und Rankenmotive grch.-etrusk. Herkunft wurden auf eigentüml., in schwellenden Kurven stilisierende Weise abgewandelt. Im 3. Jh. v. Chr. übernahmen die Kelten neue Elemente mediterraner Zivilisation und Wirtschaft, so eine eigene Münzprägung. Präge- u. a. Werkstätten waren in der späten La-T.-K. in den Oppida in der Nähe der Fürstensitze konzentriert (↗Manching). Die Oppida, urspr. Fluchtburgen für die umwohnende Stammesbev., wurden hierdurch zu Frühformen von Städten und Zentren des polit. und wirtsch. Lebens. Durch das Vordringen german. Stämme nach S und W sowie durch die Ausweitung des Röm. Reiches in Gallien und nördlich der Alpen endete die La-T.-K. Ende des 1. Jh. v. Chr. Manche ihrer Traditionen wurden von der provinzialröm. Kultur aufgenommen und weitergeführt. Auf den Brit. Inseln lebten Spätformen der La-T.-K. noch im 1. Jt. n. Chr. weiter.

La-Tène-Zeit [la'tɛːn-], zweiter Abschnitt der europ. ↗ Eisenzeit, der im 5. Jh. v. Chr. die ↗ Hallstattzeit ablöste.

latent [lat.], verborgen vorhanden.

latentes Bild, *Fotografie:* das unsichtbare Bild, das bei Belichtung fotograf. Schichten entsteht, durch die Entwicklung sichtbar und durch die Fixierung haltbar gemacht wird.

Latentwärmespeicher, ↗ Wärmespeicher.

Latenz *die, Biologie:* 1) allg. das scheinbare Fehlen von Lebensäußerungen als Folge einer starken Herabsetzung des intermediären Stoffwechsels (**latentes Leben**; z. B. Kältestarre, Anabiose); 2) in der Sinnesphysiologie die Zeit (**L.-Zeit**) zw. Reizbeginn und einsetzender Reaktion.

Latenzphase, *Entwicklungspsychologie:* nach S. Freud die Zeit etwa zw. dem 6. und 10. Lebensjahr, die (nach kindl. Triebentwicklung und vor Einsetzen der Pubertät) durch eine sexuell wenig betonte, stetige seel. Entwicklung gekennzeichnet ist.

Latenzzeit (Latenzphase), *Medizin:* symptomfreie Phase zw. der Einwirkung einer Noxe (z. B. Krankheitserreger, ionisierende Strahlung) auf den Organismus und dem Auftreten von Krankheitssymptomen.

lateral [lat.], die Seite betreffend, seitlich gelegen; Ggs.: medial.

Lateralsklerose, *Medizin:* die ↗ amyotrophische Lateralsklerose.

Lateralvergrößerung, *Optik:* ↗ Abbildung.

Lateran [nach den früheren Besitzern, der Familie Laterani], päpstl. Palast in Rom, 326 (Gelände und Bauten) durch Konstantin d. Gr. der Kirche geschenkt; bis 1308 Residenz der Päpste; unter Sixtus V. 1586–89 Bau des barocken **L.-Palastes** durch D. Fontana (1841–1967 L.-Museum, Bestände heute in den Vatikan. Museen). Die fünfschiffige **L.-Basilika** (San Giovanni in Laterano), Bischofskirche des Bischofs von Rom, geht in Grundriss und Maßen auf eine Gründung Konstantins d. Gr. zurück; 16.–18. Jh. umgestaltet (Barockisierung des Langhauses von F. Borromini, 1646–49; Fassade von Alessandro Galilei, 1733–35).

Laterankonzili|en (Lateransynoden), fünf im Lateran abgehaltene Konzilien (1123, 1139, 1179, 1215, 1512–17); gelten im Verständnis der kath. Kirche als ↗ ökumenische Konzilien.

Lateranverträge, die am 11. 2. 1929 im Lateran zw. dem Apostol. Stuhl (Papst Pius XI.) und dem italien. Staat (B. Mussolini) abgeschlossenen Verträge (Staatsvertrag, Konkordat und Finanzabkommen). Der Staatsvertrag garantierte die Souveränität des Apostol. Stuhls auf internat. Ebene mit der Vatikanstadt als neuem Staat und dem Papst als Staatsoberhaupt. Das Konkordat bestätigte die kath. Religion als Staatsreligion und regelte die Rechtsstellung der kath. Kirche. Das Finanzabkommen sicherte dem Apostol. Stuhl eine einmalige Entschädigung von 1,75 Mrd. Lire für den Verlust des ↗ Kirchenstaates zu. 1947 wurden die L. durch die italien. Verfassung bestätigt. Die Einführung der Zivilehe und Ehescheidung (1970) machten eine Revision notwendig, die zum Konkordat von 1984 führte (die Abschaffung der kath. Staatsreligion, die rechtl. Gleichstellung aller

Lateran: Alessandro Galilei, Ostfassade der Basilika San Giovanni in Laterano (1733–35)

Religionsgemeinschaften, fakultativer Religionsunterricht und die Eigenfinanzierung der Kirche durch steuerlich begünstigte Spenden).

Laterit [lat. later »Ziegelstein«] *der,* gelber bis roter Verwitterungsboden der wechselfeuchten Tropen, angereichert mit Aluminiumhydroxid und Eisenoxid, das verhüttungsfähige Konkretionen und Krusten bilden kann. L. ist eine Vorstufe des Bauxits. – L.-Böden sind mäßig bis gering fruchtbar.

Laterna magica [lat. »Zauberlaterne«] *die,* Mitte des 17. Jh. erfundener einfacher Projektionsapparat für Glasdiapositive; die Urform geht auf A. Kircher zurück.

Laterne [lat.], *Baukunst:* türmchenartiger, architektonisch gegliederter Aufbau mit Fenstern zur Belichtung einer Kuppel.

Laternenträger (Fulgoridae), Familie meist trop. Zikaden, 9–90 mm lang, mit laternenförmigem Kopffortsatz und meist lebhaften Farben; ohne das ihnen nachgesagte Leuchtvermögen.

Latex [lat. »Flüssigkeit«] *der,* wässrige Dispersion von natürl. oder synthet. Polymeren. **Natürl. L.** ist der Milchsaft der Kautschukbäume (↗ Kautschuk). **Synthet. L.** entsteht bei der Emulsionspolymerisation. Verwendet v. a. als Bindemittel für die umgangssprachlich als L.-Farben bezeichneten Dispersionsfarben.

Latham ['læθəm], John, brit. Maler, Bildhauer und Aktionskünstler, *am Sambesi 23. 2. 1921. Im Mittelpunkt seiner Performances, Filme, Manifeste, Objekte und Gemälde steht das Buch als Träger von Wissen, Meinung und Ideologie. Es wird verbrannt, zerschnitten, bemalt oder gegessen als Ausdruck von Aneignung und Verinnerlichung, aber auch krit. Ablehnung.

Latifundi|en [lat.], im antiken Italien seit der 1. Hälfte des 2. Jh. v. Chr. mit Sklaven bewirtschafteter Grundbesitz röm. Senatoren. Seit Ausgang des MA. Bez. für Großgrundbesitz in Ländern mit betonter Weidewirtschaft und extensivem Getreideanbau in O-Europa, im Orient und v. a. in Lateinamerika. Die L. werden entweder als Einheit bewirtschaftet (**L.-Wirtschaft**) oder durch Pacht in kleinere Wirtschaftseinheiten aufgeteilt.

Latimeria chalumnae, ein Fisch, ↗ Quastenflosser.

Latina, 1) Prov. in der Region Latium, Italien, 2 250 km², 512 500 Einwohner.

2) (bis 1947 Littoria), Hauptstadt von 1), 115 000 Ew.; u. a. Autoreifen-, Nahrungs- und Genussmittelind.; Kernkraftwerk Foce Verde (aus Sicherheitsgründen abgeschaltet). – Die Stadt entstand ab 1932 (auf polygonalem Grundriss) im Zuge der Urbarma-

chung der ⁄ Pontinischen Sümpfe und wurde 1934 Provinzhauptstadt.

Latiner (lat. Latini), im Altertum die Bewohner Latiums, das sich von Rom bis Tarracina (Terracina) sowie vom Apennin bis Mons Lepinus (Monti Lepini) erstreckte. Als Hauptort galt Alba Longa (heute Castel Gandolfo), bed. Städte waren Tibur (Tivoli), Praeneste (Palestrina), Antium (Anzio) und Lavinium. Im 6. Jh. v. Chr. erhielt Rom das Übergewicht über die L., die sich zu Beginn des 5. Jh. v. Chr. von Rom lossagten und den Latin. Städtebund gründeten. Unter dem Druck der Bedrohung durch Volsker und Äquer schlossen L. und Römer ein Bündnis (493 v. Chr.?). Im Bundesgenossenkrieg erhielten 89 v. Chr. alle L. das röm. Bürgerrecht. Die Sprache der L. gehört zu den italischen Sprachen.

Latinismus der, Sprachwissenschaft: Entlehnung aus dem Lateinischen; dem Lateinischen eigentüml. Ausdruck oder syntaktisch-stilist. Eigenart der lat. Sprache, die in eine nicht lat. Sprache übernommen wird.

Latinos, ⁄ Hispanos.

Latinrock [ˈlætɪn ˈrɔk, engl.] der, Stilbereich der Rockmusik, der Spielelemente der lateinamerikan. Musik aufgreift; wurde um 1970 durch die Gruppe »Santana« bekannt.

Latinum [lat.] das, Nachweis über bestimmte Kenntnisse in der lat. Sprache (»großes L.«, »kleines L.«) nach entsprechender Prüfung; Voraussetzung einiger Hochschulstudiengänge.

Latium (italien. Lazio), histor. Landschaft und Region in Mittelitalien, am Tyrrhen. Meer, 17 207 km², 5,302 Mio. Ew.; umfasst die Prov. Frosinone, Latina, Rieti, Roma und Viterbo; Hptst. ist Rom.

Latosol der, stark und tiefgründig verwitterter roter und brauner Bodentyp der wechselfeuchten Tropen mit erhebl. Anreicherung an freien Aluminium- und Eisenoxiden.

Georges de La Tour: Soldaten beim Kartenspiel (Kursk, Gemäldegalerie »A. A. Deineka«)

La Tour [laˈtuːr], **1)** Georges de, frz. Maler, * Vic-sur-Seille (Dép. Moselle) 14. 3. 1593, † Lunéville 30. 1. 1652; tätig in Lothringen; malte, beeinflusst von Caravaggio, v. a. Nachtstücke mit künstl. Beleuchtung, harter Linienführung und eigenwilliger Farbgebung, in denen er bibl. und profane Themen mystisch entrückt darstellt.

2) Maurice-Quentin de, frz. Maler, * Saint-Quentin 5. 9. 1704, † ebd. 17. 2. 1788; schuf mit virtuoser Beherrschung der Pastelltechnik meisterhafte Charakterbildnisse.

Latrobe Valley [ləˈtrəʊb ˈvælɪ], Industrie- und Bergbaugebiet in Victoria, Australien; eine der größten Braunkohlelagerstätten der Erde (Tagebau). Die wichtigsten Siedlungen sind Yallourn und Morwell.

Lats der, Währungseinheit in Lettland; 1 L. (Ls) = 100 Santimu (s).

Latte, sehr schmales und flaches, im Querschnitt rechteckiges Schnittholz; Verwendung u. a. für Dachdeckungen, Zäune.

Lattengebirge, wald- und almenreiche Gebirgsgruppe der Salzburger Kalkalpen in Bayern, südlich von Bad Reichenhall, im Karkopf 1 739 m ü. M.

Lattich (Lactuca), Korbblütlergattung; milchsafthaltige Kräuter mit zungenförmigen Blüten und geschnäbelten Früchten. Der hellgelb blühende **Kompass-L.** oder **Stachel-L.** (Lactuca serriola) hat am Rand stachlige Blätter, die in die N-S-Richtung gedreht werden (Kompasspflanze). Weitere Arten sind neben dem **Garten-L.** (**Gartensalat,** Lactuca sativa; eine Varietät ist der Kopfsalat, ⁄ Salat) der **Gift-L.** (Lactuca virosa), bis 1,5 m hoch, und der **Blaue L.** (Lactuca perennis), mit blauen bis lilafarbenen Blütenkörbchen.

Lattmann, Dieter, Schriftsteller, * Potsdam 15. 2. 1926; 1969–74 Vors. des Verbandes Dt. Schriftsteller, 1972–80 MdB (SPD); Verf. realist. Romane, die im Nachkriegs-Dtl. spielen (»Ein Mann mit Familie«, 1962; »Schachpartie«, 1968; »Die Brüder«, 1985) sowie Essays (»Deutsch-deutsche Brennpunkte. Ein Schriftsteller in der Politik«, 1990), auch Hörspiele und Erzählungen.

Lattre de Tassigny [ˈlatrə də tasiˈɲi], Jean de, frz. Marschall (posthum 1952), * Mouilleron-en-Pareds (Dép. Vendée) 2. 2. 1889, † Paris 11. 1. 1952; ab 1943 Oberbefehlshaber der 1. frz. Armee in Algerien, mit der er 1944 in S-Frankreich landete. Als Vertreter Frankreichs unterzeichnete er am 8. 5. 1945 die dt. Kapitulationsurkunde. 1948 wurde er Oberbefehlshaber der Landstreitkräfte der WEU, 1950–52 Hochkommissar und Oberbefehlshaber der frz. Streitkräfte in Indochina.

Lattuada, Alberto, italien. Filmregisseur, * Mailand 13. 11. 1914; Vertreter des Neorealismus; schuf häufig Filme nach literar. Vorlagen; u. a. »Der Mantel« (1952; nach N. Gogol), »Bleib wie du bist« (1978).

Latwerge die, breiförmige, nur noch selten hergestellte Arznei; landschaftlich auch für Pflaumenmus.

Laub, Gesamtheit der Blätter grüner Pflanzen, bes. der Holzgewächse.

Laubach, Stadt im Landkreis Gießen, Hessen, Luftkurort im Naturpark Vogelsberg, 230 m ü. M., 10 600 Ew.; Metall- und Holzverarbeitung, elektron. Industrie. – Fachwerkhäuser (16./17. Jh.), Schloss (13.–18. Jh.) mit Museum und größter europ. Privatbibliothek (über 120 000 Bde.) sowie Schlosspark. – Wurde 1405 Stadt, kam 1418 an Solms.

Lauban, Stadt in Polen, ⁄ Lubań.

Laubbäume, baumartige ⁄ Laubhölzer.

Laubblatt, ein Blatt mit flächiger Spreite im Unterschied zum Nadelblatt.

Laube, 1) allg.: Gartenhäuschen.

2) Baukunst: hölzerner oder gemauerter offener Vorbau an der Front eines Gebäudes. Seit dem MA. dienen hallenartige L. öffentl. Zwecken (Gerichts-L. an Rathäusern). Reihen sich L. an Straßen und Plätzen, entsteht ein **Laubengang.**

Laube, Heinrich, Schriftsteller, Kritiker, Theaterleiter, * Sprottau (heute Szprotawa) 18. 9. 1806, † Wien 1. 8. 1884; zunächst Journalist und Redakteur; zeitweilig Wortführer des Jungen Deutschland

Heinrich Laube

Laubsänger
(von oben):
Zilpzalp und
Waldlaubsänger

(»Das neue Jh.«, 1833); wegen Veröffentlichung liberaler Schriften 1837–39 Festungshaft; seine Schriften wurden von der Bundesversammlung des Dt. Bundes verboten. Reisen nach Frankreich und Algerien, 1848 Mitgl. der Frankfurter Nationalversammlung; 1849–67 Direktor des Wiener Burgtheaters; 1871 begründete er das Wiener Stadttheater. Verfasste historisch-polit. Skizzen, geschichtl. Romane und Dramen (»Graf Essex«, 1856), theaterhistor. Schriften.

Laubengang, 1) *Baukunst:* / Laube.
2) *Gartenbau:* (Pergola), Gartenweg oder Platz, der von dicht zusammengewachsenen, über einem Gerüst rankenden Kletterpflanzen eingefasst und überwölbt ist.

Laubenganghaus, das / Außenganghaus.

Laubenvögel (Ptilonorhynchidae), Familie der Sperlingsvögel mit 18 staren- bis dohlengroßen Arten in Australien und Neuguinea, die, mit wenigen Ausnahmen, unscheinbar gefärbt sind; die Männchen einiger Arten tragen verlängerte Schmuckfedern auf Kopf und Nacken. L. sind wegen ihrer aufwendigen Balz bekannt; die Männchen bauen für Balzspiele Reiserlauben, unter anderem mit bunten Steinen, Blumen, Federn. Die Weibchen bauen ohne Unterstützung der Männchen ein napfförmiges Nest auf Bäumen oder Sträuchern, brüten die Eier aus und ziehen die Jungen auf.

Lauberhornrennen, *alpiner Skisport:* seit 1930 jährlich am Lauberhorn (2 472 m ü. M.) bei Wengen (Kt. Bern) ausgetragener Abfahrtslauf für Männer.

Laubfrösche (Hylidae), hauptsächlich in Amerika und Australien verbreitete Familie meist baum- und strauchbewohnender, klettergewandter Froschlurche mit bezahntem Oberkiefer sowie Haftscheiben

Laubfrösche:
Europäischer
Laubfrosch

an Fingern und Zehen. In Europa und Kleinasien der bis 5 cm lange **Europ. Laubfrosch** (Hyla arborea); Oberseite meist laubgrün, von der weißl. Bauchseite durch ein schwarzes Band abgesetzt; Insektenfresser. Im nördl. Südamerika der 11,5 cm lange **Riesenlaubfrosch** (H. maxima) mit einem daumenartigen Fortsatz neben der vier Fingern. Durch das zunehmende Verschwinden von Feuchtgebieten (Laichplätze) gehören die einheim. L. zu den stark bedrohten Arten.

Laubheuschrecken (Laubschrecken, Tettigonioidea), weltweit verbreitete Überfamilie der Langfühlerschrecken mit über 5 000 Arten, Hinterbeine zu kräftigen Sprungbeinen ausgebildet, Pflanzenfresser. In Dtl. u. a. die Gattung **Heupferd** (Tettigonia) mit dem bis 4 cm körperlangen **Großen Grünen Heupferd** (Tettigonia viridissima), das durch die langen Flügel und Fühler jedoch größer wirkt.

Laubhölzer (Laubgehölze), Bäume und Sträucher mit flächigen, nicht nadelförmigen Blättern; Ggs.: Nadelhölzer.

Laubhüttenfest (hebr. Sukkoth), jüd. Fest zur Erinnerung an die Wüstenwanderung des Volkes Israel. Während des L. soll in einer Laubhütte geschla-

fen werden, um sich das provisor. Leben während des Wüstenzuges zu vergegenwärtigen. Das L. wird im Sept./Okt. begangen und dauert sieben Tage; urspr. Erntedankfest.

Laubkäfer (Melolonthinae), weltweit verbreitete Unterfamilie maikäferähnl. Blatthornkäfer; fressen Blätter von Laubhölzern, die Larven (Engerlinge) leben in der Erde und können durch Wurzelfraß an Kulturpflanzen schädlich werden.

Laubmoose, in Stängel und Blätter gegliederte / Moose.

Laubsäge, / Säge.

Laubsänger (Phylloscopus), **Fitis** (Fitis-L., Phylloscopus trochilus) und **Zilpzalp** (Weiden-L., Phylloscopus collybita), beide Arten 11 cm lang und nur durch den Gesang zu unterscheiden, sowie der **Wald-L.** (Phylloscopus sibilatrix), 12,5 cm lang, Kehle und Brust schwefelgelb, oberseits grünlich.

Laubwald, Pflanzengemeinschaft, in der Laubhölzer vorherrschen.

Laubwerk (Blattwerk), *Baukunst, Kunsthandwerk:* Bez. für Schmuckformen in der Antike, Gotik und Renaissance aus stilisierten oder naturalistisch nachgebildeten Blattformen zur Dekoration von Friesen, Gesimsen, Kapitellen und Konsolen.

Lauch (Allium), Gattung der Liliengewächse, Stauden, meist mit Zwiebel, mit schmalen oder schlauchförmigen Blättern und endständigem kugelig-doldigem Blütenstand auf röhrigem Schaft. Außer den Nutzpflanzen Knoblauch, Zwiebel, Winterzwiebel, Schalotte, Porree, Schnittlauch u. a. **Bär-L.** (Allium ursinum) mit intensivem Knoblauchgeruch, weißblütig, in Auenwäldern; **Allermannsharnisch** (**Bergalraun, Siegwurz,** Allium victorialis) auf offenen, hochrasigen Hängen Eurasiens im Bereich der Waldgrenze, mit grünlich weißen bis gelbl. Blüten.

Lauchhammer, Stadt im Landkreis Oberspreewald-Lausitz, Brandenburg, im Niederlausitzer Braunkohlenrevier, 21 400 Ew. Bis 1990 monostrukturell durch den Braunkohletagebau und darauf fußende Industrie (Brikettfabriken, Großkokerei) geprägt, nach Umstrukturierung blieben oder entwickelten sich Schwermaschinenbau sowie Kunst- und Glockengießerei.

Lauchstädt, Bad, / Bad Lauchstädt.

Lauda, Nikolaus (»Niki«), österr. Automobilrennfahrer, * Wien 22. 2. 1949; Formel-1-Fahrer 1971–79 und 1982–85; Weltmeister 1975, 1977 (jeweils »Ferrari«) und 1984 (»McLaren-Porsche«); 25 Grand-Prix-Siege; 1976 schwerer Unfall auf dem Nürburgring. – 2001/02 Teamchef bei »Jaguar Racing«.

Lauda-Königshofen, Stadt im Main-Tauber-Kreis, Bad.-Württ., an der Tauber, 15 400 Ew.; 1975 durch Vereinigung von Lauda und Königshofen entstanden; Weinbau; Messgeräte-, Maschinen-, Förderanlagenbau, Möbelindustrie.

Laudanum [lat.] *das,* in der Medizin des MA. Bez. für Beruhigungsmittel, bes. Opium; später nur noch für Opiumtinktur.

Laudatio [lat.] *die,* Lobrede (auf Preisträger, Jubilare).

Laudes [lat.] *Pl.,* Gebetszeit (Morgenlob) des / Stundengebets.

Laudon, Gideon Ernst Freiherr von (seit 1759), österr. Feldmarschall (seit 1779), * Tootzen (Livland) 2. 2. 1717, † Neutitschein (heute Nový Jičín) 14. 7. 1790; besiegte im Siebenjährigen Krieg Friedrich d. Gr. bei Kunersdorf (1759) und Landeshut i. Schles. (1760), wurde aber bei Liegnitz von ihm geschlagen. Als Oberbefehlshaber im Türkenkrieg 1787–92 eroberte L. am 8. 10. 1789 Belgrad.

Laue, Max von, Physiker, * Pfaffendorf (heute zu Koblenz) 9. 10. 1879, † Berlin 24. 4. 1960; Schüler von M. Planck, Prof. in Zürich, Frankfurt am Main, Berlin und (ab 1948) Göttingen, zuletzt Direktor des Instituts für Physikal. Chemie und Elektrochemie in Berlin-Dahlem. L. entwickelte die Theorie der Beugung von Röntgenstrahlen an den Raumgittern von Kristallen, die Grundlage für die wichtigste Methode zur Analyse von Kristallstrukturen (∕ Laue-Verfahren), wofür er 1914 den Nobelpreis für Physik erhielt. Er entwickelte die Relativitätstheorie weiter, stellte eine relativist. Thermodynamik auf und gab eine Theorie der Supraleitung. L. trat während der NS-Zeit für die verfemte »jüd. Physik« ein.

Laue-Gleichungen [nach M. von Laue], drei vom Kristallsystem unabhängige Gleichungen zur Deutung des Zustandekommens von Interferenzmaxima der Sekundärstrahlen bei der Beugung von Röntgenstrahlen am Raumgitter eines Kristalls.

Lauenburg, 1) ehem. dt. Herzogtum an der Niederelbe; im Früh-MA. von wend. Polaben besiedelt, im 12. Jh. von den Welfen unterworfen und germanisiert, bestand zum größten Teil aus der Grafschaft Ratzeburg, die 1180 (Sturz Heinrichs des Löwen) an die askan. Herzöge von Sachsen kam. Durch Teilung des askan. Hauses entstand 1260 das Herzogtum **Sachsen-L.;** 1689 fiel es an Lüneburg-Celle, 1705 an Hannover; 1815/16–64 gehörte es zu Dänemark, das L. mit Holstein 1864 an Österreich und Preußen abtrat. Durch den Gasteiner Vertrag kam es 1865 an Preußen, das es 1876 als Kreis Herzogtum L. der Provinz Schleswig-Holstein angliederte. 1890 wurde O. von Bismarck zum Herzog von L. erhoben. Seit 1946 gehört es zum Land Schleswig-Holstein.

2) Stadt in Polen, ∕ Lębork.

3) Lauenburg/Elbe, Stadt im Kr. Herzogtum Lauenburg, Schlesw.-Holst., an der Einmündung des Elbe-Lübeck-Kanals in die Elbe, im Naturpark Lauenburger Seen, 11 900 Ew.; Elbschifffahrtsmuseum, Mühlenmuseum; Schiffswerften, Elbhafen, Reedereien; Zündholzfabrik, Maschinenbau. – Die Unterstadt hat malerische. Straßenzüge (z.B. Elbstraße) mit zahlr. Fachwerkhäusern des 16. und 17. Jh.; Maria-Magdalena-Kirche (um 1300 und nach 1700) mit der Gruft der Herzöge von Sachsen-Lauenburg. – Um die 1182 von den askan. Herzögen erbaute Burg L. entwickelte sich der Ort L.; seit 1260 Stadt.

Lauenstein, Stadtteil von ∕ Geising; Erholungseinrichtungen; elektrotechn. Ind.; Burg (14.–15. Jh., z.T. Ruine), im 16. Jh. teilweise zum Renaissanceschloss (Museum) ausgebaut.

Laue-Verfahren, auf M. von Laue (1912) zurückgehende Methode zur Bestimmung der Struktur und Symmetrie von Kristallen. Ein durch einen dünnen Einkristall hindurchtretendes feines Bündel breitbandiger Röntgenstrahlen wird an den Netzebenen des Kristalls gebeugt. Die gebeugten Wellen breiten sich je nach Kristallstruktur in bestimmten Richtungen aus und erzeugen auf einem fotograf. Film eine regelmäßige Anordnung von Röntgenstrahlinterferenzen **(Laue-Diagramm),** aus der man die Lage der Netzebenen und damit die Kristallstruktur berechnen kann. Die Methode wird deshalb auch zur Bestimmung der Orientierung von Kristallen angewendet.

Lauf, 1) *Anatomie:* (Laufbein), nur bei Vögeln vorkommender Knochen der hinteren Gliedmaße; entsteht aus der Verschmelzung der Mittelfuß- und eines Teils der Fußwurzelknochen.

2) *Jägersprache:* Bein der jagdbaren Säugetiere (ohne Bär, Dachs, Marder) und Hunde.

3) *Musik:* schnelle, stufenweise auf- oder absteigende Tonfolge.

4) *Waffentechnik:* Rohr von Handfeuerwaffen und Maschinengewehren.

Lauf|achse (Laufradsatz), nicht angetriebene, nur tragende Achse bei Schienenfahrzeugen; Ggs.: Treibachse.

Lauf a. d. Pegnitz, Krst. des Landkreises Nürnberger Land, Bayern, 25 400 Ew.; Herstellung von Elektrokeramik, Fahrzeugkranen und Löschfahrzeugen, Holz- und Keramikverarbeitung. – »Wenzelsschloss« (14., 16. Jh.) mit got. Wappensaal. Evang. Stadtpfarrkirche mit spätgot. Chor und barockem Langhaus (um 1700). – Erhielt 1355 Stadtrechte.

Laufen, 1) Stadt im Landkreis Berchtesgadener Land, Oberbayern, an der Salzach, 6 200 Ew.; Akademie für Naturschutz und Landschaftspflege. – Pfarr- und Stiftskirche Mariä Himmelfahrt (1330–40), älteste got. Hallenkirche in Süd-Dtl.; Straßenbild mit typ. Laubengängen. – Seit 1050 Stadt.

2) Bezirkshauptort im Kt. Basel-Landschaft, Schweiz, im Tal der Birs, 4 700 Ew.; Museum des Laufentals; Textilind., Tonwarenfabriken, Herstellung von Aluminiumartikeln, Süßwarenfabrik; Kalksteinbrüche. – Der im Jura liegende Bez. L. gehörte bis 1994 zum Kt. Bern (nach Schaffung des Kt. Jura 1979 als Exklave).

Laufenburg, Bezirkshauptort im Kt. Aargau, Schweiz, am linken Ufer des Rheins, der hier bis 1914 Stromschnellen (»Laufen«) bildete, 2 000 Ew.; Keramik-, Holzind.; Wasserkraftwerk; Fremdenverkehr; maler. Stadtbild. – Die heutige Stadt L. entstand 1801 nach Teilung des rechts- (heute Laufenburg [Baden]) und linksrhein. österr. Laufenburg.

Laufenburg (Baden), Stadt im Landkreis Waldshut, Bad.-Württ., 8 400 Ew.; am Hochrhein (Wasserkraftwerk), Fischerei- und Flößereimuseum; chem. Industrie.

laufender Hund, Ornamentband, ∕ Mäander.

Läufer, 1) *Bautechnik:* ∕ Binder.

2) *Schach:* Figur, die man nur diagonal bewegen kann.

3) *Technik:* umlaufender Teil bei Maschinen, z.B. bei Elektromotoren, Generatoren, Turbinen, Kreiselpumpen, Rotationsverdichtern.

Lauf|feldröhre, *Elektronik:* die ∕ Wanderfeldröhre.

Lauffen am Neckar, Stadt im Landkreis Heilbronn, Bad.-Württ., 11 000 Ew.; Zementwerk, Textilind., Maschinen- und Gerätebau, Lederwaren-, Polstermöbel- und Schuhherstellung; Wein-, Obst- und Gemüsebau. – Evang. Pfarrkirche (13. Jh.) mit Wandmalereien des 16. Jh.; an der S-Seite die Regiswindiskapelle (13. Jh.) mit dem Steinsarg der Heiligen; Neckarbrücke von 1530. Das hochmittelalterl. »Untere Schloss« auf der Neckarinsel ist heute Rathaus. – 832 erstmals gen., seit 1234 Stadt.

Max von Laue

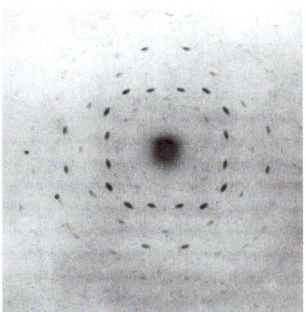

Laue-Verfahren: Laue-Diagramm

Laufkäfer: Großer Puppenräuber

Laufmilben (von oben): Larve der Erntemilbe (stark vergrößert), Sammetmilbe

Charles Laughton

Lauf|feuer (Bodenfeuer), sich rasch ausbreitendes Feuer, das trockene Bodenflora erfasst.

Laufhühnchen (Kampfwachteln, Turnicidae), Familie der Kranichvögel, 12–20 cm groß, auf dem Boden lebend; in Grasländern, offenem Busch- und Baumland warmer Gebiete der Alten Welt.

Läufigkeit, Brunst, Hitze der Hündin; zweimal jährlich 2–3 Wochen.

Laufkäfer (Carabidae), weltweit verbreitete Käferfamilie mit überwiegend dunkler, metallisch glänzender Körperfärbung, i. d. R. flinke Läufer mit schwach ausgeprägtem Flugvermögen; in Dtl. u. a. der **Große Puppenräuber** (Calosoma sycophanta), 24–30 mm groß, mit goldgrünen Flügeldecken.

Laufkatze, verfahrbare Baugruppe eines Krans, die Hubwerk und Lastaufnahmemittel trägt. Man unterscheidet versch. Ausführungen, z. B. Ein- und Zweischienen-L., Drehscheibenkatze (Hubwerk drehbar mit dem Fahrwerk verbunden), Auslegerkatze (L. mit Ausleger) und Dreh-L. (Auslegerkatze mit drehbarem Ausleger).

Laufmilben (Trombidiidae), Familie meist roter Milben mit stechborstenförmigen Kieferfühlern, z. T. Schmarotzer, so die **Herbst-** oder **Erntemilbe** (Trombicula autumnalis), die als Larve während der Ernte warmblütige Tiere und den Menschen befällt und Juckreiz und Quaddeln verursacht, und die plüschartig scharlachrot behaarte, bis zu 4 mm große **Sammetmilbe** (Trombidium holosericum).

Laufrad, bei Strömungsmaschinen das rotierende beschaufelte Rad, in dem einem durchströmenden Medium mechan. Energie entzogen (Turbine) oder zugeführt (Kreiselpumpe oder -verdichter) wird.

Laufvögel, Sammelbez. für die flugunfähigen, aber laufgewandten Flachbrustvögel (Straußenvögel). Hierzu gehören Strauß, Nandu, Kasuare, Emu, Kiwis.

Laufwasserkraftwerk, ein /Wasserkraftwerk ohne Speichermöglichkeit für das Betriebswasser, z. B. Kraftwerke an Staustufen von Flüssen.

Laufwerk, 1) *Informatik:* elektromechan. Vorrichtung zum Bewegen und Abtasten des Speichermediums bei Disketten, Magnetband- und Magnetplattenspeichern.
2) *Technik:* bei vielen Maschinen, Geräten und Fahrzeugen die von einem Antrieb bewegten Teile (bei Kfz und Flugzeug Fahrwerk gen.); i. e. S. bei Schienenfahrzeugen die Bauteile (z. B. Radsätze, Radsatzlager, Tragfedern), die zur kraftschlüssigen Führung und Stützung auf dem Gleis dienen.

Laufzeit, 1) *Bank- und Börsenwesen:* Zeitraum zw. Vergabe und Rückzahlung eines Kredits, bei festverzinsl. Wertpapieren zw. Emission und Tilgung, bei Wechseln zw. Ausstellung und Fälligkeit. Ein Investmentfonds mit begrenzter L. (**L.-Fonds**) wird nach Ablauf der im Vorhinein festgelegten Frist aufgelöst; die Anleger erhalten ihr eingesetztes Kapital einschließlich der Erträge zurück.
2) *Physik:* Zeit, die physikal. Vorgänge (z. B. elektromagnet. Wellen, Impulse, Signale) oder Teilchen (/Flugzeitmethode) zum Durchlaufen einer bestimmten Strecke benötigen; z. B. die L. der Elektronen in L.-Röhren.

Laufzeit|erscheinungen, *Hochfrequenztechnik:* Sammelbez. für alle Effekte, die bei Teilchenstrahlen (speziell bei Elektronen und Ionen) auftreten, wenn die Teilchenlaufzeit etwa so groß wie die Schwingungsdauer des Feldes ist. L. führen in dichtegesteuerten Elektronenröhren bei Frequenzen von über 1 000 MHz zu großen Leistungsverlusten, werden aber bei Laufzeitröhren bewusst zur Erzeugung höchstfrequenter elektromagnet. Schwingungen eingesetzt.

Laufzeitglied, *Elektronik:* ein Allpass mit konstanter Gruppenlaufzeit und konstantem Amplitudengang.

Laufzeitröhren, Elektronenröhren zur Verstärkung oder Erzeugung höchstfrequenter elektromagnet. Schwingungen (0,3 bis mehrere Hundert GHz) und Ausgangsleistungen bis in den MW-Bereich. Alle L. formen kontinuierl. in dichtemodulierte Elektronenströme um. (/Klystron, /Magnetron, /Wanderfeldröhre).

Lauge, 1) *Chemie:* Bez. für eine wässrige Lösung von /Basen, sofern diese deutlich alkalisch reagiert, oft eingeschränkt auf wässrige Lösungen starker Basen, v. a. die Lösungen von Natrium- und Kaliumhydroxid (Natron-L. bzw. Kali-L.). Da auch Salze starker Basen mit schwachen Säuren alkalisch reagieren, heißen deren Lösungen auch L. (z. B. Bleich-L.).
2) *Technik:* wässrige Lösung, die – unabhängig von ihrem Gehalt an Hydroxidionen – alle möglichen Nutz- und Ballastbestandteile enthalten kann, z. B. Mutterlaugen, Ablaugen.

Laugenvergiftung, durch innerl. Einwirkung von Lösungen ätzender Laugen (Ätzkali, -natron, -kalk), kohlensaurer Alkalien (Pottasche, Soda) oder Ammoniak hervorgerufene Gewebeschädigungen; dabei sind v. a. Rachen und Speiseröhre betroffen. Symptome sind heftige Schmerzen hinter dem Brustbein und im Magenbereich, Erbrechen bräunl. Massen, blutige Durchfälle und Blutharnen; in über 10% der Fälle tritt der Tod durch Schockwirkung ein. Folgeschäden bestehen v. a. in einer narbigen Verengung der Speiseröhre. Die Sofortmaßnahmen bestehen in einer reichl. Wassergabe und umgehender Krankenhauseinweisung (Kreislauf-, Schock- und Schmerztherapie).

Laughlin ['lɔklɪn], Robert B., amerikan. Physiker, *Visalis (Calif.) 1. 11. 1950; seit 1989 Prof. an der Stanford University in Palo Alto (Calif.). L. erhielt 1998 zus. mit H. L. Störmer und D. C. Tsui den Nobelpreis für Physik für die Entdeckung und theoret. Erklärung des fraktionierten /Quanten-Hall-Effekts.

Laughton ['lɔ:tn], Charles, britisch-amerikan. Schauspieler, *Scarborough 1. 7. 1899, †Los Angeles 15. 12. 1962; vielseitiger Charakterdarsteller, ab 1928 Filmrollen (seit 1934 tls. in Hollywood): »Der Glöckner von Notre Dame« (1939), »Hinter den Mauern des Grauens« (1951), »Zeugin der Anklage« (1957); auch Regisseur u. a. des Films »Die Nacht des Jägers« (1955).

Laugung (Leaching), die Herauslösung von Metallen oder ihren Legierungen, von Salzen, Schwefel u. a. aus Haufwerken, Erzen, Lagerstätten oder Abfällen durch Lösungsmittel, auch mithilfe von oxidierenden Mikroorganismen (**biolog.** oder **bakterielle L., Bioleaching**) schon in der Lagerstätte, z. B. bei der Gewinnung von Kupfer.

Lauingen (Donau), Stadt im Landkreis Dillingen a. d. Donau, Bayern, am N-Rand des Donaurieds, 10 900 Ew.; Strumpffabrik, Textilfärberei. – Schimmelturm (1457–78), got. Schloss (um 1480), Pfarrkirche St. Martin (um 1520) und klassizist. Rathaus (1783–90).

Launceston ['lɔ:nsəstən], Stadt im N von Tasmanien, Australien, an der Mündung des Tamar River, 96 000 Ew.; Maschinenbau, Textil-, Elektro- u. a. Ind.; Ausfuhr- und Fährhafen an der Mündung des Tamar River.

Laupheim, Stadt im Landkreis Biberach, in Oberschwaben, Bad.-Württ., 18 300 Ew.; Schlossmuseum, Planetarium mit Sternwarte; Werkzeug-, chemisch-pharmazeut. Ind., Herstellung von Perücken. – Schlosskomplex Groß-L. (Altes Schloss, 16. Jh.; Neues Schloss, 18. Jh.) über älterer Burg.

Laura, ostkirchl. Kloster, ↗ Lawra.

Laurana, 1) Francesco, dalmatinisch-italien. Bildhauer, * Vrana (bei Zadar) um 1425/30, † Frankreich (Avignon?) vor dem 12. 3. 1502; die Eleganz und Kühle seiner Renaissanceplastik brachten ihm höf. Aufträge ein; schuf u. a. die für ihr Grabmal bestimmte Porträtbüste der Eleonore von Aragonien (* 1405, † wohl nach 1480).

2) Luciano, italien. Baumeister, * Zadar (Dalmatien) um 1420/25, † Pesaro 1479; bildete die florentin. Frührenaissance in strengeren Formen fort, wirkte auf Bramante; schuf mit dem von ihm 1468–72 um- und ausgebauten (u. a. Arkadenhof) Palazzo Ducale in Urbino (1444 ff.) eine vorbildl. Fürstenresidenz des 15. Jahrhunderts.

Laurasia, *Geologie:* Urkontinent auf der Nordhalbkugel (Nordamerika, Europa und N-Asien), der seit dem Jura z. T. auseinander driftete. (↗ Kontinentalverschiebung)

Laureat [lat. laurus »Lorbeer«] *der,* Ausgezeichneter, Preisträger. (↗ Poeta laureatus)

Laurel ['lɔrəl], Stan, eigtl. Arthur Stanley Jefferson, amerikan. Filmkomiker brit. Herkunft, * Ulverston (Cty. Cumbria) 16. 6. 1890, † Santa Monica (Calif.) 23. 2. 1965; bildete ab 1927 (als prägender Partner) mit Oliver Hardy das Filmkomikerpaar »L. and Hardy« (»Stan und Ollie«; in Dtl. als Dick und Doof bekannt).

Lauren ['lɔːrən], Ralph, amerikan. Designer, * New York 12. 10. 1939; begann 1967 breite Krawatten mit auffallenden Mustern zu entwerfen, weitete dieses Angebot bald auf die gesamte Männergarderobe, ab 1971 auch auf die Damenmode aus; um 1980 Sportswear-Marke »Polo Ralph Lauren«. Seine Mode ist angloamerikan. Traditionen verbunden.

Laurencin [lɔrɑ̃'sɛ̃], Marie, frz. Malerin, * Paris 31. 10. 1885, † ebd. 8. 6. 1956; gehörte früh zum Kreis der Kubisten um G. Apollinaire, Verbindung mit G. Braque und P. Picasso; malte meist lyr. Szenen mit Mädchen und Frauen in hellen Farben.

Laurens [lɔ'rɑ̃s], Henri, frz. Bildhauer, * Paris 18. 2. 1885, † ebd. 5. 5. 1954; schuf, vom Kubismus angeregt, Werke zunehmend abstrahierender Gestaltung: Bronzeskulpturen (Frauenakte) mit sinnbildhafter Thematik, auch Buchillustrationen, Holzschnitte, Gouachen, Bühnenbildentwürfe.

Laurentia [nach dem latinisierten Namen des Sankt-Lorenz-Stroms], seit dem Präkambrium bestehender Festlandkern Nordamerikas, umfasst v. a. den Kanad. Schild.

Laurentian Mountains [lɔːˈrenʃən ˈmaʊntnz] (Laurentian Highlands, Laurentides), der wald- und seenreiche südl. Randbereich des Kanad. Schilds in der Prov. Quebec, Kanada, nördlich des Sankt-Lorenz-Stroms, durchschnittlich 500–800 m ü. M.

Laurentischer Schild, ↗ Kanadischer Schild.

Laurentius, Diakon in Rom, Märtyrer, † Rom 258; nach der Legende auf einem glühenden Rost verbrannt; Heiliger; u. a. Patron der mit Feuer beschäftigten Berufe (z. B. Feuerwehrleute); Tag: 10. 8.

Laurentiusschwarm [nach dem röm. Märtyrer Laurentius], die ↗ Perseiden.

Laurentius von Brindisi, eigtl. Giulio Cesare Russo, kath. Theologe, * Brindisi 22. 7. 1559, † Belém (bei Lissabon) 22. 7. 1619; Kapuziner; trug entscheidend zur Bildung der kath. ↗ Liga von 1609 bei; Kirchenlehrer; Heiliger, Tag: 21. 7.

Laurenziana (Biblioteca Medicea L.), Bibliothek bei San Lorenzo in Florenz, gegr. von den Medici, mit zahlr. kostbaren alten Handschriften.

Lauretanische Litanei [nach der latinisierten Form von Loreto], eine aus Ehrenbezeichnungen Marias zusammengesetzte ↗ Litanei, die 1531 im italien. Wallfahrtsort Loreto erstmalig bezeugt ist. Durch Verkürzung von Anrufungen Marias nach frühmittelalterl. Vorbildern entstanden, wurde sie 1587 durch Papst Sixtus V. approbiert.

Laurinsäure [zu lat. laurus »Lorbeer(baum)«] (n-Dodecansäure), $CH_3(CH_2)_{10}COOH$, höhere gesättigte geradkettige Fettsäure; die Salze und Ester der L. (**Laurate**) werden als Stabilisatoren, Weichmacher und Emulgatoren verwendet.

Henri Laurens: Sirene, Bronze, Höhe 1,17 m (1945; Mannheim, Städtische Kunsthalle)

Laurion (ngrch. Lavrion), grch. Hafenstadt, an der O-Küste Attikas, nahe Kap Sunion, 8800 Ew.; anstelle erschöpfter antiker Silberminen werden seit 1865 Blei-, Zink- und manganhaltige Eisenerze abgebaut; Munitionsfabrik.

Lausanne [loˈzan], Hauptstadt des Kt. Waadt, Schweiz, auf mehreren Hügeln am N-Ufer des Genfer Sees, 114 200 Ew., in der aus 42 Gemeinden bestehenden städt. Agglomeration 286 100 Ew.; Sitz des schweizer. Bundesgerichts; Univ. (gegr. 1537, bis 1890 Akademie), Eidgenöss. TH, Konservatorium, Kantonale Kunsthochschule, Hotelfachschule; Museen; Blindeninst.; Forschungsinstitute (bes. Krebsforschung); Sitz des Internat. Olymp. Komitees. L. ist Handels-, Messe- und Kongressstadt sowie Ind.standort (Metall-, Nahrungsmittel-, Tabakind.); Fremdenverkehr; Metro. – Bedeutende Bauten: frühgot. Kathedrale Notre-Dame (1173–1275); Schloss (ehem. Bischofssitz, 1397 begonnen); Alte Akademie (1579–87), Rathaus (15./16. Jh., Neubau 1673–75); Palais de Rumine (1898–1906, heute u. a. Kantonalmuseum und Münzkabinett). – Siedlung aus vorröm. Zeit, in röm. Zeit ausgebaut; wurde um 590 Bischofssitz, 1434 (unter Vorbehalt der bischöfl. Rechte) freie Reichsstadt; 1536–1798 unter der Herrschaft Berns; seit 1803 Hptst. des Kt. Waadt. – Der **Friede von L.** vom 18. 10. 1912 beendete den Italien.-Türk. Krieg (1911/12), der **Friede von L.** vom 24. 7. 1923 den Grch.-Türk. Krieg (1919–22). Im **Vertrag von L.** am 9. 7. 1932 vereinbarten Dtl. und die Siegermächte des Ersten Weltkrieges das formelle Ende der dt. Reparationszahlungen.

Lausanne Stadtwappen

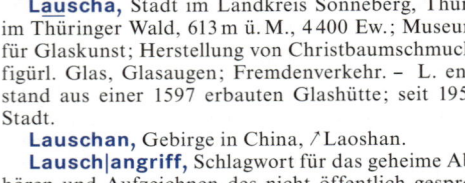

Lauscha, Stadt im Landkreis Sonneberg, Thür., im Thüringer Wald, 613 m ü. M., 4400 Ew.; Museum für Glaskunst; Herstellung von Christbaumschmuck, figürl. Glas, Glasaugen; Fremdenverkehr. – L. entstand aus einer 1597 erbauten Glashütte; seit 1958 Stadt.

Lauschan, Gebirge in China, / Laoshan.

Lausch|angriff, Schlagwort für das geheime Abhören und Aufzeichnen des nicht öffentlich gesprochenen Wortes mit techn. Mitteln für Zwecke der Strafverfolgung durch Ermittlungsbehörden und zur Gefahrenabwehr durch Sicherheitsbehörden (/ Brief-, Post- und Fernmeldegeheimnis). Unter »großem L.« wird das geheime Abhören von Gesprächen (in / Wohnungen) mit techn. Mitteln (z. B. Richtmikrofone, »Wanzen«) verstanden.

Lausche die, höchster Berg des Lausitzer Gebirges in Sachsen, an der Grenze zur Tschech. Rep., 793 m ü. M.; besteht aus Phonolith.

Lauscher, Jägersprache: die Ohren des wiederkäuenden Schalenwildes.

Läuse (Echte Läuse, Anoplura), Unterordnung der Tier-L., auch als eigene Ordnung aufgefasst; flügellose kleine Insekten, Blutsauger auf Mensch und Säugetieren; flach, mit stechenden und saugenden Mundwerkzeugen, Klammerbeinen; mit unvollständiger Verwandlung. Am Menschen leben Kleiderlaus, Filzlaus, Kopflaus. Die **Kleiderlaus** (Pediculus humanus) wird bis 4 mm lang. Sie ist, ebenso wie die Eier (Nissen), hitzeempfindlich, dagegen wenig empfindlich gegen Kälte und Nässe; die Erreger von Fleckfieber, Rückfallfieber, Fünftagefieber werden unmittelbar durch Stiche der Kleiderlaus auf den Menschen übertragen. Entlausung durch Insektizide, Wäschewechsel; Wäsche wird durch trockene Hitze und durch Begasen entlaust. Die **Filzlaus** (Phthirius pubis) ist 1–1,5 mm lang, sitzt hauptsächlich an den Schamhaaren, seltener an anderen Körperhaaren; ihre Bisse hinterlassen manchmal bläul. Flecken. Übertragung durch Geschlechtsverkehr, Kleider, Bettwäsche. Entlausung durch Insektizide. Die **Kopflaus** (Pediculus capitis) ist 2–3 mm lang, kommt fast nur an menschl. Kopfhaar vor. Entlausung durch Einreiben der Haare mit Insektiziden.

Läusekraut (Pedicularis), Gattung der Braunwurzgewächse mit etwa 500 Arten auf der N-Halbkugel, v. a. in den Gebirgen Zentral- und Ostasiens; meist auf Gräsern schmarotzende Halbparasiten; Stauden mit fiederspaltigen oder gefiederten Blättern und großen zweilippigen Blüten in traubigen Blütenständen. Alle einheim. Arten (etwa 10) sind geschützt, u. a. das auf feuchten Wiesen und Flachmooren Nordwest-Dtl.s vorkommende, 5–15 cm hohe **Wald-L.** (Pedicularis silvatica) mit roten bis hellpurpurfarbenen Blüten und das auf feuchten Wiesen, Flachmooren und an Seeufern vorkommende, vom Aussterben bedrohte **Karlszepter** (**Moorkönig**, Pedicularis sceptrum-carolinum) bis 1 m hoch, mit großen gelben, weinrot überlaufenen Blüten.

Lausfliegen (Gefiederfliegen, Pupipara), als Blutsauger an Säugetieren und Vögeln lebende Zweiflügler, deren Flügel fehlen, verkümmert sind oder abgeworfen werden, mit lederartiger Haut und Klammerklauen, u. a. Schaflaus- und Fledermausfliege.

Lausick, Bad, / Bad Lausick.

Lausitz [von sorb. Łužica »Sumpfland«] die, das Gebiet östlich der Elbe um die Lausitzer Neiße und die obere Spree, in Brandenburg, Sachsen und östlich der Lausitzer Neiße bis zur Oder und zum Bober in Polen, umfasst die histor. Markgrafschaft der / Niederlausitz im N und der / Oberlausitz im Süden.

Läusekraut:
Karlszepter

Lausitzer Kultur: mit Zierbuckeln und Riefen versehenes Tongefäß, Fundort Schönwalde bei Luckau, Höhe 24,5 cm (um 1100 v. Chr.; Berlin, Museum für Vor- und Frühgeschichte)

Lausitzer Bergland (Oberlausitzer Bergland), aus Granit (Lausitzer Granit) aufgebautes, vielgestaltiges Gebiet in der südl. / Oberlausitz; waldbestandene, meist von NW nach SO ziehende, von breiten ackerbaulich genutzten Talmulden getrennte Bergrücken (Valtenberg, 587 m ü. M.). Südöstlich vom L. B. liegt das Lausitzer Gebirge.

Lausitzer Gebirge (sächs. Teil Zittauer Gebirge, tschech. Lužické hory), aus Kreidesandstein aufgebautes, reich bewaldetes Gebirge beiderseits der Grenze Dtl./Tschech. Rep.; Basalt- und v. a. Phonolithberge (Lausche, 793 m ü. M.; Hochwald, 750 m ü. M.) bilden die höchsten Erhebungen.

Lausitzer Kultur, nach Funden in der Niederlausitz benannte Kulturgruppe der mittleren und jüngeren Bronzezeit im östl. Mitteleuropa. Kennzeichnend sind formenreiche Tongefäße, anfangs mit Zierbuckeln und Riefen, später mit Bemalung. Die Funde stammen meist aus Urngräbern (Urnenfeldern), Hortfunde von Bronzen in der späteren L. K. (»Lausitzer Äxte«). Die Funde lassen auf eine differenzierte Gesellschaftsordnung schließen.

Lausitzer Neiße, Grenzfluss zw. Dtl. und Polen, / Neiße.

Lausitzring (EuroSpeedway Lausitz), im August 2000 bei Senftenberg eröffnete vierte permanente Motorsportrenn- und -teststrecke Dtl.s (nach / Nürburgring, / Hockenheimring und / Motopark Oschersleben); es können vier Streckenvarianten zw. 3,2 und 11,3 km gewählt werden. Veranstaltet werden Läufe zur dt. Tourenwagenmasters (DTM), Champ-Car-Rennen (»2-Meilen-Superspeedway«), Truckmeisterschaften u. a.

Laut, in der Phonetik kleinste akustisch-artikulator. Einheit der gesprochenen Sprache. Die übl. Einteilung der L. erfolgt v. a. nach artikulator. Gesichtspunkten.

Vokale: Nach der Stellung der Sprechwerkzeuge werden die Vokale durch ihre Artikulation mit periodisch schwingenden Stimmlippen und geöffnetem Ansatzrohr (Gesamtheit der Hohlräume oberhalb der Stimmbänder) bestimmt; sie werden ohne Berührungsfläche in der Mittellinie des Gaumens artikuliert. Die Einteilung erfolgt 1. nach der **Zungenvertikallage** (Höhe der Zunge): hohe [i, y, u], fast hohe [ɪ, ʊ], mittelhohe [e, ø, o], mittlere [ə], mitteltiefe [ɛ, œ, ʌ, ɔ], fast tiefe [æ] und tiefe [a, ɑ] Vokale; 2. nach der **Zungenhorizontallage**: vordere (palatale) [i, y, ɪ, e, ø, ɛ, œ, æ, a], zentrale [ə] und hintere (velare) [u, o, ʌ, ɔ, ɑ] Vokale; 3. nach der **Lippenstellung** (Grad der Lippenrundung): ungerundete (illabiale) [i, ɪ, e, ɛ, æ, a, ʌ, ɑ] und gerundete (labiale) [y, ø, œ, ə, u, ʊ, o, ɔ] Vokale. Vokalverbindungen mit nur einer Artikulationsbewegung (nur Schließ- oder nur Öffnungsbewegung) werden, wenn sie in derselben Silbe vorkommen, **Diphthonge** genannt [aɪ, aʊ, ɔɪ].

Konsonanten: Nach der Artikulationsart unterscheidet man folgende Hauptklassen: **Reibelaute** oder **Frikative** (auch **Spiranten**), bei denen an einer bestimmten Stelle im Ansatzrohr durch eine Verengung geräuschhafter Schall erzeugt wird [β, f, v, θ, ð, s, z, ʃ, ʒ, ç, x, h]; unter ihnen fasst man die **Zischlaute** oder **Sibilanten** zu einer eigenen Gruppe zusammen [s, z, ʃ, ʒ]. **Sprenglaute** oder **Explosivlaute** (auch **Okklusive** oder **Verschlusslaute**) werden durch »Explosion« oder Sprengung eines vollständigen Verschlusses hervorgebracht. Folgt der Sprengung des Verschlusses ein kurzes Geräusch nachstürzender Atemluft (Behauchung), so entstehen die **Aspiraten** [p, t, k]; folgt ihr ein längeres, an gleicher oder benachbarter Stelle erzeugtes Frikativgeräusch, entstehen die **Affrikaten** [ts, pf, kx]. Bei den **Nasalen** [m, n, ɲ, ŋ] entweicht die Luft durch die Nase, der Mund ist geschlossen. Bei den **Lateralen** [l, ʎ, ɫ] entweicht die Luft nicht durch den ganzen Mund, sondern auf einer Seite oder auf beiden Seiten der Zunge (Seiten-L.).

Nach der Artikulationsstelle unterscheidet man **Labiale** (Lippen-L.), darunter **Bilabiale** (Beidlippen-L.) [p, b, m, β, w, ɥ], **Labiodentale** (Zahnlippen-L.) [f, v], und **Dentale** (Zahn-L.) [t, d, n, l, r, θ, ð, s, z], darunter die **Alveolare** [t, d]. **Palatoalveolare** werden mit der Zungenspitze am vorderen Gaumen artikuliert [ʃ, ʒ]. Die **Dorsale** (mit dem Zungenrücken artikulierte L.) umfassen die **Palatale** (Gaumen-L.) [ç, ɲ, ʎ, j] und die **Velare** (Gaumensegel-L.) [k, g, ŋ, x]. Ferner werden **Uvulare** (mit dem Zäpfchen artikulierte L., z.B. das Zäpfchen-r), **Laryngale** (Kehl-L.) und **Pharyngale** (Rachen-L.), z.B. der Hauch-L. [h], unterschieden.

Zur phonet. Beschreibung gesprochener Sprache wurden Systeme von Transkriptionssymbolen für die einzelnen L. entwickelt.

Laute [arab. al'ūd »Holz«], Saiteninstrument mit Hals und bauchigem Korpus. Als L. im speziellen Sinn bezeichnet man die aus der arab. Kurzhals-L. Ud entstandene europ. Laute. Diese hat einen aus dünnen Holzspänen zusammengesetzten Resonanzkörper in Form einer längs gehälfteten Birne, einen kurzen, breiten Hals sowie einen abgeknickten Wirbelkasten. Das Griffbrett ist mit Bünden versehen, das Schallloch in der Decke mit einer Rosette verziert. Die bis zu 11 Saiten sind an einem Querriegel eingehängt und meist bis auf eine Melodiesaite chörig gestimmt (/Chor); Saitenzahl und Stimmung der L. schwankten im Laufe der Jh. ständig. Man unterscheidet **Lang-** und **Kurzhals-L., Spieß-L.** mit durch den Korpus geführtem Stiel und **Hals-L.** mit angesetztem Stiel. Die **Erz-L.** haben für die Basssaiten einen zweiten Wirbelkasten. Besondere Formen: die **Theorbe**, bei der die Basswirbelkasten an einem kurzen Zwischenhals über dem ersten Wirbelkasten sitzt (ukrain. Sonderform: die Bandura); die **theorbierte L.**, bei der die beiden Wirbelkästen nebeneinander liegen; der **Chitarrone** mit einem langen Zwischenhals.

Geschichte: Lautenähnl. Instrumente waren bereits im 3. Jt. v. Chr. in Mesopotamien in Gebrauch, fanden dagegen erst relativ spät im antiken Griechenland Verwendung. Das Abendland übernahm die L. aus dem persisch-arab. Raum vermutlich über S-Italien und Spanien. Die L. wurde das wichtigste Instrument der beginnenden Neuzeit; im 15.–17. Jh. als Solo- und Begleitinstrument ähnlich beliebt wie später das Klavier.

Lautensack, Heinrich, Schriftsteller, * Vilshofen 15. 7. 1881, † Eberswalde 10. 1. 1919; Kabarettist (»Elf Scharfrichter«); schrieb Komödien (»Der Hahnenkampf«, 1908; »Die Pfarrhauskomödie«, 1911; »Das Gelübde«, 1916), ferner balladenhafte Gedichte. L. starb in geistiger Umnachtung.

Lautenschläger, Karl, Bühnentechniker, * Besungen (heute zu Darmstadt) 11. 4. 1843, † München 30. 6. 1906; richtete 1896 am Münchener Residenztheater die erste Drehbühne ein.

Lautentabulatur, /Tabulatur.

Lautenzug, Registerzug des Cembalos oder Spinetts, durch den die Saiten mittels einer mit Filz besetzten Leiste gedämpft werden und lautenähnlich klingen.

Lauterbach, Heiner, Schauspieler, * Köln 10. 4. 1953; außer in zahlr. Fernsehrollen (u.a. in »Tatort«-Krimis, 1986–97, und der Serie »Eurocops«, 1988) trat L. auch in Kinofilmen hervor, u.a. in »Männer« (1985), »Das Superweib« (1996), »Rossini« (1997), »Der Campus« (1998), »Zwei Asse und ein König« (Fernsehfilm, 3 Tle., 2000).

Lauterbach (Hessen), Kreisstadt des Vogelsbergkreises, Hessen, 14 800 Ew.; Luftkurort; Papier-, Kartonagen-, Textil-, Holz-, elektrotechn., Nahrungs- und Genussmittelindustrie. – Fachwerkbauten, Teile der Stadtbefestigung, mittelalterl. Burg (1679–84 umgebaut), Stadtkirche (1763–67), Palais Hohhaus (1773, Landschaftsmuseum). – Wurde 1266 Stadt.

Lauterberg im Harz, Bad, /Bad Lauterberg im Harz.

Lauterbrunnen, Gemeinde im Berner Oberland, Kt. Bern, Schweiz, 164 km², 2 900 Ew.; umfasst die Talschaft der Weißen Lütschine, das **Lauterbrunner Tal** mit vielen Wasserfällen (Staubbachfall, Trümmelbachfall); Fremdenverkehr. Zur Gemeinde gehören auch die nur mit Bergbahnen erreichbaren, auf einer Hochterrasse gelegenen Wintersportzentren **Wengen** (1 275 m ü. M.) und **Mürren** (1 639 m ü. M.); von dort jeweils weitere Bergbahnen (u.a. auf das Schilthorn).

Läuterung, 1) *Forstwirtschaft:* vor der Durchforstung liegender waldbaul. Eingriff in Schonungen und Dickungen zur Entfernung minderwertiger Wuchsformen und unerwünschter Holzarten.

2) *Technik:* 1) bei der Erzaufbereitung das Befreien (Entschlämmen) der mineral. Rohstoffe von lehmigen und tonigen Verunreinigungen; 2) bei der Glasherstellung das Entgasen und Homogenisieren der Schmelze; 3) bei der Zuckergewinnung das Entfernen schäumender Bestandteile aus der Zuckerlösung.

Lautgesetze, Regeln, nach denen sich in einer bestimmten Sprache und zu einer bestimmten Zeit ein /Lautwandel vollzieht.

Lautheit, /Lautstärke.

Lautlehre, die Lehre von den Sprachlauten, ihrer Bildung (/Laut, /Phonetik), ihrer Geltung im Sprachsystem (/Phonologie) und ihrer Entwicklung (Lautgeschichte).

Lautmalerei (Lautnachahmung, grch. Onomatopöie), Versuch sprachl. Wiedergabe außersprachl. Sinneseindrücke, z. B. von Tierlauten: so »kikeriki« für den Hahnenschrei.

Lautréamont [lotrea'mɔ̃], Comte de, eigtl. Isidore Lucien Ducasse, frz. Dichter, * Montevideo 4. 4. 1846, † Paris 24. 11. 1870. Einzelheiten über L.s Leben sind weitgehend ungeklärt, seit 1867 lebte er offenbar in Paris. Sein z. T. in der Nachfolge der schwarzen Romantik und des Symbolismus stehendes, in sechs Gesänge gegliedertes Prosagedicht »Die Gesänge des Maldoror« (erste vollständige Ausg. hg. 1874), das alle literar. Konventionen sprengt, wurde von den Surrealisten entdeckt und übte einen bed. Einfluss auf die Lyrik der Moderne aus.

Lautschrift, Schriftsystem zur möglichst getreuen Wiedergabe gesprochener Sprache. Es soll sowohl einprägsam als auch vollständig hinsichtlich der Zeichen für alle mögl. Laute sein **(phonet. Transkription).** Verwendet werden zumeist Buchstaben der Rechtschreibung und zusätzl. Zeichen, z. B. [ʃ] für »sch«, ferner diakrit. und prosod. Zeichen. Am verbreitetsten ist das System der »Association Phonétique Internationale« (seit 1886).

Lautsprecher, elektroakust. Gerät zur Umwandlung niederfrequenter Tonfrequenzströme in hörbaren Schall. Man unterscheidet versch. Arten von Lautsprechern. Bei elektromagnet. L. magnetisiert eine Spule einen Eisenanker, der im Feld eines Dauermagneten schwingt und die Membran antreibt.

Bei elektrodynam. L. schwingt eine in einem Dauermagneten hängende bewegl. Schwingspule im Rhythmus des Tonfrequenzstroms. Die Membran kann trichterförmig (Konus-L.) oder als Kalotte (↗ Kalottenlautsprecher) ausgebildet sein. Bei elektrostat. L. ändert sich die Gleichspannung an einem Kondensator proportional zur Tonfrequenzspannung, wodurch eine Folie in Schwingungen versetzt wird und Schall abstrahlt. Ein Spezialfall ist der Ionen-L., bei dem Luft mit einem Lichtbogen ionisiert wird, sodass das magnet. Feld die ionisierten Luftteilchen (also den angrenzenden Luftraum) direkt und ohne jede Membranwirkung zum Schwingen bringt. Bei piezoelektr. L., die als Hochton-L. eingesetzt werden, erfolgen die Deformationen der Membran durch Anlegen einer Spannung an den Piezokristall.

Eine möglichst originalgetreue Klangwiedergabe lässt sich wegen des breiten Tonfrequenzbandes (16 Hz bis 20 kHz, d.h. über 10 Oktaven) mit einem einzigen L. (**Breitband-L.**, Frequenzbereich 50 Hz bis 15 kHz) praktisch nicht verwirklichen. Man verwendet deshalb in Hi-Fi-Anlagen meist L.-Kombinationen aus **Hochton-L.** (**Tweeter**, 3 bis 20 kHz), **Mittelton-L.** (300 Hz bis 5 kHz) und **Tiefton-L.** (**Woofer**, bis 600 Hz, ↗ Subwoofer). – In passiven L.-Boxen sorgen hinter dem Leistungsverstärker angeordnete Frequenzweichen dafür, dass die Tonfrequenzbereiche dem jeweils adäquaten Einzel-L. zugeführt werden. L.-Boxen können als allseitig geschlossene Kompaktboxen oder als ↗ Bassreflexboxen mit einer Austrittsöffnung an der Vorderseite ausgeführt werden. Kommt es zu einem Druckausgleich zw. Vorder- und Rückseite der Membran, so ergibt sich ein »akust. Kurzschluss«.

Lautstärke, die vom Gehörsinn abhängige, subjektiv empfundene Schallstärke, die sowohl von der Größe des Schalldrucks p als auch von der Frequenz des Tones abhängt. Das Pegelmaß für die L. ist der **L.-Pegel,** der in phon (↗ Phon) angegeben ist. Die Normal-L. wurde durch einen Ton der Frequenz von 1 000 Hz mit einem Schalldruck p_0 von 20 µPa definiert und entspricht etwa der Hörschwelle. Bei dieser Frequenz ist die L. in phon gleich dem Schalldruckpegel in dB (↗ Dezibel). Für den L.-Pegel gilt: $L_N = 20 \lg(p/p_0)$. Eine physiolog. Bewertungsgröße der L. ist die **Lautheit,** deren relativer Wert durch Vergleich der subjektiven L.-Empfindung für frequenzgleiche Töne unterschiedl. ↗ Schalldruckpegels ermittelt wird. Nach Definition entspricht einem L.-Pegel von $L_N = 40$ phon eine Lautheit von $N = 1$ sone.

Lautstärke|einstellung (Lautstärkeregelung), Veränderung der Lautstärke mithilfe von Dreh- oder Schiebeeinstellern bei elektroakust. Anlagen auf die gewünschte Größe. Die L. erfolgt i. Allg. manuell mithilfe von ↗ Potenziometern, die als Spannungsteiler auf das Tonsignal wirken. Ein Lautstärkeeinsteller kann mit einer automatisch wirkenden Klangbeeinflussung kombiniert sein.

Lautsubstitution, der Ersatz eines fremden Lautes durch einen artikulatorisch ähnl. Laut der eigenen Sprache. So wird das frz. [ʒ] (z. B. in Blamage) im Deutschen oft als »sch« [ʃ] gesprochen.

Lautsystem, die geordnete Zusammenstellung der Laute einer Sprache nach ihren akust. Eigenschaften oder nach charakterist. Stellungen der Sprechorgane, bes. der Zunge.

Lautverschiebung, gleichartige Veränderung größerer Teile des Lautsystems einer Sprache, bes. der Konsonanten. Die **erste** oder **germanische L.** unterscheidet alle german. von allen anderen ↗ indogermanischen Sprachen. Sie besteht darin, dass 1) die stimmlosen Verschlusslaute (p, t, k) zu stimmlosen

Lava: bereits stark verwitterte, teilweise begrünte Brockenlava

Reibelauten werden (f, þ, χ) im Anlaut und im Inlaut unmittelbar hinter dem alten Wortton, zu stimmhaften (β, ð, γ) in allen anderen Stellungen (↗ Verner), z. B. lat. *p*ater, altnord. faðir »Vater«; 2) die behauchten stimmhaften Verschlusslaute (bh, dh, gh) zu stimmhaften Reibelauten (β, ð, γ) werden, schließlich zu stimmhaften Verschlusslauten (b, d, g), z. B. indogerman. ghostis, ahd. gast; 3) die stimmhaften Verschlusslaute (b, d, g) zu stimmlosen (p, t, k), z. B. lat. genu, got. kniu »Knie«.

Die **zweite** oder **hochdeutsche L.** unterscheidet die hochdt. Mundarten einschl. des Langobardischen von allen anderen german. Sprachen. Dabei werden 1) die german. stimmlosen Verschlusslaute (p, t, k) im Anlaut und im Inlaut nach Konsonant sowie bei Verdoppelung zu Affrikaten (pf, ts, kch): z. B. niederdt. *p*, und hochdt. *pf*, sonst zu doppelten stimmlosen Reibelauten (ff, ss, hh/chch): z. B. niederdt. wa*t*er, ma*k*en, hochdt. Wa*ss*er, ma*ch*en; 2) die german. stimmhaften Verschlusslaute (b, d, g) zu stimmlosen (p, t, k): z. B. niederdt. *d*ag, hochdt. *T*ag; 3) die german. stimmhaften Reibelaute (β, ð, γ) zu stimmhaften Verschlusslauten (b, d, g): z. B. niederdt. ge*v*en, hochdt. ge*b*en. Im Ggs. zur ersten L. ist aber die Verbreitung dieser einzelnen Erscheinungen innerhalb des hochdt. Gebiets sehr verschieden, sodass sich zw. den niederdt. Mundarten, die die zweite L. nicht zeigen, und den schweizerischen, die sie vollständig durchführen, ein breites Übergangsgebiet findet. Die erste L. wird verschieden datiert (500 v. Chr. bis 3. Jh. n. Chr.), die zweite hat sich in ihrem Kerngebiet im 7. Jh. n. Chr. durchgesetzt.

Lautwandel, jede sprachgeschichtl. Veränderung von Lauten nach bestimmten Regeln (Lautgesetzen). Der aufgrund von L. in etymologisch verwandten Wörtern einer Sprache vorkommende Wechsel von Lauten (»denken« – »Gedanke«) heißt **Lautwechsel** (↗ Ablaut).

Lava [italien. »Schlammmassen«] *die,* das bei Vulkanausbrüchen unter lebhafter Entgasung aus Spalten oder Schloten an die Erdoberfläche austretende glühend heiße ↗ Magma und das daraus entstandene meist poröse, häufig auch glasige Ergussgestein. Erstarrung tritt ab 900–700 °C ein. In ebenem Gelände entstehen **L.-Decken,** beim Herabfließen **L.-Ströme,** deren Fließgeschwindigkeit (vom Siliciumgehalt abhängig) mehrere Meter in der Sekunde erreichen kann. Ihre Erstarrungsformen sind abhängig von Temperatur, Viskosität, Gasgehalt der Schmelze und der Gestalt der Erdoberfläche. Aus einer dünnflüssigen Schmelze entsteht die **Fladen-L.** sowie die seilartig gedrehte **Strick-L.** oder auch aufgetürmte **Schol-**

len-L., zusammenfassend als **Pahoehoe-L.** bezeichnet. Bei mittlerer Viskosität entsteht die wie Schlacke aussehende **Brocken-L. (Aa-L.).** Bei zähflüssiger Schmelze bilden sich Halden von **Block-L.** Bei untermeer. Ergüssen wird die heiße L. vom Meerwasser abgeschreckt, es bilden sich rundl. Formen mit einer Kruste aus vulkan. Glas **(Kissen-L.).** Andauernde Vulkantätigkeit kann zur Bildung eines **L.-Sees** im Krater führen (/ Vulkan).

Lavabel [frz. lavable »waschbar«] der,

Laval, Hauptstadt des frz. Dép. Mayenne, an der Mayenne, 53 500 Ew.; kath. Bischofssitz; Metall-, Leder-, Textilind., Gerätebau. – Roman. Kathedrale (1150–60, 14.–19. Jh.); Notre-Dame-d'Avénières (1140–70), Notre-Dame-des-Cordeliers (14., 15., 17. Jh.). Altes Schloss (v. a. 14./15. Jh.) mit roman. Kapelle (11. Jh.), Neues Schloss im Renaissancestil (1540), Alte Brücke (13. Jh.).

Laval, 1) Carl Gustaf Patrik de, schwed. Ingenieur, * Orsa (VerwBez. Kopparberg) 9. 5. 1845, † Stockholm 2. 2. 1913; u. a. erfand er unabhängig von C. A. Parsons die / Dampfturbine in Form einer einstufigen, schnell laufenden Gleichdruckturbine und konstruierte die **L.-Düse** (/ Düse).
2) Pierre, frz. Politiker, * Châteldon (Dép. Puy-de-Dôme) 26. 6. 1883, † (hingerichtet) Paris 15. 10. 1945; Rechtsanwalt, 1932 und 1934–36 Außenmin., 1931–32, 1935–36 sowie ab 1942 MinPräs., trat nach der frz. Niederlage (1940) im Zweiten Weltkrieg für eine Zusammenarbeit mit Dtl. ein. 1944 wurde er nach Dtl. gebracht, versuchte 1945 zu fliehen, wurde von den Amerikanern an Frankreich ausgeliefert und dort wegen Kollaboration mit der dt. Besatzungsmacht zum Tode verurteilt.

La Valetta, Hptst. von Malta, / Valletta.

Lavandin|öl, äther. Öl aus den Blüten der **Lavandinpflanze** (Bastard aus zwei Lavendelarten), häufig anstelle von Lavendelöl verwendet.

Lavandula [lat.], die Pflanzengattung / Lavendel.

Lavant die, linker Nebenfluss der Drau in Österreich, 64 km lang, entspringt am Zirbitzkogel (2 397 m ü. M.) in der Obersteiermark, durchfließt von N nach S das im unteren Teil stark industrialisierte **L.-Tal** in Kärnten und mündet bei Lavamünd.

Lavant, Christine, eigtl. C. Habernig, geb. Thonhauser, österr. Schriftstellerin, * Großedling (heute zu Wolfsberg) 4. 7. 1915, † Wolfsberg 7. 6. 1973. Ihr von Not und Krankheit geprägtes Leben spiegelt sich in formstrenger Lyrik (»Die Bettlerschale«, 1956; »Spindel im Mond«, 1959, u. a.) und Erzählungen.

Lavater ['la:va:tɐ], Johann Kaspar, schweizer. evang. Theologe, Philosoph und Schriftsteller, * Zürich 15. 11. 1741, † ebd. 2. 1. 1801; Pfarrer in Zürich; rationaler Apologet der christl. Glaubens und der bibl. Offenbarung. In seinen »Physiognom. Fragmenten zur Beförderung der Menschenkenntnis und Menschenliebe« (4 Bde., 1775–78) erläuterte er die Kunst der Charakterdeutung aus den Körperformen. Seine Dichtungen behandeln meist religiöse Gegenstände.

Lavendel [lat.] der (Lavandula), Gattung der Lippenblütler im Mittelmeergebiet, auf den Kanar. Inseln und in Vorderindien. Die bekanntesten Arten sind der **Echte L. (Kleiner Speik,** Lavandula angustifolia), bis 60 cm hoher, Lavendelöl enthaltender Halbstrauch mit blauvioletten Blüten, der auch als Gartenzierpflanze angebaut wird, und der **Große Speik** (L. latifolia), ein Halbstrauch mit filzig behaarten blauvioletten Blüten; beide Arten werden zur Gewinnung von / Lavendelöl und Spiköl angebaut; Hybriden aus beiden Arten liefern das Lavandinöl.

Lavendel|öl, farbloses äther. Öl aus den Blüten des Echten Lavendels; enthält v. a. Linalylacetat, Verwendung in der Parfümerie, bes. zur Herstellung von Lavendelwasser.

La-Venta-Kultur, / Olmeken.

Laveran [la'vrɑ̃], Charles Louis Alphonse, frz. Mediziner, * Paris 18. 6. 1845, † ebd. 18. 5. 1922; arbeitete als Militärarzt in Algier v. a. über Malaria und die afrikan. Schlafkrankheit. Für die Entdeckung des Malariaerregers (1880) erhielt er 1907 den Nobelpreis für Physiologie oder Medizin.

lavieren [frz.], *Maltechnik:* die Farbe (Tusche) einer Pinsel- oder Federzeichnung mit nassem Pinsel verwischen zur Erzielung maler. Effekte; auch eine Federzeichnung (auch Bleistift) mit Wasserfarben kolorieren (lavierte Federzeichnung).

Lavigerie [laviʒri], Charles Martial Allemand, frz. kath. Theologe, * Huire (bei Bayonne) 31. 10. 1825; † Algier 25. 11. 1892; wurde 1867 Erzbischof von Algier, 1884 auch von Karthago, und Primas von Afrika, 1882 Kardinal; gründete 1868 den Missionsorden der / Weißen Väter, 1869 den der Weißen Schwestern; bekämpfte die Sklaverei und förderte die Annäherung der frz. Katholiken an die Dritte Republik.

La Villette [lavi'lɛt], als Hightechpark auf einer Fläche von 35 ha gestaltetes Freizeit- und Erholungszentrum im NO von Paris. Mittelpunkt der unter Leitung der Architekten B. Tschumi und Adrien Fainsilber 1982–91 gestalteten Anlage ist das Ausstellungs- und Veranstaltungszentrum Cité des Sciences et de l'Industrie. Weitere bemerkenswerte Bauten sind u. a. das Kino »La Géode« und das Musikzentrum »Cité de la Musique«.

Lavoisier [lavwa'zje], Antoine Laurent de, frz. Chemiker, * Paris 26. 8. 1743, † (hingerichtet) ebd. 8. 5. 1794; studierte Jura und Naturwiss.en; Mitgl. der Akademie der Wiss.en in Paris, wurde 1790 Mitgl. der Kommission für Maße und Gewichte. Durch seine quantitativen Methoden (Elementaranalysen) war L. einer der Begründer einer neuzeitl. Chemie. L. schuf eine einheitl., die Verbrennung, Kalzination und Atmung umfassende Theorie, die die bisher geltende / Phlogistontheorie durch die richtige Deutung der Oxidation als Sauerstoffaufnahme ersetzte; definierte die Begriffe Element, Säure, Base und Salz neu. – L. wurde während der frz. Revolutionswirren als ehem. Steuerpächter der Erpressung angeklagt und guillotiniert.

Lävulinsäure (4-Oxopentansäure), kristalline Oxocarbonsäure, hergestellt aus Glucose oder Fructose und Salzsäure; im Textildruck und zur Herstellung von Weichmachern verwendet.

Lävulose [lat.-grch.] die, / Fructose.

Law [lɔ:], John L. of Lauriston, schott. Bankier und Wirtschaftstheoretiker, * Edinburgh 16. 4. 1671, † Venedig 21. 3. 1729; entwickelte Theorien zum Papiergeld und über die produktiven Wirkungen des Kredits. Sein Plan zur Neuordnung der Bank von Schottland wurde vom schott. Parlament 1705 abgelehnt. 1716 gründete er in Paris die private Notenbank »Banque Générale« (ab 1718 als »Banque Royale« Staatsnotenbank unter L.s Direktion). 1719 vereinigte L. die frz. Überseehandelskompanien zur »Compagnie des Indes«, 1720 wurde er Generalkontrolleur der Finanzen. Der starke Anstieg der Aktienkurse der »Compagnie des Indes« führte zur ersten Papiergeldinflation, zum Bankrott der Notenbank und stürzte Frankreich 1720 in eine schwere Wirtschaftskrise.

Ława, Fluss in Polen und Russland, / Alle.

Lavendel: Echter Lavendel

Law and Order ['lɔː ənd 'ɔːdə; engl. »Recht und Ordnung«], polit. (oft polemisch verwendetes) Schlagwort, betont die Notwendigkeit staatl. Ordnungsmacht gegenüber Gewalt und Verbrechen.

Lawine: Lawinenabgang am Mount Everest im östlichen Himalaja

Lawine [ladin. lavina, von mlat. labina »Erdfall«, zu lat. labi »gleiten«] *die,* in der Schweiz **Laui,** in Tirol und Bayern **Lahn,** rasch abgleitendes oder abstürzendes Material, i. Allg. Schnee-L., seltener Eis-, Schutt-, Steinlawine. Voraussetzungen von Schnee-L. sind steile, i. Allg. waldfreie Hänge von mindestens 20° Neigung und eine schichtweise ungenügend verfestigte oder am Boden schlecht haftende Schneedecke. Erhöhte L.-Gefahr besteht bei großen Schneefällen, bei Tauwetter und tief greifender Erwärmung oder durch Schneeumlagerung (Triebschnee) verursachenden Wind. L. können auch durch Betreten oder Befahren lawinengefährdeter Hänge ausgelöst werden.

Nach der Anrissform unterscheidet man Schneebrett-L. und Lockerschnee-L. (beide Formen trocken oder nass). **Schneebrett-L.:** plötzl. Ablösung einer Schneetafel, die im Abgleiten in Schollen zerfällt; oft durch Skifahrer ausgelöst. **Lockerschnee-L.:** Entwicklung der Bewegung in lockerem Schnee von einem Punkt der Oberfläche ausgehend unter Zunahme an Breite und Tiefe. Bezüglich der Bewegungsform unterscheidet man Fließ- und Staub-L. **Fließ-L.:** vorwiegend fließende Bewegung, dem Boden folgend, trocken oder nass bei Geschwindigkeiten von bis zu 40 m/s. **Staub-L.:** vorwiegend stiebende Bewegung durch die Luft infolge zunehmender Aufwirbelung des Schnees, trocken (Geschwindigkeit 15–70 m/s). Der Druck erreicht bei großen Fließ-L. häufig 500 kN/m² = etwa 50 t/m². Staub-L. erreichen große Geschwindigkeiten, haben aber wegen geringerer Schneedichte oft weniger zerstörende Wirkung als Fließ-L.; die **Grund-L.** ist eine große, nasse Fließ-L., oft vermischt mit Erde und Geröll. Sie entsteht bes. im Frühjahr bei Durchnässung der Schneedecke und fährt meist als geschlossene, sich verdichtende Schneemasse zu Tal. Viele größere L. haben bekannte Bahnen (**L.-Züge, L.-Tobel, L.-Gassen, Lahngänge**). Den besten natürl. **L.-Schutz** bietet geschlossener Hochwald im Anrissgebiet (↗Bannwald) oder ablenkende Geländeformen. Wo diese fehlen, sucht man Dörfer, Straßen usw. durch **L.-Verbauung** (Galerien, Lenkmauern, Bremshöcker, Fangdämme) zu sichern. Durch künstl. Auslösen der L. (Sprengung, Beschuss) kann die L.-Gefahr verringert werden.

Jährlich fallen viele Menschen der L. zum Opfer, indem sie bei L.-Abgängen durch den Aufprall an Felsen oder Bäumen getötet (etwa 20%) oder unter dem Gewicht der Schneemassen (1 m³ trockener Pulverschnee wiegt bis 40 kg, die gleiche Menge nasser Altschnee bis 500 kg) begraben werden und nach kurzer Zeit ersticken (nach 20 Minuten etwa die Hälfte der Verschütteten). Wichtige Geräte zur Suche nach Verschütteten sind L.-Sonden sowie elektron. Hilfsgeräte (Sender, »Pieper« gen.). Daneben werden L.-Suchhunde sowie »Airbag-Ballons« eingesetzt.

Lawinenlaufzeitdiode, die ↗IMPATT-Diode.
Lawntennis ['lɔːn-, engl.], Tennis, das auf Rasenplätzen gespielt wird (z. B. in Wimbledon).
Lawra [grch. »Gasse«] *die* (Laura), urspr. Einsiedlerkolonie im ostkirchl. Mönchtum, später auch Bez. für zönobit. Klöster; in Russland Ehrentitel bed. Großklöster, z. B. Troize-Sergijewa-L. in Sergijew Possad und Alexandro-Newskaja-L. in Sankt Petersburg. Besondere Bedeutung erlangten die »Große L.« auf dem ↗Athos; die bekannteste L. ist das 1051 gegründete **Kiewer Höhlenkloster** (Kiewo-Petscherskaja-L.), dessen Ursprung auf von Eremiten bewohnte Höhlen am Ufer des Dnjepr zurückgehen.
Lawrence ['lɔːrəns], **1)** D. (David) H. (Herbert), engl. Schriftsteller, *Eastwood (Cty. Nottinghamshire) 11. 9. 1885, †Vence (bei Nizza) 2. 3. 1930; längere Aufenthalte in New Mexico, Italien und S-Frankreich. Grundthema seines Werkes ist der Kampf gegen erstarrte bürgerl. Konventionen, denen er die Forderung nach freier individueller Entfaltung, nach Harmonie von Instinkt und Intellekt sowie die Betonung des Naturverbundenen und Erotisch-Sexuellen gegenüberstellt. Stark autobiografisch ist der Roman »Söhne und Liebhaber« (1913); die Wandlung der konfliktreichen Beziehung zw. Mann und Frau schildern die Romane »Der Regenbogen« (1915) und »Liebende Frauen« (1920); »Lady Chatterley und ihr Liebhaber« (1928, dt. 1930, 1960 u. d. T. »Lady Chatterley«) erscheint erst 1960 ungekürzt in Großbritannien; Essays, Reisebücher, Lyrik, Dramen.

2) Ernest Orlando, amerikan. Physiker, *Canton (S. D.) 8. 8. 1901, †Palo Alto (Calif.) 27. 8. 1958; ab 1928 Prof. in Berkeley (Calif.), ab 1936 Direktor des nach ihm benannten Lawrence Berkeley Laboratory, entwickelte 1929/30 das ↗Zyklotron, mit dem er zahlr. künstl. Radionuklide herstellte; erhielt dafür 1939 den Nobelpreis für Physik.

3) Sir (seit 1815) Thomas, engl. Maler, *Bristol 13. 4. 1769, †London 7. 1. 1830; bedeutendster engl. Porträtist in der Nachfolge von T. Gainsborough und J. Reynolds, Bildnisse von frischer, dekorativer Farbigkeit und lockerer Pinselführung.

4) T. (Thomas) E. (Edward), gen. Lawrence von Arabien (engl. L. of Arabia), brit. Archäologe und Schriftsteller, *Tremadoc (Wales) 15. 8. 1888, †(Motorradunfall) Moreton (Cty. Dorset) 19. 5. 1935; nahm 1911–14 an Ausgrabungen (u. a. in Syrien) teil; im Ersten Weltkrieg brit. Agent des Arab Bureau in Kairo, organisierte als Berater des späteren irak. Kö-

Lawrence von Arabien

nigs Feisal I. den Araberaufstand gegen die Türken (1916–18); geriet in scharfen Ggs. zur brit. Orientpolitik und schied 1922 nach kurzer Tätigkeit aus dem brit. Kolonialamt aus. Er diente dann unter dem Namen **J. H. Ross**, später **T. E. Shaw** als einfacher Soldat in der brit. Luftwaffe und war längere Zeit in Indien, bevor er 1935 den Abschied nahm. L. verfasste u. a. eine Darstellung des Araberaufstands (»Die sieben Säulen der Weisheit«, 1926).

Lawrencium [lɔr-; nach E. O. Lawrence] *das,* chem. Symbol **Lr** (früher Lw), zu den ↗Transuranen gehörendes radioaktives metall. Element mit der Ordnungszahl 103, erstmals 1959 durch Beschuss von Californium mit Borionen hergestellt. Von dem dreiwertigen Element sind mehrere Isotope bekannt, deren langlebigstes ist ^{262}Lr, Halbwertszeit 3,6 Stunden.

Laxanzi|en [lat.], die ↗Abführmittel.

Laxenburg, Marktgemeinde im Bezirk Mödling, Niederösterreich, im Wiener Becken, 2 800 Ew. – Ein beliebtes Naherholungsgebiet ist der **Laxenburger Park** (250 ha), ein ehem. Schlosspark (nach 1765 als engl. Garten umgestaltet) des Alten Schlosses, einer ehem. Wasserburg, die als kaiserl. Sommerresidenz bes. im 17./18. Jh. in barockem Stil umgestaltet und erweitert wurde (Blauer Hof, Grünes Haus); auf einer Insel die neugot. Franzensburg (1798–1836), in der sich heute das Schlossmuseum befindet.

Laxismus [lat.] *der,* im 17. Jh. ausgebildete Richtung in der kath. Moraltheologie, die eine Handlung auch dann für erlaubt hält, wenn die Wahrscheinlichkeit, dass sie in moral. Hinsicht erlaubt sein könnte, sehr gering ist; 1665, 1666 und 1679 päpstlich verurteilt; Gegensatz zum moral. Rigorismus (z. B. des ↗Jansenismus).

Thomas Lawrence: Lady Emily Harriet Fitzroy (um 1815; Sankt Petersburg, Eremitage)

Laxness, Halldór Kiljan, eigtl. Guðjónsson, isländ. Schriftsteller, *Reykjavík 23. 4. 1902, †ebd. 9. 2. 1998; anfangs vom Katholizismus, später von sozialist. Vorstellungen bestimmt. In seinen sozialkrit. Romanen (»Salka Valka«, 2 Tle., 1931/32; »Unabhängige Menschen«, 2 Bde., 1934/35; »Weltlicht«, 4 Bde., 1937–40; »Islandglocke«, Trilogie, 1943–46; »Atomstation«, 1948; »Das wiedergefundene Paradies«, 1960; »Auf der Hauswiese«, 1975) nahm er den epischen Sagastil auf und gestaltete ihn meisterhaft um. Schrieb auch Erzählungen, Gedichte, Dramen, Essays. L. erhielt 1955 den Nobelpreis für Literatur.

Laye [ˈlaje], Camara, guineischer Schriftsteller, *Kouroussa 1. 1. 1928, †Dakar 4. 2. 1980; lebte seit 1964 im Exil in Dakar; schrieb in frz. Sprache Romane, v. a. zur Kultur der Malinke (»Der Blick des Königs«, 1954; »Dramouss«, 1966).

Layout [leiˈaut, engl. »Plan«, »Skizze«] *das,* bei Druckerzeugnissen Umbruch- und Aufteilungsentwurf, der im Unterschied zu den vorher angefertigten Skizzen den Gesamteindruck (Text- und Bildgestaltung) zeigt.

Lazarett [aus Lazarus und Nazareth, der Kirche Santa Maria di Nazaret in Venedig] *das,* Militärkrankenhaus; als **Feld-L.** zur direkten Versorgung der kämpfenden Truppe.

Lazarillo de Tormes [laθaˈriʎo -], Titelheld des 1554 anonym erschienenen ersten span. Schelmenromans »La vida de L. de T. y de sus fortunas y adversidades«. Das Werk begründete die Gattung des pikaresken Romans; es erschien 1617 erstmals in dt. Sprache.

Lazaristen (Vinzentiner, lat. Congregatio Missionis), Abk. **CM,** kath. Männerorden (Gesellschaft des apostol. Lebens), der sich der Seelsorge, Mission und Priesterausbildung widmet; 1625 von Vinzenz von Paul gegr.; ben. nach seiner ersten Niederlassung Saint-Lazare in Paris.

Lazarus [grch.-lat. Kurzform des hebr. Namens Eleazar »Gott hilft«], **1)** der mit Geschwüren bedeckte Arme im Gleichnis vom »reichen Mann und armen L.« (Lk. 16, 19–31); im MA. als Patron der Bettler und Armen, v. a. der Aussätzigen, verehrt.

2) (L. von Bethanien), der nach Joh. 11, 1–44 durch Jesus von den Toten auferweckte Bruder der Maria und Martha von Bethanien; nach einer Legende später Bischof von Marseille; Heiliger, Tag: 17. 12. – Als Symbol der Auferstehungshoffnung war die **Auferweckung des L.** ein oft dargestelltes Motiv in der frühchristl. und mittelalterl. Kunst.

Lazulith *der* (Blauspat), blaues, glänzendes monoklines Mineral der chemischen Zusammensetzung $(Mg, Fe)Al_2[OH|PO_4]_2$; Vorkommen v. a. in hydrothermalen Quarzgängen in Quarziten und metamorphen Schiefern; Schmuckstein.

Lazzaroni [italien.] *der,* neapolitan. Gelegenheitsarbeiter, die sich den Bourbonen als Hilfstruppen gegen Revolutionäre anboten, bes. 1798, 1821 und 1848.

Lazzi [italien. »Possen«], kom., meist mim. Improvisationen und Späße der ↗Commedia dell'Arte.

lb [von lat. **lib**ra], Einheitenzeichen für ↗Pound.

LCD [Abk. für engl. **l**iquid **c**rystal **d**isplay], die ↗Flüssigkristallanzeige.

LC-Glied, aus einer Spule *L* und einem Kondensator *C* gebildeter frequenzabhängiger Vierpol. LC-G. werden als Filter (z. B. Siebschaltung) und als frequenzbestimmende Schaltung in LC-Oszillatoren eingesetzt. (↗RC-Glied)

ld, math. Zeichen für den ↗Logarithmus zur Basis 2.

LD, Abk. für ↗**L**etal**d**osis.

Ld. (Ltd., Lim.), Abk. für engl. ↗limited.

LDPD, Abk. für ↗**L**iberal-**D**emokratische **P**artei **D**eutschlands.

LD-Verfahren, das **L**inz-**D**onawitz-Verfahren (↗Sauerstoffmetallurgie), in der Stahlherstellung verwendet.

Halldór Laxness

Lazulith: blaue Kristalle

Lea, Gestalt des A. T.; die älteste Tochter Labans, Schwester Rahels und erste Frau Jakobs.

Lead [li:d, engl.] *das, Publizistik:* die einem Zeitungsbericht vorangestellte, diesen einleitende, kurze Zusammenfassung.

Leadbelly ['ledbelɪ], eigtl. Huddie Ledbetter, amerikan. Bluessänger, *Mooringsport (La.) 1888 oder 1889 (nach anderen Angaben am 21. 1. 1885), †New York 6. 12. 1949; Autodidakt, einer der bed. frühen Bluessänger.

League of Nations [li:g əv 'neɪʃənz, engl.], der ↗ Völkerbund.

Leakey ['li:kɪ], Louis Seymour Bazett, kenian. Paläontologe und Prähistoriker brit. Herkunft, *Kabete (bei Nairobi) 7. 8. 1903, †London 1. 10. 1972; entdeckte u. a. 1932 bei Kanam und Kanjera primitive Steinwerkzeuge und menschl. Schädelreste und 1949 einen fossilen Menschenaffen (gen. »Proconsul«). L. führte mit seiner Frau Mary (*1913, †1996) Ausgrabungen in Olduvai durch; sein Sohn Richard (*1944) fand am Turkanasee in N-Kenia u. a. ein fast vollständiges Skelett von Homo erectus (1,6 Mio. Jahre alt).

Leamington ['lemɪŋtən], Stadt in England, ↗ Royal Leamington Spa.

Lean [li:n], Sir (seit 1984) David, brit. Filmregisseur, *Croydon (heute zu London) 25. 3. 1908, †London 16. 4. 1991; erfolgreich durch Romanverfilmungen und Monumentalfilme, u. a. »Oliver Twist« (1948), »Die Brücke am Kwai« (1957), »Lawrence von Arabien« (1962), »Dr. Schiwago« (1965), »Ryans Tochter« (1971).

Leander (grch. Leandros), nach der Sage Geliebter der grch. Priesterin ↗ Hero.

Leander, Zarah, schwed. Filmschauspielerin und Sängerin, *Karlstad 15. 3. 1907, †Stockholm 23. 6. 1981; 1937–43 einer der erfolgreichsten Stars der Ufa. Als Leinwanddiva des Dritten Reiches wurde sie bis 1949 mit Auftrittsverbot belegt. – *Filme:* La Habanera« (1937), »Heimat« (1938), »Es war eine rauschende Ballnacht« (1939) u. a. Autobiografie »Es war so wunderbar. Mein Leben« (1972).

Zarah Leander

Lean Management [li:n 'mænɪdʒmənt; engl. »schlankes Management«] *das,* in Japan entwickeltes Managementkonzept, das auf Steigerung der Wettbewerbsfähigkeit durch Kostensenkung, Kundenorientierung und hohe Qualitätsstandards ausgerichtet ist und die gesamte Unternehmensführung an den Prinzipien der ↗ Lean Production orientiert. Eine besondere Rolle spielen Teamorganisation, Abbau von Hierarchien (flache Hierarchie), Outsourcing, Gemeinkosten- und Qualitätsmanagement.

Lean Production [li:n prə'dʌkʃn; engl. »schlanke Produktion«] *die,* am Wirtschaftlichkeitsprinzip ausgerichteter Produktionsansatz, nach dem v. a. durch Gruppenarbeit und Automatisierung des Materialflusses eine erhebl. Senkung des Zeit- und Kostenaufwandes in Entwicklung und Produktion erzielt werden soll. Merkmale der L. P. sind: Teilfertigung in kleineren, flexiblen Teams, in denen jedes Mitgl. in der Lage ist, alle Arbeiten auszuführen; Integration der Qualitätskontrolle und der Korrektur von Montagefehlern in den Arbeitsprozess; Beförderung von Entscheidungsprozessen durch regelmäßige Diskussion zw. Managern und Produktionsteams, Abbau hierarch. Strukturen und Verstärkung der Eigenverantwortlichkeit; Verringerung der Leistungstiefe; Reduzierung der Lagerzeiten und -kosten (↗ Just-in-time-Fertigung).

Lear ['li:r, engl. 'lɪə], in den älteren Quellen Leir, sagenhafter König von Britannien; Held u. a. einer Tragödie von Shakespeare.

Lear ['lɪə], **1)** Edward, engl. Dichter und Maler, *London 12. 5. 1812, †San Remo 30. 1. 1888; wurde mit seinen pointierten Ulkversen (meist Limericks; »Book of nonsense«, 1846) zum Begründer der »nonsense-poetry« (↗ Nonsenseverse); als Maler trat er mit Landschaftsaquarellen hervor.

2) Evelyn, amerikan. Sängerin (Sopran), *New York 8. 1. 1928; wurde v. a. in Opernpartien von Mozart, Strauss sowie von A. Berg bekannt; auch Liedsängerin.

Learning by Doing ['lə:nɪŋ baɪ 'du:ɪŋ; engl. »Lernen durch Tun«], pädagogisch-didakt. Prinzip des »unmittelbaren Lernens«, das bes. vom Pragmatismus (J. Dewey) und von der Arbeitsschulbewegung (G. Kerschensteiner, H. Gaudig) entwickelt wurde; betont das Lernen in der selbstständigen Auseinandersetzung mit den Dingen oder Aufgaben.

Leasing ['li:sɪŋ; von engl. to lease »leihen«] *das,* besondere Vertragsform der Vermietung von Ind.anlagen, Investitions- und Konsumgütern. Vermieter kann der Produzent **(direktes L.)** oder eine zwischengeschaltete L.-Gesellschaft **(indirektes L.)** sein. Das L.-Objekt bleibt juristisch Eigentum des L.-Gebers und wird dem L.-Nehmer gegen ein vereinbartes Entgelt (L.-Rate) zur Nutzung überlassen.

Beim **Financial L.** wird eine mehrjährige feste Grundmietzeit vereinbart, während der eine Kündigung von beiden Seiten ausgeschlossen ist. Das Investitionsrisiko liegt beim L.-Nehmer. Nach Ablauf des Vertrags hat der L.-Nehmer die Möglichkeit, das L.-Objekt gegen geringere Zahlungen weiter zu benutzen (Mietoption) oder käuflich zu erwerben (Kaufoption, Form des Mietkaufs). Beim **Operating L.** handelt es sich um kurzfristige und meist jederzeit kündbare Mietverträge, wobei das Investitionsrisiko beim L.-Geber liegt und dieser das L.-Objekt auch zu bilanzieren hat. Eine Sonderform des L. ist das **Sale-and-lease-back-Verfahren,** bei dem ein Unternehmen ein ihm gehörendes Objekt an einen L.-Geber verkauft, um es sofort wieder zu mieten. Nach der Art des L.-Objekts werden Mobilien-L. (Equipment-L.), Immobilien-L. (Plant-L.) und als Sonderform Personal-L. (↗ Arbeitnehmerüberlassung) unterschieden. – Trotz relativ hoher Kosten ergeben sich für den L.-Nehmer gegenüber dem Kauf Vorteile: geringere Liquiditätsanspannung zum Zeitpunkt der Anschaffung; L.-Raten sind als Betriebsausgaben steuerlich absetzbar; Möglichkeit, ständig modernste L.-Objekte zu mieten.

Least developed Countries ['li:st dɪ'veləpt 'kʌntriz; engl.], ↗ Entwicklungsländer.

Léaud [le'o], Jean-Pierre, frz. Filmschauspieler, *Paris 5. 5. 1944; wurde bekannt als Darsteller in Filmen u. a. von F. Truffaut und J.-L. Godard. – *Weitere Filme:* Sie küßten und sie schlugen ihn (1959); Zwei Mädchen aus Wales und die Liebe zum Kontinent (1971); Die amerikanische Nacht (1973); Jane B. par Agnes V. (1987); I Hired a Contract Killer (1991); Das Leben der Bohème (1992); Irma Vep (1996).

Léautaud [leo'to], Paul, Pseud. Maurice Boissard, frz. Schriftsteller, *Paris 18. 1. 1872, †Robinson (heute zu Le Plessis-Robinson) 22. 2. 1956; Verfasser origineller, sarkast. Theaterkritiken (»Le théâtre de Maurice Boissard«, 2 Bde., 1926–43), auch Theaterstücke und Erzählungen; sein »Journal littéraire« (19 Bde., hg. 1954–66, dt. Ausw. 1966 u. d. T. »Literar. Tagebuch 1893–1956«) ist ein Spiegel des zeitgenöss. literar. Lebens.

Łeba *die* (poln. Łeba), Fluss in Polen, 117 km lang, durchfließt in Pommern den 71,4 km² großen **L.-See,** mündet in der gleichnamigen Stadt (4 000 Ew.; Seebad, Fischereihafen) in die Ostsee.

Lebed, Alexander Iwanowitsch, russ. General und Politiker, * Nowotscherkassk (Gebiet Rostow) 20. 4. 1950, † (Hubschrauberabsturz) im S der Region Krasnojarsk 28. 4. 2002; befehligte Anfang der 1980er-Jahre ein sowjet. Fallschirmjägerbataillon in Afghanistan; später Kommandant einer Luftlandedivision; ging bei dem Putsch gegen den sowjet. Präs. M. S. Gorbatschow (Aug. 1991) zu den Reformkräften über; beendete als Befehlshaber (1992–95) der in Moldawien stationierten russ. 14. Armee den Bürgerkrieg in der Dnjestr-Region; war nach seinem Achtungserfolg (Drittplatzierter) bei den Präsidentschaftswahlen 1996 Sekr. des Sicherheitsrates und Sicherheitsberater unter Präs. B. Jelzin; schloss im Aug. 1996 ein Friedensabkommen mit der Rebellenarmee in Tschetschenien. Nach seiner Entlassung durch Jelzin gehörte er zu dessen schärfsten Kritikern. Im Mai 1998 wurde er zum Gouv. von Krasnojarsk gewählt.

Lebedew, Pjotr Nikolajewitsch, russ. Physiker, * Moskau 8. 3. 1866, † ebd. 14. 3. 1912; ab 1900 Prof. in Moskau; wies 1895 das Phänomen der Doppelbrechung von elektromagnet. Wellen und 1901 den Strahlungsdruck des Lichtes nach.

Leben, Daseinsform aller Organismen, ein komplexes System von Eigenschaften. Typ. Merkmale des Lebendigen sind: Stoff- und Energiewechsel, Wachstum, Reizbarkeit, Bewegung, Fortpflanzungsvermögen, Vererbung, Individualität, Mutationsfähigkeit (Möglichkeit der Veränderung des Erbguts), der Besitz von Nucleinsäuren (DNA und RNA) und Proteinen (Enzyme) und die Fähigkeit, Moleküle selbst zu synthetisieren. Viren stehen nur scheinbar zw. Unbelebtem und Lebendigem; es fehlt ihnen lediglich der eigene Stoffwechsel.

Die kleinste Bau- und Funktionseinheit der Lebewesen ist die ↗ Zelle, die selbst einen Organismus darstellen kann (Einzeller). Mehrzellige Organismen zeichnen sich durch einen bestimmten Bauplan aus, der für die Einordnung der Organismen in ein System (Taxonomie) von entscheidender Bedeutung ist.

L. ist nur unter bestimmten Bedingungen (↗ Umwelt) möglich, die jedoch sehr unterschiedlich sein können (z. B. Temperatur von −50 bis +110 °C). L. auf anderen Himmelskörpern ist deshalb unwahrscheinlich, aber denkbar.

Der Anfang des L. auf der Erde ist nicht genau zu datieren. Anzunehmen ist, dass L. vor etwa 3–4 Mrd. Jahren in der Uratmosphäre (enthielt v. a. Wasserstoff sowie einfache Kohlenstoff-, Stickstoff-, Sauerstoff- und Schwefelverbindungen wie Methan, Ammoniak, Wasserdampf, Kohlenmonoxid, Schwefelwasserstoff u. a., jedoch zunächst keinen freien Sauerstoff) unter der Einwirkung versch. Energieformen (v. a. durch die UV-Strahlung der Sonne, elektr. Entladungen und hohe Drücke) entstanden ist. Zu Beginn des L. bildeten sich zuerst kleine, später größere Moleküle. Diese lagerten sich zu einfachen, dann zu komplizierteren Verbindungen und Molekülketten zusammen. Danach entstanden Makromoleküle wie Proteine und Nucleinsäuren. Diese Stoffe müssen jedoch in geordneter Weise zusammenwirken (Selbstorganisation) und sich selbst vermehren (Autokatalyse). Die Hyperzyklustheorie von M. Eigen entwickelte dazu eine Modellvorstellung von der Evolution biolog. Makromoleküle. Es werden aber auch andere Theorien diskutiert. – Die Formenmannigfaltigkeit des L. wird durch die Evolutionstheorie erklärt.

Künstliches Leben: Im Labor können Gene durch synthet. Aufbau der diesen zugrunde liegenden Nucleinsäuresequenzen künstlich erzeugt werden, jedoch ist man weit davon entfernt, das umfangreiche Genom eines Lebewesens auf diese Weise zu erstellen. Vollständige Individuen können dadurch erzeugt werden, dass man die Zellkerne von Körperzellen in entkernte Eizellen transplantiert. Dadurch lassen sich erblich ident. Kopien von Lebewesen (so genannte Klone) in beliebiger Anzahl herstellen.

In der *Philosophie* wurde L. als göttl. Prinzip oft mit Seele oder Geist identifiziert. Mechanist. Auffassungen, die Lebewesen als durch natürl. Gesetze entstanden, im Extremfall nur noch als kunstvoll und zweckmäßig geschaffene Automaten betrachten (R. Descartes, J. O. de La Mettrie), stehen vitalist. Vorstellungen (z. B. G. W. Leibniz, H. Driesch, R. Löw) gegenüber, die L. als von der anorgan. Natur unabhängige Kraft begreifen, die zwar materielle Voraussetzungen hat, von diesen aber nicht erklärt werden kann. Weiterhin gibt es versch. Auffassungen, die zw. diesen beiden Positionen angesiedelt sind, z. B. vom L. als Seinsschicht zw. Materie und Seelisch-Geistigem (N. Hartmann). In der Gegenwart hat sich die Erforschung des L.-Problems zum großen Teil in die naturwiss. Einzeldisziplinen verlagert. – Die *Ethik* erkennt dem L. fast durchweg die Eigenschaft eines Wertes zu; die Unantastbarkeit des menschl. L. erscheint weitgehend als Grundforderung des Naturrechts. – L. zählt zu den elementaren Menschenrechten und ist als Recht auf L. und körperl. Unversehrtheit Grundrecht (in Dtl. GG Art. 2, Abs. 2). Das L. betreffende eth. Fragen sind Gegenstand der ↗ Bioethik. – In allen *Religionen* finden sich Aussagen über Entstehung, Wesen und Träger des L., ebenso wie über sein angenommenes letztes Ziel (↗ Unsterblichkeit, ↗ Tod, ↗ Wiedergeburt).

Lebende Steine (Lithops), Gattung der Mittagsblumengewächse, Blattsukkulenten südafrikan. Trockengebiete, deren kugelige Blätter wie runde Steine aussehen.

Lebende Steine: kieselsteinähnlich aussehende Pflanzen

lebend gebärend (vivipar), **1)** *Botanik:* Bez. für Pflanzen, deren Samen keimen, wenn die Frucht noch an der Mutterpflanze sitzt, z. B. Mangrovebaum.

2) *Zoologie:* lebende Junge zur Welt bringend; im Unterschied zu Eier legenden Tieren.

Lebendverbauung, Einsatz lebender Pflanzen als natürl., umweltgestaltende Ingenieurbauweise im Erd- und Wasserbau durch Bepflanzung mit Gräsern, Schilf, Gehölzen u. a.

Leben-Jesu-Forschung, in der Theologie Bez. für die von der Aufklärung inspirierte, seit dem Ausgang des 18. Jh. zunächst von evang. Theologen betriebene wiss. Untersuchung des Lebens Jesu anhand der bibl. und außerbibl. Quellen. Die Klärung der Frage, inwieweit die Evangelien des N. T. eine Rekonstruktion des Lebens des histor. Jesus erlauben, war dabei von grundsätzl. Bedeutung und führte in der

Folge zur Entwicklung der Methoden der historisch-krit. ↗Exegese. Am Anfang der L.-J.-F. steht die Evangelienkritik H. S. Reimarus' (1778). Ausgehend von den Positionen eines krit. Rationalismus, wird zw. der Lehre Jesu selbst und der Lehre der Apostel als den Verfassern der neutestamentl. Schriften unterschieden. Die L.-J.-F. des 19. Jh. ist v. a. mit den Arbeiten D. F. Strauß' und B. Bauers verbunden. Strauß führte die Unterscheidung zw. dem »histor. Jesus« und dem (myth.) »Christus des Glaubens« ein, Bauer sprach der Person Jesu jede Historizität ab. In populärer Form zusammengefasst hat E. Renan die Ergebnisse der L.-J.-F. des 19. Jh. (»Das Leben Jesu«, 1863). A. Schweitzer kam in seiner Geschichte der L.-J.-F. (1906) zu dem Schluss, dass eine Darstellung des histor. Jesus unmöglich sei. Die moderne (auch kath. und jüd.) Jesusforschung sieht zu solcher Skepsis keinen Anlass und betrachtet Quellenlage und method. Instrumentarium zu der wiss. Erforschung der Person Jesu grundsätzlich ausreichend.

Lebensarbeitszeitkonto, ↗Arbeitszeitkonto.

Lebensbaum (Thuja), Gattung der Zypressengewächse, Nadelhölzer; mit kegelförmigem Wuchs und gegenständigen Schuppenblättchen, einhäusigen Blüten und kurzen Fruchtzapfen. Als Zierpflanze häufig der bis zu 15 m hohe **Abendländ. L.** (Thuja occidentalis) aus Nordamerika; der **Morgenländ. L.** (Thuja orientalis) aus O-Asien ist frostempfindlich. Der **Riesen-L.** (Thuja plicata) des westl. Nordamerika wird bis 60 m hoch.

Lebensdauer, 1) *Bevölkerungsstatistik:* ↗Lebenserwartung.

2) *Biologie:* Zeitspanne zw. Geburt bzw. dem Entwicklungsbeginn und dem Tod eines Lebewesens, auch die Zeit des Am-Leben-Bleibens von Teilen eines Organismus oder von bestimmten Stadien (z. B. Dauerstadien, Sporen, Samen). Die maximale L. reicht von wenigen Stunden bis zu einigen Tausend Jahren bei versch. Arten (über 200 Jahre bei Riesenschildkröten, über 4000 Jahre beim Mammutbaum). Die mittlere (durchschnittl.) L. ist der Mittelwert der L. aller Individuen einer Population; sie schwankt stark.

3) *Physik:* (mittlere L.), die Zeit τ, die im statist. Mittel verstreicht, bis von einer Ausgangszahl angeregter, sich statistisch ändernder physikal. Systeme noch der e-te Teil vorhanden ist (↗e). L., ↗Halbwertszeit $T_{1/2}$ und Zerfallskonstante λ (↗Radioaktivität) stehen in folgendem Zusammenhang: $\tau = T_{1/2}/\ln 2 = 1/\lambda$. Der Begriff L. wird v. a. bei angeregten Zuständen von Atomen, Molekülen und Atomkernen sowie bei Elementarteilchenzerfällen verwendet. Die typ. L. angeregter Niveaus der Elektronenhülle liegt in der Größenordnung von 10^{-8} s, bei angeregten Kernzuständen zw. 10^{-10} und 10^{-13} s; nach der charakterist. L. des Zustands kehren die Systeme in ihren Grundzustand zurück.

4) *Technik:* i. e. S. die Zeit, bei der es bei einem definiert periodisch schwingend beanspruchten Maschinenteil durch Werkstoffermüdung zu dessen Versagen kommt, i. w. S. die beobachtete Zeitdauer vom Beanspruchungsbeginn bis zum Zeitpunkt des Ausfalls eines einzelnen Bauelements oder eines zusammengesetzten, nicht mehr reparierbaren Systems.

5) *Wirtschaft:* ↗Nutzungsdauer, ↗Produktlebenszyklus.

Lebensbaum: Abendländischer Lebensbaum

Lebens|elixier, *Volkskunde:* Zaubertrank, der Jugend, Schönheit und langes Leben verleihen soll.

Lebens|erwartung, die durchschnittl. Lebensdauer, die Individuen einer Organismenart oder einer Population zu erwarten haben. In der Bevölkerungsstatistik wird als mittlere L. eines Neugeborenen die wahrscheinl. Zahl der Jahre bezeichnet, die ein Neugeborenes entsprechend den herrschenden Sterbeverhältnissen (↗Sterblichkeit) eines Beobachtungszeitraums leben wird. Sie wird anhand von ↗Sterbetafeln errechnet, i. d. R. getrennt nach männlich und weiblich. Ferner wird sie auch für jedes Lebensalter errechnet. Diese altersspezif. mittlere L. gibt dann an, wie viele Jahre ein Mensch eines bestimmten Alters wahrscheinlich noch leben wird; sie steigt in den ersten Lebensjahren an, nachdem die Gefahren des Säuglingsalters überwunden sind, und sinkt dann wieder ab. Die mittlere L. von Neugeborenen hat sich in den Ind.ländern in weniger als einem Jh. verdoppelt und stieg z. B. in Dtl. von rd. 35 Jahren Ende des 19. Jh. auf 50 bzw. 60 Jahre vor dem Ersten bzw. Zweiten Weltkrieg. Die L. bei der Geburt liegt heute in vielen Ind.ländern mittlerweile um die 73 Jahre bei Männern und um 80 Jahre bei Frauen. Die um rd. 7 Jahre höhere L. der Frauen (Ausnahmen bilden meist islam. Länder) ist in den Ind.ländern stärker ausgeprägt als in den Entwicklungsländern und nimmt in Ersteren noch zu. Sie wird auf das Zusammenwirken verschiedenster Faktoren (z. B. genet. und hormonelle), Gesundheitsverhalten, Ernährung, Umgang mit Stress und seel. Belastungen zurückgeführt.

Lebensformen, *Biologie:* Gruppe nicht näher miteinander verwandter Lebewesen, die aufgrund ähnl. Lebensweise gleichartige Anpassungserscheinungen an die Umwelt aufweisen.

Lebensgemeinschaft, 1) *Ökologie:* ↗Biozönose.

2) *Recht:* auf Dauer angelegtes Zusammenleben zweier Menschen als ehel. L. (↗Ehe, ↗Eherecht), als

Lebenserwartung[1] in ausgewählten Ländern (in Jahren)

Staat	Jahr	männlich	weiblich	Jahr	männlich	weiblich
Ägypten	1975	52,3	55,2	2000	65,4	69,1
Brasilien	1970/75	57,6	62,2	2000	64,5	71,9
China	1975/80	65,5	66,2	2000	68,9	73,0
Deutschland[2]	1986/88	71,7	78,0	1997/99	74,4	80,6
Frankreich	1980	70,2	78,3	2000	75,2	82,7
Großbritannien	1980	70,8	76,9	2000	74,8	79,8
Italien	1980	70,6	77,2	2000	76,2	82,6
Japan	1980	73,4	78,8	1999	77,1	84,0
Malaysia	1980	66,7	71,6	2000	68,3	74,1
Niederlande	1980	72,5	79,2	2000	75,5	80,6
Österreich	1980	69,0	76,1	2000	75,4	81,2
Russland[3]	1979/80	61,5	73,0	2000	59,0	72,2
Schweiz	1980/84	72,8	79,6	2000	76,9	82,6
USA	1980	70,0	77,4	1999	73,9	79,4

[1] Zum Zeitpunkt der Geburt; berechnet gemäß der nationalen Methode der für ein Jahr oder einen Mehrjahreszeitraum berechneten Sterbetafel. – [2] Früheres Bundesgebiet und Gebiet der ehemaligen DDR. – [3] Bezieht sich auf das Gebiet des heutigen Staates.

/eheähnliche Gemeinschaft oder als /gleichgeschlechtliche Lebensgemeinschaft, deren Rechtsverhältnisse 2001 gesetzlich geregelt wurden.

Lebenshaltung, Gesamtheit der Waren und Dienstleistungen für die Lebensführung privater Haushalte, finanziert aus Einkommen, Vermögen oder über Kredite. Die L. ist Hauptbestandteil des /Lebensstandards.

Lebenshaltungskosten, in der amtl. Statistik die bei der Berechnung des Preisindexes der Lebenshaltung ermittelten Ausgaben. Zugrunde gelegt wird ein **Warenkorb,** der aus einer nach Menge und Struktur über einen längeren Zeitraum (i. d. R. fünf Jahre) gleich bleibenden Kombination von Waren, Dienstleistungen und Nutzungen (z. B. Wohnungsmiete) gebildet wird. Die prozentuale Veränderung des Preisindexes für die Lebenshaltung aller privaten Haushalte gilt als Maßgröße für die Inflation. L. werden auch für versch. Haushaltstypen (z. B. Vierpersonenhaushalt von Angestellten und Beamten mit höherem Einkommen) und für die einfache Lebenshaltung eines Kindes ermittelt. (/harmonisierter Verbraucherpreisindex)

Lebenshilfe, im weitesten Sinn alle Hilfestellungen, die gegeben werden, um einen Mitmenschen zu befähigen, sein Leben zu bewältigen (z. B. soziale Unterstützung, Bildungsangebote, /Beratung oder Betreuung); v. a. die Unterstützung Behinderter, deren sich z. B. die Bundesvereinigung »L. für Menschen mit geistiger Behinderung e. V.« (gegr. 1958, Geschäftsstelle: Marburg) annimmt.

Lebenslauf, kurze schriftl. Darstellung des eigenen Lebens- und Entwicklungsverlaufs (bes. bei Bewerbungen). (/Biografie)

Lebenslini|e, *Chirologie:* die um den Daumenballen laufende, ausgeprägte Linie der Handinnenfläche.

Lebensmittel, nach den Definitionen des L.-Rechts Bez. für alle Stoffe, die dazu bestimmt sind, in rohem, zubereitetem oder verarbeitetem Zustand von Menschen aufgenommen zu werden, also Nahrungs- und Genussmittel sowie Zusatzstoffe und Nahrungsergänzungsmittel.

Lebensmittelbestrahlung, die Behandlung von Lebensmitteln mit energiereichen Strahlen zum Abtöten von Mikroorganismen und zur Verhinderung unerwünschter enzymat. Veränderungen. Laut Lebensmittel-Bestrahlungs-VO vom 14. 12. 2000 ist die Behandlung von getrockneten aromat. Kräutern und Gewürzen mit Elektronen-, Gamma- und Röntgenstrahlen in Dtl. zugelassen (bis 10 Kilogray), bei Kennzeichnungspflicht für den Verbraucher. Zu Kontroll- und Messzwecken darf eine Bestrahlung sowie Behandlung von Lebensmitteln mit Neutronen erfolgen (absorbierte Dosis bis 0,01 Gray). Die Entkeimung von Trinkwasser, der Oberfläche von Obst und Gemüse sowie Hartkäse durch ultraviolette Strahlen ist ebenfalls erlaubt.

Lebensmittelchemie, Teilgebiet der Chemie, das die Zusammensetzung und Eigenschaften pflanzl. und tier. Lebensmittel sowie die bei der Lagerung, Zubereitung oder industriellen Verarbeitung sich abspielenden Veränderungen erforscht, umfasst auch Arbeitsrichtungen aus der Physik, der Biochemie, der Mikrobiologie, der Toxikologie und der Sensorik der Lebensmittel. Schwerpunkte sind die Untersuchung der Lebensmittel nach den Anforderungen des Lebensmittel- und Bedarfsgegenstände-Ges. und die Bestimmung der ernährungsphysiologisch bed. Inhaltsstoffe.

Lebensmittelkarten, kontingentierter Bezugsschein, der bei Engpässen in der Versorgung der Bev. zur Rationierung von Lebensmitteln (v. a. der Grundnahrungsmittel) ausgegeben wird; in Dtl. erstmals im Ersten Weltkrieg üblich, um 1937/38 wieder eingeführt und im Zweiten Weltkrieg verstärkt. In der Bundesrep. Dtl. schrittweise bis 1950 (außer für Zucker), in der DDR erst im Mai 1958 aufgehoben.

Lebensmittelkennzeichnung, die aufgrund rechtl. Vorschriften handelsüblich auf der Verpackung, in Begleitpapieren oder auf andere Art vorgenommene Information über die Ware. Lebensmittel in Fertigpackungen müssen folgende Kennzeichnungselemente aufweisen: Verkehrsbez., Mindesthaltbarkeitsdatum, Verzeichnis der Zutaten, Alkoholgehalt bei mehr als 1,2 Vol.-%, Mengenkennzeichnung, Name/Firma und Anschrift des Herstellers, Verpackers oder Verkäufers (Lebensmittel-Kennzeichnungs-VO i. d. F. v. 15. 12. 1999). Für gentechnisch veränderte Lebensmittel gelten die Novelfood-VO der EG (/Novelfood) und ergänzende Vorschriften. Lebensmittel, die ohne Anwendung gentechn. Verfahren hergestellt wurden, dürfen nur mit der Angabe »ohne Gentechnik« gekennzeichnet werden (Neuartige Lebensmittel- und Lebensmittelzutaten-VO vom 14. 2. 2000). (/Rindfleischetikettierung)

Lebensmittelmonitoring, im Rahmen des vorbeugenden Verbraucherschutzes ein System wiederholter Beobachtungen, Messungen und Bewertungen von Gehalten an gesundheitlich unerwünschten Stoffen wie Pflanzenschutzmitteln, Schwermetallen und Mykotoxinen in und auf Lebensmitteln, die zum frühzeitigen Erkennen von Gesundheitsgefährdungen unter Verwendung repräsentativer Proben einzelner Lebensmittel oder der Gesamtnahrung durchgeführt werden (§ 46c Lebensmittel- und Bedarfsgegenstände-Ges.). Zuständig für die Durchführung des L. sind die Länder, die auf der Grundlage eines jährl. L.-Plans des Bundes arbeiten.

Lebensmittelrecht, die Gesamtheit der rechtl. Bestimmungen zum Schutz des Verbrauchers vor Gesundheitsschädigung und wirtsch. Benachteiligung durch nicht einwandfrei beschaffene oder bezeichnete Lebensmittel, Zusatzstoffe, Tabakerzeugnisse, kosmet. Mittel oder Bedarfsgegenstände. Das L. ist geregelt im /Lebensmittel- und Bedarfsgegenstände-Gesetz (LMBG) i. d. F. v. 9. 9. 1997 u. a. lebensmittelrechtl. Vorschriften. Immer stärkeres Gewicht erlangen die Vorschriften des Europ. Gemeinschaftsrechts. Allerdings gilt in diesem Bereich das Heimatlandprinzip, nach dem sich Verkehrsfähigkeit und Kennzeichnung von Lebensmitteln nach dem Recht des Ursprungslandes richten. Die **Lebensmittelüberwachung,** d. h. die Überwachung des Verkehrs mit Lebensmitteln, ist Ländersache, praktisch durchgeführt von den unteren Verw.behörden (Städte, Kreise), denen zur Durchsetzung der Vorschriften des L. durch das LMBG Eingriffsrechte auch mit Mitteln des Polizei- und Ordnungsrechts gegeben sind. Ergänzend zur Lebensmittelüberwachung wird das /Lebensmittelmonitoring angewandt.

Lebensmitteltechnik, Teilgebiet der Verfahrenstechnik, das sich mit Methoden und Verfahren zur rationellen Erzeugung und Verarbeitung von Lebensmitteln befasst. Zu den mechan. Methoden zählen u. a. Reinigen, Sortieren, Zerkleinern, Sieben, Mischen, Filtrieren, Pressen, Emulgieren, Zentrifugieren und Extrahieren. Therm. Methoden (z. B. Pasteurisieren, Gefrieren) haben v. a. bei der Konservierung Bedeutung. Daneben werden auch zahlr. biochem. Verfahren angewandt, die meist zu einer tief greifenden Veränderung der Ausgangsmaterialien führen (z. B. bei den Gärprozessen, Säuerung).

Lebensmittel- und Bedarfsgegenstände-Gesetz, Gesetz i. d. F. v. 9. 9. 1997, das den Verkehr mit Lebensmitteln, Zusatzstoffen, Tabakerzeugnissen, kosmet. Mitteln sowie mit Bedarfsgegenständen regelt. Das L.- u. B.-G. verbietet, Lebensmittel derart herzustellen oder in den Verkehr zu bringen, dass ihr Genuss die menschl. Gesundheit zu schädigen geeignet ist und dass Erzeugnisse, die keine Lebensmittel sind, mit diesen verwechselt werden können. Ferner ist verboten, zum Zweck der Täuschung Lebensmittel nachzumachen und diese ohne ausreichende Kenntlichmachung in den Verkehr zu bringen. Nur ausdrücklich zugelassene Zusatzstoffe dürfen Lebensmitteln zugesetzt werden. Bedarfsgegenstände sind v. a. solche, die mit dem menschl. Körper in Berührung kommen, u. a. Verpackungen, Bekleidung, Pflegemittel, Spielwaren. (↗Lebensmittelkennzeichnung)

Lebensmittelvergiftung (Nahrungsmittelvergiftung), Erkrankung durch Genuss giftiger Tiere (Giftfische) und Pflanzen (Giftpilze), bakteriell infizierter, chemisch verunreinigter oder zersetzter Speisen bzw. Getränke. 2–36 Stunden nach der Aufnahme verdorbener Nahrung kommt es meist zu Übelkeit, heftigem Erbrechen, Koliken und Durchfällen. In jedem Fall ist eine Blut- bzw. Stuhluntersuchung erforderlich, um eine (meldepflichtige) Salmonellenerkrankung auszuschließen. Durch Lebensmittelüberwachung sowie Schlachttier- und Fleischuntersuchung wird die Möglichkeit einer L. stark eingeschränkt. (↗Botulismus)

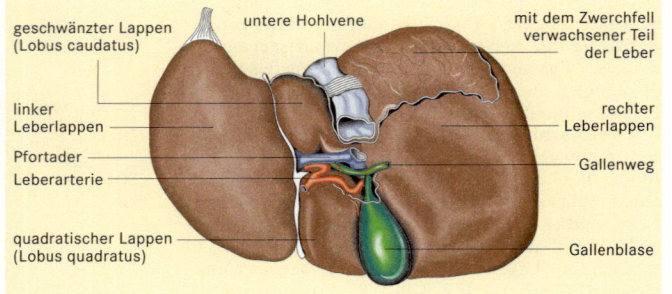

Leber: Rückansicht der Leberfläche

Lebensqualität, Summe der wesentl. Elemente, die die Lebensbedingungen in einer Gesellschaft beschreiben und das subjektive Wohlbefinden des Einzelnen ausmachen. Das v. a. am Wirtschaftswachstum und am Inlandsprodukt orientierte Konzept von L. im Sinne materiellen ↗Wohlstands wird ergänzt um soziale Indikatoren für verschiedenste Lebensbereiche (wie Arbeitsbedingungen, Bildung, Gesundheit, Freizeit, natürl. Umwelt, polit. Engagement). Dabei werden auch die subjektive Einschätzung von Glück und Zufriedenheit berücksichtigt und traditionelle gesellschaftspolit. Zielstellungen (wie Freiheit, Solidarität) einbezogen. (↗nachhaltige Entwicklung)

Lebensraum, 1) *Biologie:* ↗Biotop.
2) *Politik:* ein zentraler Begriff der Geopolitik, im letzten Drittel des 19. Jh. in den polit. Sprachgebrauch gelangt. Der Nationalsozialismus machte den Titel des Romans von H. Grimm »Volk ohne Raum« (1926) zum Schlagwort seiner L.-Propaganda.

Lebensschutz (Biophylaxe, Bioprotektion), seit 1962 Oberbegriff für die Gesamtheit aller Schutzmaßnahmen zur Erhaltung der Lebensgrundlagen für Menschen, Tiere und Pflanzen. L. umfasst somit alle Bereiche des Natur- und Umweltschutzes.

Lebensstandard, i. e. S. der materielle ↗Wohlstand. I. w. S. umfasst L. das Niveau der Arbeits- und Lebensbedingungen der Bev. eines Landes. Dabei werden auch Faktoren wie Freizeit, soziale Sicherheit, Infrastruktur und Umwelterhaltung berücksichtigt, wodurch L. und ↗Lebensqualität fast synonyme Begriffe werden.

Lebensstil, *Soziologie:* kultursoziolog. Begriff (geprägt von G. Simmel), der die typ. Art der Alltagsgestaltung von Personen (und sozialen Gruppen) bezeichnet. Gemeint sind die mehr oder weniger stabilen Einstellungen und die mit ihnen verbundenen, typischerweise auftretenden Verhaltensweisen von Menschen. L. ist weiterhin ein Mittel der Selbstdarstellung des Individuums sowie der Demonstration seiner Zugehörigkeit (bzw. Nichtzugehörigkeit) zu bestimmten sozialen Gruppen.

Lebensversicherung, Personenversicherung zur Deckung eines im Versicherungsfall beim Versicherungsnehmer entstehenden Geldbedarfs. Durch den Versicherungsvertrag wird der Versicherer entweder zu einer einmaligen (Kapitalversicherung) oder zu einer regelmäßig wiederkehrenden (Rentenversicherung) Leistung verpflichtet. Beim Vertragsabschluss verpflichtet sich der Versicherte zur regelmäßigen, meist monatl. Zahlung des Beitrags. Der Versicherungsbeitrag beruht auf Sterbetafeln, Wahrscheinlichkeitsrechnungen und Zinseszinstabellen, hängt u. a. auch vom Alter des Versicherten bei Vertragsbeginn, von der Vertragsdauer und der Höhe der Versicherungssumme ab. Versicherungsfälle sind v. a. Tod der versicherten Person(en) oder Ablauf (Erleben) eines vereinbarten Termins. Im Zuge der Harmonisierung des europ. Versicherungsbinnenmarkts sind die L.-Unternehmen in der Tarifgestaltung seit dem 29. 7. 1994 frei.

L. dienen v. a. der Absicherung der Hinterbliebenen im Todesfall, der zusätzl. Altersversorgung oder des Geldbedarfs bei bestimmten Ereignissen. Der Hinterbliebenenabsicherung dient die **Risiko-L.;** meist wird dieser Risikoschutz verknüpft mit einem Sparvorgang zur Kapitalbildung (**Kapital-L.**). Zur Risikolebensversicherung zählen: **kurzfristige Risikoversicherung,** bei der die Versicherungsleistung nur fällig wird, wenn der Versicherte während der begrenzten Vertragsdauer stirbt (Zweck: Hinterbliebenenversorgung, Absicherung eines Kredits); **lebens-**

Leber: Rückansicht der Leberfläche
- geschwänzter Lappen (Lobus caudatus)
- untere Hohlvene
- mit dem Zwerchfell verwachsener Teil der Leber
- linker Leberlappen
- rechter Leberlappen
- Pfortader
- Leberarterie
- Gallenweg
- quadratischer Lappen (Lobus quadratus)
- Gallenblase

Lebenspartnerschaft (eingetragene L.), ↗gleichgeschlechtliche Lebensgemeinschaft.

Lebensphilosophie, eine im 19. Jh. entstandene Sammelbez. für Philosophien, die im Prinzip des Lebens den metaphys. Grund der Wirklichkeit sehen. Sie stellen rationalist. und mechanist. Denkmodellen, aber auch dem Anspruch eines allein vom Geist her allgemein begrifflich deduzierten Weltbildes eine Ganzheitssicht entgegen, die das Dynamische, individuell Einmalige, Schöpferische im Leben für alle Bereiche der Wirklichkeit (ontologisch, ethisch, erkenntnistheoretisch, ästhetisch) als bestimmend ansieht. Der Geist wird als höchste Stufe des Lebens aufgefasst (W. Dilthey) oder als Mittel im Dienst des Lebens (H. Bergson) oder als Widersacher des Lebens, weil er dessen frei strömenden Fluss festlege (L. Klages). – Die L. knüpfte bes. an Gedanken Herders und des jungen Goethe, der Romantik, Schellings, Schopenhauers, v. a. an Nietzsche und Kierkegaard an. Ihre wichtigsten Vertreter im 20. Jh. waren Bergson, M. Blondel und Dilthey. Vertreter fand die L. außerdem in der Soziologie, Kulturphilosophie, Psychologie und Ästhetik.

lange Todesfallversicherung mit abgekürzter oder lebenslanger Prämienzahlung, bei der die Versicherungsleistung mit dem Tode des Versicherten fällig wird (z. B. Erbschaftsteuerversicherung). Hauptformen der Kapital-L. sind: **Erlebensfallversicherung,** bei der die Versicherungsleistung fällig wird, wenn der Versicherte ein bestimmtes Alter erreicht (Leibrenten- und Pensionsversicherung); **abgekürzte (gemischte) L.** auf den Todes- oder Erlebensfall, bei der die Versicherungsleistung (Kapital oder Rente) mit dem Tod des Versicherten oder nach Ablauf des Versicherungsvertrages gezahlt wird; Sonderformen sind die **verbundene L.,** bei der zwei Personen versichert werden, und die **fondsgebundene L.,** bei der der Sparanteil in Investmentfonds angelegt wird; **Versicherung mit festem Auszahlungstermin,** bei der die Versicherungsleistung an einem festgelegten Zeitpunkt fällig wird mit Prämienfreiheit vom Tode des Versicherten an (v. a. als **Aussteuer-** und als **Ausbildungsversicherung**); **Pflegerentenversicherung** zur Absicherung eines zusätzl. Pflegebedarfs. **Zusatzversicherungen:** Bei der Berufsunfähigkeitszusatzversicherung (BUZ) werden Prämienfreiheit ab Berufsunfähigkeit und eventuell eine Rente geboten. Bei der Unfallzusatzversicherung wird bei Unfalltod i. d. R. eine doppelte Todesfallleistung erbracht. **Gruppenversicherungen,** für Unternehmen, Verbände u. a. abgeschlossen, sind wegen der geringeren Verwaltungskosten preiswerter als **Einzelversicherungen.**

Leber (Hepar), größte, bei den Säugetieren und beim Menschen im Oberbauch unter der rechten Zwerchfellkuppel liegende Drüse der Wirbeltiere. Ihr Gewicht beträgt beim Menschen ungefähr 1500 g. Die L. ist äußerlich durch eine Furche in einen größeren rechten und einen kleineren linken L.-Lappen gegliedert. Die L.-Pforte, eine Vertiefung an der Eingeweideseite der L., markiert die Ein- bzw. Austrittsstelle der Blutgefäße und Gallengänge. Die Versorgung der L. mit sauerstoffreichem Blut erfolgt über die **L.-Arterie,** mit nährstoffreichem über die **Pfortader.** Das verbrauchte Blut fließt durch die **L.-Vene** ab. Die Pfortader zweigt sich in der L. auf und tritt an die **L.-Läppchen** (Durchmesser 1–2 mm), in deren Zentrum eine **Zentralvene** verläuft. Zu dieser Zentralvene sind die **L.-Zellbalken** strahlenförmig angeordnet. Die zw. ihnen verlaufenden L.-Kapillaren (Blutkapillaren) enthalten in den Wänden die **Kupffer-Sternzellen,** die als Bindegewebezellen Speicher- und Abwehrfunktion haben. Die L.-Zellen, die die L.-Zellbalken aufbauen, produzieren die **Gallenflüssigkeit,** die sich in den **Gallenkapillaren** sammelt und über die **Gallengänge** zur Gallenblase bzw. zum Zwölffingerdarm geleitet wird. Der Flüssigkeitsstrom in den Gallenkapillaren verläuft in umgekehrter Richtung wie der Blutstrom in den Blutkapillaren. Das Bindegewebefeld zw. den L.-Läppchen, das die Arterie, die Vene und den Gallengang enthält, bezeichnet man als **Glisson-Trias (Glissondreieck).** Die L. nimmt eine zentrale Stellung im Stoffwechsel ein. Zu ihren Aufgaben gehören: Verwertung der Kohlenhydrate, v. a. Bildung und Speicherung von Glykogen, das nach Bedarf in Traubenzucker umgewandelt und dem Blut zugeführt wird; im Eiweißstoffwechsel bes. die Ausscheidung der Endprodukte wie Harnstoff und Harnsäure in das Blut; Bildung eines großen Teils des Fibrinogens; Absonderung von Gallensaft mit den für die Fettverdauung wichtigen Gallensäuren; Entgiftung der über die Pfortader vom Darm aufgenommenen Stoffe.

Leber, 1) **Georg,** Gewerkschafter und Politiker (SPD), *Obertiefenbach (Rhein-Lahn-Kreis) 7. 10. 1920; Maurer, 1957–66 Vors. der IG Bau, Steine, Erden, förderte unternehmenspolitisch die »Vermögensbildung in Arbeitnehmerhand«; 1957–83 MdB, war 1966–72 Bundesverkehrs-, 1972–78 Bundesverteidigungsmin. und 1979–83 Vizepräs. des Dt. Bundestages.

2) **Julius,** Politiker (SPD), *Biesheim (Elsass) 16. 11. 1891, †(hingerichtet) Berlin 5. 1. 1945; 1924–33 MdR, 1933–37 im KZ, stand danach in engem Kontakt zum Kreisauer Kreis und beteiligte sich an den Vorbereitungen zum 20. Juli 1944; am 4. 7. 1944 verhaftet und am 20. 10. zum Tode verurteilt.

Leber|atrophie (Leberdystrophie) der Schwund des Lebergewebes infolge eines Hungerzustands, auszehrender Krankheiten und im Alter **(braune L.)** oder infolge tox. Leberzellschädigung mit ausgedehnten Lebernekrosen, Gelbsucht, starken Schmerzen im Oberbauch, Erbrechen, Verwirrtheit und Koma **(akute gelbe Leberatrophie).**

Leberbalsam (Ageratum), aus Amerika stammende Korbblütlergattung mit herzförmigen Blättern und blauen, rötl. bis weißen Blüten. Eine in vielen Sorten kultivierte Zierpflanze ist die aus Mittelamerika stammende Art **Ageratum hostonianum.**

Leberbiopsie, zur Diagnose und Verlaufskontrolle von Lebererkrankungen durchgeführte Untersuchung von Lebergewebe, das mittels direkter Leberpunktion während einer Laparoskopie, häufiger jedoch durch Blindpunktion gewonnen wird; bei Ultraschallkontrolle ist auch eine gezielte Entnahme von verändertem Lebergewebe möglich.

Leberblümchen (Hepatica), Hahnenfußgewächsgattung mit dreilappigen Blättern; in Dtl. in Laubwäldern das geschützte **Echte L.** (Hepatica nobilis); bis 15 cm hohe Staude, Blüten blau, seltener weiß; früher ein Mittel gegen Leberleiden.

Leberdystrophie, die / Leberatrophie.

Leber|egel, Sammelbez. für bestimmte Saugwürmer, die erwachsen v. a. in Gallengängen der Leber von Wild- und Haustieren (bes. Wiederkäuer, Schweine, Pferde), z. T. auch des Menschen leben; u. a. **Großer L.** (Fasciola hepatica), bis 4 cm lang; lanzettlich-blattförmig. Die Eier werden mit dem Kot ausgeschieden. Bei Regen oder Überschwemmungen gelangt die daraus schlüpfende Larve (Miracidium) in Gewässer, wo sie sich in Wasserschnecken einbohrt und dort zu einer Sporozyste heranwächst. Diese erzeugt die zweite Larvengeneration (Redien), die ihrerseits die dritte Larvengeneration (Zerkarien) bildet. Die Zerkarien durchbrechen die Schneckenhaut, setzen sich an landbewohnenden Pflanzen fest und kapseln sich ein, von wo sie vom Endwirt aufgenommen werden. Bei Haustieren können sie die **L.-Krankheit (Egelkrankheit, Fasziolose)** hervorrufen; führt durch Leberschädigung zu Abmagerung, Verminderung der Milchsekretion, Wollausfall (bei Schafen) u. a. – **Kleiner L. (Lanzettegel,** Dicrocoelium dendri-

Georg Leber

Julius Leber

Leberbalsam (Ageratum hostonianum)

Leberblümchen: Echtes Leberblümchen

ticum), etwa 1 cm lang; lanzettförmig. Als erster Zwischenwirt fungieren Schnecken trockener Gebiete, als zweiter Zwischenwirt Ameisen, als Endwirt v. a. Schafe.

Leber|entzündung, die ↗ Hepatitis.

Leberfleck (Lentigo), brauner, etwa linsengroßer, angeborener oder später auftretender Pigmentfleck der Haut. Entweder liegt eine örtl. Pigmentvermehrung vor, oder der L. setzt sich aus so genannten Nävuszellen (↗ Muttermal) zusammen.

Leberfunktionsprüfungen, labordiagnost. Untersuchungen zur Beurteilung der Stoffwechselleistung der Leber und zur Feststellung des Schweregrads bestimmter Lebererkrankungen. Geprüft werden z. B. Ausscheidungsleistung und Eiweißsynthese der Leber, Serumenzyme sowie Antikörper gegen Leberzellbestandteile.

Lebermoose, Klasse der ↗ Moose.

Leberpilz (Fleischschwamm, Ochsenzunge, Fistulina hepatica), Porling (Familie Reischlinge) mit dickfleischigem, dunkelrotem bis dunkelbraunem, konsolen- oder zungenförmigem, jung essbarem Fruchtkörper, bes. an Eichen.

Leberpunktion, ↗ Leberbiopsie.

Leberstärke, ↗ Glykogen.

Lebertran (Oleum Jecoris aselli), fettes Leberöl von Kabeljau, Dorsch oder Schellfisch mit hohem Anteil an ungesättigten Fettsäuren und den Vitaminen A und D; Anwendung u. a. äußerlich in Salben zur Wundbehandlung.

Lebertransplantation, operative Übertragung einer menschl. Leber als Spenderorgan von einem Verstorbenen, auch von Leberlappen eines lebenden Spenders (bis zu 80% des Lebergewebes können ohne Funktionsbeeinträchtigung entnommen werden) auf einen menschl. Empfänger. (↗ Transplantation)

Leberverfettung, ↗ Fettleber.

Leberwurstbaum, der ↗ Elefantenbaum.

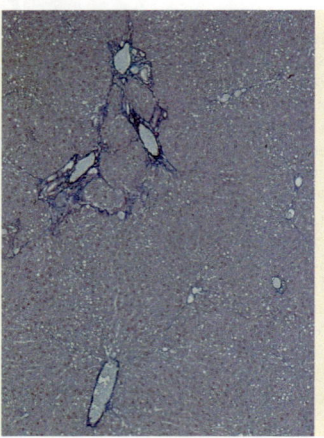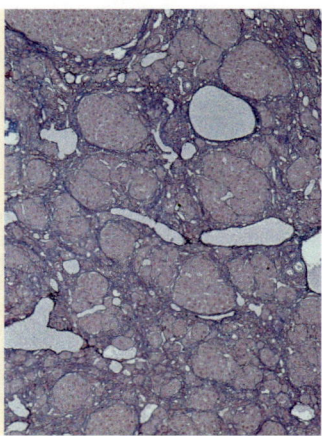

Leberzirrhose: Histologie der Leber des Menschen; links normal, rechts zirrhotisch veränderte Leber mit Umbau des Lebergewebes

Leberzirrhose (Leberschrumpfung), chronisch fortgeschrittene Erkrankung der Leber, die durch Zerstörung der Leberzellen und Umbau der Organstruktur gekennzeichnet ist und so die Leberfunktion beeinträchtigt. Als Ursachen einer L. kommen in erster Linie chron. Alkoholmissbrauch und/oder Fehl- und Mangelernährung, jedoch auch Leberentzündung, erbl. Stoffwechselstörungen, Gallengangverschlüsse u. a. in Betracht.

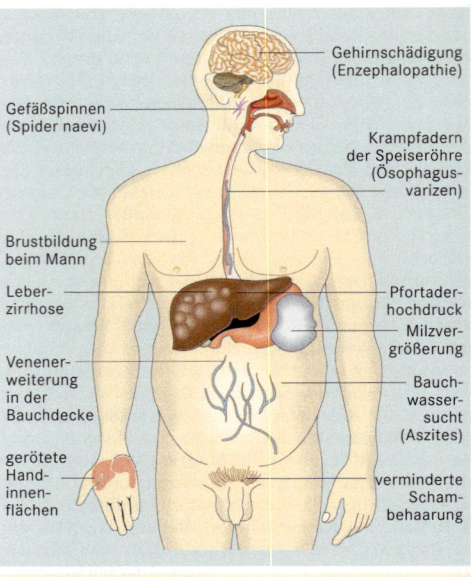

Leberzirrhose: Symptome der Leberzirrhose

Lebesgue [ləˈbɛg], Henri Léon, frz. Mathematiker, * Beauvais 28. 6. 1875, † Paris 26. 7. 1941; Mitbegründer der modernen Theorie der reellen Funktionen, förderte entscheidend die Maß- und Integrationstheorie. Die von ihm eingeführten L.-Integrale stellen eine Verallgemeinerung des riemannschen Integralbegriffs dar.

Lebewesen (Organismus), ein aus Zellen oder einer Zelle bestehender lebender Körper (↗ Leben). L. sind Mikroorganismen, Pflanzen und Tiere (einschl. Mensch).

Lebkuchen [zu Laib] (Pfefferkuchen), Dauerbackware aus Mehl, (Kunst-)Honig und einer L.-Gewürzmischung aus Nelken, Muskat, Koriander, Kardamom, Anis, Zimt, Ingwer.

Leblanc [ləˈblã], Nicolas, frz. Chemiker, * Ivoy-le-Pré (Dép. Cher) 6. 12. 1742, † (Selbstmord) Saint-Denis 16. 1. 1806; erfand das nach ihm benannte Verfahren zur Sodaherstellung.

Le Blon [ləˈblɔ̃], Jakob Christof, Maler und Kupferstecher, * Frankfurt am Main 21. 5. 1667, † Paris 16. 5. 1741; erfand, ausgehend von der Farbentheorie I. Newtons, um 1710 den Vierfarbendruck.

Le Bon [ləˈbɔ̃], Gustave, frz. Philosoph und Sozialwissenschaftler, * Nogent-le-Rotrou (Dép. Eure-et-Loir) 7. 5. 1841, † Paris 15. 12. 1931; urspr. Arzt, Begründer der Massenpsychologie.

Lębork [ˈlɛmbɔrk] (dt. Lauenburg, bis 1945 amtlich Lauenburg i. Pom.), Krst. in der Wwschaft Pommern, Polen, an der Leba, 37 000 Ew.; elektrotechn., Textil-, Holzindustrie. – Das **Land Lauenburg** kam 1310 an den Dt. Orden, 1657 an Brandenburg.

Le Bourget [ləburˈʒɛ], Gemeinde im frz. Dép. Seine-Saint-Denis, nordöstlich von Paris, 11 700 Ew.; Luftfahrtmuseum; Flugzeugbau, Gummi-, Elektroind.; einer der drei internat. Flughäfen von Paris.

Lebowa, ehem. Homeland in der Rep. Südafrika, ging in der neuen Nord-Provinz auf.

Lebrun [ləˈbrœ̃], **1)** Albert, frz. Politiker, * Mercyle-Haut (Dép. Meurthe-et-Moselle) 29. 8. 1871, † Paris 6. 3. 1950; Ingenieur, seit 1900 Abg., 1911–19 mehrmals Min., war von 1932 bis (zum 13. 7.) 1940 (letzter) Präs. der Dritten Republik.

2) (Le Brun), Charles, frz. Maler, * Paris 24. 2. 1619, † ebd. 12. 2. 1690; Generalinspektor der königl. Sammlungen, Direktor der Gobelin- und Möbelmanufaktur, Hofmaler und seit 1664 Direktor der Akademie. Seine Malereien sind akademisch und von theatral. Pracht (Spiegelgalerie in Versailles; Apollon-Galerie im Louvre). L. leitete v. a. die Ausstattung der königl. Schlösser.

Lebus ['le:bʊs, auch le'bu:s], **1)** Stadt im Landkreis Märkisch-Oderland, Brandenburg, an der Oder, 2 600 Ew. – Befestigungen aus der späten Bronze- und frühen Eisenzeit; um 600 n. Chr. erneute Befestigung durch die slaw. **Leubuzzi.** Im 12. Jh. Entstehung der Stadt. – Das **Bistum L.,** errichtet um 1125, ab 1420 dem Erzbistum Magdeburg unterstellt, wurde 1555 säkularisiert.

2) Land Lebus, flachwellige Grundmoränenplatte links der mittleren Oder in Brandenburg; Ackerbau; am Rande liegt Frankfurt (Oder).

3) Woiwodschaft Lebus (poln. Województwo Lubuskie), Wwschaft (seit 1999) im W Polens, 13 984 km², 1,024 Mio. Ew.; Sitz des Woiwoden ist Landsberg, Sitz des Parlaments (Sejmik) ist Zielona Góra.

Lec [lɛts], Stanisław Jerzy, poln. Lyriker und Satiriker, * Lemberg 6. 3. 1909, † Warschau 7. 5. 1966; floh 1943 aus dem KZ, kämpfte in der Partisanenbewegung; schrieb Gedichte und v. a. Aphorismen: »Unfrisierte Gedanken« (1957, 2. Zyklus 1964).

Le Carré [engl. le'keɪɪ, frz. ləka're], John, eigtl. David John Moore Cornwell, engl. Schriftsteller, * Poole (Cty. Dorset) 19. 10. 1931; verfasst realist. Spionageromane mit aktuell polit. Thematik. – Werke: Ein Mord erster Klasse (1962); Der Spion, der aus der Kälte kam (1963); Dame, König, As, Spion (1974); Eine Art Held (1977); Das Russland-Haus (1989); Der heiml. Gefährte (1991); Der Schneider von Panama (1996); Single & Single (1999); Der ewige Gärtner (2001).

Le Cateau [lɔka'to] (früher Le Cateau-Cambrésis), Stadt im frz. Dép. Nord, 7 700 Ew. – Le C. war im MA. eine Burg des Bischofs von Cambrai. Hier schlossen Frankreich und Spanien am 3. 4. 1559 den Frieden, der die spanisch-habsburg. Herrschaft in Italien und den burgund. Gebieten anerkannte.

Lecce ['lettʃe], **1)** Prov. in Apulien, Italien, 2 759 km², 815 700 Einwohner.

2) Hauptstadt von 1), auf der Peninsula Salentina, 97 500 Ew.; Bischofssitz; Univ.; Baumaschinen-, Textil-, Tabakind., Ölmühlen, Weinkellereien. – Ausgrabungen aus röm. Zeit. Das Stadtbild wird von einem üppigen Barockstil geprägt; Domplatz mit Dom (1659–70 erneuert), bed. Kirchen, u. a. Santi Niccolò e Cataldo (1180 ff., im 18. Jh. barock verändert), Santa Croce (1549–1695); Kastell (1539–49).

Lecco, 1) Prov. in der Lombardei, Italien, 816 km², 311 700 Einwohner.

2) Hauptstadt von 1), am Comer See, 45 800 Ew.; Eisen- und Stahlwerk, Zement-, Papier-, Seidenind.; Fremdenverkehr, Hafen für die Passagierflotte am Comer See.

Lech der, rechter Nebenfluss der Donau in Österreich und Dtl., 263 km lang, als Abfluss des Formarinsees in den westl. Lechtaler Alpen (Vorarlberg), tritt bei Füssen nach Bayern ein, mündet unterhalb von Donauwörth; mehrere Staustufen, Speichersee zw. Füssen und Roßhaupten (Forggensee, 15,3 km²).

Le Chatelier [leʃatə'lje], Henry Louis, frz. Chemiker, * Paris 8. 10. 1850, † Miribel-les-Échelles (Dép. Isère) 17. 9. 1936; untersuchte bes. den Einfluss der Zustandsgrößen Druck und Temperatur auf chemische Gleichgewichtsreaktionen; entwickelte 1884–88 das Prinzip des kleinsten Zwanges **(Le-Chatelier-Braun-Prinzip).** Nach diesem bewirkt bei Gleichgewichtsreaktionen jede durch äußere Einwirkung erzwungene Änderung einer Zustandsgröße eine Verlagerung des Gleichgewichts derart, dass das System dem äußeren Zwang ausweicht. So entgeht z. B. ein unter hohem Druck stehendes Gas dem äußeren Zwang, indem es sich unter Volumenverminderung verflüssigt.

Lecher-Leitung [nach dem österr. Physiker Ernst Lecher, * 1856, † 1926], symmetr. Doppelleitung für Anwendungen in der Mikrowellentechnik. Sie besteht aus zwei parallelen Drähten, deren Abstand voneinander groß gegenüber dem Drahtradius ist (z. B. [Antennen-]Flachbandkabel).

Lechfeld, Schotterebene (bis 7 km breit) zw. Lech und Wertach, südlich von Augsburg. Die **Schlacht auf dem L.,** in der Otto I., d. Gr., 955 die Ungarn vernichtend schlug, fand nicht an dieser Stelle statt, sondern am 10. 8. westlich von Augsburg und am 11./12. 8. auf dem O-Ufer des Lechs.

Lechner, 1) Leonhard, Komponist, * in Südtirol um 1553, † Stuttgart 9. 9. 1606; war Schüler von O. di Lasso, seit 1595 in Stuttgart Hofkapellmeister, einer der bedeutendsten dt. Musiker um 1600 auf dem Gebiet des dt. Liedes und der Motette. – Werke: Johannespassion (vor 1593); Das Hohelied Salomonis (1606); Dt. Sprüche von Leben und Tod (1606).

2) Ödön, ungar. Architekt, * Pest (heute zu Budapest) 27. 8. 1845, † Budapest 10. 6. 1914; führender Vertreter der Jugendstilarchitektur in Ungarn, u. a. Kunstgewerbemuseum (1893–96) und Postsparkasse (1899–1901) in Budapest.

Lechtaler Alpen, Teil der Nördl. Kalkalpen in Tirol und Vorarlberg, Österreich, zw. Großem Walsertal und Lechtal im N und NO sowie Kloster-, Stanzer- und Inntal im S und SO. Die Parseierspitze (3 036 m ü. M.) ist der höchste Gipfel der Nördl. Kalkalpen; bed. Wintersportgebiet.

Lechter, Melchior, Maler und Buchkünstler, * Münster (Westf.) 2. 10. 1865, † Raron (Wallis) 8. 10. 1937; Vertreter des Jugendstils. Stattete 1897–1907 sämtl. Werke S. Georges aus. Typisch für seine Arbeiten sind die schmückenden Randleisten, in die die Schrift eingeordnet ist.

Lecithine [grch. lékithos »Eigelb«] (Lezithine, Phosphatidylcholine), zu den Glycerinphosphatiden zählende fettähnl. Stoffe, bei denen zwei Hydroxylgruppen des Glycerins mit langkettigen Fettsäuren verestert sind, die dritte Hydroxylgruppe über Phosphorsäure mit Cholin. L. sind wichtige Bestandteile der Zellen, bes. der biolog. Membranen. Reich an L. sind Blutplasma, Eigelb, Hefen, Hülsenfrüchte u. a. – L. werden v. a. in der Nahrungsmittelind., daneben als Emulgatoren in kosmet. Präparaten sowie in der Leder- und Textilind. verwendet.

Leck, undichte, gas- oder flüssigkeitsdurchlässige Stelle an Rohrleitungen, Behältern, Schiffen.

Leckage [lɛ'ka:ʒə] die, Frachtverkehr: Verlust an flüssigen Waren durch Verdunsten (gewöhnl. L.) oder Auslaufen (außergewöhnl. L., Rinnverlust).

Leckstrom, unvermeidl. elektr. Strom beim Betrieb von Verbrauchern, der aufgrund bestimmter Eigenschaften elektron. Bauelemente fließt (z. B. permanente Entladung von Elektrolytkondensatoren).

Lecksuchgerät, Vorrichtung zum Auffinden kleiner Undichtigkeiten in Vakuumapparaturen u. a. Behältern, die dicht abgeschlossen sein müssen. Durch eine Düse wird ein Testgas (z. B. Helium) auf

Albert Lebrun

John Le Carré

den evakuierten Behälter geblasen. Die durch undichte Stellen ins Innere eintretenden Gasmoleküle lösen im L. eine Anzeige aus, die proportional zur einströmenden Testgasmenge ist und eine quantitative Bestimmung der Leckrate erlaubt.

Leclair [ləˈklɛːr], Jean-Marie, gen. L. l'Aîné, frz. Komponist und Violinist, *Lyon 10. 5. 1697, †(ermordet) Paris 22. oder 23. 10. 1764; einer der besten Violinisten seiner Zeit; schrieb die Oper »Scylla et Glaucus« (1746), Violinkonzerte, Solo- und Triosonaten.

Leclanché-Element [ləklɑ̃ˈʃe-, nach dem frz. Chemiker G. Leclanché, *1839, †1882] (Kohle-Zink-Zelle), meist als Trockenelement gebautes ↗ galvanisches Element (Primärzelle), bei dem die Anode durch einen von Braunstein umgebenen Kohlestab gebildet wird, während die Kathode aus amalgamiertem Zink besteht. Die Spannung beträgt 1,25–1,5 V.

Le Clézio [ləkleˈzjo], Jean-Marie Gustave, frz. Schriftsteller, *Nizza 13. 4. 1940; stark beeinflusst von außereurop. Kulturen; seine zivilisationskrit., z. T. autobiograf. Romane artikulieren Trauer um versunkene Welten: »Der Goldsucher« (1985), »Onitsha« (1991), »Ein Ort fernab der Welt« (1995), »Hasard« (1999); schrieb auch Erzählungen, Essays und die Biografie »Diego et Frida« (1993).

Leconte de Lisle [ləkɔ̃t dəˈlil], Charles Marie, eigtl. C. M. Lecomte, frz. Lyriker, *Saint-Paul (auf Réunion) 22. 10. 1818, †Voisins-le-Bretonneux (bei Paris) 18. 7. 1894; Vorbild und wichtigster Vertreter der ↗ Parnassiens. Seine formvollendeten Gedichte (»objektive Poesie«) verarbeiten meist Themen aus Mythologie und Geschichte (»Poèmes antiques«, 1852; »Poèmes barbares«, 1862; »Poèmes tragiques«, 1884); auch Übersetzer grch. Dichtung.

Le Corbusier [lə kɔrbyˈzje], eigtl. Charles-Édouard Jeanneret-Gris, frz.-schweizer. Architekt, *La Chaux-de-Fonds 6. 10. 1887, †Roquebrune-Cap-Martin (Dép. Alpes-Maritimes) 27. 8. 1965; fand neue Formen des Stahlbetonbaus, dessen auf wenige Stützen (Pilote) beschränktes System tragende Wände entbehrlich machte und somit die Möglichkeit zu völlig freien Grundrisslösungen, der Abhebung des 1. Geschosses vom Erdboden und durchlaufenden Fensterzonen bot (zwei Häuser in der Weißenhofsiedlung in Stuttgart, 1927, u. a.). Nach dem Zweiten Weltkrieg zeigten seine Bauten skulpturale Formen,

Le Corbusier: die 1950–54 erbaute Wallfahrtskirche Notre-Dame-du-Haut in Ronchamp

Materialverwendung im Sinne des Brutalismus und in monumentalem Maßstab (Wohneinheiten in Marseille, 1947–52, in Berlin, 1956–58). Le C., auch als Städteplaner tätig, entwarf u. a. seit 1950 den Bebauungsplan für die ind. Stadt Chandigarh, in der er auch mehrere Gebäude errichtete. Eines seiner bekanntesten Werke wurde die Wallfahrtskirche Notre-Dame-du-Haut in Ronchamp (1950–54), ein nicht an geometr. Ordnungen gebundener, sondern nach plast. Vorstellungen gestalteter Bau.

Le Creusot [ləkrøˈzo], Stadt im frz. Dép. Saône-et-Loire, am NO-Rand des Zentralmassivs, 29 200 Ew.; in der Umgebung Steinkohlen- und Erzlager; bed. Stahl- und Eisenerzeugung, Maschinen-, Geräte-, Lokomotivenbau, Waffenfabrikation.

LED [Abk. für engl. **l**ight **e**mitting **d**iode], die ↗ Lumineszenzdiode.

Leda, 1) *Astronomie:* ein Mond des Planeten ↗ Jupiter.

2) *grch. Mythos:* Mutter der Dioskuren, von Klytämnestra und Helena; Geliebte des Zeus, der sich ihr als Schwan näherte.

Ledeburit [nach einem dt. Metallurgen], Eutektikum des metastabilen Systems im Eisen-Kohlenstoff-Diagramm aus einem geordneten Gemenge der beiden Phasen Austenit und Zementit (Eisencarbid).

Leder, von den Haaren befreite und gegerbte, meist auch gefettete und gefärbte Tierhaut. Die Bez. der versch. Arten richtet sich nach dem verarbeiteten Hautmaterial, nach dem angewendeten Gerbverfahren, nach besonderen Zurichteverfahren sowie nach dem Verwendungszweck. Bei der L.-Herstellung wird die Rohware i. d. R. durch Konservieren (Salzen, Trocknen) haltbar gemacht, danach in Wasser geweicht, um Schmutz, Salze und lösl. Eiweißstoffe zu entfernen. Anschließend werden das Unterhautbindegewebe durch Scheren und Entfleischen entfernt und die Haare gelockert (↗ Äscher) und mechanisch entfernt. Die dicke L.-Haut wird anschließend gespalten (Teilung der Haut in mehrere Schichten); für weiche L. vorgesehene Häute werden gebeizt. Dann erfolgt die ↗ Gerbung, anschließend die Zurichtung (Oberflächenveredlung), das Egalisieren von Dickenunterschieden, Färben, Fetten, Trocknen, Glätten, ggf. Prägen.

Leder|arbeiten, kunsthandwerkl. Arbeiten aus Leder, z. B. Kästen, Futterale, Bucheinbände; schon aus den Kulturen des Alten Orients bezeugt. Die kopt. L. (4.–8. Jh.) zeigen Ritz- und Schälarbeit, Goldauflagen, Flechtarbeit, Färbung, Punzierung. Die frühesten europ. L. stammen aus dem 13. Jh. Bei dem im 14. und 15. Jh. bevorzugten **Lederschnitt** wird

Lederarbeiten (von links): Leder-Panneau nach einer Vorlage von J. Berain, Avignon (nach 1700); geprägte und bemalte Ledertapete, Spanien (um 1700; beide Kassel, Deutsches Tapetenmuseum)

eine ornamentale oder figürl. Zeichnung eingeschnitten, einzelnen Teilen auch ein Relief durch Treibarbeit von der Rückseite her gegeben. Seit Ende des 15. Jh. wurde die **Blindpressung** durch Stempel, später auch Prägeplatten und Rollen üblich, bei der die Darstellung erhaben auf niedergepresstem Grund erscheint. Gleichzeitig kam die Vergoldung auf, deren Verfahren, Blattgold mit erwärmten Stempeln einzupressen (**Goldpressung**), aus dem Orient übernommen wurde, ebenso wie das aus Ein- oder Auflagen verschiedenfarbigen Leders gefertigte **Ledermosaik.** Sehr verbreitet waren bis ins 18. Jh. die zuerst von den Mauren in Spanien eingeführten **Ledertapeten,** die gepresst, bemalt und versilbert wurden. Neuartige Gestaltungen in den tradierten Techniken brachte v. a. der Jugendstil.

Lederberg ['leidəbə:g], Joshua, amerikan. Mikrobiologe, * Montclair (N. J.) 23. 5. 1925; wies durch Kreuzung von Bakterienstämmen in Zusammenarbeit mit E. L. Tatum die geschlechtl. Fortpflanzung von Bakterien nach. Darüber hinaus gelang ihm 1952 der Nachweis der Transduktion von Bakteriophagen. Für diese Forschungsarbeiten erhielt L. (mit G. W. Beadle und E. L. Tatum) 1958 den Nobelpreis für Physiologie oder Medizin.

Lederer, Hugo, österr. Bildhauer, * Znaim 16. 11. 1871, † Berlin 1. 8. 1940; schuf in einem traditionsgebundenen, doch tektonisch vereinfachenden Stil vor allem Denkmäler und Brunnen (u. a. Bismarckdenkmal in Hamburg, 1902–08).

Lederhaut, Anatomie: 1) Teil der ↗ Haut; 2) Teil des ↗ Auges.

Lederman ['ledəmən], Leon Max, amerikan. Physiker, * New York 15. 7. 1922; Prof. an der Columbia University (N. Y.) und an der Chicago University, 1979–89 Direktor des Fermi National Accelerator Laboratory (Ill.). L. entdeckte das Antideuteron, das neutrale Kaon und das Y-Teilchen. Er wies 1962 eine zweite Neutrinoart, das Myon-Neutrino, nach und erhielt hierfür 1988 mit M. Schwartz und J. Steinberger den Nobelpreis für Physik.

Lederzecken (Argasidae), Familie zeitweilig Blut saugender Zecken mit ledriger Körperdecke; Parasiten bei Kleinsäugern, Vögeln, Schlangen und Fledermäusen; z. B. ↗ Taubenzecke.

Ledóchowska [lɛdu'xɔfska], 1) Maria Theresia Gräfin von, * Loosdorf (Bez. Melk) 29. 4. 1863, † Rom 6. 7. 1922, Schwester von 2); aus wolhyn. Adel; förderte die kath. Mission, gründete ab 1888, angeregt durch Kardinal Lavigerie, Vereine gegen die Sklaverei, aus denen 1894 die **Petrus-Claver-Sodalität** hervorging (↗ Claver); 1975 selig gesprochen; Tag: 6. 7.

2) Ursula Julia Maria, kath. Ordensgründerin, * Loosdorf (Bez. Melk) 17. 4. 1865, † Rom 29. 5. 1939, Schwester von 1); wurde 1886 in Krakau Ursulinin (Ordensname: Ursula), wirkte ab 1907 in Russland und Skandinavien und gründete nach ihrer Rückkehr nach Polen (1920) die Kongregation der »**Ursulinen von dem Todesangst leidenden Herzen Jesu**«. – 1983 wurde L. selig, 2003 heilig gesprochen.

Ledoux [lə'du], Claude-Nicolas, frz. Baumeister, * Dormans (Dép. Marne) 27. 3. 1736, † Paris 19. 11. 1806; vertrat einen nüchternen, auf strenge geometr. Formen zielenden Klassizismus; neben É.-L. Boullée wichtigster Vertreter der Revolutionsarchitektur (Entwürfe für die Salinenstadt von Arc-et-Senans, 1774–79 nur z. T. ausgeführt; Zollhäuser in Paris, 1784–89, nur vier erhalten).

Le Dục Anh, vietnames. Politiker und General, * Prov. Bienh Tri Thien (heute Thua Thien-Huê) 1. 12. 1920; kämpfte im Vietnamkrieg als Truppenkommandeur gegen die südvietnames. Armee und leitete 1978/79 die militär. Intervention in Kambodscha; wurde 1982 Mitgl. des Politbüros der KP; war 1987–91 Verteidigungsmin., 1992–97 Staatspräsident.

Le Dục Tho, vietnames. Politiker, * Dich Le (Prov. Nam Ha) 14. 10. 1911, † Hanoi 13. 10. 1990; 1930 Mitbegründer der KP Indochinas und 1941 des ↗ Vietminh; 1955–86 Mitgl. des Politbüros; vereinbarte als nordvietnames. Hauptunterhändler bei der Pariser Vietnamkonferenz mit H. A. Kissinger 1973 ein Waffenstillstandsabkommen (↗ Vietnamkrieg). Dafür erhielt er 1973 mit Kissinger den Friedensnobelpreis, dessen Annahme er jedoch ablehnte.

Ledum, die Pflanzengattung ↗ Porst.

Lee, die dem Wind abgekehrte Seite des Schiffs; Ggs.: Luv.

Lee [li:], 1) Ang, eigtl. Ang Lee, taiwanes. Filmregisseur, * Taipeh 1954; drehte eine kom. Filmtrilogie über Konflikte zw. der taiwanes. und amerikan. Kultur: »Schiebende Hände« (1991), »Das Hochzeitsbankett« (1992), »Eat Drink Man Woman« (1994), dann »Sinn und Sinnlichkeit« (1995, nach J. Austen), »Der Eissturm« (1997), »Tiger & Dragon« (2000).

2) Bruce, eigtl. Lee Chen-fan, amerikan. Filmschauspieler und Regisseur chines. Abstammung, * San Francisco (Calif.) 27. 11. 1940, † Hongkong 20. 7. 1973; wuchs in Hongkong auf; bis heute populärster Darsteller des Kung-Fu-Films (so genannter Eastern), durch den auch die asiat. Kampfsportarten in Europa und den USA verbreitet wurden. – Sein Sohn, der Schauspieler Brandon Lee (* 1965, † 1993), verstarb während der Dreharbeiten zu dem Film »Die Krähe« (1994). – Filme: Bruce Lee – Die Todesfaust des Cheng Li (1971); Todesgrüße aus Shanghai (1972); Der Mann mit der Todeskralle (1973).

3) Christopher, brit. Filmschauspieler, * London 27. 5. 1922; spielt seit den 1950er-Jahren Rollen in Horror-, Grusel- und Science-Fiction-Filmen, wie »Frankensteins Fluch« (1957), »Wie schmeckt das Blut von Dracula?« (1969) und »Der Herr der Ringe« (2001).

4) David Morris, amerikan. Physiker, * Rye (N. Y., USA) 20. 1. 1931; Prof. an der Cornell University in Ithaca (N. Y.); entdeckte 1971/72 bei Tieftemperaturuntersuchungen die suprafluiden Phasen des Heliumisotops ^{3}He und erhielt dafür 1996 zus. mit D. D. Osheroff und R. C. Richardson den Nobelpreis für Physik.

5) Robert Edward, amerikan. General, * Stratford (Va.) 19. 1. 1807, † Lexington (Va.) 12. 10. 1870; führte im Sezessionskrieg 1862–65 das Hauptheer der Südstaaten in Virginia; 1865 wurde er Oberbefehlshaber der Konföderierten. Nach anfängl. militär. Erfolgen unterlag er 1863 bei Gettysburg und musste am 9. 4. 1865 vor der Übermacht General U. S. Grants kapitulieren. Sein Landgut zu ↗ Arlington wurde nat. Ehrenfriedhof.

6) Spike, eigtl. Shelton Jackson L., amerikan. Filmregisseur, Produzent, * Atlanta (Ga.) 20. 3. 1957; beschäftigt sich in seinen Filmen (»Malcolm X«, 1992; »Clockers«, 1996) mit der Situation der Schwarzen in den USA; auch Schauspieler. – Weitere Filme: Jungle Fever (1991); Crooklyn (1994); Spike Lee's Spiel des Lebens (1998); Summer of Sam (1999).

7) Tsung Dao, amerikan. Physiker chines. Herkunft, * Schanghai 25. 11. 1926; arbeitet über statist. Mechanik und Feldtheorie; war an der Konstruktion der chines. Atombombe beteiligt. Ab 1953 in den USA, gelang ihm mit C. N. Yang der Nachweis, dass

Joshua Lederberg

Leon M. Lederman

Le Duc Tho

David M. Lee

Tsung Dao Lee

Leeuwarden: Grote Kerk (14./15. Jh.)

Yuan Tseh Lee

Antoni van Leeuwenhoek

bei schwachen Wechselwirkungen zw. Elementarteilchen die Erhaltung der / Parität nicht gilt; erhielt dafür 1957 mit Yang den Nobelpreis für Physik.

8) Yuan Tseh, amerikan. Chemiker chines. Herkunft, * Xinzhu (Taiwan) 29. 11. 1936; seit 1974 Prof. in Berkeley (Calif.); erarbeitete mit D. R. Herschbach die Methode der gekreuzten Molekularstrahlen zur Erforschung der chem. Reaktionskinetik und erhielt dafür mit diesem und J. C. Polanyi 1986 den Nobelpreis für Chemie.

Leeds [li:dz], Ind.- und Handelsstadt in der Metrop. County West Yorkshire, England, am Aire, im NO eines großen Steinkohlendistrikts sowie des größten brit. Ind.gebietes; 727 500 Ew.; Univ. (seit 1904), Leeds Polytechnic (seit 1992 Univ.), Museen, u. a. für Wiss. und Industrie, Hall of Steel (Ritterrüstungen, Waffen u. a.), Zentralbibliothek; zur älteren, heute noch bed. Woll- und Bekleidungsind. traten Leder-, Möbel-, Papier-, metallurg., elektrotechn. u. a. Ind.; Kanalverbindung mit Liverpool und dem Humber, Flughafen. – Kirche Saint John's im Perpendicular Style.

LEED-Verfahren [li:d-, Abk. für engl. **l**ow **e**nergy **e**lectron **d**iffraction], Verfahren zur Strukturanalyse von Festkörperoberflächen oder dünnen Schichten, bei dem die Probe mit niederenerget. Elektronen (etwa 10 bis 100 eV) beschossen wird, d. h. einer Wellenlänge von etwa 0,1 nm, die den Atomabständen im Kristallgitter entspricht. Wegen der sehr geringen Eindringtiefe wird das Beugungsbild durch die obersten Atomlagen bestimmt. Das LEED-V. bildet eine Ergänzung zur Auger-Elektronenspektroskopie und eignet sich bes. zur Untersuchung adsorptiv gebundener Materie, z. B. an Katalyseoberflächen.

Lee Kuan Yew [li: kwan ju:], Politiker in Singapur, * Singapur 16. 9. 1923; Rechtsanwalt; gründete 1954 die Volksaktionspartei (bis 1992 Gen.-Sekr.). Nachdem Singapur 1959 innere Autonomie erhalten hatte, wurde L. K. Y. erster Premiermin. (1959–90). Er führte Singapur in den Malaiischen Bund (1963), betrieb aber aufgrund der malaiisch-chines. Gegensätze den Wiederaustritt, verbunden mit der Schaffung einer unabhängigen Rep. im Rahmen des Commonwealth (1965). Unter seiner patriarchalischstrengen Führung entwickelte sich der Stadtstaat zu einem wirtsch. Zentrum in Asien.

Leer, Landkreis im RegBez. Weser-Ems, Ndsachs., 1 086 km², 161 900 Einwohner.

leere Menge, *Mathematik:* Zeichen ∅, die Menge, die kein Element enthält (/ Mengenlehre).

Leerkassettenabgabe, / Geräteabgabe.

Leerkosten, Teil der fixen Kosten, der auf nicht genutzte Kapazitäten entfällt; Ggs.: Nutzkosten.

Leerlauf, bei Maschinen, Geräten, Spannungs-, Stromquellen u. Ä. der unbelastete Betriebszustand ohne nutzbare Arbeit.

Leerlaufstrom, der von einem elektr. System zur Energieumwandlung oder -übertragung im unbelasteten Zustand aufgenommene elektr. Strom; bei elektr. Maschinen und Transformatoren der Magnetisierungsstrom zur Deckung der Eisen- und Stromwärmeverluste sowie (bei Motoren) der Luft- und Lagerreibungsverluste, bei Kabeln und Freileitungen ein Ladestrom zum Aufbau des elektr. Feldes.

Leer (Ostfriesland), Krst. des Landkreises Leer in Ndsachs., an der Mündung der Leda in die Ems, 33 100 Ew.; Fachbereich Seefahrt der FH Ostfriesland; Eisengießerei, Metall-, Kunststoff-, Milchverarbeitung. See- und Binnenhafen mit Verbindungen zur Nordsee und zum Rheinisch-Westfäl. Industriegebiet. – L. entstand um die 800 gegr. Kirche des Missionars Liudger.

Leerzeichen (engl. blank, space), Symbol ␣, *Informatik:* Leerzeichen(-taste) mit der Bedeutung: »keine Information«.

Lee Teng-hui, chines. Politiker, / Li Denghui.

Leeuwarden ['le:wərdə], Hptst. der niederländ. Prov. Friesland, 88 500 Ew.; fries. Museum, Princessehof (Museum für Keramik und Porzellan u. a. aus Ostasien), Theater; Gießerei, Elektronik- und opt. Möbel-, Papier-, Textil-, Kunststoff- und Nahrungsmittelind.; Handelszentrum, bes. für landwirtsch. Erzeugnisse; Hafen (Containerterminal, durch Kanäle mit Harlingen und Groningen verbunden). – Die Altstadt ist sternförmig von einer Gracht umgeben; Bürgerhäuser des 17. und 18. Jh., Grote Kerk (urspr. 13. Jh., 1492 erneuert), Rathaus (1715, 1760 erweitert), der »Hof« (ehem. Residenz des Statthalters, Ende des 16. Jh., Waage (1595–98); Wahrzeichen der Stadt ist der spätgot. Kirchturm Oldehove (1529–32, unvollendet). – 825 erstmals erwähnt, erhielt Ende des 13. Jh. Stadtrecht, war bis ins 15. Jh. Seehafen.

Leeuwenhoek ['le:vənhu:k], Antoni van, niederländ. Naturforscher, * Delft 24. 10. 1632, † ebd. 27. 8. 1723; entdeckte mit selbst angefertigten Mikroskopen viele Einzeller, Bakterien, die roten Blutkörperchen, die Spermien und die quer gestreiften Muskelfasern.

LEF [russ. lj ɛf], Abk. für **l**ewy **f**ront iskusstwa (»linke Front der Kunst«); 1923 in Moskau von W. Majakowski begründete literar. Gruppe um die gleichnamige Zeitschrift (1923–25; 1927/28 als »Nowy LEF« [»Neue LEF«]). Das (wahrscheinlich) von Majakowski verfasste Manifest steht in der Tradition des Futurismus, von dem sich die LEF dadurch abhob, dass ihre Vertreter »keine Hohen Priester der Kunst, sondern Arbeiter, die einen sozialen Auftrag ausführen«, sein wollten.

Le Fanu ['lefənju:], J. S. (Joseph Sheridan), irischer Schriftsteller, * Dublin 28. 8. 1814, † ebd. 7. 2. 1873; Vorläufer moderner Kriminalliteratur; schrieb volkstüml. Balladen sowie Erzählungen und Romane über geheimnisvolle, gespenst. Ereignisse (»Onkel Silas«, 3 Bde., 1864).

Lefebvre [ləˈfɛ:vr], **1)** Georges, frz. Historiker, * Lille 6. 8. 1874, † Boulogne-Billancourt 28. 8. 1959; seit 1935 Prof. in Paris; angeregt vom Marxismus, vertrat er das Konzept einer Geschichtsschreibung aus der Sicht »von unten«; bedeutendster Revolutionshistoriker seiner Generation.

2) [ləˈfɛ:vr], Henri, frz. Philosoph und Soziologe, * Hagetmau (Dép. Landes) 16. 6. 1901, † Pau 29. 6.

1991; verfasste Arbeiten zu einer zeitgemäßen marxist. polit. Handlungslehre und zur Theorie des Alltagslebens.

3) *Marcel*, frz. kath. Theologe, *Tourcoing 29. 11. 1905, †Martigny (Schweiz) 25. 3. 1991; 1932–37 Missionar in Gabun; seit 1955 Erzbischof von Dakar; lehnte die Reformen des 2. Vatikan. Konzils als »liberalist. und modernist. Neuerungen« ab. 1970 gründete L. die traditionalist. ↗ Internationale Priesterbruderschaft des Hl. Pius X. 1976 wurde er von Papst Paul VI. als Bischof suspendiert. 1988 weihte er vier Priester seiner Bruderschaft ohne päpstl. Zustimmung zu Bischöfen. Nach kath. Kirchenrecht waren damit L. und die Geweihten exkommuniziert.

4) *Pierre François Joseph*, Herzog von Danzig (seit 1807), frz. Marschall (seit 1804), *Rufach (Elsass) 20. 10. 1755, †Paris 14. 9. 1820; General der Revolutionsarmee, stand beim Staatsstreich von 1799 als Gouv. von Paris auf der Seite Napoléon Bonapartes, erfolgreich in den Napoleon. Kriegen (u. a. 1807 Einnahme Danzigs). – Seine Frau *Catherine*, eine ehem. Wäscherin, wurde als »Madame Sans-Gêne« bekannt.

Lefkoṣa [-ʃa], türk. Name von ↗Nikosia.

Le Fort [lə'fɔːr], *Gertrud Freiin von*, Schriftstellerin, *Minden 11. 10. 1876, †Oberstdorf 1. 11. 1971; gestaltete religiöse und histor. Themen, u. a. »Das Schweißtuch der Veronika« (1928), »Die Letzte am Schafott« (Nov., 1931), »Das Schweigen« (Legende, 1967).

Lefuel [ləfy'ɛl], *Hector*, frz. Architekt, *Versailles 14. 11. 1810, †Paris 31. 12. 1880; entwarf die Verbindungstrakte des Louvre mit den Tuilerien (1854–68), wobei er auf Formen der Renaissance und des Manierismus zurückgriff. Für die Pariser Weltausstellung (1855) erbaute er das Palais des Beaux-Arts.

Lefzen, Lippen des Raubwildes und des Hundes.

legal [lat.], gesetzlich.

Legaldefinition, Erläuterung eines Rechtsbegriffs durch das Gesetz selbst.

Legalisation [lat.] *die* (Legalisierung), amtl. Bestätigung der Echtheit einer ausländischen öffentl. Urkunde im Inland (durch einen Konsul oder einen Gesandten) bzw. einer Urkunde, die im Ausland vorgelegt werden soll. Erleichternde Bestimmungen können durch zwischenstaatl. Verträge vereinbart werden (z. B. Ersatz der L. durch die **Apostille,** eine vereinfachte Echtheitsbestätigung durch Behörden des Staates, in dem die Urkunde errichtet wurde).

Legalismus [lat.] *der,* die Haltung eines Staates, der seine Handlungen an bestehenden positiven Rechtsnormen ausrichtet (Rechtspositivismus) und die Handlungen anderer Staaten unter dem Blickwinkel der Legalität bewertet.

Legalität [lat.] *die,* **1)** Gesetzmäßigkeit, Übereinstimmung von Handlungen oder Maßnahmen (des Staates oder von Privatpersonen) mit dem geltenden Recht (anders die ↗ Legitimität).
2) *Ethik:* bei I. Kant die Art einer Handlung, die einer sittl. Forderung entspricht, jedoch nicht sittlich motiviert geschieht.

Legalitätsprinzip, im Strafprozess die Verpflichtung der Strafverfolgungsbehörden, wegen aller mit Strafe bedrohten und verfolgbaren Handlungen bei zureichenden Anhaltspunkten von Amts wegen (ohne Strafanzeige) einzuschreiten, sofern nicht im Rahmen des ↗ Opportunitätsprinzips Ausnahmen bestehen (§ 152 StPO). – Das L. gilt auch in *Österreich* und der *Schweiz*.

Legasthenie [grch.-lat.] *die* (Lese-Rechtschreib-Störung), Abk. **LRS,** Schwäche im Erlernen des Lesens und orthograph. Schreibens bei vergleichsweise durchschnittl. oder sogar guter Allgemeinbegabung des Kindes. Die L. tritt bes. bei Jungen (bei etwa 6 %) auf und äußert sich v. a. in der Umstellung oder Verwechslung einzelner Buchstaben oder ganzer Wortteile. Bei frühzeitiger Hilfe (z. B. Aufmerksamkeitstraining, systemat. Verbesserung des Sprachvermögens, intensives Üben und fortwährende Wiederholung des im Rechtschreibunterricht Gelernten, ständige Ermutigung) kann die Lernstörung nach und nach abgebaut werden.

Legat [lat.] *das,* das ↗Vermächtnis.

Legat [lat.] *der,* **1)** im alten Rom der Gesandte, auch der ständige Gehilfe des Feldherrn oder Statthalters. In der Kaiserzeit trugen die Generäle, die den Oberbefehl in den Prov. innehatten, den Titel »Legatus Augusti pro praetore« (L. des Kaisers anstelle des Prätors).
2) *kath. Kirchenrecht:* päpstl. Gesandter: 1) **Apostolischer L.** ↗Nuntius; 2) ↗Apostolischer Delegat; 3) ein Kardinal, der den Papst mit einem genau bestimmten besonderen Auftrag vertritt.

legato [italien.] (ligato), musikal. Vortragsbezeichnung: gebunden, d. h. die aufeinander folgenden Töne ohne Unterbrechung z. B. des Atemstroms oder Bogenstrichs lückenlos aneinander reihend; in der Notenschrift durch den **Bindebogen (Legatobogen)** bezeichnet.

Legebohrer (Legeröhre, Legestachel), Eiablageorgan vieler weibl. Insekten.

Legenda aurea [lat. »goldene Legende«], im MA. weit verbreitete Sammlung von Heiligenlegenden, von ↗ Jacobus de Voragine lateinisch verfasst (um 1270); oft übersetzt; bed. Quelle für Motive und Themen der europ. Literatur.

Legende [lat. legenda, »das zu Lesende«] *die,*
1) *allg.:* unverbürgte Erzählung; Bildunterschrift, Erläuterung zu Abbildungen, Zeichnungen; Zeichenerklärungen auf Landkarten u. a.; Text der Inschrift auf Münzen und Siegeln.
2) *Literatur:* Darstellung der Lebensgeschichte eines Heiligen oder Märtyrers oder exemplar. Geschehnisse daraus. Darbietungsformen sind die volkstüml. Erzählung und die künstlerische literar. Verarbeitung. Die ältesten L. finden sich in den apokryphen Evangelien und Apostelgeschichten. Die älteste erhaltene lat. Prosasammlung stammt von Papst Gregor I., d. Gr.; die bedeutendste mittelalterl. Sammlung ist die ↗Legenda aurea. Eine erste Blüte erreichte die L. mit der Verbreitung der Heiligenverehrung im 6. Jh. (Gregor von Tours, Venantius Fortunatus), eine zweite brachte die Karolingerzeit (z. B. Alkuins L. über den hl. Willibrord). Im 10. Jh. schuf Hrotsvith von Gandersheim L.-Erzählungen und L.-Dramen. Die ältesten volkssprachl. L. sind Heiligenhymnen (»Annolied«, Ende 11. Jh.). Um 1150 leitete die L. durch Einbeziehung weltl. Elemente zur ritterl. Epoche über (»Kaiserchronik«, »Orendel«). In der mhd. Blütezeit wurde die L. zu einer höf. Kunstform (Heinrich von Veldeke, Hartmann von Aue, Rudolf von Ems, Konrad von Würzburg). L.-Charakter tragen viele Mariendichtungen. Ende des 13. Jh. entstanden die gereimten Sammlungen des Dt. Ordens »Passional« und »Väterbuch«. Am Ausgang des MA. erlangte das L.-Spiel als Mirakelspiel Bedeutung (z. B. im 15. Jh. das niederdt. »Spiel von Theophilus«, D. Schernbergs »Spiel von Frau Jutten«, entstanden um 1480). Die Reformation drängte die L. zurück, die Gegenreformation ließ neue L.-Sammlungen entstehen. In der Wiederbelebung der L. zur Zeit der Romantik waren die ästhetisch-poet. Motive vorherrschend. L.-Dich-

Marcel Lefebvre

Gertrud von Le Fort, zeitgenössische Rötelzeichnung (Marbach am Neckar, Schiller-Nationalmuseum)

tungen der neueren Lit. verfassten u. a. G. Keller, N. S. Leskow, Selma Lagerlöf, R. M. Rilke, T. Mann), L.-Dramen P. Claudel, T. S. Eliot und M. Mell.

Legendre [ləˈʒɑ̃dr], Adrien Marie, frz. Mathematiker, * Paris 18. 9. 1752, † ebd. 10. 1. 1833; arbeitete auf dem Gebiet der Zahlentheorie, der Variationsrechnung, der partiellen Differenzialgleichungen und der ellipt. Integrale; entdeckte (unabhängig von C. F. Gauß) die ↗Methode der kleinsten Quadrate und führte (u. a. zu deren Anwendung) eine wichtige Klasse von Polynomen (L.-Polynome) ein.

Fernand Léger: Frau mit Blumen in der Hand (1922; Düsseldorf, Kunstsammlung Nordrhein-Westfalen)

Léger [leˈʒe], Fernand, frz. Maler und Grafiker, * Argentan (Dép. Orne) 4. 2. 1881, † Gif-sur-Yvette (bei Paris) 17. 8. 1955; urspr. Architekt, fand, angeregt vom Kubismus, seinen eigenen Stil mit geometr. Abstraktionen aus Kuben, Zylindern und Kugeln, deren Formen techn. Gegenständen ähneln. 1920 arbeitete er mit Le Corbusier zusammen. In den 30er- und 40er-Jahren verarbeitete er Anregungen des Surrealismus. Im Zentrum des Spätwerks stehen große, schematisierte Figurengruppen. L. entwarf Glasfenster, Keramiken, schuf Bühnenausstattungen, bemalte Skulpturen; bedeutend ist auch sein Experimentalfilm »Le ballet mécanique« (1924).

Legeröhre, ↗Legebohrer.

Legföhre, die Latsche (↗Kiefer).

leggiero [leˈdʒe:ro, italien.] (leggieramente), musikal. Vortragsbezeichnung: leicht, perlend.

Leggings (engl. Leggins), lederne Beinlinge bzw. hosenartige Bekleidung nordamerikan. Indianer. – In der *Mode* seit Ende der 1980er-Jahre eine Strumpfhose ohne Füßlinge, als Oberhose getragen.

Leghorn [nach dem Namen der ital. Stadt Livorno] (Weiße L.), reinweiße Hühnerrasse mit hoher Legeleistung; in den USA aus weißen italien. Landhühnern gezüchtet, seit 1910 auch in Europa verbreitet.

Legien, Carl, Gewerkschaftsführer und Politiker (SPD), * Marienburg (Westpr.) 1. 12. 1861, † Berlin 26. 12. 1920; 1890 Mitbegründer und bis 1919 Vors. der Generalkommission der Gewerkschaften Dtl.s, 1919 Mitbegründer und Vors. des ADGB, leitete die Zusammenarbeit zw. Gewerkschaften und Unternehmern ein; 1893–98 und ab 1903 MdR.

legieren [lat.], *Gastronomie:* Suppen und Soßen mit Mehl, Sahne oder Eigelb binden.

Legierungen [lat.] *Pl.,* metall. Gemische aus mindestens zwei Komponenten, einem die Hauptmasse bildenden Grund- oder Basismetall mit einem oder mehreren anderen metall. oder nichtmetall. Elementen als Zusätzen. Man unterscheidet nach der Zahl der Legierungskomponenten binäre, ternäre, quaternäre und höhere L. (oder Zweistoff-, Dreistoff-, Vierstoff- und Mehrstoff-L.). Nach der Zahl der Phasen bzw. Gefügebestandteile werden **einphasige (homogene)** und **mehrphasige (heterogene)** L. unterschieden. Durch die Bildung von L. sollen bestimmte günstige Eigenschaften des Grundmetalls verbessert werden; mitunter ergeben sich auch ganz neue Eigenschaften. – Technisch haben L. eine weitaus größere Bedeutung als reine Metalle; sie werden nach dem Basismetall benannt, z. B. Eisen-, Aluminium-, Kupfer-, Blei- und Zink-L., verbreitet sind aber auch histor. Namen wie Bronze, Messing und Amalgam. Je nach Weiterverarbeitung unterscheidet man Guss- und Knetlegierungen. (↗Eutektikum)

Legion [lat.] *die,* **1)** im Altertum oberste Einheit des röm. Heeres, 4 000–6 000 Mann zu Fuß (in der Spätantike nur noch rd. 1 000 Mann), rd. 300 Reiter, dazu Tross; sie war in 10 Kohorten, 30 Manipel und 60 Zenturien unterteilt.
2) in neuerer Zeit eine selbstständige Truppe aus Angehörigen fremder Staaten, die für Sold dienen (↗Fremdenlegion; ↗Legion Condor).

Legionärskrankheit (Legionellose, Veteranenkrankheit), meldepflichtige, atyp. Form der Lungenentzündung mit schwerem Verlauf; Erreger ist das Bakterium **Legionella pneumophila**; die Infektion vollzieht sich durch Einatmen des v. a. durch Aerosole von Klimaanlagen sowie durch Warmwasserleitungen verbreiteten Bakteriums. Etwa 15–20% der Erkrankungen verlaufen tödlich. Die *Behandlung* wird mit Antibiotika (Erythromycin, Rifampicin, Tetrazyklin) durchgeführt. Die L. wurde erstmals 1976 in Philadelphia (USA) beobachtet. In Dtl. treten nach Angaben des Robert Koch-Instituts jährlich etwa 6 000 Erkrankungsfälle auf.

Legion Condor, Verbände der dt. Wehrmacht, die im Span. Bürgerkrieg (1936–39) auf General F. Francos Seite kämpften (Zerstörung von Guernica y Luno); Stärke bis zu 5 500 Mann.

Legion Erzengel Michael, faschist. Bewegung in Rumänien, Vorgängerin der ↗Eisernen Garde.

Legislative [lat.] *die,* die ↗gesetzgebende Gewalt, auch die gesetzgebende Körperschaft.

Legislaturperiode, ↗Wahlperiode.

legitim [lat.], **1)** *allg.:* vertretbar, berechtigt.
2) *Rechtswissenschaft:* rechtmäßig, zulässig.

Legitimation [lat.] *die,* **1)** *allg.:* Beglaubigung, Anerkennung, Nachweis der Berechtigung zu einer Handlung, Ausweis über die Person des Inhabers, z. B. Pass.
2) *Familienrecht:* früher die Anerkennung eines nichtehel. Kindes als ehelich, entweder kraft Gesetzes durch nachfolgende Ehe des Vaters mit der Mutter des Kindes oder durch Ehelichkeitserklärung, d. h. Verfügung des Vormundschaftsgerichts auf Antrag des Vaters. Aufgrund der grundsätzl. rechtl. Gleichstellung ehel. und ↗nichtehelicher Kinder (Ges. vom 16. 12. 1997) ist die L. zum 1. 7. 1998 entfallen.

Legitimationspapier, Urkunde über ein Recht, die den Schuldner berechtigt, mit befreiender Wirkung an jeden Inhaber zu leisten, der diese Urkunde vorlegt, ohne dessen Berechtigung zu prüfen (z. B. Garderobenschein, so genanntes einfaches L.). Qualifizierte L. werden zu den Wertpapieren gerechnet; sie enthalten den Namen des Gläubigers und werden mit der Bestimmung ausgegeben, dass an jeden Inhaber geleistet werden kann (§ 808 BGB, z. B. Sparkassenbuch, Pfandschein).

Legitimität [lat.] *die, Staatsrecht, Politikwissenschaft:* die Rechtfertigung des Staates, seiner Herrschaftsgewalt und seiner Handlungen durch höhere Werte und Grundsätze, im Unterschied zur formellen

Gesetzmäßigkeit (↗ Legalität) und zur rein fakt. Machtausübung. Die monarch. Herrschaft war vom MA. bis in das 18. Jh. durch das ↗ Gottesgnadentum legitimiert, während heute die entscheidende L.-Basis der repräsentativen Demokratie auf den Prinzipien der Volkssouveränität beruht.

Legnano [leˈɲaːno], Stadt in der Lombardei, Italien, Prov. Mailand, 54 400 Ew.; Maschinenbau, Baumwoll-, Kunstfaser-, chem., Elektroind., Fahrradwerk. – Hier siegten die lombard. Städte am 29. 5. 1176 über Kaiser Friedrich I.

Legnica [lɛgˈnitsa] (dt. Liegnitz), Stadtkreis und Krst. in der Wwschaft Niederschlesien, Polen, an der Katzbach, 109 000 Ew.; kath. Bischofssitz; Zweigstelle der Breslauer TH; Kupferhütte (um L. Kupfererzbergbau) und -museum; Textil-, elektrotechn. Ind., Maschinen-, Klavierbau; Sonderwirtschaftszone; Eisenbahnknotenpunkt. – Got. Pfarrkirche (1328–90), bed. Barockbauten, u. a. Johanneskirche (1714–30) mit Mausoleum der letzten Piastenherzöge, mittelalterl. Piastenschloss (im 16./17. Jh. ausgebaut). – Die bei einer im 12. Jh. bezeugten Burg entstandene Marktsiedlung wurde 1241 durch die Mongolen zerstört; zw. 1242 und 1252 Neugründung als Stadt mit dt. Recht; bis zum Aussterben der schles. Piasten (1675) Hptst. des Fürstentums Liegnitz; bis 1945 Verw.zentrum des RegBez. Liegnitz (preuß. Prov. Niederschlesien). – Am 9. 4. 1241 erlitt bei Wahlstatt südöstlich von L. ein dt.-poln. Ritterheer unter Herzog Heinrich II. von Niederschlesien (der hierbei fiel) eine Niederlage gegen die Mongolen.

Legnickie Pole [lɛgˈnitskjɛ ˈpɔlɛ], Stadt in Polen, ↗ Wahlstatt.

Le Goff, Jacques Louis, frz. Historiker, * Toulon 1. 1. 1924; zum Kreis der Historiker um die Zeitschrift ↗ Annales gehörend, widmete sich v. a. der wirtschafts-, sozial- und kulturgeschichtl. Erforschung des MA. Hg. der Reihe »Europa bauen«.

Legros [ləˈgro], Alphonse, frz. Maler, Grafiker, Bildhauer, * Dijon 8. 5. 1837, † Watford 8. 12. 1911; lebte seit 1863 in London; bekannt v. a. durch Radierungen und Lithographien, in denen er Tod und Schrecken mit dämon. Fantasie gestaltete.

Leguane:
Grüner Leguan

Leguane [haitisch] (Iguanidae), vorwiegend in Amerika, aber auch auf Madagaskar und auf den Fidschiinseln verbreitete Echsenfamilie. Der bis 1,5 m lange **Grüne L.** (Iguana iguana) lebt auf Bäumen, der über 1 m lange **Nashornleguan** (Cyclura cornuta) sowie die kleinen **Erd-L.** (Liolaemus-Arten) auf dem Boden. Weitere L. sind z. B. Basilisk, Drusenkopf, Meerechse.

Leguminosen [lat.], die ↗ Hülsenfrüchtler.

Leh [ˈleɪ], Hauptort von ↗ Ladakh, im ind. Teil von Kaschmir, 3 520 m ü. M., im oberen Industal, 9 000 Ew.; Zentrum für den Handel zw. Indien und Tibet. – Palast der Könige von L. (16. Jh.); in der Nähe einige der größten Klöster von Ladakh.

Lehár [ˈleːhar, leˈhaːr], Franz, österr. Komponist, * Komorn 30. 4. 1870, † Bad Ischl 24. 10. 1948; wurde vom Orchestergeiger und Militärkapellmeister zu einem der erfolgreichsten Komponisten der Wiener Operette, die er dem Singspiel annäherte. – Werke: Die lustige Witwe (1905); Der Graf von Luxemburg (1909); Paganini (1925); Der Zarewitsch (1927); Das Land des Lächelns (1929).

Le Havre [ləˈaːvr], Hafenstadt im Dép. Seine-Maritime, Frankreich, am N-Ufer der Trichtermündung der Seine, 197 200 Ew.; Werften, chem., petrochem., Textil-, Holz-, Zement-, Nahrungsmittelind., Maschinen-, Fahrzeug-, Flugzeugbau. Der Hafen ist nach Marseille der größte Frankreichs; Erdölhafen am Kap Antifer nördlich von Le H. (Erdöl; Erdöl-, Erdgas- und Produktenleitungen nach Paris); Passagierhafen (Autofähre nach Southampton). Vom Hafen führt ein 24 km langer Kanal nach Tancarville an der Seine, über diese die 2 141 m lange »Brücke der Normandie« nach Honfleur; Flughafen. – Franz I. ließ Le H. 1517 als Ersatz für den versandeten Hafen Harfleur (östlich von Le H.) anlegen. Die Stadt erlitt im Zweiten Weltkrieg schwere Zerstörungen.

Lehde, Ortsteil von ↗ Lübbenau/Spreewald.

Lehen, ↗ Lehnswesen.

Lehesten, Stadt im Landkreis Saalfeld-Rudolstadt, Thür., am NW-Rand des Frankenwaldes, 2 200 Ew.; Schieferbrüche (bes. Dachschiefer) seit dem 13. Jh., 1999 wegen Erschöpfung der Lagerstätten eingestellt.

Lehm, ein Verwitterungsprodukt versch. Gesteine, durch Eisenverbindungen gelb bis braun gefärbter, kalkarmer sandhaltiger Ton.

Lehmann, 1) Hans Ulrich, schweizer. Komponist, * Biel (Kt. Bern) 4. 5. 1937; Schüler von P. Boulez und K. Stockhausen; wendet in seinen Kompositionen serielle Techniken an.

2) Karl, kath. Theologe, * Sigmaringen 16. 5. 1936; Prof. in Mainz (ab 1968) und Freiburg im Breisgau (ab 1971), seit 1983 Bischof von Mainz und Honorarprof. in Mainz und Freiburg im Breisgau; seit 1987 Vors. der Dt. Bischofskonferenz (1999 für eine dritte Amtsperiode [sechs Jahre] wieder gewählt); seit 2001 Kardinal.

3) Lotte, amerikan. Sängerin (Sopran) dt. Herkunft, * Perleberg 27. 2. 1888, † Santa Barbara (Calif.) 26. 8. 1976; gehörte 1914–33 zum Ensemble der Wiener Hof- bzw. Staatsoper sowie 1934–45 der Metropolitan Opera in New York; bed. Wagner- und Strauss-Interpretin.

4) Wilhelm, Schriftsteller, * Puerto Cabello (Venezuela) 4. 5. 1882, † Eckernförde 17. 11. 1968; Lehrer, wurde mit Prosa bekannt (»Weingott«, R., 1921). Thema seiner Lyrik (u. a. »Der grüne Gott«, 1942; »Sichtbare Zeit«, 1967) ist die realistisch erfasste, ins Magische gesteigerte Natur und die Beziehung des Menschen zu ihr. L. wirkte stark auf die dt. Nachkriegslyrik; schrieb neben weiteren Romanen (»Ruhm des Daseins«, 1953) auch Essays (»Dichtung als Dasein«, 1956).

Lehmbau, Bauweise mit ungebranntem Lehm (im Unterschied zum ↗ Backsteinbau). Beim **Stampf-L.** wird Lehm in Formkästen, die verschoben werden können, gestampft, im **Lehmziegelbau** werden lufttrockene Ziegel (Adobe) verbaut (z. T. sind sie mit Fasern versetzt); beim **Lehmwellerbau** wird mit Stroh vermischter Lehm aufgeschichtet und später der gewünschten Form gemäß abgestochen.

Geschichte: Der L. ist in Vorderasien für den Siedlungs- und Städtebau seit dem Spätneolithikum belegt; er trat im 4. Jt. v. Chr. in Mesopotamien und Ägypten auf, im 3. und 2. Jt. in Indien und Pakistan, später in Zentral- und Ostasien, in N-Afrika und im Sudan sowie auf dem amerikan. Kontinent. In Mitteleuropa begann der eigentl. L. erst im MA. Lehmbauten sind heute v. a. aufgrund ihrer günstigen wohnklimat. Eigenschaften in heißen Klimazonen verbreitet

Franz Lehár

Le Havre
Stadtwappen

Karl Lehmann

Wilhelm Lehmann, Radierung von Ludwig Meitner (1957; Marbach am Neckar, Schiller-Nationalmuseum)

(Vorderasien; südl. Mittelmeerraum; N-Afrika, Sudanzone; SW der USA, bes. New Mexico und Kalifornien). Auch in Europa ist L., v. a. unter ökolog. Gesichtspunkten, denkbar.

Lehmbruck, Wilhelm, Bildhauer, *Meiderich (heute zu Duisburg) 4. 1. 1881, †(Selbstmord) Berlin 25. 3. 1919; bed. Vertreter der expressionist. Plastik; arbeitete 1910–14 in Paris, wo ihn H. Matisse, A. Archipenko, C. Brâncuşi, A. Modigliani und A. Maillol beeinflussten. Seine überlängten, feingliedrigen Figuren tragen stark sinnbildhafte Züge. Wichtige Arbeiten (u. a. »Große Kniende«, 1912; »Der Gestürzte«, 1916) bilden den Grundstock des 1964 gegr. Wilhelm-Lehmbruck-Museums in Duisburg.

Lehmwespen (Eumenidae), Familie schlanker, schwarz-gelb gezeichneter Faltenwespen, die meist gemörtelte Brutzellen oder -röhren in Lehmwänden, Böschungen und Pflanzenstängeln bauen; in Mitteleuropa u. a. die Gattungen **Mauerwespen** (Odynerus) und **Pillen-** oder **Glockenwespen** (Eumenes).

Lehn, Jean-Marie Pierre, frz. Chemiker, *Rosheim (Elsass) 30. 9. 1939; Prof. in Straßburg; erhielt »für die Entwicklung und Verwendung von Molekülen mit strukturspezif. Wechselwirkung von hoher Selektivität« 1987 den Nobelpreis für Chemie (mit D. J. Cram und C. J. Pedersen).

Jean-Marie Lehn

Lehnert, Martin, Anglist, *Rixdorf (heute als Neukölln zu Berlin) 20. 6. 1910, †Berlin 4. 3. 1992; trat v. a. mit sprachwiss. Arbeiten und Übersetzungen alt- und mittelengl. Literatur hervor.

Lehnhoff, Nikolaus, Opernregisseur, *Hannover 20. 5. 1939; debütierte bei Wieland Wagner in Bayreuth, es folgten Inszenierungen an den versch. Opernbühnen Europas und der USA, u. a. in Paris, San Francisco (1985 R. Wagners »Der Ring des Nibelungen«), München (1992 H. W. Henzes »Der Prinz von Homburg«), an der Metropolitan Opera in New York, der Mailänder Scala sowie bei Festspielen in Salzburg und Glyndebourne (1999 B. Smetanas »Die verkaufte Braut«).

Wilhelm Lehmbruck: Der Gestürzte (1916; Duisburg, Wilhelm-Lehmbruck-Museum)

Lehnin, Gem. im Landkreis Potsdam-Mittelmark, Brandenburg, 3 100 Ew. – Ehem. Zisterzienserkloster (1180 von Markgraf Otto I. gestiftet); erhalten sind eine romanisch-frühgot. Pfeilerbasilika, Kapitelsaal und Kreuzgang, Abtshaus (»Königshaus«, 15. Jh.), »Falkonierhaus« (15. Jh.), Kornhaus (14. Jh.).

Lehnswesen, die auf dem Lehnverhältnis beruhende Rechts- und Gesellschaftsordnung, das Grundelement des ∕Feudalismus in West- und Mitteleuropa. Das **Lehen** oder **Lehn (Feudum)** war ein geliehenes Gut, dessen Empfang zu ritterl. Kriegsdienst und Treue verpflichtete; es unterschied sich einerseits vom ∕Allod, andererseits vom bäuerl. und städt. Lei-

Lehnin: die als Backsteinbau errichtete Kirche des ehemaligen Zisterzienserklosters (Ende 12./13. Jh.)

hegut. – Das L. des dt. MA. ging aus der seit dem 8. Jh. im Frankenreich vollzogenen Verschmelzung der personenrechtl. Vasallität und des sachenrechtl. Benefizialwesens hervor. Die **Vasallität** war das Treudienstverhältnis, das den **Lehnsmann** (Vasall) durch **Lehnseid** verpflichtete, dem Schutz und Unterhalt gebenden **Lehnsherrn** (Senior) gegen Unterhalt Dienst und Gehorsam zu leisten. Die Treuepflicht galt für beide. Das **Benefizium** (später auch Feudum gen.) war die Form der dingl. Landleihe. In spätfränk. Zeit wurde es üblich, den Vasallen anstelle des Unterhalts Grundstücksnutzungen zu gewähren. Das Lehnsverhältnis wurde begründet durch förml. **Belehnung** (Investitur) vor dem **Lehnshof** (Gesamtheit der übrigen Vasallen). Entsprechend der bei der Belehnungszeremonie vergebenen leiherechtl. Symbole hießen die Lehen der weltl. Fürsten **Fahnlehen,** die der geistl. **Zepterlehen.** Beim Tod des Lehnsmannes (Mannfall) oder des Lehnsherrn (Herrenfall) musste um Lehnserneuerung (Mutung) nachgesucht werden. Mit dem Erblichwerden der Lehen entstand ein Anspruch auf Belehnung. Über Lehnsstreitigkeiten zw. Lehnsherren und Lehnsleuten sowie der Vasallen untereinander entschied das **Lehnsgericht** (Sondergericht des Lehnsherrn); ein vor diesem erwiesener Treuebruch des Lehnsmannes führte zum Entzug des Lehens. Die Karolinger zogen die großen Grundbesitzer mit ihren Gefolgsleuten für den Dienst im Reiterheer heran; so trat neben das altgerman. Volksheer ein berittenes Berufskriegerheer, das schließlich den allg. Heerbann völlig verdrängte. Von der Heeresverf. griff das L. auf die ganze Staatsverf. über. Die Heerschildordnung (∕Heerschild) entwickelte sich zum Rangsystem der lehnsrechtlich gegliederten Adelsgesellschaft. In der Lehnspyramide trennten die **Kronvasallen** (Lehnsfürsten) als Lehnsmänner des Königs/Kaisers diesen von den **Aftervasallen** (z. B. Ministerialen) und den Untertanen. Während des Hoch-MA. konnten die engl. und frz. Könige ihre direkte Herrschaft über die Untervasallen durchsetzen. Im Hl. Röm. Reich kam es hingegen zur Ausbildung von ↗ Landesherrschaften mit Verfügungsgewalt über alle Lehen in ihrem eigenen Machtbereich (Lehnshoheit). Im ausgehenden MA. verlor das L. seine Bedeutung als Grundlage der Heeresverf. durch das Aufkommen der Söldnerheere und der Feuerwaffen. Auch aus den Ämtern wurden die Lehnsleute verdrängt. Doch ist das Hl. Röm. Reich bis 1806 formell ein Lehnsstaat geblieben. Die Aufhebung der Lehen erfolgte in Dtl. zumeist im 19. Jh., z. T. erst nach 1918 durch Gesetze der Länder und des Dt. Reichs.

Lehn|übersetzung, wortwörtl. Nachbildung fremdsprachl. Begriffe nach ihren einzelnen Gliedern (z. B. »Schöngeist« nach frz. »bel esprit«).

Lehnwort, aus einer fremden Sprache aufgenommenes, in Phonetik, Morphologie und Orthographie der aufnehmenden Sprache angepasstes Wort, z. B. dt. Mauer aus lat. murus.

Lehr|amt, 1) *Schulwesen:* in öffentl. Schulen die Stelle des beamteten Lehrers an Grund-, Haupt-, Real- und Sonderschulen (bzw. vergleichbaren Schulformen in den neuen Ländern) oder des Studierens an Gymnasien, Gesamtschulen oder beruflichen Schulen. – 2) *kath. Kirche:* ↗ kirchliches Lehramt.

Lehr|auftrag, Verpflichtung, an einer (Hoch-)Schule Vorlesungen und Seminare abzuhalten.

Lehrdichtung (didaktische Dichtung), Sammelbegriff für Literatur, die Wissen bzw. Belehrung in poet. Form vermittelt. Bei der L. i. e. S. ist die Belehrung Hauptzweck; didakt. Elemente enthalten u. a. auch die Gattungen ↗ Fabel, ↗ Epigramm, ↗ Spruch, ↗ Parabel. Bed. Werke der L. entstanden in frühgeschichtl. Zeit (ind. Veda, babylon. »Gilgamesch-Epos«, Hesiods »Theogonie« u. a.). In hellenist. und röm. Zeit wurden bestimmte Wissensbereiche systematisch in poet. Form gefasst, so von Lukrez (»De rerum natura«), Vergil (»Georgica«), Horaz (»Ars poetica«). Reich ist die geistl. und moralisch-prakt. L. des MA. (Freidanks »Bescheidenheit«, 13. Jh.; Hugo von Trimbergs »Der Renner«, 1300, u. a.). Eine neue Blütezeit setzte in Renaissance und Humanismus ein. In der Aufklärung lebte die L. noch einmal auf. Die L. Englands (J. Dryden, A. Pope, J. Thomson, E. Young) wirkte auf gleich gerichtete Bestrebungen im dt. Sprachraum, so bei J. J. Bodmer, B. H. Brockes, A. von Haller. In den philosoph. Gedichten Schillers (»Die Künstler«, »Der Spaziergang«) und Goethes (»Metamorphose der Pflanzen«) gewann die L. hohen Rang. Im 20. Jh. nahm B. Brecht mit seinen Lehrstücken die Form auf.

Lehre, 1) *allg.:* Lehrmeinung, wiss. System.
2) *Messtechnik:* festes oder auf bestimmte Werte einstellbares Messmittel zum Prüfen der Maße und Formen von Werkstücken auf Einhaltung vorgegebener Toleranzen. **Maß-L.** verkörpern eine bestimmte Länge; sie dienen als Draht- und Blech-L. zum Messen von Dicken und Durchmessern (z. B. Fühl-L.). **Form-L.** werden zur Überprüfung der Konturen des Prüfstücks verwendet, sie stellen die möglichst ideale Gegenform zum Prüfling dar (z. B. Radius-L.). **Paarungs-L.** sind eine Kombination aus Maß- und Form-L. zur Prüfung der Paarung zweier zusammengehöriger Teile, **Grenz-L.** (z. B. Grenzrachen-L., Grenzlehrdorne) zur Kontrolle beider Grenzmaße, wobei ihre Gutseite eine Paarungs-L. zur Prüfung des Paarungsmaßes, ihre Ausschussseite eine Maß-L. zur Prüfung des Istmaßes darstellt.

Lehrer, Lehrender, Unterrichtender; i. e. S. die Lehrkräfte an Schulen und Lehrbeauftragten an Hochschulen.

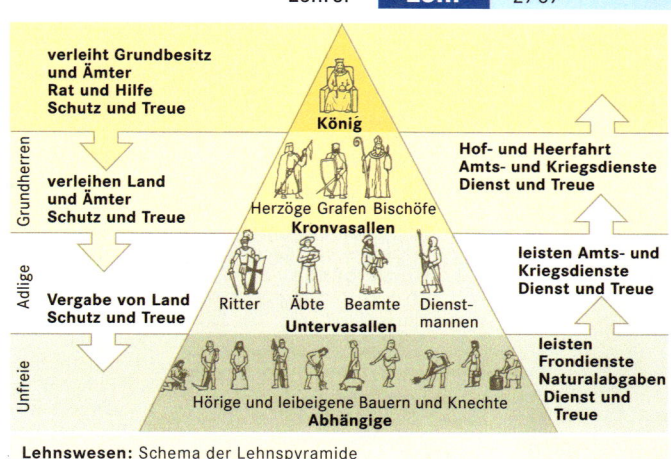

Lehnswesen: Schema der Lehnspyramide

Lehrerbildung: Die Volksschul-L. entstammten bis ins 19. Jh. dem Handwerk, dem Soldatenstand oder niederen kirchl. Diensten (Küster). Eine reguläre staatl. Ausbildung zum Volksschul-L. gab es erst mit dem preuß. Generallandschulreglement von 1763. Eine eigenständige Gymnasiallehrerbildung erfolgte in Dtl. erstmals am 1787 gegr. gymnasialen L.-Seminar in Berlin und wurde mit Beginn des 19. Jh. zur Aufgabe der Universitäten. Die nachuniversitäre zweijährige Referendarzeit und die Ausbildung an Studienseminaren mit abschließendem (zweitem) Staatsexamen entwickelte sich zw. 1924 und 1931. Nach 1945 wurden die Reifeprüfung und die akadem. Ausbildung für alle L. verbindlich. Das Studium erfolgt seitdem an pädagog. Hochschulen oder an Univ. und Gesamthochschulen, seit 1964 differenziert in Grundschul- und Hauptschullehrer-Studiengänge. Das 1970 von der Kultusministerkonferenz vorgeschlagene Modell der Ausbildung nach dem Stufenlehrerprinzip (d. h. für Primarstufe, Sekundarstufe I und Sekundarstufe II) wurde v. a. in NRW und Bremen aufgegriffen. Nachdem die Ausbildung von Realschul-L. lange Zeit über die prakt. Weiterbildung von Grundschul-L. erfolgte, gibt es heute dafür eigene Studiengänge an pädagog. Hochschulen und Universitäten. Sonderschul-L. (für Lern- und Körperbehinderte, Blinde, Gehörlose, geistig Behinderte) werden an Inst. für Sonder- bzw. Heilpädagogik ausgebildet, die Univ. oder pädagog. Hochschulen angegliedert sind. Akadem. L. an berufl. Schulen (früher Gewerbe-L., heute Studienrat an berufl. Schulen) studieren je nach Studienfach an Univ., techn. Hochschulen oder techn. Univ. mit anschließendem Referendariat. L. für Fachpraxis werden bei mittlerem Schulabschluss und abgeschlossener Berufsausbildung über einen mindestens dreisemestrigen Fachschulbesuch und eine weitere, mindestens zwei Jahre dauernde Berufstätigkeit qualifiziert.

Die L.-Fortbildung wird von Landesinstituten, Hochschulen und z. T. Fachverbänden in Form von (freiwilligen) Studienangeboten organisiert. L.-Weiterbildung umfasst Maßnahmen, die auf eine zusätzl. Lehrbefugnis oder auf Ergänzungsstudien zielen.

In *Österreich* absolvieren die Volksschul-L. auf der Grundlage des Abiturs ein Studium an pädagog. Akademien. Die Ausbildung der Gymnasial-L. erfolgt an den Univ.; über ein Unterrichtspraktikum werden sie in den Beruf eingeführt.

In der *Schweiz* werden die Primar-L. an L.-Seminaren in 4- bis 5-jährigen Kursen ausgebildet, aufbau-

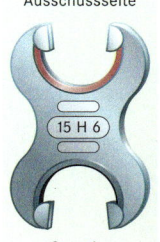

Lehre 2): Grenzrachenlehre (oben) und Grenzlehrdorn

end auf der Sekundar-(Real-)Schule. Sekundar-(Real-)Schul-L. absolvieren nach Gymnasium oder L.-Seminar ein begrenzt wiss. Fachstudium in meist vier Fächern an einer der Univ. angeschlossenen »Lehramtsschule«. Gymnasial-L. absolvieren ein volles wiss. Univ.studium.

Lehrerkonferenz, die Dienstversammlungen der Lehrer einer Schule oder eines Bereichs. Als kollegiales Organ hat die L. Mitsprache- bzw. Mitentscheidungsrecht. In **Schulkonferenzen** wirken Vertreter der Eltern, der Schüler und der Lehrer zusammen.

Lehrerverbände, Berufsverbände der Lehrer, u. a. mit dem Ziel der Verbesserung der Aus- und Fortbildung der Lehrer. In Dtl. arbeiten der Deutsche Philologenverband e. V. und die Bundesverbände der Realschullehrer, der Lehrer an berufl. Schulen und der Lehrer an Wirtschaftsschulen im **Dt. Lehrerverband (DL)** zusammen. Ferner bestehen die Gewerkschaft Erziehung und Wissenschaft (GEW, im DGB), der Bundesarbeitskreis der Lehrer an Studienseminaren (BAK), konfessionelle Lehrerverbände u. a.

Lehrfilm, für Unterricht oder Studium bestimmtes Filmmaterial; gehört zu den audiovisuellen Unterrichtsmitteln.

Lehrfreiheit, 1) *Kirchenrecht:* in der kath. und den evang. Kirchen die den lehrenden Theologen im Rahmen der Lehraussagen und Bekenntnisse der jeweiligen Kirchen offen stehende Freiheit zur Darlegung der Glaubensinhalte. (↗Lehrverpflichtung)

2) *Staatsrecht:* das durch Art. 5 Abs. 3 GG geschützte Grundrecht, die aus wiss. Forschung gewonnenen Erkenntnisse und Überzeugungen frei von staatl. Einflussnahme in Wort und Schrift zu verbreiten. Die L. entbindet nicht von der Treue zur Verfassung; sie gilt nach herrschender Meinung nicht für den Unterricht an allgemein bildenden Schulen. In *Österreich* ist die L. ähnlich geregelt (Art. 17 Staatsgrund-Ges.). In der *Schweiz* wird die L. im Rahmen der Wissenschaftsfreiheit (Art. 20 Bundesverf.) verfassungsrechtlich garantiert.

Lehrgerüst, *Bautechnik:* aus Stahlrohr gefertigtes Traggerüst zur Führung der Schalung und Aufnahme der Lasten der eingeschalten Konstruktion von Massivbauwerken.

Lehrkörper, die Gesamtheit der Lehrenden an einer Schule oder Hochschule.

Lehrling, ↗Auszubildender.

Lehrmittel, Hilfsmittel, die an Schulen zur Vermittlung des Lehrstoffes im Unterricht eingesetzt werden; i. e. S. Anschauungsmittel wie Karten, Modelle, Sammlungen und audiovisuelle Unterrichtsmittel (Tonträger, Filme, Lernsoftware u. Ä.). – Von den L. unterscheidet man **Lernmittel:** Hefte, Bücher, Geräte, Zeichen- und Werkmaterial u. a.

Lernmittelfreiheit, d. h. unentgeltl. Überlassung von Lernmitteln, besteht in unterschiedl. Umfang (teils Lernmittelhilfe) in allen dt. Ländern sowie in Österreich und der Schweiz.

Lehrplan, die Festlegung von Auswahl, Umfang, Reihenfolge und Zusammenhang der Lehrinhalte; er umschreibt Ziele und Aufgaben bestimmter Schulformen, -stufen oder -zweige, meist in Form von Rahmenrichtlinien oder Richtlinien für den Unterricht.

Lehrstoff (Lehrinhalt), die Gegenstände und Inhalte des Unterrichts, sowohl in ihrer Gesamtheit (Fächerkanon) als auch im einzelnen Fach; sie werden im ↗Lehrplan festgelegt.

Lehrstück, Bezeichnung B. Brechts für eine Gruppe kleinerer Dramen aus den Jahren 1929/30, die, einer marxistisch-leninist. Gesellschaftslehre verpflichtet, an Modellsituationen Missstände aufzeigen; eine Form der ↗Lehrdichtung.

Lehrstuhl, frühere Bez. für die planmäßige Stelle an einer Univ., die von einem Prof. (Ordinarius) besetzt wird; heute mit Ausnahme von Bayern (dort nach wie vor Amts-Bez.) nur noch informelle Bez. zur Kennzeichnung einer C4-Professur.

Lehrte, Stadt im Landkreis Hannover, Ndsachs., 42 800 Ew.; Metall verarbeitende, chem., Zuckerindustrie. – Seit 1898 Stadt.

Lehrverpflichtung, im *evang. Kirchenrecht* die Verpflichtung der Pfarrer und Religionslehrer, den christl. Glauben entsprechend dem Bekenntnis ihrer Kirche zu verkündigen; im *kath. Kirchenrecht* die rechtl. Bindung der mit der kirchl. Verkündigung Beauftragten an die lehramtl. Aussagen (↗kirchliches Lehramt); bindend auch für die Hochschullehrer an den kath. theolog. Fakultäten staatl. Hochschulen. (↗Lehrfreiheit; ↗Missio canonica; ↗Vokation)

Lehtonen, Joel, finn. Erzähler, *Sääminki (bei Savonlinna) 27. 11. 1881, †(Selbstmord) Huopalahti (bei Helsinki) 20. 11. 1934; Übersetzer und Literaturkritiker; schrieb Romane mit malerisch-realistischer Volksdarstellung. Seine späten Werke sind von tiefer Skepsis und bitterer Weltsicht geprägt.

Leib Christi, 1) auf Paulus (Röm. 12, 4 f. u. a.) zurückgehendes theolog. Bild für die Kirche.

2) auf die neutestamentl. Abendmahlsüberlieferung (1. Kor. 11, 24 u. a.) zurückgehende Bez. des Brotes der Abendmahlsfeier. (↗Abendmahl)

Leib|eigenschaft, eine von der Sklaverei grundsätzlich zu unterscheidende bäuerl. Unfreiheit, die persönl. Abhängigkeit vom **Leibherrn** (mit Abgabe- und Dienstpflicht bei relativer Eigentumsfähigkeit); bestand vom MA. bis zur ↗Bauernbefreiung. Bereits in der ersten Entwicklungsphase der L. (9. Jh. bis Ende des 12. Jh.) flossen Leib- und Grundherrschaft zusammen, wobei die von den **Hörigen** (Grundholden) – die an den Boden gebunden waren bzw. sich als

Gerhard Leibholz

Wilhelm Leibl: Küche in Kutterling (1896; Köln, Wallraf-Richartz-Museum)

Freie in den Schutz des Grundherren begeben hatten – unterschiedenen **Leibeigenen** den Hörigen in ihrer sozialen Stellung teils sehr nahe kamen. Sozialer Aufstieg war möglich durch Freilassung, im dt. Bereich durch den persönl. Sonderdienst (↗Ministerialen). Die zweite Entwicklungsphase (13.–15. Jh.) war zunächst durch eine Lockerung der L. gekennzeichnet, bedingt v. a. durch die Auflösung der Fronhofsverfassung. Im dt. SW hingegen vollzog sich, um den Rückgang der grundherrl. Einnahmen auszugleichen, eine Neubildung von L., die zur histor. Bez. L. im 14. Jh. führte. Demgegenüber entstand seit dem 15. Jh. durch Beseitigung der Sonderrechte aus der dt. Ostsiedlung im ostelb. Dtl., in Böhmen, Polen und Ungarn auf der Basis der ↗Gutsherrschaft die aus bäuerl. Schollengebundenheit entwickelte **Erbuntertänigkeit**, die im Extremfall bis in die Nähe sklav. Knechtschaft führen konnte. Sie wurde bereits in der polit. Aufklärung als eigentl. Real-L. interpretiert. – Die russ. L., seit der 2. Hälfte des 16. Jh. im Zuge der Ausbildung des Dienstadels entstanden, war erbl. Verfügungsrecht eines (meist adligen) Herrn bzw. des Staates oder der Kirche, uneingeschränkt gegenüber dem Gut, eingeschränkt (d. h. ohne Tötungsrecht) gegenüber dem Leibeigenen.

Leibesfrucht, das Kind im Mutterleib (↗Embryo). – *Recht:* Die L. ist zwar nicht allg. rechtsfähig, wird aber unter der Voraussetzung späterer Lebendgeburt z. T. als rechtsfähig behandelt. So kann die L. erben (§ 1923 BGB) und ist schadensersatzberechtigt, z. B. wegen Schädigung im Mutterleib. Zur Wahrung ihrer Rechte kann ein Pfleger bestellt werden (§ 1912 BGB). – Ähnl. Grundsätze gelten im *österr.* (§ 22 ABGB) und *schweizer.* Recht (Art. 31, 309, 393, 544 ZGB).

Leibeshöhle, zw. Körperwand und Verdauungskanal liegender, unterschiedlich unterteilter Hohlraum bei Tieren und Menschen. Die **primäre L.** ist die Furchungshöhle (Blastozöl) des Blasenkeims. Die **sekundäre L.** (Zölom) ist von einem Epithel ausgekleidet. Sie wird von den Ausführgängen der Ausscheidungs- und Geschlechtsorgane sowie vom Atmungssystem durchbrochen. Die L. der Säugetiere (einschließlich des Menschen) wird durch das Zwerchfell in Brust- und Bauchhöhle geteilt.

Leibesvisitation, allg. Bez. für die ↗Durchsuchung einer Person.

Leibgarde, seit Ende des 15. Jh. die zum persönl. Schutz eines Fürsten, später zu besonderen Diensten bei Hofe bestimmte Truppe (↗Garde).

Leibgedinge, ↗Altenteil.

Leibholz, Gerhard, Staatsrechtslehrer, *Berlin 15. 11. 1901, †Göttingen 19. 2. 1982; 1931–35 und ab 1947 Lehrtätigkeit an der Univ. Göttingen (nachdem er 1938 nach Großbritannien emigriert war), 1951 Prof. in Göttingen, 1951–71 Richter am Bundesverfassungsgericht; zahlr. grundlegende Arbeiten zur Rechtsgeschichte und zum Verfassungsrecht.

Leibis, Ortsteil von Unterweißbach im Landkreis Saalfeld-Rudolstadt, Thür., im Thüringer Wald; nahebei Bau der Lichtetalsperre (102 m hohe Sperrmauer, Speicherbecken etwa 44 Mio. m³) im Tal der zur Schwarza fließenden Lichte für die Trinkwasserversorgung O-Thüringens.

Leibl, Wilhelm, Maler, *Köln 23. 10. 1844, †Würzburg 4. 12. 1900; bed. Vertreter des Realismus in Dtl.; trat 1864 in die Münchener Akademie ein. Das Hauptwerk dieser Frühzeit, das »Bildnis der Frau Gedon« (1868/69; München, Neue Pinakothek), brachte ihn in freundschaftl. Kontakt mit G. Courbet. In München versammelte L. 1870 gleich gesinnte Maler, den »Leibl-Kreis« um sich (W. Trübner, C. Schuch, T. Alt, K. Haider, zeitweilig auch H. Thoma). Seit 1873 lebte er mit dem Maler J. Sperl in Oberbayern, wo er nicht die Landschaft, sondern ihre Menschen und das bäuerl. Leben malte und sich sein Stil zu einzigartiger Detailtreue entwickelte (»Die Kokotte«, 1869, »Tischgesellschaft«, 1872/73, beide Köln, Wallraf-Richartz-Museum; »Die Dorfpolitiker«, 1877, Winterthur, Stiftung O. Reinhart; »Drei Frauen in der Kirche«, 1882, Hamburg, Kunsthalle). Im letzten Jahrzehnt näherte er sich dem Impressionismus, doch wahrte er stets die geschlossene Körperlichkeit seiner Gestalten.

Gottfried Wilhelm Leibniz, zeitgenössisches Gemälde (Florenz, Uffizien); darunter Autogramm

Leibnitz, Bezirks-Hptst. in der südl. Steiermark, Österreich, in der von der Mur durchflossenen Ebene des **Leibnitzer Feldes,** nahe der slowen. Grenze, 7000 Ew.; Getreide-, Obst- und Weinbau. Metall-, Kunststoff-, Textilindustrie. – In der Nähe liegen Schloss Seggau (13. Jh., spätere Umbauten) und die spätbarocke Wallfahrtskirche Frauenberg (1170 erwähnt). – L. entstand um 970, Neugründung 1170; seit 1913 Stadt.

Leibniz, Gottfried Wilhelm, Universalgelehrter, v. a. Philosoph und Mathematiker, *Leipzig 1. 7. 1646, †Hannover 14. 11. 1716; wurde 1676 Bibliothekar und Rat des Herzogs Johann Friedrich von Braunschweig-Lüneburg in Hannover, später Hofgeschichtsschreiber, regte die Gründung der »Societät der Wiss.en« (später »Preuß. Akademie der Wiss.en«) in Berlin (1700) an. L. war ein bedeutender Mathematiker (u. a. trug er unabhängig von Newton entscheidend zur Entwicklung der Infinitesimalrechnung bei, führte den Funktionsbegriff ein und entwickelte das Dualsystem), Rechtsgelehrter, Physiker und Techniker (konstruierte die erste Rechenmaschine mit Staffelwalzen 1675), polit. Schriftsteller, Geschichts- und Sprachforscher. Mit fast allen bedeutenden Gelehrten Europas stand er in regem Briefwechsel. Als Philosoph hat L. ein nicht mechanist., rationalistisch-idealist. Denkgebäude entworfen, das die mechanist. Naturerklärung Descartes' durch die Einführung des Begriffs der Zweckursachen mit dem religiösen Glauben zu versöhnen suchte. An die Stelle der »toten« Atome setzte L. individuelle, beseelte oder »nackte«, nicht ausgedehnte, äußeren mechan. Einwirkungen unzugängl. Substanzen bzw. Einheiten (Monaden), deren Lebensgrund die unendl. Urmonade der Welt, die Gottheit, bilde (↗Conway). In jeder dieser Monaden spiegele sich das Weltgeschehen mit versch. bewussten bis unbewussten Graden der Wahrnehmung (Perzeption), in den nackten Monaden als Bausteinen der Materie in unbewusster Weise. Die Weltvorgänge in den einzelnen »fensterlosen« Monaden sollen durch einen von vornherein von Gott angelegten Gleichklang aufeinander abgestimmt sein (»prästabilierte Harmonie«). Die Ansicht, dass die Welt die vollkommenste unter allen mögl. Welten sei, benutzt L. zur Rechtfertigung Gottes.

Werke: Systême nouveau de la nature et de la communication des substances (1695); Theodizee (frz., 1710); Monadologie (frz., 1839).

Leibovitz, Annie, amerikan. Fotografin, *Connecticut 2. 10. 1949; fotografierte für die meisten führenden Mode- und Lifestylemagazine; außerdem machte sie sich einen Namen als Porträtfotografin.

Leibowitz, René, frz. Komponist, Dirigent und Musikschriftsteller poln. Herkunft, *Warschau 17. 2. 1913, †Paris 28. 8. 1972; als Komponist bed. Vertreter der Zwölftonmusik; als Dirigent setzte er sich v. a. für die Werke A. Schönbergs und seiner Schüler ein.

Leibrente, meist Geldrente, die einem anderen auf dessen Lebenszeit i. d. R. vierteljährlich im Voraus zu leisten ist (§§ 759–761 BGB). Die Verpflichtung kann auf Vertrag, letztwilliger Verfügung oder auf Gesetz (z. B. Schadensersatz) beruhen. – In *Österreich* ist die vertragl. L. in §§ 1284 ff. ABGB geregelt, in der *Schweiz* in Art. 516 ff. OR.

Leibschmerzen (Bauchschmerzen), im Bereich des Bauchs oft krampfartig auftretende Schmerz- und Spannungszustände vielfältiger Ursachen: Magenverstimmung, Krämpfe der Eingeweidemuskulatur (↗ Kolik), Entzündungen der Bauchorgane (z. B. Blinddarmentzündung), Steinerkrankungen (z. B. Gallensteine) u. a.

Leib-Seele-Problem, ↗ psychophysisches Problem.

Leibung, die ↗ Laibung.

Leicester [ˈlestə], Verw.sitz der engl. Cty. Leicestershire, am Soar, 293 600 Ew.; Univ., Polytechnikum (seit 1992 Univ.); Zentrum der Strumpf- und Wirkwarenind., elektrotechn., Schuhind., Maschinenbau. – Reste röm. Anlagen, anglikan. Kathedrale (urspr. Saint Martin's; 12./13. und 19. Jh.); Guildhall (14. Jh.); Burgruine (11. Jh.); Bibliothek und Univ.institute von J. Stirling (1959–63) und O. Arup (1972) sowie »C. Park & D. Hoole« (1974).

Leicester [ˈlestə], Robert **Dudley** [ˈdʌdli] Earl of (seit 1564), engl. Offizier, *24. 6. 1532 (oder 1533), †Cornbury (bei Oxford) 4. 9. 1588; Sohn des Herzogs von Northumberland, war seit 1559 Günstling der Königin Elisabeth I., konnte aber die angestrebte Ehe mit ihr nicht erreichen; 1585–87 befehligte er erfolglos die engl. Hilfstruppen in den Niederlanden gegen Spanien.

Leicestershire [ˈlestəʃɪə], Cty. im mittleren England, 2 538 km², 923 000 Ew.; Verw.sitz ist Leicester.

Leich [ahd. leih »gespielte Weise«], Form der mhd. Sangverslyrik. Der L. geht zurück auf die lat. Sequenzen des Kirchengesanges, er ist dem frz. ↗ Lai verwandt. Im Unterschied zur Folge gleichartiger Strophen beim Lied weist der L. nach Umfang und Bau ungleiche Teile auf, die aber in zumeist zwei umfassenden Gruppen und in Untergruppen miteinander korrespondieren. Inhaltlich unterscheidet man religiöse, Minne- und Tanzleiche.

Leiche [ahd. lîh »Körper«] (Leichnam), Körper eines Menschen nach dem Eintritt des Todes.

Recht: Der Verstorbene ist vor der Bestattung von einem Arzt zu untersuchen (**L.-Schau**), der über Todesursache, -zeitpunkt und -art den L.-Schauschein ausstellt. Die L.-Schau soll die Bestattung Scheinter verhindern und verhüten, dass eines nicht natürl. Todes Gestorbene vor der Feststellung der Todesursache begraben werden. Ein L.-Fund und jeder Verdacht eines nicht natürl. Todes muss unverzüglich den Ordnungsbehörden (Polizei- und Gemeindebehörden) gemeldet werden, die zur Anzeige an die Staatsanwaltschaft oder das Amtsgericht verpflichtet sind (§ 159 StPO). Die Bestattung richtet sich im Wesentlichen nach Landesrecht. (↗ Erdbestattung, ↗ Feuerbestattung) – Zivilrechtlich sind L. herrenlose Sachen und gehen nicht in das Vermögen der Erben über. Die ↗ Störung der Totenruhe (z. B. die unbefugte Wegnahme einer L.) wird nach § 168 StGB bestraft; ähnlich im *österr.* (§ 190 StGB) und *schweizer.* Recht (Art. 262 StGB).

Leichenfledderei, Diebstahl von Sachen, die einem Toten beigegeben sind; wegen »Störung der Totenruhe« (§ 168 StGB) bestraft.

Leichengifte (Ptomaine), Bez. für die bei der Eiweißfäulnis durch bakterielle Zersetzung von Lysin und Ornithin entstehenden biogenen Amine Cadaverin und Putrescin, die vorwiegend den Verwesungsgeruch von Leichen verursachen.

Leichen|öffnung, die ↗ Sektion.

Leichenschändung, ↗ Störung der Totenruhe.

Leichenschau, ↗ Leiche.

Leichenstarre, die ↗ Totenstarre.

Leichhardt, Ludwig, Australienforscher, *Trebatsch (bei Beeskow) 23. 10. 1813, †1848 (?); durchquerte 1844/45 als Erster Australien von Moreton Bay (bei Brisbane) an der O-Küste bis Port Essington am Van-Diemen-Golf im N (»Tagebuch einer Landreise in Australien ...«, 1851, Nachdr. 1984); nach dem Scheitern seines ersten Versuchs einer O-W-Durchquerung (1846/47) während der zweiten Expedition mit diesem Ziel verschollen (letzte Nachricht von Anfang April 1848).

Leichlingen (Rheinland), Stadt im Rhein.-Berg. Kr., an der Wupper, NRW, 26 500 Ew.; große Rehabilitationsklinik, Landesschule für Körperbehinderte; Konserven- und Metallindustrie, Elektrotechnik; Obstbau und -verwertung. – Der 973 erstmals bezeugte Ort wurde 1856 Stadt.

Leichnam, ↗ Leiche.

Leicht|athletik, Sammel-Bez. für die aus den natürl. Bewegungen des Laufens, Springens, Werfens und Stoßens entstandenen sportl. Disziplinen, die als Einzel-, Mehrkampf- und Mannschaftswettbewerbe sowie als Staffeln ausgetragen werden. Die wichtigsten Veranstaltungen sind neben den Olymp. Spielen die Weltmeisterschaften, die Europameisterschaften, für Nationalmannschaften der Europapokal (seit 1965) und für kontinentale und nat. Auswahlmannschaften der Weltpokal (seit 1977). Im *Behindertensport* gibt es als bedeutendste internat. L.-Veranstaltung die ↗ Paralympics. In der **Hallen-L.** werden wegen der örtl. Bedingungen i. d. R. keine Wurfwettbewerbe ausgetragen (Hammer-, Diskus-, Speerwerfen) und im Ggs. zur Freiluft-L. lediglich Bestleistungen, keine Rekorde geführt. Hallen-EM werden seit 1970, Hallen-WM seit 1987 ausgetragen.

Organisationen: L. ist in Dtl. im Dt. L.-Verband (DLV; gegr. 1898 in München, Sitz: Darmstadt) organisiert. In *Österreich* besteht der Österreich. L.-Verband (ÖLV; gegr. 1900, Sitz: Wien) und in der *Schweiz* der Schweizer. L.-Verband (SLV; gegr. 1971, Sitz: Bern). Weltdachverband ist die International Amateur Athletic Federation (IAAF; gegr. 1913, Sitz: Monte Carlo), europ. Dachorganisation die European Athletic Association (EAA; gegr. 1970; Sitz: Darmstadt). (↗ Sportarten, Übersicht)

Leichtathletik: Disziplinen (Beginn bzw. Zeitspanne; Auswahl)

Disziplin	Olympische Spiele Männer	Frauen	Weltmeisterschaft Männer	Frauen	Europameisterschaft Männer	Frauen
Laufwettbewerbe						
100 m	1896	1928	1983	1983	1934	1938
200 m	1900	1948	1983	1983	1934	1938
400 m	1896	1964	1983	1983	1934	1958
800 m	1896	1928	1983	1983	1934	1954
1500 m	1896	1972	1983	1983	1934	1969
3000 m	–	1984–92	–	1980–93	–	1974–94
5000 m	1912	1996	1983	1995	1934	1998
10000 m	1912	1988	1983	1987	1934	1986
Marathonlauf	1896	1984	1983	1983	1934	1982
100 m Hürden	–	1972	–	1983	–	1969
110 m Hürden	1896	–	1983	–	1934	–
400 m Hürden	1900	1984	1983	1983	1934	1978
3000 m Hindernis	1900	–	1983	–	1934	–
10 km Gehen	1912–52	1992–96	–	1987–97	1946–54	1986–98
20 km Gehen	1956	2000	1983	1999	1958	2002
50 km Gehen	1936	–	1980	–	1934	–
4 × 100 m	1912	1928	1983	1983	1934	1938
4 × 400 m	1912	1972	1983	1983	1934	1969
Sprungwettbewerbe						
Hochsprung	1896	1928	1983	1983	1934	1938
Stabhochsprung	1896	2000	1983	1999	1934	1998
Weitsprung	1896	1948	1983	1983	1934	1938
Dreisprung	1896	1996	1983	1993	1934	1994
Stoß- und Wurfwettbewerbe						
Kugelstoßen	1896	1948	1983	1983	1934	1938
Diskuswerfen	1896	1928	1983	1983	1934	1938
Hammerwerfen	1900	2000	1983	1999	1934	1998
Speerwerfen	1908	1932	1983	1983	1934	1938
Mehrkampf						
Siebenkampf	–	1984	–	1983	–	1982
Zehnkampf	1912	–	1983	–	1934	–

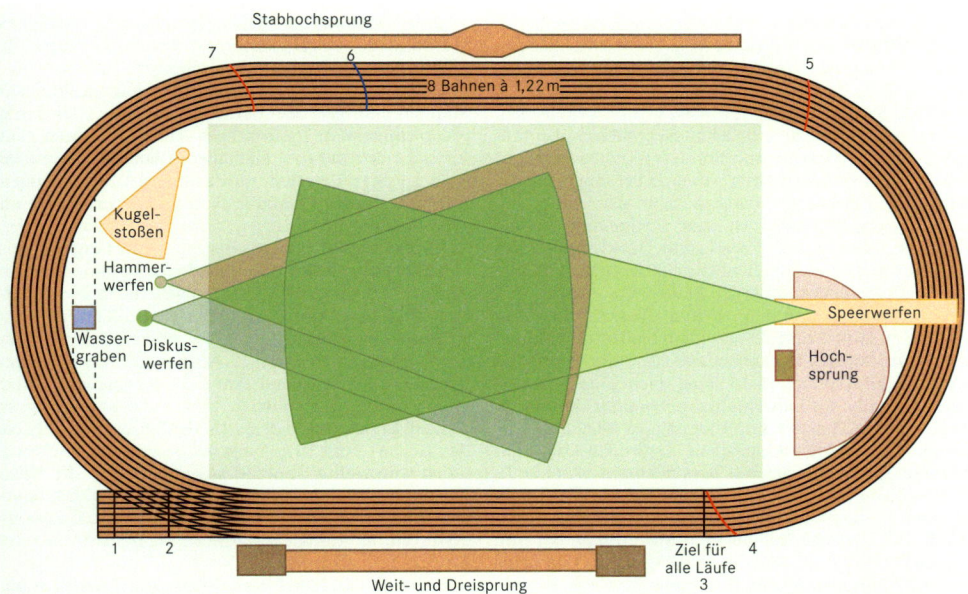

Leichtathletik: vorschriftsmäßige Anlage mit 400-m-Rundbahn für alle international üblichen Disziplinen; 1 Start 110 m Hürden, 2 Start 100 m, 3 Ziel für alle Läufe, 4 Start 400 m, 800 m, 10 000 m, 5 Start 1 500 m, 6 Start 3 000 m Hindernis, 7 Start 200 m, 5 000 m

Leichtbau, die Anwendung besonderer Baustoffe (/ Leichtbaustoffe), Bauweisen und Bauformen (Hohlprofile, Sandwichbauweise) bei der Konstruktion tragender Elemente im Hoch-, Fahrzeug-, Ingenieur- und Maschinenbau. Mit ihr wird große Tragfähigkeit bei geringer Masse erreicht, z. B. bei Flugzeugzellen, selbsttragenden Karosserien im Kfz-Bau, Brücken mit Kastenträgern aus Stahlblechen.

Leichtbauplatten, aus Holzwolle mit anorgan. Bindemitteln (z. B. Zement) gebundene, nagelbare Bauplatten. Mehrschicht-L. bestehen aus Schaumstoff- und L.-Schichten.

Leichtbaustoffe, Bau- und Werkstoffe mit vergleichsweise geringer Dichte, verwendet im Leichtbau. Sie bestehen zumeist aus leichten, porösen anorgan. (Bims, Blähton, Kieselgur u. a.) oder organ. Materialien (Kork, Torf u. a.) oder sind aus diesen Materialien und Bindemitteln geformt. Weitere L.: geschäumte Stoffe, Glas-, Holz- und Mineralwolle sowie Leichtmetalle (z. B. Aluminium, Titan).

Leichter [niederdt. lichten »entladen«], kleineres, offenes Wasserfahrzeug ohne Eigenantrieb, das größeren Schiffen Ladung abnimmt oder zuführt. Spezielle L. werden von Schubschiffen im Binnenverkehr befördert (**Schub-L.,** meist im Verband von zwei bis vier L.) oder in der Seeschifffahrt als / Lash verwendet.

Leichtfertigkeit, *Strafrecht:* erhöhter Grad von Fahrlässigkeit.

Leichtgewicht, *Sport:* / Gewichtsklassen, Übersicht; / Profiboxen, Übersicht.

Leichtmetalle, Metalle und Legierungen mit einer Dichte (meist) unter 4,5 g/cm^3. Zu den L. gehören die Alkali- und Erdalkalimetalle, Aluminium, Magnesium, Scandium, mitunter auch Yttrium und Titan.

Leichtminerale, Minerale mit einer Dichte bis 2,9 g/cm^3; sie bilden mehr als 90 % der festen Erdkruste. Ggs.: / Schwerminerale.

Leicht|öl, aus Steinkohlen- oder Braunkohlenteer gewonnenes Kohlenwasserstoffgemisch. Der Siedebereich liegt zw. 80 und 180 °C.

Leichtschwergewicht, *Profiboxen:* andere Bez. für **Cruisergewicht** (/ Profiboxen, Übersicht).

Leichtwasserreaktor, Abk. **LWR,** mit leichtem Wasser (H$_2$O) moderierter und gekühlter / Kernreaktor.

Leid, Sammelbegriff für alles, was den Menschen körperlich und seelisch belastet, Schmerzempfindungen in ihm hervorruft und ihn den (unwiederbringl.) Verlust von für sein Leben wesentl. Personen, Beziehungen und Dingen bewusst werden lässt. *Religionsgeschichte:* In den Religionen ist die Frage nach Ursprung, Zweck und Überwindung des L. sehr unterschiedlich beantwortet worden. Die Naturreligionen erkennen im L. häufig eine Einwirkung dämon. Kräfte oder mag. Mittel. Der Konfuzianismus setzt Glück und L. in einen Kausalzusammenhang zum moral. Verhalten des Menschen, ähnlich auch die ind. Lehre vom / Karma. Der frühe Buddhismus sah im L. die beherrschende Qualität des individuellen Seins, das mit dem Eingang ins Nirvana überwunden wird, die / Gnosis die Gefangenschaft der Seele im Gefängnis des Körpers. Für den Islam ist L. eine Prüfung, die zu Allah führen und das Vertrauen auf ihn festigen soll. Das Judentum sieht im L. die Strafe für menschl. Schuld (den Missbrauch der ihm gegebenen Freiheit) und die Prüfung seines Glaubens (/ Hiob) durch Gott. Im Christentum fließen beide Elemente exemplarisch im stellvertretenden Leiden Jesu Christi am Kreuz zusammen. Zum Widerspruch zw. der postulierten Allmacht Gottes und dem realen L. in der Welt / Theodizee.

Leiden [niederländ. 'lɛjdə], Stadt in der Prov. Südholland, Niederlande, am Alten Rhein, 117 000 Ew.; Univ. (gegr. 1575), Laboratorium für Weltraumforschung, Forschungsinst. für Pflanzen, Sternwarte, bed. wiss. Museen, botan. Garten; Maschinen-, Apparate- und Karosseriebau, Herstellung von kosmet. Artikeln, Entwicklung von Computerprogrammen, Chromverarbeitung u. a. Ind.; Handelszentrum für Vieh, Käse und bes. Blumenzwiebeln. – L., von zahlr. Kanälen durchzogen, ist eine der ältesten Städte der Niederlande (1266 Stadtrecht); reich an schönen Bauten, v. a. aus der Renaissance: Gemeenlandshuis (1598, Vestibül und großer Saal, 1657), Lakenhal (Tuchhalle, 1639/40) mit Stadtmuseum, Rathaus (1593/94; 1929 durch Brand zerstört, Fassade restauriert), spätgot. Sint-Pieterskerk (auf Vorgängerbau, 1294–1565), Sint-Lodewijkskerk (1538, klassizist. Ausstattung) und Sint-Pancraskerk (Hooglandse Kerk; 14./15. Jh.).

Leidener Flasche (kleistsche Flasche), älteste Form des elektr. Kondensators; ein innen und außen mit leitenden Belägen (Stanniol) versehenes Glasgefäß. 1745 (unabhängig voneinander) von E. J. von Kleist und dem Leidener Physiker P. van Musschenbroek (* 1692, † 1762) erfunden.

Leidenfrost-Phänomen [nach dem Mediziner J. G. Leidenfrost, * 1715, † 1794], das nicht benetzende Verhalten einer Flüssigkeit, wenn die Temperatur des berührten Körpers oberhalb der Siedetemperatur der Flüssigkeit liegt. Ein Beispiel für das L.-P. ist das Schweben von Wassertropfen auf einer über 100 °C erwärmten Platte. Durch den sich zw. Wassertropfen und Platte bildenden Dampfmantel, der eine schlechte Wärmeleitfähigkeit besitzt, wird der Wassertropfen vor sofortiger Verdampfung geschützt.

Leidenschaft, starker Antrieb, übermäßiges Begehren, das das Fühlen und Handeln eines Menschen unabhängig von vernünftiger Einsicht bestimmt.

Leier [grch.], **1)** altgrch. Musikinstrument, die / Lyra.
2) *Astronomie:* (lat. Lyra), kleines, aber auffälliges Sternbild des nördl. Himmels, mit dem Hauptstern / Wega; im Sommer am Abendhimmel sichtbar.

Leier|antilopen, Gattung der Kuhantilopen in Steppen und Savannen Afrikas mit meist leierförmig geschwungenen Gehörn; zwei Arten: **Buntbock** (Damaliscus dorcas) und **Damaliscus lunatus** (Leierantilope i. e. S.); Letztere mit zahlreichen Unterarten, z. B. **Korrigum** (Damaliscus lunatus korrigum) mit 1,4 m Schulterhöhe.

Leierkasten, andere Bez. für / Drehorgel.

Leierschwänze (Menuridae), Familie bis 1 m großer Sperlingsvögel mit zwei austral. Arten: **Prachtleierschwanz** (Menura novaehollandiae) und **Schwarzleierschwanz** (Menura alberti); die Männchen haben einen etwa 70 cm langen, leierförmigen Schwanz, der während der Balz fächerförmig über den Kopf geschlagen wird.

Leif Eriksson, normann. Seefahrer, Sohn Erichs des Roten, * um 975, † um 1020; gelangte auf einer Fahrt vom südl. Grönland aus um 1000 an die Küste Nordamerikas und drang bis in die Gegend des heutigen Boston vor, die er »Vinland« nannte. Er gilt als erster europ. Entdecker Amerikas, doch blieb seine Entdeckung ohne Folgen.

Leifs [lɛjfs], Jón, isländ. Komponist, Dirigent und Musikschriftsteller, * Sólheimar 1. 5. 1899, † Reykjavík 30. 7. 1968; trug mit seinen von der isländ. Volksmusik beeinflussten Kompositionen wesentl. zur Ausbildung eines nat. Musikstils bei.

Leigh [liː], Stadt in der Metrop. Cty. Greater Manchester, England, 43 100 Ew.; Maschinenbau und elektrotechn. Ind. (früher Steinkohlenbergbau und Baumwollindustrie).

Leigh [liː], **1)** Mike, brit. Filmregisseur und Dramatiker, *Salford 20. 2. 1943; schreibt seit den 1960er-Jahren Theaterstücke (u. a. »Abigail's Party«, 1977) und dreht v. a. seit den 1980er-Jahren Filme mit einer Regiemethode, die auf gemeinsamer Improvisation von Regisseur und Schauspielern basiert (u. a. die sozialkrit. Filmparabel »Nackt«, 1993). – *Weitere Werke: Dramen:* The box play (UA 1965); It's a great big shame (UA 1993). – *Filme:* Hohe Erwartungen (1988); Life is Sweet (1991); Lügen & Geheimnisse (1996); Karriere Girls (1997); Topsy-Turvy (1999).

2) Vivien, brit. Schauspielerin, *Darjeeling (Indien) 5. 11. 1913, †London 8. 7. 1967; 1940–60 ∞ mit Sir L. Olivier, mit dem sie v. a. Theatertourneen (»Romeo und Julia« von Shakespeare) unternahm; spielte auch in Filmen, u. a. »Vom Winde verweht« (1939), »Caesar und Cleopatra« (1944–45), »Endstation Sehnsucht« (1951).

Leih|arbeitsverhältnis, befristete Überlassung eines Arbeitnehmers durch seinen Arbeitgeber (Verleiher) zur Arbeitsleistung im Betrieb eines anderen Arbeitgebers (Entleiher), ohne dass das Arbeitsverhältnis mit dem Verleiher gelöst wird. Die Überlassung ist nur mit Zustimmung des Arbeitnehmers möglich. Die gewerbl. ↗ Arbeitnehmerüberlassung, bei der der Arbeitnehmer von vornherein zur Arbeitsleistung bei einem Dritten eingestellt wird (so genanntes unechtes L.), bedarf der Erlaubnis.

Leihbücherei (Leihbibliothek), gewerblich betriebene Bibliothek, die Bücher befristet gegen Vergütung verleiht.

Leihe, die vertragl., unentgeltl. Gebrauchsüberlassung einer Sache mit der Verpflichtung zur Rückgabe (**Gebrauchs-L.;** §§ 598 ff. BGB). Gefälligkeitshandlungen sind keine Leihverträge. Gebrauchsüberlassung gegen Entgelt ist rechtlich Miete oder Darlehen, auch wenn sie umgangssprachlich als L. bezeichnet wird. – Ähnliches gilt in *Österreich* (§§ 971 ff. ABGB) und in der *Schweiz* (Art. 305 ff. OR).

Leihhaus (Pfandhaus, Pfandleihanstalt), gewerbliches Unternehmen, das gegen Verpfändung (↗ Pfandrecht) von Sachen Gelddarlehen auf Zeit gewährt. Der gewerbl. Betrieb bedarf als **Pfandleihgewerbe** der behördl. Erlaubnis (§ 34 Gewerbeordnung i. d. F. v. 22. 2. 1999). Über Pfand und Darlehen werden Pfandscheine **(Leihscheine)** ausgestellt. In Dtl. wurde das erste L. 1402 in Frankfurt am Main gegründet (↗ Montes).

Leihmutter (Ersatzmutter), eine Frau, die aufgrund einer Vereinbarung bereit ist, a) sich einer künstl. oder natürl. Befruchtung zu unterziehen oder b) einen nicht von ihr stammenden Embryo auf sich übertragen zu lassen und das Kind nach der Geburt Dritten zur Adoption oder zur Aufnahme auf Dauer zu überlassen (§ 13a Adoptionsvermittlungs-Ges. i. d. F. v. 22. 12. 2001). L. im medizin. Sinne ist nur die Frau, die mit dem Kind nicht genetisch verwandt ist. Nach dt. Recht ist Mutter eines Kindes unanfechtbar die Frau, die es geboren hat (§ 1591 BGB). Das Adoptionsvermittlungs-Ges. stellt die Vermittlung einer L. unter Strafe; die Vereinbarung über eine Leihmutterschaft ist unwirksam.

Leih-Pacht-System, das ↗ Lend-lease-System.

Leimbau (Holzleimbau), ↗ Holzbau.

Leime, kolloide, wasserlösl. ↗ Klebstoffe auf Basis tier., pflanzl. oder synthet. Grundstoffe, wie Eiweiß, Gelatine (Glutin), Stärke oder Cellulosederivate. L. werden flüssig aufgetragen. Durch Verdampfen, Verdunsten oder Abwandern des Wassers erhärtet der L. und klebt, wobei chem. Reaktionen (z. B. Gerinnung oder Gelieren der wirksamen Grundstoffe) zur Klebewirkung beitragen. **Kalt-L.** binden bei normaler Temperatur, **Warm-L.** bei 50–80 °C und **Heiß-L.** bei 100–160 °C ab. Zusätze von Härtern vermindern die Abbindetemperatur oder leiten das Aushärten ein.

Leimen, Stadt im Rhein-Neckar-Kreis, Bad.-Württ., 25 600 Ew.; Zementwerk, Brauerei, Weinbau. – Im Stadtteil Sankt Ilgen die roman. Säulenbasilika St. Ägidius, im 18. Jh. barockisiert. – Wurde 1981 Stadt.

Leimfarbe, pigmenthaltiger Anstrichstoff mit Leim als Bindemittel; feuchtigkeitsempfindlich; wird für den Innenanstrich von Decken- und Wandflächen verwendet.

Leimkraut (Silene), Gattung der Nelkengewächse, z. T. mit klebrigem Stängel; zu ihr gehören u. a. das bis 50 cm hohe **Taubenkropf-L.** (Silene vulgaris), auf trockenen Wiesen, mit blasigem Kelch und weißl. Blüten; **Stängelloses L.** (Silene acaulis), polsterwüchsige Zwergstaude mit roten Blüten; **Nickendes L.** (Silene nutans), drüsig-weichhaarig, in trockenen Wäldern.

Leimringe, Pergament- oder Baumwollstreifen mit Aufstrich aus Harzen, Wachsen und Weichmachern, mit Zusätzen von Gift- und Farbstoffen; werden im Herbst um die Stämme der Obstbäume zum Fangen von Baumschädlingen gelegt.

Lein [zu lat. linum] (Echter L.), ↗ Flachs.

Leinberger, Hans, Bildhauer, *Landshut (?) zw. 1480 und 1485, †ebd. nach 1530; zw. 1510 und 1530 in Landshut nachweisbar. Der Donauschule nahe stehend, erfüllte L. seine Figuren mit leidenschaftl. Pathos und kraftvollem Ausdruck. Die Oberfläche der Skulpturen ist malerisch aufgelockert, mit stark bewegtem Faltenstil. – *Hauptwerke:* Hochaltar der ehem. Stiftskirche St. Kastulus in Moosburg a. d. Isar

Vivien Leigh

Leimkraut: Taubenkropf-Leimkraut

Hans Leinberger: Madonna, Sankt Kastulus (links) und Kaiser Heinrich II. (rechts), Schreinfiguren (1513–14) im Hochaltar der ehemaligen Stiftskirche Sankt Kastulus in Moosburg a. d. Isar

Leinkraut: Gemeines Leinkraut

Erich Leinsdorf

(1513–14); Rosenkranzmuttergottes (um 1516–18; Landshut, St. Martin); Sitzender Jakobus (um 1523–25; München, Bayer. Nationalmuseum); Hl. Georg (um 1525; München, Frauenkirche).

Leine *die,* linker Nebenfluss der Aller, in Ndsachs. und Thür., 241 km lang, entspringt auf dem Eichsfeld bei Worbis, durchfließt in nördl. Richtung (von Friedland südlich Göttingen bis Nordstemmen) den tektonisch angelegten **L.-Graben** (beiderseits des L.-Grabens erstreckt sich das **L.-Bergland,** das im W in das Weserbergland übergeht); mündet bei Schwarmstedt; auf 112 km schiffbar.

Leinefelde, Stadt im Landkreis Eichsfeld, Thür., an der Leine im Eichsfeld, 14 200 Ew.; Baumwollspinnerei. – Barocke Maria-Magdalena-Kirche (1729). – 1227 erstmals erwähnt; seit 1969 Stadt.

Leinen (Leinwand, Linnen), festes, wenig geschmeidiges Gewebe in ↗ Leinwandbindung, das ganz oder teilweise aus den Bastfasergarnen des Flachses besteht (v. a. für Wäsche, Kleider und Dekorationsstoffe).

Leinen|einband, Einbandart, bei der der Buchblock mit einer vollständig (Ganz-L.) oder teilweise (Halb-L.) von Gewebe (früher aus reinen Leinengarnen) überzogenen Buchdecke versehen ist.

Leinfelden-Echterdingen, Stadt (Große Kreisstadt) im Landkreis Esslingen, Bad.-Württ., auf den Fildern, 35 400 Ew.; Spielkartenmuseum, Mühlenmuseum; Elektrogeräte- und Metallind., Maschinenbau, Verlage und Druckereien, Spielkartenfabrik; im SO der Flughafen von Stuttgart. – 1975 durch Zusammenschluss von Leinfelden (1269 erstmals erwähnt, seit 1965 Stadt), Echterdingen und zweier weiterer Gemeinden entstanden.

Leipzig 2): zentrale Glashalle von Gerkan, Marg & Partner auf dem Gelände der Neuen Messe (1996 eröffnet)

Leiningen, ehem. Grafschaft und gräfl. Familie in der Rheinpfalz, urspr. im Worms- und Nahegau (nach 1220 auch u. a. im Elsass und in Lothringen); 1317 Teilung in eine ältere landgräfl. Linie, 1467 in weibl. Linie fortgeführt **(L.-Westerburg),** und eine jüngere Linie, welche 1467 die Grafschaft Dagsburg erhielt (seither **L.-Dagsburg**) und 1779 in den Reichsfürstenstand erhoben wurde (1806 mediatisiert).

Leinkraut (Frauenflachs, Linaria), Gattung der Braunwurzgewächse mit schmalen Blättern und gespornten, löwenmaulähnl. Blüten in endständigen Trauben. An Wegrändern und auf Schutt wächst das ausdauernde, gelb blühende **Gemeine L.** (Linaria vulgaris), eine alte Heilpflanze.

Leino [ˈlɛino], Eino, eigtl. Lönnbohm, finn. Schriftsteller, * Paltamo (Prov. Oulu) 6. 7. 1878, † Tuusula (Prov. Uusimaa) 10. 1. 1926; Lyriker, auch Kritiker, Essayist, Übersetzer; gilt als bed. Vertreter der neuromant. finn. Literatur (u. a. Balladensammlung »Helkavirsiä«, 2 Bde., 1903–16, dt. Ausw. u. d. T. »Finn. Balladen«).

Lein|öl, aus Leinsamen gepresstes oder extrahiertes goldgelbes, fettes Öl; wird als Speiseöl, zur Herstellung von Firnis und für Ölfarben verwendet.

Leinpfad (Treidelweg), Weg längs eines Flusses oder Schifffahrtskanals, von dem aus früher die Schiffe an Seilen gezogen (getreidelt) wurden.

Leinsamen, fett- und eiweißhaltige Samen des Flachses, die zur Gewinnung von Leinöl verwendet werden (Rohfettgehalt 32–34 %). L. finden auch in der Medizin Anwendung (u. a. bei Darmträgheit); Pressrückstände der Leinölgewinnung (Leinkuchen, Leinmehl) werden für Umschläge bei Koliken und Entzündungen genutzt.

Leinsdorf, Erich, amerikan. Dirigent österr. Herkunft, * Wien 4. 2. 1912, † Zürich 11. 9. 1993; 1937–43 und 1957–62 Dirigent an der Metropolitan Opera in New York, 1962–69 Chefdirigent des Boston Symphony Orchestra sowie 1978–81 des Radio-Sinfonie-Orchesters Berlin.

Leinster [ˈlɛnstə] (irisch Cúige Laighean), südöstlichste der fünf histor. Provinzen Irlands, 19 633 km², 1,92 Mio. Einwohner.

Leinwandbindung, *Textiltechnik:* Grundbindungsart, bei der die Kettfäden abwechselnd über und unter den Schussfäden liegen.

Leip, Hans, Schriftsteller, * Hamburg 22. 9. 1893, † Fruthwilen (Kt. Thurgau) 6. 6. 1983; seine Romane und Erzählungen (»Jan Himp und die kleine Brise«, 1934) sind meist im Bereich der Seefahrt angesiedelt; seine Lyrik umfasst neben kunstvollen Kadenzen volksliedhafte, an Shantys erinnernde Balladen, bekannt wurde sein Lied »Lili Marleen« (1915).

Leipzig, 1) RegBez. in Sachsen, 4386 km² und 1,085 Mio. Ew.; umfasst die kreisfreie Stadt L. sowie die Landkreise Delitzsch, Döbeln, Leipziger Land, Muldentalkreis und Torgau-Oschatz.

2) kreisfreie Stadt in Sachsen, in der Leipziger Tieflandsbucht, am Zusammenfluss von Parthe, Pleiße und Weißer Elster, 493 100 Ew.; Verw.sitz des RegBez. L.; Sitz des sächs. Verfassungsgerichtshofs, des Finanzgerichts, des Bundesverwaltungsgerichts und des 5. Strafsenats des Bundesgerichtshofs; Univ., Hochschule für Technik, Wirtschaft und Kultur, Herder-Inst. (für Auslandsstudenten), Hochschule für Musik und Theater, Hochschule für Grafik und Buchkunst, Haus des Buches, FH (Telekom), Sächs. Akademie der Wiss.en, Freie Akademie der Künste, Verw.- und Wirtschaftsakademie, Umweltforschungszentrum L.-Halle, drei Max-Planck-Institute, Inst. für Länderkunde; Bach-Archiv (Forschungsinst., Museum, Veranstaltungen); zahlr. Museen, u. a. Dt. Buch- und Schriftmuseum, Grassi-Museum (u. a. mit Museum für Völkerkunde, Musikinstrumentenmuseum und Museum für Kunsthandwerk), Museum der bildenden Künste, Naturkundemuseum; Dt. Bücherei, Univ.-Bibliothek; Oper, mehrere Theater, Gewandhausorchester, Thomanerchor; Medienzentrum (seit 2000 »Media City«); Sitz des Mitteldt. Rundfunks (seit Juli 2000 Hochhaus-Sendezentrale); Zoo, botan. Garten. Wichtigste Gewerbezweige sind Fahrzeugbau, Gießerei, Druckmaschinen-, Werkzeugma-

Leipzig 2): Teilansicht des Alten Rathauses (1556 ff.; spätere Veränderungen) am Markt

Leipzig 2) Stadtwappen

1165; seit 1458/66 zu Neujahr, Ostern und Michaelis) zu einem bed. Handelszentrum (Leipziger Messe); 1409 Gründung der Univ. durch aus Prag ausgezogene dt. Magister und Studenten (1544 in humanist. Geist erneuert). 1519 (Pleißenburg) ↗ Leipziger Disputation. Bis Mitte des 18. Jh. erreichte das Kunst- und Kulturleben europ. Bedeutung (u. a. J. S. Bach, J. C. Gottsched); seit dem späten 17. Jh. gewannen Rauchwaren-, Musikalien- und v. a. Buchhandel (1825 Gründung des Börsenvereins des Dt. Buchhandels) und der Buchdruck zunehmende Bedeutung. 1830 und 1848 war L. Zentrum der revolutionären bürgerl. Bewegung. Mit dem Bau eines sächsisch-dt. Eisenbahnnetzes (1839 1. dt. Ferneisenbahn L.–Dresden) setzte gegen Mitte des 19. Jh. eine rege Industrialisierung ein, deshalb auch frühes Zentrum der Arbeiterbewegung (1863 Gründung des ADAV). Im Zweiten Weltkrieg erlitt L. schwere Zerstörungen (v. a. am 4. 12. 1943). 1952–90 war L. Hptst. des gleichnamigen DDR-Bezirks. Seit den 1980er-Jahren (u. a. montägl.) Friedensgebete in der Nikolaikirche seit Ende 1981) einer der Kristallisationspunkte der Bürgerbewegung in der DDR; die sich im Anschluss an die Friedensgebete organisierenden **Montagsdemonstrationen** (Sept.

schinen-, Fördermittel- und Hebezeugbau, medizinisch-techn. Gerätebau, elektrotechn./elektron. Ind., Textilind.; daneben Druckereien und Verlage; Handels- und Finanzzentrum mit internat. Fachmessen, dt. Strombörse; Eisenbahnknotenpunkt (Hauptbahnhof von 1907–15, größter Kopfbahnhof Europas, 1995–97 mit modernen Einkaufspassagen umgestaltet), internat. Flughafen L.-Halle. Im S der Stadt der 120 ha große Messepark L.-Markkleeberg (Erholungspark; landwirtschaftl. Ausstellungen), Naherholungsgebiete am 1,5 km² großen **Kulkwitzer See** westlich und am **Cospudener See** südlich der Stadt (↗ Markkleeberg).

Stadtbild: Mittelpunkt der durch ehem. Messehäuser mit zahlr. Passagen (u. a. »Specks Hof«, Mädlerpassage mit Auerbachs Keller, Petershof) geprägten Altstadt ist der Markt mit dem Alten Rathaus (1556 ff., Arkaden 1906–09; beherbergt heute das Stadtgeschichtl. Museum L.) und der Alten Waage (1555), benachbart sind die frühbarocke Alte Börse (1678–87), die Thomaskirche (got. Hallenkirche, 14./15. Jh.; Wirkungs- [ab 1723] und Grabstätte J. S. Bachs; 1991–2000 letztmalig grundlegend renoviert mit Einbau einer neuen Bachorgel) und der Thomaskirchhof mit dem rekonstruierten Bosehaus (jetzt Bach-Archiv) und die Nikolaikirche (14. Jh., Inneres klassizistisch umgestaltet). Ältestes Kaffeehaus ist der »Coffe Baum« (barocker Umbau nach 1718; beherbergt seit 1999 das erste dt. Kaffeemuseum). Am Augustusplatz entstanden an der Stelle des zerstörten Neuen Theaters (1864–67, von C. F. Langhans) das Opernhaus (1956–60), die heutigen Gebäude der Univ. (1968–75; 1968 Sprengung der Univ.-Kirche St. Paulus) und das Neue Gewandhaus (1977–81). Das Neue Rathaus entstand 1899–1905 an der Stelle der Pleißenburg; 1841–44 wurde der Bayer. Bahnhof gebaut. Ein Neubau für das Museum der bildenden Künste (Eröffnung 2004) entsteht derzeit auf dem Sachsenplatz. – Im Stadtteil Gohlis das Schillerhaus (Museum) und das Gohliser Schlösschen (um 1755/56). Im SO der Stadt stehen die Russ. Gedächtniskirche (1912/13) und das ↗ Völkerschlachtdenkmal (1898–1913).

Geschichte: Erste dörfl. (slaw.) Ansiedlung ab 7./8. Jh., 1015 als **urbs Libzi** (wohl »Lindenort«) erstmals gen.; im 12. Jh. Marktsiedlung; Stadtrecht und Marktprivileg gegen 1165. Anfang des 14. Jh. endgültig in das wettin. Territorium eingegliedert (1485 an die Albertiner), entwickelte sich L. durch Messeprivilegien (1497 und 1507) für die Jahrmärkte (seit um

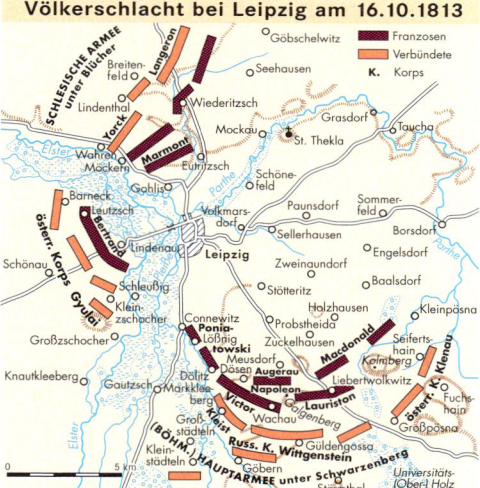

1989 bis März 1990; bedeutend v. a. am 9. 10. 1989) trugen zum Sturz des SED-Regimes 1989 sowie zur Herstellung der dt. Einheit 1990 bei. – Die **Völkerschlacht bei L.** (16.–19. 10. 1813) war die Entscheidungsschlacht des Herbstfeldzugs 1813 der Befreiungskriege (Sieg der verbündeten Armeen über Napoleon I.; Einnahme von L. und Gefangennahme König Friedrich Augusts I. von Sachsen; Napoleon entkam).

Leipzig, HC (HC: Handball-Club), gegr. 1963 als SC Leipzig (bis 1993), 1993–99 VfB Leipzig und seitdem HCL; 13-mal DDR-Meister (zwischen 1965 und 1988), zweimal Pokalsieger (1983, 1987), Gewinner des Europapokals der Landesmeister (1966, 1974) und des IHF-Pokals (1986); später Deutscher Meister (1998, 1999, 2002), Pokalsieger (1996, 2000), Gewinner des IHF-Pokals (1992).

Leipziger Allerlei, Gericht aus jungen Erbsen, Karotten, Blumenkohl, Spargel und Morcheln.

Leipziger Disputation, theolog. Streitgespräch vom 27. 6. bis 16. 7. 1519 zw. J. Eck, Karlstadt und Luther in der Pleißenburg zu Leipzig, dessen Hauptthema die Bedeutung des Papstamtes war. Von Eck provoziert, bestritt Luther die Heilsnotwendigkeit des päpstl. Primates und die Irrtumslosigkeit der Konzilien, womit er – der Häresie bezichtigt – seinen endgültigen Bruch mit dem Papsttum einleitete.

Leipziger Land, Landkreis im RegBez. Leipzig, Sachsen, 752 km² und 152 700 Ew.; Verw.sitz ist Borna.

Leipziger Mission (urspr. Evangelisch-Lutherische Mission zu Leipzig, heute Evangelisch-Lutherisches Missionswerk Leipzig e. V.), luther. Missionsgesellschaft, 1836 in Dresden gegr. und bald nach Leipzig verlegt; wirkte v. a. in S-Indien, O-Afrika und Neuguinea, wo aus ihrer Tätigkeit heute selbstständige luth. Kirchen hervorgingen.

Leipziger Tieflandsbucht (Sächsische Tieflandsbucht), weit in die dt. Mittelgebirgsschwelle eingreifender Teil des Norddt. Tieflands, in Sachsen, Sa.-Anh. und randlich auch in Thür., etwa zw. Unstrut und Mulde sowie Dübener Heide und Mittelsächs. Hügelland. Das flache bis hügelige Land ist bes. in seinem zentralen Teil ein bed. Agrargebiet.

Leiris [lɛˈris], Michel, frz. Schriftsteller und Ethnologe, * Paris 20. 4. 1901, † Saint-Hilaire (Dép. Essonne) 30. 9. 1990; arbeitete für das Musée de l'Homme in Paris (u. a. durch Forschungsreisen); schrieb nach surrealist. Lyrik, Reisebüchern und Essays (»Phantom Afrika«, 1934) v. a. Bekenntnisliteratur mit schonungsloser Selbstanalyse (»Mannesalter«, 1939; »Die Spielregel«, 4 Bde., 1948–76).

Leis, geistl. Refrainlied des MA., das zu einer einprägsamen Melodie gesungen und mit dem Ruf »Kyrieleis« abgeschlossen wurde; war v. a. im dt. Sprachraum verbreitet. Als ältester L. gilt das vom Anfang des 10. Jh. stammende Freisinger Petrusjied »Unser Herr hat dem hl. Petrus die Macht verliehen«, ein anderes bekanntes Beispiel ist der Oster-L. »Christ ist erstanden« (12. Jh.). L. wurden v. a. im Rahmen von gottesdienstl. Veranstaltungen und Wallfahrten gesungen.

Leisegang, Hans, Philosoph, * Blankenburg (Unstrut-Hainich-Kreis) 13. 3. 1890, † Berlin 5. 4. 1951; arbeitete insbes. über hellenist. Philosophie und über Gnosis: »Hellenist. Philosophie von Aristoteles bis Plotin« (1923); »Denkformen« (1928).

Leisewitz, Johann Anton, Dramatiker, * Hannover 9. 5. 1752, † Braunschweig 10. 9. 1806. Sein Bruderzwist-Drama »Julius von Tarent« (1776) gehört in der Tendenz der Sturm-und-Drang-Dramatik an, hält aber formal an der Dramaturgie G. E. Lessings fest.

Leishmaniasen [laɪʃ-; nach dem brit. Tropenarzt W. B. Leishman, * 1865, † 1926] (Leishmaniosen), durch Flagellaten der Gatt. **Leishmania** verursachte und durch Phlebotomen (Sandmücken) übertragene Infektionskrankheiten in warmen Ländern mit unterschiedl. geograph. Verbreitung. Beim Menschen treten die L. je nach Art des Erregers in drei Krankheitsbildern auf: Die **Eingeweide-L.** (**Kala-Azar;** Erreger: Leishmania donovani) befällt die inneren Organe. Unter ständigem Fieber, Leber- und Milzvergrößerung, Blutveränderungen und Kräfteverfall endet die Krankheit unbehandelt innerhalb einiger Monate bis Jahre meist tödlich. Die **Haut-L.** (**Orientbeule, Aleppobeule;** Erreger: Leishmania tropica oder major) bildet länger anhaltende, jedoch gutartige Geschwüre auf der Haut. Die **südamerikan. Haut- und Schleimhaut-L.** (**Espundia, Uta;** Erreger: Leishmania brasiliensis) verursacht chron. Entzündungen der Haut und Schleimhaut, bes. im Gesicht, die im Lauf der Jahre zu entstellenden Defekten führen können. Die *Behandlung* wird durch Abstrich oder Punktion mit Antimonpräparaten, Pentamidin oder Allopurinol durchgeführt. – Bekämpfungsmaßnahmen richten sich gegen die Übertragermücken.

Leisnig, Stadt im Landkreis Döbeln, Sachsen, an der Freiberger Mulde, 7 800 Ew.; Apparate- und Spinnereimaschinenbau, Teigwarenfabrik, Fliesenwerk. – Über der Stadt Burg Mildenstein (11., 14.–17. Jh.). – 1046 erstmals gen., seit dem 13. Jh. Stadt.

Leiste, 1) *Anatomie:* (Leistenbeuge, Leistengegend, Inguinalgegend), bei Säugetieren und beim Menschen der seitl. Teil der Bauchwand am Übergang zum Oberschenkel. In der L. zw. Bauchhöhle und Schamgegend verläuft der **Leistenkanal,** der beim Mann den Samenstrang, bei der Frau das runde Mutterband enthält.

2) *Heraldik:* verschmälerter ↗ Balken, aber breiter als ein ↗ Faden.

3) *Technik:* schmaler Stab aus Holz, Metall oder Kunststoff mit rechtwinkligem, dreikantigem oder profiliertem Querschnitt, v. a. zur Deckung von Fugen und zum Schutz von Kanten.

Leisten [ahd.], *Schuhherstellung:* Form (als Maßstab bzw. Gegenhalter), über die der Schuh bearbeitet wird.

Leistenbruch, häufigste Form des ↗ Eingeweidebruchs, bei dem die Bruchpforte in der Leistengegend liegt. Man unterscheidet zw. dem häufigeren **indirekten L.,** bei dem der Bruchinhalt (Bauchfell und Darmschlingen) dem Leistenkanal folgt und bis in den Hodensack **(Hodenbruch)** gelangen kann, und dem **direkten L. (Schenkelbruch),** bei dem der Bruch auf kürzestem Weg unterhalb des Leistenbandes durch die Bauchdecke tritt.

Leistenhoden, Form des ↗ Kryptorchismus.

Leistikow [-ko], Walter, Maler und Grafiker, * Bromberg 25. 10. 1865, † (Selbstmord) Schlachtensee (heute zu Berlin) 24. 7. 1908; Initiator der Berliner Sezession und Mitbegründer des Dt. Künstlerbundes, malte v. a. stimmungsvolle Ansichten der märk. Seen- und Waldlandschaft mit einer Tendenz zum Dekorativen im Sinne des Jugendstils.

Leistung, 1) *allg.:* Grad der körperl. und geistigen Beanspruchung sowie deren Ergebnis.

2) *Betriebswirtschaftslehre:* die Menge (L.-Einheiten, Output) oder der Wert (Geldgröße, Ertrag) der innerhalb eines Zeitraums im betriebl. Produktionsprozess hervorgebrachten Sachgüter (L.-Ergebnis) oder der bereitgestellten Dienstleistungen. Die wertmäßige Gesamt-L. eines Betriebes als Ggs. zu den

Kosten setzt sich zusammen aus der Markt-L. (absatzbestimmte L.) und L., die für den Wiedereinsatz im eigenen Unternehmen bestimmt sind (innerbetriebl. Leistung).

3) *Physik:* Formelzeichen P, SI-Einheit ist das Watt (W); die je Zeitspanne Δt geleistete Arbeit bzw. aufgenommene oder abgegebene Energie ΔW, d. h. $P = \Delta W / \Delta t$ (z. B. Schall-L., Strahlungs-L.). Ist die während gleicher Zeitintervalle geleistete Arbeit nicht konstant, so wird die L. durch die zeitl. Ableitung der Arbeit angegeben: $P = dW/dt$.

Da die Arbeit, die eine Kraft F längs eines Wegelements ds verrichtet, durch $dW = F \cdot ds$ gegeben ist, lässt sich die **mechan. L.** auch in der Form $P = F \cdot v$ angeben (v Geschwindigkeit). Die **elektr. L.** bei einem Gleichstrom ist gleich dem Produkt aus Spannung und Stromstärke: $P = U \cdot I$. Im Wechselstromkreis wird die L. auch als **Schein-L.** bezeichnet, da sie sich aus Blind- und Wirk-L. zusammensetzt.

4) *Psychologie:* körperl. oder geistige Betätigung innerhalb eines bestimmten Erwartungshorizontes (Performance) oder deren Ergebnis. L.-Fähigkeit und L.-Bereitschaft sind entwicklungs- und motivationsabhängig und variieren je nach individueller Verfügbarkeit von Fertigkeiten und Kenntnissen (Competence).

5) *Zivilrecht:* 1) der Gegenstand eines Schuldverhältnisses. Man unterscheidet Haupt-L. (vertragl., wesentl. Pflichten, z. B. Kaufpreiszahlung) und Neben-L. (dienen u. a. der Vorbereitung der Haupt-L., z. B. Auskunftspflichten). Ein Schuldverhältnis erlischt, wenn die geschuldete L. ordnungsgemäß erbracht wird (/ Erfüllung). 2) bei der / ungerechtfertigten Bereicherung die zweckgerichtete bewusste Vermehrung fremden Vermögens.

Leistungsbilanz, / Zahlungsbilanz.

Leistungs|elektronik, aus der Stromrichtertechnik hervorgegangenes Teilgebiet der Elektrotechnik; Sammelbegriff für die Anwendungsgebiete elektron. Bauelemente und Schaltungstechniken in Einrichtungen zum Steuern, Schalten und Umformen elektr. Energie. Besondere Bedeutung haben dafür Halbleiterbauelemente, die bei geeigneter Wärmeableitung und Betriebsart mit sehr großen Strömen und Spannungen betrieben werden können (z. B. Thyristoren, Siliciumdioden). Die L. wird bei Leistungen von einigen Watt bis zu mehreren Megawatt angewendet, u. a. bei Stromversorgungsgeräten, geregelten Antrieben, der Beleuchtungs- und Hochspannungstechnik.

Leistungsfähigkeitsprinzip, Grundsatz für die Verteilung der Steuerlast auf die Staatsbürger, nach dem der Einzelne entsprechend seinen Möglichkeiten (Einkommen, Vermögen) besteuert werden soll. Ggs.: Äquivalenzprinzip.

Leistungsfaktor, *Elektrotechnik:* 1) **Wirk-L. (Wirkfaktor),** das Verhältnis von / Wirkleistung P zu / Scheinleistung S ($P/S = \cos\varphi$ mit φ als Phasenwinkel); 2) **Blind-L. (Blindfaktor),** das Verhältnis von / Blindleistung Q zu Scheinleistung ($Q/S = \sin\varphi$).

Leistungsgefahr, / Gefahr.

Leistungsgesellschaft, eine Gesellschaftsform, in der die materiellen und sozialen Chancen, die soziale Anerkennung sowie die soziale Position wesentlich von der vom Einzelnen erbrachten Leistung abhängen. Die Ursprünge des **Leistungsprinzips** liegen im Emanzipationsbestreben des Bürgertums gegen die Statusvorrechte des Adels. Heute ist das Leistungsprinzip eine der tragenden Säulen der / Industriegesellschaft, wird in ihr als Voraussetzung für die größtmögliche Entfaltung wirtschaftl. / Produktivität und gesellschaftl. / Wohlstands angesehen und verweist zugleich als Formalprinzip die Verantwortung für wirtschaftl. Misserfolg und in der Gesellschaft bestehende soziale Ungleichheit in den Verantwortungsbereich des Einzelnen. Die Kritik am Konzept und Leitbild der L. wendet sich gegen diese formale Betrachtung, kritisiert die Verkürzung der Begriffe Arbeit und Leistung auf ihre quantitativen (»messbaren«) Aspekte, thematisiert die psych. und sozialen Konsequenzen des gesellschaftl. Leistungsdrucks (»Leistungszwangs«) und betont, dass selbst bei prinzipieller Anerkennung der mit dem Leistungsprinzip verbundenen Normen niemals für alle Gesellschaftsmitglieder dessen eigentl. Grundlage, die / Chancengleichheit, gegeben sei. Problem einer *jeden* Einschätzung der L. bleibt die Frage, was gesellschaftlich als Leistung angesehen wird und ob und wie sich diese messen lässt.

Leistungsklage, Klage, mit der die Verurteilung des Beklagten zu einem Tun, Dulden oder Unterlassen verlangt wird.

Walter Leistikow: Flusslandschaft mit Windmühle (Privatbesitz)

Leistungslohn, / Lohn.

Leistungsmasse (früher Leistungsgewicht), Quotient aus Masse und Nutzleistung eines Motors, Angabe in kg/kW.

Leistungsmessgerät, 1) Gerät zur Messung einer mechan. Leistung (z. B. der Bremsleistung mithilfe des Bremsdynamometers); 2) elektr. Messgerät zur Messung elektr. Leistungen (auch **Wattmeter**), das meist ein elektrodynam. Messwerk enthält, durch dessen feste Spule ein zum Verbraucherstrom und durch dessen bewegl. Spule ein zur Spannung proportionaler Strom fließt. Gemessen wird i. d. R. die Wirkleistung, mithilfe spezieller Schaltungen auch die Blindleistung.

Leistungs|ort, / Erfüllung.

Leistungsprinzip, / Leistungsgesellschaft.

Leistungsprüfung, *Landwirtschaft:* nach einheitl. Richtlinien meist von Zuchtverbänden durchgeführte Feststellung der Leistungen von Nutztieren, die sich auf unmittelbare (z. B. Milch, Fleisch) und mittelbare Leistungen (z. B. Fruchtbarkeit) erstreckt.

Leistungsreaktor, *Kerntechnik:* ein / Kernreaktor, der ausschl. der Energiegewinnung dient.

Leistungsschutz, der rechtl. Schutz, den bestimmte wiss., techn., organisator. oder künstler. Leistungen aufgrund des Urheberrechts-Ges. (§§ 70 ff., »verwandte Schutzrechte«) genießen. Im Unterschied zur Werkleistung des Urhebers stellen diese Leistungen keine schöpfer. geistige Arbeit, sondern i. d. R. eine Nachschöpfung dar (z. B. Wiedergabe eines fremden Werks). Geschützt wird vor unbefugter Verwertung, indem dem Träger des Schutzrechts das Vervielfältigungs- und Verbreitungsrecht vorbehalten bzw. eine Vergütungspflicht festgelegt wird.

Leistungssport, jede Art sportl. Tätigkeit, die im Ggs. zum ↗Breitensport mit dem Ziel der persönl. Höchstleistung mit höherem Trainingsumfang, höherer Trainingsintensität und extensiverer Wettkampftätigkeit betrieben wird. Orientiert das Sporttreiben sich darüber hinaus an den existierenden absoluten Normen des Rekords und der Meisterschaft mit einem Höchstmaß an persönl. Einsatz, wird L. zum ↗Spitzensport.

Leistungsstörung, bürgerl. Recht: Bez. für versch. Pflichtverletzungen aus einem Schuldverhältnis. L. sind Unmöglichkeit der Leistung, Verzug, Nichtleistung nach Fristsetzung, die Schlechtleistung und die Verletzung sonstiger Pflichten.

Leistungsverwaltung, Tätigwerden der öffentl. Verw. durch Bereitstellen von Einrichtungen oder Erbringen von Leistungen für den Bürger auf den Gebieten der Wirtschafts-, Gesellschafts-, Sozial- und Kulturpolitik, im Ggs. zur Eingriffs- oder Ordnungsverw. (z. B. im Steuerrecht). Die L. lässt sich in Vorsorgeverw. (z. B. Krankenhäuser), Sozialverw. (z. B. Sozialversicherung) und Förderungsverw. (z. B. Förderung der Wiss.en) gliedern.

Leistungsverweigerungsrecht, das Recht auf Verweigerung einer vertraglich geschuldeten Leistung (↗Einrede).

Leistungszeit, Zeitpunkt, zu dem ein Schuldverhältnis zu erfüllen ist. Die Bestimmung der L. unterliegt der freien Vereinbarung der Vertragsparteien. Ist eine Zeit für die Leistung weder bestimmt noch aus den Umständen zu entnehmen, so kann der Gläubiger die Leistung sofort verlangen, der Schuldner sie sofort bewirken (§ 271 BGB). Der Zeitpunkt, an dem der Schuldner leisten muss, ist die **Fälligkeit.** Die **Erfüllbarkeit** bestimmt, wann der Schuldner leisten darf.

Leistungszentren, Sport: Sportfördereinrichtungen, an denen Sportler nach modernen sportwiss. und -prakt. Erkenntnissen trainiert und auf die Wettkampfteilnahme im nat. und internat. Bereich vorbereitet werden; meist an Sportschulen und Sporthochschulen angeschlossen, einige mit Internaten verbunden.

Leit|artikel, größerer Aufsatz an bevorzugter Stelle in einer Zeitung, der aktuelle Zeitfragen kommentiert.

Leitbündel, ↗Leitgewebe.

Leit|einrichtungen, Verkehrseinrichtungen zur opt. Kontrolle von Fahrtrichtung, Fahrtrichtungsänderung und Fahrbahnbegrenzung durch z. B. weiße Leitlinien und -male, Leitpfosten, Leitplanken und -tafeln (alle meist reflektierend), Leitpfeile zum rechtzeitigen Einordnen.

leitende Angestellte, Gruppe von Arbeitnehmern, die gemäß § 5 Abs. 3 Betriebsverfassungs-Ges. grundsätzlich nicht der betriebl. Mitbestimmung unterliegen, also nur aktiv wie passiv wahlberechtigt zum Betriebsrat sind. L. A. sind nach diesem Gesetz v. a. Personen, die nach Stellung und Arbeitsvertrag zur selbstständigen Einstellung und Entlassung anderer Arbeitnehmer befugt sind oder Generalvollmacht bzw. selbstständig nutzbare Prokura besitzen oder regelmäßig Aufgaben wahrnehmen, die für Bestand und Entwicklung eines Unternehmens/Betriebes von Bedeutung sind. In Betrieben mit i. d. R. mindestens zehn l. A. werden Sprecherausschüsse als eigenständiges betriebl. Interessenvertretungsorgan der l. A. gebildet (Sprecherausschuss-Ges. vom 20. 12. 1988). Nach dem Mitbestimmungs-Ges. vom 4. 5. 1976 bilden die l. A. bei der Wahl zum Aufsichtsrat eine eigene Gruppe.

Leiter, Steiggerät aus zwei Holmen mit dazwischen angebrachten Stufen (**Stufen-L.**) oder Sprossen (**Sprossen-L.**). Man unterscheidet u. a. Steh-L., Strick-L., Steig-L., Feuer-L. (als Anstell-, Klapp-, Schiebe- oder Drehleitern).

Leiter, Physik, Technik: allg. ein Stoff oder Körper, der eine mit Energietransport verbundene physikal. Größe, wie elektr. Strom, elektromagnet. Wellen (Wellen-L., Hohl-L.), Licht (Licht-L.), Schall oder Wärme, mit geringem Widerstand leitet, im Ggs. zu einem Isolator. – I. e. S. bezeichnet man als L. Stoffe mit guter elektr. Leitfähigkeit (**elektr. L.**), v. a. Festkörper, und unter diesen bes. die ↗Metalle. Neben der Leitung durch Elektronen-L. (z. B. Metalle, ↗Halbleiter) und ↗Supraleiter tritt elektr. Leitfähigkeit auch in ↗Ionenleitern und ↗Superionenleitern sowie in Gasen, Plasmen und manchen Schmelzen auf (Ionen- und Elektronen-L.) oder sie kann künstlich erzeugt werden, z. B. in elektrisch leitfähigen Polymeren.

Leiterplatte, Elektronik: die ↗Platine.

Leitfähigkeit, Physik: 1) **elektr. L.,** die Fähigkeit eines Stoffes, elektr. Strom zu leiten, SI-Einheit ist Siemens je Meter (S/m). Die elektr. L. ist gleich dem Kehrwert des ↗spezifischen Widerstands, ihr Wert ist von der Beweglichkeit der Ladungsträger (Elektronen, Ionen, Defektelektronen) im betreffenden Material abhängig. 2) ↗Wärmeleitfähigkeit.

Leitfossili|en, Fossilien, die für einen bestimmten Zeitabschnitt der Erdgeschichte kennzeichnend sind; geeignet sind möglichst kurzlebige, weit verbreitete und nur in bestimmten Gesteinsschichten vorkommende Formen.

Leitgewebe, lang gestreckte, der Stoffleitung dienende Zellelemente im Innern der höheren Pflanzen, meist zu **Leit-** oder **Gefäßbündeln** vereinigt. Im **Sieb-** oder **Bastteil (Phloem)** werden die gelösten organ. Stoffe transportiert, und zwar in **Siebröhren,** die aus einer Reihe lebender Zellen bestehen, deren aneinander grenzende, meist schräge Querwände von Poren durchbrochen sind (Siebplatten). Im **Holz-** oder **Gefäßteil (Xylem)** wird das Bodenwasser mit den gelösten Mineralsalzen von den Wurzeln nach oben in toten Gefäßen **(Tracheen, Tracheiden)** geleitet, deren Wände durch ring-, schrauben- oder netzförmige Verdickungsleisten elastisch versteift oder vollständig verholzt sind, bis auf runde oder längl. Aussparungen **(Tüpfel),** durch die der Wassertransport in die angrenzenden Gewebe ermöglicht wird.

Leitha die, rechter Nebenfluss der Donau, 180 km lang, entsteht aus den Quellflüssen Schwarza und Pitten südlich von Wiener Neustadt, durchfließt das südl. Wiener Becken und mündet bei Mosonmagyaróvár, Ungarn.

Leithagebirge, Ausläufer der Zentralalpen, in Burgenland und Niederösterreich, im Sonnenberg bis 484 m ü. M.; der bewaldete Gneisrücken bildet die SO-Begrenzung des Wiener Beckens. Leitha und L. bildeten bis 1918 z. T. die Grenze zw. dem österr. (Zisleithanien) und dem ungar. (Transleithanien) Reichsteil von Österreich-Ungarn.

Leitkreis, bei einer Ellipse oder Hyperbel ein Kreis mit Mittelpunkt in einem Brennpunkt und dem Radius $r = 2a$ (Länge der Hauptachse). Diese beiden Kegelschnitte sind die geometr. Orte der Punkte, die von einem Punkt (Brennpunkt) und vom L. gleiche Entfernung haben.

Leitkurs, Parität einer Währung in einem System fixer Wechselkurse. Im ↗Europäischen Währungssystem (EWS) wurden für jede Währung ein L. gegenüber dem ECU sowie daraus errechnete bilaterale L. gegenüber den anderen Mitgl.-Währungen festgelegt. Auf der Basis der Ende 1998 im EWS gültigen bilateralen L. wurden die ab 1. 1. 1999 gültigen nat. Umrechnungskurse für den Euro unwiderruflich festgelegt. Die bisher nicht zur Euro-Zone gehörenden EU-Länder haben im Rahmen des EWS II die Möglichkeit, einen Euro-L. festzulegen; bilaterale L. existieren dagegen nicht.

Leitlini|e (Leitgerade), bei ↗Kegelschnitten eine Senkrechte auf der Hauptachse, die so liegt, dass für alle Kurvenpunkte das Verhältnis ε ihrer Entfernung von den Brennpunkten der Kurve zu ihrem Abstand von der L. unveränderlich ist, z. B. bei Parabeln ε = 1, bei Ellipsen ε < 1, bei Hyperbeln ε > 1; ε heißt numer. Exzentrizität.

Leitmeritz, Stadt in der Tschech. Rep., ↗Litoměřice.

Leitminerale, Minerale, deren Vorhandensein auf ganz bestimmte Bildungsbedingungen hinweist, z. B. bei magmat. und metamorphen Gesteinen die typomorphen Minerale, bei Sedimenten die Schwerminerale.

Leitmotiv, in der Musik eine zur Wiederholung bestimmte charakterist. Tonfolge, die in einem Tonstück durch ihr erstes Auftreten in Verbindung mit einer Gestalt, einem Vorgang, einer Naturstimmung oder einer Gefühlsäußerung eine charakterisierende Funktion erhält und bei ihrer Wiederkehr die Erinnerung daran auslöst. Der Begriff ist von H. von Wolzogen für die Hauptthemen in den Musikdramen R. Wagners geprägt worden (von Wagner »Grundthemen« genannt). In der Oper nach Wagner (z. B. R. Strauss, C. Debussy, A. Berg) spielt das L. ebenfalls eine große Rolle. Auch in der Filmmusik wird es vielfach benutzt.

Leitner, Ferdinand, Dirigent, * Berlin 4. 3. 1912, † Forch (bei Zürich) 3. 6. 1996; wirkte in Berlin, Hamburg, München und Stuttgart; 1969–84 musikal. Oberleiter der Züricher Oper, 1976–80 Leiter des Residentie-Orkest in Den Haag.

Leitrad, bei Turbinen und Axialverdichtern der fest stehende Teil, durch den mithilfe der Leitschaufeln das strömende Medium in die vorgesehene Richtung umgelenkt wird.

Leitrim ['liːtrɪm] (irisch Liatroim), County im NO der Prov. Connacht, Rep. Irland, 1 525 km², 25 000 Ew.; Verw.sitz ist Carrick-on-Shannon.

Leitschou, Halbinsel im S von China, ↗Leizhou.

Leitstrahlfunkfeuer, Navigationshilfsmittel, das mit funktechn. Mitteln Signale erzeugt, die auf einer Referenzlinie oder in einer Referenzfläche einen Leitstrahl bilden und dadurch eine gute Orientierungshilfe z. B. beim Landeanflug sind. Der Leitstrahl entsteht durch wechselweise Tastung zweier sich teilweise überlappender Richtdiagramme, die von zwei Richtantennen abgestrahlt werden.

Leitstudi|e (Pilotstudie), *empir. Sozialforschung:* Untersuchung mit nicht standardisierten Mitteln (Gruppendiskussion, Beobachtung), die mitunter der Vorbereitung einer größeren Studie (mit standardisierten Techniken) dient.

Leit|ton, *Musik:* Ton, der aufgrund seiner Stellung im Satzgefüge und in der herrschenden Tonart stark zum Weiterschreiten um einen Halbtonschritt nach oben (oder unten) drängt, im Dur-Moll-System bes. der Halbton unter der Tonika. Der L. kann natürlich (leitereigen) oder künstlich (durch chromat. Erhöhung oder Erniedrigung gebildet) sein.

Leitung, *Technik:* Einrichtung zum Fortleiten von Stoffen oder Energie. – Zur L. von festen Körpern, Flüssigkeiten oder Gasen dienen z. B. ↗Rohrleitungen und ↗Pipelines. – Zur Übertragung von elektr. Energie und/oder elektr. Signalen dienen draht- oder rohrförmige Werkstoffe, die gute elektr. Leitfähigkeit aufweisen (z. B. Kupfer oder andere metall. Werkstoffe). Außen-L. sind ↗Freileitungen. Als Innen-L. verwendet man versch. Arten mehradriger ↗Kabel mit Kunststoffmantel. Zur Übertragung von elektr. Signalen werden in der Hoch- und Höchstfrequenztechnik Koaxialkabel (↗Koaxialleitung) und ↗Hohlleiter benutzt.

Leitungs|anästhesie, Form der ↗Anästhesie.

Leitungsband, *Festkörperphysik:* ↗Energiebändermodell.

Leitungsvermittlung, Art der Datenübertragung (z. B. über das Telefonnetz), bei der zw. den betreffenden Datenendgeräten eine durchgehende Verbindung hergestellt wird; Ggs.: ↗Paketvermittlung.

Leitwährung, Währung, die auf internat. Devisen-, Geld-, Kapital- und Rohstoffmärkten eine hervorgehobene Rolle spielt und an der sich andere Länder bei geldpolit. Maßnahmen orientieren. Die L. gilt zugleich als internat. Transaktions- und Reservewährung. Der US-Dollar, der nach dem Zweiten Weltkrieg das brit. Pfund als weltweite L. abgelöst hatte, büßte seit den 1970er-Jahren durch starke Kursschwankungen gegenüber anderen Währungen zeitweilig an Einfluss ein. In Europa hatte die D-Mark, bis zur Einführung des Euro, und im asiatisch-pazif. Raum hat der Yen teilweise L.-Funktion. – Während das brit. Pfund nach wie vor im ↗Sterlingblock L.-Funktion ausübt, wurde der frz. Franc (↗Franc-Zone) in dieser Funktion vom Euro ersetzt.

Leitwerk, 1) *Informatik:* das ↗Steuerwerk eines Computers.
2) *Flugzeugtechnik:* neben Tragflügel und Querruder Baugruppe des Flugzeugs zur Stabilisierung der Fluglage und zur Steuerung um die drei Achsen. **Höhen-** und **Seiten-L.** sind meist am Rumpfende angeordnet und in die fest stehenden Dämpfungsflächen (Höhen-, Seitenflosse) und die bewegl. Ruder (Höhen-, Seitenruder) unterteilt. Das Höhen-L. dient der Längsstabilisierung und -steuerbarkeit, das Seiten-L. zusammen mit dem Tragflügel der Querstabilität und -steuerbarkeit. Die Querruder sind an den hinteren Tragflügelkanten angebracht.

Leitwert, *Elektrizitätslehre:* kurz für elektrischer L., Formelzeichen G, SI-Einheit ist Siemens (S); Kehrwert des elektrischen ↗Widerstandes R, d. h., $G = 1/R$. Bei Wechselströmen unterscheidet man zw. Wirk-, Blind- und Scheinleitwert.

Leit|zahl, *Fotografie:* die Leistungsfähigkeit einer Blitzlichtquelle kennzeichnender Zahlenwert, bezogen auf eine bestimmte ↗Empfindlichkeit. Die zu wählende Blendenzahl ist der Quotient aus L. und Entfernung zum Aufnahmeobjekt.

Leit|zins, von der Zentralbank festgesetzter Zinssatz für Refinanzierungskredite an Geschäftsbanken; dient als Instrument der Geldpolitik, da er das allg. Zinsniveau indirekt beeinflusst. Eine Anhebung (Senkung) des L. signalisiert einen restriktiven (expansiven) geldpolit. Kurs. An die Stelle der L. der Dt. Bundesbank – Diskontsatz (↗Diskont), Lombardsatz (↗Lombardgeschäft) und Wertpapierpensionssatz (↗Pensionsgeschäft) – sind seit 1. 1. 1999 als zentraler L. der EZB der Satz für die ↗Hauptrefinanzierungs-

Ferdinand Leitner

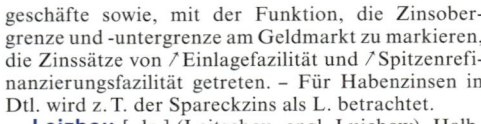

Lekythos:
weißgrundige Lekythos mit der Darstellung der Artemis (um 490 v. Chr.; Sankt Petersburg, Eremitage)

geschäfte sowie, mit der Funktion, die Zinsobergrenze und -untergrenze am Geldmarkt zu markieren, die Zinssätze von ↗ Einlagefazilität und ↗ Spitzenrefinanzierungsfazilität getreten. – Für Habenzinsen in Dtl. wird z. T. der Spareckzins als L. betrachtet.

Leizhou [-dʒ-] (Leitschou, engl. Luichow), Halbinsel in der Prov. Guangdong, im S von China, rd. 130 km lang, 7500 km²; Hauptort ist die Hafenstadt Zhanjiang (mit Erdölterminal) an der O-Küste.

Lek *der,* Währungseinheit in Albanien; 1 L. = 100 Qindarka.

Lek *der,* der nördl. Rheinarm in den Niederlanden, im Rhein-Maas-Delta, berührt Arnheim und Rotterdam; 61 km lang, schiffbar.

Lektion [lat.] *die,* **1)** *allg.:* Lehrstunde, Vorlesung; Übungseinheit, Unterrichtsabschnitt; Belehrung, Zurechtweisung.
2) *christl. Liturgie:* die Lesung aus der Bibel im Gottesdienst; auch der Text selbst (↗ Perikope).

Lektionar [kirchenlat. »Lesebuch«] *das, christl. Liturgie:* liturg. Buch, das die Texte der im Gottesdienst vorgesehenen bibl. Lesungen (↗ Lektionen) enthält.

Lektor [lat.] *der,* **1)** *Hochschulwesen:* nicht habilitierter Hochschullehrer für Einführungskurse und Übungen, bes. in philolog. Fächern (z. B. Sprachunterricht).
2) *Verlagswesen:* Mitarbeiter bei Verlagen, oft im **Lektorat,** z. T. auch bei Rundfunk- und Fernsehanstalten. Der Verlags-L. begutachtet eingehende Manuskripte, veranlasst gegebenenfalls Umarbeitungen, macht Vorschläge für Buchprojekte, sucht dafür Autoren oder Übersetzer.

Lekythos [grch.] *die,* schon früh im Totenkult verwendetes altgrch. Ölgefäß, schlank, einhenklig, mit engem Hals und abgesetzter Schulter. Bei den weißgrundigen L. des 5. Jh. v. Chr. sind die farbigen Bilder mit zarten Farben auf einen weißen Tonüberzug gemalt. (↗ Vase)

Le Locle [lə'lɔkl], Bezirks-Hptst. im Kt. Neuenburg, Schweiz, nahe der Grenze zu Frankreich, 10 700 Ew.; Technikum für Präzisionsmechanik; ein Zentrum der Uhrenind., Herstellung von Werkzeugmaschinen, Messgeräten, Metall- und Kunststoffwaren, Schokoladenfabrik, Druckereien. Unterird. Mühle aus dem 17. Jh. (heute Industriemuseum); Uhrenmuseum.

Luis Federico Leloir

Leloir [lə'lwa:r], Luis Federico, argentin. Biochemiker frz. Herkunft, * Paris 6. 9. 1906, † Buenos Aires 3. 12. 1987; erhielt 1970 für die Aufklärung der Biosynthese von Polysacchariden den Nobelpreis für Chemie.

Lelouch [lə'luʃ], Claude, frz. Filmregisseur, * Paris 30. 10. 1937; arbeitet mit betont ästhet. Kameraeinstellungen; drehte u. a. »Ein Mann und eine Frau« (1966), »Ein glückl. Jahr« (1973), »Ein ganzes Leben« (1974), »Mariage« (1974), »Allein zu zweit« (1979), »Es lebe das Leben« (1983), »Ein Mann und eine Frau ... 20 Jahre danach« (1986), »Der Löwe« (1989), »Les Misérables« (1995).

Lelystad ['le:listat], Hauptstadt der Prov. Flevoland, Niederlande, am IJsselmeer, 60 900 Ew.; Informationszentrum für die IJsselmeerpolder, Rechenzentrum; Metall verarbeitende, Lack- und Gummiwarenind., Bau von Jachten; Bahnlinie nach Amsterdam; Hafen. L. ist auch Entlastungsort für die ↗ Randstad Holland. – 1966 gegründet.

Lem [lɛm], Stanisław, poln. Schriftsteller, * Lemberg 12. 9. 1921; schreibt philosoph. und literar. Essays, Hör- und Fernsehspiele sowie v. a. utop. Romane und Erzählungen, die Strukturen und Metho-

Stanisław Lem

den gegenwärtigen wiss. Denkens spiegeln. L. zählt zu den bedeutendsten Science-Fiction-Autoren, u. a. mit den Romanen »Der Planet des Todes« (1951, auch u. d. T. »Die Astronauten«), »Das Hospital der Verklärung« (1955), »Eden« (1959), »Solaris« (1961), »Also sprach Golem« (1978), »Fiasko« (1986), »Apokryphen« (1998).

Lemaître [lə'mɛtr], Georges, belg. Astronom und Theologe, * Charleroi 17. 7. 1894, † Löwen 20. 6. 1966; arbeitete über die kosmolog. Anwendung der Relativitätstheorie; auf L. geht die Vorstellung vom expandierenden Weltall mit einem explodierenden »Ur-Atom« als Expansionsbeginn zurück.

Le Mans [lə'mã], Hauptstadt des Dép. Sarthe, NW-Frankreich, an der Sarthe, 148 500 Ew.; kath. Bischofssitz; Univ., Kunst-, archäolog. und Automuseum; Renaultwerk (Herstellung von Traktoren und Autoteilen), Bau von Kesseln, elektro- und filmtechn. Geräten, Gießereien, Elektronik-, chemisch-pharmazeut., Bekleidungs-, Tabak- und Nahrungsmittelindustrie. Bei Le M. wird jährlich das ↗ Vierundzwanzig-Stunden-Rennen von Le Mans gefahren. – Galloröm. Stadtmauer (3./4. Jh.), Kathedrale Saint-Julien (11./12. Jh., Chor 1217–54). – Le M., das antike **Suindunum,** war die Hptst. der kelt. Cenomanen, im MA Hauptort der Grafschaft Maine.

Le Mas-d'Azil [lə masda'zil], Stadt im Dép. Ariège, SW-Frankreich, 1400 Ew.; nahebei eine 420 m lange Höhle mit zahlr. alt- und mittelsteinzeitl. Funden (Gravierungen, Skulpturen, bemalte Kiesel u. a.); namengebend für die mittelsteinzeitl. Kulturstufe **Azilien.**

Lemberg (ukrain. Lwiw, russ. Lwow, poln. Lwów), Gebiets-Hptst. in der Ukraine, kulturelles und wirtsch. Zentrum der W-Ukraine, 793 7000 Ew.; mehrere Univ., Forschungszentrum West der Ukrain. Akademie der Wiss.en, Hochschulen, Museen und Theater, Opernhaus; Maschinenbau, elektrotechn.-elektron., chem., Nahrungsmittel-, Leichtind.; internat. Flughafen. – Von der histor. Altstadt (UNESCO-Weltkulturerbe) blieben nach den Zerstörungen durch die beiden Weltkriege erhalten: Mauerteile der Festung (13. Jh.), Arsenal (1553, 1573–75 neu gebaut und im 18. Jh. umgestaltet; heute histor. Waffensammlung) und Pulverturm (1554–56), röm.-kath. Kathedrale (14./15. Jh., barock umgestaltet), armen. Kathedrale (1363–70, barock überarbeitet, Fassade 1908), Mariä-Entschlafen-Kathedrale (1591–1629), Dominikaner- und Georgskirche (beide 18. Jh.) sowie das »Schwarze Haus« (1577), das neue Rathaus (1828–37) und das Landtagsgebäude (1877–81; heute Univ.). – Das als Festung gegen die Mongolen gegründete L. wurde 1256 erstmals urkundlich erwähnt; 1340 und erneut 1349 vom poln. König Kasimir d. Gr. erobert; erhielt 1356 Magdeburger Stadtrecht. Bei national wie konfessionell stark gemischter Bev. (Polen, Ukrainer, Armenier, Deutsche, Juden) wurde L. im 15. und 16. Jh. wirtsch. und kulturelles Zentrum von »Rotreußen«. L. fiel 1772 an Österreich (bis 1918 Hptst. Galiziens); nach Eroberung durch Polen (1918) 1919–39 Hptst. einer Wwschaft; 1939 der UdSSR (Ukraine) angegliedert; gehörte während der dt. Besetzung (1941–44) als Hptst. des »Distrikts Galizien« zum ↗ Generalgouvernement (Deportation und Vernichtung der jüd. Bev.); nach Rückeroberung durch die Rote Armee (1944) Vertreibung der poln. Bev. und Ansiedlung von Ukrainern.

Lemercier [ləmɛr'sje], Jacques, frz. Baumeister, * Pontoise um 1585, † Paris 4. 6. 1654; gehörte zu den Initiatoren der klass. frz. Architektur des Barock. Er erweiterte den Louvre, entwarf die Pläne für Schloss

Lemberg
Stadtwappen

und Stadt Richelieu (Dép. Indre-et-Loire) und schuf in Paris die Kirche der Sorbonne, die Kuppel der Chapelle du Val-de-Grâce und das Palais Richelieu (jetzt Palais Royal).

Lemesos, Stadt auf Zypern, ⁄ Limassol.

Lemgo, Stadt im Kr. Lippe, NRW, im Lipper Bergland, 41 700 Ew.; Sitz des Landesverbandes und der FH Lippe; Holzverarbeitung, Maschinenbau, Herstellung von zahnärztl. Instrumenten, Laborgeräten, Draht. – Rathaus (v. a. 15.–17. Jh.) u. a. Stein- und Fachwerkbauten der Spätgotik und Renaissance; Nikolaikirche (13.–15. Jh.), Marienkirche (13./14. Jh.). Südöstlich der Stadt Schloss Brake (16./17. Jh.) mit Weserrenaissance-Museum. – Um 1200 gegr., erhielt 1245 Stadtrecht, seit dem 13. Jh. Mitgl. der Hanse.

Lemgo, TBV (TBV: **T**urn- und **B**allspiel**v**erein), gegr. 1911, Handballabteilung seit 1924; Dt. Meister (1997), Pokalsieger (1995, 1997, 2002), Gewinner des Europapokals der Pokalsieger (1996).

Lemma [grch.] *das,* 1) *Lexikographie:* Stichwort in einem Nachschlagewerk (Lexikon oder Wörterbuch). 2) *Mathematik:* Hilfssatz bei math. und log. Beweisen, der oft das methodisch Wesentliche der Beweise enthält.

Lemmer, Ernst, Politiker, *Remscheid 28. 4. 1898, †Berlin (West) 18. 8. 1970; Journalist, 1924–33 MdR (DDP, dann Dt. Staatspartei), war 1945 Mitbegründer und 1947–48 2. Vors. der CDU in der sowjet. Besatzungszone (1948 von der SMAD abgesetzt), 1952–70 MdB (für Berlin), 1956–57 Bundespostmin., 1957–62 Bundesmin. für gesamtdt. Fragen, 1964–65 Bundesvertriebenenmin. und 1965–69 Sonderbeauftragter für Berlin.

Lemminge [dän.], Gattungsgruppe der Wühlmäuse, kleine, bodenbewohnende Nagetiere Eurasiens und Nordamerikas. Der bis 15 cm lange skandinav. **Berg-L.** (Lemmus lemmus) unternimmt nach periodisch alle 3–4 Jahre auftretenden Massenvermehrungen Wanderungen infolge Nahrungsknappheit und mangelnder Unterschlupfmöglichkeiten, bei denen viele Tiere den Tod finden.

Lemminge: Berglemming

Lemmon [ˈlɛmən], Jack, amerikan. Schauspieler, *Boston (Mass.) 8. 2. 1925, †Los Angeles (Calif.) 27. 6. 2001; v. a. bekannt als Komiker in Filmen (»Manche mögen's heiß«, 1959; »Das Appartement«, 1960; »Das Mädchen Irma La Douce«, 1963), auch Rollen in »Das China Syndrom« (1978) und »Vermißt« (1982), »Der dritte Frühling« (1995), »Hamlet« (1996), »Tango gefällig?« (1997), »Immer noch ein seltsames Paar« (1998).

Lemniskate [lat.] *die, Mathematik:* Kurve in Form einer liegenden Acht, Spezialfall einer ⁄ cassinischen Kurve.

Lemnos (neugrch. Limnos), grch. Insel im nördl. Ägäischen Meer, 476 km², 17 600 Ew.; Fremdenverkehr. – Kam um 510 v. Chr. an Athen (bis etwa 200 v. Chr.); im MA. zum Byzantin. Reich, 1453–56 zu Genua, ab 1479 zum Osman. Reich; fiel 1912 an Griechenland.

Lemongras|öl, äther. Öl der trop. Grasart Cymbopogon flexuosus; Rohstoff zur Gewinnung von Citral, auch in der Kosmetikind. verwendet.

Lemonnier [ləmɔˈnje], Camille, belg. Schriftsteller frz. Sprache, *Ixelles 24. 3. 1844, †Brüssel 13. 6. 1913; schrieb naturalistisch-sozialkrit. Romane (u. a. »Der Wilderer«, 1881; »Der eiserne Moloch«, 1886); hatte wesentl. Anteil an der Herausbildung einer eigenständigen belg. Literatur.

François Lemoyne: Apoll und Daphne (Archangelskoje bei Moskau, Gemäldesammlung des Schlosses)

Lemoyne [ləˈmwan], François, frz. Maler, *Paris 1688, †(Selbstmord) ebd. 4. 6. 1737; Vertreter des frühen Rokoko, Hofmaler Ludwigs XV.; an Rubens und venezian. Meistern geschult, schuf er elegante, bewegte Wand- und Deckenmalereien, auch Tafelbilder (Deckengemälde: Marienkapelle von Saint-Sulpice in Paris, 1731; Herkulessaal zu Versailles, 1733–36).

Lemper, Ute, Sängerin, Tänzerin und Schauspielerin, *Münster 4. 7. 1963; spielte u. a. in den Musicals »Cabaret« (Sally Bowles) sowie »Der blaue Engel« (Lola) und tanzte in M. Béjarts »La mort subite« (Der plötzl. Tod); singt auch Songs von Brecht/Weill, Schlager und Jazzstandards.

Lempira [nach dem Indiohäuptling Lempira, *1497, †1537] *die,* Abk. **L,** Währungseinheit von Honduras; 1 L. = 100 Centavo (cts).

Lemuren (lat. Lemures), bei den Römern im Ggs. zu den segensreichen Laren und Penaten Schadensgeister (die Seelen friedlos umherirrender Verstorbener), zu deren Versöhnung das Fest der **Lemuria** gefeiert wurde.

Lemuren [nach den gleichnamigen röm. Geistern] (Makis, Lemuridae), Familie heute nur noch auf Madagaskar lebender Halbaffen mit verlängerter Schnauze und langem, dicht behaartem Schwanz; nachtaktive Allesfresser. Der **Mausmaki** (Microcebus murinus; Unterfamilie Katzenmakis), ein Insektenjäger, ist mit 13 cm Körperlänge das kleinste Herrentier. Zu den **Makis** (Lemur) zählen der im Wald lebende, bis 40 cm körperlange **Mohrenmaki** (Lemur macaco) und der **Vari** (Varecia variegatus), der Schlafnester in den Bäumen baut; Bestände stark bedroht. – Abb. S. 2782

Lena *die,* Strom in NO-Sibirien, Russland, 4 400 km lang, Einzugsgebiet 2,49 Mio. km², entspringt im Baikalgebirge, mündet mit großem Delta in die Lap-

Philipp Lenard

Nikolaus Lenau, Gemälde von Friedrich von Amerling (um 1830; Marbach am Neckar, Schiller-Nationalmuseum)

Franz von Lenbach

tewsee; 6–7 Monate eisbedeckt; schiffbar von Ust-Kut (Beginn der Baikal-Amur-Magistrale) bis Tixi (Hafen an der Nordostpassage).

Le Nain [lə'nɛ̃] (Lenain), drei frz. Maler, in Werkstattgemeinschaft arbeitende Brüder aus Laon; lebten seit etwa 1629 in Paris und wurden 1648 in die Akademie aufgenommen: Antoine Le N. (* um 1588, † 1648), Louis Le N. (* 1593, † 1648) und Mathieu Le N. (* um 1607, † 1677). Sie schufen Einzelbildnisse und Gruppenporträts in fläm. Tradition, in grauen und braunen Tönen gehaltene bäuerl. Genrebilder, die Anregungen niederländ. Malerei und Elemente italien. Bambocciaden verarbeiten (auch Einflüsse Caravaggios); daneben mytholog. und bibl. Darstellungen.

Lenard, Philipp, Physiker, * Pressburg (heute Bratislava) 7. 6. 1862, † Messelhausen (heute zu Lauda-Königshofen) 20. 5. 1947; schuf durch Einbau einer Aluminiumfolie in die Wand einer Entladungsröhre (**L.-Fenster**) die Möglichkeit, Elektronen (Kathodenstrahlen) aus der Röhre austreten zu lassen und zu untersuchen; analysierte die Wechselwirkungen zw. Elektronen und Licht (Photoeffekt, Phosphoreszenz, Lumineszenz). 1905 erhielt er den Nobelpreis für Physik für Arbeiten über Kathodenstrahlen. Als Antisemit und Gegner der Relativitätstheorie verfasste L. später eine 4-bändige »Dt. Physik« als Gegenstück zur »jüd. Physik«.

Lenard-Effekt [nach P. Lenard], 1) Trennung elektr. Ladungen beim Zerspritzen von Wassertropfen; infolgedessen ist die Luft in der Nähe von Wasserfällen negativ, das Wasser positiv geladen (Balloelektrizität); 2) durch UV-Strahlung hervorgerufene Ionisation eines Gases.

Lenau, Nikolaus, eigtl. N. Franz Niembsch Edler von Strehlenau, österr. Schriftsteller, * Csatád (Ungarn, heute Lenauheim, Rumänien) 13. 8. 1802, † Oberdöbling (heute zu Wien) 22. 8. 1850; lebte 1807–18 in Ungarn; studierte u. a. in Wien, stand in Stuttgart mit dem schwäb. Dichterkreis in Verbindung. Eine unglückl. Liebe zu Sophie von Löwenthal, der Frau seines Freundes, steigerte seine Schwermut bis zum geistigen und körperl. Zusammenbruch (1844); lebte bis zu seinem Tod in Heilanstalten. L. ist einer der großen Lyriker der Melancholie und des Weltschmerzes, dem die Natur zum beseelten Träger seiner Stimmungen und Erlebnisse wird (»Gedichte«, 1832, erweitert 1834; »Neuere Gedichte«, 1838). Viele seiner Gedichte wurden vertont. Zum Teil fragmentarisch blieben seine episch-dramat. Dichtungen um Stoffe der Weltliteratur, die gedanklich den Anschauungen des Jungen Dtl. nahe stehen (»Faust«, Fragment, 1836; »Savonarola«, 1837; »Don Juan«, Fragment im Nachlass; »Die Albigenser«, 1842).

Lenbach, Franz von (seit 1882), Maler, * Schrobenhausen 13. 12. 1836, † München 6. 5. 1904; lernte bei K. von Piloty in München, lehrte 1860–62 an der Weimarer Kunstschule und hielt sich 1863–68 in Italien und Spanien auf, wo er Bilder alter Meister für den Grafen A. F. / Schack kopierte. Etwa 1860 begann seine glanzvolle Karriere als Porträtmaler. In seinen realist. Porträts von bed. Persönlichkeiten seiner Zeit (über 80 Porträts von Bismarck), für die er Fotografien zur Vorlage nahm, wird das Gesicht in markanten und charakterisierenden Zügen aus dem tonig braunen Hintergrund durch Lichteffekt hervorgehoben. Der »Malerfürst« ließ sich 1881–91 von G. von Seidl eine prächtige Villa, das Lenbachhaus, erbauen (heute Städt. Galerie im Lenbachhaus).

Lenclos [lã'klo], Anne, gen. Ninon de Lenclos, frz. Kurtisane, * Paris 10. 11. 1620, † ebd. 17. 10.

Lemuren: Vari (Körperlänge bis 60 cm, Schwanzlänge etwa 60 cm)

1705; eine schöne und gebildete Frau, deren Salon Treffpunkt bed. Persönlichkeiten war (u. a. Scarron, Molière, La Rochefoucauld). Umfangreiche Korrespondenz, nur z. T. authentisch, so die Briefe an Madame de Maintenon.

Lende, Körpergegend zw. Wirbelsäule, 12. Rippe und Darmbeinkamm.

Lendenschurz, kurzes, nur Schamteile und Gesäß bedeckendes Kleidungsstück vieler Naturvölker.

Lend-lease-System [lend 'li:z 'sɪstəm, engl.] (Leih-Pacht-System, auch Pacht-Leih-System), die von den USA im Zweiten Weltkrieg getroffenen Maßnahmen (Lend-lease-Act vom 11. 3. 1941) zur Versorgung der Alliierten mit wichtigen Kriegs- und Zivilgütern ohne Bezahlung. Bis 1946 wurden Lieferungen und Kredite in Höhe von etwa 50 Mrd. US-$ geleistet, wovon Großbritannien und die Commonwealthländer rd. 63%, die UdSSR etwa 22% (rd. 11 Mrd. US-$) erhielten.

Leng [niederdt.] (Lengfisch, Molva molva), bis 2 m lange Art der Dorsche, v. a. im Nordpolarmeer und Nordatlantik; Raubfisch; guter Speisefisch.

Lengefeld, 1) Charlotte von, Gemahlin von / Schiller.
2) Karoline von, Schwester von 1), / Wolzogen, Karoline.

Lengerich, Stadt im Kr. Steinfurt, NRW; am Südhang des Teutoburger Waldes, 22 000 Ew.; Westfäl. Klinik für Psychiatrie und Neurologie; Maschinenbau, Papier-, Kunststoff verarbeitende, Arzneimittel-, Kalk-, Zementindustrie. – Evang. Stadtpfarrkirche mit spätroman. Stufenportal. – Wurde 1727 Stadt.

Lenggries, Gem. im Landkreis Bad Tölz-Wolfratshausen, Oberbayern, im Voralpenland, an der Isar, 680 m ü. M., 9 200 Ew.; besteht aus 50 Einzelortschaften; Sommerfrische, Wintersportort.

Lengyelkultur ['lɛndjɛl-], nach Lengyel, einer Gem. im Bez. Tolna (Ungarn) benannte jungsteinzeitl. bzw. kupfersteinzeitl. Kulturgruppe im Ungar. Tiefland und dem heutigen westl. Österreich (um 5000 v. Chr.), gekennzeichnet durch bemalte Keramik, weibl. Idolplastiken aus Ton sowie Schmuckgegenstände und Ahlen aus Kupfer. Ihre Einflüsse reichen bis Mittel- und O-Europa.

Lenica [le'nitsa], Jan, poln. Maler, Grafiker und Animationsfilmer, * Posen 4. 1. 1928; lebt seit 1963 auch in Frankreich; international bekannt durch seine Plakate, Kinderbücher und surrealist. Zeichentrickfilme.

Filme: Labyrinth (1962); Die Nashörner (1963); A (1964); Adam 2 (1969); Ubu... (1979).

Lenin, Wladimir Iljitsch, seit etwa 1901 polit. Deckname von W. I. Uljanow, russ. Revolutionär und Politiker, Begründer der Sowjetunion, * Simbirsk 22. 4. 1870, † Gorki (bei Moskau) 21. 1. 1924; Sohn eines in den Dienstadel aufgestiegenen Schulinspektors. Veranlasst durch die Hinrichtung seines Bruders Alexander (1887 wegen Beteiligung an der Vorbereitung eines Attentats auf Zar Alexander III.), nahm L. bereits während seines Jurastudiums (1887–91) in Kasan und Samara Verbindung zur revolutionären Bewegung auf. Nach kurzer Anwaltstätigkeit organisierte er in Sankt Petersburg, wo er 1894 seine spätere Frau und enge Mitarbeiterin N. K. Krupskaja kennen lernte, 1895 den »Kampfbund zur Befreiung der Arbeiterklasse«. 1895 wurde er verhaftet und 1897–1900 nach O-Sibirien (Dorf Schuschenskoje) verbannt, wo sein Werk »Die Entwicklung des Kapitalismus in Rußland« (1899) entstand. Seit 1900 in der Emigration (Dtl., Großbritannien, Schweiz), gründete L. mit G. W. Plechanow und L. Martow die Zeitung »Iskra« (»Der Funke«); ihre erste Nummer erschien im Dez. 1900 in Leipzig. In dieser Zeitung, v. a. aber in seiner theoret. Schrift »Was tun? Brennende Fragen unserer Bewegung« (1902), entwickelte er sein Konzept einer revolutionären Kaderpartei, das 1903 die Spaltung der russ. Sozialdemokratie in Menschewiki und die von ihm geführten Bolschewiki hervorrief. Während der Revolution von 1905–07 wieder in Russland, ging er nach deren Scheitern erneut in die Emigration (bis 1917; Hauptstationen: Genf, Paris, Krakau, Bern, Zürich). In seinen wichtigsten Schriften aus dieser Zeit arbeitete er an einer Weiterentwicklung der marxist. Philosophie (»Materialismus und Empiriokritizismus«, 1909) und der Imperialismustheorie (»Der Imperialismus als höchstes Stadium des Kapitalismus«, 1916). 1912 setzte er die Konstituierung der Bolschewiki als eigenständige Partei durch und begann mit der Herausgabe der Parteizeitung »Prawda« (»Wahrheit«). L. agitierte seit 1914 unablässig gegen den Ersten Weltkrieg, den er als Beginn der allgemeinen Krise des Kapitalismus deutete. In der russ. Februarrevolution 1917 sah er die Möglichkeit, den »Krieg in einen Bürgerkrieg« umzuwandeln, um die proletar. Revolution herbeizuführen. Mithilfe der dt. Regierung gelangte L. von der Schweiz über Dtl., Schweden und Finnland im April 1917 nach Petrograd, wo er in seinen »Aprilthesen« ein radikales Aktionsprogramm mit massenwirksamen Parolen (»Frieden um jeden Preis!«, »Alles Land den Bauern!«, »Alle Macht den Sowjets!«) verkündete. Im Juli 1917 flüchtete er nach Finnland, nachdem ein von den Bolschewiki getragener Aufstand gescheitert war; dort entwickelte er in »Staat und Revolution« (1917) eine kommunist. Staatstheorie (»Diktatur des Proletariats«). Nachdem die Bolschewiki in einem von Trotzki vorbereiteten Aufstand (↗Oktoberrevolution) am 25. 10. (7. 11. neuen Stils) 1917 die Macht erobert hatten, wurde L. als Vors. des Rates der Volkskommissare (1917–24) Reg.chef Sowjetrusslands bzw. (nach ihrer Gründung 1922) der UdSSR. 1918 setzte er gegen starken innerparteil. Widerstand den mit großen Gebietsverlusten verbundenen Frieden von Brest-Litowsk durch, um Sowjetrussland eine Atempause zu verschaffen. 1919 gründete er die ↗Komintern, mit deren Hilfe er die »Weltrevolution« voranzutreiben suchte. Die während des Bürgerkrieges eingeführte Politik des »Kriegskommunismus« ersetzte L. 1921 durch die »Neue Ökonom. Politik«. Er unterdrückte gewaltsam (1917 Gründung der ↗Tscheka) die Opposition. Darüber hinaus schuf er die Grundlagen für die Zentralisierung der Macht in einer kleinen Führungsgruppe des ZK (Bildung des Politbüros und des Sekretariats des ZK 1919, Verbot der Fraktionsbildung 1921). Bereits 1918 bei einem Attentat verletzt, musste er sich wegen schwerer Krankheit ab 1922 zunehmend aus der Reg.arbeit zurückziehen und konnte den Aufstieg des mit seiner Unterstützung ins Amt des Gen.-Sekr. der KP gelangten Stalin zum mächtigsten sowjet. Politiker nicht mehr verhindern (»Testament L.s« vom Dez. 1922, in dem er vor dem großen Einfluss Stalins auf den Parteiapparat warnte und den wachsenden Bürokratismus der Revolution und die Macht der Apparate kritisierte). Nach seinem Tod wurde L. in einem Mausoleum in Moskau beigesetzt, das sich zum Mittelpunkt eines keineswegs nur offiziellen Kults um seine Person entwickelte. Seit dem Zerfall der Sowjetunion wurde wiederholt die Beseitigung des Mausoleums und die Beerdigung L.s in Sankt Petersburg gefordert. – Die aus L.s Schriften entwickelte Lehre erhoben seine Nachfolger als **Leninismus** oder **Marxismus-Leninismus** zur Staats- und Parteidoktrin des Kommunismus.

Der nach der Entstalinisierung von der Sowjetunion offiziell verbreiteten Darstellung, dass das vom unangefochtenen Revolutionär und Staatsmann L. hinterlassene polit. Erbe später von Stalin instrumentalisiert und im Interesse seiner diktator. Alleinherrschaft gar verfälscht worden sei (Abweichung von den »leninschen Prinzipien«), steht die Auffassung der neueren, unabhängigen Forschung gegenüber, dass L.s Politik (u. a. Errichtung der kommunist. Einparteienherrschaft, Beginn des »Roten Terrors«) schon den Grund legte für die unter Stalin ins Extreme gesteigerte Gewaltherrschaft und totalitäre Diktatur.

Lenin, Pik, mit 7134 m ü. M. der höchste Gipfel im Transalai, auf der Grenze Tadschikistan/Kirgistan; stark vergletschert.

Leninabad, 1936–91 Name der tadschik. Stadt ↗Chudschand.

Leninakan, 1924–92 Name der armen. Stadt ↗Gümri.

Leningrad, 1924–91 Name der russ. Stadt ↗Sankt Petersburg.

Leningrader Affäre, ↗Sowjetunion (Geschichte).

Leninsk-Kusnezki (bis 1925 Koltschugino), Bergbau- und Industriestadt im Gebiet Kemerowo, im SO Westsibiriens, Russland, im Kusnezker Kohlenbecken, 115 600 Ew.; Steinkohlenförderung, Produktion von Bergbauausrüstungen, Kammgarnwerk.

Lenis [lat.] *die,* mit schwacher Muskelanspannung artikulierter stimmhafter Konsonant, z. B. b, d.

Lenk, Gem. im Kt. Bern, Schweiz, im Obersimmental, 1068 m ü. M., 2400 Ew.; Schwefelbad, Wintersport.

Lenk|achsen, Achsen von Schienenfahrzeugen, die in den Achshaltern längs und quer verschiebbar gelagert sind, sodass sie Gleiskrümmungen folgen können.

Lenkbombe, antriebsloser Flugkörper mit Steuer- und meist auch Tragflächen am Bombenkörper, der durch Fern- oder Eigenlenkung geführt wird. Neben Fernseh- und Infrarotlenkverfahren werden Laserzielsuchsysteme bevorzugt, die auf die Strahlungsenergie eines vom Ziel reflektierten Laserstrahles ansprechen, der von einem vorgeschobenen Beobachter als Markierung auf das zu bekämpfende Ziel gerichtet wird.

Lenkerberechtigung, österr. Bez. für ↗Fahrerlaubnis.

Lenkflugkörper, Bez. für meist militär. Zwecken dienende Flugkörper, deren Bewegungsbahn durch Fern- oder Eigenlenkung beeinflusst werden kann; Verwendung als ↗Fernlenkwaffen (mit Raketenantrieb als ↗Raketenwaffen), ↗Köderflugkörper sowie Aufklärungs- und Zieldarstellungsflugkörper. L. be-

Lengyelkultur: Tonidol mit flachem, dreieckigem Gesicht, Fund aus einer Kiesgrube in Szombathely, Westungarn (Budapest, Ungarisches Nationalmuseum)

Wladimir Iljitsch Lenin

sitzen i.d. R. einen Eigenantrieb, wobei für geringe Reichweiten Raketenantriebe (Lenkraketen), für große Reichweiten Luft atmende Strahltriebwerke (z. B. bei ⁄ Cruise-Missiles) verwendet werden.

Lenkoran, Stadt in Aserbaidschan, ⁄ Länkäran.

Lenkung, Vorrichtung, die bei Straßenfahrzeugen oder Flugkörpern der Richtungsänderung dient. Bei Straßenfahrzeugen wird die L. fast nur durch Schwenken der Vorderräder bewirkt. Die Hinterrad-L. wird z. T. als Rangierhilfe bei Sonderfahrzeugen oder zur Verbesserung der Fahrstabilität eingesetzt. Bei Kraftwagen ist die **Achsschenkel-L.** üblich (1890 von C. F. Benz eingeführt). Durch Drehen des Lenkrads werden über ein Lenkgetriebe die Räder eingeschlagen. Die Räder haben eine seitl. Neigung (Sturz), eine Einwärtsdrehung (Vorspur), und die Lenkachsen sind in Fahrtrichtung (Nachlauf) und senkrecht dazu (Spreizung) geneigt. Bei Anhängern wird meist die **Drehschemel-L.** verwendet. Die ganze gelenkte Achse wird um die Vertikalachse in der Fahrzeugmittelebene geschwenkt. Bei der **Hilfskraft-L. (Servo-L.)** wird die vom Fahrer aufgebrachte Lenkkraft hydraulisch verstärkt. Ein am Lenkgetriebe angebrachtes und von der Lenksäule betätigtes Steuerventil steuert den Öldruck in den Lenkzylinder, der ihn in eine auf die Spurstangen wirkende Hilfskraft umwandelt. Einspurfahrzeuge (Fahrräder, Krafträder) besitzen eine einfache L., bei der die mit dem Vorderrad verbundene Gabel drehbar gelagert ist. Die mit der Gabel verbundene **Lenkstange** (Lenker) ermöglicht das Einschwenken des Vorderrades.

In der Raketentechnik verwendet man zur L. das Hauptantriebssystem (z. B. Schwenken und Schubdrosselung einzelner Triebwerke) oder Steuertriebwerke. Bei einigen (v. a. militär.) Raketen ist die L. im Bereich der Atmosphäre auch durch Luftruder (»Stabilisierungsflossen«) möglich. Voraussetzung für jegliche L. ist bei Raketen ein Navigationsgerät, das den augenblickl. Standort des Raumfahrtgerätes und damit etwaige Abweichungen zur gewünschten Position ermittelt.

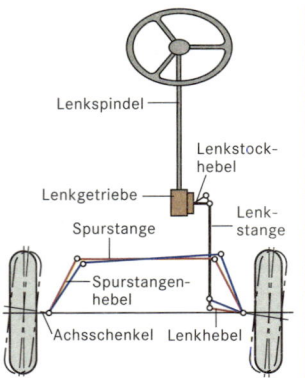

Lenkung: schematische Darstellung der Hauptteile einer Lenkung beim Personenkraftwagen

John Lennon

Lenne die, linker Nebenfluss der Ruhr, entspringt am Kahlen Asten, mündet bei Herdecke, 131 km lang.

Lenné [lɛˈneː], Peter Joseph, Gartengestalter und Generaldirektor der königlich-preuß. Gärten, * Bonn 29. 9. 1789, † Potsdam 23. 1. 1866; schuf Parkanlagen im Stil des engl. Landschaftsgartens u. a. für die Schlösser Sanssouci, Babelsberg (Potsdam) und Charlottenburg.

Lennegebirge, Teil des Sauerlands zw. Lenne und Ruhr, stark bewaldet, im Homert 656 m ü. M.

Lennestadt, Stadt im Kr. Olpe, NRW, im Sauerland, 27 600 Ew.; Metall- und Kunststoff verarbeitende Industrie; Fremdenverkehr. – 1969 durch Zusammenlegung von Elspe, Grevenbrück u. a. Gemeinden entstanden.

Lennon [ˈlɛnən], John, brit. Rockmusiker (Gitarrist, Sänger, Keyboarder), * Liverpool 9. 10. 1940, † (ermordet) New York 8. 12. 1980; Gründer und Mitgl. der ⁄ Beatles. Nach Auflösung der Gruppe 1970 lebte er in den USA; trat als Komponist, Texter und Sänger zahlr. engagierter Lieder (»Give Peace a Chance«) hervor, ferner als Buchautor, Stückeschreiber und Maler; ∞ mit der Happening-Künstlerin und Sängerin Yoko Ono.

Lenorensage, in Märchen und Volkslied weit verbreiteter Stoff, Ballade von G. A. Bürger 1774: Der tote Bräutigam will die klagende Braut zu Pferd in sein Reich holen. Vor dem offenen Grab gelingt es dem Mädchen zu entfliehen.

Le Nôtre [ləˈnoːtr] (Lenôtre), André, frz. Gartenarchitekt, * Paris 12. 3. 1613, † ebd. 15. 9. 1700; schuf den frz. Gartenstil (⁄ Gartenkunst), dessen unübertroffener Meister er war. Seine Parkanlagen in Versailles (seit 1661), Saint-Germain-en-Laye, Saint-Cloud u. a. blieben bis ins 18. Jh. für ganz Europa vorbildlich.

Lens [lãs], Stadt im Dép. Pas-de-Calais, im Kohlenrevier NW-Frankreichs, 35 000 Ew.; Steinkohlenbergbau, Stahl- und Konfektionsindustrie.

Lentigo [lat.] die, der ⁄ Leberfleck.

lento [italien.], musikal. Vortrags-Bez.: langsam; **l. assai,** sehr langsam, schleppend.

Lentulus, Beiname einer röm. Patrizierfamilie, die zum Geschlecht der Cornelier gehörte. Bed. Vertreter: **1)** (Publius Cornelius L. Sura), † Rom 5. 12. 63 v. Chr.; war 71 v. Chr. Konsul, 75 und 63 Prätor, wurde als Teilnehmer an der Verschwörung Catilinas hingerichtet.

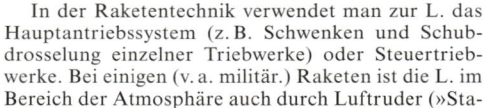

Lenkung: schematische Darstellung eines Zahnstangen-Lenkgetriebes (oben), eines Schneckenrollen-Lenkgetriebes (unten links) und eines Kugelumlauf-Lenkgetriebes (unten rechts)

2) (Publius Cornelius L. Spinther), † 47/46 v. Chr.; erwirkte 57 v. Chr. als Konsul die Rückberufung Ciceros aus der Verbannung und fand im Bürgerkrieg als Anhänger des Pompeius den Tod.

Lenya, Lotte, österr.-amerikan. Schauspielerin und Sängerin, * Wien 18. 10. 1898, † New York 27. 11. 1981; bes. bekannt als Darstellerin und Sängerin in Werken von B. Brecht mit der Musik von K. Weill, ihrem ersten Mann, mit dem sie 1933 in die USA emigrierte. Seit 1955 trat sie auch wieder in Europa auf.

Lotte Lenya

Lenz, 1) Heinrich, russ. Physiker dt. Herkunft, * Dorpat (heute Tartu) 24. 3. 1804, † Rom 10. 2. 1865; brachte durch Anwendung des ↗ Peltier-Effekts Wasser zum Gefrieren, stellte die **lenzsche Regel** für die Richtung eines induzierten elektr. Stromes auf (↗ Induktion).

2) Hermann, Schriftsteller, * Stuttgart 26. 2. 1913, † München 12. 5. 1998; schrieb Gedichte, Erzählungen, v. a. aber zyklisch angelegte Romane, die durch eine intensive lyr. Sprache und Besinnung auf die Innerlichkeit gekennzeichnet sind (u. a. »Verlassene Zimmer«, 1966; »Im inneren Bezirk«, 1970; »Die Begegnung«, 1979; »Ein Fremdling«, 1983; »Seltsamer Abschied«, 1988; »Feriengäste«, 1994; »Freunde«, 1997); erhielt 1978 den Georg-Büchner-Preis.

3) Jakob Michael Reinhold, Schriftsteller, * Seßwegen (Livland) 12. 1. 1751, † Moskau 24. 5. 1792; begegnete als Hofmeister in Straßburg Goethe (1771) und kam 1776 nach Weimar, das er nach Differenzen mit Goethe und der Hofgesellschaft noch im selben Jahr verlassen musste. Seit 1781 führte er ein unstetes Wanderleben in der Schweiz und in Russland. Er verband als Dramatiker des Sturm und Drang Sozialkritik mit realist. Psychologie. Die Dramen (von L. als »Komödien« bezeichnet) »Der Hofmeister« (1774; bearbeitet von B. Brecht, 1950) und »Die Soldaten« (1776; bearbeitet von H. Kipphardt, 1968) weisen auf die Werke von G. Büchner und C. D. Grabbe voraus. Seine »Anmerkungen übers Theater« (1774) sind ein bed. Dokument der Poetik der Geniezeit. G. Büchner setzte ihm mit der Novelle »Lenz« (1835) ein Denkmal.

4) Siegfried, Schriftsteller, * Lyck 17. 3. 1926; gehörte seit 1952 zur »Gruppe 47«; schreibt Romane, Erzählungen und Kurzgeschichten in schlichter, eindringl. Sprache. Grundthemen seines zeitnahen Werkes, das viele autobiograf. Züge trägt, sind Schuld und Verfolgung, Erlebnis von Einsamkeit und Versagen sowie die Frage nach der Anpassung des Individuums an die gesellschaftl. Verhältnisse; die Stoffe, Motive und Personen stammen häufig aus der masur. Heimat des Autors. In seinem erfolgreichsten Werk, dem Roman »Deutschstunde« (1968), wird dt. Verhalten im Nationalsozialismus parabelhaft gedeutet. Zeitkrit. Themen bestimmen auch die Romane »Heimatmuseum« (1978) und »Exerzierplatz« (1985), während er sich in »Die Auflehnung« (1994) und »Arnes Nachlaß« (1999) menschl. Beziehungen zuwendet. Die Erzählungen bezeugen ebenfalls L.' differenzierte, subtile Gestaltungskraft: u. a. »Der Geist der Mirabelle« (1975), »Das serb. Mädchen« (1987), »Ludmilla« (1996); auch Essays (u. a. »Über das Gedächtnis. Reden und Aufsätze«, 1992; »Über den Schmerz«, 1998) und Hörspiele; erhielt 1988 den Friedenspreis des Dt. Buchhandels.

Lenzburg, Hauptort des Bez. L. im Kt. Aargau, Schweiz, an der Hallwiler Aa, 7 400 Ew.; Nahrungsmittelind., Papierverarbeitung, Herstellung von Sportwaffen; Weinbau. – Schloss (11.–15. Jh. und 17. Jh.), mit Stadt- und Schlossmuseum. – Bei der Burg der Grafen von L. entstand eine Siedlung, die 1254 Markt- und 1306 Stadtrecht erhielt.

Lenzerheide (bündnerroman. Lai), Fremdenverkehrsort im Kt. Graubünden, Schweiz, 1 550 m ü. M., in einem Hochtal zw. Chur und Tiefencastel, 2 400 Ew.; mit dem benachbarten **Valbella** (1 800 Ew.) ein bed. Wintersportzentrum.

Lenzkirch, Gem. im Landkreis Breisgau-Hochschwarzwald, Bad.-Württ., 4 900 Ew.; heilklimat. Kurort und Wintersportplatz am Südhang des Hochfirst im Haslachtal; Fabrik für Haarkosmetik, feinmechan. Ind., Apparatebau.

lenzsche Regel, *Physik:* ↗ Induktion.

Leo [lat.], das Sternbild (Großer) ↗ Löwe.

Leo, byzantin. Kaiser, ↗ Leon.

Leo, Päpste:

1) L. I., **der Große,** (seit 440), * in der Toskana, † Rom 10. 11. 461; erwirkte 445 von Kaiser Valentinian III. die Bestätigung des Jurisdiktionsprimats des Papstes über die Gesamtkirche und setzte diesen im Abendland durch; bewog 452 den Hunnenkönig Attila zum Rückzug aus Italien; handelte 455 mit dem Wandalenkönig Geiserich die Schonung Roms vor Mord und Brandschatzung (nicht vor Plünderung) aus; Kirchenlehrer; Heiliger, Tag: 10. 11.

2) L. III. (seit 795), † Rom 12. 6. 816; floh vor seinen Gegnern zu Karl d. Gr. nach Paderborn, kehrte unter fränk. Schutz nach Rom zurück und krönte Karl am 25. 12. 800 zum Röm. Kaiser. Heiliger, Tag: 12. 6.

3) L. IX. (seit 1049), eigtl. Graf Bruno von Egisheim und Dagsburg, * Egisheim (Elsass) 21. 6. 1002, † Rom 19. 4. 1054; förderte die ↗ kluniazensische Reform und leitete die in der Folge von Papst ↗ Gregor VII. auf ihren Höhepunkt geführte gregorian. Reform ein; legte den Grund für das Kardinalskollegium als Leitungsorgan der Gesamtkirche. Heiliger, Tag: 19. 4.

4) L. X. (seit 1513), eigtl. Giovanni de' Medici, * Florenz 11. 12. 1475, † Rom 1. 12. 1521; bedeutendster Renaissancepapst; Kunstmäzen (u. a. Michelangelo, Raffael); sah sich v. a. als Politiker und vernachlässigte seine geistl. Pflichten; versuchte zunächst die Wahl Karls V. zum Kaiser zu verhindern, verbündete sich 1521 aber mit ihm gegen Franz I. von Frankreich, den er früher unterstützt hatte; ging auf Reformvorschläge des 5. Laterankonzils nicht ein; ließ Luther 1520 die Bannandrohungsbulle ↗ Exsurge Domine zustellen und verhängte, nachdem dieser sie öffentlich verbrannt hatte, am 3. 1. 1521 über ihn den Kirchenbann.

5) L. XIII. (seit 1878), eigtl. Vincenzo Gioacchino Pecci, * Carpineto (Prov. Frosinone) 2. 3. 1810, † Rom 20. 7. 1903; bed. Gelehrter und Politiker; förderte die ↗ christlich-sozialen Bewegungen (1891 Enzyklika

Jakob Michael Reinhold Lenz

Siegfried Lenz

Papst Leo X., Gemälde von Raffael, »Papst Leo X. mit den Kardinälen Giulio de' Medici und Luigi de' Rossi« (1518/19; Florenz, Uffizien)

Papst Leo XIII.

↗Rerum novarum), die Mission (v. a. in Afrika und Ozeanien) und die wiss. Arbeit (u. a. Öffnung des Vatikan. Archivs für die Forschung). Kirchenpolitisch betonte er den röm. Zentralismus, als der oberste Lehrer der kath. Kirche hob er den Neuthomismus (↗Neuscholastik) als die Grundlage der kath. Theologie und Philosophie hervor.

Leo-Baeck-Institut [-bɛk-], ↗Baeck, Leo.

Leo-Baeck-Preis [-bɛk-], vom Zentralrat der Juden in Dtl. 1956 gestifteter Preis, mit dem seither jährlich Personen und Institutionen ausgezeichnet werden, die sich im Sinn der Ideale jüd. Religion für Toleranz, Völkerverständigung und die Verwirklichung der Menschenrechte einsetzen. Preisträger u. a.: H. Kohl (1997), R. Herzog (1998), das Ehepaar Berthold und Else Beitz (1999), die Verlegerin Friede Springer (2000), H.-J. Vogel (2001), die Schauspielerin Iris Berben (2002).

Leoben, Bez.-Hptst. in der Obersteiermark, Österreich, an der Mur, 26 700 Ew.; Montan-Univ., Institut für Festkörperphysik, Höhere Lehranstalt für Maschinenbau-Hüttentechnik, Museen, Stadttheater; Zentrum der Schwerind. mit Eisenhütte und Stahlwerk im Stadtteil **Donawitz,** in **Göß** Säge- und Spanplattenwerk, Brauerei, Elektronikind., Metallverarbeitung. – Mittelalterl. Stadtanlage u. a. mit Rathaus (16. und 17. Jh.) und Hacklhaus (im Kern 16. Jh., Stuckfassade 17. Jh.); ehem. Dominikanerkloster (gegr. vor 1280, aufgehoben 1811; heute Bezirksgericht und Gefängnis), Stadtpfarrkirche St. Franz Xaver (1660–65), nördlich daran anschließend der O-Trakt des ehem. Jesuitenkollegs (17. Jh.). – 904 Zentrum einer Grafschaft (**Liupina**), seit 1160 Markt, zw. 1261 und 1280 Anlage einer neuen Stadt. 1939 wurden Donawitz und Göß (ehem. Benediktinerinnenstift, um 1000 gegr.; spätgot. Stiftskirche) eingemeindet. – Der **Vorfrieden von L.** (18. 4. 1797) zw. der Frz. Republik und Österreich mündete in den Frieden von Campoformio.

Leobschütz, Stadt in Polen, ↗Głubczyce.

Leochares [leˈoːxarɛs], att. Bildhauer des 4. Jh. v. Chr., arbeitete um 360–340 am Skulpturenschmuck des Mausoleums in Halikarnassos. Die Zuweisung der Vorbilder des »Apoll vom Belvedere« (Rom, Vatikan. Sammlungen) und der »Artemis von Versailles« (Paris, Louvre) ist umstritten.

Leo Hebräus, ↗Abravanel, Jehuda.

Leo Minor [lat.], das Sternbild Kleiner Löwe (↗Löwe).

Leon (lat. Leo), byzantin. Kaiser:
1) **L. I., der Große,** (seit 457), *in Thrakien um 400, †Konstantinopel 3. 2. 474; vom Heer zum Kaiser erhoben und als Erster vom Patriarchen gekrönt; suchte den german. Einfluss einzudämmen, kämpfte seit 468 erfolglos gegen die Wandalen in Afrika.
2) **L. III., der Syrer** oder (wohl fälschlich) **der Isaurier,** (seit 717), *Germanikeia (N-Syrien) um 675, †Konstantinopel 18. 6. 741; verteidigte Konstantinopel gegen die Araber und Bulgaren (717/718), erneuerte das Heerwesen, die Rechtsprechung und die Finanzwirtschaft und verbot die Bilderverehrung.
3) **L. V., der Armenier,** (seit 813), †(ermordet) Konstantinopel 25. 12. 820; schloss mit den Bulgaren Frieden (um 814). Er nahm den Kampf gegen die Bilderverehrung wieder auf.
4) **L. VI., der Weise** oder **der Philosoph,** (seit 886), *Konstantinopel(?) 866, †ebd. 11. 5. 912; vollendete die Kodifizierung des byzantin. Rechts (60 Bücher »Basilika«). L. erlitt schwere Rückschläge gegen Bulgaren und Araber. 911 musste er mit dem Kiewer Reich einen Handelsvertrag schließen.

Léon [leˈɔ̃], Landschaft an der N-Küste der Bretagne, NW-Frankreich, mit vielen Seebadeorten und kleinen Fischereihäfen; Frühgemüse- und Frühkartoffelanbau.

León, 1) Prov. Spaniens, 15 581 km², 488 800 Einwohner.
2) Hptst. von 1), 145 200 Ew.; Bischofssitz (seit 792); Univ.; Museen; Metall verarbeitende, chemisch-pharmazeut. Ind.; Flugplatz. – Roman. Kirche San Isidoro mit der Königsgruft (»Panteón des los Reyes«; bed. Wandmalereien des 12. Jh., reiche Ausstattung), frühgot. Kathedrale (Glasfenster des 13.–20. Jh.). Im alten Mauren- und Judenviertel die Kirche Salvador de Palaz del Rey (10. Jh.); in der Neustadt die Casa de Botines (1892–94) von A. Gaudí; in der Stadt und Umgebung zahlr. Klöster. – 910–1230 Hptst. des Königreichs L., 988 durch die Mauren z. T. zerstört; wichtige Station an der Pilgerstraße nach Santiago de Compostela.
3) Prov.-Hptst. in Nicaragua, 172 000 Ew.; Bischofssitz; Univ.; Nahrungsmittel-, Textil-, Schuh- u. a. Ind.; Bahnknotenpunkt. – Die fünfschiffige Kathedrale (18. Jh.) gehört zu den größten Gotteshäusern Mittelamerikas.
4) histor. Gebiet in NW-Spanien. L. wurde 910 Königreich und zuerst 1037, endgültig 1230 mit Kastilien vereinigt. Heute mit den Prov. L., Zamora und Salamanca aufgegangen in der autonomen Region Kastilien-León.

León, Fray Luis de, span. Schriftsteller, *Belmonte (Prov. Cuenca) 1527, †Madrigal de las Altas Torres (Prov. Ávila) 23. 8. 1591; Augustiner, 1572–76 von der Inquisition eingekerkert; verfasste theolog. Werke in lat. Sprache, übersetzte u. a. aus dem Hebräischen und Italienischen. Seine Traktate, u. a. »Die perfekte Gattin« (1583), sind Höhepunkte der span. Prosa.

Leonardo da Vinci [-ˈvintʃi], italien. Maler, Bildhauer, Architekt, Kunsttheoretiker, Naturforscher und Ingenieur, *Vinci (bei Florenz) 15. 4. 1452, †Schloss Cloux (heute Clos-Lucé, bei Amboise) 2. 5. 1519; bei Verrocchio in Florenz ausgebildet. Nach langjähriger Tätigkeit (1482–99) am Mailänder Hof des Herzogs Ludovico il Moro (Ludwig von Mailand) kehrte L. da V. über Mantua und Venedig nach Florenz (1500–06) zurück, ging dann jedoch auf Einladung des frz. Statthalters wieder nach Mailand, 1513 nach Rom und 1516 an den Hof Franz' I. nach Frankreich.

Der Bestand an gesicherten Gemälden ist zahlenmäßig gering. Neben vereinzelten Werken der Wandmalerei (»Abendmahl«, 1495–97; Mailand, Santa

Leonardo da Vinci,
Selbstbildnis (1512–15; Mailand, Pinacoteca Ambrosiana)

Leonardo da Vinci: »Abendmahl«, Wandgemälde (1495–97) für das Refektorium von Santa Maria delle Grazie in Mailand

Maria delle Grazie, nach Restaurierung seit 1999 wieder öffentlich zugänglich) schuf L. da V. Bildnisse (»Dame mit Hermelin«, um 1484–88, Krakau, Museum Narodowe; »Mona Lisa«, um 1503–06, Paris, Louvre) und Andachtstafeln (»Verkündigung«, 1473, Florenz, Uffizien; »Madonna mit der Nelke«, vor 1475, München, Alte Pinakothek; »Madonna Benois«, um 1478–80, Sankt Petersburg, Eremitage; »Felsgrottenmadonna«, 1483–86, Paris, Louvre, 2. Fassung unter Mitwirkung von Schülern 1503–06, London, National Gallery; »Hl. Anna selbdritt«, um 1508–11, Paris, Louvre). Einige Werke blieben unvollendet (»Anbetung der Könige«, um 1481, Florenz, Uffizien; »Hl. Hieronymus«, um 1480, Rom, Vatikan. Sammlungen; »Anghiari-Schlacht«, 1503–06, für den Florentiner Rathaussaal, zerstört, in Kopien überliefert). Seine durch ungewöhnl. Beobachtungsschärfe, waches Naturgefühl und psycholog. Einfühlung gekennzeichneten Werke streben kompositionell nach einer formalen Ausgewogenheit von klass. Klarheit und erscheinen malerisch in ein weiches Halblicht (»sfumato«) getaucht. Als Bildhauer beschäftigte sich L. da V. in Mailand mit zwei monumentalen Reiterstandbildern: dem Denkmal für Francesco Sforza und dem Grabmonument für den Feldherrn Gian Giacomo Trivulzio; Skizzen und Bronzemodelle zeugen von der weit über die Epoche hinausweisenden Großartigkeit der nie ausgeführten Projekte. Eine Vielzahl von Entwürfen für ideale Garten- und Schlossanlagen, Kirchenbauten, Festungswerke, Kanäle und mehrgeschossige Straßen belegen seine Tätigkeit auf architekton. Gebiet. Einige der skizzierten Baupläne aus den letzten Jahren wurden bei der Errichtung des Schlosses Chambord verwendet.

Von seiner Vielseitigkeit legen v. a. seine Zeichnungen (in Silberstift, Feder, Kreide, Kohle, Rötel oder Tusche) Zeugnis ab. Sie beziehen sich nicht nur auf vollendete oder geplante Werke in Malerei, Plastik und Architektur, sondern weisen L. da V. als Wegbereiter einer anschaul. Naturforschung auf dem Gebiet der Anatomie, Botanik, Zoologie, Geologie, Hydrologie, Aerologie, Optik und Mechanik aus. Der Naturforscher L. da V. war einerseits philosophisch orientiert, ablesbar v. a. in seinem künstler. Werk (z. B. den Landschaftsgestaltungen), andererseits empirisch, wenn er Einzelerscheinungen untersuchte, um die ihnen zugrunde liegenden Kräfte und Gesetze zu erkennen. In prakt. Anwendung aufgefundener Gesetzmäßigkeiten konstruierte er zahlr. Geräte, u. a. Stechheber, Pumpen, Brennspiegel, Fallschirme, Fluggeräte, Kräne, Schleudern sowie Maschinen zur Tuchherstellung. Auf einer bisher verklebten Rückseite des »Codice Atlantico« fanden sich in den letzten Jahren Konstruktionsentwürfe für ein fahrradähnl. Fahrzeug. Seine Landkarten der Toskana sind Marksteine der modernen Kartographie. Ziel seiner schriftl. Aufzeichnungen war eine umfassende Lehre von den mechan.-funktionellen Urgesetzen der Natur, eine Art groß angelegter Kosmologie. – Universalgenie wie kein anderer seiner Zeitgenossen, hat sich L. da V. in einer neuartigen Synthese von Kunst und Wiss.en in den Dienst eines neuzeitl. Erkenntnisdranges gestellt. – Weitere Abb. / italienische Kunst.

Leonardo von Pisa, der italien. Mathematiker Leonardo Fibonacci (/ Fibonacci-Folge).

Leonard-Schaltung ['lenəd-; nach dem amerikan. Elektrotechniker Harry Ward Leonard, * 1861, † 1915], Schaltung zur verlustarmen Drehzahlsteuerung von Gleichstrommotoren; weitgehend durch über Stromrichter gespeiste Gleichstrommotoren verdrängt.

Leonberg, Große Kreisstadt im Landkreis Böblingen, Bad.-Württ., westlich von Stuttgart, im Strohgäu, 43 900 Ew.; Maschinen- und Apparatebau, Betriebe für Klima- und Trockentechnik. – Got. Pfarrkirche (13./14. Jh.); Fachwerkbauten, u. a. Rathaus (1482); Schloss (16. Jh.). – Seit 1248 Stadt.

Leoncavallo, Ruggiero, italien. Komponist, * Neapel 23. 4. 1857, † Montecatini 9. 8. 1919; mit P. Mascagni und G. Puccini Hauptvertreter der verist. Oper (/ Verismus). Weltberühmt wurde seine Oper »I Pagliacci«, dt. »Der Bajazzo«; Text ebenfalls von L. (1892).

León de los Aldamas, Stadt im Bundesstaat Guanajuato, Mexiko, 1 880 m ü. M. in einem fruchtbaren Hochtal, 1,17 Mio. Ew.; Textil-, Leder-, Papier-, chem., Nahrungsmittelind., Maschinenbau; Flugplatz. – 1576 gegründet.

Leonding, Stadt (seit 1976) im südwestl. Vorortbereich von Linz, Oberösterreich, 22 100 Ew.; mit bed. Ind. (Herstellung von Textilmaschinen, Feuerwehrgeräten, Schuhen, Strickwaren).

Leone der, Abk. **Le,** Währungseinheit von Sierra Leone; 1 L. = 100 Cent.

Leone, 1) Giovanni, italien. Staatsrechtler und Politiker, * Neapel 3. 11. 1908, † Rom 9. 11. 2001; hatte maßgebl. Anteil an der Ausarbeitung der republikan. Verfassung Italiens; Mitgl. der DC, war 1971–78 Staatspräsident.

2) Sergio, italien. Filmregisseur, * Rom 3. 1. 1929, † ebd. 30. 4. 1989; drehte zunächst Historienfilme (»Der Koloß von Rhodos«, 1960), dann Meisterwerke des Italowesterns, u. a. »Für eine Handvoll Dollar« (1964), »Spiel mir das Lied vom Tod« (1968), »Mein Name sei Nobody« (1973), außerdem »Es war einmal in Amerika« (1984).

Leonfelden, Bad, / Bad Leonfelden.

Leonhard, 1) Rudolf, Schriftsteller, * Lissa (heute Leszno) 27. 10. 1889, † Berlin (Ost) 19. 12. 1953, Vater von 2); Anhänger K. Liebknechts, ging 1927 nach Frankreich, lebte seit 1950 in Berlin (Ost). 1933 Mitbegründer des »Schutzverbandes dt. Schriftsteller im Exil«; im Frühwerk vom Expressionismus geprägt, bevorzugte er später eine realist. Gestaltung; neben Lyrik, Dramen, Prosa auch Essays und Übersetzungen.

2) Wolfgang, Publizist, * Wien 16. 4. 1921, Sohn von 1); 1933 Emigration mit seiner Mutter nach Schweden, 1935 in die UdSSR; kam nach 1945 mit der Gruppe Ulbricht nach Dtl., Funktionär der SED, verließ 1949 die SBZ und ging über Jugoslawien in die Bundesrep. Dtl. (1950); setzt sich kritisch mit Existenz und Gesch. des Sozialismus auseinander (u. a. »Die Revolution entläßt ihre Kinder«, 1955; »Spurensuche«, 1992).

Leonidas, König von Sparta (seit 488 v. Chr.), † 480 v. Chr.; fiel bei der Verteidigung der / Thermopylen gegen die pers. Übermacht.

Leoniden [lat.], aus dem Sternbild Löwe (lat. Leo) kommender / Meteorstrom mit dem Maximum um den 17. 11.; trat das letzte Mal 1999 in Erscheinung und ist etwa alle 33 bis 34 Jahre sichtbar.

Leonidow, Iwan Iljitsch, russ. Architekt und Architekturtheoretiker, * Hof Wlasich (Gouv. Twer) 22. 1. 1902, † Moskau 6. 11. 1959; Konstruktivist; erlangte Bedeutung für die moderne Architektur durch zahlr., jedoch nicht ausgeführte Wettbewerbsentwürfe, die eine schwerelos-elegante Zukunftsarchitektur vorwegnehmen (u. a. Lenin-Inst. in Moskau, 1927).

leoninischer Vers [nach Papst Leo I.], Sonderform des Hexameters, bei der sich jeweils Zäsur und Kadenz reimen.

Ruggiero Leoncavallo

Sergio Leone

Wolfgang Leonhard

Leonow, 1) Alexei Archipowitsch, russ. Kosmonaut, *Listwjanka (Sibirien) 30. 5. 1934; verließ am 18. 3. 1965 als erster Mensch bei einem Raumflug das Raumfahrzeug und bewegte sich 12 min 9 s im freien Raum.

2) Leonid Maximowitsch, russ. Schriftsteller, *Moskau 31. 5. 1899, †ebd. 8. 8. 1994; seine Romane verbinden gesellschaftspolit. Themen mit psycholog. Analyse: »Die Bauern von Wory« (auch u. d. T. »Die Dachse«, 1924), »Der russische Wald« (1953).

Leontes, Fluss in Libanon, ↗ Litani.

Leontief [liˈɔntɪəf], Wassily, amerikan. Volkswirtschaftler russ. Herkunft, *Sankt Petersburg 5. 8. 1906, †New York (N. Y.) 5. 2. 1999; beteiligt an der Entwicklung neuer Methoden der Wirtschaftsanalyse und der quantitativen, empir. Wirtschaftsforschung; erhielt 1973 den Nobelpreis für Wirtschaftswiss. für die Ausarbeitung der ↗ Input-Output-Analyse; beschäftigte sich auch mit weltwirtsch. Fragen.

Wassily Leontief

Leopard [lat. leo »Löwe« und pardus »Parder«] der (Panther, Panthera pardus), etwa 1–1,5 m lange (mit Schwanz bis 2,5 m messende), überwiegend dämmerungs- und nachtaktive, meist allein jagende Großkatze bes. in Steppen, Savannen, Regenwäldern, auch Hochgebirgen Afrikas, SW- und S-Asiens; Fell oberseits fahl- bis rötlich gelb, unterseits weißlich, mit schwarzen Flecken, aber auch völlig schwarze Exemplare **(Schwarzer Panther);** wegen seines Fells stark verfolgt, einige Unterarten sind bereits ausgestorben.

Leopard, Militärwesen: Bez. für versch. Typen dt. Kampfpanzer. Der **L. 1** – ausgerüstet mit einer 105-mm-Bordkanone – wurde 1965 in die Bundeswehr eingeführt, später auch in die Streitkräfte anderer Staaten. Der **L. 2** – eingeführt 1979 – hat eine stabilisierte 120-mm-Glattrohrkanone, Infrarot-Passiv-Nachtsicht-Ausrüstung, Laser-Entfernungsmesser, Feuerleitrechner und Schichtpanzerung.

Leopardi, Giacomo Graf, italien. Dichter, *Recanati 29. 6. 1798, †Neapel 14. 6. 1837; gilt mit seiner von klass. Formwillen geprägten Lyrik, die seel. Zerrissenheit und romant. Schwermut Ausdruck verleiht, als der bedeutendste italien. Lyriker nach F. Petrarca (Samml. »Gesänge«, 1831); verfasste auch Prosa und moral. Schriften. Wichtig für das Verständnis seiner Lyrik sind die »Pensieri di varia filosofia e di bella letteratura« (hg. 1898–1907; dt. Auswahl u. a. 1943 u. d. T. »Gedanken aus dem Zibaldone«).

Leopard: Die Großkatze kann ausgezeichnet klettern und verfolgt Beutetiere bis in die unteren Wipfelregionen der Bäume.

Leopold, Herrscher:
Hl. Röm. Reich: 1) **L. I.,** Kaiser (1658–1705), König von Ungarn (seit 1655) und Böhmen (seit 1656), *Wien 9. 6. 1640, †ebd. 5. 5. 1705; Sohn Ferdinands III.; begründete nach zwei Türkenkriegen

Leopold I., Kaiser des Hl. Römischen Reiches (Marmorskulptur von Paul Strudel, 1695; Wien, Kunsthistorisches Museum)

(1662–64 und 1683–99) und dem Frieden von Karlowitz (1699) die Donaumonarchie und den Aufstieg Österreichs zur europ. Großmacht. Gegen die Reunionspolitik Ludwigs XIV. von Frankreich beteiligte er sich am Holländ. Krieg (1672–78/79), am Pfälz. Erbfolgekrieg (1688–97) u. a. antifrz. Allianzen. 1701 nahm er den ↗ Spanischen Erbfolgekrieg (1701–13/14) auf. Innenpolitisch veranlasste L. eine bürokrat. Straffung der Verwaltung.

2) **L. II.,** Kaiser (1790–92), König von Ungarn (seit 1790) und Böhmen (seit 1791), als **L. I.** Großherzog von Toskana (1765–90), *Wien 5. 5. 1747, †ebd. 1. 3. 1792; Sohn Franz' I. und Maria Theresias, hob als Nachfolger seines Bruders Joseph II. dessen Reformen z. T. wieder auf. Der Aufruhr in den Österr. Niederlanden und in Ungarn wurde unterdrückt, der Ausgleich mit Brandenburg-Preußen (Konvention von Reichenbach 1790) erreicht. 1792 schloss L., der die Frz. Revolution zunächst verhalten begrüßt hatte, ein Bündnis mit Friedrich Wilhelm II. von Preußen zum Schutz der frz. Monarchie.

Anhalt-Dessau: 3) **L. I.,** der **Alte Dessauer,** Fürst (seit 1693), preuß. Feldmarschall (seit 1712), *Dessau 3. 7. 1676, †ebd. 9. 4. 1747; führte im preuß. Heer u. a. den Gleichschritt und eiserne Ladestöcke ein; kämpfte erfolgreich im Span. Erbfolgekrieg, im Nord. sowie im 2. Schles. Krieg.

Belgien: 4) **L. I.,** König (1831–65), *Coburg 16. 12. 1790, †Laeken (heute zu Brüssel) 10. 12. 1865, Sohn des Herzogs Franz von Sachsen-Coburg-Saalfeld, Vater von 5); seit 1832 ∞ in zweiter Ehe mit Louise (*1812, †1850), Tochter König Louis Philippes von Frankreich; lehnte die grch. Königskrone ab und wurde 1831 zum »König der Belgier« gewählt, galt als Vorbild eines konstitutionellen Herrschers.

5) **L. II.,** König (1865–1909), *Brüssel 9. 4. 1835, †Laeken (heute zu Brüssel) 17. 12. 1909, Sohn von 4); eignete sich das von H. M. ↗ Stanley in seinem Auftrag erkundete Kongogebiet privat als »Kongofreistaat« an, als dessen Souverän er 1885 (Berliner Kongokonferenz) anerkannt wurde. L. ließ das Land u. a. zur Finanzierung eines umfangreichen Bauprogramms in Brüssel systematisch plündern und errichtete dafür ein grausames Kolonialregime mit mehreren Mio. kongolesischen Opfern (»Kongogräuel«). Er musste seine Kolonie 1908 dem belg. Staat übertragen.

Leopold I., Fürst von Anhalt-Dessau

6) L. III., König (1934–51), *Brüssel 3. 11. 1901, †ebd. 25. 9. 1983; Sohn Alberts I., heiratete 1926 die schwed. Prinzessin Astrid (*1905, †1935), 1941 Marie Lilian Baels (Prinzessin de Réthy, *1917); kapitulierte im Zweiten Weltkrieg nach dem dt. Einmarsch (Mai 1940). 1940–44 war er auf Schloss Laeken interniert, 1944–45 in dt. Kriegsgefangenschaft, danach bis 1950 im Exil. Starke Widerstände v. a. seitens der Sozialisten und Liberalen gegen seine Rückkehr veranlassten ihn, trotz einer für ihn günstigen Volksabstimmung (1950) 1951 zugunsten seines Sohnes Baudouin abzudanken.

Hohenzollern-Sigmaringen: **7) L.,** Fürst, *Krauchenwies 22. 9. 1835, †Berlin 8. 6. 1905; war 1870 Kandidat für den span. Thron (↗ hohenzollernsche Thronkandidatur).

Österreich: **8) L. III., der Heilige,** Markgraf (seit 1095), *Melk um 1073/75, †15. 11. 1136; ging 1105 von Kaiser Heinrich IV. zu Heinrich V. über, dessen Schwester Agnes (†1143) er heiratete; erreichte so den Aufstieg der Babenberger und gilt als erster »österr.« Herrscher; gründete das Chorherrenstift Klosterneuburg, das Zisterzienserkloster Heiligenkreuz und das Benediktinerkloster Klein-Mariazell; Heiliger; Patron (Nieder-)Österreichs; Tag: 15. 11. (Leopoldi-Tag).

Leopoldina (Deutsche Akademie der Naturforscher Leopoldina), älteste naturforschende Gelehrtengesellschaft, 1652 in Schweinfurt gegr., 1742 in »**Kaiserlich Leopoldinisch-Carolin. Akademie der Naturforscher**« umbenannt, seit 1878 mit Sitz in Halle (Saale); gegliedert in 27 Fachsektionen (Gliederung bis 1998: Abteilungen für Naturwiss.en und für Medizin und deren Geschichte).

leopoldinische Linie, durch den Neuberger Teilungsvertrag (1379) von Herzog Leopold III. von Österreich begründeter Zweig der ↗ Habsburger.

Léopoldville [-'vil], bis 1966 Name der Stadt ↗ Kinshasa.

LEP [Abk. für engl. **l**arge **e**lectron **p**ositron collider], Elektron-Positron-Speicherring am ↗ CERN (von 1989–2000 in Betrieb).

Lepanto, italien. Name der grch. Stadt ↗ Naupaktos. – In der **Seeschlacht von L.** (7. 10. 1571) besiegte die venezianisch-span. Flotte der Heiligen Liga von 1571 unter Juan de Austria die Osmanen (letzte große, äußerst blutige Galeerenschlacht).

Le Parc, Julio, argentin. Künstler, *Mendoza 23. 9. 1928; lebt in Paris, wo er die »Groupe de Recherche d'Art visuel« mitbegründete. Er ist ein wichtiger Vertreter der kinet. Kunst, der u. a. auch Licht in seine Arbeiten einbezieht.

Lepcha ['lɛptʃa] (Leptscha, Selbstbez. Rongpa), mongolides Volk mit tibetobirman. Sprache in Sikkim, in den Nachbardistrikten Darjeeling und Kalimpong, Indien (etwa 55 000 L.) sowie in Bhutan (etwa 20 000 L.); die L. sind Buddhisten.

Lepidium, die Pflanzengattung ↗ Kresse.

Lepidodendron das, ↗ Schuppenbaum.

Lepidokrokit der, Mineral, der ↗ Rubinglimmer.

Lepidus, Beiname eines altröm., zum patriz. Geschlecht der Aemilier gehörenden Familie. Bed. Vertreter: **1) Marcus Aemilius,** Konsul (187 und 175 v. Chr.); ließ u. a. die Via Aemilia bauen; Mitbegründer der röm. Kolonien Mutina (heute Modena) und Parma.

2) Marcus Aemilius, röm. Staatsmann, *um 87 v. Chr., †13/12 v. Chr.; schloss 43 v. Chr. mit Antonius und Octavian das zweite Triumvirat; wurde 36 v. Chr. von Octavian entmachtet.

Leporello [nach der langen Liste der Geliebten Don Giovannis, die sein Diener Leporello in Mozarts

Leptis Magna: Ruinen der dreischiffigen severischen Basilika, die im 6. Jh. in eine christliche Kirche umgewandelt wurde

Oper anlegt] *das,* harmonikaartig gefaltete Landkarten, Prospekte, Bilderbücher und Ähnliches.

Lepra [grch.] *die* (Aussatz), chron. bakterielle Infektionskrankheit des Menschen mit vorwiegendem Befall der Haut und/oder des peripheren Nervensystems, die zu Verunstaltungen des Körpers, bes. der Weichteile und der Körperenden (z. B. Nase, Kinn, Hände), führt. Die Übertragung des Erregers Mycobacterium leprae erfolgt nur bei lang dauerndem, unmittelbarem Kontakt mit L.-Kranken, vermutlich durch Tröpfchen- oder Schmierinfektion; die Inkubationszeit beträgt 9 Monate bis 20 Jahre (meist 4–8 Jahre). Die L. tritt bes. in Afrika, Asien, Lateinamerika und Südeuropa auf. Die Behandlung der L. (Chemotherapeutika, z. B. Diaminodiphenylsulfon, Thiambutosin oder Rifampicin) ist langwierig (zwei Jahre bis lebenslang). Inzwischen ist auch eine Impfung mit abgeschwächten L.-Bakterien möglich. Weltweit sind von der L. etwa 1,8 Mio. Menschen betroffen.

Lepsius, 1) Karl Richard, Ägyptologe und Sprachforscher, *Naumburg (Saale) 23. 12. 1810, †Berlin 10. 7. 1884; leitete die preuß. Expedition, die 1842–46 das Niltal bis in den Sudan erforschte; seit 1865 Direktor des Ägypt. Museums in Berlin; einer der Begründer der dt. Ägyptologie.

2) Mario Rainer, Soziologe, *Rio de Janeiro 8. 5. 1928; Prof. in Mannheim (1963–81) und Heidelberg (1981–93); Arbeiten zur Industrie- und Betriebssoziologie, histor. und polit. Soziologie, soziolog. Theoriebildung, Institutionen- und Sozialstrukturanalyse. L. ist Mit-Hg. der »Kölner Ztschr. für Soziologie und Sozialpsychologie« und der Max-Weber-Gesamtausgabe.

Leptin [griech. »schlank«], ein 1994 entdecktes, vom Fettgewebe gebildetes Proteohormon. L. ist an der Regulierung des Körpergewichtes beteiligt, seine Potenz zur Behandlung von Fettsucht ist umstritten.

Leptis Magna (Lepcis Magna), antike Hafenstadt in Nordafrika, östlich von Tripolis (Libyen), gegr. (im 10. Jh. v. Chr.?) als Handelsplatz der Phöniker; im 6. Jh. karthagisch, seit 46 v. Chr. zum Röm. Reich gehörig, Blütezeit 193–217 unter dem in L. M. gebürtigen röm. Kaiser Septimius Severus, im 7. Jh. von Arabern zerstört; Ausgrabungen seit 1921. Nächst dem Hafenbecken liegt die alte Stadt mit Markt, Kurie und Tempeln des 1. Jh. n. Chr. Westlich liegt ein zweiter Markt mit augusteischem Theater, weiter südlich die Hadrianstherme (123–127). Unter Septimius Severus und Caracalla entstanden v. a. das neue Forum (Arkadenhof 100 m × 60 m mit Podiumstempel) mit benachbarter Basilika (216 vollendet), die Prachtstraße zum Hafen und der Ehrenbogen des Septimius Severus. Im O der Stadt wurden ein Circus und ein Amphitheater freigelegt, im W eine Thermenanlage (UNESCO-Weltkulturerbe).

lepto... [grch.], zart..., schmal..., dünn..., klein...

Leptonen [grch.], Familie »leichter« Elementarteilchen mit halbzahligem Spin, die somit der Fermi-Dirac-Statistik genügen. Die L. unterliegen (im Ggs. zu den Hadronen) nicht der starken Wechselwirkung. Sie gelten zus. mit den ↗Quarks als fundamentale Bausteine der Materie. Zu den L. zählen die elektrisch geladenen Teilchen ↗Elektron (e⁻), ↗Myon (μ⁻) und ↗Tauteilchen (τ⁻), deren elektrisch neutrale ↗Neutrinos ($ν_e$, $ν_μ$, $ν_τ$) und die zugehörigen Antiteilchen, die **Anti-L.**, u. a. das ↗Positron (e⁺).

Leptonenzahl, ladungsartige Quantenzahl L der Elementarteilchen, die nur bei den Leptonen von null abweichende Werte (+1 bei Leptonen, −1 bei Antileptonen) aufweist.

Leptosomer [grch.], schmalwüchsiger Körperbautypus (↗Konstitutionstypen).

Leptospirosen [lat.-grch.], weltweit verbreitete Gruppe von Infektionskrankheiten, die durch parasitäre Serotypen der Gatt. Leptospira (zu den ↗Spirochäten gehörende Bakterien) hervorgerufen werden, z. B. ↗Weil-Krankheit, ↗Kanikolafieber.

Leptscha, mongol. Bergvolk ↗Lepcha.

Lepus [lat.], das Sternbild ↗Hase.

Le Puy-en-Velay [lə pɥiɑ̃vˈlɛ], Hptst. des Dép. Haute-Loire in der Auvergne, S-Frankreich, an der Borne, 23 400 Ew.; Wallfahrtsort und kath. Bischofssitz (seit dem 4. Jh.); Zentrum der frz. Spitzenherstellung, Lederind., Karosseriebau, Bekleidungs- und Nahrungsmittelindustrie. – Maler. Altstadt mit mittelalterl. Häusern, roman. Kathedrale (11./12. Jh.); auf steilem Basaltfelsen die Kirche Saint-Michel d'Aiguilhe (Ende 11./12. Jh.).

Lerchen (Alaudidae), weltweit verbreitete Familie bodenbewohnender, meist unauffällig gefärbter Singvögel baumarmer Gebiete; charakteristisch ist die verlängerte Kralle der Hinterzehe (»L.-Sporn«). In Eurasien die durch ihren Fluggesang bekannte **Feld-L.** (Alauda arvensis); Heiden und Waldblößen bewohnt die 14 cm lange **Heide-L.** (Lullula arborea), Ödländer die **Hauben-L.** (Galerida cristata) mit spitzer Federhaube.

Lerchen (von oben): Feld- und Haubenlerche

Lerchensporn (Corydalis), Gattung der Erdrauchgewächse; niedrige Stauden mit geteilten Blättern, in einfachen Trauben stehenden Blüten und schotenähnl., zweiklappiger Kapselfrucht. Der bis 0,4 m hohe, purpurfarben oder weiß blühende **Hohle L.** (Corydalis cava) wächst in Laubwäldern Mittel- und Südeuropas und Nordasiens. Der südeurop. **Gelbe L.** (Corydalis lutea) ist eine Zierpflanze.

Lérida [ˈleriða], Stadt und Prov. in Katalonien, Spanien, ↗Lleida.

Lermontow, Michail Jurjewitsch, russ. Dichter, *Moskau 15. 10. 1814, †(im Duell) Pjatigorsk 27. 7. 1841; Offizier, wurde zweimal strafweise in den Kaukasus versetzt. L. ist der Hauptrepräsentant der russ. Romantik nach Puschkin. Sowohl in Technik wie auch Thematik (Stilisierung des Schmerzes, der Sehnsucht, Verachtung der Gesellschaft) war Byron Vorbild. L.s Lyrik wirkt musikalisch (oft vertont), z. T. auch rhetorisch; Thematik und Form verbinden sich beispielhaft im lyr. Versepos »Der Dämon« (1840). Sein Roman »Ein Held unserer Zeit« (1840) eröffnete die Reihe der großen russ. realist. Romane, in denen die psycholog. Analyse eines »überflüssigen Menschen« zu scharfer Gesellschaftskritik wird; auch Dramatiker (»Maskerade«, 1835).

Michail Lermontow

Lermoos, Gem. in Tirol, Österreich, 994 m ü. M., in einem von der Loisach durchflossenen Becken am Fuß der Zugspitze, 1 000 Ew.; Luftkurort, Wintersportplatz.

Lernäische Schlange, grch. Mythos: ↗Hydra.

Lernbehinderte, Bez. der Sonderpädagogik für Kinder und Jugendliche, die in ihrem Lernverhalten schwerwiegend, lang andauernd und umfassend von der Altersnorm abweichen und einen sonderpädagog. Förderbedarf haben. Lernbehinderung kann durch Schwierigkeiten in der Schwangerschaft oder bei der Geburt, durch frühkindl. Erkrankungen und/oder soziokulturell ungünstige Bedingungen entstehen; sie wird oft als generalisierte Lernstörung diagnostiziert. Bei entsprechender sonderpädagog. Förderung kann der größte Teil der L. beruflich und sozial eingegliedert werden. (↗Sonderpädagogik; ↗Sonderschulen)

Lernen, die Aneignung von Kenntnissen und Fähigkeiten sowie die Änderung von Denken, Einstellungen und Verhaltensweisen aufgrund von Einsicht oder Erfahrung. – Man unterscheidet versch. Lernarten, die sich nicht nur auf Einsicht- und Kenntnisgewinnung, sondern auch auf die Schulung der Wahrnehmungsfähigkeit und den Spracherwerb, auf die Prägung von Bewegungsabläufen und sozialen Verhaltensweisen beziehen. Der Lernerfolg ist von zahlr. Faktoren abhängig: Anlagen, Milieueinflüssen, Reife des Lernenden, Motivation, Art der Vermittlung u. a. Die Lernpsychologie entwickelt ↗Lerntheorien zur Beschreibung und Erklärung des Lernprozesses. (↗Entwicklungspsychologie)

lernende Automaten, techn. Systeme mit der Fähigkeit, durch Lernen Wissen zu erwerben und zu verändern. Bei Zugrundelegung eines entsprechend einfachen Begriffs des Lernens kann bereits ein speicherprogrammierbarer Automat (z. B. eine Steuerung) als l. A. bezeichnet werden. Diesem Begriff

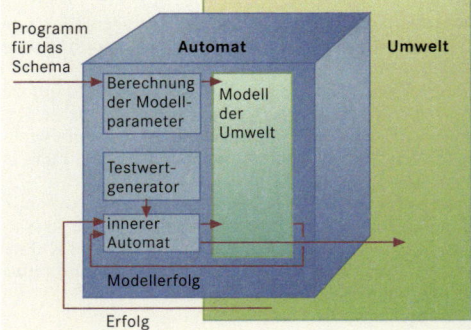

lernende Automaten: Blockdarstellung eines lernenden Automaten mit innerem Modell der Umwelt; die Pfeile geben die Richtungen der wichtigsten Informationsflüsse an

fehlen jedoch Selbstbezogenheit (Selbstreferenz) und Aktivität als wesentl. Merkmale des höheren Lernens. Neben Komponenten des Lernens wie Eingabe, Zustand, Zustandsänderung, Codierung und Ausgabe, die Gegenstand der Automatentheorie sind, kommen bei l. A. ein Erfahrungsspeicher sowie ggf. ein programmiertes Modell der Umwelt hinzu. – Die wichtigsten Verfahren l. A. sind Modelle ↗neuronaler

Netze, die v. a. im Bereich der Muster- und Spracherkennung eingesetzt werden. (↗ künstliche Intelligenz)

lernende Organisation, Leitbild für eine Organisation, die im Interesse der Wettbewerbsfähigkeit überindividuelle Fähigkeiten und Kompetenzen ihrer Mitgl. durch ständiges Lernen entwickelt; fußt v. a. auf lern- und systemtheoret. Überlegungen. Organisationales Lernen erfolgt einerseits im Wechselspiel zw. Individuum und Kollektiv und andererseits durch Interaktionen zw. einer Organisation und ihrer Umwelt.

Lerner [ˈlɜːnə], Abba Ptachya, amerikan. Volkswirtschaftler russ. Herkunft, *in Bessarabien 28. 10. 1903, † Tallahassee (Fla.) 27. 10. 1982; entwickelte neue Ansätze für die Wohlfahrtstheorie sowie Thesen zum Gleichgewicht der Einkommensverteilung und zum Verhältnis von Sparneigung und Vermögensbestand (**L.-Effekt**).

Lernet-Holenia, Alexander, österr. Schriftsteller, *Wien 21. 10. 1897, † ebd. 3. 7. 1976; wesentl. Thema seiner Romane ist der Zerfall Österreich-Ungarns (»Die Standarte«, 1934; »Der Graf Luna«, 1955; »Das Halsband der Königin«, 1962; »Die Geheimnisse des Hauses Österreich«, 1971); auch Novellen (»Der siebenundzwanzigste November«, 1946), Dramen und formstrenge Lyrik.

lernfähiges System, von der Umwelt abgrenzbares biolog. oder techn. System, das sein Verhältnis zur Umwelt selbst so zu verändern vermag, dass es seine Interaktion mit der Umwelt und sein Handeln qualitativ verbessern kann. Eine einfache Lernform ist das Verfahren nach ↗ Versuch und Irrtum. – Die Untersuchung l. S. wurde seit Mitte der 1980er-Jahre von Forschungen auf den Gebieten der Kybernetik und der künstl. Intelligenz verstärkt.

Lernmatrix, *Kybernetik:* Modell lernfähiger Systeme, das im Wesentlichen aus zwei sich kreuzenden Scharen von Leitungsdrähten (Spalten und Zeilen) besteht, in deren Kreuzungspunkten sich, analog zu den bedingten Reflexen bei höheren Lebewesen, bedingte Verknüpfungen bilden können. Diese erfolgen aufgrund des an den Spalten anliegenden Satzes von Eigenschaften und des an den Zeilen anliegenden Satzes von Bedeutungen. In der **Lernphase** werden dem System gleichzeitig Eigenschaftsmengen und die dazugehörigen Bedeutungen zugeführt. Die Lernmatrix ordnet dann in der **Kannphase** z. B. einem beliebigen Satz von Eigenschaften die ähnlichste zu.

Lernmittel, ↗ Lehrmittel.

Lernmittelfreiheit, ↗ Lehrmittel.

Lerntheori|en, durch die Lernforschung in der Psychologie entwickelte Theorien über Bedingungen und Mechanismen zur Erklärung von Lernprozessen. Am Anfang standen behaviorist. Reiz-Reaktions-Theorien, die das Lernen nach dem Prinzip von Versuch und Irrtum bzw. durch Konditionierung erklärten (B. F. Skinner, I. P. Pawlow, J. B. Watson, E. L. Thorndike u. a.). In den 1960er-Jahren gewannen gestaltpsycholog. Ansätze an Einfluss (K. Koffka, K. Lewin, J. Piaget, Jerome Seymour Bruner [* 1915] u. a.), die von zielgerichtetem, erwartungsgesteuertem Verhalten ausgingen und das Lernen aus »Einsicht« (auch bei Tieren) in den Mittelpunkt stellten. Gegenwärtig steht nicht mehr die Suche nach einer umfassenden L. im Mittelpunkt, sondern es werden Theorien für einzelne Lernarten (z. B. Problemlösen) und Lerndimensionen (z. B. motor., emotionales, soziales Lernen) entwickelt. Die neurophysiolog. Grundlagen der Lernprozesse sind dabei in den Vordergrund der Betrachtung gerückt.

Le roi est mort, vive le roi [ləˈrwaɛˈmɔːr, viːvləˈrwa; frz. »Der König ist tot, es lebe der König«], Ausdruck für den Rechtssatz, dass in einer Erbmonarchie die Krone im Augenblick des Todes des Throninhabers auf den Thronfolger übergeht.

Lersch, Philipp, Psychologe, *München 4. 4. 1898, † ebd. 15. 3. 1972; widmete sich bes. der Ausdruckspsychologie (»Gesicht und Seele«, 1932) und der Charakterkunde (»Der Aufbau des Charakters«, 1937).

Leshan: die monumentale, 803 vollendete Buddhastatue am Steilufer des Min Jiang

Lerwick [ˈlɜːwɪk], Stadt in Schottland, Sitz des Verw.gebietes Shetlandinseln, an der O-Küste von Mainland, 7 300 Ew.; Fischerei und Fisch verarbeitende Ind., Versorgungsbasis für die Nordsee-Erdölwirtschaft; Hafen.

Lesage [ləˈsaːʒ], Alain René, frz. Schriftsteller, *Sarzeau (Dép. Morbihan) 8. 5. 1668, † Boulogne-sur-Mer 17. 11. 1747; schrieb Theaterstücke, u. a. die Komödie »Turcaret« (1709), eine Satire auf das frz. System der Steuerpacht; mit den Romanen »Der hinkende Teufel« (1707, überarbeitet 1720) und »Gil Blas von Santillana« (4 Bde., 1715–35) führte er den span. Schelmenroman in die frz. Literatur ein und nutzte ihn zur Kritik an der zeitgenöss. Gesellschaft.

lesbische Liebe [nach der Insel Lesbos mit Bezug auf Sappho, die hier lebte], ↗ Homosexualität.

Lesbos (ngrch. Lesvos, auch Mytilene, Mytilini), grch. Insel vor der kleinasiat. Küste, 1 630 km², bis 967 m ü. M., 87 200 Ew.; Anbau von Getreide, Wein, Oliven; Fremdenverkehr. Hauptort ist Mytilene an der O-Küste. – L., mindestens seit dem 4. Jt. v. Chr. besiedelt, wuEinwanderern besetzt und gehörte im 5. Jh. v. Chr. zum 1., seit 378 v. Chr. zum 2. Att. Seebund. 1355 kam es an die genues. Familie Gattilusi, 1462 an das Osman. Reich, 1912 an Griechenland. Weist frühchristl. Bauten auf. – Heimat der Lyrikerin Sappho, des Dichters Alkaios und des Philosophen Theophrast.

Nikolai Leskow, Ausschnitt aus einer Zeichnung von Ilja Repin (1889; Moskau, Puschkin-Museum)

Lesc | Lescot

Lesotho

Fläche:	30 355 km²
Einwohner:	(2000) 2,29 Mio.
Hauptstadt:	Maseru
Verwaltungsgliederung:	10 Verwaltungsbezirke
Amtssprachen:	Sotho und Englisch
Nationalfeiertag:	4. 10.
Währung:	1 Loti (M; Plural: Maloti) = 100 Lisente (s)
Zeitzone:	MEZ + 1 Std.

Staatswappen

internationales Kfz-Kennzeichen

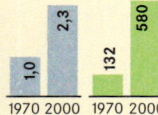

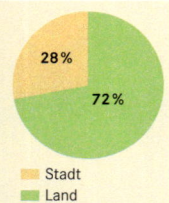
Bevölkerungsverteilung 2000

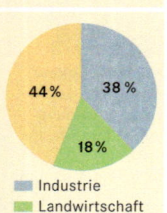
Bruttoinlandsprodukt 2000

Lescot [lɛs'ko], Pierre, frz. Baumeister, * Paris (?) um 1510, † ebd. 10. 9. 1578; Vertreter des Manierismus; baute den klar gegliederten, von J. ∕ Goujon mit Skulpturen geschmückten W-Flügel des Louvre an der Cour Carrée in Paris (seit 1546) und das Hôtel des Ligneries (1544 ff., heute Musée Carnavalet).

Les Diablerets [ledjablə'rɛ], ∕ Diablerets.

Lese, Traubenernte.

Lesebuch, i. w. S. Sammlung ausgewählter literar. Texte (z. B. eines Autors, zu einem Thema); i. e. S. Schulbuch für den Deutschunterricht, das in die Vielfalt der Lit. einführen soll. – Das erste L. für Gymnasien gab J. G. Sulzer 1768 heraus, das erste L. für Volksschulen (Grundschulen) F. E. von Rochow 1776 (»Der Kinderfreund«).

Lesegerät, *Informatik:* (Zeichenleser), Gerät zur ∕ Zeichenerkennung. Es dient der direkten Informationseingabe in einen Computer, wobei die auf dem Datenträger gespeicherten Informationen abgetastet und in binärer oder codiert binärer Form gespeichert und übertragen werden. L. sind z. B. Klarschriftleser, Scanner, Strichcodeleser.

Lesen, Fertigkeit, etwas Geschriebenes mit den Augen (bzw. dem Tastsinn, bei Blinden) und dann mit dem Verstand zu erfassen; war lange ein Privileg einer Bildungsschicht (geistl. und weltl. Gelehrte, Hofbeamte, auch Kaufleute), die sich seit Erfindung des Buchdrucks allmählich erweiterte und sich seit der Aufklärung auf breite bürgerl. Schichten erstreckte (Bildungsbürgertum). Im 19. Jh. erlosch in Mitteleuropa nach und nach, v. a. seit Einführung der Schulpflicht, das Analphabetentum; in der Dritten Welt gelten der Alphabetisierung große Anstrengungen. – Heute wird, um dem abnehmenden Interesse am Lesen entgegenzuwirken, Leseförderung als wichtige kulturpolit. Aufgabe verstanden (in Dtl. realisiert u. a. durch die »Stiftung Lesen«, gegr. 1988).

Lese-Rechtschreib-Schwäche, die ∕ Legasthenie.

Lesestift, mobiles Eingabegerät zur Datenerfassung; wird z. B. im Handel verwendet, um codierte Daten an die Registrierkasse zu übertragen.

Lesezirkel, gewerbl. Unternehmen, das Ztschr. gegen Entgelt befristet verleiht (rechtlich: vermietet). Diese werden ins Haus gebracht und nach vereinbarter Zeit wieder abgeholt.

Lesgier (Lesghier), ostkaukas. Volk im SO Dagestans und in N-Aserbaidschan. Die etwa 470 000 L. sprechen eine ostkaukas. Sprache und sind überwiegend sunnit. Muslime.

Leshan [-ʃ-] (Loshan), Stadt in der Prov. Sichuan, China, südlich von Chengdu, an der Mündung des Dadu He in den Min Jiang, etwa 100 000 Ew.; Teeanbau, Seidenraupenzucht, Seidenweberei. Ausgangsort für buddhist. Wallfahrten auf den ∕ Emei Shan. – Am Steilufer des Min Jiang monumentale Buddhastatue (803 vollendet; UNESCO-Weltkulturerbe). – Abb. S. 2791

Lesina, Ort und Insel in Kroatien, ∕ Hvar.

Leskien, August, Slawist und Indogermanist, * Kiel 8. 7. 1840, † Leipzig 20. 9. 1916; 1869 Prof. in Jena, ab 1870 in Leipzig; einer der Begründer der junggrammat. Schule (∕ Junggrammatiker), bed. Arbeiten zur Gesch. der baltisch-slaw. Sprachen.

Leskow, Nikolai Semjonowitsch, Pseud. N. Stebnizki, russ. Schriftsteller, * Gorochowo (Gouv. Orel) 16. 2. 1831, † Sankt Petersburg 5. 3. 1895; zunächst Beamter, dann Angestellter einer engl. Handelsfirma. Wegen seiner Polemik gegen die revolutionär gesinnte Intelligenz (»Ohne Ausweg«, R., 1864; »Bis aufs Messer«, R., 1870) wurde er von der tonangebenden Kritik angegriffen; auch über Russland hinaus bekannt machte ihn seine Romanchronik »Die Klerisei« (1872), die erste bed. Darstellung des Lebens der russ. Geistlichkeit. Seine Kunst zeigt sich ebenso in der Kurzform der Erzählung (z. B. »Lady Macbeth von Mzensk«, 1865, danach Oper von D. Schostakowitsch, 1934). Unter dem Einfluss Tolstois wandte er sich der Volkslegende zu, die er durch Bearbeitung und eigene Schöpfungen erneuerte. L. gilt als Meister der kleinen Form und wirkte bes. durch seine Erzähltechnik auf die spätere russ. Erzählprosa. – Abb. S. 2791

Lesław, 1940–45 dt. Name von ∕ Włocławek.

Leśniewski [lɛɕ'njɛfski], Stanisław, poln. Logiker und Philosoph, * Serpuchow 28. 3. 1886, † Warschau 13. 5. 1939; seit 1919 Prof. für Philosophie und Mathematik in Warschau. Seine Untersuchungen galten einer alternativen, d. h. nicht mengentheoretisch orientierten Begründung der Mathematik, welche die bekannten Antinomien vermeidet. L. war einer der Begründer der Warschauer Schule der Logik.

Lesotho (amtlich Sotho: Muso oa Lesotho, engl. Kingdom of Lesotho, dt. Königreich Lesotho), Binnenstaat in Südafrika, vollständig von der Rep. Südafrika umgeben.

■ **Staat und Recht**

Nach der am 2. 4. 1993 in Kraft getrenenen Verf. ist L. eine konstitutionelle Monarchie im Commonwealth. Staatsoberhaupt ist der König. Die Legislative liegt beim Zweikammerparlament, bestehend aus Nationalversammlung (120 Abg., auf 5 Jahre gewählt) und Senat (22 Stammeshäuptlinge und 11 vom König ernannte Mitgl.). Exekutivorgan ist die Reg. unter Vorsitz des MinPräs. Einflussreichste Parteien: Lesotho Congress for Democracy (LCD), Basotho National Party (BNP).

■ **Landesnatur**

L. ist überwiegend ein über 2 000 m ü. M. liegendes Hochland, das im O in den Drakensbergen mit dem

Thabana Ntlenyana bis 3 482 m ü. M. ansteigt; es wird vom Oranje und seinen Nebenflüssen in bis zu 800 m tiefe Täler zerschnitten. Der Hochfläche ist im W ein 1 000–1 500 m hohes Vorland vorgelagert, Hauptsiedlungs- und Landwirtschaftsraum des Landes. Es herrscht gemäßigtes subtrop. Klima, entsprechend der Höhenlage mit starken tages- und jahreszeitl. Temperaturschwankungen; jährl. Niederschläge von 1 000 mm (im O) bis 750 mm (im W). Im Bergland können die Niederschläge im Winter als Schnee fallen. Weit verbreitet sind Grasländer und Torfmoore.

Bevölkerung

Die Bev. gehört fast ausschl. dem Bantuvolk der Sotho an, ferner gibt es wenige Europäer und Asiaten. Einzige städt. Agglomeration ist die Hauptstadt Maseru. Das Land ist unterschiedlich dicht besiedelt, im westl. Vorland leben über zwei Drittel der Bev., während Teile des Hochlandes nur leicht oder nur sehr gering besiedelt sind. Mehr als 100 000 Lesother leben als Wanderarbeiter in der Rep. Südafrika. – Über 90 % der Bev. sind Christen, davon etwa die Hälfte Katholiken; 6–8 % werden traditionellen afrikan. Religionen zugerechnet. – Es besteht eine sechsjährige Grundschulpflicht ab dem 7. Lebensjahr. Die Analphabetenquote beträgt 17 %.

Wirtschaft, Verkehr

L. ist ein wenig entwickeltes Agrarland; nur 13 % der Landesfläche sind ackerbaulich nutzbar. Hauptzweige sind Viehhaltung (Wollschafe, Angoraziegen, Rinder) sowie Anbau von Weizen, Mais, Hirse, Hülsenfrüchten, Gemüse. Haupteinnahmequelle sind jedoch die Geldüberweisungen der in der Rep. Südafrika tätigen Wanderarbeiter. Die Diamantenförderung hat ihre Bedeutung weitgehend verloren. Zw. L. und der Rep. Südafrika wurde 1986 das »L. Highland Water Project« vereinbart, das u. a. die Errichtung von sechs Staudämmen und eines Wasserkraftwerkes zur Stromversorgung von L. vorsieht. Durch dieses Projekt expandierte v. a. das Baugewerbe. Das Land ist bisher wenig industrialisiert; es entwickelten sich Verarbeitungsind. und der Dienstleistungssektor. L. steht in Zollunion mit Südafrika, Botswana und Swasiland. Exportiert werden Schaf- und Mohairwolle, Textilien, Lederwaren, Lebendvieh, importiert Nahrungsmittel, Konsumgüter, Maschinen, Fahrzeuge, Mineralöl; Haupthandelspartner ist die Rep. Südafrika. – L. hat keine Eisenbahnen, lediglich einen 2,6 km langen Anschluss an das südafrikan. Eisenbahnnetz. Das Straßennetz umfasst rd. 5 000 km, davon sind 884 km asphaltiert. Internat. Flughafen ist Thota-ea-Moli bei Maseru.

Geschichte

Seit 1868 war das Gebiet des heutigen L. als **Basutoland** brit. Protektorat. 1964 erhielt es innere Autonomie und wurde 1966 als Königreich L. innerhalb des Commonwealth unter König Moshoeshoe II. (* 1936, † 1996) unabhängig. Im Zuge eines Staatsstreiches schaltete Premiermin. L. Jonathan 1970 die Basotho Congress Party (BCP), die zuvor bei den allg. Wahlen einen Sieg errungen hatte, aus. Nach einem Militärputsch übernahm 1986 Justinus Lekhanya an der Spitze eines Militärrates die Macht. König Moshoeshoe II. wurde 1990 abgesetzt und dessen Sohn als Letsie III. am 12. 11. 1990 inthronisiert. 1991 wurde Lekhanya durch Oberst Elias Phisoana Ramaema gestürzt. Mit dem In-Kraft-Treten einer neuen Verf. 1993 übergab der Militärrat seine Machtbefugnisse an Ntsu Mokhehle († im Jan. 1999), den Vors. der BCP, die die im selben Jahr abgehaltenen Wahlen gewonnen hatte. Der Versuch Letsies III. 1994, die Reg. abzusetzen und die Verf. außer Kraft zu setzen, scheiterte am Widerspruch bes. der Rep. Südafrika. Im Jan. 1995 verzichtete Letsie III. zugunsten seines Vaters und Vorgängers auf den Thron, bestieg ihn jedoch wieder nach dessen Tod (Jan. 1996) im Febr. 1996. Neuer MinPräs. wurde nach den Parlamentswahlen 1998, die die LCD gewann, der neue BCP-Vors. Bethuel Pakalitha Mosisili. Nachdem der Reg. massive Wahlfälschung vorgeworfen wurde, einigten sich Reg. und Opposition nach schweren inneren Unruhen auf die Bildung eines Interimsrates sowie Neuwahlen. Bei den schließlich im Mai 2002 abgehaltenen Wahlen erzielte die LCD die Mehrheit der Stimmen.

Lespinasse [lɛspi'nas], Julie de, frz. Schriftstellerin, * Lyon 9. 11. 1732, † Paris 23. 5. 1776; in ihrem Salon in Paris verkehrten bes. die ⁄ Enzyklopädisten; schrieb leidenschaftl., schwärmer. Briefe an den Grafen Hippolyte Guibert (* 1744, † 1790), die zu den bedeutendsten persönl. Briefen des 18. Jh. gehören.

Lesseps, Ferdinand Vicomte de, frz. Diplomat und Ingenieur, * Versailles 19. 11. 1805, † La Chênaie (Dép. Indre) 7. 12. 1894; leitete 1859–69 den Bau des Sueskanals (nach Plänen A. von Negrellis). Sein Versuch, den Panamakanal zu bauen, scheiterte.

Lessing, 1) Doris, engl. Schriftstellerin, * Kermanschah (Iran) 22. 10. 1919; aufgewachsen in Rhodesien, kam 1949 nach England; schrieb gesellschaftskrit. und psycholog. Romane, Kurzgeschichten, bes. über Probleme in Afrika: »Afrikan. Tragödie« (R., 1950), »Kinder der Gewalt« (R.-Zyklus, 5 Bde., 1952–69), »Das goldene Notizbuch« (R., 1962), »Die Liebesgeschichte der Jane Somers« (1984); weitere Arbeiten zeigen die mystisch-utop. Vision einer nicht mehr fragmentierten Welt, u. a. die R. »Canopus im Argos. Archive« (5 Bde., 1979–83), »Das fünfte Kind« (1988), »Rückkehr nach Afrika« (1992), »Mara und Dann« (1999).

Doris Lessing

Gotthold Ephraim Lessing, Gemälde von Anton Graff (1771; Wolfenbüttel, Herzog August Bibliothek); darunter Autogramm

2) Gotthold Ephraim, Schriftsteller und Kritiker, * Kamenz 22. 1. 1729, † Braunschweig 15. 2. 1781, Großonkel von 3); Sohn eines Pastors, Schüler der Fürstenschule St. Afra in Meißen, danach Student in Leipzig (Medizin, Theologie, Philologie). L. erwarb sich ersten Ruhm mit anakreont. Liedern und Stücken im Stil der sächs. Typenkomödie für die Theatertruppe der Caroline Neuber (»Der junge Gelehrte«, Uraufführung 1748, Erstausgabe 1754, »Der Freygeist«, entstanden 1749, Erstausgabe 1755, »Die Juden«, Uraufführung 1749, Erstausgabe 1754). L. lebte seit 1748 mit Unterbrechungen in Berlin und arbeitete als Hg. und Mitarbeiter mehrerer Zeitschriften, u. a. als Kritiker für die spätere »Voss. Zeitung« (1748–55) und in der mit F. Nicolai und Moses Mendelssohn gegr. Ztschr. »Briefe die neueste Literatur betreffend« (1759–65). Mit der Tragödie »Miss Sara Sampson« (1755) begründete er das dt.sprachige / bürgerliche Trauerspiel, angeregt u. a. durch S. Richardson und H. Fielding. In Berlin veröffentlichte er 1759 seine nicht nur wegen der Abhandlungen zur Fabeltheorie bedeutsamen »Fabeln« und das Trauerspiel »Philotas«. 1760–65 war er Sekretär des preuß. Kommandanten von Breslau, B. F. von Tauentzien. 1767 ging er als Dramaturg an das neu gegr. »Dt. Nationaltheater« in Hamburg. Nach dem Zusammenbruch des Unternehmens (1768) wurde er 1770 Bibliothekar in Wolfenbüttel. 1776 heiratete er Eva König, doch sie starb bereits 1778 bei der Geburt eines Sohnes, der seine Mutter nur kurz überlebte.

L., herausragender Vertreter der Aufklärung, war literar. Wegbereiter der Emanzipation eines sich konstituierenden Bürgertums. Seine Wirkung als Kritiker und Kunsttheoretiker war groß. Das Kunstwerk schien ihm nicht an die Erfüllung der verstandesmäßigen Formvorschriften der Franzosen (Einheit von Raum und Zeit im Schauspiel) gebunden. So befreite er, in origineller Interpretation der aristotel. Gattungslehre, die dt. Dichtung aus ihrer Abhängigkeit von frz. Mustern, rechtfertigte Shakespeares kühne, bis dahin weitgehend unverstandene Werke vor dem zeitgenöss. Lesepublikum und wurde damit zum Wegbereiter der Weimarer Klassik wie einer modernen dt. Nationalliteratur überhaupt. Die wichtigsten theoret. Schriften sind die »Hamburg. Dramaturgie« (1767–68) und »Laokoon oder Über die Grenzen der Mahlerey und Poesie« (1766). – Als Dichter sah L. die trag. Gegensätze zw. der Gewissensfreiheit des Einzelnen und seiner gleichzeitigen Entscheidungs- und Handlungsabhängigkeit aufgrund sozialer Verhältnisse (»Emilia Galotti«, vollendet 1772). Mit »Minna von Barnhelm« (1767) schrieb L. eines der schönsten dt. Lustspiele: Es bezeichnet die Ablösung der Typenkomödie durch die Charakterkomödie. Sein dramat. Gedicht »Nathan der Weise« (1779), mit dem die Form der fünffüßigen Jamben (/ Blankvers) für das dt. Drama vorbildlich wurde, ist ein Zeugnis der Humanität und der Toleranz. In engem Zusammenhang mit dem hier formulierten Ideal stehen die späten gesellschaftstheoret. und geschichtsphilosoph. Prosaschriften »Ernst und Falk. Gespräche für Freymäurer« (2 Tle., 1778–80) und »Die Erziehung des Menschengeschlechts« (1780). – In theologisch-philosoph. Schriften (z.T. im Zusammenhang mit der Herausgabe der Fragmente von H. S. / Reimarus und dem Streit mit J. M. / Goeze [»Anti-Goeze«, 1778]) wandte sich L. sowohl gegen die dogmat. Orthodoxie wie auch gegen einen verengten Rationalismus: Voller Besitz der Wahrheit sei dem Menschen versagt; die Suche danach sei seine Aufgabe; das Gute solle um seiner selbst willen, nicht mit Rücksicht auf Belohnung oder Strafen, getan werden. – L.s klarer, durch Ironie und Witz wirksamer Sprachstil wurde beispielhaft für die dt. Prosa, bes. für die Essayistik.

3) Karl Friedrich, Maler, *Breslau 15. 2. 1808, †Karlsruhe 5. 6. 1880, Großneffe von 2); einflussreicher Vertreter der Düsseldorfer Schule, der in Historienbildern zeitgenöss. polit. Ideen und Tendenzen Ausdruck verlieh; daneben stimmungsvolle Landschaften.

4) Theodor, Publizist und Kulturphilosoph, *Hannover 8. 2. 1872, †(ermordet) Marienbad 31. 8. 1933; stammte aus einer liberalen jüd. Familie, 1922–25 Prof. in Hannover, Vertreter der antirationalist. Kultur- und Gesellschaftskritik und einer skept. Geschichtsdeutung. Publizistisch vertrat er einen pragmat. Sozialismus (u. a. Gleichberechtigung der Frau, Völkerverständigung).

Lesueur [ləsyˈœːr] (Le Sueur), 1) Eustache, frz. Maler, getauft Paris 16. 11. 1616, †ebd. 30. 4. 1655; schuf, beeinflusst von Poussin und Raffael, ausgewogene Kompositionen von einer gewissen Distanziertheit in ruhigen, manchmal kühlen Farben. L. gehörte zu den Gründern der Académie royale de peinture et de sculpture.

2) Jean-François, frz. Komponist, *Drucat-Plessiel (bei Abbeville) 15. 2. 1760, †Paris 6. 10. 1837; Hofkapellmeister Napoleons I., dann Ludwigs XVIII., strebte nach neuen klangl. Möglichkeiten mit reichen instrumentalen Mitteln (Vorläufer seines Schülers H. Berlioz); acht Opern, z. B. die Revolutions- und Schreckensoper »La Caverne« (1793) und die romant. Oper »Ossian ou les bardes« (1804), sowie Kirchenmusik (u. a. Messen, Oratorien).

Lesung, 1) *allg.:* öffentl. Lesen eines Textes.
2) *christl. Liturgie:* die / Lektion.
3) *Recht:* die Beratung einer Gesetzesvorlage oder eines Antrags im Parlament; meist sind drei L. erforderlich.

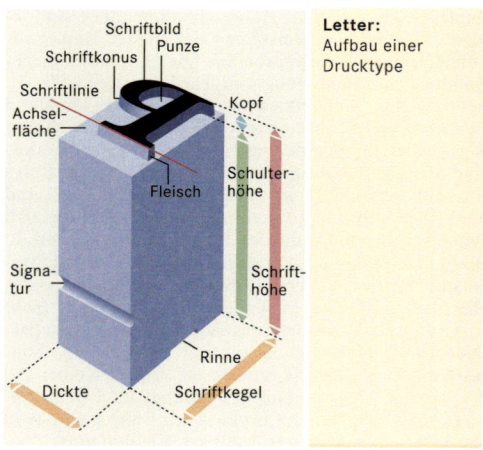

Letter: Aufbau einer Drucktype

Leszczyński [lɛʃˈtʃĩĩski], König von Polen, / Stanislaus.

Leszno [ˈlɛʃnɔ] (dt. Lissa), Stadtkreis und Krst. in der Wwschaft Großpolen, Polen, 62 800 Ew.; Metall-, Nahrungsmittel-, Textilind.; Eisenbahnknotenpunkt. – Erhielt 1547 dt. Recht; seit dem Dreißigjährigen Krieg Hauptsitz der Böhm. Brüder in Polen (Comenius); kam 1793 an Preußen, 1920 an Polen.

letal [lat. letalis, zu letum »Tod«], tödlich.
Letaldosis, Abk. **LD,** innerhalb eines bestimmten Zeitraums zum Tod führende Dosis, z.B. LD_{50} (Dosis eines Arzneimittels, bei der 50% der Tiere sterben).
Letalfaktoren, durch Mutation veränderte Gene, die den Tod eines Individuums vor Erreichen des fortpflanzungsfähigen Stadiums bewirken. Nur rezessive L. sind vererbbar.
Letalität *die,* / Sterblichkeit.

Lettland

Fläche:	64 589 km²
Einwohner:	(2000) 2,375 Mio.
Hauptstadt:	Riga
Verwaltungsgliederung:	26 Distrikte und 7 Städte
Amtssprache:	Lettisch
Nationalfeiertag:	18. 11.
Währung:	1 Lats (Ls) = 100 Santim (s)
Zeitzone:	MEZ

L'État c'est moi [leta sɛˈmwa; frz. »Der Staat bin ich«], angeblich Ausspruch Ludwigs XIV., kennzeichnet die absolutist. Reg.form.

Lethargie [grch.] *die,* Teilnahmslosigkeit, Interesselosigkeit, auch Schlafsucht.

Lethe [grch. »das Vergessen«] *die, grch. Mythos:* Fluss oder Quelle in der Unterwelt, woraus die Seelen der Verstorbenen Vergessen trinken.

Letmathe, ehem. Stadt an der Lenne, seit 1975 Stadtteil von ↗ Iserlohn.

Leto (lat. Latona), *grch. Mythos:* Göttin aus dem Geschlecht der ↗ Titanen, Geliebte des Zeus, durch ihn Mutter der göttl. Zwillinge Apoll und Artemis; diese verteidigten L. gegen die Angriffe des Riesen Tityos und rächten die Schmähungen der Niobe.

Letten, Bez. für verschiedenfarbige, schwach verfestigte, eisenoxidreiche Schiefertone, z. B. des Keupers.

Letten, zum balt. Zweig der indogerman. Sprachfamilie gehörendes Volk. Von den insgesamt etwa 1,6 Mio. L. leben rd. 1,4 Mio. in Lettland.

Letter [lat.] *die* (Drucktype), *graf. Technik:* Schriftkörper aus Letternmetall (Blei-Antimon-Zinn-Legierung), Holz oder Kunststoff mit dem erhabenen, spiegelverkehrten Schriftbild eines Buchstabens zur Herstellung einer Druckform für den Hochdruck. Die L.-Abmessung, von der die Höhe des Schriftbildes abhängt, bezeichnet man als **Kegel**.

Lettersetdruck, *graf. Technik:* ↗ Druckverfahren.

Lette-Verein, 1866 in Berlin von W. A. Lette (* 1799, † 1868) gegr. »Verein zur Förderung der Erwerbsfähigkeit des weibl. Geschlechts« (seit 1872 L.-V.); Träger von Berufsfachschulen.

Lettgallen (lett. Latgale), histor. Prov. und heutige Region in Lettland.

lettische Literatur. Über Jahrhunderte gab es eine reiche, nur mündlich überlieferte Volkspoesie: die Dainas (Volkslieder) und Märchen. Im 16. Jh. begann eine geistl. Literatur und mit J. Alunāns (* 1832, † 1864) die eigentl. Kunstliteratur. Bald folgten große Dichter aller Richtungen: philosoph. Neuromantiker wie Aspazija, J. Rainis und J. Poruks, Realisten wie die Brüder R. und M. Kaudzīte, R. Blaumanis, A. Saulietis, später J. Janševskis, K. Zariņš, J. Ezeriņš, A. Grīns und J. Jaunsudrabiņš, Vertreter versch. geistiger Strömungen wie K. Skalbe, Anna Brigadere, J. Akurāters, E. Virza, Elza Stērste, der Balladendichter V. Plūdons, dann J. Medenis, A. Čaks. Mit der Besetzung durch die sowjet. Armee 1944 setzte eine Massenflucht in den Westen ein. Die ungebrochene Vitalität der Schriftsteller ließ im Exil seit den 1960er-Jahren eine Literatur von Rang entstehen (u. a. Zinaida Lazda, M. Zīverts, Zenta Maurina). Die Literatur in der Lett. SSR repräsentierten zunächst kommunist. Schriftsteller wie A. Upītis, Vizma Lāas und J. Sudrabkalns; allmählich wurde aber eine größere Freiheit in Form und Inhalt möglich; Belebung war bes. in der Lyrik spürbar, u. a. bei Vizma Belševica, O. Vācietis, I. Ziedonis und J. Peters, in der Prosa bei A. Bels, A. Jakubāns, Regina Ezera, in der Dramatik bei G. Priede. Seit der Unabhängigkeit Lettlands 1991 konnten neben den älteren Autoren auch Vertreter der jüngeren Generation (in der Lyrik u. a. L. Briedis, Māra Zālīte, Amanda Aizpuriete, in der Prosa u. a. A. Kļavis, Andra Neiburga, G. Berelis) ein größeres Publikum erreichen. Die Werke der lett. Exilautoren erscheinen wieder im Druck. Eine krit. Auseinandersetzung mit dieser Exilliteratur und mit der Literatur in der Lett. SSR ist im Gange.

lettische Sprache, gehört zum balt. Sprachzweig des Indogermanischen; drei Dialektgruppen (Mittel-, Hochlettisch, Thamisch). Die l. S. wird in lat. Schrift mit Zusatzzeichen geschrieben.

Lettland (lett. Latvija, amtlich Latvijas Republika), Staat in NO-Europa, grenzt im W an die Ostsee, im N an den Rigaischen Meerbusen und an Estland, im O an Russland, im SO an Weißrussland und im S an Litauen.

Staat und Recht

L. ist eine parlamentar. Rep. mit Mehrparteiensystem. Seit dem 6. 7. 1993 gilt die Vorkriegsverf. von 1922 (mit Änderungen von 1997). Staatsoberhaupt ist der vom Parlament auf 4 Jahre gewählte Präs. Die Legislative liegt beim Saeima (100 Abg., für 4 Jahre gewählt), die Exekutive bei der Reg. unter Vorsitz des MinPräs. Einflussreichste Parteien und Vereinigungen: Neue Ära (JL), Bündnis für Menschenrechte im vereinten L. (PCTVL), Volkspartei (TP), Union der Grünen und Bauern (ZZS), Erste Partei L.s (LPP), Vaterland und Freiheit (LNNK).

Landesnatur

L. liegt im NW der glazial überformten osteurop. Ebene. Neben Grundmoränen bestimmen Endmoränenzüge mit kuppigen Höhen und zahlr. eingelagerten Seen (Lubāns-, Rāznassee) die Oberfläche. Im W zergliedern auf der Halbinsel Kurland breite Schmelzwassertäler die Kurländ. Höhen (bis 184 m ü. M.). Östlich der dicht besiedelten zentrallett. und Semgaller Ebene, die an der unteren Düna, Kurländ. Aa und an dem tief in das Land eingreifenden, flachen Rigaischen Meerbusen liegen, erreichen die Mittellivländ. Höhen 312 m, im SO die Lettgall. Höhen 289 m ü. M. Entlang der wenig gegliederten Ostseeküste erstreckt sich eine 10–40 km breite Küstenebene. L. verfügt über ein dichtes Flussnetz. Wichtigster Fluss ist die im Unterlauf schiffbare Düna.

Staatswappen

internationales Kfz-Kennzeichen

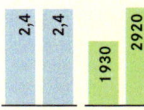

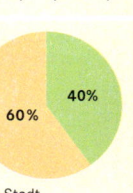

Bevölkerungsverteilung 2000

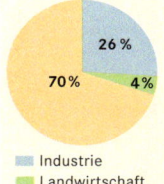

Bruttoinlandsprodukt 2000

Das Klima ist ozeanisch geprägt und hat relativ milde Winter und kühle Sommer. Die mittleren Jahresniederschläge liegen an der Küste und in den Niederungen zw. 550 und 600 mm, in den Höhenlagen bei 700 bis 800 mm. Knapp 40 % der Fläche sind bewaldet. Die größten Waldgebiete (Kiefern und Fichten) finden sich auf der Halbinsel Kurland. In den Niederungen sind Laubwälder (bes. Birken und Erlen) verbreitet. Die einst vermoorten Wiesen (auf 17 % der Fläche) wurden durch Melioration größtenteils in weidewirtsch. genutztes Grünland verwandelt; rund 10 % sind Moor- und Sumpfland.

■ Bevölkerung

Die Bev. des Landes setzt sich u. a. aus Letten (58 %), Russen (30 %), Weißrussen (4 %), Ukrainern (3 %), Polen (2 %) und Litauern (1 %) zusammen. Am dichtesten sind die zentrallett. und die Semgallener Ebene um die Stadt Riga besiedelt. Dünn bevölkert ist der O-Teil von Kurland und der östl. Landesteil. – Die Bev. ist in ihrer Mehrheit traditionell der evang.-luth. Kirche verbunden, »eingeschriebene« Kirchenmitgl. sind allerdings nur etwa 13 %. Rd. 20 % der Bev. gehören der kath. Kirche an. Der orth. Kirche fühlt sich ein großer Teil der Russen verbunden. Die rd. 90 000 Altgläubigen gehören zu deren priesterlosem Zweig (↗ Raskolniki). – Es besteht eine neunjährige allg. Schulpflicht ab dem 7. Lebensjahr und ein Vorschulangebot (ab dem 2. Lebensjahr für alle Kinder offen, ab dem 5. Lebensjahr obligatorisch).

■ Wirtschaft, Verkehr

L. befindet sich in der fortgeschrittenen Übergangsphase von der sozialist. Planwirtschaft zur freien Marktwirtschaft, deren Aufbau durch die überkommene Verflechtung mit der russ. Ind. und durch die Abhängigkeit von russ. Brennstofflieferungen erschwert wurde. Wirtschaftsreformen ebneten den Weg für die Privatisierung und Reprivatisierung. Größte Wachstumsmotoren der Wirtschaft sind der Transithandel (v. a. Erdöl), das Transportwesen sowie Holzverarbeitung und Lebensmittelindustrie. Im Vordergrund der Landwirtschaft steht die Rinder- und Schweinehaltung; Anbauprodukte sind Futterpflanzen, Getreide, Kartoffeln, Flachs, Gemüse und Zuckerrüben. Unter den balt. Ländern besitzt L. das größte forstwirtsch. Potenzial. Holz und Holzprodukte sind die größten Devisieneinnahmequellen des Landes. Bedeutung hat auch die Hochseefischerei. Außer Torf (wichtiger Brennstoff für private Haushalte), Kalkstein, Ton und Sanden besitzt L. keine Bodenschätze. Der Entwicklungsstand der verarbeitenden Ind. ist relativ hoch. Wichtigste Ind.zweige sind der Landmaschinen-, Diesel- und Elektromotoren-, Elektrogeräte- (Rundfunk-, Fernsehempfänger, Telefonanlagen) und Fahrzeugbau (Kleinbusse, Mopeds, Waggons), ferner die chemisch-pharmazeut., Möbel-, Papier-, Nahrungsmittel- (Verarbeitung von Fisch, Fleisch, Milch), Leder- und die traditionsreiche Textilind. (Baumwoll- und Leinenverarbeitung). Die wichtigsten Ind.zentren sind Riga, Daugavpils und Liepāja. Der Fremdenverkehr (Seebäder und Kurorte) wird verstärkt entwickelt. Die wichtigsten Handelspartner sind Russland, Dtl., Finnland, Schweden, Litauen und Estland. Hauptexportgüter sind neben Holz und daraus gefertigten Gütern bes. Maschinen und Ausrüstungen, Textilien und Nahrungsmittel. – Das Verkehrsnetz ist relativ gut ausgebaut. Das Straßennetz umfasst etwa 20 300 km, davon 18 700 km mit fester Decke. Das Eisenbahnnetz weist eine Gesamtlänge von 2 413 km, davon sind 270 km elektrifiziert. Das schiffbare Flussnetz (bes. die Unterläufe von Düna und Kurländ. Aa) ist 347 km lang. Wichtigster Hochseehafen ist Ventspils (fast drei Viertel des lett. Hafenumschlags), in dem bes. russ. Erdöl sowie Getreide und Stückgut umgeschlagen werden, gefolgt von Riga und Liepāja. Einen internat. Flughafen gibt es in Riga.

■ Geschichte

Bis zum Ende des Ersten Weltkrieges hatten die Letten kein eigenes nat. Staatswesen; ihre Siedlungsgebiete waren im MA. Teil Livlands. 1180 begann die Missionierung der lett. Stämme. Die Lettgallen, Liven, Selen, Kuren und Semgaller wurden im 13. Jh. vom Schwertbrüderorden bzw. (ab 1237) vom Dt. Orden unterworfen. Im Erzbistum Riga, im Bistum Kurland und im Gebiet des Dt. Ordens herrschte die dt. Ober- und Bürgerschicht (↗ Deutschbalten) über eine einheim. Bauernbevölkerung. Nach dem Zerfall des Ordensstaates fiel ↗ Livland 1561 an Polen, 1629 an Schweden; ↗ Kurland wurde 1561 unter dem letzten Ordensmeister Gotthard Kettler ein Herzogtum unter poln. Lehnshoheit. Seit dem 18. Jh. gehörte das gesamte lett. Territorium (seit 1772 auch Lettgallen)

Lettland: Blick über den See Araisi im Gauja Nationalpark (nordöstlich von Riga)

zum russ. Kaiserreich. Im 19. Jh. entstand eine lett. Nationalbewegung. Eine aus Emigranten gebildete lett. Sowjetreg. proklamierte im Dez. 1918 ein unabhängiges L. und ließ große Teile des Landes durch bolschewist. Truppen (lett. Schützendivisionen) besetzen. Der von den Deutschen unterstützten Nationalreg., die bereits am 18. 11. 1918 eine »Rep. L.« ausgerufen hatte (MinPräs. Karlis Ulmanis), gelang es erst 1919 mithilfe dt. und baltendt. Freiwilligenverbände, die Kontrolle über den größeren Teil L.s zu gewinnen. Die erneute Unabhängigkeitserklärung vom Mai 1920 wurde von der Sowjetreg. im Rigaer Abkommen vom Aug. 1920 akzeptiert. Die Grenzen wurden nach der Sprachgrenze festgesetzt; L. umfasste Kurland, das südl. Livland und Lettgallen. Der dt.-balt. Großgrundbesitz (1300 Rittergüter) wurde 1920 enteignet. Das über eine tolerante Minderheitengesetzgebung verfügende kleine Staatswesen erlebte eine kulturelle und wirtsch. Blüte, die auch durch den Staatsstreich im Mai 1934 und das anschließende autoritäre Regime unter Ulmanis nicht unterbrochen wurde. Im Dt.-Sowjet. Nichtangriffspakt vom 23. 8. 1939 wurde L. dem Einflussbereich der Sowjetunion überlassen, die im Okt. 1939 von L. den Abschluss eines Beistandspaktes erzwang und dieses am 5. 8. 1940 als Lett. SSR ihrem Territorium einverleibte. Während der nat.-soz. Besetzung 1941–44 wurde die jüd. Bev. größtenteils vernichtet (Beteiligung auch lett. Polizeieinheiten, u. a. des »Arājs-Kommandos«, an ihrer Ermordung). Nach der Rückeroberung L.s (Kapitulation der Heeresgruppe Kurland erst im Mai 1945) flohen etwa 115 000 Letten in den Westen. Es kam zu einem jahrelangen antisowjet. Partisanenkampf. Im Zuge der Kollektivierung der Landwirtschaft wurden 1949 rd. 43 000 lett. Bauern deportiert und viele Nichtletten angesiedelt.

Im Zuge der sowjet. Reformpolitik seit 1985 bildete sich 1988 eine Volksfront für die Unabhängigkeit L.s von der UdSSR. Nach deren Wahlsieg im März 1990 proklamierte das lett. Parlament am 4. 5. 1990 die Wiederherstellung der souveränen Rep. L. Der bereits 1988 zum Parlamentspräs. gewählte A. Gorbunovs wurde im Amt bestätigt, das er bis 1995 bekleidete. Gemeinsam mit Litauen und Estland belebte L. im Mai 1990 den ↗ Baltischen Rat wieder. Die angestrebte Loslösung von der UdSSR führte zum Konflikt mit der Unionsreg. (u. a. blutiger Militäreinsatz in Riga im Jan. 1991). Am 3. 3. 1991 erbrachte eine Volksbefragung eine eindeutige Mehrheit für eine »demokrat. und unabhängige« Rep. L. Nachdem im Zusammenhang mit dem Staatsstreich gegen Unionspräs. M. Gorbatschow im Aug. sowjet. Truppen in die Hptst. Riga einmarschiert waren, setzte L. am 21. 8. seine bereits im Mai 1990 verkündete Unabhängigkeitserklärung in Kraft (am 17. 9. 1991 Aufnahme in die UN). Im Okt. 1991 wurde ein neues Einbürgerungsgesetz verabschiedet (mit Beschränkungen für die nach 1940 zugewanderten Russen). Am 31. 8. 1994 war der Abzug der russ. Truppen aus L. abgeschlossen.

Nach A. Šķēle (Reg.chef 1995–97) und G. Krasts (1997–98 in diesem Amt) wurde im Nov. 1998 V. Krištopans (Lett. Weg) MinPräs., den 1999 wieder Šķēle (seit 1998 Vors. der neu gegr. Volkspartei) ablöste; nach dessen Rücktritt bildete im Mai 2000 A. Bērziņš (Lett. Weg) eine neue Reg. Staatspräs. war 1993–99 G. Ulmanis, dem Vaira Vīķe-Freiberga im Amt folgte. Unter ihrem Einfluss und auch unter dem Eindruck internat. Forderungen (u. a. der EU, der OSZE und der NATO) stimmte das Parlament schließlich im Mai 2002 einer Revision des Wahlges. zu (Entfernung der Sprachklausel und damit Erleichterung der Teilnahme von Vertretern der russischsprachigen Minderheit an Wahlen). Die Parlamentswahlen am 5. 10. 2002 gewann die vom ehem. Zentralbankpräs. Einars Repse neu gegr. Partei Neue Ära; am 5. 11. 2002 wurde Repse MinPräs. einer Koalitionsreg. aus Neuer Ära, der Lett. Ersten Partei, der Union der Grünen und Bauern sowie Vaterland und Freiheit.

Außenpolitisch nahm L. v. a. Kurs auf eine stärkere Anbindung an Westeuropa und die Zurückdrängung des Einflusses von Russland. Am 27. 10. 1995 beantragte L. als erster der balt. Staaten die Mitgliedschaft in der Europ. Union (2000–02 Beitrittsverhandlungen). Der EU-Gipfel in Kopenhagen vom Dez. 2002 beschloss die Aufnahme des Landes zum 1. 5. 2004; dem stimmte die Bev. in einem Referendum am 20. 9. 2003 zu. Auf dem Prager Gipfeltreffen der NATO vom 21./22. 11. 2002 wurde L. die Mitgliedschaft offeriert (für 2004 vorgesehen).

Lettner [von lat. lectorium »Lesepult«] *der,* in mittelalterl. Kirchen die halbhohe Wand, die den Chor- vom Gemeinderaum trennt. Der L. entstand seit Ende des 12. Jh. aus den seit frühchristl. Zeit übl. niedrigen Chorschranken. Der von einer Pforte (auch mehreren) durchbrochene L. wurde immer reicher ausgebildet und mit Skulpturen geschmückt. Schon die Spätgotik empfand die Scheidewand als störend und machte den L. daher so durchsichtig wie möglich. Im Barock wurden, bes. in Frankreich, die meisten L. beseitigt und durch Chorgitter und Kommunionbank ersetzt.

Lettner: Westlettner des Naumburger Doms (um 1250–60)

Lettow-Vorbeck [-to:-], Paul von, preuß. General, * Saarlouis 20. 3. 1870, † Hamburg 9. 3. 1964; 1913–18 Kommandeur der Schutztruppe von Dt.-Ostafrika, nahm 1920 am Kapp-Putsch teil. 1928–30 war er MdR (DNVP).

Lettres de Cachet [lɛtr də kaˈʃɛ, frz.], geheime Haftbefehle der frz. Könige; 1790 abgeschafft.

Lëtzebuerg, luxemburgisch für die Stadt und das Großherzogtum Luxemburg.

Letzlinger Heide, ↗ Colbitz-Letzlinger Heide.

Letztbegründung, Begriff der neueren Philosophie für das Problem einer letztgültigen, objektiven Rechtfertigung des Erkennens und Handelns durch die log. Rückführung auf einen letzten Grund. Dieser muss in sich selbst evident sein und darf keiner weiteren Begründung bedürfen.

Letzte Ölung, die, ↗ Krankensalbung.

letzter Wille (letztwillige Verfügung), das ↗ Testament.

Leu ['lɛu] *der,* Währungseinheit in Rumänien und Moldawien (Moldau-L.); 1 L. = 100 Bani.

Leu, Hans d. J., schweizer. Maler und Zeichner, *Zürich um 1490, ✕ am Gubel 24. 10. 1531; seine Landschaftsdarstellungen sind in ihrem Stimmungsgehalt Werken der ↗Donauschule verwandt.

Leubus, Ortsteil von Wołów, Polen, ↗Lubiąż.

Leuchtbakteri|en, Gruppe vorwiegend im Meer lebender gramnegativer, begeißelter Bakterien, die ein bläulich grünes Leuchten (u. a. Meeresleuchten) verursachen. Einige Arten leben in Symbiose mit Tinten- und Tiefseefischen in deren Leuchtorganen.

Leuchtdichte, Formelzeichen L, L_v, SI-Einheit ist Candela pro Quadratmeter (cd/m²); photometr. Größe für die vom Auge empfundene Helligkeit einer leuchtenden Fläche. Sie ist der Quotient aus der von einem Flächenelement dA eines Strahlers unter dem Winkel φ zur Flächennormalen abgestrahlten Lichtstärke dI und der Projektion d$A \cdot \cos\varphi$ senkrecht zur betrachteten Richtung: $L = dI/(dA \cdot \cos\varphi)$. Der L.-Bereich umfasst Werte von 10^9 cd/m² (Sonne) bis 10^{-5} cd/m² (Helligkeitsschwelle). Die der L. entsprechende Strahlungsgröße ist die ↗Strahldichte.

Leuchtdiode, die ↗Lumineszenzdiode.

Leuchte, Gerät zur Aufnahme und zum Betrieb künstl. Lichtquellen (Lampen, z. B. Glühlampen, Entladungslampen, Leuchtstofflampen, Leuchtröhren), bestehend aus den zur Befestigung, zum Schutz gegen Staub, Beschädigung und Feuchtigkeit sowie zur Energieversorgung notwendigen Bestandteilen, wie z. B. Fassungen, Leitungen, Vorschaltgeräte, Starter, Zündeinrichtungen, Anschlussklemmen. Die gewünschte Lichtverteilung und eine Blendungsbegrenzung werden erreicht durch opt. Reflektoren, klare oder getrübte Abschlusswannen, Raster aus Metall oder Kunststoff, Streugläser, Prismenrefraktoren. VDE-Vorschriften regeln die Sicherheitsbestimmungen für L. z. B. in explosionsgefährdeten Anlagen.

Geschichte: Schon aus vorgeschichtl. Zeit sind einfachste L. bekannt, wie sie dann, reicher ausgestattet, aus den antiken Kulturen vielfach überliefert sind. Als Brennstoffe dienten organ. Flüssigkeiten, v. a. Tran (später Öl). Die Erfindung des Dochtes führte durch Verwendung leicht schmelzender fester Brennstoffe (Talg, Wachs) zur ↗Kerze. Diese wurde auf Leuchter gesteckt oder auf hohe Ständer, die Kandelaber. Das bekannteste Beispiel ist der siebenarmige Leuchter des nachexil. Tempels zu Jerusalem (5. Jh. v. Chr.). Im profanen Gebrauch des MA. ist der Kerzenleuchter im 6. Jh. nachweisbar. Allg. blieb der Talg in Brennnäpfen und als Kerze vorherrschend, bis um etwa 1400 auch Leinöl und Rüböl als Brennstoffe verwendet wurden. Auch der Kronleuchter kommt im späteren MA. auf. Als Leittyp ist der fläm. Kronleuchter aus Messing anzusehen, bei dem von einem an Ketten aufgehängten profilierten Mittelstück s-förmige Arme ausgehen, die in Kerzenhaltern enden. Seine Form bildete den Ausgangspunkt für die zuerst in Murano bei Venedig hergestellten Glaslüster, die bis zum 19. Jh. zu überladenen Prunkgebilden entwickelt wurden.

Der Gebrauch von Mineralöl (Petroleum) setzte Ende des 18. Jh. ein. 1782 wurde in Paris der Flachdocht erfunden, bald darauf der Ringdocht und der Glaszylinder zum Schutz der Flamme gegen Luftzug. 1855 konstruierte der Amerikaner B. Silliman die erste Petroleumlampe. Seit dem späteren 19. Jh. wurde die Beleuchtung mit Gasglühlicht (↗Gasbeleuchtung) verwendet. Die Erfindung der Glühlampe und später der Leuchtstofflampe revolutionierte die Beleuchtungstechnik und führte zu völlig neuen Formen von Leuchten.

Leucht|elektron, (Valenz-)Elektron in einer nicht abgeschlossenen Schale eines Atoms, das bes. leicht durch Anregung auf ein höheres Energieniveau gebracht werden kann; bei der Rückkehr in einen tieferen oder den Grundzustand sendet es die Energiedifferenz der Zustände als Licht aus.

Leuchtenberg, Eugen, Herzog von, ↗Beauharnais.

leuchtende Nachtwolken, zarte Wolken in 65 bis 95 km Höhe, die nach Sonnenuntergang im gestreuten und reflektierten Licht der Sonne silber- oder bläulich weiß, mitunter auch orangerötlich leuchten. Sie bestehen vermutlich aus Eiskügelchen mit Radien ≤ 1 μm, die sich bei Temperaturen um −100 °C durch Sublimation des in dieser Höhe noch geringfügig vorhandenen Wasserdampfs bilden.

Leuchtender Pfad, ↗Sendero Luminoso.

Leuchtfarben, mit ↗Leuchtstoffen vermischte Anstrichstoffe, die bei Beleuchtung mit kurzwelligem Licht eine leuchtende Farbe haben, z. T. auch nach Einwirkung von Licht im Dunkeln nachleuchten (↗Lumineszenz).

Leuchtfeuer, starke Lichtzeichen, die in der Schifffahrt das Navigieren in Küstennähe, in der Luftfahrt die Orientierung bei Start und Landung (↗Befeuerung) bei Nacht oder schlechter Sicht erleichtern. Die in der *Schifffahrt* für ↗Seezeichen verwendeten L. unterscheiden sich durch 1) Farbe: weiß (Leitweg, Fahrwasser, Ortsangabe, Gefahrenpunkt), grün (Steuerbord, rechts, frei), rot (Backbord, links, Gefahr, geschlossen), gelb (Sonderfeuer), 2) Kennung: Funkel-L. (mehr als 60 Blitze pro Minute), Blitzfeuer (Lichtschein aus relativ langer Dunkelheit heraus kürzer als eine Sekunde), Blinkfeuer (Lichtschein mindestens zwei Sekunden aus relativ langer Dunkelheit), Festfeuer (steter Lichtschein ohne Unterbrechung), 3) Funktion als Fahrwasserbefeuerung: Richtfeuer (zwei L. hintereinander; markieren die Fahrwassermitte), Leitfeuer (mit Leit- und Warnsektoren), Quermarkenfeuer, Einzelgefahrenfeuer, Torfeuer, Leuchttonne u. a. – L. werden mithilfe von L.-Verzeichnissen erkannt.

Leuchtgas, frühere Bez. für ↗Stadtgas.

Leuchtkäfer (Lampyridae), Familie dämmerungs- oder nachtaktiver Käfer; die Männchen (**Johanniskäfer**) sind meist geflügelt, die Weibchen (**Glühwürmchen, Johanniswürmchen**) ungeflügelt. Käfer und Larven haben an der Unterseite des Hinterleibs Leuchtorgane. L. treten in Mitteleuropa um den Johannistag (24. 6.) auf.

Leuchtkraft, *Astronomie:* die Strahlungsleistung eines Sterns, d. h. die je Sekunde von ihm abgestrahlte Energie, ihre Einheit ist das Watt. Ein Maß für die L. ist die absolute bolometr. ↗Helligkeit. Die **L.-Funktion** ist die Verteilungsfunktion der relativen Häufigkeit der Sterne in Abhängigkeit von der Leuchtkraft. Nach abnehmender L. unterscheidet man die **L.-Klassen:** I = Überriesen, II = helle Riesen, III = (»normale«) Riesen, IV = Unterriesen, V = Zwerge (Hauptreihensterne), VI = Unterzwerge. Speziell die ersten L.-Klassen werden im Sinn abnehmender L. noch in die Unterklassen a, ab und b unterteilt. Darüber hinaus charakterisiert man die hellen Überriesen (»Über-Überriesen«) durch Ia-0. (↗Hertzsprung-Russell-Diagramm)

Leuchtkrebse (Euphausiacea), in allen Meeren verbreitete Ordnung bis 8 cm langer, garnelenförmiger Krebse mit Leuchtorganen; Hauptbestandteil des ↗Krills.

Leuchtkäfer: Weibchen (oben) und Männchen des Kleinen Leuchtkäfers (Lamprohiza splendidula)

Leuchtmoos (Schistostega pennata), etwa 1 cm hohes Laubmoos schattiger, luftfeuchter Standorte Europas; sein Vorkeim leuchtet grünlich (»Smaragdalge«), da das in seinen linsenförmigen Zellen gesammelte Tageslicht zurückgestrahlt wird.

Leucht|organismen, Lebewesen, die die Fähigkeit zur Lichterzeugung durch biochem. Vorgänge (Biolumineszenz) besitzen. L. haben z. T. spezielle Leuchtorgane, z. B. Leuchtkäfer, -krebse.

Leuchtpilze, Hutpilzarten, bei denen im Verlauf von Stoffwechselprozessen Substanzen entstehen, die enzymatisch verändert werden. Dabei entsteht Energie, die bis zu 80 % als sichtbares Licht frei wird (Biolumineszenz), z. B. Myzel des Hallimaschs.

Leuchtpistole, einschüssige Hinterladerpistole mit glattem Lauf für Leucht- und Signalpatronen.

Leuchtsätze, ↗Pyrotechnik.

Leuchtschirm (Fluoreszenzschirm, Lumineszenzschirm, Bildschirm), mit Leuchtstoffen beschichteter Auffangschirm zur Sichtbarmachung von elektromagnet. oder Korpuskularstrahlung. Farbton und Nachleuchtdauer lassen sich durch geeignete Leuchtstoffe erreichen.

Leuchtspurgeschoss (Lichtspurgeschoss), Geschoss mit einem Leuchtsatz von beliebiger Farbe zum Sichtbarmachen der Flugbahn.

Leuchtstoffe (Luminophore), zur ↗Lumineszenz fähige Stoffe, die die Energie elektromagnet. Strahlung (Gamma-, Röntgen-, UV-Strahlung, sichtbares Licht) oder von Korpuskularstrahlung (Alpha-, Betastrahlung) absorbieren und als sichtbares Licht aussenden. Gase und Halbleiter werden v. a. elektrisch zur Lichtemission angeregt (↗Gasentladung). Bei den festen L. bildet entweder eine Atom- oder Molekülgruppe oder ein kennzeichnender Aktivator das Leuchtzentrum, oder der Festkörper wird durch Gitterstörungen oder Dotierung mit Fremdstoffen aktiviert.

Neben den **natürl. (selbstleuchtenden) L.** (u. a. Calcium- und Magnesiumwolframat) unterscheidet man **fluoreszierende L.** (z. B. in Fernsehbildschirmen, Leuchtstofflampen, als Leuchtfarbenzusätze für Verkehrsschilder), deren Lichtemission praktisch nach Beendigung der Anregung endet (Nachleuchtdauer $< 10^{-8}$ s), und **phosphoreszierende L.** (Phosphore), die ein längeres Nachleuchten zeigen. Letztere sind z. B. zur Herstellung von Signalfarben von Bedeutung, die in der Dunkelheit nachleuchten. L. werden ebenfalls zur Beschichtung von Oszillographenröhren und Röntgenschirmen angewendet; zu ihnen zählen auch die opt. Aufheller und die Fluoreszenzfarbstoffe. Als L. werden häufig Zinksulfid sowie andere Salze der Erdalkalimetalle und ihrer Nebengruppenelemente verwendet, die u. a. mit Kupfer, Silber, Mangan und Europium aktiviert werden.

Leuchtstofflampen (Leuchtstoffröhren), Niederdruckentladungslampen, an deren Innenwand Leuchtstoffe aufgebracht sind, die unter dem Einfluss der erzeugten langwelligen UV-Strahlung Licht mit einem kontinuierl. Spektrum ausstrahlen. Die Lichtstrahlung der Gasentladung selbst dringt nur wenig durch die Leuchtstoffschicht. Die ↗Leuchtstoffe sind v. a. für die Lichtausbeute und die Lichtfarbe (Tageslicht, Universalweiß, Warmton) ausschlaggebend. L. werden für versch. Leistungen gebaut; Standard-L. werden unter Vorschaltung einer Drosselspule an das Ortsnetz (Nennspannung 230 V) angeschlossen. Beim Einschalten sorgt ein ↗Glimmstarter für ein kurzes Aufheizen der Elektroden und über das Vorschaltgerät für die Erzeugung eines Spannungsstoßes zum Einleiten der Entladung. Drosselspule und Glimmstarter können auch durch eine elektron. Schaltung ersetzt sein. Vorteile der L. sind hohe Lichtausbeute und lange Lebensdauer (bis zu einem Mehrfachen der Werte gewöhnl. Glühlampen) sowie die Unempfindlichkeit gegen Erschütterungen. L. eignen sich bes. zur Beleuchtung von Arbeitsplätzen und Räumen mit großem Lichtbedarf; L. werden heute in großem Umfang in der Straßenbeleuchtung verwendet. Zunehmend werden **Kompakt-L.** auch im Wohnbereich eingesetzt, wo sie an die Glühlampen entsprechendes Licht erzeugen, jedoch bei wesentlich geringerer Leistungsaufnahme **(Energiesparlampen).**

Leuchtturm, als Schifffahrtszeichen dienender hoher und daher weithin sichtbarer Turm mit einem starken ↗Leuchtfeuer an der Spitze, der sich an für die Navigation wichtigen geograph. Punkten befindet und durch Form, Farbe und ↗Kennung identifizierbar ist. Sein Licht wird durch Fresnel-Linsen und/oder Spiegelsysteme stark gebündelt, sodass es scharf abgegrenzt und weithin sichtbar ist. Zusätzlich sind meist Radaranlagen, Einrichtungen für Nebel- und Sturmwarndienst, Wetter-, Schiffsmelde- und Seenotdienst, Energieversorgungsstationen und Hubschrauberlandeplätze vorhanden. L. werden heute meist ferngesteuert und -überwacht. – Der L. war schon im Altertum bekannt (L. von Pharos vor Alexandria; 299–279 v. Chr. von Sostratos aus Knidos erbaut, mehr als 120 m hoch, eines der sieben Weltwunder; er trug jedoch vermutlich erst seit dem 1. Jh. n. Chr. ein Feuer; bei zwei Erdbeben im 14. Jh. stürzte er ein).

Leucin [grch.] *das,* Abk. **Leu,** für den Menschen und viele Tiere essenzielle Aminosäure, Eiweißbestandteil aller Organismen.

Leucit [grch.] *der,* Mineral der chem. Zusammensetzung K [AlSi$_2$O$_6$], weiß bis grauweiß, kristallisiert in zwei temperaturabhängigen Modifikationen (tetragonal unterhalb 605 °C, kubisch oberhalb 605 °C); in vielen basischen vulkan. Laven und Tuffen.

Leuenberger, Moritz, schweizer. Politiker, * Biel 21. 9. 1946; Jurist, 1979 als Mitgl. der SPS (Sozialdemokrat. Partei der Schweiz) in den Nationalrat gewählt, seit 1995 Bundesrat und Leiter des Eidgenöss. Departements für Verkehrs- und Energiewirtschaft; Bundespräs. der Schweiz für 2001.

Leuenberger Konkordi|e, nach dem Tagungsort Leuenberg bei Basel benannte Übereinkunft reformator. Kirchen Europas, die in ihrer letzten Fassung vom 16. 3. 1973 die Kanzel- und Abendmahlsgemeinschaft zw. den beteiligten luth., ref. und unierten Kirchen herstellte, die versch. Bekenntnisse jedoch bestehen lässt. Bis heute (2003) sind der L. K. 103 Kirchen in Europa und in Lateinamerika durch Unterschrift beigetreten (1997 erstmals auch methodist. Kirchen).

leuk…, leuko… [grch.], weiß…

Leuk (frz. Loèche-Ville), Bez.hauptort im Kt. Wallis, Schweiz, 747 m ü. M., an der Mündung der Dala in die Rhone, mit der Ortschaft Susten links der Rhone 3 400 Ew.; Weinbau und -handel; Satellitenbodenstation (für INTELSAT) auf dem Plateau von Brentjong. – Ehem. bischöfl. Schloss (1415 umgebaut), unterhalb der Stadt die barocke Ringackerkapelle. – Erstmals um 515 urkundlich erwähnt, um 1330 Stadtrecht.

Leukämie [grch.] *die* (Weißblütigkeit, volkstümlich Blutkrebs), bösartige, generalisierte Wucherungen der weißen Blutkörperchen (Leukozyten) im blutzellbildenden Gewebe, vorwiegend im Knochenmark, in der Milz und in den Lymphknoten, verbunden mit z. T. exzessiver Vermehrung der Leukozyten im zirkulierenden Blut infolge Überproduktion oder Akkumu-

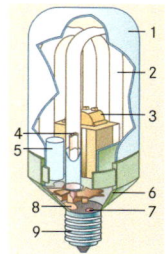

Leuchtstofflampen: Schnittzeichnung einer Kompaktleuchtstofflampe; 1 Glaskolben, 2 Entladungsrohr mit Leuchtstoff, 3 Vorschaltgerät, 4 Elektrode, 5 Starter, 6 Kunststoffgehäuse, 7 Thermosicherung (zum Schutz vor Überhitzung), 8 Kondensator, 9 Schraubsockel

Leuchtturm: »Großer Vogelsand« nordwestlich von Cuxhaven

lation. Zu einer Erhöhung des Krankheitsrisikos führen möglicherweise chem. Karzinogene (z. B. Benzol) und ionisierende Strahlung; der Einfluss einer genet. Disposition (Chromosomenaberrationen) und die ursächl. Beteiligung von Tumorviren werden vermutet. Jährlich erkranken etwa 50 je 1 Mio. Einwohner; bei Kindern ist die L. die häufigste bösartige Erkrankung. Die Einteilung der L. richtet sich nach den betroffenen blutbildenden Organen und dem Verlauf (akut oder chronisch). Grundsätzlich wird die **myeloische L. (Myelose)**, eine krebsige Entartung der Granulozyten des Knochenmarks, von der **lymphat. L.**, einer Fehlbildung der Lymphozyten des lymphat. Systems (Milz, Lymphknoten), unterschieden.

Der Verlauf der **akuten L.**, die unbehandelt in wenigen Wochen bis Monaten tödlich endet, ist durch eine fortschreitende schwere Knochenmarkinsuffizienz aufgrund einer Verdrängung der übrigen blutbildenden Zellen bestimmt. Es kommt zu einem Mangel an roten Blutkörperchen, Blutplättchen und funktionsfähigen (reifen) Granulozyten; die Gesamtzahl der Leukozyten ist dabei um mehr als das Zehnfache erhöht, kann aber auch geringfügig erniedrigt sein. Symptome sind zunächst heftige grippeähnl. Beschwerden und Fieber, später anäm. Zustände (Schwäche, Blässe), erhöhte Blutungsneigung und Abwehrschwäche. Häufigste Todesursache bilden Infektionen und akute Blutungen. Die **akute myeloische L.** tritt bevorzugt im Erwachsenenalter auf. Die **chron. L.**, bei denen Organveränderungen im Vordergrund stehen, sind fast ausschl. Erkrankungen im Erwachsenenalter. Die **chronisch-myeloische L.** ist durch das Vorhandensein von Zellen aller Reifungsstadien im Blut und eine starke Vermehrung von Granulozyten und deren Vorstufen u. a. im Knochenmark gekennzeichnet. In 80–90 % der Fälle liegt eine Anomalie des Chromosoms 22 (»Philadelphia-Chromosom«) in den Knochenmarkzellen vor. Symptome sind Fieberschübe, Infektionsanfälligkeit und starke Milz- und Lebervergrößerung. Die **chronisch-lymphat. L.** tritt im höheren Lebensalter auf und ist durch starke Vermehrung lymphat. Zellen mit Lymphknotenschwellungen und Hauterscheinungen (Juckreiz, Ekzeme) gekennzeichnet. – Die *Behandlung* der L. wird v. a. mit zytostat. Mitteln (Chemotherapie), Interferonen, Corticosteroiden, Antibiotika zur Infektionsprophylaxe oder -therapie und Stammzelltransplantationen durchgeführt. – Bei Tieren wird die L. als **Leukose** bezeichnet. Sie kommt bei allen Haussäugetieren, vielen Wildtieren und Vögeln, bes. Hühnern, vor.

Leukas (ngrch. Levkas), **1)** eine der Ion. Inseln, 303 km², 20 600 Ew.; gebirgig (bis 1 158 m ü. M.) und vielfach bewaldet; der Durchstich einer Nehrung trennt die Insel vom Festland.
2) Hptst. des VerwBez. L., Griechenland, an der NO-Spitze der Insel L., 6 300 Ew.; Museum; Hafen; Kettenbrücke zum Festland.

Leukerbad (frz. Loèche-les-Bains), Kurort im Kt. Wallis, Schweiz, nördlich von Leuk, 1 411 m ü. M.; 1 700 Ew.; schwefelhaltige Thermen (51 °C); Wintersport.

Leukipp (Leukippos), grch. Philosoph des 5. Jh. v. Chr., wohl aus Milet, Lehrer des Demokrit; Mitbegründer der Atomistik.

Leukoderm [grch.] *das,* fleckförmige Depigmentierung (weiße Flecke) der Haut durch Störung der Melanozytenfunktion.

Leukom *das,* dichte weiße Hornhautnarbe im Auge; kann z. B. nach einer Hornhautentzündung auftreten.

Leukopenie [grch.] *die* (Leukozytopenie), verminderte Zahl weißer Blutkörperchen (unter 5000/mm³) im Blut, z. B. bei Virusinfektionen.

Leukoplakie [grch.] *die* (Weißschwielenkrankheit), Bildung unregelmäßiger, scharf begrenzter, etwas erhabener Epitheltrübungen der Schleimhaut durch Verhornung; bes. auf Zunge, Wangen und am Gaumen bei übermäßigem Nikotin- und Alkoholkonsum; gilt als Präkanzerose und muss deshalb beobachtet werden. Die *Behandlung* erfolgt chirurgisch durch Ausschneidung oder durch Laser- oder Kryochirurgie.

Leukose [grch.] *die,* ↗ Leukämie.

Leukotriene [zu Leukozyt und Trien gebildet], in Leukozyten gebildete Abkömmlinge der dreifach ungesättigten Fettsäure Arachidonsäure. L. sind Vertreter der Eicosanoide, einer Gruppe der Parahormone, die bei der Regulation entzündl. Reaktionen mitwirken.

Leukozyten [grch.], weiße Blutkörperchen (↗ Blut).

Leukozytendepletion [grch.-lat.] *die,* (Leukozytenfiltration), Behandlung von Blutkonserven zur Transfusion mit dem Ziel einer weitgehenden Verminderung der weißen Blutkörperchen (Leukozyten), da durch Leukozyten immunologisch bedingte Unverträglichkeitsreaktionen ausgelöst und bestimmte Viren übertragen werden können.

Leukozytenfiltration, die ↗ Leukozytendepletion.

Leukozytose [grch.] *die,* erhöhte Zahl von weißen Blutkörperchen im Blut, z. B. bei akuten Entzündungen.

Leuktra, Ebene und Ort im südl. Böotien; hier siegten 371 v. Chr. die Thebaner unter Epaminondas über die Spartaner.

Leumundszeugnis, ↗ Führungszeugnis.

Leuna, Stadt im Landkreis Merseburg-Querfurt, an der Saale, Sa.-Anh., 7400 Ew.; Sitz der ↗ Leuna-Werke. – Entstand ab 1917 parallel mit dem Bau der L.-Werke und ist seit 1945 Stadt. – L. ist Fundstätte eines jungsteinzeitl. Gräberfeldes und eines Körpergräberfeldes aus dem 3. Jh. mit wertvollen Beigaben (Silber-, Bronze- und Glasgefäße).

Leuna-Werke, Leuna, bis 1990 größtes Chemiekombinat der DDR (rd. 30 000 Beschäftigte; Hauptprodukte: Kraft- und Kunststoffe, techn. Gase, Düngemittel); gegr. 1916 als Ammoniakwerk Merseburg GmbH von der BASF AG, ab 1925 zu 75 % im Besitz der I. G. Farbenindustrie AG; kriegswichtig war insbesondere die Produktion von Stickstoff und synthet. Leuna-Benzin (durch Kohlehydrierung); nach 1945 enteignet und ab 1946 als SAG weitergeführt, seit 1954 als VEB L.-W. »Walter Ulbricht« im Besitz der DDR; 1990 Umwandlung in eine AG, seit 1993 GmbH. Nach Stilllegung veralteter und umweltschädigender Anlagen, Sanierung der Altlasten und Ausgliederung von Produktionsbereichen wurde die L.-W. GmbH bis Mitte 1996 nach Geschäftsfeldern privatisiert, wobei eine Vielzahl eigenständiger Unternehmen entstand, z. B. die in die BSL Olefinverbund GmbH (↗ Buna GmbH) eingegangene Leuna-Polyolefine GmbH. Der Raffineriekomplex wurde von der Elf Aquitaine S. A. (seit 2000 Totalfina Elf S. A.) übernommen und ist heute Bestandteil der Totalfina Elf Dtl. GmbH; der Bereich techn. Gase ging an die Linde AG.

Leupold, Dagmar, Schriftstellerin, *Niederlahnstein 23. 10. 1955; Literaturwissenschaftlerin; schreibt Lyrik und Prosa, wobei sie Probleme der gegenwärtigen Welt aus dezidiert weibl. Sicht mit Reflexionen über das Schreiben verbindet (u. a. Lyrik: »Wie Treibholz«, 1988; »Die Lust der Frauen auf Seite 13«, 1994; Romane: »Federgewicht«, 1995; »Ende der Saison«, 1999; »Eden Plaza«, 2002).

Leuschner, Wilhelm, Gewerkschafter und Politiker (SPD), *Bayreuth 15. 6. 1890, †(hingerichtet) Berlin 29. 9. 1944; Bildhauer, 1924–33 MdL in Hessen, 1928–32 hess. Innenmin., seit 1932 Vorstandsmitgl. des ADGB; 1933–34 im KZ, danach Führer gewerkschaftl. Widerstandsgruppen, stand in Kontakt zum Kreisauer Kreis. Nach dem 20. 7. 1944 verhaftet und zum Tode verurteilt.

Leuthen (poln. Lutynia), Ortsteil der Gem. Miękinia (Nimkau), in der Wwschaft Niederschlesien, Polen, westlich von Breslau. Bei L. besiegte Friedrich II., d. Gr., von Preußen im Siebenjährigen Krieg am 5. 12. 1757 mithilfe der schiefen Schlachtordnung die Österreicher unter Karl von Lothringen.

Leutheusser-Schnarrenberger, Sabine, Politikerin (FDP), *Minden 26. 7. 1951; Juristin, seit 1990 MdB, war 1992–95 Bundesjustizministerin.

Leutkirch im Allgäu, Stadt (Große Kreisstadt) im Landkreis Ravensburg, Bad.-Württ., an der Eschach, 655 m ü. M., 21 900 Ew.; Luftkurort; Holz-, Metall-, Kunststoffverarbeitung, Zeitungsverlag; Käseherstellung und -handel. – Maler. Stadtbild, Reste der mittelalterl. Stadtbefestigung, Rathaus (1740 bis 1742), Marienkirche (1514–19), Dreifaltigkeitskirche (1613–15) u. a. – Erhielt 1293 Stadtrecht.

Leutnant [frz. lieutenant »Stellvertreter«] der, in fast allen Armeen unterster Offiziersdienstgrad.

Leutschau, Stadt in der Slowak. Rep., ↗ Levoča.

Leuven ['lø:və], Stadt in Belgien, ↗ Löwen.

Leuwerik, Ruth, Film- und Bühnenschauspielerin, *Essen 23. 4. 1926; seit den 1950er-Jahren v. a. erfolgreich in Film-, später auch Fernsehrollen (»Die Buddenbrooks«, 1979, 11 Tle.).

Levade [frz.] die, Reitsport: Figur, bei der das Pferd mit angezogenen Vorderbeinen seinen Körper auf den gebeugten Hinterbeinen balanciert. Einen Sprung aus der L. nach vorn bezeichnet man als **Lançade.** (↗ hohe Schule)

Levalloistechnik [levaľwa-], nach einer Fundstelle in Levallois-Perret (bei Paris) benannte Steinbearbeitungstechnik, v. a. der mittleren Altsteinzeit W-Europas; typisch sind breite Klingenabschläge.

Levante [italien., eigtl. »(Sonnen-)Aufgang«] die, Bez. für die Länder des östl. Mittelmeers, insbesondere für deren Küste.

Levantieren, Lederbearbeitung: ↗ Krispeln.

Levantiner, die in der Levante geborenen Abkömmlinge eines europ. Vaters und einer oriental. Mutter. Auch Sammelname für die armen., grch., italien. und jüd. Kaufleute und Händler in den Hafenstädten des östl. Mittelmeerraumes.

Le Vau [lə'vo] (Levau), Louis, frz. Baumeister, *Paris um 1612, †ebd. 11. 10. 1670; »Erster Architekt des Königs«; einer der Schöpfer des Repräsentationsstils in der Epoche Ludwigs XIV.; hatte die Bauleitung beim Louvre, den Tuilerien, dem Schloss in Versailles. 1656–51 errichtete er für den Finanzmin. N. Fouquet Schloss Vaux-le-Vicomte.

Levée [lə've, frz.] die, veraltet für Aushebung von Rekruten, Aufgebot. **L. en masse,** allgemeines Aufgebot der männl. Bev. zum Kriegsdienst (erstmals 1793 in Frankreich für die Unverheirateten zw. 18 und 25 Jahren).

Level ['levl, engl.] der, erreichtes Niveau, Leistungsstand, Rang, Stufe, Spielebene (u. a. bei Computerspielen).

Leventina, Bez. im Kt. Tessin, Schweiz, Hauptort ist Faido, umfasst die Talschaft des oberen Tessin, das 34 km lange **Valle L.** (dt. **Livinental**) von Airolo (rd. 1 200 m ü. M.) bis Biasca, von der Gotthardbahn und -autobahn durchzogen, sowie das anschließende Bedrettotal.

Lever [lə've; frz. »das Aufstehen«] das, am frz. Hof im 17. und 18. Jh. die Morgenaudienz des Königs im Schlafzimmer, entsprechend auch beim hohen Adel.

Leveraged Buy-out ['li:vərɪdʒd baɪ'aʊt, engl.] der, Abk. **LBO,** kreditfinanzierter Kauf eines Unternehmens durch eine Investorengruppe, die dabei wenig oder kein eigenes Kapital investiert, sondern bis zur Höhe des Kaufpreises z. B. Junk-Bonds ausgibt, wobei die Zins- und Tilgungszahlungen aus laufenden Einnahmen oder Verkauf von Teilen des erworbenen Unternehmens geleistet werden. LBO soll Börsenspekulanten dienen v. a. dazu, durch Weiterverkauf bes. der noch Gewinn bringenden Unternehmensbereiche kurzfristig einen Gewinn zu erzielen. Demgegenüber soll durch die kreditfinanzierte Übernahme durch das eigene Management (↗ Management-Buy-out) der Bestand des Unternehmens längerfristig gesichert werden.

Leverage-Effekt ['li:vərɪdʒ-, engl.] (Hebelwirkung), Bez. für den überproportional starken Einfluss, den ein hoher Fremdkapitalanteil auf die Rentabilität des eingesetzten Eigenkapitals ausübt; an der Börse Kennziffer zur Beurteilung von Optionsscheinen, die ausdrückt, wie der Schein auf prozentuale Veränderungen des Kurses des zugrunde liegenden Wertpapiers reagiert (bei Optionsscheinen auf Aktien der Quotient aus Aktienkurs und Kurs des Optionsscheins).

Leverkusen, kreisfreie Stadt im RegBez. Köln, NRW, am rechten Ufer des Niederrheins, 160 800 Ew.; Kekulé-Bibliothek, Japan. (botan.) Garten; chem. Ind. (Sitz und Hauptbetriebsstätte der ↗ Bayer AG), Maschinen- und Autozubehörbau. – In L.-Schlebusch Schloss Morsbroich (18./19. Jh.) mit Museum für mo-

Wilhelm Leuschner

Leverkusen Stadtwappen

Leverkusen: Blick über den Stadtteil Wiesdorf zu der Bayer AG

Primo Levi

Rita Levi-Montalcini

James Levine

Claude Lévi-Strauss

derne Kunst. – 1860 gründete Carl Leverkus (* 1804, † 1889) in Wiesdorf die Ultramarinfabrik Leverkusen, deren Namen die Stadt Wiesdorf (Stadtrecht 1921) bei der Eingemeindung der umliegenden Ortschaften 1930 erhielt. 1975 wurden die Städte Opladen und Bergisch Neukirchen mit L. zusammengeschlossen.

Leverrier [ləvɛrˈje] (Le Verrier), Urbain Jean Joseph, frz. Astronom, * Saint-Lô 11. 3. 1811, † Paris 23. 9. 1877; ab 1854 Direktor der Sternwarte von Paris; sagte aus den Bahnabweichungen des Planeten Uranus den Ort und die genäherte Bahn des Neptun voraus; 1846 durch J. G. Galle bestätigt.

Levi, im A. T. Sohn von Jakob und Lea (1. Mos. 29, 34); in der jüd. Tradition Stammvater des gleichnamigen israelit. Stammes (↗ Leviten).

Levi, 1) Carlo, italien. Schriftsteller, Maler und Arzt, * Turin 29. 11. 1902, † Rom 4. 1. 1975; wurde wegen antifaschist. Einstellung 1935/36 nach Lukanien verbannt; seine Erfahrungen schilderte er in dem dokumentar. Roman »Christus kam nur bis Eboli« (1945; verfilmt 1978), in dem er auf die sozialen Probleme Süditaliens aufmerksam machte.

2) Primo, italien. Schriftsteller, * Turin 31. 7. 1919, † (Selbstmord) ebd. 11. 4. 1987; Chemiker; sein subtiles, in dokumentar. Präzision geschriebenes literar. Werk ist wesentlich durch das Schlüsselerlebnis seiner Deportation nach Auschwitz 1944 bestimmt (»Ist das ein Mensch? Erinnerungen an Auschwitz«, 1947; »Atempause. Eine Nachkriegsodyssee«, 1963; »Wann, wenn nicht jetzt?«, R., 1982; »Die Untergegangenen und die Geretteten«, Essay, 1986). Schrieb neben autobiografisch inspirierten ironisch-melanchol. Erzählungen (»Das period. System«, 1975) auch Erzählungen mit fantast. Thematik.

Lévi [leˈvi], Eliphas (eigtl. Alphonse Louis Constant), frz. Okkultist, * Paris 8. 2. 1810, † ebd. 31. 5. 1875; prägte die Begriffe »Okkultismus« und »Esoterik« in ihrer modernen Bedeutung und beeinflusste durch seine Bücher andere Okkultisten, u. a. Helena P. Blavatsky und A. Crowley.

Leviathan [hebr.] *der,* myth. kanaanäisches Meeresungeheuer (Schlange oder Drache); im A. T. Personifikation des gottfeindl. Mächte (z. B. Jes. 27, 1). – Im gleichnamigen staatsphilosoph. Werk von T. Hobbes (1651) die Personifikation des durch Machtverzicht der Einzelnen konstituierten, niemandem rechenschaftspflichtigen Staates als »sterbl. Gott«.

Levi ben Gerson (Gersonides, gen. Ralbag [Abk. für Rabbi L. b. G.]), frz. jüd. Philosoph, Mathematiker, Astronom, Bibelkommentator und Talmudgelehrter, * Bagnols-sur-Cèze 1288, † Perpignan 20. 4. 1344; vertrat in der Nachfolge von Ibn Ruschd (Averroes), dessen Werk er kommentierte, den Aristotelismus; lieferte u. a. Beiträge zur Arithmetik, Geometrie und Trigonometrie und beschrieb als Astronom als Erster den Jakobsstab und bediente sich der Camera obscura.

Levi-Montalcini [-ˈtʃiːni], Rita, italien.-amerikan. Neurobiologin, * Turin 22. 4. 1909; für ihre Forschungsarbeiten zur Isolierung und Charakterisierung des Nervenwachstumsfaktors (Nerve Growth Factor, Abk. NGF) erhielt sie 1986 mit S. Cohen den Nobelpreis für Physiologie oder Medizin.

Levin, Rahel, ↗ Varnhagen von Ense.

Levinas [leviˈnas], Emmanuel, frz. Philosoph, * Kaunas 12. 1. 1906, † Paris 25. 12. 1995. Ausgehend von E. Husserl, M. Heidegger und der jüd. Tradition gründet L. seine Philosophie auf die Ethik. Der klassisch-philosoph. Kategorisierung des Seins stellt er die Nichtkategorisierbarkeit und Nichtberechenbarkeit des Menschen, des schlechthin »Anderen«, entgegen, der zur Verantwortung ihm gegenüber aufruft; er schrieb u. a. »Totalität und Unendlichkeit« (1961), »Jenseits des Seins oder anders als Sein geschieht« (1974), »Die Zeit und der Andere« (1983).

Levine [ləˈvaɪn], 1) James, amerikan. Dirigent und Pianist, * Cincinnati (Oh.) 23. 6. 1943; wurde 1976 musikal. Leiter und 1986 künstler. Direktor der Metropolitan Opera in New York; daneben seit 1999 Chefdirigent der Münchner Philharmoniker.

2) Les, amerikan. Konzept- und Medienkünstler irischer Herkunft, * Dublin 6. 10. 1935; formuliert in von iron. Distanz geprägten Buchobjekten, Fotografien, Zeichnungen, Performances und Videoinstallationen eine Gegenposition zu einer konsumorientierten Realität und deren nur kommerziellen Maßstäben.

3) Sherrie, amerikan. Malerin und Konzeptkünstlerin, * Hazleton (Pa.) 1947; vertritt in ihrem Werk seit den 1980er-Jahren eine postmoderne zitierende Haltung. Indem sie »Inkunabeln« der Kunstgesch. des 20. Jh. maßstabgetreu wiederholt (fotografiert und druckt) und in neuen Zusammenhängen präsentiert, stellt sie grundlegende Fragen zur Produktion und Rezeption von Kunstwerken in der heutigen Kommunikationsgesellschaft.

Levinson [ˈlevɪnsn], Barry, amerikan. Regisseur, * Baltimore (Md.) 6. 4. 1942; gehört zu den namhaftesten amerikan. Filmregisseuren (»Good Morning, Vietnam«, 1987; »Rain Man«, 1988; »Avalon«, 1989; »Wag the Dog«, 1998; »Liberty Heights«, 1999).

Levirat [lat. levir »Bruder des Ehemannes«] *das* (Leviratsehe), bei altorient. und afrikan. Völkern die Verpflichtung, die Frau des kinderlos verstorbenen Bruders zum Zweck der Kindeszeugung (und Versorgung der Frau) zu heiraten.

Lévi-Strauss [leviˈstroːs], Claude Gustave, frz. Ethnologe, * Brüssel 28. 11. 1908; begründete in Verbindung mit linguist. Methoden die »strukturale Anthropologie«: Aufdeckung allg. (strukturaler) Gesetzlichkeiten in empirisch ermittelten sozialen Phänomenen der Kulturen. Seine Lehren führten zum frz. ↗ Strukturalismus. – *Werke:* Strukturale Anthropologie (1958); Das Ende des Totemismus (1962); Das wilde Denken (1962); Mythologica, 4 Bde. (1964–71); Sehen, Hören, Lesen (1993).

Levitation [aus lat. levis »leicht«] *die,* das Anheben (Elevation) von Gegenständen durch Psychokinese, das freie Schweben des menschl. Körpers im Raum durch Aufhebung der Schwerkraft; Traumerlebnis oder Erscheinung der Parapsychologie.

Leviten, der nach ↗ Levi benannte israelit. Stamm, dessen Angehörige besondere Kultfunktionen ausübten (Priester, Tempeldiener).

Levitikus (Leviticus), in der Vulgata Bez. für das 3. Buch Mose; enthält vorwiegend kult. (levit.) Vorschriften (Gesetze) und Strafbestimmungen.

Levkoje [grch. »Weißveilchen«] *die* (Matthiola), Gattung der Kreuzblütler, v. a. im östl. Mittelmeergebiet; Kräuter oder Halbsträucher mit längl. Blättern, Blüten in Trauben, einfach oder gefüllt, unterschiedlich gefärbt, oft duftend; bekannte Zierpflanzen, v. a. die je nach Kultur als **Sommer-, Herbst-** oder **Winter-L.** bezeichneten Sortengruppen der Art Matthiola incana.

Levkosia, Hptst. von Zypern, ↗ Nikosia.

Levoča [ˈlɛvɔtʃa] (dt. Leutschau), Stadt im O der Slowak. Rep., in der Zips, 13 900 Ew.; Zipser Museum, Textilindustrie. – Die histor. Altstadt steht unter Denkmalschutz (Stadtbefestigung, 14. Jh.; got. St.-Jakobs-Kirche, 14. Jh.; Renaissancerathaus); 1245 von dt. Kolonisten gegr., war Vorort der 24 dt. Zipser Städte.

Levodopa *das* (Kurzbez. L-Dopa), Vorstufe in der Synthese von Dopamin. L. kann im Unterschied zu Dopamin die Blut-Hirn-Schranke passieren. Es wird in den Neuronen zu Dopamin umgewandelt und kann versch. Symptome der Parkinson-Krankheit, v. a. Akinese und psych. Störungen, bessern.

Lévy [le'vi], Bernard-Henri, frz. Philosoph und Schriftsteller, *Oran 5. 11. 1949; einer der Hauptvertreter der »Neuen Philosophie«; wendet sich, vom Marxismus kommend, gegen jegl. Ideologien als Formen der Manipulation und des Totalitarismus (z. B. in »Die Barbarei mit menschl. Antlitz«, 1977); seit den 80er-Jahren auch Romane, Dramen, Essays sowie die Biografie »Sartre. Der Philosoph des 20. Jh.« (2000).

Lévy-Bruhl [levi'bry:l], Lucien, frz. Philosoph und Ethnologe, *Paris 10. 4. 1857, †ebd. 13. 3. 1939; unterschied das »prälogische« Denken der Naturvölker vom rationalen der abendländ. Mentalität (u. a. »Das Denken der Naturvölker«, 1910; »Die geistige Welt der Primitiven«, 1921).

Lew [lɛf; von bulgar. »Löwe«] *der,* Abk. **Lw,** bulgar. Währungseinheit; 1 L. = 100 Stotinki (St).

Lewin [ˈleːviːn, leˈviːn], Kurt, amerikan. Psychologe dt. Herkunft, *Mogilno (bei Gnesen) 9. 9. 1890, †Newtonville (Mass.) 12. 2. 1947; Prof. u. a. in Berlin und an der University of Iowa (seit 1935), Vertreter der Berliner Schule der Gestaltpsychologie, entwickelte eine ↗ Feldtheorie des Handelns; Forschungen zur Gruppendynamik.

Lewis [ˈluːɪs], **1)** Carlton Frederick (Carl), amerikan. Leichtathlet (Sprinter, Weitspringer), *Birmingham (Ala.) 1. 7. 1961; 8 WM-Titel (1983, 1987, 1991) und 9 Olympiasiege (1984, 1988, 1992, 1996) in den Disziplinen 100 m, 4 × 100-m-Staffel und – bei den Olymp. Spielen viermal hintereinander – im Weitsprung.

2) Cecil Day, engl. Schriftsteller, ↗ Day-Lewis.

3) Clive Staples, engl. Schriftsteller und Literarhistoriker, *Belfast 29. 11. 1898, †Oxford 22. 11. 1963; schrieb fantast. religiöse Romane, u. a. »Jenseits des schweigenden Sterns« (1938), »Die böse Macht« (1945).

4) Edward B., amerikan. Genetiker, *Wilkes-Barre (Pa.) 20. 5. 1918; war Prof. am California Institute of Technology (Caltech). Mit Methoden der klass. Genetik gelang ihm der Nachweis, dass Erbanlagen in einer aufeinander abgestimmten Weise bei der Embryonalentwicklung zusammenwirken; erhielt (mit C. Nüsslein-Volhard und E. Wieschaus) 1995 den Nobelpreis für Physiologie oder Medizin.

5) Gilbert Newton, amerikan. Physikochemiker, *Weymouth (Mass.) 23. 10. 1875, †Berkeley (Calif.) 23. 3. 1946; bed. Arbeiten zur Theorie der chem. Bindung, zur Elektrolyse und ↗ Säure-Base-Theorie. 1933 gelang ihm die elektrolyt. Gewinnung des schweren Wassers.

6) Harry Sinclair, amerikan. Schriftsteller, *Sauk Centre (Minn.) 7. 2. 1885, †Rom 10. 1. 1951; in seinen realist. Erzählungen und Romanen übte L. Kritik an der amerikan. Gesellschaft, verspottete in satir. Weise ihre Scheinideale und wandte sich gegen die Kommerzialisierung religiösen Lebens (»Die Hauptstraße«, 1920; »Babbitt«, 1922; »Elmer Gantry«, 1927; »Sam Dodsworth«, 1929; »Das Kunstwerk«, 1934). L. erhielt als erster Amerikaner 1930 den Nobelpreis für Literatur.

7) Jerry (Joseph), amerikan. Filmschauspieler und -regisseur, *Newark (N. J.) 16. 3. 1926; als Schauspieler (seit 1949) häufig Zusammenarbeit mit Dean Martin (*1917, †1995); zahlr. Filmkomödien (»Geld spielt keine Rolle«, 1963; »Wo, bitte, geht's zur Front?«, 1970; »Slapstick«, 1982; »The King of Comedy«, 1983; »Funny Bones – tödliche Scherze«, 1995).

8) Jerry Lee, amerikan. Rocksänger und Pianist, *Ferriday (La.) 29. 9. 1935; erlangte 1957/58 mit Stücken wie »Crazy arms«, »Great balls of fire« Auflagen in Millionenhöhe; Ende der 1960er-Jahre gelang ihm mit Countrymusic ein Come-back.

9) John Aaron, amerikan. Jazzpianist und Komponist, *La Grange (Ill.) 3. 5. 1920, †New York 29. 3. 2001; gründete 1951 mit Milt Jackson das »Modern Jazz Quartet«, das eines der erfolgreichsten Ensembles der Jazzgeschichte war (1974 aufgelöst).

10) Lennox, brit. Boxer, *London 2. 9. 1965; Olympiasieger 1988 im Superschwergewicht; seit 1989 Profi (Schwergewicht); Mai 1993 bis Sept. 1994, Febr. 1997 bis April 2001 und seit Nov. 2001 WBC-Weltmeister (zw. 1999 und 2000 auch WBC/IBF/WBA-Weltmeister); 44 Kämpfe (41 Siege).

11) Percy Wyndham, engl. Schriftsteller und Maler, *auf See vor Nova Scotia 17. 3. 1882, †London 7. 3. 1957; vertrat als Maler eine abstrakte Richtung (↗ Vortizismus), wandte sich in satir. Romanen (Trilogie: »The human age«, 1928–55) und zeitkrit. Schriften gegen überkommene Vorstellungen; stand zeitweise unter dem Einfluss des ↗ Imagismus.

12) Sir (seit 1963) William Arthur, brit. Volkswirtschaftler, *Castries (Saint Lucia) 31. 1. 1915, †Barbados 15. 6. 1991; seit 1948 Prof., seit 1963 an der Princeton University (N. J.); beschäftigte sich bes. mit Wachstumstheorie und ökonom. Problemen der Entwicklungsländer; erhielt 1979 mit T. W. Schultz den Nobelpreis für Wirtschaftswissenschaften.

Lewis-and-Clark-Expedition [ˈluːɪs ənd ˈklɑːk-], von T. Jefferson veranlasste Entdeckungsreise (1804–06) unter Hauptmann Meriwether Lewis (*1774, †1809) und Leutnant William Clark (*1770, †1838) von Saint Louis (Mo.) aus in den äußersten NW der USA (Gebiet des Missouri, des Yellowstone und des Columbia bis zum Pazifik); diente v. a. der Erkundung des von Frankreich im Louisiana Purchase (1803) erworbenen Gebiets.

Lewis-Base [ˈluːɪs-; nach G. N. Lewis], ↗ Säure-Base-Theorie.

Lewitan, Isaak Iljitsch, russ. Maler, *Kybartai (Litauen) 30. 8. 1860, †Moskau 4. 8. 1900; einer der

Edward B. Lewis

Sinclair Lewis

William Arthur Lewis

Isaak Lewitan: Abendläuten (1892; Moskau, Tretjakow-Galerie)

bedeutendsten russ. Landschaftsmaler des 19. Jahrhunderts.

Le Witt [ləˈwɪt], Sol, amerikan. Künstler, * Hartford (Conn.) 9. 9. 1928; einer der Hauptvertreter der Minimalart und der Conceptart in den USA; dreidimensionale Arbeiten, meist mit gitterartiger Struktur; auch Zeichnungen, v. a. Wandzeichnungen.

Lewitz *die*, von Elde und Stör durchflossene Niederung in Meckl.-Vorp., südlich des Schweriner Sees; etwa 150 km²; wald- und moorreich; teilweise melioriert; Fischzuchtteiche.

Lex [lat. »Gesetz«] *die*, im *röm. Recht* das meist nach den Geschlechtsnamen des Antragstellers ben. Volksgesetz. In der *dt. Rechtsgeschichte* Bez. für bestimmte Rechtsquellen, / germanische Volksrechte. In der *Rechtslehre* Gebrauch z. T. noch in lat. Zusammensetzungen, z. B. **L. specialis derogat legi generali** (das speziellere Gesetz geht dem eine allg. Regelung enthaltenden Gesetz vor). Im *Staatsrecht* ein aus einem bestimmten Anlass ergangenes Gesetz, z. T. nach dem Antragsteller oder Betroffenen benannt.

Lexem [grch.] *das, Sprachwissenschaft:* kleinste semant. Einheit, Träger der lexikal. Bedeutung; das L. tritt als Einzelwort (z. B. Wald), als Teil eines Wortes (z. B. wald- in waldig) und als Wortverbindung auf (z. B. Waldbrand).

Lexik *die*, der Wortschatz einer Sprache.

Lexikographie [grch.] *die*, Abfassen und Zusammenstellen eines / Wörterbuchs oder / Lexikons.

Lhasa: der Potala des Dalai-Lama

Lexikologie [grch.] *die*, Bereich der Sprachwiss., der sich mit dem Wortschatz einer Sprache beschäftigt, und zwar mit der Herkunft, der morpholog. Zusammengehörigkeit (Wortbildung) und den inhaltl. Zusammenhängen der Wörter untereinander.

Lexikon [grch.] *das*, **1)** *allg.:* alphabetisch geordnetes Nachschlagewerk spezieller (für einzelne Fachgebiete) oder allg. Art (/ Enzyklopädie, / Konversationslexikon).

2) *Sprachwissenschaft:* Gesamtheit der bedeutungstragenden Einheiten (Lexeme) einer Sprache.

Lexington [ˈleksɪŋtən], Stadt in Massachusetts, USA, nordwestlich von Boston. – Das Gebiet um L. und das benachbarte Concord waren 1775 Schauplatz der ersten Gefechte des Nordamerikan. Unabhängigkeitskrieges (/ Vereinigte Staaten von Amerika, Geschichte).

Lexington-Fayette [ˈleksɪŋtən ferˈet], Stadt im nördl. Kentucky, USA, 237 600 Ew.; zwei Univ.; Pferdezuchtzentrum; Tabakmarkt, Nahrungsmittel-, Elektronik-, Papierwarenindustrie.

Ley [laɪ], Robert, Politiker (NSDAP), * Niederbreidenbach (heute zu Nümbrecht) 15. 2. 1890, † (Selbstmord) Nürnberg 26. 10. 1945; Chemiker; ab 1934 NSDAP-Reichsorganisator, vollzog am 2. 5. 1933 die Gleichschaltung der Gewerkschaften und leitete danach die Dt. Arbeitsfront (DAF). 1945 wurde er vor dem IMT Nürnberg angeklagt.

Leyden [ˈleɪdə], Lucas van, niederländ. Maler, / Lucas van Leyden.

Leyre [ˈlɛjrə] (span. Monasterio de San Salvador de Leyre), Kloster in der Prov. Navarra, Spanien, 56 km südöstlich von Pamplona, am SW-Hang der Sierra de L. Das Kloster, erstmals 848 erwähnt, wurde Ende des 10. Jh. zerstört und gehörte, 1022–57 wieder aufgebaut, dem Klosterverband von / Cluny an, 1307 den Zisterziensern übergeben, war 1835–1954 unbewohnt (1950 restauriert) und wurde 1955 von Benediktinern übernommen. Das Chorhaupt der Klosterkirche (11.–13. Jh.) mit bes. der vierschiffige Krypta (Ende 11. Jh.; Vorgängerbau im 9./10. Jh. Grabstätte der Könige von Navarra) markieren den Beginn der roman. Baukunst in Spanien.

Leyte [ˈlɛjtə], Insel im östl. Teil der Visayas, Philippinen, 7 214 km², 1,5 Mio. Ew.; die Küsten sind dicht besiedelt; Anbau von Reis, Mais, Zuckerrohr, Manilahanf; Kokospalmpflanzungen.

lg, Abk. für den dekad. / Logarithmus.

LH, Abk. für / luteinisierendes Hormon.

Lhasa [tibet. »Götterstätte«] (chines. Lasa), Hptst. der Autonomen Region Tibet, China, in einem Becken des Transhimalaja, etwa 3 700 m ü. M., 380 000 Ew.; Verkehrsknotenpunkt und Handelszentrum Tibets; neben Kunsthandwerk Zementind., Pumpenfabrik u. a. Ind.; Flugplatz. – Hl. Stadt des / Lamaismus. Der / Dalai-Lama residierte bis 1959 im **Potala** (UNESCO-Weltkulturerbe), einem festungsähnl. Palast, der mindestens seit dem 7. Jh. besteht und im 15. Jh. erweitert wurde; im 17. Jh. entstand der dreizehnstöckige »Rote Palast« als Mitteltrakt, der dem Bau seine heutige Gestalt verleiht. Der Haupttempel von L., der Jokhang oder Dazhao Si (7. Jh., danach mehrfach restauriert und erweitert), sowie der Sommerpalast der Dalai-Lamas, der Norbulingka aus dem 18. Jh., gehören ebenfalls zum UNESCO-Weltkulturerbe. – L. war seit dem 7. Jh. polit., wirtsch., kulturelles und religiöses Zentrum Tibets mit zahlr. Klöstern.

LHC [Abk. für engl. **l**arge **h**adron **c**ollider], am / CERN geplanter Doppelspeicherring für Protonen.

LHD-Technik [Abk. für **L**oad-**h**aul-**d**ump-Technik; engl. »Laden-Fördern-Entladen«], v. a. im Kali- und Erzuntertagebergbau angewandte Technik der gleislosen Förderung, z. T. nur auf Zwischensohlen, z. T. im ganzen Betrieb. Wichtigste Geräte sind flach gebaute, wendige, gummibereifte Fahrlader, die Haufwerk aus Abbaubetrieben, Rolllöchern und Streckenvortrieben laden, zur nächstgelegenen Bunkerung oder zum Rollloch fahren und dort entladen.

L'Hospital [lopiˈtal], Guillaume François Antoine, Marquis de Sainte-Mesme, frz. Mathematiker, * Paris 1661, † ebd. 2. 2. 1704; verfasste 1696 das erste Lehrbuch der Infinitesimalrechnung, darin die l'hospitalsche Regel für die Bestimmung von Grenzwerten des Quotienten zweier Funktionen.

Lhotse [tibet. »Südgipfel« (des Everest)], vierthöchster Berg der Erde, im Himalaja, 8 516 m ü. M.; Erstbesteigung 1956 durch E. Reiss und F. Luchsinger.

Libanon

Fläche:	10 452 km²
Einwohner:	(2000) 3,496 Mio.
Hauptstadt:	Beirut
Verwaltungsgliederung:	5 Provinzen
Amtssprache:	Arabisch
Nationalfeiertag:	22. 11.
Währung:	1 Libanesisches Pfund (L£) = 100 Piaster (P.L.)
Zeitzone:	OEZ

Li, chem. Symbol für ↗ Lithium.

Li (Le, Loi, K'lai), Sammelbez. für paläomongolide Volksgruppen auf der südchines. Insel Hainan, von Reisanbau und Jagd lebend; rd. 1,1 Mio. Menschen; ihre Sprache gehört zu den Taisprachen.

Li, Begriff der chines. Philosophie, der 1) in der Bedeutung »Ritual«, »Sitte« einen religiösen, aber auch für Staat und Gesellschaft als grundlegend betrachteten Verhaltenskodex bezeichnet; 2) in der Bedeutung »Struktur«, »Prinzip« Bez. für die ontolog. und zugleich eth. Grundordnung des Seins im Unterschied zu dem Begriff ↗ Qi ist.

LI, Abk. für ↗ Liberale Internationale.

Liaison [liɛˈzɔ̃, frz. »Verbindung«] *die,* 1) *allg.:* Liebesverhältnis; enge Verbindung, Zusammenarbeit. 2) *Phonetik:* Aussprache eines sonst stummen Endkonsonanten in einer Wortgruppe, z. B. frz. les hôtes [leˈsoːt], aber les haricots [leariˈkoː].

Lianen [frz.] (Kletterpflanzen), Gewächse versch. Pflanzenfamilien, die an Stützen emporwachsen, z. B. durch Windbewegungen **(Schlingpflanze),** durch Wurzeln **(Wurzelkletterer),** durch Ranken **(Rankenpflanze).**

Liangchow (Liangtschou), Stadt in China, ↗ Wuwei.

Liaodong (Liaotung), gebirgige Halbinsel im NO Chinas, Prov. Liaoning, zw. dem Golf von L. und der Koreabucht; größte Stadt und Ind.zentrum ist Dalian.

Liao He (Liaoho), 1 345 km langer Fluss im NO Chinas, entspringt im südwestl. Bergland, mündet bei Yingkou in das Gelbe Meer.

Liaoning (Liauning), Prov. im NO Chinas, 145 700 km², 42,4 Mio. Ew.; Hptst.: Shenyang.

Lias [frz., zu liais »harter, feinkörniger Sandstein«] *der* oder *die,* der untere ↗ Jura; in Süd-Dtl. auch »Schwarzer Jura« genannt.

libanesische Literatur. Seit mehreren Jahrhunderten ist Libanon der abendländ., bes. der frz., Kultur geöffnet. Schon frz. Kreuzfahrer waren mit Libanon in Berührung gekommen, und bereits 1535 einigte sich Franz I. mit den Osmanen über die Einrichtung von frz. Handelsniederlassungen und Missionsschulen. Vom 19. Jh. an wurden Texte in frz. Sprache veröffentlicht. Man unterscheidet eine gegen die osman. Herrschaft gerichtete, von einer durch die Suche nach libanes. Identität (auf der Grundlage der phönik. Vergangenheit) geprägte Literatur, eine Phase des Anschlusses an die zeitgenöss. frz. Literaturszene (Symbolismus, Surrealismus) und eine z. T. politisch stark engagierte (v. a. von den Kriegserfahrungen in Libanon) geprägte Literatur. Als zeitgenöss. Autoren wurden u. a. G. Schehadé und A. Chédid internat. bekannt.

Herausragende Autoren der l. L. in arab. Sprache waren u. a. Butrus al-Bustani und Suleiman al-Bustani, der die erste Übersetzung der »Ilias« in arab. Versen und, in seiner »Einleitung« dazu, die erste literaturkrit. Untersuchung in der modernen arab. Literatur geliefert hatte, sowie Nasif und Ibrahim al-Jasidji, die maßgeblich an der Übersetzung der Bibel ins Arabische beteiligt waren. Der in arab. und engl. Sprache schreibende Djubran wurde zum Begründer der bekanntesten symbolist. Schule der modernen arab. Literatur. Auch der Bürgerkrieg hat deutl. Spuren in der l. L. arab. Sprache hinterlassen. Bekannt wurde Imili Nasrallah mit realitätsnaher Prosa in arab. Sprache.

Libanon (amtlich arab. Al-Djumhurijja al-Lubnanijja, dt. Libanesische Republik), Staat an der O-Küste des Mittelmeeres in Vorderasien, grenzt im N und O an Syrien und im S an Israel.

Staat und Recht

Nach der Verf. von 1926 (mehrfach, zuletzt 1999, geändert) ist L. eine parlamentar. Rep., deren Reg.system auf einer Verteilung der Funktionen im Staat unter den Religionsgemeinschaften basiert. Staatspräs. soll stets ein Maronit (Christ), MinPräs. ein Sunnit und Parlamentspräs. ein Schiit sein. Staatsoberhaupt ist der vom Parlament auf 6 Jahre gewählte Präs. Er ernennt die Reg. unter Vorsitz des MinPräs. Die Legislative liegt bei der Nationalversammlung (128 Abg., für 4 Jahre gewählt); die Mandate werden paritätisch zw. Christen und Muslimen aufgeteilt. Parteien und Bewegungen sind weitgehend konfessionell gebunden; zu den einflussreichsten zählen: die christl. Phalange, die Forces Libanaises (gegr. als Parteimiliz der Phalange; 1994 von der Reg. als aufgelöst erklärt), die überwiegend drus. Progressive Sozialist. Partei, die schiit. Bewegung Amal, die radikal schiitische, politisch-militär. Organisation Hizbollah, der rechts orientierte Nat. Block und die säkulare National-liberale Partei.

Landesnatur

L. gliedert sich von W nach O in vier küstenparallele Landschaften: in den schmalen, dicht besiedelten Küstenstreifen, das ↗ Libanongebirge, die Beka (die zw. L.-Gebirge und Antilibanon eingebrochene Tiefscholle des Syr. Grabens) und den Antilibanon. – Der Küstenstreifen mit bewässerten Intensivkulturen ist der Kernraum des Landes. Die W-Seite des L.-Gebirges erhält genügend Winterregen und wird intensiv bebaut. Die höheren, verkarsteten Bergrücken und Hochflächen sind dürftige Weidegebiete. Im NO fällt das L.-Gebirge steil zum tekton. Graben der Beka ab; hier reichen die Niederschläge nur im S-Teil für Re-

Staatswappen

internationales Kfz-Kennzeichen

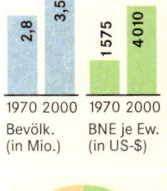

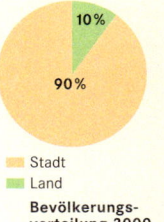

Bevölkerungsverteilung 2000

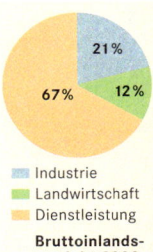

Bruttoinlandsprodukt 2000

Libanon

Libanon: Jubail, die frühere phönikische Hafen- und Handelsstadt Byblos, 30 km nördlich von Beirut

genfeldbau. Im N werden nur in Bewässerungsoasen reiche Ernten erzielt. Die landwirtsch. Nutzung im sehr trockenen Antilibanon beschränkt sich auf Bergfußoasen.

Bevölkerung

Trotz der gemeinsamen arab. Sprache bestehen innerhalb der Bev. bed. Gegensätzlichkeiten. Die wichtigste Differenzierung der Bev. ist noch heute die nach Religionsgemeinschaften. In der Zeit der Verf.gebung bildeten die Christen die Mehrheit; seither hat der Anteil der Muslime durch Einwanderung und höhere Geburtenziffern stark zugenommen, sodass die Angehörigen nicht christl. Religionsgemeinschaften – neben sunnit. und schiit. Muslimen die ↗ Drusen – mittlerweile die Mehrheit bilden. Unter den Christen sind die ↗ Maroniten, bei denen seit 1926 auch die polit. Führung lag, die größte Gruppe. Über 1 Mio. Libanesen leben im Ausland. Die Zahl der in L. registrierten Palästinenser wird mit 380 000 angegeben. In Städten lebt der Großteil der Bevölkerung. – Nach Schätzungen und kirchl. Angaben sind rd. 53 % der Bev. Muslime (30 % Schiiten, 23 % Sunniten), knapp 40 % Christen [25 % Maroniten, 13 % orth. und oriental. Christen [bes. Melchiten und Armenisch-Orthodoxe]), über 6 % Drusen. – Es besteht keine Schulpflicht; der Abschluss der fünfjährigen Grundschule berechtigt zum Besuch weiterführender Schulen. Etwa die Hälfte aller Schulen sind Privatschulen. Die Analphabetenquote beträgt 14 %.

Wirtschaft, Verkehr

Bis zum Ausbruch des Bürgerkriegs (1975) war L. trotz seiner Gebirgsnatur einer der dynamischsten und höchstentwickelsten Staaten unter der arab. Ländern. Schon in der 2. Hälfte des 19. Jh. haben sich hier moderne Einflüsse durchsetzen können. Seit Ausbruch des Bürgerkriegs wurde die Wirtschafts- und Infrastruktur weitgehend zerstört, die Inflationsrate stieg. Viele Libanesen wanderten aus; Beirut verlor seine Rolle als wichtiges Finanz-, Handels- und Dienstleistungszentrum des Nahen Ostens. Erst seit den 1990er-Jahren wächst die Wirtschaft wieder nennenswert. L. verfügt nur über geringe Bodenschätze. Fast der gesamte Ind.sektor ist privatisiert (Textil-, Nahrungsmittel- und Holzind.). Die Raffinerien in Tripoli und Saida verarbeiteten Erdöl aus Saudi-Arabien bzw. Irak, sind aber seit Jahren stillgelegt. Etwa die Hälfte der landwirtsch. Nutzfläche liegt in der Beka. Bed. ist der Obstbau (Küstenebene, Berghänge) mit seiner Spezialisierung auf Zitrusfrüchte, Tafeläpfel, Weintrauben. Die agrar. Produktion kann aber nur ein Drittel des einheim. Bedarfs decken. Der Tourismus, bis 1975 einer der Hauptwirtschaftszweige, war fast völlig zum Erliegen gekommen und hat sich erst in den letzten Jahren wieder etwas belebt. – Die Eisenbahnlinie (205 km) entlang der Küste war seit dem Bürgerkrieg stillgelegt und wird wieder neu erbaut. Das gut ausgebaute Straßennetz ist 7 200 km lang. 1992 nahm der Hafen von Beirut seinen Betrieb wieder auf; internat. Flughafen von Beirut ist Al-Chalda.

Geschichte

Im Altertum war L. Schwerpunkt ↗ Phönikiens. Seit 64 v. Chr. zur röm. Provinz Syria, dann zum Byzantin., im 6. Jh. zum Pers. Reich, 7.–9. Jh. zum arab. Kalifat, 9.–11. Jh. unter ägypt. muslim. Dynastien. 1516–1918 unter osman. Herrschaft; 1864 auf Betreiben Frankreichs Einsetzung eines christl. Gouv.; 1918 zus. mit Syrien frz. Völkerbundmandat. 1920 schuf Frankreich das Gebiet L. in seinen heutigen Grenzen, mit einer geringen Mehrheit christl. Einwohner. Nach Besetzung durch alliierte Truppen 1941 Unabhängigkeitserklärung, erst 1944 jedoch Aufhebung des Mandats und 1946 Räumung. Am 1. Israelisch-Arab. Krieg 1948/49 nur nominell beteiligt, musste L. zahlr. Palästinaflüchtlinge aufnehmen. Zunehmender arab. Nationalismus verstärkte Spannungen zw. prowestl. Christen (Maroniten) und arabisch-nationalist. Muslimen. Auf Ersuchen von Staatspräs. C. N. Chamoun (1952–58) intervenierten 1958 Truppen der USA in L. (1. Bürgerkrieg). Guerillatätigkeit der Palästinenser bewirkte israel. Vergeltungsschläge. Die Palästinenser erhielten 1969 einen exterritorialen Status.

Im April 1975 begann im 2. Bürgerkrieg, der sich immer mehr mit dem ↗ Nahostkonflikt verband: trotz UN-Friedenstruppe ab März 1978 immer wieder schwere Kämpfe zw. christl. Milizen und muslimisch-drus. Formationen (v. a. in Süd-L.), April 1976 bis Febr. 1980 (Abzug) unter Eingreifen von syr. Truppen im N (Beirut). Sommer 1982 gewaltsame Vertreibung der PLO und ihrer militär. Einheiten aus Beirut, nach Ermordung von Staatspräs. B. Gemayel (1982) Besetzung W-Beiruts durch Israel. Präs. A. Gemayel (1982–88) beugte sich dem wachsenden Einfluss Syriens. Nach Rückzug Israels bis Juni 1985 (bis auf eine schmale Sicherheitszone im S) Kämpfe rivalisierender islam. Milizen (schiit. prosyr. Amal-Miliz, ↗ Hizbollah), in der Sicherheitszone 1984 Bildung einer mehrheitlich christl., proisrael. »Südlibanes. Armee« (SLA; aufgelöst Mai 2000). Febr. 1987 Einrücken syr. Truppen in W-Beirut. Ab Ende Sept. 1988 General M. Aoun, Oberbefehlshaber der (offiziellen) libanes. Armee, provisor. Präs. (bis 1989), ab Nov. 1989 E. Hrawi gewählter Präs. (bis 1998); Okt. 1989 Friedensplan von Taif. Um seine Anerkennung ab Jan. 1990 die (seit 1975) schwersten Kämpfe zw. christl. Milizen und christl. Armeeverbänden unter Aoun, der unter Druck Syriens kapitulierte (Okt. 1990). Mit der Verfassungsreform vom Aug. 1990 (nach dem Plan von Taif), dem Friedensschluss der rivalisierenden schiit. Milizen sowie dem Abzug aller Milizen aus Beirut und Süd-L. im Nov./Dez. 1990 Beendigung des Bürgerkrieges (bis Mai 1991; Juli 1991 Entwaffnung der PLO).

Im Mai 1991 sicherte sich die Reg. unter MinPräs. O. Karame (bis 1992) im Parlament eine prosyr. Mehrheit, die einen syrisch-libanes. Kooperationsvertrag verabschiedete. Häufige innenpolit. Spannungen; Okt. 1998 Wahl E. Lahouds zum Staatspräs., der eine Reg. von Reformern unter S. al-Hoss einsetzte (Dez. 1998). Die Wahlen Aug./Sept. 2000 gewann das Bündnis um al-Hariri, der im Okt. 2000 erneut zum MinPräs. ernannt wurde. – Seit 1991 wiederholt militär. Vorstöße Israels in den südl. L. gegen Hizbollah, Hamas und palästinens. Freischärler (letzter Höhepunkt: 1996). Im Mai 2000 vorfristiger Rückzug der israel. Truppen aus der Sicherheitszone und Nachrücken der Hizbollah; Ende Juli/Anfang Aug. 2000 dort Stationierung von UN-Friedenstruppen (Aufstockung der UNIFIL), verstärkt durch libanes. Streitkräfte.

Libanongebirge (arab. Djebel Lubnan al-Gharbija), 175 km langer, bis zu 25 km breiter Gebirgszug in Libanon, im Kurnet es-Sauda 3088 m ü. M. Trotz starker Niederschläge können die verkarsteten, weitgehend entwaldeten Höhenregionen nur als Weidetrift genutzt werden. Die Libanonzedern sind nur noch in geringen Beständen erhalten. An den Westhängen intensive Bewirtschaftung (Obst-, Weinbau); bed. Erholungs- und Wintersportgebiet.

Libau, Stadt in Lettland, ↗ Liepāja.

Libby ['lıbı], Willard Frank, amerikan. Chemiker, *Grand Valley (Colo.) 17. 12. 1908, †Los Angeles 8. 9. 1980; Mitgl. der amerikan. Atomenergie-Kommission; erhielt für die Entwicklung der ↗ Radiokohlenstoffmethode 1960 den Nobelpreis für Chemie.

Libelle [lat. »kleine Waage«] *die,* 1) *Biologie:* Wasserjungfer, ↗ Libellen.
2) *Messtechnik:* als Röhren- oder Dosen-L. Teil der ↗ Wasserwaage.

Libellen: Becher-Azurjungfer (Enallagma cyathigerum, Körperlänge 24–28 mm)

Libellen (Wasserjungfern, Odonata), Insektenordnung; Vollinsekten mit vier netzartig geäderten, meist farblosen Flügeln und schlankem, oft lebhaft gefärbtem Körper, Kopf gut beweglich mit großen halbkugelförmigen Augen und kleinen Fühlern; bei der Paarung bilden Männchen und Weibchen ein »Rad«, indem das Männchen mit seinem Hinterleibsende das Weibchen hinter dem Kopf festhält. Vollkerfe und Larven leben räuberisch; die unvollkommene Verwandlung erfolgt im Wasser. Man unterscheidet die Unterordnungen **Klein-L.** (Zygoptera) mit langsam fliegenden Arten (z. B. die zur Familie der Schlanklibellen gehörende Becher-Azurjungfer und die zur Familie der Pracht-L. gehörende Blauflügel-Prachtlibelle und die Gebänderte Prachtlibelle) sowie die **Groß-L.** (Anisoptera) mit bis zu 13 cm langen, schnell fliegenden Arten.

liberal [lat.], freiheitlich, nach allen Seiten offen, den Einzelnen wenig beschränkend und seine Selbstverantwortung unterstützend; die Weltanschauung des ↗ Liberalismus betreffend.

Liberaldemokratische Partei, Abk. **LDP** (japan. Jiyū minshūtō), polit. Partei in Japan mit konservativer Orientierung, führte seit ihrer Entstehung (1955, durch Zusammenschluss der Liberalen Partei und der Demokrat. Partei) die Regierung, stand nach den Parlamentswahlen 1993 erstmals 1993–94 in der Opposition. Seit 1996 stellt sie wieder den Ministerpräsidenten.

Liberal-Demokratische Partei Deutschlands, Abk. **LDPD,** polit. Partei in der DDR; gegr. 1945 in Berlin als Liberal-Demokrat. Partei, Abk. LDP, nannte sich 1952 in LDPD um. 1949/50–89 war sie in das von der SED beherrschte Blocksystem eingebunden. Nach dem Umbruch in der DDR (1989/90) bezeichnete sie sich im Febr. 1990 wieder als LDP. Im Rahmen des **Bundes Freier Demokraten** nahm sie im März 1990 an den Volkskammerwahlen teil. Im Aug. 1990 vereinigte sie sich mit der FDP.

Liberale, Anhänger einer liberalen Partei bzw. des ↗ Liberalismus.

Liberale Internationale, Abk. **LI,** 1947 als Liberale Weltunion in Oxford gegründeter loser Zusammenschluss liberaler Parteien. Seit 1990 (55 Mitgl.parteien; einige mit Beobachterstatus) häufige Wechsel in der Mitgliederschaft (zahlr. Anträge auf Aufnahme neuer liberaler Parteien).

Liberale Partei der Schweiz, Abk. **LPS,** Partei in der Schweiz, 1977 aus der **Liberaldemokrat. Union der Schweiz** (gegr. 1961) hervorgegangen, betont programmatisch den Föderalismus, die kulturelle Eigenständigkeit der Sprachgruppen und den Schutz des Individuums vor dem Staat.

Liberales Forum, Abk. **LIF** bzw. **LF,** österr. Partei, gegr. 1993, sucht in Auseinandersetzung mit den Freiheitlichen dem liberalen Gedankengut eine neue Plattform zu geben.

liberale Theologie, neben konservativer und ↗ Vermittlungstheologie die dritte Hauptrichtung der prot. Theologie des 19. Jh.; von ihren Vertretern als wiss. Theologie der dogmat. Theologie gegenübergestellt; prüfte mithilfe der von ihr entwickelten historisch-krit. Methode (↗ Exegese) die Quellen zur Gesch. von Christentum, Kirche und kirchl. Lehre. Zu ihren Hauptvertretern zählen A. von Harnack und E. Troeltsch; wesentl. Impulse erhielt sie durch die ↗ religionsgeschichtliche Schule.

Liberalisierung [lat.] *die,* 1) *allg.:* der Abbau bestehender Einschränkungen.
2) *Wirtschaftspolitik:* Aufhebung bzw. Reduzierung dirigist. Eingriffe in den freien Austausch von Gütern und Produktionsfaktoren, im Rahmen angebotsorientierter Wirtschaftspolitik gleichbedeutend mit ↗ Deregulierung; bezogen auf den Außenwirtschaftsverkehr systemat. Abbau von Handelshemmnissen (Zölle, Kontingente) und Kapitalverkehrsbeschränkungen.

Willard F. Libby

Libellen: Paarungsrad der zu den Kleinlibellen gehörenden Frühen Adonislibelle (Pyrrhosoma nymphula)

Libe Liberalismus

Liberia

Fläche:	111 369 km²
Einwohner:	(2000) 3,164 Mio.
Hauptstadt:	Monrovia
Verwaltungsgliederung:	13 Bezirke (Counties)
Amtssprache:	Englisch
Nationalfeiertag:	26. 7.
Währung:	1 Liberianischer Dollar (Lib$) = 100 Cent (c)
Zeitzone:	WEZ

Staatswappen

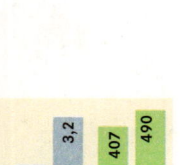
1970 2000 1970 1996
Bevölk. BNE je Ew.
(in Mio.) (in US-$)

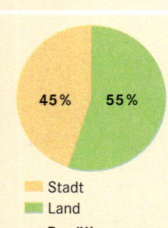
Stadt
Land
Bevölkerungsverteilung 2000

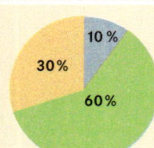
Industrie
Landwirtschaft
Dienstleistung
Bruttoinlandsprodukt 2001

Liberalismus [aus lat. liberalis »die Freiheit betreffend«] *der*, Staats-, Gesellschafts- und Wirtschaftsauffassung, die die Freiheit des Einzelnen als grundlegende Norm menschl. Zusammenlebens ansieht und den Fortschritt in Kultur, Recht, Sitte, Wirtschaft und sozialer Ordnung als den Inhalt geschichtl. Entwicklung versteht.

Die geistesgeschichtl. Wurzeln des L. liegen im neuzeitl. Individualismus (Renaissance), in der Aufklärung sowie im Neuhumanismus und Idealismus. Zu der Lehre des L. trugen v. a. bei: in England J. Locke, F. Hutcheson, A. Ferguson, J. Bentham, später J. S. Mill; in Frankreich neben Montesquieu und E. J. Sieyès die mit der »Encyclopédie« verbundenen Denker D. Diderot, J. Le Rond d'Alembert, J.-J. Rousseau, A. R. J. Turgot, A. de Condorcet; in Dtl. v. a. I. Kant. Im großen Umfang politisch wirksam wurde der L. zuerst in der Unabhängigkeitserklärung und Verf. der USA, dann im 1. Abschnitt der Frz. Revolution (Erklärung der Menschenrechte von 1789, Verf. von 1791). In der Folgezeit konzentrierte sich der **polit. L.**, nunmehr von breiten Schichten des Bürgertums getragen, bes. auf die Forderung des Rechts- und Verfassungsstaats, außerdem auf Beseitigung ständ. Vorrechte, Selbstverwaltung der Gemeinden u. a. Der L. wurde zum geistigen Impuls der »bürgerl. Revolutionen« (1830, 1848) und nat. Einigungsbewegungen (Italien, Dtl.). Innenpolit. Freiheitsbestrebungen verbanden sich mit einer machtpolit. Richtung in der Außenpolitik, die imperiale Ideen verfocht. Als Reaktion auf die Annäherung v. a. des nat. orientierten L. an den Konservativismus entstand eine radikale linksliberale Richtung, die die demokrat. Ideen weiterentwickelte.

Der **wirtsch. L.** erhielt seine klass. Begründung durch A. Smith, D. Ricardo, J. Mill und fand seinen Ausdruck im 19. Jh. in der Forderung nach Gewerbefreiheit, freiem Wettbewerb, / Freihandel und in seiner extremsten Form im / Manchestertum. Staatseingriffe, wie sie für den Merkantilismus typisch sind, lehnt der klass. Wirtschafts-L. ab. Künstl. Produktionsbeschränkungen, die z. B. das Zunftsystem kennzeichnen, gelten ebenso als Fesseln des Fortschritts wie Zollbarrieren. Das Gebot der Nichteinmischung des Staates gilt prinzipiell auch für die Beziehung zw. Arbeitgebern und -nehmern. Die soziale Frage kann nach Auffassung des klass. L. nur durch Selbsthilfe der Betroffenen und durch eine Verbesserung des Bildungswesens gelöst werden. Unter Berücksichtigung prakt. Erfahrungen zeigt sich der wirtsch. L. des 20. Jh. als / Neoliberalismus, dessen wirtschaftstheoret. Grundlagen weitgehend der Freiburger Schule entstammen.

Die liberalen Parteien spielten in allen Parlamenten des 19. Jh. eine bed. Rolle. Aufbauend auf der Wirtschaftslehre des L. entwickelte sich die hochkapitalist. Wirtschaftsform (/ Kapitalismus). Im 20. Jh. führten die innere Fortentwicklung der industriellen Gesellschaftsordnung zu neuen wirtsch. und rechtl. Bindungen sowie die Hinwendung vieler Wähler zu anderen polit. und sozialen Konzepten zu einer Krise des L. Wo totalitäre Systeme an die Macht gelangten, wurde der L. praktisch ausgeschaltet. Heute sind viele der liberalen Grundwerte (Beachtung der Grundrechte, Rechtsstaat, repräsentative Demokratie, angestrebte Chancengleichheit, freiheitlich-demokrat. Gesellschaftsvorstellungen) in westl. Gesellschaften allg. akzeptiert. Eine Herausforderung für den L. ist es gegenwärtig v. a., der Gefahr unkontrollierter Machtentfaltung von Bürokratie und multinationaler Wirtschaft unter Wahrung liberaler Grundsätze zu begegnen.

Liberal Party ['libərəl 'pɑːti, engl.], brit. polit. Partei; ging nach der Parlamentsreform von 1832 aus der Partei der Whigs hervor und vertrat v. a. industrielle, mittelständ. und nicht anglikan. Interessen; bis ins beginnende 20. Jh. neben den Konservativen tragende Kraft des brit. Parlamentarismus. Nach dem Ersten Weltkrieg wurde sie durch die Labour Party in den Hintergrund gedrängt. 1988 schloss sie sich mit einem Großteil der Social Democratic Party (SDP) den Social and Liberal Democrats zusammen (seit 1989 nur noch Liberal Democrats genannt).

Liberec ['libɛrɛts] (dt. Reichenberg), Stadt im Nordböhm. Gebiet, Tschech. Rep., Verw.sitz des Bezirks L., an der Lausitzer Neiße, 99 800 Ew.; Hochschule für Maschinenbau und Textiltechnik, Nordböhm. Museum, Theater, botan. und zoolog. Garten. Außer der führenden Textilind. sind Maschinen- und Fahrzeugbau, Papier-, Schuh-, Holzind. und Bierbrauereien vertreten; Seilschwebebahn auf den Jeschken (1 012 m ü. M.). – Got. Erzdekanatkirche St.-Antonius (Ende 16. Jh.), barocke Heiligkreuzkirche, Bürgerhäuser des 17./18. Jh. (darunter die Wallensteinhäuser); Renaissanceschloss (16. Jh., im 18./19. Jh. umgebaut). – L. wurde 1255–78 von dt. Kolonisten gegr.; 1350 erstmals erwähnt.

Liberia (amtlich engl. Republic of Liberia), Staat in Westafrika, grenzt im SW an den Atlantik, im NW an Sierra Leone, im N an Guinea, im O an die Rep. Elfenbeinküste.

▸ **Staat und Recht**

Nach der 1986 in Kraft getretenen Verf. (1997 modifiziert) ist L. eine präsidiale Rep.; Staatsoberhaupt, Oberbefehlshaber der Streitkräfte und oberster Inhaber der Exekutive (Reg.chef) ist der für 6 Jahre direkt gewählte Präs. Die Legislative liegt beim Zweikammerparlament, bestehend aus Senat (26 Mitgl., für 9 Jahre gewählt) und Repräsentantenhaus (64 Abg., für 6 Jahre gewählt). – Einflussreichste Parteien: National Patriotic Party (NPP), Unity Party (UP) und All Liberia Coalition Party (ALCOP).

Landesnatur

An die 570 km lange, nur schwer zugängl. Küste (»Pfefferküste«) schließt sich eine 10–50 km breite, meist sumpfige Küstenebene (Mangrovensümpfe) an; dahinter erhebt sich ein Plateau- und Hügelland (200–400 m ü. M.), das im N durch Mittelgebirge überragt wird, die in den Nimbabergen auf liberian. Gebiet 1384 m ü. M. erreichen. Das Klima ist subäquatorial mit einer Regenzeit, im äußersten S zwei Regenzeiten. Das Land ist überwiegend mit trop. Regenwald bedeckt, der an manchen Stellen starke anthropogene Veränderungen zeigt.

Bevölkerung

Staatstragende Schicht (jedoch nur 2% der Bev.) sind die Nachkommen der 1822 eingewanderten ehem. Sklaven aus den Südstaaten der USA (»Amerikoliberianer«); die meisten von ihnen sind Christen. Die Bev.mehrheit besteht aus 16 ethn. Gruppen von Sudaniden (Kpelle, Bassa, Kru u. a.) sowie Libanesen. Die Bev.dichte ist an der Küste und in den Bergbau- und Kautschukanbaugebieten am größten. Während des von 1989–97 andauernden Bürgerkriegs sind etwa 750 000 Liberianer nach Guinea und in andere Nachbarstaaten geflohen. – Knapp die Hälfte der Bev. wird traditionellen afrikan. Religionen zugerechnet, rd. 38% sind Christen (überwiegend Protestanten), rd. 13% Muslime. – Es besteht eine neunjährige allg. Schulpflicht ab dem 6. Lebensjahr. Die Analphabetenquote beträgt 62%.

Wirtschaft, Verkehr

Infolge des jahrelangen Bürgerkriegs zählt L. zu den unterentwickelten Ländern der Erde und ist auf internat. Hilfe angewiesen. Der Wiederaufbau der stark zerstörten Wirtschaft und Infrastruktur geht nur langsam voran. Die Landwirtschaft bildet die Existenzgrundlage für einen Großteil der Bev. und beschäftigt zwei Drittel der Erwerbstätigen. Für den Eigenbedarf werden Reis, Maniok, Bataten, Jamswurzeln, Bananen, Zitrusfrüchte und Zuckerrohr angebaut; für den Export hat die Kautschukgewinnung (Plantagen) größte Bedeutung, ferner Anbau von Kaffee, Kakao, Ölpalmen. Die Viehhaltung ist wegen der Tsetsefliege eingeschränkt; Fischerei spielt für die Ernährung eine Rolle; die Forstwirtschaft verfügt über große Reserven an wertvollen Hölzern (etwa ein Drittel des Landes wird forstwirtsch. genutzt). Zweitgrößter Wirtschaftsfaktor ist der Bergbau: Eisenerzabbau, Gewinnung von Diamanten und Gold. Die Ind. ist wenig entwickelt, nur Bereiche der Verarbeitung, bes. Eisenerzaufbereitung und Kautschukverarbeitung, spielen eine Rolle. Wichtig sind die Einnahmen aus der Tanker- und Handelsflotte (meist ausländ. Schiffe unter liberian. Flagge) sowie aus dem Export von Diamanten, Gold und Eisenerz. Haupthandelspartner sind die USA, Dtl. und andere EU-Länder. – Die Eisenbahnlinien (493 km; streckenweise wieder in Betrieb) dienen v. a. dem Transport von Eisenerz, Holz und Kautschuk; das Straßennetz umfasst 6100 km. Haupthäfen: Monrovia (mit Freihafen), Buchanan (Eisenerztransport), Cape Palmas, Greenville, Hasper (Holzexport). Internat. Flughafen ist Robertsfield bei Monrovia.

Geschichte

Ab 1822 wurden östlich von Kap Mesurado und entlang der Pfefferküste 16 400 freigelassene schwarze amerikan. Sklaven angesiedelt. Gegen den Widerstand der einheim. Bev. kolonisierten sie das Land und riefen am 26. 7. 1847 die unabhängige Rep. L. aus. Bis weit ins 20. Jh. lebten die Amerikoliberianer von amerikan. Unterstützung. Versuche Präs. W. Tubmans (1944–71), die Rivalität zw. den Eingeborenen (Afroliberianer) und den Amerikoliberianern zu beseitigen und die zahlr. ethn. Gruppen in den Staat zu integrieren, blieben auch unter seinem Nachfolger W. R. Tolbert (1971–80) weitgehend ohne Erfolg. Eine geplante Preiserhöhung für Reis führte 1979 zu blutigen Aufständen (»Reisunruhen«). Am 12. 4. 1980 kam es zu einem Militärputsch unter S. K. Doe, der die Verf. aufhob und nach der Ermordung Tolberts als erster Afroliberianer Staatsoberhaupt wurde.

Im Dez. 1989 brach in L. ein Aufstand gegen Präs. Doe aus, der sich ab Aug. 1990 zu einem bewaffneten Konflikt zw. versch. Rebellengruppen und der ehem. Regierungsarmee ausweitete. Mit der Entsendung einer Friedenstruppe suchten die in der Westafrikan. Wirtschaftsgemeinschaft (engl. Abk. ECOWAS) zusammengeschlossenen Staaten den Bürgerkrieg zu beenden. Sie setzten im Nov. 1990 eine »Übergangsregierung der nat. Einheit« unter

Liberia: Flusslandschaft des Lofa mit tropischem Regenwald

Präs. Amos Sawyer ein, der seit Mai 1994 weitere Übergangsregierungen folgten. Im Sept. 1993 beschloss der UN-Sicherheitsrat die Entsendung einer Beobachtermission. Trotz Vermittlungsbemühungen der ECOWAS-Staaten, der OAU und der UN brachen die Kämpfe, unterbrochen von zahlr. Friedensabkommen, immer wieder aus, lösten Flüchtlingsbewegungen in die Nachbarländer aus und zogen diese (bes. Sierra Leone, Elfenbeinküste) auch in Mitleidenschaft. Unter dem Druck der UN, der USA und des ECOWAS-Präs. J. Rawlings (Ghana) auf die Führer der einander bekämpfenden Milizen schlossen diese im Aug. 1996 ein neues Friedensabkommen, um den Bürgerkrieg zu beenden, bei dem rd. 150 000 Zivilisten starben und schätzungsweise 750 000 Liberianer in Nachbarstaaten flüchteten. Entsprechend dem Abkommen fanden im Juli 1997 allgemeine Wahlen statt, bei denen C. G. Taylor zum Präs. gewählt wurde und die ihn stützende Partei (NPP) die absolute Mehrheit erhielt; demokrat. Reformen wurden jedoch nicht eingeleitet. Der Anfang 2001 wieder ausgebrochene Bürgerkrieg konnte im Sept. 2002 durch einen Sieg der Reg.truppen über

Daniel Libeskind: Jüdisches Museum (Teilansicht) in Berlin; 1999 eröffnet

die Rebellen nur kurzzeitig beendet werden. Erneute gewaltsame Auseinandersetzungen führten im Juli 2003 dazu, dass die Rebellengruppen (v. a. LURD und MODEL) weite Teile des Landes sowie der Hauptstadt Monrovia erobern konnten. Die ECOWAS-Staaten entsandten daraufhin eine Friedenstruppe, die von US-Einheiten unterstützt wurde. Präs. Taylor, der zum Rücktritt gezwungen wurde, übergab am 11. 8. 2003 sein Amt an Moses Blah und ging ins Exil nach Nigeria. Ein am 18. 8. 2003 zur Beendigung des Bürgerkrieges unterzeichnetes Friedensabkommen zw. der Reg. und den größten Rebellenbewegungen des Landes sieht die Bildung einer Übergangsreg., die das Kabinett des amtierenden Präs. Blah ablösen soll, sowie Neuwahlen spätestens im Jahr 2005 vor. Eine internat. Friedenstruppe soll diesen Prozess überwachen.

Liberine [lat.], Synonym für die auf den Hypophysenvorderlappen einwirkenden Freisetzungshormone bzw. Releasinghormone des Hypothalamus.

Libero [italien. »freier Mann«] *der, Fußball:* Abwehrspieler ohne unmittelbaren Gegenspieler, der als Letzter in der eigenen Abwehr steht, sich aber ins Angriffsspiel einschalten kann; im modernen Fußball kaum noch üblich (stattdessen »Dreier«- oder »Viererkette«).

Libyen: Wüstenlandschaft im zur nördlichen Sahara gehörenden Fessan im Südwesten des Landes

Libertas, röm. Göttin der persönl., später auch der staatl. Freiheit; Attribute: Zepter und der von den freigelassenen Sklaven aufgesetzte Hut (pilleus).

Liberté, Égalité, Fraternité [frz.], »Freiheit, Gleichheit, Brüderlichkeit«, das Losungswort der Frz. Revolution und Wahlspruch des frz. Staates. Die Zweite Rep. 1848–51 übernahm ihn als Leitbegriff, während der Dritten Rep. (1870–1940) wurde er zur offiziellen Devise erklärt.

Libertinismus [lat.] *der,* ausschweifender Lebenswandel; Haltung eines Menschen, der sich an die traditionellen sittl. Normen (bes. auf sexuellem Gebiet) nicht gebunden fühlt.

Liberty Island [ˈlɪbətɪ ˈaɪlənd; engl. »Freiheitsinsel«] (bis 1956 Bedloe's Island), Insel im Stadtgebiet von New York, USA, vor der S-Spitze von Manhattan in der Upper New York Bay, 4 ha; mit ↗ Freiheitsstatue.

Liberum arbitrium [lat.], freier Wille, Wahlfreiheit. (↗ Willensfreiheit)

Libeskind, Daniel, amerikan. Architekt poln. Herkunft, *Lodz 12. 5. 1946; führender Vertreter des Dekonstruktivismus (Jüd. Museum in Berlin, 1992–99; Erweiterungsbau des kulturgeschichtl. Museums mit Felix-Nussbaum-Museum in Osnabrück, 1995–98; Imperial War Museum in Manchester, 2002 eröffnet). 2003 gewann er den Wettbewerb für die Neubebauung von »Ground Zero« in New York, »Design-Architekt und Projektleiter« wurde jedoch David Childs, einer der Partner des Architekturbüros Skidmore, Owings & Merrill (SOM). L. verfasste auch zahlr. Schriften zur Architektur.

Libido [lat.] *die,* das sexuelle Verlangen, die Lust; nach S. Freud die Energie des Sexualtriebes, die sich auf versch. Objekte oder Vorstellungen richten kann.

Li Bo, chines. Lyriker, ↗ Li Taibai.

LIBOR, Abk. für engl. **L**ondon **I**nter**b**ank **O**ffered **R**ate, Referenzzinssatz, zu dem internat. agierende Banken in London Geldmarktgeschäfte tätigen; dient v. a. als Basiszinssatz für Roll-over-Kredite, (Zins-)Swaps und Floating-Rate-Notes; zunehmend durch ↗ EURIBOR und ↗ EUROLIBOR ersetzt.

Libra [lat.] *die,* 1) *Astronomie:* das Sternbild ↗ Waage.

2) *Metrologie:* alte Masseneinheit; die röm. L. betrug 327,5 g; in Spanien, Portugal und deren Kolonien lag der Wert der L. zw. 450 und 460 g, als Apothekergewicht um 345 g.

Library of Congress [ˈlaɪbrərɪ əv ˈkɔŋgrɛs], die Nationalbibliothek (seit 1897) der USA in Washington (D. C.). 1800 als Parlamentsbibliothek gegründet, seit dem Zweiten Weltkrieg nat. Informationszentrum; untergliedert in acht Departments; internat. Zentrum zur Vergabe des Copyrights.

Libration [lat.] *die,* scheinbares Pendeln des Mondes, das durch den ungleichförmigen Umlauf in seiner ellipt. Bahn um die Erde (**L. in Länge**) sowie durch die Neigung der Mondrotationsachse gegen seine Bahnebene (**L. in Breite**) verursacht wird. Durch die L. in Länge kann von der Erde aus zeitweilig über den Ost- bzw. Westrand, durch die L. in Breite über den Nord- bzw. Südpol des Mondes gesehen werden. Diese Effekte sowie die gleichzeitige Erdrotation (**tägl.** oder **parallakt. L.**) bewirken, dass etwa 59 % der Mondoberfläche von der Erde aus zu sehen sind.

Libretto [italien. »Büchlein«] *das,* Textbuch zu einer Oper, einer Operette oder einem Ballett, im übertragenen Sinn der Text selbst.

Libreville [librəˈvil], Hptst. von Gabun, am N-Ufer des Gabunästuars, 541 000 Ew.; kath. Erzbi-

Libyen **Liby** 2811

Libyen

Fläche:	1 759 540 km²
Einwohner:	(2000) 6,39 Mio.
Hauptstadt:	Tripolis
Verwaltungsgliederung:	25 Regionen
Amtssprache:	Arabisch
Nationalfeiertag:	1. 9.
Währung:	1 Libyscher Dinar (LD.) = 1 000 Dirham
Zeitzone:	OEZ

schofssitz; Univ. (gegr. 1970), Colleges, Forschungsinstitute, Nationalmuseum; Textil- und chem. Ind., Sägewerke, Schiffbau, Brauerei; Tiefwasserhafen in Owendo; internat. Flughafen. – 1849 für befreite Sklaven gegründet.

Libụda, Walter, Maler und Grafiker, *Zechau-Lesen (heute Zechau [zu Kriebitzsch], Landkreis Altenburger Land) 24. 6. 1950; in einer expressiven, koloristisch reichen Malerei, bei der die menschl. Figur wichtigster Ausdrucksträger ist, verdichtet er die Wirklichkeit zu Zeichen, Szenen und Gleichnissen.

Libụssa, in der von Cosmas von Prag überlieferten Sage die Gründerin von Prag, Ahnherrin der Přemysliden. – Schauspiele von C. Brentano (»Die Gründung Prags«, 1815), F. Grillparzer (»L.«, 1872); Oper »L.« von B. Smetana (1881).

Libyen (amtlich arab. Al-Djumhurijja al-Arabijja al-Libijja ash-Shabijja al-Ishtirakijja, dt. Sozialist. Libysch-Arabische Volksrep.), Staat in Nordafrika, grenzt im N an das Mittelmeer, im O an Ägypten, im SO an die Rep. Sudan, im S an Tschad und Niger, im W an Algerien und Tunesien.

Staat und Recht

Nach der Verf. von 1977 ist L. eine islam., sozialist. Volksrep. Die von der Verf. proklamierte Volksdemokratie basiert auf Volkskongressen und -komitees, Gewerkschaften und Berufsverbänden. Oberstes Organ der Legislative ist der Allg. Volkskongress (AKV; 2 700 Mitgl.), der von einem Generalsekretariat geleitet wird. Der Generalsekretär des AKV ist de jure Staatsoberhaupt, de facto wird diese Funktion vom Führer der Revolution M. al-Gaddhafi wahrgenommen. Als Exekutive fungiert das Allg. Volkskomitee unter Leitung des Generalsekretärs. Parteien sind nicht zugelassen.

Landesnatur

L. erstreckt sich von der rd. 2 000 km langen Mittelmeerküste beiderseits der Großen Syrte südwärts bis weit in die Sahara. Auf den Küstenstreifen folgt im NW der Steilanstieg zu einem bis 968 m hohen Bergland. Südlich davon liegt ein Schichtstufen- und Plateauhochland, das in eine Hammada überleitet; weiter südlich der durch eine Steilstufe von ihr abgetrennte Fessan und die im SW liegenden Ausläufer des Tassili. Auf den Golf der Großen Syrte folgt eine stark gegliederte unfruchtbare, erdölreiche Schichtstufen- und Plateaulandschaft. Im O, in der Cyrenaika, folgt auf einen Küstenstreifen ein bis 876 m hoher Gebirgszug. Er geht nach S in die Libysche Wüste über. In den Ausläufern des Tibesti im S werden 2 285 m ü. M. erreicht. 90% des Landes sind Wüste. Der Küstenstreifen hat mediterranes Klima mit Win-

terregen, das Landesinnere Wüstenklima mit z. T. völlig ausbleibenden Niederschlägen und extremen Temperaturen.

Bevölkerung

Libyer arab. Herkunft (76%) und arabisierte Berber (9%) bilden den Hauptteil der Bev., die zu 90% in der Küstenzone lebt; hinzu kommen versch. Minderheiten. Die in Stammesgesellschaften lebenden Berber bewohnen den N (u. a. Djebel Nefusa), ferner einige Oasengebiete. Im Fessan nomadisieren Tuareg und Tubu; ferner leben dort negride Stämme. In der Erdöl- und Erdgaswirtschaft arbeiten zahlr. Gastarbeiter, v. a. aus arab. Nachbarstaaten. – Rd. 97% der Bev. bekennen sich zum Islam. Die Araber und arabisierten Berber sind sunnit. Muslime; die in ihren traditionellen Stammesgesellschaften lebenden Berber gehören mehrheitlich der islam. Sondergemeinschaft der Ibaditen (↗ Charidjiten) an. – Es besteht eine neunjährige allg. Schulpflicht ab dem 6. Lebensjahr. Die Analphabetenquote beträgt 20%.

Staatswappen

Wirtschaft, Verkehr

Die Aussetzung der UN-Sanktionen 1999 gab der Wirtschaft neue Perspektiven. Wichtigster Wirtschaftsfaktor ist die Erdölwirtschaft; die großen Ölvorkommen im Syrtebecken, 1958 entdeckt, werden seit 1961 gefördert. Erdöl und Erdgas haben einen Anteil von über 90% an den Exporterlösen. Außerdem werden Eisenerz, Kali-, Steinsalz, Kalk, Gips, Phosphat und Schwefel gewonnen. Die wichtigsten Ind.zweige sind Erdölraffinerien und Erdgasverflüssigungsanlagen; ein Stahl- und Eisenhüttenwerk hat 1990 in Misurata die Produktion aufgenommen. Um der starken Abhängigkeit vom Rohölexport entgegenzuwirken, fördert der Staat den Ausbau anderer Ind.bereiche (chem., Baustoff-, Nahrungsmittel-, Textil-, Schuh-, Möbelind.) und die Landwirtschaft, die nur auf knapp 2% der Landesfläche betrieben werden kann. Hauptanbauprodukte sind Weizen, Gerste, Gemüse (Tomaten), Kartoffeln, Orangen, Oliven, Mandeln, Datteln und Weintrauben. Da die Erträge zur Versorgung der Bev. bei weitem nicht ausreichen, wird durch das Bewässerungsprojekt »Großer künstl. Fluss« (Baubeginn 1984) fossiles Grundwasser durch Rohrleitungen aus dem S in die Küstengebiete nach Bengasi und Tripolis geleitet, um höhere Ernten zu erzielen. Viehhaltung wird bes. von Nomaden betrieben (Schafe, Ziegen, Kamele, Pferde), in staatl. Betrieben v. a. Rinder- und Geflügelzucht. Der Tourismus ist wenig entwickelt; attraktiv sind v. a. die antiken Stätten und die Mittelmeerstrände. – Haupthandelspartner sind Italien, Dtl. und Spanien. – L. hat keine Eisenbahn; das Straßennetz umfasst 47 590 km,

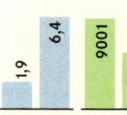

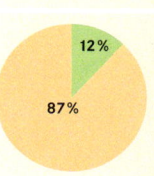

Stadt
Land
Bevölkerungsverteilung 2000

Industrie
Landwirtschaft
Dienstleistung
Bruttoinlandsprodukt 1997

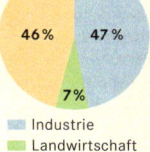

bes. gut ausgebaut entlang der Küste. L. hat die drittgrößte Handelsflotte in Afrika. Haupthäfen sind Tripolis, Tobruk, Bengasi, Misurata und die Erdölhäfen an der Großen Syrte. Internat. Flughäfen bei Tripolis, Bengasi, Misurata und Sebha.

■ **Geschichte**
Im grch. Altertum war L. der Name für N-Afrika westlich von Ägypten. Während im O das grch. Kyrene entstand (/ Cyrenaika), gehörte der westl. Küstenstrich (Tripolis) zum karthag. Machtgebiet. 46 v. Chr. kam Tripolis zum Röm., später zum Byzantin. Reich. Die Araber eroberten um 650 n. Chr. das ganze Land. Es kam im 16. Jh. unter osman. Oberhoheit. Tripolis bildete bis 1835 ein von der Beidynastie Karamanli regiertes, fast autonomes Staatswesen, bis ab 1835 der Sultan seine Herrschaft wieder durchsetzte. Neben den osman. Statthaltern regierten in L. seit 1843 die / Senussi. Im italienisch-türk. Krieg (1911/12) kamen die beiden türk. Provinzen Tripolitanien und Cyrenaika an Italien und wurden 1934 mit Fessan zur Kolonie L. **(Libia)** vereinigt. 1940–43 war das Land Kriegsschauplatz. 1947 verzichtete Italien auf L. Am 24. 12. 1951 wurde L. unabhängiges föderatives Königreich unter König Idris as-Senussi, der 1963 L. zum Einheitsstaat proklamierte. Seit dem Militärputsch vom 1. 9. 1969 unter Führung von Oberst / M. al-Gaddhafi betreibt L. eine Politik des panarab. Nationalismus (Fusionspläne mit mehreren arab. Staaten scheiterten). 1970 wurden fast alle Italiener ausgewiesen, ausländ. Erdölges., Banken und Versicherungen verstaatlicht. Gaddhafi trat 1979 zurück, bestimmt jedoch als »Revolutionärer Führer« weiterhin die Politik. Im 1. / Golfkrieg unterstützte L. Iran. 1980 griffen libysche Truppen in den Bürgerkrieg in Tschad ein; nachdem L. seine Herrschaft über den N-Teil des Landes gesichert hatte, zog es sich 1987 zurück (Friedensvertrag 1989). Das Verhältnis zu den westl. Staaten ist durch die libysche Unterstützung terrorist. Organisationen gespannt. Im April 1986 vergalten die USA Terroranschläge mit einem Luftangriff auf Bengasi und Tripolis. Im 2. Golfkrieg unterstützte L. offen Irak. Den 1993 von der PLO und Israel eingeleiteten Friedensprozess im Rahmen des Nahostkonflikts lehnt Gaddhafi ab. Gemäß einer Entscheidung des Internat. Gerichtshofes in Den Haag (1994) zog sich L. aus dem zu Tschad gehörenden Aouzou-Grenzstreifen zurück. Nachdem L. 1999 die beiden mutmaßl. Flugzeugattentäter von Lockerbie einem Gerichtshof überstellt hatte (/ Lockerbie-Attentat), wurden die in diesem Zusammenhang vom UN-Sicherheitsrat 1992 verhängten Sanktionen ausgesetzt. Seitdem bemüht sich L. z. T. erfolgreich, seine internationale polit. Isolierung zu überwinden sowie seine Position in der hauptsächlich von Gaddhafi initiierten / Afrikanischen Union zu stärken.

Libysche Wüste, Landschaftsraum im NO der Sahara (Libyen, Ägypten, Rep. Sudan), etwa 1,5 Mio. km². Weiträumige Tafellandschaften mit ausgeprägten Schichtstufen, nach S ansteigend in die Massive des Djebel Arkanu (1435 m ü. M.) und Djebel Uweinat (1892 m ü. M.); in großen Teilen eine Kieswüste, in den Beckenregionen Sandwüste. In der Mitte liegen die Oasen von Kufra, im NW die / Kattarasenke.

Lic., Abk. für lat. **lic**entiatus, / Lizenziat.

Licata, Stadt in der Prov. Agrigent, an der S-Küste von Sizilien, Italien, 40 200 Ew.; Seebad; Düngemittelind., Schwefelraffinerien; Fischfang; Hafen.

Licence [liˈsɑ̃s, frz.] die, frz. akadem. Grad, erworben nach 3-jährigem Hochschulstudium geisteswiss. (L. ès lettres), naturwiss. (L. ès sciences) Fächer, der Rechtswiss. (L. en droit) und der Theologie (L. de théologie).

Lich, Stadt im Landkreis Gießen, Hessen, am hügeligen N-Rand der Wetterau, 13 300 Ew.; Brauerei, Orgelbau, pharmazeut. Industrie. – Schloss (um 1300, im 17. und 18. Jh. umgebaut); spätgot. Stiftskirche Sankt Maria (1510–25) mit Orgelprospekt von 1621–24 und spätbarocker Kanzel (1767–74), zahlr. Fachwerkhäuser. – Erhielt 1300 Stadtrecht, seit 1418 im Besitz der Grafen zu Solms.

Lichen [lat.-grch.] (Knötchenflechte), Sammelname für Hautkrankheiten, die durch das Auftreten bis erbsengroßer, flacher oder spitzer, einzeln oder gruppiert stehender, oft juckender Knötchen von unterschiedl. Farbgebung charakterisiert sind.

Lichenes [grch.-lat.], *Botanik:* die / Flechten.

Lichfield [ˈlɪtʃfiːld], Stadt in der Cty. Staffordshire, England, nördlich von Birmingham, 28 700 Ew.; Viehmarkt, Fremdenverkehr. – Got. Kathedrale (13./14. Jh.), Marienkapelle mit bed. Glasmalereien.

Lichinga [liˈʃiŋɡa] (bis 1975 Vila Cabral), Prov.-Hptst. in NW-Moçambique, 1250 m ü. M., 89 000 Ew.; Sitz eines kath. und eines anglikan. Bischofs; Eisenbahnendpunkt.

Lichnowsky, schles. Adelsgeschlecht, seit 1491 bezeugt; 1727 in den böhm. Grafenstand, 1773 in den preuß., 1846 in den österr. Fürstenstand erhoben. Bed. Vertreter: **1)** *Felix Fürst,* * Grätz (heute Hradec, bei Troppau) 5. 4. 1814, † (ermordet) Frankfurt am Main 18. 9. 1848, Onkel von 2); Vertreter der äußersten Rechten in der Frankfurter Nationalversammlung.
2) *Karl Max Fürst,* * Kreuzenort (heute zu Krzyżanowice, bei Racibórz) 8. 3. 1860, † Berlin 27. 2. 1928, Neffe von 1); 1912–14 dt. Botschafter in London, bemühte sich um die britisch-dt. Verständigung und wandte sich gegen die bedingungslose Unterstützung Österreich-Ungarns.

Licht, i. e. S. die für das menschl. Auge sichtbare elektromagnet. Strahlung mit Wellenlängen zw. 380 und 780 nm (sichtbares L.), i. w. S. der Wellenlängenbereich zw. etwa 100 nm und 1 mm (opt. Strahlung), der auch die Ultraviolett- und Infrarotstrahlung umfasst; die Grenzen zu noch lang- bzw. kurzwelligerer Strahlung sind fließend.

Physik: Die physikal. Eigenschaften des L. und seine Gesetzmäßigkeiten werden in der /Optik behandelt. Das einfachste Beschreibungsmodell des L. liefert die *geometr. Optik,* in der die Gesetzmäßigkeiten der L.-Ausbreitung (z. B. Reflexion, Brechung) als geradlinige Strahlenbündel behandelt werden. Eine weiter gehende Beschreibung gestattet die *Wellenoptik.* Den versch. **L.-Farben** entsprechen Wellen versch. Wellenlänge bzw. Frequenz. Während **monochromat. (einfarbiges) L.** nur eng benachbarte Frequenzen enthält, entsteht **weißes L.** als Überlagerung aller Wellenlängen der sichtbaren Strahlung; durch ein Prisma kann es räumlich abgelenkt (/Brechung) und in seine Spektralfarben zerlegt werden (/Dispersion). L. breitet sich im Vakuum geradlinig mit der /Lichtgeschwindigkeit c aus: Frequenz v und Wellenlänge λ sind durch die Beziehung $c = v \cdot \lambda$ verknüpft. Die meisten Eigenschaften des L. sind jedoch nur erklärbar, wenn man berücksichtigt, dass L. wie jede elektromagnet. Strahlung sowohl Wellen- als auch Teilcheneigenschaften aufweist (/Dualismus). Diese sind im Sinn der *Quantentheorie* komplementär. Welche Art der Beschreibung anzuwenden ist, richtet sich nach den experimentellen Gegebenheiten. Mit der Quantennatur des L. sind Emission und Absorption erklärbar (z. B. /Photoeffekt, /Compton-Effekt), wobei das L. aus Elementarteilchen, den **L.-Quanten** oder /Photonen, mit der Ruhemasse null besteht. L.-Absorption und -Emission basieren auf energet. Übergängen in der Elektronenhülle der Atome. Dabei wird beim Übergang eines atomaren Systems von einem angeregten Zustand auf einen niedrigeren Energiezustand die Energiedifferenz als L. definierter Wellenlänge abgestrahlt. Dieser Übergang kann zufällig erfolgen oder (wie beim /Laser) durch Strahlung angeregt werden. – Über die L.-Erzeugung und Anwendung zur Beleuchtung /Lichttechnik, über L.-Messung /Photometrie.

Geschichte: Im Ggs. zu dem von I. Newton 1704 entwickelten Korpuskelbild **(Emanations-** oder **Emissionstheorie),** wonach L. aus kleinen materiellen Teilchen bestehen sollte, waren die frühen Vorstellungen vom L. durch die **Wellen-** oder **Undulationstheorie** (C. Huygens 1678) gekennzeichnet. Danach wurde die L.-Ausbreitung als Überlagerung von Kugelwellen (/huygenssches Prinzip) in einem sehr feinen Medium, dem L.-Äther (/Äther), erklärt. Die Experimente zur Interferenz, Beugung und Polarisation des L. von T. Young (ab 1800), A. J. Fresnel (ab 1815) und J. Fraunhofer (ab 1821) und ihre wellentheoret. Deutung schienen die L.-Wellentheorie eindeutig zu bestätigen. J. C. Maxwell erkannte 1861–64 den elektromagnet. Charakter der L.-Wellen, der von H. Hertz (1888) experimentell nachgewiesen wurde. Durch die von M. Planck (1900) eingeführten Energiequanten und die aus der Erklärung des Photoeffekts entstandene **Photonentheorie** von A. Einstein (1905) wurden dem L. wieder korpuskulare Eigenschaften zugesprochen. N. Bohr interpretierte beide Vorstellungen im Rahmen der Quantentheorie als **Welle-Teilchen-Dualismus** des Lichts.

Biologie: Das L. führt den Organismen die zur Erhaltung des Lebens notwendige Strahlungsenergie zu, die in Wärme- oder in chem. Energie umgewandelt wird. L. ermöglicht durch den physikal. Reiz auf das Auge als Strahlungsempfänger das /Sehen. – Für die Pflanzen ist L. Voraussetzung für die /Assimilation des Kohlendioxids (Photosynthese) zum Aufbau organ. Stoffe (/Kohlenhydrate u. a.).

Religion und Philosophie: L. und sein Ggs. Dunkelheit gehören zu den Ursymbolen der Menschheit. Ihre Polarität wurde oft zu einem religiösen oder metaphys., kosm. oder eth. Dualismus gesteigert (/Gnosis, /Manichäismus); im Rahmen der Ontologie wurde das L. v. a. im Neuplatonismus als Seinsgrund gedeutet (R. Grosseteste). Die L.-Metaphysik war im MA. für Theologen vielfach der Anlass, sich wiss. mit Fragen der Optik zu beschäftigen (Dietrich von Freiberg). Die L.-Symbolik (u. a. Feuer, Kerzen) beeinflusste viele Lichterbräuche. (/Sonne) – Abb. S. 2814

Licht|ablenkung (gravitative Lichtablenkung, Gravitationsaberration), die Abweichung eines Lichtstrahls von einer Geraden, wenn dieser das Gravitationsfeld eines massereichen Körpers durchsetzt. Entsprechend der allgemeinen /Relativitätstheorie ist die Krümmung der Lichtstrahlen, z. B. im Schwerefeld der Sonne oder bei /Gravitationslinsen, eine Folge der durch das Gravitationsfeld bestimmten Krümmung des Raumes.

Licht|ausbeute, Formelzeichen η, η_v, SI-Einheit ist Lumen/Watt (lm/W); das Verhältnis des von einer Lichtquelle abgegebenen /Lichtstromes zur Leistungsaufnahme der Lichtquelle; kennzeichnet ihre Wirtschaftlichkeit. Die L. beträgt z. B. bei Kerzen 0,1, bei Glühlampen für die Allgemeinbeleuchtung 10–15, bei Leuchtstofflampen 80–90 und bei Natriumdampflampen 85–120 lm/W.

Lichtbehandlung (Lichttherapie), die Anwendung von Sonnenlicht (Heliotherapie) oder von künstl. Lichtquellen (z. B. Rotlicht-, UV-Lichtlampen); therapeut. Anwendung z. B. bei chron. Hautkrankheiten, zur Steigerung der Infektabwehr oder bei saisonalen Depressionen.

Lichtbild, im dt. Sprachraum seit etwa 1841 übl. Bez. für ein auf fotograf. Weg erzeugtes Bild (/Fotografie).

Lichtbogen, hell leuchtende Gasstrecke einer Bogenentladung, verbunden mit hoher Stromstärke bei kleinem Spannungsabfall und hoher Wärmeentwicklung. Beim frei brennenden L. wird die Bogenentladung durch eine kurze Berührung der Elektroden gezündet. Bei Hochdruck- und Höchstdruckentladungslampen brennt der L. in einem geschlossenen Entladungsgefäß aus Quarzglas oder Keramik zw. Elektroden aus hochschmelzendem Metall. Gewollte L. werden u. a. zum Schweißen (L.-Schweißen) und in der Plasmaphysik (L.-Plasmabrenner) angewendet; unerwünscht sind L. beim elektr. Durchschlag von Isolationen und beim Öffnen von Schalterkontakten.

Lichtbogen|ofen, elektr. Schmelzofen zur Gewinnung bes. von Elektrostahl (/Stahl). Beim indirekt beheizten L. brennt der Lichtbogen über dem Schmelzgut, beim direkt beheizten L. zw. Schmelzgut und Elektrode.

Lichtdermatosen, *Medizin:* /Lichtschäden.

Lichtdruck, 1) *graf. Technik:* ein Druckverfahren, das auf der Lichtempfindlichkeit von Chromsalzen (meist Kalium- oder Ammoniumdichromat) in Verbindung mit organ. Kolloiden beruht und bei dem die Druckelemente von einem bildgemäß abgestuften, gehärteten und gequollenen Gelatinerelief gebildet werden. Der L. ist bes. für Gemäldereproduktionen geeignet.

2) *Physik:* (Lichtdruckkraft), /Lichtkraft.

Licht|echtheit, *Textiltechnik:* Maß für die Farbechtheit von Färbungen, Farbstoffen, Drucken gegenüber der Bleichwirkung von Tageslicht oder einer entsprechenden Lichtquelle. Die Bewertung reicht von 1 (sehr gering) bis 8 (sehr hoch).

lichte Höhe, ⁄ lichtes Maß.

licht|elektrischer Effekt, *Physik:* der ⁄ Photoeffekt.

licht|empfindliche Gläser, ⁄ phototropes Glas.

Licht|empfindlichkeit, *Fotografie:* auch als »Geschwindigkeit« (nach dem engl. speed) bezeichnete ⁄ Empfindlichkeit eines Aufnahmematerials.

Lichtenberg, Bez. von Berlin, 2001 gebildet aus den ehem. Bez. Lichtenberg und Hohenschönhausen, 52,3 km^2, (2001) 260 800 Einwohner.

Lichtenberg, Georg Christoph, Pseudonyme Emanuel Candidus, Conrad Photorin, Physiker und Schriftsteller, *Ober-Ramstadt (bei Darmstadt) 1. 7. 1742, †Göttingen 24. 2. 1799; Prof. für Mathematik und Physik in Göttingen, betrieb intensive naturwiss. Forschungen, u. a. zur Elektrizitätslehre, Astronomie, Geophysik und Meteorologie; entdeckte z. B. die **L.-Figuren,** auf einer bestäubten Isolierstoffplatte sichtbar gemachte Spuren einer Büschelentladung. – L. war zweimal in England (»Briefe aus England«, 1776–78) »Ausführl. Erklärung der Hogarth'schen Kupferstiche«, 1794–99, erweitert 1800–35). Sein Ruf als Schriftsteller beruht v. a. auf seinen ironisch-geistvollen »Sudelbüchern« (daraus »Aphorismen«, 5 Bde., 1. Gesamtausg. hg. 1902–08), in denen er sich als Repräsentant der Aufklärung erweist.

Georg Christoph Lichtenberg

Lichtenfels, 1) Landkreis im RegBez. Oberfranken, Bayern, 522 km^2, 70 800 Einwohner.

2) Krst. von 1) in Bayern, am Main, 21 500 Ew.; Staatl. Fachschule für Korbflechterei; Korbwaren-, Polstermöbel-, Leder-, Bekleidungsind., Herstellung von Spielwaren und Werkzeugen, Brauereien. – Von der Stadtbefestigung sind u. a. zwei Tortürme (14. und 14./16. Jh.) erhalten, spätgot. Pfarrkirche, Schloss »Kastenboden« (1556). In der Nähe liegen Kloster ⁄ Banz und die Wallfahrtskirche ⁄ Vierzehnheiligen. – L., im 12. Jh. als Burgsiedlung entstanden, erhielt 1206 Marktrecht und 1248 Stadtrecht.

Lichtenstein, Schloss auf einem steilen Felsen über dem Echaztal, südöstlich von Reutlingen, 1840–42 auf den Grundmauern der älteren Burg L. im neugot. Stil erbaut, bekannt durch W. Hauffs gleichnamigen Roman (1826).

Lichtenstein, 1) Alfred, Schriftsteller, *Berlin 23. 8. 1889, ⚔ Vermandovillers (bei Reims) 25. 9. 1914; frühexpressionist. Lyriker (Gedichte mit grotesker Weltdarstellung) und Erzähler.

2) ['lıktənstaın], Roy, amerikan. Maler und Grafiker, *New York 27. 10. 1923, †ebd. 29. 9. 1997; einer der Hauptvertreter der ⁄ Pop-Art in den USA. – Abb. S. 2816

Lichtenstein/Sa., Stadt im Landkreis Chemnitzer Land, Sachsen, nahe dem N-Rand des Westerzgebirges, 14 400 Ew.; Puppen- und Spielzeugmuseum; Verarbeitung von Stahlblechen. – Schloss (17. Jh. mit unterird. Anlagen), Lutherkirche (1770–96). – Seit 1446 Stadt.

Lichterführung, international vorgeschriebene Kennzeichnung von Luft- und Wasserfahrzeugen durch **Positionslichter,** dient v. a. der Kollisionsverhütung. In Fahrt befindl. Schiffe führen von Sonnenuntergang bis Sonnenaufgang und am Tage bei unsichtigem Wetter ein weißes Topplicht am vorderen und (höher angebracht) am hinteren Mast, ein rotes Seitenlicht backbord, ein grünes Seitenlicht steuerbord und das weiße Hecklicht. Für Spezialschiffe sowie für ankernde, fischende und manövrierunfähige Fahrzeuge ist eine besondere L. vorgeschrieben. – Flugzeuge führen außer den Positionslichtern an den Tragflächenenden (links rot, rechts grün) und am

Licht

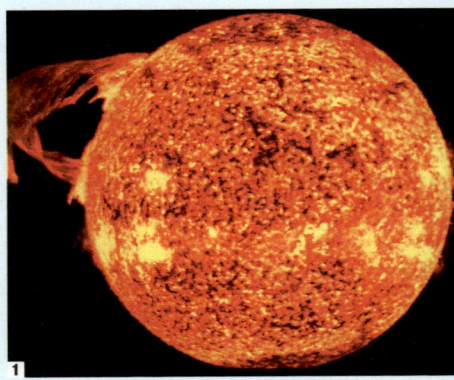

1 Photosphäre der Sonne (mit Protuberanzen) **2** die Königliche Familie – Reliefplatte von einem Hausaltar in Ägypten (um 1350 v. Chr.); das Licht als Anfang und Quelle allen Seins gehört zu den Urerfahrungen der Menschheit **3** Für die Photosynthese der grünen Pflanzen ist Licht ein entscheidender Faktor.

Heck (weiß) ein rotes Rundumblinklicht (bei größeren Flugzeugen an der Rumpfober- und -unterseite), z. T. zusätzlich weiße Blitzleuchten.

Lichterschwemmen, in Europa, v. a. in der Schweiz verbreiteter Brauch, in der Frühlingszeit

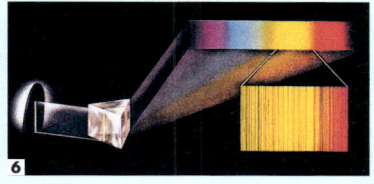
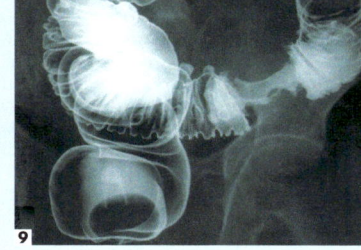

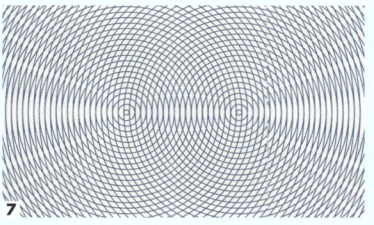
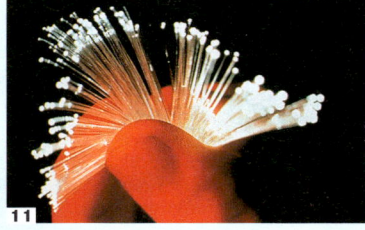

4 aus Bildern von Militärsatelliten zusammengesetzte Darstellung der Lichtverteilung auf der Erde; Städte leuchten gelb, Ölfelder rot, Brandrodungen erscheinen violett (der grüne Fleck bei Japan ist eine Fischereiflotte, über Grönland ist das Nordlicht erkennbar) **5** Solaranlage **6** spektrale Zerlegung weißen Lichts durch ein Prisma **7** Interferenz zweier punktförmiger Lichtquellen **8** Licht kann durch das Leuchten heißer Körper erzeugt werden. **9** Röntgenaufnahme eines mit Konstrastmittel gefüllten Dickdarms **10** Cäsiumatomuhr **11** Lichtleiter **12** Laserstrahlschweißen **13** Neonlicht (Las Vegas, USA)

(z. B. Lichtmess, Mittfasten) kleine Lichter auf einem Brett in fließendem Wasser treiben zu lassen und mit Gesang und Jubel zu begleiten.

lichtes Maß (Lichtmaß), kürzeste Entfernung zw. zwei gegenüberliegenden Begrenzungen; z. B. lichte Weite eines Rohres (Innendurchmesser), lichte Höhe einer Unterführung (nutzbare Durchfahrthöhe).

Lichtetalsperre, Wasserspeicher im Thüringer Wald, ↗ Leibis.

Roy Lichtenstein: Rote Scheune II (1969; Köln, Museum Ludwig)

Lichtfilter (opt. Filter), opt. Bauelement, das zur wellenlängenunabhängigen Schwächung der Intensität einer Strahlung, z. B. Licht (**Neutralfilter,**) zur Änderung der spektralen Zusammensetzung der Strahlung, meist unter Ausnutzung von Absorption (**Absorptionsfilter**) oder Interferenz (**Interferenzfilter**) oder zur Änderung des Polarisationszustandes (**Polarisationsfilter,** Herstellung von polarisiertem Licht aus unpolarisiertem) dient. Soll der Strahlengang nicht gestört werden, kommen nur klar durchsichtige Körper mit ebenen Begrenzungsflächen in Betracht, wie Farbgläser, Filtergläser, Gelatine- oder Kunststofffolien sowie klare Flüssigkeiten in Küvetten. – L. werden in Wiss. und Technik vielseitig angewendet: in der Fotografie (dort auch als **Farbfilter** bezeichnet) z. B. als Aufnahmefilter vor dem Objektiv, weiterhin u. a. als Schutz vor unerwünschter Strahlung in Schweißerbrillen sowie Lichtschutzfolien; zur Isolierung bestimmter Spektralbereiche (z. B. UV- oder Infrarotfilter); zur Erzielung von Farbwirkungen (Werbung, Bühnenbeleuchtung); beim Farbfernsehen als Aufnahmefilter; zur Anpassung von lichtelektr. Empfängern an bestimmte spektrale Wirkungsfunktionen (z. B. bei Luxmetern).

Lichtgaden, ↗ Gaden.

Lichtgeschwindigkeit, die Geschwindigkeit, mit der sich Licht und allgemein elektromagnet. Wellen ausbreiten. Die **Vakuum-L.** c_0 (die i. Allg. gemeint ist, wenn man von der L. spricht) beträgt $c_0 = 299\,792\,458$ m/s. Sie ist als universelle Konstante der Relativitätstheorie die obere Grenze der Geschwindigkeit, mit der sich Energie in irgendeiner Form, also auch ein Signal, ausbreiten kann.

Materielle Körper können die L. nicht erreichen, sondern sich ihr nur asymptotisch nähern. Für die Phasengeschwindigkeit c, d. h. die Ausbreitungsgeschwindigkeit der Phase einer Lichtwelle (z. B. eines Wellenberges) in einem Medium der Brechzahl n, gilt $c = c_0/n$. Sie ist im Vakuum ($n = 1$) mit c_0 identisch, in Materie i. Allg. kleiner ($n > 1$), selten größer ($n < 1$) als c_0. Die Gruppengeschwindigkeit, mit der sich die Lichtenergie fortpflanzt, ist in Materie stets kleiner als c_0, nur im Vakuum gleich c_0.

Geschichte: Nach vergebl. Versuchen zur Bestimmung der L. durch G. Galilei errechnete erstmals O. Römer 1675/76 die L. aus Beobachtungen der Verfinsterungen eines Jupitermondes, nachdem er entdeckt hatte, dass die Intervalle zw. den Verfinsterungen anwuchsen, wenn sich die Erde auf ihrer Bahn vom Jupiter entfernte, und abnahmen, wenn sie sich ihm näherte.

Lichthof, 1) *Baukunst:* oben offener oder mit Dachverglasung versehener Innenhof in großflächigen Gebäuden zur Beleuchtung und Belüftung angrenzender Innenräume.

2) Fotografie: Unschärfen und Überstrahlungserscheinungen, die in fotograf. Schichten durch Streuung des einfallenden Lichts an den Silberhalogenidkörnern (**Diffusions-L.**) und durch Totalreflexion an der freien Rückseite des Schichtträgers (**Reflexions-L.**) entstehen. Abhilfe schaffen u. a. spezielle L.-Schutzschichten, die sich in den fotograf. Bädern entfärben. Bei Kleinbildfilmen ist auch der Schichtträger grau eingefärbt (Graubasis).

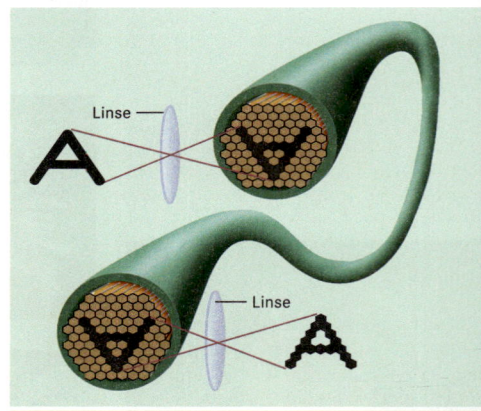

Lichtleiter: Bildübertragung bei einer Glasfaser

Lichtintensität, *Physik:* ↗ Intensität.

Lichtjahr, Einheitenzeichen **Lj,** in der Astronomie verwendete Längeneinheit, die Strecke, die das Licht im Vakuum in einem Jahr zurücklegt: 1 Lj $= 9{,}4605 \cdot 10^{12}$ km $= 0{,}3066$ pc (Parsec).

Lichtkoagulation (Photokoagulation, Laserkoagulation), Anwendung von energiereichen Lichtstrahlen (Xenonlampe) oder Laserstrahlen in Form dosierter Lichtblitze, die im Augeninnern in einem Brennpunkt vereinigt werden und eine Zerstörung des erkrankten Gewebes bewirken; angewendet z. B. bei Tumoren im Augeninnern oder bei drohender Netzhautablösung.

Lichtkraft, Kraft, die von einer Lichtwelle auf stoffl. Materie ausgeübt wird. Sie besteht aus zwei Anteilen: der **spontanen L. (Spontankraft, Lichtdruck, Lichtdruckkraft),** die in Ausbreitungsrichtung der Lichtwelle wirkt, und der **Dipolkraft (Gradientenkraft),** die senkrecht zur Ausbreitungsrichtung eines Lichtstrahls wirkt und Teilchen mit höherer Brechzahl

Lichtgeschwindigkeit: Versuchsanordnung von H. Fizeau zur Messung der Lichtgeschwindigkeit mithilfe eines rotierenden Zahnrads (Z); F_1 und F_2 sind zwei mit ihren Objektiven O_1 und O_2 einander gegenüberstehende Fernrohre, Ok_1, Ok_2 Okulare der Fernrohre, L Lichtquelle, Sp halbdurchlässiger Spiegel, S reflektierender Spiegel

als der der Umgebung in den Lichtstrahl hineinzieht. Die Spontankraft wurde erstmals 1901 von P. N. Lebedew als ↗Strahlungsdruck des Lichts nachgewiesen, nachdem bereits J. Kepler 1619 ihre Existenz vermutet hatte, da die Schweife von Kometen stets von der Sonne abgewandt sind. Die Dipolkraft beruht auf der durch Licht induzierten Erzeugung von elektr. Dipolen, sie wurde erst 1970 in Laserstrahlen nachgewiesen und wird seitdem zur Manipulation kleiner Teilchen eingesetzt (z. B. mit der opt. Pinzette).

Die L. wirkt auch auf einzelne Atome und wird in diesem Fall durch die wiederholte Absorption und Emission von Photonen aus der Lichtwelle beschrieben. Die spontane Emission erzeugt die Spontankraft, die induzierte Emission die Dipolkraft. Seit 1985 werden beide für die ↗Laserkühlung von Atomen eingesetzt.

Lichtkurve, *Astronomie:* ↗Lichtwechsel.

Lichtleiter, allg. jede Vorrichtung aus dielektr. Material, die geeignet ist, Licht zu leiten. Nach dem Zweck der Lichtleitung werden L. unterteilt in L. i. e. S., bei denen es nur auf die Leitung der Lichtenergie ankommt (z. B. für Beleuchtungszwecke, wie in einfachen Endoskopen), und **Bildleiter** für die rein opt. Bildübertragung sowie in Lichtwellenleiter als Bestandteile opt. Übertragungssysteme, bei denen das Licht bzw. die Lichtwellen als Träger entsprechend codierter Informationen beliebiger Art dienen.

Lichtwellenleiter (Abk. **LWL**) sind dünne, runde Fasern (**Lichtleitfasern**) aus Quarzglas, mit Außendurchmessern bis etwa 150 µm (Glasfasern), oder Kunststoff (Plast-LWL) mit Durchmessern von etwa 1 mm; daneben gibt es auch LWL mit einem Kern aus Quarzglas und einem Mantel aus Kunststoff. Um die Führung von Lichtwellen zu gewährleisten, müssen LWL eine definierte Abhängigkeit der Brechzahl vom Radius der Faser aufweisen. Alle LWL-Typen bestehen deshalb aus einem zylindr. Kern (Durchmesser meist 10–80 µm) und einem Mantel niedrigerer Brechzahl. Bei **Stufenprofil-LWL** ist die Brechzahl innerhalb des Kerns konstant und fällt an der Grenze zum Mantel scharf auf dessen ebenfalls konstanten Wert ab. Bei **Gradientenprofil-LWL** verringert sich die Brechzahl von der Faserachse bis zu einem wiederum konstanten Wert des Mantels stetig.

Die in LWL ausbreitungsfähigen Lichtwellen heißen ↗Moden. Bei typ. Kerndurchmessern von 50 µm sind sowohl in Stufen- als auch in Gradienten-LWL mehrere Moden ausbreitungsfähig (**Mehrmoden-LWL**), bei kleinerem Kerndurchmesser (etwa 9 µm) dagegen nur der Grundmode (**Einmoden-LWL, Monomodefaser**). Die Lichtführung erfolgt beim Stufenprofil-LWL durch Totalreflexion an der Grenzfläche zum Mantel, bei Gradienten-LWL durch Brechung infolge der radialen Abnahme der Brechzahl.

L. sind in der Informationsverarbeitung (Telekommunikation, opt. Datenverarbeitung) von besonderer Bedeutung. Dabei wird der im nahen Infrarot gelegene Wellenlängenbereich von 800 bis 1 600 nm genutzt. Für den wirtschaftl. Einsatz der L. sind möglichst kohärente Lichtquellen erforderlich; diese Anforderungen werden v. a. von ↗Lasern erfüllt. Weitere Anwendungen sind ↗Fasergitter, ↗faseroptische Sensoren sowie Faserlaser (z. B. als opt. Verstärker in der L.-Nachrichtenübertragung), bei denen das aktive Material den Kern einer Lichtleitfaser bildet.

Eine wichtige Kenngröße für LWL ist die **Dämpfung**, d. h. die Abnahme der nutzbaren Lichtleistung auf dem Weg durch den LWL. Sie beruht v. a. auf der Lichtstreuung an Inhomogenitäten der Faser (↗Rayleigh-Streuung) und liegt für gute Fasern bei ca.

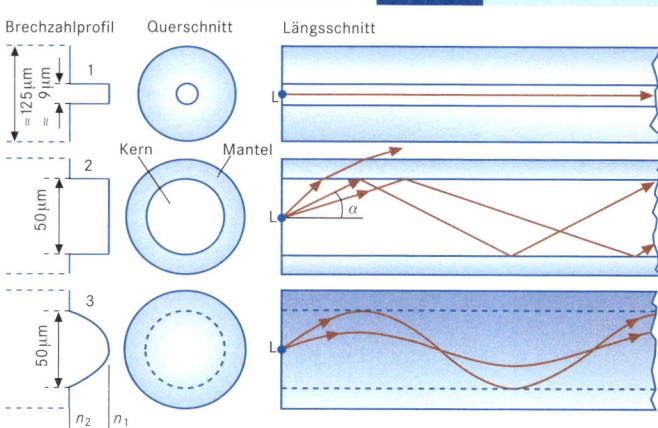

Lichtleiter: Brechzahlprofil, Querschnitt und Längsschnitt von Lichtwellenleitern (LWL) mit typischen Größen der Durchmesser (alle Angaben in Mikrometer, µm); 1 Einmoden-LWL, 2 Mehrmoden-LWL, 3 Gradienten-LWL; in den Längsschnitten ist, jeweils ausgehend von einer Lichtquelle L, die Lichtausbreitung angedeutet; n_1 Brechzahl der Kernmitte, n_2 Brechzahl des Mantels, α Winkel der Lichtstrahlen gegen die LWL-Achse

0,1 Dezibel pro Kilometer (dB/km). – Eine sehr geringe Dämpfung ist auch in L. aus **Hohlfasern** zu erwarten, deren Kern aus Luft besteht, und die einen Mantel aus Schichten von hochbrechendem Glas und schwach brechenden Polymeren besitzen. Der Luftkern vermeidet weitgehend Absorption und Streuung des Lichts sowie nichtlineare opt. Effekte.

LWL sind sowohl optisch als auch mechanisch sehr empfindlich und werden deshalb mit einer Beschichtung als Schutzhülle versehen. Die beschichteten LWL werden für die Verlegung gebündelt, z. T. verseilt, bewehrt und zu **LWL-Kabeln** zusammengefasst.

Lichtleitfaser, ↗Lichtleiter.

Lichtmaschine, *Kraftfahrzeugtechnik:* ein vom Motor angetriebener elektr. Generator zur elektr. Energieversorgung eines Kraftfahrzeugs. Die L. liefert den Strom zum Betrieb der elektr. Anlagen während der Fahrt, bei Motorleerlauf und zum Laden der Batterie. Wesentl. Merkmal der klass. Ausführung ist die axiale Belüftung durch einen einzigen, außen liegenden Lüfter. Der durch die heute vorwiegend ver-

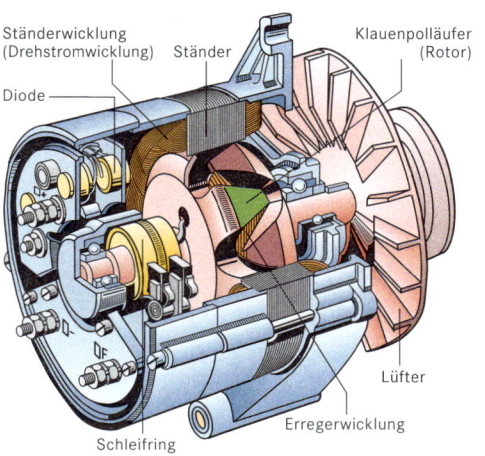

Lichtmaschine: Compactlichtmaschine (Drehstromsynchronlichtmaschine mit Klauenpolläufer)

wendete **Compact-L.**, eine zwölfpolige Drehstromsynchron-L. mit Klauenpolläufer, erzeugte dreiphasige Wechselstrom wird durch Dioden gleichgerichtet, da zur Speisung des Bordnetzes und zum Laden der Batterie Gleichstrom erforderlich ist. Der L.-Antrieb erfolgt meist über den Keilriemen vom Verbrennungsmotor aus und ist daher starken Drehzahlschwankungen unterworfen. Infolge der Drehzahlabhängigkeit der Stromabgabe muss die Generatorspannung durch einen Spannungsregler über den gesamten Drehzahlbereich des Motors konstant gehalten werden.

Lichtmenge, Formelzeichen Q, Q_v, SI-Einheit ist Lumensekunde (lm · s); das Produkt aus dem von einer Lichtquelle ausgehenden (konstanten) Lichtstrom und der Zeit, während der er ausgestrahlt wird; eine photometr. Größe. Die entsprechende Strahlungsgröße ist die ↗ Strahlungsenergie.

Lichtmess (Mariä Lichtmess), von der Kerzenweihe und Lichterprozession der Tagesliturgie abgeleitete volkstüml. Bez. für das am 2. 2. in der kath. Kirche gefeierte Fest, das an die in Lk. 2, 22–38 berichtete Darstellung Jesu im Tempel erinnert. – Im bäuerl. Leben früher Beginn (oder Ende) des Arbeitsjahres und Zahltag; galt als wichtiger Lostag.

Lichtmühle, ↗ Radiometer.

Lichtnelke (Lychnis), staudige Nelkengewächsgattung; auf feuchten Wiesen die **Kuckucks-L.** (Lychnis floscuculi), bis 90 cm hoch, mit klebrigem Stängel und roten Blütenblättern; eine aus dem östl. Russland stammende Zierpflanze ist die **Brennende Liebe** (Lychnis chalcedonica), bis 100 cm hoch, mit rauhaarigen Blättern und kopfförmig vereinigten, meist scharlachroten Blüten.

Lichtnelke: Brennende Liebe

Licht|orgel, Effektbeleuchtungsanlage, bei der (verschiedenfarbige) Lampen je nach Lautstärke und Frequenzanteilen der Musik gesteuert werden. Der Tonfrequenzbereich wird durch elektr. Filter in mehrere Frequenzbänder aufgeteilt, die versch. Lampen zugeordnet werden.

Lichtpause, die Durchlichtkopie einer Vorlage auf Papier (auch Folien, Gewebe), das mit lichtempfindl. Diazoverbindungen u. a. getränkt ist (Lichtpauspapier, Ozalidpapier). Beim Kopieren eines transparenten gezeichneten Originals auf das darunter liegende, sensibilisierte Lichtpausmaterial werden die unbelichteten Stellen, die von Linien der Zeichnung herrühren, durch die Einwirkung von Ammoniakdämpfen sichtbar gemacht.

Lichtquant, *Physik:* das ↗ Photon.

Lichtquellen, Körper, die sichtbare Strahlung aussenden. **Selbstleuchtende L.** strahlen infolge hoher Temperatur (z. B. Sterne, wie die Sonne, Glühlampen), durch elektrisch angeregte Gase (Gasentladungslampen), durch Lumineszenz (Leuchtstoffe) oder durch erzwungene Emission (Laser). **Nicht selbstleuchtende L.** reflektieren erhaltene Strahlung; sie erzeugen kein eigenes Licht (z. B. Mond).

Licht|raumprofil (Lichtraumbegrenzung), *Verkehrswesen:* die Umgrenzungslinie des Raums über Gleisen (Eisenbahn) oder der Fahrbahn (Straßenverkehr), der für eine gefahrlose Benutzung durch die entsprechenden Fahrzeuge freizuhalten ist.

Lichtsatz, der ↗ Fotosatz.

Lichtsäule, *atmosphär. Optik:* ↗ Halo.

Lichtschäden (Lichtdermatosen, aktinische Krankheiten), Schädigung von Haut und Schleimhaut durch Lichtstrahlen, die von Wellenlänge, Einwirkungsdauer der Strahlen und Empfindlichkeit der bestrahlten Körperoberfläche abhängt; häufigste Form ist der ↗ Sonnenbrand, auf Schneeflächen, Gletschern als **Gletscherbrand.**

Lichtscheu (Photophobie), teils schmerzhafte Überempfindlichkeit der Augen bei Lichteinfall; Ursachen sind z. B. entzündl. Augenkrankheiten, Linsentrübung, Migräne oder Meningitis.

Lichtschranke, Anlage mit einem ↗ Photodetektor, der von einem Lichtstrahl aus dem sichtbaren oder unsichtbaren Spektralbereich getroffen wird und ein elektr. Signal liefert, sobald der Lichtweg durch einen Gegenstand unterbrochen wird. Anwendungen u. a. zur Geschwindigkeitsmessung (Sport, Verkehrsüberwachung), zur Maschinensteuerung und in der Sicherheitstechnik.

Lichtsignal|anlage (Lichtzeichenanlage, Verkehrsampel), *Straßenverkehr:* durch grüne, gelbe und rote Lichter der Regelung des Verkehrs dienende techn. Einrichtung. Die Farbfolgen und ihre Bedeutung sind in der Straßenverkehrsordnung (StVO §37) festgeschrieben. L. gehen allgemeinen Vorrangregeln und vorrangregelnden Verkehrszeichen vor. Öffentl. Verkehrsmittel erfahren durch L. oft eine gesonderte Lenkung mittels weißer Lichtzeichen, v. a. in der Form von Quer-, Längs- und Schrägbalken (§ 51 Straßenbahn-Bau- und Betriebsordnung).

Lichtsinn, die Fähigkeit der Tiere und des Menschen, Lichtreize mithilfe spezieller Lichtsinneszellen bzw. -organe (↗ Auge) wahrzunehmen. Lichtsinneszellen können über die ganze Körperoberfläche verteilt oder in den Lichtsinnesorganen konzentriert sein. (↗ Farbensehen, ↗ Sehen)

Lichtstärke, 1) *Fototechnik:* größtes Öffnungsverhältnis eines Objektivs (kleinste Blendenzahl), wird auf der Frontlinseneinfassung zus. mit der Brennweite angegeben.

2) *Photometrie:* Formelzeichen I, I_v, SI-Einheit ist die Candela (cd); der Quotient aus dem von einer Lichtquelle abgestrahlten Lichtstrom und dem durchstrahlten Raumwinkel; eine photometr. Größe. Die entsprechende Strahlungsgröße ist die ↗ Strahlstärke.

Lichtsteuergeräte, *Tonfilmtechnik:* Einrichtungen, die dazu dienen, Mikrofonströme in entsprechende Lichtströme umzuwandeln und umgekehrt (↗ Lichttonverfahren). Man unterscheidet elektroopt. (Kerr-Zelle, ↗ Glimmlampe) und elektromechan. Lichtsteuergeräte.

Lichtstift (Lichtgriffel), lichtempfindl. Stift, mit dem von Hand auf dem Bildschirm eines Datensichtgeräts Informationen eingegeben werden können. An der Spitze des L. befindet sich ein Photodetektor, der einen Impuls abgibt, wenn der periodisch die Bildschirmfläche zeilenweise abtastende Elektronenstrahl unter dem L. durchläuft. Durch Berühren der Bildschirmfläche mit der Spitze des L. können Punkte und Linien gezeichnet oder Bildelemente markiert werden.

Lichtstrahl, *Optik:* hypothet. Linie für die Lichtausbreitung von einem leuchtenden Punkt aus; physikalisch als Normale zur Wellenfläche des Lichtbündels deutbar.

Lichtstrom, Formelzeichen Φ, Φ_v, SI-Einheit ist das Lumen (lm); die von einer Lichtquelle in alle Richtungen des Raumes ausgestrahlte Energie. Der L. ist der nach der spektralen Empfindlichkeit des menschl. Auges (Hellempfindlichkeit) bewertete ↗ Strahlungsfluss einer Lichtquelle.

Licht|technik, Sammelbegriff für alle Gebiete, die sich mit den Methoden der Lichterzeugung (**Leuchttechnik**), der Lichtmessung und -bewertung (**Photometrie**) sowie der Berechnung, dem Entwurf und Bau von Beleuchtungsanlagen (**Beleuchtungstechnik**) befassen. Die L. basiert auf den Grundlagen der physikal. und physiolog. Optik und ist eng mit der

Elektrotechnik verbunden, wobei auch physiolog. und psycholog. Wirkungen des Lichts auf den Menschen berücksichtigt werden. – Grundlagen der Beleuchtungstechnik sind physiologisch-opt. Gesetzmäßigkeiten des Sehens, bes. die Erkenntnisse über die Kontrastempfindlichkeit des menschl. Auges und dessen Anpassungsmechanismen an örtl. und zeitl. Leuchtdichteänderungen im Gesichtsfeld.

Licht|tonverfahren, *Tonfilmtechnik:* Verfahren zur Aufzeichnung und Wiedergabe des zu den Bildern gehörenden Tons. Die akust., vom Mikrofon aufgenommenen Schwingungen werden nach der Verstärkung mit ↗Lichtsteuergeräten in entsprechende Intensitätsschwankungen des Lichts umgewandelt. Zur Aufzeichnung wird auf den an einem Spalt vorbeilaufenden Film eine opt. Tonspur neben dem Bild aufbelichtet. Zur Wiedergabe fällt ein Lichtbündel auf die Tonspur, dessen Helligkeitsschwankungen durch eine hinter dem Film befindl. Photozelle in Spannungsschwankungen und damit in akust. Signale umgesetzt werden.

Lichtverschmutzung, die künstl. Aufhellung des Nachthimmels durch die Beleuchtung von Ortschaften. Sie macht sich v. a. bei astronom. Beobachtungen störend bemerkbar; Observatorien werden deshalb fernab großer Städte errichtet. Die **Radioverschmutzung** ist die Störung radioastronom. Beobachtungen durch Radio- und Funksignale.

Lichtwark, Alfred, Kunsthistoriker und Kunstpädagoge, *Reitbrook (heute zu Hamburg) 14. 11. 1852, †ebd. 13. 1. 1914; 1886–1914 Direktor der Hamburger Kunsthalle, führend in der Kunsterziehungsbewegung.

Lichtwechsel, die Änderung der scheinbaren Helligkeit eines Himmelskörpers in Abhängigkeit von der Zeit, z. B. bei ↗Veränderlichen. Der L. wird grafisch in Form einer **Lichtkurve** dargestellt.

Lichtweg, die ↗optische Weglänge.
Lichtwellenleiter, ↗Lichtleiter.
Lichtwer, Magnus Gottfried, Dichter, *Wurzen 30. 1. 1719, †Halberstadt 7. 7. 1783; bed. sind seine Fabeldichtungen »Vier Bücher Aesopischer Fabeln« (1748; erweitert 1758).

Lichtwert, Abk. **LW** (Belichtungswert, engl. exposure value, Abk. **EV**), *Fotografie:* Zahlengröße, die gleichwertige Kombinationen von Blende und Belichtungszeit kennzeichnet. Die L.-Kopplung von Verschluss und Blende sorgt für die richtige Wahl von Belichtungszeit und Blende entsprechend dem gemessenen Lichtwert.

Lichtzeit (Aberrationszeit), die Zeit, die das Licht benötigt, um von einem Himmelskörper zur Erde zu gelangen. Die L. der Sonne in mittlerer Entfernung beträgt rd. 8 min 19 s, die des Mondes rd. 1,3 s.

Licinius, Name eines altröm. plebejischen Geschlechts, zu dem u. a. Crassus und Lucullus gehörten. – Bed. Vertreter der republikan. Zeit: **1)** Gaius L. **Macer,** Volkstribun (73 v. Chr.), †66 v. Chr.; Gegner der ↗Optimaten; schrieb eine Gesch. Roms in Form von Annalen (Fragmente erhalten).
2) Gaius L. **Stolo,** Volkstribun (376–367); brachte mit Lucius Sextius Lateranus die **licinisch-sextischen Gesetze** ein, die den Plebejern den Zugang zum Konsulat eröffneten.
3) Lucius L. **Murena,** Konsul (62 v. Chr.); nach der Wahl zum Konsul wegen Wählerbestechung angeklagt, durch die Verteidigung Catos d. J. und Ciceros (Rede »Pro Murena«) freigesprochen.

Licinius, Valerius Licinianus, röm. Kaiser (308–324), *in Dakien um 250, †(hingerichtet) Thes-salonike (Saloniki) 325; 308 durch Galerius zum Augustus erhoben, 311 Herrscher über die illyr. Präfektur. Zeitweise mit Konstantin d. Gr. verbündet, erließ er gemeinsam mit ihm 313 das sog. Toleranzedikt von Mailand (Anerkennung der christl. Religion).

Licker [engl.] *der,* Fettemulsion, mit der Leder nach dem Gerben eingefettet wird.

Lick-Sternwarte, auf die Stiftung des Amerikaners James Lick (*1796, †1876) zurückgehendes Observatorium auf dem Mount ↗Hamilton; Hauptinstrumente des Observatoriums sind ein 90-cm-Linsenteleskop und ein 3-m-Spiegelteleskop.

Lid [ahd. (h)lit »Deckel« (Augenlid), bei Wirbeltieren und beim Menschen meist beweglich ausgebildete Hautfalte, die das Auge vor mechan. Einwirkungen schützt und durch den L.-Schlag für eine ständige Feuchthaltung der Hornhaut durch die von der Tränendrüse produzierte Tränenflüssigkeit sorgt.

Lidar, Abk. für engl. **l**ight **d**etection **a**nd **r**anging, Übertragung des Radarprinzips auf den Frequenzbereich des Lichts (sichtbar, ultraviolett, infrarot). Als Sender werden leistungsstarke Impulslaser, zum Nachweis der aus der Atmosphäre zurückgestreuten Intensität lichtempfindl. Empfänger mit vorgeschalteten Spiegelteleskopen verwendet. Die im Vergleich zum Radar kleine Wellenlänge des Lichts erlaubt die Ortung kleinster Partikel (Aerosole) der Atmosphäre. Mit Lasern, deren Wellenlängen sich auf charakterist. Absorptionslinien von gasförmigen Schadstoffen, z. B. Schwefeldioxid oder Stickstoffoxide, abstimmen lassen, ist der Gehalt der Atmosphäre an derartigen Verunreinigungen durch Spektralanalyse mit hoher Nachweisempfindlichkeit messbar und die Ortung von Emissionsquellen möglich. Mit L.-Systemen können Fernmessungen von Luftverunreinigungen über mehrere Kilometer durchgeführt werden.

Liddell Hart ['lɪdl 'hɑːt], Sir (seit 1966) Basil Henry, brit. Militärschriftsteller, *Paris 31. 10. 1895, †Marlow (Cty. Buckinghamshire) 29. 1. 1970; schrieb kriegsgeschichtl. und militärtheoret. Bücher; Theoretiker der mechanisierten Kriegführung.

Li Denghui (Lee Teng-hui), chines. Politiker, *Sanzhi (bei Taipeh) 15. 1. 1923; studierte Agrarwiss.; war 1972–78 Min. ohne Portefeuille in der taiwan. Reg., 1978–81 Bürgermeister der Hptst. Taipeh und 1981–84 Gouv. (d. h. Verw.chef) von Taiwan. 1984 wurde er Vizepräs. der Rep. China auf Taiwan und war nach dem Tod Chiang Ching-kuos als dessen Nachfolger 1988–2000 Staatspräs. sowie Vors. der Guomindang.

Li Di (Li Ti), chines. Maler, *Heyang (Prov. Henan) um 1100, †Hangzhou um 1197. Seine Blumen- und Tierbilder zeigen bei sparsamer Kompositionsweise lyr. Stimmungsgehalt.

Lidice ['lidjitsɛ], Ort östlich von Kladno, in Mittelböhmen, Tschech. Rep., etwa 500 Ew. – Am 10. 6. 1942 von der SS nach dem Attentat auf R. Heydrich zur »Vergeltung« zerstört; die Männer (über 15 Jahre) wurden erschossen (etwa 173), Frauen und Kinder in KZ gebracht; einige der 98 Kinder sollten »eingedeutscht« werden, die meisten (82) wurden in SS-Lagern ermordet. 1947 begann der Wiederaufbau des Ortes.

Liding|ö, Stadt im schwed. VerwBez. (Län) Stockholm, auf der Insel L., 40 600 Ew.; Akkumulatorenfabrik, chem. Ind.; Erdölhafen; Ausflugsverkehr. Skulpturensamml., v. a. mit Werken von C. Milles, in Millesgården.

Lidkrampf (Blepharospasmus), unwillkürl., krampfhafter Lidschluss, z. B. bei Augenentzündung oder Reizung durch Fremdkörper.

Max Liebermann, Ausschnitt aus einem Selbstbildnis (1918; Mannheim, Städtische Kunsthalle)

Justus Liebig

Karl Liebknecht

Wilhelm Liebknecht

Liebstöckel

Lido [italien. aus lat. litus »Strand«] der, schmaler Landstreifen, z. B. der L. von Venedig; ↗Nehrung.

Lido di Iesolo, Badeort im NO der Lagune von Venedig, Italien, an einem 15 km langen Sandstrand; gehört zur Gem. Iesolo (22 600 Ew.).

Lidzbark Warmiński ['lidzbark var'mĩjski] (dt. Heilsberg), Krst. in der Wwschaft Ermland-Masuren, Polen, an der Alle, 16 700 Ew.; Nahrungsmittel-, Wirkwareind., Maschinenbau. – Schloss (Burg) der Bischöfe von Ermland (1350–1400, heute Museum), Vorburg mit Bischofspalast, spätgot. Pfarrkirche (14. Jh.). – Das 1241 vom Dt. Orden an der Stelle einer eroberten Pruzzenburg angelegte Heilsberg gehörte ab 1251 zum Bistum Ermland (1315–1795 meist Bischofssitz) und erhielt 1308 Culmer Stadtrecht. 1466 geriet Heilsberg unter poln. Hoheit, fiel 1772 an Preußen; kam 1945 zu Polen.

Lie, 1) Jonas, norweg. Schriftsteller, *Modum (Buskerud) 6. 11. 1833, †Sandvika (bei Oslo) 5. 7. 1908; neben Seeromanen und Schilderungen aus dem Arbeitermilieu schrieb er realist. Ehe- und Familienromane; u. a. »Der Geisterseher« (R., 1870), »Eine Ehe« (R., 1887).

2) Marius Sophus, norwegischer Mathematiker, *Nordfjordeid (Sogn og Fjordane) 17. 12. 1842, †Kristiania (heute Oslo) 18. 2. 1899; schuf die Theorie kontinuierl. Transformationsgruppen **(Lie-Gruppen)**, wichtige Beiträge zu Differenzialgeometrie und Algebra.

3) Trygve Halvdan, norweg. Politiker, *Kristiania (heute Oslo) 16. 7. 1896, †Geilo (Buskerud) 30. 12. 1968; Rechtsanwalt, Mitgl. der sozialdemokrat. Arbeiterpartei, 1935–46 und 1963–65 Minister versch. Ressorts, war 1946–52 erster Gen.-Sekr. der UNO.

Liebe, starke Zuneigung, intensive Gefühlsbeziehung, v. a. bezogen auf bestimmte Personen, insbesondere die seel. Bindung an den Geschlechtspartner oder die Familienangehörigen, auch die emotionale Zuwendung zu Mitmenschen allg. oder eine Haltung zur Welt als Ganzes. Gefühlsmäßige Beziehungen zu anderen Lebewesen (bes. Tieren), zu Sachen, Tätigkeiten oder Ideen fallen ebenfalls unter den Begriff L. Ihre besondere Eigenart gewinnt die als L. bezeichnete zwischenmenschl. Beziehung dadurch, dass ihr Wert, über eine Zweck-Mittel-Überlegung hinausgehend, in der Existenz des anderen (E. Fromm) oder in der L. selbst erfahren werden kann. L. ist so weder dem Subjekt noch seinem Gegenüber allein zuzuordnen, sondern hat ihren Ort in einem zw. den Liebenden entstehenden Vorstellungs- und Erfahrungsraum, der seinerseits durch seine dialog. Anlage (M. Buber) die Existenz der Beteiligten verändert oder bestimmt.

Religion: In ihrem Doppelcharakter als sinnl. und allumfassende L. ist sie ein wesentl. Merkmal der Gottheit; in polytheist. Religionen wird sie oft in speziellen Liebesgottheiten personifiziert (Aphrodite, Ischtar); im Buddhismus als Verbindung der allumfassenden Güte **(Metta)** und des allumfassenden Mitleids **(Karuna)** Weg der Aufhebung des Leidens; im Hinduismus als Gottes-L. **(Bhakti)** Weg der Erlösung; in den monotheist. Religionen als **L. Gottes** Charakteristikum des Gottesbildes, der als Antwort des Menschen die **L. zu Gott** (Gottes-L.) und zum Nächsten (im N. T. einschl. der Feindes-L.) entspricht; im N. T. in 1. Joh. 4, 8; 16 (»Gott ist Liebe«) und Mt. 22, 37–40 (»das größte Gebot«) zusammengefasst; neben Glaube und Hoffnung die größte der drei »theolog. Tugenden« (1. Kor. 13); die Scholastik erklärt L. im Begriffspaar ↗Agape und ↗Eros; die Mystik sucht die unmittelbare Erfahrung der Gottes-L. in der myst. Vereinigung mit Gott.

Liebeneiner, Wolfgang, Schauspieler und Regisseur, *Liebau in Schlesien (heute Lubawka) 6. 10. 1905, †Wien 28. 11. 1987; war ⚭ mit Hilde Krahl; Bühnenengagements u. a. in München, Berlin, Wien; 1942–45 Produktionsleiter der Ufa; ab 1937 Filmregisseur, u. a. »Der Mustergatte« (1937), »Bismarck« (1940), »Ich klage an« (1941), »Liebe 47« (1949); Theater- und Fernsehinszenierungen.

Liebenstein, Bad, ↗Bad Liebenstein.
Liebenwerda, Bad, ↗Bad Liebenwerda.
Liebenzell, Bad, ↗Bad Liebenzell.

Lieber, Francis (Franz), dt.-amerikan. Staatswissenschaftler, *Berlin 18. 3. 1798, †New York 2. 10. 1872; nahm 1822 am grch. Freiheitskampf teil, wanderte 1827 nach den USA aus. Gab die »Encyclopedia Americana« (13 Bde., 1829–33) heraus, der Brockhaus' Konversationslexikon zugrunde lag. Die Etablierung der polit. Wiss. als akadem. Disziplin in den USA geht auf ihn zurück.

Max Liebermann: Garten einer Villa in Wannsee (1911; Kaunas, M.-K.-Čiurlionis-Nationalmuseum)

Liebermann, 1) Max, Maler und Grafiker, *Berlin 20. 7. 1847, †ebd. 8. 2. 1935; studierte in Berlin und Weimar, bildete sich in Paris fort, lebte seit 1878 in München und seit 1884 in Berlin, wo er 1898 Mitbegründer der ↗Sezession wurde und 1899–1911 deren erster Präsident war, 1920–33 Präs. der Preuß. Akademie der Künste. L., der bedeutendste Vertreter des dt. Impressionismus, wurde von den Nationalsozialisten wegen seiner jüd. Abstammung verfemt. In seiner ersten Schaffensperiode entstanden dunkeltonige Bilder arbeitender Menschen, er wandte sich aber auch einer lichteren Farbigkeit zu. Nachdem er sich zeitweilig auf wenige Grautöne beschränkt hatte, gelangte er in den 90er-Jahren zu einem wieder farbigeren, impressionist. Stil, in dem er mit maler. Freiheit bewegte Straßenszenen, Porträts, Strand- und Dünenlandschaften u. a., später v. a. Bilder aus seinem Garten in Wannsee malte. – Radierungen, Lithographien, Illustrationen (Goethe, Kleist).

2) Rolf, schweizer. Komponist, *Zürich 14. 9. 1910, †Paris 2. 1. 1999; 1959–73 und 1985–88 Intendant der Staatsoper in Hamburg, 1973–80 Generalin-

Liechtenstein Liec 2821

Liechtenstein

Fläche:	160 km²
Einwohner:	(2001) 33 500
Hauptstadt:	Vaduz
Amtssprache:	Deutsch
Nationalfeiertag:	15. 8.
Währung:	1 Schweizer Franken (sfr) = 100 Rappen (Rp)/Centime (c)
Zeitzone:	MEZ

tendant der Pariser Opernhäuser; komponierte Opern (»Penelope«, 1954; »La forêt«, 1987; »Freispruch für Medea«, 1995), Orchesterwerke und Vokalmusik in einem der Zwölftontechnik nahe stehenden Stil.

Liebes|apfel, die / Tomate.

Liebesmahl, die / Agape.

Liebespfeil, Kalkstab im Geschlechtsausführgang vieler Lungenschnecken; wird vor der Begattung in die Haut des Geschlechtspartners gestoßen.

Liebeszauber, im Brauchtum der Völker weit verbreitete mag. Handlungen, die die Liebe oder das sexuelle Verlangen eines anderen erzwingen sollen; bes. in der oriental. und grch.-röm. Antike üblich, im MA. v. a. in Form von Liebestränken (/ Aphrodisiaka).

Liebig, Justus von (seit 1845), Chemiker, * Darmstadt 12. 5. 1803, † München 18. 4. 1873; Prof. in Gießen und München; förderte die organ. Chemie durch Untersuchungen über Radikale (Benzoesäure, Harnsäure) und die Entdeckung neuer Stoffe (u. a. Chloroform, Chloral) und Verbindungsklassen (Aldehyde) sowie die Entwicklung einfacher Methoden zur organ. Elementaranalyse; Studien über den Stoffwechsel bei Pflanzen und Tieren. Begründer der Agrikulturchemie.

Liebknecht, 1) Karl, Politiker, * Leipzig 13. 8. 1871, † (ermordet) Berlin 15. 1. 1919, Sohn von 2); Rechtsanwalt, seit 1900 Mitgl. der SPD, 1912–17 (Jan. 1916 Austritt aus der SPD-Fraktion) MdR. Nach einer Kundgebung gegen den Krieg wurde er im Mai 1916 verhaftet und wegen Hochverrats zu Zuchthaus verurteilt (Okt. 1918 begnadigt). L. war einer der Gründer und mit Rosa Luxemburg Führer des Spartakusbundes, beteiligte sich an der Gründung der KPD (31. 12. 1918/1. 1. 1919); im Jan. 1919 führte er den linkssozialist. Aufstand gegen den Rat der Volksbeauftragten in Berlin; mit R. Luxemburg von Freikorpsoffizieren erschossen.

2) Wilhelm, Politiker, * Gießen 29. 3. 1826, † Charlottenburg (heute zu Berlin) 7. 8. 1900, Vater von 1); nahm an der Märzrevolution 1848 teil, lebte danach im schweizer. und brit. Exil (ab 1850 in enger Verbindung zu Marx und Engels); ab 1890 Chefredakteur des »Vorwärts« in Berlin. Mit A. Bebel war L. der erste sozialdemokrat. Abg. im (Norddt.) Reichstag (1867–70); ab 1874 MdR.

Liebstöckel [Volksdeutung von grch. libystikos »ligurisch«] das oder der (Levisticum officinale), staudiger, sellerieartig riechender Doldenblütler aus S-Europa, bis 2 m hoch, mit gefiederten Blättern, die als Küchengewürz (Maggikraut) verwendet werden, mit hellgelben Blüten.

Liechtenstein (amtlich Fürstentum L.), Staat in Mitteleuropa, in den nördl. Alpen rechts des Alpenrheins, zw. der Schweiz (im W Kt. St. Gallen, im S Graubünden) und Österreich (Vorarlberg).

Staat und Recht

Nach der Verf. von 1921 ist L. eine konstitutionelle Erbmonarchie auf demokrat. und parlamentar. Grundlage. Staatsoberhaupt ist der Fürst (umfangreiche Vollmachten); die Exekutive liegt bei der von ihm auf Vorschlag des Parlaments ernannten Reg. Die Legislative wird vom Landtag (25 Abg., für 4 Jahre gewählt) ausgeübt. Einflussreichste Parteien: Vaterländ. Union (VU), Fortschrittl. Bürgerpartei (FBP) und Freie Liste (FL).

Landesnatur

L. umfasst den äußersten W des Rätikons (Nördl. Kalkalpen), das obere und mittlere Saminatal und den östl. Teil des unteren Alpenrheintals. Höchste Erhebung ist die Grauspitze (2 599 m ü. M.) auf der Grenze zu Graubünden. Das Klima ist mild mit relativ hohen mittleren Temperaturen.

Bevölkerung

Von den (2001) 11 500 Ausländern sind 32,6% Schweizer, 17,4% Österreicher, 9,9% Deutsche, 9,6% Italiener sowie rd. 31% sonstige Nationalitäten. Rd. 79% der Ew. sind Katholiken, knapp 8% Protestanten (Reformierte und Lutheraner). Es besteht eine neunjährige allg. Schulpflicht ab dem 7. Lebensjahr und ein für alle Kinder von 4 bis 6 Jahren offenes Vorschulangebot (nicht obligatorisch).

Wirtschaft, Verkehr

Seit dem Zweiten Weltkrieg ist die Ind. Hauptwirtschaftszweig: Metallverarbeitung und Apparatebau, elektrotechn., opt., Kunststoff-, keram., Holz-, Textil-, chem. und pharmazeut. Industrie. In der Landwirtschaft ist die Viehzucht (Milchwirtschaft) dominierend; ferner Anbau von Obst, Wein, Gemüse u. a. Infolge niedriger Steuern ist L. Sitz vieler ausländ. Unternehmen und Banken; Erlöse ergeben sich auch aus dem Briefmarkenverkauf. Das Pro-Kopf-Einkommen ist eines der höchsten der Erde. – Das sehr gut ausgebaute Straßennetz hat eine Länge von 250 km. Die Eisenbahnlinie von Buchs nach Feldkirch wird von der österr. Bundesbahn betrieben.

Geschichte

Das Gebiet von L., das im Altertum von Rätern bewohnt war, kam 15 v. Chr. unter röm. Herrschaft; während der Völkerwanderung im 5. Jh. wurde es durch Alemannen besiedelt. 1342 wurde Vaduz eine eigene Grafschaft unter Graf Hartmann I. von Werdenberg. Das österr. Adelsgeschlecht L. erwarb ne-

Staatswappen

internationales Kfz-Kennzeichen

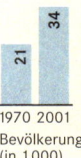

1970 2001
Bevölkerung (in 1000)

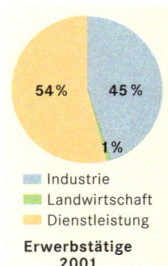

54% 45%
1%

■ Industrie
■ Landwirtschaft
■ Dienstleistung

Erwerbstätige 2001

ben Besitzungen in Österreich und Mähren unter Fürst Hans Adam von L. 1699 die Herrschaft Schellenberg und 1712 die Grafschaft Vaduz (1719 zum Reichsfürstentum L. erhoben). 1806 schloss es sich an den Rheinbund an; nach dessen Zerfall war es 1815–66 Mitgl. des Dt. Bundes. Der danach selbstständige Staat bildete 1852–1918 eine Zollunion mit Österreich und ging danach eine enge Bindung mit der Schweiz ein (u. a. 1923 Abschluss eines Zollvertrages). 1938 wurde Franz Joseph II. regierender Fürst. 1978 trat L. dem Europarat bei. Nach dem Tod Franz Josephs II. (1989) wurde sein Sohn Hans-Adam II. Staatsoberhaupt. 1990 wurde L. Mitgl. der Vereinten Nationen. 1992 beschloss der Landtag die verfassungsmäßige Verankerung der Gleichstellung

Liechtenstein: Die Hauptstadt Vaduz wird von dem gleichnamigen Schloss aus dem 12. Jh. überragt, das seit seiner Wiederherstellung (1905–12) Residenz des Fürsten ist.

von Mann und Frau. Das bereits seit 1991 der Europ. Freihandelsassoziation (EFTA) angeschlossene L. trat nach einem Plebiszit 1995 dem Europ. Wirtschaftsraum (EWR) als Vollmitgl. bei. 1997 wurde das kath. Erzbistum L. gebildet. Zwei Referenden am 16. 3. 2003 beendeten den zehnjährigen Verf.streit zw. Fürstenhaus und Reg. bzw. Landtag; dabei wurden der Monarchie in einer (vom Europarat kritisierten) Verf.änderung mit knapp zwei Dritteln der abgegebenen Stimmen weit reichende Kompetenzen (Notverordnungsrecht, Auflösung der Reg., Richterwahl) eingeräumt, wobei das Volk künftig ein Misstrauensantrag gegen das Staatsoberhaupt stellen kann.

Lied, zum Singen bestimmter Text, meist aus mehreren gleich gebauten und gereimten Strophen. Das L. umfasst die verschiedensten Typen: Nach der Entstehung unterscheidet man Volks-L. und Kunst-L., nach seinem Inhalt geistlich-religiöses L. (Marien-, Kirchen-, Prozessions-L.) und weltl. L. (Liebes-, Natur-, histor.-polit. L.), nach seiner gesellschaftl. Zuordnung höf., Stände-, Studenten-, Vaganten-, Soldaten-, Kinder-L. oder nach der Art des Vortrags Chor-, Tanz-, Solo-, Klavierlied. Als Melodie zeigt das L. seine Sprachnähe in der gleichmäßigen Gliederung der musikal. Gestalt. L. bezeichnet auch balladeske und im ep. Sprechgesang vorgetragene Dichtung (z. B. das Helden-L.). Als mündlich überlieferter Gesang gehört das Volks-L. mit seinen vielen Sonderformen (Arbeits-L., Soldaten-L. usw.) allen Zeiten und Völkern an; das Kunst-L. entwickelte sich in Europa seit dem MA. im Anschluss an die lat. Strophendichtungen (Hymnus und Sequenz). Minnesang und Meistersang zeigen die reiche Entfaltung einstimmiger L.-Kunst über mehrere Jahrhunderte. Die Geschichte des dt. mehrstimmigen L. beginnt nach Anfängen bei Oswald von Wolkenstein mit dreistimmigen Sätzen, aufgezeichnet in den L.-Handschriften des 15. Jh.; sie wird fortgesetzt durch kunstvollere L.-Sätze, z. B. von H. Isaac, P. Hofhaimer, L. Senfl. Ende des 16. Jh. setzte sich ein von Oberstimmenmelodie und Dur-Moll-tonaler Harmonik geprägter Tonsatz durch und führte zur Entstehung des instrumentalbegleiteten Solo-L. (v. a. des Lauten-L.). Zudem wurden die literar. Traditionen der lat. humanist. Kunstlyrik des 15. und 16. Jh. in die L.-Dichtung aufgenommen, die v. a. im barocken Kunst-L. produktiv wurde (u. a. M. Opitz, P. Fleming). Für die sich unter dem Einfluss der ↗ Monodie verändernde L.-Komposition wurde der Generalbasssatz verbindlich, u. a. bei H. Albrecht und A. Krieger. Eine Bereicherung erfuhr das barocke L. durch das geistl. L. (F. Spee von Langenfeld, J. Rist, P. Gerhardt u. a.). Musikalisch stand das L. seit dem 18. Jh. im Schatten der Opernarie; in der 2. Hälfte des 18. Jh. kam es zu Neuansätzen (J. A. P. Schulz, J. F. Reichhardt, C. F. Zelter). Nach Haydn, Mozart und Beethoven fand das Kunst-L. durch F. Schubert seine erste Vollendung. Ihm folgten R. Schumann, J. Brahms und H. Wolf; in das 20. Jh. hinein wirkten G. Mahler, R. Strauss (Orchester-L.), M. Reger und H. Pfitzner. In Anlehnung an das dt. L. schrieben in Frankreich G. Fauré, C. Debussy und M. Ravel, in der Schweiz O. Schoeck, in Finnland J. Sibelius und Y. Kilpinen L. Neue Formen der L.-Gestaltung fanden im 20. Jh. u. a. A. Schönberg, H. Eisler, K. Weill, A. Webern, P. Hindemith, E. Krenek, P. Boulez, W. Rihm.

Lied der Lieder, das ↗ Hohelied.

Liedermacher, seit Mitte der 1960er-Jahre verwendete Sammelbez. für Musiker, die Lieder häufig zeit- und sozialkrit. Inhalts selbst texten, komponieren und vortragen. Der Begriff wurde von W. Biermann in Anlehnung an B. Brecht geprägt, der sich »Stückeschreiber« nannte.

Lieder ohne Worte, kurze, liedartige Instrumentalstücke, bes. für Klavier. Die Bez. begegnet erstmals bei F. Mendelssohn Bartholdy (op. 19, 1830, sowie sieben weitere Hefte).

Liedertafel, Name des ersten, von C. F. Zelter in Berlin 1809 gegr. Männergesangvereins; nach ihm wurden viele Gesangvereine benannt. Ähnl. Vereinigungen seit dem beginnenden 19. Jh. in Süd-Dtl. wurden meist »Liederkranz« genannt.

Liedform, musikal. Kompositionsform, die im Ggs. zur Sonate u. a. Satztypen durch einen mehr stat., meist symmetr. Aufbau gekennzeichnet ist. Man unterscheidet zwei- und dreiteilige L.; durch mehrfache Dreiteilung der Einzelteile kommt es zur zusammengesetzten Liedform.

Liedtke, Harry, Schauspieler, *Königsberg (heute Kaliningrad) 12. 10. 1882, †Bad Saarow-Pieskow 28. 4. 1945; war 1920–26 ∞ mit Käthe Dorsch; Star in Stumm- und Tonfilmen; Partner von Pola Negri und Henny Porten; spielte u. a. in »Carmen« (1918), »Das Weib des Pharao« (1921), »Quax der Bruchpilot« (1941).

Lieferantenkredit, kurzfristiger Kredit (i. d. R. bis zu 3 Monaten), den Lieferanten ihren Kunden durch Gewährung eines Zahlungsziels einräumen, bis zu dem die Zahlungsverpflichtung gestundet wird.

Lieferbarkeitsbescheinigung, das ↗ Affidavit.

Lieferbedingungen (Lieferungsbedingungen), ↗ Geschäftsbedingungen, allgemeine.

Lieferbindung, in der Entwicklungspolitik die Gewährung einer öffentl. Kapitalhilfe unter der Auflage, diese zum Kauf von Gütern aus dem Geberland zu verwenden.

Lieferfrist, Zeitraum, innerhalb dessen ein Lieferant (Frachtführer) eine Leistung erbringen muss; bei Güterbeförderungsverträgen die Frist, innerhalb derer die Beförderung ausgeführt sein muss; sie richtet sich nach Gesetz, Vertrag oder Ortsgebrauch (§ 423 HGB). Bei Nichteinhaltung der L. haftet unter bestimmten Bedingungen der Frachtführer.

Liefer|ort, Ort der ↗ Erfüllung.

Lieferschein, im Geschäftsverkehr ein Begleitpapier der Warenlieferung, oft verbunden mit einer Empfangsbestätigung. Im Lagergeschäft eine Anweisung des Einlagerers an den Lagerhalter auf Aushändigung der Ware.

Lieferungskauf, ↗ Werklieferungsvertrag.

Liège ['lje:ʒ], amtl. frz. Name der belg. Stadt und Prov. ↗ Lüttich.

Liegegeld, *Schiffsfrachtrecht:* vom Absender dem Frachtführer bei Überschreitung der Ladezeit zu zahlende Vergütung, womit die durch die verlängerte Wartezeit (**Überliegezeit**) entstehenden Kosten des Schiffers abgegolten werden (§ 567 HGB).

Liegendes, *Geologie:* die unterlagernde Gesteinsschicht, ↗ Hangendes.

Liegenschaft, Grundstück.

Liegenschaftskataster, ↗ Kataster.

Liegenschaftsrecht, die auf Grundstücke bezogenen Rechtsnormen, bes. §§ 873–1203 BGB, Grundbuchordnung, Erbbaurechts-VO, Wohnungseigentums-Ges. u. a. (↗ Bodenrecht)

Liegenschaftsteuer, in der Schweiz Bez. für die ↗ Grundsteuer.

Liegnitz, Stadt in Polen, ↗ Legnica.

Liek [mnd.] *das,* seemännisch: Leine, die Segel einfasst und versteift; bei Flaggen die Seite, an der die Flaggenleine befestigt ist.

Lien [auch: lje:n, lat.] *der,* die ↗ Milz.

Lienz ['lients], Bez.-Hptst. in Tirol, Österreich, im Lienzer Becken, an der Mündung der Isel in die Drau, 675 m ü. M., 12400 Ew.; zentraler Ort Osttirols; Schul-, Handels- und Gewerbezentrum; Holz-, Baustoff- und Kühlgeräteind.; Fremdenverkehr (**Lienzer Dolomiten**). – Auf dem Hauptplatz steht die Liebburg (1605 ff., 1609 beim Stadtbrand zerstört, umgestaltet 1723/25), oberhalb der Stadt die Pfarrkirche (15. Jh., auf Vorgängerbauten; spätere Veränderungen), am Eingang ins Iseltal Schloss Bruck (13. Jh.; städt. Museum). – L. erhielt 1242 Stadtrecht.

Liepāja (dt. Libau), Stadt in Lettland, auf schmaler Nehrung zw. Ostsee und L.-See, 89 400 Ew.; kath. Bischofssitz; Zweigstelle der TU Riga, PH; Theater; Eisenhüttenwerk, Landmaschinenbau, Nahrungsmittelind.; Freihandelszone; Hochsee- (mit Erdölterminal) und Fischereihafen; Seebad. – 1253 im Besitz des Dt. Ordens erwähnt; erhielt 1625 Stadtrecht; fiel 1795 mit dem Herzogtum Kurland an Russland (als eisfreier Hafen von großer Bedeutung); gehört ab 1918 zu Lettland, 1919 Sitz der provisor. Regierung.

Lieschgras (Phleum), Gattung der Süßgräser; Futter- und Wiesengräser mit walzenförmigem Blütenstand; auf nährstoffreichen Wiesen das bis 1 m hohe Wiesen-L. (**Timotheegras,** Phleum pratense).

Liestal, Hptst. des Kt. Basel-Landschaft und des Bez. L., Schweiz, im Ergolztal, südöstlich von Basel, 12 300 Ew.; Schulzentrum; Maschinenbau, Textil- und chem. Ind. – Mittelalterl. Altstadt, Kantonsmuseum im Alten Zeughaus (17. Jh.), »Dichtermuseum« im Rathaus (16. Jh.). – 1241 zur Stadt erhoben.

Lietzau, Hans, Regisseur und Theaterleiter, * Berlin 2. 9. 1913, † Berlin 30. 11. 1991; Schüler von G. Gründgens; 1969–72 Generalintendant des Dt. Schauspielhauses Hamburg, 1972–80 der Staatl. Schauspielbühnen Berlin; danach Regisseur am Münchner Residenztheater.

Lievens, Jan, niederländ. Maler, * Leiden 24. 10. 1607, † Amsterdam 4. 6. 1674; arbeitete 1625–31 wohl in enger Werkstattgemeinschaft mit Rembrandt; seit 1644 in Amsterdam tätig, schuf Landschaftsbilder und bed. Porträts.

Lifar, Serge, frz. Tänzer und Choreograph russ. Herkunft, * Kiew 2. 4. 1905, † Lausanne 15. 12. 1986; war führender Solist der Ballets Russes von 1923 bis zu deren Auflösung 1929, 1929–45, 1947–58 Ballettdirektor an der Pariser Oper; beeinflusste das frz. Ballett im Sinn eines eleganten Neoklassizismus.

Lifestyle ['laɪfstaɪl, engl.] *der,* im Sinne eines modernen Lebensgefühls gepflegter ↗ Lebensstil.

Lifo [Abk. für engl. last **i**n **f**irst **o**ut »Letztes herein, als Erstes hinaus«], *Informatik:* Speicherprinzip eines Kellerspeichers (↗ Keller).

Lifo-Methode, *Rechnungswesen:* Verfahren zur Bewertung gleichartiger Gegenstände des Vorratsvermögens. Es wird unterstellt, dass die zuletzt angeschafften Waren zuerst verbraucht oder veräußert werden. Da die Vorräte in der Bilanz mit den Anschaffungskosten der zuerst beschafften Waren bewertet werden, vermindert die L.-M. bei Preissteigerungen die Gefahr des Ausweises von Scheingewinnen und führt zur Bildung stiller Reserven. (↗ Fifo-Methode, ↗ Hifo-Methode)

Lift [engl., zu to lift »heben«] *der,* der ↗ Aufzug.

Lifting [engl.] *das,* das ↗ Facelifting.

Liga [span. »Bündnis« zu lat. »ligare«, verbinden] *die* (engl. League, frz. Ligue), **1)** im 15.–17. Jh. Bez. für Bündnis (später dafür: Allianz, Koalition); u. a. die **Heilige L.** zw. dem Papst, der Schweiz, Venedig und Aragonien zur Vertreibung der Franzosen aus N-Italien (1511), die 1609 gegen die prot. »Union« von 1608) gegr. **kath. L.,** die unter Führung Maximilians I. von Bayern im Dreißigjährigen Krieg bis 1635 eine große Rolle spielte.

2) Bez. für nat. und internat. Zusammenschlüsse mit polit. oder weltanschaul. Zielsetzungen, z. B.: League of Nations (↗ Völkerbund), ↗ Arabische Liga, ↗ Liga für Menschenrechte.

Liga der islamischen Welt (Weltmuslimliga), internationale islam. Organisation, gegr. 1962 in Mekka, von Saudi-Arabien finanziert, unterstützt die Ausbildung von Islamgelehrten, publiziert und unterhält Moscheen, Schulen und Krankenhäuser.

Liga für Menschenrechte, eine internat. Föderation, gegr. 1898 in Paris zur Revision des Dreyfus-Prozesses; 1922 in internat. Organisation umgewandelt, setzt sich für Freiheit und Frieden ein.

Ligament [lat.] *das, Anatomie:* sehniges ↗ Band.

Ligand [lat.] *der,* elektrisch neutrales Molekül oder Ion um das Zentralatom bei ↗ Koordinationsverbindungen.

Ligandenfeldtheorie, Theorie der Quantenchemie zur Beschreibung der physikal. und chem. Eigenschaften der ↗ Koordinationsverbindungen. Aus der Ladungsverteilung des Ligandensystems werden das elektrostat. Feld am Ort des Zentralatoms oder -ions sowie die Einflüsse auf dessen Elektronen (energet. Verschiebungen und Aufspaltungen von Zuständen) berechnet.

Lieschgras: Wiesenlieschgras

György Ligeti

Liguster: Beerenfrüchte und Blütenstand des Gemeinen Ligusters

Ligapokal, *Fußball:* in Dtl. seit 1997 (1986–96 »Supercup«) ausgetragenes (Sechser-)Turnier mit Landesmeister, Pokalsieger, Champions-League- und UEFA-Pokal-Vertretern; findet jährlich vor Beginn der neuen Saison statt.

Ligasen, eine der sechs Hauptgruppen der ↗ Enzyme. L. katalysieren die Verknüpfung zweier Moleküle unter Spaltung von Nucleosidtriphosphaten (meist ATP). Zu den L. gehören u. a. die für die Proteinsynthese wichtigen, die Aminosäuren aktivierenden Enzyme sowie die DNA-Ligase.

LIGA-Technik [LIGA, Abk. für **Li**thographie, **G**alvanoformung und **A**bformung], Verfahren der ↗ Mikrotechnik mit den Hauptprozessschritten ↗ Lithographie, Galvanoformung (↗ Galvanoplastik) und Abformung, zur Herstellung hochpräziser dreidimensionaler Mikrostrukturen mit großem Aspektverhältnis (Verhältnis Höhe zu Breite) aus Polymeren, Metallen oder Keramik. Mit der LIGA-T. werden z. B. Einzelteile stark miniaturisierter Elektromotoren, Komponenten zur hochgenauen Positionierung von opt. Fasern oder miniaturisierte Sensoren hergestellt.

Im Lithographieschritt wird eine strahlungsempfindl. Polymerschicht (↗ Resist), deren Dicke einige Mikrometer bis Millimeter betragen kann, auf ein Substrat mit einer elektrisch leitenden Oberfläche aufgebracht und durch Belichtung mit energiereicher Strahlung sowie nachfolgendem nasschem. Entwickeln strukturiert. Durch die Bestrahlung werden die Resistmoleküle entweder in lösl. Bruchstücke zerlegt oder sie reagieren chemisch miteinander und werden unlöslich. Das Ergebnis ist ein Resistrelief, das bis zum Substrat reicht.

Im zweiten Schritt wird in den strukturierten Resistzwischenräumen Metall in einem galvan. Bad abgeschieden. Nach Entfernen des verbliebenen Resists liegt ein Metallnegativ der ursprüngl. Resiststruktur vor. Das Metallnegativ kann als Abformwerkzeug dienen, um das ursprüngl. Resistrelief in Thermo- oder Duroplasten durch Spritzguss, Reaktionsgießen, UV-Abformung oder Heißprägetechnik zu replizieren. Keram. Mikrostrukturen werden durch keram. Spritzguss hergestellt, metall. Mikrostrukturen werden durch Metallisieren der abgeformten Polymerstrukturen oder durch Abformung der Polymerstrukturen auf einer leitfähigen Trägerplatte und anschließendes Galvanisieren realisiert.

ligato [italien.], *Musik:* ↗ legato.

Ligatur [lat.] *die,* 1) *graf. Technik:* Verschmelzung von zwei Schriftzeichen, z. B. œ; auch zwei oder mehrere auf einer Drucktype oder einer Matrize vereinigte Buchstaben.

2) *Musik:* in der Mensuralnotation des MA. Bez. für die Verbindung mehrerer Noten zu einem zusammenfassenden Zeichen. – In der heutigen Notenschrift bezeichnet L. das Binden zweier Noten gleicher Tonhöhe durch einen Haltebogen.

Ligaverband, am 18. 12. 2000 gegründeter eigenständiger Verband innerhalb des ↗ Deutschen Fußball-Bundes (DFB), hervorgegangen aus dem Zusammenschluss der lizenzierten Vereine und Kapitalgesellschaften der Bundesliga und der Zweiten Bundesliga. Der L. regelt über die Dt. Fußball-Liga GmbH (DFL) seinen Geschäftsbereich. Er setzt sich aus je sechs Vertretern der beiden Bundesligen zusammen.

Ligeti, György, österr. Komponist ungar. Herkunft, * Dicsőszentmárton (heute Târnăveni, Rumänien) 28. 5. 1923; emigrierte 1956; lebte 1959–69 meist in Wien; war 1973–89 Prof. für Komposition in Hamburg. Er entwickelte die »Klangflächenkomposition«, die allein auf Klangfarbe, Klangdichte u. Ä. ausgerichtet ist; einer der führenden Vertreter der Neuen Musik. – *Werke:* Apparitions (1958/59); Atmosphères (1961); Aventures und Novelles aventures (1962–65); Requiem (1965); Violoncellokonzert (1966); Kammerkonzert für 13 Instrumentalisten (1970); Doppelkonzert für Flöte, Oboe und Orchester (1974); Le grand macabre (Oper, 1978; Neufassung 1995); Sonate für Viola solo (1994); Mysteries of the Macabres für Koloratursopran und Orchester (1994).

Lignin [lat.] *das,* makromolekularer Naturstoff, der durch Einlagerung in die Zellmembran die Verholzung **(Lignifizierung)** von Pflanzenzellen bewirkt. L. ist neben der Cellulose mit etwa 30 % der wichtigste Holzbestandteil und muss bei der Celluloseherstellung entfernt werden.

Lignit [zu lat. lignum »Holz«] *der,* 1) engl. Bez. für ↗ Braunkohle; 2) veraltet für ↗ Xylit.

Liguori, Alfonso Maria di, italien. kath. Theologe, * Marianella (heute zu Neapel) 27. 9. 1696, † Pagani (bei Neapel) 1. 8. 1787; gründete 1732 die ↗ Redemptoristen; Moraltheologe; Hl. und Kirchenlehrer, Tag: 1. 8. – *Werk:* Theologia moralis (1748).

Ligurien (italien. Liguria), Landschaft und Region in N-Italien, am Golf von Genua, besteht aus den Prov. Genua, Imperia, La Spezia und Savona, 5 421 km², 1,621 Mio. Ew.; Hptst. ist Genua. Im Altertum das Land der **Ligurer,** die in Südfrankreich, in den Westalpen und Oberitalien wohnten und seit dem 6. Jh. v. Chr. durch die Etrusker, im 4. Jh. durch die Kelten auf das Gebiet der Seealpen und den westl. Apennin zurückgedrängt wurden. Nach 200 v. Chr. kamen die Ligurer allmählich unter röm. Herrschaft. Bei der Neugliederung Italiens durch Augustus wurde L. die neunte Region des Landes.

Ligurische Alpen, Gebirgslandschaft im westl. Ligurien, Italien, östlich der Seealpen, reicht vom Colle di Tenda im W bis zum Col di Cadibona (436 m ü. M.), der Grenze zw. Alpen und Apennin, im O; im Monte Margareis 2 651 m ü. M.; klimat. Grenze zw. der kontinentalen, winterkalten Poebene und der maritimen, wintermilden Riviera.

Ligurischer Apennin, Gebirgslandschaft im nördl. Ligurien, Piemont, Italien, im Monte Maggiorasca 1 803 m ü. M.

Ligurische Republik, der 1797 unter dem Druck Napoléon Bonapartes von der Adelsrep. Genua angenommene Name. Die L. R. war von Frankreich abhängig und kam 1805 an das Kaiserreich Napoleons I.

Ligurisches Meer, der nördl. Teil des Mittelmeers mit dem Golf von Genua, zw. der Riviera und der Insel Korsika; bis 2 615 m tief.

Liguster [lat.] *der* (Rainweide, Ligustrum), Gattung der Ölbaumgewächse; Sträucher oder Bäume mit gegenständigen Blättern und weißen bis gelbl. Blüten, die je eine Beere entwickeln; in Europa heimisch der bis 5 m hohe **Gemeine L.** (Ligustrum vulgare) mit ledrigen Blättern und schwarzen, erbsengroßen, giftigen Beeren.

Ligusterschwärmer (Sphinx ligustri), hauptsächlich in Eurasien verbreitete braun-rot-schwarze Schmetterlingsart der Schwärmer. Die grüne Raupe hat am Hinterleib ein schwarz-gelbes Horn.

Lijiang [-dʒjaŋ], Stadt in China, im NW der Prov. Yunnan, am Fuß des Xiang Shan; seit 1994 Flughafen. – Als Zentrum der ↗ Naxi verfügt L. über eine gut erhaltene Altstadt (UNESCO-Weltkulturerbe).

Likasi (bis 1966 Jadotville), Stadt in S-Shaba, Demokrat. Rep. Kongo, an der Benguelabahn, 365 000 Ew.; wichtiges Bergbauzentrum (Kupfer, Kobalt, Uranerz), Hüttenwerke u. a. Industrie.

Likör *der* (frz. Liqueur), süßer Frucht-, Kräuter- oder Emulsionsbranntwein (z. B. Eierlikör).

Likörwein (Dessertwein), Wein mit hohem Zucker- (bis 30%) und Alkoholgehalt (15–25 Vol.-%), meist durch Zusatz von Traubenmostkonzentrat und/oder Alkohol (»Spriten«).

Liktoren [lat.], Amtsdiener höherer röm. Magistrate und Priester, denen sie die ↗ Fasces vorausrtugen.

Likud [hebr. »Bund«] (Likudblock), Bündnis von fünf Parteien des Mitte-rechts-Spektrums in Israel (Cherut, Liberale Partei, Freies Zentrum, Staatspartei und Shlomzion), ging 1973 hervor aus der **Gahal** (1965 geschlossenes Bündnis von ↗ Cherut und Liberaler Partei, gegr. 1961). Von Anfang an um Ausdehnung der israel. Herrschaft auf das gesamte Gebiet westlich des Jordans bemüht, erschwert diese Grundlinie, Vereinbarungen mit den Palästinensern über die Rückgabe der besetzten Gebiete im Westjordanland und im Gazastreifen zu treffen. 1977–92 und 1996–99 war der Likudblock führend an der Reg. beteiligt und stellte den Min.Präs.; erneut seit 2001 (bestätigt 2003). Der L. wurde 1973–83 von M. Begin, 1983–93 von Y. Schamir, 1993–99 von B. Netanjahu geführt; 1999 wurde A. Scharon Parteivorsitzender (bestätigt 2002).

Lila [von frz. »Flieder«], fliederfarben, ein aufgehelltes Violett.

Lilangeni *der* (*Pl.* Emalangeni), Abk. **E**, Währungseinheit in Swasiland; 1 L. = 100 Cent.

Lilie [lat.] (Lilium), Gattung einkeimblättriger Pflanzen der Familie Liliengewächse, Zwiebelpflanzen mit großen trichterförmigen bis fast glockigen Blüten. Die europ.-asiat. Laubwaldpflanze **Türkenbund** (Lilium martagon) hat quirlig stehende Blätter, gelbe Zwiebeln und hellpurpurfarbene, dunkel gefleckte hängende Blüten; die europ. Bergwiesenpflanze **Feuer-L.** (Lilium bulbiferum) mit achselständigen Brutzwiebeln trägt Rispen aufrechter, feuerroter, braunfleckiger Blüten; beide Arten bis 1 m hoch,

Lilie: Orangerote Feuerlilie (Lilium bulbiferum ssp. croceum)

unter Naturschutz. Gartenpflanzen sind die **Weiße L.** (**Madonnen-L.**, Lilium candidum) aus dem östl. Mittelmeerbereich, mit überhängenden Blüten, die **Tiger-L.** (Lilium lancifolium) aus China und Japan mit orangeroten, gefleckten Blüten u. a. – Im Altertum wurde die Weiße L. zur Herstellung von Salben, Ölen u. Ä. verwendet; bei den Griechen der Hera, bei den Römern der Juno geweiht. Im MA. Arznei- und Zierpflanze. Feuer-L. und Türkenbund in Dtl. seit dem 15. Jh. bekannt; Letztere bed. in Volksmedizin und Alchimie. – In der *Heraldik* ist die L. eines der wichtigsten Wappenbilder; 1179–1789 und 1815–30 im Wappen der Könige von Frankreich; auch »gefüllt« (Wappen der Stadt Florenz).

Liliencron, Detlev von, eigtl. Friedrich Adolf Axel Freiherr von, Schriftsteller, * Kiel 3. 6. 1844, † Alt-Rahlstedt (heute zu Hamburg) 22. 7. 1909; bis 1875 preuß. Offizier. L. gehörte zu den Vorkämpfern des Naturalismus und beeinflusste stark die Lyrik der

Lille: Das Pariser Tor wurde 1682–95 zu Ehren Ludwigs XIV. erbaut.

Jahrhundertwende. Er schrieb meisterhafte impressionist. Natur- und Liebeslyrik (»Adjutantenritte«, 1883; »Der Heidegänger«, 1890; »Bunte Beute«, 1903), Balladen, Novellen und realist. Kriegserzählungen, den Roman »Breide Hummelsbüttel« (1887), das »kunterbunte« Epos »Poggfred« (1896) und Dramen; Autobiografie: »Leben und Lüge« (1908).

Lilienfeld, Bez.-Hptst. in Niederösterreich, im Traisental, in den Nördl. Kalkalpen, 383 m ü. M., 3 100 Ew.; Museum (im got. Torturm); Fremdenverkehr. – Zisterzienserstift (1202 gegr.) mit frühgot. Kreuzgang, Stiftskirche (13. Jh., mit barocker Ausstattung).

Lilienhähnchen (Lilioceris), Gattung der Blattkäfer mit zahlr. Arten (drei in Mitteleuropa): Käfer 6–8 mm lang, rot gefärbt, Larven und Käfer fressen an Blättern und Zwiebeln von Liliengewächsen.

Lilienthal, Otto, Ingenieur, * Anklam 23. 5. 1848, † (Absturz) Berlin 10. 8. 1896; untersuchte die Aerodynamik des Vogelflugs und erkannte den Vorteil des gewölbten Flügels. Seit 1891 führte er von erhöhten Geländepunkten Gleitflüge über mehrere 100 m Länge mit selbst gebauten »Hängegleitern« durch, von denen er 18 versch. Typen konstruierte. 1896 stürzte er bei einem Flugversuch mit einem Eindecker bei Stölln (Landkreis Havelland) ab und erlitt tödl. Verletzungen. Seine Versuche, an die die Brüder O. und W. Wright anknüpften, vermittelten das erste gesicherte Wissen über das Fliegen. Sein Bruder Gustav L. (* 1849, † 1933) unterstützte ihn bei seinen Flugzeugkonstruktionen, befasste sich später mit Schlagflügelflugzeugen. – In Anklam gibt es ein L.-Museum.

Liliput (engl. Lilliput), in J. Swifts satir. Roman »Gullivers sämtl. Reisen« (1726) fiktives Land, dem Gulliver daumengroße Einwohner trifft.

Lilith [hebr. »die Nächtliche«], weibl. Dämon altorientl. Herkunft; im A. T. erwähnt in Jes. 34, 14; im jüd. Volksglauben Adams erste Frau; in der Kabbala Königin des Bösen und Mutter einer Vielzahl von Dämonen.

Lilje, Johannes (Hanns), evang. Theologe, * Hannover 20. 8. 1899, † ebd. 6. 1. 1977; 1934–45 Gen.-Sekr. des Luth. Weltkonvents, 1952–57 Präs. des Luth. Weltbundes; 1947–71 Landesbischof der Evang.-luth. Landeskirche Hannovers; gründete 1948 das »Sonntagsblatt« (seit 2001 u. d. T. »chrismon« als Monatsbeilage versch. Tageszeitungen fortgeführt), 1952 die Evang. Akademie Loccum.

Lille [lil] (fläm. Rijssel, früher L'Isle), Hptst. Französisch-Flanderns, des Dép. und der Region Nord,

Detlev von Liliencron

Otto Lilienthal

Lille Stadtwappen

Lima: Barockkirche des Klosterkomplexes San Francisco

Lima
Stadtwappen

unweit der Grenze zu Belgien, an der kanalisierten Deûle, 182 200 Ew.; Bischofssitz; staatl. und kath. Univ. u. a. Hochschulen; Palais des Beaux-Arts u. a. Museen, Oper, Theater; Büro- und Geschäftszentrum **Euralille;** Mittelpunkt des Ballungsraums L.-Roubaix-Tourcoing, Ind.zentrum mit bed. Textilind., Maschinenbau, Lebensmittelind.; Internat. Handelsmesse, Internat. Textilausstellung; U-Bahn, Bahnknotenpunkt, Binnenhafen, Flughafen. – Kirchen Saint-Maurice (14./15. Jh.), Sainte-Cathérine (16.–18. Jh.); Alte Börse (1652 ff.), Pariser Tor (1682–95). – Seit 1127 Stadt, gehörte früher zur Grafschaft Flandern; 1667 von Ludwig XIV. erobert, seit 1713 endgültig zu Frankreich; von Vauban stark befestigt.

L̲i̲llehammer, Hptst. der Prov. Oppland, S-Norwegen, am Mjøsensee, 24 500 Ew.; Kunstmuseum, Freilichtmuseum alter Bauernkultur; Maschinenbau, Textil-, Nahrungsmittelind.; Fremdenverkehrs- und Luftkurort. Austragungsort der XVII. Olymp. Winterspiele 1994.

L̲i̲llo [ˈlɪləʊ], George, engl. Dramatiker, * London 4. 2. 1693, † ebd. 3. 9. 1739; schuf das erste engl. bürgerl. Drama, »Der Kaufmann von London« (1731), das Vorbild für Lessings »Miss Sara Sampson« wurde.

L̲i̲lly, John, engl. Dramatiker, ↗ Lyly.

Li Longmian (Li Lung-mien), eigtl. Li Gonglin (Li Kung-lin), chines. Maler, * Shucheng (Anhui) 1049, † 1106; gilt als einer der bedeutendsten Maler der Song-Zeit; malte u. a. in feinen Umrisslinien Figuren aus der buddhist. Legende und chines. Dichtung.

Lilo̲ngwe, Hptst. von Malawi, auf einer Hochfläche westlich des Malawisees, 1 067 m ü. M., 440 500 Ew.; landwirtsch. College der Univ. von Malawi; Nationalbibliothek; Handelszentrum eines Agrargebiets (Tabak, Erdnüsse); internat. Flughafen. – Die Stadt ist eine Neugründung von 1965.

lim, Mathematik: Abk. für **Lim**es (↗ Grenzwert).

L̲i̲ma, Hptst. von Peru, in der Pazif. Küstenebene, rd. 6 km von der Pazifikküste entfernt, 6,47 Mio. Ew.; ist mit der vorgelagerten Hafenstadt Callao zu einem Ballungsraum zusammengewachsen, in dem mehr als ein Viertel aller Ew. Perus z. T. in ausgedehnten Elendsvierteln leben; kath. Erzbischofssitz, 15 Univ. (darunter die älteste Univ. Südamerikas, gegr. 1551, und die Päpstl. Univ.), Akademien, Fachhochschulen und Forschungsinstitute; Nationalbibliothek, Nationalmuseum; Textil-, Metall-, chem., Möbel-, Leder-, Nahrungsmittelind., Fahrzeugbau, Brauereien; internat. Flughafen. – Neubauten haben das kolonialzeitl. Innenstadtbild völlig verändert, der alte Grundriss (Schachbrettschema) ist jedoch erhalten. Die UNESCO erklärte das histor. Zentrum der Stadt zum Weltkulturerbe; u. a. Kathedrale (Ende des 16. Jh., nach Erdbeben z. T. neu gebaut), Klosterkomplex San Francisco mit drei Kirchen (1535 gegr.), Torre-Tagle-Palast (um 1735, heute Außenministerium). – 1535 von F. Pizarro gegründet; Sitz der span. Vizekönige von Peru (bis 1821).

Lima̲gne [liˈmaɲ], fruchtbare, von N nach S verlaufende Grabenzone im nordöstl. Zentralmassiv, in Frankreich, vom Allier durchflossen.

Lima̲n [russ. aus türkisch liman, eigtl. »Hafen«] *der,* Strandsee an den Küsten des Schwarzen und des Kasp. Meeres, u. a. aus ertrunkenen Flussmündungen entstanden.

Lima̲n von Sa̲nders, Otto (geadelt 1913), preuß. General und türk. Marschall (seit 1914), * Stolp 17. 2. (nach anderen Angaben 18. 2.) 1855, † München 22. 8. 1929; wurde 1913 zum Chef der dt. Militärmission in der Türkei ernannt und reorganisierte das osman. Heer; verteidigte im Ersten Weltkrieg 1915 erfolgreich die Dardanellen, konnte aber 1918 als Oberbefehlshaber einer Heeresgruppe in Syrien und Palästina den Zusammenbruch des türk. Heeres nicht verhindern.

Limasso̲l (grch. Lemesos), Stadt an der S-Küste von Zypern, 152 900 Ew.; Museum im ehem. Kastell; Schuh-, Textil-, Möbel-, Nahrungsmittelind., Weinkellereien; Haupthafen der Insel; Fremdenverkehr. – L. ist Nachfolgesiedlung des antiken ↗ Amathus.

L̲i̲mba *das,* gelb- bis grünlich braunes Holz aus dem trop. Westafrika; Sperrholz und Ausstattungsholz für den Innenausbau.

L̲i̲mbach, Jutta, Politikerin und Juristin, * Berlin 27. 3. 1934; ab 1972 Professorin in Berlin, 1989–94 Senatorin für Justiz in Berlin, 1994–2002 Richterin am Bundesverfassungsgericht und dessen Präsidentin; ab 2002 Präsidentin des Goethe-Instituts Inter Nationes.

L̲i̲mbach-Oberfro̲hna, Stadt im Landkreis Chemnitzer Land, Sachsen, Große Kreisstadt, 26 000 Ew.; Trikotagen-, Wäscheind., Edelstahlbehälterbau, Metallgewerbe.

L̲i̲mbe (früher Victoria), Hafenstadt in Kamerun, am Golf von Guinea, 33 000 Ew.; Erdölraffinerie, Textilfabrik.

l̲i̲mbisches Syste̲m, ringförmig um das Stammhirn gelegener Gehirnbezirk mit enger Verbindung zu Stammhirn, Hirnrinde und Zwischenhirn (Hypothalamus); bei Säugetieren und beim Menschen werden im l. S. Beziehungen zw. Bewusstseinsvorgängen, Emotionen und Motivationen einerseits und der Tätigkeit der inneren Organe andererseits hergestellt; außerdem hat es Bedeutung für Gedächtnisprozesse.

L̲i̲mburg [ˈlɪmbyrx], **1)** nordöstlichste Prov. Belgiens, 2 422 km², 794 800 Ew.; Hptst. ist Hasselt. **2)** südöstlichste Prov. der Niederlande, von der Maas durchflossen, Hptst.: Maastricht. – Das Herzogtum L. wurde 1288 mit Brabant vereinigt, im Westfäl. Frieden (1648) zw. den Generalstaaten und Spanien geteilt. Auf dem Wiener Kongress (1814/15) übernahm man den Namen für eine Prov. des Königreichs der Vereinigten Niederlande, die 1839 zw. Belgien und den Niederlanden geteilt wurde; der niederländ. Teil war als Herzogtum L. bis 1866 Mitgl. des Dt. Bundes.

L̲i̲mburg, Brüder von, eigtl. Malouel, Paul, Hermann und Jan, niederländ. Buchmaler, * Nimwegen zw. 1375 und 1385, † (an der Pest?) Bourges 1416.

Ihr Hauptwerk ist das Stundenbuch des Herzogs von Berry (»Les très riches heures du Duc de Berry«, zw. 1413 und 1416; Chantilly, Musée Condé), in dem sich niederländ. Schulung, italien. Einflüsse und unmittelbare Anschauung v. a. in den Monatsbildern zu den ersten realist. Landschaftsschilderungen der europ. Malerei vereinigen.

Brüder von Limburg: Monatsbild Oktober mit der Darstellung des mittelalterlichen Louvre, Miniatur aus dem Stundenbuch des Herzogs von Berry (zwischen 1413 und 1416; Chantilly, Musée Condé)

Limburg a. d. Lahn, Krst. des Landkreises Limburg-Weilburg, Hessen, 33 500 Ew.; Zentrum des fruchtbaren, altbesiedelten Limburger Beckens zw. Taunus und Westerwald; Bischofssitz; Fachschulen, Priesterseminar, Diözesanmuseum; Maschinen- und Gerätebau, Metall verarbeitende, Elektro-, elektron., Nahrungsmittel-, Genussmittel-, Verpackungsind., Glashütte. – Über der Stadt liegt auf einem steil zur Lahn abfallenden Kalkhügel der 1235 im Wesentlichen vollendete spätroman. Dom St. Georg; zu einer Baugruppe mit ihm verbunden ist die von den Isenburgern erbaute Burg (13.–16. Jh.). Lahnbrücke (vollendet 1341), Teile der Stadtbefestigung, Rathaus (wohl noch 14. Jh., Obergeschosse im 18. Jh. umgebaut), Adelshöfe und viele Fachwerkhäuser erinnern an das mittelalterl. Stadtbild. – 910 erstmals erwähnt (Gründung des Stifts St. Georg); kam um 1180 an die Grafen von Leiningen, um 1220 an die Herren von Isenburg-L. (seit 1232); vor 1220 Stadtrecht; 1344 Erneuerung städt. Privilegien. Zw. 1322 und 1407/20 Übergang der Lehns- und Landeshoheit an Kurtrier; fiel 1802/03 an Nassau, 1866 an Preußen. – Das **Bistum L.** wurde 1827 für das Herzogtum Nassau und die Reichsstadt Frankfurt am Main errichtet. 1929 wurde es territorial neu umschrieben und als Suffraganbistum in die Kirchenprovinz Köln eingegliedert.

Limburg-Weilburg, Landkreis im RegBez. Gießen, Hessen; 738 km², 175 700 Ew.; Krst. ist Limburg a. d. Lahn.

Limbus [lat. »Rand«] *der, kath. Dogmatik:* der Ort bzw. Zustand, in dem sich die vorchristl. Gerechten **(L. Patrum)** und die ungetauft verstorbenen Kinder **(L. Puerorum)** befinden, die weder im Himmel noch in der Hölle oder im Fegefeuer sind; im traditionellen (mittelalterl.) Sprachgebrauch die **»Vorhölle«.** Die Lehre vom L. kann nicht aus der Bibel begründet werden und wird heute von den meisten Theologen abgelehnt.

Limerick [nach der irischen Stadt] *der,* engl. Versgedicht in fünf Zeilen (Schema aabba) mit komischgrotesker, häufig ins Unsinnige umschlagender Endzeile; als Begründer und Meister gilt E. Lear. L. wurden auch in dt. Sprache verfasst.

Limerick (irisch Luimneach), **1)** Cty. der Rep. Irland, in der Prov. Munster, 2 667 km², 113 000 Einwohner.

2) grafschaftsfreie Stadt (County Borough) und Verw.sitz von 1), an beiden Ufern des Shannon, 79 100 Ew.; kath. und anglikan. Bischofssitz; Univ.; wichtiger Hafen Westirlands; Nahrungs- und Genussmittel-, Textil-, Metall-, Elektroind.; internat. Flughafen Shannon Airport. – Frühgot. Kathedrale Saint Mary (1142–80), Kastell (13. Jh.). – Im 9. Jh. von Wikingern besiedelt.

Limes [lat. »Grenzweg«, »Grenze«, »Grenzwall«] *der,* **1)** *Geschichte:* in der röm. Kaiserzeit die durch Wehrbauten gesicherte Reichsgrenze. Solche Grenzanlagen fanden sich in allen Teilen des Imperiums (z. B. an der Nordgrenze Britanniens, in der Dobrudscha, in Arabien und Afrika). Bes. bekannt ist der **Obergermanisch-Rät. L.,** der (etwa 550 km lang) die Provinzen Obergermanien und Rätien zw. Rhein und Donau gegen die german. Völker abschloss. Der L. wurde unter Domitian Ende des 1. Jh. mit der Errichtung hölzerner Beobachtungstürme begonnen. Unter Hadrian wurde eine Holzpalisade angelegt, im 3. Jh. dahinter Graben und Wall. Unter Caracalla wurde die Palisade des Rät. L. durch eine Steinmauer (Teufelsmauer) ersetzt. Zusätzlich war der L. durch mehr als 1 000 Wachttürme und über 100 hinter der Grenze liegende Kastelle gesichert. Die Anlage verfiel Ende des 3. Jh. Ihre Reste sind z. T. noch gut erkennbar.

Der **Obergerman. L.** (382 km lang) begann nördlich von Rheinbrohl bei Neuwied und führte über Bad Ems und den Taunus, die Wetterau umschließend,

Limburg a. d. Lahn: Die mittelalterliche Burg und der spätromanische Dom Sankt Georg beherrschen das Stadtbild.

zum Main bei Großkrotzenburg, von dort weiter nach Wörth a. Main und südwärts zum Neckar; später wurde er 20–30 km östlich in die Linie Miltenberg–Lorch verschoben. Im rechten Winkel schloss hier der **Rät. L.** an, der westlich von Kelheim endet. Dagegen war der **Niedergerman. L.** ein Fluss-L. ohne große Tiefenstaffelung: Er bestand aus einer linksrhein. Kastellkette und einer Militärstraße.

2) *Mathematik:* der ↗ Grenzwert.

Limette [frz.] *die* (Limone, Limonelle), Frucht der in feuchten Tropengebieten, v. a. auf den Westind. Inseln, kultivierten Zitruspflanze Citrus aurantiifolia. L. sind eiförmig, grüngelb und dünnschalig. Das saftreiche, saure Fruchtfleisch dient der Gewinnung von **L.-Saft (Limejuice);** aus den Schalen werden äther. Öle gewonnen.

Limfjord ['limfjo:r], buchten- und inselreicher Meeresarm in Dänemark, führt von der W- nach der O-Küste Jütlands, 180 km lang, im O flussähnlich, im W haff- und seenartig erweitert; Uferverbindung durch Brücken, Fähren und einen 581 m langen Tunnel.

Limikolen, die ↗ Watvögel.

Limit [engl., aus lat. limes »Grenze«] *das,* **1)** *allg.:* Grenze, die nicht über- bzw. unterschritten werden darf.

2) *Wirtschaft:* festgelegte Preis-, Wert- oder Mengengrenze; in der Börsensprache die Begrenzung der Kauf- oder Verkaufsorder bezüglich des angegebenen Höchst- und Mindestkurses.

limited ['lɪmɪtɪd, engl. »beschränkt«], Abk. **Ltd., Lim.** oder **Ld.,** *angloamerikan. Recht:* Zusatz bei Handelsfirmen, deutet die beschränkte Haftung der Gesellschaft an.

Limmat *die,* rechter Nebenfluss der Aare, Schweiz, 140 km lang, entspringt als **Linth** am Tödi in den Glarner Alpen, durchfließt Walensee und Zürichsee, den sie als L. verlässt, und mündet bei Brugg.

Limnologie [grch.] *die,* Wiss. von den Binnengewässern, bes. von den Seen; sie erforscht deren Entstehung sowie die physikal., chem. und biolog. Verhältnisse. Die **theoret. L.** befasst sich mit den physikal. und chem. Eigenschaften der Gewässer und ihrem Stoffhaushalt sowie mit den Gewässern als ökolog. Teilsystemen der Erdoberfläche; die **angewandte L.** untersucht die fisch- und wasserwirtsch. Nutzung der Gewässer, ihre Belastung mit Abwässern sowie die Abwasserreinigung und Wasseraufbereitung für wirtsch. Belange.

Limnos, grch. Insel, ↗ Lemnos.

Limoges [liˈmɔːʒ], Stadt in Zentralfrankreich, Hptst. der Region Limousin und Verw.sitz des Dép. Haute-Vienne, 136 400 Ew.; Bischofssitz (seit dem 3. Jh.); Univ. (gegr. 1808, wieder eröffnet 1965), Nationalmuseum für Fayencen und Porzellan; Herstellung von Fayencen, Porzellan, Emailwaren, Papier, Wolle, Küchen- und Elektrogeräten, Maschinen; Verkehrsknotenpunkt. – Kathedrale Saint-Étienne (13., spätere Veränderungen bis ins 19. Jh.), Kirchen Saint-Michel-des-Lions (14.–16. Jh.) und Saint-Pierre-du-Queyroix (13./14. Jh., Fassade 1534), Brücken (13. Jh.), ehem. Bischofspalast (18. Jh.), in der Altstadt noch zahlr. Fachwerkhäuser. – L., die galloröm. **Civitas Lemovicum,** war Hauptort der ehem. Vizegrafschaft Limousin.

Limón (Puerto Limón), Prov.-Hptst. in Costa Rica, 78 900 Ew.; Sperrholz-, Schwefelsäurefabrik, Erdölraffinerie; wichtigster Hafen des Landes an der Karibikküste.

Limonade [frz.] *die,* alkoholfreies Erfrischungsgetränk aus natürl. Essenzen (auch mit Fruchtsaft,

Paul Lincke

Lincoln 1): Kathedrale (11.–14. Jh.)

-nektar oder -sirup), Zucker (unterschiedl. Art), Genusssäuren (Wein-, Zitronen-, Milchsäure) und kohlendioxidhaltigem oder anderem Tafelwasser.

Limone [italien.] *die,* die ↗ Limette.

Limonelle [frz.] *die,* die ↗ Limette.

Limonen [zu Limone] *das,* zitronenartig riechender, ungesättigter Terpenkohlenwasserstoff, der u. a. in Kümmel-, Fichtennadel- und Terpentinöl vorkommt. Verwendung in der Waschmittel- und Parfümindustrie.

Limonit [grch.] *der, das* ↗ Brauneisen.

Limonium, die Pflanzengattung ↗ Strandflieder.

Limosiner Email [- e'ma:j], in Limoges hergestellte Emailarbeiten (↗ Emailkunst). Die schon im 12. und 13. Jh. durch ihre Grubenschmelzarbeiten bekannten Werkstätten wandten sich Ende des 15. Jh. dem **Maleremail** zu und gelangten zu hoher Blüte (Gefäße, Bildnisse, Altäre u. a.). Seit dem 16. Jh. auch Arbeiten in Grisaillemalerei.

Limousin [limuˈzɛ̃] *das,* Region in Zentralfrankreich, umfasst das Gebiet der histor. Provinz L. mit der Hptst. Limoges sowie die Marche, ist gegliedert in die Dép. Corrèze, Creuse und Haute-Vienne, 16 942 km², 711 000 Ew.; erstreckt sich auf dem nordwestl. Teil des Zentralmassivs; bed. Grünlandwirtschaft (Schaf-, Rinder- und Schweinezucht). Die im L. wachsenden Steineichen liefern das Holz für die Barriquefässer.

Limousine [limu-; frz.] *die,* ein allseitig geschlossener Pkw mit festem Dach.

Limpopo, Strom in Südafrika, 1 600 km lang, 440 000 km² Einzugsgebiet, entspringt als **Krokodilfluss** bei Johannesburg am Witwatersrand, am Unterlauf in Moçambique große Bewässerungsanlagen, mündet südwestlich von Xai-Xai in den Ind. Ozean; auf den letzten 100 km schiffbar. – Anfang 2000 verursachten sintflutartige Regenfälle katastrophale Überschwemmungen v. a. am Unterlauf des L.; dabei wurden Tausende Menschen obdachlos, Hunderte kamen ums Leben.

Limpurger Berge, Teil der Keuperhöhen des Schwäbisch-Fränk. Schichtstufenlands in Bad.-Württ., östlich des Kocher, bis 495 m ü. M.

Linalo|ol *das,* maiglöckchenartig riechender, ungesättigter Terpenalkohol, wird aus Rosenholzöl oder synthetisch aus Pinen gewonnen; dient als Riechstoff oder zur Herstellung von Vitamin E.

Linalyl|acetat, Essigsäureester des Linalools, in der Parfümerie Ersatz für Bergamott- und Lavendelöl.

Linares, 1) Stadt in Andalusien, Prov. Jaén, Spanien, am SO-Fuß der Sierra Morena, 61 500 Ew.; Auto- und Maschinenbauind., Mittelpunkt eines Bergbaugebietes (silberhaltiger Bleiglanz, Blei- und Kupfererze).

2) Stadt in Mittelchile, im Großen Längstal, 76 200 Ew.; kath. Bischofssitz; landwirtsch. Zentrum; in der Nähe Thermalquellen.

Linaria, die Pflanzengattung ↗ Leinkraut.

Lin Biao (Lin Piao), chines. Politiker und General, * Huanggang (Prov. Hubei) 5. 12. 1907, † 13. 9. 1971; nahm 1934–35 am ↗ Langen Marsch teil. Als Kommandeur kommunist. Truppenverbände in NO-China legte L. B. mit der Eroberung der Mandschurei (1945–48) die Grundlagen für den Sieg der Kommunisten im Bürgerkrieg. Im Koreakrieg (1950–53) befehligte er zeitweise die chines. »Freiwilligenverbände«. 1955 wurde er Mitgl. des Politbüros der KP und Marschall sowie 1959 Verteidigungsmin. 1966 beteiligte sich L. B. führend an der Auslösung der Kulturrevolution. 1969 zum Stellv. und »Nachfolger« Mao Zedongs ernannt, wurde er jedoch nach Machtkämpfen 1971 politisch ausgeschaltet. Nach offizieller chines. Version kam L. B. beim Versuch, sich mit einem Flugzeug in die UdSSR abzusetzen, durch dessen Absturz über der Inneren Mongolei ums Leben; möglicherweise fand er schon in der Nacht vom 12. zum 13. 9. 1971 in Peking den Tod.

Lincke, Paul, Komponist, * Berlin 7. 11. 1866, † Clausthal-Zellerfeld 3. 9. 1946; schrieb Berliner Lieder, Schlager, Revuen und Operetten, u. a. »Frau Luna« (1899; darin »Das ist die Berliner Luft«), »Lysistrata« (1902; darin »Glühwürmchen«), »Ein Liebestraum« (1940, Filmoperette).

Lincoln ['lɪŋkən], **1)** Verw.sitz der Cty. Lincolnshire, O-England, 80 300 Ew.; anglikan. Bischofssitz; Verarbeitung landwirtsch. Produkte, Maschinen- und Motorenbau, elektrotechn. und chem. Industrie. – Kathedrale (11.–14. Jh.), zehneckiges Kapitelhaus (um 1225); Saint Mary's Guildhall (1180/90), von Wilhelm dem Eroberer erbaute Burg (1068), mittelalterl. Tore, aus der Römerzeit Reste der Stadtmauer und der so genannte Newportbogen. – 47 n. Chr. röm. Legionslager, 870–940 eine der dän. »Fünfburgen«, 940 engl. Besitz.

2) Hptst. von Nebraska, USA, 192 000 Ew.; staatl. und methodist. Univ., Museen; Zentrum eines Agrargebietes mit Weizenanbau und Viehwirtschaft; Nahrungsmittelind., Landmaschinen-, Traktoren-, Waggonbau. – 1859 als Lancaster gegründet.

Lincoln ['lɪŋkən], Abraham, 16. Präs. der USA (1861–65), * bei Hodgenville (Ky.) 12. 2. 1809, † (ermordet) Washington (D. C.) 15. 4. 1865; aus armer Grenzerfamilie, wurde 1836 Anwalt; schloss sich 1856 der Republikan. Partei an, in der er als volkstüml. Redner rasch zu führender Stellung aufstieg. In der Sklavereifrage war L. eher gemäßigt. Seine Wahl zum Präs. im Nov. 1860 jedoch löste den ↗ Sezessionskrieg aus. L. führte ihn im Zeichen der nat. Einheit so wie der Chancengleichheit für alle Bürger. Diesen polit. Grundsatz bekräftigte er in seiner berühmten Rede vom 19. 11. 1863 auf dem Schlachtfeld von ↗ Gettysburg. Nach der Kapitulation der Südstaaten veröffentlichte er ein großzügiges Aufbau- und Aussöhnungsprogramm für die Südstaaten (»Reconstruction«). 1864 mit 212 gegen 21 Stimmen zum Präs. wieder gewählt, fiel er dem Mordanschlag des südstaatl. Fanatikers J. W. Booth zum Opfer. Den Amerikanern gilt L. als Verkörperung der polit. Tugenden ihrer Nation.

Lincoln Center for the Performing Arts ['lɪŋkən'sentə fɔː ðə pəːˈfɔːmɪŋ ɑːts], Kulturzentrum in New York (Manhattan), USA, seit 1962 errichtet, mit Konzerthalle, Theatern und Bibliotheken sowie der neuen Metropolitan Opera.

Lincolnshire ['lɪŋkənʃɪə], Cty. Englands, 5 921 km², 611 800 Ew.; Hptst. ist Lincoln.

Lind, 1) Jakov, eigtl. J. Landwirt, österr. Schriftsteller und Maler, * Wien 10. 2. 1927; floh mit seiner Familie 1938, lebt seit 1954 in London; gestaltet in seinen Erzählungen (in dt. und engl. Sprache) Angst und Terror; später zum Grotesken neigend (»Eine Seele aus Holz«, Erzählungssamml., 1962; »Der Ofen«, 1973; »Reisen zu den Enu«, 1982).

2) Jenny, schwed. Sängerin (Sopran), * Stockholm 6. 10. 1820, † Malvern Hills (England) 2. 11. 1887; eine der gefeiertsten Koloratursängerinnen ihrer Zeit (»schwed. Nachtigall«).

Lindan das, ↗ Hexachlorcyclohexan.

Lindau (Bodensee), 1) Landkreis im RegBez. Schwaben, Bayern, 323 km², 77 100 Einwohner.

2) Krst. von 1) in Bayern, 23 800 Ew.; Große Kreisstadt; die Altstadt liegt auf einer Insel im Bodensee und ist durch Brücke und Eisenbahndamm mit der Neustadt auf dem Festland verbunden; Städt. Kunstsamml.; starker Fremdenverkehr, Spielkasino; Textil- und Bekleidungsind., Maschinenbau, Bau von

Abraham Lincoln

Lindau (Bodensee) 2): Blick vom Hafen auf die Altstadt

elektr. und elektron. Geräten. – Zu dem im 9. Jh. errichteten Nonnenkloster (seit 11. Jh. Damenstift) gehörte die nach einem Stadtbrand des 18. Jh. wieder aufgebaute Marienkirche. Weitere alte Bauten sind die Peterskirche (12. und 18. Jh.), das Rathaus (1422; umgebaut), Patrizierhäuser, die Stadtbefestigung (»Heidenmauer«) und Hafenanlagen (Mangturm, ehem. Leuchtturm, um 1200). – 822 Ersterwähnung des Klosters; erhielt vor 1216 Stadtrechte; um 1300–1803 Reichsstadt; fiel 1805 an Bayern.

Lindbergh ['lɪndbəːg], Charles Augustus, amerikan. Flieger, * Detroit (Mich.) 4. 2. 1902, † auf Maui (Hawaii) 26. 8. 1974; überquerte am 20./21. 5. 1927 als Erster im Alleinflug den Atlant. Ozean auf der Strecke New York–Paris in 33,5 Stunden. Weltweites Aufsehen erregte 1932 die Entführung und Ermordung

Lindblad, Bertil, schwed. Astronom, * Örebro 16. 11. 1895, † Stockholm 25. 6. 1965; Direktor der Sternwarte bei Stockholm, arbeitete über Leuchtkraftbestimmung von Sternen sowie über Aufbau und Bewegungsverhältnisse von Sternsystemen.

Linde (Tilia), Gattung der Lindengewächse mit etwa 45 meist formenreichen Arten in der nördl. gemäßigten Zone; bis 40 m hohe, z. T. bis 1 000 Jahre alt werdende, sommergrüne Bäume; Blüten gelblich oder weißlich, meist in hängenden, kleinen Trugdolden mit flügelartig vergrößertem unterem Vorblatt. Das Holz ist für Schnitz- und Drechslerarbeiten geeignet. In Mitteleuropa verbreitete Arten: **Sommer-L. (Großblättrige L.,** Tilia platyphyllos), mit bis 12 cm langen, unterseits weißlich behaarten Blättern; **Winter-L.** (Tilia cordata), mit kleineren, herzförmigen, unterseits rotbraun behaarten Blättern.

Geschichte: Bei den Germanen und Slawen spielte die L. in Volksbrauchtum und Sage eine wichtige Rolle. Zahlr. Gerichts-, Feme-, Blut- und Geister-L. waren in Mittel- und O-Europa noch bis in die jüngste Zeit bekannt. Feste, Versammlungen und Trauungen fanden seit der Zeit der Germanen bevorzugt unter Dorf-, Brunnen- und Burg-L. statt. – Seit dem 16./17. Jh. wird der **Lindenblütentee** als schweißtreibendes und fiebersenkendes Heilmittel bei Erkältungen verwendet.

Carl von Linde

Linde, 1) Carl Paul Gottfried von (seit 1897), Ingenieur und Unternehmer, * Berndorf (heute zu Thurnau, Kr. Kulmbach) 11. 6. 1842, † München 16. 11. 1934; war 1868–78 und 1892–1910 Prof. der Maschinenlehre an der TH München, entwickelte 1876 die Ammoniakkältemaschine und gründete 1879 die »Gesellschaft für Linde's Eismaschinen AG« (heute Linde AG). 1895 erfand L. ein Verfahren zur / Luftverflüssigung mithilfe des Joule-Thomson-Effekts **(L.-Verfahren),** 1902 eine Methode zur Herstellung reinen Sauerstoffs und 1903 einen Apparat zur Erzeugung reinen Stickstoffs.

2) Otto zur, Schriftsteller, * Essen 26. 4. 1873, † Berlin 16. 2. 1938; strebte eine Verbindung der Dichtung mit pantheistisch-idealist. Philosophie an; gründete 1904 zus. mit R. Pannwitz die Ztschr. »Charon«. Seine Lyrik weist expressionist. Züge auf.

Linde AG, in den Bereichen Anlagenbau, Kälte- und Fördertechnik, techn. Gase tätiges Unternehmen; gegr. 1879 von C. von Linde, seit 1965 jetziger Name; Sitz: Wiesbaden.

Lindemann, Ferdinand von (seit 1918), Mathematiker, * Hannover 12. 4. 1852, † München 6. 3. 1939; Prof. in Freiburg im Breisgau, Königsberg und München, bewies die Transzendenz der Kreiszahl π und damit die Unmöglichkeit der Quadratur des Kreises.

Lindenberg, Udo, Rockmusiker (Gesang, Schlagzeug), * Gronau (Westf.) 17. 5. 1946; wurde v. a. mit seinem »Panik-Orchester« bekannt; vertritt eine deutschsprachige Variante der / Rockmusik mit themat. Nebeneinander von Sozialkritik und Freude an Scherz und Satire. Drehte den Film »Panische Zeiten« (1979). Ende der 80er-Jahre wurde L. mit Songs wie »Sonderzug nach Pankow« sowie Liveauftritten in Berlin (Ost) und in der UdSSR zu einer Integrationsfigur jugendl. Rockfans in Ost und West.

Lindenberg i. Allgäu, Stadt im Landkreis Lindau (Bodensee), Bayern, im Westallgäuer Alpenvorland, 800 m ü. M., 11 500 Ew.; Höhenluftkurort; Käse-, Hut-, Textilind., Herstellung von Segelflugzeugen und Flugzeugteilen. Wurde 1914 Stadt.

Lindenmeierkultur, prähistor. Kultur in Nordamerika, / Folsomkultur.

Linderhof, Ortsteil der Gemeinde / Ettal.

Lindgren, Astrid, schwed. Kinderbuchautorin, * Vimmerby (VerwBez. Kalmar) 14. 11. 1907, † Stockholm 28. 1. 2002; schrieb »Pippi Langstrumpf« (1945) u. a. durch Wärme und Humor geprägte Kinderbücher in Fortsetzungen, z. B. »Meisterdetektiv Kalle Blomquist«. Bes. die späteren Werke sind auch als Appell für mehr Mitmenschlichkeit zu verstehen. 1978 Friedenspreis des Dt. Buchhandels.

Lindholm Høje [-ˈhøjə], Anhöhe bei Ålborg, Dänemark, mit einem großen, durch schiffsförmige Steinsetzungen gekennzeichneten Gräberfeld des 6.–11. Jh. mit überwiegend Brandbestattungen.

Lindner, Richard, amerikan. Maler dt. Herkunft, * Hamburg 11. 11. 1901, † New York 16. 4. 1978; emigrierte über Paris 1941 in die USA; dort entwickelte er seine aus der Großstadtwelt abgeleitete Thematik mit symbolhaften Figuren in monumentalen Formen und kontrastreicher Farbigkeit.

Lindos, Stadt an der O-Küste der grch. Insel Rhodos, 700 Ew.; Fremdenverkehr. – Athenaheiligtum mit Hallenbauten des 4. und 3. Jh. v. Chr. auf der steil über dem Meer gelegenen Akropolis, Reste des Theaters und hellenist. Grabbauten; byzantin. Festung, von den Johannitern umgebaut; in der Unterstadt orientalisch geprägte Häuser. – Das antike L. war Mitgl. des Att. Seebunds.

Lindsay [ˈlɪndzɪ], Nicolas Vachel, amerikan. Lyriker, * Springfield (Ill.) 10. 11. 1879, † (Selbstmord) ebd. 5. 12. 1931; reiste durch die USA und trug seine von Spirituals und Bluestexten beeinflussten Gedichte z. T. mit musikal. Begleitung öffentlich vor; u. a. »General Booth« zu Heilsarmeemusik und »The Congo«, zu synkop. Musik der Schwarzen geschrieben.

Lindtberg, Leopold, schweizer. Regisseur österr. Herkunft, * Wien 1. 6. 1902, † Sils im Engadin 18. 4. 1984; war seit 1933 am Schauspielhaus Zürich, auch Gastregisseur u. a. in Wien, Berlin, München. 1965–68 Direktor des Schauspielhauses in Zürich. – *Filme:* »Die mißbrauchten Liebesbriefe« (1940), »Die letzte Chance« (1944/45), »Die Vier im Jeep« (1951).

Lindwurm [ahd. lint »Schlange«], dem Drachen ähnl. Ungeheuer der german. Dichtung und Sage (/ Drache).

Lineal [mlat., zu lat. linea »Linie«] *das,* **1)** *Astronomie:* das Sternbild / Winkelmaß.

2) *Mathematik, Technik:* Gerät bzw. Werkzeug aus Metall, Holz oder Kunststoff zum Zeichnen oder Anreißen gerader Linien sowie zur Maßermittlung. Kurven-L. haben gekrümmte Kanten oder können in die gewünschte Form gebogen werden. In der Geometrie spielen die / Konstruktionen mit Zirkel und L. eine wichtige Rolle. In der Metallbearbeitung ist ein flacher Stahlstab (Flach-L.) zum Anreißen gerader Linien und zum Prüfen von Kanten und Flächen auf Geradheit oder Ebenheit.

Lineament [lat.] *das,* **1)** *bildende Kunst:* Gesamtheit von gezeichneten oder sich abzeichnenden Linien in ihrer besonderen Anordnung und ihrem eigentlichen Verlauf.

2) *Geologie:* (Erdnaht, Geofraktur, Geosutur), bis in die Mantelzone der Erde reichende Bruchzone (Tiefenbruch) globalen Ausmaßes; in der Erdgeschichte immer wieder aktiv.

linear [lat.], **1)** *allg.:* geradlinig, linienförmig, stetig verlaufend.

Astrid Lindgren

2) *Technik:* proportionale Zuordnung der Ausgangsgrößen eines Bauelements, einer Schaltung, eines elektr. oder elektron. Systems zu den Eingangsgrößen. Von linearer Verstärkung spricht man, wenn alle Ausgangsgrößen sich proportional zu den Eingangsgrößen verhalten.

3) *Mathematik:* 1) geradlinig, eindimensional; 2) vom ersten ↗ Grad, erster Ordnung; z. B. lässt sich eine Gerade durch die **lineare Gleichung** $y = ax + b$ darstellen.

Linearbeschleuniger (engl. linear accelerator, Kurzbez. Linac), Anlage zur Beschleunigung elektrisch geladener atomarer Teilchen (↗ Teilchenbeschleuniger) auf geradliniger Bahn; jede Beschleunigungsstrecke wird nur einmal durchlaufen. Für Energien bis zu einigen MeV werden elektrostat. Felder verwendet (↗ Bandgenerator, ↗ Kaskadengenerator), für höhere Energien lässt man die Teilchen hochfrequente Wechselfelder durchlaufen, deren räuml. und zeitl. Verlauf so gestaltet ist, dass ihre beschleunigende Wirkung sich akkumuliert (**Hochfrequenz-L.**). Hierzu ordnet man z. B. hohlzylindr. Elektroden

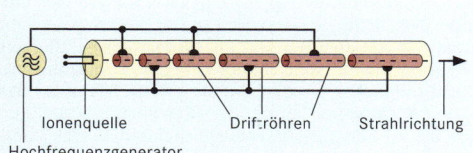

Linearbeschleuniger: Schemazeichnung des Wideroe-Linearbeschleunigers

(Driftröhren) abwechselnd an je einen der beiden Pole eines leistungsstarken Hochfrequenzsenders an (**Wideroe-L.**, 1928). Die Rohrlängen und die Frequenz des Wechselfeldes müssen so aufeinander abgestimmt sein, dass die Teilchen immer während der Beschleunigungsphase die Bereiche zw. den Elektroden passieren und dabei jedes Mal Energie gewinnen. Dieser L. wird für Protonen und Schwerionen bis zu etwa 2 MeV verwendet. Wegen der grossen erforderl. Länge der Driftröhren für größere Energien geht man zu höheren Senderfrequenzen über (etwa 200 MHz) und baut die Driftröhren in einen gemeinsamen Hohlraumresonator-Tank ein (**Alvarez-L.**). – Eine andere Art von L. beschleunigen bes. Elektronen in einem elektr. Wanderwellenfeld (**Wanderwellenbeschleuniger**), das durch intensive Kurzwellenimpulse von Klystronsendern ausgebildet wird. Ein zum richtigen Zeitpunkt in den Beschleuniger eingeschossenes Elektron wird von den Wanderwellen während der gesamten Flugzeit beschleunigt, wenn ihre Phasengeschwindigkeit der Elektronengeschwindigkeit gleich ist.

Der gegenwärtig weltweit größte L. für Elektronen befindet sich am Stanford Linear Accelerator (↗ SLAC) in den USA. Der L. UNILAC (bei Darmstadt) dient v. a. der ↗ Schwerionenforschung.

lineare Abbildung, *Mathematik:* ↗ Vektorraum.

lineare Algebra, die Theorie der linearen Räume (↗ Vektorraum), in der die algebraischen Grundstrukturen wie Gruppe, Ring, Körper und Modul eine wesentl. Rolle spielen. (↗ Algebra)

linearer Raum, *Mathematik:* der ↗ Vektorraum.

Linearkombination, für Vektoren $a_1, a_2, ..., a_n$ eines reellen Vektorraumes V jede Summe $\lambda_1 a_1 + \lambda_2 a_2 + ... + \lambda_n a_n$, mit $\lambda_1, \lambda_2, ... \lambda_n$ als reelle Zahlen.

Linearmotor (Wanderfeldmotor), ein elektr. Antriebsmotor, bei dem (im Unterschied zu den rotierenden elektr. Maschinen) sich der eine Motorteil unter dem Einfluss elektromagnet. Kräfte gegenüber dem anderen geradlinig verschiebt, sodass ein Vortrieb bzw. eine geradlinige Bewegung erzeugt wird. Wegen der berührungslosen Kraftübertragung erscheinen L. als Antriebsmittel für ↗ Magnetschwebebahnen bes. geeignet, wobei der Sekundärteil meistens als Fahrschiene ausgebildet ist.

Ling, Pe(h)r Henrik, schwed. Schriftsteller und Begründer des schwed. Turnens, * Södra Ljunga 15. 11. 1776, † Stockholm 3. 5. 1839; entwickelte die **L.-Gymnastik** mit dem Ziel einer harmon. Körperformung; als Schriftsteller wichtiger Vertreter der für die vorromant. schwed. Literatur bed. »gothischen Bewegung«.

Linga [Sanskrit »Zeichen«; »Phallus«] *das* (Lingam), im hinduist. Kult Kultstein in Form des männl. Gliedes; in ganz Indien als Symbol für die Gesamtheit der schöpfer. Potenzen Shivas verehrt.

Lingen, Theo, eigtl. Theodor Schmitz, Schauspieler, * Hannover 10. 6. 1903, † Wien 10. 11. 1978; als Charakterdarsteller vorwiegend im kom. Fach tätig, spielte v. a. auf Berliner und Wiener Bühnen und in Filmen wie »Tanz auf dem Vulkan« (1938), »Opernball« (1939), »Johann« (1943), »Der Mustergatte« (1956), »Die fromme Helene« (1965).

Lingen (Ems), Stadt im Landkreis Emsland, Ndsachs., an Ems und Dortmund-Ems-Kanal, 52 200 Ew.; wirtsch. und kultureller Mittelpunkt des Emslandes; Erdölraffinerie, Kernkraftwerk, Brennelementfertigung, Elektrostahlwerk, Textil-, Nahrungsmittel- u. a. Ind.; Großviehmärkte; Binnenhafen. - Rathaus mit Treppengiebel (1663 barock umgestaltet). – 975 erstmals erwähnt, im 13. Jh. zur Stadt erhoben; Hauptort der Grafschaft L. (1493/96 entstanden); fiel 1578/1633 an Nassau-Oranien und 1702 an Preußen. Der N-Teil mit L. kam 1815 zu Hannover, 1866 an Preußen.

Lingerie-Look [lɛ̃ʒəˈriːlʊk; frz.-engl.] *der,* Kleid in der Art eines Unterkleides mit dünnen Trägern, meist aus Satin und/oder Spitze; seit den 1980er-Jahren als Cocktailkleid getragen.

Lingga|archipel, Inselgruppe im Südchines. Meer, Indonesien, vor der NO-Küste Sumatras, 2 180 km²; Hauptinseln sind **Lingga, Singkep** (Abbau von Zinnerz, Bauxit) und **Penuba** mit dem Hauptort des L., Penuba. Agrarprodukte sind Sago, Kopra, Pfeffer.

Lingner, Max, Maler und Grafiker, * Leipzig 17. 11. 1888, † Berlin 14. 3. 1959; war 1928–49 in Paris Pressezeichner u. a. für »l'Humanité«, seit 1950 Prof. an der Kunsthochschule Berlin-Weißensee; Vertreter des sozialist. Realismus. Neben politisch engagierten, z. T. vordergründig agitator. Historienbildern schuf er Landschaften und figürl. Darstellungen (bes. junge Mädchen) in verhaltener Farbigkeit.

Lingua [lat.] *die,* die ↗ Zunge.

Lingua franca [italien., eigtl. »fränkische Sprache«] *die,* Verkehrssprache im Mittelmeerraum, aus roman. (meist italien.), mit arab. Elementen vermischtem Wortschatz; danach allg. Bez. für Verkehrssprache eines größeren mehrsprachigen Raumes (z. B. Englisch, Welthilfssprachen).

lingual [lat.], die Zunge betreffend.

Linguistik [lat. zu lingua »Zunge«] *die,* i. w. S. Bez. für den Gesamtbereich der ↗ Sprachwissenschaft; i. e. S. Bez. für die moderne Sprachwissenschaft, die v. a. Theorien über die Struktur der (gesprochenen) Sprache erarbeitet und empirisch nachweisbare Ergebnisse anstrebt. Die **Mikro-L.** bezieht sich auf die Analyse der inneren Sprachstrukturen, während die **Makro-L.** den kulturellen Kontext einbe-

Linga: Shiva-Linga mit vier Köpfen aus Mathura (1./2. Jh.; Zürich, Galerie Frank C. Russek)

Theo Lingen

zieht. Die **funktionelle L.** beschreibt die Funktionen linguist. Einheiten (vom Phonem bis zum Syntagma) in den jeweiligen Zusammenhängen. Die **Text-L.** untersucht die über den Einzelsatz hinausreichenden Strukturformen eines Textes. Die Regelhaftigkeit von Sprache wird unter Verwendung statist. Methoden in der **statist. (quantitativen) L.** untersucht; sie ist eine Teildisziplin der **mathemat. L.**, die neben statist. auch formallog. Methoden mit dem Ziel der Konstruktion formaler Grammatiken einsetzt. Im Rahmen der **Computer-L.** werden die Möglichkeiten linguist. Datenverarbeitung mit dem Ziel maschineller Sprachanalyse u. a. für die elektron. Spracherkennung und automat. Sprachübersetzung erprobt. Die **Sozio-L.** hat die sozialen Bedingungen sprachl. Kommunikation zum Gegenstand. Die **Pragma-L.** untersucht Sprache in Abhängigkeit von konkreten Sprechsituationen. Sprache und soziokulturelle Momente unter anthropolog. Aspekt analysiert die **Ethno-L.** Methoden des Sprachvergleichs werden auch in der **kontrastiven L.** angewendet. Interdisziplinär orientierte Forschungsbereiche mit dem Ziel einer Analyse von Spracherwerb und Sprachgebrauch sind **Neuro-L.** und **Patho-L.**; ein fachübergreifendes Forschungsgebiet ist auch die **Psycho-L.**, die die Vorgänge beim Umgang mit Sprache untersucht (Sprachverstehen, -produktion, -erwerb und -störungen).

linguistische Datenverarbeitung, die ↗ Computerlinguistik.

Linhartová [-tɔvɑ:], Věra, tschech. Schriftstellerin, *Brünn 23. 3. 1938; Kunsthistorikerin; schreibt zeitkrit., auch an Kafka erinnernde existenzielle Prosa, u. a. »Mehrstimmige Zerstreuung« (1964), »Haus weit« (1968), »Kaskaden« (3 Prosastücke, 1989).

Lini|e [lat.] *die,* 1) *Genealogie:* Abstammungsverbindung zw. Personen (↗ Stamm; zu den Ahnen: ↗ aufsteigende Linie; zu den Nachkommen: ↗ absteigende Linie).
2) *Mathematik:* abstraktes eindimensionales geometr. Gebilde mit geradem (↗ Gerade), krummem (↗ Kurve) oder geknicktem Verlauf.
3) *Messwesen:* alte dt. Längeneinheit von 2 bis 3 mm, Zeichen '''; 1 L. = 2,18 mm (Preußen), 12 L. = 1 Zoll.
4) *Militärwesen:* im 18. Jh. bevorzugte Truppenaufstellung, bei der die Soldaten nebeneinander stehen; im 19. Jh. aktive Truppenteile im Unterschied zu Landwehr oder Reserve.

Lini|enbandkeramik (Linearbandkeramik), ↗ bandkeramische Kultur.

Lini|enbreite, die Breite des von einer Spektrallinie umfassten Wellenlängenintervalls. (↗ Spektrum)

Lini|enfahrt (Linienschifffahrt), fahrplanmäßige Schiffsverbindung im Überseeverkehr, die unabhängig vom Ladungsangebot ist; Ggs.: ↗ Trampschifffahrt.

Lini|eninseln (engl. Line Islands), Inselkette (Korallenatolle) im zentralen Pazif. Ozean. Die meisten L. gehören zu ↗ Kiribati.

Lini|enrichter, *Sport:* regeltechnisch ausgebildeter Assistent eines ↗ Schiedsrichters mit unterschiedl. Aufgaben; in jedem Fall muss er (Spielfeld-)Linien überwachen. In den letzten Jahren erweiterte sich in einigen Sportarten der Aufgabenbereich der L., die Bez. L. wurde konkretisiert: im Eishockey ↗ Linienschiedsrichter, im Fußball ↗ Schiedsrichterassistent und im Rugby ↗ Seitenrichter. – L. im früheren Sinn gibt es noch im Tennis und im Volleyball.

Lini|enriss, im Schiffbau zeichner. Darstellung einer Schiffs- oder Bootsform in vier Projektionsebe-
nen: **Längsriss** (Seitenansicht), **Wasser-L.** (Draufsicht), **Spantenriss** (Vor- oder Rückansicht). Der **Sentenriss** verwendet »schräge Wasserlinien« (Senten) in versch. quer geneigten Ebenen.

Lini|enschiedsrichter, *Eishockey:* die beiden Assistenten des Hauptschiedsrichters (↗ Schiedsrichter), die ebenfalls auf der Spielfläche agieren.

Lini|enschiff, 1) Handelsschiff in der Linienfahrt.
2) *Militärwesen:* Bez. für die Hauptkampfschiffe der Kriegsmarinen vom 17. Jh. bis zum Ersten Weltkrieg; abgeleitet von der damaligen Seegefechtstaktik, die darin bestand, die schweren Kriegsschiffe zur Schlacht hintereinander (in »Kiellinie«) auffahren zu lassen. Nach dem Ersten Weltkrieg wurde die Bez. L. durch ↗ Schlachtschiff ersetzt.

Lini|enspektrum, ↗ Spektrum.

Lini|ensystem, 1) *betriebl. Organisationslehre:* hierarchisch strukturiertes Leitungs- und Weisungssystem im Rahmen der Aufbauorganisation mit zwei Grundformen. Beim **Ein-L.**, dem H. Fayols Prinzip der »Einheit des Auftragsempfangs« zugrunde liegt, hat jeder Stelleninhaber nur einen Vorgesetzten, wodurch eine genaue Abgrenzung der Kompetenzen und eine übersichtl. Strukturierung der Leitung erreicht wird. Das System reagiert allerdings schwerfällig auf Veränderungen, weil zunächst sämtl. Hierarchiestufen durchlaufen werden müssen. Beim **Mehr-L.**, das auf F. W. Taylors Prinzip der Mehrfachunterstellung beruht, ist eine untergeordnete Stelle mehreren übergeordneten Stellen unterstellt. Das ermöglicht schnelle Entscheidungen, führt jedoch zwangsläufig zu Reibungsverlusten bei Weisungskonflikten. Das Mehr-L. ist in der Matrixorganisation verwirklicht.
2) *Musik:* in der Notenschrift die fünf parallelen Querlinien, auf und zw. denen die Noten eingetragen werden **(Fünf-L.);** das heute gebräuchliche L. schuf ↗ Guido von Arezzo.

Lini|entaufe, die ↗ Äquatortaufe.

Liniment [lat.] *das,* Emulsion zur äußerl. Anwendung von Arzneistoffen bei neuralg. Beschwerden.

Link [engl. »Verbindung«] *der,* in der *Informatik* u. a. Bez. für einen Verweis zu einem anderen Dokument. (↗ Hypertext)

Linke, in der parlamentar. Sprache urspr. die liberale Partei im Unterschied zur konservativen Partei (↗ Rechte). Diese Ausdrücke entsprachen der Sitzordnung der polit. Parteien (vom Präsidentenstuhl aus gesehen) in den frz. Kammern seit dem ersten Drittel des 19. Jh. Seit dem letzten Drittel des 19. Jh. wurde der Name L. bes. für die sozialist. Parteien und Gruppierungen verwendet. Später umfasste er alle, die politisch das Moment des Veränderns stärker betonten als das des Bewahrens. »Links« wurde auch oft gleichgesetzt mit liberal, fortschrittlich, tolerant. (↗ neue Linke)

linke Hand (Ehe zur linken Hand, morganatische Ehe), beim Hochadel die standesungleiche Ehe, deren vermögens- und erbrechtl. Wirkungen durch Ehevertrag ausdrücklich festgesetzt wurden. Die Lage der unebenbürtigen Frau und der aus der Ehe hervorgegangenen Kinder wurde hierbei gegenüber der einfachen Missheirat durch Einräumung eines Titels und Ranges sowie von vermögensrechtl. Vorteilen verbessert. 1919 in Dtl. abgeschafft.

Linkehandregel, *Physik:* ↗ Handregeln.

Linker [engl. 'lɪŋkə] *der* (engl. linkage editor, Binder), *Informatik:* Dienstprogramm des Betriebssystems, das mehrere in Maschinensprache vorliegende, i. Allg. separat nicht ablauffähige Programmteile zu einem ladbaren und abarbeitbaren Programm bindet.

Linklater ['lɪŋkleɪtə], Eric, schott. Schriftsteller, * Dounby (Orkneyinseln) 8. 3. 1899, † Aberdeen 7. 11. 1974; schrieb den Schelmenroman »Juan in Amerika« (1931), der während der Prohibition spielt, sowie über Kriegserlebnisse in dem Roman »Soldat Angelo« (1946).

Linköping ['lintçøpiŋ], Hptst. des schwed. Verw.-Bez. (Län) Östergötland, östlich des Vättersees, 132 500 Ew.; Bischofssitz (gegr. im 12. Jh., heute luther.); Univ., geotechn. Forschungsinstitut, Museen; SAAB-Werke (Automobil- und Flugzeugbau, Elektronik), Maschinenbau, Textil- und Nahrungsmittelind. – Dom (12.–15. Jh.), Schloss (13. und 15. Jh.).

Linkrusta [Kw.] *die,* Kurzbez. für L.-Tapete (/ Tapete).

links, / rechts und links.

linksdrehende Stoffe, / optische Aktivität.

Links|extremismus, / Extremismus.

Linkshändigkeit, anlage- und/oder erziehungsbedingte linkshändige Ausübung von zahlr. Tätigkeiten; führt zu stärkerer Entwicklung der rechten Hirnhälfte. Berufl. Behinderungen können die Folge sein, z. B. bei Maschinenbetätigung.

Linksverkehr, Straßenverkehr, bei dem links gefahren und rechts überholt wird; heute in 62 Staaten und Territorien, darunter in Großbritannien und vielen seiner ehemaligen Kolonien sowie in Irland, Moçambique und Japan.

Linlithgow [lɪn'lɪθgəʊ], Stadt in Schottland, westlich von Edinburgh, VerwBez. West Lothian, 11 900 Ew.; Papier-, pharmazeut. Ind., Whiskybrennereien. – Ehem. Schloss der schott. Könige (1425 begonnen, Vierflügelanlage mit festungsartigem Charakter).

Linna, Väinö, finn. Schriftsteller, * Urjala (Prov. Häme) 20. 12. 1920, † Kangasala (bei Tampere) 21. 4. 1992; sein Kriegsroman »Kreuze in Karelien« (1954) und die R.-Trilogie »Hier unter dem Polarstern« (1959–62) sind von künstler. und dokumentar. Rang.

Linse 2):
a Hülsenfrucht,
b Samen, daneben Pflanze mit Blüten und Früchten

Linné, Carl von (seit 1762), früher C. Linnaeus, schwed. Naturforscher, * Råshult (Småland) 23. 5. 1707, † Uppsala 10. 1. 1778. Nach dem Studium (Medizin und Naturwiss.en) und anschließenden Forschungs- und Studienreisen wurde er Arzt in Stockholm; 1739 Präs. der Stockholmer Akademie der Wiss.en, deren Gründung er angeregt hatte, 1741 Prof. der Anatomie und Medizin in Uppsala, 1742 Prof. der Botanik; er gestaltete den botan. Garten um und richtete ein naturhistor. Museum ein.

Seine erstmals 1735 erschienene Abhandlung »Systema naturae« ist die Grundlage der modernen biol. Systematik. Er führte konsequent die binäre lat. Bez. (Nomenklatur) durch, die mit der Festlegung des Artbegriffs verbunden war (z. B. Hundsveilchen: Viola canina). Basis der linnéschen Klassifikation waren die Geschlechtsorgane (Staub- und Fruchtblätter) der Pflanzen (Einführung der Symbole ♂ für männlich und ♀ für weiblich), nach deren Verteilung, Zahl und Verwachsung er die z. T. bis heute übl. Diagnosen der systemat. Stellung in der Botanik entwickelte. L. dehnte sein System auch auf die zu seiner Zeit bekannten Tiere und Minerale aus. Von der 12. Aufl. seines »Natursystems« (1766) an stellte L. dann erstmals den Menschen unter der Bez. Homo sapiens in die Ordnung »Herrentiere« (neben den Schimpansen und den Orang-Utan). – *Weitere Werke:* Genera plantarum (1737); Philosophia botanica (1751); Species plantarum, 2 Bde. (1753).

Linneit [nach C. von Linné] *der* (Kobaltkies), weißes, metallisch glänzendes kub. Mineral der chem. Zusammensetzung Co_3S_4, Entstehung hydrothermal oder pneumatolytisch.

Linnich, Stadt im Kr. Düren, NRW, in der Jülicher Börde, 13 800 Ew.; Werkstätten für Glasmalerei, Verpackungstechnik. – Kath. Pfarrkirche St. Martin (15. Jh.); Hochaltar aus Antwerpen mit Flügelgemälden des **Meisters von Linnich.**

Linolensäure (9,12,15-Octadecatriensäure), dreifach ungesättigte essenzielle Fettsäure, die als Glycerinester v. a. in Lein- und Hanföl vorkommt. L. u. a. Fettsäuren werden im menschl. und tier. Organismus zum Aufbau der Lipide benötigt.

Linoleum [engl., zu lat. linum »Leinen« und oleum »Öl«] *das,* ein (Fußboden-)Belag, der aus Grundgewebe (Jute) und Deckmasse besteht, die aus Kork- oder Holzmehl, Farbstoffen (Pigmenten), Harzen und aus Leinöl gewonnenem Linoxyn hergestellt wird.

Linolsäure (9,12-Octadecadiensäure), zweifach ungesättigte essenzielle Fettsäure, als Glycerinester in Leinöl, v. a. aber in Sonnenblumen- und Sojaöl. L. senkt den Cholesterinspiegel des Blutes und ist Bestandteil von Phosphatiden und Prostaglandinen.

Linolschnitt, vom / Holzschnitt abgeleitetes Hochdruckverfahren. Als Druckstock dient eine Linoleumplatte.

Linon [li'nõ, frz.] *der,* leinwandbindiges Baumwollgewebe aus mittel- bis feinfädigen Garnen, gebleicht und mit rechtsseitiger Glanzappretur.

Linotype® ['laɪnotaɪp, engl.] *die,* eine / Setzmaschine.

Lin Piao, chines. Politiker, / Lin Biao.

Linse, 1) *Anatomie:* lichtbrechender Körper des / Auges.

2) *Botanik:* (Lens culinaris), Schmetterlingsblütler; alte Kulturpflanze aus dem Orient; einjähriges, 30–50 cm hohes Kraut mit paarig gefiederten, meist in Ranken endenden Blättern mit kleinen, bläulich weißen Blüten. Die Hülsenfrüchte enthalten 1–3 gelbe, rote oder schwarze, scheibenförmige Samen (Linsen). Sie ergeben gekocht ein eiweiß- und kohlenhydratreiches Gemüse.

3) *Physik:* opt. System mit abbildenden Eigenschaften, das von zwei lichtbrechenden Flächen begrenzt ist. Diese sind meist rotationssymmetrisch, mit gemeinsamer Symmetrieachse **(zentrierte L.),** die als **L.-Achse (opt. Achse)** bezeichnet wird. Eine L. besteht aus lichtdurchlässigem Material, das meist von zwei schwach gewölbten Kugelflächen **(sphär. L.)** begrenzt ist. Beim Durchgang von Licht durch L. wird infolge der / Brechung der Strahlen an den L.-Oberflächen der Öffnungswinkel des Strahlenbündels verändert und bei geeigneter L.-Anordnung eine opt. / Abbildung erzeugt.

Sammel-L. (Konvex-L.), in der Mitte dicker als am Rand, bewirken das Zusammenlaufen (die Konver-

Carl von Linné

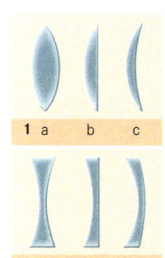

Linse 3):
Linsenformen nach Art der Flächenkrümmung;
1 Sammellinsen
(a bikonvex,
b plankonvex,
c konkavkonvex);
2 Zerstreuungslinsen (a bikonkav,
b plankonkav,
c konvexkonkav)

genz) der Strahlen, **Zerstreuungs-L. (Konkav-L.)**, in der Mitte dünner als am Rand, vergrößern das Auseinanderlaufen (die Divergenz) der Strahlenbündel. Je nach Art der Krümmung der L.-Flächen unterscheidet man bikonvexe, plankonvexe und konkav-konvexe Sammel-L. und bikonkave, plankonkave und konvexkonkave Zerstreuungslinsen. – Alle parallel auf eine

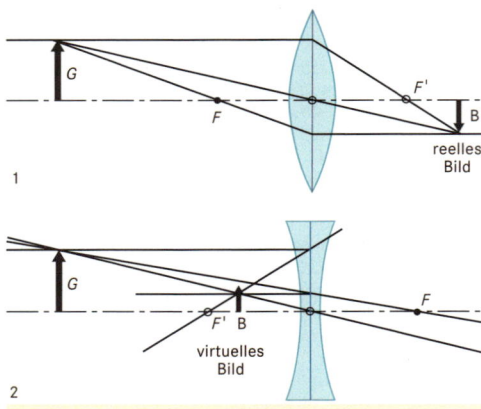

Linse 3): Abbildung durch eine Sammellinse (1) und eine Zerstreuungslinse (2); G Gegenstand, B Bild, F, F' objekt- und bildseitiger Brennpunkt

dünne L. auffallenden Strahlen vereinigen sich in einem Punkt, dem **Brennpunkt;** seine Entfernung von der L.-Mitte heißt **Brennweite.** Die von einem Gegenstand ausgehenden, durch eine L. tretenden Lichtstrahlen erzeugen ein Bild des Gegenstandes. Liegt bei einer Sammel-L. der Gegenstand außerhalb der Brennweite, so ist das Bild wirklich (reell), umgekehrt, vergrößert oder verkleinert. Ist der Gegenstand im Brennpunkt, so liegt sein Bild im Unendlichen, d. h., die auftreffenden Strahlen werden durch die L. zu Parallelstrahlen. Liegt der Gegenstand innerhalb der Brennweite, so entsteht ein scheinbares (virtuelles), aufrecht stehendes, vergrößertes Bild. Bei der Zerstreuungs-L. erhält man stets virtuelle Bilder. Für beide L.-Arten gilt im paraxialen Gebiet die **L.-Gleichung** $1/g + 1/b = 1/f$, wobei g die Entfernung des Gegenstandes **(Gegenstandsweite)**, b die Entfernung des Bildes **(Bildweite)** von der L. und f die Brennweite ist. Bei dicken L. oder L.-Systemen werden Gegenstands-, Bild- und Brennweite nicht von der L.-Mitte, sondern vom objekt- oder bildseitigen Hauptpunkt aus gemessen (↗ Kardinalelemente).

Eine Verringerung der bei der Abbildung durch sphär. L. entstehenden Abbildungsfehler kann durch Kombination mehrerer Sammel- und Zerstreuungs-L. oder in gewissen Fällen durch asphär. Begrenzungsflächen erreicht werden. **Asphär. L.** enthalten mindestens eine Fläche, die von der Kugelform abweicht und rotationssymmetrisch, zylindrisch oder torisch (↗ Torus) sein kann. **Zylinder-L.** werden z. B. für die anamorphot. Abbildung verwendet (↗ Anamorphot), **torische L.** v. a. in der Augenoptik (↗ Brille). (↗ Fresnel-Linse)

4) *Teilchenoptik:* (Elektronen-L.), elektr. oder magnet. Feldanordnung mit abbildender Wirkung auf geladene Teilchen (↗ Elektronenoptik).

Linsenfernrohr, *Astronomie:* der Refraktor (↗ Fernrohr).

Linters [engl.], Baumwollfasern, die für das Verspinnen zu kurz sind; Ausgangsmaterial bei der Herstellung von Chemiefasern aus Cellulose.

Linz 1) Stadtwappen

Linth *die,* der Oberlauf der ↗ Limmat.

Lintong, Stadt in der Prov. Shaanxi, China, nördlich des Wei He. – Östlich von L. befindet sich die gewaltige Grabanlage (UNESCO-Weltkulturerbe) des Kaisers Qin Shi Huangdi († 210 v. Chr.); bei Ausgrabungen ab 1974 wurden eine Armee (über-)lebensgroßer Terrakottafiguren von Kriegern und Pferden sowie zwei Bronzequadrigen freigelegt; Museum am Ausgrabungsort.

Linux [Kurzwort aus **Linus** Torvalds' UNIX], frei verfügbare Variante des Betriebssystems UNIX, die 1991 von dem Finnen Linus Torvalds (* 1969) entwickelt wurde und seither in weltweiter Zusammenarbeit weiterentwickelt wird. Durch den kostenlosen Zugang zum Quellcode des Betriebssystems (und die Verpflichtung ihn mit vorgenommenen Modifikationen weiterzugeben) können neue Funktionen einfach integriert bzw. Programmierfehler schnell gefunden werden. Das Interesse an Linux ist weltweit stark gewachsen.

Lin Yutang (Lin Yü-t'ang), chines. Gelehrter und Schriftsteller, * Lunqi (Prov. Fujian) 10. 10. 1895, † Hongkong 26. 3. 1976; lebte 1936–66 in den USA und schrieb v. a. in engl. Sprache; verfasste neben Romanen und Arbeiten zur chines. Sprache bes. Analysen der chines. Kultur.

Linz, 1) Linz, Landeshptst. von Oberösterreich, beiderseits der Donau, 189 100 Ew.; kath. Bischofssitz; Univ., Kath.-Theolog. u. a. Hochschulen, Akademien, Bruckner-Konservatorium, Sitz zahlr. Landesbehörden; Landestheater und -museum; Spielkasino; bed. Ind.standort mit Hütten- und Stahlwerk, Maschinenbau, chem., pharmazeut., Elektro-, Textil-, Nahrungs- und Genussmittelind.; Donauhafen, Straßen- und Bahnknotenpunkt, Flughafen auf der Welser Heide. – Die Altstadt ist v. a. von Barockbauten geprägt, am Hauptplatz das Rathaus (16./17. Jh.), Dreifaltigkeitssäule (1723), ferner Stadtpfarrkirche (13. Jh., 1649–56 umgebaut, 1687–94 erweitert), Jesuitenkirche St. Ignatius (Alter Dom, 1669–78), Landhaus (1564–71, 1800 erneuert), neugot. Neuer Dom (1862–1924). Im O und S der Stadt dehnen sich neue Wohn- und Ind.viertel aus. – L., aus dem röm. Kastell **Lentia** erwachsen, kam um 1205/06 an die Babenberger und wurde im 13. Jh. Stadt; 1945–55 in eine amerikan. und eine sowjet. Zone geteilt.

Lintong: Teil der ab 1974 ausgegrabenen Grabwächterarmee (3. Jh. v. Chr.) des Kaisers Qin Shi Huangdi

Linz 1): die 1723 aus Marmor errichtete Dreifaltigkeitssäule auf dem Hauptplatz

2) Linz am Rhein, Stadt im Landkreis Neuwied, Rheinl.-Pf., 6 000 Ew.; Museum für mechan. Musikinstrumente; Basaltind.; Fremdenverkehr. – Kath. Pfarrkirche (spätroman. Emporenbasilika, 1214 geweiht), zahlreiche Fachwerkhäuser des 15.–19. Jahrhunderts. – 874 erstmals erwähnt, erhielt vor 1320 Stadtrecht.

Linzgau, Hügellandschaft im südwestl. Oberschwaben, Bad.-Württ., nördlich des Bodensees; 764 als karoling. Grafschaft erwähnt.

Lioba, angelsächs. Missionarin, * Wessex um 710, † Schornsheim (Kr. Alzey-Worms) um 780; Benediktinerin, Verwandte und Mitarbeiterin des Bonifatius, erste Äbtissin des Benediktinerinnenklosters Tauberbischofsheim; Heilige, Tag: 28. 9.

Lion, Golfe du [gɔlf dy ljɔ̃, »Löwengolf«], Meeresbucht an der frz. Mittelmeerküste, vor den Küsten des Languedoc und der Provence im Bereich des Rhônegrabens.

Lions International [ˈlaɪənz ɪntəˈnæʃnl], offiziell International Association of Lions Clubs, 1917 gegr. Kluborganisation; Sitz: Oak Brook (Ill.). Unter dem Motto »We serve« (»wir dienen«) sind die Mitgl. von L. I. karitativ tätig sowie um internat. Verständigung bemüht.

Liotard [ljɔˈtaːr], Jean-Étienne, schweizer. Maler und Kupferstecher frz. Herkunft, * Genf 22. 12. 1702, † ebd. 12. 6. 1789; führte nach seiner Ausbildung in Paris ein Wanderleben (Rom, Griechenland, Türkei, Wien); lebte seit 1758 meist in Genf. Seine detailgenauen Pastellporträts besitzen genrehafte Züge.

Liouville [ljuˈvil], Joseph, frz. Mathematiker, * Saint-Omer (Dép. Pas-de-Calais) 24. 3. 1809, † Paris 8. 9. 1882; einer der bedeutendsten Mathematiker des 19.Jh.; entwickelte die Grundlagen der analyt. Zahlentheorie und verfasste über 400 math. Beiträge, u. a. zur Algebra, Geometrie sowie zur Analysis und ihren Anwendungen in der Physik (wie ellipt. Funktionen, Differenzialgleichungen).

Liparische Inseln (Äolische Inseln, italien. Isole Eolie, Isole Lipari), Gruppe vulkan. Inseln nördlich von Sizilien, Italien, zur Prov. Messina gehörig, mit Lipari, Salina, Vulcano, Alicudi, Filicudi, Stromboli, Panarea und elf kleineren Inseln; insgesamt 117 km² und 12 800 Ew. Noch tätig sind die Vulkane Stromboli (926 m ü. M.) und Vulcano. Hauptinsel ist Lipari (37,3 km²) mit der Stadt Lipari (10 800 Ew.); Weinbau; Fremdenverkehr; Fischfang; Bimssteinabbau. – Die Akropolis von Lipari war von der Jungsteinzeit an ein wichtiges Handels- und Kulturzentrum (Export von Obsidian).

Liparit [nach den Lipar. Inseln] der, ↗ Rhyolith.

Lipasen, zu den Esterasen (Gruppe der Hydrolasen) zählende Enzyme, die Fette hydrolytisch in Glycerin und Fettsäuren spalten. Die Bildung der L. erfolgt v. a. in Bauchspeicheldrüse, Darmwand und Leber.

Lipatti, Dinu, rumän. Pianist und Komponist, * Bukarest 19. 3. 1917, † Chêne-Bourg (Kt. Genf) 2. 12. 1950; emigrierte 1943 in die Schweiz; als Bach- und Chopin-Interpret bekannt; schrieb Orchesterwerke, Kammer- und Klaviermusik.

Lipchitz, Jacques, eigtl. Jakoff L., frz.-amerikan. Bildhauer litauischer Herkunft, * Druskininkai (Litauen) 22. 8. 1891, † Capri 26. 5. 1973; seit 1909 in Paris, emigrierte 1941 in die USA, arbeitete zunächst in kubist. Formensprache, entwickelte einen vom plast. Volumen bestimmten allegor. Stil.

Li Peng (Li P'eng), chines. Politiker, * Chengdu Okt. 1928; Ingenieur, 1981–82 Min. für Energiewirtschaft, 1982–2002 Mitgl. des ZK, 1985–2002 des Politbüros und 1987–2002 des Ständigen Ausschusses des Politbüros der KPCh, 1987/88–98 MinPräs.; als Vertreter des orthodoxen Flügels der KPCh einer der Verantwortlichen für die blutige Niederschlagung der Demokratiebewegung im Juni 1989. 1998–2003 war er Vors. des Nat. Volkskongresses (Parlamentspräsident).

Lipezk, Hptst. des Gebiets L. in Russland, am Woronesch, 521 600 Ew.; TH; Eisenhütten-, Röhrenwalzwerk, Maschinen-, Traktoren-, Kühlgerätebau, chem. Ind.; Kurort (Mineralquellen, Heilschlamm). – Gegr. im 13. Jh., seit 1779 Stadt.

Lipica [-tsa] (italien. Lipizza), Ort in der Rep. Slowenien, bei Triest; bis 1918 war hier das k. u. k. österr. Hofgestüt ansässig, 1918–45 italien., bis 1991 jugoslaw. Staatsgestüt. Die **Lipizzaner** (Warmblutpferde, meist Schimmel) für die Span. Reitschule in Wien kommen heute vorwiegend aus dem österr. Staatsgestüt Piber bei Köflach.

Lipide [grch.], Sammelbez. für ↗ Fette und fettähnl. Stoffe (↗ Lipoide), die von pflanzl. und tier. Organismen gebildet werden. L. sind durch ihre gemeinsamen Löslichkeitseigenschaften gekennzeichnet: Sie sind unlöslich in Wasser, aber löslich in vielen organ.

Lions International

Dinu Lipatti

Li Peng

Jean-Étienne Liotard: Schokoladenmädchen (1744; Dresden, Gemäldegalerie Alte Meister)

Lösungsmitteln wie Benzol, Äther oder Chloroform. – Nach der internat. gebräuchlichen Einteilung unterscheidet man **einfache L.**, die aus einheitl. Substanzen bestehen oder aus wenigen Komponenten aufgebaut sind (z. B. höhermolekulare Kohlenwasserstoffe, Alkohole, Carbonsäuren, Ester), und **komplexe L.**, die aus mehreren Komponenten zusammengesetzt sind (z. B. Lipoproteine, Glykolipide, Phosphatide).

Lipica: Lipizzaner werden dunkel geboren.

Lipidsenker (Antihyperlipidämika, Antilipidämika), Arzneimittel, die eine erhöhte Konzentration von Fetten und fettähnl. Verbindungen (Lipide) im Blut herabsetzen und damit einen bed. Risikofaktor für die Entstehung einer ↗ Arteriosklerose abschwächen können. Man unterscheidet Substanzen, die vorrangig den Cholesterol-Blutspiegel senken, z. B. Cholesterol-Synthese-Enzym-Hemmer (↗ CSE-Hemmer) von solchen, die v. a. die Blutkonzentration an Triglyceriden (Neutralfette) und nur untergeordnet die von Cholesterol reduzieren (u. a. Fibrate, Nikotinsäure oder Omegafettsäuren).

Lipidspeicherkrankheiten (Lipidosen, Lipoidosen), auf angeborenen Enzymdefekten beruhende Gruppe erbl. Fettstoffwechselstörungen mit Ablagerung bestimmter, nicht weiter abbaufähiger Fettstoffe (Lipide) in versch. Organen, bes. im Zentralnervensystem.

Lipizzaner, Warmblutpferde, ↗ Lipica.

Lipmann, Fritz Albert, amerikan. Mediziner und Biochemiker dt. Herkunft, *Königsberg (Pr) 12. 6. 1899, †Poughkeepsie (N. Y.) 24. 7. 1986; erforschte bes. die Energetik des Stoffwechsels und der B-Vitamine; entdeckte das Coenzym A; erhielt 1953 mit H. Krebs den Nobelpreis für Physiologie oder Medizin.

Fritz Albert Lipmann

Lipoide [von grch. lipos »Fett«], im Tier- und Pflanzenkörper vorkommende fettähnl. Substanzen, deren Ähnlichkeit mit den Fetten v. a. in der Löslichkeit und im physiolog. Verhalten besteht. L. sind für die Organismen lebenswichtige Stoffe. Viele spielen als oberflächenaktive Substanzen eine wichtige Rolle in den Zellmembranen.

Lipolyse [grch.] *die,* Bez. für die Spaltung von Nahrungsfetten im Darm, die Mobilisierung von Depotfetten durch Lipasen und die Steuerung dieser Vorgänge durch das ↗ lipotrope Hormon.

Lipom [grch.] *das* (Fettgeschwulst), langsam wachsende gutartige Neubildung aus Fettgewebe, meist im Unterhautzellgewebe vorkommend.

Lipoproteine, zusammengesetzte Eiweißstoffe, die durch Vereinigung von Lipiden (Triglyceride, Cholesterin, Cholesterinester, Phospholipide) mit versch. Proteinen entstehen. Sie üben eine Vehikelfunktion für den Transport der wasserunlösl. Lipide im Blutplasma aus.

Liposome, winzig kleine Fettkügelchen mit einem Wasserkern, der als Transportmittel für spezielle Wirkstoffe dient. Durch chem. Prozesse in der Haut werden die L. aufgelöst und die Inhaltsstoffe freigesetzt. Die **Nanoparts** wirken nach dem gleichen Prinzip, bestehen jedoch vollkommen aus Fettstoffen.

lipotropes Hormon (Lipotropin), Abk. **LPH,** Peptidhormon des Hypophysenvorderlappens, das aus Fettgewebe Fettsäure freisetzt und sie der Fettverbrennung zuführt.

Lippe (lat. Labium), 1) paarige, bewegl., weiche Verdickung oder paarige Hautfalte am Mundrand bes. bei Säugetieren (einschl. des Menschen). Die L. des Menschen sind drüsenreich (innen Mundhöhlenschleimhaut mit Speicheldrüsen, außen Talg- und Schweißdrüsen). Sie werden von versch. Muskeln durchzogen und sind stark durchblutet (Lippenrot).

2) Teil der Blütenkrone bei Lippenblütlern.

Lippe, 1) *die,* rechter Nebenfluss des Rheins in NRW, 228 km lang, entspringt am W-Fuß des Eggegebirges, mündet bei Wesel; wird von Hamm bis Wesel vom ↗ Lippe-Seitenkanal begleitet.

2) Kreis im RegBez. Detmold, NRW, 1 246 km^2, 365 000 Ew.; Krst. ist Detmold.

3) westfäl. Adelsgeschlecht und ehem. Territorium (Hptst.: Detmold). – Die Edelherren zur L., nach ihrem Sitz im späteren Lippstadt, 1123 erstmals erwähnt, wurden 1529 Reichsgrafen. Nach 1614 entstanden die Linien **Detmold, Brake** (1709 erloschen) und **Alverdissen** (ab 1640 ↗ Schaumburg-Lippe, seit 1643 Residenz in Bückeburg). Die Erhebung der Detmolder Linie in den Fürstenstand (1720) wurde erst 1789 wirksam; 1806 trat das **Fürstentum L.** dem napoleon. Rheinbund bei. Es wurde 1806 und 1815 nicht mediatisiert sowie 1815 Mitgl. des Dt. Bundes. 1905 kam die Linie **L.-Biesterfeld** zur Reg. (Abdankung 1918). Ab 1918 Freistaat (1919 Verf.), wurde L. 1947 dem Land NRW eingegliedert.

Lippenblütler (Lippenblütengewächse, Lamiaceae, Labiatae), weltweit verbreitete Pflanzenfamilie mit lippenförmigen Blüten, meist zwei Paar ungleich langen Staubblättern und einem oberständigen Fruchtknoten, aus dem sich vier Nussfrüchte entwickeln (»Klausen«); Stängel vierkantig, Blätter kreuzgegenständig; reich an äther. Ölen. Zu den L. zählen viele Gewürz-, Parfüm- und Heilpflanzen, z. B. Bohnenkraut, Majoran, Thymian, Lavendel, Pfefferminze, Günsel, Melisse, Salbei.

Lippendorf, Gemeindeteil von Neukieritzsch im Landkreis Leipziger Land, Sachsen, südlich von Leipzig; seit Juni 2000 eines der weltmodernsten Wärmegroßkraftwerke (1 866 MW) auf der Basis des Braunkohlentagebaus Vereinigtes Schleenhain.

Lippenlaute, *Phonetik:* ↗ Laut.

Lippenpflöcke, Scheiben oder Klötzchen aus Holz, Knochen oder Stein, die in die Lippen eingesetzt werden; waren bei vielen Völkern v. a. Südamerikas und Afrikas verbreitet.

Lippenspalte, ↗ Spaltbildungen.

Lippenstift, Fettstift zur opt. Hervorhebung und zur Pflege der Lippen. Hauptbestandteile sind halbfeste Fette (z. B. Kakaobutter), Bienenwachs (zur Verbesserung der Haftfestigkeit), Fettsäurealkanolamide und Cetylalkohol (zur Erweichung der Haut). Zur Färbung dienen Pigmente (z. B. Eisenoxid) und Farblacke (z. B. aus Karmin); außerdem sind Antioxidantien (z. B. Tokopherol) und Duftstoffe enthalten.

Lipper Bergland, Teil des westl. Weserberglandes, zw. Werre im W, Weser im N und O, Brakeler Hochfläche im S und Egge im SW; im Köterberg 497 m ü. M.

Lipper Wald (Lippischer Wald), der südöstl. Teil des Teutoburger Waldes.

Lippe-Seitenkanal, Binnenwasserstraße am Nordrand des Ruhrreviers, begleitet das linke Ufer der Lippe zw. Hamm und Wesel. Der östl. Teil (**Datteln-Hamm-Kanal,** 1915 fertig gestellt, zwei Schleusen) ist 47,1 km lang, der westl. (**Wesel-Datteln-Kanal,** 1929 vollendet, sechs Schleusen) ist 60,2 km lang.

Lippfische (Labridae), Familie der Barschartigen Fische. Die größten Arten gehören mit 3 m Länge der trop. Gattung Cheilinus an. Zahlreiche L. leben im Mittelmeer, z. B. der etwa 20 cm lange **Meerjunker** (Coris julis). In der Nordsee lebt der **Klippenbarsch** (Ctenolabrus rupestris). Der **Putzer-L.** (Fissilabrus dimidiatus) sammelt von anderen Fischen, auch großen Raubfischen, Hautparasiten ab.

Lippfische: Meerjunker

Lippi, 1) Filippino, italien. Maler, *Prato um 1457, †Florenz 18. 4. 1504, Sohn von 2); Schüler seines Vaters, seit 1472 Botticellis, dessen Stil er zu einer ornamentalen, sensiblen Ausdruckssprache weiterbildete. — *Werke:* Ergänzung der Freskenfolge des Masaccio in der Brancacci-Kapelle von Santa Maria del Carmine (um 1481–83, Florenz); Vision des hl. Bernhard (um 1485/86, Florenz, Badia); Madonna mit Heiligen (Florenz, Santo Spirito); Fresken der Caraffa-Kapelle in Santa Maria sopra Minerva in Rom (1489–93) und in der Strozzi-Kapelle in Santa Maria Novella in Florenz (vollendet 1502).

Filippino Lippi: Anbetung des Christuskindes (um 1480/85; Sankt Petersburg, Eremitage)

Lippstadt: Das Wasserschloss Overhagen, eine auf zwei Inseln gelegene Wasseranlage, wurde im 17./18. Jh. erbaut.

2) Fra Filippo, italien. Maler, *Florenz um 1406, †Spoleto 9. 10. 1469, Vater von 1); 1421–61 Karmelitermönch. Ausgehend von der neuartigen, Raum und Körperlichkeit erschließenden Malweise Masaccios kehrte er unter dem Einfluss Fra Angelicos zum traditionellen Gestaltungsmittel der Linie zurück. Seine anmutigen Madonnentafeln wirkten stilbildend auf die Florentiner Malerei des Quattrocento. Seine reifen Werke zeigen innige religiöse Empfindung und poet. Wirklichkeitsbeobachtung. — *Werke:* Anbetung des Kindes (um 1459, Berlin, Gemäldegalerie); Fresken aus dem Leben des hl. Stephanus und Johannes' des Täufers (1452–66, Prato, Dom).

Lippisch, Alexander Martin, Flugzeugkonstrukteur, *München 2. 11. 1894, †Cedar Rapids (Ia.) 11. 2. 1976; konstruierte als techn. Direktor (seit 1925) der Rhön-Rositten-Gesellschaft (seit 1933 Dt. Forschungsanstalt für Segelflug) Segelflugzeuge und Nurflügelflugzeuge (Grundlage u. a. für Raketenjäger Me 163); 1943–45 Direktor am Luftfahrtforschungsinst. in Wien. Ab 1946 beschäftigte sich L. in den USA u. a. mit flügellosen Senkrechtstartern (↗Hubstrahler) und baute das ↗Airfoil-Fluggerät.

Alexander Lippisch

Lippmann, Gabriel, frz. Physiker, *Hollerich (Luxemburg) 16. 8. 1845, †auf einer Seereise 13. 7. 1921; ab 1883 Prof. an der Sorbonne in Paris; 1908 Nobelpreis für Physik für die Entdeckung des auf Interferenzerscheinungen beruhenden **L.-Verfahrens,** das erstmals eine befriedigende Farbfotografie ermöglichte und die Existenz stehender Lichtwellen experimentell belegte; in der Praxis erlangte es jedoch keine Bedeutung.

Lipponen, Paavo Tapio, finn. Politiker, *Turtola (Nordfinnland) 23. 4. 1941; Journalist; 1983–87 und ab 1991 Abg. des Reichstages; wurde 1993 Vors. der Sozialdemokrat. Partei und war 1995–2003 MinPräs. einer Mehrparteienkoalition; seit 2003 Parlamentspräsident.

Gabriel Lippmann

Lipps, Theodor, Philosoph. *Wallhalben (Kr. Südwestpfalz) 28. 7. 1851, †München 17. 10. 1914; für L. ist die Psychologie die Grundwiss. der Logik, Ethik und Ästhetik (↗Psychologismus); wandte sich später der Phänomenologie E. Husserls zu.

Lippspringe, Bad, ↗Bad Lippspringe.

Lippstadt, Stadt im Kr. Soest, NRW, an der Lippe, 66 600 Ew.; Studienzentrum der Fernuniv.– Gesamthochschule – in Hagen, Verwaltungsakademie; Herstellung von Kfz-Beleuchtung, Metallverarbeitung und Feinstrumpfwerke. Der Ortsteil Bad Waldliesborn ist Heilbad. – Große Marienkirche (erste Hälfte des 13. Jh., spätgot. Hallenchor, 1478–1506); im Stadtteil Cappel ev. Stifts- und Filialkirche (12. Jh.), Wasserschloss Overhagen (17./18. Jh.). – Um 1185 von Bernhard II. zur Lippe gegr., erhielt 1196 Stadtrecht.

Lips, 1) Eva, geb. Wiegandt, Ethnologin, * Leipzig 6. 2. 1906, † ebd. 24. 6. 1988; ∞ mit 3); ab 1957 Prof. in Leipzig; v. a. Arbeiten über die Indianer Nordamerikas.

2) Johann Heinrich, schweizer. Kupferstecher und Maler, * Kloten (bei Zürich) 29. 4. 1758, † Zürich 5. 5. 1817; schuf über 1 400 Stiche, u. a. 370 Blätter für die Illustration von Lavaters »Physiogn. Fragmente« (1775–78); ferner Porträts von Goethe, C. M. Wieland und anderen bed. Zeitgenossen.

William N. Lipscomb

3) Julius, Ethnologe, * Saarbrücken 8. 9. 1895, † Leipzig 21. 1. 1950; ∞ mit 1); ab 1929 Direktor des Rautenstrauch-Joest-Museums in Köln, 1933–48 an Universitäten in den USA; ab 1948 Rektor der Univ. Leipzig; Arbeiten zu Wirtschaft und Recht der Naturvölker (bes. der Indianer Nordamerikas).

Lipsanothek [grch.] *die,* Bez. für einen Reliquienkasten aus frühchristl. Zeit. Bekannt wurde v. a. die mit reichen Elfenbeinschnitzereien geschmückte L. in Brescia (4. Jh.; Museo Civico Cristiano).

Lipschitz, Rudolf Otto Sigismund, Mathematiker, * Königsberg (Pr) 14. 5. 1832, † Bonn 7. 10. 1903; arbeitete zur Funktionentheorie, Reihenlehre, Theorie der Differenzialgleichungen, Algebra und Hydrodynamik.

Lipscomb ['lɪpskəm], William Nunn, amerikan. Physikochemiker, * Cleveland (Oh.) 9. 12. 1919; seit 1959 Prof. an der Harvard University; arbeitete auf dem Gebiet der Röntgenstrukturanalyse und der Kristallzüchtung. Für die Erforschung des stereochem. Aufbaus der Borane erhielt er 1976 den Nobelpreis für Chemie.

Lipsius, Justus (eigtl. Joest Lips), niederländ. klass. Philologe, * Overijse (bei Brüssel) 18. 10. 1547, † Löwen 23. 3. 1606; lehrte in Jena, Löwen und Leiden; neben Ausgaben der Werke von Tacitus, Valerius Maximus und Seneca Schriften zu Staatslehre (Beiträge zur Grundlegung des Absolutismus) und Heerwesen.

Justus Lipsius

Liptobiolithe [grch.], brennbare, durch bes. hohen Harz- und Bitumengehalt gekennzeichnete, biogene Sedimente, z. T. gesteinsbildend, z. B. Bernstein, Schwelkohlen.

Liptovský Mikuláš ['liptɔvski 'mikulaːʃ] (dt. Liptau-Sankt-Nikolaus), Stadt im mittleren Teil der Slowak. Rep., an der Waag, 33 800 Ew.; Karstmuseum; Leder-, Textilind., Herstellung von Käse.

Lipuš [-ʃ], Florjan, slowen. Schriftsteller, * Lobnig (Gem. Eisenkappel-Vellach, Kärnten) 4. 5. 1937; beschäftigt sich v. a. mit der Situation der slowen. Minderheit in Kärnten. »Der Zögling Tjaž« (R., 1972) handelt vom Scheitern des Antihelden, der sich gegen die geforderte Anpassung zu wehren sucht. – *Weiteres Werk:* Verdächtiger Umgang mit dem Chaos (R., 1995).

liquid [lat. liquidus »flüssig«] (liquide), flüssig, verfügbar (Bargeld); Ggs.: illiquid.

Liquidation [lat.] *die,* **1)** *Börse:* Abwicklung von Termingeschäften.

2) *Recht:* Abwicklung der laufenden Geschäfte, abschließende Befriedigung der Gläubiger und Verwertung sowie Verteilung des Vermögens einer Personen- oder Kapitalges., eines Vereins oder einer Genossenschaft bei Auflösung oder Verlust der Rechtsfähigkeit (Abwicklungsfirma, Firmenzusatz: i. L. = in Liquidation). Keine L. findet statt, wenn das Insolvenzverfahren eröffnet worden ist.

Liquidität [lat.] *die,* **1)** die Eigenschaft eines Wirtschaftsgutes, zur Begleichung von Verbindlichkeiten verwendet werden zu können (**absolute L.**). **2)** die Fähigkeit von Wirtschaftssubjekten, ihren Zahlungsverpflichtungen zu jedem Zeitpunkt und uneingeschränkt nachkommen zu können (**relative L.**). Man unterscheidet **liquide (flüssige) Mittel erster Ordnung (Bar-L.):** Vermögensteile, die unmittelbar zur Zahlung verwendet werden können, wie Kassenbestand, täglich fällige Bankguthaben, Schecks, diskontierbare Wechsel; **liquide Mittel zweiter Ordnung (einzugsbedingte L.):** Vermögensteile, die nicht direkt zur Zahlung verwendet werden können, die aber bereits einen Anspruch auf kurzfristige Umwandlung in Barmittel darstellen, wie Forderungen aus Lieferungen und Leistungen, nicht diskontierbare Wechsel, sonstige kurzfristige Forderungen und fällige Teile langfristiger Forderungen; **liquide Mittel dritter Ordnung (umsatzbedingte L.):** Vermögensteile, die erst umgesetzt werden müssen, wie fertige Erzeugnisse; **illiquide Mittel:** Wirtschaftsgüter, die nur bei Aufgabe des Unternehmens bzw. durch Verpfändung verflüssigt werden können. Um die Zahlungsbereitschaft eines Unternehmens zu beurteilen (**L.-Analyse**), stellt man den liquiden Mitteln die Verbindlichkeiten gegenüber. Das Verhältnis wird in Kennzahlen für den **L.-Grad** (Deckungsgrad) ermittelt. Das L.-Optimum kann nur in Verbindung mit dem Rentabilitätsoptimum bestimmt werden und muss im Zusammenhang mit Fragen der Finanzierung betrachtet werden. Eine übermäßige Versorgung mit flüssigen Mitteln (**Überliquidität**) wirkt sich negativ auf die Rentabilität aus; Unterversorgung (**Unterliquidität**) ist nicht identisch mit Zahlungsunfähigkeit (**Illiquidität**), da fällige Auszahlungsverpflichtungen noch beglichen werden, allerdings verbunden mit relativ hohen Kosten.

Liquiditäts-Konsortialbank GmbH, Abk. **LIKO-Bank,** Spezialkreditinstitut, das bonitätsmäßig einwandfreien Banken bei vorübergehenden Zahlungsschwierigkeiten Liquiditätshilfen zur Verfügung stellt, um der Gefahr eines Vertrauensschwunds gegenüber dt. Banken zu begegnen; gegr. 1974 von der Dt. Bundesbank und allen Gruppen der dt. Kreditwirtschaft; Sitz: Frankfurt am Main.

Liquiditätspapiere, Wertpapiere (Schatzwechsel, unverzinsl. Schatzanweisungen), die der Dt. Bundesbank, die im Ggs. zur EZB kein eigenes Emissionsrecht für Wertpapiere hat, vom Bund auf Verlangen bis zu einem Höchstbetrag von 50 Mrd. DM zur Verfügung gestellt wurden. Über L. nahm die Bundesbank bis 1999 Einfluss auf die Zinsentwicklung des Geldmarktes.

Liquiditätspolitik, geldpolit. Maßnahmen, mit denen die Zentralbank im Ggs. zur ↗ Zinspolitik unmittelbaren Einfluss auf die Bankenliquidität nimmt. Zu den liquiditätspolit. Instrumenten des Europ. Systems der Zentralbanken (↗ Europäische Zentralbank) zählen die Mindestreserve- und die Offenmarktpolitik.

Liquiditätsreserve, die finanziellen (liquiden) Mittel eines Wirtschaftssubjekts (z. B. Haushalte, Unternehmen) zur Aufrechterhaltung der Zahlungsbereitschaft (Liquidität). Aus Sicht der Geschäftsbanken gehören dazu die verfügbaren Bestände an sowie Rückgriffs- oder Beschaffungsmöglichkeiten von Zentralbankgeld. Die Dt. Bundesbank rechnet zu den **freien L.** Überschussguthaben (Zentralbankguthaben

Lissabon: die Kathedrale Sé Patriarcal, 1147 begonnen (links) und Blick auf die Stadt mit der Brücke des 25. April über den Tejo (rechts)

der Banken abzüglich Mindestreservesoll), inländ. Geldmarktpapiere bei den Banken sowie unausgenutzte Rediskontkontingente.

Liquiditätstheorie, eine der ⁄ Zinstheorien.

liquidmagmatisch, *Geologie:* Zustand eines Magmas zu Beginn seiner Erstarrung; Bildungsbereich wichtiger Erzlagerstätten.

Liquor [lat.] *der,* **1)** *Anatomie:* seröse Flüssigkeit bestimmter Körperhohlräume, z. B. **L. cerebrospinalis,** die ⁄ Gehirn-Rückenmark-Flüssigkeit.
2) *Pharmazie:* Bez. für Arzneimittellösung.

Liquordiagnostik, Untersuchung der durch Punktion gewonnenen Gehirn-Rückenmark-Flüssigkeit auf Blutbeimengung, Eiter, Gerinnsel, Verfärbung, Trübung u. a.; dient z. B. zur Erkennung von Hirn- und Rückenmarktumoren oder entzündl. Erkrankungen des Zentralnervensystems.

Lira [von lat. libra »Pfund«] *die,* Abk. **Lit,** von 1859 bis zur Euro-Einführung Währungseinheit in Italien; 1 L. = 100 Centesimi (Cent).

Liriodendron, die Pflanzengattung ⁄ Tulpenbaum.

Lisboa [liʒ-], portugies. Name von ⁄ Lissabon.

Liscow ['lisko:], Christian Ludwig, Satiriker, *Wittenburg (Kr. Ludwigslust) 29. (26.?) 4. 1701, †Gut Berg bei Eilenburg 30. 10. 1760; Gegner der Gottsched-Schule; bekannt v. a. durch geistreiche Satiren (»Die Vortrefflichkeit und Notwendigkeit der elenden Skribenten gründlich erwiesen«, 1734).

Liselotte von der Pfalz, ⁄ Elisabeth.

Lisene [aus frz.] *die, Baukunst:* flacher, senkrechter Mauerstreifen zur Gliederung der Wand, im Ggs. zum ⁄ Pilaster ohne Basis und Kapitell.

Lisieux [li'zjø], Stadt in der Normandie, Frankreich, im Dép. Calvados, 24 500 Ew.; Holz-, Textilind., Maschinenbau, Herstellung von Auto- und Fahrradteilen, Molkereien, Cidreherstellung. – Bed. Wallfahrtsort (hl. Theresia von L.) mit got. Kathedrale.

Liski (1965–91 Georgiu Desch), Stadt im Gebiet Woronesch, Russland, 55 000 Ew., am Don (Hafen); Nahrungsmittelind.; Eisenbahnknoten.

LISP [von engl. **lis**t **p**rocessing language], Ende der 1950er-Jahre entwickelte funktionale Programmiersprache, die v. a. im Bereich der künstl. Intelligenz eingesetzt wird. Ihr wichtigstes Merkmal ist die Verarbeitung von Symbolen, die aneinander gefügt und zu komplexeren Gebilden (Listen, Zeichenketten) zusammengefasst werden können. Seit 1984 steht mit **Common Lisp** ein standardisierter Sprachdialekt zur Verfügung, dessen objektorientierte Erweiterung **CLOS** (Common Lisp Object System) ist.

Lispector [lispek'tor], Clarice, brasilian. Schriftstellerin russ. Herkunft, *Tschetschelnik (Ukraine) 10. 12. 1925, †Rio de Janeiro 9. 12. 1977; vom Existenzialismus beeinflusste Erzählungen (»Die Nachahmung der Rose«, 1952) sowie Romane, u. a. »Der Apfel im Dunkeln« (1961), »Eine Lehre oder Das Buch der Lust« (1969) und »Lebendiges Wasser« (1973) mit psychologisierender Tendenz.

Lispeln (Sigmatismus), fehlerhafte Aussprache der Zischlaute, v. a. des s-Lautes und seiner phonet. Verwandten, die im Zusammenhang mit Anomalien und funktionellen Störungen im Kiefer- und Gesichtsbereich stehen kann.

Liss, Johann (Jan Lys), Maler, *Oldenburg (Holstein) um 1597, †Venedig 1629/30; bildete sich im Kreis der Haarlemer Maler (u. a. F. Hals) und in Flandern (J. Jordaens), beeinflusst von den italien. Caravaggisten in Rom und Venedig, wo er seit etwa 1621 lebte. L. malte in reichen und leuchtenden Farben mit virtuoser Lichtführung ländl. Szenen, mytholog. und religiöse Bilder.

Lissa, 1) italien. Name der dalmatin. Insel ⁄ Vis. – Im Dt. Krieg von 1866 besiegten hier am 20. 7. die Österreicher unter Admiral Tegetthoff die italien. Flotte.
2) Stadt in Polen, ⁄ Leszno.

Lissabon (portugies. Lisboa), Hptst. Portugals und des Distrikts L., größte Stadt und wichtigster Hafen des Landes, 591 500 Ew., an der W-Küste der Iber. Halbinsel, am Ausgang einer Bucht, die der Tejo kurz vor seiner Mündung in den Atlantik bildet; kultureller und wirtsch. Mittelpunkt des Landes. L. ist Regierungssitz und beherbergt die obersten Staats-, Gerichts- u. a. Behörden; Sitz eines Erzbischofs; sechs Univ. (die älteste gegr. 1290; TU, gegr. 1931; kath. Univ., gegr. 1968; Neue Univ., gegr. 1973; zwei private Univ., gegr. 1986), Akademie der Wiss.en, histor. Akademie, Veterinärhochschule, Kunstakademie, Konservatorium, Militärakademie, Dt. Archäolog. Inst., Nationalarchiv, Kunstmuseen von Weltrang (u. a. Museu Nacional de Arte Antiga, Gulbenkianstiftung und Museum Calouste), Nationalbibliothek, Nationaltheater, Oper, botan. und zoolog. Garten; internat. Messen. Die Ind. umfasst Schiff- und Waggonbau, Stahlwerk, Erdölraffinerie, Elektrotechnik, Herstellung von Textilien, Chemikalien, Bier, Zucker, Keramik, Eisenwaren und Pharmazeutika, Tabakverarbeitung. Der Hafen war lange Zeit der größte der

Lissabon
Stadtwappen

Liss Lissajous-Figuren

Iber. Halbinsel und verfügt über Trockendocks für 300 000-Tonnen-Tanker; heute auch Containerterminal; internat. Flughafen (Lissabon-Portela); U-Bahn (seit 1960). L. war 1998 Austragungsort der Weltausstellung »EXPO«.

Stadtbild: Unterhalb vom Kastell São Jorge (maur. Ursprungs, 1938–40 restauriert) liegt die Altstadt (**Alfama**) mit der romanisch-got. Kathedrale Sé Patriarcal (1147 begonnen, im 14. Jh. und nach 1755 erneuert), der 1590 ff. erbauten Spätrenaissancekirche São Vicente de Fora und dem Pantheon (um 1680 ff.). Im Zentrum der Stadt die Kirche São Roque (1566 ff.) mit Johanneskapelle (1748). Die nach dem Erdbeben von 1755 im Rechteckschema angelegte Unterstadt (**Cidade Baixa**) mit der Praça do Comércio im S und der Praça Dom Pedro IV (gen. Rossio) mit Nationaltheater (1842–46) ist das Geschäfts- und Bankenzentrum; im anschließenden Viertel Chiado vernichtete ein Großbrand 1988 wertvolle Bausubstanz (Wiederaufbau u. a. durch A. Siza). Ein Wahrzeichen L.s ist der von G. Eiffel erbaute turmartige Aufzug (Elevador), der die Unterstadt mit dem Zentrum verbindet. Im W der Stadt liegen die Basílica da Estrela (1779–90), die Wallfahrtskapelle Santo Amaro (1549 ff.), das Parlamentsgebäude (urspr. Kloster São Bento, 1598) sowie der Ajudapalast (1802 ff.). Im Stadtteil ↗Belém befinden sich das ehem. Hieronymitenkloster (um 1502–72) sowie der Torre de Belém (1515–21; beide UNESCO-Weltkulturerbe) und das »Denkmal der Entdeckungen«. Im NW von L. liegt das ehem. königl. Sommerschloss Queluz (1747 ff.).

Geschichte: Die Stadt ist phönik. Ursprungs (**Alis Ubbo**, archäologisch bisher nicht nachweisbar), seit 205 v. Chr. röm. (**Felicitas Julia**, Hauptort der Provinz Lusitania). Im 5. Jh. stand L. unter alan., 585–713 unter westgot. Herrschaft. 715 wurde es von den Arabern, 1147 durch Alfons I. von Portugal erobert und war seit 1260 Residenz; im 15. Jh. zur Zeit der portugies. Expansion einer der wichtigsten Handelsplätze und (neben Sevilla) eine der reichsten Städte Europas. Um 1600, unter span. Herrschaft, verlor die Stadt an Bed., ein verheerendes Erdbeben zerstörte sie 1755 (Wiederaufbau unter Min. Pombal).

Lissajous-Figuren [lisa'ʒu-; nach dem frz. Physiker Jules Lissajous, *1822, †1880], Figuren zur visuellen Darstellung von Schwingungsvorgängen. Sie entstehen, wenn sich zwei in zueinander senkrechten Richtungen verlaufende period. Bewegungen mit den Amplituden A_1 und A_2, den Frequenzen ω_1 und ω_2 und der Phasendifferenz $\varphi_1 - \varphi_2$ überlagern. Die geschlossenen Figuren ergeben sich nur, wenn das Verhältnis der Frequenzen rational ist.

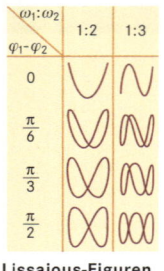

Lissajous-Figuren

Lissitzky [-ki] (Lissizkij), El (Eliezer), eigtl. Lazar Markowitsch, russ. Maler, Grafiker und Architekt, *Potschinok (Gebiet Smolensk) 23. 11. 1890, †Moskau 30. 12. 1941; studierte in Darmstadt (1909–14) und Moskau Architektur, 1919 wurde er Prof. an der Kunstschule in Witebsk. L. gilt als einer der Initiatoren der v. a. von W. Tatlin begründeten Bewegung des ↗Konstruktivismus. 1922/23 war er in Amsterdam, Berlin und Hannover tätig und stellte Kontakte zur De-Stijl-Gruppe und zum Bauhaus her. Neben seinen Bildkompositionen (»Proun«-Bilder), die auf der Kombination von geometr. Körpern und Flächen beruhen, schuf er Entwürfe für Plakate, avantgardist. Architekturprojekte (Lenin-Tribüne, 1924; »Wolkenbügel«-Hochhäuser, 1924/25); wegweisende fotograf. Arbeiten.

List, Gemeinde auf der Insel Sylt, Kr. Nordfriesland, Schlesw.-Holst.; 3 000 Ew.; nördlichstes dt. Seebad.

List, Friedrich, Volkswirtschaftler und Politiker, *Reutlingen 6. 8. 1789, †(Selbstmord) Kufstein 30. 11. 1846; Mitbegründer des Dt. Handels- und Gewerbevereins; geriet als Verfechter der zollpolit. Einigung Dtl.s und wegen sozialpolit. Aktivitäten in Ggs. zur württemberg. Regierung, wurde 1822 zu Festungshaft verurteilt und nur gegen das Versprechen, in die USA auszuwandern, freigelassen. 1832 als amerikan. Konsul nach Dtl. zurückgekehrt, wurde er zum Vorkämpfer des dt. Eisenbahnbaus und zum Propagandisten des Dt. Zollvereins. Mit seiner »Theorie der produktiven Kräfte«, die er der klass. »Theorie der Werte« entgegensetzte, wurde er zum Vorläufer der histor. Schule der Nationalökonomie. Die Ideen L.s führt die **List-Gesellschaft e. V.** (gegr. 1925, bis 1934 Friedrich-List-Gesellschaft; Sitz: Münster) weiter.

Liste, 1) *allg.*: schriftl. Aufstellung, Verzeichnis.
2) *Informatik*: eine durch Zeiger (engl. pointer) verkettete Folge von Elementen gleicher Datenstruktur. Die Anzahl der L.-Elemente ist variabel und im Prinzip beliebig groß. Neben dem L.-Aufbau sind das Einfügen und Entfernen von Elementen sowie das Durchlaufen der L. grundlegende L.-Operationen.

Listenwahl, Wahlverfahren, bei dem in jedem Wahlbezirk mehrere Abg. zugleich in der Reihenfolge einer feststehenden Liste gewählt werden; in einzelnen Ländern der Bundesrep. Dtl. sind bei Kommunalwahlen Änderungen der Liste durch ↗Kumulation und ↗Panaschieren möglich.

Lister [ˈlɪstə], Joseph Baron (seit 1897), brit. Chirurg, *Upton (Cty. Essex) 5. 4. 1827, †Walmer (Cty. Kent) 10. 2. 1912; führte die Antisepsis in die Wundbehandlung ein.

El Lissitzky: Projekt »Wolkenbügel« (Bürotürme für Moskau; Computerrekonstruktion)

Listeriose [nach J. Lister] *die,* durch das Bakterium Listeria monocytogenes hervorgerufene Infektionskrankheit (Zoonose) von Tier (Rind, Schaf, Schwein, Ziege, Huhn, Nager) und Mensch mit versch. Erscheinungsformen, v. a. mit Befall des Zentralnervensystems. Beim Erwachsenen verläuft sie meist mit den Symptomen einer leichten Grippe. Bes. gefährlich ist die L. für Schwangere, da der Erreger den Mutterkuchen durchdringen und zu Totgeburt oder Erkrankung des Neugeborenen (häufig Spätschäden in Form geistiger Behinderung) führen kann.

l'istesso tempo [italien.], musikal. Vortragsbezeichnung: im gleichen Zeitmaß weiterspielen.

Liston [ˈlɪstn], Charles (»Sonny«), amerikan. Boxer, *St. Francis County (Ark.) 8. 5. 1932, †Las Vegas 6. 1. (?) 1971 (ungeklärte Todesursache); Weltmeister

Franz Liszt

Litauen | **Lita** | 2841

Litauen

Fläche:	65 300 km²
Einwohner:	(2000) 3,698 Mio.
Hauptstadt:	Vilnius
Verwaltungsgliederung:	10 Bezirke
Amtssprache:	Litauisch
Nationalfeiertage:	16. 2.
Währung:	1 Litas (LTL) = 100 Centai (ct)
Zeitzone:	MEZ

im Schwergewicht der Berufsboxer 1962–64; 54 Kämpfe (50 Siege).

Listrische Fläche (Schaufelfläche), *Geologie:* schaufelförmig gebogene, nach oben steiler werdende tekton. Bewegungsfläche.

Liszt [list], **1)** *Franz von* (seit 1859), ungar. Komponist und Pianist, * Raiding (Burgenland) 22. 10. 1811, † Bayreuth 31. 7. 1886; lebte seit 1835 mit der Gräfin Marie d'Agoult in Genf und in Italien (von ihren drei Kindern wurde am bekanntesten Cosima, die seit 1870 mit R. Wagner verheiratet war). Konzertreisen führten ihn durch ganz Europa. 1842 wurde L. Hofkapellmeister in Weimar, wo er mit der Fürstin Carolyne zu Sayn-Wittgenstein (* 1819, † 1887) zusammenlebte. 1861 ging er nach Rom, wo er 1865 die niederen Weihen empfing (Abbé); wechselte dann seinen Wohnsitz zw. Rom, Weimar und Budapest. L. wurde der Schöpfer der sinfon. Dichtung und einer neuartigen virtuosen Klaviermusik. Er setzte sich bes. für die Aufführung zeitgenöss. Werke ein (R. Schumann, H. Berlioz, R. Wagner). – *Werke: Klavierwerke:* Années de pélerinage (zw. 1835 und 1877); Consolations (1849); 19 Ungar. Rhapsodien (erschienen ab 1851); Sonate h-Moll (1853); Konzertetüden; zwei Klavierkonzerte. – *Orgelwerke:* Präludium und Fuge über den Namen B-A-C-H (1855); Variationen über den chromat. Bass von J. S. Bachs Kantate »Weinen, Klagen« (1863). – *Orchesterwerke:* Sinfon. Dichtungen: Tasso (1849); Les préludes (1854); Orpheus (1854); Mazeppa (1854); Die Ideale (1857); Sinfonien. – *Vokalwerke:* Oratorium »Die Legende von der hl. Elisabeth« (1857–62); Oratorium »Christus« (1855–66); Ungar. Krönungsmesse (1867); Requiem (1868); Kantaten; Lieder, Männerchöre.

2) *Franz von*, Rechtslehrer und Kriminalpolitiker, * Wien 2. 3. 1851, † Seeheim (heute Seeheim-Jugenheim/Bergstraße) 21. 6. 1919, Vetter von 1); Mitbegründer der dt. soziolog. Strafrechtsschule; setzte sich für die empir. Erforschung der Ursachen und Erscheinungsformen des Verbrechens ein und forderte statt Vergeltungsstrafe eine auf die Erziehung und Sicherung abgestellte Strafe. – *Werke:* Lb. des dt. Strafrechts (1881); Das Völkerrecht, systematisch dargestellt (1898).

Lit, Abk. für ↗ Lira.

Li Taibai (Li Bo, Li Taibo, Li T'ai-po), chines. Dichter, * Westturkestan 701, † bei Nanking 762; möglicherweise türk. Herkunft; führte ein unstetes Wanderleben und lebte zeitweilig am Kaiserhof. Seine Gedichte zeichnen sich durch Unmittelbarkeit des Empfindens aus; gedanklich zeigen sie daoist. Einflüsse.

Litanei [von grch. *litaneía* »das Bitten«] *die,* Wechselgebet; im christl. Gottesdienst die Anrufung Gottes und der Heiligen (**Allerheiligen-L.**) in Wechselrede bzw. -gesang zw. Vorbeter und Gemeinde, bei dem die Anrufungen des Vorbeters mit einer gleich bleibenden Bittformel (z. B. »Erhöre uns«, »Bitte für uns«) beantwortet werden. – *Orth. Kirche:* ↗ Ektenie.

Litani (arabisch Nahr el-Litani, im Altertum Leontes), wichtigster Fluss Libanons, 145 km lang, entspringt westlich von Baalbek, durchfließt die Beka, mündet nördlich von Tyr (Sur) ins Mittelmeer; zur Bewässerung und Energiegewinnung (Staudämme) genutzt.

Litas *der,* Abk. **LTL**, litauische Währungseinheit; 1 L. = 100 Centai (ct).

Litauen (Lietuva, amtlich litauisch Lietuvos Respublika), Staat in NO-Europa, grenzt im W an die Ostsee, im N an Lettland, im O und SO an Weißrussland und im SW an Polen und an Russland (Gebiet Kaliningrad).

Staat und Recht

Nach der am 6. 11. 1992 in Kraft getretenen Verf. ist L. eine Rep. Als Staatsoberhaupt fungiert ein auf 5 Jahre direkt gewählter (einmalige Wiederwahl möglich) Präs. mit umfangreichen Vollmachten. Die Legislative liegt beim Seimas (141 Abg., für 4 Jahre gewählt), die Exekutive bei der Reg. unter Vorsitz des MinPräs. Einflussreichste Parteien: neue Sozialdemokrat. Partei L.s (2001 aus Litauischer Sozialdemokrat. Partei [LSDP] und Litauischer Demokrat. Arbeiterpartei [LDDP] hervorgegangen), Litauische Liberale Union (LLS), sozialliberale Neue Union (NS), Vaterlandsunion (TS), Christdemokrat. Partei (LKDP), Zentrumsunion (LCS) und Wahlaktion der Polen L.s (LLRA).

Landesnatur

L. liegt im NW der eiszeitlich geformten Osteurop. Ebene. Die Oberfläche wird durch Grund- und Endmoränen bestimmt. Im W erheben sich die Schamait. Höhen bis 234 m ü. M., der SO wird vom seenreichen Balt. Landrücken (in L. bis 292 m ü. M.) eingenommen und von den litauischen Hauptströmen Memel und Neris in tiefen, windungsreichen Tälern durchschnitten. Im zentralen Teil liegt die z. T. versumpfte, moorige Mittellitauische Tiefebene (35/40 m bis 80/90 m ü. M.). Der knapp 100 km lange und 15–20 km breite Küstenstreifen geht im S in die z. T. sumpfige Niederung an der unteren Memel über. Vor der südl. Küste liegt der litauische Anteil am Kur. Haff und an der Kur. Nehrung. – Das Klima ist durch maritimen Einfluss im W-Teil gemäßigt. Im mittleren und östl. Teil nimmt die Kontinentalität zu, die Winter werden kälter, die Sommer wärmer. Die langjährige Niederschlagsmenge erreicht im Jahresdurch-

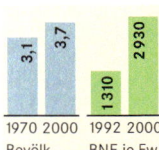

Staatswappen

internationales Kfz-Kennzeichen

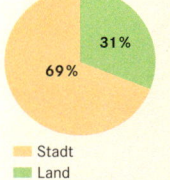

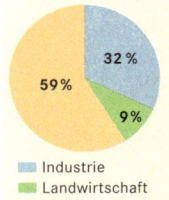

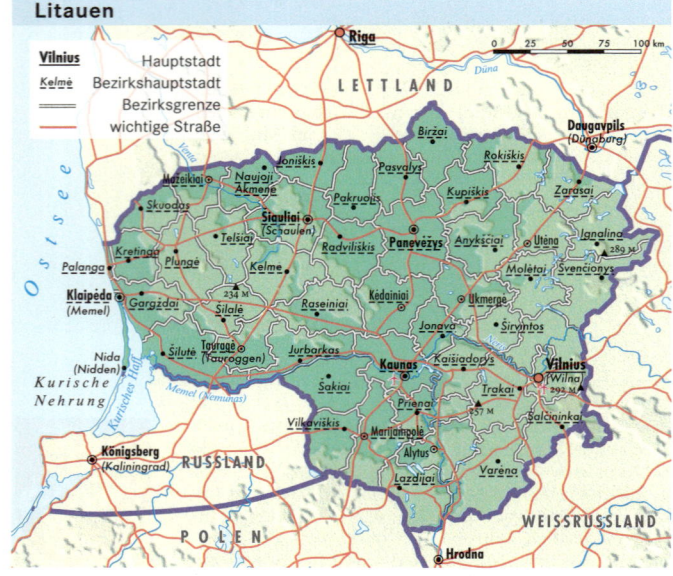

Litauen

schnitt an der Küste etwa 700 mm, in den östl. Regionen 550 mm. – Etwa 30% der Fläche sind bewaldet (v. a. Kiefern, Fichten, Birken und Erlen). Die größten zusammenhängenden Waldgebiete liegen im SO; 17% des Territoriums sind versumpfte Wiesen, 2,4% Moore (v. a. Flachmoore).

Bevölkerung

In L. leben 81% /Litauer, 8% Russen, 7% Polen, 2% Weißrussen und 1,0% Ukrainer. L. ist die am stärksten besiedelte balt. Republik. Am dichtesten sind die zentralen und südl. Gebiete, am schwächsten ist der SO besiedelt. Größte Städte sind die Hptst. Vilnius, Kaunas, Klaipėda und Šiauliai. – Über 80% der Bev. gehören der kath. Kirche an, etwa 1% evang. Kirchen. Der orth. Kirche fühlt sich ein großer Teil der Russen und Weißrussen verbunden. – Es besteht eine neunjährige allg. Schulpflicht ab dem 7. Lebensjahr und ein für alle Kinder ab dem 2. Lebensjahr offenes Vorschulangebot (nicht obligatorisch).

Litauen: am Rubikaisee im Osten des Landes

Wirtschaft, Verkehr

Bis in die 1950er-Jahre war die Landwirtschaft wirtschaftsbestimmend, danach entwickelte sich in großem Umfang die Industrie. Der Übergang von der sozialist. Plan- zur freien Marktwirtschaft ist weit vorangeschritten. L. ist jedoch wirtsch. noch eng mit Russland verflochten und bes. auf russ. Erdöl, -gas und russ. Rohstoffe angewiesen. In der Landwirtschaft steht die Mastschweine- und Milchrinderzucht sowie die Geflügelhaltung im Vordergrund. Etwa ein Drittel der Landesfläche ist Ackerland (Anbau von Getreide, Futterpflanzen, Kartoffeln, Zuckerrüben, Flachs und Gemüse). Neben Binnen- und Küstenfischerei wird v. a. Hochseefischerei betrieben. L. ist arm an Rohstoffen. In größerem Umfang sind Torf (wichtiger Brennstoff für die Privathaushalte), Baustoff- und Bernsteinvorkommen vorhanden. Die einst bestimmende Nahrungsmittel- (bes. Milch-, Fleisch-, Fischverarbeitung) und Textilind. wurde nach 1950 von Zweigen des Maschinenbaus und der Elektrotechnik/Elektronik (Bau von Werkzeugmaschinen, Elektromotoren und -geräten) sowie des Schiffsbaus verdrängt. Bedeutung haben darüber hinaus die chem., Holz- und Papierind. sowie die Bernsteinverarbeitung. Wichtigste Ind.standorte sind Vilnius, Kaunas, Klaipėda, Šiauliai, Panevėžys, Alytus und Jurbarkas; in Mažeikiai wird russ. Erdöl verarbeitet, in Ignalina befindet sich ein Kernkraftwerk (Abschaltung bis 2005 vorgesehen), das 83% der erzeugten Elektroenergie liefert. Hauptexportgüter sind Textilerzeugnisse, Mineralprodukte, Maschinen und Anlagen, Chemieerzeugnisse sowie Holz und Holzprodukte. Wichtigste Handelspartner sind Russland, Dtl., Lettland und Polen. Der Fremdenverkehr hat eine lange Tradition und entwickelt sich positiv. Hauptreiseziele sind Vilnius, Kaunas und Klaipėda sowie die Ostseeküste mit ihrem breiten und langen Sand- und Dünengürtel. – Das Verkehrsnetz ist relativ dicht ausgebaut und umfasst ein etwa 2 000 km langes Eisenbahn- und ein rd. 68 000 km langes Straßennetz. Das Binnenwasserstraßennetz ist etwa 600 km lang (Schifffahrt auf Memel, Neris und den 61 Trakaiseen westlich von Vilnius). Internat. Flughäfen gibt es in Vilnius, Kaunas und Šiauliai. Einziger Hochseehafen ist Klaipėda, seit 1986 mit Sassnitz-Mukran auf Rügen durch eine Eisenbahnfähre verbunden. (/Lettland, Karte)

Geschichte

Etwa zu Beginn des 9. Jh. nahmen die von Slawen aus ihrem ursprüngl. Siedlungsraum an der oberen Oka und Wolga verdrängten balt. Litauer (1008 erstmals erwähnt) das Gebiet des heutigen L. in Besitz. Fürst Mindaugas (Mindowe, ab 1253 König) einigte das in zahlr. Kleinfürstentümer zersplitterte L., das nach seiner Ermordung 1263 aber wieder zerfiel. Als eigentl. Reichsgründer gilt Großfürst Gedimin (1316–41), der ein litauisches Großreich (Hptst. ab 1323 Wilna) durch Ausdehnung nach O schuf; er unterstellte u. a. Minsk und Witebsk seiner Oberhoheit. Unter Gedimins Sohn Algirdas (1345–77) dehnte sich L. bis zur Oka und zum Dnjepr aus. Großfürst Jogaila (poln. Jagiełło, 1377–1434) schloss zum Schutz gegen den Dt. Orden eine Union mit Polen, ließ sich taufen und erhielt nach Heirat mit der poln. Thronerbin Hedwig 1386 die poln. Königskrone als Władysław II. (Begründer der Dynastie der Jagiellonen); die Großfürstenwürde überließ er 1401 seinem Vetter Witold (Vytautas, †1430). In der Schlacht von Tannenberg (1410) besiegte das vereinigte polnisch-litauische

Heer den Dt. Orden. Im Unionsvertrag von Brest (1446) sicherte der litauische Großfürst und spätere König von Polen Kasimir IV. L. die Selbstständigkeit und Souveränität zu; es verlor jedoch immer mehr Gebiete an Russland (Smolensk, Tschernigow, Brjansk, Gomel). Während des ↗ Livländischen Krieges stimmten 1569 auf einem polnisch-litauischen Reichstag in Lublin die litauischen Vertreter unter poln. Druck der völligen Vereinigung beider Länder zu (Union von Lublin). Kämpfe rivalisierender Adelsfamilien schwächten das Doppelreich stark und führten bürgerkriegsähnl. Situation herbei, die Österreich, Russland und Preußen nutzten, um Polen 1772, 1793 und 1795 zu teilen. Mit der 3. Teilung kam der Hauptteil des litauischen Siedlungsgebietes an Russland, das Gebiet um Suwałki wurde preußisch (bis 1807). Die brutale Russifizierungspolitik bewirkte sowohl eine starke Auswanderungsbewegung in die USA und nach Kanada als auch eine litauische Nationalbewegung, die insbesondere vom Kleinadel und der Intelligenz getragen wurde und auch in Gegensatz zum Polentum geriet. Nach der Revolution von 1905 musste die russ. Reg. den Litauern Zugeständnisse machen; sie erhielten einen eigenen Landtag, litauische Abg. zogen in die Duma ein. 1915 besetzten dt. Truppen L.; der mit dt. Zustimmung 1917 gebildete Landesrat (Taryba) proklamierte am 11. 12. 1917, erneut am 16. 2. 1918 den unabhängigen Staat L. Die Reg. Sowjetrusslands erkannte die Rep. L. erst 1920 an, nachdem ein Versuch, das Land anzugliedern, gescheitert war; 1920 annektierte Polen das Wilnagebiet. L. bemächtigte sich 1923 des Memellandes. 1926 beendete ein militär. Staatsstreich die demokrat. Entwicklung; unter Staatspräs. A. Smetona (1926–40) errichtete die Nationalpartei (Tantininkai) eine autoritäre Herrschaft (MinPräs. 1926–29 A. Voldemaras, 1929–38 J. Tubelis). Am 22. 3. 1939 musste L. nach einem dt. Ultimatum das Memelland aufgeben. Der Dt.-Sowjet. Grenz- und Freundschaftsvertrag vom Sept. 1939 teilte L. der sowjet. Interessensphäre zu; im Juni 1940 wurde ganz L. besetzt und nach Ausrufung der Litauischen SSR (21. 7. 1940) am 3. 8. 1940 der Sowjetunion angegliedert; die litauische Intelligenz wurde verschleppt oder liquidiert. Im Zweiten Weltkrieg befand sich L. 1941–44 unter dt. Besetzung. Während dieser Zeit fielen 95 % der litauischen Juden (1939 rund 250 000 Personen) dem Holocaust zum Opfer; an den Exekutionen waren auch Einheimische beteiligt. Der erneute Einmarsch der Roten Armee veranlasste 1944 viele Litauer zur Auswanderung nach dem Westen. Der bes. erbittert geführte Partisanenkrieg (1944–53) kostete etwa 60 000 Menschenleben. Ende der 50er-Jahre begann die planmäßige Industrialisierung L.s 1972 kam es nach der Selbstverbrennung des neunzehnjährigen Studenten Romas Kalanta (14. 5.) in Kaunas zu größeren Unruhen, in deren Verlauf Freiheit für L. gefordert wurde. Im Zuge der nat. Bestrebungen zur Wiederherstellung der Unabhängigkeit wurde 1988 die Bewegung Sajudis gegr.; im Dez. 1989 spaltete sich die KP von der KPdSU ab (1990 Umbenennung in Litauische Demokrat. Arbeiterpartei [LDAP] und Neuorientierung auf sozialdemokrat. Prinzipien). Nach Einführung eines Mehrparteiensystems brachten die ersten freien Parlamentswahlen im Febr. 1990 eine Zweidrittelmehrheit für Sajudis. Am 11. 3. 1990 erklärte L. als erste sowjet. Unionsrep. seine staatl. Unabhängigkeit (Umbenennung in Rep. L. auf der Grundlage ihrer Vorkriegsverf.). Parlamentspräs. (Staatsoberhaupt) wurde der Vors. der Sajudis, V. Landsbergis, Min.-Präs. Kazimiera Prunskiene. Die Weigerung des Parlaments, den Unabhängigkeitsbeschluss zurückzunehmen, zog wachsende Spannungen mit Moskau nach sich (Wirtschaftsblockade gegen L. bis Juli 1990, blutige Zusammenstöße sowjet. Truppen mit der Bev. der Hptst. im Jan. 1991). Gemeinsam mit den ebenfalls um ihre staatl. Eigenständigkeit ringenden Rep. Estland und Lettland belebte L. im Mai 1990 den ↗ Baltischen Rat wieder und begann, ein eigenes Wirtschaftssystem aufzubauen. Bev.proteste gegen die enormen Preiserhöhungen führten im Jan. 1991 zum Rücktritt der Reg.; neuer MinPräs. wurde G. Vagnorius (bis 1992). In einem Referendum (Febr. 1991) sprachen sich mehr als 90 % der Einwohner L.s für eine »demokrat. und unabhängige Rep.« aus (entsprechende Verf.änderung im gleichen Monat). Nach dem Scheitern des gegen Unionspräs. Gorbatschow gerichteten Staatsstreiches im Aug. 1991 setzte L. seine volle staatl. Unabhängigkeit durch (am 6. 9. 1991 auch durch den Staatsrat der UdSSR anerkannt) und wurde Mitgl. der UN. Im Sept. 1992 vereinbarten L. und Russland den Abzug der russ. Truppen bis Aug. 1993. Bei den Parlamentswahlen im Herbst errang die postkommunist. LDAP die absolute Mehrheit. A. Brazauskas (LDAP) löste Landsbergis als Parlamentspräs. ab und kündigte eine gemäßigte Fortsetzung des marktwirtsch. Reformkurses an. 1993 wurde Brazauskas zum Staatspräs. gewählt. Bei den Parlamentswahlen 1996 siegte die konservative Vaterlandsunion (damaliger Vors.: V. Landsbergis, der 1996–2000 wieder Parlamentspräs. war). Die 1996–99 von G. Vagnorius, danach von R. Paksas (1999), A. Kubilius (1999–2000), erneut von Paksas (2000–2001) und ab 2001 von Brazauskas (nunmehr Vors. der Sozialdemokrat. Partei L.s) geführten Koalitions-Reg. setzten den Kurs der Westintegration fort (v. a. Streben nach raschem Beitritt zur NATO und zur Europ. Union). 1997 wurde in Moskau ein russisch-litauischer Grenzvertrag unterzeichnet (erst 2003 von Russland ratifiziert). Auf dem Prager Gipfeltreffen der NATO im Nov. 2002 wurde L. zum Beitritt eingeladen (für 2004 vorgesehen). Der EU-Gipfel in Kopenhagen im Dez. 2002 beschloss die Aufnahme des Landes zum 1. 5. 2004 in die Gemeinschaft; für den EU-Beitritt votierte auch eine deutl. Mehrheit der Bev. (bei einer Beteiligung von 64 % rd. 91 % der Wähler) in einem Referendum im Mai 2003. Nachfolger des 1998–2003 als Staatspräs. amtierenden V. Adamkus wurde R. Paksas.

Litauer, die zur balt. Völker- und Sprachengruppe der Indogermanen gehörenden Bewohner Litauens; etwa 4 Mio. Menschen, davon etwa 3 Mio. in Litauien; ungefähr 1 Mio. L. leben im Ausland, davon allein 0,3 Mio. in den USA.

litauische Literatur. Die litauische Volksdichtung kennt viele Märchen und Volkslieder (↗ Dainos). Im 18. Jh. begann mit K. Donelaitis (*1714, †1780) eine weltl. Kunstpoesie. Im 19. Jh. ragen S. Daukantas (*1793, †1864) und A. Baranauskas (*1835, †1902) hervor. Bes. wichtig für die nat.-romant. Bewegung war Maironis (*1862, †1932). Den Realismus vertraten V. Kudirka (*1858, †1899), Žemaitė (*1845, †1921) u.a. In symbolist. und impressionist. Richtung schrieben W. S. Vydūnas (*1868, †1953), J. Baltrušaitis (*1873, †1944), M. Gustaitis (*1870, †1927) u.a. Romane verfassten Putinas (*1893, †1967), V. Krėvė-Mickevičius (*1882, †1954) u.a. Während der Unabhängigkeitsperiode 1918–40 nahm die l. L. einen großen Aufschwung. Nach dem Zweiten Weltkrieg gingen viele litauische Schriftsteller in die Emigration (K. Bradūnas, *1917; H. Radauskas, *1910, †1970; J. Aistis, *1904, †1973; B. Brazdžionis, *1907, †2002, u. a.). Für Litauen war nach 1956 eine breite Entwicklung aller literar. Gattungen und Themen und damit eine Hinwendung zur Moderne kennzeichnend, u. a. durch die Lyriker E. Miežélaitis (*1919, †1997), J. Vaičiunaitė (*1937), J. M. Marcinkevičius (*1930), der auch Erzähler und Dramatiker ist, und die Erzähler J. Avyžius (*1922), V. Bubnis (*1932), M. Sluckis (*1928), V. Zilinskaitė (*1930). So konnte nach der staatl. Unabhängigkeit 1991 der Anschluss an die internat. Strömungen der Literatur erfolgen, auch durch Vertreter der jüngeren Generation wie die Lyriker D. Kajokas (*1948) und J. Erlickas (*1953), die Prosaautoren V. Juknaitė (*1949), R. Gavelis (*1950, †2002), L. Gustaskas (*1954), J. Kunčinas (*1947, †2002), J. Ivanauskaitė (*1956). Auch die l. L. in der Emigration (u. a. A. Škėma, *1911, †1961; A. Landsbergis, *1925; K. Ostrauskas, *1926; A. Mackus, *1932, †1964), deren Werke nun wieder im Land selbst gedruckt werden, wächst so wieder mit der Literatur in Litauen zusammen.

litauische Sprache, bildet mit dem Lettischen und (heute ausgestorbenen) Altpreußischen den balt. Zweig der indogerman. Sprachen. Wegen ihrer hohen Altertümlichkeit (Lautsystem, freier Wortakzent, Nominalsystem mit sieben Kasus, zahlr. Suffixe und Diminutive) ist sie für die Indogermanistik von großer Bedeutung. Zwei Dialektgruppen: das Niederlitauische oder **Schemaitische** im NW und das Hochlitauische oder **Aukschtaitische,** auf dem die Schriftsprache fußt.

Litchi, ↗ Litschi.

Liten, ↗ Freie.

Liter [aus frz. litre, grch. litra], Einheitenzeichen l, Volumeneinheit, meist bei Flüssigkeiten verwendete Bez. für Kubikdezimeter: $1 l = 1 dm^3 = 10^{-3} m^3$.

Literat [lat.] *der,* im 18. Jh. zunächst der Sprach- und Literaturkenner, dann der Berufsschriftsteller.

Literatenmalerei, nichtakadem. Richtung der ostasiat. Malerei. Als Kunstform der chines. klassisch gebildeten Elite verkörperte die L. seit dem 10. Jh. das Amateurideal des konfuzianisch gebildeten Gelehrten-Beamten, des buddhist. Mönches und des daoistisch geprägten, weltabgewandten Außenseiters. Die Literatenmaler betrieben die Kunst nicht als Broterwerb, sondern erstrebten die Beherrschung der vier großen Künste Poesie, Kalligraphie, Malerei und Musik zur »Kultivierung ihrer Persönlichkeit«.

Literatur [lat.] *die,* 1) i. w. S. Gesamtheit des Geschriebenen, d. h. aller sprachl. Zeugnisse, die auf Basis eines (Schrift-)Zeichensystems festgehalten und damit lesbar sind – im Ggs. zu nur mündlich tradierten sprachl. Formen; 2) i. e. S. Gesamtheit der literar. Texte (Sprachkunstwerke, ↗ Dichtung). Die Unterteilung in »hohe«, schöngeistige, unterhaltende, »triviale« L. zeigt fließende Grenzen. Das Schrifttum einer Nation ist deren *National-L.* über Grenzen hinaus wirkende L. bezeichnet man als ↗ *Welt-L.* 3) in einem speziellen Sinn auch Bez. für fachbezogene Texte (Fachliteratur).

Literaturgeschichte, der geschichtl. Prozess, in dem Literatur entsteht sowie das Teilgebiet der Literaturwissenschaft, das sich mit der zeitl. Gliederung und geordneten Darstellung von Literatur in einem histor. Zusammenhang befasst. Sie kann sich auf die Literatur der Welt, eines Kulturkreises, einer Sprache oder einer Nation beziehen oder aber einzelne Epochen, Gattungen oder Motive betrachten.

Grundlage jeder literaturgeschichtl. Überblicksdarstellung ist die Auswahl erwähnenswerter Werke und Autoren, wodurch die L. durch wertende Selektion schon früh zu einer Kanonbildung vorbildl. Werke beitrug. So finden sich in der Antike Zusammenstellungen mustergültiger Texte und Autoren, die im MA auch für den Schulgebrauch genutzt wurden. Bis ins 19. Jh. folgten (dt.) L. vielfach dem Prinzip dieser rein bibliograf. Chroniken (so auch K. Goedekes »Grundriß zur Gesch. der dt. Dichtung«, 1857–81). Schon in der Romantik aber erschienen Überblicksdarstellungen (F. Schlegels »Gesch. der alten und neuen Literatur«, 1812/13), die die Literatur in den Kontext der Kulturgeschichte stellten und auf eine nationale Selbstfindung zielten. Sinnstiftende »Nationalliteraturen« der dt.sprach. Raum verfassten im 18. Jh. auch – als Lesebuch angelegt – A. Koberstein (1827) und – unter Einordnung in die polit. Gesch. – G. G. Gervinus (1835–40). Seit der 2. Hälfte des 20. Jh. wird L. als Konstrukt von Literaturgeschichtsschreibung gesehen, das abhängig ist von unterschiedl. method. Konzepten der Auswahl, Anlage und Darstellung des Kontextes, in den die Literatur gestellt wird. L. sieht sich verflochten mit Kunst-, Kultur-, Mentalitäts-, Diskurs-, Sozial- und Mediengeschichte.

Literaturkritik, Institution des literar. Lebens, die literar. Werke kommentiert, vergleicht, bewertet. Ihr kommt damit eine Mittlerfunktion zw. Werk/Autor und Publikum zu. Literaturkrit. Abhandlungen sind z. B. Essays und Rezensionen, die in literar. Zeitschriften und im Zeitungsfeuilleton erscheinen. Außerdem wird Lit. auch im Hörfunk und im Fernsehen besprochen, wobei unter den Bedingungen der Medienöffentlichkeit die Grenzen der L. zu reiner Werbung für die Ware Lit. fließend sind. Während sich die dt. Literaturkrit. im dt. Sprachraum v. a. mit zeitgenöss. Literatur und aktuellen literar. Tendenzen auseinander setzt, reichen der engl. »literary criticism« und die frz. »critique littéraire« auch in den Bereich der ↗ Literaturwissenschaft hinüber. – L. gab es schon in der grch. Antike und in Rom; ihre Maßstäbe waren die Regeln der antiken Rhetorik und Poetik. Literaturkrit. Bewertungen waren im lat. MA religiös motiviert; in der mittelhochdt. Literatur unterlagen sie (z. B. bei Gottfried von Straßburg) den ästhetisch-stilist. Maßstäben der höfisch-ritterl. Welt; im Humanismus waren sie z. T. durch politisch-religiöse Polemik geprägt. Eine krit. Auseinandersetzung mit literar. Traditionen setzte erst mit M. Opitz im 17. Jh. unter ein; L. auf breiter Basis gab es jedoch erst in der Aufklärung (J. C. Gottsched, F. Nicolai und v. a. G. E. Lessing). Die ↗ Weimarer Klassik suchte für ihre Kritik nach objektiven Gattungsgesetzen, die Romantik hingegen knüpfte an die alle äußeren Regeln missachtende L. des Sturm und Drang an (Brüder F. und A. W. Schlegel, L. Tieck, Novalis). Eine erste Politisierung der L. wagte das Junge Dtl. (H. Heine u. a.). Bis ins 19. Jh. wurde L. v. a. von Schriftstellern verfasst; erst im 20. Jh. mehr und mehr von berufsmäßigen Literaturkritikern (z. B. A. Kerr, H. Ihering, K. Kraus, A. Polgar, M. Reich-Ranicki).

Literaturpreis, in bestimmten zeitl. Abständen von staatl. Institutionen, Verbänden, Akademien, Stiftungen oder Einzelpersönlichkeiten vergebener Preis für ein literar. Werk (einer bestimmten Gattung) oder ein Gesamtwerk; meist verbunden mit einem Geldbetrag oder einem Stipendium. Einige wenige L. werden weltweit, ohne Einschränkung der Sprache, in der das auszuzeichnende Werk geschrieben wurde, verliehen (Nobelpreis für Literatur, Hans-Christian-Andersen-Preis für Kinder- und Jugendliteratur); die meisten L. sind an eine Sprache gebunden (z. B. der Booker-Preis an das Englische, der Prix Goncourt an das Französische, der Premio Miguel de Cervantes an das Spanische, der Premio Strega an das Italienische). Für den deutschsprachigen Raum sind von Bedeutung der Georg-Büchner-Preis und der Kleist-Preis sowie der Ingeborg-Bachmann-Preis.

Literatursoziologie, Wissenschaftszweig, der die Literatur in ihrer gesellschaftl. Verflechtung untersucht. Dabei sind von Interesse die sozialen und ökonom. Voraussetzungen der Schaffung, Verbreitung, Aufnahme und Weiterverarbeitung von literar. Werken. Demnach sind Herkunft und Gruppenzugehörigkeit von Autor und Leser, die jeweilige Bildungsgeschichte, Erwartung des Lesers an Literatur und Wirkmechanismen der Massenliteratur häufige Fragestellungen der L. Gegenstandsbeschreibung, Theoriebildung und Untersuchungsverfahren sind indes bis heute strittig. – P. Merker proklamierte 1921 die »sozialliterar. Methode«, die analog zur Entwicklung der Soziologie in den 1920er- und 1930er-Jahren eine erste Hochzeit hatte. Die materialist. Literaturbetrachtung führte diesen Ansatz weiter aus (G. Lukács). In der Bundesrep. Dtl. knüpfte man nach 1945 an die L. der 1930er-Jahre an (A. Hauser) und setzte sich mit empir. Untersuchungen über Lesekulturen und dem Verhältnis von Kunst und Massenmedien in der angelsächs. Soziologie auseinander (H. N. Fügen,* 1925). In der gegenwärtigen L. finden sich systemtheoret. neben marxist., psychoanalyt. neben semiotisch-strukturalist. Ansätzen, die sich in einzelnen Modellen auch wechselseitig beeinflussen (M. Foucault, R. Barthes, P. Bourdieu, J. Kristeva) und z. T. ältere Forschungsansätze aufgreifen.

Literaturtheorie, i. e. S. die Überlegungen eines Autors zum literar. Schaffen, häufig in Form von theoret. Schriften oder Programmen dargelegt; i. w. S. ein Wissenschaftszweig der ↗Literaturwissenschaft, der nach allg. Prinzipien literar. Schaffens sucht und grundlegende Probleme (z. B. das Verhältnis von Form und Inhalt von Literatur) beleuchtet. Damit grenzt sie sich ab von der eher historisch (deskriptiven) ↗Literaturgeschichte und der v. a. wertenden ↗Literaturkritik.

Literaturwissenschaft, Wissenschaft, deren Gegenstand die Lit. ist. Ihr Interesse gilt den allgem. Prinzipien des künstler. Sprachschaffens, der Textinterpretation, der systemat. Betrachtung literar. Inhalte (Themen, Stoffe, Motive) und Formen (Stilelemente, Textstrukturen, Gattungen) und deren histor. Entwicklung (↗Literaturgeschichte); sie untersucht die Entstehung, Herausgabe (Edition) und Wirkung literar. Werke.

Ende des 19. Jh. zur wissenschaftl. Fundierung der Literaturgeschichte begründet, ist die L. methodisch von Ansätzen anderer Wissenschaften geprägt. Die positivist. L. (u. a. W. Scherer) orientierte sich an der Naturwiss.en und betrieb unter dem Einfluss des Historismus Literaturgeschichtsschreibung, die dem zeitgeschichtl. Kontext der Werke und den biograf. Daten des Autors besondere Aufmerksamkeit schenkte.

Zu Beginn des 20. Jh. entwickelte sich die geistesgeschichtl. L. (W. Dilthey, H. A. Korff, P. Kluckhohn), die die Hermeneutik als Kunst des Verstehens auf die Literatur anwandte und sich v. a. größeren geistigen Zusammenhängen und Strömungen widmete.

In der 1. Hälfte des 20. Jh. konzentrierte man sich mit werkimmanenten Betrachtungen (L. Spitzer, E. Staiger) auf formalästhetische Punkte literar. Werke. Dieser Rückzug auf das »sprachl. Kunstwerk« wurde, um von der Gesinnungsgermanistik der Nationalsozialisten Abstand zu nehmen, nach dem 2. Weltkrieg noch einmal aufgegriffen.

Auf dem russ. Formalismus und Lévi-Strauss' anthropolog. Strukturalismus basierte in den 1920er/30er-Jahren die strukturalist. L. (R. Jakobson u. a.). Sie untersuchte – mit linguist. Methoden – v. a. die Struktur literar. Texte und hatte in den 1960er-Jahren unter Einfluss der strukturalist. Linguistik Chomskys und der Philosophie Derridas eine weitere Blütezeit (R. Barthes). Im Vordergrund stand auch hier eher das Prinzip literar. Texte als deren Interpretation.

Auf dem Marxismus basierend, entwickelte sich bereits seit dem 19. Jh. die materialist. L. (u. a. G. Lukács), die dann nach 1945 bes. in den sozialist. Ländern normativ wurde. Die »Widerspiegelungstheorie« forderte von literar. Werken ↗sozialist. Realismus und Parteilichkeit.

Die psychoanalyt. L. der 1960er-Jahre (u. a. H. Marcuse) wandte die Erkenntnisse und Methoden von Freuds Psychoanalyse auf die Literatur an. Ihr Augenmerk richtete sich auf das Verhältnis von Künstler und Werk und auf die Analyse von Psyche, Wünschen und Träumen in literar. Werken.

Die v. a. seit den 1970er-Jahren einflussreiche literatursoziolog. L. (u. a. V. Žmegač), die sich methodisch an der Soziologie orientiert, sieht Literatur als soziales Phänomen und untersucht vornehmlich die Interaktionen der an Literatur beteiligten Personen, also fragt nach dem Publikum, der Rezeption, Wirkung und Lesekultur.

Nachdem sich auch Einflüsse des Feminismus, der Systemtheorie, der Kulturwissenschaft und des Dekonstruktivismus in der L. bemerkbar machen, präsentiert sie sich als eine methodisch wie inhaltlich heterogene Disziplin, die zum Methodenpluralismus neigt.

Literleistung (Hubraumleistung), die auf den Hubraum aller Zylinder bezogene Leistung eines Verbrennungsmotors, Angabe in kW/l.

Litfaßsäule [nach dem Drucker E. Litfaß, * 1816, † 1874], öffentlich aufgestellte Säule, deren Fläche zum Anschlagen von Plakaten verpachtet wird; erstmalig 1855 in Berlin aufgestellt.

lith..., litho... [grch. líthos »Stein«], stein...

Lithergole, ↗Raketentreibstoffe.

Lithiasis [grch.] die, Steinbildung, v. a. in Gallenblase **(Chole-L.)** und Niere **(Nephrolithiasis).**

Lithium [grch.] das, chem. Symbol **Li**, metall. Element aus der 1. Hauptgruppe des Periodensystems, Ordnungszahl 3, relative Atommasse 6,941, Dichte (bei 20 °C) 0,534 g/cm³, Schmelzpunkt 180,5 °C, Siedepunkt 1342 °C. – L. ist das leichteste feste chem. Element. Das silberweiße weiche Alkalimetall läuft an der Luft unter Bildung von Oxid und Nitrid an. Bei Entzündung färben flüchtige L.-Verbindungen die Flamme karmesinrot (Nachweis). L. kommt in kleinen Gehalten in fast allen Magmatiten sowie in einigen Mineralwässern vor. Lithiumhaltige Minerale sind **Lepidolith** (L.-Glimmer), **Petalit** (L.-Aluminiumsilikat), ↗Spodumen und **Amblygonit** (L.-Aluminiumphosphat). Zur Gewinnung des L. werden die Minerale aufgeschlossen und (über mehrere Stufen) in **L.-Chlorid** überführt, aus dem mittels Schmelzflusselektrolyse metall. L. gewonnen wird. L. wird als Legierungsbestandteil, für lithiumorgan. Verbindungen und in Batterien (L.-Zellen) verwendet. In der Kerntechnik dienen die Isotope ^{6}Li (7,5 % der natürl. Konzentration) zur Herstellung von Tritium und ^{7}Li zum Nachweis therm. Neutronen sowie als Abschirmungs- und Reaktorkühlmittel.

Verbindungen: Der Feststoff **L.-Hydrid**, LiH, wird zur Erzeugung von Wasserstoff und als Raketentreibstoff verwendet, ebenso wie **L.-Perchlorat**, LiClO$_4$.

L.-Deuterid, LiD, ist Ausgangssubstanz bei der Kernfusion und als ^{6}LiD Hauptbestandteil von Wasserstoffbomben. **L.-Fluorid,** LiF, dient als Prismenmaterial.

Lithium|ionenzelle, Akkumulator hoher spezif. Energie (120–130 Wh/kg, bei einer Entladespannung von 4–5 V und etwa 1 000 Lade- und Entladezyklen), bei dem Lithiumionen im Elektrodenmaterial eingelagert vorliegen. Beim Aufladen gibt die Kathode Lithiumionen ab, die von der Graphitanode eingelagert werden; beim Entladen läuft der umgekehrte Prozess ab. Als Elektrolyte werden entweder Flüssigelektrolyte (aprot. organ. Lösungsmittel) oder Hybridelektrolyte verwendet. Diese bestehen zu 50 % aus flüssigem organ. Elektrolyt in Matrixsystemen. – L. werden in Mobiltelefonen, Notebooks und Videokameras sowie als Großbatterie in Elektrofahrzeugen verwendet. Sie zeigen keinen ↗ Memory-Effekt.

Lithium-Polymer-Akkumulator, Akkumulator sehr hoher Energiedichte, der sehr klein, leicht, leistungsfähig und zuverlässig ist. L.-P.-A. weisen kein Metallgehäuse auf, die Elektroden sind mit einer flexiblen Kunststoff- oder Aluminiumfolie beschichtet, sodass Akkumulatoren mit anwendungsspezif. Größen und Formen realisiert werden können. L.-P.-A. gewährleisten einen hohen Sicherheitsstandard; im Ggs. zu Lithiumionensystemen können sie nicht auslaufen und sind nicht leicht entzündlich. Anwendungsgebiete sind u. a. unterbrechungsfreie Stromversorgung, mobile Kommunikationstechniken (Digitalkameras), erneuerbare Energien.

Lithiumzelle, langlebige Primärzelle (↗ Batterie) mit Zellenspannungen bis 4 V, bei Energiedichten bis etwa 300 Wh/kg, die sich u. a. durch ihre Einsatzfähigkeit in einem weiten Temperaturbereich auszeichnet; z. T. wieder aufladbar. Als Anode dient das elektrochemisch am stärksten negative Metall Lithium, Kathodenmaterialien sind z. B. Pulver aus Mangan-, Kupfer- oder Chromoxid sowie Halogenverbindungen, wie Lithiumjodid, und Metallsulfide, diese bes. bei der Herstellung wieder aufladbarer Lithiumsysteme. Da Lithium mit wässrigen Lösungen zu heftigen Reaktionen führt, werden wasserfreie flüssige oder Feststoffelektrolyte verwendet, z. B. bei **Lithiumiodzellen,** die vorwiegend in der Medizin als Batterien für Herzschrittmacher eingesetzt werden. L. werden u. a. auch in Uhren, Laptops und Videokameras verwendet.

Lithobiontik die, Erforschung der geolog., geochem. und mineralog. Prozesse, an denen Mikroorganismen aktiv beteiligt sind. Anwendungsbereiche sind z. B. die mikrobielle ↗ Laugung oder die Untersuchung der Beteiligung von Mikroorganismen bei der Entstehung und Diagenese von Gesteinen und Lagerstätten.

Lithofazi|es, den petrograph. Aufbau kennzeichnende Merkmale eines Gesteins.

Lithogenese, *Geologie:* Bildung von Gesteinen, besonders Bildung von Sedimentgesteinen.

Lithographie [grch.] die (Lithografie), **1)** (Steindruck), das älteste Flachdruckverfahren (↗ Druckverfahren); als Druckform dient eine feinporige Kalksteinplatte (Solnhofener Kalkschiefer). Die Zeichnung wird mit Fettkreide oder -tusche auf den Stein gezeichnet. Durch Behandlung mit einer sauren Gummiarabikumlösung wird die zeichnungsfreie Oberfläche des Steins Fett abstoßend (während Wasser vom Stein aufgesogen wird). Beim Befeuchten und anschließenden Einfärben mit fetter Druckfarbe nimmt nur die Zeichnung Farbe an. Bei Steindruckmaschinen wird die Druckform mit Wischwalzen be-

Lithographie 1):
Käthe Kollwitz,
»Hungernde
Kinder« (um 1920)

feuchtet und dann mit Lederwalzen eingefärbt. Für jede Farbe ist ein eigener Durchlauf durch die Presse nötig. Nachdem im 19. Jh. mit leichteren Metallplatten, v. a. mit gekörnten Zinkplatten (Zinkdruck), experimentiert wurde, ist die L. heute weitgehend auf fotograf. Grundlage umgestellt.

Geschichtliches: Nach Versuchen mit geätzten und gravierten Platten gelang A. Senefelder endgültig 1798 die Erfindung des »rein chem.« Flachdrucks. Zunächst war das Druckverfahren nur für nicht künstler. Zwecke (Text- und Notendruck, Reproduktionen) gedacht; der Musikverleger A. André aus Offenbach a. M. veranlasste die Verwendung der L. für die Vervielfältigung bildner. Darstellungen und leitete damit die Entwicklung der Künstler-L. ein. In Dtl. arbeiteten K. F. Schinkel, G. Schadow und dann bes. A. von Menzel in der neuen Technik, in England zeichnete B. West 1801 die erste künstler. L. Zu den Höhepunkten der frühen L. gehören die 13 Blätter vom Stierkampf in Bordeaux von F. de Goya y Lucientes (1825). Karikaturisten wie P. Gavarni, Grandville und H. Daumier schufen v. a. Zeitschriftenillustrationen. Als primär künstler. Medium wurde die L. von J. Whistler, O. Redon, É. Manet und E. Degas genutzt. Gegen Ende des 19. Jh. entwickelte H. de Toulouse-Lautrec die künstler. Möglichkeiten der Farb-L. bes. in der Anwendung auf das Plakat. In seiner Nachfolge arbeiteten die Künstler des Jugendstils. Auch die Expressionisten (bes. E. Munch, E. L. Kirchner. E. Nolde) nutzten die L., ebenso G. Grosz, O. Dix, K. Kollwitz. Eine neue Blütezeit erfuhr sie in Frankreich v. a. durch P. Picasso. Zeitgenöss. Künstler wie R. Lichtenstein und R. Rauschenberg setzten experimentierfreudig neue Akzente.

2) *Halbleitertechnik, Mikrotechnik:* Verfahren zur Übertragung der Strukturen eines Entwurfs für ↗ integrierte Schaltkreise auf Halbleiterscheiben oder einer Mikrostruktur auf einem entsprechenden Substrat unter Anwendung versch. Bestrahlungsmethoden, entweder direkt oder mittels ↗ Masken, wobei auch die Verfahren zur Herstellung der Masken zur L. gerechnet werden.

Ausgangspunkt aller L.-Verfahren ist der in Datenform auf einem Speichermedium vorliegende Entwurf eines Bauelements. Dieser muss als geometr. Muster auf ein Trägermaterial übertragen werden, was nur auf direkte Weise möglich ist, wobei der Strahl einer Belichtungsmaschine durch den Datensatz gesteuert wird. Für die indirekten Verfahren wird so die erforderl. Zahl von primären Masken (Muttermasken) hergestellt, während bei den *direkten L.-Verfahren* das Muster unmittelbar auf den Wafer aufgebracht wird. Dabei können mehrere Durchgänge

(> 10) notwendig sein, um die sich aus dem Entwurf ergebende Komplexität des Bauelements zu erhalten. Auf dem zu belichtenden Material wird zuvor eine strahlungsempfindl. Schicht, der ↗ Resist, aufgebracht, die durch die Bestrahlung an den belichteten Stellen eine Veränderung erfährt. Dadurch wird eine selektive Entfernung der bestrahlten oder der unbestrahlten Gebiete möglich. Die verbleibende Schicht soll das unter ihr befindl. Material vor den Einflüssen der nachfolgenden Prozessschritte schützen oder dient als Form für einen nachfolgenden Galvanikschritt. Während es bei der Maskenherstellung nur auf die Erzeugung strahlungsdurchlässiger und absorbierender Gebiete ankommt, werden den Halbleiterscheiben durch chem. Prozesse (Aufdampfen, Epitaxie u. a.) die eigtl. Funktionselemente wie Leiterbahnen, Dioden oder Transistoren eingeprägt.

Bei den *indirekten L.-Verfahren* wird das Halbleitermaterial unter Zwischenschalten der Masken belichtet, wobei versch. Strahlungsarten verwendet werden können. Das derzeit gängigste Verfahren, die ↗ Photolithographie, erlaubt es, mit übl. Masken und Belichtungswellenlängen zw. 300 und 400 nm Strukturen bis zu 0,8 µm zu übertragen. Für spezielle Anwendungen und in der Mikrotechnik werden aber auch kürzerwellige und energiereichere Strahlen, wie Röntgenstrahlen (↗ Röntgenlithographie), Elektronen- und Ionenstrahlen, verwendet, die eine höhere Auflösung und damit eine größere Integrationsdichte der Bauelemente erlauben oder dickere Resistschichten strukturieren lassen.

Litholyse [grch.] *die,* Auflösen von Steinen in den Gallen- und ableitenden Harnwegen durch Einnahme von Arzneimitteln oder durch direkte Umspülung der Steine mit chem. Lösungsmitteln; v. a. bei Cystin- und Harnsäuresteinen möglich.

Lithometeore, trockene Schwebstoffe in der Atmosphäre wie Staub, Ascheteilchen, Pollen oder Sand.

Lithophanie [grch.] *die,* Platte aus dünnem, unglasiertem Porzellan, in das eine bildl. Darstellung reliefartig eingepresst ist, sodass bei durchfallendem Licht hellere und dunklere Partien entstehen. Wenn die reliefartigen Vertiefungen mit Glasur gefüllt sind, wird das Porzellanbild als **Lithoponie** bezeichnet.

lithophile Elemente, die chem. Elemente, die im Wesentlichen die Gesteinskruste der Erde und den oberen Erdmantel aufbauen. Zu ihnen gehören Aluminium, Silicium, die Lanthanoide, die Alkali- und Erdalkalimetalle; sie haben große Affinität zu Sauerstoff.

Lithopone [zu grch. *pónos* »Mühe«, »Arbeit«] *die,* lichtechtes, gut deckendes Weißpigment, bestehend aus einem Gemisch von Zinksulfid und Bariumsulfat. Verwendung als Anstrichfarbe und Füllstoff für Gummi oder Kunststoffe; wird zunehmend durch Titandioxidpigment ersetzt.

Lithosphäre [grch.], der oberste Bereich der festen Erde, oberhalb der Asthenosphäre, umfasst die Erdkruste und den obersten Erdmantel, reicht bis in 100–300 km Tiefe und besteht aus einer größeren Zahl von Platten, die nach der ↗ Plattentektonik auf der Asthenosphäre bewegt werden.

Lithotelmon [grch.] *das,* Vertiefung im anstehenden Felsgestein im Hochgebirge und an Meeresküsten, die durch Regen, perennierende Fließgewässer oder marinen Spritz- und Hochwassereinfluss mit Wasser gefüllt ist und damit eine extreme Kleinlebensstätte mit entsprechender Kleinlebensgemeinschaft darstellt.

Lithotripsie [grch.] *die* (Steinzertrümmerung), unterschiedl. Verfahren zur Entfernung von Steinen (v. a. Nieren- und Blasensteine) durch Zerkleinerung, die dann auf natürl. Wege abgehen können. Zu den ältesten operativen Eingriffen gehört die L. von Blasensteinen mittels einer speziellen Zange **(Lithotriptor);** sie wird inzwischen unter endoskop. Sicht durchgeführt (mittels Ultraschall, elektrohydraul. Stoßwellen, laserinduzierter Schockwellen oder mechanisch). Bei Nieren- und Harnsteinen sowie bei Gallenblasen- und Gallengangsteinen wird die berührungsfreie **extrakorporale Stoßwellen-L.** eingesetzt; dabei erfolgt die L. mit elektromechan. Stoßwellen (etwa 500–3000 je Behandlung).

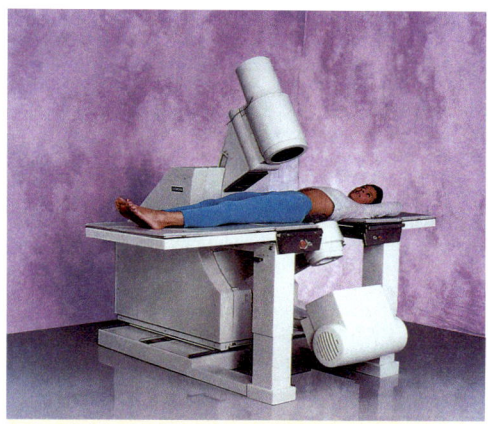

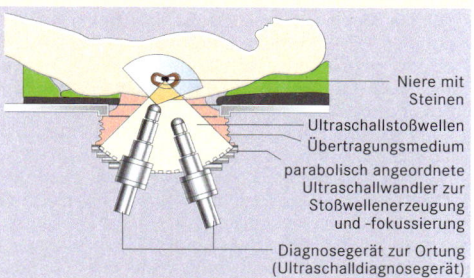

Lithotripsie: oben Stoßwellenlithotriptor, unten Funktion der Stoßwellenlithotripsie

Li Ti, chines. Maler, ↗ Li Di.

Litoměřice [ˈlitɔmjɛʒitsɛ] (dt. Leitmeritz), Stadt in Nordböhmen, Tschech. Rep., am rechten Elbufer gegenüber der Mündung der Eger, 25 700 Ew.; kath. Bischofssitz, kath. Priesterseminar; Nahrungsmittelind.; Elbhafen. – Dom St. Stephan (1664–81 über roman. Basilika erbaut), got. Rathaus (1539 erneuert), Allerheiligen-Stadtkirche (1235, barock umgebaut), zahlr. Häuser im Renaissancestil. – L. entstand aus einer slaw. Burganlage (9. Jh.); seit 1227 Stadt.

litoral [lat.], den Bereich von Küste, Ufer, Strand betreffend, dazu gehörend.

Litotes [grch. »Schlichtheit«] *die,* verneinende Umschreibung eines Sachverhalts, meist in Form des verneinten Gegenteils, z. B. »nicht unbekannt« für »(sehr) berühmt«. (↗ Redefiguren)

Litschi [chines.] *die* (Litschibaum, Litchi), Gattung der Seifenbaumgewächse mit der vielgestaltigen, in S-China beheimateten Art **Litchi chinensis,** ein in den Tropen beliebter, bis 9 m hoher Obstbaum; die Früchte **(Litschis, Lychees)** sind pflaumengroß, mit

Litschi: Frucht

harter, warziger Fruchtwand und einem großen Samen mit saftigem Samenmantel.

Litt, Theodor, Philosoph und Pädagoge, * Düsseldorf 27. 12. 1880, † Bonn 16. 7. 1962; Prof. in Bonn und Leipzig; verfasste Beiträge zur Wiss.theorie, bes. zu den Methodenproblemen der Geisteswiss.en. In Kulturphilosophie wie Pädagogik stellt er neben die Erkenntnis(vermittlung) das Erleben. – *Werke:* Individuum und Gemeinschaft (1919); Führen oder Wachsenlassen (1927); Mensch und Welt (1948); Hegel (1953); Freiheit und Lebensordnung (1962).

Littérature engagée [literaˈtyr ãgaˈʒe, frz.] *die,* ↗ engagierte Literatur.

Little Bighorn River [ˈlɪtl ˈbɪɡhɔːn ˈrɪvə], rechter Nebenfluss des Bighorn River im südl. Montana, USA, rd. 145 km lang. – Am L. B. R. geriet am 25. 6. 1876 eine von G. A. Custer geführte Abteilung der US-Kavallerie in einen Hinterhalt der von Crazy Horse und Sitting Bull geführten Indianer (v. a. Sioux) und wurde völlig vernichtet. Das Schlachtfeld ist heute Nationalfriedhof und Nationaldenkmal.

Little-Krankheit [ˈlɪtl-; nach dem brit. Arzt W. J. Little, * 1810, † 1894], veraltete Bez. für versch. Formen der zerebralen Kinderlähmung aufgrund embryonaler Entwicklungsstörungen bzw. frühkindl. Schädigungen der motor. Nervenbahnen des Gehirns. Kennzeichen sind v. a. Gangstörungen infolge spast. Lähmung der Beine und Intelligenzdefekte.

Little Richard [ˈlɪtl ˈrɪtʃəd], eigtl. Richard Wayne Penniman, amerikan. Rockmusiker (Gesang, Klavier), * Macon (Ga.) 5. 12. 1932 (nach anderen Angaben 1935); war Mitte der 50er-Jahre neben Elvis Presley einer der international bekanntesten Stars des Rock 'n' Roll; Come-back 1986.

Little Rock [ˈlɪtl ˈrɒk], Hptst. des Bundesstaates Arkansas, USA, am Arkansas River, 175 800 Ew.; jurist. und medizin. Fakultät der Staatsuniv.; Möbel-, chem. u. a. Ind.; im SW bed. Bauxitgruben mit Tonerdewerk und Aluminiumhütte.

Littmann, Enno, Orientalist, * Oldenburg (Oldenburg) 16. 9. 1875, † Tübingen 4. 5. 1958; Prof. in Straßburg, Göttingen, Bonn, ab 1921 in Tübingen. Nahm an archäolog. Expeditionen nach Syrien und Äthiopien teil; neben sprach- und literaturwiss. Arbeiten schuf er die erste vollständige Übersetzung der »Erzählungen aus den 1001 Nächten« (6 Bde., 1921–28; Neudruck 1968).

Littoria, ehem. Name des italien. Ortes ↗ Latina.

Littorinameer [nach dem Leitfossil »Littorina littorea«], ältestes Stadium der nacheiszeitl. Entwicklung der Ostsee.

Littré [liˈtre:], Maximilien Paul Émile, frz. Philosoph, Sprachwissenschaftler, Lexikograph, * Paris 1. 2. 1801, † ebd. 2. 6. 1881; Anhänger A. Comtes und des Positivismus; schuf in den 1863–77 ein vierbändiges Wörterbuch der frz. Sprache.

Liturgie [grch. leitourgía »Dienst am Volke«] *die,*
1) in altgrch. Staaten die unentgeltl. Leistung für das Gemeinwesen, erst freiwillig, später eine Steuer.
2) im christl. Sprachgebrauch Bez. für Form und Inhalt der gottesdienstl. Feier; theologisch die Grundfunktion der Kirche, in der ihr ganzes Tun seinen Ausgangspunkt und sein Zentrum hat; in der *kath. Kirche* (Feier der Hl. L. in der ↗ Messe) und in der *orth. Kirche* (Feier der »Göttl. L.«) Bez. für den Gottesdienst selbst, in den *evang. Kirchen* für die äußeren Formen seines Vollzugs (Gottesdienstordnung). Kath. und orth. Theologie sehen in der L. den Vollzug des Priesteramtes Jesu Christi in Wort und Zeichen zur Heiligung des Menschen und Verherrlichung Gottes, die evang. Theologie die Versammlung der Gemeinde um Gottes Wort und Sakrament. Zentrale Stellungen nehmen dabei in der kath. Kirche die Feier der Eucharistie, in den evang. Kirchen die Verkündigung des Wortes Gottes und in den orth. Kirche die Vorstellungen der feierl. Repräsentanz des triumphierenden Christus und der Vereinigung der ird. mit der himml. Kirche (Symphonia) im Vollzug der L. ein.

Liturgik *die,* die wiss. Beschäftigung mit Gesch., Theologie und Formen des Gottesdienstes; in der evang. Theologie ein Hauptgebiet der ↗ praktischen Theologie; innerhalb der kath. Theologie als **Liturgiewissenschaft** eine eigene Disziplin.

liturgische Bewegungen, die Anfang des 20. Jh. innerhalb versch. Kirchen einsetzenden, v. a. von akadem. Kreisen getragenen Bemühungen um liturg. Erneuerung, deren Ziel es war, dem Gottesdienst seine Stellung als Zentrum des Gemeindelebens zurückzugewinnen. In der *kath. Kirche* gingen entscheidende Impulse von den Benediktinerabteien Solesmes (Frankreich) und Beuron, seit 1913/14 von ↗ Maria Laach aus, die v. a. von der kath. Jugendbewegung (R. Guardini) aufgenommen wurden. Ihren Höhepunkt fanden die zahlr. Reformbestrebungen in der Liturgiekonstitution des 2. Vatikan. Konzils (1963). In den *evang. Kirchen Dtl.s* erfolgten wesentl. Impulse durch den ↗ Berneuchener Kreis und die liturg. Konferenzen einzelner Landeskirchen; in der *anglikan. Kirche* durch die Oxfordbewegung. In der *orth. Kirche* gibt es keine l. B. im eigentl. Sinn, da der Gottesdienst (die »Göttl. Liturgie«) traditionell die zentrale Stellung im Leben der Gemeinden einnimmt.

liturgische Bücher, in den *christl. Kirchen* die offiziellen Zusammenstellungen der Texte, Noten und Anweisungen für den Gottesdienst; in der *kath. Kirche* ↗ Missale, ↗ Brevier, ↗ Pontifikale und ↗ Rituale; in den *evang. Kirchen* die ↗ Agende; in der *anglikan. Kirche* das ↗ Common Prayer Book; in der *orth. Kirche* v. a. das ↗ Euchologion mit den Formularen der Basilius- und Chrisostomosliturgie.

liturgische Farben, in den *christl. Kirchen* die je nach Fest bzw. Zeit des Kirchenjahres wechselnden Farben der liturg. Gewänder und Tücher (Paramente); für die *kath. Kirche* verbindlich 1570 im Missale festgelegt und 1970 im erneuerten Messbuch mit geringfügigen Änderungen übernommen: **Weiß** (Oster- und Weihnachtszeit, Herren- und Marienfeste, Feste der Heiligen, die keine Märtyrer waren); **Rot** (Palmsonntag, Karfreitag, Pfingsten, Apostel- und Märtyrerfeste); **Grün** (die Sonntage außerhalb der Weihnachts- und Osterzeit); **Violett** (Advents- und Fastenzeit); **Violett** oder **Schwarz** (Totenmessen). Die *anglikan. Kirche* und die *luth. Kirchen* lehnen sich in Fortführung der mittelalterl. Tradition stark an den kath. Farbenkanon an, wobei die luth. Tradition an **Schwarz** als der Farbe des Karfreitags festhält. Die *ref. Kirchen* gaben aus ihrem Selbstverständnis heraus die liturg. Tradition fast völlig auf. Die *orth. Kirche* kennt keinen verbindl. Farbenkanon; die Symbolik der frühen Kirche fortführend, gilt **Weiß** als Farbe der Auferstehung, **Rot** als Farbe des Blutes Christi, zus. mit **Blau** auch als Farbe der Märtyrer und **Schwarz** bis **Dunkelbraun** als Farbe des asket. Mönchtums.

liturgische Formeln, Anreden, Antworten, Ausrufe und Kurzgebete in den Liturgien der christl. Kirchen, die meist als ehrwürdige Traditionen weitergetragen werden und sehr oft unübersetzt geblieben sind, z. B. Halleluja, Amen, Kyrie eleison.

liturgische Geräte (liturgische Gefäße), die im Gottesdienst der *christl. Kirchen* gebrauchten Geräte und Gefäße; in der *kath. Kirche* z. B. ↗ Ziborium, ↗ Custodia, ↗ Kelch, ↗ Monstranz, ↗ Patene, Ölgefäße und Taufgerät, in den *evang. Kirchen* das Abendmahlsgerät (Patene, Kelch und Kanne); in der *orth. Kirche* Diskos (Patene), Kelch, Heilige Lanze (Gerät zum Zerteilen des Abendmahlsbrotes) und das Taufgerät.

liturgische Gewänder (Paramente), die ausschließlich im Gottesdienst der *christl. Kirchen* von den Geistlichen und liturg. Funktionsträgern getragene Kleidung; in der *kath. Kirche* z. B. Kasel, ↗ Stola, ↗ Zingulum, ↗ Mitra; in den *evang. Kirchen* v. a. der Talar mit Beffchen oder Halskrause; in der *orth. Kirche* Sticharion (Untergewand), Epitrachelion (Stola), Phelonion (Kasel) und für die Bischöfe Omophorion (↗ Pallium), Sakkos (Obergewand) und Mitra.

liturgisches Jahr, in der kath. Kirche gebräuchl. Bez. für das ↗ Kirchenjahr.

liturgische Sprache (Kirchensprache), die in der *christl.* Liturgie gebrauchte Sprache; repräsentiert oft als kunstvoll stilisierte, absichtsvoll mit archaischem Wortgut versehene **Kultsprache** den älteren Bestand einer bestimmten Sprache. In der *kath. Kirche* wurde bis zum 2. Vatikan. Konzil die lat. Sprache verwendet. Die *evang. Kirchen* und die einzelnen *orth. Landeskirchen* halten die Liturgie grundsätzlich in der Landessprache (in den slawisch geprägten orth. Kirchen Osteuropas in der Frühform des ↗ Kirchenslawisch); l. S. in den *Ostkirchen* sind auch Altarmenisch, Altgeorgisch, Altsyrisch, Geez und Koptisch.

Litu|us [lat.] *der,* **1)** im antiken Rom der Krummstab der Auguren, mit dem diese den heiligen Bezirk für die Vogelschau abgrenzten.
2) militär. Signalinstrument der Römer mit langer Röhre und abgebogenem Schallstück.

Litvak, Anatole, Filmregisseur, *Kiew 10. 5. 1902, †Neuilly-sur-Seine 15. 12. 1974; emigrierte 1922 nach Dtl., ging 1937 nach Hollywood und hatte seine großen Erfolge im engl. und frz. Film: u. a. »Mayerling« (1936), »Die Schlangengrube« (1948), »Entscheidung vor Morgengrauen« (1951).

Litwinow, Maxim Maximowitsch, eigtl. Max Wallach, sowjet. Politiker und Diplomat, *Białystok 17. 7. 1876, †Moskau 31. 12. 1951; setzte sich als Volkskommissar des Äußeren (1930–39) für eine Politik der kollektiven Sicherheit gegenüber dem nat.-soz. Dtl. und dem faschist. Italien ein. 1934–38 war er Vertreter der UdSSR beim Völkerbund, 1934–41 Mitgl. des ZK der KPdSU und 1941–43 Botschafter in Washington.

Litze [lat. licium], **1)** *Elektrotechnik:* 1) biegsamer elektr. Leiter aus dünnen, miteinander verseilten oder verflochtenen Einzeldrähten; 2) aus verdrillten Stahldrähten bestehender Strang eines Drahtseils.
2) *Textiltechnik:* 1) (Helfe), Hubelement aus Stahldraht mit Öse (Auge, Maillon) zur Führung der Kettfäden in der Schaft- und Jacquardweberei (Schaft- und Harnischlitzen); 2) bandartiges, schmales Geflecht aus schräg über- und unterkreuzenden Fäden.

Litzmannstadt, 1940–45 dt. Name der poln. Stadt ↗ Lodz.

Liudger (Ludger), erster Bischof von Münster, *Friesland um 742, †Billerbeck 26. 3. 809; von Karl d. Gr. mit der Mission der Friesen und Sachsen beauftragt; gründete Kloster Werden (heute zu Essen); Heiliger, Tag: 26. 3.

Liudolfinger (Ludolfinger, Ottonen), altsächs. Adelsgeschlecht, erlangte mit Graf Liudolf († 866) eine führende Stellung im O Sachsens, mit dessen Sohn Otto († 912) die sächs. Herzogswürde, mit Ottos Sohn Heinrich (I.) die Königswürde im dt. Regnum, mit dessen Sohn Otto I., d. Gr., die Kaiserwürde. Der letzte L. war Heinrich II. († 1024). Nachfolger der L. (auch »sächs. Kaiser« gen.) wurden die Salier.

liturgische Gewänder (von links): Talar mit Beffchen der evangelischen Kirche, grüne Kasel der katholischen Kirche für die allgemeine Kirchenjahrzeit und Mantel der griechisch-orthodoxen Kirche

Liu Shaoqi [-tʃi] (Liu Shao-ch'i), chines. Politiker, *im Kr. Ningxiang (Prov. Hunan) 1898, †Kaifeng 12. 11. 1969; nach Gründung der VR China 1949–54 stellv. Vors. der Volksreg. und 1954–59 Vors. des Ständigen Ausschusses des Nat. Volkskongresses. 1956 wurde er stellv. Vors. der KPCh und 1959 Vors. der Volksrep. China (Staatsoberhaupt). L. S. galt als designierter Nachfolger Mao Zedongs, zu dem er jedoch wegen seiner pragmatischeren Politik bald in scharfen Ggs. geriet. Während der Kulturrevolution wurde er 1966 weitgehend entmachtet und 1968 aller Ämter enthoben sowie aus der Partei ausgeschlossen; er starb in der Haft.

Liutizen (Lutizen), Bund westslaw. Stämme (Kessiner, Circipaner, Tollenser, Redarier) im östl. Mecklenburg, in Vorpommern und im Havelgebiet; Haupt- und Tempelort war Rethra. Die L. leisteten erbitterten Widerstand gegen dt. und poln. Oberherrschaft (Slawenaufstand 983); Anfang des 12. Jh. wurden sie unterworfen, die Markgrafen von Brandenburg und Fürsten von Mecklenburg fügten ihr Land mithilfe der christl. Mission (Christianisierung) und dt. Siedler (dt. Ostsiedlung) allmählich dem Hl. Röm. Reich ein.

Liutprand (Liudprand), König der Langobarden (seit 712), †744; kämpfte mit Karl Martell 739 gegen die Araber in der Provence. Unter L. erreichte das Langobardenreich seine größte Blüte.

Liutprand von Cremona, langobard. Geschichtsschreiber und Diplomat, *Pavia (?) um 920, † um 972; stand im Dienst König Ottos I., d. Gr., seit 961 Bischof von Cremona. Seine Werke (»Antapodosis«; »Historia Ottonis«; »Relatio de legatione Constantinopolitana«) sind (trotz ihrer Subjektivität) wichtige Quellen für die Gesch. Italiens im 10. Jahrhundert.

live [laɪf, engl.], *Hörfunk, Fernsehen:* unmittelbar, direkt. – Bei der **Livesendung (Direktsendung, Originalübertragung)** wird unmittelbar aus dem Studio oder vom Ort des Geschehens aus über den Sender öffentlich übertragen.

Live-Elektronik [ˈlaɪf-, engl.], i. w. S. jede Art der akust. Realisation von Musik, bei der den verwendeten elektron. Übertragungs-, Steuer- und Effektgeräten ein substanzieller Anteil am Klangergebnis zukommt (z. B. auch in Live-Rockkonzerten); i. e. S. ab Mitte der 1960er-Jahre Bez. für einen Bereich der ↗ elektronischen Musik, bei der die Klangproduktion aus dem Studio unmittelbar in den Konzertsaal verlagert wird und Werke entstehen, die auf eine enge kompositor. Verknüpfung von konkretem Klangmaterial

Maxim Litwinow

(Stimme, Instrumente) und elektron. Klangmaterial wie Sinustönen, Kurzwellenempfänger u. a. abzielen (z. B. K. Stockhausen, »Mixtur«, 1964; »Mantra«, 1965). Ein wesentl. Ziel der L.-E. war von Anbeginn an die Einbeziehung des Raumes als eines (neuen) musikal. Parameters, u. a. mithilfe speziell entwickelter Lautsprechersysteme (Kugelraum, Rotationstisch). Ab den 70er-Jahren haben ⁄ Synthesizer und Computer durch neuartige Realisationsmöglichkeiten auch komplexerer musikal. Prozesse die L.-E. nachhaltig beeinflusst.

Liven, südlichster Zweig der Ostseefinnen, fast vollständig in Letten und Esten aufgegangen.

Liverpool
Stadtwappen

Liverpool ['lɪvəpuːl], Stadt in der Metrop. County Merseyside, in W-England, an der Mündung der Mersey in die Irische See, 463 700 Ew.; Sitz eines anglikan. Bischofs (die Kathedrale, 1978 geweiht, ist die größte Kirche Englands) und eines kath. Erzbischofs. Univ. mit Schule für Tropenmedizin, Musikhochschule (L. Institute for Performing Arts), Polytechnikum (seit 1992 Univ.), Museen (u. a. Walker Art Gallery, Tate Gallery of the North, Beatles-Museum), Theater, Bibliotheken, botan. und zoolog. Garten. Dominierende Ind.zweige sind Feinmechanik, Elektrotechnik mit Elektronik, Maschinen- und Fahrzeugbau, Herstellung von Chemikalien und Pharmazeutika; Bekleidung, Möbel, Gummiwaren, Papier u. a.; Druckereien. Bed. Seehafen; neue Hafenanlagen entstanden in der mit L. zusammengewachsenen Stadt **Bootle**; internat. Flughafen. – Im Stadtbild überwiegen Geschäftshäuser des 19. und 20. Jh.; u. a. St. George's Hall im klassizist. Stil (1838–54). Die anglikan. Kirche auf dem Saint James' Mount (1904–78 in neugot. Stil) ist die größte Kirche Großbritanniens. – L. erhielt 1207 Stadtrecht; durch Handel mit Amerika und Westindien im 18. Jh. Aufstieg zur bed. Hafenstadt.

Liverpool ['lɪvəpuːl], Robert Banks Jenkinson, Earl of (seit 1808), Baron of Hawkesbury, brit. Politiker, * London 7. 6. 1770, † ebd. 4. 12. 1828; 1801–04 Außenmin., 1804–06 und 1807–09 Innenmin., 1809–12 Kriegs- und Kolonialmin., 1812–27 Premiermin.; verhinderte eine Wahlreform und die Emanzipation der Katholiken.

Livia Drusilla
Marmorbüste
(Kopenhagen, NY Carlsberg Glyptotek)

Liverpool, FC, engl. Fußballklub, gegr. 1892; internat. Erfolge: Europapokal der Landesmeister (1977, 1978, 1981, 1984), UEFA-Pokal (1973, 1976, 2001), Supercup (1977).

Livia Drusilla, röm. Kaiserin, * 58 v. Chr., † 29 n. Chr.; seit 38 v. Chr. die zweite Gemahlin des Kaisers Augustus, übte auf ihren Gatten großen Einfluss aus und sicherte ihrem Sohn aus erster Ehe, Tiberius, die Nachfolge.

Livinental, die Valle ⁄ Leventina.

Livingston ['lɪvɪŋstən], Stadt in Schottland, östlich von Edinburgh, Verw.Sitz von West Lothian, 41 600 Ew.; 1962 als New Town zur Entlastung von Glasgow gegr.; u. a. elektron. Industrie.

Livingstone ['lɪvɪŋstən] (auch Maramba), Prov.hauptstadt in Sambia, nördlich der Victoriafälle des Sambesi, 108 000 Ew.; Pkw-Montagewerk, Holz-, Tabak-, Textil- u. a. Ind.; Verkehrsknotenpunkt mit Eisenbahnwerkstätten und internat. Flughafen.

David Livingstone

Livingstone ['lɪvɪŋstən], David, brit. Afrikaforscher, * Blantyre (bei Glasgow) 19. 3. 1813, † Chitambo (Sambia) 1. 5. 1873; urspr. Missionar, unternahm seit 1849 mehrere Reisen ins Innere Afrikas; durchquerte 1854–56 als erster Forscher den Kontinent von W nach O (von Luanda nach Quelimane); erforschte den Lauf des Sambesi, wo er 1855 die Victoriafälle fand, und entdeckte den Ngami-, Chil-

wa-, Njassa-, Mweru- und Bangweolosee. 1871 traf er in Udjidji mit H. M. Stanley zus., der den als verschollen geltenden L. suchte. Gemeinsam erkundeten sie den N des Tanganjikasees. Dann zog L. allein südwärts zu einer weiteren Erforschung des Bangweolosees, in dem er eine Quelle des Nils vermutete, und starb am S-Ufer des Sees.

Livingstonefälle ['lɪvɪŋstən-] (Ingafälle), Wasserfälle im Unterlauf des Kongo, zw. Kinshasa und Matadi, Demokrat. Rep. Kongo.

Livingstonegebirge ['lɪvɪŋstən-], Bergland in Tansania, im NO des Malawisees, bis 2 500 m ü. M.

Living Theatre ['lɪvɪŋ 'θɪətə, engl. »lebendes Theater«], 1951 von den Piscator-Schülern Julian Beck (* 1925, † 1985) und Judina Malina (* 1926) in New York gegr. avantgardist. Theatertruppe. Spielte ab 1952 im Cherry Lane Theatre, 1957–63 im eigenen Theater, in dem es zunehmend eigene Stücke aufführte. Ziel der bes. in den 1960er-Jahren einflussreichen Truppe war es, die Möglichkeit des friedfertigen Zusammenlebens der Menschen und Nationen vorzuführen. In den 1960er- und 1970er-Jahren unternahm es Tourneen durch Europa und die USA, z. T. als Straßentheater, das v. a. Arbeiter, Arbeitslose und Ausgegrenzte erreichen wollte. Das L. T. verband versch. Formelemente (Happening, Montage, Ritual), um Konventionen aufzulösen und die Trennung zw. Schauspieler und Publikum, Kunst und Alltag aufzuheben.

Livistona die, Fächerpalmengattung, beheimatet von O-Afrika bis nach dem trop. Asien und Australien; z. T. als Zimmerpflanzen kultiviert.

Livius, Titus, röm. Geschichtsschreiber, * Patavium (Padua) 59 (?) v. Chr., † ebd. 17 n. Chr.; schrieb eine durch kunstvolle Darstellung ausgezeichnete röm. Gesch. (»Ab urbe condita«) in 142 Büchern von der Gründung der Stadt Rom (753 v. Chr.) bis zum Tode des Drusus (9 v. Chr.). Erhalten sind nur die Bücher 1–10 und 21–45. Durch sein Werk, dessen histor. Wahrheitsgehalt heute von der krit. Forschung in vielem verworfen wird, hat er in der Antike, dann von der Renaissance bis zum Beginn des 19. Jh. das Bild der röm. Gesch. wesentlich mitbestimmt.

Livius Andronicus, Lucius, der älteste bekannte lat. Dichter, * um 280 v. Chr., † nach 207 v. Chr.; kam wahrscheinlich aus Tarent nach Rom; übersetzte die »Odyssee« ins Lateinische und bearbeitete grch. Tragödien und Komödien in lat. Versen.

Livland, histor. Landschaft im Baltikum, benannt nach den Liven, die an der W-Küste des Rigaischen Meerbusens und im Mündungsgebiet der Düna siedelten. Zunächst Bez. für das gesamte Gebiet zw. Ostsee, Peipussee und Litauen, zu Beginn des 13. Jh. unterworfen und christianisiert durch den Schwertbrüderorden. 1207 wurde Bischof Albert I. von Riga mit L. als Reichslehen belehnt. Bis ins 16. Jh. gehörten neben dem balt. Ordensgebiet auch das Erzbistum Riga und die Bistümer Dorpat, Ösel-Wik und Kurland zu L. (Livländ. Bund). 1522 fand die Reformation Eingang. Im ⁄ Livländischen Krieg zerfiel die territoriale Einheit. 1561 fiel Estland an Schweden, Kurland wurde ein Herzogtum unter poln. Lehnshoheit; seitdem hieß nur noch das dazwischen liegende Gebiet L. Dieses wurde 1561 polnisch, kam 1629/60 an Schweden (mit Ausnahme Lettgallens), 1721 (Frieden von Nystad) an Russland. Seitdem war das **Gouvernement L.** eine der drei russ. ⁄ Ostseeprovinzen. Nach dem Ersten Weltkrieg wurde L. zw. Lettland und Estland nach der Sprachgrenze geteilt.

Livländischer Krieg, 1558–82/83 Krieg Russlands um Livland, den Zar Iwan IV. zunächst gegen den Dt. Orden führte. Nach anfängl. militär. Erfolgen Russlands (1558 Eroberung Narwas und Dorpats, 1560 Sieg über die Ordensritter bei Ermes) weitete sich der Krieg durch das Eingreifen Polens und Schwedens aus, denen sich 1561 die Gebiete des zerfallenen Ordensstaates unterworfen hatten. Nach Verdrängung des russ. Heeres musste das Zarenreich im Friedensschluss mit Polen (1582) auf Livland und in den Friedensabkommen mit Schweden (1583 und 1595) auf Estland verzichten.

Livorno, 1) Prov. in der Toskana, Italien, 1 218 km², 334 000 Einwohner.
2) Hptst. von 1), wichtiger Hafen an der W-Küste Italiens, südlich der Arnomündung, 161 300 Ew.; Marineakademie; Museen; Börse; Erdölraffinerie, chem., Zement-, Metall verarbeitende, Textilind., Werften, Stahlwerk. – L. kam 1421 von Genua an Florenz; entwickelte sich seit 1530 zu einem der Haupthäfen des westl. Mittelmeerraumes.

Livre [livr, von lat. libra »Waage«, »Gewogenes«, »Pfund«] *der* oder *das,* 1) frz. Rechnungsmünze (= 20 Sous); 1796 durch den Franc abgelöst.
2) alte frz. Masseneinheit unterschiedl. Größe; 1 L. = 489,5 g im Handel, als Apothekergewicht 367,13 g; ab 1812 einheitlich 500 g.

Livree [li'vre:] *die,* uniformartige Diener- oder Dienstkleidung, heute v. a. im Hotelgewerbe.

Liwadija, Schwarzmeerkurort an der Südküste der Krim, Ukraine, 3 km südwestlich von Jalta; bis 1917 Sommersitz des Zaren (ehem. Zarenpalast von 1865, 1945 Tagungsort der Jaltakonferenz).

Liwan [pers.] *der,* oriental. Bauform, ↗ Iwan.

Lizard, The [ðə ˈlɪzəd]. Halbinsel in Cornwall, SW-England, endet im Kap **Lizard Point,** dem südlichsten Punkt der Insel Großbritannien.

Lizenz [lat.] *die,* 1) *allg.:* Erlaubnis, Genehmigung, Befugnis.
2) *Recht:* die vom Inhaber eines Patents, Gebrauchsmusters, Sortenschutzes, einer Marke oder vom Urheber (im Urheberrechts-Ges. Nutzungsrecht gen.) einem anderen erteilte Erlaubnis, sein Recht, meist gegen eine **L.-Gebühr,** ausschließlich oder neben anderen (einfache L.) zu nutzen.
3) *Sport:* die durch einen Verband erteilte Erlaubnis, eine Sportart beruflich (↗ Berufssportler) ausüben zu dürfen und als Angestellter eines Vereins (einer Firma) feste Bezüge zu erhalten (L.-Spieler, im Motorsport Lizenzfahrer).

Lizenz|ausgabe, Buchausgabe eines schon zuvor erschienenen Werkes, aufgrund einer Ermächtigung durch den die Rechte an diesem Buch besitzenden Verleger (Lizenzgeber) an einen anderen Verleger (Lizenznehmer).

Lizenziat [lat. »der mit Erlaubnis Versehene«] *das,* Abk. **Lic.** oder **Liz.,** akadem. Grad. Im MA. ein Univ.grad mit Lehrbefugnis; wird heute in Dtl. nur noch von wenigen Hochschulen und Fakultäten (v. a. im Bereich kath. Theologie: **Lic. theol.**) vergeben; in der Schweiz und Österreich – abgesehen von techn. Hochschulen – der allg., berufsbildende Studienabschluss.

Lj, Einheitenzeichen für ↗ Lichtjahr.

Ljapunow, Alexander Michailowitsch, russ. Mathematiker, * Jaroslawl 6. 6. 1857, † Odessa 3. 11. 1918; Prof. in Charkow und Petersburg; arbeitete v. a. über Differenzialgleichungen, Wahrscheinlichkeitsrechnung und Potenzialtheorie.

Ljubimow, Juri Petrowitsch, israel. Schauspieler und Regisseur russischer Herkunft, * Jaroslawl 30. 9. 1917; ab 1964 Chefregisseur am Moskauer Theater an der Taganka, das er als krit. Avantgardetheater in die

Ljubljana: Teilansicht der Altstadt mit der auf dem 77 m hohen Schlossberg gelegenen Burg aus dem 12. Jh.

antiillusionist. Tradition von W. E. Mejerchold und B. Brecht stellte. Lebte und arbeitete ab 1983 im westl. Ausland (1984 ausgebürgert, 1989 wurde ihm die russ. Staatsbürgerschaft wieder zuerkannt); seit 1988 israel., seit 1999 auch ungar. Staatsbürger. 1989–93 war L. wieder Chefregisseur des Taganka-Theaters, das er wegen künstler. Differenzen verließ; ab der Spielzeit 1994/95 für drei Jahre Chefregisseur der Oper Bonn.

Ljubljana (dt. Laibach), Hptst. der Rep. Slowenien, in Krain, oberhalb der Mündung der Ljubljanica in die Save, 264 300 Ew.; Kultur- und Wirtschaftszentrum, kath. Erzbischofssitz; Univ. (gegr. 1595), Slowen. Akademie der Wiss.en und Künste, Inst. für Kernforschung, Nationalmuseum, -archiv, -bibliothek, -galerie, Museen, Theater, Konservatorium; Maschinenbau, chem.-pharmazeut., elektrotechn., Textil- u. a. Ind.; Messestadt; internat. Flughafen, Eisenbahnknoten. – Die Altstadt ist kreisförmig um den 77 m hohen Schlossberg mit mittelalterl. Burg (12. Jh.) angelegt, zahlr. barocke Sakral- und Profanbauten, Bauten des Wiener Historismus und des Jugendstils. – Illyr. Siedlung **Emona,** später röm. Militärlager; um 34 v.Chr. röm. Kolonie; 1144 erstmals als Laibach erwähnt, fiel die Stadt 1276 an Habsburg und wurde Hauptort von Krain; erhielt 1320 Stadtrecht; 1461 Bischofssitz; 1809–13 Hptst. der Illyr. Provinzen; nach 1848 Mittelpunkt der slowen. Nationalbewegung; 1918–91 kam die Stadt zu Jugoslawien.

Ljunga [ˈjuŋa] *der,* Fluss in Mittelschweden, 350 km lang, entspringt in Jämtland, bildet viele Seen und Wasserfälle, mündet südlich von Sundsvall in den Bottn. Meerbusen.

Ljungström [ˈjʊŋ-], Fredrik, schwed. Maschineningenieur, * Stockholm 16. 6. 1875, † ebd. 18. 2. 1964; entwickelte eine Turbinenlokomotive (1916) und das erste vollautomat. Kraftwagengetriebe (1927).

Ljusna [ˈjuːsna] (Ljusneälv), Fluss in Mittelschweden, 430 km lang, entspringt in Härjedalen, bildet Stromschnellen, mündet südlich von Söderhamn in den Bottn. Meerbusen.

Lkw (LKW), Abk. für **L**ast**k**raft**w**agen.

Llanelli [laːˈnɛlɪ], Ind.stadt in S-Wales, 45 000 Ew.; Metall verarbeitende und Weißblechind., Zinnwerke.

Llano Estacado [ˈlaːnəʊ estəˈkadəʊ; span. »abgesteckte Ebene«, nach den Pfählen, mit denen man

Ljubljana
Stadtwappen

Llan Llanos

die Pfade und Wasserstellen bezeichnet] (Staked Plain), 1000–1500 m hohes, wüstenhaftes Plateau in den Great Plains der Bundesstaaten Texas und New Mexico, USA; extensive Viehhaltung; Erdöl- und Erdgasförderung.

Llanos [ˈʎanɔs, span. »Ebene«], baumarme bis baumlose Ebenen in den wechselfeuchten Tropen Lateinamerikas, v. a. aber für die **L. del Orinoco** des Orinocotieflandes.

Lleida [ˈʎɛiða] (span. Lérida), **1)** Prov. in Katalonien, Spanien, 12 173 km², 360 400 Einwohner.
2) Hptst. von 1), am Segre, 112 000 Ew.; Bischofssitz (seit 1149), Priesterseminar; Textil-, Glas- und Nahrungsmittelind.; Mittelpunkt eines Bewässerungsfeldbaugebietes. – Alte Kathedrale (13. Jh., über einer ehem. Moschee erbaut), klassizist. Neue Kathedrale, auf einem Hügel im W ehem. Burg der Tempelritter. – L., von den Römern **Ilerda** gen. und befestigt, als Larida Blütezeit unter den Arabern (711–1149); wurde nach der Reconquista Sitz des katalan. Cortes; hatte 1300–1713 eine bed. Universität.

Llewellyn [ˈluːelɪn], Richard, eigtl. R. Dafydd Livian L. Lloyd, walis. Schriftsteller und Filmproduzent, * Saint David's (Pembrokeshire) 8. 12. 1906, † Dublin 28. 11. 1983; schrieb populäre Unterhaltungsromane aus der Bergarbeiterwelt von Wales (»So grün war mein Tal«, 1939); Drehbuchautor.

Lloyd [lɔɪd], **1)** Frank, amerikan. Filmregisseur schott. Herkunft, * Glasgow 2. 2. 1888, † Los Angeles (Calif.) 10. 8. 1960; ab 1913 in den USA; neben kommerziellen auch bed. Filme wie »The divine lady« (1929) und »Meuterei auf der Bounty« (1935).
2) Harold, amerikan. Schauspieler, * Burchard (Nebr.) 20. 4. 1893, † Beverly Hills (Calif.) 8. 3. 1971; Komiker, v. a. des amerikan. Stummfilms: u. a. »Großmutters Liebling« (1922), »Ausgerechnet Wolkenkratzer« (1923), »Der kleine Bruder« (1927).

David Lloyd George

Lloyd George [lɔɪd ˈdʒɔːdʒ], David, Earl L. G. of Dwyfor (seit 1945), brit. Staatsmann, * Manchester 17. 1. 1863, † Llanystumdwy (Wales) 26. 3. 1945; seit 1890 liberaler Abg. im Unterhaus, 1905–08 Handelsmin. und 1908–15 Schatzkanzler; führte eine obligator. Sozialversicherung ein und beschränkte das Vetorecht des Oberhauses (1911). Im Ersten Weltkrieg war er neben Lord Kitchener Organisator der Kriegführung, wurde 1915 Munitions-, 1916 Kriegsmin. Als Premierm. (1916–22) nahm er auf der Pariser Friedenskonferenz (1919) eine vermittelnde Stellung zw. W. Wilson und G. Clemenceau ein. Er wandte sich bes. gegen die territoriale Zerstückelung des Dt. Reichs. In der irischen Frage gelang ihm mit dem Vertrag von 1920, der den Irischen Freistaat begründete, aber Nordirland bei Großbritannien beließ, ein Erfolg. Seit 1929 blieb L. G. ohne polit. Einfluss.

Andrew Lloyd Webber

Lloyd's [lɔɪdz], Kurzform für Corporation of Lloyd's, Vereinigung von privaten Einzelversicherern (Underwriter) in Großbritannien mit Sitz in London; ben. nach Edward Lloyd (* um 1688, † 1713), dessen Londoner Kaffeehaus Ende des 17. Jh. Zentrum der Schiffsinteressenten und Seeversicherer wurde. L. ist kein Versicherungsunternehmen, sondern ein Zusammenschluss brit. und ausländ. Einzelversicherer zum börsenmäßigen Betrieb von Versicherungsgeschäften aller Art. Jedes Mitgl. gehört mindestens einem der (meist spezialisierten) 88 Syndikate an. Jeder Underwriter haftet unbegrenzt mit seinem gesamten Vermögen für den übernommenen Risikoanteil, muss bei einer Aufsichtsbehörde ähnl. Lloyd's Committee Sicherheiten hinterlegen (Lloyd's Deposits) und sich regelmäßigen Buchprüfungen unterwerfen.

Löbau Stadtwappen

Die Weltinstitution L. unterhält Vertreter in allen Welthäfen und gibt seit 1760 das »Lloyd's Register of Shipping« (Verzeichnis aller Schiffe, Reedereien, Werften usw.) heraus.

Lloyds TSB Group plc [lɔɪdz tiːesˈbiː gruːp piːelˈsiː], internat. tätige brit. Großbank, entstanden 1995 durch Fusion von Lloyds Bank PLC (gegr. 1765) und TSB Group plc; Sitz: London.

Lloyd Webber [lɔɪd ˈwebə], Andrew, Baron of Sydmonton (seit 1997), brit. Komponist, * London 22. 3. 1948; wurde v. a. durch die Rockopern »Jesus Christ Superstar« (1971) und »Evita« (1978) sowie die Musicals »Cats« (1981), »Starlight express« (1984), »Das Phantom der Oper« (1986), und »Sunset Boulevard« (1993) bekannt.

lm, Einheitenzeichen für ↗ Lumen.

LM, Abk. für engl. Lunar Module, die Mondlandeeinheit beim ↗ Apollo-Programm.

ln, Abk. für den natürl. ↗ Logarithmus.

Loach [ləʊtʃ], Ken(neth), brit. Filmregisseur, * Nuneaton 17. 6. 1936; dreht seit den 1960er-Jahren sozial engagierte Filme, die durch Schilderungen der Schattenseiten der Gesellschaft größte Authentizität erlangen. – Filme: Poor Cow (1967); Kes (1969); Black Jack (1979); Riff-Raff (1990); Sweet sixteen (2002).

Lob [lɔb, engl.] der, **1)** Badminton, Tennis: hoher, weit geschlagener Ball, mit dem der Gegner überspielt werden soll.
2) Volleyball: angetäuschter Schmetterball, der hoch über den gegner. Block oder an diesem vorbeigeschlagen wird.

Lobärpneumonie, auf einen oder mehrere Lungenlappen begrenzte Form der ↗ Lungenentzündung.

Lobatschewski, Nikolai Iwanowitsch, russ. Mathematiker, * Nischni Nowgorod 2. 11. 1793, † ebd. 24. 2. 1856; Prof. in Kasan; einer der Entdecker der nichteuklid. Geometrie.

Lobau die, Auenlandschaft (21,6 km²) am linken Donauufer im 22. Wiener Bez. (Naturschutzgebiet); Versteppung nach Donauregulierung (1875); durch Siedlungen und Ind.anlagen stark verändert.

Löbau (sorb. Lubij), Stadt im Landkreis Löbau-Zittau, Sachsen, in der Oberlausitz, seit 2000 Große Krst., 16 200 Ew.; Lebensmittelind., Fahrzeug-, Leuchten-, Flügel- und Pianobau, Granitverarbeitung. Zum Stadtgebiet gehört der **L.er Berg** (449 m ü. M.) mit einem gusseisernen Aussichtsturm (1854). – Romanisch-got. Nikolaikirche (13.–14. Jh.); Barockrathaus (1711). – L. wurde 1221 erstmals als Stadt (Oppidum) bezeugt; gehörte seit 1346 zum Sechsstädtebund (↗ Oberlausitz); bis 1994 Kreisstadt.

Löbau-Zittau, Landkreis im RegBez. Dresden, Sachsen, 699 km² und 152 300 Ew.; Krst. ist Zittau.

Lobby [engl.] die, im parlamentar. Sprachgebrauch die Wandelhalle im Parlament (urspr. im brit. Unterhaus), wo die Abg. mit Außenstehenden verhandeln können. Daraus entstand in den USA der Begriff des »Lobbying« (**Lobbyismus**). Die **Lobbyisten,** d. h. Vertreter von Interessengruppen (↗ Pressuregroups), versuchen die Volksvertreter (aber auch Verw.beamte, Richter u. a.) auf informellem Weg in ihrem Sinn zu beeinflussen.

Löbe, Paul, Politiker (SPD), * Liegnitz (heute Legnica) 14. 12. 1875, † Bonn 3. 8. 1967; Schriftsetzer, 1899–1919 Chefredakteur der Breslauer »Volkswacht«, 1920–33 MdR, war 1920–24 und 1925–32 Reichstagspräs.; 1933 und 1944 in nat.-soz. Haft. 1945 beteiligte er sich maßgeblich am Wiederaufbau der SPD. 1949–53 war L. MdB und 1954–67 Präs. des Kuratoriums »Unteilbares Deutschland«.

Lobektomie [grch.] *die,* 1) operative Entfernung eines Lungenlappens, z. B. bei Lungenkrebs; 2) operative Entfernung eines Leberlappens.

Lobelie *die* (Lobelia), Gatt. der Glockenblumengewächse; Kräuter und Halbsträucher in den gemäßigten und wärmeren Zonen. Eine Zierpflanze ist die **Blaue L.** (**Männertreu,** Lobelia erinus), eine dichtwüchsige, bis 25 cm hohe Sommerblume aus S-Afrika mit blauen oder weißen Blüten.

Lobenstein (Moorbad L.), Stadt im Saale-Orla-Kreis, Thür., am N-Rand des Frankenwaldes, 505 m ü. M., 7400 Ew.; Kur- und Erholungsort; Feingusswerk, elektron., Holzindustrie. – Oberhalb des altfränk. Marktes die Ruine der mittelalterl. Burg; barockes Neues Schloss (1714–18). – 1250 erstmals erwähnt; bis 1994 Kreisstadt.

Lobito [luˈβitu, portugies.], Hafenstadt in Angola, 150 000 Ew.; Ausgangspunkt der Benguelabahn; Werften, Zementfabrik, Salzgewinnung; Fischverarbeitung; Flugplatz. – Gegr. 1843 an der **Lobitobucht.**

Lobkowitz (Lobkowicz), böhm. Adelsgeschlecht, nannte sich nach der Burg L. bei Prag, 1624 in den Reichsfürstenstand erhoben; bed. u. a. der böhm. Erzkanzler und Humanist Bohuslaw L. von Hassenstein (* 1462, † 1510).

Lobo Antunes [-ʃ], António, portugies. Schriftsteller, ↗ Antunes, António Lobo.

Lobositz, Stadt in der Tschech Rep., ↗ Lovosice.

Local Government [ˈləʊkl ˈgʌvənmənt], im angloamerikan. Bereich die Kommunalverwaltung im Rahmen staatl. Aufsicht, die durch Gebietskörperschaften ausgeübt wird.

Locarno, Bezirkshptst. im Kt. Tessin, Schweiz, am Nordende des Lago Maggiore, 209 m ü. M., 14 300 Ew.; heilklimat. Kurort; Sonnenobservatorium; bed. sommerl. Fremdenverkehr; Internat. Filmfestspiele (seit 1946); Textil-, Elektronikind., Herstellung von Aufzügen. – Bed. Kirchen, u. a. die Wallfahrtskirche Madonna del Sasso (1616 geweiht), Schloss (15. Jh.; beherbergt heute das stadtgeschichtl. Museum). – 789 erstmals erwähnt; 1186 Reichsfreiheit; kam 1342 an die Mailänder Visconti; nach Eroberung durch die Eidgenossen 1513–1798 eidgenöss. Landvogtei; seit 1803 gehört L. zum Kt. Tessin.

Locarnoverträge (Locarnopakt), die auf der Konferenz von Locarno (5.–16. 10. 1925) ausgehandelten Verträge über ein Sicherheitssystem in W-Europa. In dem am 1. 12. 1925 in London unterzeichneten Hauptvertrag (West-, Rheinpakt) verpflichteten sich das Dt. Reich (Außenmin. G. Stresemann), Frankreich und Belgien unter Garantie Großbritanniens und Italiens, die im Vertrag von Versailles festgelegten dt. Westgrenzen und die entmilitarisierte Rheinlandzone zu achten. Am 7. 3. 1936 erklärte Hitler den Pakt für hinfällig und ließ Truppen ins Rheinland einrücken.

Locatelli, Pietro Antonio, italien. Violinist und Komponist, * Bergamo 3. 9. 1695, † Amsterdam 30. 3. 1764, Schüler A. Corellis; einer der bedeutendsten Violinvirtuosen seiner Zeit; komponierte u. a. Concerti grossi, Konzerte und zahlr. Violinsonaten.

Loccum, Ortsteil von Rehburg-L., Landkreis Nienburg/Weser, Ndsachs.; ehem. Zisterzienserabtei (1163 gegr.), seit 1593 evang. Kloster (Beibehaltung der klösterl. Verfassung) und Predigerseminar; 1924 Eingliederung in die Evang.-Luth. Landeskirche Hannovers, deren Landesbischof zugleich Abt von L. ist; seit 1952 angeschlossen eine Evang. Akademie mit Pastoralkolleg.

Loch [schottisch-gälisch lɑːx, irisch-gälisch lɔx, engl. lɔx, lɔk] *der* (anglisiert in Irland auch Lough), See, Meeresbucht; z. B. Loch Ness.

Loch, 1) *Festkörperphysik:* ↗ Defektelektron. 2) *Quantenmechanik:* ↗ Löchertheorie.

Lochamer-Liederbuch, Minneliederhandschrift, entstanden zw. 1450 und 1460, benannt nach einem der ersten Besitzer, dem Nürnberger Patrizier Wölflin von Lochamer; Hauptquelle des älteren dt. Volkslieds und mehrstimmigen Gesangs.

Löcherleitung, *Festkörperphysik:* die Leitung des elektr. Stroms durch ↗ Defektelektronen.

Löchertheorie (diracsche L.), *Quantenmechanik:* eine von P. Dirac entwickelte Theorie (↗ diracsche Wellengleichung), in der die Positronen als unbesetzte Zustände (Löcher) in dem sonst mit Elektronen vollständig besetzten Kontinuum negativer Energiezustände (Dirac-See) aufgefasst werden. Die Anhebung eines Elektrons negativer Energie in einen Zustand positiver Energie entspricht der Erzeugung eines Elektron-Positron-Paares (↗ Paarbildung), das Zurückfallen des Elektrons in das Loch im Dirac-See der Paarvernichtung. Die L. hat auch für andere Teilchen mit von null verschiedener Ruhemasse und halbzahligem Spin Gültigkeit. – Die L. wurde später in der Festkörperphysik angewendet.

Lochien [von grch. locheia »Geburt«], der Wochenfluss (↗ Wochenbett).

Lochkamera, die ↗ Camera obscura.

Lobelie: Blaue Lobelie, auch Männertreu genannt

Locarno: Die 1616 geweihte Wallfahrtskirche Madonna del Sasso liegt nordwestlich über Locarno am Nordende des Lago Maggiore; im Hintergrund die Tessiner Alpen.

Lochkarte, 1) *Datenverarbeitung:* maschinell lesbarer Datenträger, der durch Stanzen von Löchern in eine Karte entsteht. Die L.-Technik gehörte zu den Vorstufen der elektron. Datenverarbeitung. Die häufigste Ausführung einer L. ist die **Maschinen-L.** (nach H. Hollerith, 1887, auch Hollerithmaschine) mit 80 Spalten und 12 Zeilen für bis zu 80 Zeichen; Ziffern werden durch eine einzelne Lochung, Buchstaben und Sonderzeichen durch eine Lochkombination codiert. Die für die L.-Verarbeitung erforderl. **L.-Maschinen** führen das Lochen, Prüfen (**L.-Prüfer**), Ordnen (**L.-Sortierer, L.-Mischer**) und Auswerten (**Tabelliermaschine**) der L. aus. Der Lochcode wird manuell mit einem **Locher** oder automatisch mit einem **L.-Stanzer** oder **L.-Doppler** gestanzt. Durch einen **L.-Leser** werden die in den L. gespeicherten Informationen gelesen.

Locarno Stadtwappen

2) *Technik:* Steuerkarte für mechan. Arbeitsvorgänge, z. B. an Web-, Wirk- und Strickmaschinen, an Setz- oder Waschmaschinen.

Lochkorrosion, Korrosionsart, bei der sich der elektrolyt. Metallabtrag nur auf kleine Oberflächenbereiche erstreckt und Lochfraß erzeugt (kraterförmige, die Oberfläche unterhöhlende Vertiefungen).

Stephan Lochner: Muttergottes in der Rosenlaube (um 1448; Köln, Wallraf-Richartz-Museum)

Lochner, Stephan, Maler, * Meersburg (?) um 1400–1410, † Köln 1451; Hauptmeister der ↗ Kölner Malerschule, 1442–51 in Köln nachweisbar. In seinen Werken verband er Idealität und weltabgewandte Anmut des ↗ schönen Stils mit dem Realismus der niederländ. Malerei. Ausgangspunkt für alle Zuschreibungen sind der urspr. für die Ratskapelle in Köln bestimmte und 1809 im Dom aufgestellte »Dreikönigsaltar« (auch »Dombild«, um 1442), das einzige (durch A. Dürer) beglaubigte Werk, und die »Darbringung im Tempel« (1447; Darmstadt, Hess. Landesmuseum).

Loch Ness [lɔk'nɛs], See in Schottland, ↗ Ness.

Lochsteine, Mauersteine mit senkrecht zur Lagerfläche verlaufenden Hohlräumen; sie bieten bessere Wärmedämmung als Vollsteine.

Lochstickerei (Englische Stickerei, Schnurlochstickerei), Weißstickerei, bei der mit einem Schnurlochstecher dem Muster entsprechend Löcher vorgebohrt und mit Überwendlichstichen ausgenäht und befestigt werden. Die L. wird heute fast ausschließlich maschinell hergestellt.

Lochstreifen, Datenträger, in den die Daten in Form von Lochkombinationen eingestanzt sind; dienten (v. a. in den 1960er-Jahren) zur automat. Ein- und Ausgabe, u. a. bei Fernschreibern, elektron. Rechenautomaten und numerisch gesteuerten Maschinen.

John Locke

Locke [lɔk], John, engl. Philosoph, * Wrington (Cty. Somerset) 29. 8. 1632, † Oates (Cty. Essex) 28. 10. 1704; studierte Naturwiss.en und Medizin; finanziell unabhängig, bekleidete er versch. Staatsämter und wirkte als Arzt; 1675–89 in der Emigration (Frankreich, Niederlande); Anhänger der »Glorreichen Revolution«. – L. wurde zum Begründer des engl. Empirismus. Er widerlegte die Lehre von den angeborenen Ideen (Descartes) und leitete die Begriffe aus der bloßen Erfahrung ab; als Erfahrungsquellen galten ihm nur Sinneswahrnehmung und Selbstbeobachtung. In seiner Staatslehre vertrat L. das Recht auf Unverletzlichkeit von Person und Eigentum, das der Staat zu schützen habe, und gegen T. Hobbes den Grundsatz der Volkssouveränität. L. hatte großen Einfluss auf die Erkenntnistheorie und das polit. Programm des Liberalismus. – **Werke:** Versuch über den menschl. Verstand (1690, 4 Bücher); Über die Regierung (1690); Gedanken über Erziehung (1693); Die Vernünftigkeit des bibl. Christentums (1695).

Lockerbie-Attentat, Bombenanschlag auf ein Passagierflugzeug der amerikan. Luftverkehrsgesellschaft PanAm, bei dem über dem schott. Ort Lockerbie am 21. 12. 1988 270 Menschen (alle Insassen des Jumbojets und 11 Ew. der Kleinstadt) ums Leben kamen. 1991 ergingen in den USA und Großbritannien Haftbefehle gegen zwei Libyer als mutmaßl. Attentäter, deren Auslieferung Libyen in den folgenden Jahren verweigerte (daraufhin Verhängung von UN-Sanktionen gegen das Land). Erst nach langwierigen Verhandlungen und Vermittlungsbemühungen wurden die beiden Libyer im April 1999 in Tripolis einem UN-Vertreter überstellt und zur Durchführung eines Prozesses in die Niederlande gebracht. In selben Monat beschlossen UN-Sicherheitsrat und EU die Aussetzung der Sanktionen gegen Libyen. Im Mai 2000 begann auf dem niederländ. Militärstützpunkt Kamp Zeist vor einem schott. Gericht das Verfahren gegen die beiden Angeklagten; am 31. 1. 2001 wurde einer der Libyer für schuldig befunden und zu lebenslanger Haft verurteilt, der andere freigesprochen. 2003 übernahm Libyen (als Voraussetzung für die Aufhebung der Sanktionen) offiziell die Verantwortung für den Anschlag und kündigte einen Fonds zur Entschädigung der Hinterbliebenen an.

Lockhart ['lɔkhɑːt, 'lɔkət], James, schott. Dirigent, Organist und Pianist, * Edinburgh 16. 10. 1930; war u. a. 1962–68 Dirigent an der Covent Garden Opera in London, 1973–80 Generalmusikdirektor am Staatstheater Kassel und 1981–91 des Staatsorchesters Rhein. Philharmonie in Koblenz, anschließend Direktor der Opernabteilung am Royal College of Music in London.

Lockheed-Affäre ['lɔkhiːd-], die Mitte der 1970er-Jahre von einem Untersuchungsausschuss des US-Senats aufgedeckte Bestechung von ausländ. Politikern durch die Lockheed Aircraft Corp., die damit den Absatz v. a. ihrer militär. Luftfahrzeuge (u. a. »Starfighter«, »Hercules C-130«) zu steigern suchte. In die L.-A. verwickelt, trat Bernhard, Prinz der Niederlande, 1976 von fast all seinen Ämtern zurück; 1979 wurde der frühere italien. Verteidigungs-Min. M. Tanassi und 1983 der frühere japan. MinPräs. Tanaka Kakuei zu einer mehrjährigen Haftstrafe verurteilt.

Lockheed Martin Corp. ['lɔkhiːd 'mɑːtɪn kɔːpə-'reɪʃn], amerikan. Luft- und Raumfahrtkonzern, entstanden 1995 durch Fusion von Lockheed Aircraft Corp. (gegr. 1932) und Martin Marietta Corp.; Sitz: Bethesda (Md.). Hergestellt werden v. a. Militärflugzeuge, Raketen, Elektronik.

Lockspitzel, dt. für ↗ Agent provocateur.

Lockstoffe (engl. Attractants), sehr unterschiedliche chem. Verbindungen, die bes. Insekten zu ihren Futterpflanzen, Wirtstieren oder zum Geschlechtspartner leiten; werden auch bei der Schädlingsbekämpfung angewandt.

Lockyer ['lɔkjə], Sir (seit 1897) Joseph Norman, brit. Astrophysiker, * Rugby 17. 5. 1836, † Salcombe Regis (Cty. Devon) 16. 8. 1920; gründete das Hill Observatorium in Sidmouth; entwickelte Verfahren zur spektroskop. Beobachtung der Sonnenprotuberanzen und entdeckte im Sonnenspektrum das Helium.

loco [lat.], **1)** am Ort, hier; vorrätig.
2) *Musik:* Bez. für die Aufhebung des vorausgegangenen Zeichens ↗ all'ottava.

Locus [lat. »Ort«] *der,* in der antiken und mittelalterl. Philosophie Bez. für den aristotel. Begriff »topos« (grch. »Ort«): allgemeiner Satz, log. Regel, Strukturmuster mögl. Argumente, Motive.

Lod, Stadt in Israel, im SO von Tel Aviv; 45 500 Ew.; Flugzeugbau, Zigaretten- und Kartonagenfabrik, Elektrogerätebau; Eisenbahnknotenpunkt; internat. Flughafen Ben Gurion. – Das antike **Lydda** wurde schon 1479 v. Chr. erwähnt.

Loden [ahd. lodo »grobes Wollzeug«], Streichgarngewebe in Leinwand- oder Köperbindung aus Wolle, bei minderen Qualitäten gemischt mit Reißwolle oder Baumwolle; Wasser abstoßend imprägniert, meist grün, braun, grau oder meliert. **Tuch-L.** oder **Bozener L.** hat kurzen Flor und wird für Jäger-, Wander- und Sportkleidung verwendet. **Strich-L.** oder **Hirten-L.** hat auf der rechten Warenseite langen, eng anliegenden Flor; verwendet für Wettermäntel und Umhänge.

Lodge [lɔdʒ, engl.] *die,* Ferienhotel; Anlage mit Ferienwohnungen.

Lodge [lɔdʒ], **1) Henry Cabot,** amerikan. Politiker und Historiker, * Boston (Mass.) 12. 5. 1850, † Cambridge (Mass.) 9. 11. 1924, Großvater von 2); Mitgl. der Republikan. Partei, 1893–1924 Senator, entschiedener Gegner Präsident W. Wilsons, verhinderte als Vors. des Auswärtigen Ausschusses des Senats (seit 1919) den Eintritt der USA in den Völkerbund. Er hatte maßgebl. Anteil am Abschluss des Friedensvertrags mit Dtl. (1921).

2) Henry Cabot, amerikan. Politiker, * Nahant (Mass.) 5. 7. 1902, † Beverly (Mass.) 27. 2. 1985, Enkel von 1); Mitgl. der Republikan. Partei, 1937–44 und 1947–52 Senator, war 1952–60 Chefdelegierter der USA bei den UN, 1963–64 und 1965–67 Botschafter in Süd-Vietnam sowie 1968–69 in der Bundesrep. Dtl. 1969 leitete L. die amerikan. Delegation bei der Pariser Vietnamkonferenz.

Lodi, 1) Prov. in der Lombardei, Italien, 782 km², 197 300 Einwohner.

2) Hptst. von 1), an der Adda, 41 300 Ew.; landwirtschaftl. Fachschulen; Majolikaherstellung, Textil-, Nahrungsmittelind. (jährl. Milchproduktemesse); nahebei Erdgasförderung mit chem. Industrie. – Dom (12. Jh., mehrfach verändert), Broletto (frühgot. Stadtpalast, Fassade 18. Jh.) und Bischofspalast (1730 erneuert), Arkadenhäuser (14.–18. Jh.).

Lodz [lɔtʃ], **1) Woiwodschaft L.** (poln. Województwo Łódzkie), Woiwschaft im mittleren Teil Polens, 18 219 km², 2,643 Mio. Einwohner.

2) (poln. Łódź), Hptst. von 1), in Zentralpolen, Stadtkreis und Krst., mit 793 200 Ew. die zweitgrößte Stadt des Landes; kath. Bischofssitz; Univ. (gegr.1945), TU (gegr. 1945 als TH), militärmedizin., Musikakademie, mehrere Hochschulen, Forschungsinstitute für Textilwesen, Textilmuseum; poln. Zentrum der Textilind., daneben Maschinen- und Gerätebau, Automontage, chem., Leder-, Möbel-, Papierind.; Sonderwirtschaftszone. Barocke Antoniuskirche und Holzkirche St. Joseph, Rathaus (1827), Jugendstilhäuser. – 1332 erstmals erwähnt, erhielt L. 1423 Magdeburger Stadtrecht; 1914–18 dt. besetzt, gehörte 1939–45, in **Litzmannstadt** umbenannt, zum »Reichsgau Wartheland«; im Getto der Stadt kamen etwa 200 000 Juden um.

Loèche [lɔˈɛʃ], Stadt in der Schweiz, / Leuk.

Loerke [ˈlœ-], Oskar, Schriftsteller, * Jungen (bei Schwetz an der Weichsel) 13. 3. 1884, † Berlin 24. 2. 1941; wirkte mit seinen formstrengen, von intensiver Bildlichkeit, Musikalität und Myth. Zügen geprägten Gedichten wegbereitend für die Naturlyrik: »Gedichte« (1916, auch u. d. T. »Pansmusik«, 1929), »Der Silberdistelwald« (1934), »Der Wald der Welt« (1936); Romane: »Der Turmbau« (1910), »Der Oger« (1921); Essays.

Loest [ˈløːst], Erich, Schriftsteller, * Mittweida 24. 2. 1926; war aus polit. Gründen 1957–64 in Haft; übersiedelte 1981 in die Bundesrep. Dtl., lebt seit 1990 wieder in Leipzig, dem Schauplatz der meisten seiner Romane, die kritisch den Alltag in der DDR schildern (v. a. »Es geht seinen Gang oder Mühen in unserer Ebene«, 1978) oder die dt. Geschichte des 20. Jh. in privaten Schicksalen darstellen (u. a. »Zwiebelmuster«, 1985; »Völkerschlachtdenkmal«, 1992; »Nikolaikirche«, 1995; »Reichsgericht«, 2001); auch Erzählungen, Autobiografisches und Drehbücher. Unter dem Pseud. **Hans Walldorf** schrieb L. Kriminalromane.

Loetscher [ˈlœ-], Hugo, schweizer. Schriftsteller, * Zürich 22. 12. 1929; ausgedehnte Reisen (u. a. Lateinamerika), über die er Reportagen veröffentlichte (»Wunderwelt. Eine brasilian. Begegnung«, 1979; »Herbst in der großen Orange«, 1982); seine erzählende, essayist. und autobiograf. Prosa ist durch absurde und groteske Züge, auch durch überlegene Selbstironie geprägt (Romane: »Abwässer«, 1963; »Die Kranzflechterin«, 1964; »Der Immune«, 1975; »Die Papiere des Immunen«, 1986; »Saison«, 1995; »Die Augen des Mandarin«, 1999; Prosa: »Die Fliege und die Suppe und 33 andere Tiere in 33 anderen Situationen«, 1989; »Der predigende Hahn. Das literarisch-moral. Nutztier«, 1992; »Der Buckel. Geschichten«, 2002).

Loewe [ˈløː-], **1) Carl,** Komponist, * Löbejün (Saalkreis) 30. 11. 1796, † Kiel 20. 4. 1869; Hauptmeister der neueren musikal. Ballade als bes. Ausprägung des Sololiedes im 19.Jh.: »Edward«, »Erlkönig«, »Der Zauberlehrling«, »Fridericus Rex«, »Heinrich der Vogler«, »Prinz Eugen«, »Der Nöck«, »Archibald Douglas« u. a.; andere Gesänge (z. B. »Die Uhr«); Oratorien, Kantaten, Opern, Kammermusik und Klaviersonaten.

2) Frederick (Fritz), amerikan. Komponist österr. Herkunft, * Wien 10. 6. 1904, † Palm Springs (Calif.) 14. 2. 1988; ging 1924 in die USA; schrieb Musicals, u. a. den Welterfolg »My Fair Lady« (1956, nach G. B. Shaws »Pygmalion«).

Loewi [ˈløː-], Otto, amerikan. Physiologe und Pharmakologe dt. Herkunft, * Frankfurt am Main 3. 6. 1873, † New York 25. 12. 1961; entdeckte 1921, dass die Übermittlung von Nervenimpulsen zu Erfolgsorganen auf chem. Weg erfolgt. Hierfür erhielt L. 1936 mit Sir H. Dale den Nobelpreis für Physiologie oder Medizin.

Loewy [ˈløː-], Raymond Fernand, amerikan. Industriedesigner frz. Herkunft, * Paris 5. 11. 1893, † Monaco 14. 7. 1986; emigrierte 1919 in die USA; einer der Protagonisten des amerikan. Industriedesigns; entwarf u. a. die Coca-Cola-Flasche und das Markenzeichen von Shell.

Lofer, Marktgem. im Bez. Zell am See, Salzburg, Österreich, an der Saalach, 626 m ü. M., 1 900 Ew.; Luftkurort, Wintersportplatz; südlich die **Loferer Steinberge** (Großes Ochsenhorn 2 511 m ü. M.).

Löffel, 1) Schöpfgerät mit schalenförmiger Vertiefung (Laffe) und einem Stiel, urspr. nicht als Ess-L. verwendet. In Ägypten gab es bereits um 5 000 v. Chr. L. aus Holz und Stein, später auch kleine Elfenbein-L. (für Salben). In der europ. Jungsteinzeit sind Schöpf-L. aus Knochen oder Stein belegt. Die Bronzezeit kannte einfach geformte Ton-L., während die ersten Metall-L. nicht vor Ende der La-Tène-Zeit aufkamen. Aus dem frühen MA. sind Holz-L. belegt, Silber-L. kamen am Hof und als liturg. Gerät (zum Dar-

Lodz 2)
Stadtwappen

Erich Loest

Carl Loewe

Frederick Loewe

Lofotinseln

reichen der Hostie) vor. Nach der Mitte des 17. Jh. kam in Europa der Flachstiel-L. auf, der Teil des Eßbestecks wurde.

2) *Jägersprache:* Ohr der Hasen und Kaninchen.

Löffel|ente, Art der ↗ Enten.

Löffelkraut (Cochlearia), Kreuzblütlergattung der nördl. gemäßigten Zonen; das bis 30 cm hohe, saftig-zarte, weiß blühende **Echte L.** (Cochlearia officinalis) mit löffelförmigen Blättern wächst an feuchten Stellen, bes. auch auf Salzwiesen; enthält u. a. äther. Öl und viel Vitamin C; alte Heilpflanze.

Löffelstöre (Polyodontidae), Familie der Störe mit schaufelförmigem Fortsatz der Schnauze. Der chines. **Schwertstör** (Psephurus gladius) aus dem Jangtsekiang kann über 3,5 m lang werden; der fast völlig ausgerottete **Amerikan. L.** (Polyodon spathula) aus dem Mississippi erreicht 1,80 m.

Löffler (Platalea), Unterfamilie großer, hochbeiniger, vorwiegend weißer, in Kolonien brütender Ibisse in und an Gewässern großer Teile der Alten und Neuen Welt; mit löffelartig verbreitertem Schnabel; in Europa der **Gewöhnl. L.** (**Löffelreiher,** Platalea leucorodia), 85 cm lang, weiß mit gelbl. Brust und schwarzem Schnabel.

Löffler: Gewöhnlicher Löffler

Löffler, Friedrich August Johannes, Hygieniker, * Frankfurt (Oder) 24. 6. 1852, † Berlin 9. 4. 1915; entdeckte die Erreger versch. Tierseuchen (z. B. Rotz, Rotlauf), entwickelte ein Schutzserum gegen Maul- und Klauenseuche. 1894 gelang L. erstmals die Züchtung des Diphtherieerregers.

Lofot|inseln (norweg. Lofoten), Inselkette vor der Küste N-Norwegens, Verw.gebiet Nordland, vom Festland durch den Vestfjord getrennt, rd. 1 350 km², 25 000 Ew.; durch Fjorde und Buchten stark gegliedert, bis 1 161 m ü. M. Hauptinseln sind **Austvågøy** (526 km², von der Vesterålinsel Hinnøy durch einen engen Sund getrennt; im Zentrum nur 2,5 km breit, da Austnes- und Sløverfjord weit ins Inselinnere greifen), **Gimsøy** (46 km²), **Vestvågøy** (411 km²), die durch eine Brücke verbundenen Inseln **Flakstadøy** (110 km²) und **Moskenesøy** (186 km²), **Værøy** (16 km²) und im S **Røst** (3,6 km²). Die L. haben Fischind. und etwas Schafzucht; die **Lofotfischerei** (Mitte Jan. bis April) geht auf Kabeljaufang.

Loft [engl. »Dachboden«, »Speicher«, »Lagerhaus«] *der, Architektur:* aus einer Etage einer Fabrik o. Ä. umgebaute Wohnung.

log, Abk. für ↗ Logarithmus.

Log [engl., eigtl. »Holzklotz«] *das* (Logge), Instrument zum Messen (»loggen«) der Geschwindigkeit (Fahrt) eines Schiffes. Das **Hand-L.** besteht aus einem im Wasser schwimmenden beschwerten Holzstück, dem L.-Scheit, und einer Leine, deren Auslaufen vom Heck des Schiffes mithilfe von an ihr angebrachter Knoten in einer festen Zeitspanne mit der Stoppuhr (früher L.-Glas, eine Sanduhr) gemessen wird (daher die seemänn. Bez. Knoten bei Geschwindigkeitsangaben). Das **Patent-L.** besteht aus einem nachgeschleppten Schraubenkörper oder Flügelrad, dessen Umdrehungen durch ein Zählwerk als zurückgelegte Strecke direkt angezeigt werden. **Druck-L. (Staudruck-L.)** nutzen den Unterschied zw. den Drücken in einem in Strömungsrichtung und in einem senkrecht dazu gehaltenen Rohr (Differenz zw. Gesamtdruck und stat. Druck). **EM-L.** beruhen auf der elektromagnet. Induktion. In ihnen wird ein niederfrequentes Magnetfeld erzeugt, das seinerseits zur Erzeugung einer der Fahrt proportionalen elektr. Spannung nutzbar ist, die entsteht, wenn sich das EM-L. durch das Wasser bewegt. **Doppler-L.** senden von der Schiffsunterseite Ultraschallwellen ins Wasser und messen die infolge des Doppler-Effekts auftretende Frequenzdifferenz zw. ausgesandten und reflektierten Wellen; diese ist der Geschwindigkeit proportional.

Loganbeere (Rubus loganobaccus), von dem amerikan. Juristen und Gärtner J. H. Logan (* 1841, † 1928) 1881 in Kalifornien gezüchtete, brombeerähnl. Beerenart mit großen, festen roten Früchten, die v. a. für Konfitüre und Saft verwendet werden; gilt als Kreuzung zw. Himbeere und Brombeere.

Logan, Mount [ˈmaʊnt ˈləʊgən], höchster Berg Kanadas, in den Saint Elias Mountains an der Grenze zu Alaska, 5 959 m ü. M.; vergletschert.

Logarithmus [zu grch. lógos »Wort«, »Verhältnis« und arithmós »Zahl«] *der,* Abk. **log.** Sind a ($a \neq 1$) und x positive reelle Zahlen, so heißt die reelle Zahl y der L. des **Numerus** x zur **Basis (Grundzahl)** a, wenn $a^y = x$ gilt, und man schreibt: $y = \log_a x$; z. B. ist $\log_2 16 = 4$, denn $2^4 = 16$ und $\log_{10} 100 = 2$, denn $10^2 = 100$. Für das Rechnen mit L. gilt:

$$\log_a(x_1 \cdot x_2) = \log_a x_1 + \log_a x_2$$
$$\log_a(x_1/x_2) = \log_a x_1 - \log_a x_2$$
$$\log_a x^n = n \cdot \log_a x,$$

insbesondere ist $\log_a 1 = 0$ und $\log_a a = 1$. Von besonderer Bedeutung sind: die L. zur Basis 10 für das prakt. Rechnen (**gewöhnl., dekad., briggssche** oder **Zehner-L.**), die L. zur Basis e (**natürl. L.**) und in der Informatik die L. zur Basis 2 (**Binär-** oder **Zweier-L.**). Man schreibt statt $\log_{10} x$ meist $\lg x$, statt $\log_e x$ i. Allg. $\ln x$ (L. naturalis) und statt $\log_2 x$ entweder $\mathrm{ld}\, x$ (L. dualis) oder $\mathrm{lb}\, x$ (Binär-L.). – Zum Übergang vom Numerus zum L. und umgekehrt benutzte man früher **Logarithmentafeln,** in denen die Zehner-L. für positive reelle Zahlen z tabelliert sind. Die Zahlen nach dem Komma in $\lg z$, z. B. $\lg 2 = 0{,}30103$, heißen **Mantisse** von $\lg z$, die der Tafel entnommen werden kann, die leicht zu ermittelnde Zahl vor dem Komma die **Kennziffer** von $\lg z$. Multiplikation von z mit 10 bedeutet Vermehrung der Kennziffer von $\lg z$ um 1, z. B. $\lg 20 = 1{,}30103$. Die ersten Logarithmentafeln wurden nach 1600 (J. Bürgi, J. Napier) entwickelt.

Logarithmusfunktion, Umkehrfunktion der ↗ Exponentialfunktion $g(x) = a^x$ für $a > 0$, $a \neq 1$, dargestellt durch $f(x) = \log_a x$; Definitionsbereich ist die Menge der positiven reellen Zahlen. Für die L. gilt die Funktionalgleichung $f(x_1 \cdot x_2) = f(x_1) + f(x_2)$.

Logasthenie [grch.] *die,* Sprachstörung, bei der Wörter verdreht oder vergessen werden.

Logatom [von grch. lógos »Wort« und átomos »unteilbar«] *das, Nachrichtentechnik:* sinnloses einsilbiges, aus Sprachlauten gebildetes Kunstwort zur Überprüfung der Güte der Silben-, Wort- oder Satzverständlichkeit von Übertragungssystemen (z. B. HOG oder KLOMB).

Logau, Friedrich Freiherr von, Dichter, * Dürr Brockut (heute Brochocin, bei Niemcza, Wwschaft Niederschlesien) Juni 1604, † Liegnitz (heute Legnica) 24. 7. 1655; mit prägnanten satir. Sinngedichten, in denen er Kritik am moral. und religiösen Verfall und der sozialen Ungerechtigkeit seiner Zeit übte, einer der bedeutendsten Epigrammatiker des dt. Barock.

Logbuch, gesetzlich vorgeschriebenes Schiffstagebuch (§ 520 HGB), das in Verantwortung des Kapitäns laufend zu führen ist; das L. ist eine Urkunde, in der alle für die Reise wesentlichen Daten und Ereignisse festzuhalten sind.

Loge [ˈloːʒə, aus frz.] *die,* **1)** im Theater kleiner, zur Bühne hin offener Raum mit Türen und wenigen Sitzplätzen.
2) Vereinigung von Freimaurern sowie Bez. für ihren Versammlungsort (/ Freimaurerei).

Logger [niederländ.-engl.] *der* (Lugger), urspr. kleines, zwei- oder dreimastiges Küstensegelschiff; heute motorgetriebenes, in der Schleppnetzfischerei eingesetztes Fischereifahrzeug.

Loggia [ˈlɔdʒa, italien. aus frz. loge] *die, Baukunst:* zu einer oder mehreren Seiten offene, meist gewölbte, von Säulen oder Pfeilern getragene Bogenhalle in oder vor einem Gebäude. Die L. ist der Laube verwandt, kann aber auch als eigenständiges Bauwerk (L. dei Lanzi, Florenz; 1374–81) bestehen.

Logik [grch.] *die,* Lehre von den formalen Beziehungen zw. Denkinhalten, deren Beachtung im tatsächl. Denkvorgang für dessen (»logische«) Richtigkeit entscheidend ist. Die **traditionelle L.** befasste sich als Lehre vom Begriff mit den allg. Eigenschaften und der Klassifizierung von Begriffen und der Definitionslehre; als Lehre vom Urteil mit der Struktur von Aussagesätzen und ihrer Klassifikation; als Lehre vom Schluss mit den Folgebeziehungen zw. den Sätzen, die rein aufgrund von deren Struktur und unabhängig von ihrem Inhalt gelten. Die zentrale Thematik der **formalen L.** ist die **Schlusslehre (Syllogistik).** Die Hauptbereiche der neueren formalen L. sind die **Aussagenlogik** (Bildung von Sätzen mittels Junktoren, den Verknüpfungszeichen) und die **Prädikatenlogik** (mit freien Variablen und zusätzl. Symbolen, den Quantoren).

Im Bereich der formalen L. unterscheidet man die philosoph. und die mathemat. Logik. Die **mathemat. L.** behandelt die für die Mathematik wichtigen Bereiche wie Relationen (Relationen-L.) und Klassen (Klassen-L.). Die wichtigsten Teilgebiete der **philosoph. L.** sind die deont. L., die Modal-L. und die Temporal-L. Alle diese L. erweitern die Aussagen-L. (und oft auch die Prädikaten-L.) um zusätzl. log. Partikel wie »notwendig« und »möglich« (Modal-L.), »verboten« und »erlaubt« (deont. L.), »früher« und »später« (Temporal-L.). Weiterentwicklungen der L. sind die Systeme der mehrwertigen, in denen neben »wahr« und »falsch« weitere Wahrheitswerte zulassen.

Geschichte: Die traditionelle L. wurde durch Aristoteles begründet, der insbesondere die / Syllogistik schuf. Die / mathematische Logik basiert auf Ideen von G. W. Leibniz und B. Bolzano; erste wesentl. Ansätze für die Mathematisierung der L. stammen von G. Boole und G. Frege. Der eigentl. Ausbau der mathemat. L. erfolgte im 20. Jh., beginnend mit Arbeiten von B. Russell, D. Hilbert u. a. Im Zusammenhang mit der Informatik hat die L. neues Interesse gefunden, bes. im Rahmen der künstl. Intelligenz.

Logikfamilie, *Digitaltechnik:* die / Schaltkreisfamilie.

Log-in [ˈlɔgˌɪn, zu engl. »sich anmelden«], *Informatik:* Prozess der Anmeldung in einem Computersystem (einer Mailbox u. Ä.), i. d. R. mit der Eingabe von Benutzernamen und Passwort verbunden (»einloggen«). – Der Vorgang des Abmeldens wird als **Log-out** (»ausloggen«) bezeichnet.

Logis [loˈʒiː, frz.] *das,* **1)** Wohnung, Unterkunft.
2) [auch ˈloːgis], *Schifffahrt:* Mannschaftsraum.

logischer Empirismus (logischer Positivismus), i. w. S. die vom Wiener Kreis vertretene erkenntnistheoret. Position (/ Neopositivismus); i. e. S. die von R. Carnap u. a. nach K. R. Poppers Kritik am Neopositivismus modifizierte positivist. Wissenschaftstheorie.

logische Schaltung (Logikschaltung), Digitalschaltung zur Verknüpfung von Digitalsignalen nach den Regeln der / booleschen Algebra. Die log. Verknüpfungen (wie »AND«, »OR«) werden mithilfe von Dioden und Transistoren als sog. / Gatter realisiert.

Logismus [grch.] *der,* i. e. S. philosophische Bez. für einen Vernunftschluss; i. w. S. die Auffassung, dass die Welt logisch aufgebaut sei.

Logistik [aus frz.] *die,* **1)** *Betriebswirtschaftslehre:* Bez. für alle inner- und zwischenbetriebl. Transport- und Verkehrs-, Lager- und Warte- sowie Umschlags- und Kommissioniervorgänge. Logist. Systeme sind Flusssysteme, die die Produktionsstätten und die konsumtiven Verbrauchsorte eines Wirtschaftssystems miteinander verknüpfen und einen störungsfreien Informations-, Material-, Energie- und Produktfluss gewährleisten. Die Bedeutung der L. nimmt wegen der wachsenden Komplexität der Güterstromnetze (stärkere räuml. und zeitl. Differenzierung, Variantenvielfalt der Güter) zu, ihre Verbesserung führt zur Einsparung von Ressourcen und zur Kostenoptimierung.

2) *Militärwesen:* Planung, Bereitstellung und Einsatz der für die Versorgung der Streitkräfte notwendigen Mittel und Dienstleistungen.

Logizismus [grch.] *der,* Auffassung, nach der sich die gesamte Mathematik (Begriffe, Sätze) vollständig auf die Logik zurückführen lässt; bes. von G. Frege, B. Russell und R. Carnap, z. T. von W. V. O. Quine vertreten.

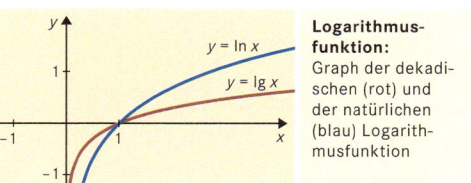

Logarithmusfunktion: Graph der dekadischen (rot) und der natürlichen (blau) Logarithmusfunktion

Logo [engl., gekürzt aus logotype] *der* oder *das,* (Firmensignet), graf. Symbol für ein Unternehmen, meist verbunden mit einer besonderen Firmenfarbe und Schrifttype. Das L. ist eine Maßnahme der / Corporate Identity und soll dazu beitragen, dass das Unternehmen nicht nur über Produkte und deren Verpackung, sondern auch im Rahmen der Öffentlichkeitsarbeit identifiziert werden kann.

logo... [grch. lógos], wort..., rede..., vernunft...

Logographen [grch.], **1)** urspr., heute umstrittene Bez. für frühgrch. ion. Historiker und Geographen (7.–5. Jh. v. Chr.), die ihre Werke in Prosa abfassten; danach auch Bez. für Prosaschriftsteller.

2) att. Rhetoren (z. B. Demosthenes, Isokrates), die Gerichtsreden für prozessierende Bürger verfassten, die diese dann vor Gericht vortrugen.

Logogriph [-f, grch.] *der,* Buchstaben- oder Worträtsel, bei dem ein Wort durch Wegnehmen, Hinzufügen oder Ändern eines Buchstabens eine andere Bedeutung erhält, z. B. Greis, Reis, Eis.

Logopädie [grch.] *die,* Prävention, Diagnostik, Behandlung und Beratung von Patienten mit Stimm-, Sprech- und Sprachstörungen durch einen Logopäden; erfolgt oft in Zusammenarbeit mit versch. Fachrichtungen, z. B. HNO, Kinderheilkunde, Neurologie, Phoniatrie und Pädagogik.

Logos [grch.] *der,* vieldeutiger grch. Begriff mit der Grundbedeutung »Bestimmung« (durch Sprache und Denken), als Grundbegriff der grch. und hellenist. Philosophie verwendet im Sinne eines durch die Vernunft bestimmten Denkens und Sprechens in Abhebung zu »Mythos«, »Meinung« (Doxa) und »Wahrnehmung«. Für Homer ist L. »Erzählung«. Heraklit wie die Stoiker begreifen den L. als die das Weltall durchwaltende göttl. Vernunft, das immanente Prinzip kosm. Werdens und die alles Weltgeschehen durchwirkende Gesetzmäßigkeit und Norm. Bei Sokrates und Platon ist L. an das Sein gebunden, L. ist das Vermögen, das die Wahrheit zutage fördert, wie auch diese selbst und die Form ihrer Äußerung. Für Aristoteles entspringt aus dem L. die Tugend und damit die Glückseligkeit des Menschen. In der jüdisch-alexandrin. Religionsphilosophie (Philon von Alexandria) ist L. das Schöpferwort, durch das Gott die Welt erschaffen hat (1. Mose 1), als Schöpfungsmittler (»Weisheit Gottes«) das sie ordnende und gestaltende göttl. Prinzip; in der christl. Theologie (auf Joh. 1, 1–14 zurückgehend) das präexistente »Wort« Gottes, das in Jesus Christus »Fleisch« (Mensch) geworden ist, um den Menschen das Heil zu vermitteln.

Logotherapie [grch.], psychotherapeut. Methode (nach V. E. Frankl) zur Behandlung von seel. Störungen, die auf geistige Probleme zurückgeführt werden; zielt auf Sinnfindung des Daseins durch den Klienten.

Logroño [loˈɣroɲo], Hptst. der Region und Prov. La Rioja, Spanien, am oberen Ebro, 123 800 Ew.; Handels- und Landwirtschaftszentrum; Textil-, Metall-, Nahrungsmittel- und Konservenind., Großkellereien. – Kathedrale Santa Maria la Redonda (1435–1742), Basilika San Bartolomé (11.–14. Jh., Pilgerkirche), Ebrobrücke (1083).

Lohblüte (Fuligo septica), auf feuchtem Laub und Gerberlohe vorkommender gelber Schleimpilz.

Löhe, Johann Konrad Wilhelm, evang. Theologe, *Fürth 21. 2. 1808, †Neuendettelsau 2. 1. 1872; wurde durch die Gründung des Diakonissenmutterhauses Neuendettelsau (1854) neben T. ⁄ Fliedner einer der wichtigsten Förderer der Diakonie in Deutschland.

Lohengrin, Sagenheld aus dem Gralskreis, Sohn des Parzival, kommt auf Geheiß des Königs Artus der bedrängten Herzogin Elsa von Brabant in einem von einem Schwan gezogenen Schiff zu Hilfe; nach glückl. Ehe muss er sie verlassen, weil sie die verbotene Frage nach seiner Herkunft stellt. Wolfram von Eschenbach fügte die Sage in seinen »Parzival« (um 1210) ein. Die Erneuerung des Stoffes im 19. Jh. geht auf R. Wagner (romant. Oper »L.«, 1848) zurück.

Lohenstein, Daniel Casper von (seit 1670), eigtl. Daniel Casper, Dichter, *Nimptsch (heute Niemcza, bei Dzierżoniów) 25. 1. 1635, †Breslau 28. 4. 1683; schrieb Trauerspiele (»Ibrahim Bassa«, 1650; »Agrippina«, 1665; »Sophonisbe«, 1680) und den Barockroman »Großmüthiger Feldherr Arminius oder Hermann ...« (hg. 1689/90).

Lohn, i. e. S. das Arbeitseinkommen gewerbl. Arbeitnehmer (Arbeiter); i. w. S. Bez. für Arbeitnehmerentgelt (Arbeits-L.), also auch für Bezüge von Angestellten und Beamten (⁄ Gehalt). Diese erweiterte Definition von L. wird v. a. im Zusammenhang mit dem Begriff der ⁄ Lohnquote verwendet. In einem noch weiteren Sinn wird unter L. jedes Einkommen verstanden, das aus der Beanspruchung eines Menschen durch eine Tätigkeit herrührt. Dieses Verständnis schließt auch den Unternehmer-L. mit ein und folgt aus der Sicht, dass L. das Entgelt für den Einsatz des Produktionsfaktors Arbeit ist. Da L. gegenüber den Begriffen Entgelt, Entlohnung, Vergütung, Verdienst nicht scharf abgegrenzt ist, werden diese häufig synonym verwendet.

Nach der Art der L.-Zahlung wird zw. **Geld-L.** und **Natural-L.** unterschieden. Letzterer kommt nur noch neben dem Geld-L. und nur für bestimmte Arbeitsverhältnisse vor, so in der Land- und Forstwirtschaft, im Bergbau in Form des Deputats. Nach der wirtsch. Bedeutung für die Lebenshaltung unterscheidet man **Nominal-L.,** der sich im zahlenmäßigen Geldbetrag ausdrückt, und **Real-L.,** der sich durch seine Kaufkraft bestimmt, d. h. durch die Gütermenge, die man damit kaufen kann. Der Real-L. ist also gleich dem Nominal-L., dividiert durch den Preisindex für die Lebenshaltung. Als L.-Systeme existieren: **Zeit-L.** (Stunden-, Tages-, Wochen-, Monats-, Jahres-L.) und **Stück-L.** Zeit-L. wird nach der aufgewendeten Arbeitszeit als Maßstab für die jeweilige Leistung bezahlt, bes. bei Qualitäts- oder Reparaturarbeit, bei gefährl. Arbeit sowie überall dort, wo die Leistungsbasis schlecht errechenbar oder der Leistungsgrad des Arbeiters gesichert ist (z. B. Fließfertigung). Beim Stück-L. (**Leistungs-L., Akkord-L.**) wird zw. Stückgeldakkord (der L. richtet sich nach der Anzahl der geschaffenen Mengeneinheiten) und Stückzeitakkord (der L. hängt von der Größe der Leistung in einer Zeiteinheit ab) unterschieden. Basis des Akkord-L. bilden Vorgabezeiten, die meist nach arbeitswiss. Grundsätzen unter Berücksichtigung betriebl. Bedingungen, bes. durch Arbeits-, Zeit- und Leistungsstudien, ermittelt werden. Der **Prämien-L.** ergänzt Zeit- und Akkord-L. durch eine Prämie für besondere Leistungen (Zeit-, Materialersparnis, Qualität u. a.). Der **Garantie-L.** ist ein vereinbarter Mindest-L., bes. im Hotel- und Gaststättengewerbe.

In ⁄ Tarifverträgen werden die Arbeitnehmer entsprechend ihrer Tätigkeit in **L.-Gruppen** eingestuft, wobei jede Gruppe in ein prozentuales Verhältnis zum **Eck-L.** gesetzt wird. L.-Zuschläge werden u. a. für Mehr-, Nacht-, Sonn- und Feiertagsarbeit, Überstunden gewährt.

Lohndrift (Wage-Drift), die Differenz von Effektiv- und Tariflohnentwicklung. Da der Tariflohn ein Mindestlohn ist, kann der Effektivlohn nur über diesem liegen; die absolute Differenz dieser beiden Löhne zu einem Zeitpunkt wird als **Wage-Gap** bezeichnet. Die Höhe der L. hängt v. a. von der Arbeitsmarktsituation ab; mit zunehmendem Beschäftigungsgrad steigt die Bereitschaft der Unternehmen, übertarifl. Löhne zu zahlen, um vorhandene Arbeitskräfte zu halten oder neue gewinnen zu können.

Löhne, Stadt im Kr. Herford, NRW, im Ravensberger Land, 41 400 Ew.; Möbel-, Kunststoffind.; Kurkliniken von Bad Oeynhausen. Seit 1969 Stadt.

Lohner, Helmut, österr. Schauspieler, *Wien 24. 4. 1933; Engagements u. a. in Wien, Zürich, Berlin und bei den Salzburger Festspielen (Titelrolle im »Jedermann« von H. von Hofmannsthal); auch Film- und Fernsehrollen (u. a. »Flucht ohne Ende«, 1985; »Zucker«, 1989); 1997–2003 Intendant des Theaters in der Josefstadt, Wien.

Lohn|ersatzleistung, Leistung der Sozialversicherung, die Lohn- oder Gehaltsausfall ausgleichen soll, z. B. Arbeitslosengeld, Kurzarbeiter-, Insolvenzgeld; i. w. S. auch alle anderen vom Lohn abgeleiteten Sozialleistungen, auf die der Versicherte im Prinzip unbefristet Anspruch hat, z. B. Altersrente.

Lohnfort|zahlung (Entgeltfortzahlung), Verpflichtung des Arbeitgebers zur Entgeltfortzahlung an ↗Feiertagen und bei unverschuldeter Arbeitsunfähigkeit des Arbeitnehmers infolge Krankheit, gesetzlich geregelt im Entgeltfortzahlungs-Ges. vom 26. 5. 1994. Der L.-Anspruch im Krankheitsfall entsteht nach vierwöchiger ununterbrochener Dauer des Arbeitsverhältnisses. Seit 1. 1. 1999 umfasst die Pflicht zur L. im Krankheitsfall wieder 100 % (davor 80 %) des vorherigen Arbeitsentgelts, begrenzt auf sechs Wochen. Bei wiederholten Erkrankungen infolge derselben Krankheit haben Arbeitnehmer einen erneuten L.-Anspruch für die Dauer von sechs Wochen nicht nur nach sechs Monaten Arbeitsfähigkeit, sondern auch, wenn seit Beginn der ersten Erkrankung eine Frist von zwölf Monaten abgelaufen ist. Dauert die Krankheit über sechs Wochen an, muss Krankengeld in Anspruch genommen werden, das zeitlich begrenzt von den Krankenkassen geleistet wird.

Lohngleichheit, der sich aus Art. 3 GG ergebende Grundsatz, wonach bei gleicher oder gleichwertiger Arbeit Mann und Frau der gleiche Lohn-(Gehalts-)Anspruch zusteht; in § 612 Abs. 3 BGB festgeschrieben. Aufgrund dessen dürfen z. B. in Tarifverträgen keine Lohnabschläge für Frauen vorgesehen werden. Innerhalb der EG wird der Durchsetzung der L. durch die Bestimmungen des Vertrages von Amsterdam mehr Gewicht verliehen (Erweiterung von Art. 141 EG-Vertrag). (↗Frauenarbeit)

lohn|intensiv, Bez. für eine Kostenstruktur von Wirtschaftszweigen, Unternehmen oder Fertigungsverfahren, die durch einen hohen Anteil der Arbeitskosten an den Gesamtkosten gekennzeichnet sind.

Lohnkosten (Arbeitskosten, Personalkosten), Aufwendungen oder Kosten, die durch den Einsatz menschl. Arbeitskraft in Unternehmen entstehen. Die L. lassen sich aufspalten in **Entgelt für geleistete Arbeit,** auch Direktentgelt bzw. direkte Personal- oder L.-Kosten (Bruttolöhne und -gehälter, vermindert um die in den Lohnnebenkosten nachgewiesenen Bestandteile), und **Lohnnebenkosten** (indirekte Personalkosten, Personalnebenkosten). Letztere entstehen aufgrund von Ges., Tarifverträgen oder Betriebsvereinbarungen und umfassen Sonderzahlungen (z. B. vermögenswirksame Leistungen, Urlaubsgeld und Gratifikationen, Jubiläumsgelder), Vergütung für arbeitsfreie Tage (z. B. Lohn- und Gehaltsfortzahlung bei Krankheit, Entlohnung für Urlaub, Feiertage und sonstige Ausfallzeiten), Vorsorgeaufwendungen (z. B. Sozialversicherungsbeiträge, Aufwendungen für betriebl. Altersversorgung) und sonstige Lohnnebenkosten (z. B. Abfindungen, Beihilfen im Krankheitsfall, Fahrtkosten- und Verpflegungszuschüsse, Ausbildungsvergütungen).

L. werden zur Erklärung von Arbeitslosigkeit sowie neben Preis, Produktqualität, Service und Innovationsfähigkeit zur Beurteilung der (internat.) Wettbewerbsfähigkeit herangezogen. Im internat. Vergleich zählt Dtl. bezügl. der L. je Stunde im verarbeitenden Gewerbe zu den Hochlohnländern. Allerdings sind im internat. Vergleich der L. neben dem Einfluss der Wechselkurse auch der unterschiedl. Ausbau sozialer Sicherungssysteme in den einzelnen Ländern sowie deren unterschiedl. Finanzierungssysteme zu berücksichtigen, da in einigen Ländern z. B. ein Teil der Sozialbeiträge vom Staat getragen wird. Weiterhin muss neben der Kosten- auch die Leistungskomponente, d. h. das in den **Lohnstückkosten** (L. je Bruttowertschöpfungseinheit) ausgedrückte Verhältnis von L. und Produktivität, in die Analyse der L.-Belastung einbezogen werden.

Lohnnebenkosten, ↗Lohnkosten.

Lohnpfändung (Gehaltspfändung), Art der Zwangsvollstreckung, bei der ein Gläubiger aufgrund eines Vollstreckungstitels die Lohn- oder Gehaltsforderung des Arbeitnehmers gegen den Arbeitgeber pfänden kann (§§ 850 ff. ZPO). Das Arbeitseinkommen ist aus sozialen Gründen, v. a. um den Schuldner nicht den öffentl. Sozialkassen zu überantworten, jedoch nur begrenzt pfändbar. Der pfändungsfreie Betrag richtet sich nach der Anzahl der Unterhaltsberechtigten und der Höhe des Einkommens. Gemäß § 850c ZPO sind seit 1. 1. 2002 unpfändbar (Pfändungsfreigrenzen): das Nettoeinkommen bis 930 € monatlich, Zuschlag für die erste unterhaltsberechtigte Person 350 € monatlich, für die zweite bis fünfte Person je 195 € monatlich. Ist das Arbeitseinkommen höher als der unpfändbare Mindestbetrag, bleibt für den Schuldner auch ein Teil des Mehrverdienstes un-

Lohnkosten und Wechselkurse (Veränderungen in %)

Staat	Lohnkosten auf DM-Basis		in nationaler Währung	
	1980/90	1990/2001	1980/90	1990/2001
Deutschland*)	58	43	58	43
Belgien	28	43	64	43
Frankreich	50	44	118	44
Großbritannien	55	77	128	62
Italien	94	8	206	44
Japan	104	102	47	26
Niederlande	36	42	40	42
Schweden	46	18	130	52
Schweiz	70	41	58	27
USA	34	85	51	37

*) früheres Bundesgebiet

Lohnkosten im verarbeitenden Gewerbe (2001, in €)[1]

Staat	Lohnkosten je Stunde	davon: Direktentgelte	Lohnnebenkosten
Deutschland[2]	26,16	14,44	11,72
Norwegen	25,33	17,12	8,22
Schweiz	24,96	16,37	8,59
Dänemark	24,50	19,58	4,91
USA	22,99	16,57	6,42
Japan	22,22	13,13	9,09
Niederlande	21,98	12,18	9,80
Luxemburg	21,12	13,99	7,12
Österreich	21,00	10,90	10,10
Schweden	20,91	12,35	8,56
Großbritannien	19,23	13,41	5,82
Frankreich	18,93	9,89	9,03
Deutschland[3]	16,86	10,09	6,76
Spanien	14,68	8,01	6,67
Portugal	6,75	3,79	2,96

[1] Umrechnung: Jahresdurchschnitt der amtlichen Devisenkurse. – [2] Früheres Bundesgebiet. – [3] Neue Bundesländer.

pfändbar. Voll pfändbar ist der Betrag des Arbeitseinkommens, der 2851 € monatlich übersteigt. Unpfändbare Bezüge sind des Weiteren das Urlaubsgeld, die Hälfte der Überstundenentgelte, Treuegeld, Erziehungsgeld u. a. (/ Pfändungsschutz). Die Höhe der Pfändungsfreigrenzen wird alle zwei Jahre überprüft und ggf. angepasst. – In *Österreich* ist die L. gesetzlich nach ähnl. Grundsätzen geregelt. Nach *schweizer.* Recht ist die L. i. d. R. nur erlaubt, wenn sie nicht in das Existenzminimum des Schuldners eingreift.

Lohnpolitik, zielorientiertes Handeln betriebl. (Geschäftsleitung, Betriebsrat), verbandl. (Tarifparteien) und staatl. Institutionen, um Höhe, Entwicklung und Struktur der Löhne (und Gehälter) sowie die Einkommensverteilung zu beeinflussen. Staatl. Eingriffsmöglichkeiten sind allerdings durch die Tarifautonomie begrenzt. Grundlage für die L. ist der Tarifvertrag, in dem sich die Vertragspartner auf die Einhaltung bestimmter Mindestlöhne (Tariflöhne) verpflichten. Den Lohnforderungen der Arbeitnehmer wird durch gemeinschaftl. Vorgehen und die Möglichkeit des Lohnkampfs (v. a. Streik) Nachdruck verliehen. Als Gegenmittel greifen die Arbeitgeber zur Aussperrung. Die L. der Tarifparteien wird zunehmend durch betriebl. L. (Vereinbarungen zw. Betriebsrat und Geschäftsleitung über das betriebl. Lohnsystem) ergänzt bzw. ersetzt. Die L. des Staates orientiert sich an gesamtwirtsch. und sozialpolit. Zielen. Schärfste Form staatl. L. ist der **Lohnstopp** (Festsetzung rechtsverbindl. Höchstgrenzen für die Entlohnung aus Arbeitsverhältnissen für einen bestimmten Zeitraum). Ein volkswirtschaftlich wichtiges Konzept ist die **produktivitätsorientierte L.**, nach der die Löhne nur entsprechend der Arbeitsproduktivitätssteigerung erhöht werden sollen. Die Lohnstückkosten bleiben so konstant. Der Sachverständigenrat zur Begutachtung der gesamtwirtsch. Entwicklung hat diesen Vorschlag zur **kostenniveauneutralen L.** weiterentwickelt, die weitere Kostenelemente (z. B. Rohstoff-, Energie-, Kapitalkosten, Steuern) berücksichtigt; die Löhne sollen nur so steigen, dass die Stückkosten konstant bleiben. Eine wichtige Aspekt der L. ist die Anglichung der Löhne in den neuen Ländern an das westdt. Niveau, die einerseits aus sozial- und regionalpolit. Gründen (Verhinderung der Arbeitskräfteabwanderung) gefordert, andererseits aber wegen geringerer Arbeitsproduktivität in zahlr. Branchen Ost-Dtl.s abgelehnt wird. (/ Phillips-Kurve)

Lohn-Preis-Spirale (Preis-Lohn-Spirale), Bez. für den wechselseitigen Zusammenhang zw. dem Anstieg der Löhne als Folge von Preiserhöhungen und der Preise als Folge von Lohnsteigerungen. Die Spirale kann von der Güternachfrage (»Nachfragesog«), dem Güterangebot (»Angebotsdruck«), aber auch von Lohnsteigerungen (»Kostendruck«) ausgelöst werden.

Lohnquote, Anteil der Arbeitnehmerentgelte (Löhne und Gehälter) am Volkseinkommen (/ Einkommensverteilung).

Lohnsteuer, besondere Erhebungsform der / Einkommensteuer bei Einkünften aus nichtselbstständiger Arbeit. Die L. wird durch den Arbeitgeber vom Arbeitsentgelt einbehalten und abgeführt (/ Quellensteuer; Rechtsgrundlagen: §§ 38 ff. EStG, L.-Durchführungs-VO, L.-Richtlinien); Steuerschuldner ist jedoch der Arbeitnehmer.

In bestimmten Fällen kann die L. pauschaliert abgeführt werden (z. B. bei Direktversicherung). Die nicht pauschalierte L. ist Vorauszahlung zur eventuellen Einkommensteuer des Arbeitnehmers. Arbeitnehmer werden zur Einkommensteuer veranlagt, wenn noch andere Einkünfte von mehr als 410 € oder wenn mehrere Arbeitsverhältnisse vorliegen, ferner bei Ehegatten, wenn beide Arbeitslohn bezogen und einer nach der L.-Klasse V oder VI besteuert wurde, sowie auf Antrag des Arbeitnehmers.

Die L.-Belastung ist abhängig von der Höhe des Arbeitsentgelts (entsprechend Einkommensteuertarif), vom Familienstand, der Kinderzahl und von anderen individuellen Umständen. Die Höhe der einzubehaltenen L. wird in amtl. L.-Tabellen ausgewiesen. Dabei wird (entsprechend den individuellen Verhältnissen) nach **L.-Klassen** unterschieden. Die L.-Klasse wird von der Gemeinde auf der **L.-Karte** eingetragen, die der Arbeitnehmer seinem Arbeitgeber auszuhändigen hat. Die Steuerklasse I gilt für Ledige, Geschiedene, dauernd getrennt Lebende sowie Verwitwete, die nicht in Steuerklasse II fallen; II für die unter I genannten, wenn ihnen ein / Haushaltsfreibetrag zusteht; III für Verheiratete, wenn der Ehegatte keinen Arbeitslohn bezieht oder in Steuerklasse V eingereiht ist, und für Verwitwete, wenn der Ehegatte im selben oder im vorangegangenen Jahr verstorben ist und beide nicht dauernd getrennt gelebt haben; IV für Arbeitnehmer, die verheiratet sind, wenn beide Arbeitslohn beziehen, sofern nicht die Kombination der Steuerklassen III und V gewählt wird; V für verheiratete Arbeitnehmer, deren Ehepartner auf Antrag in die (günstigere) Steuerklasse III eingereiht wurde; VI für das Arbeitsentgelt aus weiteren Dienstverhältnissen.

In die L.-Tabellen sind die Steuerfreiheit des / Existenzminimums, / Arbeitnehmerpauschbetrag, Sonderausgabenpauschbetrag, Vorsorgepauschale, Kinder-, Kinderbetreuungs- und Haushaltsfreibetrag eingearbeitet. Ausgaben, die die in die L.-Tabellen eingearbeiteten Pauschbeträge übersteigen, können, soweit die Pauschbeträge keine Höchstbeträge darstellen, vom Finanzamt als Freibeträge auf der L.-Karte vermerkt oder auf Antrag berücksichtigt werden. – Mit einem Aufkommen von (2001) 132,63 Mrd. € bestreitet die L. den weitaus größten Teil des Einkommensteueraufkommens und ist die aufkommenstärkste Steuer überhaupt.

Auch in *Österreich* stellt die L. eine besondere, im Quellenabzugsverfahren einbehaltene Form der Einkommensteuer dar. L.-Klassen gibt es nicht. Seit 1993

Richard Paul Lohse: Vertikale gelbe Dominante (1987; Ludwigshafen am Rhein, Wilhelm-Hack-Museum)

Loire-Schlösser

werden das 13. und 14. Monatsgehalt (Urlaubsgeld, Weihnachtsgratifikation) pauschal mit 6% besteuert. Die *Schweiz* kennt keinen steuerl. Quellenabzug bei Lohneinkünften.

Lohnsteuerhilfevereine, Selbsthilfeeinrichtungen von Arbeitnehmern zur Unterstützung ihrer Mitgl. in Lohn- und bestimmten Einkommensteuersachen (§§ 13 ff. Steuerberatungs-Ges.); bedürfen für ihre Tätigkeit der Anerkennung durch die zuständige Oberfinanzdirektion und dürfen neben dem Mitgliedsbeitrag kein besonderes Entgelt erheben. (↗Steuerberatung)

Lohnstückkosten, ↗Lohnkosten.

Lohntheori|en, Theorien über die Bestimmungsgründe für die Lohnhöhe und ihre Veränderung, die Lohnstruktur und die -quote. Nach der **Existenzminimumtheorie** ist der Lohn der natürl. Preis des Faktors Arbeit, d. h., er deckt gerade die langfristigen Reproduktionskosten. Im Sinne dieser v. a. von D. Ricardo entwickelten Theorie sprach z. B. F. Lassalle vom ↗ehernen Lohngesetz. Mit der Mehrwerttheorie von K. Marx beginnen die Klassen- oder Quasimonopoltheorien des Lohns (Ausbeutungstheorien), die der Existenz von v. a. zwei Klassen (Arbeiterklasse und Kapitalisten) eine zentrale Bedeutung für die Lohnhöhe beimessen (E. Preiser). Mit diesen Theorien verwandt sind die Machttheorien des Lohns (Vertreter z. B. L. Brentano), wonach die Lohnhöhe kein ökonom. Preisproblem sei, sondern durch die Marktmachtverhältnisse der betreffenden gesellschaftl. Institutionen (Gewerkschaften, Arbeitgeberverbände) bestimmt werde. Die von der klass. Nationalökonomie (v. a. J. S. Mill, N. W. Senior) entwickelte **Lohnfondstheorie** geht von der Existenz eines Lohnfonds aus, d. h. einer für die Lohnzahlung innerhalb jeder Volkswirtschaft verfügbaren, starr begrenzten Kapitalmenge, aus der sich die durchschnittl. Lohnrate ergibt, indem dieser Fonds durch die Gesamtzahl der Beschäftigten dividiert wird. Von J. H. von Thünen und John Bates Clark (* 1847, † 1938) stammt die ↗Grenzproduktivitätstheorie des Lohns, eine allgemeine Verteilungstheorie, d. h. eine Erklärung aller stat. Einkommensarten (Lohn, Zins, Grundrente). Neuere Erklärungsansätze bietet die Theorie des Verhandelns **(Bargainingtheorie),** nach der sich der jeweilige Lohnsatz als Ergebnis von Tarifverhandlungen ergibt, wobei die Verhandlungsstrategien der Tarifpartner und der Organisationsgrad der Arbeitnehmer eine Rolle spielen.

Moderne L. berücksichtigen folgende Faktoren in Kombination: 1) die immer kapitalintensiveren Produktionsbedingungen, 2) den Wirtschaftskreislauf i. Allg., die Konjunkturbewegungen und das wirtsch. Wachstum, 3) die versch. Marktformen auf den Absatz- und Beschaffungsmärkten, 4) die Sozialstruktur, d. h. die Eigentumsverhältnisse sowie die relative Machtposition der Arbeitgeber- und Arbeitnehmerverbände, und 5) die Relation von Lohnhöhe und Preisniveau. (↗Lohn)

Lohr a. Main, Stadt im Landkreis Main-Spessart, Bayern, im Maintal, 16 300 Ew.; staatl. Forstschule; Herstellung hydraul. und elektron. Anlagen, Glaswaren und Glasmaschinen, Gerätebau, Eisengießerei, Metallbau. – Gotische Stadtpfarrkirche (13./15. Jh.), Rathaus (1559–1602), mehrtürmiges Schloss (15./16. Jh., Spessartmuseum). – Erhielt 1333 Stadtrecht.

Lohse, Richard Paul, schweizer. Maler und Grafiker, *Zürich 13. 9. 1902, †ebd. 16. 9. 1988; entwickelte seine konstruktive Malerei (Horizontal-Vertikal-Gliederung von Farbflächen in modularer und serieller Anordnung); gehörte neben M. Bill, C. Graeser und Verena Loewensberg zu den »Zürcher Konkreten«.

Loibl (slowen. Ljubelj), Karawankenpass (↗Alpenstraßen, Übersicht).

Loipe [norweg.] *die,* nord. Skisport: vorgespurte, markierte Spur.

Loir [lwaːr] *der,* linker Nebenfluss der Sarthe in W-Frankreich, 311 km, entspringt in der Perche, mündet nördlich von Angers.

Loire [lwaːr], 1) *die,* größter Fluss Frankreichs, 1 020 km lang, entspringt am Westabhang der Cevennen und mündet bei Saint-Nazaire in den Atlant. Ozean; durch Kanäle mit der Seine, der Saône und mit Brest verbunden; unregelmäßige Wasserführung; bis zur Maine-Mündung schiffbar. Das Loiretal, das zw. Maine und Sully-sur-Loire (Dép. Loiret) als eine der großen histor. Flusslandschaften Europas zum UNESCO-Weltkulturerbe erklärt wurde, ist eines der wichtigsten frz. Fremdenverkehrsgebiete. (↗Loire-Schlösser)

2) Dép. im frz. Zentralmassiv, 4 781 km², 728 000 Ew.; Hptst. ist Saint-Étienne.

Loire-Atlantique [lwaːr atlãˈtik], Dép. in W-Frankreich, 6 815 km², 1,133 Mio. Ew.; Hptst. ist Nantes.

Loire-Schlösser [ˈlwaːr-], die im mittleren Abschnitt der Loire, zw. Gien und Angers, und ihren Seitentälern seit dem MA., bes. im 16. Jh., entstandenen Burgen und Schlösser; bevorzugter Aufenthalt frz. Könige u. a. Adliger. Auf die auf den Hügeln liegenden befestigten Burganlagen des 12.–14. Jh. (Sully, Loches, Chinon, Langeais, Angers) folgen z. T. prunkvolle Renaissanceschlösser (↗Chambord, ↗Blois, Amboise, Chenonceaux, Azay-le-Rideau).

Loiret [lwaˈrɛ], Dép. in Mittelfrankreich, 6 775 km², 618 000 Ew.; Hptst. ist Orléans.

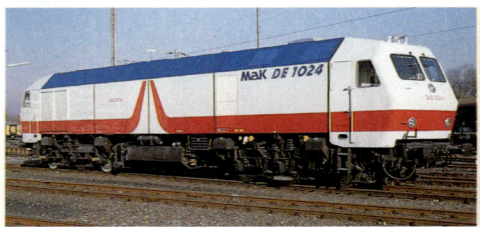 

Lokomotive (von links): Diesellokomotive (Baureihe 240 DE 1024) der Deutschen Bahn AG, eingesetzt seit 1990, elektrische Hochleistungs-Lokomotive (Baureihe 152) von Krauss-Maffei und Siemens für die Deutsche Bahn AG

Loir-et-Cher [lwaːreˈʃɛːr], Dép. in Mittelfrankreich, 6343 km², 315000 Ew.; Hptst. ist Blois.

Loisach *die,* linker Nebenfluss der Isar, 120 km lang, entspringt bei Lermoos in Tirol und mündet unterhalb von Wolfratshausen.

Loiseleuria (Alpenazalee, Alpenheide, Felsenröschen), Gattung der Heidekrautgewächse mit der einzigen Art **L. procumbens;** Hochgebirgspflanze mit rosa Blüten in Doldentrauben.

Loisy [lwaˈzi], Alfred, frz. Religionshistoriker und -philosoph, *Ambrières (Dép. Marne) 18. 2. 1857, †Ceffonds (ebd.) 1. 6. 1940; Prof. in Paris; führender Vertreter der wiss. Bibelkritik innerhalb der kath. Kirche; 1893 kirchlich amtsenthoben; 1908 exkommuniziert; Hauptvertreter des ↗Modernismus in Frankreich und einer der maßgebl. Wegbereiter der neueren kath. Theologie.

Lojang, Stadt in China, ↗Luoyang.

Lo-Johansson [ˈluːˈjuːhansɔn], Ivar, schwed. Erzähler, *Ösmo (Södermanland) 23. 2. 1901, †Stockholm 11. 4. 1990; schilderte v. a. die bedrückende soziale Lage der rechtlosen Landarbeiter; Prosazyklus (u. a. mit »Der Mann ohne Namen«, 1951, und »Von Hof zu Hof«, 1953), »Tröskeln« (R., 1982).

lokal [lat.], örtlich, auf einen Bereich beschränkt.

Lokal|anästhesie, örtliche Betäubung (↗Anästhesie).

Lokale Gruppe, Gruppe von über 30 durch die Gravitation assoziierten Sternsystemen, der das Milchstraßensystem angehört. Ihre Mitgl. liegen in einem annähernd ellipsoidisch begrenzten Raumbereich, dessen größter Durchmesser etwa 2 Mpc beträgt, wobei sich die meisten um 2 weit auseinander liegende Zentren, den Andromedanebel und das Milchstraßensystem, gruppieren. Zur L. G. gehören ferner die Magellanschen Wolken sowie zahlr. Zwerggalaxien. Die L. G. bewegt sich auf den Virgo-Haufen zu, der als Zentrum eines ↗Supergalaxienhaufen angesehen wird.

lokales Netz, ↗LAN.

Lokalfarbe, *Malerei:* die einem Gegenstand eigene Farbe, die nicht durch Modellierung, Schattierung oder tonige Angleichung verändert ist.

Lokalsatz, Nebensatz (Adverbialsatz) in der Funktion einer adverbialen Bestimmung des Ortes (↗Syntax, Übersicht).

Lokalstück, volkstüml., meist humorvoll-satir. Theaterstück, das Typen, Dialekt und lokale Sitten (meist einer Stadt) spiegelt (z. B. in Wien von Nestroy oder in Berlin von Hauptmann).

Lokaltermin (Ortstermin), gerichtl. Termin, der außerhalb des Gerichtsgebäudes stattfindet, bes. zur Augenscheinseinnahme (§ 219 ZPO).

Loki, im *altnord. Mythos* sehr widersprüchl. Gestalt; gleichzeitig Kulturbringer und Dämon (»Trickster«), hilft er beim Bau des Göttersitzes Asgard und erfindet das Fischernetz, trägt aber auch Schuld am Tod ↗Baldrs und kämpft beim Weltuntergang (↗Ragnarök) gegen die Götter.

Lokomotive [von engl. locomotive (engine) »sich von der Stelle bewegende (Maschine)«] *die,* Kurzbez. **Lok,** fahrbare Kraftmaschine als Triebfahrzeug schienengebundener Bahnen; je nach Antriebsart unterscheidet man Dampf-, Brennkraft-, elektr. und Druckluft-L. Zur Kennzeichnung der konstruktiven Merkmale einer L. benutzen die im ↗UIC zusammengeschlossenen Länder seit 1968 ein siebenstelliges Ziffernsystem. Die erste Ziffer bezeichnet die Fahrzeugart: 0 Dampflok (früher 0 oder eine andere Zahl), 1 elektr. Lok (früher E), 2 Diesellok (früher V), 4 elektr. Triebwagen (früher ET), 6 Dieseltriebwagen (früher VT). Die 2. und 3. Ziffer geben die Baureihe an. Allen L. gemeinsam ist der Fahrzeugkasten mit dem Lauf- und Triebwerk. Er enthält die Maschinen- und Antriebsanlagen (bei Dampf-L. den Kessel), die elektr. Ausrüstung, die Steuerungs-, Brems-, Überwachungseinrichtungen, die Heiz- und Vorwärmeranlagen sowie die Führerräume. An dem Fahrzeugrahmen sind die Zug- und Stoßeinrichtungen befestigt.

Lokomotive: Schnittzeichnung der 1997 eingeführten elektrischen Lokomotive aus der Baureihe 101

Das Laufwerk umfasst Lauf- und Triebradsätze; Letztere können mit Radsätzen gleichen Durchmessers gekuppelt werden (früher Kuppelradsatz). Moderne L. haben nur noch Drehgestelle mit Einzelachsantrieb.

Die **Dampf-L.** erzeugt Dampf durch Verbrennung von Holz, Torf, Kohle oder Öl in einem ↗Dampferzeuger. Ihr Triebwerk ist im Wesentlichen die ↗Dampfmaschine, deren Kraft über Treib- und Kuppelstangen auf die angetriebenen Achsen übertragen wird. **Schlepptender-L.** führen im ↗Tender größere

Kohlen- oder Schweröl- und Wasservorräte für längere Streckenfahrten mit; **Tender-L.** haben den Brennstoff in Kästen an der Führerhausrückwand und das Wasser in Behältern beiderseits des Kessels und innerhalb des Rahmens. Die Dampf-L. hat mit der Entwicklung wirtschaftlicherer Antriebsarten (elektr. L. und Brennkraft-L.) ihre Bedeutung verloren.

Der Strom für **elektr. L.** fließt aus einer Oberleitung über Stromabnehmer, Hauptschalter und Transformator der L. durch die Schienen zum Kraftwerk (Unterwerk) zurück. Über die mit Gleich- und Wechselstrom betriebenen Bahnen ↗elektrische Bahnen. Zur Steuerung von Zugkraft und Geschwindigkeit wird in der L. die konstante Fahrleitungsspannung in veränderl. Spannung für die Fahrmotoren umgeformt. In Einphasen-Wechselstrom-L. dient ein Transformator zur Herabsetzung der Fahrdrahtspannung (15 kV, 16 $^2/_3$ Hz in Dtl. oder in anderen Ländern auch 25 kV, 50 Hz) auf die Motorspannung (0–600 V). Das mechan. Schaltwerk wird heute durch leistungslos, zugkraftunterbrechungsfrei und verschleißlos schaltende ↗Thyristoren ersetzt. Die heutigen elektr. L. haben Drehgestelle und Einzelachsantrieb oder einen Motor pro Drehgestell. – Um im grenzüberschreitenden Verkehr bei versch. Stromsystemen Verzögerungen durch L.-Wechsel zu vermeiden, werden **Mehrspannungs-** oder **Mehrfrequenz-L.** eingesetzt. Der Einsatz solcher Zwei- oder Viersystem-L. erfordert die Anwendung von Siliciumgleichrichtern oder Thyristoren und Wechselstrommotoren.

Die Dt. Bundesbahn setzte als erste Bahn der Welt eine elektr. **Universal-L.** mit Drehstromantriebstechnik ein (Baureihe 120 für Schnell- und Güterzug, Leistung 5,6 MW, Höchstgeschwindigkeit 200 km/h). Von der Universal-L. ist die Dt. Bahn AG wieder abgegangen und benutzt nun elektr. L. für Schnellzüge (Baureihe 101, 220 km/h), Regionalzüge (Baureihe 145, 140 km/h) und Güterzüge (Baureihe 152, 140 km/h).

Akkumulator-L., die den Strom aus Akkumulatoren beziehen, werden im Bau- und Rangierdienst sowie in Bergwerken verwendet. **Zweikraft-L. (Hybrid-L.)** fahren überwiegend mit Strom aus der Fahrleitung, können jedoch (auf Gleisen ohne Fahrleitung oder bei abgeschaltetem Strom) auch aus Akkumulatoren gespeist oder alternativ von einem Dieselmotor angetrieben werden.

Die **Brennkraft-L.** wird durch Dieselmotoren, Vergasermotoren oder auch durch Gasturbinen angetrieben. Von diesen hat die **Diesel-L.** die größte Verbreitung gefunden. Dieselmotoren für L. können unter Last nicht anfahren. Deshalb erfolgt die Kraftübertragung vom Motor auf die Triebradsätze über ein Zahnrad-Stufengetriebe **(dieselmechan. Antrieb),** ein hydrodynam. Getriebe **(dieselhydraul. Antrieb)** oder über einen vom Dieselmotor angetriebenen Generator, der Strom für die elektr. Fahrmotoren erzeugt **(dieselelektr. Antrieb).**

Seit 1990 setzt die Dt. Bahn als Baureihe 240 die Diesel-L. DE 1024 auch fahrplanmäßig ein. Der dieselelektr. Antrieb leistet 2 650 kW bei einer Höchstgeschwindigkeit von 160 km/h. Die sechs Radsätze werden jeweils einzeln durch einen Drehstrom-Asynchronmotor angetrieben. Als bes. leistungsstarke Diesel-L. verkehrt sie v. a. auf nicht elektrifizierten Strecken, die sonst in Doppeltraktion befahren werden.

Geschichte: Die erste Dampf-L. wurde 1804 in Großbritannien erbaut. Die 1813 gebaute »Puffing Billy« war die erste brauchbare L. Die Urform aller späteren L. schufen G. und R. Stephenson mit der 1829 für den Wettbewerb der Liverpool-Manchester-Bahn gelieferten »Rocket« (Sieger mit 46,5 km/h); 1835 lieferte die Firma Stephenson auch die L. »Adler« für die erste dt. Eisenbahn von Nürnberg nach Fürth. Als erste brauchbare dt. L. wurde von der Maschinenbaugesellschaft Übigau bei Dresden 1838 die »Saxonia« für die Leipzig-Dresdener Eisenbahn gebaut. 1876 wurde in Frankreich die erste Verbund-L. gebaut; 1916–21 entwickelte F. Ljungström die erste brauchbare Turbinen-L. Um etwa 1930 wurden die Versuche mit Kohlenstaub-L. aufgenommen, 1934 bauten die Firmen Henschel & Sohn GmbH und Lokomotiv- und Maschinenfabrik Borsig die ersten Stromlinien-L. für hohe Geschwindigkeiten. – Die erste elektr. L. wurde 1879 von W. von Siemens auf der Berliner Gewerbeausstellung vorgeführt. Mit einem Dreiphasen-Drehstrom-Triebwagen wurde 1903 auf der Strecke Berlin–Zossen eine Geschwindigkeit von 210 km/h erreicht. Etwa 1928 wurde der Einzelachsantrieb mit schnell laufenden Motoren eingeführt. – Die ersten Versuche, den Dieselmotor für L. zu verwenden, gehen auf R. Diesel selbst zurück, der 1908 eine Diesel-L. entwarf. Die erste größere dieselhydraul. L. wurde 1935 für die Dt. Reichsbahn gebaut. Die Höchstgeschwindigkeit der Diesel-L. liegen i. Allg. zw. 120 und 160 km/h.

Lokris, Name zweier von den Lokrern bewohnter Landschaften im alten Griechenland: 1) das **hypoknemidische, epiknemidische** oder **opuntische L.** an der NO-Küste gegenüber Euböa; 2) das **ozolische L.** am N-Ufer des Golfs von Korinth.

Lolch [von lat. lolium »Trespe«] (Weidelgras, Raigras, Raygras, Lolium), Gattung der Süßgräser in Eurasien und N-Afrika; Ährengräser, Ährchen vielblütig und mit nur einer Hüllspelze. Unkräuter, Futter- und Rasengräser, u. a.: **Engl. Raigras (Dt. Weidelgras, Ausdauernder L.,** Lolium perenne), 20–60 cm hoch, dunkelgrün, horstbildend; häufig auf Weiden, Futtergras. **Taumel-L.** (Lolium temulentum), bis 90 cm hoch, Früchte giftig.

Lolland [ˈlɔlan], dän. Ostseeinsel südlich von Seeland, 1 243 km², 70 700 Ew.; bed. Zuckerrübenanbau; Fremdenverkehr; Eisenbahnfähre (Vogelfluglinie) nach Puttgarden (Fehmarn).

Lollarden [niederländ.-engl.], Bez. für die im 13./14. Jh. entstandenen Krankenpflegervereine, die in vieler Hinsicht den ↗Beginen entsprachen; auch Bez. für die Anhänger J. ↗Wycliffes, die als Wanderprediger dessen Lehre in vergröberter Form verbreiteten.

Lollobrigida [lolloˈbriːdʒida], Gina, italien. Filmschauspielerin, *Subiaco 4. 7. 1927; auch Fotografin; Star des italien. (»Gina Nazionale«) und internat. Films; spielte u. a. in »Fanfan der Husar« (1951), »Die Schönen der Nacht« (1952), »Liebe, Brot und Fantasie« (1953), »Der Glöckner von Notre-Dame« (1956), »Hotel Paradiso« (1965), »Die Zwillingsschwestern« (1985).

Lolo (in China amtl. Yi), in mehrere Gruppen gegliedertes Volk mit tibetobirman. Sprache in S-China (etwa 6,6 Mio.) und im nördl. Hinterindien (etwa 10 000).

Lomami *der,* linker Nebenfluss des Kongo, in der Demokrat. Rep. Kongo, 1 450 km lang, entspringt in Shaba, mündet bei Isangi; im Unterlauf schiffbar.

Lombard *der,* Beleihung (↗Lombardgeschäft).

Lombard [lɔ̃ˈbaːr], Alain, frz. Dirigent, *Paris 4. 10. 1940; war 1974–80 künstler. Leiter der Opéra du Rhin in Straßburg, 1981–83 Musikdirektor der Pariser Oper, seit 1988 Leiter des Orchestre National de Bordeaux-Aquitaine.

Lolch: Taumellolch

Gina Lollobrigida

Lomé
Stadtwappen

Lombardei [nach den Langobarden] *die* (italien. Lombardia), dicht besiedelte Landschaft und Region in Norditalien mit den Provinzen Bergamo, Brescia, Como, Cremona, Lecco, Lodi, Mailand, Mantua, Pavia, Sondrio und Varese, 23 861 km², 9,122 Mio. Ew.; Hptst. ist Mailand. Die L. reicht von den Hochalpen im N über das norditalien. Seengebiet und die niedrigeren Bergamasker und Brescianer Alpen bis an den Po im Süden. Dank intensiver Landwirtschaft, Nutzung der Wasserkraft, die Ind. nach sich zog, eine der wirtschaftsstärksten Regionen Italiens.
Geschichte: Nach dem Zerfall des weström. Reiches wurde die L. Kernland des Langobardenreiches. 774 kam das Gebiet unter fränk. Herrschaft, 951 nahm Otto I. in Pavia den langobard. Königstitel an. Im 11./12. Jh. gewannen die Städte Selbstständigkeit, im Kampf gegen die Staufer schlossen sie sich unter der Führung Mailands zu Städtebünden zusammen. Seit 1535 gehörte die L. als Reichslehen zu Spanien; 1714 kam sie an Österreich, 1797 unter frz. Herrschaft. Der Wiener Kongress teilte die L. mit Venetien als **Lombardisch-Venezian. Königreich** Österreich zu, das 1859 die L. an das Königreich Sardinien abtreten musste.

Lombarden [italien.], urspr. privilegierte christl. Kaufleute aus lombard. Städten, die, ähnlich den Juden, Geld gegen Zins leihen durften (daher z. B. Lombardgeschäft), seit dem 13. Jh. allg. italien. Kaufleute.

Lombardgeschäft [nach den Lombarden], Kreditgeschäft der Banken. Der **Lombardkredit** ist ein kurzfristiges, auf einen festen Betrag lautendes Darlehen, das durch Verpfändung marktgängiger, d. h. leicht realisierbarer, bewegl. Sachen oder Rechte bes. gesichert ist. Es wird zw. Waren-, Wertpapier- (v. a. Effekten-) und Wechsellombard unterschieden. Die Dt. Bundesbank konnte bis Ende 1998 den Kreditinstituten Lombardkredite zur Refinanzierung für maximal drei Monate gewähren. Die Verzinsung erfolgte zum **Lombardsatz;** über dessen Veränderung beeinflusste die Zentralnotenbank die Spitzenrefinanzierungskosten der Geschäftsbanken und so indirekt das allg. Zinsniveau. Im Rahmen der geldpolit. Instrumente der EZB entspricht der Zinssatz für die ↗ Spitzenrefinanzierungsfazilität dem Lombardsatz.

Lombardi, Luca, italien. Komponist, * Rom 24. 12. 1945; studierte an der Wiener Musikhochschule, ab 1968 in Köln (u. a. bei K. Stockhausen), wurde 1973 Meisterschüler P. Dessaus in Berlin (Ost). – In seinen Kompositionen geht er u. a. von Akkordstrukturen aus, die nach Prinzipien der Zwölftontechnik organisiert sind. Er schrieb drei Sinfonien (1975, 1981, 1993); Kantate »Majakowskij« (1980); »Winterblumen« für Flöte und Harfe (1982); »Sisyphos I–III« für Sprecher(in) und Ensemble (1984–89); Streichquartett (1993); Violakonzert (1994); »Addii« für Violine, Violoncello und Klavier (1996) sowie die Opern »Faust. Un travestimento« (1991) und »Dmitri oder Der Künstler und die Macht« (2000); Klangskulptur »Vanitas?« (1999); auch zahlr. Publikationen über neue Musik.

Lombardo (Lombardi), italien. Baumeister- und Bildhauerfamilie des 15. und 16. Jh. aus der Gegend des Luganer Sees, tätig in Venedig: Pietro L. (* um 1435, † 1515) schuf Grabmäler in Venedig und Padua und baute die Kirche Santa Maria dei Miracoli (1481–89) in Venedig mit seinen Söhnen Antonio L. (* um 1458, † um 1516) und Tullio L. (* um 1455, † 1532). Tullios Hauptwerk ist das Grabmal des Dogen Andrea Vendramin in Santi Giovanni e Paolo (1494).

Lombok, eine der Kleinen Sundainseln, Indonesien, 4692 km², etwa 2 Mio. Ew., durch die **L.-Straße** von Bali getrennt; Bewässerungsreisbau, Mais, Tabakanbau, Viehzucht.

Lombroso, Cesare, italien. Mediziner und Anthropologe, * Verona 18. 11. 1836, † Turin 19. 10. 1909; Begründer der Kriminologie. Stellte die These auf, dass die Ursache von Verbrechen in erblichen physiopsych. Anomalien des Täters zu suchen sei.

Lomé [lɔ'me] (Lome), Hauptstadt der Rep. Togo, an der Bucht von Benin am Golf von Guinea, 500 000 Ew.; Kultur- und Handelszentrum; kath. Erzbischofssitz, Univ. (seit 1970), Goethe-Inst.; Großkraftwerk, Erdölraffinerie, Stahlwerk. Internat. Flughafen und Ausgangspunkt von drei Bahnlinien; Tiefwasserhafen mit Freihandelszone für die Binnenstaaten Mali, Burkina Faso und Niger. – 1897–1914 Sitz der dt. Kolonialverwaltung in Togo.

Lomé-Abkommen (Konventionen von Lomé), Abkommen über entwicklungspolit. Zusammenarbeit zw. den EU- und den AKP-Staaten mit einer Laufzeit von jeweils fünf Jahren. – Nach dem 1. L.-A. **(Lomé I)** vom 25. 2. 1975 (mit 46 AKP-Staaten) wurden als Nachfolgeabkommen geschlossen: **Lomé II** (vom 31. 10. 1979, mit 58 AKP-Staaten), **Lomé III** (vom 8. 12. 1984, mit 65 AKP-Staaten) und **Lomé IV** (vom 15. 12. 1989, mit 71 AKP-Staaten; auf zehn Jahre verlängerte Laufzeit). Elemente der L.-A.: 1) freier Zugang (keine Zölle oder sonstige Handelshemmnisse; Präferenzsystem) für rd. 99% der Erzeugnisse der AKP-Staaten auf den Europ. Binnenmarkt, ausgenommen Produkte, die Gegenstand der EG-Agrarmarktordnungen sind, 2) Ausgleichszahlungen zur Stabilisierung der Exporterlöse für Agrarerzeugnisse (↗ STABEX), 3) Ausgleich für Exporterlösausfälle bei bestimmten mineralischen Rohstoffen (SYSMIN), 4) Ind.kooperation, Förderung von Direktinvestitionen, Unterstützung bei Industrialisierungsvorhaben (v. a. in Klein- und Mittelbetrieben und für angepasste Technologie), 5) landwirtsch. Kooperationshilfe und Förderung der ländl. Entwicklung, 6) Strukturanpassungshilfe für Haushaltskonsolidierung, Gesundheits- und Bildungswesen, Umweltschutz, Ernährungssicherung, Bev.entwicklung, Demokratisierung, Wettbewerbsfähigkeit, Armutsbekämpfung. Im neuen Partnerschaftsabkommen (unterzeichnet am 23. 6. 2000 in Cotonou [Benin], Laufzeit 20 Jahre), das das im Februar 2000 abgelaufene 4. L.-A. ersetzt, werden die Beziehungen mit den AKP-Staaten neu geregelt, da die dieser Ländergruppe bisher einseitig eingeräumten Handelspräferenzen den Regeln der WTO widersprechen. Bis 2008 soll das Präferenzsystem durch bilaterale Freihandelsabkommen mit allen AKP-Staaten ersetzt werden. Bestandteil des Abkommens, das die Finanzhilfen der EU-Staaten (2000–05) in Höhe von 13,5 Mrd. € vorsieht, ist erstmals der Grundsatz verantwortungsvoller Reg.führung, d. h., bei Verstößen gegen Demokratie, Menschenrechte und Rechtsstaatlichkeit sowie bei Korruption können Zusammenarbeit und Finanzhilfen ausgesetzt werden. Damit sollen nicht nur wirtschaftliche, sondern auch polit. Voraussetzungen für eine wirksame Armutsbekämpfung geschaffen werden.

Lommatzsch, Stadt im Landkreis Meißen, Sachsen, in der fruchtbaren **Lommatzscher Pflege** (Ebene mit 10–20 m mächtiger Lössdecke), 6400 Ew.; Glas-, Konservenindustrie. – Pfarrkirche (1504–14), Rathaus (1550–55).

Lommatzsch, Erhard, Romanist, * Dresden 2. 2. 1886, † Frankfurt am Main 20. 1. 1975; war Prof. in Berlin, Greifswald und Frankfurt am Main; Arbeiten zur mittelalterlichen roman. Literatur- und Sprachgeschichte, Hg. des »Altfrz. Wörterbuchs« (1925–1989; 11 Bde.) nach dem Nachlass von A. Tobler.

Lomnitz, Marie Louise, Blindenschriftexpertin, *Moskau 14. 12. 1863, †Leipzig 17. 5. 1946; schuf die systematische Punktschrift-Typographie auf der Grundlage von L. Braille.

Lomond, Loch [lɔk ˈləʊmənd], größter der schott. Seen in SW-Schottland, 85 km², bis 190 m tief; Fremdenverkehr.

Lomonossow (bis 1948 Oranienbaum), Hafenstadt im Gebiet Leningrad, Russland, administrativ zu St. Petersburg, an der S-Küste des Finn. Meerbusens, 41 400 Ew.; Seefahrtschule. – Schloss Oranienbaum (1710–25) des Fürsten A. D. Menschikow.

Lomonossow, Michail Wassiljewitsch, russ. Gelehrter und Dichter, *Denissowka (heute Lomonossowo, Gebiet Archangelsk) 19. 11. 1711, †Sankt Petersburg 15. 4. 1765; Prof. ebd. und in Moskau. L. bemühte sich um die Ausbildung einer wiss. Chemie, war Anhänger der atomist. Theorie und kann als Vorläufer Lavoisiers gelten. Als Dichter pflegte er bes. den rhetor. Stil und das Genre der heroischen Ode. Bed. für die Ausbildung der russ. Literatursprache waren seine philolog. Arbeiten (»Russ. Grammatik«, 1755), in denen er die Bedeutung des kirchenslaw. Anteils für die neuruss. Sprache erkannte, sowie Schriften zur russ. Verslehre.

Lomonossow-Universität [nach M. W. Lomonossow], Universität in Moskau; größte russ. Universität, gegr. 1755.

Łomża [ˈwɔmʒa], Stadtkreis und Krst. in der Wwschaft Podlachien, Polen, am Narew, 65 100 Ew.; kath. Bischofssitz; Museum (Bernsteinsammlung); Baumwollverarbeitung, Möbelfabrik.

London [ˈlʌndən], **1)** Hptst. des Vereinigten Königreichs von Großbritannien und Nordirland, im S Englands, mit 7,122 Mio. Ew. und 1 580 km² eine der größten Städte der Erde. Seit der 1965 erfolgten Neugliederung und Erweiterung durch Eingemeindungen besteht L. aus der nur 2,7 km² großen **City of L.,** dem alten Stadtkern, und 32 **L. Boroughs,** den Stadtbezirken. Das heutige Stadtgebiet wurde gebildet aus der 1888–1965 bestehenden County L., die die City of L. und 28 Metropolitan Boroughs umfasste, aus fast dem gesamten Gebiet der 1965 aufgelösten County Middlesex sowie aus Teilen der angrenzenden Counties Surrey, Kent, Essex und Hertfordshire. L. liegt im Londoner Becken auf beiden Ufern der Themse, 75 km oberhalb ihrer Mündung.

L. ist königl. Residenz, Sitz der Regierung, des Parlaments sowie der zentralen Gerichtshöfe und Behörden, des anglikan. Erzbischofs von Canterbury, des anglikan. Bischofs von L. und eines kath. Erzbischofs. In L. befinden sich Synagogen und jüd. Kulturzentren, ein islam. und ein buddhist. Kulturzentrum. Älteste Univ. ist die University of L. (1836 gegr.); die City University und die Brunel University gingen 1966 aus Colleges of advanced technology hervor. Univ.status haben die L. Business School, die elf Kunsthochschulen (u. a. Royal College of Art) und die acht Hochschulen für Musik und Theater; ferner gibt es acht Polytechnics (seit 1992 Univ.status), die private Polnische Univ. (gegr. 1949) und die Schiller International University (gegr. 1964). L. ist Sitz mehrerer wiss. und künstler. Gesellschaften, wie British Academy, Royal Society, Royal Geographical Society. Nationalbibliothek ist die British Library. Zu den vielen Museen gehören Brit. Museum, Commonwealth Institute, Imperial War Museum, National Maritime Museum, National Gallery und National Portrait Gallery, Natural History Museum, Science Museum, Tate Gallery und die neue Tate Modern (2000 eröffnet), Victoria and Albert Museum, Institute of Contemporary Arts, L. Museum, Wachsfigurenkabinett der Madame Tussaud, Wallace Collection, das 1988 eröffnete Filmmuseum und das 1989 eröffnete Design Museum (für Ind.design des 20. Jh.). Neben den beiden Opernhäusern (königl. Covent Garden Opera, English National Opera), dem National Theatre, dem Old Vic Theatre und dem 1997 wieder eröffneten Globe Theatre (1599–1644) gibt es viele weitere Theater. Mit dem »Millennium Dome« in Greenwich (Architekt: Sir R. Rogers) entstand 1999 eine überkuppelte Multifunktionshalle. Der botan. Garten (Kew Gardens) und der zoolog. Garten sind bed. Forschungsstätten.

Wirtschaft und *Verkehr:* L. ist Finanz-, Handels-, Verw.- und polit. Zentrum Großbritanniens sowie eine bed. Ind.stadt. Der Dienstleistungsbereich ist der wichtigste Wirtschaftssektor. L. ist eine bed. Finanzmetropole (524 ausländ. Banken, Börse) und Sitz vieler Versicherungen. Räuml. Mittelpunkt des Banken-, Versicherungs- und Börsenwesens ist die City of L., die Square Mile (mit 2,7 km² Fläche). In der westlich benachbarten City of Westminster, dem »Westend«, konzentrieren sich neben der Reg.funktionen von dem Parlament v. a. Zentralverwaltungen nat. und internat. Konzerne sowie Büros der Werbe-, Film- und Fernsehbranche. L. ist außerdem eine wichtige Kongressstadt. – Einige Ind.zweige haben ihre traditionellen Standorte beibehalten, z. B. die Diamantenschleifereien (Hatton Gardens), während die feinmechan., die Druck- und Elektroind. in neue Ind.zonen am Stadtrand abwanderten. Zwischen den Weltkriegen entstand flussabwärts Zement-, Papier- und Autoindustrie. Im Zusammenhang mit der Verbesserung der Verkehrserschließung siedelten sich v. a. im N, z. B. Royal Park und um Wembley, vorwiegend moderne Ind. an: Spezialmaschinenbau, Fahrzeug-, Flugzeug- und Instrumentenbau, elektrotechn. und elektron. sowie chem. und pharmazeut. Industrie. Ein petrochem. Ind.komplex entstand nach dem Zweiten Weltkrieg an der Themsemündung.

Der innerstädt. Verkehr wird durch U-Bahn (1890 Bau der ersten Linie, 1999 Streckenlänge 391 km, davon 171 im Untergrund, mit 274 Stationen), Omnibusse und Taxis bewältigt. Dem Eisenbahnverkehr stehen acht große Fernbahnhöfe zur Verfügung, die durch eine Buslinie miteinander verbunden sind. Der Londoner Hafen hat in den letzten Jahrzehnten stark an Bedeutung verloren. Die aus dem 19. Jh. stammenden großen Dockanlagen östlich der Tower Bridge wurden zw. 1967 und 1981 geschlossen und bilden das größte Sanierungsgebiet der Stadt. Der Hafen entwickelte sich in den letzten Jahrzehnten themseabwärts über die Stadtgrenze hinaus (Bau des Containerhafens von Tilbury und der Erdölhäfen Shellhaven, Thames Haven, Canvey Island und Coryton). Im Weltluftverkehr nimmt L. eine Spitzenstellung ein; internat. Flughäfen sind Heathrow, Gatwick, Stansted und der 1987 in den Docklands eröffnete City Airport.

Stadtbild: Vom röm. Londinium sind bisher nur Teile ausgegraben worden (u. a. Reste einer Basilika, des Forums, des Amphitheaters, eines Mitrasheiligtums). Unter Wilhelm dem Eroberer entstanden 1077–97 der ↗Tower sowie 1097–99 Westminster Hall. Frühgot. Kirchen sind: Saint Bartholomew-the-Great (1123), Saint Etheldreda (12. und 13. Jh.), Temple Church (12. und 13. Jh.) und v. a. die Southwark Cathedral (1209ff.). Ein vollständiger Neubau der frühgot. ↗Westminster Abbey begann 1245. Der mittelalterl. Ausbau des Stadtbezirks Westminster zum

Michail Lomonossow

London 1) Stadtwappen

Repräsentationsort der engl. Monarchie wurde 1394–1401 mit dem Neubau der / Westminster Hall fortgesetzt. Nördlich der Abtei entstand 1480–1523 die Pfarrkirche Saint Margaret. 1411–40 wurde die spätgot. Guildhall (Rathaus) erbaut (heute restauriert und rekonstruiert). Im Bereich von Westminster entstand im 16. Jh. Saint James's Palace in klaren Frührenaissanceformen. Von dem gleichzeitig begonnenen Whitehall Palace blieb nur das 1619–22 von I. Jones errichtete Banqueting House erhalten. Mit der Ausweitung des Stadtgebiets nach W wurden entlang dem »Strand« die ersten Squares (Plätze, häufig mit Bäumen) angelegt. Der große Stadtbrand von 1666 hatte (bis 1700) eine weitgehende baul. Erneuerung der Altstadt zur Folge, wobei auch 51 Pfarrkirchen durch C. Wren errichtet wurden. Sein Hauptwerk ist die Saint Paul's Cathedral (1675–1711) mit 110 m hoher Tambourkuppel in palladian. Stil. Wren baute auch Saint James, Marlborough House sowie Hospitäler (u. a. Chelsea Hospital, 1682–89) und gestaltete Kensington Palace (1639–1702) und Hampton Court um. Wrens Schüler J. Gibbs schuf Saint Martin-in-the-Fields (1722–26). Nachdem bereits im späten 17. Jh. Soho mit seinem rechtwinkligen Straßennetz und dem Soho Square angelegt worden war, wurden im 18. Jh. auch die angrenzenden Ländereien in eine geregelte Stadtplanung einbezogen. Ein weiteres städt. Viertel entwickelte sich in Westminster. Ab 1773 entstanden in der nordwestl. Stadterweiterung der Portland Square von R. und J. Adam, während J. Nash (seit 1812) mit Park Crescent und Cumberland Terrace am Regent's Park sowie Carlton House Terrace am Saint James's Park eine Verflechtung klass. Stadtbaukunst mit dem in engl. Landschaftsstil gestalteten öffentl. Parks erreichte. Im Stil des Greek Revival wurden die Kirche Saint Pancras (1818–20), das Brit. Museum und am Trafalgar Square (1828) mit der Nelsonsäule (Nelson Column, 1840–43) die National Gallery ausgeführt. Die Richtung des Gothic Revival (Neugotik) erhielt ihre erste Manifestation im Neubau des Parlamentsgebäudes (1837 ff., mit Big Ben) von C. Barry. Als Eisenskelettbau für die 1. Weltausstellung in L. entstand der Kristallpalast (1851, nicht erhalten). In South Kensington entstand südlich des 1863 von G. G. Scott errichteten Albert Memorial und der Albert Hall von 1867 ein größerer Gebäudekomplex mit dem Natural History Museum (1873–81), dem Imperial College (1887–93) und dem Victoria and Albert Museum (1899–1909). Weitere Bauten des 19. Jh.: Covent Garden Opera (1858), Law Courts (1874–82), Tower Bridge (1886–94), New Scotland Yard (1891), Westminster Cathedral (1895–1903 in neubyzantin. Stil), Whitechapel Art Gallery (1897, Jugendstil). Die Expansion der Großstadt im späten 19. Jh. führte zur Eingliederung umliegender Gebietsteile in die County L. Anfang des 20. Jh. wurde der Piccadilly Circus gestaltet und die County Hall erbaut (1911 ff.). 1913 erhielt der Buckinghampalast (Umbau ab 1824; seit 1837 königl. Residenz) durch A. Webb eine neubarocke O-Fassade; auf dem Vorplatz (seit 1911) das Victoria Memorial. Weiter im W liegen / Hydepark und Kensington Gardens. – Nach 1945 erhielt die 1940–45 weitgehend zerstörte City durch den Bau von Büro- und Verwaltungsgebäuden ein neues Gepräge. Als Kulturzentrum entstand das 1982 eröffnete / Barbican Centre. Weitere markante Neubauten sind das Medienzentrum des Lord's Cricket Ground (1995–99, von Future Systems), die Peckham Library (1998–2000, vom Architekturbüro Alsop & Störmer), die Millennium Bridge (1998–2000, von Ove Arup,

Jack London

Lord N. R. Foster und Anthony Caro), die City Hall (2002) und der Swiss Re Tower (2003) von Foster sowie das Laban Dance Centre (2003 eröffnet, von Herzog & de Meuron). Im alten Hafengebiet der Tower Bridge entwickelte sich in den ehem. Docklands seit 1981 ein neuer Stadtteil mit Bürogebäuden, Luxuswohnungen und Freizeiteinrichtungen. – Zum UNESCO-Weltkulturerbe wurden Tower, Westminster Abbey, Westminster Hall, Saint Margaret sowie der botan. Garten (Kew Gardens) erklärt.

Geschichte: An der Stelle einer kelt. Siedlung entstand im 1. Jh. n. Chr. das röm. **Londinium**; 61 n. Chr. zerstört durch die Briten unter Führung der Königin Boudicca; entwickelte sich nach Wiederaufbau und Errichtung einer Stadtmauer zum Verwaltungs- und Handelszentrum der röm. Provinz Britannia superior; seit Diokletian (284–305) Hptst. einer der vier spätrömischen brit. Provinzen; wurde unter den Angelsachsen im 7. Jh. Hptst. der Könige von Essex und Bischofssitz (604). Im 9. Jh. mehrmals von Dänen eingenommen, von Alfred d. Gr. zurückerobert und befestigt. 1066 ließ sich der normann. Herzog Wilhelm der Eroberer als erster König in Westminster Abbey krönen und bestätigte die alten Rechte der Stadt. Unter Heinrich I. (1100–35) löste L. endgültig Winchester als Hptst. Englands ab; seit Ende des 12. Jh. freie Stadt mit Selbstverwaltung (1192 Amtsantritt des ersten Bürgermeisters [Mayor]). Sitz des engl. Königs (bis Heinrich VIII.) und später des Parlaments wurde das benachbarte Westminster, das erst allmählich mit L. zusammenwuchs. Der bereits im MA. begonnene wirtsch. Aufschwung (u. a. seit 1157 Niederlassung der Hanse; / Stalhof) verstärkte sich im 16. Jh. (Gründung von Handelskompanien). 1664/65 forderte die Pest in L. etwa 75 000 Tote, 1666 vernichtete ein Großfeuer etwa vier Fünftel der City. Die Stadtbev. wuchs rasch (1666: 0,5 Mio., 1821: 1,2 Mio., 1901: 6,6 Mio. Ew.). Als Zentrum der brit. Empires wurde L. Mittelpunkt des Welthandels. Im Zweiten Weltkrieg wurden große Teile der Stadt (35 % der City) durch dt. Luftangriffe zerstört.

2) Stadt im S der Prov. Ontario, Kanada, 325 600 Ew.; Univ.; Eisen-, Stahl- (Diesellokomotiven), chem., elektrotechn., Textil-, Lebensmittelindustrie.

London ['lʌndən], Jack, eigtl. John Griffith, amerikan. Schriftsteller, *San Francisco 12. 1. 1876, †Glen Ellen (Calif.) 22. 11. 1916; führte ein abenteuerl. Leben als Fabrikarbeiter, Matrose und Goldsucher in Alaska. L.s Werk und Weltanschauung pendeln zw. extremem Individualismus (beeinflusst von C. Darwin und F. Nietzsche), sozialist. Idealen und zivilisationsfeindl. Ansichten; schrieb naturalist. romant. Romane, Goldgräber- und Südseegeschichten sowie hervorragende Tiergeschichten: »Der Sohn des Wolfs« (R., 1900), »Der Ruf der Wildnis« (R., 1903), »Der Seewolf« (R., 1904), »Lockruf des Goldes« (R., 1910); der Roman »König Alkohol« (1913) zeichnet Bilder seiner eigenen Entwicklung nach.

London Boroughs ['lʌndən 'bʌrəz], die Stadtbezirke von / London.

Londonderry ['lʌndəndəri], 1613–1984 amtl. Name der nordirischen Stadt / Derry.

Londoner Konferenzen, Protokolle und Verträge, Bez. für verschiedene in London abgehaltene Konferenzen und dort unterzeichnete Protokolle und Verträge:

1) Londoner Protokoll (3. 2. 1830), nach Beendigung des russ.-türk. Krieges 1828/29 erkennen Großbritannien, Russland und Frankreich ein unabhängiges Griechenland als Erbmonarchie unter ihrem Schutz an.

London 1)

1 Queen's House (17.–19. Jh.) mit National Maritime Museum im Bezirk Greenwich **2** Modern Tate Gallery (2000 eröffnet) **3** Houses of Parliament (1873 ff.) **4** Trafalgar Square mit Nelson-Säule (1840–43) **5** Saint Paul's Cathedral (1675–1711) **6** Tower Bridge (1886–94)

2) Londoner Konferenz, Frankreich, Großbritannien, Preußen, Österreich und Russland erkennen die Unabhängigkeit Belgiens in den Protokollen vom 20. 12. 1830 und vom 20. 1. 1831 an, bestätigt in den Verträgen vom 26. 6. 1831, vom 14. 10. 1831 und vom 19. 4. 1839.

3) Londoner Protokolle, Protokolle über die schleswig-holstein. Frage. In dem 1. L. P. vom 2. 8. 1850 und dem 2. L. P. vom 8. 5. 1852 garantierten die Großmächte die Unteilbarkeit des dän. Gesamtstaats und regelten die Thronerbfolge in Dänemark. (↗ Schleswig-Holstein, Geschichte)

4) Londoner Vertrag (11. 5. 1867), Festlegung der Unabhängigkeit und Neutralität Luxemburgs. (↗ Luxemburg, Geschichte)

5) Londoner Konferenz (1871), ↗ Pontuskonferenz.

6) Londoner Vertrag (26. 4. 1915), die Dreibundmächte Russland, Großbritannien und Frankreich sicherten Italien im Fall seines Kriegseintritts an der Seite der Entente Gebietserweiterungen auf Kosten Österreich-Ungarns zu (Trient und Südtirol, Triest und Dalmatien).

7) Londoner Reparationskonferenzen (März/April 1921), Dtl. lehnte am 1. 3. die Festlegung der Pariser Konferenz vom 29. 1. 1921 über ↗ Reparationen in Höhe von 223 Mrd. Goldmark, die Alliierten den dt. Gegenvorschlag über 30 Mrd. Goldmark ab; endeten mit dem »Londoner Ultimatum«.

8) Londoner Konferenz (16. 7. bis 16. 8. 1924), beschloss den ↗ Dawesplan.

9) Londoner Flottenkonferenz (21. 1. bis 22. 4. 1930), Großbritannien, Japan, Frankreich, Italien und die USA beschränkten ihren Flottenneubau.

10) Londoner Viermächtekonferenz (26. 6. bis 8. 8. 1945), die vier Siegermächte (Frankreich, Großbritannien, UdSSR, USA) einigten sich über das Vorgehen gegen die Hauptkriegsverbrecher und errichteten das Internat. Militärtribunal (↗ Nürnberger Prozesse).

11) Londoner Sechsmächtekonferenz (23. 2. bis 5. 3. 1948 und 20. 4. bis 1. 6. 1948), Belgien, Frankreich, Großbritannien, Luxemburg, die Niederlande und die USA einigten sich auf eine gemeinsame staatl. Ordnung für die westl. Besatzungszonen Deutschlands.

12) Londoner Neunmächtekonferenz (28. 9. bis 3. 10. 1954), Belgien, die Bundesrep. Dtl., Frankreich, Großbritannien, Italien, Kanada, Luxemburg, die Niederlande und die USA ermöglichten die Inkraftsetzung des Deutschlandvertrags und den Beitritt der Bundesrep. Dtl. zur NATO. In der Londoner Akte verzichtete die Bundesrep. Dtl. auf Herstellung von ABC-Waffen auf ihrem Territorium und auf Anwendung von Gewaltmitteln zur Erreichung der dt. Wiedervereinigung. Großbritannien, Kanada und die USA sicherten die Stationierung von Streitkräften in Europa zu.

13) Londoner Konferenzen (1956), ↗ Sueskonferenzen.

Henry W. Longfellow

Londoner Schulden|abkommen, Vertrag vom 27. 2. 1953 über die Anerkennung, Reduzierung und Tilgung der dt. Auslandsschulden (↗ Reichsschulden) seit dem Ersten Weltkrieg zw. der Bundesrep. Dtl. und den USA, Großbritannien und Frankreich in Vertretung der rd. 60 Gläubigerstaaten. Die Vorkriegsschulden im Gegenwert von 13,5 Mrd. DM wurden um 6,2 Mrd. DM reduziert, die Nachkriegsverbindlichkeiten im Gegenwert von 16 Mrd. DM wurden auf 7 Mrd. DM gekürzt. Die Verpflichtungen aus dem L. S. waren im Wesentlichen bis 1980 erfüllt. Seit 1990 hat das L. S. (Schuldentilgung) neue Aktualität gewonnen, da die 1953 - bedingt durch die Teilung Dtl.s - zurückgestellten Zinsansprüche aus bestimmten dt. Auslandsanleihen (Dawes-, Young- und Kreuger-Anleihe) erneut relevant wurden.

Londoner Zonenprotokolle, ↗ Zonenabkommen.

London-Kräfte [nach dem dt.-amerikan. Physiker Fritz London, * 1900, † 1954], ↗ zwischenmolekulare Kräfte.

London School of Economics and Political Science [ˈlʌndən ˈskuːl əv iːkəˈnɔmɪks ænd pəˈlɪtɪkl ˈsaɪəns], Abk. **LSE,** 1895 als Abendschule für Sozialwissenschaften gegründete, 1900 der Univ. London angegliederte Hochschuleinrichtung mit angeschlossenen Spezialinstituten; Fachrichtungen sind Wirtschaftswissenschaften mit Wirtschaftsgeschichte und -statistik, Soziologie, Sozialwiss.en und Verwaltung, Rechtswiss., Geographie, Geschichtswiss., Anthropologie und Philosophie.

London Stock Exchange [ˈlʌndən ˈstɔk ɪksˈtʃeɪndʒ, engl.], Abk. **LSE,** zentrale Wertpapierbörse Großbritanniens sowie umsatzstärkste Effektenbörse Europas, gegr. 1801; unterliegt keiner staatl. Aufsicht. 1997 wurde der traditionelle Parketthandel weitgehend durch das vollelektron. Handelssystem SETS (Stock Exchange Electronic Trading Service) ersetzt.

Londrina, Stadt im Bundesstaat Paraná, Brasilien, 421 300 Ew.; Erzbischofssitz; Univ., Kaffee-Inst.; Zentrum eines bed. Kaffeeanbaugebietes; Verarbeitung von Kaffee, Baumwolle, Früchten, Fleisch; Flughafen.

Lonetal, Tal eines Nebenflüsschens der Brenz (Schwäb. Alb), an dessen Hängen viele Höhlen (Vogelherdhöhle) mit altsteinzeitl. Kulturschichten liegen; zahlr. Funde.

Long, Richard, brit. Künstler, * Bristol 2. 6. 1945; Vertreter der Land-Art. Seine Arbeiten umfassen Orts- und Wegmarkierungen in der Natur, Steinkreise und -kreuze, Gehspuren sowie die fotograf. Dokumentation seiner Wanderungen.

Longa [lat. »lange (Note)«] *die, Musik:* zweitlängster Notenwert der Mensuralnotation.

Longanbaum [chines., eigtl. »Drachenbaum«], (Drachenauge, Longane, Nephelium longana), Seifenbaumgewächs in Mittel- und Südchina; bis 10 m hoher Baum mit bis 2,5 cm großen essbaren, süßen, aromat. Früchten (Longanfrüchte); als Obstbaum kultiviert.

Long Beach [ˈlɔŋ ˈbiːtʃ], Stadt in Kalifornien, USA, gehört zur Metropolitan Area von Los Angeles, 446 200 Ew.; Zweig der California State University; Seebad und Hafen; Schiff-, Auto- und Flugzeugbau, Erdölraffinerie.

Longdrink [engl.] *der,* Mixgetränk, das neben Alkohol v. a. Soda, Fruchtsaft, Eiswürfel o. Ä. enthält.

Longe [ˈlɔ̃ʒə, frz. »Leine«] *die, Pferdesport:* 7–9 m lange Leine, an der man Pferde zur Dressur im Kreis herum führt.

Longfellow [ˈlɔŋfeləʊ], Henry Wadsworth, amerikan. Dichter, * Portland (Me.) 27. 2. 1807, † Cambridge (Mass.) 24. 3. 1882; 1836–54 Prof. für moderne Sprachen u. a. an der Harvard University. Seine stimmungsvollen Gedichte und Balladen sind von engl. (Tennyson) und dt. Dichtern (Uhland) beeinflusst. L. schrieb das idyllische Epos »Evangeline« (1847), das Indianerepos »Das Lied von Hiawatha« (1855). Er reiste viel in Europa und vermittelte auch durch Übersetzungen (u. a. Dante) europ. Kultur in die USA.

Longford [ˈlɔŋfəd] (irisch An Longfort), Cty. in der Rep. Irland (Prov. Leinster), 1 044 km², 30 100 Ew.; Hptst. ist Longford.

Longhena [lɔŋˈgɛːna], Baldassare, italien. Baumeister, * Venedig 1598, † ebd. 18. 2. 1682; Hauptvertreter des venezian. Hochbarock, steigerte die klass. Formen zu barocker Prachtentfaltung. In Venedig entstanden u. a. die Zentralkuppelkirche Santa Maria della Salute (1631 ff.), die Chiesa degli Scalzi (1670 ff.) sowie die Paläste Rezzonico (1660 ff.) und Pesaro (1676 ff.).

Longhi [ˈlɔŋgi], Pietro, eigtl. P. Falca, italien. Maler, * Venedig 1702, † ebd. 8. 5. 1785; Schüler von

G. M. Crespi in Bologna, malte schlichte Genrebilder, die ironisch oder liebenswürdig-moralisierend das Leben der Venezianer schildern.

Longinus, nach den apokryphen Pilatusakten der Name des Hauptmanns unter dem Kreuz (Mk. 15, 39) und des Soldaten, der Jesu Seite mit der Lanze durchstach (Joh. 19, 34); in der Legende später zu einer Person zusammengefasst und kirchlich als erster heidn. Bekenner des Christentums und Märtyrer verehrt (Tag: 15. 3.).

Long Island [ˈlɔŋ ˈaɪlənd], größte Insel an der Ostküste der USA, im Bundesstaat New York, 4463 km², durch den **Long-Island-Sound** vom Festland getrennt. Auf L. I. liegen Teile der Stadt New York (Brooklyn, Queens), an der S-Küste einige Seebäder.

longitudinal [lat.], **1)** in der Längsrichtung verlaufend, längs gerichtet, v. a. für die Ausbreitungsrichtung von ⁄ Wellen (Longitudinalwellen) verwendet; Ggs.: transversal.
2) *Geographie:* auf den Längengrad bezüglich.

Longo, 1) Luigi, italien. Politiker, *Fubine (Prov. Alessandria) 15. 3. 1900, †Rom 16. 10. 1980; 1921 Mitbegründer der italien. KP; 1936–38 Gen.inspekteur der internat. Brigaden im Span. Bürgerkrieg. Ab 1943 führend in der italien. Widerstandsbewegung; 1964–72 war L. Gen.-Sekr., ab 1972 Präs. der Kommunist. Partei Italiens.
2) [engl. ˈlɔŋgəʊ], Robert, amerikan. Multimediakünstler, *New York 7. 1. 1953; monumentalisiert u. a. in Fotografien, Zeichnungen, Dingakkumulationen, Rauminstallationen und Videos das Lebensgefühl einer Generation, deren Leben sich zw. exzessivem Konsum und ekstat. Endzeitvision abspielt.

Longobardi, Nino, italien. Maler, *Neapel 30. 11. 1953; im Spannungsfeld einer narrativen und einer abstrakten Malerei stehend, konzentriert sich L. auf die Erfindung figurativer Chiffren, die als Symbole für Gefühle und Ängste stehen können.

Longos (L. von Lesbos, lat. Longus), grch. Schriftsteller wohl vom Ende des 2. Jh. n. Chr.; Verfasser eines Schäferromans über die Liebe zw. ⁄ Daphnis und Chloe.

Longuelune [lɔ̃ˈglyn], Zacharias, frz. Baumeister, *Paris(?) 1669, †Dresden 30. 11. 1748; ab 1713 Hofbaumeister in Dresden. Seine strenge Architekturauffassung löste den Hochbarock M. D. Pöppelmanns ab und leitete zum Frühklassizismus über (u. a. Orangerie in Pillnitz, um 1730).

Longwy [lɔ̃ˈvi], Stadt im frz. Dép. Meurthe-et-Moselle, an der Chiers, 15 400 Ew.; wichtiger Bergbau- und Ind.ort (Eisenerzabbau, Hochöfen, chem., Metall-, Elektro-, keram. Ind.). – L. gehörte zum Herzogtum Bar und kam 1679 an Frankreich.

Longyearbyen [ˈlɔŋjeːrbyːən], Hauptort von ⁄ Spitzbergen.

Lonicera [nach dem Arzt und Botaniker Adam Lonitzer, *1528, †1586], wiss. Name der Pflanzengattung ⁄ Geißblatt.

Lon Nol, kambodschan. General und Politiker, *Kompong-Leau (Prov. Prey Veng) 13. 11. 1913, †Saint Jude de Dullerton (Calif.) 17. 11. 1985; 1966–67 und 1969–72 MinPräs., stürzte 1970 Staatschef Prinz Norodom Sihanouk und rief die Rep. aus. Sein Staatsstreich verwickelte Kambodscha in den Vietnamkrieg. 1972–75 war er Staatspräs.; musste angesichts des Sieges der »Roten Khmer« 1975 ins Exil (USA) gehen.

Lönnrot [ˈlœnruːt], Elias, finn. Volkskundler und Schriftsteller, *Sammatti (Prov. Uusimaa) 9. 4. 1802, †ebd. 19. 3. 1884; schuf aus mündlich überlieferten altfinn. Volksliedern das Epos ⁄ Kalevala und gab die Lieder- und Balladensammlung »Kanteletar« (1840) heraus; bed. auch sein finnisch-schwed. Wörterbuch (2 Bde., 1866–80).

Löns, Hermann, Schriftsteller, *Culm 29. 8. 1866, ✕ bei Reims 26. 9. 1914; schrieb eng an die norddt. Landschaft und ihre Bewohner gebundene Heide- und Liebeslyrik (»Der kleine Rosengarten«, 1911) und Tiergeschichten (»Mümmelmann«, 1909) mit meisterhaften Naturschilderungen; auch Autor von Soldatengesängen und dem als Bauernchronik des Dreißigjährigen Krieges angelegten Roman »Der Wehrwolf« (1910). – Die nat.-soz. Kulturpolitik stilisierte L. zum Wegbereiter ihrer eigenen Ideologie.

Lons-le-Saunier [lɔ̃ləsoˈnje], Hptst. des frz. Dép. Jura, 20 100 Ew.; Herstellung von Brillen, Spielzeug, Schokolade und Textilien; Kurbetrieb.

Lonza *die,* rechter Nebenfluss der Rhone, in den Walliser Alpen, Schweiz, ⁄ Lötschental.

Loop [luːp, engl.] *der, Informatik:* ⁄ Schleife.

Looping [ˈluːpɪŋ; engl., zu loop »Schleife«] *der oder das, Kunstflug:* Überschlag nach oben oder unten aus dem Normal- oder Rückenflug.

Loos, Adolf, österr. Architekt und Designer, *Brünn 10. 12. 1870, †Kalksburg (heute zu Wien) 23. 8. 1933. Seine auf Sachlichkeit fußende und auf jedes Ornament verzichtende Architektur ist von kub. Elementen bestimmt, die Flächen werden unter Verwendung kostbarer Materialien gestaltet. L. übte großen Einfluss auf die moderne europ. Architektur aus. Schrieb »Ornament und Verbrechen« (1908) u. a.

Adolf Loos: Haus am Michaeler Platz in Wien (1909–11)

Lop Buri, Stadt in Thailand, 120 km nördlich von Bangkok, 32 000 Ew.; Verw.sitz der Prov. L. B.; Zentrum eines Agrargebiets; Eisen- und Stahlwerk. – Ruinen von turmartigen Khmertempeln des 12.–14. Jh. (z. B. das Kloster Wat Phra Ratana Si Mahathat, 13./14. Jh.); ehem. Königspalast (17. Jh.).

Lope de Vega [-ðe ˈβeɣa], span. Dramatiker, ⁄ Vega Carpio.

López [ˈlopes], **1)** Carlos Antonio, paraguay. Politiker, *Asunción 4. 11. 1790, †ebd. 10. 9. 1862, Vater von 2); 1844–62 Staatspräs.; hob die wirtschaftl. Isolation Paraguays auf, schuf ein Heer nach preuß. Muster.
2) Francisco Solano, paraguay. Politiker, *Asunción 24. 7. 1827, ✕ am Río Aquidabán 1. 3. 1870, Sohn von 1); wurde 1862 Staatspräs.; verfolgte seit 1865 eine krieger. Machtpolitik gegen Brasilien, Uruguay und Argentinien, um das Territorium seines Landes zu vergrößern; 1870 unterlag Paraguay.

López Cobos ['lopeθ -], Jesús, span. Dirigent, *Toro (Prov. Zamora) 25. 2. 1940; war 1980–90 Generalmusikdirektor der Dt. Oper Berlin und 1984–89 Chefdirigent des span. Orquesta Nacional; seit 1986 Chefdirigent des Cincinnati Symphony Orchestra, seit 1990 auch Leiter des Kammerorchesters Lausanne.

López de Ayala ['lopeð ðe a'jala], Pe[d]ro, span. Schriftsteller und Chronist, *Vitoria 1332, †Calahorra (Prov. La Rioja) 1407; Großkanzler von Kastilien; verfasste bed. Chroniken (»Crónicas de los reyes de Castilla«, 2 Bde., hg. 1779/80). Sein Hauptwerk ist die Gesellschaftssatire »Rimado de palacio« (um 1385, hg. 1829).

Lop Nur (Lop-nor, Lob-nur), Salzotonebene im östl. Tarimbecken, autonome Region Sinkiang, China. Der frühere Salzsee, in den der Tarim mündete, wanderte infolge der Laufveränderungen des Tarim im 4. Jh. nach S, dann wieder nordwärts. In den 1950er-Jahren noch über 2000 km^2, ist er seit den 1960er-Jahren völlig ausgetrocknet.

Loquat (Japanische Mispel, Wollmispel, Eriobotrya japonica), aus China stammendes baumförmiges Rosengewächs mit kugeligen bis birnenförmigen, etwa 5 cm langen essbaren Früchten mit gelber Schale, die 3–9 dunkle Kerne enthalten. Das orangegelbe Fruchtfleisch ist knackig, saftig und süß; wird meist roh gegessen.

Lorain [lɔː'reɪn], Hafenstadt in Ohio, USA, am Eriesee, 71 200 Ew.; Schiff-, Kraftfahrzeugbau, Textil- u. a. Industrie.

LORAN-Verfahren, Abk. für engl. **lo**ng **ra**nge **n**avigation, ein Funkortungsverfahren für große Entfernungen. (↗Funknavigation)

Lorbeer: blühender Zweig des Echten Lorbeers

Lorbeer [aus lat. laurus und »Beere«] der (Laurus), Gattung der L.-Gewächse mit zwei Arten; der **Echte L.** (Laurus nobilis), ein 5–12 m hoher Baum (seltener Strauch) mit ledrigen, immergrünen Blättern, besitzt hellgelbe Blüten in Büscheln und blauschwarze steinfruchtartige Beeren, ist eine Charakterpflanze des Mittelmeergebietes. Getrocknete Blätter und Beeren dienen als Küchengewürz. Die Beeren enthalten das grünl. **L.-Öl,** das zu Einreibungen verwendet wird. – Seit dem Altertum ist L. das Symbol des Sieges und des Ruhms; er wurde auch bei Wahrsagungen und Entsühnungsriten sowie als Schutz gegen Zauber, Feuer und Blitz verwendet.

Lorca [-ka], Stadt in der Region Murcia, Spanien, am Río Guadalentín, am SW-Fuß der Sierra de la Tercia, 68 500 Ew.; Textil-, chem., Baustoffind., Gerbereien. – Im Berghang Höhlenwohnungen; Stiftskirche San Patricio (1533–1722), maur. Kastell, alte Paläste.

Lorca [-ka], Federico García, span. Schriftsteller, ↗García Lorca.

Lorch, 1) Stadt im Ostalbkreis, Bad.-Württ., im Remstal, 11 100 Ew.; Metallind., Karosseriebau. – Die spätgot. Stadtkirche steht auf dem Grund eines röm. Kastells am Schnittpunkt des obergerman. und rät. Limes. Bei L. liegt die ehem. Benediktinerabtei L. mit roman. Basilika, gegr. 1102, mit Gräbern der Hohenstaufen (12./13. Jh.).

2) Stadt im Rheingau-Taunus-Kr., Hessen, im Rheindurchbruchstal an der Mündung der Wisper, 4400 Ew.; Weinbau. – Martinskirche (13.–15. Jh.), Hilchenhaus (1546–48), Burgruine Nollich.

Lorchakrieg ['lɔːtʃə-, engl.] (Zweiter Opiumkrieg), Krieg zw. China einerseits und Großbritannien sowie Frankreich andererseits (1856–60); ben. nach der brit. Lorcha (Schiff mit westlich-ausländ. Rumpf und chines. Takelage) »Arrow«, deren Entern durch die chines. Polizei 1856 die militär. Auseinandersetzung auslöste (↗China, Geschichte).

Lorcheln (Helvellaceae), Familie der Schlauchpilze; Fruchtkörper meist gestielt mit unregelmäßigem, hirnartig gefurchtem Hut, z. B. die giftige **Frühjahrs-L.** (Gyromitra esculenta) mit braunem Hut oder die weißliche, zähe **Herbst-L.** (Helvella crispa), die ebenfalls nicht als Speisepilz geeignet ist.

Lörcher, Alfred, Bildhauer, *Stuttgart 30. 7. 1875, †ebd. 26. 3. 1962; schuf v. a. einfach stilisierte Aktfiguren, später auch vielfigurige Plastiken und Reliefs; 1936 Ausstellungsverbot, 1938 von den Nationalsozialisten seines Amtes als Prof. an der Stuttgarter Akademie enthoben.

Lord [lɔːd, altengl. hlaford »Brotherr«] der, in Großbritannien Titel des hohen Adels; er kommt allen Peers zu und wird (außer für den Archbishop und Duke) auch in Anrede und Umgangssprache gebraucht (so stets für den Baron). Der Titel wird auch von den anglikan. Bischöfen geführt, soweit sie kraft ihres Amtes Peers sind. L. ist darüber hinaus Anrede (»my L.«) der Richter der höheren Gerichtshöfe und wird ferner vielfach in Verbindung mit Amtstiteln gebraucht, z. B. **First L. of the Treasury,** »Erster L. des Schatzamtes«, Nebentitel des Premierministers; **L. Chancellor,** »L.-Kanzler«, der Justizminister, höchste Richter und Vors. des Oberhauses, das Amt wurde 2003 abgeschafft; **L. Chief Justice,** »L.-Oberrichter«, der Vors. des High Court of Justice; **L. Justice,** ein Richter des Berufungsgerichts; **L. Mayor,** der Oberbürgermeister von London und zwölf anderen Städten.

Lord Howe Island ['lɔːd 'haʊ 'aɪlənd], **1)** größte Insel einer Inselgruppe in der Tasmansee, zu New South Wales, Australien, gehörig, 17 km^2, 370 Ew.; vulkan. Ursprungs, im Mount Gower 942 m ü. M.; Pflanzen- und Tierwelt stehen unter Naturschutz (UNESCO-Weltnaturerbe).

2) (Ontong Java), Atoll im südwestl. Pazifik, zum Staat Salomoninseln gehörig.

Lordose [grch.] die, Krümmung der Wirbelsäule nach vorn, die normalerweise in leichter Form an der Hals- und Lendenwirbelsäule vorhanden ist; eine krankhaft verstärkte Krümmung der Lendenwirbelsäule führt zum **Hohlkreuz** (↗Körperhaltung).

Lord Protector [lɔːd prə'tektə], in England der Titel des Reichsregenten, so 1547–53 von Edward, Herzog von Somerset, dem Regenten für den unmündigen Eduard VI., 1653–58 von Oliver Cromwell und 1658/59 von Richard Cromwell.

Lore [von engl. lorry], offener, meist kippbarer Schienenwagen zum Transport von Schüttgütern.

Loreley (Lorelei), Name des bei Sankt Goarshausen, Rheinl.-Pf., aus dem Rhein 132 m hoch aufsteigenden Schieferfelsens. Die Fantasiegestalt der L., eines zauberhaft schönen Mädchens, das den Männern zum Verderben wird, weil sie nicht mehr auf den gefährl. Strom achten, geht auf C. Brentanos Ballade »Die Lore Lay« in seinem Roman »Godwi« (1801 zurück; um ihrem Fluch zu entgehen, stürzt sich L. in den Rhein; volkstümlich durch H. Heines Gedicht (1824, vertont von F. Silcher).

Loren, Sophia, eigtl. Sofia Scicolone, italien. Filmschauspielerin, * Rom 20. 9. 1934; ∞ mit dem italien. Filmproduzenten Carlo Ponti; entwickelte sich bes. in der Zusammenarbeit mit V. de Sica zur Charakterdarstellerin in dramat. und kom. Rollen, u. a. »Die Frau am Fluss« (1955), »Hochzeit auf italienisch« (1965), »Sonnenblumen« (1969), »Mit dem Mut der Verzweiflung« (1987), »Der dritte Frühling« (1996).

Lorengar, Pilar, eigtl. P. Lorenza García, span. Sängerin (lyr. Sopran), * Saragossa 16. 1. 1928, † Berlin 2. 6. 1996; v. a. Mozart-, Verdi- und Puccini-Interpretin.

Lorentz, Hendrik Antoon, niederländ. Physiker, * Arnheim 18. 7. 1853, † Haarlem 4. 2. 1928; Prof. in Leiden; erklärte 1875 auf der Grundlage der maxwellschen Theorie die Brechung und Reflexion des Lichts und mithilfe seiner ab 1892 entwickelten Elektronentheorie auch den ↗Zeeman-Effekt sowie die Drehung der Polarisationsebene des Lichtes im magnet. Feld; führte 1892 die **L.-Kontraktion,** 1895 die **L.-Kraft** und 1899 die **L.-Transformation** in die Elektrodynamik ein. 1902 erhielt er (zus. mit P. Zeeman) den Nobelpreis für Physik.

Lorentz-Kontraktion [nach H. A. Lorentz], die relativist. ↗Längenkontraktion.

Lorentz-Kraft [nach H. A. Lorentz], die Kraft F, die auf eine elektr. Ladung Q wirkt, die sich mit der Geschwindigkeit v in einem elektromagnet. Feld der magnet. Flussdichte B und der elektr. Feldstärke E bewegt: $F = Q \cdot (E + v \times B)$. Oft wird als L.-K. nur der vom Magnetfeld verursachte Anteil der Kraft F bezeichnet. Dieser steht senkrecht auf Bewegungs- und Feldrichtung und bewirkt die magnet. Ablenkung der Ladung; für den Betrag gilt: $F = Q \cdot v \cdot B \cdot \sin\varphi$, wobei φ der Winkel ist, den die Richtung der Geschwindigkeit mit der des Magnetfeldes einschließt.

Loreley: Durchbruchstal des Rheins mit dem (rechts) fast senkrecht 132 m hoch aufsteigenden Schieferfelsen Loreley bei Sankt Goarshausen

Lorentz-Transformation [nach H. A. Lorentz], *Relativitätstheorie:* eine Transformation der Koordinaten und der Zeit beim Übergang von einem Inertialsystem zu einem anderen (insbesondere einem gegenüber dem Ausgangssystem translatorisch gleichförmig bewegten), unter Beachtung der Konstanz der Vakuumlichtgeschwindigkeit c. Bewegen sich die beiden Inertialsysteme mit der Geschwindigkeit v relativ zueinander und zeigen die z- und die z'-Achse in Richtung ihrer relativen Bewegung, so gilt:

$$x' = x, \; y' = y, \; z' = (z - vt)/\sqrt{1 - v^2/c^2},$$
$$t' = (t - vz/c^2)/\sqrt{1 - v^2/c^2}.$$

Die L.-T. ist wesentl. Bestandteil der speziellen ↗Relativitätstheorie; aus ihr folgen u. a. die Längenkontraktion und die Zeitdilatation.

Lorenz, 1) Konrad, österr. Verhaltensforscher, * Wien 7. 11. 1903, † ebd. 27. 2. 1989; erforschte v. a. die stammesgeschichtl. Entwicklung des den Tieren angeborenen Verhaltens (u. a. Untersuchungen an Graugänsen). Er erkannte die Bedeutung des Zusammenwirkens angeborener und erworbener (andressierter) Anteile im Verhalten höherer Tiere (Instinkt-Dressur-Verschränkung) und entdeckte das Phänomen der etholog. Prägung. L. erhielt 1973 (mit N. Tinbergen und K. von Frisch) den Nobelpreis für Physiologie oder Medizin. – *Werke:* Das sog. Böse. Zur Naturgesch. der Aggression (1963); Über tier. und menschl. Verhalten, 2 Bde. (1965); Die Rückseite des Spiegels. Versuch einer Naturgesch. menschl. Erkennens (1973); Vergleichende Verhaltensforschung (1978); Der Abbau des Menschlichen (1983).

2) Max, eigtl. M. Sülzenfuß, Sänger (Heldentenor), * Düsseldorf 17. 5. 1901, † Salzburg 11. 1. 1975; sang häufig bei den Bayreuther Festspielen; galt als führender Wagner-Interpret seiner Zeit.

Lorenzen, Paul, Philosoph und Mathematiker, * Kiel 24. 3. 1915, † Göttingen 1. 10. 1994; Mitbegründer der »Erlanger Schule« der konstruktiven Wissenschaftstheorie; entwarf unter Bezugnahme auf die Mathematik eine operationale Logik als Begründungslehre der Wiss. – Schrieb: »Formale Logik« (1958), »Log. Propädeutik oder Vorschule des vernünftigen Redens« (1967; mit W. Kamlah), »Lb. der konstruktiven Wissenschaftstheorie« (1987).

Sophia Loren

Hendrik Antoon Lorentz

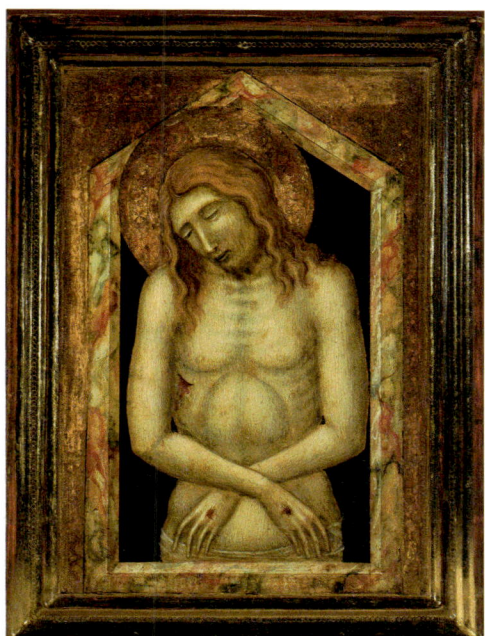

Pietro Lorenzetti: Christus als Schmerzensmann (um 1330; Altenburg, Lindenau-Museum)

Lorenzetti, italien. Maler in Siena: **1)** Ambrogio, * Siena um 1285, † vermutlich ebd. 1348, Bruder von 2); schuf Werke von differenzierter, kräftiger Farbgebung und modellierender Umrisszeichnung; entwickelte Giottos Raumbühne in perspektiv. Innenräumen und weiten Landschaften, die er mit lebendigen Naturbeobachtungen füllte, konsequent weiter (Fresken der »Allegorien der guten und der schlechten Regierung« im Palazzo Pubblico in Siena, 1337–39).

2) Pietro, * Siena um 1280, † vermutlich ebd. 1348, Bruder von 1). Ausgehend von Duccio und Giotto sowie G. Pisano und Tino di Camaino ließ er seine zunehmend fest gefügten Figuren in einer gemessenen, pathetisch-feierl. Gebärdensprache agieren, die das szen. Geschehen dramatisch andeuteten (Freskenfolge der Passion Christi in der Unterkirche von S. Francesco, Assisi, 1326–29). – Abb. S. 2871

Lorenz-Kurve [nach dem amerikan. Statistiker Max O. Lorenz], graf. Darstellung der personellen Einkommensverteilung, die zeigt, wie viel Prozent der Einkommensbezieher wie viel Prozent des Gesamteinkommens erhalten. Verdient jeder gleich viel, ergibt sich eine Gerade. Je größer die Fläche zw. dieser »Kurve der Gleichverteilung« und einer empirisch ermittelten L.-K. ist, umso ungleicher ist die Einkommensverteilung.

Lorenzo (L. Monaco), eigtl. Piero di Giovanni, italien. Maler, * wahrscheinlich Siena um 1370, † Florenz um 1425 (laut Vasari 24. 5. 1423); seit 1391 Kamaldulensermönch; bedeutendster Maler des ↗schönen Stils in Florenz.

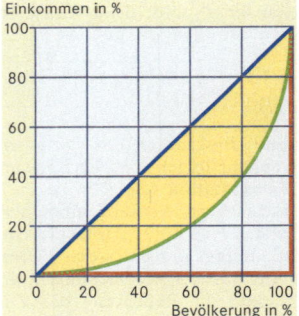

Lorenz-Kurve: Das gelbe Feld zwischen der grünen Lorenz-Kurve und der blauen Linie gleichverteilter Einkommen stellt das Maß für die Ungleichheit der Einkommen dar; die rote Linie markiert extreme Ungleichheit.

Lorenzo di Credi, italien. Maler, ↗ Credi, Lorenzo di.

Loreto, bed. kath. Wallfahrtsort in den Marken, Prov. Ancona, Italien, 11 400 Ew.; kirchlich mit dem umliegenden Gebiet die Prälatur L. bildend. – L. entstand um das hier verehrte »Hl. Haus« (Santa Casa), das angebl. Wohnhaus der Hl. Familie von Nazareth, das nach einer Legende 1295 von Engeln nach L. gebracht worden sein soll; 1468 Beginn des Baus der Basilika über dem »Hl. Haus«.

Lori [aus malai.] *der,* Papagei, ↗ Loris.
Lori [aus frz.] *der,* Halbaffe, ↗ Loris.

Lorient [lɔr'jã], Hafenstadt im frz. Dép. Morbihan, in der Bretagne, 59 300 Ew.; Fischverarbeitung, Schiffbau, Textil-, Möbel-, chem., Autoind., Maschinenbau; bed. Fischereihafen. – L. wurde 1666 für die frz. Ostind. Kompanie gegründet; im Zweiten Weltkrieg stark zerstört.

Loriot [lori'oː, frz. »Pirol«], eigtl. Bernhard Vicco Christoph Carl von Bülow, Cartoonist, Schriftsteller, Film- und Fernsehautor, * Brandenburg an der Havel 12. 11. 1923; Hauptthema seines Werkes sind die grotesken Auswüchse spießbürgerl. Verhaltens und menschl. Unzulänglichkeiten. Neben zahlr. Beiträgen

Loris: Allfarblori (Größe 25–30 cm)

Loriot: Karikatur (um 1968)

für das Fernsehen entstanden die Spielfilme »Ödipussi« (1988) und »Papa ante portas« (1991). L. inszenierte auch Opern, u. a. »Martha« und »Der Freischütz«.

Loris [aus malai.] (Pinselzüngler, Trichoglossinae), artenreiche Gruppe farbenprächtiger mittelgroßer Papageien des indoaustral. Gebietes. Mit der ausgefaserten Zunge (»Pinselzunge«) lecken die Vögel Nektar und Fruchtsäfte auf.

Loris [aus frz.] (Lorisidae), Familie nachtaktiver Halbaffen; Baumbewohner mit rötlich grauem bis gelblich braunem, kurzwolligem Fell und kurzem oder fehlendem Schwanz. In S-Asien der bis 40 cm lange **Plumplori** (Nycticebus coucang); im afrikan. Regenwald der **Potto** (Perodicticus potto).

Lorokonto [italien. loro »ihr«, »deren«], Konto, das eine Bank für eine andere Bank (**Lorobank**) führt; Ggs.: Nostrokonto.

Lörrach, 1) Landkreis im RegBez. Freiburg, Bad.-Württ., 807 km², 217 200 Einwohner.

2) Krst. von 1) in Bad.-Württ., Große Krst., im Markgräflerland, an der Grenze zur Schweiz, 45 100 Ew.; Berufsakademie; Verw.- und Wirtschaftsakademie, Textil-, Schokoladen-, pharmazeut. Ind., Stahl- und Maschinenbau. – Erhielt 1682 (und erneut 1756) Stadtrecht.

Loris: Plumplori

Lorrain [lɔˈrɛ̃], Claude, eigtl. C. Gellée, gen. Le L., frz. Maler, Zeichner und Radierer, * Champagne bei Épinal 1600, † Rom 23. 11. 1682; lebte seit 1627 in Rom. Seine große Leistung besteht darin, dass er, ausgehend von der großräumig komponierten Landschaft Domenichinos und der Carracci, eine völlig neue und selbstständige Auffassung von der Landschaft als einem psych. Ausdrucksträger entwickelte. Damit wurde er v. a. für die Maler der Romantik und des frühen Impressionismus, bes. auch für die engl. Landschaftsmaler (v. a. W. Turner), zum Vorbild. Ebenso bed. sind seine Handzeichnungen und Radierungen.

Lorraine [lɔˈrɛn], frz. Name von ↗ Lothringen.

Lorre, Peter, eigentl. László Loewenstein, österr.-amerikan. Filmschauspieler, * Ružomberok 26. 6. 1904, † Los Angeles (Calif.) 23. 3. 1964; ab 1929 Theaterengagement in Berlin, Zusammenarbeit mit B. Brecht. L. erlangte Filmruhm 1931 in F. Langs »M – eine Stadt sucht einen Mörder«; 1933 Emigration nach Hollywood. – *Weitere Filme:* Die Spur des Falken/Der Malteserfalke (1941); Casablanca (1942); Arsen und Spitzenhäubchen (1944); Der Verlorene (1951; auch Regie); Der Rabe – Duell der Zauberer (1963).

Lorris [lɔˈris], Guillaume de, altfrz. Dichter, Verfasser des 1. Teils des ↗ Roman de la rose.

Los Angeles: Das innerstädtische Autobahnnetz (Freeways) ist kreuzungsfrei.

Lorsch: die erhaltene Torhalle (wohl vor 875 vollendet) des 1621 abgebrannten Benediktinerklosters; das restaurierte Steildach stammt aus dem 14. Jh.

Lorsch, Stadt im Landkreis Bergstraße, Hessen, im Hess. Ried, 11 800 Ew.; Tabak-, Obst-, Spargelanbau; Maschinenbau, Möbelherstellung. – Museum (im alten Rathaus, 1715); Fachwerkhäuser. Das Benediktinerkloster (764 gegr., seit 772 Reichsabtei) war eines der bedeutendsten Klöster des MA.; nach Brand 1621 sind nur die Torhalle (wohl vor 875 vollendet), einst Audienzstätte ostkaroling. Könige, ein Teil der Vorkirche (um 1150) und ein weiter Bogen der Ringmauer erhalten (UNESCO-Weltkulturerbe).

Lortzing, Albert, Komponist, * Berlin 23. 10. 1801, † ebd. 21. 1. 1851; Meister der dt. Spieloper des 19. Jh.; Kapellmeister in Leipzig, Wien und Berlin; komponierte volkstüml., humorvolle Opern nach eigenen Libretti: »Zar und Zimmermann« (1837); »Der Wildschütz« (1842); »Undine« (1845); »Der Waffenschmied« (1846).

Los, 1) *allg.:* Geschick, Schicksal, auch die Schicksalsbefragung durch ein Orakel: Werfen oder Ziehen von Steinchen, Stäbchen usw., Würfeln; Buch-L. (Buchorakel): zufälliges Aufschlagen einer Textstelle (bes. in der Bibel) und Deutung des Textes; für die Wettervorhersage ↗ Lostage.

2) *Glücksspiel:* Anteilschein in der Lotterie.

3) *Wirtschaft:* im Produktionsbereich die Menge einer Sorte oder Serie, die jeweils in die Fertigung gegeben wird, ohne dass eine Unterbrechung des Fertigungsprogramms oder eine Umstellung der Anlagen erforderlich wird (Fertigungs-L.); bei Auktionen die Mindestwarenmenge, für die ein Zuschlag gegeben werden kann.

Los Alamos [lɔs ˈæləmɔs], Stadt in New Mexico, USA, 2 225 m ü. M., 11 500 Ew.; Kernforschungszentrum. – In dem seit 1943 in Besitz der amerikan. Bundesreg. befindl. Gebiet wurde die am 16. 7. 1945 in New Mexico zur Explosion gebrachte Atombombe entwickelt.

Los Angeles [lɔs ˈendʒələs, engl. lɔs ˈændʒɪlɪz], Stadt in Kalifornien, USA, in der Küstenebene zw. den San Gabriel Mountains und dem Pazifik, auf 1 200 km² 3,695 Mio. Ew.; die städt. Agglomeration L. A.-Riverside-Orange County mit 16,374 Mio. Ew. bildet nach der Metropolitan Area von New York den zweitgrößten Ballungsraum der USA. L. A. liegt in einer erdbebengefährdeten Zone (↗ San Andreas Fault). Sitz eines kath. Erzbischofs, eines anglikan. und eines methodist. Bischofs; mehrere Univ., Colleges; Kunsthochschule; Observatorium und Planetarium; Bibliotheken, Museen (u. a. Museum of the Holocaust im Simon Wiesenthal Center, Kunstmuseen, histor., naturkundl. Museum). Größte Ind.stadt westl. des Mississippi, Zentrum der Filmind. der USA (↗ Hollywood), weltgrößter Standort der Flugzeug- und Raumfahrtind., Kraftwagenmontage, Petrochemie, Maschinenbau, Elektrotechnik/Elektronik, Finanz- und Handelszentrum der USA. Endpunkt von drei transkontinentalen Eisenbahnlinien und mehreren Autobahnen. Große Schifffahrtsunternehmen verbinden die Stadt mit Übersee. Hafen (San Pedro, Long Beach), drei Großflughäfen; kreuzungsfreies innerstädt. Autobahnnetz (Freeways); seit 1990 U-Bahn (im Ausbau). – Älteste Kirche ist die Old Mission Church (1814–22). Zu den architektonisch bedeutendsten Gebäuden zählen neben Community Church (1961), Civic Center (1960 und 1968), Music Center (1964) und United California Bank Building (1973/74) Crystal Cathedral von P. Johnson (1980), Museum of Contemporary Art von Isozaki Arata (MOCA; 1981–86), Skirball-Museum von M. Safdie (1996 eröffnet), Get-

Albert Lortzing

Los Angeles
Stadtwappen

ty-Center von R. A. Meier (1997 eröffnet), die neue kath. Kathedrale von R. Moneo (1998–2000) und die Disney Concert Hall von F.O. Gehry (2003). – 1781 als span. Missionssiedlung gegr.; 1932 und 1984 Austragungsort der Olymp. Sommerspiele; 1994 Erdbeben.

Los Ángeles [lɔs ˈanxɛlɛs], Stadt in Mittelchile, 109 600 Ew.; Marktzentrum, Zuckerraffinerie, Weinkellerei.

Los Ángeles [lɔs ˈanxeles], Victoria de, span. Sängerin (Sopran), *Barcelona 1. 11. 1923; Interpretin v. a. italien. und frz. Opernpartien; auch Lied- und Zarzuelasängerin.

Los|anleihe (Lotterieanleihe, Prämienanleihe), nicht oder gering verzinsl. Anleihe. Die durch die fehlende bzw. nicht marktgerechte Verzinsung eingesparten Beträge werden bei der Tilgung in Form von Prämien (Gewinnzuschläge) ganz oder teilweise auf einzelne, durch das Los bestimmte Stücke ausgeschüttet. Zahl und Höhe der gestaffelten Prämien sind i. d. R. im Verlosungsplan festgelegt; es sind auch Serienauslosungen möglich. In Dtl. ist die Ausgabe dem Staat vorbehalten.

Los Casares [lɔs kaˈsares], Höhle mit altsteinzeitl. Felsbildern in der span. Provinz Guadalajara (Gravierungen von eiszeitl. Tieren und anthropomorphe Darstellungen).

Löschen, Entladen eines Schiffes.

Loschmidt-Konstante, die 1865 von dem österr. Physiker Joseph Loschmidt (*1821, †1895) aus der kinet. Gastheorie bestimmte Anzahl der Moleküle je m³ eines idealen Gases (V_m molares Volumen unter Normalbedingungen): $n_0 = N_A/V_m \approx 2{,}687 \cdot 10^{25} \text{m}^{-3}$; früher gebräuchl. Bez. für die ↗ Avogadro-Konstante N_A.

Löschmittel (Löschpulver), ↗ Feuerlöschmittel.

Löschung, *Registerrecht:* die Beurkundung, dass ein in ein öffentl. Register eingetragenes Recht aufgehoben wird. Im Grundbuchrecht sind für die L. eines Rechts neben der Erklärung des Berechtigten die verfahrensrechtl. L.-Bewilligung und ein entsprechender Antrag erforderlich.

Loseblatt|ausgabe, Veröffentlichung in Form gesammelter Einzelblätter, deren Inhalt durch Einfügen und Auswechseln von Seiten fortlaufend aktuell gehalten werden kann.

Losey [ˈluːzɪ], Joseph Walton, amerikan. Filmregisseur, *La Crosse (Wis.) 14. 1. 1909, †London 22. 6. 1984; drehte subtile psycholog., z. T. sozialkritisch engagierte Filme, u. a. »Accident« (1966), »Die romant. Engländerin« (1975), »Don Giovanni« (1979).

Los Glaciares-Nationalpark [lɔs glaˈθiares-], Nationalpark (UNESCO-Weltnaturerbe) in den Anden von Patagonien, im S Argentiniens, 6000 km²; mit einer Gletscherfläche von 20 000 km² größte zusammenhängende Eismasse nördlich der Antarktis; bekanntester Gletscher ist der sich ständig ausweitende **Morenogletscher** (30 km lang, 5 km breit), der erst im Lago ↗ Argentino endet.

Loshan [-ʃ-], Stadt in China, ↗ Leshan.

Losheim am See, Gemeinde im Landkreis Merzig-Wadern, Saarland, 16 700 Ew.; Holz verarbeitende, Verpackungsmittelind.; Naherholungsgebiet.

Lošinj [ˈlɔʃiːnj] (dt. Lussin, italien. Lussini), Adriainsel im ↗ Kvarner, Kroatien, 75 km², 6 700 Ew.; Hauptort ist Mali L.; Reb-, Ölbaum-, Zitruskulturen, Fischfang; Fremdenverkehr.

Los Katios-Nationalpark, Schutzgebiet (UNESCO-Weltnaturerbe) im NW Kolumbiens, an der Grenze zu Panama, 720 km²; bildet zusammen mit dem **Darién-Nationalpark** (5970 km²) im O von Panama eine natürl. geograph. Einheit. Die unzugängl. Sumpfgebiete in den Golf von Darién mündenden Río Atrato und die Regenwälder der Serranía de Baudó bilden den geschützten Lebensraum für bedrohte Tierarten wie Puma, Jaguar, Ameisenbär, Faultier und versch. Affenarten.

Löslichkeitsprodukt, das Produkt der Konzentrationen der Ionen (genauer der Ionenaktivitäten) eines Elektrolyten in einer gesättigten Lösung bei konstanter Temperatur. Das L. gibt die (theoret.) Grenze für das Ausfällen aus einer Lösung an. (↗ Massenwirkungsgesetz)

Löss [wohl zu alemann. lösch »lose«, »locker«] (Löß), zerreibbares, mehlartiges, ungeschichtetes Sediment von ockergelber bis gelbgrauer Farbe, bestehend aus feinsten Körnchen (0,01–0,005 mm Durchmesser) von Quarz (60–70%), Feldspat und Glimmer (10–20%), die durch Kalk umkrustet und verkittet werden. Der Kalkgehalt (10–30%) bedingt die hohe innere Standfestigkeit des L. und die Stabilität auch hoher Steilwände. Aufgrund guter Wasserspeicherfähigkeit ist L. meist ein fruchtbarer Boden.

Lößnitz, 1) *die,* fruchtbare Tallandschaft am rechten Elbeufer unterhalb Dresdens; Wein-, Spargel- und Obstbau.

2) Stadt im Landkreis Aue-Schwarzenberg, Sachsen, im Westerzgebirge, 11 800 Ew.; Bekleidungs-, Wäscheindustrie. – 1284 erstmals als Stadt genannt.

Los|sprechung, *kath. Kirche:* ↗ Absolution.

Lost [nach den dt. Chemikern **Lo**mmel und **St**einkopf] *der,* ↗ Dichlordiäthylsulfid.

Los|tage (Lurtage), Tage, die nach altem Volksglauben als bedeutsam für die Wettervorhersage, als günstig oder ungünstig für den Beginn oder die Verrichtung bestimmter Arbeiten gelten, z. B. Lichtmess (2. 2.), Siebenschläfer (27. 6.), die ↗ Zwölf Nächte.

Lostgeneration [lɔstdʒɛnəˈreɪʃn, engl. »verlorene Generation«], von Gertrude Stein geprägte Bez. für eine Gruppe amerikan. Schriftsteller im Paris der 1920er-Jahre, die das Erlebnis des Ersten Weltkrieges zur persönl. Desillusionierung und Entfremdung von tradierten Wertvorstellungen geführt hatte. Zur Gruppe der L. werden gerechnet: E. E. Cummings, M. Cowley, J. Dos Passos, F. S. Fitzgerald und E. Hemingway. In den Werken der L. spiegelt sich die Auflösung des bürgerl. Weltbildes und der Verlust des Fortschrittsglaubens.

Losung [zu lösen], *Weidmannssprache:* Kot von Wild und Hund.

Losung, 1) *allg.:* Wahlspruch, Leitwort.

2) *Militärwesen:* (Parole), früher verwendetes Erkennungswort für Angehörige der eigenen Truppe; heute: Kennwort.

3) *Theologie:* in der Herrnhuter Brüdergemeine ein kurzer alttestamentl. Text für jeden Tag des Jahres, der zus. mit einem dazu passenden Abschnitt aus dem N. T. und einem weiteren erbaul. Text als »Tagesparole« dienen soll; seit 1731 (jährlich neu zusammengestellt; der Text aus dem A. T. wird seit 1812 durch Los ausgewählt) als gedruckte Sammlung (Herrnhuter »Losungen«) herausgegeben.

Lösung, homogenes Stoffsystem, in dem ein oder mehrere Stoffe in einem anderen, dem **L.-Mittel** (Solvens), molekular verteilt sind. Das Mengenverhältnis zw. dem L.-Mittel und dem gelösten Stoff ist dabei veränderlich; es wird durch die ↗ Konzentration der L. angegeben. Von diesen **echten L.** sind die **kolloiden L.** zu unterscheiden; Übergangsstufen bilden die Assoziationskolloide. L. können in allen Aggregatzuständen vorkommen. Unter L. i. e. S. werden L. von

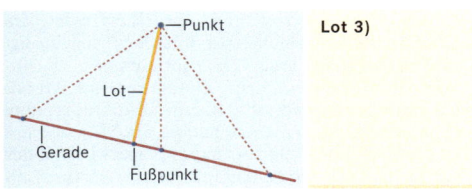

Losung 3): Titelblatt des ersten Herrnhuter Losungsbüchleins (1731)

Feststoffen in Flüssigkeiten verstanden. Die in Gramm angegebene **Löslichkeit** ist diejenige Stoffmenge, die sich in einer bestimmten Menge eines L.-Mittels bei einer definierten Temperatur lösen lässt. Eine **gesättigte** L. enthält bei einer bestimmten Temperatur die höchstmögl. Menge eines gelösten Stoffes. Ist mehr Substanz gelöst, als der Löslichkeit bei dieser Temperatur entspricht, ist die L. **übersättigt** (bei Zusatz von Kristallisationskeimen oder beim Rühren setzt sich der überschüssige Anteil ab). Kann das L.-Mittel noch mehr von der zu lösenden Substanz aufnehmen, spricht man von einer **ungesättigten** L. Die beim Lösen frei werdende oder verbrauchte Energie nennt man **L.-Enthalpie** (L.-Wärme). Durch die Zugabe der gelösten Substanz wird der Dampfdruck des L.-Mittels verringert. Dies bedingt einen erniedrigten Gefrierpunkt, einen erhöhten Siedepunkt sowie eine höhere Dichte.

Lösungsmittel, anorgan. und organ. Flüssigkeiten, in denen sich andere Stoffe bis zu kleinsten Teilchen (Moleküle, Ionen) verteilen lassen, sodass eine Lösung entsteht. Polare Stoffe lösen sich gut in polaren L. (Salze in Wasser). Unpolare Stoffe lösen sich gut in unpolaren L. (organ. Stoffe in Benzol oder Äther). Die Löslichkeit ist umso besser, je ähnlicher die Wechselwirkungskräfte zw. den Teilchen des L. und zw. denen des gelösten Stoffes sind. Für die Anwendung von L. sind neben dem Lösevermögen auch sicherheitstechn. (z. B. Flammpunkt) und toxikolog. (↗MAK-Wert) Daten von Bedeutung. L. können als Nerven-, Lungen-, Blut-, Nieren-, Lebergifte wirken.

Lot [mhd. »Blei«], 1) *Bautechnik:* (Senklot, Senkblei), an einem Faden mit der Spitze nach unten aufgehängte kegelförmige Metallmasse zur Ermittlung der senkrechten Stellung von Bauwerksteilen u. a.

2) *Fertigungstechnik:* Lotmetall, ↗Löten.

Lot 3)

3) *Mathematik:* die kürzeste aller geraden Verbindungsstrecken eines Punktes mit einer Geraden oder einer Ebene; sie steht auf der Geraden bzw. der Ebene senkrecht. Ihr Schnittpunkt mit der gegebenen Figur heißt **Fußpunkt**.

4) *Metrologie:* früher kleine, regional versch. Masseneinheit zu $\frac{1}{32}$ Pfund; im 19. Jh. zu $\frac{1}{30}$ Zollpfund ($\approx 16{,}7$ g).

5) *Schifffahrt:* Gerät zum Messen der Wassertiefe vom Schiff aus. Das ↗Echolot hat das herkömml. **Hand-L.** (Bleistück von 3 bis 5 kg an einer mit Markierungen versehenen Leine) verdrängt.

Lot [lɔt], 1) *der,* rechter Nebenfluss der Garonne in S-Frankreich, 491 km lang, entspringt in den Cevennen, mündet bei Aiguillon.

2) Dép. in SO-Frankreich, 5 217 km², 160 000 Ew.; Hptst. ist Cahors.

Lot, Gestalt des A. T.; Neffe Abrahams (1. Mos. 11, 27); entging als vor Gott »Gerechter« mit seinen Töchtern dem Strafgericht Gottes über seinen Wohnort Sodom, während seine Frau, die trotz des Verbots zurückblickte, in eine Salzsäule verwandelt wurde (1. Mos. 19); in der jüd. Tradition Stammvater der Ammoniter und Moabiter.

LOT, Kw. für Polskie Linie **Lot**nicze, staatl. poln. Luftverkehrsgesellschaft.

Löten, *Fertigungstechnik:* Fügeverfahren zum Verbinden verschiedener metall. Werkstoffe mithilfe eines geschmolzenen Zusatzmetalls **(Lot),** dessen Schmelztemperatur unterhalb derjenigen der Grundwerkstoffe liegt; die Grundwerkstoffe werden benetzt, ohne geschmolzen zu werden. Teilweise wird unter Zusatz von pasten- oder pulverförmigen Flussmitteln (z. B. Lötfett) gearbeitet, die die Werkstückoberfläche reinigen, die Benetzbarkeit und den Lötfluss verbessern und die Bildung von Oberflächenfilmen verhindern sollen. **Lötwasser,** eine wässrige Lösung von Zinkchlorid und Salmiak, wird zur Entfernung von Oxidschichten verwendet. Beim **Weich-L.** schmilzt das Lot (Weichlot; Legierungen aus Blei, Zinn und Antimon) bei Arbeitstemperaturen unterhalb 450 °C, beim **Hart-L.** (Hartlot; unlegiertes Kupfer, Messing-, Silberlot) über 450 °C. Nach Art der Lötstelle unterscheidet man **Verbindungs-L.** oder **Auftrag-L.** Zum Weich-L. werden i. d. R. elektrisch beheizte Lötkolben benutzt, benzin- oder gasbetriebene Lötlampen dienen zum Weich- und Hart-L. Beim elektr. **Widerstands-L.** werden Lot, Flussmittel und Werkstück zw. Elektroden aus Kupfer oder Wolfram erhitzt und miteinander verbunden; beim **Induktions-L.** erfolgt das Löten dagegen unter Einwirkung des elektr. Feldes eines hochfrequenten Wechselstroms. Besondere Bedeutung für die Gerätetechnik hat das **Ofen-L.** unter Schutzgas. Hartlötverbindungen können auch in Vakuumkammeröfen hergestellt werden **(Vakuum-L.).** Das **Tauch-L.** ist ein Verfahren der industriellen Massenfertigung, bei dem die Bauteile kurz in ein Zinnbad eingetaucht werden. Hierzu gehört auch das **Schwall-L.** für die Kontaktierung von steckbaren elektr. und elektron. Bauelementen mit Leiterplatten; das Eintauchen der Platinen erfolgt dort, wo das zurückströmende Zinn an der Oberfläche des Zinnbads eine Welle (»Schwall«) erzeugt. Ebenfalls vorwiegend in der Elektronik angewendet werden das **Lichtstrahl-L. (Infrarot-L.),** bei dem die von der Strahlungsquelle (z. B. Halogenquarzlampe) ausgehende Infrarotstrahlung mithilfe eines Fokussiersystems in die Lötstelle eingekoppelt wird, das **Elektronenstrahl-L.,** bei dem die Lötstelle unter Vakuum durch einen Elektronenstrahl erwärmt wird, und das **Laserstrahl-L.,** bei dem die zur Erwärmung der Lötstelle erforderl. Energie durch Absorption des Laserstrahls erreicht wird.

Lot-et-Garonne [lɔtegaˈrɔn], Dép. in SW-Frankreich, 5 361 km², 305 000 Ew.; Hptst. ist Agen.

Loth, Wilhelm, Bildhauer, * Darmstadt 24. 9. 1920, † ebd. 17. 2. 1993; sein Hauptthema war der

LOT

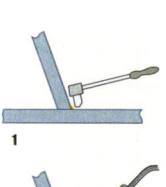

1

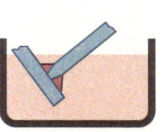

2

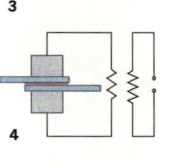

3

4

5

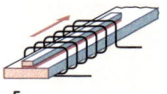

Löten:
1 Weichlöten,
2 Hartlöten mit der Gasflamme,
3 Tauchlöten,
4 Widerstandslöten mit Kupferelektroden,
5 Induktionslöten

weibl. Torso. L. zählt mit seinem Werk zu den prominenten Vertretern der »Neuen Figuration«.

Lothar, Herrscher:
Röm. Kaiser: **1) L. I.,** röm. Kaiser (840–55), * 795, † Kloster Prüm 29. 9. 855, Vater von 3); ältester Sohn Ludwigs des Frommen, wurde 817 zum Mitkaiser und Nachfolger im Kaisertum bestimmt. Nach dem Tod seines Vaters (840) suchte er die Oberhoheit über seine Brüder Ludwig (den Deutschen) und Karl (den Kahlen) zu behaupten, wurde aber 841 bei Fontenoy von ihnen geschlagen. Im Vertrag von Verdun (843) erhielt er mit der Kaiserwürde Italien und das Gebiet zw. Rhein, Schelde und Rhone.
Hl. Röm. Reich: **2) L. III.** (L. von Supplinburg, L. von Sachsen), als Kaiser (seit 1133) eigtl. Lothar II., König (1125–37), Herzog von Sachsen (seit 1106), Graf von Süpplingenburg (bei Braunschweig), * 1075, † Breitenwang (bei Reutte, Tirol) 4. 12. 1137; besiegte 1115 als Führer des sächs. Aufstandes Kaiser Heinrich V. am Welfesholz (bei Hettstedt); wurde 1125 zum König gewählt, aber von den Staufern bekämpft: der 1127 zum Gegenkönig erhobene Konrad (III.) unterwarf sich erst 1135; sein Schwiegersohn und Erbe war der Welfe Heinrich X., der Stolze, von Bayern. L. sicherte v. a. die Reichshoheit in Böhmen und Burgund und förderte die dt. Ostsiedlung; er nutzte konsequent die Reichskirche als Herrschaftsinstrument.
Fränkisches Reich: **3) L. II.,** fränkischer König (855–69), * 835, † Piacenza 8. 8. 869, zweiter Sohn von 1); erhielt das nördl. Drittel des väterl. Reichs; nach ihm Lotharingien (Lothringen) genannt.
4) L., König von Westfranken, dem späteren Frankreich (954–86), * 941, † Laon 2. 3. 986; Sohn Ludwigs IV., stand bis zum Tod seines Onkels, Kaiser Ottos I. (973), unter dessen Einfluss. Er beherrschte nur karoling. Restgebiete und versuchte vergeblich, sie durch Angriffe auf Lothringen zu erweitern (978, 984/85).

Lothar, 1) Ernst, eigtl. E. Lothar Müller, österr. Schriftsteller, Theaterleiter, * Brünn 25. 10. 1890, † Wien 30. 10. 1974; Theaterkritiker, Essayist; Gesellschafts- und Zeitromane (»Der Engel mit der Posaune«, 1944; »Verwandlung durch Liebe«, 1951, u. a.); Regisseur bei den Salzburger Festspielen.
2) [loˈtaːr], Susanne, Schauspielerin, * Hamburg 15. 11. 1960; Tochter der Schauspieler Hanns L. (* 1929, † 1967) und Ingrid Andree (* 1931); gehört dem Ensemble des Wiener Burgtheaters an; auch Film- und Fernsehrollen.

Lothian [ˈləʊðjən], histor. Gebiet in Schottland, um Edinburgh; umfasst die Local Authorities City of Edinburgh, West L., East L. und Midlothian.

Lothringen Wappen

Lothringen (frz. Lorraine), Region in NO-Frankreich, umfasst die Dép. Meurthe-et-Moselle, Meuse, Moselle und Vosges, 23 547 km², 2,311 Mio. Ew.; Hptst. ist Metz. L. reicht von der Champagne im W bis zu den Vogesen im O, von den Ardennen im N bis zu den Monts Faucilles im Süden. L. wird von mehreren nach W flach, nach O steiler abfallenden Landstufen (Côtes) durchzogen. Die mittlere Stufe ist reich an Erzlagern (Minette), weitere Bodenschätze sind Steinkohle und Steinsalz; Eisen- und Stahlerzeugung wurden zum wichtigsten Industriezweig (jetzt rückläufig). Automobil- und Elektronikind. siedelten sich an; bedeutend sind auch Glas-, Keramik-, chem., Textil-, Lebensmittel- u. a. Industrie; Viehzucht, Ackerbau.
Geschichte: Der Name L. **(Lotharingien)** bezeichnete urspr. das Gebiet zw. Schelde, Rhein, Maas und Saône, das Lothar II. bei der Teilung des karoling. Mittelreichs 855 als Königreich erhielt. Es kam durch den Vertrag von Meerssen (870) teilweise, durch den Vertrag von Ribemont (880) ganz an das Ostfränk. Reich, endgültig erst 925. Als dt. Herzogtum wurde es 965 in **Ober-L.** und **Nieder-L.** geteilt. Nieder-L. umfasste etwa die heutigen Niederlande, Belgien (außer Flandern), Luxemburg und den größten Teil der späteren Rheinprov.; es wurde sehr bald in die Herzogtümer Limburg und Löwen (später Brabant) aufgespalten. Herzog von L. (später Haus L.) nannten sich seitdem nur noch die Herzöge von Ober-L., der jetzigen Landschaft L. mit Metz und Nancy. 1431 erlosch das Haus L. im Mannesstamm, das Herzogtum kam durch Heirat der Erbtochter an René I. von Anjou. Die Reichsstädte Metz, Toul und Verdun standen seit 1552 unter frz. Herrschaft. 1670–97 besetzte Ludwig XIV. ganz L. Franz Stephan, der spätere Kaiser Franz I., Stammvater des Hauses Habsburg-L., musste 1735 das Land im Austausch gegen die Toskana König Stanislaus Leszczyński von Polen überlassen; nach dessen Tod fiel es 1766 an Frankreich. Im Frankfurter Frieden (1871) kam ein Teil L. mit Metz zum Dt. Reich (↗ Elsass-Lothringen). Der Versailler Vertrag (1919) verfügte die Rückgabe an Frankreich; während des Zweiten Weltkriegs war das Dép. Moselle (1940–45) als L. mit dem Saarland und der Pfalz zusammengeschlossen.

Loti der, Abk. **M** (von Pl. Maloti), Währungseinheit von Lesotho, 1 L. = 100 Lisente(s).

Loti [lɔˈti], Pierre, eigtl. Julien Viaud, frz. Schriftsteller, * Rochefort 14. 1. 1850, † Hendaye (Dép. Pyrénées-Atlantiques) 10. 6. 1923; bereiste als Marineoffizier bes. den Nahen und Fernen Osten, die den Hintergrund vieler seiner Romane (u. a. »Der Roman eines Spahi«, 1881), Novellen und Reisebeschreibungen bilden. Bed. sind auch seine Schilderungen des Lebens an der breton. und bask. Küste (u. a. »Islandfischer«, R., 1886); autobiografisch ist der »Roman eines Kindes« (1890).

Lotion [lat.-frz., auch engl. ˈləʊʃn] *die,* flüssiges Kosmetikum zum Reinigen, Erfrischen oder Pflegen der Haut.

Lotophagen [grch. »Lotosesser«], grch. *Mythos:* ein Volk, das sich vom Lotos nährte, dessen Wohlgeschmack zum Vergessen führt; ↗ Odysseus musste diejenigen Gefährten, die davon gekostet hatten, zur Weiterfahrt zwingen.

Lotosblume [lat.-grch.] (Lotusblume, Lotos, Nelumbo), Gattung der Seerosengewächse mit zwei Arten im östl. Nordamerika und in den warmen Gebieten Asiens bis Australiens; Wasserpflanzen mit aus dem Wasser ragenden großen, schildförmigen Blättern und lang gestielten, bis 35 cm großen Blüten. Die **Indische L.** (Nelumbo nucifera) blüht rosafarben bis weiß, ihre bis haselnussgroßen Früchte sind essbar. – In der altägypt. Religion ist die L. Sinnbild der Regeneration, im Hinduismus des Wassers, der Vegetation, der Fruchtbarkeit und des Überflusses, im Buddhismus des reinen Geistes und der Erleuchtung.

Lotosblume: Indische Lotosblume

Lotospflaume, eine ↗ Dattelpflaume.

Lötrohr, rechtwinkliges Metallrohr mit Mundstück; wird in die Flamme z. B. eines Bunsenbrenners gehalten. Beim Blasen entsteht eine Stichflamme mit bes. feiner Spitze; Verwendung früher bei Goldschmiedearbeiten, noch heute für die L.-Analyse.

Lötrohr|analyse, eine Vorprobe in der qualitativen chem. Analyse und in der Mineralogie. Die Substanz wird auf einem Holzkohleblock durch eine oxidierend oder reduzierend wirkende Flamme mit einem Lötrohr erhitzt. Flüchtige Metalle setzen sich als Metalloxide oder -carbonate um die Erhitzungsstelle ab.

Lötschental, das Tal des rechten Rhonezuflusses Lonza im Kt. Wallis, Schweiz; Hauptort: Kippel; Fremdenverkehr. – Der **Lötschenpass** (2 690 m ü. M., keine Straße) zw. dem Kandertal (Gasertal) und dem L. wird von der 1907–13 erbauten **Lötschbergbahn** von Spiez nach Brig im Rhonetal im 14,6 km langen **Lötschbergtunnel** (auch Autoverladung) unterfahren. Seit 1999 wird im Rahmen des NEAT-Projekts der L.-Basistunnel gebaut (/ Neue Eisenbahn-Alpentransversale). Den Abschluss des L. bildet der Pass **Lötschenlücke** (3178 m) am Aletschhorn.

Lotse [von engl. loadsman »Geleitsmann«] *der,* Berater des Kapitäns oder Schiffsführers in schwierigen Fahrwassern oder Häfen. L. sind meist geprüfte Nautiker mit eingehenden Ortskenntnissen. Man unterscheidet See-, Fluss-, Kanal- und Hafen-L. Oft besteht aus Sicherheitsgründen L.-Pflicht, d. h., ein L. muss an Bord genommen werden, dem Kapitän obliegt aber weiter die Führung des Schiffes. – *Recht:* Die Rechtsverhältnisse der See-L. sind im Gesetz über das Seelotsenwesen i. d. F. v. 13. 9. 1984 geregelt. Für Binnen-L. auf Bundeswasserstraßen gelten das Binnenschifffahrtsaufgaben-Ges. i. d. F. v. 5. 7. 2001 und die Binnenschifffahrtsstraßen-Ordnung vom 22. 10. 1998.

Lotsenfisch (Leitfisch, Pilotenfisch, Naucrates ductor), meist etwa 70 cm lange Stachelmakrele; L. folgen oft großen Fischen (z. B. Haien) und Schiffen (wegen der Nahrungsabfälle).

Lotsenfisch

Lotter, 1) Hieronymus, Kaufherr und Baukundiger, * Nürnberg um 1497/98, † Geyer 22. 7. 1580; war als Bürgermeister von Leipzig (1555–73) verantwortlich für die Errichtung öffentl. Bauten, die unter seiner Mitwirkung entstanden: u. a. Umbau des Alten Rathauses in Leipzig (ab 1556), Neubau von Schloss Augustusburg (1567–72); Bergwerkseigner in Geyer.

2) Melchior d. Ä., Buchdrucker und Verleger, * Aue vor 1470, † Leipzig 1. 2. 1549; druckte 1517 Luthers Thesen, gründete 1519 in Wittenberg eine Filialfirma, die bis 1524 für Luther und Melanchthon tätig war.

Lotterie [niederländ. lot »Los«] *die,* Auslosung, die von einem Unternehmer für eine Mehrheit von Spielteilnehmern veranstaltet wird und bei der durch Ziehen von Losen oder Nummern nach einem bestimmten **Ziehungsplan** oder **Spielplan** der Zufall über Verlust des Spieleinsatzes oder Gewinn entscheidet. Der Einsatz ist regelmäßig eine Geldsumme; der Gewinn besteht aus Geld (**Geld-L.**) oder aus bewegl. oder unbewegl. Sachen (**Waren-L., Tombola**).

Bei der **Klassen-L.** (holländ. L.) sind Zahl und Preis der Lose, die oft in Halb-, Viertel-, Achtellose geteilt sind, wie auch Zahl und Höhe der Gewinne von vornherein bestimmt, ebenso die nach Zahl und Zeit getrennt stattfindenden Ziehungen (Klassen), für die der Spieler durch Erwerb eines Klassenloses spielen kann. Bei der **Zahlen-L. (Zahlenlotto, genues. L.)** wählt der Spieler aus der Zahlenreihe 1–90 Nummern aus, und zwar eine (Auszug), zwei (Ambe), drei (Terne), vier (Quaterne) oder fünf (Quinterne) und wettet unter Einsatz einer innerhalb bestimmter Grenzen beliebig hohen Summe darauf, dass die gewählten Zahlen sich unter den fünf Zahlen befinden, die bei der nächsten Ziehung gezogen werden.

Lötschental: Der 3 178 m hohe Pass Lötschenlücke bildet den Abschluss des von der Lonza durchflossenen Tals.

Das **Berliner Zahlenlotto (Lotto),** das 1952 eingeführt wurde (seit 1956 auch in der Bundesrep. Dtl.), stellte sich von der ursprüngl. Wettform »5 aus 90« auf »6 aus 49« um und benutzt eine Zusatzzahl sowie seit 1991 eine Superzahl. Die Gewinne (50 % aller Einsätze) werden entsprechend der sieben bis drei richtigen Voraussagen in acht Gewinnklassen ausgezahlt. Der Höchstgewinn betrug seit 1981 3 Mio. DM, seit 1986 ist er unbegrenzt. Werden in einer Gewinnklasse keine Gewinne ermittelt, wird die Gewinnsumme der nächstfolgenden Veranstaltung zugeschlagen (Jackpot). Lotto wird samstags (Samstagslotto) und mittwochs (Mittwochslotto) ausgespielt. Verbunden mit dem Lotto sind bei zusätzl. Einsätzen das »Spiel 77«, bei dem eine siebenstellige Losnummer ermittelt wird (sieben Gewinnklassen), und die »Super 6« (sechsstellige Gewinnzahl, sechs Gewinnklassen). Gesellschafter der Lottogesellschaften sind die Bundesländer, z. T. auch Landessportbünde und Landesfußballverbände (»Dt. Lottoblock«). Die Gewinne der Lottogesellschaften fließen den Länderhaushalten, z. T. auch gemeinnützigen Zwecken (v. a. der Sportförderung) zu.

Seit 1956 werden über das Fernsehen eigene **Fernseh-L.** ausgestrahlt. Die »GlücksSpirale« bietet für Gewinnlose Geldgewinne und monatl. Rentenzahlungen. Der Ertrag kommt je zur Hälfte der freien Wohlfahrtspflege und der Sportförderung zugute.

Lotteriesteuer, / Rennwett- und Lotteriesteuer.

Lotterievertrag, ein Vertrag zw. Lotterieunternehmer und Spieler über ein Glücksspiel, bei dem der Gewinner spielplanmäßig durch Zufall ermittelt wird (z. B. Zahlenlotto u. Ä.). Besteht der Gewinn nicht in Geld, sondern in Gegenständen (Tombola), spricht man von einer Ausspielung (entsprechend: Ausspielvertrag). Der L. ist nur dann verbindlich, wenn die Lotterie staatlich genehmigt ist (§ 763 BGB), sonst kann der Gläubiger seine Forderung (z. B. Gewinn) nicht einklagen, aber eine empfangene Leistung behalten (§ 762 Abs. 1 BGB). – In *Österreich* gilt Ähnliches (§§ 1270 ff. ABGB, Glücksspiel-Ges. vom 28. 11. 1989). Die zivilrechtl. Lage in der *Schweiz* ist vergleichbar (Art. 515 OR), öffentlich-rechtlich sind Lotterien von bestimmten Ausnahmen abgesehen verboten.

Lotto [italien.] *das,* Zahlenlotterie, / Lotterie.

Lotto, Lorenzo, italien. Maler, * Venedig um 1480, † Loreto nach dem 1. 9. 1556; künstlerisch bedeutendste und erfolgreichste Tätigkeit 1513–26 in Bergamo, während er in Venedig (1526–32, 1540–42, 1546–49), im Schatten Tizians stehend, nur wenige

Aufträge fand. Beeinflusst u. a. von Raffael und Correggio, fand er zu einem Stil von ausdrucksvoller Dramatik und freier maler. Gestaltung mit hellem, leuchtendem Kolorit und lebhafter Lichtführung; einer der fantasievollsten Künstler der italien. Hochrenaissance.

Lotuseffekt, Wasser und Schmutz abweisende Eigenschaft fein genoppter Oberflächen. Zeigt sich bes. deutlich an den Blättern der Indischen Lotusblume (Nelumbo nucifera) und beruht auf kleinen, nur wenige Mikrometer großen Wachskristalloiden, die eine fein genoppte Blattoberfläche bilden, auf der Schmutzpartikel schlechter haften als auf einer glatten Fläche. Das kugelig abperlende Wasser nimmt diese Schmutzpartikel auf und entfernt sie damit. Dieser Selbstreinigungseffekt wird bei der Herstellung künstl. Oberflächen nachempfunden.

Lotze, Rudolph Hermann, Philosoph und Mediziner, * Bautzen 21. 5. 1817, † Berlin 1. 7. 1881. Von der Medizin und Psychologie her kommend suchte L. – ähnlich wie G. T. Fechner – eine Synthese aus Naturwiss.en und (an Leibniz orientierter) Metaphysik. Naturmechanismen seien Sinn- und Zweckzusammenhänge übergeordnet, sie dienten lediglich als Mittel der Gottheit zur Verwirklichung des Weltzwecks (»System der Philosophie«, 1874–79).

Loubomo [lu-] (bis 1975 Dolisie), drittgrößte Stadt der Rep. Kongo, Verw.-Sitz der Region Niari, 84 500 Ew.; Handelszentrum; Verkehrsknotenpunkt, Flughafen. Um L. Bergbau.

Lough [lɔx, lɔk], irisch für See, Meeresbucht; ∕ Loch.

Loughborough [ˈlʌfbərə], Stadt in der Cty. Leicestershire, Mittelengland, nahe dem Soar nördlich von Leicester, 46 900 Ew.; TU; Maschinenbau, elektrotechn., Strumpfwarenind., Glockengießerei.

Louis [ˈluːi], frz. Könige, ∕ Ludwig.

Louis [ˈluːɪs], 1) Joe, eigtl. J. L. Barrow, amerikan. Berufsboxer, * Lafayette (Ala.) 13. 5. 1914, † Las Vegas (Nev.) 12. 4. 1981; einer der erfolgreichsten Berufsboxer (drei Niederlagen in 71 Kämpfen); Weltmeister im Schwergewicht 1937–49.

2) Morris, eigtl. M. L. Bernstein, amerikan. Maler, * Baltimore (Md.) 28. 11. 1912, † Washington (D. C.) 7. 9. 1962; Mitbegründer der Farbfeldmalerei; abweichend vom freien Umgang mit der Farbe ging er um 1956/60 dazu über, Farbstreifen in diagonaler und symmetr. Anordnung, dann in vertikaler Richtung aneinander zu reihen.

Louis Bonaparte [ˈluːi bɔnaˈpart], König von Holland, ∕ Ludwig (Herrscher, Holland).

Louisdor [luiˈdɔːr] der, frz. Hauptgoldmünze seit 1640 nach dem Vorbild der span. ∕ Pistole; bis 1793 mit wechselndem Goldgehalt geprägt; vielfach nachgeahmt (Augustdor, Friedrichsdor).

Louis Ferdinand [luːi -], 1) eigtl. Friedrich Ludwig Christian, Prinz von Preußen, preuß. General, * Schloss Friedrichsfelde (heute zu Berlin) 18. 11. 1772, ⚔ bei Saalfeld (Saale) 10. 10. 1806; Neffe König Friedrichs II., d. Gr.; zeichnete sich in den Frz. Revolutionskriegen 1792 aus, vielseitig interessiert (u. a. eigene Kompositionen); fiel vor der Schlacht von Jena und Auerstedt als Führer der preuß. Vorhut im Gefecht bei Saalfeld.

Louis Ferdinand, Prinz von Preußen

2) Prinz von Preußen, * Potsdam 9. 11. 1907, † Wümmehof (bei Bremen) 25. 9. 1994; Enkel Kaiser Wilhelms II., ab 1951 Chef des Hauses Hohenzollern, ∞ seit 1938 mit Kira Kirillowna, Großfürstin von Russland (* 1909, † 1967).

Louisiade-Archipel [luˈiːziæd-], Inselgruppe von Papua-Neuguinea, vor der O-Spitze Neuguineas, 2 200 km², etwa 16 500 Ew. (meist Papua); etwa 80 Inseln (teils vulkan. Ursprungs, teils Korallenbauten); Goldgewinnung; Hauptort ist Bwagoia.

Louisiana [luɪzɪˈænə], Abk. **La.,** Bundesstaat im S der USA, am Golf von Mexiko, 134 275 km², (2001) 4,47 Mio. Ew., davon über 30% Schwarze u. a. Minderheiten. Hptst. ist Baton Rouge (mit Staatsuniv.). Umfasst das Mississippidelta und einen 200–300 km breiten Streifen der Golfküstenebene. 50% der Fläche sind Waldland. Das Klima ist subtropisch feuchtwarm mit heißen, schwülen Sommern. Angebaut werden Baumwolle, Zuckerrohr, Reis, Gemüse, Tabak; wichtig ist die Rinderzucht (v. a. Milchwirtschaft). Bedeutung haben Fischerei und Holzgewinnung. Erdöl, Erdgas, Schwefel sind Grundlage der wachsenden chem. und petrochem. Ind.; ferner Papier-, Aluminium- u. a. Ind. New Orleans ist der größte Hafen der Golfküste.

Geschichte: Das bereits von Spaniern unter H. de Soto (1539–42) entdeckte Stromgebiet des Mississippi wurde in der 2. Hälfte des 17. Jh. von Franzosen erforscht und beansprucht (1682 von R. R. Cavelier de La Salle für Frankreich in Besitz genommen und nach Ludwig XIV. »Louisiane« gen.); ab 1731 Kronkolonie. 1762/63 musste Frankreich das Gebiet östlich des Mississippi an Großbritannien, westlich des Mississippi an Spanien abtreten. Großbritannien verlor seinen Anteil 1783 an die USA; den span. Anteil erwarb Frankreich 1800 zurück, verkaufte ihn aber 1803 ebenfalls an die USA (L. Purchase). Der Südteil wurde 1804 als Territorium organisiert und 1812 als 18. Staat in die Union aufgenommen. Im Sezessionskrieg Mitgl. der Konföderierten Staaten von Amerika.

Louisiana Flagge

Louisianamoos [lui-], *Botanik:* ∕ Tillandsie.

Louis Philippe [ˈluːi fiˈlip], ∕ Ludwig (Herrscher, Frankreich).

Louis-quatorze [ˈluːikaˈtɔrz, frz. »Ludwig XIV.«] *das,* der klassisch gemäßigte Barockstil der frz. Kunst (in Frankreich Classicisme gen.) unter Ludwig XIV. (1643–1715), der für einen großen Teil Europas vorbildlich wurde (bes. Schlossbauten, Innenraumgestaltung, Parkanlagen).

Louis-quinze [ˈluːiˈkẽːz, frz. »Ludwig XV.«] *das,* Stilrichtung der frz. Kunst unter Ludwig XV. von 1723–74; verfeinerter, eleganter Rokokostil.

Louis-seize [ˈluːiˈsɛːz, frz. »Ludwig XVI.«] *das,* klassizist. Stilrichtung der frz. Kunst seit den 1760er-Jahren bis zur Revolution von 1789; in Dtl. auch ∕ Zopfstil.

Louisville [ˈluːɪsvɪl], größte Stadt in Kentucky, USA, am Ohio, 269 600 Ew.; Univ. (1798 gegr.) u. a. Hochschulen; kath. Erzbischofssitz; Kunstmuseum; bed. Ind.zentrum: Herstellung von Bourbonwhiskey, Fleischkonserven, Zigaretten, Chemikalien, Aluminiumerzeugnissen, Kraftfahrzeugen; Druckereien. – L. wurde 1779 gegr. und nach Ludwig XVI. benannt.

Lourdes [lurd], Stadt im frz. Dép. Hautes-Pyrénées, am Austritt des Gave de Pau aus den Pyrenäen, 16 300 Ew.; einer der bedeutendsten kath. Wallfahrtsorte (1999 rd. fünf Mio. Pilger). Bei L. gibt es mehrere Tropfsteinhöhlen. Dem Wasser der Quelle, die am 25. 2. 1858 in der Grotte von Massabielle (dem Ort der Marienvisionen ∕ Bernadettes) entsprang, werden seither Tausende von (Wunder-)Heilungen zugeschrieben.

Lourenço Marques [loˈresu ˈmarkɪʃ], früherer Name der Stadt ∕ Maputo.

Loussier [luˈsje], Jacques, frz. Pianist und Komponist, * Angers 26. 10. 1934; gründete 1959 mit C. Garros (Schlagzeug) und P. Michelot (Bass) das

Trio »Play Bach«, das Kompositionen von J. S. Bach in der Spielweise des Jazz vortrug. Das Trio, das bis Mitte der 1970er-Jahre bestand, formierte sich 1985 neu mit J. Loussier (Piano), A. Arpino (Schlagzeug) und V. Charbonnier (Bass).

Louth [lauð] (irisch Lú), Cty. im O der irischen Prov. Leinster, 823 km², 92 200 Ew.; Hptst. ist Dundalk.

Louvain [lu'vɛ̃], frz. Name der belg. Stadt ↗Löwen.

Louvière, La [laluˈvjɛːr], Stadt in der Prov. Hennegau, Belgien, zw. Mons und Charleroi, 76 700 Ew.; Stahl- und Walzwerke, Metall- und Betonwarenherstellung, Sanitärkeramik- und Natursteinwerke; Schiffshebewerk am Canal du Centre (Hubhöhe 73 m).

Louvois [luˈvwa], François Michel Le Tellier, Marquis de, * Paris 18. 1. 1641, † Versailles 16. 7. 1691; seit 1668 Kriegsmin. Ludwigs XIV. Durch seine Heeresreform machte er Frankreich zur stärksten Militärmacht Europas; verantwortlich für die ↗Reunionen und die Verwüstung der Pfalz 1689.

Louvre [luːvr] der, urspr. das Schloss der frz. Könige in Paris, seit 1793 Museum; eine der bedeutendsten Kunstsammlungen der Erde. Der älteste Bau war die um 1200 errichtete Königsburg. Von der unter Franz I. begonnenen neuen Residenz (Alter L.) baute P. Lescot seit 1546 den südl. Teil der westl. Hofseite (mit den Skulpturen von J. Goujon), J. Lemercier seit 1624 unter Ludwig XIII. den nördl. Teil mit dem Pavillon de l'Horloge. Erst unter Ludwig XIV. wurde der quadrat. Hof von L. Le Vau geschlossen und 1667–74 die östl. Außenfassade nach Plänen von C. Perrault erbaut. Mit dem im W gelegenen Palais der ↗Tuilerien wurde der L. durch eine Galerie verbunden, in deren östl. Teil sich die unter Leitung von C. Lebrun seit 1661 geschaffene Galerie d'Apollon befindet. Die Verlegung der Residenz nach Versailles (1682) unterbrach die Bautätigkeit am L. Durch die von Napoleon I. begonnenen und unter Napoleon III. vollendeten Erweiterungsbauten im W (Neuer L.) wurde der Seineflügel z. T. verbreitert und der Alte L. auch im N mit den Tuilerien verbunden, die beim Aufstand der Kommune 1871 niedergebrannt wurden. 1984–97 Ausbau zum »Grand Louvre« mit Verdopplung der Ausstellungsfläche (auf 60 000 m²); dabei wurde u. a. 1989 ein neuer zentraler Eingang in Form einer Glas-Stahl-Pyramide eröffnet (Entwurf I. M. Pei). – Die wichtigsten Abteilungen des L. umfassen ägypt., vorderasiat., grch. und röm. Skulptur und Kleinkunst, Bildwerke vom MA. bis zum Barock, das Zeichenkabinett, die Gemäldegalerie mit frz. Malerei bis zur Mitte des 19. Jh. (frz. Malerei und Plastik der Zeit zw. 1848 und 1914 einschließlich der Impressionisten sind 1986 im Musée d'Orsay sowie mit Hauptwerken bes. von Leonardo da Vinci, Raffael, Tizian, P. P. Rubens und Rembrandt sowie das Musée des Arts Décoratifs. Neueste Abteilung (2000 eröffnet) ist das Musée des arts premiers mit Stammeskunst Afrikas und Ozeaniens.

Louÿs [luˈi], Pierre, eigtl. Pierre-Félix Louis, frz. Schriftsteller, * Gent 10. 12. 1870, † Paris 4. 6. 1925; schrieb Gedichte und Romane in poet. Prosa, die meist antikes Lebensgefühl nachempfinden: »Lieder der Bilitis« (1894), »Aphrodite« (R., 1895). Der Roman »Das Weib und der Hampelmann« (1898) diente als Vorlage für den Buñuel-Film »Dieses obskure Objekt der Begierde« (1977).

Lovćen [ˈlɔːvtɕɛn] der, Bergmassiv in Montenegro, über der Bucht von Kotor; höchster Gipfel Štirovnik (1 749 m ü. M.); auf dem zweithöchsten Grabkapelle (Museum) für Peter II. Petrović Njegoš. Über den L. führt die serpentinenreiche **L.-Straße** von Kotor nach Cetinje.

Lovecraft [ˈlʌvkraːft], Howard Philipps, amerikan. Schriftsteller, * Providence (R. I.) 20. 8. 1890, † ebd. 15. 3. 1937; gilt mit seinen v. a. von E. A. Poe beeinflussten fantastisch-makabren Horrorgeschichten, die einerseits im Stil des psycholog. Realismus Ängste des kollektiven Unbewussten evozieren, andererseits den Einbruch kosm. Kräfte in die Alltagswelt zeigen, als Wegbereiter der Science-Fiction. Seine Geschichten um die unheiml. Macht entthronter Götter, Leichen fressender Dämonen und Lemuren wie »The call of Cthulhu« (1926) baute er zur Cthulhu-Mythologie aus; schrieb auch Gedichte. – *Weitere Werke: Romane:* Das Grauen vor der Tür (hg. 1945; dt., mit A. Derleth); Die Traumfahrt zum unbekannten Kadath (hg. 1955; dt.). – *Erzählungen:* Der Fall Charles Dexter Ward. 2 Horrorgeschichten (hg. 1951; dt.); Berge des Wahnsinns. 2 Horrorgeschichten (hg. 1964; dt. Ausw.); Die dunkle Brüderschaft. Unheiml. Geschichten (hg. 1966; dt.). – *Essay:* Die Lit. des Grauens (hg. 1945; dt.).

Louvre: Die 1989 eröffnete Pyramide aus Glas und Stahl von Ieoh Ming Pei bildet den Haupteingang des 1984–97 zum »Grand Louvre« ausgebauten Museums.

Lövenich, seit 1975 Stadtteil von Köln.

Loveparade [ˈlʌvpəreɪd, engl.] *die,* ein bunter, schriller Korso, der seit 1989, der Zeit des Aufbruchs in die Technoszene (↗Techno), in jedem Sommer als Ausdruck des Lebensgefühls junger Menschen, auf Spaß und Unterhaltung ausgerichtet, durch die Straßen Berlins zieht. Leitthema der 15. L. 2003 war »Love rules«.

Love-Wellen [ˈlʌv-, nach dem brit. Physiker A. E. H. Love, * 1863, † 1940], besondere Form der Erdbebenwellen: Oberflächenwellen, bei denen die Bodenteilchen parallel zur Oberfläche und senkrecht zur Ausbreitungsrichtung schwingen.

Loviisa [-viːsa] (schwed. Lovisa), Hafenstadt in Finnland, an einer Bucht des Finn. Meerbusens, 7 900 Ew.; Schiffswerft; Kernkraftwerk.

Lovosice [ˈlɔvɔsɪtsɛ] (dt. Lobositz), Stadt im Nordböhm. Gebiet, Tschech. Rep., an der Elbe, 10 000 Ew.; Düngemittel-, Chemiefaser-, Nahrungs- und Genussmittelind.; Elbhafen. – Erhielt 1660 Stadtrecht. – Bei L. besiegte Friedrich II., d. Gr., im Siebenjährigen Krieg am 1. 10. 1756 die Österreicher.

Low [ləʊ], Sir (seit 1962) David Alexander Cecil, brit. Karikaturist, *Dunedin (Neuseeland) 7. 4. 1891, †London 19. 9. 1963; Erfinder der Figur des »Colonel Blimp« als Mitarbeiter für den »Evening Standard«, zahlr. weitere polit. Karikaturen.

Löw, 1) (der Hohe Rabbi L.), eigtl. Juda ben Bezalel, gen. Maharal von Prag, jüd. Theologe und Kabbalist, *Posen (?) vor 1525, †Prag 22. 8. 1609; 1553–73 Landesrabbiner von Mähren, seit 1597 Rabbiner in Prag; als Wundertäter Mittelpunkt zahlr. Legenden; unter anderem wurde ihm die Herstellung eines ↗ Golems zugeschrieben.

2) Reinhard, Philosoph, *Freising 15. 2. 1949, †Nürnberg 25. 8. 1994; beschäftigte sich v. a. mit erkenntnistheoret. und eth. Problemen von Naturwiss. und Technik (bes. Bioethik).

Low Church [ˈləʊ ˈtʃəːtʃ], eine der drei Hauptrichtungen in der ↗ Kirche von England.

Löwen: spätgotisches Rathaus am Grote Markt (1447–68)

Löwe 1) (Sternbild)

Löwe [von lat. leo], **1)** *Astronomie:* 1) auch **Großer L.**, (lat. Leo Maior), zum ↗ Tierkreis gehörendes Sternbild des nördl. Himmels (Zeichen ♌) mit dem hellsten Stern Regulus. 2) Nördlich des L. grenzt das kleine und unauffällige Sternbild **Kleiner L.** (lat. Leo Minor) an.

2) *Zoologie:* (Panthera leo), urspr. in ganz Afrika (mit Ausnahme der zentralen Sahara und der großen Regenwaldgebiete) und vom Balkan über weite Teile Vorder- und S-Asiens verbreitete, überwiegend nachtaktive Großkatze; seit rd. 200 v. Chr. in SO-Europa, seit etwa 1865 im südl. S-Afrika (**Kap-L.**) und seit 1920 nördl. der Sahara (**Berber-L.**) ausgerottet; in Asien heute auf das ind. Gir-Reservat beschränkt (**Ind. L.**); Körperlänge etwa 1,4 m (Weibchen) bis 1,9 m (Männchen); Schwanz etwa 0,7–1 m lang, Schulterhöhe bis über 1 m. Das Fell ist kurzhaarig, graugelb bis tief ockerbraun, männl. Tiere haben meist eine Schulter- und Nackenmähne. L. leben meist in Rudeln in Savannen und Baumsteppen. Sie jagen größeres Wild (z. B. Antilopen, Zebras,

Löwe 2): Männchen (links) und Weibchen

Gnus). – Kreuzungen zw. L. und Tiger werden als **Liger** bzw. **Tigon** bezeichnet. – Der L., »König der Tiere«, gilt seit dem Altertum als Sinnbild herrscherl. oder göttl. Macht, z. B. in Ägypten als Sphinx, in Mesopotamien als hl. Tier der Ischtar; als Symbol der Tapferkeit und der Macht ist er in zahlr. Wappen des Abendlandes eingegangen (eines der häufigsten Wappentiere).

Lowell [ˈloʊəl], **1)** Amy, amerikan. Lyrikerin, *Brookline (Mass.) 9. 2. 1874, †ebd. 12. 5. 1925; gehört mit ihren in freien Versen gestalteten Gedichten zu den Londoner Imagisten (↗ Imagismus), deren Hauptvertreterin sie in Amerika war.

2) James Russell, amerikan. Schriftsteller, *Cambridge (Mass.) 22. 2. 1819, †ebd. 12. 8. 1891; Prof. für Literatur und moderne Sprachen an der Harvard University; 1877–80 Gesandter in Spanien, 1880–85 in Großbritannien. Neben Longfellow einer der einflussreichsten Literaten der USA. Er begann mit aggressiver, zeitkrit. Dichtung oft satir. Prägung, in der er sich u. a. für die Sklavenbefreiung einsetzte, z. B. in den »Biglow papers« (Verssatiren im Yankeedialekt, 1848–67); später viktorianisch-konservativ orientiert.

3) Robert Traill Spence, Jr., amerikan. Lyriker, *Boston (Mass.) 1. 3. 1917, †New York 12. 9. 1977; gilt als einer der bedeutendsten modernen amerikan. Dichter (u. a. »Für die Toten der Union«, 1964); strenges, formbewusstes, symbolreiches Frühwerk, später eine Bekenntnislyrik in prosanaher Sprache und einer historisch-moral. Perspektive; Übersetzungen (aus dem Französischen und Griechischen).

Löwen (niederländ. Leuven, frz. Louvain), Hptst. der Prov. Flämisch-Brabant, Belgien, an der Dyle, 87 900 Ew.; kath. Univ., gegr. 1425, wurde als Folge des flämisch-wallon. Sprachenstreits 1970 in zwei unabhängige Univ. aufgeteilt: In L. verblieb die (niederländischsprachige) Katholieke Universiteit Leuven; für die französischsprachige Univ., die Université Catholique de Louvain, wurde der Campus Louvain-la-Neuve in der Gem. Ottignies-Louvain-la-Neuve errichtet; Museen, u. a. Brauereimuseum; chem., Stahlbau-, Schuh-, Nahrungsmittel-, Spitzen-, Tuchind., Bierbrauereien. – Spätgot. Rathaus (1447–68) am Grote Markt, Peterskirche (15. Jh.), Jakobskirche (15./16. Jh.), Gertrudskirche (15. Jh.), barocke Michaeliskirche (17. Jh.); rekonstruierte Tuchhalle (14. Jh.). – Im 9. Jh. erstmals erwähnt; im MA. Zentrum der Tuchmacherei.

Löwen|äffchen, Gattung der ↗ Krallenaffen.

Löwenmaul [nach der Blütenform] (Löwenmäulchen, Antirrhinum), Gattung der Rachenblütler; Kräuter oder Halbsträucher mit zweilippigen, ungespornten Blüten; die bekannteste Art ist das in vielen Sorten kultivierte 20–100 cm hohe **Garten-L.** (Antirrhinum majus).

Löwenschwanz, Botanik: ↗Herzgespann.

Löwenstein-Wertheim, südd. Fürstengeschlecht und ehem. Fürstentum, begründet durch Kurfürst Friedrich I. von der Pfalz, dessen Sohn Ludwig (* 1463, † 1524) 1476 die Grafschaft Löwenstein (bei Heilbronn) erhielt. Seit 1611 bestehen zwei Linien, von denen sich seit 1803 die prot. Linie **L.-W.-Freudenberg,** die kath. Linie **L.-W.-Rosenberg** nannte; beide Linien wurden 1806 mediatisiert.

Löwenthal, 1) Leo, Soziologe, * Frankfurt am Main 3. 11. 1900, † Berkeley (Calif.) 21. 1. 1993; war ab 1956 Prof. in Berkeley; Arbeiten zur sozialpsycholog. Analyse der Propagandaorganisation, u. a. »Agitation und Ohnmacht« (mit N. Gutermann, 1949) und zur Literatursoziologie, u. a. »Literatur und Massenkultur« (1984).
2) Richard, Pseud. Paul Sering, Politikwissenschaftler, * Berlin 15. 4. 1908, † ebd. 9. 8. 1991; emigrierte 1935 nach Großbritannien. 1961–74 Prof. in Berlin; arbeitete u. a. in der Grundwertekommission der SPD und verfasste zahlr. Beiträge zu Problemen der Weltpolitik und der modernen Demokratie.

Löwentinsee (heute Jeziro Niegocin), einer der Masur. Seen in Polen, im ehem. Ostpreußen, 26 km², bis 40 m tief; durch Kanäle und Flussläufe mit anderen Seen verbunden.

Löwenzahn, Bez. für zwei Korbblütlergattungen: 1) **Kuhblume** (Taraxacum), gelb blühende, Milchsaft führende Rosettenpflanzen mit gezähnten Blättern und Blütenkörbchen aus Zungenblüten auf rundem, hohlem, blattlosem Schaft. In Mitteleuropa v. a. der **Wiesen-L.** (Taraxacum officinale). 2) **L.** (Leontodon), Rosettenpflanzen mit meist schwach ausbuchtig gezähnten Blättern. Einheimisch u. a.: **Herbst-L.** (Leontodon autumnalis) mit goldgelben Zungenblüten und unterseits rötlich gestreiften Randblüten; auf Weiden und Kulturrasen. **Hundslattich** (**Nickender L.,** Leontodon taraxacoides) mit schwarz gerandeten Blütenhüllblättern; auf feuchten Wiesen und Dünen.

Lower Hutt [ˈləʊə ˈhʌt], Stadt im S der Nordinsel Neuseelands, an der Mündung des Hutt River, 95 900 Ew.; gehört zu den am stärksten industrialisierten Gebieten Neuseelands.

Lowestoft [ˈləʊstɒft], Nordseebad in der Cty. Suffolk, O-England, 62 900 Ew.; Hafen, Fischerei, Schiffbau, elektrotechn. Industrie.

Lowetsch, Stadt (Verw.zentrum des Gebiets L.) in Bulgarien, im nördl. Vorland des Balkans, 44 300 Ew.; Bau von Kraftwagen, Mopeds, Motor- und Fahrrädern, Lederverarbeitung, Weinkellereien.

Löwith, Karl, Philosoph, * München 9. 1. 1897, † Heidelberg 24. 5. 1973; Philosophiehistoriker, suchte die christlich-theolog. Gebundenheit des abendländ. Denkens kritisch aufzuzeigen; ging von der These aus, dass dem Menschen jede spekulativmetaphys. Erkenntnis versagt sei. – Werke: Von Hegel zu Nietzsche (1941); Weltgeschichte und Heilsgeschehen (engl. 1949, dt. 1953); Gott, Mensch und Welt in der Metaphysik von Descartes bis zu Nietzsche (1967).

Lowlands [ˈləʊləndz] (Scottish L.), das zentralschott. Tiefland zw. den Grampian Mountains (Highlands) und den Southern Uplands, 50–80 km breit.

Loxodrome [grch. »schief laufende Linie«] die (Kursgleiche, Isoazimutallinie), Kurve auf einer Rotationsfläche, die alle Meridiane unter gleichem Winkel schneidet. Die L. der Kugeloberfläche sind für die Navigation wichtig; sie erscheinen auf der Mercatorkarte als gerade Linien.

loyal [loaˈjaːl, frz.], 1) gesetzestreu, regierungstreu; 2) ehrlich, redlich, vertragstreu. Ggs.: illoyal.

Loyalisten [loaja-; aus frz.] (Tories), im amerikan. Unabhängigkeitskrieg (1775–83) die »loyal« zur brit. Krone stehenden Kolonisten; nach Kriegsende wanderten viele L. nach Kanada aus.

Loyaltyinseln [ˈlɔɪəltɪ-] (frz. Îles Loyauté), Gruppe von Koralleninseln im südwestl. Pazifik, gehören zum frz. Überseeterritorium ↗Neukaledonien, 1981 km², 20 900 Ew. (meist Melanesier). Hauptinseln: Lifou (1 150 km²), Maré (650 km²) und Uvéa (152 km²).

Loyang, Stadt in China, ↗Luoyang.

Loyola, Ignatius von, Gründer der Jesuiten, ↗Ignatius von Loyola.

Lozère [lɔˈzɛːr], Dép. in S-Frankreich, 5 167 km², 73 000 Ew.; Hptst. ist Mende.

LP [elˈpiː; Abk. für engl. **l**ong **p**laying (record), «Langspielplatte»], ↗Schallplatte.

LPG, Abk. für ↗**l**andwirtschaftliche **P**roduktionsgenossenschaft.

LPH, Abk. für ↗**l**ipotropes **H**ormon.

Lr, chem. Symbol für ↗Lawrencium.

LRS, Abk. für **L**ese-**R**echtschreib-**S**törung (↗Legasthenie).

L. S., l. s., 1) Abk. für lat. **l**oco **s**igilli, am Ort, d. h. anstatt des Siegels.
2) Abk. für lat. **l**ectori **s**alutem, Begrüßungsformel für den Leser in alten Handschriften.
3) Abk. für lat. **l**egi **s**criptum, ich habe (vorstehendes) Schreiben gelesen.

LSB, Abk. für ↗**L**andes**sp**ort**b**und.

L-Schale, im Atommodell die zur Hauptquantenzahl $n = 2$ gehörige Hauptschale der Atome, die maximal acht Elektronen aufnehmen kann.

LSD, Abk. für **L**ysergsäure**d**iäthylamid, ein synthetisch hergestellter Abkömmling der Lysergsäure, die als natürl. Bestandteil der Mutterkornalkaloide vorkommt. LSD ist eine weiße, kristalline Substanz, die schon in kleinsten Dosen (0,5–2 µg je kg Körpergewicht) lang andauernde (6–12 Std.) halluzinogene Wirkungen hervorruft. Die Reaktionen auf LSD sind individuell sehr unterschiedlich und können in angenehmen Eindrücken, Hoch- oder Missstimmung oder angstvollen Rauschzuständen (Horrortrips) bestehen. LSD ist ein verbreitetes Rauschgift, ständiger Gebrauch kann zu psych. Abhängigkeit führen; körperl. Dauerschäden sind nicht auszuschließen.

LSE, Abk. für ↗**L**ondon **S**tock **E**xchange.

LSP, Abk. für **L**eitsätze für die **P**reisermittlung aufgrund der Selbstkosten (↗öffentliche Auftragsvergabe).

Ltd., Abk. für ↗**l**imite**d**.

LTH, Abk. für ↗**l**uteotropes **H**ormon.

Lu, chem. Symbol für ↗Lutetium.

Lü (Lu), zu den Tai gehörendes Volk von Nassreisbauern und Viehzüchtern im S der chines. Prov. Yunnan, in Birma, Laos, Thailand und Vietnam; etwa 1,1 Mio. Menschen.

Lualaba der, der Oberlauf des ↗Kongo.

Luanda (früher Loanda, São Paulo de Loanda), Hptst. und wichtigster Hafen von Angola, 2,819 Mio. Ew.; Sitz eines kath. Erzbischofs; Univ. (gegr. 1963), Forschungsinstitute, Museen; Ind.- und Handelszentrum, internat. Messe; u. a. Textil-, Nahrungsmittelind., Walzwerk, Erdölraffinerie. Ausgangspunkt der L.-Bahn ins Hinterland; internat. Flughafen. – Stadt-

Karl Löwith

Löwenmaul:
Gartenlöwenmaul

Luanda
Stadtwappen

bild nach brasilian. Vorbild, Kathedrale (17. Jh.). – Gegr. 1575 als portugies. Fort.

Luang Prabang, Stadt im N von Laos, an der Mündung des Nam Khan in den Mekong, 68 000 Ew.; Textilind.; kulturelles Zentrum des Landes; ehem. Residenz des Königs; Sitz des Oberhauptes der laot. Buddhisten; buddhist. Wallfahrtsort. – L. P. wurde als histor. städt. Siedlung mit Königspalast und buddhist. Klöstern von der UNESCO zum Welterbe erklärt.

Luangwa der, linker Nebenfluss des Sambesi in NO-Sambia, 800 km, mündet an der Grenze nach Moçambique bei Zumbo. Am Mittellauf der **L. Valley National Park** (15 500 km^2), eines der wildreichsten Tierreservate der Erde.

Luanshya [luːˈɑːnʃja], Bergbauort im Copperbelt von Sambia, 147 700 Ew.; Erzaufbereitung, Schweißelektrodenfabrik.

Luba (Baluba), Bantuvolk im S der Demokrat. Rep. Kongo, zw. Lualaba und dem Tanganjikasee, rd. 6,3 Mio. Menschen; Hackbauern, Jäger, Händler, geschickte Schnitzer und Eisenschmiede.

Lubań [ˈlubajn] (dt. Lauban), Krst. in der Wwschaft Niederschlesien, Polen, an der Kwisa (dt. Queis), 24 100 Ew.; Baumwollindustrie. – Rathaus (1539–43), Teile der mittelalterl. Stadtbefestigung.

Lübeck 1): Blick über die Stadt an der Trave und der Lübecker Bucht; links von der zentral gelegenen Katharinenkirche die Jakobikirche (beide 13./14. Jh.), rechts die Petrikirche (14.-16. Jh.), am unteren Bildrand das Holstentor

Lubango (bis 1976 Sá da Bandeira), Prov.-Hptst. in SW-Angola, 1 770 m ü. M., 105 000 Ew.; kath. Erzbischofssitz; landwirtsch. Handelszentrum; Verkehrsknotenpunkt, Flugplatz.

Lubbe, Hermann, Philosoph und Politikwissenschaftler, * Aurich 31. 12. 1926; verfasste u. a. Werke zur polit. Philosophie, zur Geschichts- und Religionsphilosophie. – *Werke:* Polit. Philosophie in Dtl. (1963); Philosophie nach der Aufklärung (1980); Religion nach der Aufklärung (1986); Der Lebenssinn der Industriegesellschaft (1990); Modernisierung und Folgelasten (1997); Zw. Herkunft und Zukunft: Bildung einer dynam. Zivilisation (1998).

Lübbecke, Stadt im Kr. Minden-Lübbecke, NRW, am N-Rand des Wiehengebirges, 25 000 Ew.; Textil-, Zigarren-, Möbel-, Maschinen-, Papierind.; Hafen am Mittellandkanal. – Evang. Pfarrkirche St. Andreas (Ende 12. Jh.), Fachwerkhäuser (18. und 19. Jh.). – Seit 1279 Stadt.

Lübbenau/Spreewald (sorb. Lubnjow), Stadt im Landkreis Oberspreewald-Lausitz, Brandenburg, in der Niederlausitz, an der Spree, 16 800 Ew.; Spreewaldmuseum mit Freilichtmuseum im Ortsteil Lehde; Ausflugs- und Fremdenverkehr. – Klassizist. Schloss (1817–20) mit Orangerie (Museum) und Landschaftspark, barocke Pfarrkirche St. Nikolai (1741–43). – Entstand bei einer 1301 bezeugten Burg.

Lübben/Spreewald (sorb. Lubin), Krst. des Landkreises Dahme-Spreewald, Brandenburg, in der Niederlausitz, an der Spree zw. Unter- und Oberspreewald, 15 100 Ew.; Gurkenverarbeitung; Ausflugsverkehr. – In der spätgot. Nikolaikirche (erneuert im 17. und 18. Jh.) das Grab Paul Gerhardts. Schloss (1682), Rathaus und Ständehaus (1717). – Erstmals 1150 erwähnt, um 1220 Stadtrecht.

Lubbers [ˈlʏbərs], Rudolphus (Ruud) Frans Marie, niederländ. Politiker, * Rotterdam 7. 5. 1939; Unternehmer, Mitgl. des Christlich Demokrat. Appells, war 1973–77 Wirtschaftsmin. und 1982–94 MinPräs. Er kandidierte erfolglos für das Amt des Präs. der Europ. Kommission (1994) und des Gen.-Sekr. der NATO (1995); 2001 wurde er UN-Hochkommissar für Flüchtlinge.

Lubbock [ˈlʌbək], Stadt im NW von Texas, USA, 193 200 Ew.; TU, Baumwollpressen, Ölmühlen, Schlachthäuser, Molkereien; elektron. Industrie.

Lübeck, 1) (Hansestadt L.), kreisfreie Stadt in Schlesw.-Holst., an der unteren Trave und Lübecker Bucht, reicht mit dem Stadtteil Travemünde bis an die Ostsee, 213 500 Ew.; Medizin. Univ., Musikhochschule, FH, Norddt. Orgelschule, Wirtschaftsakademie, Museen, Theater. Ostseehafen, Verbindung durch den Elbe-Lübeck-Kanal mit der Nordsee, Schifffahrtslinien nach den Ostseeländern. Die Wirtschaftsstruktur wurde bis Ende des 19. Jh. traditionell durch Handel und Hafen dominiert. Heute bestimmen Werften, Holz verarbeitende, chem., keram., Arzneimittelind., Maschinenbau, Verpackungsind., Fischverarbeitungs-, Bekleidungs- und Süßwarenind. (Lübecker Marzipan) das Bild; Großkraftwerk an der Untertrave; eine bed. Rolle spielt der Fremdenverkehr. – Trotz schwerer Zerstörungen (1942) bietet L. immer noch das Bild der mittelalterl. Handelsgroßstadt. Die Altstadt, eine Hauptstätte der dt. Backsteingotik, wurde von der UNESCO zum Weltkulturerbe erklärt. Erhalten oder wieder aufgebaut sind: der 1173 als roman. Basilika begonnene, im 13. Jh. vollendete, später gotisch umgebaute Bischofsdom mit Hallenchor (1266–1341), die Marienkirche (urspr. um 1200–1220 errichtet, um 1250–1351 umgebaut), Petrikirche (14.–16. Jh.), Katharinenkirche (13./14. Jh.), St. Ägidien (13.–15. Jh.), St. Jakobi (13./14. Jh.), Hospital zum Hl. Geist (13. Jh.), St.-Annen-Kloster (1502–1515/18), das ↗ Holstentor (1478 vollendet), das Burgtor (1444). Das got. Rathaus (13.–15. Jh.) mit Renaissancelaube (1570/71) ist eines der größten des MA. Bed. Bürgerhäuser sind u. a. das »Behnhaus« (1779–83, Museum mit Städt. Galerie) und das »Buddenbrookhaus« (Fassade 1758), seit 1993 Gedenkstätte für T. und H. Mann. 1992–94 entstand die neue Musik- und Kongresshalle von M. von Gerkan. – Die 6 km traveabwärts gelegene Vorgängersiedlung **Alt-L.** entstand im 11. Jh. als Zentrum des wend. (slaw.) Wagrien bei einer aus dem 10. Jh. stammenden slaw. Ringburg (slaw. **Liubice**); im 11. und 12. Jh. Ausgangspunkt der Christianisierung der Slawen. Die 1143 gegr. dt. Kaufmannssiedlung wurde nach Zerstörungen 1158/59 neu gegründet. Das der Stadt ver-

Lübeck 1) Stadtwappen

liehene Soester Recht wurde umgestaltet und als Lüb. Recht an über 100 Städte verliehen. 1226 erhob Kaiser Friedrich II. L. zur freien Reichsstadt; Bündnisse zwischen L. und norddt. Fürsten, See- und Handelsstädten führten zur Gründung der dt. Hanse, deren Führung L. übernahm (seit 1358 Hansetage in L.). 1529/31 wurde die Reformation eingeführt. Die von Bürgermeister J. Wullenweber eingeleitete »Grafenfehde« (1534–36) gegen Dänemark brachte den Verlust des polit. Einflusses im Ostseeraum. L. blieb nach 1806 (bis 1937) als »Freie und Hansestadt« selbstständig (außer seiner Zugehörigkeit zu Frankreich 1810–13) und wurde 1815 Mitgl. des Dt. Bundes, 1871 des Dt. Reiches; 1937 kam L. zur preuß. Prov. Schleswig-Holstein.

2) ehem. Bistum, Hochstift, Fürstentum. Das Bistum wurde durch Verlegung des 948 errichteten Bistums Oldenburg (Holstein) 1160 als Suffragan des Erzbistums Bremen-Hamburg gegründet (1185 Reichsunmittelbarkeit). Residenz war seit der Mitte des 13. Jh. Eutin; seit 1555 regierten prot. Administratoren (Fürstbischöfe). 1823 fiel das 1803 säkularisierte Hochstift als weltl. Erbfürstentum an Oldenburg, 1937 an Preußen.

Lübecker Bucht, südwestl. Teil der Mecklenburger Bucht der Ostsee, greift zw. der Halbinsel Wagrien und der mecklenburg. Küste 30 km tief in das Landesinnere ein.

Lüben, Stadt in Polen, ↗ Lubin.

Lubiąż ['lubjɔʃ] (dt. Leubus), Ortsteil der Stadt Wołów in der Wwschaft Niederschlesien, Polen; ältestes schles. Zisterzienserkloster, gegr. um 1175, 1695–1740 in riesigen Abmessungen aus- und umgebaut, im Zweiten Weltkrieg stark zerstört, Renovierung seit 1962.

Lubij, sorb. Name für ↗ Löbau.

Lubin, 1) sorb. Name für ↗ Lübben/Spreewald.

2) (dt. Lüben), Krst. in der Wwschaft Niederschlesien, Polen, 82 400 Ew.; Kupfererzbergbau, Kupferhütten; Bau von Saiteninstrumenten. – 1319 zur Stadt erhoben.

Lübisches Recht [nach der Stadt Lübeck], nach dem Magdeburger das wichtigste mittelalterl. dt. Stadtrecht, das im ganzen Ostseeraum bis nach Reval und Narwa Geltung hatte. Die letzte amtl. Fassung von 1586 galt partiell bis 1899, in Reval bis 1945.

Lubitsch, Ernst, Filmregisseur, *Berlin 29. 1. 1892, †Los Angeles 30. 11. 1947; Bühnenausbildung bei M. Reinhardt; ab 1922 in Hollywood, drehte Filmlustspiele und -operetten, u.a. »Madame Dubarry« (1919), »Die lustige Witwe« (1934), »Ninotschka« (1939).

Lübke, Heinrich, Politiker, *Enkhausen (heute zu Sundern) 14. 10. 1894, †Bonn 6. 4. 1972; 1931–33 Mitgl. des preuß. Landtags (Zentrum), danach wiederholt in Haft. Nach dem Ende des Zweiten Weltkrieges trat er 1945 der CDU bei. 1953–59 war er Bundesmin. für Ernährung, Landwirtschaft und Forsten. Als Bundespräs. (1959–69) förderte er innenpolitisch bes. den Gedanken des Festhaltens an der dt. Einheit, außenpolitisch die Entwicklungshilfe.

Lublin, 1) Hptst. der Wwschaft L., Polen, Stadtkreis und Krst. zw. Weichsel und Bug, 355 800 Ew.; Sitz eines kath. Erzbischofs; Univ. und kath. Univ., TU, medizin. und landwirtsch. Akademie, Museen, Philharmonie und Theater; Lkw- und Landmaschinenbau, Nahrungsmittel-, chem., Textilindustrie. – Burg (14. Jh., im 18./19. Jh. zerstört und im 19. Jh. neu errichtet; heute Museum); barocker Dom (1592–1604; 1819 umgebaut); Altes Rathaus (16./17. Jh.; 1781 klassizist. umgebaut); zahlr. Klöster und Adelspaläste aus dem 16.–18. Jh.; Jugendstilbauten. – L., im 12. Jh. eine poln. Burg mit Handwerker- und Kaufmannssiedlung, erhielt 1317 Magdeburger Stadtrecht und war ab 1413 Versammlungsort des poln. und litauischen Adels. Als Hptst. einer Wwschaft (seit 1474) im 15./16. Jh. ein wirtsch.-kulturelles Zentrum. Durch die **Union von L.** (1569) wurden Polen und Litauen zu einem Staat vereinigt. 1915–18 Sitz des österr. Generalgouverneurs. In ↗ Majdanek befand sich 1943/44 ein nat.-soz. Konzentrations- und Vernichtungslager. 1944 wurde L. von der Roten Armee eingenommen und war bis Jan. 1945 Sitz des Poln. Komitees der Nat. Befreiung **(Lubliner Komitee),** aus dem die Poln. Provisor. Reg. hervorging.

2) Woiwodschaft Lublin (Województwo Lubelskie), Wwschaft im O Polens, 25 115 km², 2,232 Mio. Ew.; Hauptstadt ist Lublin.

Lubmin, Gem. im Landkreis Ostvorpommern, Meckl.-Vorp., am Greifswalder Bodden, etwa 15 km nordöstlich von Greifswald, 1 800 Ew.; Seebad; das Kernkraftwerk (Inbetriebnahme 1974, zuletzt 3 520 MW) wurde 1990 stillgelegt und seit 2000 zurückgebaut; seit 1999 atomares Zwischenlager.

Lubnjow, sorb. Name für ↗ Lübbenau/Spreewald.

Lubumbashi [-'baʃi] (bis 1966 Elisabethville), Hptst. der Prov. Shaba, Demokrat. Rep. Kongo, 1,04 Mio. Ew.; kath. Erzbischofssitz; Univ. (gegr. 1955), Forschungsinstitute; in landwirtschaftlich genutzter Umgebung Mittelpunkt des kongoles. Kupfergürtels; Hüttenwerke u.a. Ind.; internat. Flughafen. – 1910 gegründet.

Lübz, Stadt im Landkreis Parchim, Meckl.-Vorp., an der Elde, 6900 Ew.; Mineralfaserwerk, Brauerei, Fleischverarbeitung. – Spätgot. Stadtkirche (um 1570). – Die Stadt entstand neben der 1308 erbauten Eldenburg; L. war 1952–94 Kreisstadt.

Lucanus, lat. Dichter, ↗ Lukan.

Lucas ['luːkəs], **1)** George Walton, amerikan. Filmregisseur und -produzent, Drehbuchautor, *Modesto (Calif.) 14. 5. 1944; drehte die »Star Wars«-Reihe (»Sternentrilogie«) mit den Filmen »Krieg der Sterne« (1. Tl., 1977), »Das Imperium schlägt zurück« (2. Tl., 1980), »Die Rückkehr der Jedi-Ritter« (3. Tl., 1982), die eine der einflussreichsten modernen film. Science-Fiction-Visionen mit Klassikerstatus wurde. 1999 kam der Film »Star Wars: Episode 1 – Die dunkle Bedrohung« ins Kino (Episode 1 der insgesamt auf 9 Tle. angelegten Sternenkriegssaga, zugleich erster Tl. der neuen Trilogie). – *Weitere Filme:* THX 1138 (1971); American Graffiti (1973).

2) Robert Emerson jr., amerikan. Volkswirtschaftler, *Yakima (Wash.) 15. 9. 1937; Prof. in Pittsburgh und Chicago (seit 1975), erhielt 1995 den Nobelpreis für Wirtschaftswiss.en für die Entwicklung der Theorie rationaler Erwartungen sowie die darauf basierende Bereicherung der makroökonom. Theorie und der theoret. Wirtschaftspolitik.

Lucas van Leyden ['lyːkɑs vɑn 'lɛidə], niederländ. Maler und Grafiker, *Leiden 1489 oder 1494, †ebd. 1533. Schon die frühesten datierten Stiche (1508) zeichnen sich durch reiche Beobachtung, hohe Eigenart und Charakteristik der Erzählweise sowie Feinheit der techn. Durchführung aus. Beeinflusst von A. Dürer, J. Gossaert sowie im Spätwerk von M. Raimondi und Jan Scorel. Er hinterließ ein bedeutendes graf. Werk, das Kupferstiche wie »David vor Saul« (um 1508/09) und »Ecce Homo« (1510) umfasst. Der erzähler. Realismus seiner Bilder machte ihn zum Wegbereiter profaner Bildgattungen wie Genre und Landschaft sowie zu einem Meister des Porträts.

Ernst Lubitsch

Heinrich Lübke

Lublin 1) Stadtwappen

Lucca, 1) Prov. in der Toskana, Italien, 1 773 km², 375 700 Einwohner.

2) Hptst. von 1), in der Schwemmlandebene des Serchio, 84 500 Ew.; Erzbischofssitz; bed. Handelsstadt mit Seiden-, Papier-, Tabak-, Textilind.; lebhafter Fremdenverkehr. – Dom (11. Jh., Fassade von 1204, im Innern im 14./15. Jh. gotisch umgebaut) und viele andere Kirchen mit wertvollen Kunstwerken, v. a. San Michele in Foro mit roman. Blendarkaden, Zwerggalerien und Marmorinkrustation. – Ligur. Gründung, seit 177 v. Chr. röm. Kolonie, vom 6. bis 12. Jh. Hptst. von Tuszien, erhielt als kaisertreue Stadt Privilegien und war bis 1799 Rep., bis 1815 unter frz. Herrschaft, dann selbstständiges Herzogtum, kam 1847 zum Großherzogtum Toskana.

Lucebert [ly:sə-], eigtl. Lubertus Jacobus Swaanswijk, niederländ. Schriftsteller und Maler, *Amsterdam 15. 9. 1924, †Bergen 10. 5. 1994; Mitgl. der Künstlerbewegung ↗Cobra, Hauptvertreter der »Vijftigers«, einer in den 1950er-Jahren die niederländ. Lyrik erneuernden Dichtergruppe; sein Werk zeigt große wortschöpfer. und darsteller. Kraft. L. schuf linear betonte, an Kinderzeichnungen erinnernde Gemälde, Gouachen, Aquarelle, Zeichnungen und Radierungen.

Lucentini [-tʃen-], Franco, italien. Schriftsteller, *Rom 24. 12. 1920, †Turin 5. 8. 2002; ab 1945 Journalist und Verlagslektor u. a. in Prag, Wien und Paris; internat. berühmt durch die gemeinsam mit C. Fruttero verfassten Romane, in denen sich Kriminalroman, Thriller und Satire mischen (u. a. »Wie weit ist die Nacht«, 1979; »Der Liebhaber ohne festen Wohnsitz«, 1986; »Das Geheimnis der Pineta«, 1991).

Lucera [-'tʃe-], Stadt in Apulien, Prov. Foggia, Italien, 35 800 Ew.; Bischofssitz; bed. Agrarmarkt; Möbel- u. a. Industrie. – Kastell von Friedrich II. (1233 erbaut; 1268–75 mit Mauerring umgeben); got. Dom (begonnen um 1300).

Luch [lu:x, sorb.] *die,* auch *das,* Bruch, Sumpfwiese.

Luchow [ludʒʊʊ], früherer Name der Stadt ↗Hefei, China.

Lüchow-Dannenberg [-ço-], Landkreis im Reg. Bez. Lüneburg, Ndsachs., 1 220 km², 52 000 Ew., Krst. ist Lüchow (Wendland).

Lüchow (Wendland) [-ço-], Krst. des Landkreises L.-Dannenberg, Ndsachs., an der Jeetzel, 9 800 Ew.; Arzneimittelwerk; Wälzlagerfabrik, Kartoffelstärkefabrik. – Evang. Stadtkirche St. Johannes (16. Jh.). – 1158 erstmals erwähnt, 1284 als Stadt bezeugt.

Luchs (lat. Lynx), Sternbild in der Nähe des Großen Bären, das in unseren Breiten zum größten Teil immer über dem Horizont bleibt.

Luchse [ahd. luhs, eigtl. »Funkler« (nach den Augen)] (Lynx), Gattung hochbeiniger Katzen, v. a. in Wäldern und Halbwüsten Eurasiens und Nordamerikas; vorwiegend dämmerungsaktive, häufig dunkel gefleckte Raubtiere mit Pinselohren und Stummelschwanz. L. besitzen ein ausgezeichnetes Seh- und Hörvermögen. Sie ernähren sich von Säugetieren (von Maus- bis Hirschgröße) sowie Vögeln, Reptilien, Amphibien. In den nördl. Waldgebieten Europas und Asiens lebt der **Euras. L. (Gewöhnlicher L.,** Lynx lynx) mit dunkel geflecktem Fell, Körperlänge bis 1,10 m; er war in Dtl. ausgerottet, ist jedoch seit den 1970er-Jahren im Bayer. Wald, später auch im Harz, wieder ausgewildert. Der in Spanien beheimatete **Pardel-L. (Iberischer L.,** Lynx pardinus) gilt als stark bedrohte Raubkatze. Im nördl. Nordamerika verbreitet ist der **Kanada-L.** (Lynx canadensis); im mittleren und südl. Nordamerika lebt der etwas kleinere **Rot-L.** (Lynx rufus) mit weißer Schwanzspitze.

Luchterhand Verlag, Hermann, 1924 in Berlin gegr. Verlag, Sitz: Neuwied; veröffentlicht u. a. jurist., betriebswirtsch. und sozialpädagog. Titel. Ende 1987 wurde der literar. Verlagsteil (u. a. »Sammlung Luchterhand«, Sitz: Darmstadt) an den Arche Verlag verkauft und als »Luchterhand Literaturverlag« (Sitz: München) fortgeführt (zählt seit 2001 zur – der Bertelsmann AG gehörenden – Verlagsgruppe Random House). Der L. V. (zum niederländ. Verlagskonzern Wolters Kluwer gehörend) umfasst die Verlage Kurt Gross, Kommentator, Metzner, J. Schweitzer, Stoytscheff und Werner.

Lucianus, grch. Schriftsteller, ↗Lukian.

Luciferasen [lat.], strukturell unterschiedl. Enzyme aus versch. Organismen, die Lichtemission infolge Biolumineszens-Reaktion durch Oxidation von **Luciferinen** – d. h. Stoffwechselprodukten von Bakterien, Meerestieren, Insekten u. a. – induzieren können.

Luchse: Eurasiatische Luchse

Lucilius, Gaius, röm. Dichter, *Suessa Aurunca (Kampanien) wohl um 180 v. Chr., †Neapel 103/02 v. Chr.; machte die röm. Satire zur Ausdrucksform unmittelbarer Selbstäußerung des Dichters und zum (subjektiven) Spiegel des Lebens; schrieb auch Epigramme.

Lucius, L. III., Papst (1181–85), eigtl. Ubaldo Allucingoli, *Lucca, †Verona 25. 11. 1185; gewann 1184 Kaiser Friedrich I. Barbarossa für den Kreuzzug und zum gemeinsamen Vorgehen gegen ↗Katharer und ↗Waldenser.

Łuck [lutsk], poln. Name der ukrain. Stadt ↗Luzk.

Luckau, Stadt im Landkreis Dahme-Spreewald, Brandenburg, in der Niederlausitz, 7 800 Ew. – Mittelalterl. Stadtbefestigung; spätgot. Nikolaikirche (14./15. Jh.), got. Rathaus (1851–52 umgebaut), Giebelhäuser (17./18. Jh.). – L. entstand neben einer Burg des 12. Jh. Es war bis 1993 Kreisstadt.

Luckenwalde, Krst. des Landkreises Teltow-Fläming, Brandenburg, nördlich des Flämings, an der Nuthe, 22 700 Ew.; feinwerktechn. Gewerbe, Bau von Feuerlöschern, Feuerlöschfahrzeugen und Möbeln, Herstellung von Papierwaren, Hüten und Likören. – Spätgot. Pfarrkirche St. Johannis (Ende 15. Jh.) und Marktturm (urspr. wohl Wartturm der Burg, seit 1484 als Glockenturm der Kirche genutzt); spätklassizist. Rathaus (1844). – L. entstand bei einer 1226 erstmals genannten Burg und erhielt 1430 städt. Rechte.

Luckner, Felix Graf von, Seeoffizier, *Dresden 9. 6. 1881, †Malmö 13. 4. 1966; durchbrach im Ersten Weltkrieg als Kommandant des Hilfskreuzers »Seeadler« (1916–17) die brit. Blockade und kaperte zahlreiche alliierte Schiffe; Verf. abenteuerl. Erlebnisberichte (u. a. »Seeteufel«, 1921).

Lucknow [ˈlʌknəʊ] (früher Lakhnau), Hptst. des Bundesstaates Uttar Pradesh, Indien, am Gangesnebenfluss Gomali, 1,62 Mio. Ew.; Univ.; mehrere Forschungsinst., botan. Garten; Eisenbahnwerkstätten, Zentrum der Baumwollverarbeitung, Papierind., Instrumentenbau; Kunstgewerbe.

Lucky Losers [ˈlʌkɪ ˈluːzəz, engl.], *Sport:* punktbeste Verlierer in Ausscheidungswettkämpfen, die noch das Finale erreichen.

Lucky Luciano [ˈlʌkɪ luˈtʃaːno], Beiname von Charles Luciano, eigtl. Salvatore Lucania, amerikan. Gangster, *Lercara Friddi (Sizilien) 11. 11. 1896, †Capodicino Airport (Neapel) 26. 1. 1962; übernahm nach Ausschaltung der alten Mafiabosse Anfang der 30er-Jahre von New York aus die Führung der organisierten Kriminalität; bekannt wegen seines extravaganten Lebensstils; 1936 verhaftet und zu 30–50 Jahren Zuchthaus verurteilt, blieb auch im Gefängnis Mafia-»Oberhaupt«; soll den amerikan. Geheimdienst mit seinen Verbindungen bei der Vorbereitung der alliierten Landung in Sizilien (1943) unterstützt haben; wurde 1946 nach Italien deportiert und hielt sich 1946–47 in Kuba auf.

Lucretia, *röm. Mythos:* die Frau des Konsuls Lucius Tarquinius Collatinus. Vom Sohn des röm. Königs Tarquinius Superbus entehrt, tötete sie sich selbst und gab damit den Anlass zum Sturz des röm. Königtums (509 v. Chr.). – Der Stoff wurde häufig in der Dichtung und der bildenden Kunst dargestellt.

Lucullus (Lucull), Lucius Licinius, röm. Politiker und Feldherr, *um 117 v. Chr., †um 57 v. Chr.; 74 Konsul, Heerführer im 3. Mithridat. Krieg (74–67), nach einer Meuterei des röm. Heeres 67 abberufen. Bekannt war seine Freude am Genuss **(lukullisches Mahl).** Mit seinem Namen ist die Einführung der Süßkirsche in Europa verbunden.

Lüda, Stadt in China, ⁄ Dalian.

Ludditen, Bez. aufrührer. Arbeiter in England, die 1811/12 und 1816 in den Textilfabriken Maschinen zerstörten; ben. nach dem Arbeiter Ned Ludd aus Leicester, der Geräte für eine Strumpfwirkerei vernichtet haben soll.

Ludendorff, Erich, preuß. General, *Kruszewnia (bei Posen) 9. 4. 1865, †Tutzing 20. 12. 1937; 1908–12 im Großen Generalstab, seit 22. 8. 1914 Generalstabschef Hindenburgs, hatte seit dem Sieg bei Tannenberg (23.–31. 8. 1914) als fakt. Leiter der dt. Kriegführung im O einen legendären Ruf. Ab 1916 war er als 1. Generalquartiermeister mitverantwortlich für die militär. Kriegführung, gewann seitdem weit reichenden Einfluss in polit. und wirtsch. Fragen (Sturz von T. von Bethmann Hollweg). Am 29. 9. 1918 verlangte L. von der Reichsreg. ein Waffenstillstandsangebot. Am 26. 10. 1918 wurde er von Kaiser Wilhelm II. angesichts der sich abzeichnenden Niederlage an der Westfront entlassen. Nach 1919 betätigte er sich politisch auf dem völk. Flügel der Rechten. Im Nov. 1923 beteiligte sich L. am Hitlerputsch. 1924–28 war er MdR, 1925 nat.-soz. Kandidat bei der Reichspräsidentenwahl. 1926 gründete er mit seiner 2. Frau Mathilde L. (*1877, †1966) den ⁄ Tannenbergbund (1933 verboten).

Lüdenscheid, Krst. des Märkischen Kreises, NRW, im westl. Sauerland, 81 600 Ew.; Studienzentrum der Fernuniv. Hagen, Kunststoffinst. und Inst. für Umformtechnik der Märk. FH Iserlohn; Metall-, elektrotechn., Aluminium-, Kunststoffind., Maschinen- und Werkzeugbau. – Schloss Neuenhof (jetzige Anlage zw. 1643 und 1746). – 1268 Stadtrecht.

Luder, *Jägersprache:* Bez. für Aas. – **L.-Platz,** Ort, an dem Aas zum »Anludern« (Anlocken) von Raubwild ausgelegt wird.

Lüderitz, Adolf, Großkaufmann, *Bremen 16. 7. 1834, †(verschollen in der Oranjemündung) 24. 10. 1886; kaufte 1883 den Hafen von Angra Pequena (seit 1886 **Lüderitzbucht,** seit 1920 **Lüderitz**) mit seinem Küstengebiet, das 1884 Grundlage des Schutzgebiets Dt.-Südwestafrika wurde.

Lüders, Marie Elisabeth, Politikerin, *Berlin 25. 6. 1878, †ebd. 23. 3. 1966; seit 1901 in der dt. Frauenbewegung tätig; 1919–20 Mitgl. der Weimarer Nationalversammlung, 1920–32 MdR (DDP), setzte sich u. a. für eine Reform des Familien- und Strafrechts ein; in der Bundesrep. Dtl. 1953–61 MdB (FDP).

Ludhiana, Stadt im Bundesstaat Punjab, Indien, nahe dem linken Ufer des Sutlej, 1,01 Mio. Ew.; landwirtsch. Univ., bed. Textilind., außerdem Metallverarbeitung und Maschinenbau.

Lüdinghausen, Stadt im Kr. Coesfeld, NRW, im Münsterland, 22 200 Ew.; Studienzentrum der Fernuniv. Hagen; Eisengießerei, Großbrennerei, Holzverarbeitung und Nahrungsmittelind. – Spätgot. Pfarrkirche (1507–58), Wasserburg Vischering (13. Jh., mit Münsterland-Museum).

Ludmilla, erste christl. Herzogin von Böhmen, *um 860, †(ermordet) Tetín (bei Beroun) 15./16. 9. 921; Großmutter König Wenzels I., den sie stark beeinflusste; von ihren heidn. Gegnern ermordet; Landespatronin Böhmens, Heilige, Tag: 16. 9.

Ludolfinger, altsächs. Adelsgeschlecht, ⁄ Liudolfinger.

ludolphsche Zahl [nach dem niederländ. Mathematiker Ludolph van Ceulen, *1540, †1610], die Kreiszahl ⁄ Pi.

Ludovisischer Thron, im Park der früheren Villa Ludovisi in Rom 1887 gefundenes grch., reliefgeschmücktes Marmorwerk (um 470–460 v. Chr., jetzt im Thermenmuseum, Rom). Auf der Hauptsichtseite ist eine von zwei Mädchen emporgehobene, aus dem Meer auftauchende Göttin dargestellt (Geburt der Aphrodite). Der L. T. gilt als Teil eines Altars.

Ludowinger, thüring. Herrschergeschlecht, seit etwa 1040 belegt. Graf Ludwig der Springer (*um 1046, †1123) ließ u. a. die ⁄ Wartburg (um 1067) und ab 1090 die Neuenburg bei Freyburg (Unstrut) errichten. Sein Sohn Ludwig I. (†1140) wurde zum Landgrafen von Thüringen erhoben und übernahm (als Nebenlande) die 1122 erworbene Grafschaft Hessen. Durch seine Tochter Sophie von Brabant (*1224, †1275) wurde Ludwig IV. auch Stammvater des hess. Hauses ⁄ Brabant. Mit Heinrich Raspe IV., Gegenkönig seit 1246, starben die L. im Mannesstamm aus.

Ludwig (frz. Louis), Herrscher:
Röm. Kaiser: **1) L. I., der Fromme,** Kaiser und König der Franken (814–40), *Chasseneuil-du-Poitou (bei Poitiers) 778, †Ingelheim 20. 6. 840; 3. Sohn Karls d. Gr., Vater von 25), Großvater von 4); wurde 813 zum Mitkaiser ernannt, regelte 817 zunächst die Nachfolge unter seinen Söhnen Lothar (I.), Pippin (I.) und Ludwig (der Deutsche) im Sinne der Einheit des Reichs, änderte dies jedoch 829 zugunsten seines Sohnes aus 2. Ehe, Karl (der Kahle). Die älteren Söhne empörten sich, L. unterlag infolge des Abfalls seines Heeres 833 auf dem »Lügenfeld« bei Colmar;

Erich Ludendorff

Lüdenscheid
Stadtwappen

er wurde nach Soissons ins Kloster gebracht, von seinen beiden jüngeren Söhnen, die sich nun gegen Lothar wandten, aber bald wieder in die Herrschaft eingesetzt. Die Auseinandersetzungen über die Teilung des Reichs dauerten über seinen Tod hinaus an.

2) L. II., König von Italien (844–75), Kaiser (850/55–75), *um 822, † bei Brescia 12. 8. 875, ältester Sohn Lothars I., Enkel von 1); 850 zum Mitkaiser seines Vaters gesalbt, kämpfte erfolgreich gegen die Sarazenen.

Hl. Röm. Reich: **3) L. IV., der Bayer,** Röm. König (1314–47), Kaiser (1328–47), *wohl Ende 1281/Anfang 1282, † Puch (heute zu Fürstenfeldbruck) 11. 10. 1347, Vater von 9); Wittelsbacher, seit 1302 Herzog von Oberbayern. 1314 gegen den Habsburger Friedrich den Schönen zum König gewählt; besiegte ihn bei Mühldorf am Inn 1322, nahm ihn gefangen, ließ ihn aber 1325 frei und erkannte ihn als Mitkönig an. 1324 von Papst Johannes XXII. wegen seines Ausgriffs in die italien. Politik in Avignon gebannt, zog L. 1327 nach Italien, wurde am 31. 5. in Mailand zum König der Lombardei und am 17. 1. 1328 von Vertretern des röm. Volkes zum Kaiser gekrönt; die Kurfürsten wiesen im Kurverein von Rhense 1338 jede Einmischung des Papsttums in die Königswahl zurück. 1346 wurde der Luxemburger Karl (IV.) von Mähren als päpstl. Gegenkönig aufgestellt (erst nach L.s Tod anerkannt). Für sein Haus erwarb L. 1323 Kurbrandenburg, 1342 Tirol, 1346 die Grafschaft Holland, Seeland und Hennegau; 1340 erbte er Niederbayern.

Baden: **4) L. Wilhelm I.,** »Türkenlouis«, Markgraf von Baden-Baden (1677–1707), *Paris 8. 4. 1655, † Rastatt 4. 1. 1707; zeichnete sich als Reichsfeldmarschall im Großen Türkenkrieg (1683–99) und (seit 1693) gegen die Franzosen aus. Er ließ Stadt und Schloss Rastatt erbauen.

Ludwig Wilhelm I., Markgraf von Baden-Baden

Bayern: **5) Ludwig V.,** Herzog (1347–61), ↗9).

6) L. I., König (1825–48), *Straßburg 25. 8. 1786, † Nizza 29. 2. 1868; Sohn von Maximilian I., Großvater von 7); baute München zur Kunststadt aus (u. a. Pinakotheken), wohin er 1826 auch die Landesuniversität (bisher Landshut) verlegte; begeisterte sich für den grch. Freiheitskampf (sein 2. Sohn Otto wurde 1832 grch. König); seine zunächst liberale Politik zeigte nach 1830 reaktionäre Züge. Die Opposition, verstärkt durch die Affäre um Lola Montez, zwang ihn, am 20. 3. 1848 zugunsten seines Sohnes Maximilian II. Joseph abzudanken.

7) L. II., König (1864–86), *Nymphenburg (heute München) 25. 8. 1845, †(ertrunken) im Starnberger See 13. 6. 1886, Enkel von 6); nahm 1866 auf österr. Seite am Dt. Krieg teil, vollzog aber 1870/71 den Eintritt Bayerns in das Dt. Reich und ergriff nach außen die Initiative zur Kaiserproklamation (18. 1. 1871). Die von Bismarck zugesagte finanzielle Unterstützung erlaubte die Fortsetzung kostspieliger Schlossbauten (Herrenchiemsee, Neuschwanstein, Linderhof); Mäzen R. Wagners; verfiel 1886 in geistige Umnachtung (am 10. 6. 1886 übernahm sein Onkel Luitpold die Regentschaft), wurde nach Schloss Berg am Starnberger See gebracht und fand mit seinem Psychiater J. B. A. von Gudden den Tod im See.

Ludwig II., König von Bayern

Bayern-Landshut: **8) L. IX., der Reiche,** Herzog von Bayern-Landshut (1450–79), *Burghausen 21. 2. 1417, † Landshut 18. 1. 1479; besiegte Albrecht III. Achilles von Brandenburg 1462 bei Giengen, gründete 1472 die Univ. Ingolstadt.

Brandenburg: **9) L. der Ältere,** Markgraf (1323–51), als Herzog von Bayern **L. V.** (1347–61), *1315, † Zorneding (bei München) 18. 9. 1361, Sohn von 3); ∞1341 Margarete Maultasch, 1323 zum Markgrafen von Brandenburg gewählt; überließ 1351 die Kurmark seinen Brüdern, die sie 1373 an Kaiser Karl IV. verkauften.

Frankreich: **10) L. VI., der Dicke,** König (1108–37), *1081, † Paris 1. 8. 1137, Vater von 11); verband sich, beraten von Abt Suger von Saint-Denis, mit der Kirche, unterwarf die Barone der Krondomäne, begünstigte die nordfrz. Städte, womit er den Aufstieg des frz. Königtums einleitete.

11) L. VII., König (1137–80), *1120, † Paris 18. 9. 1180, Sohn von 10); nahm am 2. Kreuzzug 1147–49 teil. Durch seine Trennung von Eleonore von Aquitanien verlor er deren reiche west- und südwestfrz. Erbschaft an ihren 2. Mann, Heinrich II. von England, was zur Ursache des jahrhundertelangen frz.-engl. Konflikts wurde (↗Hundertjähriger Krieg).

12) L. VIII., König (1223–26), *Paris 5. 9. 1187, † Montpensier (Dép. Puy-de-Dôme) 8. 11. 1226, Sohn Philipps II. August, Vater von 13); führte den entscheidenden Schlag gegen die Albigenser, wodurch er die Herrschaft der frz. Könige im Süden begründete.

13) L. IX., der Heilige (frz. Saint Louis), König (1226–70), *Poissy (Dép. Yvelines) 25. 4. 1214, † vor Tunis 25. 8. 1270, Sohn von 12); förderte Rechtswesen (u. a. durch Verbot von Gottesurteil und Fehde, Einsetzung des Parlaments von Paris als oberstes Gericht) und Zentralverwaltung; nahm am 6. und 7. Kreuzzug teil (1248–54, 1270), geriet 1250/51 in ägypt. Gefangenschaft. 1297 heilig gesprochen; Tag: 25. 8.

14) L. XI., König (1461–83), *Bourges 3. 7. 1423, † Schloss Plessis-les-Tours (bei Tours) 30. 8. 1483, Sohn Karls VII.; forderte durch seine strikte persönl. Herrschaft den Widerstand der Lehnsfürsten heraus; Hauptgegner war Karl der Kühne von Burgund, von dessen Erbe er sich im Frieden von Arras (1482) gegen Maximilian I. das Artois und die Franche-Comté sicherte. 1480 vereinte er Anjou und Maine, 1481 die Provence mit der Krone.

15) L. XII., König (1498–1515), *Blois 27. 6. 1462, † Paris 1. 1. 1515. Seine Politik war ganz auf Italien gerichtet; er eroberte 1499 Mailand, dann Neapel, das er aber 1505 wieder verlor, und die »Heilige Liga«, die Papst Julius II. mit Aragonien und Venedig gegen ihn schloss, nahm ihm im Krieg von 1512/13 auch Mailand. Frankreich erlebte während seiner Reg. eine Zeit der inneren Ruhe.

16) L. XIII., König (1610–43), *Fontainebleau 27. 9. 1601, † Saint-Germain-en-Laye 14. 5. 1643, Sohn Heinrichs IV., Vater von 17); stand bis 1614 unter der Vormundschaft seiner Mutter Maria von Medici. Seine Reg. wurde bestimmt von ↗Richelieu, den er 1624 zum leitenden Min. ernannte. Damit setzte sich der Absolutismus in Frankreich durch.

17) L. XIV., König (der »Sonnenkönig«, 1643–1715), *Saint-Germain-en-Laye 5. 9. 1638, † Versailles 1. 9. 1715, Sohn von 16), Urgroßvater von 18); stand bis 1661 unter Vormundschaft seiner Mutter Anna von Österreich, übernahm erst nach dem Tod von Kardinal Mazarin (1661) selbst die Leitung des Staates und vollendete den Absolutismus gemäß dem Leitspruch »L'État c'est moi« (Der Staat bin ich). Er konzentrierte die Verw., entmachtete die Parlamente und zog den Adel an den Hof, um ihn zu kontrollieren. Der ↗Merkantilismus seines Min. Colbert steigerte zunächst die Staatseinkünfte, die L. seine Eroberungskriege (Devolutionskrieg 1667/68, Holländ. Krieg 1672–79, Pfälz. Erbfolgekrieg 1688–97, Span. Erbfolgekrieg 1701–14) und die beispiellos aufwendige Hofhaltung ermöglichten. Die kath. Kirche bezog er in seine Machtpolitik ein (↗Gallikanismus,

Ludwig XIV., König von Frankreich (Reiterbildnis von Pierre Mignard; Versailles, Musée National)

die prot. Opposition schaltete er durch die Aufhebung des Edikts von Nantes (↗ Hugenotten) aus. Unter seiner Reg. erreichte Frankreich zwar die polit. und kulturelle Vorherrschaft in Europa, doch endete sie mit dem Staatsbankrott, der auch von seinen Nachfolgern nicht bewältigt wurde und eine der Ursachen der Frz. Revolution war. L. war verheiratet mit Maria Theresia, Tochter König Philipps IV. von Spanien. Nach ihrem Tod 1683 ging er eine geheime Ehe mit Madame de ↗ Maintenon ein.

18) L. XV., König (1715–74), *Versailles 15. 2. 1710, †ebd. 10. 5. 1774, Urenkel von 17), Großvater von 19); stand bis 1723 unter der Regentschaft des Herzogs Philipp von Orléans und überließ 1726–43 Kardinal Fleury die Reg., die zwar noch auf den Prinzipien des Absolutismus beruhte, aber durch Günstlings- und Mätressenwirtschaft (Marquise de Pompadour, Gräfin Dubarry) gekennzeichnet war. Die Verluste der Kolonien im ↗ Siebenjährigen Krieg beschleunigten den Machtverfall des Staates. Das geistige Leben in der Epoche L. war bestimmt von der ↗ Aufklärung.

19) L. XVI., König (1774–92), *Versailles 23. 8. 1754, †(hingerichtet) Paris 21. 1. 1793, Enkel von 18), Vater von 20), Bruder von 21); ∞ mit der österr. Kaisertochter Marie Antoinette. Seine Reg. wurde mit Hoffnung begrüßt, da er ehrl. Reformwillen zeigte. Die Finanzkrise der Monarchie konnte er jedoch mit den Mitteln der absolutist. Staatsführung nicht lösen. Die Berufung der Generalstände gab den Anstoß zu den Ereignissen, die die Frz. Revolution (↗ Frankreich, Geschichte) auslösten.

20) L. (XVII.), *Versailles 27. 3. 1785, †Paris 8. 6. 1795, Sohn von 19); wurde durch den Tod seines älteren Bruders 1789 Thronfolger (Dauphin). Die Revolutionäre übergaben ihn 1793 einem Schuster, dessen Behandlung den frühen Tod des Prinzen herbeiführte.

21) L. XVIII., König (1814/15–24), *Versailles 17. 11. 1755, †Paris 16. 9. 1824 als Prinz Graf von Provence, Enkel von 18), Bruder von 19); er floh 1791 ins Ausland, war das Haupt der Emigranten in Koblenz, nahm 1795 den Königstitel an, wurde von Napoleon I. verfolgt, lebte seit 1807 in England. Nach der Abdankung Napoleons I. gelangte er 1814 auf den Thron und erließ eine halbliberale Verf.; seit 1820 überließ er jedoch den entscheidenden Einfluss seinem Bruder, dem späteren Karl X., und der reaktionären royalist. Rechten.

22) L. Philipp (frz. Louis Philippe), König (der »Bürgerkönig«, 1830–48), aus dem Hause Orléans, *Paris 6. 10. 1773, †Claremont (bei Windsor) 26. 8. 1850; schloss sich der Revolution von 1789 an, ging aber 1793 zu den Österreichern über, lebte bis 1817 im Exil. Als die Revolution von 1830 Karl X. zur Abdankung zwang, bestieg er den Thron. 1848 wurde er gestürzt und floh nach Großbritannien.

Hessen-Darmstadt: **23)** L. X., Landgraf (1790 bis 1806), als Großherzog (1806–30) **L. I.**, *Prenzlau 14. 6. 1753, †Darmstadt 6. 4. 1830; 1803 für linksrhein. Verluste entschädigt; 1806–13 Mitgl. des Rheinbundes; trat 1815 Westfalen an Preußen ab und erhielt dafür Rheinhessen; gab 1820 seinem Land eine Verf. und schloss 1828 den Zollvertrag mit Preußen ab.

Holland: **24)** L., urspr. Louis Bonaparte, König (1806–10), *Ajaccio 2. 9. 1778, †Livorno 25. 7. 1846; Bruder Napoleons I., Vater Napoleons III., wurde 1802 mit Napoleons Stieftochter Hortense de Beauharnais verheiratet. Nach schweren polit. Zerwürfnissen mit seinem Bruder dankte er ab.

Ostfränk. Reich: **25)** L. (II.), der Deutsche, König (843–76), *um 805, †Frankfurt am Main 28. 8. 876, 3. Sohn von 1); erhielt 817 als Unterkönigtum Bayern; beteiligte sich an der Absetzung seines Vaters; verbündete sich 841/842 mit Karl dem Kahlen gegen Lothar I.; bahnte mit den Verträgen von Verdun (843) und Meerssen (870) die eigenständige Entwicklung des Ostfränk. Reiches an.

26) L. (IV.), das Kind, König (900–11), *Öttingen (heute Altötting) 893, †24. 9. 911; Sohn Kaiser Arnulfs von Kärnten, nach dessen Tod als letzter ostfränk. Karolinger zum König gewählt; seine Unmündigkeit begünstigte die Entstehung neuer Stammesherzogtümer.

Thüringen: **27)** L. IV., der Heilige, Landgraf (1217–27), Pfalzgraf von Sachsen, *28. 10. 1200, †Otranto 11. 9. 1227; Ludowinger; seit 1221 ∞ mit der (späteren) hl. Elisabeth, Freund Kaiser Friedrichs II.; starb beim Antritt des 5. Kreuzzuges.

Ungarn: **28)** L. I., der Große (ungar. Nagy Lajos), König (1342–82), aus dem Hause Anjou-Neapel, *Visegrád 5. 3. 1326, †Tyrnau (heute Trnava) 11. 9. 1382; festigte die ungar. Oberhoheit über die nördl. Balkanländer und Dalmatien; erhielt 1370 nach dem Tod seines Onkels Kasimir III. auch die poln. Königskrone. Seine Töchter Maria (Ungarn) und ↗ Hedwig (Jadwiga) bewahrten sein Erbe.

Ludwig, 1) Christa, österr. Sängerin (Mezzosopran), *Berlin 16. 3. 1928; wurde v. a. als Mozart- und Strauss-Interpretin bekannt; auch bed. Konzert- und Liedsängerin.

2) Emil, urspr. E. Cohn, schweizer. Schriftsteller dt. Herkunft, *Breslau 25. 1. 1881, †Moscia (heute zu Ascona) 17. 9. 1948; verband in seinen (nicht immer der histor. Wahrheit verpflichteten) Biografien (u. a. »Goethe«, 3 Bde., 1920; »Roosevelt«, 1938; »Stalin«, 1945) dramat. Spannung mit psycholog. Analyse.

3) Otto, Dichter, *Eisfeld (Landkreis Hildburghausen) 12. 2. 1813, †Dresden 25. 2. 1865. Von Bedeutung sind seine realist. Erzählungen (»Zwischen Himmel und Erde«, 1856) mit ihrer meisterhaften

Ludwig XV., König von Frankreich (Ausschnitt aus einem Ölgemälde von Jean-Baptiste Van Loo; Versailles, Musée National)

Ludwig XVI., König von Frankreich (Ausschnitt aus einem Gemälde von Antoine François Callet; Paris, Musée Carnavalet)

Christa Ludwig

psycholog. Gestaltung, »Heiterethei und ihr Widerspiel« (1857) wirkte auf die Heimatkunst. L. prägte den Begriff des poet. Realismus. Er bemühte sich auch theoretisch um die Erfassung der dramat. Form; seine Position ist von der Bewunderung Shakespeares und Polemiken gegen Schiller und C. F. Hebbel bestimmt.

4) Peter, Industrieller und Kunstsammler, * Koblenz 9. 7. 1925, † Aachen 22. 7. 1996; mit seiner Frau Irene, geb. Monheim, bed. Sammlertätigkeit bes. von antiker, mittelalterl. und präkolumb., v. a. aber von Gegenwartskunst. Seine an das Wallraf-Richartz-Museum in Köln überführte Kollektion von 284 Kunstwerken des 20. Jh. (u. a. wichtige Werke der amerikan. Pop-Art) wurde 1986 zus. mit den Beständen des Museums in einem Neubau **(Museum Ludwig)** untergebracht, der aufgrund einer 1994 erfolgten weiteren Schenkung (v. a. Werke Picassos und der klass. Moderne) und einem 1996–2000 erfolgten Neubau für das Wallraf-Richartz-Museum nur noch das Museum Ludwig beherbergt. Einen anderen Schwerpunkt seiner Sammlung, 144 illuminierte Handschriften des 7.–16. Jh., verkaufte L. 1983 an das J. Paul Getty Museum in Malibu (Calif.). Weitere Leihgaben und Stiftungskomplexe u. a. in Wien, Aachen, Koblenz, Budapest, Basel, Paris, Berlin, Moskau.

5) Rolf, Schauspieler, * Stockholm 28. 7. 1925, † Berlin 28. 3. 1999; war seit 1950 in Berlin u. a. am Metropoltheater, an der Volksbühne und am Dt. Theater tätig; entwickelte sich vom jugendl. Komiker zum vielseitigen Charakterdarsteller (»Der Drache«), war auch bei Film und Fernsehen tätig.

6) Volker, eigtl. Eckart Hachfeld, Intendant und Dramatiker, * Ludwigshafen 13. 6. 1937; internat. bekannter Autor des Kinder- und Jugendtheaters, sein größter Erfolg wurde die Revue »Linie 1« (1986; auch verfilmt); leitet seit 1966 das »Grips-Theater« (bis 1971 unter dem Namen »Theater für Kinder im Reichskabinett«); textet auch für Kabarett und Funk.

Ludwigshafen am Rhein: Rathaus mit Rathaus-Center (1979 fertig gestellt)

Ludwigsburg 2) Stadtwappen

Ludwigsburg, 1) Landkreis im RegBez. Stuttgart, Bad.-Württ., 687 km², 497 800 Einwohner.

2) Kreisstadt von 1), Große Kreisstadt, am Neckar, 86 500 Ew.; PH, Fachhochschulen für Finanzen und öffentl. Verwaltung, Sportakademie. Zentrale Stelle für Landesjustizverwaltungen zur Aufklärung nat.-soz. Verbrechen; Schlossmuseum, -theater; Metall verarbeitende Ind., Maschinenbau, Textil-, elektrotechn. u. a. Ind., Porzellanmanufaktur; Heilbad Hoheneck. – Das Schloss (1704–33) ist nach Mannheim die zweitgrößte dt. Barockanlage; in den Schlossgärten finden die »Ludwigsburger Schlossfestspiele« und die Gartenschau »Blühendes Barock« statt; Schloss Favorite (1715–23), Schloss Monrepos (1760–64). – Nach 1709 planmäßig angelegt; 1718 Stadtrecht.

Ludwigsburger Porzellan, das Porzellan der 1758 vom württemberg. Herzog Karl Eugen gegründeten Manufaktur in Ludwigsburg, die bis 1824 bestand und außer vorzüglich bemaltem Geschirr gerahafte Kleinplastik herstellte. Der bekannteste Modelleur war J. C. W. Beyer, der zahlr. Modelle für Porzellanplastik lieferte. 1948 wurde die Tradition durch die Porzellan-Manufaktur Ludwigsburg wieder aufgenommen.

Ludwigsfelde, Stadt im Landkreis Teltow-Fläming, Brandenburg, 23 700 Ew.; Stadtmuseum; LKW-Bau. – Um 1750 entstanden, seit 1965 Stadt.

Ludwigshafen, Landkreis in Rheinl.-Pf., 305 km², 147 400 Einwohner.

Ludwigshafen am Rhein, kreisfreie Stadt und Verw.sitz von ∕ Ludwigshafen, am linken Rheinufer gegenüber von Mannheim, 162 500 Ew.; größter linksrhein. Binnenhafen; Fachhochschulen; Kulturzentrum mit Theater und Konzerthaus; Landeszentrale

Ludwigsburg 2): Das Schloss, ein um einen Rechteckhof gruppierter Gebäudekomplex, wurde 1704–33 nach Versailler Vorbild mit weitläufiger Parkanlage erbaut.

für private Rundfunkveranstalter; Wilhelm-Hack-Museum (1978, Kachelmosaik der Südwand von J. Miró); bed. chem. Industrie (Sitz der BASF AG), Maschinenbau. – Bed. Bauten, u. a. Friedenskirche (1932), F.-Ebert-Halle (1962–65), BASF-Hochhaus (1955–57), Rathaus-Center (1979). Im Stadtteil Oggersheim die frühklassizist. Wallfahrtskirche Maria Himmelfahrt (Loretokapelle 1729–33). – Entstand nach 1606; Aufschwung im 19. Jh. als bayer. Konkurrenzgründung zum bad. Mannheim, erhielt 1843 nach König Ludwig I. von Bayern seinen Namen, seit 1859 Stadt. Nach 1945 Wiederaufbau der im Zweiten Weltkrieg stark zerstörten Stadt.

Ludwigskanal, Vorläufer des Main-Donau-Kanals, 1836–45 unter König Ludwig I. von Bayern erbaut, in Betrieb von 1847 bis 1945. (/ Rhein-Main-Donau-Großschifffahrtsweg)

Ludwigslied, ahd. (rheinfränk.) episches Preislied auf den Sieg des jungen westfränk. Königs Ludwig III. über die Normannen bei Saucourt (881). Das L. wurde anonym und zusammen mit der altfrz. »Eulaliasequenz« in einer flandr. Handschrift des 9. Jh. überliefert.

Ludwigslust, 1) Landkreis in Meckl.-Vorp., 2517 km^2, 131 300 Einwohner.
2) Krst. von 1), am Ludwigsluster Kanal, 12 600 Ew.; Fleisch- und Wurstwarenproduktion, Metallverarbeitung; Eisenbahnknotenpunkt. – Entstand durch Ausbau eines herzogl. Jagdhauses (1724) zur Residenz von Mecklenburg-Schwerin (spätbarockes Schloss, 1772–76; Barockpark, im 19. Jh. zum Landschaftspark erweitert); seit 1764 planmäßige Anlage der Stadt.

Lueger, Karl, österr. Politiker, *Wien 24. 10. 1844, †ebd. 10. 3. 1910; Führer der / Christlichsozialen Partei; wurde 1897 Bürgermeister von Wien, machte sich um den Ausbau Wiens zur modernen Großstadt verdient. In der Reichspolitik wandte sich L. gegen die dualist. Verf. Österreich-Ungarns.

Lues [lat. »Seuche«] die, / Syphilis.

Luffaschwamm, / Schwammkürbis.

Lufft, Hans, Buchdrucker, *Amberg (?) 1495, †Wittenberg 1.(2.?) 9. 1584; druckte u. a. 1534 die erste Ausgabe der Bibel in der Übersetzung Luthers und war 1539–59 am Druck der ersten Wittenberger Gesamtausgabe der Werke Luthers beteiligt; Illustrationen u. a. von L. Cranach d. Ä.

Luft, das die Erdatmosphäre bildende Gasgemisch aus rd. 78 Vol.-% Stickstoff, 21 Vol.-% Sauerstoff, 0,9 Vol.-% Argon und Spuren von weiteren Edelgasen, 0,03 Vol.-% Kohlendioxid, wechselnden Mengen Wasserdampf, Staub, Stickstoff- und Schwefelverbindungen, Abgasen und Schwebstoffen, ferner pflanzl. und tier. Mikroorganismen. Unterhalb von −192°C verflüssigt sich die L. bei Atmosphärendruck (/ Luftverflüssigung).

Luft, Friedrich John, Theater- und Filmkritiker, *Berlin 24. 8. 1911, †ebd. 24. 12. 1990; wurde bekannt als »Stimme der Kritik« im Sender RIAS Berlin; seit 1955 Chefkritiker der »Welt« in Berlin; schrieb amüsant-zeitkrit. Essays, Biografien, theaterkrit. Werke, Filmdrehbücher.

Luft|aufklärung, von Luft- oder Raumfahrzeugen aus betriebene militär. Aufklärung zur Gewinnung von Erkenntnissen über die Fähigkeiten, Absichten, Vorkehrungen und Handlungen eines mögl. oder wirkl. Gegners.

Luftbefeuchter, *Klimatechnik:* Gerät zur Befeuchtung der Raumluft durch Einspritzen von fein vernebeltem Wasser oder Wasserdampf oder durch Wasserverdunstung an großen Oberflächen (Ver-

dunstungsbefeuchter). Die Wasserzerstäubung erfolgt in Düsenkammern, die wegen der damit verbundenen Reinigung auch **Luftwäscher** genannt werden.

Luftbetankung (Flugbetankung), die Betankung eines Flugzeugs während des Fluges durch ein spezielles Tankflugzeug; dient heute v. a. militär. Flugzeugen zur Reichweitenvergrößerung oder als Nachbetankung nach einem Start unter erschwerten Bedingungen.

Ludwigslust 2): spätbarockes Schloss (1772–76)

Luftbild, urspr. ein von einem Luftfahrzeug aufgenommenes fotograf. Bild eines Teiles der Erdoberfläche, heute allgemeiner eine bildl. Darstellung der Erdoberfläche, die mit Aufnahme- und Auswertegeräten der Luft- und Raumfahrt gewonnen werden kann. Findet die primäre Bildaufzeichnung in einem Satelliten statt, so spricht man von einem **Satellitenbild,** das einen viel kleineren Bildmaßstab als das L. besitzt. Kartograph. Darstellungen lassen sich aus Einzelbildern, Bildpaaren oder Bildreihen ableiten, die mit Messkammern senkrecht aufgenommen sind und einige bekannte Punkte enthalten. Solche Bilder können zeichnerisch, optisch, mechanisch oder rechnerisch ausgewertet werden (/ Photogrammetrie). – Das L. dient auch der militär. Luftaufklärung und der archäolog. Forschung (/ Luftbildarchäologie). – L. sind zu einer wichtigen Informationsquelle in der allg. Erdfernerkundung geworden und haben in den Bereichen Raumordnung, Landesplanung, Vegetationskunde, Ökologie, Umweltüberwachung, geolog. Forschung, Rohstoffexploration, Ozeanographie und Klimatologie Bedeutung.

Luftbildarchäologie, Verfahren, bei dem die Luftbildfotografie zur Erforschung archäolog. Tatbestände genutzt wird. Untergrundstrukturen können sich u. a. als Bodenverfärbung, Feuchtigkeitsunterschiede, Frost- und Schattenmerkmale zeigen; z. B. zeichnen sich überwachsene Mauerreste durch schwächeren Bewuchs (bei gleichartigen Bewuchsdecken) auf den Aufnahmen deutlich ab. Die einzelnen Merkmale, die meist nur kurzzeitig auftreten, werden von Flugzeugen oder Satelliten aus fotografisch aufgenommen. Die Infrarotfotografie hat die Methodik der L. erheblich verfeinert.

Luftbildgeologie, die / Fotogeologie.

Luftbrücke (engl. airlift), die regelmäßige Luftversorgung von auf anderem Wege nicht erreichbaren Gebieten durch einen Pendelverkehr mit Luftfahrzeu-

Friedrich Luft

gen; angewandt u. a. 1948/49 anlässlich der ↗ Berliner Blockade (Gesamtbilanz: in 277 000 Flügen 2,2 Mio. t Hilfsgüter bis 6. 10. 1949) sowie 1993 zur Versorgung der Bev. in Bosnien und Herzegowina.

Luftdruck, der von der Atmosphäre infolge der Schwerkraft ausgeübte ↗ Druck. Er wird mit ↗ Barometern gemessen und meist in Hektopascal (hPa) angegeben (1 hPa = 100 Pa). Der L. beträgt auf Meereshöhe im Mittel bei 15 °C Durchschnittstemperatur 1 013,25 hPa und nimmt mit der Höhe je 5,54 km um die Hälfte ab; er weist tägl. und jährl. Schwankungen auf. Ein Gebiet geringen L. heißt barometr. **Tief,** ein Gebiet hohen L. barometr. **Hoch.** Die L.-Abnahme mit der Höhe wird zur barometr. Höhenmessung benutzt.

Luftdruckwaffen, Schusswaffen (Luftgewehre und -pistolen) mit komprimierter Luft oder komprimiertem Kohlendioxid als Treibladung. Die Geschosse erhalten ihre Anfangsgeschwindigkeit durch den Druck der beim Abdrücken sich plötzlich entspannenden Gase. Im Schießsport beträgt das Höchstgewicht für **Luftgewehre** 5 kg bzw. für **Luftpistolen** 1,5 kg, das Kaliber 4,5 mm und die Wettkampfdistanz 10 m. Olymp. Disziplinen sind der Stehendwettkampf mit dem Luftgewehr, das Schießen auf eine laufende punktierte Scheibe sowie das Luftpistolenschießen (alle Disziplinen für Frauen und Männer).

Luft|elektrizität, alle natürl. elektrischen Erscheinungen in der Erdatmosphäre. Unter dem Einfluss von radioaktiver, kosm. und von der Sonne ausgehenden UV-Strahlung entstehen Ladungsträger, die ein elektr. Feld aufbauen. Die Erde hat eine negative Ladung, das Feld schwankt tages- und jahreszeitlich sowie wetterabhängig. Die Potenzialdifferenz zw. Erdoberfläche und leitenden Schichten der unteren Ionosphäre führt zu Büschelentladungen. Die globale Gewittertätigkeit bewirkt vermutlich die ständige negative Aufladung der Erde.

Luft|embolie, ↗ Embolie.

Lüfter, der ↗ Ventilator.

Luftfahrerschein, behördl. Erlaubnisschein zur Führung eines Luftfahrzeugs. Er kann nach der in der VO über Luftfahrtpersonal i. d. F. v. 13. 2. 1984 festgelegten Prüfordnung und nach einer vorgeschriebenen Pilotenausbildung erworben werden. (↗ Pilot)

Luftfahrt, die Benutzung des Luftraums durch Luftfahrzeuge und alle damit zusammenhängenden Tätigkeiten, Einrichtungen und Techniken. Hauptbereiche sind die **Zivil-L.** und **Militär-L.;** Teilbereiche der Zivil-L. sind die **Verkehrs-L.** (↗ Luftverkehr) und die **allgemeine L.** (gewerbl. und nicht gewerbl. Anwendungen außerhalb des planmäßigen Luftverkehrs).

Geschichte: 1783 erster Aufstieg eines Heißluftballons der Brüder Montgolfier, 1890–96 Gleitflüge O. Lilienthals, 1900 Erstflug eines Zeppelin-Luftschiffs, seit 1903 Motorflüge der Brüder Wright, 1919 und 1928 erste Atlantiküberquerungen durch J. W. Alcock und A. Whitten-Brown (W-O) sowie durch H. Köhl, E. G. von Hünefeld, J. Fitzmaurice (O-W), 1939 erstes Strahl- und Raketenflugzeug von E. Heinkel, 1949 Erreichen der Schallgeschwindigkeit durch C. Yeager, 1952 Beginn des Luftverkehrs mit Strahlflugzeugen, 1970 Einführung der Großraumflugzeuge, 1976 Eröffnung des Überschall-Luftverkehrs, 1997 Jungfernflug des Zeppelin-Luftschiffs LZ N 07, 1999 erste Erdumrundung in einem Heliumballon durch B. Piccard und B. Jones.

Luftfahrt-Bundes|amt, ↗ Luftrecht.

Luftfahrtmedizin, die ↗ Flugmedizin.

Luftfahrtpersonal, i. e. S. alle Personen, die für ihre Tätigkeit innerhalb des Luftverkehrs eine besondere Erlaubnis brauchen, z. B. alle Flugzeugführer (↗ Luftfahrerschein). I. w. S. Personen, die bei Luftverkehrsgesellschaften, Luftfahrtind., Flughafengesellschaften und Behörden (z. B. Luftfahrt-Bundesamt) beschäftigt sind.

Luftfahrtrecht, ↗ Luftrecht.

Luftfahrtversicherung, Sammelbegriff für Versicherungen, die Gefahren decken, welche im Zusammenhang mit dem Betrieb, der Benutzung, dem Bau und der Wiederherstellung von Luftfahrzeugen auftreten. Man unterscheidet die **Luftfahrtkaskoversicherung** und die **Luftfahrthaftpflichtversicherung,** die sich in die Halter- und die Passagierhaftpflichtversicherung, die Haftpflichtversicherung für Flughäfen, die Reiseveranstalterhaftpflichtversicherung und die Luftfahrtunfallversicherung gliedert. Die meisten Luftversicherer haben sich zu Versicherungspools zusammengeschlossen (↗ Luftpool).

Luftfahrzeug, Bez. für alle Fluggeräte, die sich in der Atmosphäre halten und bewegen können. **L. leichter als Luft** (Ballone, Luftschiffe) werden durch aerostat. Auftrieb (Dichteunterschied) getragen, **L. schwerer als Luft** (Flugzeuge, Drachen, unbemannte Flugkörper, Fallschirme) durch aerodynam. Auftriebserzeugung.

Luftfahrzeugrolle, ↗ Luftrecht.

Luftfeuchtigkeit (Luftfeuchte), der Wasserdampfgehalt der Luft; er ist temperaturabhängig und schwankt zeitlich und räumlich zw. 0 und 4 Volumenprozent; wird angegeben als **absolute L.** (Gramm Wasserdampf je Kubikmeter Luft), als **spezif. L.** (Gramm Wasserdampf je Kilogramm Luft) sowie als **relative L.** (Verhältnis von absoluter zu der für die herrschende Temperatur bei Sättigung möglichen maximalen L., in Prozent).

Luftfilter, Filter zur Abscheidung von Staub u. a. Verunreinigungen aus der Luft. Man unterscheidet ↗ Gewebefilter, für deren Wirkung neben dem Aufbau des Filtermediums v. a. Faserart und -feinheit bestimmend sind, und ↗ Elektrofilter. In der *Lüftungs-* und *Klimatechnik* werden u. a. **Trockenfilter** verwendet, die aus einzelnen Platten (Zellen) aus Glas- oder Kunststoffgespinst in Metallrahmen bestehen. **Ölbenetzte Metallfilter** sind aus einzelnen mit Spezialöl benetzten Zellen oder Platten, die eine Füllung mit möglichst großer Oberfläche besitzen, zusammengesetzt. Hochwertige **Schwebstofffilter** werden zur Abscheidung radioaktiver Schwebstoffe, von Bakterien und Viren verwendet. **Aktivkohlefilter** ermöglichen die Absorption von Gasen, Geruchsstoffen und Dämpfen. – Bei *Verbrennungsmotoren* halten L. in der Ansaugluft enthaltenen Staub vom Motor fern und verringern dadurch den Verschleiß, außerdem dämpfen sie die Ansauggeräusche. Bei kleinen Motoren (Pkw) sind sie meist als **Papier-L.** ausgeführt. Bei großen Motoren ist dem Papier-L. oft ein ↗ Zyklon vorgeschaltet, der die Dauer des Papiereinsatzes verlängert.

Luftgewehr, ↗ Luftdruckwaffen.

Lufthoheit, das Recht jedes souveränen Staates, die Benutzung des Luftraums über seinem Staatsgebiet bindend zu regeln. Nach oben (nach herrschender Meinung bei 80–100 km ü. M.) schließt sich an den Luftraum der keiner Gebietshoheit unterliegende Weltraum an.

Luftkissenfahrzeug, Fahrzeug, das in geringem Abstand über einer Boden- oder Wasserfläche durch ein Luftkissen (Gebiet erhöhten Drucks) in der Schwebe gehalten wird. Mittels motorisch angetriebner Hubgebläse wird Luft durch einen schmalen Ringspalt zw. Fahrzeugunterseite und Bodenfläche ausgeblasen, wodurch das Luftkissen sowohl erzeugt als auch gegen den Außendruck abgedichtet wird. Der für die Fortbewegung des L. benötigte Vortrieb wird überwiegend durch zusätzl. Luftschrauben erzeugt; die Steuerung erfolgt durch angeblasene Ruder oder schwenkbare Luftschrauben. Vorteile der L. sind ihre amphib. Eigenschaften, die Verwendbarkeit über sonst für den Fahrzeugbetrieb ungeeigneten Bodenflächen (Sumpf, Eis, Marsch, Wattenmeer, Sand) und die gegenüber (Fähr-)Schiffen höhere Reisegeschwindigkeit. Seit den 1970er-Jahren wurden L. **(Hovercraft)** z.B. als Seefähren zw. Boulogne-sur-Mer bzw. Calais und Dover eingesetzt. Wegen veränderter Marktbedingungen wurden die beiden letzten Hovercraft-Fähren jedoch im Oktober 2000 durch Katamarane (»Seacats«) ersetzt.

Luftkorridor, von den Flugsicherungsbehörden festgelegter und kontrollierter Luftverkehrsweg zur Sicherung des Flugverkehrs.

Luftkrieg, militär. Einsatz der ↗ Luftwaffe. Der L. besteht aus Luftaufklärung, -angriff, -verteidigung und -transport. Der **strateg. L.** richtet sich gegen feindl. Flugplätze und Stellungen sowie die Teilstreitkräfte Heer und Marine sowie gegen die Wirtschaft und die Bevölkerung des Feindlandes. Der **takt. L.** richtet sich im Angriff und Verteidigung gegen die feindl. Luftwaffe in der Luft; eigene Land- und Seestreitkräfte werden durch unmittelbares Eingreifen in die Kämpfe unterstützt.

Geschichte: Im Ersten Weltkrieg wurden Luftschiffe und Flugzeuge zunächst für Aufklärungsflüge, dann auch im Luft- und Erdkampf eingesetzt. Im Zweiten Weltkrieg hatte der L. bereits kriegsentscheidende Wirkung: Durch die dt. Niederlage in der »Luftschlacht um England« war eine dt. Invasion in England unmöglich; die Bombenangriffe auf dt. Großstädte (z.B. Nürnberg) schädigten die dt. Industrie nachhaltig; die Vorstöße der Alliierten wurden planmäßig durch Luftangriffe vorbereitet. Ohne kriegsentscheidende Bedeutung blieben Terrorangriffe auf die Zivilbevölkerung (z.B. Dresden, Hiroshima, Vietnam).

Mit der Entwicklung elektron. Abwehrsysteme sowie weit reichender Raketen und Lenkflugkörper mit Fern- oder Eigenlenkung (z.B. ↗ Cruise-Missile) änderte sich die Rolle des L. grundlegend, so u.a. im 2. Golfkrieg 1991 (↗ Golfkrieg), bei den Luftangriffen der NATO 1999 im ↗ Kosovo oder bei der amerikan. Militäraktion ab Okt. 2001 in ↗ Afghanistan.

Luftkühlung, Kühlverfahren bei Verbrennungskraftmaschinen mit Luft als Kühlmittel zur Wärmeabfuhr aus den Zylindern und dem Zylinderkopf, die zur Oberflächenvergrößerung mit Kühlrippen ausgestattet sind.

Luftkur|ort der ↗ Klimakurort.

Luftlandetruppen, speziell ausgerüstete, ausgebildete und gegliederte Truppen, die ihren Einsatzort durch Fallschirmabsprung erreichen oder durch Flugzeuge oder Hubschrauber am Einsatzort gelandet werden.

Luftlini|e, die kürzeste Entfernung zw. zwei Punkten der Erdoberfläche.

Lüftlmalerei (Lüftelmalerei), Fassadenmalerei des bayer. und Tiroler Alpengebiets (v.a. Oberammergau, Mittenwald; Außerfern); Blütezeit der L. war das 18. Jahrhundert.

Luftmasse, großvolumige Luftmenge (horizontale Ausdehnung mindestens 500 km, vertikale Größe über 1 000 m), die längere Zeit über einem Gebiet verweilt und typ. Werte (Temperatur, Feuchte, Beimengungskonzentrationen) aufweist.

Luftmine, Flugzeugbombe mit geringer Splitter-, aber sehr großer Sprengwirkung.

Luftpiraterie, die widerrechtl. Inbesitznahme von zivilen Luftfahrzeugen **(Flugzeugentführung, Hijacking)** während des Fluges oder in unmittelbarem Zusammenhang mit diesem. L. erfolgt meist aus polit. Motiven; zu ihrer Bekämpfung wurden internat. Abkommen geschlossen, die u.a. dafür sorgen sollen, dass jeder Luftpirat, unabhängig vom Begehungsort, zur Verantwortung gezogen wird. Staaten, die den Luftpiraten Asyl gewähren, müssen diese aber wegen der L. verurteilen. In Dtl. wird L. (ebenso **Seepiraterie**) mit Freiheitsstrafe nicht unter fünf Jahren bestraft (§ 316 c StGB). Unter den Tatbestand fallen auch der Schusswaffengebrauch und das Vorhaben, eine Explosion oder einen Brand herbeizuführen, um ein Luftfahrzeug zu zerstören. Daneben kommen als Straftatbestände erpresser. Menschenraub und Geiselnahme in Betracht. – Das *österr.* StGB enthält in den §§ 102 (erpresser. Entführung) und 185 f. (L., Luftverkehrsgefährdung), das *schweizer.* StGB in Art. 183 (Entführung), Art. 185 (Geiselnahme) und Art. 237 (Störung öffentl. Verkehrs) ähnl. Tatbestände.

Luftpool [-puːl] (Deutscher Luftpool, Abk. DLP), die Rückversicherungsgemeinschaft der dt. Luftfahrtversicherungen für Luft- und Raumfahrtrisiken in Form einer Gesellschaft des bürgerl. Rechts, gegr. 1920, aufgelöst 1945; Neugründung 1950, Sitz: München.

Luftpost (engl. airmail, frz. poste aérienne), Postbeförderung auf dem Luftweg. L. wird mit einem entsprechenden Vermerk »Mit L.« (engl. »by airmail«, frz. »par avion«; im internat. Verkehr: »prioritaire«) versehen. Briefe, Postkarten und Postanweisungen werden zuschlagfrei mit Nachtpostflügen befördert (nur Inland und europ. Ausland). Zuschlagpflichtig sind Briefsendungen jeder Art, Päckchen, Pakete, Zeitungen.

Luftpumpe, 1) *Astronomie:* (lat. Antlia), unscheinbares Sternbild am Südhimmel.

2) *Technik:* 1) Verdichter zum Aufpumpen von Fahrzeugreifen, Bällen u.a., meist ein einfach wirkender Kolbenverdichter ohne Ventile, für Hand- oder Fußbetätigung; 2) eine ↗ Vakuumpumpe, bes. zur Entlüftung von Kondensatoren bei Dampfturbinen und -maschinen sowie von Saugleitungen für Flüssigkeitspumpen. Als »nasse L.« zur gemeinsamen Förderung von Luft, Kondensat und ggf. Einspritzwasser dienen Kolbenpumpen.

Luftrecht (Luftfahrtrecht), die Vorschriften des nat. und internat. Rechts über den Luftverkehr.

Verwaltungsrecht: Nach dem Luftverkehrs-Ges. i. d. F. v. 27. 3. 1999 dürfen dt. Luftfahrzeuge nur verkehren, wenn sie zum Luftverkehr zugelassen sind. Die Verkehrszulassung setzt eine Zulassung des Musters des Luftfahrzeugs (Musterzulassungsschein), den Nachweis der Verkehrssicherheit, die Versicherung des Fahrzeughalters und die Einhaltung bestimmter Geräuschgrenzwerte voraus. Das Zulassungsverfahren schließt mit der Erteilung des Lufttauglichkeitszeugnisses, des Lärmzeugnisses und in den vorgesehenen Fällen mit der Eintragung in die Luftfahrzeugrolle (Verzeichnis der Luftfahrzeuge) durch das Luftfahrt-Bundesamt. Weitere Vorschriften des Gesetzes betreffen die Erlaubnispflicht für Luftfahrer, die Anlegung und den Betrieb von Flugplätzen und die Tätigkeit als Luftfahrtunternehmen; es verankert die Haftung für Schäden im Luftverkehr innerhalb Dtl.s im Sinne einer verschuldensunabhängigen Gefährdungshaftung. Als Bundesbehörde für Aufgaben der Zivilluftfahrt besteht das Luftfahrt-Bundesamt. – Ähnl. Ges. gibt es in *Österreich* (Luftfahrt-Ges. 1957, mit späteren Änderungen) und in der *Schweiz* (Luftfahrt-Ges. vom 21. 12. 1948).

Völkerrecht: Der internat. Luftverkehr wird im Abkommen über die Internat. Zivilluftfahrt (Chicago 7. 12. 1944) geregelt. Oberste internat. Behörde ist danach die / ICAO. Das Abkommen legt u. a. Bedingungen fest, unter denen die Benutzung des Luftraums durch ausländ. Luftfahrzeuge ohne Einzelgenehmigung zulässig ist. Eine allg. Luftverkehrsfreiheit wird nicht gewährt. Für den Linienluftverkehr werden generelle Genehmigungen erteilt.

Zivilrecht: Der Luftbeförderungsvertrag ist i. d. R. Werkvertrag. Im Inlandsverkehr haftet für Unfallschäden an Personen oder Sachen, die nicht im Luftfahrzeug befördert werden, der Halter des Luftfahrzeugs aus Gefährdungshaftung (ohne sich entlasten zu können; §§ 33–43 Luftverkehrs-Ges.). Wird ein Fluggast an Bord des Luftfahrzeugs oder beim Ein- oder Aussteigen verletzt oder getötet oder wird Gepäck beschädigt, ist der Luftfrachtführer (der Partner aus dem Beförderungsvertrag) ebenfalls ohne Nachweis eines Verschuldens zum Schadensersatz verpflichtet (§§ 44–51 Luftverkehrs-Ges.). Im internat. Verkehr gilt für die Haftung aus Beförderungsvertrag noch das Warschauer Abkommen vom 12. 10. 1929 (mit mehreren Zusatzabkommen). Die Haftungshöchstsummen sind sehr differenziert nach nat. und internat. Verkehr und im Letzteren wiederum je nach Anwendbarkeit nur von Haftungsabkommen. Das Warschauer Abkommen wird durch das am 28. 5. 1999 in Montreal formulierte Übereinkommen abgelöst werden (liegt zur Zeichnung aus), das bei Personenschäden eine unbeschränkte Haftung vorsieht. Für Luftfahrtunternehmen mit Sitz in der EG ist die (die Haftung erweiternde) VO (EG) Nr. 2027/97 am 18. 10. 1998 in Kraft getreten.

Luftreinhaltung, Bereich des Umweltschutzes, der sich mit gesetzl. Maßnahmen und techn. Entwicklungen zur Verringerung der Schadstoffimmission befasst. Dazu enthält das / Bundesimmissionsschutzgesetz eine Reihe von Durchführungs-VO, z. B. über Feuerungsanlagen (/ Feuerung), sowie allgemeine Verwaltungsvorschriften, wie die / TA Luft. Die regelmäßige Überwachung der Luftverschmutzung durch physikalisch-chem. Messungen und Beobachtung von Bioindikatoren ermöglicht die Erstellung von / Immissionskatastern. Zu den techn. Maßnahmen der L. gehören neben den Verfahren zur Abtrennung von Stäuben aus Gasströmen (Entstaubung) sowie von gas- oder dampfförmigen Nebenbestandteilen aus techn. Gasen (Gasreinigung, Rauchgasentschwefelung) alle Methoden, bei denen Abgase durch direkte oder katalyt. Oxidation beseitigt werden (z. B. Abfackeln von Raffinerieabgasen, katalyt. Oxidation von Geruchsstoffen, Einsatz von Katalysatoren, ferner die Einschränkung des Lösungsmittelverbrauchs in Lacken sowie der Ersatz von Fluorchlorkohlenwasserstoffen (FCKW) durch andere Stoffe. Besondere Vorschriften gelten bei / Smog.

Luftröhre (Trachea), beim Menschen und den Luft atmenden Wirbeltieren das Verbindungsrohr zw. Kehlkopf und Lunge; beim Menschen etwa 12 cm lang. Die L. besteht aus nach hinten offenen, durch Bindegewebe untereinander verbundenen Knorpelspangen. Sie wird vom Flimmerepithel ausgekleidet und teilt sich vor Eintritt in die Lunge in zwei Hauptbronchien.

Luftröhrenschnitt, die / Tracheotomie.

Luftrolle, *Kunstturnen:* freier Überschlag rück- oder vorwärts um die Breitenachse, der Körper kann gebeugt, gebückt, gestreckt sein.

Luftsack, 1) *Kraftfahrzeugtechnik:* / Airbag.
2) *Technik:* in wassergefüllten Rohrleitungssystemen gebildeter Luftraum, in dem im Wasser gelöste Luft austritt.

Luftschiff, Luftfahrzeug, bei dem ein Traggas (Wasserstoff oder Helium), das leichter als Luft ist, den Auftrieb erzeugt. Die für die Vorwärtsfahrt erforderl. Vortriebskraft erzeugen / Luftschrauben. Sie werden von Flugmotoren angetrieben, die in am L.-Körper angebrachten Motorgondeln untergebracht sind. Zur Steuerung dienen aerodynamisch wirkende Ruder des am Heck befindl. Höhen- und Seitenleitwerks. Für Besatzung und Fluggäste ist unterhalb des L.-Vorderteils eine großräumige Gondel vorhanden. Man unterscheidet drei L.-Arten: **Unstarre L. (Prall-L.)** erhalten ihre Form durch den Überdruck des Traggases auf den aus gummierten Geweben bestehenden Tragkörper. Außer den Gondeln, Motoren und Steuerflächen sind keine festen Bauteile vorhanden. **Halbstarre L.** besitzen zusätzlich einen Kielträger, an dem Motoren- und Fahrgastgondeln angebracht sind. Die bekanntesten L. sind die **Starr-L.**; zur äußeren Formgebung haben sie ein starres Innengerüst aus Leichtmetall, das mit einem beschichteten Textilgewebe überzogen ist. Das Traggas ist in besonderen Gaszellen enthalten.

Geschichte: Das erste wirklich brauchbare L. (Starr-L.) stammt von F. Graf von Zeppelin, das am 2. 7. 1900 startete (»LZ 1«). 1908 wurde die »Luftschiffbau Zeppelin GmbH«, Friedrichshafen, gegr., 1910 ein planmäßiger Passagierluftverkehr eröffnet. 1910–11 baute J. Schütte mit Unterstützung des Großindustriellen K. Lanz das »SL 1«, 1913/14 das »SL 2«, das bereits alle wichtigen Merkmale aufwies, die von künftigen L. übernommen wurden. Die ersten brauchbaren unstarren L. stammen von Santos-Dumont, der am 19. 10. 1901 damit den Eiffelturm umrundete, und von A. von Parseval (1906). 1924 fand die erste Nonstop-Atlantiküberquerung von Ost nach West durch »LZ 126« statt. »LZ 127« (»Graf Zeppelin«) nahm 1929 nach einem Rundflug um die Erde den Liniendienst über Süd- und Nordatlantik auf, »LZ 129« (»Hindenburg«) folgte 1936. Dieses größte je im Einsatz befindl. L. fiel am 6. 5. 1937 bei Lakehurst (N. Y.) einer Brandkatastrophe zum Opfer. Daraufhin wurde der L.-Bau in Dtl. eingestellt, weil kein Helium als unbrennbares Traggas zu erhalten war. Auch die USA und Großbritannien gaben nach dem Verlust des engl. »R 101« durch Brand (1931) den L.-Bau auf. – Derzeit werden unstarre Klein-L. mit Helium als Traggas vereinzelt noch zu Reklamezwecken verwendet.

Neu entwickelt wurde ein Hightech-Zeppelin ZNT (Zeppelin neuer Technologie) von der Zeppelin Luftschifftechnik GmbH (ZLT) in Friedrichshafen. Der ZNT zählt zu den Starr-L., er nutzt jedoch auch Prinzipien der Prall-L. Als Füllgas dient Helium. Wenn der ZNT für die Wiss. arbeitet, ist die Gondel das Forschungslabor, als Verkehrsmittel haben in der Gondel 12 Passagiere Platz. Am 18. 9. 1997 hatte der Prototyp (»LZ N07«) seinen Erstflug, im April 2001 erhielt er seine Musterzulassung. Die Cargolifter AG entwickelte seit 1994 ein L. (260 m Länge, 65 m Höhe) für den Transport großer und schwerer Güter bis zu 160 t. Die Werfthalle steht etwa 60 km südlich von Berlin in Brand, dort existiert seit Juni 2000 auch ein Besucherzentrum. Der Betrieb der seit 1. 8. 2002 insolvent gemeldeten Cargolifter AG wurde nunmehr stillgelegt. Weil ein tragfähiges Konzept und ein privater Investor fehlten, wurde eine Bundesbürgschaft abgelehnt.

Luftschraube (Propeller), Bauteil eines Luftfahrzeugantriebs, das die Wellenleistung eines Kolben- oder Turbotriebwerks zur Erzeugung einer Vortriebskraft nutzt. Eine L. besteht meist aus zwei bis

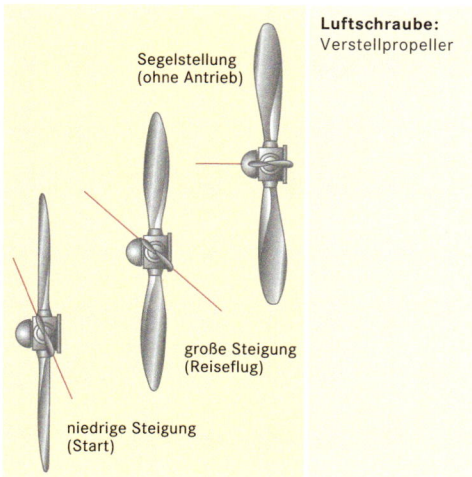

Luftschraube: Verstellpropeller

Segelstellung (ohne Antrieb)

große Steigung (Reiseflug)

niedrige Steigung (Start)

sechs tragflügelartigen Flächen (Blättern), die in einer zur Flugrichtung etwa senkrechten Ebene umlaufen und den Luftstrom beschleunigen. Die daraus resultierende Impulskraft dient zur Überwindung der Widerstandskraft des Luftfahrzeugs. I. d. R. arbeitet die L. in einem unbegrenzten Luftstrom (**offene** oder **frei fahrende L.**), seltener in einem durch einen ringförmigen Gehäusemantel umgrenzten Luftstrom (**Mantel-L.**). Die L.-Blätter sind entweder starr mit der Nabe verbunden (**Starr-L.**) oder in dieser während des Betriebs verstellbar angeordnet (**Verstell-L.**). L. sind an der Rumpfspitze oder vor den Tragflügeln angeordnet (Vortriebskraft wirkt als Zugkraft; **Zugpropeller**), seltener an der Flügelhinterkante oder am Rumpfheck (Vortriebskraft wirkt als Druckkraft; **Druckpropeller, Heckluftschraube**).

Luftschutz, ↗Zivilschutz.

Luftspiegelung, atmosphär. Erscheinung, bei der infolge einer starken Brechung (Refraktion) von Lichtstrahlen beim Durchgang durch Luftschichten unterschiedl. Temperatur und damit unterschiedlicher opt. Dichte ein entfernter Gegenstand mehrfach, i. Allg. verzerrt und z. T. auf dem Kopf stehend (dann als Spiegelung empfunden) gesehen wird.

L. nach unten (Kimmung) entstehen, wenn die untersten Luftschichten wärmer sind als die darüber liegenden, was zu einem instabilen negativen Luftdichtegefälle führt. Sie werden bei starker Sonnenstrahlung am häufigsten über Asphaltstraßen (täuschen Wasserflächen vor, in denen sich der blaue Himmel spiegelt) oder über weiten, wenig bewachsenen Ebenen (z. B. Wüstenflächen) beobachtet. Hierzu gehört auch die **Fata Morgana** (italien. »Fee Morgana«), bei der an Meeresbuchten mit Steilküsten (Bucht von Messina) auch noch seitl. L. an den erhitzten Felswänden beobachtet werden können. – **L. nach oben** treten auf, wenn die bodennahen Luftschichten kälter sind als die darüber liegenden, v. a. in Polargebieten über Schneeflächen oder über kalten Meeresgebieten.

Luftsport, der ↗Flugsport.

Luftstraße, korridorartige, mit Funknavigationseinrichtungen ausgerüstete Flugbetriebsstrecke innerhalb eines Flugsicherungskontrollbezirks. Die L. dient der Sicherung der Flugzeuge, denen für den Flug auf einer L. bestimmte Höhen zugewiesen werden (↗Flugsicherung).

Luftströmungen, durch Druckunterschiede in der Atmosphäre hervorgerufene Bewegungen der Luft. L. sind vom hohen zum tiefen Druck gerichtet, wobei sie durch die ↗Coriolis-Kraft in Richtung der Isobaren abgelenkt werden (z. B. in 50° Breite bei einer Geschwindigkeit von 1 m/s um etwa 6°/km).

Luft- und Raumfahrt|industrie, Abk. **LRI**, Zweig der Investitionsgüterind. zur Entwicklung, Herstellung und Betreuung (z. B. Wartung, Kampfwertsteigerung) von zivilen und militär. Luftfahrzeugen, Raketen, Satelliten, Drohnen u. a. Flugkörpern sowie deren Ausrüstung. Die LRI wird untergliedert in die Herstellergruppen **System-, Triebwerks-, Ausrüstungs-** und **Werkstoffind.** Sie gilt als Hochtechnologiebranche mit hohem Aufwand für Forschung und Entwicklung sowie hohem Anteil an wiss.-techn. Arbeitskräften. Weitere Charakteristika sind die außerordentlich langen Planungs-, Entwicklungs- und Vorfinanzierungsphasen, hohe Kostenintensität und großes Risiko hinsichtlich der Entwicklung. Daraus ergibt sich eine starke Abhängigkeit der Branche von staatl. Rahmenbedingungen, z. B. in der Technologieförderung oder beim Export von Produkten der LRI. – Interessenvertretungsorgan der LRI in Dtl. ist der Bundesverband der Dt. Luft- und Raumfahrtind. e. V. (Abk. BDLI, Sitz: Berlin).

Lüftung (Belüftung), die Erneuerung der Luft in geschlossenen Räumen. Bei der **freien** oder **natürl. L.** entsteht die erforderl. Luftströmung durch den Temperaturunterschied zw. Raum- und Außenluft oder durch Windeinwirkung (Fugen-L., Fenster-L., Schacht-L., Dachaufsatz-L.). Bei der **künstl. L. (Ventilator-L., Zwangs-L.)** erfolgt der Luftwechsel durch Ventilatoren. Zu unterscheiden sind reine Zuluftanlagen (**Druck-L.**), reine Abluftanlagen (Absauganlagen, **Saug-L.**) oder kombinierte Anlagen (**Verbundlüftung**).

Luft|unruhe, durch kleinräumige Turbulenz verursachte, nicht direkt wahrnehmbare unregelmäßige Bewegung der Luft, bes. bei labiler Schichtung und Sonneneinstrahlung, die zu wechselnder Dichte und damit zu geringen Änderungen der Brechzahl opt. Strahlen führt. Dadurch wird für den Betrachter eine scheinbare Bewegung des beobachteten Objekts bewirkt. Da die Brechung wellenlängenabhängig ist (↗Dispersion), können Objekte farbig erscheinen. L. führt zum Flackern der Sterne (Szintillation) und zur Schlierenbildung über heißen Flächen (Flimmern der Luft).

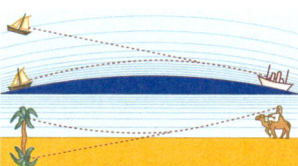

Luftspiegelung nach oben über dem Meer und nach unten über der Wüste

Luftverflüssigung, die Überführung von Luft aus dem gasförmigen in den flüssigen Aggregatzustand mithilfe der ↗Kältetechnik. Die L. erfolgt unter Anwendung der thermodynam. Gesetze (↗Gasverflüssigung), d. h. durch Abkühlung oder Druckerhöhung (oder eine Kombination beider Prozesse). Zur Verflüssigung muss die Luft (bei 10^5 Pa = 1 bar

Luftverkehrsgesellschaften (Auswahl; Stand 2000)

Gesellschaft, Sitz	Flugzeuge	beförderte Passagiere (in Mio.)	Passagier-kilometer (in Mrd.)	Frachttonnen-kilometer (in Mio.)	Personal
Aeroflot – Russian International Airlines, Moskau	121	4,8	16,5	2 127	15 352
Air Canada, Montreal	157	17,1	44,8	5 424	25 029
Air China, Peking	53[1]	7,9	18,1	3 266	11 118
Air France, Paris	214	39,2	91,8	13 437	56 426
Alitalia, Linee Aeree Italiane SpA, Rom	151	25,5	40,6	5 789	16 048[2]
All Nippon Airways, Tokio	143	43,4	58,0	6 431	14 088
American Airlines Inc., Dallas (Tex.)	701	86,3	187,5	20 343	92 665
Austrian Airlines, Wien	35	3,6	8,7	1 211	4 964
British Airways, London	276	38,2	118,8	15 439	55 263
Canadian Airlines International Ltd., Calgary	80[1]	7,2	23,3	2 682	13 636
Cathay Pacific Airways Ltd., Hongkong	51[1]	11,8	47,1	8 645	14 328
China Eastern, Schanghai	51[1]	8,5	13,3	1 987	11 691
China Southern, Kanton	60[1]	16,1	20,9	2 397	17 935
Continental Airlines Inc., Houston (Tex.)	396	44,8	96,9	9 908	48 127
Delta Air Lines Inc., Atlanta (Ga.)	584	105,6	173,4	18 283	72 277
Deutsche Lufthansa AG, Köln	303	45,4	94,1	16 722	38 094
El Al Israel Airlines Ltd., Tel Aviv-Jaffa	22[1]	3,1	14,1	2 166	3 526
Finnair O/Y, Helsinki	57[1]	6,0	7,4	867	9 069
Garuda Indonesia, Jakarta	89[1]	5,9	13,7	1 560	9 640[2]
Iberia, Lineas Aéreas de España, Madrid	172	24,9	40,0	4 490	26 814
Indian Airlines, Neu-Delhi	58[1]	5,8	7,1	761	20 703
Japan Airlines Co., Ltd., Tokio	138	33,8	88,9	12 751	17 709
KLM, Amsterdam	119	16,2	60,3	10 175	27 523
Korean Air Lines, Seoul	110[1]	21,9	40,4	10 223	16 195
Malaysia Airlines, Kuala Lumpur	111[1]	16,5	37,9	5 350	22 064
Northwest Airlines Inc., Saint Paul (Minn.)	409	60,1	127,3	15 201	54 390
Olympic Airways, Athen	58[1]	6,6	8,8	977	6 657
Pakistan International Airlines, Karatschi	–	5,2	12,0	1 452	17 472
Philippine Airlines, Manila	–	5,2	11,0	1 406	8 071[2]
Qantas Airways, Sydney	91[1]	17,8	63,4	8 013	25 563
SAA – South African Airways, Johannesburg	53	6,0	19,3	2 390	10 158
SABENA, Brüssel	34[1]	10,7	19,3	2 471	7 125
SAS – Scandinavian Airlines System, Stockholm	181	23,2	22,6	2 938	21 820
Saudia, Djidda	120	12,57	20,2	2 836	24 305
Singapore Airlines, Singapor	94	14,8	70,7	12 894	14 484
Swissair, Zürich	61[1]	14,2	34,2	5 363	18 159
Thai Airways International, Bangkok	70[1]	17,3	42,2	5 571	25 656
TWA-Trans World Airlines, New York	200	26,3	43,7	4 532	19 655
United Airlines, Chicago (Ill.)	594	84,4	204,1	22 963	101 814
US Airways, Washington (D. C.)	392	59,7	75,3	7 414	42 106
Varig, Rio de Janeiro	81[1]	11,1	26,2	3 635	16 869

[1] 1994. – [2] 1999.

Druck) auf unter $-192\,°C$ abgekühlt werden. Technisch ist ein mehrmaliges Durchlaufen des Zyklus Verdichten – Abkühlen (von außen) – Entspannen (Abkühlen von innen) erforderlich. Der wesentl. Schritt, die Entspannung, kann adiabatisch erfolgen (durch Leistungsabgabe über eine Expansionsmaschine) oder als Drosselprozess, d. h. unter Anwendung des ↗ Joule-Thomson-Effekts. Die versch. Verfahren der L. unterscheiden sich v. a. durch den Prozess der Entspannung. Diese erfolgt beim ältesten, für die Entwicklung der Kältetechnik und Tieftemperaturphysik wichtigsten **Linde-Verfahren** (C. von Linde, 1895) über eine Drosselspule, beim **Claude-Verfahren** (G. Claude, 1902) adiabatisch über eine Expansionsmaschine, beim **Claude-Heylandt-Verfahren** durch eine Kombination beider Entspannungsprozesse. Ein wichtiges Element ist bei allen Verfahren die Gegenstromkühlung (↗ Wärmeaustauscher) der verdichteten Luft durch den entspannten und dadurch gekühlten, jedoch noch nicht verflüssigten Teil der Luft.

Luftverkehr (Flugverkehr), Beförderung von Personen, Gepäck, Fracht und Post mit staatlich zugelassenen Luftfahrzeugen, bes. Flugzeugen. Der **zivile L.** wird als öffentl. oder nicht öffentl., gewerbl. oder nicht gewerbl., planmäßiger oder nicht planmäßiger L. betrieben. Träger des gewerblichen öffentl. Verkehrs sind L.-Gesellschaften, die planmäßige (**Linien-L.**) wie auch nicht planmäßige Dienste (**Anforderungs-, Bedarfs-** und **Charterverkehr**) anbieten. Gewerblich sind auch zu einem großen Teil der **Geschäftsreiseverkehr** und die **Arbeitsluftfahrt** (z. B. die Agrarluftfahrt). Der zivile Bereich außerhalb der Linien-L. wird als **allgemeine Luftfahrt** zusammengefasst. Die internat. Zivilluftfahrt-Organisation der UNO ist die ICAO. (↗ Luftfahrt, ↗ Luftrecht)

Besondere Merkmale des L. sind Schnelligkeit und hoher Passagierkomfort, aber auch hohe Transportkosten. Da ein großer Teil der Kosten von der Verkehrsleistung unabhängig ist, hängen Rentabilität und Preisgestaltung stark vom Auslastungsgrad und der

Streckenlänge ab. Mindereinnahmen im **Kurzstrecken-L.** (Entfernungen zw. 300 und 1 500 km) müssen durch Mehreinnahmen im **Mittelstrecken-L.** (zw. 1 500 und 3 000 km) und **Langstrecken-L.** (über 3 000 km) oder staatl. Unterstützung ausgeglichen werden. Die im Charterverkehr höhere Auslastung (80–90 %) erlaubt günstigere Preise. Die zunehmende Konkurrenz durch Bedarfsgesellschaften veranlasste 1978 die Liniengesellschaften des internat. Luftverkehrsverbandes ↗ IATA zur Aufgabe des Systems der vereinbarten einheitl. Beförderungstarife, um durch Niedrigtarifen auf bestimmten Strecken der Konkurrenz schneller begegnen zu können. Der starke Wettbewerb brachte viele Gesellschaften in wirtsch. Schwierigkeiten, die v. a. zu höherer Produktivität (wirtschaftlichere Flugzeuge, Personaleinschränkung) zwangen. Die Strukturveränderungen des L. haben die Entstehung großer Flugzeug-Leasinggesellschaften gefördert, die etwa ein Fünftel der Weltluftverkehrsflotte besitzen. Ende der 1970er-Jahre wurde in den USA die Kontrolle der Streckenrechte und Flugpreise aufgehoben und eine Liberalisierung des L. eingeleitet; eine solche gilt seit April 1997 auch für die EU. Mit der Gründung der ↗ Luftverkehrsallianzen ergeben sich Vorteile für die Passagiere und die Luftverkehrsgesellschaften.

Luftverkehrs|allianz, Zusammenschluss mehrerer Luftverkehrsgesellschaften mit dem Ziel einer umfassenden Zusammenarbeit, die über Codesharing-Verträge hinausgeht. Durch untereinander abgestimmte Flugpläne entstehen dichtere gemeinsame Flugnetze, Vielfliegerprogramme werden zum Nutzen der Passagiere gegenseitig geöffnet, Abfertigung und Service auf den Flughäfen werden koordiniert usw. Voraussetzungen sind zentrale Umsteigepunkte, die Hubs, die die Netze von Allianzpartnern verknüpfen. Für die Passagiere reichen die Vorteile von vielen neuen Flugzielen über höhere Frequenzen auf den einzelnen Strecken bis zu niedrigeren Preisen. Für die Luftverkehrsgesellschaften ergeben sich Gewinne z. B. durch die bessere Auslastung der Flugzeugkapazitäten. – Führende L. ist die ↗ Star Alliance, gefolgt von ↗ Oneworld.

Luftverkehrsgesellschaften (Fluggesellschaften), siehe Übersicht.

Luftverschmutzung (Luftverunreinigung), Anreicherung der Luft mit festen, flüssigen oder gasförmigen Fremdstoffen, die die natürl. Zusammensetzung der Luft verändern. Die Quellen der L. sind neben natürl. Vorgängen (biolog. Abbauprozesse, Vulkanausbrüche, Staubstürme, Waldbrände u. a.) die durch den Menschen verursachten Verunreinigungen (v. a. durch Verbrennungsvorgänge in Heizungen und Kraftwerken, Kfz-Abgase und Kernwaffenversuche), bes. in Ballungs- und Industriegebieten. Als *Luftschadstoffe* spielen gasförmige anorgan. Verbrennungsprodukte wie Schwefeloxide (SO_x), bes. Schwefeldioxid (SO_2), Kohlenmonoxid (CO), Stickoxide (NO_x), Ammoniak (NH_3), flüchtige organ. Stoffe wie Kohlenwasserstoffe (u. a. Halogenkohlenwasserstoffe, z. B. Fluorchlorkohlenwasserstoffe [FCKW] und Dioxine), Aldehyde und Ketone sowie partikelförmige Stoffgemische wie Ruß, Flugasche, Kohle- und Zementstaub die Hauptrolle. Andere in nennenswerten Mengen freigesetzte Schadstoffe sind Fluorverbindungen, Chlor, Schwermetalle (Blei, Cadmium, Zink) und Ozon. Ausbreitung und Verdünnung der Emissionen in der Atmosphäre werden von meteorolog. Bedingungen wie Windstärke und -richtung, Luftfeuchtigkeit, Thermik und Luftschichtung (↗ Smog), von der Vertikalentfernung der Emissionsquelle zum Erdboden (Schornsteinhöhe), von der Geländeform sowie (bei Stäuben und Aerosolen) von der Teilchengröße bestimmt.

Als Folge der L. können Belastungen und Schäden bei Mensch, Tier, Pflanze und unbelebter Umwelt auftreten. Neben akuten physiolog. Auswirkungen der L. (Geruchsbelästigung, Reizung der Atemwege, enzymhemmende Wirkungen, Störungen des Hormonsystems, kanzerogene Wirkung) spielt bei Lebewesen auch die Aufnahme von Schadstoffen über die Nahrungskette eine wichtige Rolle. Flora und niedere Fauna können durch zahlr. Immissionen direkt oder durch wässrige Lösungsprodukte bereits bei sehr geringen Konzentrationen erheblich geschädigt werden. Der als ↗ saurer Regen bezeichnete Niederschlag beeinträchtigt das Grundwasser und den Boden; er gilt als Mitverursacher des ↗ Waldsterbens. Materialien der unbelebten Umwelt werden v. a. durch die wässrigen Reaktionsprodukte des Schwefeldioxids (Schwefelsäure, schweflige Säure) angegriffen und schließlich zerstört (Erosion an Bauwerken, Korrosion von Metallen). Bei der Bewertung solcher L. auf die Umwelt wird zw. lokalen, regionalen, überregionalen und globalen Problemen unterschieden. Zu Letzteren gehört der Anstieg des Kohlendioxidgehalts der Atmosphäre und die damit verbundene Erwärmung (↗ Treibhauseffekt) sowie die Abnahme der Ozonschicht (↗ Ozonloch) durch FCKW u. a. Stoffe, die zu einem Anstieg der UV-Strahlung auf der Erde führt. Diese Probleme erfordern eine internat. Zusammenarbeit, etwa zum Klimaschutz (↗ Klimarahmenkonvention, ↗ Weltklimakonferenz). Für Dtl. lässt sich seit Anfang der 1990er-Jahre bei fast allen Luftschadstoffen ein deutl. Rückgang feststellen, wobei diese Entwicklung in den alten und neuen Bundesländern unterschiedlich ausfiel. In den neuen Ländern hat die industrielle L., z. B. durch Schwefeldioxid und Staub, wegen Stilllegungen oder Modernisierungen von Industrieanlagen stark abgenommen und die verkehrsbedingte L., z. B. durch Stickoxide, zugenommen. In den alten Ländern hat sich die Kohlendioxidemission aufgrund eines gestiegenen Energiebedarfs erhöht.

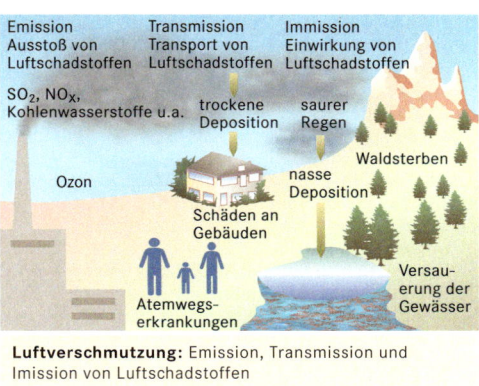

Luftverschmutzung: Emission, Transmission und Imission von Luftschadstoffen

In der Technik wurden zahlr. Methoden und Verfahren entwickelt, die der Analyse von L. dienen (z. B. ↗ Abgasuntersuchung, ↗ Lidar) und durch die die Emissionen von Luftschadstoffen verhindert oder verringert werden (↗ Luftreinhaltung).

Luftwaffe (Luftstreitkräfte), Bez. für diejenige Teilstreitkraft, die den Kampf in der Luft führt und über hierzu erforderl. fliegende und bodengestützte militär. Verbände verfügt. Zur takt. L. gehören Jagd-, Jagdbomber-, Aufklärungs-, Flugkörper- und Flugabwehrraketengeschwader; ferner Versorgungs- und Fernmelderegimenter. Die **strateg. L.** bilden die Truppenteile, die v. a. mit schweren und mittleren Bombern, weit reichenden Aufklärern und Langstreckenraketen ausgestattet sind. Ihre Waffensysteme sind meist Träger von Atomwaffen (∕ABC-Waffen). Zur L. zählen auch die Lufttransportverbände. Eine besondere Rolle spielen die zum Heer gehörenden Heeresflieger und die meist in die Kriegsmarine eingegliederten Marineflieger. (∕Bundeswehr)

Luftwaffenhelfer, Oberschüler (ab 15. Lebensjahr), die seit Febr. 1943 zum Einsatz i. d. R. bei der Flakartillerie (daher auch »Flakhelfer«) im Raum ihrer Wohnorte eingezogen wurden.

Luftwaffenschulen, militär. Ausbildungsstätten der Teilstreitkraft ∕Luftwaffe; in der Bundeswehr v. a. für die Aus-, Fort- und Weiterbildung von Soldaten sowie zivilen Angestellten in meist mehrwöchigen oder mehrmonatigen Fach-, Laufbahn- und Verwendungslehrgängen.

Luftwäscher, *Klimatechnik:* ein ∕Luftbefeuchter.

Luftwege (Atemwege, Respirationstrakt), Sammelbez. für die Zu- und Ableitungswege der Atemluft bei lungenatmenden Wirbeltieren und beim Menschen. Sie umfassen den Nasen-Rachen-Raum, die Luftröhre (mit Kehlkopf) und die Bronchien, wobei man bei den Kehlkopf noch einschließenden **oberen L.** von den **unteren L.** unterscheidet.

Luftwiderstand, der ∕Strömungswiderstand der Luft.

Luftwirbel (atmosphärische Wirbel), wirbel- und spiralförmige Luftbewegungen, die als Wind- und Wasserhosen, als Tromben und Tornados, in Großformen als Wirbelstürme in trop., als Tief- und Hochdruckgebiete in gemäßigten Breiten auftreten.

Luftwurzeln, meist aus oberird. Achsen entspringende (sprossbürtige) Wurzeln, z. B. Haft- und Stützwurzeln, auch Bez. für ∕Atemwurzeln.

Luft|zerlegung, Verfahren zur Auftrennung von ∕Luft in ihre Bestandteile (bes. Stickstoff, Sauerstoff, daneben auch Edelgase). Die L. kann nach einer ∕Luftverflüssigung in Niederdruckanlagen durch fraktionierte Tieftemperaturdestillation **(Tieftemperatur-L.)** oder mithilfe von ∕Molekularsieben **(adsorptive L.)** erfolgen.

Luganer See (italien. Lago di Lugano, Ceresio), reich gegliederter See am Südrand der Alpen, zum größeren Teil im schweizer. Kanton Tessin, zum kleineren in den italien. Provinzen Como und Varese, 271 m ü. M., 48,7 km² groß, 35 km lang, 1–3 km breit und bis 288 m tief. Hauptorte am See sind Lugano und Porlezza.

Lugano, Hptst. des Bezirks L., im Kt. Tessin, Schweiz, 272 m ü. M., am N-Ufer des Luganer Sees, 25 800 Ew.; zwei Fakultäten der Univ. der italien. Schweiz; bed. Fremdenverkehrsort dank Klima und Lage, Standseilbahnen auf die übernahmen Aussichtsberge Monte Brè (925 m ü. M.) und Monte San Salvatore (912 m ü. M.), hervorragende Museen; Textil-, Hightech-Ind.; Finanzzentrum; Verkehrsknotenpunkt an der Gotthardbahn und -straße; Flugplatz westlich von L. in Agno. – Das Stadtbild ist italienisch geprägt; Kathedrale San Lorenzo (Renaissancefassade), spätgot. ehem. Klosterkirche Santa Maria degli Angioli (1490–1515); moderne Bauten u. a. von M. Botta. – Als **Lauis** erstmals im 6. Jh. erwähnt, gehörte L. seit dem 14. Jh. zum Herzogtum Mailand. 1512 von den Schweizern besetzt und bis 1798 Sitz eines eidgenöss. Vogts, seither gehört die Stadt zum Kt. Tessin.

Lugano
Stadtwappen

Niklas Luhmann

Lugansk (ukrain. Luhansk, 1935–58 und 1970–90 Woroschilowgrad), Hptst. des Gebiets L., Ukraine, im Donezbecken, 463 000 Ew.; mehrere Hochschulen; Schwermaschinen-, Diesellokomotivbau, Rohrwalzwerk, chem., Leichtind.; Verkehrsknotenpunkt. Bei L. in Schtschastje Großkraftwerk (2 300 MW).

Lugau/Erzgeb., Stadt im Landkreis Stollberg, Sachsen, am N-Rand des Erzgebirges, 8 500 Ew.; Edelstahlbearbeitung. – Seit 1924 Stadt; 1852–1935 Steinkohlenabbau.

Lüge, bewusst falsche Aussage, z. B. aus Angst, Geltungsbedürfnis, Berechnung, Höflichkeit oder Rücksichtnahme. In pathol. Form äußert sich die Neigung zur L. im Krankheitsbild der **Pseudologia phantastica** (Neigung, fantast., jedoch z. T. glaubwürdig erscheinende Geschichten zu erzählen).

Lügendetektor, Gerät, das Aufzeichnungen über den Verlauf der Herzströme, der Atemfrequenz, des Blutdrucks und der Hautfeuchtigkeit einer befragten Person macht. Der L. soll die Erregung anzeigen, die auftreten kann, wenn jemand versucht, das Wissen um einen Sachverhalt (z. B. eine Straftat) zu verbergen. In Dtl., Österreich und der Schweiz ist die Verwendung eines L. bei gerichtl. Ermittlungsverfahren nicht erlaubt.

Lügendichtung, Dichtung, bei der im Unterschied zu anderen fantast., märchenhaften oder symbolisch-allegor. Dichtungen (Märchen, Legende, Fabel usw.) die Fiktion als Lüge, als spieler. Affront gegen einen von Dichtung ohnedies nicht einlösbaren Wahrheitsanspruch, erkannt wird. Dabei ist L. stets an histor. Wirklichkeitsbegriffe und Wahrhaftigkeitsansprüche gebunden, die durch ihre radikale Umkehrung ins Unglaubhafte zugleich kritisiert oder karikiert werden können. Sie begegnet schon in der Antike (Lukian), ist vertreten in der oriental. Literatur (Märchen aus der Sammlung »Tausendundeine Nacht«), in Dtl. u. a. in K. F. H. von Münchhausens »Wunderbaren Reisen ...« (1781–83, u. a. 1786 hg. v. G. A. Bürger).

Lugo, 1) Prov. in Galicien, Spanien, 9 856 km², 357 600 Einwohner.
2) Hptst. von 1), im Zentrum von Galicien, am Miño, 85 200 Ew.; Bischofssitz; Nahrungsmittel- und chem. Ind., Holzverarbeitung; Thermalbad (Schwefelquellen). – Gut erhaltene röm. Ringmauer mit Türmen und Toren (z. T. 3. Jh., erneuert im 14. Jh.); UNESCO-Weltkulturerbe; Kathedrale (12.–18. Jh.). – Entwickelte sich aus der kelt. Kultstätte **Lug.**

Luhansk, Stadt in der Ukraine, ∕Lugansk.

Luhmann, Niklas, Rechts- und Sozialwissenschaftler, *Lüneburg 8. 12. 1927, †Oerlinghausen 6. 11. 1998; 1968–93 Prof. in Bielefeld; Vertreter der ∕strukturell-funktionalen Theorie, die er zu einer sozialwiss. ∕Systemtheorie fortentwickelte. Diese versucht, die gesamte Wirklichkeit im Rahmen einer universalen theoret. Konstruktion zu erfassen, wobei die Gesamtwelt in einer Vielfalt von sozial integrierten (log.) Systemen erscheint. – Werke: Soziolog. Aufklärung, 4 Bde. (1970–87); Rechtssoziologie, 2 Bde. (1972); Macht (1975); Funktion der Religion (1977); Gesellschaftsstruktur und Semantik, 4 Bde. (1980–95); Soziale Systeme (1984); Die Gesellschaft der Gesellschaft, 2 Bde. (1997).

Luini, Bernardino, italien. Maler, *in der Lombardei (Mailand?) zw. 1480 und 1490, †Mailand 1532; bed. Vertreter der Hochrenaissance; von Leonardo da Vinci beeinflusst. In seinen Bildern verbindet sich die Schönheit ausgewogener Komposition mit gefühlvollem Ausdruck (abgenommene Fresken aus Mailänder Kirchen und der Villa Pelucca bei

Monza; Tafelbild »Madonna im Rosenhag«, Mailand, Pinacoteca di Brera).

Luise, Herrscherinnen:
Preußen: **1) L.,** Königin, Prinzessin von Mecklenburg-Strelitz, * Hannover 10. 3. 1776, † Schloss Hohenzieritz (bei Neustrelitz) 19. 7. 1810; ∞ seit 1793 mit dem späteren König Friedrich Wilhelm III. von Preußen, Mutter von Friedrich Wilhelm IV. und Wilhelm I.; floh nach der Niederlage 1806 mit ihren Kindern nach Königsberg und Memel; im Juli 1807 in Tilsit versuchte sie vergeblich, von Napoleon I. mildere Friedensbedingungen für Preußen zu erreichen; durch ihr Engagement und ihr anmutiges Wesen war sie sehr volkstümlich und wurde bereits zu Lebzeiten idealisiert.
Schweden: **2) L. Ulrike,** Königin, * Berlin 24. 7. 1720, † Svartsjö (bei Stockholm) 16. 7. 1782; Schwester Friedrichs d. Gr.; ∞ seit 1744 mit dem späteren schwed. König Adolf Friedrich. Sie stiftete 1753 die schwed. Akademie der schönen Literatur und Geschichte.

Luisenburg [nach Königin Luise von Preußen], Blockmeer (Granit) im Fichtelgebirge, südlich von Wunsiedel, bis 869 m ü. M.; Freilichtbühne.

Luisi, Fabio, italien. Dirigent, * Genua 17. 1. 1959; 1995–2000 Chefdirigent des Niederösterr. Tonkünstlerorchesters in Wien, 1997–2002 des Orchestre de la Suisse Romande in Genf; seit 1999 leitet er das Sinfonieorchester des Mitteldt. Rundfunks in Leipzig.

Luitpold, Prinzregent von Bayern (1886–1912), * Würzburg 12. 3. 1821, † München 12. 12. 1912; 3. Sohn König Ludwigs I., Regent für seine geisteskranken Neffen Ludwig II. und Otto.

Luján [lu'xan], Stadt in Argentinien, westlich von Buenos Aires, 66 200 Ew.; einer der wichtigsten Wallfahrtsorte Südamerikas (seit 1630), mit neugot. Basilika.

Lukács ['luka:tʃ], György (Georg), ungar. Literarhistoriker und Philosoph, * Budapest 13. 4. 1885, † ebd. 4. 6. 1971; während der ungar. Räterepublik 1919 stellv. Volkskommissar für Unterrichtswesen, 1945–58 Prof. in Budapest. L. fand zuerst starke Beachtung mit seiner (noch dem philosoph. Idealismus verpflichteten) »Theorie des Romans« (1916); sein Werk »Geschichte und Klassenbewußtsein«. Studien über marxist. Dialektik« (1923) trug entscheidend zur Linksorientierung der europ. Intellektuellen in den 1920er-Jahren bei. In Moskau (1929–45) erarbeitete er in zahlreichen literaturhistor. Werken die Grundlagen einer marxist. Ästhetik. In »Die Zerstörung der Vernunft« (1954) kritisierte er die dt. bürgerl. Philosophie seit Hegel als geistige Voraussetzung von Irrationalismus, Faschismus und Imperialismus. 1956 nahm L. Stellung für die Entstalinisierung und war Mitgl. der Revolutionsregierung von I. Nagy. Seitdem war er verfemt und seines Lehramtes enthoben.
Weitere Werke: Der junge Hegel (1948); Der russ. Realismus in der Weltliteratur (1949); Dt. Realisten des 19. Jh. (1951); Ästhetik (2 Tle., 1963); Zur Ontologie des gesellschaftl. Seins (3 Tle., 1971–73); Demokratisierung heute und morgen (hg. 1985).

Lukan (lat. Lucanus), Marcus Annaeus, lat. Dichter, * Córdoba (Spanien) 3. 11. 39 n. Chr., † Rom 30. 4. 65 n. Chr.; Neffe Senecas d. J.; wurde von Nero zum Selbstmord gezwungen. Sein Epos »Pharsalia« oder »Bellum civile« behandelt in stark emotionaler Darstellung den Bürgerkrieg zw. Caesar und Pompeius mit vielen Exkursen; sein Einfluss reichte bis in das 18. Jahrhundert.

Lukas, Evangelist, nach Kol. 4, 14 von Beruf Arzt; begleitete Paulus nach der Apg. auf seiner 2. und 3. Missionsreise und weilte während dessen Gefangenschaft bei ihm in Rom (2. Tim. 4, 11); galt seit dem 2. Jh. (Irenäus von Lyon) als Verfasser des ↗ Lukasevangeliums und der ↗ Apostelgeschichte; nach späteren Legenden einer der 72 Jünger Jesu (Lk. 10, 1; in der Übers. Luthers 70), Begleiter des Kleopas auf dem Emmausweg (Lk. 24, 13. 18) und Maler zahlreicher Christus- und Marienbilder; Heiliger, Tag: 18. 10. – Symbol: Stier.

Lukasbund (Lukasbrüder), ↗ Nazarener.

Lukaschenka, Alyaksandr (russ. Aleksandr Lukaschenko), weißruss. Politiker, * Kopys (Gebiet Mogilew) 30. 8. 1954; zunächst Komsomol-Funktionär, dann Politinstrukteur bei den Grenztruppen des KGB und polit. Kommissar bei der sowjet. Armee, 1987–94 Leiter einer Sowchose; wurde im Juli 1994 zum Staatspräs. Weißrusslands gewählt. Autokratisch in seinem Führungsstil und seiner Haltung gegenüber der Opposition, forcierte L. einen Kurs der Wiederannäherung an Russland, mit dem 1996 eine »Gemeinschaft Souveräner Republiken« (Unionsverträge 1997 und 1999) begründet wurde. Im Nov. 1996 setzte L. ein Referendum durch, das seine Machtbefugnisse erheblich erweiterte und seine Amtszeit bis 2001 verlängerte. Im Sept. 2001 ließ er sich durch Wahlen im Präsidentenamt bestätigen.

Lukas|evangelium, Abk. **Lk.,** das dritte Evangelium im N. T., abgefasst zw. 80 und 90 n. Chr., wahrscheinlich außerhalb Palästinas; als Verfasser gilt ↗ Lukas; Adressaten sind griechischsprachige ↗ Heidenchristen; theologisch wird die bei den ersten Christen urspr. Erwartung einer nahen ↗ Parusie im L. durch die Glaubensaussage der Heilsgeschichte abgelöst, die mit der Geschichte Israels beginnt und sich über die Zeit Jesu Christi (als der »Mitte der Zeit«) in der Missionsarbeit der Kirche fortsetzt (↗ Apostelgeschichte); inhaltlich findet sich im L. ein umfangreiches textl. Sondergut (z. B. die Kindheitsgeschichte Jesu).

Lukasgilden, seit dem Spät-MA. Zusammenschlüsse von Malern, die den Evangelisten Lukas als Schutzpatron verehren.

Łukasiewicz [ɫuka'ɕevitʃ], Jan, poln. Philosoph und Logiker, * Lemberg 21. 1. 1878, † Dublin 13. 2. 1956; grundlegende Beiträge zur modernen formalen (bes. mehrwertigen) Logik.

Luke [mnd., zu altsächs. lukan »schließen«], *Schifffahrt:* durch meist feste Deckel verschließbare kleinere Öffnung **(Niedergangs-L.)** oder mit losen Deckeln wasserdicht verschließbare große Öffnung im Deck zum Einbringen der Ladung **(Lade-L.).**

Lukian (grch. Lukianos, lat. Lucianus), grch. Schriftsteller, * Samosata (heute Samsat, am Euphrat) um 120, † nach 180; stellte mit den Mitteln der Satire, Parodie und Ironie religiösen Wahn, Eitelkeit von Philosophen und Literaten seiner Zeit dar; v. a. die Dialoge (»Göttergespräche«, »Hetärengespräche«, »Totengespräche«) wirkten auf die europ. Literatur.

Lukmani|er der (italien. Passo del Lucomagno), Alpenpass in der Gotthardgruppe, an der Grenze der Kt. Graubünden und Tessin, Schweiz, 1 917 m ü. M.; die Straße über den L. führt von Disentis im Vorderrheintal nach Biasca im Tessintal.

Lukrez, eigtl. Titus Lucretius Carus, lat. Dichter, * wohl 97 v. Chr., † (Selbstmord) 55 v. Chr.; sein Hexameter-Epos in sechs Büchern »Über die Natur« (»De rerum natura«), eines der bedeutendsten antiken Lehrgedichte, plädiert für das Erkennen naturgesetzl. Zusammenhänge, das die Menschheit von Götterfurcht und Aberglauben befreien könne. – L. hat stark auf die Renaissance und bes. auf die frz. Materialisten des 17. Jh. (P. Gassendi) gewirkt.

Luise, Königin von Preußen (Ausschnitt aus einem Gemälde von Henriette Felicitas Tassaert, 1797)

Luitpold, Prinzregent von Bayern

Luleå [ˈlyːləo], Hptst. des VerwBez. (Län) Norrbotten, Schweden, an der Mündung des Luleälv in den Bottn. Meerbusen, 71 300 Ew.; luther. Bischofssitz; TH; Norrbottenmuseum (mit Freilichtmuseum), Elektrostahlwerk; Hafen mit Erzhafen Svartö; Flughafen. – Von L. nach Narvik führt die Lappland-Bahn. – Nordwestlich von L. liegt Gammelstad (UNESCO-Weltkulturerbe), mit rd. 500 Holzhäusern die größte Kirchenstadt Schwedens.

Luleälv [lyːləˈɛlf] *der,* Fluss in N-Schweden, entsteht aus den Quellflüssen **Stora L.** und **Lilla L.,** 450 km lang, bildet gewaltige Wasserfälle, z. T. in Kraftwerken genutzt.

Lullus, angelsächs. Missionar, * Wessex (England) um 710, † Hersfeld (heute Bad Hersfeld) (?) 16. 10. 786; engster Mitarbeiter des Bonifatius in Dtl.; 754 dessen Nachfolger als Bischof von Mainz, 782 erster Erzbischof von Mainz; Heiliger, Tag: 16. 10.

Lullus, Raimundus (katalan. Ramón Llull), katalan. Philosoph, Enzyklopädist und Dichter, * Palma de Mallorca 1232/35, † Bougie (heute Bejaïa) oder Tunis 1315/16; Franziskaner, wirkte als Missionar bei den Muslimen in N-Afrika und Vorderasien; lehrte mit Unterbrechungen zw. 1283 und 1313 in Paris und Montpellier. Als Philosoph wandte er sich gegen die rationalist. Philosophie des ⁄ Averroismus. In der »Ars magna et ultima« (vor 1277) suchte er aus einer freien Kombination der obersten sachl. und method. Begriffe die Möglichkeiten verschiedener Wahrheiten abzuleiten. L.' Kombinatorik enthält erste Ansätze eines Logikkalküls. Der katalan. Sprache verhalf L. durch seinen philosoph. Roman »Blanquerna« (1282–87) sowie durch zahlr. erzählende Schriften und Gedichte zum Rang einer Literatursprache.

Jean-Baptiste Lully

Lully [lyˈli], Jean-Baptiste, eigtl. Giovanni Battista Lulli, frz. Komponist italien. Herkunft, * Florenz 28. 11. 1632, † Paris 22. 3. 1687; kam 1646 nach Paris; seit 1653 im Dienst Ludwigs XIV., der ihn zum Königl. Komponisten der Instrumentalmusik ernannte; ab 1661 Oberintendant der königl. Kammermusik. In Zusammenarbeit mit seinen Librettisten I. de Benserade (Ballet de Cour), Molière (Comédie-Ballet) und P. Quinault (Tragédie lyrique) schuf er die frz. Oper; entwickelte den Typus der frz. Ouvertüre und die (aus Teilen seiner Opern zusammengestellte) Orchestersuite, die bed. Einfluss auf die dt. Musik bis zu Bach, Händel und Telemann hatte. Der frz. Kirchenmusik gab er durch seine großen Motetten sachl. Impulse.

Lulua (Bena Lulua), von den Luba abstammende Volksgruppe im SW der Demokrat. Rep. Kongo, etwa 3,1 Millionen Menschen. – Die Schnitzkunst der L. (eigenwillige, grazile Skulpturen und Masken) gehört zum künstler. Einflussbereich des Kubareiches.

Luluabourg [lulwaˈbuːr], bis 1968 Name der Stadt ⁄ Kananga.

Lumbago [lat. »Lendenlähmung«] *die,* 1) *Medizin:* ⁄ Hexenschuss.
2) *Tiermedizin:* (Kreuzverschlag, Nierenverschlag, Feiertagskrankheit), eine meist 12–24 Stunden anhaltende Muskelstarre (Lähmung) im Bereich der Hinterhand hauptsächlich beim Pferd, oft nach mehrtägiger Stallruhe bei sehr kohlenhydratreicher Fütterung; auch nach langer, schwerer Muskelarbeit oder nach schweren Rennen. Die *Behandlung* besteht in sofortiger Ruhigstellung, Schmerzbekämpfung und Blutneutralisation.

lumbal [lat.], die Lende betreffend, zur Lendenregion bzw. -wirbelsäule gehörend.

Lumbalpunktion [lat.] (Spinalpunktion, Lendenstich), Anstechen (Punktion) des Rückenmarkkanals zw. dem 3. und 4. oder 4. und 5. Lendenwirbeldornfortsatz mit einer langen Hohlnadel (L.-Kanüle) zur Entnahme von Hirn-Rückenmark-Flüssigkeit (Liquor) für Untersuchungen oder zum Einbringen von Arzneimitteln (z. B. zur Anästhesie). (⁄ Liquordiagnostik)

Lumbeckverfahren [nach E. Lumbeck, * 1886, † 1979] (Lumbecken), *graf. Technik:* fadenlose Klebebindung von Büchern und Broschüren, bei der Einzelblätter oder einmal gefalzte Bogenteile mithilfe von Kunstharzklebstoffen zu Buchblöcken verbunden werden.

Lumberjack [ˈlʌmbədʒæk, engl.] *der,* lose fallende Jacke mit Taillenbund und Ärmelbündchen, urspr. die Arbeitsbekleidung der L. genannten amerikan. Holzfäller; dann Uniformjacke der US-Armee; verwandte Form heute das ⁄ Blouson.

Lumen [lat. »Licht«] *das,* 1) *Anatomie:* lichte Weite von Hohlorganen, Kanälen, z. B. von Blutgefäßen.
2) *Photometrie:* Einheitenzeichen **lm,** SI-Einheit des Lichtstroms, 1 lm = 1 cd · sr (⁄ Photometrie).

Lumet [ˈluːmɪt], Sidney, amerikan. Filmregisseur, * Philadelphia (Pa.) 25. 6. 1924; drehte zahlr. bekannte Filme, u. a. »Die zwölf Geschworenen« (1957), »Mord im Orientexpress« (1974), »Hundstage« (1975), »Network« (1976), »Family Business« (1989), »Gloria« (1999).

Lumière [lyˈmjɛːr], Auguste Marie Louis Nicolas, frz. Chemiker und Fototechniker, * Besançon 19. 10. 1862, † Lyon 10. 4. 1954; schuf mit seinem Bruder Louis Jean (* 1864, † 1948) zahlr. Neuerungen auf dem Gebiet der Fotografie und gründete mit ihm in Lyon eine Fabrik für fotograf. Platten, Papiere und Chemikalien. Die Gebrüder L. erfanden u. a. den ersten brauchbaren Kinematographen (1894) und die Autochromplatte (1907).

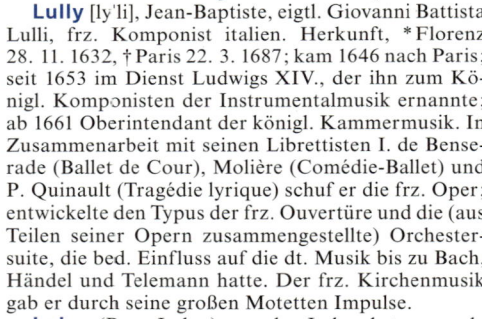

Lumineszenz [zu lat. lumen »Licht«] *die,* Sammelbez. für die Lichtemission eines Stoffes oder Körpers, die nicht durch hohe Temperatur verursacht wird (»kaltes Leuchten«). L. lässt sich hervorrufen durch Bestrahlung mit sichtbarem oder ultraviolettem Licht (**Photo-L.**), Röntgen- oder Gammastrahlen (**Röntgen-L.**), mit Elektronen (**Kathoden-L.**), radioaktiver Strahlung (**Radio-L.**) oder durch chem. (⁄ Chemolumineszenz), elektr. (⁄ Elektrolumineszenz) oder mechan. Vorgänge (**Tribo-L.,** beim Zerbrechen von Kristallen) sowie durch Erhöhung der Temperatur (⁄ Thermolumineszenz). Die **Bio-L.** versch. Pflanzen und Tiere ist eine Form der Chemolumineszenz. Tritt die L. praktisch nur während der Erregung auf, spricht man von ⁄ Fluoreszenz, sonst von ⁄ Phosphoreszenz.

Lumineszenzdiode (Leuchtdiode, LED [engl. **l**ight **e**mitting **d**iode]), Halbleiterdiode, die im Bereich des pn-Übergangs spontane Lumineszenzstrahlung emittiert, wenn ein Strom in Durchlassrichtung fließt (⁄ Halbleiter). Die angelegte Spannung bewirkt eine erhöhte Zahl wandernder Elektronen vom n-Gebiet und Löcher vom p-Gebiet in den Bereich des pn-Übergangs, wo sie rekombinieren. Da die Elektronen dabei vom Leitungsband in das energetisch niedriger liegende Valenzband wechseln, wird ein bestimmter Betrag an Energie freigesetzt, der als sichtbares oder infrarotes Licht abgestrahlt wird. Die Wellenlänge des emittierten Lichts hängt von der Größe der durch die Grundsubstanz und die Dotierung festgelegten Energiebandlücke ab.

L. sind meist sog. III-V-Verbindungen, da sie aus Elementen der 3. und 5. Gruppe des Periodensystems bestehen. Typ. Vertreter sind u. a. Galliumarsenid

(GaAs), Galliumphosphid (GaP), Galliumnitrid (GaN), die vielfach mit Fremdatomen (z. B. Silicium, Stickstoff) dotiert werden, um die Effektivität der Energieumwandlung zu erhöhen. Die Leuchtdichte ist über einen weiten Bereich zum Durchlassstrom proportional. Neuere Entwicklungen sind L. aus Licht erzeugenden Polymeren. Die notwendigen optoelektron. Eigenschaften solcher **org. L.** (**OLED**, engl. **o**rganic **l**ight **e**mitting **d**iode) basieren auf halbleitenden organ. Makromolekülen, die unter dem Einfluss eines elektr. Feldes Lumineszenzstrahlung aussenden. OLEDs können (im Ggs. zu konventionellen LEDs) flexibel und großflächig aufgebracht werden und sind leicht, dünn und blendfrei. – L. werden u. a. als Anzeigeelement (**LED-Display**, z. B. in Uhren, Taschenrechnern, Mobiltelefonen, elektron. Messgeräten), als optoelektron. Sender (∕ Optoelektronik) und in ∕ Optokopplern eingesetzt. Zukünftige OLEDs könnten als Displays in beliebiger Form (»aufrollbarer Bildschirm«) Verwendung finden. L. sind klein, leicht, unzerbrechlich, langlebig, leistungsstark und Strom sparend, allerdings in den Herstellungskosten noch sehr hoch.

Lumineszenzmethoden, auf dem Phänomen der ∕ Lumineszenz beruhende Verfahren zur numer. Altersbestimmung von archäolog. Artefakten und jungen Sedimenten. Das »kalte Leuchten« elektrisch nicht leitender Minerale (v. a. Quarz und Feldspat) wird durch die Dosis ionisierender Strahlung angeregt und durch Erwärmen oder Beleuchten stimuliert. Je nach der Art der Stimulation spricht man von ∕ Thermolumineszenz oder **optisch stimulierter Lumineszenz (OSL)**. Durch Verwendung versch. Wellenlängen des Stimulationslichts (blaue, grüne oder infrarote OSL) werden physikalisch unterschiedl. Anregungszustände zugänglich. Das Alter ergibt sich aus dem Quotienten von Dosis und Dosisleistung. – Mit L. lassen sich Ereignisse der letzten Erhitzung sowie der letzten Belichtung datieren (als das vorherige Lumineszenzsignal der Mineralkörner gelöscht wurde). Erhitzte Artefakte sind z. B. Keramikobjekte, Ziegel, Öfen, Schlacken. Während der Ablagerung sind Mineralkörner dem Licht ausgesetzt, was die Datierung von vielfältigen Sedimenten (wie Dünen, Fluss- und Seesedimente, Ablagerungen der Bodenerosion) ermöglicht. Der zeitl. Anwendungsbereich der L. reicht von etwa 100 bis zu einigen 100 000 Jahren.

Luminophore [grch.], Stoffe, die ∕ Lumineszenz zeigen, insbesondere die ∕ Leuchtstoffe.

Lummen [skandinav.] (Uria), Gattung oberseits schwarzer, unterseits weißer Alken mit zwei etwa 40 cm großen Arten, v. a. auf einsamen Felseninseln der Nordmeere (auch auf Helgoland), darunter die **Trottellumme** (Uria aalge).

Lummer, Otto, Physiker, *Gera 17. 7. 1860, †Breslau 5. 7. 1925; Arbeiten zur Optik und Temperaturstrahlung; untersuchte Interferenzen an planparallelen Platten, erfand (mit E. J. Gehrcke) die ∕ Lummer-Gehrcke-Platte und (mit Eugen Brodhun (*1860, †1938) den **L.-Brodhun-Würfel** zum photometr. Vergleich zweier Lichtquellen (∕ Photometrie). L. konstruierte den ersten brauchbaren ∕ schwarzen Körper.

Lummer-Gehrcke-Platte [nach O. Lummer und dem Physiker Ernst Johann Gehrcke, *1878, †1960], Interferenzspektroskop hoher Auflösung (bis zu 10^{-6} der Wellenlänge), das nach dem Prinzip der Vielstrahlinterferenz arbeitet; besteht aus einer planparallelen Glasplatte, in die das Licht durch ein Prisma so eingekoppelt wird, dass an den Grenzwinkel der Totalreflexion auf die Plattenoberflächen trifft und mehrfach hin- und herreflektiert wird, wobei jeweils ein Bruchteil des Lichts streifend aus der Platte austritt. Die parallel austretenden Teilwellen, die einen konstanten Gangunterschied besitzen, interferieren miteinander und ergeben im Unendlichen parallele Interferenzstreifen (Interferenzen gleicher Neigung), die durch eine Sammellinse in die Brennebene der Linse verlegt werden.

Lumpenproletariat, bei K. Marx jene unterhalb des Proletariats vorhandenen deklassierten, bes. asozialen Personen der Großstädte, von denen kein Klassenbewusstsein zu erwarten sei.

Lumpfisch, ein ∕ Seehase.

Lumumba, Patrice, kongoles. Politiker, *Onalua (Prov. Kasai) 2. 7. 1925, †Elizabethville (heute Lubumbashi) 18. 1. 1961; setzte sich für einen kongoles. Einheitsstaat sowie für eine Außenpolitik des »positiven Neutralismus« ein. Im Juni 1960 wurde er der erste MinPräs. der kongoles. Zentralregierung, im Sept. 1960 jedoch von Staatspräs. J. Kasavubu abgesetzt und verhaftet, nach Katanga verschleppt und in der Nacht vom 17. zum 18. 1. 1961 ermordet. Ein parlamentar. Untersuchungsausschuss in Belgien hat 2001 eine moral. Mitverantwortung der damaligen belg. Reg. an der Ermordung L.s festgestellt.

Luna, Name unbemannter sowjet. Mondsonden, Nachfolger der ∕ Lunik genannten Sonden. Zw. 1963 und 1976 wurden insgesamt 21 Sonden gestartet (L. 4–24). Mit L. 9 glückte die erste weiche Mondlandung (1969); L. 16, 20 und 24 kehrten zur Erde zurück; L. 17 und 21 transportierten je ein Fahrzeug (∕ Lunochod) zum Mond.

Luna [lat. »Mond«], röm. Mondgöttin.

lunar, auf den Mond bezogen, den Mond betreffend.

Lunaria, die Pflanzengattung ∕ Silberblatt.

Lunar Orbiter ['luːnə 'ɔːbɪtə; engl. »Mondumkreiser«], Bez. für unbemannte amerikan. Mondsatelliten (L. O. 1–5, 1966/67), die zur Erkundung von Landeplätzen für das Apollo-Programm sowie die wiss. Erforschung des mondnahen Raums entwickelt wurden.

Lunar Prospector ['luːnə prə'spektə; engl.], *Raumfahrt:* ∕ Mondsonden.

Lunation [lat.] *die,* die Zeit, in der die Mondphasen einen vollen Zyklus durchlaufen; ihr Durchschnitt ist der synod. ∕ Monat.

Lunatismus *der,* der ∕ Somnambulismus.

Lunatscharski, Anatoli Wassiljewitsch, russ. Schriftsteller und Politiker, *Poltawa 23. 11. 1875, †Menton (Dép. Alpes-Maritimes) 26. 12. 1933; Freund M. Gorkis und Mitarbeiter Lenins, war 1917–29 Volkskommissar für das Bildungswesen in der RSFSR bzw. der Sowjetunion. Als marxist. Revolutionär und vielseitiger, produktiver Kunstkritiker hat L. die sowjet. Kulturpolitik und Kunst der 1920er-Jahre entscheidend mitgeprägt. 1933 wurde er zum Botschafter in Spanien ernannt, starb aber auf dem Weg dorthin.

Lunch [lʌntʃ, engl.] *der,* kleine Mittagsmahlzeit (in Großbritannien, Amerika).

Lund, Stadt im VerwBez. Skåne, Schweden, 98 300 Ew.; luther. Bischofssitz; Univ. (1668 gegr.), Museen; Handschuhfabrik, Herstellung von Verpackungsmaterial, Druckereien. – Der Dom ist Schwedens bedeutendstes roman. Bauwerk (1080–1145). – L., im 11. Jh. gegr., war 1104–1536 Metropolitansitz, gehörte bis 1658 zu Dänemark. – Abb. S. 2900

Lunda (Balunda), Bantuvolk im S der Demokrat. Rep. Kongo, NO-Angola und N- und NW-Sambia; etwa 2 Mio. Menschen; Waldlandbauern und Jäger,

Otto Lummer

Patrice Lumumba

Anatoli Lunatscharski

Lund: Dom (1080–1145)

ehemals Staatsvolk des **Lundareichs** (16.–19. Jh.); der künstler. Stil der L. ist stark vom Erbe der Luba geprägt.

Lụndberg [-bærj], Erik Filip, schwed. Volkswirtschaftler, *Stockholm 13. 8. 1907, †ebd. 15. 9. 1987; v. a. Arbeiten zur Konjunkturtheorie. Der nach ihm benannte **L.-Lag** beschreibt die zeitl. Verzögerung zw. effektiver Nachfrage und dadurch bewirkter Anpassung der Produktion.

Lụndenburg, Stadt in der Tschech. Republik, ∕ Břeclav.

Lụndgren [-gre:n], Egron Sellif, schwed. Maler, *Stockholm 18. 12. 1815, †ebd. 16. 12. 1875; lebte 1839–69 im Ausland und war 1858–59 Kriegsberichterstatter in Indien; trat v. a. als Aquarellist mit nahezu impressionistisch erfassten Genreszenen und Porträts hervor.

Lüneburg, 1) RegBez. in Ndsachs., 15 506 km², 1,67 Mio. Ew., umfasst die Landkreise Celle, Cuxhaven, Harburg, Lüchow-Dannenberg, L., Osterholz, Rotenburg (Wümme), Soltau-Fallingbostel, Stade, Uelzen und Verden.

2) Landkreis im RegBez. L., Ndsachs., 1 323 km², 167 400 Einwohner.

Lüneburg 3) Stadtwappen

3) Hptst. von 1) und Kreisstadt von 2), 66 500 Ew.; am N-Rand der Lüneburger Heide, an der schiffbaren Ilmenau (zur Elbe); Univ. (gegr. 1989), FH Nordostniedersachsen, Sitz der Ost-Akademie, Museum für das Fürstentum L., Dt. Salzmuseum, Ostpreuß. Landesmuseum; Textil- und Bekleidungs-, Elektroind., Maschinenbau, Kunststoff verarbeitende, chem.,

Lüneburg 3): am Ilmenauhafen

Nahrungsmittelind.; Soleförderung für den Kurbetrieb; Hafen am Elbeseitenkanal. – L. ist die einzige unzerstörte Stadt der norddt. Backsteingotik. Sie besteht aus vier Siedlungskernen: »Marktviertel« mit der Michaeliskirche (1376–1434); »Sandviertel« mit der Johanniskirche (13.–14. Jh., 108 m hoher Turm von 1406 ff.); »Salzviertel« (Lambertikirche 1860 abgebrochen); »Wasserviertel« mit der spätgot. Nikolaikirche. Der älteste Teil des Rathauses (14.–18. Jh.) ist die Gerichtslaube (1328–31). Herzogl. Stadtschloss (1695–1700); Heiliggeisthospital (14.–19. Jh.); barockes Kaufhaus (Fassade von 1741–45 erhalten); Alter Kran (urspr. 14. Jh.); rein gotisch erhaltener Platz »Am Sande« mit zahlr. Giebelhäusern des 15./16. Jh. In der Nähe **Kloster Lüne** (1172 gegr. Benediktinerinnenabtei, heute Damenstift). – Entstand aus einer Billungerburg (um 950); Stadtrecht vermutlich von Heinrich dem Löwen (1247 bestätigt); 1267/69–1371 Residenz des **Fürstentums L.**; 1371–1637 reichsstadtähnl. Rechte; im 14.–16. Jh. durch bed. Salzgewinnung und -handel führendes Mitgl. der Hanse; Salzproduktion 956–1980.

4) ehem. Fürstentum, Häuser und Linien der Welfen; entstand 1269 durch die 1. Erbteilung des Herzogtums Braunschweig-L.; nach dem **Lüneburger Erbfolgekrieg** (1369–88) im Besitz der braunschweig. Linie der Welfen (Residenz 1371 nach Celle verlegt); 1705 aufgelöst und mit dem Kurfürstentum Hannover vereinigt.

Lüneburger Heide, Geestlandschaft in Ndsachs., im Norddt. Tiefland, zw. den Urstromtälern von Elbe im N und Aller im S. Die rd. 7 400 km² große, sich in NW–SO-Richtung erstreckende Grundmoränenplatte mit Sanderflächen und Hochmooren wird von mehreren Endmoränenzügen überragt. Die natürl. Bedeckung v. a. mit Eichen-Birken-Wäldern auf trockenen ärmeren Böden ist infolge des Holzbedarfs bes. der Lüneburger Saline sowie bäuerlich-weidewirtsch. Nutzung weitgehend beseitigt. Die bis ins 18. Jh. als Heidschnuckenweide offen gehaltenen Heidegebiete wurden mit Kiefern aufgeforstet oder in Ackerland umgewandelt; Restgebiete werden als Landschaftsschutzflächen bewahrt. Die Wirtschaft ist v. a. von der Landwirtschaft bestimmt, z. T. auch von Forstbetrieben und entsprechender Folgeindustrie (z. B. Zuckerfabrik in Uelzen). Bodenschätze sind Kiese, Sande und Torf, in der Südheide Kieselgur (bei Unterlüß) und Erdöl; 956–1980 wurde Salz gewonnen (Saline in Lüneburg). Bed. Fremdenverkehr. 1922 wurde der Naturschutzpark L. H. (200 km², im Umkreis des Wilseder Bergs, 169 m ü. M.) gegr., 1963 der Naturpark Südheide (500 km²). Die verbliebenen Heideflächen sind selbst im Naturschutzpark L. H. auf heute rd. 5 000 ha geschrumpft. Neuartige Bedrohungen sind der Erholungsverkehr, die militär. Nutzung und die Grundwasserabsenkung durch die Wasserwerke.

Lüneburger Ratssilber, der größte erhaltene Silberschatz einer dt. Stadt (heute in Berlin, Kunstgewerbemuseum), meist Tafelgerät; entstand in den Jahren 1443–1620.

Lünen, Stadt im Kr. Unna, NRW, an der Lippe und am Datteln-Hamm-Kanal (Häfen), 91 600 Ew.; Technologiezentrum; Maschinen- und Stahlbau, Kupferhütte, elektrotechn., Schuh-, Glasindustrie. – Pfarrkirche St. Georg und Katharina (14. Jh.).

Lunenburg [-bə:g], Stadt in der Prov. Nova Scotia, Kanada, an der SO-Küste der Halbinsel, 3 000 Ew. – Das in seiner alten Struktur teilweise noch erhaltene koloniale Stadtbild (streng geometrisch gegliederte Anlage) u. a. mit Saint John's Anglican

Church (1754), Holzhäusern des 18. und 19. Jh. und Resten der Verteidigungsanlage wurde von der UNESCO zum Weltkulturerbe erklärt. – 1753 gegr.; benannt nach der norddt. Stadt Lüneburg, aus der die ersten Siedler kamen.

Lünette [frz. »Möndchen«] *die,* **1)** *Baukunst:* halbkreisförmiges, gerahmtes Bogenfeld, bes. über Türen und Fenstern, oft mit einem Relief geschmückt; v. a. in Renaissance und Barock.

2) *Festungsbau:* Grundrissform von Feldschanzen mit kurzen Flanken.

Lunéville [lyne'vil], Stadt im frz. Dép. Meurthe-et-Moselle, 21 500 Ew.; Fayencemanufaktur, Textil-, Spielzeug-, Elektronik-, Konservenindustrie. – Schloss der letzten Herzöge von Lothringen (18. Jh.; 2003 durch Großbrand stark zerstört). – Der **Frieden von L.** (9. 2. 1801), der die /Französischen Revolutionskriege abschloss, bestätigte den Frieden von /Campoformio. Die Entschädigung der dt. Fürsten für Verluste linksrhein. Gebiete wurde durch den /Reichsdeputationshauptschluss geregelt.

Lungau, Tallandschaft der oberen Mur, Österreich, von Hohen und Niederen Tauern sowie Gurktaler Alpen umschlossen, entspricht dem salzburg. Bezirk Tamsweg.

Lunge (Pulmo), paariges Atmungsorgan der Lungenfische, Amphibien, Reptilien, Vögel und Säugetiere. Die L. des Menschen nimmt den Brustraum beiderseits des Herzens ein und wird in ihrer Gestalt durch das Zwerchfell und den Brustkorb bestimmt. Vom L.-Fell, der inneren Auskleidung des /Brustfells, überzogen, besteht die rechte L. aus drei (Ober-, Mittel-, Unterlappen), die linke L. aus zwei **L.-Lappen** (Ober-, Unterlappen), die durch tiefe Spalten voneinander getrennt sind. Jeder L.-Lappen wird in

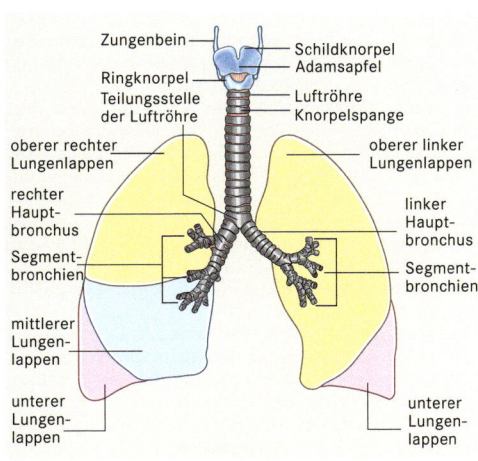

Lunge: Lunge mit Luftröhre und Bronchien

L.-Segmente unterteilt. Durch die L.-Pforte **(L.-Hilus)** treten Bronchien, Blut- und Lymphgefäße sowie Nerven in Form eines von Bindegewebe umhüllten Strangs **(L.-Wurzel)** in die L. ein. Zu jedem L.-Lappen gehört eine große Bronchie mit begleitender L.-Arterie. Die Hauptbronchien teilen sich beim Eintritt in die L. in mehrere kleine Äste (Bronchien), diese wiederum in noch kleinere (Bronchioli) auf. Die kleinsten Kapillaren gliedern sich dann in die **L.-Alveolen** (Bläschen) auf (rd. 300–450 Mio.), deren Gesamtoberfläche etwa 100 m² beträgt. Nur in diesen von einem dichten Blutkapillarnetz eingeschlossenen

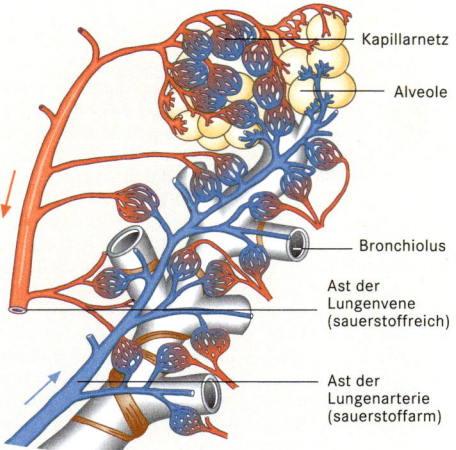

Lunge: Die Lungenalveolen gruppieren sich um einen Bronchiolus (terminalis); das sauerstoffarme Blut, das aus dem rechten Herzen in einem Kapillarnetz um die Alveolen herumfließt, nimmt dort den Sauerstoff aus der Luft auf und gibt Kohlendioxid an die Luft ab; die beiden Lungenflügel besitzen etwa 300 Millionen Alveolen.

L.-Bläschen tritt Sauerstoff durch die Kapillarwand ins Blut, während Kohlendioxid vom Blut in die L.-Bläschen abgegeben wird.

Lungen|abszess, eitrige, einzeln oder gehäuft auftretende Einschmelzung von Lungengewebe, meist als Komplikation einer (bakteriellen) Lungenentzündung.

Lungen|egelkrankheit (Paragonimiasis, endemische Hämoptyse), bes. in Ostasien verbreitete Lungenerkrankung des Menschen und versch. Säugetiere. Erreger sind die zu den Saugwürmern gehörenden **Lungenegel (Paragonimus).** Die Infektion beim Menschen erfolgt durch den Verzehr roher Krebse und Süßwasserkrabben. Der Lungenbefall führt u. a. zu chron. Husten mit rostbraunem, bluthaltigem Auswurf. Die *Behandlung* erfolgt mit dem Wurmmittel Praziquantel.

Lungenembolie, Verstopfung einer Lungenarterie durch einen verschleppten Blutpfropf (Thrombus), meist aus dem Bereich der Schenkel- und Beckenvenen, auch aus der rechten Herzkammer, seltener durch Luft, Fetttröpfchen oder Fremdkörper (/Embolie).

Lungenemphysem, abnorm vermehrter Luftgehalt der Lunge aufgrund einer Überdehnung (Blähung) von unterschiedlich großen Abschnitten des Lungengewebes mit Untergang von Lungenbläschen. Die **akute Lungenblähung** besteht in einer rückbildungsfähigen Lungenüberdehnung in Einatmungsstellung aufgrund einer Verengung der Bronchiolen im bronchialasthmat. Anfall. Das **chronische L.** ist durch einen über Jahre fortschreitenden Verlust der Lungenelastizität mit Überdehnung der Bronchiolen und Alveolen, Minderdurchblutung und Schwund des Lungengewebes gekennzeichnet; es ist überwiegend Folge der mit einer chron. Bronchitis verbundenen spast. Verengung der Bronchien.

Lungen|entzündung (Pneumonie), meist durch Viren oder Bakterien (Pneumo-, Strepto-, Staphylokokken u. a.) verursachte Infektionskrankheit der Lunge. Die klass. (morpholog.) Einteilung unterscheidet die in der Ausbreitung der anatom. Gliede-

Lungenkraut: Echtes Lungenkraut

rung der Lunge (Segmente, Lappen) folgende **Lappenpneumonie** (Lobärpneumonie) und die hiervon unabhängige, von den Bronchien übergreifende **Bronchopneumonie**. Als atyp. L. bezeichnet man alle durch nichtbakterielle Erreger verursachten L., zu denen Viren (z. B. Influenzaviren), Chlamydien, Mykoplasmen, Rickettsien, Pilze und Parasiten (v. a. Würmer) gehören. Pneumokokkeninfektionen als häufigste bakterielle L. treten meist ausgedehnt in einem oder mehreren Lungenlappen auf, **Viruspneumonien** als häufigste atyp. L. v. a. im Zwischengewebe. Am häufigsten ist die durch unterschiedl. Erreger verursachte Bronchopneumonie, meist nach Virusbefall der Atemwege oder aufgrund anderer Vorschädigungen. Die Symptome der Lappenpneumonie sind Schüttelfrost, plötzl. hohes Fieber, Brustschmerzen, Auswurf, Atemnot und Steigerung der Herzfrequenz; entsprechend dem Schweregrad kommt es zu Sauerstoffmangelzuständen (Zyanose). In schweren Fällen kann es v. a. im frühen und höheren Lebensalter zum Tod durch Kreislaufversagen kommen. Bronchopneumonien sind durch langsam steigendes Fieber und eitrigschleimigen Auswurf gekennzeichnet, Viruspneumonien durch hartnäckigen, trockenen Husten, Kopf- und Gliederschmerzen bei jedoch meist gutartigem Verlauf. Die *Behandlung* besteht in Allgemeinmaßnahmen wie körperl. Schonung, Luftbefeuchtung, reichl. Flüssigkeitszufuhr, Anwendung schleimlösender Mittel, herz- und kreislaufanregender Arzneimittel; die Chemotherapie wird meist mit Breitbandantibiotika eingeleitet.

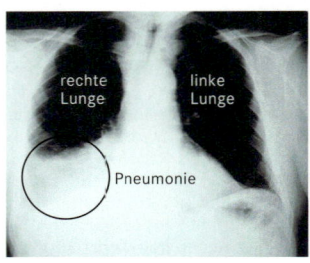

Lungenentzündung: Lappenpneumonie im Röntgenbild

Lungenfell, ↗ Brustfell.
Lungenfische (Lurchfische, Doppelatmer, Dipnoi, Dipneusti), seit dem Unterdevon bekannte Ordnung der Knochenfische; Atmung durch Kiemen und Lungen; ausschließl. Süßwasserbewohner; u. a. der **Djelleh** (Neoceratodus forsteri), bis 2 m lang, in Australien und der **Schuppenmolch** (Lepidosiren paradoxa), etwa 1,2 m lang, in Südamerika.
Lungenflechte (Grubenflechte, Lobaria pulmonaria), unregelmäßig gelappte Laubflechte (10–45 cm Durchmesser); trocken hellbraun, feucht grünlich, an alten Bäumen und Felsen; früher gegen Lungenkrankheiten verwendet.
Lungenfunktionsprüfung (Spirometrie), Bestimmung der Leistungsfähigkeit der Lunge bei der Atemmechanik und beim Gasaustausch. Hierzu zählt v. a. die Bestimmung der Vitalkapazität (↗ Atmung).
Lungengangrän (Lungenbrand), durch Besiedlung mit Fäulnisbakterien hervorgerufener Zerfall von Lungengewebe (feuchte Gangrän) als lebensbedrohl. Komplikation entzündl. Prozesse (z. B. Lungenabszess). Neben den Entzündungssymptomen ist der graubräunl., auch blutige, unangenehm riechende Auswurf kennzeichnend.
Lungen|infarkt, durch Verstopfung einer Lungenarterie (Lungenembolie) hervorgerufenes Absterben eines Lungengewebeabschnitts. Es treten meist plötzl. Atemschmerzen, Atemnot und Herzjagen auf; Lungenembolien der großen Gefäße führen häufig zum Tod.
Lungenkraut (Pulmonaria), Gattung im Frühjahr blühender Borretschgewächse mit roten, später blauen Blüten und weichhaarigen Blättern, in Laubwäldern vorkommend. Häufigste Art ist das ausdauernde, 15–30 cm hohe **Echte L.** (Pulmonaria officinalis).
Lungenkrebs, bösartige Gewebeneubildung (↗ Krebs) der Lunge, die meist von der Schleimhaut der Bronchien **(Bronchialkrebs)** ausgeht. Häufigste Form ist das Plattenepithelkarzinom, dicht gefolgt von dem kleinzelligen Karzinom (bes. bösartig); seltener sind das Adenokarzinom (mit dem Alveolarzellenkarzinom) und das großzellige Karzinom sowie Mischformen.
Als Hauptursache des L. gilt das Rauchen (nach Schätzungen 90 %), das aufgrund der Einwirkung von Teerprodukten u. a. Krebs erregenden Substanzen zur chron. Entzündung der Bronchien mit Zerstörung des Flimmerepithels und Ersatz durch Plattenepithel führt, wobei langfristige Entzündungsreize eine krebsige Entartung hervorrufen. Auch Krebs erregende Arbeitsstoffe wie Asbest, Arsen, Steinkohlenteer und ionisierende Strahlen (eingeatmetes Radon) kommen als Ursache in Betracht. Die Symptome bestehen zunächst in chron. Husten ("Raucherhusten") mit verstärktem Auswurf (auch blutig). Bei Einengung zentraler Atemwege entwickelt sich eine stärkere Atemnot. Fieber, Nachtschweiß und Brustschmerzen können Anzeichen einer begleitenden Lungenentzündung oder der Tumorerkrankung selbst sein. Weitere Beschwerden entstehen durch Metastasenbildung, die v. a. Leber, Skelett, Gehirn und Nebennieren betrifft. Die *Behandlung* besteht bei örtlich begrenztem L. in der Entfernung eines Lungenlappens oder der gesamten rechten oder linken Lunge; v. a. bei kleinzelligem Bronchialkrebs ist eine Lebensverlängerung durch Kombination von zytostat. und Strahlentherapie möglich.
Lungen|ödem, abnorme Ansammlung seröser Flüssigkeit im Lungengewebe, wodurch die entsprechenden Teile ihre Funktionsfähigkeit für die Atmung verlieren. Ursachen sind Blutstauung im Lungenblutkreislauf, Linksherzinsuffizienz, toxisch-infektiöse und allerg. Lungenerkrankungen. Symptome sind rasselnde Atemgeräusche, schaumiger Auswurf und hochgradige Atemnot.
Lungenschlag, plötzl. Tod durch Lungenembolie.
Lungenschnecken (Pulmonata), Überordnung größtenteils landbewohnender, zwittriger Schnecken, deren erweiterte Mantelhöhle mit ihrem blutgefäßreichen Netz als Lunge dient.
Lungenwürmer, im Bronchialbaum und Lungengewebe der Wirtstiere schmarotzende Fadenwürmer, bes. bei Rind, Schaf oder Schwein. Werden L. auf feuchtem Gelände (Weide) mit der Nahrung aufgenommen, verursachen sie, bes. bei Wiederkäuern, die **Lungenwurmseuche (Lungenwurmkrankheit);** gekennzeichnet u. a. durch Schädigungen in den Atmungsorganen.
Lunik [russ., zu lat. luna »Mond«], Bez. für drei sowjet. Mondsonden (L. 1–3, 1959), Vorläufer der ↗ Luna genannten Sonden. L. 3 lieferte die ersten Aufnahmen von der Mondrückseite.
Lunisolarjahr, ↗ Kalender.
Lunochod [-x-; russ. »Mondgänger«] *das,* Bez. für sowjet. Mondfahrzeuge, die von der Erde aus gesteuert wurden. L. 1 wurde 1970 von Luna 17 abgesetzt, L. 2 1973 von Luna 21 (↗ Luna).

Luns [lyns], Joseph, niederländ. Politiker, *Rotterdam 28. 8. 1911, †Brüssel 17. 7. 2002; Jurist, förderte als Außenmin. (1956–71) die europ. Integration; 1971–84 Gen.-Sekr. der NATO. 1967 erhielt L. den Internat. Karlspreis der Stadt Aachen.

Lunte [nd. »Fetzen«], **1)** *Waffentechnik:* aus Flachs oder Hanffasern gedrehte, mit Bleiacetat getränkte, langsam glimmende Schnur, diente im 15.–19. Jh. als Zündmittel bei Feuerwaffen.
2) *Zoologie:* Schwanz von Fuchs, Marder, Wolf und Wildkatze.

Lunula [lat. »kleiner Mond«] *die,* **1)** *Anatomie:* halbmondförmiger weißer Fleck am hinteren Nagelbett.
2) *Vorgeschichte:* halbmondförmiger Halskragen aus Goldblech, bes. der frühen Bronzezeit Irlands.

Luo, Nilotenstamm in W-Kenia und Uganda, z. T. auch in N-Tansania und in S-Sudan; Savannenpflanzer und Viehzüchter; etwa 3,4 Millionen Menschen.

Luoyang (Lojang, Loyang), Stadt in China, in der Prov. Henan, am Lo He, 759 800 Ew.; Fachhochschule; Ind.zentrum, u. a. Bau von Traktoren, Schwermaschinen, Zementindustrie. – Als eine der ältesten chines. Metropolen war L. Hptst. der Östl. Zhou (771–249 v.Chr.), der Östl. Han (125–220 n.Chr.), der Wei (220–265), der Jin (265–420), der Nördl. Wei (386–534); zweite (östl.) Hptst. unter den Sui (581/89–618) und Tang (618–907).

Lupe [von frz. loupe] (Vergrößerungsglas), Sammellinse kurzer Brennweite zur vergrößernden Beobachtung kleiner Gegenstände. Das Objekt befindet sich in der vorderen Brennebene der Linse, sodass ein virtuelles vergrößertes, aufrechtes Bild im Unendlichen entsteht, das mit völlig entspanntem (für die Ferne akkommodiertem) Auge betrachtet werden kann. Die Vergrößerung ist annähernd gleich dem Verhältnis der deutl. Sehweite (für das normale Auge 250 mm) zur Linsenbrennweite; eine Linse mit der Brennweite 50 mm vergrößert also 250 : 50, d. h. 5fach. Die maximale mit einer L. erreichbare Vergrößerung beträgt ca. 20–30. Für spezielle Zwecke gibt es versch. L.-Formen, u. a. das **Leseglas** (etwa zweifache Vergrößerung).

Lüpertz, Markus, Maler, *Reichenberg (heute Liberec) 25. 4. 1941; schuf neben gegenständl. Darstellungen mit Symbolgehalt sowie kunstgeschichtl. und polit. Bezügen auch abstrakte Kompositionen und Plastiken. 1992 entwarf er den Einband für »Meyers neues Lexikon« (1993). L. ist auch schriftstellerisch tätig.

Lupin, früherer Name der Stadt ↗ Manzhouli, China.

Lupine *die* (Lupinus), Gattung der Schmetterlingsblütler, v. a. in Nordamerika, einige Arten im Mittelmeergebiet; vorwiegend Kräuter oder Halbsträucher mit meist gefingerten Blättern, mehrfarbigen Blüten in Trauben und oft ledrigen, dicken Hülsen. L. sind bes. für die Landwirtschaft wichtig, u. a. als Grünfutter und zur Gründüngung (Stickstofflieferant durch Knöllchenbakterien); auch Zierpflanzen. Wichtige Arten sind u. a.: **Gelbe L.** (Lupinus luteus), bis 70 cm hoch, mit gelben wohlriechenden Blüten; **Schmalblättrige L.** (**Blaue L.,** Lupinus angustifolius), mit blauen Blütentrauben; **Vielblättrige L.** (**Stauden-L.,** Lupinus polyphyllus), bis 1,5 m hoch, Zierpflanze in versch. Farben; **Weiße L.** (Lupinus albus), mit weißen Blüten. – Heute fast ausschl. als Futterpflanzen angebaut werden bitterstofffreie oder -arme Zuchtformen, die **Süßlupinen.**

Luppe, 1) roher, schlackehaltiger Eisen- bzw. Stahlklumpen; **2)** hohlzylinderförmiges Zwischenprodukt bei der Verformung von Walzstahlblöcken zu nahtlosen Rohren.

Lupu, Radu, rumän. Pianist, *Galatz (heute Galaţi) 30. 11. 1945; Interpret der Klaviermusik v. a. von W. A. Mozart, F. Schubert und L. van Beethoven.

Lupulin [lat.] *das,* ↗ Hopfen.

Lupus *der, Astronomie:* lat. Name des Sternbilds ↗ Wolf.

Lupus erythematodes [grch.] *der,* Abk. **LE,** Bez. für Autoimmunkrankheiten der Haut und der inneren Organe mit unbekannter Ursache. Bei dem häufigen **chron. kutanen LE** (LE chronicus discoides), der auf die Haut beschränkt ist, finden sich v. a. im Gesichtsbereich, oft schmetterlingsförmig an Nase und Wangen, scheibenförmige Rötungen mit follikulären Verhornungen. Beim seltenen lebensbedrohl. **akuten system. LE** (bes. bei Frauen im dritten Lebensjahrzehnt) werden v. a. innere Organe, z. B. Niere, Herz und Gelenke, befallen. An der Entstehung sind im Blut nachweisbare Antikörper gegen körpereigene Substanzen sowie gegen Blutzellen (z. B. Leukopenie und Anämie) beteiligt; die sich hieraus bildenden Immunkomplexe lagern sich in Gefäßwänden ab und führen zu versch. Organveränderungen. Der *Behandlung* des akuten system. LE dienen Corticosteroide sowie Immunsuppressiva, beim chron. kutanen LE werden v. a. Lichtschutz- und Corticoidsalben sowie Chloroquin angewendet.

Lurçat [lyr'sa], **1)** André, frz. Architekt, *Bruyères (Dép. Vosges) 27. 4. 1894, †Sceaux 10. 7. 1970, Bruder von 2); zählt neben A. Perret zu den Hauptvertretern des internat. Stils in Frankreich; hielt sich 1934–37 in Moskau auf.
2) Jean, frz. Maler und Kunsthandwerker, *Bruyères (Dép. Vosges) 1. 7. 1892, †Saint-Paul-de-Vence (Dép. Alpes-Maritimes) 6. 1. 1966, Bruder von 1). Seine lyrisch-fantasievollen Entwürfe für die Gobelinmanufaktur in Aubusson trugen zur künstler. Erneuerung des Bildteppichs bei; außerdem zahlr. Buchillustrationen.

Joseph Luns

Lupine: Vielblättrige Lupine

Markus Lüpertz: Schwarz-Rot-Gold – dithyrambisch (1974; Köln, Galerie Werner)

Lurche [zu nd. lork »Kröte«], die Wirbeltierklasse ↗ Amphibien.

Lurchfische, die ↗ Lungenfische.

Lure
aus Lübzin, Kreis Güstrow (Lübstorf, Schloss Wiligrad, Archäologisches Landesmuseum)

Lure [altnord.] *die,* Blasinstrument aus Bronze, das im Nord. Kreis der jüngeren Bronzezeit (13.–7. Jh. v. Chr.; Funde in Norwegen, Dänemark und S-Schweden) belegt ist; diente wahrscheinlich kult. Zwecken. Die L. besteht aus einem gewundenen Rohr von 2 bis 3 m Länge mit Mundstück und verzierter Scheibe an der Schallöffnung. L. wurden meist paarweise mit gleicher Stimmung gefunden.

Luren (Loren), in zahlr. Stämme gegliedertes Volk im mittleren Zagrosgebirge, W-Iran und z. T. in Irak; Muslime (Schiiten), früher Nomaden, heute z. T. sesshaft.

Lurex® [Kw.] *das,* mit metallisierten Fasern hergestelltes Garn, Gewebe, Gewirke.

Luria, Salvador Edward, amerikan. Mikrobiologe italien. Herkunft, *Turin 13. 8. 1912, †Lexington (Mass.) 6. 2. 1991; arbeitete v. a. über Bakteriophagen. Für seine Erkenntnisse über den Vermehrungsmechanismus der Viren und deren genet. Struktur erhielt er 1969 mit M. Delbrück und A. D. Hershey den Nobelpreis für Physiologie oder Medizin.

Salvador E. Luria

Lusaka, Hptst. von Sambia, 1 280 m ü. M., im südl. Zentrum des Landes, 1,72 Mio. Ew.; Sitz eines kath. Erzbischofs und eines anglikan. Bischofs; Univ., Nationalarchiv und -bibliothek, Theater; Handelszentrum eines fruchtbaren Farmgebietes; vielseitige Ind. (Kfz-Montage, chem., Textil-, Tabakind.); internat. Flughafen. – 1905 beim Bau der Eisenbahn in den Copperbelt gegr.; wurde 1935 Hptst. von Nordrhodesien (heute Sambia).

Lusen *der,* Berg im Nationalpark Bayerischer Wald, nahe der Grenze zur Tschech. Rep., 1 370 m ü. M.

Lushan-Nationalpark [-ʃan-], Nationalpark (UNESCO-Weltnaturerbe) im N der Prov. Jiangxi, China, 250 km²; Berglandschaft um das Gebirgsmassiv des Lushan mit mehr als 90 Gipfeln (bis 1 474 m ü. M.), mit Seen, Wasserfällen, Wäldern, Felsen, aber auch buddhist. und daoist. Tempeln und Klöstern.

Lusitania, röm. Prov. im W der Iber. Halbinsel, etwa dem heutigen Portugal entsprechend, mit der Hptst. Olisippo (Lissabon).

Lusitania-Zwischenfall, Versenkung des brit. Passagierschiffs »Lusitania«, das auch Munition an Bord hatte, durch ein dt. U-Boot am 7. 5. 1915 vor der irischen Küste, wobei 1 198 Menschen umkamen (darunter mehr als 120 Amerikaner). V. a. die amerikan. Protestnoten bewirkten eine vorübergehende Einschränkung des dt. U-Boot-Kriegs.

Lusizen (slaw. Lužici), im MA. westslaw. Stamm in der Niederlausitz.

Hans Luther

Lust, auf Befriedigung eines stark empfundenen Bedürfnisses oder Mangels (bes. sinnl. und triebhafter Art) zielender Antrieb wie auch die mit der Befriedigung verbundene positive Gefühlsqualität (heftiges, zeitlich begrenztes Glücksgefühl, Freude, Genuss); Ggs.: Unlust. – In der *Philosophie* sieht der ↗ Hedonismus im Streben nach L. den tiefsten Beweggrund für jegl. (auch sittl.) Handeln. Der Gedanke der psych. Motivation nach dem **L.-Prinzip** (Libido) spielte in der *Psychoanalyse* S. Freuds eine Rolle, später auch in den psychoanalytisch orientierten Richtungen des Neomarxismus (v. a. H. Marcuse).

Lustenau, Marktgem. im Bez. Dornbirn, Vorarlberg, Österreich, im Rheintal, 19 700 Ew.; Stickereimuseum, Wasserbaumuseum (Rheinregulierung); ein Zentrum der Textilind. (Stickerei, Weberei u. a.), Metallverarbeitung, Möbel-, Kartonagenherstellung; Obstbaumkulturen.

Lüster [frz.], **1)** *veraltend:* Kronleuchter.
2) *Kunst:* irisierend glänzender, auch farbig schimmernder Überzug auf Fayence, Porzellan oder Glas. L. entstehen, wenn man in äther. Ölen gelöste Metallresinate (↗ Harzseifen) auf einfarbige (glasierte) oder mit Unterglasurmalerei (↗ Glasur) versehene Keramik aufträgt und einbrennt bzw. Glas heiß behandelt. Dabei bilden sich sehr dünne Schichten von Metalloxiden.
3) *Textiltechnik:* dichtes, glänzendes Gewebe, meist in Leinwandbindung, mit Baumwollkette und Glanzwolle (L.-Garn) im Schuss; z. B. für Jacken und Schürzen.

lustige Figur, ↗ komische Person.

Lustmord, vorsätzl. Tötung eines Menschen zur Befriedigung des Geschlechtstriebes; nach §211 StGB mit lebenslanger Freiheitsstrafe bedroht.

Lustrum [lat.] *das,* in der altröm. Religion ein Reinigungsopfer, bei dem das der Gottheit bestimmte Tier um die zu entsühnenden Personen oder Grundstücke geführt wurde; ein alle fünf Jahre wiederkehrendes Sühneopfer; daher auch Bez. für einen Zeitraum von fünf Jahren.

Lustspiel, dt. Übersetzung von lat. »comoedia«, erstmals 1536 im Titel eines anonymen Stückes, dann erst wieder im 17. Jh. gebraucht (A. Gryphius), seit dem 18. Jh. allg. üblich (J. C. Gottsched) und zumeist mit ↗ Komödie synonym verwendet.

Lüta, früherer Name der Stadt ↗ Dalian, China.

luteinisierendes Hormon, Abk. **LH** (Gelbkörperreifungshormon, Lutropin, Interstitialzellen stimulierendes Hormon, Abk. **ICSH**), ein Glykoprotein; es löst bei der Frau den Eisprung aus und ist u. a. für Funktion und Lebensdauer des Gelbkörpers verantwortlich; beim Mann steuert es Produktion und Ausschüttung der Androgene des Hodens (insbesondere des Testosterons).

luteotropes Hormon, Abk. **LTH** (Prolactin), Hormon des Vorderlappens der Hirnanhangdrüse; hat beim Menschen Einfluss auf die Reifung des Milch bildenden Systems (↗ Hormone, Übersicht).

Lutetium [nach Lutetia, dem lat. Namen von Paris], chem. Symbol **Lu**, Metall aus der Gruppe der ↗ Lanthanoide, Ordnungszahl 71, relative Atommasse 174,967, Dichte (bei 20°C) 9,841 g/cm³, Schmelzpunkt 1 653°C, Siedepunkt 3 393°C. – L. kommt als Begleitsubstanz in mehreren Mineralen, u. a. im Gadolinit und Xenotim, vor; es findet außer im Cermischmetall keine techn. Anwendung. – Bis 1949 wurde es in Dtl. **Cassiopeium** (Symbol **Cp**) genannt.

Luther, 1) Hans, Politiker, *Berlin 10. 3. 1879, †Düsseldorf 11. 5. 1962; parteilos, der DNVP nahe stehend, war 1923–25 Reichsfinanzmin.; 1923–24 hatte er Anteil an der Stabilisierung der Währung. Von Jan. 1925 bis Mai 1926 Reichskanzler, schloss er zus. mit Außenmin. G. Stresemann die ↗ Locarnoverträge ab. 1930–33 war L. Reichsbankpräs., 1933–37 Botschafter in Washington (D. C.).

2) Martin, Reformator, *Eisleben 10. 11. 1483, †ebd. 18. 2. 1546, Sohn des Bergmanns und späteren Hüttenmeisters Hans L. und seiner Frau Margarethe, geb. Lindemann; Schulbesuch in Mansfeld, Magdeburg und Eisenach; seit 1501 Studium an der Univ. Erfurt; 1505 Magister Artium und auf Wunsch seines Vaters Einschreibung an der jurist. Fakultät; nach zwei Monaten Abbruch des Jurastudiums und Eintritt ins Erfurter Augustiner-Eremitenkloster (17. 7. 1505). Äußerer Anlass war das Erlebnis eines schweren Gewitters, bei dem L. das Gelübde ablegte: »Hilf du, hl. Anna, ich will ein Mönch werden.« 1507 Priesterweihe und Beginn des Theologiestudiums; 1510–11 in Ordensangelegenheiten nach Rom entsandt; 1512 Versetzung in den Wittenberger Ordenskonvent, Promotion zum Doktor der Theologie und Prof. für Bibelauslegung; wahrscheinlich 1515/16 (↗Turmerlebnis) Durchbruch seines theolog. Denkens zu den Positionen der späteren ↗Reformation.

Am 31. 10. 1517 veröffentlichte L. in Wittenberg (»Thesenanschlag«) 95 Thesen über den Ablass, um zu einer Disputation aufzufordern. Die unerwartete Öffentlichkeitswirkung und Zustimmung, die sie fanden, waren Ausdruck des in Dtl. angestauten Protestes gegen den Ablasshandel und eine verweltlichte, ihren geistl. Auftrag in großem Umfang nicht mehr ernst nehmende Kirche und bedeuteten faktisch den Beginn der Reformation. Anzeigen in Rom führten zu einem Ketzerprozess gegen L. und zur Vernehmung durch Kardinal ↗Cajetanus (12.–14. 10. 1518); die ↗Leipziger Disputation (1519) mit J. Eck leitete L.s Bruch mit dem Papsttum ein, den er mit der Verbrennung der gegen ihn gerichteten Bannandrohungsbulle ↗Exsurge Domine am 10. 12. 1520 vollzog. Vor dem Reichstag in Worms (17./18. 4. 1521) verteidigte er seine Positionen (↗Hier steh ich, ich kann nicht anders, Gott helfe mir! Amen!), die er v. a. in den so genannten reformator. Hauptschriften (»An den christl. Adel dt. Nation«, »Von der babylon. Gefangenschaft der Kirche«, »Von der Freiheit eines Christenmenschen«, alle 1520) niedergelegt hatte. Den verlangten Widerruf lehnte er ab, worauf die Reichsacht über ihn verhängt wurde. Auf Veranlassung Kurfürst Friedrichs III., des Weisen, von Sachsen wurde L. auf dem Rückweg von Worms »überfallen« und zu seinem Schutz auf die Wartburg gebracht. Hier lebte er zehn Monate als **»Junker Jörg«**. Auf der Wartburg entstand u. a. seine Übersetzung des N. T. 1522 kehrte L. nach Wittenberg zurück, um die radikalen Kirchenreformen ↗Karlstadts (z. B. Entfernung der Bilder aus den Kirchen) rückgängig zu machen; theologisch setzte er sich mit ihm in den zw. dem 9. und 16. 3. 1522 in Wittenberg gehaltenen Invocavitpredigten auseinander. Von den theolog. Auffassungen der ↗Täufer, den revolutionären sozialen Forderungen der Bauern (↗Bauernkrieg) und den v. a. ethisch ausgerichteten Vorstellungen eines auf Vernunft und Moral begründeten Christentums der Humanisten (↗Erasmus u. a.) – alle drei Bewegungen sahen sich zunächst in ihren Anliegen von L. angenommen – grenzte sich L. 1525 in den Schriften »Wider die himml. Propheten«, »Wider die räuber. und mörder. Rotten der Bauern« und »De servo arbitrio« (»Über den geknechteten Willen [davon, dass der freie Wille nichts sei]«) ab. Am 13. 6. 1525 heiratete L. die frühere Nonne Katharina von ↗Bora. Seit 1526 widmete er sich v. a. in Zusammenarbeit mit ↗Melanchthon dem Ausbau und der inneren Festigung des neu entstehenden evang. (Landes-)Kirchen- und Schulwesens (Durchführung der ersten Kirchen- und Schulvisitationen; Neuordnung des Gottesdienstes [↗deutsche Messe]), daneben war er vielfältig theologisch und schriftstellerisch tätig (großer und kleiner ↗Katechismus, 1529; Abschluss der Bibelübersetzung, 1534; zahlr. geistl. Lieder). 1530 unterstützte er Melanchthon von Coburg aus in den Verhandlungen um die Anerkennung des prot. Bekenntnisses auf dem Augsburger Reichstag (↗Augsburgische Konfession), an dem er als Geächteter nicht teilnehmen konnte. 1536 verfasste er im Hinblick auf das seit 1532 von Kaiser Karl V. geforderte Konzil (1537 nach Mantua einberufen und gescheitert) die ↗Schmalkaldischen Artikel. Bis 1545 hielt L. Vorlesungen in Wittenberg. Im Jan. 1546 reiste er trotz schwacher Gesundheit über Halle nach Eisleben, um im Streit der Grafen von Mansfeld zu vermitteln. Er starb dort an einem schon längere Zeit währenden Herzleiden. Sein Leichnam wurde nach Wittenberg überführt und am 22. 2. 1546 in der Schlosskirche beigesetzt.

Martin Luther, Graphik von Lucas Cranach d. Ä. (1522)

L.s Theologie ist ↗Kreuzestheologie, Zentrum seines theolog. Denkens die ↗Rechtfertigung des Sünders allein aus Glauben. Die Rechtfertigung ist ausschl. und unmittelbar im Tod Jesu Christi am Kreuz begründetes Gnadengeschenk Gottes und kann weder durch (verdienstl.) Werke noch durch kirchl. Vermittlung (Ablass) erlangt werden. Sie befreit den Menschen zum Dienst am Nächsten; ohne sie bleibt er in seinem Denken, Fühlen und Handeln Gefangener (»Knecht«) der Sünde. Christl. Existenz ist Nachfolge des Gekreuzigten, wobei L. keine Unterscheidung zw. den geistl. und weltl. Ständen macht. Alle Christen sind in die Nachfolge und zur Priesterschaft (↗Priestertum aller Gläubigen) berufen. Ihr Beruf ist der konkrete Ort, an den sie Gott gestellt hat, ihm und ihren Mitmenschen zu dienen. In der staatl. Gewalt sieht L. die von Gott gewollte äußere Ordnung der Welt (↗Zweireichelehre). Die Bibel ist oberste Autorität für den Christen und wird von L. als »Wort Gottes« dem kirchl. Lehramt übergeordnet. Von den sieben mittelalterl. Sakramenten behält er nur Taufe und Abendmahl bei. In der Abendmahlslehre lehnt er die ↗Transsubstantiation ab, hält aber – im Gegensatz zu Zwingli – an der wirkl. Gegenwart von Leib und Blut Jesu Christi (Realpräsenz) fest. Den Opfercharakter der Messe lehnt er ab und betont den Aspekt der Versammlung der christl. Gemeinde um Gottes Wort und Sakrament.

L.s Wirken beeinflusste wesentlich die Entwicklung der dt. Sprache. Er stellte die dt. Sprache gleichberechtigt neben die drei bis dahin als heilig erachteten Sprachen: Hebräisch, Griechisch und Latein. Von

Luth Lutheraner

Lutherrose

einem Übersetzer forderte er den Aufbau eines reichen Wortschatzes, der sich auch an der gesprochenen Sprache orientieren sollte (»Sendbrief vom Dolmetschen«, 1530). Er hat selbst die dt. Hochsprache meisterhaft gehandhabt und entscheidend zu ihrer Durchsetzung beigetragen (1522 dt. Übers. des N. T., 1523/24 von Teilen des A. T., 1534 »Biblia, das ist, die gantze Hl. Schrifft, Deudsch. D. Mart. Luth.«). L. schloss sich an bereits ausgebildete überregionale Sprachformen an, an die Sprache der sächs. (Meißen), später auch der habsburg. Kanzlei und an die Traditionen der mitteldt., mystisch-erbaul. Prosaliteratur. In Lautstand, Orthographie, Flexion (volle Endungen), Wortschatz und Syntax wurde außerdem gemeinsam mit den Druckern seiner Werke ein Mittelweg zw. den bestehenden Schreibdialekten angestrebt. Für die Wirkungsgeschichte seiner Sprache **(L.-Deutsch)** war bedeutsam, dass kein Werk vorher eine so umfassende Verbreitung über das gesamte dt. Sprachgebiet und in allen Ständen gefunden hatte. Der Reichtum von L.s literarisch-sprachl. Schaffen zeigt sich auch in den »Tischreden oder Colloquia Doct. Mart. Luthers ...« (1566) und bes. in seinen geistl. Liedern (u. a. »Ein feste Burg ist unser Gott«). Dass L. der Kunstmusik breiten Raum im Gottesdienst einräumte, prägte die Entwicklung der prot. Kirchenmusik.

Lutheraner, die in der Tradition der Theologie M. Luthers lebenden Christen. (↗ Luthertum, ↗ lutherische Kirchen).

Luther-Gesellschaft, 1918 in Wittenberg gegr. Gesellschaft zur Förderung der Erforschung von Leben und Werk Luthers; Sitz: Hamburg (seit 1954); gibt das »Luther-Jahrbuch« (1919–41, 1957 ff.) und die Zeitschrift »Luther« (1919–41, 1953 ff.) heraus; vergibt seit 1995 den **Martin-Luther-Preis** für junge Wissenschaftler.

lutherische Kirchen, die aus der Reformation M. Luthers hervorgegangenen Kirchen, deren gemeinsame Bekenntnisgrundlage neben der Bibel und den ökumen. ↗ Glaubensbekenntnissen v. a. die ↗ Augsburgische Konfession und die ↗ Konkordienformel bilden; verbreitet v. a. in Dtl., Skandinavien, Estland, Lettland und Nordamerika. Weltweit zählen die l. K., von denen die meisten dem Luth. Weltbund angehören, rd. 65 Mio. Mitgl. (2002); die größte luth. Kirche der Welt ist die luth. Kirche Schwedens (rd. 7,6 Mio. Mitgl.; bis 1999 Staatskirche), die zahlenmäßig stärkste Kirche in Dtl. die Evang.-luth. Landeskirche Hannovers (rd. 3,17 Mio. Mitgl.). Staatskirchen sind die l. K. in Dänemark, Island und Norwegen. In Dtl. haben sich die luth. Landeskirchen (außer Oldenburg und Württemberg) zur ↗ Vereinigten Evangelisch-Lutherischen Kirche Deutschlands (VELKD) zusammengeschlossen; die früheren luth. Freikirchen bilden (mit Ausnahme der Evang.-luther. Kirche in Baden) heute die ↗ Selbständige Evangelisch-Lutherische Kirche.

Lutherischer Weltbund, Abk. **LWB,** 1947 in Lund gegründete, aus dem **Luth. Weltkonvent** hervorgegangene Gemeinschaft luth. Kirchen weltweit; Sitz: Genf; oberstes Organ ist die alle sechs Jahre tagende Vollversammlung (zuletzt 2003 in Winnipeg), die auch den Präs. wählt. Dem L. W. gehören 136 ↗ lutherische Kirchen mit insgesamt über 61 Mio. Mitgl. an. Seine Aufgaben sieht der L. W. in der Förderung der Verkündung des Evangeliums, der ökumen. Zusammenarbeit der Kirchen und im Einsatz für die weltweite Anerkennung der Menschenrechte und die Schaffung einer neuen, gerechteren Weltwirtschaftsordnung.

Albert Luthuli

Witold Lutosławski

Lüttich 2) Stadtwappen

Lutherrock, seit dem 19. Jh. von luth. Geistlichen getragener, schwarzer, einreihiger, hochgeknöpfter ↗ Gehrock; Repräsentationskleidung für weltl. Anlässe im Ggs. zum gottesdienstl. Talar.

Lutherrose, weiße herald. Rose, belegt mit einem roten Herzen, darin ein schwarzes Kreuz; entworfen von M. Luther und von ihm – die ↗ Kreuzestheologie versinnbildlichend – als Petschaft zur Kennzeichnung seiner Schriften verwendet.

Luthertum, zusammenfassender Begriff für die theolog. Auffassungen, die sich im Anschluss an die Lehre M. Luthers entwickelt haben, die von ihnen inspirierte Glaubens- und Lebenshaltung luth. Christen **(Lutheraner),** wie auch für die Gesamtheit der ↗ lutherischen Kirchen. Kennzeichnend für das L. ist die Bindung an die Bibel als die höchste Autorität, das Verständnis des Glaubens als Rechtfertigung des Sünders, Nachfolge des Gekreuzigten und Befreiung zum vor Gott verantworteten freien Handeln in der Welt, die Auffassung vom ↗ Priestertum aller Gläubigen und die Anerkennung der staatl. Gewalt als der von Gott gewollten äußeren Ordnung der Welt (↗ Zweireichelehre). Die theolog. und organisator. Grundlegung des L. erfolgte durch die luth. ↗ Bekenntnisschriften und Kirchenordnungen der Reformation, seine konfessionelle Verfestigung v. a. durch die Theologen der luth. Orthodoxie (↗ Gnesiolutheraner; ↗ Konkordienformel). – Das gegenwärtige L. (seit dem 20. Jh.) kennzeichnen bes. die »Wiederentdeckung« der originären Theologie und der Person Luthers (Lutherforschung) sowie der Dialog mit den anderen christl. Konfessionen.

Luthuli [luːˈθuːliː], Albert, südafrikan. Politiker, * in Rhodesien (heute Simbabwe) um 1898, † Groutville 21. 7. 1967; seit 1952 Präs. des ↗ African National Congress, vertrat den gewaltlosen Widerstand gegen die Apartheidpolitik. 1956 verhaftet, ab 1959 zu Zwangsaufenthalt in Groutville verurteilt. 1960 erhielt er den Friedensnobelpreis.

Lützen: Baldachin (1837) und Gedächtniskapelle (1906/07) der Gustav-Adolf-Gedenkstätte

Lutizen, die ↗ Liutizen.

Luton [luːtn], Stadt in der Cty. Bedfordshire, England, nördlich von London, 181 500 Ew.; Fahrzeug-, Flugzeug-, Maschinenbau, feinmechan. Ind., Brauereien; internat. Flughafen.

Lutosławski [luto'swafski], Witold, poln. Komponist, * Warschau 25. 1. 1913, † ebd. 7. 2. 1994; seine Werke vor 1956 zeigen den Einfluss I. Strawinskys und B. Bartóks, die späteren den der westeurop. Avantgarde; trat seit 1963 auch als Dirigent hervor; er komponierte u. a. vier Sinfonien, ein Violoncellokonzert und Kammermusik.

Lütschine die, linker Nebenfluss der Aare, gebildet aus den Quellflüssen **Schwarze L.** (von Grindel-

Luxemburg

Fläche:	2 586 km²
Einwohner:	(2001) 439 500
Hauptstadt:	Luxemburg
Verwaltungsgliederung:	12 Kantone
Amtssprachen:	Französisch, Luxemburgisch, Deutsch
Nationalfeiertag:	23. 6.
Währung:	1 Euro (EUR, €) = 100 Cent
Zeitzone:	MEZ

wald) und **Weiße L.** (aus dem Lauterbrunner Tal); mündet in den Brienzer See.

Lutschou, früherer Name der Stadt ↗ Hefei, China.

Lutte, *Bergbau:* Rohrleitung zur ↗ Grubenbewetterung.

Lüttich (frz. Liège, fläm. Luik), **1)** Prov. in O-Belgien, in Wallonien, 3 862 km², 1,020 Mio. Einwohner. **2)** Hptst. von 1), an der Mündung der Ourthe in die Maas; 188 600 Ew.; kultureller Mittelpunkt Walloniens mit Univ. (gegr. 1817), Wirtschafts- und Industriefachhochschulen, Konservatorium, Kongresspalast, Theater, Oper, Museen; Hütten-, Stahl- und Walzwerke, Schwermaschinenbau, Eisen- und Buntmetallverarbeitung, Reifenherstellung, chem. Ind., Biotechnologie, Raumfahrttechnik, Großbrauereien, Nahrungsmittel-, Zement-, Elektronikind., Druckereien, Verlage. Bed. Binnenschifffahrt auf Maas und Albertkanal; internat. Messen. – Der ältere Teil der Stadt mit den got. Kirchen Saint-Jacques und Saint-Paul, dem Palais der Fürstbischöfe (16.–19. Jh.) und dem Stadthaus (18. Jh.) liegt links der Maas. – 717/718 wurde L. Bischofssitz. Gegen die Herrschaft der Bischöfe (seit 980 Fürstbischöfe) richteten sich bis ins 17. Jh. mehrere Aufstände der Bürgerschaft. 1468 Zerstörung der Stadt durch Karl den Kühnen. Das Bistum L. fiel 1801 an Frankreich, kam 1815 an die Vereinigten Niederlande und 1830/31 an Belgien. Die Ende des 19. Jh. stark befestigte Stadt spielte in beiden Weltkriegen eine große Rolle bei der belg. Maasverteidigung.

Lutynia [luˈtinja], Stadt in Polen, ↗ Leuthen.

Lutz [nach dem österr. Eiskunstläufer A. Lutz], *Eiskunstlauf, Rollkunstlauf:* Sprung von rückwärtsauswärts mit ganzer Drehung entgegengesetzt zur Bewegung auf das andere Bein; ein getupfter (getippter) Sprung.

Lützelburger, ↗ Luxemburger.

Lützen, Stadt im Landkreis Weißenfels, Sa.-Anh., südwestlich von Leipzig, 3 900 Ew.; Gustav-Adolf-Gedenkstätte mit Gedächtniskapelle (1906/07) und einem Blockhaus (1932; Museum der Schlacht von 1632) im schwed. Stil. – In der **Schlacht bei L.** (16. 11. 1632) siegten die Schweden unter König Gustav II. Adolf über Wallenstein; Gustav II. Adolf fiel.

Lützow [-tso], Adolf Freiherr von, preuß. Generalmajor (seit 1822), * Berlin 18. 5. 1782, † ebd. 6. 12. 1834; bildete 1813 das **Lützowsche Freikorps** (»Schwarze Schar«), dem u. a. T. Körner, F. L. Jahn und J. von Eichendorff angehörten; am 17. 6. 1813 bei Leipzig von frz. Truppen aufgerieben, später neu gebildet, 1814 aufgelöst. Körners Gedicht »Lützows wilde, verwegene Jagd« (1813) wurde von C. M. von Weber vertont. (↗ deutsche Farben)

Luv [niederdt., von niederländ. loef], *Schifffahrt:* die dem Wind zugekehrte Seite des Schiffs; Ggs.: Lee.

Lux [lat. »Licht«] *das,* Einheitenzeichen **lx,** SI-Einheit der ↗ Beleuchtungsstärke, 1 lx = 1 lm/m².

Luxation [lat.] *die, Medizin:* die ↗ Verrenkung.

Luxemburg (amtlich frz. Grand-Duché de Luxembourg, luxemburg. Groussherzogtum Lëtzebuerg, dt. Großherzogtum L.), Staat in Westeuropa, grenzt im O an Dtl., im W an Belgien, im S an Frankreich.

Staat und Recht

Nach der Verf. von 1868 (mehrfach geändert) ist L. eine konstitutionelle Erbmonarchie. Staatsoberhaupt mit formalrechtlich starker Stellung (u. a. Recht auf Gesetzesinitiative und zur Parlamentsauflösung) ist der Großherzog. Er beruft die Reg. unter Vorsitz des Premiermin., die dem Parlament verantwortlich ist. Die Legislative liegt bei der Abg.kammer (60 Abg., auf fünf Jahre gewählt). Der Staatsrat (21 Mitgl., vom Großherzog auf Lebenszeit ernannt) fungiert als Beratungsorgan, das partiell legislative und jurist. Funktionen wahrnimmt. Einflussreichste Parteien: Christlich-Soziale Volkspartei (CSV), Demokrat. Partei (DP), Sozialist. Arbeiterpartei (LSAP).

Landesnatur

Der nördl. Teil L.s, Ösling oder Eisslek, ein Teil der Ardennen, ist von ausgedehnten Wäldern bedeckt, hat Grünflächen und Heiden (höchste Erhebung 559 m ü. M.). Der größere und niedrigere südl. Teil, das Gutland, gehört zum lothring. Schichtstufenland. Es ist fruchtbar und hat wertvolle Eisenerze (Minette). Hauptflüsse sind Sauer und Mosel (SO-Grenze). Das Klima gehört zum maritim-kontinentalen Übergangstyp.

Bevölkerung

Die Bev. setzt sich aus Luxemburgern und Ausländern (27% der Gesamtbev.) zusammen. – Rd. 94% der Bev. gehören der kath. Kirche an, etwa ein Drittel der rd. 7 500 Protestanten der ref. Kirche. – Es besteht eine neunjährige allg. Schulpflicht ab dem 6. Lebensjahr und ein für alle Kinder ab dem 4. Lebensjahr obligator. Vorschulunterricht.

Wirtschaft, Verkehr

L. gehört zu den hoch entwickelten Ind.- und Dienstleistungsgesellschaften der EU. Mit den Niederlanden und Belgien ist L. in eine Zoll- und Wirtschaftsunion eingebunden (Benelux). Bei der Landwirtschaft überwiegt die Viehzucht (Rinder und Schweine) und daher auch das Dauergrünland sowie der Anbau von Futtergetreide u. a. -früchten. Wichtigste Sonderkultur ist der Weinbau im Moseltal. 34,5% der Landesfläche werden von Wald eingenommen. Eisenerze wa-

Staatswappen

internationales Kfz-Kennzeichen

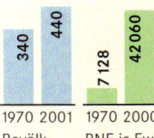

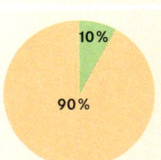

Bevölkerungsverteilung 2000

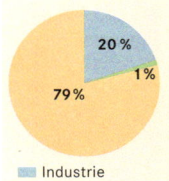

Bruttoinlandsprodukt 2000

Luxe Luxemburg

ren die einzigen abbauwürdigen Bodenschätze (im Minetterevier im S des Landes, der Abbau wurde 1981 eingestellt). Um der Exportabhängigkeit der Stahlwerke entgegenzuwirken, entstanden Kunststoff-, Kunstfaser-, Arzneimittelfabriken, Maschinen- und Fahrzeugbau, Nahrungsmittel-, Textil- und keram. Ind. sowie ein Reifenwerk; in Vianden arbeitet ein großes Pumpspeicherwerk (1 120 MW). Dtl. und die anderen Nachbarländer sind die wichtigsten Handelspartner. – Das Eisenbahnnetz umfasst 274 km, davon 261 km elektrifiziert, das Straßennetz 5 136 km (123 km Autobahn). Schiffbare Wasserstraße ist die Mosel mit dem Binnenhafen Mertert. Nahe der Hptst. der internat. Flughafen L.-Findel.

Geschichte

Das zunächst von Kelten besiedelte Gebiet geriet im 1. Jh. v. Chr. unter röm. Herrschaft und gehörte später zum Fränk. Reich (Austrasien); 843 Bestandteil

Luxemburg 2): Blick über die Stadt

des Reichs von Lothar I. Die im 10. Jh. entstandene Grafschaft der späteren ⁄Luxemburger wurde 1354 Herzogtum. Dieses kam 1443 an Burgund, 1477 an die Habsburger, 1555 an deren span. Linie, die 1659 (Pyrenäenfrieden) Süd-L. von Diedenhofen bis Montmédy an Frankreich abtreten musste. 1684–97 war das Land infolge der Reunionen Ludwigs XIV. frz. Besitz; 1697–1794 gehörte es wieder den Habsburgern, 1794–1814 zu Frankreich. Durch den Wiener Kongress wurde L. 1815 Großherzogtum und dt. Bundesstaat, stand aber mit dem Königreich der Niederlande in Personalunion. 1830 schloss sich L. der belg. Revolution an; die wallon. Westhälfte wurde 1839 an Belgien abgetreten. 1842–1919 gehörte L. dem Dt. Zollverein an. 1866 wurde es durch Auflösung des Dt. Bundes selbstständig. Nach vergebl. Angliederungsversuchen Napoleons III. wurde L. durch den Londoner Vertrag von 1867 neutralisiert. Mit dem Tod Wilhelms III. (1890) endete die Personalunion mit den Niederlanden. 1919–64 war Großherzogin Charlotte Staatsoberhaupt. 1921 schloss L. mit Belgien eine Zoll- und Wirtschaftsunion. In den beiden Weltkriegen war das Land von dt. Truppen besetzt (1914–18 und 1940–44). 1945 wurde L. Mitgl. der UN. Nach Aufgabe der Neutralitätsverpflichtung (1948) schloss sich L. 1949 der NATO sowie dem Europarat an und war 1951 Gründungsmitgl. der Montanunion sowie 1957 der EWG. 1960 trat die Wirtschaftsunion mit Belgien und den Niederlanden in Kraft. 1964 wurde Großherzog Jean Staatsoberhaupt. Unter Premiermin. J. Santer (1984–95, CSV) ratifizierte L. im Juli 1992 die Maastrichter Verträge. Im März 1993 verabschiedete das Parlament ein neues Banken-Ges. (Bekämpfung der Geldwäsche, Einschränkungen des Bankgeheimnisses). Nach dem Amtsantritt Santers als Kommissionspräs. der EU wurde J.-C. Juncker (CSV) im Jan. 1995 dessen Nachfolger; nach Stimmverlusten der Reg.koalition aus CSV und LSAP bei den Parlamentswahlen im Juni 1999 erklärte Juncker zunächst seinen Rücktritt, wurde jedoch erneut mit dem Amt des Reg.chefs betraut (ab August 1999 an der Spitze einer Koalition aus CSV und DP). Nach Abdankung von Großherzog Jean im Okt. 2000 folgte ihm sein ältester Sohn Henri (* 1955) als Staatsoberhaupt.

Luxemburg, 1) Prov. in Belgien, 4 440 km², 248 800 Ew.; Hptst. ist Arlon.
2) (frz. Luxembourg, luxemburg. Lëtzebuerg), Haupt- und Residenzstadt des Großherzogtums L., 230–380 m ü. M., an beiden Seiten der tief eingeschnittenen Täler von Alzette und Pétrusse, 76 400 Ew. L. ist Amtssitz des Großherzogs, Sitz von Reg., Ministerien, zahlr. Behörden, diplomat. Vertretungen und EG- bzw. EU-Einrichtungen (Sekretariat des Europ. Parlaments, einige Dienststellen der Kommission der EU, Europ. Gerichtshof, Europ. Rechnungshof, Europ. Investitionsbank). Die Stadt ist Kultur-, Handels- und Finanzzentrum sowie Verkehrsmittelpunkt des Landes; kath. Erzbischofssitz. Univ.zentrum von L. (gegr. 1969), Konservatorium, Europaschule, Nationalbibliothek, Staatsarchiv, Staatsmuseum, naturgeschichtl. Museum und städt. Gemäldegalerie, mehrere Theater; private Rundfunkgesellschaft; internat. Messen. L. ist ein internat. Finanzzentrum mit Sitz von Niederlassungen multinat. Banken und Unternehmen; Maschinenbau, Brauerei, Metallmöbel-, Metallwaren-, Pumpen-, Porzellan-, Elektronikind.; internat. Flughafen L.-Findel. – Auf der steil ansteigenden Hochfläche liegt die alte festungsartige Oberstadt mit dem großherzogl. Palais (16. Jh., im 18./19. Jh. erweitert und um-

Luxor: Amuntempel (um 1380 v. Chr. ff.); im Vordergrund rechts ein Teil des 52 m langen Säulenganges, der zum Tempel Amenophis' III. führt; im Hintergrund links der von Ramses II. errichtete Pylon (13. Jh. v. Chr.) mit Obelisk

thographiereform mit stärkerer Differenzierung zum Deutschen.

Luxmeter *das* (Beleuchtungsmesser), Gerät zur Messung der Beleuchtungsstärke. Das auf einen photoelektr. Empfänger (meist ein ↗Photoelement) auffallende Licht erzeugt einen zur Beleuchtungsstärke (gemessen in Lux) proportionalen Photostrom. L. werden u. a. nach der Güte ihrer Anpassung an die spektrale Hellempfindlichkeit des Auges bewertet.

Luxor [arab. »die Paläste«] (Luksor, El-Uksur), Stadt in Oberägypten, am rechten Nilufer, 148 000 Ew.; bed. Museum (altägypt. Funde). Fremdenverkehrszentrum; Hotelfachschule; Zuckerfabrik; Bahnstation, internat. Flughafen. – Erhalten ist der Amuntempel (UNESCO-Weltkulturerbe), den Amenophis III. um 1380 v. Chr. erbauen ließ; von Ramses II. im 13. Jh. v. Chr. erweitert. – L. liegt mit dem Nachbarort Karnak an der Stelle des alten Theben.

Lu Xun [-ɕ-], chines. Schriftsteller und Gelehrter, *Shaoxing (Prov. Zhejiang) 25. 9. 1881, †Schanghai 19. 10. 1936; zählt zu den wichtigsten chines. Autoren der Moderne; schrieb Essays und gesellschaftskritisch-satir. Erzählungen, u. a. »Das Tagebuch eines Wahnsinnigen« (1918).

Luxus [lat. »Üppigkeit«] *der,* Bez. für die über das jeweils notwendige und sinnvolle Maß hinausgehenden Verhaltensweisen und Aufwendungen beim Gebrauch von Gütern und Dienstleistungen. Was unter L. verstanden wird, hängt ab von kulturellen und sozialen Standards, Einkommenshöhe, Konsumgewohnheiten sowie von den sich wandelnden sozialeth. Normen einer Gesellschaft oder Epoche.

Luzern, 1) Kt. der Schweiz, 1 494 km², (2000) 347 200 Ew. (meist dt.-sprachig und kath.), liegt teils im Mittelland, überwiegend im Voralpenland mit dem Brienzer Rothorn (2 350 m ü. M.) als höchster Erhebung; umfasst die Bez. (Ämter) Entlebuch, Hochdorf, Luzern, Sursee und Willisau. Wichtige Erwerbszweige sind Obst- und Ackerbau, im Gebirge Almwirtschaft; Maschinen- und Fahrzeugbau, Textil-, Nahrungsmittel-, Holz- und Papierind.; Fremdenverkehr. *Verfassung:* Nach der Verf. vom 29. 1. 1875 (mehrfach geändert) liegt die Gesetzgebung beim Volk und beim Großen Rat (120 Mitgl.), die Exekutive beim Reg.rat (sieben Mitgl.). Beide Gremien werden für vier Jahre gewählt (Frauenstimmrecht seit 1971).

Geschichte: ↗Luzern, Stadt.

2) Hptst. von 1), am Ausfluss der Reuss aus dem Vierwaldstätter See, 436 m ü. M., 57 400 Ew.; Sitz der (gestaltet) und der Kathedrale (1613–21; 1935ff. erweitert). Die UNESCO erklärte die Befestigungen und Teile der Altstadt zum Weltkulturerbe. Seit 1966 entstanden auf dem Kirchbergplateau zahlr. moderne Bauten des Centre Européen. – Ein kelt. Oppidum und eine röm. Siedlung standen an der Stelle des heutigen L. Die bei dem fränk. Kastell Lucilinburhuc nach 963 erbaute **Lützelburg** (kleine Burg) wurde Stammsitz des Hauses L. und Ausgangspunkt für die Entwicklung der Stadt, die 1224 Stadtrecht erhielt. 1815 wurde L. dt. Bundesfestung (1867–83 Schleifung eines Großteils der Festungsanlagen). Nach 1945 gewann L. Bedeutung als eines der europ. Zentren.

Luxemburg, Rosa, Politikerin, *Zamość (Wwschaft Lublin) 5. 3. 1871, †(ermordet) Berlin 15. 1. 1919; 1893 Mitbegründerin der Sozialdemokrat. Arbeiterpartei des Königreichs Polen und Litauen; 1899 Übersiedlung nach Berlin und Eintritt in die SPD, entwickelte sich zur führenden Theoretikerin ihres linken Flügels (»Sozialreform oder Revolution«, 1899; »Die Akkumulation des Kapitals«, 1913); zus. mit K. Liebknecht Initiatorin der »Gruppe Internationale« (Spartakusbund), 1915–18 mit Unterbrechung inhaftiert; 1918 Mitbegründerin der KPD, kritisierte den Zentralismus der Bolschewiki und ihre diktator. Herrschaft (»Die russ. Revolution«, 1922); nach dem Spartakusaufstand in Berlin (Jan. 1919) verhaftet und von Freikorpsoffizieren erschossen. – In ihren Schriften lassen sich vier Schwerpunkte erkennen: 1) Die Revolution ist der einzige Weg zur Überwindung des Kapitalismus; 2) Militarismus und Kolonialismus sind radikal abzulehnen; 3) Imperialismus entsteht notwendigerweise aus dem Kapitalismus; 4) entgegen diktator. Tendenzen, etwa in Lenins Auffassung von einer straff gelenkten Partei und der »Diktatur des Proletariats«, sollte die »ganze Volksmasse« am Aufbau des Sozialismus teilhaben.

Luxemburger, europ. Dynastie. Das ältere Haus der **Lützelburger (Lucilinburhuc),** nach 963 von Graf Siegfried I. begründet, erlosch 1136. Dem jüngeren Haus der L. gelang 1308 der Aufstieg zu den führenden Herrscherhäusern und zum Röm. Königtum/Kaisertum, 1310 der Gewinn der böhm. Wenzelskrone; es stellte die Könige (Kaiser) Heinrich VII., Karl IV., Wenzel und Sigismund; 1437 im Mannesstamm ausgestorben.

Luxemburgisch (Lëtzebuergesch), Amtssprache in Luxemburg (neben Französisch und Deutsch); entwickelte sich auf der Grundlage eines moselfränk. Dialekts zur Schrift- und Verkehrssprache; 1946 Or-

Luxemburg 2)
Stadtwappen

Rosa Luxemburg

Luzern 1)
Stadt- und Kantonswappen

Luzern 2): Altstadt und Kapellbrücke mit Wasserturm (um 1300; 1994 nach Brand rekonstruiert)

Kantonsbehörden; Fach- und Kunstschulen, Museen, Galerien, Verkehrshaus mit Planetarium, internat. Musikfestwochen, Kunstausstellungen; Fremdenverkehrszentrum und Kongressort; bed. Handelsplatz; größter Ind.standort des Kt. (v. a. Maschinen-, Apparatebau, Textilind., graf. Gewerbe). – Gut erhaltenes histor. Stadtbild: Auf dem linken Ufer der Reuss liegen die got. Franziskanerkirche (um 1280), die Jesuitenkirche (1666–69, Turmaufsätze 1893), der Rittersche Palast (1556–61 und 1573/74), auf dem rechten Ufer die Peterskapelle (im Kern 12. Jh.), das Rathaus (1602–04), die Hofkirche (1633–39), das Löwendenkmal (1820/21) nach Entwurf von B. Thorvaldsen, das ↗Bourbaki-Panorama am Löwenplatz, zahlr. Bürgerhäuser (seit dem 16. Jh.). Sechs Brücken, darunter zwei gedeckte Holzbrücken (die Kapellbrücke, um 1300 errichtet, wurde 1993 durch Brand fast vollständig zerstört, 1994 rekonstruiert), verbinden die Altstadt mit der Neustadt. Zu den herausragenden Neubauten gehört das neue Kultur- und Kongresszentrum mit Kunstmuseum von J. Nouvel (1995–2000), dem das alte Kunst- und Kongresshaus (1930–33) weichen musste. – L. entstand neben einem im 8. Jh. gegr. Benediktinerkloster; 1178 Stadtrecht. 1291 an die Habsburger verkauft, verbündete sich 1332 mit den Waldstätten; seit 1386 (Schlacht bei Sempach) unabhängig (1415 bestätigt); erwarb ein größeres Herrschaftsgebiet, das Kt. der Schweiz wurde; 1798–1803 Hptst. der Helvet. Rep.; danach Hptst. des Kt. Luzern.

Luzerne [lat.-frz.] *die* (Schneckenklee, Medicago), Gattung der Schmetterlingsblütler mit dreiteiligen Blättern und sichel- bis schneckenförmigen Hülsen. Die blau blühende, 30–80 cm hohe **Saat-L.** (**Blaue L.**, Medicago sativa) mit tiefer Pfahlwurzel ist eine wichtige Futter- und Gründüngungspflanze mit hohem Eiweißgehalt.

Luzhou [ludʒɔu], früherer Name der Stadt ↗Hefei, China.

Lužická Nisa [ˈluʒitskaː ˈnjisa], tschech. Name für die Lausitzer Neiße (↗Neiße).

Lužické hory [ˈluʒitskɛ ˈhori], tschech. Name für das ↗Lausitzer Gebirge.

Luzifer [lat. »Lichtbringer«] (Lucifer), **1)** *Astronomie:* der Morgenstern (↗Abendstern).
2) *christl. Dämonologie:* ein sich gegen Gott auflehnender Engel, von Michael in die Hölle gestürzt; wurde mit dem wie ein Blitz vom Himmel fallenden ↗Satan (Lk. 10, 18) gleichgesetzt.

Luzk (poln. Łuck), Hptst. des Gebiets Wolhynien, Ukraine, am mittleren Styr, 209 000 Ew.; Hochschulen; Landmaschinen-, Pkw-, wiss. Instrumenten-, Fernsehgerätebau, Kunstlederfabrik. – War im 12. Jh. Hauptstadt eines Teilfürstentums.

Luzon [luˈsɔn, span. luˈθɔn], Hauptinsel der Philippinen, 104 688 km², 30,7 Mio. Ew.; Hptst. ist Manila. L. ist von bis 2 928 m (Mount Pulog) hohen Gebirgsketten durchzogen, vulkan. Ursprungs (u. a. ↗Pinatubo) und erdbebenreich, trop. Klima; im O ehem. dichter Regenwald, im W Savannen. Das gebirgige Landesinnere, v. a. die Zentralkordillere, ist Hauptrückzugsgebiet altindones. Stämme. Anbau und Gewinnung von Reis (Terrassenanbau im Tal von Banawe, ↗Ifugao), Tabak, Kopra, Zuckerrohr; L. hat reiche Bodenschätze: Gold, Eisen-, Mangan-, Chromerz.

LW, Abk. für ↗Langwelle.

Lwiw, Stadt in der Ukraine, ↗Lemberg.

Lwoff, André, frz. Mikrobiologe, * Allier (Dép. Hautes-Pyrénées) 8. 5. 1902, † Paris 30. 9. 1994; arbeitete bes. über Zellphysiologie; für die Entdeckung von Genen, die die Aktivität anderer Gene steuern (fördern oder hemmen), erhielt er 1965 (mit F. Jacob und J. L. Monod) den Nobelpreis für Physiologie oder Medizin.

Lwow, Stadt in der Ukraine, ↗Lemberg.
Lwów [lvuf], Stadt in der Ukraine, ↗Lemberg.
Lwowski, Vera, geb. Caminneci, Bildhauerin, * Dattenfeld (heute zu Windeck) 10. 8. 1923; ihre Tierplastiken (Bronze) erfassen meisterhaft Wesen und Bewegung des Tieres.

lx, Einheitenzeichen für ↗Lux.
Lyallpur [ˈlaɪəlpʊə], Stadt in Pakistan, ↗Faisalabad.
Lychees [ˈlɪtʃiːz], die Litschipflaumen, ↗Litschi.
Lychnis, die Pflanzengattung ↗Lichtnelke.
Lyck, Stadt in Polen, ↗Ełk.
Lycopin [grch.] *das,* dunkelroter Pflanzenfarbstoff aus der Gruppe der Carotinoide (↗Carotin); u. a. in Tomaten enthalten.

Lydi|en, histor. Landschaft an der W-Küste Kleinasiens (heute W-Anatolien), Hptst. war Sardes. Der Wohlstand der Bevölkerung, der **Lyder,** beruhte u. a. auf den Goldvorkommen und dem Handel. L. war seit dem 7. Jh. v. Chr. von den Mermnaden beherrscht, deren letzter Herrscher Krösus 546 v. Chr. von Kyros II. besiegt und entthront wurde. Unter pers. Herrschaft bildete L. eine Satrapie. 324 von Alexander d. Gr. erobert, gehörte L. in hellenist. Zeit zum Seleukidenreich, seit 190 v. Chr. zum Pergamen. Reich; 133 v. Chr. Teil der röm. Provinz Asia. – Die Kunst aus der Zeit der Dynastie der Mermnaden ist im Wesentlichen seit den Ausgrabungen in Sardes bekannt; stark griechisch beeinflusst.

Lydisch, die mit dem Hethitischen verwandte Sprache der Lyder, von der nur etwa 110 Inschriften des 7.–4. Jh. v. Chr. sowie Personennamen und Glossen erhalten sind.

lydischer Kirchenton, auf dem Grundton f stehender 5. Kirchenton der mittelalterl. ↗Kirchentonarten.

Lydit [nach Lydien] *der,* schwarz gefärbter Kieselschiefer, dient als Probierstein bei der Strichprobe zum Erkennen von Gold- und Silberlegierungen.

Luzon: Die Ifugao auf der Insel Luzon betreiben Reisanbau auf künstlich an steilen Berghängen im Tal von Banawe (UNESCO-Weltkulturerbe) angelegten Terrassen.

Lyell-Syndrom ['laɪəl-; nach dem brit. Dermatologen Alan Lyell, *1956] (Epidermolysis acuta toxica), Syndrom der verbrühten Haut; dabei kommt es fast an der gesamten Hautoberfläche zu Nekrotisierung, Ablösung und Blasenbildung, ähnlich einer Hautverbrennung; verursacht z. B. durch Arzneimittel (Sulfonamide, Antiepileptika).

Lykaoni|en, antike Landschaft im mittleren Kleinasien, Hptst.: Ikonion (heute Konya); wurde 25 v. Chr. röm. Provinz.

Lykeion [grch.] *das,* dem Apollon Lykeios geheiligter Hain in Athen mit Gymnasion (↗Gymnasium), in dem Aristoteles und die Peripatetiker lehrten. (↗Lyzeum)

Lyki|en, antike Landschaft in SW-Kleinasien, zw. Karien und Pamphylien, bewohnt von den Lykiern oder Tremilen, wie sie sich selbst nannten. Um 540 v. Chr. wurde L. von den Persern erobert; im 5. Jh. v. Chr. schlossen sich die lyk. Städte dem 1. Att. Seebund an. In hellenist. Zeit gehörte der lyk. Städtebund (Hauptort: Xanthos) zum Seleukidenreich; wurde 43 n. Chr. röm. Provinz. – Die **lyk. Kunst** ist reich an monumentalen Grabbauten (u. a. das Löwengrab von Xanthos, das Harpyien- und das Nereidenmonument), die stilistisch stark von der ionisch-kleinasiat. Kunst beeinflusst sind.

Lykisch, die Sprache der Lykier in SW-Anatolien. Die Denkmäler (meist Grabinschriften und Münzlegenden) stammen aus dem 6.–4. Jh. v. Chr. L. gehört zum hethitisch-luw. Zweig der indogerman. Sprachen.

Lykurgos, 1) legendärer Gesetzgeber des antiken Sparta, auf den die meisten der zw. dem 9. und 6. Jh. v. Chr. entstandenen staatl. und sozialen Einrichtungen zurückgeführt werden. Plutarch schrieb über ihn eine Biografie.
2) athen. Staatsmann und Redner, *um 390 v. Chr., †324 v. Chr.; wirkte als Feind Makedoniens gegen König Philipp II.; leitete seit 338 die athen. Finanzen; ließ öffentl. Bauten (Stadion, Dionysostheater) in Athen errichten.

Lyly ['lɪlɪ] (Lilly), John, engl. Schriftsteller, *Weald (Cty. Kent) 1554, begraben London 30. 11. 1606; schrieb den ersten engl. Prosaroman (2 Tle., »Euphues, or the anatomy of wit«, 1578, »Euphues and his England«, 1580) in rhetorisch gekünstelter Sprache (Euphuismus). Seine Lustspiele sind Vorläufer der Komödien Shakespeares.

Lyman ['laɪmən], Theodore, amerikan. Physiker, *Boston (Mass.) 23. 11. 1874, †Cambridge (Mass.) 11. 10. 1954; entdeckte 1906 die nach ihm benannte, im Ultraviolett liegende Spektralserie des Wasserstoffatoms (**L.-Serie**).

Lyme-Borreliose ['laɪm-] (Erythema-migrans-Krankheit), erstmals 1976 in Lyme (Conn., USA) beobachtete, durch Zeckenbiss übertragene bakterielle Infektionskrankheit (Erreger: Borrelia burgdorferi). Die Inkubationszeit beträgt Tage bis Wochen. Die Erkrankung ist durch einen stadienhaften Verlauf gekennzeichnet. Zu den Frühsymptomen zählen Muskel- und Gelenkschmerzen, auch Fieber, sowie Hautrötung (meist an der Bissstelle). Als Spätfolgen können Gelenk- (**Lyme-Arthritis**), Herzmuskel- und Nervenentzündungen auftreten. Die Behandlung erfolgt mit Antibiotika, v. a. Tetracyclinen. Die L.-B. ist die häufigste von Zecken übertragene Infektionskrankheit in Dtl.; schätzungsweise treten jährlich 50 000–100 000 Erkrankungsfälle auf, entsprechend der Aktivität der Zecken besteht eine saisonale Häufung im Sommer und im Herbst.

Lymph|adenitis [lat.-grch.] *die,* entzündl. Lymphknotenschwellung, z. B. in der Nachbarschaft von Entzündungsherden oder bei bestimmten akuten und chron. Infektionskrankheiten, z. B. Mononukleose, Toxoplasmose.

Lymph|angiom *das,* meist angeborene gutartige Neubildung von Lymphkapillaren, v. a. am Hals und im Gesicht; eine bösartige Entartung ist selten.

Lymph|angitis [lat.-grch.] *die,* Lymphgefäßentzündung nach Eindringen von Erregern in die Lymphspalten, sichtbar z. B. als roter Streifen (umgangssprachlich Blutvergiftung); es besteht die Gefahr einer allg. Sepsis.

lymphatisch, zur Lymphe bzw. zum Lymphsystem gehörend.

lymphatischer Rachenring (lymphoepithelialer Rachenring), lymphozytenreiches Gewebe im Bereich der Mundhöhle und des oberen Schlundes; Teil des ↗Lymphsystems.

Lymphdrainage [-drɛˈnaːʒə] *die,* besondere Form der Massage (Streichmassage) zur Beseitigung von Lymphstauungen; angewendet z. B. bei Armödemen nach Brustoperation.

Lymphdrüsen, veraltet für Lymphknoten (↗Lymphsystem).

Lymphe [lat. lympha »Quell-, Flusswasser«] *die,* eiweiß- und lymphozytenhaltige, klare, blutplasmaähnl. Gewebeflüssigkeit der Wirbeltiere (einschl. des Menschen), die durch Filtration aus den Blutkapillaren in die Zellzwischenräume gelangt und von dort durch das ↗Lymphsystem in das venöse Blut befördert wird (beim Erwachsenen täglich etwa 2 l). Die L. versorgt die Gewebe mit Nährstoffen und entfernt nicht verwertbare Substanzen; außerdem hat sie (durch die Lymphozyten) Schutzfunktion.

Lymphgefäße, die Gefäße des Lymphsystems.

Lymphknoten, ↗Lymphsystem.

Lymph|ödem *das,* teigige Gewebeschwellung (Stauungsödem) infolge Lymphabflussbehinderung und mangelnder Lymphresorption.

Lymphogranulomatose [lat.-grch.] *die* (Hodgkin-Krankheit), chronisch fortschreitende, wahrscheinlich von den Lymphknoten ausgehende bösartige Erkrankung mit charakterist. Gewebewucherungen (Granulome); wird möglicherweise durch onkogene Viren verursacht. Die Anzahl der jährl. Neuerkrankungsfälle liegt bei etwa 6:100 000. Kennzeichen der L. sind zu Beginn Lymphknotenschwellungen im Halsbereich, Leistungsabfall, in der Folge Milz-, Lebervergrößerung, Fieberschübe, Schweißausbrüche, Juckreiz und Anämie. Die *Behandlung* umfasst Strahlen- und mitunter auch Polychemotherapie.

Lymphogranuloma vener̩eum [grch.-lat.] (Lymphopathia venerea, Lymphogranulomatosis inguinalis, Nicolas-Durand-Favre-Krankheit), seltene, durch Geschlechtsverkehr übertragbare, bes. in den Tropen vorkommende Infektionskrankheit des Menschen (Chlamydieninfektion). Die Ansteckung wird nach 5 bis 21 Tagen durch eine abheilende Erosion sichtbar. Später schwellen die Lymphknoten an und schmelzen eitrig ein mit Verödung der Lymphgefäße und Ausbildung einer ↗Elefantiasis. Die *Behandlung* erfolgt mit Antibiotika (z. B. Tetracycline) oder Sulfonamiden.

Lymphographie [lat.-grch.] *die,* nur noch selten angewandte Röntgendarstellung der Lymphknoten und -gefäße nach Kontrastmitteleinbringung; meist ersetzt durch Szintigraphie der Lymphgefäße und Lymphknoten.

Lymphokine [lat.-grch.], spezif. Immunreaktionen auslösende, zu den Zytokinen zählende Stoffe (sog. Kommunikationsproteine), deren Bildung von Lymphozyten ausgeht, z. B. Interferone, Interleukine und Chemokine.

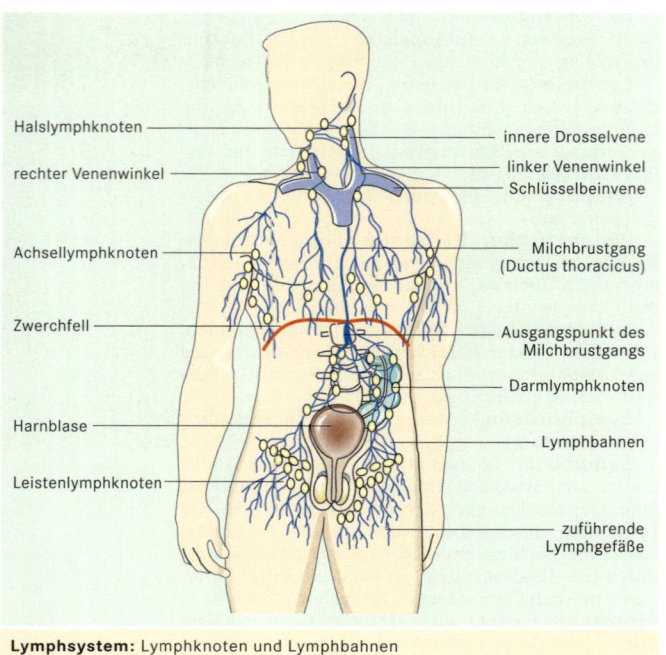

Lymphsystem: Lymphknoten und Lymphbahnen

Lymphome [lat.-grch.], Lymphknotenvergrößerungen unterschiedl. Ursache. **Gutartige (benigne)** L. entstehen durch Entzündung der Lymphknoten, z. B. bei Sarkoidose, Toxoplasmose, Lymphogranuloma venereum u. a. Infektionskrankheiten, auch bei Speicherkrankheiten. Zu den Tumoren i. e. S. gehören die **bösartigen (malignen)** L.; ihr Anteil an der Gesamtheit der bösartigen Tumoren liegt bei 5 %. Nach der morpholog. Einteilung werden unterschieden die ↗ Lymphogranulomatose und die versch. **Non-Hodgkin-L.;** zu Letzteren gehören v. a. die Formen der lymphat. Leukämie, der Burkitt-Tumor und das Retikulosarkom. Zu sekundären Tumorbildungen kommt es bei der Metastasierung von Organkrebs, die sich meist über die Lymphbahnen vollzieht.

Lymphozyten [lat.-grch.] (Lymphzellen), zu aktiver Bewegung befähigte Gruppe der weißen Blutkörperchen (Größe 6–10 μm), die einen Teil des Immunsystems und der weißen Blutkörperchen (31 %) bilden. Bildungsort der Stammzellen der L. ist das Knochenmark. Man unterscheidet zwei Hauptgruppen: **T-L.,** die im Thymus aus den Stammzellen gebildet werden und die je nach Spezialisierung unterschieden werden in natürl. Killerzellen (mit zytotox. Wirkung), T-Helferzellen (Produktion zirkulierender Antikörper, Aktivierung der B-L.) und T-Suppressorzellen (dämpfende Wirkung auf die Immunantwort). **B-L.** werden im so genannten Bursa-Äquivalent gebildet, einem bei Säugetieren bisher hypothet., zentralen lymphat. Organ, dessen Lokalisation im Darm oder Knochenmark vermutet wird. Sie differenzieren sich nach Kontakt mit Antigen und Interaktion mit Makrophagen zu Plasmazellen, die spezif. Antikörper produzieren. Diagnostisch wichtig sind v. a. die Verhältnisse der versch. L.-Fraktionen untereinander, da sie Hinweise geben auf Störungen des Immunsystems,

Feodor Lynen

Infekte, Geschwülste, Autoimmunerkrankungen und mögl. Abstoßungsreaktionen nach Transplantationen.

Lymphsystem, besteht aus dem Lymphgefäßsystem und den lymphat. Organen. Das **Lymphgefäßsystem** ist im Wesentlichen ein Abflusssystem zur Ableitung der Lymphe. Es stellt (neben dem Blutgefäßsystem) ein zweites Röhrensystem dar, das in der Körperperipherie mit einem dichten Netzwerk von Lymphkapillaren beginnt. Die peripheren Lymphgefäße führen die Lymphe in einer den Venen parallelen Richtung über Sammelgefäße, die zentralen Lymphstämme, zu den Venensystem des Blutkreislaufs. Zu den **lymphat. Organen** gehören die Lymphknoten, die Milz, der Thymus und die Mandeln (lymphat. Rachenring). In das Lymphgefäßsystem sind die **Lymphknoten** eingebaut. Sie sind 0,2–2 cm groß, oft bohnenförmig und von einer bindegewebigen Kapsel umgeben. Lymphknoten sind Filter- und Entgiftungsstationen für die Lymphe, mit der Fähigkeit zur ↗ Phagozytose; sie produzieren ↗ Lymphozyten.

Łyna [ˈu̯ina], Fluss in Polen und Russland, ↗ Alle.

Lynch [lɪntʃ], David, amerikan. Filmregisseur, * Missoula (Mont.) 20. 1. 1946; der als »Verstörer« unter den US-Filmemachern geltende Regisseur dreht rätselhafte Filme, die mit intellektuellem Anspruch die Lust an Gewalt, Perversion, Obszönität und Voyeurismus aufzuzeigen suchen (u. a. »Der Elefantenmensch«, 1980; »Blue Velvet«, 1986). Seit der TV-Serie »Twin Peaks« (1990 ff.) hat L. Kultstatus. – *Weitere Filme:* Eraserhead (1977); Der Wüstenplanet (1984); Wild at Heart (1990); Lost Highway (1996); The Straight Story (1999); Mulholland Drive (2001).

Lynchjustiz [engl.; namengebende Ableitung ungeklärt], gesetzwidriges Töten oder Misshandeln eines (vermeintl. oder tatsächl.) Täters ohne gerichtl. Verfahren, meist durch eine erregte Menge.

Lynen, Feodor Felix Konrad, Biochemiker, * München 6. 4. 1911, † ebd. 6. 8. 1979; arbeitete hauptsächlich über den Cholesterol- und Fettsäurestoffwechsel. 1951 gelang ihm die Isolierung der »aktivierten Essigsäure« (Coenzym A) aus Hefezellen. Er erhielt 1964 (mit K. Bloch) den Nobelpreis für Physiologie oder Medizin.

Lyngbykultur [ˈlønby:-], nach dem Fundort Nørre-Lyngby (Jütland) benannte Kulturgruppe der ausgehenden Altsteinzeit, umfasst die Hinterlassenschaft von Rentierjägern; kennzeichnend sind Speer- oder

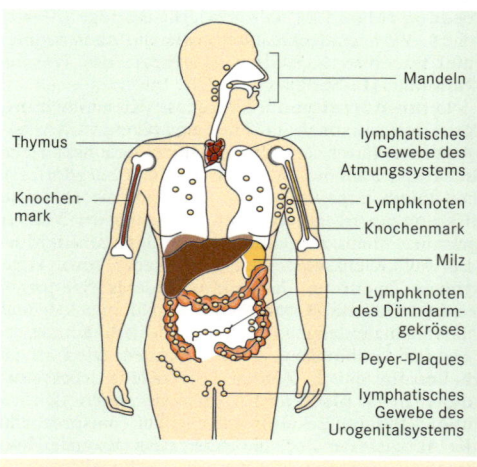

Lymphsystem: lymphatische Organe des Menschen

Pfeilspitzen aus Feuerstein mit Schäftungsstiel (so genannte Lyngbyspitzen).

Lyngby-Tårbæk [ˈlønby: ˈtɔrbɛg], nördl. Nachbargemeinde von Kopenhagen; 49 900 Ew.; TH, Ingenieurakademie; Freilicht-, Landwirtschaftsmuseum; Textilind. – Schloss Sorgenfri (1705–06, im 18. und 19. Jh. umgebaut) mit engl. Landschaftsgarten, Jagdschloss Eremitage (1734–36).

Lynkeus, *grch. Mythos:* einer der beiden Söhne des Aphareus, Gegner der ↗ Dioskuren, berühmt durch seine Sehschärfe, Vorbild für den Türmer in Goethes »Faust« (2. Teil).

Lynx [lat.], das Sternbild ↗ Luchs.

Lyon [ljɔ̃], Hptst. des frz. Dép. Rhône und der Region Rhône-Alpes, am Zusammenfluss von Rhône und Saône, 422 400 Ew.; die Agglomeration ist mit 1,26 Mio. Ew. die zweitgrößte Stadt und das zweitgrößte Wirtschafts- und Kulturzentrum Frankreichs; Sitz eines Erzbischofs; drei Univ., kath. Universitätsinst., Akademie der Wiss.en, Literatur und Kunst, weitere Hochschulen, Sitz des internat. Krebsforschungsinst., bed. Bibliotheken, Museen (u. a. Textilmuseum), Oper und mehrere Theater; seit 1989 Sitz von Interpol; **Lyoner Messe** (seit Anfang des 15. Jh.); Börse; vielseitige Ind. (u. a. Metall-, Bau-, pharmazeut., chem., Elektro- und elektron. Ind., Lokomotiv- und Kfz-Bau, Aluminiumwerke); die Textilind. hat ihr Schwergewicht von der Seidenverarbeitung auf die Kunstfaserherstellung verlegt. Kreuzungspunkt wichtiger Straßen und Bahnlinien, Binnenhafen, internat. Flughafen Saint-Exupéry (TGV-Station von S. Calatrava). – Die histor. Stadtanlage mit Bauten aus den versch. Epochen wurde von der UNESCO zum Weltkulturerbe erklärt. Rechts der Saône liegt der älteste Siedlungskern Fourvière, das röm. **Forum vetus** (mit zwei röm. Theatern; Archäolog. Museum am Ausgrabungsgelände) mit Kathedrale Saint-Jean (12.–15. Jh.), Kirche Saint-Paul (12. Jh.), Renaissancehäusern, Justizpalast (1832–1842) und Wallfahrtskirche Notre-Dame auf dem Mont Fourvière (1872–96). Auf der Halbinsel zw. Saône und Rhône u. a. das Rathaus (1646–72) und das Palais Saint-Pierre (ehemaliges Benediktinerkloster des 17. Jh.; mit Museum); ferner die Kirchen Saint-Nizier (15./16. Jh.) und Saint-Bonaventure (14./15. Jh.), die Börse (1855–60) und das Hôtel-Dieu (1741 begonnen von J.-G. Soufflot; mit Museum). Südlich von der Place Bellecour (17. Jh.) die älteste Kirche L. Saint-Martin d'Ainay (1107 geweiht; im Chor Mosaikfußboden des 12. Jh.). Zahlr. moderne Bauten, u. a. Kirchen, Verwaltungsgebäude sowie die nach Umbau durch J. Nouvel 1993 neu eröffnete Oper (»Opéra Nouvel«); von R. Piano die »Cité Internationale« mit dem neuen Museum für zeitgenöss. Kunst (1996 eingeweiht). – L., das galloröm. **Lugdunum**, wurde unter Augustus Hptst. der Prov. Gallia Lugdunensis und schon im 2. Jh. n. Chr. Bischofssitz. 1032/34 kam es mit dem Königreich Burgund an das Hl. Röm. Reich, 1307 an Frankreich. Im späten MA. war die Stadt einer der wichtigsten Messeplätze des Abendlandes. Ein Aufstand der Bürger gegen das revolutionäre Regime in Paris wurde 1793 blutig niedergeschlagen.

Lyon, Konzile von [- - ljɔ̃], zwei in Lyon abgehaltene Konzile; nach der Zählung der kath. Kirche das 13. und 14. ökumen. Konzil. – Im Mittelpunkt des **1. Konzils von L.** (28. 6.–17. 7. 1245), einberufen durch Papst Innozenz IV., standen die Wirtschafts- und Verwaltungsreform des kirchl. Besitzes, die Kreuzzugsfrage und die Absetzung Kaiser Friedrichs II. Zentrale Themen des **2. Konzils von L.** (7. 5.–17. 7. 1274), einberufen durch Papst Gregor X.,

Lyon: Blick über die Stadt, im Vordergrund die Kathedrale Saint-Jean (12.–15. Jh.)

waren die Unionsvereinbarung mit der grch. (orth.) Kirche, die finanzielle Vorbereitung eines Kreuzzuges und Maßnahmen zur Kirchenreform.

lyophil [grch.], leicht löslich; Ggs.: lyophob, schwer löslich.

Lyot [ˈljo], Bernard, frz. Astrophysiker, * Paris 27. 2. 1897, † Kairo 2. 4. 1952; Konstrukteur opt. Apparate mit bahnbrechenden Arbeiten zur Sonnenforschung; erfand 1930 den ↗ Koronographen, 1933 das ↗ Lyot-Filter und versch. Arten von ↗ Polarimetern.

Lyotard [lɪɔˈtaːr], Jean-François, frz. Philosoph, * Versailles 10. 8. 1924, † Paris 21. 4. 1998; 1954–66 Mitarbeit bei der Zeitschrift »Socialisme ou Barbarie«; seit 1966 Prof. der Philosophie in Paris. Beeinflusst von E. Husserls Phänomenologie und L. Wittgenstein, konzipierte L. seinen Begriff der »Postmoderne« (»Das postmoderne Wissen«, 1979). Nach L. hat das Systemdenken der »Moderne« seine Glaubwürdigkeit verloren (»Der Widerstreit«, 1983).

Lyot-Filter [ˈljo-; nach B. Lyot], opt. Filter mit spektral sehr schmalem Transmissionsbereich, das die Dispersion der Drehung der Polarisationsebene in doppelbrechenden Kristallen ausnutzt (Polarisationsinterferenzfilter).

Lyra [grch.] *die,* 1) *Astronomie:* wiss. Bez. für das Sternbild ↗ Leier.

2) *Musik:* 1) ein Musikinstrument der grch. Antike aus der Familie der Leier, das urspr. aus einem mit Kuhhaut überspannten Schildkrötenpanzer oder Tierschädel bestand sowie zwei daran befestigten geschwungenen Tierhörnern und einem dazwischen angebrachten Querholz oder Joch, von dem aus 5–7 Saiten über den Korpus gespannt wurden. Später wurde die mit einem ↗ Plektron gespielte L. auch aus Holz hergestellt; 2) volkstüml. Streichinstrument v. a. in Griechenland, Bulgarien und Dalmatien mit halbbirnenförmigem Korpus, kurzem Hals und 3 oder 4 Saiten; die L. wird, vertikal auf ein Knie gestützt, mit einem Bogen angestrichen; 3) in Militärkapellen ein Stahlplattenspiel mit lyraförmigem Rahmen.

Lyriden [grch.], Meteorstrom mit dem Radianten im Sternbild Leier (lat. Lyra), der jährlich vom 20. bis 22. 4. sein Maximum erreicht.

Lyon
Stadtwappen

Lyrik [zu grch. lyrikós »zum Spiel der Lyra gehörend«] *die,* poet. Gattung, die am unmittelbarsten menschl. Stimmungen ausdrücken kann; seit dem 18. Jh. (J. C. Gottsched) wird sie neben Epik und Dramatik als dritte literar. Hauptgattung definiert. Hervorgegangen ist sie aus Gesängen, die in direkter Verbindung zum Mythos, aber auch zur Alltagswelt standen. Von allen literar. Äußerungen ist sie am engsten an die Muttersprache des Urhebers gebunden.

In Europa ist L. erstmals bei den Griechen als Lied, das mit Lyrabegleitung vorgetragen wurde, fassbar. Im Laufe ihrer Geschichte entfaltete sie einen Formenreichtum, der sich jeder exakten Begriffsbestimmung und Klassifizierung entzieht, aber nie ganz die ursprüngl. Bindung an die Musik verleugnet (/ Lied).

Konstante Elemente der aus dem grch.-röm.-christl. Kulturkreis erwachsenen L. sind deshalb / Rhythmus, / Vers, / Metrum, teilweise auch / Reim und / Strophe. Aus der unterschiedl. Anwendung dieser Elemente ergeben sich – oft in fester Verbindung mit bestimmten Inhalten – die einzelnen lyr. Gattungen, die z. T. schon in der grch. Antike ausgebildet (Elegie, Ode, Hymne, Epigramm) und seit der Renaissance in Europa um neue Varianten bereichert wurden (Sonett, Madrigal, Kanzone, später auch Übernahme arab. Formen wie Ghasel und Kasside). Ebenso vielfältig wie die Formen der L. sind ihre Inhalte. Als älteste Beispiele sind Zaubersprüche, religiöse Hymnen, Fest-, Kriegs-, Klage- und Liebeslieder überliefert, frühzeitig auch L. mit belehrendem Charakter. Als Ausdruck subjektiver Stimmungen und Empfindungen begegnet L. seit der archaischen grch. Dichtung, nun auch unter dem Namen der Urheber: Alkaios, Sappho, Pindar. Im europ. MA. entstand schon früh religiöse L. in lat. Sprache, daneben entwickelte sich die volkssprachl. Dichtung, z. B. in / Minnesang und Kreuzzugsliedern.

Für die folgenden Jahrhunderte ist die Geschichte der L. in Europa nationalliterarisch bestimmt, wobei einzelne Persönlichkeiten oder Richtungen auch übernational wirkten (wie F. Petrarca, G. Marino, L. de Góngora y Argote, die Anakreontik). Mit der Aufwertung des Individuums durch die Aufklärung wuchsen in der dt. L. (Sturm und Drang) Maß und Anteil dichter. Subjektivität. Diese Erlebnisdichtung prägte in der Romantik auch andere europ. Literaturen (in Frankreich, England, Spanien, Russland, Polen). In der 2. Hälfte des 19. Jh. eröffnete das Prinzip des / L'art pour l'art und der darauf folgende / Symbolismus der L. neue Möglichkeiten, die in der / abstrakten Dichtung des 20. Jh. münden. Daneben werden die traditionellen Formen weiterhin gepflegt. – Eine Sonderform der L. ist die / Ballade, in der sich lyr. mit epischen und dramat. Elementen verbinden.

Lyrismus *der,* (übertrieben) gefühlsbetonte dichter. oder musikal. Gestaltung bzw. Darbietung.

Lysander (grch. Lysandros), spartan. Feldherr und Staatsmann, † bei Haliartos (Böotien) 395 v. Chr. Sein Seesieg bei Aigospotamoi (405) und die Einnahme Athens (404) beendeten den Peloponnes. Krieg. Biografien des L. schrieben Plutarch und Cornelius Nepos.

Lyse [grch.] *die* (Lysis), Auflösung von Zellen (Bakterien, Blutkörperchen u. a.) nach Zerstörung ihrer Membran.

Lysergsäurediäthyl|amid, / LSD.

Lysias, att. Rhetor, * Athen um 445 v. Chr., † nach 380 v. Chr. Unter seinem Namen kursierten 425 Reden, von denen 35 Reden, Muster einfacher, klarer Sprache, erhalten sind; bes. bedeutend die Rede gegen Eratosthenes, einen der Dreißig Tyrannen.

Lysimeter [grch.] *das,* Messanlage zur Erfassung des Wasserhaushalts eines bewachsenen Bodenvolumens; die Erfassung erfolgt durch Wägung und Bestimmung der durch Niederschlag, Tau und Beregnung zugeführten sowie der durch Abfluss und Verdunstung abgegebenen Wassermengen.

Lysin [grch.] *das,* Abk. **Lys** (L-2,6-Diaminocapronsäure), für den Menschen essenzielle Aminosäure (Tagesbedarf liegt bei etwa 1,6 g); fördert das Knochenwachstum und regt die Zellteilung und Nucleosidsynthese an; reichlich in tier. Eiweißstoffen vorhanden. L. wird künstlich hergestellt und als Zusatz zu Futtermitteln verwendet.

Lysine [grch.], körpereigene Abwehrstoffe, die Bakterien und Blutzellen auflösen können.

Lysipp (Lysippos von Sikyon), grch. Bronzebildner des 4. Jh. v. Chr., Hofbildhauer Alexanders d. Gr. Von L.s Götter- und Menschenstatuen sind nur kaiserzeitl. Marmorkopien, u. a. der Apoxyomenos (Vatikan, um 325 v. Chr.), der Farnes. Herakles (Neapel) und das Alexanderbildnis (»Azara Herme«, Paris, Louvre) überliefert. Mit seinem bewegten Stil wurde L. zum Wegbereiter der hellenist. Kunst.

Lysistrata (grch. Lysistrate), Titel und Heldin einer Komödie von Aristophanes (411 v. Chr.); ruft zum Ehestreik der Frauen auf, bis ihre Männer den Peloponnes. Krieg beendet haben. Als literar. Stoff wurde das Thema wiederholt bearbeitet.

Lysithea, ein Mond des Planeten / Jupiter.

lysogen [grch. »Auflösung hervorrufend«], bezeichnet einen Infektionszyklus (lysogener Zyklus) im Anschluss an eine Virusinfektion, der nicht unmittelbar zur Lyse (Auflösung) der befallenen Zelle führt (/ Bakteriophagen).

Lysosomen [grch.], granuläre, membranumgebene Organellen zahlr. Zellen, die hydrolyt. Enzyme enthalten und an intrazellulären Abbauprozessen beteiligt sind.

Lysozym [grch.] *das* (Muramidase), in Speichel, Tränen und Schleimhäuten vorkommendes Enzym, das gegen Bakterien wirkt, indem es deren Zellwand (Proteoglykanmantel) hydrolytisch abbaut; ist wichtig für die Abwehr bakterieller Infektionen.

Lyssa [grch.] *die,* die / Tollwut.

Lyssenko, Trofim Denissowitsch, sowjet. Agrarbiologe und Agronom, * Karlowka (bei Poltawa) 29. 9. 1898, † Moskau 20. 11. 1976; entwickelte die Methode der / Vernalisation sowie Pläne zur gezielten Veränderung der Erbanlagen (eingeschlossen die Schaffung eines neuen Menschentyps durch radikale Umformung der gesellschaftl. Verhältnisse) durch Änderung der Lebensbedingungen. Seine genet. Theorien erwiesen sich als unhaltbar, da sie auf Fehlinterpretationen, z. T. auch auf Fälschungen seiner wiss. Untersuchungen beruhten.

Lythrum [grch.], die Pflanzengattung / Weiderich.

Lyttelton [ˈlɪtltən], Ort an der O-Küste der Südinsel Neuseelands, 3 200 Ew.; Hafen von Christchurch (mit diesem durch einen 2 km langen Straßentunnel verbunden).

Lytton [lɪtn], engl. Schriftsteller, / Bulwer-Lytton.

Lyzeum [lat., von grch. lýkeion] *das,* in einigen europ. Ländern die höhere Schule, vergleichbar dem Gymnasium; in Dtl. 1908–38 die höhere Mädchenschule.

LZB, Abk. für / Landeszentralbanken.

Lysipp: Apoxyomenos, römische Marmorkopie des um 325 v. Chr. entstandenen Originals (Rom, Vatikanische Museen)

m, M 1): Druckschriftvarianten

m, M, 1) Konsonant (/ Laut); der 13. Buchstabe des dt. Alphabets; bilabialer Nasallaut.
2) Abk. für **m**ännlich, **M**askulinum.
3) M. oder **M**, Abk. für den lat. Namen **M**arcus, auch **M**agister, **M**onumentum u. a.; im Französischen für **M**onsieur, im Englischen für **M**aster und **M**ember.
4) *Astronomie: m* Abk. für die scheinbare, *M* für die absolute Helligkeit eines Sterns.
5) *Bekleidung:* **M**, / Konfektionsgrößen.
6) *Einheitenzeichen:* **m** für / Meter; ᵐ (hochgestellt) für die / Größenklasse der scheinbaren Helligkeit eines Gestirns.
7) *Formelzeichen: m* für / Masse; *M* für / Mach-Zahl (in der Luftfahrt), / molare Masse / absolute Helligkeit; *M* für / Magnetisierung, / Drehmoment.
8) *röm. Zahlzeichen:* **M** für 1 000.
9) *Vorsatzzeichen:* **m** für / Milli; **M** für / Mega.
M', Kurzschreibung für engl. / Mac.
mA, Einheitenzeichen für **M**illi**a**mpere (1 mA = $1/1000$ / Ampere).
Ma, Formelzeichen für die / Mach-Zahl.
Ma, Yo-Yo, amerikan. Violoncellist chines. Herkunft, * Paris 7. 10. 1955; tritt als Solist mit namhaften Orchestern auf, wirkt auch als Kammermusikspieler, u. a. im Duo mit dem Pianisten E. Ax.
MA., Abk. für **M**ittel**a**lter.
M. A., Abk. für lat. **M**agister **A**rtium, engl. **M**aster of **A**rts, / Magister.
Mäander [nach dem Fluss M.] *der,* **1)** *Geomorphologie:* halb- bis fast vollkreisförmige Flussschlingen in ebenen Talauen oder in bis mehrere 100 m tief eingeschnittenen Talwindungen. Kennzeichnend sind flache Gleitufer (Gleithänge) und gegenüberliegende steile Prallufer (Prallhänge). **Freie Fluss-M.** (Talboden-M., Wiesen-M.), durch die Dynamik des Fließvorgangs entstanden, verändern sich ständig (Altwasserarme). Unter den **Tal-M.** sind nur wenige aus (in die Erdoberfläche eingesenkten) Fluss-M. entstanden; die weit geschwungenen, hohen Hänge sind das Ergebnis sehr lang andauernder Hangabtragung und nicht kurzfristiger Flusslaufveränderung wie bei Fluss-M. Sie treten v. a. dort auf, wo Flüsse ihr normales Längsprofil (gegenüber härterem Gestein, Krustenbewegungen, Schicht- und Oberflächenneigungen) zu erhalten oder (gegenüber eiszeitl. Talverschüttungen) wiederherzustellen trachten.
2) *Kunst:* Ornamentband, aus einer regelmäßig rechtwinklig gebrochenen, fortlaufenden Linie gebildet; verwandt ist das als »laufender Hund« bezeichnete fortlaufende Spiralmotiv oder Wellenband. Der M. tritt bereits in der Steinzeit auf, dann in der geometr. Kunst der Griechen.
Mäander *der,* Fluss in der Türkei, / Menderes.
Maar *das,* durch vulkan. Gasexplosionen entstandene, rundl., trichterförmige Vertiefung der Erdoberfläche; häufig von einem Wall aus Lockermaterial umgeben; oft mit Wasser gefüllt. Vorkommen u. a. in der Eifel und in der Schwäb. Alb.
Maar, Paul, Schriftsteller und Illustrator, * Schweinfurt 13. 12. 1937. Ausgehend vom mündl. Erzählen schreibt M. fantast. und realist. Geschichten für Kinder jeden Alters. Besonders populär wurde sein Fabelwesen Sams (»Eine Woche voller Samstage«, 1973 u. a.); auch Theaterstücke und Lernhilfen. – *Weitere Werke:* Der tätowierte Hund (1968); Lippels Traum (1984); Das kleine Känguruh auf Abenteuer (1989); Die Kuh Gloria (2002); Sams in Gefahr (2002).

Mäander 1) des Río Cononaco, Ecuador

Maarssen ['maːrsə], Gem. in der Prov. Utrecht, Niederlande, am Amsterdam-Rhein-Kanal, 41 100 Ew.; chem., pharmazeut., Elektronikind., Maschinen- und Anlagenbau, Edelmetallrecycling u. a. Industrie.

Maas die (frz. Meuse), Fluss in W-Europa, 950 km lang. Die M. entspringt am Fuß des Plateaus von Langres (O-Frankreich), fließt nordwärts durch Lothringen und die Ardennen, erreicht bei Givet Belgien, ist zw. Lüttich und Maastricht z. T. Grenzfluss zw. Belgien und den Niederlanden; südlich von Nimwegen biegt sie nach W um und läuft längs des südl. Rheinarms Waal in die Trichtermündung »Hollands Diep«, mündet zus. mit dem Rhein im Rhein-M.-Delta in die Nordsee. Große Teile der M. sind kanalisiert, Kanäle verbinden sie mit anderen Flüssen, davon rd. 330 km Wasserstraßen für Schiffe bis 2000 t.

Maass, Joachim, Schriftsteller, * Hamburg 11. 9. 1901, † New York 15. 10. 1972; emigrierte 1933 in die USA; histor. und Zeitromane (»Bohème ohne Mimi«, 1930; »Die unwiederbringliche Zeit«, 1935; »Ein Testament«, 1939; »Kleist, die Fackel Preußens«, Essay, 1957).

Maassluis [maːsˈslœjs], Stadt in der Prov. Südholland, Niederlande, am Nieuwe Waterweg, 33 000 Ew.; Schiff- und Maschinenbau u. a. Ind.; Hafen. – Am Nieuwe Waterweg bei M. befindet sich das 1997 fertig gestellte Sturmflutwehr zum Schutz des Rotterdamer Hafens.

Maastricht [niederländ. -ˈtrɪxt], Hptst. der Prov. Limburg, Niederlande, an der Maas, 120 200 Ew.; Europ. Inst. für öffentl. Verwaltung (gegr. 1981); Univ., Konservatorium, Museen; Zement-, Porzellanfabriken, chem. Ind., Herstellung elektrotechn. Erzeugnisse, Maschinenbau; Champignonzucht; Handelszentrum; Verkehrsknotenpunkt. – St.-Servatius-Kirche (im 6. Jh. gegr., im Wesentlichen im 11.–13. Jh. erbaut), romanische Liebfrauenkirche (11./12. Jh.), spätgot. St.-Johannes-Kirche, Rathaus (1659–64), zahlr. Bürgerhäuser (17.–18. Jh.). Zu den bemerkenswerten Neubauten gehört u. a. das Bonnefantenmuseum von A. Rossi (1993–95). – M., das röm. Traiectum ad Mosam (»Überfahrt an der Maas«), stand ab 1284 unter der gemeinsamen Herrschaft der Herzöge von Brabant und der Fürstbischöfe von Lüttich. 1632 eroberte es Friedrich Heinrich von Nassau-Oranien für die nördl. Niederlande.

Maastrichter Vertrag, Bez. für den am 7. 2. 1992 in Maastricht unterzeichneten und am 1. 11. 1993 in Kraft getretenen Vertrag über die ↗ Europäische Union.)

Maat [niederdt., von mat »Kamerad«], frühere Bez. für einen Gehilfen z. B. des Steuermanns; heute Bez. für einen Unteroffizier der dt. Marine.

Maazel [maːzl], Lorin, amerikan. Dirigent, * Neuilly-sur-Seine 6. 3. 1930; 1965–71 in Berlin Generalmusikdirektor der Dt. Oper und 1965–75 Chefdirigent des Radio-Symphonie-Orchesters, 1972–82 auch Chefdirigent und künstler. Leiter des Cleveland Orchestra; 1982–84 Direktor der Wiener Staatsoper, 1988–96 Musikdirektor des Orchesters von Pittsburgh, daneben seit 1993 Leiter des Symphonieorchesters des Bayer. Rundfunks (bis 2002); seit Herbst 2002 Leiter der New Yorker Philharmoniker.

Mabuse, fläm. Maler, ↗ Gossaert, Jan.

Mac [mæk; gälisch »Sohn«], Abk. **M', Mc**, erster Bestandteil ir. und schott. Familiennamen.

Macadamia [nach dem austral. Naturforscher John Macadam, * 1827, † 1865] die, Gattung der Silberbaumgewächse mit neun in O-Australien, Neukaledonien und auf Celebes beheimateten Arten. Einige Arten, v. a. die **Queenslandnuss** (M. ternifolia) und

Maastricht: Bonnefantenmuseum von Aldo Rossi (1993–95)

Maastricht Stadtwappen

Lorin Maazel

Douglas MacArthur

die **Austral. Haselnuss** (M.-Nuss, M. tetraphylla), werden bes. in Australien und auf Hawaii wegen ihrer haselnussartigen Steinkerne kultiviert. Die Samen sind wohlschmeckend, fettreich und werden roh, geröstet oder gesalzen gegessen.

Macao, Sonderverwaltungsregion an der S-Küste Chinas, ↗ Macau.

Macapagal-Arroyo [-aˈrrɔjo], Gloria, philippin. Politikerin, * 1947; Tochter des früheren Staatspräs. (1961–65) Diosdado Macapagal; studierte Wirtschaftswiss.en u. a. an der Georgetown University in Washington (D. C.); während der Präsidentschaft C. Aquinos stellv. Min. für Handel und Industrie; wurde 1992 Senatorin, unter Präs. J. E. Estrada 1998 Vizepräs. und Min. für soziale Wohlfahrt; distanzierte sich wegen der Verwicklung Estradas in eine Korruptionsaffäre von diesem und gab im Okt. 2000 ihr Ministeramt auf; wurde nach dem Sturz Estradas am 20. 1. 2001 Staatspräsidentin.

MacArthur [məˈkɑːθə], Douglas, amerikan. General, * Little Rock (Ark.) 26. 1. 1880, † Washington (D. C.) 5. 4. 1964; ab 1942 Oberbefehlshaber der alliierten Streitkräfte im SW-Pazifik im Krieg gegen Japan; war nach Entgegennahme der Kapitulation Japans (1945) dort Chef der Besatzungstruppen und wurde 1950 Oberbefehlshaber der UN-Streitkräfte im Koreakrieg; 1951 von Präsident Truman entlassen, um eine eigenmächtige Ausweitung des Krieges gegen China zu verhindern.

Macau (Macao, chines. Aomen), Sonderverwaltungsregion (SVR) an der S-Küste Chinas, rd. 65 km westlich von Hongkong, grenzt an die Prov. Guangdong und die Sonderwirtschaftszone Zhuhai; 23,8 km² (Flächenvergrößerung durch Landaufschüttungen), 437 000 Ew.; Amtssprachen sind Chinesisch und Portugiesisch; Währungseinheit ist der Pataca (Pat.) = 100 Avos (Avs), als Zahlungsmittel gilt auch der Hongkong-$ (1 Hongkong-$ = 1 Pataca). Die SVR umfasst eine etwa 5 km lange Halbinsel mit der Stadt M. sowie die ihr südlich vorgelagerten Inseln **Taipa** (6,2 km², an der N-Seite Univ.) und **Coloane** (7,6 km²). Taipa ist mit Coloane durch einen 2,2 km langen Damm und mit der Halbinsel durch zwei Brücken verbunden. Die Wirtschaft wird vom Fremdenverkehr (Spielkasinos, Hunderennen, Grand-Prix-Rennen), Handel (v. a. Transit- und Goldhandel), Ind.produktion (Textil-, Bekleidungs- und elektron. Ind., Streichhölzer, Feuerwerkskörper, Tabakwaren, Fischkonserven u. a.) und Hochseefischerei bestimmt. – M. ist durch Fährverkehr (Tragflügel- und Motorboote) und Hubschrauber mit Hongkong, mittels Fähre und Straße mit China verbunden; Brücke zur Insel Hengqin (chines. Sonderwirtschaftszone Zhuhai); 1995 Eröffnung des Großflughafens auf Taipa. – 1557 von den Portugiesen als Handelsniederlassung gepachtet; ab 1575 Bischofssitz. Nach 1842 verlor M. durch die rasche Entwicklung Hongkongs für den Chinahandel an Bedeutung. 1849 Besetzung der Inseln Taipa und Coloane durch Portugal. 1887 erkannte China in einem Vertrag die Oberhoheit Portugals über M. an, das 1951 portugies. Überseeprovinz wurde; 1966 schwere Unruhen; erhielt 1976 als »Territorium von M.« innere Autonomie. Gemäß einem portugiesisch-chines. Abkommen von 1987 erfolgte am 19. 12. (mit Wirkung vom 20. 12.) 1999 die Rückgabe M.s an China.

Macaulay [məˈkɔːlɪ], **1)** Dame (seit 1958) Rose, engl. Schriftstellerin, * Rugby 1. 8. 1881, † London 30. 10. 1958; griff in ihren kulturkrit., meist satir. Romanen Fortschrittsglauben und Kulturoptimismus der engl. Gesellschaft an (»Irrwege«, 1926; »Tante Dot, das Kamel und ich«, 1956).

2) Thomas Babington, Baron M. of Rothley (seit 1857), brit. Politiker und Historiker, * Rothley Temple (Cty. Leicestershire) 25. 10. 1800, † Kensington (heute zu London) 28. 12. 1859; seit 1830 liberales Mitgl. des Unterhauses, 1834–38 Kolonialbeamter in Indien, 1839–41 Kriegsminister. In seinem Hauptwerk (»History of England from the accession of James II.«, 5 Bde., 1849–61) vertrat er die Ansicht, dass die Revolution von 1688 die Grundlage der polit. Freiheit in England gelegt habe.

Macbeth [mækˈbeθ], König von Schottland (1040–57), * um 1005, † bei Lumphanan (in der Nähe von Aberdeen) 15. 8. 1057; heiratete um 1032 Gruoch, eine Nachfahrin von König Kenneth III. (997–1005); tötete am 14. 8. 1040 König Duncan I. und usurpierte den Thron; fiel im Kampf gegen Duncans Sohn Malcolm III.; Drama von Shakespeare (um 1608), Oper von Verdi (1847, 2. Fassung 1865).

MacBride [məkˈbraɪd], Seán, ir. Politiker, * Paris 26. 1. 1904, † Dublin 15. 1. 1988; Rechtsanwalt, gründete 1946 die Republikan. Partei (Clann na Poblachta), war 1948–51 Außenmin.; setzte sich als Gen.-Sekr. der Internationalen Juristenkommission (1963–70), Präs. von Amnesty International (1961–74) und langjähriger Vors. des Internat. Friedensbüros für die Wahrung der Menschenrechte sowie für Abrüstung und die Friedensbewegung ein. 1974 erhielt er mit E. Satō den Friedensnobelpreis.

Macchie [-kiə] *die,* durch Abholzung entstandenes Degradationsstadium des immergrünen Steineichenwaldes im Mittelmeergebiet mit Steineiche, Ölbaum, Myrte u. a., 1–5 m hoch wachsend. Bei noch stärkeren menschl. Eingriffen (regelmäßiges Abbrennen, starke Beweidung) entsteht eine baumlose, offene Vegetationsform, die **Garigue**.

MacDiarmid [məkˈdɪəmɪd], Hugh, eigtl. Christopher Murray Grieve, schott. Lyriker, * Langholm (Dumfries and Galloway) 11. 8. 1892, † Edinburgh 9. 9. 1978; trat für die Wiederbelebung einer eigenständigen schott. Literatur und für die Unabhängigkeit von England ein.

Macdonald [məkˈdɔnəld], Ross, eigtl. Kenneth Millar, amerikan. Schriftsteller, * Los Gatos (Calif.) 13. 12. 1915, † Santa Barbara (Calif.) 11. 7. 1983; Detektivromane aus dem Milieu der amerikan. Westküste mit der Gestalt des Detektivs Lew Archer.

MacDonald [məkˈdɔnəld], James Ramsay, brit. Politiker, * Lossiemouth (Moray) 12. 10. 1866, † (auf einer Seereise nach Südamerika) 9. 11. 1937; Mitbegründer und 1911–14 parlamentar. Führer der Labour Party, Premiermin. 1924 (erstes Labourkabinett) und 1929–35, bildete zur Zeit der Weltwirtschaftskrise 1931 gegen den Widerstand seiner Partei eine von den bürgerl. Kräften bestimmte Koalitionsregierung (National Government).

Macdonnellkette [məkˈdɔnl-] (Macdonnell Ranges), Gebirgssystem in Zentralaustralien, etwa 400 km lang, im Mount Zeil 1 511 m hoch.

MacDowell [məkˈdauəl], **1)** Andie, amerikan. Filmschauspielerin, * Gaffney (S. C.) 21. 4. 1958; spielt seit den 1980er-Jahren Filmrollen (»Sex, Lügen, Video«, 1988), v. a. in Komödien, wie z. B. »Green Card« (1990), »Und täglich grüßt das Murmeltier« (1993), »Vier Hochzeiten und ein Todesfall« (1994).

2) Edward, amerikan. Komponist, * New York 18. 12. 1860, † ebd. 23. 1. 1908; einer der führenden amerikan. Komponisten spätromant. Richtung; verwendete Motive der indian. Musik; schrieb sinfon. Dichtungen, Orchestersuiten, Klaviermusik, Lieder.

Maceió [maseˈjo], Hptst. des Bundesstaates Alagoas, Brasilien, 723 100 Ew.; Erzbischofssitz; Univ.; Nahrungsmittel-, Textil-, Tabak-, Zuckerind.; Hafen.

Macerata [matʃeˈraːta], **1)** Prov. in der Region Marken, Italien, 2 774 km², 304 400 Einwohner.

2) Hptst. von 1), südlich von Ancona, 41 800 Ew.; Univ.; Handelszentrum, Musikinstrumentenbau.

Mạch, Kurzbez. für ↗Mach-Zahl.

Mạch, Ernst, österr. Physiker und Philosoph, * Chirlitz-Turas (bei Brünn) 18. 2. 1838, † Vaterstetten (Landkreis Ebersberg) 19. 2. 1916; Prof. für Mathematik (später auch Physik) in Graz, für Experimentalphysik in Prag und für Philosophie in Wien; vervollkommnete die Stroboskopie (Aufnahme von Luftwellen), erforschte die Bewegung von Körpern mit Überschallgeschwindigkeit (↗Mach-Kegel, ↗Mach-Zahl). M. untersuchte die Absorptionslinien in Sternspektren, bestätigte 1860 experimentell den Doppler-Effekt und schlug dessen Anwendung zur Messung der Geschwindigkeit weit entfernter kosm. Objekte vor (↗Rotverschiebung). Seiner Erkenntnistheorie zufolge sind allein die Sinnesempfindungen die »Elemente« der Wirklichkeit (Empiriokritizismus); er verwarf die Atomistik und verstand Zusammenhänge und Abhängigkeiten zw. Phänomenen nicht als kausal, sondern als funktional. M. formulierte das wissenschaftstheoret. Prinzip der Denkökonomie (möglichst einfache Erklärung); er wirkte auf den Neopositivismus (z. B. den Wiener Kreis); seine Philosophie bereitete die Relativitätstheorie vor und beeinflusste W. Heisenbergs Deutung der Quantentheorie.

Werke: Die Mechanik in ihrer Entwicklung (1883); Die Analyse der Empfindungen (1886); Die Prinzipien der Wärmelehre (1896); Erkenntnis und Irrtum (1905).

Mácha [ˈmaːxa], Karel Hynek, tschech. Dichter, * Prag 16. 11. 1810, † Litoměřice 5. 11. 1836; Vertreter der tschech. Romantik; in seiner Lyrik offenbaren sich Weltschmerz und tiefgründige Deutung des Daseins. Sein Hauptwerk ist die lyrisch-ep. Dichtung »Der Mai« (1836).

Machado de Assịs [maˈʃadu di-], Joaquim Maria, brasilian. Schriftsteller, * Rio de Janeiro 21. 6.

Ernst Mach (zeitgenössische Lithographie)

1839, †ebd. 29. 9. 1908; schrieb psychologisierende Romane und Erzählungen in kunstvoller Erzähltechnik mit nachsichtiger Ironie und melancholl. Humor (»Die nachträgl. Memoiren des Bras Cubas«, R., 1881; »Dom Casmurro«, R., 1899).

Machado y Ruiz [maˈtʃaðo i ˈrruiθ], Antonio, span. Lyriker, *Sevilla 26. 7. 1875, †Collioure (Dép. Pyrénées-Orientales) 22. 2. 1939; Freund von R. Darío; im Span. Bürgerkrieg Republikaner, starb auf dem Weg ins Exil; schrieb neben Theaterstücken und Essays v. a. Lyrik (»Soledades«, 1903, erweitert 1907; »Campos de Castilla«, 1912).

Machala [maˈtʃala], Hptst. der Prov. El Oro, Ecuador, 197 400 Ew.; TU; Bananenexport über den benachbarten Hafen Puerto Bolívar.

Machandelbaum [niederdt. »Wacholder«], der Gemeine ↗ Wacholder.

Machatschek, Fritz, Geograph, *Wischau (heute Vyškov, Südmähr. Gebiet) 22. 9. 1876, †München 25. 9. 1957; machte sich bes. um die Geomorphologie und Eiszeitforschung verdient; schrieb »Geomorphologie« (1919); »Das Relief der Erde« (2 Bde., 1938–40).

Machatschkalạ (bis 1921 Petrowsk-Port), Hptst. von Dagestan innerhalb der Russ. Föderation, am Kasp. Meer, 334 900 Ew.; Univ. (1957 gegr.), medizin. Akademie, mehrere Hochschulen, geistl. muslim. Zentrum; Kurheime; Maschinenbau, Erdöl-, Textil-, Nahrungsmittelind.; Hafen, Flughafen.

Machaut [maˈʃo], Guillaume de (Machault), frz. Dichter und Komponist, *in der Champagne (Reims?) zw. 1300 und 1305, †Reims 13. 4. 1377; bereiste als Sekretär Johanns von Böhmen Europa; sein lyr. Werk wurde z. T. von ihm selbst vertont; überliefert sind histor. Dichtungen, Versromane (»Livre dou voir dit«, um 1363; »Le jugement dou Roy de Navarre«, 1349) sowie mehr als 140 Kompositionen (Motetten, eine Messe, Lais, Dits, Balladen, Rondeaux und Virelais).

Machel [maˈʃɛl], Samora, Politiker in Moçambique, *Xilambewe (Distr. Gaza) 29. 9. 1933, † (Flugzeugabsturz) bei Komatipoort (Südafrika) 19. 10. 1986; wurde 1970 Präs. der FRELIMO, 1975 auch Staats- und Regierungschef.

Samora Machel

Machern, Gem. im Muldentalkreis, Sachsen, östlich von Leipzig, 6500 Einwohner. – Schloss (urspr. Wasserburg des 16. Jh., mehrfach verändert), Schlosspark seit 1760 als Landschaftspark im engl. Stil angelegt mit künstl. Burgruine, klassizist. Pavillon und Mausoleum.

Machete [maˈtʃetə, span.] die, ↗ Haumesser.

Machiavelli [makjaˈvɛlli], Niccolò, italien. Schriftsteller, *Florenz 3. 5. 1469, †ebd. 22. 6. 1527; war 1498–1512 Kanzler des Rats der Zehn in Florenz und in diplomat. Mission oft im Ausland. Nach Rückkehr der Medici verlor er sein Amt und lebte seit 1513 nur noch seinen schriftsteller. Arbeiten. M. ging von einem pessimist. Menschenbild aus; er formte den Begriff der Staatsräson vor, verwarf die Vorstellung des den christl. Tugenden verpflichteten Herrschers und sah in der Macht ein konstituierendes Element der Politik (↗ Machiavellismus). Seine polit. Schriften sind zwei Staatsformen gewidmet: den Republiken (»Unterhaltungen über die erste Dekade der röm. Gesch. des Livius«, 1531) und den Fürstentümern (»Il principe«, dt. »Der Fürst«, 1532, entstanden 1513). »Il principe« wurde zu einem bis in das 18. Jh. hinein grundlegenden Traktat der Fürstenerziehung. M. schrieb auch Novellen, Gedichte und Komödien (»Mandragola«, zw. 1518 und 1520, gilt als das originellste Lustspiel der Renaissance) sowie eine »Geschichte von Florenz«, 1532.

Niccolò Machiavelli, Ausschnitt aus einem anonymen Gemälde (Florenz, Palazzo Vecchio)

Machiavellịsmus [makjavɛll-] der, die polit. Lehre N. ↗ Machiavellis, insbesondere die Rechtfertigung einer von sittl. Normen losgelösten Machtpolitik, wie sie die Gegner Machiavellis bes. aus seinem »Il principe« herauszulesen glaubten (↗ Antimachiavell); danach: polit. Skrupellosigkeit.

Machịsmo [maˈtʃismo; zu lat.-span. macho »männlich«] der, durch starke Überlegenheitsgefühle und Herrschaftsansprüche gegenüber der Frau gekennzeichnete Einstellung des Mannes, urspr. in den lateinamerikan. Gesellschaften bes. ausgeprägt.

Mach-Kegel [nach E. Mach], die von der Spitze eines mit Überschallgeschwindigkeit v bewegten Körpers ausgehende kegelförmige Kopfwelle. Für den halben Öffnungswinkel α des Kegels (**Mach-Winkel**) gilt: $\sin \alpha = c_s / v = 1/Ma$, wobei c_s die Schallgeschwindigkeit im umgebenden Medium und Ma die ↗ Mach-Zahl ist.

Mach-Meter [nach E. Mach] das, Instrument zur Messung der ↗ Mach-Zahl, hauptsächlich verwendet im Überschallflug, in dem für die Flugzeugführung die Kenntnis der temperatur- und damit höhenabhängigen Mach-Zahl wichtig ist.

Machnọ, Nestor Iwanowitsch, ukrain. Anarchist und Revolutionär, *Guljaipolje (Gouv. Jekaterinoslaw, heute Gebiet Dnjepropetrowsk) 29. 10. 1889, †Paris 6. 7. 1934; stand 1918–21 an der Spitze einer bäuerlich-anarchist. Aufstandsbewegung («Machnowschtschina»); floh nach deren Zerschlagung durch die Rote Armee im Aug. 1921 zunächst nach Rumänien und ging ins Exil nach Frankreich.

Machọrka [russ.] der, aus Bauerntabak (↗ Tabak) hergestellter, stark nikotinhaltiger Pfeifen- und Zigarettentabak.

Machos [Kw. für engl. **ma**ssive **c**ompact **h**alo **o**bjects], postulierte massereiche, aber nicht leuchtend in Erscheinung tretende Objekte zur Erklärung der im Halo des Milchstraßensystems vermutlich existierenden Dunklen Materie. Der Nachweis mögl. M. könnte aufgrund des von ihnen bei Sternen der Großen Magellanschen Wolke infolge des Gravitationslinseneffekts verursachten Lichtwechsels erfolgen.

Machpela, Grundstück mit einer Höhle in Hebron, von Abraham als Familiengrabstätte gekauft (1. Mos. 23,9); seit herodian. Zeit als jüd. Heiligtum (Erzvätergrab) belegt, heute von einer Moschee überbaut.

Macht, die Summe von Einflussmöglichkeiten in polit., wirtsch. und sozialer Hinsicht; allg. nach M. Weber die Chance, in einer sozialen Beziehung den eigenen Willen auch gegen Widerstreben durchzusetzen. Grundlagen von M. können sein: phys. oder psych. Überlegenheit, Wissensvorsprung, höhere Organisationsfähigkeit, das Ausnutzen von Herrschaftsstrukturen und Angst bei den Unterworfenen. In allen auf Demokratie und bestimmte Grundrechte der Menschen ausgerichteten Gesellschaften wird die polit. M.-Ausübung durch Recht, Gesetz, Verfassung und öffentl. Kontrolle zu institutionalisierter und damit anerkannter und kalkulierbarer ↗ Herrschaft. Daneben findet man, v. a. in totalitären Systemen, Mechanismen der Beeinflussung (polit. Propaganda, Manipulation), die vom Einzelnen als M.-Ausübung nicht mehr durchschaut werden können. Kein Gesellschaftssystem mit komplexer Sozialorganisation verzichtet auf M.-Mittel staatl. Gewalt (Gerichte, Polizei, Militär, Strafanstalten), um die innere Ordnung und die äußere Sicherheit des politisch-sozialen Systems zu gewährleisten. Zur Erklärung der Entstehung von M.-Strukturen im sozialen Leben wurde früher ein genereller **M.-Trieb** (Machiavelli, Nietzsche; Geltungstrieb in der Psychologie A. Adlers) angesehen. Der handlungstheoret. Ansatz im Anschluss an Weber stellt Abhängigkeitsverhältnisse als Rahmenbedingungen und Folgeerscheinungen von Handlungen sozialer Akteure in den Mittelpunkt. Systemtheoret. M.-Konzepte (N. Luhmann) beschreiben M. als Mittel, die Entscheidungskriterien einer Gesellschaft zu ordnen und Entscheidbarkeit zu gewährleisten. Hannah Arendt bestimmt M. nicht asymmetrisch, sondern als Ergebnis kommunikativer, auf Verständigung zielender Handlungen.

Mächtiges Häuflein, ↗ Gruppe der Fünf.

Mächtigkeit, 1) *Geologie* und *Bergbau:* die Dicke einer Gesteinsschicht oder einer Lagerstätte.

2) *Mathematik:* (Kardinalzahl), Verallgemeinerung des Begriffs der Anzahl in der Mengenlehre. Bei einer endl. Menge ist die M. gleich der Anzahl ihrer Elemente. Zwei beliebige Mengen A und B werden als **gleichmächtig, äquivalent** oder von **gleicher M.** ($A \sim B$) bezeichnet, wenn es eine umkehrbar eindeutige Abbildung zw. den Elementen von A und B gibt.

Machu Picchu [ˈmatʃu ˈpiktʃu], Ruinenstätte einer festungsartigen Stadtanlage (1450) aus der Zeit der Inkakultur (1440–1532) in Peru, nordwestlich von Cuzco, 2450 m ü. M. auf einem terrassierten Felssporn über dem Urubambatal gelegen. Der Komplex umfasst Tempel, Paläste, eine monumentale Sonnenuhr und Hunderte von künstlich angelegten Ackerbauterrassen. M. P., das den Konquistadoren unbekannt blieb, wurde erst 1911 entdeckt; die UNESCO erklärte die Anlage zum Weltkulturerbe.

Machupo-Virus [-tʃ-, span.], zur Familie der Arenaviren gehörendes RNA-Virus, das beim Menschen das Bolivian. hämorrhag. Fieber, das durch Haut- und Schleimhautblutungen gekennzeichnet ist, hervorrufen kann. Es wird vermutlich durch die Ausscheidungen kleiner Nagetiere, v. a. von Mäusen, bzw. durch direkten Kontakt mit ihnen übertragen. Bisher sind Infektionen durch M.-V. nur aus Bolivien bekannt; die mit den Erkrankungen verbundene Todesrate beträgt etwa 16%.

Mach-Zahl [nach E. Mach], Kurzbez. **Mach,** Formelzeichen Ma, in der Luftfahrt auch M, das Verhältnis der Geschwindigkeit v eines Körpers zur Schallgeschwindigkeit c_S im umgebenden Medium: $Ma = v/c_S$. Da die Schallgeschwindigkeit in Luft in Bodennähe bei einer Temperatur von 20 °C etwa 340 m/s beträgt, bedeutet $Ma = 0{,}5$ eine Geschwindigkeit von 170 m/s oder etwa 600 km/h (0,5 Mach), $Ma = 1$ eine Geschwindigkeit von 340 m/s oder etwa 1 200 km/h (1 Mach). Die Angabe der Geschwindigkeit durch die M.-Z. berücksichtigt z. B., dass sich c_S mit der Temperatur ändert.

Macintosh [ˈməkɪntɔʃ], Kurzwort **Mac,** Personalcomputer der Firma »Apple« mit dem 1984 entwickelten Betriebssystem **MacOS** (engl. **Mac**intosh **O**perating **S**ystem), das eine graf. Benutzeroberfläche aufweist. MacOS basiert auf der Fenstertechnik (↗ Windows) und bietet u. a. umfangreiche Möglichkeiten zur persönl. Gestaltung der Benutzeroberfläche sowie Mehrprogrammbetrieb. M.-Computer sind v. a. in den Bereichen Grafikbearbeitung, Layout und Satz sowie Multimedia verbreitet.

Mack, Heinz, Objektkünstler, * Lollar (bei Gießen) 8. 3. 1931; gründete 1958 mit O. Piene und G. Uecker die Künstlergruppe ↗ Zero; Lichtreliefs und z. T. motorisch bewegte Plastiken aus reflektierenden Metallen und Industrieglas (»Lichtdyna-

Machu Picchu: Blick auf die Ruinenstätte

mos«); u. a. Glasobelisk für die Fassade des Europa-Centers in Berlin (1987).

Macke, August, Maler, * Meschede 3. 1. 1887, ✕ bei Perthes-les-Hurlus (Dép. Marne) 26. 9. 1914; lernte an der Düsseldorfer Akademie, kurze Zeit auch bei L. Corinth in Berlin, empfing entscheidende Eindrücke von der jungen frz. Malerei (Kubismus, Fauvismus) in Paris und schloss sich 1911 dem ↗ Blauen Reiter an. Durch F. Marc und R. D. Delaunay beeinflusst, fand er einen Stil, in dem er gegenständlich, stark vereinfachend, mit starken, leuchtkräftigen Farben v. a. Menschen auf der Straße und in Parklandschaften malte. Im Frühjahr 1914 entstanden auf einer Tunisreise mit P. Klee und L. Moilliet Aquarelle, in denen das Licht zum eigenwertigen Medium wird. – Abb. S. 2920

Mackeben, Theo, Komponist, * Preußisch Stargard (heute Starogard Gdański) 5. 1. 1897, † Berlin 10. 1. 1953; schrieb Opern, Operetten, Orchesterwerke, Konzerte, v. a. aber Bühnen- und Filmmusiken, u. a. zu »Bel ami« (1939), »Der große Zapfenstreich« (1952).

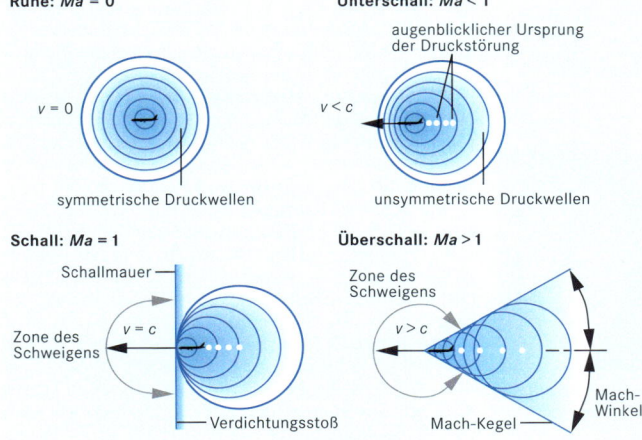

Mach-Zahl: Ausbreitung des Schalls um ein Flugzeug bei verschiedenen Geschwindigkeiten (*v* Fluggeschwindigkeit, *c* Schallgeschwindigkeit, *Ma* Mach-Zahl)

Shirley MacLaine

John Macleod

Harold Macmillan

Mackensen, 1) August von (seit 1899), preuß. Generalfeldmarschall (seit 1915), * Haus Leipnitz (Landkreis Wittenberg) 6. 12. 1849, † Burghorn (heute zu Habighorst, bei Celle) 8. 11. 1945; im Ersten Weltkrieg Oberbefehlshaber der 9. und 11. Armee, eroberte Ende 1915 Serbien, 1916/17 Rumänien, war dort bis Kriegsende Militärgouverneur. Als Verkörperung des preuß. Reitergenerals schlechthin war M. zeitlebens antidemokratisch eingestellt (»Gegen Demokraten helfen nur Soldaten!«); A. Hitler nutzte seine Popularität und berief ihn 1933 zum preuß. Staatsrat und ernannte ihn 1936 zum Chef des Kavallerieregiments Nr. 5 in Stolp.

2) Fritz, Maler, * Greene (heute zu Kreiensen) 8. 4. 1866, † Bremen 12. 5. 1953; malte stimmungsvolle Bilder der norddt. Landschaft und ihrer Bewohner in Worpswede, wo er der 1889 von ihm mitgegründeten Künstlerkolonie angehörte. (Bild / Künstlerkolonie)

Mackenzie [mə'kenzɪ] *der,* Strom im NW von Kanada (Gesamtlänge 4 241 km). Hauptquellflüsse sind Athabasca und Peace River. Der dem Athabascasee entfließende Slave River, der kurz nach seinem Ausfluss den Peace River aufnimmt, mündet in den Großen Sklavensee. Nach dem Austritt aus diesem See heißt der Strom M., er nimmt von links den Liard River, von rechts den Abfluss des Großen Bärensees auf, mündet mit einem rasch wachsenden Delta in das Nordpolarmeer. Schifffahrt ist in den Sommermonaten auf 2000 km bis Fort Smith möglich.

Mackenzie [mə'kenzɪ], **1)** Sir (seit 1802) Alexander, schott. Entdeckungsreisender, * Inverness 1755 (nach anderen Angaben Stornoway auf der Hebrideninsel Lewis 1764), † Mulnair (bei Pitlochry, nordwestlich von Perth) 11. 5. 1820; befuhr als Händler 1789 in Kanada den nach ihm benannten Mackenzie nordwärts zum Nordpolarmeer. 1793 folgte er dem Peace River aufwärts, durchquerte die nördl. Rocky Mountains und gelangte an den Pazifik. Die beiden Reisen gelten als die erste bekannte Durchquerung des nordamerikan. Kontinents nördlich von Mexiko.

2) Sir (seit 1895) Alexander Campbell, brit. Komponist, * Edinburgh 22. 8. 1847, † London 28. 4. 1935; schuf Werke, die der spätromant. Tradition angehören: Opern (u. a. »Colomba«, 1883; »The troubadour«, 1886), Orchesterwerke, Kammermusik und Klavierstücke, Oratorien, Chöre und Lieder.

3) Sir (seit 1952) Edward Montague Compton, engl. Schriftsteller, * West Hartlepool (bei Durham) 17. 1. 1883, † Edinburgh 30. 11. 1972; schrieb v. a. humorist. Unterhaltungsromane (»Das Whisky-Schiff«, 1947), Reisebücher und Schauspiele.

Mackenzie Highway [mə'kenzɪ 'haɪweɪ], 1948/49 erbaute Allwetterstraße im NW Kanadas, führt vom Peace-River-Gebiet in Alberta über 600 km zum Großen Sklavensee bis Yellowknife; erschließt das Bergbaugebiet von Pine Point.

Mackenzie King [mə'kenzɪ kɪŋ], William Lyon, kanad. Politiker, * Berlin (heute Kitchener) 17. 12. 1874, † Kingsmere (bei Ottawa) 22. 7. 1950; 1909–11 Arbeitsmin., als Führer der Liberalen Partei (1919–48) 1921–26, 1926–30 und 1935–48 Premierminister.

Mackintosh ['mækɪntɔʃ], Charles Rennie, schott. Architekt und Designer, * Glasgow 7. 6. 1868, † London 10. 12. 1928; entwickelte eine spezifisch schott. Variante des Jugendstils, insbesondere durch seine Inneneinrichtungen; zu den realisierten Projekten gehört der Bau der Kunstakademie in Glasgow (1897–99 und 1907–09).

Mackmurdo [mək'mɜːdəʊ], Arthur Heygate, brit. Architekt, Designer und Zeichner, * London 12. 12. 1851, † Wickham Bishops (Cty. Essex) 15. 3. 1942; trug wesentlich zur Herausbildung des Jugendstils in England bei; gründete eine Werkstatt für Inneneinrichtung, die an die Ideen des Arts and Crafts Movement anknüpfte.

MacLaine [mə'kleɪn], Shirley, eigtl. S. MacLean Beatty, amerikan. Schauspielerin, * Richmond (Va.) 24. 4. 1934; u. a. kom. Charakterrollen. Filme u. a.: »Das Mädchen Irma la Douce« (1962), »Zeit der Zärtlichkeit« (1983), »Grüße aus Hollywood« (1990), »Tess und ihr Bodyguard« (1994), »A Smile like Yours« (1997); schrieb mehrere autobiograf. Bücher.

MacLean [mə'kliːn], Alistair, eigtl. Ian Stuart, schott. Schriftsteller, * Glasgow 21. 4. 1922, † München 2. 2. 1987; schrieb tatsachenberichtähnl. Abenteuer- und Agentenromane, u. a. »Die Männer der Ulysses« (1955), »Die Kanonen von Navarone« (1957), »Eisstation Zebra« (1963), »Der Santorin-Schock« (1986).

August Macke: Blick auf eine Moschee

MacLeish [mə'kliːʃ], Archibald, amerikan. Schriftsteller, * Glencoe (Ill.) 7. 5. 1892, † Boston (Mass.) 20. 4. 1982; schrieb neben formstrengen, von E. Pound und T. S. Eliot beeinflussten Gedichten ein geschichtsphilosoph. Epos der Eroberung Mexikos (»Conquistador«, 1932) und polit. Essays über die Aufgabe des Dichters in der demokrat. Gesellschaft.

Macleod [mə'klaʊd], John James Richard, kanad. Physiologe brit. Herkunft, * Cluny (bei Perth and Kinross, Schottland) 6. 9. 1876, † Aberdeen 16. 3. 1935; für seine Beteiligung an dem 1921 von F. G. Banting und C. H. Best geführten Nachweis, dass Insulin den Blutzuckerspiegel senkt, erhielt er 1923 (mit Banting) den Nobelpreis für Physiologie oder Medizin.

Mac-Mahon [makma'ɔ̃], Maurice Marquis de, Herzog von Magenta (seit 1859), frz. Marschall und Politiker, * Schloss Sully (bei Autun) 13. 6. 1808, † Schloss La Forêt (Dép. Loiret) 17. 10. 1893; ent-

Madagaskar **Mada** 2921

Madagaskar

Fläche:	587 041 km²
Einwohner:	(2000) 17,39 Mio.
Hauptstadt:	Antananarivo
Verwaltungsgliederung:	6 Provinzen
Amtssprachen:	Malagasy und Französisch
Nationalfeiertag:	26. 6.
Währung:	1 Madagascar-Franc (FMG) = 100 Centime (c)
Zeitzone:	MEZ + 2 Std.

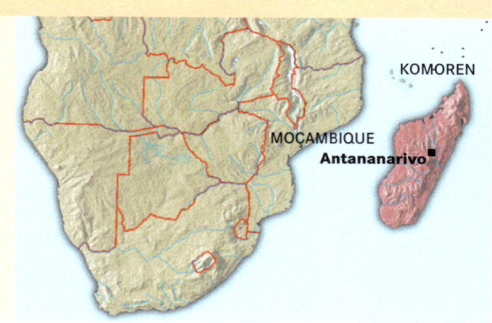

schied 1859 im Krieg Sardinien-Piemonts und Frankreichs gegen Österreich die Schlacht von Magenta; im Dt.-Frz. Krieg geriet er bei Sedan 1870 in Gefangenschaft; 1871 schlug er die Pariser Kommune nieder; 1873 wurde er 2. Präs. der Dritten Rep.; musste wegen seiner monarchist. Einstellung 1879 abdanken.

Macmillan [mǝk'mɪlǝn], Harold, Earl (seit 1984), brit. Politiker, * London 10. 2. 1894, † Chelwood Gate (Cty. East Sussex) 29. 12. 1986; wurde 1921 Teilhaber des Verlags M.&Co. Ltd.; Konservativer, vertrat 1942–45 das brit. Kriegskabinett im alliierten Hauptquartier in NW-Afrika. 1954/55 war er Verteidigungs-, 1955 Außenmin. und 1955–57 Schatzkanzler. Als Premiermin. (1957–63) konnte M. das durch die Sueskrise (1956) belastete britisch-amerikan. Verhältnis verbessern.

MacMillan [mǝk'mɪlǝn], Sir (seit 1983) Kenneth, schott. Tänzer, Choreograph und Ballettdirektor, * Dunfermline 11. 12. 1929, † London 29. 10. 1992; war 1966–69 Ballettdirektor der Dt. Oper Berlin und 1970–77 Leiter des Londoner Royal Ballet, danach dessen Chefchoreograph; seit 1984 auch Artistic Associate beim American Ballet Theatre.

Mâcon [ma'kɔ̃], Hptst. des frz. Dép. Saône-et-Loire, in Burgund, an der Saône, 38 400 Ew.; Maschinen-, Apparate- und Motorradbau; Weinhandel (Weinmuseum für das Mâconnais).

Mac Orlan [makɔr'lɑ̃], Pierre, eigtl. P. Dumarchais, frz. Schriftsteller, * Péronne (Dép. Somme) 26. 2. 1882, † Saint-Cyr-sur-Morin (Dép. Seine-et-Marne) 28. 6. 1970; sein abenteuerl. Leben spiegelt sich in seinen Romanen »Alkoholschmuggler« (1925), »Hafen im Nebel« (1927), »Der Anker der Barmherzigkeit« (1941).

MacOS [mǝk-], Abk. für engl. **Mac**intosh **O**perating **S**ystem (↗ Macintosh).

Macpherson [mæk'fɜ:sn], James, schott. Dichter, * Ruthven (bei Inverness) 27. 10. 1736, † Belville (bei Inverness) 17. 2. 1796; Vertreter der Vorromantik; gab die 1760–63 veröffentlichten Dichtungen (u. a. »Fragments of ancient poetry«) als Übersetzung gälischer Lieder des Sängers Ossian aus; die von F. G. Klopstock und den Dichtern des Göttinger Hains und des Sturm und Drang begeistert aufgenommenen eleg. Dichtungen wirkten auf die romant. Dichtung und die bildende Kunst.

Macquarie-Inseln [mǝ'kwɔrɪ-], austral. Inselgruppe im Südpolarmeer, 230 km²; vulkan. Ursprungs, Tundrenvegetation; Naturschutzgebiet (seit Ende 1997 UNESCO-Weltnaturerbe); Forschungs- und Wetterstation. – 1810 entdeckt.

Macrobius, Ambrosius Theodosius, lat. Schriftsteller, Anfang des 5. Jh. n. Chr.; verfasste einen neuplaton. Kommentar zu Ciceros »Somnium Scipionis« (»Scipios Traum«) sowie die unvollständig erhaltenen »Saturnalia« in sieben Büchern, die in Form von Tischgesprächen bei einem Saturnalienfest grammat., philosoph. und literaturgeschichtl. Ausführungen enthalten.

Macumba [Bantu »Baum«, unter dem religiöse Versammlungen abgehalten werden] *die,* eine der afrobrasilian. Religionen, verbreitet in ganz Brasilien; verbindet afrikan. religiöse Vorstellungen (v. a. aus der Bantutradition) mit Elementen des Volkskatholizismus und des europ. Spiritismus (Kardecismus). Mittelpunkt des kult. Handelns ist die Herbeirufung der Ahnen und guten Geister durch den M.-Priester (»Macumbeiro«), der, nachdem er sich in hl. Trance versetzt hat, den Kontakt mit ihnen aufnimmt und den versammelten Gläubigen ihren Rat übermittelt.

MAD, Abk. für ↗ **M**ilitärischer **A**bschirm**d**ienst.

Madách ['mɔda:tʃ], Imre, ungar. Dichter, * Alsósztregova (heute Dolná Strehová, bei Lučenec, Mittelslowak. Gebiet) 21. 1. 1823, † ebd. 5. 10. 1864; stellte in der dramat. Dichtung »Die Tragödie des Menschen« (1861) an Szenen der abendländ. Historie seine desillusionierende Geschichtsphilosophie dar.

Madagaskar (amtlich malagasy Repoblikan'i Madagasikara, frz. République de Madagascar), Inselstaat im W des Ind. Ozeans, von der O-Küste Afrikas durch den 400 km breiten Kanal von Moçambique getrennt; umfasst die Insel M. (viertgrößte Insel der Erde) und einige Nebeninseln.

Staat und Recht

Nach der Verf. vom 19. 8. 1992 (mehrfach, zuletzt 1998, modifiziert) ist M. eine Republik. Staatsoberhaupt und Oberbefehlshaber der Streitkräfte ist der auf fünf Jahre direkt gewählte Präs. Er ernennt den MinPräs. und auf dessen Vorschlag die Mitgl. des Kabinetts. Die Legislative liegt beim Zweikammerparlament, bestehend aus Nationalversammlung (160 Abg., für fünf Jahre gewählt) und Senat (90 Mitgl., davon 60 von den Prov.parlamenten auf sechs Jahre gewählt und 30 vom Präs. ernannt). Die Prov. verfügen über eigene Parlamente und Regierungen. – Einflussreichste Parteien: »Ich liebe M.« (TIM), »Menschen werden an ihren Taten gemessen« (AVI), Versammlung für Sozialdemokratie (RPSD) und Vereinigung für die Wiedergeburt M.s (AREMA).

Landesnatur

Die 1 580 km lange, bis 580 km breite Insel M. ist überwiegend ein gebirgiges Hochland, das nach O steil, nach W allmählich zu den Küsten abfällt. Die O-Küste ist eine fast gerade, lagunenreiche Ausgleichsküste. Auf eine schmale Küstenebene folgt der Steilanstieg zum Hochland (800–1 600 m ü. M.), das von vulkan. Massiven überragt wird; höchste Erhe-

Staatswappen

internationales Kfz-Kennzeichen

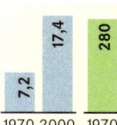

1970 2000 1970 2000
Bevölk.   BNE je Ew.
(in Mio.) (in US-$)

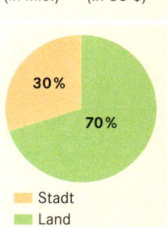

Stadt
Land
Bevölkerungsverteilung 2000

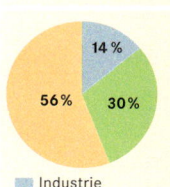

Industrie
Landwirtschaft
Dienstleistung
Bruttoinlandsprodukt 2000

bung ist der Maromokotro im Tsaratananamassiv mit 2876 m ü. M. Die westl. Küstenebene ist stärker gegliedert. Alle Küsten werden weithin von Korallenriffen begleitet. – Das Klima ist tropisch, jedoch differenziert nach Höhe und Lage zum SO-Passat. Die O-Seite hat ganzjährig Niederschläge. Der im Regenschatten liegende Hauptteil von M. hat eine winterl. Trockenzeit (April–Okt.) und eine sommerl. Regenzeit. Der SW ist Trockengebiet. – Die natürl. Pflanzen- und Tierwelt weist zahlr. endemische Arten auf; das Naturschutzgebiet Tsingy de Bemaraha gehört zum UNESCO-Weltnaturerbe. Der im O, an der NW-Küste und in höheren Gebirgslagen urspr. trop. Regenwald wurde durch Brandrodung und Wanderfeldbau auf ein Zehntel seines einstigen Areals reduziert. Im Hochland sind Savannen verbreitet, im SW findet sich Dornstrauchsavanne.

Bevölkerung

Rd. 98% sind ↗Madagassen, die gegenüber den afrikan. Völkern als einheitl. Gruppe erscheinen, jedoch in eine Vielzahl von Ethnien zerfallen, daneben Komorer, Franzosen, Inder, Chinesen. Die Bev.dichte ist am größten im klimatisch begünstigten Hochland und an einigen Punkten der O-Küste. – Über 47% der Bev. sind Christen (je etwa zur Hälfte Katholiken und Protestanten/Anglikaner), etwa 45% werden traditionellen afrikan. Religionen zugerechnet. Der Islam, zu dem sich rd. 7% bekennen, ist bes. an der NW-Küste verbreitet. – Es besteht eine fünfjährige Grundschulpflicht ab dem 7. Lebensjahr. Die Analphabetenquote beträgt 33%.

Wirtschaft, Verkehr

Die ökonom. Grundlage bildet die Landwirtschaft, in ihr sind über drei Viertel der Erwerbstätigen überwiegend in Familienbetrieben beschäftigt. 5% der Landesfläche sind Ackerland (v.a. im Hochland), 60% Wiesen und Weiden (vorwiegend im W und S des Landes). Angebaut werden Reis (Grundnahrungsmittel), Mais, Kartoffeln, Maniok, Zuckerrohr, Gemüse, für den Export v.a. Baumwolle, Kaffee, Vanille, Gewürznelken, Pfeffer, Erdnüsse, Tabak, Sisal. Der Waldbestand ist nach Übernutzung stark reduziert. Die kommerzielle Fischerei ist für den Export als auch für die Ernährungssicherung des Landes von großer Bedeutung. Von den vorhandenen Bodenschätzen werden Chromerze, Graphit, Glimmer, Phosphate, Edelsteine abgebaut; die Vorkommen von Bauxit, Eisenerz und Kohle werden bisher wenig genutzt. Der Energiebedarf wird zu zwei Dritteln durch Wasserkraftwerke gedeckt. Die Ind. verarbeitet v.a. landwirtsch. Erzeugnisse; weitere Bereiche sind Textil-, Leder-, Baustoff-, Metall-, Papier- und chem. Ind. sowie eine Erdölraffinerie. Haupthandelspartner sind Frankreich, Dtl., USA, China und Japan. – Das Verkehrsnetz umfasst mehrere Eisenbahnlinien von zus. 1095 km Länge sowie 49837 km Straßen, davon 5780 km befestigte. Bedeutung hat die Küsten- und Lagunenschifffahrt, bes. auf dem 600 km langen Pangalaneskanal entlang der O-Küste; größte Seehäfen sind Toamasina (O-Küste) und Mahajanga (W-Küste). Ein wichtiger Verkehrsträger ist der Luftverkehr; sechs internat. Flughäfen, u.a. Ivato bei Antananarivo und Toamasina.

Geschichte

Die Besiedlung aus dem arab. Raum, aus Afrika sowie aus S- und SO-Asien erfolgte vom 10. Jh. v. Chr. bis zum 10. Jh. n. Chr. und ist historisch nicht exakt datierbar. Erste Handelsniederlassungen errichteten die Araber an der NW-Küste wohl im 10. Jh. n. Chr. Im 16. Jh. errichteten Portugiesen und Franzosen Küstenstützpunkte. Um diese Zeit bestanden mehrere einheim. Staaten, u. a. das Königreich **Merina**, das Anfang des 19. Jh. die gesamte Insel unterwarf. 1885 wurde M. frz. Protektorat, 1896 Kolonie. 1940 schloss sich die Verw. von M. der Vichy-Regierung an; 1942 eroberten brit. und südafrikan. Truppen M. und übergaben es 1943 dem Freien Frankreich, das 1946 Autonomie im Rahmen der Frz. Union gewährte; 1947 kam es zu einem gewaltsam unterdrückten Aufstand. 1956 beschränkte innere Autonomie, 1958 selbstständige Rep. innerhalb der Frz. Gemeinschaft, 1960 unabhängig. Bis 1972 beherrschte die Sozialdemokrat. Partei unter P. Tsirana das polit. Leben; nach schweren Unruhen verhängte General Ramanantsoa das Kriegsrecht, übergab jedoch 1975 die Reg.gewalt an R. Ratsimandrava. Nach dessen Ermordung (1975) übernahm ein Militärrat die Regierung. Unter Präs. D. Ratsiraka (1975–93) schlug M. einen sozialist. Kurs ein. 1981, 1982 und 1986/87 kam es zu schweren Unruhen. Im Kampf gegen die Reg. Ratsiraka bildete sich 1991 eine Oppositionsbewegung, organisiert im Rahmen des Comité des Forces Vives (CFV; dt. »Komitee der lebendigen Kräfte«), die unter Führung A. Zafys eine Gegenreg. bildete. Mit Demonstrationen und Aufrufen zum Generalstreik suchte diese das sozialist. Staats- und Gesellschaftssystem zugunsten einer pluralist. Demokratie (mit marktwirtsch. System) abzuschaffen. Auf der Grundlage einer Einigung zw. Reg. und CFV (31. 10. 1991) arbeitete ein »Nat. Forum« eine Verf. aus, die am 19. 8. 1992 von der Bev. angenommen wurde. Bei den Präsidentschaftswahlen (1992/93) unterlag in der Stichwahl im Febr. 1993 Ratsiraka seinem Herausforderer Zafy, der im März als erster Präs. der Dritten Republik vereidigt wurde. Bei den Parlamentswahlen errang das ihn unterstützende CFV die Mehrheit. Zafy gelang es in den folgenden Jahren jedoch nicht, bei wachsendem Widerstand in der Bev. (z. B. Proteste gegen wirtsch. Strukturanpassungen) einen Kurs der Erneuerung durchzusetzen, vielmehr wurde er im Sommer 1996 vom Parlament des Amtes enthoben. Bei den Präsidentschaftswahlen im Nov./Dez. 1996 setzte sich Ratsiraka bei der Stichwahl durch. Anfang 2002 protestierten in Antananarivo Zehntausende, da sie bei der Wiederwahl Ratsirakas im Dez. 2001 Wahlfälschung vermuteten. Nachdem der Oberste Gerichtshof das Wahlergebnis jedoch bestätigt hatte, der offiziell bei der Präsidentschaftswahl unterlegene Oppositionspolitiker und Bürgermeister von Antananarivo, Marc Ravalomanana, sich aber dennoch am 22. 2. 2002 zum Präs. hatte vereidigen lassen, verschärfte sich der Machtkampf um die Präsidentschaft. Ende April 2002 erklärte das Verf.gericht nach einer Überprüfung der abgegebenen Stimmen Ravalomanana zum rechtmäßigen Wahlsieger, da er die absolute Mehrheit erzielt hatte. Am 6. 5. 2002 wurde Ravalomanana als neuer Staatspräs. vereidigt. Ratsiraka, der das Ergebnis der Neuauszählung nicht anerkannte, ging im Juli 2002 nach Frankreich ins Exil; die innenpolit. Lage begann sich daraufhin langsam zu stabilisieren.

Madagaskarpalme, Bez. für einige Arten der Gatt. Pachypodium; zu den Hundsgiftgewächsen gehörende, stammsukkulente, bedornte Pflanzen mit Schopf aus Laubblättern; urspr. auf Madagaskar beheimatet; Zimmerpflanze.

Madagassen (Madegassen, Malagasy), die einheim. Bev. von Madagaskar mit austrones. Sprache (↗Malagasy). Anthropologisch sind die M. eine

Mischgruppe, wobei das negride Element überwiegt. Größte Gruppe der rd. 16 Mio. M. sind die Merina, die wie die Betsileo im Hochland wohnen. An der O-Küste leben die Betsimisaraka, im N die Tsimihety, an der W-Küste die Sakalaven, im SO die Antaisaka, an der S-Küste die Antandroy. – Indones. Kultureinflüsse finden sich v. a. im Ackerbau (Nassreis auf Terrassen), in der Fischerei, im Handwerk (Textil- und Metalltechnik), im Hausbau und in der Schifffahrt (Auslegerboot). Viehhaltung und Hackbau westl. Stämme weisen wie der Ahnenkult auf afrikan. Einflüsse.

Madang [məˈdæŋ] (früher dt. Friedrich-Wilhelms-Hafen), Prov.-Hptst. und wichtiger Hafen an der NO-Küste Neuguineas, Papua-Neuguinea, 27 000 Ew.; kath. Erzbischofssitz: Ausfuhr von Kopra, Kaffee und Kakao; Flugplatz.

Madạra, Dorf im Gebiet Schumen, östlich von Schumen, im O Bulgariens, etwa 1 600 Ew. – Zu Füßen des Plateaus (434 m ü. M.) liegt (östlich vom Dorf) ein Ruinenfeld aus röm. und frühmittelalterl. Zeit, u. a. mit einer röm. Villa und Thermen. Auf dem Plateau Reste einer Festung des 5.–7. Jh., die im 8. und 14. Jh. von den Bulgaren zum Schutz ihrer Hauptstadt Pliska erweitert wurde; Reste einer frühchristl. Basilika. An der Felswand oberhalb eines alten Quellheiligtums in 23 m Höhe das flache Relief des »Reiters von M.«. Das wohl aus dem 9. Jh. (Inschriften 705–831) stammende Werk steht in der Nachfolge vorderasiat. Felsreliefs und ist in Europa einmalig (UNESCO-Weltkulturerbe). In der Felswand Höhlen mit frühen Besiedlungsspuren, im 13.–14. Jh. bestand ein Felsenkloster.

Madariaga y Rojo [maðaˈrjaɣa i ˈrrɔxo], Salvador de, span. Schriftsteller und Diplomat, * La Coruña 23. 7. 1886, † Muralto (bei Locarno) 14. 12. 1978; arbeitete ab 1922 für den Völkerbund in Genf, war 1928–31 Prof. für span. Literatur in Oxford, 1931 span. Botschafter in Washington, 1932 in Paris, dann Min. der Rep., seit 1936 im Exil in Großbritannien; einflussreicher Vertreter westeurop. Kultur und Liberalität; schrieb in span., engl. und frz. Sprache Lyrik, Dramen, Romane (»Das Herz von Jade«, 1942), Essays, histor. Werke. Er erhielt u. a. 1973 den Internat. Karlspreis der Stadt Aachen. – *Weitere Werke:* »Spanien, Wesen und Wandlung« (1930); »Kolumbus« (1940); »Simón Bolívar« (2 Bde., 1951).

Mädchen|auge (Schöngesicht, Coreopsis), Gattung der Korbblütler, v. a. in Amerika und im trop. Afrika; Kräuter mit meist vielen, aber auch einzeln stehenden Blütenköpfchen, häufig mit gelben Zungen- und bräunl. Röhrenblüten. Bes. die nordamerikan. Arten sind beliebte Gartenzierpflanzen.

Mädchenbildung, 1) allg. die quantitative und qualitative Beteiligung von Mädchen an den Einrichtungen des Schulsystems (bei Einschluss berufsqualifizierender Ausbildungs- und Studiengänge wird der Terminus »Frauenbildung« verwendet); 2) veraltetes, z. T. bis ins 20. Jh. hineinreichendes, auf Vorstellungen von der häusl. Rolle der Frau und fast immer auch auf Überzeugungen von einer andersartigen und auf intellektuellem Gebiet minderen Befähigung der Frau beruhendes Konzept eines speziellen Bildungsweges für Mädchen; 3) ein an der Vorstellung qualitativer Eigenart des Weiblichen orientierter, neuartiger Diskussionsbereich innerhalb der Schulpädagogik sowie der Bildungsphilosophie, in dem in Kritik an der Koedukation als dominantem Organisationsprinzip von Schulunterricht die Frage eines spezif. Zugangs zu Unterrichtsinhalten thematisiert und untersucht wird. – Die Geschichte der M. stellt sich als Abfolge struktureller Benachteiligung dar, zumal dann, wenn die im jeweiligen Schulsystem verfolgten Ziele als von den Bedürfnissen männlich geprägter Herrschaftssysteme abhängig angesehen und zum Maßstab des Fortschritts gemacht werden. Auch heute weist die tatsächl. Nutzung der formal gleichen Bildungschancen noch erhebl. Unterschiede zw. Jungen und Mädchen auf. Z. B. bei der Wahl der berufl. Bildungswege zeigt sich deutlich der Einfluss tradierter Rollenvorstellungen und geschlechtsspezif. Erwartungshaltungen.

Mädchenhandel, / Frauenhandel.

Made, die fußlose Larve der Bienen, Fliegen u. a. Insekten; mit ausgebildeter bis z. T. völlig rückgebildeter Kopfkapsel.

made in ... [ˈmeɪd ɪn -; engl. »hergestellt in ...«], von Großbritannien 1887 eingeführte Herkunftsbez. für Waren zum Schutz der heim. Industrie. Später wurde die Herkunftsbez. auch von anderen Staaten angewendet und internat. geregelt. Nach den Einfuhrvorschriften versch. Länder ist diese Kennzeichnung in Verbindung mit dem Namen des Herstellungslandes obligatorisch; ein Missbrauch gilt als unlauterer Wettbewerb. Nach dem Zweiten Weltkrieg wurde die Herkunftsbez. **made in Germany** zu einem Markenzeichen der Bundesrep. Dtl.; seit der Wiedervereinigung für alle in Dtl. hergestellten Waren zulässig.

Madeira [maˈdeːra, portugies. »Holz«], **1)** Hauptinsel der gleichnamigen Inselgruppe (zu der noch die Insel Porto Santo und weitere Inseln gehören) im östl. Atlant. Ozean, die den portugies. Distrikt M. von 794 km² mit 244 000 portugiesischsprachigen Ew. bildet; Hauptort ist Funchal. Die Insel M. ist ein junger Schildvulkan, bis 1 861 m ü. M., am Rand stark zerschnitten, mit steiler Kliffküste; die Südflanke ist trocken, die Nordabdachung und Höhenregion immerfeucht. Intensiver Anbau (mit kompliziertem Bewässerungssystem) von Zuckerrohr, Weizen, Bananen,

Mädchenauge: Coreopsis basalis (Höhe 30–100 cm)

Madeira 1): Landschaft bei Câmara de Lobos im Süden der Insel

Ananas, Frühgemüse, Obst, Blumen, Wein; Fischfang, Rinderzucht; Herstellung von Stickereien, bed. ganzjähriger Fremdenverkehr. – M. war schon den Phöniken bekannt und wurde 1419 von den Portugiesen besiedelt. 1807–14 war es britisch.

2) Rio Madeira, rechter und größter Nebenfluss des Amazonas in Brasilien, entsteht aus dem Zusam-

James Madison

Madonna

Madrid 2)
Stadtwappen

menfluss von Río Mamoré und Río Beni, mündet 150 km östlich von Manaus, 3 200 km lang.

Madeirawein [ma'de:ra-] (Anredera baselloides, Boussingaultia baselloides), zu den Basellgewächsen gehörende Kletterpflanze aus dem trop. Südamerika, wird im Mittelmeergebiet oft als Zierpflanze zur Berankung kultiviert.

Madeiraweine [ma'de:ra-], auf Madeira aus versch. Reben (15 zugelassene Sorten) erzeugte gespritete Likörweine von goldbrauner Farbe, feinem Bukett und schöner Fülle.

Mädelegabel, Berg in den Allgäuer Alpen, 2 645 m ü. M., auf der Grenze zw. Bayern und Tirol.

Madenhacker (Buphaginae), aus zwei Arten bestehende Unterfamilie der Stare; gesellig lebende Vögel in Savannengebieten südlich der Sahara, lesen von Großsäugern Hautparasiten ab.

Madenwurm (Enterobius vermicularis), weltweit verbreiteter weißl. Fadenwurm, der häufig im Dick- und Blinddarm des Menschen schmarotzt, bes. bei Kindern; Männchen 2–6 mm, Weibchen bis 13 mm lang. Die Ansteckung erfolgt oral durch Selbstinfektion (Juckreiz, After-Finger-Mund-Weg), verunreinigte Wäsche bzw. Nahrungsmittel oder durch Rückwanderung von im After ausschlüpfenden Larven in den Dickdarm. Die Eier werden außerhalb des Darms im Bereich des Afters nachts abgelegt. Starker Befall führt zur Darminfektion (**Enterobiasis, Oxyuriasis**) mit Juckreiz, Analekzem und Mastdarmentzündung. Die Behandlung erfolgt medikamentös mit Wurmmitteln, z. B. Mebendazol, Albendazol.

Maderna, Bruno, italien. Komponist und Dirigent, * Venedig 21. 4. 1920, † Darmstadt 13. 11. 1973; leitete 1958–67 das Internat. Kammerensemble Darmstadt, ab 1972 Chefdirigent von Radio Mailand; schrieb Orchester- und Kammermusik in Zwölftontechnik und elektron. Musik (u. a. »Syntaxis«, 1957), Opern (»Hyperion«, 1964; »Von A bis Z«, 1970; »Satyricon«, 1973) und Vokalmusik.

Maderno (Maderna), 1) Carlo, italien. Baumeister, * Capolago (bei Lugano) 1556, † Rom 30. 1. 1629; der führende Architekt Roms zw. Vignola und Bernini, Schule bildend seine frühbarocke zweigeschossige Fassade von Santa Susanna in Rom (vollendet 1603). Ab 1603 Bauleiter der Peterskirche, die er mit Langhaus (1612–24), Vorhalle und Fassade (1607–12) vollendete.

2) Stefano, italien. Bildhauer, * Bissone (bei Lugano) 1576, † Rom 17. 9. 1636; seine Liegefigur der hl. Cäcilia gehört zu den großartigen Marmorbildwerken des italien. Barock (1599, Rom, Santa Cecilia); auch Kleinbronzen mit antiken Motiven.

Mädesüß (Filipendula), Gattung der Rosengewächse in der nördl. gemäßigten Zone; Stauden mit weißl. oder purpurfarbenen Blüten in Trichterrispen (Spirren). Eine in Dtl. häufige Art ist das 50–150 cm hohe, gelblich weiß blühende, stark duftende **Echte M.** (Filipendula ulmaria) auf feuchten Wiesen und an Ufern.

Madhhab [arab.] der, Rechtsschule des sunnit. Islam: ↗ Hanbaliten; ↗ Hanefiten; ↗ Malikiten; ↗ Schafiiten.

Madhya Pradesh ['madjə -'deʃ], Bundesstaat ↗ Indiens. – Das in mehrere Fürstentümer gegliederte Gebiet geriet im 18. Jh. unter die Herrschaft der Marathen. In der brit. Kolonialzeit Bildung der Verwaltungseinheiten »Central India« (1854) und »Central Provinces« (1861); diese lagen im Wesentlichen innerhalb der 1956 gezogenen Grenzen von Madhya Pradesh. Seit dem 1. 11. 2000 Bildung des neuen Bundesstaates Chhattisgarh aus dem O-Teil von M. P.

Madile [span.] die (Madia), Gattung der Korbblütler im westl. Nordamerika und in Chile; Kräuter mit kleinen Blütenkörbchen aus Zungen- und Röhrenblüten. Die wichtigste Art ist die **Öl-M.** (Madia sativa), auch in S-Europa angebaut, deren Früchte das als Speise- und Brennöl verwendete **Madiöl** liefern.

Madison ['mædɪsn], Hptst. von Wisconsin, USA, 191 300 Ew.; Staatsuniv., Versuchsanstalt für Forstwirtschaft; Handelszentrum, Sitz vieler Versicherungen. – Wurde 1836 gegründet.

Madison ['mædɪsn], James, 4. Präs. der USA (1809–17), * Port Conway (Va.) 16. 3. 1751, † Montpelier (Va.) 28. 6. 1836; als einer der Führer der Unabhängigkeitsbewegung war M. maßgeblich an der Ausarbeitung der amerikan. Verf. von 1787 beteiligt, zu deren Durchsetzung er mit A. Hamilton und J. Jay »The Federalist« schrieb. Als Abg. (1789–97) betrieb er die Erweiterung der Verf. um den Grundrechtskatalog. M. war 1801–09 Außenmin.; als Präs. führte er 1812–14 den wenig erfolgreichen Krieg mit Großbritannien um Kanada.

Madison Square Garden ['mædɪsn 'skweə gɑ:dn], Name mehrerer Sporthallen in New York. Die erste M. S. G. wurde 1874, der jetzige (vierte) 1968 (nach Umbau) eröffnet (über 20 000 Sitzplätze, inmitten von Manhattan gelegen).

Madjaren, die ↗ Magyaren.

Madl ['mɔdl], Ferenc, ungar. Jurist und Politiker, * Bánd (Westungarn) 29. 1. 1931; Prof. für Privatrecht, war 1990–94 Min. in der ersten postkommunist. Reg. Antall (u. a. Min. für Kultur und Erziehung); wurde im Juni 2000 zum Staatspräs. gewählt.

Madonie, Bergkette im N Siziliens, bis 1979 m ü. M., vorwiegend aus Kalkstein.

Madonna [italien. »meine Herrin«], Bez. für Maria, die Mutter Jesu. (↗ Marienbild)

Madonna, eigtl. M. Louise Veronica Ciccone, amerikan. Popsängerin und Schauspielerin, * Bay City (Mich.) 16. 8. 1958; trägt ihre Songs in provozierendem Outfit in erot. Bühnenshows und Musikvideos vor; spielte auch in Filmen, u. a. »Desperately Seeking Susan« (1984), »Body of Evidence« (1992), »Evita« (1996).

Madras [nach der Stadt M.] der, grobfädiger Gardinenstoff mit meist andersfarbiger Figurenmusterung.

Madras (Chennai), Hptst. des Bundesstaates Tamil Nadu, im S Indiens, an der Koromandelküste, 4,2 Mio. Ew.; kath. Erzbischofssitz, Univ., TH, Kunsthochschule, Musikakademie, Lederforschungsinstitut, Bibliotheken, Museen und Kunstgalerien; Fahrzeugbau, Metall-, elektrotechn., Textil- u. a. Ind.; Filmstudios; wichtiger Seehafen, internat. Flughafen. – M. entwickelte sich aus dem 1639/40 von der engl. Ostind. Kompanie gegründeten Fort Saint George, 1746–48 und 1758 frz. besetzt.

Madreporaria [italien.], wiss. Name der ↗ Steinkorallen.

Madrid [span. ma'ðrið], 1) autonome Region (Comunidad de M.) in Zentralspanien, 8 028 km^2, 5,423 Mio. Einwohner.

2) Hptst. von Spanien und von 1), 2,882 Mio. Ew., im Zentrum des Landes, auf Terrassen oberhalb des Manzanares, 650 m ü. M.; größte Stadt der Iber. Halbinsel; polit., kultureller, Finanz-, Handels- und Verkehrsmittelpunkt Spaniens. Sitz des Königs und der obersten Reg.behörden; Erzbischofssitz. M. hat sechs Univ., Akademien, Kernforschungsinst., islam. Kulturzentrum, Nationalbibliothek, mehr als 50 Museen (u. a. Prado, Archäolog. Museum, Centro de Arte Reina Sofia, Samml. Thyssen-Bornemisza im

Madrid 2): Die arkadengesäumte Plaza Mayor (links) aus dem frühen 17. Jh. liegt im Zentrum der Metropole; das Cervantesdenkmal (rechts) wurde 1927 auf der Plaza de España vor dem Hochhaus Edificio de España errichtet.

Palacio Villahermosa), Oper, Theater; Sitz zahlr. Großbanken, internat. Börse; Observatorium, botan. und zoolog. Garten. Älteste Industriezweige waren die ehem. königl. Teppich- und Porzellanmanufakturen, heute dominieren Maschinen-, Fahrzeug-, Flugzeugbau, Metallerzeugung und -verarbeitung, Elektro-, Chemie-, Textil-, Nahrungs- und Genussmittel-, Papier- und Druck-, Baustoffind.; internat. Messen; vier Kopfbahnhöfe, U-Bahn, internat. Flughafen (Barajas).

Stadtbild: Die histor. Altstadt ist von Bauten des 17.–19. Jh. geprägt. Mittelpunkt ist die Plaza Puerta del Sol, die über die Calle del Arenal mit dem Königspalast verbunden ist (1738–64, Entwurf von F. Iuvara, Fresken von Tiepolo; mit Armería, größte Waffensamml. Europas). Südlich die Neue Kathedrale La Almudena (1883 begonnen); im NW der Parque de la Montaña mit dem Nubiertempel von Debod (4. Jh. v. Chr., beim Bau des Assuanstaudammes abgetragen und 1970 hier aufgestellt). Zur Altstadt gehören ferner die arkadengesäumte Plaza Mayor (1617–19), die Jesuitenkirchen San Isidro el Real (1626–64; dient heute als Kathedrale) und San Francisco el Grande (1761–85), das Kloster Descalzas Reales (gestiftet 1554, heute Museum). Am Ufer des Manzanares die Kirche San Antonio de la Florida (1792–98) mit Fresken von F. de Goya (hier auch seine Grabstätte). Schwerpunkt der Stadtgestaltung wurde der O-Rand mit der Prachtallee Paseo del Prado (1775–82), dem Museo del ∕ Prado, dem Parque del Retiro und dem Triumphbogen Puerta de Alcalá (1764–78); Wahrzeichen M.s ist der Kybelebrunnen auf der Plaza de la Cibeles (18. Jh.). Im NW wurde die Plaza de España mit dem Cervantesdenkmal (1927) angelegt. Als N-S-Zentralachse entwickelte sich der Boulevard Paseo de la Castellana. Zahlr. moderne Bauten, u. a. Nuevos Ministerios (1940–42), Torre de M. (1954–59), Hochhaus España (1947–53), IBM-Gebäude (1966–68), Bankinter (1974–76), Bankunión (1972–75), Adriatica de Seguros (1979), Glasturm des Banco de Bilbao (1979/80), Multifunktionskomplex AZCA (1979/80), Palacio de Congresos (1970; Entwurf der Wandkeramik von J. Miró, 1980), Bahnhof Atocha (Neubau von J. R. Moneo, 1984–92). – Nordwestlich von M. liegt der ∕ Escorial.

Geschichte: M. wurde 939 als maur. Festung erwähnt, endgültig 1083 von León erobert, von Philipp II. 1561 zum Reg.sitz erhoben (offiziell 1606). Seit dieser Zeit galt M. als Zentrum des span. Weltreiches. Am 2. 5. 1808 erhob sich M. gegen die napoleon. Truppen, damit begann der span. Freiheitskampf. Im Span. Bürgerkrieg konnte sich die republikan. Reg. M.s bis zum 28. 3. 1939 behaupten.

Madrid [maˈðrið], Juan, span. Schriftsteller, * Málaga 12. 5. 1947; neben M. Vázquez Montalbán wichtigster Autor eines eigenständigen span. Kriminalromans der Zeit nach Franco Bahamonde (u. a. »Ein freundschaftl. Kuß«, 1980; »Ein Geschenk des Hauses«, 1986); auch Kurzgeschichten.

Madrider Abkommen, Kurzbez. für zwei Nebenabkommen zur ∕ Pariser Verbandsübereinkunft.

Madrigal [italien.] *das,* seit Anfang des 14. Jh. in Italien bezeugte volkssprachl. Gattung gesungener Lyrik; das ältere M. bei F. Petrarca ist ein höf. Liebesgedicht von strophigem Versbau. Das jüngere M. des 16. Jh. ist einstrophig aus 6–13 Versen, Sieben- und Elfsilber frei mischend. In Dtl. erschien das M. seit dem 16. Jh. und war bes. bei den Anakreontikern und Romantikern beliebt.

In der italien. *Musik* des 14. Jh. (Trecento) das ein-, zwei-, seltener dreistimmige weltl. Kunstlied (bed. Komponisten waren z. B. F. Landini, Iacopo da

Madrigal: Anfang eines zweistimmigen Madrigals von Giovanni da Cascia

Bologna, Giovanni da Cascia); im 16. Jh. als Hauptgattung der klassisch-italien. Vokalpolyphonie das kunstvolle mehrstimmige (meist fünfstimmige) Chorlied auf weltl. Dichtungen mit oder ohne Instrumentalbegleitung (a cappella), das in feingliedriger Durcharbeitung den Sinn des Textes ausdeutet. Hauptvertreter sind die (häufig niederländ.) Meister in Oberitalien J. Arcadelt, A. Willaert, C. de Rore, A. Gabrieli, L. Marenzio, Don C. Gesualdo, C. Monteverdi, G. Palestrina; in Dtl. O. di Lasso, P. de Monte, H. L. Hassler, J. H. Schein, H. Schütz; in England, wo das M. lange lebendig blieb (1741 Gründung der Madrigal Society), W. Byrd, O. Gibbons, T. Morley, J. Dowland. Unter dem Eindruck der Gegenreformation entstanden geistl. M. Das 20. Jh. erlebte eine Renaissance des M.-Gesangs. Neue M. schrieben u. a. P. Hindemith, E. Pepping, C. Orff.

Madura, Insel vor der N-Küste Javas, Indonesien, 4 481 km², 3 Mio. Ew., Hauptort ist Pamekasan; bis 471 m ü. M.; Anbau v. a. von Mais; Salzgewinnung, Fischerei.

Madurai (bis 1949 Madura), Stadt in Tamil Nadu, Indien, 952 000 Ew.; kath. Erzbischofssitz; Univ.; Baumwoll-, Zucker-, Tabakindustrie. – Eines der ältesten Kulturzentren S-Indiens mit einer von vier Tortürmen überragten, 260 m × 220 m großen Tempelstadt (1623–60).

Mae [meɪ], Vanessa, brit. Violinistin chinesisch-thailänd. Herkunft, *Singapur 27. 10. 1978; debütierte mit zwölf Jahren in London mit dem Violinkonzert von Tschaikowsky und unternahm 1991 ihre erste internat. Tournee. M. tritt sowohl mit dem klass. Violinrepertoire (Barock, Klassik, Romantik) als auch mit Cross-over-Produktionen auf und wechselt in diesem Sinne auch von der Guadagnini-Violine aus dem Jahr 1761 auf eine elektr. Violine.

Ma|ebashi [-ʃi], Stadt auf Honshū, Japan, Hptst. der Präfektur Gumma, 284 800 Ew.; Univ.; Mittelpunkt der Seidenindustrie.

Maecenas, Gaius, röm. Ritter, *um 70 v. Chr., † Rom 8 v. Chr.; aus etrusk. Geschlecht, Vertrauter des Kaisers Augustus, Gönner von Vergil, Properz und Horaz. Nach ihm nennt man einen freigebigen Förderer von Kunst und Wissenschaft **Mäzen.**

Ma|ekawa, Kunio, japan. Architekt, *Niigata 14. 5. 1905, † Tokio 26. 6. 1986; studierte in Tokio und Paris, war 1928–30 Mitarbeiter von Le Corbusier. M. wirkte richtungweisend auf die moderne Architektur Japans. In Köln errichtete er 1977 das Museum für Ostasiatische Kunst.

Maes [mɑːs] (Maas), Nicolaes, niederländ. Maler, *Dordrecht Jan. 1634, begraben Amsterdam 24. 12. 1693; Schüler Rembrandts, dessen Helldunkelmalerei er übernahm; bibl. und mytholog. Darstellungen, Genrebilder (v. a. häusl. Szenen).

Ma|està [italien. »Majestät«] die, bes. in der italien. Kunst des 13. und 14. Jh. die Darstellung der thronenden, von Engeln und Heiligen umgebenen Madonna. Im Typus der M. ist auch das Kölner »Dombild« von S. Lochner gestaltet (Dreikönigsaltar, um 1442).

ma|estoso [italien. »majestätisch«], musikal. Vortragsbez.: majestätisch, feierlich, meist verbunden mit einer Tempovorschrift (z. B. allegro m.).

Maestro [italien.] der, Meister; in Italien inoffizieller Titel für Komponisten, Dirigenten, Lehrer an Konservatorien.

Maeterlinck [frz. mɛtərˈlɛ̃ːk, niederländ. ˈmaːtərlɪŋk], Maurice, belg. Schriftsteller frz. Sprache, *Gent 29. 8. 1862, † Orlamonde (bei Nizza) 6. 5. 1949; M.s Werk gehört zu den wesentl. Zeugnissen des ⁄ Symbolismus, bes. seine handlungsarmen, düster-pessimist. Dramen, u. a. »Prinzessin Maleine« (1889), »Pelleas und Melisande« (1892, Oper von Debussy, 1902). Das Märchenspiel »Der blaue Vogel« (1909) nimmt traditionelle dramat. Formen auf. Seine essayist. Naturbetrachtungen, u. a. »Das Leben der Bienen« (1901), »Das Leben der Ameisen« (1930), verkünden eine Allbeseeltheit der Natur. 1911 erhielt er den Nobelpreis für Literatur.

Mäeutik [grch. »Hebammenkunst«] die, von Sokrates geübtes Verfahren, durch Fragen den Schüler zur Erkenntnis zu führen.

Mafdal, ⁄ Nationalreligiöse Partei.

Maffay, Peter, eigtl. P. Alexander Makkay, Rocksänger und Komponist, *Kronstadt (Rumänien) 30. 8. 1949; lebt seit 1963 in der Bundesrep. Dtl.; sang zunächst Schlager, fügte seinem Stil dann auch Rockelemente hinzu. Erfolgreich u. a. mit dem Rockmärchen »Tabaluga und Lilli« (1994).

Maffei, Francesco Scipione, italien. Gelehrter und Dramatiker, *Verona 1. 6. 1675, †ebd. 11. 2. 1755; schrieb kulturhistor. und archäolog. Studien, übersetzte Teile der »Ilias« und »Aeneis« und verfasste das Trauerspiel »Merope« (1714), das ein europ. Erfolg wurde und die Entwicklung des eigenständigen italien. Dramas einleitete.

Mafia [italien. »Anmaßung«, »Überheblichkeit«] die, kriminelle Vereinigung, entstanden Anfang des 19. Jh. auf Sizilien als Gegengewalt zur Staatsmacht, hat ihren Ursprung in bewaffneten Gefolgschaften der Grundbesitzer (in Neapel ⁄ Camorra). Nach Gründung der italien. Staates 1860 entwickelte sich die kriminelle Subkultur der M.; sie war v. a. durch ein bestimmtes Sozialverhalten (v. a. durch »Omertà«, Schweigen, »Vendetta«, Rache) bestimmt, weniger durch straffe Organisation. Mussolini drängte sich 1926 die M. zurück. Nach der amerikan. Besetzung Siziliens konnte sie ihre Macht ausbauen; sie stützt sich – nun als einheitl. Organisation operierend – auf Korruption bei der Vergabe öffentl. Aufträge, auf internat. Drogen- und Waffenschmuggel. Durch Geldwäsche wird die kriminelle Herkunft der Gewinne verschleiert. Die Bekämpfung der M. gehört inzwischen zu den wichtigsten Zielen der italien. Gesellschaft, worauf die M. bes. zu Beginn der 1990er-Jahre mit Terror reagierte (1992 drei Todesopfer unter den hohen Justizbeamten). Die italien. Staatskrise von 1992/93 hatte ihre Ursachen auch auf (schließlich nicht beweisbaren) Vorwürfen der Verwicklung der Politik in die Strukturen der M. (u. a. Gerichtsverfahren gegen G. Andreotti). Die seit dieser Zeit deutlich konsequenteren Ermittlungen brachten zwar einzelne Erfolge, doch erfordert die zunehmende Internationalisierung der M. auch eine neue Qualität ihrer Bekämpfung (⁄ organisierte Kriminalität).

Ende des 19. Jh. kam die M. mit der Einwanderung von Italienern auch in die USA (hier zumeist **Cosa Nostra** oder auch **The Syndicate** genannt). Unter ihren lokalen Führern (z. B. Al Capone in Chicago, Charles »Lucky« Luciano und Vito Genovese in New York) bildete sie seit etwa 1920 den Kern des dortigen organisierten Verbrechens (u. a. beim Alkoholschmuggel zur Zeit der Prohibition, bei Rauschgifthandel und Prostitution, Wett- und Glücksspielen). Zw. den einzelnen Gangs (sog. »Familien« unter einem »Don« oder »Paten«) fanden immer wieder blutige Rivalitätskämpfe statt (bekannt v. a. das Massaker am Sankt-Valentins-Tag, 14. 2. 1929 in Chicago). Zum Ausbau ihrer Macht und zur Absicherung ihrer kriminellen Aktivitäten durchsetzte die M. auch zu-

Maurice Maeterlinck

nehmend legale Bereiche (z. B. die Lokalpolitik). Umgangssprachlich werden auch andere Formen der organisierten Kriminalität als M. bezeichnet.

Mafia, zu Tansania gehörige Koralleninsel im Ind. Ozean, vor der Mündung des Rufuji, 435 km², 23 000 Ew.; Hauptort: Kilindoni.

Mafikeng ['mæfɪkɪŋ] (bis 1980 Mafeking), seit 1997 (nach Zusammenschluss mit Mmabatho) Hptst. der Prov. Nord-West, Rep. Südafrika, nahe der Grenze zu Botswana, 1 280 m ü. M., 25 000 Ew.; Univ. (gegr. 1979 in Mmabatho); liegt in einem ausgedehnten Landwirtschaftsgebiet; Eisenbahnwerkstätten an der Kap-Kairo-Bahn. – 1997 Zusammenschluss mit Mmabatho.

Mafioso *der,* Mitgl. der ⁄ Mafia.

mafisch [aus Ma(gnesium) und lat. f(errum) »Eisen«], Bez. für die dunklen Minerale (z. B. Biotit, Pyroxene) in magmat. Gesteinen sowie für diese Gesteine selbst, wenn solche Minerale überwiegen; Ggs.: ⁄ felsisch.

Mafra, Stadt in Portugal, 45 km nordwestlich von Lissabon, 9 800 Ew. – Die gewaltige Klosteranlage (40 000 m²) mit Palast wurde 1717–30 von einem dt. Baumeister in süddt. Barockform erbaut.

mag [von lat. **mag**nitudo], *Astronomie:* ⁄ Größenklasse.

Magaclite, ein Mond des Planeten Jupiter.

Magadan, Hptst. des Gebiets M., Russland, am Ochotsk. Meer, im N des Fernen Ostens, 121 800 Ew.; Straße (etwa 600 km) zu den Goldfeldern an der Kolyma (etwa ein Viertel der russ. Goldgewinnung), Haupthafen NO-Russlands, Flughafen. – Bis Mitte der 1950er-Jahre Zwangsarbeitslager.

Magalhães [maɣaˈʎãiʃ], Fernão de (span. Fernando de Magallanes, auch Ferdinand Magellan), portugies. Seefahrer, * Sabrosa (bei Vila Real) um 1480, † auf der Philippineninsel Mactan (bei Cebu) 27. 4. 1521; zunächst in portugies., seit 1517 in span. Diensten. Sein von Karl V. gebilligter Plan, die Molukken auf dem Westweg zu erreichen, führte zur ersten Weltumsegelung. Er verließ am 20. 9. 1519 mit fünf Schiffen Sanlúcar de Barrameda, entdeckte im Okt. 1520 die nach ihm benannte ⁄ Magellanstraße und segelte in den Pazif. Ozean. Am 6. 3. 1521 erreichte er die Ladronen (Marianen), am 16. 3. die Lazarusinseln (Philippinen), wo er im Kampf mit den Eingeborenen fiel. Sein Nachfolger J. S. ⁄ Elcano setzte die Fahrt über den Ind. Ozean fort und kehrte vom Kap der Guten Hoffnung am 6. 9. 1522 nach Spanien zurück.

Magalhãesstraße [maɣaˈʎãiʃ-], ⁄ Magellanstraße.

Magaloff, Nikita, schweizer. Pianist russ. Herkunft, * Sankt Petersburg 21. 2. 1912, † Vevey 26. 12. 1992; studierte Komposition bei S. S. Prokofjew; internat. geschätzt v. a. als Chopin- und Liszt-Interpret.

Magazin [italien. magazzino »Vorrats-, Lagerraum«] *das,* **1)** *allg.:* Lager, Räumlichkeiten zum Aufbewahren des Fundus oder Bestandes (Bibliothek, Theater, Museum).

2) *Publizistik:* unterhaltende oder polit. Zeitschrift, z. B. als ⁄ Nachrichtenmagazin; period., mit gleich bleibendem Titel von einem Moderator dargebotene Sendung des Hörfunks oder Fernsehens **(M.-Sendung)** mit polit., wirtsch. oder gesellschaftl. Inhalten.

3) *Waffenwesen:* Patronenkammer in Mehrladewaffen.

Magdalena, ⁄ Maria Magdalena.

Magdalena, Río *der,* größter Fluss in Kolumbien, 1 550 km lang, entspringt 3 500 m ü. M. in der

Magdeburg 2): Blick auf die romanische Kirche des Klosters »Unser Lieben Frauen« (gegr. 1015–18)

Zentralkordillere, bricht in Stromschnellen und Fällen nach NO durch, tritt bei Barrancabermeja in die feuchtheißen Niederungen ein, nimmt links den Río Cauca auf und mündet in vielarmigem Delta in das Karib. Meer.

Magdalénien [magdaleˈjɛ̃] *das,* Kulturstufe der ⁄ Altsteinzeit, ben. nach der frz. Fundstätte La Madeleine (Dép. Dordogne). Das M. bildet den Höhepunkt und Abschluss der altsteinzeitl. Kulturentwicklung in Mittel- und Westeuropa (ab etwa 17 000 bis um 10 000 v. Chr.). Aus dieser Zeit stammen die meisten Werke der paläolith. Kleinkunst, feine Gravierungen auf Knochengeräten und zahlr. Felsbilder (⁄ Altamira, ⁄ Cosquer-Höhle, ⁄ Lascaux).

Magdeburg, 1) RegBez. in Sa.-Anh., 11 737 km², 1,19 Mio. Ew.; umfasst die kreisfreie Stadt M. und die Landkreise Altmarkkreis Salzwedel, Aschersleben-Staßfurt, Bördekreis, Halberstadt, Jerichower Land, Ohrekreis, Quedlinburg, Schönebeck, Stendal und Wernigerode.

2) Hptst. von Sa.-Anh. und Verw.sitz von 1), 229 800 Ew.; kreisfreie Stadt beiderseits der Elbe am O-Rand der Magdeburger Börde; Sitz der Kirchenleitung der Evang. Kirche der Kirchenprov. Sachsen, kath. Bischofssitz; Oberverwaltungsgericht von Sa.-Anh., Univ. »Otto von Guericke« (seit 1993, 1953 als Hochschule für Schwermaschinenbau gegr.), FH, Max-Planck-Inst. für Dynamik komplexer techn. Systeme, Fraunhofer Inst. für Fabrikbetrieb und -automatisierung, Landesarchiv, Europ. Umwelt-Centrum, Museen, Kulturpark Rothehorn (mit Stadthalle), mehrere Theater, zoolog. Garten; Maschinenbau und Metallverarbeitung, chem., pharmazeut., Lebensmittel- und Baustoffindustrie. M. ist ein bed. Knotenpunkt des Eisenbahn- und Straßenverkehrs sowie ein bed. Binnenhafen am Schnittpunkt von Elbe, Elbe-Havel- und Mittellandkanal (mit Schiffshebewerk M.-Rothensee; im Bau neue Kanalbrücke und Doppelschleuse), Flughafen.

Stadtbild: M. wurde am 16. 1. 1945 stark zerstört. Der **Magdeburger Dom,** 1209–1520 an der Stelle eines otton. Baus errichtet, wurde wiederhergestellt. Die dreischiffige Basilika mit Chorumgang, Kapel-

Magdeburg 2) Stadtwappen

lenkranz und Doppelturmfassade besitzt eine bed. Bauplastik (u. a. N-Portal des Querhauses mit klugen und törichten Jungfrauen, um 1240–50) und erzbischöfl. Grabdenkmäler (Bronzeplatten der Erzbischöfe Friedrich von Wettin und Wichmann sowie die Bronzetumba des Erzbischofs Ernst von Sachsen [* 1464, † 1513], aus der Werkstatt von P. Vischer d. Ä.). Vom Kloster »Unser Lieben Frauen« (gegr. 1015–18; beherbergt heute Kunstmuseum zu zeitgenöss. Plastik) ist der Kreuzgang zum größten Teil erhalten, die roman. Klosterkirche (Ende 11. Jh., 1129–60, 1220–40 eingewölbt; heute Konzerthalle) ist wieder aufgebaut, ebenso die Stiftskirche St. Sebastian (12.–15. Jh.). Erhalten sind die klassizist. Nikolaikirche (1821–24, Entwurf K. F. Schinkel) und das barocke Rathaus (1691–98). Eine Kopie des Standbildes des »Magdeburger Reiters« (um 1240) steht auf dem »Alten Markt« (Original im Kulturhistor. Museum).

Geschichte: Erstmals 805 als Handelsplatz gen.; nach 937 stiftete Otto I., d. Gr., das Moritzkloster und errichtete 968 das Erzbistum M.; Verleihung des Marktrechts 965. Das 1188 erstmals kodifizierte ⁄ Magdeburger Recht gewann v. a. im 13. Jh. weiteste Verbreitung. Bei der Eroberung durch Tilly 1631 niedergebrannt; fiel 1680 an Brandenburg; 1815–1944 Hptst. der preuß. Prov. Sachsen; 1952–90 Hptst. des gleichnamigen DDR-Bezirks.

3) Bistum in der Kirchenprov. Paderborn, 1994 im Zuge der Neugliederung der dt. Bistümer errichtet und territorial das Land Sa.-Anh. sowie Gebiete in West- und Südbrandenburg sowie in Nordsachsen umfassend; geschichtlich in der Tradition des 968 als kirchl. Zentrum für die Gebiete östlich der Elbe gegr. *Erzbistums M.* stehend (im Gefolge der Reformation säkularisiert), dem die Bistümer Brandenburg, Havelberg, Meißen (bis 1399), Merseburg, Posen (bis um 1000), Zeitz und ab 1420 Lebus unterstanden.

Magellansche Wolken: Die Große Magellansche Wolke (links) ist etwa 160 000 Lichtjahre, die Kleine Magellansche Wolke (rechts) etwa 185 000 Lichtjahre von der Erde entfernt.

Magdeburger Börde, das fruchtbare Löss-Schwarzerde-Gebiet in Sa.-Anh., westlich der Elbe zw. Bode und Ohre; etwa 930 km²; Weizen-, Zuckerrüben- und Gersteanbau.

Magdeburger Halbkugeln, zwei hohle, evakuierte und durch den Luftdruck aneinander gepresste metallene Halbkugeln, die von Otto von Guericke mit der von ihm erfundenen Luftpumpe evakuiert wurden (erstmals 1657 in Magdeburg gezeigt), um die von der Atmosphäre ausgeübten Kräfte zu demonstrieren: Es wurden auf jeder Seite acht Pferde angespannt, um die M. H. voneinander zu trennen, was jedoch nicht gelang.

Magdeburger Recht, das verbreitetste dt. Stadtrecht des MA., 1188 erstmals kodifiziert. Es beherrschte nicht nur die Städte des Erzstifts Magdeburg und der östl. Reichsgebiete (mit z. T. Böhmen und Mähren), sondern galt auch in Städten Polens, Ungarns und Russlands. So erlangte sein Schöffenstuhl, der Rechtsmitteilungen und Schöffensprüche in die Städte des M. R. sandte, eine im Rechtsleben Ost-Dtl. und O-Europas überragende Bedeutung. Das M. R. galt in der Form des gemeinen Sachsenrechts partiell bis 1899, in Polen bis ins 20. Jh. hinein.

Magdeburger Zenturi|en, Kurzbez. der von Magdeburger Lutheranern erarbeiteten Kirchengesch. (8 Bde., erschienen in Basel 1559–74); ⁄ Kirchengeschichtsschreibung.

Magellan [engl. məˈgelən], 1989 gestartete amerikan. Venussonde. M. erreichte 1990 eine Umlaufbahn um die Venus und kartierte rd. 99 % der Planetenoberfläche. Die Radarbilder dienen der Erstellung topographisch-morpholog. und geolog. Venuskarten. Ab 1992 wurden Messungen des Gravitationsfeldes durchgeführt, bis die Sonde 1994 in der Atmosphäre verglühte.

Magellan, portugies. Seefahrer, ⁄ Magalhães.

Magellansche Wolken, die beiden nach F. de Magalhães benannten, dem Milchstraßensystem am nächsten gelegenen Galaxien, die am südl. Himmel mit bloßem Auge sichtbar sind. Die in den Sternbildern Dorado und Mensa liegende **Große M. W.** ist etwa 160 000 Lichtjahre, die im Sternbild Tucana befindl. **Kleine M. W.** etwa 185 000 Lichtjahre von der Erde entfernt; dem Auge erscheinen sie unter rd. 6° und 3° Durchmesser. Die M. W. enthalten zahlr. Sterne, Sternhaufen und ausgedehnte Gebiete interstellarer Materie. Sie bewegen sich mit einer Geschwindigkeit von rd. 55 km/s aufeinander zu, bilden aber wahrscheinlich kein gravitativ gebundenes Galaxienpaar. In der Großen M. W. leuchtete 1987 eine mit bloßem Auge sichtbare ⁄ Supernova auf. Im Ggs. zur Großen zeigt die Kleine M. W. eine gleichförmigere Verteilung ihrer Sterne. Beide Sternsysteme bestehen v. a. aus Objekten der Population I. Sie bilden mit dem Milchstraßensystem ein Dreifachsystem, das zur ⁄ Lokalen Gruppe gehört. Wegen ihrer Nähe zum Milchstraßensystem und der Auflösbarkeit in Einzelobjekte (Cepheiden, Riesen, Novae) zählen sie zu den Hauptobjekten extragalakt. Forschung.

Magellanstraße (Magalhãesstraße), 600 km lange Meeresstraße zw. dem südamerikan. Festland und Feuerland, von F. de ⁄ Magalhães 1520 entdeckt, wichtige Schifffahrtsstraße. Seit 1881 chilen. Hoheitsgebiet.

Magelone, Gestalt der provenzal. Sagentradition, im 15. und 16. Jh. auch des frz. und dt. Volksbuchs. Der Stoff behandelt die Geschichte von der Liebe, der Trennung und dem Wiedersehen von M. und ihrem Geliebten, dem Grafen Peter von Provence.

Magen (Ventriculus, Stomachus, Gaster), erweiterter, meist muskulöser Abschnitt des Verdauungskanals, der auf die Speiseröhre folgt. In ihm wird die aufgenommene Nahrung gespeichert und durch den M.-Saft so weit aufbereitet, dass sie als Speisebrei (Chymus) in den Zwölffingerdarm, den ersten Teil des Dünndarms, weitergeleitet werden kann. Erweiterungen, die vor dem eigentl. M. liegen und in denen Nahrung nur gesammelt, durch Speichel enzymatisch aufbereitet oder mechanisch zerkleinert wird, werden Vor-M. genannt, z. B. Honig-M. der Bienen, Pansen,

Netz- und Blätter-M. beim Wiederkäuer-M. (↗ Wiederkäuer), Kropf der Vögel. – Der M. des Menschen ist c-förmig, etwa 20 cm lang und hat ein Fassungsvermögen von 1,6 bis 2,4 Liter. Man unterscheidet den **M.-Mund** (Kardia), den **M.-Körper** (Korpus) und den **M.-Pförtner** (Pylorus). Die **M.-Wand** ist 2–3 mm stark und besteht aus vier Schichten. Die innerste

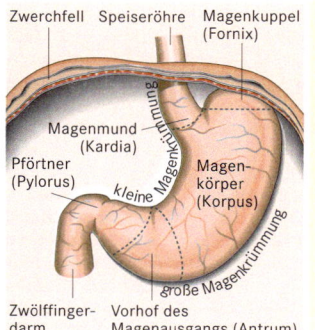

Magen: Außenansicht des Magens des Menschen mit Speiseröhre, Zwölffingerdarm und Zwerchfell

(**M.-Schleimhaut**) besitzt drei Drüsenarten, die Schleim, Enzyme und das Hormon Gastrin bilden. Letzteres regt die Drüsen im M.-Körper zu verstärkter Salzsäuresekretion an. Der von der M.-Schleimhaut abgesonderte **M.-Saft** ist eine wasserklare, saure, verdauungsfördernde und keimtötende Flüssigkeit mit von den Schleimdrüsen abgesondertem, alkal., in Salzsäure unlösl. Schleim, Salzsäure und den Verdauungsenzymen Kathepsin und Pepsin. Dieser M.-Schleim kann die Salzsäure binden, sodass ihm eine wichtige Schutzfunktion gegen die Selbstverdauung der M.-Schleimhaut zukommt. Bereits in Ruhe sondert der M. geringe Mengen von Verdauungssäften ab. Diese Ruhesekretion von rd. 10 cm^3 je Stunde kann nach Nahrungsaufnahme bis auf 1 000 cm^3 je Stunde ansteigen.

Magen|aushebung, die ↗ Magenspülung.

Magenbitter, mit Kräutern hergestellter, verdauungsfördernder Trinkbranntwein.

Magenbremsen (Magenfliegen, Gasterophilidae), Familie der Fliegen; am verbreitetsten ist die **Pferde-M.** (Gasterophilus intestinalis), 1,5 cm lang, bräunlich gelb, stark behaart. Das Weibchen legt die Eier an den Haaren der Wirtstiere ab. Die ausschlüpfenden Larven gelangen durch Lecken in den Magen, verlassen den Wirt durch den Darm und verpuppen sich in der Erde. Die Larven verursachen Verdauungsstörungen.

Magen-Darm-Katarrh, eine ↗ Darmentzündung.

Magendurchbruch (Magenperforation), Durchbruch eines Magengeschwürs durch die Magenwand, meist in die freie Bauchhöhle; mit plötzlich einsetzenden heftigen Schmerzen, Erbrechen, Bauchdeckenspannung und Schocksymptomen; erfordert sofortige Operation.

Magengeschwür (Ulcus ventriculi), tiefer in der Magenschleimhaut gelegener Defekt; charakteristisch für M. ist eine hohe Selbstheilungsrate, aber auch eine große Rückfallneigung (über 60 % der Fälle); das mehrfache Wiederauftreten (Rezidiv) wird als **Ulkuskrankheit** bezeichnet. Die wichtigsten auslösenden exogenen Faktoren eines M. sind das Stäbchenbakterium Helicobacter pylori sowie bestimmte Rheumamittel, sog. nicht steroidale Antirheumatika, z. B. Acetylsalicylsäure. Als endogene Faktoren sind Magenentleerungsstörungen mit Rückfluss von Darminhalt aus dem Zwölffingerdarm in den Magen (duodenogastraler Reflux) sowie die verminderte Bildung von Wachstumsfaktoren, die zur Regeneration der Magenschleimhaut erforderlich sind, zu nennen. Auch intensiver Stress kann ein M. (**Stressulkus**) hervorrufen. Symptome sind Druck- und Völlegefühl, Übelkeit, Nüchternschmerz (aber auch Beschwerden nach Nahrungsaufnahme), Magenkrämpfe, Unverträglichkeit von Fett, Fleisch, Gebratenem, Geräuchertem und Kaffee. Zu den Komplikationen des M. gehören der ↗ Magendurchbruch und die akute Magenblutung, die sich in Bluterbrechen und Blutstuhl äußert. Sie kann durch endoskop. Blutstillung mit Fibrin-Kleber beseitigt werden.

Die *Behandlung* besteht in Allgemeinmaßnahmen (Rauchverbot, nach Möglichkeit Absetzung schädigender Arzneimittel, Vermeidung unverträgl. Speisen), Anwendung von Filmbildnern, die wie kolloidales Wismut eine schützende Chelatbildung auf dem M. bewirken. Bei Nachweis von Helicobacter pylori wird eine vollständige Beseitigung (Eradikationstherapie) des Keimes durch die Gabe eines ↗ Protonenpumpenhemmers (zur Unterdrückung der Säuresekretion) und durch Antibiotika (z. B. Metronidazol) angestrebt.

Magenkatarrh, die ↗ Magenschleimhautentzündung.

Magenkrebs (Magenkarzinom), bösartige, von der Schleimhaut des Magens ausgehende bösartige Gewebeneubildung. M. kommt etwas häufiger bei Männern vor, mit einem Häufigkeitsgipfel zw. dem 6. und 7. Lebensjahrzehnt. Die Ursachen sind weitgehend unbekannt; u. a. spielen wahrscheinlich Umweltfaktoren und Essgewohnheiten eine Rolle. Charakteristisch ist das gehäufte Entstehen von M. im Gefolge einer stark fortgeschrittenen Magenschleimhautentzündung oder bei perniziöser Anämie. Nach einem Frühstadium (Heilungsaussichten bei Frühoperation über 90 %), kommt es zu geschwürigem Zerfall und/oder infiltrierendem Wachstum mit Metastasen. M. wird gewöhnlich erst im fortgeschrittenen Stadium erkannt. Nach leichtem Druck- und Völlegefühl kommt es zu Müdigkeit, Appetitlosigkeit, Gewichtsverlust, brennenden oder ziehenden Schmerzen, Widerwillen gegen bestimmte Speisen (bes. Brot und Fleisch), Übelkeit und zu wiederholtem Erbrechen. Die *Behandlung* besteht in einer operativen Entfernung des Magens (↗ Magenoperationen).

Magenmittel (Stomachika), Mittel, die den Appetit und die Verdauung anregen und fördern; hauptsächlich ↗ Bitterstoffe.

Magenoperationen, chirurg. Eingriffe zur Eröffnung des Magens (**Gastrotomie**). Die M. wird zur Entfernung von Fremdkörpern oder kleineren Tumoren durchgeführt, auch zur Anlage einer äußeren Magenfistel zwecks künstl. Ernährung (**Gastrostomie**). Die **Magenresektion** als Teilentfernung des unteren Magenabschnitts dient der Behandlung von konservativ unbeeinflussbaren Magen- und Zwölffingerdarmgeschwüren und begrenztem Magenkrebs. Nach den von T. Billroth (erste erfolgreiche Resektion 1881) entwickelten Methoden wird zur Wiederherstellung der Magenfunktion der Restmagen entweder mit dem Zwölffingerdarm (Billroth I) oder dem obersten Abschnitt des Dünndarms (Billroth II) verbunden, nach der inzwischen eher verwendeten Technik von C. Roux mit dem Dünndarm über eine y-förmig angefügte Dünndarmschleife. Die Totalentfernung (**Gastrektomie**) wird bei fortgeschrittenem Magenkrebs durchgeführt unter Bildung eines Ersatzmagens aus Dünndarm-, seltener Dickdarmschleifen.

Magenperforation, der ↗ Magendurchbruch.

Magenpförtnerkrampf (Pylorospasmus), anhaltende krampfbedingte Verengung (Pylorusstenose) des Magenpförtners infolge benachbarter Tumoren oder Geschwüre und neurolog. Einflüsse.

Magenresektion, ↗ Magenoperationen.

Magenschleimhaut|entzündung (Magenkatarrh, Gastritis), Rötung und Schwellung der Magenschleimhaut; akute Formen entstehen z. B. durch direkte bakterielle und chem. Wirkungen oder Alkoholmissbrauch. Kennzeichen sind Magenschmerzen, Übelkeit, Völlegefühl, Erbrechen. Die chron. M. wird nach ihren Ursachen in die Typen A, B und C eingeteilt. Sie ist nur durch feingewebl. Schleimhautuntersuchung (Biopsie) erkennbar. Symptome fehlen hier oder sind uncharakteristisch (u. a. Oberbauchdruck, Speisenunverträglichkeit). Bei **Typ A** handelt es sich um eine Autoimmunkrankheit, bei der Antikörper gegen die Salzsäure produzierenden Zellen des Magens gebildet werden. Bei **Typ B** liegt eine v. a. durch das Bakterium Helicobacter pylori hervorgerufene Infektionskrankheit (Magen- oder Zwölffingerdarmgeschwür) vor. Der **Typ C** wird durch chem. Schädigung, z. B. durch Alkohol oder Rauchen, hervorgerufen. Die Schleimhautentzündung von Magen und Dünndarm (Enteritis) heißt **Gastroenteritis.** Die *Behandlung* der akuten M. beschränkt sich auf Allgemeinmaßnahmen (zeitweilige Nahrungsenthaltung, Teetrinken, krampflösende Mittel) und den Ausschluss schädigender Ursachen; bei stressbedingter M. ist eine vorbeugende Gabe von säurebindenden Mitteln möglich. Chron. M. werden nur behandelt, wenn sie Beschwerden bereiten. Bei Typ A gibt es keine Möglichkeit zur ursächl. Therapie, es können nur Symptome gelindert werden. Bei Typ B wird ein Säureblocker zus. mit zwei Antibiotika zur Ausrottung des Bakteriums Helicobacter pylori gegeben. Bei Typ C muss die weitere Zufuhr von Schadstoffen vermieden werden.

Magensenkung, eine ↗ Eingeweidesenkung.

Magenspiegelung, die ↗ Gastroskopie.

Magenspülung (auch Magenaushebung), wiederholtes Auswaschen des Magens z. B. mit physiolog. Kochsalzlösung mithilfe eines Magenschlauchs; v. a. bei akuten Vergiftungen.

Magenta, purpurrote Farbe im Farbendruck, eine ↗ Grundfarbe.

Magenta [maˈdʒɛnta], Stadt in der Lombardei, Prov. Mailand, Italien, 23 200 Ew. – Hier besiegten am 4. 6. 1859 die Franzosen und Piemontesen unter Marschall MacMahon die Österreicher, die daraufhin die Lombardei räumten.

Magerøy [-rœj] (Magerö), nördlichste Insel Norwegens, 288 km², mit dem ↗ Nordkap und dem nördlichsten Punkt Europas (↗ Knivskjelodden).

Magersucht, Abmagerung infolge Unter- oder Fehlernährung oder auch durch endokrine Krankheiten, z. B. bei Unterfunktion der Hypophyse (Simmond-Krankheit) oder Überfunktion der Schilddrüse (Basedow-Krankheit), aber auch bei Krebs u. a. Krankheiten. Zur psychogenen Verweigerung einer ausreichenden Nahrungsaufnahme ↗ Pubertätsmagersucht.

Maggia [ˈmaddʒa] *die,* Fluss im Kt. Tessin, Schweiz, 56 km lang, entspringt in den nördl. Tessiner Alpen, wird im Oberlauf zum Naret- und Sambucosee gestaut (Kraftwerke), mündet bei Locarno in einem Delta in den Lago Maggiore.

Maggid [hebr. »Sprecher«, »Künder«] *der,* jüd. volkstüml. Wanderprediger. Maggidim wirkten im 16.–19. Jh. v. a. in den ostjüd. Gemeinden.

maggiore [madˈdʒoːre; italien. »größer«], *Musik:* Bez. für Dur, Durakkord, Durtonart (mit der »großen« Terz); als Satzüberschrift zeigt **Maggiore** den Durteil eines in einer Molltonart stehenden Stückes (z. B. Marsch, Rondo) und bei einem in Dur stehenden Stück den Wiedereintritt der Haupttonart nach dem mit ↗ minore bezeichneten Mollteil an.

Maghreb [arab. »Westen«] *der,* der westl. Teil der arabisch-muslim. Welt (umfasst im Kern Tunesien, Algerien und Marokko, i. w. S. auch Libyen und Mauretanien).

Maghrebinisch, Zweig der lebenden ↗ arabischen Sprache.

Maghreb-Union (Union der Arabischen Maghreb-Staaten), durch den Vertrag von Marrakesch am 17. 2. 1989 gegründete Gemeinschaft der nordafrikan. Staaten Algerien, Libyen, Marokko, Mauretanien und Tunesien zur Zusammenarbeit auf wirtsch., kulturellem und wiss. Gebiet. Der Abbau der Zollschranken zw. den Mitgl.ländern im Jahr 1995 schuf die Voraussetzung für einen gemeinsamen Markt. Organe: Rat der Staatsoberhäupter, Konsultativrat (20 Mitgl. pro Land), Generalsekretariat (Sitz: Rabat).

Magie [lat. magia »Lehre der Zauberer«, »Zauberei«] *die,* zusammenfassende Bez. für Praktiken, durch die der Mensch seinen eigenen Willen in einer Weise auf die Umwelt übertragen und das Tun, Wollen und Schicksal anderer Menschen bestimmen will, die nach naturwiss. Betrachtungsweise irrational erscheint. Das der M. zugrunde liegende mag. Denken vertraut auf eine den mag. Handlungen, Worten und Dingen innewohnende, automatisch wirkende Kraft. Misserfolge werden aus Nichtbeachtung des richtigen mag. Rituals oder aus Gegenzauber erklärt. M. ist charakteristisch für Stammesreligionen; auch im altoriental. und hellenist. Kulturkreis stark verbreitet, wird die M. von der Bibel und in der Folge von der christl. Kirche als Aberglaube verurteilt. – Hinsichtlich der Zielsetzung ihrer Anwendung wird unterschieden zw. der **schwarzen M.,** die eine Schädigung, und der **weißen M.,** die einen Nutzen für Einzelne oder Gruppen erzielen will.

Magi|er, nach Herodot urspr. eine Sippe des medischen Reiches, deren Angehörige priesterl. Aufgaben in der altiran. Religion und später im ↗ Parsismus wahrnahmen; im Hellenismus Bez. für die Menschen, die über Wissen und Können der ↗ Magie verfügten; bei Matth. 2, 1 ff. die »Weisen (Sterndeuter) aus dem Morgenland«.

Maginotlini|e [maʒiˈnoː-], ein nach dem frz. Politiker A. Maginot (*1877, †1932) benannter Befestigungsgürtel im frz. Grenzgebiet gegen Dtl., errichtet 1929–36 (im Kern bereits 1932 fertig gestellt). Die am stärksten im Bereich der »Festungsgebiete« Metz und Lauter ausgebaute M. bewirkte in Frankreich ein trüger. Sicherheitsgefühl; das Befestigungs- und Verteidigungssystem band jedoch erhebl. frz. Kräfte (zu Beginn des dt. Angriffs auf Frankreich im Zweiten Weltkrieg etwa 48 frz. Divisionen). Im Westfeldzug 1940 von den dt. Truppen zunächst unter Verletzung der belg. und niederländ. Neutralität umgangen, wurde die M. Mitte Juni 1940 dann von der dt. Heeresgruppe C frontal durchbrochen.

magische Kerne, Kernphysik: ↗ magische Zahl.

magischer Realismus, 1) *bildende Kunst:* in den 1920er-Jahren entstandene Bez. für eine Darstellungsweise, die durch äußerste Akribie bzw. überscharfe Wiedergabe der Wirklichkeit unter Auslassung von Nebensächlichem, durch eine stat. Bildaufbau und mit perspektiv. Mitteln eine mag. Wirkung erzeugt. Sie entwickelte sich unter dem Einfluss der ↗ Pittura metafisica. Der Begriff wurde zunächst auf Werke der verist. Richtung der ↗ Neuen Sachlichkeit bezogen (G. Schrimpf, C. Mense, A. Kanoldt, F. Radziwill u. a.), dann auch auf die Malerei ähnlich vorgehender Künstler, v. a. in den USA (u. a. I. Albright und A. Wyeth), schließlich auch auf Werke der ↗ Wiener Schule des phantastischen Realismus und des Fotorealismus sowie der naiven Malerei.

2) *Literatur:* 1) Erzählstil in der dt. Literatur, etwa zw. 1920 und 1950, gekennzeichnet durch die Verbindung von realist. Ansatz mit unerklärl. (mag.) Geschehen; Beispiele bei H. Kasack (»Die Stadt hinter dem Strom«, 1947), E. Langgässer, E. Kreuder, H. E. Nossack, H. Lange. 2) Begriff, der die »magisch-realist.« Struktur der gebrochenen Zeit (Neben- und Ineinander verschiedenster Zeit- und Wirklichkeitsebenen) der (v. a. fantast.) lateinamerikan. Literatur im 20. Jh. beschreibt (u. a. bei M. Á. Asturias, A. Roa Bastos, A. Carpentier, J. Cortázar, J. Rulfo, G. García Márquez), ferner auch Züge im Werk von S. Rushdie.

magisches Quadrat, quadrat. Zahlenschema mit n Zeilen und n Spalten, also n^2 Feldern, die mit den natürl. Zahlen $1, 2, \ldots, n^2$ so belegt sind, dass die Summe der Zahlen in jeder Zeile, jeder Spalte und jeder Diagonale gleich ist: $S_n = \tfrac{1}{2} n(n^2 + 1)$.

magisches Vieleck, bildl. Ausdruck für die

konjunkturpolit. Ziele Vollbeschäftigung (hoher Beschäftigungsstand), Preisstabilität (Geldwertstabilität) und außenwirtsch. Gleichgewicht im Sinne von Leistungsbilanzgleichgewicht **(mag. Dreieck)** sowie angemessenes, stetiges Wirtschaftswachstum **(mag. Viereck)** und gerechte Einkommens- bzw. Vermögensverteilung **(mag. Fünfeck).** Die »Magie« besteht darin, dass die Ziele aufgrund der wechselseitigen Abhängigkeit gesamtwirtsch. Variablen nicht gleichzeitig und vollständig zu erreichen sind (Zielkonflikt). In der Wirtschaftspolitik wird demzufolge versucht, realist. Zielgrößen zu formulieren und polit. Schwerpunkte zu setzen (Zielhierarchie).

magische Zahlen, bestimmte Anzahl von Protonen (Z) und Neutronen (N) in Atomkernen, bei denen die Kerne bes. stabil sind: Z oder $N = 2, 8, 20, 28, 50, 82$; $N = 126$, ggf. $Z = 114$ und 126, $N = 184$. – Das Verhalten derartiger **mag. Kerne** (viele stabile Isotope, große Bindungsenergie, hohe Kernanregungsenergie, Maxima der Elementenhäufigkeit u. a.) lässt sich mit dem Schalenmodell erklären: Die m. Z. kennzeichnet den Abschluss einer Schalenstruktur. **Doppelt mag. Kerne,** für die Protonen- und Neutronenzahl magisch sind (z. B. $^4_2$He, $^{16}_8$O, $^{208}_{82}$Pb), sind noch stabiler als einfach magische.

Magister [lat.] *der,* alter Univ.-Grad (M. Artium Liberalium »Meister der freien Künste«), der die Lehrberechtigung einschloss; seit dem 16. Jh. auf die artist. (philosoph.) Fakultät beschränkt. In Großbritannien als Univ.abschluss tradiert als Master of Arts (M. A.) und Master of Science (M. Sc.; M. S.), ebenso in den USA qualifizierte Titel (neben anderen »Master's Degrees« in zahlr. Fachrichtungen). In Österreich blieb der M.-Grad erhalten für Pharmazeuten und ist seit 1966 allg. eingeführt (gleichgestellt mit Diplom und Lizenziat). In der Bundesrep. Dtl. wurde der M. Artium (M. A.) als Univ.examen für geisteswiss. Fächer 1960 allg. eingeführt. (↗ Master)

Magistrat [lat.] *der,* 1) *allg.:* Amt, Behörde; schweizer. für Mitgl. der Reg. bzw. der ausführenden Behörde.

2) *Geschichte:* (lat. magistratus), im antiken Rom das staatl. Ehrenamt (»honos«) und sein Inhaber, der Beamte mit einjähriger Amtszeit. Seit 180 v. Chr. war eine Reihenfolge in der Bekleidung der Ämter gesetzlich festgelegt (»cursus honorum«). Die M. wurden von den Komitien bzw. den Volksversammlungen gewählt, in der Kaiserzeit z. T. vom Kaiser ernannt, im 1. Jh. n. Chr. vom Senat. Sie waren während ihres Amtsjahres nicht absetzbar und nicht rechenschaftspflichtig.

3) *Verwaltungsrecht:* der städt. Gemeindevorstand bei Magistratsverfassungen (↗ Gemeinde); in österr. Stadtgemeinden die unterste Verwaltungsbehörde (Bezirksverwaltungsbehörde).

Maglemosekultur, Jäger- und Fischerkultur (7./6. Jt. v. Chr.) der Mittelsteinzeit in S-Skandinavien, O-England und im nördl. Mitteleuropa, ben. nach dem Fundort Maglemose, einem Moor bei Mullerup an der W-Küste von Seeland (Dänemark); kennzeichnend sind u. a. Mikrolithe, Kern- und Scheibenbeile aus Feuerstein, Tierplastiken aus Bernstein.

Magma [grch.] *das,* natürlich vorkommende glühend-flüssige, vorwiegend silikat. Gesteinsschmelze in der Erdkruste und im oberen Erdmantel, die in erstarrtem Zustand die magmat. Gesteine bildet. Nach der stoffl. Zusammensetzung unterscheidet man saure (granit., über 66 % SiO_2), intermediäre (52–66 % SiO_2) und bas. (basalt., unter 52 % SiO_2) M. Die Erstarrung eines tief liegenden M. beginnt nach der **liquidmagmat. Phase.** Bei der **Frühkristallisation** (bis 900 °C) und bei der **Hauptkristallisation** (bis etwa 600 °C) kristallisieren zunächst die kieselsäureärmeren Silikate, dann die Hauptmasse der gesteinsbildenden Minerale aus. Die flüchtigen Bestandteile reichern sich in der Restschmelze an. In der **Restkristallisation** folgt auf die pegmatitisch-pneumatolyt. die hydrothermale Phase. Mit der Kristallisation ist die Bildung von ↗ Erzlagerstätten ver-

magisches Quadrat
in Albrecht Dürers Kupferstich »Melancolia« (1514) mit der Summe 34 für $n^2 = 16$ Elemente

Magm magmatische Gesteine

bunden. Das M. kann auch durch Aufnahme von Nebengestein (Syntexis) stark verändert werden (**syntekt. M.**).

magmatische Gesteine (Magmatite, veraltet Massengesteine), bei der Erstarrung von Magmen gebildete Gesteine, die als / Plutonite in der Erdkruste sehr langsam oder als / Vulkanite an der Erdoberfläche sehr schnell erstarren. Zw. beiden liegen die / Ganggesteine. Nach der chem. Zusammensetzung unterscheidet man saure, bas. und intermediäre magmat. Gesteine.

Magmatismus *der,* die das Magma betreffenden Vorgänge und Erscheinungen.

Magna Charta (M. C. Libertatum) [- k-; lat. »große Urkunde der Freiheiten«] *die,* das wichtigste engl. Grundgesetz. Die M. C. wurde König Johann I. ohne Land am 15. 6. 1215 von Adel und Geistlichkeit abgenötigt und erhielt 1225 unter Heinrich III. ihre endgültige Fassung. Die meisten der 63 Art. betrafen das Lehnsrecht und wandten sich v. a. gegen die maßlose Fiskalisierung der Lehnspflichten. Einige Vorschriften erstreckten sich auch auf andere Bereiche, z. B. Schutz der Bauern, Bestimmungen zugunsten der Kaufleute, Rechtsschutzgarantie für Freie, und lassen das Bestreben erkennen, den Widerstand gegen die Krone auf eine möglichst breite Grundlage zu stellen. Die M. C. wurde im Laufe der Zeit zur wichtigsten Grundlage des engl. Verfassungsrechts.

Anna Magnani

magna cum laude [lat. »mit großem Lob«], sehr gut; zweitbeste Note (nach summa c. l.) bei der Promotion (/ Doktor).

Magnago [maɲˈnaːgo], Silvius, Südtiroler Politiker, *Meran 5. 2. 1914, Mitgl. der Südtiroler Volkspartei; 1961–89 Landeshauptmann der Prov. Bozen, war maßgeblich beteiligt an den Verhandlungen zur Südtirolfrage.

Magna Graecia [- ˈgrɛː-], / Großgriechenland.

Magnani [maɲˈnaːni], Anna, italien. Film- und Bühnenschauspielerin, *Alexandria (Ägypten) 7. 3. 1908, †Rom 26. 9. 1973; verkörperte oft den »Typ der Frau aus dem Volk« und gilt als eine der bedeutendsten Schauspielerinnen des italien. Films: »Rom – offene Stadt« (1945), »Amore« (1948), »Die goldene Karosse« (1953), »Die tätowierte Rose« (1956), »Mamma Roma« (1962).

Magnasco [maɲˈnasko], Alessandro, gen. Il Lissandrino, italien. Maler, *Genua 1667, †ebd. 12. 3. 1749; stellte kleinfigurige Genreszenen und Capricci in bühnenhaften Räumen, meist Landschaften, dar.

Magnat [lat.] *der,* 1) *allg.:* Großgrundbesitzer; Inhaber (branchenbeherrschender) wirtsch. Macht.
2) *Geschichte:* früher in Ungarn und Polen Angehöriger des hohen Adels bzw. geistl. und weltl. Würdenträger; bildeten im ungar. Reichstag die **Magnatentafel**.

Magnelli [maɲˈnɛlli], Alberto, frz. Maler italien. Herkunft, *Florenz 1. 7. 1888, †Meudon 20. 4. 1971; Autodidakt. Bes. beeinflusst von P. Picasso und F. Léger, malte er zunächst abstrakt. 1918 ging er zu stark vereinfachten gegenständl. Darstellungen über. 1931 ließ er sich in Paris nieder, wo er zur völligen Abstraktion zurückkehrte.

Magnesia [nach der grch. Landschaft M.] *die* (Magnesiumoxid), MgO, / Magnesium.

Magnesia, 1) im Altertum thessal. Küstenlandschaft an der O-Küste Mittelgriechenlands mit der Halbinsel M. (ngrch. **Magnissia**).
2) **M. am Mäander,** im Altertum eine grch. Stadt in Karien, Kleinasien, mit ion. Artemistempel (dt. Ausgrabungen von 1891–93).
3) **M. am Sipylos,** heute das türk. / Manisa.

Magnesit: Kristallaggregat

Magnesit [grch.] *der* (Bitterspat), weißes bis gelbl. trigonales Mineral der chem. Zusammensetzung $MgCO_3$, kommt oft zus. mit Dolomit, Kalkspat oder Siderit vor, dient zur Herstellung von Magnesiumoxid und feuerfesten Steinen.

Magnesium [grch.] *das,* chem. Symbol **Mg,** metall. Element aus der 2. Hauptgruppe des Periodensystems (Erdalkalimetall), Ordnungszahl 12, relative Atommasse 24,305, Dichte (bei 20°C) $1{,}738\,g/cm^3$, Schmelzpunkt 650°C, Siedepunkt 1090°C. – Das Leichtmetall lässt sich ziehen und walzen; es glänzt silberweiß, überzieht sich an der Luft mit einer dünnen Oxidhaut (Passivierung) und verbrennt mit grellend strahlend weißem Licht (**M.-Licht**) zu M.-Oxid; in der Natur ist es in Form seiner Verbindungen weit verbreitet. Am Aufbau der Erdrinde ist M. mit 1,95% beteiligt. Vorkommen als Magnesit, Dolomit, Carnallit, Kieserit in natürl. Salzsolen, Meerwasser; M.-Silikate sind: Olivin, Hornblende, Serpentin, Talk, Speckstein, Asbest, Meerschaum u. a.

M. wird durch Schmelzflusselektrolyse von wasserfreiem M.-Chlorid, $MgCl_2$, bei etwa 700°C gewonnen. Das an den Graphitanoden entstehende Chlor wird zur Gewinnung von M.-Chlorid wieder verwendet. In geringem Umfang erhält man M. auch durch therm. Reduktion von M.-Oxid mit Ferrosilicium bei etwa 1 200°C im Vakuum. – M. hat als Legierungsbestandteil (von Aluminium, Zink u. a.) bes. im Flugzeugbau große Bedeutung. Es dient als Reduktionsmittel bei der techn. Darstellung von Metallen; in der Pyrotechnik für Blitzlichter, Feuerwerkskörper u. a.

M. ist als unentbehrl. Spurenelement in Körperflüssigkeiten (Blut 2–3 mg%) und Zellen enthalten, ist Aktivator beim Zuckerabbau und Bestandteil von Enzymen. Die Erhöhung der M.-Konzentration im Blut setzt die Erregbarkeit von Nerven und Muskeln herab (z. B. während des Winterschlafs von Säugetieren). Bei den Pflanzen ist M. im Chlorophyll enthalten und wichtig für die / Assimilation des Kohlendioxids.

Verbindungen: **M.-Oxid (gebrannte Magnesia,** früher Bittererde), MgO, ein lockeres, in Wasser fast unlösl. weißes Pulver (in der Natur Periklas), besitzt die hohe Schmelztemperatur von 2 800°C; es kann zu sehr hitzebeständigen keram. Geräten oder Steinen (Magnesitsteine) verarbeitet werden. M.-Oxid geht mit Wasser langsam in das sehr schwer lösl. weiße **M.-Hydroxid,** $Mg(OH)_2$, über (Mineral Brucit). M.-Oxid und -Hydroxid sind milde Neutralisationsmittel für Säuren. **M.-Carbonat,** $MgCO_3$ (Mineral Magnesit), ist ein weißer, in Wasser fast unlösl., durch Säuren jedoch zersetzbarer Stoff. In Wasser mit viel Kohlendioxid bildet es das etwas leichter lösliche **M.-Hydrogencarbonat,** $Mg(HCO_3)_2$, das z.T. die natürl. Härte des Wassers verursacht. M.-Hydroxidcarbonat (Magnesia alba) wird als schneeweißes, sehr lockeres Pulver aus M.-Salzlösungen durch Soda gefällt; es wird verwendet in Zahnpulvern, Streu- und Putzpulvern, in Pudern, zum Neutralisieren von Säuren, z. B. von Magensäure, und als Füllstoff in techn. Produkten. **M.-Chlorid,** $MgCl_2$, ein farbloses, in Wasser leicht lösl. Salz, dient zur Gewinnung von elementarem M.; es kristallisiert aus Lösungen als M.-Chlorid-Hexahydrat, $MgCl_2 \cdot 6\,H_2O$; wasserfreies Chlorid wird aus M.-Oxid, Kohle und Chlor oder durch Erhitzen von **M.-Ammoniumchlorid,** $NH_4Cl \cdot MgCl_2 \cdot 6\,H_2O$, hergestellt. Ein Doppelsalz mit Kaliumchlorid ist / Carnallit. Aus einer konzentrierten Lösung von M.-Chlorid und pulverförmigem M.-Oxid erhält man als anfangs plast., dann erhärtende Mischung

$MgCl_2 \cdot 5\,Mg(OH)_2 \cdot 7\,H_2O$, **Magnesiazement** (Sorelzement), einen Magnesiumoxidchlorid-Kitt. **M.-Fluorid,** MgF_2, ein farbloses, schwer lösl. Salz, wird auf Glaslinsen, z. B. bei fotograf. Apparaten, als Antireflexbeschichtung aufgedampft. **M.-Sulfat,** $MgSO_4$, bildet versch. Hydrate, u. a. das Mineral Kieserit, $MgSO_4 \cdot H_2O$, und das Epsomit (Bittersalz), $MgSO_4 \cdot 7\,H_2O$; es dient zum Appretieren oder als Flammschutzmittel für Textilien, als Beize in der Färberei, als Abführmittel (M. sulfuricum). **M.-Phosphate** sind neben den entsprechenden Calciumverbindungen in Phosphoriten und Knochenasche enthalten. **M.-Perchlorat,** $Mg(ClO_4)_2$, ist sehr hygroskopisch und wird als wirksames Trockenmittel für Gase im Laboratorium verwendet. **M.-Hexafluorosilikat,** $MgSiF_6$, ein weißes wasserlösl. Salz, dient als Härtungsmittel für Beton und zur Holzkonservierung. Künstl. **M.-Silikat** ist in Wasch- und Bleichmitteln enthalten. M.-Silikatminerale sind in der Natur weit verbreitet, z. B. Olivin, $(Mg,Fe)_2SiO_4$, Enstatit, $Mg_3[(OH)_4|Si_2O_5]$, Serpentin, $Mg_4[Si_2O_6]_2$.

Magnet [grch. lithos magnḗtēs »Stein aus Magnesia«] *der,* Körper, der Quelle eines M.-Feldes ist. Man unterscheidet zw. ↗Elektromagneten, deren M.-Feld durch stromdurchflossene Spulen erzeugt wird, **Dauer-M. (Permanent-M.),** die ihr Feld ohne äußere Erregung beliebig lange behalten, und ↗supraleitenden Magneten zur Erzeugung sehr hoher Feldstärken; große Bedeutung haben auch ↗magnetische Flüssigkeiten.

Jeder M. hat zwei M.-Pole, einen **Nord-** und einen **Südpol** (für besondere Anwendungen auch ein Vielfaches davon), in deren Umgebung die magnet. Feldstärke bes. hoch ist (↗Magnetismus). Zw. den Polen zweier Magnete wirken Kräfte: Gleichnamige Pole stoßen sich ab, ungleichnamige ziehen sich an **(coulombsches Gesetz).** Die einfachste und älteste Ausführung ist der **Stab-M.;** dieser stellt den Grenzfall des völlig offenen magnet. Kreises dar und besitzt demzufolge das größtmögl. Streufeld und die größte ↗Entmagnetisierung. In Anwendungen, bei denen es darauf ankommt, die Entmagnetisierung klein zu halten, benutzt man Anordnungen mit stärker geschlossenem magnet. Kreis, wie sie durch **Hufeisen-M.** (mit und ohne Polschuhe) gegeben sind. Zur Magnetisierung der Dauer-M. verwendet man starke magnet. Felder oder Stromstoßgeneratoren; steigt die Temperatur des Materials über die ↗Curie-Temperatur, gehen die ferromagnet. Eigenschaften verloren. – M. werden z. B. als Kompassnadel, in Lautsprechern, Mikrofonen, zur Erzeugung elektr. Energie in kleinen Generatoren (z. B. Fahrraddynamos) zur Übertragung von Drehmomenten (magnet. Kupplung) sowie zur Bremsung von Drehbewegungen (Brems-M. in Elektrizitätszählern) verwendet.

Magnetbahn, ↗Magnetschwebebahn.

Magnetband, bandförmiger Informationsträger zur Aufzeichnung, Speicherung, Wiedergabe und Löschung von Audio- und Video- (Tonband, Videoband) oder Datensignalen. Auf einem Kunststoffträger (z. B. aus Polyester, Polyvinylchlorid, früher meist Acetylcellulose) sind eine oder mehrere magnetisierbare Schichten aufgebracht. M. werden meist in Kassetten aufbewahrt. Wichtig sind gute Wickeleigenschaft, hohe Reiß- und Abriebfestigkeit, geringe Neigung zu Aufladungen und gute magnet. Eigenschaften. In Japan wurde das **Digitaltonband (DAT,** Abk. für engl. **d**igital **a**udio**t**ape) entwickelt. Bei ihm erfolgt die Aufnahme der Schallsignale in digitalisierter Form. Das digitale Aufnahmeverfahren gewährleistet, dass bei mittels DAT hergestellten Kopien von ebenfalls digitalen Tonträgern (z. B. CD) deren Tongüte voll erhalten bleibt.

Magnetbandspeicher, Externspeicher zur Speicherung großer Datenmengen (Massenspeicher, Tertiärspeicher) mit sequenziellem Zugriff. Er besteht im Wesentlichen aus drei Funktionseinheiten: dem ↗Magnetband als eigtl. Speichermedium, dem Magnetbandgerät (Laufwerk) und der Magnetbandsteuerung. Das Magnetbandgerät enthält die gesamte Mechanik und Elektronik zur exakten Bewegung des Magnetbandes sowie den Magnetkopf zum Beschreiben und Lesen des Bandes.

Magnetbildverfahren, die ↗magnetische Bildaufzeichnung.

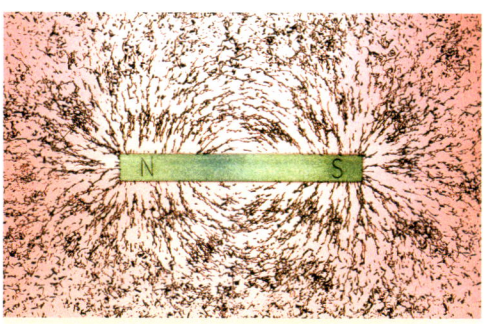

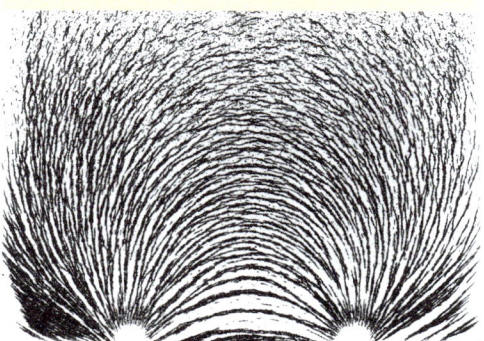

Magnet: Die magnetischen Feldlinien eines Stabmagneten (oben) sowie eines Hufeisenmagneten (unten) wurden mit Eisenfeilspänen sichtbar gemacht.

Magnetblasenspeicher (engl. bubble memory), magnet. Speicher zur Speicherung binärer Informationen. Der M. besteht aus einem unmagnet. Trägermaterial (Granat), auf dem eine dünne, mit Eisen dotierte Granatschicht (magnet. Trägermaterial) durch Epitaxie abgeschieden wurde. In dieser Schicht können durch Anlegen eines äußeren Magnetfeldes kleine, magnetisierte Bereiche von einigen Mikrometern Durchmesser **(Magnetblasen)** gespeichert und bewegt werden. Die Existenz einer Blase auf einem bestimmten Platz im Speicher wird als binäre »1«, das Fehlen als »0« interpretiert. – In der Anwendung spielen M. bislang keine Rolle. Ihre Vorteile, wie hohe Zuverlässigkeit (permanente Informationsspeicherung auch bei Ausfall der Versorgungsspannung) und Verschleißfreiheit (keine mechanisch bewegten Teile), werden ebenfalls durch Halbleiterspeicher (z. B. EEPROM) erreicht, die wesentlich kostengünstiger herzustellen sind.

Magnetdiode, Halbleiterdiode (↗Diode), die aus einer hochohmigen Halbleiterbahn besteht, deren

Stirnseiten mit akzeptordotierten Kontakten versehen sind. Durch ein senkrecht zum Stromfluss einwirkendes Magnetfeld wird der Durchlassstrom des M. gesteuert; angewendet als Sensor oder Schalter für Mess- und Steueraufgaben. Sind im hochohmigen Bereich Gebiete dotiert, so kann die M. als mehrstufiger Schalter verwendet werden.

Magnet|eisenstein, der ↗ Magnetit.

Magnetfalle, 1) in der *Plasmaphysik* eine Magnetfeldanordnung, in der Hochtemperaturplasmen über längere Zeit zusammengehalten werden können. In einer M. können sich die Ladungsträger nur längs der magnet. Feldlinien frei bewegen, während sie senkrecht dazu kreisförmige Bahnen ausführen. Feldanordnungen mit starker Zunahme des magnet. Feldes an den Enden heißen **magnet. Flasche (magnet. Spiegel)**; **2) magnet. Atomfalle,** in der *Teilchenphysik* eine ↗ Teilchenfalle.

Magnetfeld, Raumgebiet (das auch Materie enthalten kann), in dem jedem Punkt die magnet. Feldstärke *H* und die magnet. Flussdichte *B* zugeordnet sind. Ursache von M. sind Permanentmagneten (↗ Magnet) oder bewegte elektr. Ladungen. Sie treten als **magnetostatische** oder, verknüpft mit zeitlich veränderlichen elektr. Feldern (↗ Induktion), als **elektromagnet. Felder** auf (↗ Feld). Wie alle Vektorfelder werden M. durch Feldlinien veranschaulicht, deren Dichte dem Betrag der Feldgrößen (magnet. Feldstärke, magnet. Flussdichte) proportional und deren Richtung gleich der der Feldgrößen ist. – M. können auch von Sternen, Planeten (z. B. Jupiter, Erde) oder durch die Bewegung ionisierter Gase im interplanetaren und interstellaren Raum ausgehen **(kosm. M.).** Im Sonnensystem verfügt die Sonne über ein allgemeines M. sowie über starke lokale M., z. B. in den Sonnenflecken.

magnetisch, den Magnetismus, bes. den Ferromagnetismus betreffend oder dazu gehörend.

magnetische Aufzeichnung, Sammelbez. für Verfahren zur Aufnahme, Speicherung und Wiedergabe von Schallereignissen (↗ Magnettonverfahren, ↗ Schallaufzeichnung), sichtbaren Vorgängen (↗ magnetische Bildaufzeichnung) oder von Daten (↗ Magnetspeicher) durch Magnetisierung eines geeigneten Trägers.

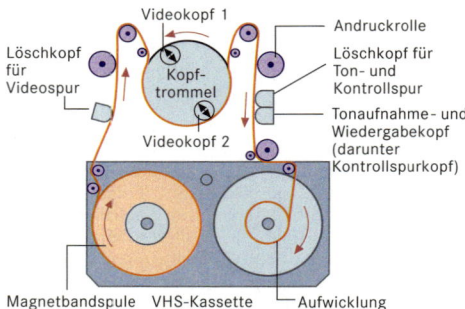

magnetische Bildaufzeichnung: Anordnung von Kassette und Kopftrommel bei einem Schrägspurverfahren (VHS-System)

magnetische Bildaufzeichnung (Magnetbildverfahren), Abk. **MAZ,** in der Fernseh- und Videotechnik Verfahren der magnet. Aufzeichnung von sichtbaren Vorgängen. Bei der m. B. von Videosignalen werden meist Quer- oder v. a. Schrägspurverfahren angewendet. Die **Schrägspurverfahren** konnten sich vielfach bei den Aufzeichnungsanlagen in den Fernsehanstalten und bei fast allen Videorekordern im semiprofessionellen und privaten Bereich (z. B. VHS-System, Video 2 000, Betasystem) durchsetzen. Das Magnetband enthält hierbei schräg liegende Spuren (Spurwinkel 6° gegenüber der Laufrichtung des Bandes, Spurbreite 49 µm) mit den Videosignalen (ein Halbbild pro Schrägspur) und schmale Randspuren mit den Ton- sowie Synchron- oder Kontrollsignalen in Längsschrift. Das Band läuft an der sich drehenden, etwas schräg stehenden Kopftrommel vorbei. Diese trägt i. d. R. zwei Videoköpfe, die bei jeder Umdrehung zwei Halbbilder, d. h. pro Sekunde 50 Halbbilder (Fernsehnorm), aufzeichnen. Kopf und Band bewegen sich unterschiedlich schnell, aber in derselben Richtung. Um Einwirkungen der beiden in zwei benachbarten Spuren gespeicherten Halbbildsignale zueinander zu vermeiden und eine bessere Trennung dieser Teilsignale bei der Abtastung durch die beiden Köpfe zu erreichen, stellt man die Spaltwinkel der beiden Videoköpfe jeweils um + 6° für den ersten Kopf und um − 6° für den zweiten Kopf in Bezug zur mittleren Spurlinie gegeneinander ein. Die Tonsignale werden im Längsspurverfahren aufgezeichnet, wodurch die Tonqualität entsprechend begrenzt ist. Älter ist das **Querspurverfahren,** das 1956 von der amerikan. Firma Ampex **(Ampexverfahren)** vorgestellt wurde. Bei ihm rotiert ein mit vier jeweils um 90° versetzten Videoköpfen besetztes Kopfrad mit 250 Umdrehungen pro Sekunde, wobei das Videosignal in nebeneinander liegende Querspuren aufgezeichnet wird (1 000 Spuren pro Sekunde). Drei weitere Spuren werden in Längsmagnetisierung aufgezeichnet: eine Tonsignalspur, eine Regiespur sowie eine Steuerspur, auf der ein internes systembedingtes Synchronisiersignal aufgezeichnet wird. Das Laufwerk einer magnet. Bildaufzeichnungsanlage hat Ähnlichkeit mit einem Magnettonaufnahmegerät: Während der Aufzeichnung wird das Band zunächst zu einem Löschkopf für die Video- und Steuerspur und anschließend zum Kopfradsystem geführt. Dahinter befindet sich der Aufnahme- und Wiedergabeblock für die Steuerspur. Es folgen Löschköpfe sowie Mehrspurköpfe für Ton- und Kontrollspuren. Die eigentl. Speicherung der Videosignale erfolgt nach demselben Prinzip wie beim ↗ Magnettonverfahren. Da die Lösung vieler Aufgaben bei der Verarbeitung von Videosignalen jedoch nur mithilfe der Digitaltechnik möglich wurde (z. B. Bildspeicher, elektron. Schnittverfahren, digitale Trickeffekte), durch den gemischten analogen und digitalen Betrieb aber laufende Signalumwandlungen erforderlich sind, bemüht man sich um die digitale Speicherung der Videosignale auf dem Magnetband. 1985 wurde hierfür eine internat. Norm vereinbart. Nach dieser wird eine getrennte Codierung des Farbbildsignals vorgenommen, die einzelnen Komponenten werden jeweils Analog-digital-Wandlern getrennt zugeführt und auf parallelen Wegen verarbeitet oder nacheinander übertragen. Der Standard sieht neben den digitalen Videospuren auch die Aufzeichnung von vier digitalen Tonspuren vor.

magnetische Doppelbrechung, ↗ Magnetooptik.

magnetische Energie (magnetische Feldenergie), die im Magnetfeld gespeicherte ↗ Energie, die beim Aufbau des Feldes aufzuwenden ist und bei dessen Abbau frei wird. Im Volumen *V* ist die m. E.

$$W_\mathrm{m} = \tfrac{1}{2} \int_V (\boldsymbol{HB})\,\mathrm{d}V$$

(*H* magnet. Feldstärke, *B* magnet. Flussdichte) enthalten.

magnetische Feldkonstante, ↗ Permeabilität.

magnetische Feldstärke, Formelzeichen H, SI-Einheit ist Ampere/Meter (A/m); neben der magnet. Flussdichte B ein Feldvektor des magnet. Feldes. Die m. F. wird mithilfe des Durchflutungsgesetzes (↗ Durchflutung) definiert.

magnetische Flasche, *Plasmaphysik:* ↗ Magnetfalle.

magnetische Flussdichte (magnetische Induktion), Formelzeichen B, SI-Einheit ist das Tesla (T); neben der magnet. Feldstärke H ein Feldvektor des magnet. Feldes. Er wird durch die Kraftwirkung auf bewegte elektr. Ladungen bzw. auf elektr. Ströme definiert (↗ Lorentz-Kraft). H und B sind im Vakuum proportional zueinander, $B = \mu_0 \cdot H$ (μ_0 magnet. Feldkonstante), in Materie tritt ein Beitrag der ↗ Magnetisierung hinzu.

magnetische Flüssigkeit (Ferrofluid, Ferroflüssigkeit), Suspension ferro- oder ferrimagnet. Teilchen von weniger als 10 nm Durchmesser in einer Trägerflüssigkeit (z. B. Wasser, Ester, Kohlenwasserstoffe). Die Koagulation der Teilchen wird durch einen Belag (z. B. Ölsäure) auf ihrer Oberfläche verhindert. Durch ein magnet. Feld können die Teilchen ausgerichtet und in Richtung des Feldgradienten bewegt werden, wobei ihre Bewegung auf die gesamte Flüssigkeit übertragen wird. Verwendet werden m. F. bes. zur reibungsarmen Abdichtung schnell rotierender Wellen, als Schmiermittel, zur Dämpfung von Oberschwingungen in Lautsprechern und zur Trennung von Emulsionen.

magnetische Induktion, die ↗ magnetische Flussdichte.

magnetische Kernresonanz (magnet. Resonanz), die ↗ Kernspinresonanz.

magnetische Polarisation, ↗ Magnetisierung, ↗ Polarisation.

magnetische Polstärke, magnetostat. Größe, die der elektr. Ladung der Elektrostatik entspricht (»magnet. Ladung«). Da nach der maxwellschen Elektrodynamik keine isolierten Magnetpole existieren (↗ Monopol), entspricht die Vorstellung räumlich konzentrierter »magnet. Ladungen« nicht den physikal. Gegebenheiten. Deshalb wird die m. P. durch den ↗ magnetischen Fluss gemessen.

magnetischer Fluss (magnetischer Induktionsfluss), Formelzeichen Φ, SI-Einheit ist das Weber (Wb); das über eine Fläche A erstreckte Integral der magnet. Flussdichte B:

$$\Phi = \int_A \boldsymbol{B} \cdot \mathrm{d}\boldsymbol{A}$$

Werden die Feldlinien von der Fläche senkrecht geschnitten, gilt $\Phi = B \cdot A$.

magnetischer Monopol, *Physik:* ↗ Monopol.

magnetischer Spiegel, *Plasmaphysik:* ↗ Magnetfalle.

magnetisches Moment, das magnet. Dipolmoment eines Magneten oder eines atomaren Systems. Ein m. M. ist in manchen Substanzen permanent vorhanden und wird durch Magnetfelder in allen Substanzen induziert. – Das m. M. m eines Magneten (einer Stromschleife) wird durch das in einem homogenen Magnetfeld im Vakuum auf den Magneten wirkende Drehmoment M definiert: $M = m \times B$ (B ↗ magnetische Flussdichte). Für das in einer Stromschleife (der Stromstärke I und der umfassten Fläche A) induzierte m. M. gilt $m = IA$ (magnet. (Flächen-)Moment, nach A. M. Ampère; SI-Einheit: A·m^2) bzw. $j = \mu_0 m$ (magnet. Dipolmoment, nach C. A. Coulomb; SI-Einheit: Wb·m; μ_0 magnet. Feldkonstante). – Nach der Quantenmechanik sind m. M. in atomaren Systemen stets an die Existenz von Drehimpulsen gekoppelt. Die m. M. der Atome (Atomhülle) rühren vom Bahndrehimpuls und/oder Eigendrehimpuls (Spin) der Elektronen her **(Atommoment)**. Alle Elementarteilchen und Atomkerne, die einen von null versch. Spin besitzen, verfügen auch über ein m. M. **(Kernmoment)**, dessen Dipolachse in der Spinrichtung liegt. Die m. M. von Proton, Neutron und Atomkernen lassen sich nach der Atomstrahlresonanzmethode oder durch NMR-Spektroskopie bestimmen. Als Einheit des atomaren m. M. wird das bohrsche Magneton verwendet, als Einheit der Kerndipolmomente das Kernmagneton (↗ Magneton).

magnetische Speicher (magnet. Datenspeicher), ↗ Magnetspeicher.

magnetische Stürme (erdmagnetische Gewitter), rasche zeitl. Schwankungen des erdmagnet. Felds; entstehen durch erhöhte Ströme elektrisch geladener Teilchen, die von der Sonne ausgestoßen werden (Sonnenwind).

magnetische Werkstoffe, die ↗ Magnetwerkstoffe.

Magnetisierung die, Formelzeichen M, SI-Einheit ist Ampere/Meter (A/m); Zustandsänderung eines in ein Magnetfeld gebrachten Stoffes und Bez. für die diesen Prozess kennzeichnende physikal. Größe. Der umgekehrte Vorgang wird als ↗ Entmagnetisierung bezeichnet. Ein Stoff wird magnetisiert durch das Ausrichten permanenter magnet. Momente (↗ Paramagnetismus, ↗ Ferromagnetismus) oder durch die Induktion magnet. Momente (↗ Diamagnetismus) durch ein Magnetfeld. Als **spontane M.** wird die bei Ferro- und Ferrimagnetika ohne Einwirkung eines Magnetfeldes innerhalb der ↗ Weiss-Bezirke vorliegende parallele Ausrichtung der magnet. Momente bezeichnet. Zw. magnet. Flussdichte B und magnet. Feldstärke H gilt: $B = \mu_0(H + M) = \mu_0 H + J$ (μ_0 magnet. Feldkonstante); J ist die (ebenfalls den magnet. Zustand kennzeichnende) magnet. Polarisation, es gilt $J = \mu_0 M$. (↗ Hysterese)

Magnetismus der, die Lehre vom ↗ Magnetfeld und dem Verhalten der Stoffe und Körper in ihm. Das auffälligste Merkmal des M. sind Kräfte und Drehmomente, die ↗ Magnete oder ferromagnet. Stoffe (bes. Eisen) erfahren, wenn sie in ein Magnetfeld gebracht werden. Am längsten bekannt ist die Ausrichtung einer horizontal frei drehbar aufgehängten Kompassnadel, die sich (abgesehen von der Deklination) in die N-S-Richtung einstellt (↗ Erdmagnetismus). Für die Kraft, die zwei isoliert gedachte Pole aufeinander ausüben, gilt wie bei elektr. Ladungen das coulombsche Gesetz. Quantitativ beschrieben wird der M. durch die Angabe der Magnetfelder außerhalb magnet. Körper und/oder durch die Angabe der ↗ Magnetisierung in ihrem Inneren. Qualitativ kann das magnet. Feld durch Feldlinien (↗ Feld) veranschaulicht werden.

Ursache aller magnet. Erscheinungen sind bewegte elektr. Ladungen bzw. bewegte elektr. Felder. Elektr. und magnet. Erscheinungen, mit deren Erzeugung sich der **Elektro-M.** befasst, beeinflussen sich wechselseitig: Jeder sich zeitlich ändernde elektr. Strom erzeugt durch sein Magnetfeld in einem Leiter elektr. Spannungen oder Ströme; auch im zeitlich konstanten Magnetfeld wird in bewegten Leitern eine Spannung induziert (↗ Induktion); auf bewegte Ladungen wird im Magnetfeld eine Kraft, die ↗ Lorentz-Kraft, ausgeübt. Schnell veränderl. Magnetfelder sind immer mit elektr. Feldern gekoppelt; beide pflanzen sich gemeinsam als ↗ elektromagnetische Welle im

Raum fort. Der M. ist damit Gegenstand der Elektrodynamik (/ maxwellsche Theorie) sowie der Theorien der Materie, insbesondere der Festkörper- und Atomphysik. Danach wird jeder M. durch die Bewegung elektr. Ladungen in der Elektronenhülle der Atome sowie durch die mit den Eigendrehimpulsen (/ Spin) der atomaren Bausteine verknüpften magnet. Momente verursacht. Auf den Bahndrehimpuls der Elektronen geht der / Diamagnetismus zurück, der allen Substanzen eigen ist; er wird in vielen Stoffen durch den viel stärkeren / Paramagnetismus überdeckt, der auf dem Vorhandensein permanenter magnet. Dipolmomente infolge unvollständig besetzter Elektronenschalen beruht. In paramagnet. Festkörpern können geordnete magnet. Strukturen auftreten, die zu / Ferromagnetismus, / Antiferromagnetismus oder / Ferrimagnetismus führen.

Der M. und seine Phänomene sind in den verschiedensten techn. und wiss. Bereichen von großer Bedeutung, z. B. für die Stromerzeugung mit elektr. Generatoren, für elektr. Antriebe und Transformatoren, als Magnetspeicher in der Informatik, ferner in der Hochfrequenzspektroskopie, Plasmaphysik sowie in Teilchenbeschleunigern zur Fokussierung und Führung von Teilchenstrahlen. Ein Einfluss des Magnetfeldes der Erde oder in ihrer Stärke vergleichbarer Magnetfelder auf Lebewesen (**Bio-M.**) konnte in einigen Fällen nachgewiesen werden, z. B. die Magnetfeldorientierung von Thunfischen, Vögeln und Delphinen. Auch Bienen richten sich beim Wabenbau nach dem Erdmagnetfeld.

Magnetit: derbes Aggregat mit kleinen Kristallen

Magnetit der (Magneteisenstein), kub. Mineral der Zusammensetzung Fe_3O_4, schwarz, matt oder mit mattem Metallglanz; Kristalle werden von Magneten angezogen. derbe Massen wirken selbst wie Magnete. M. ist ein wichtiges, verbreitetes und mit 72,4% Eisen das eisenreichste Eisenerz. Bei Verwitterung geht M. vorwiegend in Limonit über. Entstehung magmatisch, kontaktpneumatolytisch oder sedimentär.

Magnetkarte, Kunststoffkarte mit einem als Datenträger dienenden Magnetstreifen zur Aufnahme bestimmter Kenndaten, die von einem M.-Leser erfasst und einem Computer zur Verarbeitung zugeführt werden. Im Bankwesen und Einzelhandel wird die M. u. a. als / Kreditkarte zur Vereinfachung des Zahlungsverkehrs eingesetzt. Eine Weiterentwicklung ist die / Chipkarte.

Magnetkies (Magnetopyrit, Pyrrhotin), ferromagnet. hexagonales Mineral, FeS, braun, metallisch glänzend und undurchsichtig; nur zus. mit / Pentlandit wirtschaftlich wichtig. M. kommt in Tiefengesteinen der Gabbrofamilie, in Reinform nur in Eisenmeteoriten vor.

Magnetkies: kugeliges Kristallaggregat

Magnetochemie, Teilgebiet der physikal. Chemie, das die dia- oder paramagnet. Stoffeigenschaften zur Lösung von chem. Problemen nutzt.

Magneto|elektronik, Gebiet der Festkörperelektronik, das Vorgänge untersucht, bei denen der elektr. Stromtransport durch die Wechselwirkung mit magnet. Feldern beeinflusst wird. Zu den Effekten der M. gehören insbesondere / Hall-Effekt, magnet. Widerstandsänderung (/ Magnetowiderstand), / Magnetostriktion und / GMR-Effekt. Für die magnet. Beeinflussung des Stromtransports in Halbleitern ist die Erzeugung von Elektronen einheitl. Spinrichtung (**spinpolarisierte Elektronen**) Voraussetzung, was mit magnet. Halbleitern in den Mischkristallsystemen (Ga,Mn)As (Galliummanganarsenid) und (Be,Mn,Zn)Se (Berylliummanganzinkselenid) bei tiefen Temperaturen (1999) erreicht wurde. Der Nachweis der **Spinpolarisation** erfolgt über die Emission zirkular polarisierten Lichtes. Zu den (mögl.) Anwendungen der M. gehören die Optoelektronik, magnetisch steuerbare Transistoren (Spintransistoren), magnetisch lesbare und beschreibbare nicht flüchtige Halbleiterspeicherzellen und Quantencomputer. – Für das Gebiet, das die Kopplung von Halbleitern und Ferromagneten umfasst, wurde die Bez. **Spinelektronik** (kurz **Spintronik**) geprägt.

Magnetograph der, Gerät, das zeitl. Veränderungen des erdmagnet. Felds als **Magnetogramm** aufzeichnet.

Magnetohydrodynamik, Abk. **MHD,** Theorie der Strömungsvorgänge in elektrisch leitenden Flüssigkeiten, Gasen und bes. Plasmen unter Einwirkung magnet. Felder, wobei das vorliegende Medium unter Vernachlässigung der atomaren Struktur als Kontinuum behandelt wird; Anwendung z. B. bei Untersuchungen von Magnetfeldkonfigurationen zum Einschluss thermonuklearer Plasmen für die gesteuerte Kernfusion und bei MHD-Generatoren.

magnetohydrodynamischer Generator (MHD-Generator, MHD-Wandler), Anlage zur Umwandlung der kinet. bzw. therm. Energie eines auf Temperaturen von einigen 1 000 °C erhitzten, strömenden, elektrisch leitfähigen Mediums (Gas, Flüssigkeit) in elektr. Energie. Das durch Ionisation leitfähig gemachte Gas (Plasma) wird beschleunigt und strömt mit hoher Geschwindigkeit (etwa 1 000 m/s) durch ein Magnetfeld, dessen Feldlinien senkrecht zur Strömungsrichtung verlaufen. Dabei wird eine elektr. Spannung senkrecht zur Richtung von Gasströmung und Magnetfeld induziert. Während neutrale Gasmoleküle geradeaus weiterströmen, werden die positiven und negativen Ladungsträger (Ionen und Elektronen) durch die im Magnetfeld auf sie wirkende / Lorentz-Kraft nach entgegengesetzten Seiten abgelenkt. Werden Elektroden in dieser Richtung angebracht und über einen äußeren Lastwiderstand (eines Verbrauchers) verbunden, so fließt ein elektr. Strom in Richtung der induzierten Spannung durch das Plasma (Faraday-Strom); dem strömenden Medium wird dadurch Energie entnommen.

magnetohydrodynamische Wellen, durch Kopplung von mechan. und elektromagnet. Kräften gebildete Wellen in einem Plasma, auf die ein Magnetfeld einwirkt; neben longitudinalen treten auch transversale Wellen (**Alfvén-Wellen**) auf.

magnetokalorischer Effekt, eine durch Änderung der Magnetisierung ohne Wärmeaustausch mit der Umgebung (adiabatisch) erzeugte Temperaturänderung. Der m. E. wird bei allen Stoffen außer den rein diamagnet. beobachtet. Um tiefste Temperaturen erreichen zu können, ist die **adiabat. Entmagnetisierung** paramagnet. Stoffe von Bedeutung. Sie beruht darauf, dass sich diese beim Magnetisieren erwärmen und beim Entmagnetisieren abkühlen. Damit können Temperaturen im Bereich von 10^{-3} K bzw. 10^{-6} K bei Elektronen- bzw. Kernspinsystemen erreicht werden.

magnetomechanische Effekte, die / gyromagnetischen Effekte.

Magnetometer das, Gerät zur Messung von Magnetfeldern, v. a. des erdmagnet. Feldes. Die Messmethoden beruhen z. B. auf dem Vergleich von Drehmomenten von Magnetstäben (Torsions-M., magnet. Feldwaage), Induktionswirkungen an bewegten Spulen, der magnet. Ablenkung von Elektronen oder auf der Messung der Larmor-Frequenz v. a. von Protonen (Protonen-M.).

Magneton [frz.] das, physikal. Konstante, als deren Vielfaches häufig magnet. Momente im atomaren und subatomaren Bereich angegeben werden.

1) Das **bohrsche M.** μ_B ist durch $\mu_B = eh/2m_e \approx 9{,}274 \cdot 10^{-24}\,\mathrm{JT}^{-1}$ (e Elementarladung, $\hbar = h/2\pi$, h plancksches Wirkungsquantum, m_e Ruhemasse des Elektrons) definiert; es ist nach klass. Rechnung genau gleich dem magnet. Moment eines (spinlos gedachten) Elektrons, das mit dem Bahndrehimpuls $\hbar$ auf einer Kreisbahn umläuft. Auch mit dem Eigendrehimpuls (Spin) $\hbar/2$ des Elektrons ist ein magnet. Moment verknüpft, das in guter Näherung mit dem bohrschen M. übereinstimmt. 2) Das **Kern-M.** μ_N dient als Einheit der magnet. Momente von Atomkernen und ist um das Massenverhältnis Proton/Elektron kleiner als das bohrsche M., $\mu_N = 5{,}050\,79 \cdot 10^{-27}\,\mathrm{JT}^{-1}$.

Magnetooptik, Gebiet der physikal. Optik, das den Einfluss magnet. Felder auf die Emission, Absorption und Ausbreitung elektromagnet. Wellen in stoffl. Materie behandelt. Hierzu gehören folgende **magnetoopt. Effekte:** 1) die Drehung der Polarisationsebene des Lichtes unter dem Einfluss eines Magnetfeldes, das parallel zur Ausbreitungsrichtung der elektromagnet. Wellen gerichtet ist **(Faraday-Effekt);** 2) die Erscheinung, dass in einem zur Ausbreitungsrichtung senkrechten magnet. Feld versch. polarisiertes Licht sich unterschiedlich schnell fortpflanzt **(magnet. Doppelbrechung,** ↗ Cotton-Mouton-Effekt, ↗ Majorana-Effekt); 3) der ↗ Kundt-Effekt; 4) der ↗ Zeeman-Effekt; 5) der magnetoopt. ↗ Kerr-Effekt.

magnetooptischer Speicher, Speicher, bei dem die Vorteile der magnet. Aufzeichnung (Wiederbeschreibbarkeit) mit denen opt. Verfahren (hohe Aufzeichnungsdichte) vereinigt werden. Dies geschieht unter Ausnutzung des magnetoopt. ↗ Kerr-Effekts. Bei der **magnetoopt. Platte** (engl. **m**agneto-**o**ptical disk, Abk. **MO-Platte**) erzeugt der Schreibkopf beim Aufzeichnen ein Magnetfeld. Durch einen Laserstrahl werden bestimmte Bereiche der Platte erhitzt (auf ca. 200 °C), die daraufhin ihre magnet. Ausrichtung ändern. Beim Lesen tastet ein wesentlich schwächerer Laserstrahl die Platte ab, wobei dieser – je nach Magnetisierungsrichtung der Bereiche – unterschiedlich reflektiert wird. Je nachdem, welche Polarisation der reflektierte Strahl besitzt, wird die Information als »0« oder »1« interpretiert. Es gibt MO-Laufwerke für 3,5- und 5,25-Zoll-Platten; die Speicherkapazitäten betragen 650 MB bis etwa 3 GB bei durchschnittl. Zugriffszeiten von 20–50 ms. MO-Platten dienen bes. zur Datensicherung und zum Austausch großer Informationsbestände. Durch die Entwicklung der wiederbeschreibbaren CD und DVD haben sie an Bedeutung verloren.

Magnetopause, ↗ Magnetosphäre.

Magnetopyrit, das Mineral ↗ Magnetkies.

Magnetosphäre, der Teil der hohen Atmosphäre, in dem die physikal. Vorgänge v. a. durch die Wirkung des erdmagnet. Feldes auf die elektrisch geladenen Teilchen (Elektronen, Ionen) des kosm. Plasmas, bes. des Sonnenwinds (solarer Wind), bestimmt sind. In ihr liegen die Strahlungsgürtel (Van-Allen-Gürtel). Ihre Grenze gegen den interplanetar. Raum **(Magnetopause)** ist auf der Sonnenseite geschlossen, auf der Nachtseite läuft sie in einem Schweif aus. – An der Magnetopause heben sich der Druck des Sonnenwinds und des aus dem Inneren stammenden erdmagnet. Feldes gerade auf. Vor der M. bildet sich im Sonnenwind eine stehende Stoßwelle aus; zwischen dieser und der Magnetopause befindet sich das sog. Übergangsgebiet; dort ist die örtl. Variationen des Magnetfeldes größer und unregelmäßiger als vor der Stoßfront. In der Mitte des Magnetosphärenschweifs existiert eine neutrale Schicht, ein flaches Gebiet, das

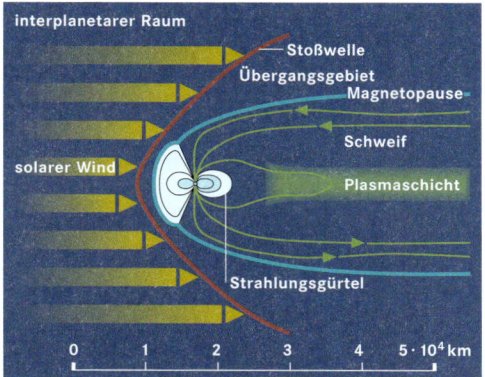

Magnetosphäre: Aufbau der Magnetosphäre; die Erde wird durch den kleinen Kreis inmitten der Strahlungsgürtel dargestellt, die Sonne steht links.

durch die unvermittelte Richtungsänderung des Magnetfeldes gekennzeichnet ist. Die Feldstärke sinkt hier auf einen sehr kleinen Wert ab. In der Umgebung der neutralen Schicht beobachtet man eine größere Plasmaansammlung mit einer Dicke von 5 bis 10 Erdradien (Plasmaschicht), in die die neutrale Schicht (500 bis 5000 km dick) eingebettet ist. I. w. S. der Raum um einen Himmelskörper, in dem dessen Magnetfeld wirkt.

Magnetostatik, die Lehre von den zeitlich unveränderl. Magnetfeldern, die von Permanentmagneten oder zeitlich konstanten Strömen erzeugt werden.

Magnetostriktion *die,* die Änderung der geometr. Abmessungen eines (insbesondere ferromagnet.) Körpers unter dem Einfluss von Magnetisierungsprozessen. Sie ist entweder eine forminvariante Volumenänderung **(Volumen-M.)** oder eine volumeninvariante Gestaltsänderung **(Joule-Effekt).** Die M. wird bei der techn. Erzeugung von Ultraschall und der Messung schnell veränderl. Kräfte ausgenutzt.

Magnetowiderstand (magnet. Widerstandsänderung), die Zunahme des elektr. Widerstands eines elektr. Leiters in einem äußeren Magnetfeld. Ursache dafür ist die Krümmung der Bahnen der Ladungsträger durch die ↗ Lorentz-Kraft, die zu einer Verlängerung des Weges der Ladungsträger im Leiter führt. Der M. ist beim herkömml. (anisotropen) M.-Effekt sehr klein (um 3%); anders ist dies beim ↗ GMR-Effekt.

Magnetplattenspeicher, Externspeicher zur Speicherung großer Datenmengen (Massenspeicher) mit direktem Zugriff. M. sind ↗ Magnetschichtspeicher, dessen Speichermedium eine oder mehrere Magnetplatten sind (z. B. Diskette, Harddisk). In **Festplattenspeichern** sind die Platten fest in die Lauf-

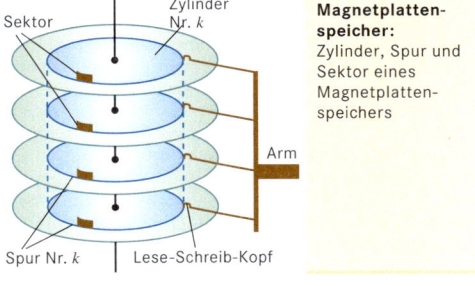

Magnetplattenspeicher: Zylinder, Spur und Sektor eines Magnetplattenspeichers

werke montiert, bei **Wechselplattenspeichern** dagegen können ganze Plattenstapel oder auch nur einzelne Platten (z. B. eine Diskette) ausgewechselt werden. Magnetplatten können pro Oberfläche einige 1 000 Spuren enthalten (d. h. konzentr. Kreise, auf denen die Daten aufgezeichnet werden), die in einheitlich adressierbare Sektoren eingeteilt werden. M. gehören heute zur Grundausstattung aller Rechenanlagen. Sie haben Kapazitäten von 1,44 Megabyte (Diskette) bis zu einigen 20 Gigabyte.

Magnetpol, / Erdmagnetismus, / Magnet.

Magnetresonanztomographie, die / Kernspintomographie.

Magnetron *das,* selbsterregte Senderöhre für Mikrowellen (Magnetfeldröhre) im Frequenzbereich von 1 bis 30 GHz. Eine zylindr. Kathode ist ringförmig von einem Anodenblock umgeben, der mit seinen in gleichmäßigem Winkelabstand eingefrästen Schlitzen und Bohrungen eine in sich geschlossene Verzögerungsleitung aus gekoppelten Hohlraumresonatoren bildet (z. B. Vielschlitz-M.). Die Anordnung befindet sich in einem zur Zylinderachse parallelen homogenen Feld eines Permanentmagneten. Aus der Kathode austretende Elektronen bewegen sich im Wechselwirkungsraum unter dem kombinierten Einfluss des elektr. Kathoden-Anoden-Feldes und dem Magnetfeld auf zykloidenähnl. Bahnen um die Kathode. Die an der Anode umlaufende elektromagnet. Welle wird durch einen Aussortiervorgang verstärkt: Die von der Welle gebremsten Elektronen erfahren eine schwächere ablenkende Kraft durch das Magnetfeld und landen schließlich streifend auf der Anode. Die von der Welle beschleunigten Elektronen werden dagegen wegen ihrer höheren Geschwindigkeit durch das Magnetfeld auf die Oberfläche der Kathode zurückgelenkt. Durch kleine Änderungen des Magnetfeldes und der Kathodenhochspannung lässt sich die Ausgangsfrequenz geringfügig ändern, in einem weiteren Bereich (10%), jedoch langsamer, durch mechan. Abstimmen des Resonanzraumes. M. werden als **Impuls-M.** v. a. in der Radartechnik, z. T. auch für Linearbeschleuniger verwendet. **Dauerstrich-M.** mit einer Frequenz von 2,45 GHz und Wirkungsgraden von ca. 70% stellen den am häufigsten verwendeten Röhrentyp dar, der v. a. zur industriellen Mikrowellenerwärmung (bis 6 kW), in Mikrowellengeräten im Haushalt (0,7–1,6 kW) und zur medizin. Diathermie (200 W) verwendet wird. Ein Nachteil des M. ist seine relativ geringe Betriebslebensdauer (etwa 5 000 Stunden).

Magnetscheider, Gerät zur Trennung magnet. Stoffe von unmagnet. aus Gemischen wie Mineralen, Erzen, Chemikalien und Schlacken mithilfe von Elektro- oder Permanentmagneten. M. beruhen darauf, dass viele Feststoffe (ferromagnet. und paramagnet.) durch Magnete verschieden stark angezogen werden, während andere unbeeinflusst bleiben. Elektro-M. werden gebaut als Schwach-M., z. B. Trommelscheider, für leicht magnetisierbares Gut wie Magnetit; Stark-M., z. B. Walzenscheider, für schwach magnetisierbares Haufwerk, z. B. viele arme Eisenerze; Bandscheider, bes. starke M., für schwierigste, feinkörnige Haufwerke wie Zinnerze und manche Seifenerze.

Magnetschichtspeicher, / Magnetspeicher, bei denen die Daten in einer dünnen (höchstens einige tausendstel Millimeter) magnetisierbaren, auf einen Träger (Trommel, Platte, Folie) aufgebrachten Schicht enthalten sind, die mechanisch an einem Magnetkopf vorbeigeführt wird. Die Daten werden in fest vorgesehenen Spuren aufgezeichnet, wobei die gespeicherte Information durch magnet. Flusswechsel repräsentiert wird. Die wichtigsten M. sind / Magnetplattenspeicher, / Magnetbandspeicher, / Diskette und / Magnetkarte.

Magnetschwebebahn (Magnetschienenbahn, Magnetbahn), räderlose Bahn, die mithilfe von Magnetfeldern an oder auf eisernen Fahrschienen schwebend entlanggeführt wird. Es können Fahrgeschwindigkeiten bis über 500 km/h erreicht werden (neuester japan. Rekord 552 km/h). Man unterscheidet **elektrodynam.** und **elektromagnet. Schwebesysteme** (EDS bzw. EMS). Das EDS nutzt die physikal. Gesetzmäßigkeit, nach der bei der Bewegung eines Magnetfeldes über einem elektr. Leiter in diesem Strom erzeugt wird, der wiederum ein Magnetfeld aufbaut, das dem erzeugenden Magnetfeld entgegengesetzt ist und somit zu abstoßenden Kräften führt (»magnetisches Fliegen«). Dies setzt eine Mindestgeschwindigkeit voraus, sodass Fahrzeuge auf Rädern anfahren und halten müssen. Der Schwebevorgang ist selbststabilisierend und verlangt keine aufwendigen Regeleinrichtungen. Aufwendig dagegen sind die Magnete, deren Feldstärken sich nur mit supraleitenden Magnetspulen erzeugen lassen. Dieses Prinzip wird in Japan weiterentwickelt. Beim EMS halten regelbare Elektromagnete in Verbindung mit einem elektron. Regelsystem gleich bleibenden, ständig von Sensoren gemessenen Abstand zw. Fahrzeug und Fahrweg, indem die Magnetkräfte Gleichgewicht mit allen von Masse und Dynamik verursachten Fahrzeugkräften herstellen. Jede Änderung des rd. 10 mm großen Luftspalts führt zu einer entsprechenden Änderung der Magnetkräfte. Das System ist prinzipiell instabil und nur mit der Regelung funktionsfähig. EMS beruht auf anziehenden Magnetkräften, die einzeln geregelte Elektromagnete

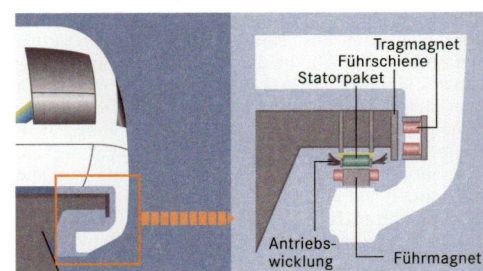

Magnetschwebebahn: elektromagnetisches Schwebesystem (EMS)

des Fahrzeugs auf ferromagnet. Reaktionsschienen (Statorpakete) unter dem Fahrweg ausüben. Dazu greift das Fahrzeug mit seinen Magnetgestellen seitlich unter den Fahrweg. Die Tragmagnete heben das Fahrzeug an, Führmagnete halten es seitlich in der Spur. Im Stillstand setzt das Fahrzeug mit Kufen auf dem Fahrweg auf. Bei den Hochgeschwindigkeits-M. dient als Antrieb und Bremse ein / Linearmotor, dessen aktives Motorteil fahrwegseitig installiert ist. Der in Dtl. entwickelte / Transrapid beruht auf der EMS-Technik.

Magnetspeicher (magnet. Speicher), nicht flüchtige Speichersysteme, bei denen die remanente Magnetisierung ferro- oder ferrimagnet. Stoffe zur Aufzeichnung von Informationen benutzt wird. Während bei Analogspeichern (z. B. Tonband) eine eindeutige (von der Vorgeschichte unabhängige) Zuordnung zw. Remanenz und Signal durch Ausnutzung der idealen Magnetisierungskurve gewährleistet sein muss, genügen bei Digitalspeichern die beiden remanenten Zustände bistabiler magnet. Elemente für die Darstellung binärer Information. Heute werden v. a. / Magnetschichtspeicher verwendet. M. lassen sich in Speicher mit bewegten Magnetschichten (**magnetomotor. Speicher,** z. B. / Magnetbandspeicher, / Magnetplattenspeicher) und Speicher mit räumlich fester Anordnung der Magnetmaterialien (z. B. / Magnetkarte) einteilen.

Magnet|tonverfahren, magnet. Verfahren zum Löschen, Speichern und Wiedergeben von Schallereignissen mithilfe eines zumeist bandförmigen, magnetisierbaren Zeichenträgers. Auf dieses wird über einen Aufzeichnungskopf (Magnetkopf) ein verstärktes Tonsignal (Aufnahmeverstärker) übertragen und gespeichert. Im Kopfkern entstehen aus den Tonsignalen magnet. Feldlinien, die entsprechend dem Takt der Schallschwingungen in Stärke und Richtung wechseln. Am Kopfspalt treten die Feldlinien in das vorbeilaufende, zuvor mittels Löschkopf entmagnetisierte Magnetband über und bewirken in der Magnetschicht eine örtlich unterschiedlich starke Magnetisierung der dort eingelagerten Kristalle. Bei der Wiedergabe wird das Magnetband am Wiedergabekopf entlanggeführt. Die um die Kristalle herum aufgebauten kleinen Magnetfelder durchströmen den Kopfkern und induzieren in der Kopfspule elektr. Schwingungen, die von der wechselnden Magnetisierung abhängig sind. Diese Schwingungen werden verstärkt (Wiedergabeverstärker) und mit einem / Lautsprecher in Schall zurückverwandelt. Das M. findet Verwendung beim Rundfunk, Tonfilm, in der Phono- (Tonband, Kassettenrekorder) und Videotechnik.

Magnetwerkstoffe, Werkstoffe mit besonderen magnet. Eigenschaften. Festkörper können aufgrund der kristallinen Fernordnung stark magnetisch sein (/ Ferromagnetismus). Neben den ferromagnet. Werkstoffen bilden die ferrimagnet. Werkstoffe (/ Ferrit) eine zweite technisch wichtige Gruppe der Magnetwerkstoffe. – Man unterscheidet zw. **weichmagnet. Werkstoffen,** die leicht magnetisierbar und entmagnetisierbar sind (Anwendung z. B. für Transformatorenkerne und Elektromagnete) und **hartmagnet. Werkstoffen (Dauer-M.,** Anwendung zur Herstellung von Permanentmagneten in Mikrofonen, Messinstrumenten u. a.).

Magnifikat [lat.] *das*, Lobgesang Marias, der Mutter Jesu, in Lk. 1, 46–55; ben. nach dem ersten Wort der lat. Übersetzung (Magnificat anima mea Dominum: »Meine Seele preist den Herrn«); wird in der kath. Kirche täglich in der Vesper gebetet oder gesungen; vielfach vertont, so von L. Senfl, G. Palestrina, O. di Lasso, H. Schütz, J. S. Bach, in neuerer Zeit von H. Kaminski und W. Burkhard.

Magnifizenz [lat. »Erhabenheit«] *die,* traditioneller Titel der Univ.rektoren und der evang. Landesbischöfe.

Magnissia, ngrch. Name der Halbinsel / Magnesia.

Magnitogorsk, Ind.stadt im Gebiet Tscheljabinsk, Russland, auf der O-Abdachung des Südurals, am Ural-Fluss, 428 100 Ew.; Hochschule für Bergbau und Metallurgie, PH; eines der wichtigsten russ. Eisenmetallurgiezentren; Bau von Bergbau- und Hüttenausrüstungen, chem.,Textil- u. a. Leichtind.; Ausgangspunkt der Südsibir. Eisenbahn. – Entstand 1929 mit dem Bau des Hüttenkombinates, seit 1931 Stadtrecht.

Magnitude [lat.] *die,* Zeichen **M,** messbare Größe zur physikal. Kennzeichnung der Erdbebenstärke, / Richter-Skala.

magnitudo, *Astronomie:* / Größenklasse.

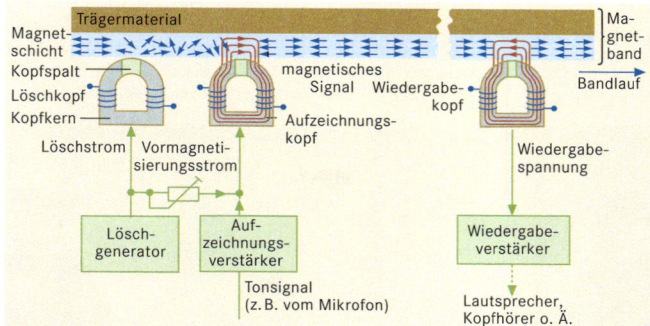

Magnettonverfahren: schematische Darstellung des Lösch-, Aufzeichnungs- und Wiedergabevorgangs

Magnoli|e [nach dem frz. Botaniker P. Magnol, *1638, †1715] *die* (Magnolia), Gattung der Magnoliengewächse in O-Asien, im Himalaja und in Nord- und Mittelamerika; sommer- oder immergrün; z. T. beliebte Zierbäume und -sträucher; z. B. **Stern-M.** (Magnolia stellata), bis zu 3 m hoher Strauch mit weißen Blüten; **Tulpen-M.** (Magnolia soulangiana), bis 6 m hoher Baum mit weißen bis rosafarbenen Blüten.

Magnoliophytina, / Bedecktsamer.

Magnonen, / Quasiteilchen zur Beschreibung der Elementaranregung von gekoppelten Elektronenspins in ferro-, antiferro- oder ferrimagnet. Festkörpern, die sich als Spinwellen im Kristall ausbreiten.

Magnus, Kurt, Verwaltungsjurist, Rundfunkpionier, *Kassel 28. 3. 1887, †Wiesbaden 20. 6. 1962; baute mit H. Bredow von 1923 an die dt. Rundfunkgesellschaften auf. 1930–33 Vorstandsvors. der »Reichs-Rundfunk-GmbH«, ab 1945 im Hess. Ministerium für Wirtschaft und Verkehr, Mitgründer und bis 1962 Vorstands-Mitgl., zuletzt Präs. des Goethe-Instituts.

Magnus-Effekt [nach dem Chemiker und Physiker H. G. Magnus, *1802, †1870], die Mitnahme der Stromfäden einer Gas- oder Flüssigkeitsströmung durch einen senkrecht zur Strömung stehenden, rotierenden Zylinder. Aus der ungleichmäßigen Stromfädendichte ergibt sich eine unsymmetr. Geschwindigkeits- und damit Druckverteilung, aus der eine Kraft (Quer- oder Auftrieb) auf den Zylinder senkrecht zur Strömung und senkrecht zur Zylinderachse resultiert. Der M.-E. spielt eine Rolle bei rotierenden, fliegenden Körpern (Tennisbälle). Ein Anwendungsversuch als Schiffsantrieb ist der Flettner-Rotor.

Magnolie: Tulpenmagnolie

Magot [frz.] *der* (Berberaffe, Macaca sylvana), stummelschwänziger Makakenaffe, Boden- und Felsenbewohner NW-Afrikas und Gibraltars mit einer Kopf-Rumpf-Länge bis zu 75 cm.

Magritte [ma'grit], René, belg. Maler, *Lessines (Hennegau) 21. 11. 1898, †Brüssel 15. 8. 1967. Von G. De Chirico beeinflusst, wurde er einer der bedeutendsten Vertreter des verist. Surrealismus, der die banalen Dinge des Alltags, naturalistisch im Detail, durch irreale Zusammenfügungen verfremdet und in neue Zusammenhänge stellt; schuf Tafel-, Wandbilder, Collagen und Fotografien; auch Skulpturen.

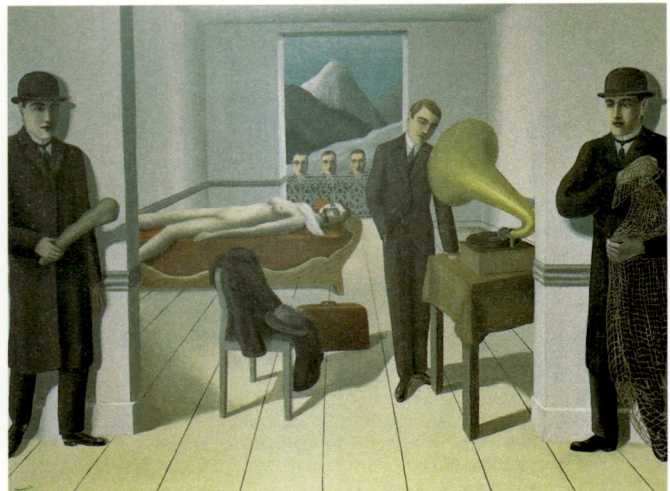

René Magritte: Der bedrohte Mörder (1926; New York, Museum of Modern Art)

Nagib Mahfus

Magyaren [madʒ-] (Madjaren, ungar. Magyarok), die Ungarn, ein dem finnougr. Sprachkreis zugehöriges, etwa 14,5 Mio. zählendes Volk, vor allem im mittleren Donautiefland und in dessen Randgebieten. – Die M. sind aus der Gegend zw. Ural und Wolga im 9. Jh. in das Kerngebiet des heutigen Ungarn eingewandert. Die landnehmenden M. assimilierten die im Karpatenbecken sesshaft gebliebenen Stammesreste von Germanen, Slawen und Dakoromanen. Bis zum Ende des 19. Jh. blieben die M. im alten Ungarn in der Minderheit. Durch die Assimilierung von Nichtmagyaren (**Magyarisierung**), bes. nach 1848, vergrößerte sich der Anteil der M. erheblich. Im heutigen Ungarn sind etwa 97% der Bev. M. (etwa 10 Mio.); Gruppen von M. leben außerdem im S der Slowak. Rep. (etwa 300 000), in Rumänien (↗ Rumänienungarn), in Slawonien und der Wojwodina (zus. etwa 500 000).

Mahabalipuram (Mamallapuram), Kleinstadt an der Koromandelküste im Bundesstaat Tamil Nadu, etwa 60 km südlich von Madras, Indien; die kunstgeschichtlich bedeutenden Denkmäler v. a. des 7./8. Jh., u. a. Höhlentempel (Mandapas), frei stehende Monolithtempel (»Rathas«) und Felsreliefs, wurden von der UNESCO zum Weltkulturerbe erklärt; gegr. von dem Pallavakönig Narasimharvarman I. Mahamalla (etwa 630–668) als **Mahamallapuram**.

Mahabharata das, Sanskritepos, neben dem ↗ Ramayana das bedeutendste ind. Erzählwerk. Es besteht aus 18 Büchern und einem Anhang und ist in 107 000 Zweizeiler zu je 32 Silben gegliedert. Es handelt von den Kämpfen innerhalb einer Dynastie, zw. den Kaurava und den Pandava. Die Handlung wird durch Episoden unterbrochen, u. a. durch die Erzählung »Nala und Damayanti« und das Lehrgedicht ↗ Bhagavadgita. Erwähnt wird das M. schon im 4. Jh. v. Chr., seine endgültige Form fand es spätestens im 4. Jh. n. Chr. Auffallend ist die Symbiose von Hinduismus und Buddhismus.

Mahadeva [Sanskrit »großer Gott«], Beiname des hinduist. Gottes ↗ Shiva.

Mahagoni [wohl karib.] das, Bez. für Edelhölzer der Zedrachgewächse mit guten techn. Eigenschaften; rotbraun mit Goldglanz. Das **Westind. M.** (Swietenia mahagoni) ist fast ausgerottet. Zum Welthandel gehören das **Festland-, Honduras-, Tabasco-** oder **Nicaragua-M.** (Swietenia macrophylla) als »Echtes« oder Amerikan. M. Andere Hölzer, z. B. Khaya, Sapelli, werden als Afrikan. M. bezeichnet.

Mahajanga, Hafen- und Provinzhptst. an der NW-Küste von Madagaskar, 122 000 Ew.; kath. Bischofssitz, Univ.; Zementwerk, Textil- und Nahrungsmittelind.; Flughafen.

Mahalla el-Kubra, Stadt in der Prov. Gharbija, Unterägypten, 408 000 Ew.; Zentrum der ägypt. Baumwollverarbeitung, Nahrungsmittelind.; Bahnknotenpunkt.

Mahanadi [məˈhɑːnədɪ] die, Fluss in Indien, 900 km lang, entspringt an der W-Flanke der Ostghats, mündet unterhalb Cuttack in den Golf von Bengalen. Oberhalb Cuttacks liegt der Hirakuddamm (Bewässerung, Kraftwerk 270 MW).

Maharadscha [Sanskrit »großer König«] der (Maharaja), ind. Herrschertitel, Großfürst. **Maharani** die, Titel der Frau eines Maharadschas.

Maharashtra [-ʃtra], Bundesstaat an der W-Küste von ↗ Indien. Zentrum ist Bombay; etwa die Hälfte der Ew. sind Marathen.

Maharishi Mahesh Yogi [-ʃi maˈheʃ -], eigtl. Mahesh Prasad Varma, ind. Guru, * Jabalpur 12. 1. 1918 (?); von dem Guru Svami Brahmananda Sarasvati (* 1868, † 1953) in die philosoph. Schule des Advaita-Vedanta eingeführt, trat er 1953 erstmals als »Maharishi« (»großer Seher«) auf und begründete 1958 in Madras die ↗ transzendentale Meditation.

Mahathir bin Mohammed, Datuk Seri, malays. Politiker, * Alor Star (Kedah) 20. 12. 1925; Arzt; als Mitgl. der Vereinigten Nationalorganisation der Malaien (UMNO) 1964–69 und erneut ab 1974 Abg. des Bundesparlaments, seit 1974 mehrfach Min., seit 1981 Vors. der UMNO und Ministerpräsident.

Mahatma [Sanskrit »dessen Seele groß ist«], in Indien Ehrentitel für geistige Lehrer (M. ↗ Gandhi).

Mahaweli der, mit 332 km längster Fluss von Sri Lanka, entspringt östlich von Colombo, mündet an der NO-Küste bei Trincomalee. Das M.-Projekt, in den 1960er-Jahren begonnen, wurde (beschleunigt) Mitte der 80er-Jahre abgeschlossen. Es umfasste den Bau von 15 Talsperren, 15 Wasserkraftwerken, von Bewässerungsanlagen im trockenen N, blieb dabei aber deutlich hinter den Vorgaben zurück.

Mahayana [Sanskrit »großes Fahrzeug«] das (Mahajana), eine der beiden Hauptrichtungen des ↗ Buddhismus.

Mahdi, al- [ˈmaxdi, auch ˈmaːdi; arab. »der Rechtgeleitete«] der, von den Muslimen (seit dem 8. Jh.) am Ende der Zeiten erwarteter Welt- und Glaubenserneuerer, der überall auf der Welt den Islam aufrichten und die Gerechtigkeit wiederherstellen wird; bei den Schiiten der verborgene 12. Imam; die M.-Würde wurde wiederholt von religiösen Führern des Islam beansprucht.

Mahdi [ˈmaxdi, auch ˈmaːdi], eigtl. Mohammed Ahmed, islam. Führer im Sudan, * bei Dongola (N-Sudan) 12. 8. 1844, † Omdurman 22. 6. 1885; sah sich als der vom Propheten verheißene M., führte den nach ihm ben. **M.-Aufstand** gegen die ägypt. Regierung an und eroberte 1882 Kordofan, 1885 Khartum. Der Staat des M. existierte bis zur brit.-ägypt. Invasion 1896–98.

Mähdrescher, Standarderntemaschine für alle dreschbaren Körnerfrüchte, die im Prinzip aus der

Kombination einer ⁄ Mähmaschine und einer ⁄ Dreschmaschine besteht.

Das mithilfe von bis über 7 m breiten Schneidwerken (z. B. Messerbalkenschneidwerk) geschnittene Gut gelangt über Fördereinrichtungen (z. B. Querförderschnecke, Kettenschrägförderer) in die Dreschtrommel, wo zw. Trommelschlagleisten und Dreschkorb das Korn ausgedroschen wird. Das Korn fällt aus dem Dreschkorb erst auf Siebe, wo es unter Druckwind aus einem Gebläse gereinigt wird, und anschließend in den Korntank. Die Spreu wird ausgeblasen, das Stroh in Ballenform abgeworfen oder klein geschnitten ausgestreut. Der klass. M. lehnt sich bezüglich Dreschwerk, Schüttler und Reinigung eng an die Dreschmaschine an.

Die ersten M. setzte man Ende des 19. Jh. in den USA ein. In Europa wurden 1936 die ersten M. vorgestellt; der endgültige Durchbruch mit völliger Verdrängung der Mähbinder und Dreschmaschinen erfolgte in den 1950er-Jahren.

Mahé [ma'e], **1)** größte Insel der ⁄ Seychellen im Ind. Ozean.

2) Seebad und Fischereihafen an der SW-Küste Indiens, 9 600 Ew. – 1725–1954 frz. Besitzung, seither Teil des ind. Territoriums Pondicherry.

Mahfus [max-], Nagib, ägypt. Schriftsteller, * Kairo 11. 12. 1911; behandelt in seinen Romanen, Erzählungen und Drehbüchern die intellektuellen und sozialen Probleme des ägypt. Kleinbürgertums (»Die Midaq-Gasse«, R., 1947), der ägypt. Jugend in ihrem Kampf für die Rechte der Arbeiterschaft und der Frauen in der islamisch geprägten ägypt. Gesellschaft; bes. bekannt seine in der Tradition des krit. Realismus stehende Romantrilogie »Zwischen den Palästen« (1956), »Palast der Sehnsucht« (1960) und »Zuckergäßchen« (1957) sowie »Die Kinder unseres Viertels« (1960). Als aufgeklärter Verteidiger eines besonnenen Fortschritts wendet er sich gegen keinen traditionelle polit. und religiöse Instanzen, was ihn in Gegensatz zu fundamentalist. Gruppierungen innerhalb der islam. Welt brachte. 1988 Nobelpreis für Literatur. – *Weiteres Werk:* Echo meines Lebens (1995; Autobiografie).

Mahican [məˈhiːkən], ⁄ Mohikaner.

Mahiljoŭ, Stadt in Weißrussland, ⁄ Mogiljow.

Mah-Jongg [-dʒɔŋ, chines. »Spatzenspiel«] *das* (Ma-Jongg), urspr. chines. Spiel für vier Personen mit 136 bis 144 dominoartigen Spielsteinen. Ziel ist es, die in versch. Serien aufgeteilten Spielsteine zu bestimmten »Spielbildern« zusammenzustellen.

Mahl, german. Gerichtsversammlung. **Mahlstatt,** ⁄ Ding.

Mahler, Gustav, österr. Komponist und Dirigent, * Kalischt (Kaliště, Böhmen) 7. 7. 1860, † Wien 18. 5. 1911; 1897–1907 zunächst Kapellmeister, bald künstler. Direktor der Wiener Hofoper, 1898–1901 auch Leiter der Wiener Philharmoniker; 1907 ging er als Kapellmeister an die Metropolitan Opera in New York und übernahm 1909 zusätzlich die musikal. Direktion der New York Philharmonic Society. M. war ein um höchste Werktreue bemühter Dirigent; viele seiner Interpretationen wurden maßstabsetzend. Als Komponist gelang M. mit der Symbiose von Lied und sinfon. Werk eine Musik von hochgradiger Sprachfähigkeit, die den Anbruch der Moderne auf spätromant. Fundus hörbar macht und kompositionstechnisch zum Anknüpfungspunkt für die Komponisten um A. Schönberg wurde.

Werke: 10 Sinfonien (1884–1910, die letzte unvollendet; die 8. Sinfonie (Sinfonie der Tausend) mit dem Teil »Das Lied von der Erde«, 1908/09, für Tenor, Alt,

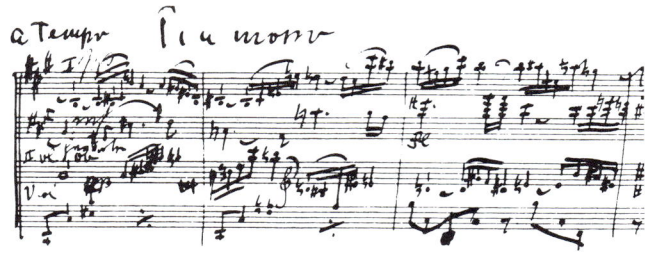

Gustav Mahler: Entwurf zum »Adagio« (1910) der unvollendeten 10. Sinfonie, Autograph

Orchester); Lieder mit Orchester (u. a. »Lieder eines fahrenden Gesellen«, 1883–85; Lieder aus »Des Knaben Wunderhorn«, 1888–99; »Kindertotenlieder«, 1901–04); Lieder mit Klavier (»Lieder und Gesänge aus der Jugendzeit«, 1880–90).

Gustav Mahler: Autogramm

Mahler-Werfel, Alma, geb. Schindler, amerikan. Künstlerin österr. Herkunft, * Wien 31. 8. 1879, † New York 11. 12. 1964; seit 1902 ⚭ mit G. Mahler, dessen Werke sie herausgab. 1915 heiratete sie W. Gropius, 1929 F. Werfel, mit dem sie 1940 nach New York emigrierte. Zeitgeschichtlich interessant sind ihre Erinnerungen »Mein Leben« (1960).

Mähmaschine, landwirtsch. Maschine zum Mähen bes. von Gras, Grünfutter u. a.; heute meist als Anbaugerät für den Schlepper. Das Mähwerk besteht aus dem Mähbalken und dem Messer mit dreieckförmigen Messerklingen. Beim Kreiselmäher (Scheiben- oder Tellermäher) rotieren Trommeln mit schwenkbaren Messerklingen.

Mahmud (Mahmut) [maxˈmuːt; arab. »der Gepriesene«], Sultane des Osman. Reiches: **1) M. I.** (1730–54), * Konstantinopel 2. 8. 1696, † ebd. 13. 12. 1754; führte 1735–39 mit Russland Krieg und eroberte Belgrad und die Kleine Walachei zurück, verlor Asow endgültig an Russland.

2) M. II. (1808–39), * Konstantinopel 20. 7. 1784, † ebd. 1. 7. 1839; löste 1826 die Janitscharen auf und reformierte das Heer (u. a. durch H. von Moltke); musste 1829 die Unabhängigkeit Griechenlands anerkennen. Die 1830er-Jahre waren geprägt von dem Konflikt mit Mehmed Ali, der Ägypten vom Osman. Reich trennen wollte und dem er 1833 die Herrschaft über Syrien überlassen musste.

Mahnbescheid, ⁄ Mahnverfahren.

Mähne, bei Säugetieren verstärkter Haarwuchs an Kopf, Hals bis Schultern und Bauch.

Mähnenrobbe, ein Säugetier, ⁄ Robben.

Mähnenschaf (Mähnenspringer, Ammotragus lervia), wiederkäuender Paarhufer N-Afrikas mit etwa 1 m Schulterhöhe; Männchen mit langem Haarbehang an Halsunterseite und Brust; beide Geschlechter haben mächtige, sichelartig nach hinten geschwungene Hörner; gute Springer und Kletterer.

Mähnenwolf, ein Raubtier, Art der ⁄ Hunde.

Mahnung, *bürgerl. Recht:* die Aufforderung des Gläubigers an den Schuldner, eine fällige Leistung zu erbringen. Leistet der Schuldner trotz Fälligkeit auf eine M. nicht, so kommt er in ⁄ Schuldnerverzug (§ 286 Abs. 1 BGB), doch unterbricht die M. nicht die Verjährung. Abweichend davon kommt der Schuldner ohne M. in Verzug a) bei Nichteinhaltung von termin-

Gustav Mahler

Mahnverfahren

bestimmten Leistungen, b) wenn der Leistung ein Ereignis vorauszugehen hat (z. B. Beginn von Bauarbeiten) und eine angemessene Frist für die Leistung bestimmt ist, c) wenn der Schuldner die Leistung endgültig verweigert, d) bei Geldforderungen spätestens 30 Tage nach Fälligkeit und Zugang der Rechnung (§ 286 Abs. 2 und 3 BGB). – Dieselben Grundsätze wie nach § 286 Abs. 1 BGB gelten nach *österr.* (§§ 1334, 1417 ABGB) und *schweizer.* Recht (Art. 102 OR). / Abmahnung

Mahnverfahren, ein vereinfachtes Verfahren im Zivilprozess (§§ 688 ff. ZPO), bei dem dem Schuldner ohne Anhörung des Schuldners und ohne gerichtl. Prüfung der Rechtmäßigkeit der beanspruchten Leistung auf Antrag des Gläubigers **(Mahnantrag)** vom Amtsgericht ein **Mahnbescheid** (früher: Zahlungsbefehl) zugestellt wird; nur zulässig bei Ansprüchen auf Geldzahlung, wobei Nebenforderungen gesondert von der Hauptforderung aufzuführen sind. Bei Ansprüchen aus Verbraucherkrediten sind Besonderheiten zu beachten. Der Schuldner kann entweder gegen den Bescheid binnen zwei Wochen bei Gericht Widerspruch erheben, sodass der Gläubiger mündl. Verhandlung beantragen muss, oder er muss erfüllen, andernfalls wird auf Antrag des Gläubigers der Mahnbescheid für vollstreckbar erklärt **(Vollstreckungsbescheid)** und von Amts wegen zugestellt. Gegen den Vollstreckungsbescheid ist Einspruch innerhalb von zwei Wochen möglich, andernfalls kann der Gläubiger die Zwangsvollstreckung betreiben. – In *Österreich* ist das M. durch §§ 448 ff. ZPO ähnlich geregelt. In der *Schweiz* kann der Gläubiger einer Geldforderung beim örtlich zuständigen Betreibungsamt ein Betreibungsbegehren einreichen, das auf Erlass eines Zahlungsbefehls gerichtet ist. Wird weder erfüllt noch Rechtsvorschlag erhoben, kann der Gläubiger die Fortsetzung der Zwangsvollstreckung verlangen.

Mahón [ma'on] (katalan. Mao), Hptst. der span. Baleareninsel Menorca, 23 200 Ew.; Naturhafen; Textil-, Nahrungsmittelind.; Flugplatz, Fährverbindungen mit Barcelona, Valencia, Palma de Mallorca.

Mahonie [nach dem amerikan. Gärtner B. McMahon, *1775, †1816] *die* (Mahonia aquifolium), immergrüner, zu den Berberitzengewächsen gehörender, bis 1 m hoher Zierstrauch aus Nordamerika, mit gelben Blüten und blauen Beeren.

Mahr (Mar), im *Volksglauben* ein Nachtgeist, der den Albdruck (/ Alb) verursacht.

Mähren [nach der March] (tschech. Morava), histor. Gebiet in Mitteleuropa, zw. Böhmen und der Slowakei, heute der östl. Landesteil der Tschech. Republik; erstreckt sich zw. der Böhmisch-Mähr. Höhe im NW, den Ostsudeten im NO und den Karpaten im SO. Den Kern des Landes bildet das 180–250 m hohe Becken der March und Thaya. Nach N hat M. über die flache Mähr. Pforte (310 m ü. M.) zw. den Sudeten und Karpaten Verbindung zur Oder. Die fruchtbaren Tieflandbecken sind dicht besiedelt. Bodenschätze sind Steinkohle, Braunkohle, Eisen, Blei, Zink, Erdöl und Erdgas; wichtige Ind.zweige Eisen-, Nahrungsmittel-, Textil-, chem., Lederind.; Zentren sind Brünn, Ostrau und Olmütz.

Geschichte: Bis in die Mitte des 1. Jh. v. Chr. von Kelten, danach von german. Stämmen (Quaden, Heruler, Rugier und Langobarden) besiedelt; etwa im 6. Jh. Einwanderung slaw. Stämme. Das im 9. Jh. gegr. / Großmährische Reich leistete durch die Slawenmission von / Kyrillos und Methodios einen wichtigen Beitrag zur Christianisierung Europas, es zerfiel 906. Um 1020 fiel M. an Böhmen; 1182 zur Markgrafschaft erhoben, durch die dt. Ostsiedlung Anwachsen der dt. Bev.; kam 1311 an die Luxemburger (1349–1411 luxemburg. Sekundogenitur) und 1423 (endgültig 1526) an die Habsburger; ab 1490 Personalunion mit Böhmen; Hauptstadt bis 1641 Olmütz, dann Brünn; wurde 1849 österr. Kronland; 1918 Teil der Tschechoslowakei (1918–49 als **Land M.** [ab 1928 **M.-Schlesien**] eigene Verw.seinheit).

Mährische Brüder, die / Böhmischen Brüder.

mährische Kunst, / tschechische Kunst.

Mährisch-Ostrau, ehem. Name von / Ostrau.

Mai [lat.] (früher Wonnemond), der 5. Monat des Jahres, 31 Tage. – Im Volksglauben gilt der M. als Beginn der Sommerzeit. In Mitteleuropa wird über **M.-Brauchtum** ab 1200 berichtet (Formen des Frühlingsbegrüßens in M.-Feiern, M.-Riten). Grüne Zweige und Bäumchen (Maien), die während der seit dem 13. Jh. bezeugten Feier des M.-Begrüßens als Schmuckmaien dienten oder als Ehren- oder Liebesmaien verschenkt wurden, sind die histor. Vorläufer des **M.-Baums** der Gemeinde, ein bis auf den Wipfel entasteter, geschmückter und in die Erde gerammter Baum. Erstmals zu Anfang des 16. Jh. in Franken als Orts-, Tanz-, Wirtsbaum (Zeichen des Ausschanks), Rechtsbaum (Markt-, Kirchweih-, Friedensschutz) erwähnt, seit dem 18. Jh. in typ. Form (mit Bildzeichen der Gewerke im Ort). In der Walpurgisnacht wurde mancherorts am M.-Feuer das M.-Lehen abgehalten, wobei man junge Mädchen versteigerte oder das M.-Brautpaar bestimmte. (/ Erster Mai)

Mai, Herbert, Gewerkschafter, *Dalheim-Rödgen (zu Wegberg, Kr. Heinsberg) 5. 9. 1947; Mitgl. der SPD seit 1965, 1995–2000 Vors. der ÖTV.

Maia, *grch. Mythos:* Bergnymphe, eine der / Plejaden, durch Zeus Mutter des Hermes.

Mai|andacht, *kath. Volksfrömmigkeit:* im Mai (z. T. täglich) gehaltene Andacht zu Ehren Marias, deren Darstellung auf einem so genannten »Maialtar« mit Blumen und Kerzen geschmückt wird.

Maiano, 1) Benedetto da, italien. Bildhauer und Baumeister, *Maiano (heute zu Fiesole) 1442, †Florenz 27. 5. 1497, Bruder und Schüler von 2); griff zunächst den Reliefstil L. Ghibertis und die verfeinerte, dekorative Linienführung von Desiderio da Settignano auf (Marmorkanzel in Santa Croce, Florenz) und schuf realist. Porträtbüsten. Mit seinem Spätwerk wurde er zum Wegbereiter Michelangelos. Als Baumeister lieferte er die Pläne für den Palazzo Strozzi in Florenz.

2) Giuliano da, italien. Baumeister, *Maiano (heute zu Fiesole) 1432, †Neapel 17. 10. 1490, Bruder von 1); 1477–90 Dombaumeister in Florenz. M. verbreitete die florentin. Frührenaissance in der Toskana und bis nach Neapel, baute in Siena den Palazzo Spannocchi (1473 ff.), in Faenza den Dom (1474–86). Er entwarf die – später veränderte – Porta Capuana in Neapel (zw. 1484 und 1488).

Maidstone ['meɪdstn], Verw.sitz der Cty. Kent, SO-England, 90 900 Ew.; Gartenbauversuchsanstalt, Mittelpunkt des Hopfenhandels, Getreide- und Obstmarkt; Brauereien, Papier-, Druck-, Möbelind., Maschinenbau.

Maiduguri, Hptst. des Bundesstaates Borno, Nigeria, südwestlich des Tschadsees, 320 000 Ew.; Sitz eines kath. Bischofs; Univ. (gegr. 1975); Handelszentrum (Vieh, Soda, Erdnüsse) mit landwirtschaftl. Versuchsstation und einem Kfz-Montagewerk; Eisenbahnendpunkt, Flugplatz.

Maier, 1) Hans, Politikwissenschaftler, *Freiburg im Breisgau 18. 6. 1931; Prof. für polit. Wiss. (1962–87) und für christl. Weltanschauung, Religions- und Kulturtheorie (1988–99) in München;

Benedetto da Maiano: Büste des Pietro Mellini (1474; Florenz, Museo Nazionale del Bargello)

1970–86 bayer. Staatsmin. für Unterricht und Kultus; 1976–88 Präs. des Zentralkomitees der dt. Katholiken. – Zahlr. Veröffentlichungen, zuletzt »Welt ohne Christentum – was wäre anders« (1999).

2) Hermann, österr. alpiner Skiläufer, * Flachau (Salzburg) 7. 12. 1972; u. a. Doppelolympiasieger 1998 (Riesenslalom, Super-G) und Doppelweltmeister 1999 (Abfahrtslauf und [gemeinsam mit L. Kjus] Super-G) sowie Gesamtweltcupsieger 1997/98, 1999/2000 und 2000/01. – Verunglückte im Aug. 2001 mit dem Motorrad und erlitt dabei schwere Beinverletzungen. WM-Comeback 17 Monate später: Vizeweltmeister 2003 (Super-G).

3) Reinhold, Politiker (FDP), * Schorndorf 16. 10. 1889, † Stuttgart 19. 8. 1971; Rechtsanwalt, 1932/33 MdR (DDP), war 1945–52 MinPräs. von Württemberg-Baden, 1952/53 von Bad.-Württ., 1957–59 MdB und 1957–60 Bundesvorsitzender der FDP.

Maier-Leibnitz, Heinz, Physiker, * Esslingen 28. 3. 1911, † Allensbach 16. 12. 2000; ∞ seit 1979 mit E. Noelle-Neumann; einer der bedeutendsten dt. Physiker, Arbeiten v. a. zur nuklearen Festkörperphysik, zur Atom- und Kernphysik, bes. Neutronenstreuung. M.-L. war Prof. in Heidelberg und an der TU München, dort zugleich Leiter des Laboratoriums für Techn. Physik; 1967–72 Direktor des Inst. Laue-Langevin in Grenoble, 1974–79 Präs. der Dt. Forschungsgemeinschaft. Unter seiner Leitung wurde der erste dt. Kernreaktor für Forschungszwecke in Garching in Betrieb genommen (»Atomei«, 1957).

Maiestas Domini [lat. »Herrlichkeit des Herrn«], Darstellung der Macht und Herrlichkeit des erhöhten Christus. In der karoling. Zeit bildete sich die gültig bleibende Darstellungsform heraus, die Christus in einer Mandorla thronend und von den Evangelistensymbolen umgeben zeigt.

Maifeld, fränk. Volksversammlung, ↗ Märzfeld.

Maifeld, Teil der Eifel zw. der unteren Mosel und der Stadt Mayen; bis über 300 m hohe, wellige Fläche mit guten Böden und mildem Klima.

Maifisch, eine Art der ↗ Alsen.

Maigesetze, ↗ Kulturkampf.

Maiglöckchen (Convallaria majalis), staudiges, bis 20 cm hohes Liliengewächs in schattigen Wäldern und Gebüschen, mit weißen, stark duftenden Blüten in Trauben und roten Beeren; geschützt; in Gärten als Zierpflanze. Alle Teile der Pflanzen sind giftig.

Maihofer, Werner, Jurist und Politiker (FDP), * Konstanz 20. 10. 1918; Prof. in Saarbrücken und Bielefeld, war als Verfechter eines sozialen Liberalismus maßgeblich an der Ausarbeitung der Freiburger Thesen der FDP beteiligt; 1972–80 MdB; 1974–78 Bundesinnenminister.

Maikäfer (Melolontha), Gattung der Blatthornkäfer; 2–3 cm große Käfer mit braunen Flügeldecken und rotbraunem bis schwärzl. Halsschild; die Fühler besitzen lamellenartig verlängerte Endglieder. Die Käfer ernähren sich von Laub, ihre weißl. Larven **(Engerlinge)** durch Wurzelfraß. Die Engerlinge haben eine Entwicklungszeit von 3 bis 5 Jahren. Bei günstigen Entwicklungsbedingungen kommt es zu Massenvermehrung und damit zu einem »Maikäferjahr«; durch intensive Bekämpfung sind M. heute jedoch selten geworden. In Mitteleuropa kommen drei Arten vor: **Feld-M.** (Melolontha melolontha), **Wald-** oder **Rosskastanien-M.** (Melolontha hippocastani) und der vom Aussterben bedrohte **Melolontha pectoralis**.

Maikop, Hauptstadt der Teilrep. Adygien innerhalb der Russ. Föderation, am N-Rand des Großen Kaukasus, am rechten Ufer der Belaja (Nebenfluss des Kuban), 166 700 Ew.; Univ., PH; Bekleidungsind., Schuhfabrik, Maschinenbau; 15 km nördlich Erdöl- und Erdgasförderung. – Der 1897 bei M. ausgegrabene, über 10 m hohe Kurgan, ein Fürstengrab aus der 2. Hälfte des 3. Jt. mit reichen Beigaben, wurde namengebend für die M.-Kultur (↗ Kuban). In der Grabkammer war die Zentralbestattung unter einem Baldachin aufbewahrt.

Maikow, Apollon Nikolajewitsch, russ. Dichter, * Moskau 4. 6. 1821, † Sankt Petersburg 20. 3. 1897; formstrenge Gedichte und Dramen nach antikem Vorbild; bed. seine neuruss. Versfassung des »Igorlieds«; Übersetzer von Goethe und Heine.

Mail ['meɪl, engl. »Post(sendung)«, kurz für electronic mail], ↗ E-Mail.

Mailand (italien. Milano), **1)** Prov. in der Lombardei, Italien, in der Poebene zw. Tessin und Adda, 1 982 km², 3,774 Mio. Einwohner.

2) Hauptstadt der Region Lombardei und von 1), 1,302 Mio. Ew., die zweitgrößte Stadt Italiens, in der nördl. Poebene an der Olona, 100–130 m ü. M.; wirtsch. und kulturelles Zentrum N-Italiens, wichtiger Verkehrsknotenpunkt. M. ist Sitz eines Erzbischofs, hat eine staatl., eine kath. Universität, Handelshochschule, Polytechnikum, Kunst-, Musikakademie, wiss. Institute, große Kunstsammlungen (u. a. Pinacoteca di Brera) und Bibliotheken (u. a. Biblioteca Ambrosiana), Theater (Teatro alla ↗ Scala, Piccolo Teatro). M. ist die wichtigste Industriestadt Italiens; das Schwergewicht liegt auf den Metall verarbeitenden Betrieben und im Maschinenbau (Kfz, Flugzeuge, Eisenbahnfahrzeuge, Motoren, Generatoren, Maschinen aller Art), Textil- und Bekleidungsind., chem. Ind. (in der Nähe vier Raffinerien), Baugewerbe, Elektro-, Gummi-, Nahrungsmittel-, Papier- und Möbelind.; Druckereien und Verlage,

Maiglöckchen

Maikäfer: Feldmaikäfer

Mailand 2): die 1867–77 entstandene fünfgeschossige Ladenpassage Galleria Vittorio Emanuele II.

Börse, bed. internat. Messen. M. liegt am Schnittpunkt der wichtigen norditalien. Eisenbahnen, Autobahnen, Straßen und Kanäle; zwei internat. Flughäfen (Linate, Malpensa).

Stadtbild: Von der röm. Siedlung ist nur wenig erhalten. Die mittelalterl. Stadtbefestigung wurde im 16./17. Jh. durch eine bastionsartige Mauer ersetzt, beiderseits des Castello Sforzesco beginnend (ehem. Residenzfestung F. Sforzas, Neubau seit 1450; im 19. Jh. restauriert; heute Museo Civico). Zentrum von M. ist der got. Stadtkern mit dem Dom Santa Maria Nascente (1386 begonnen, 1572 geweiht, Fassade im 19. Jh. vollendet). Zu den ältesten Kirchen gehören

Mailand 2) Stadtwappen

der Zentralbau von San Lorenzo Maggiore (um 350/70 gegr., im 12. und 16. Jh. erneuert), Sant' Ambrogio (im 4. Jh. gegr., im 11./12. Jh. neu erbaut), Sant' Eustorgio (im 4. Jh. gegr., jetziger Bau 12./13. Jh.; Portinari-Kapelle von Michelozzo, 1462 bis 1468), Santa Maria delle Grazie (Neubau der Kirche 1465 ff.; im Refektorium des ehem. Klosters das »Abendmahl« von Leonardo da Vinci [UNESCO-Weltkulturerbe]). Zahlr. Paläste und Profanbauten (u. a. Palazzo Marino, 1558; jetzt Rathaus). Zw. Piazza della Scala und Piazza del Duomo die fünfgeschossige Ladenpassage Galleria Vittorio Emanuele II. (1867–77). Beispielhaft für den Jugendstil ist das Teatro Trianon. M. ist Zentrum der modernen italien. Architektur, des Designs und der Mode.

Geschichte: Das antike **Mediolanum,** eine Gründung der kelt. Insubrer, wurde 222 v. Chr. von den Römern erobert. Von M. aus erfolgte 313 die Gleichstellung der christl. Kults mit den heidn. Religionen (↗ Toleranzedikt von Mailand). Die Kirche von M. gewann unter Bischof ↗ Ambrosius eine gewisse Eigenständigkeit. 569 von Langobarden erobert, kam M. 774 an das Fränk. Reich. Mitte des 11. Jh. erlangte die Stadt kommunale Selbstständigkeit. Als Haupt der lombard. Städtebünde trat M. den stauf. Kaisern entgegen (1162 von Friedrich Barbarossa zerstört). Das Adelsgeschlecht der Visconti gewann 1277 die Stadtherrschaft, 1395 den Herzogstitel und unterwarf den größten Teil der Lombardei. Ihm folgte 1450 die Familie Sforza. 1499–1512, 1515–21 und 1524/25 war das Herzogtum M. in frz. Hand, kam durch Kaiser Karl V. 1535 an Spanien. Seit 1714 gehörte es zu Österreich, 1797–1815 zum napoleon. Italien. 1859 verlor Österreich M. an Sardinien-Piemont.

Mailbox [ˈmeɪlbɔks, engl.], ein elektron. »Briefkasten«, in dem Nachrichten (E-Mails, Voicemails) für Benutzer eines Rechnersystems hinterlegt werden können. M. sind i. Allg. benutzerspezifisch adressierbar, der Zugang ist über Kennwörter gesichert. – In Kommunikationsnetzen sind M. eine Dienstleistung zur Hinterlegung von Nachrichten auch bei Abwesenheit des Adressaten. Sie werden auch als **Voicebox** (Sprachbox, Messagebox) bezeichnet, da gesprochene Nachrichten gespeichert und weitergeleitet werden können.

Norman Mailer

Mailer [ˈmeɪlə], Norman, amerikan. Schriftsteller, * Long Branch (N. Y.) 31. 1. 1923; schrieb »Die Nackten und die Toten« (1948), einen zu einer krit. Sicht auf die amerikan. Gesellschaft ausgeweiteten Kriegsroman; polit. Engagement u. a. gegen den Vietnamkrieg; M. entwickelte die Form der Nonfictionromane, die Elemente von Reportage und Fiktion miteinander verbindet (»Heere aus der Nacht«, R., 1968; »Gnadenlos«, R., 1979); sein umfangreiches Werk umfasst neben weiterer Prosa (»Frühe Nächte«, R., 1983; »Harte Männer tanzen nicht«, R., 1984; »Das Epos der geheimen Mächte«, 2 Bde., R., 1991) Dramen und Gedichte; »Marylin Monroe. Eine Biographie« (1973); »Picasso. Porträt des Künstlers als junger Mann. Eine interpretierende Biographie« (1996). M. drehte auch Filme, in denen er selbst mitwirkte.

Mailing [ˈmeɪlɪŋ, engl.], ↗ Werbebrief.

Maillard-Reaktion [maˈjaːr-, nach dem frz. Biochemiker Louis Camille Maillard, * 1878, † 1936], Reaktion von reduzierenden Zuckern mit Aminosäuren, Peptiden oder Proteinen bei Temperaturen über ca. 155 °C. Die M.-R. läuft beim Backen und Braten ab und führt zu Verbindungen, die als Aromastoffe und braune Pigmente (»Melanoide«) in Lebensmitteln Bedeutung haben.

Aristide Maillol: Nymphe, mittlere Figur der drei Grazien, Bronze (1930; Washington, D. C., Skulpturengarten des Hirshhorn Museums)

Maillet [maˈjɛ], Antonine, kanad. Schriftstellerin frz. Sprache, * Buctouche (New Brunswick) 10. 5. 1929; repräsentiert die Literatur Akadiens, der frankophonen Sprachinseln in den Atlantikprovinzen; schrieb u. a. »La Sagouine« (Monologe, 1971), »Pélagie-la-Charrette« (R., 1979), »Bären leben gefährlich« (R., 1990).

Maillol [maˈjɔl], Aristide, frz. Bildhauer und Grafiker, * Banyuls-sur-Mer (Dép. Pyrénées-Orientales) 8. 12. 1861, † ebd. 27. 9. 1944; schuf, angeregt von Gauguin, anfangs v. a. Wandteppiche. Nach Kleinplastiken in Holz und Ton wandte er sich der Bronze- und Steinplastik zu. In seinen Skulpturen, v. a. weibl. Akte, zielt er auf eine klass. Statuarik unter Vereinfachung der Formen. Dem impressionist. Oberflächenreiz der Figuren Rodins wird eine klare, in sich geschlossene Plastizität gegenübergestellt. Als Grafiker schuf er mit einfachen, sich meist auf die Umrisslinie beschränkenden Mitteln v. a. Holzschnittillustrationen auch zu Werken antiker Autoren (Vergil, Longos).

Maimon, Salomon, eigtl. Salomon ben Josua, Philosoph, * Nieśwież (Weißrussland) 1753, † Niedersiegersdorf (heute Podbrzecic Dolne, Wwschaft Lebus) 22. 11. 1800; kritisierte Kants Begriff des »Dings an sich« als hinter den »Erscheinungen« stehende und sie verursachende Gegenstände und lehnte die Trennung von Sinnlichkeit und Verstand ab, wodurch er u. a. auf J. G. Fichte wirkte.

Maimonides, Moses, eigtl. Rabbi Mose ben Maimon, gen. Rambam, jüd. Philosoph und Arzt, * Córdoba 30. 3. 1138, † Fustat (Alt-Kairo) 13. 12. 1204; der maßgebliche jüd. Gesetzeslehrer des MA., bes. durch die zusammenfassende Darstellung der jüd. Gesetzes in der »Mischna Thora«. Sein religionsphilosoph. »Führer der Unschlüssigen« wirkte auch auf die christl. Scholastik.

Main *der,* bedeutendster Nebenfluss des Rheins, 524 km lang, davon 384 km schiffbar. Die beiden Quellflüsse **Weißer M.** (vom Fichtelgebirge) und **Roter M.** (vom O-Rand der Fränk. Alb) vereinigen sich südwestlich von Kulmbach. Dann umfließt der »Ober-M.« den N der Fränk. Alb. Von Bamberg an nimmt der M. den Weg zw. Steigerwald und Hassbergen, bildet vom Schweinfurter Becken bis etwa Gemünden das »M.-Dreieck«, an dem Würzburg liegt, und trennt hierauf im »M.-Viereck« (Lohr bis Aschaffenburg) den Spessart vom Odenwald. Als »Unter-M.« durchfließt er den N des Oberrhein. Tieflands (im Rhein-M.-Ballungsgebiet mit Frankfurt am Main) und mündet bei Mainz. – Von der Mündung aufwärts bis nach Bamberg ist der M. Teil des ↗ Rhein-Main-Donau-Großschifffahrtsweges.

Mainardi, Enrico, italien. Violoncellist, * Mailand 19. 5. 1897, † München 10. 4. 1976; Solist und Kammermusiker (u. a. Duo mit M. Reger); komponierte u. a. Violoncellokonzerte und Kammermusik.

Mainau, Insel im Überlinger See, im nordwestl. Teil des Bodensees, 0,44 km² groß, mit dem Festland durch eine Brücke verbunden. Der üppige Pflanzenwuchs (z. T. subtrop. Pflanzen) wird in Gartenanlagen als Blumen- und Pflanzenschau (mit Schmetterlingshaus) gezeigt; Fremdenverkehr. – Die M. gehörte 1272–1805 dem Dt. Orden (Barockschloss, 1739–46); fiel 1805 an Baden; 1853–1928 im Besitz der Großherzöge von Baden, seit 1928 des schwed. Königshauses. Der jetzige Besitzer, Graf L. Bernadotte, machte M. 1932 zur internat. Begegnungsstätte.

Mainboard [ˈmeɪnbɔːd, engl.], das ↗ Motherboard.

Mainburg, Stadt im Landkreis Kelheim, Niederbayern, 13 200 Ew., Mittelpunkt des Hallertauer Hopfengebiets mit Hopfenmuseum und Hopfenaufbereitung, Brauerei.

Main-Donau-Kanal, Teil des ↗ Rhein-Main-Donau-Großschifffahrtsweges.

Maine [meɪn], Abk. **Me.,** nordöstlichster Bundesstaat der USA, 91 653 km², (2001) 1,29 Mio. Ew., Hptst. ist Augusta. Umfasst große Teile der Rumpfgebirgslandschaft der nördl. Appalachen mit einzelnen Höhenrücken, reich an Wäldern, Seen und Flüssen. Anbau von Hafer, Mais, Buchweizen, Kartoffeln. Bed. Viehzucht, Fischerei, Forstwirtschaft. Papier-, Holzstoff-, Schuh- und Textilindustrie. Fremdenverkehrsgebiet für die Großstädte der Ostküste. Haupthafen: Portland. – Um 1497/98 gelangte G. Caboto an die Küste des heutigen M., das von Algonkin bewohnt war. 1622 wurde das zw. England und Frankreich umstrittene Gebiet Eigentümerkolonie von Sir Fernando Gorges; nach 1630 ständige Besiedlung durch Engländer. Ab 1677 gehörte M. zu Massachusetts; 1820 als 23. Staat in die Union aufgenommen.

Maine [mɛn], **1)** *die,* kurzer rechter Nebenfluss der unteren Loire, entsteht aus Sarthe und Mayenne bei Angers.
2) histor. Gebiet in NW-Frankreich, umfasst im Wesentlichen die Dép. Mayenne und Sarthe. Hauptort ist Le Mans. – Die Grafschaft M. war im 11. Jh. zw. den Herren von Anjou und der Normandie umstritten, kam 1110 durch Heirat endgültig zu Anjou und fiel 1481 an die frz. Krone.

Maine de Biran [mɛndəbi'rã], eigtl. Marie François Pierre Gonthier de Biran, frz. Philosoph und Politiker, * Bergerac 29. 11. 1766, † Paris 16. 7. 1824; Mitgl. der Gesetzgebenden Kammer (1809) und der Restaurationskammer 1814/15, vertrat einen Voluntarismus, später eine myst. Metaphysik.

Maine-et-Loire [mɛne'lwa:r], Dép. in W-Frankreich, 7 166 km², 733 000 Ew.; Hptst. ist Angers.

Mai|nelke, rote Nelke als Anstecker, in der Arbeiterbewegung Symbol des Ersten Mai.

Mainframe ['meɪnfreɪm, engl.] *der,* ↗ Großrechner.

Main-Kinzig-Kreis, Landkreis im RegBez. Darmstadt, Hessen; 1 398 km², 408 100 Ew.; Krst. ist Hanau.

Mainland ['meɪnlənd], **1)** Hauptinsel der Orkneyinseln, 503 km², 15 100 Ew.; Hauptort ist Kirkwall. Bed. prähistorische Denkmäler, z. B. die Steinkreise Stones of Stenness.
2) größte der Shetlandinseln, 970 km², 17 600 Einwohner; Hauptort ist Lerwick (7 300 Einwohner).

Mainlini|e, die durch den Main angedeutete Scheidelinie zw. N- und S-Dtl.; war Südgrenze des Norddt. Bundes.

Main-Spessart, Landkreis im RegBez. Unterfranken, Bayern; 1 323 km², 132 000 Ew.; Krst. ist Karlstadt.

Mainstream ['meɪnstri:m; engl. »Hauptstrom«] *der,* (oft abwertend) vorherrschende Richtung (z. B. in der Gesellschaftspolitik, im Kulturleben, in der Musik).

Mainstreaming ['meɪnstri:mɪŋ; engl.], ↗ Gender-Mainstreaming.

Maintal, Stadt im Main-Kinzig-Kr., Hessen, zw. Frankfurt am Main und Hanau, 37 900 Ew.; Bundesfachschule für Klima- und Kältetechnik; feinmechan., Metall und Kunststoff verarbeitende, Nahrungsmittelind., Maschinenbau.

Main-Tauber-Kreis, Landkreis im RegBez. Stuttgart, Bad.-Württ.; 1 304 km², 137 100 Ew.; Krst. ist Tauberbischofsheim.

Main-Taunus-Kreis, Landkreis im RegBez. Darmstadt, Hessen; 222 km², 221 700 Ew.; Krst. ist Hofheim am Taunus.

Maintenon [mɛt'nɔ̃], Françoise d'Aubigné, Marquise de, 2. Gemahlin Ludwigs XIV., * Niort 27. 11. 1635, † Saint-Cyr 15. 4. 1719; übernahm 1669 die Erziehung der Kinder Ludwigs XIV. und der Marquise de Montespan, erlangte die Gunst des Königs und förderte seine klerikale Politik. 1684 wurde sie mit Ludwig heimlich getraut. In Saint-Cyr gründete sie 1686 ein Institut für mittellose adlige Töchter.

Mainz, 1) Hauptstadt von Rheinl.-Pf., kreisfreie Stadt am linken Rheinufer gegenüber der Mainmündung, 185 300 Ew.; M. ist Sitz der Landesregierung, des Landtags, des ZDF; kath. Bischofssitz (seit dem 4. Jh.); Johannes-Gutenberg-Univ. (1477 gegr., 1797 erloschen, 1946 wieder eröffnet), Akademie der Wissenschaften und der Literatur, Max-Planck-Inst. für Chemie (Otto-Hahn-Inst.), Max-Planck-Inst. für Polymerforschung, Priesterseminar, kirchl. Bildungsstätten; Fachhochschulen; Landesmuseum, Römisch-German. Zentralmuseum, Gutenberg-Museum (Weltmuseum der Druckkunst) u. a.; Staatstheater. Die Ind. umfasst Glaserzeugung, Herstellung von elektron. Datenverarbeitungsanlagen, Maschinenbau, chem., feinmechan., Zementind., Druckereien und Verlage, Wein- und Sektkellereien; Rheinhäfen.

Stadtbild: Nach den schweren Zerstörungen im Zweiten Weltkrieg wurde der Mainzer Dom (St. Martin und Stephan), eine doppelchörige roman. Pfeilerbasilika mit zwei Vierungstürmen und vier Chorflankentürmen, wiederhergestellt. Vom 1009–36 errichteten otton. Bau sind die O-Türme und N-Wand des W-Querschiffs erhalten; um 1100 Neubau von O-Chor und Langhaus unter Kaiser Heinrich IV., 1137 Vollendung der Doppelkapelle St. Gotthard, W-Bau und Einwölbung 1190/95, bis 1319 Anbau der got. Seitenkapellen; westl. Chorturm (1767). Bed. Ausstattung: Willigis-Bronzetüren (vor 1011), Grabmäler der Erzbischöfe (13.–18. Jh.). Im 1410 vollendeten Domkreuzgang und den angrenzenden Kapiteiräumen das bischöfl. Dom- und Diözesanmuseum (v. a. Lettnerfragmente, die dem ↗ Naumburger Meister zugeschrieben werden; Domschatz). Ebenfalls wieder aufgebaut wurden St. Stephan (Hallenkirche, v. a. 1. Hälfte des 14. Jh., im Chor Glasfenster von M. Chagall, 1977 ff.; Kreuzgang 1499 vollendet), St. Quintin (13.–15. Jh.), Evang. Johanniskirche (um 900, Chor um 1320/25; spätere Umbauten), Karmeliterkirche (14. Jh.), St. Peter (Neubau 1752–56), St. Ignaz (1763–74) und die Augustinerkirche (1768–72). Die Profanbauten wurden bei der Wiederherstellung im Innern z. T. umgebaut: ehem. kurfürstliches Schloss im Renaissancestil (1628 begonnen, im 17./18. Jh. fortgeführt; heute Römisch-German. Zentralmuseum), ehem. Deutschordenskommende (1730–37; heute Landtag), Schönborner (1668–70), Jüngerer Dalberger (1715–18), Erthaler (1734–43), Eltzer (1742/43), Osteiner (1747–52) und Bassenheimer Hof (1750–55). Reste der mittelalterl. Stadtbefestigung (Eiserner Turm; Holzturm); modernes Rathaus (von A. Jacobsen und O. Weitling, 1971–74); Theaterneubau (K. Möbius, 1997). Im Barockpalais »Zum röm. Kaiser« (1653–64) befindet sich das Gutenberg-Museum (Erweiterungsbau 1960–62).

Geschichte: Die urspr. kelt. Siedlung wurde 13 v. Chr. als röm. Militärlager gegr. (44 n. Chr. als **Mogontiacum** erstmals bezeugt). Der Wiederaufstieg der Stadt nach der Völkerwanderungszeit vollzog sich un-

Maine
Flagge

Mainz 1)
Stadtwappen

Main Mainz-Bingen

Mainz 1): Blick auf den Dom Sankt Martin und Stephan mit einem der Domplätze im Vordergrund

ter den Bischöfen bzw. Erzbischöfen von M.; 1244–1462 freie Stadt, 1462–1798 kurmainz. Residenz und Landstadt; 1792/93 frz. Besetzung und 1793 ↗Mainzer Republik; zw. dem 15. und 18. Jh., später verstärkt unter frz. Herrschaft (1798–1814) zur Festung ausgebaut (1815–66 dt. Bundesfestung); kam 1816 zu Hessen-Darmstadt; seit 1950 Hptst. von Rheinland-Pfalz.

2) ehem. Erzbistum und geistl. Kurfürstentum (**Kurmainz**); das seit dem 4. Jh. bezeugte Bistum entwickelte sich unter den Bischöfen Bonifatius (747–754) und ↗Lullus (754–786) zum Erzbistum. Der Erzbischof von M. war zugleich Erzkanzler des Hl. Röm. Reiches (↗Erzämter). Seit Ende des 12. Jh. gehörten die Erzbischöfe von M. zu den Kurfürsten. Bis zur Mitte des 14. Jh. umfasste M. als die »größte Kirchenprov. der Christenheit« zeitweise bis zu 15 Suffraganbistümer. Als Reichsfürsten besaßen die Erzbischöfe Gebiete am Mittelrhein, in Hessen und Thüringen (v. a. Erfurt, Eichsfeld) sowie das Oberstift (Aschaffenburg). Nach 1803 (Säkularisation) wurde das Erzstift aufgelöst.

3) Bistum in der Kirchenprovinz Freiburg im Breisgau; 1821 errichtet, territorial das Großherzogtum Hessen (Hessen-Darmstadt) umfassend; geschichtlich in der Tradition des 1803 aufgelösten Erzbistums ↗Mainz stehend.

Mainz-Bingen, Landkreis in Rheinl.-Pf.; 606 km², 196 100 Ew.; Krst. ist Ingelheim am Rhein.

Mainzer Republik, der während der frz. Besetzung 1792/93 zw. Landau und Bingen ausgerufene erste dt. Freistaat. Nach der Kapitulation von Mainz im 1. Koalitionskrieg (21. 10. 1792) wurde auf Betreiben des Mainzer Jakobinerklubs, insbesondere Georg Forsters, der **Rheinisch-Dt. Nationalkonvent** gewählt, der am 17. 3. 1793 die Republik ausrief und am 21. 3. 1793 ihren Anschluss an Frankreich beschloss. Während Forster darüber in Paris verhandelte, eroberten preuß. und österr. Truppen das Gebiet von Mainz und am 23. 7. 1793 die Stadt Mainz zurück.

Maipo, tätiger Vulkan in den Anden, an der Grenze zwischen Argentinien und Chile, 5 290 m ü. M.

Maiquetía [-ke-], Handelsstadt im karib. Küstengebiet Venezuelas, 120 200 Ew.; Textil-, Schuh-, Glas-, chem. Industrie; Badeort; Hafen, internat. Flughafen für Caracas.

Mais [span. maíz, aus indian.] (Kukuruz, Türkischer Weizen, Welschkorn, in den USA Corn, Zea), Gattung der Süßgräser mit der einzigen, nur als Kulturform bekannten Art **Zea mays;** vermutl. Heimat Mexiko; bis 2 m hohe Pflanze mit einhäusigen Blüten, männl. Blüten in Rispen, weibl. Blüten in von Hüllblättern (Lieschen) umgebenen Kolben; Früchte (**M.-Körner**) in Längszeilen am M.-Kolben. M. ist eine der wichtigsten, heute weltweit verbreiteten Kulturpflanzen der (wärmeren) gemäßigten Zone. Die zahlr. Varietäten und Formen werden in folgenden Großgruppen zusammengefasst: **Weich-M. (Stärke-M.)** mit mehligen Körnern, v. a. zur Gewinnung von Stärke und Alkohol sowie als Futtermittel; **Puff-M. (Perl-M., Reis-M.)** mit stark wasserhaltigen Körnern, v. a. zur Herstellung von M.-Flocken; **Zucker-M.,** unreife Kolben als Gemüse; **Zahn-M. (Pferdezahn-M.)** mit eingedrückten Körnern (wichtige Welthandelsform); **Hart-M. (Stein-M.)** zur Herstellung von M.-Stärke und Traubenzucker. In Mitteleuropa wird M. meist als Futterpflanze in versch. Form verwendet (Silo-M., Grün-M., Körner-M.). – 2000 betrug die Welternte von Körner-M. 593 543 000 t. Haupterzeugerländer sind v. a. die USA, China und Brasilien.

Geschichte: Bereits in vorkolumb. Zeit war der M.-Anbau fast über den ganzen amerikan. Kontinent verbreitet (Kultivierung im Tal von Tehuacán in Mexiko bereits um 5000 v. Chr.). Nach Europa kam der M. erst nach der Entdeckung Amerikas.

Maische, ein zucker- und stärkehaltiges flüssiges Gemisch als Grundlage alkohol. Gärprozesse bei der Bier-, Branntwein- und Weinherstellung.

Maiskleie, bei der Maisverarbeitung anfallendes Futtermittel (3–9 % Fett, 7–14 % Rohprotein).

Maisky, Mischa (Michael), israel. Violoncellist lett. Herkunft, *Riga 10. 1. 1948; studierte am Moskauer Konservatorium bei M. Rostropowitsch und debütierte 1965 bei den Leningrader Philharmonikern. 1972 emigrierte er nach Israel. 1973 gab M. sein USA-Debüt und wurde Schüler von G. Piatigorsky. Neben seiner solist. Tätigkeit wirkt er auch als Kammermusikspieler, u. a. mit G. Kremer.

Maisonette [mɛzɔˈnɛt, frz. »Häuschen«] *die,* zweigeschossige Wohnung innerhalb eines größeren Hauses.

Maisons-Alfort [mɛzõzalˈfɔːr], Stadt im Dép. Val-de-Marne, Frankreich, im Winkel zw. Seine und Marne, 53 400 Ew.; staatl. Veterinärschule, Inst. für Viehzucht und Veterinärmedizin in den Tropen; Kunststoff-, Metall-, Nahrungsmittel-, pharmazeut. Industrie.

Maisons-Laffitte [mɛzõlaˈfit], Stadt im frz. Dép. Yvelines, 22 600 Ew., unterhalb von Paris am linken Ufer der Seine; Metall verarbeitende Industrie; Pferderennbahn. – Das Schloss, 1642–51 nach Entwurf von F. Mansart erbaut, ist Nationalmuseum.

Maistre [mɛstr], 1) Joseph Marie Comte de, frz. Philosoph, *Chambéry 1. 4. 1753, †Turin 26. 2. 1821, Bruder von 2); 1802–17 sardin. Gesandter in Sankt Petersburg; war ein Hauptvertreter des gegenrevolutionären Royalismus und des polit. Klerikalismus. – *Werke:* Betrachtungen über Frankreich (1797); Vom Papste (1819).

2) Xavier Comte de, frz. Schriftsteller, *Chambéry 8. 11. 1763, †Sankt Petersburg 12. 6. 1852, Bruder von 1); schrieb u. d. T. »Die Reise um mein Zimmer« (1794) humoristisch-satirische Idyllen.

Mai-Tal (frz. Vallée de Mai), Naturreservat auf der Insel Praslin, Seychellen; das Hochtal wurde v. a. zum Schutz der endem. Seychellennusspalme von der UNESCO zum Weltnaturerbe erklärt.

Maitreya [Sanskrit »der Liebende«], im Mahayana-Buddhismus der erwartete zukünftige Buddha.

Maiwürmer (Meloe), Gattung der Ölkäfer im westl. Europa und N-Afrika; bis 48 mm lange Käfer mit verkürzten Flügeldecken und fehlenden Hinterflügeln.

Maizière [mɛˈzjɛːr], **1)** *Lothar de,* Jurist und Politiker (CDU), * Nordhausen 2. 3. 1940, Neffe von 2); seit 1986 Vizepräs. der Synode der Evang. Kirchen in der DDR; wurde im Dez. 1989 Vors. der CDU/DDR. Von Nov. 1989 bis April 1990 war er stellv. MinPräs. und Min. für Kirchenfragen. Als MinPräs. der DDR (April bis Okt. 1990) förderte er maßgeblich den Prozess der Vereinigung der beiden dt. Staaten. Ab dem 1. 10. 1990 war er stellv. Vors. der CDU sowie ab dem 3. 10. 1990 Bundesmin. ohne Geschäftsbereich und MdB. Am 17. 12. 1990 trat er (endgültig am 6. 9. 1991) wegen der Vorwürfe einer angebl. Tätigkeit als informeller Mitarbeiter (IM) des Ministeriums für Staatssicherheit (MfS) zurück.
2) *Ulrich de,* General, * Stade 24. 2. 1912, Onkel von 1); Soldat seit 1930; im Zweiten Weltkrieg Generalstabsoffizier; 1960–62 Kommandeur der Schule für Innere Führung in Koblenz, 1962–64 der Führungsakademie der Bundeswehr in Hamburg, war 1964–66 Inspekteur des Heeres und 1966–72 Generalinspekteur der Bundeswehr.

Wladimir Majakowski: Agitationstafel (um 1920/22) zur Volksaufklärung (»ROSTA-Fenster«); Übersetzung des Textes: 1) Schlagen wir das weiße Pack nicht zu Klump, 2) kommt das weiße Pack neu auf die Beine. 3) Schlagen wir einen Herren und falten die Hände, 4) streckt Wrangel die Hand nach dem Arbeiter aus. 5) Ist das Rotbanner noch nicht ehern gehegt, wird unser Gewehr nicht weggelegt.

Majakowski, *Wladimir Wladimirowitsch,* russ. Schriftsteller, * Bagdadi (bei Kutaissi, Georgien) 19. 7. 1893, † (Selbstmord) Moskau 14. 4. 1930; Hauptvertreter des russ. Futurismus, wandte sich in frühen Werken leidenschaftlich gegen die bürgerl. Gesellschaft; nach der Oktoberrevolution warb er in der Zeitschrift ↗ LEF, durch Lesungen, Agitationsgedichte für den Kommunismus und das Sowjetsystem und verherrlichte in Schauspielen (»Mysterium buffo«, 1918) und Poemen (»150 000 000«, 1921; »Wladimir Iljitsch Lenin«, 1925) die Revolution, geißelte aber auch in Satiren und utopisch-satir. Komödien (»Die Wanze«, 1928, »Das Schwitzbad«, 1929) Sowjetbürokratie und Spießertum. 1919–22 gestaltete er Agitationstafeln zur Volksaufklärung (»ROSTA-Fenster«). M.s Dichtung zeichnet sich durch neuartige Wortbehandlung, Verwendung der Sprache des Alltags und der Technik, durch Neigung zum Paradoxen und Grotesken aus und ist geprägt von der Spannung zw. »lyrischer« Subjektivität und dem Willen zu polit. Agitation.

Majapahit [madʒaˈpahɪt], indones. Großreich (1293 bis etwa 1520), entstanden in O-Java, dehnte sich im 14. Jh. auf die Halbinsel Malakka und den gesamten indones. Archipel aus; zerfiel nach 1389.

Majdanek, Stadtteil von Lublin (Polen). – Im damaligen Dorf M. befand sich 1943/44 ein nat.-soz. Konzentrations- und Vernichtungslager; von den rd. 500 000 Insassen wurden mind. 60 000, nach anderen Angaben 250 000, nach weiteren Schätzungen 360 000 Menschen, zumeist Juden, umgebracht; heute Gedenkstätte.

Majdanpek, Bergbauort in Serbien, im Serb. Erzgebirge, 9 500 Ew.; Abbau von Kupfererz, Pyrit und Gold; Kupferschmelze, Düngemittelindustrie; Güterseilbahn zur Donau.

Majestät [zu lat. maiestas »Größe«, »Würde«] *die,* **1)** Hoheit, Erhabenheit, Herrlichkeit.
2) Titel und Anrede für Kaiser und Könige.

Majestätsbrief, Böhmischer, Urkunde Kaiser Rudolfs II. vom 9. 7. 1609, die allen Ständen Böhmens freie Religionsausübung zusicherte.

Majestätsverbrechen (Majestätsbeleidigung), im röm. Recht polit. Verbrechen gegen den Staat bzw. den Kaiser; seit der fränk. Zeit jedes gegen den König und das Reich (Land) gerichtete Verbrechen. In Dtl. sind die Verunglimpfung des Bundespräs. (§ 90 StGB) und die Beleidigung ausländ. Staatsoberhäupter oder diplomat. Vertreter (§ 103 StGB) bes. unter Strafe gestellt. – In *Österreich* wird u. a. die Beleidigung des Bundespräs. nach §§ 115, 116 StGB als einfache Beleidigung bestraft. Die *Schweiz* kennt nur die Beleidigung eines ausländ. Staatsoberhauptes oder Diplomaten (Art. 296, 297 StGB) als Delikt.

Majolika [nach der Insel Mallorca] *die,* die ↗ Fayence.

Major [von lat. maior »größer«, »älter«] *der,* unterster Dienstgrad der Stabsoffiziere (Heer und Luftwaffe).

Major [ˈmeɪdʒə], *John,* brit. Politiker, * Merton (heute zu London) 29. 3. 1943; Bankkaufmann, ab 1979 Mitgl. des Unterhauses, 1989 kurzzeitig Außenmin., 1989–90 Schatzkanzler, seit April 1990–97 Führer der Konservativen und Premierminister.

Majoran [mlat.] *der* (Majoana hortensis), Gewürz- und Heilpflanze der Familie Lippenblütler, aus dem östl. Mittelmeergebiet, mit weißen bis hellrötl. Blüten in köpfchenförmigen Scheinähren. Bes. die Blätter enthalten äther. Öle. Am bekanntesten ist der weiß blühende, 20–50 cm hohe **Echte M.** (Majorana hortensis).

Lothar de Maizière

Wladimir Majakowski

Majoran: Echter Majoran

Majorana-Effekt [nach dem italien. Physiker Q. Majorana, *1871, †1957], Doppelbrechung kolloidaler Lösungen im Magnetfeld (v. a. von Eisenoxidsolen) verursacht durch die Richtwirkung des Magnetfeldes auf die längl., magnetisch anisotropen Kolloidteilchen.

Majorat [lat.] *das,* das Ältestenrecht; Erbfolgeordnung, die dem ältesten Sohn das Vorzugsrecht auf das Erbgut gewährt, bes. üblich bis zur Auflösung des ↗ Fideikommisses; Ggs. Minorat. M. bezeichnet auch das Erbgut (**M.-Gut**) selbst. (↗ Seniorat)

Majordomus [mlat.] *der,* ↗ Hausmeier.

Majorität [lat.] *die,* Mehrheit, Mehrzahl; Ggs.: Minorität.

Major Leagues [ˈmeɪdʒə liːgz, engl.], *Sport:* zusammenfassende Bez. für die bedeutendsten amerikan. Profiligen ↗ MLB (Baseball), ↗ NBA (Basketball), ↗ NFL (American Football) und ↗ NHL (Eishockey).

Major-Turniere [ˈmeɪdʒə-, engl.] (Majors), *Golf:* Bez. für die vier jährlich ausgetragenen Grand-Slam-Turniere im internat. (Profi-)Golfsport. Bedeutendstes Turnier ist das »US Masters«, das seit 1934 in Augusta (Ga., USA) ausgetragen wird. Weitere M.-T.: »British Open« (Großbritannien, seit 1860), »US Open« (USA, seit 1895) und »US PGA Championships« (USA, seit 1916).

Majuskel [lat.] *die,* Großbuchstabe (Versal) im Ggs. zum Kleinbuchstaben (Minuskel). Die röm., nur Großbuchstaben verwendende M.-Schrift, die Capitalis, wurde in der Renaissance Grundlage der Großbuchstaben für die Antiqua.

MAK, ↗ MAK-Wert.

Makaken [portugies. aus indian.] (Macaca), Gattung meerkatzenartiger Affen. Die M. sind stämmig, haben Gesäßschwielen, alte Männchen Überaugenwülste. Die **Javaneraffen** und die **Schweinsaffen** leben in Südasien, die **Hutaffen** und der kurzschwänzige **Rhesusaffe** in Vorderindien, der **Magot** in NW-Afrika und Gibraltar.

Makalla (Al-M., Mukalla), Stadt an der S-Küste der Arab. Halbinsel, Jemen, Haupthafen von Hadramaut, 154 400 Ew.; Univ.; Fischerei, Fischkonserven- und Fischmehlfabrik, Bootsbau; internat. Flughafen.

Makalu [ˈmækəluː], Berg im Himalaja, östl. des Mount Everest, 8 463 m ü. M., 1955 Erstbesteigung.

Makame [arab. »Unterhaltung in einer Gesellschaft«] *die,* oriental. (bes. arab.) Dichtungsform in gereimter Prosa mit eingestreuten Versen. Von Hamadhani (10./11. Jh.) zuerst benutzt, erlangte die M. bei Hariri (11./12. Jh.) klass. Form. Von hier drang sie durch Charismi (10. Jh.) in die hebr. Literatur ein. F. Rückert übertrug die M. des Hariri ins Deutsche (»Verwandlungen des Abu Seid ...«, 1826–37).

Makanin, Wladimir Semjonowitsch, russ. Schriftsteller, *Orsk (Gebiet Orenburg) 13. 3. 1937; war Mathematiker; beschreibt in Erzählungen und Romanen wie »Alte Bücher oder das Porträt einer jungen Frau« (1976) das Schicksal junger Menschen, die auf der Suche nach ihrem Platz im Leben in die Hauptstadt kommen. M. thematisiert gesellschaftl. Tabus, wie die Abhängigkeit des Einzelnen von den Machtstrukturen (»Der Mann aus der ›Suite‹«, 1982) oder das Nebeneinander von naivem Fortschrittsglauben und parawiss. Praktiken (»Der Wunderdoktor«, 1982). Mit Romanen wie »Underground oder Ein Held unserer Zeit« (1998) entwickelt er sich zu einem der schärfsten Kritiker der gesellschaftl. Verhältnisse im postkommunist. Russland.

Makapansgat [-ˈxat], Kalkhöhlen in der Nordprovinz, Rep. Südafrika, südwestlich von Pietersburg; Fundort von ↗ Australopithecinen; steinzeitl. Werkzeuge.

Makarenko, Anton Semjonowitsch, ukrain. Pädagoge, *Belopolje (Gebiet Sumy) 13. 3. 1888, †Moskau 1. 4. 1939; entwickelte das marxist. Konzept der Kollektiverziehung, das Lernen, körperl. Arbeit und gesellschaftlich nützl. Tätigkeit verband und die außerfamiliäre Erziehung in Altersgruppen (Kollektiven) unter die Perspektive der »kommenden sozialist./kommunist. Gesellschaft« stellte; widmete sich bes. der Resozialisierung verwahrloster Jugendlicher (in Arbeitskolonien) und schrieb u. a. »Der Weg ins Leben« (1931–35).

Makarios III., eigtl. Michail Muskos, orth. Theologe und Politiker auf Zypern, *Pano Panagia 13. 8. 1913, †Nikosia 3. 8. 1977; seit 1950 Erzbischof von Zypern, als Ethnarch polit. Führer der Anschluss-(Enosis-)Bewegung an Griechenland, 1956/57 von der brit. Behörde nach den Seychellen verbannt, verfolgte als erster Präs. der Rep. Zypern (1960–77) eine Politik der Unabhängigkeit und Neutralität. Nach einem Putsch hielt er sich von Juli bis Dez. 1974 im Ausland auf.

Makarios III., Bronzebüste (20. Jh.)

Makarismen [grch.], *N. T.:* die ↗ Seligpreisungen.

Makart, Hans, österr. Maler, *Salzburg 28. 5. 1840, †Wien 3. 10. 1884; als tonangebender Maler der Gründerzeit schuf er in neubarockem Stil effektvolle Gemälde histor. und allegor. Inhalts nach dem Vorbild der venezian. Maler. Seine auf dekorativen Prunk gerichtete Kunst beeinflusste Theater, Mode, Wohnkultur und Kunsthandwerk der 70er- und 80er-Jahre des 19. Jh. (**Makart-Stil**).

Hans Makart: Kleopatra auf dem Nil (1874/75; Stuttgart, Staatsgalerie)

Makedonien

Fläche: 25 713 km²
Einwohner: (2000) 2,031 Mio.
Hauptstadt: Skopje
Verwaltungs-
gliederung: 123 Gemeinden
Amtssprache: Makedonisch
Nationalfeiertag: 2. 8.
Währung: 1 Denar (Den) = 100 Deni
Zeitzone: MEZ

Staatswappen

internationales Kfz-Kennzeichen

Makasar (Makassar), Stadt in Indonesien, ↗ Ujung Pandang.

Makasaren (Makassaren), jungindones. Volksstamm im SW von Celebes; etwa 2 Mio. Menschen; betreiben Landwirtschaft, Schifffahrt und Handel. Seit dem 17. Jh. Muslime, haben sie Reste des alten Animismus bewahrt.

Makasarstraße (Makassarstraße), 140 km breite Meeresstraße zw. Borneo und Celebes.

Makeba, Miriam, südafrikan. Sängerin, * Johannesburg (Prospect Township) 4. 3. 1932; wirkte in dem Antiapartheidfilm »Come back Africa« (1959) mit; in den 1960er-Jahren mit Songs wie »Pata Pata« und »The Click Song« internat. bekannt als »Empress« (»Kaiserin«) des afrikan. Chansons (auch »Mama Africa« gen.). Seit 1959 im Exil, gab sie 1991 erstmals wieder ein Konzert in Südafrika.

Makedonen, nordwestgrch. Stamm im Gebiet von Edessa, den die übrigen Hellenen des alten Griechenland nicht zu den Griechen rechneten. Nicht identisch mit den heutigen Makedoniern.

Makedoni|en (Mazedonien, amtlich Republika Makedonija; dt. Republik M.), Binnenstaat in SO-Europa, auf der Balkanhalbinsel, grenzt im N an Serbien (z. T. an das Kosovo), im O an Bulgarien, im S an Griechenland und im W an Albanien.

Staat und Recht

Nach der am 22. 11. 1991 in Kraft getretenen Verf. (mehrfach, zuletzt 2001, modifiziert) ist M. eine Republik. Staatsoberhaupt und Oberbefehlshaber der Streitkräfte ist der für 5 Jahre direkt gewählte Präs.; die Exekutive liegt bei der Reg. unter Vorsitz des Min-Präs., die Legislative beim Einkammerparlament (Sobranje; 120 Abg., auf 4 Jahre gewählt). Die Verf.-Revision vom 16. 11. 2001 betrifft v. a. die Gleichstellung der Volksgruppen, die Aufwertung des Albanischen zur offiziellen Sprache, ein Vetorecht für die Albaner im Parlament bei kulturellen Themen und ihre verstärkte Vertretung in der Polizei. Einflussreichste Parteien: Sozialdemokrat. Bund M.s (SDSM), Liberaldemokrat. Partei (LDP), Innere Makedon. Revolutionäre Organisation – Demokrat. Partei der makedon. Nat. Einheit (VMRO-DPMNE, dt. Abk.: IMRO-DPMNE), Liberale Partei (LP) sowie die Parteien der Albaner Demokrat. Union für Integration (DUI), Demokrat. Partei der Albaner (DPA) und Partei für Demokrat. Prosperität (PDP).

Landesnatur

M. ist ein im Einzugsbereich des Vardar liegendes Gebirgsland zw. den Gebirgssystemen der Dinariden im W und der Rhodopen im O; höchste Erhebungen sind im NW Korab (2 753 m ü. M.) und Šar planina (2 747 m ü. M.); dazwischen liegen das Becken von Skopje, die Pelagonija und das Strumicabecken. Im SW sind die Einbruchsbecken von Ohrid- und Prespasee erfüllt, die nur z. T. zum Staat M. gehören. Das Land ist stark erdbebengefährdet. Das Klima ist kontinental mit heißen, trockenen Sommern, im S mediterran beeinflusst. In den dicht besiedelten Beckenlandschaften fallen jährlich 500–700 mm Niederschlag. Etwa 40 % der Fläche M.s sind bewaldet; die natürl. Steppe der Beckenlandschaften wurde weitgehend in Ackerland umgewandelt.

Bevölkerung

Trotz seiner geringen Größe ist M. ein Vielvölkerstaat. 67 % der Bev. sind Makedonier, die zu den 23 % Albanern in einem gespannten Verhältnis stehen; daneben noch 4 % Türken, 2 % Roma und 2 % Serben; die restl. 2 % sind Kroaten, Montenegriner, Bulgaren, Aromunen u. a. Die alban. Minderheit hat im W des Landes einen Bev.anteil von bis zu 40 %. – Die orth. Christen unter den Makedoniern, Montenegrinern, Bulgaren und Albanern gehören ihren orth. Volkskirchen an, über eine Million der Makedon. Orth. Kirche (↗ serbisch-orthodoxe Kirche). 25–30 % der Bev. sind Muslime. – Es besteht eine achtjährige allgemeine Schulpflicht ab dem 7. Lebensjahr.

Wirtschaft, Verkehr

Im früheren Jugoslawien war M. die wirtsch. am wenigsten entwickelte Republik. Im Zuge des Reformprozesses mit dem Ziel der Einführung der Marktwirtschaft ging nach 1990 die Ind.produktion um etwa die Hälfte zurück. Ein 1994 von Weltbank und IWF konzipiertes Stabilitätsprogramm leitete eine positive Wende der wirtsch. Entwicklung ein und hilft bei der Überwindung der durch den Kosovokrieg (↗ Kosovo) bedingten Wirtschaftseinbrüche. Knapp ein Viertel des Landes ist Ackerland, etwa ein Viertel sind Wiesen und Weiden. In den fruchtbaren Beckenlandschaften, bes. in der Pelagonija und den Flussniederungen, werden (meist mit Bewässerung) Weizen, Mais, Frühgemüse, Tabak, Kartoffeln, Zuckerrüben, Baumwolle, Reis und Mohn angebaut; Bedeutung haben auch Obst- und Weinbau sowie die extensive Schafzucht, Rinder- und Geflügelhaltung. Kleinbäuerl. Höfe beherrschen die Agrarproduktion; etwa ein Viertel erwirtschaften die auf gesellschaftl. Basis organisierten marktorientierten Großbetriebe. Die Ind. ist auf die Verarbeitung landwirtsch. Produkte (neben der traditionellen Tabak- auch Textil-, Lederwaren- und Nahrungsmittelind.) und den Bergbau (Förderung der reichen Vorkommen von Braunkohle, Blei-, Zink- und Nickel-, ferner Eisen-, Kupfer-, Chrom-, Antimon-, Molybdänerzen) in Verbindung mit Erzaufbereitung, chem. und Metallverarbeitungsind. ausgerichtet. Wichtigste Ind.standorte sind Skopje,

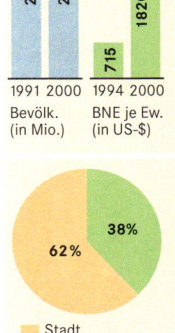

1991 2000 — Bevölk. (in Mio.): 2,0 / 2,0
1994 2000 — BNE je Ew. (in US-$): 715 / 1820

Bevölkerungsverteilung 2000
Stadt 38 % / Land 62 %

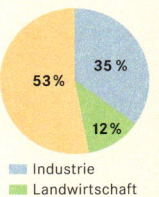

Bruttoinlandsprodukt 2000
Industrie 35 % / Landwirtschaft 12 % / Dienstleistung 53 %

Bitola und Prilep. Exportiert werden v. a. Agrarprodukte und Erzkonzentrate. Haupthandelspartner sind Dtl., Serbien und Montenegro, USA, Italien, Griechenland und Slowenien. – M. ist Transitland nach Griechenland (927 km Eisenbahnlinien, u. a. die Strecke Belgrad–Skopje–Saloniki; im Bau Kumanowo–bulgar. Grenze); das Straßennetz umfasst rd. 10 600 km; internat. Flughäfen gibt es in Petrowez bei Skopje und Ohrid.

Geschichte

1945/46–91 war Vardar-M. (sozialist.) jugoslaw. Teilrep. mit eigener Verf. (1945). Aus den Parlamentswahlen im Nov./Dez. 1990 ging die IMRO-DPMNE als stärkste Gruppe hervor, gefolgt vom SDSM und der PDP. Im Jan. 1991 wählte das Parlament K. Gligorov (SDSM) zum Staatspräs. (1994 wieder gewählt). Am 8. 9. 1991 stimmte die Bev. in einem Referendum mit 74 % für die staatl. Unabhängigkeit M.s. Mit Wirkung vom 19. 11. 1991 konstituierte sich M. als unabhängiger Staat. Die Parlamentswahlen 1994 gewann der SDSM. Nach den Wahlen von 1998 übernahm eine Allianz aus IMRO und DA die Reg. (in Koalition mit der PDP; Dez. 1999 Austritt der DA). Am 5. 12. 1999 wurde Boris Trajkovski (IMRO) zum Staatspräs. gewählt. In Nordwest-M., im Grenzgebiet zum Kosovo und (Süd-)Serbien, provozierten extremist. alban. Freischärler (»Nat. Befreiungsarmee«, UÇK, ab Frühjahr 2000) von März bis August 2001 schwere Kämpfe mit der makedon. Armee und Sicherheitspolizei; am 13. 8. konnte unter internat. Vermittlung in Ohrid ein Friedensvertrag unterzeichnet werden (u. a. Verfassungsrevision, endgültig Ende Okt. 2001). NATO-Truppen begleiteten die freiwillige Entwaffnung der UÇK; am 1. 4. 2003 übernahmen ESVP-Truppen die militär. Sicherheitspräsenz.

Auf Einspruch Griechenlands wurde M. 1993 unter dem Namen »Frühere Jugoslaw. Rep. Mazedonien« in die UNO aufgenommen. Um ein Übergreifen des Bürgerkriegs in Bosnien und Herzegowina auf M. zu verhindern, erfolgte im Dez. 1992 die Stationierung von UN-Blauhelmsoldaten (UNPROFOR; bis 1999). Die Isolation konnte durch die Normalisierung des Verhältnisses zu Griechenland (1995) überwunden werden. – 1995 wurde M. Mitgl. des Europarates und trat dem NATO-Programm »Partnerschaft für den Frieden« bei. – Die internat. Kosovokrise 1998/99 führte u. a. zur vorübergehenden Stationierung von NATO-Truppen. Bes. der Massenzustrom von Kosovaren (März bis Mai 1999) verstärkte das ethn. Ungleichgewicht. Das bilaterale Verhältnis zu Bulgarien wurde 1999 vertraglich entspannt (Anerkennung einer makedon. Nation).

Makedoni|en (Mazedonien), **1)** histor. Großlandschaft in SO-Europa, an der Griechenland, die Rep. M. und Bulgarien Anteil haben; ein Schollenland, in dem bis 2 900 m hohe Gebirgszüge größere Becken voneinander trennen. Die größten Städte sind Saloniki, Skopje, Bitola, Prilep und Serrä.

Geschichte: Das antike M. war in histor. Zeit von den nordwestgrch. Makedonen besiedelt und gliederte sich in Nieder-M. (um den Thermaischen Golf), Ober-M. zw. den Flüssen Axios (Vardar) und Halikamon (Aliakmon), das Axiostal und Ost-M. (Gebiet zw. Axios und Strymon und die Philippi-Ebene); Hauptstadt war Aigai, seit dem 5./4. Jh. Pella. Staatsform war die Monarchie mit Heeresversammlung und Adelsgefolgschaft. König Archelaos (413 bis 399) legte den Grund zur Großmachtstellung M.s und zog grch. Gelehrte und Künstler an seinen Hof. Die polit. Entwicklung endete mit der makedon. Vorherrschaft in Griechenland unter Philipp II. (359–336) und Alexander d. Gr. (336–323). Von 321 bis 297 unter der Dynastie des Antipater und ab 276 unter der der Antigoniden verlor M. seine Vorrangstellung in den **Makedon. Kriegen** an den 1. Makedon. Krieg 215–205 musste Philipp V. auf ein Bündnis mit Karthago verzichten. Die im 2. Makedon. Krieg 200–197 erworbenen Eroberungen mussten 197 wieder abgetreten werden. Der 3. Makedon. Krieg war ein Präventivkrieg Roms (171 bis 168) und endete mit der Zerschlagung von M. in vier selbstständige Staaten; ab 148 war M. röm. Provinz, bei der Reichsteilung 395 n. Chr. kam es an das Oström. (Byzantin.) Reich. Im 6./7. Jh. siedelten sich in weiten Teilen M.s Slawen an. Im 9./10. Jh. und ab etwa 1018 stand das Gebiet größtenteils unter bulgar., Ende des 13. bis Ende des 14. Jh. unter serb. Herrschaft. Nach 1371 (Schlacht an der Maritza) kam es zur schrittweisen Eroberung durch die Türken (1389: Schlacht auf dem Amselfeld; 1392 Besetzung Skopjes), M. wurde Teil des Osman. Reiches. Die Bemühungen der Bulgaren, sich vom Osman. Reich zu lösen, schlossen die Makedonier ein. So sprachen die Großmächte M. im Vorfrieden von San Stefano (1878) zunächst Bulgarien zu, nach dem Berliner Kongress musste es aber beim Osman. Reich verbleiben. Unterstützt von der bulgar. Einheitsbewegung entstand eine nat. Freiheitsbewegung (1893 Gründung der IMRO) und es kam 1903 zum antitürk. Ilindenaufstand (Eliastag-Aufstand). Die **makedonische Frage,** die zu Auseinandersetzungen mit grch. Bev.teilen im S des Landes und mit der bulgar. im N führte, gab 1912 den Anstoß zum 1. und 2. Balkankrieg. Nach der bulgar. Niederlage fiel 1913 der größte Teil von M. an Serbien (sog. Vardar-M.) und Griechenland (sog. Ägäis-M.), Bulgarien erhielt einen kleinen Teil im O. Im Ersten Weltkrieg besetzte es 1915–18 ganz M., verlor aber 1919 (Vertrag von Neuilly-sur-Seine) alle Gebiete bis auf einen kleinen Teil (Pirin-M.). In den 1920er-Jahren gab es z. T. blutige Aufstände zur Erlangung der Unabhängigkeit M.s, die von der neuen IMRO (1919–34) getragen wurden. Im Zweiten Weltkrieg besetzte Bulgarien ab 1941 wiederum fast ganz M., ein Teil wurde von dt. Truppen besetzt; bis Ende 1944 hatten jugoslaw. Partisanen M. befreit. Kommunist. Pläne für ein unabhängiges vereintes (Groß-)M. nach 1945 scheiterten. Vardar-M. wurde 1945/46 jugoslaw. Teilrep. (↗Makedonier). Mit dem Zerfall Jugoslawiens (1989–92) führte die Errichtung der unabhängigen »Rep. M.« (1991) zu schweren Spannungen mit Griechenland, da dieses vonseiten des neuen Staates Ansprüche auf die grch. Provinz M. befürchtete (1995 beseitigt). Anfang 1999 begann die Normalisierung des Verhältnisses zw. der Rep. M. und Bulgarien.

2) (ngrch. Makedonia) der grch. Teil der Großlandschaft Makedonien, gegliedert in die Verw.- und Planungsregionen ↗Ostmakedonien und Thrakien, ↗Zentralmakedonien und ↗Westmakedonien.

Makedoni|er (Mazedonier), den Bulgaren nahe stehende südslaw. Bev. mit eigener Sprache in SO-Europa; etwa 2 Mio., v. a. in der Rep. Makedonien (etwa 1,4 Mio.), in Jugoslawien und in Bulgarien (etwa 200000). – Große Teile (slaw. M.) verstanden sich selbst z. T. bis ins 19. Jh. als »Bulgaren«. Eine eigene nat. Identität der M. begann sich nach 1878 herauszubilden. Mit der Aufteilung der histor. Großlandschaft ↗Makedonien (1913 bzw. erneut 1918 und nach 1944) an Serbien, Griechenland und Bulgarien entstand ein je eigenständiger Nationalismus der M. Nach 1949 wanderten viele M. aus Griechisch-Makedonien in die jugoslaw. Teilrep. Makedonien aus, wo die M. 1944 die Anerkennung als Nation erlangt hatten.

makedonische Literatur. Zentrale Gatt. der m. L., die nach Anfängen in der 2. Hälfte des 19. Jh. erst im Laufe des 20. Jh. und v. a. nach Schaffung einer offiziellen makedon. Schriftsprache (1944) eine besondere Pflege erfuhr, war nach 1945 die Lyrik; sie war an der Volkspoesie orientiert und nahm allmählich Stilmittel der europ. Moderne auf (B. Koneski, A. Šopov, S. Janevski). In Prosadichtungen wurde u. a. der makedon. Widerstandskampf gestaltet. In der heutigen, histor. Themen zugeneigten m. L. überwiegen realist. Stilprinzipien; vertreten wird sie u. a. von P. Andreevski, K. Cašule, V. Kostov, D. Solev, J. Strezovski, G. Todorovski, V. Urošević.

makedonische Sprache, jüngste slaw. Literatursprache; um 1,5 Mio. Sprecher in Makedonien (Amtssprache), weitere in Teilen SO-Albaniens, N-Griechenlands und SW-Bulgariens. Die m. S. ist eine südslaw. Sprache, die dem Serbischen und dem Kroatischen nahe und dem Bulgarischen nächstverwandt ist. Die zahlr. Dialekte werden in eine westl. und eine östl. Gruppe geteilt, wobei die zentralen Dialekte der westl. Gruppe die Grundlage der Literatursprache bilden. In der weitgehend phonet. Schreibung wird ein kyrill. Alphabet verwendet.

Makejewka (ukrain. Makijiwka), Stadt im Gebiet Donezk, im Donez-Steinkohlenbecken, Ukraine, 401 000 Ew.; Kohlenbergbau, Hütten-, Zement-, Stahl- und Röhrenwalzwerk, Kohlechemie- , Schuh-, Nahrungsmittelindustrie.

Makeln, *Telekommunikation:* Annehmen eines ankommenden Anrufs während eines geführten Telefonats, wobei man zw. den Gesprächspartnern hin- und herschalten kann, ohne dass der jeweils wartende Teilnehmer mithören kann.

Make-or-buy [ˈmeɪkɔːˈbaɪ; engl. »machen oder kaufen«] *das,* Entscheidungsalternative zw. der Eigenfertigung (Eigenproduktion) von Sachgütern, Dienstleistungen und Produktionsfaktoren und der Beschaffung bei Dritten (Fremdbezug).

Make-up [meɪk 'ap; engl. to make up »herrichten«] *das,* kosmet. Verschönerung des Gesichts (Haut, Augenbereich, Lippen). Hauttönungen werden als Puder (auf das mit Hautcreme behandelte Gesicht) oder als Pudercreme (Basis z. B. Wasser-Puder-Öl) aufgetragen.

Makijiwka, ukrain. Stadt, ↗Makejewka.

Makimono [japan.] *das,* japan. Bez. für eine ↗Querrolle.

Makine [-kiːn], Andrej, russ.-frz. Schriftsteller, * Krasnojarsk (Sibirien) 10. 9. 1957, emigrierte 1987 nach Paris; schreibt autobiograf. gefärbte, metaphernreiche Romane über Menschen aus seiner Heimat, deren Schicksal oft eng verwoben ist mit der frz. Sprache und Kultur (»Das frz. Testament«, 1995). – *Weitere Werke:* Das Verbrechen der Olga Arbelina (2000); Russisches Requiem (2001).

Makis, *Zoologie:* ↗Lemuren.

Makkabäer (auch Hasmonäer), nach Judas Makkabäus ben. jüd. Geschlecht, kämpfte seit 167 v. Chr. gegen die Seleukidenherrschaft, später gegen Ägypten und errang die Herrschaft über das jüd. Volk (↗Juden [Geschichte]). Die Herrschaft der M. dauerte bis 37 v. Chr.; in diesem Jahr wurde der letzte M., ↗Antigonos II. Mattathias, auf Veranlassung von Herodes d. Gr. hingerichtet.

Makkabäerbücher, vier zw. dem Ende des 2. Jh. v. Chr. (1. und 2. Makk.) und dem 1. Jh. n. Chr. (3. und 4. Makk.) verfasste Bücher, von denen die beiden ersten zu den apokryphen (evang. Bibelwiss.) bzw. ↗deuterokanonischen Büchern (kath. Bibelwiss.) des A. T. gezählt werden. Inhalt des 1. und 2. Makk. sind die Kämpfe der Juden gegen die Seleukiden unter Führung der Makkabäer um die Wiederherstellung des jüd. Staates. Inhalt der beiden letzten (nicht dem Kanon zugerechneten) M. ist die Verfolgung der alexandrin. Juden unter Ptolemaios IV. (3. Makk.) und die Verfolgung und das Martyrium der sieben Makkabäerbrüder (4. Makk.).

Makkabi [hebr.] *der,* Name jüd. Sportvereine, die in vielen Ländern verbreitet und in der »Maccabi World Union« (MWU; gegr. 1921, Sitz: Ramat Gan) zusammengeschlossen sind. Die MWU veranstaltet seit 1932 alle vier Jahre (seit 1969 jeweils ein Jahr nach den Olymp. Spielen) in Israel die »Makkabiade« als Weltspiele des jüd. Sports mit olymp. Programm.

makkaronische Dichtung, kom. Dichtung, deren Wirkung auf der spieler. Verschmelzung zweier Sprachen beruht, wobei die eine v. a. das grammat. und syntakt. Grundgerüst liefert, dem das Wortmaterial der anderen Sprache angepasst ist. Nach Vorläufern in der Spätantike hatte diese scherzhafte Gelehrtendichtung ihre Blütezeit im Humanismus des 15./16. Jh. (v. a. in Italien). Grundlage war das Lateinische, durchsetzt mit Elementen der westeurop. Volkssprachen. Beispiel: »Totschlago vos sofortissime nisi vos benehmitis bene!« (von B. Freiherr von Münchhausen).

Makler [mnd. mekelen »Geschäfte vermitteln«] (Mäkler), Gewerbetreibender, der Gelegenheiten zum Abschluss von Verträgen nachweist und Verträge vermittelt (§§ 652 ff. BGB). Zivil-M. vermitteln im Ggs. zum ↗Handelsmakler Nichthandelsgeschäfte (z. B. über Grundstücke, Darlehen). Im Börsenbereich tätige M. heißen freie oder Privat-M. im Unterschied zu dem bisherigen amtlich bestellten, vereidigten Kurs-M. (Sensal), der bei der Feststellung der Börsenkurse sowie bei der Vermittlung von Börsengeschäften mitwirkte. Seit dem In-Kraft-Treten des Börsen-Ges. vom 21. 6. 2002 am 1. 7. 2002 gibt es keine amtlich bestellten Kurs-M. mehr und die amtl.

Kursfeststellung durch den Kurs-M. entfällt. – Das Rechtsverhältnis des M. zum Auftraggeber wird durch den **M.-Vertrag** bestimmt. Danach ist der Auftraggeber nicht verpflichtet, das ihm angebotene Geschäft anzunehmen. Er kann auch Dienste anderer M. beanspruchen oder sich selbst um einen Abschluss bemühen. Das gilt nicht, wenn dem M. ein Alleinauftrag erteilt wurde. Anspruch auf Entgelt hat der M. nur, wenn infolge seiner Tätigkeit der Vertrag rechtsgültig zustande gekommen ist. Immobilien-M. und Baubetreuer bedürfen der Erlaubnis (Gewerbezulassung) nach § 34c GewO. – In *Österreich* gilt seit 1. 7. 1996 das M.-Gesetz, das Bestimmungen über die Rechte und Pflichten der Parteien eines M.-Vertrages und für einzelne M.-Typen enthält. Das *schweizer.* Recht stimmt im Wesentlichen mit dem deutschen überein (Art. 412–418 OR).

Mako *die*, hochwertige, langfaserige ägypt. oder sudanes. Baumwolle von gelbl. Naturfarbe.

Makonde, Bantuvolk in SO-Tansania und in NO-Moçambique. Die etwa 1,3 Mio. M. leben meist als Hackbauern; berühmt ist ihre Holzschnitzkunst, auch für den Touristenmarkt.

Makoré [afrikan.] *das*, rotbraunes trop. Hartholz des westafrikan. Baumes Tieghemella heckelii.

Makramee [italien., zu arab. miqram »bestickter Schleier«] *das*, Knüpftechnik, bei der Fäden zu dekorativen Mustern und Fransen verknotet werden; in den arab. Ländern seit dem 13. Jh. bekannt; in den 1960er-Jahren Neubelebung der Technik.

Makrelen [niederländ.] (Scombridae), Familie der M.-Fische. Die etwa 50 cm lange **Europ. M.** (Scomber scombrus) ist ein geschätzter Speisefisch;

Makrelen: Europäische Makrele

er kommt im Sommer zum Laichen beiderseits des Atlant. Ozeans in Küstennähe. Die nah verwandte **Mittelmeer-M.** (Scomber japonicus) bevorzugt trop. und subtrop. Gewässer und tritt nur gelegentlich nördlich des Ärmelkanals auf.

makro... [grch.], groß..., lang...

Makroanalyse, Bez. für chemisch-analyt. Verfahren, bei denen zw. 0,5 und etwa 10 g Probenmaterial untersucht werden. (/ Mikroanalyse)

Makrobefehl (engl. macro instruction), *Informatik:* in einer Programmiersprache, v. a. einer Assemblierersprache, der Aufruf einer in einer **Makrodefinition** niedergelegten Folge von Anweisungen. Bei den Makrodefinitionen handelt es sich um häufig benötigte Befehlsfolgen, die entweder bereits in einer zu der verwendeten Programmiersprache gehörenden **Makrobibliothek** enthalten sind oder vom Programmierer für Zwecke des jeweiligen Programms formuliert werden. Die Funktion von M. ist ähnlich derjenigen des Aufrufs von Unterprogrammen.

Makrobiotik *die*, 1) Kunst, das Leben zu verlängern, z. B. durch Anwendung versch. Arzneimittel, aber auch durch geeignete Ernährung und Lebensführung; 2) eine v. a. auf Getreide und Gemüse basierende Ernährungsweise.

Makrofotografie, fotograf. Technik für Aufnahmen im Nahbereich mit brennweitenverkürzenden (Vorsatzlinsen) oder auszugsverlängernden (Zwischentuben, Balgengerät) Mitteln.

Makrokinetik, *Chemie:* / Reaktionskinetik.

Makrokosmos, Bez. für Weltall, Universum, seit der Antike gedacht als harmonisch gegliederter Organismus, dessen Teile (bes. der / Mikrokosmos des Menschen) die Strukturen des M. widerspiegeln.

Makrolid|antibiotika (Makrolide), aus Streptomycesarten bzw. halbsynthetisch gewonnene Antibiotika, die als charakterist. chem. Merkmal einen makrozykl., 14- bis 17-gliedrigen Lactonring enthalten. M. wirken bakteriostatisch gegen grampositive sowie einige gramnegative Bakterien (z. B. Haemophilus influenzae, Legionellen). Wichtige Substanzen dieser Gruppe sind u. a. Erythromycin und Roxithromycin.

Makromoleküle, von H. Staudinger eingeführte Bez. für Riesenmoleküle mit Molekularmassen ab etwa 10 000 g/mol, deren Atome durch kovalente Bindungen verknüpft sind. M. können linear (Kettenmoleküle, Fadenmoleküle), verzweigt oder räumlich vernetzt sein. Enthalten sie mehrere Ketten, die sternförmig von einer Verzweigung ausgehen, spricht man von Kugelmolekülen. Makromolekulare Stoffe, die aus den gleichen Strukturelementen bestehen, heißen **Polymere** oder **Hochpolymere.** Aus M. bestehen wichtige Naturstoffe wie Cellulose, Proteine und Nucleinsäuren sowie die Kunststoffe.

Makro|ökonomik (Makroökonomie, Makrotheorie), Teilgebiet der Volkswirtschaftslehre, das sich mit der Analyse gesamtwirtsch. Zusammenhänge unter Berücksichtigung des Verhaltens ganzer Sektoren (z. B. alle privaten Haushalte, alle Unternehmen, Staat) befasst. Aufbauend auf der volkswirtsch. Gesamtrechnung werden mit Größen wie Inlandsprodukt, Volkseinkommen, Konsum, Sparen und Investitionen gesamtwirtsch. Zusammenhänge in makroökonom. Modellen zu erklären versucht. Teilbereiche der M. sind u. a. Konjunktur-, Wachstums-, Geld-, Verteilungs-, Einkommens- und Beschäftigungstheorie. Während die traditionelle M. Arbeitslosigkeit durch zu hohe Reallöhne oder zu geringe effektive Nachfrage erklärt, geht die **neue M.** von Preis- und Lohnstarrheiten auf Güter- und Arbeitsmärkten aus, die zur »Nichträumung von Märkten« bei »falschen« Preisen führen (Ungleichgewichtstheorie). Die **neue klass. M.** bezweifelt dagegen die Existenz von Preisstarrheiten und versucht, Konjunktur sowie Arbeitslosigkeit als Ergebnis individuellen Optimierungsverhaltens zu erklären.

Makrophagen [grch.], zur Phagozytose (Aufnahme von belebten und unbelebten Substanzen) befähigte Bindegewebezellen, die sich aus dem Zellverband lösen und zu frei beweglich. Zellen werden können.

Makrophysik, die klass. Teilgebiete der Physik (Mechanik, Strömungslehre, Elektrodynamik, Thermodynamik, Akustik, Optik u. a.), die die Medien als strukturlose Kontinua behandeln und ihre Eigenschaften und Wechselwirkungen rein phänomenologisch durch Parameter (z. B. Druck und Temperatur) oder Materialkonstanten (z. B. Leitfähigkeit, Elastizität, Brechzahl u. a.) beschreiben. Im Ggs. dazu beschäftigt sich die **Mikrophysik** mit den Eigenschaften der Elementarteilchen sowie der Aufklärung der atomaren und subatomaren Strukturen und Wechselwirkungsprozesse (Elementarteilchen-, Kern-, Atom-, Molekül-, Festkörperphysik u. a.).

Makropoden [grch.] (Großflosser, Macropodus), Gattung der / Labyrinthfische; wegen ihrer Farbenpracht und Brutpflege beliebte Zierfische für Warmwasseraquarien.

makroskopisch, 1) ohne opt. Hilfsmittel, mit bloßem Auge erkennbar; 2) zur Makrophysik oder zu einem Makrozustand gehörend; Ggs.: mikroskopisch.

Makrosoziologie, die Bereiche soziolog. Forschung, die sich – im Unterschied zur / Mikrosoziolo-

Maksura [arab.] *die,* abgeteilter Raum (für den Imam) in einer Moschee; i. d. R. neben dem Minbar als ebenerdige Schranke, auch auf Säulen gestellt.

Makua, Bantustamm in SO-Tansania, Malawi und im nördl. Küstengebiet von Moçambique. Die meisten der rd. 1,9 Mio. M. sind Hackbauern mit Kleintierhaltung.

Makula|degeneration, Netzhautschädigung im Bereich des gelben Flecks (Macula lutea) mit der Folge einer zentralen Sehstörung bei Erhaltung der peripheren Sehfähigkeit. Die Sehschärfe ist stark herabgesetzt, häufig unter die Grenze der Lesefähigkeit. Von einer erbl., unabhängig vom Lebensalter auftretenden Form wird die in höherem Alter entstehende, teils mit Netzhautblutungen und -ablösungen verbundene senile M. als Folge arteriosklerot. Gefäßstörungen unterschieden.

Makulatur [mlat., zu maculare »beflecken«] *die,* fehlerhafte, beschmutzte, zerrissene oder anderweitig nicht mehr benötigte Druckerzeugnisse.

Makurdi, Hauptstadt des Bundesstaates Benue in Nigeria, am Benue, 123 100 Ew.; kath. Bischofssitz, Univ. (gegr. 1988); landwirtsch. Handelszentrum; Flusshafen, Bahnstation, Flugplatz.

MAK-Wert [MAK: Abk. für **m**aximale **A**rbeitsplatz**k**onzentration], Grenzwert einer Konzentration gas-, dampf- oder staubförmiger Substanzen, die als noch erträglich (nicht gesundheitsschädlich) am Arbeitsplatz bei achtstündiger Arbeit angesehen werden kann. Sie wird bei 20°C und 1 013 mbar gemessen und in ppm (d. h. cm^3 Gas je m^3 Luft) oder mg/m^3 (d. h. mg Substanz je m^3 Luft) angegeben; jährlich aktualisiert MAK-Werte werden vom Bundesministerium für Arbeit und Sozialordnung veröffentlicht. Der **BAT-Wert** (Abk. für biolog. Arbeitsstofftoleranzwert) gibt die höchstzulässige Menge eines über die Lunge und/oder andere Körperoberflächen in nennenswertem Maße in den Organismus eintretenden Arbeitsstoffs an. Da für Kanzerogene kein entsprechender Schwellenwert existiert, gilt die techn. Richtkonzentration (↗TRK-Werte).

Mal, Fleck, Zeichen, Kennzeichnung, z. B. Wund-, Mutter-M., Grenzstein, -pfahl, Markierung innerhalb eines Spielfeldes.

Malabaren (Malayali), ind. Volk an der Malabarküste, Staatsvolk von Kerala; etwa 34 Mio. Menschen; sprechen eine dravid. Sprache (↗Malayalam).

Malabarküste, schmaler Küstenstreifen an der SW-Küste Indiens (Bundesstaaten Kerala und Karnataka), trop. Monsunklima; landwirtsch. Erzeugnisse sind Kopra, Tee, Kokosnüsse, Pfeffer; in den Dünensanden finden sich Rutil und Zirkon; wichtigster Hafen ist Cochin.

Malabo (bis 1973 Santa Isabel), Hptst. von Äquatorialguinea, an der N-Küste der Insel Bioko, 40 000 Ew.; wichtigster Hafen des Landes (ehem. Vulkankrater); internat. Flughafen.

Mal|absorption, Störung der Aufnahme von Nahrungsstoffen über die Darmschleimhaut (v. a. des Dünndarms) in das Blut- und Lymphgefäßsystem. Ursache ist häufig eine Schleimhautschädigung des Darmes durch Infektion, auch allerg. Vorgänge. (↗Zöliakie)

Malachias, Prophet des A. T., ↗Maleachi.

Malachias (altirisch Maol m'Aedog), irischer Theologe, *Armagh 1094/95, †Clairvaux 1./2. 11. 1148; Mönch in Armagh, 1129–36 Erzbischof von Armagh, ab 1139 päpstl. Legat für Irland; setzte sich für den Anschluss der irischen Kirche an den röm. Ritus ein. – Heiliger; Tag: 3. 11. – Zu Unrecht zugeschrieben wird ihm die »Weissagung des M.« (1595 veröffentlicht), eine Sammlung von 112 Sinnsprüchen über die Päpste von Cölestin II. (1143–44) bis zu einem fiktiven »Petrus II.«, dem letzten Papst vor dem Ende der Welt.

Malachit [zu grch. maláchē »Malve«] *der,* monoklines Mineral der chem. Zusammensetzung $Cu_2[(OH)_2|CO_3]$, smaragd- bis schwärzlich grün; meist nierig-traubig mit glaskopfartiger Oberfläche (Grüner Glaskopf) und achatartiger Bänderung. M. entsteht in der Oxidationszone von Kupfererzen meist zus. mit anderen Kupfermineralen; verwendet als Schmuckstein.

Malachitgrün, grüner, wasserlösl. Triphenylmethanfarbstoff; wurde zum Färben von Naturfasern und Papier sowie zur Herstellung von grünen Lackfarben verwendet. In der Mikroskopie dient M. zur Färbung von pilzinfizierten Pflanzengeweben und Bakterien.

Maladeta [-'ðeta] *die* (Montes Malditos, frz. Maladetta), höchster Gebirgsstock der Zentralpyrenäen, Spanien/Frankreich, mit steil aufragenden Gipfeln, im Pico de Aneto 3 404 m ü. M.

mala fides [lat.], *Recht:* böser Glaube. (↗guter Glaube)

Malaga *der,* süßer bis trockener, hellgelber bis dunkelbrauner gespriteter Likörwein aus der Umgebung von Málaga, der aus den Rebsorten Pedro Ximénez und Muskateller gekeltert wird.

Málaga, 1) Prov. Spaniens, in Andalusien, 7 308 km^2, 1,28 Mio. Einwohner.

2) Hptst. von 1), an der Costa del Sol, an der Mündung des Guadalmedina, 549 100 Ew.; Bischofssitz; Univ., Kunstakademie, Hochschule für Musik und für darstellende Kunst; Museen (u. a. Picasso-Museum), Theater; Eisen-, Zucker-, Textilind., Konservenfabriken, Schiffbau, Erdölraffinerie; wichtiger Export- und Importhafen, Fährverbindungen nach Melilla, Ceuta, Tanger und Genua; internat. Flughafen. – Über der Altstadt mit Renaissancekathedrale (1528–1783, über ehem. Hauptmoschee) und der Alcazaba (maur. Burg aus dem 8.-13. Jh.) erhebt sich der von der alten Zitadelle gekrönte Gibralfaro (130 m); Kirchen El Sagrario und Santiago el Mayor (15.–16. Jh.), entstanden aus ehem. Moscheen; Geburtshaus P. Picassos. – Von den Phönikern gegr. (Malaca), gehörte M. 571–711 zum westgot. Reich, dann Blütezeit unter arab. Herrschaft, 1487 von den Spaniern erobert.

Malagasy, 1) ↗Madagassen.

2) die innerhalb der austrones. Sprachfamilie zu den westmalaiopolynes. Sprachen (↗malaiopolynesische Sprachen) gehörende Sprache der Madegassen. Die zahlr. Dialekte lassen sich in eine W- und eine O-Gruppe einteilen; seit 1820 ist der Merina-Dialekt (auch Hova) offizielle Schriftsprache auf Madagaskar (neben Französisch).

Malaien, 1) (Eigenbez. Orang Melayu [»umherschweifende Menschen«]), Volk in SO-Asien, v. a. in Indonesien, W-Malaysia, S-Thailand und Singapur; etwa 20 Mio. Angehörige. Die indones. Kultur (↗Indonesier) wurde durch ind., seit dem 13. Jh. durch islam. Einflüsse verändert. Heute sind fast alle M. sunnit. Muslime.

2) früher Bez. für alle ↗Indonesier.

3) in Malaysia Bez. für die hier lebende, ethnisch zu den Indonesiern zählende Bevölkerung.

Mala Malaiische Halbinsel

Valente Malangatana: Tambem falamos sobre coisas (1987; Privatsammlung)

Malaiische Halbinsel (Halbinsel Malakka), Halbinsel in SO-Asien, durch die Malakkastraße von Sumatra getrennt; 1 500 km lang, an der schmalsten Stelle (Isthmus von Kra) 40–50 km breit; von mehreren Gebirgsketten durchzogen (im Tahan 2 190 m ü. M.). Das Klima ist trop.-immerfeucht im S und monsunal-wechselfeucht im Norden. Zwei Drittel des Landes sind mit trop. Regenwald bedeckt. Reiche Zinnerzvorkommen. Haupthäfen: Singapur und George Town. Der nordwestl. Teil gehört zu Birma, der nordöstl. und mittlere zu Thailand, der S zu Malaysia.

Malaiischer Archipel (Australasien, Insulinde), die zw. Hinterindien und Neuguinea liegende Inselwelt: Große und Kleine Sundainseln, Molukken und Philippinen. Das Klima ist tropisch. Pflanzen- und tiergeographisch bildet der M. A. ein wichtiges Übergangsgebiet mit Mischungen von asiat. und austral. Formen. Staatlich gehört der größte Teil zu Indonesien. Sabah und Sarawak im N von Borneo gehören zu Malaysia, Brunei ist ein unabhängiges Sultanat.

Malaiischer Bund, / Malaysia (Geschichte).

malaiische Sprache, innerhalb der austronesischen Sprachfamilie zu den / malaiopolynesischen Sprachen gehörende Sprache, die v. a. im Bereich der Straße von Malakka sowie in weiteren Dialekten entlang der S- und W-Küste Borneos, im südlichsten Thailand und im Merguiarchipel Birmas verbreitet ist. Älteste Zeugnisse (Inschriften des Reiches Srivijaya in O-Sumatra) stammen aus dem 7. Jh.. Seit dem 16. Jh. sind umfangreiche literar. Texte belegt (islam.-malaiische Literatur, / indonesische Literatur). Formen der m. S. sind heute Amtssprachen in Indonesien, Malaysia, Singapur und Brunei.

malaiopolynesische Sprachen, Bez. für die größte Gruppe der austrones. Sprachen. Zu den m. S. gehören die westmalaiopolynes. Sprachen – die m. S. der Philippinen und W-Indonesiens, Chamorro (Marianen einschl. Guam), Palau, die malaiische Sprache, die Chamsprachen, Maduresisch und Malagasy – und die zentralostmalaiopolynes. Sprachen, unterteilt in die zentralmalaiopolynes. Sprachen (Kleine Sundainseln, beginnend im O Sumbawas, sowie die südl. und zentralen Molukken einschl. der Aruinseln und der Sulainseln) und die ostmalaiopolynes. Sprachen (S-Halmahera, westl. Neuguinea und Ozeanien).

Malakhov, Vladimir, österr. Tänzer und Choreograph ukrain. Herkunft, *Kriwoi Rog 7. 1. 1968; war 1986–92 beim Moskauer Klass. Ballett engagiert und wirkte als Gast in Stuttgart und Japan. 1992–94 war er 1. Solist beim Wiener Staatsopernballett (seitdem ständiger Gast), 1994–98 beim National Ballet of Canada, seit 1995 auch beim American Ballet Theatre in New York; daneben seit 2002 Ballettdirektor und 1. Solist an der Dt. Staatsoper Berlin. 1999 choreographierte er in Wien »Die Bajadere« von Ludwig Minkus und 2001 »Verdi-Ballett oder Ein Maskenball«.

Malakka, 1) (Halbinsel M.), die / Malaiische Halbinsel.
2) Bundesstaat und Stadt in Malaysia, / Melaka.

Malakkastraße, Meeresstraße zw. Sumatra und der Malaiischen Halbinsel, schmalste Stelle 67 km breit, wichtige Verbindung zw. Ind. und Pazif. Ozean.

Malamud [ˈmæləməd], Bernard, amerikan. Schriftsteller, *New York 26. 4. 1914, †ebd. 18. 3. 1986; bed. Vertreter des jüdisch-amerikan. Romans; behandelt das Thema menschl. Entfremdung in einer gefühlskalten Umgebung und die Bewahrung von moral. Integrität und Humanismus; verfasste Kurzgeschichten (»Rembrandts Hut«, 1973) und Romane (»Der Gehilfe«, 1957; »Der Fixer«, 1966; »Die Mieter«, 1971; »Die Leben des William Dubin«, 1979).

Malang, Stadt in O-Java, Indonesien, südwestlich von Surabaya, 450 m ü. M. am Fuß des Semeru, 716 700 Ew.; kath. Bischofssitz; Univ., landwirtsch. Forschungsinstitut; Zentrum eines Agrargebietes; Herstellung von Zigaretten, Tonwaren u. a.; nahebei Luftwaffenbasis.

Malangatana, Valente Ngwenya, moçambiquan. Maler und Grafiker, *Marracuene (bei Maputo) 6. 6. 1936; gestaltet an afrikan. Bildtraditionen anknüp-

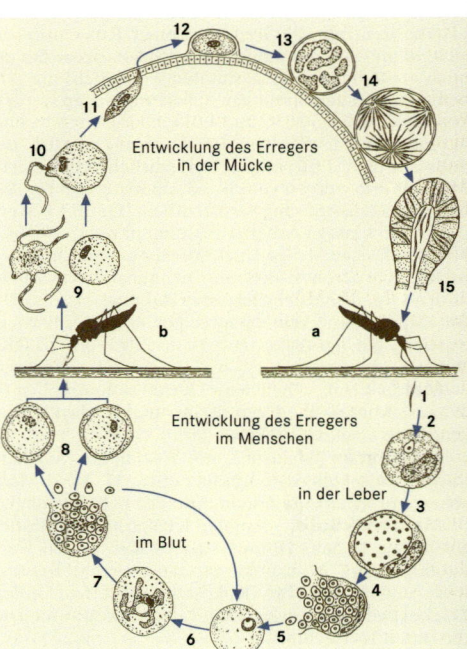

Malaria: schematische Darstellung der Entwicklung eines Malariaerregers (a stechende, b saugende Fiebermücke); 1 Sichelkeim im Blut des Menschen, 2-4 Entwicklung in Leberzellen, 5-7 Entwicklung in roten Blutkörperchen, 8 männliche (links) und weibliche Geschlechtsformen in Blutkörperchen, 9 Fortentwicklung der männlichen (links) und weiblichen Gametozyten im Darm der Mücke, 10 Befruchtung, 11 Eindringen der beweglichen befruchteten Eizelle in die Darmwand, 12 einkerniges Stadium, 13 vielkerniges Stadium, 14 Bildung der Sichelkeime, 15 in die Speicheldrüse der Mücke eingewanderte Sichelkeime

Malawi

Fläche:	118 484 km²
Einwohner:	(2000) 10,385 Mio.
Hauptstadt:	Lilongwe
Verwaltungsgliederung:	3 Regionen
Amtssprache:	Englisch, Chewa
Nationalfeiertag:	6. 7.
Währung:	1 Malawi-Kwacha (MK) = 100 Tambala (t)
Zeitzone:	MEZ + 1 Std.

fende Werke von expressiv-dynam. Farbgebung und unter Verwendung von Mythen und Symbolen der Volkskultur.

Malanje [ma'lãʒɪ] (früher Malange), Prov.-Hauptstadt in N-Angola, 1 145 m ü. M., 32 000 Ew.; kath. Bischofssitz; Marktzentrum eines Agrargebietes; Eisenbahnendpunkt, Flugplatz. Nördlich von M. Eisenerzabbau.

Malapane die (poln. Mała Panew), rechter Nebenfluss der Oder, 132 km, entspringt südlich von Tschenstochau, durchfließt den 20 km² großen Turawa-Stausee, mündet unterhalb von Oppeln.

Malaparte, Curzio, eigtl. Kurt Erich Suckert, italien. Schriftsteller und Journalist, * Prato 9. 6. 1898, † Rom 19. 7. 1957; Sohn einer Italienerin und eines Deutschen; war u. a. 1928–31 Leiter der Tageszeitung »La Stampa«, wurde 1933 wegen seiner krit. polit. Haltung auf die Lipar. Inseln verbannt; im Zweiten Weltkrieg Kriegsberichterstatter; erregte Aufsehen durch seine Kriegs- bzw. Nachkriegsromane (»Kaputt«, 1944; »Die Haut«, frz. 1949, italien. 1950), in denen er in expressionist. Szenen Bilder menschlicher Erniedrigung darstellt.

Malaria [von italien. mala aria »schlechte Luft«] die (Sumpffieber, Wechselfieber), Sammel-Bez. für Infektionen durch Protozoen der Gatt. Plasmodium, die von der M.-Mücke (Anopheles) übertragen werden. Die M. ist meldepflichtig. Die unreifen Sporenformen (Sporozoiten, Sichelkeime) der M.-Erreger gelangen beim Stich mit dem Speichel der Mücken in den menschl. Organismus und reifen hauptsächlich in der Leber heran. Während dieser ein- bis sechswöchigen Phase (Inkubationszeit) treten keine Krankheitserscheinungen auf. Die ausgereiften M.-Erreger (Schizonten) teilen sich ungeschlechtlich in Merozoiten und werden ins Blut ausgeschwemmt. In den roten Blutkörperchen (Erythrozyten) entwickeln sie sich wiederum zu Schizonten (Blutplasmodien), die sich durch ungeschlechtl. Teilung zu jeweils 8–12 Merozoiten vermehren. Schließlich kommt es zur Zerstörung der Erythrozyten und damit zum Fieberanfall. Die frei gewordenen Merozoiten dringen in neue Erythrozyten ein, in denen sich diese Entwicklung nach einem bestimmten Rhythmus wiederholt. Nach 4–5 solcher Vermehrungszyklen entstehen in den Erythrozyten Geschlechtsformen (Gametozyten), die sich im menschl. Körper nicht weiter vermehren können. Man unterscheidet drei M.-Formen: Die **M. tertiana** (**Dreitagefieber;** Erreger: Plasmodium vivax und Plasmodium ovale) kommt auch in gemäßigten Zonen vor; Fieberanfall jeweils nach einem fieberfreien Tag. – **M. quartana** (Erreger: Plasmodium malariae); Fieberanfall alle 72 Stunden. – Bei der **M. tropica** (Erreger: Plasmodium falciparum), der eigtl. und auch gefährlichsten M. aller warmen Länder, treten die Fieberattacken in unregelmäßigen Abständen auf. Die gelegentlich tödl. Krankheit beginnt meist uncharakteristisch grippeartig mit Kopf- und Gliederschmerzen und nachfolgendem unregelmäßigem Fieber. Als Begleiterscheinungen treten Blutarmut, Milz- und Leberschwellung bzw. -schäden, Gewichtsabnahme, auch Herzmuskelschäden auf. – Zur *Behandlung* dienen die Arzneimittel Chloroquin, Mefloquin, Halofantrin, auch Chinin oder eine Kombination von Chinin und Doxycyclin. Chloroquin ist Mittel der Wahl, es finden sich aber zunehmend Resistenzen. Die M.-Bekämpfung erfolgt durch Mückenvernichtung (Gewässersanierung, Insektizide) und individuelle Vorbeugung (Moskitonetze, prophylakt. Arzneimitteleinnahme). – Trotz intensiver Bekämpfungsmaßnahmen ist die M. inzwischen weltweit in den Tropen und teilweise auch in den Subtropen verbreitet. In Europa ist eine zunehmende Zahl an importierter M. zu verzeichnen. Jährlich sterben über 1 Mio. Menschen an M., die Zahl der Neuerkrankungen liegt bei etwa 100 Mio. Menschen.

Mälarsee (schwed. Mälaren), See in Schweden, erstreckt sich von Stockholm 120 km weit nach W, bis 65 km breit, bis 60 m tief, 1 140 km² Wasserfläche. Die 1 260 Inseln mit 200 Schlössern und Herrensitzen umfassen 410 km². Sein kurzer Abfluss (Norrström) mündet bei Stockholm in die Ostsee.

Malaspinagletscher, einer der größten Vorlandgletscher der Erde, an der S-Küste Alaskas, USA, 113 km lang, 2 200 km² groß.

Malate, Salze und Ester der / Apfelsäure.

Malatesta, italien. Adelsfamilie, beherrschte Rimini und Teile des Kirchenstaates, Parteigänger der Guelfen. Um 1275 wurde / Francesca da Rimini mit Gianciolto M. verheiratet. Sigismondo M. (* 1417, † 1468) beteiligte sich als Condottiere u. a. am Streit um die Nachfolge der Visconti in Mailand (1439). 1461 wurde er von Pius II. besiegt und gebannt, zog dann für Venedig gegen die Türken. Pandolfo M. (* 1475, † 1534) verkaufte 1503 Rimini den Venezianern.

Malatya, Hptst. der Prov. M. im östl. Zentralanatolien, Türkei, 1 080 m ü. M., in einer fruchtbaren Euphratebene, 314 500 Ew.; Univ.; Verarbeitung von Agrarprodukten (Baumwolle, Tabak, Obst). – Nahebei, auf dem Arslan Tepe, die Reste der späthethit. und assyr. Stadt Milid.

Malawi (amtlich engl. Republic of M.), Staat im südl. O-Afrika, grenzt im N und NO an Tansania, im O, S und SW an Moçambique, im W an Sambia.

Staat und Recht

Nach der Verf. vom 18. 5. 1995 ist M. eine präsidiale Rep. mit Mehrparteiensystem. Staatsoberhaupt und Reg.chef ist der auf 5 Jahre direkt gewählte Präs. Die

Staatswappen

internationales Kfz-Kennzeichen

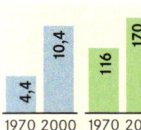

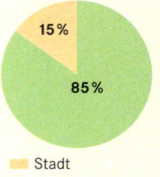

Bevölkerungsverteilung 2000

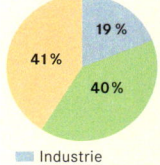

Bruttoinlandsprodukt 2000

Gesetzgebungsbefugnis liegt bei der Nationalversammlung (192 für 5 Jahre gewählte Abg.). Die Reg. als Exekutivorgan wird vom Präs. ernannt. Wichtigste Parteien: Vereinigte Demokrat. Front (UDF), Malawi Kongresspartei (MCP), Allianz für Demokratie (AFORD).

Landesnatur

M. erstreckt sich von N nach S auf rd. 840 km Länge bei einer Breite zw. 80 und 160 km westlich und südlich des im Ostafrikan. Graben gelegenen / Malawisees. Es überwiegen 1 200–1 400 m ü. M. gelegene Hochebenen, die von Gebirgsmassiven überragt werden (Mlanjemassiv im S bis 3 003 m ü. M.). Das trop. Klima wird durch die Höhenlage und die große Wasserfläche beeinflusst; Regenzeit Nov.–April, jährl. Niederschläge im Hochland 800–1 300 mm, in den Gebirgen bis 3 000 mm. In der Vegetation herrschen Trockenwälder vor.

Bevölkerung

Fast ausschließlich Bantuvölker: Chewa (stärkste Volksgruppe, deren Sprache auch Amtssprache ist), Tonga, Nyanja und Tumbuka, seit Mitte des 19. Jh. auch Ngoni, Yao u. a.; Minderheiten von Europäern und Asiaten (Inder). Etwa 700 000 Malawier arbeiten im Ausland. – Rd. 80% der Bev. sind Christen, zu zwei Dritteln Protestanten und Angehörige unabhängiger Kirchen, über 13% Muslime; etwa 6% werden traditionellen afrikan. Religionen zugerechnet. – Es besteht eine achtjährige Grundschulpflicht ab dem 6. Lebensjahr. Die Analphabetenquote beträgt 40%.

Wirtschaft, Verkehr

M. zählt zu den ärmsten Ländern Afrikas. Haupterwerbszweig ist die Landwirtschaft, in der über 80% der Erwerbstätigen arbeiten. Für den Eigenbedarf werden v. a. Mais, Maniok, Hülsenfrüchte, Kartoffeln, Gemüse angebaut, für den Export Tabak, Tee, Zuckerrohr, Erdnüsse. Viehwirtschaft v. a. im Norden (Rinder, Schweine, Schafe, Ziegen, Geflügel). Bedeutung haben Holznutzung (etwa ein Drittel des Landes ist Waldfläche) und Fischerei. M. ist arm an Bodenschätzen; Kohleabbau seit 1985. Die Ind. ist wenig entwickelt, vorwiegend Verarbeitung landwirtsch. Erzeugnisse (Herstellung von Zucker, Zigaretten, Konsumgütern). Knapp 90% der Exportgüter sind landwirtsch. Produkte. Haupthandelspartner sind Großbritannien u. a. EU-Länder sowie die Rep. Südafrika. – Das Verkehrsnetz besteht aus 797 km Eisenbahnlinien und 28 400 km Straßen (davon 5 250 km asphaltiert); die Binnenschifffahrt hat Bedeutung für Personen- und Gütertransport. Internat. Flughäfen: Kamuzu bei Lilongwe und Chileka bei Blantyre.

Geschichte

D. Livingstone entdeckte 1859–63 den Njassasee (Malawisee) und erforschte die umliegenden Gebiete. 1891 wurde im heutigen M. das Protektorat British Central Africa errichtet, das 1907 den Namen Njassaland erhielt. 1953 wurde die von Weißen beherrschte Zentralafrikan. Föderation mit Nord- und Südrhodesien (heute Sambia und Simbabwe) gebildet. Ende der 50er-Jahre formierte sich aktiver Widerstand der Schwarzen, an dessen Spitze H. K. Banda trat. Bei den ersten allg. Wahlen 1961 errang die 1959 gegr. Malawi Kongresspartei (MCP) unter Führung Bandas (seit 1963 Premiermin.) den Sieg. Nach Auflösung der Föderation 1963 wurde Njassaland als M. 1964 unabhängig, zunächst als Monarchie unter brit. Krone, seit 1966 als Rep. innerhalb des Commonwealth. Unter Führung des diktatorisch regierenden Staatspräs. Banda (1971 auf Lebenszeit gewählt) verfolgte M. eine westlich orientierte Politik, die das Land wiederholt in scharfen Gegensatz zu den anderen schwarzafrikan. Staaten brachte. Nach Einführung eines Mehrparteiensystems 1993 fanden im Mai 1994 Parlaments- und Präsidentschaftswahlen statt, in denen Präs. Banda und die frühere Einheitspartei MCP unterlagen. Neuer Staatspräs. wurde B. Muluzi (Wiederwahl 1999), bis 1997 Führer der siegreichen Vereinigten Demokrat. Front (UDF). Ziele seiner Reg. sind v. a. die Bekämpfung der Korruption, der wirtsch. Aufbau des Landes, der Ausgleich polit. (auch ethnisch-regionaler) Gegensätze sowie die Überwindung der Isolierung M.s angesichts der früheren Unterstützung des südafrikan. Apartheidsystems.

Malawisee (Njassasee, engl. Lake Nyasa), drittgrößter See in Afrika, 472 m ü. M., 30 800 km², 550 km lang, bis 706 m tief; liegt im **Njassagraben,** dem südlichsten Teil des Ostafrikan. Grabensystems, mit im NO fast 3 000 m hohen Wänden. Der M. entwässert durch den Shire zum Sambesi; Fischerei. Der Na-

Malaysia **Mala** 2957

Malaysia

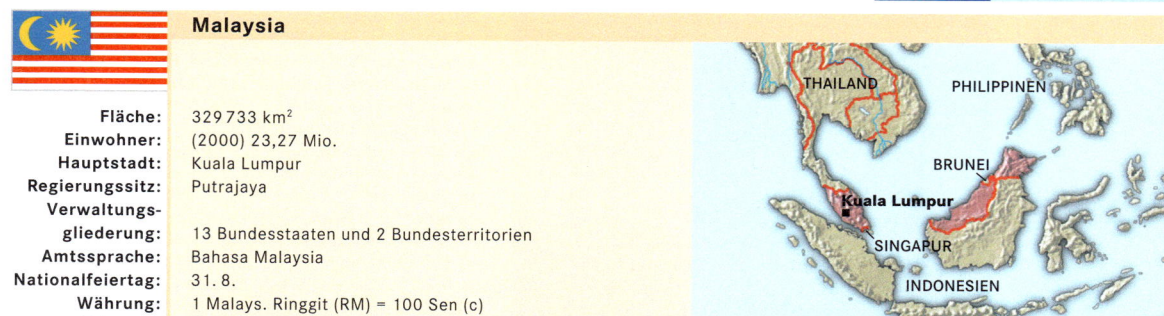

Fläche:	329 733 km²
Einwohner:	(2000) 23,27 Mio.
Hauptstadt:	Kuala Lumpur
Regierungssitz:	Putrajaya
Verwaltungsgliederung:	13 Bundesstaaten und 2 Bundesterritorien
Amtssprache:	Bahasa Malaysia
Nationalfeiertag:	31. 8.
Währung:	1 Malays. Ringgit (RM) = 100 Sen (c)
Zeitzone:	MEZ + 7 Std.

tionalpark M. wurde von der UNESCO zum Weltnaturerbe erklärt.

Malaya, der auf der Malaiischen Halbinsel gelegene W-Teil Malaysias.

Malayalam, eine der 15 ind. Nationalsprachen mit rd. 34 Mio. Sprechern; gehört zu den dravid. Sprachen und weist zahlr. Sanskritformen auf; dem Tamil verwandt. (↗ indische Schriften)

Malayali, ind. Volk, ↗ Malabaren.

Malaysia (amtl. Namen: Bahasa Malaysia: Persekutuan Tanah M., engl. Federation of M.), Bundesstaat in SO-Asien; **West-M.** (Malaya) umfasst den S-Teil der ↗ Malaiischen Halbinsel einschl. vorgelagerter Inseln und grenzt im N an Thailand, im S an Singapur; **Ost-M.,** bestehend aus ↗ Sarawak und ↗ Sabah, nimmt den N-Teil der Insel ↗ Borneo ein und grenzt an Indonesien und Brunei.

Staat und Recht

Der Bundesstaat M. ist nach der Verf. von 1963 (mehrfach, zuletzt 1994, novelliert) eine parlamentar. Wahlmonarchie. Staatsoberhaupt und oberster Inhaber der Exekutive ist der von den erbl. Fürsten auf 5 Jahre aus ihrer Mitte gewählte König. Er ernennt das Kabinett unter Vorsitz des MinPräs., das dem Parlament verantwortlich ist. Die Legislative liegt beim Zweikammerparlament, bestehend aus Senat (70 Mitgl., davon 40 vom König und 30 von den Parlamenten der Bundesstaaten ernannt) und Repräsentantenhaus (193 Abg., auf 5 Jahre gewählt). Verf.änderungen und andere Grundsatzfragen bedürfen der Zustimmung durch die Konferenz der Herrscher (Fürsten und Gouv. der Gliedstaaten). Einflussreichste polit. Kraft ist die (1999) aus 14 Parteien bestehende Nationale Front (Barisan Nasional), die von der Vereinigten Nationalorganisation der Malaien (UMNO) dominiert wird. Die 13 Gliedstaaten verfügen über eine eigene Verf. sowie Legislativ- und Exekutivorgane.

Landesnatur

West- und Ost-M. werden durch das Südchines. Meer voneinander getrennt. Die Entfernung zw. den nächstgelegenen Küsten beträgt rd. 600 km. West-M. wird in Fortsetzung der hinterind. Gebirge von einem Gebirgssystem durchzogen. Etwa 60 % von M. ist gebirgig, daneben ausgedehnte Sumpf- und Flussebenen. Sabah besitzt mit dem Kinabalu (4 101 m ü. M.) den höchsten Berg SO-Asiens. M. liegt in den inneren, ganzjährig von feuchtwarmen Luftmassen bestimmten Tropen, mit Einfluss des winterl. NO-Monsuns bes. im NO der Malaiischen Halbinsel; in den Gebirgen bis über 6 000 mm Jahresniederschlag; trop. Regenwald (nur noch 40 % der Landesfläche).

Bevölkerung

Rd. 58 % sind Malaien, 27 % Chinesen, 8 % Inder und Pakistaner. Die zu den Indonesiern (Jungindonesier) zählenden Malaien, größtenteils erst in den letzten Jahrhunderten aus Indonesien eingewandert, erheben seit der Unabhängigkeit den polit. Führungsanspruch, sie werden durch die Reg. systematisch gefördert und im öffentl. Dienst bevorzugt eingestellt. In den Städten dominieren noch die Chinesen. 81 % der Gesamtbev. leben in West-M. auf rd. 40 % der Staatsfläche. Bes. dicht besiedelt ist die W-Küste der Malaiischen Halbinsel (Zinnabbau und Kautschukplantagen). Die Geburtenrate ist in allen Bundesstaaten hoch (2,6 %). – Rd. 55 % der Bev. bekennen sich zum sunnit. Islam, der »offizielle Religion im Staat« (nicht Staatsreligion) ist; rd. 9 % sind Christen (v. a. in Sabah und Sarawak). Die Inder sind überwiegend Hindus, die Chinesen Konfuzianer, Daoisten und Buddhisten. – Es besteht eine neunjährige allg. Schulpflicht ab dem 6. Lebensjahr. Die Analphabetenquote beträgt 13 %.

Wirtschaft, Verkehr

Das Schwellenland M. ist eines der sich am schnellsten entwickelnden Länder Asiens. Dabei gilt die verarbeitende Ind. (Elektronik, Chemie, Holz- und Bauwirtschaft, Fahrzeugbau) als der dynamischste Wirtschaftszweig. Hauptindustriestandorte sind der Raum um Kuala Lumpur und George Town auf Pinang (Penang); eines der größten Ind.unternehmen ist das Stahlwerk in Prai. Entwicklungsschwerpunkte liegen in der Exportorientierung von Ind.betrieben mit ausländ. Beteiligung (z. B. Kfz-Herstellung mit japan. Hilfe). 24 % der Gesamtfläche werden landwirtsch. genutzt, wobei auf Plantagen 35 % der kultivierten Fläche entfallen. M. ist in der Kautschuk-, Palmöl- und Pfefferproduktion weltführend; exportorientiert sind auch Kokospalmen-, Kakao- und Ananaskulturen. Der Inlandsbedarf an Lebensmitteln kann nicht völlig im Land gedeckt werden, u. a. wird Reis eingeführt. Die in den letzten Jahren stark gestiegene Holzgewinnung hat sich wieder reduziert; es besteht ein Exportverbot für 16 trop. Holzarten. Bedeutung hat auch die Fischerei. Die wichtigsten Bodenschätze sind Zinnerz (in West-M.) und Erdöl sowie Erdgas (auf Borneo, auch Offshorebohrungen); abgebaut werden auch Bauxit, Kupfer- und Eisenerz. Ethnisch-kulturelle und landschaftl. Attraktionen begünstigen den Fremdenverkehr. Die Handelsbilanz ist seit 1970 fast ununterbrochen positiv. Haupthandelsgüter sind Erdöl, Erzeugnisse der Elektroind., Holz, Kautschuk, Palmöl, Zinn und Erdgas. Die USA, Japan und Singapur sind die wichtigsten Handelspart-

Staatswappen

internationales Kfz-Kennzeichen

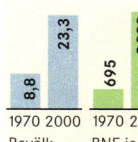
1970 2000   1970 2000
Bevölk.   BNE je Ew.
(in Mio.)   (in US-$)

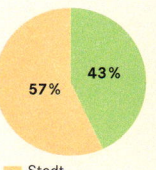
Stadt
Land
Bevölkerungsverteilung 2000

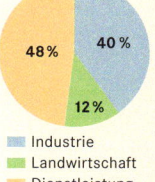
Industrie
Landwirtschaft
Dienstleistung
Bruttoinlandsprodukt 2000

Malaysia: Die Pagode Kek Lok Si (1890–1910 erbaut) in Penang; der zentrale Turm ist vom birmanischen, die Basis vom chinesischen Stil beeinflusst.

Malaysia Airlines

ner. – Das Schienennetz ist in West-M. 2 200 km, in Ost-M. 134 km lang. Das Straßennetz (85 300 km) konzentriert sich auf die W-Küste der Malaiischen Halbinsel (seit 1994 N-S-Autobahn von der thailänd. Grenze nach Johor Baharu; im S nach Singapur). In Sarawak sind die Flüsse von großer Bedeutung für den Personen- und Güterverkehr. Zw. beiden Landesteilen bestehen gut ausgebaute Flug-und Fährverbindungen. Wichtigste Häfen: Kelang, George Town, Johor Baharu, Kuantan, Bintulu, Kota Kinabalu, Tanjung Pelepas (Containerhafen mit Bahnanschluss). Internat. Flughäfen sind Kuala Lumpur, Sepang (seit 1998 mit Schnellbahnverbindung nach Kuala Lumpur), George Town, Kota Kinabalu, Johor Baharu, Kuching und Pulau Langkawi.

■ **Geschichte**

Die in den ersten Jahrhunderten n. Chr. entstandenen kleinen malaiischen Reiche wurden von der ind. Kultur geprägt (Buddhismus). Das Gebiet der Malaiischen Halbinsel gehörte bis ins 6. Jh. zum Einflussbereich des Staates Funan; zw. dem 7. und 14. Jh. befand es sich zunächst unter loser Oberherrschaft des indonesischen Großreiches Srivijaya, dann unter der Majapahits. Um 1400 begründete Paramesvara, ein aus Sumatra geflüchteter Fürst von Palembang, das spätere Sultanat Malakka mit der gleichnamigen Hptst. (↗ Melaka), die er zu einem wichtigen Umschlagplatz im W-O-Handel ausbaute. Er förderte die Ausbreitung des Islam. Unter Paramesvaras Nachfolgern breitete sich die Herrschaft des Sultanats bis an die N-Grenze des heutigen M. aus. 1511 eroberten die Portugiesen Malakka (Ausbau der Stadt zur Festung, Verlegung der Hptst. des Sultanats nach Johore), 1641 fiel M. an die Niederländer. 1786 schloss die brit. Ostind. Kompanie mit dem Sultan von Kedah einen Pachtvertrag über die Insel Pinang; 1795 besetzten die Briten Malakka (seit 1824 vertraglich in brit. Besitz); 1819 entstand eine brit. Handelsniederlassung auf Singapur. Die zu den **Straits Settlements** (»Siedlungen an der Wasserstraße«) zusammengefassten brit. Besitzungen Singapur, Malakka und Pinang wurden 1867 Kronkolonien. Zw. 1873 und 1888 gliederte Großbritannien die Sultanate Perak, Selangor, Pahang und Negri (Negeri) Sembilan in ein System von Protektoraten (1895 in die **Federated Malay States** unter einem Generalresidenten umgewandelt). Johore (Johor) wurde größere Autonomie zugestanden (1885 Schutzvertrag). 1909 erzwang Großbritannien von Siam die Abtretung der Sultanate Kedah, Perlis, Kelantan und Trengganu (Terengganu), die mit Johore die **Unfederated Malay States** bildeten. 1941–45 war M. von Japan besetzt. Nach Wiederinbesitznahme durch Großbritannien (1945) wurden die Straits Settlements aufgelöst und mit den unter brit. Protektorat stehenden Federated sowie den Unfederated Malay States 1946 zur **Malaiischen Union (Malayan Union)** vereinigt, die 1948 in den **Malaiischen Bund (Federation of Malaya)** umgewandelt wurde; dabei erhielt Singapur einen Sonderstatus. Am 31. 8. 1957 erlangte der Malaiische Bund im Rahmen des Commonwealth die Unabhängigkeit. Gegen den Widerstand v. a. Indonesiens schloss er sich 1963 mit Singapur, Sarawak und Sabah zur Föderation M. zusammen. Innenpolit. Probleme (1964 schwere Zusammenstöße zw. Malaien und Chinesen in Singapur) und außenpolit. Spannungen (Konfrontation mit Indonesien) führten 1965 zum Austritt Singapurs aus der Föderation. 1967 war M. Mitbegründer der ASEAN. 1969 ausgebrochene blutige Unruhen zw. Malaien und Chinesen in Kuala Lumpur u. a. Städten führten zur Verhängung des Ausnahmezustandes (bis 1971).

Stärkste polit. Kraft wurde das von der UMNO beherrschte Parteienbündnis »Nat. Front« (bei den Wahlen zum Bundesparlament als polit. Basis der Reg.politik immer wieder bestätigt, erneut 1999 hoher Wahlsieg). Unter MinPräs. D. S. Mahathir bin Mohammed (UMNO, seit 1981 im Amt) entwickelte sich M. zu einem der führenden Schwellenländer der Welt (Verabschiedung des ehrgeizigen Entwicklungsprogramms »National Development Policy 1991–2020«). Außenpolitisch bekannte sich M. zur Bewegung der blockfreien Staaten und schloss sich u. a. der 1989 gegründeten APEC an.

1993 setzte die Regierung Verf.änderungen durch, die die traditionellen Privilegien der Sultane beschnitten. Am 4. 2. 1994 wählte die Konferenz der Herrscher der Föderation den Sultan von Negeri Sembilan, Jaafar Abdul Rahman, zum König. 1997/98 wurde auch M. von der schweren asiat. Währungs- und Wirtschaftskrise erfasst. V. a. in der Auseinandersetzung um den weiteren Wirtschaftskurs kam es zu einem innenpolit. Machtkampf zw. dem antiwestlich eingestellten und in wachsendem Maße undemokratisch regierenden Mahathir bin Mohammed und dem Finanzmin. sowie Vizepremier Dato Seri Anwar Ibrahim, der im Sept. 1998 aus seinen Ämtern entlassen, dann verhaftet und nach einem Prozess im April 1999 unter dem Vorwurf des Amtsmissbrauchs zu einer Haftstrafe verurteilt wurde, was auf starke in- und ausländ. Proteste stieß und zur Gründung einer Nat. Gerechtigkeitspartei durch Anwars Frau Wan Azizah Wan Ismail führte. Ende der 1990er-Jahre erstarkten die islamist. Kräfte unter Führung der Parti Islam Sa-Malaysia (PAS), die nach ihrem Erfolg bei den Gouverneurswahlen 1999 bereits im zweiten malays. Gliedstaat die Reg. übernehmen konnte (neben Kelantan nun auch in Terengganu). Im April 1999 wurde der Sultan von Selangor, Salahuddin Abdul Aziz Shah Alhaj, König von Malaysia. Im Juni 1999 bezog der Reg.chef Mahathir bin Mohammed (im Nov. 1999 er-

Malediven

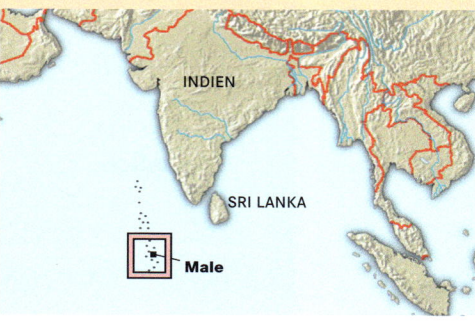

Fläche:	298 km²
Einwohner:	(2000) 301 000
Hauptstadt:	Male
Verwaltungsgliederung:	20 Verwaltungsbezirke (Atolle), einschließlich Hauptstadtbezirk
Amtssprache:	Divehi
Nationalfeiertage:	26. 7. und 11. 11.
Währung:	1 Rufiyaa (Rf) = 100 Laari (L)
Zeitzone:	MEZ + 4 Std.

neut im Amt bestätigt) den südlich von Kuala Lumpur errichteten Reg.-Sitz Putrajaya. Die Reg. Mahatir verschärfte in der Folgezeit ihre repressive Politik gegenüber der Opposition (u. a. im Jan. 2000 und erneut im April 2001 Verhaftung von führenden Regimekritikern, im Aug. 2000 Verurteilung Anwars in einem umstrittenen zweiten Prozess zu weiteren neun Jahren Haft, wiederholte gewaltsame Auflösung von Protestdemonstrationen, Erscheinungseinstellung oppositioneller Zeitungen). Die größten Auswirkungen der Wirtschaftskrise konnten 1999/2000 überwunden werden, wobei sich die Reg. einer dirigist. Politik (u. a. Einführung einer Kontrolle des Kapitalmarktes und des Devisenhandels) bediente. Auch Anwars Nachfolger als Finanzmin. und stellv. Reg.chef geriet bes. wegen der Wirtschaftspolitik in Konflikt mit Premier Mahathir bin Mohammed und trat Anfang Juni 2001 von seinen Ämtern zurück. Nach dem Tod von König Salahuddin (21. 11. 2001) trat im darauf folgenden Monat Tuanku Syed Sirajuddin, der Raja von Perlis, seine Nachfolge an.

Malaysia Airlines [məˈleɪzɪə ˈɛəlaɪnz, engl.], malays. Luftverkehrsgesellschaft, gegr. 1971 unter der Bez. »Malaysian Airline System«, seit 1987 heutiger Name; Sitz ist Kuala Lumpur; seit 1994 privatisiert. Übersicht ↗ Luftverkehrsgesellschaften

Malbork, Stadt in Polen, ↗ Marienburg.

Malchen, anderer Name für den ↗ Melibocus.

Malchin, Stadt im Landkreis Demmin, Meckl.-Vorp., zw. Kummerower See und **M.er See** (14,3 km²), 8 800 Ew.; Mischfutterwerk, Bootsbau, Beton-, Möbel- und Sägewerk. – Erhalten sind zwei Tore der mittelalterl. Stadtbefestigung, Stadtkirche St. Johannes (Backsteinbau von 1397–1440). Östlich in **Göhren-Lebbin** in einem Schlosspark ein 550 ha großes Feriengebiet. – Entstand nach 1200; 1236 erstmals als Stadt bezeugt.

Malchow [-ço], Stadt im Landkreis Müritz, Meckl.-Vorp., am M.er See (zw. Plauer und Fleesensee), 7 800 Ew.; Kureinrichtungen; Holzverarbeitung. – Ehem. Nonnenkloster (gegr. 1298), Fachwerkhäuser (18./19. Jh.). – M. ist seit 1235 Stadt.

Malchus, Gestalt des N.T.; ein Diener des Hohepriesters, dem Petrus bei der Gefangennahme Jesu das rechte Ohr abschlug (Joh. 18, 10).

Malcolm X [ˈmælkəm ˈeks], eigtl. Malcolm Little, amerikan. Bürgerrechtler, * Omaha (Nebr.) 19. 5. 1925, † (ermordet) New York 21. 2. 1965; schloss sich im Gefängnis (1946–52) den ↗ Black Muslims an. Ende 1963 gründete er die auf unmittelbare polit. Aktion gerichtete »Organization of Afro-American Unity«. Nach einer Pilgerreise nach Mekka (1964) änderte er seinen Namen in **El Hajj Malik al-Shabazz** und wandte sich dem orth. Islam zu und entwickelte nun Ansätze eines universellen humanist. Revoluti-

onskonzepts. M. X wurde während einer Zusammenkunft seiner Anhänger in Harlem durch schwarze Fanatiker ermordet. Seine von A. Haley posthum veröffentlichten Erinnerungen »The autobiography of M. X« (1965; dt. »Der schwarze Tribun«) gelten als Klassiker der afroamerikan. Selbstdarstellung.

Malczewski [malˈtʃɛfski], Antoni, poln. Dichter, * Knjaginin (Wolhynien) 3. 6. 1793, † Warschau 2. 5. 1826; Romantiker; schrieb das an Byron orientierte Versepos »Maria« (1825), war wegweisend für die romant. »ukrain. Schule«.

Maldescensus testis, der ↗ Kryptorchismus.

Maldigestion [lat.] *die,* Störung der Verdauung; verursacht v. a. durch einen Mangel an Verdauungsenzymen und Gallenflüssigkeit oder durch Allergien gegenüber versch. Nahrungsmitteln (z. B. Eiereiweiß). Wichtigstes Kennzeichen sind ständig wiederkehrende Durchfälle.

Male [ˈmɑːleɪ], Hptst. der Rep. Malediven, 63 000 Ew.; liegt auf der gleichnamigen Insel des Kaafu-Atolls (125 Inseln, davon 10 bewohnt).

Maleachi, in der Vulgata Malachias, Prophet des A. T. Sein Name ist nicht überliefert, die Benennung als M. eine spätere Einfügung. Das wohl in der 2. Hälfte des 5. Jh. v. Chr. verfasste **Buch M.** bildet den Abschluss des Zwölfprophetenbuches (↗ Kleine Propheten). Es enthält eschatolog. Gerichts- und Heilsankündigungen und betont die Treue Gottes zu Israel.

Malebranche [malˈbrɑ̃ʃ], Nicolas (Nicole) de, frz. Philosoph, * Paris 6. 8. 1638, † ebd. 13. 10. 1715; Oratorianer; suchte den cartesian. Dualismus von Leib und Seele als ein von Gott geleitetes Nebeneinander zu erklären (↗ Okkasionalismus). Für ihn sind Erkenntnis der Wahrheit, Wahrnehmungen und Vorstellungen nur durch Teilhabe des menschl. Geistes an den göttl. Ideen möglich. – *Werk:* Von der Erforschung der Wahrheit (1674/75).

Malec [ˈmalɛts], Ivo, frz. Komponist kroat. Herkunft, * Zagreb 30. 3. 1925; seit 1955 in Paris; wurde 1960 Mitgl. der Groupe de Recherches musicales der ORTF und 1972 Prof. für Komposition am Pariser Konservatorium. Komponierte Orchesterwerke (u. a. »Sigma«, 1963), Kammermusik, Vokalwerke, elektroakust. Musik (»Week-End«, 1982), Ballett-, Schauspiel- und Filmmusik.

Malediven (amtlich Divehi: Divehi Rajje ge Jumhuriyya, dt. Republik M.), Inselstaat im Ind. Ozean, südwestlich des ind. Subkontinents, umfasst die gleichnamige Inselgruppe.

■ Staat und Recht

Nach der am 1. 11. 1968 in Kraft getretenen neuen Verf. (1998 umfassend revidiert) sind die M. eine präsidiale Rep. Staatsoberhaupt und Reg.chef ist der

Staatswappen

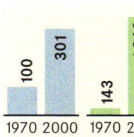

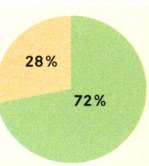

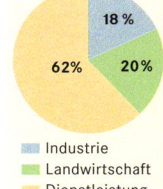

Male Maleinatharze

Malediven: Atollinsel im Indischen Ozean

Präs. (auf 5 Jahre direkt gewählt); die Legislative liegt beim Einkammerparlament (50 Abg., davon 42 auf 5 Jahre gewählt und 8 vom Präs. ernannt). Parteien existieren nicht.

Landesnatur

Die dem M.-Rücken aufsitzende Inselgruppe (760 km lang, 130 km breit) besteht aus 19 Atollen mit rd. 2 000 Koralleninseln und Eilanden, die selten mehr als 2,5 m ü. M. aufragen; zwei Atollgruppen liegen südlich des Äquators. Rd. 220 Inseln sind bewohnt. Hauptinsel ist Male. Es herrscht trop. Monsunklima (SW- und NO-Monsun) mit hoher relativer Luftfeuchtigkeit; durchschnittlich 30 °C, 1 900 mm Niederschlag im Jahr.

Bevölkerung

Die Malediver sind ein Mischvolk arabisch-ind. und malaiischer Abstammung. Sie sprechen die dem Altsinghalesischen verwandte Sprache Divehi. Mehr als ein Viertel der Bev. lebt in der Hptst. Male. – Die gesamte einheim. Bev. bekennt sich zum sunnit. Islam, der Staatsreligion ist. – Es besteht keine Schulpflicht. Schulische Ausbildung ist möglich an divehisprachigen Primarschulen, englischsprachigen Primar- und Sekundarschulen sowie an Koranschulen. Die Analphabetenquote beträgt 3 %.

Wirtschaft, Verkehr

Traditionelle Wirtschaftsgrundlage ist der Fischfang (v. a. Thunfisch und Bonito) und die Bereitung von »Maledive fish«, einer Art Trockenfisch, der v. a. nach Japan ausgeführt wird. Wichtige Kulturpflanzen: Kokospalmen, Bataten, Maniok, Kürbisse. Das Handwerk stellt Kokosmatten, Seile, Lackarbeiten und Schnitzereien her; Textilfabrik. Der Tourismus (über 60 spezielle Touristeninseln) ist heute der wichtigste Erwerbszweig (v. a. Tauchsportler). Haupthandelspartner: Großbritannien, Sri Lanka, Dtl., Japan. – Wichtigstes Verkehrsmittel ist das Schiff, regelmäßige Schiffsverbindung mit Colombo (Sri Lanka); Seehafen: Male, internat. Flughafen: Hulule auf dem Male-Atoll.

Geschichte

Die von Ceylon und S-Indien aus besiedelten M. wurden im 12. Jh. durch Araber islamisiert. Um 1150 wurde ein Sultanat errichtet. Im 16. Jh. scheiterte ein Kolonisierungsversuch der Portugiesen (1573 vertrieben). 1645 stellte sich das Sultanat unter den Schutz der Niederländer auf Ceylon; 1796 geriet es unter brit. Einfluss und wurde 1887 brit. Protektorat (gemeinsam mit der Kronkolonie Ceylon verwaltet). 1953 wurden die M. kurzzeitig zur Rep. ausgerufen (1954 Wiedereinsetzung des Sultans). 1956 erhielt das Sultanat volle innere Autonomie. 1965 wurde es unabhängig, 1968 in eine Rep. umgewandelt. 1982 erfolgte die Aufnahme der M. in das Commonwealth (seit 1985 Vollmitgl.). 1988 wurde mit ind. Hilfe ein Putschversuch ausländ. (tamil.) Söldner niedergeschlagen. Präs. M. Abdul Gayoom (seit 1978) wurde 1998 zum vierten Mal wieder gewählt.

Male|inatharze [lat.], sehr helle, licht-, wärme- und oxidationsbeständige Kunstharze, die aus Harzsäuren (z. B. Abietinsäure), Maleinsäureanhydrid und mehrwertigen Alkoholen (z. B. Glycerin) hergestellt werden; sie dienen v. a. als Lackrohstoffe.

Maleinsäure [lat.], farblose, kristalline, in Wasser leicht lösl. ungesättigte Dicarbonsäure, die bei raschem Erhitzen unter Wasserabspaltung in das zykl. ↗ Maleinsäureanhydrid übergeht, aus dem die Säure umgekehrt durch Lösen in Wasser wieder erhalten werden kann. Bei längerem Erhitzen auf 150 °C sowie bei UV-Bestrahlung isomerisiert die M. zur stabileren ↗ Fumarsäure. M. wird v. a. zur Herstellung von Polymeren, Kunstharzen und M.-Estern verwendet.

Maleinsäureanhydrid, farblose, kristalline Verbindung, die durch katalyt. Oxidation von Benzol oder Butenen erzeugt wird. M. dient v. a. zur Herstellung von ungesättigten Polyesterharzen (Duroplasten, ↗ Kunststoffe), Malein- und Fumarsäure sowie zur Modifizierung von ↗ Alkydharzen.

Malenkow, Georgi Maximilianowitsch, sowjet. Politiker, *Orenburg 21. 1. 1902, †Moskau 14. 1. 1988; 1934–39 Chef der Abteilung »Leitende Parteiorgane« des ZK der KPdSU(B), als enger Vertrauter Stalins an der Großen ↗ Tschistka beteiligt, 1939–53 Sekr. des ZK, ab 1946 Mitgl. des Politbüros, übernahm nach Stalins Tod 1953 kurzzeitig die Führung der Partei. 1953–55 war er MinPräs.; 1957 als »Parteifeind« aller Ämter enthoben.

Malente, Großgemeinde im Kr. Ostholstein, Schlesw.-Holst., in der Holstein. Schweiz, mit Kneipp-Heilbad **Bad M.-Gremsmühlen,** 10 700 Ew.; elektrotechn. Ind., Gerätebau, Glasbläserei; zwei mittelalterl. Feldsteinkirchen.

Maler (lat. Pictor, Malerstaffelei), unauffälliges Sternbild des südl. Himmels.

Malerba, Luigi, eigtl. L. Bonardi, italien. Schriftsteller, *Berceto (Prov. Parma) 11. 11. 1927; Drehbuchautor, 1963 Mitbegründer des »Gruppo '63«; schreibt einfallsreiche, oft komisch-satir. und absurdgroteske Romane (»Die Schlange«, 1966; »Das grch. Feuer«, 1990; »Die fliegenden Steine«, 1992; »Die nackten Masken«, 1995). In »Tagebuch eines Träumers« (1981) und »Der Traum als Kunstwerk« (2002) setzt er sich mit der Faszination der Traumwelt auseinander; ferner Erzählungen, Hör- und Fernsehspiele, Kinderbücher.

Malerbuch vom Berge Athos, Handbuch der byzantin. Malerei; zw. 1701 und 1733 auf dem ⟋Athos von dem Mönchsmaler Dionysios von Furna (*um 1670, †1745/46) verfasst. Der Urtext geht auf alte Überlieferungen zurück. Das Buch mit Anleitungen zur Maltechnik, zur Ikonographie und zur Anordnung der Bilder im Kirchenraum erlangte bes. in der 2. Hälfte des 18. und der 1. Hälfte des 19. Jh. in O-Europa große Bedeutung.

Malerei, im Unterschied zu den dreidimensionalen Künsten Plastik und Architektur und zur Zeichnung und Grafik die vorrangig von der Farbe bestimmte Flächengestaltung, die aber auch räumlich-illusionistisch angelegt sein kann. Nach Art des Bildträgers unterscheidet man v.a. Wand-, Tafel- und Buch-M. Die Wand-M. trat am frühesten auf; sie hat ihren Ursprung in Kult und Mythos, so die altsteinzeitl. Felsbilder und die M. in oriental. Hochkulturen; bei ihnen handelt es sich hauptsächlich um Leimfarben-M. Auch die Technik der ⟋Freskomalerei kam schon früh zur Anwendung, um dann nach langem Gebrauch einer Mischtechnik aus Fresko- und Secco-M. von den Malern der Renaissance bevorzugt zu werden. Die Wand- bzw. ⟋Deckenmalerei wird seit dem 17. Jh. mit Kalkkaseinfarben ausgeführt. Von der antiken **Tafel-M.** haben sich v.a. Mumienporträts erhalten, die in ⟋Enkaustik gemalt sind. Die antike Tradition der Tafel-M. setzte sich in den byzantin. ⟋Ikonen fort, während im westl. Abendland die ⟋Wandmalerei und ⟋Buchmalerei führend waren, die wie die Ikonen ausschl. der Vergegenwärtigung religiöser Inhalte dienten. Seit dem 12. Jh. kam das **Tafelbild** als Altarbild auf, es wurde als ⟋Temperamalerei auf Holztafeln ausgeführt. Wie auch in der Buch-M. vergoldete man die Hintergründe (mit Blattgold belegt); darin verdeutlicht sich das Bestreben mittelalterl. M., die Figuren in ihren geistigen Beziehungen zu einer übersinnl. Sphäre darzustellen. Erst im 15. Jh., in dem das Tafelbild eine Vorrangstellung erhielt, wurde durch die veränderte Einstellung zur Diesseitigkeit der Goldgrund verdrängt. Giotto gilt als eigentl. Erfinder des Tafelbilds (als kompositionell in sich geschlossene Einheit). Im 15. Jh. kam als Bildträger die in Holzrahmen gespannte Leinwand auf, als Farbträger eine Mischtechnik von Tempera- und Ölfarben. Die schon seit Giotto einsetzende Entwicklung der Erfassung körperl. und räuml. Realität wurde durch neue Mittel (Zentralperspektive in der Renaissance, reine ⟋Ölmalerei im 17. Jh. in den Niederlanden) ausgebaut. Neben religiösen kamen seit dem 16. Jh. zunehmend weltl. Themen zur Darstellung. Porträt, Genre, Stillleben und Landschaft entwickelten sich zu neuen Gattungen der M. Im 20. Jh. wurde mit der abstrakten M. eine reine Kunstwelt aufgebaut; Farbe, Linie und Fläche sind autonome Gestaltungsmittel. Neben erneuter Aufnahme abbildender Tendenzen (Pop-Art, Neuer Realismus) entwickelt sich seit Ende der 1960er-Jahre ein Pluralismus der Stile und Techniken. Durch Einbeziehung fremder Materialien, Verwendung neuer Malfarben (Acryl- und Dispersionsfarben) sowie Experimentieren mit Mischformen und Übergängen (Objekte, Environments, Installationen) zu anderen Kunstgattungen erhielt die M. neue Akzente. Auch durch den Einsatz der ⟋neuen Medien verwischen sich z.T. die Grenzen zu anderen Kunstformen. (⟋Aquarellmalerei, ⟋Gouachemalerei)

Maleremail [-emaj] *das,* Technik der ⟋Emailkunst.

Maler Müller, Schriftsteller und Maler, ⟋Müller, Friedrich.

Malermuschel (Unio pictorum), bis 9 cm lange Süßwassermuschel mit zungenförmigem Umriss; im Bestand stark gefährdet.

Malet [-'lɛ], Léo, frz. Schriftsteller, *Montpellier 7.3. 1909, †Paris 3.7. 1996; surrealist. Dichter; wurde berühmt mit seinen Kriminalromanen um den Privatdetektiv Nestor Burma, die ihren Reiz auch durch die enge Bindung an die Topographie von Paris erhalten (Reihe »Die neuen Geheimnisse von Paris«) und als Persiflage auf amerikan. Muster dem frz. Kriminalroman eine neue Qualität verliehen.

Maléter [ˈmɔlɛːtɛːr], Pál, ungar. General, *Eperjes 4.9. 1917, †(hingerichtet) Budapest 16.6. 1958; war einer der Führer des Volksaufstandes von 1956 und Verteidigungsmin. in der Reg. unter I. Nagy; wurde 1989 rehabilitiert.

Malewitsch, Kasimir Sewerinowitsch, russ. Maler und Kunsttheoretiker, *Kiew 23.2. 1878, †Leningrad 15.5. 1935; orientierte sich zunächst an den Fauves, Kubisten und Futuristen; ab 1912 gelangte er in seinen Werken zur reinen Gegenstandslosigkeit, die er mit dem Begriff ⟋Suprematismus definierte (Manifest »Vom Kubismus zum Suprematismus«, 1915; 1920 veröffentlicht). Konsequent formulierte er

Kasimir Malewitsch: Frauentorso (1918; Sankt Petersburg, Russisches Museum)

eine abstrakte Kunstsprache, die auf geometr. Formen und reinen Farben basiert. Nach 1917 forcierte er seine konstruktivist. Kunst als Entsprechung zum revolutionären und techn. Zeitalter. Ab 1918 lehrte er in Moskau, 1919–22 auch in Witebsk, dann in Leningrad (1926 entlassen). 1927 ging er nach Berlin, kehrte

Malg Malgrund

Mali

Fläche:	1 240 192 km²
Einwohner:	(2000) 10,385 Mio.
Hauptstadt:	Bamako
Verwaltungsgliederung:	8 Regionen, Hauptstadtdistrikt
Amtssprache:	Französisch
Nationalfeiertag:	22. 9.
Währung:	1 CFA-Franc = 100 Centime (c)
Zeitzone:	MEZ − 1 Std.

Staatswappen

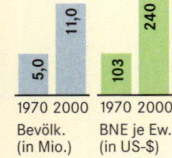
internationales Kfz-Kennzeichen

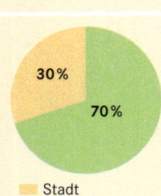
1970 2000 — 1970 2000
Bevölk. (in Mio.) — BNE je Ew. (in US-$)

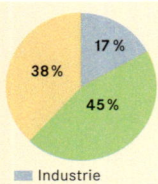
Stadt / Land
Bevölkerungsverteilung 2000

Industrie / Landwirtschaft / Dienstleistung
Bruttoinlandsprodukt 2000

1929 in die UdSSR zurück. M. schuf auch Modelle einer utop. Architektur, Wanddekorationen, Bühnenbilder und -kostüme, Plakate und Porzellan.

Malgrund, *Maltechnik:* ↗ Grundierung.

Malherbe [maˈlɛrb], François de, frz. Dichter und Literaturtheoretiker, * in oder bei Caen 1555, † Paris 16. 10. 1628; wurde 1605 an den frz. Hof berufen, forderte gegenüber den künstler. Freiheiten der ↗ Pléiade Strenge in der Versbildung sowie Reinheit, Klarheit und Allgemeinverständlichkeit der Sprache; Wegbereiter für die Ästhetik der frz. Klassik.

Mali (amtlich frz. République du M.), Binnenstaat in Westafrika, grenzt im NW an Mauretanien, im NO an Algerien, im O und SO an Niger, im S an Burkina Faso, Rep. Elfenbeinküste und Guinea, im W an Senegal.

Staat und Recht

Nach der Verf. vom 12. 1. 1992 (durch Referendum gebilligt; 1997 revidiert) ist M. eine präsidiale Rep. mit Mehrparteiensystem. Staatsoberhaupt und Oberbefehlshaber der Streitkräfte ist der auf 5 Jahre direkt gewählte Präs. Die Legislative liegt bei der Nationalversammlung (147 Abg., für 5 Jahre gewählt), die Exekutive bei der Reg. unter Vors. des vom Präs. ernannten MinPräs. Einflussreichste Parteien: Allianz für die Demokratie in M. (ADEMA), Espoir 2002 (Wahlbündnis der Sammlungsbewegung für Mali [RPM] mit 14 anderen Parteien), Konvergenz für Wechsel und Umgestaltung (ACC; Sammlungsbewegung versch. Kleinparteien), Afrikan. Solidarität für Demokratie und Unabhängigkeit (SADI).

Landesnatur

M. reicht von der Oberguineaschwelle im S über das Nigerbecken (Sahelzone) bis in die zentrale Sahara im N. Weite Ebenen und flache Becken kennzeichnen das Landschaftsbild. Im NO erhebt sich das wüstenhafte Bergland Adrar des Iforas bis zu 1 000 m ü. M. Zw. Ségou und Timbuktu bildet der Niger ein riesiges Binnendelta von rd. 40 000 km² (wichtigstes Anbaugebiet). M. hat Anteil an mehreren Klima- und Vegetationszonen: von der Feuchtsavanne im S über Trocken- und Dornsavannen bis zur extrem ariden Wüste im N; Jahresniederschläge im S 1 100 mm (Regenzeit Juni bis Okt.), am Sahararand 120 mm; oft mehrjährige Dürreperioden.

Bevölkerung

Die Mehrheit bilden sudanide Völker und Stämme, stärkste Gruppen sind die Bambara, Malinke, Soninke, Senufo, Songhai, Dogon, meist sesshafte Ackerbauern im S des Landes; Fulbe und Mauren leben v. a. in der Mitte des Landes, nomad. Tuareg im N. Der wüstenhafte N ist fast menschenleer; infolge Dürren wanderten viele Nomaden nach S in die Städte ab. – Rd. 85 % der Bev. sind Muslime, rd. 2 % Christen; etwa 12 % werden traditionellen afrikan. Religionen zugerechnet. – Es besteht eine neunjährige allg. Schulpflicht ab dem 6. Lebensjahr. Die Analphabetenquote beträgt 58 %.

Wirtschaft, Verkehr

M. gehört zu den ärmsten Ländern Afrikas. Hauptwerbszweig ist die Landwirtschaft; nur 4 % des Landes sind als Ackerland, 25 % als Weideland nutzbar. Im S und SW sowie längs des Niger bis Timbuktu Anbau von Hirse, Maniok, Mais, im Überflutungsgebiet oder mit Bewässerung Reis, für den Export Baumwolle, Erdnüsse und Zuckerrohr. Im mittleren und nördl. M. betreiben Nomaden und Halbnomaden extensive Viehhaltung (Lebendviehexport); bed. Flussfischerei (Ausfuhr von Trocken- und Räucherfisch). Abbau von Gold und Phosphat; Salzgewinnung in der Sahara bei Taoudenni; außerdem Vorkommen u. a. von Diamanten, Eisen- und Manganerz. Die Ind. verarbeitet v. a. landwirtsch. Erzeugnisse. Exportiert wird v. a. Gold (etwa zwei Drittel der Exporterlöse, ferner Agrarprodukte (Baumwolle, Lebendvieh, Häute, Felle); Haupthandelspartner: Frankreich u. a. EU-Länder, Senegal und Rep. Elfenbeinküste. – Die Bahnlinie Bamako–Dakar (in M. 642 km) ist die wichtigste Verbindung zu den Seehäfen am Atlantik; Bedeutung hat die Schifffahrt auf Senegal und Niger (nicht ganzjährig schiffbar); das Straßennetz beträgt 15 100 km, davon 1 830 km asphaltiert. Internat. Flughafen: Bamako.

Geschichte

Vom 12. Jh. an bestand im westl. Sudan das Reich M., eine Gründung der Malinke (Zerfall 15.–17. Jh.). Im späten 19. Jh. gliederte Frankreich das Gebiet des heutigen M. als Soudan (seit 1904 Kolonie Frz.-Sudan) Frz.-Westafrika ein. Dabei leisteten die Tuareg heftigen Widerstand. 1958 autonome Rep. in der Frz. Gemeinschaft, bildete Frz.-Sudan 1959 mit Senegal die Föderation M., die jedoch schon 1960 auseinander brach. Die ehem. Kolonie Sudan behielt den Namen M. bei. Unter Staats- und Reg.chef M. Keita betrieb M. eine am sozialist. Lager orientierte Politik. Nach dem Sturz von Keita 1968 übernahm ein Militärregime unter M. Traoré die Macht (nach blutigen Unruhen 1991 gestürzt, 1993 zu lebenslanger Haft verurteilt, 2002 begnadigt). Einen allmähl. Demokratisierungsprozess leitete der neue Staatschef, General A. T. Touré, ein. Die ersten freien Präsidentschaftswahlen gewann 1992 A. O. Konaré (1997 wieder gewählt) von der seit Einführung eines Mehrparteiensystems 1992 herrschenden ADEMA. Im Vorfeld der Präsidentschaftswahlen schlossen Reg. und Tuareg

1992 einen Nationalpakt, der die Anfang der 1990er-Jahre ausgebrochene Tuareg-Rebellion im N des Landes und damit ausgelöste Flüchtlingsströme beenden sollte. 1994 kam es jedoch erneut zu blutigen Konflikten zw. der schwarzafrikan. Bev.-Mehrheit und den Tuareg, die 1996 beigelegt werden konnten. Da Konaré nach zwei Amtsperioden nicht mehr kandidieren konnte, setzte sich bei den Präsidentschaftswahlen im Mai 2002 der Parteilose A. T. Touré durch, der 1991 geputscht, jedoch 1992 seine Macht an eine zivile Reg. abgetreten hatte. Nach den Parlamentswahlen vom Juli 2002 musste die ADEMA ihre Macht an das bislang oppositionelle Wahlbündnis Espoir abtreten.

Malignität [lat.] *die, Medizin:* Bösartigkeit, bes. eines Tumors; i. w. S. auch von Krankheiten; Ggs.: ↗ Benignität.

Malignom *das, Medizin:* bösartiger Tumor.

Malikiten (Malekiten), Anhänger einer der vier Rechtsschulen (Madhhabs) des sunnit. Islam. Die im 8. Jh. entstandene malikit. Schule betont bes. das durch den ↗ Idjma geschaffene Gewohnheitsrecht und ist heute in den islam. Gebieten Afrikas und an der Ostküste der Arab. Halbinsel verbreitet.

Malimo® [Kw. aus **Ma**uersberger, **Lim**bach-Oberfrohna und **Mo**lton] *das,* von Heinrich Mauersberger (*1909, †1982) 1947 in Ost-Dtl. erfundene Nähwirktechnik und die damit hergestellten Textilien. Während in der DDR vorzugsweise Oberbekleidung und Haustextilien auf M.-Nähwirkmaschinen erzeugt wurden, sind es heute v. a. techn., Dekorations-, Reinigungs- und Haustextilien.

Malindi, Stadt in Kenia, am Ind. Ozean, 120 km nördlich von Mombasa, 40 000 Ew.; internat. Badeort; Unterwasser-Nationalpark; Hafen, Flughafen. – Im MA. trieb M. lebhaften Handel mit Arabien und Indien.

Malines [ma'lin], frz. Name der Stadt ↗ Mechelen.

Malinke (Mandingo), Volk der Sudaniden in Westafrika (etwa 4 Mio.), sprechen Malinke, einen Dialekt des Mandingo; überwiegend Savannenpflanzer; starker Synkretismus zw. Islam und afrikan. Religionen. Die M. gründeten das alte Reich Mali.

Malinowski, 1) [mælɪ'nɔvskɪ], Bronislaw, brit. Ethnologe poln. Herkunft, *Krakau 7. 4. 1884, †New Haven (Conn.) 16. 5. 1942; unternahm Forschungsreisen nach Neuguinea, NW-Melanesien, nach Australien und zu den Puebloindianern; erforschte die innere funktionelle Bezogenheit im Kulturleben und die Geschichte des Kulturwandels und war neben A. R. Radcliffe-Brown Mitbegründer des ↗ Funktionalismus 6).

2) Rodion Jakowlewitsch, Marschall der Sowjetunion (seit 1944), *Odessa 23. 11. 1898, †Moskau 31. 3. 1967; im Zweiten Weltkrieg u. a. 1944/45 Befehlshaber der 2. Ukrain. Front, deren Truppen Rumänien, Ungarn, Österreich und die Tschechoslowakei eroberten. Als Oberbefehlshaber der Transbaikalfront 1945 war er an der Zerschlagung der japan. Kwantungarmee in der Mandschurei beteiligt. 1957–67 Verteidigungsminister.

Malipiero, Gian Francesco, italien. Komponist, *Venedig 18. 3. 1882, †Treviso 1. 8. 1973; vereinigte Anregungen italien. Musik des 17. und 18. Jh. mit modernen Stilelementen; komponierte Opern (u. a. »L'Orfeide«, 1919–25; »Uno dei dieci«, 1971), Orchester-, Kammer- und Vokalmusik; Herausgeber der Werke C. Monteverdis und A. Vivaldis.

Malkovich [-vɪtʃ], John, amerikan. Schauspieler, *Christopher (Ill.) 9. 12. 1953; spielt, nach Bühnenrollen und Regiearbeiten in den 1970er-Jahren beim experimentellen »Steppenwolf Theatre«, seit den 1980-Jahren Filmrollen, v. a. in Lit.-Adaptionen (u. a. »Tod eines Handlungsreisenden«, 1985; »Gefährl. Liebschaften«, 1988; »Von Mäusen und Menschen«, 1991). – *Weitere Filme:* Himmel über der Wüste (1989); In the Line of Fire – Die zweite Chance (1992); Der Unhold (1996).

Mallarmé [malar'me], Stéphane, frz. Dichter, *Paris 18. 3. 1842, †Valvins (Dép. Seine-et-Marne) 10. 9. 1898; war 1863–93 Gymnasiallehrer für Englisch, seit 1873 in Paris; schrieb für zahlr. Zeitschriften und übersetzte aus dem Englischen (u. a. E. A. Poe); seine Wohnung war seit 1880 an Dienstagen

Stéphane Mallarmé, Federzeichnung von Paul Gauguin (undatiert)

(»Mardis«) Treffpunkt bed. Künstler und Schriftsteller (u. a. P. Valéry, A. Gide, S. George). M. ist einer der Hauptvertreter des ↗ Symbolismus. Seine schwer deutbaren Dichtungen (u. a. »Der Nachmittag eines Fauns«, 1876; »Poésies«, 1887; »Ein Würfelwurf hebt den Zufall nicht auf«, 1. Fassung 1897, 2. Fassung hg. 1914) und theoret. Schriften (u. a. »La musique et les lettres«, 1891) sind von dem konsequenten Bestreben geprägt, die Literatur im Sinne einer absoluten Poesie zu verändern, bes. durch die Verbindung von Sprache und Musik. Das Werk M.s hat bis in die Gegenwart großen Einfluss auf die europ. Literatur.

Malle [mal], Louis, frz. Filmregisseur, *Thumeries (Dép. Nord) 30. 10. 1932, †Beverly Hills (Calif.) 23. 11. 1995; wurde mit dem Film »Fahrstuhl zum Schafott« (1957) zu einem führenden Vertreter der frz. »Nouvelle Vague«. – *Weitere Filme:* Zazie (1960); Das Irrlicht (1963); Lacombe Lucien (1974); Pretty Baby (1978); Atlantic City (1980); Auf Wiedersehen, Kinder (1987); Eine Komödie im Mai (1989); Verhängnis (1992); Vanya – 42. Straße (1994).

Mallea [ma'jea], Eduardo, argentin. Schriftsteller, *Bahía Blanca 14. 8. 1903, †Buenos Aires 12. 11. 1982; Journalist, zeitweise in diplomat. Dienst; schrieb psychologisch fundierte Romane (»Die Bucht des Schweigens«, 1940; »Alles Gras verdorrt«, 1941), Essays und Theaterstücke.

Mallein [lat.] *das, Tiermedizin:* keimfreies Filtrat von Rotzbakterien zur Diagnose von ↗ Rotz.

Malleolarfraktur, *der* ↗ Knöchelbruch.

Mallet-Joris [malɛʒɔ'ris], Françoise, eigtl. F. Lilar, belg. Schriftstellerin frz. Sprache, *Antwerpen 6. 7. 1930; schreibt realist. Romane, in denen sie in distanzierter Sprache entlarvende Analysen menschl. Gefühle und sozialen Verhaltens gestaltet (»Der dunkle Morgen«, 1951; »Bei Sokrates am Montparnasse«, 1958; »Die junge Allegra«, 1976; »Adriana Sposa«, 1990; »Die Wachsbildnerin«, 1994).

Malleus [lat.] *der,* 1) *Anatomie:* Hammer, Gehörknöchelchen in der Paukenhöhle (↗ Ohr).

2) *Tiermedizin:* der ↗ Rotz.

Mallnitz, Kur- und Wintersportort in Kärnten, Österreich, im Nationalpark Hohe Tauern, 1 190 m

Louis Malle

ü. M., 1000 Ew.; Autoverladestation am südl. Ende des Tauerntunnels der Tauernbahn; Seilbahn auf den Ankogel.

Mallorca [ma'ʎɔrka], größte Insel der span. Balearen im Mittelmeer, 3640 km², 637 500 Ew.. Hauptstadt und wichtiger Hafen ist Palma de M.; im Zentrum fruchtbares Hügelland (Wein, Ölbäume, Feigen, Mandeln, Apfelsinen, Getreide), Sandstrände wechseln mit Steilküsten; im NW (Serra de Tramuntana, bis 1445 m ü. M.) und SO (bis 562 m) von Höhenzügen eingerahmt; starker Fremdenverkehr. Die Bewohner (**Mallorkiner**, span. **Mallorquinos**) sprechen eine katalan. Mundart.

Mallungen, seemänn. Bez. für unregelmäßige Winde, v. a. die ↗Kalmen, auch für die windschwachen Gebiete im subtrop. Hochdruckgürtel (Rossbreiten).

Malm [engl.] *der, Geologie:* jüngste Abteilung des ↗Jura.

Malmaison [-mɛ'zɔ̃], Schloss am W-Rand von Rueil-M., westl. von Paris; urspr. Bau von 1620–22, nach 1802 im Empirestil durch C. Percier und P. F. L. Fontaine erweitert; Aufenthaltsort Napoléon Bonapartes als Konsul und seiner ersten Frau Joséphine, die bis zu ihrem Tod (1814) hier lebte; heute Museum.

Malmberg [-bærj], Bertil, schwed. Schriftsteller, *Härnösand 13. 8. 1889, †Stockholm 11. 2. 1958; lebte 1917–26 in München und stand dem George-Kreis nahe; bed. Vertreter der modernen schwed. Lyrik; Erzählungen, Dramen, Übersetzungen.

Malmberget [-bærjet], Bergbauort in N-Schweden, Teil der Großgemeinde Gällivare; Eisenerzgruben, Anreicherungswerke.

Malmedy (amtl. frz. Malmédy), Stadt in der Prov. Lüttich, Belgien, südlich des Hohen Venn, 11 000 Ew.; elektrotechn. Ind., Großmolkerei. – 1815–1920 preuß. Bisch, kam 1920 an Belgien (↗Eupen-Malmedy).

Malmignatte [malmin'jatə, italien.] *die* (Latrodectus mactans tredecimguttatus), etwa 1 cm große Kugelspinne in S-Europa, NO-Afrika und in weiten Teilen Asiens; Hinterleib schwarz; Weibchen mit meist 13 leuchtend roten Flecken; Giftspinne.

Malmö Stadtwappen

Malmö, Hptst. des VerwBez. (Län) Skåne, Schweden, am S-Ausgang des Sundes in der Landschaft Schonen, durch eine feste Verbindung über den ↗Öresund mit Kopenhagen verbunden; 262 600 Ew.; Univ., World Maritime University; Maschinen-, Schiff-, Flugzeugbau, Medizintechnik, Informationstechnologie, Düngemittel-, Zement-, Textil-, chem., pharmazeut. u. a. Ind.; drittgrößter Hafen Schwedens, internat. Flughafen. – Mittelpunkt der Altstadt ist der Markt mit Renaissancerathaus (1546, 1864–69 erweitert), der Reiterstatue König Karls X. Gustav (1896 eingeweiht) und der ehem. Residenz des Landeshauptmanns (1730), südlich davon das Flensburgska Huset (1589) und die Petrikirche (Anfang 14. Jh.). Beispiele moderner Architektur sind das Stadttheater (1942–44) und das Haus des Volkes (1947). – Westlich der Altstadt liegt die Festung **Malmöhus** (1434 gegr., 1537–42 neu gebaut; heute Museum). – 1150 gegr., im MA. die wichtigste Handelsstadt am Öresund. M. wurde 1353 Stadt.

Malmöhus, ehem. VerwBez. (Län) in der Landschaft Schonen, S-Schweden, seit 1997 Teil des VerwBez. Skåne.

Malnutrition [zu lat. malus »schlecht« und spätlat. nutritio »Ernährung«] *die,* Sammelbegriff für eine Fehl- bzw. Mangelernährung, d. h. jede Form der Nahrungszufuhr, bei der die dem Körper zugeführte Menge an Energie oder an einem oder mehreren

Malmö: Blick auf das Rathaus (1546, 1864-69 erweitert), davor die Reiterstatue König Karls X. Gustav

Nährstoffen für längere Zeit eine negative Bilanz aufweist; verursacht z. B. durch Hunger, gestörte Verdauungsleistung oder einseitige Ernährung.

Malojapass (Maloja, italien. Passo del Maloja), Alpenpass (1815 m ü. M.) im Kt. Graubünden, Schweiz, Geländestufe zw. dem Bergell (Steilstufe) und dem Engadin. – Der Ort **Maloja** ist Höhenkurort und Wintersportplatz.

Malonsäure (Propandisäure), farb- und geruchlose, kristalline, in Wasser leicht lösl. Dicarbonsäure, die Ester und Salze (**Malonate**) bildet. M. wird z. B. durch Umsetzung von Monochloressigsäure mit Natriumcyanid und anschließender Hydrolyse der entstandenen Cyanessigsäure hergestellt; sie dient v. a. zur Herstellung von ↗Barbitursäure und ihren Derivaten.

Malory ['mæləri], Sir Thomas, engl. Schriftsteller, *in Warwickshire um 1408, †London 14.(?) 3. 1471; Verfasser des Prosaromans »Le morte Darthur« (1469–70), der alle bisherigen Artusromane (↗Artus) vereint.

Malossol [russ. »wenig gesalzen«] *der,* schwach gesalzener ↗Kaviar.

Malouf [-'luːf], David, austral. Schriftsteller libanesisch-engl. Herkunft, *Brisbane 20. 3. 1934; gilt als einer der wichtigsten Vertreter zeitgenöss. austral. Literatur; zunächst bekannt mit Lyrik (»Bicycle and other poems«, 1970), dann v. a. Romane (»Johnno«, 1975; »Das Wolfskind«, 1978; »Verspieltes Land«, 1984; »Die große Welt«, 1990; »Die Nachtwache am Curlow Creek«, 1996) und Erzählungen (»Südlicher Himmel«, 1999).

Malpass ['mælpæs], Eric Lawson, engl. Schriftsteller, *Derby 14. 11. 1910, †Bishop's Waltham (bei Southampton) 16. 10. 1996; Verfasser humorvoller und lebendig geschriebener Romane um eine engl. Schriftstellerfamilie (»Morgens um sieben ist die Welt noch in Ordnung«, 1965; »Wenn süß das Mondlicht auf den Hügeln schläft«, 1967).

Malpighi [-gi], Marcello, italien. Anatom, *Crevalcore (bei Bologna) 10. 3. 1628, †Rom 29. 11. 1694;

André Malraux

Malta | **Malt** | 2965

Malta

Fläche:	316 km²
Einwohner:	(2001) 391 400
Hauptstadt:	Valletta
Verwaltungsgliederung:	6 Verwaltungsbezirke
Amtssprachen:	Maltesisch und Englisch
Nationalfeiertag:	31. 3.
Währung:	1 Maltes. Lira (Lm) = 100 Cent (c) = 1 000 Mils (m)
Zeitzone:	MEZ

begründete die mikroskop. Anatomie, entdeckte u. a. die Kapillargefäße, beschrieb das Kapillarknäuel in der Niere (**Malpighi-Körperchen**) und die Malpighi-Körperchen der Milz.

Malplaquet [-plaˈkɛ], Teil der frz. Gemeinde Taisnières-sur-Hon, 10 km nordwestlich von Maubeuge. – 1709 Sieg der Österreicher, Preußen und Briten über die Franzosen im Span. Erbfolgekrieg.

Malraux [malˈro], André, frz. Schriftsteller und Politiker, *Paris 3. 11. 1901, †Créteil 23. 11. 1976; studierte Archäologie, Sanskrit und Chinesisch, nahm 1923 an einer archäolog. Expedition nach Kambodscha teil. Über seine Teilnahme am chines. Bürgerkrieg gibt es keine Klarheit; sie ist wenig wahrscheinlich. Im Span. Bürgerkrieg wurde er Kommandeur einer Fliegereinheit auf republikan. Seite, bis 1939 engagierte er sich in der kommunist. Bewegung, kämpfte in der Résistance als Anhänger de Gaulles. 1945/46 war er Informationsmin., 1958–69 Kulturminister. – Die großen Romane M.' gestalten die schrankenlose Selbstverwirklichung des Menschen unter extremen Umständen (»Die Eroberer«, 1928; »Der Königsweg«, 1930; »So lebt der Mensch«, 1933); während des Span. Bürgerkriegs spielt »Die Hoffnung« (1937), worin die Ethik eines überindividuellen Humanismus gestaltet ist. M. verfasste auch kunsttheoret. Schriften (u. a. »Psychologie der Kunst«, 3 Bde., 1947–50, Neufassg. u. d. T. »Stimmen der Stille«, 1951) und autobiogr. Werke (u. a. »Anti-Memoiren«, 1967; »Eichen, die man fällt«, 1971; »Gäste im Vorübergehen«, 1975).

Malspiele, *Sport:* Gruppe von Spielen, bei denen »Male« (sichtbare Zeichen innerhalb von Spielfeldern, im *Rugby* das von den Malstangen gebildete Tor) umlaufen oder durch Laufen erreicht werden müssen, um Punkte zu erzielen. Zu den M. zählen auch Football, Baseball, Kricket und Softball.

Malstrom (norweg. Moskenstraumen), starker Gezeitenstrom zw. den südlichsten Lofotinseln (N-Norwegen), kann bei Weststürmen und einem nach W setzenden Ebbstrom kleinere Schiffe gefährden.

Malta (amtlich Repubblika ta' Malta, Republic of Malta), Inselstaat im zentralen Mittelmeer, umfasst die Maltes. Inseln, das sind M. (246 km²), Gozo (maltes. Ghaudex oder Ghawdex; 67 km²), Comino (Kemmuna; 2,6 km²) sowie die beiden unbewohnten Inseln Cominotto (Kemmunett) und Filfla (Filfola).

Staat und Recht

Nach der Verf. von 1974 (mit Änderungen von 1987) ist M. eine parlamentar. Rep. im Commonwealth. Staatsoberhaupt ist der auf 5 Jahre vom Parlament gewählte Präs.; er übt im Wesentlichen repräsentative Funktionen aus. Die Legislative liegt beim Repräsentantenhaus (maximal 69 Abg., davon 65 für 5 Jahre gewählt und 4 Bonusmandate für die stärkste Partei), die Exekutive bei der Reg. unter Vorsitz des Premiermin. Einflussreichste Parteien: Nationalist Party (PN), M. Labour Party (MLP).

Landesnatur

Die Maltes. Inseln sind Reste einer Landbrücke zw. Sizilien und Nordafrika. Die Insel M. steigt pultschollenförmig von NO nach SW bis 253 m ü. M. an und fällt steil mit einer Kliffküste zum Meer ab. Der größte Teil ist verkarstet. Nur im N und NW finden sich Becken, die landwirtsch. genutzt werden. Die Flachlandküste im NO und SO ist durch mehrere Buchten stark gegliedert (Rias). Von der Insel M. ist die Insel Gozo durch einen 5 km breiten Meeresarm, in dem die Insel Comino liegt, getrennt. Die Sommer sind trocken-heiß, die Winter mild mit zyklonalen Regenfällen (Mittelmeerklima).

Bevölkerung

Die Malteser bilden ethnisch ein mediterranes Mischvolk mit arab. Sprache (↗Maltesisch); etwa 5 % sind Briten und Italiener. – Rd. 98 % der Bev. gehören der kath. Kirche an. – Es besteht allg. Schulpflicht vom 5. bis 16. Lebensjahr und ein für alle Kinder ab 3 Jahre offenes Vorschulangebot (nicht obligatorisch). Die Analphabetenquote beträgt 8 %.

Wirtschaft, Verkehr

Wichtigster Wirtschaftszweig ist das Dienstleistungsgewerbe, zuerst für den Malteserorden, 1800–1979 für den brit. Marinestützpunkt, heute bed. Fremden-

Staatswappen

internationales Kfz-Kennzeichen

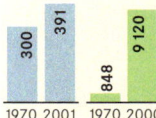
1970 2001   1970 2000
Bevölk.   BNE je Ew.
(in 1000)   (in US-$)

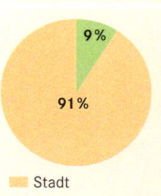
Stadt
Land
Bevölkerungsverteilung 2000

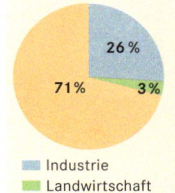
Industrie
Landwirtschaft
Dienstleistung
Bruttoinlandsprodukt 1999

Malt Maltafieber

Malta: Luftbild von Valletta

Malteser-Hilfsdienst e.V.

verkehr; bedeutendstes Unternehmen ist die Werft in Valletta, daneben Maschinenbau, chem., Nahrungsmittel- und Textilindustrie. Die Landwirtschaft spielt eine untergeordnete Rolle. Von Bedeutung ist die Blumenzucht, ferner Frühkartoffeln, Zwiebeln und Wein sowie Getreide; Waldflächen fehlen. Die Fischerei beschränkt sich auf küstennahe Gewässer. Der Energiebedarf wird überwiegend aus Erdölimporten gedeckt. Ausgeführt werden Maschinen und Fahrzeuge, Textil-, Plastikwaren, Frühkartoffeln, Blumen, elektr. und elektron. Waren, Spielzeug. Wichtigste Handelspartner sind die EU-Länder und die USA. – Das Straßennetz ist (2001) 2254 km lang (davon 281 unbefestigt). Eisenbahnen sind nicht vorhanden. Der Hafen von Valletta kann von Schiffen jeder Größenordnung angelaufen werden. Internat. Flughafen Luqa südlich von Valletta.

▎ Geschichte

M. war in der Jungsteinzeit eines der Zentren der mediterranen Megalithkulturen (v. a. große Tempelbauten z. B. in Hagar Qim und Mnajdra, ab 4. Jt. v. Chr.). Nach der phönik. Kolonisation (8./7. Jh. v. Chr.) kam M. im 7./6. Jh. v. Chr. unter die Oberhoheit Karthagos; ab 218 v. Chr. war es röm. Kolonie. Das nach 395 n. Chr. oström. (byzantin.) M. wurde in der Völkerwanderungszeit zunächst von Wandalen, dann von Ostgoten besetzt; 533 wurde es wieder byzantinisch; 870 eroberten es die muslim. Aghlabiden, deren sprachl. und kultureller Einfluss lange nachwirkte. 1091 beendete der normann. Graf Roger I. von Sizilien ihre Herrschaft. 1530 belehnte Kaiser Karl V. den von Rhodos vertriebenen Johanniterorden mit M. Die Folgezeit war durch ständige Kämpfe mit den Osmanen gekennzeichnet. Die Ordensherrschaft beendete Napoléon Bonaparte 1798 zu Beginn seiner ägypt. Expedition. 1800 gelang es den Maltesern mithilfe der brit. Flotte, die Franzosen zu vertreiben. Im Frieden von Amiens (1802) unterstellte sich die maltes. Nationalversammlung Großbritannien und verhinderte so die Rückgabe der Insel an den Ritterorden. 1814 wurde M. brit. Kronkolonie und Flottenstützpunkt. Die Verf. von 1921 räumte der Insel eine beschränkte Selbstverwaltung ein; im Zweiten Weltkrieg war sie wichtige brit. Luft- und Flottenbasis.

T. Robert Malthus

Die Verf. von 1947 brachte M. Autonomie. 1964 wurde es unabhängiges Mitgl. des (brit.) Commonwealth und 1974 unabhängige parlamentar. Republik. Die über lange Jahre regierende M. Labour Party unter D. Mintoff (Premiermin. 1955–58 und 1971–84) war auf eigenständige Politik bedacht und erreichte schließlich die Verlegung des NATO-Stützpunktes (1971) und den vollständigen Abzug der brit. Truppen (1979). Nach einer Verf.änderung gewann die Nationalist Party die Wahlen im Mai 1987 und im Febr. 1992. Die von ihr gestellte Regierung (Premiermin. E. Fenech Adami) strebte eine enge politisch-wirtsch. Bindung an Westeuropa an (1990 Antrag auf EG-Mitgliedschaft). Nach dem Wahlsieg der M. Labour Party im Okt. 1996 stoppte die Reg. unter Premiermin. A. Sant diesen Kurs und bemühte sich um eine Annäherung an die nordafrikan. Staaten, v. a. an Libyen. Nach dem Sieg der Nationalist Party bei den Parlamentswahlen 1998 wurde Fenech Adami wieder Premiermin. (2003 bestätigt); seine Reg. reaktivierte den Antrag auf einen Beitritt M.s in die EU (im Dez. 2002 Abschluss entsprechender Verhandlungen). Ein Referendum am 8. 3. 2003 erbrachte eine knappe Zustimmung (53,6%) für die mögl. EU-Aufnahme zum 1. 5. 2004. Nachfolger des 1994–99 amtierenden Staatspräs. Ugo Mifsud Bonnici wurde im April 1999 der vorherige Außenmin. Guido de Marco.

Maltafieber (Mittelmeerfieber), zu den ↗ Brucellosen gehörende Infektionskrankheit.

Maltatal, österr. Hochgebirgstal in den Hohen Tauern in Kärnten; im Talende der Hauptspeicher Kölnbrein (200 Mio. m³ Wasser) der Kraftwerksgruppe Malta. Das mittlere und obere M. ist Naturschutzgebiet; Fremdenverkehr.

Malter [ahd. maltar »auf einmal Gemahlenes«], alte dt. Volumeneinheit, v. a. für Getreide, schwankend zw. 1,15 und 12,46 hl.

Malteser, Zwerghunderasse aus dem Mittelmeerraum mit weißem, langem Haar.

Malteser-Hilfsdienst e.V., Abk. **MHD,** 1953 von den dt. Zweigen des Malteserordens und dem Dt. Caritasverband gegr. Verein der freien Wohlfahrtspflege, Sitz: Köln; zu den Hauptaktivitäten gehören: Rettungsdienst, Erste-Hilfe-Ausbildung, Katastrophenschutz, Hospizarbeit und soziale Dienste.

Malteserkreuz, nach dem Malteserorden benanntes achtspitziges Kreuz, dessen Form zum Vorbild vieler, auch nichtgeistl. Ordenszeichen wurde.

Malteser|orden (eigtl. Souveräner Malteser-Ritterorden vom Hospital des Hl. Johannes von Jerusalem, gen. von Rhodos, gen. von Malta), seit 1530 Kurzbez. für den ↗ Johanniterorden; internat. karitative Tätigkeit.

Maltesisch, Sprache der Bewohner von Malta (Malteser), eine arab. Mundart, geschrieben mit lat. Buchstaben, mit zahlreichen italien. Fremdwörtern, vom Schriftarabischen nicht beeinflusst.

Malthus ['mælθəs], Thomas Robert, brit. Nationalökonom und Sozialphilosoph, *Rookery (bei Guildford) 14. oder 17. 2. 1766, †Bath 23. 12. 1834; zunächst Pfarrer, seit 1805 Prof. für Geschichte und polit. Ökonomie in Haileybury (Hertfordshire). M., einer der führenden Theoretiker der klass. Nationalökonomie, wurde v. a. durch seine Streitschrift »Versuch über das Bevölkerungsgesetz« (1798) gegen W. Godwin bekannt, in der er eine pessimist. Bevölkerungstheorie (↗Malthusianismus) vertrat.

Malthusianismus der, nach T. R. Malthus benannte Bev.theorie, nach der die mögl. Größe der Bev. durch die Menge der verfügbaren Nahrungsmittel begrenzt und bestimmt wird. Da die Bev. in geometr. Progression wachse, also in gleich bleibenden Wachstumsraten bei immer größeren absoluten Werten, reiche die Nahrungsmittelproduktion, die dagegen infolge des »Gesetzes vom abnehmenden Bodenertrag« nur in arithmet. Progression – d. h. mit gleich bleibenden absoluten Zuwächsen – zunehme, nicht aus, immer mehr Menschen zu ernähren. Zur Begrenzung des Bev.wachstums über die »natürl. Hemmungen« (höhere Sterblichkeit durch Nahrungsmittelmangel) forderte Malthus v. a. »moral. Hemmnisse« (z. B. sexuelle Enthaltsamkeit). Unter dem Einfluss des M. kam es frühzeitig, bes. in den USA, zur Propagierung einer Geburtenkontrolle. Trotz der Kritik an den unterstellten Gesetzmäßigkeiten (zum einen sind die Bestimmungsgründe des Bev.wachstums weit vielschichtiger und eine geometr. Zunahme der Bev. liegt z. B. in den modernen Ind.staaten nicht vor, zum anderen ist die Annahme einer arithmet. Zunahme der Nahrungsmittel nicht zu beweisen) beherrscht der M. bis heute die Debatten über Bev.politik und Familienplanung in den Entwicklungsländern.

Maltose *die* (Malzzucker), aus zwei Molekülen D-Glucose bestehendes Disaccharid, das durch enzymat. Abbau von Stärke gebildet wird. M. ist als vergärbarer Zucker in Bier- und Branntweinmaische enthalten. Als Bestandteil von Glucosesirup dient M. zum Süßen von Lebensmitteln. Durch Säuren oder durch das Enzym Maltase wird sie zu D-Glucose hydrolysiert.

Maltz [mɔlts], Albert, amerikan. Schriftsteller, * New York 28. 10. 1908, † Los Angeles (Calif.) 26. 4. 1985; in der McCarthy-Ära Gefängnisstrafe und Berufsverbot; sozialkrit. Dramen (»Die Wahl«, 1932; »Der schwarze Schacht«, 1935), Erzählungen, Romane (»Geschichte eines Januar«, 1965); Drehbücher.

Maluku, indones. Name der ⁄ Molukken.

Malus [lat. »schlecht«] *der*, nachträgl. Prämienzuschlag bei schadensreichem Verlauf von Versicherungen.

Malus, die Pflanzengattung ⁄ Apfel.

Malus [ma'lys], Étienne Louis, frz. Physiker, * Paris 23. 6. 1775, † ebd. 23. 2. 1812; befasste sich mit der Doppelbrechung des Lichtes, entdeckte 1808 dessen Polarisation durch Reflexion.

Malvasier [nach dem italien. Namen Malvasia der grch. Stadt Monemvassia] *der* (Malvasia), eine der ältesten Rebsorten, die aus Kleinasien stammt und heute weltweit (bes. im Mittelmeerraum) verbreitet ist. M. liefert sortenreine Weißweine und wird oft auch für Likörweine verwendet.

Malve [lat.] *die* (Malva), Gattung der Malvengewächse in Eurasien und Nordafrika, einige Arten in Amerika eingeschleppt und verwildert; Kräuter oder Halbsträucher mit meist großen, teller- bis trichterförmigen Blüten in versch. Farben; z. T. Zierpflanzen. Eine in Mittel- und Südeuropa verwildert vorkommende Art ist die bis 1 m hohe **Moschus-M.** (Malva moschata) mit weißen oder rosenroten, nach Moschus duftenden Blüten. In Eurasien und Nordafrika wachsen die **Wilde M.** (**Rosspappel,** Malva sylvestris), eine 0,25–1,5 m hohe Ruderalpflanze mit großen, rosa bis rotvioletten Blüten, und die bis 50 cm hohe

Weg-M. (**Käsepappel,** Malva neglecta) mit rosa bis weißen Blüten.

Malvinen (span. Islas Malvinas), Inselgruppe im südl. Atlant. Ozean, ⁄ Falklandinseln.

Małysz [-ʃ], Adam, poln. Skispringer, * Wisła (Wwschaft Schlesien) 3. 12. 1977; Weltmeister 2001 (Normalschanze), 2003 (Normal- und Großschanze), Sieger der Vierschanzentournee (2000/01) und Gewinner des Gesamtweltcups (2000/01, 2001/02, 2002/03).

Malz [ahd., eigtl. »weiche Masse«, »Aufgeweichtes«], mit Wasser bei etwa 15 °C zum Keimen (**Grün-M.**) gebrachte stärkehaltige Gerste mit geringem Eiweißgehalt (rd. 9 %), aus der nach Trocknung das **Braun-M. (Darr-M.)** entsteht. M. enthält neben ⁄ Maltose und ⁄ Amylasen eine Reihe von Wirkstoffen und wird als M.-Extrakt, in gelöster Form im Kaffeeersatz, zur Erzeugung von Kornbranntwein und Whisky sowie v. a. in der Bierherstellung (⁄ Bier) gebraucht.

Malzbier, ⁄ Bier.

Malzzucker, die ⁄ Maltose.

Mamallapuram, Ort in Indien, ⁄ Mahabalipuram.

Mambas [Zulu] (Dendroaspis), Gattung der ⁄ Giftnattern.

Mambo [wohl kreol.] *der*, auch *die*, lateinamerikan.Tanz in mäßig schnellem $^4/_4$-Takt. Um 1940 auf Kuba entwickelt, erhielt der M. seine Ausprägung unter dem Einfluss von Swing und Rumba und gelangte nach dem Zweiten Weltkrieg in den afrokuban. Jazz; nach 1950 in Europa zeitweilig Modetanz.

Mamelucken [arab. »Sklaven«] (Mamluken), urspr. Militärsklaven türk., kaukas. oder slaw. Herkunft, die seit dem 9. Jh. in Ägypten und Syrien Kriegsdienst leisteten und in den folgenden Jahrhunderten bis zur osman. Eroberung (1516/17) von Kairo aus über diese Gebiete herrschten. Ihr Einfluss in Politik und Verwaltung dauerte bis 1811, als Mehmet Ali sie durch ein Massaker ausschalten ließ. Herausragende Feldherren und Sultane waren Baibars (1260–77) und Kalaun (1279–90).

Mamertus, Bischof von Vienne, † um 475; war maßgebl. an der gall. Kirchenpolitik seiner Zeit beteiligt. Heiliger, einer der ⁄ Eisheiligen, Tag: 11. 5.

Mamet ['mæmət], David Alan, amerikan. Dramatiker, * Flossmoor (Ill.) 30. 11. 1947; zählt zu den erfolgreichsten Dramatikern des amerikan. Gegenwartstheaters. Seine Stücke (z. B. »American buffalo«, 1976) handeln vom Zusammenleben in der amerikan. Gesellschaft, die statt vom »American dream« von einsamen Menschen und mangelndem eth. Gewissen geprägt erscheint. M. schreibt auch Prosa und ist als Drehbuchautor und Regisseur bekannt. – *Weitere Werke: Dramen:* Hanglage Meerblick (1984); Oleanna (1992). – *Romane:* Das Dorf (1996); Der Fall Leo Frank (2000).

Mamilla [lat.] *die*, Brustwarze, Zitze.

Mamin-Sibirjak, Dmitri Narkissowitsch, russ. Schriftsteller, * Wissimo-Schaitanski (Gouv. Perm) 6. 11. 1852, † Sankt Petersburg 15. 11. 1912; schilderte in naturalist., sozialkrit. Erzählungen und Romanen bes. das Leben der Bauern in Sibirien und im Kaukasus: »Die Priwalowschen Millionen« (1883), »Gold« (1892), »Korn« (1895).

Mammae [lat. »Zitze«, »Brust«], die ⁄ Brustdrüsen.

Mammakarzinom [lat.-grch.], der ⁄ Brustkrebs.

Mammalia [lat.], die ⁄ Säugetiere.

Mammaplastik [lat.-grch.], Verfahren der plast. Chirurgie zur Wiederherstellung der natürl. Brust-

Malve:
Wilde Malve

form nach einer Krebsoperation oder zur kosmet. Korrektur. Gewebedefekte werden durch Transplantation von körpereigenem Fettgewebe und von Hautlappen ausgeglichen, auch durch Einpflanzen von Silikonprothesen, v. a. bei vorausgegangener Brustdrüsenentfernung. Gesundheitsgefährdende Risiken durch Silikoneinlagerungen können nicht ausgeschlossen werden.

Mammeibaum (Echter M., Mammibaum, Mammey, Mammea americana), in Westindien heim. und in den Tropen (v. a. im trop. Amerika) kultiviertes Johanniskrautgewächs mit rötlich gelben, aprikosenähnlich schmeckenden Früchten (**Mammeiäpfel, Aprikosen von Santo Domingo**).

Mammen, Jeanne, Malerin, * Berlin 21. 11. 1890, † ebd. 22. 4. 1976; eine der eigenwilligsten Künstlerinnen im Umfeld der Neuen Sachlichkeit. Ab Mitte der 20er-Jahre wandte sie sich einem verist. Stil zu. Während des nat.-soz. Regimes knüpfte sie (Mitgl. der KPD) demonstrativ an den frz. Kubismus an und löste ab 1937 die Formzusammenhänge des Dargestellten fast völlig auf. Ab 1950 entwickelte sie abbildhafte Chiffren. M. arbeitete auch als Illustratorin.

Mammographie [lat.-grch.] *die,* Röntgenaufnahme der weibl. Brust. Sie wird in drei Ebenen und beidseitig durchgeführt, da z. T. nur im Vergleich die Unterscheidung individueller und krankhafter Formabweichungen möglich ist. Bei der **Xero-M.** wird anstelle des Röntgenfilms eine selenbeschichtete Aluminiumplatte verwendet; ermöglicht eine bessere Hervorhebung der Konturen.

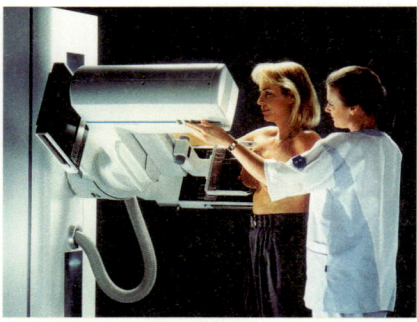 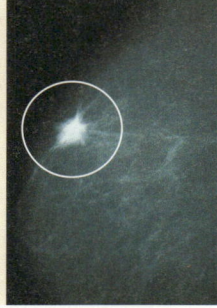

Mammographie: links Mammographiegerät, rechts Röntgenaufnahme der weiblichen Brust mit krankhafter Verschattung

Mammon [aramäisch] *der,* im N. T. abschätzige Bez. für Geld und Reichtum, sofern diese das Streben des Menschen bestimmen (Mt. 6, 24) oder nicht redlich erworben sind (Lk. 16, 9 ff.).

Mammoth Cave [ˈmæməθ keɪv], Höhlensystem in Kentucky, USA, ↗ Mammuthöhle.

Mammut, ↗ Mammute.

Mammutbaum, 1) (Sequoiadendron), Gattung der Sumpfzypressengewächse mit der einzigen Art **Riesen-M.** (Sequoiadendron giganteum) im westl. Nordamerika; bis 135 m hoher Baum (in Europa als Parkbaum selten höher als 50 m) mit säulenförmigem Stamm (Durchmesser bis 12 m). Die ältesten bekannten M. sind zw. 3 000 und 4 000 Jahre alt; in Europa als Parkbaum angepflanzt. 2) (Sequoia), Gattung der Sumpfzypressengewächse mit der einzigen Art **Küstensequoia** (Sequoia sempervirens) im westl. Nordamerika; bis 110 m hoch.

Mammute [russ.-frz.], Gattung ausgestorbener, bis 4 m hoher Elefanten, die gegen Ende des Pleistozäns (in Asien vor etwa 10 000 Jahren) in den Steppen Eurasiens und Nordamerikas lebten. Am bekanntesten **Kältesteppen-M.** (**Mammut** i. e. S., Mammuthus primigenius), das nur in Kälteregionen vorkam; mit dichter, langer Behaarung und bis 5 m langen, gebogenen oder eingerollten Stoßzähnen. Im sibir. Bodeneis wurden vollständig erhaltene Exemplare gefunden.

Mammuthöhle (engl. Mammoth Cave), Höhlensystem in Kentucky, USA, mit 5 Stockwerken bis über 100 m Tiefe, bisher erforschte Gänge von 560 km Länge; 1791 entdeckt, seit 1941 Nationalpark (212 km²; UNESCO-Welterbe).

Mamonowo (dt. Heiligenbeil), Stadt im Gebiet Kaliningrad (Königsberg), Russland, 3 km südöstlich des Frischen Haffs, 8 100 Ew.; Fischkonservenfabrik; Grenzübergang nach Polen. – Die Stadt wurde 1301 nach Culmer Recht gegründet. 1945 schwer zerstört.

Mamoré (Río M.), rechter Quellfluss des Río Madeira im N von Bolivien, 1 500 km lang, vereinigt sich mit dem Río Beni zum Río Madeira.

Mamry [ˈmɔmrɪ] (Jezioro M.), See in Polen, ↗ Mauersee.

Man, Isle of [aɪl əv mæn], brit. Insel in der Irischen See, 572 km², 78 000 Ew., die z. T. das kelt. Manx sprachen (um 1960 ausgestorben). Haupterwerbszweige sind Rinder- und Schafhaltung, Fremdenverkehr. Hptst. ist Douglas. – *Geschichte:* In der Antike **Mona** oder **Monapia,** im MA. **Eubonia** gen., im 5./6. Jh. von ir. Mönchen christianisiert, um 800 von Normannen besetzt, im 12./13. Jh. selbstständiges Königreich; geriet 1266 unter schott., im 14. Jh. unter engl. Vorherrschaft. 1765 verkauften die Herzöge von Atholl ihre Souveränitätsrechte an die brit. Krone, der die Insel seitdem unterstecht, ohne staatsrechtlich zu Großbritannien zu gehören (eigenes Parlament und Verwaltungssystem).

MAN [Abk. für engl. **m**etropolitan **a**rea **n**etwork], Kommunikations- bzw. ↗ Rechnernetz, das sich über ein Stadtgebiet erstreckt.

Mana [melanes. »das außerordentlich Wirkungsvolle«] *das,* in versch. Stammesreligionen die in Naturerscheinungen, Dingen (↗ Fetisch), Tieren und Menschen wirksame übernatürl. Kraft; wird als unpersönl., zum Guten oder Bösen wirkende Macht erfahren; als Träger des M. gelten v. a. Häuptlinge und Medizinmänner. (↗ Manitu)

Mänaden [grch. »die Rasenden«], die ekstatischen Frauen im Gefolge des ↗ Dionysos, dargestellt z. B. auf grch. Vasen.

Manado (Menado), Prov.-Hptst. und Hafen auf Celebes, Indonesien, 332 300 Ew.; kath. Bischofssitz; Univ., Zweig der islam. Univ. von Yogyakarta; Kopra- und Kaffeeausfuhr; Flugplatz.

MAN AG, konzernleitende Holding des im Bereich Investitionsgüter (Nutzfahrzeug-, Maschinen- und Anlagenbau, industrielle Dienstleistungen) tätigen MAN Konzerns; Sitz: München, entstanden 1986 durch Zusammenschluss von **M.A.N. Maschinenfabrik Augsburg-Nürnberg AG** (gegr. 1840) und **Gutehoffnungshütte Aktienverein AG** (gegr. 1873). Konzernunternehmen sind u. a. Ferrostahl AG (Stahl- und Maschinenhandel), MAN Roland Druckmaschinen AG, Renk AG (Antriebstechnik), MAN B & W Diesel AG (Dieselmotoren), Deggendorfer Werft- und Eisenbau GmbH (Schiff- und Anlagenbau), MAN Nutzfahrzeuge AG.

Management [ˈmænɪdʒmənt, zu engl. to manage »handhaben«, »leiten«] *das,* Bez. für die Führung von Institutionen jeder Art (z. B. Unternehmen, Verbände, Parteien) sowie für die Gesamtheit der Personen, die diese Funktion ausüben. Angesichts der Vielschichtigkeit des M. wird die M.-Wiss. heute durch

Mammutbaum: Riesenmammutbaum

Einbeziehung von Psychologie, Soziologie, Rechtswiss., Mathematik, Informatik, Kommunikationswiss. sowie Philosophie (Unternehmensethik), Biologie und Ökologie interdisziplinär betrieben. Das handlungs- und das personenorientierte Konzept stehen in der wiss. Diskussion im Vordergrund, während der handhabungsorientierte M.-Begriff verstärkt im Bereich der Praxis (Verkaufs-M., Qualitäts-M.) Verwendung findet und stark technikorientiert ist. Im handlungsorientierten Konzept wird M. als Gesamtheit der Handlungen verstanden, die auf die bestmögl. Erreichung der Ziele einer Institution und der an ihr beteiligten Interessengruppen gerichtet sind. Im personenorientierten Konzept wird M. als die Gruppe der Personen (Leitung, Manager, Geschäftsführung) verstanden, die Träger der M.-Handlungen sind und die durch Gesetz, Satzung oder Auftrag mit den Rechten, Pflichten und der Verantwortung zur Erfüllung der Handlungen ausgestattet sind. Allg. umfasst das M. diejenigen Führungskräfte, die Weisungsbefugnis gegenüber anderen Personen (Fachkräfte) haben. An der hierarch. Einstufung gemessen, hat sich die Unterscheidung in oberstes bzw. oberes M. **(Top-M.)**, mittleres M. **(Middle M.)** und unteres M. **(Lower M.)** eingebürgert. Um sein Handeln erfolgreich zu gestalten, benötigt der Manager spezialisierte Fähigkeiten techn. und konzeptioneller Art, die ihm nicht, wie früher vermutet, angeboren sein müssen (M. durch Charisma), sondern durch spezielle Aus- und Weiterbildung erlernbar sind.

Bei den zahlreichen M.-Methoden spielen Fragen der Unternehmens- und der Personalführung eine große Rolle, wobei wegen der zunehmend internat. Besetzung von Unternehmen auch interkulturelle Sensitivität gefordert ist. Die wichtigsten qualitativen M.-Methoden sind: **M. by Delegation:** Übertragung von Entscheidungsfreiheit und Verantwortung an Mitarbeiter innerhalb vorgegebener Grenzen; **M. by Exception:** voll verantwortl. Delegation von Einzelentscheidungen an nachgeordnete Mitarbeiter, Eingreifen der vorgesetzten Stellen nur in Ausnahmefällen; **M. by Motivation:** Führung durch Anreiz; **M. by Objectives:** Führung durch Zielvereinbarung bei weit gehender Delegation von Entscheidungsbefugnissen an die Mitarbeiter; **M. by Participation:** Führungskonzept mit starker Betonung der Beteiligung von Mitarbeitern an den sie betreffenden Entscheidungen; **M. by Results:** ergebnisorientiertes Führungskonzept, bei dem exakte Leistungsvorgaben mit ergebnisorientierter Zielkontrolle verbunden werden. Zu den quantitativen M.-Techniken zählen v. a. Netzplantechnik, Operations-Research, Systemanalyse und versch. Optimierungstechniken für die einheitl. Durchführung wiederkehrender Tätigkeiten. Eine neue Entwicklung stellt die Diskussion um Formen der Selbstorganisation dar, die auf weitgehende Entscheidungsdezentralisation und Selbstkontrolle der einzelnen Mitarbeiter zielt (flache Hierarchie). Weitere Entwicklungsschübe gehen vom ⁄ Projektmanagement und ⁄ Qualitätsmanagement aus.

Management-Buy-out ['mænɪdʒmənt baɪ'aʊt, engl.] *das,* Abk. **MBO,** Übernahme eines Unternehmens durch eigene Führungskräfte. Der Unternehmenserwerb durch externe Manager heißt **Management-Buy-in (MBI).** Wird die Belegschaft in den Erwerb von Gesellschaftsanteilen einbezogen, spricht man von einem **Belegschafts-Buy-out.** Das MBO kann erfolgen durch Mehrheitserwerb der Geschäftsanteile (»Share-Deal«), Erwerb der wesentl. Vermögensobjekte (»Asset-Deal«) oder durch eine Kombination aus beidem (»Roll-over«).

Manager ['mænɪdʒə, engl.] *der,* leitender und verantwortl. Angestellter eines Unternehmens (⁄ Management); i. w. S. der geschäftl. Betreuer von Sportlern oder Künstlern.

Managerkrankheit ['mænɪdʒə-, engl.], volkstüml. Bez. für eine Erkrankung des Herz-Kreislauf-Systems mit vegetativen Störungen infolge dauernder körperl. und psych. Überbeanspruchung.

Managua, Hptst. von Nicaragua, am S-Ufer des **M.-Sees** (rd. 1 040 km², bis 20 m tief, 37 m ü. M.), 1,09 Mio. Ew.; Erzbischofssitz, zwei Univ., TU, Akademien, Nationalbibliothek, -archiv, -museum; wichtigster Ind.-Standort des Landes am Panamerican Highway; internat. Flughafen. – Seit 1858 Hptst., nach Erdbeben (1931) wieder aufgebaut, 1972 erneut durch Erdbeben zerstört; danach wurde der Stadtkern 6 km weiter nach SW verlegt.

Manama, Hptst. von Bahrain, ⁄ Menama.

Mana-Pools-Nationalpark, [- puːlz-], Naturschutzgebiet am Sambesi, in Simbabwe, umfasst mit den benachbarten Safarigebieten Sapi und Chewore 6 766 km²; wurde zum Schutz von etwa 400 Vogelarten und der zahlr. Wildtiere von der UNESCO zum Weltnaturerbe erklärt.

Manapouri, Lake [leɪk mænəˈpʊrɪ], See auf der Südinsel Neuseelands, im Fjordland National Park, 142 km², bis 444 m tief; Speicher für das größte Wasserkraftwerk Neuseelands (600 MW).

Manasarowar [altind.] (tibet. Tsomawang), See in Tibet (China), in der südtibet. Längstalfurche, am S-Fuß des Kailas, 4 602 m ü. M., hat unterird. Abfluss nach dem See Rakas-tal. Beide Seen sind den Tibetern und Hindus heilig.

Manaslu, Berg im Himalaja, im nördl. Zentralnepal, 8 163 m ü. M., Erstbesteigung 1956 durch eine japan. Expedition.

Manasse, *A. T.:* der älteste Sohn Josephs (1. Mos. 41, 51); in der jüd. Tradition Stammvater des gleichnamigen israelit. Stammes.

Manas-Wildschutzgebiet, Reservat (UNESCO-Weltnaturerbe) im Bundesstaat Assam, im NO Indiens, südlich von Bhutan, am linken Ufer des Manas (Nebenfluss des Brahmaputra), 272 km²; Wälder, im SO-Teil Grasland; zum Tierbestand gehören Ind. Panzernashorn, Ind. Elefant, Axishirsch, Tiger, Lippenbär, Ind. Sambar.

Manat *der,* Währungseinheit in Aserbaidschan (↗ Aserbaidschan-Manat) und Turkmenistan (↗ Turkmenistan-Manat).

Manatis [karibisch], Familie der ↗ Seekühe.

Manaus: Opernhaus (1896)

Manaus, Hptst. des Bundesstaates Amazonas, Brasilien, am Río Negro, 18 km oberhalb seiner Mündung in den Amazonas, 32 m ü. M., 1,4 Mio. Ew.; kath. Erzbischofssitz; Univ., nat. Forschungsinstitut für Amazonien; Museen, Opernhaus (Teatro Amazonas, 1896); bed. Ind.standort; in der Freizone von M. Biotechnolog. Zentrum (Institut und bed. biotechnolog. Ind.park für Investoren). Freihafen (für Seeschiffe erreichbar), internat. Flughafen. – 1669 als portugies. Fort gegr.; zur Zeit des Kautschukbooms (1890–1915) wurde M. modern angelegt.

Mancha ['mantʃa] *die* (La M.), span. Landschaft auf der Hochfläche von Neukastilien, mit winterkaltem Kontinentalklima, langen Sommern mit Staubnebeln, verbreitet Wassermangel; Hauptkornkammer Spaniens und Weinbaugebiet.

Manche [mãʃ, frz. »Ärmel«], 1) (La M.), frz. Name des ↗ Ärmelkanals.

2) Dép. in NW-Frankreich, 5 938 km², 481 000 Ew.; Hptst. ist Saint-Lô.

Manchester ['mæntʃɪstə, dt. man'ʃɛstər; nach der engl. Stadt M.] *der* (Genuacord, Cordsamt), gerippter Schusssamt, meist aus Baumwolle; für Sportanzüge, Arbeitshosen, Möbelbezüge.

Manchester Stadtwappen

Manchester ['mæntʃɪstə], Stadt in der Metrop. Cty. Greater M., England, 427 700 Ew.; anglikan. Bischofssitz; Univ. mit angeschlossener M. Business School, Polytechnikum (seit 1992 Univ.), Bibliotheken, Galerien, Museen, Theater, Kulturzentrum »The Lowry« (2000 eröffnet); Mittelpunkt der engl. Baumwollind. (seit dem 16./17. Jh.), Maschinen- und Fahrzeugbau, elektrotechn., elektron., chem., pharmazeut., Schuh-, Bekleidungs- und Nahrungsmittelind., Druckereien; bed. Finanz- und Handelszentrum mit Banken und Versicherungsunternehmen, nat. Computerzentrum; internat. Flughafen; durch den 58 km langen M.-Schifffahrtskanal (1894) mit Liverpool verbunden. – Wichtige Bauten sind die Kathedrale (15. Jh., 1862–68 erneuert), die Town Hall (1868–77), die Free Trade Hall (1856), die Börse (1864–74), das Royal Theatre (1976), das Imperial War Museum (2002) von D. Libeskind. – M. ging aus dem röm. Kastell **Mancunium** hervor; seit Anfang 7. Jh. angelsächsisch; 1229 Marktrecht. 1330 brachten Flamen die Textilind. nach M.; 1762 wurde der Kanal zu den Kohlefeldern von Worsley fertig gestellt. Ab 1785 betrieb man Webstühle, ab 1789 Spinnereien erstmals mit Dampfmaschinen; 1830 wurde die Eisenbahnlinie nach Liverpool eröffnet; 1838 erhielt M. Stadtrecht. M. ist Symbol des brit. Kapitalismus (Manchestertum).

Manchestertum ['mæntʃɪstə-], Bez. für den rigiden wirtsch. Liberalismus des 19. Jh., der für unbedingten ↗ Freihandel sowie für das freie Spiel der wirtsch. Kräfte ohne jegl. staatl. Eingriffe eintrat. Die Bez. geht auf die Stadt Manchester zurück, deren Handelskammer zus. mit der von R. Cobden und J. Bright geleiteten **Manchester-Partei** 1838–46 erfolgreich gegen die Getreidezölle kämpfte.

Manching, Markt im Landkreis Pfaffenhofen a. d. Ilm, Oberbayern, 10 900 Ew.; Keltenmuseum; Luftfahrtind.; Militärflugplatz. – Bei M. lag ein kelt. Oppidum, wohl Hauptort der Vindeliker (Funde aus der mittleren und späten La-Tène-Zeit; u. a. Teile der kreisförmigen Stadtmauer erhalten).

Manchouli [-dʒəʊli], Stadt in China, ↗ Manzhouli.

Manchu [-dʒ-], Volk in Ostasien, ↗ Mandschu.

Mandäer [aramäisch], dem ↗ Manichäismus und Gnostizismus (↗ Gnosis) verwandte Religionsgemeinschaft. Erstmals 37 n. Chr. in Palästina belegt, leben die M. seit dem 7. Jh. am unteren Euphrat und Tigris und zählen heute 30 000–40 000 Anhänger (Eigenangaben) in Iran und Irak; im Mittelpunkt von Lehre und Kultus stehen Johannes der Täufer als Heilsmittler und die häufig wiederholte Taufe als Mittel zur Befreiung der Seele aus dem Gefängnis des Leibes.

Mandala [Sanskrit »Kreis«, »Ring«] *das,* myst. Kreis- oder Vieleckbild, welches in konzentr. Anordnung den Kosmos, die Götterwelt oder psych. Aspekte versinnbildlichen soll; im Buddhismus (v. a. Lamaismus), Dschainismus und Hinduismus Hilfs-

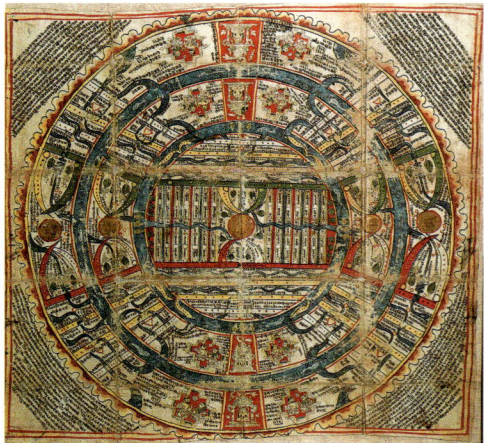

Mandala: dschainistisches Mandala, im Zentrum der Weltenberg (der Mittelpunkt der Welt) mit den dort entspringenden Urströmen (Gujarat, um 1700; Privatsammlung)

mittel zur Meditation. – In der *Tiefenpsychologie* C. G. Jungs werden den M. ähnl. bildhafte Gestaltungen und Trauminhalte als Symbole der ↗ Individuation interpretiert.

Mandalay [mændəˈleɪ], Stadt in Birma, mit Flusshafen am Irawadi, 663 000 Ew.; geistiges Zentrum des birman. Buddhismus mit vielen Tempeln, Pagoden, Klöstern; kath. Erzbischofssitz; Univ., Fachschulen, Kunstmuseum; Metall-, Textil- u. a. Ind.; Eisenbahnbrücke über den Irawadi. – Gegr. 1857, bis 1885 Hptst. von Birma.

Mandan [ˈmændæn], nordamerikan. Indianerstamm am oberen Missouri, gehört sprachlich zur Siouxfamilie; etwa noch 1 100 Leute, vorwiegend auf der Fort-Berthold-Reservation in North Dakota.

Mandarin [Sanskrit »Ratgeber«] *der,* europ. Bez. für einen hohen chines. Staatsbeamten.

Mandarine [span.-frz.] *die,* im Durchmesser 5–6 cm große, gelbl. bis orangefarbene Frucht des v. a. in Japan, China, den USA, in Südamerika und im Mittelmeergebiet kultivierten **Mandarinenbaums** (Citrus reticulata), dessen breitblättrige Formen die mehr rötl., sehr kleinen **Tangerinen** (kernarm), dessen großblättrige Formen die frühreifen, samenlosen **Satsumas** liefern. Vermutlich aus Kreuzungen von Sorten der M. entstand die **Klementine** (meist kernlos). **Tangelos** sind die Früchte einer in Florida gezüchteten Kreuzung zw. Grapefruit- und Mandarinenbaum.

Mandarine: blühender und fruchtender Zweig des Mandarinenbaums

Mandarinente

Mandarin|ente (Aix galericulata), aus Ostasien stammende, in Europa häufig in Parks gehaltene, etwa 40 cm lange Wildente mit buntem Gefieder.

Mandat [lat. »Auftrag«, »Weisung«] *das,* 1) *röm. Recht:* der dem heutigen Auftrag entsprechende Vertrag, der Beauftragte **(Mandatar)** übernahm es, ein ihm vom Auftraggeber **(Mandant)** übertragenes Geschäft für diesen unentgeltlich zu besorgen.

2) *Staatsrecht:* i. w. S. die Vollmacht zur Ausübung von Kompetenzen, die der Substanz nach dem Vollmachtgeber verbleiben, im Unterschied zur Delegation, bei der die Kompetenz übertragen wird. – I. e. S. ist M. das durch Wahl begründete Amt des ↗ Abgeordneten **(parlamentar. M.).** Man unterscheidet das freie und das ↗ imperative Mandat; beim **freien M.** ist der Abg. Repräsentant des gesamten Volkes und an keine Weisungen und Aufträge gebunden und nur seinem Gewissen verpflichtet (so nach Art. 38 Abs. 1 GG in Dtl., Art. 56 des österr. Bundes-Verf.-Ges., Art. 161 der schweizer. Bundesverfassung).

3) *Völkerrecht:* ↗ Mandatsgebiete, ↗ Schutzgebiete.

4) *Zivilrecht:* die Beauftragung eines Rechtsanwalts zur Wahrnehmung von Mandanteninteressen, meist ein Geschäftsbesorgungsvertrag.

Mandatsgebiete, die nach dem Ersten Weltkrieg im Namen des Völkerbundes treuhänderisch (kraft Mandats) von einzelnen Staaten **(Mandataren)** verwalteten ehem. dt. Kolonien und die ehem. türk. Gebiete Vorderasiens. Entsprechend dem Entwicklungsstand der Gebiete und der Zielsetzung der Mandatsverw. gab es: **A-Mandate** (Irak, Palästina, Transjordanien, Syrien, Libanon), die eine vom Mandatar beaufsichtigte Selbstverwaltung besaßen und mit der Entstehung unabhängiger Staaten erloschen; **B-Mandate** (Kamerun, Togo, Tanganjika, Ruanda-Urundi), die einer besonderen Verw. des Mandatars unterstanden, und **C-Mandate** (Dt.-Südwestafrika, Samoa, Karolinen, Marianen, Palau- und Marshallinseln, Neuguinea mit den übrigen dt. Südseeinseln, Nauru), die als zu integrierender Bestandteil des Mandatars zu verwalten waren. Das System der M. endete am 18. 4. 1946; noch vorhandene M. wurden danach zu ↗ Treuhandgebieten.

Mandatsverfahren (Mandatsprozess), früher in Österreich (§§ 460 ff. StPO) ein vereinfachtes Strafverfahren, in dem nur auf Geldstrafe bis zu 90 Tagessätzen erkannt werden konnte (entsprach dem dt. Verfahren bei ↗ Strafbefehlen; z. T. auch in der Schweiz gebräuchlich); ferner ein dem dt. Urkunden- und Wechselprozess vergleichbares (Zivil-)Verfahren.

Mandel, 1) *Anatomie:* ↗ Mandeln.
2) *Botanik:* ↗ Mandelbaum.
3) *Metrologie:* alte norddt. Zähleinheit: 1 M. = 15 Stück, 1 große oder Bauern-M. = 16 Stück, 4 M. = 1 Schock.

Mandela, 1) Nelson Rolihlahla, südafrikan. Politiker und Bürgerrechtler, *Qunu (Transkei) 18. 7. 1918; 1958–96 ∞ mit 2); aus dem Volk der Xhosa, Jurist, seit 1944 Mitgl. des ↗ African National Congress (ANC), nach dessen Verbot führend am Aufbau der geheimen Militärorganisation des ANC »Speer der Nation« beteiligt, wurde 1962 zu fünf Jahren, 1964 zu lebenslängl. Haft verurteilt. Vom Gefängnis aus setzte er seinen Kampf fort und wurde zur Symbolfigur des schwarzen Widerstandes gegen die Apartheid. 1990 aus der Haft entlassen und zum Vizepräs., 1991 zum Präs. des ANC gewählt, leitete er auf der Seite des ANC die Verhandlungen mit der weißen Minderheitsreg. unter F. W. de Klerk, die zum Ende der Apartheid und zum friedl. Übergang der Rep. Südafrika zu einer gemischtrassigen Demokratie führten. Dafür erhielt er zus. mit de Klerk 1993 den Friedensnobelpreis. 1994 wurde M. Präs. der Rep. Südafrika; 1997 trat er als Präs. des ANC, 1999 als Staatspräs. zurück.

Nelson Mandela

2) Winnie Nomzamo, geb. und jetzt wieder W. Madikizela, südafrikan. Bürgerrechtlerin, *Bizana (Transkei) 1934; 1958–96 ∞ mit 1); seit 1958 Mitgl. des ANC, während der Verhaftung ihres Mannes Nelson M. verfolgt, zeitweise inhaftiert, lebte 1977–85 als »gebannte Person«. Ihre polit. Alleingänge und Äußerungen lösten massive Kritik, auch innerhalb des ANC, aus. 1991 wegen Mittäterschaft bei kriminellen Handlungen verurteilt. Trat 1992 von ihren Funktionen im ANC zurück, wurde jedoch 1993 zur Präsidentin der ANC-Frauenliga gewählt (Wiederwahl 1997). Ihre Rolle bei Menschenrechtsverletzungen (Mord, Entführung, Folterung) in den 1980er-Jahren führte zu ihrer Anhörung vor der Wahrheitskommission Ende 1997.

Mandelbaum (Prunus dulcis), ein Rosengewächs; verbreitet bzw. kultiviert vom westl. Mittelasien bis ins Mittelmeergebiet und in den wärmeren Gebieten Europas und Amerikas; kleiner Baum oder Strauch mit rosaweißen Blüten; abgeflacht-eiförmige, trockene Steinfrucht mit meist einem glatten Steinkern **(Krachmandel),** der jeweils nur einen einzigen Samen, die **Mandel,** enthält. **Süßmandeln** enthalten

Mandelbaum: Blüten und Zweig mit Früchten

bis zu 50% fettes Öl, 25–35% Eiweißstoffe und 10% Zucker; u. a. Verwendung in der Süßwarenherstellung (v. a. für Marzipan). Die **bitteren Mandeln** (von einer Varietät des M.) enthalten statt Zucker etwa 4% Amygdalin, durch dessen Abbau Blausäure entsteht; der Genuss größerer Mengen (bei Kindern 5–12 Stück) kann tödlich sein.

Mandelbäumchen (Prunus triloba), kleiner Strauch in China; als Zierstrauch oft hochstämmig veredelt, mit zahlr. gefüllten, rosafarbenen Blüten.

Mandelbrot, Benoit, frz.-poln. Mathematiker, *Warschau 20. 11. 1924; emigrierte 1936 nach Frankreich; wirkte u. a. an der École Polytechnique (Paris), am Institute for Advanced Study (Princeton) sowie an den Universitäten in Genf und Lille, arbeitete (ab 1958) am IBM-Forschungszentrum in Yorktown Heights (N. Y.). Bekannt geworden ist M. durch die Entwicklung der ↗ fraktalen Geometrie und deren Anwendungen.

Mandelbrot-Menge [nach B. Mandelbrot], selbstähnl. fraktale Teilmenge der komplexen Zahlenebene, die sich durch die Iteration $z \leftarrow z^2 + c$ erzeugen lässt (c und z sind komplexe Zahlen). Die M.-M., wegen ihrer kugeligen Form auch »Apfelmännchen« genannt, ist in der ↗ fraktalen Geometrie von Bedeutung.

Mandel|entzündung (Tonsillitis, Angina, Tonsillopharyngitis), meist durch Streptokokken und Viren hervorgerufene Entzündung der Gaumenmandeln, wobei häufig die ganze hintere Rachenwand entzündlich geschwollen **(Halsentzündung)** ist. Meist nach Erkältungen beginnt die **akute M.** mit Frösteln, Fieber, Schluckbeschwerden (Halsschmerzen), schlechtem Allgemeinbefinden, Lymphknotenschwellung am Hals, mitunter auch Muskel- und Gelenkschmerzen sowie Nierenbeschwerden; tritt auf als **katarrhal. M.** mit Rötung der geschwollenen Mandeln und als **eitrige M.** mit »Stippchen« (Fibrinbeläge um die Kryptengänge) auf den Mandeln. Greift die Eiterung auf das die Mandeln umgebende Gewebe über, so kann sich ein **Mandelabszess** bilden. Die oft unbemerkte chron. M. kann als gefährl. Herdinfektion Erreger und Toxine ausstreuen und zu einer Schädigung von Herz, Nieren und Gelenken (rheumat. Erkrankungen) sowie zu Hauterkrankungen führen. Die *Behandlung* umfasst Bettruhe, Schmerzmittel, Desinfizienzien, feuchte Halswickel und Antibiotika. Bei akut eitriger M. und chron. Herdinfektion wird eine operative Mandelentfernung **(Tonsillektomie)** mit örtl. Betäubung oder Inhalationsnarkose durchgeführt.

Mandeln (Tonsillen), ringförmig angeordnete lymphat. Organe im Bereich des Übergangs von Mund- und Nasenhöhle in den Rachen (lymphat. Rachenring). Im Einzelnen werden unterschieden: die paarigen **Gaumen-M.**, die beiderseits zw. den Gaumenbögen liegen; die am Dach des Nasen-Rachen-Raums hinter dem Zäpfchen liegende unpaare **Rachen-M.** sowie die am Zungengrund liegenden paarigen **Zungen-M.** Die M. dienen der Abwehr (Immunsystem) körperfremder Stoffe.

Mandelsäure (Phenylglykolsäure), farblose, kristalline, in Wasser lösl., optisch aktive Carbonsäure. Das ↗ Racemat (DL-Mandelsäure) wird aus Benzaldehyd und Blausäure hergestellt und zur Synthese von Arzneimitteln (Mandelaten) verwendet.

Mandelstam (Mandelschtam), Ossip Emiljewitsch, russ. Lyriker, *Warschau 15. 1. 1891, †(in einem Lager bei Wladiwostok) 27. 12. 1938; stand dem frz. und russ. Symbolismus nahe; gründete dann mit A. Achmatowa und N. Gumiljow die Gruppe der Akmeisten (»Dichtergilde«, ↗ Akmeismus); wurde wegen eines Spottgedichts auf Stalin verhaftet, starb in der Verbannung. 1956 rehabilitiert. In dt. Übers. u. a. »Schwarzerde« (1983), »Mitternacht in Moskau« (1986); »Das Rauschen der Zeit« (1985). – Seine Frau Nadeschda Mandelstam (*1899, †1980) schrieb die (Auto)biografie »Generation ohne Tränen« (1972).

Ossip Mandelstam, Zeichnung von Leo Bruni (St. Petersburg, Privatbesitz)

Mandelstein, Vulkanit mit Blasenhohlräumen, die bei der Entgasung entstanden und z. B. mit Kalkspat, Chalcedon oder Zeolithen ausgefüllt sind.

Mandesprachen, Sprachfamilie Westafrikas mit rd. 13 Mio. Sprechern, bes. in Mali, Sierra Leone und Guinea.

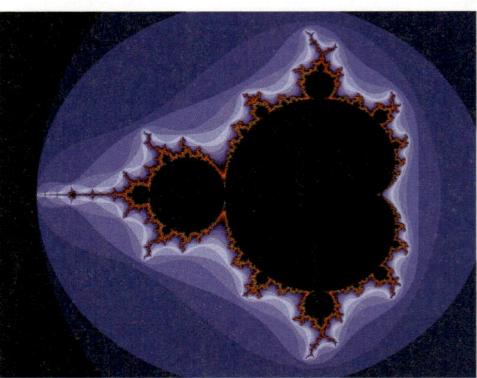

Mandelbrot-Menge

Mandeville [ˈmændəvɪl], Bernard de, engl. Arzt und Philosoph, *Dordrecht oder Rotterdam 1670, †Hackney (heute zu London) 21. 1. 1733; seit 1696 in London, wandte sich mit der Satire »Bienenfabel« (1714) gegen den Idealismus A. Shaftesburys, indem er die fördernde Kraft des menschl. Eigennutzes (z. B. in der Wirtschaft) nachzuweisen suchte.

Mandibeln [lat.], Oberkiefer, Vorderkiefer; erstes, ursprünglich mehrgliedriges Mundgliedmaßenpaar der Gliederfüßer als Kauwerkzeug.

Mandioka die, ↗ Maniok.

Mandola [italien.] die (Mandora), lautenähnl., etwa 40–65 cm langes Zupfinstrument, größere Form der ↗ Mandoline.

Mandoline [italien.] die, lautenähnl. Zupfinstrument, mit bauchigem, im Längsschnitt etwa mandelförmigem Schallkörper, rundem Schallloch in der Decke, kurzem Hals mit Bünden, Wirbelplatte mit Schraubwirbeln und vier Doppelsaiten aus Metall (Stimmung g–d^1–a^1–e^2), die mit Plektron im Tremolo gespielt werden. Die M. kam um die Mitte des 17. Jh. in Italien auf **(neapolitan. M.)** und entwickelte sich in zahlr. lokalen Varianten zum italien. Nationalinstrument.

Mandorla [italien.] die, mandelförmiger ↗ Heiligenschein.

Mandragora [lat.-grch.] die, Gattung der Nachtschattengewächse, i. e. S. die Art **Alraunwurzel** (Mandragora officinarum), Staude des Mittelmeergebiets, mit grünl. Blüten, gelbroten Früchten und verzweigter giftiger Wurzel. Über die Wurzel ↗ Alraune.

Mandrill [engl.] der (Mandrillus sphinx), gedrungene Art der Hundsaffen in den Regenwäldern W-Afrikas; Körperlänge bis fast 1 m (Weibchen wesentlich kleiner), Gewicht bis über 50 kg; mit stummelförmigem Schwanz und auffallender Färbung von Gesicht und Gesäßschwielen.

Mandoline: neapolitanische Mandoline

Mandschu (Manchu), Volk mit tungus. Sprache, etwa 9,8 Mio. Menschen, bes. in NO-China; heute ethnisch von den Chinesen nicht mehr zu unterscheiden. – Die M.-Dynastie Qing herrschte 1644–1911/12 in China.

Mandschukuo, ↗ Mandschurei.

Mandschurei die, der nordöstl. Teil Chinas, umfasst die Prov. Heilongjiang, Jilin, Liaoning sowie Teile der Inneren Mongolei, grenzt im NW, N und O an Russland, im SO an Nord-Korea, im W an die Mongolei, öffnet sich im SW nach China und im S zum Gelben Meer. Die fruchtbare Nordostchines. Tiefebene (Reis-, Mais-, Baumwoll-, Kauliang-, Apfelanbau) wird durch den Liao He zum Gelben Meer, der N der M. über den Sungari zum Amur entwässert. Im W große Weideflächen; waldreiche Gebirge (im Baitou Shan 2 744 m ü. M.) umschließen die zentrale Ebene (Holzwirtschaft, Papierind.). Reiche Bodenschätze (Kohle, Eisenerz, Erdöl, Bauxit) ließen schon im frühen 20. Jh. eine starke Schwerind. entstehen. Neben Chinesen leben in der M. Mandschu und Koreaner, ferner Mongolen, Dahuren, Solonen, Orotschonen, Golden.
Geschichte: Etwa seit dem 3. Jh. v. Chr. stand der S der M. unter chines. Einfluss, der W war von mongol., der O von tungus. Stämmen bewohnt. Verschiedene Reiche entstanden, bis die tungus. Mandschu im 16. und 17. Jh. das Gebiet einigten und 1644–60 China eroberten. 1896 erhielt Russland die Erlaubnis zum Bau der Ostchines. Eisenbahn und besetzte im Boxeraufstand 1900 die ganze M. Die Aufrechterhaltung der Besetzung war einer der Gründe für den Russisch-Japan. Krieg (1904/05). Im Frieden von Portsmouth (5. 9. 1905) wurden die chines. Hoheitsrechte zwar anerkannt, die M. tatsächlich aber in ein russ. und ein japan. Einflussgebiet aufgeteilt. Nach dem Zerfall der chines. Zentralregierung war die M. seit etwa 1919 faktisch selbstständig. Nach der militär. Intervention (1931) rief Japan am 18. 2. 1932 den von ihm abhängigen Staat **Mandschukuo** aus; Regent, seit 1934 Kaiser, war der letzte chines. Mandschu-Herrscher Pu Yi. 1935 verkaufte die UdSSR die Ostchines. Eisenbahn an Mandschukuo, das sich nach der japan. Niederlage (1945) wieder auflöste. 1945/46 war die M. von sowjet. Truppen besetzt. 1946–48 diente sie den chines. Kommunisten als Basis für die Eroberung Chinas; seit 1949 Teil der VR China.

Mandschuria, Stadt in China, ↗ Manzhouli.

Mándy [-di], Iván, ungar. Schriftsteller, * Budapest 23. 12. 1918, † ebd. 6. 10. 1995; schildert in seinen sprachlich konzentriert und distanziert verfassten Werken gefährdete und gescheiterte Existenzen und Bohemiens in Budapest (»Am Rande des Spielfeldes«, R., 1963).

Mandrill

Manege [maˈneːʒə, frz.] *die,* meist runde Fläche in einer Halle oder einem Zelt für Zirkus- und Reitvorführungen.

Manen [lat.], im alten Rom die Totengeister; sie wurden als Götter der Unterwelt verehrt.

Manen [ˈmaːnə], Hans van, niederländ. Choreograph und Ballettdirektor, * Nieuwer Amstel (heute Amstelveen) 11. 7. 1932; war 1961–70 künstler. Direktor und ist seit 1988 Choreograph des Nederlands Dans Theater in Den Haag, 1973–87 Ballettmeister und Choreograph am Nationalballett in Amsterdam; auch Gastchoreograph (seit 1987) des Stuttgarter Balletts; u. a. »Shaker Loops« (1987), »Black Cake« (1989), »Visions fugitives« (1990), »Kleines Requiem« (1996), »Zero Hour« (1998).

Mánes [ˈmaːnɛs], Josef, tschech. Maler und Grafiker, * Prag 12. 5. 1820, † ebd. 9. 12. 1871; schuf romant. Darstellungen aus Geschichte und Volksleben Böhmens; gestaltete die Kalenderplatte der astronom. Uhr des Altstädter Rathauses in Prag (1865/66). Als Begründer einer nationalen tschech. Malerei war er richtungweisend für die nachfolgenden Künstlergenerationen.

Josef Mánes: Dorfkirche (um 1855; Prag, Národní Galerie)

Manessier [-ˈsje], Alfred, frz. Maler, Grafiker, * Saint-Ouen (Dép. Somme) 5. 12. 1911, † Orléans 1. 8. 1993; gelangte nach Auseinandersetzung mit Kubismus und Surrealismus zu einer lyr. Abstraktion, der er v. a. eine religiöse Thematik zugrunde legte; wesentl. Gestaltungsmittel sind Farben von hoher Leuchtkraft; auch Glasfenster und Wandteppiche.

Manessische Handschrift (Große Heidelberger Liederhandschrift), größte der drei Sammelhandschriften mhd. Minnelyrik, geschmückt mit 137 ganzseitigen Miniaturen. Sie enthält auf 425 Pergamentblättern in 38 Lagen 140 Gedichtsammlungen, die von der Mitte des 12. Jh. bis 1300 zu datieren sind. Die M. H. ist mutmaßlich in der 1. Hälfte des 14. Jh. in Zürich auf der Grundlage einer Sammlung von Liederbüchern des Züricher Ratsherrn Rüdiger Manesse († 1304) entstanden und kam um 1490 nach Heidelberg in den Besitz des Kurfürsten von der Pfalz, vor 1657 nach Paris; 1888 kehrte sie im Tausch gegen frz. Handschriften nach Heidelberg zurück. – Abb. S. 2974

Manet [maˈnɛ], Édouard, frz. Maler, * Paris 23. 1. 1832, † ebd. 30. 4. 1883; Schüler T. Coutures. Geschult auf Reisen und durch das Studium alter, bes. span. Meister, fand er einen neuen Stil des Figurenbildes, dessen harmonisch aufeinander abgestimmte und flächenhaft das Bild gliedernde Farb- und Tonwerte die Erscheinung mit überlegener Sicherheit erfassen. Sein 1863 ausgestelltes »Frühstück im Grünen« (Paris, Musée d'Orsay) rief einen Sturm der Entrüstung hervor, der sich 1865 vor seiner »Olympia« (1863; ebd.) noch steigerte. Während seine in dichter Folge geschaffenen Meisterwerke (»Erschießung Kaiser Maximilians von Mexiko«, 1867, Mannheim, Kunsthalle; »Frühstück im Atelier«, 1868, München, Neue Pinakothek) von der offiziellen Kritik abgelehnt wurden, bereitete er durch seine Malerei mit hellen, reich gestuften Farbtönen den Impressionismus vor, dessen Malern er freundschaftlich nahe stand, ohne jedoch mit ihnen zus. auszustellen. Der Einfluss der Impressionisten wirkte sich auch auf seine immer lichter werdende Malerei aus (»Die Barke«, 1874; München, Neue Pinakothek). M. schuf auch Radierungen und Lithographien.

Manetho, ägypt. Geschichtsschreiber des 3. Jh. v. Chr.; Priester in Heliopolis; schrieb in grch. Sprache eine ägypt. Geschichte (in Auszügen erhalten). M. wird die Einteilung der pharaon. Geschichte in 30 Dynastien zugeschrieben (die 31. Dynastie ist ein späterer Zusatz).

Manfred, König von Sizilien (1258–66), *1232, ✕ Benevent 26. 2. 1266; nichtehel. Sohn Kaiser Friedrichs II., erbte von seinem Vater Tarent und die Reichsverweserschaft in Italien; erweiterte seine Macht auch auf Kosten des Kirchenstaats, sodass Urban IV. Karl I. von Anjou zu Hilfe rief, der M. 1266 bei Benevent besiegte.

Manfredini, Francesco Maria, italien. Komponist, getauft Pistoia 22. 6. 1684, † ebd. 6. 10. 1762; komponierte Kammerkonzerte, Oratorien, Triosonaten, Concerti grossi.

Manfredonia, Hafenstadt in Apulien, Italien, Prov. Foggia, 58 200 Ew.; Erzbischofssitz; Handelszentrum, chem. Industrie. – Gegr. 1256 von Manfred von Sizilien.

Édouard Manet: Das Frühstück im Grünen (1863; Paris, Musée d'Orsay)

Manga [japan. man »unwillkürlich, impulsiv« ga »Zeichnung«] das oder der, aus Japan stammender handlungsreicher Comic mit besonderen graf. Effekten und einer teils niedl.-romant., teils brutal-perversen Bildsprache. Die Handlung kann im mittelalterlichen Ambiente oder im Alltag der Gegenwart spielen, Fantasy- oder Science-Fiction-Welten beschreiben, mytholog. oder pornograph. Elemente enthalten. Als **Mangaka** werden die Zeichner der M. bezeichnet. Die jährl. M.-Produktion beträgt mehr als 2,3 Mrd. Bildgeschichten.

Manessische Handschrift: Die Miniatur aus der Handschrift zeigt Konradin von Hohenstaufen mit einem Gefährten bei der Falkenjagd (1. Hälfte 14. Jh.; Heidelberg, Universitätsbibliothek).

Mangabeirabaum (Hancornia speciosa), kleiner südamerikan. Baum, Art der Hundsgiftgewächse. Die kugeligen Früchte **(Mangabas)** werden als Obst gegessen. Der Milchsaft liefert **Mangabeirakautschuk.**

Mangaben (Cercocebus), Gattung der Meerkatzenartigen O- bis W-Afrikas; schlank, langgliedrig, mit weißen Augenlidern.

Mangalore [ˈmæŋɡəlɔː], Hafenstadt in Karnataka, im SW Indiens, an der Malabarküste, 273 000 Ew., Univ.; Exporthafen für Kaffeeausfuhr u. a.; elektrotechn. Ind., Maschinenbau.

Mangan [gekürzt aus älter Manganesium, von mlat. magnesia] das, chem. Symbol **Mn,** metall. Element aus der 7. Nebengruppe des Periodensystems, Ordnungszahl 25, relative Atommasse 54,9380, Schmelzpunkt 1245 °C, Siedepunkt 2061 °C. M. ist ein in reinem Zustand stahlgraues bis silberweißes, unedles Metall, das oft bunte Anlauffarben zeigt. Von Wasser wird M. langsam angegriffen, in verdünnten Säuren erfolgt Auflösung unter Bildung von zweiwertigen M.-Salzen und Wasserstoff. M. ist nach Eisen das häufigste Schwermetall und kommt in der Natur nie gediegen, sondern nur in Verbindungen vor. Als Spurenelement findet man es in fast allen Böden sowie häufig im Grundwasser. Die wichtigsten M.-Minerale sind ↗Braunstein, ↗Braunit, ↗Hausmannit, ↗Manganit, ↗Manganspat und Mangankies (Hauerit, MnS_2). Große M.-Mengen finden sich in den marinen ↗Manganknollen. – Als essenzielles Spurenelement kommt M. in allen lebenden Zellen vor und spielt eine wichtige Rolle bei der ↗Photosynthese. Das Einatmen von M.-Staub (↗MAK-Wert: 5 mg/m^3) ist gesundheitsschädlich; bei chron. Einwirkung kommt es zu Schädigungen des Nervensystems (Manganismus).

M. wird meistens in Form von Eisen-M.-Legierungen durch Reduktion von Gemischen aus M.- und Eisenerzen erschmolzen; reines M. wird vorwiegend durch Elektrolyse von hochgereinigten M.-Sulfatlösungen gewonnen. M. wird v. a. für M.-Legierungen sowie zur Desoxidation und Entschwefelung von Eisen und Stahl verwendet. – Die meisten M.-Erze werden im Tage- bzw. Untertagebau geringer Tiefe gewonnen. Hauptförderländer sind China, die Rep. Südafrika, Australien, Gabun, die Ukraine, Brasilien und Indien. Die wirtschaftlich verwertbaren Weltreserven werden auf 680 Mio. t geschätzt; sie konzentrieren sich zu etwa 54% auf die Rep. Südafrika und zu etwa 20% auf die Ukraine.

Verbindungen: M. liegt in seinen (farbigen) Verbindungen in den Oxidationsstufen −3 bis +7 vor. **Mangan(II)-oxid,** MnO, ist ein graugrünes Pulver, das beim Erhitzen an der Luft in das braune **Mangan(III)-oxid,** Mn_2O_3, übergeht. **Mangan(IV)-oxid,** MnO_2, kommt in der Natur als Braunstein vor; es ist das wichtigste Oxid und findet Verwendung als Oxidationsmittel, in Trockenbatterien, als Glasmacherseife zum Entfärben von grünem Eisensilikatglas und zur Herstellung von M.-Salzen. **Mangan(VII)-oxid,** Mn_2O_7, ein grünlich-metallisch glänzendes dunkles Öl, zersetzt sich beim Erhitzen explosionsartig. Weißes **Mangan(II)-hydroxid,** $Mn(OH)_2$, geht an der Luft sofort in ein Gemisch von braunem **Mangan(III)-** und **Mangan(IV)-oxidhydrat** über. – Mit den Alkali- und Erdalkalimetallen bilden die verschiedenen (hypothet.) M.-Säuren zahlr. stabile, farbige Salze **(Manganate).** Am bekanntesten ist das **Kaliumpermanganat,** $KMnO_4$, das dunkelviolette, wasserlösl. Kristalle bildet und in der organ. Synthese als Oxidationsmittel sowie in der ↗ Manganometrie Verwendung findet.

Manganẹlli, Giorgio, italien. Schriftsteller und Literaturwissenschaftler, * Mailand 22. 11. 1922, † ebd. 28. 5. 1990; führendes Mitgl. des avantgardist. »Gruppo '63«; sein den literar. Manierismus verbundenes Werk bricht mit traditionellen Erzählformen und entzieht sich oft jeder Gattungszuordnung (»Niederauffahrt«, Prosa, 1964; »Omegabet«, Prosa, 1969; »Geräusche oder Stimmen«, Prosa, 1987; »Der endgültige Sumpf«, R., hg. 1991; »Das indische Experiment«, Reisebeschreibung, hg. 1993).

Manganịt [lat.] *der,* seltenes, schwarzbraunes, monoklines Mineral, γ-MnOOH, kommt in strahligen, stängeligen Aggregaten vor; entsteht hydrothermal und sedimentär.

Manganknollen, manganreiche Konkretionen am Tiefseeboden, bis etwa 8 cm Durchmesser; enthalten 20–30% Mangan, 5–15% Eisen sowie 1–2% Nickel, Kobalt und Kupfer. Im Pazifik befinden sich die größten Vorkommen (nach Schätzungen 10 Mrd. t). Der geplante Abbau der M. bringt neben geowiss. und techn. Problemen auch ökolog. Gefahren mit sich.

Mangano [ˈmaŋgano], Silvana, italien. Filmschauspielerin, * Rom 21. 4. 1930, † Madrid 16. 12. 1989; war ∞ mit D. De Laurentiis; ab 1946 beim Film, weltweit anerkannter Star, u. a. in Werken L. Viscontis. – *Filme:* Bitterer Reis (1949); Anna (1951); Edipo Re ... (1967); Teorema ... (1968); Tod in Venedig (1970); Gewalt und Leidenschaft (1974); Schwarze Augen (1986).

Manganometrie *die,* maßanalyt. Verfahren mit Kaliumpermanganat als oxidierend wirkender Maßflüssigkeit und dessen Eigenfarbe als Indikator. (↗ Oxidimetrie)

Manganpigmente, anorgan. Mischkristallpigmente, die Mangan chemisch gebunden enthalten; dazu gehören z. B. Manganblau aus Bariumsulfat und Bariummanganat für licht-, zement-, kalk- und wasserglasechte Bauanstriche.

Manganschaum, ↗ Wad.

Manganspat (Rhodochrosit), rotes bis braunes, trigonales Mineral, $MnCO_3$; entsteht hydrothermal auf Gängen, auch stockartig, wichtiges Manganerz, rosarot gebändert als Schmuckstein.

Mangel, im Kaufrecht der Fehler eines Gegenstandes, das Fehlen einer vereinbarten Beschaffenheit oder das Fehlen der Freiheit des Gegenstandes von Rechten Dritter (ähnlich z. B. beim Werkvertrag, bei der Miete). Ein **Sach-M.** ist die ungünstige, nicht unwesentl. Abweichung des tatsächl. Zustandes einer Sache von der vertraglich vereinbarten Beschaffenheit, wenn dadurch ihr Wert oder ihre Tauglichkeit zum vertraglich vorausgesetzten Gebrauch nicht nur unerheblich aufgehoben oder gemindert ist. Fehlt eine vertraglich vereinbarte Gebrauchseignung der Kaufsache, sind die gewöhnlich an die Sache zu stellenden Anforderungen maßgebend. Dazu gehört auch, dass die Sache den Anforderungen genügt, die der Käufer nach den öffentl. Äußerungen des Herstellers, insbesondere aus der Werbung und Etikettierung, erwarten kann (§ 434 Abs. 1 BGB). Frei von **Rechts-M.** ist eine Sache, wenn Dritte gegen den Käufer in Bezug auf die Sache keine oder nur die im Kaufvertrag übernommenen Rechte geltend machen können (§ 435 BGB). M. lösen gesetzlich geregelte Gewährleistungsansprüche (Nacherfüllung, Rücktritt vom Vertrag oder Minderung, Schadensersatz) aus.

Mangelfolgeschaden (Begleitschaden), *bürgerl. Recht:* bei Lieferung einer mangelhaften Sache ein Schaden, der nicht unmittelbar an der Sache selbst, sondern als Folge des Mangels mittelbar an den Rechtsgütern des Geschädigten entsteht, z. B. undichte Waschmaschine führt zu Wasserschäden an Möbeln. Für M. ist durch den Verkäufer bzw. Unternehmer beim Werkvertrag Schadensersatz nach §§ 437 Nr. 3, 634 Nr. 4, 280 Abs. 1 BGB zu leisten. (↗ Produkthaftung)

Mängelhaftung, die ↗ Gewährleistung.

Mangelkrankheiten, schwerwiegende Störungen der Lebensfunktionen bei Mensch und Tier infolge Fehlernährung (Unterernährung, Avitaminose, Eiweiß-, Mineralstoffmangel u. a.). Bei Pflanzen treten M. als Folge von unzureichender Versorgung mit Nährstoffen oder Spurenelementen auf.

Mangelsdorff, Albert, Jazzposaunist, * Frankfurt am Main 5. 9. 1928; zählt als Solist zur Spitze der europ. Jazzmusiker.

Mangfall *die,* linker Nebenfluss des Inn in Oberbayern, etwa 60 km lang, Abfluss des Tegernsees, mündet bei Rosenheim.

Mangistau, Halbinsel in Kasachstan, ↗ Mangyschlak.

Mạnglastaudamm, 116 m hoher, 3,8 km langer Staudamm am Jhelum, im N von Pakistan, Stausee (259 km²), Kraftwerk (600 MW).

Mangobaum (Mangifera indica), zu den Sumachgewächsen gehörender, in den Tropen verbreiteter bis 40 m hoher Obstbaum. Die längl. gelben, orangen oder grünen, bis 2 kg schweren wohlschmeckenden Steinfrüchte **(Mangos)** enthalten viel Vitamin B und A.

Mangold (Beta vulgaris subsp. vulgaris), Gänsefußgewächs, Unterart der Speiserübe; zweijährige, sehr alte Kulturpflanze, von der die Blattspreiten **(Blatt-M.)** oder die Blattstiele **(Rippen-M.)** als Kochgemüse genutzt werden.

Mangold [ˈmæŋgəld], Robert Peter, amerikan. Maler, * North Tonawanda (N. Y.) 12. 10. 1937; konstruiert seine Bilder aus geometr. Formen und verhaltenen Farben unter Verzicht auf plastisch-räuml. Wirkungen. Spannungselemente sind Linie und Fläche, die er in den 1980er-Jahren durch ungleichmäßigen Farbauftrag auflockerte.

Mangostane, eine ↗ Garcinie.

Mangrove [span.-engl.] *die,* Vegetationszone im Gezeitenbereich flacher trop. Küsten; ein dichtes Geflecht von hohen Stelzwurzeln, die als Schlickfänger dienen. Bei optimalen Bedingungen entsteht ein 10–20 m hoher, artenarmer Wald **(Gezeitenwald).**

Manganspat (facettiert)

Mangrovebaum (Rhizophora), Gattung trop. Mangrovegewächse; sie umfasst 8–9 Arten mit kleinen Bäumen der ↗ Mangrove, mit kurzem Stamm, abstehenden, dicken Ästen und dicken, lederartigen Blättern; sie haben Atem- und Stelzwurzeln.

Mangusten [aus Tamil] (Mungos, Ichneumone, Herpestinae), Unterfamilie etwa 25–70 cm langer, vorwiegend tagaktiver Schleichkatzen, v. a. in Wäldern, offenen Landschaften und Sümpfen S-Eurasiens und Afrikas; u. a.: Zebra-, Zwerg-, Hunde-M. (Schwarzfuß-M.), Ichneumon, Fuchs-M., Erdmännchen und Ind. Mungo.

Mangyschlak (kasach. Mangistau), Halbinsel am O-Ufer des Kasp. Meeres, Kasachstan, von Halbwüste und Wüste eingenommen, bis 556 m ü. M.; Erdöl- und Erdgasgewinnung; Hauptort: Aktau.

Manhattan [mænˈhætn], Stadtbezirk von ↗ New York.

Manhattan-Projekt [mænˈhætn-], Tarnname für die Entwicklung der amerikan. Atombombe. An dem M.-P. arbeiteten ab 1942 bis zu 160 000 Personen; zu dem Projekt gehörten neben dem Geheimlabor in Los Alamos (New Mexico) unter Leitung von J. R. Oppenheimer auch der von E. Fermi entwickelte Uranreaktor in Oak Ridge (Tennessee) und der Plutoniumreaktor in Hanford (Washington).

Mani (Manes, Manichäus), Religionsstifter, Begründer des Manichäismus, * Mardinu (Babylonien) 14. 4. 216, † Gundeshapur 26. 2. 277; verstand sich als letzter der großen Propheten und Stifter einer Weltreligion; wurde auf Betreiben zoroastr. Priester angeklagt, starb im Gefängnis.

Manichäismus der, von Mani begründete dualistisch-gnost. Religion, die im gesamten Mittelmeerraum verbreitet war. Der Blütezeit im 4. Jh. folgte ein rascher Verfall. Im Osten erlosch der M. im 14. Jh. in China, wo er seit dem 7. Jh. zu neuer Blüte gelangt war. Mittelpunkt der Lehre ist ein dualist. Konzept von Licht und Finsternis, Geist und Materie als den von Anbeginn an unversöhnl. guten und bösen Prinzipien. In der Welt und im Menschen sind diese schuldhaft vermischt. Erlösung (Heimkehr der im Leib gefangenen Seele ins Reich des Lichts im Moment des Todes) setzt diese Erkenntnis und ein völlig asket. Leben (v. a. die völlige geschlechtl. Enthaltsamkeit) voraus. Der M. bildete eine strenge Hierarchie aus, an deren Spitze der Archegos (»Erzlenker«) als Nachfolger Manis stand; grundsätzlich unterteilten sich die **Manichäer** in mönchisch lebende Electi (»Auserwählte«) und Laien, Auditores (»Hörer«). Das geistlich-kult. Leben des M. wurde geprägt durch regelmäßige kult. Feste (jeden Montag) und die Pflicht aller Mitgl. zur Beichte. Hauptfest war das jährl. Bema-Fest (»Fest des Lehrstuhls«) zur Erinnerung an Manis Tod, in dessen Mittelpunkt eine sakramentale Mahlzeit stand. Dem M. verwandte Vorstellungen finden sich bei ↗ Bogomilen, ↗ Katharern, ↗ Paulikianern und in versch. religiösen und philosoph. Systemen der Neuzeit.

Manicouagan River [mænˈkwɑːgən ˈrɪvə], linker Nebenfluss des Sankt-Lorenz-Stromes, Kanada, 560 km; mündet bei Baie-Comeau; Großkraftwerke.

Manie [grch. »Raserei«] die, **1)** Besessenheit; Sucht.

2) psych. Erkrankung mit ständiger Geschäftigkeit ohne nennenswertem Nutzeffekt, grundlos heiterer oder gereizter Stimmung, Denkstörungen, Einschränkung der Leistungsfähigkeit und Störungen vegetativer Funktionen (z. B. Blutdruckanstieg, Tachykardie und Schlafstörungen).

Manier [aus altfrz. manière »Art und Weise«] die, **1)** meist Pl., allg.: Lebensart, Benehmen.

2) Kunstwiss.: von G. Vasari eingeführter Begriff, urspr. für die eine Zeit oder einen Meister charakterisierenden Stileigentümlichkeiten, mit »Maniera tedesca« wurde z. B. die Gotik bezeichnet (↗ Manierismus); dann in abschätzigem Sinn: Routine.

3) Musik: seit Ende des 17. Jh. Bez. für die ↗ Verzierung in der Instrumentalmusik.

Manierismus der, von der jüngeren Kunstwiss. geprägter Stilbegriff für die Phase des Übergangs von der Renaissance zum Barock, auch gleichgesetzt mit der Spätrenaissance; in neuerer Zeit nicht nur auf die zeitlich begrenzte Periode des 16./17. Jh. bezogen, sondern auch auf die Endphase jeder Epoche.

Der M., dessen Erscheinungsformen vielfältig und gegensätzlich sind, wurzelt in der Kunst der Hochrenaissance, verwandelt aber deren Prinzipien vielfach in ihr Gegenteil: Auflösung des Statischen zugunsten von Bewegungsabläufen; Neigung zu zentrifugal angelegten Kompositionen anstelle der von der Hochrenaissance bevorzugten Zentrierung; Darstellung des

Manierismus: Bronzino, »Die Heilige Familie mit dem jungen Johannes dem Täufer« (um 1540; Moskau, Puschkin-Museum)

Unendlichen im Unterschied zum eindeutig Begrenzten; Aufhebung der Grenze zw. Kunstraum und Realraum; Verwischung der Grenzen zw. den Kunstgattungen; Negation der Realität zugunsten der Darstellung des Abnormen, Verformung der Figur zugunsten von Ausdruckssteigerung; ekstat. Versenkung neben Profanierung und akadem. Erstarrung. Die Wege zu den neuen gestalter. Möglichkeiten öffneten der späte Raffael, Michelangelo und der junge Tizian. Hauptmeister in Italien waren die Maler Rosso Fiorentino, I. da Pontormo, Bronzino, G. B. Rosso, Parmigianino, L. Lotto, Tintoretto, G. A. Pordenone, J. Bassano und G. Arcimboldo, die als Universalkünstler tätigen G. Romano und G. Vasari, die Bildhauer B. Cellini und Giambologna sowie die Architekten B. Peruzzi und G. Vignola. Vertreter nördlich der Alpen waren M. van Heemskerck, P. Bruegel d. Ä., der Architekt C. Floris und der Bildhauer A. de Vries, in Frankreich die Schule von Fontainebleau und in Spanien El Greco. Bevorzugt wurden ausgefallene Naturformen von dem Keramiker B. Palissy.

Aus der Kunstwiss. wurde der Begriff 1948 in die *Literaturwiss.* übernommen zur Bez. der Übergangsphase von Renaissance zu Barock. M. wird auch als Epochenbegriff oder zur Bez. eines Kunststils verwendet; er umfasst die nat. Stilhaltungen des Marinismus in Italien, des Gongorismus in Spanien, des Euphuismus in England, der frz. preziösen Literatur und des dt. Barock. Die Wirklichkeit wird durch einseitiges Interesse am Problematisch-Interessanten, Bizarren und Monströsen ins Groteske und Fantastische verzerrt, ins Traumhafte aufgelöst und oft ins Surreale gesteigert. Sprachl. Kennzeichen sind u. a. überreiche Verwendung von Tropen, Metaphern und gelehrten Anspielungen jeder Art.

Manifest [lat.] *das,* die Grundsatzerklärung einer polit. Partei oder ein sonstiger programmat. Aufruf einer polit. oder künstler. Gruppe.

Manifest Destiny ['mænɪfest 'destɪnɪ], amerikan. Schlagwort, 1845 von John Louis O'Sullivan, dem Herausgeber des »United States Magazine and Democratic Review« geprägt: die nach US-amerikan. Verständnis »offenbare Bestimmung« der Nordamerikaner, sich über den ganzen Kontinent auszubreiten. Es wurde mit dem Mexikan. Krieg (1846–48) und dem Erwerb von Oregon rasch populär und leitete nach 1890 zum nordamerikan. Imperialismus über.

Manihiki, eine der Nördl. ↗Cookinseln in SW-Pazifik, ein Atoll mit 39 Koralleninseln, 5,4 km², 500 Ew.; Taro-, Kokospalmenanbau (Kopra).

Manihot [zu Maniok] *der,* Pflanzengattung der Familie Wolfsmilchgewächse S-Amerikas, strauch- bis baumförmige Pflanzen, meist mit tief gelappten Blättern. Die wichtigste Art ist ↗Maniok. Einige Arten liefern Kautschuk.

Maniküre [frz.] *die,* Pflege der Hände, v. a. der Fingernägel.

Manila, Hptst. der Philippinen, an der ausgedehnten Bucht von M. im W der Insel Luzon beiderseits des Pasig, 1,66 Mio. Ew.; Metropolitan M. umschließt M. und mehrere Vorstädte, einschl. der 8 km von der Altstadt entfernt liegenden früheren Hptst. ↗Quezon City, und hat 9,45 Mio. Ew.; kath. Erzbischofssitz; mehrere Univ., Akademie der Philippinen, Goethe-Institut, Museen; vielseitige Ind. (35 % aller philippin. Ind.betriebe); wichtigster Hafen und Verkehrsknotenpunkt des Landes mit dem einzigen internat. Flughafen der Philippinen. – Ältestes Viertel ist der Stadtteil »Intramuros« mit der erneuerten Kathedrale (1751 ff. erbaut; 1863 schwer beschädigt; wiederhergestellt 1879–89; 1945 zerstört) und der Kirche San Agustín (1599–1605; UNESCO-Weltkulturerbe). Nördlich des Pasig liegen die Geschäftsviertel San Nicolas, Bindondo, Quiapo und das Hafenviertel. – Schon vor der span. Eroberung (1570) als Siedlung der Tagalen nachweisbar (Maynila-Tondo); 1571 anstelle von Cebu zur Hptst. erhoben; nach Vernichtung der span. Flotte 1898 von den USA erobert; 1942–45 japanisch besetzt; 1946–48 und seit 1975 Hptst. der Philippinen; im Zweiten Weltkrieg fast völlig zerstört.

Manilafaser, aus den Blattscheiden der auf den Philippinen heim. Faserbanane gewonnene Faser; fest und zäh.

Manin, Daniele, italien. Freiheitskämpfer, * Venedig 13. 5. 1804, † Paris 22. 9. 1857; erneuerte im März 1848 nach dem Sturz der österr. Herrschaft die Rep. Venedig, die er bis zur Kapitulation vor österr. Truppen als Diktator beherrschte. Die von ihm 1857 gegr. Società nazionale wurde zu einer Stütze der Politik C. Cavours.

Maniok [aus Tupí] *der* (Manioka, Mandioka, Cassave, Kassave, Manihot esculenta), mehrjähriges Wolfsmilchgewächs in S-Amerika, heute weltweit in den Tropen in vielen Sorten als wichtige Nahrungspflanze angebaut; bis zu über 3 m hoher Strauch. Die bis über 50 cm langen, bis 20 cm dicken, bis 5 kg schweren, stärkereichen Wurzelknollen sind ein wichtiger Kartoffelersatz der Tropenländer (der giftige Milchsaft wird u. a. durch Trocknen oder Kochen zerstört). Die aus M.-Knollen gewonnenen Stärkeprodukte (v. a. für Brei, Fladen, Suppen) kommen als **Tapioka** (Manioka, Mandioka, brasilian. Arrowroot), das **Perltapioka** (verkleisterte, kleine Stärkeklümpchen) als **Sago** in den Handel.

Manipel [lat.] *der,* Unterabteilung der röm. Legion (der dreißigste Teil), zwei Zenturien zu je etwa 80 Mann; im 3. und 2. Jh. v. Chr. takt. Einheit innerhalb der röm. Schlachtordnung (Manipulartaktik).

Manipulation [lat.] *die,* 1) *Bildungssprache:* Geschäftskniff; Machenschaft.
2) *Psychologie:* Beeinflussung, Steuerung fremden Denkens, Fühlens und Verhaltens, meist ohne dass sich die Betroffenen der Steuerung bewusst werden.

Manipulator [lat.] *der,* manuell gesteuertes Gerät zur Übertragung der Bewegungen der menschlichen Hand auf Gegenstände, die der unmittelbaren Handhabung nicht zugänglich oder gesundheitsgefährdend sind. Der M. besitzt im Ggs. zum ↗Industrieroboter keine Programmsteuerung, sodass er nicht selbsttätig arbeiten kann: Er wird immer vom Menschen direkt gesteuert und führt vom Menschen initiierte Bewegungen aus. **Mikro-M.** übertragen Handbewegungen auf kleinste, mikroskop. Dimensionen, z. B. in biolog. und medizin. Labors oder bei der Entwicklung von Halbleiterbauelementen. **Greif-M.** (Master-Slave-M.) dienen als Fernbedienungswerkzeuge der Handhabung glühender oder radioaktiver Materialien.

Manipur, Bundesstaat im NO ↗Indiens; ehem. Fürstenstaat, 1949 der Ind. Union eingegliedert.

Manisa ['manisa, ma'nisa], Hauptstadt der türk. Prov. M. in W-Anatolien, in fruchtbarer Ebene; 191 300 Ew.; Marktzentrum (Rosinenhandel). – Reste der byzantin. Stadtmauer, Moscheen und Medresen aus seldschuk. und osman. Zeit. – M., die antike lyd. Stadt **Magnesia am Sipylos,** wurde 334 v. Chr. von Alexander d. Gr. erobert; die byzantin. Stadt kam 1313 unter seldschuk., 1398 unter osman. Herrschaft.

manisch, auf einer Manie beruhend, krankhaft übersteigert.

manisch-depressive Erkrankung (bipolare affektive Störung), psych. Erkrankung mit man. (↗Manie) und depressiven Phasen (↗Depression), meist unregelmäßig abwechselnd. Die Erkrankung tritt vorwiegend ohne erkennbare Ursache auf, teilweise jedoch nach belastenden Lebensereignissen.

Manitoba [mænɪ'təʊbə], Provinz Kanadas, 647 797 km², 1,12 Mio. Ew.; Hptst.: Winnipeg. M. liegt größtenteils auf dem Kanad. Schild (bis zur Hudsonbai), der S (mit Winnipeg-, Winnipegosis- und M.-See) in den Interior Plains. Ind. um Winnipeg; im S Ackerbau: Weizen, Gerste, Hafer, Flachs, Kartoffeln; Viehzucht; im seenreichen N Waldwirtschaft; ferner Bergbau (Nickel, Zink, Kupfer, Gold, Silber), Holzwirtschaft und Fischerei; im äußersten S kleinere Erdöllager. – Das Land gehörte seit 1670 der Hudson's Bay Company. 1869 kaufte es Kanada, 1870 wurde es Provinz.

Manitobasee, flacher glazialer Eisstausee im S der Prov. Manitoba, Kanada, 200 km lang, 4 659 km²; von mehreren Flüssen und dem Abfluss des Winnipegosissees gespeist; Abfluss zum Winnipegsee; Fischfang.

Manila
Stadtwappen

Maniok:
Wurzelknollen

Manitu (Manito), bei den Algonkinindianern Nordamerikas der Name einer allen Dingen und Naturerscheinungen innewohnenden unpersönl. Macht; die Gleichsetzung mit einem höchsten Wesen (»Gott« oder »Großer Geist«) in der populären Literatur und Umgangssprache ist christl. Ursprungs.

Maniu, Juliu, rumän. Politiker, * Şimleu Silvaniei (Kr. Sălaj) 8. 1. 1873, † (in Haft) Sighetul Marmaţiei (Kr. Maramureş) 3. 1. 1953; 1919 maßgeblich am Anschluss Siebenbürgens an Rumänien beteiligt, leitete seit 1926 die Nat. Bauernpartei; 1928–30 und 1932–33 MinPräs.; 1947 wegen angebl. Hochverrats zu lebenslängl. Haft verurteilt.

Manizales [-'sales], Hptst. des Dep. Caldas, Kolumbien, in der Zentralkordillere, 2150 m ü. M., 358 200 Ew.; kath. Erzbischofssitz, Univ.; Handelszentrum der bedeutendsten Kaffeeanbauregion des Landes; Kaffeeaufbereitung; Flugplatz.

Mankell, Henning, schwed. Schriftsteller, * Stockholm 3. 2. 1948; schreibt Romane, Theaterstücke und Kinderbücher; lebt seit den 1980er-Jahren v. a. in Moçambique, wo er in Maputo als Leiter des »Teatro Avenida« eng mit dem Aufbau des dortigen nat. Theaters verbunden ist; international bekannt wurde er in den 1990er-Jahren mit seinen – in Schweden z. T. verfilmten – sozialkrit. Kriminalromanen um den Kriminalkommissar Wallander. – *Werke: Kinder- und Jugendbücher:* Das Geheimnis des Feuers (1995); Die Reise ans Ende der Welt (1998). – *Romane:* Mörder ohne Gesicht (1991); Hunde von Riga (1992); Die falsche Fährte (1995); Die fünfte Frau (1996); Mittsommermord (1997); Die Brandmauer (1998).

Manko [italien.] *das,* Fehlbetrag bzw. -menge, d. h. Differenz zw. dem Soll- und dem Istbetrag von Geld und/oder Waren (z. B. Kassen-M.). **M.-Gelder** sind pauschale Summen, die in Kassen- bzw. Geldzählberufen Beschäftigten als Verlustausgleich zugestanden werden.

Golo Mann

Mann, erwachsener Mensch männl. Geschlechts (↗ Geschlechtsmerkmale). – In den meisten Kulturen sind Selbstverständnis und gesellschaftl. Rolle des M. durch die Vorrangstellung gegenüber der Frau geprägt. Die allg. Geistesgeschichte erscheint als eine Geschichte der Entwicklung des männl. Bewusstseins, das sich selbst aber stets als allgemein menschlich verstanden hat. Während M. sich als Kulturschöpfer begriffen v. a. im bürgerl. Zeitalter das Prinzip der Unterwerfung der Natur, des ökonom., techn. und kulturellen Fortschritts repräsentierten, wurde das Weibliche der instinkt- und emotionsbetonten Natur zugeordnet. In den Ind.ländern wurden patriarchal. Strukturen allmählich zurückgedrängt und die prinzipielle Gleichberechtigung von M. und Frau verfassungsmäßig verankert. Diese Veränderungen haben einerseits zu einer nachhaltigen Verunsicherung männl. Identität geführt, andererseits wurden Chancen zur Umorientierung männl. Lebensführung eröffnet (z. B. partnerschaftlich orientierte Beziehungsformen in Ehe und Familie).

Mann, 1) Dieter, Schauspieler, * Berlin 20. 6. 1941; ab 1964 am Dt. Theater Berlin, wo er 1984–91 als Intendant wirkte; auch beliebter Film- und Fernsehdarsteller sowie Bühnenregisseur.

2) Erika, Schriftstellerin, * München 9. 11. 1905, † Kilchberg bei Zürich 27. 8. 1969, Tochter von 6); 1925–28 ⚭ mit G. Gründgens; gründete 1933 in München, dann in der Schweiz das antifaschist. Kabarett »Die Pfeffermühle«; ab 1936 in den USA als Journalistin; schrieb Jugendbücher, Essays; verwaltete den schriftl. Nachlass ihres Vaters.

3) Golo, Historiker, Publizist, * München 27. 3. 1909, † Leverkusen 7. 4. 1994, Sohn von 6); emigrierte 1933, war 1947–57 Prof. am Claremont Men's College (Calif.), 1960–64 an der TH Stuttgart; lebte in Kilchberg bei Zürich; verfasste u. a. »Dt. Gesch. des 19. und 20. Jh.« (1958), »Wallenstein« (1971); Hrsg. der »Propyläen-Weltgeschichte« (10 Bde., 1960–65).

4) Heinrich, Schriftsteller, * Lübeck 27. 3. 1871, † Santa Monica (Calif.) 12. 3. 1950, Bruder von 6); lebte bis 1933 meist in München, 1930 Präs. der Sektion Dichtkunst der Preuß. Akademie der Künste, 1933 Ausschluss, Emigration nach Frankreich, 1940 Flucht in die USA; im Exil umfangreiche antifaschist. Aktivitäten. M.s Erzählkunst ist geprägt vom frz. Roman des 19. Jh. und dessen gesellschaftskrit. Intentionen: Die frühen Romane sind beißende Satiren auf bürgerl. Scheinmoral (»Im Schlaraffenland«, 1900; »Prof. Unrat«, 1905, verfilmt u. d. T. »Der blaue Engel«, 1930), der M. – beeinflusst von Nietzsche und D'Annunzio – eine Welt der Schönheit und Kunst entgegensetzt (»Die Göttinnen oder ...«, 3 Bde., 1903; »Die kleine Stadt«, 1909). Die autoritären Strukturen des wilhelmin. Dtl. analysierte er in der Trilogie »Das Kaiserreich« (»Der Untertan«, vollständige Buchausgabe 1918; »Die Armen«, 1917; »Der Kopf«, 1925). Im Exil entstand sein Hauptwerk, die Romane »Die Jugend des Königs Henri Quatre« (1935) und »Die Vollendung des Königs Henri Quatre« (1938). Das erzähler. Werk wird von einem reichen essayist. und publizist. Schaffen begleitet, das M. (u. a. mit seinem frühen Bekenntnis zur Demokratie und seinen dezidierten Stellungnahmen gegen den Nationalsozialismus) als bed. Repräsentanten der europ. Intellektuellen seiner Zeit ausweist (»Ein Zeitalter wird besichtigt«, 1945).

5) Klaus, Schriftsteller, * München 18. 11. 1906, † (Selbstmord) Cannes 21. 5. 1949, Sohn von 6); Mitherausgeber der literar. Emigrantenzeitschrift »Die Sammlung« (1933–35); ab 1936 als Journalist in den USA (amerikan. Staatsbürger); war 1938 Berichterstatter im Span. Bürgerkrieg, 1944/45 amerikan. Soldat und Kriegskorrespondent in Italien. Sein zw. Dokumentation, Zeitkritik und Satire schwankendes Werk ist stark autobiografisch geprägt (»Symphonie pathétique«, R., 1935; Bekenntnisbuch »Der Wendepunkt«, engl. 1942, dt. hg. 1952; »Der Vulkan«, 1939). Der Schlüsselroman »Mephisto. Roman einer Karriere« (1936) wurde 1966 in der Bundesrep. Dtl. wegen Beleidigung von G. Gründgens verboten, erst 1981 erfolgte ein Neudruck.

Erika Mann und Klaus Mann auf einer Fotografie aus dem Jahr 1927

6) Thomas, Schriftsteller, *Lübeck 6. 6. 1875, †Kilchberg bei Zürich 12. 8. 1955, Vater von 2), 3) und 5), Bruder von 4); entstammte einer Lübecker Patrizier- und Kaufmannsfamilie; seine Mutter war Tochter einer portugiesisch-kreol. Brasilianerin. M. lebte seit 1893 meist in München, ⚭ 1905 mit Katja Pringsheim (*1883, †1980), kehrte im Febr. 1933 von einer Vortragsreise in die Schweiz nicht nach Dtl. zurück, ließ sich dort nieder, ging 1939 in die USA, lebte seit 1952 wieder in der Schweiz (Kilchberg). M. wurde schon mit seinem ersten Roman berühmt: »Buddenbrooks. Verfall einer Familie« (2 Bde., 1901) trägt autobiograf. Züge und schlägt bereits ein Thema an, das M.s Gesamtwerk beherrscht: die Polarität zw. Bürger und Künstler (fortgeführt u. a. in den Novellen »Tonio Kröger«, »Tristan«, beide 1903; »Der Tod in Venedig«, 1912). Nach einem inneren Klärungsprozess in der Folge des Ersten Weltkriegs (»Betrachtungen eines Unpolitischen«, 1918) entstand »Der Zauberberg« (1924), mit dem M. die Tradition des europ. Bildungsromans fortführt und in dem – in großen philosoph. Gesprächen – die geistigen Bezüge M.s (Schopenhauer und Nietzsche, Goethe und R. Wagner) sichtbar werden. Die Eigenarten seiner Gestaltungskunst sind hier bereits voll ausgebildet. Die skeptisch-iron. Distanz des Erzählers zu seinen Figuren, die leitmotiv. Wiederkehr typ. Konstellationen und der syntaktisch komplizierte Stil bestimmen auch die folgenden Romane. In der Tetralogie »Joseph und seine Brüder« (1933–43) funktioniert er mit diesen Mitteln den Mythos des alttestamentl. Stoffes zur humanist. Botschaft um; in »Lotte in Weimar« (1939) unternimmt er das Wagnis einer literar. Gestaltung Goethes, dem er sich auch mit der Transponierung des Faust-Stoffes in die Gegenwart im »Doktor Faustus« 1947 nähert, gleichzeitig eine Abrechnung mit dem Zusammenbruch des bürgerlichen dt. Humanismus. In den unvollendet gebliebenen »Bekenntnissen des Hochstaplers Felix Krull« (veröffentlicht ab 1911, endgültige Ausgabe 1954) spiegeln sich nochmals die Themenkreise und Probleme, die M. während seines ganzen Lebens beschäftigten, diesmal in der Form des von Altersweisheit geprägten Schelmenromans. Die Novellen und Erzählungen variieren oft Themen der Romane: »Wälsungenblut« (1921), »Mario und der Zauberer« (1930), »Das Gesetz« (1944). Die Essayistik und die Tagebücher (10 Bde., 1977–95) zeigen die intensive geistige Auseinandersetzung mit allen Fragen seiner Zeit, die konsequent antifaschist. Haltung und seine Bekenntnisse zu Demokratie und Weltbürgertum. Nobelpreis für Literatur 1929.

Manna [hebr.] *das* oder *die,* **1)** *Bibel:* die Speise, die Gott nach 2. Mos. 16, 4 ff. vom Himmel fallen ließ, um mit ihr die Israeliten auf ihrem Zug durch die Wüste zu speisen; wohl identisch mit dem Honigtau der Mannaschildlaus.
2) *Biologie:* essbare, zuckerreiche pflanzl. und tier. Absonderungen, z. B. die der Mannaflechte, der Mannaesche (↗Esche) und der Mannaschildläuse.
3) *Botanik:* Bez. für die essbare Frucht der Röhrenkassie (↗Kassie).
Mannaflechte (Lecanora esculenta, Aspicilia esculenta), in den Steppen und Wüstensteppen N-Afrikas sowie des Vorderen Orients vorkommende, essbare Krustenflechte; wird vom Wind häufig zu großen Ansammlungen zusammengeweht.
Mannane, v. a. aus Mannoseeinheiten in glykosid. Bindung aufgebaute, im Pflanzenreich verbreitete Polysaccharide.
Mannaschildläuse, Schmierlausarten, die im östl. Mittelmeergebiet und in Vorderasien auf Tamarisken saugen; ihre zuckerhaltigen Exkremente dicken im trockenen Wüstenklima ein und werden als Manna gesammelt.
Mannequin [ˈmanəkɛ̃, frz. aus niederländ. manneken »Männchen«] *das,* auch *der,* zunächst Bez. für die hölzerne Gliederpuppe der Maler und Schneider, später für Schneider- und Schaufensterpuppen, erst im 20. Jh. für Vorführdamen neuester Modekreationen. Beim Mann sprach man von ↗Dressman. Ende der 1980er-Jahre setzte sich für beide die engl. Bez. **Model** durch, wobei man zw. Foto- und Laufstegmodel unterscheidet.
Männerbund, bei Naturvölkern eine Gemeinschaft aller erwachsenen Männer eines Dorfes oder Stammes. Die Aufnahme erfolgt durch Initiation. Der M. ist der Hüter der Stammestradition und hat kult. Pflichten.

Heinrich Mann (links) und Thomas Mann auf einer Fotografie um 1900

Männergesangvereine, Vereinigungen zur Pflege mehrstimmigen Männergesangs. Nach dem Vorbild der von C. F. Zelter 1809 gegr. Berliner »Liedertafel« (der nur Berufskünstler angehörten) entstanden in N-Dtl. bald ähnl. Vereinigungen. Im Ggs. zu diesen standen die südwestdt. »Liederkränze«, die dem von H. G. Nägeli 1810 gegr. Züricher Vorbild folgten, allen Schichten offen. Dieser Typus verbreitete sich über das ganze dt. Sprachgebiet. Die heutigen M. sind im »Dt. Sängerbund« (gegr. 1862 in Coburg, heutiger Sitz in Köln) zusammengeschlossen.
Männerhaus, bei vielen Naturvölkern der Mittelpunkt des Gemeinschaftslebens der Männer; dient auch als Aufbewahrungsort für Kultobjekte (Masken, Musikinstrumente u. a.).
Mannerheim, Carl Gustaf Freiherr von, finn. Feldmarschall (seit 1933) und Politiker, *Gut Louhisaari (bei Villnäs, Prov. Turku-Pori) 4. 6. 1867, †Lausanne 27. 1. 1951; nahm als Kavalleriegeneral der russ. Armee bis 1917 am Ersten Weltkrieg teil, führte im finn. Bürgerkrieg 1918 die »weißen« Truppen er-

Mannheim: Wasserturm am Friedrichsplatz

Mannheim
Stadtwappen

D-Mannit

Mannit

folgreich gegen die finn. Rote Armee, erreichte danach in diplomat. Missionen die Anerkennung der Souveränität Finnlands durch die Entente-Mächte und war 1918–19 Reichsverweser. Als Vors. des Kriegsrats (1931–39) ließ er die karel. Landenge militärisch befestigen **(M.-Linie).** Im Finnisch-Sowjet. Winterkrieg (1939–40) und im Fortsetzungskrieg (1941–44) war er Oberbefehlshaber der finn. Streitkräfte; schloss als Staatspräs. (1944–46) im Sept. 1944 einen Waffenstillstand mit der Sowjetunion.

Männerkindbett (frz. Couvade), die Sitte, nach der der Mann anstelle der Frau das Verhalten der Wöchnerin übernimmt. Das M. war im vorindogerman. S-Europa ostwärts bis zum Schwarzen Meer verbreitet; noch bis zur Mitte des 19. Jh. erhielt es sich bei den Basken. Es ist auch belegt für das südl. China.

Männertreu, Art der Pflanzengattung ↗ Lobelie.

Mannesmann, Reinhard, Techniker und Industrieller, * Remscheid 13. 5. 1856, † ebd. 20. 2. 1922; erfand mit seinem Bruder Max M. (* 1861, † 1915) das Schrägwalz- und Pilgerschrittwalzverfahren zur Herstellung nahtloser Rohre, gründete 1890 mit seinen Brüdern die Mannesmannröhren-Werke AG. Ab 1907 widmete er sich der wirtschaftl. und industriellen Erschließung Marokkos.

Mannesmann AG, weltweit tätiger Konzern mit den Kerngeschäftsfeldern Maschinenbau, Automobiltechnik, Telekommunikation, Rohre; Sitz: Düsseldorf, gegr. 1890 als Mannesmannröhren-Werke AG. Nach monatelangem Übernahmekampf wurde Anfang 2000 die Fusion mit der Vodafone AirTouch plc. vollzogen; die neue Gesellschaft firmiert als **Vodafone AG** (Düsseldorf) und ist nach Umstrukturierung im Telekommunikationsbereich tätig. Die bisherige Technologiesparte (v. a. M. Rexroth AG, M. Demag Krauss-Maffei AG, M. VDO AG, M. Sachs AG) wurde, zusammengefasst in der Atecs Mannesmann AG, an Bosch GmbH und Siemens AG veräußert, die Mannesmannröhren-Werke AG an die Salzgitter AG.

Mannheim, kreisfreie Stadt in Bad.-Württ. im RegBez. Karlsruhe, in der Oberrheinebene im Mündungswinkel zw. Rhein und Neckar, 306 700 Ew.; bildet mit dem auf der anderen Rheinseite gelegenen Ludwigshafen das Zentrum des Ballungsraumes Rhein-Neckar; Univ., Staatl. Hochschule für Musik und Darstellende Kunst Heidelberg-M., Popakademie Bad.-Württ., FH, Institut für dt. Sprache, Medizin. Fakultät der Univ. Heidelberg, Psychiatr. Forschungsinstitut (Zentralinst. für Seel. Gesundheit); Verw.gerichtshof für Bad.-Württ., Bundesanstalt für landwirtsch. Marktordnung; Kunsthalle, Reiß-Museum, Nationaltheater. Die Ind. umfasst Maschinen- und Fahrzeugbau, Eisen verarbeitende, elektrotechn., feinmechan., opt., chem., Textil-, Holz-, Baustoff-, Steingut-, Papier- und Düngemittelind., Kabelwerke, Brauereien, Druckereien, Verlage. M. ist ein wichtiger Verkehrsknotenpunkt und hat einen bed. Binnenhafen. – Im Zweiten Weltkrieg wurde M. stark zerstört. Das Rechteckschema der in 144 »Quadrate« eingeteilten Altstadt (durch Buchstaben und Ziffern statt Straßennamen bezeichnet) wurde beibehalten. Bed. Bauten: Schloss (1720–60, heute v. a. Univ.), ehem. Jesuitenkirche (1733–60), Untere Pfarrkirche (1706–23) und Altes Rathaus (1700–11), ehem. Palais Bretzenheim (1782–88), ehem. Zeughaus (1777–79; heute Reiß-Museum); Jugendstilanlage des Friedrichsplatzes am Wasserturm (1885–89), mit Festhalle »Rosengarten« (1899–1903, erweitert 1972–74) und Kunsthalle (1905–07, Erweiterungsbau 1980–83); Nationaltheater (1957), Landesmuseum für Technik und Arbeit (1990), Synagoge (1987), Moschee (1995). – 766 erstmals erwähnt (Bauern- und Fischerdorf); als Stadt 1606 durch Kurfürst Friedrich IV. von der Pfalz gegr. (1607 Stadtrecht); 1622 durch Tilly, 1689 von den Franzosen zerstört. 1720–78 Residenz der Kurfürsten von der Pfalz; fiel 1802 an Baden.

Mannheim, Karl, brit. Soziologe österr. Herkunft, * Budapest 27. 3. 1893, † London 9. 1. 1947; entwickelte die ↗ Wissenssoziologie mit und forderte die Entwicklung einer »geplanten Demokratie«, z. B. durch Ausbildung von Eliten, in Auseinandersetzung mit Marxismus und Totalitarismus. – *Werke:* Ideologie und Utopie (1929); Mensch und Gesellschaft im Zeitalter des Umbaus (1935); Freiheit und geplante Demokratie (hg. 1950); Wissenssoziologie (hg. 1964).

Mannheimer Schule, Komponistenkreis, der am Hof des pfälz. Kurfürsten Karl Theodor in Mannheim Mitte des 18. Jh. wirkte und entscheidend zur Ausbildung des Instrumentalstils der ↗ Wiener Klassik beitrug. Hauptmeister waren J., C. und A. Stamitz, I. Holzbauer, F. X. Richter, J. A. Filtz, C. G. Toeschi, J. C. Cannabich und F. I. Danzi. Zu den kompositionstechn. Neuerungen der M. S. gehörten u. a. der Verzicht auf den Generalbass zugunsten der melodieführenden Stimme, periodisch klar gegliederte Thematik, Ausprägung zweier gegensätzl. Themen, Orchestercrescendo und -tremolo, Einfügung des Menuetts an dritter Stelle der viersätzigen Sinfonie.

Mannit [zu Manna] der (Mannitol), kristalliner sechswertiger Zuckeralkohol mit etwa der halben Süßkraft von Rohrzucker. Kommt als D-M. in der Mannaesche und in Braunalgen vor. M. wird u. a. als harntreibendes Mittel, als Abführmittel oder als Zuckeraustauschstoff für Diabetiker verwendet.

männlicher Reim, einsilbiger, auf eine Hebung endender Reim. Ggs.: weibl. Reim. (↗ Reim, Übersicht)

Mannose [zu Manna] die, zur Glucose stereoisomeres Monosaccharid; Baustein der Mannane.

Mannschaftskapitän, *Sport:* der ↗ Spielführer.

Mannstreu (Eryngium), distelähnl. Doldenblütlergattung mit dornigen oder borstigen Blättern und köpfchenförmigen Blüten. Die weißlich grüne **Feld-M. (Brachdistel,** Eryngium campestre) wächst auf trockenem Grasland. Am Strand der Ost- und Nordsee sowie des Mittelmeers kommt die geschützte bläulich grüne, bis 50 cm hohe **Stranddistel** (Eryngium maritimum) vor.

Manometer [grch.] *das,* Druckmesser für Gase und Flüssigkeiten. M. messen stets einen Differenzdruck, meist den Über- oder Unterdruck gegenüber dem Atmosphärendruck. Über M. zum Messen des Luftdrucks ↗ Barometer.
Beim **Flüssigkeits-M.** wird der Druck aus der Verschiebung einer Flüssigkeitssäule bestimmt. Der anliegende Differenzdruck bewirkt einen versch. hohen Stand der Flüssigkeitssäulen. Einfachste Form des Flüssigkeits-M. ist das **U-Rohr-M.** mit zwei senkrecht stehenden Schenkeln. In der **Ringwaage** dient die Flüssigkeit als bewegl. Trennung zweier Druckräume. – **Kolben-M.** sind Druckwaagen, in denen die auf den Kolben ausgeübte Kraft mithilfe einer Waage gemessen wird. Beim **Deformations-M.** wird der Druck aus der Verformung eines elast. Messgliedes (z. B. einer Plattenfeder, Bourdon-Feder beim Feder-M. oder eines Dehnungsmessstreifens) bestimmt. – Für die Messung sehr hoher oder sich zeitlich schnell ändernder Drücke werden die Änderung des elektr. Widerstandes druckempfindl. Stoffe (**Widerstands-M.**) oder der piezoelektr. Effekt bei Quarzkristallen (**Kristall-M.**) ausgenutzt. – Für die Messung kleiner Druckunterschiede (< 10 kPa) kommen **Mikro-M.** zum Einsatz, z. B. das Membranmikro-M., bei dem die Kapazitätsänderung zw. einer Membran und einer Gegenelektrode das Maß für die Druckänderung darstellt.
Manöver [frz.] *das,* 1) *allg.:* Kunstgriff, Versuch der Ablenkung oder Verdrehung, Täuschungsversuch.
2) *Militärwesen:* größere Truppenübung unter annähernd gefechtsnahen Bedingungen.
3) *Schifffahrt:* Bewegung, die mit einem Schiff ausgeführt wird, sowie Tätigkeiten an Bord mit einem bestimmten Arbeitsablauf.
Manovo-Gounda-St. Floris, Nationalpark im N der Zentralafrikan. Rep., umfasst auf 17 400 km² drei Vegetationszonen (Grasebenen, Savannen, Sandsteingebirge) mit einer Vielzahl von schützenswerten Pflanzen und Tierarten; wurde von der UNESCO zum Weltnaturerbe erklärt.
Manresa, Stadt in Katalonien, Prov. Barcelona, Spanien, 66 200 Ew.; Textil-, Elektro-, Düngemittel- und Reifenind., Gerbereien, Maschinenbau. – Got. Kirche (14./16. Jh.), röm. Steinbrücke.
Mansarde [nach J. (Hardouin-)Mansart, der zu Unrecht als ihr Erfinder gilt] *die,* für Wohnzwecke ausgebautes Dachgeschoss mit teilweise schrägem Dach; Dachzimmer.
Mansart [mã'sa:r], 1) François, frz. Baumeister, * Paris 23. 1. 1598, † ebd. 23. 9. 1666, Großonkel von 2); Vertreter der frühen klassizist. Periode des frz. Barock (Classicisme), Bauten von regelmäßiger Grundrissgestaltung und ausgewogenen Proportionen (Schloss Maisons-Laffitte bei Paris, 1642–51; Kirche Val-de-Grâce in Paris, begonnen 1645, von J. Lemercier vollendet).
2) (Hardouin-M.), Jules, frz. Baumeister, * Paris 16. 4. 1646, † Marly (bei Paris) 11. 5. 1708, Großneffe von 1); ab 1674 Hofarchitekt Ludwigs XIV., 1699 »Surintendant des Bâtiments du Roi«, beherrschte seitdem bis zu seinem Tod das gesamte offizielle Bauwesen in Frankreich. In seinem Bestreben, seinen Bauten Würde und Größe zu verleihen, vereinfachte er die Formen zu einem klassisch-gemäßigten Barockstil (Classicisme), der sich durch harmon. Proportionierung und elegante, zur Régence überleitende Dekorationen auszeichnet. – *Hauptwerke:* Erweiterungsbauten am Schloss von Versailles (seit 1678); Schlosskapelle, ebd. (1699 begonnen, von R. de Cotte 1708–10 vollendet); Grand-Trianon, ebd. (1687–88); Invalidendom in Paris (1677–1706); Place-des-Victoires und Place Vendôme in Paris.
Manschette [frz. »Ärmelchen«] *die,* 1) *Kleidung:* Ärmelabschluss.
2) *Maschinenbau:* Dichtungselement aus Leder, Gummi, Kunststoff u. a. für hin- und herbewegte Maschinenteile, das unter Ausnutzung des an der Dichtstelle auftretenden Druckes selbsttätig abdichtet.
Mansen (Wogulen), Volksstamm in W-Sibirien, vorwiegend am unteren Ob. Die etwa 8 300 M. sind zumeist Jäger, Fischer, Rentierzüchter; sprechen Wogulisch, eine finnougr. Sprache. (↗ Chanten und Mansen)
Mansfeld, Stadt im Landkreis Mansfelder Land, Sa.-Anh., am O-Rand des Harzes, 3 800 Ew.; Kabelherstellung; in der Umgebung zahlr. Halden des ehem. Kupferschieferbergbaus. – Got. Schlosskirche (Anfang 15. Jh.); romanisch-spätgot. Stadt- oder Talkirche St. Georg (1497); neugot. Schloss »Vorderort« (1509–18, Umbau 1860–62). – 973 als Rodungssiedlung gen., daneben entstand um 1075 die Burg der Grafen von M.; nach 1400 als Stadt bezeugt. Vom 12. bis 17. Jh. bed. Kupfererzbergbau (im Mansfelder Raum Abbau geringer Vorkommen bis 1969).
Mansfeld, um 1060 ersterwähntes Grafengeschlecht, Herren der Grafschaft M. am Ostrand des Harzes. Nach seinem Erlöschen (1229) kam die Grafschaft bis 1264 an die Herren von Querfurt, die sich nun nach M. benannten. Als der Mannesstamm 1780 erlosch, wurde die Grafschaft zw. Preußen und Kursachsen geteilt.
Mansfelder Land, Landkreis im RegBez. Halle, Sa.-Anh., 759 km², 106 500 Ew.; Krst. ist Eisleben.
Mansfield ['mænsfi:ld], Stadt in der engl. Cty. Nottinghamshire, 71 900 Ew.; Leichtindustrie.
Mansfield ['mænsfi:ld], Katherine, eigtl. Kathleen Beauchamp, neuseeländ. Schriftstellerin, * Wellington 14. 10. 1888, † Fontainebleau 9. 1. 1923; ihre Kurzgeschichten weisen anhand belangloser Vorfälle tief reichende seel. Vorgänge auf (»In einer dt. Pension«, 1911; »Bliss«, 1920; »Das Gartenfest«, 1922).
Mansholt, Sicco Leendert, niederländ. Politiker, * Ulrum (Prov. Groningen) 13. 9. 1908, † Wapserveen (Prov. Drente) 29. 6. 1995; Mitgl. der Partei der Arbeit, 1945–58 Min. für Landwirtschaft und Fischerei, 1958–67 Vizepräs. der EWG-Kommission, 1967–72 der Kommission der EG und 1972 Interimspräs. der EG; trieb die Schaffung eines gemeinsamen EWG-Agrarmarktes entscheidend voran **(Mansholt-Plan).**
Manstein, Erich von, eigtl. E. von Lewinski, Generalfeldmarschall (seit 1942), * Berlin 24. 11. 1887, † Irschenhausen (heute zu Icking, bei Wolfratshausen) 10. 6. 1973; entwarf im Zweiten Weltkrieg als Stabschef der Heeresgruppe A (G. von Rundstedt) den Operationsplan für den Westfeldzug (»Sichelschnitt«); führte ab Sept. 1941 die 11. Armee (Eroberung der Krim und der Festung Sewastopol), ab Nov. 1942 die Heeresgruppe »Don« (später »Süd«). 1944 entzog ihm Hitler das Kommando. 1949 von einem brit. Militärgericht zu 18 Jahren Haft verurteilt, 1953 freigelassen. M. schrieb »Verlorene Siege« (1955).
Mansur [arab. »der Siegreiche«] (Al-M., Almansor), Ehrenname islamischer Herrscher: 1) (Abu Djafar Abdallah ibn Mohammed al-M.), Kalif (754–75), * um 712, † Bir Maimun (bei Mekka) 7. 10. 775; Sohn einer Berbersklavin; erhob Bagdad zur Residenz (762) und festigte die Macht der Dynastie der Abbasiden; unter seiner Herrschaft Beginn der Blüte der arab. Literatur und Philologie.

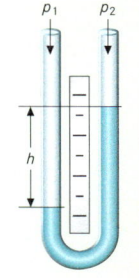

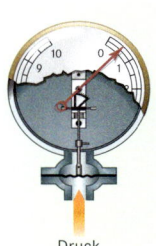

Manometer: Das U-Rohr-Manometer ist die einfachste Form des Flüssigkeitsmanometers (oben); p_1, p_2 verschiedene Drücke, h Höhendifferenz; beim Deformationsmanometer wird der Druck aus der Verformung der Plattenfeder bestimmt und zum Ausschlag eines Zeigers verwendet.

2) (Mohammed Ibn Abi Amir al-M., span. Almanzor), Reichsverweser für den span. Omaijadenkalifen Hischam II., *938, †Medinaceli 10. 8. 1002; erweiterte die Machtstellung des Islams in Spanien, förderte Lit. und Wiss.; unternahm über 50 Feldzüge.

Mansura (arab. El-M.), Hptst. der Prov. Dakahlija, Unterägypten, im Nildelta, 371 000 Ew.; Univ. (gegr. 1972), TH; Baumwollstapelplatz; Textil-, Metallind.; Bahnknotenpunkt. – Gegr. 1219.

Mantarochen (Mantas, Teufelsrochen), Familie der ↗ Rochen.

Mantegna [manˈtɛɲa], Andrea, italien. Maler und Kupferstecher, *Isola di Carturo (heute zu Piazzola sul Brenta, Prov. Padua) 1431, †Mantua 13. 9. 1506; neben G. Bellini der bedeutendste Meister der oberitalien. Frührenaissance. Als Schüler von F. Squarcione in Padua erhielt er durch das Antikenstudium und die Werke von Donatello und P. Uccello entscheidende Anregungen, wodurch er zu seinem statuarischen, kraftvoll und prägnant modellierten Figurenstil von großem Pathos gelangte. Die illusionist. Möglichkeiten der Perspektive erweiterte M. durch extreme Aufsicht oder Untersicht (»di sotto in su«) mit radikalen Verkürzungen. Ab 1460 Hofmaler der Gonzaga in Mantua.

Andrea Mantegna: Beweinung Christi (um 1490; Mailand, Pinacoteca di Brera)

Werke: Fresken der Eremitani-Kirche in Padua (seit 1448; z. T. 1944 zerstört); Hochaltar in San Zeno in Verona (1456–59); Beweinung Christi (wohl 1490; Mailand, Pinacoteca di Brera); Fresken der Camera degli Sposi im Palazzo Ducale in Mantua (1474); Parnaß (Allegorie, 1497; Paris, Louvre).

Mantel [ahd. mantal, zu lat. mantellum »Hülle«], **1)** *Bankwesen:* Urkunde, die das Anteilsrecht oder die Forderung verbrieft. Zum Wertpapier gehört neben dem M. der Bogen (enthält Zins- und Gewinnanteilscheine); nur beide zusammen sind verkäuflich.

2) *Handelsrecht:* die äußere Rechtsform, in der eine Handelsges. in Erscheinung tritt, z. B. als AG, GmbH; auch Bez. für die Gesamtheit der Anteilsrechte an einer Kapitalges., die ohne den Geschäftsbetrieb ge- und verkauft werden können.

3) *Mathematik:* (M.-Fläche), Teil der Oberfläche eines Körpers, der nicht zur Grund- oder Deckfläche gehört (z. B. Zylinder-M., Kegel-M.). Entsteht der M. eines Körpers durch Rotation einer Kurve, so heißt diese **M.-Linie.** (↗ abwickelbar)

4) *Mode:* das gegen Witterungseinflüsse schützende Übergewand, als Obergewand auch Abzeichen der Würde (Herrscherornat, kirchl. Ornat, Ordens-M.) und Sinnbild des Schutzes (Schutzmantelmadonna).

5) *Zoologie:* Hautfalte bei Weichtieren; scheidet nach außen meistens eine Schale ab.

Mantelkauf, Erwerb der z. B. bei Stilllegung eines Unternehmens übrig bleibenden Rechtsform durch ein neues Unternehmen zur Ersparung von Gründungskosten und Zeit.

Manteltarifvertrag (Rahmentarifvertrag), Tarifvertrag, der für längere Zeiträume die allg. Arbeitsbedingungen eines Ind.- oder Gewerbezweigs regelt, die keiner häufigen Änderung unterliegen, z. B. Arbeitszeit, Urlaub, nicht die Lohn- und Gehaltshöhen.

Manteltiere (Tunikaten, Tunicata), weltweit verbreiteter Unterstamm der Chordatiere mit rd. 2 000 ausschließlich marinen, frei schwimmenden oder festsitzenden Arten; Körper von einem manchmal lebhaft bunten **Mantel (Tunica)** aus celluloseähnl. Substanz umgeben. Sie haben eine Ein- und Ausströmungsöffnung für das Atemwasser und die Planktonnahrung. – Einmalig im Tierreich wird bei den M. die Pumprichtung des Herzens in regelmäßigen Abständen umgekehrt. Die M. umfassen die Klassen ↗ Appendikularien, ↗ Seescheiden und ↗ Salpen.

Mantel- und Degenstück (Comedia en capa y espada), Hauptgattung des span. Theaters im 17. Jh., Variante des europ. Sittenstücks, ben. nach der Alltagskleidung der Hauptfiguren (u. a. Kavalier, vornehmer Bürger, Dame oder Mädchen von Stand). Typisch ist die kunstvoll entwickelte Handlung mit Verwechslungen, Intrigen und Liebesverwicklungen. Wichtigste Autoren: Lope de Vega, Calderón de la Barca.

Manteuffel, pommersches Adelsgeschlecht, 1287 erwähnt, seit dem 14. Jh. mit Linien in Schweden und Sachsen. **1)** Edwin Freiherr von, preuß. Generalfeldmarschall (seit 1873), *Dresden 24. 2. 1809, †Karlsbad 17. 6. 1885, Vetter von 2); wurde 1857 Chef des Militärkabinetts, unterstützte die Heeresreform von 1860; 1866 und 1870/71 Heerführer; ab 1879 Reichsstatthalter von Elsass-Lothringen.

2) Otto Freiherr von, preuß. Politiker, *Lübben (Spreewald) 3. 2. 1805, †Crossen (heute Krosno Odrzańskie) 26. 11. 1882, Vetter von 1); 1848–50 Innenmin.; als Außenmin. (seit 1850) schloss er die Olmützer Punktation mit Österreich ab, als MinPräs. (1850–58) verfolgte er einen streng konservativen Kurs; mit der »Neuen Ära« entlassen.

Mantik [grch. »Kunst des Sehens«] *die,* einerseits das auf dem ekstat. Einssein mit Gott bzw. dem Göttlichen (Inspirations-M.) gründende Empfangen höheren Wissens (auch in Träumen und Visionen); andererseits die auf der reinen Zeichendeutung (↗ Astrologie, ↗ Auspizien, ↗ Chiromantie, ↗ Haruspex) beruhende Kunst der Wahrsagung; von großer Bedeutung im ↗ Schamanismus.

Mantilla [manˈtiʎa, span.] *die, Mode:* (Mantille), Schleier oder Spitzentuch der Spanierin, das Kopf und Schultern bedeckt; Ende des 16. Jh. über hohem Zierkamm. Umschlagtuch der Frauenkleidung des 18. Jh.; im 19. Jh. Bez. für halblangen Mantelumhang.

Mantinea (grch. Mantineia), antike Stadt auf der ostarkad. Hochebene Griechenlands; hier fiel 362 v. Chr. der theban. Feldherr Epaminondas in der Schlacht gegen die Spartaner. – Nach archäolog. Befund seit der geometr. Epoche besiedelt. Baureste stammen aus der Zeit der Neugründung (nach 370 v. Chr.). Der elliptisch angelegte Mauerring besaß über 120 Türme und 10 Tore; innerhalb Überreste von Agora, Buleuterion (Rathaus) und Theater. M. ist

Fundort der spätklass. »Musenbasis« mit Reliefdarstellungen von Apoll, Marsyas und den Musen (um 340/330 v.Chr.; Athen, Archäolog. Nationalmuseum).

Mantisse [lat. mantis(s)a »Zugabe«] *die,* ↗ Logarithmus.

Mantra [Sanskrit »Spruch«] *das,* im Buddhismus, Dschainismus und Hinduismus kurze hl. oder mag. Formel, die nach strengen Regeln rezitiert wird (↗ Om mani padme hum).

Mantua (italien. Mantova), **1)** Prov. in der Lombardei, Italien, 2 339 km², 376 200 Einwohner.

2) Hptst. von 1), in der Poebene, 48 800 Ew.; Bischofssitz; Accademia Virgiliana; Möbelind., photochem. Werke, Maschinenbau, Erdölraffinerie. – Der Palazzo Ducale (um 1300 begonnen, von den Gonzaga seit 1328 als Residenz mehrfach erweitert) ist einer der größten Paläste Europas; Kirchen: u.a. San Lorenzo (11.Jh.), Sant' Andrea (15.–18.Jh., Plan L. B. Alberti), Dom (seit 1545 neu erbaut). Südlich der Stadt liegt der Palazzo del Tè (1525–34), ehem. Sommerresidenz für Federico II. Gonzaga. – Wohl eine etrusk. Gründung; schloss sich im 12.Jh. dem Lombard. Städtebund an, kam 1328 unter die Herrschaft der Gonzaga, deren Aussterben (1627) zum **Mantuan. Erbfolgekrieg** (1628–31) zw. Frankreich und Habsburg führte. Im Frieden von Cherasco (1631) musste der Kaiser Karl von Nevers aus der Seitenlinie Nevers-Gonzaga mit M. belehnen. Sie erlosch 1710. M. ging nun in österr. Besitz über. Nach 1805 gehörte M. zum Napoleon. Königreich Italien (1810 wurde in M. A. Hofer hingerichtet), 1814–66 war es wieder österreichisch.

Mantzikert (Manzikert, heute Malazgirt), Ort im Ararathochland, Türkei, nordwestlich des Vansees. Hier besiegte am 19. 8. 1071 der Seldschukensultan Alp Arslan den byzantin. Kaiser Romanos IV. Diogenes; O-Anatolien fiel unter seldschuk. Herrschaft.

Manu [Sanskrit »Mensch«], in der *ind. Mythologie* der Stammvater der Menschheit und ihr Gesetzgeber.

Manual [lat.] *das,* die mit den Händen zu spielende Klaviatur bei Orgel, Cembalo, Harmonium, im Unterschied zum ↗ Pedal, das mit den Füßen gespielt wird.

Manu|el, Herrscher:
Byzanz: **1)** M. I. **Komnenos,** Kaiser (1143–80), * 1120, † Konstantinopel 24. 9. 1180; suchte ohne Erfolg das röm. Universalreich wiederherzustellen. Die Vernichtung seines Heeres 1176 durch den Seldschukensultan Kilidsch Arslan II. brach die byzantin. Machtstellung.

2) M. II. **Palaiologos,** Kaiser (1391–1425), * 1350, † Konstantinopel 21. 7. 1425; war 1373–91 Mitregent, wehrte mit wechselndem Erfolg die Osmanen ab.

Portugal: **3)** ↗ Emanuel.

Manu|el, Niklaus, urspr. N. Alleman (bis 1503), schweizer. Maler, Schriftsteller und Staatsmann, * Bern um 1484, † ebd. 28. 4. 1530; nach der Künstlersignatur »NMD« irrtümlich N. M. Deutsch genannt; schrieb reformationsfreundl. Fastnachtsspiele und Dialoge; einer der bedeutendsten Maler der schweizer. Renaissance, nahm Einflüsse von Dürer, H. Baldung, M. Grünewald und H. Burgkmair auf. Sein vielseitiges Werk (Altartafeln, mytholog. Darstellungen, Porträts, Holzschnitte, Zeichnungen) zeigt z.T. Elemente der Donauschule und nähert sich dem Manierismus.

manuell [frz.], mit der Hand (ausgeführt), von Hand gearbeitet.

Mantua 2): Ostfassade des Palazzo del Tè (1525–34)

Manufaktur [lat.] *die,* Frühform des kapitalist. Ind.betriebes, die, zunächst von Großkaufleuten zur Befriedigung des Massenbedarfs bei bestimmten Gütern organisiert, später wesentlich den Merkantilismus prägte und ihre Blütezeit im 17./18. Jh. hatte. Die Handwerkstechnik blieb im Wesentlichen erhalten, doch waren die M. von rechtl. und ständ. Bindungen freigestellt. Der Produktionsprozess in der M. ist gekennzeichnet durch Spezialisierung, Arbeitsteilung, Serienfertigung und geringen Einsatz von Maschinen. In Dtl. im 18. Jh. weit verbreitet und gefördert durch fürstl. Geldgeber und Abnehmer, dienten M. der kapitalintensiven, rationellen und oft aufwendigen Produktion von Waren, die technisch, sozial oder künstlerisch von den Zünften nicht bewältigt werden konnten (v. a. Luxus- und Konsumgüter oder Waffen). In den M. arbeitete überwiegend die außerzünftige städt. Bevölkerung. Der Übergang zur industriellen Fertigung war v. a. in der 1. Hälfte des 19. Jh. fließend.

Manú-Nationalpark, größter Nationalpark (UNESCO-Weltnaturerbe) Perus, im SO des Landes, 18 000 km², 1973 eingerichtet; entlang des Río Manú, einem Nebenstrom des Amazonas, und dem Río Alto Madre de Dios erstreckt sich der M.-N. als Teil eines Biosphärenreservates u. a. für Riesenotter und Flussschildkröte sowie für 850 Vogelarten.

manu propria [lat.], Abk. **m. p.,** eigenhändig.

Manus [lat.] *die,* die ↗ Hand.

Manuskript [lat. »Handschrift«] *das,* **1)** *Buchwesen:* die ↗ Handschrift im Unterschied zum Druckwerk, dann überhaupt jede handschriftl. oder maschinenschriftl. Druckvorlage.

2) *Verlagswesen, Urheberrecht:* die erste schriftl. Festlegung eines Sprachwerkes, hand- oder maschinenschriftlich. M. ist auch jede sonstige Vorlage für den Setzer im Ggs. zum Vervielfältigungsstück oder Werkexemplar. Der Aufdruck »als M. gedruckt« bedeutet, dass das Werk nicht als veröffentlicht und erschienen gelten soll; bei Bühnenwerken, dass sein Besitz kein Aufführungsrecht verleiht.

Manutius, Aldus, d. Ä., eigtl. Aldo Manuzio, italien. Buchdrucker und Verleger, * Bassiano (bei Velletri) um 1450, † Venedig 8. 2. 1515, gründete 1493 in Venedig eine eigene Druckerei und lieferte dem europ. Humanismus kritisch durchgesehene und sorgfältig gedruckte Ausgaben **(Aldinen)** grch. und lat. Klassiker, meist in einer von Francesco Griffo († 1518) entworfenen Kursivschrift. Das berühmteste bibliophile Werk seiner Presse ist die »Hypnerotomachia Poliphili« (1499).

Manx [mæŋks], **1)** die Bewohner der Insel Man.

Aldus Manutius d. Ä.: Drucker- und Verlegermarke

Alessandro Manzoni

2) *Sprachwissenschaft:* die kelt. Sprache der Insel Man, ⁊ Gälisch.

Manytsch|niederung (Kuma-Manytsch-Niederung), Senke zw. Asowschem und Kasp. Meer, Russland; viele Seen und Bewässerungsanlagen; bildet die N-Grenze Kaukasiens und gilt als Teil der Grenze zw. Europa und Asien.

Manzhouli [-dʒoʊ-] (Manchouli, Mandschuria, früher Lupin), Stadt in der Inneren Mongolei, China, nördlich des Hulun Nur an der chinesisch-russ. Grenze, 120 000 Ew.; Eisenbahngrenzstation; Fleischverarbeitung, Häute- und Wollhandel.

Manzini [mɑːnˈziːni:] (früher Bremersdorp), größte Stadt von Swasiland, südöstlich von Mbabane, 100 000 Ew.; kath. Bischofssitz; Handelszentrum eines Agrargebiets, Ind. (Baumwollspinnerei, Fleischverarbeitung, Brauerei, Elektroind.); internat. Flughafen M./Matsapha.

Manzoni, Alessandro, italien. Dichter, * Mailand 7. 3. 1785, † ebd. 22. 5. 1873; adliger Herkunft; ab 1805 in Paris, wo er sich aufklärer. Kreisen anschloss; nach seiner Heirat 1808 Rückkehr zum kath. Glauben; ab 1810 wieder in Mailand, 1860 Senator. Begann mit klassizist. Gedichten, wandte sich 1812 ganz der romant. Richtung zu, deren Hauptvertreter er in Italien wurde: »Heilige Hymnen« (1815–22), »Der fünfte Mai« (1822, Ode auf den Tod Napoleons). Seine histor. Trauerspiele (»Der Graf von Carmagnola«, 1820; »Adelgis«, 1822) durchbrachen das Prinzip der drei Einheiten und schöpften den Stoff im Sinne des ⁊ Risorgimento aus der Geschichte. Sein von W. Scott angeregter histor. Roman »Die Verlobten« (entstanden 1821–23; Neufassung abgeschlossen 1825, veröffentlicht 1827 in 3 Bdn.; endgültige Fassung 1840–42, dt. Titel auch »Die Brautleute«) steht am Beginn der modernen italien. Prosa und hatte maßgebl. Einfluss auf die Entwicklung der italien. Schriftsprache.

Manzù [-'dzu], Giacomo, italien. Bildhauer, * Bergamo 22. 12. 1908, † Rom 17. 1. 1991; gestaltete, anfangs mit impressionist. Oberflächenbehandlung, figürl. Bronzeplastik (u. a. Kardinäle, Tänzerinnen); auch Reliefs und Bronzetüren (u. a. für Sankt Peter in Rom und den Salzburger Dom).

Giacomo Manzù: Kardinal, Bronze (1955; Mailand, Museo d'Arte Contemporanea)

MAO, Abk. für ⁊ Monoaminoxidase.

Maoismus der, die von ⁊ Mao Zedong auf der Grundlage des Marxismus-Leninismus entwickelte Strategie der sozialen Revolution, die auf die gesellschaftl. Bedingungen der Dritten Welt, insbesondere Chinas, zugeschnitten ist; sie umfasst eine eigene Theorie der Revolution und eine vom Marxismus-Leninismus abweichende Perspektive der Entfaltung einer sozialist. Gesellschaft. Träger der Revolution ist die unterdrückte Landbevölkerung, die über einen Volkskrieg die Diktatur des Proletariats errichtet. In einer permanenten Revolution soll dann nach den Produktionsverhältnissen auch das Bewusstsein der Menschen verändert, d. h. traditionelles, modernes westl. und systemkrit. Gedankengut ausgeschaltet und die Etablierung privilegierter Bürokratien verhindert werden (⁊ Kulturrevolution). – Der M. beeinflusste Befreiungs- und Rebellionsbewegungen der Dritten Welt (bis zur Gegenwart z. B. in Nepal), aber auch revolutionäre Bewegungen in den Ind.staaten (»K-Gruppen«).

Maoka, Stadt auf Sachalin, ⁊ Cholmsk.

Maori, polynes. Volk auf Neuseeland (523 400 Menschen), dessen Vorfahren um 900–1000 n. Chr. von Zentral- und O-Polynesien einwanderten; Bauern (Bataten, Taro, Jams, Flachs u. a.), Fischer; bed. Kunsthandwerk (v. a. Schnitzerei), Tatauierung.

Mao Zedong (Mao Tse-tung), chines. Politiker, * Shaoshan (Prov. Hunan) 26. 12. 1893, † Peking 9. 9. 1976; Bauernsohn, nach Studium an einem Lehrerseminar ab 1918 Hilfsbibliothekar in Peking, 1921 Mitbegründer der KPCh in Schanghai, wurde 1923 Mitgl. ihres ZK. Nach dem 1923 geschlossenen Bündnis der KPCh mit der Guomindang (GMD) wirkte er ab 1924 auch im Zentralen Exekutivkomitee der GMD. In den folgenden Jahren organisierte er revolutionäre Bewegungen unter den Bauern, die er (in Abweichung von der offiziellen Parteilinie) als Träger der Revolution ansah. Nach dem endgültigen Bruch zw. der GMD und der KPCh (1927) und der blutigen Unterdrückung der Kommunisten durch die von Chiang Kai-shek geführten Truppen zog sich M. Z. mit Guerillaeinheiten in das Bergland im Grenzgebiet zw. Hunan und Jiangxi zurück. Mit Zhu De, der eine chines. Rote Armee aufbaute, errichtete er nach Durchführung einer Agrarrevolution in der Prov. Jiangxi (SO-China) ein kommunist. Herrschaftsgebiet. 1931 wurde er Vors. der chines. Sowjetrepublik. Um der militär. Umklammerung der GMD-Truppen zu entrinnen, brach er mit seinen militär. Einheiten und Parteikadern zum ⁊ Langen Marsch (1934–35) nach NW-China auf, in dessen Verlauf er unbestrittener Führer der KPCh wurde (Aufbau eines neuen Stützpunktes in Yan'an in der Prov. Shaanxi). 1936 zwang er Chiang Kai-shek zu einem Waffenstillstand mit den Kommunisten und zur Einheitsfront gegen Japan. 1937–40 entstanden grundlegende Schriften M. Z.s (u. a. »Über den Widerspruch«, 1937; »Die neue Demokratie«, 1940). 1945 wurde M. Z. zum Vors. der KPCh und der Militärkommission des ZK gewählt. Nach der Niederlage der GMD-Truppen im Bürgerkrieg (1945–49) rief M. Z. am 1. 10. 1949 die Volksrep. China aus und wurde Vors. der Zentralen Volksregierung. Nach der Verabschiedung einer neuen Verfassung wurde M. Z. 1954 Präs. der VR China. Um der wachsenden Unzufriedenheit inner- und außerhalb der Partei einen kontrollierten Ausdruck zu geben, löste er 1956 die Hundert-Blumen-Bewegung aus. Die Außenpolitik von M. Z. stand nach Errichtung der VR China zunächst im Einvernehmen mit der sowjet. Partei- und Staatsführung. Der Konflikt entzündete sich 1958 bes. an den unterschiedl. Auffassungen über die »Generallinie des sozialist. Aufbaus«, über die »friedl. Koexistenz« und den Zeitpunkt einer Überleitung der sozialist. in die kommunist. Gesellschaft. Der Fehlschlag der Politik des »Großen Sprungs nach vorn« (1958–60/61; Ziel der

Forcierung des Wirtschaftswachstums bei gleichzeitiger ideolog. Umerziehung, Errichtung der Volkskommunen) schwächte die Stellung von M. Z. in Partei und Staat. 1959 trat er das Amt des Staatspräs. an Liu Shaoqi ab, blieb jedoch Vors. der Partei. Im Rahmen der 1965/66 eingeleiteten ↗ Kulturrevolution versuchte M. Z., seine Stellung wieder zu stärken; er baute einen Führerkult um seine Person als »großer Vors. und Steuermann« auf. Eine Auswahl seiner Schriften wurde als »Das Rote Buch« (»Mao-Bibel«) in vielen Mio. Exemplaren verbreitet. M. Z. trat auch als Dichter hervor. Nach dem Tod von M. Z. wurden seine engsten Mitarbeiter politisch ausgeschaltet, seine innerparteil. Gegner (u. a. Deng Xiaoping) rehabilitiert und seine Politik einer grundsätzl. Revision unterzogen. Erst in den 1980er-Jahren wurden die »M.-Z.-Ideen« wieder offizieller Bestandteil der kommunist. Ideologie in der VR China.

Mapai [hebr.], 1930 gegr. gemäßigt sozialist. Arbeiterpartei in Israel; 1948 spaltete sich die ↗ Mapam, 1965 die Rafi (»Arbeiterliste Israels«) ab; 1968 Zusammenschluss mit Ahdut Haavoda (»Einheit der Arbeit«) zur ↗ Israelischen Arbeitspartei.

Mapam [hebr.], linksradikale Arbeiterpartei in Israel, gegr. 1948, Abspaltung des linken Flügels der ↗ Mapai, bildete 1969–84 mit der Israel.das Wahlbündnis **Maarach** (»Arbeiterblock«); 1992 an der Bildung des Meretz-Blockes beteiligt.

Mapom, eine Kreuzung aus Mandarine und Grapefruit.

Mapplethorpe [ˈmæplθɔːp], Robert, amerikan. Fotograf, * New York 4. 11. 1946, † ebd. 9. 3. 1989; trat bes. hervor mit Aktaufnahmen, Porträts, Stillleben und Aufnahmen von Blumen, die sich durch hohe techn. und ästhet. Perfektion auszeichnen.

Mapuche [-tʃe], ↗ Araukaner.

Maputo (bis 1975 Lourenço Marques), Hptst. von Moçambique, an der Delagoa-Bai des Ind. Ozeans, 966 800 Ew.; Sitz eines kath. und eines anglikan. Erzbischofs, Univ. (gegr. 1962), Museen, botan. und zoolog. Garten; bed. Ind.standort (u. a. Erdölraffinerie, Walzwerk, Kfz-Montage) und Hafen; Bahnverbindungen mit der Rep. Südafrika, Simbabwe, Swasiland; internat. Flughafen (Mavalane). – Gegr. um 1550.

Maqam [mak-, arab. »Ort«, »Standort«] *der* (Makam), in der arab. Musik urspr. eine Versammlung, in der literar. Werke oder Musik vorgetragen wurden; später ein melod. Gestalttypus, ein Melodiemodell bzw. eine Gruppe zueinander passender Skalentöne, die einer Melodie zugrunde liegen.

Maquette [maˈkɛtə, frz.] *die,* kleinformatiges Bildhauermodell, erster Entwurf in Wachs oder Ton für eine Skulptur.

Maquis [maˈkiː, frz., ↗ Macchie] *der,* Buschwald im Mittelmeerraum, von alters her Versteck für politisch Verfolgte und Straftäter. Nach 1940 formierten die frz. Partisanengruppen ihren Widerstand gegen die dt. Besatzungstruppen im M.; ihre Mitgl. nannten sich **Maquisards.** Später gingen sie in der allg. frz. Widerstandsbewegung auf.

Marabus [arab. »Einsiedler«] (Kropfstörche, Leptoptilos), Gattung bis 1,4 m großer, Aas fressender Störche mit drei Arten in Afrika, Indien und SO-Asien, z. B. der **Afrikan. M.** (Leptoptilos crumeniferus); ähnlich wie bei den Geiern sind bei den M. in Anpassung an ihre Lebensweise Kopf und Hals weitgehend kahl.

Marabut [-ˈbu, frz.] *der,* urspr. Angehöriger einer islam. Gruppe in NW-Afrika, aus der im MA die ↗ Almoraviden hervorgingen; dann, bes. in N-Afrika, ein islam. Heiliger; auch Bez. für sein Grab.

Maracaibo [-βo], Hptst. des Bundesstaates Zulia, Venezuela, an der Meerenge, die den Golf von Venezuela mit dem M.-See verbindet, 1,25 Mio. Ew.; Erzbischofssitz, zwei Univ., Museen; Ind.zentrum mit Erdölraffinerie; rd. 9 km lange Brücke über die Einfahrt zum M.-See, Hafen, internat. Flughafen. – Gegr. 1529 von dem Deutschen A. Dalfinger (Vertreter des Augsburg. Handelshauses der Welser).

Maracaibosee [-βo-], flacher Brackwassersee in Venezuela, etwa 13 000 km², bis etwa 50 m tief; um und unter dem See reiche Erdölvorkommen; durch Ausbaggerung einer Fahrrinne für Seeschiffe zugänglich.

Maracas [portugies.] (Rumbakugeln), lateinamerikan. Rhythmus- und Rasselinstrumente indian. Herkunft, bestehend aus an Stielen befestigten hohlen Kalebassen, auch aus Holz- oder Kunststoffkugeln, die mit Samen-, Sandkörnchen, Schrot oder Steinchen gefüllt sind; werden vom Spieler paarweise (gleichzeitig oder abwechselnd) geschüttelt.

Maracay, Hptst. des Bundesstaates Aragua, Venezuela, 384 800 Ew.; Bischofssitz, Handels- und Ind.zentrum.

Maracuja [portugies.] *die,* orangeroter Saft aus den wohlschmeckenden, granatapfelähnl. Früchten der rankenden Passionsblumenart **Purpurgrenadilla** (Passiflora edulis), die aus Brasilien stammt und in den Tropen verbreitet ist; auch Bezeichnung für die Früchte.

Maradona, Diego Armando, argentin. Fußballspieler, * Fiorito (bei Lanús) 30. 10. 1960; spielte bis 1997 bei Boca Juniors Buenos Aires, FC Barcelona, SSC Neapel, FC Sevilla und Newell's Old Boys Rosario; 91 Länderspiele; vier WM-Teilnahmen (1982–94, Weltmeister 1986). – 1991/92 Spielsperre wegen Drogenmissbrauchs (Kokaineinnahme).

Márai [ˈmaːrɔi], Sándor, ungar. Schriftsteller, * Kaschau 11. 4. 1900, † (Freitod) San Diego (Calif.) 21. 2. 1989; schrieb Dramen und Romane (»Die Gräfin von Parma«, 1940; »Die Glut«, 1942) über das Budapester Spätbürgertum und nach seiner Emigration (1948) über das psych. Elend der Intellektuellendaseins im Exil (»Land, Land. Erinnerungen«, 1972).

Maraini, Dacia, italien. Schriftstellerin und Journalistin, * Florenz 13. 11. 1936; schrieb Romane (u. a. »Tage im August«, 1962; »Memoiren einer Diebin«, 1972; »Die stumme Herzogin«, 1990; »Stimmen«, 1994), Erzählungen (»Kinder der Dunkelheit«, 1999), Stücke, Essays und Gedichte, in denen sie kritisch und engagiert v. a. die Situation der Frau in der Gesellschaft darstellt; auch Drehbuchautorin und Filmregisseurin.

Marais [məˈrɛː], 1) Eugène Nielen, südafrikan. Schriftsteller, * Les Marais (bei Pretoria) 9. 1. 1871, † (Selbstmord) Pelindaba (bei Pretoria) 29. 3. 1936; charakteristisch für sein Werk ist seine pessimist. Lebensanschauung und sein Interesse an authentische afrikan. Themen; Lyrik (»Winternacht«, 1905), psycholog. Erzählungen und tierpsycholog. Bücher (»Die Seele der weißen Ameise«, 1934, »Die Seele des Affen«, hg. 1969).

2) Jean, eigtl. J. Villain-M., frz. Schauspieler, * Cherbourg 11. 12. 1913, † Cannes 8. 11. 1998; spielte bes. in J. Cocteaus Bühnen- und Filmwerken, ab den 1940er-Jahren einer der populärsten frz. Filmstars, u. a. in »Es war einmal« (1945), »Orphée« (1949); auch Regisseur, Choreograph, Maler, Bildhauer.

Marajó [maraˈʒɔ], größte Insel der Amazonasmündung im Bundesstaat Pará, Brasilien, rd. 48 000 km² groß. Aus vorkolumb. Zeit wurden hier mächtige Wohnhügel und Gräber gefunden.

Mao Zedong

Marabus:
Afrikanischer
Marabu

Dacia Maraini

Jean Marais

Maramba, Stadt in Sambia, ⁄ Livingstone.
Maramureș [-ʃ], Gebiet in Rumänien, ⁄ Marmarosch.
Maranatha [aramäisch], eine der ältesten christl. Gebetsformeln, die auch im grch. Sprachgebiet in der aramäischen Urfassung gebraucht wurde (1. Kor. 16, 22). Die Bedeutung ist unklar, möglich ist »Unser Herr, komm!« oder »Unser Herr ist gekommen«.
Maräne [lat.] *die,* ein Fisch, ⁄ Renken.
Maranen, die ⁄ Marranen.
Maranhão [-'ɲau], Küstenstaat im nördl. Brasilien, 333 366 km², 5,64 Mio. Ew.; Hptst.: São Luís. M. liegt auf der N-Abdachung des Brasilian. Berglandes; Babassupalmenwälder (Ölgewinnung); Anbau von Baumwolle, Reis, Bohnen, Maniok, Mais, Zuckerrohr.
Marañón, Río [-'ɲɔn], einer der Hauptquellflüsse des Amazonas, 1 414 km lang, entspringt in 4 920 m ü. M. nördlich des Nudo (»Knoten«) von Cerro de Pasco (Westkordillere), Zentralperu.
Marante *die* (Maranta), Gattung der Marantengewächse in den wärmeren Gebieten Amerikas; Stauden mit knolligen Wurzeln. Die **Pfeilwurz** (Maranta arundinacea) mit stärkehaltigen langen Rhizomen wird zur Gewinnung leicht verdaul. Stärke (»Westind. Arrowroot«) überall in den Tropen angebaut. (⁄ Korbmarante)
Maraș ['maraʃ], Stadt in der Türkei, ⁄ Kahramanmaraș.
Maraschino [maras'ki:no, italien.] *der,* Fruchtaromalikör, urspr. aus der dalmatin. Sauerkirsche Maraska hergestellt.
Marasmus [grch.-nlat.] *der* (Protein-Energie-Mangelsyndrom), körperl. Entkräftungszustand infolge schwerer Erkrankungen, Unterernährung oder Altersabbaus.

Jean Paul Marat

Marat [ma'ra], Jean Paul, frz. Revolutionär, * Boudry (Kt. Neuenburg, Schweiz) 24. 5. 1743, † Paris 13. 7. 1793; einer der radikalsten Volksführer der Revolution von 1789, beeinflusste v. a. mit seiner Zeitung »L'Ami du Peuple« die öffentl. Meinung. Schloss sich 1792 G. J. Danton an, war an den Septembermorden und als Präs. des Jakobinerklubs am Sturz der Girondisten maßgeblich beteiligt; wurde von Charlotte ⁄ Corday erstochen (Drama von P. Weiss; Gemälde von J.-L. David).
Marathen, Volk im nordwestl. Dekhan, Indien; i. w. S. alle ⁄ Marathi sprechenden Menschen, i. e. S. Kastenbezeichnung (Bauern und Krieger).
Marathi *das,* indoar. Sprache der Marathen, wird von mehr als 50 Mio. Menschen (⁄ Marathen) in W- und Zentralindien gesprochen.
Marathon, antiker Ort an der O-Küste Attikas, Griechenland; hier siegte Miltiades 490 v. Chr. über die Perser. Die Überlieferung, dass ein Läufer die Nachricht nach Athen brachte und bei seiner Ankunft tot zusammenbrach, ist nicht belegt.
Marathonlauf, auf die Legende des Läufers von Marathon zurückgehender, längster olympischer leichtathlet. Laufwettbewerb für Männer und Frauen über 42 195 m (Streckenlänge erstmals 1908 zw. Windsor und London, seit 1924 verbindlich). Wegen unterschiedl. Streckenführung und Oberflächenbeschaffenheit werden keine offiziellen Rekorde, sondern nur »Bestleistungen« geführt. Die internat. bekanntesten M. (mit Preisgeldern) finden jährlich in London, Rotterdam, Boston, Hamburg, Berlin, Chicago, New York und Honolulu statt. – Als **Halbmarathon** bezeichnet man einen Lauf über die halbe Distanz. (⁄ Ultramarathon; ⁄ Leichtathletik, Übersicht)
Maratta (Maratti), Carlo, italien. Maler, * Camerano (Prov. Ancona) 15. 5. 1625, † Rom 15. 12. 1713;

Marburg 1) Stadtwappen

einer der meistbeschäftigten Meister des röm. Spätbarock.
Marbach am Neckar, Stadt im Landkreis Ludwigsburg, Bad.-Württ., an der Mündung der Murr in den Neckar, 14 200 Ew.; Geburtshaus Schillers, Schiller-Nationalmuseum, Dt. Literaturarchiv, Sitz der Dt. Schillergesellschaft; Möbel-, Leder- und Metallind.; Weinbau. – Gut erhaltene befestigte Altstadt mit oberem Torturm (15. Jh.), evang. spätgot. Alexanderkirche (15. Jh.). – 972 erstmals erwähnt, 1282 als Stadt bezeichnet.
Marbod (lat. Maroboduus), König der Markomannen, † Ravenna um 37 n. Chr.; führte um 9 v. Chr. sein Volk aus dem Maingebiet nach Böhmen und gründete dort ein Reich, dem sich weitere Stämme anschlossen. Er unterstützte den Cherusker Arminius nicht in dessen Kampf gegen Rom; dieser griff ihn daraufhin 17 n. Chr. an. Nachdem ihm Kaiser Tiberius Hilfe verweigert und der abtrünnige got. Adlige Catualda seine Residenz erobert hatte (19 n. Chr.), brach das Reich M.s zusammen; dieser floh zu den Römern.
Marburg, 1) Kreisstadt des Landkreises M.-Biedenkopf, Hessen, an der Lahn, 77 300 Ew.; Univ. (1527 gegr., erste prot. Universität), Staatsarchiv mit FH für Archivwesen, Dt. Blindenstudienanstalt; Max-Planck-Institut für terrestr. Mikrobiologie, Johann-Gottfried-Herder-Inst., Inst. für mitteleuop. Volksforschung, Forschungsinst. für dt. Sprache; Dt. Sprachatlas, Dt. Adelsarchiv, Landesamt für geschichtl. Landeskunde; Museen, botan. Garten; Maschinen-, chemisch-pharmazeut., opt., feinmechan., elektrotechn. und Bekleidungsindustrie. – Das Schloss (13.–16. Jh.) entstand über der ehem. Burg (ab 1122; Reste eines Vorgängerbaus aus dem 9./10. Jh.). Die Elisabethkirche, einer der frühesten Bauten Dtl.s, die an der frz. Kathedralgotik (u. a. Reims) geschult sind, wurde 1235–83 vom Deutschritterorden über dem Grab der hl. Elisabeth (⁄ Elisabeth 11) errichtet. In der maler. Altstadt die Marienkirche (13.–15. Jh.), die Kugelherrenkirche (1485 vollendet) und das Rathaus (1512 ff.). – M. entstand 1122 im Schutz der Burg der Landgrafen von Thüringen; Stadtrecht um 1200 (1311/57 bezeugt); kam 1256 zur Landgrafschaft Hessen; 1458–1500 und 1567–1604 Residenz von Hessen-M.; 1529 ⁄ Marburger Religionsgespräch; fiel 1604 an Hessen-Kassel, 1866 an Preußen; 1945/46 zum Land Hessen.
2) (M. an der Drau), dt. Name der slowen. Stadt ⁄ Maribor.
Marburg-Biedenkopf, Landkreis im RegBez. Gießen, Hessen, 1 263 km², 253 500 Ew.; Krst. ist Marburg.
Marburger Bund, 1947 in Marburg gegr. Vereinigung der angestellten und beamteten Ärzte in Deutschland.
Marburger Religionsgespräch, von Landgraf Philipp I. von Hessen veranlasste Zusammenkunft reformator. Theologen (M. Bucer, M. Luther, P. Melanchthon, J. Oekolampad, U. Zwingli u. a.) vom 1. bis 4. 10. 1529 in Marburg. Im Mittelpunkt stand die Abendmahlslehre, in der zw. Luther und Zwingli keine vollständige Einigung erzielt werden konnte (⁄ Abendmahl, ⁄ Realpräsenz).
Marburger Schule, Ende des 19. Jh. von H. Cohen und P. Natorp begründete philosoph. Richtung des ⁄ Neukantianismus.
Marburg-Virus, zu den Filoviren gehörendes längl. RNA-Virus; Erreger einer erstmals 1967 in Marburg beobachteten Erkrankung (ein epidemisch-hämorrhag. Fieber), die nach Kontakt mit dem Ge-

webe Grüner Meerkatzen auftrat (»Marburger Affenkrankheit«). Die Symptome ähneln denen der / Ebola-Viruskrankheit.

Marc, Franz, Maler, * München 8. 2. 1880, ⚔ vor Verdun 4. 3. 1916; gründete 1911 mit W. Kandinsky die Redaktion des / Blauen Reiters und gab mit ihm 1912 den gleichnamigen Almanach heraus. Nachdem er zunächst impressionistisch gemalt und v. a. Tierstudien gezeichnet hatte, fand er im Umgang mit A. Macke und W. Kandinsky, später auch unter dem Eindruck von Kubismus, Futurismus und Orphismus, seinen expressiv-abstrahierenden Stil mit reinen, symbolkräftigen Farben und kristallinen Formen, die wichtiges Ausdrucksmittel für seine Darstellungen der im Einklang mit der Natur lebenden Kreatur waren. In seinen letzten Arbeiten, bes. Zeichnungen und Aquarellen aus der Zeit des Ersten Weltkrieges, durchdrangen sich Farben und Formen des Tieres immer mehr mit denen seiner Umwelt, sodass es in der übergeordneten Einheit abstrakter Gestaltung aufging.

Marcantonio, italien. Kupferstecher, / Raimondi.

marcato [italien.], Abk. **marc.,** musikal. Vortragsbezeichnung: hervorgehoben, betont.

Marceau [marˈso:], **1)** Félicien, eigtl. Louis Carette, frz. Schriftsteller belg. Herkunft, * Kortenberg (bei Brüssel) 16. 9. 1913; lebte 1945–52 wegen Kollaboration im Exil, dann in Paris; schrieb satirisch-pessimist., psycholog. und krit. Sittenromane (u. a. »Creezy«, 1969; »Le voyage de noce de Figaro«, 1994), Boulevardstücke und Essays.
2) Marcel, eigtl. M. Mangel, frz. Pantomime, * Straßburg 22. 3. 1923; trat 1947 erstmals als »Monsieur Bip«, in der Figur des Vagabunden, auf; 1947 bis Anfang der 1960er-Jahre mit einer eigenen Pantomimengruppe internat. Tourneen, danach Solopantomime. Seine »Mimodramen« und Solopantomimen sind häufig kleine Handlungsabläufe, u. a. »Duel dans les ténèbres« (1947), »Le manteau« (1951, nach N. Gogol); seit 1990 pantomim. Umsetzung von Theaterstücken mit Absolventen seiner 1978 in Paris gegr. »École Internationale du Mimodrame Marcel Marceau«.
3) Sophie, frz. Schauspielerin, * Paris 17. 11. 1966; erste Erfolge mit »Die Fête« (1980), internat. Durchbruch mit »Braveheart« und »D'Artagnans Tochter« (beide 1994), »Anna Karenina« (1996), »James Bond – Die Welt ist nicht genug« (1999); daneben Bühnenrollen.

Marcel [marˈsɛl], Gabriel, frz. Philosoph und Dramatiker, * Paris 7. 12. 1889, † ebd. 8. 10. 1973; Hauptvertreter einer von S. Kierkegaard beeinflussten christl. Existenzphilosophie (1929 Konversion vom Judentum zum Katholizismus). – Seine Bühnenwerke behandeln religiöse und moral. Konflikte. 1964 Friedenspreis des Dt. Buchhandels. – *Werke:* Sein und Haben (1935); Homo viator. Philosophie der Hoffnung (1944); Geheimnis des Seins, 2 Bde. (1951); Der Mensch als Problem (1955) u. a. – *Dramen:* Die zerbrochene Welt (1933) u. a.

Marcello [marˈtʃɛllo], Benedetto, italien. Komponist, * Venedig 9. 8. 1686, † Brescia 24. oder 25. 7. 1739; mit seinen kantatenhaften italien. Psalmparaphrasen ein bed. Komponist seiner Zeit.

March *die* (tschech. und slowak. Morava), Hauptfluss Mährens, Tschech. Rep., 358 km; entspringt in 1 275 m ü. M. am Glatzer Schneeberg, fließt durch das nord- (Große Hanna) und südmähr. Becken, bildet ab Hodonín (Göding) die Grenze zur Slowak. Rep., nach der Mündung der Thaya (von rechts) die Grenze gegen Österreich, im Unterlauf das / Marchfeld, mündet bei Bratislava in die Donau; am rechten Ufer nördlich von Marchegg das Naturreservat Marchauen (seit 1970).

Franz Marc: Blauschwarzer Fuchs (1911; Wuppertal, Von der Heydt-Museum)

March, Otto, Architekt, * Charlottenburg (heute zu Berlin) 7. 10. 1845, † Berlin 2. 4. 1913; errichtete in Berlin das Schillertheater (1907, im Zweiten Weltkrieg zerstört, wieder aufgebaut), das Rennbahngebäude (1906–09) und das Dt. Stadion (1913) im Grunewald; sein Sohn Werner M. (* 1894, † 1976) errichtete ab 1934 in Berlin für die Olymp. Spiele 1936 die Bauten des Reichssportfelds und das Stadion.

Marchais [marˈʃɛ], Georges, frz. Politiker, * La Hoguette (Dép. Calvados) 7. 6. 1920, † Paris 16. 11. 1997; 1972–94 Gen.-Sekr. der KP, vertrat in den 1970er-Jahren vorübergehend eurokommunist. Positionen.

Marche, 1) [marʃ] *die,* histor. Grafschaft in Mittelfrankreich, entspricht etwa dem heutigen Dép. Creuse und einem Teil von Haute-Vienne, umfasst die N-Abdachung des Limousin und des Plateaus von Millevaches.
2) [ˈmarke], Region in Italien, / Marken.

Märchen [von mhd. maere »Kunde«, »Nachricht«], Prosaerzählung meist geringen Umfangs, die wunderbare Begebenheiten schildert, bei allen Völkern und zu allen Zeiten verbreitet. Im Dt. ist der Begriff v. a. bestimmt durch die Sammlung der Brüder / Grimm. Die »Kinder- und Haus-M.« (1812–15) enthalten allerdings auch Geschichten, die i. e. S. keine M., sondern Legenden, Fabeln oder Schwänke sind. Eine genaue Abgrenzung, auch zum / Mythos, ist kaum möglich.

Echte **Volks-M.** beruhen auf mündl. Erzähltradition. In Europa wurden sie seit dem 16./17. Jh. gesammelt, aufgezeichnet und dem jeweils herrschenden literar. Geschmack angepasst. Dennoch haben sich bestimmte gemeinsame Merkmale erhalten: Zeit und Ort sind nicht fixiert, die Naturgesetze haben keine Geltung, Pflanzen, Tiere und Gestirne können sprechen und sind dem Menschen gleichgestellt, Verwandlungen aller Art dienen als Belohnung oder Strafe, am Ende steht immer der Sieg des Guten, Fleißigen, bestraft werden Faulheit, Bosheit, Hochmut. Die Struktur des M. ist stark von formelhaften Elementen und typisierten Personen geprägt, Zahlen (z. B. 3 und 7) spielen eine wichtige Rolle. Nach der Art der Handlung werden unterschiedl. M.-Typen unterschieden, z. B. Tier-M., Zauber-M., Feen-M. (/ Fee), Lügen-M. Es ist nicht geklärt, ob gleiche M.-

Marcel Marceau

Motive durch Wanderungsbewegungen übertragen oder an versch. Orten gleichzeitig entstanden sind.

Märchenhafte Erzählungen sind schon in den ältesten literar. Zeugnissen der Menschheit (»Gilgameschepos«, »Odyssee«, »Pancatantra«) enthalten oder wurden von Schriftstellern kunstvoll bearbeitet (Ovid, »Metamorphosen«). In Europa wurden die M. seit dem frühen MA., verstärkt seit den Kreuzzügen, von oriental. Einflüssen geprägt, lange ehe die Sammlung »Tausendundeine Nacht« (in frz. Übersetzung 1704–17) eine regelrechte Orientmode hervorbrachte. Für die Romantiker war das Volks-M. die vollkommene Verkörperung einer ursprüngl. Dichtung. Sie sammelten und edierten M. und führten das **Kunst-M.** zur Blüte. Dieses ist die individuelle Erfindung eines namentlich bekannten Autors, der Text steht wörtlich fest, er übernimmt bestimmte Elemente des Volks-M. (etwa Zauberei), übermittelt damit aber oft philosoph. Botschaften, zuweilen mit den Mitteln Satire und Ironie. Bed. Verfasser von Kunst-M. in Dtl. waren L. Tieck, C. Brentano, W. Hauff, E. T. A. Hoffmann, in Dänemark H. C. Andersen, in England O. Wilde.

Märchenschach, eigenständige Kunstgattung des Problemschachs, bei dem die im Wettkampfschach geltenden Regeln in definierter Weise ergänzt, geändert oder erweitert werden, um der Schachkomposition unbegrenzte neue Entwicklungsmöglichkeiten zu eröffnen. So wurden zahlr. neue Schachfiguren eingeführt. Statt des flachen Schachbretts stehen auch andere, z. B. dreidimensionale »Schachbretter« (»Stereoschach«), zur Verfügung.

Marchese [marˈkeːsa] *der,* italien. für / Marquis.

Marchfeld, etwa 900 km² große Ebene in NÖ, zw. Donau und March, bed. Landwirtschaftsgebiet (Weizen, Zuckerrüben, Feldgemüse); hier liegen die größten Erdöl- und Erdgasfelder Österreichs. – Das M. war oft Schlachtfeld: 165–180 Römer gegen Quaden und Markomannen, 1260 Ottokar II. Přemysl von Böhmen gegen Béla IV. von Ungarn und 1278 gegen Rudolf I. von Habsburg, 1809 Erzherzog Karl von Österreich gegen Napoleon I.

Marcia [ˈmartʃa, italien.] *die, Musik:* Marsch. **M. funebre,** Trauermarsch; **alla marcia,** marschartig.

Marcion (Markion), frühchristl. Theologe, * Sinope (heute Sinop) um 85, † um 160; kam 138/39 nach Rom; hier Mitgl. der christl. Gemeinde; 144 wegen Häresie exkommuniziert. M. entwickelte eine antithetisch aufgebaute Lehre. Aus dem Gegensatz zwischen A. T. und N. T. schloss er auf zwei Offenbarungsgottheiten, die er als unversöhnlich gegenüberstellte: den »bekannten« Gott des alttestamentl. Schriften, der die Welt geschaffen habe und als strafender Gott (ohne Liebe) durch Gesetz und Vergeltung regiere, und den »fremden« Gott der Liebe und des Erbarmens, der Jesus Christus zur Erlösung der Menschen aus der von dem alttestamentl. Schöpfergott (Demiurgen) geschaffenen unvollkommenen Welt gesandt hat. M. verwarf das A. T. und die »judaistisch verfälschten« Teile des N. T. – Die Anhänger der auf ihn zurückgehenden Gegenkirche **(Marcioniten)** waren im 2. und 3. Jh. von der Rhône bis zum Euphrat verbreitet; bestanden im O bis ins 6. Jh. und verschmolzen später vielfach mit dem / Manichäismus.

Marcks, 1) Erich, Historiker, * Magdeburg 17. 11. 1861, † Berlin 22. 11. 1938, Vetter von 2); ab 1893 Prof.; schrieb formvollendete psycholog. Biografien (u. a. »Bismarck«, 2 Bde., 1909–39) und Essays.

2) Gerhard, Bildhauer und Grafiker, * Berlin 18. 2. 1889, † Burgbrohl (Kr. Ahrweiler) 13. 11. 1981, Vetter von 1), Onkel von 3); Schüler von R. Scheibe, lehrte

Gerhard Marcks: Gefesselter Prometheus II (1948; Köln, Museum Ludwig)

ab 1919 am Weimarer Bauhaus, 1925–33 an der Kunstgewerbeschule in Halle (Saale); 1946 Prof. in Hamburg, 1950 in Köln; schuf in streng vereinfachenden Formen Jünglings- und Mädchenfiguren, Totenmale (Köln, Hamburg, Mannheim), Tierbildwerke, kleinplast. Arbeiten und Holzschnitte.

3) Marie, Karikaturistin, * Berlin 25. 8. 1922, Nichte von 2). Seit 1965 ist M. als Karikaturistin für Zeitungen und Zeitschriften (u. a. Südt. Zeitung, Die Zeit, Titanic) tätig; sie wählt Themen aus dem familiär-pädagog. sowie gesellschafts- und umweltpolit. Bereich, u. a. »Klipp und klar 100 × Bürgerrecht« (1979, mit R. Lamprecht).

Marie Marcks: Karikatur aus dem 1977 erschienenen Buch »Krümm dich beizeiten!«

Guglielmo Marconi

Marconi, Guglielmo Marchese (seit 1929), italien. Physiker und Ingenieur, * Bologna 25. 4. 1874, † Rom 20. 7. 1937; ab 1896 in England tätig, wo er 1897 die »M.'s Wireless Telegraph Co. Ltd.« gründete; erfand 1895 die geerdete Sendeantenne und hatte wesentl. Anteil an der Entwicklung der drahtlosen Nachrichtenübermittlung (1896 Funksignale über 3 km; 1899 Funkverbindung zw. England und Frankreich über den Ärmelkanal, 52 km; 1901 zw. England und Neufundland über den Nordatlantik, 3 600 km). M. erfand u. a. auch den abgestimmten Schwingkreis, die abgestimmte, gekoppelte Sende- und Empfangsantenne, die Hohlspiegelrichtantenne und den rotierenden Oszillator. Er setzte Mikrowellen für die Funktechnik ein und zeigte 1935 die prinzipiellen Möglichkeiten des Radars auf. M. erhielt 1909 zus. mit K. F. Braun den Nobelpreis für Physik.

Marconi Corporation plc [maːˈkəʊni kɔːpəˈreɪʃn ˈpiː el ˈsiː], / General Electric Company PLC.

Marco Polo, / Polo, Marco.

Gerhard Marcks (Selbstbildnis)

Marcos, Ferdinand Edralin, philippin. Politiker, * Sarrat (Luzon) 11. 9. 1917, † Honolulu (Hawaii) 28. 9. 1989; Jurist, 1960–64 Vors. der Liberalen Partei, dann der Nationalist. Partei, 1963–65 Senatspräs., 1965–86 Staatspräs., unterstützte die Politik der USA in SO-Asien, verhängte angesichts schwerer Unruhen das Kriegsrecht (1972–81) und regierte diktatorisch. 1986 musste er unter starkem polit. Druck zurücktreten und ging ins Exil.

Marcus, 1) ['mɑ:kəs], Rudolph Arthur, amerikan. Physikochemiker kanad. Herkunft, * Montreal 21. 7. 1923; ab 1964 Prof. an der University of Illinois in Urbana, ab 1978 am California Institute of Technology in Pasadena. M. arbeitete u. a. über die Theorie von reaktiven und inelast. Stoßprozessen; untersuchte bes. den Übergang von Elektronen und entwickelte die theoret. Grundlagen für die mit dem Elektronenübergang verbundenen Änderungen der Energiezustände. Für diese Arbeiten erhielt M. 1992 den Nobelpreis für Chemie.

2) Siegfried, Mechaniker, * Malchin 18. 9. 1831, † Wien 30. 6. 1898; zeigte 1898 auf der Wiener Gewerbeausstellung einen eigenen Benzinwagen mit Viertaktmotor aus dem Jahre 1888. Ob diesem Wagen eine Ausfahrt mit eigener Kraft gelang, ist ungewiss; es gab keine darauf aufbauende Weiterentwicklung.

Marcus Aurelius Antoninus, röm. Kaiser, ↗ Mark Aurel.

Marcuse, 1) Herbert, amerikan. Philosoph dt. Herkunft, * Berlin 19. 7. 1898, † Starnberg 29. 7. 1979; emigrierte 1933, lebte seit 1934 in den USA, war einer der Hauptvertreter der ↗ kritischen Theorie. – M. verbindet marxist. Gesellschaftsanalyse und Geschichtstheorie mit der Trieblehre Freuds. Das geschichtl. Subjekt, das die Befreiung der Gesellschaft bewirken könnte, erblickt M. nicht mehr im Industrieproletariat, sondern in den Studenten und gesellschaftlich Diskriminierten. – Sein Aufruf zur radikalen Opposition gegen die »spätkapitalist. Gesellschaft« ließ ihn in der 2. Hälfte der 1960er-Jahre zu einem der geistigen Führer der student. Linken werden (↗ neue Linke). – *Werke:* Triebstruktur und Gesellschaft (1955); Der eindimensionale Mensch (1964); Ideen zu einer krit. Theorie der Gesellschaft (1969).

2) Ludwig, Pseudonym Heinz Raabe, Publizist und Literaturkritiker, * Berlin 8. 2. 1894, † München 2. 8. 1971; emigrierte 1933 nach Frankreich, 1938 in die USA, war seit 1940 Prof. für Philosophie an der University of Southern California, kehrte 1963 nach Dtl. zurück; schrieb über zahlreiche Schriftsteller, Philosophen und Musiker, ferner u. a. »Obszön. Geschichte einer Entrüstung« (1962).

Mar del Plata, Hafenstadt und Seebad in der Prov. Buenos Aires, Argentinien, 519 700 Ew.; Bischofssitz; zwei Univ., meeresbiolog. Institut; Nahrungsmittel-, Papier-, Zigaretten- u. a. Ind.; Spielkasino; Flughafen.

Marder (Mustelidae), Raubtierfamilie, zu der neben den Wieselartigen die ↗ Dachse, die ↗ Honigdachse, die ↗ Skunks und die ↗ Otter gehören; meist mittelgroße Tiere mit gestrecktem Körper, kurzen Beinen und Stinkdrüsen in Afternähe. Zu den schlanken **Wieselartigen** (Mustelinae) zählen folgende Arten: Der **Baum-** oder **Edel-M.** (Martes martes) mit bis zu 45 cm Körper- und bis zu 25 cm Schwanzlänge hat einen meist gelbl. Kehlfleck. Sein Fell ist auf dem Rücken dunkelbraun, an der Bauchseite gelblich. Der **Stein-** oder **Haus-M.** (Martes foina) ist gekennzeichnet durch einen weißl., gegabelten Kehlfleck. Bekannt sind die durch ihn verursachten Nageschäden an Kfz (Kabel, Bremsleitungen). Der **Zobel** (Martes zibellina) wurde wegen seines sehr wertvollen Felles stark verfolgt und lebt heute nur noch in Sibirien, im nördl. China und in Japan. Das Fell ist oberseits dunkelbraun bis schwärzlich. Gröberes Haar hat der **Amerikan. Zobel** oder **Fichten-M.** (Martes americana). Das im N der Alten Welt heim. **Große Wiesel** (Mustela erminea) wechselt die Haarfarbe im Frühjahr nach Braun, im Herbst nach Weiß **(Hermelin).** Der **Europ. Nerz, Sumpf-** oder **Krebsotter** (Mustela lutreola) wird 50 cm lang und ist fischotterähnlich. In Nordamerika lebt der **Mink** (Mustela vison) und bes. in Zentralasien der **Erd-** oder **Feuer-M.** (Mustela sibirica), dessen Fell »Kolinsky« oder »Sibir. Nerz« genannt wird. Der **Iltis** oder **Ratz** (Mustela putorius) hat einen kurzen Kopf und ein meist schwarzbraunes Fell. Das **Frettchen,** eine domestizierte Form des Iltis, wird zur Kaninchenjagd abgerichtet. Das in Europa und Asien verbreitete **Kleine Wiesel, Mauswiesel** oder **Hermännchen** (Mustela nivalis) wird rd. 20 cm lang und ist rötlich braun, unterseits weiß, manchmal im Winter völlig weiß. In S- und Mittelamerika lebt u. a. der **Grison** (Grison vittatus), ein guter Läufer, Schwimmer und Kletterer.

Marderbär, ↗ Binturong.

Mardin, Prov.-Hptst. in SO-Anatolien, Türkei, 1 325 m ü. M., 53 000 Ew.; archäolog. Museum; Zementfabrik; amerikan. Radarstation. – Unter der turkmen. Dynastie der Ortokiden (1108–1475) entstand die Zitadelle. Weitere bemerkenswerte Bauwerke: Uli Camii (12. Jh., im 14./15. Jh. erweitert); Koranschule (1385 gestiftet) mit Kuppelmoschee, Mausoleum und zwei Innenhöfen (heute z. T. Museum); Stiftungskomplex einer theolog. Hochschule mit Medrese und Kuppelmoschee (15. Jh.); Latifiye Camii (1371) mit Minarett (1845).

Marduk (hebr. Merodach), Stadt- und später Reichsgott von Babylon; besiegte und tötete Tiamat, die chaot. Macht des Urmeeres; erhielt als Preis von den Göttern die Herrschaft.

Mare [lat. »Meer«] *das,* **1)** in der Antike z. B. **M. Britannicum,** der Ärmelkanal; **M. Germanicum,** die Nordsee; **M. Tyrrhenicum** oder **M. nostrum,** das Tyrrhen. Meer.

2) *Astronomie: Pl.* Maria, dunkle, tief liegende Gebiete auf der Oberfläche des ↗ Mondes, die mit bloßem Auge sichtbar sind und weniger hell scheinen als ihre als Terrae bezeichneten Nachbargebiete.

Märe [mhd. »Kunde«, »Bericht«] (Mär), im MA. Bez. für Heldenepos, höf. Roman sowie deren Stoffe oder Überlieferung. In der neueren Forschung Gattungsbez. für mhd. Schwankerzählungen aus der Zeit zw. 1250 und 1500 (von dem Stricker bis hin zu H. Folz); heute auch: erdichtete Begebenheit.

Marecs, Abk. für engl. **Ma**ritime **E**uropean **C**ommunication **S**atellite, seit 1981 genutzte Nachrichtensatelliten der ESA zur globalen Abdeckung der Kommunikation zw. Land und See.

Marées [ma'reː], Hans von, eigtl. Johann Reinhard von M., Maler, * Elberfeld (heute zu Wuppertal) 24. 12. 1837, † Rom 5. 6. 1887; anfangs Bildnisse (»Selbstbildnis mit Lenbach«; 1863, München, Neue Pinakothek) und Landschaften mit Pferden, Reitern und mytholog. Figuren (»Diana im Bade«; 1863, München, Neue Pinakothek) in dunkeltonigem Kolorit; ging 1864 nach Italien, wo er den Weg zu einer idealist., von Klarheit der Formen bestimmten Malerei fand, in deren Mittelpunkt der Mensch, insbesondere die nackte männl. Gestalt, in einer vereinfachenden und monumentalen Auffassung steht (Fresken in der Bibliothek der Zoolog. Station in Neapel, 1873/74). Von seinen späteren Werken, v. a. Triptychen (»Die Hesperiden«; 1884–85, München, Neue Pinakothek), die er immer wieder übermalte, blieben viele unvollendet. – Abb. S. 2990.

Maremmen [italien.], ehem. versumpfte Niederung an der tyrrhen. Küste Italiens zw. der Mündung der Cecina und Civitavecchia; seit dem 19. Jh. in Kulturland verwandelt.

Marengo, Stadtteil von Alessandria, Italien; Sieg Napoléon Bonapartes (14. 6. 1800) über Österreich.

Ferdinand Marcos

Rudolph A. Marcus

Herbert Marcuse

Marenzio, Luca, italien. Komponist, *Coccaglio (bei Brescia) 1553 oder 1554, †Rom 22. 8. 1599; bed. Meister des italien. Madrigals.

Margao (Marmagao), Stadt an der W-Küste Indiens, im Bundesstaat Goa, 53 000 Ew.; wichtiger Hafen für den Export von Eisenerz (v. a. nach Japan).

Margareta von Antiochia, Märtyrerin unter Diokletian; Patronin der Schwangeren; gehört zu den 14 Nothelfern; Heilige; Tag: 20. 7.

Margarete, Herrscherinnen:
Dänemark: **1)** Königin von Norwegen (seit 1388), Dänemark (seit 1387) und Schweden (seit 1389), *Søborg (Seeland) März 1353, †Flensburg 28. 10. 1412; Tochter des Dänenkönigs Waldemar IV. Atterdag, seit 1363 ∞ mit König Håkon Magnusson von Norwegen und Schweden, führte nach seinem Tod (1380) für ihren Sohn Olaf V., der 1375 Dänemark und 1380 Norwegen erhalten hatte, die Reg. Nach Olafs Tod (1387) wurde sie Herrscherin, gewann 1389 von ↗Albrecht 15) auch Schweden und schloss 1397 die ↗Kalmarer Union.

2) M. II., Königin (seit 1972), *Kopenhagen 16. 4. 1940; Tochter König Friedrichs IX., seit 1967 ∞ mit Graf Henri de Laborde de Monpezat (*1934; jetzt Prinz Henrik von Dänemark).

Margarete II., Königin von Dänemark

Frankreich: **3) M. von Valois,** gen. »Königin Margot«, Königin von Navarra und Frankreich, *Saint-Germain-en-Laye 14. 5. 1553, †Paris 27. 3. 1615; Tochter Heinrichs II. und der Katharina von Medici, seit 1572 ∞ mit dem späteren König Heinrich IV.; ihre Hochzeit, die als Zeichen der Verständigung zw. Katholiken und Hugenotten gedacht war, mündete in das Blutbad der ↗Bartholomäusnacht. Die kinderlose Ehe wurde 1599 für ungültig erklärt.

Navarra: **4) M. von Navarra** (Marguerite d'Angoulême), Königin von Navarra, *Angoulême 11. 4. 1492, †Odos (Dép. Hautes-Pyrénées) 21. 12. 1549; Schwester König Franz' I. von Frankreich, in zweiter Ehe ∞ mit Henri d'Albret, König von Navarra; von hoher Bildung, förderte Gelehrte, Dichter und Künstler und gewährte verfolgten Protestanten Zuflucht. Sie schrieb die von G. Boccaccio inspirierte Sammlung von 72 durch eine Rahmenhandlung verbundenen Novellen »Das Heptameron« (hg. 1559), die neuplaton. Gedanken enthält, auch lyr. und dramat. Dichtungen religiösen Inhalts.

Margarete von Navarra

Niederlande: **5) M. von Österreich,** Generalstatthalterin (1507–30), *Brüssel 10. 1. 1480, †Mecheln 1. 12. 1530; Tochter Kaiser Maximilians I. und Maria von Burgund, vermittelte 1529 mit Luise von Savoyen den »Damenfrieden« von ↗Cambrai zwischen Karl V. und Franz I.

6) M. von Parma, Generalstatthalterin (1559–67), *Oudenaarde 28. 12. 1522, †Ortona (Prov. Chieti) 18. 1. 1586; natürl., legitimierte Tochter Kaiser Karls V., ∞ in 2. Ehe mit Ottavio Farnese, Herzog von Parma und Piacenza. Unter ihrer Reg. begannen Unruhen in den Niederlanden (↗Niederlande, Geschichte). 1567 trat sie zurück.

Tirol: **7) M. Maultasch,** Gräfin (1335–63), *wohl Schloss Maultasch (bei Terlan) 1318, †Wien 3. 10. 1369; Tochter des Meinhardiner Herzogs Heinrich VI. von Kärnten, erbte 1335 Tirol, das sie nach dem Tod ihres Sohnes Meinhard III. 1363 den Habsburgern (Herzog Rudolf IV. von Österreich) überließ.

Margarete von Österreich, Generalstatthalterin der Niederlande (Ausschnitt aus einem Gemälde von Jean Hey, 1490; New York, Metropolitan Museum of Art)

Margareten|insel (ungar. Margitsziget), kleine Donauinsel in Budapest mit Park, Freilichttheater, Sportanlagen, Schwimmbädern; Ruinen eines Nonnenklosters (13. Jahrhundert).

Margarine [frz., zu acide margarique »perlfarbige Säure«] *die,* Streichfett in Form einer festen,

Hans von Marées: Goldenes Zeitalter I (1879–85; München, Neue Pinakothek)

plast. Emulsion überwiegend nach dem Typ Wasser in Öl mit einem mögl. Fettgehalt von 10–90%. Am weitesten verbreitet sind M. (Fettgehalt 80%), Dreivierteltelfettmargarine (Fettgehalt 60–62%) und Halbfettmargarine (Fettgehalt 39–41%). Hauptbestandteile der M. sind heute i. d. R. pflanzl. Öle (z. B. Sonnenblumen-, Raps-, Soja-, Distel-, Maiskeim-, Olivenöl) und pflanzl. Fette (z. B. Kokos-, Palmkernfett), Wasser oder entrahmte Milch oder Molke, Lecithin, Beta-Carotin (Provitamin A) und die fettlösl. Vitamine A, D und E. M. darf höchstens 3% Milchfett enthalten. – Die gesetzl. Regelungen für M. sind europaweit in der EG-Streichfettverordnung und in den europ. Zusatzstoffregelungen festgelegt.

Technische Herstellung: Die wichtigsten Schritte, die vollautomatisch und völlig hygienisch ablaufen, sind: Mischen der Fettkomponenten (der Öle, Fette und fettlösl. Zutaten, wie Vitamine) und der wasserlösl. Zutaten, Rühren und damit Herstellen der Emulsion durch Zusammenführen der Fettkomponenten und wasserlösl. Zutaten, Kühlen (Kristallisieren), Kneten (mechan. Bearbeitung) und Abfüllen.

Ernährungsphysiologischer Wert: Hochwertige M. wird heute so hergestellt, dass sie, durch freie Auswahl der pflanzl. Öle und Fette den allgemeinen Ernährungsempfehlungen entsprechend, wenig gesättigte Fettsäuren und ausreichend einfach und mehrfach ungesättigte Fettsäuren enthält. Bes. reich an mehrfach ungesättigten Fettsäuren (mindestens 50%) ist Diät-M., die im Rahmen einer Ernährung mit blutfettsenkender Wirkung zur Senkung erhöhter Cholesterinspiegel beitragen kann. Sie zählt außerdem zu den wichtigsten Lieferanten der fettlösl. Vitamine A, D und E in der heutigen Ernährung.

Wirtschaft: Die M. nimmt in den meisten Ländern die erste Stelle unter den Nahrungsfetten ein. Wichtigste Erzeugerländer (1999, in 1 000 t): USA 1 048, Indien 960, Dtl. 540, Großbritannien und Nordirland 408, Türkei 655, Brasilien 467, Polen 411, Niederlande 251. Weltproduktion (1999): 9,3 Mio. t.

Margarita, Isla, Insel der Kleinen Antillen vor der N-Küste Venezuelas, 1085 km², etwa 350 000 Ew.; die größte der rd. 70 Inseln, die den venezolan. Bundesstaat Nueva Esparta bilden (Hauptort La Asunción); in den Niederungen Sukkulenten- und Dornstrauchsavanne, im stärker beregneten Gebirge (Pico San Juan: 952 m ü. M.) regengrüner Bergwald; die mittlere Temperatur variiert zw. 32 °C im September und 24 °C im Januar; bed. internat. Fremdenverkehr. – 1498 von Kolumbus entdeckt.

Margate ['ma:gɪt], Stadt und Seebad in der Cty. Kent, England, 56 700 Ew.; Hafen, Fischerei.

Marge ['marʒə, frz.] *die,* Differenz zw. Kursen, An- und Verkaufspreisen im Sinne der Handelsspanne, zw. vorgegebenen Ober- und Untergrenzen sowie Soll- und Habenzinsen; im Börsenwesen Spanne zw. den Kursen an versch. Börsenplätzen (↗Arbitrage) und Bareinschuss bei ↗Termingeschäften.

Margerite [grch.-frz.] *die* (Leucanthemum vulgare), Korbblütengewächs in Europa, Sibirien und in den Kaukasusländern, nach Nordamerika und Australien eingeschleppt; etwa 60 cm hohe Staude; Blütenkörbchen mit weißen Zungen- und gelben Röhrenblüten; in mehreren Sorten als Zierpflanze kultiviert.

Marghera [-'gera], Industriehafen und -vorort von ↗Venedig.

Margiela, Martin, belg. Modedesigner, * Genk (Prov. Limburg) 9. 4. 1957; gründete 1988 ein Modeunternehmen; gilt als Vertreter des Dekonstruktivismus, da er Nähte und Verschlüsse nach außen kehrt, sodass die Konstruktion der Kleidungsstücke sichtbar bleibt.

marginal [lat.], randständig; nebensächlich.

Marginal|analyse, Methode der Wirtschaftstheorie; untersucht, welche Auswirkungen eine (infinitesimal kleine) Änderung einer ökonom. Größe auf eine andere ökonom. Größe hat; es wird mithilfe von Grenzgrößen (z. B. Grenzerlös, -kosten, -nutzen, -produktivität) argumentiert. Math. Hilfsmittel ist die Differenzialrechnung.

Marginali|e *die,* Randbemerkung (in Handschriften, Akten, Büchern).

Margot, frz., Königin ↗Margarete.

Margrethe, dän. Königinnen, ↗Margarete.

Mari (Tscheremissen), finnougr. Volk in Russland, insgesamt etwa 670 000, davon knapp die Hälfte in der Rep. Mari El, sonst in den Rep. Tatarstan, Tschuwaschien und Baschkortostan sowie in den Gebieten Nischegorod, Kirow, Swerdlowsk und Perm; unterschieden in Hochland- oder Berg-M. (v. a. am rechten Wolgaufer) und Tiefland- oder Wiesen-M. (am linken Wolgaufer), denen sich nach O die Ost-M. anschließen. Die M. bildeten vom 5. bis 8. Jh. Stammesfürstentümer, kamen im 13. Jh. zu den Kama-Bulgaren; in der 2. Hälfte des 13. Jh. durch die Mongolen unterworfen und im 16. Jh. Russland angeschlossen.

Mari, altoriental. Stadt am mittleren Euphrat, heute **Tell Hariri** in O-Syrien. – Wichtige Station auf der Handelsstraße von Babylonien zum Mittelmeer; im 3. Jt. v. Chr. gegr., 1696 v. Chr. durch Hammurapi zerstört. Aus der Palastanlage mit dem Archiv der Könige von M. (1950–1700 v. Chr.) stammen Funde von etwa 25 000 Tontafeln mit polit. und religiösen Texten, aus versch. Tempelanlagen wurden zahlr. Bildwerke sumer. Kunst freigelegt.

Maria [grch.-lat. Form von hebr. Mirjam], in den synopt. Evangelien (Mt. 1,18; Mk. 6,3; Lk. 1,27) Name der Mutter Jesu von Nazareth. Histor. Angaben über M. finden sich in Mk. 3,31 und 6,3; Jesus scheint der erste Sohn M.s und ihres Mannes, des Zimmermanns ↗Joseph aus Nazareth, gewesen zu sein; außer Jesus hatte M. wahrscheinl. noch weitere Kinder. Die Apostelgeschichte (1, 14) zählt sie (ohne bes. Hervorhebung) zu den Mitgl. der Urgemeinde. Die legendar. Ausgestaltung ihres Lebens erfolgte in den ↗Apokryphen des N. T., v. a. im ↗Jakobusevangelium. – In Theologie und Frömmigkeit der christl. Kirchen wird M. als Mutter Gottes (↗Mariologie), Fürbitterin der Glaubenden vor Gott (↗Marienverehrung), als Urbild bedingungslosen Vertrauens auf Gott und Vorbild des Glaubens verehrt. – Im *Koran* wird M. (arab. Marjam) mehrfach erwähnt. Die dritte Sure betont M.s Zugehörigkeit zum (von Moses abstammenden) »Haus Imran« und beschreibt ihre göttl. Erwählung (Sure 3, 42 ff.), wodurch sie in die Reihe der großen von Allah auserwählten Menschen gestellt wird (Sure 21, 91) und Beispiel für die Gläubigen (Sure 66, 12) ist. Die neunzehnte Sure trägt die Überschrift M. (»Marjam«) und schildert ebenfalls die Erwählung M.s durch Gott. – M. in der *christl. Kunst:* ↗Marienbild.

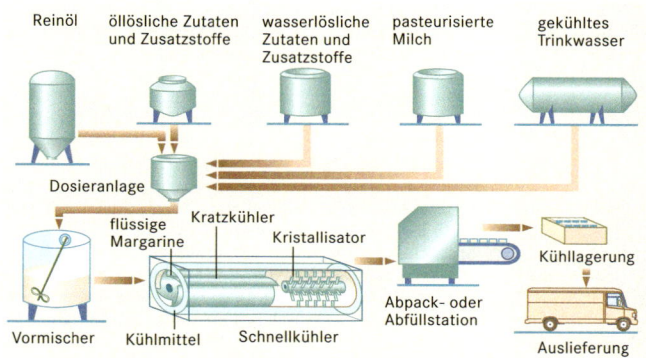

Margarine: schematischer Produktionsablauf

Maria, Herrscherinnen:
Hl. Röm. Reich sowie Böhmen und Ungarn: **1) M. Theresia,** ↗Maria 7).

England: **2) M. I. Tudor,** gen. die Katholische oder die Blutige (engl. Bloody Mary), Königin (1553–58), * Greenwich (heute zu London) 18. 2. 1516, † London 17. 11. 1558; Tochter Heinrichs VIII. und Katharinas von Aragonien, folgte ihrem Halbbruder Eduard VI. auf den Thron, ∞ seit 1554 mit Philipp II. von Spanien; sie betrieb die Rekatholisierung Englands (Hinrichtung zahlr. Protestanten, darunter T. ↗Cranmer) und verlor 1558 Calais an Frankreich.

3) M. II. Stuart, Königin (1689–94), * London 30. 4. 1662, † Kensington (heute zu London) 28. 12. 1694; älteste Tochter Jakobs II., Protestantin, seit 1677 ∞ mit Wilhelm III. von Oranien; erhielt nach dem Sturz ihres Vaters zus. mit ihrem Gatten 1689 die Krone (»Glorreiche Revolution«).

Frankreich: **4) M. von Medici,** Königin, * Florenz 26. 4. 1573, † Köln 3. 7. 1642; aus dem Hause der Großherzöge von Toskana, seit 1600 ∞ mit Heinrich IV., 1610–17 Regentin für ihren unmündigen Sohn Ludwig XIII.; von Richelieu ausgeschaltet, musste sie 1631 ins Ausland fliehen.

5) Marie Antoinette, Königin, * Wien 2. 11. 1755, † (enthauptet) Paris 16. 10. 1793; Tochter von 7), 1770 ∞ mit dem späteren Ludwig XVI. Lebensfroh und oft leichtsinnig, war sie ihrer polit. Aufgabe nicht gewachsen und stellte sich jeder Reformpolitik entgegen. Die ↗Halsbandaffäre schadete ihr, wenn auch zu

Margerite

Marie Antoinette, Königin von Frankreich (Gemälde von Elisabeth-Louise Vigée-Lebrun, 1783; Versailles, Musée National)

Unrecht; 1789 war die »Österreicherin« die verhasste Repräsentantin des Ancien Régime. Die Mitwirkung beim Plan des preußisch-österr. Feldzuges führte schließlich zur Anklage vor dem Revolutionstribunal.

6) Marie Louise, Kaiserin, * Wien 12. 12. 1791, † Parma 17. 12. 1847; Tochter Kaiser Franz' II., gegen ihren Willen 1810 ∞ mit Napoleon I. Nach seiner Abdankung erhielt sie die Herzogtümer Parma, Piacenza und Guastalla. 1821 heiratete sie ihren Oberhofmeister Graf Neipperg, nach dessen Tod 1834 Graf Bombelles.

Österreich: **7) M. Theresia,** Erzherzogin (1740 bis 1780), Königin von Ungarn (gekrönt 1741) und Böhmen, * Wien 13. 5. 1717, † ebd. 29. 11. 1780; Erbtochter Kaiser Karls VI., ∞ seit 1736 mit Herzog Franz Stephan von Lothringen (seit 1745 Kaiser Franz I.; seitdem wurde M. T. als Kaiserin bezeichnet), Stammmutter des Hauses Habsburg-Lothringen. Nach dem Tod Karls VI. übernahm sie aufgrund der ↗ Pragmatischen Sanktion 1740 die Reg. der habsburg. Erblande und behauptete sie gegen die Ansprüche anderer europ. Herrscher, u. a. gegen Friedrich II., d. Gr., von Preußen, der die ↗ Schlesischen Kriege und damit den ↗ Österreichischen Erbfolgekrieg (1740–48) auslöste, die für Österreich den Verlust von Schlesien und Parma-Piacenza brachten. Die Rückgewinnung Schlesiens nach dem Plan ihres Kanzlers W. A. von Kaunitz scheiterte im ↗ Siebenjährigen Krieg. M. Theresia führte eine maßvolle Reformpolitik im Innern (Heeresreform durch Graf von Daun und F. M. Graf von Lacy; Staats- und Verwaltungsreform 1749–61, v. a. durch F. W. Graf Haugwitz) durch, schaffte die Folter ab (1776), milderte die bäuerl. Leibeigenschaft und die Frondienste, hob die Steuerfreiheit von Adel und Klerus auf und wurde Gründerin des Volksschulwesens in Österreich. Nach dem Tod Franz' I. (1765) wurde ihr ältester Sohn, Joseph II., Mitregent. Der Aufklärung stand sie als Katholikin ablehnend gegenüber, doch ebneten ihre Berater dem Josephinismus den Weg.

Schottland: **8) M. Stuart,** Königin (1542–67), * Linlithgow 8. 12. 1542, † (hingerichtet) Fotheringhay Castle (Cty. Northamptonshire) 8. 2. 1587; Tochter Jakobs V. und der Maria von Guise, heiratete 1558 den späteren frz. König Franz II. Nach dem Tod ihrer Mutter (1560), die für sie in Schottland regiert hatte, und dem ihres Gatten (1560) kehrte sie 1561 nach Schottland zurück. Zu Elisabeth von England stand sie politisch in Ggs.; als Urenkelin Heinrichs VII. galt sie den Katholiken als die rechtmäßige Erbin des engl. Throns. Seit 1565 ∞ mit Lord Darnley, der 1567 durch J. H. Bothwell ermordet wurde; ihre eigene Mitwisserschaft ist umstritten. Als sie Bothwell heiratete (1567), wurde sie von den Lords gestürzt und floh

Maria Stuart, Königin von Schottland (anonymes Gemälde; Versailles, Musée National)

1568 nach England, wo Elisabeth sie 19 Jahre gefangen hielt. Mit dem Vorwurf der Teilnahme an einer kath. Verschwörung setzte schließlich Lord Burghley ihre Hinrichtung durch. – Trauerspiele von J. van den Vondel (1646), Schiller (1801) u. a.

Spanien: **9) M. Christina,** Königin, * Neapel 27. 4. 1806, † Sainte-Adresse (Dép. Seine-Maritime) 23. 8. 1878; 4. Gemahlin Ferdinands VII. 1832/33 Regentin, setzte das Thronfolgerecht für ihre Tochter Isabella II. durch, Ursache für die Kriege der ↗ Karlisten. Seit 1854 im Exil.

Maria [mə'ri:ə], Walter De, amerikan. Künstler, * Albany (Calif.) 1. 10. 1935; erstellte nach Happenings (1960) Objekte der Minimalart und der Land-Art, so den »Vertikalen Erdkilometer«, ein Messingstab von 5 cm Durchmesser und 1 km Länge in Richtung auf den Erdmittelpunkt, verwirklicht auf der documenta 6 in Kassel (1977).

Mariage [mari'aʒə, frz. »Heirat«] *die, Kartenspiel:* das Zusammentreffen von König und Dame (oder Ober) einer Farbe in der Hand eines Spielers.

Mariä Himmelfahrt, ↗ Himmelfahrt Mariä.

Maria Laach, Benediktinerabtei (gegr. 1093) in der Gem. Glees, Landkreis Ahrweiler, Rheinl.-Pf., am Laacher See; bed. roman. Abteikirche (1093–1220/30). M. L. wurde 1802 säkularisiert, 1892 durch Beuroner Benediktiner neu besiedelt und gab als Zentrum der liturgiewiss. Forschung im dt.

Maria Theresia, Erzherzogin von Österreich, im Kreise ihrer Familie (Miniaturgemälde von F. H. Füger, 1776; Wien, Österreichische Galerie im Schloss Belvedere)

Sprachraum (seit 1913/14) der ⁄ liturgischen Bewegung in der kath. Kirche entscheidende Impulse.
Mariä Lichtmess, ⁄ Lichtmess.
Maria Lionza, afroamerikan., v. a. in ihrem Entstehungsland Venezuela verbreitete Religion; ben. nach einer myth. einheim. Prinzessin, deren Verehrung als Naturgöttin und »Mutter« den Mittelpunkt des Kults bildet. M. L. verbindet afrikan. und indian. religiöse Vorstellungen mit Elementen des europ. Spiritismus (Kardecismus) und des Volkskatholizismus; Ziel der Kulthandlung ist die Kommunikation der Gläubigen mit den Geistern Verstorbener, z. B. zum Zweck der Ratsuche.
Maria Magdalena (Maria von Magdala), nach Lk. 8,2 eine der Frauen, die Jesus begleiteten; nach allen vier Evangelien beim Tode Jesu und nach den synopt. Evangelien auch beim Begräbnis Jesu anwesend; die erste Zeugin seiner Auferstehung (Joh. 20,11–18); galt in der frühen kirchl. Tradition als diejenige, die Jesus am nächsten stand; wurde seit Gregor I. fälschlich mit ⁄ Maria von Bethanien und der namenlosen »Sünderin« (Lk. 7, 37–50) gleichgesetzt; Heilige; Tag: 22. 7.
Mariamne, Tochter des Makkabäers Alexander II. († 49 v. Chr.); Gemahlin Herodes' d. Gr., der sie wegen angebl. Ehebruchs 29 v. Chr. hinrichten ließ.
Marianen (engl. Mariana Islands, früher Ladronen), Inselgruppe Mikronesiens im nordwestl. Pazifik, am W-Rand des M.-Grabens, bestehend aus 16 Inseln, die mit Ausnahme von ⁄ Guam den Staat **Nordmarianen** (amtl. Commonwealth of the Northern Mariana Islands) mit 477 km² und (2002) 77 000 Ew. bilden; Hptst. ist Garapan auf der Insel Saipan. Die M. sind teils vulkan. Ursprungs (aktiver Vulkanismus auf Farallon de Pajaros und Papan), teils Koralleninseln; trop. Seeklima. Nur sechs Inseln sind bewohnt: Saipan (120 km²), Tinian (102 km²), Rota (85 km²), Pagan (48 km²), Anatahan (32 km²) und Agrihan (30 km², bis 965 m ü. M.). Reste der urspr. austrones. Bevölkerung (Chamorros) vermischten sich mit zugewanderten Tagalen von den Philippinen und Mikronesiern von den Karolinen. Kultiviert werden Kokospalmen, Brotfrucht- und Schraubenbäume; Hauptprodukt ist Kopra; bed. Fremdenverkehr; Haupthafen und internat. Flughafen auf Saipan. – Die M. wurden 1521 von F. de Magalhães entdeckt, 1565 von den Spaniern in Besitz genommen. Spanien trat 1898 Guam an die USA ab und verkaufte die übrigen Inseln 1899 an das Dt. Reich. Im Ersten Weltkrieg besetzten die Japaner 1914 die M.; 1920 fielen die früher unter dt. Herrschaft stehenden Inseln als Völkerbundsmandat an Japan, nach der 1944 erfolgten amerikan. Eroberung 1947 als Treuhandgebiet der UN an die USA. Nach einer von den UN beaufsichtigten Abstimmung (1975) schlossen sich die M. (außer Guam) im Jan. 1978 zu dem mit den USA assoziierten Staat Commonwealth of the Northern Mariana Islands zus.; im Nov. 1986 wurde der Bev. die Staatsbürgerschaft der USA verliehen. Am 22. 12. 1990 hob der Weltsicherheitsrat die UN-Treuhandschaft über die Nord-M. auf.
Marianengraben, Tiefseegraben im westl. Pazifik, verläuft östlich und südlich der Marianen, bis 11 034 m u. M. (Witjastiefe I).
Marianische Kongregationen, 1563 gegr. kath. kirchl. Gemeinschaften (Kleriker und Laien), die aus der Spiritualität der Exerzitien des Ignatius von Loyola leben und deren Mitgl. sich dem Dienst in Kirche und Welt zur Verfügung stellen; unterstützten in ihrer frühen Geschichte bes. die ⁄ katholische Reform; seit 1967 ⁄ Gemeinschaften Christlichen Lebens.

Marianne, Name einer republikan. Geheimgesellschaft in Frankreich (1815–48); später sinnbildlich für »Freiheitsheldin«, heute Personifikation der frz. Republik, dargestellt mit Jakobinermütze.
Mariánské Lázně [ˈmarja:nskɛ ˈla:znjɛ], tschech. Heilbad, ⁄ Marienbad.

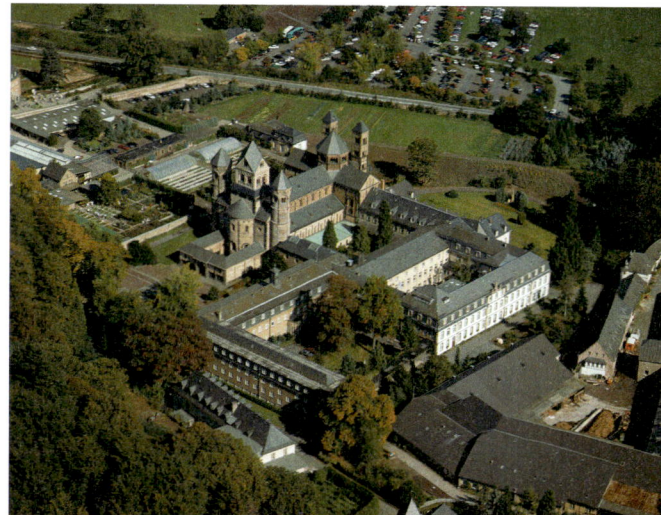

Maria Laach: Blick auf die Benediktinerabtei Maria Laach

Marías, Javier, span. Schriftsteller, * Madrid 20. 9. 1951; gehört zur Generation jener Autoren, die seit dem Tod Francos der span. Literatur auch internat. beachtete neue Impulse geben; kritisiert in seinen Romanen (»Alle Seelen«, 1989; »Mein Herz so weiß«, 1992; »Morgen in der Schlacht denk an mich«, 1994) durch detailgetreue Persönlichkeitsskizzen und Beobachtung seiner Umwelt die moderne Gesellschaft abseits der großen Politik. – *Weitere Werke:* Als ich sterblich war (1996), Schwarzer Rücken der Zeit (1998).
Maria Theresia, Erzherzogin von Österreich, Königin von Ungarn und Böhmen, ⁄ Maria.
Maria-Theresi|en-Orden, der höchste österr. und ungar. Orden für militär. Verdienste, gestiftet

Marianne: die Freiheitsheldin als Personifikation der französischen Republik in einer Darstellung von Eugène Delacroix mit dem Titel »Die Freiheit führt das Volk an« (1830; Paris, Louvre)

1757 von Maria Theresia, aufgehoben 1918, in Ungarn erneut 1931 und 1938 verliehen.

Mariatheresi|entaler, 1741–80 mit Bild und Titel Maria Theresias geprägter Konventionstaler Österreichs und der Nebenländer; seit 1858 außer Kurs; wurde v. a. im Osmanischen Reich und O-Afrika sehr beliebt und mit unveränderter Jahreszahl (1780) weiter geprägt; nach 1918 für den Orienthandel in der Levante (**Levantetaler),** in Arabien und O-Afrika (Äthiopien; bis 1945) geprägt.

Maria-Theresiopel, Stadt in Serbien, ↗ Subotica.

Maria von Bethani|en, Frauengestalt des N. T.; Schwester des Lazarus und der Martha (Lk. 10, 39–42; Joh. 11, 1 ff.). – Heilige, Tag: 22. 7. (wie ↗ Maria Magdalena).

Mariazell, Stadt in den Nördl. Kalkalpen, im Bez. Bruck a. d. Mur, Steiermark, Österreich, 1 800 Ew.; bed. Wallfahrtsort Österreichs; Fremdenverkehr. – Roman. Pfarr- und Wallfahrtskirche (um 1200; im 17. Jh. umgebaut). – Gegr. 1157.

Maribor (früher dt. Marburg), Stadt in Slowenien, an der Drau, 103 100 Ew.; kath. Bischofssitz; Univ. (gegr. 1975); Omnibus-, Lkw-, Maschinenbau, Textil-, Aluminium-, chem., Nahrungsmittelind.; Wein-, Obstbau, Landwirtschaft. – Altstadt mit Dom (12. Jh.; mehrmals umgebaut), Burg (15. Jh.; im 17. Jh. barockisiert), Rathaus (16. Jh.), Stadtmauern mit Türmen. – M. geht auf eine 1147 erwähnte Markburg zurück, erscheint 1254 als Stadt, war bis 1945 Zentrum des Deutschtums in der Untersteiermark.

Marie Antoinette [-ãtwaˈnɛt], Königin, ↗ Maria.

Marie de France [-dəˈfrãs], älteste bekannte frz. Dichterin, lebte in der 2. Hälfte des 12. Jh., verfasste u. a. nach breton. Sagenstoffen Versnovellen (Lais) und die erste frz. Fabelsammlung (»Ésope«, entstanden wohl zw. 1170 und 1190).

Mariehamn (finn. Maarianhamina), die Hauptstadt der Ålandinseln, Finnland, an der S-Küste der Hauptinsel, 10 400 Ew.; Museen, Seefahrtschule.

Mari El (Rep. Mari El, bis 1992 Mari), Teilrep. innerhalb der Russ. Föderation, an der mittleren Wolga (mit dem Stausee von ↗ Tscheboksary, 23 200 km², 755 300 Ew. (43 % Mari, 48 % Russen, 6 % Tataren); Hptst.: Joschkar-Ola. Im O Hügelland, im W versumpfte Niederung; etwa 50 % der Fläche bewaldet; Ackerbau (Roggen, Kartoffeln und Flachs); Rinder-, Bienenzucht, Forstwirtschaft; Holz-, chem., Nahrungsmittelind., Maschinen-, Elektroapparatebau.

Marie Louise [-luˈiːz], Kaiserin, ↗ Maria.

Marienbad (tschech. Mariánské Lázně), Stadt in Westböhmen, Tschech. Rep., an der SW-Abdachung des Kaiserwalds, 628 m ü. M., 15 200 Ew.; Heilbad mit zahlr. Mineralquellen: alkalisch-salin-, erdigalkal. und reine Eisenwässer; seit 1609 genutzt; Museum (im Goethe-Haus). – Klassizist. Brunnentempel. – 1797 gegr.; 1818 zum Kurort erklärt; 1865 Stadtrecht.

Marienberg, Krst. des Mittleren Erzgebirgskreises, Sachsen, auf einer Hochfläche im mittleren Erzgebirge, 12 700 Ew.; Federnwerke, Werkzeugmaschinenbau, Holzindustrie. – Spätgot. Marienkirche (1558–64), Rathaus (1537–39), Zschopauer Tor (16. Jh.; Heimatmuseum). – 1521 wegen reicher Silberfunde (Bergbau bis Mitte 17. Jh.) mit regelmäßigem Grundriss angelegt; 1523 Stadtrecht.

Marienberg (Westerwald), Bad, ↗ Bad Marienberg (Westerwald).

Marienbild, neben dem ↗ Christusbild Hauptthema der christl. Kunst. Es begegnet bereits in der frühchristl. (seit dem 2. Jh.), dann v. a. in der byzantin. Kunst (seit dem 6. Jh.), von deren verschiedenen Typen das Abendland bes. den der thronenden, das Kind vor sich im Schoß haltenden Maria (Nikopoia, »die Siegbringende«) übernahm und roman. Zeit weiterbildete. Die strenge Hoheit des M. der Romanik wich in got. Zeit den vermenschlichten Darstellungen der Gottesmutter. Einen Höhepunkt dieser Entwicklung bilden die Madonnen des ↗ schönen Stils um 1400. Auch die Renaissance schilderte, wie die folgenden Zeiten, meist das innige Verhältnis zw. Mutter und Kind, stellte aber auch, v. a. auf großen Altarbildern, Maria als feierlich Thronende oder als himml. Erscheinung über Wolken schwebend dar (↗ Sixtinische Madonna) wie später die Kunst des Barock. – Die im 12. Jh. (ausgehend von Byzanz) aufkommenden Folgen des **Marienlebens** schildern die Ereignisse ihres Lebens (Fresken Giottos in Padua), oft auch einzeln dargestellt. In den Bildwerken der **Pietà** (Vesperbild) erscheint Maria mit dem toten Sohn im Schoß, in anderen Einzeldarstellungen als **Schutzmantelmadonna** (Gläubige mit ihrem Mantel umfangend), als **Maria im Rosenhag,** als **Immaculata** (Unbefleckte), **Assunta** (Darstellung der Himmelfahrt) und **Mater dolorosa** (Schmerzensmutter).

Marienborn, Gem. im Bördekreis, Sa.-Anh., an der Grenze zu Ndsachs., 440 Ew.; 1945–89 die größte Grenzübergangsstelle (Auto-, Eisenbahn) im innerdt. Verkehr (seit dem 13. 8. 1996 »Gedenkstätte Dt. Teilung« mit Informations- und Dokumentationszentrum). Südlich von M. liegt das Grenzdenkmal Hötensleben.

Marienburg (poln. Malbork), Krst. in der Wwschaft Pommern, Polen, an der Nogat, 40 400 Ew.; Burgmuseum; Nahrungsmittel-, Textilind., Maschinenbau; Flusshafen; Fremdenverkehr. – M. wurde neben der Ordensburg planmäßig angelegt, mit breiter Marktstraße und dem Rathaus (1365–80; etwa 1457–60 umgebaut) im Mittelpunkt; im Zweiten Weltkrieg stark zerstört, danach wieder aufgebaut. Erhalten blieben Teile der Stadtmauern mit Töpfer- und Marientor (1352–83); spätgot. Johanniskirche (1468–1523). Die **Marienburg,** 1276 gegr., seit 1280 Konventssitz des Dt. Ordens, 1309–1457 Residenz des Hochmeisters, wurde nach fast völliger Zerstörung 1945 nahezu wieder aufgebaut (seit 1998 UNESCO-Weltkulturerbe). Die Burg ist eine von einer Ringmauer mit Türmen umgebene Anlage. Der älteste Teil der Anlage ist das Hochschloss, 1276–80 auf quadrat. Grundriss gebaut, 1334–44 ausgebaut mit doppelgeschossigem Kreuzgang zum Hof, Kapitelsaal, Marien- und Annakapelle sowie mächtigem Wehrturm. Die ehem. Vorburg wurde zum Mittelschloss umgebaut, 1318–24 entstand der Große Remter, 1389–99 an der W-Seite der wehrhafte Hochmeisterpalast. Die neue Vorburg im N mit Zeughaus, Laurentiuskirche u. a. Bauten entstand 1309. – Die bei einer Burg des Dt. Ordens entstandene Siedlung erhielt 1276 Stadtrecht, kam 1772 an Preußen und 1945 zu Polen.

Mariendichtung, poet. Darstellung um Maria, die Mutter Jesu, in allen ep., lyr. und dramat. Gattungen. Die Marienverehrung und damit die M. setzte sich zuerst im byzantin. Raum durch. Die lat. M. (»Ave maris stella«, 9. Jh.) entfaltete sich erst, als im 11. Jh. die kirchl. Verehrung Marias allg. wurde (»Salve regina«, 11./12. Jh.). In Dtl. entwickelte sich die M. in der Form des Hymnus (»Melker Marienlied«, um 1140), der Sequenz aus Muri (Ende 12. Jh.) und des »Arnsteiner Marienleichs« (1150), daneben stand vom späthöf. Minnesang beeinflusste spekulative Spruchlyrik (Reinmar von Zweter, Konrad von

Würzburg, Frauenlob, Muskatblüt); sie wird im Meistersang allegorisch bis ins 16. Jh. weitergepflegt. Der Stoff der **Marienlegenden** stammt aus den apokryphen Evangelien. Die Romantik erneuerte die M. (C. Brentano, Novalis, J. von Eichendorff). Bei Annette von Droste-Hülshoff, R. M. Rilke, R. A. Schröder, R. J. Sorge, Ruth Schaumann, Gertrud von Le Fort, F. Werfel, Reinhold Schneider und im Rahmen des Renouveau catholique bei P. Claudel spiegelt die M. individuelle Glaubenserfahrung.

Marien|erscheinungen, das gegenüber einzelnen Menschen hörbare und/oder sichtbare »Erscheinen« der Gottesmutter Maria. Die Kirchengeschichte kennt über 500 M.; frömmigkeitsgeschichtlich sind sie v. a. in der kath. Kirche von Bedeutung, die sich in jedem einzelnen Fall die kirchl. Anerkennung vorbehält. Zu den bekanntesten M. in Europa zählen die M. von ∕ Lourdes (1858) und ∕ Fátima (1917).

Marienfaden, der ∕ Altweibersommer.

Marienfeste, ∕ Marienverehrung.

Marienglas, ∕ Gips.

Marienkäfer (Glückskäfer, Herrgottskäfer, Coccinellidae), weltweit verbreitete Familie 1–12 mm großer, gut fliegender Käfer mit meist lebhafter Flecken- und Punktzeichnung. Die Imagines und Larven der meisten Arten fressen Blattläuse, Schildläuse u. a. kleine Insekten; einige Arten werden deshalb zur biol. Schädlingsbekämpfung eingesetzt. Einheimisch u. a.: **Siebenpunkt** (Coccinella septempunctata), bis 8 mm lang, Flügeldecken rot, mit meist sieben schwarzen Punkten, **Vierzehnpunkt** (Coccinula quatuordecimpunctata), 4,5–6 mm lang, schwarz mit 14 gelben Flecken.

Marienkanalsystem, altes Kanalsystem in Russland, 1960–64 zum ∕ Wolga-Ostsee-Wasserweg ausgebaut.

Marienleben, ∕ Marienbild, ∕ Mariendichtung.

Marienmantel, ein Rosengewächs, ∕ Frauenmantel.

Marienthal, Wallfahrtsort im Rheingau, ∕ Geisenheim.

Marienverehrung, Sammelbez. für alle Formen der privaten und öffentl. Verehrung Marias, v. a. in der kath. Kirche und in den Ostkirchen. Die M. entstand im Osten, von wo sie seit dem 6. Jh. in die westl. Kirche übernommen wurde. Das ∕ Ave-Maria wurde hier neben dem Vaterunser zum am weitesten verbreiteten Gebet. Im Hoch-MA. breitete sich die M. stark aus. Zeugnisse sind eine von ihr inspirierte Mystik und die ∕ Mariendichtung. Seit dem 19. Jh. gewannen in der kath. Kirche nach ∕ Marienerscheinungen wie in ∕ Lourdes oder ∕ Fátima **Marienwallfahrten** eine große Bedeutung und sind Ausdruck für die Lebendigkeit der M. Wichtigstes **Marienfest** in der kath. Kirche ist das Hochfest der Aufnahme Marias in den Himmel (15. 8., ∕ Himmelfahrt Mariä); in der orth. Kirche das Fest der »Entschlafung der Gottesgebärerin Maria« (15. 8., urspr. auf das zw. dem 25. 12. [Geburt Jesu] und 6. 1. [Epiphanie] gefeierte älteste Marienfest [4. Jh.] zurückgehend). – Im Zusammenhang mit der M. hat sich ein vielgestaltiges Brauchtum entwickelt.

Marienwerder, Stadt in Polen, ∕ Kwidzyn.

Marignano [mariˈɲaːno], Stadt in Italien, ∕ Melegnano.

Marihuana [auch -x-; wohl von span. »María Juana« als Deckname] das, ∕ Haschisch.

Marimba [afrikan.-span.] die, xylophonartiges Schlaginstrument, besteht aus Harthölzstäben versch. Größe und Stimmung, die auf einem Rahmen ruhen und unter denen sich i. d. R. je ein Resonator (urspr. Kalebassen, heute Metallröhren) befindet. Der Anschlag erfolgt mit weichen Schlägeln. Die M. ist afrikan. Ursprungs und kam mit den Sklaven über Mittelamerika in die USA, wo sie nach 1910 unter der Bez. **Marimbaphon** zum Orchesterinstrument ausgebaut wurde (Tonumfang c–c^4/c^5).

Marimba aus Madagaskar (19. Jh.; Privatbesitz)

marin [lat.], das Meer betreffend.

Marinade [frz.] die (Beize), mit Gewürzen und Kräutern versehene saure Flüssigkeit auf Basis von Essig, Sauermilch, Buttermilch oder Zitronensaft. Auch Salatsaucen werden als M. bezeichnet.

Marine [lat.] die, die dem Seehandel (Handels-M., Handelsflotte, ∕ Schifffahrt) und der Seekriegführung (∕ Kriegsmarine) eines Staates dienenden Schiffe und Einrichtungen.

Marine|infanterie, für amphib. Operationen in Zusammenarbeit mit Seestreitkräften ausgebildete und ausgerüstete Truppe der Kriegsmarine; häufig Elitetruppe.

Marinemalerei, ∕ Seestück.

Mariner [ˈmærɪnə, engl.], Name einer Serie von zehn amerikan. Raumsonden (1962–73) zur Erforschung von Venus (M. 1, 2, 5, 10), Merkur (M. 10) und Mars (M. 3, 4, 6–9). Die Sonden M. 1, 3 und 8 erfüllten infolge techn. Mängel ihre Mission nicht.

mariner Erzbergbau, der ∕ Meeresbergbau.

Marineschulen, Ausbildungsstätten für das Marinepersonal.

Marinetti, Emilio Filippo Tommaso, italien. Schriftsteller, * Alexandria 22. 12. 1876, † Bellagio 2. 12. 1944; wurde mit seinem am 20. 2. 1909 im »Figaro« veröffentlichten »Manifeste du futurisme« zum Begründer des ∕ Futurismus. Als Gegner des Ästhetizismus suchte er nach einer der techn. Entwicklung angemessenen Sprache. Technikgläubigkeit und extremer Individualismus führten zu faschist. Positionen (»Futurismo e fascismo«, 1924).

Marini, Marino, italien. Bildhauer und Grafiker, * Pistoia 27. 2. 1901, † Viareggio 6. 8. 1980. Hauptthemen waren der weibl. Akt und der nackte Reiter (aus Holz oder Bronze), die Oberfläche seiner Bildwerke belebte er durch starke Bearbeitungsspuren, auch durch Gold und Farben. – Abb. S. 2996

Marinismus der, Stil der italien. Barockdichtung mit gesuchten sprachl. Wendungen und dunkler, metaphorisch überladener Ausdrucksweise sowie größter formaler Virtuosität, ben. nach dem Dichter G. Marino; in Dtl. z. B. von C. Hofmann von Hofmannswaldau und D. C. von Lohenstein vertreten.

Marino (Marini), Giambattista, italien. Dichter, * Neapel 18. 10. 1569, † ebd. 25. 3. 1625; lebte 1615–23 am frz. Hof. Sein Hauptwerk, das Epos »L'Adone« (1623), erzählt in 20 Gesängen (45 000

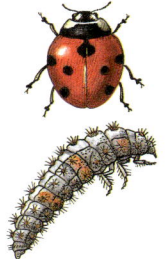

Marienkäfer (von oben): Siebenpunkt, darunter Larve

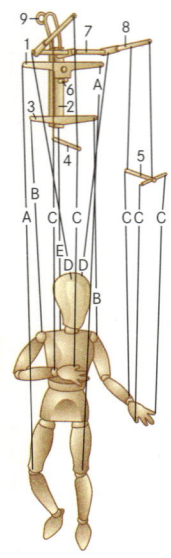

Marionette 1): Führungskreuz mit daranhängender Figur: 1 Laufschwinge, 2 Hauptholz, 3 Schulterschwinge, 4 Handholz für zwei und drei Fäden (5), 6 Haltebolzen, 7 Kopfholz, 8 verstellbare Handholzhalter, 9 Haken zum Aufhängen; A Lauf-, B Schulter-, C Hand-, D Kopffäden, E Komplimentfaden

Versen) die Geschichte von Venus und Adonis in üppigem, metaphernreichem Stil, den auch seine Sonette, Madrigale und Idyllen zeigen (↗ Marinismus).

Mariologie *die*, in den christl. Kirchen seit dem 5. Jh. die theolog. Reflexion, Begriffs- und Lehrbildung zur Gestalt Marias. (↗ Gottesgebärerin; ↗ Jungfrauengeburt; ↗ Himmelfahrt Mariä)

Marionette [frz., eigentl. »Mariechen«] *die*,
1) *Figurentheater:* Gliederpuppe, die im Unterschied zu den ↗ Handpuppen an Fäden, Stangen oder Drähten von oben oder unten geführt wird; früheste Beispiele solcher M. finden sich im grch.-byzantin. Kulturkreis und im antiken Rom. (↗ Figurentheater)
2) *übertragen:* unselbstständiger, von einem anderen als Werkzeug benutzter Mensch.

Mariotte [marˈjɔt], Edme, frz. Physiker, * Dijon (?) um 1620, † Paris 12. 5. 1684; arbeitete u. a. zur Hydro- und Aerostatik und entdeckte den blinden Fleck des Auges. Mithilfe des (von R. Boyle entdeckten) ↗ Boyle-Mariotte-Gesetzes stellte M. die barometr. Höhenformel auf.

Maris, niederländ. Maler, drei Brüder: Jacob M. (* Den Haag 25. 8. 1837, † Karlsbad 7. 8. 1899); malte, v. a. von Corot und der Schule von Barbizon beeinflusst, die lichte Weite der holländ. Landschaft; Matthijs M. (* Den Haag 17. 8. 1839, † London 22. 8. 1917); schuf, angeregt von dt. Malern der Romantik und den Präraffaeliten, Stimmungslandschaften und figürl. Bilder. Die Bilder von Willem M. (* Den Haag 18. 2. 1844, † ebd. 10. 10. 1910) zeichnen sich bes. durch die differenzierte Wiedergabe des Wechselspiels von Licht und Schatten aus.

Marisat [ˈmærɪsæt], Abk. für engl. **Mari**time **Sat**ellite, aus drei geostationären amerikan. Fernmeldesatelliten bestehendes System für den kommerziellen Schiffsverkehr; urspr. für die amerikan. Marine; gestartet 1976 und positioniert über dem Atlant., Pazif. und Ind. Ozean. Nachfolger sind ↗ Marecs und ↗ INTELSAT.

Marismas, Las [span. »Marschland«] *Pl.*, das Tiefland um die Mündungsarme des Guadalquivir in SW-Spanien, etwa 1 400 km² groß, unterhalb von Sevilla; im östl. Teil trockengelegt (Reis-, Baumwollanbau); Zentrum und W weitgehend im ursprüngl. sumpfigen Zustand; im südwestl. Teil befindet sich ein Nationalpark (↗ Doñana).

Marionette 1): Figur des Papageno in der Aufführung der »Zauberflöte« des Salzburger Marionettentheaters

Marisol, eigtl. M. Escobar, amerikan. Bildhauerin venezolan. Herkunft, * Paris 22. 5. 1930; gestaltet in satir. Weise unter Verwendung realer Gegenstände des Alltags z. T. bemalte Skulpturen aus Holz, Gips und Sandstein.

Marino Marini: Miracolo, »The idea of an image«, Bronze (1969/70; Berlin, Geschenk an den Dt. Bundestag, Aufstellung auf dem Vorplatz zur Spree am Marie-Elisabeth-Lüders- Haus)

Maritain [mariˈtɛ̃], Jacques, frz. Philosoph, * Paris 18. 11. 1882, † Toulouse 28. 4. 1973; war 1945–48 frz. Botschafter beim Vatikan, ab 1948 Prof. an der Princeton University (USA); bed. Vertreter des Neuthomismus (↗ Neuscholastik). – *Werke:* Von der christl. Philosophie (1933); Christl. Humanismus (1936); Wahrheit und Toleranz (1957).

maritim [lat.], Meer und Schifffahrt betreffend.

Maritza *die* (bulgar. Mariza, Marica, grch. Evros, türk. Meriç, im Altertum Hebros), Fluss auf der Balkanhalbinsel, 525 km lang, entspringt im Rilagebirge, Bulgarien, bildet westlich von Edirne die bulgarisch-grch. und dann die türkisch-grch. Grenze, mündet ins Ägäische Meer. Ab Edirne schiffbar.

Mariupol (1948–89 Schdanow), Stadt im Gebiet Donezk, Ukraine, an der Bucht von Taganrog (Asowsches Meer), 504 000 Ew.; Metallurgiehochschule; Eisenhüttenwerke, Schwermaschinenbau, chem. Ind.; Seehafen.

Marius, Gaius, röm. Feldherr, * Cereatae bei Arpinum (heute Arpino) 156 v. Chr., † Rom 13. 1. 86 v. Chr.; entstammte dem volsk. Landadel, war mehrfach Konsul (107, 104–100, 86), führte 107 Krieg gegen Jugurtha, den er mithilfe Sullas 105 erfolgreich beendete; besiegte 102 die Teutonen bei Aquae Sextiae (Aix-en-Provence) und 101 die Kimbern bei Vercellae (Vercelli, Piemont). Im 1. Bürgerkrieg von seinem Nebenbuhler Sulla geächtet; floh nach Afrika, kehrte aber 87 zurück, eroberte mit Cinna Rom, wo er blutige Rache übte.

Marivaux [mariˈvo], Pierre Carlet Chamblain de, frz. Schriftsteller, * Paris 4. 2. 1688, † ebd. 12. 2. 1763; bed. Vertreter der frz. Aufklärung; begründete das psycholog. Lustspiel, die Stücke (u. a. »Das Spiel von Liebe und Zufall«, 1730); »Die falschen Vertraulichkeiten«, 1737) sind von hoher Dialogkunst gekennzeichnet. Auch in seinen Romanen (»Das Leben der

Marianne«, 11 Tle., 1731–42; »Der emporgekommene Landmann«, 5 Tle., 1734/35) erweist er sich als meisterhafter Schilderer seel. Vorgänge. Er ist einer der Wegbereiter der ↗Empfindsamkeit.

Mariza die, Fluss auf der Balkanhalbinsel, ↗Maritza.

Mark [ahd. marcha »Grenze«] die, **1)** (Grenzmark), in karoling. und otton. Zeit Grenzräume im Vorland der Fränk. bzw. Hl. Röm. Reiches, die das Reichsgebiet sicherten. Unter den ersten Karolingern entstanden im W die Breton. M., im SW die Span. M., im SO die M. Friaul und die Pannon. (Awar.) Mark. Ende des 9. Jh. baute Otto I., d. Gr., das System der M. v. a. im O aus. Im N wurde die Elb-M. gebildet, die dann in die Nord-M., die sächs. Ost-M. (später M. Lausitz) und die M. Meißen (das spätere Kurfürstentum Sachsen) geteilt wurde. Aus der Nord-M. entstand die M. Brandenburg (häufig abgekürzt nur »M.« gen.; daher märkisch für brandenburgisch). Aus der bayer. Ost-M. entstand die Markgrafschaft (ab 1156 Herzogtum) Österreich. Die M. unterstanden ↗Markgrafen (mit z. T. herzogähnl. Stellung). **2)** ehem. Grafschaft in Westfalen (Residenz bis 1809: Hamm); entstand 1160/61 durch Bildung einer Nebenlinie der Grafen von Berg; nach Erwerb des Herzogtums Kleve (1368) sowie der Herzogtümer Jülich und Berg (1511/21) Verbindung dieser Territorien in Personalunion; Kleve-M. fiel im ↗Jülich-Kleveschen Erbfolgestreit 1614 an Brandenburg. **3)** (Dorfmark, Feldmark), in germanisch-frühmittelalterl. Zeit gemeinschaftlich (↗Markgenossenschaft) genutzter Grund und Boden (Allmende).

Mark [von Marke, eigtl. »gestempeltes Metall«] die, **1)** Messwesen: (Gewichtsmark), urspr. nordgerman. Masseneinheit, die im 11. Jh. das ältere Pfund als Edelmetall- und Münzgewicht verdrängte (1 Pfund = 2 M.; später schwankend). 1524–1857 wurden alle dt. Münzgewichte nach der Kölner M. (233,85 g) gerechnet. Die **feine M. (lötige M.)** war die M. Feingold oder -silber, die **raue M.** entsprach der M. des legierten Münzmetalls, mit dem auch geprägt wurde. Nach ursprüngl. Übereinstimmung von Gewichts- und **Zähl-M.** wurde durch Münzverschlechterung Letztere zur Rechnungsgröße für 160 Stück (Pfennige). **2)** *Münzwesen:* Währungsnominal, als Münze erstmals 1506 im Wend. Münzverein ausgeprägt (lüb. M.), 1 M. = 16 Schillinge = 192 Pfennige; in Skandinavien wurde die M. so übernommen (in Schweden 1 M. = 8 Öre). Die Hamburger **Banco-M.** war lediglich die nicht ausgeprägte Rechnungsmünze der Hamburger Bank. Nach der Reichseinigung (1871) wurde 1873 mit der Goldwährung auch die dezimal unterteilte M. als Währungsnominal für das Dt. Reich eingeführt, 1 M. = 100 Pfennige. Die Silbermünzen bis 5 M. waren Scheidemünzen. Zur Überwindung der Inflation wurde 1923 die **Renten-M.** geschaffen, die 1924 von der **Reichs-M.** abgelöst wurde. Im Juni 1948 wurde in den Währungsreformen die **Deutsche M.** geschaffen (in der DDR 1964–67 **M. der Deutschen Notenbank**, 1968–90 **M. der DDR**), in der Bundesrep. Dtl. bis zur Einführung des Euro 1999/2002 ↗Deutsche Mark).

Mark [zu ahd. mar(a)g, »Gehirn«] das, **1)** *Anatomie:* (Medulla), zentraler Teil bestimmter Organe, der sich histologisch und funktionell vom peripheren (oft Rinde gen.) Organteil unterscheidet; z. B. Nebennieren-, Knochen- oder Rückenmark. **2)** *Botanik:* das innerste Achsengewebe von Spross und Wurzel der Pflanzen, besteht meist aus Parenchym.

3) *Lebensmittelkunde:* Konzentrat ohne Schale und Kerne aus passierten Früchten.

Marka (Merca), Regions-Hptst. in Somalia, Hafen an der südl. Küste, 100 000 Ew.; Nahrungsmittelind., Fischerei.

Markab [arab.], Stern 2. Größe, der Stern α im Sternbild Pegasus.

markant [frz.], hervorstechend ausgeprägt.

Mark Anton, röm. Staatsmann, ↗Antonius.

Markasit [aus arab.] der, messinggelbes Mineral, FeS$_2$, rhomb. Modifikation des Pyrits (geht oberhalb 400 °C in diesen über); M. bildet neben tafeligen oder flachprismat. Kristallen speerspitzenähnl. Zwillinge und Vierlinge **(Speerkies)** und kammähnl. Gruppen **(Kammkies)**, ferner grobstrahlige bis feinfaserige Aggregate **(Strahlkies)** und dichte Massen **(Leberkies)**. M. entsteht hydrothermal und sedimentär (↗Konkretionen in Tonen, Kreidekalken und Kohlen).

Mark Aurel (Marcus Aurelius Antoninus), röm. Kaiser (161–180 n. Chr.), *Rom 26. 4. 121, †Vindobona (heute Wien) 17. 3. 180; übernahm 161 nach dem Tod seines Adoptivvaters Antoninus Pius die Herrschaft mit seinem Adoptivbruder Lucius Verus († 169), ab 177 mit seinem Sohn Commodus. Er besiegte die Parther (162–166), wehrte die Einfälle der ↗Markomannen (166–180) ab und behauptete die Donaulinie. M. A. hat in den von der ↗Stoa beeinflussten »Selbstbetrachtungen« seine Gedanken über Weltgeschehen, Menschenliebe und Unbeständigkeit des Daseins aufgezeichnet.

Mark-Aurel-Säule, die dem Kaiser Mark Aurel zw. 180 und 193 errichtete, jetzt 42 m hohe Ehrensäule auf der Piazza Colonna in Rom. Das spiralförmig um den Schaft laufende Reliefband schildert Szenen aus den Kriegen des Kaisers. Bei der 1589 vorgenommenen Restaurierung verlor der Sockel seinen Reliefschmuck und wurde (anstelle des verlorenen Standbilds des Mark Aurel) mit einer Statue des Apostels Paulus bekrönt.

Marke [frz.], *Informatik:* das ↗Label.

Marke [kelt. mark »Pferd«], in der Geschichte von Tristan und Isolde ein König von Cornwall, Gemahl der Isolde und Onkel des Tristan.

Marken, im Geschäftsverkehr benutzte Mittel zur Kennzeichnung von Waren oder Dienstleistungen eines bestimmten Unternehmens mit dem Ziel, diese Produkte von denen anderer Unternehmen zu unterscheiden. Das dt. M.-Recht ist im M.-Gesetz (MarkenG) vom 25. 10. 1994 geregelt, das Vorgaben der EG in nat. Recht umgesetzt und das frühere Warenzeichen-Ges. abgelöst hat. Es steht im Einklang mit dem am 28. 10. 1994 abgeschlossenen M.-Rechtsvertrag der Weltorganisation für geistiges Eigentum (WIPO) in Genf und dem ↗TRIPS.

Das MarkenG schützt neben M. auch sonstige im geschäftl. Verkehr benutzte ↗geschäftliche Bezeichnungen (Unternehmenskennzeichen und Werktitel) und ↗geographische Herkunftsangaben. Über die früher schon eintragungsfähigen Wort-, Bild- und kombinierten Wort-Bild-Zeichen hinaus sind nun alle zur Unterscheidung geeigneten Zeichen zur Eintragung als M. zugelassen, z. B. auch Personennamen, Abbildungen der Ware, Hörzeichen, dreidimensionale Gestaltungen. Nicht eintragungsfähig sind Angaben über Art, Zeit und Ort der Herstellung, über die Beschaffenheit u. Ä. Der M.-Inhaber hat das ausschließl. Recht, die M. im geschäftl. Verkehr zu benutzen, z. B. die M. auf Kennzeichnungsmitteln wie Etiketten oder Aufnähern zu verwenden. Seit 1992 gilt überdies die freie Übertragbarkeit von M.-Rechten **(M.-Lizenzen)**. Das Schutzrecht an einer M.

Pierre Carlet Chamblain de Marivaux

Markasit: kugelig-knollige Aggregate auf Kalkstein

Mark Aurel: Goldbüste, Höhe 33,5 cm (2. Hälfte des 2. Jh. n. Chr.; Avenches, Musée romain d'Avenches)

wird grundsätzlich durch Eintragung in das **M.-Register** beim Dt. Patent- und M.-Amt erworben. Innerhalb von drei Monaten nach Veröffentlichung der Eintragung kann der Inhaber einer M. mit älterem Zeitrang Widerspruch einlegen, wenn z. B. die neue M. mit der älteren identisch ist (§ 42 MarkenG). Die Schutzdauer der M. beträgt zehn Jahre und kann um weitere zehn Jahre verlängert werden. Internat. dient u. a. das Madrider Markenabkommen (/ Pariser Verbandsübereinkunft) dem M.-Schutz. Seit dem 1. 1. 1996 kann durch Anmeldung einer M. als **Gemeinschafts-M.** beim Harmonisierungsamt für den Binnenmarkt (HABM) in Alicante (Spanien), das ein Gemeinschaftsmarkenregister führt, ein einheitl. Schutz auf dem gesamten Gebiet der EG erworben werden.

In *Österreich* gilt das M.-Schutzgesetz 1970, in der *Schweiz* das Bundes-Ges. über den Schutz von M. und Herkunftsangaben vom 28. 8. 1992.

Marken (italien. Marche), Region in Italien zw. Apennin und Adriat. Meer, umfasst die Prov. Ancona, Ascoli Piceno, Macerata und Pesaro e Urbino, 9 694 km^2, 1,469 Mio. Ew.; Hauptstadt ist Ancona; landwirtsch. Nutzung (Weizen, Wein, Obst u. a.), in höheren Lagen Weidewirtschaft; vor der Küste Erdgasvorkommen. – Die M., von Pippin d. J. (754) und Karl d. Gr. (774) den Päpsten geschenkt, gehörten bis 1860 zum Kirchenstaat.

Marken|artikel (Markenwaren), standardisierbare Erzeugnisse für den differenzierten Massenbedarf, die unter / Marken vertrieben werden, um ihre Herkunft von einem bestimmten Hersteller oder einem Handelsbetrieb zu kennzeichnen und dem Käufer gegenüber für gleich bleibende Ausstattung und Aufmachung (Verpackung) sowie hohe Qualität zu bürgen. Weitere, durch eine entsprechende **Markenpolitik** gestaltete Kennzeichen eines M. sind Bekanntheitsgrad und Marktgeltung, ein produktadäquates Absatzsystem (häufig mit entsprechender Serviceleistung) sowie intensive, sich gegenüber anonymer Ware abgrenzende Werbung. Für M. sind unverbindl. Preisempfehlungen zulässig.

Markenpiraterie, / Produktpiraterie.

Markenverband e.V., Vereinigung von Unternehmen der Markenartikelind. (über 300 Mitgl.); gegr. 1903, Sitz: Wiesbaden; berät in rechtl., wirtsch. und techn. Fragen bei Herstellung und Vertrieb von Markenartikeln.

Markenweltmeisterschaft, *Automobilsport*: die Weltmeisterschaft der Hersteller oder Werksmannschaften von Rennfahrzeugen; z. B. die M. der Formel 1 (seit 1958) und der Rallyes (seit 1968), wobei innerhalb der »Konstrukteurswertung« (Platzierungen der Fahrzeuge eines Teams, Addition der Punkte) jeweils ein »Konstrukteursweltmeister« ermittelt wird.

Igor Markevitch

Marker *der, Medizin:* biolog. Substanz (Enzym, Hormon, Protein), deren vermehrtes Vorkommen in Blut oder im Gewebe einen Hinweis auf krankhafte Prozesse im Organismus gibt (Nachweis durch geeignete Methoden, z. B. / Tumormarker).

Märker, 1) Bewohner der Mark / Brandenburg. **2)** Bewohner der westfäl. Grafschaft / Mark.

Markergene (Markierungsgene), Gene, deren Lokalisation auf dem Chromosom und deren Wirkung bekannt sind und von denen aus die Lage und Verteilung der anderen Gene festgelegt werden können oder durch die ein bestimmtes Chromosom nachgewiesen werden kann. – In die Diskussion gekommen sind M., die bei der Entwicklung gentechnisch veränderter Pflanzen als Selektionsmarker verwendet werden und Antibiotikaresistenzen tragen. Es wird befürchtet, dass beim Verzehr dieser Pflanzen bzw. aus ihnen hergestellter Produkte die Antibiotikaresistenz auf die Darmbakterien und von da auf gesundheitsschädl. Keime übertragen wird, die dann gegen eine Behandlung mit dem entsprechenden Antibiotikum immun wären. Deshalb wird gefordert, nach einem gentechn. Eingriff das Gen für die Antibiotikaresistenz aus der Pflanzenzelle wieder zu entfernen bzw. andere M. zu verwenden.

Markerwaard, geplanter Polder des IJsselmeeres, Niederlande, 560 km^2, Eindeichung 1963 bis Anfang der 80er-Jahre, aus Umweltschutzgründen nicht fertig gestellt.

Marketender [italien.] *der,* Händler (häufig Frauen), der den Truppen im Krieg und Manöver Lebens-, Genussmittel und Bedarfsgüter verkaufte; von Bedeutung, solange die Soldaten sich selbst versorgen mussten.

Marketerie *die* (frz. Marqueterie), eine Furniertechnik, / Intarsien.

Marketing ['mɑːkətɪŋ, engl.] *das,* urspr. die Gesamtheit der Maßnahmen, die unmittelbar auf Verkauf, Vertrieb und Distribution von Gütern gerichtet sind (insofern gleichbed. mit Absatz), heute eine unternehmer. Konzeption, die davon ausgeht, dass sich alle Aktivitäten zur optimalen Erfüllung der Unternehmensziele am Markt zu orientieren haben. M. ist somit die systemat. Ausrichtung aller Unternehmensfunktionen an den Bedürfnissen der Abnehmer (Kundenorientierung). Zur Erfüllung der M.-Ziele bedienen sich die Unternehmen der M.-Instrumente zur Erschließung, Beeinflussung und Gestaltung eines Marktes wie Marktforschung, Produkt- und Preispolitik, Werbung, Verkaufsförderung und Distribution. Ihr kombinierter, aufeinander abgestimmter Einsatz wird als **M.-Mix** bezeichnet. Je nach Bezugsmarkt wird zw. **Beschaffungs-M.** und **Absatz-M.** unterschieden. M.-Prinzipien wurden seit Anfang der 1960er-Jahre zunächst in der Konsumgüterind. und im Handel (**Konsumgüter-M.**) verwirklicht, in zunehmendem Maße auch auf Investitionsgüter- (**Investitionsgüter-M.**) und Dienstleistungsunternehmen (**Dienstleistungs-M.**) sowie auf den Arbeitsmarkt (**Personal-M.**) ausgedehnt. Unter **Social-M. (Sozio-M.)** wird der Einsatz von M.-Techniken für immaterielle Güter oder in nicht kommerziellen Institutionen (Parteien, Verbände, Sport- und Kultureinrichtungen, freie Wohlfahrtspflege) verstanden.

Marketmaker ['mɑːkɪtmeɪkə, engl.] *der,* Börsenhändler, der sich verpflichtet hat, für einen oder mehrere Börsenwerte (z. B. Optionen, Aktien) verbindl. Ankauf- (Geldkurse) und Verkaufskurse (Briefkurse) zu stellen und auf dieser Basis Geschäftsabschlüsse für eigene Rechnung zu tätigen. Seine Tätigkeit gewährleistet eine kontinuierl. Preisbildung und eine ständige Marktliquidität durch die Gewissheit, dass Marktteilnehmer stets einen Partner für einen Geschäftsabschluss zu einem i.d.R. marktgerechten Kurs finden.

Markevitch [-vitʃ], Igor, italien. Komponist und Dirigent russ. Herkunft, * Kiew 27. 7. 1912, † Antibes (Frankreich) 7. 3. 1983; leitete u. a. 1973–75 Chor und Orchester der Accademia Nazionale di Santa Cecilia in Rom. Er setzte sich bes. für Werke zeitgenöss. Komponisten, v. a. I. Strawinskys, ein. M. komponierte Orchesterwerke, Ballette (u. a. »L'envol d'Icare«, 1933) und Vokalwerke (Oratorium »Paradis perdu«, 1935).

Markfruchtbaum (Ostindischer Tintenbaum, Semecarpus anacardium), südostasiat. Sumachgewächs. Die auf fleischigem, herzförmigem Stiel sitzende Frucht (**Marknuss**) besitzt jung eine mit tintenartigem Saft gefüllte dicke Fruchtwand.

Markgenossenschaft, histor. Siedlungsverband (z. B. Dörfer in einem Tal) mit gemeinsamer Wirtschafts- und Rechtsordnung; u. a. Gemeineigentum am Boden; seit dem MA. durch die Grundherrschaft zersetzt und zurückgedrängt.

Markgraf, urspr. im Fränk. Reich (unter Karl d. Gr.) ein als königl. Beamter mit gräfl. oder herzogl. Befugnissen ausgestatteter militär. Befehlshaber in einer Grenzmark (**Markgrafschaft**). Im Hl. Röm. Reich unter den Liudolfingern (919–1024) entstanden neue Markgrafschaften (/ Mark 1), deren Inhaber später z. T. die Landesherrschaft errangen und zu Reichsfürsten (die M. von Brandenburg und von Meißen zugleich zu Kurfürsten) aufstiegen.

Markgräfler Land, histor. Landschaft zw. dem Rheinknie bei Basel und dem Breisgau; Obst- und Weinbau (v. a. Gutedel).

Markgröningen, Stadt im Landkreis Ludwigsburg, Bad.-Württ., 14 200 Ew.; Heimatmuseum; Metallverarbeitung, Textilveredelung. – Maler. Stadtbild. – 779 erstwähnt, Mitte des 13. Jh. Reichsstadt.

markierte Verbindungen, chem. Verbindungen, in denen bestimmte Atome durch radioaktive Isotope (z. B. die Betastrahler Tritium, ^{3}H, Kohlenstoff-14, ^{14}C) oder schwere Isotope (z. B. Sauerstoff-18, ^{18}O, schwerer Wasserstoff, ^{2}H) ersetzt sind (**Isotopenmarkierung**), sodass sie z. B. durch ihre Strahlung oder aufgrund ihrer größeren Masse durch Massenspektrometrie nachgewiesen werden können. M. V. sind z. B. bei der Aufklärung von Reaktionsabläufen in der organ. Chemie, bei der Bestimmung der Löslichkeit schwer lösl. Verbindungen und bei der Untersuchung techn. Prozesse (z. B. bei Mischvorgängen) von Bedeutung.

Markierung, 1) *Biologie:* die Kennzeichnung von einzelnen Tieren, z. B. durch Plastikmarken bei Fischen, Beringung bei Vögeln zur Erkennung ihrer Wanderungen.
2) *Medizin:* die Kennzeichnung einer Substanz zur Sichtbarmachung z. B. von immunolog. oder Stoffwechselprozessen, v. a. bei der Krankheitsdiagnostik. Als M.-Stoffe (Tracer) werden Fluoreszenzfarbstoffe, Radionuklide oder Enzyme eingesetzt.
3) *Verhaltensforschung:* / Markierverhalten.

Markierungsgene, die / Markergene.

Markierverhalten, *Verhaltensforschung:* Bez. für Verhaltensweisen zur Kennzeichnung und Abgrenzung eines / Territoriums. Das kann durch Duft- oder Sichtmarken und Gesang erfolgen. Die Angehörigen eines Insektenstaates (Ameisen, Bienen) oder einer Säugergruppe (Ratten, Hunde, Huftiere) können sich wechselseitig markieren und so einen Gruppenduft schaffen, der dem Erkennen dient.

Markirch, Stadt im Oberelsass, / Sainte-Marie-aux-Mines.

Märkischer Kreis, Kreis im RegBez. Arnsberg, NRW; 1 059 km^2, 457 100 Ew.; Krst. ist Lüdenscheid.

Märkische Schweiz, seen- und waldreiche Hügellandschaft in Brandenburg, östlich von Berlin, im O des Barnim, bis 130 m ü. M.; größter See ist der / Schermützelsee, Hauptort ist Buckow; Erholungs- und Ausflugsgebiet.

Märkisch-Oderland, Landkreis in Brandenburg, 2 128 km^2, 189 600 Ew.; Krst. ist Seelow.

Markise [frz.] *die,* Sonnenschutzdach aus strapazierfähigem Gewebe oder Kunststoff. (/ Jalousie, / Rollladen)

Markka *die,* / Finnmark.

Mark|kleeberg, Stadt im Landkreis Leipziger Land, Sachsen, am südl. Stadtrand von Leipzig, an der Pleiße, Große Kreisstadt, 23 000 Ew.; »agra-Park« Leipzig-M. (seit 1950 jährl. Ausstellungen zu landwirtsch. Themen), ein engl. Garten (19. Jh.), Wildpark; Auen- (1617–27) und Martin-Luther-Kirche (1717/18). Durch Sanierung und Flutung der stillgelegten Braunkohletagebaue Cospuden und Espenhain entsteht westlich und östlich der Stadt eine Erholungslandschaft mit Cospudener See (4,3 km^2, seit 2000 Badesee), Markkleeberger See (2,5 km^2) und Störmthaler See (7,7 km^2) sowie weiteren Seen, die südlich anschließen. – 1934 durch Zusammenlegung mehrerer Gem. entstanden.

Markl, Hubert, Zoologe, *Regensburg 17. 8. 1938; Prof. in Darmstadt und Konstanz. 1986–91 Präs. der Dt. Forschungsgemeinschaft und Vizepräs. der Alexander-von-Humboldt-Stiftung; 1993–95 Präs. der Berlin-Brandenburg. Akademie der Wiss.en; 1996–2002 Präs. der Max-Planck-Gesellschaft.

Marknagelung, *Medizin:* / Osteosynthese.

Markneukirchen, Stadt im Vogtlandkreis, Sachsen, im Vogtland, 7 600 Ew.; FH für Musikinstrumentenbau, Musikhalle; herausragendes Zentrum des Musikinstrumentenbaus; Catgut-, Abzeichen-, Plaketten- und Medaillenproduktion. – Paulusschlössel (1784; Musikinstrumentenmuseum). – Das um 1200 gegr. Dorf erhielt 1360 Stadtrecht. Unter den böhm. Glaubensflüchtlingen (Mitte 17. Jh.) waren zahlreiche Geigenbauer.

Hubert Markl

Markneukirchen: spätbarockes Paulusschlössel (1784)

Marknuss, die Frucht des / Markfruchtbaums.

Marko, serb. Fürst, / Kraljević Marko.

Markomannen [»Mark- oder Grenzleute«], elbgerman. Stamm, der um 9 v. Chr. von / Marbod nach Böhmen geführt wurde, wo er Mittelpunkt eines mächtigen Völkerbundes wurde. Nach dem Zusammenbruch des Marbodreiches (17–19 n. Chr.) standen die M. in loser Abhängigkeit von Rom. Als sie im Zuge der 1. german. Völkerwanderung die Donau überschritten, kam es 166–180 zu schweren Kämpfen mit den Römern, die unter Führung von Mark Aurel die M. abwehrten (**M.-Kriege**). Nach dem 4. Jh. wurden die M. kaum noch genannt; sie gingen in den german. Stämmen Böhmens auf; Teile siedelten sich (nach archäolog. Zeugnissen) im 5. Jh. im Rhein-Main-Gebiet an.

Markov [-kɔf], Walter, Historiker, *Graz 5. 10. 1909, †Summt (zu Mühlenbeck, Landkreis Oberhavel) 3. 7. 1993; wurde 1934 Mitgl. der KPD, 1936–45 im Zuchthaus Siegburg; ab 1947 Prof. in Halle

(Saale), 1949–74 in Leipzig, 1951 aus der SED ausgeschlossen. Bed. Revolutionsforscher (Schwerpunkt Frz. Revolution, vergleichende Revolutionsgesch.).

Markow, Andrei Andrejewitsch, russ. Mathematiker, *Rjasan 14. 6. 1856, †Petrograd (heute Sankt Petersburg) 20. 7. 1922; befasste sich mit Zahlentheorie, Analysis und insbesondere Wahrscheinlichkeitsrechnung (u. a. Beweis der klass. Grenzwertsätze, Untersuchung der Folgen von Zufallsvariablen).

Markowitz ['mɑːkəʊ-], Harry M., amerikan. Betriebswirtschaftler, *Chicago 24. 8. 1927; Prof. an der City University of New York; Begründer der Portfoliotheorie (/ Portfolioselection); erhielt 1990 zus. mit M. H. Miller und W. F. Sharpe für Forschungen zur betriebl. Finanzierungstheorie und zur Theorie der Finanzmärkte den Nobelpreis für Wirtschaftswissenschaften.

Harry M. Markowitz

Markow-Prozess [nach A. A. Markow], *Stochastik:* spezieller / stochastischer Prozess, für dessen Verhalten in der Zukunft lediglich die Werte in der Gegenwart, nicht aber in der Vergangenheit eine Rolle spielen. Nimmt der M.-P. nur endlich viele oder abzählbar unendlich viele Werte an, so spricht man von einer **Markow-Kette.**

Markscheide, 1) *Anatomie:* (Myelinscheide), aus fettähnl. Substanzen und Eiweißen aufgebaute Umhüllung von Nervenfasern.

2) *Bergbau:* Grenze eines Bergbauareals über und unter Tage. Die **M.-Kunde (M.-Wesen)** befasst sich mit den für bergbaul. Zwecke notwendigen Vermessungen, Berechnungen und graf. Darstellungen. Bes. wichtig sind die messtechn. Erfassung der durch den Abbau von Lagerstätten entstehenden Tagebaue und untertägigen Grubenräume sowie deren Dokumentation im Bergbau-Kartenwerk.

Markstammkohl, Form des Gemüsekohls mit bes. kräftiger, stammähnl. Sprossachse; eiweißreiche Futterpflanze, selten als Gemüse verwendet.

Markstammkohl

Markt [zu lat. mercatus »Handel«], **1)** (Marktplatz, grch. Agora, lat. Forum), als topograph. Begriff seit der Antike der Ort einer Siedlung, an dem sich das öffentl. Leben abspielte, bes. der für den Tausch oder Verkauf von Waren vorgesehene Platz. In frühester Zeit konzentrierte sich der Handel an Schnittpunkten wichtiger Verkehrswege, an Flussübergängen und in der Nähe von religiösen und polit. Zentren. In der Antike und im MA. spielte der M.-Platz eine wesentl. Rolle bei der Entwicklung des Städtewesens. Die M.-Plätze liegen meist in der Mitte der Stadt; im MA. standen hier oft die wichtigsten städt. Verwaltungs- und Wirtschaftsgebäude sowie Patrizierhäuser, oft auch die Kirche. Größere Städte verfügten häufig über mehrere M.-Plätze (Wochen- oder Jahrmärkte) oder M.-Straßen für versch. Erzeugnisse (z. B. Vieh-, Gemüse-, Fischmärkte).

2) *Recht:* (Marktflecken), urspr. größere Siedlung, die sich von Dörfern durch besondere Leistungen als M. mit M.-Gerichtsbarkeit unterschied, ohne jedoch weitere Merkmale einer Stadt zu besitzen. – Einige Gemeindeordnungen erlauben heute, bestimmten Gemeinden den Titel **M.-Gemeinde** beizufügen, vielfach verkürzt zu »M.« (z. B. in Bayern).

3) *Wirtschaft:* ökonom. Ort des Tausches eines wirtsch. Gutes, ohne dass eine örtlich oder zeitlich feststehende M.-Veranstaltung vorzuliegen braucht. In Marktwirtschaften treffen auf dem M. Angebot und Nachfrage aufeinander; der Ausgleich vollzieht sich über den Preis (/ Preisbildung). Der M. für ein bestimmtes Gut (M. für Arbeits-, Waren-, Dienstleistungs-, Kapital-M.) zerfällt i. d. R. in zahlr. Teilmärkte. Der relevante M. umfasst alle für Kauf- und Verkaufsentscheidungen wichtigen Austauschbeziehungen zw. Anbietern und Nachfragern. Ein M. kann u. a. durch seine Struktur (z. B. Anbieterzahl, Käufer-M., Verkäufer-M.), durch das Verhalten der Akteure (z. B. Preiskampf) und die M.-Ergebnisse (z. B. Preisentwicklung, Innovationen) beschrieben werden. Wirtschaftstheoretisch werden nach bestimmten Kriterien zahlr. / Marktformen unterschieden.

Markt|anteil, Begriff zur Beschreibung der Bedeutung eines Unternehmens auf seinen Beschaffungs- und Absatzmärkten, z. B. der Wert der abgesetzten Waren im Verhältnis zum Umsatz der Branche. Der M. ist eine wichtige Kennzahl für Marketing und Wettbewerbspolitik, setzt aber die Abgrenzung des relevanten Marktes voraus.

marktbeherrschendes Unternehmen, Unternehmen, das als Anbieter oder Nachfrager auf einem bestimmten Markt ohne oder ohne wesentl. Mitbewerber ist oder über eine überragende Marktstellung verfügt. Nach §19 Ges. gegen Wettbewerbsbeschränkungen i. d. F. v. 26. 8. 1998 gilt ein Unternehmen als marktbeherrschend, wenn es einen Marktanteil von mindestens einem Drittel erreicht. Bei der Beurteilung der Marktbeherrschung kommen weitere Kriterien hinzu (z. B. Finanzkraft des Unternehmens, Zugang zu den Beschaffungs- oder Absatzmärkten, Unternehmensverflechtungen). Missbrauchen m. U. ihre Marktmacht, kann das Bundeskartellamt dieses Verhalten untersagen (/ Missbrauchsaufsicht).

Markt Eisenstein, Stadt in der Tschech. Rep., / Železná Ruda.

Marktflecken, / Markt.

Marktformen, die Klassifikation von Märkten nach der qualitativen Beschaffenheit und der quantitativen Besetzung der Angebots- und der Nachfrageseite. Nach qualitativen Merkmalen ist v. a. zu unterscheiden zw. vollkommenen und unvollkommenen Märkten. Der **vollkommene Markt** ist dadurch charakterisiert, dass die Güter gleichartig (homogen) sind, dass die Marktteilnehmer keine sachl., persönl., räuml. oder zeitl. Präferenzen für bestimmte Güter bzw. (Ver-)Käufer haben, dass vollständige Markttransparenz herrscht (alle Beteiligten haben die Möglichkeit, sich über die Marktkonditionen und -vorgänge zu informieren) und dass die Marktteilnehmer rasch auf Marktveränderungen reagieren sowie nach maximalem Nutzen bzw. maximalem Gewinn streben. Auf einem solchen Markt, dem in der Praxis die Börse am nächsten kommt, kann es nur einen Marktpreis geben. Fehlt eine der Voraussetzungen, handelt es sich um einen **unvollkommenen Markt,** fehlt lediglich die Markttransparenz, um einen **temporär unvollkommenen Markt.** – Weitere Unterscheidungskriterien sind Organisationsgrad, Marktzugang und Freiheit der Preisbildung: **Organisierte Märkte** verfügen über feste Regeln für das Marktgeschehen (z. B. Börsen), **unorganisierte Märkte** hingegen nicht; bei **geschlossenen Märkten** ist ein Zugang nicht (z. B. durch Niederlassungsverbot) oder vorübergehend nicht möglich (z. B. wegen Patentschutzes); **offene Märkte** mit unbeschränktem Marktzutritt sind Voraussetzung für freie Konkurrenz. **Freie Märkte** sind durch freie Preisbildung gekennzeichnet, **regulierte Märkte** durch behördl. Eingriffe (z. B. Fest-, Höchst- oder Mindestpreise, Subventionen). Bei quantitativer Einteilung der Märkte nach Anbieter- und Nachfragerzahl ergibt sich ein M.-Schema mit neun versch. Marktformen. (/ Monopol, / Oligopol, / Polypol)

Marktforschung, die systemat. Beschaffung und Analyse unternehmensexterner Informationen über Märkte (z. B. Absatz-, Beschaffungs-, Finanz-

und Arbeitsmärkte); die Informationen können regelmäßig (z. B. Panel) oder projektbezogen (z. B. Werbeanalyse) erhoben werden. Die sach- oder objektbezogene M. (**ökoskop. M.**) stellt neben Branchen- und Wirtschaftsstrukturen die spezif. Strukturen der Absatz- und Beschaffungsmärkte eines Unternehmens (Bedarfsforschung) in den Vordergrund, während sich die subjektbezogene M. (**demoskop. M.**) auf den einzelnen Nachfrager konzentriert und dabei v. a. demograph. (z. B. Geschlecht, Alter) und soziograph. (z. B. Beruf, Einkommen) Daten sowie Einstellungen und Verhaltensweisen erfasst. M. betreiben neben innerbetriebl. Abteilungen auch spezialisierte **M.-Institute.** – Von der M. ist die **Marketingforschung** (Absatzforschung) abzugrenzen, bei der sowohl unternehmensinterne als auch unternehmensexterne Informationen beschafft und ausgewertet werden. Sie erstreckt sich damit nicht nur auf die Märkte, sondern auch auf die Analyse der Wirkung von Marketingaktivitäten (z. B. Werbung, Preise, Konkurrenten) u. a. Sachverhalte (z. B. Vertriebskosten).

Marktfrieden, nach mittelalterl. Recht der für Zeit und Ort eines Marktes vom König zugesicherte Friede (Schutz).

Marktheidenfeld, Stadt im Main-Spessart-Kr., Bayern, am Main, 10 800 Ew.; Metall verarbeitende, Kunststoff verarbeitende, Elektroindustrie. – Altfränk. Fachwerkbauten. – 1397 als Stadt genannt; seit 1948 Stadtrecht.

Marktmacht, die potenzielle oder tatsächl. Möglichkeit eines Anbieters oder Nachfragers zur wesentl. Beeinflussung der Marktbedingungen; in der Wettbewerbstheorie mit einem Mangel an funktionsfähigem Wettbewerb gleichgesetzt. (∕ marktbeherrschendes Unternehmen, ∕ Missbrauchsaufsicht)

Marktoberdorf, Krst. des Landkreises Ostallgäu, Bayern, Luftkurort im Allgäuer Alpenvorland, 727–790 m ü. M., 18 400 Ew.; Riesengebirgsmuseum; Herstellung Gablonzer Schmuckwaren, Maschinen- und Traktorenbau, Textilindustrie. – Barocke Pfarr- und Wallfahrtskirche (1732–38). – Seit 1954 Stadt.

Markt|ordnung, Regelungen, die funktionsfähige Tauschprozesse auf Märkten ermöglichen, bes. die Beeinflussung des Wettbewerbs durch wirtschaftspolit. Maßnahmen des Staates. Ein Beispiel sind die ∕ Agrarmarktordnungen der EG.

Marktpreis, 1) *Rechnungswesen:* bei der Bewertung von Wirtschaftsgütern derjenige Preis, der für Waren einer bestimmten Gattung von durchschnittl. Art und Güte zu einem bestimmten Zeitpunkt im Durchschnitt bezahlt oder erlöst wurde.

2) *Volkswirtschaftslehre:* in der klass. Nationalökonomie der sich kurzfristig aus Angebot und Nachfrage ergebende Preis im Ggs. zum **natürl. Preis**, der als langfristiger Gleichgewichtspreis bei vollständiger Konkurrenz gerade die Produktionskosten deckt. (∕ Preisbildung)

Markt|recht, im MA. die Befugnis, einen neuen Markt anzulegen (**Marktregal**); sie war urspr. ein Vorrecht des Königs, ging im 13. Jh. auf die Territorialherren über; auch das am Markt geltende Recht; häufig Ausgangspunkt für die Stadtrechte.

Markt|redwitz (Große Kreisstadt) im Landkreis Wunsiedel i. Fichtelgebirge, Bayern, 18 700 Ew.; Egerland-Museum; Maschinen-, Werkzeugbau, Textil-, Porzellan-, Keramik-, Elektro- und elektron. Industrie. – Rathaus und Bartholomäuskirche aus dem 14., Theresienkirche aus dem 18. Jh. – Um 1140 erstmals erwähnt; 1907 Stadt.

Marktsegmentierung, die Aufspaltung eines heterogenen Gesamtmarktes in möglichst gleichartige (homogene) Teilmärkte (Segmente, Käufergruppen), um gezielt auf die Bedürfnisse der Nachfrager eingehen und das Angebot besser auf die Nachfragewünsche zuschneiden zu können.

Mark Twain

Mark Twain [‚maːk ‚tweɪn], eigtl. Samuel (Langhorne) Clemens, amerikan. Schriftsteller, * Florida (Mo.) 30. 11. 1835, † Redding (Conn.) 21. 4. 1910; war Drucker, Lotse auf dem Mississippi, Goldgräber, Reporter. Bed. Vertreter des amerikan. Realismus; seinen Ruhm begründete er mit grotesken, trocken-witzigen Skizzen. Humor und Spottlust, in Verbindung mit Heimatliebe und Menschlichkeit, ließen den Roman »Die Abenteuer Tom Sawyers« (1876) und die Fortsetzung »Die Abenteuer Huckleberry Finns« (1884) in die Weltliteratur eingehen; sein skept. Verhältnis zu Europa spiegelt »Ein Yankee am Hofe des Königs Artus« (1889). Zu seinem (autobiografisch beeinflussten) Hauptwerk gehört der Bericht »Leben auf dem Mississippi« (1883). Im Spätwerk des schon immer stark sozialkritisch eingestellten M. T. überwiegt die pessimist. Satire (»Der Mann, der Hadleyburg korrumpierte«, 1900).

Marktwert, Preis, der am Markt für ein Gut erzielt werden kann. Der M. einer AG (**Börsenwert, Börsenkapitalisierung**) – das Produkt aus Anzahl der ausgegebenen Aktien und aktuellem Börsenkurs – gibt an, wie hoch das Unternehmen von den Anteilseignern bewertet wird.

Marktformen: Marktformenschema

Anbieter \ Nachfrager	einer	wenige	viele
einer	bilaterales Monopol	beschränktes Angebotsmonopol	Angebotsmonopol (Monopol)
wenige	beschränktes Nachfragemonopol	bilaterales Oligopol	Angebotsoligopol (Oligopol)
viele	Nachfragemonopol (Monopson)	Nachfrageoligopol (Oligopson)	vollständige Konkurrenz (Polypol)

Marktwirtschaft, Wirtschaftsordnung mit dezentraler Lenkung der Wirtschaftsprozesse, in der Art und Umfang der Produktion sowie die Verteilung der Produktionsergebnisse primär über Märkte gesteuert werden, wobei die Vielzahl der Angebots- und Nachfrageentscheidungen der Wirtschaftssubjekte über die Preisbildung koordiniert wird. Im klass. Idealmodell einer **freien M.** führt das auf eigenen Vorteil gerichtete ökonom. Verhalten der einzelnen Marktteilnehmer (z. B. Gewinnstreben der Unternehmen, Nutzenstreben privater Haushalte) über freie Konkurrenz zugleich zum höchsten Wohlstand für die Gesellschaft. Als Voraussetzungen einer freien M. (nach W. Eucken auch **freie Verkehrswirtschaft**) gelten Gewerbe- und Vertragsfreiheit, freie Wahl des Berufs- und Arbeitsplatzes, Privateigentum an Produktionsmitteln, Haftung, Geldwertstabilität, Konstanz der Wirtschaftspolitik sowie freier Wettbewerb mit vollständige Konkurrenz, offene Märkte). Bereits im 19. Jh. jedoch zeigten sich neben den Stärken (wirtsch. Effizienz, wachsender Wohlstand) auch Schwächen der freien M. wie wirtsch. und polit. Machtkonzentration mit Beeinträchtigung des Wettbewerbs und damit des Funktionsmechanismus der M., ungerechte Einkommens- und Vermögensverteilung, Konjunkturschwankungen mit Inflation und Arbeitslosigkeit, unzureichende soziale Sicherung. Dies war einer der Hintergründe für das von Vertretern des ↗Neoliberalismus (u. a. Freiburger Schule) entwickelte Modell einer ↗sozialen Marktwirtschaft. In der Praxis existieren versch. konkrete Formen der M., die sich durch Ausprägung der Eigentumsverhältnisse, Ausmaß und Formen der staatl. Eingriffe in den Wirtschaftsprozess sowie vorrangig verfolgte wirtschafts-, sozial- und gesellschaftspolit. Zielsetzung in den einzelnen Ländern unterscheiden.

Markus, Evangelist, als **Johannes M.** Mitglied der Jerusalemer Urgemeinde (Apg. 12, 12; 25); gilt seit Papias als Verfasser des ↗Markusevangeliums; zus. mit Barnabas Begleiter des Paulus auf der ersten Missionsreise (Apg. 12, 25); nach der Legende Märtyrerbischof von Alexandria, dessen Leiche nach Venedig gebracht worden sein soll. Symbol: Löwe; Schutzpatron von Venedig; Heiliger, Tag: 25. 4.

Markus|evangelium, Abk. **Mk.,** das zweite und älteste Evangelium im N.T.; verfasst um 70 und an heidenchristl. Gemeinden adressiert; der anonyme Autor wird erst seit Papias mit ↗Markus gleichgesetzt; theologisch steht das öffentl. Wirken Jesu in und außerhalb Galiläas im Mittelpunkt, wobei das Geheimnis Jesu (er ist der wahre Messias) verborgen bleibt und sich erst von seinem Kreuzestod und seiner Auferstehung her erschließt. – Zur gegenseitigen literar. Abhängigkeit von M., Matthäusevangelium und Lukasevangelium: ↗Zweiquellentheorie.

Marl, Stadt im Kr. Recklinghausen, NRW, südlich von Lippe und Wesel-Datteln-Kanal, 93 600 Ew.; Bergamt; Skulpturenmuseum Glaskasten; Steinkohlenbergbau und Großchemie; Kanalhäfen. – Erhielt 1936 Stadtrecht.

Marlborough [ˈmɔːlbərə], John Churchill, 1. Herzog von M. (seit 1702), brit. Feldherr und Staatsmann, *Ashe (Cty. Devonshire) 26. 5. 1650, †auf Cranbourn Lodge in Windsor 16. 6. 1722. Mit seiner Gattin Sarah Jennings (*1660, †1744), die großen Einfluss auf Königin Anna ausübte, und seinem Freund S. Godolphin bestimmte er seit 1702 maßgebend die Politik seines Landes. Als Oberbefehlshaber der britisch-niederländ. Armee im Span. Erbfolgekrieg gegen Ludwig XIV. siegte er zus. mit Prinz Eugen u. a. bei Höchstädt a. d. Donau (1704) und Malplaquet (1709); hielt mit diplomat. Geschick die Koalition gegen Frankreich zusammen. 1711 erreichten die für ihn Friedensschluss eintretenden Tories seine Entlassung.

Marlene-Dietrich-Hose, bequeme weite Hose in Herrenfasson mit Bügelfalte (im Unterschied zu den »Slacks« ohne Bügelfalte), meist Teil eines Hosenanzugs; ben. nach Marlene Dietrich, die Anfang der 1930er-Jahre großes Aufsehen durch ihr »unziemliches« Hosentragen in der Öffentlichkeit erregte.

Marley [ˈmɑːlɪ], Bob, eigtl. Robert Nesta M., jamaikan. Rockmusiker (Gitarre, Gesang), *Saint Ann (Jamaika) 6. 2. 1945, †Miami (Fla.) 11. 5. 1981; galt mit seiner Gruppe »The Wailers« als bedeutendster Vertreter des Reggae; wandte sich mit seinen meist selbst verfassten Songs gegen soziale Ungerechtigkeit und Rassendiskriminierung.

Marlitt, Eugenie, eigtl. E. John, Schriftstellerin, *Arnstadt 5. 12. 1825, †ebd. 22. 6. 1887; veröffentlichte v. a. in der Familienzeitschrift »Die Gartenlaube« sentimental-naive Unterhaltungsromane (u. a. »Goldelse«, 1867; »Das Geheimnis der alten Mamsell«, 2 Bde., 1868).

Marlowe [ˈmɑːləʊ], Christopher, engl. Dramatiker, *Canterbury 6. 2. 1564, †Deptford (heute zu London) 30. 5. 1593; schrieb Blankversstragödien, die das Schicksal titanenhafter Charaktere in pathet. Sprache behandeln: »Tamburlan der Große« (UA 1587), »Doktor Faustus« (UA 1592 [?], nur fragmentarisch erhalten), »Der Jude von Malta« (1590), »Eduard II.« (um 1592). M. gilt als der bedeutendste engl. Dramatiker vor Shakespeare.

Marmarameer (im Altertum Propontis), Teil des Mittelmeeres, in der Türkei, durch den Bosporus mit dem Schwarzen Meer und durch die Dardanellen mit dem Ägäischen Meer verbunden, bis 1 355 m tief, rd. 11 500 km².

Marmarika, aus der Antike übernommener Name für den Küstensaum der libysch-ägypt. Grenzzone (↗Cyrenaika).

Marmarosch die (rumän. Maramureș, ungar. Máramaros), Beckenlandschaft in Rumänien, zw. Waldkarpaten und Rodnaer Gebirge, 600–800 m ü. M.; Holz- und Landwirtschaft, Erzbergbau.

Marmion [marˈmjɔ̃], Simon, frz. Maler, *Amiens(?) um 1420/25, †Valenciennes 15. oder 24. 12. 1489; einer der bedeutendsten Miniaturisten, verband fläm. Realismus mit Eleganz und Klarheit der frz. Tradition. Sicher zugeschrieben werden ihm der Hochaltar für Saint-Bertin in Saint-Omer (1455–59; Berlin, Gemäldegalerie, und London, National Gallery) sowie Miniaturen (»Grandes chroniques de France«, 1454–59; Sankt Petersburg, Staatsbibliothek).

Marmolada die, höchster Gebirgsstock der italien. Dolomiten, 3 342 m ü. M., mit dem größten Gletscher der Südl. Kalkalpen.

Marmontel [marmɔ̃ˈtɛl], Jean-François, frz. Schriftsteller, *Bort-les-Orgues (Dép. Corrèze) 11. 7. 1723, †Ablonville (bei Saint-Aubin-sur-Gaillon, Dép. Eure) 31. 12. 1799; bed. Vertreter der Aufklärung, schrieb für die Encyclopédie (↗Enzyklopädisten) literaturkrit. Artikel, ferner Tragödien, den philosoph. Roman »Belisar« (1767) und die »Moral. Erzählungen« (3 Bde., 1761). Seine Memoiren »Leben und Denkwürdigkeiten« (2 Bde., hg. 1800–06) sind ein kulturgeschichtl. Dokument.

Marmor [zu grch. mármaros »Felsblock«] der, mittel- bis grobkristalliner metamorpher Kalkstein (seltener Dolomit). Bei der Kontakt- oder Regionalmetamorphose kristallisieren Carbonatgesteine unter Kornvergrößerungen um (Sammelkristallisation). Verunreinigungen im Ausgangsmaterial führen zu Beimengungen, die den M. in Flecken und Adern färben: Eisenoxide und -hydroxide (gelb, rot, braun), Graphit (grau, schwarz). M. wird v. a. zur Herstellung von Baumaterial (Fassadenverkleidung) und Bildhauerarbeiten verwendet.

Marmosetten [frz.], Gattung der ↗Krallenaffen.

Marmoutier [marmuˈtje], Stadt in Frankreich, ↗Maursmünster.

Marne [marn], **1)** die, Fluss in Frankreich, 525 km lang, entspringt auf dem Plateau von Langres und mündet bei Paris in die Seine. Die M. ist durch den M.-Seitenkanal (67 km), den Rhein-M.-Kanal (314 km) und den M.-Saône-Kanal (224 km) in das nordfrz. Kanalnetz einbezogen.

2) Dép. in N-Frankreich, 8 162 km², 565 000 Ew.; Hptst.: Châlons-en-Champagne.

Marne-la-Vallée [marnlavaˈle:], städt. Entwicklungszone in der Region Paris, Frankreich, 1972 als »Ville nouvelle« (Neue Stadt) gegr.; umfasst 26 Gemeinden mit 210 800 Ew. (darunter Noisy-le-Grand, 54 100 Ew.). 1992 Eröffnung des Vergnügungsparks Disneyland Paris (↗Euro Disney S. C. A.).

Marner, Der, fahrender mhd. Spruchdichter (vermutlich aus Schwaben), nachweisbar zw. 1230/31

John Churchill, 1. Herzog von Marlborough

Bob Marley

Eugenie Marlitt

Marokko

Fläche:	458 730 km^2
Einwohner:	(2000) 30,122 Mio.
Hauptstadt:	Rabat
Verwaltungsgliederung:	16 Regionen
Amtssprache:	Arabisch
Nationalfeiertage:	3. 3. und 30. 7.
Währung:	1 Dirham (DH) = 100 Centimes (C)
Zeitzone:	MEZ − 1 Std.

und 1266/67; wurde als blinder Mann erschlagen; thematisch vielfältige Sprüche und Minnelieder.

Marneschlacht, Kampfhandlungen (1914) in N-Frankreich während des Ersten ∕ Weltkriegs.

Marnix, Philips van, Heer van Sint Aldegonde, niederländ. Schriftsteller, Staatsmann und Freiheitskämpfer, *Brüssel 1540, †Leiden 15. 12. 1598; studierte in Genf unter Calvin, trat für die niederländ. Freiheitsbewegung ein und kämpfte gegen die kath. Kirche, so in der Satire »De biënkorf der H. Roomsche Kercke« (1569, von J. Fischart frei übersetzt als »Bienenkorb des hl. Röm. Immenschwarms«, 1579).

Marodeur [marɔdˈœːr, frz.] *der,* plündernder Nachzügler einer Truppe, Räuber, Lump.

Marokko (amtlich arab. Al-Mamlaka al-Maghribijja, dt. Königreich Marokko), Staat in NW-Afrika, grenzt im W an den Atlantik, im N an das Mittelmeer, im O und SO an Algerien, im S an ∕ Westsahara.

Staat und Recht

Nach der Verf. von 1992 (durch Referendum gebilligt, 1996 revidiert) ist M. eine konstitutionelle Erbmonarchie. Staatsoberhaupt, oberster Inhaber der Exekutive und Oberbefehlshaber der Streitkräfte ist der König. Er ernennt den Premiermin. sowie die Mitgl. der Reg., die ihm und dem Parlament verantwortlich sind, kann den Ausnahmezustand verhängen, das Parlament auflösen und durch Dekrete regieren. Die Legislative liegt beim Zweikammerparlament, bestehend aus Repräsentantenkammer (325 Abg., für 5 Jahre direkt gewählt; 30 Mandate sind für Frauen reserviert) und Rätekammer (270 indirekt auf 9 Jahre gewählte Mitgl.). Im Zuge der Verf.änderungen wurden ein Verf.rat (9 Mitgl., davon 5 vom König ernannt) sowie ein Wirtschafts- und Sozialrat gebildet. Einflussreichste Parteien: Sozialist. Union der Volkskräfte (USFP), Istiklal-Partei (PI), Partei für Gerechtigkeit und Entwicklung (PJD), Nat. Sammlung der Unabhängigen (RNI), Volksbewegung (MP), Nat. Volksbewegung (MNP), Verfassungsunion (UC), Nationaldemokrat. Partei (PND), Front Demokrat. Kräfte (FFD), Partei für Fortschritt und Sozialismus (PPS), Demokrat. Union (UD).

Landesnatur

M. erstreckt sich von der Straße von Gibraltar im N bis südlich des Wadi Draa, mit 512 km langer Steilküste am Mittelmeer und 1 550 km langem Küstensaum am Atlantik. Der größte Teil des Landes wird vom Gebirgssystem des Atlas eingenommen (Rif, bis 2 456 m ü. M., Mittlerer Atlas, bis 3 340 m, Hoher Atlas, im Djebel Toubkal 4 165 m, Antiatlas, bis 2 531 m), an den sich nach SO die Sahara anschließt; im O leiten Hochflächen nach Algerien über; im NW fällt ein Tafelland (Meseta) stufenweise zur Küstenebene (u. a. Rharb) ab. – Das mediterrane Klima bringt Winterregen (in Höhenlagen auch Schnee); nach S Übergang zum saharisch-kontinentalen Klima. Wälder sind bes. im N verbreitet (Kork-, Steineiche, Zeder, Atlas-Thuja).

Bevölkerung

Die zu 99 % muslim. Bev. besteht zu zwei Dritteln aus Arabern sowie arabisierten Berbern (Ebenen und Küstengebiet) und zu rd. einem Drittel aus Berbern. Die Berber, die Sprache und Brauchtum weitgehend bewahrt haben, leben bes. in den Gebirgen; im S leben negride Nachkommen früherer Sklaven oder Soldaten aus der Sudanzone; 16 000 Juden, 50 000 Europäer; etwa 1,5 Mio. Marokkaner leben als Gastarbeiter im Ausland (100 000 in Dtl.). Über die Hälfte der Ew. lebt in Städten. – Es besteht eine 6-jährige Grundschulpflicht ab dem 7. Lebensjahr. Die Analphabetenquote beträgt 51 %.

Wirtschaft, Verkehr

Die wichtigsten Bereiche sind Landwirtschaft, Phosphatbergbau und Tourismus. Die Landwirtschaft, die über ein Drittel der Erwerbstätigen beschäftigt, erbringt etwa 20 % der Exporterlöse. Für die Eigenversorgung bes. Anbau (z. T. mit Bewässerung) von Getreide, Oliven, Obst, Kartoffeln, Zuckerrüben und -rohr; für den Export Zitrusfrüchte, Gemüse, Wein. Anbau von Alfagras als Rohstoff zur Papiererzeugung und für Flechtwerk. In der Viehwirtschaft bes. Rinder- (Milcherzeugung), Schaf-, Ziegen- und Geflügelhaltung; Fischerei sehr ertragreich an der Atlantikküste (200-Seemeilen-Zone). Die Forstwirtschaft nutzt knapp 10 % der Landesfläche, bes. Anbau von Korkeichen (M. zählt zu den größten Korkproduzenten der Welt). Reiche Bodenschätze; gefördert werden v. a. Phosphate (3. Stelle der Welterzeugung; zwei Drittel der bekannten Weltreserven), Blei-, Mangan-, Zink-, Kobalt-, Kupfer- und Eisenerze sowie Steinkohle, Erdöl, Erdgas. Die wichtigsten Ind.zweige sind neben Bergbau Metall- und Kunststoffverarbeitung, chem., Nahrungsmittel-, Textil-, Lederind. Das traditionelle Handwerk (z. B. Teppichherstellung) ist rückläufig. Ausgeführt werden v. a. Ausrüstungs- und Konsumgüter, Nahrungsmittel (v. a. Meeresfrüchte, Fischkonserven), Phosphate und dessen Verarbeitungsprodukte; eingeführt werden Maschinen, Fahrzeuge, Ind.güter, Brennstoffe und Nahrungsmittel. Haupthandelspartner sind die EU-Länder, die USA, Großbritannien, Indien und China. Der Fremdenverkehr erbringt ein Drittel der Devisenerlöse. Reiseziele sind u. a. antike Ruinenstätten, die vier Königsstädte Rabat, Fès, Marrakesch und Meknès, die Oasen der Sahara und die Sandstrände am Atlantik (v. a. Agadir). – Das Verkehrsnetz

Staatswappen

internationales Kfz-Kennzeichen

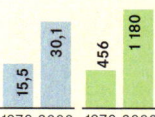

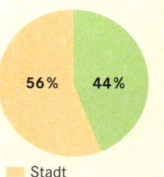

Bevölkerungsverteilung 2000

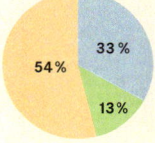

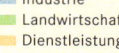

Bruttoinlandsprodukt 2000

umfasst 1 907 km Eisenbahnlinien (davon 1 003 km elektrifiziert) und 57 800 km Straßen (davon rd. 30 000 km befestigt). Haupthäfen liegen an der Atlantikküste: Casablanca, Mohammedia, Jorf Lasfar (Phosphatexport), Safi, Agadir, Tanger u. a. Internat. Flughäfen: Casablanca, Rabat, Tanger, Marrakesch, Nador und sieben weitere.

Geschichte

Das von selbstständigen Berberstämmen bewohnte heutige M. kam 42 n. Chr. zur röm. Prov. **Mauretania Tingitana**. Im 5. Jh. eroberten die Wandalen das Gebiet, im 6. Jh. Byzanz, 705–708 die Araber. 789 begründete Idris I. die Herrschaft der Idrisiden mit Fès als Residenz. Später vereinigten die Dynastien der Almoraviden (1061–1147), die als neue Hptst. Marrakesch gründeten, und der Almohaden (1147–1269) M. und die südl. Pyrenäenhalbinsel unter ihrer Herrschaft. 1269 eroberten die berber. Meriniden Marrakesch. 1554 kamen die Saaditen an die Macht, denen 1666 die noch heute herrschenden Hasaniden folgten. Im 18. Jh. wurden verstärkt wirtsch. und polit. Beziehungen zu Europa aufgenommen. Mitte des 19. Jh. kam es zu krieger. Auseinandersetzungen mit Spanien; Ende des 19. Jh. konnte Frankreich seine Vorherrschaft festigen. 1912 wurde M. frz. Protektorat, Spanien erhielt das Rifgebiet (zum Konflikt mit Dtl. ↗Marokkokrisen). 1956 erlangte M. seine Unabhängigkeit als Königreich unter Mohammed V., 1961–99 regierte sein Sohn Hasan II., ihm folgte 1999 sein Sohn als Mohammed VI. Zu Konflikten mit Algerien und Mauretanien kam es 1975/76, als die Span. Sahara entkolonialisiert wurde. Diese wurde im April 1976 zw. Mauretanien und M. aufgeteilt, wobei M. sich 1979, nachdem Mauretanien der ↗POLISARIO gegenüber auf seinen Teil der Westsahara verzichtet hatte, auch diesen eingliederte. Dadurch ausgelöste Auseinandersetzungen zw. marokkan. Truppen und POLISARIO dauerten bis 1991 an. Die UN vermittelten einen Waffenstillstand und schlugen 1997 die Durchführung einer Volksabstimmung über die Unabhängigkeit von Westsahara vor; der geplante Termin (Dez. 1998) konnte wegen der umstrittenen Wählerregistrierung nicht eingehalten werden.

Mit den anderen Staaten des Maghreb beschloss M. 1994 die Einrichtung einer Freihandelszone in diesem Raum und unterzeichnete 1996 ein Assoziierungsabkommen mit der Europ. Union. Mit der Konstituierung des Oberhauses wurde 1997 die Bildung des Zweikammersystems abgeschlossen. Nach den Parlamentswahlen von 2002, bei denen die islamist. Partei hohe Stimmenzuwächse erzielte, aus denen die sozialist. Parteien jedoch wiederum als stärkste Kraft hervorgingen, wurde Driss Jettou (parteilos) zum neuen Min.-Präs. ernannt.

Marokkokrisen, internat. Krisen, ausgelöst durch gleichzeitige Interessen Dtl.s und Frankreichs an Marokko. Der Besuch Kaiser Wilhelms II. 1905 in Tanger, der damit die verstärkt einsetzende frz. Expansion in Marokko verhindern wollte, führte zur **1. Marokkokrise**. Die **2. Marokkokrise** wurde 1911 ausgelöst durch die Entsendung des dt. Kanonenbootes »Panther« nach Agadir (**Panthersprung nach Agadir**), nachdem Frankreich Wirtschaftssanktionen ge-

Marokko: Am Südfuß des Hohen Atlas im Tal des Dadès liegt Boumalne mit seiner typischen Lehmbauarchitektur.

gen Marokko verhängt und Rabat und Fès besetzt hatte.

Maron [ma'rõ, frz.] *der* (Buschneger), Nachkomme entlaufener schwarzer Sklaven im Innern Guayanas, v. a. in Surinam; etwa 35 000 Menschen.

Maron, Monika, Schriftstellerin, *Berlin 3. 6. 1941; debütierte mit »Flugasche« (R., 1981) über Umweltverschmutzung und stalinist. Methoden in der DDR, übersiedelte 1988 in die Bundesrep. Dtl. Auch in den späteren Werken schöpft M. ihre Themen aus den Problemen und Konflikten der jüngsten dt. Geschichte, bes. eindringlich in dem dokumentarisch-autobiograf. Roman »Pawels Briefe« (1999). Erhielt 1992 den Kleist-Preis. – *Weitere Werke: Romane:* Stille Zeile sechs (1991); Animal triste (1996); Endmoränen (2002).

Marone [italien.] *die,* Frucht der Edelkastanie.

Maronenröhrling (Marone, Xerocomus badius), bes. in Kiefernwäldern vorkommender Röhrenpilz; Hut kastanienbraun, Durchmesser bis 15 cm, Röhren grünlich gelb, bei Druck blau werdend; Speisepilz.

Maroni *der* (niederländ. Marowijne), Grenzfluss zw. Surinam und Frz.-Guayana, 724 km lang; entspringt in der Serra Tumucumaque, nahe der brasilian. Grenze, mündet mit breitem Trichter in den Atlantik.

Maroniten, die Angehörigen der »Syrisch-maronit. Kirche«, der einzigen geschlossen mit der kath. Kirche unierten Ostkirche. Ihre Anfänge gehen auf das syr. Kloster des hl. Maro († vor 423) zurück; heute weltweit etwa 3,1 Mio. M., v. a. in Libanon und im Nahen Osten; zahlenmäßig starke maronit. Diaspora in Südamerika.

Maroquin [maro'kɛ̃, frz. »marokkanisch«] *der,* auch *das,* ↗ Saffianleder.

Maros ['mɔrɔʃ, ungar.] *die* (dt. Marosch, Mieresch, rumän. Mureş), linker Nebenfluss der Theiß, in Rumänien und Ungarn, Hauptfluss Siebenbürgens, 803 km lang (davon 761 km in Rumänien), entspringt in den Ostkarpaten, mündet bei Szeged; im Unterlauf schiffbar.

Marosvásárhely ['mɔrɔʃvaːʃaːrhɛj], Stadt in Rumänien, ↗ Târgu Mureş.

Marot [ma'ro], Clément, frz. Dichter, *Cahors 23. 11. 1496, † Turin 10. (12.?) 9. 1544; als Anhänger des Kalvinismus verfolgt, mehrmals im Exil; pflegte die alten frz. poet. Formen (Virelai, Rondeau) ebenso wie die der Antike, führte das Sonett in die frz. Lit. ein. Seine Psalmenübersetzung (»Trente pseaulmes de David«, 1541, 1543 erweiterte Ausgabe [50 Psalmen]) wurde von J. Calvin übernommen.

Maroua [ma'rwa] (Marua), Prov.-Hptst. in N-Kamerun, am Fuß der Mandaraberge, 143 000 Ew.; kath. Bischofssitz; Baumwollforschungsinst., Textilind., Verarbeitung landwirtsch. Erzeugnisse, Kunsthandwerk; Fremdenverkehr; Flugplatz.

Marowijne [-'wɛjnə], Fluss in Südamerika, ↗ Maroni.

Marozia, Römerin, *um 892, † nach 932; in dritter Ehe verheiratet mit König Hugo von Italien, beherrschte als »Senatrix« und »Patricia« Rom und das Papsttum und setzte mehrere Päpste ein. 932 wurde sie mit ihrem zum Papst (Johannes XI.) erhobenen Sohn von ihrem Sohn Herzog Alberich II. von Spoleto gestürzt.

Marquard, Odo, Philosoph, *Stolp 26. 2. 1928; vertritt den Abschied von jedem absoluten Anspruch der Philosophie, u. a. in »Schwierigkeiten mit der Geschichtsphilosophie« (1973), »Abschied vom Prinzipiellen« (1981), »Apologie des Zufälligen« (1986), »Glück im Unglück« (1995), »Philosophie des Statt-

dessen« (2000); »Skepsis als Philosophie der Endlichkeit« (2002).

Marquesas|inseln [-'keː-] (frz. Îles Marquises), zu Französisch-Polynesien gehörende vulkan. Inselgruppe im Pazifik, 1 274 km², (1996) 8 100 Ew.; Ausfuhr von Kopra, Vanille, Kaffee. – 1595 entdeckt, seit 1842 in frz. Besitz.

Marquet [mar'kɛ], Albert, frz. Maler, *Bordeaux 27. 3. 1875, † Paris 14. 6. 1947; wandte sich unter dem Einfluss von H. Matisse den ↗ Fauves zu. Um 1906 gelangte er jedoch zu einer Bildauffassung, die genaue Naturbeobachtung auf einfache maler. Formen zu bringen suchte.

Marquis [mar'ki, frz.] *der,* frz. Adelstitel (weibl. Form: **Marquise**), im Rang zw. Fürst und Graf; geht auf das Amt des Markgrafen zurück; entsprechende Titel sind in Großbritannien **Marquess (Marchioness),** in Italien **Marchese (Marchesa),** in Spanien **Marqués (Marquesa).**

Marquisette [marki'zɛtə, frz.] *die,* auch *der,* gazeartiges Gardinengewebe.

Marrakesch (frz. Marrakech), Prov.-Hptst. in Marokko, am N-Fuß des Hohen Atlas, in einer großen Dattelpalmenoase, 680 200 Ew.; Handelszentrum eines Landwirtschaftsgebietes, eine der Residenzstädte; Univ.; Nahrungsmittel-, Teppichind., Mühlen, Kunsthandwerk; Fremdenverkehr; Eisenbahnendpunkt, internat. Flughafen. – M., 1062 gegr., war bis Ende des 13. Jh. Hptst. der Almoraviden; aus dieser Zeit stammen die 12 km langen Mauern der Medina (UNESCO-Weltkulturerbe), in deren Zentrum der Platz Djemaa el-Fna und die Kutubija-Moschee (Mitte 12. Jh.), ferner die Kasba mit Kasba-Moschee, der Königspalast; Saaditen-Mausoleen (1578–1603).

Marranen [wohl von span. marrano »Schwein«] (Maranen), seit dem 16. Jh. übl. Bez. für die unter dem Zwang der Inquisition im 15. Jh. getauften span. und portugies. Juden, von denen viele insgeheim ihrem Glauben treu geblieben waren.

Marriner ['mærɪnə], Sir (seit 1985) Neville, brit. Dirigent und Violinist, *Lincoln 15. 4. 1924; Gründer (1959) und Leiter der Academy of Saint Martin-in-the Fields, erwarb sich v. a. mit Interpretationen der Musik des 17. und 18. Jh. internat. Ruf; war u. a. 1969–79 musikal. Leiter des Los Angeles Chamber Orchestra, 1983–89 Chefdirigent des Radio-Sinfonieorchesters Stuttgart.

Marrubium, die Pflanzengattung ↗ Andorn.

Mars *der, Astronomie:* Zeichen ♂, der »Rote Planet«; von der Sonne aus gezählt der 4. Planet des Sonnensystems und von allen Planeten der erdähnlichste.

Der M. ändert seinen Abstand von der Erde zw. 56 und 400 Mio. km. Damit verbunden sind Änderungen seiner scheinbaren Größe (zw. etwa 3″ und 25″) und

Monika Maron

Maronen-
röhrling

Neville Marriner

Mars: Astronomische und physikalische Daten

Äquatordurchmesser	6 794 km
Poldurchmesser	6 754 km
Bahnexzentrizität	0,0934
Masse	$6{,}42 \cdot 10^{23}$ kg
mittlere Dichte	3,94 g/cm³
Rotationsdauer	24 h 37 min 23 s
Dauer eines Umlaufs um die Sonne	687 Tage
mittlere Entfernung zur Sonne	227,9 Mio. km

seiner scheinbaren Helligkeit (um fünf Größenklassen); zur Zeit seiner größten Helligkeit ist er beträchtlich heller als Sirius. Er ist etwa halb so groß wie die Erde, besitzt aber wegen der etwas geringeren Dichte nur etwa $1/10$ von deren Masse. Die Schwerkraft an der

M.-Oberfläche erreicht nur 38% des Wertes an der Erdoberfläche. Da auch die Rotationsachse des M. ähnlich wie die der Erde gegen die Bahnebene geneigt ist, sind Tag und Nacht sowie die Jahreszeiten auf ihm denen der Erde ähnlich.

Die Atmosphäre besteht zu 95,5% aus Kohlendioxid, den Rest bilden v.a. Stickstoff (2,7%) und Argon (1,6%). Die Dichte der Atmosphäre ist so gering, dass ihr Druck an der Oberfläche nur etwa 5–10 hPa beträgt. 2001 konnte erstmals molekularer Wasserstoff gemessen werden, der den Schlüssel zur Geschichte von Wasser auf dem M. darstellt.

Die M.-Oberfläche zeigt im Winter bes. große und helle Polkappen, die zu dieser Zeit v.a. aus gefrorenem Kohlendioxid (Trockeneis) sowie aus Wassereis bestehen und im Sommer stark abschmelzen. Die Temperaturen an den Polkappen variieren je nach Jahreszeit zw. etwa −140°C und −15°C. Die rötl. Färbung des M. wird durch weite Gebiete rötl. (eisenhaltigen) Staubes hervorgerufen, der durch unregelmäßig auftretende, gewaltige Stürme transportiert wird. Die Entsendung der amerikan. Raumsonden der Serien Mariner und Viking, der sowjet. Marssonden sowie die Mission M. Global Surveyor (Start 1996) ermöglichten es, die Oberfläche des M. zu fotografieren und zu kartographieren. Mit der Sonde ↗Pathfinder (1997) wurde erstmals der M.-Boden chemisch analysiert; er scheint danach das Verwitterungsprodukt basalt. Eruptivgesteins zu sein.

Mars: Mars mit Valles Marineris (Mitte), Mosaik aus 102 Viking-Orbiter-Aufnahmen (1976)

Während die S-Halbkugel von Einschlagkratern (ähnlich den Maria des Mondes) übersät ist, zeigt die N-Halbkugel neben (jüngeren) Ebenen geringerer Kraterdichte gewaltige Schildvulkane (darunter **Olympus Mons**, mit 600 km Durchmesser und 27 km Höhe der größte Vulkan des Sonnensystems) sowie ein ausgedehntes Netz von Becken, Gräben und cañonartigen Tälern, dem 4 000 km langen **Valles Marineris**, die z.T. 700 km breit und 6 km tief sind. Die erstmals von G. V. Schiaparelli 1877 beschriebenen und als »canali« (ital. »Rinne«, »Furche«) bezeichneten **M.-Kanäle**, werden heute als Täuschung des menschl. Auges angesehen. Diese »Kanäle« konnten nie auf fotograf. Aufnahmen des M. nachgewiesen werden und treten auch bei visueller Beobachtung mit großen Teleskopen nicht auf.

Untersuchungen des M.-Bodens hinsichtlich der Existenz biolog. Substanzen oder Mikroorganismen, die wie ird. Organismen Stoffwechselprozessen unterliegen, brachten keinerlei Hinweise. Auf der Erde gibt es einige SNC-Meteoriten (S Schwefel, N Stickstoff, C Kohlenstoff), deren Ursprung vermutlich der M. ist. In dem aller Wahrscheinlichkeit nach vom M. stammenden Meteoriten ALH 84001 wurden zwar in kleinen Carbonatkügelchen Gebilde gefunden, die Ähnlichkeiten mit mikroskopischen terrestr. Fossilien aufweisen, dass es sich tatsächlich um Fossilien handelt, wird aber bezweifelt. Endgültige Beweise für die (frühere) Existenz von Leben auf dem M. fehlen noch.

Im Aug. 2003 erreichte der M. mit rd. 56 Mio. km seine größte Annäherung an die Erde. Diese Konstellation begünstigt die Mitte 2003 begonnenen M.-Missionen M. Express (im Auftrag der ESA) und M. Exploration Rover (NASA), die sich auch mit geolog. und mineralog. Untersuchungen und der Suche nach Wasser und Mikroorganismen befassen. Die (1998 gestartete) japan. Raumsonde Nozomi, die den M. Ende 2003 erreichen soll, wird sich während ihrer zweijährigen Missionsdauer v.a. mit Oberflächenkartierungen und Atmosphärenforschungen befassen.

Der M. hat zwei kleine Monde, **Phobos** und **Deimos** (entdeckt 1877 von A. Hall), vermutlich eingefangene ehemalige Planetoiden. Ihre mittleren Abstände zum M. betragen 9 380 bzw. 23 460 km, ihre sider. Umlaufzeiten 7h 39min bzw. 30h 18min und ihre Abmessungen 27 × 21 × 19 bzw. 15 × 12 × 11 km.

Mars, *röm. Mythos:* einer der wichtigsten röm. Götter, urspr. etrusk. Vegetationsgott, später dem grch. Ares gleichgesetzt, als Vater von ↗Romulus und Remus Schutzherr Roms. Das Priesterkollegium der Salier diente ihm, der Monat März war ihm geweiht.

Marsala, Hafenstadt an der W-Küste Siziliens, 80 700 Ew.; Weinbau, Weinkellereien, Fischkonservenfabrik, Ölmühlen; Ausfuhr des gleichnamigen Süßweins. – M. liegt an der Stelle des antiken **Lilybaeum,** das 397 v. Chr. von den Karthagern gegr. wurde und 241 v. Chr. an die Römer kam.

Marsalis [ma'sa:lis], Wynton, amerikan. Jazzmusiker (Trompete), *New Orleans (La.) 18. 10. 1961; spielte 1980 in New York bei A. Blakey, später u. a. bei H. Hancock und D. Gillespie. M. zählt mit seiner perfekten Spieltechnik zu den herausragenden Vertretern des Neoklassizismus im Jazz der 80er-Jahre. Zus. mit seinem Bruder Branford M. (*1960; Tenorsaxophon) bildete er ein eigenes Quintett.

Marsa Matruh [-x], Hafenstadt und Badeort am Mittelmeer, in Ägypten, 43 200 Ew.; Küstenstraße und Bahnlinie von Alexandria; Straße zur Oase Siwa; Flugplatz.

Marsberg, Stadt im Hochsauerlandkreis, NRW, 22 900 Ew.; Glasind., Papierverarbeitung. – 1975 durch Zusammenschluss von Ober- und Nieder-M. entstanden.

Marsch [frz. marche], 1) *Militärwesen:* Bewegung geschlossener Truppenabteilungen.

2) *Musik:* Musikstück, das durch starke, regelmäßige Akzentuierungen im geraden Takt den Gleichschritt beim Marschieren unterstützt. Der M. besteht i. d. R. aus zwei Teilen zu je 8 bis 16 Takten, nach 1750 ergänzt durch ein Trio in verwandter Tonart und von melodiösem Charakter. Unterschieden werden **Militär-, Triumph-, Fest-, Parade-, Trauer-, Geschwind-, Reiter-, Einzugs-** und **Auszugs-M.** Der Militär-M. geht auf die Trommel- und Pfeifermusik der Landsknechte zurück, entwickelte sich im 16./17. Jh. (Fanfarenmärsche) und erlebte in der Zeit Friedrichs d. Gr. seine Hochblüte: Dessauer, Hohenfriedberger, Torgauer M. Andere bekannte M. sind der Pariser Einzugs-M., der Finn. Reiter-M., der österr. Radetzky-, der ungar. Rákóczi-M. In der Kunstmusik wird der M. vielfach verwendet, seit J.-B. Lully in Oper und Ballett, aber auch in der Instrumentalmusik des

Barock und der Klassik als Satz der Orchester- und Klaviersuite und der österr. Serenadenmusik. Ebenso kennen Oratorium (G. F. Händel) und Oper seit dem 18. Jh. den M. für Einzüge, Feste, Huldigungen, Trauer und zur Darstellung des Heroischen. Auch die freiere Form des Trauer-M. hat Bedeutung erlangt: L. van Beethoven (in der »Eroica« sowie der Klaviersonate op. 26), F. Chopin (in der Klaviersonate op. 35), R. Wagner (in der »Götterdämmerung«). Neben seiner weiterhin repräsentativen Funktion erscheint der M. im 20. Jh. auch als Symbol der Bedrohung (A. Berg) oder als Mittel der Parodie (D. Schostakowitsch). Eine eigene Tradition entstand mit dem amerikan. Parade-M.; weltbekannt J. P. Sousas M. »The Washington post« (1889), »The stars and stripes« (1897).

Marsch [mnd.], an Flachmeerküsten mit starker Gezeitenwirkung verbreitete, aus Schlick aufgebaute, fruchtbare Niederung (Küsten- oder See-M.), die an den Trichtermündungen der Flüsse weit ins Hinterland reicht (Fluss-M.); etwa in Höhe des Meeresspiegels zw. Watt und Geest gelegen, wobei sich am Geestrand i. Allg. das niedrigere, oft versumpfte oder vermoorte **Sietland** befindet, das nur als Grünland genutzt werden kann. Seit dem 16. Jh. erfolgte eine großräumige, geschlossene Eindeichung und die Anlegung von Poldern oder Kögen.

Marschall [ahd. »Pferdeknecht«, später »Stallmeister«], einer der Inhaber der vier german. Hausämter (Zeichen: der M.-Stab), zuständig für die Stallungen und die Versorgung der Pferde; später Quartierbeschaffer für den gesamten Hofstaat (/ Hofmarschall) und mit dem Aufkommen der Ritterheere Oberbefehlshaber im Krieg (/ Feldmarschall). **Erz-M.** war ab Ende des 12. Jh. der Herzog von Sachsen. Unter den Reichserbämtern hat das des Erb-M. die größte Bedeutung erlangt; es lag bis 1806 in den Händen der Familie von Pappenheim.

Marsch auf Rom, faschist. Demonstration, / Faschismus.

Marschflugkörper, / Cruise-Missile.

Marschhufendorf, ein Reihendorf in Marschgebieten längs eines Entwässerungskanals. Der Landbesitz der Eigentümer schließt in gereihten Langstreifen an die Hofanlagen an.

Marschner, Heinrich August, Komponist, *Zittau 16. 8. 1795, †Hannover 14. 12. 1861; 1831–59 Hofkapellmeister in Hannover; schuf romant. Opern (»Der Vampyr«, 1828; »Der Templer und die Jüdin«, 1829; »Hans Heiling«, 1833), Chöre, Lieder, Balladen.

Marsé Carbo [mar'se 'karβo], Juan, katalan. Schriftsteller, *Barcelona 8. 1. 1933; stellt in seinen (in span. Sprache geschriebenen) pessimist., formal experimentellen Romanen (u. a. »Letzte Tage mit Teresa«, 1966; »Wenn man dir sagt, ich sei gefallen ...«, 1973; »Ronda del Guinardo«, 1984; »Der zweisprachige Liebhaber«, 1990) kritisch die span. Gesellschaft seit dem Bürgerkrieg dar.

Marseillaise [marsɛ'jɛːz] die, die frz. Nationalhymne »Allons, enfants de la patrie, le jour de gloire est arrivé!«; von C.-J. Rouget de Lisle gedichtet und vertont; von einem Marseiller Freiwilligenbataillon beim Sturm auf die Tuilerien am 10. 8. 1792 gesungen.

Marseille [mar'sɛj], Hptst. der frz. Region Provence-Alpes-Côte-d'Azur und des Dép. Bouches-du-Rhône, 800 600 Ew., die zweitgrößte Stadt und (mit Fos) der größte Mittelmeerhafen Frankreichs, in geschützter Bucht, nahe der Mündung der Rhone. M. ist Erzbischofssitz und hat zwei Univ. (Aix-M.), wiss. Institute, Museen, Theater, Oper; Börse. Der Hafen ist

Marseille: Blick über den Alten Hafen auf die auf einem 150 m hohen Kalksteinfelsen gelegene, 1864 geweihte Wallfahrtskirche Notre-Dame-de-la-Garde

der drittgrößte Europas (nach Rotterdam und Antwerpen). Der autonome Hafen M. umfasst die städt. Hafenbecken, den Erdölhafen Lavéra am Golf von Fos, die Hafenanlagen am Étang de Berre (Strandsee zw. Rhonedelta und M., 150 km^2) und den Vorhafen Port-Saint-du-Rhône in der Rhonemündung. Der Alte Hafen dient als Fischerei-, Jacht- und Fährhafen. Die Schiffsverbindung **M.-Rhone-Kanal** von M. durch den Rove-Tunnel (7,1 km) und den Étang de Berre zur Rhone ist im ersten Teil (Rove-Tunnel) außer Funktion. M. ist der Ausgangspunkt der südeurop. Pipeline sowie einer Pipeline nach Genf. Bed. Passagier- und Fischereihafen. Die wichtigsten Ind.zweige sind Erdöl- und petrochem. Ind., Hüttenwerke, Schiffbau, Metall verarbeitende, Zement-, chem. und Nahrungsmittelind. Internat. Flughafen in Marignane. – Bed. Bauten: Kirche Saint-Victor (gegr. 5. Jh., heutige Gestalt 11. und 13./14. Jh.), Alte Kathedrale (im 12. Jh. Erneuerung eines Vorgängerbaus, spätere Veränderungen), barockes Rathaus (1663–83), Börse (1852–60), Neue Kathedrale (1852–93), Kirche Notre-Dame-de-la-Garde (1864 geweiht), Palais Longchamps (1862–69; heute Gemäldegalerie), das 1947–52 errichtete Hochhaus Unité d'Habitation (Wohnblock auf Pfeilern) von Le Corbusier. – M., grch. **Massalia**, lat. **Massilia**, um 600 v. Chr. von Griechen gegr., wurde früh eine blühende Handelsstadt. Anfang des 13. Jh. errang die Stadt gegenüber den Bischöfen die Selbstverwaltung. Mit der Provence kam sie 1481 an die frz. Krone.

Marser (lat. Marsi), altitalisches Hirtenvolk mit dem Hauptort Marruvium am Fuciner See. Die M., 308 v. Chr. erstmals mit Rom verbündet, traten 91 v. Chr. an die Spitze des Aufstandes der Italiker, der zum **Marsischen Krieg** (/ Bundesgenossenkriege) führte.

Mars Express, im Juni 2003 gestartete europ. Raumsonde, die insbes. die Marsatmosphäre, Oberfläche und tiefere Schichten erkunden sowie nach organ. Leben suchen soll. Die Mission wird im Dez. 2003 den Planeten erreichen. Bei Annäherung an den Mars soll der Landeapparat »Beagle 2« abgeworfen werden. Das Gerät ist mit Kameras, Mikroskop, Spektrometern und Spezialtechnik, wie Miniroboter

Marseille
Stadtwappen

Mars Marsfeld

Marshallinseln

Fläche:	181 km²
Einwohner:	(2000) 52 000 Ew.
Hauptstadt:	Dalap-Uliga-Darrit (auf Majuro)
Verwaltungsgliederung:	24 Bezirke
Amtssprachen:	Marshallesisch und Englisch
Nationalfeiertage:	1. 5. und 17. 9.
Währung:	1 US-Dollar (US-$) = 100 Cent (c, ¢)
Zeitzone:	MEZ + 11 Std.

Staatssiegel

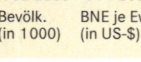

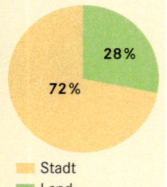

Bevölkerungsverteilung 1999

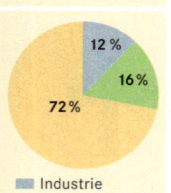

Bruttoinlandsprodukt 2000

und Bohrer, ausgestattet. Die Kleinsonde wird über sechs Monate hinweg Bohrungen und Analysen durchführen, während die Hauptsonde den Planeten auf einer Kreisbahn in Höhe von 250 km umläuft und für etwa zwei Jahre funktionsfähig bleiben soll.

Marsfeld, 1) (lat. Campus Martius), im alten Rom Ebene zw. dem Tiberbogen und der Via Flaminia, die als Exerzierplatz für die röm. Miliz und als Versammlungsplatz für die Zenturiatkomitien (die u. a. über Krieg und Frieden und über Todesstrafen gegen röm. Bürger befanden) diente; seit dem 1. Jh. v. Chr. mit Tempeln, Theatern, Thermen bebaut.

2) (Champs de Mars), urspr. ein militär. Übungsplatz in Paris, seit 1867 Ausstellungsgelände.

Marsgebirge (tschech. Chřiby), Sandsteinbergland in S-Mähren, Tschech. Rep., 590 m ü. M., 40 km lang.

Marshall [mɑːʃl], 1) Alfred, brit. Volkswirtschaftler, * Clapham (heute zu London) 26. 7. 1842, † Cambridge 18. 7. 1924; Mitbegründer der ⟶ Neoklassik; Beiträge zur Wert-, Geld- und Außenwirtschaftstheorie, führte u. a. den Begriff der ⟶ Elastizität in die Volkswirtschaftslehre ein.

2) Bruce, schott. Schriftsteller, * Edinburgh 24. 6. 1899, † Cap d'Antibes 18. 6. 1987; behandelt in seinen Romanen das Verhältnis der kath. Kirche zur modernen Welt (»Das Wunder des Malachias«, 1931).

3) George Catlett, amerikan. General und Politiker, * Uniontown (Pa.) 31. 12. 1880, † Washington (D. C.) 16. 10. 1959; 1939–45 Generalstabschef und militär. Berater Präs. F. D. Roosevelts, war 1945–47 Sonderbotschafter in China, wo er vergeblich zw. Chiang Kai-shek und den Kommunisten zu vermitteln versuchte. 1947–49 war er Außen- und 1950–51 Verteidigungsmin.; Initiator des Marshallplans (⟶ ERP); erhielt 1953 den Friedensnobelpreis.

Marshallinseln (amtlich marshallesisch Majōl, engl. Republic of the Marshall Islands), Staat im westl. Pazifik, umfasst die gleichnamige, zum östl. Mikronesien zählende Inselgruppe, zw. 5° und 15° n. Br. sowie 162° und 173° ö. L., gegliedert in zwei über rd. 1 200 km Länge gestreckte Atollreihen mit zus. 1 200 Inseln in einem Seegebiet von über 1,3 Mio. km².

Staat und Recht

Seit 1990 (Aufhebung der UN-Treuhandschaft) sind die M. eine unabhängige Rep.; die Verantwortung für die äußere Sicherheit verblieb jedoch im Rahmen des »Compact of Free Association« bei den USA. Die am 1. 5. 1979 in Kraft getretene Verf. (1990 revidiert) gilt fort. Staatsoberhaupt und Reg.chef ist der vom Parlament auf 4 Jahre gewählte Präs. Die Legislative liegt beim Einkammerparlament (33 Abg.); als Beratungsorgan fungiert der Rat der Stammesfürsten (12 Mitgl.). Einflussreichste Partei ist die Vereinigte Demokrat. Partei (UDP).

Landesnatur

Die östl. der beiden sich etwa parallel erstreckenden Atollreihen, die Ratakgruppe, umfasst 16 Atolle und Einzelinseln; Hauptatoll Majuro: 30 km², mit der Hptst. Dalap-Uliga-Darrit (28 000 Ew.). Die westl. Atollreihe, die Ralikgruppe, besteht aus 18 Atollen und Einzelinseln, darunter Jaluit (17 km²), Kwajalein (29 km²), Bikini (6 km²) und Eniwetok (27 km²). Die höchste Erhebung liegt 10 m ü. M. (auf Likjeb). Das trop. Klima wird durch die kühlen Passatwinde gemildert; die Niederschläge nehmen von N (500–800 mm/Jahr) nach S (bis über 4 000 mm/Jahr) zu; häufig Wirbelstürme.

Bevölkerung

Die Bewohner sind Mikronesier, wenige Polynesier und US-Amerikaner. Rd. 94 % sind Christen (überwiegend Protestanten). Es besteht eine neunjährige allg. Schulpflicht ab dem 6. Lebensjahr. Die Analphabetenquote beträgt 9 %.

Wirtschaft, Verkehr

Landwirtschaft (einschließlich Forstwirtschaft und Fischerei) und Dienstleistungen sind die Hauptbereiche der Wirtschaft; hauptsächlich Kokospalmen- und Bananenpflanzungen, ferner Brotfruchtbäume und Maniok. Haltung von Schweinen, Geflügel, Rindern. Phosphatvorkommen auf dem Ailinglaplap-Atoll. Wichtigste Arbeitgeber sind die öffentl. Verw. auf Majuro und der US-Militärstützpunkt auf Kwajalein. Unbedeutender Fremdenverkehr. Weitere Einnahmen bringt die Registrierung von Schiffen anderer Länder (»billige Flaggen«). Ausfuhr von Kopra, Kokosöl, Fisch; Einfuhr von Nahrungsmitteln, Ind.gütern, Treibstoffen. Haupthandelspartner: die USA, Japan. Internat. Flughafen auf Majuro.

Geschichte

Im 2. Jt. v. Chr. von den Neuen Hebriden aus besiedelt, 1529 von den Spaniern entdeckt, ab 1885 dt. Schutzgebiet. 1914 von Japan besetzt, das die Inseln 1920 als Völkerbundmandatsgebiet erhielt. Im Zweiten Weltkrieg eroberten die Amerikaner 1944 die von starken japanisch. Kräften verteidigten M. 1947 kamen diese als Treuhandgebiet der UN an die USA, die auf Eniwetok und Bikini Kernwaffenversuche durchführten (1946 bis 1958). Nach Entseuchungsmaßnahmen auf Eniwetok kehrten die Bewohner ab 1980 wieder dorthin zurück, Bikini blieb unbewohnbar. 1986 erhielten die M. Selbstverwaltung im Rahmen einer freien Assoziierung mit den USA. Seit Dez. 1990 (Aufhebung der Treuhandverw. durch den UN-Sicherheitsrat) formal unabhängig, wurden die M. 1991 Mitgl. der UN.

Marshallplan [ˈmɑːʃl-], Bez. für das auf Initiative von G. C. Marshall geschaffene Hilfsprogramm zum Wiederaufbau Europas nach dem Zweiten Weltkrieg (/ ERP).

Marsilius von Padua, italien. Staatstheoretiker, *Padua um 1275, †München 1342/43; wurde 1313 Rektor der Univ. Paris, vollendete 1324 sein Hauptwerk »Defensor pacis« (»Verteidiger des Friedens«), in dem er für eine auf Volkssouveränität beruhende Staatsform eintrat und sich gegen den weltl. Herrschaftsanspruch des Papstes wandte; 1327 als Ketzer verurteilt, fand er Zuflucht bei Kaiser Ludwig IV., dem Bayern.

Mars Odyssey [mɑːz ˈɔdɪsɪ] (eigtl. 2001 Mars Odyssey), 2001 gestartete Planetensonde der NASA, die seit Febr. 2002 geochemisch-mineralog. Erkundungen der Marsoberfläche durchführt. Sie ist dafür mit drei Hauptinstrumenten ausgerüstet, von denen ein Gammastrahlenspektrometer die Zusammensetzung und Verteilung der chem. Elemente ermittelt. Bei der bis 2004 geplanten Mission wird u. a. auch nach Wasserstoff (in den Polarregionen) gesucht.

Marstall, Gesamtheit der Pferde sowie Gebäude für Pferde und Wagen einer fürstl. Hofhaltung.

Marsyas, *grch. Mythos:* ein Satyr, der Apoll zum Wettstreit im Flötenspiel aufforderte, doch von ihm besiegt, an einem Baum aufgehängt und enthäutet wurde.

Martell [altfrz. »Hammer«], Karl; / Karl 18).

martellando [italien. »hämmernd«, »gehämmert«] (martellato), musikal. Vortragsbezeichnung: kurz, energisch; ähnlich / staccato.

Martens, 1) Adolf, Ingenieur, *Bakendorf (heute zu Gammelin, bei Hagenow) 6. 3. 1850, †Berlin 24. 7. 1914; begründete die wiss. Metallprüfung und die Gefügemikroskopie in Dtl., konstruierte viele Werkstoffprüfmaschinen.

2) Wilfried, belg. Politiker, *Sleidinge (bei Gent) 19. 4. 1936; Rechtsanwalt, 1972–79 Vors. der fläm. »Christl. Volkspartei« (CVP); 1979 bis April 1981 und Dez. 1981–92 MinPräs.; seit 1990 Präs. der Europ. Volkspartei, 1994–99 deren Fraktionsvors. im Europ. Parlament.

Martensit [nach A. Martens] *der,* beim Härten von Stählen durch Wärmebehandlung und anschließende rasche Abkühlung infolge diffusionsloser Umwandlung des / Austenits entstehendes tetragonal verzerrtes kubisch-raumzentriertes Gefüge von Eisen und Eisencarbid (Zementit, Fe_3C).

Marterl, Gedenkbild am Ort eines Unglücks mit dem Bildnis Christi, bes. in Österreich und Bayern (/ Bildstock).

Martha, Gestalt des N. T.; Schwester der Maria von Bethanien und des Lazarus (Lk. 10, 38 ff. und Joh. 11, 1); Heilige; Tag: 29. 7.

Marthaler, Christoph, schweizer. Bühnenregisseur und Komponist, *Erlenbach (Kt. Zürich) 17. 10. 1951; komponierte zunächst Bühnenmusiken für versch. Theater; trat dann mit eigenen Regiearbeiten hervor, 1988–93 am Basler Theater tätig, seit 1993 am Dt. Schauspielhaus Hamburg, seit 1999 Intendant des Züricher Schauspielhauses.

Marti, Kurt, schweizer. Schriftsteller, *Bern 31. 1. 1921; ref. Pfarrer; schreibt Gedichte, bes. in Berner Umgangssprache, die durch Sprachwitz und Gesellschaftskritik an christl. Sicht wirken (»republikanische gedichte«, 1959). Wichtige Anregungen für die Schweizer Mundartdichtung gab er mit den Gedichten »rosa loui« (1967) und den »Dorfgeschichten« (1960); auch theolog. Essays. – *Weitere Werke: Lyrik:* leichenreden (1969); meergedichte alpengedichte (1975); da geht dasein (1993); kleine zeitrevue. erzählgedichte (1999). – *Erzählungen, Prosa:* Nachtgeschichten (1987); Högerland. Ein Fußgängerbuch (1990); Im Sternzeichen des Esels. Sätze, Sprünge, Spiralen (1995).

Mars Express (Modell)

Martí, José, kuban. Schriftsteller, *Havanna 28. 1. 1853, ⚔ Boca de Dos Ríos 19. 5. 1895; lebte u. a. in Spanien, Paris, Mexiko, Guatemala, New York und Venezuela; Vorkämpfer der kuban. Unabhängigkeitsbewegung im 19. Jh.; starb im Kampf gegen die Spanier. M. trat bes. mit sehr persönl., einfachen lyr. Gedichten (u. a. »Ismaelillo«, 1882; »Versos sencillos«, 1891), Dramen sowie zahlr. journalist. Artikeln und krit. Studien hervor, in denen sich sein polit. Denken (u. a. Kampf gegen Ungleichheit und Ungerechtigkeit, Befreiung Kubas von span. Vorherrschaft, Ablehnung einer Annexion Kubas durch die USA) niederschlug.

Martial (lat. Martialis), Marcus Valerius, lat. Dichter, *Bílbilis (Spanien) um 40 n. Chr., †ebd. um 103; lebte etwa 64–98 in Rom. M., der Klassiker des lat. Epigramms, zeigt scharfe Beobachtungsgabe, Witz und treffsicheren Ausdruck. Seine »Epigrammata« (12 Bücher), meist in Distichen, hatten große Wirkung auf die epigrammat. Dichtung Europas im MA., die neulat. Dichtung und auf dt. Epigrammatiker wie A. Gryphius, F. von Logau, F. von Hagedorn sowie auf Lessing, Goethe und Schiller (»Xenien«).

martialisch [lat. martialis »zum Kriegsgott Mars gehörend«], kriegerisch; wild, grob auftretend.

Martigny [martiˈɲi], Bez.-Hptst. im Kt. Wallis, Schweiz, 14 100 Ew.; archäolog. Museum; Aluminium-, Düngemittel-, Holz verarbeitende Ind.; Weinbau. – Reste des röm. **Octodurum** freigelegt.

Martin V., Papst (1417–31), eigtl. Oddo Colonna, *Genazzano (bei Rom) 1368, †Rom 20. 2. 1431. Seine Wahl auf dem Konzil von Konstanz (1417) beendete das Abendländ. / Schisma. M. bemühte sich um den Wiederaufbau der Kurie und die Festigung des Kirchenstaates; er berief das Konzil von Basel (/ Reformkonzilien).

Martin, 1) [ˈmɑːtɪn], Archer John Porter, brit. Chemiker, *London 1. 3. 1910, †28. 7. 2002; entwickelte seit 1939 die Verteilungs-, seit 1944 die Papierchromatographie als analyt. Hilfsmittel; erhielt dafür 1952 mit R. L. M. Synge den Nobelpreis für Chemie.

George C. Marshall

Archer Martin

2) [marˈtɛ̃], Frank, schweizer. Komponist, * Eaux-Vives (heute zu Genf) 15. 9. 1890, † Naarden (Niederlande) 21. 11. 1974; setzte sich mit A. Schönbergs Zwölftontechnik auseinander und fand im Kammeroratorium »Le vin herbé« (1938–41) seinen eigenen Stil; schrieb Opern, Oratorien, Gesänge und Instrumentalmusik.

3) [ˈmartin], Karl Heinz, Regisseur und Theaterleiter, * Freiburg im Breisgau 6. 5. 1888, † Berlin 13. 1. 1948; einer der führenden Regisseure des Expressionismus; gründete 1919 in Berlin die »Tribüne«, war Regisseur bei M. Reinhardt, 1933–45 Regisseur in Berlin und Wien, übernahm 1945 die Leitung des Berliner Hebbeltheaters.

4) [marˈtɛ̃], Pierre Émile, frz. Hüttenigenieur, * Bourges 18. 8. 1824, † Fourchambault (Dép. Nièvre) 25. 5. 1915; erfand 1864 mit seinem Vater Émile das saure Herdfrischverfahren zur Stahlherstellung. Sie benutzten dabei die von F. und W. Siemens erfundene Regenerativfeuerung (Siemens-Martin-Verfahren).

5) [ˈmɑːtɪn], Steve, amerikan. Komiker und Filmschauspieler, * Waco (Tex.) 14. 8. 1945; war Textautor für Fernsehsendungen, seit den 1980er-Jahren mit seinen Gags und Grimassen, die zunehmend einer leiseren Komik weichen, erfolgreicher Filmkomiker. – *Filme:* Roxanne (1987); Der kleine Horrorladen (1986); Grand Canyon (1991); Vater der Braut (1991); L. A. Story (1991); Housesitter – Lügen haben schöne Beine (1992); Vater der Braut II (1995); Die unsichtbare Falle (1997); EDtv (1999); Schlaflos in New York (1999).

Roger Martin du Gard

Martin du Gard [martɛ̃ dy ˈgaːr], Roger, frz. Schriftsteller, * Neuilly-sur-Seine 23. 3. 1881, † Bellême (Dép. Orne) 23. 8. 1958; wurde bekannt mit dem Roman »Jean Barois« (1913), dessen Handlung die ↗ Dreyfusaffäre einbezieht. Sein Hauptwerk ist der Romanzyklus »Die Thibaults« (8 Tle., 1922–40), in dem mit psycholog. Eindringlichkeit das frz. Bürgertum um 1900, zugleich Auflehnung und Scheitern der jungen Generation dargestellt sind. 1937 erhielt er den Nobelpreis für Literatur.

Martínez Ruiz [-ɛð ˈrrwiθ], José, span. Schriftsteller, * Monóvar (Prov. Alicante) 11. 6. 1874, † Madrid 2. 3. 1967; schrieb seit 1903 unter dem Pseud. **Azorín**; ein Hauptvertreter der »Generation von 98«; verfasste Reiseberichte, Romane (»Don Juan«, 1922; »Doña Inés«, 1925), die Autobiografie »Bekenntnisse eines kleinen Philosophen« (1904), Essays (»Auf den Spuren Don Quijotes«, 1905) und Dramen.

Martingal [frz.] *der, Pferdesport:* Hilfszügel beim Spring- und Geländereiten, der das Hochstrecken des Pferdekopfs verhindert.

Harry Martinson

Martini, 1) Carlo Maria, italien. kath. Theologe, * Turin 15. 2. 1927; war von 1980 bis Anfang Juli 2002 Erzbischof von Mailand; seit 1983 Kardinal; einer der einflussreichsten Förderer des ökumen. Dialogs in der kath. Kirche Italiens; wurde durch seine publizist. Tätigkeit über Italien hinaus bekannt.

2) Fritz, Literarhistoriker, * Magdeburg 5. 9. 1909, † Stuttgart 4. 7. 1991; war Prof. an der TH Stuttgart; v. a. bekannt durch seine »Dt. Literaturgesch. von den Anfängen bis zur Gegenwart« (1949); auch Hg. des »Jahrbuchs der Dt. Schillergesellschaft« (ab 1957).

3) Simone, italien. Maler, ↗ Simone Martini.

Martinique [martiˈnik], Insel der Kleinen Antillen, frz. Übersee-Dép., 1 106 km², (2001) 386 000 Ew. (meist Schwarze und Mulatten); Hptst.: Fort-de-France (Hauptshafen, internat. Flughafen). M. ist gebirgig, im N vulkanisch mit dem Vulkan Montagne ↗ Pelée (1 397 m ü. M.). Wirtsch. Hauptbedeutung hat der Fremdenverkehr; monokulturartiger Bananenanbau; auch Erzeugung von Zuckerrohr (Rumproduktion) und Ananas; Erdölraffinerie. – Urspr. von Aruak, später von Kariben bewohnt; wurde 1502 von Kolumbus entdeckt und seit 1635 von den Franzosen kolonisiert, seit 1816 endgültig frz., seit 1946 Übersee-Département.

Martinon [-ˈnɔ̃], Jean, frz. Komponist und Dirigent, * Lyon 10. 1. 1910, † Paris 1. 3. 1976; u. a. 1960–66 Chefdirigent der Düsseldorfer Symphoniker, 1963–68 des Chicago Symphony Orchestra, 1968–74 des Orchestre National de France, danach bis 1976 des Residentie-Orkest Den Haag. Komponierte die Oper »Hécube« (1949), Orchesterwerke, Kammermusik, Chorwerke.

Martinson, Harry, schwed. Schriftsteller, * Jämshög (Blekinge) 6. 5. 1904, † Stockholm 11. 2. 1978; vertritt in seinen Werken einen vitalen Primitivismus; schrieb Gedichte, Romane, u. a. »Der Weg nach Glockenreich« (1948), das Weltraumepos »Aniara« (1956; Oper von K. B. Blomdahl). Ab 1949 Mitgl. der Schwed. Akademie; 1974 Nobelpreis für Literatur (mit E. Johnson).

Martinstag (Martini), urspr. als Abschluss des bäuerl. Wirtschaftsjahrs wichtiger Brauch- und Rechtstermin (z. B. Entlohnung des Gesindes; Regelung der Pacht, Abgabe des Zehnten); als Tag des hl. ↗ Martin von Tours (11. 11.) Volksfeiertag v. a. in Belgien, den Niederlanden und am Niederrhein mit einer Vielzahl von Bräuchen: **Martinsfeuer,** Laternenumzüge (**Martinslampen),** Singen von **Martinsliedern,** Bittgänge von Kindern und **Martinsschmaus** (**Martinsgans, Martinsgebäck).**

Martinswand, Felswand am linken Innufer bei Zirl, Tirol, Österreich; Maximiliansgrotte und 1,8 km langer Tunnel der Mittenwaldbahn.

Martinů, Bohuslav, tschech. Komponist, * Polička (Ostböhm. Gebiet) 8. 12. 1890, † Liestal (Schweiz) 28. 8. 1959; in seinen Werken finden sich tschechisch-folklorist. und impressionist. Einflüsse. Er schrieb Chor-, Orchester-, Kammermusik, außerdem die Opern »Julietta« (1938), »Die Heirat« (1953), »Ariane« (1961), »Griech. Passion« (1961), die Ballette »Istar« (1924), »Das Urteil des Paris« (1953) und das Oratorium »Gilgamesch-Epos« (1955).

Martin von Tours [- tuːr], Bischof, Asket, Apostel Galliens, * Sabaria (heute Szombathely, Ungarn) 316/317, † Candes (heute Candes-Saint-Martin, Dép. Indre-et-Loire) 8. 11. 397; Sohn eines röm. Tribuns; Soldat; ließ sich mit 18 Jahren taufen, schied aus der röm. Armee aus und wurde Schüler des Hilarius von Poitiers; gründete 361 in Ligugé (bei Tours) das erste Kloster auf gall. Boden; seit 371 Bischof von Tours; wurde zum Vorbild des abendländ. Mönchtums (zahlr. Legenden). Heiliger; Tag: 11. 11. (↗ Martinstag)

Martin von Tours: Der hl. Martin teilte nach einer berühmten Legende als Soldat seinen Mantel mit einem frierenden Bettler (Gemälde von Sassetta, um 1435).

Märtyrer [grch.-lat.; eigtl. »Zeuge«] *der* (Martyrer), jemand, der um seines Glaubens oder seiner Überzeugung willen den Tod erleidet; meist für die christl. M. (Blutzeugen) gebraucht.

Martyrium [zu Märtyrer] *das,* 1) schweres Leiden oder Tod um des Glaubens oder der Überzeugung willen; 2) Grab oder Grabkirche eines christl. Märtyrers.

Martyrologium [mlat.] *das,* in der *kath. Kirche* das nach den Kalendertagen gegliederte Verzeichnis der Märtyrer, Seligen und Heiligen mit beigefügten Lebensbeschreibungen.

Marubeni Corp., weltweit tätiger japan. Mischkonzern (u. a. Großhandel, Logistik, Dienstleistungen, Energie, Chemie), gegr. 1858; jetziger Name seit 1969; Sitz: Tokio.

Marx, 1) Joseph, österr. Komponist und Musikkritiker, * Graz 11. 5. 1882, † ebd. 3. 9. 1964; war 1947–57 Prof. in Graz; schuf in impressionist. Stil Orchesterwerke, Kammermusik, Klavierstücke, Lieder; schrieb »Weltsprache Musik« (1964).

2) Karl, Komponist und Musikpädagoge, * München 12. 11. 1897, † Stuttgart 8. 5. 1985; Schüler von C. Orff; gehörte zu den Hauptvertretern der Jugendmusikbewegung; schuf u. a. Kantaten, Chöre, Kammermusik, Lieder.

3) Karl, Maler, * Köln 21. 1. 1929; entwickelte einen gestisch-expressiven Realismus. Darstellungsgegenstände sind Akte, Porträts und Gruppenbilder sowie Dinge und Situationen, die unmittelbar auf bedrohtes menschl. Leben hinweisen.

4) Karl Heinrich, Philosoph und Nationalökonom, * Trier 5. 5. 1818, † London 14. 3. 1883; aus jüd., 1824 zum Protestantismus übergetretener Familie. Nach Studium der Rechtswiss., Philosophie und Gesch. wandte sich M. der Philosophie (insbesondere Hegels) zu. 1842/43 war er Redakteur der liberalen »Rhein. Zeitung« bis zu ihrem Verbot (Verbindung mit A. Ruge, L. Feuerbach, M. Hess). 1843 heiratete er Jenny von Westphalen. Unter dem Einfluss von Feuerbachs anthropolog. Materialismus wandte er sich von Hegels idealist. Philosophie ab (»Zur Kritik der Hegelschen Rechtsphilosophie«, 1843/44) und, seit 1843 in Paris (Herausgabe der »Dt.-Frz. Jahrbücher«, 1844; Bekanntschaft mit H. Heine), dem Sozialismus zu. Hier begann die Freundschaft und Zusammenarbeit mit F. Engels. Nach der Ausweisung aus Frankreich 1845 siedelte M. nach Brüssel über und setzte sich kritisch mit den Linkshegelianern (»Die Heilige Familie«, 1845), Feuerbach u. a. (»Die dt. Ideologie«, 1845/46) sowie P. J. Proudhon (»Das Elend der Philosophie«, 1847), z. T. in gemeinsamer Arbeit mit Engels, auseinander. Den polit. Kampf der Arbeiterbewegung unterstützend, schrieb er mit Engels im Auftrag des »Bundes der Kommunisten« das ↗ Kommunistische Manifest (1847/48). 1848 aus Belgien ausgewiesen, lebte er kurze Zeit in Köln, wo er die »Neue Rhein. Zeitung« redigierte (1848/49), und seit 1849 bis zu seinem Tod, von Engels häufig finanziell unterstützt, in London. Dort schuf er seine eigentl. wiss. Hauptwerke: »Zur Kritik der polit. Ökonomie« (1859) und »Das Kapital« (Bd. 1: 1867; Bd. 2 und 3 hg. von Engels 1885–94). M. bestimmte maßgeblich die Erste ↗ Internationale und kämpfte v. a. gegen die anarchist. Strömungen (M. A. Bakunin) in ihr. Die »Kritik des Gothaer Programms« (1875) zeigt sein krit. Verhältnis zur dt. Sozialdemokratie. In seinen letzten Lebensjahren fand M. seine Anerkennung als führender Vertreter des wiss. Sozialismus bzw. Kommunismus. (↗ Marxismus)

5) Wilhelm, Politiker, * Köln 15. 1. 1863, † Bonn 5. 8. 1946; 1910–18 und 1920–32 MdR; 1922–28 Vors. der Zentrumspartei; Nov. 1923 bis Jan. 1925 und Mai 1926 bis Juni 1928 Reichskanzler.

Marx Brothers [ˈmɑːks ˈbrʌðəz, »Brüder Marx«], Gruppe amerikan. (Film-)Komiker; ihre Filme zeichnen sich durch surreale, groteske Slapstick-Komik aus; wichtigste Mitglieder waren: Leonard Marx (* 1886, † 1961; gen. **Chico**), Arthur Marx (* 1888, † 1964; gen. **Harpo**) und Julius Marx (* 1890, † 1977; gen. **Groucho**). Die M. B. hatten auch große Bühnenerfolge, ab 1924 am Broadway; 1949 löste sich die Gruppe auf.

Marx-Generator [nach dem Ingenieur E. Marx, * 1893, † 1980], *Hochspannungstechnik:* ↗ Stoßspannungsgenerator.

Marxismus *der,* zusammenfassende Bez. für die von K. Marx und F. Engels entwickelten philosoph., politisch-sozialen und ökonom. Lehren, i. w. S. auch deren Interpretation und Weiterentwicklung.

Eine wichtige Quelle für den M. ist die Philosophie G. W. F. Hegels und der »Linkshegelianer« (A. Ruge, B. Bauer, L. Feuerbach u. a.). Allerdings stellt Marx Hegel »vom Kopf auf die Füße«, d. h., er interpretiert die idealist. ↗ Dialektik Hegels materialistisch: Der histor. Prozess wird vom Widerspruch zw. **Produktivkräften** (menschl. Arbeitskraft bzw. Fertigkeiten, materielle Produktionsmittel) und **Produktionsverhältnissen** (soziale Organisationsformen, v. a. Rechts-, Eigentums- und Herrschaftsverhältnisse) vorangetrieben. Zu diesem Widerspruch kommt es, weil die Menschen die Produktivkräfte ständig fortentwickeln, um ihre immer neu und erweitert entstehenden Bedürfnisse befriedigen zu können. Wenn die Produktionsverhältnisse nicht mehr der Entwicklung der Produktivkräfte entsprechen, kommt es zu gesellschaftl. Krisen, die zur Revolution führen können, zur Ablösung der herrschenden, d. h. über die Produktionsmittel verfügenden ↗ Klasse und zu neuen Produktionsverhältnissen. Geprägt und abhängig von der gesellschaftl. **Basis,** d. h. der jeweiligen Produktionsweise (Produktionsverhältnisse und Produktivkräfte) und der sich daraus ergebenden Klassen- und Interessenlage, bildet sich ein polit., jurist., kultureller und religiöser **Überbau,** der mit der Basis in dialekt. Wechselbeziehung steht. Marx erklärte so den Wechsel der herrschenden Klassen, Gesellschaftsformationen und Denkepochen in der Folge: Urgesellschaft – Sklavenhaltergesellschaft – Feudalismus – Kapitalismus – Sozialismus – Kommunismus. Bis zum Sozialismus ist nach Marx die Geschichte eine »Geschichte von Klassenkämpfen« (↗ Klassenkampf), zu denen es immer wieder gesetzmäßig kommt; von da an soll bewusstes gesellschaftl. Handeln im Einklang mit den gesellschaftl. Entwicklungsgesetzen entstehen. Diese Lehre wird allg. als **historischer Materialismus** bezeichnet.

Konkretisiert ist die Lehre des M. bes. an der geschichtl. Epoche des Kapitalismus. Die Bourgeoisie als Vertreterin handwerkl. und sonstiger vorindustrieller kapitalist. Produktionsweise löst den Feudaladel u. a. durch eine Revolution (z. B. die Frz. Revolution) als herrschende Klasse ab und führt neue Produktionsverhältnisse in Form von Privateigentum an den Produktionsmitteln, gesellschaftl. Arbeitsteilung, Geldwirtschaft und Befreiung der Leibeigenen und Hörigen ein, wodurch das Industrieproletariat entsteht und das Fabriksystem sowie die industrielle Produktion sich entwickeln kann. Während der Epoche des Kapitalismus basiert das Wachstum der Produktion auf Ausbeutung, indem sich die Kapitalisten den von den Arbeitern hervorgebrachten **Mehrwert** aneignen und damit die Erweiterung ihres Privateigentums

Karl Marx
(1818–1883)

durch »Akkumulation« betreiben. Zum Nachweis der Ausbeutung dient Marx die ↗ Arbeitswerttheorie, zu der er bes. durch D. Ricardo angeregt wurde. Im Kapitalismus wird die menschl. Arbeitskraft zur Ware. Sie wird von den besitzlosen Proletariern angeboten und hat die Eigenschaft, mehr Werte zu schaffen, als zu ihrer Reproduktion benötigt werden (Lebensmittel u. a.); der Kapitalist kann sich die Differenz zw. produzierten Werten und Lohn, d. h. den Mehrwert, aneignen; also werden die Arbeiter nach Marx ausgebeutet. Die durch den unkontrollierten privaten Akkumulationsprozess und die im Marktsystem ungenügend koordinierte gesellschaftl. Arbeitsteilung in verstärktem Maße entstehenden ökonom. Krisen (Konjunkturzyklen, ausgelöst durch »Überakkumulation« oder »Unterkonsumtion«, Verdrängung kleiner und mittlerer Unternehmen durch Großunternehmen, Sinken der aus dem Mehrwert entstandenen Profitrate), die mit einer Verelendung des Proletariats durch Sinken des Lohns auf das Existenzminimum (**Verelendungstheorie**) einhergehen, würden gesamtgesellschaftl. Planung notwendig machen; die kapitalist. Produktionsverhältnisse werden zum Hemmnis für die Produktivkräfte. Das Ind.proletariat hat nach Bildung der ihm adäquaten Organisationsform nun die histor. Mission, die polit. und ökonom. Macht zu erobern und sozialist. Produktionsverhältnisse, bes. Kollektiveigentum und gesellschaftl. Planung, einzuführen. Erst nachdem diese Aufgabe im Rahmen der ↗ Diktatur des Proletariats erfüllt ist, kann im ↗ Kommunismus der Staatsapparat »absterben«.

Sowohl die Vieldeutigkeit der Lehren als auch die Notwendigkeit zur Umdeutung, da Vorhersagen von Marx nur z.T. eintraten (Ausbleiben oder Scheitern der Versuche einer sozialist. Revolution nach dem Ersten Weltkrieg, bes. in den industriell höchstentwickelten Ländern, die Unhaltbarkeit der Verelendungstheorie), führten zu kontroversen Auslegungen, so zum ↗ Revisionismus, zu determinist. Vertrauen auf das Wirken der Geschichtsgesetze (K. Kautsky), zum ↗ Austromarxismus; bes. lebhaft war die Marx-Diskussion und -Interpretation in den 1920er-Jahren (v. a. E. Bloch, G. Lukács, Karl Korsch [* 1886, † 1961]; von der Generallinie in der UdSSR abweichend auch Trotzki, Bucharin und die versch. Rätebewegungen); sie bildete die Wurzel des ↗ Neomarxismus und des ↗ Eurokommunismus.

Die Hauptströmung des M. wurde jedoch der **M.-Leninismus.** Dieser gründet sich auf die von W. I. Lenin vorgenommene Anpassung der Lehren von Marx und Engels an die sozialen und polit. Verhältnisse Russlands im frühen 20. Jh. Der Leninismus berücksichtigt über die Lehren des M. hinaus den Eintritt des Kapitalismus in sein höchstes Stadium, das des Imperialismus, und vertritt die Lehre von der »ungleichmäßigen Entwicklung« der versch. am kapitalist. Weltmarkt teilnehmenden Gesellschaften. Während Marx annahm, dass die proletar. Revolution von den hoch industrialisierten Staaten Mittel- und Westeuropas ausgehen würde, behauptete und betrieb der Leninismus mit Erfolg den revolutionären Durchbruch in einem relativ rückständigen, agrar. Land. Lenin formulierte darüber hinaus die Lehre von der »Partei neuen Typs«, die als »klassenbewusste Vorhut des Proletariats« die Führung und Erziehung der werktätigen Massen zu übernehmen habe. Durch die sowjet. Vormachtstellung in der ↗ Komintern wurde die Organisationstheorie Lenins lange Zeit für alle kommunist. Parteien verbindlich. Die Nachfolger Lenins, v. a. Stalin, bauten den M.-Leninismus zu einer Weltanschauungslehre mit dogmat. Zügen und universalem An-

Masaccio: Fresko der »Dreifaltigkeit« (um 1426–28; Florenz, Santa Maria Novella)

spruch aus. Neben die politisch-sozialen und ökonom. Lehren wurde der systematisierte **dialekt. Materialismus** gestellt, der v. a. auf Engels' Annahme einer »Dialektik der Natur« beruht. Nach dieser Lehre sind alle Erscheinungen der Welt materiell oder aus Materie hervorgegangen; zum philosoph. Materialismus tritt die Auffassung von der Entwicklung der Welt als ein Prozess, der sich ständig in Gegensätzen bewegt. Bestimmt wird dieser Prozess vom Gesetz des Umschlagens quantitativer Veränderungen in qualitative und vom Gesetz der Negation der Negation (entspricht der hegelschen Antithese und Synthese).

Mit der Entstalinisierung (1956) traten in den kommunist. Staaten zunehmend Systemkritiker hervor, die eine Liberalisierung und z. T. Überwindung des Kommunismus und M. forderten (↗ Reformkommunismus). Ein eigenes Gesellschaftsmodell mit Leitung der Produktion durch Arbeiterräte (Titoismus) wurde in Jugoslawien erprobt. Mao Zedong entwickelte eine neue Theorie der proletar. Revolution (↗ Maoismus). Auch andere kommunist. Parteien gingen z. T. eigene Wege. Am Ende des 20. Jh. reduzierten sich die vom M. abgeleiteten Gesellschaftsmodelle durch den fakt. Zusammenbruch des marxistisch-leninistisch begründeten real existierenden Sozialismus auf neomarxist. Ansätze und die Auseinandersetzung mit dem Stalinismus.

Mary (bis 1937 Merw), Hptst. des Gebiets M. in Turkmenistan, Oasenstadt in der Wüste Karakum, am Murgab und Karakumkanal, 94 900 Ew.; Baumwollentkernung, Nahrungsmittel-, Bekleidungsind., Phosphatwerk; um M. Baumwollanbau, nahebei Erdgasgewinnung mit -kraftwerk. – 1884 als Verw.zentrum und Militärlager der seit dem 19. Jh. russ. Oase Merw gegr.; 30 km östlich liegen die Ruinen der alten Stadt Merw (UNESCO-Weltkulturerbe), älteste Teile aus dem 6. Jh. v. Chr. Diese gehörte vom 2. Jh. v. Chr. bis 3. Jh. n. Chr. zum Partherreich, war dann sassanidisch, wurde 651 von den Arabern erobert, 1222 von den Mongolen zerstört.

Maryland ['meərɪlænd], Abk. **Md.,** einer der südl. Bundesstaaten der USA, 32 134 km², (2001) 5,38 Mio. Ew. (über 26 % Schwarze und Mulatten); Hptst.: Annapolis. M. hat im W Anteil an den Appalachen, im O an der Atlantic. Küstenebene mit der Chesapeake Bay. Anbau bes. von Getreide, Kartoffeln, Gemüse, Obst, Tabak; bed. Viehzucht und Fischerei. Es werden Kohle, Tonerde und Erdgas gewonnen. Die Ind. ist auf die größte Stadt M.s, Baltimore, konzentriert. – 1632 erhielt Cecil Calvert Lord Baltimore (* um 1605, † 1675) von Karl I. einen Freibrief für eine Kolonie am Potomac (zu Ehren der engl. Königin M. genannt); 1788 7. Staat der Union; im Sezessionskrieg (1861–65) unionstreu.

März [lat. mensis Martius »Marsmonat«], der 3. Monat des Jahres mit 31 Tagen; im altröm. Kalender der 1. Monat. – Der M. war stets reich an Volksbräuchen zur Feier des wiederkehrenden Frühlings, z. T. noch heute. – Alter dt. Name: **Lenzmond.**

Marzahn-Hellersdorf, Bez. von Berlin, 2001 gebildet aus den ehem. Bez. Marzahn und Hellersdorf, 61,7 km², (2001) 258 800 Einwohner.

Märzenbecher, die Frühlingsknotenblume ⁄ Knotenblume.

Märzenbier, urspr. im März gebrautes, starkes Bier.

Märzfeld (lat. Campus Martius), die seit der Merowingerzeit jährlich im März stattfindende Heeresversammlung im Fränk. Reich, auf der Heerschau gehalten und über Krieg, Frieden u. a. polit. Fragen beraten wurde. 755 von Pippin d. J. in den Mai verlegt **(Maifeld),** wurde die Versammlung seit Ludwig dem Frommen nicht mehr abgehalten.

Marzipan [von italien. marzapane (weitere Herkunft unsicher)] *das,* selten *der,* Konfekt aus Mandeln und Zucker; kam durch die Kreuzzüge aus dem Orient nach Europa.

Märzrevolution (Revolution 1848/49), die im März 1848 von der frz. Februarrevolution ausgelöste Erhebung des liberalen Bürgertums in den dt. Staaten und in den österr. und preuß. Ländern außerhalb des Dt. Bundes. Sie war, anders als in Frankreich, v. a. eine bürgerl. Revolution mit dem Ziel liberaler Reformen wie auch nat. Einheit. Ausgehend vom dt. SW wurden in den Klein- und Mittelstaaten die Reformforderungen bald erfüllt: konstitutionelle Verfassungen, Pressefreiheit, Schaffung von Reformministerien (»Märzministerien«), Wahl eines gesamtdt. Parlaments (⁄ Frankfurter Nationalversammlung). Ein radikal-republikan. Aufstand in Baden (12. 4. 1848 Ausrufung der Rep. in Konstanz durch F. Hecker) wurde niedergeschlagen. – In *Preußen,* wo es am 18./19. 3. zu Straßenkämpfen und am 29. 3. zur Berufung eines liberalen Kabinetts unter L. von Camphausen gekommen war, setzten sich im Frühsommer die Gegner der revolutionären Bewegung durch (»Junkerparlament«). – In *Österreich* kam es nach dem Sturz Metternichs (13. 3. 1848) zu einer immer stärkeren Radikalisierung bis zu den bürgerkriegsähnl. Maiaufständen. Gleichzeitig begann die ungar. Revolution (15. 3., Pest; Auswirkungen von Freiheitskrieg) und die dem ungar. Beispiel folgende M. in Böhmen (Prager »Pfingstaufstand«).

Die 2. Phase der M., die **Septemberrevolution,** erwuchs aus der Radikalisierung der sozialen Unterströmung der M., deren militär. Niederwerfung bis 23. 9. 1848 den Dualismus Preußens und Österreichs wieder aufleben ließ. Wegen der Ereignisse in Ungarn kam es zum Ausbruch der Wiener »Oktoberrevolution« (6.–31. 10. 1848); ihre Niederwerfung förderte die österr. »Gegenrevolution«. Das Scheitern der Frankfurter Nat.versammlung in der Kaiserfrage, die Wiederherstellung des Dt. Bundes, das Einschwenken der dt. Staaten auf den Reaktionskurs (v. a. Ablehnung der Reichsverf. vom 28. 3. 1849 und Niederschlagung der Maiaufstände 1849) sowie der Widerruf der in Österreich oktroyierten »Märzverfassung« am 20. 8. 1851 leitete einen neoabsolutist. Kurs ein und beendete die Revolutionsbewegung.

Märzverfassung, in Österreich die oktroyierte Verf. vom 4. 3. 1849 (1851 von Kaiser Franz Joseph I. widerrufen).

Masaccio [ma'zattʃo], eigtl. Tommaso di Giovanni di Simone Guidi, italien. Maler, * San Giovanni Valdarno (bei Arezzo) 21. 12. 1401, † Rom vor dem 20. 12. 1429; seit 1422 in Florenz nachweisbar, malte in der Brancacci-Kapelle von Santa Maria del Carmine in Florenz die Fresken aus dem Leben des Petrus (mit ⁄ Masolino; wohl ab 1426, Teile von F. Lippi vollendet), das Fresko der Dreifaltigkeit in Santa Maria Novella in Florenz (um 1426–28) sowie Tafelbilder (Anna selbdritt [mit Masolino], 1424/25, Florenz, Uffizien; Altarwerk aus Santa Maria del Carmine in Pisa, 1426, Teile in London, Neapel, Berlin). Mit M. begann eine neue Epoche der Kunstgeschichte. Der monumentale, die Kunst Giottos erneuernde Stil seiner Fresken, die Klarheit seiner durch Zentralperspektive und einheitl. Lichtführung gewonnenen Darstellung des Raumes und die Lebensnähe seiner Menschengestaltung begründeten die Malerei der Renaissance.

Maryland
Flagge

Masada: Die von Herodes dem Großen 36–30 v. Chr. ausgebaute Festungsanlage befindet sich auf einem Felsplateau.

Masada (Massada), Ruinenstätte 441 m über dem Toten Meer, nordöstlich von Arad, Israel; vorchristl. Felsenfestung; von Herodes d. Gr. 36–30 v. Chr. ausgebaut, letzter Stützpunkt der Juden im Krieg gegen Rom (73 n. Chr. eingenommen). – Ausgrabungen 1963–65 mit bedeutenden Funden (UNESCO-Weltkulturerbe).

Tomáš Garrigue Masaryk

Pietro Mascagni

Masai [auch: maˈsai] (Massai), äthiopides Hirtenvolk in O-Afrika. Die meisten der rd. 880 000, eine nilohamit. Sprache sprechenden M. leben als Nomaden in den Steppen von S-Kenia und N-Tansania.

Masan, Hafenstadt in Süd-Korea, 441 200 Ew.; Eisen-, Stahlwerk, Fisch verarbeitende, Wollind. – Der Hafen wurde 1899 auf japan. Druck dem internat. Handel geöffnet.

Masar-e Scherif, Stadt in Afghanistan, /Mazar-e Sharif.

Masaryk, 1) Jan, tschech. Politiker, * Prag 14. 9. 1886, †ebd. (Selbstmord?) 10. 3. 1948, Sohn von 2); 1940–45 Außenmin. der Londoner Exilreg. und 1945–48 der Reg. der »Tschechoslowak. Rep.«; die Umstände seines Todes blieben ungeklärt.

2) Tomáš Garrigue, tschech. Philosoph, Soziologe und Staatsmann, * Göding (heute Hodonín, Südmähr. Gebiet) 7. 3. 1850, † Schloss Lány (bei Prag) 14. 9. 1937, Vater von 1); Kritiker der tschech. polit. Romantik, bewies 1887 die Unechtheit der /Königinhofer Handschrift; 1891–93 und wieder seit 1907 Mitgl. des österr. Reichsrats; forderte seit 1914 von London aus die tschech. Eigenstaatlichkeit und wurde nach Abschluss des Pittsburgher Vertrags zw. Tschechen und Slowaken über die Gründung eines gemeinsamen Staates 1918 Staatspräs. der Tschechoslowakei (1920, 1927 und 1934 wieder gewählt); 1935 trat er zurück.

Masaya, Dep.-Hptst. in Nicaragua, am Fuß des Vulkans M. (934 m ü. M.), 89 000 Ew.; Mittelpunkt eines Agrargebietes (Kaffee, Tabak, Reis).

Masbate [mazˈβate], Inselgruppe der Philippinen, zw. der SO-Spitze von Luzon und Panay, 4 048 km², etwa 700 000 Ew.; Hauptinseln sind M., Burias und Ticao.

Mascagni [masˈkaɲɲi], Pietro, italien. Komponist, * Livorno 7. 12. 1863, †Rom 2. 8. 1945; verhalf dem /Verismus mit dem Welterfolg seiner Oper »Cavalleria rusticana« (1890) zum Durchbruch; komponierte weitere 15 Bühnenwerke; 1929 Nachfolger A. Toscaninis als Direktor der Mailänder Scala.

Mascara, Wilayat-Hptst. in N-Algerien, im Hochland des Tellatlas, 580 m ü. M., 70 900 Ew.; Zentrum eines Weinbau- und Getreideanbaugebietes; Eisenbahnendpunkt.

Mascarpone [italien.] der, italien. Weichkäse, unter Verwendung von süßer Sahne hergestellt.

maschallah! [arab. »was Gott will«], in islam. Ländern übl. Ausruf, z. B. der Bewunderung oder Zustimmung.

Maschhad [mæʃˈhæd] der (Maschad, Mesched, Meschhed), handgeknüpfter Orientteppich aus der Gegend um die Stadt Meschhed.

Maschine [frz., von lat. machina »(Kriegs-, Belagerungs-)Maschine«, von grch. mēchané »Hilfsmittel«, »Werkzeug«], jede Vorrichtung zur Erzeugung oder Übertragung von Kräften, die technisch nutzbare Arbeit leistet (/Arbeitsmaschinen) oder eine Form der Energie in eine andere umsetzt (/Kraftmaschinen). In der Physik versteht man unter /einfachen Maschinen Vorrichtungen wie Hebel, Rolle (Wellrad), geneigte Ebene (Keil, Schraube). Aus ihnen u. a. /Maschinenelementen sind **zusammengesetzte M.** aufgebaut.

Maschinenbau (Maschinenbauindustrie, Maschinen- und Anlagenbau), Wirtschaftszweig des verarbeitenden Gewerbes, der Maschinen aller Art herstellt (z. B. Werkzeug-, Druck-, Textil-, Verpackungs-, Bau- und Landmaschinen). Wegen der begrenzten Möglichkeiten der Serienfertigung (vorherrschend sind Einzel- und Kleinserienfertigung) überwiegen Unternehmen mit unter 200 Beschäftigten. Da der M. fast ausschl. Investitionsgüter produziert, ist er bes. anfällig für konjunkturelle Schwankungen. Führende Nationen im M. sind die USA und Japan sowie in Europa Dtl., Frankreich, Großbritannien und Italien.

Maschinencode [-koːt], *Informatik:* /Maschinensprache.

Maschinen|elemente, allg. die kleinsten, nicht mehr sinnvoll zerlegbaren und in gleicher oder ähnl. Form immer wieder verwendeten Grundbestandteile einer Maschine oder Anlage. Primäre M. sind Einzelbauteile (z. B. Träger, Rohre, Wellen, Nieten, Schrauben, Federn), sekundäre M. bauen sich daraus auf, werden aber hinsichtlich ihrer Verwendung als einheitl. M. betrachtet (z. B. Lager, Getriebe, Kupplungen).

Maschinengewehr, /Maschinenwaffen.

Maschinenhammer, *Umformtechnik:* Werkzeugmaschine zur spanlosen Umformung von Werkstücken, v. a. zum Schmieden. Bei den **Schabottehämmern** liegt das Werkstück auf der fest stehenden Schabotte (»Amboss«); am Gestell des M. befindet sich eine Führung für den Hammer (**Hammerbär** oder kurz **Bär**). Zu den Schabottehämmern zählen **Fallhämmer,** bei denen das Eigengewicht des Bären im freien Fall genutzt wird, **Oberdruckhämmer,** deren Bär zusätzlich durch Druckluft (Lufthammer), Dampf (Dampfhammer), Ölhydraulik beschleunigt wird, und **Gegenschlaghämmer,** bei denen an der Stelle der fest stehenden Schabotte ein Unterbär tritt, der sich gegenläufig zum Oberbären bewegt.

Maschinenkanone, /Maschinenwaffen.

Maschinenpistole, /Maschinenwaffen.

Maschinenrevision, *graf. Technik:* Überprüfung der Druckbogen vor Druckbeginn auf die richtige Ausführung der letzten Korrektur.

Maschinensprache, *Informatik:* eine maschineninterne, den **Maschinencode** und den Vorrat an **Maschinenbefehlen** (/Befehl) des jeweiligen Prozessors verwendende Programmiersprache. Da sowohl der Maschinencode, bei dem je nach Rechenanlage Ziffern zu versch. Basen verwendet werden können (z. B. Hexadezimal-, Dualsystem), als auch der Befehlsvorrat für einen Prozessor (eine Prozessorfamilie) spezifisch sind, sind Programme in M. i. Allg. nicht auf versch. Computern lauffähig. Aus diesem Grund und weil Maschinenprogramme schwer lesbar sind, werden M. heute nur noch selten zum Schreiben von Programmen verwendet. Für maschinenorientiertes Programmieren werden Assemblersprachen bevorzugt. Ein Programm in M. ist daher i. d. R. das Resultat einer Übersetzung (/Compiler) eines in einer anderen Sprache geschriebenen Programms.

Maschinenstürmer, in der Frühzeit der Industrialisierung jene Arbeiter und Handwerker, die Spinnmaschinen und Maschinenwebstühle zerstörten, um gegen ihre durch die Mechanisierung der Textilind. bedingte Arbeitslosigkeit zu protestieren; erste Protestaktionen fanden schon Ende des 18. Jh. in Großbritannien statt, dann in Großbritannien bes. die Bewegung der »Ludditen« (Höhepunkt 1811/12), in Dtl. der schles. Weberaufstand (1844; Drama von G. Hauptmann, 1892).

Maschinentelegraf, auf Schiffen mechan. oder elektr. Zeigertelegraf mit Rückbestätigungseinrichtung für die Befehlsübermittlung von der Kommandobrücke zum Maschinenraum. Bei modernen Schiffen kann die Maschine meist direkt von der Brücke aus ferngesteuert werden.

Maschinenwaffen, automat. Schusswaffen (Rohrwaffen), bei denen Laden, Spannen, Verriegeln und Öffnen des Verschlusses und das Auswerfen der

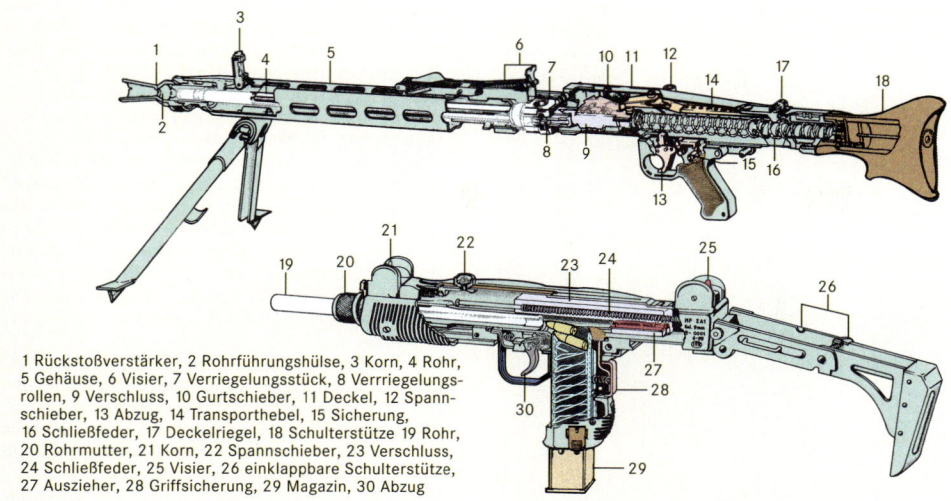

Maschinenwaffen: Schnittzeichnung des Maschinengewehrs MG 3 der deutschen Bundeswehr, Kaliber 7,62 mm (oben) und einer Maschinenpistole vom Typ UZI, Kaliber 9 mm

leeren Hülsen automatisch erfolgen. Die Energie zum automat. Betrieb wird bei Rückstoßladern dem Rückstoß entnommen, bei Gasdruckladern den Pulvergasen, bei als M. gebauten Geschützen mittleren Kalibers elektr. oder hydraul. Vorrichtungen. **Maschinengewehre,** Abk. **MG,** sind (tragbare) vollautom. Feuerwaffen (meist Gasdrucklader) für normale Gewehrmunition (meist Kaliber 7,62 mm). Leichte und schwere MG (lMG bzw. sMG) zum Einsatz auf kürzerer bis mittlerer Entfernung (bis 600 m bzw. 1 200 m) haben eine Feuergeschwindigkeit (Kadenz) von 550 bis 1 500 Schuss/min. **Maschinenpistolen,** Abk. **MP** (auch **MPi**), sind leichte automat. Handfeuerwaffen für kurze Entfernungen (etwa 100 m), mit denen (auch in Einzelfeuer) Pistolenmunition verschossen werden kann; meist Kaliber 9 mm; Kadenz 400–900 Schuss/min. **Maschinenkanonen,** Abk. **MK,** sind vollautomat. leichte Kanonen, v. a. zur Flugabwehr (z. T. bis 4 000 m Höhe); Kaliber meist zw. 30 und 40 mm, Kadenz z. T. bis 1 700 Schuss/min.

Maschinenzeitalter, Ende des 18. Jh. geprägter Ausdruck für die Epoche der Industrialisierung (↗ industrielle Revolution).

Maschonaland, nach den ↗ Shona benannter Teil des Hochlands von Simbabwe im NO des Landes, 1 000–1 600 m ü. M.; Rinderzucht, Mais-, Tabakanbau; Goldbergbau.

Mascons [ˈmæskəns, von engl. **mas**s **con**centrations], starke Massenkonzentrationen im Bereich der Maria (↗ Mare) der tieferen Mondoberfläche, verbunden mit erhöhtem Gravitationsfeld; sie wurden aus Unregelmäßigkeiten in der Bahnbewegung der Mondsonde Lunar Orbiter 5 beim Überfliegen versch. Maria ermittelt.

Masefield [ˈmeɪsfiːld], John, engl. Schriftsteller, * Ledbury (Cty. Hereford und Worcester) 1. 6. 1878, † nahe Abington (Cty. Berkshire) 12. 5. 1967; durch seinen Lyrikbänden ragen die in der Nachfolge von Kipling stehenden »Salzwasserballaden« (1902) und die Erzählgedichte bes. hervor; schrieb auch realist. Abenteuerromane und Kindergeschichten; M. wurde 1930 »Poet laureate«.

Maser [ˈmeɪzə; Kurzwort für engl. **m**icrowave **a**mplification **b**y **s**timulated **e**mission of **r**adiation, »Mikrowellenverstärkung durch induzierte Strahlungsemission«] *der,* Anordnung zur Erzeugung und Verstärkung von Mikrowellen, die, analog zur Wirkungsweise des ↗ Lasers, auf der stimulierten Emission elektromagnet. Wellen durch Atome, Ionen oder Moleküle beruht. Im Unterschied zum Laser ist der Resonator des M. ein metall. Hohlraumresonator, von dessen Moden i. Allg. nur eine in die Emissionsbandbreite des M.-Materials fällt (Einmodenbetrieb). Bei entsprechender Rückkopplung der verstärkten Signale wird aus dem Verstärker ein Oszillator, der ein Mikrowellensignal hoher Frequenzstabilität erzeugt (Frequenzabweichung $\Delta \nu$ zur M.-Frequenz ν von $\Delta \nu / \nu < 10^{-12}$), sodass M. auch als Zeit- und Frequenznormale (↗ Atomuhr) eingesetzt werden. – Wichtige Anwendungen finden M. als rauscharme Verstärker zur Vorverstärkung schwacher Signale in der Radioastronomie (Rubin-M.), für Radarsysteme großer Reichweite und für Satellitenverbindungen. Als M.-Materialien werden Gase und Festkörper verwendet. Zu den **Gas-M.** gehören u. a. der Ammoniak-M. (erster M. überhaupt, 1954), Wasserstoffatom- und Rubidiumatom-M. in Atomuhren. **Festkörper-M.** (1956) sind zumeist abstimmbar, da die M.-Niveaus der verwendeten Kristalle (z. B. Rubin) durch Magnetfelder verschoben werden können.

Masereel, Frans, belg. Grafiker und Maler, * Blankenberge 30. 7. 1889, † Avignon 3. 1. 1972; lebte seit 1921 in Paris. M. verfolgte in seinen expressionist., von scharfen Schwarzweißkontrasten geprägten Holzschnitten (Zyklen: »Die Passion eines Menschen«, 1918; »Die Sonne«, 1919; »Die Stadt«, 1925) humanist., sozialkrit., pazifist., z. T. auch satir. Tendenzen, die er mit einem sinnl. Lebensgefühl verband. Seine Gemälde umfassen Großstadt- und Hafenszenerien sowie Porträts. – Abb. S. 3016

Masern (Morbilli), weltweit verbreitete, durch das M.-Virus hervorgerufene, fieberhafte, v. a. Kinder befallende Infektionskrankheit mit Hautausschlag und Schleimhautentzündung. M. sind meldepflichtig. Die Übertragung erfolgt durch Tröpfcheninfektion. M. hinterlassen eine lebenslange Immunität. – Etwa 10 Tage nach der Ansteckung tritt das Vorstadium mit Fieber bis 39 °C, Husten, Schnupfen

Frans Masereel: Holzschnitt aus der Folge »Die Passion eines Menschen« (1918)

Giulietta Masina

und Bindehautentzündung mit vermehrtem Tränenfluss sowie Lichtscheu, Unwohlsein, Kopf- und Halsschmerzen auf. In der Mundhöhle, v. a. am vorderen Gaumen und am Zäpfchen, treten braunrote, zusammenfließende Flecken auf. Gleichzeitig erscheinen kleine weißl. Flecken mit rotem Hof (**Koplik-Flecken**) an der Wangenschleimhaut. Nach diesem etwa drei Tage dauernden Vorstadium fällt das Fieber ab. Der typ. **M.-Ausschlag** (M.-Exanthem) tritt erst am 15. Tag nach der Infektion auf. Er beginnt im Gesicht und hinter den Ohren und greift dann auf Oberkörper, Arme, Bauch und Beine über. Gleichzeitig klingen die übrigen Krankheitszeichen ab, und nach 3–4 Tagen verschwindet der Ausschlag wieder. Etwa 2–3 Wochen nach Beginn der Erkrankung schuppt sich die Haut ab. – M. führen zu einer Abwehrschwäche; daher können sich an die M. Nachkrankheiten anschließen. Am häufigsten sind Lungenentzündung und eitrige Mittelohrentzündung. Die *Behandlung* erfolgt symptomatisch (Bettruhe in abgedunkeltem Zimmer, verstärkte Flüssigkeitsaufnahme) und bei Sekundärinfekten mit Antibiotika. Der Vorbeugung dient die Impfung mit abgeschwächten Erregern (nach dem 12. Lebensmonat), die einen leichteren Krankheitsverlauf bewirkt; vorübergehender Schutz kann durch Immunglobuline erreicht werden.

Maseru, Hptst. von Lesotho, am Caledon River, 1 506 m ü. M., 397 000 Ew. (städt. Agglomeration); kath. Erzbischofssitz; Endpunkt der Eisenbahn von Bloemfontein; landwirtsch. Handelszentrum; internat. Flughafen. – M. wurde 1869 gegründet.

Maserung (Masertextur, Fladerung), lebhafte Zeichnung des Holzes, die bei europ. Hölzern i. d. R. nur bei Schälfurnieren oder tangential zu den Jahresringen geführtem Schnitt in Erscheinung tritt. M. entsteht durch starke Verkrümmungen des Faser- und Jahresringverlaufs (**Maserwuchs**). – Furniere mit M. (**Maserfurniere**) werden im Möbelbau geschätzt.

MASFET [Abk. für engl. **m**etal **a**lumina **s**ilicon **f**ield **e**ffect **t**ransistor], ein ⁄ Feldeffekttransistor mit Aluminiumoxid (Al_2O_3) als Isolator zw. Gateelektrode und Kanal. In der Al_2O_3-Schicht kann Ladung gespeichert werden, wodurch die Schwellenspannung eines MASFET verändert wird. Die gespeicherte Ladung kann nur mit UV-Licht gelöscht werden. MASFETs eignen sich daher als Speicherzellen, die ihre Information stromlos lange beibehalten und die gelöscht und danach neu beschrieben werden können.

Mashhad [-ʃ-], Stadt in Iran, ⁄ Meschhed.

Mashhat [-ʃ-], Stadt im NO Irans, ⁄ Meschhed.

Masina, Giulietta, eigtl. Giulia Anna M., italien. Schauspielerin, *San Giorgio di Piano (Prov. Bologna) 22. 2. 1921, †Rom 23. 3. 1994; eine der führenden Charakterdarstellerinnen Italiens; Hauptdarstellerin in Filmen ihres Mannes F. Fellini (∞ ab 1943), u. a. in »La Strada« (1954), »Die Nächte der Cabiria« (1956), »Julia und die Geister« (1965), »Ginger und Fred« (1986).

Maskarenen, vulkan. Inselgruppe im Ind. Ozean; Hauptinseln: ⁄ Mauritius, ⁄ Réunion und ⁄ Rodriguez, rd. 4 500 km² Landfläche.

Maskaron [maskaˈrɔ̃, frz.] *der,* Menschengesicht oder Fratze als Ornament in der Baukunst, v. a. des Barock. (⁄ Maske).

Maskat (Muscat), Hptst. und Hafen von Oman, 52 000 Ew.; bildet mit der Hafenstadt Matrah, dem Erdölhafen Mina al-Fahal (Raffinerie) und Seeb (internat. Flughafen) eine Agglomeration (350 000 Ew.). National-, naturhistor. Museum.

Maske [lat. aus arab. »Verspottung«, »Possenreißer«], **1)** *allg.:* Hohlgesichtsform, urspr. vor dem Gesicht getragenes plast. Gebilde (Larve), oft mit zugehörigem Kostüm für kult. Tänze. Ihr Träger repräsentiert die Gestalt, die die M. darstellt. In der grch. Antike spielte das Gorgoneion, die M. bzw. das Haupt der Medusa, eine bed. Rolle. M. waren auch Kennzeichen der att. Tragödie und Komödie; zur Schallverstärkung war der Mund als Trichter ausgebildet. – In vier Typen tauchten die M. als dunkle Lederhalbmasken in der italien. ⁄ Commedia dell'Arte wieder auf. Im MA. wurden sie i. Allg. von der **Schmink-M.** bzw. nicht abnehmbaren M. verdrängt. Festgelegte geschminkte oder plast. Rollen-M. gibt es im asiat. Theater noch heute, in Europa nur noch beim Clown und beim Pantomimen. M. werden auch noch im alemann. Volksbrauch tradiert (v. a. Fastnachts-M.). – In der *bildenden Kunst* werden M. seit frühester Zeit bei kult. Tänzen verwendet. Bes. in außereurop. Kulturen (v. a. Afrika) spielen M. bis heute eine große Rolle. In zahlr. (Stammes-)Kulturen stellen sie oft Geister oder Gottheiten dar und werden bei Kultfeiern getragen (Rückbindung an die myth. Wurzeln der Gesellschaft). In der europ. Kunst treten M. v. a. als Bauplastik auf, an mittelalterl. Kirchen als dämon. Grimassen, als karikierende Fratzengesichter (**Maskaron**) in der Bauornamentik des Manierismus und Barock. Bed. die 22 Krieger-M. am Berliner Zeughaus von A. Schlüter (1696). (⁄ Totenmaske)

2) *Halbleitertechnik, Mikrotechnik:* in bestimmten Lithographieverfahren ein Träger von durch Transparenzunterschiede dargestellten geometr. Strukturen, die mittels Schattenprojektion in eine photoempfindl. Schicht (⁄ Resist) übertragen werden. In der Halbleitertechnik befindet sich der Resist auf einer Siliziumscheibe (Wafer), in oder auf der die elektron. (integrierte) Schaltung erzeugt werden soll. Bei mikrotechn. Anwendungen, z. B. in der ⁄ Photolithographie, besteht eine solche M. aus Glas als Substrat mit einer etwa 100 nm dicken Schicht aus Chrom oder Chromoxid, die durch Nass- oder Trockenätzen an bestimmten Stellen entfernt wird, um das gewünschte Muster zu erzeugen. Die Übertragung der

Struktur von der M. in den Resist wird bei allen verwendeten Strahlungsarten als **Belichtung** bezeichnet.

Maske, Henry, Boxer, *Treuenbrietzen (Landkreis Potsdam-Mittelmark) 6. 1. 1964; u. a. bei den Amateuren Olympiasieger im Mittelgewicht 1988, Weltmeister im Halbschwergewicht 1989, Europameister im Mittelgewicht 1985, 1987 und 1989; 1990–96 Berufsboxer (1993–96 Weltmeistertitel im [IBF-]Halbschwergewicht); Sportler des Jahres 1993.

Maskerade [frz.] *die,* Verkleidung, bes. für Maskenbälle.

Maskierung, 1) *Chemie:* bei der chem. Analyse die Überführung störender Fremdionen in einen stabilen lösl. Komplex.
2) *Fototechnik:* Verwendung eines Vorschaltdurchsichtsbildes oder einer -blende zur Verbesserung der Bildwiedergabe.
3) *graf. Technik:* Ton- und Farbwertkorrektur bei der Reproduktion ein- und mehrfarbiger Vorlagen mithilfe einer Maske (Hilfsdia u. a.).

Maskoki, nordamerikan. Indianerstamm, ∕ Muskogee.

Maskottchen [frz. mascotte »Hexchen«] (Maskotte), Glücksbringer, Amulett.

maskulin [lat.], männlich.

Maskulinum *das,* männl. Substantiv.

Maslow ['mæzləʊ], Abraham Harold, amerikan. Psychologe, *New York 1. 4. 1908, † Palo Alto (Calif.) 8. 6. 1970; Mitbegründer der ∕ humanistischen Psychologie; schrieb u. a. »Motivation und Persönlichkeit« (1954), »Psychologie des Seins« (1962).

Maske 1): Blattmaske in der Elisabethkirche in Marburg (1280–90)

Masochismus [nach dem österr. Schriftsteller L. von Sacher-Masoch] *der,* abweichendes Sexualverhalten, bei dem ausschl. durch lustvoll erlebte Demütigungen oder Qualen, auch durch Selbstgeißelung (Flagellantismus), geschlechtl. Befriedigung erreicht wird, im Unterschied zum ∕ Sadismus.

Masolino, eigtl. Tommaso di Cristoforo Fini, italien. Maler, *Panicale (Prov. Perugia) 1383, † Florenz vor 1447; ein Hauptmeister des ∕ schönen Stils in Italien; stand in den Jahren gemeinsamer Tätigkeit (wohl ab 1424) mit ∕ Masaccio vorübergehend unter dessen Einfluss. M. malte Fresken in Castiglione d'Olona (aus dem Marienleben in der Kollegiatskirche, 1432; aus dem Leben des Täufers im Baptisterium, 1435), in Rom (San Clemente) und in Florenz die ältesten Fresken der Brancacci-Kapelle in Santa Maria del Carmine.

Mason [meɪsn], James, brit. Theater- und Filmschauspieler, *Huddersfield 15. 5. 1909, † Lausanne 27. 7. 1984; profilierter Charakterdarsteller in Filmen wie: »Ausgestoßen« (1946), »Lolita« (1961), »Mayerling« (1968), »Die letzte Jagd« (1984).

Mason and Dixon Line ['meɪsn ənd 'dɪksn 'laɪn], Grenze, die 1763–67 von den brit. Astronomen C. Mason und J. Dixon zw. den Kolonien Pennsylvania und Maryland in Nordamerika markiert wurde (etwa 39°43′ n. Br.); galt als Trennungslinie zw. den Sklaven haltenden Südstaaten und den die Sklaverei verbietenden Nordstaaten.

Masora [hebr. »Überlieferung«] *die* (Massora), die von jüd. Gelehrten (**Masoreten**) verfassten textkrit. Bemerkungen und Ausspracheregeln zum hebr. Bibeltext (hebr. Bibel).

Masowi|en, 1) (poln. Mazowsze), histor. Landschaft beiderseits der mittleren Weichsel um Warschau. – M. kam im 10. Jh. unter die Herrschaft der Piasten; wurde 1138 selbstständiges poln. Herzogtum, ab 1351 allmählich mit Polen vereinigt.
2) Woiwodschaft M. (poln. Województwo Mazowieckie), Wwschaft (seit 1999) im Zentral- und Ostteil Polens, 35 597 km², 5,072 Mio. Ew.; Hptst. ist Warschau.

Maß, 1) *Mathematik:* Verallgemeinerung der elementargeometr. Begriffe wie Flächen- und Rauminhalt sowie des Begriffs der Wahrscheinlichkeit. In der **M.-Theorie** wird Inhalten allgemeiner Punktmengen ihr M. (M.-Zahl) zugeordnet.
2) *Metrologie:* 1) alte dt. Volumeneinheit zw. 1 und 21; im Bair. und Österr. Bez. für 1 l Bier; 2) ältere Bez. für Einheit (speziell Längen-, Flächen- oder Volumeneinheit); 3) **M.-Verkörperung,** die körperl. Darstellung physikal. Größen oder Einheiten, die zum Vergleich oder zum Messen von Größen gleicher Art dienen, z. B. Parallelend-M. (∕ Endmaße).
3) *Philosophie* und *Kunst:* die bewusste, gesetzhafte und übersichtl. Gliederung und Ordnung, die auf einem auf quantitative Maßverhältnisse gegründeten Begriff der Schönheit, in enger Verbindung mit »Harmonie« beruht; im eth. Sinn eine Norm der Lebensgestaltung, die sich in der Mäßigung, Bindung, Selbstbeschränkung ausdrückt (∕ Sophrosyne).

Mass., Abk. für den Bundesstaat ∕ Massachusetts, USA.

Massa, Hptst. der italien. Prov. Massa-Carrara in der Toskana, 68 000 Ew.; Bibliothek, Staatsarchiv; Bergingenieurschule; Marmorbrüche und chem. Industrie. – Palazzo Cybo Malaspina (16./17. Jh.), Dom (15. Jahrhundert).

Massa-Carrara, Prov. in der Toskana, Italien, 1 157 km², 199 400 Ew.; Hptst.: Massa.

Massachusetts [mæsə'tʃuːsets], Abk. **Mass.,** einer der Neuenglandstaaten der USA, 27 337 km², (2001) 6,38 Mio. Ew., davon 84% Stadtbewohner. Hptst. ist Boston; Harvard University in Cambridge. Der W ist gebirgig (Berkshire Hills bis 1 064 m ü. M.), der O niedriges Hügelland, die Küste durch Buchten reich gegliedert mit guten Häfen. Bed. Seefischerei; elektrotechn. und elektron. Ind., Maschinenbau, Textil-, Metall-, Nahrungsmittelind. – Die erste Siedlung wurde in Plymouth von den ∕ Pilgervätern gegründet. Unter der Charter (Verf.urkunde) von 1629 entstand zunächst ein theokrat. Staatswesen (Puritaner tonangebend). Wiederholte Konflikte der Kronkolonie (seit 1691) mit dem Mutterland (u. a. ∕ Boston Tea Party, 1773) führten 1775 zu den ersten Kampfhandlungen des Nordamerikan. Unabhängigkeitskrieges (Bunker Hill, Lexington). 1780 gab sich M. die noch heute geltende Verf. Die Verf. der USA wurde 1788 mit knapper Mehrheit angenommen. Im Sezessionskrieg unterstützte M. den Norden.

Massachusetts Bay Company [mæsə'tʃuːsets beɪ 'kʌmpəni], eine 1629 mit königl. Freibrief ausgestattete engl. Kolonisierungsgesellschaft, die 1630 eine ca. 1 000 Menschen (Puritaner) und 17 Schiffe umfassende Auswandererexpedition organisierte, die nach ihrer Landung in der Massachusetts Bay Boston

Massachusetts Flagge

u. a. Städte gründete; 1684 Annullierung des bis dahin die Selbstregierung in Massachusetts gewährenden königl. Freibriefs.

Massachusetts Institute of Technology [mæsəˈtʃuːsets ˈɪnstɪtjuːt ɔf tekˈnɔlədʒɪ], Abk. **MIT**, 1861 in Cambridge (Mass.) gegründete private wiss. Hochschule für Ingenieurwiss.en; gehört zu den bedeutendsten ingenieurwiss. Bildungseinrichtungen der Welt; bezog als erste universitäre techn. Hochschule auch die Wirtschafts-, Sozial- und Geisteswiss.en in das Ingenieurstudium ein.

Massada, / Masada.

Massage [-ʒə, frz.] *die,* mechan. Einwirkung auf die Haut und die unter ihr liegenden Gewebe (Muskeln, Bindegewebe, Weichteile) mit versch. Handgriffen wie Streichen, Kneten, Klopfen, zuweilen auch mit M.-Geräten. Neben der Steigerung der Durchblutung und der örtl. Freisetzung von körpereigenen Wirkstoffen (z. B. Histamin, Acetylcholin) wird zusätzlich auf reflektor. Weg eine Tonisierung des Gefäßsystems und der inneren Organe erreicht, außerdem kommt es zu einer psych. Entspannung. M. werden als **Teil-** oder **Ganzkörper-M.** v. a. bei Erkrankungen des Bewegungssystems (z. B. Muskelschäden) und des Kreislaufs (z. B. Durchblutungsstörungen) angewendet. Sonderformen sind die **Unterwasser-M.** (mit Druckwasserstrahlen) oder die **Saug-M.** (mit Unterdruck). Spezialform: / Bindegewebemassage.

Massageten, antikes Nomadenvolk iran. Ursprungs zw. Kasp. Meer und Aralsee. Nach Herodot fiel Kyros II. im Kampf gegen die massaget. Königin Tomyris (530 v. Chr.).

Massai, afrikan. Volksstamm, / Masai.

Massaker [frz.] *das,* Blutbad, Gemetzel.

Maß|analyse (Titrimetrie, Volumetrie), Bestimmungsverfahren der chem. Analyse, bei dem die zu bestimmende gelöste Substanz **(Titrand)** mit einer weiteren, ebenfalls meist in Lösung befindl. Substanz bekannter Konzentration **(Maßlösung, Titrans, Titrierflüssigkeit)** bis zu einem durch ein Indikatorsystem angezeigten Endpunkt **(Äquivalenzpunkt)** umgesetzt wird. Dieser Endpunkt kann durch die Farbänderung eines zugesetzten Indikators oder auf elektrochem. Weg (z. B. / Konduktometrie, / Potenziometrie) erkannt werden. Zur Abmessung der Maßlösung dient die / Bürette. Der Bestimmungsvorgang heißt **Titration.** Je nach dem Reaktionstyp der maßanalyt. Bestimmung gibt es Redoxtitrationen (/ Oxidimetrie), Säure-Base-Titrationen (/ Alkalimetrie und / Acidimetrie), Komplexbildungstitrationen (/ Komplexometrie) und Fällungstitrationen, z. B. die Bestimmung von Chlorid mit Silbernitratlösung **(Argentometrie)**.

Massaua (Massawa, Mitsiwa), Hafenstadt in Eritrea, am Roten Meer, 40 000 Ew.; Zement-, Tabakind.; Salzgewinnung; Flugplatz. – Einer der heißesten Orte der Erde (Jahresmittel 30,2 °C bei hoher Luftfeuchtigkeit).

Masse, 1) *allg.:* große Menge, Häufung; ungeformter, meist dickflüssiger (erhärtender) Stoff.
2) *Elektrotechnik:* Gesamtheit aller leitfähigen Bauteile von Anlagen und Betriebsmitteln, die i. d. R. von den unter Spannung stehenden Teilen isoliert sind.
3) *Physik:* Formelzeichen m, SI-Einheit ist das Kilogramm (kg); eine der Grundeigenschaften der Materie und daher eine der Basisgrößen des Internat. Einheitensystems (SI). Sie ist als **träge M.** (m_t) ein Maß für den Widerstand (Trägheit), den jeder Körper einer Änderung seines Bewegungszustandes entgegensetzt; gemäß dem 2. newtonschen Axiom ist sie mit der durch eine äußere Kraft F hervorgerufenen Beschleunigung a durch $F = m_t \cdot a$ verknüpft. Die **schwere M.** (m_s) ergibt sich aus dem newtonschen Gravitationsgesetz und ist die Ursache der Anziehung, die die Körper aufeinander ausüben (/ Gravitation), also auch der Gewichtskraft der Körper im Schwerefeld der Erde. Die Gleichheit von träger und schwerer Masse ist bis auf 10^{-10} nachgewiesen und wird in der allgemeinen / Relativitätstheorie vorausgesetzt.
Für die M. gilt in der klass. Physik ein Erhaltungssatz. Wegen der aus der speziellen Relativitätstheorie folgenden **Äquivalenz von M. und Energie,** $E = m \cdot c^2$ (c Lichtgeschwindigkeit), tritt an seine Stelle der universell gültige Erhaltungssatz für die Energie E, der insbesondere auch für Elementarprozesse wie Paarbildung und -vernichtung sowie für den / Massendefekt der Atomkerne gilt. Aus der speziellen Relativitätstheorie folgt auch, dass die M. vom Bewegungszustand des Körpers abhängt. Sie nimmt mit wachsender Geschwindigkeit v zu, sodass für die **relativist. M.** $m = m_0/\sqrt{1 - v^2/c^2}$ gilt, wobei m_0 die M. des ruhenden Körpers ist. Teilchen mit Ruhe-M. $\neq 0$ können nicht auf Lichtgeschwindigkeit beschleunigt werden, da ihre M. unendlich groß werden würde.
4) *Recht:* Vermögen eines Erblassers (Erb-M.) oder des Schuldners im Insolvenzverfahren.
5) *Sozialwissenschaften:* eine Vielzahl von Menschen, die ein bestimmtes Merkmal gemeinsam haben, aber keine wirksame innere Organisation aufweisen. Die ältere **M.-Psychologie** (z. B. G. Le Bon) untersuchte M. als fast strukturlose Menschenmengen, die durch starke Erregbarkeit und Suggestibilität (M.-Suggestion, M.-Psychose) sowie durch ein typ. Verhalten der Beteiligten (Konformismus, nachlassende Urteilsfähigkeit und Verantwortung, zunehmende Impulsivität und Triebhaftigkeit) gekennzeichnet sind. Die neuere Sozialpsychologie und Soziologie beschreiben bestimmte strukturelle Merkmale von M. als / kollektives Verhalten. (/ Massengesellschaft)
6) *Statistik:* die / Grundgesamtheit.

Masse|ausgleich, *Maschinenbau:* der Ausgleich der Fliehkräfte, die bei beschleunigt bewegten Maschinenteilen auftreten; wird durch Einbau genau berechneter Gegenmassen erreicht.

Masse-Energie-Äquivalenz, *Physik:* / Äquivalenz.

Maß|einheiten, / Einheiten.

Masse-Leuchtkraft-Beziehung, die Abhängigkeit der Leuchtkraft bzw. der absoluten Helligkeit der Hauptreihensterne (/ Hertzsprung-Russell-Diagramm) von ihrer Masse. Sie wird im **Masse-Leuchtkraft-Diagramm** dargestellt und besagt, dass die Leuchtkraft im Mittel mit der Potenz 3,5 der Masse zunimmt.

Massen|anziehung, die / Gravitation.

Massendefekt, *Kernphysik:* die Abweichung der Masse der aus Protonen und Neutronen zusammengesetzten Atomkerne von der Summe ihrer Protonen- und Neutronenmassen. Sie beruht darauf, dass der gegenseitigen Bindung der Bausteine (Nukleonen) im Kern ein bestimmter, negativ zu rechnender Energiebetrag (frei werdende / Kernbindungsenergie) zukommt, der sich nach der Masse-Energie-Äquivalenz als Massenverminderung bemerkbar macht. Im Mittel beträgt die Kernbindungsenergie je Nukleon etwa 8 MeV, der M. also etwas weniger als 1 % der Gesamtmasse des Kerns.

Massen|einheit, zur quantitativen Festlegung (Messung) einer Masse verwendete Vergleichsgröße (Einheit). Neben der SI-Basiseinheit / Kilogramm und deren dezimalen Vielfachen und Teilen, wie

Gramm, Tonne, Karat (↗Einheiten, Übersicht), gibt es als weitere gesetzl. M. die vereinheitlichte ↗atomare Masseneinheit.

Massen|entlassung (anzeigepflichtige Entlassung), *Arbeitsrecht:* dem Arbeitsamt anzeigepflichtige Entlassung von Arbeitnehmern durch vom Arbeitgeber veranlasste Kündigung; eine M. liegt nach § 17 Kündigungsschutz-Ges. vor, wenn in Betrieben mit 21 bis 59 Arbeitnehmern mehr als 5, bei 60 bis 499 Arbeitnehmern 10% oder mehr als 25, bei 500 und mehr Arbeitnehmern mindestens 30 Arbeitnehmer innerhalb von 30 Kalendertagen entlassen werden. Der Arbeitgeber hat den Betriebsrat umfassend und rechtzeitig zu unterrichten, anzuhören und dessen Stellungnahme der Anzeige an das Arbeitsamt beizufügen. Erst danach dürfen die Kündigungen ausgesprochen werden. Sie werden vor Ablauf eines Monats nur dann wirksam, wenn das Arbeitsamt zugestimmt hat.

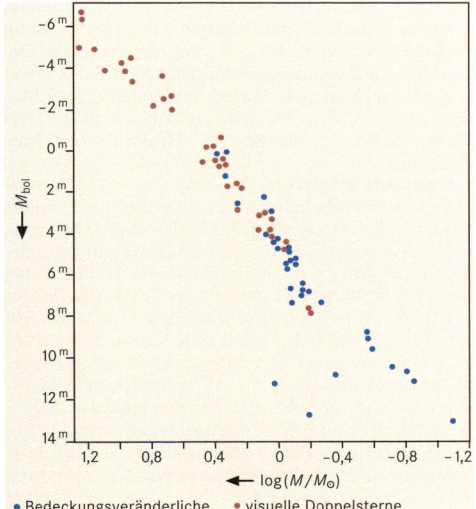

Masse-Leuchtkraft-Beziehung (empirisch): Eingezeichnet ist die absolute bolometrische Helligkeit M_{bol} gegen den Logarithmus des Verhältnisses der Sternmasse M zur Sonnenmasse $M_\odot$; die drei herausfallenden Punkte gehören zu den Weißen Zwergen.

Massenet [mas'nɛ], Jules Émile Frédéric, frz. Komponist, * Montaud (Dép. Loire) 12. 5. 1842, † Paris 13. 8. 1912; Vertreter der sentimental-lyr. Oper am Ende des 19. Jh., schrieb u. a. »Manon« (1884), »Werther« (1892), »Don Quichotte« (1910); ferner Orchester- und Kammermusik, Oratorien, Lieder.

Massengesellschaft, im 20. Jh. durch die Sozialwiss.en und die Politik geprägter Begriff zur Charakterisierung moderner Gesellschaften, die wesentlich durch die Verhaltensweisen großer Bev.gruppen (↗Masse) bestimmt werden. Im allgemeinen Sprachgebrauch wird der Begriff M. i. d. R. kritisch zur Kennzeichnung moderner (Industrie-)Gesellschaften und der sie prägenden Massenphänomene verwendet. Als solche gelten u. a. Massenkonsum, Massenmanipulation, Massenkultur (in dieser Sicht gleichgesetzt mit Kulturverfall), entfremdete Arbeitswelt, entpersönliche Institutionen, überbordende Bürokratie, sozial isolierende Wohnverhältnisse.

Massengesteine, veraltete Bez. für die ↗magmatischen Gesteine.

Massengüter, Güter, die in großen Mengen für viele Nachfrager (Konsumenten und Produzenten) hergestellt werden. Zu den M. zählen: Produktionsgüter, die bei meist hohem Gewicht nur einen relativ geringen Wert darstellen, sodass Transport- und Standortfragen eine große Rolle spielen (z. B. »transportempfind. Güter« wie Kohle, Erze, Getreide) sowie Konsumgüter **(Massenprodukte, Massenbedarfsgüter),** die als Gebrauchs- oder Verbrauchsgüter in Massenfertigung und für anonyme Märkte hergestellt werden.

Massenkommunikation, Kommunikationsprozess, bei dem Aussagen öffentlich (d. h. allg. zugänglich), indirekt und einseitig über techn. Übertragungs- und Verbreitungsmittel an ein weit verstreutes anonymes Publikum verbreitet werden. Die techn. Mittel, die M. durch Bild, Schrift und/oder Ton ermöglichen, werden **Massenmedien** genannt. Unterschieden werden auditive Medien (z. B. Hörfunk, CD), audiovisuelle Medien (z. B. Film, Fernsehen, Video) und Printmedien (z. B. Buch, Zeitung, Zeitschrift). Hinzu kommen die meist multimedialen interaktiven ↗neuen Medien. – Für die meisten Menschen ist M. Hauptquelle polit. und gesellschaftl. Information und stellt daher die Grundlage für die Meinungsbildung dar; sie kann aber auch zu Manipulation, Agitation und Propaganda missbraucht werden. Deshalb wird den Massenmedien eine hohe Bedeutung für die polit. Kultur eines Landes beigemessen. In demokrat. Staaten kommt ihnen neben der Informations-, Bildungs- und Unterhaltungsfunktion eine Kritik-, Kontroll- und Sozialisationsfunktion zu. Umstritten ist die Wirkung von Medienkonsum (bes. Gewaltdarstellungen) auf Wertmaßstäbe und Verhalten v. a. von Kindern und Jugendlichen.

Massenkundgebung (Massendemonstration), von einer großen Anzahl von Menschen besuchte Veranstaltungpolit. Charakters, auch als Äußerung von Protest möglich **(Protestkundgebung),** z. B. in Revolutionen; bes. in totalitären Diktaturen zu propagandist. Inszenierungen, öffentl. Feiern mit politisch-rituellen Symbolik, polit. Manifestationen und/oder zur Manipulierung einer Großzahl von Menschen benutzt (z. B. Nürnberger Parteitage; ↗Erster Mai).

Massenmittelpunkt, *Physik:* der ↗Schwerpunkt.

Massen|organisation, Organisation (Gewerkschaft, Jugendverband), die einen großen Bev.kreis vertritt. – In den ehem. kommunistisch regierten Staaten waren die M. Instrumente der herrschenden Partei zur Durchsetzung ihrer Ziele.

Massenproduktion (Massenfertigung), Herstellung gleicher Erzeugnisse in hoher Stückzahl im Unterschied zur Einzel- oder Serienfertigung. Da sich bei zunehmender Stückzahl die fixen Kosten auf eine immer größere Produktmenge verteilen (Degression der fixen Kosten), wird ein Sinken der Stückkosten bei gleicher Qualität erreicht **(Gesetz der M.).**

Massenprozent, ↗Konzentration.

Massenpsychologie, Psychologie des Verhaltens der ↗Masse.

Massenpunkt (Punktmasse), *Mechanik:* physikal. Abstraktion der Masseverteilung eines Körpers, bei der dessen Gesamtmasse als in seinem ↗Schwerpunkt konzentriert gedacht wird und zur Lagebestimmung nur die Freiheitsgrade des Schwerpunkts betrachtet werden. Die Behandlung von Körpern als M. ist berechtigt, wenn die innere Struktur bei der Bewegung des Körpers keine Rolle spielt.

Massenresonanzen (Teilchenresonanzen, Resonanzen), äußerst kurzlebige ↗Elementarteilchen,

Jules Massenet

die beim Zusammenstoß sehr energiereicher schwerer Teilchen (Hadronen) entstehen und die als angeregte Mesonen- oder Baryonen-Zustände mit größerer Ruhemasse interpretiert werden können. Sie unterliegen der starken Wechselwirkung und zerfallen unter Emission von Mesonen, seltener Leptonen oder Photonen, in stabilere Elementarteilchen; ihre Lebensdauer ist von der Größenordnung 10^{-22} s. Sie lassen sich daher nicht direkt in Blasen-, Funken- oder Streamerkammern sichtbar machen; man findet dort nur die Spuren ihrer Zerfallsprodukte. Die Wahrscheinlichkeit für das Auftreten derartiger Spuren wird für bestimmte Energien der Stoßpartner sehr groß (Resonanz).

Massenspeicher, *Informatik:* externe Speicher mit sehr hoher Speicherkapazität (im Vergleich zum Hauptspeicher eines Rechners), die i. Allg. der Speicherung großer Datenmengen dienen. Entscheidend für die Nutzung von M. ist die Art des Speicherzugriffs (z. B. direkter Zugriff bei Magnetplatten-, sequenzieller Zugriff bei Magnetbandspeichern).

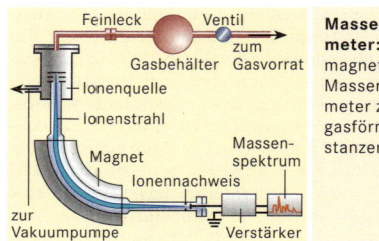

Massenspektrometer: magnetisches Massenspektrometer zur Analyse gasförmiger Substanzen

Massenspektrometer, Gerät zur genauen Bestimmung der Massen von Atomen und Molekülen, z. B. in einem Isotopengemisch. Zur Analyse wird eine Probe verdampft, sofern sie nicht bereits in der Gasphase vorliegt, und ihre Atome oder Moleküle werden in der Ionenquelle ionisiert und anschließend durch elektrostat. Felder beschleunigt. Ein ausgeblendeter, gebündelter Ionenstrahl wird durch Massen trennende Feldanordnungen (z. B. im Magnetfeld) derart aufgespalten, dass alle Ionen unterschiedl. Masse z. B. auf versch. Stellen einer Fotoplatte fokussiert werden. Die Maxima der so entstehenden **Massenspektrums,** d. h. der Häufigkeitsverteilung der Massen eines Teilchengemischs in Abhängigkeit von der Massenzahl, entsprechen den Stellen größter Schwärzung. Aus dem Ort der Schwärzungslinien können die Massen, aus dem Schwärzungsgrad die relativen Anteile der Komponenten bestimmt werden. Außer den Feldanordnungen, die zur Massentrennung genutzt werden, enthalten alle M. eine Ionenquelle zur Erzeugung des Ionenstrahls, eine Ionennachweiseinrichtung und ein Vakuumsystem, in dem die Ionen erzeugt und geführt werden. Je nachdem, ob gleichzeitig mehrere versch. Massen (bzw. Quotienten aus Masse und Ladung) nachgewiesen werden können oder nur eine einzige, spricht man von **Massenspektrographen** oder von Massenspektrometern. Der erste, 1919 von F. W. Aston entwickelte Massenspektrograph besaß nur eine **Geschwindigkeitsfokussierung.** Erst bei Anordnungen mit **Doppelfokussierung** (Ionen gleicher Masse, aber versch. Anfangsrichtung und Geschwindigkeit werden auf den gleichen Ort des Detektors fokussiert) wird die für hohe Genauigkeit erforderl. Intensität erreicht. Bei Anwendung von Differenzialmethoden lassen sich relative Massen mit einem Fehler $< 10^{-7}$ und Isotopenhäufigkeiten mit einem mittleren Fehler von 0,005 % bestimmen. Das Prinzip des M. wird auch zur Isotopentrennung genutzt.

Massenspektrometrie (Massenspektroskopie), Verfahren zur Ermittlung von Aussagen über Massenspektren, absolute Massen und relative Häufigkeiten von Teilchen, speziell von Isotopen. Sie beruht auf der Eigenschaft elektr. und magnet. Felder, Ionen nach ihrer spezif. Ladung (Quotient aus Ladung und Masse), ihrer kinet. Energie und ihrem Impuls zu trennen. Als Analysegeräte werden Massenspektrometer eingesetzt.

Massenstart, *Sport:* gleichzeitiger Wettkampfbeginn für mehrere Teilnehmer, z. B. beim Straßenrennen, Orientierungslauf, Skimarathon. – Im nord. Skisport ist der M. eine neuere Disziplin im Langlauf (Männer 30, Frauen 15 km) und im Biathlon (Männer 15, Frauen 12,5 km).

Massentierhaltung (Intensivhaltung), technisierte Haltung landwirtsch. Nutztiere gleicher Art und Altersgruppe in großen Beständen auf begrenztem Raum, um kostengünstig produzieren zu können. M. hat sich zunächst bei Geflügel durchgesetzt, dann auch bei Schweinen, Kälbern und Rindern. Problematisch ist hierbei der Gesundheitszustand der Tiere, da wichtige normale Verhaltensmechanismen blockiert werden. Die M. wirft in eth., ökolog., tierschutz- und lebensmittelrechtl. Hinsicht viele Probleme auf.

Massenverfahren, im Prozess- und Verwaltungsrecht Verfahren, an denen eine Vielzahl von Personen beteiligt ist; auch Bez. für Verfahren einer großen Zahl von Personen, deren Interessen das gleiche Ziel verfolgen, z. B. Kündigungsschutzklagen bei Massenentlassungen, Eingaben im Planfeststellungsverfahren. Nach § 17 Verwaltungsverfahrens-Ges. kann bei M. (mehr als 50 gleich gerichtete Verfahren) die Bestellung eines gemeinsamen Vertreters angeordnet werden; nach § 93a Verwaltungsgerichtsordnung kann das Gericht bei **Musterverfahren** (mehr als 20 Verfahren zum gleichen Gegenstand) von der Regel, jeden Antrag prozessual gesondert zu behandeln, abweichen und einzelne Verfahren vorab durchführen und die übrigen aussetzen.

Massenvernichtungswaffen, Bez. für militär. Waffen oder Kampfstoffe, deren Einsatz entweder vorsätzlich oder unvermeidlich zur massenhaften und unterschiedslosen Tötung von Menschen und zur Vernichtung ihrer Lebensgrundlagen führen würde, einschl. der dazu benötigten Einrichtungen und Anlagen. Zu den M. werden heute i. d. R. die ↗ABC-Waffen gezählt.

Massenwirkungsgesetz, Abk. **MWG,** fundamentales Gesetz über den Verlauf umkehrbarer chem. Reaktionen: Für ein im chem. Gleichgewicht befindl. homogenes System ist das Verhältnis aus dem Produkt der Konzentrationen der Reaktionsprodukte und dem Produkt der Konzentrationen der Ausgangsstoffe bei gegebenen Werten von Druck und Temperatur eine für die Reaktion charakterist. Konstante (**Gleichgewichtskonstante,** früher **Massenwirkungskonstante**).

Massenzahl (Nukleonenzahl), die Anzahl der Nukleonen, aus denen ein Atomkern aufgebaut ist: $A = Z + N$ (Z Protonenzahl, N Neutronenzahl). Sie entspricht dem gerundeten Wert der relativen Atommasse. Zur Kennzeichnung eines ↗Nuklids wird die M. als Symbol des Elements als linker oberer Index beigefügt.

Masseverwalter, in Österreich der Konkursverwalter.

Maßholder *der,* Feldahorn, ↗Ahorn.

Massif Central [ma'sif sã'tral], ↗ Zentralmassiv.

Massine [ma'sin], Léonide, eigtl. Leonid Fjodorowitsch Mjassin, russ. Tänzer und Choreograph, *Moskau 9. 8. 1896, †Weseke (heute zu Borken, NRW) 15. 3. 1979; war u. a. 1914–21 und 1925–28 Solotänzer und Choreograph bei den Ballets Russes in Paris; beeinflusste das sinfon. Ballett und den Tanzfilm (»Die roten Schuhe«, 1948).

Massinger ['mæsɪndʒə], Philip, engl. Dramatiker, *Salisbury 24. 11. 1583, †London 16. 3. 1640; schrieb zeitkrit. Lustspiele und Tragödien: »Der Herzog von Mailand« (1623); »Der röm. Mime« (1629), »Die Bürgerfrau als Dame« (1632 [?]) u. a.

Massiv [frz.] *das, Geomorphologie:* durch Abtragung freigelegte größere Gesteinsmasse aus Tiefen- und/oder metamorphen Gesteinen (Brocken-M., Gotthard-M.); Ggs.: Kettengebirge.

Massivbau, Bauweise, bei der die Tragwerke aus Mauerwerk, Natur-, Kunststein oder (Stahl-)Beton hergestellt werden und eine hohe Rohdichte aufweisen.

Massivholzplatte, plattenförmiger Holzwerkstoff, der aus mehreren brettförmigen Holzlagen gleicher Dicke je Lage besteht. Unterschieden werden einschichtige M., auch als **Leimholz** bezeichnet, und mehrschichtige M., meist drei- oder fünfschichtig.

Maßliebchen, ↗ Gänseblümchen.

Masson [ma'sɔ̃], André, frz. Maler und Grafiker, *Balagny-sur-Thérain (Dép. Oise) 4. 1. 1896, †Paris 28. 10. 1987; beeinflusst vom Kubismus, schloss sich 1924 den Surrealisten an, entwickelte eine lyrisch-spontane Malweise (↗ Automatismus).

Maßwerk: Fenster am südlichen Seitenschiff der vom 13. bis 15. Jh. erbauten Katharinenkirche in Oppenheim

massonsche Scheibe [ma'sɔ̃-, nach dem frz. Physiker A. P. Masson, *1806, †1858], eine runde weiße Scheibe mit einer radialen, mehrfach unterbrochenen schwarzen Linie. Bei schneller Umdrehung erscheinen dem Beobachter mehrere graue Ringe, deren wahrnehmbare Anzahl ein Maß für sein Unterscheidungsvermögen von Helligkeitswerten ist.

Massora, die ↗ Masora.

Maßregeln der Besserung und Sicherung, die neben den oder anstelle der Strafen mögl. Rechtsfolgen einer Straftat (§§ 61–72 StGB), die der Sicherung der Allgemeinheit vor dem Täter und der Besserung des Rechtsbrechers dienen (auch bei Schuldunfähigen anwendbar). M. sind: 1) die Unterbringung in einem psychiatr. Krankenhaus oder, 2) zeitlich befristet, in einer Entziehungsanstalt, 3) die Sicherungsverwahrung sowie 4) die Führungsaufsicht, 5) die Entziehung der Fahrerlaubnis und 6) das Berufsverbot. –

Ähnl. Maßnahmen kennen das *österr.* (»vorbeugende Maßnahmen«) und das *schweizer.* (»sichernde Maßnahmen«) Strafrecht.

Maßstab, 1) *Kartographie:* das Verhältnis zw. einer Strecke auf der Karte und der tatsächl. Länge dieser Strecke in der Natur. 1 cm auf der Karte entspricht bei einem M. von 1 : 10 000 (großer M.) 10 000 cm (= 100 m) in der Natur bzw. bei einem M. von 1 : 5 000 000 (kleiner M.) 5 000 000 cm (= 50 km) in der Natur.

2) *Messtechnik:* einfaches Längenmessgerät, z. B. Lineal, Glieder-M.; als **Strich-M. (Strichmaß)** ein prismat. Stab mit (mehrfach) aufgebrachter Strichteilung.

Maßsystem, ältere Bez. für ↗ Einheitensystem, auch übergeordnet für ↗ Größensystem und Einheitensystem. – In der Mechanik unterschied man das **physikal., absolute CGS-System** mit den Basisgrößen Länge, Masse, Zeit und den Basiseinheiten Zentimeter (**c**m), **G**ramm, **S**ekunde und das **techn. M.** mit den Basisgrößen Länge, Kraft, Zeit und den Basiseinheiten **M**eter, **K**ilopond (früher Kraftkilogramm), **S**ekunde. – In der Elektromagnetik gab es, auf dem CGS-System (mit nur drei Basiseinheiten) basierend, drei M., je nachdem, welche willkürl. Festsetzung getroffen wurde: Im **elektrostat. CGS-System** wurde die elektr. Feldkonstante (Dielektrizitätskonstante im leeren Raum) $\varepsilon_0 = 1$ gesetzt, im **elektromagnet. CGS-System** setzte man die magnet. Feldkonstante (Permeabilität im leeren Raum) $\mu_0 = 1$, und im **gaußschen CGS-System** setzte man $\varepsilon_0 = 1$ und $\mu_0 = 1$. Dies führte dazu, dass verschiedenartige Größen dieselbe Dimension bekamen; diese Schwierigkeit wurde nach einem von G. Giorgi 1901 gemachten Vorschlag vermieden, nämlich durch Hinzufügung einer vierten elektr. Basiseinheit zu einem absoluten, mechan. **MKS-System** mit den Basiseinheiten **M**eter, **K**ilogramm, **S**ekunde. Aus messtechn. Gründen einigte man sich auf das **A**mpere. So gelangte man zum **MKSA-System** oder **Giorgi-System.** Dieses wurde 1954 von der 10. Generalkonferenz für Maß und Gewicht zunächst auf sechs Basiseinheiten und durch die 14. Generalkonferenz 1971 auf sieben Basiseinheiten erweitert und ist heute in das **Internat. Einheitensystem,** kurz **SI** (↗ SI-Einheiten), übergegangen.

Maßverkörperung, *Metrologie:* ↗ Maß.

Maßwerk, Bauornament der Gotik in Fensteröffnungen (↗ Fensterrose), an Wandflächen, Turmhelmen und Giebeln; geometrisch konstruiert (Dreipass, Vierpass usw.), entwickelte es sich in spätgot. Zeit zu immer freieren, reicheren, flammenartigen Formen (↗ Flamboyantstil). In der Neugotik des 19. Jh. gewann das M. wieder an Bedeutung.

Massys ['masɛjs] (Matsys, Metsys), Quentin, fläm. Maler, *Löwen 10. 9. 1466, †Antwerpen zw. 13. 7. und 13. 10. 1530; wurde 1491 in die Antwerpener Malergilde aufgenommen; schuf, von der niederländ. Malerei der Spätgotik ausgehend und von italien. Einflüssen, bes. Leonardo da Vinci, berührt, mit großer Feinheit in der Ausführung Altarwerke (Annenaltar, 1507–09, Brüssel; Johannesaltar, 1508–11, Antwerpen), Porträts und realist. Sittenbilder. – Abb. S. 3022

Maßzahl, 1) *Physik:* veraltet für Zahlenwert einer ↗ Größe.

2) *Stochastik:* (Kenngröße), Zahl oder vektorielle Größe, die eine bestimmte Eigenschaft (z. B. Lage, Streuung, Abhängigkeit) einer Verteilung charakterisiert. Wichtige M. sind Erwartungswert, Median und Varianz.

Mast, *Schiffbau:* aufrecht aus dem Schiffsdeck ragendes Rundholz (»Baum«), Stahl- oder Leichtme-

Maßwerk: verschiedene Formen; 1 Dreipass, 2 Vierpass, 3 Sechspass, 4 hochgotischer Stil, 5 Flamboyantstil

tallrohr, das auf ↗ Segelschiffen der Besegelung und Takelung dient. Die Anzahl der M. und ihre Takelung bestimmen den Typ des Segelschiffs. Auf Schiffen mit maschinellem Antrieb dienen M. heute v. a. als **Signal-M.** (Signalmittel- und Antennenträger) und **Lade-M.** (mit Ladegeschirr, Ladebäumen).

Quentin Massys: Porträt von Paracelsus (Paris, Louvre)

Mast, 1) *Forstwirtschaft:* Bez. für reichen Fruchtertrag bei Eichen (Eichel-M.) und Buchen (Buchelmast).
2) *Landwirtschaft:* nach Tierart, -rasse und Alter unterschiedl. Fütterungs- und Haltungsverfahren bei zur Schlachtung bestimmten Tieren zum Zwecke günstiger Fleisch- oder Fetterzeugung.

Mastaba [arab. »Steinbank«] *die,* frei stehender, flacher ägypt. Grabbau seit der 1. Dynastie, mit rechteckigem Grundriss und schräg anstehenden Seiten; in der Frühzeit aus Ziegeln, später aus Steinquadern. Die M. blieb die Grabform der Beamten, bis sie von Felsgräbern abgelöst wurde. (↗ ägyptische Kunst)

Mastdarm (Rectum, Rektum), der unterste Teil des ↗ Darms.

Mastdarmkrebs (Mastdarmkarzinom, Rektumkarzinom), bösartiger Tumor des Mastdarms; etwa 30 % aller M. sind durch einfache rektale Tastuntersuchung diagnostizierbar. Die Metastasierung über die Lymphwege setzt relativ spät ein. Der Durchbruch in benachbarte Organe (Blase, Scheide) ist oft mit Fistelbildung verbunden. Die Behandlung erfolgt operativ.

Mastdarmspiegelung, die ↗ Rektoskopie.

Mastektomie *die* (Mammaamputation), operative Entfernung des Drüsengewebes der weibl. Brust bei fortgeschrittenem Brustkrebs, unter der Voraussetzung, dass eine brusterhaltende Operation nicht möglich ist; inzwischen wird überwiegend die modifiziert radikale M. (mit gleichzeitiger Entfernung der Faszie des kleinen Brustmuskels und der axillären Lymphknoten) angewendet.

Master ['ma:stə, engl., aus lat. magister] *der, Hochschulwesen:* akadem. Grad: Der **M. of Arts,** Abk. **M. A.** (magister artium liberalium; Magister Artium), oder **M. of Science,** Abk. **M. S.** (magister litterarum scientiarum), wird an fast allen brit. und amerikan. Univ. verliehen. – In Dtl. können Hochschulen aufgrund von Prüfungen, mit denen ein weiterer berufsqualifizierender Abschluss erworben wird, einen M.- oder Magistergrad verleihen. (↗ Magister)

Masters *das, Sport:* im Golf Kurzbez. für das »US-M.« (↗ Major-Turniere); im ↗ Tennis Kurzbez. für den »M. Cup«.

Masters ['ma:stəz], **1)** Edgar Lee, amerikan. Schriftsteller, *Garnett (Kans.) 23. 8. 1869, †Philadelphia (Pa.) 5. 3. 1950, Rechtsanwalt; bekannt durch die Gedichtsammlung »Die Toten von Spoon River« (1915), in der er die Verlogenheit von Grabinschriften enthüllte; wichtiger Vorläufer der desillusionierenden Dichtung der Moderne.
2) William Howell, amerikan. Gynäkologe und Sexologe, *Cleveland (Ohio) 27. 10. 1915, †Tucson (Ariz.) 16. 2. 2001; gilt als einer der Begründer der experimentellen Sexualforschung (u. a. reizphysiolog. Abläufe, sexuelles Verhalten).

Master-Slave-System ['mɑ:stə'sleɪv-; engl. slave »Sklave«], techn. Anlage, bei der die Arbeitsweise (Zuständigkeit, Funktion u. a.) von Teilen der Anlage (»slaves«) bzw. der Gesamtanlage von einer Systemkomponente (»master«) bestimmend beeinflusst wird. Solche Hierarchien spielen u. a. bei der Verteilung elektr. Energie auf ein Verbundnetz, in der Robotik (↗ Manipulator) oder Informatik eine Rolle.

Masterson ['mɑ:stəsn], James Francis, amerikan. Psychiater, *Philadelphia (Pa.) 25. 3. 1926; befasst sich mit der Erforschung und Behandlung von Persönlichkeitsstörungen, v. a. des ↗ Borderlinesyndroms.

Mastiff *der,* engl. Hunderasse; bis zu 80 cm schulterhoher, kurz- und glatthaariger, doggenähnl. Haushund mit kleinen Hängeohren und langer Hängerute; Fell rehbraun, gefleckt oder gestromt; wachsamer Schutzhund.

Mastikation [zu spätlat. masticare »kauen«] *die,* auf Walzwerken oder in Knetern, meist unter Zusatz von M.-Chemikalien (aromat. Schwefelverbindungen) durchgeführtes mechan. Zerreißen von Kautschukmolekülen (Natur-, z. T. auch Synthesekautschuk), wodurch die Zähigkeit der Kautschukmasse erniedrigt und die Verarbeitbarkeit verbessert wird.

Mastitis [grch.] *die,* die ↗ Brustdrüsenentzündung.

Mastix [grch.] *der,* in Alkoholen und Terpentinöl lösl. Harz des ↗ Mastixstrauches; u. a. für Klebemittel, Pflaster, Gemäldefirnisse verwendet.

Mastixstrauch (Pistacia lentiscus), im Mittelmeergebiet und auf den Kanar. Inseln vorkommender 2–4 m hoher Strauch aus der Familie der Sumachgewächse mit immergrünen Blättern. Durch Rindenschnitte wird das Harz Mastix gewonnen.

Mastodonten [grch.], eine ausgestorbene Rüsseltiergattung der jüngeren Tertiärzeit.

Mastopathie [grch.], Erkrankung der Brustdrüse mit Gewebeumbildung; meist in Form hormonell bedingter Wucherungen des Brustdrüsen- und Bindegewebes mit Zystenbildung (Mastopathia cystica fibrosa); tritt v. a. bei Frauen zw. dem 35. und 55. Lebensjahr auf und ist kontrollbedürftig, aber nicht bösartig.

Mastroianni, Marcello, italien. Bühnen- und Filmschauspieler, *Fontana Liri (Prov. Frosinone) 28. 9. 1924, † Paris 19. 12. 1996; war internat. als Charakterdarsteller und in kom. Rollen erfolgreich. – *Filme:* Das süße Leben (1959); 8½ (1962); Das große Fressen (1973); Ginger und Fred (1986); Allen geht's gut (1990); Prêt-à-porter (1994); Erklärt Pereira (1996).

Masturbation [lat.] *die* (Ipsation, Onanie), sexuelle Selbstbefriedigung durch (meist manuelle) Selbstreizung im Genitalbereich.

Masuccio Salernitano [ma'zuttʃo -], eigtl. Tommaso Guardati, italien. Schriftsteller, *Salerno um 1420, †ebd. vor 1476(?); bedeutendster italien. Novellist des Quattrocento (Sammlung »Il novellino«, dt. u. d. T. »Novellen«, entstanden gegen 1450, gedruckt [vermutlich erst posthum] 1476).

Mastixstrauch

Marcello Mastroianni

Masuren: am Mauersee

Matadi, Prov.-Hptst. in der Demokrat. Rep. Kongo, oberhalb der Kongomündung, 172 700 Ew.; kath. Bischofssitz; Nahrungsmittelind., Fischverarbeitung, Arzneimittelherstellung, Druckereien; wichtigster Hafen des Landes, Endpunkt der Hochseeschifffahrt; Güterumschlag auf die Eisenbahn nach Kinshasa.

Matador [span., zu matar »töten«] der, Stierkämpfer, der dem Stier den Todesstoß gibt.

Matagalpa, Dep.-Hptst. in Nicaragua, 37 000 Ew.; bed. Anbauzentrum von Kaffee; Nahrungsmittelindustrie.

Mata Hari, eigtl. Margaretha Geertruida Zelle, niederländ. Tänzerin, * Leeuwarden 7. 8. 1876, † Paris 15. 10. 1917; im Ersten Weltkrieg sowohl vom dt. als auch vom frz. Geheimdienst angeworben, wurde sie von den frz. Behörden der Spionage für Dtl. beschuldigt, zum Tode verurteilt und hingerichtet.

Matamoros, Grenzstadt im mexikan. Bundesstaat Tamaulipas, am unteren Río Grande, 266 000 Ew.; Handelszentrum eines Baumwoll- und Zuckerrohranbaugebietes; Brücke nach Brownsville (Tex.), Flugplatz.

Matanuska Valley [mætəˈnuːskə ˈvæli], Tal in Alaska, USA, nordöstlich von Anchorage; geschützt durch hohe Bergketten, ist es das wichtigste Agrargebiet Alaskas (Vegetationsperiode von etwa 120 Tagen); Anbau von Futterpflanzen und Milchviehhaltung, Gemüse- und Kartoffelanbau.

Matanzas [-θas], Hptst. der Prov. M., an der N-Küste Kubas, 122 900 Ew.; Bischofssitz; Zweig der Univ. von Camagüey; Pharmaziemuseum; Zucker-, Werft-, Leichtind.; Hafen. – Festung (17. Jh.).

Mataré, Ewald, Bildhauer und Grafiker, * Aachen 25. 2. 1887, † Büderich (heute zu Meerbusch) 29. 3. 1965; wurde 1932 Prof. an der Kunstakademie in Düsseldorf, 1933 entlassen, 1945 wieder eingestellt.

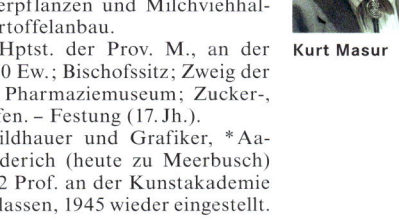

Kurt Masur

Masur, Kurt, Dirigent, * Brieg (heute Brzeg) 18. 7. 1927; war 1960–64 Chefdirigent der Kom. Oper Berlin, 1967–72 der Dresdner Philharmonie, 1970–96 Gewandhauskapellmeister in Leipzig und 1991–2002 Chefdirigent der New Yorker Philharmoniker; seit 2000 Chefdirigent des London Philharmonic Orchestra, seit Herbst 2002 auch Musikdirektor des Orchestre National de France. M. trug als Mitinitiator des Aufrufs Leipziger Bürger vom 9. 10. 1989 wesentlich zum friedl. Verlauf dieser entscheidenden Leipziger Montagsdemonstration bei.

Masuren (poln. Mazury), End- und Grundmoränenlandschaft (bis 312 m ü. M.) im NO von Polen, im S des ehem. Ostpreußen, Teil des Preuß. Landrückens; reizvolles Wald- (bes. Kiefern) und Seengebiet (Nationalpark **Masur. Seen,** die größten sind der Spirdingsee mit 113,8 km², der Mauersee mit 104,4 km²); Fremdenverkehr, Fischfang und Forstwirtschaft; Landwirtschaft auf wenig ertragreichen Böden. Die Bev. (Masuren) entstand aus einer Mischung von altpreuß., masow. und dt. Kolonisten, wobei die masow. Komponente überwog; sie sprach eine poln., mit dt. Lehnwörtern durchsetzte Mundart, ging aber im 19. und 20. Jh. immer mehr zur dt. Sprache über.

Geschichte: Bis zum 13. Jh. war M. von den baltisch-pruß. Stämmen der Galinder und Sudauer schwach besiedelt. Die Sudauer wurden 1278–83 vom Dt. Orden unterworfen und nach Samland umgesiedelt. Im 15./16. Jh. riefen der Dt. Orden und die preuß. Herzöge v. a. masow. Siedler ins Land (Abschluss der Kolonisation erst im 18. Jh.). Im Ersten Weltkrieg fanden in M. die Schlachten bei Tannenberg (26.–31. 8. 1914), an den Masur. Seen (6.–14. 9. 1914) und die Winterschlacht (7.–27. 2. 1915) statt. In der Volksabstimmung vom 11. 7. 1920 erklärte sich die Bev. mit 97,5 % für den Verbleib beim Dt. Reich. Nach dem Zweiten Weltkrieg fiel das Gebiet 1945 unter poln. Verwaltung; die Zugehörigkeit zu Polen wurde durch den Deutsch-Poln. Grenzvertrag von 1990 anerkannt.

Masyr, Stadt in Weißrussland, ↗ Mosyr.

Matabeleland, Teil des Hochlands von Simbabwe, im SW des Landes, eine flachwellige, fast baumlose Trockensavanne, 1 000 bis 1 500 m ü. M., Wohngebiet der Matabele (↗ Ndebele); Rinderfarmen, Bergbau; Hauptorte: Bulawayo, Hwange.

Ewald Mataré: Kleine liegende Kuh (1946; Mannheim, Städtische Kunsthalle)

Seine frühen Holzschnitte gehören dem Expressionismus an. Als Bildhauer, bes. als Schöpfer von Kleinplastiken (v. a. Tierfiguren) aus kostbaren, fein polierten Hölzern oder aus Bronze, gelangte er zu stark abstrahierten, bis zum Symbol verdichteten Formen. Zu seinen bauplast. Werken gehören drei bronzene Türflügel mit Mosaikeinlagen für das Südportal des Kölner Doms (1948–54) sowie Kupfertüren für die »Friedenskathedrale« in Hiroshima (1954).

Mataró, Hafen- und Ind.stadt in Katalonien, Prov. Barcelona, Spanien, 102 000 Ew.; Textil-, Metall-, Chemie-, Glas-, Papierind.; Vermarktung von Frühgemüse, -kartoffeln und Blumen; Fischerei.

Matchball [ˈmætʃ-, engl.], *Rückschlagspiele:* über den Sieg entscheidender Ball.

Matchstrafe [ˈmætʃ-, engl.], *Eishockey:* Spielausschluss für die verbleibende Spieldauer; übertragen auch für andere Mannschaftssportarten, z. B. bei »Gelb-Rot« (↗ rote Karte) im Fußball.

Mate [span., zu Quechua mati, eigtl. »Korb«] der (Matetee, Paraguaytee), Tee aus jungen Blättern mehrerer in Paraguay, Argentinien und Brasilien heim. und angebauter Arten der Stechpalme, z. B. der **M.-**

Mate: Matepflanze

Pflanze (Ilex paraguariensis). M. enthält 0,3–1,5 % Koffein, zu 50 % an Gerbsäure gebunden.

Mater [lat.], Mutter. – **M. familias,** im alten Rom die Frau des Hausvaters.

Mater [lat.] *die, graf. Technik:* die ↗ Matrize.

Matera, 1) Prov. in der Region Basilicata, S-Italien, 3 447 km², 205 900 Einwohner.
2) Hptst. von 1), 57 300 Ew.; Erzbischofssitz; Museum, Fachschulen. – Die in einer Schlucht gelegenen ältesten Teile der Stadt, die Sassi (UNESCO-Weltkulturerbe), mit über- und ineinander geschachtelten Häusern aus Tuff und (die älteste Form) in Tuff hineingebauten Höhlenwohnungen werden vom Dom (13. Jh., barockisiert) überragt.

Mater dolorosa [lat. »Schmerzensmutter«], das in der bildenden Kunst oft dargestellte Motiv der Maria, der Mutter Jesu, im Schmerz um das Leiden ihres Sohnes (↗ Marienbild).

Mater et Magistra [lat. »Mutter und Lehrerin«], Sozialenzyklika Papst Johannes' XXIII. vom 15. 5. 1961; fordert u. a. Mitbestimmung und Beteiligung der Arbeitnehmer am Produktivvermögen; setzte neue Schwerpunkte innerhalb der kath. Soziallehre.

Material [lat.] *das,* zur Ausübung einer Tätigkeit oder zur Herstellung von Erzeugnissen benötigter Ausgangsstoff (Roh-, Hilfs- oder Betriebsstoffe sowie in den betriebl. Produktionsprozess einfließende Halb- und Fertigfabrikate).

Materialdruck, *graf. Technik:* Bez. für Druckverfahren, deren Druckträger ungewöhnl. Materialien, wie stark strukturierte Textilien, unbearbeitetes Holz, Metallelemente, Steinplatten und Blätter sein können. Das Material wird mit Druckfarbe eingewalzt und direkt auf dem Bildträger in Form eines Hochdrucks abgezogen; es entsteht häufig eine Reliefwirkung.

Materialisation *die,* **1)** *Parapsychologie:* stoffl., auch menschl. Erscheinungen, die sich, wie der Okkultismus behauptet, bei Anwesenheit eines ↗ Mediums in Form einer nebelartigen Masse (Tele- oder Ektoplasma) entwickeln und wieder verschwinden (Dematerialisation.)
2) *Physik:* die Entstehung von Teilchen endl. Ruhemasse aus masselosen Strahlungsquanten (z. B. bei der ↗ Paarbildung) oder kinet. Energie bei der Umwandlung von Elementarteilchen.

Materialismus [lat.] *der,* eine Grundrichtung der Philosophie, die im Ggs. zum Idealismus die Materie als die eigentl. Realität und das alle anderen Phänomene Bestimmende ansieht. – Vom **method. M.,** der allein das naturwiss. Interpretierbare betrachten, sich jedoch jedes Urteils über die Gesamtwirklichkeit enthalten will, ist der **philosoph. M.** zu unterscheiden, der die Gesamtwirklichkeit zu deuten sucht und somit (in unterschiedl. Weise) zum ↗ psychophysischen Problem Stellung nehmen muss. – Der (atheist.) mechanist. M. bildete sich, v. a. unter dem Eindruck des grch. Atomismus, in der frz. Aufklärung (u. a. La Mettrie, P. H. T. d'Holbach, C. A. Helvétius) zu seiner ersten Blüte heraus. Der naturwiss. M. des 19. Jh. (J. Moleschott, L. Büchner, E. Haeckel) wollte auf naturwiss. Erkenntnissen eine wissenschaftsoptimist., materialist. Weltanschauung aufbauen. Die v. a. über A. L. C. Destutt de Tracy weitergeführte und von L. Feuerbach aufgenommene Religionskritik beeinflusste die ideologiekrit. Untersuchungen von K. Marx und F. Engels, die als materialist. Geschichtsauffassung den histor. M. und als Methode den durch Kritik G. W. F. Hegels entstandenen dia-

Mater dolorosa: farbig gefasste Holzskulptur aus dem Allgäu (um 1750; München, Bayerisches Nationalmuseum)

Mathematik in der Anwendung

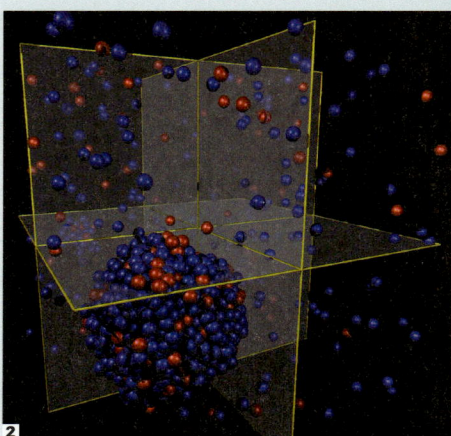

1 Perspektive **2** Simulation des Edelgases Argon beim Abkühlen von 120 auf 10 K, d. h. beim Übergang vom gasförmigen zum festen Zustand (blau bedeutet eine geringere Geschwindigkeit als der Durchschnitt)

lekt. M. entwickelten (↗ Marxismus). Außerhalb des Marxismus sind im 20. Jh. materialist. Konzepte v. a. auf naturwiss. Gebiet als philosoph. Interpretationsmuster vorgetragen worden.

Materialkonstanten, die ↗ Stoffkonstanten.
Materialprüfung, die ↗ Werkstoffprüfung.

Materie [lat.] *die,* **1)** *allg.:* Stoff, Masse; das Gegenständliche, der Inhalt im Ggs. zur ↗ Form.
2) *Philosophie:* in Aristoteles' ↗ Hylemorphismus als »erste M.« der unbestimmte, allem Werden und Vergehen zugrunde liegende Urstoff; jede M. muss von der ↗ Form geprägt werden. Die Scholastik unterschied zw. »materia prima«, dem gemeinsamen Urstoff aller Körper, und »materia secunda«, dem Stoff des konkreten Einzeldings. Der Ggs. von M. und Form verschmolz zunehmend mit dem zw. M. und Geist. Aufgrund von R. Descartes' Entgegensetzung von geistiger und ausgedehnter (raumerfüllender) Substanz konnte M. als quantifizierbare, math. Struktur aufgefasst, ihre Veränderung als kausal determiniert begriffen werden.
3) *Physik:* Der physikal. M.-Begriff beinhaltet die math. fassbare Struktur der Materie. Bereits im 19. Jh. wurde versucht, den Begriff der Masse als

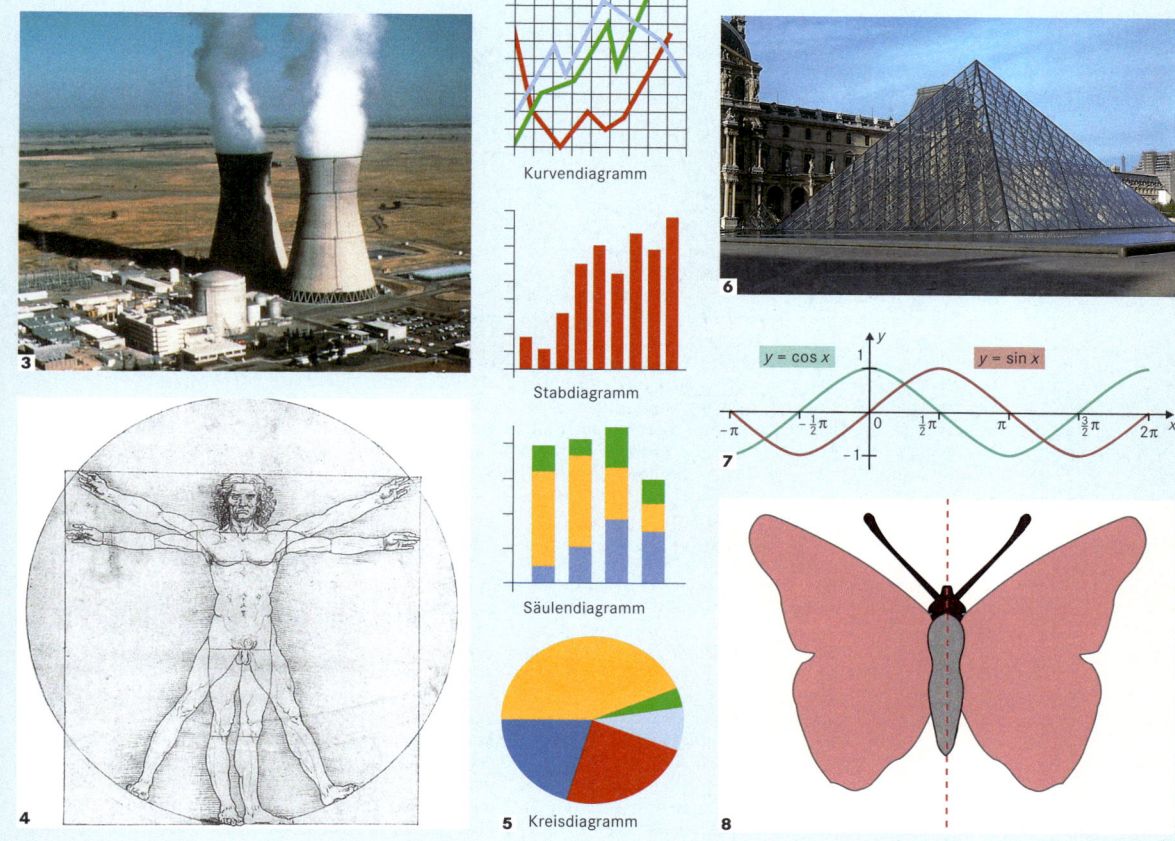

3 Kühltürme eines Kernkraftwerks (Rotationshyperboloide)
4 Leonardo da Vincis Studie der menschlichen Proportionen nach Vitruv in Kreis und Quadrat (1496), ein Beispiel für den goldenen Schnitt **5** Diagrammformen
6 Die Glas-Stahl-Pyramide des Louvre in Paris ist eine gerade quadratische Pyramide (mit den gleichen Proportionen wie die große Pyramide von Gizeh).
7 Sinus- und Kosinusfunktion **8** Achsensymmetrie

eine der Grundeigenschaften der M. (oft fälschlich mit ihr gleichgesetzt) rein operational zu definieren und ihn so von den Resten philosoph. Begrifflichkeit (Stofflichkeit) zu trennen. – Erst die Physik des 20. Jh. hat den klass. M.-Begriff der sinnl. Anschauung und des ihr entsprechenden euklid. Raumes aufgelöst. An ihre Stelle treten *makrophysikalisch* der relativitätstheoret. Begriff einer Wechselwirkung zw. der M. als (klass.) Materiefeld und der durch sie gekrümmten vierdimensionalen Raum-Zeit (↗ Raum), *mikrophysikalisch* die Wahrscheinlichkeitsgesetze im Zustandsraum (Hilbert-Raum) der Quantenmechanik. Die eigentl. Träger der M. (die Teilchen) sind dynam. Zentren, die nur einen verschwindend geringen Raum einnehmen. Der räuml. Hauptanteil der makrophysikalisch repräsentierten M. ist »leer« im Sinne einer naiven Anschauung, jedoch erfüllt von intensiven Kraftwirkungen (↗ Wechselwirkung). Sie bilden das Feld, das die eigentl. M.-Träger umgibt und als dessen Erzeugnis man umgekehrt auch diese »eigentl. M.« zu verstehen bemüht ist, da seit Etablierung des ↗ Dualismus eine scharfe Trennung zw. den Begriffen Teilchen und Feld gar nicht möglich ist. Vielmehr können Teilchen mit Ruhmasse in solche ohne Ruhemasse umgewandelt werden und umgekehrt (↗ Paarbildung). Beide können nach der von A. Einstein aufgezeigten ↗ Äquivalenz von Masse und Energie nur als zwei versch. Erscheinungsformen von Energie aufgefasst werden. – Die ↗ Antimaterie ist im obigen Sinn als eine andere Form von M. aufzufassen. Durch die Wechselwirkungen der M. werden sowohl die Elementarprozesse der Mikrophysik (Kern- und Atomaufbau, chem. Bindungsverhältnisse in Molekülen u. a.), die Eigenschaften der makroskop. M. unserer Umgebung als auch Aufbau und Entwicklung des gesamten Kosmos beschrieben.

Materi|efeld, *Physik:* ↗ Feld, ↗ Materie.
materi|ell [frz.], 1) stofflich, körperlich; 2) wirtschaftlich, finanziell; 3) auf Gewinn bedacht.
Materi|estrahl, *Astronomie:* ↗ Jet.
Materi|ewelle (De-Broglie-Welle) [nach dem frz. Physiker L. de Broglie], die einem bewegten Materieteilchen nach der ↗ Wellenmechanik zugeordnete Welle (↗ Dualismus). Ist p der Impuls eines bewegten Teilchens, so ist die Wellenlänge λ (**De-Broglie-Wellenlänge**) durch die **De-Broglie-Beziehung** $\lambda \cdot p = h$ (h plancksches Wirkungsquantum) gegeben. Die M. er-

möglich die Beschreibung der Welleneigenschaften von Teilchen, z. B. der Interferenz von Elektronenstrahlen an Kristallgittern.

Maternus, erster nachweisbarer Bischof von Köln; 313 und 314 als Teilnehmer der Synoden von Rom und Arles bezeugt; Heiliger, Tag: 14. 9.

Mathematik [zu grch. mathēmatikḗ (téchnē), von máthēma »das Gelernte«] *die,* eine der ältesten Wiss.en, hervorgegangen aus den Aufgaben des Zählens, Rechnens und Messens, der praktische, insbesondere naturwiss. und techn., Fragestellungen zugrunde lagen und zu deren Behandlung urspr. Zahlen und geometr. Figuren sowie ihre wechselseitigen Verknüpfungen herangezogen wurden. Der Aufgabenbereich der M. wurde mit der Abstrahierung von der ursprüngl. Bedeutung der untersuchten Objekte wesentlich erweitert und führte zu einer »Wiss. von den formalen Systemen« (D. Hilbert). Danach versteht man unter der **modernen M.** die Wiss. von den abstrakten Strukturen und log. Folgerungen, die durch Festlegung von wenigen Grundannahmen über Relationen und Verknüpfungen zw. Elementen einer Menge beliebiger Größen bestimmt werden. Zu ihren wesentl. Aufgaben gehört das Aufstellen allgemeinster, widerspruchsfreier Beziehungen zw. diesen Größen (/ Axiom), aus denen sich auf rein log. Weg Folgerungen in Form von Aussagen (Sätzen) ergeben. Die M. ist gekennzeichnet durch eine hohe Präzision ihres Begriffssystems, Strenge ihrer Beweismethoden und einen stark deduktiven Charakter ihrer Darlegung.

Entsprechend der Vielfalt ihrer Anwendungsgebiete unterteilt man die M. in Zweige, deren klare Abgrenzung voneinander schwierig ist. Nach traditioneller Einteilung gliedert sich die M. in Arithmetik, Geometrie, Algebra und Analysis (»reine M.«). Wichtige selbstständige Spezialdisziplinen sind daneben u. a. Funktionalanalysis, Kombinatorik, Mengenlehre, Optimierung, Stochastik, Topologie und Vektorrechnung. Der Einsatz von Computern hat die Entwicklung neuerer Gebiete, wie Fraktalgeometrie, Chaostheorie, Komplexitätstheorie, Techno-M., ermöglicht und zu neuartigen Beweismethoden geführt. Im Zusammenhang mit der Informatik haben auch die math. Logik und ihre Methoden verstärkt Beachtung gefunden.

Geschichte: Auf teils noch vorwiss. Stufe standen die ägypt. und babylon. M., die sehr eng mit ihren jeweiligen Anwendungen zusammenhingen und ohne Begründung gegebene Regeln verwendeten. Die grch. M. dagegen ging bereits beweisend vor. Appollonios von Perge entwickelte die Kegelschnittlehre, Archimedes die Exhaustionsmethode. Die röm. M. blieb weitgehend auf prakt. Aufgaben beschränkt. Die (durch die ind. M. beeinflusste) arab. M., die vom 9. Jh. an führend war, lieferte selbstständige Beiträge, z. B. zur Geometrie, Trigonometrie, Reihenlehre und zur Theorie der Gleichungen. Sie gab das math. Wissen an das lat. MA. weiter. In Europa begann die Weiterentwicklung der M. seit Regiomontanus mit der Vervollkommnung der Trigonometrie, der Ausbildung der Perspektive, dem Studium der kaufmänn. Rechenverfahren und der Schaffung einer Algebra. Nach der Einführung der Logarithmen zu Beginn des 17. Jh. legten R. Descartes und P. de Fermat mit der analyt. Geometrie die Grundlage für die Infinitesimalrechnung (I. Newton, G. W. Leibniz). Im Laufe der entsprechenden Untersuchungen wurde der Begriff der Funktion geklärt. Es entstand die Analysis, die die Entwicklung der M. im 18. Jh. weitgehend bestimmte. Gegen Ende des 18. Jh. wurde von L. Euler der Ausbau der von Fermat im Anschluss an Diophantos von Alexandria (3. Jh.) geschaffenen abstrakten Zahlentheorie eingeleitet. Auf der Grundlage der von C. F. Gauß entwickelten Theorie der komplexen Zahlen wurde im 19. Jh. die Funktionentheorie von A. L. Cauchy begründet und von K. Weierstraß und B. Riemann weiterentwickelt. Im selben Jahrhundert erfuhr die M. auch eine Wendung zu Grundlagenfragen und zur Systematisierung hin. Neben Konvergenzfragen spielte die nichteuklid. Geometrie eine wichtige Rolle bei der Beschäftigung mit den Grundlagen der Mathematik. Probleme der Geodäsie und Astronomie führten zur Fehlerrechnung, physikal. Fragestellungen auf die Vektorrechnung, innermath. Untersuchungen zur Gruppentheorie. Ein neues Gebiet erschloss die von G. Cantor begründete Mengenlehre. Im 20. Jh. kam es zur Bildung der abstrakten Algebra und parallel dazu zur Axiomatisierung, schließlich zu einem neuen Verständnis der M. als Wiss. von den math. Strukturen. Sehr einflussreich war der Versuch der Gruppe Bourbaki, der M. eine einheitl. mengentheoretisch orientierte Sprache auf strukturalist. Hintergrund zu geben. – Bildtafel S. 3024/3025

mathematische Linguistik, / Linguistik.

mathematische Logik, die Lehre von den log. Zusammenhängen, soweit sie deren Elemente und Beziehungen in eine Theorie überführt und durch Symbole und Formelsprache darstellt (oft gleichbedeutend gebraucht mit formaler Logik). Sie geht von Aussagen aus, deren Beziehungen ohne Berücksichtigung der Subjekt-Prädikat-Beziehung in der **Aussagenlogik** untersucht werden. Die eindeutige Festlegung von Satzbildungs- und Ableitungsregeln führt zu **Aussagenkalkülen;** aus der Gesamtheit aller innerhalb eines Kalküls ausdrückbaren Aussagen können einige als Axiome angenommen werden. Die Berücksichtigung der Subjekt-Prädikat-Beziehung führt zur **Prädikatenlogik,** die entsprechende Regelfestlegung zum **Prädikatenkalkül.** Ähnlich gibt es Klassen-, Relationen-, Modalkalküle u. a. Eine **mehrwertige Logik** ist die Wahrscheinlichkeitslogik, die von Modallogiken zu unterscheiden ist (/ Logik). Die bes. von G. Boole, G. Frege, B. Russell, D. Hilbert, L. E. J. Brouwer, P. Lorenzen und Kuno Lorenz (*1932) ausgebildete m. L. ist v. a. in der Wissenschaftslehre wichtig geworden. – I. e. S. bezeichnet m. L. die für die Mathematik wichtigen Teilgebiete der formalen Logik, wie Beweistheorie (Metamathematik), Mengenlehre und Modelltheorie.

mathematische Programmierung (mathematische Optimierung), / Optimierung.

mathematische Psychologie, Gesamtheit der unterschiedl. Richtungen psycholog. Forschung, die stark formalisiert sind und math. Modelle benutzen, bes. Skalierung, Spiel-, Entscheidungs- und Informationstheorie. Zu den klass. Bereichen zählen die Psychophysik und die / Faktorenanalyse.

mathematische Zeichen, zur übersichtl. und eindeutigen Formulierung von math. Aussagen verwendete Zeichen (Symbole), u. a. für bestimmte Größen, Relationen und Operationen.

Mathesius, Johannes, Reformator, * Rochlitz 1504, † Sankt Joachimsthal 17. 10. 1565; war 1540/41 M. Luthers Tischgenosse in Wittenberg (Nachschriften von Luthers Tischreden); verfasste mit seinen 17 »Lutherhistorien« (gedruckte Predigten; 1562–65) die erste Lebensbeschreibung des Reformators.

Mathieu [ma'tjø], **1)** Georges, frz. Maler, * Boulogne-sur-Mer 27. 1. 1921; seit 1947 in Paris, einer der Hauptvertreter der / informellen Kunst; fand um

mathematische Zeichen (Auswahl)

Elementares Rechnen

=	gleich
:=	nach Definition gleich
≈	ungefähr gleich
≡	identisch
≠, ≠	ungleich
>	größer als
≧, ≥	größer oder gleich
≫	(sehr) groß gegen
~	proportional
≙	entspricht
<	kleiner als
≦, ≤	kleiner oder gleich
≪	(sehr) klein gegen
+	plus
−	minus
±	plus oder minus
·, ×	mal
:, ÷, /	geteilt durch
Σ	Summe
Π	Produkt
√	Wurzel aus (Quadratwurzel)
$\sqrt[n]{a}$	n-te Wurzel aus a
a^n	n-te Potenz von a
%	Prozent, vom Hundert
‰	Promille, vom Tausend
$|x|$	Betrag von x
$\|x\|$	Norm von x
$n!$	n Fakultät
$\binom{n}{k}$	n über k (Binomialkoeffizient)

Elementare Geometrie

∥	parallel
∦	nicht parallel
↑↑	gleichsinnig parallel
↑↓	gegensinnig parallel
⊥	rechtwinklig zu
≅	kongruent, deckungsgleich
∼	ähnlich
∢	Winkel
$\overline{AB}$	Strecke AB
⌐, ⌐, ⌐	rechter Winkel
⌀	Durchmesser
°	Grad
′	Minute
″	Sekunde

Zahlensysteme

N, ℕ	Menge der natürlichen Zahlen
Z, ℤ	Menge der ganzen Zahlen
Q, ℚ	Menge der rationalen Zahlen
R, ℝ	Menge der reellen Zahlen
C, ℂ	Menge der komplexen Zahlen
i	imaginäre Einheit ($i^2 = -1$)
$z = a + ib$	komplexe Zahlen
$\bar{z}, z^*$	konjugiert komplexe Zahl zu z
Re z	Realteil von z
Im z	Imaginärteil von z
e	eulersche Zahl (= 2,718281...)
π	Pi (= 3,1415926...)

Algebra und analytische Geometrie

$a \| b$	a teilt b
$a \nmid b$	a teilt nicht b
A, **B**, $\vec{A}, \vec{B}$	Vektoren
$A \cdot B$, AB (A,B)	Skalarprodukt von **A** und **B**
$A \times B$, $[A \times B]$	Vektorprodukt von **A** und **B**
det (a_{ik}), $|a_{ik}|$	Determinante
≅	isomorph

Mathematische Logik

∧	und (Konjunktion)
∨	oder (Disjunktion)
¬	nicht (Negation)
⇒, →	wenn ..., dann (Subjunktion)
⇔, ↔	genau dann, wenn (Äquivalenz)
:⇔	nach Definition genau dann, wenn
∀, ⋀	für alle
∃, ⋁	es gibt

Mengenlehre

∈	Element von
∉	kein Element von
∅, { }	leere Menge
∪	Vereinigung
∩	Durchschnitt
⊂, ⊆	enthalten in, Teilmenge von
⊄, ⊈	nicht enthalten in, nicht Teilmenge von
⊊	echt enthalten in, echte Teilmenge von
⊃	umfasst
⊅	umfasst nicht
$\bar{A}$	Komplement von A
\, −	ohne, minus
$\mathfrak{P}(A)$	Potenzmenge von A
$A \times B$	Produktmenge von A und B
(a, b), $\langle a, b \rangle$	geordnetes Paar
∘	verknüpft mit
$|A|$, card A	Kardinalzahl von A
$\{x \mid A(x)\}$	Menge aller x, für die $A(x)$ gilt
ℵ	Aleph
~	Äquivalent

Analysis

∞	unendlich
d$f(x)$	Differenzial der Funktion $f(x)$
$\frac{df(x)}{dx}$, $f'(x)$	Differenzialquotient, Ableitung
$\frac{\partial f(x,y)}{\partial x}$, f_x	partieller Differenzialquotient
∫	Integralzeichen
∮	Randintegral, Linienintegral
∇	Nablaoperator
Δ	Deltaoperator (Laplace-Operator)
$]a, b[$	offenes Intervall $a < x < b$
$[a, b]$	abgeschlossenes Intervall $a \leq x \leq b$
$[a, b[$	halboffenes Intervall $a \leq x < b$
$]a, b]$	halboffenes Intervall $a < x \leq b$
lim	Grenzwert

gebräuchliche Abkürzungen

$f: A \xrightarrow{f} B$	f ist Abbildung
$A \to B$	von A in B
$\log_b$	Logarithmus zur Basis b
lg	Logarithmus zur Basis 10
ln	Logarithmus zur Basis e
exp	Exponentialfunktion
sin	Sinus
cos	Kosinus
tan	Tangens
cot	Kotangens
arg z	Argument von z

1948 seinen eigenen Stil, gekennzeichnet von der schwungvollen Geste, mit der er die Farbe unmittelbar auf die Leinwand bringt. M. wurde mit Ölbildern, Gouachen, Lithographien sowie theoret. Schriften (»Au delà du Tachisme«, 1962; »L'abstraction prophétique«, 1984) bekannt.

2) *Mireille,* frz. Chanson- und Schlagersängerin, *Avignon 22. 7. 1946; von Edith Piaf beeinflusst, singt chansonhafte Schlager, auch in dt. Sprache. Erinnerungen: »Ja, ich glaube« (1988).

Henri Matisse: Der Tanz (1909/10; Sankt Petersburg, Eremitage)

Henri Matisse: Selbstbildnis (1937)

Mathilde, Herrscherinnen:
Hl. Röm. Reich: **1) M. die Heilige,** *um 895, †Quedlinburg 14. 3. 968; Gemahlin Heinrichs I. (seit 909), Mutter Ottos I. d. Gr.; unterstützte Ottos Bruder Heinrich in der Thronkandidatur von 936; gründete 936/937 das Stift Quedlinburg; Heilige, Tag: 14. 3.

England: **2) M.,** *London 1102, †Rouen 10. 9. 1167; Tochter Heinrichs I. von England, ⚭ 1114–25 mit Kaiser Heinrich V., seit 1128 mit Graf Gottfried V. von Anjou (gen. Plantagenet); konnte ihren Thronanspruch gegen Stephan I. von Blois nicht behaupten; sicherte 1153 ihrem Sohn Heinrich (II.) die Thronfolge.

Toskana: **3) M.,** Markgräfin von Tuszien (Toskana), *1046, †Bondeno (bei Ferrara) 24. 7. 1115; beherrschte fast die ganze Toskana und die Emilia; mächtige Bundesgenossin der Päpste im Kampf gegen die dt. Kaiser während des Investiturstreits; vermachte wohl 1079 ihre reichen Besitzungen, die Mathildischen Güter, dem Papst, der sie ihr als Lehen zurückgab. 1111 setzte sie Kaiser Heinrich II. als Erben ein. Mit M. erlosch das Haus Canossa.

Mathis, *Edith,* schweizer. Sängerin (lyr. Sopran), *Luzern 11. 2. 1938; sang an der Dt. Oper Berlin, an den Staatsopern in Hamburg und München sowie an der New Yorker Metropolitan Opera; wirkte mit bei Festspielen (Salzburg, Glyndebourne); wurde v. a. als Mozart-Sängerin bekannt.

Mathura [ˈmæθʊrɑː] (früher Muttra), Stadt in Uttar Pradesh, Indien, an der Yamuna; 227 000 Ew.; archäolog. Museum; Baumwoll-, chem. Ind., Landmaschinenbau. – M. gilt den Hindus als Geburts- und Wirkungsstätte Krishnas (Pilgerstätte).

Matinee [frz.] *die,* künstler. Veranstaltung am Vormittag.

Matisse [maˈtis], *Henri Émile Benoît,* frz. Maler, Grafiker und Bildhauer, *Le Cateau-Cambrésis 31. 12. 1869, †Cimiez (heute zu Nizza) 3. 11. 1954; führender Künstler der sich vom Impressionismus abwendenden Bewegung der ↗Fauves. Bei M. stand die Farbe nicht mehr im Dienste stoffl. Oberflächencharakterisierung, sondern machte die Gegenstände zu Farbträgern. Zugleich gewann das flächig-dekorative Element an Bedeutung. M. malte bes. Stillleben, die seiner Vorliebe für flächig-ornamentale Aufteilung entgegenkamen. Dieser Stil führte M. auch zur Wandmalerei (dreiteilige große Dekoration »Der Tanz« [Merion, Pa.; Barnes Foundation], Ausgestaltung der Klosterkapelle Notre-Dame du Rosaire in Vence bei Nizza). M. maler. und zeichner. Werk, das zu den Epoche machenden künstler. Leistungen des 20. Jh. gehört, wird durch Skulpturen abgerundet.

Matjeshering [niederländ., eigtl. »Mädchenhering«], gesalzener junger Hering (ohne Milch und Rogen).

Mato Grosso [ˈmatu ˈgrosu; »dichter Wald«], Bundesstaat im Innern Brasiliens, 906 807 km², 2,498 Mio. Ew., Hptst. ist Cuiabá; liegt überwiegend im Brasilian. Bergland. Von Galeriewäldern durchzogene Savannen (Campos Cerrados; Viehzucht) herrschen vor; der N mit trop. Regenwald (Kautschuk) gehört zu Amazonien; im SW hat M. G. Anteil an der Schwemmlandebene des Pantanal. – M. G. wurde seit Ende des 17. Jh. von Goldsuchern erschlossen, 1748 Kapitanat, seit 1822 Teil Brasiliens.

Mato Grosso do Sul [ˈmatu ˈgrosu du ˈsul], 1979 von Mato Grosso abgetrennter Bundesstaat Brasiliens, 358 159 km², 2,08 Mio. Ew.; Hptst. ist Campo Grande. Der O und S gehören zum Bereich des Brasilian. Berglands, im NW erstreckt sich das Überschwemmungstiefland des Pantanal um den Paraguay. Bed. Rinder- und Schweinezucht; Reis-, Zuckerrohr- und Maisanbau bes. im Bereich des Paraná. Bei Corumbá bed. Manganerzbergbau, ferner Eisenerze u. a. Bodenschätze.

Mátragebirge (ungar. *Mátra*), Teil des Nordungar. Mittelgebirges, im Kékes 1 015 m ü. M. (höchster Berg Ungarns).

Matrah [ˈmatrax], Hafenstadt in Oman, unmittelbar westlich von ↗Maskat; Schiffbau.

Matratze [von italien. *materazzo,* aus arab. »Bodenkissen«] *die,* mit einer Drellhülle umgebenes Polster, das auf den Sprungfederrahmen oder den Lattenrost des Bettes gelegt wird. **Federkern-M.** haben zusätzlich eine Sprungfedereinlage aus zusammenhängenden Stahlfedern.

Mätresse [frz. »Herrin«] *die,* Geliebte; im 17. und 18. Jh. die anerkannte, oft einflussreiche Geliebte eines Fürsten.

Matriarchat [lat.-grch.] *das,* Bez. für eine Gesellschaftsordnung, in der die Frau, im Besonderen die Mutter (↗Mutterrecht), die Vorherrschaft innehat. – Ggs.: ↗Patriarchat.

Matrikel [lat.] *die,* amtl. Verzeichnis von Personen, z. B. Universitäts-M.: Verzeichnis der Studenten einer Hochschule.

Matrikularbeiträge, nicht zweckgebundene und aus allg. Haushaltsmitteln bestrittene Überweisungen nachgeordneter an übergeordnete öffentl. Verbände, bes. im Bundesstaat die Zahlungen der Gliedstaaten an den Zentralstaat.

matrilineare Abstammung, Abstammung nach der mütterl. Linie; Ggs.: patrilineare Abstammung.

Matrix [lat. *mater* »Mutter«] *die,* **1)** *Biologie:* Keimschicht, Bildungsschicht (eines Organs).

2) *Mathematik:* System von $m \cdot n$ Größen a_{ik} (Zahlen, Funktionen u. a.), die in m Zeilen und n Spalten folgendermaßen angeordnet sind:

$$A = (a_{ik}) = \begin{pmatrix} a_{11} & a_{12} & \ldots & a_{1n} \\ a_{21} & a_{22} & \ldots & a_{2n} \\ \vdots & \vdots & & \vdots \\ a_{m1} & a_{m2} & \ldots & a_{mn} \end{pmatrix}.$$

Ein mit a_{ik} bezeichnetes Element der M. steht in der i-ten Zeile und k-ten Spalte. Ist A eine quadrat. M., d. h., gilt $m = n$, bezeichnet det A die zu ihr gehörende ↗ Determinante. M. lassen sich nach den Regeln der Matrizenrechnung verknüpfen und spielen bei der Auflösung linearer Gleichungs- und Differenzialgleichungssysteme eine wichtige Rolle.

3) *Petrologie:* die Grundmasse in magmat. Gesteinen und das Bindemittel in Sedimentgesteinen.

Matrixdrucker, *Informatik:* Drucker, der einzelne zu druckende Zeichen aus einer Matrix von Punkten bildet. Die beiden wichtigsten Vertreter der M. sind der ↗ Nadeldrucker und der ↗ Tintenstrahldrucker. Während Nadeldrucker zu den Anschlagdruckern zählen, wird beim Tintenstrahlverfahren das Punktraster anschlagfrei erzeugt.

Matrix|organisation, Organisationsstruktur, bei der sich eine nach Fachabteilungen und eine nach Produkten oder Projekten gegliederte Organisation überlappen. Dabei kommt es zur Aufteilung der Entscheidungs- und Weisungsbefugnisse sowie zu Mehrfachunterstellungen (Mehrliniensystem). Während die jeweiligen Produkt- bzw. Projektmanager ein objektbezogenes Anordnungsrecht quer durch die Fachabteilungen haben, verfügen die Fachabteilungsleiter über das funktionsbezogene Weisungsrecht.

Matrize *die*, 1) *graf. Technik:* (Mater), a) in der *Schriftgießerei* die durch Prägen, Bohren oder galvanisch gewonnene Metallform für den Guss von Drucktypen; b) in der *Setzmaschine* verwendeter Körper, in den ein Schriftzeichen oder das Negativ für den Fotosatz eingesetzt ist; c) in der *Galvanoplastik* die Abformung einer Hochdruckform, auf der sich im Bad ein Metallniederschlag bildet; d) in der *Stereotypie* die durch Einprägen in eine Mater aus Papierlagen, Spezialpappe oder Kunststoff gewonnene Abformung einer Hochdruckform für die Druckformenvervielfältigung; e) in der *Buchbinderei* das Stück, von dem die Patrize für das Prägen abgeformt wird.
2) *Umformtechnik:* der Teil des Werkzeugs, in dessen Hohlform der Stempel **(Patrize)** eindringt.

Matrizenmechanik, ↗ Quantenmechanik.

Matrjoschka [russ.] *die*, ↗ Matroschka.

Matroschka [russ.] *die* (Matrjoschka), aus zwei Teilen zusammengesetzte (Holz-)Figur mit aufgemalter Darstellung einer weibl. Person, die in ihrem hohlen Inneren ein kleineres Exemplar der gleichen Form und dieses wiederum jeweils kleinere Exemplare enthält; in Größenabstufungen Puppe in der Puppe; Symbol russ. Volkskunst.

Matrose [niederländ.] *der*, 1) Ausbildungsberuf in der Seeschifffahrt; Angehöriger einer Schiffsbesatzung.
2) *Militärwesen:* in der Bundesmarine der unterste Mannschaftsdienstgrad.

Matrosen|anzug, Seefahrerbekleidung, seit dem 15. Jh. belegt sind eine weite wadenlange Hose (Vorbild der ↗ Pantalons) und ein Kittel (Urform der späteren **Matrosenbluse** mit breitem eckigem Rückkragen und Halstuch); Mitte des 19. Jh. bis in die 1920er-Jahre ein beliebter Festanzug für Knaben.

Matschinsky-Denninghoff, Brigitte, geb. Meier-Denninghoff, Bildhauerin, * Berlin 2. 6. 1923; war 1948 Assistentin von H. Moore; ab 1955 schuf sie mit ihrem Mann Martin Matschinsky (* 1921) Plastiken aus zusammengeschweißten Metallstäben, v. a. Großplastiken (»Landmarken«, z. B. 1973–75 vor dem ZDF-Zentrum in Mainz, »Berlin«, 1987 in Berlin).

Matsudo, Satellitenstadt nordöstlich von Tokio, Japan, Präfektur Ibaraki, 461 500 Ew.; Nahrungsmittel-, Metall-, Textilindustrie.

Matsu|e, Hptst. der Präfektur Shimane, Japan, auf Honshū, 147 400 Ew.; Univ.; Konsumgüterind., Meeres- und Binnenfischerei. – Burg (1611) mit dreistöckigem Festungsturm (1642).

Matsu|inseln (chines. Ma-Tsu Tao), Gruppe von 19 Inseln vor der SO-Küste Chinas, 27 km², rd. 11 000 Ew., Fischerei; eine der beiden von Taiwan militärisch kontrollierten Inselgruppen vor dem chines. Festland.

Matsumoto, Stadt in der Präfektur Nagano, auf Honshū, Japan, 205 500 Ew.; Univ. Nahrungsmittel-, Textilind., Maschinenbau. Festungsstadt.

Matsumoto, Seichō, eigtl. M. Kiyoharu, japan. Schriftsteller, * Kokura (heute zu Kitakyūshū) 21. 12. 1909, † Tokio 4. 8. 1992; im Mittelpunkt seiner erfolgreichen Kriminalromane (»Spiel mit dem Fahrplan«, 1957; »Mord am Amagi-Paß«, Erz., 1986) stehen die zu einem Verbrechen führenden sozialen Probleme.

Matsuo, Bashō, japan. Dichter, * Ueno (Präfektur Mie) 1644, † Ōsaka 12. 10. 1694; lebte, eng der Natur verbunden, als Zen-Mönch. Seine Gedichte gehören zu den vollendetsten der Haiku-Dichtung.

Matsushita Electric Industrial Co., Ltd. [mætsʊˈʃiːta ɪˈlektrɪk ɪnˈdʌstrɪəl ˈkʌmpənɪ ˈlɪmɪtɪd, engl.], weltweit tätiger japan. Elektronikkonzern, v. a. Hersteller von Haushaltsgeräten, Unterhaltungselektronik, Informations- und Kommunikationstechnik (Marken: National, Panasonic, Technics, Quasar, JVC); Sitz: Ōsaka; gegr. 1918, jetziger Name seit 1935.

Matsuyama, Hptst. der Präfektur Ehime, Japan, auf der Insel Shikoku, 461 000 Ew.; Kurort mit heißen Quellen; Univ.; Textil-, chem. Ind., Maschinenbau, Erdölraffinerie; Hafen. – Die Burg (1602–27) ist eine der besterhaltenen Japans.

Matt [arab.-roman.] *das* (Schachmatt), *Schach:* Stellung, die das Ende einer Partie bedeutet, da die Bedrohung des Königs durch keinen Zug mehr abgewendet werden kann.

Matta, eigtl. Roberto Sebastian Antonio M. Echaurren, chilen. Maler, * Santiago de Chile 11. 11. 1911 (oder 1912), † Rom 23. 11. 2002; studierte Architektur und arbeitete 1935–37 im Atelier von Le Corbusier in Paris; 1937 schloss er sich den Surrealisten an. 1939 emigrierte er in die USA, reiste 1941 nach Mexiko und lebte im Anschluss daran abwechselnd Madrid, Paris und New York. Seine Bilder sind geprägt von der Suche, die Morphologie psych. Vorgänge zu erkunden. Seit Mitte der 40er-Jahre spiegeln die Darstellungen in ihren nervösen Farberuptionen das innere Empfinden des Künstlers für Bedrohungen, Ängste und Begierden der Zeitgeschichte (Wandbild »Die Zweifel der drei Welten«, UNESCO-Gebäude in New York; 1956).

Mattauch, Joseph, Physiker, * Mährisch-Ostrau (heute Ostrau) 21. 11. 1895, † Weidling (bei Klosterneuburg) 10. 8. 1976; Prof. u. a. in Wien, Berlin, Bern, zuletzt in Mainz, 1947–65 Direktor des dortigen Max-Planck-Instituts für Chemie; war maßgeblich an der Entwicklung und Anwendung der Massenspektrometrie beteiligt. Die **mattauchsche Isobarenregel** besagt, dass bei Atomkernen mit ungerader Massenzahl i. d. R. nur eine stabile Kernart existiert.

Matte, aus natürl. Fasermaterialien (z. B. Kokos, Stroh) oder Chemiefasern hergestelltes grobes Ge-

Matterhorn

Eva Mattes

Walter Matthau

flecht oder Gewebe; verwendet u. a. als Fußbodenbelag, Wandbespannung.

Matten, oberhalb der Baumgrenze gelegene artenreiche Pflanzengesellschaften, gebildet aus Gräsern, ausdauernden Stauden und Zwergsträuchern.

Mattenschanze, *nord. Skisport:* ↗ Sprungschanze.

Matteotti, Giacomo, italien. Politiker, * Fratta Polesine (Prov. Rovigo) 22. 5. 1885, † (ermordet) Rom 10. 6. 1924; Gen.-Sekr. der Sozialist. Partei; seine Ermordung als Gegner des ↗ Faschismus führte zum Auszug der Opposition aus der Kammer und zur Einparteiendiktatur.

Matterhorn (frz. Mont Cervin, italien. Monte Cervino), steiler, pyramidenförmiger Felsgipfel (Karling) der Walliser Alpen, 4478 m ü. M.; über ihn verläuft die Grenze zw. Italien und der Schweiz; allseitig von Karen und Gletschern umgeben. Das M. wurde 1865 von dem Briten E. Whymper erstmals erstiegen; die erste Durchsteigung der Nordwand erfolgte 1931 durch die Deutschen Franz und Toni Schmid (olymp. Goldmedaille).

Mattes, Eva, Schauspielerin, * Tegernsee 14. 12. 1954; spielte u. a. am Dt. Schauspielhaus in Hamburg und am Wiener Burgtheater; gehörte 1994–95 zum Direktorium des Berliner Ensembles. M. wurde auch durch Fernseh- und Spielfilme bekannt (u. a. »Matthias Kneißl«, 1971; »Wildwechsel«, 1972; »Celeste«, 1981; »Ein Mann wie EVA«, 1984; »Auf immer und ewig«, 1985; »Der Kinoerzähler«, 1993; »Widows«, 1997).

Mattglas, Glas mit aufgerauter, Licht streuender Oberfläche, die durch Ätzen oder Sandstrahlen erzeugt wird.

Matthau [ˈmæθɔː], Walter, amerikan. Bühnen- und Filmschauspieler, * New York 1. 10. 1920, † Santa Monica (Calif.) 1. 7. 2000; Charakterdarsteller, überzeugend v. a. in kom. Rollen wie in »Ein seltsames Paar« (1967), »Hello, Dolly« (1969), »Die Kaktusblüte« (1969), »Der Champion« (1978), »Ein verrücktes Paar« (1993), »I. Q.« (1994), »Der dritte Frühling« (1995), »Tango gefällig?« (1997), »Immer noch ein seltsames Paar« (1998).

Matthäus, Evangelist, einer der zwölf Apostel Jesu; nach Mt. 9, 9 ein Zöllner; gilt seit Papias als Verfasser des ↗ Matthäusevangeliums; wirkte nach der Legende in Äthiopien, Parthien (Kasp. Meer) und Persien; Schutzpatron der Finanz-, Steuer- und Zollbeamten; Heiliger, Tag: 21. 9.; in der orth. Kirche: 16. 11. – Symbol: Engel bzw. Mensch.

Matthäus|evangelium, Abk. **Mt.,** das erste und umfangreichste Evangelium im N. T.; zw. 70 und 90 in Syrien (?) von einem hellenist. Judenchristen in grch. Sprache verfasst, wohl unter Verwendung hebr. und aramäischer Quellen (Aussprüche Jesu); Adressaten waren judenchristl. Gemeinden in Syrien; der anonyme Autor wird erst seit Papias mit dem Apostel ↗ Matthäus gleichgesetzt; zentrales theolog. Motiv ist die Darstellung Jesu von Nazareth als des im A. T. verheißenen Messias (»des Sohnes Davids«), der gekommen ist, die alttestamentl. Weissagungen und Verheißungen zu erfüllen; Jesus erscheint als Gesetzeslehrer, der den Willen Gottes authentisch und endgültig auslegt; seine Predigt ist stark ethisch ausgerichtet (↗ Bergpredigt) und wird im Doppelgebot der Gottes- und Nächstenliebe als dem größten Gebot und der Erfüllung des Gesetzes zusammengefasst (Mt. 22, 35–40).

Matthäuspassion, die Vertonung der Leidensgeschichte Christi nach dem Matthäusevangelium; die M. von J. S. Bach für zwei Chöre, Solisten und Orchester (BWV 244; Erstaufführung 1729 oder bereits 1727 in Leipzig) ist seit der Wiederaufführung durch F. Mendelssohn Bartholdy (1829) wohl das meistaufgeführte kirchenmusikal. Großwerk. Von hoher Bedeutung ist die auf alle Instrumente verzichtende M. von H. Schütz (um 1666).

Mattheson, Johann, Pseud. Aristoxenos junior, Komponist und Musiktheoretiker, * Hamburg 28. 9. 1681, † ebd. 17. 4. 1764; verfasste zahlr. Werke zu Musikpraxis und -theorie, u. a. »Critica musica« (1722–25), »Der Vollkommene Capellmeister« (1739); komponierte sechs Opern, Oratorien, Kantaten, Kammermusik, Cembalowerke.

Mattheuer, Wolfgang, Maler und Grafiker, * Reichenbach/Vogtl. 7. 4. 1927; lehrte 1956–74 an der Hochschule für Grafik und Buchkunst Leipzig (seit 1965 Prof.); formpräzise Darstellungen, deren zeitkrit. Gehalt in einer von Metaphern und Symbolen geprägten Bildsprache zum Ausdruck kommt; auch Plastiken.

Matthews [ˈmæθjuːz], Sir (seit 1965) Stanley (Stan), brit. Fußballspieler, * Hanley (zu Stoke-on-Trent) 1. 2. 1915, † Newcastle-under-Lyme 23. 2. 2000; 1932–65 aktiver Spieler in der brit. Liga; 54 Länderspiele (11 Tore); galt als einer der besten Flügelspieler (Rechtsaußen) und Dribbelkünstler seiner Zeit.

Matthias, Apostel Jesu, anstelle des Judas Ischariot gewählt (Apg. 1, 21–26); Heiliger, Tag: 14. 5., im dt. Sprachraum 24. 2.; orth. Kirche: 9. 8.

Matthias, Herrscher:
Hl. Röm. Reich: **1) M.,** Kaiser (1612–19), * Wien 24. 2. 1557, † ebd. 20. 3. 1619; 3. Sohn Maximilians II., führte Kriege für seinen Bruder, Kaiser Rudolf II., der 1608 die Reg. in Österreich, Ungarn und Mähren an ihn abtrat; seit 1611 König von Böhmen, 1612 zum Röm. König und Kaiser gewählt, versuchte er vergebens, zw. Protestanten und Katholiken zu vermitteln (↗ Dreißigjähriger Krieg).

Ungarn: **2) M. I. Corvinus** (Matthias Hunyadi, ungar. Mátyás Hunyadi), König (1458–90), * Klausenburg 23. 2. 1443, †Wien 6. 4. 1490; Sohn von J. Hunyadi; musste sich mit dem ungar. Gegenkönig, Kaiser Friedrich III. (seit 1439), auseinander setzen, 1469 auch zum König von Böhmen gewählt; errang 1478 Mähren, Schlesien und die Lausitz und bekämpfte die Türken in Serbien und Bosnien (1479–83); in einem Krieg mit Friedrich III. (1477–85) gewann er Niederösterreich mit Wien (1485–90 von M. besetzt und dessen Residenz) und große Teile der Steiermark. Als Renaissancefürst zog er italien. Gelehrte und Künstler an seinen prunkvollen Hof, gründete die Univ. in Pressburg und die ↗Corvina in Ofen (Budapest); sein ungar. Großreich zerfiel nach seinem Tod.

Matthiola, die Pflanzengattung ↗Levkoje.

Matthisson, Friedrich von (seit 1809), Dichter, *Hohendodeleben (bei Magdeburg) 23. 1. 1761, †Wörlitz 12. 3. 1831; nach 1794 Vorleser und Reisebegleiter der Fürstin Luise von Anhalt-Dessau; später Intendant und Bibliothekar in Stuttgart; schrieb Lyrik von klassizist. Glätte und Sentimentalität; viele seiner Gedichte wurden vertont.

Matthus, Siegfried, Komponist, *Mallenuppen (Ostpr.) 13. 4. 1934; Schüler von R. Wagner-Régeny und H. Eisler; seit 1991 künstler. Leiter der »Kammeroper Schloß Rheinsberg«. In seinen Werken verbindet er freie Tonalität mit avantgardist. Techniken (Aleatorik, elektron. Musik); schrieb Opern (u. a. »Judith«, 1985; »Die Weise von Liebe und Tod des Cornets Christoph Rilke«, 1985; »Graf Mirabeau«, 1989; »Desdemona und ihre Schwestern«, 1992; »Kronprinz Friedrich«, 1999), Orchesterwerke (u. a. »Der Wald«, 1985; »Manhattan Concerto«, 1994), Ballette, Vokalwerke, Kammermusik, Film-, Bühnen- und Hörspielmusik.

Wolfgang Mattheuer: Verlorene Mitte (1985; Halle, Staatliche Galerie Moritzburg)

Mattieren, Beseitigung des spiegelnden Glanzes von Oberflächen aus Holz, Glas (↗Mattglas) oder Metall durch Auftragen eines besonderen Lacküberzugs, durch Beizen oder mechan. Aufrauen.

Mattis-Teutsch, Hans, rumäniendt. Maler, Grafiker und Bildhauer, *Kronstadt 13. 8. 1884, †ebd. 17. 3. 1960; schloss sich unter dem Einfluss W. Kandinskys avantgardist. Strömungen an und vermittelte zw. der dt., ungar. und rumän. Avantgarde. Seine Überlegungen zur Kunst formulierte er 1931 in dem Buch »Kunstideologie, Stabilität und Aktivität im Kunstwerk«.

Matura [lat. maturus »reif«] *die* (Maturität), österr. und schweizer. für ↗Abitur.

Maturin [ˈmætjʊrɪn], Charles Robert, irischer Schriftsteller, *Dublin 25. 9. 1782, †ebd. 30. 10. 1824; kath. Geistlicher; schrieb Tragödien und Schauerromane, u. a. »Melmoth der Wanderer« (1820), in dem er den Fauststoff und Motive des Ewigen Juden verarbeitete.

Maturín, Hptst. des Bundesstaates Monagas, Venezuela, 233 300 Ew.; Bischofssitz; Mittelpunkt eines Agrargebietes und des ostvenezolan. Erdölgebietes; Erdölraffinerie.

Matute, Ana Maria, span. Schriftstellerin, *Barcelona 26. 7. 1926; schrieb sensible Romane und Erzählungen über die Zeit des Span. Bürgerkrieges; ihr Hauptwerk ist der Romanzyklus »Los mercaderes« (Bd. 1: »Erste Erinnerung«, 1960; Bd. 2: »Nachts weinen die Soldaten«, 1964; Bd. 3: »Die Zeit verlieren«, 1967, auch u. d. T. »Die Falle«); außerdem Kinder- und Jugendbücher.

Matutin [lat. »morgendlich«] *die* (Mette), urspr. die Morgenhore des ↗Stundengebets, dann das vorausgehende mitternächtl. Gebet; seit dem 2. Vatikan. Konzil eine zeitlich frei wählbare geistl. Lesung.

Mátyás Hunyadi [ˈmaːtjaʃ ˈhunjɔdi], ungar. König, ↗Matthias 2), Herrscher.

Matz, Friedrich, Archäologe, *Lübeck 15. 8. 1890, †Marburg 3. 8. 1974; war Prof. in Münster, 1942–58 in Marburg; forschte über ägäische und antike Kunst und Kultur; Begründer des »Corpus der minoischen und myken. Siegel« (seit 1964 mit H. Biesantz, seit 1972 mit I. Pini) und der Schriftenreihe »Archaeologia Homerica« (seit 1967); gab die Reihe »Die antiken Sarkophagreliefs« heraus (seit 1952).

Matze, ungesäuertes Brot; die ↗Mazza.

Maubeuge [moˈbøːʒ], Stadt im frz. Dép. Nord, an der Sambre, 36 100 Ew.; Stahl- und Walzwerke, Gießereien, Werkzeugmaschinenbau, Kfz- und keram. Ind.; alte Festungsstadt.

Mauch, Daniel, Bildhauer, *Ulm um 1477, †Lüttich 16. 11. 1540; arbeitete in Ulm, Geislingen (um 1520) und Tübingen (1523), ab 1529 in Lüttich; schuf Schnitzaltäre und Marienfiguren im Übergangsstil zw. Spätgotik und Renaissance.

Mauer, 1) *Bautechnik:* Baukörper aus Natur- oder Kunststeinen, dessen Begrenzungen **Sohle** (unten) und **Krone** (oben) heißen. Nach dem Baustoff unterscheidet man die Naturstein-M., die Ziegel-M. und die Misch-M., die als Naturstein-M. mit Ziegeln hintermauert oder mit Beton hinterfüllt wird.
2) *Politik:* umgangssprachl. Bez. für die ↗Berliner Mauer bzw. die ↗innerdeutsche Grenze.
3) *Sport:* 1) im Fußball und Handball Spielerkette zur Sicherung des eigenen Tores bei Freistößen (Fußball) bzw. Freiwürfen (Handball) des Gegners; 2) im Pferdesport Hindernis bei Springprüfungen, bestehend aus aufeinander gelegten Holzkästen.

Mauer, Gem. im Rhein-Neckar-Kr., Bad.-Württ., 3 300 Ew.; Fundort des ↗Heidelbergmenschen.

Mauerbienen (Osmia), Gattung einzeln lebender Bienen, die ihre Nester meist in hohle Pflanzenteile, Holz, Lehm u. Ä. bauen.

Mauerbrecher (Sturmbock, Widder), histor. Kriegsmaschine; metallbeschlagener Stoßbalken zum Zertrümmern von Festungsmauern.

Mauerkrone, *Heraldik:* Bekrönung des oberen Schildrandes, bes. bei Stadtwappen.

Mauerläufer (Tichodroma muraria), zu den Kleibern gehörender Singvogel in felsigen Hochgebirgen Eurasiens, 16 cm groß, grau mit rot gemusterten Flügeldecken.

Mauerpfeffer, Art der Pflanzengattung ↗Fetthenne.

Matthias, Kaiser des Heiligen Römischen Reiches

Mauerbienen: Osmia rufa (Männchen, Größe etwa 1 cm)

Mauerläufer (Männchen im Hochzeitskleid)

Mauerquadrant, historisches astronom. Instrument; ein großer Quadrant, der an einer Mauer befestigt wurde. Auf den Meridian eingestellt, war er Vorläufer des späteren Meridiankreises.

Mauersee (poln. Jezioro Mamry), zweitgrößter der Masur. Seen, Polen, 104,4 km² (mit Inseln), bis 44 m tief; Quellsee der Angerapp. Durch Kanäle mit anderen Seen verbunden.

Mauersegler, Art der Vogelfamilie ∕ Segler.

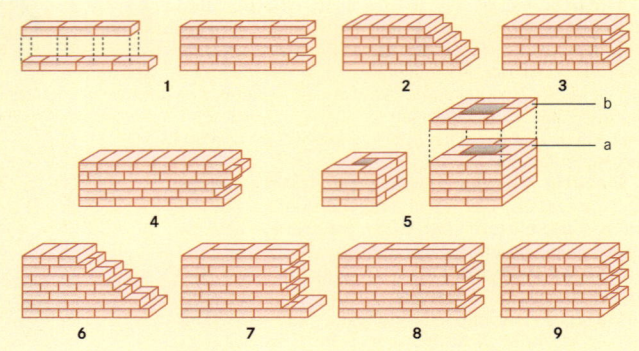

Mauerwerk: verschiedene Mauersteinverbände; 1 Läuferverband, 2 Binderverband, 3 Blockverband, 4 Kreuzverband, 5 Eckverband (a Läuferschicht, b Binderschicht), 6 englischer Verband, 7 gotischer Verband, 8 märkischer Verband, 9 holländischer Verband (6–9 Zierverbände)

Mauerwerk, Gefüge von Natur- oder Kunststeinen als Bestandteil von Bauwerken, mit Mörtelfugen oder mit Fugen ohne Mörtel (Trocken-M.). Nach der Art des Zusammenfügens der Steine unterscheidet man **Läuferverband** für Mauern von der Dicke eines halben Steins, wobei die Steine mit den Längsseiten zur Mauerflucht verlegt werden; **Binderverband** für Mauern von der Dicke eines Steins, wobei die Steine senkrecht zur Mauerflucht verlegt werden; **Blockverband** und **Eckverband,** bei denen Läufer- und Binderschichten wechseln; **Kreuzverband,** ähnlich Blockverband, wobei die Läuferschichten jeweils um einen halben Stein versetzt sind. Neben diesen Zweckverbänden können **Zierverbände** (z. B. engl., got., märk., holländ. Verband) mit unterschiedl. Rhythmus der Stoßfugen gemauert werden.

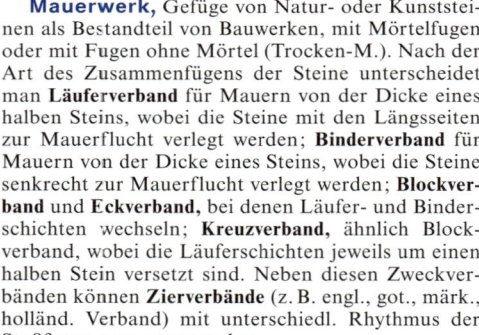

William Somerset Maugham

Maugham [mɔːm], William Somerset, engl. Schriftsteller, *Paris 25. 1. 1874, †Saint-Jean-Cap-Ferrat (Dép. Alpes-Maritimes) 16. 12. 1965; lebte ab 1929 vorwiegend an der frz. Riviera. M. gilt als einer der erfolgreichsten engl. Schriftsteller des 20. Jh., der als kosmopolitisch denkender, bes. der frz. Kultur verbundener Autor in seinen erzählenden und dramat. Werken gesellschaftl. Probleme kritisch, meist skeptisch-ironisch und distanziert, vielfach auch zynisch-desillusionierend (Analysen von Liebes- und Eheproblemen) schildert (u. a. in »Der Menschen Hörigkeit«, R., 1915; »Der Besessene«, R., 1919, auch u. d. T. »Silbermond und Kupfermünze«; »Menschen der Südsee«, Kurzgeschichten, 1921; »Für geleistete Dienste«, Schauspiel, 1932; »Auf Messers Schneide«, R., 1944; »Schein und Wirklichkeit«, Kurzgeschichten, 1947).

Maulbeerbaum: Schwarzer Maulbeerbaum

Maui, zweitgrößte der Hawaii-Inseln, USA, 1 904 km², (1999) 121 900 Ew.; mit dem Vulkan Haleakala; Hauptort Wailuku.

Mauke [mhd. muche, zu got. mucha »weich«], 1) *Tiermedizin:* entzündl. Hauterkrankung der Fesselbeuge (und Umgebung) bei Pferd und Rind. –

2) *Weinbau:* ∕ Grind des Weinstocks.

Maulbeerbaum (Morus), Gattung der M.-Gewächse in der nördl. gemäßigten und in der subtrop. Zone; sommergrüne Bäume oder Sträucher mit Kätzchen und brombeerartigen, wohlschmeckenden Nussfrüchten, die zu Scheinbeeren (**Maulbeeren**) vereinigt sind; u. a. **Weißer M.** (Morus alba) mit weißl. Fruchtständen, heimisch in China, Blätter dienen als Nahrung für Seidenraupen, und **Schwarzer M.** (Morus nigra) mit schwärzl. Fruchtständen, heimisch in Westasien.

Maulbertsch (Maulpertsch), Franz Anton, Maler, getauft Langenargen (Bodenseekreis) 7. 6. 1724, †Wien 8. 8. 1796; schuf Deckenfresken in Kirchen, Schlössern und Bibliotheken in Österreich, Böhmen, Mähren und Ungarn sowie Altarbilder und Radierungen. Mit seinen tief religiösen, visionäre Erscheinungen virtuos versinnbildlichenden Werken fand die österr. Barockmalerei ihren glänzenden Abschluss. In seiner Spätzeit näherte er sich dem Klassizismus.

Maulbronn, Stadt im Enzkreis, Bad.-Württ., 6 400 Ew.; Autozubehörind., Maschinen- und Fahrzeugbau. – Die ehem. Zisterzienserabtei M., gegr. 1147, ist das besterhaltene mittelalterl. Kloster in Dtl. (UNESCO-Weltkulturerbe); die Abteikirche, eine dreischiffige roman. Pfeilerbasilika wurde vom 12. bis 15. Jh. gebaut und ausgebaut. Das Kloster wurde 1556 in eine (noch bestehende) evang. Klosterschule umgewandelt. – Ab 1809 entstand die Siedlung (seit 1886 Stadt) neben dem Kloster.

Maulbrüter, Fische, die Maulbrutpflege betreiben. Hierbei nimmt eines der Elterntiere die befruchteten Eier ins Maul und behält sie in der Mundhöhle, bis die Jungen geschlüpft sind. M. kommen bes. unter den Buntbarschen, aber auch bei Welsen, Kardinal-, Labyrinthfischen u. a. vor.

Maulesel [lat. mulus], Kreuzung aus Pferdehengst und Eselstute, meist kleiner als das ∕ Maultier; unfruchtbar.

Maulfüßer (Stomatopoda), Ordnung der Höheren Krebse mit lang gestrecktem Körper; zu den M. gehört der bis 18 cm lange essbare **Heuschreckenkrebs** (Squilla mantis).

Maulgrind, ∕ Glatzflechte.

Maull, Otto, Geograph, *Frankfurt am Main 8. 5. 1887, †München 16. 12. 1957; arbeitete über Südeuropa, Südamerika und polit. Geographie.

Maulpertsch, Franz Anton, Maler, ∕ Maulbertsch, Franz Anton.

Maultier, Kreuzung von Eselhengst und Pferdestute, meist größer als der Maulesel; beide Kreuzungen sind untereinander unfruchtbar, jedoch bringen die Stuten von einem Esel- oder Pferdehengst Fohlen. M. werden bes. in S-Europa und N-Afrika gezüchtet; sie sind ausdauernd und trittsicher, bes. geeignet als Reit- und Tragtiere für trockenen Boden.

Maultrommel (Brummeisen), Musikinstrument, bestehend aus einem hufeisenförmigen Metallbügel mit spitz zulaufenden Enden, zw. denen eine Stahlzunge befestigt ist. Das Gerät wird in den Mund genommen und der überstehende Teil der Stahlzunge mit dem Finger gezupft, wobei die Mundhöhle als Resonanzraum dient. Unterschiedl. Backen-, Lippen- und Zungenstellungen führen zu versch. Tonhöhen. Die M. stammt wahrscheinlich aus Asien, in Europa ist sie seit dem 14. Jh. belegt.

Maul- und Klauenseuche, Abk. **MKS** (Aphthenseuche), anzeigepflichtige, sehr ansteckende, fieberhafte Viruskrankheit der Klauentiere (bes. Rinder, weniger oft Schweine, Schafe, Ziegen und Schalenwild. Am Maul, an der Zunge, im Klauenspalt und an den Euterzitzen bilden sich charakterist. Blasen (Aphthen) und Geschwüre. Wegen der raschen Verbreitung sind strenge Bekämpfungsmaßnahmen (veterinärmedizin. Sperrmaßnahmen) erforderlich. Eine Übertragung auf Menschen kann durch Genuss roher Milch und Berührung erfolgen.

Maulwürfe (Talpidae), Familie etwa 6–20 cm langer Insektenfresser in Eurasien und Nordamerika; überwiegend unterirdisch lebende Grabtiere, deren Vorderextremitäten zu großen Grabschaufeln entwickelt sind; mit dichtem, meist kurzhaarigem Fell, rüsselförmig verlängerter, sehr tastempfindl. Schnauze und kleinen bis völlig reduzierten Augen und Ohrmuscheln; Geruchs- und Erschütterungssinn sind hoch entwickelt. Der in Europa bis Mittelasien verbreitete, bis 16 cm lange **Europ. Maulwurf** (Talpa europaea), der gelockerte Erde aus seinem unterird. Röhrensystem befördert (Maulwurfshügel), ist durch das Vertilgen von Schadinsekten sehr nützlich.

Maulwurfsgrille (Gryllotalpa gryllotalpa), unterirdisch lebende, bis etwa 6 cm lange Grille, mit schaufelartigen Vorderbeinen, die zum Graben genutzt werden.

Mau-Mau, von der brit. Kolonialregierung verwendete Bez. für Geheimbünde unter den Kikuyu von Kenia, die sich gewaltsam gegen die Kolonialregierung erhoben. Ihre Revolte (1952–56) wurde von brit. Truppen niedergeschlagen.

Mauna Kea, ruhender Vulkan auf der Insel Hawaii, USA, 4205 m ü. M.; auf seinem Gipfel das höchstgelegene astronom. Observatorium der Erde, u. a. mit den beiden Keck-Teleskopen mit je 10 m Öffnung und segmentierten Spiegeln (36 Sechsecke) sowie dem opt. Infrarotspiegelteleskop (Subaru) mit einem Durchmesser von 8,3 m.

Mauna Loa, aktiver Vulkan im S der Insel Hawaii, USA, 4169 m ü. M.; vom Meeresboden aus einer der höchsten Einzelberge der Erde; letzte Ausbrüche 1984 und 1987; gehört zum Hawaii Volcanoes National Park (UNESCO-Weltnaturerbe); am Hang Klimastation.

Maulwürfe: Europäischer Maulwurf

Maunz, Theodor, Staatsrechtslehrer, *Dachau 1. 9. 1901, †München 10. 9. 1993; 1957–64 bayer. Kultusmin.; verfasste »Dt. Staatsrecht« (1951), »GG-Kommentar« (1959–63, mit G. Dürig). Nach seinem Tod wurde bekannt, dass M. mehr als 20 Jahre für die rechtsextremes Gedankengut verbreitende Dt. National-Zeitung Berater und anonymer Autor war.

Maupassant [mopa'sã], Guy de, frz. Schriftsteller, *Schloss Miromesnil (bei Dieppe) 5. 8. 1850, †Paris 6. 7. 1893; wurde v. a. bekannt durch seine meisterhaften, durch kühle Objektivität der Darstellung sowie klare und elegante Sprache gekennzeichneten Novellen (insgesamt etwa 260), deren Stoffe er aus allen Gesellschaftsschichten schöpfte und die nahezu alle Möglichkeiten menschl. Verhaltens zeigen (»Fettklößchen«, 1880; »Mademoiselle Fifi«, 1882; »Der Horla u. a. Geschichten«, 1887). In seinen Romanen führte er die Erzählkunst von Flaubert und H. de Balzac fort (»Ein Leben«, 1883; »Bel ami«, 1885). M. verfasste auch Reisebeschreibungen, Gedichte und einige Dramen.

Maupertuis [moper'tɥi], Pierre Louis Moreau de, frz. Physiker, Mathematiker und Philosoph, *Saint-Malo 28. 9. 1698, †Basel 27. 7. 1759; bestätigte durch eine Gradmessung in Lappland 1736 I. Newtons Behauptung von einer Abplattung der Erde längs der Achse; 1741–56 Präs. der Preuß. Akademie. M. formulierte 1740 ein Extremalprinzip **(Prinzip der kleinsten Wirkung)** zur Berechnung der Bewegung mechan. Systeme mit vorgegebener Gesamtenergie, auf das er zugleich einen Gottesbeweis gründete.

Maura, Carmen, span. Schauspielerin, *Madrid 15. 9. 1946; spielt seit den 1980er-Jahren v. a. Filmrollen, u. a. in »Tigres de Papel« (1977), Almodóvars »Das Gesetz der Begierde« (1986) und »Frauen am Rande des Nervenzusammenbruchs« (1988) sowie C. Sauras »Ay Carmela!« (1990).

Mauren [grch. amaurós »dunkel«], 1) Sammelname für die arabisch-berber. Bewohner NW-Afrikas, z. T. mit negridem Einschlag, von Marokko bis Senegal (etwa 100 000 M.), v. a. in Mali (230 000) und Mauretanien (1,7 Mio.). Sie sprechen meist einen arab. Dialekt (Hassania), daneben bestehen berber. Sprachinseln.

2) (span. Moros), Bez. für die Muslime arab. und berber. Herkunft, die 711–1492 in weiten Teilen der Iber. Halbinsel und NW-Afrikas herrschten.

Maurer, 1) Friedrich, Germanist, *Lindenfels (Landkreis Bergstraße) 5. 1. 1898, †Merzhausen (bei Freiburg i. Br.) 7. 11. 1984; verdient um die Erforschung der Geschichte der dt. MA., der dt. Sprachgeschichte und Mundarten.

2) Georg, Schriftsteller, *Reghin (Siebenbürgen) 11. 3. 1907, †Potsdam 4. 8. 1971; schrieb formen- und metaphernreiche Weltanschauungs- und Naturlyrik (u. a. »Dreistrophenkalender«, 1961); hatte als Dozent am Leipziger Literaturinstitut (1961–70) großen Einfluss auf die neue Lyriker-Generation der DDR (u. a. V. Braun, Sarah Kirsch).

Maulbronn: Klosteranlage mit Abteikirche

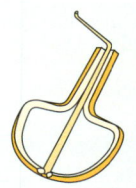

Maultrommel

Maulwurfsgrille

Guy de Maupassant

Maur Maureske

Mauretanien

Fläche:	1 030 700 km²
Einwohner:	(2000) 2,668 Mio.
Hauptstadt:	Nouakchott
Verwaltungsgliederung:	12 Regionen und Hauptstadtdistrikt
Amtssprache:	Arabisch
Nationalfeiertag:	28. 11.
Währung:	1 Ouguiya (UM) = 5 Khoums (KH)
Zeitzone:	MEZ − 1 Std.

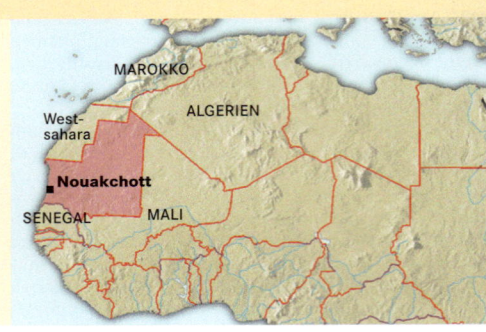

Staatswappen

internationales Kfz-Kennzeichen

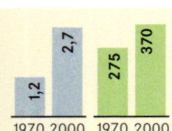

1970 2000 1970 2000
Bevölk. BNE je Ew.
(in Mio.) (in US-$)

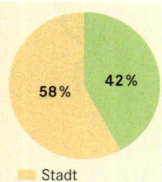

Stadt
Land
Bevölkerungsverteilung 2000

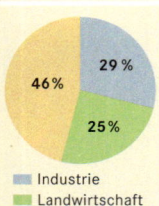

Industrie
Landwirtschaft
Dienstleistung
Bruttoinlandsprodukt 2000

Mauṛeske [frz., zu Mauren] *die*, ein im 16. Jh. aus der ↗ Arabeske entwickeltes, bes. in Dtl. beliebtes Flächenornament, das aus kalligraphisch geschwungenen und sich überschneidenden Pflanzenranken mit stilisierten Blättern und Blüten besteht. – Abb. S. 3036

Mauretạnia [lat.], im Altertum Name für das von ↗ Mauren 1) bewohnte NW-Afrika, etwa das heutige Marokko.

Mauretani|en (frz. Mauritanie, amtlich arab. Al-Djumhurijja al-Islamijja al-Muritanijja, dt. Islam. Republik Mauretanien), Staat in W-Afrika, grenzt im W an den Atlantik, im NW an das Gebiet Westsahara, im NO an Algerien, im O und S an Mali, im SW an Senegal.

Staat und Recht

Nach der Verf. von 1991 ist M. eine islam. präsidiale Rep. mit Mehrparteiensystem. Staatsoberhaupt ist der mit umfangreichen Vollmachten ausgestattete Präs. (auf 6 Jahre direkt gewählt); er ernennt das Kabinett unter Vorsitz des Premiermin., kann das Parlament auflösen und den Ausnahmezustand verhängen. Die Legislative liegt beim Zweikammerparlament, bestehend aus Senat (56 Mitgl., indirekt auf 6 Jahre gewählt) und Abg.haus (81 Abg., auf 5 Jahre gewählt). Dominierende Partei ist die Republikanisch-Demokrat. und Soziale Partei (PRDS).

Landesnatur

M. gehört überwiegend zur westl. Sahara, der S zur Dornsavanne der Sahelzone. Östlich einer ausgedehnten Küstenebene steigt das Land in Steilstufen zu Hochebenen (um 500 m ü. M.), die von einzelnen Inselbergen (bis 915 m ü. M.) überragt werden, an. Die Hochebenen senken sich nach NO zum dünenerfüllten Becken von El-Djouf. Vorherrschend trockenes Wüstenklima; nur im SW 200–500 mm sommerl. Niederschläge (Randtropen).

Bevölkerung

Über 80 % sind ↗ Mauren (weiße Bidani, negride Harratin), ferner v. a. im S als Feldbauern lebende Schwarzafrikaner (Wolof, Tukulor, Soninke, Bambara u. a.). Infolge Dürreperioden Rückgang der Nomaden (1967: 85 %; 1988: 17 %; 2000: 5 %) und Anwachsen der städt. Bev. (58 %); ein Großteil der Nomaden lebt in Hütten und Zelten am Rand der Städte. – Über 99 % der Bev. bekennen sich zum sunnit. Islam, der Staatsreligion ist. – Es besteht eine sechsjährige Grundschulpflicht ab dem 6. Lebensjahr. Die Analphabetenquote beträgt 60 %.

Wirtschaft, Verkehr

M. zählt zu den wenig entwickelten Ländern. Die Landwirtschaft ist Existenzgrundlage für die Hälfte der Erwerbstätigen und dient fast ausschl. der Selbstversorgung. Im Überschwemmungsgebiet des Senegal Anbau v. a. von Hirse, Reis, Hülsenfrüchten und Erdnüssen, in den Oasen im N Dattelpalmen; Gewinnung von Gummiarabikum. Wichtig ist die Viehhaltung (im N durch Nomaden), bes. Rinder, Schafe, Ziegen und Kamele; Gefahr der Übernutzung der Weiden. Die Fischerei hat große wirtsch. Bedeutung. Der Fischreichtum vor der Küste wird intensiv genutzt (200-Seemeilen-Zone; auch Vergabe von Fanglizenzen; Fischereihafen Nouadhibou, Verarbeitungsbetriebe); Flussfischerei im Senegal zur Selbstversorgung. Wichtigster Wirtschaftszweig ist der Bergbau; Abbau von Eisenerz bes. um Zouérate, Kupfererz bei Akjoujt (Förderung derzeit unterbrochen), ferner Gips; Vorkommen an Gold, Phosphat und Schwefel sind bekannt. Erdölraffinerie in Nouadhibou; Verarbeitung von landwirtsch. Produkten und Fisch. Zu einer wichtigen Einnahmequelle wurde der »Wüstentourismus«, u. a. nach Chinguetti. Ausfuhr von Eisenerz (54 % der Exporterlöse), Fisch und Fischerzeugnissen (45 %), ferner Gips und Gummiarabikum. Haupthandelspartner: Frankreich. – Das Straßennetz ist 10 297 km lang, davon 2 160 km asphaltiert (darunter die »Straße der Hoffnung« zw. Nouakchott und Nema); die Eisenbahnlinie zum Exporthafen Point-Central bei Nouadhibou (704 km) dient dem Erztransport ab Zouérate. Überseehäfen und internat. Flughäfen sind Nouadhibou und Nouakchott.

Geschichte

Seit dem 4. Jh. n. Chr. wanderten in das heutige M. von N her Berber ein, die im 11. Jh. islamisiert wur-

Mauretanien: der Senegal, Grenzfluss zwischen Mauretanien und dem Land Senegal, bei Rosso

Mauritius

Fläche:	2 040 km²
Einwohner:	(2000) 1,179 Mio.
Hauptstadt:	Port Louis
Verwaltungsgliederung:	9 Distrikte und 3 Dependenzen
Amtssprache:	Englisch
Nationalfeiertag:	12. 3.
Währung:	1 Mauritius-Rupie (MR) = 100 Cent (c)
Zeitzone:	MEZ + 3 Std.

den. Nach dem Zusammenbruch des Reiches der Almoraviden (1147) blieb der N-Teil des Landes in loser Abhängigkeit von Marokko, der S-Teil gehörte zum Reich Mali. Nach 1900 eroberte Frankreich das heutige M., proklamierte 1904 das Territorium M. und gliederte es 1920 Frz.-Westafrika ein, gab ihm 1946 den Status eines Überseeterritoriums innerhalb der Frz. Union, 1958 den einer autonomen Republik innerhalb der Frz. Gemeinschaft. 1960 wurde M. unabhängig. 1966 kam es im S zu blutigen Zusammenstößen zw. Mauren und Angehörigen schwarzafrikan. Stämme. Mit der Aufteilung des bis 1975/76 von Spanien beherrschten Gebietes von ⁄ Westsahara zw. Marokko und M. sah sich M. in krieger. Aktionen mit der ⁄ POLISARIO verwickelt, die im Gebiet von Westsahara einen selbstständigen Staat errichten will. Nach dem Sturz von Staatspräs. M. O. Daddah (1961–78) zog M. 1979 seine Ansprüche auf die Westsahara zurück und schloss mit der POLISARIO einen Friedensvertrag (1979). Staatsoberhaupt ist seit 1984 M. O. S. A. Taya (zuletzt 1997 wieder gewählt). Anfang 1989 kam es zu Spannungen mit Senegal. Ab 1991 führten die Annahme einer neuen Verf., die Zulassung polit. Parteien und die Gewährung von Pressefreiheit zu einer vorsichtigen Demokratisierung.

Mauriac [mori'ak], **1)** Claude, frz. Schriftsteller, *Paris 25. 4. 1914, †ebd. 22. 3. 1996, Sohn von 2); 1944–49 Sekretär C. de Gaulles, dann Journalist und Kritiker. Seine Romane (u. a. »Die Marquise ging um 5 Uhr aus«, 1961) stehen dem Nouveau Roman nahe. Erinnerungen: »Die unbewegl. Zeit« (10 Bde., 1970–88), »Le temps accompli« (4 Bde., 1991–96).

2) François, frz. Schriftsteller, *Bordeaux 11. 10. 1885, †Paris 1. 9. 1970, Vater von 1); arbeitete für die Résistance an der illegalen Presse mit, nach 1958 Anhänger C. de Gaulles, weiterhin journalist. Tätigkeit, u. a. für den »Figaro« (Beiträge gesammelt u. d. T. »Bloc-notes«, 5 Bde., 1958–70), beeinflusste nach 1945 wesentlich das kulturelle Leben in Frankreich. M.s schriftsteller. Werk ist vom Katholizismus geprägt; er gestaltete v. a. das Scheitern menschl. Beziehungen, den Widerstreit zw. Sünde und Gnade im Milieu des reichen Provinzbürgertums, so u. a. in den Romanen »Der Aussätzige und die Heilige« (1922), »Die Tat der Thérèse Desqueyroux« (1927), »Natterngezücht« (1932), »Das Lamm« (1954), »Der Jüngling Alain« (1969), ähnlich auch in den Dramen, von denen nur »Asmodi« (1938) erfolgreich war. M. verfasste außerdem literaturtheoret. Schriften (»Der Romancier und seine Gestalten«, 1933), Essays und Memoiren (»Die verborgenen Quellen«, 1965; »Die düsteren Jahre«, 1967). 1952 erhielt er den Nobelpreis für Literatur. – Abb. S. 3036

Maurina, Zenta (lett. Mauriņa), lett. Schriftstellerin, *Lejasciems 15. 12. 1897, †Bad Krozingen 25. 4. 1978; emigrierte 1944 nach Dtl.; ihre Romane, Erzählungen und Essays sind durch subtile Deutung von geistigen Werten und die Mahnung zum Humanismus geprägt.

maurischer Stil, ⁄ islamische Kunst.

Mauritius, die ersten engl. Kolonialpostwertzeichen von 1847. Die Fehldrucke der 1. Auflage (**orange M.** und **[dunkel]blaue M.**) gehören zu den seltensten Postwertzeichen.

Mauritius (amtlich engl. Republic of M.), Inselstaat im Ind. Ozean, umfasst die zu den ⁄ Maskarenen gehörenden Inseln M. und Rodriguez sowie die kleinen, entfernter gelegenen Cargados-Carajos-Inseln und Agalegainseln.

Staat und Recht

Seit 12. 3. 1992 ist M. eine parlamentar. Rep. im Commonwealth. Es gilt die Verf. vom 12. 8. 1967 (mehrfach, zuletzt 2002, revidiert). Staatsoberhaupt ist der mit geringen Kompetenzen ausgestattete Präs. (für 5 Jahre vom Parlament gewählt). Die Legislative liegt bei der Gesetzgebenden Versammlung (72 Abg., davon 62 für 5 Jahre direkt gewählt), die Exekutive bei der Reg. unter Vorsitz des MinPräs. Die jüngste Verf.änderung gewährt der Insel Rodriguez weitgehende Autonomie und das Recht auf eigene Legislativ- und Exekutivorgane. – Einflussreichste Parteien: Maurit. Militante Bewegung (MMM), Maurit. Sozialist. Bewegung (MSM), Maurit. Arbeiterpartei (PTrM).

Landesnatur

Die Insel M. ist vulkan. Ursprungs und besteht aus bis 600 m ü. M. gelegenen, ausgedehnten Hochflächen, die von Vulkanen überragt werden (im Piton de la Rivière Noire 826 m ü. M.). Vor der zerklüfteten Küste liegen Korallenriffe. Das Klima ist tropisch, steht unter dem Einfluss des SO-Passats (auf der Luvseite 1 500–4 000 mm Niederschlag, auf der W-Seite um 800 mm); häufig trop. Wirbelstürme. Der trop. Regenwald ist weitgehend zerstört.

Bevölkerung

68% der Bev. sind ind. Herkunft (Nachkommen der im 19. Jh. eingewanderten ind. Plantagenarbeiter), 27% gemischter Abstammung (Kreolen), ferner Europäer, Chinesen u. a. – Knapp die Hälfte der Bev. sind Hindus, rd. 32% Christen (v. a. Katholiken), rd. 17% Muslime. – Es besteht eine neunjährige allg. Schulpflicht ab dem 6. Lebensjahr. Die Analphabetenquote beträgt 15%.

Wirtschaft, Verkehr

M. zählt zu den reichsten Ländern Afrikas. Die wichtigsten Wirtschaftszweige sind Zuckerrohranbau und

Staatswappen

internationales Kfz-Kennzeichen

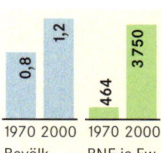

1970 2000 1970 2000
Bevölk. BNE je Ew.
(in Mio.) (in US-$)

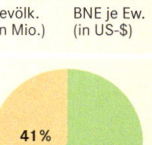

Stadt
Land
Bevölkerungsverteilung 2000

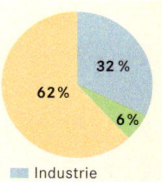

Industrie
Landwirtschaft
Dienstleistung
Bruttoinlandsprodukt 2000

-verarbeitung, Textilind. und Tourismus. Die Landwirtschaft beschäftigt über 10% der Erwerbstätigen. Grundlage ist der Anbau von Zuckerrohr (auf über 80% des Ackerlandes), ferner Tee-, Obst- und Gemüsekulturen, Blumenzucht; Fisch- und Garnelenzucht, Rotwildhaltung. Zahlr. Ind.betriebe (38% der Erwerbstätigen) v. a. um Port Louis (u. a. Textil-, Nahrungsmittel-, elektron., feinmechan. Ind.). Fremdenverkehr ist ein bedeutender Wirtschaftsfaktor (jährl.

Mauritius: Insellandschaft

über 660 000 Auslandsgäste). Tourist. Anziehungspunkte sind die Sandstrände und Korallenriffe. Export: Textilien (über 50% Exportanteil), Zucker (22%), Tee, Spielwaren, Sportartikel; Haupthandelspartner sind Großbritannien, Frankreich, die USA, Dtl. sowie die Rep. Südafrika. – Das Straßennetz ist 1 926 km lang, zu 99% asphaltiert. Überseehafen Port Louis; internat. Flughafen in Plaisance bei Port Louis.

■ Geschichte

Das schon den Arabern und Malaien bekannte M. wurde um 1510 erstmals von Europäern besucht. 1598–1710 war die Insel in niederländ. Besitz (benannt nach dem Statthalter Moritz, Prinz von Oranien, ↗Moritz). 1715 kam sie als **Île de France** an Frankreich, 1810 an Großbritannien. 1968 zunächst unabhängige parlamentar. Monarchie, wurde M. am 12. 3. 1992 Republik, die aber Teil des Commonwealth blieb. Im Juni 1992 wählte die Nationalversammlung C. Uteem zum Staatspräs., der im Febr. 2002 zurücktrat. Neuer Staatspräs. wurde am 25. 2. 2002 Karl Offmann.

Mauritius, nach der Legende Anführer der ↗Thebäischen Legion, † (Märtyrertod) Agaunum (heute Saint-Maurice, Kt. Wallis) um 300; Heiliger; Schutzpatron der Soldaten; Tag: 22. 9. – M. wird in der bildenden Kunst als Ritter zu Fuß oder zu Pferd, oft auch als Schwarzer dargestellt, so die Statue (um 1240) im Magdeburger Dom.

Maurja, altind. Herrscherdynastie, ↗Maurya.

Maurois [mɔˈrwa], André, eigtl. Émile Herzog, frz. Schriftsteller, *Elbeuf (Dép. Seine-Maritime) 26. 7. 1885, †Neuilly-sur-Seine 9. 10. 1967; lebte 1940–46 in den USA, schrieb romanhafte Biografien (»Auf den Spuren von M. Proust«, 1956; »Prometheus oder Das Leben Balzacs«, 1965), auch psychologisch nuancierte Romane über Ehe- und Familien-

Maureske

François Mauriac

probleme des Großbürgertums (»Im Kreis der Familie«, 1932, u. a.) und histor. Essays.

Maurowlachen, die, ↗Morlaken.

Mauroy [mɔˈrwa], Pierre, frz. Politiker, *Cartignies (Dép. Nord) 5. 7. 1928; Lehrer, Mitgl. der Sozialist. Partei, seit 1973 Bürgermeister von Lille, 1981–84 MinPräs., 1988–92 Vors. der Sozialist. Partei, 1992–99 Präs. der Sozialist. Internationale.

Maurras [mɔˈraːs], Charles, frz. Politiker und Schriftsteller, *Martigues (Dép. Bouches-du-Rhône) 20. 4. 1868, †Tours 16. 11. 1952; Mitbegründer und Ideologe der royalistisch-antisemit. ↗Action Française, unterstützte die Reg. Pétain, 1945 als Kollaborateur zu lebenslanger Haft verurteilt, 1952 begnadigt. Seine philosoph. und literar. Werke (Essays, Erzählungen, Gedichte) folgen einem klassisch-rationalist. Stilideal.

Maursmünster (frz. Marmoutier), Stadt im frz. Dép. Bas-Rhin, am Vogesenrand, 2200 Ew. – Die wohl Mitte des 7. Jh. gegr., 1789 aufgehobene Benediktinerabtei hat eine bed. Kirche (roman. Westbau, 12. Jh.; got. Lang- und Querhaus, 13. Jahrhundert).

Maurya (Maurja), altind. Herrscherdynastie im 4./3. Jh. v. Chr.; gegr. von Tschandragupta, erreichte unter ↗Aschoka den Höhepunkt ihrer Macht.

Maus, 1) *Biologie:* Nagetier (↗Mäuse).

2) *Informatik:* Zeige- und Eingabegerät, das mit einer Hand auf einer Unterlage verschoben werden kann und so den ↗Cursor oder ein anderes Markierungssymbol (M.-Zeiger) über die Fläche eines grafikfähigen Bildschirms steuert.

Mäuse (Muridae), artenreiche Familie der Nagetiere mit weltweiter Verbreitung; sehr fruchtbar und anpassungsfähig. Die meisten Arten der M. leben in trop. Gebieten, neben den ↗Ratten sind in Mitteleuropa häufig: die von menschl. Nahrungsmitteln lebende **Hausmaus** (Mus musculus domesticus) und die auch auf Äckern vorkommende **Ährenmaus** (Mus musculus musculus); in Hecken, Feldern sowie Wäldern lebt die **Waldmaus** (Apodemus silvaticus), im Hochwald die größere **Gelbhalsmaus** (Apodemus flavicollis); ihr nahe verwandt ist die **Brandmaus** (Apodemus agrarius) mit schwarzem Rückenstrich, die in Hecken lebt; ein geschickter Kletterer mit Greifschwanz ist die **Zwergmaus** (Micromys minutus). **Weiße M.** sind albinot. Haus-M., die als Versuchstiere Bedeutung haben. Haus-M. bringen mehrmals im Jahr nach einer Tragzeit von 23 Tagen vier bis acht blinde, unentwickelte Junge zur Welt.

Mäusebussard (Buteo buteo), bis 1,20 m spannender, gut segelnder Greifvogel in offenen Landschaften und Wäldern Eurasiens; fängt vorwiegend Mäuse.

Mäusedorn (Ruscus), Gattung der Liliengewächse im Mittelmeergebiet; niedrige Halbsträucher mit längl., ledrigen, stachelspitzigen, immergrünen Flachsprossen, die grünlich weiße, zweihäusige Blüten und später rote, zweisamige Beeren tragen; darunter der für Trockensträuße beliebte **Stechende M.** (Ruscus aculeatus).

Mauser [zu lat. mutare »wechseln«], jahreszeitl. Wechsel des Federkleids (**Federwechsel**) bei Vögeln; ausgelöst durch vermehrte Hormonausschüttung u. a. der Schilddrüse. Man unterscheidet bes. zw. Jugend-M. (Jungvögel bekommen das Erwachsenenkleid; meist im ersten Herbst), Brut-M. und Ruhe-M. (Übergang vom Ruhe- ins Brutkleid). – Auch der Haarwechsel der Säugetiere wird als M. bezeichnet.

Mauser, Paul von (seit 1912), Waffenkonstrukteur, *Oberndorf am Neckar 27. 6. 1838, †ebd. 29. 5. 1914; konstruierte – zunächst mit seinem Bruder Wilhelm M. (*1834, †1882) – Gewehre (z. B. die Modelle M 71, M 84, M 98), Revolver und Pistolen, darunter eine der ersten Selbstladepistolen (1896).

Mäuseturm [zu Maut], Turm auf einer Rheininsel bei Bingen am Rhein, im 13. Jh. erbaut als Mautstelle (heutige Form 1855), heute Signalwarte für die Schifffahrt durch das Binger Loch. Der Sage nach soll der Mainzer Erzbischof Hatto I. (891–913) zur Strafe für seine Hartherzigkeit von Mäusen bis in den Turm verfolgt und aufgefressen worden sein.

Mausoleum [grch.] *das,* monumentaler Grabbau. Der Name stammt von dem für den König und pers. Satrapen Mausolos von Karien († 353 v. Chr.) errichteten Grabmal in Halikarnassos, einem etwa 50 m hohen, bei Plinius d. Ä. beschriebenen und durch Ausgrabungen bekannten Bau, der als eines der sieben Weltwunder galt und durch ein Erdbeben zerstört wurde (Reste des Sockelfrieses sowie Statuen des Mausolos und der Artemisia im Brit. Museum in London).

Maut, in einigen Ländern (z. B. Italien, Österreich, Frankreich, Schweiz, USA) bei Benutzung der Autobahnen (Autobahngebühren) oder autobahnähnlich ausgebauter Straßen zu entrichtende spezielle Nutzungsentgelte. (↗ Straßenverkehrsabgaben)

Mauthausen, Marktgemeinde im Bez. Perg, Oberösterreich, 4800 Ew. – 1189 erstmals erwähnt, erhielt 1335 Marktrechte. – Ehem. nat.-soz. Konzentrationslager (1938/39–45; 120 000 Opfer), heute Gedenkstätte.

Mauthner, Fritz, österr. Schriftsteller und Philosoph, *Hořice (Böhmen) 22. 11. 1849, †Meersburg 29. 6. 1923; bekannt als Autor literar. Parodien (»Nach berühmten Mustern«, 2 Tle., 1889) und als Satiriker (»Schmock«, 1888), schrieb auch histor. und philosoph. Romane. Als Philosoph vertrat M. eine agnost., nominalist. Position, die das Vermögen der Sprache als Mittel der Wirklichkeitserkenntnis infrage stellt.

Mauvein [moveˈiːn] (Perkinviolett), ältester künstlich hergestellter organ. Farbstoff (1856 von W. H. Perkin bei der Oxidation von unreinem Anilin mit Dichromat entdeckt). M. wird heute wegen unzureichender Farbechtheit nicht mehr verwendet.

Mawensi, einer der Gipfel des ↗ Kilimandscharo.

Max, Prinz von Baden, eigtl. Maximilian Alexander Friedrich Wilhelm, Reichskanzler (1918), *Baden-Baden 10. 7. 1867, †Konstanz 6. 11. 1929; seit 1907 bad. Thronfolger, wurde von Kaiser Wilhelm II. am 3. 10. 1918 zum Reichskanzler und preuß. MinPräs. ernannt, um die Parlamentarisierung der Reichsreg. durchzuführen und Waffenstillstandsverhandlungen mit den Alliierten (5. 10. 1918) einzuleiten. Nach dem Ausbruch der ↗ Novemberrevolution legte er Kaiser Wilhelm II. die Abdankung nahe, verkündete sie vorzeitig (9. 11. 1918) und übertrug F. Ebert das Reichskanzleramt.

Max-Delbrück-Centrum für Molekulare Medizin Berlin-Buch, Abk. **MDC,** 1992 als Stiftung des öffentl. Rechts gegr. Forschungseinrichtung mit den Schwerpunkten Hypertonie, Kardiologie, Krebsforschung, Neurowissenschaften, Zellbiologie, medizin. Genetik.

Maxentius, Marcus Aurelius Valerius, röm. Kaiser (306–312), *etwa 279, †Rom 28. 10. 312; Sohn des Maximianus; wurde 306 in Rom von den Prätorianern zum Kaiser ausgerufen und behauptete die Herrschaft über Italien und Afrika, bis er von seinem Schwager Konstantin d. Gr. an der Milvischen Brücke (Rom) geschlagen wurde und dort im Tiber ertrank.

Mäuseturm auf einer Rheininsel bei Bingen am Rhein

Maxille [lat.] *die,* das zweite und dritte Mundgliedmaßenpaar der Krebse, Tausendfüßer und Insekten.

Maxima [lat. »längste (Note)«] *die,* Notenwert der Mensuralnotation mit der längsten Zeitdauer.

Maximaldosis, Abk. **MD,** Höchstgabe; die für stark wirkende Arzneimittel gesetzlich festgelegte Dosis: **Einzel-M., EMD,** die im Dt. Arzneibuch festgelegte höchste Einzelgabe eines Arzneimittels; **Tages-M., TMD,** die höchste innerhalb 24 Stunden zu nehmende Arzneimittelmenge.

maximale Arbeitsplatzkonzentration, ↗ MAK-Wert.

maximale Immissionskonzentration, ↗ MIK-Wert.

Maxime [von lat. maxima regula »oberste Norm«] *die,* Grundsatz, Prinzip; als literar. Gattung Denkspruch, Lebensregel, so die im frühen MA. verbreiteten »Dicta Catonis«. Zu einer hohen Form philosoph. Aussage wurden die M. bei den frz. Moralisten (z. B. bei F. de La Rochefoucauld und L. Vauvenargues) und in Goethes »Maximen und Reflexionen« (hg. 1840). Für I. Kant ist eine M. die eine Handlung bestimmende subjektive Regel, im Unterschied zum »Imperativ« als dem objektiven Prinzip, nach dem jedes vernünftige Wesen handeln soll (↗ kategorischer Imperativ).

Maximianus, Marcus Aurelius Valerius, gen. Herculius, röm. Kaiser (286–305, 307–308), *bei Sirmium (heute Sremska Mitrovica) in Pannonien um 240, †in Gallien 310; Freund Diokletians, der ihn 285 zum Caesar und 286 zum Augustus mit Zuständigkeit für den Westen des Reiches ernannte; legte 305 zugleich mit Diokletian sein Amt nieder. M. kehrte in die Politik zurück, als sein Sohn Maxentius zum Kaiser ausgerufen wurde (306), usurpierte 307 die Herrschaft, wurde aber 308 erneut zur Abdankung gezwungen, von Konstantin I. schließlich gefangen genommen und zum Selbstmord veranlasst.

Maximierung, *Mathematik:* ↗ Optimierung.

Maximilian, Herrscher:

Mäusebussard

Prinz Max von Baden

Hl. Röm. Reich: 1) M. I., Röm. König (1486–1519), Erwählter Röm. Kaiser (1508–1519), *Wiener Neustadt 22. 3. 1459, †Wels 12. 1. 1519; Sohn Kaiser Friedrichs III., trat 1493 die Nachfolge seines Vaters an. Durch seine Ehe mit Maria von Burgund (1477–82), der Tochter Karls des Kühnen, erwarb er Anspruch auf alle burgund. Besitzungen, die er nach langen Kämpfen mit Frankreich im Frieden von Senlis (1493) bis auf das Herzogtum Burgund und die Picardie behauptete. Nach dem Tod von Matthias I. Corvinus (1490) gelang ihm die Rückeroberung der habsburg. Erblande. 1493 vermählte er sich mit Bianca Maria Sforza von Mailand; dennoch blieb seine wechselvolle Politik in Italien letztlich für das Reich erfolglos. Der Schwaben- bzw. Schweizerkrieg (1499) führte zur tatsächl. Loslösung der Schweiz vom Reich; dagegen gewann er durch geschickte Heiratspolitik 1506/16 auch die span. Krone, 1515 die Anwartschaft auf Böhmen und Ungarn für das Haus Habsburg. Den reichsständ. Bestrebungen nach einer »Reichsreform« musste M. 1495 (Worms; »Ewiger Landfriede«) und 1500 (Augsburg) nachgeben; doch stellte er dem 1495 eingesetzten Reichskammergericht 1497 den nur von ihm abhängigen Reichshofrat entgegen. Er vervollkommnete das Geschützwesen und gilt als »Vater der / Landsknechte«. – M. war gebildet, beherrschte die ritterl. Künste und Fertigkeiten nach dem burgund. Vorbild (»der letzte Ritter«) und war Schriftsteller; als Anhänger des Humanismus förderte er Kunst (u. a. A. Dürer) und Wissenschaft. Seinen Ruhm ließ er in den allegorisch verhüllten Werken »Teuerdank« (1517) und »Weißkunig« (um 1516) verkünden. (/ Maximiliansgrab)

2) M. II., Kaiser (1564–76), *Wien 31. 7. 1527, †Regensburg 12. 10. 1576; Sohn Kaiser Ferdinands I., 1562 zum Röm. König und Kaiser gewählt; neigte zum Protestantismus (ohne Übertritt) und bemühte sich (erfolglos) um den konfessionellen Ausgleich und die Türkenabwehr.

Baden: **3) M. (Max) Alexander Friedrich Wilhelm,** Prinz, Reichskanzler, / Max, Prinz von Baden.

Bayern: **4) M. I.,** Herzog (1597–1651), Kurfürst (seit 1623), *München 17. 4. 1573, †Ingolstadt 27. 9. 1651, Großvater von 5); übernahm 1598 die Reg.; gründete 1609 (Münchener Vertrag) die kath. Liga, als deren Haupt er während des Dreißigjährigen Krieges neben dem habsburg. Kaisern an der Spitze der kath. Partei Dtl.s stand. 1623 erhielt er die pfälz. Kurwürde, 1628 die Oberpfalz. Er war ein Gegner Wallensteins und hatte Anteil am Restitutionsedikt (1629). Im Innern stärkte er die landesherrl. Macht, schuf eine Gesetzessammlung (»Codex Maximilianeus«), förderte die Künste und erbaute die Residenz in München.

5) M. II. Emanuel, Kurfürst (1679–1726), *München 11. 7. 1662, †ebd. 26. 2. 1726, Enkel von 4), Großvater von 6); zeichnete sich als Verbündeter Leopolds I. in den Türkenkriegen (1686–88) aus. Für seine Verdienste um die Sicherung der Rheingrenze im Pfälz. Erbfolgekrieg wurde er 1691 Statthalter der Span. Niederlande (bis 1699). Im Span. Erbfolgekrieg hoffte er, an der Seite Frankreichs die Span. Niederlande als Königtum zu gewinnen, wurde aber bei Höchstädt 1704 geschlagen und vertrieben; Bayern wurde von Österreich besetzt. 1714/15 erhielt er Bayern zurück.

6) M. III. Joseph, Kurfürst (1745–77), *München 28. 3. 1727, †ebd. 30. 12. 1777; Sohn Kaiser Karls VII., Enkel von 5); zog sich 1745 im Frieden von Füssen aus dem Österr. Erbfolgekrieg zurück; gründete 1759 die Akademie der Wiss.en in München. Mit ihm erlosch die jüngere bayer. Hauptlinie des Hauses Wittelsbach.

7) M. IV. Joseph, Kurfürst (1799–1806), als König (1806–25) **M. I. Joseph,** *Mannheim 27. 5. 1756, †München 13. 10. 1825, Vater von König Ludwig I., Großvater von 8); regierte seit 1795 in Pfalz-Zweibrücken und wurde 1799 Kurfürst von Bayern. Er schloss sich Napoleon I. an, wurde 1806 Mitgl. des Rheinbunds und erhielt die Königswürde. In den Gebietsveränderungen der Napoleon. Zeit von 1803 bis 1815/16 wurde Bayern durch fränk. und schwäb. Gebiete erheblich vergrößert. Im Innern leitete er, beraten von Graf M. von / Montgelas, wegweisende Reformen ein und gab Bayern 1818 eine frühliberale Verf. mit Zweikammersystem.

Maximilian I., Kaiser des Heiligen Römischen Reiches (Gemälde von Albrecht Dürer, 1519; Wien, Kunsthistorisches Museum)

8) M. II. Joseph, König (1848–64), *München 28. 11. 1811, †ebd. 10. 3. 1864, Enkel von 7), Vater von Ludwig II.; gelangte durch die Abdankung seines Vaters Ludwig I. auf den Thron; förderte das wiss. und künstler. Leben in München.

Mexiko: **9) M.,** eigtl. Ferdinand M., Kaiser (1864–67), *Wien 6. 7. 1832, †(erschossen) Querétaro 19. 6. 1867; Bruder Kaiser Franz Josephs I.; ∞ mit der belg. Prinzessin Charlotte. 1864 nahm er die ihm auf Betreiben Napoleons III. angetragene mexikan. Kaiserkrone an, konnte aber in Mexiko nicht Fuß fassen. Nach dem Rückzug der frz. Hilfstruppen gewann Präs. B. / Juárez García wieder die Oberhand; M. wurde in Querétaro von einem Kriegsgericht zum Tode verurteilt.

Maximiliansgrab, das von Kaiser / Maximilian I. für seine Grabkirche bestimmte Bronzegrabmal mit Standbildern der Ahnen des Hauses Habsburg. Von den geplanten 40 Standbildern, 34 Büsten und 100 Statuetten wurde nur ein Teil vollendet und in der Hofkirche in Innsbruck aufgestellt, darunter die Figuren des Theoderich d. Gr. und des Artus nach Visierungen Dürers, gegossen in der Werkstatt P. Vischers d. Ä. (1513).

Maximilians|orden (eigtl. M. für Wissenschaft und Kunst, auch Bayerischer M. für Wissenschaft und Kunst), 1) 1853 von König Maximilian II. von Bayern gestifteter Orden; erlosch (nach 1945 nicht erneuert) 1968 mit dem Tod des letzten Ordensmitglieds.

2) 1980 in Erneuerung von 1) gestifteter bayer. Orden; wird (für Kunst und für Wiss.) vom MinPräs. verliehen. Die Zahl der Ordensträger soll 100 nicht überschreiten.

Maximinus, röm. Kaiser: 1) (Gaius Galerius Valerius M., gen. M. Daia), *in Illyrien, †Tarsus Aug. 313; nahm 310 den Augustustitel an und beherrschte

Maximilian IV. Joseph, Kurfürst von Bayern

seit Galerius' Tod (311) alle asiat. Reichsteile; setzte die diokletian. Christenverfolgung fort; war nach dem Toleranzedikt des Galerius (311) um die Organisation der heidn. Priesterschaft und antichristl. Agitation bemüht. M. führte 313 Krieg gegen den mit Konstantin d. Gr. verbündeten Licinius und wurde bei Adrianopel geschlagen. Er starb auf dem Rückzug.

2) (Gaius Julius Verus M., gen. M. Thrax, »der Thraker«), *in Thrakien 173 (?), †bei Aquileja 10. 5. 238; erster Nichtrömer auf dem röm. Kaiserthron: 235 als erster »Soldatenkaiser« in Mainz ausgerufen. M. kämpfte 236/237 erfolgreich gegen Germanen, Sarmaten und Daker. M. wurde von eigenen meuternden Soldaten erschlagen.

Maximode, 1966 im Zusammenhang mit dem Film »Doktor Schiwago« aufgekommene, bis etwa 1973 gebräuchliche Bez. für Kleidung, deren Saumlänge bis zur ↗Minimode und zur ↗Midimode mindestens wadenlang ist.

Maximow, Wladimir Jemeljanowitsch, russ. Schriftsteller, *Moskau 27. 11. 1930, †Paris 26. 3. 1995; lebte seit 1974 in Paris; schilderte in seinen Romanen kritisch den sowjet. Alltag (»Die sieben Tage der Schöpfung«, 1971; »Ballade von Sawwa«, 1975; »Der weiße Admiral«, 1986).

Maximum [lat.] *das,* Höchstmaß, Höchststand, größter Wert; Ggs.: Minimum.

Maximus Confessor, byzantin. Theologe, *Konstantinopel um 580, †Lazike (Georgien) 13. 8. 662; verteidigte die Orthodoxie gegen den Monophysitismus (↗Monophysiten) und den Monotheletismus (↗Monotheleten). Kaiser Konstans II. ließ ihn daraufhin des Hochverrats anklagen, verurteilen (Abschneiden der Zunge und Abhauen der rechten Hand) und verbannen; Heiliger, Tag: 13. 8.

Max-Planck-Gesellschaft zur Förderung der Wissenschaften e. V., Abk. **MPG,** am 26. 2. 1948 in der Rechtsnachfolge der ↗Kaiser-Wilhelm-Gesellschaft zur Förderung der Wissenschaften e. V. gegr. Verein; Sitz der Generalverwaltung ist München. Die MPG unterhält 81 wiss. Institute (**Max-Planck-Institute, MPI**), Forschungsstellen und Arbeitsgruppen, die v. a. Grundlagenforschung betreiben. Die Finanzierung der MPG erfolgt zu 95 % aus öffentl. Mitteln (je zur Hälfte vom Bund und den Ländern) und zu 5 % aus Spenden, Mitgliedsbeiträgen und eigenen Erträgen. Die Finanzierung des Max-Planck-Instituts für Plasmaphysik (Garching) erfolgt nach einem besonderen Modell. An der Spitze der MPG steht der Präs. (seit 2002 P. Gruss). Im Senat besteht Partnerschaft von Staat, Wiss. und sachverständiger Öffentlichkeit, er trifft die forschungspolit. Entscheidungen, vorbereitet von den Sektionen. Die Forschungseinrichtungen der MPG sind in drei Sektionen gegliedert; zusammen bilden sie den Wiss. Rat.

Max von Baden, Reichskanzler, ↗Max, Prinz von Baden.

Maxwell [ˈmækswəl], **1)** Ian Robert, eigtl. Jan Ludvík Hoch, brit. Medienunternehmer tschech. Herkunft, *Selo Slatina (Transkarpatien) 10. 6. 1923, †vor den Kanar. Inseln (unter ungeklärten Umständen) 5. 11. 1991; gründete 1949 den Verlag Pergamon Press Ltd., die Basis des Medienkonzerns Maxwell Communication Corporation plc, von dem nach seinem Tod große Teile wegen Überschuldung (die von M. vertuscht worden war) verkauft wurden.

2) James Clerk, brit. Physiker, *Edinburgh 13. 6. 1831, †Cambridge 5. 11. 1879; ab 1871 Prof. in Cambridge, wo er das »Cavendish Laboratory« gründete; bahnbrechende Arbeiten zur Theorie des Elektromagnetismus: M. entwickelte ab 1855 die Theorie des elektromagnet. Feldes durch Mathematisierung des von M. Faraday in die Physik eingeführten Feldbegriffs (↗maxwellsche Theorie); er begründete damit die Elektrodynamik und erklärte die elektromagnet. Natur des Lichtes. M. arbeitete ferner über die kinet. Gastheorie (↗maxwellsche Geschwindigkeitsverteilung), entwickelte ab 1850 die von T. Young aufgestellte Dreifarbenlehre des Sehens weiter, schloss aus math. Überlegungen, dass der Saturnring aus festen Teilchen bestehen müsse und erweiterte die Vektor- und Tensoranalysis.

Maxwell-Boltzmann-Statistik [ˈmækswəl-; nach J. C. Maxwell und L. Boltzmann], ↗Boltzmann-Statistik.

maxwellsche Geschwindigkeitsverteilung [ˈmækswəl-] (Maxwell-Verteilung), 1860 von J. C. Maxwell theoretisch abgeleitete statist. Funktion, die den Geschwindigkeiten der Atome oder Moleküle eines Gases ihre relativen Häufigkeiten zuordnet. Die graf. Darstellung ergibt eine unsymmetr. Kurve, deren Maximum bei der wahrscheinlichsten (häufigsten) Geschwindigkeit $v_w = \sqrt{2kT/m}$ liegt (k Boltzmann-Konstante, T absolute Temperatur, m Teilchenmasse).

maxwellscher Dämon [ˈmækswəl-], von J. C. Maxwell 1871 zur Veranschaulichung einer Möglichkeit der Verletzung des 2. Hauptsatzes der ↗Thermodynamik in einem Gedankenexperiment eingeführtes fiktives Wesen (Apparat), das ordnend in molekulare Abläufe eingreifen kann; z. B. könnte es an einer Trennwand zw. zwei gasgefüllten Behältern in einer Richtung nur die langsamen, in der anderen nur die schnellen Moleküle passieren lassen; dadurch erwärmt sich der eine Behälter ohne anderweitige Änderung und der andere kühlt sich ab. Durch Einbeziehung der Entropieänderung bei den ständig nötigen Messprozessen in die Entropiebilanz konnte (u. a. von L. Szilard) gezeigt werden, dass der m. D. den 2. Hauptsatz nicht wirklich verletzt.

James Clerk Maxwell

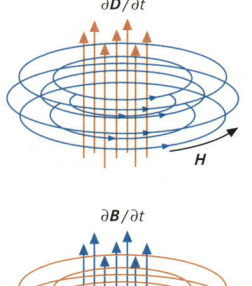

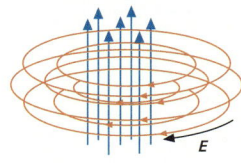

maxwellsche Theorie: Verkettung der elektrischen Feldgrößen *D* bzw. *E* mit den magnetischen Feldgrößen *H* bzw. *B* entsprechend der zweiten und vierten maxwellschen Gleichung

maxwellsche Theorie [ˈmækswəl-], die von J. C. Maxwell 1861–64 entwickelte Theorie der elektromagnet. Erscheinungen im Vakuum und in ruhenden Medien. Elektr. Ladungen und Ströme wirken vermittels ihrer Felder aufeinander, die sich mit endl. Geschwindigkeit ausbreiten (↗Elektrizität). Die m. T. ist damit eine Nahwirkungs- oder Feldtheorie, im Ggs. zu den älteren Fernwirkungstheorien. Sie verknüpft durch die **maxwellschen Gleichungen** die elektr. Ladungsdichte ϱ und die elektr. Stromdichte j

mit den elektr. (E elektr. Feldstärke, D elektr. Fluss- oder Verschiebungsdichte) und magnet. Feldgrößen (H magnet. Feldstärke, B magnet. Flussdichte). Die Maxwell-Gleichungen beschreiben insbesondere den Zusammenhang zw. zeitlich veränderlichen elektr. und magnet. Feldern (t Zeitkoordinate); sie sind somit die Grundgleichungen des elektromagnet. Feldes. In differenzieller Form (in SI-Einheiten) lauten sie:

1) $\operatorname{div} D = \varrho$
2) $\operatorname{rot} H = j + \frac{\partial D}{\partial t}$
3) $\operatorname{div} B = 0$
4) $\operatorname{rot} E = -\frac{\partial B}{\partial t}$

Ihr physikal. Inhalt ist folgender: 1. Von positiven elektr. Ladungen gehen elektr. Feldlinien aus, die an negativen Ladungen enden, d. h., die elektr. Ladungen sind die Quellen (Senken) des elektr. Feldes (genauer des D-Feldes). 2. Jeder elektr. Strom (Leitungs- und Verschiebungsstrom) ist von geschlossenen magnet. Feldlinien umgeben; für Leitungsströme ist dies das **ampèresche Verkettungsgesetz** (↗ Durchflutung). 3. Die Feldlinien der magnet. Flussdichte sind stets in sich geschlossen, d. h., es gibt keine isolierten Magnetpole, das B-Feld ist quellenfrei. 4. Jedes zeitlich veränderl. Magnetfeld ist von geschlossenen elektr. Feldlinien umgeben (**Induktionsgesetz**, ↗ Induktion). – Diese Grundgleichungen werden durch die **Materialgleichungen** ergänzt, die das elektr. und magnet. Verhalten des Mediums widerspiegeln:

$$D = \varepsilon_r \varepsilon_0 E = \varepsilon_0 E + P,$$
$$B = \mu_r \mu_0 H = \mu_0 H + J,$$
$$j = \sigma E \text{ mit } P = \varepsilon_0 \chi_e E \text{ und } J = \mu_0 \chi_m H$$

(σ elektr. Leitfähigkeit, ε_r relative Dielektrizitätskonstante, μ_r relative Permeabilität, ε_0 bzw. μ_0 elektr. bzw. magnet. Feldkonstante, P bzw. J elektr. bzw. magnet. Polarisation, χ_e bzw. χ_m elektr. bzw. magnet. Suszeptibilität).

Die Lösungen der Maxwell-Gleichungen beschreiben elektromagnet. Wellen (deren Existenz experimentell erst 1887 von H. Hertz bestätigt wurde). Mit der Erkenntnis, dass Lichtwellen auch elektromagnet. Wellen sind, bezog Maxwell die gesamte Wellenoptik in die Elektrodynamik ein. – Die mit atomaren Vorgängen verbundenen Erscheinungen kann die m. T. nicht erklären. Das gelingt in Grenzen durch die lorentzsche Elektronentheorie und die Quantenmechanik, umfassender durch die Quantenelektrodynamik.

May, 1) Ernst, Architekt, * Frankfurt am Main 27. 7. 1886. † Hamburg 11. 9. 1970; Vertreter des Funktionalismus, führte die Montagebauweise in Dtl. ein; 1925–30 Stadtbaurat in Frankfurt am Main, 1930–33 in der UdSSR, 1934–54 in Afrika, ab 1954 Stadtplaner für den Wiederaufbau dt. Städte; schuf vorbildlich gewordene Siedlungen und städtebaul. Planungen (u. a. Römerstadt in Frankfurt, Generalstadtplan für Moskau, Neue Vahr in Bremen).
2) Karl, Pseudonym Karl Hohenthal, Schriftsteller, * Hohenstein-Ernstthal 25. 2. 1842, † Radebeul 30. 3. 1912; bis zum 5. Lebensjahr blind; Lehrerausbildung; verbüßte mehrere Haftstrafen (wegen Diebstahl, Betrug insgesamt über sieben Jahre). Schrieb zunächst Dorfgeschichten, Humoresken und Kolportageromane, dann abenteuerl. Reiseromane, die ihn zu einem der bis heute meistgelesenen dt. Schriftsteller machten (dt. Gesamtauflage etwa 100 Mio. Bände; in über 25 Sprachen übersetzt; Verfilmungen und Dramatisierungen). Schauplätze dieser Romane sind v. a. der Wilde Westen Nordamerikas (»Winnetou«, 4 Bde., 1893–1910; »Der Schatz im Silbersee«, 1894; »Old Surehand«, 3 Bde., 1894–96), mit den Hauptakteuren Old Shatterhand als Erzähler und dem Indianerhäuptling Winnetou, und der Vordere Orient (»Durch die Wüste«, 1892). Erst nach der Veröffentlichung dieser Werke hat M. den Orient (1899/1900) und Amerika (1908) besucht. In Bad Segeberg finden seit 1952 jährlich die Karl-May-Festspiele statt.

Karl May als Old Shatterhand

Maya [Sanskrit »Illusion«, »Täuschung«], im Veda die den Göttern zugeschriebene Zauberkraft und die durch sie bewirkten Illusionen; in den Upanishaden und im Vedanta die materielle Welt, die nur so lange als real angesehen wird, wie das ↗ Brahman noch nicht als die eigentl. Wirklichkeit erkannt ist.

Maya, indian. Völker mit gleicher Sprache (M.-Sprachen), aufgegliedert in 18 Stämme mit etwa 2 Mio. Sprechern; gliedern sich in Tiefland- (Yucateken, Lakandonen u. a.) und Hochland-M. (z. B. Quiché, Cakchiquel, Tzutuhil). Verbreitet vorwiegend in Guatemala, S- und NO-Mexiko sowie vereinzelt in Belize und Honduras. Meist von Feldbau lebende Landbev. in Dörfern und Kleinstädten; Reste der traditionellen Religion. – Die M. waren in vorkolumb. Zeit Träger einer bed. Hochkultur, die sich ab 2000 v. Chr. im S Mexikos (Halbinsel Yucatán, Tabasco, Chiapas), im Tiefland von N-Guatemala und angrenzenden Gebieten von Honduras entwickelt hatte und die nach der span. Eroberung um 1550 erlosch. Ihre größte Blüte erreichte sie zw. 300 und 900. Im Laufe der Jh. verschoben sich ihre Zentren von S nach N. Um 1000 wanderten ↗ Tolteken in das Gebiet ein und überformten die M.-Kultur. Wirtsch.

Maya: der Bogen von Labná auf Yucatán (Mexiko) aus der Maya-Spätklassik (9. Jh.)

Grundlage war der Feldbau (v. a. Mais), der z. T. mit Entwässerungssystemen betrieben werden musste. Die Städte hatten bis zu 10 000 Ew., ihr Zentrum war ein Zeremonialplatz mit Sakralbauten (Stufenpyramiden) und Palästen, wahrscheinlich Verwaltungsmittelpunkt der Territorialstaaten. Über die Religion ist wenig bekannt, besondere Bedeutung hatte wohl der Himmelsgott Itzamná, in der Religionsausübung spielten Wahrsagepraktiken eine große Rolle. Die reich mit Reliefs verzierten Stufenpyramiden bezeugen den hohen Stand der Baukunst. Von den Malereien blieb wenig erhalten (↗ Bonampak); das Handwerk war gut entwickelt (Textilien, Keramik, Federarbeiten). Die M. schufen als einziges Volk Altamerikas eine höher entwickelte Schrift, ihre bildlich-abstrakten Zeichen sind bis heute nur z. T. entziffert. Der Kalender beruhte auf fortgeschrittenen mathemat. und astronom. Kenntnissen. – Bed. Reste der Zeremonialzentren aus der Frühzeit sind in Tikal, aus klass. Zeit in Copán und Palenque, aus toltek. Zeit in Chichén Itzá erhalten. (↗ mesoamerikanische Hochkulturen)

Maya: Indianerin der Maya mit dem typischen Sombrero in Guatemala

Mayagüez [maja'gueθ], Stadt an der W-Küste von Puerto Rico, 98 900 Ew.; Fakultäten der Univ. von Puerto Rico; Freihafen.

Maybach, Wilhelm, Konstrukteur und Unternehmer, * Heilbronn 9. 2. 1846, † Stuttgart 29. 12. 1929; engster Mitarbeiter von G. W. Daimler; ab 1895 techn. Direktor der Daimler-Motoren-Gesellschaft; war maßgeblich an der Entwicklung des ersten schnell laufenden Benzinmotors beteiligt, erfand den Vergaser und konstruierte u. a. Wechselgetriebe und Lamellenkühler. 1909 gründete er mit seinem Sohn Karl M. (* 1879, † 1960) unter Mitwirkung von F. Graf Zeppelin die M.-Motorenbau GmbH in Friedrichshafen zur Herstellung von Motoren für Luftschiffe.

Mayday ['meɪdeɪ, engl., verkürzt aus frz. venez m'aider »helfen Sie mir«], internat. Notruf im Funksprechverkehr.

Mayen, Stadt im Landkreis M.-Koblenz, Rheinl.-Pf., in der östl. Eifel, 19 900 Ew.; FH für öffentl. Verw.; Basalt-, Schiefer-, Papierind., Maschinenbau, Aluminium- und Kunststoffverarbeitung. – Die ehem. kurtrier. Genovevaburg mit vier Rundtürmen (13./14. Jh.) wurde im 18. Jh. schlossartig erweitert (Eifeler Landschaftsmuseum); moderne St.-Veit-Kirche (1953–55; Architekten Dominikus und Gottfried Böhm). – 1041 erstmals erwähnt; seit 1291 Stadt. – Der Ringwall der Michelsberger Kultur bei M. steht wohl in Beziehung zu der schon jungsteinzeitl. Nutzung der Basaltlava von M.-Niedermendig.

Mayen-Koblenz, Landkreis in Rheinl.-Pf.; 817 km², 212 300 Ew.; Krst. ist Koblenz.

Mayenne [ma'jɛn], **1)** *die,* Fluss in W-Frankreich, 195 km lang, entspringt am Mont des Avaloirs, vereinigt sich nördlich von Angers mit der Sarthe und mündet als **Maine** in die Loire.

2) Dép. in W-Frankreich, 5 175 km², 285 000 Ew.; Hptst. ist Laval.

Mayer, 1) Hans, Literaturwissenschaftler, * Köln 19. 3. 1907, † Tübingen 19. 5. 2001; 1933–45 in der Emigration; 1948–63 Prof. in Leipzig, ging nach erhebl. Behinderungen seiner wiss. Arbeit in die Bundesrep. Dtl.; vielseitige Forschungs- und Lehrtätigkeit (u. a. in Hannover, Tübingen, Gastprofessuren in den USA, Israel, Frankreich); Veröffentlichungen u. a. zu G. Büchner, R. Wagner, B. Brecht, T. Mann, zu allg. und vergleichender Literaturwissenschaft,

v. a. unter soziologisch-histor. Aspekten. Seine autobiograf. Werke (»Ein Deutscher auf Widerruf«, 2 Bde., 1982–84; »Der Turm von Babel. Erinnerung an eine Dt. Demokrat. Rep.«, 1991) sind wichtige Zeitdokumente.

2) Julius Robert von (seit 1867), Arzt und Physiker, * Heilbronn 25. 11. 1814, † ebd. 20. 3. 1878; berechnete 1842 erstmals das mechan. Äquivalent der Wärme; begründete in seiner 1845 erschienenen Schrift »Die organ. Bewegung in ihrem Zusammenhange mit dem Stoffwechsel« das Gesetz von der Erhaltung der Energie.

3) Rupert, Jesuit (seit 1900), * Stuttgart 23. 1. 1876, † München 1. 11. 1945; war 1914 Mitbegründer der »Schwestern von der Hl. Familie«, einer Frauenvereinigung zur Familien-, Frauen- und Kinderfürsorge; als Gegner des Nationalsozialismus 1939 in KZ-Haft, seit 1940 Internierung im Kloster Ettal; 1987 selig gesprochen.

M<u>a</u>yer-Vorfelder [-'foːr-], Gerhard, Sportfunktionär, * Mannheim 3. 3. 1933; 1991–98 Finanzmin. in Bad.-Württ.; DFB-Präs. (seit 2001), Mitgl. des UEFA- (seit 2000) und des FIFA-Exekutivkomitees (seit 2002).

Mayflower ['meɪflaʊə; engl. »Maiblume«], Name des Segelschiffes (Dreimaster, 180 t), auf dem am 16. 9. 1620 die ↗Pilgerväter von Plymouth (England) nach Nordamerika aufbrachen und am 21. 11. 1620 bei Cape Cod, heute Provincetown (Mass.), landeten.

Mayo ['meɪəʊ] (irisch Maigh Eó), Cty. im NW der Rep. Irland, 5 398 km², 111 500 Ew.; Verw.sitz ist Castlebar.

Mayo-Klinik ['meɪəʊ-], 1889 als Saint Mary's Hospital in Rochester (Minn., USA) von dem Mediziner W. W. Mayo (* 1819, † 1911) und seinen Söhnen W. J. Mayo (* 1861, † 1939) und C. H. Mayo (* 1865, † 1939) gegründetes Krankenhaus (Schwerpunkt

Wilhelm Maybach

Hans Mayer

Mayakultur

Mayo Mayon

urspr. Chirurgie), seit 1915 als gemeinnützige Stiftung geführt; besitzt inzwischen Weltgeltung als Zentrum einer hoch spezialisierten medizin. Diagnostik. Nach dem Muster der M.-K. wurde in Dtl. die ↗ Deutsche Klinik für Diagnostik errichtet.

Mayon, aktiver Vulkan auf der Insel Luzon, Philippinen, 2416 m ü. M.; vernichtete 1814 die Stadt Cagsawa; weitere Eruptionen 1943, 1947, 1968, 1984, 1993, 2000 und 2001.

Mayotte [ma'jɔt] (Mahoré), östlichste Insel der Komoren, im Ind. Ozean, gehört als Collectivité territoriale zu Frankreich, 375 km², (2000) 156 000 Ew. (meist Madagassen und Kreolen); Verw.sitz ist Dzaoudzi. Ausfuhr von Zucker, Vanille, Kaffee, Pfeffer, Kopra.

Mayr, 1) Ernst, amerikan. Zoologe und Evolutionsbiologe dt. Herkunft, * Kempten (Allgäu) 5. 7. 1904; ab 1926 am Museum für Naturkunde in Berlin, 1932–53 Kustos am American Museum of Natural History in New York, 1953–75 Prof. an der Harvard University in Cambridge (Mass.); Arbeiten über den Artbegriff und zur Systematik (entwickelte die evolutionäre Klassifikation, in der auch so genannte paraphylet. Gruppen zugelassen sind); unterstützte wesentlich die Synthese der zoolog. Systematik mit der modernen Evolutionstheorie (Mitbegründer der Synthet. Evolutionstheorie).

2) Peter, Tiroler Freiheitskämpfer, * Riffian (bei Meran) 15. 8. 1767, † Bozen 20. 2. 1810; gen. der »Wirt an der Mahr« bei Bruneck, befehligte 1809 neben A. Hofer die Aufständischen im Tiroler Freiheitskampf und setzte ihn auch nach dem Waffenstillstand von Znaim fort. Wegen Friedensbruchs von einem frz. Kriegsgericht verurteilt, wurde M. standrechtlich erschossen.

Mayrhofen, Marktgemeinde im Bez. Schwaz, Tirol, Österreich, im Zillertal, 630 m ü. M., 3 700 Ew.; Zentrum der Zillertaler Alpen mit Sommer- und Wintertouristik.

Mayröcker, Friederike, österr. Schriftstellerin, * Wien 20. 12. 1924; begann ihr umfangreiches literar. Werk mit bildreicher Erlebnislyrik und Prosa, seit Ende der 60er-Jahre verfasste sie in Anlehnung an die automat. Niederschriften des Surrealismus experimentelle Texte, u. a. »Minimonsters Traumlexikon« (1968), »Fantom Fan« (1971), später erreichte sie eine Annäherung zw. traditioneller und experimenteller Schreibweise (»Die Abschiede«, 1980). Mit »Reise durch die Nacht« (1984) legte sie ein in vierzigjähriger Kontinuität geformtes dichter. Gebilde aus Traummaterial, Schreibarbeit und Erinnerungen vor. Die Texte der 1990er-Jahre dokumentieren die Bewältigung existenzieller Themen durch den Schreibprozess (Lyrik: »Notizen auf einem Kamel«, 1996; Prosa: »brütt oder Die seufzenden Gärten«, 1998; »Mag. Blätter«, 2001); auch experimentelle Hörspiele, z. T. mit E. Jandl. Georg-Büchner-Preis 2001.

Ma Yuan (Ma Yüan), chines. Maler, * Hechong (Prov. Shaanxi), tätig zw. 1190 und 1225; Hauptmeister der stimmungsvollen Landschaftsmalerei zur Zeit der Südl. Song-Dynastie.

MAZ, *Fernseh-* und *Videotechnik:* Abk. für **mag**netische Bildaufzeichnung.

Mazagan [maza'gã, frz.], Stadt in Marokko, ↗ Jadida.

Mazar-e Sharif [ma'za:reʃa'ri:f] (Masar-e Scherif), Stadt in N-Afghanistan, am N-Fuß der Ausläufer des Hindukusch, 140 000 Ew.; schiit. Wallfahrtsort (Grab des 4. Kalifen Ali), Museum; Düngemittelfabrik, Herstellung von Teppichen, Baumwoll- und Seidenwaren. – Moschee (1481 ff.).

Mazarin [maza'rɛ̃], Jules, eigtl. Giulio Mazarini, Herzog von Nevers (seit 1659), frz. Staatsmann und Kardinal (seit 1641), * Pescina (Prov. L'Aquila) 14. 7. 1602, † Vincennes 9. 3. 1661; anfangs in päpstl. Diensten, wirkte zugleich für die Politik Richelieus, wurde 1642 nach dessen Tod leitender Minister Ludwigs XIII. M. warf die ↗ Fronde nieder. Im Westfäl. Frieden (1648) und im Pyrenäenfrieden (1659) gewann er weite Gebiete für Frankreich und begründete dessen europ. Vormachtstellung.

Mazatlán [-sa-], Hafenstadt im Bundesstaat Sinaloa, Mexiko, am Pazif. Ozean; 263 000 Ew.; Seebad; vielseitige Industrie.

Mazdaismus [mas-] *der,* Bez. für den älteren ↗ Parsismus.

Mazedoni|en, ↗ Makedonien.

Mäzen [nach dem Römer ↗ Maecenas] *der,* vermögender Privatmann, der mit finanziellen Mitteln Künstler oder Sportler bzw. Kunst, Kultur oder Sport fördert; begrifflich abgesetzt gegenüber dem Sponsor, der seine Förderung mit der Vermarktung eines Produkts verbindet.

Mazeration [lat.] *die,* 1) *Biologie:* Zerstörung von Gewebe durch enzymat. Prozesse oder nach Einwirken von Chemikalien, z. B. Entfernen von Weichteilen durch Kalilauge zur Herstellung eines Knochenpräparates.

2) *Pharmazie:* Ausziehen von Drogen durch Flüssigkeiten bei Zimmertemperatur.

Mazowiecki [mazɔ'vjɛtski], Tadeusz, poln. Politiker, * Płock 18. 4. 1927; Journalist, 1961–71 Abg. des Sejm (als Mitgl. der katholisch orientierten Fraktion »Znak«); seit der poln. Streikbewegung von 1980 enger Berater L. Wałęsas und der Gewerkschaftsbewegung Solidarność; nach Verhängung des Kriegsrechts 1981/82 interniert; nahm 1989 als Vertreter der Solidarność an den »Gesprächen am runden Tisch« teil, die zur Abhaltung freier Wahlen führten. Von Aug. 1989 bis Dez. 1990 MinPräs.; 1990–95 Vors. der »Demokrat. Union« bzw. der (1994 gegründeten) »Union der Freiheit«; 1992–95 Sonderberichterstatter der UN in Bosnien und Herzegowina.

Mazowsze [ma'zɔfʃɛ], histor. Landschaft in Polen, ↗ Masowien.

Mazurka [ma'zurka; poln., eigtl. »masurischer Tanz«] *die* (Mazur, Mazurek, Masurka), poln. Nationaltanz im lebhaften ³⁄₄- oder ³⁄₈-Takt mit punktierten Rhythmen und wechselnder Akzentuierung, charakteristisch sind Fersenschlag und Aufstampfen mit den Füßen am Schluss. Der Volkstanz M. wurde im 18. Jh. Gesellschaftstanz und fand auch Eingang in die Kunstmusik (u. a. bei F. Chopin).

Mazury [ma'zuri], Landschaft in Polen, ↗ Masuren.

Mazza [hebr.] *die* (Matze, Matzen), Brotfladen aus ungesäuertem Teig; im Judentum als Bestandteil des Festmahles zu ↗ Passah vorgeschrieben (5. Mose 16,3).

Mazzini, Giuseppe, italien. Freiheitskämpfer, * Genua 22. 6. 1805, † Pisa 10. 3. 1872; geistiger Führer der radikalrepublikan. Richtung des ↗ Risorgimento, gründete in Frankreich 1831 den Geheimbund des »Jungen Italien«, den er 1834 mit ähnl. Bünden zum »Jungen Europa« vereinigte. 1849 leitete er mit G. Garibaldi die Verteidigung Roms gegen die Franzosen, floh nach der Kapitulation nach London, gründete dort ein europ. Zentralkomitee der Demokraten (u. a. mit L. Kossuth). Die Einigung Italiens als Königreich lehnte er ab; kehrte erst kurz vor seinem Tod in die Heimat zurück; schrieb zahlr. Artikel und Essays zu polit. Fragen.

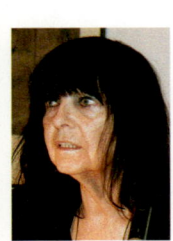

Friederike Mayröcker

Jules Mazarin, Ausschnitt aus einem Gemälde von Philippe de Champaigne (Versailles, Musée National)

Tadeusz Mazowiecki

Mbabane, Hptst. von Swasiland, 1 143 m ü. M., 80 000 Ew.; Nahrungsmittelind., Druckerei. – Gegr. 1902.

Mbandaka (bis 1966 Coquilhatville), Prov.-Hptst. in der Demokrat. Rep. Kongo, am Kongo, 169 800 Ew.; kath. Erzbischofssitz; Binnenschifffahrts- und Umschlagshafen, Flugplatz.

mbar, Einheitenzeichen für **Millibar,** 1 mbar = $^1/_{1000}$ bar = 1 hPa (↗ Bar).

Mbeki, Thabo Mvuyelwa, südafrikan. Politiker, * Idutywa (Transkei) 18. 6. 1942; ab 1962 im Exil, studierte in Großbritannien Volkswirtschaft und war, seit 1971 Mitgl. von ANC-Führungsgremien, Vertreter des ANC in mehreren Ländern. Seit 1984 u. a. Informations-Sekr., später außenpolit. Sprecher des ANC im Exil. Maßgeblich an den Gesprächen des ANC mit der weißen Minderheitsreg. über die Abschaffung des Apartheidsystems beteiligt, wurde er im Mai 1994 Erster Vizepräs. der Rep. Südafrika (faktisch Reg.chef), im Dez. 1997 Präs. des ANC und im Juni 1999 Staatspräs. der Rep. Südafrika.

Mbeya (Mbeja), Regionshauptstadt in SW-Tansania, 1 760 m ü. M., 194 000 Ew.; kath. Bischofssitz; Zentrum eines Landwirtschaftsgebiets (Kaffee, Tee); Flugplatz.

MBFR, Abk. für **M**utual **B**alanced **F**orces **R**eductions, Bez. für die 1973 in Wien begonnenen Verhandlungen der NATO und der Staaten des Warschauer Paktes über Truppenreduzierungen in Mitteleuropa. Die 19 Teilnehmer konnten keine Annäherung erzielen, sodass die Gespräche am 2. 2. 1989 beendet wurden, nachdem feststand, dass ab 9. 3. 1989 Verhandlungen über konventionelle Streitkräfte in Europa (VKSE) beginnen würden, die schließlich am 19. 11. 1990 zum ↗ KSE-Vertrag führten.

Mbini (bis 1973 Río Muni), Festlandsregion (einschl. der Inseln Corisco und Elobey) von ↗ Äquatorialguinea, 26 017 km², Hauptort ist Bata.

MBO, Abk. für ↗ **M**anagement-**B**uy-**o**ut.

Mbuji-Mayi [mbuʒimaˈji] (bis 1966 Bakwanga), Regionshptst. im S der Demokrat. Rep. Kongo, 806 500 Ew.; kath. Bischofssitz, Zentrum der Diamantengewinnung von Ost-Kasai; Flugplatz.

Mbundu (Ovimbundu), Bantuvolk in SW-Angola, im Hochland von Bihé, etwa 4 Mio. Menschen, die von Hackbau und Viehzucht leben.

Mbuti (Bambuti), Gruppe der Pygmäen im Iturigebiet im NO der Demokrat. Rep. Kongo. Die etwa 50 000 M. leben mit negriden Pflanzern, den Mangbetu, in Sozialsymbiose und sprechen deren Sprache.

Mc, Abk. für ↗ Mac.

McAleese [məkəˈliːz], Mary Patricia, irische Politikerin, * Belfast 27. 6. 1951; Juristin und Journalistin; lehrte 1975–79 und 1981–87 Strafrecht in Dublin, ab 1994 Vizekanzlerin der Queen's University in Belfast; wurde am 11. 11. 1997 Staatspräsidentin der Rep. Irland.

McCarthy [məˈkɑːθɪ], **1)** Cormac, amerikan. Schriftsteller, * Providence (R. I.) 20. 7. 1933; lebt in El Paso (Tex.); wurde in den USA erst nach Erscheinen seines 6. Romans »All die schönen Pferde« (1992) bekannt. Charakteristisch für seinen Stil sind Naturbeschreibungen in einem oft archaisch hohen Ton sowie visionäre, zugleich real und mythisch gezeichnete Schilderungen harter Überlebenskämpfe und mitleidloser Gewalt. Die meisten seiner Werke spielen in Mexiko bzw. im texanisch-mexikan. Grenzgebiet. Als sein Hauptwerk gilt der Roman »Verlorene« (1979), eine düstere, epische Vision, die in einer Welt der Elenden und Ausgestoßenen in Tennessee spielt.

Weitere Werke: Romane: The orchard keeper (1965); Draußen im Dunkel (1968; dt.); Child of God (1973); Die Abendröte im Westen (1985); Grenzgänger (1994); Cities of the plain (1998).

2) Joseph Raymond, amerikan. Politiker, * Grand Chute (Wis.) 14. 11. 1908, † Bethesda (Md.) 2. 5. 1957; Jurist, 1947–57 republikan. Senator für Wisconsin. M. war 1950–54 (ab 1953 als Vors. eines ständigen Untersuchungskomitees) die treibende Kraft einer antikommunist. Verfolgungswelle **(McCarthyismus),** die sich bes. gegen Regierungsangestellte, Künstler und Intellektuelle richtete.

3) Mary Therese, amerikan. Schriftstellerin, * Seattle 21. 6. 1912, † New York 25. 10. 1989; gab in Romanen (u. a. »Die Clique«, 1963), Erzählungen und Kurzgeschichten satir. Gesellschaftsanalysen; auch Essays, Autobiografisches.

McCartney [məˈkɑːtnɪ], Sir (seit 1997), Paul, brit. Rockmusiker (Bassgitarrist, Sänger, Texter, Komponist), * Liverpool 18. 6. 1942; einer der Mitbegründer und Mitgl. der ↗ Beatles, für die er zus. mit John Lennon zahlr. Songs schrieb und arrangierte (u. a. »Yesterday«). Nach Auflösung der Gruppe 1970 gründete er die Band Wings und trat als Solist hervor. 1990 entstand der Konzertfilm »P. M. – Get Back«. M. ist Dozent für Komposition am 1995 eröffneten »Liverpool Institute for Performing Arts«, einer Ausbildungsstätte für zeitgenöss. Musik und Entertainment.

McClintock [məˈklɪntək], Barbara, amerikan. Botanikerin, * Hartford (Conn.) 16. 6. 1902, † Huntington (N. Y.) 2. 9. 1992. Für ihre Entdeckung (schon 1957) der bewegl. Strukturen in der Erbmasse erhielt sie 1983 den Nobelpreis für Physiologie oder Medizin.

McCloy [məˈklɔɪ], John Jay, amerikan. Politiker, * Philadelphia (Pa.) 31. 3. 1895, † Stamford (Conn.) 11. 3. 1989; Rechtsanwalt; 1941–45 stellv. Verteidigungs-Min., 1947–49 Präs. der Weltbank. Als Hoher Kommissar für Dtl. (1949–52) spielte er eine zentrale Rolle bei der Etablierung der Bundesrep. Dtl. als souveräner Staat. 1953–60 Verwaltungsrats-Vors. der Chase National (seit 1955 Chase Manhattan) Bank und 1961–63 Sonderbeauftragter J. F. Kennedys für Abrüstungsfragen.

McCourt [məˈkɔːt], Frank, amerikanisch-irischer Schriftsteller, * New York 19. 8. 1930; wuchs in extremer Armut in Irland auf; arbeitete als Gelegenheitsarbeiter und wanderte 1949 in die USA aus; studierte und unterrichtete engl. Literatur; seit 1987 freier Schriftsteller. Äußerst erfolgreich war sein autobiograf. Werk »Die Asche meiner Mutter. Irische Erinnerungen« (1996), das seine Erinnerungen bis zum Jahr 1949 aus der Sicht eines Kindes schildert, fortgesetzt 1999 mit dem zweiten Teil der Erinnerungen »Ein rundherum tolles Land«, der den langsamen Aufstieg in der Gesellschaft New Yorks beschreibt.

McCullers [məˈkʌləz], Carson, amerikan. Schriftstellerin, * Columbus (Ga.) 19. 2. 1917, † Nyack (N. Y.) 29. 9. 1967; schilderte in ihren Kurzgeschichten und Romanen mit psycholog. Einfühlungsvermögen einsame Menschen auf der Suche nach Liebe: »Das Herz ist ein einsamer Jäger« (1940), »Das Mädchen Frankie« (1946), »Uhr ohne Zeiger« (1961).

McCullough [məˈkʌləx], Colleen, austral. Schriftstellerin, * Wellington (New South Wales) 1. 6. 1937; schreibt Unterhaltungs- und histor. Romane; weltbekannt wurde die austral. Familiensaga »Die Dornenvögel« (1977; als TV-Serie 1984).

McDonald-Observatorium [məkˈdɔnəld-], westlich von Austin (Tex.) in den Davis Mountains ge-

Thabo Mvuyelwa Mbeki

Mary Patricia McAleese

Paul McCartney

Barbara McClintock

Mount McKinley: Denali National Park

legenes Observatorium, v. a. für Untersuchungen im infraroten und opt. Spektralbereich; ausgestattet u. a. mit dem **Hobby-Eberly-Teleskop.** Der sphär. 11-m-Hauptspiegel (effektiv genutzter Durchmesser: 9,2 m) ist aus 91 sechseckigen Einzelspiegeln zusammengesetzt.

McDonald's Corp. [məkˈdɒnəldz kɔːpəˈreɪʃn], weltgrößtes Fast-Food-Unternehmen, gegr. 1955; Sitz: Oak Brook (Ill.); verfügt über mehr als 30 000 Restaurants in 121 Ländern, die z. T. nach dem Franchisesystem betrieben werden.

McDonnell Douglas Corporation [məkˈdɒnl ˈdʌɡləs kɔːpəˈreɪʃn], amerikan. Luft- und Raumfahrtkonzern (Kampf- und Verkehrsflugzeuge wie F-15, f/A-18, MD-11, MD-80, MD-90); Sitz: Saint Louis (Mo.); entstanden 1967 durch Fusion von Douglas Aircraft Co. (gegr. 1920) und McDonnell Aircraft Corp. (gegr. 1939). 1997 erfolgte die Fusion mit der Boeing Co.

McEwan [məˈkjuːən], Ian, schott. Schriftsteller, * Aldershot (Cty. Hampshire) 21. 6. 1948; schreibt seit den 1970er-Jahren Kurzgeschichten (»Erste Liebe, letzte Riten«, 1975), die mit Ungewöhnlichem und Unheimlichem konfrontieren und brillant ins Magische und Symbolhafte gesteigert sind, sowie meisterhaft komponierte Romane (»Der Zementgarten«, 1978; »Unschuldige«, 1990; »Abbitte«, 2001), die die Themen Liebe, Verlust, Selbsterkenntnis und Vergänglichkeit psychologisch durchleuchten.

McFadden [məkˈfædn], Daniel L., amerikan. Volkswirtschaftler und Ökonometriker, * Raleigh (N. C.) 29. 7. 1937; Prof. am Massachusetts Institut of Technologie (1978–91) sowie an der University of California, Berkeley, (1968–79 und seit 1990); widmete sich v. a. der Theorie individueller Entscheidungen auf dem Arbeitsmarkt, bei der Wahl des Wohnortes und bestimmter Transportmittel sowie bei Unternehmensstrategien und in der Umweltpolitik. M. erhielt 2000 zus. mit J. J. Heckman den Nobelpreis für Wirtschaftswiss. n für die Entwicklung von Theorien und Methoden zur Analyse diskreter Wahlentscheidungen.

McGrath [məˈɡrɑː], John Peter, engl. Dramatiker, * Birkenhead 1. 6. 1935; wurde bekannt mit dem antimilitarist. Stück »Events while guarding the Bofors gun« (1966); seine an B. Brecht und E. Piscator anknüpfenden Stücke spiegeln die regionalen Verhältnisse in Schottland (»Zufällige Ereignisse auf den Hebriden«, 1972) wider.

William McKinley

John McLaughlin

MCH, Abk. für engl. **M**ean **C**orpuscular **H**aemoglobin, ↗ Färbekoeffizient.

McInerney [məkˈɪnɔːnɪ], Jay, amerikan. Schriftsteller, * Hartford (Conn.) 13. 1. 1955; mit seinen in den 1980er-Jahren erschienenen Werken gilt er als Vertreter der Yuppie-Generation; bekannt wurde er mit dem Roman »Ein starker Abgang« (1984); er schrieb ferner u. a.: »Ich nun wieder« (R., 1988), »Alles ist möglich« (R., 1992).

McKay [məˈkeɪ], Claude Festus Claudius, amerikan. Schriftsteller jamaikan. Herkunft, * Sunny Ville (Jamaika) 15. 9. 1890, † Chicago (Ill.) 22. 5. 1948; ab 1913 in den USA; wichtiger Vertreter der Harlem Renaissance; seine Dialektlyrik steht am Beginn einer eigenständigen jamaikan. Dichtung; später überwiegend militante afroamerikan. Protestdichtung.

McKinley, Mount [ˈmaʊnt məˈkɪnlɪ] (von den Indianern Denali gen.), 6 198 m hoher Gipfel im Alaskagebirge, der höchste Berg Nordamerikas; viele Gletscher; 1913 erstmals erstiegen. Das Gebiet ist Nationalpark (Denali National Park).

McKinley [məˈkɪnlɪ], William, 25. Präs. der USA (1897–1901), * Niles (Ohio) 29. 1. 1843, † Buffalo (N. Y.) 14. 9. 1901; setzte als republikan. Abg. des Repräsentantenhauses (1877–83 und 1885–91) eine Politik hoher Schutzzölle durch (»M. tariff« 1890); 1892–96 Gouv. von Ohio. In seiner Amtszeit als Präs. kam es 1898 zum ↗ Spanisch-Amerikanischen Krieg. Er starb an den Folgen eines anarchist. Attentats vom 6. 9. 1901.

McLaughlin [məˈklɒklɪn], John, engl. Jazzmusiker (Gitarre), * Kirk Sandall (Cty. South Yorkshire) 4. 1. 1942; seit 1969 in den USA; spielte u. a. bei M. Davis; erlangte weltweite Anerkennung mit dem von ihm 1971 gegr. »Mahavishnu Orchestra« (bis 1977 und erneut ab 1984). Verbindet in seiner Musik Einflüsse von Jazz, Rock, Blues und ind. Musik. In den 80er-Jahren trat er als Solist sowie im Duo oder Trio mit den Gitarristen Paco de Lucia (* 1947) und Al DiMeola (* 1954) im Bereich des Flamencojazz hervor. M. zählt zu den virtuosesten Gitarristen des modernen Jazz.

McLean [məˈkliːn], Bruce, brit. Maler, Bildhauer, Konzeptkünstler, * Glasgow 1944; konzentriert sich in seinen Arbeiten auf die Problematik des Gleichgewichts, wobei er sowohl die phys. als auch die philosoph. Seite dieses Begriffs analysiert. Bes. in den Installationen der späten 1980er-Jahre formuliert er ein

Gegenbild zu den rational-log. Hierarchien industrieller Gesellschaften.

McLuhan [məˈkluːn], Herbert Marshall, kanad. Literaturwissenschaftler und Publizist, * Edmonton (Alberta) 21. 7. 1911, † Toronto 31. 12. 1980; prägte mit seinen krit. Arbeiten zur Gesch. und Rolle der Medien die Begriffe »Gutenberg-Galaxis« und »Global Village«.

McMillan [məkˈmɪlən], Edwin Mattison, amerikan. Physiker, * Redondo Beach (Calif.) 18. 9. 1907, † El Cerrito (Calif.) 7. 9. 1991; erhielt 1951 mit G. T. Seaborg den Nobelpreis für Chemie für die Entdeckung der Transurane mit den Ordnungszahlen 93 (Neptunium) und 94 (Plutonium).

McNamara [məknəˈmɑːrə], Robert Strange, amerikan. Politiker, * San Francisco (Calif.) 9. 6. 1916; Wirtschaftswissenschaftler; wurde 1955 einer der Direktoren und 1960 Präs. der Ford Motor Co.; war 1961–68 Verteidigungsmin. und 1968–81 Präs. der Weltbank. Mit seinem 1995 veröffentlichten autobiograf. Buch »Vietnam. Das Trauma einer Weltmacht« (zus. mit B. VanDeMark), in dem er den Vietnamkrieg als »großen, schreckl. Irrtum« bewertete, löste er in der amerikan. Öffentlichkeit Kontroversen aus.

M-Commerce [ˈemkɔməːs, engl.], Abk. für / Mobile Commerce.

McQueen [məˈkwiːn], 1) Alexander, brit. Modedesigner, * London 17. 3. 1969; gründete 1994 seine eigene Modemarke. Seine Modenschauen fielen durch Schockinszenierungen auf. 1997 wurde er als Designer des Hauses H. de / Givenchy verpflichtet. Seine Mode unterliegt einer spieler. Kreativität sowie einer Mischung aus Historischem, Ethnischem, Erotischem und Futuristischem.

2) Steve, amerikan. Filmschauspieler, * Indianapolis (Ind.) 24. 3. 1930, † Ciudad Juárez 7. 11. 1980; lakonisch-lässiger Heldendarsteller, u. a. in »Die glorreichen Sieben« (1962), »Cincinnati Kid« (1965), »Getaway« (1972), »Papillon« (1973), »Flammendes Inferno« (1974).

MCS [Abk. für **m**ultiple **c**hemische **S**ensitivität] (idiopathische umweltbezogene Unverträglichkeit), ungeklärte Überempfindlichkeit auf chem. Verbindungen in der Luft in Konzentrationen, die von den meisten Menschen nicht wahrgenommen werden. Zu den häufig geäußerten Beschwerden gehören Atemweg- und Herz-Kreislauf-Probleme, Kopfschmerzen, Müdigkeit, grippeähnl. Symptome, Verlust des Kurzzeitgedächtnisses oder Hauterscheinungen. Untersuchungen und allergolog. Tests bleiben ohne Befund.

Md, chem. Symbol für / Mendelevium.

MD, Abk. für / **M**ini**d**isc.

Md., Abk. für den Bundesstaat **M**arylan**d**, USA.

m. d., *Musik:* Abk. für die Vortragsbezeichnung **m**ano **d**estra »mit der rechten Hand (zu spielen)«.

MDAX®, Midcap-Index der Dt. Börse AG (/ DAX®).

MdB, Abk. für **M**itglied **d**es **B**undestags.

MdEP, Abk. für **M**itglied **d**es **E**uropäischen **P**arlaments.

Mdina, Stadt im W von Malta, 400 Ew. – Gut erhaltene Ummauerung, viele Paläste des 15.–17. Jh.; barocke St.-Paul-Kathedrale (1697–1702). – Bis zur Gründung von La Valletta 1566 war M. Hauptstadt von Malta.

MdL, Abk. für **M**itglied **d**es **L**andtags.

MdR, Abk. für **M**itglied **d**es **R**eichstags.

Me., Abk. für den Bundesstaat **M**ain**e**, USA.

mea culpa! [lat.], (durch) meine Schuld! (Ausruf aus dem / Confiteor).

Mead, Lake [ˈleɪk ˈmiːd], Stausee des / Hoover Dam, USA.

Mead [miːd], 1) George Herbert, amerikan. Sozialpsychologe und Philosoph, * South Hadley (Mass.) 27. 2. 1863, † Chicago (Ill.) 26. 4. 1931; Vertreter des amerikan. Pragmatismus; versuchte Geist und persönl. Identität (»self«) aus Kommunikationsprozessen zu erklären. – *Werke:* Geist, Identität und Gesellschaft (1934); Sozialpsychologie (1956).

2) Margaret, amerikan. Ethnologin, * Philadelphia (Pa.) 16. 12. 1901, † New York 15. 11. 1978; untersuchte bes. die weibl. und kindl. Lebenssphäre und die Rolle der Geschlechter bei den Naturvölkern. – *Werke:* Geschlecht und Temperament in drei primitiven Gesellschaften (1935); Mann und Weib (1949); Brombeerblüten im Winter (Autobiografie, 1972).

Meade [miːd], James Edward, brit. Volkswirtschaftler, * Swanage (Cty. Dorset) 23. 6. 1907, † Cambridge 22. 12. 1995; Beiträge zur Außenwirtschafts- und Wachstumstheorie; erhielt 1977 mit B. Ohlin den Nobelpreis für Wirtschaftswissenschaften.

MEADS [Abk. für engl. **m**edium **e**xtended **a**ir **d**efense **s**ystem »mittleres Luftverteidigungssystem«], seit Mitte der 1990er-Jahre in der Entwicklung befindl. mobiles Raketensystem zur Bekämpfung von Flugzeugen, Hubschraubern, Cruisemissiles sowie taktischen ballist. Raketen in niedrigen und mittleren Höhen. Das System, ein Gemeinschaftsprojekt von Dtl., Italien und den USA, soll etwa 2005 das Flugabwehrraketensystem / Hawk ablösen.

Meath [miːθ] (irisch An Mhí), Cty. im NO der Rep. Irland, 2 336 km², 109 700 Ew.; Verw.sitz ist Navan.

Meaux [mo], Stadt im frz. Dép. Seine-et-Marne, an der Marne, 49 400 Ew.; Bischofssitz; Zucker-, Konserven-, Eisen-, chem. Industrie. – Kathedrale Saint-Étienne (12./13. Jh., umgebaut 15. Jh.), galloröm. Stadtmauer.

Mechanik [grch.] *die, Physik:* der älteste Zweig der Physik, der die / Bewegungen materieller Systeme unter dem Einfluss von Kräften untersucht. Ausgehend von den Grundbegriffen des Raumes und der Zeit und der auf ihnen aufbauenden Lehre von den Bewegungen eines oder mehrerer Körper in Raum und Zeit und ihrer mathemat. Darstellung, der **Kinematik,** werden in der **Dynamik** die Bewegungen mit den Begriffen Masse, Kraft, Impuls und Drehimpuls behandelt. Die Dynamik enthält als Sonderfall die **Statik** als Lehre vom Gleichgewicht der Kräfte.

Nach der Methodik unterscheidet man die *experimentelle M.* die sich mit den Verfahren und Vorschriften des Messens mechan. Größen befasst, von der *theoret. Mechanik.* Nach der Art der beschriebenen Objekte unterscheidet man v. a. zw. der *techn. M.,* einer wichtigen Grundlage der Ingenieurwiss.en, und der *allgemeinen M.* der Physik. Der systemat. Aufbau der M. umfasst 1) die M. der Massenpunkte (Punkt-M.), der Systeme von Massenpunkten und der starren Körper und 2) die M. deformierbarer Körper (Kontinuums-M.), die die Elastizitätstheorie und die Hydro- und Aero-M. mit den Sondergebieten Schwingungslehre und Akustik enthält. Spezialgebiete der M. sind z. B. / Himmelsmechanik und / statistische Mechanik. – Die **klass.** oder **newtonsche M.,** die auf den / newtonschen Axiomen basiert, gilt nur für Geschwindigkeiten, die klein gegen die Lichtgeschwindigkeit sind, und für Wirkungen, die groß gegen das plancksche Wirkungsquantum sind. Die Weiterentwicklung der M. für Geschwindigkeiten in der Größenordnung der Lichtgeschwindigkeit gelang mit der / Relativitätstheorie (**relativist. M.**) und für den atom-

Edwin M. McMillan

Robert S. McNamara

Margaret Mead

aren Bereich in der ↗Quantenmechanik, die die klass. M. als Grenzfall umfasst.

mechanische Musik|instrumente (mechanische Musikwerke, Musikautomaten), Musikinstrumente, die durch mechan. Antrieb zum Klingen gebracht werden. Herzstück der m. M. ist seit dem 14. Jh. die Stiftwalze, eine drehbare Holzwalze (später auch Metall) mit vorstehenden Metallwinkeln, Eisenbolzen oder Nagelstiften, die in Umdrehungsrichtung entsprechend dem Rhythmus, in Querrichtung entsprechend der Tonhöhe angeordnet sind, wobei eine Walze mehrere Musikstücke tragen kann. Je nach Klangerzeugungsprinzip steuern die Stifte den Klöppelschlag von Turmglockenspielen, den Hammermechanismus automat. Klaviere (Walzenklavier), das Ventilsystem einer Pfeifenorgel (↗Drehorgel) oder reißen die Zungen eines Stahlkammes (↗Spieldose) an. Der Antrieb der Walze sowie anderer mechan. Funktionen (z. B. Blasebälge) erfolgte bei größeren m. M. (z. B. Orchestrion) über Hängegewichte, bei kleineren meist über eine Handkurbel (z. T. mit Schwungrad) oder ein Uhrwerk, ab etwa 1900 auch durch Elektromotoren. Ende des 19. Jh. wurde die Stiftwalze z. T. abgelöst durch perforierte Platten aus Hartpapier oder Blech (Organette), bei dem elektrisch-pneumat. Selbstspielklavier (Pianola) durch eine Lochstreifensteuerung (Ton-, Notenrolle).

Den Höhepunkt in der Entwicklung der m. M. stellt das nach 1900 entwickelte elektropneumat. Reproduktionssystem für Klaviere und Orgeln dar, das im Ggs. zum starren Abspielverfahren herkömml. m. M. erstmals eine anschlagsgerechte Wiedergabe über direkt eingespielte Notenrollen ermöglichte. Solche »Künstlerrollen« bespielten u. a. M. Reger, C. Debussy, G. Mahler, E. Grieg, F. Busoni. Mit dem Aufkommen elektron. Wiedergabegeräte fand die Geschichte der m. M. ihren (vorläufigen) Abschluss.

mechanische Wärmetheorie, Erklärung der Wärmeerscheinung aus der ungeordneten Bewegung der Moleküle. Die quantitative math. Formulierung wurde von L. Boltzmann und J. C. Maxwell entwickelt (↗kinetische Gastheorie). A. Einstein und M. von Smoluchowski lieferten mit der Theorie der ↗brownschen Bewegung den Beweis für die Realität der therm. Molekularbewegung und damit für die Realität der Atome.

Mechanisierung, Unterstützung und/oder Ersatz menschl. Arbeitskraft durch Maschinen.

Mechanismus der, 1) *allg.:* selbsttätig funktionierendes System; automat. Ablauf.
2) *Philosophie:* (Mechanizismus) Richtung der Naturphilosophie, die alles Naturgeschehen (im Extremfall auch die Phänomene des Lebens) und den Aufbau des Kosmos mechan. Bewegungsgesetzmäßigkeiten unterworfen sieht. – Gegen das myth. Denken und seine Welterklärungsmodelle gerichtet, suchte die frühgrch. Philosophie (Empedokles, Demokrit) mithilfe des M. Werden und Bewegung kosm. Prozesse zu verstehen. In der Neuzeit entfaltete R. Descartes sein mechanist. Weltbild, wonach alle materiellen Prozesse durch Druck und Stoß verursacht und mathemat. Gesetzen unterworfen sind. T. Hobbes dehnte den M. auf Phänomene wie Denken und Erkennen aus und führte ihn als Erklärungsmodell in die Staatsphilosophie ein. Gegen den mechanist. naturwiss. ↗Materialismus des 19. Jh. richtete sich der ↗Vitalismus und innerhalb der Physik der Theorie der elektr. und magnet. Felder (↗maxwellsche Theorie) sowie die moderne Atom- und Kernphysik.

3) *Technik:* Gesamtheit aller beweglichen Elemente von Maschinen, techn. Vorrichtungen, techn. Geräten o. Ä., die untereinander so gekoppelt sind, dass die Bewegung eines Elements zwangsläufig alle anderen Elemente in Bewegung setzt.

Mechatronik, interdisziplinäres Gebiet der Ingenieurwiss.en, das auf Maschinenbau, Elektrotechnik und Informatik aufbaut. Im Vordergrund steht die Ergänzung und Erweiterung mechan. Systeme durch Sensoren und Mikrorechner zur Realisierung teilintelligenter Produkte. Mechatron. Systeme nehmen Signale aus ihrer Umwelt auf, verarbeiten sie und führen aufgaben- und situationsgerechte Aktionen aus. Beispiele sind Roboter, digital geregelte Verbrennungsmotoren, Antiblockiersysteme für Fahrzeuge, Werkzeugmaschinen mit selbsteinstellenden Werkzeugen.

Mecheln (fläm. Mechelen, frz. Malines), Stadt in der Prov. Antwerpen, Belgien, an der Dyle, 75 400 Ew.; Erzbischofssitz; Akademie der bildenden Künste, Glockenspielerschule; Archive, Museen; Metall verarbeitende, feinmechan., chem., Schmuckwaren-, Konservenind., Maschinen- und Transformatorenbau, Großbrauerei, Herstellung von Mechelner Spitzen (Klöppelspitzen). – Mittelalterl., bes. got. Bauten: Kathedrale Sint Rombout (13.–15. Jh.; Glockenspiel), Liebfrauenkirche (14./15. Jh.; Triptychon von P. P. Rubens), Rathaus (ehem. Tuchhalle, 14. Jh., Nordflügel 1529), Schöffenhaus (14. Jh.), Leihhaus (16. Jh.), Justizpalast (1507–25). – M. gehörte im 10. Jh. zum Hochstift Lüttich, fiel 1369 an Burgund und entwickelte sich zu einer angesehenen Handelsstadt; 1507–30 Residenz Margaretes von Österreich; kam 1830 an Belgien.

Mechernich, Stadt im Kr. Euskirchen, NRW, 25 100 Ew.; Bergbaumuseum mit Besucherbergwerk; Maschinen-, Transformatoren-, Blechwarenfabrikation, Steinzeugind.; bis 1957 Bleierzbergbau (seit der Römerzeit). In **M.-Kommern** Freilichtmuseum und Landesmuseum für Volkskunde.

Mechitharịsten (lat. Ordo Mechitharistarum, Abk. OMech), 1701 von dem armen. Mönch Mechithar (* 1676, † 1749) gegr. armenisch-unierter Orden (↗armenische Kirche) mit der Benediktinerregel; Tätigkeitsschwerpunkte sind die Seelsorge unter den Armeniern sowie die Erforschung und Pflege der armen. Literatur.

Mechtel, Angelika, eigtl. A. Eilers-M., Schriftstellerin, * Dresden 26. 8. 1943, † Köln 8. 2. 2000; schrieb Gedichte, Erzählungen, gesellschaftskrit. Romane (»Friß, Vogel«, 1972; »Das gläserne Paradies«, 1973; »Wir sind arm, wir sind reich«, 1977; »Jonas, Julia und die Geister«, 1988) und Kinderbücher; arbeitete für Funk und Fernsehen. Ihre Krankheit dokumentierte sie in »Jeden Tag will ich leben. Ein Krebstagebuch« (1990).

Mechthild von Magdeburg, Mystikerin, * bei Magdeburg um 1210, † Helfta (bei Eisleben) 1282; lebte dreißig Jahre lang als Begine nach der Dominikanerregel in Magdeburg und ging schließlich 1270, wohl unter dem Druck ihrer Gegner, die ihr durch ihre Kritik am Leben des Welt- und Ordensklerus erwachsen waren, in das Zisterzienserinnenkloster Helfta; die Aufzeichnungen ihrer myst. Erfahrungen sind unter dem Titel »Das fließende Licht der Gottheit« zusammengefasst; Heilige, Tag: 15. 8.

Mečiar [ˈmɛtʃ-], Vladimir, slowak. Politiker, * Zvolen (bei Banská Bystrica) 26. 7. 1942; Jurist, zunächst Mitgl. der KP (1970 ausgeschlossen), 1990–91 MinPräs. in der slowak. Teilrep., 1991 beteiligt an der Gründung der »Bewegung für eine Demokrat. Slowa-

Angelika Mechtel

Vladimir Mečiar

kei« (HZDZ), Juni 1992 bis März 1994 sowie 1994 bis Sept. 1998 MinPräs. der Slowakei.

Meckel, Christoph, Schriftsteller und Grafiker, *Berlin 12. 6. 1935; seit 1956 (»Tarnkappe«, Ged.) erschienen zahlr. Lyrik- und Prosabände, die, auch durch integrierte Grafiken, von einer fantastisch-allegor. Wirklichkeitsspiegelung geprägt sind. Eine wesentl. Rolle spielen autobiograf. Elemente, so u. a. in den Prosatexten »Suchbild. Über meinen Vater« (1980) und »Suchbild. Meine Mutter« (2002). Auch Hörspiele. – *Weitere Werke: Romane:* Bockshorn (1973); Shalamuns Papiere (1992); Ein unbekannter Mensch (1997). – *Erzählungen:* Tunifers Erinnerungen u. a. Erzählungen (1980); Schlammfang (1993); Nachtmantel (1996). – *Lyrik:* Wildnisse (1962); Wenn es angeht (1974); Souterrain (1984); Das Buch Shiralee (1989); Hans im Glück (1991); Blut im Schuh (2001).

Israhel van Meckenem d. J.: Selbstbildnis mit seiner Frau Ida, Kupferstich (um 1490; Dresden, Staatliche Kunstsammlungen)

Meckenem, Israhel van, d. J., Kupferstecher und Goldschmied, *Meckenheim um 1430 oder um 1450, †Bocholt 10. 11. 1503; mit etwa 600 Stichen der produktivste Kupferstecher seiner Zeit, schuf um 1490 das früheste Selbstporträt und Doppelbildnis der dt. Grafik.

Meckenheim, Stadt im Rhein-Sieg-Kreis, NRW, am Fuß der Eifel, 25 100 Ew.; Bundesschule des DRK; Baumschulen, Obstbau, Ind.-Park Kottenforst. Erhielt 1636 Stadtrecht, erneut 1929.

Mecklenburg [auch ˈmɛk-], historisches dt. Territorium, zw. Pommern, Brandenburg und Schlesw.-Holst. – In röm. Zeit von Langobarden, Sachsen u. a. german. Stämmen bewohnt (Abwanderung bis 500), ab etwa 600 von Slawen (Abodriten im W, Liutizen im O) besiedelt. Im 9. Jh. gerieten die Elb- und Ostseeslawen in ein Tributverhältnis zum Fränk., später zum Hl. Röm. Reich. Erst unter Heinrich dem Löwen wurde nach 1147 die Eingliederung in den dt. Kulturbereich vollendet (dt. Ostsiedlung; Christianisierung); er besiegte 1160 den Obotritenfürsten Niklot, dessen Nachkommen 1229 die Linien M., Werle, Rostock und Parchim des bis 1918 regierenden Fürstenhauses m. begründeten. Im 14. Jh. Gebietserwerbungen (1304 Stargard, 1314/23 Rostock, 1358 Schwerin) und Verleihung von Herzogswürde und Reichsstandschaft (1348). Neue Teilungen 1520, ab 1555, zunächst in die Linien und Herzogtum **M.-Schwerin** und **M.-Güstrow** (erloschen 1695), 1701 in M.-Schwerin und **M.-Strelitz**. Die Einheit des Territoriums bewahrten v. a. die Landstände (1523 landständ. Union). Auch Stadt und Univ. Rostock, das Hofgericht und – nach Einführung der Reformation – das Konsistorium blieben von den Teilungen ausgenommen. 1627/29–31 war Wallenstein Herzog von M.; 1648 verlor M. Wismar, Poel und Neukloster an Schweden (bis 1803/1903), erhielt aber die säkularisierten Bistümer Schwerin und Ratzeburg. 1808 traten beide Herzogtümer (M.-Schwerin und M.-Strelitz) dem Rheinbund bei und wurden 1815 Großherzogtümer. 1866/67 traten beide Herzogtümer dem Norddt. Bund, 1868 dem Dt. Zollverein bei. Die Abdankung des Großherzogs Friedrich Franz IV. von M.-Schwerin beseitigte die feudale Verf. (Nov. 1918). Durch die Verf. des Freistaats M.-Schwerin vom 17. 5. 1920 und das Landesgrundgesetz von M.-Strelitz vom 29. 1. 1919/24. 5. 1923 wurden beide Länder parlamentarisch-demokrat. Republiken; am 1. 1. 1934 unter einem nat.-soz. Reichsstatthalter zum **Land M.** vereinigt (Hptst. Schwerin). Ende April/Anfang Mai 1945 kam M., um Vorpommern westlich der Oder und Rügen erweitert, zur SBZ (↗Mecklenburg-Vorpommern, Geschichte).

Mecklenburgische Seenplatte [auch ˈmɛk- -], nicht genau abgrenzbarer seen- und hügelreicher Jungmoränenbereich zw. dem Schweriner und dem Templiner Seengebiet (Uckermark), in Meckl.-Vorp., südöstl. Ausläufer auch noch in Brandenburg, Teil des Balt. Landrückens. Die M. S. liegt zw. zwei etwa 30–40 km voneinander entfernten Hauptendmoränenbögen (in den Helpter Bergen bis 179 m ü. M. und in den Ruhner Bergen bis 178 m ü. M.). Weite Teile sind mit Laubmischwald bestanden; Ackerbau; Fremdenverkehr. Um die Müritz liegt der 319 km² große Müritz-Nationalpark.

Mecklenburg-Strelitz [auch ˈmɛk-], Landkreis in Meckl.-Vorp., 2 089 km² und 87 100 Ew.; Krst. ist Neustrelitz.

Mecklenburg-Vorpommern [auch ˈmɛk-], Land im NO Dtl.s, 23 173 km², (2001) 1,76 Mio. Ew.; Hptst. ist Schwerin.

Landesnatur: M.-V. liegt gänzlich im Norddt. Tiefland. Die Gesamtlänge der Küste beträgt 1 470 km, davon sind 340 km Außenküste zur Ostsee, 1 130 km sind Bodden- oder Binnenküste. Von den 794 Inseln sind (von W nach O) Poel in der Wismarbucht, Hiddensee und Ummanz vor Rügen, Rügen und Usedom (östl. Inselteil zu Polen) die bedeutendsten. An der Ostseeküste Mecklenburgs (von der Travemündung bis zum Fischland) wechseln Steilufer mit sandigen Anschwemmungen. Die mit der Halbinsel Fischland-Darß-Zingst beginnende Küste Vorpommerns wird charakterisiert durch zahlr. Bodden, das Kleine Haff, Kliffs (N-Küste von Hiddensee), die Kreidesteilküsten im N und O von Rügen sowie durch mit Strandgräsern oder lichtem Kiefernwald bewachsene Dünen. Die Oberflächenformen – geprägt von der jüngsten pleistozänen Vereisung (Weichsel-Eiszeit) – umfassen leichtwellige Grundmoränenflächen, die Endmoränenzüge der Mecklenburg. Seenplatte, Sanderflächen sowie Küsten- und feuchte Talniederungen. Die zahlr. kurzen Flüsse und Bäche entwässern v. a. zur Ostsee. Etwa ein Fünftel der Fläche ist bewaldet, 13 % mit Mooren bedeckt. – Das Klima ist ozeanisch geprägt, weist jedoch in seinem Übergangscharakter vom ozean. zum kontinentalen Typ deutl. Unterschiede zw. dem Küsten- und binnenländisch gelegenen Bereich auf. In M.-V. liegen drei Nationalparks.

Bevölkerung: M.-V. ist mit 77 Ew./km² das am geringsten besiedelte dt. Bundesland. Die ab 1950 bis zur Einheit Dtl.s 1990 anhaltende Abwanderung der Bev. in Ballungszentren setzte sich danach, v. a. aus wirtsch. Gründen, in die westl. Bundesländer fort.

Mecklenburg-Vorpommern
Großes Landeswappen

Mecklenburg-Vorpommern: Verwaltungsgliederung (Größe und Bevölkerung 31. 12. 2001)

Kreisfreie Stadt/Landkreis	Fläche in km²	Ew. in 1 000	Ew. je km²	Verw.-Sitz
Kreisfreie Städte				
Greifswald	50	53,5	1 070	–
Neubrandenburg	86	71,7	834	–
Rostock	181	199,0	1 099	–
Schwerin	130	100,0	769	–
Stralsund	39	60,0	1 538	–
Wismar	42	46,5	1 107	–
Landkreise				
Bad Doberan	1 362	118,7	87	Bad Doberan
Demmin	1 921	92,9	48	Demmin
Güstrow	2 058	111,2	54	Güstrow
Ludwigslust	2 517	131,3	52	Ludwigslust
Mecklenburg-Strelitz	2 089	87,1	42	Neustrelitz
Müritz	1 713	69,5	41	Waren (Müritz)
Nordvorpommern	2 168	117,7	54	Grimmen
Nordwestmecklenburg	2 075	121,2	58	Grevesmühlen
Ostvorpommern	1 910	113,6	59	Anklam
Parchim	2 233	108,0	48	Parchim
Rügen	975	74,4	76	Bergen auf Rügen
Uecker-Randow	1 624	83,5	51	Pasewalk
Mecklenburg-Vorpommern	23 173	1 759,9*)	76	Schwerin

*) Abweichungen zur Landesbevölkerung durch Rundung

Zuzüglich des natürl. Bev.rückgangs (v. a. Geburtenrückgang) verringerte sich die Einwohnerzahl M.-V.s 1950–90 um etwa 0,3 Mio., 1989–98 um 175 000 Personen. Anfang 1999 waren 0,4% der Bev. Ausländer. – 20,4% der Bev. gehören den evang. Landeskirchen an, 4% der kath. Kirche. Die beiden jüd. Gemeinden (Rostock, Schwerin) zählen über 900 Mitgl. – Univ. in Rostock und Greifswald, Fachhochschulen in Stralsund, Neubrandenburg und Wismar, eine Hochschule für Musik und Theater in Rostock.

Wirtschaft: Wichtigste Wirtschaftszweige sind die Landwirtschaft und die darauf fußende Nahrungsmittelind. sowie der Tourismus. Die Hauptgebiete des Ackerbaus liegen im Bereich der fruchtbaren Grundmoränen, die M.-V. in breitem Band von NW nach SO durchziehen (v. a. Anbau von Weizen, Ölfrüchten, Feldfutter, Zuckerrüben); auch Schweinezucht ist verbreitet. Auf den südlich anschließenden Endmoränengebieten und Sanderflächen mit weniger fruchtbaren Böden werden v. a. Roggen und Kartoffeln angebaut; die Kiefernwälder werden forstwirtschaftlich genutzt. In den Flussniederungen im N und NO sowie der Elbe im SW und auch im Küstenbereich herrscht Rinderzucht vor. Die zahlr. mecklenburg. Seen begünstigen die Binnenfischerei; sie hat aber ebenso wie die Küstenfischerei an Bedeutung verloren. Mit dem Aufbau der Schiffbauind. (Werften in Rostock-Warnemünde, Wismar, Stralsund, Wolgast) und der Hafenwirtschaft (Hochseehäfen in Rostock, Wismar, Stralsund) begann nach 1950 die Industrialisierung im Küstenbereich. Weiterhin wichtig sind die Metall verarbeitende und die Elektroind., der Maschinen- und Fahrzeugbau sowie die Fischverarbeitung. Die Zahl der Erwerbstätigen verringerte sich gegenüber 1989 um etwa zwei Drittel. Die Ostseeküste mit ihrer Halbinsel Fischland-Darß-Zingst und den Inseln Rügen und Usedom ist ein wichtiges Urlaubsgebiet (18 anerkannte See- und mehrere Heilbäder). Erholungsgebiete liegen auch im Bereich der Mecklenburg. Seenplatte. – Das Verkehrsnetz ist noch ungenügend ausgebaut, die Hochseehäfen sind noch unzureichend mit dem Hinterland verbunden. Eine Verbesserung brachte der Bau der Autobahnen Berlin–Rostock in den 1970er- und Berlin–Hamburg in den 1980er-Jahren; dazu kommt der Bau der Ostseeautobahn von Lübeck zur poln. Grenze. Fährhäfen befinden sich in Rostock-Warnemünde und in Sassnitz.

Verfassung: Nach der am 23. 5. 1993 in Kraft getretenen Verf. liegt die Legislative beim Landtag (71 Abg., für 4 Jahre gewählt), die Exekutive bei der Landesreg. unter Vorsitz des vom Landtag gewählten MinPräs. Die Verf. fixiert neben einem Grundrechtskatalog eine Reihe von Staatszielen und sieht Volksinitiativen, -begehren und -entscheide vor.

Geschichte: Zur Geschichte vor 1945 ∕ Mecklenburg. – 1945 kam Mecklenburg, um Vorpommern westlich der Oder vergrößert, zur SBZ. 1949 wurde es ein Land der DDR, 1952 in die Bezirke Rostock, Schwerin und Neubrandenburg aufgeteilt, aber am 3. 10. 1990 als Land wiederhergestellt. CDU und FDP bildeten nach den Landtagswahlen vom 14. 10. 1990 eine Koalitionsreg., zunächst unter A. Gomolka, ab

Mecklenburg-Vorpommern: Landschaft an der Müritz bei Klink

März 1992 unter B. Seite (beide CDU; ab 1994 in großer Koalition mit der SPD). Nach der Wahl von 1998 bildeten SPD und PDS eine Reg.koalition unter H. Ringstorff (SPD; bei Stimmengewinnen der SPD und trotz erheblicher Stimmenverluste der PDS bestätigt 2002).

Meckseper, Friedrich, Grafiker und Maler, *Bremen 8. 6. 1936; in seinen Farbradierungen erreicht M. mit einer äußerst differenzierten Technik in der Wiedergabe isolierter Objekte eine mag. Wirkung. Seine Gemälde zeigen die Tonskala einer altmeisterlich lasierenden Malerei.

Mecsekgebirge ['mɛtʃɛk-], Mittelgebirge in S-Ungarn, bis 682 m ü. M.; Weinbaugebiet; Kohlebergbau (Uranerzabbau wurde eingestellt).

Medaille [me'daljə; aus lat. metallum »Metall«] *die,* gegossene oder geprägte Schaumünze, vorzugsweise aus Bronze, auch aus Gold oder Silber, die der Erinnerung an eine Person oder ein Ereignis oder als Auszeichnung (Verdienst-, Preis-M.) dient. Einseitige M. in eckiger Form werden Plaketten genannt. Am Band tragbare M. bilden im System der Orden die unterste Stufe. Die von staatl. Seite als Zeichen der Anerkennung gemäß einer Satzung verliehenen, nicht tragbaren M. (z. B. Zelterplakette) genießen ebenfalls den rechtl. Schutz von Orden. Von nicht staatl. Stellen als Belohnung überreichte M. (z. B. olymp. M. als Gold-, Silber- und Bronze-M.) sind i. d. R. nicht oder nur kurzfristig tragbar. – Nach Vorläufern in der Antike begann das M.-Schaffen der Neuzeit erst gegen Ende des 14. Jh. Die erste M. mit einem zeitgenöss. Porträt stammte von dem italien. Maler, Zeichner und Medailleur Pisanello, sie trägt auf der Vorderseite (Avers) ein Porträt, auf der Rückseite (Revers) eine szen. Darstellung. Mit Pisanello setzte die Blütezeit der italien. M.-Kunst ein (B. Cellini, V. Belli, Leone Leoni). Seit dem 16. Jh. wurden M. auch in Dtl. gearbeitet (H. Schwarz, F. Hagenauer u. a.). In der Zeit des Klassizismus schufen J. d'Angers u. a. meisterhafte Bildnis-M. Künstler der neueren Zeit sind u. a. A. Scharff, A. von Hildebrand, L. Gies.

Medailleur [medal'jœ:r, frz.] *der,* Künstler, der Stempel für Medaillen schneidet.

Medaillon [medal'jõ, frz.] *das,* **1)** *Baukunst:* rundes oder oval gerahmtes Schmuckfeld als Dekoration z. B. für Wände, Türen, Möbel.
2) *bildende Kunst:* a) oft aufklappbarer ovaler oder runder Anhänger mit Miniaturporträt oder Andenken; b) kleines, rundes oder ovales Bild.

Medan, Prov.-Hptst. auf Sumatra, Indonesien, 1,84 Mio. Ew.; Erzbischofssitz; staatl. und islam. Univ.; Zentrum des Tabakbaus mit Forschungsinstitut; Maschinenbau, Textil-, Nahrungsmittel- u. a. Ind.; internat. Flughafen; Hafen ist Belawan.

Medau, Hinrich, Sportpädagoge, *Süderstapel (Kr. Schleswig-Flensburg) 13. 5. 1890, †Gießen 1. 1. 1974; gründete 1929 die M.-Schule in Berlin; mit seiner künstlerisch ausgerichteten rhythm. Gymnastik, in die er Handgeräte einbezog, wegweisend für die moderne rhythm. Sportgymnastik.

Medawar ['medəwə], Sir (seit 1965) Peter Bryan, brit. Zoologe und Anatom, *Rio de Janeiro 28. 2. 1915, †London 2. 10. 1987; erforschte die Abwehrreaktionen der Lebewesen gegen die Transplantation körperfremden Gewebes; mit F. M. Burnet erhielt er 1960 den Nobelpreis für Physiologie oder Medizin.

Medea, *grch. Mythos:* die zauberkundige Tochter des Königs Aietes in Kolchis. Sie verhalf / Iason zum Goldenen Vlies und entfloh mit ihm und den Argonauten nach Iolkos, dann nach Korinth. Als Iason M. verstieß, um sich mit der Königstochter Kreusa zu vermählen, tötete sie die Nebenbuhlerin sowie ihre eigenen Kinder und floh nach Asien, wo sie zur Stammmutter der Meder wurde. – Dichterisch behandelt, so von Euripides (431 v. Chr.), P. Corneille (1635), F. Grillparzer (1821), Hans Henny Jahnn (1926, 2. Fassung 1959), J. Anouilh (1946), Christa Wolf (1996); als Oper u. a. von L. Cherubini (1797).

Médecins sans Frontières [med'sɛ̃ sã frõ'tjɛːr, frz.], Abk. **MSF,** internat. Netzwerk, / Ärzte ohne Grenzen e. V.

Medellín [meðe'jin], Hptst. des Dep. Antioquia, Kolumbien, in der Zentralkordillere, 1 500 m ü. M., 1,97 Mio. Ew.; Sitz eines kath. Erzbischofs; zwei staatl. und zwei private Univ., Bergbauakademie, das zweitwichtigste Ind.zentrum Kolumbiens, Textil-, Schuh-, Tabak-, Stahl-, chem. u. a. Ind.; internat. Flughafen. Zentrum der Drogenmafia (M.-Kartell). – 1675 gegründet.

Medaille: Vorderseite einer Medaille zu Ehren von Sigismondo Malatesta, modelliert von Matteo di Andrea de' Pasti (1446; Sankt Petersburg, Eremitage)

Meder, Bewohner von / Medien.

Media [lat.] *die,* stimmhafter Verschlusslaut, z. B. b, d, g.

Mediaforschung (Werbeträgerforschung), Untersuchungen über Einsatz und Wirkung von Werbeträgern (Hörfunk, Fernsehen, Presse, Plakatwände), um eine optimale Kombination von Werbeträgern (**Mediamix**) zu finden.

medial [lat.], **1)** *Anatomie:* nach der Mitte zu, in der Mitte gelegen; Ggs.: lateral.
2) *Kommunikationswissenschaft:* durch (Massen-)Medien vermittelt; die Medien betreffend.
3) *Parapsychologie:* die Fähigkeiten eines Mediums besitzend.

median [lat.], *Anatomie:* auf der Mittellinie eines Körpers gelegen. **Medianschnitt,** Schnitt, der den Körper in zwei weitgehend spiegelbildlich gleiche Hälften teilt.

Median, *Statistik:* der Zentralwert (/ Mittelwert).

Mediante [lat.] *die, Musik:* der Mittelton des Dreiklangs und der auf ihm errichtete Dreiklang, in C-Dur also der e-Moll- oder der E-Dur-Dreiklang (**Ober-M.**), oder der Mittelton zw. Tonika und Unterdominante, in C-Dur also der a-Moll- oder A-Dur-Dreiklang (**Untermediante**).

Medianuslähmung, Lähmung durch Schädigung des Unterarmnervs (Nervus medianus) nach Verletzungen am Ober- oder Unterarm; führt u. a. zum Schwund der Daumenballenmuskulatur.

Mediasch (rumän. Mediaş), Stadt in Siebenbürgen, Rumänien, im Tal der Großen Kokel, 62 700 Ew.; Metall-, Glas-, Email-, Lederind.; Erdgasvorkommen. – Evang. Margaretenkirche (15.–16. Jh.). – M. war seit dem 13. Jh. ein Mittelpunkt der Siebenbürger Sachsen.

Mediastinum [lat.] *das, Anatomie:* das / Mittelfell.

mediat [lat.], mittelbar; im Hl. Röm. Reich (bis 1806) der Landeshoheit eines Reichsstandes, nicht unmittelbar dem Kaiser (**immediat**) unterstellt.

Mediation [lat.] *die,* Verfahren zur Regelung von Konflikten in Familie, Partnerschaft, Schule, Politik und Umwelt sowie in Wirtschaftsunternehmen bzw. Organisationen. Der eingesetzte neutrale **Mediator** (**Schlichter**) ist verantwortlich für die Vorgehensweise der M. und für die Vermittlung zw. den streitenden Parteien bei Berücksichtigung der unterschiedl. Interessenlage.

Mediations|akte, die von Napoléon Bonaparte gegebene, 1803–13 gültige Verf. der Schweiz, mit weit gehender Souveränität der 19 Kantone. (↗Schweiz, Geschichte)

Mediatisierung, Verlust bzw. Entzug einer immediaten Stellung; im Hl. Röm. Reich v. a. die 1803 (Reichsdeputationshauptschluss) und 1806 (Rheinbundakte) erfolgte Aufhebung reichsunmittelbarer Stände und ihre Unterwerfung unter die Landeshoheit eines anderen weltl. Reichsstandes.

Mediatoren [lat.-mlat.], Gruppe von Wirkstoffen (Gewebehormone), die bei bestimmten Krankheitszuständen, v. a. bei Allergie und Schock, aus Zellen freigesetzt werden und unmittelbar auf benachbarte Zellen einwirken; zu den M. gehören Histamin, Serotonin, Kinine und Prostaglandine.

mediäval [lat.], mittelalterlich.

Mediäval *die,* Schriftart mit schrägen, gekehlten Serifen und schrägen Anstrichen bei den Kleinbuchstaben; da sie der Humanistenschrift nachgebildet ist, wird sie auch als **Renaissance-Antiqua** bezeichnet.

Mediävistik [lat.] *die,* Sammelbez. für verschiedene wiss. Disziplinen, die sich mit der mittelalterl. Literatur, Kunst, Gesch. o. Ä. beschäftigen.

Media vita in morte sumus [lat. »mitten im Leben sind wir vom Tod umfangen«], Antiphon aus dem 11. Jh. Eine dt. Übersetzung aus dem 15. Jh. wurde von M. Luther durch eine zweite und dritte Strophe ergänzt.

Mediceische Venus [medi'tseiʃə-], eine nach ihrem früheren Besitzer benannte röm., kaiserzeitl. Marmorstatue in gezierter Pose, wohl nach einem hellenist. Vorbild; seit 1677 in den Uffizien in Florenz.

Mediceische Venus (Florenz, Uffizien)

Medici ['mɛːditʃi], seit Beginn des 13. Jh. bezeugte, im 16. Jh. zu fürstl. Rang aufgestiegene Florentiner Bankiersfamilie. Die M. gelangten durch Handel und Geldgeschäfte zu Reichtum und Ansehen und nahmen seit dem Ende des 13. Jh. an der Reg. ihrer Heimatstadt teil (1494–1512 und 1527–30 vertrieben). Sie wurden 1531 Herzöge von Florenz und 1569 Großherzöge von Toskana, die nach Erlöschen der Familie im Mannesstamm (1737) unter habsburg. Herrschaft kam. 1743 starben sie aus.
Bedeutende Vertreter:
1) *Cosimo de',* gen. **der Alte** (»il Vecchio«), * Florenz 27. 9. 1389, † ebd. 1. 8. 1464, Großvater von 7); führte sein Haus zu höchster Macht und beherrschte Florenz, ohne ein Amt zu bekleiden, stiftete die Platon. Akademie und zog bed. Künstler in die Stadt (u. a. Brunelleschi, Donatello).
2) *Cosimo I.,* Herzog von Florenz (1537–69), Großherzog von Toskana (1569–74), * Florenz 11. 6. 1519, † Castello bei Florenz 21. 4. 1574, Großvater von 8); stützte sich auf Spanien, eroberte 1555 Siena; gründete die Gemäldesammlung im Palazzo Pitti.
3) *Giovanni de',* Papst, ↗Leo X.
4) *Giulio de',* Papst, ↗Klemens VII.
5) *Katharina von,* ↗Katharina (Herrscherinnen, Frankreich).
6) *Lorenzino de',* gen. **Lorenzaccio,** * Florenz 23. 3. 1514, † (ermordet) 1547; ermordete 1537 Alessandro de' M., den ersten Herzog in Florenz. Seine von der republikfreundl. Partei als Tyrannenmord gefeierte Tat wurde oft künstlerisch behandelt (»Brutus-Büste« von Michelangelo, um 1540; Drama »Lorenzaccio« von A. de Musset, 1834).
7) *Lorenzo de',* gen. **der Prächtige** (»il Magnifico«), Stadtherr von Florenz (1469–92), * Florenz 1. 1. 1449, † ebd. 8. 4. 1492, Enkel von 1); unter seiner Herrschaft wurde Florenz die führende Macht in Italien; er baute – bei Wahrung der republikan. Staatsform – seine persönl. Stellung aus, betrieb unter den

Lorenzo de' Medici, der Prächtige (Gemälde um 1500; Florenz, Palazzo Medici-Riccardi)

italien. Staaten eine Politik des Ausgleichs. Florenz erreichte seine höchste geistige Blüte (Wirkungsstätte von Leonardo da Vinci, Verrocchio, Botticelli, Michelangelo).
8) *Maria de',* Königin, Enkelin von 2), ↗Maria (Herrscherinnen, Frankreich).

Mediciporzellan ['mɛːditʃi-], eine Art Weichporzellan, das in der 2. Hälfte des 16. Jh. in Florenz am Hof des Großherzogs Francesco de' Medici hergestellt wurde. Seine Formen folgen v. a. der Majolikaproduktion von Urbino, der meist kobaltblaue Dekor ist von chines. Porzellan angeregt. Die Marke zeigt die Domkuppel von Florenz oder die sechs Kugeln des Mediciwappens mit den Initialen des Großherzogs.

Medi|en [lat.], Vermittlungssysteme für Informationen aller Art (Nachrichten, Meinungen, Unterhaltung), die durch die ↗neuen Medien starke Erweiterung erfahren haben; i. e. S. die Massenmedien (↗Massenkommunikation).

Medi|en, im Altertum das gebirgige Hochland von NW-Iran mit den Hauptstädten Ekbatana (heute Hamadan) und Rhagai (heute Raj, eine Vorstadt Teherans). Die im 9. Jh. v. Chr. eingewanderten Meder bildeten im 7. Jh. einen Großstaat, der 550 v. Chr. durch Kyros II. Persien einverleibt wurde. Die Meder wurden im Achaimenidenreich das zweite Staatsvolk nach den Persern. Der Südteil (Groß-M.) kam nach dem Tod Alexanders d. Gr. (323 v. Chr.) an das Partherreich, in dem im 1. Jh. n. Chr. auch der Nordteil aufging.

Medi|endienste|staatsvertrag, am 1. 8. 1997 in Kraft getretener Vertrag zw. den dt. Ländern (in der Neufassung vom 1. 1. 2002), dessen Ziel die Schaffung von einheitl. Rahmenbedingungen für das Angebot und die Nutzung von an die Allgemeinheit gerichteten Informations- und Kommunikationsdiensten (Mediendienste, z. B. Verteildienste in Form von Angeboten für den Kauf von Erzeugnissen oder die Erbringung von Dienstleistungen) in Text, Ton oder Bild ist; regelt u. a. Zulassungsfreiheit für Mediendienste, Rechte und Pflichten der Anbieter, Verantwortlichkeit für Inhalte, Datenschutz und behördl. Aufsicht. (↗ Multimedia, ↗ Teledienstegesetz)

Medi|enkonzentration, die Unternehmenskonzentration im Bereich der Medien (darunter die **Pressekonzentration,** d. h. die Zusammenfassung von Zeitungen und Zeitschriften in immer weniger Verlagen). Der betriebswirtsch. erstrebenswerten M. steht (auch bei steigender Zahl der erscheinenden Titel bzw. verbreiteten Sender) die Gefahr abnehmender Vielfalt des veröffentlichten Meinungsspektrums und damit einer Einschränkung der Informationsfreiheit gegenüber. Kontrollinstanzen zum Schutz vor der Entstehung vorherrschender Meinungsmacht sind in Dtl. u. a. das Bundeskartellamt, auf dem Privatfernsehmarkt die Landesmedienanstalten und die Kommission zur Ermittlung der Konzentration im Medienbereich (KEK).

Medi|enkonzern, Zusammenschluss von mehreren überwiegend im Medienbereich tätigen Unternehmen unter einheitl. Leitung. Den seit dem letzten Drittel des 19. Jh. entstandenen Pressekonzernen folgten mit der Entwicklung von Film, Hörfunk und Fernsehen sog. Multimediakonzerne (Mehrmedienunternehmen), deren Bedeutung aufgrund der Öffnung des Rundfunks für private Sender, der Internationalisierung der Märkte und techn. Neuerungen (Multimedia) stark zugenommen hat.

Medi|enpädagogik, Wiss. vom angemessenen (krit.) Umgang mit den Massenmedien, die auf Analyse der Wirkungen der Massenmedien und auf Handlungskompetenz im Umgang mit den Medien zielt; auch die Methodik des konkreten Unterrichtens in Medientechnologien und (als **Mediendidaktik**) die Lehre vom optimalen Einsatz von Medien als Unterrichtsmittel.

Medi|enpolitik, die Festlegung von Rahmenbedingungen und ordnungspolit. Maßnahmen für die Struktur und Funktion der Massenmedien. Die i. d. R. auf ein Land ausgerichtete M. ist Teil der **Kommunikationspolitik,** die das Kommunikationssystem als Ganzes (Individual- und Massenkommunikation) beinhaltet. Schwerpunkte der M. sind die Sicherung der Pressefreiheit sowie der Vielfalt und Ausgewogenheit publizist. Aussagen, Konzentrationskontrolle und Begrenzung der Medien- und Meinungsmacht von Medienkonzernen, das Nebeneinander von privaten und öffentlich-rechtl. Veranstaltern in einem dualen Rundfunksystem, Richtliniensetzung für Multimediaangebote sowie der Jugend-, Verbraucher- und Datenschutz. Medienpolit. Kompetenzen und Zuständigkeiten liegen in Dtl. v. a. bei den Ländern. Der Bund hat die Rahmenkompetenz für das Presse- und Filmwesen.

Medi|enrecht, Sammelbez. für die die versch. Medien regelnden gesetzl. Bestimmungen. Das M. umfasst u. a. das Rundfunk-, Presse- und Verlagsrecht sowie das Recht des Films und der neuen Medien (Internet und Onlinedienste). Eine einheitl. gesetzl. Regelung des M. fehlt. Von Bedeutung für die Medien sind sowohl zivilrechtl. (Urheber-, Persönlichkeits-, Wettbewerbsrecht, Bildnisschutz), öffentlich-rechtl. (Rundfunkstaatsvertrag, Landesmedien-Ges., Mediendienstestaatsvertrag, Teledienste-Ges.) als auch strafrechtl. Bestimmungen (z. B. zum Jugendschutz).

Medikamente [lat.], die ↗ Arzneimittel.

Medina die (Madina, Medinet), arab. Wort für »Stadt«, heute besondere Bez. für die Altstadtquartiere nordafrikan. Städte im Unterschied zu deren (kolonialzeitl.) Europäervierteln.

Medina: die Große Moschee mit den Grabstätten Mohammeds und seiner Tochter Fatima

Medina (Al-Madina [»Stadt des Propheten«]), Stadt im Hidjas, Saudi-Arabien, 608 000 Ew.; Univ., hl. Stadt des Islam und nach Mekka bedeutendster islam. Wallfahrtsort mit der Grabstätte Mohammeds und seiner Tochter Fatima (Große Moschee; errichtet 707–709, mehrfach umgebaut, im 20. Jh. durch Neubau ersetzt); nach der ↗ Hidjra Zentrum der von Mohammed geschaffenen frühislam. Gemeinde. – Als **Yatrib** war M. schon in vorislam. Zeit bedeutend.

Medinawurm (Guineawurm, Dracunculus medinensis), schmarotzender Fadenwurm, der beim Menschen und bei Tieren (z. B. Pferd, Rind, Hund) Geschwüre erzeugt, die nach außen aufbrechen und die Larven entleeren. Die Krankheit (**Drakunkulose, Drakontiase, Medinawurminfektion**) ist v. a. in Afrika, Vorderasien und Indien verbreitet. Die Infektion wird durch Trinkwasser bewirkt, deshalb sollte dieses prophylaktisch filtriert werden. Die Behandlung erfolgt mechanisch durch Herausziehen und Aufwickeln der etwa 1 m langen weibl. M. auf Holzstäbchen sowie medikamentös mit Wurmmitteln (z. B. Tiabendazol).

Medinet el-Faijum, ↗ Faijum.

Medinet Habu: Totentempel Ramses' III. (um 1180 v. Chr.)

Medinet Habu, ägypt. Ruinenstätte (Teil der alten Nekropole von Theben) am W-Ufer des Nils, gegenüber von Luxor, mit Heiligtum Thutmosis' III. und großem Totentempel Ramses' III. Die Reliefbilder am Tempel stellen u. a. die Siege über Seevölker und Libyer dar.

Medio *der, Bankwesen:* der 15. eines Monats; fällt dieser auf einen Samstag, Sonntag oder Feiertag, ist für die Abwicklung von **M.-Geschäften** (an M. zu erfüllende Geldgeschäfte) der vorangegangene Werktag maßgeblich.

Meditation [lat. »Nachdenken«] *die,* eine in vielen Religionen und Kulturen praktizierte, durch entsprechende Übungen bewirkte oder angestrebte geistige Sammlung. Sie soll, von körperl. Entspannung und Haltung unterstützt, den Menschen zu seinem eigenen innersten Grund führen (↗Kontemplation). Im Hinduismus und Zen-Buddhismus (↗Zen) ist die M. (bes. mit der Technik des Yoga) der Weg zur Erleuchtung und Erlösung. Im W findet sich M. seit der Antike (Neuplatonismus) und wurde in der christl. Mystik als Weg zur Einheit mit dem personal gedachten Gott vertieft. Versch. M.-Formen sind im Rahmen des ↗New Age belebt worden und werden für Entspannungs- und Therapietechniken verwendet.

mediterran [lat.], den Mittelmeerraum betreffend.

Medium [lat. »Mitte«] *das* (Pl. Medien), **1)** *allg.:* Mittel, vermittelndes Element.
2) *Kommunikationswiss.:* ↗Medien
3) *Physik:* Träger physikal. oder chem. Vorgänge, insbesondere im Sinne der Vermittlung von Wirkungen (z. B. Luft als Träger von Schallwellen); häufig synonym mit »Stoff«, »Substanz« verwendet. Elektromagnet., Gravitations- und Materiewellen breiten sich ohne M. aus.
4) *Parapsychologie:* ein Mensch mit paranormalen Fähigkeiten (↗Okkultismus, ↗Parapsychologie, ↗Spiritismus).

Medizin [lat.] *die* (Heilkunde), Wiss. vom gesunden und kranken Funktionszustand des menschl., tier. und pflanzl. Organismus sowie von den Ursachen, Erscheinungsformen, der Vorbeugung und Heilung von Krankheiten des Menschen (**Human-M.**), der Tiere (↗Tiermedizin) und der Bekämpfung von Pflanzenkrankheiten (Phyto-M.). Die Gesamtheit der wiss. Forschungen und Tätigkeiten ist darauf gerichtet, die Gesundheit des Menschen zu fördern, also Krankheiten vorzubeugen, sie zu heilen, zu lindern, Rückfälle zu verhindern und die Folgen von Dauerschäden sowie Leistungsminderungen auf das geringste Maß herabzusetzen. Die Grundlagen der M. bilden die Naturwiss. (Biologie, Pharmakologie, Chemie, Physik). Grundpfeiler der M. sind Prophylaxe, Diagnostik und Therapie, Metaphylaxe und Rehabilitation. Die Vielfältigkeit der Krankheitserscheinungen und ihrer Behandlung sowie rasche Fortschritte der M. erfordern ihre Aufgliederung in eine immer größere Anzahl von Fachgebieten. Dazu gehören: innere M., Chirurgie, Kinderheilkunde, Gynäkologie und Geburtshilfe, Psychiatrie, Neurologie, Augenheilkunde, Hals-Nasen-Ohren-Heilkunde, Dermatologie, Tropen-M. u. a. sowie Rechts-M.; eine Sonderstellung nimmt die Zahn-M. ein. – Im 19. Jh. wurde die Entwicklung von neuen Operationsmethoden durch Narkose und Asepsis möglich, im 20. Jh. folgten die Gehirn-, Herz- und Lungenchirurgie. Wichtig für Heilerfolge bei bakteriellen Erkrankungen war die Einführung der Sulfonamide sowie die Entdeckung des Penicillins u. a. Antibiotika. Die medizin. Diagnostik wurde durch Ultraschall, Computer- und Kernspintomographie, szintigraph. Verfahren, Endoskopie, immunolog. und molekularbiolog. Methoden verfeinert. Trotz Kritik an der Gentechnik wird die Einführung molekulargenet. Behandlungsprinzipien möglicherweise das Gesicht der M. stark verändern.

medizinische Kohle (Aktivkohle, Carbo medicinalis), gereinigte Kohle mit hohem Absorptionsvermögen (1 g m. K. besitzt eine Oberfläche von 1 300 m^2); angewendet z. B. bei Darmstörungen und Vergiftungen.

Medizinmann, bei Naturvölkern der Zauberer und Geisterbeschwörer, der Krankheiten, die als Einwirkungen der Geisterwelt oder des bösen Zaubers gelten, zu heilen sucht, gilt auch als Wahrsager und Regenmacher. (↗Schamane)

Medjerda [frz. mɛdʒɛrˈda] (Oued M.), Hauptfluss Tunesiens, 450 km lang, entspringt in NO-Algerien im Tell-Atlas, mündet nördlich von Tunis ins Mittelmeer, Einzugsgebiet 35 000 km^2; Stauanlagen (mit Wasserkraftwerken) zur Trinkwasserversorgung und Bewässerung.

Medley [ˈmɛdlɪ, engl. »Gemisch«] *das,* Aneinanderreihung von Ausschnitten aus versch. Musikstücken.

Médoc [meˈdɔk], Landschaft in SW-Frankreich zw. Gironde und dem Golf von Biskaya; an der O-Seite werden ausgezeichnete ↗Bordeauxweine angebaut, W und Mitte sind forstwirtschaftlich genutzt (↗Landes); an der Atlantikküste Seebäder.

Medrese [aramäisch-arab.] *die* (Medresse, Madrasa), die traditionelle islam. Hochschule. Die Schwerpunkte der mit Internat eingerichteten M. lagen auf Theologie und Rechtswiss.; heute (im islam. Kulturraum) Bez. der allg. Schule (einschließlich Unterstufe der höheren Schule). Für die M. wurde eine eigene Bauform entwickelt: Um einen Hof liegen in zwei Geschossen die Zellen der Schüler und Lehrer, alle vier Hoffronten haben in der Mitte einen ↗Iwan. Zu den bedeutendsten M. zählen u. a. die am zentralen Registanplatz im usbek. Samarkand liegenden Schir-Dor-M. (1619–36), Ulug-Beg-M. (1417–20) und Tillja-Kari-M. (1646–60).

Medulla [lat.] *die, das* ↗Mark; **M. oblongata,** das verlängerte Mark (↗Gehirn); **M. spinalis,** das ↗Rückenmark.

Medullarrohr (Neuralrohr, Nervenrohr), embryonale Anlage des Zentralnervensystems bei Wirbeltieren und beim Menschen. Das M. entsteht aus einer plattenförmigen Verdickung des auch als Ektoderm bezeichneten äußeren Keimblattes (**Medullar-** oder **Neuralplatte**), die längs ihrer Mittellinie eine Rinne (**Medullar-** oder **Neuralrinne**) bildet und sich über diese durch Zusammenwachsen der Seitenränder (**Medullar-** oder **Neuralwülste**) zum Rohr einrollt. Der Hohlraum (Lumen) des M. bleibt bei ausgewachsenen Organismen als Zentralkanal des Rückenmarks, im Gehirn als Hirnventrikelsystem erhalten.

Medusa, *grch. Mythos:* eine der Gorgonen (↗Gorgo), deren Kopf, das **Medusenhaupt,** den Betrachter versteinerte.

Meduse [nach Medusa] *die,* Hohltier, ↗Qualle.

Medwedjew, 1) Roy Alexandrowitsch, russ. Pädagoge und Historiker, *Tiflis 14. 11. 1925, Zwillingsbruder von 2); begann in den 60er-Jahren, die Geschichte des Stalinismus aufzuarbeiten, wurde daraufhin 1969 aus der KPdSU ausgeschlossen. Nach der Zwangseinweisung seines Bruders in eine psychiatr. Klinik (1970) startete er eine Kampagne gegen den Missbrauch der Psychiatrie zu polit. Zwecken. Ab 1972 freier Publizist, verfasste er v. a. (bis in die 2. Hälfte der 80er-Jahre nur im Ausland publizierte) biograf. Studien über Persönlichkeiten der sowjet. Zeitgeschichte. Nach Annullierung (1989) seines Parteiausschlusses war er 1990–91 Mitgl. des ZK der KPdSU; 1991 schloss er sich der »Sozialist. Partei der Werktätigen« an.

2) Schores Alexandrowitsch, russ. Biologe und Publizist, *Tiflis 14.11.1925, Zwillingsbruder von 1); 1963–70 Direktor des Molekular-Radiobiol. Laboratoriums in Obninsk; beschrieb in seinem Buch »Der Fall Lyssenko« (1969) die diktator. Methoden stalinist. Wiss.lenkung; 1970 aufgrund seiner systemkrit. Haltung Zwangseinweisung in eine psychiatr. Klinik, erst nach öffentl. Protesten wieder freigelassen. Nach seiner Ausreise nach London (1973) wurde ihm die sowjet. Staatsbürgerschaft aberkannt (1990 aufgehoben).

Meer, die zusammenhängende Wassermasse der Erdoberfläche. Das **Welt-M.** bedeckt rd. 71% der Erdoberfläche, wovon der größte Teil auf der S-Halbkugel liegt. 31,7% des M. sind 4000–5000 m tief (↗hypsographische Kurve). Die Kontinente gliedern das M. in den Atlant., Ind. und Pazif. Ozean. Durch Inselketten sowie untermeerische Rücken und Schwellen werden einzelne M.-Gebiete von den Ozeanen abgetrennt und dadurch zu **Neben-M.** gemacht. Man unterscheidet **Rand-M.** am Rande eines Kontinents (z.B. Nordsee), **interkontinentale Mittel-M.,** die von mehreren Kontinenten eingeschlossen sind (z.B. Europ. Mittel-M.), sowie **intrakontinentale Mittel-M.,** die in einen Kontinent eingebettet sind (z.B. Ostsee).

Der ↗Meeresboden ist in versch. Großformen gegliedert und mit charakterist. ↗Meeresablagerungen bedeckt. Über die chem. Zusammensetzung des Wassers ↗Meerwasser, ↗Meereis, ferner ↗Meeresströmungen und ↗Meereswellen.

Die marine Nahrungskette beginnt mit der pflanzl. Produktion organ. Substanz durch das Phytoplankton und führt dann weiter über das Zooplankton, die Planktonfresser (z.B. Weichtiere, Hering) und die Weichtiere fressenden Fische (z.B. Schellfisch, Scholle) zu den Raubfischen (z.B. Kabeljau) und Warmblütern (z.B. Wale). Die übrig bleibenden organ. Reste werden teilweise von Bakterien (Saprophyten) wieder zu im Wasser gelöster Kohlensäure sowie anorgan. Salzen abgebaut (Remineralisierung). Das M. als Lebensraum wird wie folgt unterteilt: die Küstenregion bis 200 m Tiefe (Litoral und Sublitoral), die lichtlose Tiefsee (Bathyal, bis 4000 m; Abyssal, bis 5000 m; Hadal, tiefer als 5000 m), die Region des freien Wassers (Pelagial) und die Bodenregion (Benthal). Besondere Bedeutung bei der Nutzung des M. hat die Fischwirtschaft. Hinzu kommen die Verwertung von Meeresalgen, die Gewinnung von Salzen, Süßwasser, mineral. Rohstoffen aus dem Meerwasser und vom Meeresboden (↗Meeresbergbau) sowie die Energieerzeugung. Ferner wird das M. als Verkehrsträger genutzt (Schifffahrt).

Das Problem der **M.-Verschmutzung,** d.h. die Einleitung von Stoffen und Abwärme in die marine Umwelt durch den Menschen, hat in den letzten Jahren erheblich an Bedeutung gewonnen. Als Quellen für die Verschmutzung kommen infrage: über Flüsse eingeleitete Schadstoffe (Ind.abfälle, -abwässer, Schwermetalle, eutrophierende Stoffe), Abfälle der Schifffahrt, Tankerunfälle (↗Ölpest), Versenken (»Verklappen«) von Abfallstoffen (z.B. Dünnsäure) durch Schiffe auf hoher See, Verunreinigungen bei der Erdölgewinnung.

Aus dem steigenden Anteil der Schwermetalle (v.a. Cadmium, Quecksilber und Blei) und der Schädlingsbekämpfungsmittel (Pestizide) ergeben sich besondere Gefahren für den Menschen, weil diese Stoffe sich in den Nahrungsketten anreichern. Einem Abkommen zum Schutz der M. gegen jede Verschmutzung durch Abwässer oder Abfälle (in Kraft seit 1976) traten zahlr. Ind.staaten bei; eine nennenswerte Verringerung der M.-Verschmutzung wurde aber noch nicht erreicht.

M. und M.-Grund sind für das Völkerrecht keine Einheit. Die Territorialgewässer gehören einschl. des M.-Grundes zum Staatsgebiet des Uferstaates. Die übrigen Teile des M. stehen allen Staaten nach überkommenen Seerecht als »hohe See« offen. Allerdings sind Nutzung und Ausbeutung des M.-Bodens der Tiefsee außerhalb des Festlandsockels umstritten. Für den Festlandsockel (↗Schelf) gelten besondere Abmachungen.

Meer, Simon van der, niederländ. Ingenieur, *Den Haag 24.11.1925; ab 1956 Mitarbeiter am CERN, bedeutende Arbeiten zur Weiterentwicklung von Teilchenbeschleunigern; erhielt 1984 mit C. Rubbia den Nobelpreis für Physik für den Nachweis der intermediären Bosonen (↗Eichbosonen) als Vermittler der schwachen Wechselwirkung.

Simon van der Meer

Meer|aale (Congridae), Familie der Aalartigen Fische; Meeresbewohner. Der **Meeraal (Seeaal,** Conger conger) ist ein Raubfisch; er wird 3 m lang und bis 60 kg schwer.

Meerane, Stadt im Landkreis Chemnitzer Land, Sachsen, im Erzgebirgsvorland, 19 200 Ew.; Dampfkesselbau, Autozubehör-, Textilind., Obstlikörherstellung. – Stadtkirche St. Martin mit roman. Chorturm (Ende 12.Jh., bis ins 19.Jh. mehrmals verändert). Flächendenkmal »Steile Wand« (340 m lange Straße mit 12% Steigung, bekannt durch die Friedensfahrt). – Im Anschluss an eine seit 1174 bezeugte Burg entstand im 12.Jh. eine stadtähnl. Siedlung.

Meer|äschen (Mugilidae), Familie barschähnl. Meeresfische in trop. und gemäßigten Meeren, z.B. die **Großkopf-M.** (Mugil cephalus), die **Dünnlippige M.** (Mugil capito) und die **Dicklippige M.** (Mugil chelo); geschätzte Speisefische.

Meer|augspitze (poln. und slowak. Rysy), Berg der Hohen Tatra und höchster Berg Polens, 2499 m ü.M.; aus Granit aufgebaut.

Meerbarben (Mullidae), Familie der Fische in gemäßigten und trop. Meeren, so die **Rote M.** (Mullus barbatulus) und die **Streifenbarbe** (Mullus surmuletus); geschätzte Speisefische.

Meerbohne (Entada gigas), trop. Kletterstrauch der Hülsenfrüchtler mit bis 1,2 m langen Fruchthülsen und braunen, bis etwa 5 cm großen Samen.

Meerbrassen (Sparidae), Familie bis 1,2 m langer Fische in trop. Meeren, auch im Mittelmeer, u.a. der Speisefisch **Goldbrasse (Echte Dorade,** Sparus auratus).

Meerbusch, Stadt im Kr. Neuss, NRW, 55 000 Ew.; Edelstahlwerk, Maschinenbau, Fliesenherstellung; Gemüseanbau. – 1970 durch Zusammenschluss von Büderich u.a. Gemeinden gebildet.

Meerbusen, ↗Golf.

Meerdattel (Steindattel, Lithophaga lithophaga), bis 5 cm lange Miesmuschel mit brauner röhrenförmiger Schale; lebt in Löchern, die sie mithilfe der von ihr aus Säuredrüsen abgesonderten Säure im Kalkgestein bildet.

Meer|echse (Amblyrhynchus cristatus), etwa 1,5 m langer Leguan der Galápagosinseln; schwarzgrau, z.T. mit ziegelroter Zeichnung; ernährt sich von Meeresalgen.

Meer|eis, durch Gefrieren von Meerwasser (bei Temperaturen meist unter −1,8°C) entstehendes Eis, mit Anteil von Niederschlägen, die auf das M. fallen. Mit zunehmendem Alter nimmt der Salzgehalt ab (bis unter 0,3%).

Meer|enge (Meeresstraße, Sund), Wasserweg zw. zwei Meeren oder Meeresteilen, entstanden durch

Senkung einer Landschaft (Belte der Ostsee), Grabenbruch (Straße von Gibraltar) oder Überflutung von Flusstälern (Bosporus, Dardanellen).
– *Völkerrecht:* Ob eine M. zur hohen See oder zu den Küstengewässern zu rechnen ist, richtet sich danach, ob die sich gegenüberliegenden Küsten nicht weiter als die doppelte Breite des Küstenmeeres (↗Küstengewässer) voneinander entfernt sind.

Meer|engenabkommen, der am 20. 7. 1936 in Montreux zw. Großbritannien, Frankreich, Japan, der UdSSR, der Türkei, Bulgarien, Rumänien, Griechenland und Jugoslawien abgeschlossene Vertrag (1938 Beitritt Italiens) über die Durchfahrtsrechte durch Bosporus und Dardanellen. Er übertrug alle Hoheitsrechte auf die Türkei, die die Meerengen im Kriegsfall sperren kann.

Meeres|ablagerungen (marine Sedimente), die Ablagerungen auf dem Meeresboden. **Lithogene M.** (ca. 70 % des Sedimentvolumens) entstammen der Verwitterung von Gesteinen oder sind vulkan. Aschen; sie treten hauptsächlich in der Küstenregion auf (litorale M.); ein Teil von ihnen wird von Meeresströmungen in landferne Gebiete der Ozeane transportiert und bildet dort einen Hauptbestandteil des ↗roten Tiefseetons. **Biogene M.** entstammen Überresten der abgestorbenen tier. und pflanzl. Kleinlebewesen. Sie bestehen überwiegend aus Calciumcarbonat (↗Globigerinenschlamm) oder aus Kieselsäure (↗Diatomeenschlamm und Radiolarienschlamm, ↗Radiolarien); biogene M. sind v. a. in der Tiefsee vertreten (pelagische M.). Im trop. Flachseebereich sind die Korallenbauten verbreitet. **Hydrogene M.** sind mineral. Neubildungen, die bei Übersättigung des Meerwassers an gelösten Stoffen entstehen können. Die geograph. Verteilung der M. hängt von ihrer Herkunft, Korngrößenverteilung, chem. Zusammensetzung und Zuwachsrate ab. Es werden litorale, pelag. und eine Mischform, die hemipelag. M., unterschieden. Die litoralen M. sind vorwiegend festländ. Herkunft, in den Tropen auch Korallenkalk; sie überwiegen in den küstennahen Schelfablagerungen. Litorale Sedimente nehmen 7,5 %, die pelag. (Tiefseeablagerungen) 81,7 % und die hemipelag. Sedimente 10,8 % des gesamten Meeresbodens ein.

Meeresbergbau (Tiefseebergbau, mariner Erzbergbau), Teilbereich der Meerestechnik, der den Abbau der auf dem Meeresboden lagernden Erzvorkommen (v. a. Manganknollen), der kupfer- und zinkhaltigen Erzschlämme sowie der massiven Metallsulfide umfasst. Voraussetzung für den M. ist die Erkundung (Prospektion) mariner Lagerstätten mittels geophysikal. und meeresgeol. Methoden, ferner besondere Formen der Probennahme sowie spezielle Förder-, Aufbereitungs- und Aufschlussmethoden. Am weitesten fortgeschritten sind die Verfahren zur Gewinnung von Manganknollen und Erzschlämmen. – Der weitere Ausbau des M. ist abhängig von der Entwicklung der Metallpreise, aber auch von der 1994 in Kraft getretenen Seerechtskonvention von 1982 (↗Seerecht). Diese betrachtet den Meeresboden und seine Ressourcen als »gemeinsames Erbe der Menschheit« und regelt entsprechend alle Tätigkeiten zur Erforschung und Ausbeutung der Ressourcen. Zur Überwachung dieser Tätigkeiten ist eine Internat. Meeresbodenbehörde eingerichtet worden, bei der alle Vertragsstaaten der Seerechtskonvention Mitgl. sind.

Meeresbiologie, Teilgebiet der Hydrobiologie, das sich mit Leben, Verhalten, Verbreitung und Physiologie meeresbewohnender Tiere (Meereszoologie), Pflanzen (Meeresbotanik) und Mikroorganismen (Meeresmikrobiologie) und deren Beziehungen untereinander befasst.

Meeresboden, der von Meerwasser bedeckte Teil der Erdoberfläche, dessen Relief in charakterist. topograph. Großformen gegliedert ist: die bis zu 200 m tiefen Schelfe, die auf 2 000 m abfallenden Kontinentalabfälle, die Fußregionen und die bis über 6 000 m tiefen Tiefseegräben. Der **Mittelozean. Rücken** bildet ein 60 000 km langes zusammenhängendes zentralozean. Gebirgssystem. Die **Tiefseebecken** sind in Tiefseehügel, ausgedehnte Tiefseeebenen sowie untermeer. Kuppen gegliedert. Nach der Tiefe werden unterschieden die **Flachsee** bis etwa 200 m Tiefe (rd. 7,6 % der Gesamtozeanfläche), der **Kontinentalabhang** bis rd. 3 000 m Tiefe (rd. 15,3 %), die **Tiefseetafel** bis 6 000 m Tiefe (7,5 %) und die **Tiefseegräben** oder -rinnen über 6 000 m Tiefe (rd. 1,2 %).

Meereshöhe, Bezugsebene zur Angabe der Höhe eines Ortes über ↗Normalnull.

Meereskunde (Meeresforschung, Ozeanologie, Ozeanographie), die Wiss. vom Meer. Sie beschäftigt sich mit den Eigenschaften des Meerwassers, dem Wasser-, Stoff- und Wärmehaushalt und den Bewegungsvorgängen des Meeres sowie mit den im Meer lebenden pflanzl. und tier. Organismen. Ferner untersucht die M. die Wechselwirkungen zw. dem Meer und seiner Umgebung, d. h. der Atmosphäre und dem Meeresboden. Mitunter wird der Begriff »Ozeanographie« auf den physikalisch-chem. Teil der M. beschränkt und der biolog. Bereich ↗Meeresbiologie genannt.

Meeresleuchten, nächtl. Leuchterscheinung der Oberfläche bes. trop. Meere, bedingt durch die Biolumineszenz von Ein- bzw. Mehrzellern mit symbiont. Leuchtbakterien.

Meeresströmungen, hauptsächlich horizontale Wasserbewegung im Weltmeer. Ursache sind die Schubkraft des Windes und innere Druckkräfte im Meer, die durch unterschiedl. Dichte des Meerwassers und Neigung des Meeresspiegels entstehen. Unterschieden werden Oberflächen- und Tiefenströmungen. Zu **Oberflächenströmungen** gehören westwärts gerichtete Äquatorialströmungen in niederen Breiten, polwärts gerichtete Strömungen vor den O-Küsten von Kontinenten, ostwärts gerichtete Strömungen in mittleren Breiten u. a. Die **Tiefenströmungen** sind bisher nur unvollständig untersucht, hier erfolgt ein Austausch zw. trop. und polaren Gebieten.

Meeresströmungskraftwerk, neu entwickelter Kraftwerkstyp, der im Unterschied zu einem Gezeitenkraftwerk nicht den Tidenhub, sondern die durch die Gezeiten verursachten, relativ gut prognostizierbaren Meeresströmungen (auch Flussströmungen) nutzt. Im Ggs. zu Gezeitenkraftwerken sind keine aufwendigen und teuren Stauanlagen notwendig. Somit ist die Umweltbeeinflussung (Biotope, Verlandung) bei M. geringer. Im Juni 2003 ging das weltweit erste Kraftwerk dieser Art, eine 350-kW-Pilotanlage, vor der brit. Küste im Bristolkanal bei Devon in Betrieb.

Meerestechnik, Sammelbez. für die Anwendung techn. Geräte und Verfahren zur Nutzung des Meeres, seiner Vorräte an Energie, Nahrungsmitteln, bes. zur Suche und Gewinnung von Rohstoffen (↗Meeresbergbau; ↗Offshoretechnik).

Meeresverschmutzung, ↗Meer.

Meereswellen, period. Bewegungen im Meer mit unterschiedl. Ursachen. Einteilung u. a.: a) nach rücktreibenden Kräften: Oberflächenspannung des Meeres (Kapillarwellen), Schwerkraft (Schwerewellen), Coriolis-Kraft (Trägheitswellen) u. a.; b) nach

Meerkohl:
Weißer Meerkohl

Meerrettich
(oberer Teil der Sprossachse)

erzeugenden Kräften (Gezeiten, Luftdruck- und Windschwankungen, Seebeben, Wellenwiderstand von Bodenunebenheiten); c) nach anderen Gesichtspunkten (u. a. kurze M., lange M., Oberflächenwellen, interne Meereswellen).

Meergänse (Branta), Gattung der Gänse mit kurzem, schwarzem Schnabel, die häufig, aber nicht immer in Küstennähe brüten; u. a. **Ringel-, Nonnen-, Rothals-** und **Kanadagans.**

Meergrundeln (Grundeln, Gobiidae), Familie der Barschartigen Fische, besitzen auf der Brust einen trichterförmigen Saugnapf, der aus den verwachsenen Bauchflossen besteht. Die M. bewohnen als Bodenfische meist die Küstengebiete der Meere und sind weltweit verbreitet.

Meerjungfrau, ↗ Meerweib.

Meerkatzen (Cercopithecus), Gattung schlanker, langschwänziger afrikan. Affen mit Backentaschen und Gesäßschwielen; gesellig lebend, gewandte Baumkletterer, Pflanzenfresser. Die **Blaumaul-M.**, **Schnurrbart-M.** (Cercopithecus cephus) mit blauer Oberlippe und gelbem Backenbart und die **Grüne M.** (Cercopithecus aethiops) mit dunklem Gesicht und hellem Backenbart sind Wald- und Baumsavannenbewohner.

Meerkohl (Crambe), Gattung der Kreuzblütler mit etwa 20 Arten in Eurasien, Makronesien und den Bergen des trop. Afrika. Am Atlantik und an der Ostsee wächst der bis 75 cm hohe **Weiße M.** (Crambe maritima); mit dicken Stängeln, fleischigen Blättern und weißen Blüten in großer Rispe.

Meermond, der ↗ Sonnenfisch.

Meerrettich (bair.-österr. Kren, Armoracia rusticana), Staude aus der Familie der Kreuzblütler, 40–125 cm hoch, mit breiten, glänzenden Blättern und weißen Blüten in lockerer Traubenrispe. Die fleischigen Wurzeln enthalten scharf schmeckende Senföle und werden daher zum Würzen verwendet.

Meersalat (Ulva lactuca), in Meeren verbreitete, essbare Grünalge mit blattartigem Thallus.

Meersau (Meereber, Scorpaena scrofa), Fischart der Familie Drachenköpfe, im Mittelmeer, mit stacheligen Flossen und Giftdrüsen.

Meersburg, Stadt im Bodenseekreis, Bad.-Württ., am N-Ufer des Bodensees, an steil abfallendem Hang, 5 400 Ew.; Zeitungs-, Weinbaumuseum; Weinbau; Fremdenverkehr; Bodenseehafen mit Fährverkehr nach Konstanz. – Altes Schloss (12. Jh., Umbau 1520–26; Museum; Dagobertsturm 12. Jh.); barockes Neues Schloss (1712 begonnen, 1740/41 nach Plänen von B. Neumann ausgebaut, Umbau 1759–62); oberhalb in den Weinbergen das »Fürstenhäusle« (um 1640) mit Annette-von-Droste-Hülshoff-Museum. – 1299 Stadtrecht; 1526–1803 Sitz der Bischöfe von Konstanz; fiel 1803 an Baden.

Meerschaum (Sepiolith), kryptokristallines rhomb. Mineral, $Mg_4[(OH)_2|Si_6O_{15}] \cdot nH_2O$ (n zw. 2 und 6), in feinerdigen, derben oder knolligen, porösen

Meersburg: Blick auf die Stadt vom Bodensee aus, in der Bildmitte das Alte Schloss (12. Jh., umgebaut 1520–26) mit dem Dagobertsturm (12. Jh.), im Hintergrund das Neue Schloss (18. Jh.)

und deshalb leichten, auf Wasser schwimmenden, weißen bis rötl. Massen, Verwitterungsprodukt von Serpentin. – M. wird zu Schmuck und bes. zu Pfeifenköpfen verarbeitet.

Meerschwein, ↗ Schweinswale.

Meerschweinchen (Cavia aperea), bis 30 cm langes, südamerikan. Nagetier, das gesellig in Grassteppen lebt; Schlaf- und Ruheplätze in Erdbauten oder anderen Verstecken; Stammform des etwa 25 cm langen **Haus-M.** (Cavia aperea porcellus), dessen Fell in Struktur und Färbung stark variieren kann. Haus-M. gebären nach einer Tragezeit von 60–70 Tagen mehrmals im Jahr ein bis vier voll entwickelte Junge, die schon nach 65–74 Tagen geschlechtsreif sind und ein Alter von acht Jahren erreichen können.

Meersenf (Cakile), Gattung der Kreuzblütler mit sieben Arten an den Küsten Europas, des Mittelmeerraumes, Australiens und Nordamerikas. In Europa findet man nur die bis 30 cm hohe, Salz liebende Art **Cakile maritima** mit fleischigen Blättern, lila- bis rosafarbenen Blüten und zweigliedrigen Schoten mit schwammig-korkiger Wand (Schwimmfrüchte).

Meerssen ['me:rsə] (dt. Mersen), Gemeinde in der niederländ. Prov. Limburg, 20 500 Ew.; Papier-, Bekleidungsind. – In der karoling. Pfalz Mersen wurde am 8. oder 9. 8. 870 der **Vertrag von M.** zw. Ludwig (dem Deutschen) und Karl dem Kahlen über die Teilung des Reichs ihres Neffen Lothar II. geschlossen (↗ Fränkisches Reich).

Meerträubel (Ephedra), Gattung der M.-Gewächse, Nacktsamer; Sträucher und Halbsträucher trocken-warmer Gebiete, mit rutenförmigen, gliederten Zweigen, zipfel- bis schuppenförmigen Blättchen und wacholderähnl., getrenntgeschlechtigen Blütenständen. Die meisten Arten enthalten ↗ Ephedrin.

Meerut ['miərət] (Mirath), Stadt in Uttar Pradesh, Indien, nordöstlich von Delhi; 752 100 Ew.; Univ.; Nahrungsmittel-, Textil-, chem. Ind. – Fundort einer heute in Delhi befindl. Säule des Mauryakaisers Aschoka (3. Jh. v. Chr.).

Meerwasser, das im Meer vorhandene Wasser, Volumen etwa 1 350 Mio. km³; unterscheidet sich vom Süßwasser des Binnenlands v. a. durch seinen Salzgehalt (Ozeane etwa 35‰, örtlich starke Abweichungen). An Flussmündungen bildet sich durch Mischung von Süß- und Salzwasser **Brackwasser.**

Meerschweinchen: Hausmeerschweinchen (Jungtier)

Meersenf: Cakile maritima

Das M. enthält neben reinem Wasser Salze, gelöste Gase, organ. Stoffe und ungelöste suspendierte Partikel. Bei Verdunstung des Wassers bleibt **Meersalz** (Hauptbestandteile: Natriumchlorid, Magnesiumchlorid, Magnesiumsulfat, Calciumsulfat, Kaliumsulfat) zurück. Einschließlich Wasserstoff und Sauerstoff besteht das M. aus den Hauptkomponenten Chlor, Natrium, Magnesium, Schwefel, Calcium, Kalium, Brom, Kohlenstoff, Strontium, Bor, Fluor. Während die Konzentration der Hauptkomponenten nahezu konstant ist, unterliegen die der Nebenkomponenten, die als Spurenstoffe weniger als 0,02‰ des Gesamtsalzgehalts ausmachen, z.T. bedeutenden Veränderungen. – Die physikal. Eigenschaften hängen in verschieden starkem Maß von den Zustandsgrößen Temperatur, Salzgehalt und Druck ab. Die Dichte spielt eine grundlegende Rolle bei vielen Prozessen im Meer und ist damit einer der wichtigsten Grundwerte in der / Meereskunde. Sie liegt je nach Druck, Temperatur und Salzgehalt zw. 990 und 1070 kg/m^3.

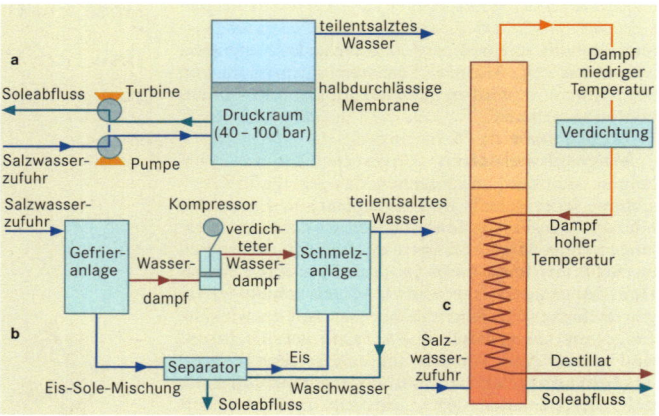

Meerwasserentsalzung: Fließschema verschiedener Verfahren; a Hyperfiltrationsanlage, b Gefrieranlage, c Kompressionsverdampferanlage

Meerwasser|entsalzung, Verfahren zur Gewinnung von Trink- und Betriebswasser aus Meerwasser. Therm. Verfahren arbeiten nach dem Prinzip der Verdampfung, wobei das Hauptproblem die weit gehende Rückgewinnung der Verdampfungsenergie ist. Das bedeutendste Verfahren ist die **Kompressionsverdampfung** (**MSF-Verdampfung**, von engl. Multi stage flash evaporation). Die Verdampfung erfolgt in bis zu 30 hintereinander angeordneten Kammern. Das auf 90–130°C erhitzte Meerwasser tritt in die erste Kammer ein, wo ein Teil des Wassers unter Abkühlung der Sole verdampft. Von Kammer zu Kammer wird der Druck mithilfe eines Vakuumsystems und damit die Siedetemperatur reduziert. Dadurch kann in jeder Kammer weiteres Wasser verdampfen. Die auf etwa 30°C abgekühlte Sole fließt ins Meer zurück. Zur Kondensation des Dampfes wird frisches Meerwasser verwendet, das dabei gleichzeitig vorgewärmt wird. Bei der **Gefrierentsalzung** wird vorgekühltes, gereinigtes Meerwasser in eine Vakuumkammer eingespritzt. Durch die Verdampfung eines Teils des Wassers kühlt sich die Sole ab, wobei salzfreies Eis auskristallisiert, das von der Sole abgetrennt wird. Unter den / Membranverfahren haben die **Hyperfiltration** (die Membran hält Salzionen und kleine Moleküle, Teilchendurchmesser 0,1 bis 2 nm, weitgehend zurück; die Trennwirkung lässt sich durch unterschiedl. Löslichkeit von Wasser und gelösten Ionen im Membranmaterial erklären) und die Elektrodialyse wirtsch. Bedeutung. Während die Kosten bei therm. Verfahren unabhängig vom Salzgehalt sind, steigen sie bei den Membranverfahren mit zunehmendem Salzgehalt an. Die Elektrodialyse ist daher nur bei niedrigem Salzgehalt (Brackwasser) wirtschaftlich.

Meerweib (Meerjungfrau, Seejungfer), Fabelwesen, halb Frau, halb Fisch (/ Melusine).

Meerzwiebel (Urginea maritima), weiß blühendes Liliengewächs des Mittelmeergebietes mit faustbis kopfgroßer, roter oder weißer, giftiger Zwiebel, die herzwirksame Glykoside enthält.

Mega, Vorsatzzeichen **M,** Vorsatz vor Einheiten für den Faktor 10^6 = 1 000 000 (Million); z.B. 1 Megahertz = 1 MHz = 10^6 Hz; in der Informatik Vorsatz für Bit oder Byte mit der Bedeutung 2^{20} = 1 048 576.

mega... (megalo...) [grch.], groß...

Megaira, grch. Mythos: eine der / Erinnyen; als **Megäre** im allg. Sprachgebrauch eine vor Wut rasende Frau.

Megalithe [grch.], große, zu vorgeschichtl. Kultanlagen und Bauten verwendete Steinblöcke (/ Megalithgräber, / Menhir, / Kromlech).

Megalithgräber [zu grch. líthos »Stein«] (Großsteingräber, Hünengräber), aus großen Steinblöcken errichtete, urspr. mit einem Erdhügel überdeckte vorgeschichtl. Grabbauten. Hauptformen sind der / Dolmen und das / Ganggrab, die in den Boden eingetiefte Galérie couverte (»Galeriegrab«; langer, abgedeckter, steinerner Gang) und das mit dieser nahe verwandte Steinkistengrab (oft mit Balkendecke). Auch die westeurop. Kuppelgräber sind Megalithgräber.

Megalithkulturen, Sammelbez. für europ. Kulturgruppen des ausgehenden 5., v.a. aber des 4. und 3. Jt. v. Chr., gekennzeichnet durch Bauten aus großen Steinblöcken (Megalithe; z.B. Tempelanlage von Mnaidra auf Malta), wie Steinreihen (z.B. bei Carnac), Steinkreise (Kromlechs), Steinsäulen (Menhire) und v.a. Megalithgräber. I. w. S. werden auch versch. archäolog. und ethnolog. Kulturen außerhalb Europas als M. bezeichnet. Bedeutende M. befinden sich auf der Iber. Halbinsel, den Brit. Inseln, im nördl. Mitteleuropa und in S-Skandinavien (Trichterbecherkultur) sowie in Frankreich. – M. folgen in ihren jeweiligen Verbreitungsgebieten auf mittelsteinzeitl. (so auf den Brit. Inseln und im nördl. Europa) oder frühneolith. Kulturen. Die Theorie, dass sich die Megalithbauweise von der Iber. Halbinsel aus, wo sie be-

Megalithkulturen: eine der Toranlagen des Tempelkomplexes von Mnajdra auf Malta (4./3. Jt. v. Chr.)

reits für das 4. Jt. v. Chr. nachweisbar ist, allmählich über W-Europa bis zu den Brit. Inseln, N-Dtl. und S-Skandinavien ausgebreitet haben soll, wird heute angezweifelt, da einige der ältesten Megalithgräber in der Bretagne und die ältesten megalith. Bauten auf den Brit. Inseln mithilfe der Radiokarbonmethode auf 4500 v. Chr. oder 4000 v. Chr. datiert werden konnten. – M. finden sich auch in Afrika, Asien, Amerika und Ozeanien. Diese sind i. d. R. jünger als die europäischen.

Megalopolis [grch. »große Stadt«], **1)** [-ˈloːpɔlɪs], Ort auf der Peloponnes, Griechenland, 4 600 Ew.; Abbau großer Braunkohlenvorkommen, Wärmekraftwerk. – Z. T. gut erhaltene Reste der 8 km langen Ummauerung des großen Stadtgebiets der antiken Stadt, innerhalb Reste eines Theaters (für 20 000 Zuschauer) mit an die Orchestra anschließendem Sitzungsgebäude der Arkader, dem monumentalen »Thersileion« (nach seinem Erbauer Thersilos), dessen nahezu quadrat. Saal (66 × 52 m) von 67 Säulen gestützt war und 10 000 Personen fasste. – Das antike M., 1,5 km nördlich der heutigen Stadt, wurde nach der Niederlage Spartas (371 v. Chr.) als Hauptstadt Arkadiens gegründet.
2) [megəˈlɔpəlis], Bez. für die fast 1 000 km lange Verstädterungszone an der NO-Küste der USA zw. Boston und Washington.

Megalozyten [zu grch. kýtos »Höhlung«], abnorm große rote Blutkörperchen; Vorkommen z. B. bei Folsäuremangel oder auch bei Zytostatikabehandlung.

Megaphon [zu grch. mégas »groß« und phōné »Stimme«] *das,* das ↗ Sprachrohr.

Megara, Stadt in Mittelgriechenland, 20 400 Ew. – Im Altertum Hauptort der von Dorern bewohnten Landschaft **Megaris,** bis ins 6. Jh. v. Chr. eine der bedeutendsten Städte Griechenlands, von der zahlr. Koloniegründungen ausgingen.

Megäre *die,* ↗ Megaira.

megarische Schule, von ↗ Euklid von Megara gegründete sokrat. Philosophenschule.

Megaron [grch. »Halle«] *das,* Gebäude- oder Raumtyp im ägäischen Raum (z. B. Palast von Tiryns, Nestorpalast bei Pylos), ein rechteckiger Saal mit Eingang und offener Vorhalle an einer Schmalseite. In seiner Mitte befand sich der Herd, an der O-Wand stand der Thron. Die Decke wurde von vier Holzsäulen getragen. Das M. entwickelte sich in der Jungsteinzeit.

Megatonne, Einheitenzeichen **Mt,** das Millionenfache der Masseneinheit Tonne.

Megavolttherapie, die ↗ Hochvolttherapie.

Megawatt, Einheitenzeichen **MW,** das Millionenfache der Leistungseinheit ↗ Watt.

MEGA-Zertifikat, Optionsschein mit garantierter Mindestverzinsung. Die Abk. steht für **m**arktabhängiger **E**rtrag mit **G**arantie des **A**nlagebetrages. Ein Totalverlust des eingesetzten Kapitals ist ausgeschlossen, in Abhängigkeit von der Kursentwicklung des zugrunde gelegten Basiswertes (i. d. R. ein Aktienindex) kann aber auch ein höherer Ertrag erzielt werden.

Megève [məˈʒɛːv], Fremdenverkehrsort im Dép. Haute-Savoie, Frankreich, 1 113 m ü. M., in der Nähe des Montblanc, 4 900 Ew.; Seilbahnen.

Megged (Meged), Aharon, hebr. Schriftsteller, * Włocławek (Polen) 8. 8. 1920; seit 1926 in Palästina; setzt sich in seinen Erzählungen, Romanen und Stücken kritisch mit dem Kibbuzleben und allgemein mit der israel. Gesellschaft auseinander (»Hedwa und ich«, R., 1953; »Reise im Ab«, Erz., 1980; »Das fliegende Kamel mit dem goldenen Höcker«, R., 1986; »Fojglman«, R., 1987).

Meghalaya [meɪˈɡɑːləjə], Bundesstaat im NO Indiens, an der Grenze zu Bangladesh, Hptst.: Shillong; überwiegend Gebirgsland; Anbau von Reis, Jute, Kartoffeln, Obst; bis 1970 zu Assam.

Megiddo (in der Vulgata Mageddo), Stadt im alten Palästina, im SW der Ebene Jesreel; von strateg. Bedeutung. 1468 v. Chr. von Thutmosis III. erobert; 733 assyrisch; 609 v. Chr. fand König Josia von Juda bei M. im Kampf mit den Ägyptern den Tod (2. Kön. 23, 29). Zahlr. Ausgrabungen erbrachten reiche archäolog. Funde aus dem Chalkolithikum (4. Jt. v. Chr.), der frühen Bronzezeit und nachfolgenden Epochen; u. a. Elfenbeinschnitzereien (2. Hälfte des 2. Jt. v. Chr.), Palast und Zitadelle aus der Zeit König Salomos sowie die »Pferdeställe« aus der Zeit König Ahabs.

Megillot [hebr. »Buchrollen«] *die,* (Sg. Megilla), Bez. der in der hebr. Bibel zu einer Gruppe zusammengefassten fünf Bücher Hohes Lied, Ruth, Klagelieder Jeremias, Prediger Salomo und Esther, die im jüd. Gottesdienst als **Festrollen** an bestimmten Festtagen gelesen werden: an Passah (Hohes Lied), am Wochenfest (Ruth), am 9. Aw, dem Gedenktag der Zerstörung des Tempels (Klagelieder Jeremias), am Laubhüttenfest (Prediger Salomo) und am Purimfest (Esther). Das Buch Esther gilt in der jüd. Tradition als *die* Megilla schlechthin.

Megrez [-rɛs, arab.], der Stern δ im Sternbild Großer Bär (↗ Bär), Stern 3. Größe.

Mehdorn, Hartmut, Industriemanager, * Berlin 31. 7. 1942; u. a. 1998/99 Vorstandsvors. der RWE AG, seitdem Vorstandsvors. der Dt. Bahn AG.

Mehl, i. w. S. Bez. für pulverförmige bis feinkörnige Produkte, die durch Zerkleinern (Mahlen) aus festen Materialien hergestellt werden (Gesteins-, Ziegel-, Holz-, auch Erbsen-, Bohnen-, Senf-M. usw.); i. e. S. Bez. für die Produkte, die man durch Mahlen von Getreide erhält und die zur Herstellung von Brot, Back- und Teigwaren verwendet werden. Zur Kennzeichnung der einzelnen M.-Typen zieht man heute v. a. den Mineralstoff-(Asche-)Gehalt heran. Die M.-Type gibt den Anteil der Mineralstoffe in mg pro 100 g M.-Trockensubstanz an. So hinterlässt z. B. Weizen-M. Type 405 beim Verbrennen von 100 g Trockensubstanz im Durchschnitt 405 mg Asche. Je niedriger die Typenzahl, desto heller ist das M., da der M.-Kern des Korns nur etwa 0,4 %, die Schale dagegen über 5 % Mineralstoffe enthält. Zum Aufhellen von M. wurden früher chem. Substanzen verwendet; eine Bleichung des M. ist in Dtl. verboten, in anderen Ländern (z. B. in den USA) dagegen noch erlaubt. Über M.-Herstellung ↗ Mühle.

Mehlbeere [wegen des mehligen Innern], **1)** eine Art der ↗ Eberesche.
2) Frucht des Weißdorns.

Mehlkäfer (Tenebrio molitor), braunschwarze, 14–23 mm lange Art der Schwarzkäfer. Der M. und seine 25 mm lange, gelbe, feste Larve **(Mehlwurm)** leben in Kleie, Mehl sowie in Pflanzenmulm. Der M. wird als Futter für Insekten fressende Vögel und Terrarientiere gezüchtet.

Mehlmotte (Ephestia kuehniella), zu den Zünslern gehörender grauer Schmetterling (Flügelspannweite rd. 2,5 cm), dessen 1,5 cm lange Raupen Mehl, Grieß, Kleie fressen und ihr Gespinst durchsetzen.

Mehlnährschaden, schwere Ernährungsstörung bei Säuglingen und Kleinkindern durch wochenlang fortgesetzte einseitige Ernährung mit Kohlenhydraten (Milchersatz durch Mehlprodukte), inzwi-

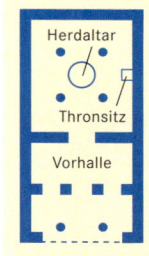
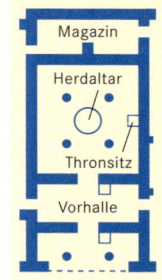

Megaron: Grundriss des Megarons im Palast von Tiryns (oben) und im Nestorpalast bei Pylos

Mehlkäfer (unten Larve)

Mehlmotte

schen sehr selten. Eine in unterentwickelten trop. und subtrop. Ländern verbreitete Form des M. ist der **Kwashiorkor,** bei dem der Proteinmangel zu Wachstumsrückstand, schweren Hautveränderungen und Schäden an inneren Organen mit hoher Sterblichkeit führt. Die Behandlung besteht in Proteinzufuhr.

Mehlpilz (Mehlräsling, Pflaumenrötling, Clitopilus prunulus), grauweißer Ständerpilz mit flachem bis trichterförmig vertieftem Hut und fleischfarbenen, herablaufenden Lamellen; intensiver Mehlgeruch; Speisepilz.

Mehlschwalbe, ↗ Schwalben.

Mehlspeisen, Gerichte aus Mehl oder anderen stärkereichen Stoffen, Milch, Eiern u. a., meist süße Speisen. In Österreich Bez. für Süßspeisen und Kuchen.

Mehltau, mehlstaubähnl. Belag auf den Blättern vieler Pflanzen, der aus Echten **(Erysiphaceae)** oder Falschen M.-Pilzen **(Peronosporaceae)** besteht. Die Pilze entziehen der Pflanze durch Saugorgane die Nahrung. Zum **Echten M.** gehören z. B. Getreide-M. und Echter M. der Weinrebe. Beim **Falschen M.** dringen die Pilze in die Interzellularräume des Blattgewebes ein, so beim Falschen M. des Weins (gefährlichste Krankheit der Weinrebe).

Mehlwurm, ↗ Mehlkäfer.

Mehlzünsler (Pyralis farinalis), zu den Zünslern gehörender Kleinschmetterling, dessen Raupe Vorratsschädling ist.

Mehmed Ali [mɛxˈmɛd -] (arab. Muhammad Ali), osman. Statthalter von Ägypten (seit 1805), * Kavala (Makedonien) 1769, † Alexandria 2. 8. 1849; ließ 1811 die Führer der Mamelucken ermorden. 1831 überwarf sich M. A. mit der Hohen Pforte. Durch die Intervention der Großmächte wurde er 1841 gezwungen, sich mit der erbl. Statthalterschaft über Ägypten unter osman. Oberhoheit zu begnügen. Seine Nachkommen herrschten als Vizekönige (Khedive), 1922–53 als Könige in Ägypten.

Mehr|arbeit, Arbeit, die die gesetzlich festgelegte, regelmäßige werktägl. Arbeitszeit von acht Stunden (§ 3 Arbeitszeit-Ges.) übersteigt. M. ist zwar grundsätzlich verboten, doch gibt es zahlr. Ausnahmen. Unter bestimmten gesetzl. Voraussetzungen oder aufgrund Tarifvertrags kann bzw. muss für M. ein zusätzl. Arbeitsentgelt gezahlt oder ein Ausgleich in Freizeit gestattet werden. Wird die für das Arbeitsverhältnis übl., einzel- oder tarifvertraglich geregelte Arbeitszeit überschritten, liegen ↗ Überstunden vor.

Mehrbedarfszuschläge, Leistung der Sozialhilfe, durch die besondere Bedarfssituationen der Sozialhilfeempfänger abdecken soll und zusätzlich zum Regelsatz gewährt wird (§ 23 Bundessozialhilfe-Ges.).

Mehrbenutzerbetrieb (Multiuser-Betrieb), Computer bzw. Computersystem, mit dem mehrere Benutzer gleichzeitig, aber unabhängig voneinander arbeiten können.

Mehrbereichs|öle, ↗ Motorenöle.

mehrdimensionaler Raum, ein abstrakter math. ↗ Raum mit mehr als drei Dimensionen.

Mehrfachkammer, im Luftbildwesen benutzte starre Kombination von zwei bis vier ↗ Messkammern, deren Verschlüsse beim Bildflug gleichzeitig ausgelöst werden. Bei versch. Film-Filter-Kombinationen wird die M. zur Multispektralkammer. (↗ Luftbild)

Mehrfachsterne, gravitativ gebundene Gruppen von Sternen mit mindestens drei Komponenten, die analog den Doppelsternen period. Bewegungen um den gemeinsamen Schwerpunkt beschreiben. Ein System von M. ist z. B. Castor, der aus sechs Komponenten besteht.

Mehrfachübertragung (Diversityübertragung, Diversity), die gleichzeitig mehrfache Übertragung von Nachrichten; Verfahren im Funkverkehr zur Verringerung der durch ↗ Schwunderscheinungen verursachten Störungen beim Empfang, bes. im Kurzwellenbereich. Der Empfang derselben Nachricht erfolgt mit mehreren räumlich getrennten Antennen **(Raumdiversity),** auf mehreren Trägerfrequenzen **(Frequenzdiversity)** oder mithilfe von zwei Polarisationsrichtungen der elektr. Feldstärke **(Polarisationsdiversity).** Bei der **Empfängerdiversity** arbeitet an jeder Antenne ein Funkempfänger auf der gleichen Frequenz, dagegen wird bei der **Antennendiversity** nur ein Empfänger benötigt, an den die Antenne mit dem größten Nutzsignal angeschlossen wird.

Mehrheitsgrundsatz, der Grundsatz, dass in Personenverbänden, Vertretungskörperschaften und Kollegialorganen bei Abstimmungen und Wahlen die Mehrheit (als Ausdruck des Gemeinwillens) entscheidet. Dem Schutz der Minderheit dienen oft besondere Minderheitenrechte. (↗ qualifizierte Mehrheit, ↗ absolute Mehrheit, ↗ relative Mehrheit)

Mehrheitswahl, ↗ Wahlrecht.

Mehring, 1) Franz, Politiker und Historiker, * Schlawe in Pommern (heute Sławno) 27. 2. 1846, † Berlin 28. 1. 1919, seit 1891 Mitgl. der SPD (linker Flügel), bekämpfte den Revisionismus E. Bernsteins; ab 1916 führendes Mitgl. des Spartakusbundes, später Mitbegründer der USPD; untersuchte als Erster wissenschaftlich – unter marxist. Ansatz – die Gesch. der dt. Arbeiterbewegung (u. a. »Die dt. Socialdemokratie«, 2 Bde., 1897–98).

2) Walter, Schriftsteller, * Berlin 29. 4. 1896, † Zürich 3. 10. 1981; gründete 1920 das »Politische Cabaret« in Berlin, war auch Mitbegründer der Berliner Dada-Gruppe; emigrierte 1938 (Rückkehr 1953); entwickelte für seine das Zeitgeschehen und die bürgerl. Moral schonungslos kritisierenden Songs einen eigenen Chansonstil (»Das Ketzerbrevier«, 1921; »Gedichte, Lieder und Chansons«, 1929; »Arche Noah SOS«, 1931); Romane (»Müller, Chronik einer dt. Sippe«, 1935); Erinnerungsbuch »Die verlorene Bibliothek« (1951).

Mehrkampf, *Sport:* aus mehreren Einzeldisziplinen bestehender sportl. Wettkampf aus einer Sportart (»reiner M.«, z. B. Sieben- und Zehnkampf in der [Freiluft-]Leichtathletik, Vier- und Sechskampf im Kunstturnen, Reißen und Stoßen beim Gewichtheben) oder mehreren Sportarten (»gemischter M.«, z. B. Schwimmen, Radrennen und Laufen beim Triathlon). Die Wertung erfolgt nach Punkten (Leichtathletik), Zeiten (Triathlon) oder Lasten (Gewichtheben).

Mehrkörperproblem (Vielkörperproblem), Problem der Bewegung eines Systems von mehr als zwei miteinander wechselwirkenden, als Massenpunkte idealisierten Körpern oder Teilchen. Die Bewegungsgleichungen solcher Systeme sind i. d. R. nur mit Näherungsverfahren lösbar. Gegenstand des M. der Himmelsmechanik ist es, die Bewegung von Massenpunkten unter dem Einfluss ihrer gegenseitigen Gravitation zu beschreiben. Anders als das ↗ Zweikörperproblem ist das **Dreikörperproblem** nur unter speziellen Voraussetzungen bezüglich der Stellung der drei Körper exakt und bei Vernachlässigung der Masse eines Körpers gegenüber den Massen der beiden anderen näherungsweise lösbar.

Mehrlader (Mehrladegewehr), ↗ Gewehr.

Mehrphasenstrom, *Elektrotechnik:* ↗ Drehstrom.

Mehrprogrammbetrieb (engl. Multiprogramming), die quasi gleichzeitige Verarbeitung mehrerer

Mehlpilz
(Hutdurchmesser 5–12 cm)

Programme in einem Rechnersystem. Es befinden sich zur gleichen Zeit mehrere Programme ganz oder teilweise im Arbeitsspeicher, denen das Betriebssystem bei der Ausführung die benötigten Betriebsmittel wechselseitig so zuteilt, dass die unterschiedl. Verarbeitungsgeschwindigkeiten zw. der CPU und den peripheren Geräten weitgehend ausgeglichen werden. Der scheinbar gleichzeitige Ablauf mehrerer Programme ist daher eine zeitlich verzahnte Abfolge von Bearbeitungsphasen.

Mehrprozessbetrieb, *Informatik:* das ↗ Multitasking.

Mehrprozessorsystem (Multiprozessorsystem), Rechnerarchitektur, die mehr als eine Zentraleinheit (Prozessor) enthält. Man unterscheidet symmetr. M., bei denen die Rollen der einzelnen Prozessoren gleich und austauschbar sind, und asymmetr. M., bei denen sie versch. sind. In beiden Fällen gibt es einen gemeinsamen Speicher, zu dem alle Prozessoren Zugriff haben, sowie eine zentrale Systemaufsicht.

Mehrstimmigkeit, i. w. S. das gleichzeitige Erklingen mehrerer Stimmen auf versch. Tonstufen; i. e. S. synonym mit ↗ Polyphonie als Ggs. zu ↗ Homophonie.

Mehrwegverpackung, Verpackungsform, die im Unterschied zur Einwegverpackung wiederholt der Verwendung zum gleichen Zweck zugeführt werden kann. M. werden v. a. für Getränkeverpackungen eingesetzt, aber auch im industriell-techn. Bereich (häufig als Transportverpackungen), z. B. als Container, Mehrwegpaletten, Boxen für Stückguttransporte oder als Fässer, Flaschen (Gasdruckflaschen), die zur Wiederbefüllung umlaufen.

Mehrwert, bei K. Marx die Differenz zw. dem durch Arbeitsleistung des Arbeitnehmers geschaffenen Wert und dem dafür gezahlten Lohn, die als »Profit« dem Unternehmer zufließt. (↗ Marxismus)

Mehrwertsteuer, Bez. für die am 1. 1. 1968 eingeführte ↗ Umsatzsteuer mit Vorsteuerabzug, bei der die jeweilige Wertschöpfung der einzelnen Produktions- oder Verteilungsstufe steuerlich erfasst wird.

Mehta, Zubin, ind. Dirigent, * Bombay 29. 4. 1936; war 1961–67 Leiter des Montreal Symphonic Orchestra, daneben 1962–78 auch des Los Angeles Philharmonic Orchestra sowie 1978–91 Musikdirektor der New York Philharmonic; seit 1981 leitet er das Israel Philharmonic Orchestra; 1998 wurde M. Generalmusikdirektor der Bayer. Staatsoper in München.

Méhul [me'yl], Étienne Nicolas, frz. Komponist, * Givet (Dép. Ardennes) 22. 6. 1763, † Paris 18. 10. 1817; schuf, beeinflusst von C. W. Gluck, zahlr. Opern, u. a. »Uthal« (1806), »Joseph« (1807); ferner Ballette, Sinfonien, Kammer- und Kirchenmusik.

Meibom-Drüsen [nach dem Mediziner H. Meibom, * 1638, † 1700], in der Faserplatte der Augenlider liegende, an der hinteren Lidkante ausmündende Talgdrüsen; sie fetten den Lidrand ein und verhindern das Überfließen der Tränenflüssigkeit.

Meichsner ['maɪksnər], Dieter, Schriftsteller, * Berlin 14. 2. 1928; Autor zeitkrit. Romane, v. a. über Hör- und Fernsehspiele (u. a. »Preis der Freiheit«, 1966; »Schwarz Rot Gold«, 1982 ff.; »Bergpredigt«, 1983), die die Gattung in den 1960er-Jahren prägten.

Meid, Hans, Radierer und Maler, * Pforzheim 3. 6. 1883, † Ludwigsburg 6. 1. 1957; in der Nachfolge von M. Slevogt einer der bedeutendsten dt. Buchillustratoren (u. a. Illustrationen zu Goethes »Wahlverwandtschaften«, 1931), auch Einzelblätter und Grafikzyklen sowie Ölbilder und Aquarelle.

Meidiasmaler, att. Vasenmaler des späten 5. Jh. v. Chr. Nach Meidias, seinem Töpfer, wird er M. gen.; Sorgfalt der Zeichnung, differenzierter Stil und reicher Linienfluss der Gewänder sind für seine Arbeiten charakteristisch. (↗ Vase)

Meidner, Ludwig, Maler, Schriftsteller, * Bernstadt in Schlesien (heute Bierutów) 18. 4. 1884, † Darmstadt 14. 5. 1966; 1919–35 in Berlin tätig (Mitgl. des Sturmkreises); als Jude und »entarteter« Künstler verfemt, lebte er bis zur Emigration nach Großbritannien (1939–53) in Köln. M. ist ein bed. Vertreter des Expressionismus, v. a. in seinen Selbstbildnissen und Porträts von Zeitgenossen sowie in seinen visionären Landschafts- und Städtebildern. In seinen Dichtungen wird die Sprache hymnisch gesteigert (»Im Nacken das Sternenmeer«, 1918; »Septemberschrei«, 1920; »Gang in die Stille«, 1929).

Meier [lat. maior »der Größere«], im MA. urspr. Verwaltungsbeamter (↗ Hausmeier), bes. der auf dem Fronhof einer Grundherrschaft sitzende herrschaftl. Gutsverwalter; später der Besitzer eines Erbpachthofes **(M.-Hof),** bes. in NW-Deutschland.

Meier, 1) Christian, Althistoriker, * Stolp 16. 2. 1929; 1966–94 Prof. u. a. in Basel, Köln, Bochum und München (1981–94); 1980–88 Vors. des Verbandes der Historiker Dtl.s sowie 1996–2002 Präs. der Dt. Akad. für Sprache und Dichtung; forscht v. a. zur Antike sowie zur histor. Theorie.

2) Gerhard, schweizer. Schriftsteller, * Niederbipp (Kt. Bern) 20. 6. 1917; veröffentlichte Gedichte (»Das Gras grünt«, 1964), Prosaskizzen (»Papierrosen«, 1976) und die Romantrilogie »Baur und Bindschädler« (»Toteninsel«, 1979; »Borodino«, 1982; »Die Ballade vom Schneien«, 1985); weiterhin u. a. »Land der Winde« (R., 1990). Sein Werk ist zunehmend durch eine komplexe Montage von Wahrnehmungen, Erinnerungen und Reflexionen bestimmt.

Zubin Mehta

Richard A. Meier: Stadthaus in Ulm (1988–93)

3) [engl. 'maɪə], Richard Alan, amerikan. Architekt und Designer, * Newark (N. J.) 12. 10. 1934; seit 1983 Prof. der American Academy und des Institute of Arts and Letters. Bauten in Anlehnung an die Formensprache des ↗ internationalen Stils; zielt unter Einbeziehung der Landschaft sowie des histor. Umfelds auf höchste ästhet. Präzision. 1984 erhielt er den Pritzker-Preis. – *Werke:* Athenäum in New Harmony, Ind. (1975–79); High Museum of Art in Atlanta, Ga. (1984); Museum für Kunsthandwerk (heute Museum für Angewandte Kunst in Frankfurt am Main (1979–85); Hauptquartier für Canal plus in Paris (1989–92); Stadthaus in Ulm (1988–93); Museum für zeitgenöss. Kunst in Barcelona (1990–95); Getty-Center in Los Angeles, Calif. (1984–97); Neubau für die Sammlung Frieder Burda in Baden-Baden (2002–04).

4) **Waltraud**, Sängerin (Mezzosopran), *Würzburg 9. 1. 1956; war u. a. in Dortmund (1980–83) und Stuttgart (1985–88) engagiert und ist Gast an den bed. Opernbühnen Europas und der USA. Sie wurde v. a. durch ihre Auftritte bei den Bayreuther Festspielen bekannt, wo sie als Kundry in R. Wagners »Parsifal« und als Isolde in »Tristan und Isolde« große Erfolge feierte; auch gefragte Konzertsängerin.

Meier-Denninghoff, Brigitte, ↗ Matschinsky-Denninghoff.

Meier Helmbrecht, mhd. Verserzählung, ↗ Wernher der Gartenaere.

Meijireform [meıdʒi-] (Meijirestauration), zusammenfassende Bez. für die Maßnahmen, mit denen Japan nach 1868 zu einem konstitutionellen Reg.system und unter Aufgabe der bisherigen Feudalstrukturen zu einem Staat moderner Prägung geführt wurde. (↗ Japan, Geschichte)

Meile [lat. milia passuum »1000 Doppelschritte«], alte Längeneinheit (Wegemaß) versch. Größe (im antiken Rom 1479 m), v. a. noch in den angelsächs. Ländern als ↗ Mile sowie als ↗ Seemeile in Gebrauch. Früher betrug die M. in Dtl. $^1/_{15}$ Äquatorgrad = 7420,4 m **(geograph. M.),** im metr. System dann 7500 m; in Preußen 7532,5 m; in Sachsen 9062 m (Post-M.); in Österreich 7586,66 m; in der Schweiz 4800 m.

Meilen, Bezirkshauptstadt im Kt. Zürich, Schweiz, am N-Ufer des Zürichsees, 11 000 Ew.; Maschinenbau, Nahrungsmittelindustrie.

Meiler [wohl zu mlat. miliarium »Anzahl von tausend Stück« (nach der Vielzahl des aufgeschichteten Holzes)], mit Erde bedeckter, schwelender Holzhaufen für die ↗ Köhlerei.

Meilhac [mɛˈjak], Henri, frz. Theaterschriftsteller, *Paris 21. 2. 1831, †ebd. 6. 7. 1897; verfasste (meist mit L. Halévy) Lustspiele und Vaudevilles sowie zahlr. Operetten- und Operntexte, die von J. Offenbach (u. a. »Die schöne Helena«, 1864), J. Massenet (»Manon«, 1884, mit P. Gille) und G. Bizet (»Carmen«, 1875) vertont wurden.

Meili, Richard, schweizer. Psychologe, *Schaffhausen 28. 2. 1900, †Muri bei Bern 5. 7. 1991; arbeitete bes. über Intelligenzforschung, Persönlichkeitsentwicklung und diagnost. Psychologie.

Meinberg, Bad, ↗ Horn-Bad Meinberg.

Meinecke, Friedrich, Historiker, *Salzwedel 30. 10. 1862, †Berlin 6. 2. 1954; Schüler J. G. Droysens, H. von Sybels und H. von Treitschkes; Prof. in Straßburg (ab 1901), Freiburg im Breisgau (ab 1906), Berlin (1914–28); Herausgeber der »Histor. Zeitschrift« (1894–1935); politisch liberal, Gegner des Nationalsozialismus; 1948 erster Rektor der Freien Univ. Berlin. M. prägte nachhaltig die Entwicklung der dt. Geschichtsschreibung vom Kaiserreich bis zur staatl. Neuordnung nach 1945 und der Ausbildung der Ideengeschichte (u. a. »Weltbürgertum und Nationalstaat«, 1908; »Die dt. Katastrophe«, 1946).

Mein|eid [ahd. mein »falsch«], die vorsätzl. (sonst ↗ Falscheid) eidl. oder eidesgleiche Bekräftigung einer (bewusst) falschen Aussage vor Gericht oder einer anderen zur Abnahme von Eiden zuständigen Stelle durch Parteien, Zeugen und Sachverständige; wird nach §154 StGB mit Freiheitsentzug nicht unter einem Jahr bestraft (im minder schweren Fall sechs Mo-

Meiningen: ehemaliges Residenzschloss Elisabethenburg (1682–92)

nate bis fünf Jahre). Strafmilderung ist zulässig beim Aussagenotstand (↗ Aussage), z. B. wenn ein Zeuge bei Angabe der Wahrheit selbst strafrechtlich verfolgt werden könnte, sowie bei rechtzeitiger Berichtigung der falschen Aussage (§§ 157, 158 StGB). Beruht in einem Prozess das Urteil auf einem M., so ist ↗ Wiederaufnahme des Verfahrens zulässig. – Der M. ist im österr. (§§ 288, 290, 291 StGB) und im schweizer. Strafrecht (Art. 306ff. StGB) ähnlich geregelt.

Meinerzhagen, Stadt im Märkischen Kr., NRW, am Fuß des Ebbegebirges im westl. Sauerland, 21 900 Ew.; Metall verarbeitende, Elektroind., Anlagenbau, Armaturenbau; Fremdenverkehr. Erhielt 1765 Stadtrechte.

Meinhardiner, mittelalterl. dt. Dynastengeschlecht, das um 1120 als Grafen von Görz bezeugt ist; diese erbten durch Heirat 1253 die Grafschaft Tirol und nannten sich seitdem Grafen von Görz und Tirol. 1267/71 Teilung in die Linien Görz (1500 erloschen) und Tirol (1335 im Mannesstamm erloschen, kam 1363 durch Margarete Maultasch an Habsburg).

Meinhof, Ulrike, Journalistin, *Oldenburg (Oldenburg) 7. 10. 1934, †(Selbstmord) Stuttgart 8./9. 5. 1976; baute mit A. Baader (↗ Rote-Armee-Fraktion) u. a. eine terrorist. Organisation (»Rote-Armee-Fraktion«) auf; wurde 1972 verhaftet (Prozessbeginn: 1974).

Meinhold, Wilhelm, Schriftsteller, *Netzelkow (heute zu Lütow, auf Usedom) 27. 2. 1797, †Charlottenburg (heute zu Berlin) 30. 11. 1851; ahmte in seinem Roman »Maria Schweidler, die Bernsteinhexe« (1843) Geist und Sprache der Chroniken des 17. Jh. so täuschend nach, dass man an die Echtheit der »Chronik« glaubte, bis sich M. als Autor zu erkennen gab.

Meiningen, Krst. des Landkreises Schmalkalden-M., Thür., an der Werra, zw. Thüringer Wald und Rhön, 22 200 Ew.; Staatl. Museen (Theater-, Musik-, Literatur- und Kunstmuseum) sowie Max-Reger-Archiv; Eisenbahnausbesserungswerk. – Barockes ehem. Residenzschloss Elisabethenburg (1682–92), neugot. Stadtkirche St. Marien (urspr. 15. Jh., 1884–89 verändert), Meininger Theater (1908/09). – 982 erstmals erwähnt; kam 1008 an das Bistum Würzburg, 1542 an Henneberg-Schleusingen, 1583 an die Ernestiner; 1680–1918 Residenzstadt des Herzogtums **Sachsen-Meiningen.**

Meininger, Hoftheatertruppe des Herzogs Georg II. von Sachsen-Meiningen (*1826, †1914), die sich unter seiner Leitung (ab 1866) zu einem Ensemble von bed. Einfluss auf das europ. Theater des Rea-

Friedrich Meinecke

Meiningen Stadtwappen

lismus entwickelte. Ihr Bemühen um histor. Genauigkeit (Kostüm, Bühnenbild, ungekürzter Originaltext), einheitl. Regie und Ensembleführung zielte auf ein stilistisch geschlossenes Bühnengesamtkunstwerk.

Meinong, Alexius, Ritter von Handschuchsheim, österr. Philosoph und Psychologe, * Lemberg 17. 7. 1853, † Graz 27. 11. 1920; Schüler F. Brentanos; Begründer des ersten Labors für experimentelle Psychologie in Österreich. M. nahm in seiner Gegenstandstheorie eine der vier Grundarten psych. Erlebens (Vorstellen, Denken, Fühlen und Begehren) entsprechende Gegenstandsklassifizierung vor.

Meinrad (Meginrat), Benediktiner in Reichenau, * in Württemberg Ende des 8. Jh., † (erschlagen) 21. 1. 861; seit 828 Einsiedler; um seine Klause entstand später das Kloster Maria ↗ Einsiedeln. Heiliger, Tag: 21. 1.

Meinrad, Josef, österr. Schauspieler, * Wien 21. 4. 1913, † Großgmain (bei Salzburg) 18. 2. 1996; bes. erfolgreich in kom. Charakterrollen, v.a. am Wiener Burgtheater (ab 1947) in Stücken von F. Raimund und J. N. Nestroy. M. war Träger des ↗ Ifflandringes (seit 1959), den er testamentarisch an B. Ganz weitergab; spielte auch Film- und Fernsehrollen.

Meinungsbildung, Vorgang des aktiven oder rezipierenden Herausbildung eines Urteils bei einem Einzelnen oder einer Gruppe (↗ öffentliche Meinung); von großer Bedeutung sind dabei die Massenmedien und die Öffentlichkeitsarbeit von Institutionen und Unternehmen (↗ Public Relations), aber auch Aussagen der ↗ Werbung sowie öffentl. und private Diskussionen: als Informationsquellen, aber auch als Instrumente der (von ihren Trägern gewünschten) gezielten Beeinflussung in bestimmte Richtungen (↗ Massenkommunikation).

Meinungsforschung (Demoskopie), die Methode, durch Befragung genau umrissener Bev.-Gruppen deren Einstellung zu aktuellen, bes. polit., wirtschaftl. und sozialen Fragen zu ermitteln, um so Aufschlüsse über die Meinungen und Lebensverhältnisse der Bev. zu gewinnen; Teilbereich der ↗ empirischen Sozialforschung. Die M. beruht auf der Erfahrung, dass ein Querschnitt durch die Meinungen und Verhaltensweisen einer relativ kleinen Zahl von Menschen oft ein ziemlich genauer Spiegel der Gesamtmeinung oder des Gesamtverhaltens ist (↗ öffentliche Meinung), sofern die Zusammensetzung der befragten Gruppe nach Merkmalen wie z.B. Alter, Geschlecht, Beruf, Einkommen, Wohnweise der der Gesamtgruppe entspricht (repräsentative ↗ Stichprobe). Häufige Themen von M. sind die Marktsituation (↗ Marktforschung), Bedarfs- und Geschmacksrichtungen von Verbrauchern (Verbraucherforschung), Wirkungen von Werbemaßnahmen (Werbeforschung) und polit. Einstellungen (Wählerforschung). Da die von der M. vermittelte Information auch meinungsbildend wirken kann, besteht bes. im letzteren Fall die Möglichkeit der Meinungsbeeinflussung (M. vor Wahlen, ↗ Selffulfilling Prophecy). – Nach einzelnen Versuchen im 18. Jh. liegen die Anfänge der modernen M. in den USA, wo nach 1920 die ersten Probeabstimmungen zur Vorhersage der Wahlergebnisse vorgenommen wurden und v. a. G. H. ↗ Gallup die M. weiterentwickelte. In der Bundesrep. Dtl. entstanden nach 1945 zahlr. Institute für Markt- und Meinungsforschung; das zuerst gegründete und auch heute eines der bekanntesten ist das ↗ Institut für Demoskopie Allensbach.

Meinungsfreiheit, durch Art. 5 Abs. 1 GG jedermann gewährleistetes Recht, sich ohne Zwang oder Druck eine eigene Meinung zu bilden, diese zu äußern **(Meinungsäußerungsfreiheit)** und zu verbreiten. Der freien Meinungsbildung dient die ebenfalls durch Art. 5 Abs. 1 GG gewährleistete ↗ Informationsfreiheit. Als Mittel der Meinungsäußerung und -verbreitung sind Wort, Schrift und Bild bes. genannt. Ebenso geschützt sind aber auch Meinungsbekundungen in anderen Formen, z. B. Tragen von Symbolen. Art. 5 GG erfasst auch die Pressefreiheit und die Freiheit der Berichterstattung durch Rundfunk und Film. Die M. findet ihre Schranken in den Vorschriften der allg. Gesetze, die im konkreten Einzelfall ein höherwertiges Gut schützen, den gesetzl. Bestimmungen zum Schutze der Jugend und in dem Recht der persönl. Ehre (Art. 5 Abs. 2 GG). Eine ↗ Zensur findet nicht statt. – Die M. wird auch in *Österreich* (Art. 13 Staatsgrund-Ges.) und in der *Schweiz* (Art. 16, 17 Bundes-Verf.) garantiert.

Meinungsführer, ↗ Opinionleader.

Meiose [grch.] *die* (Reduktionsteilung), Kern- und Zellteilungsprozess, der zur Halbierung des normalerweise diploiden (doppelten) Chromosomensatzes auf einen haploiden (einfachen) führt; erfolgt bei höheren Pflanzen und Tieren bei der Reifung von Samen- und Eizellen. Die M. verhindert, dass bei der Verschmelzung der Geschlechtszellen eine Verdopplung des Chromosomensatzes eintritt. Diese Reduktion auf den haploiden Chromosomensatz wird durch zwei kurz aufeinander folgende Teilungen erreicht, wobei meist die zweite Teilung nach dem Schema einer Mitose abläuft.

Meir, Golda, früher Meyerson, israel. Politikerin, * Kiew 3. 5. 1898, † Jerusalem 8. 12. 1978; lebte seit 1906 in den USA, ging 1921 nach Palästina; trat ab 1946 in der Jewish Agency for Palestine hervor. 1949–74 war sie Abg. in der Knesset, 1949–56 Min. für Arbeit und soziale Sicherheit, 1956–65 Außenmin. und 1969–74 MinPräs. sowie 1966–68 Gen.-Sekr. der Mapai und 1969–77 der Israel. Arbeitspartei.

Meiringen, Bezirkshauptort im Kt. Bern, Schweiz, im Haslital, 4600 Ew.; Hasli-Museum; Fremdenverkehr; Holzschnitzerei, Handweberei; in der Nähe Aareschlucht, Reichenbach- und Alpbachfälle.

Meise, Singvogel, ↗ Meisen.

Meisel, Kurt, österr. Schauspieler, Regisseur, Theaterleiter, * Wien 18. 8. 1912, † ebd. 5. 4. 1994; 1960–64 Oberspielleiter am Bayer. Staatsschauspiel in München, 1972–83 Intendant ebd.; 1966–70 Oberregisseur und stellv. Direktor am Burgtheater in Wien.

Meisen (Paridae), Familie der Singvögel in offenen Landschaften und Wäldern der N-Halbkugel und Afrikas; meist in Höhlen brütende Standvögel oder Teilzieher; in Mitteleuropa u.a.: **Kohlmeise** (Parus major), etwa 14 cm lang, Bauch gelb mit schwarzem Längsband, Kopf schwarz, im Übrigen grünlich, grau und weiß; **Blaumeise** (Parus caeruleus), etwa 11 cm lang, bes. hellblau und gelb; **Sumpfmeise** (Parus palustris), grau mit schwarzem Kopf; **Haubenmeise** (Parus cristatus), bräunlich, mit Haube, in Nadelwäldern.

Meisenbach, Georg, Kupferstecher, * Nürnberg 27. 5. 1841, † Emmering (Kr. Ebersberg) 24. 9. 1912; erfand 1881 die ↗ Autotypie.

Meiser, Hans, evang. Theologe, * Nürnberg 16. 2. 1881, † München 8. 6. 1956; 1933–55 erster Landesbischof der Evang.-Luth. Kirche in Bayern; war im Kirchenkampf einer der schärfsten Opponenten der Dt. Christen.

Meisner, Joachim, kath. Theologe, * Breslau 25. 12. 1933; 1980–89 Bischof von Berlin, 1982–89

Josef Meinrad

Golda Meir

Meißen 2): Blick über die Elbe auf den Burgberg mit der Albrechtsburg (1471 begonnen) und dem gotischen Dom (erbaut ab 1260)

auch Vors. der Berliner Bischofskonferenz; seit 1983 Kardinal; seit 1989 Erzbischof von Köln.

Meißel [zu ahd. meizan »(ab)schneiden«], Werkzeug aus Stahl mit keilförmig geschärfter Schneide zur spanenden Bearbeitung (**Meißeln**) von Werkstücken. Beim Meißeln von Hand wird der M. mit dem Hammer geschlagen (**Flach-M., Kreuz-M., Spitz-M.**). An Werkzeugmaschinen werden M. in den M.-Halter eingespannt und als **Dreh-** oder **Hobel-M.** in spezieller Form und Ausführung verwendet. M. heißen auch die für schwere Arbeiten in Druckluft- oder Elektrowerkzeugen sowie beim Gesteinsbohren (**Bohr-M.**) eingesetzten Werkzeuge.

Meißen 2) Stadtwappen

Meißen, 1) Landkreis im RegBez. Dresden, Sachsen, 632 km^2 und 152 000 Einwohner.

2) Krst. von 1) in Sachsen, an der Elbe, 30 300 Ew.; FH; Staatl. Porzellan-Manufaktur (↗Meißner Porzellan); Herstellung von keram. Platten, Farben und Kfz-Zubehör, Maschinenbau, Kabelwerk, elektrotechn., Metallwaren-, Textil- und Nahrungsmittelind.; Weinkellerei. In der Umgebung Kaolinvorkommen und Weinbau (am Spaargebirge). – Vom Ufer der Elbe aus zieht sich die alte Stadt mit Fachwerkhäusern zum Burgberg hinauf, auf dem sich der got. Dom (anstelle eines roman. Vorgängerbaus um 1260 begonnen; mit Fürstenkapelle, nach 1423, und Georgskapelle, um 1530, Grablege der Wettiner; Skulpturen der Naumburger Werkstatt, um 1260–80; Triptychon von L. Cranach d. Ä., 1534) und die Albrechtsburg (1471 begonnen) erheben. Bed. auch die spätgot. Frauenkirche und die Franziskanerkirche (jetzt Museum), spätgot. Rathaus (um 1472); die roman. Nikolaikirche ist Gedenkstätte für die Opfer des Ersten Weltkrieges. – Die 929 von König Heinrich I. als Zentrum der dt. Herrschaft im mittleren Elbegebiet errichtete Reichsburg **Misni** war Sitz der Markgrafen (seit 1046; Markgrafschaft M. seit 982), der Bischöfe und seit 1068 der Burggrafen von M.; Stadtrecht seit Ende des 12. Jh.; kam 1089/1125 mit der Markgrafschaft M. an die Wettiner (1485 albertin. Linie); 1543 wurde im Afrakloster die Fürstenschule (Landesschule) eingerichtet; 1710 Gründung der Porzellanmanufaktur.

3) Bistum in der Kirchenprovinz Berlin, territorial den größten Teil des Landes Sachsen sowie Gebiete in O-Thüringen umfassend. Das Bistum M. wurde 968 gegr. (bis 1399 Suffraganbistum von Magdeburg), 1581 aufgehoben, 1929 als exemtes Bistum mit Bischofssitz in Bautzen wieder errichtet, 1979 in **Dresden-M.** umbenannt (Verlegung des Bischofssitzes nach Dresden) und 1994 in die neu errichtete Kirchenprovinz Berlin eingegliedert.

4) Markgrafschaft, ↗Sachsen, Geschichte.

Meissener Porzellan®**,** ↗Meißner Porzellan®.

Meißner (Hoher M.), 4 km langes Plateaugebirge im nördl. Hess. Bergland, in der Kasseler Kuppe 754 m ü. M., Basaltdecke über Braunkohlenflözen; der Abbau (vorübergehend eingestellt) lässt sich bis 1555 zurückverfolgen. Der M. ist Teil des Naturparks **M.-Kaufunger Wald** (442 km^2).

Meißner, 1) Alexander, Physiker und Funktechniker, *Wien 14. 9. 1883, †Berlin 3. 1. 1958; ab 1928 Prof. in Berlin; Arbeiten über Funknavigation (baute 1911 das erste Drehfunkfeuer für die Navigation der Zeppelin-Luftschiffe) und Hochfrequenztechnik. Er entwickelte 1913 aus der Elektronenröhre durch Rückkopplung (unabhängig von L. De Forest) einen Hochfrequenzgenerator, der v. a. den Empfängerbau stark vereinfachte.

2) Otto, Jurist, *Bischweiler (Elsass) 13. 3. 1880, †München 27. 5. 1953; wurde 1920 Leiter des Büros

Meißner Porzellan®: Gebäckverkäuferin aus der Serie der Straßenhändlerfiguren von Peter Reinicke (um 1753/55; Privatsammlung)

des Reichspräs. (1923 Staatssekretär), 1934–45 Chef der Präsidialkanzlei Hitlers (seit 1937 Staatsmin.); 1949 im Nürnberger »Wilhelmstraßenprozess« freigesprochen.

Meißnerformel, die programmat. Grundlage der ↗Freideutschen Jugend, die am 13. 10. 1913 auf dem Hohen Meißner verkündet wurde: »Die Freidt. Jugend will aus eigener Bestimmung, vor eigener Verantwortung, mit innerer Wahrhaftigkeit ihr Leben gestalten.«

Meißner-Körperchen (Meißner-Tastkörperchen) [nach dem Physiologen G. Meißner, *1829, †1905], Tastsinnesorgan (Mechanorezeptoren) im Unterhautbindegewebe.

Meißner-Ochsenfeld-Effekt [nach den Physikern F. W. Meißner, *1882, †1974, und R. Ochsenfeld, *1901, †1993], 1933 entdeckte physikal. Erscheinung, nach der das Innere eines Supraleiters 1. Art stets magnetfeldfrei ist. Beim Übergang in den supraleitenden Zustand werden infolge von Induktion durch die widerstandslosen Supraströme die Feldlinien eines äußeren Magnetfelds aus dem Innern (bis auf eine dünne Randschicht) herausgedrängt. Dagegen zeigen Supraleiter 2. Art vollständige Feldverdrängung nur unterhalb einer unteren kritischen magnet. Feldstärke, und die Supraleitung bricht oberhalb einer oberen kritischen magnet. Feldstärke zusammen.

Meißner Porzellan® (Meissener Porzellan®), Porzellan der ersten europ. Porzellanmanufaktur (seit 1710 mit Sitz in Meißen, bis 1863 in der Albrechtsburg in Meißen). Nach Experimenten der Naturforscher E. W. Graf von Tschirnhaus und J. F. Böttger gelang zunächst die Herstellung roten Steinzeugs (**Böttgersteinzeug®**), 1708 die Herstellung von weißem Hartporzellan. Porzellane wurden zunächst mit den von J. G. Höroldt entwickelten Emailfarben dekoriert. Modelleur war Johann Gottlieb Kirchner (*1706). Sein Mitarbeiter (ab 1731) und Nachfolger J. J. Kaendler schuf nicht nur die Figurenplastik der Meißner Manufaktur, sondern beeinflusste auch die der anderen dt. Manufakturen für über eine Generation. Die Formen und Dekore der Meißner Manufaktur blieben lange Zeit vorbildlich. – Seit 1991 gehört die Staatl. Porzellan-Manufaktur Meissen GmbH dem Freistaat Sachsen. – Beginnend ab 1722 wurde die Schwerter-Marke verwendet, rechtlich geschützte Marken neben den weltberühmten Gekreuzten Schwertern sind **Meissen®**, **Meißner Porzellan®** und **Meissener Porzellan®**.

Meissonier [mesɔ'nje], **1)** Ernest, frz. Maler und Grafiker, *Lyon 21. 2. 1815, †Paris 31. 1. 1891; malte kleinformatige Genrebilder, bei denen er wie in seinen Historienbildern (v. a. Kriegsszenen) auf dokumentar. Genauigkeit bedacht war.

2) Juste-Aurèle, auch J.-A. Meisonier, frz. Ornamentstecher, *Turin 1693 oder 1695, †Paris 31. 7. 1750; einer der Hauptmeister des frz. Rokokoornaments; lieferte Vorlagen für höf. Festdekorationen, Möbel und Geschirre.

Meistbegünstigung, Zugeständnis in Handelsverträgen, wonach der eine Vertragsstaat dem anderen alle handelspolit. Vergünstigungen (v. a. Zollvorteile) gewährt, die er Drittstaaten einräumt. In der Regel ist die M. gegenseitig und ohne spezielle Gegenleistung wirksam (**unbedingte M.**); hängt sie von gleichwertiger Gegenleistung ab, handelt es sich um **bedingte M.** Die M. kann sich auf alle Bereiche der Handelspolitik (**unbeschränkte M.**) oder auf einzelne Bereiche bzw. einen begrenzten Kreis von Ländern beziehen (**beschränkte M.**). M. soll die Diskriminierung von Ländern im internat. Handel verhindern und zur internat. Arbeitsteilung beitragen; das Prinzip wird allerdings häufig durch nichttarifäre Handelshemmnisse unterlaufen. M. gehört zu den Grundprinzipien des ↗GATT sowie der ↗Welthandelsorganisation und wurde 1994 auf den Dienstleistungsbereich ausgedehnt (↗GATS).

Meister [zu lat. magister], **1)** *Kunstgeschichte:* Hilfsbez. für einen seinem Stil nach fassbaren, aber nicht mit Namen bekannten Künstler. So werden Künstler v. a. des MA. nach einem Ort ihres Schaffens (↗Naumburger Meister) oder nach einem Hauptwerk (↗Hausbuchmeister) benannt, auch nach einer Eigentümlichkeit ihrer Werke (Meister der Bandrollen), nach ihrem Monogramm (Meister ↗E. S., ↗Meister H. L.) oder nach Jahreszahlen (Meister von 1473).

2) *Wirtschaft:* Handwerker, der seine Ausbildung mit der M.-Prüfung abgeschlossen hat. Die in der Ind. verwendeten Bez. beziehen sich auf die Inhaber gehobener Positionen (z. B. als Werk-M.) aufgrund einer Fachausbildung, genießen jedoch keinen gesetzl. Schutz. Die **M.-Prüfung** ist in den Grundzügen in der Handwerksordnung i. d. F. v. 24. 9. 1998, bes. in den §§ 45–51, geregelt, ferner in der VO über gemeinsame Anforderungen in der M.-Prüfung im Handwerk vom 18. 7. 2000. Voraussetzung zur Zulassung zur M.-Prüfung sind der Besuch einer Fachschule, der Besitz eines Gesellenbriefs oder der Abschluss einer industriellen Facharbeiterprüfung und mehrjährige Berufspraxis (teilweise ersetzbar durch Fachoberschulbesuch). Die Prüfung besteht aus prakt. und theoret. Teilen und schließt mit der Anfertigung eines **M.-Stücks**. Als Beurkundung wird der **M.-Brief** ausgestellt. **Ober-M.** ist im Handwerk der Vors. einer Innung, in der Ind. die untere Führungskraft im Betrieb. – Der Begriff M. kommt auch im Beamten- und Besoldungsrecht vor, z. B. Polizeimeister.

Ernest Meissonier: Der Feldzug in Frankreich, 1814 (1864; Paris, Musée d'Orsay)

Meister, Ernst, Schriftsteller, *Hagen 3. 9. 1911, †ebd. 15. 6. 1979; schrieb Gedichte zur Existenzproblematik (»Flut und Stein«, 1961, »Sage vom Ganzen den Satz«, 1972, u. a.); 1979 Georg-Büchner-Preis (posthum).

Meister-BAföG, ↗Ausbildungsbeihilfen.

Meister Bertram (Meister B. von Minden), Maler, *Minden (?) um 1340, †Hamburg 1414 oder 1415; malte, ausgehend von der böhm. Kunst, Altartafeln von volkstümlich erzählender Art. – Grabower Altar, 1379 (Hamburg, Kunsthalle); Passionsaltar, um 1394 (Hannover, Niedersächs. Landesmuseum).

Meister des Hausbuchs, / Hausbuchmeister.

Meister des Marienlebens, Maler, tätig zw. 1460 und 1490 in Köln, ben. nach den acht Tafeln eines Marienaltars aus der Ursulakirche in Köln (um 1460–65; heute sieben Tafeln in München, Alte Pinakothek, eine in London, National Gallery). Seine Werke sind durch Erzählfreude, anmutige Eleganz der Figuren und eine lichte Farbigkeit gekennzeichnet.

Meister des Tucher|altars, um die Mitte des 15. Jh. in Nürnberg tätiger Maler, benannt nach dem von der Familie Tucher gestifteten Altar in der Frauenkirche (um 1440/50). In der gedrungenen Körperlichkeit der dargestellten Figuren klingt neben niederländisch-burgund. Einflüssen auch die ältere böhm. Tradition nach.

Meister Eckhart, Philosoph und Theologe, / Eckhart.

Meister E. S., Kupferstecher, / E. S.

Meister Francke, Maler, / Francke, Meister.

Meister H. L. (Meister des Breisacher Hochaltars), Bildschnitzer, Kupferstecher, Zeichner, † 1533(?); tätig am Oberrhein, benannt nach dem H. L. signierten und um 1523–26 datierten Hochaltar des Breisacher Münsters, der in der Fülle seiner bewegten Skulpturen zu den großartigsten Leistungen der dt. Spätgotik gehört. Dem Meister H. L., der möglicherweise identisch mit dem Bildschnitzer **Hans Loy** ist, werden auch mit »HL« signierte Kupferstiche und Holzschnitte zugeschrieben, die z. T. zwischen 1511 und 1522 datiert sind.

Meister H. W., Bildhauer, / Witten, Hans.

Meistermann, Georg, Maler und Glasgestalter, * Solingen 16. 6. 1911, † Köln 12. 6. 1990; seit 1955 Prof. in Düsseldorf und 1966–76 in Karlsruhe. Nach expressiven Anfängen zeigte sich schon Ende der 1930er-Jahre eine Tendenz zur Abstraktion; nach 1945 meditative und symbol. Abstraktion mit deutlich ausgeprägter geometr. Ordnung.

Meistergesang (Meistersang), im 15. und 16. Jh. zunftmäßig betriebene Liedkunst. Die **Meistersinger** waren meist in Städten sesshafte Dichter-Handwerker, die sich in Singschulen organisierten und das Hauptsingen in der Kirche sowie das Zechsingen in Wirtshäusern praktizierten. Die Meistersinger verehrten als Stifter die »vier gekrönten Meister«: Frauenlob, der um 1315 in Mainz die erste Meistersingerschule gegr. haben soll, Barthel Regenbogen, Der Marner und Heinrich von Mügeln. Die Regeln, Praktiken und Terminologie des M. waren v. a. in der Tabulatur verzeichnet: Es waren nur die »Töne« (Versmaß und Melodie) der zwölf Meister erlaubt. Um 1480 reformierte H. Folz den M. grundlegend: Seitdem konnte nur der ein »Meister« werden, der einen »neuen Ton« (Melodie und Text) schuf, wobei er sich am vorgeschriebenen Stoffrepertoire orientieren musste. Die Beurteilung und Preisverleihung oblag den »Merkern«. Formal galt die dem Minnesang ähnl. dreiteilige **M.-Strophe,** die aus zwei gleich gebauten Stollen (Aufgesang) und einem aus Metrum, Reim und Melodie davon unterschiedenen Abgesang besteht. Der Liedvortrag war solistisch und erfolgte ohne Instrumentalbegleitung. – Die bedeutendste Samml. ist die Colmarer Liederhandschrift. Die Zentren des M. lagen in S- und SW-Dtl., erste wesentl. Impulse waren zunächst von Mainz, später dann von Nürnberg (Hans Sachs) ausgegangen. Meistersingervereinigungen bestanden in Ulm bis 1839, in Memmingen bis 1875. – Oper von R. Wagner »Die Meistersinger von Nürnberg« (1868).

Meister vom Stuhl, Vors. einer Loge in der / Freimaurerei.

Meister von Flémalle [- fle'mal], fläm. Maler, * um 1375, † Tournai 26. 4. 1444; benannt nach drei angeblich aus der Abtei Flémalle bei Lüttich stammenden Altartafeln (um 1430, Frankfurt am Main, Städelsches Kunstinst.). Die Identität mit Robert Campin, dem Lehrer von Rogier van der Weyden, gilt als gesichert. Er entwickelte einen neuen Stil, in dem die Welt in scharfer, klarer Zeichnung und hell-kühler Farbe detailgetreu dargestellt und plast. Monumentalität und Räumlichkeit erreicht werden. Seine Arbeiten hatten Einfluss auf die gesamte Malerei des 15. Jahrhunderts.

Meister von Hohenfurth (Meister von Vyšší Brod), um die Mitte des 14. Jh. tätiger böhm. Maler, benannt nach neun Tafeln (vor 1350) mit Szenen aus dem Leben Christi, die aus dem ehem. Zisterzienserkloster in Hohenfurth stammen (heute Prag, Národní Galerie) und wohl zu einem Altar gehörten. In ihnen verbindet sich die heim. Tradition mit italien. Einflüssen.

Meister von Wittingau: Auferstehung Christi, Tafel des Altars der Augustinerklosterkirche Sankt Ägidius in Wittingau (Třeboň); um 1380 (Prag, Národní Galerie)

Meister von Wittingau [- 'vɪtɪŋgau], im letzten Viertel des 14. Jh. tätiger böhm. Maler, ben. nach einem um 1380 für die Augustinerklosterkirche St. Ägidius in Wittingau (Třeboň) geschaffenen Altar, von dem drei Tafeln (Ölbergszene, Grablegung, Auferstehung) erhalten sind (Prag, Národní Galerie). Sie zeigen den Einfluss frankofläm. Kunst. Mit den gestreckten Proportionen der Figuren, der weichen Modellierung und dem leuchtenden Kolorit bilden sie eine Vorstufe zum schönen Stil.

Meistgebot, höchstes Gebot in Versteigerungen. Es muss, damit der Zuschlag erfolgen kann, die Höhe des Mindestgebotes erreichen.

Meit, Conrad (auch Conrat M.), Bildhauer, * Worms um 1480, † Antwerpen 1550 oder 1551; zw. 1506 und 1510 für Kurfürst Friedrich III., den Weisen, in Wittenberg tätig, seit 1512 Hofbildhauer der Statthalterin Margarete von Österreich in Mecheln; einer der bedeutendsten Meister der sich der Formklarheit der Renaissance nähernden Richtung der dt. Plastik, schuf Kleinbildwerke in Marmor, Alabaster, Buchsbaum und die großen Grabdenkmäler für Margarete, ihren Gatten Philibert II. von Savoyen und dessen Mutter im Chor von Saint-Nicolas in Brou, Gem. Bourg-en-Bresse (1526–32).

Meitner, Lise, österr.-schwed. Physikerin, * Wien 7. 11. 1878, † Cambridge (Großbritannien) 27. 10. 1968; Studium in Wien (bei L. Boltzmann) und Berlin (bei M. Planck), Promotion in Wien (als zweite Frau überhaupt), 1914 wurde sie wiss. Mitgl. des Kaiser-

Lise Meitner

Wilhelm-Inst. für Chemie und 1919 Prof. in Berlin; 1938 Emigration nach Dänemark, später Schweden, Abteilungsleiterin an der Ingenieurwiss. Akademie in Stockholm. Hauptarbeitsgebiete: Kernphysik und Radioaktivität. Sie entdeckte mit O. Hahn mehrere radioaktive Isotope der natürl. Zerfallsreihen und lieferte 1939 mit O. R. Frisch die erste theoret. Erklärung für die von Hahn und F. Straßmann entdeckte Kernspaltung.

Meitnerium [nach Lise Meitner], *das,* chem. Symbol **Mt,** bei der GSI 1982 künstlich erzeugtes chem. Element mit der Kernladungszahl 109. Das Isotop ^{266}Mt entstand durch Verschmelzung von ^{209}Bi und ^{58}Fe nach Emission eines Neutrons (Halbwertszeit: 3,4 ms).

Mékambo, Ort in NO-Gabun, in der Nähe die bedeutendsten Eisenerzvorkommen Afrikas.

Mekka (Al-Makka), Stadt im W Saudi-Arabiens, in der Landschaft Hidjas, 966 000 Ew. – Als Geburtsort Mohammeds heiligste Stadt und wichtigster Wallfahrtsort des Islam; islam. Hauptheiligtum (im Hof der Hauptmoschee, urspr. 775–785, heutige Gestalt 16. Jh., mit sieben Minaretten, die ↗Kaaba); islamisch-theolog. Hochschule und Schule für islam. Rechtsprechung, mehrere Medresen und Bibliotheken; für Nichtmuslime unzugängl. Stadt (einschließlich der näheren Umgebung). Weitere Wallfahrtsstätten sind der Brunnen von Semsem und die Gräber der Gefährten und der ersten Gemahlin Mohammeds, Chadidja, auf dem Friedhof Al-Mala. – Altarab. Handelsstadt, bereits im 1. Jh. n. Chr. als **Makoraba** erwähnt; stand nach dem Zerfall des ägypt. Kalifenreiches seit 1517 politisch unter der Oberhoheit der Osmanen, unter denen 1517–1916/24 die nach Unabhängigkeit strebenden Scherifen das Emirat M. innehatten; 1926 Saudi-Arabien eingegliedert.

Meknès, Prov.-Hptst. in Marokko, 465 100 Ew.; Zentrum eines Landwirtschaftsgebietes; Nahrungsmittel-, Textilind.; Flughafen. – Die bed. Altstadt (Medina, Alte und Neue Mellah), u. a. Sultanspalast, Moscheen, alte Stadttore (z. B. Bab el-Mansour el-Aleuj, 1732 fertig gestellt) wurde von der UNESCO zum Weltkulturerbe erklärt; durch das Flussbett des Oued Boufekrane von der Neustadt (»Europäerstadt«) getrennt.

Mekong [»Mutter der Gewässer«] *der,* Strom in China und SO-Asien, rd. 4 500 km lang, entspringt auf dem Hochland von Tibet, durchfließt die südchines. Prov. Yunnan, bildet die Grenze von Birma und Thailand zu Laos, durchfließt Kambodscha und mündet mit einem über 70 000 km² großen Delta im südl. Vietnam in das Südchines. Meer. Das 1957 gegr. **M.-Komitee** (UN-Hilfe) der Anliegerstaaten Kambodscha, Laos, Thailand, Vietnam soll Energiegewinnung, Bewässerung und Schifffahrt fördern.

Mekonium [lat.-grch.] *das,* ↗Kindspech.

Mélac [me'lak], Ezéchiel Graf (seit 1702) von, frz. General, ✕ Malplaquet 12. 9. 1709; verwüstete 1689 im ↗Pfälzischen Erbfolgekrieg die Pfalz und ließ u. a. Mannheim und Heidelberg zerstören.

Melagrana, italien. Bez. für den Granatapfel (↗Granatapfelbaum).

Melaka (früher Malakka, Malacca), **1)** Bundesstaat Malaysias, im S der Malaiischen Halbinsel, 1 652 km², 636 000 Ew. (rd. 50 % Malaien), Hptst. ist M.; Reisanbau, Kautschukplantagen; geringer Zinnerzbergbau; Ind.-Parks und Freihandelszonen.
2) Hptst. von 1), an der W-Küste der Malaiischen Halbinsel, 297 000 Ew.; chem., Nahrungsmittelind., Holzverarbeitung; Fischerei; Hafen, Flugplatz. – Reste der Saint Paul's Church (1521), Festungstor Porta de Santiago (16. Jh.), niederländ. Stadthuys (17. Jh.), Cheng Hoon (1704, ältester chines. Tempel Malaysias). – Um 1400 Niederlassung von Einwanderern aus Sumatra (Sultanat); Ausgangspunkt für die Ausbreitung des Islam in SO-Asien; seit 1511 unter portugies., seit 1641 unter niederländ. Herrschaft, 1795–1818 von Briten besetzt, 1824 von den Niederlanden an Großbritannien abgetreten.

Melamin *das* (2,4,6-Triamino-1,3,5-triazin, Cyanursäuretriamid), kristalline, schwach bas. Verbindung, die überwiegend durch Zyklisierung von Harnstoff gewonnen wird, in 2 tautomeren Formen; dient v. a. zur Herstellung von Melaminharzen.

Melaminharze, durch Polykondensation von Melamin mit Formaldehyd gewonnene ↗Aminoplaste, die zur Herstellung von Formteilen (z. B. Elektroisolierteile), zur Beschichtung von Holzwerkstoffen, als Einbrennlacke u. a. verwendet werden. Die farblosen und transparenten M. besitzen hohe Oberflächenhärte, Abriebfestigkeit und Flammbeständigkeit. Sie sind außerdem gute elektr. Isolatoren mit hoher Kriechstromfestigkeit.

melan... (melano...) [grch.], schwarz...

Melancholie [grch. »Schwarzgalligkeit«] *die,* von Schmerz, Traurigkeit (↗Depression) oder Nachdenklichkeit geprägte Gemütsstimmung; der Melancholiker stellt eines der vier traditionellen ↗Temperamente dar.

Melanchthon, Philipp, eigtl. P. Schwarzert, reformator. Theologe, Humanist, * Bretten 16. 2. 1497, † Wittenberg 19. 4. 1560; seit 1518 Prof. für grch. Sprache in Wittenberg; 1519 Anschluss an die Reformation und engster Mitarbeiter Luthers; seit dem ↗Marburger Religionsgespräch (1529) an allen wichtigen Religionsgesprächen beteiligt. M. beeinflusste entscheidend den Aufbau des evang. Kirchen- und Schulwesens und erwarb sich bleibende Verdienste bei der Organisation des Hoch- und Lateinschulwesens, wofür er nach seinem Tod, gleichsam als Ehrentitel, »Praeceptor Germaniae« (»Lehrer Dtl.s«) genannt wurde. Nach Luthers Tod fiel M. die Führungsrolle im dt. Protestantismus zu, in der er versuchte, in dem zw. seinen Anhängern, den so genannten ↗Kryptokalvinisten (auch »Philippisten« gen.), und den ↗Gnesiolutheranern ausgebrochenen und oft erbittert geführten Streit um Luthers authent. theolog. Erbe zu vermitteln. Dass ihm dies nicht gelang, führte in seinen letzten Lebensjahren zunehmend zu innerer Enttäuschung und Verbitterung. Immer auf Ausgleich bedacht und deshalb von verschiedenen Seiten oft heftig angegriffen, versuchte M. den christl. mit dem humanist. Denkansatz und die kirchl. Tradition mit der reformator. Neubesinnung zu verbinden.

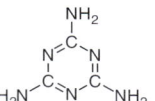

Melamin: die zwei tautomeren Formen

Philipp Melanchthon: zeitgenössisches Porträt aus der »Cosmographia« (1544) von Sebastian Münster in nachträglicher, offensichtlich katholischer Sichtweise mit Bocksbart und dem Teufel, der dem Mitstreiter Luthers seine Gedanken ins Ohr bläst (Heidelberg, Universitätsbibliothek)

M. verfasste die »Augsburg. Konfession« (1530) und deren Verteidigungsschrift (»Apologie«, 1530/31) sowie mit den »Loci communes rerum theologicarum« (»Hauptgegenstände der Theologie«, 1521) die erste systemat. Darstellung der evang. Glaubenslehre.

Melaneside, *Anthropologie:* typolog. Kategorie für die indigenen Bewohner Ozeaniens mit Kerngebiet in Melanesien (einschließlich Neuguinea), daneben auch in Mikronesien und Polynesien. Merkmale: krauses Haar und sehr dunkle Hautfarbe.

Melanesilen [grch. »Schwarze Inseln«], das Inselgebiet im westl. Pazif. Ozean nordöstlich von Australien, rd. 967 000 km² mit über 7 Mio. Ew. (überwiegend Melanesier). M. umfasst Neuguinea, den Bismarck- und den Louisiadearchipel, die Salomon-, Santa-Cruz-Inseln, die Neuen Hebriden (Vanuatu), die Fidschiinseln, Neukaledonien und benachbarte Inseln. Geologisch bestehen sie aus alten Gesteinen, die durch junge Faltung gehoben oder durch starke vulkan. Tätigkeit aufgebaut sind. Klima: feucht-tropisch; Pflanzenwelt: vorwiegend Regenwald; Saum- und Wallriffe. (/ Ozeanien)

Melanesiler, die einheim. Bev. Melanesiens (etwa 5 Mio.); sprachlich den melanes. Sprachen (i. e. S. nur 1,1 Mio. Sprecher) zuzurechnen. Entscheidend für die soziale Ordnung ist die Bindung an den Klan; vielfach Männer- und Geheimbünde. Die hoch stehende Kunst der M. findet im Kunsthandwerk ihre Fortsetzung.

melanesische Sprachen, zu den / austronesischen Sprachen gehörende Sprachgruppe mit mehreren Untergruppen, deren Verbreitungsgebiet die Inseln des westl. Pazifiks von Neukaledonien bis zum Bismarckarchipel und den Admiralitätsinseln sowie Küstenstriche von Neuguinea umfasst.

Melange [meˈlãʒ, frz.] *die,* **1)** *allg.:* Mischung, z. B. von Kaffeesorten. **2)** *österr.:* Milchkaffee (halb Kaffee, halb Milch).

Melanine, durch enzymat. Oxidation der Aminosäure Tyrosin entstehende gelbl. bis braune oder schwarze Pigmente bei Tieren und Menschen; bewirken die Färbung der Haut und ihrer Anhangsorgane (Haare, Federn). Lokale Melaninansammlungen sind z. B. Leberflecke und Sommersprossen. M. sind als Lichtschutzsubstanz (UV-Strahlung) von Bedeutung.

Melanismus [grch.] *der, Biologie:* Dunkelfärbung der Körperoberfläche durch Melanine.

Melanit [grch.] *der,* Mineral, eine Abart des / Granat.

Melanom [grch.] *das,* meist melaninhaltiger schiefergrau bis schwarz gefärbter, äußerst bösartiger, schnell auf dem Lymph- oder Blutweg metastasierender Tumor der Haut, Schleimhaut, Hirnhäute oder des Auges. Die zunehmende Erkrankungshäufigkeit beruht vermutlich auf einer höheren Sonnenbelastung der Haut (v. a. nach häufigen Sonnenbränden). Das bösartige M. der Aderhaut ist der häufigste bösartige Primärtumor des Auges. Das im frühen Lebensalter auftretende **juvenile M.** (hautfarben bis graubraun) ist gutartig.

Melanose [grch. »Schwarzsucht«] *die,* abnorme flächenhafte Dunkelfärbung der Haut oder Schleimhaut durch vermehrte Melaninablagerung; Vorkommen z. B. bei Addison- und Basedow-Krankheit oder Arsenvergiftung. Die vorübergehende M. bei Schwangerschaft ist keine Krankheit.

Melanozyten [grch.], zur Melaninbildung befähigte Zellen in der Haut der Warmblüter und des Menschen; dienen der Pigmentierung von Haut und Haaren.

Melanozyten stimulierendes Hormon, Abk. **MSH** (Melanotropin, Intermedin), im Zwischenlappen der Hirnanhangdrüse gebildetes Peptidhormon, das bei Menschen und Tieren die Bildung von Melanin sowie dessen Verteilung in den Melanozyten der Haut bewirkt.

Melanterit [grch.] *der,* Mineral, / Eisenvitriol.

Melanzane, italien. Bez. für die / Aubergine.

Melaphyr [grch.] *der,* erdgeschichtlich älteres, sekundär verändertes vulkan. Gestein von basalt. Zusammensetzung, meist von dunkelgrüner Farbe; Hauptbestandteile sind Plagioklas, Pyroxen und Olivin.

Melasse [frz., von span. melaza] *die,* bei der Zuckergewinnung zurückbleibende zähflüssige, braun gefärbte Mutterlauge, die außer Zucker (bis 50%) und Wasser (20%) noch organ. und anorgan. Stoffe, bes. Stickstoffverbindungen und Kaliumsalze, enthält. M. wird zu Alkohol vergoren und als Zusatz zum Viehfutter verwendet.

Melatonin [grch.] *das,* Abk. **MCH,** Hormon der Zirbeldrüse, das bei Fischen und Amphibien eine Aufhellung der Haut bewirkt. Bei Säugetieren (einschl. Mensch) hemmt es die Schilddrüsenfunktion, außerdem beeinflusst M. die Aktivität der Keimdrüsen. Seine Bildung unterliegt einem tageszeitl. Rhythmus, wobei nachts die M.-Konzentration deutlich höher liegt als tagsüber.

Melba, Dame (seit 1918) Nellie, eigtl. Helen Porter Armstrong, austral. Sängerin (Koloratursopran), * Richmond (bei Melbourne) 19. 5. 1861, † Sydney 23. 2. 1931; feierte 1887–1926 in allen internat. Musikmetropolen Erfolge als Opern- und Konzertsängerin. M.s Stimme hatte einen außergewöhnl. Umfang (b–f³).

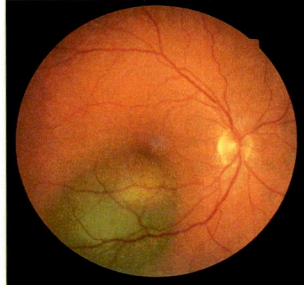

Melanom: bösartiges Melanom der Aderhaut des Auges

Dame Nellie Melba

Melbourne Stadtwappen

Melbourne [ˈmelbən], Hauptstadt des austral. Bundesstaates Victoria (seit 1851) an der Mündung des Yarra in die Bucht von Port Phillip, zweitgrößte Stadt Australiens, 3,22 Mio. Ew.; Sitz eines anglikan. und eines kath. Erzbischofs, drei Univ., weitere Hochschulen, Fachschulen, Forschungsinstitute, Staatsbibliothek, Nationalgalerie und -museum von Victoria. Wichtigster Ind.standort von Victoria; Schwermaschinen-, Fahrzeugbau, Bekleidungs-, Schuh-, chem., Nahrungsmittelind., Erdölraffinerie. Zweitgrößter Hafen Australiens, internat. Flughafen; Fährverkehr nach Devonport (Tasmanien). – Die City, schachbrettartig angelegt, ist wichtiges Geschäftszentrum mit Banken, Versicherungen, Industrieverw., Börse. – M. wurde 1835 gegr. und 1837 nach dem damaligen brit. Premiermin. Lord M. benannt; seit 1842 Stadtrecht, 1901–27 Sitz der Bundesreg.; 1956 Austragungsort der Olymp. Sommerspiele. – M. gilt mit seinen Bauten aus dem späten 18. und 19. Jh. als die am ausgeprägtesten englische unter den austral. Hauptstädten: neugot. kath. Saint Patrick's Cathedral, anglikan. Saint Paul's Cathedral (ab 1880; Erweiterung 1931), Townhall (1867–70); zahlr. Wolkenkratzer.

Melchior [hebr. »König des Lichts«], einer der Heiligen / Drei Könige.

Melchior, 1) ['mɛlçio:r], Johann Peter, Bildhauer und Modelleur, * 12. 10. 1742 Lintorf (heute zu Ratingen), † Nymphenburg (heute zu München) 13. 6. 1825; war als Modellmeister für die Porzellanmanufakturen Höchst, Frankenthal und Nymphenburg tätig, schuf v. a. Kinderfiguren und Genregruppen im Stil des Rokoko. In seiner vom Klassizismus bestimmten Spätzeit entstanden vorzügl. Porträts (Reliefmedaillons in Biskuitporzellan).

2) ['melkiɔ:], Lauritz, eigtl. Lebrecht Hommel, amerikan. Sänger (Tenor) dän. Herkunft, * Kopenhagen 20. 3. 1890, † Santa Monica (Calif.) 18. 3. 1973; bedeutendster Wagner-Tenor seiner Zeit, war 1926–50 Mitgl. der Metropolitan Opera in New York.

Melchisedek [hebr. »König der Gerechtigkeit«], nach 1. Mos. 14, 18 Priesterkönig von Salem (Jerusalem) z. Z. Abrahams; im N. T. (Hebr. 7) wird sein Priesteramt als beispielhafte Vorwegnahme des ewigen Hohepriesteramtes Jesu Christi gedeutet.

Melchiten (Melkiten) [zu syr. malka »Kaiser«], urspr. jene ägypt., syr. und palästinens. Christen, die die Konzilsbeschlüsse von Chalkedon (451) gegen den Monophysitismus annahmen; als auf der Seite des Kaisers stehend »die Kaiserlichen« genannt; im 17. Jh. unter dem Einfluss kath. Missionare Spaltung der M. (endgültig 1724) und Bildung eines neuen, mit der kath. Kirche unierten Patriarchats Antiochia; seit 1838 melchit. »Patriarchat von Antiochia und dem ganzen Orient, Alexandria und Jerusalem«; Residenz des Patriarchen ist Damaskus, der Ritus ist byzantinisch; heute über 1,2 Mio. unierte M. gegenüber rd. 1,1 Mio. orth. Christen in den grch.-orth. Patriarchaten Antiochia, Alexandria und Jerusalem.

Melde (Atriplex), Gattung der Gänsefußgewächse, mit unscheinbaren, grünl., eingeschlechtigen Blüten, meist einjährige Kräuter; häufig auf Schutt, z. T. Salz liebend. Die **Garten-M.** (**Span. Spinat**, Atriplex hortensis) kann wie Spinat verwendet werden.

Meldepflicht, die Verpflichtung, bestimmte Tatsachen den Behörden mitzuteilen. M. besteht u. a. im Einwohnermeldewesen hinsichtlich der Aufenthaltsmeldung, bei Geburten (/ Geburtenbuch), bei / meldepflichtigen Krankheiten, im Gewerberecht, nach dem Wehrpflicht-Ges. und im Rahmen der Sozialversicherung (z. B. M. des Arbeitgebers bezüglich der versicherungspflichtig Beschäftigten). Für das Einwohnermeldewesen wurden durch das Melderechtsrahmen-Ges. i. d. F. v. 19. 4. 2002 die Grundzüge der M. geregelt, ergänzend gelten die Melde-Ges. der Länder. Danach hat sich jeder Bürger, der einen Wohnraum bezieht, bei der zuständigen Meldebehörde anzumelden. Bei mehreren inländ. Wohnungen ist eine als Hauptwohnsitz zu deklarieren. Die Abmeldepflicht bei Umzügen im Inland wurde abgeschafft. Die Frist für die Anmeldung und die M. für den Bezug von Hotels u. Ä. sind landesrechtlich unterschiedlich geregelt. Die Meldebehörden der Länder führen Melderegister. Eingehend geregelt ist das Verfahren der Datenübermittlung und des Datenschutzes. – Das österr. Melde-Ges. verlangt, dass die Unterkunft in Wohnungen innerhalb von drei Tagen, in Beherbergungsbetrieben innerhalb von 24 Stunden anzumelden ist. In der Schweiz ist die M. für Schweizer durch das kantonale Recht geregelt. Die Anmeldung in Beherbergungsstätten erfolgt unmittelbar dort. Ausländer haben sich vor Ablauf des 3. Aufenthaltsmonats bei der Fremdenpolizeibehörde des Aufenthaltsortes anzumelden.

Melbourne: Stadtzentrum mit Saint Patrick's Cathedral

meldepflichtige Krankheiten, in der *Humanmedizin* Infektionskrankheiten, die nach dem Infektionsschutz-Ges. v. 20. 7. 2000 (welches das Bundes-Seuchen-Ges. zum 1. 1. 2001 aufhob) vom behandelnden Arzt innerhalb von 24 Stunden an das zuständige Gesundheitsamt gemeldet werden müssen. Zur Meldung verpflichtet sind der behandelnde oder hinzugezogene Arzt (ggf. Hebamme), sonstige berufsmäßig mit der Behandlung oder Pflege befasste Personen, die Leiter von Justizvollzugs- und Pflegeanstalten, Lagern oder ähnl. Einrichtungen, auf Seeschiffen der Kapitän. Meldepflicht besteht auch bei Berufskrankheiten und bei Krankheiten, die auf den Einfluss gefährl. Chemikalien oder anderer Erzeugnisse zurückgehen (§ 16 e Chemikalien-Ges.). – Meldepflicht gegenüber dem Statist. Bundesamt besteht bei Schwangerschaftsabbruch. In der *Tiermedizin* / Tierseuchen.

Meldewesen, die gesetzl. Bestimmungen über die / Meldepflicht und die damit befassten Behörden.

Meldorf, Stadt im Kr. Dithmarschen, Schlesw.-Holst., 2,5 km von der Nordsee entfernt, 7 500 Ew.; Dithmarscher Landesmuseum mit Freilichtmuseum; Holz-, Textilverarbeitung; Hafen (Krabbenfischerei). – Der »Dom« (13. Jh.) ist die Hauptkirche Dithmarschens. – 1265 als Stadt bezeugt.

Meleagros (lat. Meleager), *grch. Mythos:* ein Sohn des Königs von / Kalydon und der Althaia. Bei seiner Geburt verkündeten die Moiren, sein Leben sei an ein Holzscheit gebunden, das Althaia verwahrte. M. erlegte gemeinsam mit Atalante den Kalydon. Eber (**Kalydon. Jagd**) und schenkte ihr dessen Fell; darüber geriet er mit den Brüdern der Althaia in Streit und erschlug sie. Althaia warf daraufhin das Scheit ins Feuer. – Seit dem 6. Jh. v. Chr. beliebtes Thema in der bildenden Kunst.

Melegnano [melen-] (früher Marignano), Stadt in der Prov. Mailand, Oberitalien, 16 100 Ew. – Hier schlug am 13./14. 9. 1515 Franz I. von Frankreich die Schweizer Söldner und gewann damit Mailand zurück.

Melekess, bis 1972 Name der russ. Stadt / Dimitrowgrad.

Melezzatal, tiefer Talzug in den S-Alpen zw. Schweiz und Italien, 35 km lang; auf Tessiner Seite **Centovalli,** auf italien. Seite **Valle Vigezzo** gen.; von der Schmalspurbahn Locarno–Domodossola durchfahren.

Melde: Gartenmelde (Höhe 30 bis 125 cm)

Melk: Stift Melk (1702–36 erbaut)

Max Mell

Melibocus *der* (Melibokus, Malchen), markanter Berg (517 m ü. M.) am W-Abfall des Odenwalds zur Bergstraße, bei Zwingenberg und Bensheim.

Méliès [me'ljɛs], Georges, frz. Filmpionier, * Paris 8. 12. 1861, † ebd. 21. 1. 1938; entdeckte 1896 den Film als Publikumsattraktion; baute das erste feste Filmstudio in Montreuil bei Paris. M. führte die Spielhandlung in den Film ein und warb dafür berufsmäßige Schauspieler an; Erfinder des Trickfilms, mit dessen Hilfe er film. Phantasmagorien schuf (»Die Reise in den Mond«, 1902; »Die Reise durch das Unmögliche«, 1904). M. gründete 1897 die erste Filmproduktion der Welt.

Melilla [me'liʎa] (arab. Mliya, berber. Tamlit), Hafenstadt an der marokkan. Mittelmeerküste, span. Enklave, 13 km², 66 400 Ew.; Fischfang und Fischverarbeitung, Schiffbau; Flugplatz. – Seit 1497 in span. Besitz.

Melioration [lat. »Verbesserung«] *die,* kulturtechn. Maßnahmen zur Bodenverbesserung landwirtsch. genutzter Flächen, z. B. Entwässerung nasser Böden, Moorkultivierung, Bewässerung.

Melisma [grch.] *das, Musik:* melod. Verzierung, Koloratur. Beim **melismat. Gesang** kommen mehrere Noten auf eine Textsilbe, im Ggs. zum **syllab. Gesang,** bei dem die i. d. R. nur eine Note auf jede Textsilbe kommt.

Melisse [grch.-lat. »Bienenblatt«] *die* (Melissa), Gattung der Lippenblütler; in Europa nur die aus dem Orient stammende **Zitronen-M. (Garten-M.,** Melissa officinalis) mit stark nach Zitrone duftenden Blättern und kleinen weißen Blüten; wird als Gewürz- und Heilpflanze angebaut.

Melitopol, Stadt im Gebiet Saporoschje, Ukraine, 173 000 Ew.; Werkzeugmaschinen-, Dieselmotorenbau.

Melitose *die,* die / Raffinose.

Melk, Bezirks-Hptst. in NÖ, rechts der Donau, 5 100 Ew.; Apparatebau, Metallwarenherstellung, Donaukraftwerke; Fremdenverkehr. – Auf einem Felsen über der Stadt **Stift M.** (1702–36 von J. Prandtauer u. a. erbaut), das auf ein 1089 gegr. Benediktinerkloster zurückgeht. Es ist eine der bedeutendsten Barockschöpfungen in Europa; bed. u. a. die Bibliothek und die Stiftskirche (1702–26; Innenausstattung v. a. von J. M. Rottmayr). Südlich von M. Renaissanceschloss Schallaburg (1100 gegr., 1572–1600 ausgebaut). – An der Mündung der Pielach in die Donau lag zu röm. Zeit das Kastell **Namare;** um 990 Erwähnung einer Burg und Siedlung; 1227 Markt-, 1898 Stadtrecht.

Melk, Heinrich von, mhd. Dichter, / Heinrich von Melk.

Melkiten, die / Melchiten.

Melkmaschine (Melkanlage), Anlage zum maschinellen Melken von Milchkühen, bestehend aus Saugpumpe mit Druckausgleichsgefäß und an die Stallleitung angeschlossenen einzelnen **Melkwerkzeugen** mit Milchsammelgefäß, Pulsator (Druckwechsler) und je vier **Zitzenbechern.** Der über die Euterzitze geschobene Zitzenbecher birgt ein luftdicht eingesetztes Gummirohr (Zitzengummi), das infolge der Pulsation eine Massagewirkung ausübt. In den Milchschläuchen herrscht ständig Unterdruck, während die Pulsschläuche abwechselnd mit Unterdruck (Saugtakt) und Umgebungsdruck (Entlastungstakt) beaufschlagt werden. Nach etwa 4–7 Minuten versiegt der Milchstrom.

Mell, Max, österr. Schriftsteller, * Marburg (heute Maribor) 10. 11. 1882, † Wien 12. 12. 1971; schrieb, von christlich-humanist. Geist geprägt, dramatisierte Legendenspiele (»Das Apostelspiel«, 1923; »Das Nachfolge-Christi-Spiel«, 1927); auch Erzählungen (»Das Donauweibchen«, 1938), Gedichte, Essays, Übersetzungen.

Mellan [mɛ'lã], Claude, frz. Kupferstecher und Zeichner, getauft Abbeville 23. 5. 1598, † Paris 9. 9. 1688; entwickelte eine eigene Stichtechnik, bei der er Helldunkelwirkungen durch Verdickungen parallel verlaufender Linien erreichte. Berühmt wurde sein Blatt »Das Schweißtuch der Veronika« (um 1650), das er aus einer einzigen spiralförmig angelegten Linie aufbaute.

Melle, Stadt im Landkr. Osnabrück, Ndsachs., Solbad zw. Teutoburger Wald und Wiehengebirge, 44 600 Ew.; Möbel-, Maschinenbau-, Textil- und chem. Ind. – Matthäuskirche (13.–14. Jh.). – Seit 1443 Marktrecht; seit 1853 Stadt.

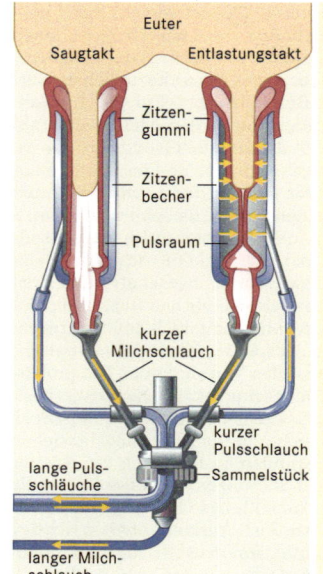

Melkmaschine: Schema eines Melkwerkzeugs

Melles, Sunnyi, eigtl. Szunnyi M., schweizer. Schauspielerin, *Luxemburg 7. 10. 1958; ab 1980 (mit Unterbrechung) an den Münchner Kammerspielen; übernahm auch Filmrollen. – *Filme:* Paradies (1986); Der wilde Clown (1986); Geld (1989); Mit den Clowns kamen die Tränen (1990; Fernsehfilm, 3 Tle.); Ich schenk' dir die Sterne (1991); Die Rättin (1997).

Mellit [lat. mel »Honig«] *der* (Honigstein), honiggelbes bis braunes tetragonales Mineral, $Al_2[C_{12}O_{12}] \cdot 18 H_2O$, auf Braun- und Steinkohle.

Mellon ['melən], Andrew William, amerikan. Bankier und Politiker, *Pittsburgh (Pa.) 24. 3. 1855, †Southampton (N. Y.) 26. 8. 1937; führte die von seinem Vater 1869 gegr. Privatbank als M. National Bank fort. 1921–32 war er Finanzmin. Auf ihn geht die Gründung der Nationalgalerie in Washington zurück.

Konstantin Melnikow: Arbeiterklub Russakow in Moskau (1927/28)

Melnik, (tschech. Mělník), Stadt im Mittelböhm. Gebiet, an der Mündung der Moldau in die Elbe, Tschech. Rep., 19 600 Ew.; Flusshafen; Zentrum eines Weinbaugebietes (500 ha). – Reste der Stadtmauer, Prager Tor und Wasserturm aus dem 13. Jh.; Schloss Lobkowitz (heute z. T. Weinbaumuseum) aus dem 14. Jh., Peter-und-Paul-Kirche (11. Jh.); Rathaus von 1398. – Seit 1274 Stadt, war M. seit dem 14. Jh. Leibgut der böhm. Königinnen.

Melnikow, Konstantin Stepanowitsch, russ. Architekt, *Moskau 3. 8. 1890, †ebd. 28. 11. 1974; führender Vertreter des Konstruktivismus; entwarf den sowjet. (Holz-)Pavillon auf der Exposition Internationale des Arts Décoratifs et Industriels Modernes in Paris (1925), sein Wohnhaus in Moskau (1927–29) sowie mehrere Arbeiterklubs, u. a. den Klub Russakow ebd. (1927/28).

Melodie [grch.] *die,* Folge von Tönen versch. Höhe oder eine Folge versch. großer und versch. gerichteter Intervalle, die als Einheit aufgefasst wird. Eine M. wird daher zunächst bestimmt durch die Tonhöhenorganisation **(Diastematik)** und erst dann durch die Dauer (und die Betonung) der einzelnen Töne **(Rhythmus)** sowie die Gliederung **(Periodik),** das Zeitmaß **(Tempo)** und durch die Art der Ausführung **(Tongebung, Klangfarbe, Dynamik).** Die M. kann aus symmetrisch angeordneten Gliedern bestehen, wiederkehrende Motive aufweisen, als Periode in Vorder- und Nachsatz gegliedert sein oder sich aus zwei oder mehreren Perioden zusammensetzen, aber auch ungleichmäßig gegliedert sein, verschränkt oder unterbrochen werden.

Melodik [grch.] *die,* 1) bestimmte Art der Melodiebildung oder eines melod. Prinzips.
2) Lehre von der Melodie.

Melodrama [grch.], 1) Gattung des musikal. Bühnenstücks, die auf der Verbindung von gesprochenem Wort und untermalender Begleitmusik beruht. Das M. kam im 18. Jh. in Form des Monodramas durch J.-J. Rousseau (»Pygmalion«, 1771) und v. a. G. A. Benda (»Medea«, 1775) in Mode und schlug sich nieder in zahlr. melodramat. Stücken (z. B. Goethes »Proserpina«, vertont von K. S. von Seckendorff, 1778) sowie in der Aufnahme von einzelnen, als **Melodram** bezeichneten Partien in Singspielen, Opern (L. van Beethoven, »Fidelio«, Kerkerszene; C. M. von Weber, »Freischütz«, Wolfsschluchtszene) und Bühnenmusiken (F. Mendelssohn Bartholdy, »Ein Sommernachtstraum«; E. Grieg, »Peer Gynt«) sowie v. a. im 19. Jh. in der Ausbildung des Konzert-M., bei dem Gedichte (Balladen) zu Klavier- oder Orchestermusik rezitiert wurden (R. Schumann, F. Liszt, R. Strauss). Im 20. Jh. kam es v. a. in Frankreich zu einer Verbindung von M. und Ballett (A. Roussel, A. Honnegger, I. Strawinsky).

2) populäre Dramenform der europ. Romantik, v. a. in England und Frankreich. Typisch waren eine Handlung an mittelalterl. oder oriental. Schauplätzen und ein pathet., schaurige und rührende Effekte hervorrufender Inszenierungsstil. Wichtigste Autoren: Th. Holcroft, R. C. G. de Pixérécourt, D. Boucicault, H. A. Jones.

3) Filmgenre, für das eine emotionale Aufgeladenheit konstituierend ist und das häufig auf Vorlagen des melodramat. Erbauungstheaters zurückgreift. Schauplätze und Hauptgestalten sind meist der unmittelbaren Erfahrungswelt der Zuschauer angenähert; es dominieren vereinfachende extreme Emotionalisierung und Schicksalsgläubigkeit.

Melone *die* (Garten-M., Zucker-M., Cucumis melo), Kürbisgewächs der Tropen, auch in wärmeren Gebieten der gemäßigten Zonen in Kultur; die fleischigen Beerenfrüchte **(Melonen)** werden v. a. als Obst roh gegessen; eine bekannte Kultursorte ist die kleinfrüchtige, gelbschalige, bes. süße **Honigmelone.** (↗ Wassermelone)

Melone, ↗ Bowler.

Melonenbaum mit Papayafrüchten

Melonenbaum (Papaya, Carica papaya), 4 bis 8 m hoher trop. Baum mit melonenähnl., bis 1,5 kg schweren, grünen bis gelben Beerenfrüchten **(Baummelonen, Papayafrüchte),** die als Obst gegessen werden. Der Milchsaft des M. enthält das Eiweiß spaltende Enzym Papain.

Melos [grch.] *das,* **1)** *Musik:* Bez. für das gesangl. Moment einer Musik und den Charakter der Melodiebildung.
2) *Sprachwissenschaft:* ↗ Sprechmelodie.
Melos (ngrch. Milos, italien. Milo), grch. Kykladeninsel, 151 km², 4400 Ew.; schwefelhaltige Thermen und Fumarolen; Abbau von Bentonit, Kaolin und Bimsstein. – M. war bereits im 7. Jh. v. Chr. durch bed. Steinschneidekunst und Keramik bekannt; Fundort der **Venus von Milo** (↗ Aphrodite).
Melozzo da Forlì, italien. Maler, * Forlì 1438, † ebd. 8. 11. 1494; wahrscheinlich bei Ansuino da Forlì ausgebildet; malte, angeregt von A. Mantegna, Fresken, deren großartige, realistisch erfasste Gestalten fast die Monumentalität der Hochrenaissance erreichen, so in der Apsis von Santi Apostoli in Rom (vor 1481; erhaltene Fragmente heute im Quirinal [»Himmelfahrt Christi«] und in den Vatikan. Sammlungen).
Melpomene, *grch. Mythos:* die Muse der Tragödie.
Melsungen, Stadt im Schwalm-Eder-Kreis, Hessen, an der Fulda, 14 200 Ew.; Pharmawerk (Fabrikgebäude von J. F. Stirling, M. Wilford u. a., 1992), Lebensmittel- u. a. Industrie. – Altes Stadtbild (Stadtkirche, 13.–16. Jh.; Schloss, 1550–57; Rathaus, 1555/56). – 974 erstmals erwähnt, seit 1267 Stadt.
Melun [mə'lœ̃], Hptst. des frz. Dép. Seine-et-Marne, 35 000 Ew.; Fabrikation von Autoteilen, Flugmotoren, Musikinstrumenten, Textilindustrie; Hafen an der Seine.
Melusine, in der altfrz. Sage eine schöne Meerfee, Gemahlin des Grafen Raymond von Poitiers, der sie in ihrer Nixengestalt überrascht, sodass sie ins Wasser zurückkehren muss; Stammmutter des Hauses Lusignan. Die Sage wurde erstmals aufgezeichnet von Jean d'Arras (1387). Der Troubadour Couldrette schuf eine metr. Fassung (1401), Grundlage des dt. M.-Romans des Thüring von Ringoltingen (1456, gedruckt 1471), die zum Volksbuch wurde, Nachdichtung u. a. von L. Tieck (1800). – Dramatisierungen des Stoffes von Hans Sachs, J. Ayrer. Goethes Märchen »Die neue M.« (1816) wandelte das Grundmotiv ins Heitere ab.

Herman Melville

Melville, 1) ['mɛlvɪl], Herman, amerikan. Schriftsteller, * New York 1. 8. 1819, † ebd. 28. 9. 1891; zunächst Seemann; lebte ab 1863 in New York; bekannt v. a. durch den Roman »Moby Dick oder Der weiße Wal« (1851), der als bed. Prosadichtung des amerikan. Symbolismus gilt; schrieb neben weiteren Romanen (»Weißjacke«, 1850; »Ein sehr vertrauenswürdiger Herr«, 1857) die trag. Erzählung »Billy Budd« (hg. 1924) und Gedichte.
2) [mɛl'vil], Jean-Pierre, eigtl. J.-P. Grumbach, frz. Filmregisseur, * Paris 20. 10. 1917, † ebd. 2. 8. 1973; wurde bekannt durch »Die schreckl. Kinder« (1949; nach dem Roman von J. Cocteau); drehte dann v. a. anspruchsvolle Kriminal- und Gangsterfilme, u. a. »Drei Uhr nachts« (1955), »Der Teufel mit der weißen Weste« (1963), »Der eiskalte Engel« (1967); wirkte auf die Nouvelle Vague.
Melville Island ['mɛlvɪl 'aɪlənd], **1)** Insel im Kanadisch-Arkt. Archipel, zu den Parry Islands gehörend, 42 149 km²; Erdgas- und Erdölvorkommen.
2) Insel vor der N-Küste Australiens, 5 800 km²; Trockenwald und Savanne.
Member of Parliament ['membə əv 'pɑːləmənt], Abk. **M. P.,** Abgeordneter im brit. Parlament (Unterhaus).
Membran [lat. »Haut«, »Häutchen«] *die,* **1)** *Biologie:* dünnes, feines Häutchen, das trennende oder abgrenzende Funktion hat (z. B. Trommelfell).

2) *Chemie:* dünne, meist poröse Wand (Häutchen) zur Trennung von Flüssigkeiten oder Gasen unterschiedl. Zusammensetzung. Eine **semipermeable (halbdurchlässige) M. (Diaphragma)** ist für mindestens eine Molekülsorte undurchlässig, wodurch sich im Gleichgewicht Druckunterschiede ausbilden. Handelt es sich bei den zurückgehaltenen Teilchen um geladene Stoffe, so treten zusätzlich noch elektr. Potenzialunterschiede auf.
3) *Technik:* ein flächenhafter Körper (z. B. in Mikrofonen, Fernsprechern), ein dünnes, schwingungsfähiges Gebilde aus Metall, Kohle, Kunststoff oder Hartpapier in Form einer Platte oder eines Kegels, das zur Übertragung von Druckänderungen geeignet ist.
Membranophone [zu grch. *phōnē* »Ton«], Musikinstrumente, bei denen der Klang durch Schwingungen einer gespannten Membran (Tierhaut, Pergament, Kunststoff- oder Metallfolie) in Verbindung mit einem Luftvolumen als Resonator erzeugt wird (u. a. Pauke, Trommel).
Membranverfahren, Verfahren zur Trennung von flüssigen und gasförmigen Gemischen mithilfe selektiv durchlässiger dünner Wände (Membranen); hierbei werden unter dem Einfluss einer Druckdifferenz bestimmte Komponenten (z. B. das Lösungsmittel) als **Permeat** durch die Membran hindurchgepresst, während das **Retenat** (z. B. eine aufkonzentrierte Lösung) zurückbleibt. – Bei der **Umkehrosmose (Reversosmose, Hyperfiltration)** hält die Membran Salzionen und kleine Moleküle (Teilchendurchmesser 0,1 bis 2 nm) weitgehend zurück. Sie arbeitet mit Drücken, die wesentlich höher als der osmot. Druck der Lösung sind. – Die **Ultrafiltration** dient zur Auftrennung kolloider Lösungen (Teilchendurchmesser 1 nm bis 1 μm). Sie arbeitet mit Betriebsdrücken von 0,5 bis 10 bar. Die Trennwirkung wird durch Poren ermöglicht, die Lösungsmittelmoleküle hindurchlassen, nicht aber kolloide Teilchen. Anwendungsgebiete sind u. a. Meerwasserentsalzung, Reinstwasserherstellung (in Kombination mit Ionenaustauschern) und Konzentrierung von Obstsäften und Molke.
Memel, 1) *die* (litauisch Nemunas, russ. Neman, Nemen, Njemen), Fluss in N-Europa, 937 km lang, entspringt südlich von Minsk, Weißrussland, bildet 8 km unterhalb von Tilsit, Russland, ein Delta mit den Hauptarmen **Ruß** und **Gilge,** mündet in das Kur. Haff. Die M. ist mit dem Ruß auf weite Strecken Grenzfluss zw. Litauen und dem russ. Gebiet Kaliningrad.
2) Stadt in Litauen, ↗ Klaipėda.
Memelgebiet (Memelland), der nördlich von Memel und Ruß gelegene Teil Ostpreußens, 2 830 km², mit (1938) 153 000 Ew.; auch als **Klein-Litauen** bezeichnet. Das M. musste im Versailler Vertrag (1919) ohne Volksabstimmung an die Alliierten abgetreten werden (ab 16. 2. 1920 unter frz. Verw.); am 10. 1. 1923 von litauischen Freischärlern besetzt. In der »Konvention über das M.« (8. 5. 1924) erhielt Litauen die Souveränität über das Gebiet (bei Anerkennung des **Memelstatuts** vom 14. 3. 1924, das dem M. Autonomie gewährte). Zw. dem Gouv., der im M. die litauische Reg. vertrat, und dem von einer dt. Mehrheit beherrschten Landtag kam es immer wieder zu Spannungen (v. a. nach 1933); 1926–38 galt der Belagerungszustand. Unter dem Druck der nat.-soz. Reichsreg. gab Litauen am 22. 3. 1939 das M. an Dtl. zurück (Wiedereingliederung in die preuß. Provinz Ostpreußen). Im Winter 1944/45 verließ der größte Teil der dt. Bev. das M., das 1948 in die Litauische SSR (heute Rep. Litauen) eingegliedert wurde.

Memento [lat.] *das,* Gebetspassage bei der kath. Messe; Erinnerung, Mahnung (**memento mori!** »gedenke des Todes!«).

Memleben, Gem. im Burgenlandkreis, Sa.-Anh., an der Unstrut, 870 Ew. – Im 10. Jh. Königshof mit Pfalz, Sterbeort Heinrichs I. (936) und Ottos I., d. Gr. (973). Reste der Pfalz und des Benediktinerklosters (979–1552) sind erhalten.

Memling, Hans (auch Jan van Mimmelynghe), niederländ. Maler, *Seligenstadt zw. 1433 und 1440, †Brügge 11. 8. 1494; vermutlich Schüler R. van der Weydens; seit 1465 in Brügge nachweisbar. Seine Altar- und Andachtsbilder sind von großer Detailgenauigkeit, sorgfältiger Zeichnung, erlesener Farbigkeit und zeigen das Bemühen um räuml. Tiefe; szenen- und figurenreiche Darstellungen wirken jedoch häufig additiv und statisch. Zu den Hauptwerken M.s gehören der Altar des Iacopo Tani mit der Darstellung des Jüngsten Gerichts (1467/68–1471/72; Danzig, Muzeum Pomorskie), das Triptychon des Sir John Donne (um 1479/80; London, National Gallery), Die sieben Freuden Mariä (1480; München, Pinakothek) und der Reliquienschrein der heiligen Ursula (1489; Brügge, Memling-Museum).

Memmert *der,* Düneninsel im Wattenmeer, Landkr. Aurich, Ndsachs., 5,17 km²; Vogelschutzgebiet.

Memmi, 1) [mɛˈmi], Albert, tunes. Schriftsteller frz. Sprache, *Tunis 15. 12. 1920; aus jüd. Familie; Prof. für Kultursoziologie; lebt in Paris; gilt neben F. Fanon als Haupttheoretiker des Antikolonialismus; untersucht in theoret. Arbeiten (»Rassismus«, Essays, 1982) und Romanen (u. a. »Die Salzsäule«, 1953; »Agar«, 1955; »Der Pharao«, 1988) Unterdrückungsmechanismen und die Situation sozialer Minderheiten.
2) Lippo, italien. Maler, nachweisbar 1317–47 in Siena; Mitarbeiter und Nachahmer Simone Martinis; malte v. a. zarte Madonnenbilder.

Memmingen, kreisfreie Stadt im RegBez. Schwaben, Bayern, am Rande des Allgäus, 40 800 Ew.; Leder-, Textil-, Elektro-, feinmechan. Ind., Maschinen- und Fahrzeugbau. – Gut erhaltenes altes Stadtbild: Reste der Befestigung, got. Martins- und Frauenkirche, ehem. Augustinerkirche (15. Jh.), ehem. Kreuzherrenkloster mit der Kirche St. Peter und Paul (1480–84, Stuckarbeiten, 1709, der Wessobrunner Schule), Rathaus (1589, Rokokofassade 1765), Hermannsbau (1766, Museum). – 1128 erstmals erwähnt; wurde vor 1180 Stadt; erlangte ab 1749 Landesherrschaft, kam 1802/03 an Bayern.

Memnon, *grch. Mythos:* ein Sohn der Eos, König von Äthiopien, kam mit seinem Heer den Trojanern zu Hilfe und wurde von Achill getötet. Als Bilder des M. galten den Griechen im ptolemäischen Ägypten die **Memnonskolosse** in Theben, zwei 17,9 m hohe Sitzfiguren des Pharaos Amenophis III. (um 1400 v. Chr.).

Memoiren [memoˈaːrən; von frz. mémoire »Gedächtnis, Erinnerung«], v. a. von Persönlichkeiten des öffentl. Lebens vorgenommene literar. Darstellung des eigenen Lebens, wobei die Schilderung selbst erlebter polit., künstler. und zeitgeschichtl. Ereignisse, die Erinnerung an berühmte Zeitgenossen oder das eigene Wirken im Vordergrund stehen; im Ggs. zur objektivierten Chronik und zu den mehr Privates schildernden Lebenserinnerungen.

Memorandum [lat.] *das,* Denkschrift.
Memorandumgruppe, ↗ Arbeitsgruppe Alternative Wirtschaftspolitik.
Memorial Day [mɪˈmɔːrɪəl ˈdeɪ] *der* (Decoration Day), in den USA seit 1868 Gedenktag für die Gefallenen v. a. des Sezessionskriegs; in den Nordstaaten am 30. Mai (seit 1971 in den meisten Staaten am letzten Montag im Mai) begangen; auch in einigen Südstaaten Feiertag.

Memory-Effekt [ˈmɛməri, engl.] *Elektrochemie:* Phänomen beim fehlerhaften Betrieb (Laden/Entladen) von Nickel-Cadmium-Akkumulatoren, wodurch ihre Kapazität (und somit die Nutzungsdauer) herabgesetzt wird. Der M.-E. tritt v. a. infolge einer häufigen (ständigen) Überladung und mangelnder Entladung auf. Er lässt sich durch vollständige Entladung rückgängig machen. Der Grund ist die Bildung einer intermetall. Ni-Cd-Verbindung auf der Kathode. Pro Nickelatom wird relativ viel Cadmium gebunden, das die gespeicherte Energie erst bei einer (um 0,2 V) niedrigeren Spannung verfügbar macht.

Hans Memling: Die Anbetung des Kindes, Mittteltafel eines Triptychons (um 1470; Madrid, Prado)

Memory-Legierungen [ˈmɛməri-; engl.], die ↗ Formgedächtnislegierungen.
Memory-Zellen [ˈmɛməri-, engl.] (Gedächtniszellen), langlebige B- oder T-Lymphozyten, die durch Kontakt mit ihrem spezif. Antigen zu einer veränderten und erhöhten Reaktionsbereitschaft sensibilisiert werden. Bei erneuter Konfrontation mit demselben Antigen bewirken die M.-Z. eine schnellere und stärkere Immunreaktion als beim Erstkontakt. Dadurch können Krankheiten vor dem Auftreten von Krankheitserscheinungen abgewehrt werden.

Memphis, 1) (ägypt. Menfe), altägypt. Stadt am unteren Nil, 20 km südlich von Kairo; soll durch König Menes um 2900 v. Chr. als Grenzfestung errichtet worden sein. Während des Alten Reiches und (mit Unterbrechungen) des Mittleren Reiches war M. die Hptst. Ägyptens, im Neuen Reich wichtiges militär. und Verwaltungszentrum. Erhalten sind nur Ruinen des Ptahtempels, der Alabastersphinx aus der Zeit von Amenophis II., Reste einer Balsamierungsstätte der Apisstiere, Paläste der Könige Merenptah und Apries sowie eine Kolossalfigur Ramses' II. (alle UNESCO-Weltkulturerbe). Seine Nekropole lag bei ↗ Sakkara.
2) Stadt in Tennessee, USA, am Mississippi, 597 000 Ew.; zwei Univ.; Elvis-Presley-Museum; Baumwoll- und Holzhandel; Nahrungsmittel-, chem., Papier-, Landmaschinen- u. a. Industrie.

Memphis-Sound [ˈmɛmfɪs saʊnd], in der ersten Hälfte der 1960er-Jahre von der Plattenfirma Stax/Volt in Memphis (Tenn.) entwickelter expressiver

Rhythm-and-Blues-Stil; sein Auftreten markiert den Beginn des Soul.

Menado, Stadt auf Celebes, ↗ Manado.

Menagerie [-ʒəˈriː, frz.] *die,* veraltend für: Tierschau, -gehege.

Menaistraße (engl. Menai Strait), Meerenge, die die Insel Anglesey von Wales trennt; 180–3 000 m breit; wird von zwei Brücken überspannt.

Menama (Manama, Al-M.), Hauptstadt, wichtigster Hafen und wirtsch. Zentrum von Bahrain, am Pers. Golf, an der NO-Küste der Hauptinsel, 137 000 Ew.; Finanzzentrum, Aluminiumind., Großraffinerie, Werft; traditionsreiches Handwerk, Oasenwirtschaft; internat. Flughafen (auf der Insel Muharrak).

Rigoberta Menchú

Menam Chao Phraya [- ˈtʃaːo ˈpraja] *der* (Menam, thailänd. Mae Nam Chao Phraya), wichtigster Fluss Thailands; entsteht aus der Vereinigung der Quellflüsse Ping (590 km) und Nan (627 km), die im Bergland an der birman. bzw. laot. Grenze entspringen; 365 km lang; mündet mit rd. 20 000 km² großem Delta (dicht besiedelt, Reisanbau) in den Golf von Thailand. Dem Ausgleich der Wasserführung dienen u. a. der Chao-Phya-Damm (auch Chainatdamm, seit 1957) und der Bhumiboldamm (seit 1966).

Menander (grch. Menandros), der bedeutendste grch. Dichter der »neuen Komödie«, *Athen 342 v. Chr., †ebd. 291 v. Chr.; verfasste über 100 Komödien, die liebenswerte Schwächen und Leidenschaften des athen. Bürgertums schildern. M. wirkte bes. auf Plautus, Terenz, Molière und C. Goldoni.

Menarche [grch.] *die,* Zeitpunkt des ersten Auftretens der ↗ Menstruation; abhängig u. a. von Ernährung, Klima und allg. Lebensstandard; in Mitteleuropa liegt die M. durchschnittlich bei 12,5 Jahren (aufgrund der ↗ Entwicklungsbeschleunigung etwa 4 Jahre früher als vor 100 Jahren).

Gregor Mendel

Menas (Abu Mena), Märtyrer, †(hingerichtet) 296; nach der kirchl. Überlieferung ein ägypt. Soldat, der später als Einsiedler in Phrygien lebte und nach seinem öffentl. Bekenntnis zum Christentum verhört, gefoltert und schließlich enthauptet wurde; als Heiliger bes. in der kopt. Kirche verehrt. Die um sein Grab (rd. 40 km südwestlich von Alexandria) im 5. und 6. Jh. entstandene Stadt **Abu Mena (Menasstadt)** war bis zum 10. Jh. ein bed. Wallfahrtsort; seit 1961 Ausgrabungen des Dt. Archäolog. Instituts; UNESCO-Weltkulturerbe (seit 2001 auf der Roten Liste des Welterbes).

Menasse, Robert, österr. Schriftsteller, *Wien 21. 6. 1954; schreibt philosoph. Essays und Romane, die sich, alle ästhet. Möglichkeiten von Moderne und Postmoderne nutzend, mit Geschichte und Gegenwart Österreichs auseinander setzen (»Das Land ohne Eigenschaften. Essay zur österr. Identität«, 1992; »Schubumkehr«, 1995, R.). In »Die Vertreibung aus der Hölle« (2001) verflicht er diese Gegenwart kunstvoll mit der jüd. Geschichte.

Menchú [-ˈtʃu], Rigoberta, guatemaltek. Politikerin, *Chimel (Dep. Quiché) 9. 1. 1959; aus dem Stamm der Quiché-Indianer, musste 1981 nach Mexiko emigrieren, seit 1983 in der Menschenrechtskommission der UN, seit 1986 Beraterin der UN für die Rechte der indian. Bev.; erhielt 1992 den Friedensnobelpreis.

Mencius, chines. Philosoph, ↗ Mengzi.

Mencken [ˈmeŋkɪn], Henry Louis, amerikan. Schriftsteller und Journalist, *Baltimore (Md.) 12. 9. 1880, †ebd. 29. 1. 1956; übte als Gründer und Herausgeber der Ztschr. »The American Mercury« (1924–33) scharfe Kritik am amerikan. öffentl. Le-

Dmitri Mendelejew

ben; bed. ist v. a. sein sprachwiss. Werk »Die amerikan. Sprache« (1919).

Mende [mɑ̃d], Hptst. des frz. Dép. Lozère, am Lot, 10 900 Ew.; Textilind., Brauerei, Fremdenverkehr. – Kathedrale Saint-Pierre (14. Jh.).

Mende, Erich, Politiker, *Groß Strehlitz (heute Strzelec Opolskie, bei Oppeln) 28. 10. 1916, †Bonn 6. 5. 1998; Jurist; 1945 Mitbegründer, 1960–67 Bundesvors. der FDP, 1949–80 MdB (1957–63 Vors. der FDP-Fraktion); war 1963–66 (Rücktritt) Vizekanzler und Bundesmin. für gesamtdt. Fragen. 1970 trat er aus Protest gegen die Bildung der sozialliberalen Koalition zur CDU über.

Mendel, Gregor Johann, Augustinerprior und Lehrer, *Heinzendorf (heute Hynčice, bei Nový Jičín) 20. 7. 1822, †Brünn 6. 1. 1884; entdeckte bei Kreuzungsversuchen an Erbsen und Bohnen 1865 die ↗ mendelschen Gesetze für die Vererbung einfacher Merkmale. Diese richtungweisenden Ergebnisse wurden erst um 1900 von den Pflanzenforschern C. E. Correns, E. von Tschermak und H. de Vries wieder entdeckt.

Mendelejew, Dmitri Iwanowitsch, russ. Chemiker, *Tobolsk 8. 2. 1834, †Petersburg 2. 2. 1907; stellte gleichzeitig, aber unabhängig von J. L. Meyer 1869 ein ↗ Periodensystem der chemischen Elemente auf, aufgrund dessen er Vorhandensein und Eigenschaften erst später entdeckter Elemente (Gallium, Scandium, Germanium) voraussagte.

Mendele Mojcher Sforim, eigtl. Scholem Jankew Brojde, gen. Schalom Jakob Abramowitsch, russ. Schriftsteller jidd. und hebr. Sprache, *Kopyl (Weißrussland) 2. 1. 1836, †Odessa 8. 12. 1917; gilt als Klassiker der jidd. Literatur, der er mit seiner geschliffenen realist. Prosa Weltruf verschaffte; schrieb u. a. »Dos klejne menschele« (1867), »Fischke der Krumer« (1869).

Mendelevium [nach D. I. Mendelejew] *das,* chem. Symbol **Md**, künstlich hergestelltes, radioaktives chem. Element aus der Reihe der Actinoide, eines der ↗ Transurane; Ordnungszahl 101, relative Atommasse 258; die Halbwertszeit des längstlebigen Isotops ^{258}Md beträgt 57 Tage. Als erstes Isotop wurde 1955 das Nuklid ^{256}Md von den Amerikanern A. Ghiorso und G. T. Seaborg durch Beschuss des Einsteiniumisotops ^{253}Es mit Alphateilchen hergestellt.

mendelsche Gesetze (mendelsche Regeln), die zuerst von G. J. Mendel erkannten drei Grundregeln, die die Weitergabe von Erbanlagen beschreiben:

1) **Uniformitätsregel:** Kreuzt man reinerbige (homozygote) Individuen (P-Generation) miteinander, die sich nur in einem einzigen Merkmal bzw. in einem Gen unterscheiden (z. B. in der Blütenfarbe), so sind deren Nachkommen (F_1-Generation) untereinander alle gleich (uniform), d. h. für das betreffende Gen mischerbig (heterozygot). War das Merkmal dominant, bestimmt es die äußere Erscheinung, den Phänotyp. Wenn die Nachkommen der F_1-Generation im Phänotyp zu gleichen Teilen beiden Eltern ähnlich sehen (z. B. Mischfarbe), liegt ein intermediärer Erbgang vor.

2) **Spaltungsregel:** Werden heterozygote Individuen der F_1-Generation untereinander gekreuzt, so sind ihre Nachkommen (F_2-Generation) nicht alle gleich, sondern es treten neben heterozygoten auch homozygote Individuen auf. Bei Dominanz eines der beiden Merkmale erfolgt eine Aufspaltung im Verhältnis 3 : 1 (Dominanzregel).

3) **Gesetz der freien Kombinierbarkeit der Gene:** Werden Individuen miteinander gekreuzt, die sich in

mehr als einem Gen voneinander unterscheiden, gilt für jedes einzelne Gen die Uniformitäts- und die Spaltungsregel. Die freie Kombinierbarkeit gilt jedoch nur für Genpaare, die auf versch. Chromosomen liegen.

Mendelsohn, Erich, Architekt, * Allenstein 21. 3. 1887, † San Francisco 15. 9. 1953; eröffnete 1919 ein Büro in Berlin; entwarf den / Einsteinturm in Potsdam (1920/21) als bed. Beitrag zur Architektur des Expressionismus, später plastisch aufgefasste Bauten mit großzügigen Schwingungen mit Licht- und Schattenwirkungen und langen Fensterbändern (z. B. Kaufhaus Schocken in Chemnitz, 1928–29). M. emigrierte 1933 nach London, übersiedelte 1939 nach Palästina (Krankenhaus in Haifa, 1937/38; Hebräische Univ. in Jerusalem, 1936–38, u. a.) und 1941 in die USA (Maimonides-Hospital in San Francisco, 1946–50; mehrere Synagogen).

Mendelssohn, 1) Arnold, Komponist, * Ratibor (heute Racibórz) 26. 12. 1855, † Darmstadt 19. 2. 1933, Großneffe von F. Mendelssohn Bartholdy; lehrte ab 1912 am Hoch'schen Konservatorium in Frankfurt am Main; schrieb Opern (u. a. »Der Bärenhäuter«, 1900), Orchester-, Kammer-, Klaviermusik, Chorwerke, Lieder. Mit seinen geistl. Werken leitete er die Reform der evang. Kirchenmusik in Dtl. ein.

2) Dorothea, Schriftstellerin, / Schlegel, Dorothea.

3) Moses, Philosoph, * Dessau 17. 8. 1729, † Berlin 4. 1. 1786, Großvater von F. Mendelssohn Bartholdy. Seine Übersetzung des Pentateuchs, des Psalters und des Hohelieds führte die dt. Sprache in die jüd. Literatur ein und verbreitete mit ihr unter den Juden den Gedanken der Aufklärung und der Emanzipation. Von weit reichender Bedeutung war seine philosoph. Interpretation der jüd. Religion (»Phaedon oder über die Unsterblichkeit der Seele«, 1767; »Morgenstunden oder Vorlesungen über das Dasein Gottes«, 1785).

4) Peter de, Schriftsteller, * München 1. 6. 1908, † ebd. 10. 8. 1982; emigrierte 1933, ab 1941 brit. Staatsbürger; ∞ mit Hilde Spiel; wurde 1975 Präs. der Dt. Akademie für Sprache und Dichtung; verfasste neben zeit- und literaturkrit. Essays politisch-dokumentar. Arbeiten, biograf. Werke (z. B. zu W. Churchill und T. Mann), Monographien und zahlr. Novellen.

Mendelssohn Bartholdy, Felix, Komponist, * Hamburg 3. 2. 1809, † Leipzig 4. 11. 1847, Enkel von Moses Mendelssohn; trat, von C. F. Zelter ausgebildet, mit 9 Jahren erstmals als Pianist öffentlich auf, komponierte mit 17 Jahren die Ouvertüre zu Shakespeares »Ein Sommernachtstraum«. Mit der ersten Wiederaufführung (1829) der »Matthäuspassion« von J. S. Bach nach dessen Tod begründete er die moderne Bach-Pflege. Seit 1835 war M. B. Leiter des Gewandhauses in Leipzig, seit 1843 zugleich Leiter des von ihm mitgegründeten Konservatoriums. Er war als Pianist und Dirigent eine der glänzendsten Erscheinungen seiner Zeit. Seine Werke stehen formal v. a. der Klassik nahe, offenbaren aber bes. in den kleinen lyr. Formen seine romant. Bindung. Meisterhaft sind seine durchsichtig klare Instrumentierung und geschmeidig melod. Gestaltung. M. B.s reiches Schaffen umfasst u. a. die Oper »Die Hochzeit des Camacho« (1827), die Konzertouvertüren »Die Hebriden oder Die Fingalshöhle« (1830, Neufassung 1832), »Meeresstille und glückliche Fahrt« (1828–33), »Die schöne Melusine« (1833–35) sowie Sinfonien, Violin- und Klavierkonzerte, Kammermusik (darunter 7 Streichquartette), Orgelsonaten, Oratorien (»Paulus«, 1836; »Elias«, 1846) und Gesangswerke.

Menden (Sauerland), Stadt im Märkischen Kreis, NRW, 58 900 Ew.; Metall-, Elektro- u. a. Industrie. – 1276 erstmals als Stadt genannt.

Menderes (eigtl. Büyük M., in der Antike Mäander) der, Fluss in Kleinasien, Türkei, 584 km lang; nahe der Mündung in das Ägäische Meer lag die antike Stadt Milet.

Menderes, Adnan, türk. Politiker, * Aydın 1899, † (hingerichtet) Yassı Ada 17. 9. 1961; war 1946 Mitgründer, ab 1950 Vors. der Demokrat. Partei; 1950–60 MinPräs., 1960 durch einen Staatsstreich der Armee gestürzt und wegen Bruchs der Verf. zum Tode verurteilt.

Mendès-France [mɛdɛsˈfrãːs], Pierre, frz. Politiker, * Paris 11. 1. 1907, † ebd. 18. 10. 1982; Rechtsanwalt, lange Zeit Mitgl. der Radikalsozialist. Partei, seit 1942 in der Résistance aktiv; beendete als MinPräs. und Außenmin. (1954–55) den Indochinakrieg. Als Mitgl. (1960–68) der Vereinigten Sozialist. Partei (PSU) bekämpfte er das polit. System der Fünften Republik.

Mendig, Stadt im Landkr. Mayen-Koblenz, Rheinl.-Pf., 8 300 Ew.; Basaltabbau, Kunststoff verarbeitende und Getränkeindustrie. Seit 1950 Stadtrecht.

Mendikanten [von lat. mendicare »betteln«], / Bettelorden.

Mendoza [-θa], Hptst. der Prov. M., Argentinien, am O-Fuß der Kordilleren, 760 m ü. M.; 121 700 Ew.; kath. Erzbischofssitz, 4 Univ., Weinbauforschungsinst.; internat. Flughafen; in der Umgebung Erdöl- und Erdgasvorkommen. – 1561 gegr.; 1861 vollständig durch Erdbeben zerstört und unweit der Ruinen wieder aufgebaut.

Mendoza [-θa], **1)** Ana de, / Eboli.

2) Antonio de, span. Staatsmann, * Alcalá la Real (Prov. Granada) um 1490, † Lima 21. 7. 1552; 1535–49 erster span. Vizekönig von Neuspanien (Mexiko), wo er die Grundlagen der kolonialen Ordnung schuf. Auf sein Betreiben wurde die Univ. Mexiko gegründet und die Eroberung der Philippinen begonnen.

3) Diego Hurtado de, span. Humanist, Dichter und Diplomat, / Hurtado de Mendoza.

Moses Mendelssohn, Ausschnitt aus einem Gemälde (18. Jh.; Berlin, Märkisches Museum)

Felix Mendelssohn Bartholdy

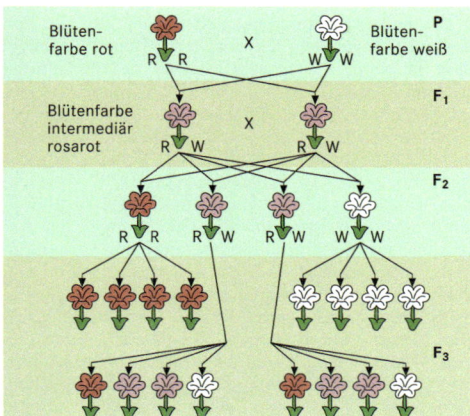

mendelsche Gesetze: schematische Darstellung eines gemäß der Uniformitätsregel und der Spaltungsregel ablaufenden intermediären Erbgangs; P Elterngeneration, F_1 erste, F_2 zweite, F_3 dritte Tochtergeneration, R Erbanlage für rote Blütenfarbe, W Erbanlage für weiße Blütenfarbe

Carlos Menem

4) Eduardo, span. Schriftsteller, *Barcelona 11. 1. 1943; erfolgreicher Autor brillant erzählter Romane, in denen Elemente des Gesellschafts- und Kriminalromans mit modernen literar. Techniken kombiniert sind: »Die Wahrheit über den Fall Savolta« (1975), »Die Stadt der Wunder« (1986), »Die unerhörte Insel« (1989), »Eine leichte Komödie« (1996), »Niemand im Damensalon« (2001).

5) Pedro de, span. Konquistador, *Guadix 1487, †auf See 23. 6. 1537; führte 1534/35 auf eigene Kosten eine Expedition ins Río-de-la-Plata-Gebiet und gründete 1536 Buenos Aires.

Mendrisio, Bezirkshauptort im Kt. Tessin, Schweiz, 6000 Ew.; Architekturakademie der Univ. der italien. Schweiz; zahlr. histor. Bauten aus dem 14.–18. Jh. Zentrum des auch industriell geprägten **Mendrisiotto.**

Menelaos, grch. *Mythos:* König von Sparta, Sohn von Atreus, jüngerer Bruder des Agamemnon, Gemahl der ⁄Helena, einer der tapfersten Helden vor Troja. M. irrte nach dem Fall Trojas, durch einen Sturm verschlagen, acht Jahre umher, ehe er die Heimat erreichte.

Menelaos von Alexandria, grch. Astronom und Mathematiker, lebte um 100 n. Chr. in Alexandria und Rom; übertrug die Begriffe Seite, Winkel und Dreieck von der Ebene auf die Kugel und entwickelte die Grundlagen der sphär. Trigonometrie.

Menelik II. [ˈmeːnɛlɪk, ˈmɛnɛlɪk] (Menilek II.), Kaiser von Äthiopien (1889–1913), *Ankober 17. 8. 1844, †Addis Abeba 12. 12. 1913; behauptete seine Macht als Herrscher von Schoa (1855–89). Nach dem Tod von Kaiser Johannes IV. (1889) ließ er sich zum Kaiser von Äthiopien ausrufen. Gegenüber Italien, das die Schutzherrschaft beanspruchte, erreichte er durch seinen Sieg bei Adua (1896) die Unabhängigkeit Äthiopiens; schuf die Grundlagen für ein modernes Staatswesen.

Menem, Carlos Saul, argentin. Politiker, *Anillaco (Prov. La Rioja) 2. 7. 1935; Jurist, Peronist, 1973–76 und 1983–89 Gouv. von La Rioja, nach dem Militärputsch von 1976 für fünf Jahre in Haft. 1989–99 gewählter Staatspräsident.

Menéndez Pidal [meˈnendeθ piˈðal], Ramón, span. Philologe und Historiker, *La Coruña 13. 3. 1869, †Madrid 14. 11. 1968; war 1925–38 und ab 1947 Präs. der span. Akademie; verfasste Werke zur span. Gesch., Sprache und Lit., bes. des MA.

Menéndez y Pelayo [meˈnendeθ i peˈlajo], Marcelino, span. Literarhistoriker, Kritiker und Philosoph, *Santander 3. 11. 1856, †ebd. 19. 5. 1912; ab 1828 Prof. für span. Lit. in Madrid, ab 1898 Direktor der Nationalbibliothek; leitete eine neue Epoche in der Erforschung der span. Literatur- und Geistesgeschichte ein, die er von einem patriot., streng kath. Standpunkt aus deutete; wies als Erster auf die Bedeutung der span.-amerikan. Dichtung hin.

Menes, sagenhafter ägypt. König (etwa 2900 v. Chr.), soll als erster König Ägyptens Ober- und Unterägypten vereinigt und Memphis gegründet haben. Seine Identität mit König Narmer ist umstritten.

Menetekel (aramäisch Mene tekel ufarsin), nach Dan. 5, 25–28 Orakelworte, die während des Gastmahls des babylon. Königs Belsazar von einer Menschenhand an die Palastwand geschrieben und von Daniel im Sinne des Endes seiner Herrschaft und seines Reiches gedeutet wurden (»Er [Gott] hat [das Reich] gezählt, gewogen, zerteilt«); danach *übertragen:* Ankündigung baldigen Unheils; ernster Warnruf. – Auf dieses Orakel geht auch das *Sprichwort* zurück: »Gewogen und zu leicht befunden.«

Menge, Zusammenfassung voneinander unterscheidbarer Objekte oder auch math. Elemente (⁄Mengenlehre).

Menge, Wolfgang, Schriftsteller, Film- und Fernsehautor, *Berlin 10. 4. 1924; wurde bes. bekannt mit polit. Satiren, u. a. »Ein Herz und eine Seele« (TV-Serie, 1973) um den Spießbürger Alfred Tetzlaff und »Motzki« (TV-Serie, 1993); Drehbücher u. a. zur Krimiserie »Tatort«.

Mengelberg [-x], Willem, niederländ. Dirigent, *Utrecht 28. 3. 1871, †Sent (bei Scoul, Schweiz) 22. 3. 1951; war 1895–1945 Chefdirigent des Concertgebouworkest Amsterdam, daneben Dirigententätigkeit in Frankfurt am Main, London und New York; bed. Förderer zeitgenöss. Musik (R. Strauss, G. Mahler).

Mengele, Josef, SS-Arzt, *Günzburg 16. 3. 1911, †(vermutlich) Enseada da Bartioga (nahe São Paulo) 7. 2. 1979; 1943–45 Chefarzt des Vernichtungslagers Auschwitz (u. a. menschenverachtende medizin. Experimente an Häftlingen), wird für den Tod von etwa 400 000 Juden verantwortlich gemacht. Ab Juni 1945 in amerikan. Kriegsgefangenschaft, im Sept. 1945 aus Unkenntnis entlassen; danach Flucht nach Argentinien (1949; seit 1959 Bürger von Paraguay).

Mengenanpasser, Anbieter (Nachfrager), der bei gegebenem Marktpreis nur mit der Veränderung der Angebotsmenge (Nachfragemenge) reagieren kann. Seine Angebotsmenge (Nachfragemenge) ist, bezogen auf das gesamte Marktangebot (Marktnachfrage), so gering, dass er keinen direkten Einfluss auf den Marktpreis ausüben kann. Auf einem vollkommenen Markt (⁄Polypol) verhalten sich alle Anbieter und Nachfrager als Mengenanpasser.

Mengen|index, Indexzahl zur Ermittlung der reinen durchschnittl. Mengenbewegung, bei der konstante Preise im Basis- und Berichtszeitraum als Gewichte dienen (Ggs. Preisindex). M. spielen v. a. in der Produktionsstatistik **(Produktionsindizes)** eine Rolle. Der wichtigste M. ist der Nettoproduktionsindex für das produzierende Gewerbe.

Mengenlehre, math. Theorie, die sich mit den Eigenschaften von Mengen und den Beziehungen zw. ihnen befasst. Die M. bildet die Grundlage fast aller math. Gebiete. Sie ermöglicht einen einheitl. Aufbau der Mathematik auf der Basis weniger Grundprinzipien.

Die **naive (nichtaxiomat.) M.** basiert auf der von G. Cantor gegebenen Definition des Begriffs **Menge;** diese ist »eine Zusammenfassung von bestimmten wohl unterschiedenen Objekten der Anschauung oder des Denkens, welche die **Elemente** der Menge genannt werden, zu einem Ganzen«. Da der Aufbau der naiven M., insbesondere die unkrit. Verwendung des Mengenbegriffs, zu Widersprüchen (z. B. ⁄russellsche Antinomie) führte, wurden axiomat. Begründungen der M. (⁄Axiom) und Einschränkungen der Anwendbarkeit bestimmter log. Grundregeln vorgenommen. – Die **axiomat. M.** baut die M. ausgehend von Axiomen auf. Sie verzichtet auf die Definition des Begriffs Menge und verwendet ihn als Grundbegriff. Eine Menge wird durch Angabe aller Elemente (bei endl. Mengen) oder durch Angabe einer Eigenschaft, der die Elemente genügen sollen, beschrieben. Grundbegriffe axiomat. Theorien der M. sind »Menge«, »Element« oder »Klasse«. Die einzige Grundrelation ist »∈«, gesprochen »Element von«, z. B. $x \in A$ (»x ist Element von A«). Zwei Mengen A und B gelten als gleich, wenn sie dieselben Elemente enthalten. Abgeleitete Begriffe sind:
1) Die **Teilmenge (Inklusion)** $B \subset A$, d. h. B ist Teilmenge von A, wenn alle Elemente von B auch sol-

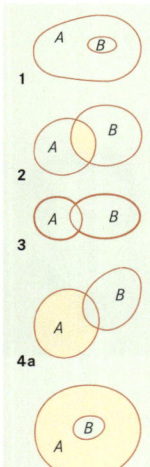

Mengenlehre: grafische Darstellung der Grundbegriffe; 1 B ist Teilmenge von A ($B \subset A$), 2 Durchschnitt der Mengen A und B ($A \cap B$), 3 Vereinigung der Mengen A und B ($A \cup B$), 4a relatives Komplement der Menge B bezüglich der Menge A ($A \setminus B$), 4b Komplement der Menge B bezüglich der Menge A, wobei B Teilmenge von A ist ($A \setminus B$)

che von *A* sind. 2) Der **Durchschnitt (Schnittmenge)** $A \cap B$ zweier Mengen ist die Menge aller Elemente, die Elemente von *A* und von *B* sind. 3) Die **Vereinigung** $A \cup B$ ist die Menge der Elemente, die in *A* oder in *B* liegen. 4) Die **Differenz-M. (relatives Komplement)** $A \setminus B$ besteht aus allen Elementen von *A*, die nicht in *B* liegen. Ist speziell $B \subset A$, so heißt $A \setminus B$ das **Komplement** von *B* in *A*. – Spezielle M. sind die **leere Menge** $\emptyset$, die Menge, die kein Element enthält, und die **Potenzmenge** $\mathfrak{P}(A)$, die Menge aller Teilmengen von *A*.

In der **Algebra der Mengen** werden die Gesetzmäßigkeiten der Mengenoperatoren $\cap$, $\cup$, $\setminus$ untersucht. So gelten z. B. das Kommutativgesetz und das Assoziativgesetz für $\cap$ und $\cup$ sowie die zwei Distributivgesetze:

$A \cup (B \cap C) = (A \cup B) \cap (A \cup C)$ und
$A \cap (B \cup C) = (A \cap B) \cup (A \cap C)$,

außerdem die **morganschen Gesetze**
$C \setminus (A \cup B) = (C \setminus A) \cap (C \setminus B)$ und
$C \setminus (A \cap B) = (C \setminus A) \cup (C \setminus B)$.

A und *B* heißen **gleichmächtig,** wenn es eine eindeutige Abbildung von *A* auf *B* gibt. Für endl. Mengen beschreibt der Begriff der **Kardinalzahl** (↗ Mächtigkeit) die Anzahl der Elemente einer Menge. Gleichmächtige Mengen erhalten dieselbe Kardinalzahl, als Formelzeichen wird das Aleph (geschrieben $\aleph$) benutzt; die Mächtigkeit der natürl. Zahlen wird mit $\aleph_0$ (Aleph-Null) bezeichnet. Eine Menge, die zur Menge $\mathbb{N}$ der natürl. Zahlen gleichmächtig ist, heißt **abzählbar** (genauer: **abzählbar-unendlich**), z. B. die Mengen der rationalen Zahlen. Mengen mit mehr Elementen, als man abzählen kann, werden als **überabzählbar** bezeichnet; die reellen Zahlen sind nicht abzählbar. (↗ Kontinuum)

Mengen|notierung (Mengenkurs), ↗ Kurs.

Mengentender, ↗ Tenderverfahren.

Menger, Carl, österr. Volkswirtschaftler, *Neusandez (heute Nowy Sącz) 23. 2. 1840, †Wien 27. 2. 1921; 1879–1903 Prof. in Wien; Mitbegründer der Wiener Schule der Nationalökonomie (↗ Grenznutzenschule); wesentl. Beiträge zur Wert-, Preis- und Verteilungstheorie. M. löste 1883 den Methodenstreit mit G. von Schmoller aus und vertrat im Ggs. zur histor. Schule die Notwendigkeit theoretisch-deduktiver Forschung.

Mengistu Haile Mariam, äthiop. Offizier und Politiker, *1937 (nach anderen Quellen 1941); 1974 maßgeblich an der Absetzung Kaiser Haile Selassies I. beteiligt, 1974–77 Erster Stellv. Vors. des Provisorischen Militär. Verw.rates, seit 1977 dessen Vors. und damit Staatsoberhaupt; schaltete, auch unter Anwendung von Gewalt, die Opposition aus und errichtete ein Gesellschaftssystem nach den Maßstäben des Marxismus-Leninismus. Außenpolitisch lehnte er sich an die kommunist. Staatenwelt an. Nach der Verf.änderung von 1987 war er Staatspräsident. 1991 gestürzt, floh er ins Ausland.

Mengs, Anton Raphael, Maler und Kunstschriftsteller, *Aussig (heute Ústí nad Labem) 22. 3. 1728, †Rom 29. 6. 1779; tätig in Dresden (Hofmaler Augusts III.), Rom und Madrid (Hofmaler Karls III.). Anfangs dem Stil des Spätbarock verpflichtet, entwickelte er mit dem Deckengemälde »Der Parnaß« (Villa Albani, Rom, 1761) seinen eklekt. klassizist. Stil, der für die nachfolgende Malergeneration vorbildlich wurde; hervorragender Bildnismaler; auch theoret. Schriften.

Mengzi (Meng Tzu, Mong Dsi, latinisiert Mencius, Menzius), chines. Philosoph, *Zou (Prov. Shandong) 372 (?) v. Chr., †ebd. 289 (?) v. Chr.; bildete die Ethik des Konfuzianismus weiter, ausgehend von der angeborenen Güte der menschl. Natur, die nur der Belehrung bedürfe, um wirksam zu werden.

Menhir [kelt.] *der* (Hünenstein), aufrecht stehender, bis 20 m hoher Stein von kult. Bedeutung; in Frankreich, Großbritannien, Dtl., Skandinavien (↗ Bautasteine) einzeln, in Reihen oder in Steinkreisen, manchmal auf oder bei Gräbern errichtet. Die meisten M. stammen aus der späten Jungsteinzeit und sind ein Merkmal der ↗ Megalithkultur.

Ménière-Krankheit [meˈnjɛːr-, nach dem frz. Ohrenarzt P. Ménière, *1799, †1862], Innenohrerkrankung mit anfallsweise auftretendem Drehschwindel einschl. Übelkeit und Erbrechen sowie einseitigen Ohrgeräuschen und einseitiger Schwerhörigkeit.

Menilek II. [ˈmeːnilɛk, ˈmɛnɪlɛk], Kaiser von Äthiopien, ↗ Menelik II.

Meningen [grch.], Hirn- bzw. Rückenmarkhäute.

Meningeom *das* (Meningiom), von den Gehirn- bzw. Rückenmarkhäuten ausgehende gutartige Gewebeneubildung (Tumor) innerhalb des Schädels oder der Wirbelsäule; eine bösartige Entartung ist möglich. Durch Druck auf Gehirn, Rückenmark oder Nervenwurzeln kann es zu neurolog. Ausfällen kommen, z. B. zu Lähmungen.

Meningitis [grch.] *die,* die ↗ Gehirnhautentzündung. **M. cerebrospinalis epidemica,** die ↗ Genickstarre.

Meningokokken (Neisseria meningitidis), gramnegative, kugelförmige Bakterien, häufigste Erreger der epidem. Meningitis.

Menippos (lat. Menippus), grch. Philosoph des 3. Jh. v. Chr. aus Gadara in Palästina; Kyniker, behandelte in Vers und Prosa (Werke nicht erhalten) Fragen der prakt. Philosophie in polemisch-satir. Form; die Werke von Seneca d. J., Lukian und Varro lassen seinen Einfluss erkennen.

Anton Raphael Mengs: Selbstporträt (1774; Sankt Petersburg, Eremitage)

Meniskus [grch.-lat. »Halbmond«] *der,* 1) *Anatomie:* halbmondförmige Faserknorpel im Kniegelenk; dienen der Anpassung der Gelenkflächen und als Puffer. – Bei Unfällen kann es zum **M.-Riss** oder zur **M.-Lockerung** (typ. Sportverletzung beim Fußballspielen und beim Skilaufen) kommen. Symptome der Verletzung sind u. a. sofort auftretende heftige Schmerzen im Kniegelenk, federnde Behinderung der Streckbewegung und Schwellung durch Gelenkerguss.

2) *Optik:* Linse mit zwei nach derselben Seite gekrümmten Linsenflächen, dient als Brillenglas (↗ Brille).

Menn Mennige

3) *Physik:* die durch Zusammenwirken von Adhäsion und Kohäsion gekrümmte Flüssigkeitsoberfläche in einem vertikalen Rohr (/ Kapillarität).

Mennige [von lat. minium »Zinnober«] *die,* **Blei(II,IV)-oxid,** Pb_3O_4, leuchtend rotes, in Wasser unlösl. Pulver, das durch Erhitzen von Blei(II)-oxid (PbO) im Luftstrom auf etwa 500°C entsteht. M. wird u. a. im Gemisch mit Leinöl oder Alkydharzen als Korrosionsschutzmittel verwendet.

Mennoniten (Altevangelische Taufgesinnte), nach / Menno Simons benannte, im 16. Jh. v. a. aus niederländ. und norddt. Täufergruppen hervorgegangene Religionsgemeinschaft. Die M. vertreten die völlige Trennung von Staat und Kirche und lehnen die Kindertaufe, jegl. Gewalt, Wehrdienst, Eidesleistung und Ehescheidung ab. Mittelpunkt ihrer Ethik ist die Nachfolge Jesu Christi im Sinne der Bergpredigt. Eine bestimmte Kirchenverfassung ist nicht vorgeschrieben; jede Gemeinde ist in sich selbstständig. Die M. wurden oft verfolgt bzw. zur Auswanderung gezwungen (Ukraine, USA). – Heute gibt es weltweit rd. 850 000 M., mehrheitlich zusammengeschlossen in der **Mennonit. Weltkonferenz** (gegr. 1925; Sitz: Straßburg). In Dtl. rd. 28 000, davon ein knappes Viertel (die älteren dt. M.-Gemeinden) vereint in der **Arbeitsgemeinschaft Mennonit. Gemeinden in Dtl..** – Die M. gehören zu den »histor. / Friedenskirchen«.

Menno Simons, täufer. Theologe, *Witmarsum (heute zu Wonseradeel, Prov. Friesland) 1496, †Wüstenfelde (bei Bad Oldesloe) 31. 1. 1561; urspr. kath. Priester; schloss sich 1536 der Täuferbewegung an; wirkte seit 1541 v. a. im niederländ. und norddt. Raum (/ Mennoniten).

meno [italien. »weniger«], *Musik:* Vortrags- und Tempobezeichnung, z. B. **m. allegro,** weniger schnell; Ggs.: più.

Menon ['menən], Vengalil Krishnan Krishna, ind. Politiker, *Calicut 3. 5. 1897 oder 1896, †Delhi 6. 10. 1974; Rechtsanwalt, 1929–47 Sekretär der »India League« in London, einflussreicher Berater J. Nehrus; war 1947–52 erster ind. Hochkommissar in London, 1952–60 Vertreter Indiens bei den UN und 1957–62 Verteidigungsminister.

Menopause [grch.] *die,* Aufhören der Menstruation, meist zw. dem 45. und 55. Lebensjahr der Frau.

Menora [hebr. »Leuchter«] *die,* siebenarmiger Leuchter; gehörte zum Kultgerät in der Stiftshütte (2. Mos. 25. 31 ff.) und im zweiten jüd. Tempel; wurde von dort 70 n. Chr. als Beute nach Rom gebracht (abgebildet auf dem Titusbogen) und ist seither verschollen. Die M. ist eines der am häufigsten abgebildeten jüd. Motive. In der Gestalt der Abbildung auf dem Titusbogen ist sie das offizielle Emblem (dargestellt auf dem Staatswappen) des Staates Israel.

Menorca, östlichste Insel der Balearen, Spanien, 702 km², 69 100 Ew.; Hauptort: Mahón; Landwirtschaft, Fischfang, Fremdenverkehr; megalith. Grab- und Kultbauten.

Menotti, Gian Carlo, italien. Komponist, *Cadegliano (bei Varese) 7. 7. 1911; lehrte 1941–55 am Curtis Institute of Music in Philadelphia; gründete 1958 das »Festival dei Due Mondi« (Festival zweier Welten) in Spoleto; komponierte effektvolle Opern, u. a. »Amelia geht zum Ball« (1937), »Das Telephon« (1947), »Der Konsul« (1950), »Hilfe, Hilfe, die Globolinks« (1968), »Goya« (1986, Neufassung 1991); Orchester- und Klaviermusik.

Mensa [lat. »Tisch«] *die,* 1) Studentenrestaurant, -kantine.
2) *Astronomie:* wiss. Bez. des Sternbilds / Tafelberg.
3) *christl. Liturgie:* Altar, Altarplatte.

Gian Carlo Menotti

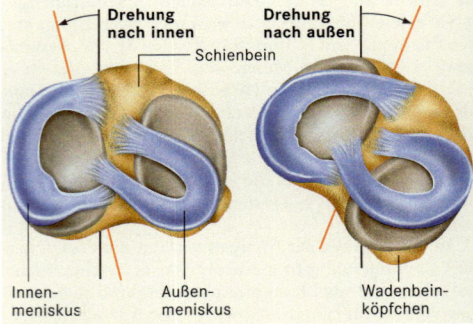

Meniskus 1): Die Draufsicht auf das Kniegelenk zeigt die hufeisenförmigen Menisken (blau) über den Gelenkflächen des Schienbeins (grau); durch die Drehung des Schienbeins werden die Menisken, besonders der äußere, verformt.

Mensch [ahd. mannisco, eigtl. »der Männliche«, zu Mann], *Biologie:* das Lebewesen mit dem am höchsten entwickelten Gehirn. Im zoolog. System gehört der M. zur Klasse der Säugetiere und in die Ordnung Primaten. Durch seine Fähigkeit, begrifflich, d. h. in Abstraktionen, zu denken und dies entsprechend in Sprache ausdrücken zu können, nimmt er eine Sonderstellung ein. Seine körperl. Merkmale (einschl. der Entfaltung des Gehirns) sowie sein Sozialverhalten und seine Emotionen können in vielen Fällen von nicht menschl. Primaten her abgeleitet werden. Dies weist auf eine langsam erfolgte Entwicklung des M. aus seinen Vorfahren hin (stammesgeschichtl. Menschwerdung, **Hominisation**).

Entwicklungsgeschichte: Die menschl. Evolutionslinie geht von menschenaffenähnl. Formen (Propliopithecus und Aegyptopithecus) des frühen Oligozäns (vor rd. 38 Mio. Jahren) aus. Aus dem unteren Miozän (vor 17–22 Mio. Jahren) liegen Reste von mehreren menschenartigen Formen vor, unter denen der **Proconsul africanus** durch Funde am besten belegt ist. Der vor etwa 2,5 Mio. Jahren auftretende **Homo habilis** wird an den Anfang der Entwicklungslinie gestellt, die zum heutigen M. geführt hat. Ihm wird im Wesentlichen die Herstellung von Steinwerkzeugen (»pebble tools«, Geröllgeräte) zugeschrieben. Die Entwicklungsstadien im Einzelnen sind strittig, kein Zweifel besteht jedoch daran, dass zuerst die zweibeinige Körperhaltung und Fortbewegungsweise erworben wurden; erst danach erfolgte die Entfaltung des Gehirns weit über das bei höheren Affen erreichte Maß hinaus. Vor etwa 1,5 Mio. Jahren (oder noch früher) taucht der **Homo erectus** auf, der weitgehend die Körpergestalt des heutigen M. hatte; es war diejenige Art, die sich erstmals über Afrika hinaus nach Asien und Europa ausbreitete. Geschickt im Herstellen von Werkzeugen (Faustkeile, Abschläge), entwickelte er die Fähigkeit, Feuer zu machen sowie erfolgreich größere Tiere zu jagen. Von hier ging die Entwicklung über eine früharchaische und eine spätarchaische Form zum **Homo sapiens,** dessen Schädelbau sich grundsätzlich nicht mehr von dem des heute lebenden M. unterscheidet. Der Homo sapiens ist seit mehr als 100 000 Jahren durch Skelettfunde in Afrika (S-Äthiopien, Südafrika) belegt. Von dort breitete er sich über SW-Asien bis Europa aus, wo er sich (nach neueren Theorien) mit der vermutlich dort lebenden Bevölkerung des archaischen Homo sapiens vermischte und diese später ablöste. Europa und Asien wurden mindestens seit Beginn der letzten Zwischeneiszeit (vor rd. 125 000 Jahren) vom **Neandertaler** besiedelt, der vor rd. 30 000 Jahren wieder verschwand und durch den Homo sapiens abgelöst wurde. Der Neandertaler wird oft als eine bes. an die eiszeitl. Lebensbedingungen angepasste Form des archaischen Homo sapiens angesehen, der, abgesehen von der Schädelentwicklung, anatomisch dem modernen M. ähnlich war.

Anthropologie: Aufgrund verschiedenartiger Kombinationen lässt sich die Art Homo sapiens in eine Anzahl von typolog. Kategorien einteilen. Die auffälligsten Unterscheidungsmerkmale sind neben der Haut-, Haar- und Augenfarbe (Komplex der Pigmentierung) bestimmte Körper-, Kopf- und Gesichtsformen sowie physiolog. Parameter wie Wärmeregulation und Blutmerkmale. Die Hautfarbe zeigt eine deutl. Beziehung zur Stärke der UV-Bestrahlung; sie ist in lichtreichen Gegenden dunkel (Schutz gegen UV-Strahlung) und in lichtärmeren Gegenden hell, um ausreichende Bildung von Vitamin D zu gewährleisten. Zur Entstehung der unterschiedl. Kategorien gibt es mehrere Theorien. Es werden vier typolog. Kategorien unterschieden: die Europiden, die Mongoliden, die (aus diesen hervorgegangenen) Indianiden und die Negriden. Dazu kommen weitere typolog. Kategorien wie die Australiden, die afrikan. und asiat. Pygmiden sowie die Polynesiden. Der Prozess der Bildung der menschl. Kategorien ist eines der Ergebnisse der menschl. Evolution. Er hing v. a. von den Faktoren Isolation, Mutation und Selektion (bzw. Anpassung) ab. Da zw. den Menschen keine biolog. Kreuzungsschranken bestehen, können durch Vermischung die Grenzen zw. den o. g. Kategorien leicht verwischt werden. Inzwischen haben eine hohe Mobilität und eine weitgehende Unabhängigkeit gegenüber Klima und Ernährungsbasis zu relativ starker Durchmischung der einzelnen Kategorien geführt.

Philosophie: Die Frage nach der Stellung des M. in Bezug auf das Tierreich, das Weltganze, den Kosmos und die göttl. Mächte ist wesentl. Antrieb aller philosoph. Bemühungen seit deren Anfängen. Bereits in der Antike wurde gegenüber den mit dem Tierreich verwandten menschl. Wesensmerkmalen der übersinnl. Ursprung des Geistes betont. Das Vernunftvermögen unterscheidet nach Aristoteles den M. vom Tier und befähigt ihn als »Zoon politikon« zum geregelten gesellschaftl. Zusammenleben. Seine Fortsetzung fand dieses Menschenbild im klass. Humanismus und in den idealist. Systemen des 18. und 19. Jh. In diesen werden das Ideal einer leiblich-seelisch-geistigen Vervollkommnung und die sittl. Autonomie als menschl. Bestimmungsmerkmale formuliert. Dualistisch zugespitzt wurde das idealist. Menschenbild durch den Rationalismus (R. Descartes); hier erschien der M. als antagonist. Einheit von Geist (Res cogitans) und Körper (Res extensa). Der mechan. Materialismus dehnte die Theorie der kausalen Determination auch auf den M. aus; dieser wird zum »Maschinenmenschen« (J. O. de La Mettrie, »L'homme machine«, 1748). Für den Existenzialismus ist der wesentl. Bestimmung des M. seine Freiheit, durch die er sich selbst zu dem bestimmt, was er ist. Dass der M. überhaupt »da« ist, hat keinen tieferen Sinn (»Absurdität« der Existenz). Gegenüber den Bestimmungen des M. in der abendländ. Philosophie hat die moderne philosoph. Anthropologie eine antispekulative Haltung eingenommen; sie erstrebt eine Vereinigung einzelwiss. Erkenntnisse vom M. zu einer universalen philosoph. Wiss. vom Menschen. Von dieser Sicht des M. unterscheiden sich metaphysikoffene Lehren wie die Evolutionstheorie von P. Teilhard de Chardin oder die Trieb-Geist-Lehre M. Schelers. Insgesamt stellt sich die Selbsteinschätzung des M. als ein Spektrum dar von einer Wertung als (so A. Gehlen) »Mängelwesen« (mangelhafte Organ- und Instinktausstattung, Kultur und Ethik als Instrumente der Existenzsicherung) bis hin zur »Krone der Schöpfung« als Endzweck der Geschichte.

Religionsgeschichte: In allen Religionen nimmt der M. gegenüber allen anderen Lebewesen eine besondere Stellung ein. Judentum, Christentum und Islam begreifen ihn als Schöpfung des alleinigen personalen Gottes, vor dem sich der M. in seiner ganzen Existenz und für sie zu verantworten hat. Die ind. Religionen sehen aufgrund ihrer Lehre vom ewigen Kreislauf der Wiedergeburten keinen prinzipiellen Unterschied zw. Göttern, Menschen und den anderen Lebewesen, heben den Menschen aber dadurch hervor, dass er allein fähig ist, die Erlösung zu erlangen. Das chines. religiöse Denken sieht in ihm einen dem Universum (Makrokosmos) entsprechenden Mikrokosmos. Die jüd. und christl. Theologie betonen, im Ggs. zu dualist. Religionen, den Gedanken der Ganzheit des Menschen. Der M. ist Leib und Seele, Mann und Frau. Seine Existenz vollzieht sich in der Spannung von Bindung und Freiheit, Glauben und Vernunft, menschl. (freiem) Willen und von Gott gefordertem (Glaubens-)Gehorsam. Als »Krone« des göttl. Schöpfungswerkes ist der M. von Gott über alle anderen Geschöpfe gesetzt, beauftragt, die Schöpfung verantwortlich zu gebrauchen und zu bewahren. Eine zentrale Stellung nimmt in allen Religionen das Problem der Begrenzung der individuellen Existenz des M. durch den ↗Tod ein, das als eine der religiösen Grundfragen unterschiedlich beantwortet wird und unterschiedl. Formen der kultisch-rituellen »Bewältigung« erfährt (↗Bestattung, ↗Totenkult).

Menschen|affen (Große M., Pongidae), Familie der Affen; menschenähnlich sind die Stellung der Augen und Ohren, die Andeutung einer s-förmig gekrümmten Wirbelsäule, die nackte Haut der Handflächen und Fußsohlen u. a. körperl. Merkmale, bes. im Jugendstadium auch die Verhaltensweisen. Die Arme der M., die als Schwingkletterer im Urwald leben, sind länger als die Beine; Daumen und große Zehe sind gegenübergestellt (opponiert). Das Gehirn ist wesentlich kleiner als das des Menschen; v. a. Großhirnrinde, Kleinhirn und opt. Zentrum sind stark entwickelt. Die M. sind v. a. Pflanzenfresser; sie legen Schlafnester an. Ihre Bestände sind stark bedroht. Zu den M. zählen ↗Orang-Utan, ↗Gorilla, ↗Schimpanse und Bonobo.

Menschen|artige (Hominoidea), Überfamilie geistig höchstentwickelter Primaten: neben dem Menschen Menschenaffen und Gibbons.

Menschenfloh, Art der ↗Flöhe.

Menschenfresser, der Kannibale, ↗Kannibalismus.

Menschenhai, Bez. für den Weißen Hai und die Grauhaie (↗Haie).

Menschenhandel, Straftat, die begeht, wer auf eine andere Person seines Vermögensvorteils wegen einwirkt, a) um sie in Kenntnis einer Zwangslage zur Aufnahme oder Fortsetzung der Prostitution zu bestimmen oder b) um sie in Kenntnis der Hilflosigkeit, die mit ihrem Aufenthalt in einem fremden Land verbunden ist, zu sexuellen Handlungen zu bringen, die sie an oder vor einer dritten Person vornehmen oder von einer dritten Person an sich vornehmen lassen soll. M. ist gemäß §180 b StGB mit Freiheitsstrafe bis zu fünf Jahren oder mit Geldstrafe bedroht (im schweren Fall, z. B. bei gewerbl. M., Freiheitsstrafe von einem bis zu zehn Jahren, § 181 StGB). – In *Österreich* ist M. nach § 217 StGB mit ähnl. Strafrahmen bedroht. In der *Schweiz* wird M. als Handel, der der Unzucht eines anderen Menschen Vorschub leistet, definiert und gemäß Art. 196 StGB mit Zuchthaus oder Gefängnis nicht unter sechs Monaten bestraft.

Menschen|opfer, die sakrale Tötung von Menschen; in der *Religionsgeschichte* vielfach belegter, mit unterschiedl. Begründungen bzw. Erwartungen vollzogener kult. Akt, im Laufe der religionsgeschichtl. Entwicklung häufig durch das tier. Ersatzopfer abgelöst (z. B. Isaaks Opferung durch Abraham, 1. Mos. 22). M. dienten zur Übertragung der Macht des Geopferten (Anthropophagie; ritueller Königsmord), Tilgung von Schuld (Sühneopfer), Abwehr drohender Gefahr (Selbstopfer röm. Truppenführer; Bauopfer, die unter den Fundamenten von Häusern und Brücken bestattet wurden) oder Begleitung Verstorbener (so die ind. ↗Witwenverbrennung).

Menschenraub, das Sichbemächtigen eines Menschen durch List, Drohung oder Gewalt, um ihn in hilfloser Lage auszusetzen oder in auswärtigen Kriegs- oder Schiffsdienst zu bringen. M. wird in Dtl. nach § 234 StGB mit Freiheitsstrafe nicht unter einem Jahr bestraft (↗Verschleppung). – In *Österreich* ist M. als erpresser. Entführung und Überlieferung an eine ausländ. Macht (§§ 102, 103 StGB), in der *Schweiz* als Freiheitsberaubung, Kindesentführung und Entführung ins Ausland (Art. 183, 271 Nr. 2 StGB) strafbar. – **Erpresserischer M.** (§ 239a StGB) liegt vor, wenn es der Zweck des M. ist, die Sorge des Opfers um sein Wohl oder die Sorge eines Dritten um das Wohl des Opfers zu einer Erpressung auszunutzen (Freiheitsstrafe nicht unter fünf Jahren).

Menschenrechte, Rechte, die jedem Menschen unabhängig von seiner Stellung in Staat, Gesellschaft, Familie, Beruf, Religion und Kultur bereits dadurch zustehen, dass er als Mensch geboren ist. Auch andere Merkmale wie Hautfarbe, Geschlecht, Sprache, polit. oder sonstige weltanschaul. Vorstellungen, nat. oder soziale Herkunft lassen die Gültigkeit der mit der bloßen Existenz als Mensch verbundenen M. unberührt. Zentraler Begriff der M. ist die ↗Menschenwürde als die unbedingte Anerkennung des Einzelnen als eines Trägers gleicher Freiheit, deren Gebrauch unabhängig von anderen Menschen erlaubt sein muss. M. werden insoweit durch staatl. Normierungen nicht geschaffen, sondern können durch diese als etwas Vorhandenes lediglich anerkannt werden.

Auch wenn die Idee der M. das Produkt einer spezifisch neuzeitlichen abendländ. Problemkonstellation war, hat sich doch eine universale Grundlage für die Diskussion der M. als individuelle Rechte etabliert. Das gilt, obwohl ihre Gültigkeit durch religiöse, polit. oder weltanschaul. Totalitarismen infrage gestellt wird. In den Verfassungstexten formulierte M. werden i. d. R. als ↗Grundrechte bezeichnet.

Auf die völkerrechtl. Ebene konnte die Diskussion über M. erst im 20. Jh. vordringen. Dies erklärt sich aus der Grundstruktur des Völkerrechts als eines Rechts der souveränen Staaten. Der Einzelmensch erhielt durch völkerrechtl. Rechtsnormen weder Rechte noch Pflichten. Nach dem Zweiten Weltkrieg setzten die Vereinten Nationen (UN) die Stärkung der M.-Idee auf der internat. Ebene mit Nachdruck fort. Ein Markstein ist die **Allgemeine Erklärung der M.,** die am 10. 12. 1948 verkündet wurde, die allerdings nur empfehlenden Charakter besitzt. Verbindl. Konventionen sind dagegen zwei am 19. 12. 1966 verabschiedete, später in Kraft getretene Vertragswerke, nämlich der **Internationale Pakt über bürgerliche und politische Rechte** (Abk. IPbürgR, in Kraft seit 23. 3. 1976) und der **Internationale Pakt über wirtschaftliche, soziale und kulturelle Rechte** (Abk. IPwirtR, in Kraft seit 3. 1. 1976) als Kernstücke des internat. M.-Schutzes. Der IPbürgR wiederholt im Wesentlichen die in der Allgemeinen Erklärung der M. enthaltenen Rechte. Eine schwächere Verpflichtung ist in dem IPwirtR enthalten. Die tatsächl. Lage der M. wird von der UN durch versch. Kommissionen und Beauftragte beobachtet; zu ihrer Verbesserung sind zahlreiche Abkommen geschlossen worden. 1993 wurde das Amt eines **Hochkommissars für M.** geschaffen.

Auf regionaler Ebene existieren als Pakte zum Schutze der M. die Europ. Konvention zum Schutze der M. und Grundfreiheiten (Europ. Menschenrechtskonvention; EMRK) vom 4. 11. 1950 (↗Europarat) mit dem ↗Europäischen Gerichtshof für Menschenrechte als Kontrollorgan, die Amerikan. Menschenrechtskonvention der Organisation Amerikan. Staaten (OAS) vom 22. 11. 1969 (AMRK) sowie die Afrikan. Charta der Rechte der Menschen und Völker (»Banjul-Charta«), die am 21. 10. 1986 in Kraft getreten ist.

Der gesamte völkerrechtl. M.-Schutz leidet noch immer darunter, dass er in erster Linie innerstaatl. Organen übertragen ist. Die völkerrechtl. Instrumente können nur die Staaten als solche verpflichten. Die Kontrolle über die Erfüllung der völkerrechtl. Pflichten ist wegen des Fehlens eines internat. Exekutivorgans und einer internat. obligator. Gerichtsbarkeit sehr erschwert. Nur auf regionaler Ebene (EMRK, AMRK) sind Ansätze für eine internat. Gerichtskontrolle geschaffen worden. Der Zugang des Einzelnen zu einer solchen internat. Gerichtsbarkeit stößt aber immer noch auf rechtsdogmat. Schwierigkeiten, weit der internat. M.-Schutz die Schwelle der nat. Souveränität noch nicht überwunden hat.

Menschensohn, hebr. und aramäische Umschreibung für Mensch, in der jüd. ↗Apokalyptik Bez. einer messian. Gestalt, die am Ende der Zeiten erwartet wird und das endzeitl. Reich aufrichten wird (z. B. Dan. 7, 13 f.); im N. T. fast ausschl. in der wörtl. Rede Jesu gebraucht, der vom M. stets in der dritten Person spricht (z. B. Mk. 2, 10; 8, 31 und 38).

Menschenwürde, der Anspruch des Menschen, als Träger geistig-sittl. Werte um seiner selbst willen geachtet zu werden. Sie verbietet jede erniedrigende Behandlung oder die Behandlung eines Menschen als »bloßes Objekt«. Nach Art. 1 Abs. 1 GG ist die M. unantastbar; sie zu achten und zu schützen ist Verpflichtung aller staatl. Gewalt. Die prakt. Bedeutung dieser Bestimmung tritt hinter den spezielleren ↗Grundrechten zurück, die ihrerseits durch die M. geprägt sind.

Menschewiki [russ. »Minderheitler«], der gemäßigte Flügel der Sozialdemokrat. Arbeiterpartei Russlands, der auf dem 2. Parteitag 1903 gegenüber den von Lenin geführten »Bolschewiki« bei einer Abstimmung über das Parteistatut und bei den Wahlen zum Zentralkomitee in der Minderheit blieb. Führende Vertreter waren G. W. Plechanow, L. Martow, N. S. Tschcheidse. Die M., die gegenüber Lenins Kaderpartei am Prinzip der Massenpartei festhielten, spielten eine aktive Rolle in der russ. Revolution 1905/07. 1912 fand die endgültige Spaltung der Partei in Bolschewiki und M. statt. Nach der Februarrevolution 1917 gewannen die M. eine führende Stellung in Georgien und (gemeinsam mit den Sozialrevolutionären) im Petrograder Sowjet; zeitweise gehörten sie

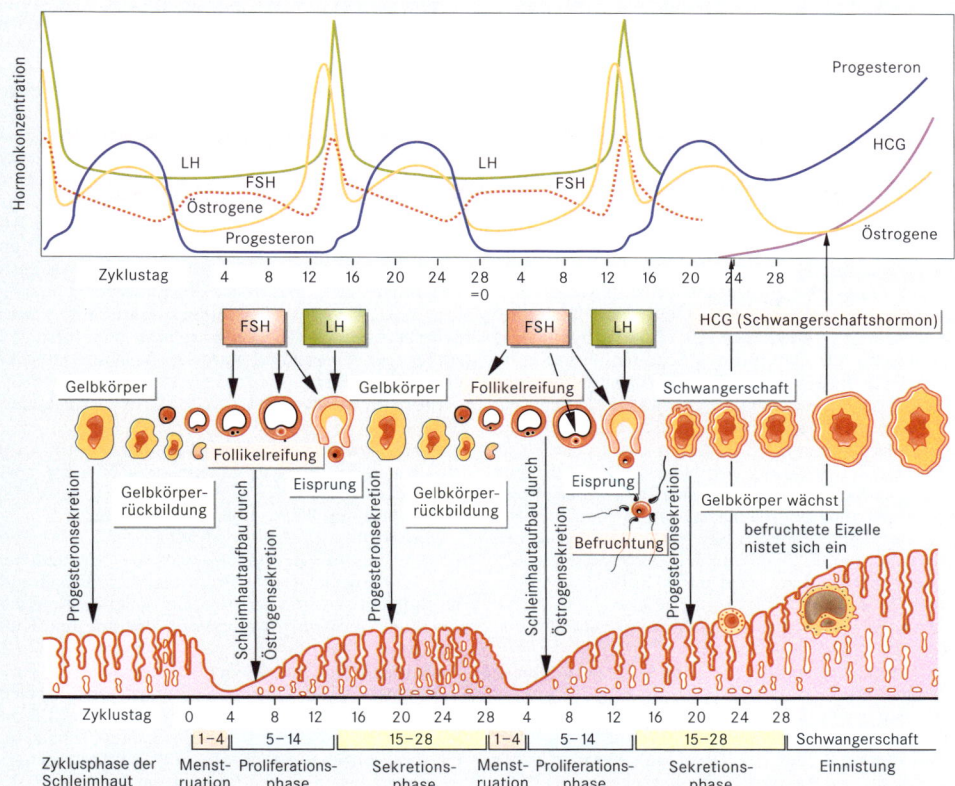

Menstruation: oben die Verlaufskurven von LH, FSH, Östrogenen und Progesteron zeigen die Hormonkonzentration im Blutserum während eines Menstruationszyklus mit Befruchtung und Eieinnistung, unten Veränderungen im Eierstock (mit Follikelreifung, -sprung und Gelbkörperbildung) und an der Gebärmutterschleimhaut (mit Menstruation, Proliferations- und Sekretionsphase).

1917 der Provisor. Reg. an. Die M. lehnten die bewaffnete Machtergreifung der Bolschewiki 1917 ab. Danach allmählich aus allen polit. Gremien verdrängt (im Juni 1918 Ausschluss aus dem Gesamtruss. Zentralen Exekutivkomitee der Sowjets) und zunehmend verfolgt, wirkten die M. im Untergrund oder gingen ins Exil.

Menschikow, 1) Alexander Danilowitsch Fürst (seit 1705/07), russ. Staatsmann und Feldmarschall (seit 1709), * Moskau 16. 11. 1673, † Berjosowo (Gebiet Tjumen) 23. 11. 1729, Urgroßvater von 2); einflussreichster Vertrauter und Günstling Peters d. Gr., hatte im Nord. Krieg (1700–21) großen Anteil an den Siegen über die Schweden bei Kalisch (1706) und Poltawa (1709); wurde 1703 Gen.-Gouv. von Ingermanland; setzte nach dem Tod Peters d. Gr. (1725) die Thronbesteigung Katharinas I. durch, in deren Reg.zeit er faktisch die russ. Politik bestimmte; 1727 entmachtet und verbannt.

2) Alexander Sergejewitsch Fürst, russ. General und Staatsmann, * Petersburg 26. 8. 1787, † ebd. 1. 5. 1869, Urenkel von 1); wurde 1831 Gen.-Gouv. von Finnland; trug als Sonderbotschafter in Konstantinopel 1853 durch ultimative Forderungen zum Ausbruch des ⁄ Krimkriegs bei, in dem er als Oberbefehlshaber der Land- und Seestreitkräfte (bis 1855) glücklos kämpfte.

Mensching, Gustav, Religionswissenschaftler, * Hannover 6. 5. 1901, † Düren 30. 9. 1978; ab 1936 Prof. in Bonn; Arbeiten zur Religionsphänomenologie und -soziologie.

Mensch-Maschine-Kommunikation, *Informatik:* die Gesamtheit der Wechselwirkungen (Interaktionen) zw. Mensch und Computer, die mit dessen Benutzung (insbesondere bei Dialogsystemen) zusammenhängen und die für das bestimmungsgemäße und fehlerfreie Funktionieren des **Mensch-Maschine-Systems** erforderlich sind. Als wiss. Arbeitsgebiet ist die M.-M.-K. ein interdisziplinärer Forschungsbereich (Informatik, Psychologie, Arbeitswiss. u. a.). Wesentl. Teilgebiete sind ⁄ Softwareergonomie und Hardwareergonomie (benutzergerechte Gestaltung von Endgeräten und Computerarbeitsplätzen).

Menschwerdung Gottes, *christl. Theologie:* ⁄ Inkarnation, ⁄ Logos.

Mensendieck, Bess, eigtl. Elizabeth Marguerite M., niederländisch-amerikan. Gymnastiklehrerin, * New York 1. 7. 1864, † (auf testamentar. Wunsch unbekannt) 1957 oder 1958; Begründerin der **M.-Gymnastik,** die eine Analyse und Synthese der menschl. Bewegungen anstrebt.

Menses [lat. »Monate«], die ⁄ Menstruation.

mens sana in corpore sano (sit) [lat.], »ein gesunder Geist (möge) in einem gesunden Körper (wohnen)«, geflügeltes Wort aus Juvenals »Satiren«.

Menstruation [lat.] *die* (Monatsblutung, Regel, Regelblutung, Periode, Menses), die bei der geschlechtsreifen Frau periodisch (durchschnittlich alle

29,5 Tage) auftretende, 3–5 Tage dauernde Blutung aus der Gebärmutter als Folge der Abstoßung der Gebärmutterschleimhaut. Eine echte M. liegt nur dann vor, wenn im vorangegangenen Zyklus eine Ovulation stattfand. Nach der M. reift in der Follikelphase (zw. dem 6. und 15. Tag) unter dem Einfluss des in der Hypophyse gebildeten follikelstimulierenden Hormons (FSH) in einem der beiden Eierstöcke ein Follikel (eitragendes Bläschen) zum Graaf-Follikel heran. Die in den Eierstöcken gebildeten Östrogene bewirken das Wachstum der Gebärmutterschleimhaut **(Proliferationsphase)** und eine Rückinformation an die Hypophyse (Rückkopplungsmechanismus). Unter dem Einfluss von hypophysärem Luteinisierungshormon (LH) platzt schließlich der Graaf-Follikel (etwa zw. dem 11. und 15. Tag), sodass die frei werdende Eizelle durch den Eileiter in die Gebärmutter gelangen kann. In der folgenden **lutealen Phase** (Zeit vom Eisprung bis etwa 27. Tag) bildet sich der gesprungene Follikel in eine Hormondrüse, den Gelbkörper, um. Das Gelbkörperhormon bewirkt eine Auflockerung und Nährstoffanreicherung in der Gebärmutterschleimhaut **(Sekretionsphase)** zwecks eventueller Aufnahme eines befruchteten Eies. Hat keine Befruchtung stattgefunden, gehen Gelbkörper und Ei zugrunde. Die sekretorisch umgewandelte Schleimhaut wird unter Blutung etwa am 28. Tag abgestoßen.

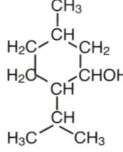
Menthol

Mensur [lat. mensura »das Messen«, »Maß«] *die,*
1) *Chemie:* ↗ Messzylinder.
2) *Fechten:* Abstand der beiden Gegner voneinander.
3) *Musik:* die den Klang, die Stimmung und die Spielweise bestimmenden Maßverhältnisse eines Instrumentes, z. B. bei der Orgel das Verhältnis des Querschnitts zur Länge der Pfeifen, ebenso bei Blasinstrumenten; bei Saiteninstrumenten das Verhältnis der Saiten zum Korpus sowie aller Maße der Teile des Instruments zueinander.
4) *student. Verbindungen:* Zweikampf mit blanker Waffe **(Pauken)**, wird noch in einigen Verbänden an dt., österr. und schweizer. Hochschulen geübt (z. T. auch in diesen Verbänden umstritten). – Die benutzten Waffen sind reine Hiebwaffen. Die M. wird von einem Unparteiischen geleitet. Jedem Fechter **(Paukant)** stehen ein **Sekundant** und ein **Testant** zur Seite. Gegen gefährl. Verletzungen sind die Fechter durch Bandagierung gesichert **(Paukwichs).** Die M. ist beendet (ausgepaukt) nach 40–60 Gängen oder durch **Abfuhr**, wenn ein schwerer Schmiss das Weiterfechten verbietet. Die Vorschriften sind im **Paukkomment** zusammengefasst.

Mensuralmusik [lat.], die in der ↗ Mensuralnotation aufgezeichnete Musik des 13.–16. Jahrhunderts.

Mensuralnotation [lat.], aus der ↗ Modalnotation hervorgegangene Notenschrift des 13.–16. Jh., die außer der Tonhöhe (durch Notenlinien und Notenschlüssel) auch durch versch. Formen der Notenzeichen das Verhältnis der Tondauer untereinander ausdrückte, im Ggs. zu der älteren ↗ Choralnotation, die den Zeitwert der Töne nicht angibt. Um 1450 wurden anstelle der großen schwarzen Notenzeichen die schwarz umrandeten weißen Notenformen eingeführt und die schwarzen Noten auf die kleinsten Werte beschränkt: Maxima ◧, Longa ◨, Brevis ▫, Semibrevis ◊ (unsere ganze Note), Minima ♩ (unsere Halbe), Semiminima ♪ oder ♩ (Viertel), Fusa ♫ oder ♪ (Achtel), Semifusa ♬ oder ♫ (Sechzehntel). Durch Rundung des Notenumrisses entstand seit etwa 1600 aus der M. die heutige Notenschrift.

mental [lat.], den Geist betreffend, gedanklich.

Yehudi Menuhin

Mentalität [lat.] *die,* Geisteshaltung; Einstellung des Denkens eines Einzelnen oder einer Gruppe von Menschen; bestimmt das Verhältnis zur Wirklichkeit und das individuelle oder kollektive Verhalten.

Mentalitätsgeschichte (Mentalitätengeschichte), moderner Zweig der Geschichtswiss., begründet in Frankreich Ende der 1960er-Jahre (↗ Annales), u. a. enge Verbindungen zur Alltagsgeschichte, Histor. Anthropologie und zur neuen Kulturgeschichte. Die M. bezieht in die Erforschung geschichtl. Vorgänge und Epochen die Formen des Alltagswissens und die dem Bewusstsein der betreffenden Zeit entzogenen, aber tatsächlich wirksamen Denkmuster ein. Die Mentalitätsforschung ermöglicht neue, komplexere Sichten, erfasst bislang noch nicht berücksichtigte Quelleninhalte und führt v. a. zur Kooperation mit der Sprachwiss., Kunst- und Literaturgeschichte.

Mentalreservation [lat.], *Recht:* ↗ geheimer Vorbehalt.

Mentawai|inseln, Inselgruppe südwestlich von Sumatra, Indonesien, 6 097 km², rd. 40 000 Ew. (Altindonesier).

Mentha, die Pflanzengattung ↗ Minze.

Menthol [lat.] *das* (p-Menthan-3-ol), Hauptbestandteil des Pfefferminzöls, wird aus Minzenarten oder synthetisch hergestellt; wirkt entzündungswidrig, antiseptisch und auf der Hautoberfläche leicht betäubend und kühlend; Zusatz zu Zahnpasten, Kaugummi u. a.

Mentizid [lat.] *das,* ↗ Gehirnwäsche.

Menton [mã'tõ] (italien. Mentone), Stadt im Dép. Alpes-Maritimes, Frankreich, an der Côte d'Azur, 29 500 Ew.; Fremdenverkehr: Spielkasino, Musikfestspiele, Segelsportwettbewerbe; Parfümherstellung. – M. gehörte bis 1860 zum Fürstentum Monaco.

Mentor, in der »Odyssee« der Freund des Odysseus und Lehrer des Telemachos; heute Bez. für Lehrer, Berater.

Mentum [lat.] *das,* ↗ Kinn.

Menü [frz.] *das, Informatik:* bei interaktiven Systemen auf dem Bildschirm eines Computers in Form von auswählbaren, aufklappbaren Fenstern angezeigte Liste von Programmfunktionen (M.-Leiste), aus der der Benutzer auswählt und z. B. durch Drücken einer Taste bzw. Tastenkombination oder durch Bewegen eines Cursors auf ein bestimmtes Feld die nächsten Arbeitsschritte festlegt. (↗ Pull-down-Menü, ↗ Pop-up-Menü)

Menu-Costs ['menju:kɔsts, engl.], Bez. für die Kosten, die einem Unternehmen im Zuge von Preisänderungen entstehen. Dazu gehören z. B. die Kosten für das Erstellen und Verschicken neuer Preislisten und/oder Kataloge; i. w. S. auch andere Informations- und Organisationskosten sowie Kosten im Zusammenhang mit der Verärgerung von Kunden.

Menuett [frz., zu menuet »klein«, »winzig«] *das,* frz. Paartanz in mäßig raschem ³⁄₄-Takt, wurde Mitte des 17. Jh. unter Ludwig XIV. Hof- und Gesellschaftstanz. Von Frankreich aus verbreitete es sich über ganz Europa. – In der Kunstmusik besteht das M. aus einem Hauptsatz in zweiteiliger Liedform und einem ebenso gebauten, in Tonart und Melodiebildung gegensätzl. Trio. Es wurde durch J.-B. Lully in die Kunstmusik (Oper, Ballett) eingeführt und war noch vor 1700 fester Bestandteil der Suite; seit etwa 1750 Bestandteil von Sonate und Sinfonie.

Menuhin, Sir (seit 1966) Yehudi, Baron of Stoke d'Abernon (seit 1993), amerikan. Violinist, * New York 22. 4. 1916, † Berlin 12. 3. 1999; studierte bei G. Enescu und A. Busch, mit acht Jahren erster öffentl. Auftritt. Sein weit gespanntes Repertoire schloss auch die Neue Musik mit ein. M. initiierte die Festspiele in Gstaad (1956, Leitung bis 1996) und Windsor (1969) und war 1959–68 künstler. Leiter des Bath Festivals. 1982 wurde er zum Präs. des Royal Philharmonic Orchestra London ernannt. Seit den 70er-Jahren war M. zunehmend als Dirigent tätig. Er setzte sich auch mit dem Jazz und außereurop. Musik auseinander, u. a. als Duopartner des Jazzgeigers S. Grappelly sowie des Sitarspielers R. Shankar. 1979 erhielt M. den Friedenspreis des Dt. Buchhandels.

Menzel, 1) Adolph von (seit 1898), Maler, * Breslau 8. 12. 1815, † Berlin 9. 2. 1905; erlernte bei seinem Vater die Technik der Lithographie, bildete sich als Maler im Wesentlichen autodidaktisch. Mit den Lithographien zu »Denkwürdigkeiten aus der Brandenburgisch-Preuß. Geschichte« (1836) und »Die Armee Friedrichs d. Gr. in ihrer Uniformierung« (1851–57, 3 Tle.) profilierte er sich als bedeutendster Vertreter dieser Kunst in Dtl. im 19. Jh. 1839–42 schuf er 400 Federzeichnungen für Holzstiche zu F. T. Kuglers »Geschichte Friedrichs d. Gr.«. Mitte der 1840er-Jahre entstanden seine ersten bed., zunächst unbeachteten Bilder von Innenräumen, Gärten und Hinterhäusern. Er griff auch aktuelle und dem beginnenden Industriezeitalter gemäße Themen auf, die zu seiner Zeit kaum als darstellungswürdig galten (»Eisenwalzwerk«, 1875). In der freien maler. Haltung, der Wiedergabe des unmittelbaren Eindrucks und mit dem besonderen Interesse an Farbwirkungen und Lichtreflexen wirkte er wegbereitend für den dt. Impressionismus. Auch in der Historienmalerei ging M. eigene Wege. Seine Darstellungen höf. Gesellschaften der friderizian. Zeit haben den Charakter von Momentaufnahmen, ohne deklamator. Pathos.

2) Jiří, tschech. Filmregisseur, * Prag 23. 2. 1938; dreht überwiegend kritisch-satir. Filmkomödien (»Liebe nach Fahrplan«, 1966; »Die wunderbaren Männer mit der Kurbel«, 1978; »Kurzgeschnitten«, 1980; »Das Wildschwein ist los«, 1983; »Dörfchen, mein Dörfchen«, 1985; »Ende der alten Zeiten«, 1990; »The Life and Extraordinary Adventures of Private Ivan Chonkin«, 1994; auch Theaterregie und Filmschauspieler (»Alles, was ich mag«, 1992).

3) Wolfgang, Schriftsteller, * Waldenburg in Schlesien (heute Wałbrzych) 21. 6. 1798, † Stuttgart 23. 4. 1873; gab 1825–48 das einflussreiche »Literaturblatt« zum cottaschen »Morgenblatt« und 1852–69 selbstständig ein »Literaturblatt« heraus. Seine Kritik (1835) an den Autoren des ⁄ Jungen Deutschland veranlasste deren Verfolgung durch den Dt. Bund.

Menzel Bourguiba [- burgiˈba] (früher Ferryville), Stadt in N-Tunesien, an der Bucht von Biserta, 95 000 Ew.; Werft, Stahlwerk, Reifenfabrik.

Menzies [ˈmenzɪz], Sir (seit 1963) Robert Gordon, austral. Politiker, * Jeparit (Victoria) 20. 12. 1894, † Melbourne 15. 5. 1978; Rechtsanwalt, ab 1939 Führer der Vereinigten Austral. Nationalpartei (spätere Liberale Partei); war 1939–41 und 1949–66 Premierminister.

Menzius, chines. Philosoph, ⁄ Mengzi.

Mephisto (Mephistopheles), Gestalt der Faustsage (⁄ Faust, Johannes); im ältesten Volksbuch von 1587 Mephostophiles genannt. Goethe konzipierte die Gestalt (im »Faust«) neu.

Meppen, Krst. des Landkreises Emsland, Ndsachs., an der Mündung der Hase in die Ems und am Dortmund-Ems-Kanal, 32 700 Ew.; archäolog. Museum; Maschinenbau, Holz-, Textil-, Erdölind., Kunststoffverarbeitung; Hafen. – Propsteikirche (15. Jh.). – M., 780 als Missionszelle gegr., erhielt 1360 Stadtrecht.

Merak, Stern 2. Größe (β) im Sternbild Großer Bär (⁄ Bär).

Meran (italien. Merano), Stadt in der Prov. Bozen, Südtirol, Italien, an der Passer vor deren Mündung in die Etsch, 324 m ü. M., 33 900 Ew.; dank seiner milden Winter und seiner geschützten Lage ein viel besuchter Kurort. – Altstadt mit Laubengängen und Bürgerhäusern des 16.–18. Jh., Reste der mittelalterl. Stadtmauern mit Pulverturm, Burg (2. Hälfte des 15. Jh.), got. Pfarrkirche St. Nikolaus (Chor und Turm, 1302–76, Langhaus, 1350–1420, Turmvorhalle mit Fresken um 1417; Steinplastik des hl. Nikolaus an der südl. Außenwand, um 1350), Museum, Theater; Wein- und Obstbau. In der Umgebung zahlr. alte Schlösser (Schenna, Zenoburg); im N von M. der Fremdenverkehrsort **Dorf Tirol,** 596 m ü. M. mit Schloss Tirol. – 857 zuerst erwähnt, erhielt 1317 Stadtrecht, fiel 1363 an Habsburg, war bis um 1420 Hptst. Tirols; seit 1919 zu Italien.

Meran
Stadtwappen

Adolph von Menzel: Studie für das Gemälde »Flötenkonzert in Sanssouci« (um 1850; Moskau, Puschkin-Museum)

Meranien, histor. Bez. für die kroat. Küstengebiete um den Kvarner, zunächst Teil der Markgrafschaft Istrien, 1152–1248 selbstständiges Herzogtum, das ab 1180 vom Haus **Andechs-Plessenburg/M.** regiert wurde. (⁄ Andechs)

Merapi, Name mehrerer Vulkane in Indonesien: 1) auf Sumatra nördlich von Padang, 2 891 m ü. M., noch tätig (letzter Ausbruch 1979); 2) auf Java nördlich von Yogyakarta, 2 911 m ü. M., gefährl. Ausbrüche für das dicht besiedelte Kulturland an seinem Fuß (zuletzt 1956, 1967, 1994, 1997, 1998); 3) auf Java nordwestlich von Banyuwangi, 2 800 m ü. M., erloschen.

Merbold, Ulf, Physiker und Raumfahrer, * Greiz 20. 6. 1941; nahm vom 28. 11. bis 8. 12. 1983 bei einem Raumflug von Spaceshuttle »Columbia« an der amerikanisch-europ. Mission Spacelab-1 teil, danach an den Missionen Spacelab IML-1 (22.–30. 1. 1992) und Euromir '94 (4. 10.–4. 11. 1994).

Merca, Hafenstadt in Somalia, ⁄ Marka.

Mercalli-Skala [nach dem italien. Vulkanologen G. Mercalli, * 1850, † 1914], zwölfstufige Skala der Erdbebenstärke, beruht auf fühlbaren und sichtbaren Wirkungen. International gebräuchlich sind eine **modifizierte M.-S.** (MM-Skala) und die **MSK-Skala** (Medwedew-Sponheuer-Karnik-Skala). Nach ihnen liegt der Intensitätsgrad 1 bei nur instrumentell nachweisbaren Erschütterungen vor, der Grad 2 bei gerade noch spürbaren Erschütterungen, der Grad 4 bei stärkeren Gebäudeerschütterungen, der Grad 8 bei Auftreten schwerer Gebäudeschäden, der Grad 10 bei Zerstörung zahlr. Häuser, Rutschen von Berghängen u. a.; der Intensitätsgrad 12 wird zugeordnet, wenn totale Zerstörungen sowie vielfältige Verwüstungen der Landschaft eintreten. (↗ Richter-Skala)

Mercantour [mɛrkã'tu:r], Gebirgsmassiv in den Seealpen, im Mont Clapier (frz.-ital. Grenze) 3 045 m ü. M. Auf frz. Seite der 685 km² große Nationalpark M., der im NW bis über den Mont Pelat (3 051 m ü. M.) hinausreicht; Gämsen, Steinböcke, Auerhahn, Königsadler; vorgeschichtl. Höhlenzeichnungen.

Mercaptane [mlat.], *Chemie:* ↗ Thiole.

Mercator, Gerhard (latinisiert aus Kremer), Geograph und Kartograph, *Rupelmonde (heute zu Kruibeke, bei Antwerpen) 5. 3. 1512, †Duisburg 2. 12. 1594; schuf seit 1541 im Auftrag Kaiser Karls V. eine Erd- und Himmelskugel, 1554 eine Karte von Europa (15 Blätter). Berühmt wurde M. durch seine große, für die Seefahrt bestimmte Weltkarte (18 Blätter; 1569) in der von ihm neu entwickelten **M.-Projektion:** eine konforme, normalachsige Zylinderprojektion der Erde, bei der sich die (als Geraden abgebildeten) Meridiane und Breitenkreise rechtwinklig schneiden; wegen ihrer Winkeltreue noch heute für die Navigation von Bedeutung. 1595 erschien eine Sammlung seiner Karten, der »Atlas«.

Gerhard Mercator

Mercedarier (Nolasker, lat. Ordo Beatae Mariae Virginis de Mercede redemptionis captivorum, Abk. OdeM), kath. Orden, gegr. 1218 als Ritterorden zum Loskauf christl. Gefangener von den Muslimen, weibl. Ordenszweig seit 1265; seit dem 14. Jh. Bettelorden und in der Jugenderziehung und Mission tätig.

Mercedes-Benz AG, Unternehmensbereich der ↗ DaimlerChrysler AG.

Mercerisieren, *Textiltechnik:* ↗ Merzerisieren.

Merchandising ['mɜːtʃəndaɪzɪŋ, engl.] *das,* i. w. S. alle auf die Ware bezogenen Marketingaktivitäten eines Handelsbetriebes; i. e. S. alle absatzstimulierenden Maßnahmen am Ort des Verkaufs im Zusammenhang mit der Warenpräsentation (z. B. Produktplatzierung u. a. Werbemaßnahmen, aber auch Regalservice, Preisauszeichnung), die z. T. von Mitarbeitern der Lieferanten (**Merchandisern**) wahrgenommen werden.

Merchant Adventurers ['mɜːtʃənt əd'ventʃərəz]; engl. »wagende Kaufleute«], im 14. Jh. entstandene engl. Kaufmannsgilde, die seit dem 16. Jh. die dt. Hanse aus dem engl. Handel verdrängte. Ihr Monopol wurde 1689 aufgehoben.

Melina Mercouri

Mercia ['mɜːsɪə, auch 'mɜːʃɪə], angelsächs. Königreich, erstreckte sich beiderseits des Trent bis nach Wales; besaß unter König Offa (757–796) angelsächs. Vormacht, 825 unter Lehnshoheit von Wessex.

Mercier [mɛr'sje], Louis Sébastien, frz. Schriftsteller, *Paris 6. 6. 1740, †ebd. 25. 4. 1814; wandte sich theoretisch und mit eigenen Werken (u. a. »Der Schubkarren des Essighändlers«, 1769) gegen das klassizist. Drama; schrieb den utop. Roman »Das Jahr 2440. Ein Traum aller Träume« (1771) und kulturhistorisch bed. Schilderungen von Paris (u. a. »Paris, ein Gemälde«, 12 Bde., 1781–88, auch u. d. T. »Paris am Vorabend der Revolution«).

Merck, Johann Heinrich, Schriftsteller, *Darmstadt 11. 4. 1741, †(Selbstmord) ebd. 27. 6. 1791; Mitarbeiter an den »Frankfurter Gelehrten Anzeigen«, dem »Teutschen Merkur« und der »Allg. Dt. Bibliothek«; bed. Anreger und Kritiker der zeitgenöss. Li-

teratur (Goethe, J. G. Herder, C. M. Wieland, J. C. Lavater); schrieb auch satir. Romane.

Merck KGaA, weltweit in den Bereichen Pharma, Labor und Spezialchemie tätige Unternehmensgruppe; Sitz: Darmstadt, gegr. 1827; firmiert seit 1995 als KGaA mit E. Merck als Komplementär (73,84 %) und freien Aktionären als Kommanditisten.

Merckx [mɛrks], Eddy, belg. Straßenrennfahrer, *Meensel-Kiezegem (heute zu Tielt-Winge, Prov. Flämisch-Brabant) 17. 6. 1945; 1964 (Amateur-)Straßenweltmeister; seit 1965 Profi; gewann je fünfmal die Tour de France (1969–72, 1974) und den Giro d'Italia (1968, 1970, 1972–74); dreimal Straßenweltmeister (1967, 1971, 1974).

Mercosur, Kw. für **Mer**cado **Co**mún del **Con**o **Sur** (Gemeinsamer Markt im südlichen Lateinamerika), regionale Wirtschaftsorganisation in Lateinamerika; gegr. am 26. 3. 1991 durch den Vertrag von Asunción, in Kraft getreten am 1. 1. 1995; Sitz: Montevideo. Zu den Gründungs-Mitgl. zählen Argentinien, Brasilien, Paraguay und Uruguay; Chile (seit 1996) und Bolivien (seit 1997) sind assoziierte Mitgl. Ziele sind die Bildung eines gemeinsamen Marktes durch stufenweisen Abbau von Zöllen und Handelshemmnissen sowie die Koordinierung der Wirtschaftspolitik.

Mercouri [mɛr'kuri], Melina, grch. Schauspielerin und Politikerin, *Athen 18. 10. 1925, †New York 6. 3. 1994; war ∞ mit J. Dassin; auch Chansonsängerin; Filme: »Sonntags nie« (1959), »Topkapi« (1964) u. a.; 1967–74 wegen ihres Auftretens gegen die Militärjunta ausgebürgert; 1981–89 und ab 1993 grch. Kultusministerin.

Mercury ['mɜːkjʊrɪ], Freddie, eigtl. Frederick Bulsara, brit. Rockmusiker, *Sansibar 5. 9. 1946, †London 24. 11. 1991; Sänger und Bandleader der 1970 gegr. Gruppe ↗ Queen. Kennzeichnend für M.s Auftritte waren extravagante Kostümierung und aufwendige Lightshows. Solistisch trat er mit den Alben »Mr. Bad Guy« (1985) und »Barcelona« (1988; zus. mit Montserrat Caballé) hervor.

Mercury-Programm ['mɜːkjʊrɪ-], erstes bemanntes amerikan. Raumfahrtprogramm der NASA mit sechs Flügen zw. 1961 und 1963. Mit Einmannkapseln wurden zunächst auf zwei kurzen ballist. Einsätzen (Dauer je 15 min) die Leistungsfähigkeit der Astronauten unter Schwerelosigkeit untersucht sowie die Rückkehr und Bergung der Mercury-Kapseln erprobt. Danach wurden vier bemannte Flüge auf Erdumlaufbahnen durchgeführt. Das M.-P. ging dem ↗ Gemini-Programm voraus.

Mer de Glace [mɛrdə'glas; frz. »Eismeer«], Gletscher an der frz. N-Seite des Montblanc, 33 km², 12 km lang.

Meredith ['mɛrədɪθ], 1) George, engl. Schriftsteller, *Portsmouth 12. 2. 1828, †Flint Cottage (bei Dorking, Cty. Surrey) 18. 5. 1909; Lyriker und Erzähler, der eine Synthese zw. Einflüssen der Romantik, des Positivismus sowie der Präraffaeliten anstrebte. Seine realistischen psycholog. Romane (»Richard Feverels Prüfung«, 3 Bde., 1859; »Der Egoist«, 3 Bde., 1879; »Diana vom Kreuzweg«, 3 Bde., 1885) sind in komplexem, reflexivem und metaphernreichem Stil geschrieben.

2) Oliver Burgess, amerikan. Schauspieler, *Cleveland (Oh.) 16. 11. 1907, †Malibu (Calif.) 9. 9. 1997; Charakterdarsteller der Bühne, des Fernsehens und des Films (»King Lear«, 1987); auch Regisseur.

Mereschkowski, Dmitri Sergejewitsch, russ. Schriftsteller, *Petersburg 14. 8. 1865, †Paris 9. 12. 1941; ab 1889 ∞ mit der Dichterin Sinaida Hippius

(* 1869, † 1945); Mitbegründer des russ. ⁄ Symbolismus. Anfangs Lyriker, widmete er sich später philosoph. und religiösen Problemen, so in der Romantrilogie »Christ und Antichrist« (1896–1905); auch Dramen, Erinnerungen, Essays.

Mergel [lat. merga, aus kelt.] *der,* kalkig-toniges Sedimentgestein mit einem Kalkgehalt zw. 30 und 65%.

Maria Sibylla Merian: Spanischer Pfeffer, kolorierter Kupferstich aus dem 1705 entstandenen Hauptwerk »Metamorphosis insectorum Surinamensium«

Mergenthaler, Ottmar, Uhrmacher und Feinmechaniker, * Hachtel (heute zu Bad Mergentheim) 11. 5. 1854, † Baltimore (Md.) 28. 10. 1899; erfand 1884 die erste brauchbare Zeilensetzmaschine »Linotype« (⁄ Setzmaschine), die 1886 bei der »New York Tribune« erstmals verwendet wurde.

Mergentheim, Bad, ⁄ Bad Mergentheim.

Mergers & Acquisitions [ˈməːdʒəs ənd ækwɪˈzɪʃnz, engl.], Abk. **M&A,** Geschäftszweig von Banken, Finanz- und/oder Unternehmensberatern, die als dritte Partei bei der Planung, prakt. Durchsetzung und Kontrolle von Unternehmenszusammenschlüssen (Mergers) und -übernahmen (Acquisitions) tätig werden. Gegen Provision werden versch. Dienstleistungen (z. B. Objekt- bzw. Käufersuche, Objektbewertung, Finanzierung, Beratungen unterschiedl. Art) angeboten.

Merguiarchipel [məˈgwiː-], Inselgruppe an der W-Küste Hinterindiens, zu Birma; rd. 900 Inseln; trop. Regenwald; Kautschukpflanzungen, Zinn- und Wolframerzabbau, Fischerei.

Meri [ˈmɛri], **1)** Lennart, estn. Politiker und Schriftsteller, * Tallinn 29. 3. 1929; Theaterdramaturg und Publizist; nahm an ethnolog. Expeditionen in Mittelasien teil; seine Reisebücher weisen hohes literar. Niveau auf; war 1990–92 Außenmin. und 1992–2001 (Wiederwahl 1996) Staatspräsident.

2) Veijo, finn. Schriftsteller, * Viipuri (heute Wyborg) 31. 12. 1928; zeigt in Romanen (u. a. »Das Manilaseil«, 1957) und Erzählungen an den extremen Situationen des Krieges das Absurde menschlicher Existenz; auch Hörspiele, Dramen, Essays.

Merian, 1) Maria Sibylla, Malerin, Kupferstecherin, Naturforscherin, * Frankfurt am Main 2. 4. 1647, † Amsterdam 13. 1. 1717, Tochter von 2); veröffentlichte naturwiss. Werke mit realist., kolorierten Stichen, bes. über die Insekten von Surinam (Hauptwerk: »Metamorphosis insectorum Surinamensium«, 1705).

2) Matthäus d. Ä., Kupferstecher, * Basel 22. 9. 1593, † Langenschwalbach (heute Bad Schwalbach) 19. 6. 1650, Vater von 1). Von überragender kulturgeschichtl. Bedeutung sind seine exakten Städtebilder zu M. Zeillers »Topographia« (1642 ff.). Er schuf auch Stadtpläne, u. a. von Basel, Köln und Frankfurt am Main; ferner Illustrationen zu dem zeitgeschichtl. Monumentalwerk »Theatrum Europaeum« (1635 ff.), fortgesetzt von seinem Sohn Matthäus d. J. (* 1621, † 1687).

Méribel [-ˈbɛl], frz. Wintersportstation in den Savoyer Alpen, 1600 m ü. M., in den Trois-Vallées.

Mérida, 1) Stadt in Extremadura, Provinz Badajoz, Spanien, am Guadiana, 51 200 Ew.; Nationalmuseum für röm. Kunst; Zentrum eines Bewässerungsgebietes; Nahrungsmittel-, Kork- und Tabakindustrie. – 792 m lange, 64-bogige Römerbrücke (95 v. Chr.). – Die 27 v. Chr. von den Römern als **Emerita Augusta** gegründete Stadt hat viele, z. T. gut erhaltene Bauwerke aus jener Zeit (UNESCO-Weltkulturerbe).

2) Hptst. des Bundesstaates Yucatán, Mexiko, 799 600 Ew. (Agglomeration); kath. Erzbischofssitz; Univ., archäolog. Museum; Handels- und Verarbeitungszentrum des Sisalanbaus, Nahrungs- und Genussmittelind., Zementfabrik. – Kathedrale (16. Jh.), Casa Montejo (1549 ff.); in der Nähe die Ruinen der Mayastädte Chichén Itzá und Uxmal. – 1542 gegründet.

3) Hptst. des Bundesstaates M., Venezuela, 1625 m ü. M. im N der Kordillere von M., 230 000 Ew.; kath. Erzbischofssitz; Univ.; Handels- und Verarbeitungszentrum eines Agrargebiets (Zuckerrohr, Kaffee); höchste Drahtseilbahn der Erde (Bergstation 4771 m ü. M.). – 1558 gegründet.

Meridian [lat. circulus meridianus »Mittagskreis«] *der,* **1)** *Astronomie:* (Mittagskreis), der durch Zenit, Nadir und die Himmelspole gehende Kreis am Himmel. Er steht auf dem Horizont senkrecht und schneidet diesen im **Nord-** oder **Mitternachtspunkt** sowie im **Süd-** oder **Mittagspunkt** (⁄ astronomische Koordinaten).

2) *Geographie:* (Längenkreis), jeder von Pol zu Pol reichende und senkrecht auf dem Äquator stehende »Halbkreis« (⁄ Länge).

3) *Geophysik:* (magnet. Meridian), durch die erdmagnet. Pole verlaufende Längenkreise, sie geben an jedem Ort die magnet. N-S-Richtung an.

Meridiankreis, astronom. Fernrohr in azimutaler Montierung, das um eine in O-W-Richtung liegende Achse in der Meridianebene frei drehbar ist, sodass beim Drehen die opt. Achse den Himmelsmeridian markiert. Mit dem M. ist der höchste Stand eines Sterns (Meridianhöhe) sowie der Zeitpunkt des Meridiandurchgangs mit sehr hoher Genauigkeit

Lennart Meri

Matthäus Merian d. Ä.: Wasserburg am Inn, Kupferstich (um 1644)

Prosper Mérimée

Angela Merkel

(< 0,05 s) bestimmbar. Es ist das Hauptinstrument zur astronom. Zeitbestimmung.

meridional, *Optik:* in der Ebene liegend, die durch die opt. Achse und den Objektpunkt aufgespannt wird. Senkrecht zur **Meridionalebene** steht die Sagittalebene (↗ sagittal).

Mérignac [meri'nak], Stadt westlich von Bordeaux, Dép. Gironde, W-Frankreich, 57300 Ew.; Flugzeugbau u. a. Ind.; Weinbau; Flughafen von Bordeaux.

Mérimée [meri'me], Prosper, frz. Schriftsteller, * Paris 28. 9. 1803, † Cannes 23. 9. 1870; wurde 1831 Inspekteur der histor. Denkmäler Frankreichs (in dieser Funktion ausgedehnte Reisen), ab 1853 Senator. In M.s Novellen verbindet sich romant. Subjektivität mit genauer Beobachtung der Wirklichkeit. In meisterlich knapper Sprache, vielfach mit leiser Ironie, gestaltete er Szenen mit schwelenden oder ausbrechenden Leidenschaften: »Colomba« (1840), »Carmen« (1845; Vorlage zu G. Bizets Oper, 1875), in seinen histor. Romanen folgte er W. Scott (»Die Bartholomäusnacht«, 1829); schrieb ferner Dramen, Balladen, histor., kunsthistor. und literar. Studien.

Merina, größte Gruppe der ↗ Madagassen malaiischer Herkunft; etwa 3,4 Mio. Menschen.

Meriniden (Ben Marin, Banu Marin), Berberdynastie in Marokko (1269–1420/65). Die M. griffen auch nach Spanien über, mussten sich aber 1344 von dort zurückziehen. Nach längeren Kämpfen, auch mit den Portugiesen, unterlagen die M. 1420 den Wattasiden; der letzte Schattenherrscher der M. starb 1465. – Die M. waren Förderer von Kunst und Kultur.

Merino [span.] *der* (Merinoschaf), Schafrasse mit sehr feiner gekräuselter Wolle.

Meristem [grch.] *das,* ↗ Bildungsgewebe.

Meristemkultur, Kultivierung pflanzl. Gewebes auf Nährböden unter sterilen Bedingungen zur Gewinnung virusfreier Klone (↗ Mikrovermehrung).

Meriten [lat.], Verdienste.

meritorische Güter, auf R. A. Musgrave zurückgehender finanzwiss. Begriff für Güter bzw. individuelle Bedürfnisse **(meritor. Bedürfnisse),** bei denen der Staat in bewusstem Ggs. zum Prinzip der Konsumentensouveränität in das Marktgeschehen eingreift, um das für »falsch« erachtete Konsumentenverhalten zu korrigieren. Der Staatseingriff kann auf eine Verringerung des Konsums (z. B. durch Besteuerung von Alkohol und Tabak) oder auf dessen Erhöhung abzielen (z. B. gesetzl. Schul-, Versicherungspflicht).

Merkantilismus [frz., zu lat. mercari »Handel treiben«] *der,* Bez. für die zw. dem 16. und 18. Jh. durch Interventionismus und Dirigismus geprägten Eingriffe des Staates in den Wirtschaftsprozess sowie für bestimmte, in sich nicht geschlossene wirtschaftstheoret. und -polit. Konzeptionen. Ziel des M. war die Stärkung der Wirtschafts-, Handels- und Finanzkraft der absolutist. Staaten. Als Mittel dienten u. a. Förderung von großgewerbl. Produktion und Außenhandel, Vereinheitlichung von Maßen, Münzen und Gewichten, Beseitigung der Binnenzölle, Protektionismus, aktive Bev.politik (Peuplierungspolitik). Der **französische M.,** nach seinem Mitbegründer auch **Colbertismus** genannt (↗ Colbert), war gekennzeichnet durch staatl. Förderung der gewerbl. Wirtschaft unter Vernachlässigung der Landwirtschaft, u. a. durch Schaffung eines einheitl. Zoll- und Marktgebietes, gewerbefördernde Infrastruktur, Steuerreform, Anwendung von Preistaxen, Produktionsvorschriften, bestimmte Ausfuhrverbote. Beim **englischen M. (Bullionismus)** lag der Schwerpunkt auf der Ausweitung des Außenhandels (Seehandels) und der Kolonisierung. Dabei bediente sich der Staat eines ausgeprägten Protektionismus (Importbeschränkung auf Rohstoffe, Förderung des Exports von Fertigwaren, Devisenbewirtschaftung, Importzölle). Ziel des **deutschen M.** (↗ Kameralismus) waren v. a. Sicherung der Staatsfinanzen, Erhöhung der Bev.zahl (zur Überwindung der Folgen des Dreißigjährigen Krieges) sowie Förderung von Handel und Gewerbe. – Die gegen Ende des 19. Jh. von versch. Staaten praktizierte interventionist. Wirtschaftspolitik (Abkehr vom freien Warenverkehr, Schutzzollpolitik u. a.) wird als **Neo-M.** bezeichnet.

Merkel, 1) Angela, Politikerin (CDU), * Hamburg 17. 7. 1954; Physikerin, in der DDR im Herbst 1989 Mitbegründerin des »Demokrat. Aufbruchs«, seit Dez. 1990 MdB; war Juni 1993 bis Mai 2000 Landesvors. der CDU in Meckl.-Vorp.; 1991–94 Bundesmin. für Frauen und Jugend, dann bis 1998 Bundesmin. für Umwelt, Naturschutz und Reaktorsicherheit, Nov. 1998 bis April 2000 CDU-Generalsekretärin; wurde im April 2000 Bundesvors. der CDU, im Okt. 2002 auch Vors. der CDU/CSU-Bundestagsfraktion.

2) Inge, österr. Schriftstellerin, * Wien 1. 10. 1922; Altphilologin; beschreibt eine für Täuschung und Mystifikation anfällige Welt; Zorn und Selbstironie prägen ihr Werk (u. a. »Eine ganz gewöhnliche Ehe. Odysseus und Penelope«, R., 1987; »Aus den Geleisen«, R., 1994). Einen wichtigen Platz in ihrem Werk nehmen die Beziehungen zwischen Christentum und Judentum sowie die jüd. Geschichte ein, so in dem Roman »Sie kam zu König Salomo« (2001).

Merker, 1) im Minnesang der den Liebenden feindl. Aufpasser; 2) im Meistersang Zensor und Schiedsrichter, der die Beachtung der Regeln prüfte.

Merker, Paul, Literaturhistoriker, * Dresden 24. 4. 1881, † ebd. 25. 2. 1945; ab 1917 Prof. in Leipzig, ab 1921 in Greifswald, ab 1928 in Breslau; gab mit W. Stammler das »Reallexikon der dt. Literaturgesch.« (4 Bde., 1925 bis 1931) und (ab 1926) die »Zeitschrift für dt. Philologie« heraus.

Merkers-Kieselbach, Gemeinde im Wartburgkreis, Thür., an der Werra, 3500 Ew.; in Merkers bis 1993 Kaliwerk (140 km² unterird. Ausdehnung), heute Schaubergwerk. – 1993 aus den Gem. Merkers und Kieselbach entstanden.

Merkmal, 1) *Biologie:* eine kennzeichnende Eigenheit z. B. des Körperbaus, seiner Biochemie, seiner Leistung oder seines Verhaltens.

2) *Logik:* Bestimmung, durch die sich Dinge der gleichen Art oder Arten der gleichen Gattung unterscheiden.

3) *Sprachwissenschaft:* (Marker), morpholog., semant. oder phonet. Eigenschaft eines sprachl. Elements, die dieses von anderen Elementen unterscheidet. Es wird i. d. R. in eckigen Klammern in binärer Darstellung erfasst (+ bedeutet Vorhandensein, − Fehlen eines M.). So kann z. B. das Wort »Haus« morphologisch als [+ Neutrum], [+ Singular], semantisch als [− menschlich] beschrieben werden.

Merkur, Titel oder Titelbestandteil period. Druckschriften; in Dtl. z. B. der »Teutsche M.« von C. M. Wieland und der »Rheinische M.« von J. J. Görres.

Merkur, 1) *Astronomie:* [nach dem Gott Merkur], Zeichen ☿, sonnennächster Planet; der kleinste der erdähnl. Planeten und (nach Pluto) der zweitkleinste Planet im Sonnensystem. Er besitzt keinen Mond, seine mittlere Dichte ist (nach der Erde) die zweitgrößte. M. läuft in sehr exzentr. Bahn um die Sonne, sodass seine Entfernung zur Sonne zw. 46 und 70 Mio. km schwankt. Sein Abstand von der Erde

Merkur: Astronomische und physikalische Daten

Äquatordurchmesser	4 876 km
Masse	$3{,}3 \cdot 10^{23}$ kg
mittlere Dichte	5,43 g/cm^3
Rotationsdauer	58 d 15 h 30 min
Dauer eines Umlaufs um die Sonne	87,97 Tage
mittlere Entfernung zur Sonne	58 Mio. km

wechselt von 82 bis 217 Mio. km, sein scheinbarer Winkeldurchmesser entsprechend von rd. 15″ bis 5″.

Der M. ist von der Erde aus schlecht sichtbar, da er sich höchstens 28° von der Sonne entfernt, sodass er sich nur in der Dämmerung zeigt. In unterer Konjunktion projiziert er sich mitunter als dunkler Punkt auf die Sonnenscheibe **(M.-Durchgang).**

Die *Oberfläche* des M. ist – ähnlich der des Erdmondes – von Kratern bedeckt, seine hohe Dichte weist auf einen Eisenkern hin. Das durch die Sonnennähe und die geringe Schwerebeschleunigung (etwa $^1/_3$ der der Erde) praktisch bedingte Fehlen einer Wärme speichernden *Atmosphäre* führt zu gewaltigen Temperaturdifferenzen; so schwankt die Äquatortemperatur im Sommer im Perihel zw. etwa 430 °C und −180 °C nachts. Messungen der amerikan. Raumsonde Mariner 10 (1975) lassen auf die Existenz einer außergewöhnlich dünnen Atmosphäre aus Wasserstoff, Helium, Sauerstoff, Natrium und Kalium schließen. Mariner 10 wies auch ein schwaches Magnetfeld nach, dessen Stärke an der Planetenoberfläche etwa 1 % der Magnetfeldstärke an der Erdoberfläche beträgt.

2) (lat. *Mercurius*), *röm. Mythos:* Gott des Handels und Gewerbes, später dem grch. Hermes gleichgesetzt.

Merlan [frz.] *der,* Meeresfisch, ↗Wittling.

Merle [mɛrl], Robert, frz. Schriftsteller, * Tébessa (Algerien) 20. 8. 1908; Autor eines vielseitigen Werkes, u. a. realist. Kriegsroman »Wochenende in Zuitcoote« (1949), gesellschaftskritisch-utop. (»Der Tag der Delphine«, 1967; »Malevil oder Die Bombe ist gefallen«, 1972) und histor. Romane (u. a. »Die gute Stadt Paris«, 1980; »Das Königskind«, 1993), auch Reportagen.

Merleau-Ponty [merlopɔ̃'ti], Maurice Jean Jacques, frz. Philosoph, * Rochefort (Dép. Charente-Maritime) 14. 3. 1908, † Paris 3. 5. 1961; Vertreter des frz. Existenzialismus u. bed. Phänomenologe; entwickelte, von E. Husserl und der Gestalttheorie ausgehend, eine existenzialist. Anthropologie und Theorie der leibl. Existenz; Ansätze zu einer Theorie des gesellschaftl. Handelns mit Einfluss auf J.-P. Sartre und A. Camus. – *Werke:* Die Struktur des Verhaltens (1942); Phänomenologie der Wahrnehmung (1945); Humanismus und Terror (1947); Das Sichtbare und das Unsichtbare (hg. 1964).

Merlin [engl.] *der,* eine Art der ↗Falken.

Merlin, der Zauberer und Prophet der Geschichten um König ↗Artus, aus der Vereinigung eines Teufels mit einer breton. Prinzessin hervorgegangen, erstmals genannt in der »Historia Regum Britanniae« (1136) von Geoffrey of Monmouth. Der M. der ebenfalls Geoffrey zugeschriebenen »Vita Merlini« trägt Züge des kelt. Lailoken, des wilden Waldmenschen. In der Romantik wurde der M.-Stoff wieder belebt.

Mernissi, Fatima, marokkan. Schriftstellerin und Soziologin, * Fès 1940; befasst sich in ihren Büchern bes. mit der Geschichte und heutigen Situation von Frauen im arab. Raum; arbeitet u. a. als Beraterin der UNESCO für den Bereich »Frauen und Islam«.

Meroë, Ruinenstätte in N-Sudan zw. dem 5. und 6. Nilkatarakt, seit etwa 530 v. Chr. Hptst. des meroit. Reiches Kusch, im 4. Jh. n. Chr. vom Königreich von Aksum erobert und zerstört. Erhalten sind mehrere Tempel, Paläste, röm. Bäder; östlich der Stadt Grabanlagen und Pyramiden der Könige. Gefunden wurden u. a. der Goldschatz der Königin Amanischachete (1. Jh. v. Chr., jetzt in Berlin und München) sowie Zeugnisse der sog. **meroit. Schrift** (um 200 v. Chr.) in einer den Hieroglyphen ähnl. Monumentalschrift und einer der demot. Schrift ähnl. kursiven Schreibschrift.

Merowinger, Königsgeschlecht der sal. Franken, erstmals fassbar durch Chlodio (um 425) und den namengebenden Merowech (um 450). Chlodwig I. (482–511) erhob das ↗Fränkische Reich zur führenden Macht im Abendland. Die M. verloren im 7. Jh. ihre Macht an die karoling. ↗Hausmeier. – Übersicht S. 3086

merowingische Kunst, die Kunst des Frankenreiches unter den Merowingerkönigen (5.–8. Jh.). Der histor. Epochenbez. entspricht keine stilgeschichtl. Einheit, vielmehr spiegelt sich in der Kunst der über-

Maurice Merleau-Ponty

merowingische Kunst: Die Silberscheiben aus Hüfingen mit christlichen Darstellungen dürften im Mittelmeerraum entstanden sein (7. Jh.; Freiburg im Breisgau, Museum für Ur- und Frühgeschichte).

greifende Prozess der Auseinandersetzung heidnischgerman. mit christlich-spätantiker Kultur wider. Der Formenschatz entstammt weitgehend dem Mittelmeerraum, doch wird er durch spezifisch german. Neigungen zum Ornamentalen, Koloristischen und Flächenhaften modifiziert. Die Sakralarchitektur zeigt meist im Grundriss ein doppeltes Quadrat (Saint-Pierre in Vienne, 5. Jh.; Baptisterium in Poi-

merowingische Kunst: das im 6./7. Jh. erbaute Baptisterium in Poitiers

Merowinger, Stammtafel (Auswahl*)

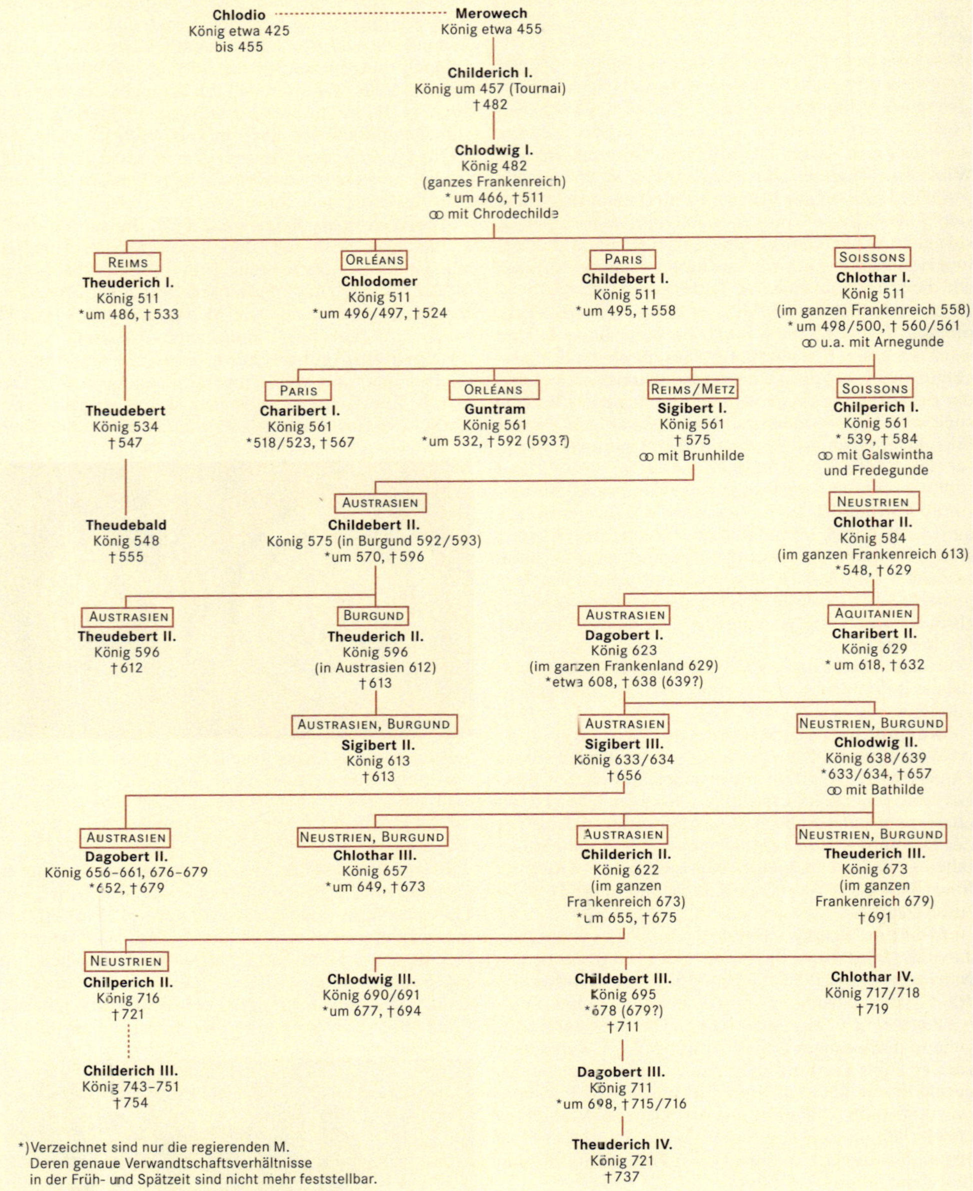

```
Chlodio ························ Merowech
König etwa 425              König etwa 455
bis 455
                │
          Childerich I.
          König um 457 (Tournai)
          † 482
                │
          Chlodwig I.
          König 482
          (ganzes Frankenreich)
          * um 466, † 511
          ∞ mit Chrodechilde
```

REIMS	ORLÉANS	PARIS	SOISSONS
Theuderich I. König 511 *um 486, † 533	Chlodomer König 511 *um 496/497, † 524	Childebert I. König 511 *um 495, † 558	Chlothar I. König 511 (im ganzen Frankenreich 558) *um 498/500, † 560/561 ∞ u.a. mit Arnegunde

	PARIS	ORLÉANS	REIMS/METZ	SOISSONS
Theudebert König 534 † 547	Charibert I. König 561 *518/523, † 567	Guntram König 561 *um 532, † 592 (593?)	Sigibert I. König 561 † 575 ∞ mit Brunhilde	Chilperich I. König 561 * 539, † 584 ∞ mit Galswintha und Fredegunde

	AUSTRASIEN			NEUSTRIEN
Theudebald König 548 † 555	Childebert II. König 575 (in Burgund 592/593) *um 570, † 596			Chlothar II. König 584 (im ganzen Frankenreich 613) *548, † 629

AUSTRASIEN	BURGUND		AUSTRASIEN	AQUITANIEN
Theudebert II. König 596 † 612	Theuderich II. König 596 (in Austrasien 612) † 613		Dagobert I. König 623 (im ganzen Frankenland 629) *etwa 608, † 638 (639?)	Charibert II. König 629 * um 618, † 632

	AUSTRASIEN, BURGUND		AUSTRASIEN	NEUSTRIEN, BURGUND
	Sigibert II. König 613 † 613		Sigibert III. König 633/634 † 656	Chlodwig II. König 638/639 *633/634, † 657 ∞ mit Bathilde

AUSTRASIEN	NEUSTRIEN, BURGUND		AUSTRASIEN	NEUSTRIEN, BURGUND
Dagobert II. König 656–661, 676–679 *652, † 679	Chlothar III. König 657 *um 649, † 673		Childerich II. König 673 (im ganzen Frankenreich 673) *um 655, † 675	Theuderich III. König 673 (im ganzen Frankenreich 679) † 691

NEUSTRIEN				
Chilperich II. König 716 † 721		Chlodwig III. König 690/691 *um 677, † 694	Childebert III. König 695 *678 (679?) † 711	Chlothar IV. König 717/718 † 719
Childerich III. König 743–751 † 754			Dagobert III. König 711 *um 698, † 715/716	
			Theuderich IV. König 721 † 737	

*) Verzeichnet sind nur die regierenden M. Deren genaue Verwandtschaftsverhältnisse in der Früh- und Spätzeit sind nicht mehr feststellbar.

Robert Bruce Merrifield

tiers, 6./7. Jh.). Daneben entstehen oktogonale Baptisterien sowie Basiliken, wobei sich als merowing. Sonderform die Herausbildung von Kuppeltürmen zw. Mittelschiff und Apsis abzeichnet (Bischofskirche in Nantes, geweiht um 558). Der Baudekor zeigt in der Kapitell- und Sarkophagplastik (z. B. in der Nordkrypta der Abtei von Jouarre, 7. Jh.) hohe Qualität, v. a. in ornamentalen Darstellungen. Auch bed. Zeugnisse der Grabmalkunst (Grabstein von Niederdollendorf, 7. Jh.; Bonn, Rhein. Landesmuseum), der Metallkunst (Dagobert-Thron; Schatz des Grabes Childerichs I.) und der Buchmalerei (v. a. der Klöster von Luxeuil und Corbie).

Merrifield [ˈmerɪfiːld], Robert Bruce, amerikan. Biochemiker, * Fort Worth (Texas) 15. 7. 1921; erhielt für die Entwicklung eines einfachen, schnellen, inzwischen automatisierten Verfahrens zur Synthese von Peptiden und Proteinen 1984 den Nobelpreis für Chemie.

Merseburg, Krst. des Landkreises M.-Querfurt, Sa.-Anh., an der Saale, 38 400 Ew.; FH; Landesarchiv; Aluminiumfolienwerk. Bis 1990 bei M. Braunkohlengewinnung im Tagebau. Südlich von M. liegt ↗ Leuna, nördlich ↗ Schkopau. – Das Stadtbild wird beherrscht vom spätgot. Dom (Baubeginn 1015, im Wesentlichen 1510–17; reiche Ausstattung; spätgot. Flügelaltäre, roman. Taufstein, unter den zahlr. Grabdenkmälern die bed. Bronzegrabplatte Rudolfs von Rheinfelden (†1080]) und dem bischöfl. Schloss (zw. 1470/80 und 1537, spätere Umbauten). Am Markt in der Altstadt stehen das Alte Rathaus (1468–1568) und die spätgot. Stadtkirche St. Maximi (15. Jh.). Im N außerhalb der Altstadt Reste des Petersklosters (1091 geweiht) und die barocke Kirche St. Viti mit roman. Turm. Rechts der Saale die roman. Neumarktkirche St. Thomas (12./13. Jh.). – Auf dem Schlosshügel entstand um die im 9. Jh. belegte Burg eine Siedlung, bei der König Heinrich I. vor 930 eine Pfalz errichtete. Kaiser Otto I. gründete 968 das Bistum M.; 932 als Sitz eines Grafen genannt. Spätestens seit 974 bestand eine Marktsiedlung (vor 981 Markt-, Münz- und Zollrechte); ab 1004 unter bischöfl. Herrschaft (1009–18 Thietmar von M.); kam im 15. Jh. an die Herzöge von Sachsen; 1656–1738 Residenz des albertin. Sekundogeniturfürstentums Sachsen-Merseburg; fiel 1815 an Preußen (Prov. Sachsen).

Merseburger Zaubersprüche, zwei ahd. Zauberformeln in stabgereimten Langzeilen, aufgezeichnet im 10. Jh. auf das Vorsatzblatt eines wahrscheinlich aus Fulda stammenden lat. Missales des 9. Jh.; 1841 in der Bibliothek des Domkapitels zu Merseburg entdeckt, 1842 von J. Grimm ediert. Der 1. Spruch gilt der Gefangenenbefreiung, der 2. der Heilung eines lahmen Pferdes.

Merseburg-Querfurt, Landkreis im RegBez. Halle, Sa.-Anh., 805 km², 134 100 Ew.; Krst. ist Merseburg.

Mersen, niederländ. Gemeinde, ehem. karoling. Pfalz, ↗Meerssen.

Mersey ['mə:zɪ] *der,* Fluss in NW-England, 110 km lang, entspringt im Pennin. Gebirge und mündet in die Irische See.

Merseyside ['mə:zɪsaɪd], 1974 gebildete engl. Metropolitan Cty., 645 km², 1,427 Mio. Ew.; Zentrum ist Liverpool.

Mersin, Hptst. der Provinz Içel, Türkei, am Mittelmeer, 532 800 Ew.; meereskundl. Zweig der TU von Ankara; Erdölraffinerie, Textil-, Nahrungsmittelind., Zementfabrik; Fischerei; Exporthafen für die Çukurova (Freihandelszone); Endpunkt einer Zweigstrecke der Bagdadbahn. – Westlich von M. legten Ausgrabungen eine hethit. Festung (14./13. Jh. v. Chr.) und vorgeschichtl. Siedlungen frei.

Merthyr Tydfil ['mə:θə 'tɪdvɪl], Unitary Authority in S-Wales, 111 km², 56 000 Ew. Verw.sitz ist Merthyr Tydfil.

Merton, 1) [mə:tn], Robert Cox, amerikan. Betriebswirtschaftler, * New York 31. 7. 1944; Prof. an der Harvard Business School (seit 1988); Beiträge zur Portfoliotheorie, zur Analyse von Konsum- und Investitionsentscheidungen sowie zum Risikomanagement; erhielt 1997 zus. mit M. S. Scholes den Nobelpreis für Wirtschaftswiss.en für eine neue Methode zur Berechnung des Wertes von Aktienoptionen.
2) [mə:tn], Robert King, amerikan. Soziologe, * Philadelphia (Pa.) 5. 7. 1910, † New York 23. 2. 2003; war 1947–74 Prof. an der Columbia University; Hauptvertreter der ↗strukturell-funktionalen Theorie; empir. Arbeiten z. B. zur Wissenssoziologie und zur Wirkung von Massenkommunikationsmitteln.
3) ['mɛrtn], Wilhelm, Unternehmer und Sozialpolitiker, * Frankfurt am Main 14. 5. 1848, † Berlin 15. 12. 1916; gründete die Metallgesellschaft AG, errichtete Stiftungen für soziale Zwecke; Mitbegründer der Handelshochschule und späteren Univ. Frankfurt am Main.

Meru, 1) *der,* Vulkanstock westlich des Kilimandscharo in N-Tansania, bis 4 567 m ü. M., mit 1 300 m tiefer Caldera; letzter Ausbruch 1910.

Merseburg: Blick über die Saale auf den Dom (links; ab 1015) und das bischöfliche Schloss (zwischen 1470/80 und 1537)

2) Stadt in Kenia, am NO-Fuß des Berges Kenia, 1 600 m ü. M., 94 900 Ew.; nahebei das **M.-Wildreservat** (1 800 km²).

Merusee, See in Afrika, ↗Mwerusee.

Merveilleuse [mɛrvɛˈjøːz; frz. »die Wunderbare«] *die,* in Frankreich um 1800 die übertrieben modisch gekleidete Frau; männl. Gegenstück: ↗Incroyable.

Merw, bis 1937 Name der turkmen. Stadt ↗Mary.

Merwaniden, 1) kurdische sunnit. Dynastie in Diyarbakır und Umgebung (990–1096), von den Seldschuken verdrängt.
2) eine Seitenlinie der ↗Omaijaden, die ab 684 die Herrscher stellten.

Meryon [meˈrjɔ̃], Charles, frz. Radierer, * Paris 23. 11. 1821, † Charenton-le-Pont (bei Paris) 14. 2. 1868; meisterhafte Radierungen von Landschaften und Stadtansichten, bes. von Paris; auch Porträts.

Merz, 1) Friedrich, Politiker (CDU), * Brilon 11. 11. 1955; Jurist; 1989–94 MdEP, seit 1994 MdB, ab 1998 stellv., ab 2000 Vors., ab 2002 wieder stellv. Vors. der CDU/CSU-Bundestagsfraktion.
2) Gerhard, Künstler, * Mammendorf (Kr. Fürstenfeldbruck) 25. 5. 1947; tritt seit Anfang der 70er-Jahre mit Rauminstallationen hervor, die inhaltlich Bezug zur Kunst-, Literatur- und polit. Geschichte herstellen (»Den Menschen der Zukunft«, 1990).
3) Mario, italien. Künstler, * Mailand 1. 1. 1925; Vertreter der Arte povera; setzt in Bildern, Objekten, Assemblagen, Environments und Rauminstallationen elementare Kulturformen (Iglu) oder natürl. Materialien (Erde, Zweige) in Kontrast zu künstlichen (Glas, Leuchtröhren).

Merzerisieren [nach dem brit. Chemiker John Mercer, * 1791, † 1866] (Mercerisieren), Behandeln von Textilien aus Baumwolle mit starken Laugen bei

Robert C. Merton

mesoamerikanische Hochkulturen: Teotihuacán (Teilansicht der Zitadelle mit der Quetzalcóatl-Pyramide)

gleichzeitigem Strecken; dient zur Verbesserung von Glanz, Farbaufnahmevermögen, Dehnung, Elastizität und Festigkeit der Baumwolle.

Merzig, Krst. des Landkreises Merzig-Wadern, Saarland, an der Saar, 31 000 Ew.; keram. Werke, Draht-, Getränkeindustrie. – Roman. Säulenbasilika (Anfang 13. Jh.). – Das aus einer röm. Siedlung hervorgegangene M. kam um 870 an die Erzbischöfe von Trier; 1332 Stadtrecht.

Merzig-Wadern, Landkreis im Saarland; 555 km², 106 200 Ew.; Krst. ist Merzig.

Mesa [hebr.] (Mescheda), König von Moab (um 850 v. Chr.); urspr. Vasall Israels; befreite sich nach 2. Kön. 3, 4 ff. von dessen Oberherrschaft. Seine Siegesstele aus schwarzem Basalt mit der **M.-Inschrift** (heute im Louvre) und das Fragment einer weiteren Inschrift wurden östlich des Toten Meeres gefunden: 1868 in Dibon (Stele) und 1958 in Kerak (Fragment).

Mesabi Range [mə'sɑːbɪ 'reɪndʒ], Hügelzug in Minnesota, USA; eines der reichsten Eisenerzbergbaugebiete der Erde.

Mesalliance [meza'ljãs, frz.] *die,* Missheirat.

Mesa Verde National Park ['meɪsə 'vɜːd 'næʃnl 'pɑːk], Nationalpark (UNESCO-Weltkulturerbe) im SW von Colorado, USA, 211 km², eingerichtet 1906; umfasst ein bis über 2600 m hohes Plateau (Mesa Verde) mit Resten von über 300 präkolumb. Siedlungen der Anasazikultur, z. T. übereinander gebaute Pueblos, z. T. im Steilhang angelegt (Cliff-Dwellings).

Mescalin [mexikan.] *das* (Meskalin), aus Peyotl (der mexikan. Kakteenart Lophophora williamsii) oder synthetisch hergestelltes Alkaloid mit halluzinogener Wirkung (chemisch das 3,4,5-Trimethoxyphenylaminoäthan); erzeugt v. a. Farbsinnestäuschungen.

Meschduretschensk, Stadt im Gebiet Kemerowo, Russland, an der Mündung der Ussa in den Tom, 104 500 Ew.; Steinkohlenbergbau (Kusnezker Kohlenbecken).

Meschede, Krst. des Hochsauerlandkreises, NRW, an der oberen Ruhr, 32 700 Ew.; Abteilung der Universität-Gesamthochschule Paderborn; Leichtmetall-, Metall- und Kunststoffverarbeitung, Jachtbau, Brauerei.

Mes|cheten, Stamm der Georgier aus dem Kleinen Kaukasus, etwa 150 000; 1944 wurden unter Stalin etwa 200 000 turkisierte M. nach Usbekistan und Kasachstan zwangsausgesiedelt, nach Pogromen (bes. im Ferganatal) 1989 zu großen Teilen in versch. Gebiete Nordkaukasiens (Russ. Föderation) umgesiedelt. Die M. betreiben ihre Rückkehr nach SW-Georgien, wo der nicht islamisierte Teil des Volkes nach wie vor lebt.

Meschhed (Mashhad), Provinz-Hptst. von Khorasan, Iran, 945 m ü. M., 1,89 Mio. Ew.; Univ.; Zentrum eines reichen Anbaugebiets, Textilind., Lederwarenherstellung, Zementfabrik; an der Bahnstrecke von Teheran nach Turkmenistan, Flughafen. – Bed. Wallfahrtsort der Schiiten mit Grabmoschee (1009 erneuert, im 15. und 16. Jh. erweitert) des Imam Resa († 817); im hl. Bezirk u. a. die Gauhar-Schad-Moschee, ein Höhepunkt timurid. Baukunst (15. Jh.).

Mes|encephalon [grch.] *das* (Mittelhirn), Gehirn.

Mes|enchym [grch.] *das,* embryonales Bindegewebe; lockeres, mit Hohlräumen durchsetztes Gewebe, aus dem alle Arten des Binde- und Stützgewebes sowie Blutzellen hervorgehen.

Mes|enterium [grch.] *das,* Gekröse (Darm).

Meseta [span.] *die,* span. Bez. für Hochebene, Hochplateau.

MESFET [Abk. für engl. **me**tal **s**ilicon **f**ield **e**ffect **t**ransistor], Feldeffekttransistor.

Mesić ['mesitɕ], Stjepan (»Stipe«), kroat. Politiker, * Slavonska Orahovica (Slawonien) 24. 12. 1934; Jurist; 1954–71 (Ausschluss) Mitgl. der KP, 1972–73 inhaftiert; wurde 1990 Präs. der jugoslaw. Teilrep. Kroatien, war 1991–92 Präs. des sich auflösenden Jugoslawien; wurde am 7. 2. 2000 zum Präs. von Kroatien gewählt (Kroat. Volkspartei, HNS).

Meskal [span. aus Nahuatl] *der* (Mescal, Tequila), Branntwein aus wild wachsenden Agavenarten Mexikos.

Mesmerismus *der,* von dem Arzt F. A. Mesmer (* 1734, † 1815) entwickelte Lehre von der Heilkraft des »animal. Magnetismus«; auch seine (ebenfalls überholten) Anschauungen von Hypnose und Suggestion.

Mesner [mlat.], *landschaftlich:* Kirchendiener, Küster, Sakristan.

meso... [grch.], mittel..., zwischen...

Mesoamerika, das Gebiet der präkolumb. indian. Hochkulturen, umfasst nach P. Kirchhoff (1943) Mexiko (ohne die an die USA grenzenden nördl. Staaten), Guatemala, Belize, El Salvador, NW-Honduras und den N der pazif. Küste Nicaraguas.

mesoamerikanische Hochkulturen, die vorspan. indian. Hochkulturen im Gebiet von Mesoamerika. Hier hatte sich seit 1500 v. Chr. eine gemeinsame kulturelle Tradition herausgebildet. Diese Entwicklung erreichte ihren Höhepunkt in der klass. Zeit zw. 200 und 900 n. Chr. Dabei war das westl. Mesoamerika im Lauf der Zeit von mehreren unterschiedl. Kulturen geprägt, während der östl. und südl. Teil von der verhältnismäßig einheitl. Mayakultur beherrscht wurde. Gemeinsame Merkmale waren die Wirtschaftsgrundlage (intensiver Feldbau: Mais, Bohnen, Chili), das hierarch. Gesellschaftssystem, der auf einem 52-Jahre-Zyklus beruhende Kalender, die Hieroglyphenschrift und Grundzüge der Religion mit einer Vielzahl von Göttern, darunter der Gott Quetzalcóatl, der Regengott (Chac bei den Maya, Tlaloc bei den Azteken), der Maisgott, der Todesgott oder der Sonnengott. Sie wurden vielfältig künstlerisch dargestellt, ebenso wie kultisch verehrte Tiere (z. B. Jaguar, Schlange). Weitere Gemeinsamkeiten sind die Stufenpyramide, die Verwendung von Stuck und Zement in der Architektur und eine Form der Ämterrotation.

Die *Geschichte* der m. H. ist kaum aus schriftl. Zeugnissen zu erschließen, vielmehr tragen v. a. archäolog. und sprachwiss. Untersuchungen zu ihrer Kenntnis bei. Drei Epochen lassen sich unterscheiden: die vorklass. Zeit mit den Kulturen von Teotihuacán und Monte Albán sowie als früheste Hochkultur die der Olmeken an der Golfküste. In klass. Zeit brachte die Kultur von Teotihuacán ihre größten Leistungen hervor, v. a. aber erreichte die Mayakultur ihre höchste Blüte mit den Zentren Tikal, Copán, Palenque u. a. In nachklass. Zeit (900–1521) gründeten die Tolteken das Zentrum Tula und drangen um 1000 in das Gebiet der Maya in Yucatán ein, dem sie eine neue kulturelle Hochblüte brachten (Chichén Itzá). Die Zapoteken, Träger der Kulturen von Monte Albán und Mitla, wurden um 1000 von den Mixteken vertrieben, deren Kultur sich nach 900 im Becken von Puebla um Cholula entfaltet hatte. Von Tenochtitlán (gegr. 1370) aus dehnten die Azteken ihren Machtbereich aus.

Frühe Zeugnisse der *Kunst* der m. H. sind die kolossalen Steinköpfe der Olmeken (La Venta, San Lorenzo). Steinbauwerke gab es erst in der klass. Periode, bes. bei den Maya, in Teotihuacán, bei den Zapoteken, Tolteken, später bei den Azteken: mit Tempeln gekrönte Stufenpyramiden, Paläste, Observatorien u. a. Die Metallverarbeitung breitete sich erst in der Toltekenzeit (10. Jh.) aus (Goldarbeiten der Mixteken). Bronze wurde erst kurz vor der span. Eroberung verwendet. Höhepunkt der keram. Kunst sind die Figurenurnen der Zapoteken, die mit Figuren bemalten Gefäße der Maya, die Dreifußgefäße aus Teotihuacán und die polychrome Keramik der Mixteken.

mesoamerikanische Hochkulturen: aztekischer »Kalenderstein« (1479; Mexiko, Museo Nacional de Antropologia)

In den Schriftsystemen der m. H. kommen Hieroglyphen in versch. Formen und Entwicklungsstufen vor. Am besten bekannt sind diejenigen der Azteken und der Maya. Letztere entwickelten eine Hieroglyphenschrift mit einem begrenzten Zeichenkorpus und bestimmten Regeln in ihrer Anwendung.

Mesocco, Hauptort des / Misox, Schweiz.

Mesoderm [grch.] *das* (Mesoblast), das mittlere Keimblatt (/ Entwicklung).

Mesokarp [grch.] *das,* mittlere Schicht der pflanzl. Fruchtwand; z. B. fleischiges, meist saftiges Gewebe der Steinfrüchte, Faserschicht der Kokosnuss. (/ Endokarp, / Exokarp)

Mesolithikum [grch.] *das,* die / Mittelsteinzeit.

Mesolongion [grch.], Hptst. des grch. VerwBez. (Nomos) Ätolien und Akarnanien am Rand der Lagune von M., 10 900 Ew. – Im grch. Freiheitskampf seit 1821 ein wichtiges Bollwerk, von den Osmanen vergeblich angegriffen; 1826 von der grch. Restbesatzung gesprengt. Im Heroon, der Begräbnisstätte der Freiheitskämpfer, ist das Herz des Dichters Lord Byron beigesetzt.

Mesomerie [zu grch. *méros* »Teil«] *die* (Resonanz), Erscheinung, dass die Struktur bestimmter Moleküle mit Mehrfachbindungen nur eingrenzend durch zwei oder mehrere Strukturformeln (»Grenzstrukturen«, »Grenzformeln«) wiedergegeben werden kann. Die tatsächl. Molekülstruktur liegt als energieärmerer und daher begünstigter Zustand zw. den Grenzstrukturen. M. tritt z. B. bei / Aromaten auf.

Mesonen [grch.] *Pl.,* Gruppe mittelschwerer instabiler / Elementarteilchen mit ganzzahliger Spinquantenzahl, bestehend aus den Pionen (π-M.), Kaonen (K-M.), Eta-M. (η-M.), B-M., D-M., F-M., Ψ-M. (/ Psiteilchen), Y-M. (/ Y-Teilchen) und deren Antiteilchen. Mit den Baryonen gehören die M. zur Gruppe der stark wechselwirkenden Elementarteilchen, den Hadronen, haben aber im Unterschied zu den Baryonen die Baryonenzahl 0. Sie entstehen z. B. beim Stoß energiereicher Protonen und Neutronen untereinander oder mit Atomkernen, wobei die kinet. Energie der stoßenden Teilchen größer als die Ruheenergie (Ruhemasse) des zu erzeugenden M. sein muss. Ihre Lebensdauer liegt zw. etwa 10^{-17} und 10^{-8} s. Sie zerfallen in Leptonen und Photonen. Zur Gruppe der M. gehören auch die **M.-Resonanzen,** äußerst kurzlebige (etwa 10^{-22} s) angeregte Zustände von M. (/ Massenresonanzen).

Die M. sind in der Theorie der Elementarteilchen für die Struktur der Nukleonen von Bedeutung sowie als Vermittler (Feldquanten) der Kraftwirkungen zw. den Nukleonen (**M.-Theorie der Kernkräfte**). Nach den heutigen Vorstellungen sind die M. aus einem Quark-Antiquark-Paar aufgebaut; die Kraft zw. zwei Nukleonen im Atomkern kommt durch den Austausch von Quarks zustande, der auch als M.-Austausch interpretiert werden kann. Als Quanten der starken Wechselwirkung werden die Gluonen angesehen, die die Bindung der Quarks zu M. und Baryonen bewirken.

Mesopause [grch.], die Grenzschicht zw. Meso- und Thermosphäre in der Atmosphäre.

Mesophase [grch.], / flüssige Kristalle.

Mesophytikum [grch.] *das, Geologie:* das mittlere Zeitalter in der Stammesgeschichte der Pflanzenwelt (zw. Paläophytikum und Känophytikum), vom oberen Perm bis in die Unterkreide; durch das Vorherrschen der Nacktsamer gekennzeichnet.

Mesopotami|en [grch. »Zwischenstromland«] (Zweistromland), Landschaft in Vorderasien, das Gebiet zw. den Flüssen Euphrat und Tigris oberhalb von Bagdad (Irak), i. Allg. auch das gesamte Zweistromland zw. den ostiran. Gebirgen und der syrisch-arab. Wüste. Im Altertum bed. Kulturlandschaft, später weithin verödet; neuerdings wieder zunehmend Anbauflächen; Erdöllagerstätten. Historisch bezeichnet M. das Gebiet der altoriental. Stadtstaaten und Reiche der Sumerer, Babylonier und Assyrer.

mesoskopisches System, physikal. System, dessen Abmessungen im Grenzbereich zw. mikro- und makrophysikal. Systemen (d. h. innerhalb des Nano- und Mikrometerbereichs) liegen. Sie zeigen bei sehr niedrigen Temperaturen ein Verhalten, das deutlich von dem makrophysikal. Systeme abweicht.

Mesosphäre [grch.], eine Schicht der / Atmosphäre.

mesotroph [grch.], *Botanik:* Bez. für Pflanzen, die sich als Halbschmarotzer (/ Parasiten) ernähren.

Mesozoen [grch.] (Mesozoa), wenigzellige, 0,03–7 mm lange Tiere; bestehen aus einem einfachen

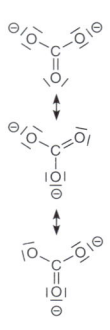
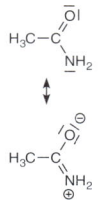

Mesomerie: mesomere Grenzstrukturen beim Carbonatanion (oben) und beim Acetamid (unten)

Zellschlauch und leben meist parasitisch in wirbellosen Meerestieren.

Mesozoikum [grch.] *das* (Erdmittelalter), die erdgeschichtl. Ära zw. Paläozoikum und Känozoikum, mit den Systemen Trias, Jura und Kreide (↗ geologische Systeme, Übersicht).

Mespelbrunn, Gemeinde im Landkreis Aschaffenburg, Bayern, im Spessart, 2400 Ew. – Das Wasserschloss (15./16. Jh.), Stammsitz des Ministerialengeschlechts **Echter von M.,** gehört seit 1665 den Grafen von Ingelheim; 1904 restauriert.

Mesquitebaum [-'kiːtə-; indian.-span. Ursprungs] (Prosopis juliflora), in den Tropen und Subtropen (v. a. in Amerika) kultiviertes Mimosengewächs; die Hülsenfrüchte werden als Viehfutter verwendet, der Stamm liefert Mesquite- oder Sonoragummi.

Mesrop, eigtl. Maschtotz, armen. Mönch, * Hatsek (Armenien) um 361, † Etschmiadsin 7. 2. 440; schuf die armen. Schrift und übersetzte mit dem Katholikos Sahak (* um 340, † 439) die Bibel ins Armenische. – Heiliger der armen. Kirche (Fest: Donnerstag der 5. Woche nach Pfingsten).

Messa di voce [- 'voːtʃe, italien.], beim Gesang das An- und Abschwellen des Tons (vom Pianissimo zum Fortissimo und wieder zum Pianissimo).

Message ['mɛsɪdʒ, engl.] *die,* Kommunikationstheorie: Mitteilung, Nachricht, Information, die durch die Verbindung von Zeichen ausgedrückt und vom Sender zum Empfänger übertragen wird.

Messaggero, Il [il mesadˈdʒeːro; italien. »der Bote«], italien. Tageszeitung, gegr. 1878; erscheint in Rom.

Messalina, Valeria, röm. Kaiserin, * um 25 n. Chr., † Rom 48; dritte Frau des röm. Kaisers Claudius, intrigant, habsüchtig, mit ausschweifendem Lebenswandel; wegen einer Verschwörung hingerichtet.

Messapien (lat. Messapia), antiker Name des südl. Teils des heutigen Apulien.

Messbild, mit einer Messkammer aufgenommenes fotograf. Bild für die photogrammetr. Auswertung (↗ Photogrammetrie).

Messbildkamera, *Photogrammetrie:* die ↗ Messkammer.

Messbrücke (kurz Brücke), *Elektrotechnik:* eine ↗ Brückenschaltung zur Messung von Widerständen (Widerstands-M.) oder Impedanzen (Impedanz-M.). Alle M. lassen sich auf eine Grundanordnung zurückführen, die aus vier Brückenzweigen mit je einem oder mehreren zu einem geschlossenen Viereck geschalteten passiven Zweipolen (z. B. ohmsche Widerstände) besteht. Bei der Nullmethode werden die Elemente in einem Brückenzweig so lange variiert, bis ein Nullindikator die Brückenspannung $U_B = 0$ anzeigt. Diesen Vorgang bezeichnet man als **Abgleichen.** Im Unterschied dazu wird bei der in der industriellen Messtechnik häufig angewandten Ausschlagmethode die Veränderung eines der vier Brückenzweige einer vorher abgeglichenen M. durch ein anstelle des Nullinstruments geschaltetes Messgerät angezeigt. M. werden nach der Art der Stromspeisung unterschieden in **Gleichstrom-M.** (↗ Wheatstone-Brücke, ↗ Thomson-Brücke) und **Wechselstrom-M.,** wobei zu Letzteren alle M. zählen, in denen induktive und kapazitive Glieder enthalten sind.

Messbuch, *kath. Kirche:* das ↗ Missale.

Messdiener, der ↗ Ministrant.

Messe [von engl. mess, eigtl. »Speise«, »Gericht«], Aufenthalts- und Speiseraum für Offiziere und Mannschaften auf Schiffen.

Mespelbrunn: Wasserschloss (15./16. Jh., 1904 restauriert)

Messe [lat. missa, zu missio »Entlassung«], 1) *bes. oberdt., mitteldt.:* ↗ Jahrmarkt.

2) *Liturgie:* seit dem 5. Jh. in der lat. Kirche, heute in der kath. Kirche Bez. des Gottesdienstes, abgeleitet von seiner Entlassungsformel: ite, missa est, »geht, (die Versammlung) ist entlassen«; seit 150 belegt als Form. des christl. Hauptgottesdienstes, bestehend aus Wortgottesdienst und Mahlfeier nach dem Vorbild des letzten ↗ Abendmahls Jesu. Nach der Liturgiekonstitution des 2. Vatikan. Konzils gliedert sich die M. heute in folgende Teile: 1) Eröffnung (Versammlung der Gemeinde, Einzug derer, die einen Dienst versehen, Begrüßung, gemeinsamer Bußakt, Gloria und Tagesgebet), 2) Wortgottesdienst (Lesungen aus dem A. T., den neutestamentl. Briefen, der Apostelgesch. oder Apokalypse mit dazugehörenden Antwortgesängen, Lesung aus einem der Evangelien, Predigt, Glaubensbekenntnis, Fürbitten), 3) Eucharistiefeier (Gabenbereitung, eucharist. Hochgebet mit Präfation und Sanctus, Vaterunser, Brechen des Brotes mit Agnus Dei, Friedensgruß, Kommunion, gesammeltes Schweigen, Kommuniongebet), 4) Schluss (Mitteilungen an die Gemeinde, Segen, Entlassungsformeln, Auszug). Schwerpunkte der im Anschluss an das 2. Vatikan. Konzil durchgeführten Liturgiereform waren die stärkere Beteiligung der Laien am Vollzug der M. und die Einführung der Landessprachen (bis auf besondere Anlässe) anstelle der lat. Sprache. – Die *luth.* Gottesdienstordnungen sind, trotz eines unterschiedl. theolog. Verständnisses des Gottesdienstes, weitgehend am traditionellen Aufbau der M. ausgerichtet. (↗ Eucharistie, ↗ Gottesdienst, ↗ Kommunion, ↗ Liturgie).

3) *Musik:* musikalisch-zykl. Form, aus den fünf Ordinariumsteilen Kyrie, Gloria, Credo, Sanctus (mit Benedictus) und Agnus Dei. Die freie Komposition des M.-Textes begann erst im 14. Jh. (G. de Machaut). Sie gelangte in der polyphonen Kunst der Niederländer im 15./16. Jh. zu hoher Blüte (G. Dufay, G. Binchois, J. Ockeghem, J. Obrecht, Josquin Desprez, O. di Lasso u. a.). Oft sind in diesen M. weltl. Volkslieder als Cantus firmus (Tenor) verwendet. Den Höhepunkt der M.-Musik bedeuten die A-cappella-Schöpfungen G. P. da Palestrinas. Seit dem 17. Jh. entwickelten sich neue Formen, v. a. die Orchester- und Kantaten-M. (mit Chor, Soli, Orgel und Orchester): J. S. Bach (h-Moll-Messe), J. und M. Haydn, W. A. Mozart (Krönungs-M.), L. van Beethoven (Missa solemnis), F. Schubert, F. Liszt u. a. A. Bruckners späte M. sind ein Höhepunkt der sinfon. Messkomposition. Auf der Basis zeitgenöss. Kompositionstechniken

entstanden M.-Vertonungen u. a. von I. Strawinsky, P. Hindemith, D. Schnebel und O. Messiaen.

4) *Wirtschaft:* Veranstaltung mit Marktcharakter, auf der Waren eines oder mehrerer Wirtschaftszweige (Fach- oder Universal-M.) an besonderen Orten angeboten werden. Die M. finden i. d. R. in einem bestimmten Turnus (z. B. Frühjahrs-M., Herbst-M.) statt und sind von regionaler, überregionaler, oft internat. Bedeutung. Der Zutritt ist Fachbesuchern (Wiederverkäufer, Weiterverarbeiter, Großabnehmer) vorbehalten; z. T. stehen die M. auch einem allg. Publikum zur Information offen. **Waren-M.,** die dem unmittelbaren Warenaustausch dienen, entstanden im MA. im Anschluss an Kirchenfeste oder Jahrmärkte. Sie durften durch die Städte nur aufgrund besonderer M.-Privilegien veranstaltet werden. Wichtige Waren-M. waren im 12. und 13. Jh. die M. der Champagne, später die von Brügge, Antwerpen, Paris, Lyon, Nischni Nowgorod, Leipzig, Frankfurt am Main, Köln, Frankfurt (Oder). **Muster-M.,** auf denen Geschäftsabschlüsse nur aufgrund ausgestellter Warenmuster getätigt werden, haben sich seit dem 19. Jh. in ihrer heutigen Form zuerst in Leipzig entwickelt. Wichtige M.-Städte in Dtl. sind heute Frankfurt am Main, Hannover, Düsseldorf, Köln, München, Stuttgart, Leipzig und Berlin. Bedeutende M. im Ausland werden u. a. in Paris, Lyon, Utrecht, London, Mailand, Wien, Basel, Chicago und New York abgehalten. – Wirtsch. Bedeutung der M.: Überblick über das Angebot und über Innovationen auf einem Markt, Vergleich der Wettbewerbsfähigkeit von Anbietern, Kontakt- und Imagepflege. Geschäftsabschlüsse auf M. gelten als Konjunkturbarometer.

Messel, Gemeinde im Landkr. Darmstadt-Dieburg, Hessen, 4 000 Ew.; Fossilien- und Heimatmuseum; nahebei das 1886–1971 wirtsch. genutzte eozäne Ölschiefervorkommen, das reiche subtrop. bis trop. fossile Pflanzen- (Palmen, Lorbeer-, Walnuss-, Maulbeergewächse, Schlingpflanzen u. a.) und Tierfossilien (Urpferd Propalaeotherium messelense, Krokodile, Halbaffen, Insektenfresser, Fledermäuse, Fische, Vögel u. a.) enthält; heute nur wiss. Erforschung. 1995 wurde die Grube M. von der UNESCO zum Welterbe erklärt.

Messel, Alfred, Architekt, *Darmstadt 22. 7. 1853, †Berlin 24. 3. 1909; verwendete zunächst Stilelemente versch. histor. Epochen, reduzierte dann die Bauornamentik zugunsten einer funktionsbetonten, konstruktiven Gliederung (u. a. Warenhaus Wertheim in Berlin, 1897; Landesmuseum Darmstadt, 1896–1902).

Messen, experimentelles Bestimmen des Messwertes einer physikal. Größe (z. B. Länge, Temperatur) im Verlauf eines Messvorgangs durch quantitativen Vergleich der Messgröße mit einer Einheit (z. B. Meter, Kelvin) als Bezugsgröße.

Messenger-RNA ['mesɪndʒə-; engl. »Bote«] (Boten-RNA, mRNA), eine Ribonucleinsäure, die als stückweise Kopie der Desoxyribonucleinsäure entsteht und genet. Information zur Synthese von Proteinen überträgt. (↗Proteinbiosynthese)

Messenịen (ngrch. Messinia), grch. Landschaft und VerwBez. in der SW-Peloponnes, im O durch den Taygetos (bis 2 407 m ü. M.) von Lakonien getrennt; Hauptort: Kalamata. – Eine erste Blüte erlebte M. in myken. Zeit (16.–13. Jh. v. Chr.). Im **1.** und **2. Messen. Krieg** (8. und 7. Jh. v. Chr.) unterlagen die Messenier den Spartanern und wurden zu Heloten. Nach dem vergebl. **3. Messen. Krieg** (um 500/490 v. Chr.) und einem erfolglosen Aufstand (464–460 v. Chr.) stellte erst Epaminondas 369 v. Chr. die Selbstständigkeit M.s wieder her.

Messer, Werkzeug mit einem Griff und einer scharfen Klinge zum Schneiden. Bei M. mit fester Klinge ist diese mit der Angel im Heft befestigt, bei solchen mit bewegl. Klinge (**Taschen-M.**) ist das Heft einklappbar oder einschiebbar. In der Fertigungstechnik werden auch Maschinenwerkzeuge wie Meißel oder Schneidstähle, die in einen **M.-Kopf** eingespannt werden, als M. bezeichnet.

Messerfische (Notopteridae), Familie bis etwa 80 cm langer, lang gestreckter Knochenfische in Süßgewässern Afrikas und S-Asiens, z. T. Aquarienfische.

Messermuscheln, ↗Scheidenmuscheln.

Messerschmidt, Franz Xaver, Bildhauer, *Wiesensteig (bei Geislingen an der Steige) 6. 2. 1736, †Pressburg um den 19. 8. 1783; stilistisch leiten seine Werke (Bildnisbüsten und -statuen, Sakralplastik) vom Barock zum Klassizismus über; bekannt wurde die Serie der 69 »Charakterköpfe«.

Messerschmitt, Willy, Flugzeugkonstrukteur, *Frankfurt am Main 26. 6. 1898, †München 15. 9. 1978; gründete 1923 die **M.-Flugzeugbau-Gesellschaft,** Bamberg (1927 mit der **Bayerische Flugzeugwerke AG, BFW,** vereint, seit 1938 **Messerschmitt-AG,** München und Augsburg, seit 1969 **M.-Bölkow-Blohm GmbH**). 1934 baute M. das Reiseflugzeug Bf 108 »Taifun« in Leichtbautechnik und aerodynam. Gestaltung (1939 Höhenrekord 9 075 m). Ab 1934 entwickelte er den Jäger Bf 109, das als Me 109 meistgebaute Jagdflugzeug des Zweiten Weltkriegs. Der nur für Rekordflüge entworfene Typ Me 209 hielt 1939–69 den Geschwindigkeitsweltrekord (755,13 km/h) für Flugzeuge mit Kolbenmotor. In den M.-Werken entstanden nach dem Zerstörer Me 110 das von A. M. Lippisch konstruierte Raketenflugzeug Me 163 »Komet«, das 1941 erstmals über 1 000 km/h erreichte, und das erste (ab 1944) in Serie hergestellte Jagdflugzeug mit Turbinen-Luftstrahltriebwerk Me 262. Nach 1945 entwickelte M. Fertighäuser und baute seit 1953 Kabinenroller, seit 1956 Übungs- und Kampfflugzeuge in Lizenz sowie Senkrechtstartflugzeuge.

Willy Messerschmitt

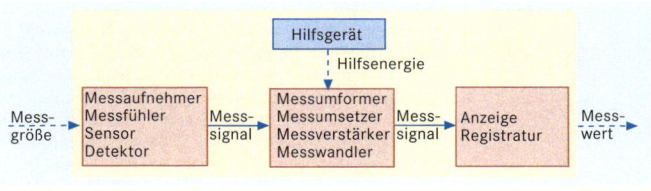

Messgerät: prinzipieller Aufbau

Messgerät, Gerät zur quantitativen Erfassung von physikal., chem. u. a. Eigenschaften. M. werden nach dem Messobjekt, der Messgröße (z. B. Temperatur-M.) oder nach dem Messprinzip (v. a. mechan., pneumat., elektr. und opt. M.) eingeteilt. Sie können Teil einer Messeinrichtung sein oder auch (i. e. S.) eine Vorrichtung, die entweder einen oder mehrere Einheitswerte einer Messgröße verkörpert (**Maßverkörperung** oder ↗**Maß**) oder eine beliebige Anzahl von Messwerten anzeigt. – M. bestehen i. d. R. aus dem eigentl. Messsystem (z. B. Messwerk einschl. Zeiger und Skala), dem Gehäuse und ggf. äußerem Zubehör (z. B. Messfühler). Die Anzeige kann mittels Zeiger, Flüssigkeitssäule oder Lichtstrahl auf einer Skala oder Strichmarke (**analoges M.**) erfolgen oder durch eine Ziffernanzeigeeinrichtung (**digitales M.**).

Olivier Messiaen

Reinhold Messner

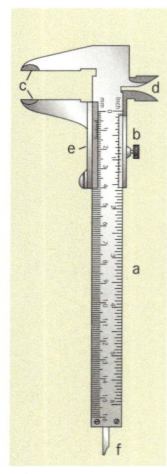

Messschieber
mit Nonius sowie Skalen in Inch und Millimeter;
a Messschiene,
b Schieber mit Feststellschraube,
c Messschnäbel für Außenmaße,
d Messschneiden für Innenmaße,
e Nonius,
f Tiefenmaß

Messgewand, das liturg. Obergewand des kath. Priesters bei der Messfeier; urspr. geschlossener Überwurf mit Kopfdurchlass (**Kasel**).

Messgleichrichter, *Elektrotechnik:* Bauteil (z. B. Halbleiterdiode) oder Schaltung, mit der die Messung von Wechselströmen und -spannungen mit Gleichstrom- bzw. Gleichspannungsmessgeräten ermöglicht werden soll.

Messgrößenaufnehmer (Messfühler), ↗ Sensor.

Messiaen [mɛsˈjã], Olivier Eugène Prosper Charles, frz. Komponist, * Avignon 10. 12. 1908, † Paris 27. 4. 1992; studierte 1919–30 bei M. Dupré und P. Dukas in Paris, wurde ebd. 1931 Organist an der Kirche Sainte-Trinité; Mitbegründer der »Jeune France«; 1941–78 lehrte er am Pariser Konservatorium (Schüler u. a. P. Boulez, K. Stockhausen, Y. Xenakis). Mit seinen Orchester- und Kammermusikwerken verfolgte M. eine experimentelle Richtung, inspiriert u. a. von der Gregorianik, von ind., balines. und grch. Rhythmik sowie vom Vogelgesang. – *Werke: Oper:* Saint François d'Assise (1983). – *Orchesterwerke:* Turangalîla-Sinfonie (1949); Chronochromie (1960); Des canyons aux étoiles (1974); Un sourire (1991, für Klavier und Orchester). – *Klavierwerke:* Vingt regards sur l'Enfant Jésus (1945); Catalogue d'oiseaux (1959, 13 Stücke). – *Orgelwerke:* La nativité du Seigneur (1935); Messe de la Pentecôte (1951). – Kammermusik, Vokalwerke.

messianische Juden, ↗ Judenchristen.

Messianismus *der,* oft ungenau verwendete Sammelbez. für die Sehnsucht nach einer dem Messias vergleichbaren religiösen Erlöser- und/oder politisch-sozialen Führergestalt und die versch. Erwartungen, die (v. a. in Krisenzeiten) in der Geschichte mit ihrem Erscheinen verknüpft worden sind: Beendigung der als unheilvoll empfundenen Zustände, Aufrichten des (ewigen) Reichs der Gerechtigkeit (Reich Gottes) bzw. Wiederherstellung eines urspr. »goldenen Zeitalters«. (↗ Chiliasmus)

Messias [grch.-kirchenlat., von hebr. māšîaḥ »Gesalbter«] *der,* im A. T. und Judentum urspr. der durch Salbung eingesetzte König (2. Sam. 22, 51); nach dem Tod Salomos und dem Zerfall des Reiches der Inbegriff des erhofften idealen Herrschers aus dem Stamm Davids, der es wiederherstellen wird; in nachexil. Zeit der König des endzeitl. Gottesreichs. Wiederholt kam es in der jüd. Geschichte zu **messian. Bewegungen,** von denen der von ↗ Bar Kochba geführte Aufstand und das Auftreten ↗ Sabbatai Zwis die größte Bedeutung erlangten. Ihre Führer galten als M. bzw. riefen sich selbst zum M. aus. – Das N. T. und frühe Christentum sahen in Jesus Christus die messian. Erwartungen des A. T. erfüllt. Als M. wird er jedoch nur zweimal im N. T. erwähnt (Joh. 1, 41; 4, 25), sonst meist in der grch. Übersetzung als ↗ Christus.

Messidor [»Erntemonat«] *der,* der 10. Monat des frz. Revolutionskalenders (19./20. Juni bis 19./20. Juli).

Messier-Katalog [mɛsˈje-], von C. Messier (* 1730, † 1817) erstellter, 1774 erstmals erschienener Katalog von Galaxien, Sternhaufen, Gasnebeln, planetar. Nebeln und einem Supernova-Überrest. Die dabei eingeführte Nummerierung der Objekte (M in Verbindung mit einer Zahlenangabe) wird noch heute verwendet, z. B. M 31 für den Andromedanebel.

Messina, 1) Prov. Italiens an der NO-Küste Siziliens, 3 248 km², 674 100 Einwohner.
2) Hptst. von 1), im NO Siziliens, bester Naturhafen an der **Straße von M.** (italien. **Stretto di M.**), 257 300 Ew.; Erzbischofssitz; Univ. (gegr. 1548), meeresbiolog. Inst.; Theater und Museen; lebhafter Handel; Werften, Nahrungsmittelind.; Fähren zum Festland. – Zu den von Erdbeben und Bomben des Zweiten Weltkriegs zerstörten und wieder aufgebauten Kirchen gehören u. a. der Dom und Santissima Annunziata dei Catalani aus normann. Zeit. – M., im 8. Jh. v. Chr. auf dem Boden einer älteren Siedlung als grch. Kolonie **Zankle** gegr., hieß seit dem 5. Jh. v. Chr. **Messana**; seit dem 1. Pun. Krieg war der wichtige Handelsplatz in röm. Besitz; 843 von den Sarazenen, 1061 von den Normannen erobert. In normann. und bes. in stauf. Zeit wuchs seine wirtsch. und kulturelle Bedeutung. Im 13. Jh. versuchte M. mehrmals Selbstständigkeit zu erringen, kam jedoch wie ganz Sizilien unter span. Herrschaft. 1908 durch ein Erdbeben zerstört (84000 Tote) und nach einem schachbrettartigen Grundriss wieder aufgebaut; schwere Schäden im Zweiten Weltkrieg.

Messing, Sammelbez. für Legierungen aus 55–90% Kupfer, 45–10% Zink und bei Sonder-M. mit weiteren Zusätzen (z. B. Aluminium, Nickel). M. ist gut verarbeitbar, sehr korrosionsbeständig und besitzt günstige Festigkeitseigenschaften. Aus M. werden v. a. Armaturen, Schiffsbauteile und Beschläge hergestellt. Als **Tombak** bezeichnet man noch heute M.-Sorten mit Kupfergehalten von 70 bis 90%, während als **Gelbguss** früher M.-Gusslegierungen mit etwa 55 bis 80% Kupfer bezeichnet wurden.

Messkammer (Messbildkamera), Spezialkamera zur Herstellung der Messbilder für die Erd- und Luftbildmessung (↗ Photogrammetrie). Neben fotograf. Emulsionen zur analogen Bildregistrierung werden auch CCD-Photoelemente (↗ CCD) verwendet, die Digitalbilder in Echtzeit aufnehmen. Sie werden in Digitalspeicher transferiert und können im Computer direkt verarbeitet werden. M. besitzen Objektive mit sehr hohem Auflösungsvermögen und geringer Verzeichnung. Reihen-M. sind M. für eine schnelle Folge von Aufnahmen.

Messner, Reinhold, Südtiroler Alpinist, Schriftsteller und Filmemacher, * Brixen 17. 9. 1944; bestieg mit Peter Habeler (* 1942) 1978 als Erster den Mount Everest ohne Sauerstoffgerät und im Alleingang den Nanga Parbat. Bis 1986 hatte M. als erster Mensch alle 14 Achttausender ohne Sauerstoffgerät bestiegen. M. durchquerte 1989/90 zus. mit Arved Fuchs (* 1953) zu Fuß die Antarktis. 1993 gelang ihm eine Längsdurchquerung Grönlands. Seit 1999 ist M. MdEP.

Mess|okular, ↗ Feinmessokular, ↗ Messschraube.

Mess|schieber, Längenmessgerät (früher **Schieb-** oder **Schublehre**) zur Messung von Außen-, Innen- und Tiefenmaßen. Die Länge des Messobjekts wird dabei mithilfe zweier Messschnäbel für Außenmaße oder zweier Messschneiden für Innenmaße bestimmt, von denen die eine mit der den Strichmaßstab tragenden Schiene fest verbunden ist, während der andere (Schieber) auf der Messschiene verschiebbar ist. Der ↗ Nonius auf dem Schieber gestattet eine Genauigkeit beim Ablesen der Lage des Schiebers gegenüber dem Strichmaßstab von meist 0,1 (oder 0,05) mm.

Mess|schraube (ältere Bez. Mikrometerschraube, Mikrometer), mechan. Messgerät zur Messung von kleineren Längen oder Abständen, bei dem eine Gewindespindel mit genauer Steigung des Gewindes als Längennormal dient. Die durch volle Umdrehungen bewirkte Verschiebung der Spindel gegenüber dem fest stehenden Mutterstück wird an einer

Längsteilung, die durch Bruchteile einer Umdrehung bewirkte Längsverschiebung an einer Rundteilung auf einer Messtrommel oder -hülse angezeigt. Bei den zur Bestimmung von Außenmaßen dienenden **Bügel-M.** sind die M. in biegsteife Bügel eingesetzt, deren Messweiten i. Allg. um 25 mm gestuft sind. Die zur Bestimmung von inneren Abständen dienenden

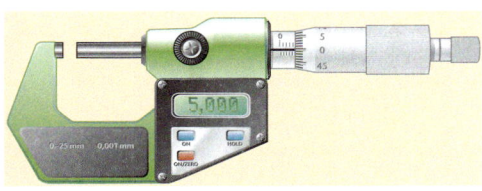

Messschraube: Bügelmessschraube mit digitaler LCD-Anzeige

Innen-M. besitzen seitlich angesetzte Messschnäbel oder Messflächen am Spindel- und Hülsenende. Die **Tiefen-M.** zur Tiefenmessung haben eine rechteckige, auf der Bewegungsrichtung der Messspindel senkrecht stehende Messfläche an der Hülse, die auf die Stirnfläche z. B. einer Bohrung aufgesetzt wird. – An opt. Geräten werden M. **(Messokulare)** zur Verschiebung von Messmarken (Strichplatten) verwendet (/ Feinmessokular).

Messtechnik, Gesamtheit der Verfahren und Geräte zur experimentellen Bestimmung (/ Messen) und Verarbeitung zahlenmäßig erfassbarer Größen in Wiss. und Technik. Grundlage der M. ist die Bestimmung von Basisgrößen für Länge, Zeit, Masse und Temperatur **(Absolut-** oder **Fundamentalmessung).** Aufgaben der M. sind Kontrollfunktionen aller Art, insbesondere die Überprüfung der Einhaltung von Maßtoleranzen in der Fertigungstechnik, die Überwachung und Steuerung techn. Vorgänge im Rahmen der Steuer- und Regelungstechnik sowie die Verbrauchszählung in der Energietechnik. – Von besonderer Bedeutung ist die **elektr. M.,** da neben der Messung elektr. Größen (z. B. Spannung, Stromstärke) für nahezu alle nicht elektr. Größen elektr. Signale gewonnen werden können, die leicht zu digitalisieren sind. Die **Digital-M.** ermöglicht die direkte elektron. Weiterverarbeitung von Messwerten und eignet sich bes. zu deren störungsarmer (Fern-)Übertragung.

Meßter, Oskar Eduard, Kinotechniker, * Berlin 21. 11. 1866, † Tegernsee 7. 12. 1943; Mitbegründer der dt. Filmind.; entwickelte 1896 einen brauchbaren Filmprojektor mit Malteserkreuz, verband Kinematographie und Sprechmaschine (1903) und führte 1914 die erste dt. Wochenschau (»M.-Woche«) vor. M. erfand außerdem Reihenbildkammern für die Luftbildtechnik. Der Oskar-M.-Konzern war eine der Keimzellen der / Ufa.

Messtisch, ältestes Gerät für topograph. Aufnahmen, bestehend aus einer auf einem Stativ drehbaren Tischplatte und der frei aufzusetzenden **Kippregel.** Bei der Geländeaufnahme wird der M. auf einem Festpunkt aufgestellt und nach N orientiert. Die Geländepunkte werden dann markiert, mit der Kippregel angezielt (Winkel- und Distanzmessung) und mit dem Lineal auf dem Zeichenträger kartiert. Mit dem M. wurden im 19. Jh. die meisten Blätter der topograph. Karte 1 : 25 000 **(M.-Blatt)** aufgenommen; heute durch Photogrammetrie und Aufnahme mit dem Tachymeter ersetzt.

Mess|uhr (Messzeiger), Messgerät zur Längenmessung. Ein Messbolzen wird beim Messen einge-

drückt und überträgt den Messweg auf einen Zeiger, sodass der Messwert an einer Kreisskala (auf 0,01 mm genau) abgelesen werden kann.

Mess|unsicherheit, *Messtechnik:* / Genauigkeit.

Messwandler, Sammelbez. für Spannungs- und Stromwandler. M. sind Transformatoren kleiner Leistung zum Anschluss von Messgeräten, Zählern, Relais u. a. Sie transformieren hohe Ströme oder Spannungen in messbare Werte. (/ Wandler)

Messwein, *kath. Kirche:* der für die Eucharistiefeier verwendete Wein; hierfür ist nur Qualitätswein (mit und ohne Prädikat) zugelassen (also kein Tafel-, Likör- oder Schaumwein). – In den *evang. Kirchen* gibt es für den **Abendmahlswein** fakultative Richtlinien. Als alkoholfreie Alternative ist Traubensaft zugelassen, was in der kath. Kirche der bischöfl. Genehmigung bedarf.

Messwerk, Sammelbez. für alle Bauteile, die bei analogen Messgeräten die Umwandlung der Messgröße in einen ablesbaren Zahlenwert bewirken.

Messwesen, Teilgebiet der Metrologie, das die Festsetzung und Darstellung der im amtl. und geschäftl. Verkehr zu verwendenden / Einheiten sowie die Kontrolle ihrer Verwendung (/ Eichen) umfasst. Staatl. Behörde ist die Physikalisch-Techn. Bundesanstalt; sie stellt die gesetzl. Einheiten dar und bewahrt die Prototypen, Einheitenverkörperungen und Normale auf. Das M., v. a. das Eichwesen, liegt sonst in der Hoheit der Länder.

Messziffer (Messzahl), *Statistik:* Verhältniszahl, die die Relationen zw. mehreren gleichartigen Teilmassen zu einem ihrer eigenen Elemente bzw. einem Durchschnitt aus ihren Elementen zeigt, z. B. zur einfachen Kennzeichnung von Entwicklungen.

Messzylinder, zylindr. Glasgefäß mit Skaleneinteilung **(Mensur)** und einer Schnauze zum Ausgießen.

Mestize [span. mestizo, zu lat. mixtus »vermischt«] *der,* Mischling zw. Weißen und Indianern.

mesto [italien.], musikal. Vortragsbezeichnung: traurig, wehmütig.

Mestre, Stadtteil von Venedig, auf dem Festland, rd. 150 000 Ew.; bed. Ind.standort; Verkehrsknotenpunkt, durch Bahn- und Straßenbrücken mit dem Zentrum Venedigs verbunden.

Meštrović [ˈmɛʃtrɔvitɕ], Ivan, kroat. Bildhauer, * Vrpolje 15. 8. 1883, † Notre Dame (bei South Bend, Ind.) 16. 1. 1962; suchte die Formensprache der Wiener Sezession mit Gestaltungscharakteristika A. Rodins, A. Maillols und Michelangelos zu verbinden und in einem eigenständigen expressiven Stil umzusetzen.

Mesusa [hebr. »Türpfosten«] *die,* am rechten Türpfosten jüd. Häuser oder Wohnungen angebrachte Kapsel, die einen Pergamentstreifen mit einer Inschrift aus 5. Mos. 6, 4–9 und 11, 13–21 enthält; nach 5. Mos. 6, 9 als Erinnerung an die Thora gedacht.

Mészáros [ˈmeːsɑːrɔʃ], Márta, ungar. Filmregisseurin, * Budapest 19. 9. 1931; schildert die Situation von Frauen und Mädchen, u. a. in den Filmen »Schöne Mädchen, weinet nicht« (1970), »Adoption« (1975), »Die Erbschaft« (1980), »Tagebuch für meine Lieben« (1986), »Tagebuch für meinen Vater« (1990), »Die Jüdin Edith Stein« (1997).

Met, Abk. für / **Met**ropolitan Opera.

Met *der* (Honigwein), weinähnl. Getränk, das durch Hefegärung aus Honig, Wasser und Gewürzen zubereitet wird.

Meta (Río M.), linker Nebenfluss des Orinoco, 1 000 km lang, entspringt am O-Rand der kolumbian. Kordilleren, mündet an der Grenze zu Venezuela.

Oskar Meßter

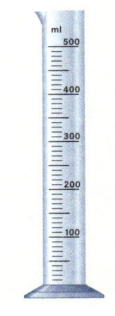

Messzylinder

meta..., met... [grch.], **1)** Präfix der Bedeutung zwischen, inmitten, nach, später. **2)** *Chemie:* 1) Abk. **m**, Vorsilbe zur Kennzeichnung zweier Substituenten am 1. und 3. Kohlenstoffatom einer aromat. Verbindung; 2) **Meta...**, Vorsilbe zur Kennzeichnung anorgan. Säuren, die durch Wasserabspaltung aus Orthosäuren entstehen.

Metabasis [grch. »Übergang«] *die, Logik:* unzulässiger Denkschritt; fehlerhafter Übergang in einen anderen begriffl. Bereich in einem Beweis.

Metabole [grch. »Veränderung«, »Wechsel«] *die,* in Stilistik, Rhetorik und Metrik der unerwartete Wechsel in Syntax, Wortwahl oder Rhythmus.

Metabolismus [grch.] *der,* ↗ Stoffwechsel.

Metabolisten [grch.], Gruppe japan. Architekten (seit 1959), deren Architekturtheorie von einer Analogie zw. Gestaltungs- und Bauprozessen und zellularen Wachstumsvorgängen ausgeht. Die Stadt einer künftigen Massengesellschaft soll dementsprechend eine Großstruktur bei flexiblen Bausystemen erhalten. Zu den M. gehören u. a. Kikutake Kiyonori, Tange Kenzō und Kurokawa Kishō.

Metabolit *der,* meist niedrigmolekulares Zwischenprodukt des Zellstoffwechsels.

Meta|ethik, seit Anfang des 20. Jh. im angloamerikan. Sprachraum entwickelte Theorie der Ethik, die die sprachl. Form moral. Aussagen untersucht. Die M. sucht die eth. Fragestellungen v. a. durch eine Analyse der Bedeutungen moral. Ausdrücke (gut, böse, Pflicht, sollen usw.) zu klären.

Metageschäft [italien. (a) metà »zur Hälfte«], gemeinsam durchgeführtes Geschäft, bei dem zwei oder mehrere Vertragspartner **(Metisten)** Kapitaleinsatz, Gewinn und Verlust gleichmäßig teilen (z. B. Vergabe eines Gemeinschaftskredits). Man unterscheidet offene Metakredite (der Kreditnehmer hat Kenntnis von der gemeinschaftl. Kreditvergabe) und verdeckte Metakredite (der Kreditnehmer hat nur mit einer kreditgebenden Bank zu tun, er kennt die oder die stillen Metisten nicht). Ein weiteres typ. M. ist die Wertpapierarbitrage: Die Metisten arbeiten an versch. Börsenplätzen und teilen die erzielten Arbitragegewinne (bzw. Verluste).

Met|aldehyd, weißes, kristallines zykl. Polymerisationsprodukt des Acetaldehyds, das als Trockenbrennstoff und Schneckengift verwendet wird.

Metalimnion [grch.] *das,* die ↗ Sprungschicht in Binnengewässern; die Wasserschicht in stehenden Gewässern zw. Epilimnion und Hypolimnion, in der die Temperatur vertikal sprunghaft abfällt.

Metall|amide, ↗ Amide.

Metallbearbeitungs|öle, Flüssigkeiten, die bei der spanenden Metallbearbeitung zur Schmierung, Kühlung und zum Abtransport der Späne dienen sowie einen zeitweisen Korrosionsschutz bewirken, z. B. Schneid-, Schleif- und Bohröle.

Metalldampffieber (Gießerfieber, Zinkfieber), durch Einatmen feinster Metallstäube (z. B. Zink, Kupfer, Cadmium) verursachtes vorübergehendes Fieber (Stunden bis wenige Tage) mit Krankheitsgefühl und Reizung der Atemwege.

Metalldampflampe, Gasentladungslampe, die eine Edelgasgrundfüllung und für die Strahlungseigenschaften wichtige Metallzusätze enthält. Das nach der Zündung zuerst erscheinende Edelgaslicht wird bei Erwärmung und dem damit verbundenen Dampfdruckanstieg allmählich von den jeweiligen Farben der Strahlung der Metallatome verdrängt. Mit Ausnahme von Sonderlampen erreichen nur Quecksilber und Natrium ausreichende Betriebsdampfdrücke (↗ Quecksilberdampflampe, ↗ Natriumdampflampe).

Andere Metalle besitzen zwar häufig bessere Strahlungseigenschaften, sind aber nur in chem. Verbindung genügend leichtflüchtig (Halogen-M.).

Metalle [grch.-lat.], feste oder flüssige chem. Elemente mit folgenden Eigenschaften: starker Glanz (Metallglanz) durch hohes Reflexionsvermögen; sehr großes Absorptionsvermögen für Licht; hervorragende, mit steigender Temperatur abnehmende elektr. und Wärmeleitfähigkeit; meist gute plast. Verformbarkeit durch Walzen, Schmieden, Pressen, Ziehen u. Ä.; Neigung zur Bildung positiver Ionen; M. sind bei Raumtemperatur meist fest. Die meisten dieser Eigenschaften beruhen darauf, dass im metall. Kristallgitter die äußeren Elektronen nicht an einzelne Atome gebunden sind und leicht innerhalb des aus den Atomrümpfen (Ionen) gebildeten Gitters verschoben werden können. Diese Leitungselektronen bilden ein ↗ Elektronengas und absorbieren oder streuen einfallendes Licht und machen die M. undurchsichtig und glänzend. Im Gitter sitzen die positiven Ionen dicht gepackt und werden durch die bewegl. Elektronen zusammengehalten (plast. Verformbarkeit). Dabei kann ein Ion oft durch ein andersartiges ersetzt werden (Legierungsfähigkeit). Das physikal. Verhalten der M. kann theoretisch mithilfe des ↗ Energiebändermodells beschrieben werden. – Von den 93 in der Natur vorkommenden chem. Elementen zählen 67 zu den M., die übrigen zu den Nicht- bzw. Halb-M.; M. bilden untereinander Legierungen und intermetall. Verbindungen.

Einteilung: Nach der Affinität zu Sauerstoff und der Oxidationsneigung unterscheidet man zw. **unedlen M.,** die sehr leicht Oxide bilden (z. B. Alkali-M., Magnesium), **Halbedel-M.** (z. B. Zinn, Nickel, Kupfer) und **Edel-M.,** die nur schwer Oxide bilden (z. B. Gold, Silber, Platin, Iridium, Palladium, Osmium, Rhodium, Ruthenium). Nach ihrer Dichte, die zw. $0,534 \text{ g/cm}^3$ bei Lithium und $22,65 \text{ g/cm}^3$ beim Iridium liegt, unterscheidet man **Leicht-M.** (Dichte unter $4,5 \text{ g/cm}^3$, wie Aluminium, Magnesium, Titan) und **Schwer-M.** (Dichte über $4,5 \text{ g/cm}^3$). Schmelz- und Siedepunkte der M. liegen zw. $-39 \degree\text{C}$ bzw. $357 \degree\text{C}$ beim Quecksilber und $3410 \degree\text{C}$ bzw. etwa $5700 \degree\text{C}$ beim Wolfram. Einander sehr ähnl. M. bilden z. B. die Gruppen der Alkali-, Erdalkali-, Platin- und Seltenerdmetalle. Bes. in der Technik wird zw. Eisen und seinen Legierungen einerseits **(Eisen-** bzw. **Schwarz-M.)** und den **Nichteisen-M.** (NE-M.) andererseits unterschieden; zu Letzteren gehören z. B. die **Bunt-M.** (Kupfer, Blei u. a., benannt nach ihren farbigen Erzen). – Außer Kupfer und den Edel-M., die auch gediegen vorkommen, finden sich M. in der Natur nur in Form von Mineralen (z. B. als Oxide, Sulfide, Sulfate, Carbonate) in Erzen und Salzen. Die Gewinnung und Raffination der M. aus ihren Erzen, Alt-M. (Schrott) und metallhaltigen Rückständen (z. B. Schlacke) ist Aufgabe der **Metallurgie.**

Metalle der seltenen Erden, die ↗ Seltenerdmetalle.

Metallfärbung, die Erzeugung von farbigen Oberflächenschichten auf Metallen durch chem. oder elektrochem. Reaktionen des Metalls mit z. B. sulfid- und selenhaltigen Lösungen (für »Altsilberfärbung«) oder Erzeugen von Oxidschichten, die nachträglich mit organ. Farbstoffen oder anorgan. Salzen gefärbt werden. Metalle, die sich schwer färben lassen, überzieht man elektrolytisch mit einer Schicht eines anderen Metalls, das gut färbbar ist, z. B. Kupfer oder Messing. Prakt. Bedeutung hat das ↗ Brünieren, mehr dekorativ ist die ↗ Patina.

Metallgesellschaft AG, seit 2000 ⁄ mg technologies ag.

metallische Bindung, ⁄ chemische Bindung.

metallische Gläser (Glasmetalle, amorphe Metalle), metall. Werkstoffe, bes. Legierungen aus Übergangs- oder Edelmetallen (Eisen, Kobalt, Nickel, Palladium, Platin) mit Nicht- oder Halbmetallen (Bor, Kohlenstoff, Phosphor, Silicium), die durch äußerst rasche Erstarrung der Schmelze entstehen. Dabei bildet sich eine regellose amorphe Struktur (unterkühlte Schmelze) wie bei Gläsern und nicht das für Metalle kennzeichnende geordnete kristalline Gefüge. M. G. besitzen gegenüber den kristallin erstarrten Metallen eine höhere Festigkeit, größere Korrosionsbeständigkeit und zeigen ein sehr gutes weichmagnet. Verhalten. Bei höheren Temperaturen ist der amorphe Zustand für Metalle instabil, sodass bei Erwärmung oberhalb einer legierungsspezif. Temperatur Kristallisation eintritt. Mögl. Herstellmethoden sind Aufdampfen auf gekühlte Substrate, ⁄ Kathodenzerstäubung, chem. oder elektrolyt. Abscheiden oder das rasche Abschrecken der Schmelze. M. G. werden z. B. für gewickelte Transformatorenkerne, elektr. Bauelemente für den Hoch- und Mittelfrequenzbereich, abriebfeste Tonköpfe, hochwertige Lötfolien, oberflächenverglaste Metalllager verwendet.

Metallisieren, das Beschichten nichtmetall. Werkstücke mit einer feinen Metallschicht mithilfe der ⁄ Galvanotechnik, des ⁄ Metallspritzverfahrens, durch Aufdampfen im Hochvakuum oder durch chem. Reduktion von Metallsalzen. Das M. von Kunststoffoberflächen dient v. a. zum Schutz der Oberfläche vor Wärmeeinstrahlung oder zur Erhöhung des Wärmerückhaltevermögens.

Metallismus der, ⁄ Geldtheorie.

Metallklebstoffe, Klebstoffe für Verbindungen zw. zwei Metallen oder zw. Metallen und anderen Werkstoffen, die u. a. im Flugzeugbau, Fahrzeugbau und in der Elektroind. eingesetzt werden. Für geringe Festigkeiten eignen sich Haft-, Kontakt- und Schmelzklebstoffe, für hohe Festigkeiten werden meist Reaktionsklebstoffe (Ein- und Zweikomponentensysteme) auf Basis von Epoxidharzen, Polyurethanharzen u. a. verwendet.

Metallkunde, Teilgebiet der Werkstoffkunde, das sich mit den Eigenschaften und dem Aufbau der Metalle und Legierungen in festem und flüssigem Zustand **(allgemeine M.)** sowie mit ihrer techn. und wirtsch. Verwendung **(angewandte M.)** befasst.

Metallocene, Klasse von Katalysatoren (organ. Verbindungen mit Sandwichstrukturen), die bei der Herstellung von Kunststoffen, v. a. von Polypropylen und Polyäthylen, den konventionellen Ziegler-Natta-Katalysatoren in der katalyt. Wirkung um das Zehnbis Hundertfache überlegen sind.

Metallogenese, Bildung und Entwicklung von Erzlagerstätten in Abhängigkeit von geotekton. und geomagmat. Zyklen.

Metallographie die, Teilgebiet der Werkstoffkunde, i. w. S. gleichbedeutend mit Metallkunde; i. e. S. Arbeitsgebiet der Metallkunde, das sich mit dem Gefügeaufbau der Metalle und Legierungen befasst.

metall|organische Verbindungen (Organometallverbindungen), organ. Verbindungen, bei denen ein Metallatom direkt an ein Kohlenstoffatom gebunden ist. Sie werden aus Metallen oder Metalllegierungen durch Umsetzung mit Alkylhalogeniden oder anderen m. V. hergestellt. In der präparativen Chemie werden v. a. Grignard-Verbindungen (⁄ Grignard-Reaktionen) und Lithiumalkyle angewandt.

Metallreinigung, Entfernen der Verunreinigungen (Fett, Rost, Zunder, Schmutz) von der Oberfläche von Metallgegenständen. Man unterscheidet mechan. (Schleifen, Polieren), chem. (Beizen) und elektrolyt. Metallreinigungsverfahren.

Metallschnitt, nach dem Verfahren des Holzschnitts in eine Platte aus weichem Metall geschnittenes und auf Papier abgedrucktes Bild. Im 15. Jh. wurde der M. bes. in Frankreich und im westl. Dtl. verwendet, später u. a. auch von H. Holbein d. J. Eine Sonderform ist der ⁄ Schrotschnitt.

Metallschnitt: Meister der Nürnberger Passion, »Der heilige Georg tötet den Drachen« (um 1450/60)

Metallseifen, Salze der höheren Fett-, Harz- und Naphthensäuren (mit Ausnahme der überwiegend zur Körperreinigung verwendeten Natrium- und Kaliumsalze). M. finden wegen ihrer grenzflächenaktiven und katalyt. Eigenschaften u. a. Anwendung als Eindicker in Schmierfetten (z. B. Lithiumseifen), Hilfsmittel bei der Kunststoffverarbeitung (z. B. Calciumseifen als Gleitmittel) und PVC-Stabilisatoren (Blei-, Zink- und Zinnseifen).

Metallspritzverfahren, therm. Spritzverfahren zur Herstellung von Metallüberzügen (Korrosions- und Verschleißschutz) durch Aufspritzen des in einer Gasflamme, in einem Lichtbogen oder im Plasma erschmolzenen Metalls. Beim ⁄ Flammspritzen werden vorwiegend Zink und Aluminium als Spritzmetalle verwendet, während das **Lichtbogen-** und **Plasmaspritzen** zum Auftragen hochschmelzender Werkstoffe (z. B. Wolfram, Molybdän) benutzt wird.

Metallurgie [frz., zu grch. metallourgeĩn »Metalle verarbeiten«] die, führender Wirtschaftszweig, der sich mit der Metallgewinnung aus Erzen und Altmetallen, mit ihrer Reinigung (Raffination), Legierung und Weiterverarbeitung zu Halbzeug sowie gegossenen und gewalzten Fertigerzeugnissen befasst. Man unterscheidet die Eisen- und Nichteisen-M., außerdem die Pyro-(Schmelz-)M., die Hydro-(Nass-)M., die Elektro-, Vakuum- und Pulvermetallurgie.

Metallwarenindustrie, Teilbereich der Eisen-, Blech- und M. (Kurzbez. EBM-Industrie), die u. a. Werkzeuge, Heizkörper, Haushaltsherde, Stahlrohrmöbel, Feinblechverpackungen, Schlösser und Beschläge, Schneidwaren, Büro-, Schreib- und Zeichengeräte sowie Metallkurzwaren produziert.

Metallzeit, zusammenfassende Bez. für die vorgeschichtl. Epochen der Kupfer-, Bronze- und Eisenzeit.

Metamagnetismus, Erscheinung, dass manche Stoffe, z. B. Eisen(II)-chlorid, mit antiferromagnet. Verhalten in starken Magnetfeldern in einen ferromagnet. Zustand übergehen, da die magnet. Momente der ferromagnet. Bereiche (Untergitter), die sich in kleinen Magnetfeldern wegen ihrer verschied. Orientierungen äußerlich kompensieren, alle in Feldrichtung klappen.

Metamerie [grch.] die (Segmentierung), *Zoologie:* Gliederung eines Tierkörpers in hintereinander liegende, in ihrer Anlage her gleichartige Abschnitte **(Metamere, Segmente),** z. B. beim Regenwurm, die schon äußerlich an der Ringelung erkennbar ist.

metamorphe Gesteine (Metamorphite), die durch die versch. Arten der Metamorphose aus magmat. **(Orthogesteine)** oder Sedimentgesteinen **(Paragesteine)** entstandenen Gesteine, z. B. Ortho- und Paragneis. Eingeteilt werden sie nach der Abstammung (Ausgangsgestein), der Art der Metamorphose, dem Bildungsort (geolog. Position, Alter, Genese), der ↗Mineralfazies, v. a. aber nach Art des Gefüges und des Mineralbestands. Dieser ist gekennzeichnet durch das Auftreten bestimmter, überwiegend oder ausschl. im metamorphen Bereich vorkommender Minerale, die durch Umwandlung aus dem vorhandenen Mineralbestand oder durch ↗Metasomatose entstanden sind. – Fünf am weitesten verbreitete chem. Gruppen m. G. lassen sich zusammenfassen: pelitische, mafische (basische), felsische, kalkige und ultramafische (ultrabasische).

Metamorphopsie, Sehstörung, bei der Gegenstände verändert, z. B. vergrößert (Makropsie) oder verkleinert (Mikropsie), und verzerrt wahrgenommen werden; tritt v. a. bei Akkommodationsstörung, Netzhautablösung oder Makuladegeneration auf.

Metamorphose [grch.] *die,* **1)** *allg.:* Gestaltwandel, Verwandlung.
2) *Botanik:* Umwandlung von Grundorganen unter Funktionswechsel im Laufe der Evolution, z. B. von Blättern, Sprossachsen oder Wurzeln zu Ranken, Dornen oder Knollen.
3) *Geologie:* natürl. Gesteinsumwandlung im festen Zustand durch Druck- und/oder Temperaturerhöhung. Die Anpassung an das neue physikalisch-chem. Gleichgewicht erfolgt durch Mineralreaktionen (z. B. Umkristallisation), wodurch entweder nur das Gesteinsgefüge, meist aber auch der Mineralbestand verändert wird. M. verlaufen i. Allg. **isochemisch,** d. h. unter Beibehaltung des ursprüngl. Stoffbestandes; **allochem.** Umwandlungen mit großräumigem Stoffaustausch werden als ↗Metasomatose bezeichnet. – Man unterscheidet: Kontakt-, Regional-, dynam., Stoßwellen-, Auto-, Hochdruck-, Ultra-M. sowie Diaphthorese.
4) *Zoologie:* die indirekte Entwicklung vom Ei zum geschlechtsreifen Tier durch Einschaltung selbstständiger Larvenstadien. Eine vollkommene Verwandlung **(Holometabolie)** kommt u. a. bei Käfern, Flöhen und Schmetterlingen vor. Die Larvenstadien unterscheiden sich in Gestalt und Lebensweise vom voll entwickelten Insekt (Imago), wobei diesem ein Ruhestadium (die Puppe) vorausgeht. Bei der unvoll-

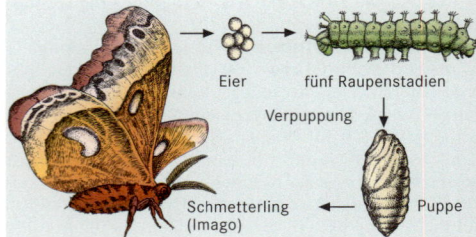

Metamorphose 4): Holometabolie am Beispiel des Schmetterlings

kommenen Verwandlung **(Hemimetabolie),** z. B. bei Libellen, geht das letzte Larvenstadium ohne Puppenruhe in die Imago über.

Metaphase [grch.], Stadium der Zellteilung (↗Mitose).

Metapher [grch., zu metaphérein »anderswohin tragen«] *die,* bildl. Ausdruck, der durch Bezeichnungsübertragung zw. ähnl. Gegenständen oder Erscheinungen hervorgerufen wird (z. B. »das Gold ihrer Haare«). (↗Redefiguren, Übersicht)

Metaphorik [grch.] *die,* zusammenfassende Bez. für den anschauungs- und assoziationsreichen Sprachstil sowie für poet. Bildlichkeit (↗Metapher).

Metaphrase [grch.], 1) Übertragung, bes. die wortgetreue Umsetzung einer Versdichtung in Prosa; 2) erläuternde Wiederholung eines Wortes durch ein Synonym.

Metaphysical Poets [metə'fızıkəl 'pəʊıts, engl.], von J. Dryden und S. Johnson geprägte Bez. für eine Gruppe von weltl. und religiösen engl. Barockdichtern des 17. Jh. (J. Donne, G. Herbert u. a.), die durch kühne Bilder und überraschende Vergleiche der Dichtung neue Wege erschlossen.

Metasequoia: Zweig von Metasequoia glyptostroboides

Pietro Metastasio

Ioannis Metaxas

Metaphysik [von grch. tà metà tà physiká »das, was hinter der Natur steht«], urspr. die Schriften des Aristoteles über die ersten Prinzipien und Ursachen des Seins (»Erste Philosophie«), die von Andronikos von Rhodos (1. Jh. v. Chr.) den Büchern über die Natur nachgeordnet wurden; seit dem Neuplatonismus allg. die Lehre vom Sein bzw. Seienden und dessen Wesen, gelegentlich untergliedert in die ↗Ontologie, die ↗Kosmologie, die philosoph. ↗Anthropologie oder auch Psychologie und die philosoph. Gotteslehre (Theologie); M. wurde zur Wiss. des jenseits des Erfahrungsbereichs Liegenden. Die bedeutendsten Systembildner der M. waren Platon, Aristoteles, Plotin, Thomas von Aquin, Descartes, Spinoza, Leibniz, Kant (der die M. als Wiss. kritisierte), Fichte, Schelling, Hegel. Der spekulativen M. des dt. Idealismus schlossen sich u. a. an: die intuitionist. M., die den

Seinsgrund als Trieb oder Willen auffasst (Schopenhauer, Nietzsche), die induktive M. als Zusammenfassung wiss. Einzelergebnisse zu einem universalen Weltbild (G. T. Fechner, R. H. Lotze), die irrationalist. M. der Lebensphilosophie (Bergson, Solowjow). Abgesehen von den phänomenolog. und ontolog. Geistesströmungen in der 1. Hälfte des 20. Jh. (Husserl, Heidegger, N. Hartmann) haben sich die Hauptrichtungen der Philosophie in unterschiedl. Maße von der Tradition eines eigentümlich metaphys. Denkens entfernt. Nach Auffassung des Positivismus und Neopositivismus sind die metaphys. Fragen falsch gestellt oder nur Scheinprobleme.

Metaplasie [grch.-nlat.] *die,* reversible Umwandlung eines differenzierten Gewebes in ein anderes differenziertes Gewebe, z. B. durch chron. Reize hervorgerufene Plattenepithelbildung in den Bronchien.

Metasequoia *die* (Urweltmammutbaum, Chinesischer Mammutbaum), Gattung der Sumpfzypressengewächse mit nur einer rezenten Art (M. glyptostroboides), von der erst 1941 (nach anderen Quellen 1944) lebende Exemplare in der chines. Prov. Sichuan entdeckt wurden. Der sommergrüne, raschwüchsige Nadelbaum ist heute als Garten- und Parkbaum weit verbreitet.

Metasomatose [grch.] *die,* Umwandlung (Metamorphose) eines Gesteins durch Änderung der chem. Zusammensetzung infolge Zufuhr von Lösungen, Gasen oder Schmelzen.

Metasprache, 1) Sprachebene, die über einer natürl. Sprache liegt und die angenommen werden muss, um die Beschreibung jeder natürl. Sprache zu ermöglichen (/Objektsprache); 2) Formelsprache, in die alle semant. Elemente natürl. Sprachen zum Zweck maschineller Übersetzung umgesetzt werden müssen.

metastabile Zustände, *Quantenmechanik:* Anregungszustände eines Atoms, Moleküls, Festkörpers oder Atomkerns, die nicht oder nur mit sehr geringer Wahrscheinlichkeit unter Ausstrahlung eines Photons in einen der energieärmeren Zustände übergehen, sodass sie, verglichen mit anderen Anregungszuständen, eine sehr große mittlere Lebensdauer haben.

Metastase [grch. »Umstellung«, »Wanderung«] *die* (Tochtergeschwulst), durch Verschleppung und Absiedelung (Metastasierung) von Zellen eines bösartigen Primärtumors in andere Körpergebiete entstandener Sekundärtumor (/Krebs); die Verbreitung der Geschwulstzellen erfolgt über benachbarte Gewebespalten **(lokale M.),** über Lymphbahnen in regionäre Lymphknoten **(regionäre M.)** und auf dem Lymph- oder Blutweg in andere, auch ferne Organe **(Fernmetastase).** – Abb. S. 3098

Metastasio, Pietro Antonio, eigtl. P. Antonio Domenico Bonaventura Trapassi, italien. Dichter, *Rom 3. 1. 1698, †Wien 12. 4. 1782; seit 1730 Hofdichter in Wien; einer der bedeutendsten Vertreter der arkad. Rokokolyrik; schrieb Opernlibretti nach klass. Stoffen (u. a. für J. A. Hasse, C. W. Gluck, W. A. Mozart), ferner Texte für Oratorien und Kantaten.

Metathese [grch.] *die, Sprache:* Lautversetzung im Wort, z. B. *Wespe,* bairisch *Wepse.*

Metaurus [lat.] *der* (italien. Metauro), 135 km langer Fluss in Mittelitalien, 135 km lang, mündet ins Adriat. Meer. – 207 v. Chr. besiegten am M. die Römer die Karthager unter Hasdrubal.

Metaxas, Ioannis, grch. General und Politiker, *Ithaka 12. 4. 1871, †Athen 19. 1. 1941; 1913–16 Generalstabschef, 1920–36 mehrmals Min., betrieb die Rückkehr König Georgs II. (1935). Nach einem

Metamorphose 4)

Hemimetabolie am Beispiel der Blaugrünen Mosaikjungfer:

1 Nach mehreren Häutungen unter Wasser klettert die Libellenlarve auf einem Schilfhalm über die Wasseroberfläche. **2** Die letzte Häutung beginnt. **3** Die schlüpfende Libelle hängt kopfunter. **4** Die Beine erhärten. **5** Sie biegt den Vorderkörper nach oben und ergreift mit den Beinen die Larvenhaut. **6** Der Hinterkörper ist frei. **7** und **8** Die Flügel entfalten sich. **9** Der Hinterleib härtet aus. **10** Die Libelle ist flugfähig, ihre endgültige Färbung hat sie erst nach einigen Tagen.

Metastase: Wege der Metastasierung

Staatsstreich (April 1936) errichtete er als MinPräs. ab Aug. 1936 ein diktator. Reg.system; Symbol des grch. Widerstandes gegen den italien. Vormarsch 1940.

Metazentrum, *Schifffahrt:* Schnittpunkt, den die Wirkungslinie der Auftriebskraft eines schwimmenden Körpers, bes. eines Schiffes, bei schräger Lage mit dessen senkrechter Mittelachse bildet. Das M. muss höher als der Schwerpunkt liegen, damit der Körper stabil schwimmt bzw. das Schiff nicht kentert.

Metazoa [grch.] (Metazoen, Vielzeller), Unterreich des Tierreichs, dem alle Tiere angehören, deren Körper aus zahlr. Zellen zusammengesetzt sind, die Gewebe und Organe sowie eine Differenzierung in Körperzellen und Keimzellen aufweisen; Ggs.: Protozoen (Einzeller).

Metempsychose [grch.] *die,* die ↗ Seelenwanderung.

Met|encephalon [grch.] *das* (Hinterhirn), ↗ Gehirn.

Meteor [zu grch. metéōron »Himmels-, Lufterscheinung«] *der,* eine durch das Eindringen eines kosm. Kleinkörpers (eines ↗ Meteoroids) in die Erdatmosphäre verursachte Leuchterscheinung. Die dabei auftretenden Stoß- und Kompressionsprozesse führen zur Ionisation von Atomen und Molekülen atmosphär. und meteorid. Ursprungs. Diese geben ihre Energie durch Lichtemission ab und erzeugen so eine Lichtspur in einem »Kanal« hinter dem Meteoroiden; nicht sichtbare Ionisationsspuren sind oft als Radarecho **(Radio-M.)** nachweisbar. Der von einem Meteoroid auf die Erde gelangte Rest heißt ↗ Meteorit.

Je nach der Größe des Meteoroiden unterscheiden sich Stärke und Form der Leuchterscheinungen. **Sternschnuppen** heißen M., deren Helligkeit − 4^m (mittlere Venushelligkeit) nicht übertrifft. Sie werden durch Meteoroide mit einem Durchmesser zw. einigen Zentimetern und etwa 1 mm (gerade noch mit bloßem Auge sichtbar) verursacht. Noch kleinere Partikel bewirken **teleskop. M.;** sie sind dem Auge unsichtbar und können nur im Fernrohr wahrgenommen werden. Die sehr viel selteneren M., die heller als etwa − 4^m sind, nennt man **Feuerkugeln (Bolide),** sie werden von entsprechend größeren Meteoroiden erzeugt. M. treten als Einzelerscheinungen sowie als ausgeprägte ↗ Meteorströme auf.

Meteora, zusammenfassende Bez. einer Anzahl grch.-orth. Klöster in Thessalien, Griechenland, in fast unzugängl. Felsgruppen der oberen thessal. Ebene. − Die Klöster, die zum UNESCO-Weltkulturerbe gehören, entstanden unter serb. Schutzherrschaft seit der 2. Hälfte des 14. Jh. aus Eremitagen.

Meteor-Expedition (Deutsche Atlantische Expedition, Abk. D. A. E.), Expedition, die 1925−27 auf dem Forschungs- und Vermessungsschiff »Meteor«

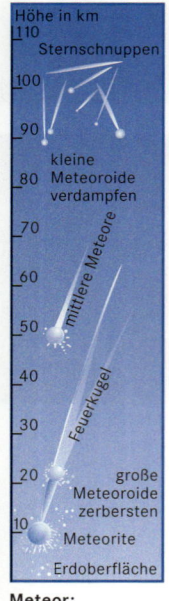

Meteor: für die verschiedenen Höhenbereiche der Atmosphäre typische Meteorerscheinungen

Meteora: Kloster Hagia Triada (1438 gegründet)

der Reichsmarine (1924 in Dienst gestellt) im südl. Atlant. Ozean bes. den Kreislauf der Wassermassen untersuchte. 1964–85 führte ein neues Forschungsschiff »Meteor« der Bundesrep. Dtl. 73 Forschungsreisen durch. Seit 1986 ist das dritte Forschungsschiff »Meteor« im Einsatz.

Meteorismus [grch. »Erhebung«, »Schwellung«] *der,* 1) *Medizin:* die ↗ Blähungen.
2) *Tiermedizin:* ↗ Aufblähung.

Meteorite [zu Meteor], *Sg.* Meteorit *der,* extraterrestr. kleine Festkörper, die beim Eindringen in die Erdatmosphäre nicht vollständig zerstört wurden und bis zur Erdoberfläche gelangen; sie verursachen die als ↗ Meteor bezeichnete Leuchterscheinung. Interplanetare Kleinkörper (Meteoroide) mit einem Durchmesser kleiner als etwa 0,1 mm werden beim Eindringen in die Erdatmosphäre in großen Höhen so stark abgebremst, dass sie langsam zu Boden sinken

Meteorite: Der 170 m tiefe Meteoritenkrater Canyon Diablo in Zentralarizona hat einen Durchmesser von 1 200 m.

und als **Mikro-M.** gefunden werden können; die Unterscheidung von ird. Material ist sehr schwierig. Größere, die Sternschnuppen verursachende Meteoroide mit einem Durchmesser bis zu etwa 10 cm werden bei der Wechselwirkung mit den Luftmolekülen meist vollständig zerstört, ohne dass ein Rest zur Erde fällt. Sehr große Körper verlieren einen großen Teil ihrer Masse, ein Rest kann aber im freien Fall auf die Erde gelangen und als M. geborgen werden. Manche Meteoroide zerbrechen infolge der Lufteinwirkung in viele Teile und erzeugen einen **M.-Schauer** mit einer meist elliptisch begrenzten Aufschlagstelle auf der Erde.

Einschlagstellen mit Tiefen über 100 m und Durchmessern über 1 km (**M.-Krater, Impaktkrater, Astrobleme**) sind auf M. zurückzuführen, die beim Aufprall vollständig zertrümmert wurden. Der bekannteste M.-Krater (Canyon Diablo), dessen Alter auf ca. 20 000 Jahre geschätzt wird, befindet sich im zentralen Arizona, USA (Tiefe heute 170 m, mittlerer Durchmesser 1 200 m). Auch das Nördlinger ↗ Ries wird auf einen M.-Einschlag vor 14,5 Mio. Jahren zurückgeführt. Indiz für M.-Einschläge sind durch Schockwellenmetamorphose gebildete Minerale oder Gesteine (↗ Tektite). – Die Anzahl der jährlich auf die Erde niederfallenden M. wird auf fast 20 000 geschätzt. Der größte bisher entdeckte M. ist ein 1920 in Namibia gefundener Eisen-M. von 54,4 t.

Mineralogisch unterscheidet man Eisen-M., Stein-M. und als Übergangsglieder zw. beiden Stein-Eisen-Meteorite. Eine Unterteilung der **Eisen-M. (Holosiderite)** erfolgt nach den durch Anschliff und leichtes Anätzen der Oberfläche zutage tretenden Strukturen: durch feine, parallele Linien zeichnen sich die **Hexaedrite** aus; sie bestehen aus dem Meteoreisen Kamazit. Gröber sind die ↗ widmannstättenschen Figuren, Kennzeichen der durch Verwachsung von Kamazit und Taenit gebildeten **Oktaedrite**. – Nach dem Vorhandensein oder Fehlen von eingeschlossenen Kügelchen (Chondren) werden die **Stein-M. (Aerolithe)** in **Chondrite** (90%) und **Achondrite** unterschieden. Eine Vielzahl von organ. Verbindungen weisen die **kohligen Chondriten** auf. – Unter den **Stein-Eisen-M.** unterschied man früher die achondrit. **Siderolithe,** bei denen die Silikate gegenüber dem Meteoreisen überwiegen, von den **Lithosideriten,** bei denen das anteilmäßig vorherrschende Meteoreisengerüst mit Silikaten gefüllt ist. In den **Pallasiten** enthalten die Hohlräume des Meteoreisens u. a. große Olivinkristalle.

Die Gefährdung von Menschen durch M.-Einschlag ist trotz der Häufigkeit der aufgefundenen Objekte nur gering. Nur wenn die geolog. Vergangenheit der Erde betrachtet wird, lassen sich Anzeichen für wirklich globale Katastrophen finden, die in den letzten 500 Mio. Jahren mehrmals zu einem Massenaussterben eines großen Teils der fossil nachgewiesenen Tierarten geführt haben und von Einschlägen sehr großer Meteoroiden oder Planetoiden verursacht worden sein könnten. Um die potenzielle Gefahr solcher Planetoiden auf einer einheitl. Skale angeben zu können, führte die Internat. Astronom. Union 1999 die **Turiner Einschlagsgefahrenskala (Turiner Skala)** ein. Sie ordnet das Gefährdungspotenzial der Planetoiden in 10 Stufen mit steigendem Gefährdungsgrad an, bei dem der Wert null keine oder nur eine geringfügige Kollisionsgefährdung bedeutet.

Meteorobiologie [grch.], 1) ↗ Biometeorologie.
2) Wiss. von den Einflüssen der Wettervorgänge auf die Gesundheit und auf Entstehung und Verlauf von Krankheiten.

Meteorograph [grch.] *der,* Gerät, das gleichzeitig Temperatur, Feuchte und Luftdruck in höheren Schichten der Atmosphäre misst und registriert.

Meteoroid [grch.] *der,* ein sich im interplanetaren Raum bewegender Kleinkörper (bis zu einer Größe von einigen Metern). Ein M. kann einen ↗ Meteor verursachen, wenn er in die Erdatmosphäre eindringt. Gelangt ein M. bis zur Erde, wird er als ↗ Meteorit bezeichnet.

Meteorologie [grch.] *die* (Wetterkunde), die Wiss. von der Physik der Erdatmosphäre (Teilgebiet

Meteorite (von oben): Steinmeteorit (Amphoterit-Chondrit) aus Tuxtuac (Mexiko); Stein-Eisen-Meteorit (Pallasit) aus Imilac, Acatama (Chile) und Eisenmeteorit (Oktaedrit) aus Tres Castillos (Mexiko) mit widmanstättenschen Figuren

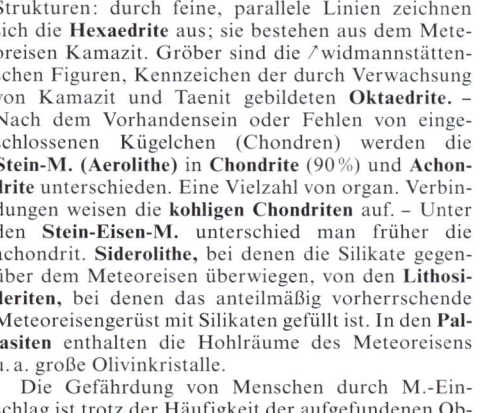
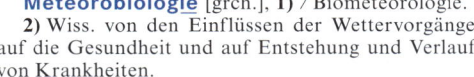

Meteorologie: Auswahl aus den internationalen meteorologischen Zeichen

der Geophysik), nämlich der physikal. Erscheinungen in der Lufthülle und ihren Wechselwirkungen mit der festen und flüssigen Erdoberfläche und dem Weltraum sowie vom Wettergeschehen (neuerdings zunehmend eingeschränkt auf die Atmosphäre bis etwa 100 km Höhe). Die **theoret.** oder **dynam. M.** untersucht die meteorolog. Prozesse und Bewegungsvorgänge mathematisch, die **synopt. M. (Synoptik)** behandelt das Wettergeschehen in einem größeren Gebiet zum Zweck der Wettervorhersage, die **experimentelle M.** befasst sich mit meteorolog. Prozessen und Grundgesetzen, die **angewandte M.** widmet sich biolog., agrarwiss., flugtechn. u. a. Aufgaben. Der Seewetterdienst stützt sich auf die **maritime M.** (Forschungen in der Atmosphäre über See).

Meteorstrom, Schwarm von interplanetaren Staubteilchen, die sich auf einer die Erdbahn kreuzenden oder streifenden Ellipsenbahn um die Sonne bewegen und als Auflösungspunkte von Kometen gelten. Durchquert die Erde einen solchen M., kommt es zum gehäuften Auftreten von ∕Meteoren. Je nach deren Leuchtkraft und Anzahl werden die Erscheinungen auch als **Sternschnuppenschwärme, Meteorschauer** oder **Meteorstürme** bezeichnet. M. treten mit mehr oder weniger großer Regelmäßigkeit auf und scheinen von einem Punkt der Sphäre, dem **scheinbaren Radianten,** auszugehen. Ihre Benennung richtet sich nach dem Sternbild, in dem der Radiationspunkt liegt.

Meteorströme (Auswahl)

Name	Dauer der Sichtbarkeit	erzeugender Komet
Quadrantiden	1.–4. Januar	
Lyriden	20.–22. April	1861 I
η-Aquariden	29. April–21. Mai	Halley
Juni-Draconiden	28. Juni	Pons-Winnecke
σ-Aquariden	24. Juli–12. August	
Perseiden	10.–14. August	1862 III
Oktober-Draconiden	9. Oktober	Giacobini-Zinner
Orioniden	19.–23. Oktober	Halley
Tauriden	26. Oktober–25. November	
Leoniden	11.–20. November	Tempel (1866 I)
Andromediden	18.–26. November	Biela
Geminiden	12.–15. Dezember	
Ursiden	18.–22. Dezember	1939 X

Meteosat, Abk. für engl. **Meteo**rological **Sat**ellite, Bez. für europ. geostationäre Wettersatelliten der ESA. M. 1, 1977 gestartet, sendete bis Nov. 1979. Darauf folgten M. 2 bis M. 5, wobei heute Aufnahmen im sichtbaren, infraroten und Wasserdampfspektralbereich gemacht werden.

Meter [frz. mètre, von grch. métron »Maß«] *das* oder *der,* Einheitenzeichen **m,** eine Längeneinheit. Das M. ist eine Basiseinheit des internat. Einheitensystems (∕SI-Einheiten). Das M. sollte urspr. der 10-millionste Teil eines Erdmeridianquadranten sein (**Meterkonvention** 1875); das in Sèvres aufbewahrte **Urnormal** aus Platin-Iridium weicht jedoch hiervon geringfügig ab. 1960 wurde das M. über die Vakuumwellenlänge λ der orangeroten Spektrallinie des Kryptonisotops ^{86}**Kr** definiert (1 m = 1 650 763,73 λ). Um eine wesentl. Steigerung der Genauigkeit des Längenstandards zu erzielen, hat die 17. Generalkonferenz für Maß und Gewicht am 20. 10. 1983 beschlossen, auf einen unabhängigen Längenstandard zu verzichten und das M. von der Basiseinheit der Zeit abzuleiten: Das M. ist die Länge der Strecke, die das Licht im Vakuum während der Dauer von 1/299 792 458 Sekunden zurücklegt. – Mit Vorsätzen lassen sich dezimale Vielfache und Teile des M. bilden.

Meter-Kilogramm-Sekunde-Ampere-System [-amˈpɛːr-], Abk. **MKSA-System,** ein ∕Maßsystem.

Meterkonvention, Staatsvertrag, der am 20. 5. 1875 in Paris unter maßgebl. Beteiligung des Dt. Reiches durch die Vertreter von 17 Staaten unterzeichnet wurde; der M. gehören heute rd. 50 Staaten an. Die M. dient der Vervollkommnung und Verbreitung der ∕metrischen Einheiten. Organe sind u. a. die ∕Generalkonferenz für Maß und Gewicht und das Internat. Büro für Maß und Gewicht in Sèvres bei Paris, wo u. a. der Meterprototyp aufbewahrt wird. Unter der Vereinigung **EUROMET** koordinieren die nat. Metrologie-Institute der EU und der EFTA-Staaaten ihre Aktivitäten zur gemeinsamen Entwicklung von neuen und verbesserten metrolog. Normalen.

Meterwellen, ∕Ultrakurzwellen.

Methadon [Kw.] *das,* synthet. Morphinderivat; stark wirksames schmerzstillendes Mittel mit Suchtpotenzial; unterliegt dem Betäubungsmittel-Ges.; da M. die Entzugserscheinungen bei Heroinabhängigen unterdrückt, wird es (allerdings mit geringen Erfolgsquoten) in versch. Ländern (z. B. USA, Niederlande, Dtl.) in der Suchttherapie eingesetzt. Da M. oral gegeben wird, entfällt die Heroininjektion mit den Gefahren der Übertragung von Aids oder einer Hepatitis.

Met|hämoglobin, das ∕Hämiglobin.

Methan [zu Methyl] *das,* einfachster Kohlenwasserstoff aus der Gruppe der Alkane. Das farblose, bläulich brennende Gas hat einen Brennwert von 39,8 MJ/m³. Es bildet sich durch Pyrolyse oder anaerobe bakterielle Zersetzung aus organ. Substanzen und ist deshalb wesentl. Bestandteil von Erd-, Raffinerie-, Kokerei-, Bio-, Grubengas u. a. M. entsteht auch durch Methanisierung, bei der ∕Kohlevergasung und ∕Kohlehydrierung. Es wird meist in Gemischen mit anderen Gasen als Brenngas verwendet. Als chem. Rohstoff dient es zur Herstellung von Synthesegas, Blausäure, Acetylen und Chlormethanen. – M. gehört zu den Spurengasen, die zum ∕Treibhauseffekt beitragen.

Methanal *das,* ∕Formaldehyd.

Methanol [Kw. aus **Methan** und **Alkohol**] *das* (Methylalkohol), der einfachste Alkohol, der als Methylester in vielen Pflanzenstoffen (z. B. im Lignin) enthalten ist; M. fällt deshalb auch bei der Holzverkohlung in Form von ∕Holzgeist an. M. wird heute großtechn. durch katalyt. Umsetzung von Kohlenmonoxid bzw. -dioxid mit Wasserstoff hergestellt. Das für die M.-Synthese erforderl. ∕Synthesegas wird aus Erdgas oder Erdölrückständen gewonnen. M. ist eine farblose, brennbare Flüssigkeit, Dichte 0,787 g/cm³ (bei 25 °C), Siedepunkt 64,5 °C. Es ist mit Wasser und organ. Lösungsmitteln mischbar und wird v. a. zu Methyl-tert.-butyläther (Kraftstoffzusatz), Formaldehyd (Kunstharze), Essigsäure und Dimethylterephthalat (Polyesterfasern) weiterverarbeitet. Daneben hat es als Kraftstoffkomponente und Lösungsmittel Bedeutung. **M.-Vergiftungen** können nach Einnahme von 5 bis 15 g M. eintreten, die tödl. Dosis beträgt beim Erwachsenen 50–150 g. Vergiftungserscheinungen: Übelkeit, Erbrechen, heftige Leibschmerzen, Bewusstlosigkeit, Tod durch Atemlähmung. Sehstörungen können zu dauernder Erblindung führen.

Methanzahl, Abk. **MZ,** Maß für die Zündneigung und Klopffestigkeit gasförmiger Kraftstoffe, vergleichbar der ∕Oktanzahl bei flüssigen Kraftstoffen.

Methin..., Bez. der chem. Nomenklatur für die Kohlenwasserstoffgruppe =CH−.

Methionin *das,* Abk. **Met,** schwefelhaltige essenzielle Aminosäure, chemisch 2-Amino-4-(methylthio)buttersäure.

Methode [von grch. méthodos »Weg«, »Gang einer Untersuchung«] *die,* das planmäßige Verfahren zur Erreichung eines bestimmten Ziels; speziell Charakteristikum für wiss. Vorgehen (z. B. die deduktive, induktive, experimentelle Methode).

Methode der finiten Elemente, / Finite-Elemente-Verfahren.

Methode der kleinsten Quadrate, Prinzip der Fehler- und Ausgleichsrechnung zur Ermittlung des wahrscheinlichsten Wertes (beste Näherung) einer Beobachtungsgröße. Die M. d. k. Q. wurde von C. F. Gauß (1809) und A. M. Legendre (1806) entwickelt. Sind x_i ($i = 1, ..., n$) die mit statist. Fehlern behafteten Beobachtungsergebnisse für n unabhängige Messungen der zu bestimmenden Größe, so ist der beste Näherungswert $\bar{X}$ dadurch gegeben, dass für ihn die Summe

$$\sum_{i=1}^{n} (\bar{X} - x_i)^2$$

ein Minimum wird.

Methodik [grch.] *die, Pädagogik:* die Lehre von den Lehr- und Unterrichtsverfahren auf den einzelnen Stufen für die versch. Lehrstoffe.

Methodios, Apostel der Slawen, / Kyrillos und Methodios.

Methodismus *der,* aus der anglikan. Kirche hervorgegangene, von den Brüdern John und Charles / Wesley während ihrer Studienzeit in Oxford in den 1720er-Jahren begründete religiöse Erweckungsbewegung. Im Mittelpunkt stand die individuelle Vergewisserung des eigenen Glaubens und Angenommenseins durch Gott auf der Grundlage der reformator. Rechtfertigungslehre. In kleinen Gruppen (»Klassen«) sollten die Anhänger, angeleitet von einem »Klassenleiter«, systematisch zu geistl. Fortschritt geführt werden. Dieses method. Vorgehen trug ihnen den Spottnamen **Methodisten** ein. Die Berufung von Laienpredigern durch J. Wesley hatte den Bruch mit der anglikan. Kirche und die Bildung eigener methodist. Gemeinden zur Folge. Die schnelle Ausbreitung des M. im angelsächs. Raum führte 1784 in Nordamerika mit der Formierung der **Bischöfl. Methodistenkirche** zur Bildung einer eigenständigen methodist. Kirche; in der Folgezeit entstanden durch Abspaltungen und Neugründungen weitere methodist. Kirchen. Heute (2003) sind im **Weltrat methodist. Kirchen** (gegr. 1881) über 70 Mitgl.kirchen mit insgesamt rd. 70 Mio. Mitgl. (davon etwa die Hälfte Erwachsene, d. h. Kirchenmitglieder im rechtl. Sinn) in über 100 Ländern zusammengeschlossen. Bes. stark verbreitet ist der M. in den USA (rd. 13,7 Mio. [9 Mio.] Methodisten). In Dtl. zählt die Evang.-methodist. Kirche rd. 65 000 (38 000) Mitglieder.

Methodologie [grch.] *die,* Lehre von den in den Einzelwiss.en angewendeten Methoden, als Teil der Logik zentraler Gegenstandsbereich der gegenwärtigen Wissenschaftstheorie.

Methoxy..., Bez. der chem. Nomenklatur für die vom Methanol abgeleitete einbindige Atomgruppierung −O−CH₃.

Methusalem [hebr.] (Vulgata: Mathusala), Gestalt des A. T.; nach 1. Mos. 5, 21 ff. der Urvater vor der Sintflut, der das höchste Alter (969 Jahre) erreicht haben soll; daher *sprichwörtlich* »so alt wie Methusalem«.

Methyl..., Bez. der chem. Nomenklatur für die vom Methan abgeleitete einbindige Kohlenwasserstoffgruppe −CH₃.

Methyl|alkohol, / Methanol.

Methyl|amino..., Bez. der chem. Nomenklatur für die Atomgruppe −NH−CH₃.

Methyl|äther (Methylether, Dimethylether), einfachster Äther, schwach narkotisch wirkendes, feuergefährl. Gas; Verwendung zur Synthese von Essigsäure, Dimethylsulfat und zu Methylierungen.

Methylbutadi|en, *das,* / Isopren.

Methylcellulose, / Celluloseäther.

Methylchlorid (Chlormethan), / Chlorkohlenwasserstoffe.

Methylchlorsilane, techn. Bez. für Chlormethylsilane, eine Gruppe chlorhaltiger siliciumorgan. Verbindungen, die wichtige Ausgangsstoffe für die Herstellung von / Silikonen sind.

Methylen..., Bez. der chem. Nomenklatur für die zweibindige Kohlenwasserstoffgruppe −CH₂−.

Methylenblau, bas. Thiazinfarbstoff, der zum Färben und Drucken u. a. von Papier, kosmet. Artikeln, als Lackfarbstoff sowie in der Medizin und Mikroskopie verwendet wird.

Methylenblau

Methylierung *die,* Einführung der Methylgruppe −CH₃ in organ. Verbindungen. Gebräuchl. M.-Mittel sind u. a. Methylhalogenide (z. B. Methyliodid), Schwefel- oder Sulfonsäuremethylester (z. B. Dimethylsulfat) und Diazomethan. M.-Mittel sind wirksame / Mutagene, Krebs erregend und können Fehlbildungen hervorrufen.

Methyl|orange [-ɔrãʒ] *das* (Helianthin), als Säure-Base-Indikator verwendeter Azofarbstoff, der im pH-Bereich 3,0−4,4 von Rot (sauer) nach Gelb (basisch) umschlägt.

Methylrot, als Säure-Base-Indikator verwendeter Azofarbstoff, der im pH-Bereich 4,4−6,2 von Rot (sauer) nach Gelbgrün (basisch) umschlägt.

Methyl-tert.-butyl|äther (Methyl-tert.-butylether), Abk. **MTB, MTBE,** farblose Flüssigkeit, die großtechnisch aus Isobuten und Methanol hergestellt und als / Antiklopfmittel (5−15% in Benzin) bes. in unverbleiten Ottokraftstoffen verwendet wird.

Methylviolett, Triphenylmethanfarbstoff; dient bes. zur Herstellung von Kopierstiften, Farbbändern und Stempelfarbe, daneben auch als Mikroskopierfarbstoff.

Metical *der,* Abk. **MT,** Währungseinheit von Moçambique, 1 M. = 100 Centavo (CT).

Metier [me'tje:, frz.] *das,* Handwerk, Gewerbe, Beruf.

Metis, ein Mond des Planeten / Jupiter.

Metohija [serb., alban. meto'hija] *die,* Beckenlandschaft im Kosovo, Serbien (seit dem 10. 6. 1999 unter Verwaltung der / KFOR), beiderseits des oberen und mittleren Drin, im N, W und S von bis zu 2 656 m hohen Gebirgen umrahmt, nach O, zum Amselfeld hin, geöffnet.

Metöken [grch. »Mitbewohner«], in Athen u. a. altgrch. Staaten die ortsansässigen Fremden; sie waren Freie, aber ohne polit. Rechte, sie durften keinen Grundbesitz erwerben, mussten aber Steuern bezahlen und Kriegsdienst leisten.

Methylorange

Methylrot

$(CH_3)_3C-O-CH_3$

Methyl-tert.-butyläther

Metonymie [grch. »Namensvertauschung«] die, übertragener Gebrauch eines Wortes oder einer Fügung für einen verwandten Begriff (z. B. »Stahl« für »Dolch«, »Jung und Alt« für »alle«).

Metopen [grch.], *Baukunst:* annähernd quadrat. Platten, meist mit einem Relief, zw. den Triglyphen über dem Architrav dor. Tempel.

Metrik [zu grch. métron »(Vers-)Maß«] die, **1)** *Literatur:* (Verslehre), die Lehre vom Versmaß (Metrum), der schemat. Ordnung, die dem ↗Vers zugrunde liegt. Voraussetzung für die Ordnung ist, dass es Silben versch. Qualität gibt: Es kann (wie im Griechischen) der Wechsel von langen und kurzen Silben (Länge und Kürze) geregelt werden (**quantitierender Vers, quantitierende M.**) oder (wie im Deutschen) der Wechsel von betont und weniger betont (Hebung und Senkung) gesprochenen Silben (**akzentuierender Vers**). Bei einem dritten System (in den roman. Sprachen) wird die Zeile durch die Zahl der Einheiten bestimmt, zugleich liegen die Stellen für einige Akzente fest. In bestimmten frz. Versen herrscht der alternierende Grundsatz (**alternierender Vers**), d. h. der regelmäßige Wechsel von betont und nicht betont, unbeschadet der »natürlichen« Betonung der Silben.

2) *Mathematik:* diejenige Struktureigenschaft eines Raumes, durch die in ihm die Entfernung (der Abstand) zweier Punkte definiert wird.

3) *Musik:* Lehre vom ↗Metrum.

4) *Physik:* der durch Längenmessungen zu ermittelnde Maßzusammenhang des ↗Raumes, der nach der allgemeinen Relativitätstheorie nicht mehr genau den Gesetzen der elementaren (euklid.) Geometrie entsprechen muss. Nach A. Einstein ist die M. des Raumes in ähnl. Weise wie das elektromagnet. Feld als

---

Metrik (Vers und Strophe)

In der deutschen Dichtung fällt im Allgemeinen die Versbetonung mit der Wort- und Satzbetonung zusammen. Der **Vers** ist ein durch den **Rhythmus** gegliedertes Gebilde. Der Rhythmus entsteht durch Wechsel betonter Silben, **Hebungen**, und unbetonter, **Senkungen**.

Die kleinste rhythmische Einheit des Verses ist der (steigende oder fallende) **Versfuß**. Ein steigender Versfuß mit einer Senkung heißt **Jambus:** ◡́ (◡ = im quantitierenden Vers kurze, im akzentuierenden Vers unbetonte Silbe, ́ = im quantitierenden Vers lange, im akzentuierenden Vers betonte Silbe), zum Beispiel *Verbot,* mit zwei Senkungen **Anapäst:** ◡◡́, zum Beispiel *in das Haus.* Ein fallender Versfuß mit einer Senkung heißt **Trochäus:** ́◡, zum Beispiel *Vater,* mit 2 Senkungen **Daktylus:** ́◡◡, zum Beispiel *Heilungen.* Ebenso gibt es Verse mit **steigendem**, mit **fallendem,** auch mit **wechselndem Rhythmus.** Zum Vers kann der **Reim** in verschiedenen Stellungen und der Stabreim (Alliteration) kommen (Übersicht Reim). Das Übergreifen des Satzes über das Versende zum nächsten Vers nennt man **Enjambement.** Oft steht ein unbetontes Wort oder ein unbetonter Wortteil, **Auftakt** genannt, am Versanfang.

Versarten: Die Versarten werden unterschieden durch die Zahl und die Art der Versfüße; die wichtigsten:

1. Der **Alexandriner,** aus der französischen Dichtung übernommen, im 17. und 18. Jahrhundert auch oft im deutschen Drama benutzt, besteht aus 6 Jamben mit paarweise gebundenem Reim: ◡́◡́◡́//◡́◡́◡́(◡), zum Beispiel »Nun danket alle Gott mit Herzen, Mund und Händen«.
2. Der **jambische Fünffüßer:** ◡́◡́◡́◡́◡́(◡). Ist er reimlos, so heißt er **Blankvers.** Ihn verwenden besonders Shakespeare und das klassische deutsche Drama, zum Beispiel »Ans Vaterland, ans teure, schließ dich an« (Schiller, »Wilhelm Tell«).
3. Der **jambische Vierfüßer:** ◡́◡́◡́◡́(◡), häufig in Schillers Balladen: »Wer zählt die Völker, nennt die Namen,« (»Die Kraniche des Ibykus«).
4. Der **trochäische Vierfüßer:** ́◡́◡́◡́◡(◡): »Ich erkenn euch, ernste Mächte« (Schiller, »Hero und Leander«).
5. Der **trochäische Fünffüßer:** ́◡́◡́◡́◡́◡(◡): »Teures Weib, gebiete deinen Tränen« (Schiller, »Hektors Abschied«).
6. Der **Hexameter,** mit 6 Daktylen: ́◡◡́◡◡́◡◡́◡◡́◡◡́◡ (die Zäsur kann wechseln): »Denn der Vater wird alt, und mit ihm altern die Söhne,« (Goethe, »Hermann und Dorothea«).

Nur mit dem Hexameter zusammen (vergleiche Distichon) kommt vor
7. der **Pentameter:** ́◡◡́◡◡́//́◡◡́◡◡́.
// bedeutet Einschnitt oder Zäsur; () bedeutet, dass die Silbe wegfallen kann.

Altdeutsche Verse:
Der **Alliterationsvers,** ursprünglich achthebige Langzeile aus 2 vierhebigen Kurzzeilen, durch Stabreim gebunden.
Der **Nibelungenvers** ist strophisch gegliedert (4 Langzeilen zu je 2 Kurzzeilen); gereimt sind nur die Langzeilen.

Knittelverse sind paarweise reimende vierhebige Verse mit einsilbigen (strenger Knittelvers) oder unregelmäßig gefüllten Senkungen (freier Knittelvers); besonders von Hans Sachs gebraucht. Schiller hat sie wieder aufgenommen: »Auf der Fortuna ihrem Schiff ist Er zu segeln im Begriff« (Wallensteins Lager).

Freie Rhythmen, von Klopstock eingeführt, sind ungereimte, rhythmisch stark bewegte Verse mit wechselnden Hebungen, oft ohne strophische Gliederung.

Regelmäßig wiederholte Versfolgen nennt man eine **Strophe.** Die Strophenformen unterscheiden sich durch die Zahl und Art der Verse, bei reimgebundenen Strophen durch die Reimstellung. Minnesang und Meistersang gliedern in **Aufgesang** (zum Beispiel Reimordnung *a b a b*) mit 2 Stollen (je *a b*) und **Abgesang** (*c c*).

Strophenformen. Die jüngere **Nibelungenstrophe,** von Uhland verwendet (»Des Sängers Fluch«): Im Unterschied zur alten hat der 8. Halbvers nur 3 (statt 4) Hebungen. Die ersten Halbverse (= Zeilen) gehen immer weiblich aus; der Reim ist männlich:

◡́◡́◡́◡́//◡́◡́◡́◡a
◡́◡́◡́◡́//◡́◡́◡́◡a
◡́◡́◡́◡́//◡́◡́◡́b
◡́◡́◡́◡́//◡́◡́◡́◡b

In der deutschen Dichtung werden auch fremde Strophenformen verwendet: romanische (italienische, spanische, französische), klassische (griechische, lateinische) und orientalische (persische; ↑Ghasel, ↑Kasside).

Die wichtigsten romanischen Strophenformen:
1. Das **Sonett** besteht aus fünffüßigen steigenden Jamben (aber auch anderen Versarten), die zu 2 Strophen von je 4 und 2 Strophen von je 3 Zeilen zusammengefasst werden. Reimstellung: *abba abba cdc dcd.* In der 3. und 4. Strophe können aber auch andere Reimstellungen vorkommen: *cdc cdc, cde dce* und andere.
2. Die **Terzine,** die Strophenform von Dantes »Göttlicher Komödie«, besteht aus ursprünglich elfsilbigen Jamben, die durch fortlaufende Reimordnung gebunden sind: *aba bcb cdc ... xyx yzy z.*
3. Die **Oktave** oder **Stanze** hat 8 fünffüßige Jamben mit Reimordnung *ab ab ab cc;* vergleiche Goethe, »Zueignung«.

Die wichtigsten klassischen (reimlosen) Strophen:
1. Das **Distichon,** bestehend aus einem Hexameter und einem Pentameter: »Im Hexameter steigt des Springquells flüssige Säule: / Im Pentameter drauf fällt sie melodisch herab.« (Schiller).
2. Die **sapphische Strophe,** eine Odenstrophe, genannt nach der griechischen Dichterin Sappho:

́◡́◡́◡◡́◡́◡
́◡́◡́◡◡́◡́◡
́◡́◡́◡◡́◡́◡
́◡◡́◡ (die Zäsur kann an verschiedenen Stellen liegen).

3. Die ähnlich gebaute **alkäische Strophe,** vergleiche Klopstock, »An Fanny«.

ein physikalisches (metr.) Feld aufzufassen, das Kraftwirkungen auf die darin befindl. Materie ausübt.

metrische Einheiten, die Einheiten eines urspr. auf dem Meter, später auf dem Meter und dem Kilogramm aufgebauten ↗ Maßsystems mit dezimaler Teilung. Dieses **metr. System** wurde später durch Hinzunahme der Zeiteinheit Sekunde als 3. Basiseinheit erweitert und nach den Anfangsbuchstaben der Basiseinheiten auch **MKS-System** genannt. Die m. E. werden in allen der ↗ Meterkonvention angeschlossenen Ländern benutzt. Ihre Weiterentwicklung führte zu den ↗ SI-Einheiten.

Metro [frz., Kurzform von (chemin de fer) métropolitain »Stadtbahn«] die, Untergrundbahn (bes. in Paris, Moskau).

Metro AG, einer der größten europ. Handelskonzerne, entstanden 1996 durch die Verschmelzung von Metro Cash & Carry (Großhandelsbereich der Metro-Gruppe Dtl., gegr. 1964), Kaufhof Holding AG und Asko Dt. Kaufhaus AG; Sitz: Köln. Seit 1999 konzentriert sich die M. AG auf die Geschäftsfelder Cash-and-carry-Großhandel (Metro, Makro), Lebensmitteleinzelhandel (real-Selbstbedienungswarenhäuser, extra-Verbrauchermärkte), Nonfoodfachmärkte (Media Markt, Saturn und Praktiker), Warenhäuser (Kaufhof Warenhaus AG mit 132 Häusern und dem Galeria-Konzept) und E-Commerce. Darüber hinaus gehören zur M. AG zahl. Querschnittsgesellschaften für die Bereiche Einkauf, Logistik, Informationstechnik, Werbung, Versicherungen. Mehrheitsaktionär ist die Metro Vermögensverwaltungs GmbH & Co. KG, Düsseldorf, an der Metro-Gründer Otto Beisheim (*1924), die Schmidt-Verwaltungs-GmbH sowie die Franz Haniel & Cie. GmbH beteiligt sind, mittelbar die **Metro Holding AG,** Baar (Schweiz).

Metro-Goldwyn-Mayer Inc. [ˈmetrəʊ ˈɡəʊldwɪn ˈmeɪə ɪnˈkɔːpəreɪtɪd], Abk. **MGM,** amerikan. Filmkonzern mit Filmproduktion, -verleih, Kinoketten und -zentren, Sitz: Santa Monica (Calif.); gegr. 1924 von Samuel Goldwyn (*1882, †1974) und Louis Burt Mayer (*1885, †1957). MGM übernahm 1981 den Konkurrenten United Artists Communication Co. und firmierte danach unter Metro-Goldwyn-Mayer/United Artists Communications Co. Inc. (MGM/UA). Ab 1986 wechselte MGM mehrfach den Eigentümer und ist seit 1996 im Besitz des amerikan. Finanziers Kirk Kerkorian (*1917).

Metrologie [grch.] die, die Wiss. vom Messen.

Metronom [zu grch. métron »Maß« und nómos »Gesetz«] das (Taktmesser), Gerät aus einem Federwerk mit Pendel zur Festlegung musikal. Zeitmaße. Die Zahl der sicht- und hörbaren Pendelausschläge je Minute lässt sich durch ein verschiebbares Gewicht verändern und auf einer von 40 bis 208 reichenden Skala ablesen. Ein vom Komponisten z. B. als M. M. ♩ = 72 (M. M.: Metronom Mälzel) bestimmtes Tempo bedeutet, dass die Viertelnoten in diesem Stück je $^1/_{72}$ Minute Dauer haben. Das M. wurde 1816 von J. N. Mälzel (*1772, †1838) unter Benutzung früherer Konstruktionen entwickelt. Heute gibt es auch Taschenuhr-M., Blink-M. und elektron. Metronome.

Metronymikon [grch.] das, vom Namen der Mutter abgeleiteter Name, z. B. Apolls Beiname »Letoide«, d. h. der Sohn der Leto, im Unterschied zum ↗ Patronymikon.

Metropole [grch.] die, Hauptstadt, Hauptsitz.

Metropolis [grch.], 1) bei den Griechen die »Mutterstadt« im Ggs. zu den von ihr ausgehenden »Tochter«-(Kolonial-)Städten; 2) Bez. für die Gauhauptstädte im hellenist. Ägypten; 3) Name mehrerer grch. Städte im grch. Mutterland und in Kleinasien.

Metropolit [grch.] der, 1) kath. Kirche: der Leiter einer Kirchenprov.; er ist zugleich Erzbischof der Hauptdiözese; 2) orth. Kirche: urspr. der Bischof einer Prov.-Hptst., heute der leitende Bischof einer autokephalen Kirche ohne Patriarchatsrang; daneben auch bloßer Titel: in der grch.-orth. Kirche für alle Bischöfe, in der russ.-orth. Kirche für die Bischöfe besonders bed. oder traditionsreicher Bistümer.

Metropolitan Area [metrəˈpɒlɪtn ˈɛərɪə, engl.] die, in den USA Bez. für einen städt. Siedlungskomplex, der aus einem zentralen Ort besteht, der mit einer Reihe kleinerer städt. Gemeinden wirtschaftlich und sozial verknüpft ist; besitzt eigene Planungsbehörden. Als M. A. werden auch städt. Ballungsräume in anderen Ländern bezeichnet.

Metropolitan County [metrəˈpɒlɪtn ˈkaʊntɪ, engl.] die, Verwaltungsbezirk in Großbritannien in Ballungsgebieten (seit 1. 4. 1974).

Metropolitan Museum of Art [metrəˈpɒlɪtn mjuˈzɪəm əv ɑːt], Abk. **MMA,** bedeutendstes Kunstmuseum der USA in New York, gegr. 1870, bis in die Gegenwart vorwiegend aus privaten Stiftungen aufgebaut, seit 1880 im eigenen Gebäude am Central Park untergebracht. Die Sammlungen umfassen: europ. und amerikan. Kunst, Kunst des Nahen und Fernen Ostens, Ägyptens, Griechenlands, Roms und präkolumb. Kunst sowie Kostüme, Waffen und Rüstungen, Musikinstrumente und Kunstgewerbe.

Metropolitan Opera [metrəˈpɒlɪtn ˈɒpərə], Abk. **Met,** führendes amerikan. Opernhaus in New York, 1883 eröffnet und mehrfach umgebaut; 1966 wurde im Lincoln Center die neue M. O. eröffnet (3 788 Plätze).

Metrum [lat., von grch. métron »Maß«] das, 1) Literaturwiss.: Vers- oder Silbenmaß.
2) Musik: die Maßeinheit mehrerer, zu einer Einheit zusammengeschlossener Zählzeiten und ihre Ordnung nach wiederkehrenden Abfolgen von betonten und unbetonten Schlägen. Grundlage einer solchen Ordnung ist der ↗ Takt; doch bilden sich immer auch übergeordnete metr. Zusammenschlüsse, z. B. zu zwei, vier, acht oder noch mehr Takten (↗ Periode). Zentraler Geltungsbereich des M.-Begriffs ist die Musik des 18. und 19. Jh. In der Musik nach 1950 gibt es vielfach kein M. mehr, statt dessen nur noch eine Zeitorientierung, z. B. nach Sekunden.

Metschnikow, Ilja (Elias) Iljitsch, russ. Zoologe und Bakteriologe, *Iwanowka (Gebiet Charkow, Ukraine) 15. 4. 1845, †Paris 15. 8. 1916; arbeitete u. a. über Cholerabakterien, deren Gifte und über Immunität; entdeckte 1883, dass in den Körper eingedrungene Bakterien von weißen Blutkörperchen (↗ Phagozytose) aufgenommen und vernichtet werden. Mit P. Ehrlich erhielt er für seine Arbeiten zur Immunität 1908 den Nobelpreis für Physiologie oder Medizin.

Metsu [ˈmɛtsy], Gabriel, niederländ. Maler, *Leiden Jan. 1629, begraben Amsterdam 24. 10. 1667; war ab 1657 in Amsterdam tätig; v. a. durch Feinheit in Kolorit und Wiedergabe des Stofflichen geprägte Genredarstellungen in stilllebenartiger Gruppierung der Figuren und Gegenstände.

Mette, die ↗ Matutin.

Metternich (seit 1679 Grafen Metternich-Winneburg), aus einem rhein. Uradelsgeschlecht hervorgegangene Adelsfamilie, erhielt 1803 die Reichsfürstenwürde; 1813 in den (erbl.) österr. Fürstenstand erhoben. Bedeutendster Vertreter: **Klemens Wenzel Fürst von,** österr. Staatsmann, *Koblenz 15. 5. 1773, †Wien 11. 6. 1859; wurde 1801 Gesandter in Dresden, 1803 in Berlin, 1806 Botschafter in Paris und nach der Niederlage Österreichs 1809 Außenmin.

Ilja Metschnikow

Klemens Wenzel Fürst von Metternich

Durch geschickte Politik gegenüber Napoleon I., dessen Heirat mit der österr. Kaisertochter Marie Louise er unterstützte, verschaffte er zunächst Österreich eine Atempause; im Sommer 1813 übernahm er durch Anschluss an die preußisch-russ. Allianz die diplomat. Führung in der letzten Phase des Kampfes gegen Napoleon (Befreiungskriege), wirkte auf dem ↗ Wiener Kongress von 1815 führend an der Neuordnung Europas mit, betrieb erfolgreich die Restauration der vorrevolutionären Ordnung und sicherte Österreich die Vormachtstellung im Dt. Bund und in Italien. Sein polit. Ziel, die Erhaltung der staatl. Ordnung von 1815, Unterdrückung revolutionärer Bewegungen des Vormärz und Sicherung des Gleichgewichts der Mächte (**metternichsches System**), verfolgte er, gestützt auf die ↗ Heilige Allianz, auf den europ. Kongressen in Aachen 1818, Troppau 1820, Laibach 1821, Verona 1822. Durch strenge Polizeiherrschaft unterdrückte er alle nat. und liberalen Strömungen (Karlsbader Beschlüsse 1819). 1821 wurde er Haus-, Hof- und Staatskanzler. Seit 1836 war er Mitgl. der »Staatskonferenz«, die für Kaiser Ferdinand I. die Regentschaft führte. Sein starrer Konservatismus trug zur krisenhaften Entwicklung bei, die 1848 zur Märzrevolution führte. Am 13. 3. 1848 wurde er als Exponent der Reaktion gestürzt und floh ins Ausland (Rückkehr 1851).

Mettlach, Gemeinde im Landkreis Merzig-Wadern, Saarland, an der Saarschleife, 12 200 Ew.; Keramikmuseum, keram. Industrie. – Achteckiger »Alter Turm« (994, im 14. Jh. verändert).

Mettmann, 1) Kr. im RegBez. Düsseldorf, NRW, 407 km², 509 000 Einwohner.

2) Krst. von 1) in NRW, 38 400 Ew.; Metallbearbeitung, Nahrungsmittel-, elektrotechnische und feinmechanische Ind. Bei M. liegt das Naturschutzgebiet ↗ Neandertal. – Seit 1846 Stadt.

Metz, Hptst. der frz. Region Lothringen und des Dép. Moselle, an der Mündung der Seille in die Mosel, 119 600 Ew.; kath. Bischofssitz; Univ., Hochschule für Ingenieure, Musikhochschule, Museen, Theater, botan. Garten; internat. Messe. M. ist Handelszentrum für landwirtsch. Erzeugnisse (Wein, Rinder) sowie das Finanz- und Handelszentrum der lothring. Eisen- und Stahlind.; Metall-, Maschinen-, Haushaltswaren-, Elektro-, Bekleidungs-, Tabak- und Nahrungsmittelind., Großbrauereien, Erdölraffinerie; Flusshafen. – Mittelpunkt der Altstadt mit zahlr. mittelalterl. Bauten ist der barocke Paradeplatz (nach Plänen von J. F. Blondel, 1764) mit Rathaus (1766–81) und got. Kathedrale Saint-Étienne (13.–16. Jh.; mit bed. Glasmalereien des 13.–16. Jh. sowie des 20. Jh., u. a. von M. Chagall). Von der Festungsanlage sind Römertor und Deutsches Tor (Porte des Allemands, 13. und 15. Jh.) erhalten. Das klassizist. Arsenal wurde bis 1989 von L. R. Bofill zu einem Kultur- und Kongresszentrum umgebaut. – M., das gallisch-röm. **Mediomatricum** (später **Mettis**), war in fränk. Zeit zeitweise die Hptst. Austrasiens und fiel 870 an das Ostfränk. (später Hl. Röm.) Reich. Seit dem späten 12. Jh. löste es sich aus der Abhängigkeit der Bischöfe und wurde Reichsstadt. König Heinrich II. von Frankreich besetzte 1552 M.; der Westfäl. Friede 1648 bestätigte Frankreich den Besitz. Im ↗ Deutsch-Französischen Krieg 1870/71 musste die frz. Rheinarmee hier am 27. 10. 1870 kapitulieren. 1871–1918 und 1940–44 gehörte M. als Hptst. des Bez. Lothringen zum Dt. Reich.

Metz, Johann Baptist, kath. Theologe, *Welluck (heute zu Auerbach i.d. OPf.; Landkreis Amberg-Sulzbach) 5. 8. 1928; Prof. in Münster; beschäftigt sich v. a. mit den geschichtl. und polit. Dimensionen des christl. Glaubens und begründete eine eschatologisch-gesellschaftskritisch ausgerichtete ↗ politische Theologie.

Metze [zu messen] *die* (Metzen), alte dt. und österr. Volumeneinheit sehr versch. Größe, in Preußen = 3,4l, in Österreich = 61,5l.

Metzel, Olaf, Bildhauer und Installationskünstler, *Berlin 14. 2. 1952; seit 1990 Prof. und 1995–99 Präs. der Akademie der Bildenden Künste München. Zentrales Thema seines Werkes ist die Zerstörung; seine Rauminstallationen beziehen sich häufig auf Probleme der westdt. Nachkriegsdemokratie.

Metzger, Wolfgang, Psychologe, *Heidelberg 22. 7. 1899, †Tübingen 20. 12. 1979; arbeitete über Denk-, Gefühls-, Willens-, Entwicklungs-, Sozial- und pädagog. Psychologie; Vertreter der ↗ Gestaltpsychologie.

Metzingen, Stadt (Große Kreisstadt) im Landkreis Reutlingen, Bad.-Württ., am Fuß der Schwäb. Alb, 21 500 Ew.; Weinbaumuseum; Maschinenbau, Textil-, Leder-, Feinmechanik-, Elektronikind.; Obst- und Weinbau. – Wurde 1831 Stadt.

Metzkes, Harald, Maler und Grafiker, *Bautzen 23. 1. 1929; gestaltet Alltagsmotive, Landschafts- und Figurenbilder sowie Stillleben in einem an P. Cézanne geschulten Stil.

Metzler-Arnold, Ruth, schweizer. Politikerin, *Luzern 23. 5. 1964; Juristin; Mitgl. der CVP, 1996–99 Finanzdirektorin des Kt. Appenzell Innerrhoden, wurde im März 1999 (als bisher dritte Frau) in den Bundesrat gewählt und leitet dort seit 1. 5. 1999 das Eidgenöss. Justiz- und Polizeidepartement.

Metzmacher, Ingo, Dirigent, *Hannover 10. 11. 1957; war 1981–84 Pianist im Ensemble Modern (Sitz Frankfurt am Main), zu dessen Dirigenten er seit 1985 gehört; auch Gastdirigent bei versch. Orchestern (u.a. in Dresden, Brüssel, Mailand, Bamberg, New York); seit 1997 Generalmusikdirektor an der Hamburg. Staatsoper.

Metzner, Franz, Bildhauer, *Wscherau (heute Všeruby, bei Pilsen) 18. 11. 1870, †Berlin 24. 3. 1919; schuf Monumentalfiguren, Denkmäler (Standbilder des Leipziger Völkerschlachtdenkmals, 1906–13).

Meudon [mø'dɔ̃], Stadt im Dép. Hauts-de-Seine, Frankreich, südwestlich von Paris, an der Seine, 46 200 Ew.; staatl. Inst. für Astronomie und Geophysik, aerodynam. Versuchsanlage, biolog. Forschungsinst.; Hütten- und Stanzwerke, Karosseriebau, Sprengstoffindustrie. – Schloss (von J. Hardouin-Mansart 1706–09 errichtet, heute Observatorium), Rodin-Museum, Atelierhaus von T. van Doesburg.

Meumann, Ernst, Psychologe und Pädagoge, *Uerdingen (heute zu Krefeld) 29. 8. 1862, †Hamburg 26. 4. 1915; Hauptvertreter der »experimentellen Pädagogik« (»Vorlesungen zur Einführung in die experimentelle Pädagogik«, 2 Bde., 1907).

Meunier [mø'nje], Constantin Émile, belg. Bildhauer und Maler, *Etterbeek (Region Brüssel) 12. 4. 1831, †Ixelles (Region Brüssel) 4. 4. 1905; stellte arbeitende Menschen, bes. Bergarbeiter, realistisch, aber mit einem gewissen Pathos in der Haltung, in monumentalen Einzelfiguren dar (Entwurf für ein »Denkmal der Arbeit«, 1890–1905; 1930 in Brüssel aufgestellt).

Meuron [mø'rɔ̃], Pierre de, schweizer. Architekt, ↗ Herzog & de Meuron.

Meurthe [mœrt] *die,* Fluss in O-Frankreich, 170 km, entspringt in den mittleren Vogesen, mündet nördlich von Nancy in die Mosel.

Metz
Stadtwappen

Constantin Meunier: Bergmann, Bronze (vor 1899; Marl, Skulpturenmuseum Glaskasten)

Meurthe-et-Moselle [mœrtemo'zɛl], Dép. in O-Frankreich, Lothringen, 5241 km², 714000 Ew.; Hptst. ist Nancy.

Meuse [mø:z], **1)** frz. Name der ↗ Maas.
2) Dép. in O-Frankreich, 6216 km², 192000 Ew.; Hptst. ist Bar-le-Duc.

Meuselwitz, Stadt im Landkreis Altenburger Land, Thür., 10500 Ew.; Maschinenfabrik, Eisengießerei, Computerherstellung, Gummiwaren-, Textilindustrie. – 1139 erstmals erwähnt; 1874 Stadtrecht.

Meuterei, Vereinigung (Zusammenrottung) mehrerer Personen zu Ungehorsam oder Empörung gegen Vorgesetzte, bei Gefangenen nach §121 StGB, bei Soldaten nach §27 Wehrstraf-Ges. strafbar. Das gemeinschaftl. Nichtbefolgen dienstl. Anordnungen auf Schiffen, verbunden mit Gefahren für Menschen, Schiff und Ladung, ist Straftat nach §115 Seemanns-Ges. – Das *österr.* Recht kennt nur die Soldaten-M. (§§18, 19 Militärstraf-Ges.). In der *Schweiz* ist M. von Gefangenen (Art. 311 StGB) und Aufforderung zur militär. M. (Art. 63 Militär-StGB) strafbar.

MeV, Einheitenzeichen für Megaelektronvolt, 1 MeV = 10⁶ eV (↗ Elektronvolt).

Mevissen, Gustav von (seit 1884), Großkaufmann und Politiker, *Dülken (heute zu Viersen) 20. 5. 1815, †Bad Godesberg (heute zu Bonn) 13. 8. 1899; einer der Führer des rhein. Liberalismus, 1848/49 Mitgl. der Frankfurter Nationalversammlung, 1866–91 des preuß. Herrenhauses; wirkte bei zahlr. Unternehmensgründungen mit.

Mexicali [mɛxi'kali], Hptst. des Bundesstaates Baja California Norte, Mexiko, an der Grenze gegen die USA, 696000 Ew.; Bischofssitz; Univ., Technikum; Handelszentrum; Fremdenverkehr; Flughafen.

mexikanische Kunst, i. e. S. die Kunst in Mexiko als eigenständige Erscheinung im Bereich der ↗ lateinamerikanischen Kunst seit der mexikan. Revolution von 1910. Die m. K. ist geprägt von ihrem sozialrevolutionären Anspruch sowie der Suche nach einem nat. Stil unter dem Einfluss des indianisch-span. Erbes (↗ mesoamerikanische Hochkulturen) und der Baugedanken des 20. Jh. Die Architektur kennzeichnen Freude an Materialkombinationen (Einfluss Mies van der Rohes) und naive wilde Farbigkeit (Tradition des Churriguerismus) der Wandgemälde oder -verkleidungen, Resultat einer Synthese von Architektur und bildenden Künsten. Bed. Bauten v. a. in der Hauptstadt: Universitätsstadt (1950–55; Generalplan von M. Pani und E. del Moral) u. a. mit Bibliothek (J. O'Gorman), dem Pavillon zur Erforschung kosm. Strahlen (J. G. Reyna, F. Candela) sowie dem Olympiastadion (1968; von A. P. Palacios, Reliefs von P. Ramírez-Vázquez u. a.) und dem Sportpalast (1968; F. Candela u. a.). Skulpturale Architektur schuf L. Barragán (u. a. Wohnpark »El Pedregal« in Mexiko-Stadt, 1945–50). Die monumentale Wandmalerei (D. Rivera, D. Alfaro Siqueiros, J. C. Orozco, R. Tamayo u. a.) steht – ebenso wie Grafik und Plastik – im Dienste des politisch-gesellschaftl. Engagements im Sinne der Muralisten (↗ Muralismo). Eine bed. Ausnahme ist die Malerei von Frida Kahlo.

mexikanische Literatur, zählt zur lateinamerikan. Literatur in span. Sprache. Die Lyrik im Stil von L. de Góngora y Argote erreichte ihren Höhepunkt mit J. I. de la Cruz (*1651, †1695). Schelmenromane schrieb J. J. Fernández de Lizardi (*1776, †1827). Mittelpunkt einer Schule romant. Autoren war der Lyriker und Romancier I. M. Altamirano (*1834, †1893); romant. Lyriker waren F. Calderón (*1809, †1845) und J. Rodríguez Galván (*1816, †1842). Der Modernismus erreichte seine Blüte mit den Autoren S. Díaz Mirón (*1853, †1928), M. Gutiérrez Nájera (*1859, †1895), A. Nervo (*1870, †1919), E. González Martínez (*1871, †1952). Realist. Romane schrieben J. A. Mateos (*1831, †1913), V. Riva Palacio (*1832, †1896) und R. Delgado (*1853, †1914), naturalist. Romane F. Gamboa (*1864, †1939). Zu einer eigenen Gattung entwickelte sich der politisch-histor. Roman über die Revolution von 1910: M. Azuela (*1873, †1952), M. L. Guzmán (*1887, †1976), G. López y Fuentes (*1897, †1966), R. F. Muñoz (*1899, †1972) und A. Yáñez (*1904, †1980). Die nachrevolutionäre Gesellschaft zeichnen J. Revueltas (*1914, †1976) und C. Fuentes. Großen Einfluss über Mexiko hinaus erreichten der »mag. Realist« J. Rulfo und der fantast. Erzähler J. J. Arreola (*1918). Spätexpressionist. Lyrik schrieb J. Torres Bodet (*1902, †1974). Existenzialist. Einflüsse zeigt das Werk von O. Paz (Nobelpreis für Literatur 1990). Bed. Prosaschriftsteller sind ferner R. Castellanos (*1928, †1974) mit indigenist. Romanen, J. Elizondo (*1932), J. García Ponce (*1932), F. del Paso, S. Galindo (*1926), Á. Mastretta (*1949), J. Agustín (*1944), J. Ibargüengoitia (*1928, †1983), E. Poniatowska (*1933), V. Leñero (*1933) und als Lyriker im Anschluss an Paz J. E. Pacheco (*1939), M. A. Montes de Oca (*1932) und H. Aridjis (*1940). Zur jüngeren Generation gehören u. a. die Erzähler H. Manjarrez (*1945), J. Aguilar Mora (*1946), L. Zapata (*1951) und A. Ramírez (*1950), die Lyriker D. Huerta (*1949) und A. Blanco (*1951) sowie die Dramatiker J. Agustín (*1944), C. Olmos (*1947) und S. Berman (*1953). Von großer Bedeutung ist die mexikan. Essayistik mit J. Vasconcelos (*1881, †1959), A. Reyes (*1889, †1959), L. Zea (*1912).

mexikanische Musik, ↗ lateinamerikanische Musik.

Mexikanischer Krieg, militär. Auseinandersetzung (1846–48) zw. den USA und Mexiko, ausgelöst durch die amerikan. Annexion von Texas (29. 12. 1845) und die Interessen der USA an Kalifornien und New Mexico. Nach einem Gefecht amerikan. Soldaten mit den in ein umstrittenes Gebiet zw. Rio Grande und Nueces River eingerückten mexikan. Truppen am 25. 4. 1846 erklärten die USA am 13. 5. 1846 den Krieg, in dessen Verlauf die amerikan. Truppen Kalifornien besetzten; Siege des Generals Z. Taylor südlich des Rio Grande (Monterrey, 27./28. 9. 1846; Buena Vista 22./23. 2. 1847) und die Einnahme der Stadt Mexiko durch General W. Scott (14. 9. 1847) brachten die militär. Entscheidung. Im Frieden von Guadalupe Hidalgo (2. 2. 1848) wurde der Rio Grande zur mexikan.-amerikan. Grenze.

Mexiko (span. México, amtlich Estados Unidos Mexicanos, dt. Vereinigte Mexikan. Staaten), Staat in Mittelamerika, zw. dem Golf von M. und dem Pazifik; grenzt im N an die USA, im SO an Belize und Guatemala. Außer zahlr. küstennahen Inseln gehören zu M. noch die pazif. Inseln Isla de Guadalupe (264 km²) und Islas Revillagigedo (830 km²).

Staat und Recht

Nach der Verf. von 1917 (mehrfach geändert) ist M. eine präsidiale Bundesrep. Staatsoberhaupt, Oberbefehlshaber der Streitkräfte und oberster Inhaber der Exekutive (Reg.chef) ist der mit weit gehenden Vollmachten ausgestattete Präs. (auf 6 Jahre direkt gewählt). Die Legislative liegt beim Kongress, bestehend aus Senat (128 Mitgl., für 6 Jahre gewählt) und Abg.kammer (Legislaturperiode 3 Jahre). Von den 500 Abg. der 2. Kammer werden 300 nach dem Mehrheitswahlrecht gewählt, 200 Mandate werden unter

Mexiko

Fläche:	1 953 162 km²
Einwohner:	(2001) 100,37 Mio.
Hauptstadt:	Mexiko
Verwaltungsgliederung:	31 Bundesstaaten, Bundesdistrikt
Amtssprache:	Spanisch
Nationalfeiertag:	16. 9.
Währung:	1 Mexikanischer Peso (mex$) = 100 Centavo (¢)
Zeitzone:	MEZ – 7 Std.

Staatswappen

internationales Kfz-Kennzeichen

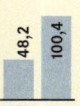

1970 1999 | 1970 1998
Bevölk. (in Mio.) | BNE je Ew. (in US-$)
48,2 | 1071
100,4 | 5070

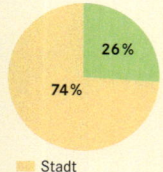

26%
74%

■ Stadt
■ Land
Bevölkerungsverteilung 2000

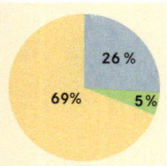

26%
69%
5%

■ Industrie
■ Landwirtschaft
■ Dienstleistung
Bruttoinlandsprodukt 2001

den Parteien proportional verteilt; keine Partei darf mehr als 315 Sitze einnehmen. Einflussreichste Parteien: Partei der Nat. Aktion (PAN), Partei der Institutionalisierten Revolution (PRI), Partei der Demokrat. Revolution (PRD), Grüne Partei (PVEM). – Die Bundesstaaten, an deren Spitze Gouv. stehen, verfügen über eigene Verf. sowie Exekutiv- und Legislativorgane.

Landesnatur

Das Staatsgebiet M.s bildet in klimat. wie in geologisch-geomorpholog. Hinsicht einen Übergang zw. dem nordamerikan. Kontinent und der zentralamerikan. Landbrücke. Der sich von N zum Isthmus von Tehuantepec nach S auf etwas über 200 km Breite verschmälernde Hochlandblock des nördl. und zentralen M. ist im W (Sierra Madre Occidental, bis 3 150 m ü. M.) und O (Sierra Madre Oriental, bis 4 056 m ü. M.) von Randgebirgen umsäumt. Den südl. Abschluss bildet die transkontinentale Vulkanzone der Cordillera Neovolcánica (Cordillera Volcánica) mit den Vulkanen Ixtaccíhuatl (5 286 m ü. M.), Popocatépetl (5 452 m ü. M.) und dem höchsten Berg M.s, dem Citlaltépetl (Pico de Orizaba; 5 700 m ü. M.); sie fällt nach S zur Senke des Río Balsas (Gran Valle del Sur) ab. Jenseits des Isthmus von Tehuantepec erstreckt sich das Gebirgsland von Chiapas. Im N schließt die Kalktafel der Halbinsel Yucatán an. Tiefland gibt es nur im W als schmalen, im O als breiteren Küstensaum und auf der Halbinsel Yucatán. Die schmale, gebirgige Halbinsel Niederkalifornien ist im N der pazif. Küste vorgelagert. Hauptfluss ist der Río Grande del Norte (Grenzfluss gegen die USA). – Das Klima ist tropisch bis subtropisch, im N kontinental trocken mit starken Temperaturschwankungen und kühlen Wintern (kalte Stürme, die »Nortes«), im S gleichmäßiger warm bis heiß mit stellenweise reichen Niederschlägen und klimat. Höhenstufen; bis 800 m ü. M. reicht die heiße Zone (Tierra caliente), bis 1 700 m ü. M. die gemäßigte (Tierra templada), darüber die kühle (Tierra fría) und auf hohen Bergen die kalte Zone (Tierra helada). In der Pflanzenwelt herrschen Dornstrauch- sowie Sukkulentenformationen mit Kakteen-, Agaven- und Yuccaarten vor. Trop. Regenwälder gibt es nur an den feuchtesten Gebirgshängen im S, in trockeneren Lagen Buschwald und Savanne, in höheren Lagen Laub- und Nadelwälder bis zur Baumgrenze (4 400 m ü. M.).

Bevölkerung

Den weitaus größten sowie wirtsch., kulturell und politisch bedeutendsten Teil stellen die Mestizen (75%), bei denen wiederum die mit vorherrschendem europ. Erbteil überwiegen. Von den nur noch etwa 1,7 Mio. Indianern, die ausschließlich Indianersprachen spre-

chen, sind Azteken, Maya, Otomí, Zapoteken, Mixteken, Totonaken und Tarasken die größten Gruppen. Der Anteil der Weißen (Kreolen) beträgt 10%, der der Schwarzen und Mulatten an der Gesamtbev. ist sehr gering und geht weiter zurück. – M. ist nach Brasilien das bevölkerungsreichste Land Lateinamerikas; die Zuwachsrate hat sich zwar vermindert, ist aber mit 1,9% pro Jahr immer noch hoch. Die Bev.zahl hat sich seit 1940 (19,7 Mio. Ew.) verfünffacht. 35% der Bev. sind jünger als 15 Jahre. Ein Teil der Arbeitslosen bemüht sich seit Jahrzehnten, in die USA auszuwandern oder dort wenigstens vorübergehend als Landarbeiter unterzukommen, z. T. auch auf illegalem Weg (»Wetbacks« oder »Mojados«). Nach Schätzungen sind über 20 Mio. Ew. der USA mexikan. Abstammung. Die Bev.verteilung ist sehr ungleichmäßig. Bei einer durchschnittl. Bev.dichte von 51 Ew. je km² leben in der Zentralregion (Bundesdistrikt und zehn umliegende Bundesstaaten) auf rd. 14% der Fläche mehr als 51% aller Ew. V. a. durch die Landflucht wuchs der Anteil der städt. Bev. auf rd. drei Viertel der Gesamtbev., allein in der Hptst. leben etwa 21%. – Über 90% der Bev. gehören der kath. Kirche an, mindestens 5% (mit wachsender Tendenz) prot. Kirchen. Seit 1855 besteht die gesetzl. Trennung von Staat und Kirche. Traditionelle indian. Religionen haben sich in Teilen der indian. Bev. erhalten bzw. sind in vielfältiger Form in den bes. auf dem Lande praktizierten Volkskatholizismus eingeflossen. – Es besteht eine sechsjährige Grundschulpflicht ab dem 6. Lebensjahr. Die Analphabetenquote beträgt 9%.

Wirtschaft, Verkehr

M. zählt heute nach seinem Bruttosozialprodukt pro Kopf zu den Schwellenländern. Infolge der Expansion des Erdölsektors seit den 1970er-Jahren hat sich die Wirtschaftsstruktur stark verändert. M. gehört zu den industriell fortgeschrittensten Ländern Lateinamerikas, hat aber unter den Entwicklungsländern neben Brasilien die höchsten Auslandsschulden. Durch Reprivatisierung großer staatl. Ind.unternehmen und erhöhte Auslandsinvestitionen soll die Wirtschaft stabilisiert werden. Die u. a. mit dem In-Kraft-Treten der NAFTA verbundene Liberalisierung der Wirtschaft brachte aber auch gravierende soziale Folgen mit sich. – M. ist reich an Bodenschätzen. Weltwirtschaftlich bedeutsam ist die Produktion von Silber und Wismut (jeweils weltweit an 1. Stelle) sowie Blei, Zink, Kupfer, Mangan, Antimon, Cadmium, Gold, Eisenerz, Steinkohle u. a. Reiche Erdöl- und Erdgasfelder liegen im Golfküstenbereich (Förderung seit 1901). Der nach Verstaatlichung der Erdölind. (1938) erfolgte Rückgang in der Förderung konnte Mitte der 1970er-Jahre durch die Erschließung neuer Felder, v. a. im Schelfbereich, gestoppt werden. M. liegt in der Erdölfördermenge weltweit an 5. Stelle, bei Erdgas an 13. Stelle. Förder- und Verarbeitungszentren sind durch Pipelines verbunden. Größtes Ind.zentrum ist die Hptst., daneben sind Guadalajara, Puebla und Monterrey wichtige Ind.standorte. Die Grundstoffind. wurde weitgehend verstaatlicht. Über 80% der Konsumgüter werden im Lande hergestellt. Eine wichtige Rolle spielt die entlang der Grenze gegen die USA angesiedelte Lohnveredelungsind. (»maquiladora«).

In der Landwirtschaft arbeiten rd. 21% der Erwerbstätigen. Etwa die Hälfte der Gesamtfläche wird landwirtsch. genutzt. Ackerbau ist vielfach nur mithilfe von Bewässerung möglich. Im S des zentralen Hochlands und in der Cordillera Volcánica wird Regenfeldbau betrieben. 1910 gehörten noch 98% des Bodens Großgrundbesitzern. Bei der Verteilung des seit 1917 durch Agrarreformgesetze enteigneten Landes wurde das alte indian. Gemeindeeigentum in Form landwirtsch. Genossenschaften (Ejidos) bevorzugt, die aber immer mehr individualisiert werden. Die Verfassungsänderung des Jahres 1992 hat die Landverteilung für beendet erklärt und den Mitgliedern der Ejidos das freie Verfügungsrecht über ihre Parzellen zugestanden. Die Agrarreform verbesserte die soziale Lage der Landbev., der gesamtwirtsch. Nutzen ist jedoch gering, da viele Kleinbetriebe nur für die Selbstversorgung arbeiten. Grundnahrungsmittel sind Mais, Bohnen, Weizen, Gemüse und Obst, jedoch müssen Lebensmittel zusätzlich eingeführt werden. Exportorientiert ist der Anbau von Kaffee, Gemüse (insbes. Tomaten), Obst, Zuckerrohr, Kakao, Tabak und Baumwolle. Neben Rindern, Schweinen, Schafen, Ziegen werden v. a. Hühner gehalten. In der Forstwirtschaft spielen neben dem Holzeinschlag auch Harz-, Faser-, Chicle- und Gerbstoffgewinnung eine Rolle. Die Fischerei (v. a. Krabben und Thunfisch) wird staatlich gefördert, die Fischereigrenze wurde 1976 auf 200 Seemeilen ausgedehnt. M. ist eines der bedeutendsten Touristenländer der Dritten Welt. Hauptanziehungspunkte sind neben den pazif. Badeorten v. a. die archäolog. Stätten alter indian. Kulturen. – Ausgeführt werden Produkte der verarbeitenden Ind., Erdöl und Erdgas, Kaffee, Baumwolle, Rohzucker, Krabben, Tomaten, Bienenhonig, eingeführt Maschinen und Apparate, Eisen und Stahl, feinmechan. und opt. Erzeugnisse, Kunststoffe, Agrarprodukte u. a. Die wichtigsten Handelspartner sind die USA, die EU-Staaten (v. a. Dtl.; seit 2000 Freihandelsabkommen), Japan und Kanada. – Wichtigster Verkehrsträger ist der Kraftverkehr (mehr als 80% des Personen- und Güterverkehrs). Von 442 600 km Straßen sind rd. ein Drittel asphaltiert. Wichtigste Verbindung ist der 3 500 km lange mexikan. Anteil an der transkontinentalen Carretera Panamericana; Autobahnnetz: rd. 4 500 km. Das verstaatlichte, stark modernisierungsbedürftige Eisenbahnnetz ist 26 600 km lang. Wichtigste Seehäfen an der Golfküste sind Veracruz, Tampico, Coatzacoalcos, Tuxpan de Rodríguez Cano, Progreso und der Erdölhafen Dos Bocas; an der Pazifikküste Ensenada, Guaymas, Mazatlán, Manzanillo, Acapulco und Salina Cruz. Eine verhältnismäßig große Rolle spielt der Luftverkehr (50 internat. und 33 nat. Flughäfen).

Geschichte

Die vorkoloniale Geschichte M.s war bestimmt von den *mesoamerikanischen Hochkulturen; seit dem 13. Jh. waren die *Azteken das mächtigste Volk. 1517 landete F. Hernández de Córdoba auf der Halbinsel Yucatán, 1519–21 eroberte H. Cortez unter Ausnutzung einheim. Rivalitäten das Aztekenreich für die span. Krone; 1536 wurde das Vizekönigreich Neuspanien begründet, das Zentrum der span. Herrschaft in Mittel- und Nordamerika, bes. wichtig wegen seines Silberreichtums. Die Grenzen Neuspaniens wurden nach N in die Gebiete des heutigen Texas, New Mexico und Kaliforniens verschoben. Bis zum 17. Jh. war die indian. Bev. stark dezimiert. Ende des 18. Jh. wuchsen die Gegensätze zw. Kreolen und Spaniern. Der Sturz der Bourbonen in Spanien (1808) förderte die Unabhängigkeitsbestrebungen. Sie kamen im Aufstand von 1810–15 unter der Führung der Priester M. Hidalgo und J. M. Morelos zum Ausbruch (1813 Unabhängigkeitserklärung und republikan. Verf.). Der Aufstand wurde niedergeschlagen, doch als 1820 in Spanien liberale Kräfte die Macht erlangten, erhoben sich die Konservativen in M. dagegen. Der kreol. Offizier A. de Itúrbide setzte sich an die Spitze der Bewegung und ließ sich 1822 als Augustin I. zum Kaiser ausrufen. Ein erneuter Aufstand zwang ihn schon 1823 zur Abdankung, gleichzeitig löste sich die zentralamerikan. Prov. des Generalkapitanats Guatemala von M., das sich eine republikanisch-bundes-

Mexiko: Verwaltungsgliederung (2000)

Bundesdistrikt und Bundesstaaten	Fläche in km²*)	Ew. in 1000	Ew. je km²	Hauptstadt
Bundesdistrikt				
(Distrito Federal)	1 547	8 591,3	5 554	Mexiko
Bundesstaaten				
Aguascalientes	5 197	943,5	182	Aguascalientes
Baja California	71 576	2 487,7	35	Mexicali
Baja California Sur	71 428	423,5	6	La Paz
Campeche	56 798	689,6	12	Campeche
Chiapas	73 724	3 920,5	53	Tuxtla Gutiérrez
Chihuahua	245 945	3 047,9	12	Chihuahua
Coahuila	149 511	2 295,8	15	Saltillo
Colima	5 433	540,7	100	Colima
Durango	121 776	1 445,9	12	Victoria de Durango
Guanajuato	30 768	4 656,8	151	Guanajuato
Guerrero	64 586	3 075,1	48	Chilpancongo de los Bravos
Hidalgo	20 502	2 231,4	109	Pachuca de Soto
Jalisco	78 389	6 321,3	81	Guadalajara
Mexiko (México)	21 196	13 083,4	617	Toluca de Lerdo
Michoacán	58 200	3 979,2	68	Morelia
Morelos	4 968	1 552,9	313	Cuernavaca
Nayarit	26 908	919,7	34	Tepic
Nuevo León	64 210	3 826,2	60	Monterrey
Oaxaca	93 136	3 432,2	37	Oaxaca de Juárez
Puebla	33 995	5 070,3	149	Puebla
Querétaro	11 978	1 402,0	117	Querétaro
Quintana Roo	39 376	873,8	22	Chetumal
San Luis Potosí	63 038	2 296,4	36	San Luis Potosí
Sinaloa	56 496	2 534,8	45	Culiacán
Sonora	180 833	2 213,4	12	Hermosillo
Tabasco	24 578	1 889,4	77	Villahermosa
Tamaulipas	78 932	2 747,1	35	Ciudad Victoria
Tlaxcala	4 037	961,9	238	Tlaxcala de Xioctèncatl
Veracruz	71 735	6 901,1	96	Jalapa Enríquez
Yucatán	43 257	1 655,7	38	Mérida
Zacatecas	73 103	1 351,2	19	Zacatecas
Mexiko	1 947 156	97 361,7	50	Mexiko

*) ohne Inseln

Mexiko

staatl. Verf. gab. Die folgenden Jahrzehnte waren gekennzeichnet durch Unruhen, schlechte Wirtschaftslage und häufigen Reg.wechsel zw. Anhängern eines Zentralstaates und Föderalisten. Zw. 1833 und 1854/55 herrschte meist General A. López de Santa Anna (dreimal Präs., seit 1853 Diktator). Im Krieg gegen die USA 1846–48 verlor M. etwa die Hälfte seines Territoriums.

1855 wurde eine neue, liberale Verf. angenommen, die v. a. die Trennung von Kirche und Staat vollzog. Der Widerstand konservativer Kreise führte zum Bürgerkrieg (1857–60); nach der Einstellung der Zinszahlungen für die Auslandsschulden durch Präs. B. Juárez García 1861 intervenierten Großbritannien, Spanien und Frankreich gegen die Umsetzung des zweijährigen Moratoriums. Auf Drängen Napoleons III. ließ sich der österr. Erzherzog Maximilian 1863 zum Kaiser von M. ausrufen. Sein Versuch einer Politik des Ausgleichs misslang; nachdem sich die frz. Truppen 1866 unter dem Druck der USA zurückgezogen hatten (die brit. und span. Truppen bereits 1862), eroberten die Anhänger von Juárez García wieder das Land, nahmen Maximilian gefangen und erschossen ihn (1867). 1876 gelangte durch Staatsstreich General P. Díaz für 35 Jahre an die Macht. Er ordnete die Staatsfinanzen und führte einen wirtsch. Aufschwung herbei, indem er nordamerikan. Kapital nach M. zog. Soziale Reformen wurden jedoch zurückgestellt, die indian. Bev. lebte weiter in Abhängigkeit. 1910 brach eine Revolution aus, die sich zum Kampf der Campesinos um Land entwickelte. Ihre Führer waren E. Zapata und F. »Pancho« Villa. 1911 wurde F. Madero zum Präs. gewählt, 1913 mithilfe der USA gestürzt (kurz darauf ermordet). Aus blutigen Machtkämpfen ging 1917 V. Carranza (ermordet 1920) als Sieger hervor. In der neuen Verf. waren u. a. eine Agrarreform und das nat. Verfügungsrecht über die Bodenschätze festgelegt. Nach 1920 beruhigte sich die Lage. 1928 wurde die Nationalrevolutionäre Partei (seit 1946 Partei der Institutionalisierten Revolution, PRI) gegründet, die für Jahrzehnte beherrschende polit. Kraft. L. Cárdenas (1934–40 Präs.) enteignete 1938

Mexiko: die auf dem Gipfel der Pyramide von Cholula (Bundesstaat Puebla) gelegene Kapelle Nuestra Señora de los Remedios (ursprünglich 18. Jh., nach Erdbeben Ende des 19. Jh. wieder aufgebaut) mit dem Popocatépetl im Hintergrund

die ausländ. Erdölgesellschaften. 1942 trat M. an der Seite der Alliierten in den Zweiten Weltkrieg ein. Der in den 1930er-Jahren begonnene wirtsch. und soziale Wandel setzte sich nach dem Krieg fort, kennzeichnend blieb dabei die Einflussnahme des Staates auf die Wirtschaft. Außenpolitisch für die Dritte Welt engagiert, versuchte M. auch, den Einfluss der USA zurückzudrängen. Nach 1970 machte sich eine schwere Wirtschaftskrise bemerkbar. Präs. J. López Portillo (1976–82) musste im Sept. 1982 die Zahlungsunfähigkeit erklären. 1988 wurde C. Salinas de Gortari zum Präs. gewählt. Er reformierte das mexikan. System der Verquickung von Staat, PRI und Wirtschaft, begann ein umfangreiches Privatisierungsprogramm und milderte die antiklerikalen Bestimmungen der Verfassung.

Seit 1989 haben neben der PRI auch andere Parteien am polit. Leben teil. Bei den Präsidentschafts- und Kongresswahlen im Aug. 1994 setzte sich jedoch mit E. Zedillo Ponce de León wieder ein PRI-Kandidat durch. Anfang Jan. 1994 brach mit dem Aufstand der indian. Befreiungsarmee Ejército Zapatista de Liberación Nacional (EZLN) im südmexikan. Gliedstaat Chiapas der Konflikt um die Rechte der indian. Bev. offen aus. Auch in wiederholten Militäraktionen 1995/96 konnte der Aufstand nicht niedergeschlagen werden; die immer wieder unterbrochenen Verhandlungen führten zwar 1996 zu einem Abkommen, das aber nur unzureichend umgesetzt wird. Eine schwere Finanzkrise erschütterte Ende 1994 das Land; mit internat. Hilfe und strengen Sparmaßnahmen konnte sie im Laufe des Jahres 1995 beigelegt werden. Mit der Wahlrechtsreform 1996 leitete Präs. Zedillo einen grundlegenden Wandel des polit. Systems ein. Bei den Kongresswahlen 1997 verlor die PRI die absolute Mehrheit, die Präsidentschaftswahlen 2000 gewann der Kandidat der konservativen Partei PAN, V. Fox Quesada. Seit Beginn seiner Amtszeit (1. 12. 2000) bemüht er sich um Entspannung der Lage in Chiapas. – M. spielt eine wichtige Rolle in der inneramerikan. Zusammenarbeit (u. a. in der OAS und in der Freihandelszone NAFTA).

Mexiko, 1) (span. México, amtlich Ciudad de México), Hptst. und größte Stadt Mexikos, 2 240 m ü. M. in einem Becken des zentralen Hochlandes; im Bundesdistrikt (1 547 km²) leben 8,59 Mio. Ew.; in der städt. Agglomeration (Zona metropolitana) 21,2 Mio. Ew. Die Stadt ist das Kultur- und Wirtschaftszentrum

Mexiko: die Ruinenstätte Tulum an der Ostküste der Halbinsel Yucatán, eine Stadt der nachklassischen Mayakultur (um 1200–1550) mit gewaltigen Befestigungsanlagen und der »Castillo« genannten Tempelanlage

des Landes; Sitz des ersten dt. Industrie- und Handelszentrums in Amerika; Sitz eines kath. Erzbischofs; Nationaluniv. (gegr. 1551) und weitere acht Univ., eine TH, mehrere Fachhochschulen, sechs wiss. Akademien, Nationalbibliothek, -archiv, bed. Museen (v. a. Anthropolog. Nationalmuseum), Nationaltheater, wiss. Gesellschaften und Inst., Planetarium (seit 1967), zwei zoolog. Gärten und botan. Garten; bedeutendster Ind.standort des Landes; seit 1969 U-Bahn (158 km; weiter im Ausbau), internat. Flughafen. – M. ist durch Erdbeben gefährdet (schweres Beben zuletzt 1985) und durch extremen Schadstoffausstoß (70 % durch Verkehr, 30 % durch Ind.) belastet.

Stadtbild: M. wurde auf den Trümmern des aztek. ⁊ Tenochtitlán erbaut. Das histor. Zentrum gehört zum UNESCO-Weltkulturerbe. Der Zócalo (heute »Platz der Verfassung«) wird beherrscht von der Kathedrale (1573 ff.; an der Stelle des Quetzalcóatltempels) mit reicher Innenausstattung; an der O-Seite der Nationalpalast (1523 ff., mehrfach umgebaut; an der Stelle des Palastes von Moctezuma II.) mit Fresken von D. Rivera; an der SW-Ecke das Rathaus

Mexiko 1)
Stadtwappen

Mexiko 1): Am Platz der drei Kulturen (links) sind Zeugnisse aus drei Epochen vereint: freigelegte Bauwerke aus der Spätzeit der Azteken (im Vordergrund), die 1609 erbaute Barockkirche Santiago de Tlatelolco sowie die Mitte der 1960er-Jahre entstandene Hochhausarchitektur; die Universitätsbibliothek mit einem Fassadenmosaik aus farbigem Naturstein von Juan O'Gorman entstand in den Jahren 1951–53.

(17./18. Jh.). Zu den ältesten Kirchen des Landes gehören San Francisco (1525, Portal 18. Jh.), San Juan Bautista (1538), La Asunción (1562). Vom Kloster La Merced (1634, später umgebaut) ist ein Kreuzgang im Mudéjarstil erhalten. Nationalheiligtum und Wallfahrtsstätte ist das Gnadenbild der Jungfrau von Guadalupe Hidalgo in der Basilika Guadalupe in einem nordöstl. Vorort. Im Palacio de Bellas Artes (1900–34) bed. Fresken von J. C. Orozco, Rivera, J. D. Alfaro Siqueiros und R. Tamayo. Am Platz der drei Kulturen (1964), dem Hauptplatz der präkolumb. Stadt Tlatelolco, freigelegte Bauwerke aus der Spätzeit der Azteken, Hochhausarchitektur (Mitte der 1960er-Jahre) und die Barockkirche Santiago de Tlatelolco (1609). Im S der Stadt befinden sich in einem Park das Kulturhaus (etwa 1 000 m² Wandgestaltung von Alfaro Siqueiros und Mitarbeitern), die Stierkampfarena (50 000 Plätze) und die Univ.stadt, u. a. mit der Univ.bibliothek (Mosaik von J. O'Gorman auf der fensterlosen Fassade, 1951–53). Das Univ.stadion wurde zum Olympiastadion ausgebaut (1968: 80 000 Plätze; Olymp. Spiele 1968); 5 km südöstlich davon das Aztekenstadion (1966: 105 000 Plätze).

Geschichte: Das alte ↗Tenochtitlán wurde 1536 Hptst. Neuspaniens; kulturelles und polit. Zentrum des span. Kolonialreiches, seit 1813 Landeshauptstadt.

2) (amtlich Estado de México), Bundesstaat von ↗Mexiko (Staat).

Mexiko, Golf von, der westl. Teil des Amerikan. Mittelmeeres, zw. Florida, Kuba und der Halbinsel Yucatán; seine Schelfgebiete sind sehr reich an Erdöl- und Erdgaslagerstätten. (↗Floridastraße, ↗Yucatánstraße)

Mey, Reinhard, Liedermacher und Chansonnier, *Berlin 21. 12. 1942; wurde u. a. mit Vertonungen von Balladen F. Villons sowie Chansons nach eigenen (dt. und frz.) Texten bekannt (u. a. »Die heiße Schlacht am kalten Buffet«, »Über den Wolken«, »Flaschenpost«).

Meyer, 1) Conrad Ferdinand, schweizer. Schriftsteller, *Zürich 11. 10. 1825, †Kilchberg bei Zürich 28. 11. 1898; aus Züricher Patriziat; Autodidakt von umfassender histor. und ästhet. Bildung; neigte zeitlebens zu Depressionen und starb geistig umnachtet.

Conrad Ferdinand Meyer, Radierung von Karl Stauffer-Bern (1887; Zürich, Zentralbibliothek)

Joseph Meyer

Conrad Ferdinand Meyer: Autogramm

Die Menschen seiner vom Geschichtsbild J. Burckhardts beeinflussten Werke verkörpern oft das Renaissanceideal des außergewöhnl. Menschen, des großen Helden oder großen Sünders (»Georg Jenatsch«, R., 1876, 1882 u. d. T. »Jürg Jenatsch«). M. gestaltete Hauptpersonen und ihre Handlungen häufig bewusst zwiespältig, bes. durch sublime psycholog. Zeichnung (»Der Heilige«, Nov., 1880; »Die Versuchung des Pescara«, Nov., 1887; »Angela Borgia«, Nov., 1891). Die Novellen kennzeichnet eine kunstvoll ausgeführte Rahmenhandlung (»Die Hochzeit des Mönchs«, 1884). Seinen literar. Ruf zu Lebzeiten erlangte er v. a. mit dem Versepos »Huttens letzte Tage« (1871). Die formbewusste Lyrik M.s gehört zu den wichtigsten Zeugnissen des Symbolismus in dt. Sprache (»Der röm. Brunnen« oder »Zwei Segel«); seine dramat. Versuche blieben ohne Erfolg.

2) E. Y., eigtl. Peter M., schweizer. Schriftsteller, *Liestal 11. 10. 1946; schreibt artifizielle Prosa, in der Realität und Fiktion nicht mehr unterscheidbar sind (Roman »In Trubschachen«, 1973). Alle Werke (u. a. der Roman »Das System des Doktor Maillard oder Die Welt der Maschinen«, 1994; die Erzählungen »Wintergeschichten«, 1995, die Novelle »Venezian. Zwischenspiel«, 1997) tragen zivilisationskrit. Züge.

3) Hannes, schweizer. Architekt, *Basel 18. 11. 1889, †Crocifisso di Savosa (Kt. Tessin) 19. 7. 1954; 1928–30 Leiter des Bauhauses in Dessau, 1930–36 in der UdSSR (u. a. Entwicklungsplan für Groß-Moskau, 1931/32), 1939–49 in Mexiko. M. sah in Architektur und Stadtplanung in erster Linie eine soziale, kollektiv unter Anwendung wiss. Methoden zu lösende Aufgabe: Bundesschule des Allg. Dt. Gewerkschaftsbundes in Bernau bei Berlin (1928–30); Wettbewerbsentwürfe: Völkerbundpalast in Genf und Petersschule in Basel (beide 1926/27, mit H. Wittwer).

4) Hans, Geograph und Verleger, *Hildburghausen 22. 3. 1858, †Leipzig 5. 7. 1929, Enkel von 8); 1884–1914 Mitinhaber des Bibliograph. Instituts in Leipzig; bereiste 1882 Ostasien und Nordamerika; unternahm fünf Expeditionen nach Ostafrika (1887, 1888, 1889, 1898, 1911) und bestieg 1889 zus. mit Ludwig Purtscheller (*1849, †1900) erstmals den Kilimandscharo. 1915–28 war er Prof. für Kolonialgeographie in Leipzig.

5) Hans, schweizer. Bankfachmann, *Aarau 20. 4. 1936; seit 1985 Mitgl., 1996–2000 Präs. des Direktoriums der Schweizer. Nationalbank.

6) Hans-Joachim, Anglist, Politiker (CDU), *Rostock 13. 10. 1936; ab 1985 Prof. für angewandte Sprachwiss. in Berlin (Humboldt-Univ.); war 1990 Min. für Bildung und Wiss. in der Reg. de Maizière und von November 1990 bis März 2002 sächs. Staatsmin. für Wiss. und Kunst. Seit 1997 ist M. Präs. des Zentralkomitees der dt. Katholiken.

7) Heinz-Werner, Gewerkschafter, *Hamburg 24. 8. 1932, †Siegburg 9. 5. 1994; engagierte sich als Bergmann in der IG Bergbau und Energie (IGBE), deren Vors. er 1985 wurde; 1990–94 Vors. des DGB; seit 1987 MdB (SPD).

8) Joseph, Verleger, *Gotha 9. 5. 1796, †Hildburghausen 27. 6. 1856, Großvater von 4); gründete 1826 in Gotha das ↗Bibliograph. Institut. M. verlegte preiswerte Klassikerausgaben und führte die Herausgabe in Lieferungen ein. An den historisch-geograph. (»Meyer's Universum«) und enzyklopäd. Werken seines Verlages (Konversationslexikon, 52 Bde., 1840 bis 55) arbeitete er selbst mit. Sein Sohn Herrmann Julius M. (*1826, †1909) führte den Verlag ab 1856 weiter, der dann nach dem 2. Weltkrieg parallel in Mannheim und Leipzig existierte und 1984 mit F. A. Brockhaus fusionierte.

9) Julius Lothar, Chemiker, *Varel 19. 8. 1830, †Tübingen 11. 4. 1895; stellte 1869 unabhängig von D. I. Mendelejew ein ↗Periodensystem der chemischen Elemente auf.

10) Krzysztof, poln. Komponist, *Krakau 11. 8. 1943; seit 1987 Prof. für Komposition in Köln; komponiert mit avantgardist. Techniken (z. B. Klangfarben, Zwölftontechnik, Aleatorik) Opern (»Kyberiade«, 1986; »Die verzauberten Brüder«, 1993), Orchesterwerke (sechs Sinfonien, 1964–82; Klavierkonzert, 1992), Kammer- und Klaviermusik.

11) Sabine, Klarinettistin, *Crailsheim 30. 3. 1959; begann als Orchestermusikerin im Symphonieorchester des Bayer. Rundfunks, war 1983 Soloklarinettistin bei den Berliner Philharmonikern, seit 1984 freischaffend. 1983 gründete sie mit ihrem Mann Reiner Wehle (*1954) und ihrem Bruder Wolfgang M. (*1954) das Trio di Clarone, 1988 das Bläserensemble

Krzysztof Meyer

Sabine M., in dem führende Bläser aus aller Welt zusammenwirken.

Meyer-Abich, 1) Adolf, Philosoph und Historiker der Naturwiss.en, *Emden 14. 11. 1893, †Hamburg 3. 3. 1971, Vater von 2); seit 1930 Prof. in Hamburg; Mitbegründer und Hauptvertreter des ↗Holismus; Beiträge zur Geistesgesch. der Naturwiss.en, bes. der Biologie.

2) Klaus Michael, Naturphilosoph, *Hamburg 8. 4. 1936, Sohn von 1); Prof. in Essen, war 1984–87 Senator für Wiss. und Forschung in Hamburg; Publikationen v. a. über die gesellschaftl. Auswirkungen von Naturwiss. und Technik (»Wege zum Frieden mit der Natur«, 1984, »Prakt. Naturphilosophie«, 1997).

Meyer-Amden, Otto, eigtl. O. Meyer, schweizer. Maler und Zeichner, *Bern 20. 2. 1885, †Zürich 15. 1. 1933; 1909–12 Schüler von A. Hoelzel in Stuttgart, 1928–32 Lehrtätigkeit in Zürich. Seine Kompositionen zeigen stilisierte Figuren (v. a. Knaben) in strenger Anordnung und verwischender Farbgebung.

Meyerbeer, Giacomo, eigtl. Jakob Liebmann Meyer Beer, Komponist, *Tasdorf (heute zu Rüdersdorf bei Berlin) 5. 9. 1791, †Paris 2. 5. 1864; lebte seit 1831 überwiegend in Paris, wurde 1842 Generalmusikdirektor der Berliner Oper. M. schrieb zunächst singspielhafte dt., dann italien. Opern und wurde schließlich mit dem Textdichter E. Scribe zum Hauptvertreter der frz. Großen Oper (fünfaktige Tragödien mit histor. Thematik) des 19. Jh.: »Robert der Teufel« (1831), »Die Hugenotten« (1836), »Der Prophet« (1849), »Die Afrikanerin« (1865); Orchesterwerke, Kantaten, Lieder.

Meyerhof, Otto, Biochemiker, *Hannover 12. 4. 1884, †Philadelphia (Pa.) 6. 10. 1951; bed. Forschungen über den intermediären Kohlenhydratstoffwechsel (bes. Glykolyse, alkohol. Gärung) und über die enzymat. Vorgänge in den Muskelzellen. M. erhielt für die Entdeckung gesetzmäßiger Verhältnisse zw. dem Sauerstoffverbrauch und dem Milchsäureumsatz in Muskeln 1922 (mit A. V. Hill) den Nobelpreis für Physiologie und Medizin.

Meyerhold (Mejerchold), Wsewolod Emiljewitsch, russ. Schauspieler, Regisseur, Theaterleiter und -theoretiker dt. Herkunft, *Pensa 9. 2. 1874, †(erschossen) Moskau 2. 2. 1940; arbeitete 1898–1902 am Moskauer Künstlertheater mit K. S. Stanislawski; ab 1920 Leiter des nach ihm benannten (1923) Theaters. M. organisierte Agitproptheater, inszenierte Massenschauspiele und entwickelte einen auf das Grotesk-Pantomimische ausgerichteten Inszenierungsstil; 1938 wurde sein Theater geschlossen, 1939 wurde M. verhaftet. Schrieb u. a.: »Über das Theater« (1913).

Meyer-Lübke, Wilhelm, Romanist, *Dübendorf (Kt. Zürich) 30. 1. 1861, †Bonn 4. 10. 1936; veröffentlichte u. a. eine »Grammatik der roman. Sprachen« (4 Bde., 1890–1902) und das »Roman. etymolog. Wörterbuch« (14 Tle., 1911–20); einer der Hauptvertreter der historisch-vergleichenden Sprachwissenschaft.

Meynen, Emil, Geograph, *Köln 22. 10. 1902, †Bonn 23. 8. 1994; ab 1941 Leiter der Abteilung für Landeskunde im Reichsamt für Landesaufnahme und in dessen Nachfolgeinstitution (Bundesforschungsanstalt für Landeskunde und Raumordnung); veröffentlichte v. a. Arbeiten zur Landeskunde von Dtl., gab zahlr. Periodika heraus.

Meyrink, Gustav, eigtl. G. Meyer, österr. Schriftsteller, *Wien 19. 1. 1868, †Starnberg 4. 12. 1932; 1889–1902 Bankier in Prag; 1903 Chefredakteur der humorist. Wiener Ztschr. »Der liebe Augustin«, Mitarbeiter am »Simplicissimus«; 1927 Übertritt vom Protestantismus zum Mahayana-Buddhismus. Verarbeitete in seinen Romanen, z. B. »Der Golem« (1915), »Das grüne Gesicht« (1917), religiös-messian. Ideen, myst. Vorstellungen, kabbalist. und buddhist. Traditionen sowie alte Sagen. Seine Novellen sind gekennzeichnet von parodist. Effekten und Satire, z. B. »Des dt. Spießers Wunderhorn« (3 Bde., 1913).

Meysel, Inge, Schauspielerin, *Berlin 30. 5. 1910; seit den 1960er-Jahren beliebte Volksschauspielerin; gestaltete in Film- und Fernsehrollen typ. Frauengestalten des Alltags.

Meysenbug, Malvida (Malwida) Freiin von (seit 1825), Schriftstellerin, *Kassel 28. 10. 1816, †Rom 26. 4. 1903; wegen ihrer demokrat. Gesinnung 1852 aus Berlin ausgewiesen; befreundet mit R. Wagner, F. Nietzsche, G. Garibaldi, R. Rolland; schrieb »Memoiren einer Idealistin« (3 Bde., 1875), »Der Lebensabend einer Idealistin« (1898).

MEZ, Abk. für **M**ittel**e**uropäische **Z**eit (↗Zeit).

Mezzanin [italien.] *das, Baukunst:* niedriges Zwischen- oder Halbgeschoss, meist zw. Erd- und erstem Obergeschoss oder unter dem Dach.

mezza voce [-ˈvoːtʃe, italien.], Abk. **m. v.,** musikal. Vortragsbezeichnung: mit halber, d. h. verhaltener Stimme (singen).

mezzo [italien.], Abk. **m,** musikal. Vortragsbezeichnung: halb, mittel; meist in Zusammensetzungen gebraucht: **mezzoforte,** Abk. **mf,** mittelstark; **mezzopiano,** Abk. **mp,** halbleise.

Mezzogiorno [-ˈdʒorno; italien. »Mittag«, »Süden«] *der,* zusammenfassende Bez. für die wirtschaftsschwächeren süditalien. Regionen Apulien, Basilicata, Kalabrien sowie Sizilien und Sardinien. Die seit dem 18. Jh. stagnierende wirtsch. Entwicklung führte im 20. Jh. bei der gleichzeitig wachsenden Industrialisierung N-Italiens zu ungewöhnlich scharfen Nord-Süd-Gegensätzen. Bevölkerungsdruck und Armut zwangen zahlr. Familien zur Auswanderung (Italoamerikaner) und setzten eine italien. Binnenwanderung vom S nach dem N in Gang, die bis heute anhält. Mithilfe von Gesetzen, Reformen und der 1950 eingerichteten Entwicklungsbank Cassa per il M. (1981 durch eine dem Ministerium für den M. direkt unterstellte Entwicklungsagentur ersetzt) wird versucht, die dringendsten Probleme zu lösen (Industrieansiedlung, Intensivierung und Spezialisierung in der Landwirtschaft, Bildungs- und Bevölkerungspolitik). Der S blieb aber bis heute durch Traditionalismus, Immobilismus, Patronatswesen, Klientelsystem (Mafia in Sizilien, Brigantentum Kalabriens, Camorra Neapels und Kampaniens, Banditentum Sardiniens) und durch die Bedeutung der Familienbeziehungen gekennzeichnet.

Mezzosopran [italien.], Frauenstimmlage zw. Sopran und Alt mit einem ungefähren Umfang von g bis b^2.

Mezzotinto [italien.] *das,* manuelles Verfahren zur Herstellung einer Druckform für den Kupferdruck, ↗Kupferstich.

mf, *Musik:* Abk. für **m**ezzo**f**orte, ↗mezzo.

MfS, Abk. für **M**inisterium **f**ür **S**taatssicherheit (↗Staatssicherheitsdienst).

mg, Einheitenzeichen für **M**illi**g**ramm, 1 mg = 0,001 g.

Mg, chem. Symbol für ↗Magnesium.

MG, Abk. für **M**aschinen**g**ewehr (↗Maschinenwaffen).

MGFA, Abk. für ↗Militärgeschichtliches Forschungsamt.

Giacomo Meyerbeer

Otto Meyerhof

Wsewolod Meyerhold

Gustav Meyrink

Mgr., 1) Abk. für **M**onseigneur.
2) (Msgr.), Abk. für **M**onsignore.
mg technologies ag [- tekˈnɔlədʒɪz -], weltweit tätiger Technologiekonzern, gegr. 1881 von W. Merton, Leo Ellinger und Zachary Hochschild, firmierte bis 2000 als **Metallgesellschaft AG**; Sitz: Frankfurt am Main. Kerngeschäftsfelder: Anlagenbau, Chemie (v. a. Kunst- und Sprengstoffe, Spezialchemie); verfügt über zahlr. Beteiligungsges. im In- und Ausland, u. a. Lurgi AG, GEA AG, Dynamit Nobel AG.
mhd., Abk. für **m**ittel**h**och**d**eutsch (↗deutsche Sprache).
MHD, Abk. für ↗**M**agneto**h**ydro**d**ynamik.
MHD-Generator, Kurzbez. für ↗**m**agneto**h**ydro**d**ynamischer Generator.
MHz, Einheitenzeichen für Megahertz, 1 MHz = 10^6 Hz.
mi, *Musik:* die dritte Tonsilbe der ↗Solmisation, in den roman. Sprachen der Name für den Ton E.
Miagao, Stadt auf der Insel Panay, Philippinen, rd. 40 km südwestlich von Iloilo. – Die festungsartige Barockkirche St. Thomas von Villanueva (1797 geweiht) wurde als Zeugnis span. Kolonialarchitektur von der UNESCO zum Weltkulturerbe erklärt.
Miami [maɪˈæmɪ], Stadt an der O-Küste von Florida, USA, 362 500 Ew. (Metropolitan Area 3,52 Mio. Ew.), Zentrum der Exilkubaner; zwei Univ., Inst. für Meeresforschung, Meeresaquarium; ganzjährig bed. Fremdenverkehr; Elektronik-, Bekleidungs- u. a. Ind.; Hafen (v. a. Kreuzfahrthafen), internat. Flughafen. Über die Biscaynebay ist M. durch Schnellstraßen mit dem Seebad und Winterkurort **Miami Beach** (91 800 Ew.) verbunden.
Miao (Meau, Meo, Hmong, Hmu), Gruppe von Völkern und Stämmen in SW-China (7,4 Mio.), N-Vietnam (650 000), N-Laos (120 000), Birma und Thailand (65 000); Rodungsbauern (u. a. Anbau von Mohn), Viehzüchter.
Miass, 1) *der,* rechter Nebenfluss des Isset, Russland, 658 km lang, entspringt der O-Abdachung des Südl. Ural (hier Stauwerke), durchfließt W-Sibirien, mündet bei Schadrinsk.
2) Stadt im Gebiet Tscheljabinsk, Russland, im Südl. Ural, am Fluss M., 166 900 Ew.; mineralog. Museum; Lastkraftwagen-, Elektroapparatebau, Holzindustrie. In der Umgebung Gold-, Talk- und Marmorgewinnung.
Micellen [von lat. mica »Krümchen«] (Mizellen), *Chemie:* ↗Kolloide.
Mich., Abk. für den Bundesstaat **Mich**igan, USA.
Micha (in der Vulgata Michäas), Prophet des A.T.; wirkte im letzten Drittel des 8. Jh. v. Chr. in Juda, Zeitgenosse Jesajas; kündigte den Untergang Jerusalems und die Zerstörung des Tempels als Strafe Gottes für die soziale Ungerechtigkeit im Lande an (Mi. 3, 12). Das **Buch M.** gehört zu den ↗Kleinen Propheten; es besteht aus echten Prophetenworten (Kap. 1–3) und späteren Zusätzen und wurde in nachexil. Zeit (5. Jh. v. Chr.?) zusammengestellt.
Michael, einer der Erzengel; im A.T. (Dan. 12, 1) und der jüd. Apokalyptik der Schutzengel Israels; im N.T. der Bekämpfer des Teufels (Jud. 9) und Anführer der himml. Heerscharen im Kampf gegen den endzeitl. Drachen (Offb. 12, 7); gilt als Vertrauter Gottes und Fürsprecher der Menschen bei Gott; Heiliger; Schutzpatron der Kirche, im MA. des Hl. Röm. Reiches und der christl. Ritter, heute zahlr. Kirchen und Städte; Tag (zus. mit Gabriel und Raphael): 29. 9. (↗Michaelistag). – In der *bildenden Kunst* wurde M. als Wächter und Kämpfer, als Anführer der himml. Heerscharen im Kampf gegen die Mächte der Finsternis, als Seelenwäger beim Jüngsten Gericht, als Ritter im Kampf mit dem Drachen dargestellt.
Michael, Herrscher:
Byzanz: **1) M. VIII. Palaiologos,** Kaiser (1258 bis 1282), *1224, †bei Selymbria 11. 12. 1282; Gründer des letzten byzantin. Herrscherhauses, der Palaiologen, eroberte 1261 Konstantinopel zurück (↗Byzantinisches Reich), schloss die Kirchenunion mit Rom (2. Konzil von Lyon, 1274) und wehrte die Eroberungspläne Karls I. von Anjou durch Unterstützung der Sizilian. Vesper 1282 ab.
Rumänien: **2) M. I.,** rumän. Mihai I., König (1927–30 und 1940–47), *Sinaia 25. 10. 1921; Sohn Karls II., aus dem Haus Hohenzollern; erzwang 1944 den Übertritt zu den Alliierten; dankte am 30. 12. 1947 erzwungenermaßen ab; seit 1956 in der Schweiz.
Russland: **3) Michail Fjodorowitsch,** Zar (1613 bis 1645), *Moskau 22. 7. 1596, †ebd. 23. 7. 1645; Begründer der Dynastie Romanow, 1613 zum Zaren gewählt; überließ die Reg. zunächst seinen Beratern, v. a. seinem Vater, dem Patriarchen von Moskau, Filaret (1619–33 offizieller Mitregent); schloss 1617 mit Schweden, 1618 mit Polen Frieden.
Serbien: **4) M. Obrenović,** serb. Mihailo Obrenović, Fürst (1839–42 und 1860–68), *Kragujevac 16. 9. 1823, †(ermordet) Topčider (bei Belgrad) 10. 6. 1868; Sohn von Miloš Obrenović; verhalf Serbien zu Ordnung, musterhafter Verw. und einem regulären Heer; erreichte 1867 den Abzug der letzten türk. Garnisonen (de facto die Unabhängigkeit); von Anhängern der Dynastie der Karađorđević ermordet.
Walachei: **5) M. der Tapfere,** rumän. Mihai Viteazul, Fürst (1593–1601), *1558, †(ermordet) 19. 8. 1601; verdrängte 1595 und 1598/99 die Osmanen aus der Walachei und Siebenbürgen; rief sich nach der Eroberung der Moldau (1600) zum Herrscher der drei rumän. Fürstentümer aus. Er wird als Verfechter des nat. Einheitsgedankens verehrt.
Michaelistag, Festtag des Erzengels ↗Michael (29. 9.); galt als Sommerende und Ernteabschluss (z. B. wird das Erntedankfest seit dem 18./19. Jh. am Sonntag nach M. gefeiert).
Michael Kerullarios (Michael Cärularius), Patriarch von Konstantinopel (1043–58), *Konstantinopel um 1000, †Madyta (bei Konstantinopel) 1058. In seiner Amtszeit vollzog sich das Morgenländ. ↗Schisma (1054), nachdem Verhandlungen mit einer Delegation Papst Leos IX. über kirchenrechtl. und jurisdiktionelle Fragen ergebnislos geblieben waren und sich in der Folge beide Seiten gegenseitig gebannt hatten.
Michaelsbruderschaft (Evangelische M.), aus dem ↗Berneuchener Kreis hervorgegangene, u. a. von den evang. Theologen Karl Bernhard Ritter (*1890, †1968) und Wilhelm Stählin (*1883, †1975) 1931 in Marburg gegr. bruderschaftsähnl. Gemeinschaft evang. Christen. Im Mittelpunkt steht die Pflege der Messe, des Stundengebets und eines vertieften geistl. Lebens.
Michaelsbund (Sankt M. zur Pflege des kath. Schrifttums in Bayern e. V., München), Fachverband für die kath. Volksbüchereien in Bayern; Sitz: München.
Michailowgrad, 1945–93 Name der bulgar. Stadt ↗Montana.
Michalkow [mix-], Nikita Sergejewitsch, russ. Regisseur, *Moskau 21. 10. 1945; war in den 1960er-Jahren ein beliebter Filmschauspieler. Seit den 1970er-Jahren ist er Regisseur beeindruckender Filmkunstwerke. – *Filme:* Verraten und verkauft (1974); Sklavin der Liebe (1976); Unvollendetes Stück für ein

mechanisches Klavier (1977); Verwandtschaft (1981); Gespräch ohne Zeugen (1983); Schwarze Augen (1987); Urga (1991); Die Sonne, die uns täuscht (1994); Der Barbier von Sibirien (1999).

Michals ['mɪtʃəlz], Duane, amerikan. Fotograf, * McKeesport (Pa.) 18. 2. 1932; Meister der Sequenzfotografie; erzählt in zusammenhängenden Folgen

Duane Michals: Ludmilla Tschernina (1964; Köln, Museum Ludwig)

von Aufnahmen oft surreale Geschichten mit symbolisch-myst. Untertönen; auch brillante Porträts (u. a. R. Magritte, A. Warhol).

Michaux [mi'ʃo], Henri, frz. Schriftsteller, Zeichner und Maler belg. Herkunft, * Namur 24. 5. 1899, † Paris 19. 10. 1984; unternahm ausgedehnte Reisen (darüber u. a. »Ecuador«, 1929), experimentierte mit Drogen, um seine künstler. Fähigkeiten zu erweitern (»Unseliges Wunder. Das Meskalin«, Ged., 1956); auch als Maler und Zeichner bed. (Illustrationen zu eigenen Texten). Obwohl von großem Einfluss auf die zeitgenöss. Literatur, stand er abseits der literar. Strömungen. Seine von Lautréamont und den Surrealisten beeinflussten Werke zeigen imaginäre, düstere Welten: »Reise nach Groß-Garabannien« (R., 1936), »Momente« (Ged., 1973), »Eckpfosten« (Prosa, 1981).

Michel, Hartmut, Biochemiker, * Ludwigsburg 18. 7. 1948; wurde 1987 Abt.leiter und Direktor am Max-Planck-Inst. für Biophysik in Frankfurt am Main. 1988 erhielt er für die Bestimmung der dreidimensionalen Struktur des photosynthet. Reaktionszentrums eines Bakteriums den Nobelpreis für Chemie (mit J. Deisenhofer und R. Huber).

Michelangelo [mike'landʒelo], eigtl. M. Buonarroti, italien. Bildhauer, Maler, Baumeister, Dichter, * Caprese (heute Caprese Michelangelo, Prov. Arezzo) 6. 3. 1475, † Rom 18. 2. 1564; Hauptmeister der Hochrenaissance und bedeutendster Wegbereiter des Manierismus; Schüler des D. Ghirlandaio, dann vermutlich des Bildhauers Bertoldo di Giovanni (* um 1420, † 1491) in Florenz. Wichtig für seine Stilbildung war das Studium Giottos und Masaccios, Benedettos da Maiano und der Antike, die ihm im Hause der Medici bzw. in deren Kunstakademien erschlossen wurde. Seit 1496 arbeitete M. abwechselnd in Florenz, Rom und in den Marmorbrüchen von Carrara, ehe er 1534 endgültig nach Rom übersiedelte, wo ihn die Freundschaft zu Vittoria Colonna (seit 1538) nachhaltig beeinflusste. Ihr sind z. T. seine seit 1534 entstandenen schwermütigen und tief empfundenen Sonette und Madrigale gewidmet.

Frühzeit: Um 1491/92 entstanden die beiden Reliefs »Madonna an der Treppe« und »Kentaurenkampf« (beide Florenz, Casa Buonarroti), danach in Rom »Bacchus« (1497, Florenz, Bargello) und die »Pietà« in St. Peter (1498–1500). 1501 erhielt M. in Florenz den öffentl. Auftrag für das überlebensgroße Marmorstandbild des »David« (Florenz, Kopie auf der Piazza della Signoria, Original in der Galleria dell'Accademia), an dem er bis 1504 arbeitete. Von den Gemälden dieser Zeit ist das Tondo der »Madonna Doni« (1503/04; Uffizien) erhalten, das ebenso wie der nur in Teilkopien erhaltene Karton für das nicht ausgeführte Fresko der Schlacht von Cascina im Wettstreit mit Leonardo da Vinci entstand.

Mittlere Schaffensperiode: 1505 berief Papst Julius II. M. zur Errichtung seines Grabmals nach Rom. Der reizbare Künstler fühlte sich bei der Arbeit an dem Projekt nicht ausreichend unterstützt; er floh und übernahm 1508 nach der Aussöhnung mit dem Papst widerstrebend den Auftrag zur Deckenausmalung der Sixtin. Kapelle. Hier schuf er 1508–12 durch eine gemalte Architekturgliederung ein System unterschiedl. Bildträger, das eine Fülle symbol. Bezüge der skulptural aufgefassten Sehergestalten (Propheten, Sibyllen) sowie der Aktfiguren (Ignudi) in und vor der Rahmung zu den maler.-bildhaften Szenen der Genesis dahinter in dynam. Weise veranschaulicht. Die Reinigung der Fresken der Sixtin. Kapelle (1980–94) hat zu wiss. und öffentl. Diskussionen um deren Zuschreibung geführt. Nach dem Tod des Papstes (1513) widmete sich M. wieder dem Projekt eines Grabmals für Papst Julius II. Es entstanden 1513–16 der »Moses« (Rom, San Pietro in Vincoli) und zwei Sklavenfiguren (Paris, Louvre), ab 1519 die vier »Boboli-Sklaven« (Florenz, Galleria dell'Accademia); das nicht zur Vollendung gebrachte Wandgrab wurde schließlich (1545) in San Pietro in Vincoli aufgestellt. 1516 erhielt M. von den Medici den Auftrag für die Fassade von San Lorenzo in Florenz (Pläne nicht ausgeführt). 1520 begann er den Bau der Medici-Kapelle (»Neue Sakristei«, nicht vollendet) für San Lorenzo. Ausgeführt wurden (bis 1534) die Sitzfiguren des Giuliano und Lorenzo de' Medici und die Liegefiguren, von denen »Tag« (1524) und »Nacht« zuerst entstanden, die der Madonna. Mit der 1524 begonnenen Biblioteca Medicea /Laurenziana vollzog M. die Wendung zum Manierismus. 1535–41 malte er das Fresko des »Jüngsten Gerichts« an der Altarwand der Sixtin. Kapelle: Anstelle der perspektiv. Raumauffassung der Renaissance setzte er eine Bewegungsdynamik, die die Seligen aufsteigend, die Verdammten fallend im Leeren um die kraftvolle Christusgestalt kreisen lässt.

Spätwerk: Um 1535 begann M. an der »Pietà« (Florenz, Dom) zu arbeiten, die er vor 1550 unvollendet beließ, 1555 begann er mit seinem letzten bildhauer. Werk, der »Pietà Rondanini« (Mailand, Castello Sforzesco). Beide zeigen eine Reduktion der Körperlichkeit zur Zeichenhaftigkeit. Seine letzten Fresken, die »Bekehrung des Saulus« und die »Kreuzigung Petri«, im Vatikan, malte er zw. 1541 (Auftragserteilung) und 1549/50. In den beiden letzten Jahrzehnten arbeitete er v. a. an architekton. Aufgaben (Palazzo /Farnese; Platzgestaltung des /Kapitols 1). 1547 übernahm er die Bauleitung der Peterskirche in Rom, deren gewaltige Kuppel seine größte Leistung als Baumeister ist. – M. verkörpert einen neuen Typ des Künstlers, er befreite sich aus den Bindungen der Überlieferung und erschloss eine Welt zuvor unbekannter bildner. und psycholog. Ausdrucksmöglichkeiten. Nie zuvor ist das Werk eines Künstlers in gleichem Maße Selbstbekenntnis gewesen. Sein geniales Werk sprengt die kunsthistor. Kategorien, in-

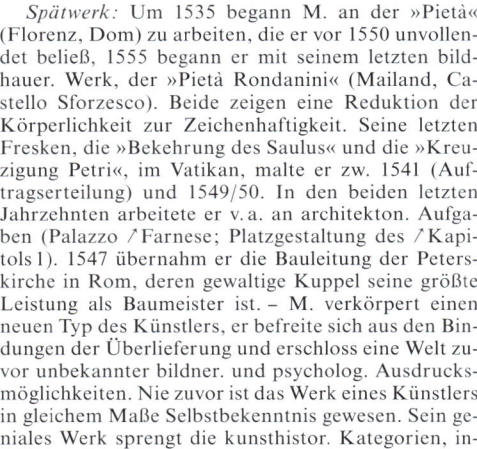

Hartmut Michel

dem es den Entwicklungen vorgreift, sodass sich Künstler an den unterschiedlichsten Phasen seines Werkes orientierten.

Michelet [mi'ʃlɛ], Jules, frz. Historiker, * Paris 21. 8. 1798, † Hyères 9. 2. 1874; schrieb u. a. »Histoire de France« (17 Bde., 1833–67); »Gesch. der frz. Revolution« (7 Bde., 1847–53).

Michelin S. A., Compagnie Générale des Établissements [kɔ̃paˈɲi ʒeneˈral dezetablisˈmɑ̃ miˈʃlɛ -], frz. Reifenkonzern, gegr. 1832; Sitz: Clermont-Ferrand; produziert auch Räder und Radaufhängungssysteme sowie Hotel- (Guides Rouges) und Reiseführer (Guides Verts).

Michelozzo di Bartolommeo [mikeˈlɔttso-], italien. Baumeister und Bildhauer, * Florenz 1396, begraben ebd. 7. 10. 1472; Vertreter der florentin. Frührenaissance; als Bildhauer zeitweise in Werkstattgemeinschaft mit L. Ghiberti und Donatello; 1446–52 Dombaumeister in Florenz. Mit dem Palazzo Medici-Riccardi schuf er den Schule machenden Typus der florentin. Stadtpaläste (begonnen 1444). – Weitere Arbeiten in Florenz: Umbau von Kirche und Kloster San Marco (1437 ff.), Tribuna von Santissima Annunziata (1444 ff.).

Michelsberger Kultur, nach der Fundstätte Michaelsberg bei Untergrombach (heute zu Bruchsal) benannte jungsteinzeitl. Kulturgruppe (Ende des 4. und 3. Jt. v. Chr.) im Bereich des heutigen Mittel- und Oberrheins, in der Spätphase mit Ausläufern bis Thüringen und O-Bayern, z. T. auch in Richtung Böhmen und Österreich. Leitformen der meist unverzierten, rundbodigen Keramik sind so genannte Tulpenbecher, Henkelkrüge und Vorratsgefäße; typisch sind ferner Stein-, Knochen-, Horngeräte sowie Höhensiedlungen mit Palisadenzaun.

Albert A. Michelson

Michelson [ˈmaɪkəlsn], Albert Abraham, amerikan. Physiker, * Strelno (heute Strzelno, bei Posen) 19. 12. 1852, † Pasadena (Calif.) 9. 5. 1931; entwickelte das ∕Michelson-Interferometer, dessen Aufbauprinzip für zahlr. Interferenzgeräte genutzt wird; führte damit ab 1881 Versuche durch (**M.-Versuch, Michelson-Morley-Versuch,**) die die Unabhängigkeit der Lichtgeschwindigkeit von der Erdbewegung bewiesen (∕Relativitätstheorie), ab 1887 teilweise zus. mit E. W. Morley (* 1838, † 1923); benutzte die Interferenzerscheinungen des Lichts zu Präzisionsmessungen (Lichtgeschwindigkeit, Sterndurchmesser, interferometr. Bestimmung des Meternormals). M. erhielt 1907 den Nobelpreis für Physik.

Michelson-Interferometer [ˈmaɪkəlsn-; nach A. A. Michelson], urspr. zum Nachweis der Erdbewegung relativ zu einem hypothet. Äther (Michelson-Versuch) entwickeltes Interferometer. – Das einfallende Lichtbündel wird an einer Teilerfläche in zwei Teilstrahlen zerlegt, die nach der Reflexion an zwei Planspiegeln durch die Teilerfläche wieder vereinigt werden. Je nach der Orientierung des virtuellen Bildes des einen Spiegels zum anderen entstehen dabei Interferenzen gleicher Neigung oder gleicher Dicke, die z. B. mit einem Mikroskop beobachtet werden können. Anwendung u. a. in der Interferenzspektroskopie, -mikroskopie und -längenmessung.

Michigan
Flagge

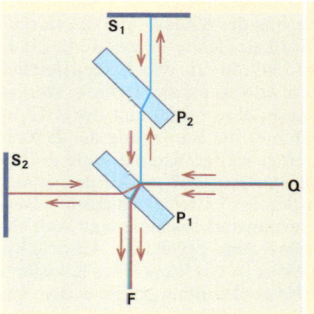

Michelson-Interferometer: prinzipieller Aufbau; Licht der Quelle Q wird an der Trennplatte P_1 in zwei kohärente Anteile gespalten, von denen einer an P_1 in Richtung des Spiegels S_1 reflektiert wird, der andere durch P_1 in Richtung S_2 hindurchtritt

Michelangelo

1 »Sterbender Sklave« (um 1513–16; Paris, Louvre)
2 Kuppel der Peterskirche in Rom (1547 ff.)
3 »Die Erschaffung des Adam« aus dem Zyklus der Schöpfungsgeschichte,

Michelstadt, Stadt im Odenwaldkreis, Hessen, Luftkurort im östl. Odenwald, 17 000 Ew., Fachschule für Holz- und Elfenbeinschnitzer, Odenwaldmuseum; Metall verarbeitende, Kosmetik-, Kunststoffind. – Rathaus von 1484, Stadtkirche (1461–1537); im Stadtteil Steinbach Schloss Fürstenau (14.–19. Jh.) und Einhardsbasilika (827 vollendet). – 741 wurde M. erstmals urkundlich erwähnt.

Michener [ˈmɪtʃnə], James Albert, amerikan. Schriftsteller, * New York 3. 2. 1907, † Austin (Tex.) 16. 10. 1997; schrieb histor. und zeitgeschichtl. Romane (»Im Korallenmeer«, 1947; »Die Kinder von Torremolinos«, 1971; »Verheißene Erde«, 1980; »Karibik«, 1989).

Michigan [ˈmɪʃɪɡən], Abk. **Mich., MI,** Bundesstaat im Mittleren Westen der USA, 250 465 km², (2001) 9,99 Mio. Ew.; Hptst. ist Lansing, größte Stadt

Detail vom Deckenfresko der Sixtinischen Kapelle in Rom (1508–12; 1984–89 restauriert) **4** »Pietà«, für sein eigenes Grabmal geschaffen, Marmor (vor 1550; Florenz, Museo dell' Opera di Santa Maria del Fiore)

5 Tondo »Madonna Doni« (1503/04; Florenz, Uffizien)
6 Sitzfigur des »Moses« (um 1513–16) vom Wandgrab Papst Julius' II. in San Pietro in Vincoli in Rom (Wandgrab 1545 aufgestellt)

Detroit. M. liegt auf zwei Halbinseln, **Ober-M.** zw. Oberem und Michigansee, **Unter-M.** zw. Michigansee (im W) und Huronsee, Saint-Claire-See und Eriesee (im O). Ober-M. besitzt wertvolle Eisen- und Kupfererzlagerstätten, Unter-M. Erdöl- und Erdgasfelder; Acker- (Mais, Hafer, Weizen, Zuckerrüben, Sojabohnen), Obst- und Gemüsebau, Viehzucht (Milchwirtschaft). Bed. Ind.: Kraftwagenbau (bes. in Detroit), Metall-, Maschinen-, chem., Nahrungsmittel-, Elektro-, Holz-, Papierindustrie; Sankt-Lorenz-Seeweg. – Im 17. Jh. von Franzosen erschlossen, 1701 Gründung von Detroit. M. fiel 1763 an Großbritannien, 1783 an die USA; seit 1837 deren 26. Staat.

Michigansee ['mɪʃɪgən-] (Lake Michigan), der südwestlichste der Großen Seen Nordamerikas, 57 800 km², 176 m ü. M., bis 281 m tief. Haupthäfen: Chicago, Milwaukee.

Michoacán [mitʃoaˈkan], Bundesstaat von ⁄ Mexiko (Staat).

Michrạb [mix-], Gebetsnische der Moschee, ⁄ Mihrab.

Mịckel, Karl, Schriftsteller, *Dresden 12. 8. 1935, †Berlin 20. 6. 2000; profilierter Vertreter jener Lyrik der DDR, die sich nicht den ästhet. Maßstäben der SED unterordnete (»Vita nova mea. Mein neues Leben«, 1966); auch Dramatiker und Essayist.

Mickey Mouse ['mɪkɪ maʊs] (Mickymaus), 1927 von W. Disney zunächst als Mortimer Mouse erfundene Trickfilmfigur. Der erste M.-M.-Film entstand 1928 (gezeichnet von Ub Iwerks), 1930 erstmals als Comicfigur.

Mickiewicz [mitsˈkjɛvitʃ], Adam Bernard, poln. Dichter, *Zaosie (heute zu Nowogrudok, Weißrussland) 24. 12. 1798, †Konstantinopel 26. 11. 1855; war 1819–23 Lehrer in Kaunas; 1824 wegen illegaler polit. Tätigkeit aus Litauen ausgewiesen, hielt sich bis 1828 in Russland auf, ging 1829 ins westl. Ausland, 1840 Prof. für slaw. Literaturen am Collège de France in Paris (1844 wegen Verbreitung polit. und religiöser Ideen des Mystizisten A. Towiański suspendiert). Bereits mit seinen frühesten Dichtungen durchbrach M. die bisher vorherrschende frz.-klassizist. Richtung und begründete die poln. romant. Schule. Unter dem Eindruck des eigenen Verbanntenschicksals steigerte M. die nationalromant. Dichtung zu einem religiös gefärbten Kult des poln. Volkes und seiner geschichtl. Mission (»Balladen und Romanzen«, 2 Bde., 1822/23; »Krim-Sonette«, 1826; »Konrad Wallen-

Adam Mickiewicz

rod«, histor. Epos, 1828; »Todtenfeier«, Drama, 4 Tle., 1823–60; »Die Bücher des poln. Volkes und der poln. Pilgerschaft«, Prosa, 1832); als poln. Nationalepos gilt »Herr Thaddäus oder der letzte Eintritt in Litthauen« (1834).

Micoquien [mikɔˈkjɛ̃] *das,* nach der Fundstätte La Micoque bei Les-Eyzies-de-Tayac (Dép. Dordogne, Frankreich) ben. Formengruppe der mittleren /Altsteinzeit, gekennzeichnet u. a. durch lang gestreckte, asymmetrische Faustkeile (Micoquekeile); Hauptverbreitungsgebiete: Mittel- und Osteuropa.

micr(o)..., mikr(o)...

Microbodies [ˈmaɪkrəʊbɔdɪz, grch.-engl.], *Biologie:* Zellorganellen, die versch. Oxidasen enthalten (/Peroxysomen).

Microfaser®, Chemiefaser (v. a. Polyester, Polyamid), die feiner ist als alle natürl. Faserarten. Die Feinheit von Fasern wird in Dezitex (dtex) angegeben; das Maß 1 dtex sagt aus, dass ein Gramm eines Fadens 10 000 m lang ist. Die Feinheit von M. ist kleiner als 1 dtex. Aus M. hergestellte Textilien zeichnen sich durch sehr gutes Wärmerückhaltevermögen, guten Feuchtetransport und Atmungsaktivität aus.

Microscopium [lat.], das Sternbild /Mikroskop.

Microsoft Corp. [ˈmaɪkrəʊsɔft kɔːpəˈreɪʃn], Abk. **MS,** amerikan. Computerkonzern, weltweit führender Softwarehersteller, gegr. 1975 von B. Gates und Paul Allen (* 1953); Sitz: Redmond (Wash.). Bekannte Produkte sind z. B. die graf. Benutzeroberfläche Windows, die Betriebssysteme MS-DOS, Windows NT, Windows 2000 sowie der Web-Browser Internet Explorer. Der Konzern bietet mit Microsoft Network (MSN) einen Onlineservice an und expandiert auch in den Multimediamarkt.

Midas, myth. König aus Phrygien, sprichwörtlich wegen seiner Torheit: Da er sich von Dionysos gewünscht hatte, dass sich alles in Gold verwandeln möge, was er berührt, verhungerte er fast; da er die Musik des Pan höher schätzte als die des Apoll, ließ dieser ihm Eselsohren wachsen.

Middelburg [-byrx], Hptst. der Prov. Seeland, Niederlande, auf der ehem. Insel Walcheren, 44 400 Ew.; Handelszentrum; Metallverarbeitung, elektrotechn., chem. Ind.; Fremdenverkehr. – Spätgot. Rathaus, ehem. Prämonstratenserabtei (15./16. Jh.).

Middendorf, Helmut, Maler, * Dinklage 28. 1. 1953; Vertreter der Neuen Wilden; schildert in ekstat. Szenen die nächtl. Großstadt.

Middle Art [mɪdl ɑːt], eigtl. Augustine Okoye, nigerian. Künstler, * Agukwu bei Nri (Anambra) 1936; lebt als Plakatmaler in Onitsha. M. A. gilt als wichtigster Vertreter der populären Malerei Schwarzafrikas.

Middlesbrough [ˈmɪdlzbrə], Hptst. der Metrop. Cty. Cleveland, 147 400 Ew.; Teesside Polytechnic (seit 1992 Univ.); archäolog., James-Cook-Museum; elektrotechn. Ind., Schwermaschinenbau, Schiffbau; Hafen.

Middleton [ˈmɪdltən], Stadt in der Metrop. Cty. Greater Manchester, England, 45 600 Ew.; Textil-, chem. Ind., Maschinenbau.

Midgard, im altnord. Mythos die Mittel-, d. h. die von den Menschen bewohnte Welt; aus den Augenbrauen des Urriesen /Ymir geschaffen und über einen Regenbogen mit der Götterwelt Asgard (/Asen) verbunden; als Erdscheibe, oft auch als Burg dargestellt.

Midgardschlange, altnord. Mythos: gewaltiges, von /Loki gezeugtes Ungeheuer. Die M. liegt im Weltmeer rings um die als Scheibe gedachte bewohnte Erde (/Midgard); von Thor getötet. (/Ragnarök)

Mid Glamorgan [- gləˈmɔːgən], ehem. Cty. in Wales, umfasste die heutigen Counties Boroughs, Merthyr Tydfil, Rhondda Cynon Taff, Bridgend und den O-Teil der Cty. Neath Port Talbot.

Midi [frz. »Mittag«, »Süden«] *der,* der S Frankreichs, bes. das Mittelmeergebiet (Provence, Languedoc-Roussillon).

Midi, Canal du [kaˈnal dy -], Kanal in S-Frankreich, verbindet die Garonne bei Toulouse mit dem Mittelmeer bei Sète, 241 km lang, 101 Schleusen (1666–84 erbaut; heute überwiegend touristisch genutzt).

Midianiter, mit den Israeliten verwandter (1. Mos. 25, 2) Nomadenstämmeverband in der syrisch-arab. Wüste; lebte vom Handel; fiel nach Ri. 6–8 in das westjordan. Kulturland ein (/Gideon).

Midimode, Anfang der 1970er-Jahre im Gegensatz zur /Minimode und zur /Maximode gerade das Knie bedeckende Saumlänge der Kleider und Röcke; in der Schneiderei als italien. Länge bezeichnet.

Midi-Pyrénées [-pireˈne], Region in S-Frankreich; umfasst die Dép. Ariège, Aveyron, Haute-Garonne, Gers, Lot, Hautes-Pyrénées, Tarn und Tarn-et-Garonne, mit 45 348 km² die größte der frz. Regionen, 2,551 Mio. Ew.; Hptst. ist Toulouse. M.-P. umfasst den östl. Teil des Aquitan. Beckens, die Zentralpyrenäen und das südwestl. Zentralmassiv.

Midlands [ˈmɪdləndz] *Pl.,* engl. Name für Mittelengland; umfasst zwei Wirtschaftsregionen, die West M. (Metropolitan County West M. sowie die Counties Warwickshire, Staffordshire, Shropshire, Hereford and Worcester) und die East M. (Counties Derbyshire, Nottinghamshire, Lincolnshire, Leicestershire und Northamptonshire).

Midlife-Crisis [ˈmɪdlaɪf ˈkraɪsɪs, engl.] *die,* Phase etwa in der Mitte des Lebens, in der der Betroffene sein bisheriges Leben kritisch überdenkt und gefühlsmäßig infrage stellt.

Midlothian [mɪdˈləʊðjən], Local Authority in Schottland, südlich von Edinburgh, 354 km², 80 900 Ew.; Verw.sitz ist Dalkeith.

Midori, eigtl. M. Goto, japan. Violinistin, * Ōsaka 25. 10. 1971; studierte bis 1987 an der Juilliard School of Music in New York, tritt seit 1986 weltweit als Solistin auf. Zu ihrem Repertoire gehören u. a. die Violinkonzerte von W. A. Mozart, N. Paganini und S. Prokofjew. M. ist auch als Pädagogin tätig und gründete dazu die »Midori Foundation«.

Midrasch [hebr. »Auslegung«] *der,* die jüdischrabbin. Bibelauslegung; urspr. im Synagogalgottesdienst der auf die Thoralesung folgende mündl. Vortrag, später in Einzelauslegungen schriftlich niedergelegt.

Midway-Inseln [ˈmɪdweɪ-], Atoll mit zwei Koralleninseln im Pazif. Ozean, 5 km², 450 Ew.; bis 1996 Marinebasis der USA. – Vogelschutzgebiet.

Mieder [mhd. müeder »Leibchen«, Nebenform von muoder, ahd. muodar »Bauch«], das durch Schnürung, auch mittels Versteifungen eng anliegende Oberteil des Kleides (im Unterschied zum als Unterkleidung getragenen /Korsett), in der Mode des 16.–19. Jh., danach Oberteil alpenländ. Trachtenkleider; heute Unterkleidung zur Figurkorrektur, meist aus vollelast. Material und als /Body gearbeitet. (/Kleidung, /Tracht)

Miegel, Agnes, Schriftstellerin, * Königsberg (Pr) 9. 3. 1879, ⚔ Bad Salzuflen 26. 10. 1964; beschrieb Ostpreußen, seine Menschen, die Landschaft, Sagen und Geschichte; Erzählerin (»Geschichten aus Alt-Preußen«, 1926; »Heimkehr«, 1962) und Lyrikerin (»Kirchen im Ordensland«, 1933) mit Vorliebe für die Ballade. Ihre Werke lassen Tendenzen zur Blut-und-Boden-Romantik sowie Sympathien mit nat.-soz. Ideen erkennen.

Mielke, Erich, Politiker (SED), *Berlin 28. 12. 1907, †ebd. 21. 5. 2000; floh 1931 in die UdSSR; lebte 1940–45 in Frankreich und Belgien; baute (mit W. Zaisser) den Staatssicherheitsdienst (»Stasi«; MfS) in der DDR auf und als Min. für Staatssicherheit (1957–89) zu einem weit verzweigten Kontroll- und Unterdrückungsinstrument der SED-Führung aus; 1959–89 Mitgl. des ZK, 1976–89 des Politbüros. Im Dez. 1989 wurde er v. a. wegen Machtmissbrauchs verhaftet. Im Okt. 1993 verurteilte ihn das Landgericht Berlin wegen des Mordes an zwei Polizisten 1931 zu sechs Jahren Haft (entlassen am 1. 8. 1995). Aus dem so genannten Politbüroprozess (ab 12. 11. 1992) war die Anklage wegen Verhandlungsunfähigkeit M.s ausgegliedert worden.

Miene [frz.], Gesichtsausdruck, der auf aktuelles seel. Geschehen (Gefühle, Stimmungen, Spannung, Entspannung) hindeutet (↗ Mimik).

Miere, versch. Nelkengewächse, z. B. die Gattung **Stern-M.** (Stellaria), u. a. mit **Vogel-M. (Vogelstern-M., Hühner-, Mäusedarm,** Stellaria media), rasig, auf Brach- und Nutzland, Vogelfutter; **Echte Stern-M.** (Stellaria holostea) mit lanzettartigen, ungestielten Blättern, auf trockenem Waldboden; die Gatt. M. (Minuartia) mit der bis 15 cm hohen **Frühlings-M.** (Minuartia verna) auf trockenem, hügeligem Grasboden.

Mierendorff, Carlo, Politiker (SPD), *Großenhain 24. 3. 1897, †(Luftangriff) Leipzig 4. 12. 1943; 1930–33 MdR, 1933–38 im KZ, schloss sich dem Kreisauer Kreis an.

Mieresch die, Nebenfluss der Theiß, ↗ Maros.

Miesbach, 1) Landkreis im RegBez. Oberbayern, 864 km², 91 700 Einwohner.

2) Krst. von 1) in Bayern, 700 m ü. M., im Alpenvorland, 10 900 Ew.; Almwirtschaftsschule, Heimatmuseum; Papierfabrik u. a. Ind.; Sommerfrische, Wintersport. – Erhielt 1918 Stadtrecht.

Miesmuschel (Pfahlmuschel, Mytilus), weltweit verbreitete, zu den Fadenkiemern gestellte Gattung der Muscheln, die sich in den Küstenregionen mit Byssusfäden an feste Unterlagen (z. B. Pfähle, Steine) heften. Die an den europ. Atlantikküsten und in der Ostsee vorkommende, 6–10 cm lange **Essbare M.** (Mytilus edulis) wird v. a. in den Niederlanden, in Frankreich und Italien gezüchtet.

Miesmuschel: Schale der Essbaren Miesmuschel

Mieß die (slowenisch Meža), rechter Nebenfluss der Drau, Slowenien, 41 km lang, entspringt am Nordhang der Karawanken und mündet bei Unterdrauburg.

Mie-Streuung [nach dem Physiker G. A. L. Mie, *1868, †1957], Erscheinung, dass bei der Lichtstreuung an Teilchen, deren Durchmesser in der Größenordnung der Lichtwellenlänge ist, mit wachsendem Durchmesser die Streuintensität in Vorwärtsrichtung stärker zunimmt als in Rückwärtsrichtung. Die M.-S. hängt im Ggs. zur ↗ Rayleigh-Streuung von den Materialeigenschaften der streuenden Teilchen ab. Sind z. B. die Dunstteilchen der Atmosphäre so beschaffen, dass die Lichtstreuung weitgehend eine M.-S. ist, so tritt an die Stelle des blauen Himmelslichts weißes.

Ludwig Mies van der Rohe: Deutscher Pavillon auf der Weltausstellung in Barcelona (1929 errichtet, 1930 abgerissen, zw. 1983 und 1986 originalgetreu rekonstruiert)

Mies van der Rohe, Ludwig, amerikan. Architekt dt. Herkunft, *Aachen 27. 3. 1886, †Chicago 17. 8. 1969; arbeitete 1905–07 bei B. Paul, 1908–11 bei P. Behrens, ab 1912 in Berlin selbstständig, 1930–33 Direktor des Bauhauses in Dessau, emigrierte 1937 in die USA und wurde Leiter der Architektur-Abteilung der TH in Chicago (1938–58), seit 1944 amerikan. Staatsbürger. M. v. d. R. entwickelte aus der Verwendung von Stahl und Glas neue Bauformen von äußerster Einfachheit und harmon. Klarheit. Neben Le Corbusier, W. Gropius und F. L. Wright gehörte er zu den stilprägenden Architekten des 20. Jh. Seine Möbelentwürfe wirkten auf das Möbeldesign.

Hauptwerke: Weißenhofsiedlung in Stuttgart (Planung und ein Wohnblock, 1927); Dt. Pavillon, Weltausstellung Barcelona (1929, rekonstruiert 1986); Haus Lange und Haus Esters, Krefeld (1928/30); Haus Tugendhat, Brünn (1928–30); Illinois Institute of Technology, Chicago (Gesamtplanung, Einzelgebäude, Crown Hall, 1939–56); Wohnhochhäuser in Chicago (1948–51); Seagram Building, New York (1954–58); Neue Nationalgalerie, Berlin (1962–67).

Ludwig Mies van der Rohe

Mietdatenbank, zur Ermittlung der ortsübl. ↗ Vergleichsmiete fortlaufend aktualisierte Sammlung von Mieten, die von der Gemeinde oder von Interessenvertretern der Vermieter und der Mieter gemeinsam geführt und anerkannt wird.

Miete [ahd. miata »Lohn«], das in einem Mietverhältnis auf Grundlage des Mietvertrages durch den Mieter an den Vermieter zu zahlende Entgelt (§ 535 Abs. 2 BGB). Die Mietzahlung ist Hauptpflicht des Mieters, während Hauptpflicht des Vermieters das Überlassen der Mietsache zum Gebrauch ist. Verletzt der Vermieter seine Hauptpflicht (z. B. Mietsache hat erhebl. Mängel), entfällt die Verpflichtung zur Mietzahlung, d. h., der Mieter hat nur eine angemessen geminderte M. zu entrichten (**Mietminderung,** §§ 536–536d BGB).

Die M. für die versch. Mietsachen kann grundsätzlich nach den Bedingungen des Marktes frei vereinbart werden. Dennoch enthalten Rechtsvorschriften hierzu bestimmte Orientierungen, bei Mietverhältnissen über Wohnraum bes. das BGB. Die Vereinbarungs-M. beim Abschluss eines ↗Mietvertrages über Wohnraum bzw. innerhalb eines schon bestehenden Mietverhältnisses darf grundsätzl. nicht höher als 20% über der ortsübl. ↗Vergleichsmiete liegen. **Mieterhöhungen** erfolgen häufig nicht über individuelle Vereinbarungen, sondern nach von vornherein für die Erhöhung getroffenen Festlegungen, z.B. bei einer ↗Staffelmiete oder einer ↗Indexmiete. Meistens wird jedoch die M. bis zur ortsübl. Vergleichs-M. erhöht (§§ 558–558e BGB). Eine Mieterhöhung darf in diesem Fall erst für den Zeitraum verlangt werden, der mindestens 15 Monate nach der letzten Erhöhung liegt; Mieterhöhungen bei Modernisierung (↗Wohnungsmodernisierung) und Veränderungen der ↗Betriebskosten werden hier allerdings nicht berücksichtigt. Zur Begründung des Mieterhöhungsverlangens dienen der Mietspiegel, die Auskunft aus einer Mietdatenbank, Gutachten oder die Benennung von mindestens drei vergleichbaren Wohnungen. Hat der Mieter der Erhöhung zugestimmt, muss er die erhöhte M. mit Beginn des dritten Kalendermonats nach Zugang des Erhöhungsverlangens zahlen (§ 558b BGB). Stimmt der Mieter nicht bis zum Ende des zweiten Monats nach Zugang des Erhöhungsverlangens zu, kann der Vermieter innerhalb von weiteren drei Monaten auf Erteilung der Zustimmung klagen.

Die Mieterhöhung bei **Modernisierung** ist dem Vermieter beim Vorliegen der gesetzl. Voraussetzungen einseitig (ohne Zustimmung des Mieters) gestattet (§§ 559–559b BGB). Nicht umlegungsfähig sind die durch die Modernisierung ersparten und eigtl. fälligen Instandhaltungskosten. Abzusetzen sind auch vom Mieter direkt getragene Kosten sowie Zuschüsse aus öffentl. Haushalten; zu berücksichtigen sind Zinsvorteile aus Darlehen öffentl. Haushalte. Der Vermieter kann bis zu 11% der auf die konkrete Wohnung entfallenden Kosten jährlich auf die M. umlegen. Die erhöhte M. ist ab Beginn des dritten Monats nach Zugang des Erhöhungsverlangens zu entrichten.

Ein weiteres wesentl. Element der Wohnraum-M. stellen die aufgrund ausdrückl. Vereinbarung zu zahlenden Betriebskosten dar (§§ 556, 556a, 560 BGB). Mieter und Vermieter können außerdem die Stellung einer Mietsicherheit (Kaution) vereinbaren (§ 551 BGB), die gesetzlich auf das Dreifache einer Monats-M. (Grund-M.) beschränkt ist. Der Vermieter hat für seine Forderungen ein gesetzl. Pfandrecht (Vermieterpfandrecht) an den eingebrachten pfändbaren Sachen des Mieters.

Mietkauf, Vertrag, bei dem dem Mieter einer Sache das Recht eingeräumt wird, die Mietsache nach einer bestimmten Zeit durch einseitige Erklärung zu kaufen. Die gezahlte Miete wird ganz oder teilweise auf den Kaufpreis angerechnet. Nach Abgabe der Erklärung ist (auch rückwirkend) Kaufrecht anzuwenden, vorher Mietrecht. (↗Leasing)

Mietpreisbindung, in der ↗sozialen Wohnraumförderung die Möglichkeit, durch staatl. Entscheidung im Einzelfall höchstzulässige Mieten (↗Kostenmiete) unterhalb der ortsübl. Vergleichsmieten festzulegen (§ 7 Ziffer 1, § 28 Wohnraumförderungs-Ges. vom 13.9.2001).

Mietpreisüberhöhung, ↗Wucher.

Miet|spiegel, durch die Gemeinde oder von Interessenvertretern der Vermieter und Mieter gemeinsam aufgestellte Übersicht über die ortsübl. Vergleichsmiete in einer Gemeinde, in Teilen einer Gemeinde oder auch in mehreren Gemeinden. Er dient der Begründung eines Verlangens auf Erhöhung der Miete von Wohnungen (§ 558a Abs. 2 Nr. 1 BGB) und sollte alle zwei Jahre der Entwicklung angepasst werden. Ein **qualifizierter M.** wird nach anerkannten wiss. Grundsätzen von Fachleuten erstellt (§ 558d BGB).

Mietverhältnis, ein vertraglich begründetes Verhältnis zw. natürl. und/oder jurist. Personen, das die zeitweilige entgeltl. Nutzung von Gegenständen, den Mietsachen (z.B. Wohnungen), ermöglicht (§§ 535 ff. BGB in der ab 1.9.2001 geltenden Neufassung). Es wird zw. M. auf unbestimmte Zeit (Beendigung erfolgt durch Kündigung oder Aufhebungsvertrag) und M. auf bestimmte Zeit (die Beendigung tritt nach Ablauf einer vereinbarten Frist ein) unterschieden. Ist das M. beendet, entfällt das Besitzrecht des Mieters und er ist zur Zurückgabe der Mietsache, bei Grundstücken und Räumen zur Räumung verpflichtet.

Mietvertrag, Rechtsgeschäft zur Begründung von Mietverhältnissen, das zustande kommt, wenn zw. Mieter und Vermieter Willensübereinstimmung, bes. über die Mietsache, den Zeitpunkt des Beginns des Mietverhältnisses und die Höhe der ↗Miete besteht. Der Abschluss kann grundsätzlich mündlich erfolgen. Wird jedoch ein Wohnungs-M., der befristet, aber länger als ein Jahr gelten soll, nicht schriftlich abgeschlossen, so kommt ein unbefristeter M. zustande (§ 550 BGB). Die **Gebrauchsüberlassung** der Mietsache gilt für den Mieter, bei Wohnungen auch für die mit ihm im Haushalt lebenden Personen (§§ 540, 553 BGB). Der Mieter hat jedoch Anspruch darauf, dass ihm gestattet wird, die Sache (bei Wohnungen einzelne Räume, **Untermiete**) Dritten zum Gebrauch zu überlassen (bei Wohnungen ggf. verbunden mit einer Mieterhöhung), es sei denn, die Überlassung kann dem Vermieter aus objektiven oder subjektiven Gründen nicht zugemutet werden.

Der Vermieter ist verpflichtet, die Mietsache in einem zum vertragsgemäßen Gebrauch geeigneten Zustand zu überlassen und zu erhalten, der Mieter ist verpflichtet, dafür erforderl. Arbeiten zu dulden (§§ 535 Abs. 1, 554 Abs. 1 BGB). Weist die Mietsache bei der Überlassung oder später **Mängel** auf, die die Tauglichkeit für den vereinbarten Zweck nicht nur unerheblich beeinträchtigen, hat der Mieter nach Anzeige des Mangels das Recht auf Minderung der Miete (§§ 536–536d BGB). Für Veränderungen und Verschlechterungen der Mietsache, die durch den vertragsgemäßen Gebrauch entstehen, braucht der Mieter grundsätzlich nicht einzustehen (§ 538 BGB). Nach der Rechtsprechung sind jedoch Vereinbarungen über die Abwälzung der Verpflichtung zur malermäßigen Instandhaltung auf den Mieter zulässig (sog. **Schönheitsreparaturen**). Das gilt ebenso für die Kostentragung bei sog. **Bagatellschäden** bzw. Kleinreparaturen, d.h. für solche Bestandteile der Wohnung, die im besonderen Maße der Einwirkung des Mieters unterliegen, z.B. Lichtschalter. Eine einzelne Reparatur darf jedoch nicht mehr als ca. 50 € kosten und im Vertrag muss eine jährl. Höchstgrenze vereinbart werden, z.B. 125 €. Der Mieter von Wohnraum ist verpflichtet, Maßnahmen zur Erhaltung, zur ↗Wohnungsmodernisierung und zur Schaffung neuen Wohnraums zu dulden (§ 554 Abs. 2–5 BGB). Ein behinderter Mieter kann die Zustimmung des Vermieters zu baul. Maßnahmen verlangen, die eine behindertengerechte Nutzung der Mietsache ermöglichen (**Barrierefreiheit**, § 554a BGB).

Die Kündigung des M. bedarf der Schriftform. Eine **ordentl. Kündigung** setzt die Einhaltung der vereinbarten oder gesetzlich bestimmten Kündigungsfrist voraus. Diese ist im Regelfall für Vermieter und

Mieter gleich (§ 580 a BGB); bei Wohnungs-M. kann der Mieter immer bei Zugang der Kündigung bis zum dritten Werktag eines Kalendermonats mit einer Frist bis zum Ende des übernächsten Monats kündigen. Nur für die Kündigung durch den Vermieter verlängert sich diese Frist nach einer Mietdauer von fünf bzw. acht Jahren auf sechs bzw. neun Monate (asymmetr. Kündigungsfrist, § 573 c BGB). Geschäftsräume können bis zum dritten Werktag eines Quartals zum Ablauf des nächsten Quartals gekündigt werden, d. h. halbjährlich. Für die ordentl. Kündigung von Wohnungs-M. durch den Vermieter muss ein berechtigtes Interesse an der Kündigung vorliegen (§ 573 BGB, Kündigungsschutz). Berechtigtes Interesse des Vermieters ist bes. gegeben bei schuldhafter, nicht unerhebl. Verletzung von Pflichten durch den Mieter, bei Eigenbedarf sowie bei der sog. Verwertungskündigung, wenn der Vermieter durch die Fortsetzung des Mietverhältnisses an einer angemessenen wirtschaftl. Verwertung des Grundstücks gehindert ist. Die Verwertungskündigung ist weiterhin nicht bei Mietverhältnissen in den neuen Ländern anwendbar, die vor dem 3. 10. 1990 begründet wurden. Die Kündigung zum Zweck der Mieterhöhung ist ausgeschlossen. Der Vermieter hat den Mieter einer Wohnung darüber zu informieren, dass er innerhalb von zwei Monaten schriftlich Widerspruch gegen die Kündigung erheben kann, wenn diese, auch unter Abwägung mit den Vermieterinteressen, eine unzumutbare Härte darstellen würde, z. B. bei fehlendem zumutbarem Ersatzwohnraum. Kommt es zu keiner Einigung zw. den Vertragspartnern über die Fortsetzung des Mietverhältnisses, muss das Gericht notfalls im Räumungsrechtsstreit über die Berechtigung des Widerspruchs entscheiden (§§ 574–574 c BGB). Eine **außerordentl. fristlose Kündigung** des Vertrages kann von beiden Seiten ausgesprochen werden, wenn eine Fortsetzung des Mietverhältnisses wegen des Zustandes der Mietsache bzw. wegen schwerwiegender Pflichtverletzungen durch den anderen Partner nicht mehr zuzumuten ist (§§ 543, 569 BGB, z. B. bei Verzug mit der Mietzahlung mindestens für zwei Monate).

Bei Tod des Mieters gilt: 1. Der Ehegatte, der Lebenspartner, im Haushalt lebende Kinder oder andere Familienangehörige können in den M. eintreten (§ 563 BGB). 2. Sind mehrere Personen bereits Partner des M., wird das Mietverhältnis mit den Überlebenden fortgesetzt (§ 563 a BGB). 3. Fehlt es an den genannten beiden Varianten, wird das Mietverhältnis mit den Erben fortgesetzt (§ 564 BGB). Wird Wohnraum nach der Überlassung an den Mieter veräußert, ist der Erwerber an die bestehenden Rechte und Pflichten gebunden.

Nach österr. Recht zählt der M. zu den Bestandverträgen; er liegt vor, wenn eine bewegl. oder unbewegl. Sache zum Gebrauch gegen Entgelt überlassen wird (§§ 1090 ff. ABGB). Spezielle Bestimmungen enthält das Mietrechts-Ges. 1981, das u. a. einen umfassenden Kündigungsschutz regelt. Das schweizer. Mietrecht wurde mit Bundes-Ges. vom 15. 12. 1989 grundlegend revidiert. Das Mobiliarmietrecht entspricht weitgehend dem dt. Recht. Im Immobiliarmietrecht bestehen zum Schutz der Mieter zahlr. Sonderbestimmungen (z. B. für Mieterhöhungen, Kündigungsschutz).

Miet|zuschuss, ↗ Wohngeld.

Mifepriston (Mifegyne®, Abtreibungspille), Hemmstoff von Progesteron (↗ Geschlechtshormone), der die normale Entwicklung der Gebärmutterschleimhaut unterdrückt bzw. bei Einnahme in der Frühschwangerschaft innerhalb weniger Stunden zu einer Degeneration der Gebärmutterschleimhaut sowie zu einer Störung der Funktion des Mutterkuchens führt und dadurch einen Abort (Fehlgeburt) auslöst; zum Schwangerschaftsabbruch (bis zum 49. Schwangerschaftstag) zugelassen.

Mi Fu (Mi Fei), chines. Maler, Kalligraph, Kunstkritiker und Sammler, * Xiangyang (Prov. Hubei) 1051, † Huaiyang 1107 (Prov. Jiangsu); charakteristisch sind ausschnitthafte Komposition und die Vereinfachung der Naturformen, die konturenlos durch übereinander gesetzte Tupfer modelliert werden.

Mifune, Toshirō, japan. Filmschauspieler, * Tsingtau 1. 4. 1920, † Mitaka (bei Tokio) 24. 12. 1997; internat. bekannter Exponent der japan. Filmkunst, v. a. als Samuraidarsteller; spielte in zahlr. Filmen von A. Kurosawa. – Filme: Rashomon (1950); Das Leben der Frau Oharu (1952); Die sieben Samurai (1953); Der Rikschamann (1958); Akahige (1965); Rebellion (1967).

Toshirō Mifune

MiG, Typenbez. für urspr. sowjetische Kampfflugzeuge der Konstrukteure A. I. ↗ Mikojan und M. I. Gurewitsch (* 1893, † 1976). Bes. bekannt sind die gegenwärtig in Russland und anderen Ländern in Dienst stehenden Muster MiG-21 (NATO-Code-Bez. »Fishbed«), MiG-23/MiG-27 (»Flogger«), MiG-25 (»Foxbat«), MiG-29 (»Fulcrum«) und MiG-31 (»Foxhound«).

Migenes, Julia, amerikan. Sängerin (Sopran) grch.-puertorikan. Herkunft, * New York 13. 3. 1949; trat als Opern- wie auch als Jazz- und Musicalinterpretin hervor. Verkörperte die Titelrolle in F. Rosis Film »Carmen« (1983, nach G. Bizet).

Migmatite [zu grch. mígma »Mischung«] (Mischgesteine), aus zwei oder mehreren petrographisch unterschiedl. Komponenten zusammengesetzte Gesteine. Wirtsgestein ist ein Metamorphit, während die restl. Komponenten zu den Magmatiten zählen. Der ältere metamorph gebildete Anteil wird als **Mesosom (Paläosom),** der jüngere magmat. Anteil als **Neosom** bezeichnet.

Julia Migenes

Mignard [mi'ŋa:r], Pierre, frz. Maler, * Troyes 17. 11. 1612, † Paris 30. 5. 1695; lebte 1636–57 in Rom, dann in Paris, malte vorzügl. Porträts der königl. Familie sowie mytholog. Bildnisse; von seinen zahlr. Wandgemälden sind die Kuppelfresken der Pariser Kirche Val-de-Grâce (1663) erhalten.

Migne [miɲ], Jacques Paul, frz. kath. Priester, Verleger, * Saint-Flour (Dép. Cantal) 25. 10. 1800, † Paris 24. 10. 1875; gab im eigenen Verlag (gegr. 1836) theolog. Sammelwerke heraus. Das bedeutendste ist die Samml. der Schriften von grch. und lat. Kirchenvätern und -schriftstellern »Patrologiae cursus completus« (»Vollständiger Lehrgang der Patrologie«).

Migräne [frz. aus grch.] die, anfallartige, meist Stunden (bis Tage) anhaltende, heftige, oft einseitige (Hemikranie) und häufig mit Übelkeit verbundene Kopfschmerzen; ursächlich kommen eine konstitutionelle (oft auch erbl.) Bereitschaft zu Verkrampfungen der Hirngefäße, Allergien, hormonelle Schwankungen (z. B. während der Menstruation), Umwelt- und Klimaeinflüsse, bestimmte Arzneimittel und psych. Belastungen infrage; Frauen erkranken häufiger als Männer; erste Krankheitszeichen meist zw. dem 10. und 30. Lebensjahr. M.-Anfälle können auch durch atmosphär. Einflüsse, Lichtblitze oder Genussmittel (z. B. Käse, Rotwein) ausgelöst werden. – Die Behandlung zielt u. a. zuerst auf die Beseitigung solcher anfallauslösender Faktoren. Dazu dienen Mittel gegen Übelkeit und Erbrechen, Schmerzmittel sowie Serotoninagonisten (z. B. Sumatriptan). Bei häufigen

M.-Anfällen kann eine M.-Prophylaxe, z. B. mit Betarezeptorenblockern, erfolgen.

Migration [lat. »(Aus)wanderung«, zu migrare »wandern«] *die,* **1)** *Biologie:* Form des Ortswechsels (Mobilität), bei der Einzelne oder Gruppen den Siedlungsraum ihrer Population verlassen oder wechseln.

2) *Geologie:* das Wandern von Erdöl und Erdgas aus dem Muttergestein in das Speichergestein.

3) *Soziologie:* ↗ Wanderung.

Migros-Genossenschafts-Bund [mi'gro-], Abk. **MGB,** Zürich, schweizer. Großunternehmen des Einzelhandels; gegr. 1925 als Migros AG von G. ↗ Duttweiler, seit 1941 Genossenschaft. Dem Spitzenorgan MGB gehören 10 regionale Migros-Genossenschaften mit (2002) 1,9 Mio. Genossenschaftern an. Der MGB betreibt Lebensmittel- und Fachgeschäfte, Verkaufswagen, Restaurants, hat eigene Produktions- und Dienstleistungsunternehmen (z. B. Migros Bank, Hotelplan Internat. Reiseorganisation AG, Migrol-Genossenschaft für Mineralölvertrieb), Verkehrs- und Transportfirmen, einen Verlag (Ex Libris), Klubschulen u. a.

Mihailović [mi'hailɔvitɛ], Dragoljub, gen. Draža M., serb. Offizier, *Ivanjica (bei Kraljevo) 27. 4. 1893, †(hingerichtet) Belgrad 17. 7. 1946; organisierte seit April 1941 den Widerstand der ↗ Četnici gegen die dt. Besatzung, geriet in Auseinandersetzung mit den Partisanen Titos; 1946 zum Tode verurteilt.

Mihalovici [mialɔvi'si], Marcel, frz. Komponist rumän. Herkunft, *Bukarest 22. 10. 1898, †Paris 12. 8. 1985; komponierte in einer oft folkloristisch angeregten gemäßigten Moderne, die gelegentlich bis zur Zwölftonmusik reicht; Opern, Ballette, Orchesterwerke, Kammermusik, Lieder u. a.

Mihrab [mix-, arab.] *der* (Michrab), die Gebetsnische (oder nur eine Bogenmarkierung in der Wand) der Moschee; sie zeigt die Gebetsrichtung, die ↗ Kibla, an; rechts von der M. befindet sich der ↗ Minbar.

Mijnheer [mə'ne:r, niederländ.], Herr.

Mikado [japan. »erlauchtes Tor«], **1)** *der,* früher eine dichterisch umschreibende Bez. für den japan. Kaiser (offiziell Tenno). — **2)** *das,* Geschicklichkeitsspiel, bei dem aus einem ungeordneten Haufen farbiger dünner Stäbchen mit verschiedenem Spielwert möglichst viele aufgenommen werden müssen, ohne dass sich die übrigen Stäbchen bewegen dürfen. Sieger ist, wer die meisten Punkte erreicht.

Mikkeli (schwed. Sankt Michel), Hptst. der Prov. M. im südöstl. Finnland, am NW-Ufer des Saimaasees, 32 600 Ew.; Bischofssitz; Museen; Holzverarbeitung.

Miklas, Wilhelm, österr. Politiker (Christlichsoziale Partei), *Krems an der Donau 15. 10. 1872, †Wien 20. 3. 1956; 1907–18 Mitgl. des Reichsrats, 1918–28 Mitgl., 1923–28 Präs. des Nationalrats; 1928–38 Bundespräs.; lehnte die Unterzeichnung des Ges. über den Anschluss Österreichs an das Dt. Reich ab und trat am 13. 3. 1938 zurück.

Mikojan, 1) Anastas Iwanowitsch, sowjet. Politiker armen. Herkunft, *Sanain (bei Tiflis) 25. 11. 1895, †Moskau 21. 10. 1978, Bruder von 2); enger Mitarbeiter Stalins, 1935–66 Mitgl. des Politbüros der KPdSU; leitete 1926–46 als Volkskommissar, 1946–55 als Min. verschiedene Ressorts (bes. Binnen- und Außenhandel). 1964–65 war er als Vors. des Präsidiums des Obersten Sowjets Staatsoberhaupt.

2) Artjom Iwanowitsch, sowjet. Flugzeugkonstrukteur armen. Herkunft, *Sanain (bei Tiflis) 5. 8. 1905, †Moskau 9. 12. 1970, Bruder von 1); konstruierte mit dem sowjet. Mathematiker Michail Iossifo-

witsch Gurewitsch (*1893, †1976) zahlr. Jagdflugzeuge (Typenbez. MiG), u. a. MiG-1 (1939/40), die Düsenjäger MiG-9 (1946), MiG-15 (1948), MiG-23 (1967) und den daraus entwickelten Jagdbomber MiG-27 (beide mit Schwenkflügeln).

mikr(o)..., micr(o)... [grch.], klein..., gering..., fein...

Mikro, Vorsatzzeichen µ, Vorsatz vor Einheiten für den Faktor 10^{-6} (Millionstel); z. B. 1 Mikrogramm = 1 µg = 10^{-6} g = 0,001 mg.

Mikroaktor, miniaturisiertes Wandlerelement, das elektr. oder therm. Energie in eine Bewegung umwandelt, hergestellt mit Methoden der ↗ Mikrotechnik. M. nutzen elektrostat. oder elektromagnet. Kräfte, Volumenänderungen durch Temperaturänderungen, den Piezo- (↗ Piezoelektrizität) oder den Formgedächtniseffekt (↗ Formgedächtnislegierungen) bestimmter Materialien.

Mikroanalyse, Untersuchung extrem kleiner Stoffproben im Unterschied zur ↗ Spurenanalyse, bei der i. d. R. in großen Probenportionen kleine Gehalte (unter 1 Promille) zu bestimmen sind. Die Probenmassen liegen bei der M. zwischen etwa 0,1 und 1 mg, bei der Halb-M. zwischen 1 und 10 mg und bei der Ultra- oder Sub-M. unter 0,1 mg. (↗ Makroanalyse)

Mikroben, ↗ Mikroorganismen.

Mikrobiologie, Wiss. von den Mikroorganismen; mit den Teilgebieten Bakteriologie (Bakterien), Mykologie (Pilze), Phykologie (Algen), Protozoologie (Einzeller), Virologie (Viren). Von der allgemeinen M. haben sich versch. Spezialdisziplinen abgezweigt, z. B. die **medizin. M.,** die sich bes. mit der Untersuchung von Krankheitserregern beim Menschen befasst, und die **industrielle M.,** die sich mit der Nutzung von Mikroorganismen für die Produktion bestimmter Nahrungs-, Genuss- und Arzneimittel beschäftigt. (↗ Biotechnologie)

Mikrochip [-tʃɪp], umgangssprachlich für ↗ Chip.

Mikrochirurgie, Operationstechnik für Eingriffe an kleinen Blutgefäßen, am zentralen und peripheren Nervensystem, in der Hals-Nasen-Ohren- und Augenheilkunde sowie in der Gynäkologie mithilfe opt. Vergrößerungshilfen wie Operationsmikroskop (mit 15–30facher Vergrößerung) und Lupenbrille sowie sehr feinem Nahtmaterial.

Mikrocomputer [-kɔmpju:tər] (Mikrorechner), Sammelbez. für Computer mit einem ↗ Mikroprozessor als Zentraleinheit. — Neben dem Mikroprozessor enthält ein M. als wesentl. Baugruppe einen Daten- und Programmspeicher sowie Schnittstellen für Peripheriegeräte und weitere Systembausteine (z. B. Zeitgeber, Zählerbausteine). Die Verbindung aller Komponenten geschieht durch den Systembus. M., bei denen alle Baugruppen auf einer Leiterplatte (Platine) vereinigt sind, werden als **Einplatinen-M.** bezeichnet, solche (meist kleinere), bei denen sie sich auf einem Chip befinden, **Einchip-Mikrocomputer.**

Mikrocontroller [-kɔn'trəʊlər, engl.] *der,* auf einem Chip integriertes Mikroprozessorsystem, das eigenständig Steuerfunktionen ausführen kann. Gesteuert und kontrolliert wird u. a. die Datenübertragung von und zur jeweiligen Komponente des Computers oder Peripheriegeräts.

Mikrodokumentation (Mikroaufzeichnung), Verfahren zur Raum sparenden Archivierung von Dokumenten, Schrift- oder Bildvorlagen durch ihre fotograf. Reproduktion in stark verkleinertem Maßstab. Die **Mikrokopien (Mikrobilder)** werden meist in Form so genannter **Mikrofilme** (Raumeinsparung bis zu 98%) hergestellt; in zunehmendem Maße werden auch Mikrofilmblätter (**Mikrofiches**) im Format DIN

A 6 verwendet. – Zur Auswertung gibt es Lese- und Rückvergrößerungsgeräte mit angeschlossener Kopiereinrichtung, in denen die Mikrokopien auf einen Leseschirm vergrößert projiziert betrachtet und als Papierkopien ausgegeben werden können. – Mikrokopien werden gesetzlich als Dokumente anerkannt.

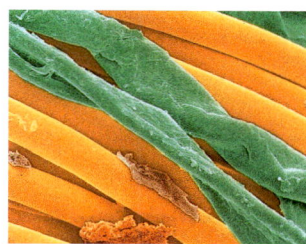

Mikrofotografie: mikroskopische Aufnahme von Baumwollfasern

Mikro|elektronik, Teilgebiet der (Halbleiter-)Elektronik, das sich mit Entwurf, Entwicklung, Herstellung und Anwendung ↗integrierter Schaltkreise (Abk. IC) befasst. Historisch haben sich für die Fertigung von ICs versch. Realisierungstechniken (mit den entsprechenden ↗Schaltkreisfamilien) herausgebildet. Durch neue Entwurfs- und Fertigungsverfahren haben Anwender heute die Möglichkeit, auch bei kleineren Stückzahlen spezielle kunden- oder anwendungsspezif. ICs rentabel einzusetzen (↗ASIC).

Mikrofiche [-fiʃ; frz. zu fiche »Karteikarte«] *das* oder *der*, ↗Mikrodokumentation.

Mikrofilm, ↗Mikrodokumentation.

Mikrofluidik, Forschungsgebiet, das sich mit der Herstellung von Mikrostrukturen und -systemen befasst, die für fluid. Vorgänge relevant sind. Mikrofluid. Bauteile können Kanalstrukturen (Kapillaren) oder Hohlräume (Küvetten) mit kleinsten Abmessungen sein, die z. B. als Mikrotiterplatten in der biomedizin. Analytik oder als Düsenplatten bei Tintenstrahldruckern oder Medikamentenzerstäubern eingesetzt werden. Zu den mikrofluid. Strukturen zählen auch Mikropumpen, -ventile oder Durchflusssensoren, die auf Membranen aufgebaut sind und thermisch oder mit Piezoaktoren angetrieben werden. Mikrofluid. Systeme sind z. B. in der Medizintechnik Medikamentendosiersysteme.

Mikrofon [engl., zu grch. phōnḗ »Stimme«, »Ton«] *das* (kurz Mikro), Anordnung zum Umwandeln von Schall in elektr. Wechselspannungen. Der auftreffende Schall erregt eine dünne Membran zu mechan. Schwingungen, die von einem elektroakust. Wandler in Tonfrequenzspannungen umgewandelt werden. Man unterscheidet elektrostat., elektrodynam. und piezoelektr. Mikrofone.

Im **elektrostat. M.** (Kondensator-M.) bilden Membran und Gegenelektrode einen Kondensator, dessen Kapazität sich entsprechend dem auftreffenden Schalldruck ändert und bei anliegender Gleichspannung am Ladewiderstand eine Wechselspannung erzeugt. Eine Sonderform ist das **Elektret-M.,** das aufgrund seiner kleinen Abmessungen u. a. als Ansteck-M. verwendet wird. Im **elektrodynam. M.** (Tauchspul-M.) bewegt die Membran eine Spule im Luftspalt eines Dauermagneten und induziert eine elektr. Spannung. Im **piezoelektr. M.** (Kristall-M.) wandelt ein piezoelektr. Wandler (z. B. aus Bariumtitanat) die Membranschwingungen in elektr. Spannungen um. – Bei **Richt-M.** erreichen die Schallwellen die Membran von vorn und durch eine Öffnung im Gehäuse auch von hinten. Durch die entstehende Bevorzugung bestimmter Richtungen können erwünschte von unerwünschten Schallereignissen getrennt werden. Die häufigsten ↗Richtcharakteristiken von M. haben Kugel-, Nieren- (z. B. für die Aufnahme zweier gegenüberliegender Schallereignisse), Achter- (z. B. zur Unterdrückung der Publikumsgeräusche bei Liveübertragungen) oder Keulenform.

Mikrofotografie, fotograf. Aufnahmeverfahren oder fotograf. Aufnahme eines Objekts, dessen Einzelheiten nur unter dem Mikroskop erkennbar sind, mithilfe eines (Licht- oder Elektronen-)Mikroskops und (fest) verbundener Kamera.

Mikrogeschichte (Mikrohistorie), Richtung der Geschichtswiss., die – in Unterschied und in Ergänzung zur Makrohistorie – in einer »dichten Beschreibung« eng umgrenzte kleinere Räume, Gemeinschaften bzw. einzelne Individuen, deren soziale Praxis sowie Erfahrungs- und Lebenswelten untersucht (Beziehungen v. a. zur Alltags-, Kultur- und Mentalitätsgeschichte). Innovativer Anreger: u. a. Carlo Ginzburg »Der Käse und die Würmer. Die Welt eines Müllers um 1600« (dt. 1979).

Mikrokarte, Karte aus Fotopapier, auf der Mikrokopien reihenweise angeordnet sind (Mikrofiche; ↗Mikrodokumentation).

Mikroklima, das ↗Kleinklima.

Mikroklin [grch.] *der,* Mineral, ↗Feldspäte.

Mikrokosmos [zu grch. mikrós »klein« und kósmos »Welt«], **1)** *Biologie:* die Welt der Kleinlebewesen.

2) *Philosophie:* die kleine Welt des Menschen, vorgestellt als verkleinertes Abbild des als großer Organismus gedachten Universums (Makrokosmos). Eine besondere Ausformung erfährt der M.-Gedanke in der Stoa; er erscheint in der Mystik und in den Naturphilosophien des MA. und der Renaissance, auch noch in Leibniz' Monadenlehre.

Mikrolithe [grch.], **1)** *Kristallographie:* mikroskopisch kleine Kristallausscheidungen in glasreichen Gesteinen. Globulite sind kugel-, Longulite stäbchen-, Belonite nadel-, Trichite haarförmig, Margarite perlschnurartig geformt.

2) *Vorgeschichte:* (Mikrolithen), kleine Feuersteinartefakte, meist Spitzen und Schneiden an Waffen und Werkzeugen; bes. häufig in der ↗Mittelsteinzeit.

Mikromechanik, Forschungsgebiet, das sich mit der Herstellung von Mikrostrukturen und -systemen befasst, die mechan. Funktion erfüllen. Mikromechan. Strukturen werden mit Methoden der ↗Mikrotechnik hergestellt. Sie dienen entweder als Haltestrukturen zur Aufnahme miniaturisierter Bauteile (z. B. Glasfasern) oder werden als bewegl. Elemente realisiert (Zungen, schwingende Strukturen, Mikromotoren, z. B. mithilfe der ↗Oberflächenmikromechanik. Beispiele für Systeme der M. sind Sensoren für Anwendungen in der Automobiltechnik, elektrostat. und elektromagnet. Linearantriebe (↗Mikroaktoren), Mikromotoren, Zahnräder für Mikrogetriebe, Greiferstrukturen, bimorphe Strukturen zur Temperaturmessung oder piezoelektr. Schichtstrukturen zur Dehnungs- oder Spannungsmessung.

Mikrometer, 1) Längeneinheit, Einheitenzeichen **μm;** 1 μm = 10^{-6} m = 0,001 mm.

2) *Astronomie:* ein in Verbindung mit einem Fernrohr benutztes Winkelmessinstrument.

3) *Messtechnik:* (M.-Schraube), ältere Bez. für ↗Messschraube.

4) *Optik:* ältere Bez. für eine Strichplatte mit feiner Strichteilung in opt. Geräten zum Messen kleiner Längen oder Winkel (↗Objektmessplatte, ↗Okularmessplatte).

Kugel: Schallaufnahme aus allen Richtungen

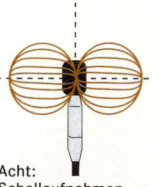

Acht: Schallaufnahmen nach zwei Seiten gleich empfindlich

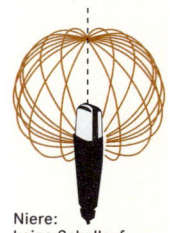

Niere: keine Schallaufnahme von hinten

Keule: sehr enge Schallbündelung

Superniere: keine Schallaufnahme von hinten

Mikrofon: verschiedene Richtcharakteristiken

Mikr Mikrominiaturisierung

Mikronesien

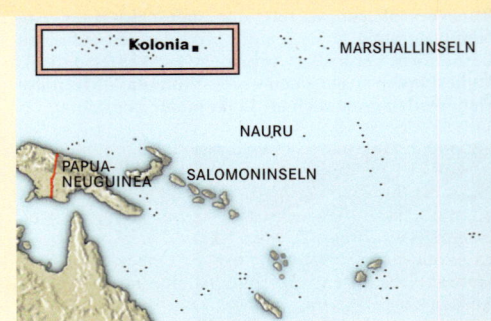

Fläche:	700 km²
Einwohner:	(2000) 118 000
Hauptstadt:	Kolonia (auf Pohnpei), Regierungssitz: Palakir (auf Pohnpei)
Verwaltungsgliederung:	4 Gliedstaaten
Amtssprache:	Englisch
Nationalfeiertage:	10. 5., 24. 10., 3. 11.
Währung:	1 US-Dollar (US-$) = 100 Cent (c)
Zeitzone:	Kosrae und Pohnpei: MEZ + 10 Std., Chuuk und Yap: MEZ + 9 Std.

Staatssiegel

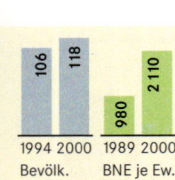

106 / 118   980 / 2110
1994 2000   1989 2000
Bevölk.   BNE je Ew.
(in 1000)   (in US-$)

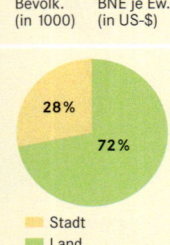

28% / 72%

Stadt
Land
Bevölkerungsverteilung 1999

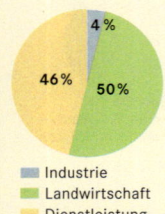

4% / 46% / 50%

Industrie
Landwirtschaft
Dienstleistung
Bruttoinlandsprodukt 2000

Mikrominiaturisierung, *Halbleitertechnik:* Verkleinerung (/ Miniaturisierung) der Strukturelemente monolith. integrierter Schaltkreise bis an die Grenzen der Maskentechnik, die durch Beugung der verwendeten Strahlen gegeben ist. Mit Lichtoptik erreicht man Strichbreiten < 0,2 μm, mit Röntgenstrahlbelichtung < 0,1 μm und mit Elektronenstrahlbelichtung < 20 nm. Durch die M. elektron. Schaltkreise erzielte Vorteile liegen in der Verkürzung der Schaltzeiten und Erhöhung der Grenzfrequenz infolge kürzerer Verbindungen auf dem Chip sowie in der Reduzierung des Leistungsverbrauchs und der Erhöhung der Zuverlässigkeit.

Mikron [grch.] *das* (My), Einheitenzeichen μ, veraltete Bez. für / Mikrometer (μm).

Mikronesien [grch. »Kleininselwelt«], Inselgebiet im nordwestl. und mittleren Pazif. Ozean, umfasst die Marianen, Karolinen, Marshallinseln, Gilbertinseln und Nauru in einem Seegebiet von fast 8 Mio. km² mit insgesamt rd. 2 700 km² Landfläche, etwa 440 000 Ew. (fast die Hälfte alteinheim. Mikronesier).

Mikronesien (amtlich engl. Federated States of Micronesia, dt. Föderierte Staaten von M.), Inselstaat im westl. Pazifik (607 Inseln und Atolle).

Staat und Recht

Nach der Verf. von 1979 ist M. eine föderative Präsidialrep. Staatsoberhaupt und Reg.chef ist der für 4 Jahre vom Parlament gewählte Präs. Die Legislative liegt beim Kongress (14 Abg., davon zehn auf vier, vier auf zwei Jahre gewählt). Auf der Grundlage des 1986 in Kraft getretenen »Compact of Free Association« sind die USA für Verteidigungspolitik zuständig. – Parteien existieren nicht.

Landesnatur

M. setzt sich aus vier Inselgruppen zusammen, die die vier Gliedstaaten bilden: zu den Ostkarolinen gehören Kosrae (früher Kusaie; fünf Inseln, 110 km²), Pohnpei (früher Ponape; 163 Inseln, 345 km²) und Chuuk (Truk; 294 Inseln, 127 km²), zu den Westkarolinen, westlich des Palau- und Yapgrabens, die Inseln von Yap (145 Inseln, 119 km²). Es sind teils hohe, von Korallenriffen umgebene Vulkaninseln, teils flache Koralleninseln. – Das Klima ist tropisch-ozeanisch mit unregelmäßigen Niederschlägen (durchschnittlich 3 000–4 900 mm). Auf den vulkan. Inseln Wald- und Grasvegetation, auf den Koralleninseln Kokos- und Schraubenpalmen.

Bevölkerung

Überwiegend Mikronesier, ferner Polynesier, Asiaten, Europäer. Neben der Amts- und Schulsprache Englisch werden acht mikrones. Sprachen verwendet. Größte Städte: Weno (früher Moen, auf Chuuk, 25 900 Ew.), Palikir (11 600 Ew.) auf Pohnpei, Kolonia (6 400 Ew.) auf Pohnpei und Colonia (6 300 Ew.) auf Yap. – Rd. 93 % der Bev. sind Christen (etwa zur Hälfte Katholiken). Trägerin der prot. Mission ist seit Anfang des 20. Jh. v. a. die Liebenzeller Mission. – Es besteht achtjährige allg. Schulpflicht ab dem 6. Lebensjahr. Die Analphabetenquote beträgt 24 %.

Wirtschaft, Verkehr

Die Hauptzweige sind Landwirtschaft und Fischerei, zur Eigenversorgung (jedoch nicht ausreichend) Anbau von Taro, Jamswurzel, Brotfrucht, Maniok, Süßkartoffeln, trop. Früchten; Kokospalmen v. a. zur Kopragewinnung für den Export; Verarbeitung von Thunfisch und Zitrusfrüchten; weitere Einnahmen aus Fischereilizenzen und Fremdenverkehr; Finanzhilfen der USA. Wichtigste Exportgüter: Fischereiprodukte, Kopra, Süßkartoffeln, Kokosöl, kunsthandwerkl. Erzeugnisse. Haupthandelspartner: USA, Japan. – Schiffsverkehr zw. den Inseln. Haupthäfen sind Palikir (Pohnpei), Lepukos (Truk), Okat (Kosrae), Colonia (Yap). 235 km Straßen. Internat. Flughäfen auf Pohnpei, Truk (Moen), Yap und Kosrae.

Geschichte

Die Inseln wurden vor rd. 3 500 Jahren von Ostmelanesien aus besiedelt; im 16. Jh. von Spaniern entdeckt und später kolonisiert. Spanien verkaufte sie nach dem Span.-Amerikan. Krieg 1898 an das Dt. Reich. Nach dem Ersten Weltkrieg unter japan. Herrschaft. Während des Zweiten Weltkriegs von amerikan. Truppen eingenommen und ab 1947 von den USA als UN-Treuhandgebiet verwaltet. 1979 wurden die Föderierten Staaten von M. proklamiert, die 1986 in freier Assoziation mit den USA (offiziell für Außen- und Verteidigungspolitik zuständig) die eingeschränkte Souveränität erhielten. Im Dez. 1990 hob der UN-Sicherheitsrat die Treuhandschaft der USA auf. Im Sept. 1991 wurden die Föderierten Staaten von M. in die UN aufgenommen.

Mikronesier, die alteinheim. Bewohner der Inseln Mikronesiens; etwa 190 000; anthropologisch mit den Polynesiern verwandt, aber mit stärkerem mongolidem Einschlag. Ihre Kultur, von polynes., melanes. und indones. Einflüssen geprägt, ist durch Einflüsse aus Europa, Japan und den USA stark verändert worden. Fischfang liefert den Hauptteil der Nahrung, wichtigste Anbaufrucht ist Taro. Ahnenkult und Geisterglauben wurden weitgehend vom Christentum verdrängt. Die M. waren bed. Seefahrer (mit Auslegerbooten; Stabkarten); Stein- u. a. Nutzgeld. – Ihre Sprachen gehören zu den austrones. Sprachen.

Mikronucleus, 1) *Biologie:* bei Wimperntierchen der Kleinkern.

2) *Genetik:* Bez. für durch Chromosomenbruch entstandenes kleines, neben dem Zellkern liegendes Kernfragment.

Mikro|ökonomik (Mikroökonomie), Teil der Volkswirtschaftslehre, der das Funktionieren eines Wirtschaftssystems unter Berücksichtigung des Verhaltens von Einzelwirtschaften (private Haushalte, Unternehmen) analysiert. Kernstück der M. sind Haushalts-, Produktions- und Preistheorie. Die **Neue M.** ist ein Sammelbegriff für veränderte Perspektiven in der Wirtschaftstheorie, die von Ungleichgewichten ausgehen und wesentl. Modifikationen gängiger mikroökonom. Analysen liefern (z. B. Einbeziehung von Transaktionskosten). Wichtig ist der neue theoret. Ansatz zur Erklärung von Umfang und Dauer der Unterbeschäftigung.

Mikrooptik, Forschungsgebiet, das sich mit der Herstellung von Mikrostrukturen und -systemen befasst, die eine opt. Funktion erfüllen. Die M. umfasst Komponenten und Systeme der ↗ integrierten Optik und der ↗ Optoelektronik, die mit Methoden der Mikrotechnik realisiert werden; Materialien sind v. a. Glas, Silizium, III-V-Halbleiter und Polymere. – Beispiele für mikroopt. Systeme sind kleinste Linsen oder Linsenarrays, Mikroprismen und Lichtwellenleiterbauelemente, wie Koppler, Verzweiger oder Abschwächer. Neben der opt. Informationsübertragung findet die M. Anwendung in der Sensorik, z. B. als Mikrospektrometer, Abstands- oder Erkennungssensor. – Werden mikroopt. Strukturen mit Mikroaktoren kombiniert, spricht man von **MOMES** (engl. für **m**icro-**o**pto-**m**echanical-**e**lectro **s**ystems). Dies sind z. B. Kippspiegel zur Realisierung von Mikrolaserscannern und Umlenkprismen an ↗ Mikroaktoren für opt. Schalter.

Mikro|organismen (Mikroben), meist einzellige Lebewesen, die wegen ihrer geringen Größe (im Bereich von nur wenigen µm) nur durch Vergrößerung im Mikroskop sichtbar gemacht werden können. Es gibt eukaryont. M., die einen echten Zellkern besitzen (mikroskopisch kleine Pilze, Mikroalgen, Protozoen), und prokaryont. M. ohne echten Zellkern (Eubakterien, Archaebakterien, Cyanobakterien). M. haben Bedeutung u. a. als Krankheitserreger, als Symbionten, im natürl. Stoffkreislauf, bes. im Boden.

Mikrophagen, im Wasser lebende Tiere, die durch Einstrudeln oder Filtrieren Kleinlebewesen unzerkleinert als Nahrung aufnehmen.

Mikrophysik, die Physik der atomaren und subatomaren Vorgänge; Ggs.: ↗ Makrophysik.

Mikroprozessor, miniaturisierter ↗ Prozessor, der auf einem oder wenigen integrierten Bausteinen (↗ Chip) untergebracht ist. M. werden als ↗ integrierte Schaltkreise meist in VLSI-Technik ausgeführt (↗ Integrationsgrad) und i. d. R. in ↗ MOS-Technik hergestellt. – Leistungsmerkmale eines M. sind u. a. Befehlsvorrat, Prozessorarchitektur (↗ CISC, ↗ RISC), die ↗ Verarbeitungsbreite (z. B. 32- oder 64-Bit-Prozessor), die Taktzeit (die immer gleich lange, zyklisch aufeinander folgende Zeitspanne, die für die Abarbeitung der Befehle zur Verfügung steht) und die daraus abgeleitete Taktfrequenz, die in MHz bzw. GHz gemessen wird (1 MHz entspricht 1 Mio. Zyklen pro Sekunde, 1 GHz entsprechend einer Mrd.). Derzeit werden M. mit Taktfrequenzen über 3 GHz (Pentium®-4-Prozessor von Intel) angeboten.

M. sind nur in Verbindung mit weiteren Bausteinen arbeitsfähig, die i. Allg. auch als integrierte Schaltungen ausgeführt sind (↗ Mikrocomputer). Die Möglichkeit der Programmierung von M. gestattet einen vielseitigen Einsatz, insbesondere in der Informations- und Kommunikationstechnik, der Prozessautomatisierung und der Unterhaltungselektronik. – Der M. wurde 1969 in den USA entwickelt und etwa seit 1972 kommerziell eingesetzt. Zu den bekanntesten M.-Herstellern gehören u. a. die Firmen **Intel** (Intel Corporation) und **AMD** (Advanced Micro Devices, Inc.), z. B. mit den Prozessorfamilien Pentium (Intel) und Athlon (AMD).

Mikrorechner, der ↗ Mikrocomputer.

Mikroskop [grch. skopeīn »sehen«] *das,* **1)** *Astronomie:* (lat. Microscopium), unscheinbares Sternbild am Südhimmel.

2) *Optik:* Gerät, mit dem kleine Gegenstände vergrößert betrachtet oder abgebildet werden, i. e. S. unter Verwendung von Lichtstrahlen (Licht-M.).

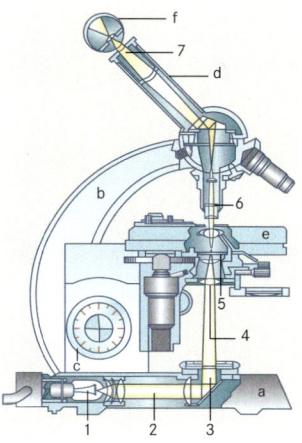

Mikroskop 2): Durchlichtmikroskop (Strahlengang gelb markiert); a Fuß, b Stativ, c Grob- und Feintrieb zur Scharfeinstellung, d Tubus, e Objekttisch, f Auge, 1 Niedervoltleuchte, 2 Kollektorlinsen, 3 Leuchtfeldblende, 4 Kondensor, 5 Aperturblende, 6 Objektiv, 7 Okular

Ein M. besteht im Wesentlichen aus zwei opt. Systemen, dem Objektiv und dem Okular, die durch einen Tubus miteinander verbunden sind, einer Beleuchtungseinrichtung sowie dem Objekttisch und Stativ zur Halterung der opt. Teile. Die Beleuchtungseinrichtung besteht i. d. R. aus einer im Stativ eingebauten M.-Leuchte, die sich zum Kollektor (Linse oder Linsensystem dicht vor der Lampe) und der hinter diesem befindl. Irisblende (Leuchtfeldblende) justieren lässt. Der Kondensator ist ein oft kompliziertes Linsen- oder Spiegelsystem, das die Leuchtfeldblende in die Objektebene abbildet. Zur Regelung der Beleuchtungsapertur ist eine verstellbare Aperturblende am Kondensator angebracht. Das Objektiv liefert (meist in Verbindung mit einer Tubuslinse) ein vergrößertes reelles Zwischenbild des Objekts, das mit dem Okular nochmals vergrößert betrachtet werden kann; zur Einstellung versch. Vergrößerungen können mithilfe eines Revolvers die opt. Systeme ausgetauscht werden. Für beidäugiges Sehen stattet man M. mit zwei Okularen (**Binokular-M.**) aus. Nach Art der Beleuchtung unterscheidet man **Durchlicht-M.,** bei denen dünne, transparente Objekte durchstrahlt werden, und **Auflicht-M.** zur Untersuchung der Oberfläche undurchsichtiger Körper. Für beide M. sind versch. Beleuchtungsstrahlengänge möglich: Im Ggs. zur gewöhnl. **Hellfeldbeleuchtung,** bei der das gesamte beleuchtende Licht in das Objektiv eindringt, erscheinen bei der **Dunkelfeldbeleuchtung** die Objekte nur in ihren Konturen, da das nicht am Objekt gebeugte Licht am Objektiv vorbeigeführt wird.

Für die Güte eines M. sind dessen ↗ Vergrößerung und das ↗ Auflösungsvermögen maßgebend. Beide werden nach der **abbeschen Theorie** durch die numer.

Mikroskopie

Apertur A des Objektivs bestimmt, die von dessen Öffnungswinkel σ und dem Medium (Brechzahl n) zw. Objekt und Objektiv abhängt: $A = n \sin \sigma$. Die maximale Vergrößerung eines Licht-M. liegt daher bei üblichen opt. Systemen zw. etwa $500 A$ und $1000 A$. Durch die Wahl kleinerer Wellenlängen λ kann das Auflösungsvermögen erhöht werden, da zwei Objektpunkte dann noch getrennt abgebildet werden können, wenn ihr Abstand größer als λ/A ist. Mit sichtbarem Licht können noch Objektpunkte mit einem Abstand von bis $0{,}5\,\mu m$ aufgelöst werden.

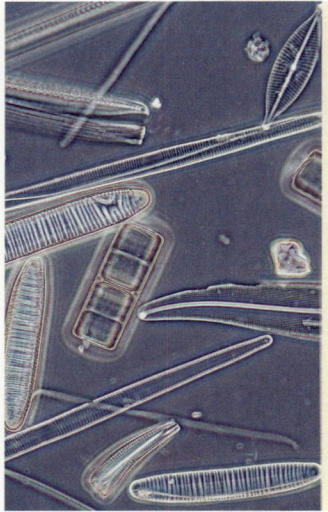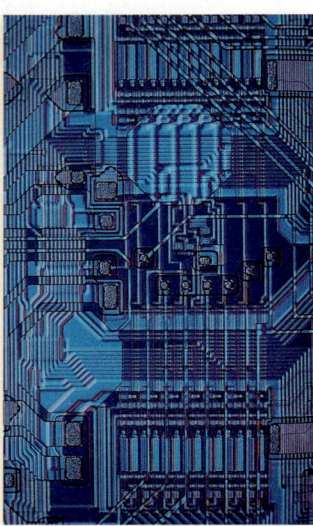

Mikroskopie (von links): Phasenkontrastaufnahme: Diatomeen, Vergrößerung 160fach, und Interferenzkontrastaufnahme: Chip, Vergrößerung 160fach

Bei Verwendung ultravioletten Lichts (**Ultraviolett-M.**) kann das Auflösungsvermögen gegenüber dem des Licht-M. auf über das Doppelte gesteigert werden. Noch wesentlich höhere Auflösungen werden mit dem ↗ Elektronenmikroskop und den versch. Arten von ↗ Rastermikroskopen erreicht, die auf dem Abtasten des Objekts mit feinen Sonden beruhen. Das **akust. M.** (↗ Ultraschallmikroskop) arbeitet mit Ultraschallwellen, die besondere Zellstrukturen darstellen. **Immersions-M.** enthalten zur Steigerung der numer. Apertur eine Immersionsflüssigkeit (z. B. Glycerin, Öle) hoher Brechzahl. Teilchen, deren Größe unter dem Auflösungsvermögen des M. liegt, lassen sich mit dem **Ultra-M.** unter Verzicht auf die Abbildung ihrer Größe und Gestalt sichtbar machen. Der Untersuchung optisch anisotroper Substanzen (z. B. Kristalle, Minerale) mit polarisiertem Licht dienen ↗ Polarisationsmikroskope. Mit dem **Phasenkontrast-M.** und dem **Interferenz-M.** werden auch Objekte sichtbar, die sich nicht durch Farbe oder Helligkeit (Amplitudenkontrast), sondern nur durch geringe Brechzahlunterschiede (und damit einen Phasenunterschied der Lichtwellen) von ihrer Umgebung unterscheiden. **Stereo-M.** werden zur räuml. Beobachtung und Präparation von Objekten, z. B. in der Medizin als Operations-M., eingesetzt. – Durch Ausstattung mit opt. Zusatzsystemen, wie elektron. oder fotogr. Bildaufzeichnung (↗ Mikrofotografie), Projektionseinrichtungen, Videomonitoren u. a., Anwendung besonderer Untersuchungsmethoden sowie durch den modularen Aufbau ist das M. zu einem vielseitig anwendbaren opt. Gerät geworden.

Geschichte: Der erste bekannte Hinweis auf die vergrößernde Wirkung zweier Linsen stammt von G. Fracastoro (1538). Das erste zusammengesetzte M. wurde dann vermutlich von den niederländ. Brillenmachern H. und Z. Janssen um 1590 gebaut und von A. van Leeuwenhoek weiterentwickelt. E. Abbe schuf ab 1869 die theoret. Grundlagen der mikroskop. Abbildung. C. Zeiss fertigte ab 1872 M.-Objektive mit den von O. Schott entwickelten opt. Gläsern an. Eine zunehmende Differenzierung setzte im M.-Bau ab etwa 1900 mit der Ausnutzung wesentlicher physikal. Effekte (Polarisation, Fluoreszenz u. a.) ein.

Mikroskopie [grch.] *die,* die Anwendung des ↗ Mikroskops und aller zu ihm gehörenden Hilfsmittel zur Untersuchung mikroskop. Objekte bzw. Objektstrukturen. Die **klass. M.** beruht auf der vergrößernden opt. Abbildung: Alle Objektpunkte werden durch die opt. Systeme des Mikroskops gleichzeitig abgebildet; nach diesem Prinzip arbeitet auch die **Elektronen-M.** Bei dieser Art der Abbildung ist das Auflösungsvermögen durch die Wellenlänge der verwendeten Strahlung begrenzt. Eine höhere Auflösung erhält man bei der **Raster-M.**, bei der Objektpunkte durch einen fokussierten Sondenstrahl abgetastet, einzeln abgebildet und mit elektron. Verfahren zu einem Bild zusammengesetzt werden.

Bei frischen biolog. Präparaten wird durch Zusatz indifferenter Flüssigkeiten das Austrocknen verhindert. Die Gewebeteile werden ausgebreitet oder mit Zupfnadeln zerkleinert, stärkere werden als Quetschpräparat untersucht. Dünne Schnitte von frischen Gewebeproben werden mit einem ↗ Mikrotom hergestellt. Die Präparate werden meist auf einem Objektträger befestigt und mit einem dünnen Deckglas geschützt. Mikroskop. Untersuchungen am lebenden Gewebe im unversehrten Verband des Organismus (**Intravital-M.**) werden z. B. am Auge und bei der **Kapillar-M.** an Haut und Schleimhäuten angewendet.

Nach den Objektstrukturen differenziert man Verfahren, die entweder die Amplitude oder die Phase der Strahlung beeinflussen. Bei den häufigsten Anwendungen des Mikroskops hat man es mit Präparaten zu tun, deren Strukturelemente in versch. Helligkeiten oder Farben erscheinen (Objekte mit **Amplitudenkontrast**). Verfahren zur Erzeugung eines Amplitudenkontrastes sind das Anfärben der Präparate und die ↗ Fluoreszenzmikroskopie vornehmlich mit Auflichtanregung. Bei der M. an sehr dünnen, nicht einfärbbaren Objekten (z. B. lebende biolog. Präparate) werden häufig **Phasen-** oder **Interferenzkontrastverfahren** zur Erzeugung von Bildkontrasten angewendet. Zunehmend wird die M. für quantitative, rechnergestützte Messungen (Bestimmung von Extinktion, Transmission, Reflexion, Teilchenzahlen, Fluoreszenzintensitäten u. a.) herangezogen.

mikroskopisch [grch.], *Physik:* die Mikroskopie betreffend, mithilfe des Mikroskops.

Mikrosoziologie, die Bereiche der soziolog. Forschung, die sich – im Unterschied zur ↗ Makrosoziologie – mit der Untersuchung letzter, nicht weiter reduzierbarer Elemente (Bräuche, Verhaltensmuster, Einstellungen, Leitideen, Erwartungen, Gefühle) in den sozialen Gebilden beschäftigen. In der amerikan. Soziologie ist M. oft identisch mit der ↗ Kleingruppenforschung.

Mikrosporie [grch.] *die,* ansteckende Hautpilzerkrankung, die durch menschen- oder tierpathogene Microsporum-Arten hervorgerufen wird; häufig vertreten war früher bei Kindern die durch Microsporum audouinii hervorgerufene Form, bei der die Haare 3–5 mm über der Kopfhaut abbrechen und runde, fein schuppende Herde entstehen. Stärkere Verbreitung weist inzwischen Microsporum canis auf; dieser Erreger verursacht entzündl. Herde am Körper und befällt auch Erwachsene. Die Behandlung erfolgt mit pilzabtötenden Mitteln (Antimykotika).

Mikrostrukturtechnik, die ↗ Mikrotechnik.

Mikrosystemtechnik, Gebiet der Technik, das sich mit Entwurf, Simulation, Entwicklung, Fertigung und Test miniaturisierter techn. Baugruppen beschäftigt. Ein Mikrosystem verbindet mindestens zwei Funktionalitäten aus ↗ Mikroelektronik, ↗ Mikromechanik, ↗ Mikrooptik oder ↗ Mikrotechnik. Aufgabe der M. ist es, die Wechselwirkung dieser Funktionselemente aufeinander abzustimmen und sie zu einem funktionsfähigen Gesamtsystem zu integrieren. Eine zentrale Rolle spielen deshalb rechnergestützte Entwurfsmethoden (CAD, Schichttechniken), Strukturierungstechniken sowie Methoden der Signalverarbeitung. – Ein komplettes **Mikrosystem** (i. w. S.) besteht aus einer Sensoreinheit, die eine bestimmte physikal. oder chem. Größe aufnimmt, einer Elektronik, die die Sensorsignale verarbeitet, einem Stellglied (Aktor), das zu einer Reaktion befähigt ist, aus Leitungen, die die genannten Einheiten miteinander verbinden, sowie aus einer Schnittstelle zur Außenwelt.

Die Vorteile der M. bestehen v. a. in der Miniaturisierung unterschiedl. Funktionseinheiten und deren Integration zu einem kompletten techn. System. Durch die Miniaturisierung werden bestimmte Effekte erst zugänglich gemacht und neuartige Anwendungen ermöglicht. Die Materialersparnis bei Mikrosystemen, verbunden mit Volumen- und Masseeinsparungen sowie geringerer therm. Trägheit und verringertem Energieverbrauch, erlaubt den Einsatz auch kostspieliger Werkstoffe, führt zur Realisierung mobiler Systeme und macht kostengünstige Massenfertigungsverfahren nutzbar. Die Reduktion von Leitungsbahnen, Messvolumina und Toträumen, eine Minimierung der Zahl von Verbindungsstellen und -gliedern sowie die Redundanz gewisser Bauteile erhöhen die Zuverlässigkeit und die Reaktionsgeschwindigkeit des Systems.

Anwendungen von Mikrosystemen finden sich in nahezu allen techn. Bereichen, z. B. als Düsen für Tintenstrahldrucker, Mikroventile und -schalter oder Strahlungssensoren. Temperatur-, Druck- und Kraftsensoren werden z. B. in der Verfahrenstechnik zur Anlagenüberwachung und im Automobilbau (z. B. Beschleunigungssensoren als Auslöser für Airbags) eingesetzt; in der Medizintechnik finden u. a. miniaturisierte Aktoren Verwendung (z. B. implantierbare Mikropumpen für Medikamentendosierung). Die Informationstechnik nutzt verschiedenste Strukturen und Systeme für optoelektron. und faseropt. Baugruppen. Angesichts der breiten Einsatzmöglichkeiten gilt die M. als eine der zukunftsträchtigsten Schlüsseltechnologien.

Mikrotechnik (Mikrostrukturtechnik), Sammelbez. für techn. Verfahren zur Herstellung sehr kleiner und zugleich hochpräziser Strukturen (**Mikrostrukturen**); bisweilen auch gleichbedeutend mit ↗ Mikrosystemtechnik verwendet. Die typ. Abmessungen der durch die M. erzeugten Strukturen liegen im Bereich unter 1 mm. Mikrostrukturen zeichnen sich dadurch aus, dass funktionelle Strukturdetails Abmessungen im Mikrometerbereich und darunter aufweisen. Die erzielten Genauigkeiten liegen im Bereich weniger Nanometer. Hinsichtlich der erzielbaren Dimensionen und Toleranzen überlappen sich mikrotechn. Verfahren mit anspruchsvollen Methoden der Feinwerktechnik.

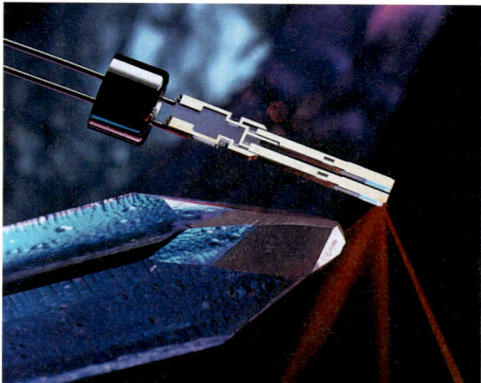

Mikrotechnik: ein Schwingquarz, wie er in Armbanduhren, Computern oder Mobiltelefonen eingesetzt wird, zusammen mit einem aus Siliciumdioxid bestehenden Bergkristall

Ziel der M. ist es, funktionale Strukturen (und damit Bauteile, Baugruppen, Systeme) zu miniaturisieren, um techn. Vorteile bei Funktion und Anwendbarkeit sowie eine wirtschaftlichere Fertigung zu erreichen. Eine zentrale Rolle übernehmen dabei Parallelfertigungsverfahren und Replikationstechniken. Die Mikroelektronik entstand etwa 20 Jahre vor den übrigen Zweigen der Mikrotechnik. Viele mikrotechn. Methoden sind daher der Mikroelektronik entlehnt (z. B. Lithographie, Dünnschichttechnik), andere stammen aus der Feinwerktechnik (wie die Strukturierung durch Formdiamanten und die verfeinerten Methoden der Funkenerosion) oder sind neu entwickelte Verfahren (z. B. die Lasermikrobearbeitung). In der M. wird heute v. a. die Miniaturisierung nichtelektr. Funktionen, also mechanischer (↗ Mikromechanik), fluid. (↗ Mikrofluidik) und opt. (↗ Mikrooptik) Bauteile, angestrebt.

Mikrotom [zu grch. tomé »Schnitt«] das, Präzisionsinstrument zur Herstellung feinster Schnitte von eingebetteten biolog. und anderen Objekten zur mikroskop. Untersuchung. Die Schnittdicke gewöhnl. M. liegt bei einigen μm, moderne **Dünnschnitt-** oder **Ultra-M.** für elektronenmikroskop. Präparate liefern Schnitte bis zu 20 nm Dicke.

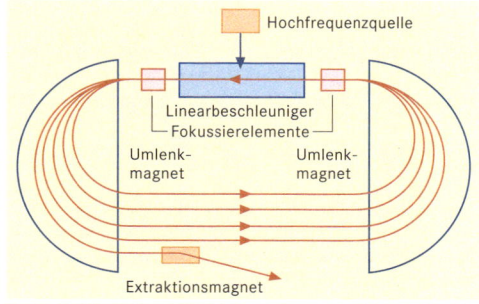

Mikrotron: schematische Darstellung eines klassischen Mikrotons; der Elektronenstrahl ist rot eingezeichnet

Mikrotron [zu mikro... und Elektron] das, Teilchenbeschleuniger für Elektronen, der nach dem Zyklotronprinzip arbeitet. Beim **klass. M.** (Elektronenzyklotron) bewegen sich die Elektronen in einer Beschleunigungskammer zw. den Polen eines konstanten Magnetfeldes auf Kreisbahnen, die sich in einem Punkt tangential berühren und in dem sie durch das starke elektr. Feld eines Hohlraumresonators beschleunigt werden. Diese M. arbeiten nur im Impulsbetrieb, die Maximalenergie ist auf rd. 30 MeV begrenzt. Höhere Energien (bis zu etwa 1 GeV) werden im so genannten **Rennbahn-M.** erreicht, bei dem der Magnet in zwei jeweils um 180° ablenkende Hälften zerlegt und auseinander gezogen wird. In dem Zwischenraum kann ein kleiner Hochfrequenz-Linearbeschleuniger mit fokussierenden Linsen an seinen beiden Enden untergebracht werden.

Mikroverkalkungen, nur durch ↗ Mammographie nachweisbare, 150 bis 400 μm große Kalkablagerungen in der weibl. Brust; gelten als krebsverdächtig; eine histolog. Klärung ist deshalb erforderlich.

Mikrovermehrung (Meristemvermehrung), Verfahren der Pflanzenvermehrung aus Sprossspitzen oder Bildungsgewebe. Knospen von Kräutern, Stauden, Gehölzen werden auf Agar-Agar-Nährboden gesetzt und zum Sprossen der oberird. Teile gebracht **(Meristemkultur).** Dann wird durch Zugabe von Wuchsstoffen die Bewurzelung zum gewünschten Zeitpunkt ausgelöst; Anwendung bei Erdbeeren, Rhododendron, Aprikose, Pfirsich, Pflaume u.a. gärtner. Kulturpflanzen.

Mikrowaage, sehr empfindl. Analysenwaage, für Mikroanalysen konzipiert, mit einer Höchstlast von 3 bis 50g; Teilungswert kleiner als das 10^{-5}fache der Höchstlast

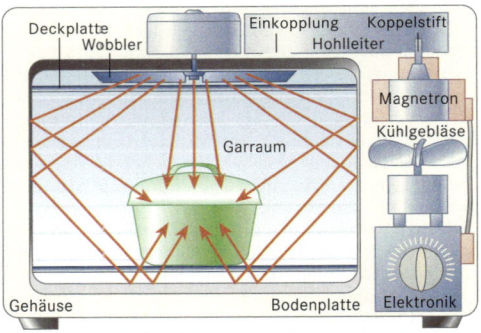

Mikrowellenherd: Schema (Mikrowellen rot)

Mikrowellen, Sammelbegriff für den die Dezimeter-, Zentimeter- und Millimeterwellen umfassenden Wellenlängenbereich mit Frequenzen zwischen 300 MHz und 300 GHz **(Höchstfrequenz).** Die M. liegen damit im elektromagnet. Spektrum zw. den Radiowellen und der Infrarotstrahlung. Als Nachrichtenträger nutzt man M. wegen ihrer guten Bündelungsfähigkeit und der quasioptischen Ausbreitung. (↗ Mikrowellentechnik).

Mikrowellenastronomie, Teilgebiet der ↗ Radioastronomie, das sich mit der Untersuchung der von Himmelskörpern ausgehenden Mikrowellenstrahlung, dem kurzwelligen Bereich der Radiofrequenzstrahlung, befasst.

Mikrowellenbehandlung, Form der Elektrotherapie durch Einwirken von Mikrowellen; angewendet z.B. bei Entzündungen, Abszessen, Gelenk- oder Wirbelsäulenerkrankungen.

Mikrowellenherd (Mikrowellengerät), elektr. Haushaltsgerät zur Wärmebehandlung (Garen) von Lebensmitteln mittels Mikrowellenerwärmung, wobei die Wärme im Gegensatz zu konventionellen Verfahren direkt im Inneren des Garguts entsteht. Die Erzeugung der Mikrowellen erfolgt in einem ↗ Magnetron, von wo sie über Koppelstift und Hohlleiter in den Garraum eingeleitet werden. Dieser besitzt metall. Wände, an denen die auftreffenden Wellen reflektiert werden. Ein »Wellenrührer« (Wobbler) in der Nähe der Eintrittsöffnung sorgt für eine gleichmäßige Verteilung des elektromagnet. Felds im Garraum.

Mikrowellenlandesystem, ein ↗ Landeführungssystem.

Mikrowellenspektroskopie, Teilgebiet der ↗ Hochfrequenzspektroskopie.

Mikrowellentechnik (Höchstfrequenztechnik), Gebiet, das sich mit der Erzeugung, Verstärkung, Weiterleitung und Anwendung von ↗ Mikrowellen befasst. In der M. ist die sonst in der Elektrotechnik angewandte Technik miniaturisierter Schaltkreise i. Allg. nicht mehr anwendbar, da die Abmessungen der Bauelemente in der Größenordnung der Wellenlänge und darüber liegen. Es treten Ausbreitungs- (z.B. auf Leitungen) und Abstrahlungseffekte auf. In Halbleiterbauelementen und Elektronenröhren muss die Laufzeit der Elektronen berücksichtigt werden, da sie im Größenordnungsbereich der Periodendauer der Mikrowellen liegt.

Zur Erzeugung von Mikrowellen dienen **Mikrowellenhalbleiterbauelemente** (z.B. Mikrowellentransistoren, Tunneldioden, PIN-, IMPATT-, Schottky-, Gunn-Dioden) und – v.a. für größere Leistungen – **Mikrowellenröhren** (↗ Laufzeitröhren, z.B. Klystron, Magnetron). Für Kleinsignalanwendungen und Steuerzwecke sind die Röhren jedoch durch Halbleiterbauelemente und spezielle integrierte Schaltungen verdrängt. Als **Mikrowellenverstärker** eignen sich z.B. Maser und parametr. Verstärker. Die leitungsgebundene Übertragung von Mikrowellen erfolgt bis ca. 1 GHz auf Koaxialleitungen, darüber i. Allg. mittels ↗ Hohlleiter.

Wegen ihrer guten Bündelungsfähigkeit und der quasiopt. Ausbreitung nutzt man Mikrowellen z.B. als Nachrichtenträger für terrestr. und Satelliten-Richtfunkverbindungen, für Radarverfahren zur Ortung, Entfernungs- und Geschwindigkeitsmessung, zur Funkpeilung für die Navigation in Schiff-, Luft- und Raumfahrt sowie für Instrumentenlandeverfahren (↗ Landeführungssysteme) und das ↗ GPS. Weitere Anwendungen sind Radioastronomie, Mikrowellenspektroskopie und NMR-Spektroskopie sowie der Einsatz für industrielle Erwärmungs- und Trocknungsprozesse und Mikrowellenherde.

Mikrozensus, Stichprobenerhebung, die eine ↗ Volkszählung ergänzt.

Miktion [lat.] *die,* das Harnlassen.

Mikwe [hebr. »Wasseransammlung«] *die* (Judenbad), die Badestätte für die in der jüd. Religion vorgeschriebenen rituellen Bäder und Waschungen; in ihrer einfachsten Form ein bis zum Grundwasserspiegel reichender Schacht mit umlaufender Treppe, in Dtl. erhalten in Friedberg (Hessen; 1260). Aufwendigere Anlagen besitzen einen Vorraum mit Umkleidekabine (Worms, 1185/86).

MIK-Wert [MIK, Abk. für **m**aximale **I**mmissions**k**onzentration], diejenige Konzentration luftverunreinigender Stoffe in bodennahen Schichten der Atmosphäre, die bei Einwirkung von bestimmter Dauer und Häufigkeit für Mensch, Tier und Pflanze als unbedenklich gelten kann.

Milane [frz.] (Milvinae), Unterfamilie lang- und schmalflügeliger Greifvögel. In Mitteleuropa: **Roter Milan (Gabelweihe, Königsweihe,** Milvus milvus),

Milane:
Roter Milan

etwa 60 cm lang, überwiegend rotbraun, Schwanz tief gegabelt; **Schwarzer Milan** (Milvus migrans), bis über 50 cm groß, schwarzbraun gefärbt, Schwanz schwach gegabelt.

Milan I. Obrenović [-vitɕ], Fürst (1868–82; als Milan IV.) und König (1882–89) von Serbien, * Mărăşeşti (bei Focşani, Rumänien) 22. 8. 1854, † Wien 11. 2. 1901; Großneffe von Miloš Obrenović; erlangte auf dem Berliner Kongress (1878) die Unabhängigkeit Serbiens vom Osman. Reich sowie einen bedeutenden Gebietszuwachs. Durch innenpolit. Auseinandersetzungen geschwächt, dankte er zugunsten seines Sohnes Alexander I. ab.

Milano, italien. Name von ↗ Mailand.

Milano Marittima, italien. Seebad, Vorort von ↗ Cervia.

Milben (Acari, Acarina), weltweit verbreitete Ordnung etwa 0,1–30 mm langer Spinnentiere in allen Lebensräumen an Land und in Gewässern; mit meist vier Beinpaaren und kauenden oder stechend-saugenden Mundwerkzeugen. – M. ernähren sich als Pflanzen- und Abfallfresser, als Säftesauger an Pflanzen oder (bei Tier und Mensch) als Blutsauger, auch Gewebe- oder Hornfresser.

Milbradt, Georg, Politiker, * Eslohe (Sauerland) 23. 2. 1945; Volkswirt; ab 1985 außerplanmäßiger Prof. an der Univ. Münster; wurde 1973 Mitgl. der CDU; war 1983–90 Stadtkämmerer von Münster; in Sachsen 1990–2001 Finanzmin., ab 1994 MdL, wurde im Sept. 2001 CDU-Landesvors., im April 2002 MinPräs. (Nachfolger von K. Biedenkopf).

Milch, 1) *allg.:* in den M.-Drüsen der weibl. Säugetiere gebildete Flüssigkeit; bei der Frau die Muttermilch. Unter M. versteht man in Europa i. Allg. Kuh-M., die als »zubereitete M.« in den Handel kommt. M. anderer Tiere (z. B. von Schaf oder Ziege) darf nur gekennzeichnet als solche in den Handel kommen. Die durch Melken gewonnene Kuh-M. zählt zu den wichtigsten Nahrungsmitteln. Sie besteht durchschnittlich zu 87,3% aus Wasser, zu 4,0% aus Milchfett, zu 3,4% aus Milchprotein, zu 4,8% aus M.-Zucker (↗ Lactose) und zu 0,7% aus Salzen (v. a. Phosphate, Citrate und Chloride von Calcium und Kalium; an Spurenelementen finden sich Fluor, Jod, Mangan, Kupfer und Zink). Im M.-Fett sind die Vitamine A und D_1 gelöst, nachgewiesen wurden ferner die Vitamine E, K, B_1, B_2, B_6, B_{12}, C, Biotin, Niacin, Pantothensäure, Folsäure.

Das M.-Fett und die M.-Proteine geben infolge ihrer Lichtdispersion der M. die weiße bis gelblich weiße Farbe. Beim Stehenlassen der M. steigen die Fetttröpfchen wegen ihres geringen spezif. Gewichts nach oben und bilden eine Rahmschicht (Sahne). Durch Homogenisieren (Zerstörung der Hüllmembranen der Fettkügelchen) oder Pasteurisieren (Denaturierung der Hüllmembranen) wird dieser Vorgang verzögert. Frische M. **(Voll-M.)** hat eine Dichte zw. 1,029 und 1,034 g/cm³; die Dichte der unter der Rahmschicht verbleibenden Mager-M. ist höher. Die **Mager-M.** enthält, abgesehen vom fehlenden Fett, die gleichen Substanzen im selben Verteilungszustand wie die Vollmilch.

Verarbeitung: In der Molkerei wird die M. auf den landesgesetzlich festgelegten Fettgehalt für Trink-M. eingestellt und pasteurisiert. In Dtl. sind gesetzlich zugelassen: Hocherhitzung auf mindestens 85 °C, Kurzzeiterhitzung auf 71–74 °C bei 40 s Dauer, Dauererhitzung auf 62–65 °C bei mindestens 30 min Dauer, Ultrahocherhitzung auf 135–140 °C bei 6–10 s Dauer und Sterilisation bei 110–112 °C und 10–20 min Dauer. Weitere Verfahren zur Erhöhung der Haltbarkeit der M. sind das Baktofugieren und das Ultrafiltrieren, bei denen Bakterien und Bakteriensporen entfernt werden. Meistens wird die M. bei diesen Bearbeitungsverfahren auch homogenisiert.

Der größte Teil der M. kommt in Dtl. als **Konsum-M.** auf den Markt. Konsummilchsorten sind Frisch-M. (pasteurisiert), haltbare M. und sterilisierte M., die als **Voll-M.** (mindestens 3,5% Fett), **teilentrahmte (fettarme) M.** (1,3 bis 1,8% Fett) und **entrahmte M.** (höchstens 0,3% Fett) vorkommen. **Haltbare M. (H-M.)** ist ultrahocherhitzte M. der Güteklasse I, die unter sterilen Bedingungen in sterile

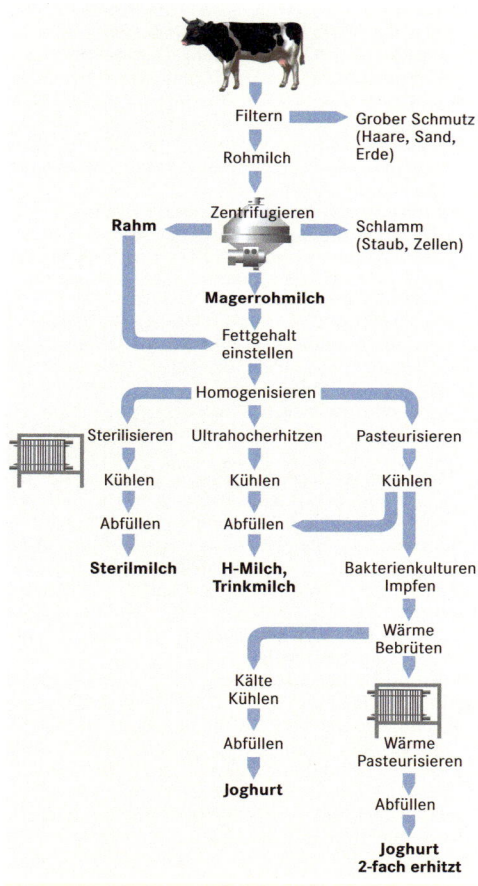

Milch 1): Milchverarbeitung

Packungen abgefüllt wird. – **Sterilisierte M.** ist nach anerkannten Verfahren nach der Abfüllung in Packungen sachgemäß erhitzte M., wobei der keimdichte Verschluss unverletzt bleiben muss. Ein je nach Verarbeitungsstätte unterschiedl. Anteil der angelieferten M. wird unter laufender Kontrolle zu **M.-Produkten** weiterverarbeitet: Sahne, Butter, Butterschmalz (Butterfett), Käse, Quark, Lactose, Kondens-, Trocken-M., Joghurt, Kumys, Kefir und M.-Mischgetränke; ferner fallen an: Butter-, Sauer-M. und Molke.

Wirtschaft: 2001 betrug die Weltmilcherzeugung an Kuh-M. 376,3 Mio. t, innerhalb der EU-Länder wurden 122,4 Mio. t M. erzeugt, in Dtl. 28,2 Mio. t. Innerhalb der EU-Länder gilt seit 1984 eine Garantiemengenregelung zur Eindämmung der Überproduktion bzw. zur Schaffung eines ausgeglichenen Angebot-Nachfrage-Verhältnisses.

Rechtliches: Grundsätzl. Regelungen enthält das M.- und Margarine-Ges. vom 25. 7. 1990. Danach bedürfen milchwirtsch. Unternehmen grundsätzlich der Betriebserlaubnis. M. und M.-Erzeugnisse unterliegen der Marktordnung der EG.

2) *Botanik:* der ↗Milchsaft der Pflanzen.

3) *Zoologie:* die milchweiße Samenflüssigkeit der männl. geschlechtsreifen Fische (**Milchner**).

Milch, Erhard, Generalfeldmarschall (seit 1940), * Wilhelmshaven 30. 3. 1892, † Wuppertal 25. 1. 1972; Flieger, 1938–45 Generalinspekteur der Luftwaffe, 1941–44 Generalluftzeugmeister; in Nürnberg 1947 zu lebenslanger Haft verurteilt, 1954 entlassen.

Milchbaum, Art der Gattung ↗Brotnussbaum.

Milchdrüsen (Mammadrüsen), Milch produzierende Hautdrüsen der Säugetiere (einschl. des Menschen), die sich stammesgeschichtlich aus Schweißdrüsen entwickelt haben. Die Milchsekretion wird vom Hormon Prolactin gesteuert. Milch wird so lange gebildet, wie gesaugt wird.

Milchgebiss, die ersten Zähne (↗Gebiss).

Milchglas, undurchsichtiges, meist durch Zusatz von Aluminiumphosphaten in Kombination mit Bariumcarbonat getrübtes, lichtdurchlässiges und lichtverteilendes ↗Trübglas.

Milchlattich (Cicerbita), Gattung der Korbblütler in Europa und Nordamerika; milchsaftreiche, hohe Kräuter mit hohlem Stängel und meist blauen Blüten. In den Alpen, dem Alpenvorland und den höheren Mittelgebirgen kommt der bis zu 1,2 m hohe **Alpen-M.** mit blauvioletten Blütenköpfchen vor.

Milchlinge (Reizker, Lactarius), Gattung der Lamellenpilze mit meist trichterförmigem Hut und häufig weißem, auch wässrig klarem oder orangerotem Milchsaft. Bekannte und gute Speisepilze sind ↗Brätling, **Edelreizker** (Lactarius deliciosus), orange- bis ziegelrot, mit orangefarbenen Lamellen, Milchsaft orangerot. Hutdurchmesser 5–15 cm; **Blutreizker** (Lactarius sanguifluus), ähnlich dem Edelreizker, aber mit weinrotem Milchsaft.

Milchnährschaden, sehr seltene Ernährungsstörung des Säuglings durch einseitige Ernährung mit Kuhvollmilch (zu wenig Kohlenhydrate, zu viel Eiweiß) mit übel riechendem, festem, weißem Stuhl (»Kalkseifenstuhl«) und Zeichen einer Dystrophie.

Milchner, der männl. geschlechtsreife Fisch.

Milchsaft, 1) *Botanik:* (Latex), Zellsaftemulsion in den Milchröhren einiger Pflanzen; milchige, weiß, gelb oder rötlich gefärbte, an der Luft trocknende Flüssigkeit; enthält u. a. Salze, Alkaloide, äther. Öle und Gummiharze.

2) *Physiologie:* (Chylus), die trüb-weißl. Flüssigkeit der Lymphgefäße des Dünndarms nach Aufnahme fetthaltiger Nahrung. Der M. wird von den Dünndarmzotten über den Milchbrustgang in die venöse Blutbahn geleitet.

Milchsäure (α-Hydroxypropionsäure), kristalline (reine Enantiomere) oder viskose (Racemat), hygroskop., wasserlösl. Hydroxycarbonsäure, die als optisch aktive Formen, D(–)- und L(+)-M., sowie als optisch inaktives Racemat, D,L-M., natürlich vorkommt. Die M.-Bakterien bilden racemat. M. als Stoffwechselendprodukt (M.-Gärung); vorhanden in saurer Milch, Sauerkraut usw. Die Blutwerte von L(+)-M. sind bei Muskelarbeit erhöht. Technisch erfolgt die Herstellung der M. durch M.-Gärung. Sie wird u. a. als so genannte Genusssäure sowie als Säuerungs- und Konservierungsmittel in der Nahrungsmittelind. verwendet. Die Salze und Ester der M. heißen **Lactate**.

Milchsäurebakteri|en, anaerobe, grampositive, unbewegliche Bakterien, die aus Kohlenhydraten durch Milchsäuregärung Energie gewinnen; von wirtsch. Bedeutung bei der Konservierung von Milch- und Pflanzenprodukten durch Milchsäure und beim Backen (Sauerteig: CO_2-Bildung). Sie gehören auch zur Darmflora des Menschen.

Milchschorf, bei Säuglingen auftretende Form des atop. Ekzems; gekennzeichnet durch Rötungen, Schuppen- und Krustenbildung im Bereich des Kopfes und der seitl. Gesichtsanteile. Die *Behandlung* erfolgt mit Corticosteroiden, Pflegesalben und -cremes, Ölbädern sowie Klimatherapie (Gebirgs- oder Meeresklima); auch durch diätet. Umstellung.

Milchstern (Ornithogalum), Gattung der Liliengewächse; Zwiebelpflanzen mit grasähnl. Blättern und weißen, sternförmigen Blüten, z. T. Zierpflanzen.

Milchstraße, schwach leuchtendes, unregelmäßig begrenztes Band, das sich nahezu längs eines Großkreises über den Himmel erstreckt und im Fernrohr in Einzelsterne, Nebel und Sternhaufen auflöst. Die M. ist die Symmetrieebene eines rotierenden Sternsystems, des ↗Milchstraßensystems.

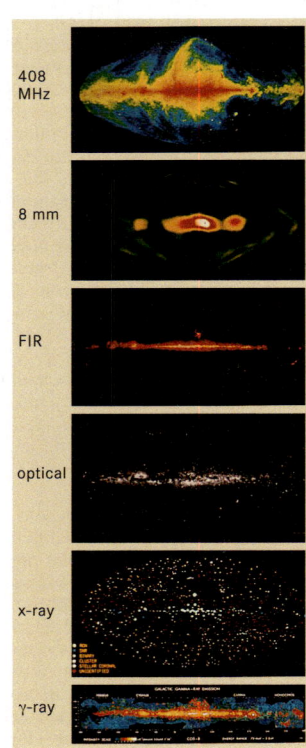

Milchstraße: Aufnahmen der Milchstraße in verschiedenen Wellenlängen- bzw. Frequenzbereichen; die Wellenlängen nehmen von oben nach unten ab: Radiowellen, Millimeterwellen, fernes Infrarot (FIR), optischer Bereich (OPTICAL), Röntgenbereich (X-RAY), Gammabereich (γ-RAY).

Milchstraßensystem (Galaxis), das ↗Sternsystem, dem neben der Sonne mit dem Planetensystem etwa 6000 mit bloßem Auge sichtbare und einige 100 Mrd. weitere Sterne sowie große Mengen ↗interstellarer Materie angehören. Die große Mehrheit der Sterne ordnet sich in einer scheibenähnl. Ansammlung (**galakt. Scheibe**) von etwa 100 000 Lichtjahren (Lj) Durchmesser und 3 500 Lj Dicke mit einer zentralen Ausbauchung von rd. 15 000 Lj sowie einem Zentralgebiet an. Eingehüllt ist diese Scheibe in einem sehr dünn mit Materie angefüllten Raum, dem (v. a.

Milchlinge: Edelreizker

$$\begin{array}{c} COOH \\ | \\ HO-C-H \\ | \\ CH_3 \end{array}$$

L(+)-Milchsäure

$$\begin{array}{c} COOH \\ | \\ H-C-OH \\ | \\ CH_3 \end{array}$$

D(–)-Milchsäure

Milchsäure

Milchstraßensystem: links schematisierte Ansicht des Milchstraßensystems, wie es einem in der Nähe der galaktischen Ebene befindlichen extragalaktischen Beobachter erscheint (Sonne stark vergrößert dargestellt); rechts Ansicht des Milchstraßensystems von der Richtung des galaktischen Nordpols aus; die Rotation erfolgt im Uhrzeigersinn (schematisch)

aus Kugelsternhaufen bestehenden) **galakt. Halo** (ø rd. 165 000 Lj). Die Gesamtheit der lichtschwachen, vom Auge nicht als Einzelobjekte wahrgenommenen Sterne ruft auf der Erde das opt. Phänomen der ↗ Milchstraße hervor, von dem das M. seinen Namen hat. Als Beobachter befinden wir uns im Inneren des M. und erblicken dessen sichtbaren Teil als zweidimensionale Projektion an der Himmelskugel.

Die Sonne befindet sich nahe der Symmetrieebene des M., der **galakt. Ebene,** aber etwa 27 000 Lj vom **galakt. Zentrum** entfernt, das in Richtung des Sternbildes Sagittarius (Schütze) liegt und durch vorgelagerte dichte Wolken interstellarer Materie aufgrund interstellarer Absorption nicht auf opt. Wege, sondern nur im Radiofrequenz-, Röntgen- und Infrarotbereich nachweisbar ist. Während der mittlere Sternabstand in der Sonnenumgebung bei etwa 5 bis 6 Lj liegt, enthält das galakt. Zentrum auf engem Raum einige 100 Mio. Sterne. Als zentrales galakt. Objekt wird i. Allg. ein ↗ Schwarzes Loch mit einer Masse von rd. 2,5 Mio. Sonnenmassen angesehen. – Die äußere Form des M. ist von einem Beobachtungsort innerhalb des Systems nur schwer zu erschließen, doch weisen radioastronom. Beobachtungen auf eine Spiralstruktur hin; das M. gehört danach wahrscheinlich zu den Spiralgalaxien vom Typ Sb. Während in den Spiralarmen überwiegend junge Sterne anzutreffen sind, enthalten die kugelförmigen ↗ Sternhaufen des galakt. Halo v. a. alte Sterne.

Alle Objekte im M. bewegen sich um das galakt. Zentrum, wodurch die Stabilität des Systems gesichert wird **(galakt. Rotation).** Das M. besitzt eine differenzielle Rotation, dabei nimmt die Winkelgeschwindigkeit von innen nach außen ab. Die Rotation des M. führt zu einer Umlaufbewegung der Sonne um das galakt. Zentrum innerhalb von etwa 240 Mio. Jahren, was einer Rotationsgeschwindigkeit von rd. 220 km/s entspricht. Die aus dem Rotationsverhalten abgeleitete Gesamtmasse des M. liegt zw. 600 und einigen 1 000 Mrd. Sonnenmassen, wenn etwa 90 % als ↗ Dunkle Materie nicht sichtbar in Erscheinung treten.

Milchzähne, die ersten Zähne (↗ Gebiss, ↗ Gebissformel).

Milchzucker, die ↗ Lactose.

mildernde Umstände, die besonderen tatsächl. Verhältnisse eines Straffalles, die die regelmäßige Strafe als zu streng erscheinen lassen (z. B. häusl. Milieu, Reue). Das dt. StGB sieht in versch. gesetzlich bestimmten Fällen bei dem Vorliegen von m. U. eine geringere Strafe vor; der Milderungsmaßstab ist § 49 StGB zu entnehmen. – Das *österr.* StGB enthält eine nicht abschließende Aufzählung von m. U. (§ 34 StGB). Art. 64 des StGB der *Schweiz* nennt neun mildernde Umstände.

Mile [maɪl, engl.], Längeneinheit in den USA und Großbritannien, entspricht der ↗ Meile; Einheitenzeichen **mile** nach ISO und in Großbritannien, Einheitenzeichen **mi** in den USA (statute mile): 1 mile = 1 mi = 1 760 yd = 1,609344 km. In der Luft- und Seefahrt wird die ↗ Seemeile verwendet.

Milet (grch. Miletos), altgrch. Stadt im westl. Kleinasien, an der Mündung des Mäander ins Ägäische Meer. Schon um 1600 v. Chr. kret., dann myken. Faktorei, stieg M. seit dem 10. Jh. v. Chr. zu einer der mächtigsten Städte Ioniens auf und wurde zu einem Zentrum der grch. Kultur. Im Ion. Aufstand gegen die pers. Herrschaft (500–494 v. Chr.) war M. führend und wurde 494 von den Persern zerstört. Seit 479 v. Chr. mit rechtwinkligem Straßensystem wieder aufgebaut, erlebte unter Alexander d. Gr. eine neue Blütezeit. Dt. Ausgrabungen seit 1899 legten u. a. das Markttor (2. Jh. n. Chr.) und das gut erhaltene röm. Theater (2. Jh. v. Chr. und n. Chr., 30 000 Plätze) frei.

Milford Haven [ˈmɪlfəd ˈheɪvn], Hafenstadt in SW-Wales, Cty. Pembrokeshire, 13 200 Ew.; Fischereihafen, Erdölhafen mit Großraffinerien.

Milhaud [mi'jo], Darius, frz. Komponist, * Aix-en-Provence 4. 9. 1892, † Genf 22. 6. 1974; gehörte zur »Groupe des Six« in Paris. Sein umfangreiches Werk ist geprägt durch Polytonalität und die Verarbeitung vielfältiger Einflüsse (Jazz, jüd. Kultmusik, lateinamerikan. und afrikan. Musik u. a.).

Werke: Opern: Les malheurs d'Orphée (1926); Christophe Colombe (1930, Operntriptychon); Médée (1939); David (1954); Saint Louis, Roi de France (1972, Opernoratorium). – *Ballette:* Le bœuf sur le toit (1920); La création du monde (1923). – Ferner 12 Sinfonien, Konzerte, Kammermusik, Klavier-, Chorwerke, Lieder, Schauspiel-, Filmmusik.

Miliaria [lat. milium »Hirse(korn)«] *Pl.,* ↗ Friesel.

Miliartuberkulose [lat.], durch Erregerausbreitung auf dem Blut- oder Lymphweg entstehende, über den ganzen Körper verbreitete Tuberkulose mit zahlr. kleinsten Herden (Miliartuberkel).

Milien, die ↗ Mitesser.

Milieu [mi'liø:, frz. »Mitte«] *das,* Umfeld, Umgebung. Die *Soziologie* versteht unter M. die Gesamtheit der natürl., wirtsch., sozialen und kulturellen Gegebenheiten, die auf einen Menschen oder eine soziale Gruppe einwirken. Die **Milieutheorie** vertritt die Auffassung, dass Entwicklung und Eigenart (bes. Intelligenz, Charakter, Verhalten) des Menschen primär durch seine soziale Umwelt bestimmt werden und seinen Erbanlagen – ungeachtet der auch von den Milieutheoretikern anerkannten genet. Disposition des Menschen – im Prozess der ↗Sozialisation eine sekundäre Bedeutung zukommt. Diese Auffassung wurde, ebenso wie die entgegengesetzte des ↗Nativismus heute weithin zugunsten einer vermittelnden Theorie aufgegeben.

militant [lat.], kämpferisch.

Militär [frz. aus lat. militaris] *das,* Sammelbegriff für 1) die Gesamtheit der Streitkräfte, 2) eine Zahl von Angehörigen der Streitkräfte.

Militär|akademi|en, ↗Militärschulen.

Militärbischof, Amtstitel der leitenden kath. und evang. Geistlichen in der ↗Militärseelsorge.

Militärdienst, svw. ↗Wehrdienst.

Militärdiktatur, die Ausübung unbeschränkter oder unkontrollierter polit. Macht durch einen Militärbefehlshaber oder eine militär. Gruppe (**Militärjunta**).

Militärgeographie, Zweig der Wehrwiss.en. Die für die Kriegführung geographisch wichtigen Verhältnisse werden in Länderbeschreibungen und militärgeograph. Karten dargestellt.

Militärgerichtsbarkeit, durch militär. Behörden ausgeübte Gerichtsbarkeit über Militärpersonen. In Dtl. besteht keine M. Nach Art. 96 GG ist jedoch die Einrichtung von Wehrstrafgerichten zulässig. Militär. Straftaten werden von den Strafgerichten der ordentl. Gerichtsbarkeit geahndet. (↗Militärjustiz)

Militärgeschichte, Teildisziplin der Geschichtswiss.; sie untersucht das Militär als Institution und als Faktor des wirtschaftl., gesellschaftl. und polit. Lebens. In ihrer allg. Erkenntnisabsicht unterscheidet sich die M. nicht von der allg. Geschichtswiss.; sie ist nicht an Zwecke der militär. Führung gebunden. Als Begriff hat sich M. in Dtl. erst nach dem Zweiten Weltkrieg gegen die älteren Bez. Kriegsgeschichte und Wehrgeschichte durchgesetzt. **Kriegsgeschichte** war eine Fachdisziplin der Generalstabswiss.; sie behandelte bes. die Geschichte der Feldzüge, Schlachten, Kriegskunst und -mittel (Kriegswiss.) und diente der Auswertung histor. Vorgänge im Sinn einer prakt.-techn. Nutzanwendung. Zugleich war sie Teil der militär. Traditionspflege. Die Einführung der Bez. **Wehrgeschichte** als Disziplin der Wehrwiss. vor dem Zweiten Weltkrieg erfolgte im Zuge der Bemühungen, die Kriegswiss. begrifflich neu zu fassen und über das militär. Handwerk hinaus zu erweitern. In der Bundeswehr ist Wehrgeschichte als Lehrfach 1968 eingeführt worden, die wiss. Forschung wird als M. betrieben.

Militärgeschichtliches Forschungsamt, Abk. **MGFA,** dem Bundesmin. der Verteidigung unterstehendes Inst. in Potsdam (seit 1994) zur wiss. Erforschung militärgeschichtl. Fragen aller Teilstreitkräfte; gegr. 1957, zunächst in Freiburg im Breisgau ansässig.

Militärgrenze, im 16.–19. Jh. der streng militärisch eingerichtete Landstrich an der türk. Grenze Österreich-Ungarns (**österr. M.**); bildete 1849–66 ein eigenes österr. Kronland. 1851 wurde die siebenbürg., 1872/73 auch die Banater M. aufgehoben und Ungarn angeschlossen; 1881 wurde die kroatisch-slawon. M. mit Kroatien-Slawonien vereinigt. Die Grenzer waren Bauernsoldaten, zum dauernden Waffendienst in den Grenzregimentern verpflichtet, dafür großenteils von Abgaben befreit. (↗Krajina)

Militärischer Abschirmdienst, Abk. **MAD,** militär. Geheimdienst zum Schutz militär. Anlagen gegen Spionage und Sabotage; Zentrale ist das **Amt für Sicherheit der Bundeswehr** (Sitz: Köln).

militärischer Gruß, ↗Gruß.

militärische Satelliten, Satelliten, die militär. Aufgaben haben: Beobachtung, Aufklärung, Überwachung, Frühwarnung, Vermessung, Navigation, Kommunikation sowie Erkundung des globalen Wettergeschehens. Für Kampfaufträge sind **Killersatelliten** (Antisatellitenwaffen) vorgesehen. Über die Hälfte der bisher ins Weltall beförderten Satelliten dienen militär. Zwecken.

militärische Straftaten, ↗Wehrrecht (Wehrstrafrecht).

militärisch-industrieller Komplex, Schlagwort für die enge Verflechtung industrieller, militär., wiss. und polit. Interessen, die nicht mehr parlamentarisch zu kontrollieren ist und so zu einem nicht legitimierten Machtzentrum im Staat wird.

Militarismus *der,* Zustand des Übergewichts militär. Grundsätze, Ziele und Wertvorstellungen in der Politik eines Staates und der Übertragung militär. Prinzipien auf alle Lebensbereiche. Merkmale des M. sind u. a. Überbetonung militär. Formen, Vorherrschaft des militär. Machtprinzips im öffentl. Leben, Ausbreitung militär.-autoritärer Ordnungsformen (persönl. Gehorsam, Disziplin) im zivilen Bereich, Verherrlichung des Kriegs, bevorzugte Stellung des Militärs. Der M. ist nicht daran gebunden, dass Militärpersonen die Regierung des Landes ausüben.

Militärjustiz, in der Schweiz Sondergerichtsbarkeit, die in Anwendung des Militärstraf-Ges. vom 13. 6. 1927 und des Militärstrafprozesses vom 23. 3. 1979 Straftaten von Militärpersonen, in besonderen Fällen auch von Zivilpersonen beurteilt.

Militärkabinett, in Preußen, dann im Dt. Reich bis 1918 die dem König/Kaiser als oberstem Kriegsherrn unmittelbar zugeordnete Behörde für Heeresangelegenheiten.

Militärmusik, die Gesamtheit der im militär. Bereich verwendeten Musik, umfasst Signal- und Kommandogaben im Fanfarenmelos (Trompete, Flügelhorn), die histor. Formen der Musik für Trompeter und Pauker sowie für Pfeifer und Trommler, die Musik der neuzeitl. Militärkapellen und das Soldatenlied. Die Geschichte der M. reicht bis zu den Römern (Signale der Tuba- und Tibiabläser) zurück. Auf mittelalterl. Tradition fußen die Spielleute (Trommler und Pfeifer der Landsknechte). Die eigentl. Militärkapelle geht auf die Trompeter der an den Kreuzzügen beteiligten Fürsten zurück. Seit dem 17. Jh. vollzog sich in den europ. Armeen eine Reorganisation der M.; sie fand ihren Ausdruck in der Nachahmung der ↗Janitscharenmusik und in der zunehmenden Annäherung an den Bereich der Kunstmusik, so etwa im Ersetzen der Pfeifer durch Oboisten und in der seit dem 19. Jh. erhobenen Forderung nach Beherrschung eines Streichinstruments durch die Militärmusiker sowie in Dtl. seit 1874 in der Ausbildung der M.-Meister an den Musikhochschulen in Berlin, München und Dresden. Aus dem 19. Jh. datiert die Festlegung der Harmoniemusik (gemischte Besetzung aus Holz- und Blechblasinstrumenten) für die Infanterie, eine reine Blechbesetzung für Kavallerie, Artillerie (Trompeten) und Jäger (Waldhorn), während 1935 die Fliegertruppe das Saxophon übernahm (seit 1845 bereits in der frz. Militärmusik).

Militärperspektive, Verfahren der schiefen Parallelprojektion, bei der das Bild der Grundfläche des abgebildeten Körpers dem Original kongruent ist und bei der alle vertikalen Linien wieder als Vertikale in wahrer Länge abgebildet werden.

Militärpolizei, Bez. für militär. Verbände mit polizeil. Funktionen; im angloamerikan. Bereich **Military Police** (Abk. **M. P.**).

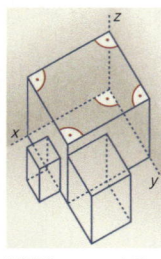

Militärperspektive

Militärrecht, ↗ Wehrrecht.

Militärregierung, 1) im Völkerrecht die in einem besetzten Gebiet mit der Ausübung der Staatsgewalt betraute militär. Kommandostelle.
2) allg. Bez. für eine aus Militärs bestehende Reg., oft durch Putsch zur Macht gelangt.

Militärschulen, Einrichtungen zur Aus- und Weiterbildung des militär. Führungspersonals, militär. Spezialisten sowie der Beamten der Militärverwaltung. **Militärakademien** sind Ausbildungsstätten zur weiteren Qualifizierung von Offizieren, u. a. zur Vorbereitung auf den Generalstabsdienst.

Militärseelsorge, die auf die besonderen Bedingungen des Militärs bezogene geistl. und seelsorgerl. Betreuung von Militärangehörigen durch hauptamtl. Militärgeistliche. Rechtsgrundlagen sind in Dtl. für die *kath. Kirche* das Reichskonkordat von 1933 und die Statuten für die Seelsorge in der dt. Bundeswehr von 1989, für die *evang. Kirchen* der »Vertrag der EKD mit der Bundesrep. Dtl. zur Regelung der evang. M.« von 1957; ausführende Organe der ↗ Militärbischöfe sind das **Kath. Militärbischofsamt** und das **Evang. Kirchenamt für die Bundeswehr.** Die evang. Kirchen in den neuen Ländern hielten nach ihrer Rückkehr in die EKD (1991) zunächst am in der DDR praktizierten Modell der an die örtl. Kirchengemeinden der Militärstandorte gebundenen M. fest. 1996–2003 bildete eine zw. dem Bundesministerium der Verteidigung und der EKD geschlossene Rahmenvereinbarung die Grundlage der evang. M. in den neuen Ländern: Die i. d. R. hauptamtl. Soldatenseelsorger blieben Kirchenbeamte ihrer Landeskirchen, ihre Bezahlung erfolgte jedoch aus dem Bundeshaushalt. Ab 2004 können Soldatenseelsorger auf der Grundlage einer für ganz Dtl. geltenden Neuregelung der evang. M. im Status von Bundesbeamten auf Zeit, staatl. Angestellten oder Militärgeistlichen im Nebenamt tätig sein.

Militärsport, i. w. S. der gesamte beim Militär betriebene Breitensport, i. e. S. Bez. für spezielle sportl. Disziplinen, die militär. Charakter tragen (z. B. Biathlon, Fallschirmspringen, Fechten, aeronaut. Fünfkampf, maritimer Fünfkampf, moderner Fünfkampf, Orientierungslauf, Patrouillenlauf, Schießen). Die bekannteste Disziplin ist der **militärische Fünfkampf,** der aus Schießen, 50-m-Hindernisschwimmen, 500-m-Hindernislauf, Handgranatenweit- und -zielwerfen sowie 8 000-m-Geländelauf besteht. Internat. Dachverband ist der Conseil International du Sport Militaire (CISM; gegr. 1948, Sitz: Brüssel), der u. a. seit 1995 alle vier Jahre CISM World Games (olymp. und militär. Disziplinen, außer Wintersport) veranstaltet.

Military ['mɪlɪtəri, engl.] *die,* frühere Bez. für ↗ Vielseitigkeit.

Military Police ['mɪlɪtəri pə'liːs, engl.], Abk. **M. P.,** ↗ Militärpolizei.

Miliz [frz. aus lat.] *die,* im 19. Jh. Bez. für Bürger- oder Volksheer im Ggs. zum stehenden Heer. Im 20. Jh. Bez. einerseits für Polizei- und paramilitär. Verbände, andererseits für eine besondere Organisationsform v. a. der Landstreitkräfte (M.-Heer), die gekennzeichnet ist durch einen im Frieden geringen Präsenzgrad der Truppen sowie durch einen sehr kurzen »Grundwehrdienst« und zahlr. auf diesen aufbauende Wehrübungen. Eine Armee kann entweder fast vollständig (wie in der Schweiz) oder teilweise (als Ergänzung zur stehenden Truppe) nach dem M.-Prinzip aufgebaut sein. Die Rekrutierung der »Milizionäre« kann auf der Grundlage der Wehrpflicht erfolgen (wie in der Schweiz), ist aber auch auf freiwilliger Basis (wie in der National Guard in den USA) möglich.

Milizparlament, Bez. für ein Parlament, dessen Abg. nur nebenamtlich tätig sind und das nur zu kurzen Sessionen zusammentritt; z. B. die Schweizer Bundesversammlung.

Mill, 1) James, brit. Philosoph, Historiker, Volkswirtschaftler, *Northwaterbridge (Schottland) 6. 4. 1773, †Kensington (heute zu London) 23. 6. 1836, Vater von 2); neben J. Bentham und seinem Sohn John Stuart M. Hauptvertreter des (engl.) Utilitarismus, den er auf assoziationspsycholog. Grundlage weiterentwickelte; in seiner nationalökonom. Theorie war er von A. Smith und D. Ricardo beeinflusst.

2) John Stuart, brit. Philosoph und Nationalökonom, *London 20. 5. 1806, †Avignon 8. 5. 1873, Sohn von 1); erhielt durch seinen Vater eine umfassende Ausbildung, war 1823–58 (zuletzt leitend) für die Ostind. Kompanie tätig, 1865–68 als Liberaler Mitgl. des Unterhauses. In seinem »System der deduktiven und induktiven Logik« (2 Bde., 1843) entwickelte M. eine Wissenschaftsmethodik, die, auf Politik und Soziologie angewendet, ebenso exakte Prognosen erlauben sollte, wie sie I. Newtons Theorie für die Physik ermöglichte. Diesem Ziel diente die Entwicklung der induktiven Logik, der Lehre von den richtigen Verallgemeinerungen aus genauen Einzelbeobachtungen. – Mit seiner späteren Frau Harriet Taylor (*1807, †1858) verfasste M. das nationalökonom. Standardwerk »Grundsätze der polit. Ökonomie« (2 Bde., 1848), in dem u. a. die Frauenarbeit und die Ursachen des niedrigen Frauenlohns analysiert werden. Aus weiterer gemeinsamer Arbeit entstanden »Über die Freiheit« (1859) und »Hörigkeit der Frau« (1869).

John Stuart Mill

Millais [mɪ'leɪ], Sir (seit 1885) John Everett, brit. Maler, *Southampton 8. 6. 1829, †London 13. 8. 1896; Mitbegründer der ↗ Präraffaeliten.

Millás [mi'as], Juan José, span. Schriftsteller, *Valencia 1. 1. 1946; behandelt in seinen Romanen (u. a. »Dein verwirrender Name«, 1988; »Das war die Einsamkeit«, 1990) die psych. Probleme, die sich aus der Bewältigung der Francozeit und der Suche nach neuen Perspektiven ergeben.

Millefioriglas [italien. mille fiori »tausend Blumen«], ↗ Glas.

Millennium [lat.] *das,* 1) ↗ Jahrtausend; 2) das tausendjährige Reich der Offenbarung Johannes (Offb. 20, 1–10; ↗ Chiliasmus, ↗ Eschatologie).

Miller, 1) Alice, schweizer. Schriftstellerin, *12. 1. 1923; bezieht eine krit. Position gegenüber der Psychoanalyse und der traditionellen Erziehung; untersucht Ursachen und Folgen von Kindesmisshandlungen (»Das Drama des begabten Kindes«, 1979; »Du sollst nicht merken«, 1981; »Das verbannte Wissen«, 1988).

2) ['mɪlə], Arthur, amerikan. Dramatiker, *New York 17. 10. 1915; 1956–61 ∞ mit M. Monroe; 1965–69 Präs. des Internat. PEN-Clubs. Einer der führenden zeitgenöss. Bühnenautoren, der in seinen realist., zeit- und gesellschaftskrit. Dramen bes. der analyt. Methode H. Ibsens verpflichtet ist (»Alle meine Söhne«, 1947; »Der Tod des Handlungsreisenden«, 1949; »Hexenjagd«, 1953). Außerdem schrieb er u. a. »Brennpunkt« (R., 1945), »Nicht gesellschaftsfähig« (Drehbuch, 1961), »Zwischenfall in Vichy« (Dr., 1964), »Nach dem Sündenfall« (Dr., 1964), »Spiel um Zeit« (Dr., 1981), »Zeitkurven« (Autobiografie, 1987), »Everybody wins. A screenplay« (Dr., 1990), »The Last Yankee« (Kom., 1993), »Mr. Peter's Connections« (Dr., 1998).

Arthur Miller

Glenn Miller

Henry Miller

Oskar von Miller

Robert A. Millikan

3) Ferdinand von (seit 1875), d. Ä., Erzgießer, *Fürstenfeldbruck 18. 10. 1813, †München 11. 2. 1887, Vater von 8); seit 1844 Direktor der Königl. Erzgießerei in München, aus der über 175 große Gusswerke hervorgingen, u. a. die ↗Bavaria in München, das Goethe-Schiller-Denkmal in Weimar (1857).

4) ['mɪlə], Glenn, amerikan. Posaunist, Orchesterleiter, Arrangeur und Komponist, *Clarinda (Ia.) 1. 3. 1904, †bei einem Flugzeugabsturz zw. England und Frankreich 15./16. 12. 1944; gründete 1937 eine Bigband und wurde mit dem typ. »G.-M.-Sound« (vier Saxophone, führende Klarinette) sehr populär; leitete im Zweiten Weltkrieg ein Armeeorchester.

5) ['mɪlə], Henry, amerikan. Schriftsteller, *New York 26. 12. 1891, †Los Angeles (Calif.) 7. 6. 1980; 1939/40 Aufenthalt in Europa; Vertreter eines extremen Individualismus von provozierender Aggressivität, dessen Werk fast ausschließlich eine surrealistisch-visionäre Spiegelung seiner individuellen Gefühlswelt darstellt. Die mit bewusst krassem Realismus dargestellte Sexualität in seinen Romanen und Erzählungen ist als Teil seiner Bestrebungen zur Umwertung des als lebensfeindlich empfundenen bürgerlich-puritan. Wertesystems der nordamerikan. Gesellschaft zu verstehen (»Wendekreis des Krebses«, R., 1934; »Wendekreis des Steinbocks«, R., 1939; Romantrilogie: »Sexus«, 1949; »Plexus«, 1952; »Nexus«, 1957; »Stille Tage in Clichy«, R., 1966; »Opus pistorum«, Erz., hg. 1983); wirkte bes. auf die Autoren der Beatgeneration und der Postmoderne.

6) Leszek, poln. Politiker, *Żyrardów 3. 7. 1946; zunächst Arbeiter in einer Textilfabrik; studierte Politikwissenschaft in Warschau; wurde 1969 Mitgl. der kommunist. »Poln. Vereinigten Arbeiterpartei« (PVAP), nahm als ZK-Sekretär 1989 führend am »Runden Tisch« an den Gesprächen mit der Opposition teil. 1990 an der Gründung der Sozialdemokratie der Rep. Polen (SdRP) beteiligt, wurde er deren Gen.-Sekr. und 1997 deren Vors.; war in den Kabinetten Pawlak (1993–95) und Oleksy (1995–96) Min. für Arbeit und Sozialpolitik, 1997 Min. für Inneres und Verw. Nach der Auflösung der SdRP und der Bildung der Linkspartei SLD (1999) übernahm er deren Führung; wurde nach dem SLD-Wahlsieg 2001 Ministerpräsident.

7) ['mɪlə], Merton Howard, amerikan. Betriebswirtschaftler, *Boston (Mass.) 16. 5. 1923, †Chicago (Ill.) 3. 6. 2000; seit 1961 Prof. an der University of Chicago; entwickelte mit F. Modigliani das **Modigliani-M.-Theorem** (Zusammenhang zw. Marktwert, Kapitalstruktur und -kosten von Unternehmen). M. erhielt 1990 zus. mit H. Markowitz und W. Sharpe für Forschungen zur modernen Finanzierungstheorie von Unternehmen und zur Theorie der Finanzmärkte den Nobelpreis für Wirtschaftswissenschaften.

8) Oskar von, Ingenieur, *München 7. 5. 1855, †ebd. 9. 4. 1934, Sohn von 3); Begründer des ↗Deutschen Museums; organisierte 1882 in München die erste Elektrizitätsausstellung Dtl.s und war 1884–90 Direktor der AEG Aktiengesellschaft. Er gründete 1890 ein Ingenieurbüro für Energiewirtschaft in München, baute 1891 die erste Überlandleitung von Lauffen am Neckar nach Frankfurt am Main (rd. 180 km) und errichtete das Walchensee-Kraftwerk (1918–24).

Millerand [mil'rɑ̃], Alexandre, frz. Politiker, *Paris 10. 2. 1859, †Versailles 6. 4. 1943; Rechtsanwalt, 1899–1904 als erster sozialist. Min. Mitgl. der Reg. Waldeck-Rousseau; wandte sich nach 1905 der Rechten zu; 1920–24 Präs. der Rep.; unterstützte die nationalist. Politik R. Poincarés.

millersche Indizes [nach dem brit. Kristallographen W. H. Miller, *1801, †1880], in der Kristallographie zur Kennzeichnung von Netzebenenscharen und Kristallflächen verwendete Zahlentripel $(h\ k\ l)$. Es sind die reziproken und ganzzahlig gemachten Werte der Achsenabschnitte im jeweiligen kristallograph. Achsenkreuz. Die Bravais-Indizes $(h\ k\ i\ l)$ beziehen sich auf das vierachsige hexagonale bzw. trigonale Achsenkreuz.

Milles, Carl, schwed. Bildhauer, *Lagga (bei Uppsala) 23. 6. 1875, †Lidingö (bei Stockholm) 19. 9. 1955. Nach impressionist. Anfängen schuf er später ausdrucksvoll bewegte Figuren, oft mit raumgreifenden Gruppen (u. a. Orpheusbrunnen in Stockholm, 1930–36; Auferstehungsfontäne in Washington, D. C., 1951 vollendet).

Jean-François Millet: Bauernfrauen mit Reisig (um 1858; Sankt Petersburg, Eremitage)

Millet [mi'lɛ, mi'jɛ], Jean-François, frz. Maler, *Gruchy (bei Cherbourg) 4. 10. 1814, †Barbizon 20. 1. 1875; wandte sich unter dem Einfluss von H. Daumier Ende der 1840er-Jahre der Darstellung des bäuerl. Lebens zu und ließ sich 1849 in ↗Barbizon nieder, wo er zwar nicht in der freien Natur malte, jedoch grundsätzlich die realist. Naturauffassung der Schule von Barbizon teilte, sie aber in der Zeitlosigkeit und Distanz seiner Darstellung überhöhte (u. a. »Die Ährenleserinnen«, 1857; »Beim Angelusläuten«, 1857–59; beide Paris, Musée d'Orsay); Zeichnungen, Radierungen, Holzschnitte.

Millett ['mɪlɪt], Kate, eigtl. Katherine Murray, amerikan. Schriftstellerin, *Saint Paul (Minn.) 14. 9. 1934; aktive Anhängerin der Frauenbewegung, schrieb u. a. »Sexus und Herrschaft« (1970); ferner autobiograf. Romane.

Milli... [zu lat. »tausend«], Vorsatzzeichen **m**, Vorsatz vor Einheiten für den Faktor 10^{-3} (Tausendstel); z. B. 1 Millimeter = 1 mm = 0,001 Meter.

Milliạrde die, tausend Millionen, d. h. die Zahl $10^9 = 1\,000\,000\,000$; in den USA auch Billion genannt.

Millikan ['mılıkən], Robert Andrews, amerikan. Physiker, * Morrison (Ill.) 22. 3. 1868, † Pasadena (Calif.) 19. 12. 1953; bestimmte ab 1911 in mehreren Versuchen als Erster die Ladung des Elektrons (elektr. Elementarladung) aus der Fallgeschwindigkeit geladener Öltröpfchen im elektr. Feld (**M.-Versuch**), bestätigte das einsteinsche Gesetz für den Photoeffekt und bestimmte damit den Wert des planckschen Wirkungsquantums, arbeitete über UV- und Röntgenstrahlung. 1923 erhielt M. für seine Präzisionsmessungen den Nobelpreis für Physik.

Millimeter-Quecksilbersäule, Einheitenzeichen **mmHg,** zugelassene Einheit zur Messung des Blutdrucks und des Drucks anderer Körperflüssigkeiten; entspricht dem Druck einer 1 mm hohen Quecksilbersäule bei Normfallbeschleunigung (9,80665 m/s^2): 1 mmHg = 133,322 Pa = 1,33322 mbar.

Millimeterwellen, Abk. **EHF** [für engl. extremely **h**igh **f**requency], elektromagnet. Wellen mit Wellenlängen zw. 10 und 1 mm bzw. Frequenzen von 30 bis 300 GHz. Die M. decken u. a. einen wichtigen Wellenlängenbereich in der Radioastronomie ab.

Million [italien.] die, tausend mal tausend, d. h. die Zahl 10^6 = 1 000 000.

Millöcker, Karl, österr. Komponist, * Wien 29. 4. 1842, † Baden (bei Wien) 31. 12. 1899; neben J. Strauß (Sohn) und F. von Suppé der Hauptvertreter der klass. Wiener Operette, u. a. »Gräfin Dubarry« (1879); »Der Bettelstudent« (1882); »Gasparone« (1884); »Der arme Jonathan« (1890).

Millowitsch, Willy, Volksschauspieler, * Köln 8. 1. 1909, † ebd. 20. 9. 1999; war Direktor (ab 1940), Regisseur und Hauptdarsteller des M.-Theaters (ein Familienunternehmen) in Köln; zahlr. Fernsehübertragungen; auch Filmrollen.

Mills, Charles Wright, amerikan. Soziologe, * Waco (Tex.) 28. 8. 1916, † New York 20. 3. 1962; marxistisch beeinflusste, krit. Arbeiten zur soziolog. Theorie und zu wissenssoziolog., sozialpsycholog. und polit. Fragen der sozialen Schichtung (die Rolle der Machteliten in der Demokratie, das Problem der Wertfreiheit in der Wiss., die Bedeutung der Mittelschicht in der Gesellschaft).

Millstatt, Marktgemeinde an der Drau, im Bez. Spittal, Kärnten, Österreich, Badeort am **Millstätter See** (13 km^2, 12 km lang, bis 140 m tief), 3 300 Ew. – Vom ehem. Benediktinerstift (um 1070) sind der frühroman. Kreuzgang und die Kirche (12.–16. Jh.) erhalten.

Milne [mıln], Edward Arthur, brit. Astrophysiker, * Hull 14. 2. 1896, † Dublin 21. 9. 1950; Arbeiten über die Sternmaterie (Plasma) und zum dynam. Gleichgewichtszustand von Sternen; Studien zur Kosmologie, formulierte u. a. das kosmolog. Prinzip.

Milner ['mılnə], Alfred, Viscount (seit 1902), brit. Politiker, * Gießen 23. 3. 1854, † Sturry Court (Cty. Kent) 13. 5. 1925; trug als Hochkommissar für Südafrika und Gouv. der Kapkolonie (ab 1897) zum Ausbruch des Burenkriegs (1899–1902) bei. Nach dessen Beendigung Gouv. der eroberten Burenstaaten und weiterhin (bis 1905) Hochkommissar, förderte er den Wiederaufbau von Wirtschaft und Verw. Südafrikas. 1916 ins brit. Kriegskabinett berufen; 1919–21 Kolonialmin. M. war ein führender Vertreter des brit. Imperialismus.

Milo, italien. Name der Insel / Melos.

Milošević ['mɪlɔʃəvic], Slobodan, serb. Politiker, * Požarevac 29. 8. 1941; wurde 1986 1. Sekretär der KP, 1990 Vors. der Sozialist. Partei Serbiens (bis 2002), war 1989–97 Präs. Serbiens und ab Juli 1997 Präs. Jugoslawiens (Okt. 2000 zum Rücktritt gezwungen); trug hohe Mitverantwortung an den blutigen Kriegen in Kroatien sowie Bosnien und Herzegowina (1991–95), v. a. aber an der Eskalation der internat. Kosovokrise (1998/99). Am 1. 4. 2001 ließ ihn MinPräs. Z. Djindjić festnehmen und am 28. 6. an das Kriegsverbrechertribunal in Den Haag ausliefern (Anklageerhebung schon Mai 1999). Der Prozess wegen Verbrechen gegen die Menschlichkeit, Kriegsverbrechen in Bosnien und Herzegowina, Kroatien und im Kosovo sowie Völkermord begann am 12. 2. 2002.

Miloš Obrenović ['milɔʃ ɔ'brɛnɔvit͡ɕ], Fürst von Serbien (1817–39 und 1858–60), * Dobrinja 18. 3. 1780, † Topčider (bei Belgrad) 26. 9. 1860; Stammvater der Dynastie / Obrenović; 1815 Führer im serb. Freiheitskampf gegen die Türken, wurde nach dem Tod seines Gegners Karađorđe 1817 zum Fürsten gewählt und vom Osman. Reich anerkannt. Er regierte despotisch, musste 1839 abdanken, wurde jedoch 1858 zurückberufen.

Miłosz ['miwɔʃ], Czesław, poln. Dichter und Publizist, * Seteiniai (Litauen) 30. 6. 1911; bed. Lyriker und Romancier; war 1945–51 Kulturattaché in USA und Frankreich; 1951 Emigration nach Paris und in die USA (1970 amerikan. Staatsbürger); 1961–78 Prof. für Slawistik in Berkeley (Calif.). M. schrieb »Verführtes Denken« (1953), den Kindheitsroman »Das Tal der Issa« (1955), die Autobiografie »West- und östl. Gelände« (1959), »Collected Poems« (Ged., 1988) u. a. Themen seiner Lyrik sind existenzielle und (geschichts)philosoph. Probleme, in seinen Essays behandelt er die Lage der Intellektuellen im stalinist. Polen und seine Lage als Emigrant. Bed. Übersetzer. 1980 Nobelpreis für Literatur.

Milstein ['mılstaın], 1) César, brit. Molekularbiologe argentin. Herkunft, * Bahia Blanca 8. 10. 1927, † Cambridge 24. 3. 2002; erhielt 1984 für die Erarbeitung der Technik zur Herstellung monoklonaler Antikörper den Nobelpreis für Physiologie oder Medizin mit G. J. F. Köhler und N. K. Jerne.

2) Nathan, amerikan. Violinist russ. Herkunft, * Odessa 31. 12. 1903, † London 21. 12. 1992; lebte seit 1929 in den USA. M. wurde bes. als brillanter Interpret klass. und romant. Violinmusik bekannt; schrieb u. a. Variationen für Solovioline.

Miltenberg, 1) Landkreis im RegBez. Unterfranken, Bayern, 716 km^2, 131 300 Einwohner.

2) Krst. von 1) in Bayern, am Main, 9 700 Ew.; Holz-, Papierindustrie, Maschinen-, Elektromotorenbau; Brauereien; Weinbau. – Zahlr. Fachwerkhäuser aus dem 15.–18. Jh. (z. B. Gasthof »Riesen«, 1590), Rathaus (15. Jh.), Amtskellerei (16./17. Jh.), Pfarrkirche (im Kern 14. Jh.), barocke Franziskanerkirche (17. Jh.), Reste der Stadtbefestigung. – Erhielt vor 1285 Stadtrecht.

Miltiades, athen. Feldherr, * um 550 v. Chr., † Athen um 489 v. Chr.; seit 516 v. Chr. Tyrann auf dem Thrak. Chersones. Nach dem Scheitern des Ion. Aufstandes floh er 493 nach Athen. M. trug 490 entscheidend zum Sieg über die Perser bei Marathon bei, scheiterte 489 bei einer Unternehmung gegen das perserfreundl. Paros und starb bald darauf an einer dabei erlittenen Verwundung.

Milton ['mıltən], John, engl. Dichter, * London 9. 12. 1608, † ebd. 8. 11. 1674; 1638/39 Reisen nach Frankreich und Italien; kämpfte während des engl. Bürgerkriegs aufseiten des Parlaments; forderte in zahlr. Schriften u. a. die Demokratisierung der Kirche, eine allseitige, praxisbezogene Erziehung (»Von der Erziehung«, 1644), Pressefreiheit (»Areopagitica«, 1644) und das Recht der Ehescheidung. Unter

Karl Millöcker

Willy Millowitsch

Czesław Miłosz

John Milton

Cromwell 1649–60 Staatssekretär im außenpolit. Amt; nach Rückkehr der Stuarts kurze Zeit gefangen gesetzt; zog sich dann, vereinsamt und erblindet, auf sein literar. Schaffen zurück. M.s Hauptwerk ist das 10 565 Blankverse umfassende Epos »Paradise lost« (10 Bücher, 1667; 1674 auf 12 Bücher erweitert, dt. u. a. als »Das verlorene Paradies«), das die Schöpfung des Menschen und den Sündenfall behandelt und durch seine kühnen allegor. Bilder bes. auf Klopstock und die engl. Romantik gewirkt hat; 1671 fortgesetzt mit dem Epos »Paradise regained« (4 Bücher, dt. u. a. als »Das wiedergewonnene Paradies«). Als Dramatiker trat M. mit dem frühen Maskenspiel »Comus« (1634) und dem bibl. Lesedrama mit autobiograf. Hintergrund »Samson Agonistes« (1671) hervor. Verfasste auch meisterhafte Sonette.

Milton Keynes [ˈmɪltən ˈkeɪnz], Stadt (New Town) in der südengl. Cty. Buckinghamshire, nördlich von London, 197 100 Ew.; Open University (Fernstudium); Gewerbeparks.

Milva, eigtl. Maria Ilva Biolcati, italien. Sängerin, * Goro (bei Ferrara) 17. 7. 1939; trat internat. mit anspruchsvollen Chansons und Songs aus Stücken von B. Brecht hervor.

Milwaukee [mɪlˈwɔːkɪ], größte Stadt von Wisconsin, USA, wichtiger Hafen an der Mündung mehrerer Flüsse in den Michigansee, 628 100 Ew. (Agglomeration 1,43 Mio. Ew.); kath. Erzbischofssitz; kath. Marquette-Univ. und andere Bildungseinrichtungen; Museen (u. a. M. Art Museum); Maschinen-, Geräte- und Fahrzeugbau, Elektronik-, chem. und Textilindustrie.

Milz (Lien, Splen), in den Blutkreislauf eingeschaltetes größtes lymphat. Organ der Wirbeltiere und des Menschen; liegt beim Menschen im oberen linken Teil der Bauchhöhle zw. Magen und Zwerchfell. Die M. hat die Form einer Bohne (etwa 12 cm lang und 8 cm breit) und wiegt 150–200 g. Sie besteht aus einer von Bauchfell überzogenen, von glatten Muskelfasern durchsetzten M.-Kapsel, von der zahlr.

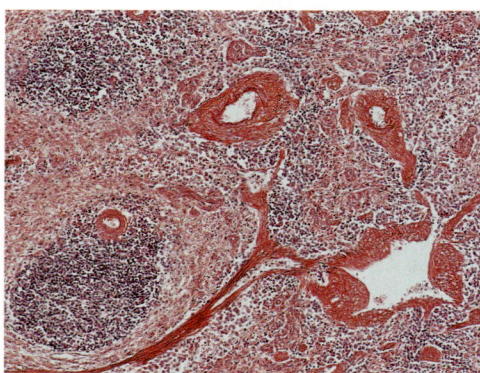

Milz: lichtmikroskopisches Bild der Milz des Menschen mit Lymphozyten (schwarze Punkte; Vergrößerung 180fach)

bindegewebige Stränge **(Trabekel, Balken)** in das M.-Innere ziehen. Die Trabekel umschließen ein feinmaschiges Bindegewebenetz, das mit Blut gefüllt ist **(rote Pulpa).** In bestimmten Abschnitten finden sich innerhalb der roten Pulpa grauweißlich aussehende Inseln lymphat. Gewebes, die **M.-Knötchen** (Malpighi-Körperchen), die in ihrer Gesamtheit als **weiße Pulpa** bezeichnet werden. Funktion: Bildung von Lymphozyten sowie Antikörpern bei schweren Infektionskrankheiten (durch die starke Beanspruchung vergrößert sich die M. erheblich), Auffangen von Blutverunreinigungen (»Blutfilter«, z. B. für Bakterien, Pigmente), Abbau von roten (überalterten) Blutkörperchen, Bildung von Blut während der Embryonalzeit. – Die M. ist nicht unbedingt lebensnotwendig. Nach ihrer operativen Entfernung übernehmen die anderen lymphat. Organe des Organismus (Leber, Knochenmark, Lymphknoten) ihre Funktion. Da die M. einen offenen Blutkreislauf hat, sind Verletzungen der M. nicht heilbar. Kontraktionen der M. bei vermehrtem plötzl. Sauerstoffbedarf können **Seitenstechen** (M.-Stechen) bewirken.

Milzbrand (Anthrax), vom Tier (v. a. Wiederkäuer, Schweine, Tierfelle) auf den Menschen übertragbare, meldepflichtige Infektionskrankheit (Anthropozoonose) mit Fieber, Schüttelfrost, Koliken und Atemnot. Erreger ist der M.-Bazillus (Bacillus anthracis). Die Inkubationszeit beträgt wenige Stunden bis drei Tage. Die bei Tieren häufigste Form des M. ist der **Darm-M.** mit typisch vergrößerter, schwarzroter Milz. Aber auch Haut (M.-Karbunkel) und Lungen **(Hadernkrankheit)** werden befallen. – M. ist durch Kontakt mit infizierten Tieren, aber auch Fellen, Häuten, Lumpen und Bürsten (Schmierinfektion), Einatmung der Erreger oder infizierte Nahrungsmittel auf den Menschen übertragbar. Milzbrandsporen besitzen eine hohe Chemo- und Thermoresistenz und überstehen härteste Umweltbedingungen; sie können jahrzehntelang überleben. Beim Menschen manifestiert sich der M. entsprechend den versch. Infektionswegen an der Haut, in der Lunge und im Darm. Der **Haut-M.** ist die häufigste, natürlich vorkommende Form mit ungefähr 2 000 gemeldeten Fällen pro Jahr. Er entsteht durch die Übertragung erregerhaltigen Materials auf die Haut. Der **Lungen-M.** entsteht durch Einatmung von Sporen (Inhalations-M.; auch nach Einsatz von Biowaffen). Eine frühe Diagnose ist sehr schwierig; der Nachweis der im Sputum reichlich vorhandenen Bazillen kommt meist zu spät. Der Darm-M. ist sehr selten und wird gewöhnlich durch den Genuss infektiösen Fleisches verursacht. Er verläuft als infektiöse, meist tödl. Darmentzündung. Die *Behandlung* (Isolierstation) besteht in der möglichst frühzeitigen Gabe hoch dosierter Antibiotika (u. a. Penicillin G).

Milzbrandbakterien (Milzbrandbazillen, Milzbranderreger, Anthrax-Bakterien, Bacillus anthracis), zur Bakteriengattung Bacillus gehörende Bakterienart, von Robert Koch entdeckt und 1876 als Erreger des Milzbrandes beschrieben. M. sind grampositive unbegeißelte Stäbchen, die von einer Glutaminsäurekapsel umgeben sind. Zur Überdauerung ungünstiger Lebensbedingungen können sie hitzeresistente Endosporen ausbilden, die im Erdboden jahrzehntelang lebensfähig bleiben. Die Bakterien gelangen mit den Ausscheidungen kranker Tiere oder mit ihren Kadavern in den Erdboden und bilden dann außerhalb des Tierkörpers Sporen, die vom Boden aus gesunde Tiere infizieren können. Das Infektionsspektrum des Milzbranderregers umfasst alle warmblütigen Tierarten sowie den Menschen. Die Erkrankung tritt in Europa nur sporadisch auf. – Da Milzbrandsporen über lange Zeiträume infektiös bleiben und bestimmte Formen zu den gefährlichsten Krankheitserregern überhaupt zählen, wurde bereits im Zweiten Weltkrieg an der Entwicklung stabiler M.-Stämme für die biolog. Kriegführung gearbeitet. Nach Kriegsende setzten einige Staaten diese Aktivitäten ungeachtet des Verbots (↗ ABC-Waffen) fort. – Wurden 1998 in den USA bereits 37 Fälle von Milzbrandandrohungen registriert, so terrorisierten im Herbst 2001 unbekannte Täter das Land mit Milzbrandanschlägen, die mehrere Todesopfer forderten.

Milzfarn (Ceterach), Gattung der Streifenfarngewächse; Blätter oberseits dunkelgrün und kahl, unterseits dicht mit graubraunen, breiten Schuppenhaaren bedeckt. In Mitteleuropa der **Spreuschuppige M.** (Ceterach officinarum) in warmen Felsspalten und Mauern; Wedel 5–20 cm lang.

Milzkraut (Chrysosplenium oppositifolium), niedriges, ausdauerndes Steinbrechgewächs mit trugdoldig gehäuften, kleinen gelbl. Blüten; an Quellen und sumpfigen Stellen.

Mimamsa [Sanskrit »Erörterung«] *die,* urspr. die method. Auslegung der ved. Opfertexte und Ritualhandlungen, die sich zu einem philosoph. System entwickelte (/ indische Philosophie und Religion); lehrt Ewigkeit, Unfehlbarkeit und Kraft der Veden.

Mimas, ein Mond des Planeten / Saturn.

Mimbar [arab.] *der,* der / Minbar.

Mime [grch.] *der* (lat. Mimus), in der Antike Darsteller eines / Mimus; heute veraltend für (bed.) Schauspieler.

Mimese:
Phytomimese der als »Wandelndes Blatt« bezeichneten Gespenstschrecke

Mimese [grch.] *die,* Form der Schutz- und Tarntrachten bei Tieren, die sich in spezif. Verhaltensweise, in Färbung und Zeichnung oder Körperform äußert und ihre Träger vor der Gefahr schützt, als Beute erkannt zu werden und im Unterschied zu / Mimikry nicht abschreckend wirkt. **Zoo-M.** liegt bei Übereinstimmung mit einem anderen Tier vor, **Phyto-M.** bei Ähnlichkeit mit einer Pflanze oder ihren Teilen und **Allo-M.** bei Nachahmung unbelebter Gegenstände.

Mimesis [grch.] *die,* Nachahmung; seit der Antike ein viel umstrittenes Prinzip der Ästhetik und Kunsttheorie oder -philosophie; nach E. Auerbach die »Interpretation des Wirklichen durch die literar. Darstellung« (»dargestellte Wirklichkeit«).

Mimik [lat.-grch.] *die,* Ausdrucksgeschehen und -formen im Bereich des menschl. Gesichts (auch bei höheren Säugetieren vorkommend). Die M. ist abzugrenzen von der / Pantomimik und der / Physiognomik. Beim Theater wird sie von der Deklamation und den körperlichen Ausdrucksbewegungen (Gebärde, Geste) unterschieden.

Mimikry [engl., eigtl. »Nachahmung«] *die,* Sonderfall einer tier. Schutzanpassung, bei der ein gut geschütztes Tier, das über eine / Warntracht verfügt, von einem ungeschützten Tier anderer Artzugehörigkeit in Körperform oder Farbe nachgeahmt wird, z. B. die Hornisse durch den (harmlosen) Hornissenschwärmer oder die giftige Korallenotter durch versch. harmlose Schlangen.

Mimir, altnord. Mythos: der Hüter einer Quelle an der Wurzel von / Yggdrasil, deren Genuss höchste Weisheit verleiht. Odin schöpft aus ihr seine geistige Überlegenheit. Nach späterer Dichtung fällt M. dem Streit zw. Asen und Vanen zum Opfer, aber Odin holt sich noch von dessen abgeschlagenem Haupt Rat. Der Mythos vom weissagenden Haupt in einer Quelle weist auf kelt. Überlieferung.

Mimose [lat. aus grch.] *die,* **1)** oft fälschlich im Blumenhandel verwendete Bez. für blühende Zweige einiger Akazienarten.
2) *Botanik:* (Mimosa) Gattung der Mimosengewächse mit doppelt gefiederten Blättern, z. T. stachlig, mit gelben, weißl., rosa oder violetten Blüten in Köpfchen oder Ähren. Bei der halbstrauchigen, aus Brasilien stammenden Tropenpflanze **Schamhafte M.** (**Sinnpflanze,** Mimosa pudica) klappen in Gelenkpolstern bei der geringsten Erschütterung und Berührung die Blättchen nach oben zusammen und schließlich das ganze Blatt abwärts; durch den Stängel greift der Reiz abwärts auf andere Blätter über. Nach einiger Zeit richten sich die Blätter wieder zurück. Verdunklung wirkt ähnlich (»Schlafstellung«).

Mimulus, die Pflanzengattung / Gauklerblume.

Mimus [lat.] *der* (grch. Mimos), **1)** Mime, Schauspieler.
2) antike Form der improvisierten Darstellung kom. Alltagsszenen mit Gebärde, Tanz und Gesang. Entwickelte sich neben der antiken Komödie als eigene kom. Gattung; gespielt wurde ohne Maske und Kothurn, mit männl. und weibl. Darstellern, häufig auf Jahrmärkten. Als literar. Form zuerst bei Sophron im 5. Jh. v. Chr.; dann bei Theokrit und Herodas von Kos.

min, Einheitenzeichen für / Minute.

Mina Abdulla (Minah Abdallah), Erdölverladehafen und Raffinerie in Kuwait, am Pers. Golf, südlich von Mina al-Ahmadi und Schuaiba; durch Pipelines mit dem großen Erdölfeld Wafra verbunden.

Mina al-Ahmadi [-'axmadi], Stadt und Erdölgroßverladehafen in Kuwait, am Pers. Golf; 27 000 Ew.; Erdölraffinerie.

Minamata-Krankheit, chron. Quecksilbervergiftung durch Verzehr von mit Industrieabwässern kontaminierten Meeresfischen; trat zuerst bei Anwohnern der Minamatabucht (Japan) auf.

Minamoto, einer der Sippennamen für Nachkommen des japan. Kaiserhauses, die in den Untertanenstand versetzt waren. Mit den Taira, die ebenfalls dem Kaiserhaus entstammten, gerieten die M. in of-

Mimose 2):
Schamhafte Mimose

Minarett
»Malwija« (mit spiralförmiger Rampe) der 847–861 erbauten Großen Moschee in Samarra

fene Auseinandersetzungen um die Macht im Staat, in denen sie sich nach wechselvollen Kämpfen im 12. Jh. endgültig durchsetzten. Minamoto no Yoritomo (* 1147, † 1199) wurde zum Begründer der Shogunatsregierung. (↗ Japan, Geschichte)

Minangkabau, jungindones. Volk im Padanghochland W-Sumatras, Indonesien; etwa 6,5 Mio. Menschen; Holzhäuser mit reich beschnitzten Giebeln; mutterrechtl. Gesellschaftsordnung.

Minarett [arab. »Platz, wo Feuer oder Licht ist«] *das* (Minar, Manara), schlanker, galerieumgebener Turm einer Moschee, von dem der Muezzin die Gläubigen zum Gebet ruft. – Abb. S. 3135

Minas Gerais [ˈminaʒ ʒeˈrais], Binnenstaat Brasiliens, 588 384 km², 17,84 Mio. Ew.; Hptst.: Belo Horizonte. M. G. gehört größtenteils zum Brasilian. Bergland und ist der wichtigste Bergbaustaat Brasiliens mit reichen, hochwertigen Eisen- und Manganerzen; ferner werden u. a. Gold, Schmucksteine, Ind. diamanten, Quarz, Bauxit, Nickelerz, Graphit abgebaut. Außerdem Anbau von Reis, Bohnen, Mais, neuerdings im S wieder zunehmend Kaffee sowie intensive Rinderweidewirtschaft im Norden.

Minbar [arab.] *der* (Mimbar), Kanzel in der Moschee, auf der die Freitagspredigt (↗ Chutba) gehalten wird; befindet sich (von vorn gesehen) rechts von der Gebetsnische (↗ Mihrab).

Minbar in der Mehmet-Pascha-Moschee in Istanbul, die 1571 von Sinan erbaut wurde

Mindanao, zweitgrößte und südlichste Insel der Philippinen, mit Nebeninseln 94 630 km², 15,15 Mio. Ew.; stark gegliedert, gebirgig und vulkanisch geprägt (Apo, 2954 m ü. M.), reich an Seen, Sümpfen; trop. Monsunwald; Anbau von Abacá (Manilafaser), Kopra, Reis, Mais. Haupthäfen sind Davao und Cagayan de Oro. – Ein besonderes polit. Problem stellen die 15–20% der Bev. von M. bildenden Muslime (Moro) dar; ihrer ethn. Herkunft nach unterscheiden sie sich nicht von den übrigen Filipinos, jedoch identifizieren sie sich mehr mit der islam. Welt. Dieser seit Jahrhunderten andauernde Glaubenskonflikt eskalierte zu Beginn der 1970er-Jahre zu einem für beide Seiten verlustreichen Guerillakrieg, der nach der Unterzeichnung eines Friedensabkommens (1996) durch die größte kämpfende Muslimorganisation, die »Moro National Liberation Front«, zunächst abebbte, 1999 aber erneut ausbrach (↗ Philippinen, Geschichte).

Mindel *die,* rechter Nebenfluss der Donau, 75 km lang, entspringt westlich von Kaufbeuren. Nach ihr ist die **Mindel-Eiszeit** des alpinen Vereisungsgebietes benannt.

Mindelheim, Krst. des Landkreises Unterallgäu, Bayern, an der Mindel, 14 000 Ew.; Museen; Maschinen- und Werkzeugbau, Kunststoff- u. a. Industrie. – Histor. Stadtbild mit Stadttoren, Stadtmauerresten, Pfarrkirche (1712 umgebaut) mit Glockenturm (15. Jh.), Liebfrauenkapelle (15. Jh.), Jesuitenkirche (17./18. Jh.), Franziskanerinnenkloster Hl. Kreuz (17./18. Jh.) mit Refektorium (1739/40). Die **Mindelburg** (um 1370, mehrfach umgebaut) war Sitz des Georg von ↗ Frundsberg. – 1046 erstmals gen.; vor 1256 Stadt.

Mindelo [-lu], wichtigste Hafenstadt und Wirtschaftszentrum von Kap Verde, auf São Vicente, 47 100 Ew. Den Hafen laufen Schifffahrtslinien im Transatlantikverkehr an.

Minden, Krst. des Kr. Minden-Lübbecke, NRW, 83 600 Ew.; an der Weser, die nördlich der Stadt vom Mittellandkanal überquert wird; Wasser- und Schifffahrtsamt, Abt. Bauwesen der FH Bielefeld; vielseitige Ind. (Chemie, Metall, Elektronik, Papier, Keramik, Holzverarbeitung); Häfen an der Weser und am Mittellandkanal. – Frühgot. Dom (Hallenkirche) mit roman. Westwerk (um 1150); ebenfalls auf roman. Vorgängerbauten gehen die zu got. Hallenkirchen umgestalteten Pfarrkirchen St. Marien (14. Jh.), St. Simeonis (nach 1305, Chor 1434) und St. Martini (nach 1300) zurück; Rathaus (Ende 13. Jh., Oberbau erneuert), Neues Rathaus (1974–78). – 798 erstmals gen.; wurde nach 1050 Stadt, um 1230 Stadtrecht; Mitgl. der Hanse; fiel 1648 an Brandenburg. – Das Bistum Minden (nach 800 gegr.) erlosch 1648 und fiel als Fürstentum an Brandenburg.

Minden-Lübbecke, Kr. im RegBez. Detmold, NRW, 1 152 km², 323 100 Ew.; Krst. ist Minden.

Mindere Brüder, Bez. für die ↗ Franziskaner.

Minderheit (Minorität), als ergänzender Begriff zu Mehrheit in der Verfassungsdiskussion seit der Antike eine Bez. für den jeweils in einer Abstimmung unterlegenen Teil einer Gesamtgruppe. M. gibt es auf versch. Gebieten: 1) im Verfassungs- und Staatsrecht bei zu treffenden polit. Entscheidungen; 2) im Bereich der polit. Geschichte und des Völkerrechts als Bez. für eine Gruppe von Menschen, die nicht alle als wichtig erachteten Merkmale der Mitgl. eines polit. Verbandes (Nation, Staat) aufweisen (wollen); 3) im religiösen Bereich als Abweichung von einer dominierenden Religionsgemeinschaft unter Beanspruchung gleicher Geltung; 4) in den Sozialwiss. als Bez. für Menschen und soziale Gruppen, denen Anderssein bezüglich der gesamtgesellschaftlich bestimmenden Merkmale zugesprochen wird oder die diese für sich beanspruchen (**Randgruppen**); 5) in sozialpsycholog. Sicht für Menschen, die sich in ihrer Persönlichkeitsstruktur, in ihrem Verhalten und in ihrer Konstitution von anderen Menschen und deren sozialen Normen unterscheiden. M. bezeichnet nicht nur einen vorhandenen Tatbestand oder ein Zahlen- oder Machtverhältnis, sondern eine soziale Beziehung, innerhalb deren durch die Normen einer bestimmenden Gruppe andere Menschen, Gruppen und Verhaltensweisen mit weniger Anerkennung ausgestattet werden und infolgedessen in ihren Lebens- und Durchsetzungschancen begrenzter sind, als es die bestehenden Möglichkeiten zulassen.

Angehörige von M. werden in zahlr. Staaten verfassungs- und völkerrechtlich durch Individualrechte geschützt. Dieser »mittelbare« **M.-Schutz** begründet sich in Dtl. u. a. aus dem Gleichheitsgrundsatz (Art. 3 Abs. 1 GG) und dem Diskriminierungsverbot (Art. 3 Abs. 3 GG), dem »Internat. Pakt über bürgerl. und polit. Rechte« (Polit. Pakt) und dem »Internat. Pakt über wirtsch., soziale und kulturelle Rechte« (Sozialpakt) der UN (1966), dem »Internat. Abkommen zur Beseitigung jeder Form von Rassendiskriminierung« (1966), der »Europ. Konvention zum Schutze der Menschenrechte und Grundfreiheiten« (1950), dem Rahmenübereinkommen zum Schutz nat. M. des Europarats (1995). Alle diese Verträge (Ausnahme Sozialpakt) verpflichten die Unterzeichnerstaaten zur Gleichbehandlung von rass., religiösen, nat. und ethn. M. im innerstaatl. Recht. Dem M.-Schutz dient in Dtl. des Weiteren das Erfordernis qualifizierter Mehrheiten (z. B. für Verf.änderung), die Gewährleistung von Grundrechten, die durch Gesetze nicht beliebig einschränkbar sind, auch das Verhältniswahlrecht, das u. a. M. die Beteiligung an der parlamentar. Repräsentation sichern soll.

Minderheitsregierung, in einem parlamentar. Mehrparteiensystem eine nur von einer Minderheit der Abg. unterstützte Reg.; zumeist politisch instabil, kann schnell durch ein Misstrauensvotum der Opposition gestürzt werden.

Minderjährige, Kinder und Jugendliche bis zur ↗Volljährigkeit. M. unterstehen elterl. Sorge, sie sind beschränkt delikts- und geschäftsfähig.

Minderjährigenhaftungsbeschränkung, die am 1. 1. 1999 in Kraft getretene Regelung, die die Haftung von Minderjährigen für Verbindlichkeiten, die ihre gesetzl. Vertreter für sie begründet haben oder die durch Erbfall entstanden sind, auf das bei Eintritt der Volljährigkeit des Kindes vorhandene Vermögen beschränkt (§ 1629 a BGB).

Minderung, die nachträgl. Herabsetzung des Kaufpreises wegen eines vom Verkäufer zu vertretenden Mangels der gekauften Sache (↗Kauf; § 441 BGB). Entsprechendes gilt beim ↗Werkvertrag, beim ↗Reisevertrag und bei der Miete (§§ 536 BGB, wegen eines Sach- oder Rechtsmangels, durch den der Mieter im Gebrauch der Sache mehr als unerheblich beeinträchtigt wird). – Ähnl. Regelungen gelten in *Österreich* (§§ 932, 1167 ABGB) und in der *Schweiz* (Art. 205 ff., 368 ff. OR).

Minderwertigkeitsgefühl, Begriff der ↗Individualpsychologie (A. Adler), das allg. Gefühl des Versagens vor den Ansprüchen der Umwelt oder der Unterlegenheit, Unsicherheit und Schwäche gegenüber den Leistungen oder dem Wert von Mitmenschen in körperl., geistiger oder moral. Beziehung. Ein **Minderwertigkeitskomplex** entsteht durch ständige Verdrängung von übermäßigen (»überwertigen«) M. ins Unterbewusste.

Mindestgebot, das Gebot, auf das der Zuschlag erteilt werden darf, bei der öffentl. Versteigerung mindestens die Hälfte des gewöhnl. Verkaufswertes der Sache, bei der Zwangsversteigerung von Grundstücken 70 % des Verkehrswertes.

Mindestgeschwindigkeit, 1) *Luftfahrt:* bei Flugzeugen die kleinste Eigengeschwindigkeit, die Starrflügelflugzeuge einhalten müssen, um nicht durch Zusammenbruch des aerodynam. Auftriebs ihre Steuerbarkeit zu verlieren.

Minden: Blick über die Weser auf die Stadt mit Dom, rechts davon die Pfarrkirchen St. Simeonis und St. Martini

2) *Straßenverkehr:* für Kfz auf bestimmten Straßen vorgeschriebene Geschwindigkeit, die nicht unterschritten werden darf.

Mindestpreis, gesetzlich oder behördlich festgesetzter Verkaufspreis, der über-, nicht aber unterschritten werden darf; Mittel staatl. Preispolitik, um ruinöse Konkurrenz zu verhindern.

Mindestreserven, Guthaben, die Kreditinstitute bei der Zentralbank in Höhe eines bestimmten Prozentsatzes (**M.-Satz**) ihrer reservepflichtigen Einlagen unterhalten müssen. Urspr. zur Sicherung der ↗Liquidität gedacht, dienen M. heute eher geldpolit. Zwecken, da die Notenbank über die Festsetzung der M. (**M.-Politik**) die Nachfrage nach Zentralbankgeld und auf diesem Wege die Geldmenge beeinflussen kann. Durch eine Verringerung (Erhöhung) des M.-Satzes wird die Liquidität der Kreditinstitute und damit deren Bereitschaft zur Kreditgewährung vergrößert (eingeschränkt). Auch im Rahmen der EWU dient die M.-Pflicht als geldpolit. Instrument. Über die Gestaltung der M.-Sätze entscheidet der Rat der EZB. Im Ggs. zu den vorherigen Regelungen der Dt. Bundesbank werden die M. bei der EZB allerdings verzinst.

Mindoro, eine der elf großen Inseln der Philippinen, 9 735 m², 946 000 Ew.; verwaltungsmäßig in die Prov. Oriental M. und Occidental M. gegliedert.

Mindszenty [ˈmindsɛnti], József, eigtl. J. Pehm, ungar. kath. Theologe, *Csehimindszent (bei Szombathely) 29. 3. 1892, †Wien 6. 5. 1975; wurde 1944 Bischof von Veszprém, 1945 Erzbischof von Esztergom und Primas von Ungarn, 1946 Kardinal; 1949 als Gegner des Kommunismus verhaftet, des Hochverrats angeklagt und zu lebenslanger Haft verurteilt; lebte nach seiner Befreiung während des ungar. Aufstandes (1956) bis 1971 im Asyl in der amerikan. Botschaft in Budapest; seitdem in Wien; 1974 im Gefolge der vatikan. Ostpolitik gegen seinen Willen amtsenthoben; 1990 durch die ungar. Reg. rehabilitiert; 1991 Überführung seiner sterbl. Überreste zur feierl. Bestattung im Dom von Esztergom.

Mine [frz.] *die,* **1)** *Bergbau:* Bergwerk, Erzlager, unterird. Gang.

2) *graf. Technik:* Schreibeinlage in Blei-, Bunt-, Kopierstiften sowie Tinten- oder Pastenbehälter, z. B. Kugelschreibermine.

3) *Waffentechnik:* Sprengkörper unterschiedl. Bauart und Form. Grundsätzlich unterscheidet man zwischen Land- und Seeminen. **Land-M.** werden unter oder auf der Erde verlegt und i. Allg. durch Druck-

Minden
Stadtwappen

zünder ausgelöst. Nach der Zweckbestimmung unterscheidet man bei Land-M. hauptsächlich **Schützen-** und **Panzer-M.** (z. B. Panzerabwehrwurfmine). Die **See-M.** ist ein passiver Sprengkörper zur Vernichtung von Schiffen. Grundsätzlich unterscheidet man zwei Arten: Die **Ankertau-M.** ist ein verankerter, unter der Wasseroberfläche auf einer vorher eingestellten Tiefe stehender Schwimmkörper, der durch Berührung

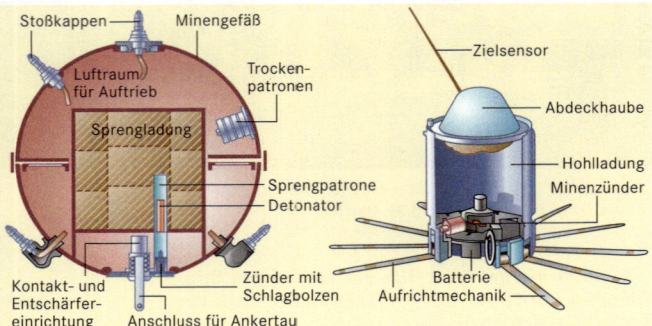

Mine 3): Schnittzeichnung einer Ankertaumine (links) und einer Panzerabwehrwurfmine

(Beschädigung von Zündkappen, Erschütterung, Neigung oder Drehung) gezündet wird. Die **Grund-M.**, die auf dem Meeresboden liegt, hat eine Fernzündung durch magnet., akust. oder Druckeinwirkung oder eine Vereinigung dieser Systeme, die das Räumen der M. verhindern soll. – Das internat. Übereinkommen über das Verbot des Einsatzes, der Lagerung, Herstellung und Weitergabe von Antipersonenminen und über deren Vernichtung wurde im Dez. 1997 in Ottawa unterzeichnet (in Kraft seit März 1999); bisher (2000) traten 137 Länder (außer u. a. Russland, China, USA) bei.

Minenräumpanzer, Kampfpanzer mit Anbaugerät zum Räumen von Minen.

Minensuchboot, aus amagnet. Material gebautes Kriegsschiff mit besonderen Einrichtungen zum Suchen und Räumen (daher auch **Minenräumboot**), aber auch zum Legen von Seeminen.

Minensuchgerät, Gerät zum Auffinden von Landminen. Man unterscheidet einfache M. (bis zu 2 m lange Minensucheisen und kleinere Minensuchstäbe) und elektromagnet. M., die nach dem Prinzip des Metallsuchgeräts arbeiten.

Minerale [lat.] (Mineralien), chem. Elemente oder anorgan., selten organ., meist kristalline Verbindungen, die als Bestandteile der Erdkruste, des Erdmantels oder von Meteoriten in der Natur vorkommen, auch auf Planeten und Monden, oder sich bei techn. Schmelz- und Kristallisationsvorgängen bilden. Sie bauen die Gesteine auf oder kommen als Ausblühungen an der Erdoberfläche vor. – M. mit gleicher chemisch-stöchiometr. Zusammensetzung und gleichem Kristallstrukturtyp bilden eine **Mineralart.** Zur Beschreibung und Bestimmung dienen neben chem., mikroskop. und röntgenograph. Daten auch »äußere Kennzeichen«: Kristallform, Dichte, Härte, Spaltbarkeit, Glanz, Farbe, Strich und Lichtdurchlässigkeit. – Von den etwa 3 500 bekannten M. kommen nur etwa 400 gesteinsbildend in der Erdkruste vor, z. B. Quarz, Feldspat, Glimmer, Hornblenden, Olivin. Etwa 13 Mineralarten (v. a. Silikate) bauen über 90 % der Erdkruste auf. Bes. Sulfide und Oxide haben Bedeutung als Erze. – Anhand der chem.

Zusammensetzung unterscheidet man neun **Mineralklassen:** 1) Elemente, 2) Sulfide, Arsenide, Antimonide, 3) Halogenide, 4) Oxide und Hydroxide, 5) Carbonate, Nitrate, Borate, 6) Sulfate, Chromate, Molybdate, Wolframate, 7) Phosphate, Arsenate, Vanadate, 8) Silikate, 9) organ. Verbindungen.

Mineralfasern, Sammelbez. für Fasern aus anorgan. Rohstoffen. Man teilt die M. ein in Naturfasern (z. B. Asbest) und industriell hergestellte Fasern (z. B. Glas-, Steinwolle).

Mineralfazi|es (Mineralfaziesprinzip), von dem finn. Mineralogen Pentti Eelis Eskola (* 1883, † 1964) begründetes Gliederungsschema von Gesteinen in Abhängigkeit von Bildungsdruck und -temperatur. Zunächst für metamorphe Gesteine entwickelt, wurde sie später auch auf magmat. Gesteine ausgedehnt und weiter verfeinert. Die einzelnen Fazies umfassen jeweils alle Gesteine, die in dem durch die Mineralkombination des namengebenden Gesteins definierten Temperatur-Druck-Bereich gebildet wurden. Die M. schließt auch die Zonengliederung der metamorphen Gesteine ein.

Mineralisation [lat.] *die* (Mineralisierung), Abbau organ. Stoffe bis zu anorgan. (»mineralischen«) Verbindungen (z. B. Kohlendioxid, Ammoniak, Wasser), v. a. durch die Tätigkeit von Mikroorganismen im Boden oder an der Erdoberfläche, auch durch die Einwirkung von Druck und Temperatur im Erdinnern (z. B. bei der Inkohlung).

Mineralocortico|ide, ↗ Nebennierenrindenhormone.

Mineralogie [lat.-grch.] *die,* Wiss., die sich mit der Untersuchung der Minerale befasst. Sie wird allg. in die Gebiete ↗ Kristallographie, spezielle M. (Beschreibung der Minerale nach ihrer Entstehung, ihren äußeren Eigenschaften und ihrer Verbreitung), ↗ Petrologie sowie Geochemie, Lagerstättenkunde und techn. Gesteinskunde eingeteilt.

Mineral|öle, Sammelbez. für die aus mineral. Rohstoffen (Erdöl, Braun- und Steinkohle, Holz, Torf) gewonnenen flüssigen Destillationsprodukte, die im Wesentlichen aus Gemischen von gesättigten Kohlenwasserstoffen bestehen.

Mineral|ölsteuer, dem Bund zufließende Verbrauchsteuer auf importierte oder im Inland gewonnene Mineralöle, die als Treib- oder Heizstoffe verwendet werden; Rechtsgrundlage ist das M.-Ges. i. d. F. v. 21. 12. 1992. Seit 1989 werden auch zu Heizzwecken verwendetes Erd- und Flüssiggas im Rahmen der M. belastet. Je nach Mineralölart gelten unterschiedl., für Heizöle ermäßigte Steuersätze **(Heizölsteuer).** Ein Teil des M.-Aufkommens (2002: 42,2 Mrd. €) wird für kommunale Verkehrsvorhaben verwendet. Im Rahmen der »ökolog. Steuerreform« wurde die M. für Benzin und Dieselkraftstoff 1999–2003 merklich erhöht. Das Mehraufkommen dient v. a. der Entlastung der gesetzl. Rentenversicherung. M.-Sätze (2003): bleifreies Benzin 65,45 €/hl, Dieselkraftstoffe 47,04 €/hl, leichtes Heizöl 6,14 €/hl, schweres Heizöl 2,50 € je 100 kg, zu Heizzwecken verwendetes Erdgas 5,50 €/MWh.

Mineralquelle, Quelle, deren Wasser je kg mindestens 1 000 mg gelöste Stoffe oder mindestens 250 mg freies Kohlendioxid (Säuerlinge) enthält. Ferner gehören zu den M. alle Quellwässer mit therapeutisch wirksamen Bestandteilen wie Eisen, Jod, Arsen, Schwefel oder Radon.

Mineralsäuren, Sammelbez. für anorgan. Säuren, z. B. Schwefel-, Salz- und Salpetersäure.

Mineralstoffe (Mineralsalze), i. w. S. alle natürlich vorkommenden oder künstlich hergestellten anorgan. Salze; i. e. S. die bei tier. und pflanzl. Organismen für den Aufbau von Körpersubstanzen notwendigen (und beim Veraschen der Körpersubstanzen zurückbleibenden) anorgan. Verbindungen, z. B. der Elemente Natrium, Kalium, Calcium, Magnesium, Stickstoff, Phosphor, Schwefel, Chlor sowie der ↗ Spurenelemente. – M. müssen von Mensch und Tier ständig mit der Nahrung zugeführt werden.

Mineralwasser, Wasser aus unterird. ↗ Mineralquellen (natürl. M.); es ist zulässig, dem Wasser Kohlendioxid (»Kohlensäure«) zu entziehen oder zuzusetzen und Eisen- und Schwefelverbindungen zu entfernen (enteisentes oder entschwefeltes M.); der Mineralstoffgehalt wird eingestuft zw. 50 mg/l und mehr als 1 500 mg/l. Je nach Kohlensäuregehalt unterscheidet man zwischen kohlensäurereichen (CO_2-Gehalt 7–8 g/l), kohlensäurearmen (CO_2-Gehalt 2–5,5 g/l, Bez. »still« oder »medium«) und kohlensäurefreien (CO_2-Gehalt maximal 1 g/l) M. Künstl. M. werden als Tafelwasser bezeichnet.

Minerva, altital. Göttin, Beschützerin des Handwerks; später der grch. Athene gleichgesetzt.

Minette [frz.] *die,* 1) dunkles Ganggestein (Lamprophyr), das überwiegend aus Kalifeldspat und Biotit besteht.
2) sedimentäres oolith. Eisenerz im Dogger Lothringens und Luxemburgs; Grundlage der dortigen und der saarländ. Eisenindustrie.

Minetti, Bernhard, Schauspieler, * Kiel 26. 1. 1905, † Berlin 12. 10. 1998; Charakterdarsteller; 1930–45 am Berliner Staatstheater unter L. Jessner und G. Gründgens, 1951–56 in Frankfurt am Main, dann v. a. in Berlin; bevorzugter Schauspieler in Stücken von T. Bernhard; auch in Film und Fernsehen.

Ming, chines. Dynastie (1368–1644), ↗ China (Geschichte).

Mingäçevir [-tʃ-] (Mingetschaur, Mingečaur), Stadt in Aserbaidschan, an der Kura, 96 700 Ew.; TH; Elektro-, Gummi- u. a. Ind.; oberhalb von M. 605 km² großer Stausee (Fassungsvermögen 16,1 Mrd. m³) und Wasserkraftwerk mit 359 MW.

Mingrelijen (Megrelien), histor. Name der fruchtbaren Schwarzmeerküstenebene im W Georgiens. – In der Spätantike Teil des Byzantin. Reiches, im 7. Jh. von Arabern erobert, gehörte später zum westgeorg. Königreich Imeretien, 1550–1803 selbstständiges Fürstentum, ab 1803 unter russ. Schutzherrschaft; kam 1857/67 unter russ. Verwaltung. – Nach dem Sturz des georg. Staatspräs. S. Gamsachurdia (Jan. 1992) wurde dessen Heimat M. zum Stützpunkt und zur militär. Operationsbasis seiner Anhänger. Seine Rückkehr aus dem Exil (Sept. 1993) führte zu einer bewaffneten Rebellion gegen die georg. Reg. in M., das erst nach dem Tod Gamsachurdias und mit russ. Unterstützung bis 1994 wieder unter Reg.kontrolle gebracht werden konnte.

Mingus [ˈmɪŋɡəs], Charlie, eigtl. Charles M., amerikan. Jazzbassist, Komponist und Orchesterleiter, * Nogales (Ariz.) 22. 4. 1922, † Cuernavaca (Mexiko) 5. 1. 1979; wirkte bes. auf experimentellen Gebieten der Jazzentwicklung.

Minhag [hebr. »Brauch«] *der,* die gewohnheitsrechtl. und liturg. Praxis der jüd. Gemeinde eines Ortes oder einer Region; ergänzt die ↗ Halacha.

Minho [ˈmiɲu], 1) portugies. Name des Flusses ↗ Miño.
2) (früher Entre Douro e Minho), histor. Prov. im westl. Hochportugal, am Atlantik, zw. der span. Grenze und dem unteren Douro; vom Küstenstreifen auf über 1 500 m ansteigendes Bergland, dicht besiedelt.

mini... [engl. aus lat.], klein, kleinst.

Minia (Minja, Minya, El-M.), Gouvernoratshptst. in Oberägypten, am Nil, 208 000 Ew.; Univ., Echnaton-Museum; Zentrum des Baumwollhandels und der -verarbeitung; Zuckerfabrik; Hafen.

Miniatur [mlat. miniatura »mit Zinnober gemaltes Bild«] *die,* Bildschmuck in Handschriften, davon abgeleitet auch kleines, oft medaillonförmiges Bild auf Gebrauchs- und Ziergegenständen.

Miniaturisierung *die,* allg. Verkleinerung; beschreibt in der *Halbleitertechnik* die Verkleinerung elektron. Schaltungen durch kleine Baugruppen (Module) und/oder durch besondere Herstellungsverfahren der Planartechnik (↗ gedruckte Schaltung, ↗ integrierter Schaltkreis). Durch M. entstehen neuartige Lösungen für viele Festkörperschaltungen, häufig durch ausschließl. Verwendung eines einzelnen Bauelementyps (z. B. von MOSFETs für digitale Schaltkreise). – In der *Mikrotechnik* beschreibt die M. die Verkleinerung von Strukturen der Mikromechanik, Mikrooptik, Mikrofluidik unter Anwendung von Lithographie- und Ätzverfahren oder Galvanotechnik. Häufig werden durch die M. physikal. oder chem. Effekte erst zugänglich (z. B. bei elektrostat. Aktoren).

Miniaturmalerei, Pinsel- oder Federzeichnung in Handschriften, ausgeführt in Aquarell- oder Deckfarben, auch als Grisaille und z. T. unter Verwendung von Blattgold. Sie umfasst figürl. Darstellungen und Ornamentik (Ausgestaltung der Anfangsbuchstaben, des Zeilenausgangs, Verzierung des Blattrands). Die M. gelangte in der Antike und im MA. (Byzanz und Abendland [↗ Buchmalerei]), bei den Maya, Mixteken und Azteken (Bilderhandschriften) und in der islam. Kunst zu großen Leistungen. Höhepunkte bildeten die pers. M. des 14.–17. Jh. sowie die M. unter den ind. Mogulherrschern (16. Jh.) und an den Fürstenhöfen der Rajputen (16.–19. Jh.).

Minidisc, Abk. **MD,** verschleißfreier, beiderseits genutzter CD-ähnl. Tonträger von 6,4 cm Durchmesser für digitale magnetoopt. Aufzeichnung und Wiedergabe von Audiosignalen, der mit einem geeigneten M.-Rekorder vom Benutzer mehrfach bespielbar ist und berührungslos abgetastet wird. Die von der Firma »Sony« entwickelte M. ist ein sehr individuelles und vielseitiges Aufnahmemedium im Audiobereich (Spieldauer über 70 min). Jeder Titel ist zum Abspielen schnell und direkt ansteuerbar, alle Titel können beliebig verschoben, kombiniert, getrennt und stets neu fortlaufend nummeriert werden. Pro M. lassen sich bis zu 1 700 Zeichen als zusätzl. Titelinformationen speichern, die beim Abspielen im Display des M.-Rekorders erscheinen.

Minifliegengewicht, *Sport:* andere Bez. für »Strohgewicht« (↗ Profiboxen, Übersicht).

Minigolf, das ↗ Bahnengolf.

Minijob [-dʒɔb, engl.], ↗ geringfügige Beschäftigung.

Minimalart [ˈmɪnɪməlɑːt, engl.] *die* (Minimal Art), Kunstrichtung seit den 60er-Jahren des 20. Jh., v. a. in den USA; nach der ersten zusammenfassenden Ausstellung (1966) im Jewish Museum, New York, auch **Primary Structures** genannt; entstand als Gegenreaktion auf den abstrakten Expressionismus: Einfachste geometr. Formen oder Ordnungen werden ohne eigene kompositionelle Differenzierung in den Raum gestellt oder zu kalkulierten Systemen (z. B. Platten auf dem Boden) gereiht. Vertreter sind u. a. D. Judd, R. Morris (beide auch wichtige Theoretiker), C. Andre, S. Le Witt, T. Smith, D. Flavin. Parallelen finden sich in der ↗ Farbfeldmalerei und im

Bernhard Minetti

Charlie Mingus

Hardedge. Die M. wirkte auch auf Concept-Art und Land-Art; ihr verwandt sind Tendenzen der Arte povera in Italien.

minimal|invasive Chirurgie, Abk. **MIC** (endoskopische Chirurgie, videoassistierte Telechirurgie, umgangssprachl. Schlüssellochchirurgie), Sammelbegriff für moderne Operationstechniken, die eine großflächige Durchtrennung von Gewebe und Öffnung der Körperhöhle vermeiden. Bei der m. C. werden spezielle Röhrchen, die Trokare, in das Körperinnere geschoben. Diese Trokare sind die Führungsröhrchen für das Endoskop und die Instrumente. – Vorteile dieser Operationstechnik sind die kleinen Operationswunden, der minimale Blutverlust und damit eine geringere Belastung des Patienten sowie eine Verkürzung des Krankenhausaufenthalts. Nachteile sind längere Operations- und Narkosezeiten, Gasinsufflation (Einblasen von Kohlendioxid in die Bauchhöhle) und ein erhöhtes Thromboserisiko.

Minimalmusic ['mɪnɪməlmjuːzɪk, engl.] *die* (Minimal Music), Musikrichtung, die sich seit etwa 1960 im Zwischenbereich von Avantgarde, ind. Musiktraditionen, Free Jazz und psychedel. bzw. meditativen Tendenzen der Rockmusik entwickelte. Sie ist durch die Reduzierung des musikal. Materials auf wenige Elemente, durch gleichförmigen Ablauf (etwa in Form ständiger Wiederholung kurzer Tonformeln) sowie durch ein aus der additiven Überlagerung (z. B. Phasenverschiebung) gebildetes Klangspektrum gekennzeichnet. Hauptvertreter: La Monte Young, S. Reich, T. M. Riley, P. Glass.

Minimalart: Donald Judd, »Ohne Titel« (1974; Mönchengladbach, Städtisches Museum Abteiberg)

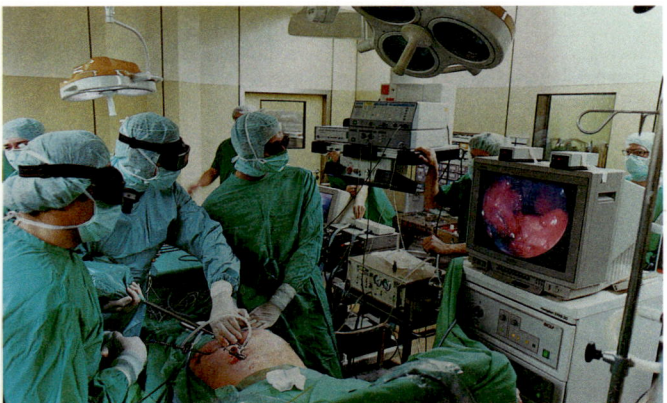

minimalinvasive Chirurgie: Gallenblasenentfernung mit endoskopischer Technik und 3-D-Videokamerasystem

Minimalpaar|analyse, Methode der strukturellen Linguistik zur Analyse zweier aufgrund eines einzigen distinktiven Merkmals bedeutungsverschiedener sprachl. Äußerungen (Minimalpaare), z. B. »leiden« und »leiten« im Hinblick auf die Stimmhaftigkeit/Stimmlosigkeit des Konsonanten im Inlaut.

Minimalproblem *das, Schach:* Situation, in der eine Seite außer dem König nur noch eine Figur zur Verfügung hat.

Minimierung [lat.] *die, Mathematik:* ↗ Optimierung.

Minimode, um 1963/64 aufgekommene jugendl. Mode, die sich durch sehr kurze, die Oberschenkel nur wenig oder kaum bedeckende Röcke bzw. Kleider auszeichnet; von der Engländerin Mary Quant bereits 1959 kreiert und bis Anfang der 1970er-Jahre aktuell.

Minimum [lat.] *das,* **1)** *allg.:* Kleinstwert.

2) *Mathematik:* ↗ Extremwert.

3) *Meteorologie:* niedrigster Stand (des Luftdrucks).

Minipille, niedrig dosiertes Gestagenpräparat zur Empfängnisverhütung; wirkt über Schleimverdickung im Gebärmutterhals und Erschwerung der Eieinnistung, jedoch ohne Ovulationshemmung; geringere Sicherheit als bei anderen Präparaten.

Ministahlwerk, Stahlwerk mit einer Jahresproduktion unter 1 Mio. t und mit eingegrenztem Produktionsprogramm; bes. für Regionen mit günstiger Energie- und Rohstoffbasis von Interesse.

Minister [lat. »Diener«] *der,* Mitgl. einer Reg., meist der Leiter eines obersten Zweiges der Staatsverwaltung **(Fach-, Ressort-M.),** mitunter auch ohne Geschäftsbereich **(M. ohne Portefeuille)** und **M. für Sonderaufgaben.** In Dtl. werden die Mitgl. der Bundesreg. als Bundes-M., die der Länder als Landes-M. bezeichnet. Das öffentlich-rechtl. Amt des (Bundes-)M. wird teils durch die Verf., teils durch andere Ges., bes. das Bundes-M.-Ges. bestimmt; es wird durch Ernennung seitens des Staatsoberhauptes auf Vorschlag des Bundeskanzlers begründet und endet durch Tod, Rücktritt oder Entlassung sowie durch jedwede Erledigung des Amtes des Bundeskanzlers. Die M. tragen die Verantwortung für ihren Geschäftsbereich innerhalb der vom Bundeskanzler bestimmten Richtlinien der Politik. – In *Österreich* heißen M. nur die Bundes-M. In der *Schweiz* ist M. der Titel für einen diplomat. Vertreter. Die Mitgl. der Bundesreg. werden als Bundesräte bezeichnet.

Minister|anklage, das Verfahren, in dem ein Reg.mitglied (Min. oder Reg.chef) wegen schuldhafter Verletzung der Verf. oder eines sonstigen Ges. vor dem Staats- bzw. Verfassungsgerichtshof angeklagt werden kann. Das GG kennt keine M. Lediglich der Bundespräs. kann durch den Bundestag vor dem Bundesverfassungsgericht mit dem Ziel der Amtsenthebung angeklagt werden. In meisten Bundesländern dagegen kann die M. gegen Mitgl. der Landesreg. erhoben werden. – In *Österreich* gibt es die Anklage vor dem Verfassungsgerichtshof wegen schuldhafter Rechtsverletzungen. Die *Schweiz* kennt keine Ministeranklage.

Ministererlaubnis, ↗ Fusionskontrolle.

Ministerialen [zu lat. ministerialis »im (kaiserl.) Dienst Stehender«, »Beamter«], im Hl. Röm. Reich die Oberschicht urspr. unfreier **Dienstmannen (Dienstleute)** im Hof-, Verwaltungs- und Kriegsdienst; seit dem 11. Jh. ritterlich lebende Dienstleute, die gegen Gewährung eines »Dienstlehens« zuerst in den geistl. Herrschaftsgebieten ritterl. Dienste leisteten; seit Konrad II. (1024–39) als Vögte oder Burggrafen und Landrichter zur Verw. des Reichsgutes und der Landesgüter herangezogen; gewannen schließlich die Erblichkeit ihrer Lehen; als **Reichs-M.** Stütze der sal. und bes. der stauf. Reichspolitik. Die M. gingen im 13./14. Jh. im niederen Adel auf.

Ministerium [lat.] *das,* oberste Reg.- und Verwaltungsbehörde unter Leitung eines Fachmin. (Ressortmin.). Zu den fünf klass. M. (Auswärtiges, Inneres, Justiz, Finanzen, Verteidigung) traten im 19. und 20. Jh. weitere hinzu. Das **Kabinett (Gesamt-M.)** wird vom Reg.chef geleitet (Kanzler, Premiermin., Min.-Präs.). Die Ministerien wirken mit bei der Gestaltung der Ressort- und Reg.politik (u.a. durch Ausarbeitung von Plänen und vom Entwürfen zu Gesetzen) sowie bei der Rechtsanwendung.

Ministerium für Staatssicherheit, Abk. MfS, ↗ Staatssicherheitsdienst der DDR.

Ministerpräsident, in vielen Staaten Bez. für den Reg.chef, in Dtl. für den Leiter einer Landesregierung. Chef der Bundesreg. ist in Dtl. und auch in Österreich der ↗ Bundeskanzler.

Ministerrat, in vielen Staaten Bez. für die Spitze der Reg.; auch ein engerer Min.ausschuss für besondere Aufgaben. In der EU ist der M. der aus je einem Min. der Mitgl.staaten bestehende »Rat der EU«. In der DDR war der M. bis 1990 die Regierung.

Ministerverantwortlichkeit, die besondere Verantwortlichkeit der Inhaber staatsleitender Ämter (Reg.chef, Min.) gegenüber dem Parlament. Sie besteht für die Verfassungs- und Gesetzmäßigkeit sowie für die polit. Zweckmäßigkeit der zum Verantwortungsbereich eines Min. gehörigen Handlungen (polit. M.), auch für Handlungen des Staatsoberhaupts, für die der Min. durch ↗ Gegenzeichnung die Verantwortung übernommen hat.

Ministrant [lat.] *der* (Messdiener), *kath. Kirche:* Knaben und junge Männer, zunehmend auch Mädchen, die bei der Messe liturg. Hilfsfunktionen wahrnehmen. Sie sollen möglichst liturg. Kleidung, meist eine Albe, tragen.

Mink *der,* amerikan. Verwandter des Nerzes (↗ Marder).

Minkowski, Hermann, Mathematiker, * Alexotas (heute zu Kaunas, Litauen) 22. 6. 1864, † Göttingen 12. 1. 1909; Arbeiten zur Zahlentheorie und zur theoret. Physik; schuf in seinen Schriften »Raum und Zeit« (1908) und »Zwei Abhandlungen über die Grundgleichungen der Elektrodynamik« (1910) die math. Grundlagen der speziellen Relativitätstheorie.

Minkowski-Raum [nach H. Minkowski], vierdimensionaler euklid. ↗ Raum (auch **Raum-Zeit-Kontinuum, Raum-Zeit-Welt**), in dem sich die Gesetze der speziellen Relativitätstheorie bes. einfach darstellen lassen. Er wird von den drei Raumkoordinaten $x = x_1, y = x_2, z = x_3$ und der Zeitkoordinate $ict = x_4$ (*i* imaginäre Einheit, *t* Zeit, *c* Lichtgeschwindigkeit) aufgespannt. Ein Punkt (Ereignis) des M.-R. wird als **Weltpunkt,** ein Ortsvektor als **Weltvektor,** die Bahn eines Teilchens als **Weltlinie** bezeichnet.

Minks, Wilfried, Bühnenbildner, Regisseur, * Binai (heute Zbyny, Nordböhm. Gebiet) 21. 2. 1931; wirkte 1959–62 in Ulm, 1962–73 in Bremen; Zusammenarbeit mit P. Zadek und K. Hübner; Ausgangspunkt bei eigenen Inszenierungen (seit 1972) sind seine Bildideen.

Minn., Abk. für den Bundesstaat **Minn**esota, USA.

Minne *die,* mittelalterl. Bez. für die Beziehung zw. dem Ritter und der von ihm als Ideal der Frau verehrten Dame **(hohe M.);** nach höf. Selbstverständnis war sie mehr (idealisiert-)asket. Liebeswerben als Liebeserfüllung. M. galt als oberste Tugend des strebenden und dienenden Ritters. **Niedere M.** war die Zuneigung zu einem Mädchen nicht adligen Standes. (↗ Minnesang)

Minne, George, Baron (seit 1930), belg. Bildhauer und Grafiker, * Gent 30. 8. 1866, † Sint-Martens-Latem (bei Gent) 20. 2. 1941. Symbolismus und zeitweilig auch Jugendstil wurden richtungweisend für seine Werke; er gestaltete schlanke, vergeistigte Figuren, die z.T. an spätgot. Plastik erinnern (Brunnen mit fünf knienden Knaben, 1906; Essen, Museum Folkwang); sein Spätwerk ist näher an der Natur orientiert.

George Minne: Denkmal für den Schriftsteller Georges Rodenbach (1903 eingeweiht; Gent, Beginenhof)

Minneapolis [mɪnɪˈæpəlɪs], Stadt in Minnesota, USA, am Mississippi, 368 000 (Agglomeration M.-Saint Paul: 2,54 Mio.) Ew.; anglikan. Bischofssitz, Univ. u.a. Bildungseinrichtungen, Theater, Museen; wirtsch. und kulturelles Zentrum von Minnesota; führender Weizenmarkt, bed. Getreidemühlen, Maschinenbau, Elektronik- u.a. Ind.; Endpunkt der Schifffahrt auf dem Mississippi, internat. Flughafen. – Um das 1819/20 auf dem linken Ufer des Mississippi errichtete Fort Snelling entwickelte sich ab 1838 die Siedlung Saint Anthony. 1855 wurde die Siedlung M. gegründet, seit 1867 Stadt.

Minnelli, 1) Liza, amerikan. Sängerin und Schauspielerin, * Los Angeles 10. 3. 1946, Tochter von 2) und der Filmschauspielerin Judy Garland; bekannt durch Filme (»Cabaret«, 1971; »Lucky Lady«, 1975 u.a.) und Shows.

2) Vincente, amerikan. Filmregisseur, * Chicago (Ill.) 28. 2. 1910 (1913?), † Los Angeles (Calif.) 25. 7. 1986, Vater von 1); war ∞ mit Judy Garland; drehte v.a. Musicals und Komödien, u.a. »Ein Amerikaner in Paris« (1951).

Minnesang, Lyrik, die sich mit der ritterlich-höf. Kultur in der 2. Hälfte des 12. Jh. entwickelte und den Höhepunkt in den Jahren 1180–1220 hatte. Ihre Träger **(Minnesinger, Minnesänger)** waren Angehörige des Fürstenstandes, des Adels und der Ministerialen, später auch bürgerl. Dichter, ihre wichtigsten Pflegestätten die Höfe kunstsinniger Fürsten (Hof der Babenberger in Wien, Hermanns von Thüringen auf der Wartburg). – Das Besondere des M. ist die Liebesauffassung (↗ Minne) und die dichter. Form, die sich nach frz.-provenzal. Vorbild (↗ Troubadour) entwickelte; daneben war die mittellat. Liebeslyrik der ↗ Vaganten nicht ohne Einfluss. Die Liedstrophe des M. ist dreigeteilt (↗ Aufgesang und Abgesang). Der Reim ist kunstvoll; seine Reinheit wird streng gefordert. Neben dem Lied wurde der ↗ Leich gepflegt, eine Sondergattung war das ↗ Tagelied. Die Dichter waren zugleich Komponisten, jedes Lied hatte seine

Liza Minnelli

Minn Minnesota

Weise. Bed. Vertreter: Friedrich von Hausen, Heinrich von Veldeke, Reinmar der Alte, Heinrich von Morungen, Walther von der Vogelweide, Wolfram von Eschenbach; Sammlungen aus dem 13. Jh. sind die ⁄ Jenaer Liederhandschrift und die ⁄ Manessische Handschrift.

Minnesota Flagge

Minnesota [mɪnɪˈsəʊtə], Abk. **Minn., MN**, Bundesstaat im Mittleren Westen der USA, am oberen Mississippi, 225 182 km², (2001) 4,97 Mio. Ew.; die Hptst. Saint Paul bildet mit dem benachbarten ⁄ Minneapolis eine Metropolitan Area; Moränenhügelland mit etwa 12 000 Seen; überwiegend Ackerland (Getreide, Futterpflanzen), Viehzucht, Molkereiwirtschaft; die in M. geförderten Eisenerze (Mesabi Range) sind weitgehend erschöpft; Maschinenbau, chem., elektron., Nahrungsmittel-, Papierindustrie. – Ab Mitte des 17. Jh. erschlossen Franzosen das Gebiet, in dem v. a. Dakota (Sioux) lebten, später z. T. auch Ojibwa (Chippewa). Der östl. Teil kam 1763 in brit. Besitz und 1783 im Rahmen des Northwest Territory an die USA. Der größere Teil westlich des Mississippi fiel 1762 zunächst an Spanien und wurde 1803 von den USA im Louisiana Purchase (⁄ Louisiana) erworben. 1849 als Territorium organisiert, 1858 als 32. Staat in die Union aufgenommen.

Miño [ˈmiɲo, span.] *der* (portugies. Minho), Fluss im NW der Iber. Halbinsel, 310 km, entspringt im Bergland von Galicien, Spanien, bildet im Unterlauf z. T. die spanisch-portugies. Grenze, mündet in den Atlant. Ozean.

Mino da Fiesole, italien. Bildhauer, * Poppi (bei Arezzo) 1429, † Florenz 1484; Schüler des Desiderio da Settignano. Seine Bildnisbüsten waren bahnbrechend für die Porträtkunst der Frührenaissance, schuf auch Grabmäler und Tabernakelaltäre.

minoische Kultur, ⁄ ägäische Kultur.

Minorat [lat.] *das,* ⁄ Jüngstenrecht.

minore [italien. »kleiner«], *Musik:* Bez. für Moll, Mollakkord, Molltonart (mit der »kleinen« Terz); als Satzüberschrift zeigt **Minore** den Mollteil eines in einer Durtonart stehenden Stückes und bei einem in Moll stehenden Stück den Wiedereintritt der Haupttonart nach dem mit ⁄ maggiore bezeichneten Durteil an.

Minorität [lat.] *die,* ⁄ Minderheit.

Minoriten [mlat.] *Pl.,* im dt. Sprachraum Bez. für die Konventualen, einen Zweig der ⁄ Franziskaner.

Minos, grch. *Mythos:* König von Kreta, Sohn des Zeus und der Europa, Vater der Ariadne und der Phädra, zwang die Athener, jährlich oder alle neun Jahre sieben Jungfrauen und sieben Jünglinge auszuliefern, die er dem ⁄ Minotaurus vorwarf. M. war berühmt als gerechter Herrscher und wurde nach seinem Tod Richter in der Unterwelt. Nach ihm ist die minoische Kultur (⁄ ägäische Kultur) benannt.

George R. Minot

Minot [ˈmɪnət], George Richards, amerikan. Mediziner, * Boston (Mass.) 2. 12. 1885, † ebd. 25. 2. 1950; führte mit W. P. Murphy und G. H. Whipple die Leberdiät zur Behandlung der perniziösen Anämie ein; erhielt 1934 mit ihnen den Nobelpreis für Physiologie oder Medizin.

Minotaurus, grch. *Mythos:* ein Ungeheuer mit Menschenleib und Stierkopf, hervorgegangen aus der Verbindung von Minos' Gattin ⁄ Pasiphae mit einem Stier, wurde im Labyrinth von Knossos gefangen gehalten. Theseus besiegte ihn mit der Hilfe der Ariadne.

Minze: Wasserminze

Minsk, Hptst. von Weißrussland sowie des Gebiets M., am Swislotsch, 1,71 Mio. Ew.; russisch-orth. Metropolitensitz; mehrere staatl. und private Univ. und Hochschulen, Akademie der Wiss.en u. a. Akademien, mehrere Museen, Goethe-Inst., Philharmonie, Zoo; wichtiger Industriestandort mit Bau bzw. Herstellung von Traktoren, Landmaschinen, Fahrzeugen, Heizungskesseln, Computern, Rundfunk- und Fernsehgeräten, Federn, Kugellagern, Uhren und Möbeln sowie Textil- und Lebensmittelind.; Verkehrsknotenpunkt mit U-Bahn und internat. Flughafen. – Barocke Bernhardinerklosterkirche (heute Archiv), ehem. Peter-Pauls-Kirche (1622; seit 1795 Katharinenkirche), Bauten der 1920er- und 1930er-Jahre (Nationalbibliothek, Theater, Haus der Regierung, Wintersportpalast u. a.). – 1067 erwähnt, kam 1326 an Litauen, 1793 an das Russ. Reich; seit 1919 Hptst. Weißrusslands. Im Zweiten Weltkrieg stark zerstört.

Minstrel [engl. »Gefolgsmann«] *der,* **1)** berufsmäßiger Rezitator und Sänger im mittelalterl. England; oft mit Spielmann und Jongleur gleichgesetzt.

2) in Nordamerika ab Ende des 18. Jh. Bez. für fahrende Spielleute, die Lieder und Tänze der Afroamerikaner vortrugen (mit entspr. Kostümierung und schwarz gefärbtem Gesicht) und deren Lebensgewohnheiten parodierten (**Negrominstrelsy**). Hieraus entwickelte sich die **M.-Show** mit einer feststehenden Programmfolge von Liedern, Tänzen, Varieteenummern, Sketchen u. a.

Minuend [lat.] *der,* bei der ⁄ Subtraktion die Zahl, von der abgezogen wird.

Minus *das,* **1)** *allg.:* Fehlbetrag; durch Mangel hervorgerufener Nachteil.

2) *Mathematik:* ⁄ Minuszeichen.

Minuskel [lat. minusculus »etwas kleiner«] *die,*

1) *Rechtschreibung:* der Kleinbuchstabe im Unterschied zum Großbuchstaben (Majuskel).

2) *Schriftwesen:* Schriftart, die im Unterschied zur ⁄ Majuskel nicht aus gleich hohen Buchstaben besteht, sondern Ober- und Unterlängen aufweist. Die um 780 entstandene **karoling. M.** war Vorbild für die Kleinbuchstaben der ⁄ Antiqua.

Minussinsk, Stadt in Russland, Region Krasnojarsk, im S Ostsibiriens, 73 800 Ew.; Mittelpunkt des vom Jenissei durchflossenen fruchtbaren **Minussinsker Beckens** (Agrargebiet), in dem auch Steinkohle (Förderzentrum Tschernogorsk) und Eisenerz gefördert werden; Maschinenbau, Holz-, elektrotechn. Industrie.

Minuszeichen, math. Zeichen − (gesprochen minus), Rechenzeichen für die Subtraktion, Vorzeichen vor negativen Zahlen.

Minute [lat.] *die,* **1)** gesetzl. SI-fremde Einheit der Zeit, der 60. Teil der Stunde, Einheitenzeichen **min** für Zeitdauer (1 min = 60 s) und hochgestellt für Zeitpunkt ^{min} oder ^{m}.

2) *Geometrie:* (Bogenminute, früher auch Altminute), Einheitenzeichen ′, gesetzl., SI-fremde Einheit des ebenen Winkels; der 60. Teil des Winkelgrades: 1 B. hat 60 (Altsekunden) oder 100 (Neusekunden, **Bogensekunden**), $1' = 1°/60 = (\pi/180)$ rad.

Minya Gongga (Minja Konka), Gebirge in China, ⁄ Gongga Shan.

Minze [lat., zu grch.] *die* (Mentha), Gattung der Lippenblütler mit rd. 20 Arten, v. a. im Mittelmeergebiet und in Vorderasien; Blätter und Stängel enthalten äther. Öl (Menthol). In Mitteleuropa kommen fünf Arten wild vor, u. a. die 15–30 cm hohe **Acker-M.** (Mentha arvensis), die 20–80 cm hohe **Wasser-M.** (Mentha aquatica) und die 10–30 cm hohe **Polei-M.** (Mentha pulegium). Angebaut werden die bis zu 90 cm hohe **Grüne M.** (Mentha spicata), die als Küchengewürz dient, und die bis 80 cm hohe **Pfeffer-M.** (**Haus-M.,** Mentha × piperita), eine Kreuzung zw. Grüner M. und Wasser-M. Aus ihr wird das Pfefferminzöl gewonnen, das als Aromastoff für Genussmittel und Arzneien verwendet wird; aus den Blättern wird Tee hergestellt.

Mio., Abk. für: Million(en).

Miosis [grch.] *die,* Pupillenverengung durch Licht, Arzneimittel, Vagusreizung oder Sympathikuslähmung. Auch im Schlaf verengt sich die Pupille (der Vagotonus ist gesteigert).

Miozän [grch.] *das, Geologie:* zweitjüngste Abteilung des ∕ Tertiärs.

MIPS [Abk. für engl. **m**illion **i**nstructions **p**er **s**econd], *Informatik:* Maß für die Arbeitsgeschwindigkeit eines Computers durch Angabe der Millionen Befehle (Maschinenbefehle), die er pro Sekunde ausführen kann.

Miquel ['miːkwɛl], Johannes von (seit 1897), Politiker, * Neuenhaus 19. 2. 1828, † Frankfurt am Main 8. 9. 1901; Rechtsanwalt, Mitgründer des Nationalvereins (1859) und der Nationalliberalen Partei (1866); führte als preuß. Finanzmin. (1890–1901) eine die dt. Finanzordnung nachhaltig beeinflussende Reform des Steuerwesens durch **(miquelsche Steuerreform):** z. B. Einführung einer progressiven Einkommensteuer.

Miquelon [miˈklɔ̃], ∕ Saint-Pierre-et-Miquelon.

Mir [russ. »Welt«, »Gemeinde«] *der,* russ. bäuerl. Dorfgemeinde als Gesamtheit ihrer Mitgl. und als Körperschaft. Nach der Aufhebung der Leibeigenschaft (1861) war der M. als Institution mit kollektiver Steuerhaftung und regelmäßiger bzw. fallweiser Umverteilung des bäuerl. Gemeindebesitzes gesetzlich verankert. Durch die Reform von P. A. Stolypin (seit 1906) allmählich abgebaut und durch die 1917 begonnene Agrarrevolution beseitigt.

Mir [russ. »Frieden«], Name der im Febr. 1986 als Nachfolger für Saljut 7 gestarteten sowjet. Raumstation. Von Febr. 1987 bis Aug. 1999 war die M. ständig bemannt. Durch die Ankopplung von Labormodulen an den Basisblock wurde die Station kontinuierlich ausgebaut. Dem ersten Modul »Kvant 1« (1987) folgten die Module »Kvant 2« (1989; mit Ausstiegsluke), »Kristall« (1990; mit zwei weiteren Andockstellen), »Spektr« (1995) und »Priroda« (1996). Sechs russ. Bodenstationen sorgten für Daten-, Sprechfunk- und Fernsehverbindungen. Die Besatzungen aus jeweils zwei oder drei Raumfahrern, die mit Sojus-TM-Raumschiffen transportiert wurden, arbeiteten meist vier bis sechs Monate in der Station. Ein Anliegen des M.-Programms war die Ausweitung der Aufenthaltsdauer des Menschen in Schwerelosigkeit. – Dem ersten Rendezvous eines amerikan. Spaceshuttles und der M. am 6. 2. 1995 folgte die erste fünftägige Ankopplung des Raumtransporter »Atlantis« an M. an dem 29. 6. 1995. – Im März 1997 trat in der M. aufgrund eines Lecks im Kühlsystem ein gesundheitsschädl. Kühlmittel aus, damit verbunden kam es zu einem Temperaturanstieg bis auf 36 °C. Bei einer Havarie mit dem unbemannten Versorgungsraumschiff Progress M-34 im Juni 1997 wurden drei Solarzellenausleger abgerissen. Durch die Kollision fiel im Modul »Spektr« der Druck ab, sodass dieses Modul von der M. abgeriegelt werden musste. In der Folgezeit ergaben sich bei der Wartung der Station weitere Probleme. Am 23. 3. 2001 erfolgte der kontrollierte Absturz der M. in den Pazif. Ozean, wobei ein Großteil der Station beim Eintritt in die Erdatmosphäre bereits verglühte.

Mira, Stern im Sternbild Walfisch (Ceti); 1596 als erster veränderl. Stern von D. Fabricius entdeckt. M. ist ein Roter Riese und gab einer Gruppe langperiodisch Veränderlicher den Namen (∕ Mira-Sterne).

Mirabeau [miraˈbo], Honoré Gabriel Riqueti, Graf von, frz. Politiker, * Le Bignon (bei Nemours, Dép. Loiret) 9. 3. 1749, † Paris 2. 4. 1791. Wegen seines ausschweifenden Lebenswandels mehrfach Haftstrafen, 1777 zum Tode verurteilt, jedoch 1782 begnadigt. Nach einer geheimen Mission in Berlin 1786/87 schrieb er »Über die Preuß. Monarchie unter Friedrich d. Gr.« (1788; mit J. Mauvillon) und »Geheime Geschichte des Berliner Hofes« (1789). Der gefürchtete Publizist begründete seine Popularität als sein eigener Verteidiger in spektakulären Prozessen und zu Beginn der Frz. Revolution als Vertreter des dritten Standes in den Generalständen; die Nationalversammlung beherrschte er mit seiner brillanten Rhetorik. Seine Forderungen nach einer konstitutionellen Monarchie mit absolutem Vetorecht des Königs brachten ihn in Konflikt mit den »Patrioten«; auch der Hof, zu dem er Geheimverbindungen hatte, misstraute ihm. Sein früher Tod begünstigte die radikale Entwicklung der Frz. Revolution.

Mirabelle [frz.] *die,* eine Pflaumenart.

Mirabilis [lat.], die Pflanzengattung ∕ Wunderblume.

Mir: Ankopplung von »Atlantis« an Mir im Juni 1995

Mirabilit [lat.] *der,* Mineral, das ∕ Glaubersalz.

Mirach, Stern 2. Größe (β) im Sternbild Andromeda.

Mirage [miˈraːʒ, frz.], Name versch. Überschallkampfflugzeuge des frz. Luftfahrtunternehmens Dassault-Breguet.

Mirakel [lat.] *das,* **1)** *allgemein:* Wunder, Wundertat.

2) *Literaturwissenschaft:* im MA. Gattungsbegriff für Erzählungen wunderbarer Gebetserhörung und Gnadenerweise eines Heiligen. Als M. **(Mirakelspiel)** bezeichnet man auch die dramatisierten Heiligenlegenden des MA., die Leben und Wundertaten der Heiligen und der Jungfrau Maria behandeln. Seit dem 12. und 13. Jh. bes. in Frankreich verbreitet, dann auch in England, den Niederlanden und in Dtl. Im 14. und 15. Jh. waren Marienmirakel, häufig Bearbeitungen von erzählenden Vorlagen, beliebt.

James Mirrlees

Miranda, ein Mond des Planeten ↗ Uranus.

Mirandola, italien. Humanist, ↗ Pico della Mirandola.

Mira-Sterne, pulsierende, langperiodisch veränderl. Riesen- und Überriesensterne, benannt nach dem Stern ↗ Mira. Sie weisen Helligkeitsänderungen von etwa 2,5 bis 8 Größenklassen auf; die Perioden des Lichtwechsels liegen zw. etwa 90 und 1 300 Tagen.

Mirath, Stadt in Indien, ↗ Meerut.

Mirbeau [-'bo], Octave, frz. Schriftsteller, * Trévières (Dép. Calvados) 16. 2. 1848, † Paris 16. 2. 1917; schrieb Romane und Dramen mit z. T. radikal zivilisationskrit. Tendenz: »Der Abbé« (R., 1888), »Der Garten der Qualen« (R., 1899), »Tagebuch einer Kammerzofe« (R., 1900, verfilmt von L. Buñuel, 1963), »Geschäft ist Geschäft« (Dr., 1903).

Mire [lat.-frz.] *die,* Meridianmarke zur Einstellung des Fernrohrs in Meridianrichtung.

Mirjam [hebr.], in der Vulgata Maria, Gestalt des A. T., Schwester von Moses und Aaron; Prophetin.

Mirko, eigtl. M. Basaldella, italien. Bildhauer, * Udine 28. 9. 1910, † Boston (Mass.) 25. 11. 1969; Bruder von ↗ Afro. Seine abstrakten Plastiken, Denkmäler und Brunnen sind von Kubismus und Totems beeinflusst; schuf die Gedenkstätte mit bronzenem Gittertor (1949 und 1951) für die Fosse Ardeatine (Ardeatin. Höhlen) bei Rom, Ort eines dt. Massakers an 335 Italienern am 24. 3. 1944.

Joan Miró: Frau, Stern und Vogel (Madrid, Museo Nacional Centro de Arte Reina Sofía)

Miró, Joan, katalan. Maler und Grafiker, * Montroig del Camp (heute zu Barcelona) 20. 4. 1893, † Palma de Mallorca 25. 12. 1983; lebte lange in Paris, stark beeindruckt von P. Picasso und H. Matisse, M. Ernst und P. Klee, wirkte dann in den USA und in Barcelona; bildete einen stark abstrahierenden, oft an Kinderzeichnungen erinnernden Surrealismus aus, wobei die Linie neben der Farbe als wichtiges bildkonstituierendes Mittel eingesetzt wird; auch Collagen, Reliefs, Objektmontagen, Assemblagen, Arbeiten aus Keramik (Wanddekoration für das UNESCO-Gebäude in Paris, 1955–58, und das Wilhelm-Hack-Museum in Ludwigshafen am Rhein, 1978–79).

Mirrlees ['mə:li:z], James Alexander, brit. Volkswirtschaftler, * Minnigaff (Schottland) 5. 7. 1936; 1969–95 Prof. in Oxford und seither in Cambridge; seine Arbeiten zur optimalen Besteuerung und zur Produktionseffizienz leiteten einen neuen Abschnitt der finanzwiss. Theorie ein. M. erhielt 1996 zus. mit W. Vickrey den Nobelpreis für Wirtschaftswiss.en für seine Beiträge zur Theorie wirtsch. Anreizeffekte bei unvollständiger und asymmetrisch verteilter Information.

MIRV, Abk. für engl. **M**ultiple **I**ndependently **T**argetable **R**eentry **V**ehicles, der Gefechtskopf einer Interkontinentalrakete, der kurz vor dem Zielgebiet mehrere kleinere atomare Gefechtsköpfe ausstößt, die einzeln auf verschiedene Ziele gelenkt werden.

Mirza [mir'za, pers. »Emirssohn«] (Mirsa), pers. Titel, dem Namen nachgestellt für Prinzen, vor dem Namen für literarisch gebildete Beamte.

Misanthrop [grch.] *der,* Menschenfeind; Ggs.: Philanthrop.

Mischabel *die,* vergletscherte Berggruppe der Walliser Alpen in der Schweiz, zw. Matter- und Saastal, im **Dom** 4 545 m ü. M.

Mischbatterie (Wassermischer), Auslauf- oder Durchlaufarmatur zur Einstellung einer gewünschten Wassertemperatur durch Mischung kalter und warmer Wasserströme.

Misch|ehe, eine Ehe zw. Ehepartnern unterschiedl. Konfessions- oder Religionszugehörigkeit. – In den *christl. Kirchen* die Ehe zw. Angehörigen versch. christl. Konfessionen (auch **konfessions-** bzw. **bekenntnisverschiedene Ehe** gen.); setzt nach kath. Kirchenrecht die kirchl. Erlaubnis, die kanon. Form der Eheschließung (↗ Eherecht, kirchliches) und die Verpflichtung beider Partner voraus, die Kinder kath. taufen und erziehen zu lassen. Die Ehe zw. einem kath. und einem ungetauften Partner stellt ein Ehehindernis dar, von dem der zuständige Bischof ↗ Dispens erteilen kann. In den evang. Kirchen gibt es i. Allg. keine rechtl. Beschränkungen für die M. mehr. – Im *Islam* ist die Ehe eines Muslims mit einer Christin oder Jüdin gültig, mit einer Angehörigen einer anderen Religion auflösbar; die Muslimin darf nur einen Muslim heiraten. Die *jüd. Tradition* erlaubt keine M. und fordert den Übertritt des nicht jüd. Partners zum Judentum. Heute gibt es allerdings (v. a. in den USA) zahlr. M. Während das Reformjudentum diese anerkennt, gilt in Israel das traditionelle jüd. Eherecht.

Misch|elemente, ↗ chemische Elemente.

Mischen, 1) *allg.* und *Verfahrenstechnik:* Stoffverteilungsprozess, bei dem zwei oder mehrere Stoffe in ein Gemisch mit möglichst vollkommener Gleichverteilung überführt werden. Durch M. kann die Geschwindigkeit physikal. Vorgänge oder chem. Reaktionen erhöht werden.

2) *Audio-* und *Videotechnik:* Zusammenfassen mehrerer Ton- oder Bildsignale mit dem Ziel, eine zeitl. Abfolge von Klangereignissen oder Fernsehbildern nach bestimmten technisch-künstler. Vorgaben zu erzeugen. Als Hilfsmittel dienen entsprechende Ton- und Bildmischpulte (↗ Mischpult). Zu den häufigsten Arten des Zusammenfügens zweier Signale zählt das **additive M.** durch Amplitudenänderung der Signale. Dazu gehören sowohl in der Bild- wie auch der Tontechnik das Auf-, Aus- und Überblenden. Speziell in der Videotechnik angewendet wird das **nicht additive M.,** bei dem nur die Anteile der beiden zu mischenden Bilder mit dem jeweils größeren Signalpegel durchgelassen werden, d. h., nur die jeweils helleren Bildstellen des einen oder anderen Bildes. Es entsteht ein verfremdetes Bild, bei dem die beiden Eingangsbilder helligkeitsabhängig »übereinander« gezeigt werden.

Mischfonds, / Investmentfonds.

Mischgesteine, die / Migmatite.

Mischkalkulation, preispolit. Verhaltensweise, bei der einzelne Produkte oder Leistungen vom Anbieter abweichend von den exakt zurechenbaren Kosten mit unterschiedlich hohen Kalkulationsaufschlägen oder -abschlägen belegt werden, um den Marktbedingungen (z. B. Sonderangeboten der Konkurrenz) oder eigenen Absatzzielen (z. B. Kundengewinnung) besser gerecht zu werden.

Mischkonzern (Konglomerat, diversifizierter Konzern), Konzern, in dem Unternehmen versch. Wirtschaftszweige, Produktions- und Handelsstufen zusammengefasst sind, meist wegen der Risikoverteilung durch / Diversifikation.

Mischkristalle, Kristalle, die in ihrem Gitter fremde Atome oder Ionen in statist. Verteilung enthalten. Von techn. Bedeutung sind die M. der Metalle, die Legierungen. Sind die Komponenten in beliebigem Verhältnis mischbar (bei gleichem Kristallstrukturtyp, chem. Verhalten sowie annähernd gleichen Ionenradien), liegt eine **lückenlose** oder **unbeschränkte Mischkristallbildung** vor. Bei **beschränkter Mischkristallbildung** kann eine Komponente nur bis zu einer bestimmten Konzentration aufgenommen werden, z. B. bei den Metalllegierungen, wo es bei einer bestimmten Konzentration der Fremdelemente zur Bildung von intermetall. Phasen oder Eutektika kommt. Man unterscheidet **Substitutions-M.,** bei denen die Atome oder Ionen des Grundgitters durch solche eines oder mehrerer anderer Stoffe ersetzt sind, und **Einlagerungs-M. (interstitielle M.),** bei denen die Atome des Grundgitters ihre Plätze beibehalten, die Fremdatome hingegen auf Zwischengitterplätzen eingebaut werden. Übersteigen die Fremdatome dabei eine bestimmte stöchiometr. Zusammensetzung, entstehen **Additionsmischkristalle.**

Mischkultur, der gleichzeitige Anbau mehrerer Kulturpflanzen auf derselben Fläche.

Mischlichtlampe (Verbundlampe), elektr. Lampe, in der eine Glüh- und eine Gasentladungslampe kombiniert sind. Der Glühdraht der Glühlampe ist dabei mit der Gasentladungslampe in Reihe geschaltet und dient als Begrenzungswiderstand der Entladung, sodass eine M. ohne weitere Vorschaltgeräte betrieben werden kann.

Mischling, Kreuzungsprodukt genetisch versch. Eltern bei Tieren und Pflanzen (/ Bastard), beim Menschen zw. Angehörigen unterschiedlicher typolog. Kategorien, z. B. zw. Europiden und Negriden **(Mulatte),** Indianiden und Europiden **(Mestize)** oder Negriden und Indianiden **(Zambo).** Diese Begriffe haben häufig einen herabsetzenden Gebrauchskontext.

Mischna [hebr. »Wiederholung«, »Lehre«] *die, Judentum:* die um 220 n. Chr. abgeschlossene Aufzeichnung des bis dahin mündlich überlieferten religionsgesetzl. Traditionsstoffes (bes. Kommentare zur Thora); die Grundlage des / Talmud.

Mischnick, Wolfgang, Politiker, * Dresden 20. 9. 1921, † Bad Soden am Taunus 6. 10. 2002; nach 1945 in der LDP der SBZ, ab 1948 in der FDP Hessens tätig, deren Landesvors. 1967–77, war 1957–94 MdB und 1961–63 Bundesmin. für Vertriebene, Flüchtlinge und Kriegsgeschädigte; 1968–90 Vors. der FDP-Bundestagsfraktion.

Mischpult (Mischer), *Audio-* und *Videotechnik:* techn. Einrichtung, mit der einzelne, gleichzeitig eingespielte Tonereignisse (Sprache, Musik, Geräusche) in einem bestimmten, veränderl. Pegelverhältnis zusammengeführt, ausgesteuert, gemischt und einem gemeinsamen Ausgangskanal zugeordnet werden können, um ein erwünschtes Klangbild zu erzeugen **(Ton-M.).** Entsprechend dem Ton-M. wird in der Videotechnik das **Bild-M.** zum Mischen mehrerer Videosignale verwendet.

Mischsäure, die / Nitriersäure.

Mischung, 1) *Chemie:* / Gemisch.

2) *Nachrichtentechnik:* (Frequenzmischung), die Überlagerung zweier hochfrequenter elektr. Schwingungen von unterschiedl. Frequenz mittels eines nichtlinearen Schaltungselements, wobei deren Summen- und Differenzfrequenzen entstehen. Durch M. ist die Umsetzung einer Frequenz (oder eines Frequenzbandes) in einen zur Weiterverarbeitung geeigneteren Frequenzbereich möglich. Anwendung u. a. in Rundfunkempfängern (Überlagerungsempfänger), wobei das modulierte hochfrequente Empfangssignal mit einem Überlagerungssignal gemischt wird.

Mischwald, Wald, der sowohl aus Nadel- als auch aus Laubhölzern besteht.

Misereor [lat., nach Mk. 8, 2: »M. super turbam« (»Mich erbarmt des Volkes«)] (Bischöfliches Hilfswerk Misereor e. V.), kath. Entwicklungshilfswerk mit Sitz in Aachen, 1958 von den dt. Bischöfen gegr.; heute die weltweit größte kirchl. Hilfsorganisation für die Länder Afrikas, Asiens und Lateinamerikas.

Miserere [lat. »erbarme dich«] *das,* **1)** *lat. Liturgie:* nach seinem Anfangswort in der Vulgata (Ps. 51) so benannter Bußpsalm; häufig vertont (Josquin Desprez, O. di Lasso, Palestrina u. a.).

2) *Medizin:* Koterbrechen bei / Darmverschluss.

Miserikordi|e [lat. misericordia »Erbarmen«] *die,* Vorsprung an der Unterseite des Chorgestühls zum Anlehnen beim Stehen während längerer liturg. Handlungen.

Mises, Ludwig Edler von, amerikan. Volkswirtschaftler österr. Herkunft, * Lemberg 29. 9. 1881, † New York 10. 10. 1973; Prof. in Wien (1918–38), Genf (1934–40) und New York (1948–69); Vertreter der Wiener Schule (/ Grenznutzenschule), Kritiker der Planwirtschaft; Arbeiten v. a. zur Finanzwiss., Geld- und Konjunkturtheorie.

MISFET [Abk. für engl. **m**etal **i**nsulator **s**ilicon **f**ield **e**ffect **t**ransistor], / Feldeffekttransistor.

Mishima [-ʃ-], Yukio, eigtl. Kimitake Hiraoka, japan. Schriftsteller, * Tokio 14. 1. 1925, † (Harakiri) ebd. 25. 11. 1970; wurde internat. bekannt mit dem Roman »Geständnis einer Maske« (1949). M. schrieb Romane, Novellen, Gedichte, Nō- und Kabuki-Stücke sowohl im modernen Stil als auch an klass. japan. Vorbilder angelehnt, u. a. »Die Brandung« (R., 1954), »Nach dem Bankett« (R., 1960), »Der Seemann, der die See verriet« (R., 1963). Im Zentrum seines Werkes steht der Gegensatz von Kunst und Leben.

Yukio Mishima

Miskolc [ˈmiʃkolts], Hptst. des Bez. Borsod-Abaúj-Zemplén, Ungarn, am Sajó, 173 600 Ew.; TU, Konservatorium, Museum; Eisen- und Stahlind., Maschinenbau, Textil- u. a. Ind.; Mittelpunkt eines Weinbaugebiets. – Got. Kirche am Avasberg (13. Jh.). – Gegr. im 13. Jh.; 1405 königl. Freistadt.

miso..., mis... [grch.], Hass..., Verachtung...

Misox *das* (italien. Valle Mesolcina, früher auch Val Mesocco), Talschaft der Moesa (Nebenfluss des

Mispel:
Frucht (oben) und Blütenzweig der Echten Mispel

Tessin) im Kt. Graubünden, Schweiz, 40 km lang; Hauptort: Mesocco (dt. auch Misox).

Mispel (Mespilus), Gattung der Rosengewächse mit der einzigen Art **Echte M.** (Mespilus germanica); Strauch oder kleiner Baum; heimisch in Vorderasien, in Europa fast nur verwildert vorkommend; Blätter etwas runzelig, lanzettlich; große weißl. Einzelblüten. Die kleinen, birnenförmigen Früchte sind erst nach Frosteinwirkung essbar.

Misr, arab. Name für Ägypten, auch für Kairo.

Misrata, Stadt in Libyen, / Misurata.

Miss [Kurzform von Mistress], 1) engl. Anrede für eine unverheiratete Frau.
2) Schönheitskönigin, die in M.-Wahlen ermittelt wird; häufig in Verbindung mit einem Länder- oder Ortsnamen, z. B. M. Germany.

Miss., Abk. für den Bundesstaat **Miss**issippi, USA.

Missa [lat.] *die,* / Messe.

Missale [lat.] *das* (Messbuch), *kath. Kirche:* liturg. Buch (Altarbuch), enthält die bei der Messe vorgeschriebenen Gebete, Gesangstexte u. a. – *Evang. Kirchen:* / Agende.

Missa solemnis [lat.], 1) *Liturgie:* das / Hochamt.
2) *Musik:* groß angelegte Messkomposition für ein Hochamt; am bekanntesten ist die »Missa solemnis« L. van Beethovens. Eine M. s. schrieben u. a. auch J. Haydn, W. A. Mozart, F. Schubert, F. Liszt und A. Bruckner.

Missbildungen, die / Fehlbildungen.

Missbrauch, / Rechtsmissbrauch.

Missbrauchs|aufsicht, neben dem Verbot von Kartellen und der Fusionskontrolle wichtigstes Instrument der Wettbewerbspolitik, mit dem wettbewerbsgefährdende Verhaltensweisen von / marktbeherrschenden Unternehmen unterbunden werden sollen. Behindern oder diskriminieren marktbeherrschende Unternehmen ihre Konkurrenten oder verlangen sie z. B. überhöhte Preise, kann das Bundeskartellamt gemäß §§ 19 ff. Ges. gegen Wettbewerbsbeschränkungen (GWB) i. d. F. v. 26. 8. 1998 dieses Verhalten untersagen und Verträge für unwirksam erklären und Zuwiderhandlungen mit Geldbußen belegen. – Auch das *österr.* und das *schweizer.* Kartell-Ges. und das Wettbewerbsrecht in der EG beruhen auf dem Prinzip der Missbrauchsaufsicht.

Missbrauch von Kindern und Jugendlichen, / sexueller Missbrauch.

Misshandlung, / Körperverletzung.

Missheirat (Mesalliance), im älteren Recht die Ehe standesungleicher Personen, wobei die Kinder i. d. R. der / ärgeren Hand folgten; M. im Hochadel / linke Hand.

Missing Link [engl. »fehlendes Glied«] *das* (Zwischenglied), in der Stammesgeschichte von Tieren und Pflanzen verwendete Bez. für ein Bindeglied, das zw. Stammformen und aus ihnen hervorgegangenen Gruppen existiert und haben muss, fossil aber bisher nicht nachgewiesen wurde.

Missingsch [niederdt., eigtl. »meißnisch«, »aus Meißen«], der hochdt. Schriftsprache angenäherte (niederdt.) Sprachform.

Missio [lat.] (Missio Internationales Katholisches Missionswerk e. V.), Hilfswerk der kath. Kirche für die Kirchen in Afrika, Asien und Ozeanien; Sitz: Aachen.

Missio canonica [lat. »kirchl. Sendung«] *die, kath. Kirchenrecht:* die kirchenamtl. Beauftragung mit Lehr- und Verkündigungsaufgaben in Predigt, theolog. Lehre, Religionsunterricht; ihr entspricht in den *evang. Kirchen* die Vocatio (/ Vokation).

Mission [lat.] *die,* 1) *Bildungssprache:* Sendung, Vollmacht, Auftrag.
2) *Religionsgeschichte:* die Verbreitung einer Religion und die Gewinnung von Anhängern für sie; insbesondere die Verbreitung des christl. Glaubens unter Nichtchristen (**Äußere M.**). Ausgangspunkt christl. M. war v. a. die M.-Tätigkeit des Apostels / Paulus im Röm. Reich. Die Christianisierung der Germanen hat in der angelsächs. (/ Bonifatius) und iroschott. M., die der Slawen in der Tätigkeit der Brüder / Kyrillos und Methodios ihre Grundlage, wobei den Mönchsorden eine zentrale Rolle zukam. Der Kolonialismus führte in seinem Gefolge zur christl. M. in weiten Teilen Afrikas, Asiens und in Lateinamerika, wobei die einseitig auf das abendländ. Welt- und Menschenbild fixierte und über Jahrhunderte mit einer (unausgesprochenen) Ablehnung nicht christl. (»heidn.«) Kulturen verbundene Verflechtung von Kolonialismus und M. erheblich zur Unterdrückung der Kulturen und Bevölkerungen in den M.-Gebieten beigetragen hat, was die christl. M. in den Augen der betroffenen Völker z. T. bis in die jüngste Zeit im Zwielicht erscheinen ließ. Große Teile des euras. Kontinents (Sibirien) sowie Alaska wurden seit dem 16. Jh. durch die russisch-orth. Kirche missioniert. Seit dem 17. Jh., bes. aber im 19. Jh., traten zahlr. prot. / Missionsgesellschaften und kath. / Missionsorden neben die bisherigen Träger der M. Eine große Bedeutung in der christl. M. haben heute auch evangelikale M.-Bewegungen erlangt, deren jüngstes M.-Projekt (»AD 2000«) alle bisher vom Evangelium »unerreichten« ethnolinguist. Gemeinschaften (Völker) mit der christl. Botschaft bekannt machen will. – Der Islam breitete sich nach dem Tod Mohammeds rasch aus; gegenwärtig betreibt er M. mit großem Erfolg v. a. in Afrika. Der Buddhismus erlebte seine größten M.-Erfolge in dem Jahrtausend nach Buddhas Tod; neuzeitl. M.-Bestrebungen gibt es in Europa und Amerika (/ Neubuddhismus). Der Hinduismus verzichtet, ausgenommen versch. Bestrebungen des / Neohinduismus, grundsätzlich auf M., ebenso das Judentum nach wenigen erfolglosen Versuchen in seiner Geschichte.
3) *Völkerrecht:* eine Personengruppe, die zur Erledigung besonderer Aufgaben ins Ausland entsandt wird, z. B. diplomat. M., Handels-, Militärmission.

Missionar *der,* in der (christl.) Mission hauptamtlich tätiger Geistlicher oder Laie.

Missionsgesellschaften, *evang. Kirchen:* Vereinigungen zur Förderung der christl. Mission; seit dem 17. Jh. in W-Europa und den USA (erste M. 1649 in England), im 19. Jh. in Dtl. als freie Vereine entstanden (z. B. die / Hermannsburger Mission und die / Leipziger Mission). Als Dachorganisation der Träger der evang. Missionsarbeit in Dtl. besteht das **Evang. Missionswerk e. V.**

Missions|orden, *kath. Kirche:* v. a. im 19. Jh. entstandene religiöse Vereinigungen von Priestern und/oder Laien, die in der Mission tätig sein wollten, z. B. Claretiner, Steyler Missionare, Weiße Väter.

Mississauga [mɪsɪˈsɔːgə], Stadt im SO von Ontario, Kanada, am W-Ende des Ontariosees im westl. Vorstadtbereich von Toronto, 544 400 Ew.; Luftfahrt-, Maschinen- und Kraftfahrzeug-, chem., Stahl- u. a. Ind.; internat. Flughafen von Toronto.

Mississippi, 1) *der* (Mississippi River), größter Strom Nordamerikas, in den USA, 3 765 km (mit Missouri 5 970 km) lang, mit einem Einzugsgebiet von 2,978 Mio. km^2 (etwa $^1/_3$ der Staatsfläche der USA), entwässert den größten Teil des Gebiets zw. Kordilleren und Appalachen. Der M. entspringt im Itascasee, Minnesota. Als Dammfluss tritt der M. ab Cairo mit einer

Breite von 1 370 m in die alluviale M.-Ebene im Bereich der Golfküstenebene ein. Das Delta hat fünf Hauptarme, die in den Golf von Mexiko münden. Die Seeschifffahrt reicht flussaufwärts bis Baton Rouge, die Flussschifffahrt bis Minneapolis-Saint Paul. Der M. hat Anschluss an den Intracoastal Waterway und über den Illinois Waterway an das Gebiet der Großen Seen.

2) Abk. **Miss., MS,** Bundesstaat im S der USA, 125 443 km^2, (2001) 2,86 Mio. Ew. (rd. 36 % Schwarze); Hptst. ist Jackson. M. liegt größtenteils in der z. T. sumpfigen Golfküstenebene; sandige und hafenarme Küste am Golf von Mexiko. Hauptflüsse sind der M. und seine Nebenflüsse. Das Klima ist subtropisch-feucht; über die Hälfte des Gebietes ist bewaldet. Anbau von Baumwolle, Mais, Weizen, Reis, Sojabohnen; Rinderzucht; Holzwirtschaft; Erdöl-, Erdgasförderung, Papier-, Nahrungsmittel-, Möbel- u. a. Ind.; Staatsuniv. in Oxford. – 1540/41 von Spaniern (H. de Soto) erkundet. Seit 1699 von Franzosen besiedelt (Teil der Kolonie Louisiana). Der seit 1763 brit. Teil wurde 1783 an die USA abgetreten, die 1795 auch den südl., seit 1779 von den Spaniern besetzten Teil erhielten. 1798 als Territorium organisiert; 1817 als 20. Staat in die Union aufgenommen. Als Hauptbaumwollproduzent gehörte M. im Sezessionskrieg zu den abtrünnigen Südstaaten; 1870 wieder in die Union aufgenommen.

Miss Marple [- 'mɑːpl], eigtl. Miss Jane Marple, altjüngferl. resolute Amateurdetektivin in zahlr. Kriminalerzählungen (auch verfilmt) von Dame Agatha Christie.

Missoni, Ottavio, italien. Modeschöpfer, * Ragusa 11. 2. 1921; gründete zus. mit seiner Frau Rosita M. (* Golasecca 1931) eine Strickerei in Trient, der 1953 ein Studio in Mailand folgte; heute international bekannte Marke für erlesene Strickmoden für beide Geschlechter. 1998 übernahm Tochter Angela (* 1958) das Design. M. kreiert auch Parfüm.

Missouri [mɪˈsuːri], **1)** *der* (Missouri River), Strom in den USA, längster Nebenfluss des Mississippi, 4 086 km lang, entsteht aus drei Quellflüssen in Montana, mündet bei Saint Louis; am Oberlauf bed. Stauwerke.

2) Abk. **Mo., MO,** Bundesstaat im Mittleren Westen der USA, 180 546 km^2, (2001) 5,63 Mio. Ew. (11 % Schwarze); Hptst. ist Jefferson City. Die flachwellige Grundmoränenlandschaft des Zentralen Tieflandes leitet nach SO in das Schwemmland des Mississippi über; im SW hat M. Anteil an den Ozark Mountains; Anbau von Sojabohnen, Mais, Reis, Baumwolle; Viehzucht; Bergbau: Blei-, Zink- und Eisenerz, Kohle; Luft-, Raumfahrtind., Fahrzeugbau, Nahrungsmittel-, chem. Ind., Maschinenbau.; Ind.zentrum Saint Louis; Staatsuniv. in Columbia. – Um 1735 gründeten Franzosen die erste ständige Siedlung (Sainte Geneviève) in M., das zur frz. Kolonie Louisiana gehörte. 1763 fiel M. an Spanien und kam 1803 mit dem Louisiana Purchase (/ Louisiana) an die USA. 1805 als Territorium Louisiana, 1812 als Territorium M. organisiert; 1821 als 24. Staat in die Union aufgenommen. Da sich die Sklaverei trotz Zulassung (so genannter M.-Kompromiss) nicht durchsetzte, blieb M. im Sezessionskrieg bei der Union.

Missouri-Synode [mɪˈsuːri-] (Lutheran Church-Missouri Synod), die zweitgrößte luth. Kirche in den USA mit über 2,6 Mio. Mitgl. und dem Zentrum in Saint Louis. Die M.-S. entstand 1847 aus dem Zusammenschluss erweckter sächs. und bayer. Einwanderer als **Deutsche evang.-luth. Synode von Missouri, Ohio und anderen Staaten** (heutiger Name seit 1947), vertritt ein streng konfessionelles Luthertum.

Misstrauensvotum, in Staaten mit parlamentar. Reg.system ein Mehrheitsbeschluss des Parlaments, der der Reg., dem Reg.chef oder einem Min. das Vertrauen entzieht und damit den Rücktritt erzwingt. In Dtl. ist nur das **konstruktive M.** gegenüber dem Bundeskanzler vorgesehen (Art. 67 GG): Abwahl des alten durch Neuwahl eines neuen Bundeskanzlers, verbunden mit dem Ersuchen an den Bundespräs., den Kanzler zu entlassen. Mit der Entlassung endet auch das Amt der Bundesmin. – Das *österr.* Verf.recht (Art. 74 Bundesverfassungs-Ges.) kennt sowohl ein M. der Bundesreg. als auch einzelnen Mitgl. gegenüber. Die *schweizer.* Bundesverf. enthält keine Bestimmungen über ein Misstrauensvotum.

Missweisung, / Deklination.

Mist, mit Einstreu vermischte tier. Exkremente.

Mistassini [mɪstaˈsiːnɪ] (frz. Lac Mistassini, engl. Lake Mistassini), See in Kanada, Prov. Quebec, 2 336 km^2, 372 m ü. M.; Abfluss durch den Rupert River zur Hudsonbai.

MIS-Technik [Abk. für engl. **m**etal **i**nsulator **s**emiconductor, »Metall-Isolator-Halbleiter«], Bez. für die Gesamtheit aller Verfahren zur Herstellung diskreter Halbleiterbauelemente und integrierter Schaltungen, bei denen Metall-Isolator-Halbleiter-Übergänge (MIS-Übergänge) zur Herstellung versch. Funktionselemente, wie MISFET (/ Feldeffekttransistor), Kondensatoren, Varaktoren, Speicherelemente, Widerstände, verwendet werden. – Die Bez. MIS-T. wird i. w. S. häufig synonym mit / MOS-Technik verwendet, i. e. S., wenn der Gateisolator nicht aus SiO$_2$ oder dem natürl. Oxid des Halbleitersubstrats besteht. In diesem Zusammenhang ist die Herstellung programmierbarer und nicht flüchtiger Speicher (z. B. MASFET, MNOSFET) das Haupteinsatzgebiet der MIS-Technik.

Mistel (Hexenkraut, Donnerbesen, Kreuzholz, Viscum), Gattung der M.-Gewächse, vorwiegend trop. Arten; in Dtl. nur die **Laubholz-M.** (Viscum album) und die **Nadelholz-M.** (Viscum laxum); immergrüne, strauchförmige Halbschmarotzer der Laub- und Nadelhölzer mit gelbgrünen, ledrigen Blättern; der Samen keimt unmittelbar auf dem Wirtsast; die Frucht ist eine weiße beerenartige Scheinfrucht, deren klebrige Samen durch Vogelkot verbreitet werden. – Wegen ihrer ungewöhnl. Gestalt gewann die M. große Bedeutung in Mythen (/ Baldr) und Sagen (daher wohl auch der brit. Weihnachtsbrauch, M.-Zweige in die Wohnung zu hängen). M.-Präparate werden zur palliativen Krebsbehandlung verwendet.

Mississippi 2)
Flagge

Missouri 2)
Flagge

Mistel:
Die Laubholzmisteln sind meist erst nach dem Laubfall zu erkennen.

Mistra: Blick auf die Ruinenstätte sowie auf die unter dem fränkischen Fürsten Wilhelm II. Villehardouin errichtete Gipfelburg (1249)

Mister ['mɪstə, engl.] *der,* Abk. **Mr.,** Herr (engl. Anrede).

Misti, tätiger Vulkan in Peru, in der Westkordillere, bei Arequipa; 5842 m ü. M.

Mistinguett [mistɛ̃'gɛt], eigtl. Jeanne Florentine Bourgeois, frz. Varieteekünstlerin, * Enghien-les-Bains 5. 4. 1873, † Bourgival (bei Paris) 5. 1. 1956; berühmte Chansonsängerin und Schauspielerin der Pariser Revuetheater, v. a. des »Moulin-Rouge« (das sie einige Zeit leitete).

Mistkäfer (Rosskäfer, Geotrupini), Gruppe der Blatthornkäfer; schwarz bis blau glänzende Käfer mit Grabbeinen. Die M. legen bis über 1 m tiefe Brutbauten an, in die sie je nach Art Dung, Pilze, frische oder verrottende Pflanzenteile einbringen; die in Dtl. häufigsten Arten sind der **Frühlings-M.** (Geotrupes vernalis) und der metallisch glänzende, 16–25 mm lange **Wald-M.** (Geotrupes stercorosus).

Mistkäfer: Waldmistkäfer

Mistra (Mistras, Mystras), Dorf und Ruinenstätte der gleichnamigen grch. Stadt in der S-Peloponnes, westlich von Sparta. – Ruinenstätte mit zahlr. Palästen, Kirchen und Klöstern aus byzantin. Zeit (UNESCO-Weltkulturerbe), u. a. die Hagii Theodori (um 1290–95) und die Hodegetria-Kirche (1310). – 1249 durch die Kreuzfahrer gegr. (Errichtung einer Gipfelburg); ab 1262 byzantinisch; 1348 Hptst. des Despotats M. bzw. ⁄Morea, geistiger und kultureller Höhepunkt; fiel 1460 an die Osmanen, 1687–1715 an die Venezianer; Hauptort Lakoniens; verfiel mit der Neugründung Spartas (1834).

Mistral [frz.] *der,* kalter, trockener Nordwind in Südfrankreich, bes. im Rhonetal.

Mistral, *Segelsurfen:* olymp. Bootsklasse; auch Bez. für das Surfboard (»M.-Brett«) selbst, das 3,72 m lang ist und über einen nach allen Seiten schwenkbaren Mast mit Segel und Gabelbaum verfügt. – Vorgängerin (1984–92) war die »Lechner-Klasse«.

Mistral, **1)** **Frédéric,** neuprovenzal. Dichter, * Maillane (bei Arles) 8. 9. 1830, † ebd. 25. 3. 1914; 1854 Mitbegründer, später Haupt der provenzal. Erneuerungsbewegung Félibrige (⁄Félibres), veröffentlichte neben einem Wörterbuch Versdichtungen (»Mirèio«, dt. »Mireio«, 1859) und Erzählungen. 1904 erhielt er (zus. mit J. Echegaray y Eizaguirre) den Nobelpreis für Literatur.

Frédéric Mistral

2) **Gabriela,** eigtl. Lucila Godoy Alcayaga, chilen. Lyrikerin, * Vicuña 7. 4. 1889, † Hempstead (N. Y.) 10. 1. 1957; Lehrerin, ab 1932 im diplomat. Dienst; berühmt durch ihre sehnsuchtsvoll-melanchol., nach metaphys. Trost strebende Liebeslyrik, die, von persönl. Leid veranlasst, zur Menschheitsdichtung reift: »Desolación« (1922, dt. Ausw. 1960 u. d. T. »Spürst du meine Zärtlichkeit?«), »Ternura« (1924), »Tala« (1938), »Lagar« (1954) u. a. 1945 erhielt sie den Nobelpreis für Literatur.

Mistress ['mɪstrɪs; engl. »Herrin«] *die,* Abk. **Mrs.,** engl. Anrede für eine Frau (in Verbindung mit dem Familiennamen).

Misurata (arab. Misrata), Stadt an der Küste Tripolitaniens, Libyen, 230 000 Ew.; Zentrum einer 16 km langen Küstenoase; Handelszentrum; Textilind., Schuhfabrik, Stahl- und Walzwerk; Wärmekraftwerk, Meerwasserentsalzungsanlage; Hafen, Flughafen.

MIT [emaɪ'tiː], Abk. für ⁄**M**assachusetts **I**nstitute of **T**echnology.

Mitanni, Staat der ⁄Hurriter in N-Mesopotamien im 16.–14. Jh. v. Chr.

Mitarbeiterbeteiligung, i. w. S. die Mitbestimmung der Arbeitnehmer, i. e. S. die Teilhabe der Arbeitnehmer am Erfolg (⁄Gewinnbeteiligung) und/oder am Kapital eines Unternehmens (Vermögensbeteiligung, Miteigentum).

Mitau, Stadt in Lettland, ⁄Jelgava.

Mitbestimmung, i. w. S. die Beteiligung von Personengruppen an polit. oder wirtsch. Planungen oder Entscheidungen (Partizipation), i. e. S. die Teilnahme der Arbeitnehmer am Willensbildungs- und Entscheidungsprozess in Betrieben oder Unternehmen. – Die **betriebl. M.** ist für die private Wirtschaft im ⁄Betriebsverfassungsgesetz i. d. F. v. 25. 9. 2001 geregelt. Das Personalvertretungs-Ges. vom 15. 3. 1974 gilt für Beamte, Angestellte und Arbeiter im öffentl. Dienst (⁄Personalvertretung). Nach beiden Gesetzen haben die Arbeitnehmer sowohl bloße Mitwirkungs- als auch echte Mitbestimmungs- oder Mitentscheidungsrechte bei der Gestaltung ihrer Arbeitsbedingungen, die sie durch gewählte Betriebs- oder Personalräte wahrnehmen. – **M. im Unternehmen** ist Teilhabe der Belegschaft an der Leitung des Unternehmens durch Wahl von Arbeitnehmervertretern in die Aufsichtsgremien. Sind darin Anteilseigner wie Arbeitnehmer in gleicher Stärke vertreten, spricht man von **parität. M.,** besteht hingegen ein Übergewicht der Anteilseigner, von **einfacher Mitbestimmung.**

Unternehmens-M.: Das M.-Gesetz vom 4. 5. 1976 gilt für Unternehmen mit i. d. R. mehr als 2 000 Beschäftigten, die in Form der AG, KGaA, GmbH oder Genossenschaft betrieben werden, ausgenommen ⁄Tendenzbetriebe sowie Unternehmen, die dem Montan-M.-Ges. von 1951 unterliegen. Nach dem M.-Gesetz besteht in den Grundfragen des Unternehmens (z. B. Auflösung oder Umwandlung des Unternehmens) keine M. Es bestimmt aber, dass der Aufsichtsrat gleichmäßig mit Vertretern der Anteilseigner und der Arbeitnehmer besetzt wird (in Unternehmen bis 10 000 Arbeitnehmer im Verhältnis 6 : 6, mehr als 10 000–20 000 Arbeitnehmer 8 : 8, mehr als 20 000 Arbeitnehmer 10 : 10). Die Arbeitnehmersitze müssen auf Arbeiter, Angestellte und leitende Angestellte entsprechend ihrem Anteil an der Gesamtbelegschaft verteilt werden; ihre Wahl erfolgt, je nach Belegschaftsstärke, unmittelbar durch Urwahl oder mittelbar durch Wahlmänner. Der Aufsichtsrat wählt aus seiner Mitte einen Vorsitzenden. Dieser gehört i. d. R. der Anteilseignerseite an; bei Stimmengleichheit gibt seine Stimme den Ausschlag. Als gleichberechtigtes Vorstandsmitgl. wird ein ⁄Arbeitsdirektor bestellt.

Für Unternehmen in Form der AG oder KGaA bis 2000 Beschäftigte gilt die einfache M. nach dem Betriebsverfassungs-Ges. von 1952 (§§ 76 ff.), das insoweit fortgilt. Dasselbe trifft für GmbH und Genossenschaften mit mehr als 500 Arbeitnehmern zu. Die Aufsichtsräte dieser Unternehmen (Ausnahme: Tendenzbetriebe) bestehen zu einem Drittel aus Arbeitnehmervertretern. Diese werden in allgemeiner, geheimer Wahl von den Arbeitnehmern gewählt.

Durch das Ges. zur Beibehaltung der M. beim Austausch von Anteilen und der Einbringung von Unternehmensteilen, die Gesellschaften versch. Mitgl.staaten der EU betreffen (M.-Beibehaltungs-Ges.), vom 23. 8. 1994 wird gewährleistet, dass die M. gewahrt bleibt, wenn die Unternehmensform aus steuerl. Gründen geändert wird.

Montan-M.: Dem Montan-M.-Ges. vom 21. 5. 1951 unterliegen AG und GmbH mit mehr als 1000 Arbeitnehmern, wenn sie überwiegend Kohle und Eisenerze fördern oder Unternehmen der Eisen und Stahl erzeugenden Industrie sind und im alliierten Entflechtungs-Ges. vom 16. 5. 1950 namentlich aufgeführt waren oder als Montanunternehmen erst später gegründet wurden, aber dieselben Merkmale wie diese aufweisen. Ihr Aufsichtsrat setzt sich aus der gleichen Anzahl von Vertretern der Anteilseigner und Arbeitnehmer sowie aus einem neutralen Mitgl. zusammen. Dem Vorstand muss ein Arbeitsdirektor angehören. – Unter das M.-Ergänzungs-Ges. vom 7. 8. 1956 fallen die Gesellschaften, die zwar nicht vom Montan-M.-Ges. von 1951 erfasst werden, aber aufgrund eines Organschaftsvertrags ein oder mehrere Unternehmen beherrschen, in denen das Montan-M.-Ges. von 1951 gilt (z. B. Konzerne, Holdinggesellschaften von Montanunternehmen).

Für die Europ. AG, die aufgrund einer im Oktober 2004 in Kraft tretenden VO der EG registriert werden kann, ist in einer bis 2004 in nat. Recht umzusetzenden Richtlinie ebenfalls eine M.-Regelung vorgesehen.

Österreich: Die zentralen Bestimmungen der M. im Arbeitsrecht enthält das Arbeitsverfassungs-Ges. von 1974. Es unterscheidet je nach dem Inhalt allg. Befugnisse, die Mitwirkung in sozialen, in personellen sowie in wirtsch. Angelegenheiten. – *Schweiz:* Am 1. 5. 1994 trat das Bundes-Ges. über die Information und Mitsprache der Arbeitnehmer in den Betrieben (Mitwirkungs-Ges.) vom 17. 12. 1993 in Kraft. In Betrieben mit mindestens 50 Arbeitnehmern haben diese das Recht, aus ihrer Mitte eine oder mehrere Vertretungen zu bestellen, denen gewisse Mitwirkungsrechte zustehen.

Mit brennender Sorge, in dt. Sprache abgefasste Enzyklika Papst Pius' XI. vom 14. 3. 1937 gegen die Behinderung der kath. Kirche in Dtl. durch die nat.-soz. Kirchenpolitik und Weltanschauung.

Mitchell, Mount [maʊnt ˈmɪtʃəl], höchster Berg der Appalachen, North Carolina, USA, 2037 m ü. M.

Mitchell [ˈmɪtʃəl], **1)** *Margaret,* amerikan. Schriftstellerin, * Atlanta (Ga.) 8. 11. 1900, † (Autounfall) ebd. 16. 8. 1949; errang Welterfolg mit dem Roman »Vom Winde verweht« (1936), der aus der Perspektive der Südstaaten den Sezessionskrieg und die anschließende Rekonstruktionsperiode als melodramat. Verstrickung von Einzelschicksalen darstellt (verfilmt 1939).

2) *Peter,* brit. Biochemiker, * Mitcham (Cty. Surrey) 29. 9. 1920, † Bodmin (Cty. Cornwall) 10. 4. 1992; erhielt für die Entwicklung der chemiosmot. Theorie der oxidativen ↗ Phosphorylierung (Energiegewinnung der Zellen) 1978 den Nobelpreis für Chemie.

Mitchum [ˈmɪtʃəm], *Robert,* amerikan. Filmschauspieler, * Bridgeport (Conn.) 6. 8. 1917, † Santa Barbara (Calif.) 1. 7. 1997; spielte v. a. den Typus des Undurchschaubaren und Außenseiters in Kriegsfilmen und Western, u. a. in »Schlachtgewitter am Monte Cassino« (1945), »Die Nacht des Jägers« (1955), »El Dorado« (1967), »Der letzte Tycoon« (1976), »Tote schlafen besser« (1978), »Der Ambassador« (1984), »Kap der Angst« (1991), »Dead Man« (1995).

Gabriela Mistral

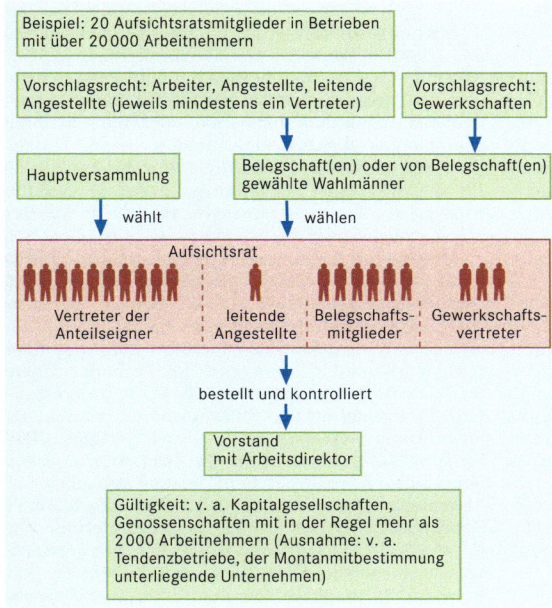

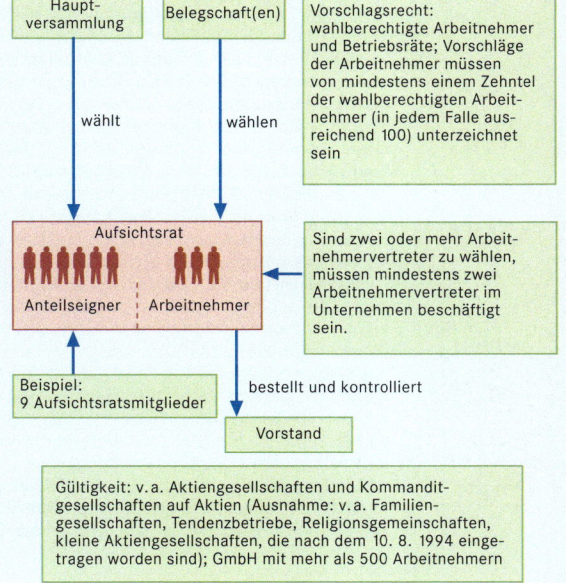

Mitbestimmung: Beteiligung der Arbeitnehmer im Aufsichtsrat nach dem Mitbestimmungsgesetz von 1976 (links) und nach dem Betriebsverfassungsgesetz von 1952 (rechts)

Mite | Miteigentum

Mit|eigentum, 1) *Recht:* das gemeinsame /Eigentum mehrerer Personen an einer Sache. **2)** *Wirtschaft:* Beteiligung der Arbeitnehmer an den Produktionsmitteln, v. a. der Belegschaft am Unternehmen (z. B. durch Investivlohn); besondere Form der Vermögenspolitik.

Mit|erbe, eine von mehreren Personen, die zusammen bei einem Erbfall erben und notwendigerweise eine **Erbengemeinschaft** (die immer /Gesamthandsgemeinschaft ist) bilden (§§ 2032–2063 BGB). Die Erbengemeinschaft entsteht mit dem Erbfall und endet mit der Erbteilung, die durch Realteilung oder Verkauf und Verteilung des Erlöses erfolgt. Bis zur Auseinandersetzung kann jeder M. über seinen Anteil nur insgesamt, nicht in Bezug auf einzelne Gegenstände, verfügen. – Ähnl. Regelungen gelten für das *österr.* (§§ 555 ff., 820 ff. ABGB) und das *schweizer.* (Art. 602 ff. ZGB) Recht.

Mit|esser (Komedonen), als dunkle Punkte sichtbare Anhäufungen von Talg und verhornten Epithelzellen in den Ausführungsgängen der Talgdrüsen, v. a. bei /Seborrhö.

Mitfahrzentrale, Unternehmen, das Mitfahrgelegenheiten in privaten Pkw vermittelt. Vermittlungsbasis ist eine vom Mitfahrer an den Fahrer zu zahlende Fahrkostenbeteiligung, die von der M. vorgegeben wird und die fahrtabhängigen Betriebskosten nicht überschreiten darf.

Mitgift das Vermögen, das der Frau von den Eltern in die Ehe mitgegeben wird (/Ausstattung).

mithelfende Famili|enangehörige, in der amtl. Statistik Personen, die im Betrieb eines Familienmitglieds unentgeltlich tätig sind und für die keine Pflichtbeiträge zur gesetzl. Rentenversicherung gezahlt werden. In Dtl. hat sich die Anzahl von (1939) 3 713 000 Personen (16,7 % der Erwerbstätigen) auf (2001) 441 000 (1,2 % der Erwerbstätigen) reduziert.

Mithras (iran. Mithra, altind. Mitra), ein seit 1000 v. Chr. im Iran verehrter Gott des Rechts und der Ordnung; durch die Religionsstiftung Zarathustras zurückgedrängt, später wieder anerkannt. Im Röm. Reich erlangte er als mit der Sonne verbundener Erlösergott große Bedeutung, v. a. bei den Legionären (daher Heiligtümer in Garnisonsorten). Im Mittelpunkt des Mysterienkults, von dem Frauen ausgeschlossen waren, stand die Tötung eines Stiers (die häufige Darstellung der Zeremonie zus. mit einer Gruppe von Tieren kann als Verschlüsselung astronom. Erkenntnisse gedeutet werden). Der M.-Kult kennt eine Taufe und eine Art Abendmahl. Die unterird. Kultstätten **(Mithräen)** waren seit dem 2. Jh. n. Chr. im gesamten Röm. Reich verbreitet; in Dtl. erhalten u. a. in Heddernheim (zu Frankfurt am Main), Dieburg, Ladenburg und Heidelberg.

Mithridates VI. Eupator, König von Pontos (seit 120 v. Chr.), *Sinope (heute Sinop) um 130 v. Chr., †Pantikapaion (heute Kertsch) 63 v. Chr.; dehnte seine Herrschaft über die Nord- und Ostküste des Schwarzen Meeres aus und kam dabei mit Rom in Konflikt. In den drei **Mithridat. Kriegen** (89–84 v. Chr., 83–81 v. Chr., 74–63 v. Chr.) gegen Rom wurde er nach wechselnden Erfolgen von Lucullus und zuletzt von Pompeius geschlagen.

Mitkopplung, *Elektrotechnik:* /Rückkopplung.

Mitla, Ruinenstätte im mexikan. Bundesstaat Oaxaca; um 900 zunächst Kulturzentrum und Residenz der Zapoteken, wurde später von den Mixteken übernommen und ausgebaut; Paläste mit kunstvollen geometr. Dekorationen aus Steinmosaiken.

Mitläufereffekt (Bandwagon-Effekt), Phänomen, dass ein Wirtschaftssubjekt von einem Gut bei gegebenem Preis mehr (weniger) konsumiert, weil andere Wirtschaftssubjekte dasselbe Gut ebenfalls mehr (weniger) konsumieren. Der M. kommt z. B. in der Mode zum Tragen. Das umgekehrte Nachfrageverhalten von Konsumenten, die nach Exklusivität streben, wird als **Snob-Effekt** bezeichnet.

Mitlaut, *Phonetik:* der /Konsonant.

Mitleid, eine Form des Mitgefühls und der Teilnahme am Leben des anderen. Die prakt. Ausübung des M. als Barmherzigkeit ist wesentl. Bestandteil der christl. Nächstenliebe.

Mitnahme|effekt, Bez. für die nicht bezweckte Wirkung bei Subventionen u. a. finanziellen Anreizen im Rahmen der Wirtschafts-, v. a. der Konjunkturpolitik. Werden z. B. Investitionszulagen gewährt, um Unternehmen zu zusätzl. Investitionen anzuregen, so müssen diese auch für diejenigen Investitionen gewährt werden, die auch ohne die Zulage vorgenommen worden wären oder die aufgrund der Zulage nur zeitlich vorgezogen werden.

Mito, Hptst. der Präfektur Ibaraki, Japan, auf Honshū, nordöstlich von Tokio; 246 300 Ew.; Univ.; Tabak-, Textil- u. a. Ind. – Alte Burgstadt mit einer der bekanntesten japan. Parkanlagen.

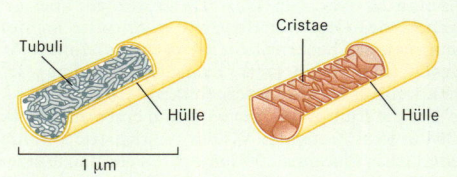

Mitochondrien vom Tubulustyp (links) und vom Cristaetyp

Mitochondri|en [grch.] (Chondriosomen), längl. oder rundl. Organellen in allen kernhaltigen Zellen. M. sind von zwei Membranen umhüllt, enthalten eigene DNA und vermehren sich durch Teilung. Die innere M.-Membran besitzt kamm- oder röhrenförmige Einfaltungen (Cristae- und Tubulustyp) und enthält die Enzyme der Atmungskette sowie der oxidativen Phosphorylierung (ATP-Bildung); in den M. sind die Enzyme des Zitronensäurezyklus und des Fettsäureabbaus lokalisiert.

Mitose [grch.] *die* (indirekte Kernteilung), Kernteilungsvorgang, bei dem aus einem Zellkern zwei Tochterkerne gebildet werden, die gleiches (mit dem Ausgangsmaterial identisches) Genmaterial und die gleiche Chromosomenzahl haben. Die Chromosomen werden während der zw. zwei M. liegenden Interphase verdoppelt. Es werden vier Phasen durchlaufen: **1) Prophase:** Die Chromosomen werden als fadenförmige Gebilde im Zellkern sichtbar. Die Kernspindel formt sich, die Kernmembran und der Nucleolus (Kernkörperchen) werden aufgelöst. **2) Metaphase:** Die Spindelfasern zw. den vorgebildeten Zentromeren (Einschnürung, die jedes Chromosom in zwei Schenkel teilt) und den Polen sind gebildet; die Chromosomen ordnen sich in einer Ebene zw. den Polen an. **3) Anaphase:** Die Zentromeren verdoppeln sich, und die Chromatiden (Chromosomenspalthälften) wandern entlang den Spindelfasern zu den Polen. **4) Telophase:** Die Chromosomen an den beiden Polen

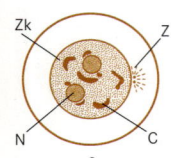
a

b

c

d

e

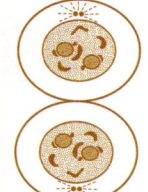
f

Mitose: schematische Darstellung der Phasen einer Mitose; a frühe Prophase (C Chromosomen, N Nucleolus, Z Zentriol, Zk Zellkern); b späte Prophase; c frühe Metaphase; d späte Metaphase; e Anaphase; f Telophase

entfalten (entspiralisieren) sich, der Spindelapparat wird abgebaut, es werden neue Kernmembranen und Nucleoli gebildet.

Mitra [grch. »Binde«] *die,* **1)** bei Homer ein zur Rüstung gehörender Metallgürtel.

2) bei altorientalischen Herrschern eine breite Kopfbinde; bei Griechen und Römern eine aus einem Schal drapierte Kopfbedeckung bes. der Frauen.

3) *kath. Liturgie:* (lat. Inful, volkstüml. Bischofsmütze), die an der Rückseite mit zwei herabhängenden Zierbändern versehene Kopfbedeckung der Kardinäle, Bischöfe und infulierten Prälaten; getragen bei Pontifikalhandlungen.

Mitralklappe, zweizipflige Segelklappe zw. linkem Vorhof und linker Kammer des menschl. Herzens. Bei Mitralinsuffizienz besteht Schlussunfähigkeit der M. (Herzklappenfehler).

MITROPA AG [von **Mit**teleu**ropa**], Kw. für Mitteleuropäische Schlaf- und Speisewagen-AG, 1916 gegründetes Gastronomieunternehmen, Sitz: Berlin; ging 1949 in West-Dtl. mit seinen Vermögenswerten in die Dt. Schlafwagen- und Speisewagen-Gesellschaft mbH (DSG) über, während die Betriebe in Ost-Dtl. unter der alten Bez. als zentral geleitete Institution weitergeführt wurden. 1994 wurden die beiden Servicegesellschaften unter dem Dach der MITROPA AG, einer Tochtergesellschaft der Dt. Bahn AG, vereint. Zum 1. 7. 2002 gingen alle Aktivitäten der MITROPA AG rund um den Service im Zug (Tag- und Nachtreiseverkehr im In- und Ausland) zur DB Reise&Touristik AG über. Bei MITROPA verbleiben die stationäre Gastronomie (v. a. Bahnhofsgaststätten), der Handel an stark frequentierten Standorten (z. B. Reiseartikelpoints) sowie das Geschäft an den Autobahnen und Fernstraßen (Autobahnraststätten, Motels).

Mitropoulos [-puləs], Dimitri, amerikan. Dirigent grch. Herkunft, *Athen 1. 3. 1896, †Mailand 2. 11. 1960; war 1949–58 Dirigent des New York Philharmonic Orchestra, seit 1954 auch der Metropolitan Opera; setzte sich v. a. für die italien. Oper sowie die Musik des 20. Jh. ein.

Mitscherlich, 1) Alexander, Chemiker, *Berlin 28. 5. 1836, †Oberstdorf 31. 5. 1918, Sohn von 3); entwickelte ab 1874 ein technisch brauchbares Verfahren zur Gewinnung von Zellstoff aus Holz (Sulfitverfahren).

2) Alexander, Arzt, Psychoanalytiker, *München 20. 9. 1908, †Frankfurt am Main 26. 6. 1982, ∞ mit 4); ab 1960 Leiter des Sigmund-Freud-Inst. in Frankfurt am Main, übertrug Erkenntnisse der Psychoanalyse auf die Psychosomatik, die Gesellschaftskritik und die Friedensforschung; 1969 Friedenspreis des Dt. Buchhandels. – *Werke:* Auf dem Weg zur vaterlosen Gesellschaft (1963); Krankheit als Konflikt. Studien zur psychosomat. Medizin, 2 Bde. (1966–67); Die Unfähigkeit zu trauern (1967, mit Margarete M.); Die Idee des Friedens und die menschl. Aggressivität (1969); Toleranz, Überprüfung eines Begriffs. Ermittlungen (1974); Das Ich und die Vielen (1978).

3) Eilhard Alfred, Chemiker, *Neuende (heute zu Wilhelmshaven) 7. 1. 1794, †Schöneberg (heute zu Berlin) 28. 8. 1863, Vater von 1); entdeckte die Isomorphie bei Kristallen, die Polymorphie chem. Verbindungen und die Schwefelmodifikationen. M. klärte die Struktur vieler organ. Verbindungen auf (z. B. Milchsäure, Harnsäure), konstruierte 1824 ein sehr exaktes Goniometer, klärte die Inversion des Rohrzuckers auf und entwickelte eine Methode zum Nachweis von Phosphor.

4) Margarete, Ärztin, Psychoanalytikerin, *Gravenstein (Dänemark) 17. 7. 1917, ∞ mit 2). – *Werke* (neben der Zusammenarbeit mit ihrem Mann): Das Ende der Vorbilder (1978); Die friedfertige Frau (1985); Die Zukunft ist weiblich (1987); Trauer ist der halbe Trost (1995; Gespräch mit M. Schmidt-Degenhard).

Mitschurin, Iwan Wladimirowitsch, russ. Botaniker, *Landgut Werschina (Gebiet Rjasan) 27. 10. 1855, †Mitschurinsk 7. 6. 1935; züchtete über 300 neue Obstsorten, die es ermöglichten, die Obstbaumgrenze in Russland nach N auszudehnen. Er befasste sich mit der gegenseitigen Beeinflussung von Unterlage und Pfropfreis.

Mitschurinsk (bis 1932 Koslow), Stadt im Gebiet Tambow, Russland, in der Oka-Don-Ebene, 121 800 Ew.; Forschungs- und Lehranstalten für Genetik und Obstbau, die auf I. W. Mitschurin zurückgehend; Mitschurinmuseum; Bau von Geräten und Apparaturen, Nahrungsmittel-, Textilind.; Eisenbahnknotenpunkt.

Mitsotakis, Konstantinos, grch. Politiker, *Kanea (auf Kreta) 18. 10. 1918; war 1946–67 und seit 1977 Parlamentsabg.; 1951–67 wiederholt Min., als Gegner der Obristen während der Militärdiktatur mehrmals verhaftet; 1980–81 Außenmin., 1984–93 Präs. (Vors.) der Neuen Demokratie und 1990–93 Ministerpräsident.

Mitsubishi-Gruppe [-biʃi-], japan. Unternehmensgruppe (Keiretsu), die aus zahlr. eigenständigen Ind.-, Handels- und Dienstleistungsunternehmen besteht; geht zurück auf das Handelsunternehmen Mitsubishi Shōji Kaisha Ltd., Tokio (gegr. 1870, seit 1971 **Mitsubishi Corp.**). Zur M.-G. gehören u. a. die **Mitsubishi Electric Corp.** (Elektrotechnik, Elektronik; gegr. 1921), die **Mitsubishi Chemical Corp.** (Petro- und Spezialchemie; gegr. 1934), die **Mitsubishi Heavy Industries Ltd.** (u. a. Maschinen, Anlagen, Schiffbau, Raumfahrt; gegr. 1934), die **Mitsubishi Motors Corp.** (Automobile; gegr. 1970) sowie die **Bank of Tokyo-Mitsubishi Ltd.** (japan. Großbank; gegr. 1880, firmierte bis 1996 als Mitsubishi Bank Ltd.).

Mitsui & Co., Ltd., japan. Mischkonzern, hervorgegangen aus einem 1673 in Tokio gegründeten Textilhandels- und Darlehensgeschäft; Sitz: Tokio. Die Aktivitäten des weltweit tätigen Konzerns erstrecken sich u. a. auf die Bereiche Metallurgie und Stahl, Energie, Chemie, Maschinenbau, Raumfahrt, Elektronik, Telekommunikation, Handel, Dienstleistungen.

Mitsunaga, eigtl. Tokiwa M., auch Fujiwara M., japan. Maler, tätig um 1158–79 am Kaiserhof in Kyōto; schilderte in 60 Querrollen das Leben am Hof (z. T. durch Kopien bekannt). Zugeschrieben werden ihm u. a. die zu den genialen Leistungen des ↗Yamato-e gehörenden drei Bildrollen, die in dramat. Massenszenen und mit eindringl. Charakterisierung die Geschichte des Höflings Ban Dainagon erzählen.

Mittag, allg. der Zeitpunkt 12 Uhr. – In der *Astronomie* der Zeitpunkt des oberen Meridiandurchgangs (der oberen ↗Kulmination) der Sonne. Aus der Höhe der Sonne zur Zeit ihrer oberen Kulmination (**M.-Höhe**) kann unter Berücksichtigung der von der Jahreszeit abhängigen Deklination die geograph. Breite (**M.-Breite**) des Beobachtungsortes bestimmt werden. (↗Sonnenzeit)

Mittagsblume (Mesembryanthemum), Gattung der Eiskrautgewächse, bes. im südl. Afrika; ein- oder zweijährige krautige, meist am Boden kriechende Pflanzen mit fleischigen Blättern und kleinen bis mittelgroßen, weißen, gelbl., rötl. oder lilafarbenen Blü-

Alexander Mitscherlich (1908–1982)

Margarete Mitscherlich

Konstantinos Mitsotakis

ten. Eine bekannte Art ist das verwildert auch an den Küsten des Mittelmeeres vorkommende, in vielen Farben blühende **Eiskraut** (**Eisblume,** Mesembryanthemum crystallinum).

Mittagskreis, *Astronomie:* der ↗ Meridian.

Mit|täterschaft, Form der Beteiligung mehrerer an einer Straftat, bei der jeder Einzelne einen die Tat fördernden Beitrag leistet und, in Abgrenzung zur Beihilfe (oft schwierig), die Tat als eigene will. Nach § 25 StGB wird jeder Mittäter als ↗ Täter bestraft. – Das *österr.* StGB (§ 12) behandelt alle Beteiligten, d. h. Täter und Teilnehmer (↗ Teilnahme), gleich. In der *Schweiz* wird M. ebenfalls als Täterschaft bestraft.

Mitte, Bezirk von Berlin, 2001 gebildet aus den ehem. Bez. Mitte, Tiergarten und Wedding, 39,5 km², (2001) 321 900 Einwohner.

Mitteis, Heinrich, Jurist und Rechtshistoriker, * Prag 26. 11. 1889, † München 23. 7. 1952; Prof. u. a. in Köln, Heidelberg und Zürich; verknüpfte die Rechtsgeschichte mit der polit. und der Geistesgeschichte.

Werke: Der Staat des hohen MA. (1940); Dt. Rechtsgeschichte (1949); Dt. Privatrecht (1950); Die Rechtsidee in der Geschichte (hg. 1957).

Mittel, *Statistik:* ↗ Mittelwert.

Mittelalter, Abk. **MA.** (lat. medium aevum), der Zeitraum zw. Altertum und Neuzeit in der europ. Geschichte.

Den Begriff M. prägten die Humanisten des 15./16. Jh. für die Zeit zw. dem Ende der Antike, der ihrer Ansicht nach eine Epoche des allg. Verfalls der lat. Sprache und Bildung folgte, und der Renaissance (Wiedergeburt antiker Gelehrsamkeit). Während die Aufklärung das »finstere M.« missachtete, verklärte die Romantik diese Epoche als Idealzeit der gläubigen, ritterl. Gemeinschaft des christl. Abendlandes. Trotz grundsätzl. Bedenken aus universalhistor. Sicht hat sich die Epochenbez. M. in der modernen Geschichtsschreibung behauptet.

Als problematisch erweist sich sowohl die Abgrenzung des M. von Antike und Neuzeit als auch die Periodisierung innerhalb des M. Ein eindeutiger *Beginn des M.* lässt sich nicht festlegen, die Spanne entsprechender Datierungen reicht von der Krise des Röm. Reiches im 3. Jh. über den Untergang Westroms (476) bis zur Kaiserkrönung Karls d. Gr. (800). Als Übergang von der Antike zum M. gilt die Zeit der Völkerwanderung (4.–6. Jh.), in der durch die Begegnung von Antike, Germanentum und Christentum wesentl. Grundlagen der frühmittelalterl. Gesellschaft entstanden. Als Zäsur wird auch das Vordringen des Islams in den Mittelmeerraum ab dem 7. Jh. angesehen. Im Ergebnis von Völkerwanderung und islam. Expansion bildete sich bis zur Mitte des 8. Jh. das Mächtesystem heraus, in dem Byzanz, das Reich der Kalifen und das aufstrebende Fränk. Reich die dominierenden Faktoren darstellten. Später hatten v. a. das Hl. Röm. Reich und (seit dem 13. Jh.) Frankreich eine Vormachtstellung im Abendland. Das *Ende des M.* wird v. a. mit dem Beginn des Zeitalters der großen Entdeckungen (1492 Landung von C. Kolumbus in Amerika) bzw. mit dem Einsetzen der Reformation (1517), auch mit der Entfaltung des Humanismus verbunden. – Teilabschnitte des M. sind **Früh-M.** (5./6. Jh. bis etwa 10./11. Jh.), **Hoch-M.** (11. Jh. bis etwa Mitte des 13. Jh.), **Spät-M.** (13. Jh. bis Ende 15. Jh./Anfang 16. Jh.). – Im Verlauf des M. vollzog sich ein allmähl. Wandel von der naturalwirtsch. Adels- und Grundherrschaft des Früh-M. über die Blüte des Rittertums und Lehnswesens im Hoch-M. (Zeitalter der Kreuzzüge) bis zum Aufstieg des Bürgertums, Städtewesens und der Geldwirtschaft im Spät-M. Trotz der Kämpfe zw. Papsttum und Kaisertum und versch. häret. Bewegungen konnte die lat. Kirche die Glaubens- und Kultureinheit bewahren. Bei allen national unterschiedl. Ausprägungen zeigte das M. gemeinsame Grundzüge in der ständisch geordneten Gesellschaft, in der religiösen Geisteshaltung sowie in Kunst, Literatur und Wiss., die es zu einer eigenständigen Kulturepoche werden ließen.

Mittelamerika, zusammenfassende Bez. für die Karibischen oder ↗ Westindischen Inseln und ↗ Zentralamerika, d. h. die Festlandsbrücke, die Nord- und Südamerika verbindet. Über die Kultur ↗ mesoamerikanische Hochkulturen, über die Geschichte ↗ Südamerika.

mittelamerikanische Indianer, ↗ Indianer.

Mittelasi|en, zusammenfassende Bez. für das Gebiet der Staaten Turkmenistan, Usbekistan, Tadschikistan, Kirgistan und den S von Kasachstan, wird heute zunehmend dem Begriff ↗ Zentralasien gleichgesetzt.

Mittelbau Dora (Dora-Mittelbau, Mittelbau,) Tarnname eines nat.-soz. unterird. Rüstungszentrums im Südharz (bei Nordhausen, 1943–45;

Mittelamerika: Staatliche Gliederung (Stand 2001)

Staat/Inseln	Staatsform	Fläche in km²	Ew. in 1000	Hauptstadt/Verwaltungssitz
Antigua und Barbuda	Monarchie*⁾	442	65	Saint John's
Bahamas	Monarchie*⁾	13 939	308	Nassau
Barbados	Monarchie*⁾	430	268	Bridgetown
Belize	Monarchie*⁾	22 965	231	Belmopan
Costa Rica	Republik	51 060	4 112	San José
Dominica	Republik	751	71	Roseau
Dominikanische Republik	Republik	48 422	8 507	Santo Domingo
El Salvador	Republik	21 041	6 400	San Salvador
Grenada	Monarchie*⁾	345	94	Saint George's
Guatemala	Republik	108 889	11 687	Guatemala
Haiti	Republik	27 750	8 270	Port-au-Prince
Honduras	Republik	112 492	6 575	Tegucigalpa
Jamaika	Monarchie*⁾	10 991	2 598	Kingston
Kuba	Republik	110 860	11 237	Havanna
Mexiko	Republik	1 953 162	100 368	Mexiko
Nicaragua	Republik	120 254	5 208	Managua
Panama	Republik	75 517	2 899	Panama
Saint Kitts and Nevis	Monarchie*⁾	262	38	Basseterre
Saint Lucia	Monarchie*⁾	616	149	Castries
Saint Vincent and the Grenadines	Monarchie*⁾	389	114	Kingstown
Trinidad und Tobago	Republik	5 128	1 300	Port of Spain
abhängige Gebiete				
von Frankreich:				
Guadeloupe		1 705	431	Basse-Terre
Martinique		1 106	386	Fort-de-France
von Großbritannien:				
Anguilla		96	11	The Valley
British Virgin Islands		153	24	Road Town
Cayman Islands		259	40	George Town
Montserrat		102	3	Plymouth
Turks- und Caicosinseln		430	17	Grand Turk
von den Niederlanden:				
Aruba		193	104	Oranjestad
Niederländische Antillen		800	217	Willemstad
von den USA:				
Puerto Rico		8 959	3 952	San Juan
Virgin Islands of the United States		352	122	Charlotte Amalie

*⁾ parlamentarische Monarchie

»V-Waffen«-Produktion v. a. durch Zwangsarbeiter und KZ-Häftlinge); urspr. Außenstelle des KZ Buchenwald, ab Okt. 1944 eigenständiges KZ; heute Gedenkstätte. (↗Heimkehle)

Mitteldeutscher Rundfunk, Abk. **MDR,** Rundfunkanstalt des öffentl. Rechts für die Länder Sachsen, Thüringen und Sachsen-Anhalt, gegr. 1991 (Sendestart 1992), Sitz: Leipzig; Mitgl. der ARD. (↗Rundfunk)

Mitteldeutschland, 1) geographisch der mittlere Abschnitt der dt. Mittelgebirgsschwelle. Zur Elbe fließen in M. Saale, Mulde und Schwarze Elster. Über die Abgrenzung des Begriffs (entstanden aus der Sicht des ehem. Dt. Reiches) zu Ost-Dtl. besteht keine feste Übereinstimmung. Zu M. gehören der Harz (im NW), der Thüringer Wald und Frankenwald (im SW), der dt. Anteil des Erzgebirges und des Lausitzer Gebirges, die Sächs. Schweiz und das Lausitzer Bergland (im SO), der Fläming (im N). Im Inneren M.s liegen das Thüringer Becken, die Leipziger Tieflandsbucht und das Mittelsächs. Hügelland.
2) in der Bundesrep. Dtl. v. a. in den 1950er- und 1960er-Jahren häufig Bez. für die DDR.

Mitteleuropa, der zentrale Teil Europas. Die Abgrenzung fällt durch die versch. Ansätze (physischgeographisch, historisch-politisch, kulturlandschaftlich) unterschiedlich und ist nicht immer in Übereinstimmung mit dem Selbstverständnis der betroffenen Staaten aus. Zu M. werden i. Allg. Dtl., Liechtenstein, die Schweiz, Österreich, Polen, die Tschech. Rep., die Slowak. Rep., Slowenien und Ungarn gerechnet. (↗Ostmitteleuropa)
Vor- und Frühgeschichte: Für das erste Auftreten des Menschen in der ↗Altsteinzeit M.s zeugen die Skelettfunde von Mauer bei Heidelberg, Bilzingsleben (Landkreis Sömmerda) und Vértesszőllős (Ungarn). Die Steinwerkzeuge dieser Homo-erectus-Gruppen gehören in den Formenkreis des Clactonien. Der Mensch von Steinheim gehörte zu den Trägern des **Acheuléen.** Wichtige Fundstätten des Spätacheuléen (späte Riss-Kaltzeit) sind Salzgitter-Lebenstedt, die Balver Höhle und Hannover-Döhren. Im westl. M. ist das aus dem Acheuléen hervorgegangene **Micoquien** stark vertreten. Gruppen des Präneandertalers lebten in der letzten Zwischeneiszeit (Eem-Warmzeit) in M. unter günstigen Klimabedingungen. Das in der frühen Würm-Kaltzeit auftretende **Moustérien** war in M. eine Kultur des Neandertalers. Während einer Klimaverbesserung in der Würm-Kaltzeit (um 30 000 v. Chr.) wurde sie durch das Auftreten der heutigen Menschen (Homo sapiens) im **Aurignacien** abgelöst (Cro-Magnon-Mensch). Diese Kulturstufe ist durch höher stehende Jagdtechnik, dorfartige Siedlungen sowie durch Auftreten von Kunst- und Schmuckgegenständen gekennzeichnet (Willendorf in der Wachau, Dolní Věstonice, Vogelherdhöhle). Dem Aurignacien folgt in der letzten Glazialphase der Würm-Kaltzeit das **Magdalénien,** in klass. Ausprägung im nördl. Alpenvorland. Von den Kulturgruppen der ↗Mittelsteinzeit drangen von Frankreich aus »kleingerätige« Gruppen aus dem Umkreis des **Azilien** und des **Tardenoisien** nach Süd-Dtl. in die dt. Mittelgebirge vor, während die Norddt. Tiefebene, Dänemark und NW-Europa von »großgerätigen« Gruppen der Maglemose- und Ertebøllekultur eingenommen wurden. Die älteste Kultur der ↗Jungsteinzeit in M. ist die ↗bandkeramische Kultur. In der Norddt. Tiefebene und S-Skandinavien entwickelte sich die ↗Trichterbecherkultur, während sich in West-Dtl. die ↗Michelsberger Kultur herausbildete. Im Jungneolithikum beeinflussten Kulturen von der Iberischen Halbinsel (Glockenbecherkultur) und von der Balkanhalbinsel (schnurkeram. Kultur) die mitteleurop. Kulturen.
In der frühen ↗Bronzezeit bildeten sich in der Nähe der nordalpinen und mitteldt. Kupferlagerstätten neue Zentren (**Straubinger** und **Aunjetitzkultur**), von denen sich die Kenntnis von Bronzegegenständen allmählich bis Nord-Dtl. ausbreitete und hier zur Entstehung des **Nord. Kreises** der Bronzezeit führte, der auch S-Skandinavien umfasste und seinen ungewöhnl. Reichtum vermutlich dem Bernsteinhandel verdankte. In der gesamten Bronzezeit wurde das ganze südl. M. von O-Frankreich bis W-Ungarn von der **Hügelgräberkultur** beherrscht. Gleichzeitig bildete sich zw. Elbe und Weichsel ein zunächst nur schwach ausgeprägter Formenkreis, aus dem die **Lausitzer Kultur** hervorging. Die verwandte **Urnenfelderkultur** verdrängte in der jüngeren Bronzezeit die Hügelgräberkultur.
Die ältere ↗Eisenzeit stand im südl. M. im Zeichen der **Hallstattkultur,** im N bestand die bronzezeitl. Kultur fort und breitete sich sogar nach S aus. Während im O die ↗Hallstattkultur mit den illyrisch-venet. Volkstum verbunden zu sein scheint, können als Träger der westl. Hallstattkultur Kelten angenommen werden. Die Spätstufe der Lausitzer Kultur geriet zunehmend unter Hallstatteinfluss. Im Grenzgebiet zw. Lausitzer Kultur und Nord. Kreis bildeten sich die **Hausurnenkultur** und die **Gesichtsurnenkultur.** In der späten Hallstattzeit vollzog sich im Nord. Kreis der Übergang zur eisenzeitl. Kultur (**Jastorfkultur**). Die jüngere Eisenzeit stand im S-Gebiet im Zeichen der kelt. ↗La-Tène-Kultur, die auf der Grundlage der westl. Hallstattkultur entstand und durch händler. und krieger. Kontakte mit der Mittelmeerzivilisation zu beachtlicher Kulturhöhe erblühte. (↗Vorgeschichte, Übersicht) – Zur weiteren Geschichte M. Europas und entsprechende Abschnitte der einzelnen Staaten.

Mitteleuropäische Zeit, Abk. **MEZ,** ↗Zeit.

Mittelfell (Mittelfellraum, Mediastinum), als Teil des Brustfells zw. den beiden Lungenflügeln liegende Scheidewand; auch den zw. den beiden Brustfellsäcken liegende, das Herz, die großen Blutgefäße, Luft- und Speiseröhre enthaltende Raum.

Mittelfranken, RegBez. in Bayern, 7 245 km², 1,689 Mio. Ew.; umfasst die kreisfreien Städte Ansbach, Erlangen, Fürth, Nürnberg, Schwabach und die Landkreise Ansbach, Erlangen-Höchstadt, Fürth, Neustadt a. d. Aisch-Bad Windsheim, Nürnberger Land, Roth, Weißenburg-Gunzenhausen; Verwaltungssitz: Ansbach.

Mittelfrequenz, Bereich der zw. 200 und 10 000 Hz liegenden Frequenzen von elektr. Wechselströmen bzw. -spannungen. M. werden z. B. in der elektr. Energietechnik für die induktive Erwärmung verwendet.

mittelfristige Finanzplanung (mehrjährige Finanzplanung), die Planung von Einnahmen und Ausgaben des Staates, die als Ergänzung des jährl. Budgets für einen längeren Zeitraum aufgestellt und jährlich aktualisiert wird (**gleitende Planung**). In Dtl. sind Bund und Länder seit 1967 (Gemeinden seit 1973) verpflichtet, eine fünfjährige Finanzplanung vorzunehmen. Durch die m. F. sollen die Kontinuität der jährl. Haushaltsplanung gefördert und die Erfassung der Folgekosten neuer Budgetansätze gesichert werden.

Mittelgebirge, das durch geringere relative Höhenunterschiede und einen eigenen Formenschatz vom Hochgebirge unterschiedene Gebirge, in den ge-

Mitteldeutscher Rundfunk

mäßigten Breiten bis 2 000 m ü. M., in trop. Bereichen auch höher; leicht gewellte Hochflächen, abgerundete Berge, mäßig steile Hänge, reichhaltige Schuttdecken; nur selten treten glaziale Formen auf.

Mittelgewicht, *Sport:* ↗ Gewichtsklassen (Übersicht), ↗ Profiboxen (Übersicht).

Mittelgrund, *Schifffahrt:* Untiefe, teilt das Fahrwasser in zwei Arme; durch gelb-schwarze **M.-Tonne** gekennzeichnet.

Mittelhochdeutsch, Abk. **mhd.,** ↗ deutsche Sprache.

Mittelholzer, Walter, schweizer. Flieger und Schriftsteller, *St. Gallen 2. 4. 1894, † (verunglückt) in den Tiroler Alpen 9. 5. 1937; gründete 1919 die erste schweizer. Fluggesellschaft; Flugexpeditionen u. a. nach Spitzbergen, Iran, Äthiopien; Pionier der Luftfotografie; wurde 1931 Direktor der Swissair.

Mittelkurs, das arithmet. Mittel zw. Geld- und Briefkurs (Ankaufs- und Verkaufskurs).

Mittelländisches Meer, das ↗ Mittelmeer.

Mittellandkanal, Schifffahrtskanal in NRW, Ndsachs. und Sa.-Anh., verbindet das westdt. Fluss- und Kanalsystem mit Weser und Elbe; zw. Hörstel am Dortmund-Ems-Kanal und Magdeburg-Rothensee an der Elbe 321,3 km lang, für Schiffe bis 1 000 t befahrbar, 1938 fertig gestellt. Der M. wird größtenteils durch Pumpwerke mit Wasser aus der Weser gespeist. Doppelschleusen bei Anderten (Hannover) und Sülfeld (Wolfsburg) und ein Schiffshebewerk in Magdeburg-Rothensee. Die staugeregelte Weser, die der M. bei Minden auf zwei Brücken quert (1998 Inbetriebnahme der zweiten Brücke), ist über Schleusen erreichbar.

mittellateinische Literatur, die lat. Literatur des europ. MA. (etwa 500–1500); Ausgangspunkt und Vorbild war die antike lat. Literatur (bes. die Spätantike). Traditionelle Gattungen in Poesie und Prosa wurden weiterhin gepflegt, zugleich aber neue Gattungen (z. B. Heiligenvita, Klostergeschichte, Sequenz und geistl. Spiel) entwickelt, die auch die volkssprachl. Literaturen befruchteten. Neben die Formen der antiken quantitierenden Metrik trat die rhythm. Dichtung. Zentrum der m. L. der karoling. Zeit bis gegen Ende des 9. Jh. war der Hof Karls d. Gr.: Aus Italien, England, Irland und Spanien zog er Gelehrte und Dichter an: Paulinus von Aquileja, Petrus von Pisa, Alkuin aus York, Theodulf von Orléans und Paulus Diaconus. In bewusster Abkehr vom Latein der Merowinger wurde die Einhaltung der antiken Sprachnormen angestrebt, v. a. durch Grammatiken und Abhandlungen über Orthographie (Alkuin). Neben den gelehrten Schriften zu den Artes liberales, zu exeget. und dogmat. Fragen, zur Geschichte (Einhards »Vita Caroli Magni«) und Bildung (Hrabanus Maurus) pflegten die karoling. Autoren auch epische und lyr. Gattungen. Gegen Ende des 9. Jh. traten in St. Gallen Notker Balbulus als Dichter von Sequenzen und Tutilo als Verfasser von Tropen hervor. Auch der »Waltharius« entstand wahrscheinlich in St. Gallen im 10. und 11. Jh. traten an die Stelle der monast.

Dichterschulen und literar. Zentren individueller geprägte Autoren (Hrotsvith von Gandersheim) und Werke (»Ruodlieb«). Im 12. Jh. entfalteten sich alle Gattungen der m. L. zu hoher Blüte. Antike und Christentum wurden in ihrer Inspirationsfunktion durch die unmittelbare historisch-polit. und psychisch-soziale Erfahrung ergänzt. So finden sich u. a. neben den »Carmina Burana« oder der Lyrik des Archipoeta als erste mittelalterl. Staatslehre der »Policraticus« des Johannes von Salisbury sowie die (schriftl.) Hauptquelle aller Artussgeschichten, die »Historia regum Britanniae« des Geoffrey of Monmouth. Religions- und Naturphilosophie suchten Schöpfung und Universum rational zu ergründen (Abälard); vor dem wachsenden Selbstbewusstsein der volkssprachl. Literaturen sicherte die m. L. ihren Standort in rhetorisch-poetolog. Schriften. Im Spät-MA. (13.–15. Jh.) schwand wegen der zunehmenden Bedeutung der Nationalliteraturen der Einfluss der m. L.; ihr Schwerpunkt lag v. a. bei der wiss. (Scholastik) und moralisch-didakt. Literatur (Morallehren, Grammatiken, Vokabularien, Einführungen in die Artes liberales, Fürstenspiegel). In der religiösen Lyrik dominierte die Hymnendichtung; Legenden-, Mirakel- und Exemplarsammlungen wurden zusammengefasst (»Legenda aurea«, »Gesta Romanorum«). (↗ neulateinische Literatur)

Mittellini|e, im Trapez (Mittelparallele) oder Dreieck die Gerade *m* parallel zur Grundseite im halben Abstand von der Gegenseite (Gegenecke). Ihre Länge im Trapez ist gleich dem arithmet. Mittel der Parallelen.

Mittelmächte, Bez. für die im Ersten Weltkrieg verbündeten Staaten Dt. Reich und Österreich-Ungarn (wegen ihrer geograph. Mittellage zw. den Gegnern in W- und O-Europa), auch für ihre Bündnispartner Osman. Reich und Bulgarien.

Mittelmark, Hauptteil der alten Kurmark Brandenburg, zw. Berliner und Baruther Urstromtal, umfasst die von Grundmoränenplatten aufgebauten Landschaften Zauche, Teltow, die Platte von Storkow-Beeskow und die Lieberoser Platte.

Mittelmeer (Mittelländisches Meer, Europäisches Mittelmeer), das 3,02 Mio. km² große Nebenmeer des Atlant. Ozeans im S-Europa, Vorderasien und N-Afrika, über die Straße von Gibraltar mit dem Atlant. Ozean, über den Sueskanal und das Rote Meer mit dem Ind. Ozean verbunden. Zu ihm gehören die Randmeere Adriat., Ägäisches, Marmara- und Schwarzes Meer. Die Straße von Tunis und die Straße von Messina verbinden westl. (Algerisch-Provenzal. und Tyrrhen. Becken) und östl. M. (Ion. und Levantin. Becken). Die größte Tiefe (5 121 m) liegt im östl. M. westlich der Peloponnes; die durchschnittl. Tiefe beträgt etwa 1 450 m. Entstehungsgeschichtlich ist das M. eine Bruchzone innerhalb des Erdgürtels, mit erloschenem und noch tätigem Vulkanismus (Vesuv, Stromboli, Ätna). Im Jungtertiär war das M. für einige Zeit eine tief liegende Wüstenlandschaft.

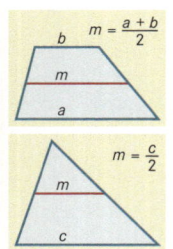

Mittellinie eines Trapezes (oben) und eines Dreiecks

Das Wasser des M. hat einen hohen Salzgehalt (36,3‰ im W, 39,1‰ im O). Der Wasserspiegel des M. steht etwas tiefer als der seiner Nachbarmeere. Das ruft sowohl in der Straße von Gibraltar als auch in den Dardanellen und im Bosporus einen ins M. gerichteten Ausgleichstrom an der Oberfläche und einen entgegengesetzt fließenden Tiefenstrom hervor. Die Strömungen und die Gezeiten des M. sind schwach. Das Klima im M.-Gebiet ist so bezeichnend, dass man unter **M.-Klima** (Etesienklima) einen auch anderswo zu findenden Typus versteht: Winterregen und Sommertrockenheit bei Jahresmitteln von 13 bis 22 °C. Wegen der Nährstoffarmut der oberen Schichten ist der Fischreichtum des M. sehr begrenzt. Am wichtigsten ist Küstenfischerei: Thunfisch, Sardelle, Sardine, Languste, Tintenfisch, Austern, Schwämme. Das M. ist eines der am stärksten verschmutzten Meeresgebiete. Der Schiffsverkehr ist seit dem Altertum von größter Bedeutung; nach der Eröffnung des Sueskanals (1869) wurde das M. zur wichtigsten Schifffahrtsstraße im Weltverkehr.

Mittelmeer|anämie, die ↗Thalassämie.

Mittelmeere, Nebenmeere, die weitgehend durch Festländer und untermeer. Schwellen von den offenen Ozeanen abgetrennt sind: drei von ihnen – das Arkt., das Amerikan. und das Europ. Mittelmeer – gehören dem Atlant. Ozean an, das vierte, das Australasiat. Mittelmeer, dem Pazif. Ozean.

Mittelmeerklima, ↗Mittelmeer.

Mittelmeerraum (Mittelmeergebiet, Mediteraneis, Mediterraneum), zusammenfassende Bez. für das Mittelmeer und die es umgebenden Länder (**Mittelmeerländer**), deren wirtsch. und kulturelle Verflechtungen seit der Frühzeit den M. zu einem wichtigen polit. Faktor machten.

Pflanzenwelt: Der M. war urspr. mit Wäldern bedeckt. Durch die frühe Besiedlung wurde der Wald (aus Eichen, Pinien, Edelkastanien) bis auf geringe Reste allmählich zerstört und durch die Macchie abgelöst. Weite Gebiete des M. sind von Heiden mit Hartlaubgehölzen bedeckt.

Tierwelt: Es überwiegen zwar die europ. Faunenelemente, doch gibt es auch zahlr. äthiop. und oriental. Einflüsse (Magot als einziger Affe auf Gibraltar und in Marokko). Zahlreich sind die Wärme und Trockenheit liebenden Arten (Schlangen, Eidechsen, Geckos, Spinnen und Skorpione, Hautflügler). Der M. ist wichtig für die durchziehenden und überwinternden Vogelarten Mittel- und N-Europas.

Vor- und Frühgeschichte: Älteste archäolog. Spuren des Menschen im M., der wegen seiner günstigen klimat. Verhältnisse während des ganzen Eiszeitalters bewohnbar war, sind aus Kieseln geschlagene Werkzeuge (Geröllgeräte), belegt durch Funde in Ain Hanech (Algerien) und in der Höhle Vallonet (S-Frankreich). Dem älteren Acheuléen werden die bei Ternifine (Algerien) entdeckten menschl. Schädelreste zugeordnet. Wie das Acheuléen, so bildet das Moustérien eine zirkummediterrane Kultur der Altsteinzeit. Skelettreste des Neandertalers wurden auf der Iber. Halbinsel und in Palästina gefunden. Um 30 000 v. Chr. verbreiteten sich jungpaläolith. Bev.gruppen mit versch. Varianten des Aurignacien über den M. Die Mittelsteinzeit stand in N-Afrika, auf der Pyrenäenhalbinsel und auf Sizilien im Zeichen des Capsien. Die frankokantabr. Kunst der Altsteinzeit fand ihre Fortsetzung in den Felsmalereien der ostspan. Kunst, zu denen es in N-Afrika Entsprechungen gibt. In der Jungsteinzeit verlief die Kulturdrift von Vorderasien (↗Fruchtbarer Halbmond) über das östl. Mittelmeer und brachte in Europa das Bauerntum mit Ackerbau und Viehzucht zum Durchbruch, während die jungsteinzeitl. Kulturen des W bes. von N-Afrika ausgegangen zu sein scheinen. Am Ende dieses Prozesses kam es zu Wechselwirkungen zw. den Kulturen im M. sowie u. a. zu den im Donauraum (Bandkeramik) gereiften Kulturen. Die älteste jungsteinzeitl. Kultur in Griechenland ist die Sesklokultur mit hoch entwickelter Keramik. Auf Kreta, dem lange eine beherrschende Stellung zukam, entwickelte sich die Jungsteinzeit unter dem Einfluss Vorderasiens und Ägyptens. Für Italien ist die Stentinello-Molfetta-Kultur kennzeichnend. Auf den Inseln (Malta u. a.) entstanden Megalithbauten. Die span. Glockenbecherkultur, die schon dem Beginn der Metallzeit angehört, erreichte Sardinien und Sizilien.

Die Bronzezeit beginnt in Kleinasien und auf Kreta zu Beginn des 3. Jt. v. Chr. (↗ägäische Kultur), die Übergangsentwicklung zur frühen Eisenzeit im 13. Jh. v. Chr. Bis ins 8. Jh. v. Chr. vollzogen sich die Entwicklungen, die zur Prägung der geschichtl. Völker- und Stammesgruppen führten, v. a. die Herausbildung der grch. Kultur. Im O war die bedeutendste Wanderungsbewegung die der Dorer. In Italien trat die Stadtkultur der Etrusker in Erscheinung, in N-Afrika die phönik. Kolonie Karthago.

Mittelmotor, ein in Fahrtrichtung vor der Hinterachse eingebauter Fahrzeugmotor.

Mittel|ohrentzündung (Otitis media), Entzündung der Schleimhaut des Mittelohrs. Symptome der **akuten M.** sind Fieber, Ohrenschmerzen, Ohrgeräusche und seröse, schleimige oder eitrige Absonderung (Ohrenfluss) infolge Entzündungen des Nasen- und Rachenraums (tubogene Ursache) oder allgemeiner Infektionskrankheiten wie Scharlach, Masern oder Grippe (hämatogene Ursache). Die *Behandlung* erfolgt medikamentös mit Antibiotika, außerdem durch Wärmeanwendung am Ohr und in Einzelfällen durch Trommelfellschnitt. Die **chron. M.** kann auf den Warzenfortsatz des Schläfenbeins übergreifen und eine Hirnhautentzündung oder einen Hirnabszess auslösen.

Mittel|ozeanischer Rücken, untermeer. Gebirgssystem, das sich über 60 000 km als längstes Gebirge der Erde durch die Ozeane zieht. Am Fuß ist der M. R. bis zu 4 000 km breit. Die Spitzen erheben sich 1 000–3 000 m über die Tiefseebecken, teilweise durchstoßen sie die Meeresoberfläche und bilden Inseln. Auf dem Kamm öffnet sich eine 20–50 km breite **Zentralspalte.** Der M. R. stellt Spreizungszonen der Erdkruste dar, an denen die Platten der Erdkruste auseinander driften (↗Kontinentalverschiebung). Dazwischen steigt basalt. Material aus der Tiefe auf,

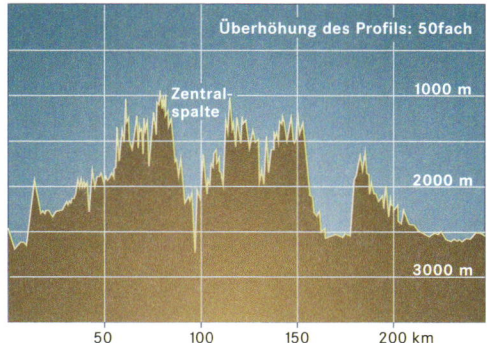

Mittelozeanischer Rücken im Atlantik bei 57° nördlicher Breite

das neue ozean. Krusten bildet. Deshalb nimmt das Alter der Tiefseeböden vom M. R. zu den Kontinenten hin zu. Die tekton. Aktivität führt zu Erdbeben und Vulkanismus.

Mittelpaläolithikum, Abschnitt der ∕ Altsteinzeit.

Mittelpunkt, *Mathematik:* Eine in einer Ebene oder im Raum gelegene Punktmenge hat den M. M, wenn jede durch M gehende Verbindungsstrecke zweier Punkte der Menge durch den Punkt M halbiert wird. – Allg. nennt man das Symmetriezentrum einer punktsymmetr. Figur (z.B. Kreis, Ellipse) M. oder Zentrum.

Mittelpunktleiter, ∕ Neutralleiter.

Mittelpunktschaltung, *Elektronik:* ∕ Gleichrichter.

Mittelpunktschule, zentrale schul. Einrichtung, die von Schülern versch. Gemeinden gemeinsam besucht wird. M., die mehrere Schularten umfassen, werden als **Schulzentren** bezeichnet. M. entstanden in der Bundesrep. Dtl. seit den 1960er-Jahren im Rahmen einer systemat. Schulentwicklungsplanung anstelle breit gestreuter kleiner Schulen mit einer Klasse und/oder einem Lehrer. – Eine ähnl. Einrichtung war in der DDR in ländl. Gebieten die **Zentralschule,** die die Schüler der oberen Jahrgänge mehrerer nicht voll ausgelasteter Schulen aufnahm.

Mittelsächsisches Hügelland, flachwelliges lössbedecktes Vorland des Erzgebirges in Sachsen, im Rochlitzer Berg bis 353 m ü. M.; landwirtsch. intensiv genutzt (Lösslehmböden).

Mittelschule, 1) Schulart in Sachsen, die Haupt- und Realschule zusammenfasst. (∕ integrierte Klassen für Haupt- und Realschüler)
2) frühere Bez. für die heutige ∕ Realschule.

Mittelschwergewicht, *Sport:* ∕ Gewichtsklassen (Übersicht).

Mittelsenkrechte (Mittellot), die im Mittelpunkt einer Strecke errichtete Senkrechte. Die M. auf den Seiten eines Dreiecks schneiden sich im Mittelpunkt des Umkreises.

Mittelsibirische Eisenbahn, Eisenbahnlinie im S Westsibiriens, in Russland und im N Kasachstans, von Kustanai über Kamen am Ob und Barnaul nach Srednesibirskaja, wo sie an die Südsibir. Eisenbahn anschließt; etwa 1 500 km lang.

Mittelsibirisches Bergland, russ. Landschaft zw. Jenissei und Lena, im N vom Nordsibir. Tiefland, im S von den Gebirgen Südsibiriens begrenzt, im Putoranagebirge bis 1 701 m ü. M.; im Zentralteil ausgedehnte, 500–700 m ü. M. gelegene Hochländer, an den Rändern stärker zerschnitten.

Mittelspannung, *Elektrotechnik:* ∕ Hochspannung.

Mittelstaaten, Gruppe von Staaten im Dt. Bund (bes. Bayern, Württemberg, Baden, Hessen-Darmstadt, Hannover, Sachsen), die zw. den Großmächten (Österreich und Preußen) und den Kleinstaaten eine gemeinsame Politik anstrebten.

Mittelstand, 1) *Sozialwissenschaften:* (Mittelschicht), die Gesamtheit der sozialen Gruppen einer industriell bestimmten Gesellschaft, die nach Ausweis objektiver sozialer Merkmale (z.B. Einkommen und Vermögen) und subjektiver Schichtungsfaktoren (z.B. bestimmte politisch-gesellschaftl. Grundhaltungen, Sozialprestige und Werteverständnis) zw. einer Ober- und einer Unterschicht stehen (∕ Schichtung).
2) *Wirtschaft:* (gewerblicher M.), in der amtl. Statistik nicht verwendete Bez. für kleine und mittlere Unternehmen (KMU) aus den Bereichen Ind., Handwerk, Handel, Verkehr und Nachrichtenübermittlung, dem Dienstleistungssektor sowie den freien Berufen (z. B. Ärzte, Rechtsanwälte), bei denen i.d.R. Eigentum, Unternehmensleitung und unternehmer. Risiko zusammenfallen. Eine allg. akzeptierte Definition fehlt; die Abgrenzung gegenüber Großbetrieben wird v. a. über die Zahl der Beschäftigten (nicht mehr als 500) und den Umsatz (nicht mehr als 50 Mio. € pro Jahr) vorgenommen. Innerhalb der EU zählen Unternehmen nur dann zum M., wenn die Beschäftigtenzahl 250, der Jahresumsatz 40 Mio. € und die Jahresbilanzsumme 14 Mio. € nicht übersteigen. – Nach Berechnungen des Inst. für M.-Forschung Bonn gehören (2002) 99,5% aller Unternehmen in Dtl. zum Mittelstand.

Mittelstandsbank, im Jan. 2003 gebildetes Kreditinstitut zur Realisierung von Förderprogrammen des Bundes für kleine und mittelständ. Unternehmen sowie Existenzgründer; gehört als rechtlich unselbstständige Unternehmenseinheit zur KfW-Bankengruppe; Sitz: Bonn. Bis zum Vollzug des für 2003 vorgesehenen Zusammenschlusses von Dt. Ausgleichsbank und Kreditanstalt für Wiederaufbau (KfW) bietet die M. alle bestehenden Förderkreditprogramme beider Institute an.

Mittelstandspolitik (Mittelstandsförderung), betriebsgrößenorientierte Strukturpolitik, die dem Ausgleich von Wettbewerbsnachteilen kleiner und mittlerer Unternehmen (Abk. KMU) gegenüber Großunternehmen dient. Ziel der M. ist die Sicherung der Existenz- und Wettbewerbsfähigkeit der mittelständ. Wirtschaft, die Steigerung ihrer Leistungs- und Innovationsfähigkeit sowie die erfolgreiche Anpassung an den Strukturwandel. Zu den Instrumenten der M. gehören neben steuer- und wettbewerbsrechtl. Maßnahmen allg. Finanzhilfen des Bundes und der Länder, z.B. Darlehen aus dem ERP-Sondervermögen, zinsgünstige Kredite (z.B. durch die Kreditanstalt für Wiederaufbau oder die Dt. Ausgleichsbank), Übernahme von Kreditbürgschaften, Projektförderung, Unternehmensberatung, Förderung von Existenzgründungen, Berufsausbildung, Weiterbildung und Technologietransfer, Zuschüsse für Forschungs- und Entwicklungsvorhaben. Der M. dienen auch europ. Förderprogramme.

Mittelsteinzeit (Mesolithikum), Übergangszeit von der ∕ Altsteinzeit zur ∕ Jungsteinzeit (etwa 8000–5000 v.Chr.). Maßgeblich für die Gliederung der M. war in allen altweltl. Gebieten zuerst die in Frankreich ermittelte Abfolge Azilien und Tardenoisien. In den Nord- und Ostseeländern lieferte die Moorarchäologie zusätzl. Datierungsmittel, die eine

Mittelsteinzeit: weibliche Gottheit aus Sandstein, Höhe 14,5 cm (Belgrad, Nationalmuseum)

Mittelsteinzeit: Mikrolithen aus Jurahornstein in Dreiecks- und Viereckssform aus dem Abri »Schräge Wand« bei Weismain in Oberfranken; vorn links ein Kernstein (Erlangen, Universität)

enge Verzahnung der Archäologie mit der Klima- und der Vegetationsgeschichte ermöglichten. Durch Geochronologie und Radiokarbondatierung konnte die mittelsteinzeitl. Kulturentwicklung eng mit der geschichtl. Zeitrechnung verknüpft werden. Als Beginn gilt jetzt i. Allg. das Präboreal (8. Jt. v. Chr.). Der M. geht das Spätpaläolithikum voraus, dessen Beginn mit der Alleröedzeit zusammenfällt. Bereits hier erfolgte der Wandel in Kultur und Lebensweise, weshalb in manchen Untersuchungen Spätpaläolithikum und Mesolithikum zusammengefasst werden. In Verbindung mit naturwiss. Ergebnissen wird heute die M. in Dtl. in die Abfolge Frühestmesolithikum – Beuronien A bis C (nach Beuron) – Spätmesolithikum gegliedert, während in Westeuropa die Einteilung in Azilien und Tardenoisien im Wesentlichen beibehalten wurde.

Die raschen Veränderungen von Klima, Pflanzen- und Tierwelt nach der letzten Eiszeit verlangten von den Menschen der M. eine hohe Anpassungsfähigkeit. Neben Jagd (v. a. Hirsch, Reh, Wildschwein) und Sammelwirtschaft (Hasel-, Wassernuss, Beeren) gewann der Fischfang zunehmend an Bedeutung. Die frühesten Belege von Wasserfahrzeugen (Einbaum) und Fischreusen stammen aus der nordwesteurop. Mittelsteinzeit. Als Wohnbauten sind Hütten aus Schilf und Astwerk nachgewiesen. Das geringe Ausmaß der durch Grabungen erschlossenen Siedlungen spricht dafür, dass die Bev. in kleinen Gruppen lebte. Die Bestattungen (oft Mutter-Kind-, Familiengräber) verbinden den Bereich des Sozialen mit dem der Religion. Bei den Steingeräten herrschen geometrisch geformte Mikrolithe vor, die v. a. als Spitzen, Widerhaken oder Seitenschneiden von Pfeilen und Speeren sowie als Einsätze von Werkzeugen aus Holz und Knochen dienten, ferner Kern- und Scheibenbeile. – Auf dem Gebiet der Kunst sind geometr. Ornamentik und stilisierte figürl. Darstellungen auf Gebrauchsgegenständen aus Knochen und Geweih typisch. In O-Spanien und N-Europa finden sich Felsbilder mit Jagd- und Kultszenen. Als bisher älteste Großskulpturen Europas (6500–5500 v. Chr.) gelten die bis 50 cm großen Steinplastiken aus Lepenski Vir in Serbien; es handelt sich meist um Reliefköpfe mit fischähnlichen Gesichtszügen, die in trapezförmigen (Kult-?)Häusern aufgestellt waren. In Vorderasien vollzog sich im 9./8. Jt. v. Chr. bereits der Übergang zu Bodenbau und Viehzucht.

Mittelstimmen, im mehrstimmigen Tonsatz die Stimmen zw. der obersten (Diskant, Sopran) und der tiefsten Stimme (Bass), im Chorsatz z. B. Alt und Tenor.

Mittelstraß, Jürgen, Philosoph, *Düsseldorf 11. 10. 1936; beschäftigt sich v. a. mit Fragen der allgemeinen Wissenschaftstheorie, der Wissenschaftsgeschichte, Erkenntnistheorie und Sprachphilosophie sowie mit Ethik und Kulturtheorie; Hg. der »Enzyklopädie Philosophie und Wissenschaftstheorie« (4 Bde., 1980–96).

Mittelstrecke, *Sport:* 1) Eisschnelllauf: die 1500-m- und 3000-m-Strecken; 2) Kanurennsport: das 1000-m-Rennen; 3) Kegelsport: Wettbewerbe von 51 bis 100 Wurf, auf Bowlingbahnen von 3 bis 6 Spielen; 4) Leichtathletik: Laufwettbewerb für Männer und Frauen über 800 und 1500 m. Der M.-Lauf ist auch Teil der Mehrkämpfe (Zehnkampf: 1500 m; Siebenkampf: 800 m).

Mittelstreckenraketen, zu den Mittelstrecken-Nuklearkräften gehörende Raketenwaffen, insbesondere die aufgrund des INF-Vertrags (/INF) verschrotteten amerikan. Pershing II (Reichweite bis 1800 km) und die sowjet. SS-20 (Reichweite 5000 km).

Mittelwasser, / Wasserstand.

Mittelwellen, Abk. **MW,** engl. **MF** [**m**edium **f**requency] (Hektometerwellen), elektromagnet. Wellen mit Wellenlängen zw. 1 km und 100 m, d. h. mit Frequenzen zw. 300 und 3000 kHz. Im Bereich von 1650 und 3000 kHz (182 und 100 m) werden sie auch als **Grenzwellen** bezeichnet. I. e. S. wird als M.-Bereich der Frequenzbereich zw. 526,5 kHz und 1606,5 kHz (mit Wellenlängen zw. 569 m und 186 m) bezeichnet, in dem alle M.-Sender arbeiten. Zur Informationsübertragung im M.-Bereich nutzt man die **Amplitudenmodulation,** Abk. **AM** (/ Modulation).

Mittelwert (Mittel), *Statistik:* ein Wert $\bar{x}$, der die Lage einer Stichprobe $x = x_1, x_2, ..., x_n$ beschreibt. Der wichtigste statist. M. ist der **arithmet. M. (arithmet. Mittel, Durchschnitt)**

$$\bar{x} = \frac{1}{n}(x_1 + x_2 + ... + x_n).$$

Treten die einzelnen x_i-Werte mit versch. Gewichten (Häufigkeiten) p_i auf, so gilt für das **gewogene (gewichtete) arithmet. Mittel**

$$\bar{x}_{ga} = \sum_{i=1}^{n} p_i x_i \bigg/ \sum_{i=1}^{n} p_i.$$

Verwendung finden weiterhin der **geometr. M. (geometr. Mittel)**

$$\bar{x}_g = \sqrt[n]{x_1 \cdot x_2 ... x_n}$$

und der **harmon. M. (harmon. Mittel)**

$$\bar{x}_h = n \bigg/ \left(\frac{1}{x_1} + \frac{1}{x_2} + ... + \frac{1}{x_n}\right).$$

Als **Median (Zentralwert)** $\tilde{x}$ wird der mittlere Wert einer der Größe nach geordneten Stichprobe bezeichnet, sofern n ungerade ist. Ist n gerade, wird $\tilde{x}$ gleich dem arithmet. M. der beiden in der Mitte liegenden Werte der Stichprobe gesetzt. – Bei kontinuierlich veränderl. Größen (z. B. in der Physik) wird zur Bildung eines M. über ein entsprechendes Intervall (meist Zeit oder Ort) integriert und das Integral durch dieses Intervall geteilt.

Mittelwort, / Partizip.

Mittenwald, Marktgemeinde im Landkreis Garmisch-Partenkirchen, Oberbayern, Luftkurort und Wintersportplatz am Fuß von Karwendel- und Wettersteingebirge, 913 m ü. M. im Tal der Isar, 8 200 Ew.; Fachschule für Geigenbau, Geigenbaumuseum; chem. Ind., Streich- und Zupfinstrumentenherstellung; Fremdenverkehr; Bergbahnen. – Barocke Pfarrkirche.

Mitterer, Felix, österr. Schriftsteller, *Achenkirch (Bez. Schwaz) 6. 2. 1948; schreibt sehr erfolgreiche Stücke, die in ihrer anti-idyll. Darstellung des ländl. Lebens an Ö. von Horváth anknüpfen (u. a. »Kein Platz für Idioten«, 1979; »Die Kinder des Teufels«, 1989; »Ein Jedermann«, 1991; »Krach im Hause Gott. Ein modernes Mysterienspiel«, 1994); auch Kinderbücher (»Superhenne Hanna«, 1977), Erzählungen (»An den Rand des Dorfes«, 1980) sowie Hör- und Fernsehspiele.

Mitterhofer, Peter, Tischler, *Partschins (bei Meran) 20. 9. 1822, †ebd. 27. 8. 1893; baute 1864–69 vier Modelle von Typenhebelschreibmaschinen, zwei in Holz mit Stechschriftbuchstaben und zwei in Metall für Typendruck.

Mittermaier, Rosi (Rosa Anna Katharina), alpine Skiläuferin, *Reit im Winkl 5. 8. 1950; u. a. 1976 Olympiasiegerin (Abfahrtslauf, Slalom) und Weltmeisterin (Kombination); gewann 1975/76 den Gesamtweltcup. Sportlerin des Jahres 1976.

Mitternacht, der Zeitpunkt 12 Stunden nach Mittag, seit dem 1. 1. 1925 Beginn der Stundenzählung des Tages (24 bzw. 0 Uhr); in der *Astronomie* der Zeitpunkt des unteren Meridiandurchgangs (der unteren ↗ Kulmination) der Sonne. Je nachdem, ob es sich dabei um die wahre oder mittlere Sonne handelt, unterscheidet man **wahre** oder **mittlere (scheinbare) M.** (↗ Sonnenzeit).

Mitternachtspunkt, der ↗ Nordpunkt.

Mitternachtssonne, durch die Schiefer der Ekliptik bedingte Erscheinung, dass die Sonne in den Polargebieten (zw. Pol und Polarkreis) zur Sommerzeit auch um Mitternacht über dem Horizont bleibt, an den Polarkreisen nur am Tag der Sommersonnenwende. (↗ Polarnacht).

Mitterndorf, Bad, ↗ Bad Mitterndorf.

Mitterrand [mitɛˈrã], François, frz. Politiker, *Jarnac (Dép. Charente) 26. 10. 1916, †Paris 8. 1. 1996; studierte Rechtswiss. und Philologie; 1944 Mitgl. der Provisor. Regierung de Gaulles, in der Vierten Rep. mehrfach Min., 1959–62 Senator, bemühte sich seit Errichtung der Fünften Rep. um die Sammlung der Linken (u. a. Präsidentschaftskandidat der Linksföderation gegen de Gaulle 1965). 1971 wurde er Vors. der neu konstituierten Sozialist. Partei (PS). Bei den Präsidentschaftswahlen 1974 unterlag er knapp V. Giscard d'Estaing. Nach seiner Wahl zum Staatspräs. (1981, 1988 wieder gewählt) suchte M., gestützt auf die absolute Mehrheit seiner Partei, ein Reformprogramm durchzuführen (u. a. Festsetzung von Mindestlöhnen, Familienbeihilfen, Rentenerhöhungen, Verstaatlichung von Banken und Schlüsselindustrien). Nach dem Mehrheitsverlust der Sozialist. Partei bei den Parlamentswahlen 1986 konnte M. durch die »Cohabitation« (Zusammenarbeit) mit den anderen Parteien v. a. in der Außenpolitik fortsetzen: eigenständige frz. Nuklearverteidigung, Fortentwicklung der europ. Integration. Der dt. Vereinigung stimmte er nach anfängl. Zögern zu.

François Mitterrand

Mitterwurzer, Friedrich, Schauspieler, *Dresden 16. 10. 1844, †Wien 13. 2. 1897; wirkte in Helden- und Charakterrollen am Wiener Burgtheater; gilt mit seinem psychologisch-realist. Stil als Bahnbrecher moderner Schauspielkunst.

Mittler, in den Religionen eine Gestalt, die zw. Gottheit und Menschheit steht und beide aufgrund ihres (göttl.) Auftrags oder (priesterl. oder prophet.) Wissens miteinander in Verbindung bringt, um das Heil, das hl. Wissen oder die (eth.) Forderungen der Gottheit zu vermitteln. Für das *Judentum* sind Moses und nach ihm bes. die bibl. Propheten M. (Verbindungsträger) zu Gott; für den *Islam* ist Mohammed der Offenbarungs-M. schlechthin; für das *Christentum* fallen in der Person Jesu Christi, des Erlösers, der M. und das zu vermittelnde Heil zusammen (Hebr. 9, 15).

mittlere freie Weglänge, in statistischen physikal. Theorien der Mittelwert der **freien Weglänge,** d. h. des Weges, der von den betrachteten Teilchen im Mittel zw. zwei Stößen mit anderen Teilchen zurückgelegt wird. In Gasen und Flüssigkeiten, die nur aus einer Teilchensorte bestehen, gilt $\lambda = 1/n\sigma\sqrt{2}$ (n Teilchenzahldichte, σ effektiver Stoßquerschnitt).

mittlere quadratische Abweichung, *Stochastik:* die ↗ Varianz.

mittlerer Bildungsabschluss (früher verbreitete Bez. mittlere Reife), Schulabschluss, der zum Besuch einer auf Klasse 10 aufbauenden weiterführenden Schule oder der gymnasialen Oberstufe berechtigt. Ein m. B. kann im allgemein bildenden Schulwesen (Realschulabschluss; qualifizierter Abschluss einer 10. Hauptschulklasse oder einer integrierten Klasse für Haupt- und Realschüler; Abschluss der Klasse 10 an Gymnasien), im berufl. Bildungswesen (Berufsfachschulen, Berufsaufbauschulen) und in Abendschulen erworben werden.

Mittlerer Erzgebirgskreis, Landkreis im Reg.-Bez. Chemnitz, Sachsen, 595 km², 93 500 Ew.; Krst. ist Marienberg.

Mittlerer Osten, nicht eindeutig festgelegter Begriff für den östl. Teil der islam. Welt. Im Unterschied zum Nahen Osten (ehem. Osman. Reich) und Fernen Osten (Hinterindien, China, Japan) versteht man unter dem M. O. Iran, Afghanistan und Vorderindien.

Mittlerer Westen (engl. Middle West, Midwest), Bez. für das Gebiet der USA zw. dem oberen Missouri, dem O-Rand der Great Plains, dem Gebiet der Großen Seen und den Ozark Mountains sowie dem Ohio im Süden; umfasst die Bundesstaaten Ohio, Indiana, Illinois, Missouri, Michigan, Wisconsin, Iowa, Minnesota sowie Teile von Kansas, Nebraska, North Dakota und South Dakota.

mittlere Sonne, *Astronomie:* ↗ Sonnenzeit.

Mittsommerfest, Fest der Sommersonnenwende, wird v. a. in Skandinavien gefeiert; auch andere Bez. für Johannisfest.

Mittweida, 1) Landkreis im RegBez. Chemnitz, Sachsen, 773 km², 136 700 Einwohner.
2) Krst. von 1), Sachsen, an der Zschopau oberhalb der Kriebsteintalsperre, 17 600 Ew.; FH für Technik und Wirtschaft, Raumfahrtmuseum; Baumwollspinnerei, Drehmaschinenwerk, Elektroautobau, Natursteinwerk. – Spätgot. Stadtkirche St. Marien (15. Jh.). – In der 2. Hälfte des 12. Jh. gegr., 1209 erstmals erwähnt, seit 1286 Stadt.

Mittwoch (früher Wodanstag, engl. wednesday, lat. dies Mercurii, frz. mercredi), der dritte Tag der Woche.

Mittwochsgesellschaft, die politisch-weltanschaulich unabhängige »Freie Gesellschaft für wiss. Unterhaltung«, gegr. 1863 zur Förderung und Verbreitung wiss. Erkenntnisse von M. A. von Bethmann Hollweg u. a. Sie tagte bis 1944 an jedem 2. Mittwoch des Monats und vereinigte bed. Persönlichkeiten des wiss. und kulturellen Lebens, auch führende Mitgl. des Widerstandes gegen Hitler.

Mitverschulden, der rechtlich zurechenbare Anteil des Geschädigten an der Entstehung des Schadens. Um diesen Anteil verkürzt sich der Anspruch auf Schadensersatz gegen den Schädiger (§ 254 BGB).

Mixed [mɪkst, lat.-frz.-engl.] *das, Sport:* ↗ Doppel.

Mixed Media [mɪkstˈmiːdɪə, engl.], *Kunst:* ↗ Multimedia.

Mixed Pickles [ˈmɪkstpɪklz, engl.], in gewürztem Essig eingelegte kleine Blumenkohlrosen, Pfeffergurken, Perlzwiebeln, Karotten u. a.

Mixgetränke, Mischgetränke aus Weinen, Spirituosen, Fruchtsäften, Gewürzen, Eis u. a., alkoholhaltig (z. B. Cocktails) oder alkoholfrei (z. B. Milch-M.).

mixolydischer Kirchenton, auf dem Grundton g stehende ↗ Kirchentonarten (Übersicht).

Mixteken [miʃ-], Gruppe mexikan. Indianer in den Staaten Puebla und Oaxaca, Mexiko, etwa 350 000 Menschen. Die M. hatten in vorspan. Zeit eine bed. Kultur (Goldschmuck, Bilderhandschriften, Keramik). Sie vertrieben die Zapoteken aus Mitla und Monte Albán. Ihre Sprache, das Mixtekische, ist eine Tonsprache.

Mixtur [lat.] *die,* **1)** *Orgel:* gemischte Stimme aus bis zu acht Pfeifenreihen; sie geben eine Auswahl der

Obertöne des angeschlagenen Tones an, meist hoch liegende Quinten und Oktaven. Die M. geben dem Orgelklang den ihm eigenen Charakter.
2) *Pharmazie:* ältere Bez. v. a. für eine (in Apotheken) frisch hergestellte flüssige Arzneizubereitung.

Miyajima [-dʒima] (Itsukushima), Insel in der Japan. Inlandsee, südwestlich von Hiroshima; 30 km². – Im 6./7. Jh. gegründetes shintoist. Heiligtum (UNESCO-Weltkulturerbe). Als hl. Insel durfte M. bis ins 11. Jh. nur von Priestern betreten werden. Daher wurde der Itsukushima-Schrein (Ersterwähnung 811, neu erbaut zw. 1118 und 1181), der in seiner heutigen Gestalt v. a. ein Ergebnis der 1556 vollendeten Restaurierung ist, in einer Bucht im Wasser errichtet. Charakteristisch für diesen bedeutenden Bau der japan. Architektur sind die überdachten Verbindungsgänge zw. den Hauptgebäuden und das 160 m vom Ufer entfernt im Meer stehende ↗ Torii.

Miyake, Issey, japan. Modedesigner, * Hiroshima 22. 4. 1938; gründete 1970 das Miyake Design Studio in Tokio. M. experimentiert mit vollkommen unterschiedl. Materialien für seine zeitlosen Modekreationen, die japan. Traditionen verbunden sind (u. a. Oberteile aus lackiertem Bambus und Rattan). Er präsentiert seine Modelle in außergewöhnl. Schauen, z. B. in einem Parkhaus.

Miyazaki [-zaki], Hptst. der Präfektur M., Japan, auf der Insel Kyūshū, 300 100 Ew.; Univ., histor. Museum; Seidenspinnereien, Möbelind.; Hafen, Flugplatz.

Miyazawa [-zawa], Kiichi, japan. Politiker, * Tokio 8. 10. 1919; mehrfach Min. (u. a. 1974–76 Außenmin.); 1991–93 Vors. der Liberaldemokrat. Partei und Ministerpräsident.

Mizar [ˈmiːzar; arab. »Mantel«], Stern 2. Größe, im Sternbild Großer Bär (↗ Bär); ein Doppelstern.

Mizoram [mɪˈzɔːræm], Bundesstaat in NO von ↗ Indien, an der Grenze zu Birma und Bangladesh; gebirgig; überwiegend von den tibetobirman. Mizo (Lushai) bewohnt, die Brandrodungsfeldbau betreiben. 1972 durch Teilung des Bundesstaates Assam als Unionsterritorium geschaffen, seit 1987 Bundesstaat.

Mizrạch [hebr. »Osten«] *der* (Misrach), *Judentum:* 1) die Ostseite der Synagoge; 2) eine dekorierte Tafel mit Psalmversen zur Fixierung der Gebetsrichtung (gegen Jerusalem) in jüd. Wohnungen.

Mizrạchi [hebr. Abk. von merkaz ruchani »geistiges Zentrum«] *der* (Misrachi, Mizrachibewegung), in Wilna 1902 gegründeter, weltweiter Zusammenschluss der orth. Zionisten zur Verfechtung jüdischorth. Anliegen innerhalb der Zionist. Weltorganisation. Die Arbeiterbewegung »Ha-Poel ha-Mizrachi«, gegr. 1922, wurde 1956 wieder mit der Hauptbewegung M. vereint; im Staat Israel waren beide zunächst koalitionsbedingt bedeutsam; 1956 entstand durch Zusammenschluss die ↗ Nationalreligiöse Partei.

Mizuho Holdings, Inc., Sitz Tokio, eine der größten japan. Banken, entstanden 2000 durch Fusion von Dai-Ichi Kangyo Bank (entstanden 1971 durch Fusion von Dai-Ichi Bank [gegr. 1873] und Nippon Kangyo Bank [gegr. 1897]), Fuji Bank Ltd. (gegr. 1880) und Industrial Bank of Japan.

MJ, Einheitenzeichen für Megajoule, 1 MJ = 10^6 J (↗ Joule).

Mjölnir *der* (Mjöllnir), *nord. Mythos:* der Hammer Thors, der Blitz und Donner bringt; Thors Hauptwaffe gegen die Riesen.

Mjøsa [ˈmjøsa] (früher Mjøsen, dt. Mjösensee), größter See Norwegens, 368 km², bis 449 m tief, nördlich von Oslo.

MKS, Abk. für ↗ Maul- und Klauenseuche.

MKS-System, das Meter-Kilogramm-Sekunde-System, älteres ↗ Maßsystem.

ml, Einheitenzeichen für Milliliter, 1 ml = 0,001 l.

Mladá Boleslav (dt. Jungbunzlau), Stadt im Mittelböhm. Gebiet, Tschech. Rep., an der Iser, 44 400 Ew.; Automobil- (Škoda), Textil-, Nahrungs- und Genussmittelindustrie. – Got. Marienkirche, Häuser mit Sgraffitomalereien. – Jungbunzlau, 995 als Burgort, 1334 als Stadt bezeichnet, war bis 1588 ein Zentrum der Böhm. Brüder.

MLB [ˈeməlˈbiː], Abk. für engl. **M**ajor **L**eague **B**aseball, *Sport:* amerikan. Baseballprofiliga, die alle Profimannschaften der USA und zwei kanad. Teams umfasst (Kanada ohne eigene Liga).

MLF [Abk. für engl. **M**ulti**l**ateral **F**orce, »Multilaterale Atomstreitmacht«], ↗ Bahamakonferenz.

Mljẹt (italien. Meleda), kroat. Adriainsel in Mitteldalmatien, 100 km², etwa 1 400 Ew.; bis 514 m ü. M.; stark bewaldet, z. T. Nationalpark, Hauptort: Babino Polje.

Mlynář [-naːrʒ], Zdeněk, tschechoslowak. Publizist und Politiker, * Hohenmauth (heute Vysoké Mýto, Ostböhm. Gebiet) 22. 6. 1930, † Wien 15. 4. 1997; Tscheche; (als Berater von A. Dubček) führender Ideologe des »Prager Frühlings«, nach dessen Niederschlagung (1968) auf sowjet. Druck 1970 aus der KP ausgeschlossen. M. musste als Mitunterzeichner und Aktivist der »Charta 77« im Juni 1977 nach Österreich emigrieren; trat seitdem als Publizist hervor.

mm, Einheitenzeichen für Millimeter, 1 mm = 0,001 m.

mmHg, Einheitenzeichen für ↗ Millimeter-Quecksilbersäule.

MMS [Abk. für engl. **m**ultimedia **m**essaging **s**ervice, »multimedialer Nachrichtendienst«], gebührenpflichtiger Dienst zum Versenden von Nachrichten. Im Unterschied zur ↗ SMS können nicht nur Text-, sondern auch Bild- und Tonnachrichten sowie Videosequenzen Inhalt der Nachricht sein. MMS können über die Mobilfunknetze von Handy zu Handy sowie von Handy zu Computer (als E-Mail) und umgekehrt gesendet werden. Voraussetzung für die Nutzung von MMS sind WAP-fähige Handys (↗ WAP) mit MMS-Software.

Mn, chem. Symbol für ↗ Mangan.

Mňačko [ˈmɲatʃko], Ladislav, slowak. Schriftsteller, * Valašské Klobouky (bei Zlín) 29. 1. 1919, † Bratislava 24. 2. 1994; gilt als bedeutendster zeitgenöss. slowak. Schriftsteller. Im Zweiten Weltkrieg Partisan; war Kommunist; Journalist und Redakteur, ging 1967 nach Israel; nach vorübergehender Rückkehr verließ er 1968 die ČSSR. M.s literar. Wirkung liegt in seinem sachl. Reportagestil (»Verspätete Reportagen«, 1963; »Jenseits von Intourist. Satir. Reportagen«, 1979); polit. Aufsehen erregte der Roman »Wie die Macht schmeckt« (1968), in dem er Kritik an gesellschaftl. Missständen und am stalinist. System übte; weitere Romane sind »Der Tod heißt Engelchen« (1959), »Die Nacht von Dresden« (1966), »Die Aggressoren« (1968, über Vietnam), »Einer wird überleben« (1973), »Der Gigant« (1978).

Mnemọnik [grch.] *die* (Mnemotechnik), System von Gedächtnishilfen, bei dem Merkverse, graf. Darstellungen (»Eselsbrücken«) u. Ä. benutzt werden. Die M. ist Gegenstand der psycholog. Gedächtnisforschung. – In der *Informatik* sind Programmiersprachen i. Allg. symbol. Sprachen, da sie kurze M. **(mnemon. Codes)** verwenden, bei denen die symbol. Abk. von Befehlen und Operationen deren Bedeutung erkennen lässt (z. B. ADD für Addieren).

Mnemosyne, grch. *Mythos:* die Göttin des Gedächtnisses, Mutter der neun Musen.

MNOSFET [Abk. für engl. **m**etal **n**itride **o**xide **s**emiconductor **f**ield **e**ffect **t**ransistor, »Metall-Nitrid-Oxid-Halbleiter-Feldeffekttransistor«], ein in ↗ MIS-Technik gefertigter ↗ Feldeffekttransistor mit Speichereigenschaften; die Bez. beruht auf der Isolierung der Gateelektrode durch eine Siliciumnitrid-Siliciumoxid-Doppelschicht. Durch entsprechende Spannungsimpulse am Gate können Ladungen in die Grenzfläche zw. den beiden Isolierschichten eingebracht bzw. aus ihr entfernt werden. Da eine Ladung zw. den Isolierschichten die Kanalbildung beeinflusst, kann durch sie der Kanalzustand ohne Spannungsversorgung sehr lange erhalten werden. Auf der hierdurch verursachten Veränderung der Schwellenspannung beruht die Eignung des MNOSFET als Speicherelement.

Mnouchkine [mnuʃˈkiːn], Ariane, frz. Regisseurin, * Boulogne-Billancourt 3. 3. 1939; gründete 1964 das Theaterkollektiv »Théâtre du Soleil«, seit 1970 in Vincennes, dessen aufwendige, politisch engagierte Inszenierungen internat. bekannt wurden. – Filme u. a. »1789« (1971, 1974 verfilmt), »Molière« (Theaterfilm, 1978), »Mephisto« (1979, nach K. Mann) sowie ein mit den Mitteln des japan. und ind. Theaters inszenierter Shakespeare-Zyklus (1981–84).

Ariane Mnouchkine

Mo, chem. Symbol für ↗ Molybdän.

Mo., Abk. für den Bundesstaat **M**iss**o**uri, USA.

Moabiter, mit den Israeliten verwandtes Volk (1. Mos. 19, 36 f.); siedelte bereits vor der israelit. Landnahme im Ostjordanland.

Moanda, Stadt in SO-Gabun, 21 900 Ew.; bed. Manganerzbergbau; Seilbahn für den Erztransport in die Rep. Kongo (Verschiffung über Pointe-Noire); Eisenbahn nach Libreville; Flughafen.

Moas [Maori], ausgestorbene Vogelordnung; flugunfähige Straußenähnl. Laufvögel; bewohnten in etwa 20 Arten Neuseeland. Die größten Arten wurden über 3 m groß.

Mob [engl., aus lat. *mobile vulgus* »aufgewiegelte Volksmenge«] *der,* Pöbel, Gesindel; unorganisierte Massenansammlung aggressiver und triebenthemmter Menschen.

Mobbing [zu engl. *to mob* »über (jemanden) herfallen«] *das,* in den 1990er-Jahren aufgekommene Bez. für gezielt gegen eine Person gerichtete, andauernde und wiederholt erfolgende feindselige Handlungen (z. B. üble Nachrede, Beleidigungen, Schikanen, sexuelle Belästigung, tätl. Angriffe) durch eine oder mehrere Personen (Kollegen; bei M. durch Vorgesetzte wird von **Bossing** gesprochen) am Arbeitsplatz. M. kann beim M.-Opfer Verlust des Selbstvertrauens, psychosomat. Beschwerden, Depressivität, Existenzängste, Verlust der Arbeitsmotivation oder (innere) Kündigung bewirken. Hinsichtlich der Ursachen von M. unterscheidet die Fachliteratur zw. persönl. Ursachen (z. B. Antipathie gegenüber dem Gemobbten, Neid, Frustration der Mobber) und innerbetriebl. Ursachen (z. B. ungünstige Zusammensetzung von Arbeitsgruppen, schlechte Arbeitsorganisation, Begünstigung intriganten Verhaltens), nennt aber als das M. begünstigende Faktoren auch bestimmte gesamtwirtsch. und -gesellschaftl. Entwicklungen (rezessive Wirtschaftslage, verstetigte hohe Arbeitslosigkeit, enthemmtes Konkurrenzdenken und -verhalten u. a.).

Für Dtl. liegt seit Juni 2002 erstmals eine repräsentative **M.-Studie** vor. Von der Bundesanstalt für Arbeitsschutz und Arbeitsmedizin in Auftrag gegeben, weist sie rd. 800 000 Arbeitnehmer (= 2,7% der abhängig Beschäftigten) als aktuell von M. betroffen aus (Untersuchungszeitraum 2001). Ein besonders hohes M.-Risiko wird für Beschäftige in sozialen Berufen (Erzieher, Sozialarbeiter, Pflegekräfte u. a.), in Bezug auf das Lebensalter für jüngere (unter 25 Jahren) und für ältere (über 55 Jahren) Arbeitnehmer konstatiert, wobei im höheren Maße Frauen als Männer von M. betroffen sind. – Im grundsätzl. Sinn definiert wurde M. in der Rechtsprechung in Dtl. erstmals 2001 in einem Urteil des Landesarbeitsgerichts Thüringen; als »fortgesetzte, aufeinander aufbauende oder ineinander übergreifende, der Anfeindung, Schikane oder Diskriminierung dienende Verhaltensweisen, die nach Art und Ablauf im Regelfall einer übergeordneten, von der Rechtsordnung nicht gedeckten Zielsetzung förderlich sind und jedenfalls in ihrer Gesamtheit das allgemeine Persönlichkeitsrecht oder andere, ebenso geschützte Rechte, wie die Ehre oder die Gesundheit des Betroffenen, verletzen«.

Möbel [von frz. *meuble,* zu *mobil*], bewegl. Stück einer Innenraumausstattung: **Kasten-M.** (Truhen, Schränke, Kommoden), **Tafel-M.** (Tische, Pulte), **Sitz-** und **Liege-M.** (Bänke, Stühle, Sofas, Sessel, Betten). Holz-M. des 2. Jt. v. Chr. wurden in Ägypten gefunden. Aus röm. Zeit sind Bronze- und Stein-, auch Holz- und Korb-M. bekannt. Im MA. war das wichtigste Kasten-M. die Truhe. Im 15. Jh. kamen aus Rahmenwerk und Füllung gearbeitete M. auf; mit reichen Schnitzereien (Maßwerk, Faltwerk) wurden bes. die Schränke verziert. Von größerem Typenreichtum sowie klar und harmonisch gestaltet waren die M. der Renaissance (in Italien mit ↗ Intarsien als Flächendekoration), wuchtig und überreich geschmückt die M. des Barock (Louis-quatorze, ↗ Boulle; in Dtl. Dielenschränke der Hansestädte). Das Rokoko liebte spielerisch-leichte Formen, bes. in Frankreich (Louis-

Möbel: Baldachinbett aus Westfalen (1834; Berlin, Museum für Volkskunde)

quinze); in England bevorzugte man einen schlichteren Stil (↗ Chippendale). Die dt. M. standen unter frz. Einfluss. Nur A. und D. Roentgen entwickelten einen eigenen Stil und belieferten die Fürstenhöfe in Paris, Dresden und Sankt Petersburg. In der 2. Hälfte des 18. Jh. wandte man sich wieder geradlinigen, einfacheren Formen zu, im Empire in Anlehnung an antike

Vorbilder. Der Umschwung zum Biedermeier setzte um 1830 ein mit schlichten gediegenen M. Der Historismus in der 2. Hälfte des 19. Jh. zeigte überladene Tendenzen, gegen die sich der Jugendstil Ende des 19. Jh. und der Funktionalismus des Bauhauses im

Möbel: spanischer Scherenstuhl, mit Einlegearbeiten dekoriert (14. Jh.; Granada, Museo Nacional de Arte Hispanomusulmán)

20. Jh. wendeten. Die industrielle Fertigung und neue Werkstoffe brachten eine Umwälzung für den M.-Bau der Gegenwart mit zweckentsprechenden und Raum sparenden Formen (z. B. den Körperformen angepasste Sitz-M.; glatte Flächen; Anbau-M., Ausbau von Wand zu Wand und bis unter die Decke). Die allg. Tendenzen des Industriedesigns der 1980er-Jahre (Hightech, Minimalismus, Postmoderne) prägten insbesondere auch die Entwürfe renommierter M.-Designer dieses Jahrzehnts. Sie verlagerten z. T. den Schwerpunkt von funktionalist. Aspekten auf ästhet. Gesichtspunkte und verliehen ihren M. den Charakter von Kunstobjekten. Neben der industriellen Massenproduktion von M. gewann die Kleinserien- bzw. Unikatproduktion wieder an Bedeutung. In den 1990er-Jahren erfolgte z. T. eine Rückbesinnung auf funktionalist. und minimalist. Konzepte.

Moberg [ˈmuːbærj], Carl Artur Vilhelm, schwed. Schriftsteller, * Algutsboda (heute Emmaboda; Verw.bezirk Kalmar) 20. 8. 1898, † Väddö (VerwBez. Stockholm) 8. 8. 1973; beschrieb realistisch die gesellschaftl. Veränderungen in seiner Heimat (»Die harten Hände«, R., 1930), in »Reit heute nacht!« (R., 1941) die Auseinandersetzung mit dem Nationalsozialismus und in »Bauern ziehen übers Meer« (R., 1949), »Neue Heimat in fernem Land« (R., 1952) und »Dein Augenblick« (R., 1963) die Auswanderung in die USA. M. schrieb auch einige populäre Dramen.

mobil [lat.-frz.], beweglich, einsatzbereit.

Mobil Corp. [ˈməʊbɪl kɔːpəˈreɪʃn], amerikan. Holdingges., tätig v. a. in den Bereichen Erdöl und -gas sowie Chemie; Sitz: Wilmington (Del.). – Die Vorläufergesellschaften, Vacuum Oil Co. of Rochester (gegr. 1866) und die Standard Oil Co. of New York (SOCONY, gegr. 1882), schlossen sich 1931 zur Socony-Vacuum Oil Co. Inc. zus., die 1955 in Socony Mobil Oil Co. Inc. und 1966 in Mobil Oil Corp. umbenannt wurde; 1976 erfolgte die Gründung der M. C., 1999 die Fusion mit der Exxon Corp. zur Exxon Mobil Corp.

Mobile [lat.] *das,* eine Art der kinet. Plastik, bei der die einzelnen Objekte an dünnen Metall- oder Kunststoffstäben hängen und durch Luftströmungen in Bewegung geraten. Als Name 1932 von M. Duchamp für die Frühwerke A. Calders geprägt.

Mobile [məʊˈbiːl], Stadt und Seehafen in Alabama, USA, an der Mündung des M. River in den Golf von Mexiko; 204 500 Ew.; kath. Erzbischofssitz, Univ. (gegr. 1963); Schiffbau, Aluminiumgewinnung, Erdölraffinerien, Zellstoff-, Papier-, Holz-, Textil-, chem. Ind.; Fluss- und Seehafen. – Von frz. Siedlern wurde 1702 etwa 40 km nördlich der heutigen Stadt ein Fort errichtet und 1711 an der heutigen Stelle die Stadt, die bis 1720 als Hptst. von Louisiana diente. Während des Sezessionskrieges war M. einer der wichtigsten Häfen der Konföderierten. In der Schlacht in der Mobile Bay (Aug. 1864), der letzten Marineschlacht des Bürgerkriegs, durchbrach eine Unionsflotte unter Admiral David G. Farragut die durch Forts, Minen und Sperren stark geschützte Bucht und vernichtete die Schiffe der Konföderation. Die Stadt konnte erst am 12. 4. 1865 von Unionstruppen eingenommen werden.

Mobile Commerce [məʊˈbiːl kɔˈmɜːs, engl. »mobiler Handel«] *der,* Abk. **M-Commerce,** Form des elektron. Geschäftsverkehrs über Mobilkommunikation, z. B. per Handy, Notebook, Organizer, PDA u. Ä. Dabei geht es neben dem Abrufen von E-Mails und Informationen aus dem Internet v. a. auch um den Zugriff auf aktuelle Unternehmensdaten.

Mobile Computing [məʊˈbiːl kəmˈpjuːtɪŋ, engl. »mobiles Arbeiten mit dem Computer«] *das,* computergestützte Ausübung von Tätigkeiten, die nicht an einen festen Arbeitsplatz in einem Unternehmen gebunden ist, sondern in davon entfernten, variablen oder festen Einsatzorten stattfindet. (↗ Telearbeit)

Mobilfunk, Telekommunikationsdienst, der über Funksignale eine ortsungebundene drahtlose Sprach- und Datenübertragung ermöglicht. Unterschieden wird zw. M.-Diensten in nichtöffentl. (z. B. Betriebs- und Bündelfunk) und in öffentl. Funknetzen. Zu den **öffentl. M.-Netzen** gehören neben dem Europ. Funkrufdienst (Eurosignal) und dem ↗ Cityruf die über ↗ Mobiltelefon erreichbaren digitalen Netze. In Dtl. sind dies: die D-Netze **D 1** (Betreiber: T-Mobile Dtl. GmbH) und **D 2** (Vodafone D2 GmbH, beide seit 1992 in Betrieb), die E-Netze **E 1** (E-Plus M. GmbH & Co. KG, seit 1993) und **E 2** (seit 1997; ab Mai 2002 unter dem Namen O$_2$ [Germany] GmbH & Co. OHG). D 1 und D 2 beruhen auf dem GSM-900-, E 1 und E 2 auf dem GSM-1 800-Standard; ↗ GSM soll schrittweise durch den europ. M.-Standard ↗ UMTS abgelöst werden.

Neben den terrestr. M.-Netzen wurden Ende der 1990er-Jahre satellitengestützte Systeme für globale

Carl Artur Vilhelm Moberg

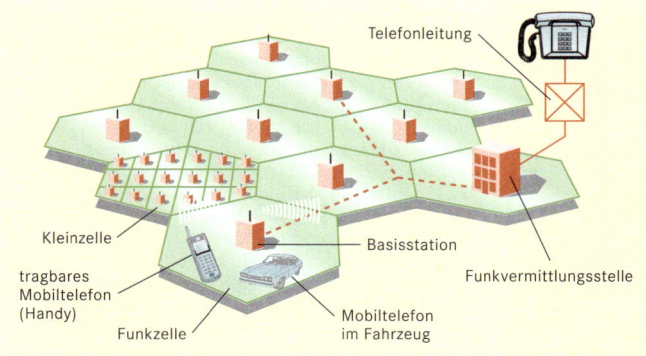

Mobilfunk: Signallauf über Funkvermittlungsstelle und Basisstation der Funkzelle vom Mobiltelefon

Mobi Mobilgarde

Moçambique

Fläche:	801 590 km²
Einwohner:	(2000) 19,105 Mio.
Hauptstadt:	Maputo
Verwaltungsgliederung:	11 Provinzen
Amtssprache:	Portugiesisch
Nationalfeiertag:	25. 6.
Währung:	1 Metical (MT) = 100 Centavo (CT)
Zeitzone:	MEZ + 1 Std.

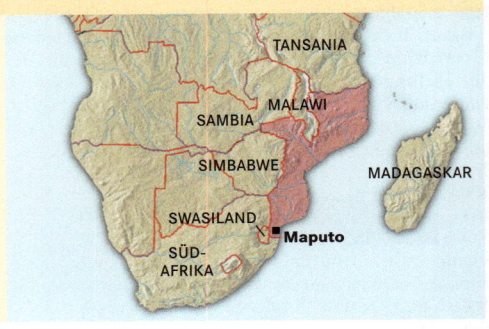

Staatswappen

internationales Kfz-Kennzeichen

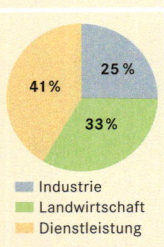

Mobilkommunikation von internat. Konsortien (z. B. INTELSAT, EUTELSAT) aufgebaut **(Satelliten-M.)**.

Die Anzahl der M.-Teilnehmer in digitalen und analogen M.-Netzen stieg bislang stetig an. Zw. 1999 und 2002 wuchs die Teilnehmerzahl von 177,3 auf 442 Mio. in Europa und von 86 auf 173 Mio. in den USA. Im Jahr 2002 wurde die Grenze von weltweit 1 Mrd. M.-Teilnehmern überschritten.

Mobilgarde (frz. Garde mobile), 1) 1848/49 in Paris die Truppe zum Schutz der Republik. 2) die Territorialmiliz Napoleons III., die im Krieg 1870/71 eine bed. Rolle spielte.

Mobilien, *Recht:* bewegl. Sachen; Ggs.: ↗ Immobilien.

Mobilisation [lat.] *die, Petrologie:* die bei der Metamorphose und Ultrametamorphose durch Erhöhung von Temperatur und Druck verursachten Auflösungs- und Aufschmelzungsvorgänge, bei denen Gesteine verformbar und beweglich werden **(Mobilisat)** und ihren ursprüngl. Ort verlassen.

Mobilität [von lat. mobilitas »Beweglichkeit«] *die,* allg. die Bewegung von Menschen in sozialen Räumen und/oder ihre räumlich-regionale Beweglichkeit; auch ihre gedankl. Beweglichkeit. M. kann ein Kennzeichen eines Einzelnen, einer Gruppe oder einer Gesellschaft sein. Unterschieden werden u. a. räuml. Bewegungsvorgänge von Personen, Personengruppen, Schichten oder Klassen einer Gesellschaft **(räuml. M., Migration)** wie Binnen-, Aus- und Einwanderung sowie Bewegungsvorgänge innerhalb der sozialen Strukturen einer Gesellschaft **(soziale M.)** wie berufl. M. In den Wirtschaftswiss.en wird auch von M. der Produktionsfaktoren gesprochen (z. B. M. des Kapitals). Hohe M. ist ein Kennzeichen dynam. Industriegesellschaften.

Mobilitätshilfen, Leistungen, die die Bundesanstalt für Arbeit an Arbeitslose und von Arbeitslosigkeit bedrohte Arbeit Suchende gewähren kann, wenn dies zur Aufnahme einer Beschäftigung notwendig ist. M. umfassen Leistungen für den Lebensunterhalt, für Arbeitskleidung und -gerät und bei auswärtiger Beschäftigung Fahrt-, Umzugskosten, Kosten für getrennnte Haushaltführung (§§ 53 ff. SGB III).

Mobilmachung (Mobilisierung), i. e. S. die Überführung der Streitkräfte in den Kriegszustand, i. w. S. der Übergang vom Frieden- in den Kriegs- bzw. Verteidigungszustand im militär. und zivilen Bereich eines Staates.

Mobiltelefon, ortsungebundenes, batteriebetriebenes Funktelefon, das zur Sprach- und Datenkommunikation ein entsprechendes Mobilfunknetz nutzt (↗ Mobilfunk), umgangssprachlich ↗ Handy. Der Anschluss des M. an das Mobilfunknetz erfolgt durch die ↗ SIM-Karte, die die notwendigen individuellen Daten des Teilnehmers enthält (Gerätekennung, Rufnummer, Kontoverbindung, Anschrift). Zum Schutz vor Missbrauch sind M. durch eine persönl. Identifikationsnummer (**PIN,** Abk. für engl. **p**ersonal **i**dentification **n**umber) gesichert. Ein M., das über eine Funkverbindung an das öffentl. Telefonnetz angeschlossen ist, bezeichnet man als **Funktelefon.** Zu den M. gehören auch die fest installierten **Autotelefone.**

Möbius-Fläche [nach dem Mathematiker A. F. Möbius,* 1790, † 1868] (Möbius-Band), einseitige Fläche, d. h. eine Fläche, bei der man an jeden Punkt ohne Überschreitung eines Randes gelangt. Ihr Modell kann man durch gegensinniges Zusammenkleben zweier Kanten eines Papierstreifens herstellen.

Mobutu Sese-Seko, bis 1972 Joseph-Désiré Mobutu, kongoles. General und Politiker, * Lisala 14. 10. 1930, † Rabat 7. 9. 1997; wurde 1960 Generalstabschef, ließ nach einem Putsch Ende 1960 Min.-Präs. P. Lumumba verhaften und an dessen Gegner in der (damaligen) Prov. Katanga ausliefern. 1961 gab er die Reg.gewalt an den von ihm (1960) entmachteten Staatschef J. Kasavubu zurück. In einem 2. Militärputsch ergriff M. 1965 die Macht, ernannte sich zum Staatspräs.; gestützt auf die Einheitspartei Mouvement Populaire de la Révolution (MPR), regierte er seitdem diktatorisch. Durch Rückgriff auf angeblich afrikan. »Authentizität« (u. a. Umbenennung von Fluss und Staat Kongo [Kinshasa] in »Zaire«) suchte er seine Macht zu stabilisieren. Die mit seiner Diktatur einhergehende Korruption zerstörte zunehmend die Wirtschaft seines Landes. Im Zuge einer sich vom östl. Teil des Kongostaates unter Führung von L. Kabila ausdehnenden Aufstandsbewegung wurde M. 1997 gestürzt.

Mobutu-Sese-Seko-See, 1972–97 Name des ↗ Albertsees.

Moçambique [mosamˈbɪk, portugies. musamˈbikə] (Mozambique, dt. auch Mosambik, amtlich portugies. República de M.), Staat in SO-Afrika, grenzt im O an den Ind. Ozean, im S an die Rep. Südafrika, im SW an Swasiland, im W an Simbabwe, im NW an Sambia und Malawi, im N an Tansania.

Staat und Recht

Nach der Verf. vom 30. 11. 1990 (1996 revidiert) ist M. eine Rep. (seit 1995 im Commonwealth) mit Mehrparteiensystem. Staatsoberhaupt ist der mit weitgehenden exekutiven Vollmachten ausgestattete Präs. (auf 5 Jahre direkt gewählt). Er ist Oberbefehlshaber der Streitkräfte, ernennt die Reg. unter Vorsitz des MinPräs., bestimmt den Reg.kurs und kann den Notstand verhängen. Die Legislative liegt bei der Versammlung der Rep. (250 Abg., für 5 Jahre gewählt). Einflussreichste Parteien: Frente de Libertação de

M. (FRELIMO), Resistência Nacional Moçambicana (RENAMO), União Democrática (UD).

Landesnatur

M. umfasst das 200–400 km breite Küstentiefland (mit einer Küstenlänge von 2 795 km), das im N und W zu 1 000 m hohen ausgedehnten Hochländern ansteigt, die von Inselbergen überragt werden. Höchste Erhebung ist der Monte Binga mit 2 436 m ü. M. Das Klima ist im N und im zentralen Teil tropisch, vom Monsun bestimmt, im SO, unter dem Einfluss des SO-Passats, subtropisch. Es überwiegen Trockensavannen mit z. T. ausgedehnten Wäldern, entlang der Flüsse Feuchtsavannen mit Galeriewäldern, an der Küste und an den Flussmündungen Mangrovenwälder. Hauptflüsse: Sambesi, Limpopo. Im N hat M. Anteil am Malawisee.

Bevölkerung

Über 99 % gehören zur Gruppe der Bantuvölker (Makua, Tsonga, Malawi, Shona u. a.), ferner gibt es Minderheiten von Asiaten (Inder, Chinesen), Europäern (v. a. Portugiesen) und Südafrikanern. Die Rückwanderung von fast 5 Mio. Binnenflüchtlingen in ihre Heimatorte und die Rückkehr von 1,7 Mio. Flüchtlingen aus den Nachbarländern nach Beendigung des Bürgerkrieges sowie von rd. 15 000 Mosambikanern aus der ehem. DDR schaffen große Probleme. – Etwa 50 % der Bev. bekennen sich zu traditionellen afrikan. Religionen, knapp 40 % sind Christen (etwa zur Hälfte Katholiken; starkes Wachstum prot. Kirchen), über 10 % Muslime. – Es besteht eine siebenjährige Grundschulpflicht. Die Analphabetenquote beträgt 56 %.

Wirtschaft, Verkehr

Durch den 16-jährigen Bürgerkrieg war die Wirtschaft stark geschädigt, zeigte aber infolge der seit Anfang der 1990er-Jahre eingeleiteten Wirtschaftsreformen wieder ein merkl. Wachstum. Doch die katastrophalen Überschwemmungen weiter Landesteile in den Jahren 2000 und 2001 verursachten enorme wirtsch. Schäden; zum Wiederaufbau ist internat. Hilfe nötig. Wichtigster Zweig ist die Landwirtschaft. Für den Eigenbedarf werden bes. Mais, Maniok, Hülsenfrüchte, Hirse, Reis und Weizen angebaut, auf Plantagen v. a. für den Export Cashewnüsse, Baumwolle, Tee, Zuckerrohr, Sisal, Kokospalmen (Kopra) und Zitrusfrüchte. Viehhaltung ist wegen der Tsetsefliege (bes. im N) gering; Fischerei für Eigenversorgung und Export (Garnelen). Die Bodenschätze (u. a. Kupfer-, Eisenerz, Tantalit, Betonit, Graphit, Gold, Edelsteine) werden wegen fehlender Transportwege noch wenig genutzt; nennenswert ist nur der Abbau von Steinkohle und Bauxit; Erdgasförderung bei Beira und Inhambane; Meersalzproduktion. Stromerzeugung durch das Cabora-Bassa-Wasserkraftwerk; Stromexport in die Rep. Südafrika. Industrie: v. a. Nahrungsmittel-, Textilind., Stahlwerk, Erdölraffinerie; wichtigste Ind.standorte sind Maputo und Beira. Haupthandelspartner: Rep. Südafrika, EU-Länder, USA, Simbabwe. – M. ist ein wichtiges Transitland; Eisenbahnnetz 3 123 km, Verbindungen nach Swasiland, Südafrika, Simbabwe, Malawi; Straßennetz 30 400 km, davon 5 685 km befestigt. Haupthäfen: Maputo, Beira, Nacala, Pemba, Quelimane; internat. Flughäfen: Maputo, Beira, Nampula.

Geschichte

Ab 1505 besetzten die Portugiesen die arab. Handelsplätze an der Küste und drangen im Sambesital ins Landesinnere vor. M. erhielt 1609 einen eigenen Gouverneur. Vom 16. bis 19. Jh. versuchten Araber, Osmanen, Niederländer, Franzosen, Briten und Österreicher, sich der ostafrikan. Küstengebiete zu bemächtigen. Anfang des 20. Jh. unterwarfen die Portugiesen M. vollständig; es wurde 1951 Überseeprovinz. 1962 entstand die Befreiungsorganisation FRELIMO, die seit 1964 den Kampf um die Unabhängigkeit führte. M. erhielt 1973 innere Autonomie und 1975 völlige Unabhängigkeit. Proklamiert wurde die Volksrep. M. unter Staatspräs. S. Machel; die marxistisch orientierte FRELIMO wurde Staatspartei. Die Rep. Südafrika unterstützte den bewaffneten Kampf der antimarxist. Gruppierung RENAMO, was einen langen Bürgerkrieg (über 700 000 Tote und über 1 Mio. Flüchtlinge) auslöste. Nach dem Tod Machels 1986 leitete Staatspräs. J. A. Chissano eine Politik der allmähl. Annäherung an den Westen ein. 1989 löste sich die FRELIMO offiziell vom Marxismus-Leninismus. 1990 wurde der Staatsname in Rep. M. geändert, die Einparteienherrschaft aufgehoben und ein marktwirtsch. System sowie freie Wahlen angestrebt. Nach 16 Jahren Bürgerkrieg unterzeichneten 1992 Reg. und RENAMO einen Waffenstillstands- und Friedensvertrag. Mit den allgemeinen Wahlen von 1994, bei denen die FRELIMO eine knappe Mehrheit im Parlament errang, fand der Friedensprozess seinen Abschluss. Zugleich wurde Präs. Chissano in seinem Amt bestätigt (ebenso 1999). 1995 wurde M. als bislang einziges nicht englischsprachiges Mitgl. in das Commonwealth of Nations aufgenommen. Hauptprobleme des Landes sind der Aufbau der Wirtschaft und der Infrastruktur, die Rückführung der Flüchtlinge, die Reintegration der demobilisierten Soldaten und der Aufbau einer neuen Armee, die Räumung der schätzungsweise 2 Mio. Landminen sowie die Überwindung der Folgen der Hochwasserkatastrophe 2000/01.

Moçambique [mosamˈbikə, portugies. musamˈbiki], Hafenstadt in NO-Moçambique, 15 000 Ew.; auf der gleichnamigen Koralleninsel (UNESCO-Weltkulturerbe) im Ind. Ozean (Brücke zum Festland). – M., eine alte arab. Handelsniederlassung, bestand schon im 10. Jh.; 1508 errichteten Portugiesen das Fort São Sebastião. Bis 1897 war M. Hptst. von Portugiesisch-Ostafrika.

Moche [ˈmotʃe], Ort und Tal im nördl. Peru, in der Küstenebene südlich von Trujillo; auch Bez. der Kultur der Mochica und bes. ihres Keramikstils. Vom M.-Tal breitete sich die M.-Kultur von 100 bis 700 aus und umfasste auf dem Höhepunkt ihrer Entwicklung alle Küstentäler Perus. Tempel, Paläste und Hausplattformen wurden aus Adobeziegeln errichtet; die »Sonnenpyramide« erreichte eine Höhe von 41 Metern. Gefäßmalerei und Goldbearbeitung (v. a. Metallguss) standen in hoher Blüte.

Mock, Alois, österr. Politiker, *Euratsfeld (bei Amstetten) 10. 6. 1934; Jurist, Mitgl. der ÖVP, 1979–89 Bundesobmann seiner Partei, 1978–83 Vors. der Europ. Demokrat. Union, 1983–87 der Internat. Demokrat. Union, 1987–89 Vizekanzler; hatte als Außenmin. (1987–95) großen Anteil an der Aufnahme seines Landes in die EU. 1970–99 Mitgl. des Nationalrates.

Moctezuma II. [-ˈsuma] (eigtl. Motecuhzoma, auch Montezuma), Herrscher der Azteken (seit 1502), *um 1466, †Tenochtitlán 30. 6. 1520. Während seiner Herrschaft wurde der Aztekenstaat von H. Cortez erobert, der M. gefangen nehmen ließ. Die Ankunft der Spanier war von den Azteken als die geweissagte und erwartete Wiederkehr des Gottes Quetzalcóatl missverstanden worden.

Möbius-Fläche

Mobutu Sese-Seko

modal [lat.], *Grammatik:* die Art und Weise bezeichnend, den ↗ Modus betreffend.

Modalität [lat.] *die, Philosophie:* in der Ontologie die Seinsweise eines Seienden (ob es wirklich, möglich oder notwendig ist); in der Logik der Grad der Bestimmtheit einer Aussage, ob ihr Inhalt als möglich (problematisch), behauptend (assertorisch) oder notwendig (apodiktisch) gedacht wird.

Modallogik, Teil der formalen Logik, der sich mit Aussagen beschäftigt, die mit den Modalitäten »möglich« und »notwendig« gebildet sind.

Modalnotation *die,* Notenschrift des späten 12. und frühen 13. Jh., eine Vorstufe der ↗ Mensuralnotation, in der mehrstimmige musikal. Werke bes. der Pariser Notre-Dame-Schule aufgezeichnet sind. Die M. deutet erstmals neben der Tonhöhe auch den rhythm. Ablauf (Modus: Grundrhythmus) der Stimmen an.

Modalsatz, ein Nebensatz (Adverbialsatz), der das Geschehen des Hauptsatzes nach Art und Weise bestimmt. (↗ Syntax, Übersicht)

Modalverb, Verb, das in Verbindung mit einem Infinitiv die Art und Weise einer Handlung (z. B. »können«, »dürfen«) verändert.

Modalwert, *Statistik:* der ↗ Modus.

Mode [frz., von lat. modus »Art und Weise«] *die,* der sich wandelnde Geschmack (in den verschiedensten Lebensbereichen); Zeitgeschmack (bes. im Hinblick auf die Art, sich zu kleiden). – Während die Kleider-M. (↗ Kleidung) in den mittelalterl. Gesellschaften bis in die beginnende Neuzeit auf die Zugehörigkeit zu einem bestimmten Stand verwies, hat die M. seit Ausbildung der Ind.gesellschaft ihre heutige Bedeutung als Mittel sozialen Wettbewerbs breiter Schichten und der Schichtangehörigen untereinander gewonnen. Bestimmend für die Kleider-M. wirkten lange Zeit die Zentren polit. Macht: zunächst Burgund, in der Renaissance die Stadtstaaten in N-Italien, dann der span. und später der frz. Hof. Neben der von den Höfen ausgehenden und im Wesentlichen nur für den Adel bestimmenden M. zeigte sich mit Aufkommen des Bürgertums eine zweite M.-Strömung, die sich teils an die höf. M. anlehnte, teils eigene Wege ging. Das Entstehen einer leistungsfähigen M.-Industrie im 19. Jh. ließ immer breiteren Schichten an der mod. Entwicklung teilhaben. Gleichzeitig begünstigte der wachsende Wohlstand des Bürgertums die Ausbildung exklusiver M.-Zentren, die um die Jahrhundertmitte zur Begründung der ↗ Haute Couture durch C. F. ↗ Worth in Paris führten. Im 20. Jh. gewann die M. v. a. durch Massenmedien (spezielle M.-Zeitschriften) und Werbung, unterstützt durch Modenschauen, eine kaum begrenzte Breitenwirkung. Das Durchsetzungsvermögen von M.-Strömungen beruht darauf, dass eine M., die von den sozialen Oberschichten – ihrem Bedürfnis nach Differenzierung und Exklusivität folgend – akzeptiert wird, von anderen Bev.schichten nachgeahmt und damit verbreitet wird. Im Rahmen der modernen Konsumgesellschaft erweist sich M. daher als Ausdruck sozialer Anpassung und Nivellierung. Insbesondere in der Kleider-M. hat sich eine Spezialisierung (nach Altersklassen, Anlässen, Tätigkeiten u. a.) herausgebildet, die in Verbindung mit einer Überhöhung des »Neuen« einen sehr kurzen M.-Zyklus entstehen ließ. Hiergegen und gegen den normierenden Charakter von M. sind gruppenspezif. M. entstanden, um Protest und Differenzierung auszudrücken, die allerdings ihrerseits wieder z. T. von der M.-Industrie aufgenommen und mit normierendem Charakter versehen werden.

Model [engl.] *das,* ↗ Mannequin.

Model [aus lat. modulus »Maß«] *der,* **1)** *graf. Technik:* Holzstempel für den Modeldruck (↗ Textildruck), auch für Papier- und Tapetendruck.
2) *Handwerk:* Holz-, Ton- oder Kunststoffform mit alten tradierten Mustern für Knet- oder Gusserzeugnisse (z. B. Gebäck, Butter, Wachs).

Modell [italien.] *das,* **1)** *allg.:* Vorbild, Muster, Entwurf von Gegenständen, auch gedankl. Konstruktionen.
2) *Kunst:* in Malerei und Bildhauerkunst ein Naturgegenstand, bes. der Mensch, als Vorbild künstler. Gestaltung. In der Bildhauerkunst kann das M. auch ein genaues Vorbild des endgültigen Werkes sein, z. B. ein Gips-M., das in Stein oder Holz übertragen oder in Bronze gegossen wird.
3) *Mode:* der ausgeführte Entwurf der Mode Schaffenden, der als Einzelstück Verwendung findet oder abgewandelt als Vorlage für die serienmäßige Herstellung (Konfektion) dient.
4) *Naturwissenschaften, Technik:* materielles Objekt oder theoret. Konstrukt, das einem Untersuchungsgegenstand in bestimmten Eigenschaften oder Relationen entspricht (Struktur-, Funktions- oder Verhaltensanalogie). **Techn. M.** dienen bes. zur Veranschaulichung von Strukturen und Konstruktionen, zur Unterrichtung und (in **M.-Versuchen**) als wiss. Versuchsobjekt. **Wiss. M.** (z. B. Atom-M., wirtschaftstheoret. M.) entstehen aus der Wechselwirkung zw. Hypothesenbildung und Beobachtung bzw. messendem Experiment. Eine M.-Vorstellung fußt i. d. R. auf früherer Erkenntnis, wird im Bedarfsfall durch Postulate erweitert und mündet idealerweise in einer umfassenden Theorie.

Modell|eisenbahnen, naturgetreue, maßstäblich verkleinerte Nachbildungen von Eisenbahnen und Eisenbahnanlagen. Übliche Verkleinerungsmaßstäbe sind 1 : 220 (so genannte **Spur Z;** Spurweite 6,5 mm), 1 : 160 (**Spur N;** 9 mm), 1 : 120 (**Spur TT;** 12 mm), 1 : 87 (**Spur H0;** 16,5 mm), 1 : 64 (**Spur S;** 22,5 mm), 1 : 45 (**Spur 0;** 32 mm), 1 : 32 (**Spur I;** 45 mm), 1 : 22,5 (**Spur G;** 45 mm).

Modellflugzeuge, ↗ Flugmodell.

Modellschule (früher: Schulversuch, Versuchsschule), Schule, an der (z. T. auch nur in bestimmten Klassen oder Stufen) neue Unterrichts- und Erziehungsformen und neue pädagog. und organisator. Konzepte erprobt werden. Bevor eine Schulart öffentl. Regelschule wird, wird sie häufig und nach Bundesländern unterschiedlich lange als Schulversuch geführt, z. B. die Varianten der Gesamtschulen, Ganztagsschulen, die integrierten Klassen für Haupt- und Realschüler. Andere werden später nicht in das allg. Schulwesen übernommen (etwa die Laborschule von H. von Hentig), jedoch werden häufig Anregungen aufgegriffen. Viele staatlich anerkannte Privatschulen haben oder hatten M.-Charakter, z. B. die Landerziehungsheime, die Montessori- und Waldorfschulen.

Modem *der,* auch *das,* Kurzwort aus **Mo**dulator-**Dem**odulator, Gerät zur Übertragung digitaler Daten eines Computers über Fernsprechleitungen, wobei die Datensignale auf hochfrequente Trägerschwingungen moduliert und am Empfangsort durch Demodulation wieder in digitale Daten zurückverwandelt werden. Ein M. wird i. Allg. an eine serielle ↗ Schnittstelle des Computers angeschlossen (**externes M.**) oder als Steckkarte in den Computer eingesetzt (**internes M.**). M. sind u. a. erforderlich für die ↗ Datenfernverarbeitung und die Teilnahme an ↗ Onlinediensten und/oder am ↗ Internet über das Fernsprechnetz.

Moden [engl.-lat.], Sg. Mode *der,* fachsprachlich auch *die,* Eigenschwingungen oder Eigenwellen elek-

Modena 2): Dom San Geminiano (Baubeginn 1099)

tromagnet. Wellen in schwingungsfähigen Systemen, i. e. S. in opt. Resonatoren (bes. in Lasern und Masern) und in Wellenleitern (z. B. Hohl- und Lichtleiter).

Modena, 1) Prov. Italiens, in der Region Emilia-Romagna, 2 689 km^2, 632 600 Einwohner.
2) Hptst. von 1), Italien, am Rand der Poebene, 177 000 Ew.; Erzbischofssitz; Univ., PH, geophysikal. Observatorium; Auto-, Maschinenbau-, Leder-, Schuh-, Nahrungsmittelindustrie. – Der Dom San Geminiano (1099 begonnen, 1184 geweiht) mit 88 m hohem Glockenturm, die Piazza Grande und die Torre Civica wurden zum UNESCO-Welterbe erklärt; Paläste u. a. Palazzo Comunale (1194 begonnen, mehrfach verändert) und Palazzo Ducale (1634; heute Militärakademie). – Das röm. **Mutina** wurde 183 v. Chr. an der Via Aemilia gegründet; seit 1288 stand M. meist unter Herrschaft der ↗ Este, wurde 1452 mit Reggio nell'Emilia Herzogtum, kam 1814 an das Haus Österreich-Este; 1860 mit dem neuen Königreich Italien vereinigt.

moderato [italien.], Abk. **mod.,** musikal. Vortragsbezeichnung: gemäßigt; auch in Zusammensetzungen: **allegro m.,** mäßig schnell.

Moderator [lat.] *der,* **1)** *Kerntechnik:* Bez. für Stoffe, in denen hochenerget. (schnelle) Neutronen, wie sie z. B. bei Kernspaltungen entstehen, durch elast. Stöße auf niedrige (therm.) Energien abgebremst werden. (↗ Kernreaktor)
2) *Publizistik:* Leiter einer Gesprächsrunde, bes. in Hörfunk und Fernsehen; i. e. S. Redakteur, der die Beiträge einleitet und kommentiert.

Moderkäfer (Lathridiidae), weltweit verbreitete, artenreiche Familie 1–3 mm langer Käfer; ernähren sich von Schimmelpilzen, leben im Falllaub, unter Baumrinden u. a. verschimmelnden Materialien, auch in feuchten Kellern.

Moderlies|chen (Leucaspius delineatus), nur 9 cm langer einheim. Karpfenfisch in stehenden oder langsam fließenden Gewässern.

modern [lat.-frz.], **1)** der (neuesten) Mode entsprechend; **2)** dem neuesten Stand der gesellschaftl., wiss. und techn. Entwicklung entsprechend, zeitgemäß; **3)** der neuen und neuesten Zeit zuzurechnen.

Modern Dance [ˈmɔdən dɑːns, engl.] *der,* amerikan. Form des Ausdruckstanzes (↗ Tanz), der dem strengen Kanon des klass. Balletts die freie Bewegung des tanzenden Körpers entgegensetzt. Als Stilepoche ist der M. D. auf die Zeit von 1926 (New Yorker Debüt von M. Graham) bis 1958 (Tod der Tänzerin D. Humphrey) beschränkt. Durch die Arbeiten von T. Tharp, L. Dean u. a. wurde aus dem M. D. der ↗ New Dance.

Moderne [lat.-frz.] *die,* Schlagwort für jene Literatur- und Kunstströmungen am Ende des 19. Jh., die durch den Bruch mit allen überkommenen ästhet. Normen einem krit. Dekadenzbewusstsein Ausdruck verliehen. Schon in der Romantik hatte sich eine Bedeutung des Begriffs »modern« herausgebildet, die den Gesamtprozess der Emanzipierung der christlich-abendländ. Bildung von der Antike erfasste (F. Schlegel); für das Aktuelle in der Kunst wurde »modern« im Vormärz von K. Gutzkow verwendet. Als »die M.« wurde dann 1886 erstmals der Naturalismus bezeichnet, jedoch übertrug H. Bahr bereits 1890 den Begriff auf die antinaturalist. Strömungen (Impressionismus, Symbolismus, Neuromantik). Aus heutiger Sicht werden die avantgardist. Richtungen und Strömungen der folgenden Jahrzehnte (Expressionismus, Dadaismus, Futurismus, Surrealismus; ↗ moderne Kunst), die die vorangegangene Generation durch ästhet. Experimente immer aufs Neue schockierten, in den Begriffsinhalt einbezogen, ebenso die parallelen Entwicklungen in der Architektur (↗ moderne Architektur). Die Forderung der M. nach ständiger Erneuerung, ihre Ablehnung jegl. Tradition wurde in der ↗ Postmoderne aufgehoben.

moderne Architektur. Die Veränderung der wirtsch. und sozialen Strukturen um die Wende zum 20. Jh. sowie der Protest gegen Stilnachahmung und Historismus am Ende des 19. Jh. waren in Europa und Amerika die auslösenden Faktoren für die experimentelle m. A.; ihre wesentl. Aufgaben: die Entwicklung neuer Raumkonzeptionen und Formensprachen auf der Grundlage der neuen Bedürfnisse, Materialien und Konstruktionsverfahren. Durch die neuen gesellschaftl. Bedingungen für den Wohn- und Siedlungsbau, für Industrie- und Verwaltungsbauten, Kulturzentren und Sporthallen, Verkehrs- und Stadtplanung wurde mit der Verwendung von Stahl und Beton (Stahlbeton), von großen Glas- und Aluminiumflächen, von Kunststoffen sowie von serienmäßig konstruierten Fertigteilen aus allen Materialbereichen die Auffassung von Architektur und ihrer Formensprache im Sinne des ↗ Funktionalismus revolutioniert. Lässt man die Entwicklungstendenzen in der Ausbildung der Stahlskelettbauweise des 19. Jh. unberücksichtigt, so kann der Beginn der m. A. auf die Zeit um 1890 festgelegt werden. L. H. Sullivan und die Chicagoer Schule brachten mit ihrer Forderung, dass die Form immer der Funktion zu entsprechen habe, einen neuen Kanon des Bauens ein. Die Tendenz zu klar gegliederten und aus der Funktion entwickelten Baukörpern zeigten auch die europ. Richtungen des ↗ Jugendstils (P. Behrens, H. van de Velde, O. Wagner, J. M. Olbrich, A. Loos, J. Hoffmann, V. Horta, H. P. Berlage, C. R. Mackintosh), des Dt. ↗ Werkbundes, des ↗ Bauhauses und der De-Stijl-Gruppe. Das kub., horizontale, sachlich nüchterne Prinzip setzte sich Mitte der 1920er-Jahre gegenüber gegenläufigen Tendenzen (etwa dem Expressionismus einiger Bauten von P. Behrens, E. Mendelsohn, H. Poelzig, B. Taut) durch. Des Weiteren kann der Begriff des »organ. Bauens« (↗ organische Architektur), wie er von F. L. Wright in Amerika konzipiert wurde, als Maxime für alle bed. Schulen und Architekten des 20. Jh. gelten. Neben Wright gehörten L. Mies van der Rohe, Le Corbusier und W. Gropius zu den einflussreichsten Architekten der 1. Hälfte des 20. Jh. Vorbildl. Siedlungsbauten schufen J. Oud, E. May und H. Häring. In Finnland wirkte A. Aalto. Der internat. Durchbruch der m. A. erfolgte mit den v. a. in den 1920er-Jahren entwickelten Stileigentümlichkeiten (/ internationaler Stil), und zwar in den USA in den 1930er-Jahren, in den lateinamerikan. Ländern in den 1940er-Jahren (v. a. Brasilien und Mexiko) und in den 1950er-Jahren in Japan.

In den 1950er-Jahren wurden innerhalb der m. A. neue Impulse wirksam, die unter dem Namen / Brutalismus zusammengefasst werden und eine Erneuerung der experimentellen m. A. und ihres funktionalen und organ. Denkens darstellen. Daneben entwickelten sich weitere, z. T. gegenläufige oder auch ineinander übergehende Strömungen (Funktionalismus, Strukturalismus, rationale Architektur).

Zur Kennzeichnung der Richtung der Architektur der 1970er- und 1980er-Jahre, die auf Elemente früherer Stile zurückgreift (R. Venturi, C. W. Moore, R. Stern, J. Stirling, Isozaki Arata, P. Portoghesi, P. Johnson), übernahm der amerikan. Architekturtheoretiker Charles Jencks (*1939) 1975 den sonst recht vielschichtigen Begriff / Postmoderne. Als Spätmoderne bezeichnet er eine Strömung, die die Architektur der 20er-Jahre weiterentwickelt, z. B. The New York Five, / Hightech (Lord N. Foster, R. Rogers, R. Piano u. a.). In den 1990er-Jahren zeichnete sich der Beginn einer neuen Entwicklung mit der Architektur des vom russ. Konstruktivismus inspirierten Dekonstruktivismus ab (F. O. Gehry, Zaha Hadid, P. Eisenman, R. Koolhaas, B. Tschumi, Coop Himmelb(l)au, G. Behnisch u. a.). Wachsende Bedeutung kommt dem / ökologischen Bauen zu.

moderne Kunst, Sammelbegriff für die seit etwa 1870 aufgekommenen verschiedenartigen Kunststile in Malerei, Grafik und Plastik. In Ablehnung der offiziellen Akademiekunst entstand in Frankreich der / Impressionismus. Als Gegenbewegung zum Neoimpressionismus entwickelte sich der / Symbolismus. In seiner Neigung zum Ornamentalen und zur Flächenhaftigkeit setzten sich im / Jugendstil die Tendenzen fort, sich von einer illusionist. Bildkonzeption zu lösen. Entschiedener brachen die Expressionisten mit den realistisch-illusionist. Traditionen des 19. Jh.; ihr Interesse galt der subjektiven Ausdruckssteigerung des Bildes. Diese Auffassung vertreten auch die / Neue Sachlichkeit oder der den traditionellen Kunsttechniken eine Absage erteilende / Dada.

Zur grundlegenden Entwicklung einer »konkreten«, von der »Wirklichkeit« mehr und mehr unabhängigen Formensprache führte der Ansatz von P. Cézanne. Auf der Grundlage der von ihm erarbeiteten Strukturprinzipien und der schrittweisen Aufgabe der Linearperspektive bei der Wiedergabe der sichtbaren Erscheinungen der Wirklichkeit baute der / Kubismus von P. Picasso und G. Braque als bahnbrechende Kunstrichtung im ersten Jahrzehnt des 20. Jh. auf. Er bildete die Voraussetzung sowohl für den italien. / Futurismus als auch für die vollständig von gegenständl. Wiedergabe losgelöste Auffassung der konstruktivist. Malerei und Objektkunst (u. a. / Konstruktivismus, De / Stijl). Das / Bauhaus leistete einen wichtigen Beitrag auf nahezu allen künstler. Gebieten. Kubismus, Futurismus und bes. der russ. Konstruktivismus und Suprematismus schufen neue Bildgattungen: Collage, Assemblage und Montage erweiterten den Begriff des Tafelbildes und eröffneten dem Bild plast. Dimensionen. Für die Plastik wurde zu Beginn des 20. Jh. die Auseinandersetzung mit außereurop. und prähistor. Arbeiten richtungweisend (Picasso, C. Brâncuși, H. Moore, Alberto Giacometti). Von vielen Bildhauern der Folgezeit wurde die Beziehung zum Figürlichen ganz aufgegeben; die Verwendung von Altmaterialien führte zur Objektkunst.

Einen Weg der Neuordnung und Interpretation der Wirklichkeit beschritten die Künstler des / Surrealismus (M. Ernst, S. Dalí, R. Magritte). Die innerhalb der surrealist. Bewegung teilweise praktizierte Écriture automatique wurde in den 1940er- und 1950er-Jahren in den USA zu einer Grundlage des / abstrakten Expressionismus. Bes. in seiner europ. Ausprägung (Tachismus, / informelle Kunst) fußt er zugleich auf der abstrakten Kunst, wie sie bis in die 1950er-Jahre in vielen Richtungen vertreten wurde. Als fast zeitgleiche Reaktion auf den abstrakten Expressionismus entstanden / Hardedge und / Farbfeldmalerei, die die Tendenzen der konkreten Kunst der 1920er-Jahre weiterentwickelten. / Happening und / Fluxus der 1960er-Jahre suchten die Grenze zw. Publikum und (improvisierenden) Akteuren zu verwischen, das Publikum war zur Mitgestaltung angehalten (»jeder ist Künstler«). Ähnlich rechneten Y. Klein, P. Manzoni und L. Fontana mit der Aktivierung des Betrachters, wenn das Gemälde bzw. die Farbe und/oder das Material in ihren Bildern nur noch sich selbst zum Gegenstand haben. Sie führten damit die moderne Malerei und Plastik in eine konzeptionelle Richtung, die teilweise zu ähnl. Ergebnissen kam wie die / Minimalart. Die / Concept-Art ist v. a. dadurch charakterisiert, dass die kreative Geste weitgehend durch das Nachdenken über Formen der Kunst und ihre grundsätzl. Positionen ersetzt wird. Der Betrachter wird über den Intellekt in die konzeptionelle Strategie der künstler. Zusammenhänge als aktiver Mitdenker einbezogen. Dem gleichen Ziel dienen auch die in der neuen / Prozesskunst verwendeten Medien (Fotografie, Film, Videoaufzeichnungen) zur Wiedergabe von Prozessen der Land-Art, / Body-Art und der / Performance. Die / Pop-Art wie auch die versch. Formen des / Realismus, die in den 1960er- bzw. 1970er-Jahren auftraten, spiegeln und interpretieren wieder die Objektwelt. Ausgehend von der Thematik »Raum« erweiterte sich das Objekt in den 1960er-Jahren zum / Environment. Als neues Element wurde die Bewegung in die Objekt- und Raumkunst einbezogen, vorbereitet durch die visuellen Experimente der / Op-Art. Es entstanden verwandelbare Objekte, elektrisch oder mechanisch angetriebene Maschinen und Lichtprojektoren (/ kinetische Kunst).

Neben einer von sozialkrit. oder ökolog. Anliegen getragenen Kunst zeichnete sich seit Mitte der 1970er-Jahre ein neues Interesse an einer gestisch-intuitiven und individuellen Malerei ab. In Dtl. wird dieser Neoexpressionismus u. a. vertreten von G. Baselitz, J. Immendorff, M. Lüpertz und A. Kiefer. Vergleichbare Tendenzen zeigten sich in den USA im farbenfrohen Pattern-Painting und in Italien in der / Arte cifra der Transavanguardia. Sie lösten eine Bewegung aus, die in Dtl. als / Neue Wilde, in den USA als »New-Image-Painting« und in Frankreich als »Figuration libre« bezeichnet wird. In ihrem unbekümmerten Umgang mit vergangenen Stilen, Formen, Farben, Kitsch und v. a. im Rückzug auf Subjektivität und Gefühl wird ein Bruch mit der klass. Moderne

moderne Kunst und Architektur

1 Helmut Jahn, Bürohochhaus »Messeturm« in Frankfurt am Main, 256,5 m hoch (1991) **2** Neue Nationalgalerie in Berlin (1962–67; erbaut von Mies van der Rohe), davor die Stahlplastik »Têtes et queue« (1965) von Alexander Calder **3** Tom Wesselmann, »Bathtub No. 3« (1963; Köln, Museum Ludwig) **4** Henry Moore, »König und Königin«, Bronze (1952–53; Glenkiln Reservoir, Schottland) **5** Jean Tinguely, »Metamechanische Skulptur« aus der Serie »Bascule« (1960; Privatbesitz) **6** Pablo Picasso, »Le Couple« (1969; Baden-Baden, Sammlung Frieder Burda) **7** Helmut Jahn, Sony Center am Potsdamer Platz in Berlin, Blick in die Dachkonstruktion des »Forums« (2000)

und der intellektuellen Kunst der Folgezeit gesehen. Aus diesen Gründen, aber auch in Hinblick auf den Pluralismus der Stile und den Trend, die Grenzen zw. den einzelnen Kunstgattungen zu verwischen, wird auf die zeitgenöss. Kunst – nicht unumstritten – auch der Begriff ↗ Postmoderne angewendet.

moderner Fünfkampf, an einem Tag ausgetragener Mehrkampf in fünf Disziplinen für Männer und Frauen in der Reihenfolge **Schießen** (Luftpistole), **Fechten** (Degen), **Schwimmen** (Männer 300 m, Frauen 200 m), **Springreiten** (15 Sprünge) und **Geländelauf** (Männer 4 000 m, Frauen 2 000 m). Die Ergebnisse werden in Punkte umgerechnet. (↗ Sportarten, Übersicht)

Modernisierung [lat.], **1)** *Recht:* ↗ Wohnungsmodernisierung, ↗ Miete.

2) *Sozialwissenschaften:* mit dem Fortschrittsbegriff verbundene Bez. für gezielte Veränderungen einer Gesellschaft, in histor. Perspektive oft angewandt für die planmäßige Beschleunigung des Wandels von der Agrar- zur Ind.gesellschaft. Heute steht der Begriff v. a. für den Wandel von der klass. Ind.gesellschaft zur modernen Dienstleistungs-, Informations- und Wissensgesellschaft.

Modernismus [lat.] *der,* **1)** *allg.:* Bejahung des Modernen, bes. in Kunst und Literatur.

2) *kath. Kirche:* von dem Freiburger Dogmatiker Carl Braig (* 1853, † 1923) geprägte Bez. für das Ende des 19. Jh. innerhalb der kath. Kirche (zuerst in Frankreich) einsetzende, von Aufklärung und Liberalismus beeinflusste Streben kath. Theologen nach einem Ausgleich zw. kirchl. Lehre und modernem Denken. Im Ggs. zur (päpstlich geförderten) ↗ Neuscholastik vertraten die »Modernisten« einen historisch-krit. Denkansatz (Bibelkritik; Erweis der Dogmen als geschichtlich gewordener und somit wandelbarer Beschreibungen christl. Glaubensinhalte) und sahen sich kirchlicherseits den Vorwürfen des Historismus und Evolutionismus ausgesetzt. 1907 verurteilte Papst Pius X. den M.; 1910 schrieb er den so genannten **Antimodernisteneid** vor, der bis 1967 zusätzlich zum Glaubensbekenntnis vor Antritt eines kirchl. Amtes und auch von Professoren der Theologie und Philosophie an katholisch-theolog. Fakultäten abgelegt werden musste.

3) *Literatur:* (span. Modernismo), literar. Strömung in Lateinamerika und Spanien, etwa 1890–1920 (begr. von dem Nicaraguaner R. Darío). Der M. strebte eine Erneuerung der Dichtung im Sinne einer »L'art pour l'art« an, v. a. durch neue sprachl. Ausdrucksmöglichkeiten und metrische Experimente, aber auch durch inhaltl. Zuwendung zum Irrationalen. Anregungen lieferten die Mystik, die frz. Romantik, die Parnassiens und der Symbolismus.

Paula Modersohn-Becker: Zwei Jungen am Moorkanal (1900; Ludwigshafen am Rhein, Wilhelm-Hack-Museum)

Modern Jazz [ˈmɔdən dʒæz, engl.], übergreifende Bez. für den Jazz zw. 1940 und 1960. Zum M. J. zählen v. a. Bebop, Cooljazz und Hardbop.

Modersohn, Otto, Maler, * Soest 22. 2. 1865, † Rotenburg (Wümme) 10. 3. 1943; seit 1901 ∞ mit Paula M.-Becker; Mitbegründer der Künstlerkolonie »Worpswede«, malte stimmungsvolle Landschaftsbilder (v. a. die Umgebung von Worpswede) in meist dunklen, gedämpften Farben.

Modersohn-Becker, Paula, geb. Becker, Malerin, * Dresden 8. 2. 1876, † Worpswede 20. 11. 1907; seit 1901 ∞ mit O. Modersohn; kam 1898 nach Worpswede; seit 1900 Aufenthalte in Paris. In ihren Bildern (v. a. Frauen, Kinder, Selbstbildnisse, Stillleben) suchte sie das Ursprüngliche in Menschen und Dingen zu erfassen. Ihre Ausdrucksmittel sind durch starke Formvereinfachungen und flächenhafte Farbwirkungen gekennzeichnet.

Mo Di (Mo Ti), chines. Philosoph, * etwa 480 v. Chr., † etwa 390 v. Chr.; vertrat im Ggs. zu den von Konfuzius entwickelten, nach Verwandtschaft und persönl. Nähe gestaffelten Solidaritätsvorstellungen das Prinzip einer »allumfassenden« Liebe und lehnte die traditionellen Klassenunterschiede ab.

Modiano [mɔdjaˈno], Patrick, frz. Schriftsteller, * Paris 30. 7. 1945; schreibt Romane in präziser Sprache mit häufigen Rückblenden in die Zeit des Zweiten Weltkriegs, der Besetzung Frankreichs, der Judenverfolgung (»Villa triste«, 1975; »Straflaß«, 1988; »Dora Bruder«, 1997) bzw. in die 1960er-Jahre (»Ein so junger Hund«, 1993; »Unbekannte Frauen«, 1999; »Die kleine Bijou«, 2001), in deren Mittelpunkt oft die Suche nach der eigenen Identität steht.

Modick, Klaus, Schriftsteller, * Oldenburg (Oldenburg) 3. 5. 1951; vielseitiges Werk, das vom postmodernen Spiel mit tradierten Formen und Mustern geprägt ist (u. a. Romane: »Das Grau der Karolinen«, 1986; »Das Licht in den Steinen«, 1992; »Der Mann im Mast«, 1997; »Vierundzwanzig Türen«, 2000).

Modifikation [lat.] *die,* **1)** *allg.:* Abänderung.

2) *Biologie:* nicht erbl. Veränderung einer Tier- oder Pflanzenart durch äußere Einflüsse (Anpassungsreaktion).

3) *Kristallographie:* eine von mehreren mögl. kristallinen Zustandsformen einer Substanz.

Modigliani [modiˈʎaːni], **1)** Amedeo, italien. Maler, Bildhauer, * Livorno 12. 7. 1884, † Paris 25. 1. 1920; lebte seit 1906 meist in Paris; malte zunächst Porträts, seit 1909 entstanden plast. Arbeiten, die den Einfluss afrikan. Plastik zeigen. Die Stilisierung übertrug er in seine Malerei und fand nach 1910 einen Porträtstil mit überlängten Formen, in dem er die Individualität der Dargestellten (v. a. Köpfe und Akte junger Frauen) bewahrt und ihnen einen lyrisch-melanchol. Ausdruck verleiht.

2) Franco, amerikan. (seit 1946) Volkswirtschaftler italien. Herkunft, * Rom 18. 6. 1918, † Cambridge (Mass.) 25. 9. 2003; seit 1950 Prof., u. a. 1962–88 am Massachusetts Institute of Technology; Vertreter des Postkeynesianismus; erhielt 1985 für seine Lebenszyklushypothese des Konsums und wirtschaftstheoret. Arbeiten zum Marktwert von Unternehmen (**M.-Miller-Theorem**) den Nobelpreis für Wirtschaftswiss.en (↗ Miller).

Mödl, Martha, Sängerin (dramat. Sopran), * Nürnberg 22. 3. 1912, † Stuttgart 17. 12. 2001; wurde 1953 Mitgl. der Württemberg. Staatsoper in Stuttgart; Gast an den bed. Opernhäusern der Welt sowie bei Festspielen (Bayreuth, Salzburg), v. a. als Wagner-Interpretin.

Mödling, Bez.-Hptst. in NÖ, am Alpenostrand südlich von Wien, 20 400 Ew.; ethnograph. Museum des Missionshauses St. Gabriel; wichtiges Ind.zentrum: Maschinenbau, Möbel-, Elektro- u. a. Ind. – Mittelalterl. Stadtbild, spätgot. Pfarrkirche mit barocker Einrichtung, Renaissancerathaus (1548). – 903 erstmals genannt, seit 1875 Stadt.

Modrow [-dro:], Hans, Politiker, * Jasenitz (heute

Jasienica, bei Stettin) 27. 1. 1928; 1967–89 Mitgl. des ZK der SED, 1973–89 Bezirkssekretär der SED in Dresden, Vors. des Ministerrats der DDR (Nov. 1989 bis April 1990). Seit Dez. 1989 ist er Mitgl. des Parteivorstandes und seit Febr. 1990 Ehrenvors. der PDS; er war 1990–94 MdB; wurde 1999 MdEP.

Amedeo Modigliani: Pablo Picasso (1915; Genf, Galerie Moos)

Modul [von lat. modulus »Maß«, »Maßstab«] *der,* **1)** *Baukunst:* der halbe untere Säulendurchmesser, eine relative Maßeinheit, mit deren Hilfe Dimensionen und Proportionen in der antiken Formenlehre bestimmt wurden. In der Renaissance und im 20. Jh. aufgegriffen **(Modulordnung).**
2) *Maschinenbau:* das Verhältnis des Teilkreisdurchmessers zur Zähnezahl eines Zahnrads.
3) *Mathematik:* 1) algebraische Struktur, die analog zum Vektorraum definiert ist, wobei aber an die Stelle eines Körpers ein Ring als Skalarbereich tritt; 2) der Faktor, durch den sich der dekad. Logarithmus vom Logarithmus zu einer anderen Basis unterscheidet.

Modul [lat.-engl.] *das,* **1)** *Elektronik:* Baugruppe, die eine in sich geschlossene Funktion übernimmt und durch elektron. Schaltkreise realisiert ist, meist als mechanisch leicht austauschbare Einheit.
2) *Informatik:* austauschbares Teil eines Geräts (Hardware) oder eines Programms (Software), das eine geschlossene Funktionseinheit bildet und mit anderen M. über Schnittstellen verbunden ist. **Hardware-M.** sind meist bestückte Leiterplatten, die elektrisch und mechanisch nicht zerstörungsfrei getrennt werden können; **Software-M.** sind häufig Unterprogramme.

MODULA-2, höhere Programmiersprache, die auf ⁄ PASCAL aufbaut und als wichtigste Erweiterung ein Konzept von Modulen besitzt. Ein Modul ist hierbei eine Zusammenfassung von Programmelementen wie Konstanten, Datentypen, Prozeduren u. a. Modulen zu einer Einheit.

Modulation [lat.] *die,* **1)** *Musik:* der Übergang von einer Tonart in eine andere. Die M. wird bewirkt durch harmon. Umdeutung der Dreiklänge und durch Einführung von chromat., der Ausgangstonart leiterfremden Tönen, die für eine neue Tonart Leittonbedeutung haben. Wird eine Tonart nur vorübergehend berührt, spricht man von **Ausweichung.**
2) *Nachrichtentechnik:* Veränderung von Signalparametern eines Trägers in Abhängigkeit von einem modulierenden Signal (z. B. M.-Schwingung). Der Träger ist dabei ein Zeitvorgang (z. B. Schwingungs-, Puls- oder Rauschvorgang). Die M. wird gewöhnlich dazu verwendet, niederfrequente Nachrichtensignale (z. B. Sprache, Musik, Bilder, Daten) hochfrequenten Schwingungen aufzuprägen, um sie den Eigenschaften eines geeigneten Übertragungsmediums (z. B. Funkstrecke, Lichtwellenleiter, Koaxialkabel) anzupassen oder um mehrere Nachrichten gleichzeitig über einen einzelnen Nachrichtenweg zu senden. Beim umgekehrten Vorgang, der **Demodulation,** wird auf der Empfangsseite das ursprüngl. niederfrequente Signal wieder aus der **Trägerschwingung** zurückgewonnen.

Harmon. Schwingungen gestatten die M. von Amplitude, Frequenz oder Phase. Im einfachsten Fall ist der Träger eine Sinusschwingung. Bei der im Kurz-, Mittel- und Langwellenbereich gebräuchl. **Amplituden-M.** (Abk. **AM**) wird die Amplitude A_T der hochfrequenten Trägerschwingung durch die niederfrequenten Schwingungen der Nachricht beeinflusst. Die positiven Halbwellen vergrößern die Amplitude der Trägerschwingung, die negativen verkleinern sie, beides umso mehr, je größer die Amplitude A_M der M.-Schwingung ist. Das Verhältnis A_T/A_M bezeichnet man als **M.-Grad.** Die niederfrequente M.-Schwingung bildet die **Hüllkurve** der modulierten Schwingung. Diese lässt sich auch als Überlagerung der Trägerschwingung mit zwei Schwingungen darstellen, deren Frequenzen durch die Summen- bzw. Differenzfrequenz (Seitenfrequenzen) gegeben werden; ihre Amplituden sind halb so groß wie A_T. – Period. Folgen von Rechteckimpulsen ermöglichen die M. von Amplitude (Pulsamplituden-M.), Frequenz (Pulsfrequenz-M.), Phase (Pulsphasen-M.) und Dauer der Einzelimpulse (Pulsdauer-M.).

Modulation 1): von a-Moll nach e-Moll, Notationsschema (links) und Ausführungsbeispiel aus einem dreistimmigen Satz von Johann Sebastian Bach; darunter Modulation von a-Moll nach G-Dur, Notationsschema (links) und Ausführungsbeispiel aus den »Kinderliedern« op. 142 von Max Reger

Bei der im UKW-Rundfunk angewandten **Frequenz-M.** (Abk. **FM**) wird statt der Amplitude die Frequenz der Trägerschwingung im Rhythmus der Nachricht geändert; d. h., die beim Empfänger eintreffende modulierte Schwingung besitzt eine sich ständig ändernde Frequenz. Die Frequenzabweichung von der Trägerfrequenz wird **Frequenzhub** genannt. Das Verhältnis des Frequenzhubs zur höchsten M.-Frequenz ist der **M.-Index.** Beim UKW-Rundfunk wird zur Störbefreiung der M.-Index wesentlich größer als 1 bemessen und außerdem eine Amplitudenbegrenzung im Empfänger durchgeführt. Der Frequenz-M. eng verwandt ist die **Phasen-M.** (Abk. **PM**), bei der der Phasenwinkel der modulierten Schwingung von dem der Trägerschwingung um einen Betrag abweicht, der dem Momentanwert der modulierenden Schwingung proportional ist; die Amplitude der Trägerschwingung bleibt konstant. Die größte Abweichung des Phasenwinkels der modulierten Schwingung von dem der ursprüngl. Trägerschwingung wird als **Phasenhub** bezeichnet.

Modulor [frz.] *der,* von Le Corbusier auf der Grundlage der menschl. Gestalt und des goldenen Schnitts entwickeltes Proportionsschema, um Architektur auf menschl. Maßverhältnisse abzustimmen und so eine harmon. Wohnwelt zu schaffen.

Modus [lat.] *der,* 1) *allg.:* Art und Weise, Maß, Regel.
2) *Grammatik:* Aussageweise des Verbs, die den Geltungsgrad der Aussage verdeutlicht (in den indogerman. Sprachen v. a. Indikativ, Konjunktiv, Imperativ).
3) *Philosophie:* In der Logik nennt man die versch. syllogist. Schlussfiguren Modi (↗Syllogismus). In der Ontologie bedeutet M. die Art und Weise, in der eine Substanz in Erscheinung tritt.
4) *Statistik:* (Modalwert, dichtester Wert), derjenige Wert in einer Stichprobe, der am häufigsten vorkommt.

Modus Vivendi, 1) *bildungssprachlich:* Form eines erträgl. Zusammenlebens zweier oder mehrerer Parteien (ohne Rechtsgrundlage).
2) *Völkerrecht:* auf Vereinbarung zw. Völkerrechtssubjekten beruhende, vorläufige Regelung.

Moeller-Barlow-Krankheit [ˈmœlər-ˈbaːləʊ-; nach dem Chirurgen Julius Otto Moeller, *1819, †1887, und dem brit. Internisten Thomas Barlow, *1845, †1945] (Säuglingsskorbut), v. a. bei Säuglingen und Kleinkindern auftretende Krankheit; dem ↗Skorbut ähnlich, durch Mangel an Vitamin C in der Nahrung bedingt. Sie äußert sich in Blässe und Appetitlosigkeit, Schwellung der Glieder und Gelenke, Blutungen in Haut und Schleimhäuten.

Moeller van den Bruck [ˈmœ-], Arthur, Schriftsteller, *Solingen 23. 4. 1876, †(Selbstmord) Berlin 30. 5. 1925; übte als Gegner von Parlamentarismus und Liberalismus auf die jungkonservative Bewegung Einfluss aus; versuchte, nat. und soziale Gedanken zu verbinden. Der Titel seines Buches »Das dritte Reich« (1923) diente dem Nationalsozialismus (sinnentstellend) als polit. Schlagwort.

Moers [ˈmøːrs], Stadt im Kr. Wesel, NRW, am Niederrhein, 106 700 Ew.; Grafschafter Museum (im Schloss), Motorradmuseum, Schlosstheater; chem. Ind., Spanplatten-, Armaturenherstellung. – Erstmals erwähnt im 9. Jh.; 1300 Stadtrecht. Die **Grafschaft M.** (mit Krefeld) kam 1600 an das Haus Nassau-Oranien (M. wurde zur niederländ. Festung ausgebaut; 1763 geschleift), 1702 an Preußen (mit Moers).

Moers [ˈmøːrs], Walter, Comiczeichner, *Mönchengladbach 24. 5. 1957; veröffentlichte 1985 sein erstes Buch »AHA«; danach »Professor Schimauski« (1985 ff.); seine Käpt'n-Blaubär-Geschichten (1988 ff.) werden seit 1990 in der »Sendung mit der Maus« gesendet; als skurriler Fantasy-Roman erschien 1999 »Die 13 $^1/_2$ Leben des Käpt'n Blaubär«; als Trickfilm verfilmt wurde »Kleines Arschloch« (1997; gedr. 1990); 1999 kam »Käpt'n Blaubär – Der Film« in die Kinos.

Mofa *das,* Abk. für **Mo**tor**fa**hrrad, Fahrrad mit Hilfsmotor, ein ↗Kraftrad.

Mofette [frz.] *die, Geologie:* kühle (<100 °C), postvulkan. Kohlendioxidaustrittsstelle; z. B. die Hundsgrotte bei Neapel, M. im Gebiet des Laacher Sees.

Moffo, Anna, amerikan. Sängerin (Sopran) italien. Herkunft, *Wayne (Pa.) 27. 6. 1930; sang an den bed. Opernbühnen der Welt und wirkte bei Festspielen (Salzburg) sowie in Fernsehshows, Musik- und Spielfilmen mit.

Mofolo, Thomas, lesoth. Schriftsteller, *Khojane 22. 12. 1876, †Teyateyaneng 8. 9. 1948; verfasste mit »Chaka, der Zulu« (1925) den ersten histor. Roman der modernen afrikan. Literatur.

Mogadischu (Muqdisho, italien. Mogadiscio), Hptst. und Wirtschaftszentrum von Somalia, an der Küste des Ind. Ozeans, 1,212 Mio. Ew.; Univ., Hochschule für islam. Kultur und islam. Recht; Nahrungsmittel-, Textil-, Lederind., Fischfang; wichtigster Hafen des Landes, internat. Flughafen.

Mogao (Grotten von Mogao), buddhist. Höhlentempel in China (UNESCO-Weltkulturerbe), ↗Dunhuang.

Mögel-Dellinger-Effekt [nach dem Ingenieur Ernst Hans Mögel, *1900, und dem amerikan. Physiker John Howard Dellinger, *1886, †1962], ↗Ionosphäre.

Mogelpackung, Bez. für eine Warenverpackung, die aufgrund ihrer äußeren Gestaltung eine Füllmenge vortäuscht, die nicht der Realität entspricht und somit gegen §7 Abs. 2 Eichgesetz verstößt.

Mogiljow (weißruss. Mahiljoŭ), Hptst. des Gebiets M. in Weißrussland, am Dnjepr, 368 900 Ew.; Hochschulen; Landmaschinen-, Lkw-Bau, Chemiefaserind.; Hafen.

Möglichkeit, *Philosophie:* eine der ↗Modalitäten neben »Wirklichkeit« und »Notwendigkeit«; 1) logisch möglich ist das, was widerspruchsfrei gedacht werden kann, 2) ontologisch möglich ist das, was sich unter bestimmten Voraussetzungen realisiert (das sachhaft Mögliche).

Möglichkeitsform, *Sprachwiss.:* der ↗Konjunktiv.

Mogollonkultur [məgiˈjəʊn-; nach dem Ort Mogollon, 270 km südwestlich von Albuquerque], prähistor. Indianerkultur im gebirgigen westl. New Mexico und östl. Arizona (USA) sowie im nördl. Mexiko (Chihuahua, NO-Sonora), hervorgegangen zw. 300 und 200 v. Chr. aus der ↗Cochisekultur und in ihrer Entstehung stark von mesoamerikan. Kulturen (Keramik, Bodenbau) beeinflusst; geriet ab 800 n. Chr. unter den Einfluss der ↗Anasazikultur und erlosch seit etwa 1200 n. Chr.

Mogul [pers. mughul, eigtl. »der Mongole«], muslim. Dynastie in Indien (1526–1858), die mongolisch-türk. Abstammung war. Die Herrscher über das M.-Reich (↗Indien, Geschichte) wurden auch als Groß-M. bezeichnet.

Mogulmalerei, Wand- und Miniaturmalerei unter der islam. Moguldynastie in Indien; sie begann unter Akbar, nachdem bereits sein Vater Humajun (*1508, †1556) zwei Miniaturmaler aus Persien nach

Indien brachte, die Hauptmeister und Lehrer des kaiserl. Ateliers wurden. Hauptgegenstand der M. wurden die Chroniken der einzelnen Mogulkaiser. Besondere Bedeutung hatte die M. für die ↗ Rajputmalerei.

Mohács [ˈmohatʃ], Stadt im südl. Ungarn, an der Donau, 20 000 Ew.; Maschinenbau, Baustoff-, Holz- und Seidenind.; Hafen. – Bei M. besiegte am 29. 8. 1526 Sultan Suleiman II. König Ludwig II. von Ungarn und Böhmen (seit 1976 Gedenkstätte). – Am 12. 8. 1687 erlitten die Türken bei M. eine Niederlage durch die Kaiserlichen unter Karl V., Leopold von Lothringen und Ludwig Wilhelm I. (»Türkenlouis«) von Baden.

Mohammadia (früher Perrégaux), Stadt in NW-Algerien, 60 000 Ew.; Zentrum eines bewässerten Anbaugebietes für Frühgemüse, Wein, Zitrusfrüchte, Baumwolle; versch. Ind.; Straßen- und Eisenbahnknotenpunkt.

Mohammed [arab. »der Gepriesene«] (Muhammad), eigtl. Abul Kasim Muhammad Ibn Abd Allah, Stifter des ↗ Islam, * Mekka um 570, † Medina 8. 6. 632; Angehöriger der Haschimiten, der führenden Sippe des in Mekka herrschenden Stammes der Koraisch; heiratete um 595 ↗ Chadidja, die ihm u. a. ↗ Fatima gebar; durch diese Heirat stieg er in die Oberschicht Mekkas auf; auf seinen Handelsreisen als Kaufmann kam er mit den Lehren der jüd. und christl. Religion in Berührung; ein Visionserlebnis nahm er als seine persönl. Berufung zum Gesandten Gottes (»Rasul Allah«) an (Sure 96, 1–5) und predigte seither die ihm zuteil gewordenen Offenbarungen Gottes, die im ↗ Koran zusammengefasst worden sind. M. verstand sich als der zu den Arabern gesandte letzte der Propheten, das »Siegel der Propheten«, mit dem (nach Moses, den alttestamentl. Propheten und Jesus) die Offenbarung des wahren Glaubens (der Religion Abrahams) abgeschlossen sei. Nach dem Tod Chadidjas (619) und Auseinandersetzungen um seine die Religion und Struktur der altarab. Stammesgesellschaft infrage stellende Predigt wanderte er 622 mit seinen v. a. den sozialen Unterschichten entstammenden Anhängern nach Medina aus (↗ Hidjra); dort wuchs seine Anhängerschaft rasch; von Medina aus vollzog sich unter seiner Führung (u. a. nach militär. Auseinandersetzungen mit Mekka) die religiöse und polit. Einigung der arab. Stämme unter dem Islam; 630 konnte er Mekka besetzen und das altarab. Heiligtum ↗ Kaaba als Mittelpunkt seiner Religion und als Ziel des ↗ Hadjdj in Besitz nehmen. Der Sterbeort M. ist seine Wahlheimat Medina, wo er als Herr über weite Teile Arabiens und im Bewusstsein, eine neue Religion gestiftet zu haben, 632 starb.

Mohammed (türk. Mehmed), Sultane des Osman. Reiches:

1) **M. II. Fatih** [»der Eroberer«], (1451–81), * Adrianopel (heute Edirne) 30. 3. 1432, † bei Gebze 3. 5. 1481; eroberte 1453 Konstantinopel, 1460/61 die letzten byzantin. Besitzungen in Griechenland sowie Trapezunt, 1459 das Kosovo und 1463 Bosnien; 1475 unterstellte sich die Krim; nahm 1480 Otranto; stand mit italien. Höfen und Handelsrepubliken in Beziehungen.

2) **M. IV.** (1648–87), * Konstantinopel 30. 12. 1641, † Adrianopel (heute Edirne) 17. 12. 1692; errang außen- und innenpolit. Erfolge, erlitt 1683 vor Wien eine entscheidende Niederlage; wurde nach dem Verlust Ungarns von den Janitscharen entthront.

3) **M. V. Reschad** (1909–18), * Konstantinopel 2. 11. 1844, † ebd. 3. 7. 1918; kam durch die Jungtürken an die Macht, kämpfte im Ersten Weltkrieg (ohne führenden Einfluss) an der Seite Deutschlands.

Mohammedaner, veraltete, früher in Europa gebräuchl. Bez. für die Anhänger der Lehre des Propheten Mohammed; Selbstbez.: ↗ Muslime.

Mohammedia (bis 1961 Fédala), Hafenstadt an der Atlantikküste Marokkos, 175 000 Ew.; Erdölraffinerie, Metall-, Textil-, chem. u. a. Ind., Fischverarbeitung; Seebad, Flugplatz.

Mohammed Resa Pahlewi [-paxlɛˈvi], Schah von Iran (1941–79), * Teheran 26. 10. 1919, † Kairo 27. 7. 1980; bestieg nach der Abdankung seines Vaters Resa Schah 1941 den Thron; geriet 1953 in einen Verf.konflikt mit MinPräs. M. Mossadegh, der noch im selben Jahr gestürzt wurde. M. R. P. regierte im Rahmen seines autoritären Reg.systems (gestützt v. a. auf die Geheimpolizei und die Armee) versch. innenpolit. Reformen durch (so genannte »Weiße Revolution«, u. a. eine Agrarreform) und intensivierte mithilfe der Öleinnahmen die Industrialisierung; ab 1959 ∞ in 3. Ehe mit Farah Diba; 1967 Krönung zum Kaiser; ging unter dem wachsenden Druck der fundamentalistisch-islam. Opposition im Jan. 1979 außer Landes. Nach Ausrufung der »Islam. Rep.« (April 1979) verurteilte ihn ein Revolutionsgericht in Abwesenheit zum Tode; lebte zuletzt im Exil in Ägypten.

Mohammed Resa Pahlewi

Mohammed Siad Barre, somal. Offizier und Politiker, * Distrikt Lugh 1919, † Lagos 2. 1. 1995; führte 1969 den Putsch gegen die demokratisch gewählte Reg. und war bis zum Umsturz 1991 Staatspräsident.

Mohammed V. ben Youssef [- juˑ], Sultan (1927–57), König (1957–61) von Marokko, * Fès 10. 8. 1909, † Rabat 26. 2. 1961; erhob 1947 erstmals Anspruch auf die Unabhängigkeit seines Landes, wurde 1953 von der frz. Regierung abgesetzt und verbannt. 1955 konnte er nach Marokko zurückkehren und sein Land zur Unabhängigkeit (2. 3. 1956) von Frankreich und Spanien führen.

Mohammed VI., König von Marokko, * Rabat 21. 8. 1963; absolvierte nach jurist. Studien polit. Praktika bei der Europ. Kommission in Brüssel sowie bei den Vereinten Nationen; bestieg unmittelbar nach dem Tod seines Vaters Hasan II. im Juli 1999 den Thron.

Mohär [engl., von arab., eigtl. »Stoff aus Ziegenhaar«] der (Mohair), Bez. für die von Angoraziegen (M.-Ziegen) gewonnene, aus 12–30 cm langen, stark glänzenden, feinen, wenig filzenden Haaren bestehende Wolle.

Mohavewüste [məʊˈhaːviˑ], die ↗ Mojavewüste.

Mohawk [ˈməʊhɔːk], nordamerikan. Indianerstamm, ↗ Irokesen.

Mohawk River [ˈməʊhɔːk ˈrɪvə] der, rechter Nebenfluss des Hudson River im Bundesstaat New York, USA, 238 km lang.

Mohenjo-Daro [moˈhɛnʤo-], Ruinenstätte in Pakistan, die größte bekannte Siedlung der Induskultur (↗ Harappakultur) des 3. Jt. v. Chr. Die Ausgrabungen seit 1922 legten Reste von Häusern, Bädern, Brunnen und Abwasseranlagen frei (UNESCO-Weltkulturerbe).

Mohikaner (engl. Mohegan), nordamerikan. Indianerstamm der Algonkin-Sprachfamilie in oder nahe ihrer Reservation in Connecticut, USA, etwa 600 Angehörige. Der größere Teil der früher am Hudson lebenden, sprachlich verwandten **Mahican** lebt heute in einer Reservation in Wisconsin (etwa 1 800 Stackbridge-Mahican). Die M. wurden durch J. F. Cooper bekannt.

Mohl, Robert von (seit 1837), Staatsrechtslehrer und Politiker, * Stuttgart 17. 8. 1799, † Berlin 4. 11. 1875; war u. a. Prof. in Heidelberg, 1848/49 Mitgl. der

Frankfurter Nationalversammlung, 1874/75 des Reichstags; entwickelte eine Konzeption des Rechtsstaats; erste wiss. Bearbeitung des modernen Staatsrechts.

Möhler, Johann Adam, kath. Theologe, * Igersheim (bei Bad Mergentheim) 6. 5. 1796, † München 12. 4. 1838; seit 1826 Prof. in Tübingen, seit 1835 in München; Wegbereiter der kath. Konfessionskunde; begriff, von der Romantik beeinflusst, das Christentum als das in der Gesch. (der Kirchen) fortlebende, sich ständig erneuernde Christusgeschehen. – In der Tradition M.s arbeitet heute das 1957 gegründete kath. **Johann-Adam-Möhler-Institut für Ökumenik** in Paderborn.

Mohn (Papaver), Gattung der M.-Gewächse mit rd. 100 Arten in den gemäßigten Gebieten der N-Halbkugel; einjährige, Milchsaft führende Kräuter und Stauden mit kugeligen, eiförmigen oder längl. Kapselfrüchten; z.T. Nutz- und Zierpflanzen. Bekannte Arten: **Klatsch-M. (Feuer-M., Feld-M.,** Papaver rhoeas), bis 90 cm hoch, mit scharlachroten Blüten; auf Äckern und Ödland. **Island-M.** (Papaver nudicaule), 30–40 cm hoch, Blüte gelb; in der arkt. und subarkt. Region; wird als Schnittblume in verschiedenfarbigen Sorten kultiviert. **Schlaf-M.** (Papaver somniferum), 0,4–1,5 m hoch, mit violetten bis weißen Blüten, die am Grund dunkle Flecken haben; im östl. Mittelmeergebiet, seit langem in Vorderasien und Indien angebaut. Aus dem Milchsaft der unreifen Fruchtkapseln wird Opium gewonnen. Das durch kaltes Pressen der weißen, blauen oder schwarzen Samen gewonnene M.-Öl wird als Speiseöl sowie industriell genutzt. Blaue (opiumfreie) Samen werden auch in der Bäckerei verwendet.

Reinhard Mohn

Mohn, Reinhard, Verleger, * Gütersloh 29. 6. 1921; übernahm 1947 das väterl. Unternehmen (↗ Bertelsmann AG); unter seiner Leitung wurde der Verlag zu einem der weltgrößten Medienkonzerne, u.a. durch ein zweistufiges Vertriebssystem unter Einbeziehung des Buchhandels und unkonventionelle Werbemethoden. M. führte 1969/70 die Gewinnbeteiligung ein. 1947–81 Vorstandsvors. und bis 1991 Vors. des Aufsichtsrates der Bertelsmann AG; 1991–98 Vors. der Bertelsmann Stiftung.

Möhne die, rechter Nebenfluss der Ruhr, 57 km lang, entspringt bei Brilon, mündet bei Neheim-Hüsten (heute zu Arnsberg). Die **M.-Talsperre** fasst 134,5 Mio. m³ Wasser, der Stausee ist rd. 10,4 km² groß.

Moholy [ˈmohoj], Lucia, brit. Fotografin tschech. Herkunft, * Prag 18. 1. 1894, † Zürich 17. 5. 1989; trat mit Porträt- und Architekturaufnahmen sowie Fotografien von Designobjekten hervor. 1921–34 war sie mit L. M.-Nagy verheiratet, an dessen Fotoexperimenten, kunstpädagog. und kunsttheoret. Schriften sie wesentl. Anteil hatte. 1933 emigrierte sie nach London.

Lucia Moholy: Porträt von Anni Albers, der Ehefrau des Malers Josef Albers

Moholy-Nagy [ˈmohojˈnɔdj], László, ungar. Maler, Grafiker, Bildhauer, Kunsttheoretiker und Kunstpädagoge, Filmemacher, * Bácsborsód (bei Baja, Bez. Bács-Kiskun) 20. 7. 1895, † Chicago (Ill.) 24. 11. 1946; emigrierte über Amsterdam (1934) und London (1935) 1937 nach Chicago und übernahm hier die Leitung des New Bauhaus (später Institute of Design, heute Teil des Illinois Institute of Technology). M.-N. wandte sich dem Konstruktivismus zu, war Vorreiter der Objektkunst und der kinet. Kunst; er verwendete v.a. Plexiglas und Metall, teilweise unter Einbeziehung von Licht und Bewegung (»Licht-Raum-Modulator«, 1922–30). Seit 1922 arbeitete er auch mit den Medien Fotografie und Film.

Mohorovičić-Diskontinuität [mɔhɔˈrɔviːtʃitɕ-; nach dem kroat. Geophysiker A. Mohorovičić, * 1857, † 1936] (Mohorovičić-Fläche), Abk. **Moho,** Grenzfläche oder Übergangszone zw. Erdkruste und Erdmantel in durchschnittlich 25–40 km, unter Kontinenten bis 60 km, unter Ozeanen in 5 bis 7 km Tiefe.

Möhre (Daucus), weiß blühende Gattung zweijähriger Doldengewächse mit zwei- bis dreifach gefiederten Blättern und nestförmigen Fruchtdolden. Auf Wiesen und an Wegrändern verbreitet ist die **Wilde M.** (Daucus carota); die aus asiat. Wild-M. entstandene Kulturform mit fleischiger, rötl. Pfahlwurzel, **Mohrrübe (Garten-M., Gelbe Rübe,** Daucus sativus), ist ein wertvolles Nahrungsmittel mit hohem Vitamingehalt (Vitamine B, C und Carotin). Sorten mit kurzer rundl. Pfahlwurzel heißen **Karotten.**

Möhrenfliege (Psila rosea), 4–5 mm lange, schwarze, braunköpfige Nacktfliege, deren Maden (Eisenmaden) rostfarbene Gänge in die Wurzeln von Möhre u. a. Doldenblütlern fressen (»Eisenmadigkeit«).

Mohrrübe, ↗ Möhre.

mohrsche Waage [nach dem Pharmazeuten Carl Friedrich Mohr, * 1806, † 1879], Gerät zur Dichtebestimmung von Flüssigkeiten mithilfe des Auftriebs, den die zu untersuchende Flüssigkeit einem eingetauchten Körper verleiht.

Mohrungen, Stadt in Polen, ↗ Morąg.

mohssche Härteskala [nach dem Mineralogen Friedrich Mohs, * 1773, † 1839], Härteskala für Minerale, ↗ Härte.

Möhwald, Otto, Maler und Grafiker, * Krausebauden 19. 1. 1933; lebt in Halle (Saale). Seine Stadtlandschaften und Figurenbilder charakterisiert eine verhaltene, strenge, mitunter fast monochrome Malweise, die ihre Spannung durch eine konzentrierte Komposition von Mensch und Raum erhält.

Daniel arap Moi

Moi, Daniel arap, Politiker in Kenia, * Sacho (Distr. Baringo) 1924; Lehrer, mehrfach Min. (u.a. Inneres, 1964–78) und 1967–78 Vizepräs. von Kenia, setzte als Staatspräs. (1978–2002) und Vors. der Afrikan. Nationalunion von Kenia (seit 1978) 1982 das Prinzip der Einparteienherrschaft durch. Trotz Aufhebung dieses Prinzips 1991 verfolgte er als Staatspräs. weiterhin gegenüber oppositionellen Kräften einen repressiven Kurs.

Mo i Rana [mu-], Industriesiedlung in N-Norwegen, am inneren Ende des rd. 70 km langen Ranafjords; Stahlwerk, Kokerei, Düngemittelfabrik; Hafen; zentraler Ort der Gem. Rana (25 100 Ew.).

Moiré [moaˈre; frz. zu engl. mohair, nach dem Glanz der Mohärwolle] das, **1)** allg.: bei der Überlagerung zweier Gitter oder Raster äquidistanter undurchsichtiger Linien auf transparentem Untergrund entstehende Erscheinung. M.-Effekte werden zur Analyse von Form- und Maßabweichungen größerer

Oberflächengebiete ausgenutzt, z. B. mithilfe interferometr. (holograph.) Verfahren.

2) *Drucktechnik:* störendes regelmäßiges Muster, das durch Überlagerung mehrerer Raster bei ungünstiger ↗ Rasterwinkelung entsteht.

3) *Fernsehtechnik:* als Gitter- oder Streifenmuster auftretende, v. a. durch Funkwellen verursachte Bildstörung.

4) *Textiltechnik:* leicht gerippte Gewebe mit Wasserwellenmusterung; echte M. werden durch Prägen, unechte M. im Webprozess erzielt.

Moiren, *grch. Mythos:* die Schicksalsgöttinnen, Töchter des Zeus. Hesiod nennt drei M.: **Klotho,** die den Lebensfaden spinnt, **Lachesis,** die ihn zuteilt, und **Atropos,** die ihn abschneidet. Von den Römern wurden die M. den Parzen gleichgestellt.

Moissac: Kreuzgang der ehemaligen Benediktinerabtei Saint Pierre (um 1100)

Moissac [mwa'sak], Stadt im frz. Dép. Tarn-et-Garonne, am Tarn, 12 200 Ew. – Ehem. Benediktinerabteikirche Saint-Pierre (geweiht 1180) mit Hauptwerken der südfrz. roman. Bauplastik am S-Portal und im Kreuzgang (um 1100).

Moissan [mwa'sã], Ferdinand Frédéric Henri, frz. Chemiker, *Paris 28. 9. 1852, †ebd. 20. 2. 1907; arbeitete v. a. über Fluorverbindungen und stellte erstmals reines Fluor dar; M. entwickelte einen Elektroofen, in dem einige Elemente mit hoher Reinheit gewonnen werden konnten; ferner arbeitete er u. a. über Diamantsynthesen, Carbide, Boride und Silicide. 1906 erhielt er den Nobelpreis für Chemie.

Moissi, Alexander, österr. Schauspieler italien. Herkunft, *Triest 2. 4. 1880, †Wien 22. 3. 1935; kam über Wien, Prag nach Berlin an M. Reinhardts Dt. Theater (1906–33); galt neben J. Kainz als Prototyp des impressionist. Schauspielers.

Moivre [mwa:vr], Abraham de, frz. Mathematiker, *Vitry-le-François (Dép. Marne) 26. 5. 1667, †London 27. 11. 1754; Hauslehrer, später u. a. Mitgl. der Royal Society; befasste sich mit Wahrscheinlichkeitsrechnung und untersuchte die Winkelfunktionen mit imaginärem Argument. Der **moivresche Satz** in der Formulierung $(\cos\varphi + i\sin\varphi)^n = \cos n\varphi + i\sin n\varphi$ stammt von L. Euler (n rationale Zahl, $i^2 = -1$).

Mojavewüste [məʊ'hɑ:vɪ-] (Mohavewüste), Trockengebiet mit Wüstensteppenvegetation in SO-Kalifornien, USA, mit der tiefsten Depression Nordamerikas im Death Valley (86 m u. M.); etwa 40 000 km²; Salzabbau.

Mokassin [indian.-engl.] *der,* urspr. ein aus einem Stück angefertigter absatzloser Wildlederschuh der nordamerikan. Indianer; heute nach diesem Schnitt gefertigter Straßen- oder Hausschuh.

Mokick *das,* veraltete Bez. für ein Kleinkraftrad, ↗ Kraftrad.

Mokka (Mocha), Hafenort in Jemen, am Roten Meer, bis zum Aufschwung von Hodeida und Aden im 19. Jh. der wichtigste Seeumschlagplatz S-Arabiens und Ausfuhrhafen für jemenit. Kaffee, heute mit rd. 6 000 Ew. ohne wirtsch. Bedeutung.

Mokkastein, Mineral, ein ↗ Chalcedon.

Mokp'o, Hafenstadt in Süd-Korea, 247 500 Ew.; Fischfang und -verarbeitung, chem., keram. Ind., Maschinenbau.

Mol [gebildet aus Molekulargewicht] *das,* Einheitenzeichen **mol,** SI-Basiseinheit der ↗ Stoffmenge; definiert als die Stoffmenge eines Systems, das aus ebenso vielen Einzelteilchen besteht, wie Atome in 12 g des Kohlenstoffnuklids ^{12}C enthalten sind; die Teilchenzahl gibt die ↗ Avogadro-Konstante an. Bei Verwendung der Bez. M. müssen die Einzelteilchen des Systems spezifiziert sein; sie können Atome, Moleküle, Elektronen sowie andere Teilchen oder Gruppen solcher Teilchen in genau angegebener Zusammensetzung sein. – Früher wurde das M. auch als die Menge eines chemisch einheitl. Stoffs definiert, die seiner relativen Atommasse bzw. seiner relativen Molekülmasse in Gramm entspricht (**Grammatom** bzw. **Grammmolekül**).

Mol, Gem. in der Prov. Antwerpen, Belgien, 31 300 Ew.; Großkraftwerk, Glas-, chem., feinmechan. Ind.; Kernforschungszentrum.

Molalität *die,* Formelzeichen *b,* SI-Einheit ist Mol je Kilogramm (mol/kg); Angabe einer Stoffmengenkonzentration (↗ Konzentration). Die M. einer Lösung ist der Quotient aus der Stoffmenge *n* des gelösten Stoffes und der Masse *m* des Lösungsmittels.

molare Masse (Molmasse), Formelzeichen *M,* SI-Einheit ist kg/mol; der Quotient aus der Masse *m* und der Stoffmenge *n* eines Stoffes. Wird sie in g/mol angegeben, hat sie denselben Zahlenwert wie die relative Atom- bzw. Molekülmasse.

Molaren [lat.], die Backenzähne, ↗ Zähne.

molares Volumen (Molvolumen), Formelzeichen V_m, der Quotient aus dem Volumen *V,* das eine Stoffmenge *n* einnimmt, und der Stoffmenge. Im ↗ Normzustand beträgt das m. V. aller hinreichend idealen Gase 22,414 l/mol.

molare Wärmekapazität (früher Molwärme), Formelzeichen C_m, SI-Einheit ist J/(K · mol), bei Elementen auch Atomwärme; die auf die Stoffmenge bezogene ↗ Wärmekapazität.

Molarität *die,* † Stoffmengenkonzentration.

Molasse [schweizer.] *die, Geologie:* Sedimente in Außen- und Innensenken aufsteigender Faltengebirge, Konglomerate, Sandsteine und Mergel; i. e. S. jungtertiäre, bis mehrere 1 000 m mächtige Ablagerungsserie im nördl. Alpenvorland, teils Meeres-, teils Süßwasserbildungen mit Kohlen-, Erdgas- und Erdöllagern.

Molch, Gruppe der Schwanzlurche, ↗ Molche und Salamander.

Molche und Salamander (Salamandridae), Familie der Schwanzlurche v. a. in Europa und Asien. Es werden die zumindest zur Paarungszeit im Wasser lebenden **Molche** mit seitlich abgeflachtem Schwanz und die ganzjährig an Land lebenden **Salamander** mit rundem Schwanzquerschnitt unterschieden.

Henri Moissan

Alexander Moissi

Molche und Salamander: Teichmolch (Männchen im Hochzeitskleid)

In Mitteleuropa leben der leuchtend schwarz und gelb gemusterte **Feuersalamander** (Salamandra salamandra) in einer gefleckten und in einer gestreiften Unterart sowie der einheitlich schwarze **Alpensalamander** (Salamandra atra). Das Männchen des bis 18 cm langen **Kammmolchs** (Triturus cristatus) trägt während der Fortpflanzungszeit einen hohen, gezackten Hautkamm längs der Rückenmitte, in schwächerer Ausbildung auch das Männchen des **Teichmolchs** (Triturus vulgaris) kennzeichnet. Der rotbäuchige **Alpen-** oder **Bergmolch** (Triturus alpestris) und der im männl. Geschlecht mit einem endständigen Schwanzfaden ausgestattete **Fadenmolch** (Triturus helveticus) tragen anstelle eines Kammes eine erhöhte Längsleiste auf dem Rücken.

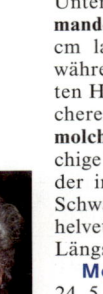

Samy Molcho

Molcho, Samy, israel. Pantomime, *Tel Aviv 24. 5. 1936; urspr. Tänzer, seit 1957 Soloprogramme; seit den 1970er-Jahren verstärkt Lehrtätigkeit; eröffnete 1977 in Wien die erste Pantomimenschule im dt.sprachigen Raum; veröffentlichte auch Bücher (»Körpersprache«, 1983; »Partnerschaft und Körpersprache«, 1990).

Moldau, 1) (rumänisch Moldova), histor. Landschaft in Rumänien, zw. O-Karpaten und Pruth, umfasst die Sandsteinzone der Karpaten im W, das Hügelland der Vorkarpaten bis etwa zum Sereth, das z. T. mit Löss überlagerte Tafelland im O und einen kleinen Teil der Donauebene im S. Das Klima ist kontinental. Anbau von Getreide, Sonnenblumen, Zuckerrüben, Kartoffeln; Nahrungsmittel- u. a. Ind.; Vorkommen von Erdöl, Salz, Braunkohle. Größte Stadt ist Iași. – Das um 1352/53 zunächst als ungar. Lehen gegründete, seit 1359 unabhängige Fürstentum M. (Blüte unter Stephan III., d. Gr. [1457–1504]) umfasste auch die Bukowina (1359–1775) und Bessarabien (1359–1812). Seit 1504 unter türk. Oberhoheit, zunächst von einheim. Woiwoden, seit 1711 von grch. Phanarioten (als Hospodare) regiert; erhielt durch die Konvention von Akkerman (1826) und den Frieden von Adrianopel (1829) weitgehende Autonomie. Unter Alexandru Ion I. Cuza (seit 1859) wurden die Fürstentümer M. und Walachei (Donaufürstentümer) zum Fürstentum Rumänien vereinigt.

2) die (tschech. Vltava), linker Nebenfluss der Elbe, Hauptfluss Böhmens, Tschech. Rep., 440 km, entspringt mit zwei Quellflüssen im Böhmerwald und mündet bei Melnik; am Oberlauf mehrere Staudämme mit Kraftwerken.

Moldauklöster: Kirche des Klosters Moldovița (1532 ff.)

moldauische Sprache (moldawische Sprache), Bez. für das v. a. in Moldawien von etwa 3,34 Mio. Menschen gesprochene Rumänisch. Die moldauische Schriftsprache ist mit der rumän. identisch, bediente sich jedoch 1940 bis 1989 der kyrill. Schrift (seitdem des lat. Alphabets); die Umgangssprache deckt sich weitgehend mit dem in der rumän. Moldau gesprochenen Dialekt.

Moldauklöster, Bez. für die im 15. und 16. Jh. in der nördl. Moldau (Rumänien) erbauten Klöster (UNESCO-Weltkulturerbe), v. a. Humor, Voroneț, Arbore, Sucevița und Moldovița. In den Kirchenbauten, gestreckten Dreikonchenanlagen mit Satteldächern (meist inmitten von Befestigungsanlagen), sind byzantin. Einflüsse mit abendländ. Gotik verschmolzen. Das Ungewöhnliche der M. sind die mit Wandmalereien bedeckten Außenmauern der Kirchen.

Moldawi|en (amtl. moldauisch Moldova, Republica Moldova, russ. Moldawija, dt. Republik Moldawien, dt. Kurzform auch Moldau), Staat im SO Europas, grenzt im N, O und S an die Ukraine und im W an Rumänien. Den Bewohnern der Dnjestr-Region (Transnistrien) wurde 1992 der Status einer nat. Minderheit gewährt. Im SW des Landes besteht das autonome Gebiet Gagausien.

■ **Staat und Recht**

Nach der am 28. 8. 1994 in Kraft getretenen Verf. (2000 revidiert) ist M. eine parlamentar. Rep. Staatsoberhaupt und Oberbefehlshaber der Streitkräfte ist der auf 4 Jahre vom Parlament gewählte Präs. Die Legislative liegt beim Einkammerparlament (101 Abg., für 4 Jahre gewählt), die Exekutive bei der Reg. unter Vorsitz des MinPräs. Einflussreichste Parteien: Kommunist. Partei M.s (PCRM), Allianz »Braghis«, Christlich-Demokrat. Volkspartei (PPCD).

■ **Landesnatur**

M. entspricht dem größten Teil der histor. Landschaft Bessarabien. Es umfasst das wellige, nach S geneigte und von Flüssen und Schluchten zertalte Hügelland zw. den beiden Hauptströmen Pruth im W und Dnjestr im O sowie einen schmalen Landstreifen links des Dnjestr, der das Gebiet Transnistrien bildet. In der Mitte erheben sich im Bereich der Zentralmoldaw. Platte die überwiegend von Eichenwäldern bedeckten Höhen der Kodry (bis 429 m ü. M.), im N liegen die Nordmoldaw. Platte mit der Steppe von Bălți, im S die Südmoldaw. Ebene und die Ebene Bessarabiens mit der Budschaksteppe. – Das Klima ist gemäßigt kontinental mit kurzen, schneearmen Wintern und langen, warmen und trockenen Sommern. Die Jahresniederschläge liegen zw. 400 mm im S und 560 mm im Norden.

■ **Bevölkerung**

Sie setzt sich zu knapp zwei Dritteln aus Rumänen, hier Moldawier gen., 14% Ukrainern, 13% Russen, 4% Gagausen, 2% Bulgaren und Angehörigen anderer Nationalitäten zusammen. Zw. den Moldawiern einerseits und Russen, Ukrainern und Gagausen andererseits bestehen ethn. Spannungen. Die Ukrainer wohnen bes. im O und S, die Russen östlich des Dnjestr und in Chișinău und die Gagausen in Gagausien im S. Am stärksten sind die zentralen Bezirke, der N und die Dnjestrplatte, am schwächsten ist die Budschaksteppe im S bevölkert. – Die staatl. Religionsstatistik weist rd. 90% der Bev. als orth. Christen aus. Die rd. 20000 kath. Christen sind überwiegend poln. Nationalität. Die ebenfalls sehr kleine muslim. Minderheit wird v. a. durch die in der Sowjetzeit in M.

Moldawien

Fläche:	33 700 km²
Einwohner:	(2000) 4,264 Mio.
Hauptstadt:	Chișinău
Verwaltungsgliederung:	neun Landkreise, ein Munizipium und zwei Territorien (Transnistrien und Gagausien)
Amtssprache:	Moldauisch (Rumänisch)
Nationalfeiertag:	27. 8.
Währung:	1 Moldau-Leu (MDL) = 100 Bani
Zeitzone:	OEZ

angesiedelten Tataren repräsentiert. – Es besteht eine neunjährige allg. Schulpflicht ab dem 6. Lebensjahr. Gagausien hat auf der Grundlage des Autonomiestatuts von 1994 ein eigenes Schulsystem mit Gagausisch als Unterrichtssprache eingeführt.

Wirtschaft, Verkehr

Nach der polit. Unabhängigkeit begann die Umwandlung der von Moskau zentral gelenkten sozialist. Planwirtschaft zur privatwirtsch. orientierten Marktwirtschaft nur langsam. Die verzögerten marktwirtsch. Strukturformen führen ab 1998 zu einer schweren Wirtschafts- und Finanzkrise. Die durch Böden und Klima begünstigte Landwirtschaft ist Hauptwirtschaftszweig, in dem genossenschaftlich bewirtschaftete Betriebe bestimmend sind. Dagegen ist der Viehbestand großenteils wieder in Privatbesitz. Die große Abhängigkeit von Rohstoffzulieferungen aus Russland (M. ist arm an Bodenschätzen) und die Abspaltung von Transnistrien, wo sich etwa 40% der Ind.kapazitäten befinden, wirken sich hemmend auf die weitere ökonom. Entwicklung M.s aus. Der Pflanzenbau ist vielfach nur bei Bewässerung ertragreich. Größte Bedeutung haben der Wein- und Obstbau, aber auch der Anbau von Winterweizen, Sonnenblumen, Tabak, Zuckerrüben und Gemüse sowie die Viehzucht (Rinder, Schweine, Schafe; Geflügelhaltung) sind von großer Bedeutung. Vorherrschender Ind.zweig ist die Nahrungsmittelind. (Weine, Spirituosen, Obst-, Gemüse-, Fleischkonserven, Pflanzenöl), daneben sind Textil-, Bekleidungs- und Lederind. bedeutsam. Die Ind.betriebe sind v. a. in Chișinău, Tiraspol, Tighina und Bălți angesiedelt. – Drei Viertel der Ausfuhrgüter sind wertmäßig Agrarprodukte und Erzeugnisse der Nahrungsmittelind. einschl. Getränke und Zigaretten. Wichtigste Handelspartner sind die Ukraine, Russland, Rumänien, Dtl. und Weißrussland. – Das Verkehrsnetz (etwa 1 330 km Eisenbahnlinien und rd. 13 600 km Straßen, davon 5 000 km mit fester Decke) spielt im Transitverkehr zw. der Ukraine und den Balkanstaaten eine große Rolle. Flussschifffahrt (etwa 1 000 km Binnenwasserstraßen) wird auf Dnjestr und Pruth betrieben; in Chișinău internat. Flughafen.

Geschichte

Das Territorium zw. Pruth, Dnjestr und dem Schwarzen Meer war in der Antike von den Geten und Dakern bewohnt. Vom 2. bis zum 4. Jh. n. Chr. beherrschte das Röm. Reich die südl. Gebiete. Das im 1. Jt. n. Chr. von zahlr. Völkern (Sarmaten, Goten, Hunnen, Awaren, Slawen, Bulgaren, Magyaren, Petschenegen, Kumanen u. a.) durchzogene Gebiet von M. unterstand nach dem Mongoleneinfall (1241) der Goldenen Horde. Das während des 14. Jh. im O der Karpaten gegründete Fürstentum ↗ Moldau umfasste im letzten Jahrzehnt des 14. Jh. das gesamte Territorium bis zum Dnjestr und Schwarzen Meer. Nach der Besetzung der Städte (Festungen) Chilia und Cetatea Albă (1484) machte das Osman. Reich 1538 Tighina (Bender) und den S Bessarabiens zu türk. Rajas; das restl. Gebiet blieb bis 1812 Teil der (unter türk. Oberhoheit stehenden) Moldau. Durch den Frieden von Bukarest (28. 5. 1812), der den Russisch-Türk. Krieg 1806–12 beendete, wurde die östl. Hälfte der Moldau, das Gebiet zw. Pruth und Dnjestr, Russland zugesprochen. Der Name ↗ Bessarabien wurde nun auf das gesamte Territorium ausgedehnt, in dem man im 19. Jh. Russen, Ukrainer, Polen, Deutsche und Juden ansiedelte. 1867 wurde die rumän. Sprache aus den Schulen Bessarabiens verbannt. Nach der russ. Februarrevolution proklamierte Bessarabien im April 1917 seine Autonomie, nahm am 15. 12. 1917 den Namen »Moldauische Demokrat. Rep.« an, die am 24. 1. 1918 ihre Unabhängigkeit ausrief. Am 9. 4. 1918 stimmte der in Chișinău zusammengetretene Landesrat für die Vereinigung mit Rumänien, was Sowjetrussland aber nicht anerkannte. Am 12. 10. 1924 gründete die UdSSR auf dem Territorium der Ukraine, in den Gebieten östlich des Dnjestr, eine Moldauische ASSR (Hptst. seit 1929 Tiraspol). Diese wurde 1940 mit dem von Rumänien unter dem Druck eines stalinschen Ultimatums abgetretenen Bessarabien zur Moldauischen SSR vereinigt. Im Zweiten Weltkrieg war M. 1941–44 von Rumänien besetzt und seinem Staatsgebiet eingegliedert (in dieser Zeit brutale Verfolgung der jüd. Bev., Ermordung oder Deportation eines Großteils). Nach der Rückeroberung durch die Rote Armee (1944) wurde die Moldauische SSR im alten Umfang rekonstituiert, erkannte Rumänien im Pariser Friedensvertrag (Febr. 1947) M. als Teil der UdSSR an. Am 23. 6. 1990 erklärte M. seine Souveränität innerhalb der UdSSR, nachdem bereits im Vorjahr Moldauisch als Staatssprache eingeführt worden war (verbunden mit der Rückkehr zum lat. Alphabet anstelle des 1940 eingeführten kyrillischen); am 27. 8. 1991 proklamierte M. seine Unabhängigkeit. Das Streben der rumänischstämmigen Moldawier nach einer engen Bindung an Rumänien (Plan einer späteren Wiedervereinigung) führte zum Konflikt mit den Gagausen im S des Landes (im Aug. 1990 Ausrufung einer gagaus. Rep.) und mit der russischukrain. Minderheit in dem östlich des Dnjestr liegenden Transnistrien (im Sept. 1990 Proklamation einer Dnjestr-Rep.). Beide Sezessionen erkannte die moldaw. Führung nicht an. Die ersten freien Präsidentschaftswahlen im Dez. 1991, die von den russischukrain. und gagaus. Bev.gruppen boykottiert wurden, bestätigten Staatspräs. M. Snegur im Amt (seit 1990). In der Dnjestr-Region entwickelten sich die 1991 aus-

Staatswappen

internationales Kfz-Kennzeichen

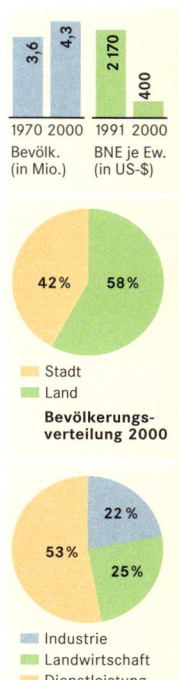

gebrochenen Kämpfe zw. russisch-ukrain. Separatisten (unterstützt von russ. Kosakenverbänden) und moldaw. Polizeieinheiten zu einem Bürgerkrieg. Die russ. 14. Armee unter General A. Lebed griff in die Kämpfe ein und beendete sie (im Juli 1992 Abschluss eines Friedensabkommens, im Mai 1997 Memorandum über eine weit reichende Autonomie, das den Konflikt aber nicht löste). Die Gagausen erhielten im Dez. 1994 einen Autonomiestatus (im März 1995 durch Referendum bestätigt). Der bereits 1991 erklärte Beitritt M.s zur GUS trat erst im April 1994 mit der Ratifizierung des Vertrags durch das Parlament in Kraft. 1995 erklärte sich M. zu einem neutralen Staat und wurde Mitgl. des Europarates.

In einer Volksbefragung sprach sich 1994 eine Mehrheit der Bev. für die Unabhängigkeit M.s, d. h. auch gegen eine Vereinigung mit Rumänien, aus. Bei den Präsidentschaftswahlen 1996 siegte im 2. Wahlgang am 1. 12. P. Lucinschi mit Unterstützung der Linken (Amtsantritt als Staatspräs. im Jan. 1997). Bei den Parlamentswahlen im März 1998 erzielte die erst seit Ende 1994 wieder zugelassene Kommunist. Partei den höchsten Stimmenanteil; die Reg. wurde aber von einer nichtkommunist. Koalition unter MinPräs. I. Ciubuc gebildet, der vor dem Hintergrund einer schweren Finanz- und Wirtschaftskrise 1999 sein Amt an den bisherigen stellv. Reg.chef I. Sturza abgab. Dieser wurde bereits im Nov. 1999 durch ein Misstrauensvotum des Parlaments gestürzt; seine Nachfolge trat im Dez. Dumitru Braghis an. Im Juli 2000 unterzeichnete Präs. Lucinschi ein gegen sein Veto verabschiedetes, verfassungsänderndes Ges. zur künftigen Wahl des Staatspräs. durch das Parlament. Die vorgezogenen Parlamentswahlen im Febr. 2001 gewann erneut die KP (rd. 50,2 % der Stimmen). Deren Vors. Wladimir Woronin wurde im April 2001 vom Parlament zum Staatspräs. gewählt; er setzte sich für enge Beziehungen zu Russland ein (Bereitschaft zu Gesprächen über einen Beitritt zur russisch-weißruss. Union, im Nov. 2001 Unterzeichnung eines neuen moldaw.-russ. Freundschaftsvertrages).

Moldoveanu, höchster Berg Rumäniens, im Fogarascher Gebirge (S-Karpaten), 2 544 m ü. M.

Mole [italien. molo, von lat. moles »Damm«] *die,* vom Ufer in die Wasserfläche ragendes Hafenbauwerk, das gegen Wind, Wellen und Strömung schützt.

Molekül [frz., von lat. moles »Masse«] *das* (Molekel), allg. jede Anordnung von zwei oder mehr Atomen, die durch ihre Wechselwirkung lange genug aneinander gebunden sind, um eine Einheit zu bilden und als solche beobachtet werden zu können. I. e. S. wird, v. a. in der Chemie, als M. der kleinste Teil einer Reinsubstanz bezeichnet, der noch deren chem. Eigenschaften besitzt und durch eine chem. Bindung zusammengehalten wird; solche M. können aus vielen Tausenden von Atomen bestehen (↗ Makromoleküle), mit ↗ Molekülmassen bis zu einigen Hundert Millionen. Zur Charakterisierung eines M. gibt man in der Summenformel die Art und die Zahl der Atome an, die es enthält, z. B. bei Wasser, H_2O, zwei Wasserstoffatome (H) und ein Sauerstoffatom (O). Bei komplizierteren M. ist diese Charakterisierung unzureichend, da z. B. das M. C_2H_6O je nach der Verknüpfung der Atome Äthanol (CH_3CH_2OH) oder Dimethyläther (CH_3OCH_3) sein kann (↗ Isomerie, ↗ Mesomerie). Genauere Angaben über die Struktur von M. erhält man u. a. aus deren experimentell beobachteter Wechselwirkung mit elektromagnet. Strahlung (↗ Spektroskopie). Die Abmessungen von M. lassen sich nicht exakt festlegen, da ihre Elektronenhüllen keine starren Begrenzungen aufweisen und daher versch. experimentelle Methoden unterschiedl. Werte liefern. Nur im Fall genügend hochmolekularer Verbindungen lassen sich M. sichtbar machen (z. B. mit Elektronenmikroskopen).

Molekularbewegung, ↗ brownsche Bewegung.

Molekularbiologie, Teildisziplin der Biologie, die den Aufbau, die Regulation des Wachstums, die Differenzierung und die Wechselwirkung von Zellen untereinander auf molekularer Ebene untersucht. Die M. ist eine interdisziplinäre Fachrichtung, die methodisch und inhaltlich Überschneidungen sowohl mit der Biochemie als auch der Biophysik zeigt.

Molekulargenetik, Forschungsrichtung der ↗ Genetik.

Molekulargewicht, physikalisch ungenaue Bez. für die (relative) ↗ Molekülmasse.

Molekularkräfte, ↗ zwischenmolekulare Kräfte.

Molekularpumpe, ↗ Vakuumpumpe.

Molekularsiebe, Feststoffe mit regelmäßigen Poren- und Hohlraumsystemen, wobei Porenweiten von weniger als 0,7 nm eine Trennung von Molekülen nach ihrer Größe oder Form ermöglichen. M. werden zur Stofftrennung durch ↗ Adsorption und als Katalysatoren verwendet. Techn. Bedeutung haben v. a. die ↗ Zeolithe.

Molekularstrahlen (Molekülstrahlen), Strahlen aus neutralen Molekülen oder Atomen (Atomstrahlen) im Vakuum. Zur Erzeugung von M. lässt man gasförmige Stoffe durch eine 0,1–1 mm große Öffnung in ein Hochvakuum treten, in dem sich die Moleküle mit annähernd paralleler Flugrichtung bewegen. Ihr Abstand untereinander und von den Wänden der Apparatur muss so groß sein, dass Stöße und Wechselwirkungen vernachlässigbar sind. Mit M. lassen sich u. a. die mittlere freie Weglänge und die Geschwindigkeitsverteilung von Gasen sowie die magnet. Momente von Atomen und Molekülen bestimmen (↗ Atomstrahlresonanzmethode).

Molekülmasse (relative Molekülmasse, physikalisch ungaues [relatives] Molekulargewicht), eine Verhältniszahl, die die Masse eines Moleküls im Verhältnis zum 12. Teil derjenigen eines Atoms des Kohlenstoffisotops ^{12}C angibt; sie entspricht der Summe der Atommassen aller im Molekül enthaltenen Atome, z. B. hat Kochsalz (NaCl) eine relative M. von 58,5 = 23 (relative Atommasse von Na) + 35,5 (relative Atommasse von Cl). Der Zahlenwert ist identisch mit dem Zahlenwert für die **absolute M.** gemessen in der ↗ atomaren Masseneinheit, und gleich dem Zahlenwert der ↗ molaren Masse, gemessen in g/mol.

Molenbruch, ältere Bez. für ↗ Stoffmengengehalt.

Molfetta, italien. Hafenstadt in der Prov. Bari, Apulien, 65 700 Ew.; Fischgroßmarkt; Werft, Zement-, Möbel-, Nahrungsmittelind.; Weinkellereien. – Alter Dom (12.–13. Jh.), Neuer Dom (17.–18. Jh.).

Molière [mɔl'jɛːr], eigtl. Jean-Baptiste Poquelin, frz. Dramatiker, Schauspieler und Theaterdirektor, getauft Paris 15. 1. 1622, † ebd. 17. 2. 1673; Sohn eines wohlhabenden Tapezierers, der auch königl. Hofbeamter war; studierte die Rechte in Orléans und erwarb dort die Lizenziatenwürde; gründete 1643 die Schauspielertruppe des »L'illustre Théâtre«, musste nach deren Bankrott 1645 Paris verlassen, reiste mit einer Theatertruppe unter dem Namen »M.« durch die Provinz, schrieb die ersten Stücke im Stil der ↗ Commedia dell'Arte. Nach ersten Erfolgen in Paris 1658 setzte er sich mit »Die lächerl. Preziösen« (1659) endgültig durch. Er genoss die Gunst Ludwigs XIV. und wurde 1661 Direktor des Theaters im Palais Royal; ab 1665 stand seine Truppe als »Troupe du roi« unter königl.

Schutz. M.s Komödien sind ein Höhepunkt dieser Gattung in der europ. Literatur. Die an die spätmittelalterl. Farce und die Commedia dell'Arte anknüpfenden Stücke, u. a. »Sganarelle« (1660), »Der Arzt wider Willen« (1667), »Scapins Streiche« (1671), sind theaterwirksame Situationskomödien mit zahlr. satir. Zeitbezügen. Die Reihe der großen Sitten- und »klass.« fünfaktigen Charakterkomödien begann mit »Die Schule der Frauen« (1663), es folgten »Tartüff« (Uraufführung 1664, gedruckt 1669), mit dem M. den Typ des Heuchlers schuf, »Don Juan« (Uraufführung 1665, gedruckt 1682), »Der Menschenfeind« (1667), »Der Geizige« (Uraufführung 1668, gedruckt 1682) und »George Dandin« (1669). Für den Hof schrieb er – ab 1664 zus. mit dem Komponisten J.-B. Lully – Komödien mit Gesangs- und Tanzeinlagen, mit denen er zum Schöpfer der Gattung der »comédie-ballet«

Molière
als Schauspieler in der Rolle des »Caesar«

wurde, u. a. »Der Bürger als Edelmann« (1670) und sein letztes Werk, »Der eingebildete Kranke« (1673). M.s Witz und Kritik treffen sowohl Missstände der Zeit als auch allg. menschl. Schwächen; der Lächerlichkeit preisgegeben werden alle dem unverbildeten Empfinden, dem gesunden Menschenverstand und den Prinzipien von Vernunft und Natur zuwiderlaufenden Verhaltensweisen.

Molina, 1) Angela, eigtl. A. M. Tejedor, span. Schauspielerin, * Madrid 5. 10. 1953; wurde mit dem Film »Dieses obskure Objekt der Begierde« (1978) über Spanien hinaus bekannt. – *Weitere Filme:* Die Braut war wunderschön (1986); Die Dinge der Liebe (1989); Die Eroberung des Paradieses (1992); Sin querer – Zeit der Flamingos (1996); Live Flesh – Mit Haut und Haar (1997).
2) Luis de, span. kath. Theologe, Jesuit, * Cuenca Sept. 1535, † Madrid 12. 10. 1600. Seine Auffassung von der Vereinbarkeit der göttl. Vorbestimmtheit (／Prädestination) mit der menschl. Willensfreiheit (Molinismus) führte zum Gnadenstreit (1597–1607) zw. den Jesuiten und den die Prädestination betonenden Dominikanern.
3) Mario José, mexikan. Physikochemiker, * Mexiko 13. 3. 1943; untersuchte zus. mit S. F. Rowland die Auswirkung von Fluorchlorkohlenwasserstoffen (FCKW) auf die Ozonschicht; dafür erhielt er 1995 zus. mit Rowland und P. Crutzen den Nobelpreis für Chemie.
4) Tirso de, span. Dichter, ／Tirso de Molina.
Molise, Landschaft und Region in Italien, im südl. Apennin, im Monte Greco 2 283 m ü. M.; 4 438 km², 327 200 Ew.; umfasst die Prov. Campobasso und Isernia, Hptst. ist Campobasso.
Molke (Molken, Käswasser, Milchserum), Nebenerzeugnis der Käserei; eine grünlich gelbe Flüssigkeit, die aus geronnener Milch nach dem Abscheiden des Fettes und des ／Caseins abläuft. **Süß-M. (Lab-M.)** entsteht nach Ausfällung der Milch mit Lab, während **Sauer-M.** bei der natürl. Säuerung der Milch gebildet wird. Außer dem Milchzucker, den Vitaminen und einem erhebl. Teil der Mineralstoffe der Milch enthält M. noch 0,04–0,5 % Fett und 0,2–0,8 % Eiweiß, Sauer-M. zudem noch Milchsäure. Wegen ihres beträchtl. Nährwerts wird M. als diätet. Lebensmittel sowie Viehfutter verwendet.
Molkerei (Meierei), Unternehmen zur Verarbeitung sowie zum Vertrieb von Milch und Milcherzeugnissen (Butter, Käse).
Moll [von lat. mollis »weich«] *das,* im Bereich der tonalen Musik das »weiche« oder »weibl.« Tongeschlecht mit der kleinen Terz (im Unterschied zum männl. ／Dur mit großer Terz). Die **M.-Tonarten** haben als Grundakkord einen aus Grundton, kleiner Terz und reiner Quinte bestehenden **M.-Dreiklang.** Neben der **natürl. M.-Tonleiter** mit Halbtonschritten zw. der 2. und 3. sowie der 5. und 6. Stufe verwendet man im prakt. Gebrauch die **harmon. M.-Tonleiter,** die durch Erhöhung der 7. Stufe den Leitton einführt, und die **melod. M.-Tonleiter,** die in aufsteigender Richtung neben der 7. auch die 6. Stufe chromatisch erhöht.
Moll, 1) Balthasar, österr. Bildhauer, * Innsbruck 4. 1. 1717, † Wien 3. 3. 1785; 1751–59 Prof. an der Wiener Akademie; schuf im Auftrag von Hof und Adel v. a. Grabmäler und Porträtplastiken in der Tradition G. R. Donners, vorwiegend aus Metall (Prunksarkophage der kaiserl. Familie in der Kapuzinergruft in Wien; 1751–72).
2) Oskar, Maler, * Brieg 21. 7. 1875, † Berlin 19. 8. 1947; gehörte in Paris (1907/08) dem Kreis der dt. Maler um H. Matisse an; lehrte in Breslau und Düsseldorf, lebte ab 1936 in Berlin, als »entarteter« Künstler diffamiert. Er malte Landschaften und Stillleben in abstrahierenden Formen und lichten, dekorativen Farben.
Möll *die,* linker Nebenfluss der Drau in Kärnten, Österreich, 65 km lang, entspringt aus der Pasterze, mündet bei Möllbrücke; bei Heiligenblut der **Möllfall** (80 m); Fremdenverkehr, v. a. im oberen Mölltal.
Molla, islam. Ehrentitel, ／Mullah.
Möllemann, Jürgen, Politiker, * Augsburg 15. 7. 1945, † Marl 5.6. 2003 (verunglückt?); Lehrer; 1970–2003 (Austritt) Mitgl. der FDP, 1972–2000 und ab 2002 (fraktionslos) MdB; war 1982–87 Staatsmin. im Auswärtigen Amt, 1987–91 Bundesmin. für Bildung und Wiss., 1991–93 Bundesmin. für Wirtschaft, 1992–93 Vizekanzler; 2001–02 stellv. Bundes-Vors. der FDP (Rücktritt) sowie in NRW Landes- und Fraktionsvors. sowie MdL (Mai 2000 bis Okt. 2002).
Mollendo [mo'jendo], Hafenstadt in S-Peru, 24 200 Ew.; nahebei bed. Eisenerzabbau; 10 km nordwestlich der Naturhafen **Matarani** als wichtiger Warenumschlagsort für S-Peru und Bolivien.
Moller, Georg, Architekt, * Diepholz 21. 1. 1784, † Darmstadt 13. 3. 1852; Vertreter des Spätklassizismus; Schüler von F. Weinbrenner, leitete in Darmstadt (seit 1810 als Hofbaumeister, seit 1844 als Oberbaudirektor) das hessisch-darmstädt. Stadtbauwesen. – Bauten in Darmstadt: Hoftheater (1818–20), Ludwigskirche (1822–38) Kollegienhaus (1825/26), Neue Kanzlei (1825/26), Residenzschloss (1839); Theater in Mainz (1829–33); Erweiterungsentwürfe für das Schloss in Wiesbaden (1835, ausgeführt 1837–41). – Herausgeber der »Denkmäler der dt. Baukunst« (1812–36).
Mölln, Stadt im Kr. Herzogtum Lauenburg, Schlesw.-Holst., am Elbe-Lübeck-Kanal, 18 200 Ew.;

Mario Molina

Moloch

Wjatscheslaw Molotow

Helmuth Graf von Moltke

Helmuth James Graf von Moltke

Luftkurort inmitten einer Seenlandschaft; Till-Eulenspiegel-Museum; Eisengießerei, Textil- u. a. Ind. – An der W-Wand der Nikolaikirche (13. Jh.) befindet sich der Grabstein Till Eulenspiegels, got. Backsteinrathaus (14. Jh.), Fachwerkhäuser.

Mollusken [lat.] (Mollusca), wiss. Name der ↗ Weichtiere.

Molluskizide [lat.], Wirkstoffe zur Bekämpfung von Weichtieren (Mollusken), insbesondere von Schnecken.

Molmasse, *Chemie:* die ↗ molare Masse.

Molnár, Ferenc, ungar. Schriftsteller, * Budapest 12. 1. 1878, † New York 1. 4. 1952; emigrierte 1930 nach W-Europa, 1940 in die USA; schrieb Novellen, Romane (»Die Jungen aus der Paulstraße«, 1907); auch Verf. unterhaltsamer und z. T. sozialkrit. Bühnenstücke (u. a. »Liliom«, 1909).

Moloch [grch., zu hebr. Molek] *der,* nach dem A. T. ein kanaanäischer Gott, dem Kinder durch Feuertod geopfert wurden (2. Kön. 23, 10); auch als Bez. des Opfers selbst gedeutet. Im übertragenen Sinn Bez. für eine Macht, die alles verschlingt.

Moloch [grch.] *der* (Dornteufel, Moloch horridus), eine bis zu 20 cm lange, mit stacheligen Schuppendornen bedeckte, wüstenbewohnende Agame Australiens.

Molosser, in der Antike einer der Hauptstämme in ↗ Epirus. Einer ihrer Könige war ↗ Pyrrhos.

Molotow, Wjatscheslaw Michailowitsch, eigtl. W. M. Skrjabin, sowjet. Politiker, * Nolinsk (Gebiet Kirow) 9. 3. 1890, † Moskau 8. 11. 1986; schloss sich 1906 den Bolschewiki an; gehörte als einer der engsten Mitarbeiter Stalins zum inneren Führungskreis der KPdSU (1921–30 Sekretär des ZK, 1926–52 Mitgl. des Politbüros); 1930–41 Vors. des Rats der Volkskommissare. Als Außenmin. (1939–49, 1953–56) unterzeichnete er im Aug. 1939 den Dt.-Sowjet. Nichtangriffspakt und vertrat die Sowjetunion bei allen wichtigen internat. Verhandlungen. Im Machtkampf gegen N. S. Chruschtschow unterlegen, wurde er 1957 aller Ämter enthoben. 1957–60 Botschafter in der Mongol. Volksrepublik.

Molotowcocktail [-kokteil], nach W. M. Molotow], mit einem Öl-Benzin-Gemisch gefüllte Flasche, die nach Anzünden des aus dem Flaschenhals herausragenden Dochtes gegen ein Ziel geworfen wird; erstmals im Zweiten Weltkrieg von sowjet. Truppen zur Panzernahbekämpfung eingesetzt.

Molprozent, *Chemie:* Gehaltsangabe bei Mischphasen (↗ Konzentration).

Moltke, 1) Helmuth Graf (seit 1870) von, preuß. Generalfeldmarschall (seit 1871), * Parchim 26. 10. 1800, † Berlin 24. 4. 1891, Onkel von 2), Großvater von 3); seit 1819 dän. Offizier, seit 1822 in preuß., 1835–39 in türk. Dienst, nach 1840 Generalstabslaufbahn (1858–88 Chef des Generalstabs der Armee). Im Dt.-Dän. Krieg 1864 war er Generalstabschef des Oberbefehlshabers der preußisch-österr. Armee, im ↗ Deutschen Krieg 1866 und im ↗ Deutsch-Französischen Krieg 1870/71 gab er alle Weisungen für die Heeresführung. 1867–91 war M. konservativer Abg. im Reichstag; seit 1872 erbl. Mitglied des preuß. Herrenhauses. – Als Militärtheoretiker, der zahlr. Schriften verfasste, begriff M. die Strategie als ein »System von Aushilfen«. Wegen der Vielzahl der zu berücksichtigenden Faktoren hielt er nur den Beginn eines Feldzuges für planbar. Daher sah er seine Aufgabe v. a. in der umfassenden Vorbereitung der militär. Auseinandersetzung unter Ausnutzung aller techn. Möglichkeiten.

2) Helmuth von, preuß. Generaloberst, * Rittergut Gersdorff (Mecklenburg) 25. 5. 1848, † Berlin 18. 6. 1916, Neffe von 1); wurde 1906 als Nachfolger Schlieffens Chef des Generalstabes der Armee; trug durch seine Entschlusslosigkeit zum Scheitern der dt. Truppen in der Marneschlacht 1914 bei (Rücktritt als Chef des Generalstabs am 14. 9. 1914).

3) Helmuth James Graf von, Jurist und Widerstandskämpfer, * Kreisau (heute Krzyżowa, bei Świdnica) 11. 3. 1907, †(hingerichtet) Berlin-Plötzensee 23. 1. 1945, Großneffe von 1); gründete nach 1933 den Kreisauer Kreis; 1939–44 Sachverständiger für Kriegs- und Völkerrecht im OKW; im Jan. 1944 verhaftet, am 11. 1. 1945 zum Tode verurteilt.

Moltmann, Jürgen, ev. Theologe, * Hamburg 8. 4. 1926; 1967–94 Prof. für systemat. Theologie in Tübingen; versteht seine Arbeiten im starken Maß als einen Versuch, die christl. Hoffnung theologisch zu entfalten und betont dabei v. a. die Konsequenzen theolog. Erkenntnis für das Handeln in Politik und Gesellschaft; erlangte in jüngerer Zeit bes. Beachtung durch Veröffentlichungen zur Schöpfungsethik. – *Werke:* Theologie der Hoffnung (1965); Kirche in der Kraft des Geistes (1975); Der Weg Jesu Christi (1989); Das Kommen Gottes. Christl. Eschatologie (1995). Erfahrungen theolog. Denkens. Wege u. Formen christl. Theologie (1999).

molto [italien.], musikal. Vortragsbezeichnung: viel, sehr; wird in Zusammensetzungen gebraucht, z. B. **m. allegro,** sehr schnell.

Molton [frz., zu mollet, von lat. mollis »weich«] *der,* ein- oder zweiseitig angerautes Baumwollgewebe in Köperbindung, wobei die feinere Kette wenig, der gröbere Schuss stark zur Geltung kommt; u. a. für Bettbetten, Einlagen, Bügeldecken verwendet.

Molukken (Gewürzinseln, indones. Maluku), Inselgruppe Indonesiens, zw. Celebes und Neuguinea, als Prov. 74 505 km², 1,86 Mio. Ew.; Verw.sitz: Ambon. Die nördl. M. umfassen die Hauptinseln Halmahera, Morotai, Ternate, Tidore, die Bacaninseln, die Obiinseln, die südl. M. Buru, Seram, Ambon, im SO die Banda- und die Tanimbarinseln. Die Inseln sind gebirgig und weisen mehrere tätige Vulkane auf; Erdbeben sind häufig. Das Klima ist tropisch. Die Bev. besteht aus Alfuren und zugewanderten Malaien und Javanern. – Die Gewürze der M. waren schon im Altertum begehrte Handelswaren; heute werden v. a. Sagopalmen, Kokospalmen und Knollenfrüchte angebaut, Fischerei, Rinder- und Büffelzucht betrieben. – Im 14. Jh. gehörten die Inseln zum indones. Großreich Majapahit, im 15. Jh. bildeten sich Sultanate. 1512 erreichten Portugiesen die M. und errichteten auf Ternate und Tidore Handelsniederlassungen; seit 1663 befanden sich die Inseln unter niederländ. Hoheit; während des Napoleon. Kriege unter brit. Besetzung, 1814 wieder an die Niederlande abgetreten. 1942–45 von den Japanern besetzt, wurden die M. nach dem Zweiten Weltkrieg Teil Indonesiens. Ein 1950 auf den Süd-M. ausgebrochener Aufstand (Proklamation der unabhängigen »Rep. Maluku Selatan«) wurde noch im selben Jahr niedergeschlagen (Guerillakrieg bis in die 1960er-Jahre). Viele Südmolukker gingen in die Niederlande. 1999/2000 kam es auf den M. zu blutigen Auseinandersetzungen zw. Christen und Moslems.

Molukkenkrebs, Art der ↗ Pfeilschwanzkrebse.

Molvolumen, das ↗ molare Volumen.

Molwärme, ältere Bez. für ↗ molare Wärmekapazität.

Molybdän [grch. mólybdaina »Blei(glanz)«] *das,* chem. Symbol **Mo,** Element aus der 6. Nebengruppe des Periodensystems, Ordnungszahl 42, relative Atommasse 95,94, Dichte (bei 20 °C) 10,22 g/cm³,

Schmelzpunkt 2623 °C, Siedepunkt 4639 °C. – M. ist ein hartes und sprödes (in sehr reinem Zustand dehnbares), graues, mit vielen Metallen legierbares Schwermetall. Chemisch ist M. ziemlich beständig; es löst sich weder in nichtoxidierenden Säuren noch in Laugen, dagegen wird es von oxidierenden Säuren angegriffen. Bei erhöhter Temperatur reagiert es u. a. mit Sauerstoff und Halogenen. M. gehört zu den relativ seltenen Metallen; es steht in der Häufigkeit der chem. Elemente an 39. Stelle. In der Natur kommt es v. a. in Form der Minerale ↗Molybdänglanz und ↗Gelbbleierz vor. M. ist ein essenzielles Spurenelement und bei Pflanzen v. a. Bestandteil der für die Stickstofffixierung bzw. die Nitratassimilation wichtigen Enzyme Nitrogenase und Nitratreduktase.

M. wird aus M.-Glanz, MoS_2, durch Abrösten und Reduktion mit Wasserstoff als graues Pulver gewonnen, das durch spezielle Schmelzverfahren (Lichtbogenschmelze) oder nach den Verfahren der Pulvermetallurgie (Sintern, Pressen) zu kompaktem Metall verdichtet werden kann. Es wird v. a. zur Herstellung von M.-Stählen verwendet, die sich durch hohe Korrosionsbeständigkeit, Festigkeit und Zähigkeit auszeichnen (M.-Gehalt meist 0,2–5 %).

Molybdänglanz (Molybdänit) der, metallisch glänzendes, sehr weiches graues hexagonales Mineral, MoS_2, wichtigstes Molybdänerz.

Molzahl, ältere Bez. für ↗Stoffmenge.

Momaday [ˈmɔməder], N. (Navarre) Scott, amerikan. Schriftsteller, * Lawton (Okla.) 27. 2. 1934; gilt als Wegbereiter der modernen indianisch-amerikan. Literatur (»Haus der Dämmerung«, R., 1968; »The journey of Tai-me«, Indianermythen, 1967; »The gourd dancer«, Lyrik, 1976; »The ancient child«, R., 1989; »Circle of wonder«, Erz., 1994; »The man made of words«, Essays, Kurzgeschichten, 1997).

Mombasa, Prov.-Hptst. in Kenia, 465 000 Ew., zweitgrößte Stadt des Landes; Sitz eines kath. Erzbischofs und eines anglikan. Bischofs; bed. Wirtschaftszentrum; Kaffeehandel, Nahrungsmittel-, chem. Ind., Zementwerk, Stahl-, Aluminiumwalzwerk, Kfz-Montage, Erdölraffinerie, Fremdenverkehr; Ausgangspunkt der Ugandabahn; wichtigster Hafen O-Afrikas; internat. Flughafen.

Mombert, Alfred, Dichter, * Karlsruhe 6. 2. 1872, † Winterthur 8. 4. 1942; lehnte 1933, trotz Gefährdung wegen seiner jüd. Abstammung und Ausschluss aus der dt. Dichterakademie, eine Emigration ab; 1940/41 im Lager Gurs in S-Frankreich; ekstatisch-visionärer, frühexpressionist. Lyriker und Dramatiker (»Die Schöpfung«, Ged., 1897; »Der Denker«, Ged., 1901; »Die Blüte des Chaos«, 1905; »Aeon«, Dramentrilogie, 1907–11).

Moment [lat.] der, 1) allg.: Augenblick, Zeitpunkt, sehr kurze Zeitspanne.
2) Psychologie: die kleinste wahrnehmbare Zeiteinheit (beim Menschen etwa $^1/_{18}$ s). Opt. Reize, die in diesem Intervall aufeinander folgen, werden noch getrennt wahrgenommen. (↗Zeiterleben)

Moment [lat.] das, 1) allg.: ausschlaggebender Umstand, Gesichtspunkt.
2) Physik: allg. eine physikal. Größe, z. B. Kraft, Masse, Ladung, Polstärke, die mit einem Abstand (**M. 1. Grades**) oder mit dem Abstandsquadrat (**M. 2. Grades**) multipliziert ist, z. B. ↗Drehmoment, Massenmoment 2. Grades (↗Trägheitsmoment), elektr. Dipol-M. (↗Dipol), magnet. Dipol-M. (↗magnetisches Moment).
3) Stochastik: der ↗Erwartungswert von X^n heißt n-tes M. von X, wenn X eine Zufallsgröße und n eine natürl. Zahl ist.

Moment musical [mɔˈmã myziˈkal, frz.] das, kürzeres instrumentales Charakterstück ohne feste Formbindung, meist für Klavier.

Mommsen, 1) Hans, Historiker, * Marburg 5. 11. 1930, Urenkel von 2), Bruder von 3); 1968–95 Prof. für neuere Geschichte in Bochum, befasst sich v. a. mit der Geschichte der Arbeiterbewegung und mit Fragen des Faschismus. Er schrieb u. a. »Beamtentum im Dritten Reich« (1966), »Arbeiterbewegung und nat. Frage« (1979), »Die verspielte Freiheit« (1989), »Das Volkswagenwerk und seine Arbeiter im Dritten Reich« (1996, mit M. Grieger).
2) Theodor, Jurist und Historiker, * Garding (Kr. Nordfriesland) 30. 11. 1817, † Charlottenburg (heute zu Berlin) 1. 11. 1903, Urgroßvater von 1) und 3); nahm 1848 als Redakteur in Rendsburg an der Märzrevolution teil, wurde 1848 Prof. für röm. Recht in Leipzig (1851 entlassen), 1852 in Zürich, 1854 in Breslau, 1858 Prof. für alte Geschichte in Berlin. M. stand auf der Seite der bürgerl. Linken, war aber zurückhaltend gegenüber allzu radikalen demokrat. Strömungen. 1863–66 und 1873–79 MdL in Preußen, 1881–84 MdR; mit seinem demokratisch-nat. Ideal von Freiheit und Einheit war M. ein Gegner Bismarcks und des Antisemitismus von H. Treitschke. – Für seine »Röm. Gesch.« (Bde. 1–3, 1854/55; Bd. 5, 1885; Manuskript Bd. 4 1901 aufgefunden) erhielt M. 1902 den Nobelpreis für Literatur. Seine wiss. Leistungen wurden grundlegend für Epigraphik (»Corpus Inscriptionum Latinarum«) und Rechtsgeschichte (»Röm. Staatsrecht«, 3 Bde., 1871–88, »Röm. Strafrecht«, 1899).
3) Wolfgang Justin, Historiker, * Marburg 5. 11. 1930, Urenkel von 2), Bruder von 1); 1968–95 Prof. für neuere und neueste Geschichte in Düsseldorf, 1977–85 Direktor des Dt. Histor. Instituts in London. Schwerpunkt seiner Forschung ist der Imperialismus (»Der europ. Imperialismus«, 1979). – *Weitere Werke:* 1848 – die ungewollte Revolution (1998); Die Urkatastrophe Dtl.s. Der Erste Weltkrieg 1914–1918 (2002).

Mömpelgard, alter dt. Name der Stadt ↗Montbéliard.

Momper, Walter, Politiker (SPD), * Sulingen 21. 2. 1945; März 1989 bis Jan. 1991 Regierender Bürgermeister von Berlin (West).

Mon (Talaing), mongolides Volk in Hinterindien, am Golf von Martaban, bes. um Moulmein, in Birma (850 000) sowie in Thailand (100 000), spricht eine M.-Khmer-Sprache. Die M. standen seit dem 3. Jh. v. Chr. unter ind. Kultureinfluss und übernahmen den Hinayana-Buddhismus. Sie gründeten seit 500 n. Chr. eigene Staaten (wichtigste Zentren Lop Buri, Lamphun, Thaton, Martaban, Pegu). Nach langen krieger. Auseinandersetzungen mit den im 9. und 10. Jh. von N eingedrungenen Birmanen unterlagen die M. diesen 1757 endgültig. Die M. passten sich den Birmanen an oder wanderten nach Thailand aus.

Mon, Franz, eigtl. Löffelholz, Schriftsteller, * Frankfurt am Main 6. 5. 1926; einer der führenden Vertreter der konkreten Dichtung (↗abstrakte Dichtung); Mitherausgeber des Sammelbandes »movens. Dokumente und Analysen zur Dichtung, bildenden Kunst, Musik, Architektur« (1960), verwendet als lyr. Formen u. a. Montagen, Letterngrafiken; schreibt auch experimentelle Prosa, Hörspiele und Essays.

Møn [møːn, dän.] (Mön), dän. Ostseeinsel, südöstlich von Seeland, 218 km², 10 400 Ew.; Hauptort: Stege. M. ist im W flach und fruchtbar (Zuckerrübenanbau, Viehwirtschaft), nach O bis 143 m ü. M. zu Kreideklippen ansteigend. M. ist durch eine Brücke mit Seeland verbunden.

Theodor Mommsen

Monaco

Fläche:	1,95 km²
Einwohner:	(2002) 33 400
Hauptstadt:	Monaco
Amtssprache:	Französisch
Nationalfeiertag:	19. 11.
Währung:	1 Euro (EUR, €) = 100 Cent
Zeitzone:	MEZ

Staatswappen

internationales Kfz-Kennzeichen

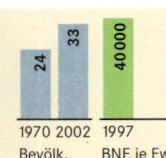

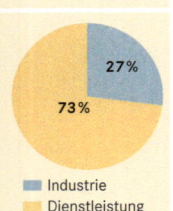

mon... [grch.] (mono...), ein..., allein..., einzeln.

Monaco [moˈnako, italien. ˈmɔnako, frz. mɔnaˈko] (amtlich frz. Principauté de Monaco, dt. Fürstentum Monaco), Staat in Europa, an der Mittelmeerküste, landseitig vom frz. Dép. Alpes-Maritimes umschlossen.

▸ **Staat und Recht**

Nach der Verf. von 1962 ist M. eine konstitutionelle Erbmonarchie. Staatsoberhaupt ist der mit legislativen und exekutiven Befugnissen ausgestattete Fürst; er übt zus. mit dem Nationalrat (24 [bis 2003: 18] Abg., für 5 Jahre gewählt) die Legislative aus und ernennt einen Staatsmin. zum Chef des Reg.rates, der ihm verantwortlich ist. Außenpolitisch wird M. de facto von Frankreich vertreten. Einflussreichste Parteien: Union für M. (UPM), Nat. und Demokrat. Union (UND).

▸ **Landesnatur**

M. liegt an einer Bucht des Ligur. Meeres im Schutz der Seealpen. Es besteht aus den zu einer Gemeinde vereinigten Siedlungen Monte Carlo (mit Spielkasino, gegr. 1863; Kongresszentrum, 1978), La Condamine (mit Handels- und Jachthafen) und der Hptst. M.; das Gebiet von M. ist rd. 3 km lang und zw. 200 und 500 m breit, höchster Punkt des Landes am Chemin des Revoires (163 m ü. M.) im W des Landes. Das Klima ist mild, die Vegetation mediterran.

▸ **Bevölkerung**

Nur ein kleiner Teil der Wohnbev. sind echte Monegassen (17%); sie sprechen Monegassisch, einen provenzalisch-ligur. Mischdialekt. 40% sind Franzosen, 17% Italiener. M. hat die höchste Bev.dichte aller europ. Staaten. – Rd. 90% der Bev. gehören der kath. Kirche an (exemtes Erzbistum M., 1887 als Bistum gegr.). Es gibt eine anglikan. (zur Diözese Gibraltar gehörend), eine ref. und eine jüd. Gemeinde. – Das Schulwesen mit zehnjähriger allg. Schulpflicht ab dem 6. Lebensjahr entspricht weitgehend dem frz. Schulsystem.

▸ **Wirtschaft, Verkehr**

Grundlagen der Wirtschaft sind Leichtind., Tourismus und der Dienstleistungssektor. M. ging 1865 mit Frankreich einen Zoll- und 1925 eine Währungsunion ein. Das verarbeitende Gewerbe umfasst Parfümind., Mühlen, Schokolade-, Konservenfabriken, Kaffeeröstereien, Tabakwarenherstellung, Brauereien, Werften, Töpferei- und Juwelierhandwerk, Herstellung von Plastikwaren, Textilien, Präzisionsinstrumenten und Rundfunkgeräten. Die Staatseinnahmen setzen sich zusammen aus den Gewinnen des Spielkasinos, aus Rundfunkabgaben, Tabaksteuern, dem Zollausgleich mit Frankreich, der relativ geringen Unternehmensbesteuerung und dem Briefmarkenverkauf. – M. ist über eine 1,6 km lange Eisenbahnstrecke an das frz. Eisenbahnnetz angeschlossen; das Straßennetz ist 50 km lang. Seit 1950 findet jährlich ein Grand-Prix-Rennen in der Formel 1 statt (3,340 km). – Die Stadt M. besitzt u. a. Schloss, Ozeanograph. Museum, Inst. für Tourismusforschung, botan. Garten.

▸ **Geschichte**

Der Platz war urspr. von Phöniern besiedelt, später als **Monoikos** Kolonie des grch. Massalia (röm. **Herculis Monoeci portus**). 1297 kam es unter die Herrschaft der genues. Adelsfamilie ↗Grimaldi und stand mit dieser seit 1641 meist unter frz. Schutzherrschaft. 1793–1814 war M. Frankreich angeschlossen, 1815 kam es als eigenständiges Fürstentum unter die Schutzherrschaft des Königreichs Sardinien, 1861 wieder unter frz. (neu geregelt 1918 sowie 1951 und 1953; Zollunion seit 1865). Albert I. (1889–1922) gab M. 1911 eine Verf.; 1922–49 regierte Ludwig II., seitdem Rainier III.

Monaco, Mario Del, italien. Sänger, ↗Del Monaco, Mario.

Monade [zu grch. monás »Einheit«] *die, Philosophie:* unteilbare Einheit, Element des Weltaufbaus bei Euklid, Platon, den Atomisten, v. a. bei A. Conway, G. Bruno, G. W. Leibniz. Leibniz bezeichnet in seiner »Monadologie« (1714) die M. als unausgedehnte, in sich abgeschlossene (»fensterlose«), unteilbare Kraftzentren (»metaphys. Punkte«), die mehr oder weniger vollkommen die Welt spiegeln; sie sind allen äußeren, mechan. Einwirkungen entzogen und stehen, vermittelt durch die von Gott gestiftete »prästabilierte Harmonie«, zueinander in Beziehung.

Monaghan [ˈmɔnəhən] (irisch Muineachán), Cty. im N der Rep. Irland, 1 291 km², 51 300 Ew.; Verw.sitz ist die Stadt M. (5 900 Einwohner).

Monakow, Constantin von, schweizer. Neurologe * Gut Bobrezowo (bei Wologda) 4. 11. 1853, † Zürich 19. 10. 1930; lebte ab 1866 in der Schweiz und war ab 1885 Nervenarzt in Zürich, ab 1894 dort auch Prof.; er entdeckte mehrere (auch nach ihm benannte) Nervenbahnen und Gehirnzentren. M. war Anhänger der Lokalisationslehre.

Mona Lisa [italien. »Frau Lisa«], eigtl. Monna Lisa, Gemälde von Leonardo da Vinci (um 1503–06), wahrscheinlich das Porträt der Lisa, Gattin des florentin. Edelmanns Francesco del Giocondo (daher auch unter dem Titel **La Gioconda**); das Gemälde wurde aus Leonardos Besitz oder dem Nachlass von Franz I. von Frankreich erworben (Paris, Louvre).

Monarch [grch. »Alleinherrscher«] *der,* gekrönter Herrscher (Kaiser/Zar, König, Fürst, Sultan, Emir,

Scheich usw.), der als bes. legitimierte Person dauerndes Staatsoberhaupt (und unter Umständen auch zugleich oberster Priester) ist; / Monarchie.

Monarchianer, christl. Theologen, die im 2. und 3. Jh. den Gedanken der Einheit (»Monotheismus«) und Alleinherrschaft (»monarchia«) Gottes zu wahren suchten. Sie bestritten die Gottheit Jesu Christi und fassten ihn entweder als eine Erscheinungsweise (»modus«) Gottes **(Modalisten)** oder als einen von der Kraft (»dynamis«) Gottes erfüllten Menschen **(Dynamisten)** auf.

Monarchie [grch. »Alleinherrschaft«] *die,* Staatsform, in der eine bes. legitimierte Person, der **Monarch,** selbstständiges, dauerndes Staatsoberhaupt ist (Ggs.: / Republik), eine Form der Monokratie. Durch die Erblichkeit der Thronfolge **(Erb-M.** im Ggs. zur hauptsächlich früher vorkommenden **Wahl-M.)** wird der M. Stetigkeit und Dauer zuerkannt. Wichtigste Formen der M.: In der **theokrat. M.** ist der Monarch zugleich oberster Priester; in der **Volks-M.** ist die Volksversammlung an der Entscheidungsgewalt beteiligt; in der **ständ. M.** ist die monarch. Gewalt durch Mitentscheidungsrechte der Stände beschränkt (z. B. Hl. Röm. Reich bis 1806; / Ständestaat); der **absoluten M.** (/ Absolutismus) steht die **konstitutionelle M.** (Beteiligung der Volksvertretung an Gesetzgebung und Festsetzung des Budgets; / Konstitutionalismus) gegenüber; in der **parlamentar. M.** wird die Staatsleitung durch die dem Parlament verantwortl. Reg. ausgeübt, dem Monarchen obliegt i. d. R. nur die Repräsentation des Staates (Großbritannien).

Monarchomachen [grch. »Monarchenbekämpfer«], eine Gruppe von Staatstheoretikern und polit. Publizisten des 16. und 17. Jh. in Frankreich, die sich die Einschränkung der fürstl. Gewalt durch die Stände im Sinne der Theorie der Herrschaftsverträge

Monaco: Blick auf Monaco und Monte Carlo

zum Ziel setzte. Dominierendes Thema war das Problem der Absetzung und der Tötung tyrann. Herrscher (Tyrannenmord), insbesondere nach der Bartholomäusnacht (1572).

Monasterium [grch.-lat.] *das,* urspr. die Einsiedelei; seit dem frühen MA. Bez. für das Kloster.

Monastir, 1) türk. Name der Stadt / Bitola.

2) Hafenstadt in Tunesien, Hptst. des Gouvernorats M., am Mittelmeer, auf einer Halbinsel im Golf von Hammamet, 35 600 Ew.; wiss. Akademien; Textilind.; Fischereihafen, Fischverarbeitung; Seebad, internat. Flughafen.

Monat [von Mond], ein durch den Umlauf des Mondes um die Erde definierter Zeitabschnitt **(Mond-M.).** Je nach Wahl des Bezugspunkts unterscheidet man dabei: **sider. M.** die Zeit zw. zwei Konjunktionen mit dem gleichen Stern (27 d 7 h 43 min 11,5 s); **trop. M.** die Zeit zw. zwei Durchgängen durch den Frühlingspunkt (27 d 7 h 43 min 4,7 s); **synod. M. (Lunation),** die mittlere Zeit zw. zwei Neumonden (29 d 12 h 44 min 2,9 s); **drakonit. M. (Drachen-M.),** die Zeit zw. zwei Durchgängen durch den aufsteigenden Knoten der Mondbahn (27 d 5 h 5 min 35,8 s); **anomalist. M.** die Zeit zw. zwei Durchgängen des Mondes durch sein Perigäum, den erdnächsten Punkt seiner Bahn (27 d 13 h 18 min 33,2 s). – Im Kalender verstand man unter M. früher stets den synod. M.; zwölf synod. M. bildeten das Mondjahr. Im heutigen, durch das feste Sonnenjahr gekennzeichneten Kalender sind nach einer Regelung von Papst Gregor XIII. von 1582 die Monate zu 30 oder 31 (Februar 28 oder 29) Tagen festgesetzt.– Die heutigen dt. **M.-Namen** stammen aus der lat. Sprache und sind aus dem Jahresanfang im altröm. (vorjulian.) Kalender (bis 153/146 v. Chr.) zu erklären. Im Deutschen sind alle Versuche, dt. bzw. german. M.-Namen einzuführen (u. a. Karl d. Gr. um 800; 1927), erfolglos geblieben.

Monatsblutung, die / Menstruation.

Monatsgeld, i. w. S. Einlagen bei Banken mit 30 Tagen Laufzeit oder monatl. Kündigungsfrist (Termineinlagen); i. e. S. Zentralbankguthaben, die auf dem Geldmarkt zw. Banken zum Ausgleich von Schwankungen der Liquidität mit einer Frist von einem Monat gehandelt werden.

Monatskarten, *Kartographie:* themat. Karten, die die mittleren monatl. Naturverhältnisse der Ozeane mit besonderer Berücksichtigung der Naviga-

Mona Lisa von Leonardo da Vinci (um 1503–06; Paris, Louvre)

tion darstellen. In den dt. M., die für den Nordatlant., Südatlant. und Ind. Ozean vorliegen (Bundesanstalt für Seeschiffahrt und Hydrographie – Hamburg/Rostock, ⁴1998, ³1971, ²1993), sind dargestellt: Windrichtung, Windstärke, Oberflächenströmungen, Temperatur, Salzgehalt und Dichte des Oberflächenwassers, Sturm-, Niederschlags-, Eis- und Nebelhäufigkeit, Lufttemperatur, Taupunkt und Luftdruck sowie extreme Wetterlagen.

monaurales Hören [grch.-lat.], Hören mit einem Ohr, im Ggs. zum ↗binauralen Hören.

Monazit [grch.] *der*, Ce[PO₄], monoklines Mineral, gelb bis braun, enthält Oxide der Seltenerdmetalle und des Thoriums. M. kommt in sauren magmat. Gesteinen sowie in Flusssanden und Seifen vor, seltener als Kluftmineral.

Mönch [grch. monachós »Einsiedler«], **1)** *Jägersprache:* geweihloser Hirsch (infolge hormoneller Fehlsteuerung).
2) *Religionsgeschichte:* in versch. Religionen ein Mann, der allein oder in einer Gemeinschaft (↗Orden) freiwillig ein durch asketisch-religiöse Grundsätze bestimmtes Leben führt. (↗Mönchtum)

Mönch, Berg im Berner Oberland, Schweiz, zw. Jungfrau und Eiger, 4107 m ü. M.

Mönchengladbach (bis 1950 München-Gladbach), kreisfreie Stadt im RegBez. Düsseldorf, NRW, 263 000 Ew.; FH Niederrhein, Theater, botan. Garten, Museen; Sitz der Kath. Sozialwiss. Zentralstelle; Textilind., Maschinenbau (bes. Textilmaschinen), Bau von Fahrausweisautomaten, Kabel-, Signalbau, Luftfahrt-, graf. Ind. – Die ehem. Benediktinerabtei-, jetzt kath. Propsteikirche St. Vitus (1228–39) mit got. Choranlage (1256–1300) hat ein dreitürmiges Westwerk (um 1180); unter dem Chor Hallenkrypta des frühen 12. Jh. Barocke Abteianlage (17. Jh., heute Rathaus). Die kath. Pfarrkirche Mariä Himmelfahrt ist eine spätgot. Basilika (1469–1533). Städt. Museum Abteiberg (1972–82, von H. Hollein). Von Schloss Rheydt (um 1180 erwähnte Wasserburg) ist die Renaissanceanlage im Wesentlichen erhalten (heute Museum). – M. entstand um die gegen 973 gegr. Benediktinerabtei (1803 aufgehoben); 1183 (als **Gladbach**) erstmals erwähnt; vermutlich 1365 Stadtrecht. Seit Anfang des 19. Jh. Zentrum der Textilindustrie.

Mönchengladbach
Stadtwappen

Mönchgut, südöstl. Halbinsel von ↗Rügen.

Mönchs|eulen (Cucullia), Gattung der Eulenschmetterlinge mit kapuzenartiger Rückenbehaarung, die Raupen sind meist sehr bunt und auffällig. Einige Arten (z. B. die **Salateule,** Cucullia lactucae) können an Kulturpflanzen schädlich werden.

Mönchsgrasmücke (Sylvia atricapilla), etwa 14 cm langer, oberseits gräulich brauner, unterseits weißlich grauer Singvogel (Familie Grasmücken); v. a. in unterholzreichen Waldlichtungen und buschreichen Gärten NW-Afrikas und Europas bis zum Ural; Teilzieher, der in S-Europa und N-Afrika überwintert.

Mönchspfeffer (Vitex), Gattung der Eisenkrautgewächse in den Tropen und Subtropen; Bäume oder Sträucher mit kleinen, weißen, gelbl. oder blauen Blüten und kleinen Steinfrüchten. Die Früchte des an Flussufern und Küsten des Mittelmeergebiets und Zentralasiens wachsenden **Keuschlamms** (Vitex agnus-castus) werden u. a. als Pfefferersatz verwendet.

Mönchsrobben (Monachinae), Unterfamilie braungrau bis schwärzlich gefärbter, in ihren Beständen stark bedrohter Robben in trop. und subtrop. Meeren; im Mittel- und Schwarzen Meer als einzige Art die 2–4 m lange, fast überall gesetzlich geschützte **Mittelmeermönchsrobbe** (Monachus monachus).

Mönchtum, in versch. Religionen verbreitete, an asket. Idealen (v. a. Ehelosigkeit und Verzicht auf persönl. Besitz) orientierte, mit religiösen Motiven (z. B. authent. Nachfolge des Religionsstifters) begründete, vorübergehend oder auf Lebenszeit gewählte Lebensform von Männern (↗Mönche) und Frauen (↗Nonnen); wird im Eremitentum, in Wanderaskese oder in klösterl. Gemeinschaften realisiert. Besondere Bedeutung kommt dabei Gebet, Meditation und kult. Riten zu. Eine große Rolle spielt das M. im Buddhismus und Dschainismus. Als klass. Mönchsreligion gilt der ↗Lamaismus. Zum christl. M.: ↗Kloster, ↗Orden, zum islam. M.: ↗Derwisch.

Mond [ahd. mano, zu lat. mensis »Monat«], **1)** Begleiter eines Planeten (↗Monde).
2) der einzige natürl. Begleiter der Erde (**Erdmond**). Der M. wird seit vorgeschichtl. Zeit beobachtet (Steinsetzungen der Megalithkultur, z. B. Stonehenge) und ist sowohl durch Fernrohrbeobachtung von der Erde aus als auch durch Raumfahrtmissionen der (nach der Erde) am besten untersuchte Himmelskörper des Sonnensystems. Zu diesen Missionen gehören u. a. Luna (Lunik), Ranger, Surveyor, Apollo und Lunar Prospector. Die Einwirkung des M. auf die Erde besteht in erster Linie in den ↗Gezeiten; Einflüsse auf das Wetter sind nicht nachweisbar.

Astronom. Daten und Bewegung: Der M. umläuft die Erde auf einer nahezu kreisförmigen keplerschen Ellipse in 27 Tagen, 7 Stunden, 43 Minuten, 11,5 Sekunden (**sider. Umlaufzeit**) und dreht sich dabei einmal um seine eigene Achse (gebundene Rotation). Die M.-Bahn hat eine Exzentrizität von 0,0549 und besitzt eine Neigung von 5°9' gegen die Ekliptik. Die Entfernung des M. zur Erde schwankt zw. 356 410 km und 406 740 km. Dem scheinbaren Durchmesser des M. von 31'5'' entspricht ein linearer von 3 476 km (= 0,272 Erddurchmesser). Die Masse des M. be-

Mond: Astronomische und physikalische Daten

Äquatordurchmesser	3 476 km
Masse	7,348 · 10²² kg
Oberfläche	3,796 · 10⁷ km²
mittlere Dichte	3,343 g/cm³
Rotationsdauer	27 d 7 h 43 min
Dauer eines Umlaufs um die Erde	27 d 7 h 43 min
mittlere Entfernung zur Erde	384 400 km

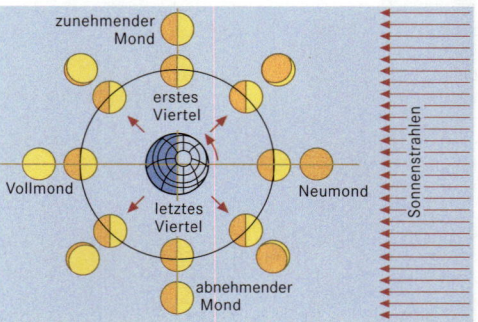

Mond 2): Darstellung der Mondphasen, die von der Konstellation Sonne-Mond-Erde abhängen; die Darstellung entspricht einem Anblick von Norden auf die Ebene der Mondbahn, in der sich der Mond gleichsinnig mit der Erdrotation (gebogener Pfeil) bewegt; die äußeren Darstellungen zeigen, welche Mondphasen sich dabei jeweils ergeben.

trägt $^1/_{81}$ der Erdmasse, die mittlere Dichte 0,61% der Erddichte. Die Schwerkraft an der M.-Oberfläche beträgt $^1/_6$ der irdischen und die Fluchtgeschwindigkeit 2,38 km/s. Rotation und Umlaufzeit haben die gleiche Periode, sodass der M. der Erde immer die gleiche Seite zuwendet; infolge der ↗ Libration sind $^4/_7$ seiner Oberfläche zu übersehen. Die **M.-Phasen,** deren Ablauf man in **M.-Wechsel (Lunation)** bezeichnet, werden durch die Stellung (↗ Konstellation) Sonne–M.–Erde bestimmt. Bei **Neu-M.** steht der M. zw. Erde und Sonne, d. h., die der Erde zugewandte Seite ist nicht beleuchtet. Bei **Voll-M.** steht der M. der Sonne genau gegenüber, d. h., die gesamte sichtbare M.-Oberfläche ist beleuchtet. Zw. Neu-M. und Voll-M. ist **zunehmender M.,** danach **abnehmender Mond.** Bei Voll-M. sind ↗ Mondfinsternisse, bei Neu-M. ↗ Sonnenfinsternisse möglich. Die Zeit von Neu-M. bis Neu-M. ist die synod. ↗ Umlaufzeit.

Topographie und Gesteine: Der M. besitzt praktisch keine Atmosphäre; infolgedessen entstehen erhebl. Temperaturunterschiede zw. Tag und Nacht (+130 bis −160°C). Der Reflexionsgrad (Albedo) der M.-Oberfläche ist nur 0,067, etwa wie der von Lava und Bimsstein; Einzelheiten der Oberfläche bis zu etwa 100 m Ausdehnung können von der Erde aus mit Fernrohren erkannt werden. – Als Großlandschaften der M.-Oberfläche lassen sich relativ hell gefärbte Hochländer (**Terrae**) von dunklen, tief liegenden Gebieten (**Maria**) unterscheiden. Charakteristisch für die Terrae sind die etwa 33 000 **Krater (Ringgebirge).** Viele von ihnen haben Durchmesser von 40 bis 80 km, die größten etwa 200 km und mehr; die Ringgebirge erheben sich oft 3000–4000 m, manchmal bis über 8 000 m über die innere Ringebene, die häufig einen kleinen Zentralkegel besitzt. Sie werden als Einschlagstellen größerer oder kleinerer Meteoriten gedeutet, die beim Aufprall explosiv verdampften. Bemerkenswert sind die sehr langen und breiten Rillen (Furchen) und die (bes. bei steil auffallender Sonnenstrahlung) hellen Streifensysteme, die von einigen Ringgebirgen strahlenartig ausgehen. Die großen und kleinen Maria sind fast ebene Flächen bis etwa 1 000 km Durchmesser. Die Rückseite des M. ähnelt der Vorderseite, jedoch gibt es auf ihr keine ausgedehnten Maria. – Die M.-Oberfläche ist von Gesteinstrümmern bedeckt, die eine bis zu 25 m tiefe, mehr oder weniger lockere Schicht (**M.-Regolith**) bilden. Das M.-Gestein besteht aus lunaren Basalten und Anorthositen, die u. a. aus calciumreichem Plagioklas, Olivin, Pyroxen zusammengesetzt sind. Chemisch unterscheiden sich diese Gesteine von den ird. Basalten durch ihre starke Anreicherung von Titan, Zirkonium, Hafnium, Yttrium und Lanthanoiden (außer Europium); es wurden aber auch Minerale gefunden, die auf der Erde unbekannt sind. In keiner der zur Erde gebrachten Proben konnten Wasser oder organ. Verbindungen nachgewiesen werden.

Entstehung: Physikal. Altersbestimmungen weisen darauf hin, dass sich die erste Erstarrungskruste des M. vor etwa 4,2 Mrd. Jahren gebildet hat. Die basaltähnl. Gesteine im Mare Tranquillitatis sind etwa 3,5, im Oceanus Procellarum etwa 2,5 Mrd. Jahre alt. Aufgrund ähnlicher chem. Zusammensetzung von M. und Erdkruste ist ein enger genet. Zusammenhang sehr wahrscheinlich. Über den Ursprung des M. besteht Unklarheit; man diskutiert im Wesentlichen folgende Modelle: 1) die Doppelplanethypothese, nach der sich Erde und M. gleichzeitig aus einem Urmaterial als Doppelplanet gebildet haben; 2) die Spaltungshypothese, nach der sich der M. aus der Erdkruste he-

Mond 2): eine typische Landschaft der Mondrückseite; in der oberen Bildhälfte ist der Kopernikus-Krater zu erkennen, aufgenommen am 20. Juli 1969 von Apollo 11 aus (links); Mikrofotografie von Bestandteilen des Mondstaubs; Rotationskörper aus Glas (Durchmesser 0,25–0,5 mm), Breccien (zum Beispiel unten), Anorthosit und Feldspat (hell) sowie Breccien mit Glaskruste und Pyroxen (golden glänzende Bruchstücke)

rausgelöst hat; 3) die Einfanghypothese, wonach der M. in einem anderen Teil des Sonnensystems gebildet und durch die Erde eingefangen wurde. Man geht heute i. Allg. davon aus, dass der M. das Ergebnis eines fast streifenden Zusammenstoßes eines sehr großen Körpers mit der Protoerde ist. – Der Wechsel der M.-Phasen führte schon früh zu einer religiösen Deutung; er stand u. a. in Beziehung zur göttl. Fruchtbarkeit des Lebens; M.-Kult und -Glaube (Symbol oft die M.-Sichel gewannen in allen Kulturen eine große Bedeutung (u. a. Thot, Isis).

Religions- und Kulturgeschichte: Schon früh wurde der M. in Beziehung gesetzt zur göttl. Fruchtbarkeit des Lebens und zu dem Geheimnis von

Mond 2): Von einigen großen Mondkratern gehen helle Strahlensysteme aus. Sie können mehrere km breit sein und bis in sehr große Entfernungen verfolgt werden.

Wachstum und Gedeihen, Tod und Wiedergeburt; M.-Glaube, M.-Kult und M.-Gottheiten (Symbol oft die M.-Sichel; v. a. Thot, Isis, Selene/Luna) gewannen in allen Kulturen und im *Volksglauben* vielfältige Bedeutung. Seit den 1980er-Jahren (Esoterik) wurde auch angebl. »Geheimwissen« um den M. »wieder entdeckt« (M.-Kalender bzw. M.-Astrologie u. Ä.).

Mondadori (Arnoldo Mondadori S. p. A.), italien. Verlag, gegr. 1909, Sitz seit 1921 in Mailand; Gesellschafter: S. Berlusconi, Fininvest S. p. A.; Hauptgebiete: Belletristik, Kunstbände, Nachschlagewerke, Schulbücher, Zeitschriften.

Mondastrologie, ↗ chinesische Astrologie.

Mondblindheit (periodische Augenentzündung), wiederkehrender Entzündungszustand der mittleren Augenhaut (Ader-, Regenbogenhaut und Strahlenkörper) eines oder beider Augen bei Pferden mit starken Schmerzen, Lichtscheu, Tränenfluss und drohender Erblindung.

Monde (umgangssprachlich für Satelliten, Trabanten), Himmelskörper, die einen Planeten umlaufen und dynamisch an ihn gebunden sind. Die M. leuchten in reflektiertem Licht der Sonne und teilweise auch ihrer Planeten. Sie sind außer dem Erdmond (↗ Mond) so lichtschwach, dass sie nur mit opt. Hilfsmitteln gesehen werden können. Während Merkur und Venus keine Begleiter besitzen, sind bei der Erde ein Mond, bei Mars zwei, bei Jupiter inzwischen 61, bei Saturn 31, bei Uranus 24, bei Neptun 12 M. und bei Pluto ein Mond bekannt (Sept. 2003). – Die größten M. im Sonnensystem (Ganymed, Titan) weisen Durchmesser von über 5 000 km auf und sind größer als der Planet Merkur, während die kleinsten bekannten M. eine Größe von nur etwa 2–4 km haben.

Monde, Le [lə'mɔ̃:d; frz. »die Welt«], unabhängige frz. Tageszeitung in Paris, mit internat. Geltung, gegr. 1944. **Le Monde diplomatique** erscheint in dt. Übersetzung als Beilage der »tageszeitung«.

Mondfinsternis, die Verfinsterung des Mondes beim Durchlaufen des Erdschattens, wenn dieser in oder nahe der Mondbahn liegt und die Sonne weniger als 13° vom Schnittpunkt der Mond- mit der Sonnenbahn entfernt ist (Vollmond). Dabei entstehen ein Kern- und ein Halbschatten. Bei **totaler M.** tritt der Mond ganz in den Kernschatten ein, bei **partieller** bleibt ein Teil von ihm im Halbschatten, der nur in der Nähe der Grenze zum Kernschatten eine dem Auge merkl. Lichtverminderung bewirken kann. Bei einer totalen M. bleibt der Mond in kupferrotem Licht

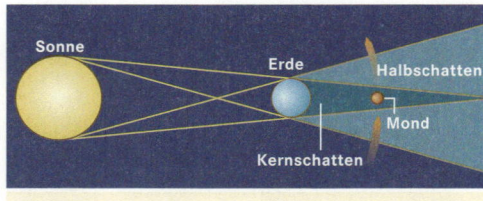

Mondfinsternis

sichtbar, da durch Beugung und Streuung in der Erdatmosphäre langwelliges Licht in den Bereich des Kernschattens fällt; sie dauert höchstens 1,7 Stunden. Eine M. kann von allen Erdorten aus beobachtet werden, wenn der Mond über dem Horizont steht. Der Verlauf der Finsternis ist für alle diese Orte der gleiche. – Im Mittel treten pro Jahr 1,5 M. ein; M. mit exakt gleicher Stellung von Sonne, Mond und Erde wiederholen sich in einer Periode von 18 Jahren und 10 $\frac{1}{3}$ oder 11 $\frac{1}{3}$ Tagen (↗ Saroszyklus). Die nächsten totalen M. finden am 4. 5. und 28. 10. 2004 sowie am 3. 3. 2007 statt.

Mondjahr, ↗ Jahr, ↗ Kalender.

Mondkalender (Lunisolarkalender), der am Mondjahr orientierte ↗ Kalender (↗ chinesische Astrologie).

Mondlandung, harter Aufschlag oder weiche Landung eines Raumflugkörpers auf dem Erdmond: erster harter Aufschlag am 13. 9. 1959 durch die sowjet. Sonde Lunik 2, erste weiche unbemannte Mondlandung am 3. 2. 1966 mit Luna 9, erste bemannte Landung am 20. 7. 1969 durch das amerikan. Raumfahrzeug Apollo 11 (↗ Apollo-Programm).

Mondpreise, stark überhöhte Preise, v. a. die bewusst überhöhten unverbindl. Preisempfehlungen von Markenartikelherstellern, die dem Handel die Möglichkeit geben, durch starke Unterbietung den Eindruck bes. günstiger Preise zu erwecken. M. können den Tatbestand irreführender Preisgestaltung erfüllen und sind gemäß §§ 1 und 3 UWG wettbewerbswidrig.

Mondraute (Botrychium), Gattung der Natternzungengewächse; die **Echte M.** (Botrychium lunaria), ein niedrigwüchsiger Farn mit nur einem, in einen unfruchtbaren und einen fruchtbaren Ast gegabelten Blatt; selten, wächst auf trockenem Magerrasen.

Piet Mondrian: Komposition mit Rot, Gelb und Blau (1928; Ludwigshafen am Rhein, Wilhelm-Hack-Museum)

Mondrian, Piet, eigtl. Pieter Cornelis Mondriaan, niederländ. Maler, *Amersfoort 7. 3. 1872, †New York 1. 2. 1944; war 1917 Mitbegründer des De ↗Stijl. In der Ztschr. »De Stijl« erläuterte er seine Theorie des ↗Neoplastizismus. 1919–38 lebte er in Paris, anschließend bis 1940 in London, danach in New York. – M. schuf seit 1920 Gemälde, zum Spannung auf den Formbeziehungen zw. rechteckigen, sparsam verteilten Flächen in reinen Farben und dem sie überlagernden System horizontaler und vertikaler Linien beruht. Er leistete einen der konsequentesten und einflussreichsten Beiträge im Bereich der gegenstandslosen Malerei und wirkte in erhebl. Maße auch auf die Architektur.

Mondsamengewächse (Menispermaceae), Familie der Zweikeimblättrigen; meist trop. holzige Kletterpflanzen mit wechselständigen Blättern und eingeschlechtigen Blüten. M. enthalten häufig Alkaloide, u. a. das Pfeilgift Curare.

Mondsee, See im oberösterr. Salzkammergut, 14,2 km² groß, bis 68 m tief; fließt über die Seeache zum Attersee ab; Pfahlbaufunde der Jungsteinzeit (M.-Kultur). – Am N-Ufer die Marktgemeinde M., 3 100 Ew.; Fremdenverkehr; Inst. für Limnologie. – Kloster M. bestand 748–1791 (seit 800 Benediktinerabtei).

Mondsonden, Raumsonden zur Erforschung des Mondes, die am Mond vorbeifliegen, hart aufschlagen oder weich landen. Die erste M. war Lunik 1 (1959), die in 5 600 km Entfernung am Mond vorbeiflog (/Lunik). Weitere M. waren /Ranger, /Surveyor und Apollo (/Apollo-Programm). Mit **Lunar Prospector** nahm die NASA nach fast 25 Jahren im Jan. 1998 ihre Monderkundungen wieder auf. Die Sonde (mit der Urne des 1997 bei einem Autounfall verunglückten Wissenschaftlers Eugene Shoemaker) überflog bis zu ihrem planmäßigen Absturz auf den Mond (August 1999) mehr als 6 800-mal den Mond und untersuchte dessen chem. Zusammensetzung.

Mondstein, Schmuckstein, /Adular.
Mondsüchtigkeit, der /Somnambulismus.
Mondviole, Art der Gattung /Silberblatt.
Mondvogel (Mondfleck, Phalera bucephala), Schmetterling der Familie Zahnspinner mit halbmondförmigem gelbem Fleck auf den grauen Vorderflügeln.
Monegasse der, Einwohner von /Monaco.
Monel® [Kw.] (Monelmetall), Legierung aus etwa 67% Nickel, bis zu 33% Kupfer und als Nebenbestandteile Eisen, Mangan und Aluminium sowie Spuren von Silicium, Kohlenstoff, Titan und Schwefel. M. besitzt große Korrosionsbeständigkeit und wird u. a. im Schiff-, Turbinen- und Pumpenbau benutzt.
Monergol das, /Raketentreibstoff.
Monet [mɔ'nɛ], Claude, frz. Maler, * Paris 14. 11. 1840, † Giverny (Dép. Eure) 6. 12. 1926; einer der führenden Meister des /Impressionismus; empfing wesentl. Anregungen von E. Boudin, J. B. Jongkind, G. Courbet, É. Manet und W. Turner. Sein 1872 in Argenteuil gemaltes Bild »Impression, soleil levant« (Paris, Musée Marmottan) wurde namengebend für ihn und die Gruppe junger Pleinairisten, mit denen er 1874 in Paris ausstellte. M. konzentrierte sich in seinen Werken auf die Wahrnehmung der farbigen Erscheinungen in der Natur und ihrer Veränderungen im Licht. Er bediente sich der Technik der kurzen Pinselstrichs, um mit unvermittelt nebeneinander gesetzten ungebrochenen Farben das flüchtige Spiel des Lichts wiederzugeben. Die Form der Gegenstände trat demgegenüber zurück. Im Spätwerk löste er das Dingliche immer mehr auf zugunsten der alles erfassenden Lichtbewegung.
monetär [lat.-frz.], die Finanzen betreffend.
Monetäre Finanzinstitute, Abk. **MIFS,** /Geldmenge.
Monetarismus [lat.] der, wirtschaftstheoret. und wirtschaftspolit. Konzeption, die von einem engen Zusammenhang zw. der Entwicklung der Geldmenge und der des nominellen Bruttoinlandsprodukts ausgeht und die Geldpolitik in den Mittelpunkt der wirtschaftspolit. Steuerung stellt. Der M. wurde als Gegenentwurf zum Keynesianismus u. a. von M. Friedman und K. Brunner (Chicago-Schule) entwickelt. In Anlehnung an die Neoklassik wird von einem grundsätzlich stabilen Wirtschaftsablauf ausgegangen; Wachstums- und Konjunkturzyklen gehen auf exogene Störungen zurück, die über die Selbstheilungskräfte des Marktes bei funktionsfähigem Wettbewerb verarbeitet werden. Anknüpfend an die /Quantitätstheorie wird unterstellt, dass stetiges Wirtschaftswachstum bei stabilem Geldwert allein durch konstante Ausdehnung des Geldangebots (Geldmenge) entsprechend der wachsenden Güterproduktion erreicht werden könne (Geldmengenziel). Im Ggs. zum Keynesianismus wird die Wirksamkeit von monetären Impulsen auf die gesamtwirtsch. Nachfrage betont, Geldpolitik als Stabilisierungspolitik jedoch abgelehnt, da destabilisierende Entwicklungen ohne staatl. Eingriffe aufgrund der Stabilität der privaten Wirtschaft vermieden werden könnten. Praktisch findet der M. seinen Niederschlag in einer einseitig auf Inflationsbekämpfung ausgerichteten Politik der Geldmengensteuerung, wobei unter Zugrundelegung der These von einer nicht reduzierbaren »natürl. Arbeitslosenquote« auf Maßnahmen einer Vollbeschäftigungspolitik verzichtet wird. Der M. hat in Konzepten angebotsorientierter Wirtschaftspolitik Verbreitung gefunden, in deren Mittelpunkt neben Geldmengensteuerung die Stärkung des privaten Sektors und der Abbau konjunktur- und wirtschaftspolit. Maßnahmen stehen (z. B. Verzicht auf Konjunkturprogramme, Deregulierung). – Die Bez. M. geht auf eine Wirtschaftslehre im 16. und 17. Jh. zurück, die die Ansammlung von Edelmetallen als Mittel der Schatzbildung betonte und Probleme des Geldumlaufs und der Münzverschlechterung untersuchte.

Monferrato (frz. Monferrat), jungtertiäres Hügelland in Piemont, Italien, zw. Po und Tanaro; bed. Weinbaugebiet; Hauptorte: Asti, Casale Monferrato. – Die Grafschaft M. kam 1536 an die Gonzaga und wurde 1574 Herzogtum, das 1631 z. T. und 1713 vollständig an Savoyen-Piemont kam.

Claude Monet: Weiße Seerosen (1899; Moskau, Puschkin-Museum)

Mong Dsi, chines. Philosoph, /Mengzi.
Monge [mɔ̃ʒ], Gaspard, Graf von Péluse, frz. Mathematiker, * Beaune 10. 5. 1746, † Paris 28. 7. 1818; gilt als Begründer der darstellenden Geometrie, untersuchte die Bildung von Wasser aus Wasserstoff und Sauerstoff in elektr. Funken.
Mongo (Lolo, Bamongo, Balolo), Bantustamm im N der Demokrat. Rep. Kongo, etwa 4,9 Mio. Menschen; Waldlandpflanzer (Maniok, Bananen), Händler und Handwerker (Flechtarbeiten, Töpferei), Jäger, Fischer.
Mongolei die, der von den /Mongolen bewohnte NO Zentralasiens, das Gebiet der Gobi, im NW und N über den Mongol. Altai und das Changaigebirge bis zum Sajangebirge und den Gebirgen Transbaikaliens reichend. Die /Innere Mongolei gehört als autonomes Gebiet zu China, die **Äußere M.** bildet den Staat /Mongolei.
Geschichte: Auf dem Boden der M. schufen schon vor dem 13. Jh. versch. Völker Steppenreiche, so die Xiongnu (3. Jh. v. Chr. bis 1. Jh. n. Chr. am Orchon, lange Zeit mit den Hunnen in Verbindung gebracht), die Xianbi (2./4. Jh. n.Chr.), Türken (6./8. Jh.), Uiguren (8. Jh.) und Kitan (10.–12. Jh.). 1206 einte

Gaspard Monge, Graf von Péluse

Mongolei

Fläche:	1 566 500 km²
Einwohner:	(2000) 2,651 Mio.
Hauptstadt:	Ulan-Bator
Verwaltungsgliederung:	21 Aimaks und die Hptst.
Amtssprache:	Mongolisch
Nationalfeiertage:	11. 7.
Währung:	1 Tugrik (Tug.) = 100 Mongo
Zeitzone:	MEZ + 7 Std.

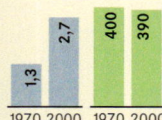
Staatswappen

internationales Kfz-Kennzeichen

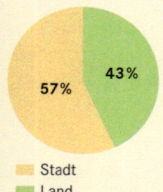
Bevölkerungsverteilung 2000
- Stadt
- Land

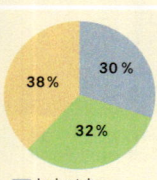
Bruttoinlandsprodukt 2000
- Industrie
- Landwirtschaft
- Dienstleistung

/ Dschingis Khan die mongol. Stämme; die M. wurde Ausgangspunkt eines durch zahlr. Heerzüge eroberten Großreichs (/ Mongolen), das später in die Teilreiche der Goldenen Horde, der / Ilkhane, der Dschagatai und der chines. Mongolei zerfiel. 1636 unterstellten sich die chines. Mandschukaiser das Gebiet der Inneren M., 1691 das der Äußeren M. (Siedlungsgebiet der Chalcha). Im 16. Jh. wurde das bis dahin vorherrschende Schamanentum durch den Lamaismus abgelöst. Mehrere Aufstände (u. a. 1755–58, 1900) richteten sich gegen die Mandschuherrschaft. Nach deren Sturz durch die chines. Revolution erklärte die **Äußere M.** 1911 ihre Unabhängigkeit (Errichtung einer Monarchie unter dem höchsten lamaist. Geistlichen, dem Bogdo Gegen Khan). 1919–21 besetzten chines. Truppen erneut das Land und erzwangen den Verzicht auf die Autonomie. Die 1919/20 entstandene revolutionäre Bewegung (geführt von Suche-Bator und Tschoibalsan) vertrieb mit der zu Hilfe gerufenen sowjetruss. Roten Armee 1921 die im Vorjahr eingedrungenen weißgardist. Truppen des Generals R. N. von Ungern-Sternberg; am 10. 7. 1921 übernahm eine »Volksreg.« die Reg.gewalt (/ Mongolei, Staat). Aus dem äußersten NW, der 1914 unter russ. Protektorat kam, wurde 1921 die Volksrep. **Tannu-Tuwa** gebildet (1944 der UdSSR angegliedert, ab 1961 Tuwin. ASSR, heute Rep. Tuwa innerhalb der Russ. Föderation). Die **Innere M.** erhielt 1947 den Status eines autonomen Gebiets in China.

Mongolei (amtlich mongol. Mongol Uls), Staat in Zentralasien, grenzt im N an Russland, im O, S und W an China.

Staat und Recht

Nach der am 12. 2. 1992 in Kraft getretenen Verf. ist die M. eine Rep. mit Mehrparteiensystem. Staatsoberhaupt, Vors. des Nat. Sicherheitsrats und Oberbefehlshaber der Streitkräfte ist der auf 4 Jahre direkt gewählte Präs. Die Legislative liegt beim Großen Volkschural (76 Abg., für 4 Jahre gewählt). Die Reg. unter Vorsitz des MinPräs. übt die Exekutivgewalt aus. Einflussreichste Parteien: Mongol. Revolutionäre Volkspartei (MRVP), Demokrat. Partei (Ende 2000 durch Zusammenschluss von 5 Parteien, u. a. der Nationaldemokrat. Partei und der Religiösen Demokrat. Partei, entstanden) und neue sozialist. Partei »Mutterland«.

Landesnatur

Die M. ist ein überwiegend abflussloses Hochland. Den W und NW nehmen hohe Gebirgsketten (Mongol. Altai bis 4 374 m, Gobialtai bis 3 957 m, Changaigebirge bis 3 905 m ü. M.) ein, die von weiten, wüstenhaften Beckenlandschaften unterbrochen werden. Vom Changaigebirge leiten mehrere Mittelgebirgszüge zum Chentejgebirge (2 800 m ü. M.) über. Der O ist ein flachwelliges Hochplateau. Südlich der Gebirgszone schließt sich das Trockengebiet der / Gobi an. Das Klima ist extrem kontinental mit großen Temperaturschwankungen und geringen, meist sommerl. Jahresniederschlägen. Den größten Teil des Landes nehmen Steppen ein; in den Gebirgen z. T. Wald. Hauptfluss ist die / Selenga.

Bevölkerung

Rd. 90 % sind Mongolen (überwiegend Ostmongolen, v. a. Chalcha, daneben Dariganga, Burjaten u. a.; Westmongolen: Durbeten, Bajaten, Dsachtschinen, Oliten, Torguten, Oiraten, Kalmücken). Angehörige von Turkvölkern (7 %; Kasachen, Tuwiner, Chotonen), Chinesen, Russen u. a. sind ethn. Minderheiten. Im N, in dem Ackerbau möglich ist, leben 10–20 Ew./km², in der Gobi etwa 0,1 Ew./km². Der Übergang von der nomadisierenden zur kollektiven Viehhaltung, der 1960 abgeschlossen war, hatte die Anlage von Dauersiedlungen zur Folge. Mit der Einführung der Marktwirtschaft und der damit verbundenen Privatisierung der Herden ist verstärkt eine Rückkehr zur traditionellen nomad. Lebensform verbunden (rd. 15 % der Ew. sind Nomaden). Rd. drei Fünftel der Bev. leben in Städten (v. a. Ulan-Bator, Darchan, Erdenet, Suche-Bator). – Die traditionelle Religion der Mongolen ist der Buddhismus tibet. Prägung (Lamaismus), zu dem sie sich heute in ihrer Mehrheit wieder bekennen (seit 1990 Neu- bzw. Wiedererrichtung von über 150 Klöstern). Die turksprachigen Nationalitäten sind überwiegend sunnit. Muslime. Seit den 1990er-Jahren fasst auch die christl. (überwiegend evangelikale) Mission Fuß. – Es besteht eine zehnjährige allg. Schulpflicht ab dem 6. Lebensjahr. Für Kinder nomadisch lebender Eltern gibt es Internate.

Wirtschaft, Verkehr

Das ehem. nach sowjet. Vorbild entwickelte Wirtschaftssystem war einseitig auf Rohstofflieferungen an die Länder des RGW ausgerichtet. Mit der Umstellung der Zentralverwaltungswirtschaft auf die freie Marktwirtschaft sind schwerwiegende ökonom. Probleme (hohe Inflations- und Arbeitslosenrate, schleppende Privatisierung, Energie- und Versorgungskrise) verbunden. Strukturbestimmender Zweig der Volkswirtschaft ist die Landwirtschaft, v. a. die nomadisierende Viehwirtschaft. Mit der Privatisierung der Herden wuchs die Tierhaltung stark an (über 30 Mio. Stück). Gehalten werden Rinder, Pferde, Schafe, Ziegen, Kamele, Yaks (seit 1992 wieder in Privatbesitz), v. a. in Genossenschaften auch Schweine und Geflügel. Das durch aufeinander folgende extreme Trocken- und Kälteperioden 1999/2000/2001 bedingte massenhafte Viehsterben brachte v. a. den nomadisch lebenden Bev.teil in Not. Intensiver Ackerbau ist nur im N, in den z. T. terrassierten Flusstälern, möglich. Angebaut werden Getreide, Kartoffeln, Futterpflanzen und Gemüse. Die reichen Bodenschätze sind nur z. T. erschlossen, v. a. Braun- und Steinkohlenabbau (Förderung rückläufig) sowie Ausbeutung von Kupfer- und Molybdänerzen (seit 1981 im Tagebau bei Erdenet), Zinn-, Wolfram-, Zink-, Mangan-, Edelmetall- und Eisenerzen sowie Flussspat; seit 1995 wieder Erdölförderung. Die Ind. konzentriert sich in den Räumen Ulan-Bator, Darchan und Tschoibalsan. Nahrungsmittel-, Textil-, Leder-, Baustoffind. und Holzverarbeitung sind die wichtigsten Ind.zweige. Wichtigste Ausfuhrgüter sind Schlachttiere, Leder- und Strickwaren, Teppiche, Häute, Kupfer- und Molybdänerzkonzentrate, Kohle und Zinn. Haupthandelspartner: China, Russland, USA und Japan. – Die Transmongol. Eisenbahn ist an die Transsib bei Ulan-Ude angeschlossen und führt über Ulan-Bator nach SO an die chines. Grenze mit Anschluss nach Peking. Tschoibalsan ist durch eine Stichbahn mit der Transsib verbunden. Das gesamte Streckennetz beträgt 2 083 km. Das rd. 49 000 km lange Straßennetz (davon 1 879 km befestigt) besteht größtenteils aus Steppenpisten; Binnenschifffahrt auf der Selenga und dem Orchon; in Ulan-Bator internat. Flughafen.

Geschichte

Nach Vertreibung der weißgardist. Truppen aus der Äußeren M. und dem Tod des Monarchen Bogdo Gegen Khan (1924) wurde unter starkem Einfluss der Sowjetunion am 26. 11. 1924 die »Mongol. Volksrep.« (MVR) proklamiert, in der die kommunist. Mongol. Revolutionäre Volkspartei (MRVP) die bestimmende polit. Kraft war. Im Rahmen einer ab 1929 radikalen gesellschaftl. Umgestaltung führte C. Tschoibalsan auch »Säuberungsaktionen« und eine Entmachtung der lamaist. Priesterschaft durch (Höhepunkt 1938, Zerstörung der meisten Klöster und Ermordung vieler Mönche). Ein Vorstoß japan. Truppen wurde 1939 mit Unterstützung der sowjet. Armee am Chalchyn Gol abgewehrt. 1945 nahmen Truppen der MVR am sowjet. Vormarsch in das von Japan besetzte N-China teil, nachdem die MVR gemeinsam mit der UdSSR Japan den Krieg erklärt hatte; im Okt. 1945 stellte ein Volksentscheid die völlige Unabhängigkeit der MVR her, die von China im Jan. 1946 anerkannt und im sowjet.-chines. Vertrag von 1950 bestätigt wurde. 1961 trat die MVR den UN und 1962 dem Rat für gegenseitige Wirtschaftshilfe bei. Im Zuge des seit den 60er-Jahren sich vertiefenden sowjetisch-chines. Gegensatzes lehnte sich die MVR eng an die UdSSR an, bes. als China 1969 den Grenzvertrag von 1962 für ungültig erklärte und Gebietsforderungen stellte. Langjähriger Staats- und Parteichef war bis 1984 J. Zedenbal, ihm folgte S. Batmunch. Unter dem Druck der gesellschaftspolit. Veränderungen in der UdSSR und in Osteuropa proklamierte die Partei- und Staatsführung seit 1989 einen »Kurs der Umgestaltung«. Gleichzeitig entwickelte sich – bes. unter

Mongolei: Nationalpark von Yol im östlichen Gebirgsausläufer des Gobi-Altai

den Intellektuellen – eine Demokratiebewegung (1990 Entstehung der ersten Oppositionsparteien), die im März 1990 den Rücktritt der Partei- und Staatsführung erzwang. Neuer Staatschef wurde P. Otschirbat. Per Verfassungsänderung wurde das Machtmonopol der MRVP aufgehoben. Aus den ersten freien Wahlen (Juli 1990) ging die MRVP als Sieger hervor; das Parlament bestätigte Otschirbat als Staatsoberhaupt. Die Parlamentswahlen im Juni 1992 gewann erneut die MRVP, die sich offiziell vom Marxismus-Leninismus losgesagt hatte. Bei der ersten Direktwahl des Staatspräs. bestätigte die Bev. 1993 Otschirbat – nach dem Bruch mit der MRVP Kandidat der Opposition – im Amt. Bei den Parlamentswahlen vom Juni 1996 siegte die Anfang 1996 gegründete De-

mokrat. Union und stellte die Reg. (danach wiederholter Wechsel im Amt des MinPräs., Zerstrittenheit der Koalitionsparteien). 1997 wurde N. Bagabandi (MRVP) zum Staatspräs. gewählt (Wiederwahl im Mai 2001). Nach ihrem hohen Wahlsieg Anfang Juli 2000 (Gewinn von 72 der 76 Abg.sitze) übernahm die MRVP wieder die Macht.

Im Jan. 1993 schloss die M. (nach dem Abzug der russ. Truppen) mit Russland einen Freundschaftsvertrag, im April 1994 einen Freundschaftsvertrag mit der VR China.

Mongolen (mongol. Mongol), zum tungiden Zweig der mongoliden Rasse gehörende Volksgruppe mit mongol. Sprache, v.a. in Zentral-, Nord- und Ostasien. Kernland der M. ist heute die Äußere /Mongolei. In der Inneren Mongolei und in anderen chines. Provinzen bilden sie eine Minderheit (4,8 Mio.). Geringer ist die Zahl in Russland (Burjaten, Kalmücken) und Afghanistan (Moghol). Man unterscheidet Ost- (u.a. Chalcha, Dariganga, Ordos, Tschachar, Burjaten) und West-M. oder Oiraten (Bajaten, Durbeten, Dsachtschinen, Mingaten, Oleten, Torguten, Kalmücken). Typ. Wirtschaftsform ist die Viehzucht, die aus geograph. Gründen unterschiedlich weite Wanderungen erfordert. Die damit verbundene nomadisierende Lebensweise war nach der Durchsetzung der sozialist. Staats- und Wirtschaftsordnung stark eingeschränkt. An die Stelle der traditionellen Jurte sind heute vielfach feste Häuser in Dauersiedlungen getreten. Altüberlieferte Bräuche wie Reiterspiele, Ringkämpfe und Bogenschießen werden weiterhin gepflegt. Der ursprüngl. Schamanismus wurde seit dem 13. Jh. zunehmend durch den Islam und dieser seit dem 16. Jh. durch den lamaist. Buddhismus verdrängt. – Urspr. wurde die Bez. M. nur auf einen nomadisierenden Stamm am oberen Amur angewandt, durch Dschingis Khan auf das ganze Volk ausgedehnt. Die M. schufen in der ersten Hälfte des 13. Jh. ein sich von Zentralasien bis zur heutigen Ukraine erstreckendes Großreich (1241 Vorstoß bis Schlesien und Besetzung Ungarns), das ab 1260 nach der Eroberung ganz Chinas unter Kubilai in drei Teilreiche zerfiel: das der /Goldenen Horde, das der /Ilkhane und die Mongolei mit China. Das Reich der M., in der zweiten Hälfte des 13. Jh. auf dem höchsten Gipfel der Macht, erstreckte sich damals vom Ostchines. Meer bis nach Polen und vom Himalaja bis nach Sibirien; seine Hptst. war bis 1259 Karakorum, dann Khanbalyk (das heutige Peking). Ende des 13. Jh. zerfiel das Reich in mehrere unabhängige Staaten. 1368 wurden die M. aus China vertrieben, im 15. Jh. verloren sie ihre Herrschaft in Russland, der turkomongol. Herrscher Timur gründete in der zweiten Hälfte des 14. Jh. ein neues Reich mit der Hptst. Samarkand, dem Inner- und Vorderasien untertan waren, das aber nach seinem Tod 1405 rasch zerfiel. Von Dschagatai aus gründete /Babur in Indien das Reich der Großmogul. In Zentralasien haben die M. seither keine überregionale Bedeutung mehr. (/Mongolei)

Mongolenfalte (Nasenlidfalte, Epikanthus), weit herabfallende Deckfalte des Augenoberlides, die Lidrand und Wimpern teilweise verdecken kann; verschmilzt am inneren Augenwinkel in einem sichelförmigen Bogen mit der Nasenhaut; kommt v.a., jedoch nicht ausschließlich bei Mongoliden vor.

Mongolenfleck (Sakralfleck, Steißfleck), blaugraue Verfärbung der Haut über der Steißgegend, die bei Neugeborenen deutlich ausgeprägt ist, später aber verblasst. Der M. kommt v.a. bei Asiaten vor, ist jedoch nicht auf diese beschränkt.

Mongolide, typolog. Kategorie für die Gesamtheit der v.a. in Zentral-, O- und S-Asien einheim. Menschen. Im W besteht eine breite Kontaktzone und Verzahnung mit den Europiden, im N lebt eine Reihe mehr oder weniger isolierter Populationen, die ebenfalls Merkmale mit den Europiden gemeinsam haben. Charakteristisch für die M. sind ein flaches Gesicht mit niedriger Nasenwurzel, betonte Jochbögen, flach liegende Lidspalte (/Mongolenfalte), dickes, straffes, dunkles Haar, dunkle Augen, gelbbräunl. Haut, i. d. R. kurzer, untersetzter Wuchs.

mongolische Kunst, /zentralasiatische Kunst.

mongolische Literatur, die überwiegend in der uiguromongol. Schrift abgefasste Literatur; Denkmäler der frühesten Epoche sind auch mit anderen Schriftsystemen geschrieben; ältestes erhaltenes Zeugnis ist die »Geheime Geschichte der Mongolen« (1227–64), eine Darstellung des Aufstiegs Dschingis Khans. Neben Heldenliedern, die auch heute noch von Rhapsoden vorgetragen werden, ist die m. L. reich an ritualistisch, schamanistisch beeinflusster Zeremonialdichtung, Segenssprüchen und Ansprachen, Weisheitssprüchen, Rätseln, Sprichwörtern und Liedern. Besonderen Raum nimmt auch die didakt. Dichtung ein. Ein großer Teil der früheren, durch die Aufnahme und Verarbeitung indisch-tibet. und buddhist. Motive gekennzeichneten Literatur ist anonym. Große Bedeutung kommt der in zahlr. Handschriften erhaltenen Geschichtsliteratur zu. Aus der im 17./18. Jh. einsetzenden Rezeption von Prosaerzählungen indisch-tibet. Ursprungs und chines. Romanen entwickelte sich die reiche Prosaliteratur der Gegenwart. Die Hinwendung zur modernen Literatur erfolgte unter Daschdordschijn Natsagdordsch, wurde jedoch mit seiner Ermordung (1937) und der anderer talentierter Schriftsteller v.a. mit der engen Anlehnung an die sowjet. Kultur- und Literaturpolitik (Einführung der kyrill. Schrift) unterbrochen. Mit seinen Erzählungen und Übersetzungen zählt Tsendijn Damdinsüren zu den Wegbereitern der neuen Literaturbewegung, die v.a. folklorist. Novellen und Erzählungen sowie histor., wiss.-fantast. und Zeitromane hervorbrachte; zu den modernen Erzählern, die neben Gegenwartsproblemen auch die Geschichte der Mongolen verstärkt thematisieren, gehören u.a. E. Ojuun, D. Paj-Dchingijn Battulga, S. Udwal, S. Gaadamba, D. Mjagmar, D. Garmaa sowie Galsan Tschinag (eigtl. Irgit Schynybajoglu Dskurukuwaa).

mongolische Schrift. Die m. S. (uiguromongol. Schrift) verläuft in senkrechten, von links nach rechts zu lesenden Zeilen. In der Mongol. Volksrep. wurde 1941–46 ein modifiziertes kyrill. Alphabet eingeführt; seit 1991 bedient man sich in der Mongolei offiziell wieder der uigur. Schrift, die auch in der Inneren Mongolei wie bisher verwendet wird.

mongolische Sprachen. Die m. S. gehören zur Gruppe der /uralaltaischen Sprachen; Sie sind meist agglutinierend. Die versch. Dialekte werden klassifiziert nach lautl. (Alt-, Mittel- und Neumongolisch) und geograph. Gesichtspunkten: Zum Westmongolischen gehören z.B. Oiratisch und Kalmückisch, zum Ostmongolischen die Amtssprache Chalcha-(Khalkha-)Mongolisch, das Dariganga-Mongolisch, das Burjatische, zu den Randsprachen Moghol, Monguor und Santa.

Mongolismus der, veraltete Bez. für /Down-Syndrom.

Mongolistik die, Wiss. von den sprachl. und kulturellen Gegebenheiten der Mongolen und benachbarter Kulturen.

mongolische Schrift

Moniliakrankheit: Moniliafäule an Birne und Apfel

Monheim am Rhein, Stadt im Kr. Mettmann, NRW, am Rhein, 43 100 Ew.; Tanzakademie; Pflanzenschutzzentrum; pharmazeut. Ind., Brauerei.

Monier [mɔ'nje], Joseph, frz. Gärtnereibesitzer, *Saint-Quentin-la-Pôterie (bei Nîmes) 8. 11. 1823, †Paris 13. 3. 1906; förderte die Verwendung des von ihm 1855 erfundenen Stahlbetons in der Bautechnik (**M.-Bauweise**).

Monika, Heilige, ↗ Monnika.

Moniliakrankheit [lat.], Fruchtfäule des Obstes, erregt durch die Pilze **Monilia fructigena** beim Kernobst und **Monilia laxa** beim Steinobst. Auf den Früchten bilden sich polsterartige Sporenlager (häufig in konzentr. Ringen); die Früchte fallen ab oder bleiben, allmählich mumifiziert, am Baum hängen; Behandlung mit Fungiziden.

Moniliasis [lat.] die, Medizin: der ↗ Soor.

Monismus [zu grch. mónos »allein«, »einzig«] der, im Unterschied zum ↗ Dualismus und ↗ Pluralismus jede philosoph. oder religiöse Auffassung, die Bestand oder Entstehung der Welt aus einem Stoff oder aus einem Prinzip allein erklären will. Der **ontolog. M.** ist Materialismus (Materie als Prinzip) oder Idealismus bzw. Spiritualismus (Geist als Prinzip). Der **erkenntnistheoret. M.** erblickt z. B. in den Empfindungselementen (so E. Mach) den Stoff, der je nach Gesichtspunkt als physikal. oder psycholog. Objekt erscheint.

Monistenbund, von E. Haeckel u. a. 1906 gegr. Zusammenschluss von Freidenkern auf der Grundlage eines monist. Materialismus; wandte sich gegen christlich-dogmat. Überzeugungen, nach 1920 Rezeption sozialist. und pazifist. Konzeptionen; Gegnerschaft zu Antisemitismus und Rassismus. Seit 1956 »Freigeistige Aktion – Dt. Monisten-Bund«.

Monitor [lat. »Mahner«] der, 1) Informatik: 1) Bez. für ↗ Bildschirm; 2) Funktionseinheit zur laufenden Beobachtung und Überwachung interner Abläufe von Rechenanlagen; 3) Konzept zur Synchronisierung nebenläufiger Prozesse.

2) Fernsehtechnik: Fernsehkontrollempfänger für Regie- und Reportagezwecke zur Prüfung von Inhalt und techn. Qualität der Kameraaufnahme oder der Aufzeichnung.

3) Medizin: Sichtgerät, auf das medizin. Daten (EKG u. a.) übertragen werden.

Monitoring ['mɔnɪtərɪŋ], zu engl. to monitor »beobachten«] das, allg. die kontinuierl. Beobachtung eines Systems; speziell die analyt. Überwachung der Konzentrationen von (Schad-)Stoffen in der Umwelt zur Kontrolle umwelt- und gesundheitsrelevanter Daten (↗ Biomonitoring).

Monitorsystem, bes. im 19. Jh. (v. a. im englischsprachigen Raum) verbreitete Unterrichtsmethode (A. ↗ Bell, J. ↗ Lancaster).

Moniuszko [mɔn'juʃkɔ], Stanisław, poln. Komponist, *Ubiel (heute Ubel, bei Minsk) 5. 5. 1819, †Warschau 4. 6. 1872; gilt als Begründer einer nationalen poln. Oper (»Halka«, 1848); schrieb ferner weitere Opern, Operetten, Ballette, etwa 300 Lieder, Chorwerke, Kirchen- und Klaviermusik.

Moniz Egas [mu'niʃ 'ɛɣaʒ], António Caetano, eigtl. A. C. de Abreu Freire Egas Moniz, portugies. Neurologe und Politiker (Außenmin. 1918), *Estarreja (bei Aveiro) 29. 11. 1874, †Lissabon 13. 12. 1955; Schöpfer der Gehirn-Arteriographie am lebenden Menschen (1927). Für das ebenfalls von ihm angegebene Verfahren der Leukotomie (operative Unterbrechung von Nervenfasern zw. dem Stirnhirn und tiefer gelegenen Gehirnabschnitten) erhielt er 1949 (mit W. R. Hess) den Nobelpreis für Physiologie oder Medizin.

Monk, 1) [mɔŋk], Egon, Regisseur, *Berlin 18. 5. 1927; war ab 1949 Regieassistent u. a. bei B. Brecht; dann Regisseur u. a. in Rostock und Berlin (Ost); wechselte 1953 in die Bundesrep. Dtl.; 1960–68 beim NDR Leiter der Fernsehspielabteilung und ab 1970 ebd. Regisseur; drehte u. a. »Die Bertinis« (5 Tle., 1988, nach dem Roman von R. Giordano).

2) [mʌŋk], Meredith, amerikan. Komponistin, Choreographin und Regisseurin, *Lima (Peru) 20. 11. 1942; gründete 1978 das M. M. Vocal Ensemble und experimentierte mit der menschl. Stimme; versuchte als Choreographin und als Komponistin eine Art Gesamtkunstwerk zu schaffen, u. a. mit den Opern »Vessel« (1971), »Atlas« (1991) und »Magic Frequencies« (1998).

3) [mʌŋk], Thelonious Sphere, amerikan. Jazzpianist und Komponist, *Rocky Mount (N. C.) 10. 10. 1917, †Weehawken (N. J.) 17. 2. 1982; gilt als einer der Wegbereiter des Bebop; schrieb zahlr. Jazzstandards (»Round about Midnight«, 1944; »Criss-Cross«, 1951).

Mon-Khmer-Sprachen, Gruppe der austroasiat. Sprachen. Zu ihnen gehören: 1) die Khmergruppe mit Khmer (Kambodschanisch), Angrak, Pnar, Khmer Dong, Samreh, Budeh sowie in Vietnam Bahnar und Stieng, in den Khasi- und Jaintiabergen, Indien und Bangladesch Khasi und auf den Nikobaren Nikobarisch; 2) das Mon (Talaing, Peguanisch) in SO-Birma.

Mon-Khmer-Völker, Sammelbez. für eine Reihe sprachlich zusammengehöriger, kulturell und anthropologisch aber verschiedener Völker in Hinterindien, v. a. die Khmer, Khasi, Mon, Palaung, Wa, Lawa, die meisten Moi, ferner die Nikobarer und die kleinwüchsigen Restvölker Malakkas.

Monmouthshire ['mʌnməθʃɪə], Unitary Authority im äußersten SO von Wales, 849 km², 84 900 Ew., Verw.-Sitz ist Cwmbran.

Monnet [mɔ'nɛ], Jean, frz. Wirtschaftspolitiker, *Cognac 9. 11. 1888, †Montfort-l'Amaury (Dép. Yvelines) 16. 3. 1979; war 1919–23 stellv. Gen.-Sekr. des Völkerbundes, 1943–44 Mitgl. des Frz. Komitees der Nat. Befreiung; 1946–50 Leiter des Planungsamtes, 1950–52 Präs. der Pariser Schumanplankonferenz, 1952–55 Präs. der Hohen Behörde der Montanunion. 1956 gründete er das Aktionskomitee für die Vereinigten Staaten von Europa (1975 aufgelöst). Internat. Karlspreis der Stadt Aachen 1976.

Monnier [mɔ'nje], 1) Henri Bonaventure, frz. Schriftsteller und Zeichner, *Paris 6. 6. 1799, †ebd. 3. 1. 1877; schuf in den von ihm selbst illustrierten Dialogen »Scènes populaires dessinées à la plume« (1830) die viel zitierte Gestalt des selbstzufriedenen Spießbürgers »Joseph Prudhomme« (dt. etwa »Biedermann«).

2) Thyde, eigtl. Mathilde M., frz. Schriftstellerin, *Marseille 23. 6. 1887, †bei Nizza 18. 1. 1967; schildert in ausgewogenem neonaturalist. Romanen Landschaft und Leben der kleinen Leute ihrer südfrz. Heimat. Als Hauptwerk gilt der Romanzyklus »Les Desmichels«, der z. T. auch ins Dt. übersetzt wurde: bes. bekannt Bd. 1 und 2 (1937) zus. u. d. T. »Liebe, Brot der Armen«.

Monnika (Monika), Mutter des ↗ Augustinus, *Tagaste (Numidien) um 332, †Ostia Nov. 387; aus christl. Familie, hatte großen Einfluss auf die Bekehrung ihres Sohnes; Heilige, Tag: 27. 8.

mon(o)... [grch. mónos], allein..., ein..., einzeln...

Monoamin|oxidase (Monoaminooxidase, Abk. MAO), in den Mitochondrien u. a. der Gehirnzellen lokalisiertes Enzym, das Monoamine (z. B. Noradre-

António Moniz Egas

Meredith Monk

Jean Monnet

nalin, Serotonin), die als Neurotransmitter für die Funktion des Nervensystems wichtig sind, oxidativ abbaut und damit an der Regulation der Neurotransmitterkonzentration beteiligt ist. Hemmstoffe der M., die **MAO-Hemmer** oder **MAO-Inhibitoren** (u. a. Derivate von Säurehydraziden), werden in beschränktem Umfang als Antidepressiva verwendet.

Monoceros [grch.], *Astronomie:* das Sternbild ↗ Einhorn.

Monochord [grch.] *das,* seit der Antike und weit über das MA. hinaus benutztes Tonmessgerät aus einem längl. Resonanzkasten mit darüber gespannter, durch einen verschiebbaren Steg teilbarer Saite. Das Verhältnis der Saitenlänge von 1 : 2 ergibt die Oktave, das von 2 : 3 die Quinte usw. Aus einer mittelalterl. Abart des M. entwickelte sich wahrscheinlich das ↗ Klavichord.

monochrom [grch.], in einer einzigen Farbe gehalten (v. a. bei Kunstwerken).

Monochromasie *die,* totale Farbenblindheit (↗ Farbenfehlsichtigkeit).

monochromatisch, *Physik:* einfarbig im Sinne einer Spektralfarbe des Lichts; i. w. S. durch eine elektromagnet. Strahlung definierter Wellenlänge oder eines sehr engen Wellenlängenbereichs charakterisiert oder (aufgrund des Welle-Teilchen-Dualismus) Teilchen einheitl. Energie (eines geringen Energieintervalls) enthaltend.

Monochromator [grch.] *der,* Vorrichtung zur Aussonderung von Teilchen nach einer physikal. Größe (z. B. nach ihrer Masse in Massenspektrometern) oder von elektromagnet. Wellen nach ihrer Wellenlänge (Frequenz), insbesondere von Licht einer bestimmten Spektralfarbe (↗ Spektralapparate).

Monochromismus [grch.] *der* (monochrome Malerei), in der Malerei der Aufbau eines Bildes aus einer einzigen Farbe oder gering voneinander abweichenden Tonstufen (Y. Klein, L. Fontana u. a.).

Monocoque [-'kɔk; von engl. monocoque construction »Schalenbauweise«] *das, Automobilrennsport:* meist aus Kohlenstofffasern und Aluminium bestehende, vakuumverformte versteifende Schalenkonstruktion bei Monopostos (↗ Formel 1) zur Sicherheit der Rennfahrer. Das M. ist kaum zerstörbar.

Monod [mɔ'no], Jacques Lucien, frz. Biochemiker, * Paris 9. 2. 1910, † Cannes 31. 5. 1976; erhielt 1965 mit A. Lwoff und F. Jacob den Nobelpreis für Physiologie oder Medizin für die Entdeckung der genet. Steuerung der Enzym- und Virussynthese. In seinem Werk »Zufall und Notwendigkeit« (1970) befasste sich M. mit philosoph. Fragen der modernen Biologie.

Jacques Monod

Monodie [grch.] *die,* in der Antike der Gesang eines Einzelnen im Ggs. zu dem eines Chores; seit dem Ende des 16. Jh. der akkordisch durch den Generalbass begleitete Sologesang im musikdramat. Rezitativ und in der Opernarie.

Monodrama, Einpersonenstück monolog. Charakters, z. T. mit Instrumentalmusik untermalt (J.-J. Rousseau, »Pygmalion«, 1762), später auch in Verbindung mit Telefon, Tonband u. a. (J. Cocteau, »Geliebte Stimme«, 1930; S. Beckett, »Das letzte Band«, 1959; H. Qualtinger »Der Herr Karl«, 1962).

Monofil *das, Textiltechnik:* aus einer einzigen Faser bestehender vollsynthet. Faden. Besteht der Faden aus mehreren Fasern, spricht man von **Multifil**.

Monoflop *der, Elektronik:* monostabile ↗ Kippschaltung.

Monogamie [grch.] *die,* das geschlechtl. Zusammenleben eines männl. mit einem weibl. Lebewesen; beim Menschen und bei höheren Tieren als **Einehe** bezeichnet.

monogen [grch.], durch nur ein Gen bestimmt (Erbvorgang).

Monogramm [grch.] *das,* **1)** *Diplomatik:* (Handzeichen, lat. Signum, frz. Chiffre), Figur aus Buchstaben oder Zeichen als Ausdruck für Namen oder Titel. In mittelalterl. Urkunden ersetzte das M. die eigenhändige Unterschrift.

2) *Kunst:* (Künstlermonogramm, Meisterzeichen), die zuerst von den Handwerksmeistern des späteren MA. für ihre Arbeiten verwendeten Zeichen (Anfangsbuchstaben, Hausmarke). Das M. sollte die Arbeiten vor Nachahmung schützen und wurde dann Ausdruck des künstler. Selbstbewusstseins. Die Künstler aus der Frühzeit des Holzschnitts und des Kupferstichs, von denen man nur das M. kennt, werden **Monogrammisten** genannt.

Monographie [grch.] *die,* in sich abgeschlossene wiss. Abhandlung über eine Persönlichkeit oder einen einzelnen Gegenstand einer Wissenschaft.

Monohybride [grch.] *die,* auch *der,* Bastard, dessen Eltern sich in nur einem Merkmal unterscheiden.

Monokel [frz., von lat. monoculus »einäugig«] *das,* mithilfe des Lidschließmuskels vor dem Auge gehaltenes ↗ optisches Glas; früher übl. Korrekturlinse für ein Auge, auch als Modeerscheinung.

monoklines Kristallsystem [grch.], ↗ Kristallsysteme.

monoklonale Antikörper [zu grch. klōn »Sprössling«], von einem einzelnen Zellklon produzierte ↗ Antikörper. Mit zellbiolog. Verfahren gelang es, entartete Lymphozyten mit Antikörper bildenden Lymphozyten zu verschmelzen. Diese so genannten Hybridome sind fast unbegrenzt lebensfähig und bilden große Mengen des Antikörpers, auf den die Lymphozyten »programmiert« werden. Das Haupteinsatzgebiet der m. A. liegt v. a. im medizinisch-diagnost. Bereich zur Bestimmung von Hormonen und Serumproteinen sowie in der Serologie, der Zellbiologie und in der Immunhistochemie. Humanisierte m. A. (der überwiegende Teil ihres Genmaterials stammt vom Menschen) werden auch bereits therapeutisch genutzt.

Monokotyledonen, ↗ Einkeimblättrige.

Monokratie [zu grch. krateīn »herrschen«] *die,* Herrschaft eines Einzelnen, sowohl die Staatsform der ↗ Monarchie als auch andere monokrat. Herrschaftsformen (Tyrannis, Diktatur).

monokratisches Prinzip, im Ggs. zum Kollegialprinzip ein Organisationsprinzip bes. von Behörden, dem zufolge die institutionellen Befugnisse nur dem jeweiligen Leiter zustehen, dieser aber delegationsbefugt ist.

monokulares Sehen, das Sehen mit nur einem Auge; eine Tiefenwahrnehmung ist dabei nicht möglich.

Monokultur, Form landwirtsch. Bodennutzung; jährlich wiederkehrender Reinanbau derselben einjährigen Nutzpflanzenart auf der gleichen Fläche oder langjähriger Reinanbau von Dauerkulturen (z. B. Wein, Obst, Kaffee, Fichten). Vorteile: Erzeugung großer Mengen und arbeitssparende Bodenbearbeitung mit Maschinen. Nachteile: leichte und schnelle Ausbreitung von Pflanzenkrankheiten und Schädlingen, Verbrauch des natürl. Mineralgehalts des Bodens durch einseitige Beanspruchung.

Monolith [grch.] *der,* einzelner Steinblock, z. B. ein Menhir; auch ein kunstvoll bearbeiteter Steinblock, z. B. ein Obelisk.

monolithisch, eine (untrennbare) Einheit bildend; aus einem Stück, zusammenhängend und fugenlos hergestellt; in der Mikroelektronik z. B. monolith. Schaltung.

monolithische Schaltung, ein in Halbleiterblocktechnik hergestellter ∕ integrierter Schaltkreis mit einem Halbleiter als Grundkörper.

Monolog [grch. »Alleinrede«] *der,* 1) i. w. S. Rede einer einzelnen Person (z. B. Vortrag, Predigt); 2) i. e. S. von Gedanken und Gefühlen getragenes Selbstgespräch, v. a. in lyr. und ep. literar. Werken; bei Fokussierung auf Bewusstseinsvorgänge und Unterbewusstes als ∕ innerer Monolog; 3) Selbstgespräch im Drama, das (im Unterschied zum ∕ Dialog) der Reflexion, der Selbstanalyse oder einem monolog. Aneinandervorbeisprechen dienen kann.

Monomanie [grch.] *die* (Einzelwahn, Partialwahn), krankhafter Trieb, auch fixe Idee, z. B. Kleptomanie.

Monomere [zu grch. méros »(An)teil«], niedermolekulare Bausteine von ∕ Polymeren. Typ. Moleküle von M. zur techn. Polymersynthese (∕ Kunststoffe) haben Doppelbindungen (z. B. Äthylen) oder zwei reaktionsfähige Gruppen (z. B. Diisocyanate).

monomiktisch [zu grch. miktós »gemischt«], Bez. für Seen, deren Wasserkörper sich zu einer bestimmten Zeit umschichtet.

Monomotapa [nach Bantu Mwame Mutapa »Herr der Bergwerke«], ehem. Banturreich im Gebiet des heutigen Simbabwe und Moçambique, dessen Herrscher den Titel »M.« führten. Das Reich ist v. a. bekannt geworden durch seine heute verlassenen Goldbergwerke und die Ruinen von Simbabwe. M. erlebte vom 14. bis 16. Jh. seine Blütezeit, geriet im 17. Jh. unter portugies. Einfluss und verfiel dann rasch.

Mononukleose [grch.] *die* (infektiöse Mononukleose, Drüsenfieber, Pfeiffer-Drüsenfieber, Monozytenangina, Lymphoidzellenangina), meist gutartig verlaufende Viruserkrankung des lymphat. Gewebes, die v. a. bei älteren Kindern und jungen Erwachsenen auftritt; führt zu charakterist. Blutbildveränderungen. Erreger ist das v. a. durch Tröpfchen- und Kontaktinfektion (meist Speichel) übertragene Epstein-Barr-Virus. Die Inkubationszeit beträgt 8–21 Tage. Kennzeichen sind Fieber, Kopf- und Gliederschmerzen, Lymphknotenschwellungen sowie Mandelentzündung und Milzvergrößerung, mitunter auch Hautausschläge. Die Dauer der Erkrankung liegt zw. Tagen und Wochen. Die *Behandlung* umfasst Bettruhe, Wärmeanwendung bei schmerzhaften Schwellungen, Mundpflege und Schmerzmittel.

Monophonie [grch.] *die,* einkanalige Schallübertragung.

Monophthong [grch.] *der, Phonetik:* einfacher vokal. Laut.

monophyletisch [grch.] (monogen), von einheitl. Abstammung; Ggs.: polyphyletisch.

Monophysiten [grch.], Vertreter einer auf dem Boden der alexandrin. Theologie (u. a. unter Berufung auf ∕ Kyrill von Alexandria) im 5./6. Jh. entstandenen und begrifflich ausgeformten christolog. Auffassung **(Monophysitismus),** nach der es in Jesus Christus nicht zwei Naturen (eine göttl. und eine menschl.) gegeben habe, sondern nur die eine (göttl.) des Fleisch gewordenen ∕ Logos; nach ihrer Verurteilung auf dem 4. ökumen. Konzil (Chalkedon 451) Abspaltung der M. von der Reichskirche und Bildung eigener Kirchen (∕ armenische Kirche, ∕ äthiopische Kirche, ∕ Jakobiten, ∕ koptische Kirche). Nach ihrem theol. Selbstverständnis vertreten diese ihre **vorchalkedonische Theologie,** die als »miaphysitisch« (»eine vereinigte Natur Christi«), keinesfalls jedoch als »monophysitisch« beschrieben wird.

Monopol [grch. »Alleinverkauf«] *das,* Marktform, bei der das Angebot in einer Hand **(Monopolist)** vereinigt ist **(Angebots-M.).** Die entsprechende ∕ Marktform auf der Nachfrageseite heißt **Monopson (Nachfrage-M.).** Man unterscheidet natürl. (Rohstoff-)M., wirtsch. M. aufgrund von Verträgen (z. B. Kartelle), rechtlich gesicherte M. (Patente, Außenhandels-M.), M. aufgrund alleiniger Verfügungsmacht über Produktionsfaktoren und -verfahren sowie aufgrund spezif. Produktdifferenzierung. Bei den ∕ Finanzmonopolen und ∕ Staatsmonopolen behält sich der Staat die Herstellung und/oder den Vertrieb einer Ware vor. Wenn auf der Angebots- und Nachfrageseite viele Marktteilnehmer auftreten, aber jeder Anbieter bzw. Nachfrager wegen der Marktunvoll-

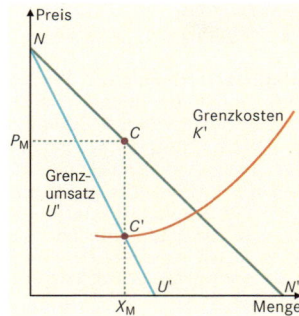

Monopol: Der »cournotsche Punkt« C liegt senkrecht über dem Schnittpunkt C' der Grenzumsatzkurve U' und der Grenzkostenkurve K'; dieser Punkt wird erreicht, wenn der Monopolist den Preis P_M oder die Verkaufsmenge X_M fixiert.

kommenheit eine monopolähnl. Position einnimmt und sich innerhalb bestimmter Grenzen wie ein Monopolist verhalten kann, spricht man von **monopolist. Konkurrenz.** – In der Wirtschaftstheorie hat als Erster A. A. Cournot die M.-Preisbildung mathematisch analysiert. Der »cournotsche Punkt« auf einer Preis-Absatz-Funktion bestimmt die gewinnmaximale Preis-Angebotsmenge-Kombination und damit den maximalen Gewinn eines Monopolisten. Die Wirkung von M. blieb in der Volkswirtschaftslehre umstritten. Während liberale Richtungen die von M. ausgehende Störung des Wettbewerbs betonen, wird in der Konjunktur- und Wachstumstheorie eine positive Wirkung der M. auf techn. Fortschritt und Stabilität des Wirtschaftswachstums behauptet. Um der Monopolisierung zu begegnen, setzt die Wirtschaftspolitik Maßnahmen wie Kartellverbot, ∕ Fusionskontrolle, ∕ Missbrauchsaufsicht ein.

Geschichte: M. gab es seit der frühesten Zeit des Tauschverkehrs. In den europ. Territorialstaaten waren vom 13. bis zum 19. Jh. die bedeutendsten M. privilegierte Unternehmungen (z. B. Handelskompanien) und die staatl. Regalbetriebe. Salz, Tabak, Zündhölzer, Branntwein waren oft Staatsmonopol. Während mit der Ausweitung des Welthandels und der Durchsetzung des Liberalismus viele alte M. abgebaut wurden, entwickelten sich gegen Ende des ausgehenden 19. Jh. neue M. in den ∕ Kartellen.

Monopol *der, Physik:* isolierte positive oder negative elektr. Elementarladung e **(elektr. M.)** oder isolierter magnet. Nord- oder Südpol mit der magnet. Einheitsladung g **(magnet. M.);** auch Bez. für diese Ladungen tragenden Teilchen. – Während elektr. M. seit langem bekannt sind, sind magnet. M. hypothetisch. Ihre Existenz wurde 1931 von P. A. Dirac postuliert, um in den maxwellschen Gleichungen eine duale Symmetrie zw. elektr. und magnet. Größen herzustellen. Auch die ∕ Große Vereinheitlichte Theorie setzt das Vorkommen von magnet. M. voraus.

Monopteros von Leo von Klenze im Englischen Garten in München (1833-38)

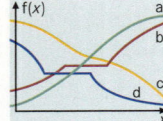

monoton 2): a streng monoton wachsende, b monoton wachsende, c streng monoton fallende, d monoton fallende Funktion

Marilyn Monroe

Monopolkapitalismus, Terminus des Marxismus für das »höchste Stadium« der kapitalist. Wirtschaftsordnung, gekennzeichnet durch Konzentration der Produktion und des Kapitals in ↗ Monopolen auf nat. und internat. Ebene, Verschmelzung des Bank- und Ind.kapitals in den Händen einer Finanzoligarchie, Übergewicht des Kapitalexports gegenüber dem Warenexport, territoriale Aufteilung der Erde unter die kapitalistisch bestimmten Großmächte. Nach Lenin ist der M. die Wirtschaftsordnung des Imperialismus.

Monopolkommission, durch §§ 44 ff. Ges. gegen Wettbewerbsbeschränkung i. d. F. v. 26. 8. 1998 vorgeschriebenes Sachverständigengremium aus 5 unabhängigen, vom Bundespräs. auf 4 Jahre berufenen Mitgl.; besteht seit 1974. Die M. muss alle zwei Jahre in einem Gutachten Stand und absehbare Entwicklung der Unternehmenskonzentration und die Anwendung der Vorschriften über die Zusammenschlusskontrolle beurteilen sowie zu sonstigen aktuellen wettbewerbspolit. Fragen Stellung nehmen. Sie erarbeitet darüber hinaus zusätzl. Gutachten im Auftrag der Bundesreg. oder nach eigenem Ermessen.

Monopteros [grch.] *der,* offener Rundtempel, dessen Gebälk und Dach von Säulen getragen wird; beliebt in der barocken und klassizist. Gartenarchitektur.

Monosaccharide, einfach gebaute Zucker, Grundbausteine der ↗ Kohlenhydrate. M. sind meist süß schmeckende, farblose, kristalline, leicht wasserlösl., stets optisch aktive Substanzen. Nach der Anzahl der Kohlenstoffatome unterscheidet man Triosen, Tetrosen, Pentosen, Hexosen und Heptosen sowie Aldosen und Ketosen nach Vorhandensein einer Aldehyd- bzw. Ketogruppe. M. bilden meist intramolekulare, fünf- oder sechsgliedrige zykl. Halbacetale (so genannte **Furanosen** bzw. **Pyranosen**). Durch Zusammenschluss von zwei oder mehr M. entstehen Disaccharide und Polysaccharide.

monosyllabische Sprachen [grch./dt.] (einsilbige Sprachen), Sprachen, die ausschließlich oder überwiegend aus einsilbigen Wörtern bestehen. Zu den m. S. gehört z. B. das Chinesische.

Monotheismus [grch.] *der,* das Bekenntnis und die Verehrung nur eines einzigen Gottes, der im Glauben als personales Gegenüber erfahren wird und im Verständnis der Gläubigen als Schöpfer und Erhalter der Welt gilt. Monotheist. Religionen sind Judentum, Christentum und Islam. (Ggs.: ↗ Polytheismus)

Monotheleten [grch.], die Anhänger der im 7. Jh. unter dem Einfluss des Monophysitismus entstandenen christolog. Auffassung (**Monotheletismus**), nach der es in Jesus Christus zwei Naturen (eine göttl. und eine menschl.), aber nur einen gemeinsamen Willen (grch. »thelema«) gegeben habe. Das 6. ökumen. Konzil (Konstantinopel 680/681) verurteilte den Monotheletismus und verdammte Papst Honorius I. aufgrund von ihm gebrauchter, »monotheletisch klingender« Formulierungen in den christolog. Lehrauseinandersetzungen als einen der Urheber der monothelet. Häresie.

monoton [grch.], 1) *allg.:* eintönig, gleichförmig.
2) *Mathematik:* 1) eine Folge reeller Zahlen a_n steigt m., wenn $a_{n+1} \geq a_n$, sie fällt m., wenn $a_{n+1} \leq a_n$ für alle n. Die Folge heißt streng m. steigend (fallend), wenn stets > (bzw. <) gilt. 2) Eine reelle Funktion $f(x)$ heißt (auf einem Intervall) m. steigend, wenn aus $x_1 < x_2$ stets $f(x_1) \leq f(x_2)$ folgt; gilt $f(x_1) \geq f(x_2)$, ist die Funktion m. fallend.

Monotropie [grch.] *die,* Erscheinung, dass nur eine einzige feste ↗ Modifikation eines Elements oder eines Kristallgitters stabil ist. Die unter bestimmten Bedingungen metastabilen Formen lassen sich irreversibel in die stabilen überführen.

Monotype ['mo:notaɪp, engl.] *die, graf. Technik:* Einzelbuchstabensetzmaschine (↗ Setzmaschine), die 1897 von dem Amerikaner T. Lanston (* 1844, † 1913) erfunden wurde.

Monotypie *die,* graf. Verfahren, das nur einen einzigen Abdruck ergibt. Auf eine Glas- oder Kupferplatte werden Druck- oder Ölfarben gestrichen, dann ein Papierbogen darübergelegt und durch Druck mittels Bleistift, Daumen u. a. Linien und Flächen farbig abgedrückt.

Monoxid, ↗ Oxid.

Monozelle, Spannungsquelle (Batterie), die nur aus einer Zelle besteht. Von den versch. Typen mit internat. genormten Abmessungen unterscheidet man u. a. Microzelle, Mignonzelle, Babyzelle und die Bauform R 20 (34 × 61,5 mm).

Monözie [grch.] *die* (Einhäusigkeit), das Vorhandensein beider Geschlechter auf derselben Pflanze, jedoch in eingeschlechtigen ↗ Blüten.

Monozyten [grch.], ↗ Blut.

Monozyten-Makrophagen-System (ältere Bez. retikulohistiozytäres bzw. retikuloendotheliales System, Abk. RES), zum Immunsystem gehörendes, im Dienst der unspezif. Abwehr stehendes System von Zellen und Geweben. Dient v. a. der Abwehr von Schadstoffen und Endoparasiten sowie der Immunregulation und der Synthese unterschiedl. biolog. Substanzen.

Monreale, italien. Stadt auf Sizilien, südwestlich von Palermo, 28 700 Ew.; Erzbischofssitz. – Kathedrale (1174–89) in normann. Baustil mit Mosaiken im byzantin. Stil.

Monroe [mənˈrəʊ, ˈmʌnrəʊ], 1) James, 5. Präs. der USA (1817–25), * Westmoreland (Va.) 28. 4. 1758, † New York 4. 7. 1831; Anhänger T. Jeffersons, als entschiedener Antiföderalist Gegner der Unionsverfassung von 1787 und oppositioneller Senator (1790–94), 1794–1807 im diplomat. Dienst (Gesandter in Paris, London, Madrid), 1811–17 Außenmin., 1814/15 auch Kriegsmin. unter J. Madison. Seine Präsidentschaft war eine Zeit der nat. Konsolidierung und einer erfolgreichen Außenpolitik (Erwerbung Floridas, 1819). 1823 verkündete M. die nach ihm benannte ↗ Monroedoktrin.

2) Marilyn, eigtl. Norma Jean Mortenson oder Baker, amerikan. Filmschauspielerin, * Los Angeles (Calif.) 1. 6. 1926, † (Selbstmord) ebd. 5. 8. 1962; 1956–61 ⚭ mit A. Miller; in den 1950er-Jahren auf das Bild des amerikan. Sexidols reduziert (u. a. »Wie angelt man sich einen Millionär«, 1953; »Blondinen

bevorzugt«, 1953); zeigte ihre Fähigkeit als Komikerin v. a. in B. Wilders »Manche mögen's heiß« (1959). – *Weitere Filme:* Der Prinz und die Tänzerin (1957); Misfits – Nicht gesellschaftsfähig (1960).

Monroedoktrin [mənˈrəʊ-, ˈmʌnrəʊ-], Bezeichnung für die am 2. 12. 1823 von Präs. J. Monroe in einer Kongressbotschaft dargelegten Prinzipien der amerikan. Außenpolitik. Monroe forderte 1. keine weitere Kolonisation der europ. Mächte auf dem amerikan. Kontinent; 2. Nichteinmischung der USA in die inneren Angelegenheiten Europas. Die urspr. defensiv gemeinte M. wurde im Zuge der zunehmend imperialist. Außenpolitik der USA schließlich von T. Roosevelt im Sinne einer internat. Polizeifunktion der USA in der westl. Hemisphäre interpretiert. Die hegemoniale Haltung wurde nach 1930 allmählich revidiert und gleichzeitig die isolationist. Politik gegenüber Europa aufgegeben.

Monrovia, Hptst. von Liberia, an der Mündung des Saint Paul River in den Atlantik, 962 000 Ew.; Sitz eines methodist. und eines episkopalist. Bischofs; Univ. (gegr. 1862 als College, seit 1951 Univ.), amerikan. Kulturzentrum, Bibliotheken, Technikum, National-, Afrikamuseum; bed. Handels- und Ind.zentrum; Erdölraffinerie, chem., Zement-, Schuh-, Textil-, Nahrungsmittel- u. a. Ind.; wichtigster Freihafen Afrikas (bes. Eisenerzexport); der internat. Flughafen Robertsfield liegt 60 km östlich der Stadt.

Mons [mɔ̃ːs] (fläm. Bergen), Hptst. der belg. Prov. Hennegau, 91 500 Ew.; Univ., Bergakademie; Mittelpunkt des Ind.- und Steinkohlengebiets der Borinage. – Spätgot. Kathedrale (um 1450 begonnen), Burghügel mit 87 m hohem Belfried (1661–69).

Monsalvatsch [mhd. munsalvaesche aus altfrz. mons salvage, lat. mons silvaticus »wilder Berg«] (Montsalvatsch), die Gralsburg (/ Gral) im »Parzival« von Wolfram von Eschenbach und bei seinen dt. Nachfolgern; nicht lokalisierbar.

Monreale: Apsis mit Mosaiken im byzantinischen Stil in der 1174–89 erbauten Kathedrale

Monschau (bis 1918 Montjoie), Stadt im Kr. Aachen, NRW, am Hohen Venn, 12 600 Ew.; Brauerei. – Bürgerhäuser (17. und 18. Jh.). – Der Ort unter der 1217 erstmals gen. Burg der Grafen von Montjoie erhielt vermutlich 1352 Stadtrecht.

Monseigneur [mɔ̃sɛnˈjœːr], frz. »mein gnädiger Herr« *der,* Abk. **Mgr.,** in Frankreich Titel fürstl. Personen, hoher Geistlicher.

Monsieur [məˈsjø; frz. »mein Herr«] *der, Pl.* Messieurs, Abk. **M.,** frz. Anrede: Herr.

Monsignore [monsinˈjoːre, italien. »mein Herr«] *der, Pl.* Monsignori, Abk. **Mgr., Msgr.,** Titel und Anrede von Prälaten der kath. Kirche.

Monsigny [mɔ̃siˈɲi], Pierre-Alexandre, frz. Komponist, *Fauquembergues (Dép. Pas-de-Calais) 17. 10. 1729, † Paris 14. 1. 1817; ein Hauptvertreter der frz. komischen Oper (»Le déserteur«, 1769; »Félix ou l'enfant trouvé«, 1777).

Mons pubis [lat.] *der* (Mons veneris), der / Schamhügel.

Monstera *die,* Gattung der Aronstabgewächse des trop. Amerika; kletternde Sträucher mit zerschlitzten oder durchlöcherten Blättern und Blütenkolben mit 30 cm langer, gelbl. Blütenscheide. Das **Fensterblatt** (Monstera deliciosa) ist eine Zimmerpflanze mit Luftwurzeln.

Monstranz [zu lat. monstrare »zeigen«] *die* (Ostensorium), in der kath. Kirche liturg. Gefäß für die Darbietung der konsekrierten Hostie zur eucharist. Verehrung. Die M. besteht i. d. R. aus Fuß, Schaft und Aufsatz in verschiedenen Ausführungen, u. a. Turm-, Sonnen- und Strahlen-M.; aus kostbaren Materialien gefertigt. Erstmals im 14. Jh. nachweisbar, ist sie wohl mit dem Fronleichnamsfest aufgekommen.

Monstrum [lat.] *das* (Monster), Furcht erregendes Fabelwesen, riesenhaftes Ungeheuer, Scheusal.

Monsun [arab. mawsim »(für die Seefahrt) geeignete Jahreszeit«] *der,* Luftströmung großer Ausdehnung mit halbjährl. Richtungswechsel in den Tropen. Ursache ist die unterschiedl. Erwärmung von Meer und Land und die damit zusammenhängende jahreszeitl. Verlagerung der innertrop. Konvergenzzone. Im Sommer wehen die M.-Winde in die sich über dem Land bildenden Hitzetiefs hinein und im Winter aus dem Kältehoch der Kontinente heraus (Sommer- und Winter-M., in S- und SO-Asien SW- bzw. NO-M.). I. w. S. werden als M. alle großräumigen, jahreszeitlich wechselnden Luftströmungen mit einer Änderung der Windrichtung um mindestens 120° bezeichnet.

Monsunwälder, lichte, regengrüne Wälder der Monsungebiete Asiens, die meist eine geschlossene Krautschicht haben; bes. die Teakbaum- und die Salbaumwälder Vorderindiens.

Mont [mɔ̃], frz. Bez. für Berg. Mit M. zusammengesetzte Namen suche man auch unter den Eigennamen.

Mont., Abk. für den Bundesstaat **Mont**ana, USA.

Montabaur [-baʊər], Krst. des Westerwaldkreises, Rheinl.-Pf., im südwestl. Westerwald, 12 600 Ew.; Kunststoff-, Textilind. – M. 959 urkundlich erwähnt, vor 1227 **Mons Tabor** benannt; erhielt 1291 Stadtrechte.

Montafon [rätoroman.] *das,* Talschaft der Oberen Ill (und ihrer Nebentäler), in Vorarlberg, Österreich, zw. Rätikon, Verwall- und Silvrettagruppe; Hauptort: Schruns; Fremdenverkehr; Rinderhaltung, Holzind., Wasserkraftwerke.

Montag [»Tag des Mondes« (eigtl. der Mondgöttin)], der erste Tag der Woche, der Name ist bei allen german. Völkern als Lehnübersetzung der röm. Bez. »dies lunae« verbreitet. – Gilt häufig als Unglückstag; daneben: / blauer Montag, / Rosenmontag.

Montage [mɔnˈtaːʒə, frz.] *die,* 1) *allg.:* Aufbau, Zusammenbau vorgeformter Teile, bes. in der Technik.

2) *bildende Kunst:* Gattungsbegriff für Werke der zeitgenöss. Kunst, die aus heterogenen Materialien montiert werden.

3) *graf. Technik:* Zusammenstellen von Text- und Bildfilmen (Diapositiven oder -negativen) zu einer standgerechten Kopierform.

4) *Filmtechnik:* Filmschnitt zur endgültigen Aneinanderreihung der Sequenzen nach durchgeführtem

Monstranz: Sonnenmonstranz (18. Jh.; Bamberg, Diözesanmuseum)

Roh- und Feinschnitt zur abschließenden Filmgestaltung.

5) *Literatur:* das Zusammenfügen sprachl., stilist., inhaltl. Teile unterschiedl., oft heterogener Herkunft; die Technik der M. findet sich in allen literar. Gattungen. Seit Mitte der 1960er-Jahre meist unter der Bez. ↗ Collage.

Montagebau [mɔnˈtaːʒə-], ↗ Fertigbau.

Montagna [mɔnˈtaɲa], Bartolomeo, italien. Maler, *Orzinuovi (bei Brescia) um 1450, †Vicenza 11. 10. 1523; Hauptmeister der Schule von Vicenza; schuf Altäre in schlichter, ernster Auffassung, mit kräftigen Farben.

Montagne [mɔ̃ˈtaɲ], frz. Bez. für Gebirge. Mit M. zusammengesetzte Namen suche man auch unter den Eigennamen.

Montagne Noire [mɔ̃ˈtaɲnwaːr], Bergkette im südl. Zentralmassiv, Frankreich, bis 1210 m ü. M.

Montagnier [mɔ̃taˈɲe], Luc, frz. Virologe, *Chabris (Dép. Indre) 18. 8. 1932; beschäftigte sich zunächst mit Fragen der Krebsforschung, bes. im Zusammenhang mit Retroviren. 1983 gelang seiner Forschungsgruppe – unabhängig von der um R. Gallo – erstmals die Isolierung des Erregers der Immunschwächekrankheit Aids, der von M. zunächst als Lymphadenotropic Virus (LAV) bezeichnet wurde (↗ HIV).

Montagsdemonstrationen, Massendemonstrationen in Leipzig, die sich von September 1989 bis März 1990 jeden Montagabend im Anschluss an die Friedensgebete in der Nikolaikirche (seit Ende 1981; seit 1982 von kirchl. Basisgruppen veranstaltet) organisierten; bedeutend v. a. am 9. 10. 1989, erreichten im Oktober 1989 eine DDR-weit mobilisierende Wirkung (am 30. 10. etwa 300 000 Teilnehmer) und trugen wesentlich zum Sturz des SED-Regimes 1989 und zur Herstellung der dt. Einheit 1990 bei.

Montaigne [mɔ̃ˈtɛɲ], Michel Eyquem Seigneur de, frz. Schriftsteller und Philosoph, *Schloss Montaigne (heute zu Saint-Michel-de-Montaigne, Dép. Dordogne) 28. 2. 1533, †ebd. 13. 9. 1592; Jurist, war 1557–70 Parlamentsrat, 1582–86 Bürgermeister von Bordeaux. Seine Reflexionen über Philosophie, Gesch., Politik, Lit. u. a. legte er in den »Essays« (1580 [94 Kapitel], endgültige Ausgabe [107 Kapitel] 1595) nieder. Damit schuf er eine eigenständige literar. Form, die im Gegensatz zum Traktat subjektive, lockere, vielseitige Darstellung ermöglicht. M. knüpfte dabei an den antiken Skeptizismus an, den er dogmat. Wahrheitsansprüchen entgegenstellte. Mit seinem vorurteilsfreien Denken leitete er die Tradition der frz. ↗ Moralisten ein.

Montale, Eugenio, italien. Schriftsteller, *Genua 12. 10. 1896, †Mailand 12. 9. 1981; maßgebl. italien. Lyriker der Moderne, mit G. Ungaretti Begründer des Hermetismus. Seine Gedichte, veröffentlicht u. a. in den Sammlungen »Nach Finisterre« (1943) und »Satura« (1962), sind private Bekenntnisse, geprägt vom Leid des Lebens; sie zeigen Elemente des Symbolismus und des Surrealismus, verflechten Gegenwart, Vergangenheit und Erinnerung miteinander. M. schrieb auch Essays und Tagebücher. 1975 erhielt er den Nobelpreis für Literatur.

montan [lat.], Bergbau und Hüttenwesen betreffend.

Montana [mɔnˈtænə], Abk. **Mont., MT,** einer der Kordillerenstaaten der USA, 380 850 km², (2001) 904 400 Ew. (6% Indianer, sieben Reservationen); Hptst.: Helena, größte Stadt: Billings. Der W ist Hochgebirge (Rocky Mountains, bewaldet), der O eine flachwellige Prärietafel (Great Plains, semiarid); Feldbau (Getreide, Kartoffeln, Flachs, Zuckerrüben), z. T. mit künstl. Bewässerung; Rinder- und Schafhaltung; Bergbau: Erdöl, Kupfer- u. a. Erze, Kohle; Holz-, Nahrungsmittelind.; Fremdenverkehr bes. im Yellowstone National Park und Glacier National Park. – Um 1740 von frz. Trappern erkundet; kam 1803 als Teil der frz. Kolonie Louisiana an die USA, nach der Entdeckung von Gold (1862) Beginn der eigentl. Besiedlung; 1864 Bildung des Territoriums M. (schwere Kämpfe gegen die Indianer, v. a. die Dakota); 1889 als 41. Staat in die Union aufgenommen.

Montana [mɔ̃taˈna], Gemeinde im Kt. Wallis, Schweiz, oberhalb von Siders (Sierre), 1480 m ü. M., 5000 Ew., mit dem benachbarten Crans-sur-Sierre **Crans-Montana;** Wintersportzentrum.

Montana (1891–95 Ferdinand, 1945–93 Michailowgrad), Stadt (Verw.zentrum des Gebiets M.), Bulgarien, 52 700 Ew.; Maschinenbau, elektrotechn., Schuh-, keram., Nahrungsmittelindustrie.

Montana [mɔ̃taˈna], Claude, frz. Couturier, *Paris 29. 6. 1949; gründete 1976 eine eigene Firma und entwickelte eine eigene Prêt-à-porter-Kollektion; 1989 übernahm er die Kreation der Haute-Couture-Kollektionen des Modehauses Lanvin. M.s Damen- und Herrenmode zeichnet sich durch variantenreiche, präzise Schnitte und exzellente Verarbeitung aus. Er lancierte die breiten Schultern, setzte seit 1990 auf stark körperbetonte Linien, bevorzugt ausgefallene Accessoires; auch Parfüm.

Montaña [mɔnˈtaɲa], die von Flüssen tief zerschnittene O-Abdachung der Anden in Peru und Ecuador; oberhalb des trop. Regenwaldes (bis 1000–1200 m ü. M.) trop. Bergwald, ab 2100 m Nebelwald; landwirtsch. erschlossen, Erdölförderung, Kokaanbau.

Montand [mɔ̃ˈtɑ̃], Yves, eigtl. Ivo Livi, frz. Schauspieler und Sänger italien. Herkunft, *Monsummano Terme (Prov. Pistoia) 13. 10. 1921, †Senlis 9. 11. 1991; 1951–85 ∞ mit Simone Signoret; in den 1950er- und 60er-Jahren auch Chansonnier. Als Schauspieler internat. bekannt durch tragende Rollen in »Lohn der Angst« (1952), »Der Krieg ist vorbei« (1966), »Z« (1968), »I wie Ikarus« (1979), »Wahl der Waffen« (1981).

Montan|industrie, i. e. S. die Unternehmen des Bergbaus; i. w. S. auch weiterverarbeitende Ind. (Hütten- und Schwerind.), die mit dem Bergbau früher eine Einheit bildeten; heute durch die Begriffe Bergbau sowie (Eisen- und) Stahlind. ersetzt.

Montanismus *der,* um 150 in Phrygien entstandene prophetisch-eschatolog. Bewegung, ben. nach ihrem Begründer Montanus (†vor 179). Die **Montanisten** erwarteten das unmittelbar bevorstehende Ende der Welt und sahen sich als die auserwählte Endzeitgemeinde an; Montanus trat als ↗ Paraklet auf. Der nach Auffassung der Montanisten von den urchristl. Idealen abgefallenen Kirche setzten sie eine durch Askese und strenge Kirchenzucht geprägte Ethik entgegen. Der M. fand Anhänger in Kleinasien, Italien, N-Afrika. (↗ Tertullian)

Montan|union, ↗ Europäische Gemeinschaft für Kohle und Stahl.

Montauban [mɔ̃toˈbɑ̃], Hptst. des Dép. Tarn-et-Garonne, SW-Frankreich, am Tarn, 51 200 Ew.; Bischofssitz; Textil-, Lebensmittel-, Luftfahrtind. – Kathedrale (1692–1739).

Montbéliard [mɔ̃belˈjaːr] (früher dt. Mömpelgard), Stadt im frz. Dép. Doubs, am Rhein-Rhône-Kanal, 29 000 Ew.; Gießereien, Metall-, Holz- und Textilind. – Schloss (1751, Türme 15./16. Jh.), Kirche Saint-Martin (1603).

Eugenio Montale

Montana
Flagge

Yves Montand

Montblanc [mɔ̃'blã] *der* (frz. Mont Blanc, italien. Monte Bianco), höchste Berggruppe Europas, in den Savoyer Alpen, an der Grenze zw. Frankreich und Italien, erhebt sich als vergletschertes Massiv mit steilen Felsnadeln (Aiguilles) zw. den tiefen Längstälern der Arve und der Dora Baltea bis zu 4810 m (Neuvermessung 2001) ü. M. (Gipfel auf frz. Gebiet). Erstbesteigung 1786 durch J. Balmat und M.-G. Paccard. In 4362 m Höhe liegt das Observatorium Vallot (1891–95 erbaut). Seilbahnen führen bis über 3800 m. Der **M.-Tunnel** (1959–65 erbaut) ist einer der längsten Straßentunnel der Welt (11,6 km).

Mont-de-Marsan [mɔ̃dəmarˈsã], Hptst. des frz. Dép. Landes, 28300 Ew.; Stierkampfarena; Holz-, Harzverarbeitung, Konservenindustrie.

Mont-Dore [mɔ̃ˈdɔr], seenreiches Vulkangebiet im NO des frz. Zentralmassivs, in der Auvergne, im Puy de Sancy 1886 m ü. M. Badeorte mit warmen Quellen sind La Bourboule und Le Mont-Dore (1050 m ü. M., Wintersport).

Monte, italien., span., portugies. Bez. für Berg. Mit M. zusammengesetzte Namen suche man auch unter den Eigennamen.

Monte, Philippe de, frankofläm. Komponist, *Mecheln 1521, †Prag 4. 7. 1603; ab 1568 Kapellmeister Kaiser Maximilians II., später Rudolfs II. in Wien und Prag. M. gehört zu den fruchtbarsten Meistern der mehrstimmigen Gesangsmusik des 16. Jahrhunderts.

Monte Albán [»weißer Berg«], Zentrum der präkolumb. Kultur nahe der Stadt Oaxaca, Mexiko, Bundesstaat Oaxaca, 2000 m ü. M. auf einer künstlich abgeflachten Bergkuppe; Hptst. und religiöses Zentrum der Zapoteken, später der Mixteken, Blütezeit 300–900. Erhalten sind umfangreiche Reste von Wohn- und Kultbauten, ein Observatorium, unterird. Grabkammern mit Skulpturen und Wandmalereien; bed. Keramiken. Die Ruinen von M. A. gehören zum UNESCO-Weltkulturerbe.

Monte Baldo, Gebirgsstock in den Südalpen, zw. Gardasee und Etschtal, Italien, bis 2218 m hoch.

Monte Carlo, Teil von ↗ Monaco.

Monte-Carlo-Methode (Monte-Carlo-Simulation), statist. Verfahren zur numer. Bestimmung von Näherungslösungen komplexer math., v. a. determinist. Probleme. Diese werden nicht vollständig durchgerechnet, sondern nach einem entsprechend konstruierten stochast. Modell (Programm) mit Zufallszahlen exemplarisch simuliert.

Montecassino, Benediktinerabtei in Latium, Prov. Frosinone, Italien, auf einem Berg (519 m ü. M.) über der Stadt Cassino; Mutterkloster des Benediktinerordens; 529 (?) von Benedikt von Nursia an der Stelle vorchristl. Heiligtümer gegr.; zw. 581 und 589 von den Langobarden zerstört; 717 Wiederaufbau; Blütezeit im 11. Jh.; 1866 Erklärung zum italien. Nationaldenkmal; 1944 Zerstörung durch alliierte Bombenangriffe; 1945–59 Wiederaufbau.

Montecatini Terme (bis 1928 Bagni di Montecatini), Heilbad in der Toskana, Prov. Pistoia, Italien, 20400 Ew.; alkalisch-salin., z. T. radioaktive Thermalquellen.

Montecristo, italien. Insel im Tyrrhen. Meer, südlich von Elba, 10 km², bis 645 m ü. M.; bekannt durch den Roman »Der Graf von Monte Christo« (1845/46) von A. Dumas dem Älteren.

Montecuccoli, Raimund, Reichsfürst und Herzog von Melfi (seit 1679), österr. Feldherr, *Schloss Montecuccoli (bei Modena) 21. 2. 1609, †Linz 16. 10. 1680; besiegte 1664 bei St. Gotthard an der Raab die Türken; bed. Militärtheoretiker und -historiker.

Montblanc: Teil der Montblancgruppe mit dem Hauptgipfel in der Bildmitte

Montecassino: die von Benedikt von Nursia gegründete, mehrfach zerstörte und 1945–59 wieder aufgebaute Benediktinerabtei

Montedison S. p. A., italien. Mischkonzern (Chemie, Energie, Maschinenbau), Sitz: Mailand; 1966 aus der Fusion der »Società Edison« (gegr. 1884) und der »Montecatini Società Generale per l'industria Mineraria e Chimica« (gegr. 1888) hervorgegangen.

Montego Bay [mɔnˈteɪgəʊ beɪ], Hafenstadt an der M. B., an der NW-Küste von Jamaika, 82 000 Ew.; Touristenzentrum; Freihafenzone, internat. Flughafen.

Montélimar [mɔ̃teliˈmaːr], Stadt im frz. Dép. Drôme, im Rhonetal, 31 400 Ew.; Zement-, Textil-, Metallind.; Herstellung von (frz.) Nougat. – In der Nähe die beiden Kernkraftwerke Cruas und Tricastin.

Montelius, Oscar, schwed. Prähistoriker, * Stockholm 9. 9. 1843, † ebd. 4. 11. 1921; 1907–13 Reichsantiquar, entwickelte die typolog. Methode der Vorgeschichtsforschung und begründete eine Chronologie der ältesten Bronzezeit in Nord-Dtl. und Skandinavien.

Montenegro [italien. »schwarzes Gebirge«] (serbokroat. Crna Gora, amtl. Rep. M.), Teilstaat innerhalb der Föderation Serbien und Montenegro, grenzt im NW an Bosnien und Herzegowina, im NO und O an Serbien, im S an Albanien und im SW an das Adriat. Meer. M. umfasst 13 812 km² und hat 631 200 Ew., davon 62% Montenegriner, 9% Serben und 7% Albaner; daneben Kroaten, Makedonier und Slowenen sowie Angehörige anderer Volksgruppen; Hptst.: Podgorica.

Landesnatur: M. ist ein schwer zugängl. Gebirgsland, das hinter der Adriaküste zum verkarsteten Dinar. Gebirge aufsteigt und im Durmitor 2 522 m ü. M. erreicht. Im S und nördlich des nach Albanien hineinragenden Skutarisees kleine Niederungen. Das Küstengebiet ist mediterran geprägt, die Gebirgsregionen haben raues Klima.

Wirtschaft: Sie ist im Ggs. zu Serbien dem Westen mehr geöffnet, die Privatisierung ist weiter vorangeschritten und das Lebensniveau der Bev. ist höher. In M. wurde 2002 der Euro (EUR, €) als offizielle Währung eingeführt. Wichtigster Wirtschaftsbereich ist die Landwirtschaft; auf rd. 6% der Landesfläche Ackerbau; in den im Karsthochland ausgebildeten Becken (Poljen) und in den Niederungen Anbau von Mais, Weizen, Tabak und Wein, an der Küste v. a. Zitrusfrüchte, Oliven; Weideflächen auf rd. 30% des Landes bes. für Schaf- und Rinderhaltung. Wenig Ind.; Abbau von Bauxit, Eisen-, Zink-, Chrom-, Bleierzen und Pyrit. Ind.standorte Nikšić und Podgorica (Metallurgie, Maschinenbau, Nahrungsmittel-, Textilind.). Fremdenverkehr v. a. an der Küste. Häfen Kotor und Bar. Der Hafen von Bar ist Endpunkt der 1976 in Betrieb genommenen Eisenbahnlinie von Belgrad. Internat. Flughafen Podgorica.

Geschichte: In der Antike war der Kern M.s (im MA. **Zeta** gen.) röm. Provinz; 7.–11. Jh. unter byzantin. Einfluss, 12.–14. Jh. als Fürstentum Teil des altserb. Reiches; seit Ende des 13. Jh. erscheint der serb. Name **Crna Gora** (Name M. seit etwa 1500 von Venedig gebraucht). Nach 1355 (Tod Stephan Dušans) und 1389 (Schlacht auf dem Amselfeld) unabhängig, wurde M. 1499 formal, 1528 direkt dem Osman. Reich angegliedert. Der Vladika (Metropolit) Danilo Petrović Njegoš (1697–1735) erreichte für M. eine relative Unabhängigkeit und machte die Würde des Vladika in seinem Hause erblich. Peter I. Petrović Njegoš (1782–1830) befriedete die rivalisierenden Stämme und schuf 1798 ein neues Staatsrecht. Danilo I. Petrović Njegoš (1852–60) verzichtete 1852 auf die Würde des Vladika und erreichte die Anerkennung des erbl. Fürstentitels und eine Festlegung der Grenzen. Unter Nikolaus I. Petrović Njegoš (1860–1918) wurde M. auf dem Berliner Kongress (1878) als unabhängiger Staat anerkannt, erhielt 1905 eine Verf. und wurde 1910 Königreich. In den Balkankriegen und im Ersten Weltkrieg kämpfte M. an der Seite Serbiens. Ab 1918 Teil des Königreichs der Serben, Kroaten und Slowenen, 1941–44 italien. Protektorat (starke Widerstandsbewegung, bis Anfang Jan. 1942 der Četnici, dann kommunist. Partisanen), kam 1945 als Teilrep. wieder zu Jugoslawien. Im Dez. 1990 siegten die Kommunisten (seit Juni 1991 Demokrat. Partei der Sozialisten, DPS; Zweidrittelmehrheit). Präs. wurde Momir Bulatović (* 1928). Am 27. 4. 1992 proklamierten M. und Serbien eine neue Bundesrep. Jugoslawien (BRJ); bei den Wahlen zum Bundesparlament (1992) errangen die Sozialisten eine Dreiviertelmehrheit. Ab 1996/97 versuchte sich M. z. T. stärker von Serbien zu emanzipieren, u. a. durch die Wahl des reformorientierten Milo Djukanović (* 1962), seit Febr. 1991 im Amt des MinPräs., zum Staatspräs. (1997; Amtseinführung 1998); im März 1998 gründete Bulatović – in Abspaltung von der DPS – die »Sozialist. Volkspartei M.s« (SNP). Im Kosovokonflikt 1999 versuchte sich M. unter Djukanović von der Politik S. Milošević' abzuheben. Djukanović' Wahlbündnis »Sieg für M.« erhielt am 22. 4. 2001 allerdings nur eine knappe Mehrheit. Die Minderheitsreg. unter MinPräs. Filip Vujanović (* 1954; ab Mai 2001) betrieb in Abstimmung mit Djukanović weiterhin eine Politik, über eine Volksabstimmung Unabhängigkeit für M. zu erreichen. Der Rahmenvertrag für den im März 2002 vereinbarten neuen Staatenverbund »Serbien und M.« (am 4. 2. 2003 proklamiert) führte zum Sturz der Reg.; nach den Parlamentswahlen vom 20. 10. 2002, in denen die DPS die absolute Mehrheit errang, wechselte Staatspräs. Djukanović im Nov. 2002 in das – im künftigen Staatenverbund wichtige – Amt des MinPräs.; am 11. 5. 2003 wurde Vujanović zum Staatspräs. gewählt. – Im Nov. 2000 wurde die D-Mark zur alleinigen Währung in M. erklärt (ab 1. 1. 2002: Euro).

Monte Perdido [-perˈðiðo] (frz. Mont Perdu), Kalkgebirgsstock in den Pyrenäen, 3 355 m ü. M., an der spanisch-frz. Grenze. Die Berglandschaft wurde zum UNESCO-Welterbe erklärt.

Montepulciano [-ˈtʃaːno], italien. Stadt in der südöstl. Toskana, Prov. Siena, 14 100 Ew.; Weinbau. – Durch Renaissancebauten bestimmtes Stadtbild; got. Palazzo Comunale (Ende 14. Jh., Fassade von Michelozzo, 1440). Unterhalb von M. die Kirche San Biagio von A. da Sangallo d. Ä. (um 1540 vollendet).

Montería, Hptst. des Dep. Córdoba in Kolumbien, am Río Sinú, 269 200 Ew.; Bischofssitz; Univ.; Mittelpunkt eines Viehzuchtgebietes.

Montero, Rosa, span. Schriftstellerin, * Madrid 3. 1. 1951; Journalistin; ihre Romane behandeln realitätsnah Frauenschicksale im Spanien der Gegenwart (u. a. »Ich werde dich behandeln wie eine Königin«, 1983; »Geliebter Gebieter«, 1988; »Zittern«, 1990); auch Essays.

Monte Rosa, Gebirgsmassiv in den Walliser Alpen, an der Grenze des schweizer. Kt. Wallis und der italien. Regionen Piemont und Aostatal, in der Dufourspitze 4 637 m ü. M.

Monterrey, Hptst. des mexikan. Staates Nuevo León, als Metropolitan Area 2,27 Mio. Ew.; kath. Erzbischofssitz; TH, vier Univ.; Schwer-, Kfz-, Textil-, chem. Ind.; internat. Flughafen.

Montes [lat. »Berge«], im MA. in Italien Staatsanleihen; ferner die Gesellschaften, die zu ihrer Unterbringung gebildet wurden und sich vielfach zu Banken (**M. profani**) entwickelten. Zur Bekämpfung des Wuchers entstanden, zuerst von kirchl. Seite, die **M. pietatis** (in Frankreich **Monts de piété**), die gegen Pfand billige Darlehen gaben. Auf die M. gehen die Leihhäuser zurück.

Monte Sant' Angelo [-'andʒelo], Gemeinde in der Prov. Foggia, Italien, auf dem Monte Gargano, 796 m ü. M., 14 200 Ew.; Wallfahrtsort mit dem Grottenheiligtum des Erzengels Michael.

Montespan [mɔ̃tɛsˈpɑ̃], Françoise Athénaïs de Rochechouart, Marquise de, *Tonnay-Charente (bei Rochefort) 5. 10. 1641, †Bourbon l'Archambault (Dép. Allier) 27. 5. 1707; 1668–76 Mätresse Ludwigs XIV., dem sie acht Kinder gebar. Von Madame de Maintenon verdrängt, zog sie sich 1691 in ein Kloster zurück.

Montesquieu [mɔ̃tɛsˈkjø], Charles de Secondat, Baron de la Brède et de M., frz. Schriftsteller und Staatsphilosoph, *Schloss la Brède bei Bordeaux 18. 1. 1689, †Paris 10. 2. 1755; wurde 1714 Parlamentsrat, war 1716–26 Präs. des Parlaments (des Gerichts) von Bordeaux. Bed. Vertreter der Aufklärung, wurde mit den »Pers. Briefen« (1721), einer kritischsarkast. Darstellung der frz. Gesellschaft durch zwei Perser in Form eines Briefromans, berühmt. In seinem Hauptwerk »Vom Geist der Gesetze« (1748) untersucht M., ausgehend von der antiken Lehre der drei Staatsformen (Demokratie, Monarchie, Despotie), jede dieser Formen in ihrer Abhängigkeit v. a. von natürl., bes. geograph. und klimat. Bedingungen. M. wünschte die Beseitigung des Absolutismus durch

Montesquieu: Autogramm

die nach engl. Vorbild entworfene konstitutionelle Monarchie. Mit seiner Lehre von der ↗ Gewaltenteilung übte er großen Einfluss auf die Frz. Revolution bis 1791 und die Verf. der USA aus.

Montessori, Maria, italien. Ärztin und Pädagogin, *Chiaravalle (bei Ancona) 31. 8. 1870, †Noordwijk aan Zee (Niederlande) 6. 5. 1952; befasste sich mit der kindl. Entwicklung und Erziehung. M. forderte die Unterstützung des von innen heraus erfolgenden Antriebs des Kindes zu Selbstbildung und Selbsttätigkeit. Das Prinzip ihres didakt. Entfaltungsmaterials besteht darin, von der scheinbar isolierten Sinnesschulung zu innerer Ordnung zu führen. Ihre Methode fand internat. Verbreitung in der vorschul. und schul. Erziehung.

Werke: Selbsttätige Erziehung im frühen Kindesalter (1909); Mein Handbuch (1914); Kinder sind anders (1938).

Monteux [mɔ̃ˈtø], Pierre, frz. Dirigent, *Paris 4. 4. 1875, †Hancock (Me.) 1. 7. 1964; dirigierte 1917–19 an der Metropolitan Opera in New York, 1919–24 in Boston, wurde dann u. a. 1929–38 Chefdirigent des von ihm gegr. Orchestre Symphonique de Paris und ab 1961 Leiter des London Symphony Orchestra.

Monteverdi, Claudio, italien. Komponist, getauft Cremona 15. 5. 1567, †Venedig 29. 11. 1643; war 1582–90 Schüler von M. A. Ingegneri in Cremona, als universale Musikerpersönlichkeit 1613–43 Kapellmeister an der Markuskirche in Venedig. Komponierte als erster Musikdramatiker (erst Ende des

Montevideo: Plaza Fabini mit der Skulptur »El Entrevero« von J. Belloni (1967 eingeweiht)

19. Jh. wieder entdeckt) Opern von außergewöhnl. rhythmischen und harmonischen Freiheiten.

Werke: Opern: Orfeo (1607); L'Arianna (1608; erhalten nur die »Klage der Ariadne«); Die Heimkehr des Odysseus (1641); Die Krönung der Poppea (1642). – *Vokalmusik:* Madrigali spirituali (1583), Madrigali (9 Bücher, 1587–1651), Sanctissima virginis missa... (1610).

Montevideo, Hptst. von Uruguay und des Dep. M., auf einer felsigen Halbinsel am Río de la Plata, 1,38 Mio. Ew. (über 40 % der Bev. Uruguays); kath. Erzbischofssitz; Univ. u. a. Hochschulen, Forschungsinstitute, Nationalarchiv, -bibliothek, Museen, Goethe-Institut, Theater, zoolog. und botan. Garten; größter Ind.ort (Lebensmittelind., Fleisch- und Häuteverarbeitung für den Export, vielseitige Konsumgüterind.) und wichtigster Ausfuhrhafen des Landes; internat. Flughafen Carrasco. – Kathedrale (1790–1804). – 1724 gegr., 1807–30 zw. Spaniern, Argentiniern, Briten, Portugiesen und Brasilianern umkämpft, seit 1830 Hptst. Uruguays.

Montez [ˈmɔntɛs], Lola, eigtl. Maria Dolores Gilbert, Tänzerin, *Limerick (Irland) 25. 8. 1818, †New York 17. 1. 1861; Tochter eines schott. Offiziers und einer Kreolin, kam nach abenteuerl. Leben 1846 nach München, wo sie, 1847 zur Gräfin von Landsfeld erhoben, die Geliebte Ludwigs I. von Bayern wurde. Die damit verbundenen Irritationen zogen Anfang 1848 die Verbannung der »bayer. Pompadour« nach sich. Das Gerücht ihrer bevorstehenden Rückkehr zwang in Verbindung mit den Unruhen am Vorabend der Märzrevolution Ludwig am 20. 3. 1848 zum Thronverzicht. L. M. lebte danach in England und Spanien, seit 1852 in Nordamerika.

Montezuma, Aztekenherrscher, ↗ Moctezuma II.

Montfaucon [mɔ̃foˈkɔ̃], Bernard de, frz. klass. Philologe und Kunstschriftsteller, *Schloss Soulage (Dép. Aude) 16. 1. 1655, †Paris 21. 12. 1741; Benediktiner, wurde 1687 zur Herausgabe der Schriften der grch. Kirchenväter nach Paris gerufen. M. ist einer der Begründer der grch. Paläographie.

Montfort, schwäb. Grafengeschlecht. Der Linie M.-Bregenz gehörte ↗ Hugo von Montfort an.

Montfort [frz. mɔ̃ˈfɔːr] (**M. L'Amaury**), frz. Adelsgeschlecht mit Stammsitz in M. (heute Montfort-l'Amaury, bei Rambouillet); spielte eine wichtige Rolle in der frz. und engl. Geschichte v. a. des 11. bis 13. Jh. Bed. Vertreter: **1) Simon IV.**, Graf von, *Muret (Haute-Garonne) um 1160, †Toulouse 25. 6. 1218, Vater von 2); führte seit 1209 den Kreuzzug gegen die

Montesquieu, Ausschnitt aus einem anonymen Gemälde (1728; Versailles, Musée National)

Maria Montessori

Lola Montez

Albigenser; brachte große Teile des Adelsbesitzes im Languedoc an sich, der ihm von Papst Innozenz III. bestätigt wurde.

2) [engl. mɔntfət], **Simon de,** Earl of Leicester (seit 1231/36), * Montfort um 1208, ✕ bei Evesham (bei Worcester) 4. 8. 1265, Sohn von 1); erbte durch seine Großmutter mütterlicherseits Würde und Besitzungen eines Earl of Leicester. Als Schwager des engl. Königs Heinrich III. von großem Einfluss; trat an die Spitze der Opposition der Barone und gestaltete 1258 die »Provisionen von Oxford« entscheidend mit (Magnatenrat als Kontroll- und Beratungsorgan, regelmäßige »Parlamente«). M. fiel im Kampf gegen den späteren Eduard I.

Montgelas [mɔ̃ʒəˈla], **Maximilian Graf** (seit 1809) **von,** bayer. Staatsmann, * München 12. 9. 1759, † ebd. 14. 6. 1838; bed. Vertreter des aufgeklärten Rationalismus; 1799–1817 leitender Minister unter Maximilian IV. (I.) Joseph.

Montgolfier: Aufstieg einer Montgolfiere, Paris 1783 (zeitgenössische Radierung)

Montgolfier [mɔ̃gɔlˈfje], frz. Brüderpaar, Erfinder des Heißluftballons: **Étienne Jacques de M.** (* Vidalon-lès-Annonay 6. 1. 1745, † Serrières 2. 8. 1799) und **Michel Joseph de M.** (* Vidalon-lès-Annonay 26. 8. 1740, † Baларuc-les-Bains 26. 6. 1810). Am 5. 6. 1783 stieg der erste, aus Leinwand gefertigte, mit Papier gefütterte und einem Hanfnetz überzogene, unbemannte Heißluftballon, eine **Montgolfiere,** zu einem Fesselflug auf. Dabei wurde die Luft im unten offenen Ballon durch ein Feuer aus gekämmter Wolle und feuchtem Stroh erwärmt. Am 19. 9. 1783 folgte ein Flug mit Tieren und am 21. 11. 1783 der erste bemannte freie Flug einer Montgolfiere unter der Führung von J.-F. Pilâtre de Rozier (* 1754, † 1785). M. J. de M. ist außerdem der Erfinder des ↗ hydraulischen Widders (1796).

Montgomery [mənt'ɡʌməri], Hptst. von Alabama, USA, 187 100 Ew. (39% Schwarze); Univ.; Mittelpunkt eines reichen Agrargebietes.

Montgomery [mənt'ɡʌməri], **Bernard Law,** Viscount M. (seit 1946), brit. Feldmarschall (seit 1944),

Bernard Law Montgomery

* Kensington (heute zu London) 17. 11. 1887, † Isington Mill (Cty. Hampshire) 24. 3. 1976; befehligte im Zweiten Weltkrieg u. a. 1942/43 die brit. Armee bei der Offensive von El-Alamein nach Tunis, bei der Landung auf Sizilien und beim Vormarsch durch S-Italien; führte 1944 die alliierten Landungstruppen in der Normandie. 1945/46 war er Oberbefehlshaber der brit. Besatzungstruppen in Dtl., 1946–48 Chef des Empire-Generalstabs, 1951–58 Stellvertreter des Oberbefehlshabers der NATO-Streitkräfte.

Montherlant [mɔ̃tɛrˈlɑ̃], **Henry Millon de, Graf von Guimart,** frz. Schriftsteller, * Neuilly-sur-Seine 21. 4. 1896, † (Selbstmord) Paris 21. 9. 1972; Kriegsfreiwilliger, lebte 1925–33 v. a. in Spanien und N-Afrika. M.s literar., z. T. autobiografisch gefärbtes Werk ist bestimmt von extremem Individualismus und elitärem Bewusstsein. In präziser Sprache und psychologisch überzeugend verherrlicht er »männl.« Werte wie Sport und Stierkampf (»Die Tiermenschen«, R., 1926) und verachtet jede Mittelmäßigkeit (»Die Junggesellen«, R., 1934). Frauenfeindl. Züge trägt der Zyklus »Erbarmen mit den Frauen« (4 Bde., 1936–39). Seine erfolgreichen, klassizistisch gebauten Dramen zeigen Ausnahmegestalten der Geschichte: »Die tote Königin« (1942), »Der Ordensmeister« (1947), »Don Juan« (1958), »Der Kardinal von Spanien« (1960) u. a. Schrieb auch umfangreiche Tagebücher (u. a. »Geh, spiel mit diesem Staub«, 1966).

Monthey [mɔ̃ˈtɛ], Bezirkshptst. im Kt. Wallis, Schweiz, an der Vièze, 13 800 Ew.; chem. Ind., Metallverarbeitung, nahebei Erdölraffinerie.

Montluçon [mɔlyˈsɔ̃], Stadt im frz. Dép. Allier, am Cher, 42 200 Ew.; Keramikmuseum; Eisen- und Stahl-, Reifen-, Konfektions-, chem. Ind., Instrumentenbau; nahebei Steinkohlenabbau. – Kirche Notre-Dame (13.–15. Jh.), Schloss der Herzöge von Bourbon (15./16. Jh.).

Montmartre [mɔ̃ˈmartr] *der,* Stadtteil im N von Paris, auf einem Hügel **(Butte M.),** mit der Kirche Sacré-Cœur; im 19. Jh. Künstlerviertel, heute auch Vergnügungszentrum.

Montmorency [frz. mɔ̃mɔrɑ̃ˈsi], Stadt nördlich von Paris, Dép. Val-d'Oise, Frankreich, 20 900 Ew.; Rousseau-Museum. – Der Wald von M. umfasst 3 500 ha.

Montmorillonịt [mɔ̃morijo-, frz.] *der,* meist weißes oder grauweißes monoklines Tonmineral mit einem Dreischichtgitter aus Magnesium-Aluminium-Eisen-Silikathydrat. M. bilden feinerdige, amorph erscheinende, gelblich graue, fein zerreibl. Massen, die wesentl. Bestandteil vieler, bes. trop. Böden, v. a. der aufsaugfähigen »Erden« (Bentonit, Umbra), sind. Infolge ihrer Quellfähigkeit (Wasserhaltigkeit), der Fähigkeit zu Kationenaustausch und Basenadsorption begünstigen sie die Fruchtbarkeit der Böden.

Montparnasse [mɔ̃parˈnas] *der,* Stadtteil im SW von Paris, mit dem Friedhof M.; die Cafés des Boulevard M. waren nach dem Ersten Weltkrieg Treffpunkt von Künstlern und Literaten.

Mont Pelé [mɔ̃pəˈle], Vulkan auf Martinique, ↗ Pelée.

Mont Pèlerin Society [mɔ̃pɛlˈrɛ sɔˈsaɪətɪ], internat. Vereinigung führender liberaler, marktwirtsch. orientierter Vertreter aus Wiss., Politik und Gesellschaft, gegr. 1947 auf dem Mont Pèlerin bei Vevey (Schweiz) auf Initiative F. A. von Hayeks durch 39 neoliberale Persönlichkeiten. Die M. P. S. dient als Forum für den internat. Meinungsaustausch und beeinflusst indirekt über ihre rd. 500 Mitgl. aus 40 Ländern die wiss. und polit. Diskussion.

Montpelier [mɔnt'pi:ljə], Hptst. des Bundesstaates Vermont, USA, 8 200 Ew.; Steinbruchind. (Granit).

Montpellier [mɔ̃pəl'je], Hptst. des frz. Dép. Hérault, unweit vom Mittelmeer, 208 000 Ew.; kath. Bischofssitz; kulturelles Zentrum des Languedoc; drei Univ., landwirtsch. Hochschule, Konservatorium, biophysikal. und biochem. Forschungszentrum; Theater; botan. Garten (gegr. 1593); Großcomputerbau, Maschinen- und Traktorenbau, Elektro-, Metall-, chem. u. a. Ind., bed. Weinhandel. – Got. Kathedrale (1364 gegr., im 19. Jh. vollendet); in der Parkanlage Promenade du Peyrou (17./18. Jh.) »Wasserschloss« (18. Jh.) und Aquädukt (18. Jh.); zahlr. Paläste des 17. und 18. Jh.; futuristisch konzipiertes Wohn- und Geschäftsviertel »Antigone« von R. Bofill. – M. wurde vermutlich in der 1. Hälfte des 8. Jh. gegr.; gehörte 1204–1349 zu Aragonien; die 1289 gegr. Univ. gehörte im Spät-MA. zu den berühmtesten Europas. Im 16./17. Jh. war M. Stützpunkt der Hugenotten.

Mont Perdu [mɔ̃per'dy], / Monte Perdido.

Montreal [mɔntrɪ'ɔ:l] (frz. Montréal), Stadt in der kanad. Prov. Quebec, auf einer Insel zw. einem Mündungsarm des Ottawa River und dem Sankt-Lorenz-Strom gelegen, 1,02 Mio. Ew. (Agglomeration 3,43 Mio., mehrheitlich frz. Abstammung); Sitz eines kath. Erzbischofs, eines anglikan. Bischofs; vier Univ., mehrere Colleges, Museen; wirtsch. Mittelpunkt Kanadas mit vielseitiger Ind.: Waggon-, Lokomotiv-, Flugzeugbau, elektrotechn. und Textilind., Petrochemie; Hafen (für große Seeschiffe erreichbar), wichtiger Verkehrsknotenpunkt, zwei internat. Flughäfen. Weltausstellung 1967; XXI. Olymp. Spiele 1976. – Château Ramezay (1705; seit 1929 Museum); Kirche Notre-Dame de Bonsecour (1771); Wahrzeichen ist die Kirche Oratoire Saint-Joseph (1924–67), eine der wichtigsten Wallfahrtsstätten Nordamerikas; hervorragende moderne Architektur. – 1611 Gründung einer ersten Siedlung durch S. de Champlain; 1642 Neugründung als Ville-Marie-de-M.; 1760 von den Briten erobert, 1844–49 Hptst. von Kanada.

Montreux [mɔ̃'trø], Kurort im Kt. Waadt, Schweiz, am Genfer See, 21 500 Ew.; zum Stadtgebiet gehören die Kurorte Glion (700 m ü. M.), Caux (1 054 m ü. M.) und Les Avants (970 m ü. M.). Fremdenverkehr, Kongresszentrum, Spielkasino, Theater, internat. Musik- und Fernsehfestspiele.

Mont-Saint-Michel, Le [ləmɔ̃sɛ̃mi'ʃɛl], kleine, 90 m hohe Granitinsel in der gleichnamigen Bucht im frz. Dép. Manche, rd. 100 Ew.; ehem. Benediktinerabtei, gegr. 966, einzigartiges Baudenkmal mittelalterl. Kloster- und Festungsbaukunst (11.–16. Jh.), von der UNESCO zum Weltkulturerbe erklärt.

Montsalvatsch, / Monsalvatsch.

Montserrat, 1) [mɔntsɛ'rrat; katalan. »gesägter Berg«], zerklüftetes Bergmassiv im Katalon. Gebirge, Spanien, 1 241 m ü. M. In 721 m Höhe steht das wohl bis ins 9. Jh. zurückreichende Benediktinerkloster (Basilika 1560–92, im 19. und 20. Jh. verändert; im Innern die Holzskulptur der Schwarzen Madonna von M. aus dem 12. Jh.).

2) [mɔntsə'ræt], Insel (brit. Kronkolonie) im Bereich der Westind. Inseln, 102 km², (2001) geschätzt 3 000 Ew. (95 % Schwarze und Mulatten); Hptst.: Plymouth (durch Ausbruch des Vulkans Chance's Peak 1997 weitgehend zerstört). Die gebirgige Insel gehört zum inneren, vulkan. Bogen der Inseln über dem Winde (Kleine Antillen). Der Vulkan Chance's Peak (914 m ü. M.) in den Soufrière Hills ist seit 1995 wieder aktiv, sein Ausbruch am 25. 6. 1997 verwüstete v. a. den Südteil der Insel; der größte Teil der Bev. musste auf andere Inseln evakuiert werden. Dadurch ist die Wirtschaft (v. a. Tourismus; ferner Landwirtschaft bes. für den Eigenbedarf; Offshore-Finanzzentrum; etwas Kleinind.) stark beeinträchtigt. – M. wurde 1493 von Kolumbus entdeckt, ab 1632 v. a. von Iren besiedelt, ist seit 1783 endgültig britisch; 1967 entschied sich die Bev. für den Status einer Kolonie mit innerer Selbstverwaltung.

Montur [frz.] *die,* veraltend für Uniform, Dienstkleidung; Ausrüstung für spezielle Zwecke.

Monty Python ['mɔntɪ 'paɪθən], 1969 von Michael Palin (* 1943), John Cleese (* 1939), Eric Idle (* 1943), Terry Jones (* 1943) und Graham Chapman (* 1941, † 1989), später Terry Gilliam (* 1940) gegr. brit. Komikertruppe, die insbesondere mit dem Satireprogramm »Monty Python's Flying Circus« (1969–74) bekannt geworden ist. Die Mitglieder der Truppe wirken jeweils auch eigenständig (verstärkt seit 1984) u. a. als Autoren, in Fernsehserien und in Kinofilmen: »Monty Python and the Holy Grail« (1975), »Das Leben des Brian« (1979), »Ein Fisch namens Wanda« (1988).

Monument [lat.] *das,* das / Denkmal.

Monumenta Germaniae Historica [lat. »Geschichtsdenkmäler Deutschlands«], Abk. **MGH,** die umfangreichste, wichtigste Sammlung mittelalterl.

Montreal: Blick über den Sankt-Lorenz-Strom auf die City

Montreal
Stadtwappen

Le Mont-Saint-Michel: ehemalige Benediktinerabtei (11.–16. Jh.)

Quellentexte zur dt. und europ. Geschichte, hg. von der auf Anregung des Freiherrn K. vom und zum Stein 1819 gegründeten »Gesellschaft für Deutschlands ältere Geschichtskunde«, 1826 erschien der 1. Bd.; 1875 Umwandlung des privaten Vereins in eine öffentlich-rechtl. Körperschaft, durch staatl. Zuschüsse Dtl.s und Österreichs gefördert; nach dem Zweiten Weltkrieg Neugründung als »MGH Dt. Institut für Erforschung des MA.« (Sitz seit 1948 in München, früher in Berlin). Nach ursprüngl. Plan waren die MGH in fünf Abteilungen gegliedert: Scriptores (Schriftsteller), Leges (Gesetze), Diplomata (Urkunden), Epistolae (Briefe), Antiquitates (Altertümer); später wurden spätmittelalterliche Quellen einbezogen (Staatsschriften, Quellen zur Geistesgeschichte).

Monument Valley [ˈmɔnjʊmənt ˈvælɪ], Naturschutzgebiet im NO Arizonas und SO Utahs, USA, in der Navajoreservation; Tafelberge, pfeiler- und turmförmige Felsen aus Sandstein, Reste von Vulkanschloten.

Monument Valley

Monza, Stadt in der Prov. Mailand, Italien, 119 200 Ew.; Textilind., Lederhandschuhfertigung, Nähmaschinen-, Orgelbau; seit 1950 Grand-Prix-Rennstrecke der Formel 1 (5,793 km). – Im Dom (13./14. Jh.) wird die ↗Eiserne Krone aufbewahrt.

Moody-Index [ˈmuːdɪ-], in den USA Preisindex für Stapelwaren der internat. Handels.

Moon, estn. Ostseeinsel, ↗Muhu.

Moor [niederdt., verwandt mit Meer] (norddt. auch Bruch, Fehn, Fenn, Venn, Lohe, Luch, süddt. auch Filz, Moos, Ried), dauernd feuchtes, schwammiges Gelände mit charakterist. Vegetation auf einer mindestens 20–30 cm mächtigen Torfdecke mit mindestens 30 % organ. Substanz (↗Torf). Grundvoraussetzung für die Entstehung eines M. ist ein großer Wasserüberschuss, der das Wachstum feuchtigkeitsliebender Pflanzen begünstigt und anaerobe Verhältnisse schafft, die den mikrobiellen Abbau der Pflanzenreste hemmen und zur Torfbildung führen. (↗Holozän)

Man unterscheidet die bei der Verlandung von Seen gebildeten **Flachmoore** (Nieder-M., Riede), die in der Regenwasserzone entstandenen **Hochmoore** (Torf-M., Heide-M.) und bei wechselnder Ausbildung beider Typen die **Übergangsmoore.** Typ. Pflanzen der Flach-M. sind Rohrkolben, Seggen, Schilf, Schwarzerle und Weide, des Hoch-M. Torfmoose, Wollgras, Glockenheide, Binse und Haarsimse. Durch Aufreißen der M.-Decke können sich **Mooraugen (Kolke)** bzw. **Moorseen** bilden. **Schlenken** sind die zw. den hohen Moospolstern (**Bülten**) liegenden wassergefüllten Senken. – Bes. reich an M. sind Russland, Finnland, Schweden und Kanada. (↗Moorkultur)

Moor, Margriet de, niederländ. Schriftstellerin, *Noordwijk 21. 11. 1941; studierte zunächst Gesang und Klavier, später Kunstgeschichte; ihre virtuos konstruierten und in einer eindringlich musikal. Sprache verfassten Werke brachten ihr internat. Erfolg (»Erst grau dann weiß dann blau«, R., 1991; »Der Virtuose«, R., 1993; »Herzog von Ägypten«, R., 1996; »Die Verabredung«, R., 2000).

Moorbad, therapeut. Anwendung von breiig aufgeschwemmten Torf-Wasser-Mischungen. Aufgrund des hohen Wasserbindungs- und Wärmespeichervermögens wird der durch Wasserdampf erhitzte Moorbrei mit höherer Temperatur als Wasser auf der Haut vertragen und gibt seine Wärme kontinuierlich über einen längeren Zeitraum ab. Der Badetorf enthält Huminsäuren, Estrogene, Gerbsäure, Mineralsalze u. a. M. werden v. a. bei rheumat. und degenerativen Gelenkerkrankungen und zur hormonellen Beeinflussung des weibl. Organismus angewendet.

Henry Moore

Moordorf, Teil der Gemeinde Südbrokmerland, Landkr. Aurich, Ndsachs.; Fundort einer reich verzierten Goldscheibe der Bronzezeit, als Sonnensymbol gedeutet.

Moore [ˈmʊə], **1)** Brian, kanad. Schriftsteller irischer Herkunft, *Belfast 25. 8. 1921, †Malibu (Calif.) 11. 1. 1999; die religiösen oder polit. Probleme und psychisch-sexuellen Konflikte seiner Romanfiguren resultieren meist aus ihrer Stellung zw. versch. Kulturen und Nationen (»Die einsame Passion der Judith Hearne«, R., 1955; »Ich bin Mary Dunne«, R., 1968; »Die Farbe des Blutes«, R., 1987; »Dillon«, R., 1990).

2) Charles, amerikan. Architekt, *Benton Harbor (Mich.) 31. 10. 1925, †Austin (Tex.) 16. 12. 1993. Seine Arbeit ist v. a. gekennzeichnet durch spieler. Umgang mit geometr. Formen, Materialien und Farben und iron. Zitaten histor. Baustile. Die Piazza d'Italia (1977–78) in New Orleans (La.) gilt als eines der Hauptwerke der Postmoderne. 1980 gewann M. den Wettbewerb für die Bebauung des Tegeler Hafengeländes, Berlin (bes. bemerkenswert die Humboldt-Bibliothek, 1987–88).

3) Demi, eigtl. Demetria M., amerikan. Filmschauspielerin, *Roswell (N. Mex.) 11. 11. 1962; M. stieg seit den frühen 80er-Jahren zu einem Hollywoodstar auf, u. a. mit den Filmen »Choices« (1981), »Das siebte Zeichen« (1988), »Eine Frage der Ehre« (1992), »Der scharlachrote Buchstabe« (1995), »Die Akte Jane« (1997).

4) George, irischer Schriftsteller, *Ballyglass (Cty. Mayo) 24. 2. 1852, †London 21. 1. 1933; schrieb naturalist. Werke, später religiöse Romane, v. a. den Christusroman »The brook Kerith« (1916).

5) George Edward, brit. Philosoph, *London 4. 11. 1873, †Cambridge 24. 10. 1958; Prof. in Cambridge, neben B. Russell Begründer der (sprach)analyt. Philosophie; stellt in seinem metaeth. Hauptwerk »Principia ethica« (1903) die Frage nach der Bedeutung von »gut«, das er als einfache, nicht weiter analysierbare Qualität definiert; weist die meisten eth. Theorien als auf dem naturalist. ↗Fehlschluss beruhend zurück.

6) Gerald, engl. Pianist, *Watford 30. 7. 1899, †London 13. 3. 1987; begann als Konzertpianist und wurde später Klavierbegleiter bed. Sänger (u. a. D. Fischer-Dieskau) und Instrumentalisten (u. a. Y. Menuhin).

7) Henry, brit. Bildhauer und Grafiker, *Castleford (bei Leeds) 30. 7. 1898, †Much Hadham (Cty. Hertfordshire) 31. 8. 1986; Bildwerke von beeindruckender Ausdruckskraft und Strenge, von archaischen Skulpturen und der Kunst der Naturvölker beeinflusst. Zentrales Thema ist der Mensch als Einzelfigur, oft liegend oder auch als Gruppe gestaltet. M. arbeitete v. a. in Stein und Holz, später vorwiegend in Bronze. – Während der Bombenangriffe auf London (1940/41) hielt M. in Untergrundbahnstationen und Tunnels Schutz suchende Menschen in eindringl. Zeichnungen (»Shelter drawings«) fest. M. gehört zu den bedeutendsten Bildhauern des 20. Jahrhunderts. (Bild ∕ moderne Kunst)

8) **Michael Kenneth**, neuseeländ. Politiker, *Whakatane (Region Bay of Plenty) 28. 1. 1949; 1984–90 Min. für Außenhandel und Marketing, 1990 Außen-Min.; 1999–2002 Generaldirektor der Welthandelsorganisation.

9) **Roger**, brit. Filmschauspieler, *London 14. 10. 1927; bekannt als TV-Serienstar und ab 1973 als James-Bond-Darsteller (»Leben und sterben lassen«, 1973; »Im Angesicht des Todes«, 1984); seit 1991 Sonderbeauftragter der Filmkunst für UNICEF.

10) **Stanford**, amerikan. Biochemiker, *Chicago 4. 9. 1913, †New York 23. 8. 1982. Für die Erforschung der Struktur und Reaktivität des Enzyms Ribonuclease erhielt er 1972 mit C. B. Anfinsen und W. H. Stein den Nobelpreis für Chemie.

11) **Thomas**, irischer Dichter, *Dublin 28. 5. 1779, †Sloperton Cottage (bei Chippenham, Cty. Wiltshire) 25. 2. 1852; Jurist; befreundet mit Lord Byron; 1803–18 Admiralitätsbeamter auf den Bermudas, bereiste 1819–23 Amerika, Frankreich und Italien; nach Herausgabe der »Irischen Melodien« (10 Tle., 1808–34), einer Lyriksammlung mit Klavierbegleitung, die auf alte irische Melodien zurückgreift, wurde er als »Barde Irlands« gefeiert; schrieb auch populäre oriental. Verserzählungen (»Lalla Rukh«, 1817) und Gesellschaftssatiren.

Mooréa [mɔre'a], zu Frz.-Polynesien gehörende Insel im S-Pazifik, eine der Inseln über dem Winde der Gesellschaftsinseln, 132 km², 11 700 Ew., Hauptort ist Afareaitu; Erzeugung von Kopra, Vanille und Kaffee; Fremdenverkehr.

mooresches Gesetz ['mʊə-], von Gordon Moore, dem Mitbegründer der Firma »Intel«, getroffene Voraussagen zum Wachstum der Halbleitertechnologie. Er sagte 1964 (richtig) voraus, dass sich die Speicherkapazität jeder neuen Chipgeneration jährlich verdoppeln wird. Etwa 10 Jahre später prognostizierte er (zutreffend), dass sich die Anzahl der Transistoren, die auf einem Chip integriert werden können, aller 18 Monate verdoppeln wird. Experten gehen derzeit davon aus, dass das m. G. noch weit über das Jahr 2010 hinaus Gültigkeit haben wird.

Moorhuhn, umgangssprachl. Bez. für das Moorschneehuhn; ∕ Schneehühner.

Moorkultur, Umgestaltung von Mooren zur landwirtsch. Nutzung. Die M. beginnt mit einer Senkung des Grundwasserstandes durch Gräben oder Dränröhren. Die niederl. **Fehnkultur** besteht in einer Abtorfung des Moores, wobei die hellere Oberflächenschicht (50 cm stark) als »Bunkerde« auf dem mineral. Untergrund zurückbleibt. Durch Vermischung dieses »Leegmoores« an der Oberfläche mit 10–12 cm Sand entsteht nach Kalkung mit Düngung ein ertragreicher Acker. Die heute aufgegebene **Moorbrandkultur** aus den niederländ. Hochmooren war eine v. a. auf Buchweizen ausgerichtete Monokultur ohne Düngung. Auch die **rimpausche Niedermoor-Sanddeckkultur (Dammkultur)** ist überholt; bei ihr wurde aus den Gräben etwa 15 cm Sand auf das gewachsene Moorprofil aufgetragen. Die **Niedermoor-Schwarzkultur** ist eine intensive Grünlandnutzung ohne Sand und Kalkung in einseitiger Kaliphosphatdüngung. Ihr gleicht die **Dt. Hochmoorkultur** auf Torflagen über 1 m mit einmaliger Grundkalkung und schmalen Entwässerungsgräben (»Grippen«). Der erfolgreichen Ackernutzung dient bes. die **Dt. Sandmischkultur** in wurzelechten Hochmooren mit dünnen, bis 1,5 m mächtigen Torflagen und bis 2 m tiefen Pflugfurchen sowie abwechselnden Torf- und Sandschichten.

Moorleichen, in Mooren gefundene menschl. Leichen aus vor- und frühgeschichtl. Zeit, die infolge des völligen Luftabschlusses und der fäulnishemmenden Humussäuren des Moores mumienhaft erhalten geblieben sind. Bei den bisher mehr als 1 350 Funden von M., die v. a. aus Nord-Dtl., Jütland und S-Skandinavien stammen, handelt es sich entweder um ins Moor versenkte Tote, nach german. Rechtsbrauch (Tacitus, »Germania« 12) Hingerichtete, Opfer von Verbrechen oder Menschenopfer.

Moortgat [-xat], Anton, belg. Archäologe, *Antwerpen 21. 9. 1897, †Damme (bei Brügge) 9. 10. 1977; beschäftigte sich bes. mit der Entstehung der sumer. Hochkultur und war einer der Begründer der vorderasiat. Archäologie in Deutschland.

Moos, Bez. für Pflanzen der Gruppe ∕ Moose.

Moos|achat, grüne Abart des ∕ Chalcedons.

Moosbeere (Vaccinium oxycoccus), kriechendes Heidekrautgewächs mit roten, oft braun gefleckten Beeren; Charakterpflanze der Hochmoore.

Moosbrugger (Mosbrugger), Kaspar, eigtl. Andreas M., österr.-schweizer. Baumeister, *Au (Vorarlberg) 22. 7. 1656, †Einsiedeln 26. 8. 1723; bed. Vertreter der ∕ Vorarlberger Bauschule; sein Meisterwerk ist die Stiftskirche von ∕ Einsiedeln.

Moosburg a. d. Isar, Stadt im Landkr. Freising, Oberbayern, am N-Rand des Erdinger Mooses, 16 400 Ew.; Heimatmuseum; Herstellung von Hebe- und Transportgeräten, Gabelstaplern, Maschinenfabrik, chem., elektrotechn. Ind., Käsefabrik. – Roman. Basilika (12. Jh.) mit Altar (1513/14) von H. Leinberger.

Moose (Bryophyta, Bryophyten, Moospflanzen), Abteilung der Sporenpflanzen mit etwa 24 000 Arten; weltweit verbreitete Landpflanzen, ohne Gefäßbün-

Stanford Moore

Moosbeere

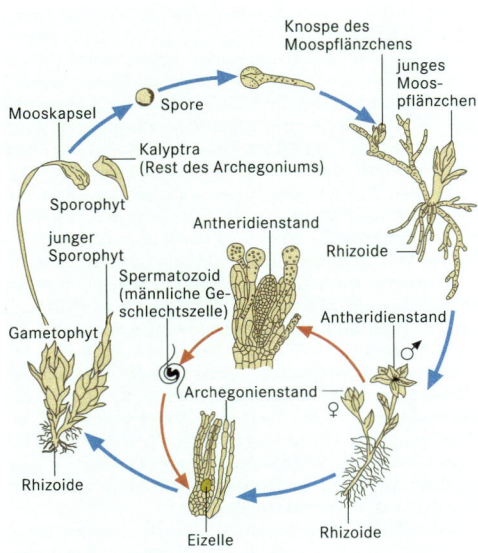

Moose: schematische Darstellung des Generationswechsels bei einem Laubmoos del und ohne echte Wurzeln (Rhizoide). Die M. enthalten in jeder Pflanze zwei Generationen, 1) eine die Gesamterscheinung der M. beherrschende, dem Farnvorkeim entsprechende Generation mit Archegonien als weibl. und Antheridien als männl. Geschlechtsorganen; 2) eine auf dieser Generation aus der befruchteten Eizelle des Archegoniums sprossende, nur aus der Mooskapsel mit Unterteil bestehende Generation, die Sporen erzeugt (/ Generationswechsel). Aus der Spore keimt wieder die Moospflanze. – Die **Laub-M.** (Klasse Musci; z. B. / Torfmoos) sind in Blättchen und Stängel gegliedert, die aus einem fadenförmigen Vorkeim hervorgehen. Die kugeligen oder keuligen Antheridien und die flaschenförmigen Archegonien stehen an Sprossenden. Nach der Befruchtung wächst die Zygote zum diploiden Sporophyten (Sporogon) aus, der zeitlebens auf dem Gametophyten verbleibt, dessen Oberteil als Haube auf dem Deckel der Sporenkapsel einen Schutz bildet. – Die **Leber-M.** (Klasse Hepaticae), z. B. Brunnenlebermoos, haben meist eine lappige Form. Die Sporenkapsel bleibt vom Archegonium umschlossen, ohne Haube und ist auch meist ohne Deckel. – Aufgrund ihres Wasserbindungsvermögens sind M. wichtig für den Wasserhaushalt der Wälder.

Moosfarn (Selaginella), Gattung der M.-Gewächse, v. a. in den Tropen verbreitet. In europ. Gebirgen der **Gezähnte M.** (**Dorniger M.,** Selaginella selaginoides) mit spiralig angeordneten Blättern.

Moosglöckchen (Linnaea borealis), zu den Geißblattgewächsen gehörender, nordisch-alpiner bis 15 cm hoher Halbstrauch mit lang gestielten, nickenden, glockigen weißen oder blassrosa Blüten; Charakterart des nördl. Nadelwaldgürtels.

Moosglöckchen

Moostierchen (Bryozoen, Bryozoa), festsitzende, koloniebildende Bewohner des Meeres und Süßwassers. Jedes M. besitzt einen Fangkranz, der in das Innere zurückgezogen werden kann und zum Herbeistrudeln der Nahrung dient. Die Kolonien sind krusten-, moos- oder knollenartige Gebilde, die Pflanzen, Pfähle, Steine überziehen. Die Einzeltiere sind nur wenige Millimeter groß und z. T. sehr vielgestaltig.

Moped *das,* veraltete Bez. für ein Kleinkraftrad, / Kraftrad.

Mops [von niederdt. mopen »den Mund verziehen«, niederländ. moppen »mürrisch sein«], bis 32 cm hohe, kurzhaarige, stämmige Haushunderasse mit großem, rundem Kopf, vielen Runzeln auf der Stirn, kurzen Ohren (sog. Knopf- oder Rosenohren) und kurzem, viereckigem Fang.

Mopti, Regionshauptst. in Mali, auf drei Inseln im Binnendelta des Niger, 78 000 Ew.; kath. Bischofssitz; Handelszentrum; Hafen, internat. Flughafen. – Große Moschee in sudanes. Lehmbauweise.

Moradabad, Stadt in Uttar Pradesh, Indien, 417 000 Ew.; handwerkl. Verarbeitung von Holz und Metall, Baumwolling. – Burg und Moschee aus dem 17. Jahrhundert.

Morąg [ˈmɔrɔŋk] (dt. Mohrungen), Stadt in der Wwschaft Ermland-Masuren, Polen, in einem Seengebiet des Balt. Landrückens, 14 600 Ew.; Sperrholzfabrik, Metall-, Nahrungsmittel-, Textilindustrie. – Reste einer Deutschordensburg; Pfarrkirche und Rathaus spätgotisch. Herderhaus (restauriertes Geburtshaus von J. G. Herder).

Moral [zu lat. mos »Sitte, Brauch, Gewohnheit, Charakter«] *die,* 1) die der gesellschaftl. Praxis zugrunde liegenden und als verbindlich akzeptierten ethisch-sittl. Normen(systeme) des Handelns; 2) die sittl. Haltung eines Einzelnen oder einer Gruppe; 3) lehrreiche Nutzanwendung, sittl. Gehalt (M. einer Geschichte); 4) Solidarität einer Gruppe, Bereitschaft, sich einzusetzen.

Moralische Aufrüstung (engl. moral re-armament, Abk. MRA), sozialeth. Bewegung zur inneren Erneuerung des Menschen auf christl. Grundlage; aus der 1921 von dem luth. Frank N. D. Buchman (* 1878, † 1961) gegr. Oxford-Gruppenbewegung hervorgegangen; ihre wichtigsten Prinzipien sind die vier »Absoluta«: Ehrlichkeit, Reinheit, Selbstlosigkeit, dienende Nächstenliebe. Europ. Zentrum ist Caux (bei Montreux).

Giorgio Morandi: Stillleben (Sankt Petersburg, Eremitage)

moralische Wochenschriften, Zeitschriftentypus der Aufklärung; Anfang des 18. Jh. in England aus bürgerlich-puritan. Kritik an Kultur und Lebensstil der Aristokratie entstanden. Vorbildhaft für ganz Europa wurden die von J. Addison und R. Steele hg. Zeitschriften »The Tatler« (1709–11), »The Spectator« (1711/12 und 1714), »The Guardian« (1713). Die m. W. verbreiteten die Ideen der Aufklärung in Verbindung mit Beiträgen zu Fragen des tägl. Lebens, sie führten literar. und ästhet., in England v. a. polit. Diskussionen, behandelten moral. und religiöse Fragen und waren damit wichtig für die Entwicklung des bürgerl. Selbstverständnisses im 18. Jh. In Dtl. sind für das 18. Jh. über 500 Titel nachgewiesen, u. a. »Discourse der Mahlern« (1721–23) von J. Bodmer und J. J. Breitinger, »Die vernünftigen Tadlerinnen« (1725/26) von J. C. Gottsched, »Der Wandsbecker Bothe« (1771–76) von M. Claudius.

Moralismus *der,* die Verabsolutierung eth. Normen(systeme), die Überbetonung sittl. Gesetze.

Moralisten [von lat. mores »Sitten«], Beobachter menschl. Lebensweise, die, ohne dogmat. Grundsätze des sittl. Handelns aufzustellen, seel. und soziales Verhalten kritisch beschreiben und dabei Einsicht in das menschl. Verhalten und seine versteckten Triebfedern zu erlangen suchen; insbesondere Bez. für eine Gruppe frz. Schriftsteller des 17. Jh. (F. de La Rochefoucauld, B. Pascal und J. de La Bruyère) im Anschluss an den Vorläufer M. de Montaigne. Literar. Hauptformen waren Maximen oder Aphorismen, der Essay und Briefe.

Moralität [lat.] *die,* 1) das sittl. Verhalten aus positiv sittl. Gesinnung und nicht aus bloßer Pflicht (/ Legalität), die Übereinstimmung des Willens mit dem Sittengesetz (I. Kant).

2) religiöses oder moralisch-lehrhaftes Schauspiel

des Spät-MA., in dem allegor. Figuren (Personifizierungen von Tugenden, Lastern, Glück und Tod) um die Seele einer Zentralfigur streiten; beliebt bes. in England, den Niederlanden, Italien, Frankreich. (/ Jedermann)

Moralphilosophie, die philosoph. Lehre von der / Sittlichkeit, in der früher die Lehre von Recht und Staat und die Ethik als Sittenlehre enthalten war; von I. Kant als »Metaphysik der Sitten« bezeichnet. Gegenwärtig ist M. gleichbedeutend mit / Ethik.

Moraltheologie, Disziplin der kath. Theologie; befasst sich mit dem prakt. Lebensvollzug des Christen und den ebenso zugrunde liegenden normativen Handlungsvorgaben; ihr entspricht in der *evang. Theologie* die / theologische Ethik.

Morandi, Giorgio, italien. Maler und Grafiker, *Bologna 20. 7. 1890, †Grizzana (Prov. Bologna) 18. 6. 1964; entwickelte aus Anregungen von Kubismus, Futurismus, Pittura metafisica und P. Cézanne eine auf Stillleben sowie Landschaft konzentrierte nuancenreiche Tonmalerei.

Moräne [frz.] *die,* von Gletschern verfrachteter und angehäufter Gesteinsschutt. Am Gletscherrand bilden sich aus dem Felsschutt **Seiten-M.;** beim Zusammenfließen zweier Gletscher werden zwei der Seiten-M. zu einer **Mittel-M.** Der ins Gletschereis geratene Schutt heißt **Innen-M.,** das fein gemahlene oder gerundete Gestein zw. Eis und Gletscherbett **Grundmoräne.** Das mitgeführte Gestein wird am unteren Ende des Gletschers als **End-M.** abgelagert. Nach dem Abschmelzen des Eises bleibt häufig eine charakterist. M.-Landschaft zurück mit M.-Seen, / Drumlins, / Osern und Findlingen (/ Geschiebe).

Morante, Elsa, italien. Schriftstellerin, *Rom 18. 8. 1912, †ebd. 25. 11. 1985; ∞ mit A. Moravia; schrieb psychologisch-realist. (Familien-)Romane (»Lüge und Zauberei«, 1948; »Arturos Insel«, 1957; »La Storia«, 1974; »Aracoeli«, 1983), auch Erzählungen, Essays, Lyrik und Kinderbücher.

Morath, Inge, eigtl. Ingeborg M., amerikan. Fotografin österr. Herkunft, *Graz 27. 5. 1923, †New York 30. 1. 2002; seit 1962 ∞ mit Arthur Miller; bereiste als Fotojournalistin zahlr. Länder und verfasste Reportagen für »Life«, »Paris Match« u. a. Zeitschriften.

Moratorium [von lat. mora »Verzögerung«] *das,* durch Vertrag oder Staatsakt (Zwangs-M.) gewährter Zahlungsaufschub für fällige private oder staatl. in- oder ausländ. Verbindlichkeiten. Die internat. Finanzabkommen lassen M. z. B. bei Gefährdung der Währungsstabilität eines Entwicklungslandes zu (Schuldenmoratorium).

Morava, **1)** tschech. Name für / Mähren.
2) *die,* tschech. und slowak. Name der / March.
3) *die,* **Velika M.** (Große M.), rechter Nebenfluss der Donau, hydrograph. Hauptachse Serbiens, 221 km lang, entsteht durch Zusammenfluss der Westl. und der Südl. M. Die M. mündet östl. von Belgrad.

Moravia, Alberto, eigtl. A. Pincherle, italien. Schriftsteller, *Rom 28. 11. 1907, †ebd. 26. 9. 1990; ∞ mit Elsa Morante; mit seinem vielseitigen Werk einer der erfolgreichsten und wegen seiner erot. Thematik auch meistumstrittenen italien. Autoren des 20. Jh. Seine psychologisch-realist. Romane verbinden die persönl. Konflikte der Helden, häufig sexuelle Verstrickungen, mit einer krit. Darstellung der italien. Gesellschaft während des Faschismus (»Die Gleichgültigen«, 1929; »Der Konformist«, 1951), in der Kriegs- und Nachkriegszeit (»Die Römerin«, 1947; »Cesira«, 1957; »La Noia«, 1960; »Desideria«, 1978). Im Spätwerk dominieren satirisch-spieler. Züge (»Der Zuschauer«, R., 1985). M. schrieb auch Dramen, Erzählungen, Essays und Reiseberichte.

Moray [ˈmʌrɪ], Local Authority in N-Schottland, südlich des Moray Firth, 2238 km², 86900 Ew., Verw.sitz: Elgin.

Moray Firth [ˈmʌrɪ ˈfəːθ], trichterförmige Nordseebucht an der NO-Küste Schottlands.

morbid [lat.], kränklich, im (sittl.) Verfall begriffen, morsch.

Morbidität [lat.] *die,* Erkrankungsrate, das zahlenmäßige Verhältnis zw. Kranken und Gesunden einer Bevölkerung.

Morbihan [mɔrbiˈã], Dép. in W-Frankreich, in der Bretagne, 6823 km², 644000 Ew., Hauptstadt ist Vannes.

Morbus [lat.] *der,* die Krankheit. **M. sacer,** im Altertum und MA. gebräuchl. Bez. für Epilepsie.

Morchel [ahd. »Möhrchen«] (Morchella), Gattung der Schlauchpilze; die hohlen Fruchtkörper sind gestielt, der 2–8 cm hohe Hut besitzt eine wabenartige Struktur. **Speise-M.** (Morchella esculenta) und **Spitz-M.** (Morchella conica) sind gute Speisepilze.

Mord, im dt. Strafrecht im Ggs. zum / Totschlag die vorsätzl. Tötung eines Menschen, die hinsichtlich Tatmotiv, Tatausführung oder Tatzweck durch besondere Merkmale qualifiziert ist, nämlich aus M.-Lust, zur Befriedigung des Geschlechtstriebes, aus Habgier oder anderen niedrigen Beweggründen, auf heimtück., grausame Weise oder mit gemeingefährl. Mitteln sowie zur Ermöglichung oder Verdeckung einer anderen Straftat. Der Mörder wird mit lebenslanger Freiheitsstrafe bestraft (§ 211 StGB). Nach einem Urteil des Bundesgerichtshofes von 1981 kann die Strafe entgegen dem Gesetzeswortlaut bei Vorliegen außergewöhnl. Umstände auf 3 bis 15 Jahre gemildert werden. – Nach *österr.* Recht ist M. die vorsätzl. Tötung eines anderen (§ 75 StGB; Freiheitsstrafe von 10 bis zu 20 Jahren oder lebenslange Freiheitsstrafe). Gemäß Art. 112 *schweizer.* StGB liegt M. vor, wenn der Täter unter Umständen oder mit einer Überlegung getötet hat, die seine bes. verwerfl. Gesinnung oder seine Gefährlichkeit offenbaren (Strafe: lebenslänglich Zuchthaus oder Zuchthaus nicht unter zehn Jahren).

Mordent [italien. »Beißer«] *der, Musik:* die Verzierung einer Hauptnote durch einmaligen (beim **langen M.** durch mehrmaligen) schnellen Wechsel der Hauptnote mit ihrer unteren Sekunde.

Mörderbiene (Killerbiene), umgangssprachl. Bez. für eine im trop. S-Amerika durch Kreuzung entstandene Unterart der Honigbiene, die sehr gute Honigerträge bringt, aber sehr aggressiv ist.

Mördermuschel, / Riesenmuscheln.

Mordwinen, Volk mit finnougr. Sprache, v. a. in Mordwinien und an der mittleren Wolga; 1,15 Mio. Angehörige; zwei Hauptgruppen: Mokscha und Ersa; seit Ende des 18. Jh. vollständig in den russ. Machtbereich einbezogen.

Mordwini|en (Mordowien, Republik Mordwinien), Rep. innerhalb der Russ. Föderation, grenzt im O an Tschuwaschien, 26 200 km², 920 300 Ew., Hptst. ist Saransk; umfasst mit der W-Abdachung der nördl. Wolgahöhen die durch Flussniederungen und Schluchten zertalte Plattenlandschaft zw. den Flüssen Sura und Mokscha sowie den O der Oka-Don-Niederung. Von der Landesfläche entfallen 28 % auf Wälder, 45 % auf Ackerland. Die Bev. besteht aus Russen (61 %), Mordwinen (33 %), Tataren (5 %) u. a.; Landwirtschaft (Schwarzerdegebiet; Getreide, Kartoffeln, Hanf; Milchviehzucht); Maschinenbau-, elektrotechn., chem., Holzindustrie.

Alberto Moravia

Morchel: Spitzmorchel

Thomas More

More [mɔː], **1)** Henry, engl. Philosoph, *Grantham 1614, †Cambridge 1. 9. 1687; einer der führenden Vertreter der Cambridger Schule, war an der Neubegründung und Fortentwicklung eines christl. Platonismus beteiligt.

2) Sir Thomas (latinisiert Morus), engl. Staatsmann und Humanist, *London 7. 2. 1478 (?), †ebd. 6. 7. 1535; nach humanist., theolog. und jurist. Studien 1503–29 Mitgl., seit 1523 Sprecher des Unterhauses; seit 1529 Lordkanzler. Nach der Trennung der engl. Kirche von Rom durch Heinrich VIII., die er ablehnte, trat er 1532 zurück. 1534 verweigerte er den Suprematseid; daraufhin des Hochverrats angeklagt, wurde zum Tode verurteilt und hingerichtet. – M. verfasste zahlr. Schriften und hielt seit 1499 engen Kontakt zu Erasmus von Rotterdam. Sein Hauptwerk »De optimo rei publicae statu deque nova insula Utopia« (1516), der Entwurf einer idealen menschl. Gesellschaft, begründete die ↗Utopie als literar. Gattung. – Heiliger; Tag: 22. 6; von Papst Johannes Paul II. 2000 zum Patron der Regierenden und der Politiker erklärt.

Morea (grch. Moreas) [»Maulbeerbaum«], seit dem 9. Jh. bezeugter Name einer Landschaft im NW der Peloponnes, Griechenland; 13./15.–20. Jh. Gesamtname der Peloponnes.

Moréas [mɔre'as], Jean, eigtl. Ioannis Papadiamantopulos, frz. Schriftsteller grch. Herkunft, *Athen 15. 4. 1856, †Paris 30. 3. 1910; gründete 1890 mit C. Maurras die neoklassizist. »École romane«; schrieb Gedichte (»Die Stanzen«, sechs Bücher, 1899–1901, siebtes Buch hg. 1920), das Versdrama »Iphigénie« (1903) und Erzählungen.

Moreau [mɔ'ro], **1)** Gustave, frz. Maler, *Paris 6. 4. 1826, †ebd. 18. 4. 1898; malte bibl. und mytholog. Bilder sowie symbolist. Szenen, deren Fantastik durch eine unnatürl. Beleuchtung gesteigert wird; von großem Einfluss auf Fauvismus und Surrealismus.

2) Jean-Michel, gen. Moreau le Jeune, frz. Kupferstecher und Radierer, *Paris 26. 3. 1741, †ebd. 30. 11. 1814; ein hervorragender Illustrator von zeitgenöss. Ereignissen und zu Werken von Ovid, Boccaccio, Molière.

3) Jeanne, frz. Theater- und Filmschauspielerin, *Paris 23. 1. 1928; nuancenreiche Charakterdarstellerin, u. a. in den Filmen »Die Liebenden« (1958), »Die Nacht« (1960), »Jules und Jim« (1961), »Der Prozeß« (1962), »Viva Maria« (1965), »Die Braut trug Schwarz« (1967), »Mädchenjahre« (1979), »Querelle« (1982), »Die Dame, die am Meer spazierte« (1991); auch Filmregie und Chansonsängerin; sie wurde 2000 als erste Frau in die Académie des Beaux-Arts gewählt.

Morecambe and Heysham ['mɔːkəm ənd 'hiːʃəm], Stadt und Seebad in der engl. Cty. Lancashire, 46 700 Ew.; an der Morecambe Bay Erdölraffinerie, chem. Ind.; Kernkraftwerk; Fähre zur Insel Man.

Morelia, Hptst. des mexikan. Staates Michoacán, 1 890 m ü. M., 428 000 Ew.; Erzbischofssitz; Univ., PH, Technikum, Regionalmuseum; Textil- u. a. Industrie. – Der histor. Stadtkern mit seinen bed. architekton. Zeugnissen der Kolonialzeit (u. a. Kathedrale, 1640 ff.; Palacio de Gobierno, 18. Jh.) ist UNESCO-Weltkulturerbe.

Morelos, Binnenstaat von ↗Mexiko, südlich des Bundesdistrikts.

Moreno [mə'riːnəʊ], Jacob Levy, amerikan. Psychiater, *Bukarest 20. 5. 1892, †Beacon (N. Y.) 14. 5. 1974; begründete die ↗Soziometrie und die Gruppentherapie (speziell ↗Psychodrama).

Moresca [italien.] *die* (Morisca, Moriska, Moriskentanz), ein vom 15. bis 17. Jh. in ganz Europa verbreiteter pantomim. Tanz, dessen Ursprung einerseits in Fruchtbarkeitstänzen, andererseits in den Kämpfen zw. Christen und Mauren (↗Morisken) gesehen wird. Seit dem 16. Jh. diente die M. als Balletteinlage in Intermedium, Komödie und Oper (z. B. in C. Monteverdis »Orfeo«). – Eine Variante der M. ist der engl. **Morrisdance**, der ausschl. von Männern (als Maskenoder Narrentanz oder auch als Schwerttanz) ausgeführt und noch anlässlich von Umzügen der Morris-Gilden aufgeführt wird.

Jeanne Moreau mit Marcello Mastroianni in »Die Nacht« (1960) von Michelangelo Antonioni

Moreto y Cavana [- i ka'βana], Agustín, span. Dramatiker, getauft Madrid 9. 4. 1618, †Toledo 26. oder 27. 10. 1669; Geistlicher in Toledo; war mit seinen Charakterkomödien (u. a. »Donna Diana«, 1654, Oper von E. N. von Reznicek, 1894) neben P. Calderón de la Barca und Lope de Vega der erfolgreichste span. Dramatiker des 17. Jahrhunderts.

Moretti, **1)** Marino, italien. Schriftsteller, *Cesenatico 18. 7. 1885, †ebd. 6. 7. 1979; schildert in seinen Romanen und Novellen das provinzielle, kleinbürgerl. Leben, v. a. das der Frauen (»Die Witwe Fioravanti«, R., 1941).

2) Nanni, italien. Drehbuchautor, Filmregisseur und -schauspieler, *Bruneck 19. 8. 1953; repräsentierte ab den 1970er-Jahren einen neuen italien. Film, der auch gesellschaftspolit. Themen aufgreift (»Die Messe ist aus«, 1985; »Liebes Tagebuch...«, 1994); dreht seit den 1990er-Jahren auch unpolit. Filme (»Das Zimmer meines Sohnes«, 2001).

Mörfelden-Walldorf, Stadt im Landkr. Groß-Gerau, Hessen, 32 200 Ew.; Tresorbau, Metallindustrie, Großdruckerei.

Morgan ['mɔːgən], **1)** Charles Langbridge, engl. Schriftsteller, *Bromley (Cty. Kent) 22. 1. 1894, †London 6. 2. 1958; schrieb philosoph. Romane (»Das Bildnis«, 1929, »Die Flamme«, 1936) und Dramen vor dem Hintergrund seel. Konflikte.

2) John Pierpont, amerikan. Bankier, *Hartford

(Conn.) 17. 4. 1837, † Rom 31. 3. 1913, Vater von 3); finanzierte mit seinem Bankhaus (seit 1895 J. P. Morgan & Co.) u. a. den Bau von Eisenbahnlinien der USA. Aus seiner Kunst- und Buchsamml. entstand 1924 eine Stiftung (**Pierpont M. Library,** New York).

3) **John Pierpont, jr.,** amerikan. Bankier, * Irvington (N. Y.) 7. 9. 1867, † Boca Grande (Fla.) 13. 3. 1943, Sohn von 2); erweiterte den Einfluss des Bankhauses J. P. Morgan & Co., insbesondere durch die Finanzierung der Entente im Ersten Weltkrieg und des Wiederaufbaus in Europa.

4) **Lewis,** amerikan. Ethnologe, * Aurora (N. Y.) 21. 11. 1818, † Rochester (N. Y.) 17. 12. 1881; einer der Begründer der vergleichenden Ethnologie. *Werk:* Die Urgesellschaft (1877).

5) **Thomas Hunt,** amerikan. Genetiker, * Lexington (Ky.) 25. 9. 1866, † Pasadena (Calif.) 4. 12. 1945; entdeckte die geschlechtsgebundene Vererbung und den Faktorenaustausch (↗ Crossing-over); erhielt hierfür 1933 den Nobelpreis für Physiologie oder Medizin.

morganatische Ehe [aus lat. matrimonium ad morganaticum »Ehe auf bloße Morgengabe«], Ehe zur ↗ linken Hand.

morgansche Gesetze [ˈmɔːɡən-, nach A. De Morgan], ↗ Mengenlehre.

Morgarten, Bergrücken in den schweizer. Voralpen, Kt. Schwyz, südöstlich vom Aegerisee, 1 244 m ü. M. – In der **Schlacht am M.** (15. 11. 1315) besiegten die Waldstätte Schwyz, Uri und Unterwalden das Ritterheer Herzog Leopolds I. von Österreich; damit war die Freiheit der Waldstätte entschieden.

Morgen, 1) anbrechender Tag, früher Vormittag.

2) älteres dt. Feldmaß, urspr. das Stück Land, das man an einem M. pflügen konnte; regional verschieden zw. 0,255 ha (Preußen) und 1,25 ha in Oldenburg; häufig 0,25 ha = 2 500 m².

Morgengabe, im alten dt. Recht das Geschenk des Mannes an die Ehefrau am Morgen nach der Brautnacht; vielfach als Sicherstellung für den Fall der Verwitwung gedacht.

Morgenhauptlicht, ↗ Zodiakallicht.

Morgenland, der Orient; Ggs.: Abendland.

Morgenländisches Schisma, ↗ Schisma.

Morgenpunkt, der ↗ Ostpunkt.

Morgenrot, die Rotfärbung des östl. Himmels vor Sonnenaufgang. (↗ Abendrot)

Morgenstern, 1) *Astronomie:* ↗ Abendstern.

2) im späten MA. eine Schlagwaffe mit Eisenstacheln.

Morgenstern, 1) Christian, Maler, * Hamburg 29. 9. 1805, † München 27. 2. 1867, Großvater von 2); malte unter dem Einfluss von C. Rottmann zunächst realist. Landschaften, später romantisch-pathet. Bilder von Naturereignissen.

2) Christian, Dichter, * München 6. 5. 1871, † Meran 31. 3. 1914, Enkel von 1); schrieb Kabaretttexte u. a. für M. Reinhardts »Überbrettl«; auch Aphorismen, Kinderlieder; Übersetzungen; bekannt wurde er durch seine witzigen Sprachgrotesken (v. a. »Galgenlieder«, 1905; »Palmström«, 1910; »Der Gingganz«, 1919; verfasste aber auch ernste Gedankenlyrik, die beeinflusst war von F. Nietzsche, dem Buddhismus und der Anthroposophie R. Steiners, den er auf seinen Vortragsreisen begleitete.

3) Oskar, amerikan. Volkswirtschaftler dt. Herkunft, * Görlitz 24. 1. 1902, † Princeton (N. J.) 26. 7. 1977; befasste sich v. a. mit Wirtschaftsprognosen sowie Wettbewerbstheorie und analysierte mit J. von Neumann die Beziehungen zw. Spiel- und Wirtschaftstheorie.

4) Soma, Schriftsteller, * Budzanów (Ostgalizien) 3. 5. 1890, † New York 17. 4. 1976; aus jüdisch-chassid. Familie, lebte bis 1938 in Wien, war dort mit J. Roth und A. Berg befreundet, emigrierte nach der Annexion Österreichs nach Frankreich, war dort interniert, konnte in die USA fliehen. M.s (autobiograf.) Werk, das erst seit den 1990er-Jahren editorisch erschlossen wird, spiegelt die Welt des ostgaliz. Judentums und der Wiener Kultur der 1920er-Jahre wider »Joseph Roths Flucht und Ende. Erinnerungen«, hg. 1994; Trilogie »Funken im Abgrund«, vollständig hg. 1996).

Morgenthau [ˈmɔːɡənθɔː, engl.], **Henry, jr.,** amerikan. Politiker, * New York 11. 5. 1891, † Poughkeepsie (N. Y.) 6. 2. 1967; Sohn des 1865 aus Dtl. eingewanderten jüd. Geschäftsmannes und Politikers Henry M. (* 1856, † 1946). M. jr. war Agrarpolitiker und 1934–45 Finanzmin., entwarf als enger Freund und Berater Präs. F. D. Roosevelts 1944 den Morgenthau-Plan.

Morgenthau-Plan, auf der 2. Konferenz von Quebec (Sept. 1944) vom amerikan. Finanzmin. H. Morgenthau jr. vorgelegte Denkschrift. Im Sinne eines »harten Friedens« und einer »industriellen Abrüstung« sah sie u. a. die Entmilitarisierung, Verkleinerung und Aufteilung Dtl.s (in einen prot. Nord- und einen kath. Südstaat), die Internationalisierung des Ruhrgebietes und Demontage von Industrieanlagen vor; Dtl. sollte ein Land mit vorwiegend landwirtschaftl. Charakter werden, es davon abzuhalten, jemals wieder einen Krieg zu beginnen. Obwohl Präs. F. D. Roosevelt seine Unterschrift vom 15. 9. (mit W. Churchill) nach heftigem Widerstand in Reg. und Öffentlichkeit bereits am 22. 9. 1944 wieder zurückzog, konkretisierte sich mit der Diskussion um den M.-P. die amerikan. Besatzungspolitik für das besiegte Dtl. (1944/45).

Morgenweite, der Winkelabstand am Horizont zw. dem Aufgangspunkt eines Gestirns (im Allg. der Sonne) und dem Ostpunkt.

Morges [mɔrʒ], Bezirkshptst. im Kt. Waadt, Schweiz, am Genfer See, 13 700 Ew.; kantonale Landwirtschaftsschule, Museen; Weinbau, Nahrungsmittelind., Maschinenbau; Fremdenverkehr.

Morgner, 1) Irmtraud, Schriftstellerin, * Chemnitz 22. 8. 1933, † Berlin (Ost) 6. 5. 1990; wurde bekannt mit dem fantastisch-iron. Roman »Hochzeit in Konstantinopel« (1968). Zentrale Aspekte der Frauenthematik und -emanzipation griff sie, gleichfalls mit fantast. Elementen, in der Laura-Salman-Trilogie auf (»Leben und Abenteuer der Trobadora Beatriz nach Zeugnissen ihrer Spielfrau Laura«, 1974; »Amanda«, 1983; der dritte Bd., »Das heroische Testament«, wurde 1998 als Fragment hg.); ebenfalls aus dem Nachlass erschien 1992 der Roman »Rumba auf einen Herbst«.

2) Michael, Maler und Grafiker, * Chemnitz 6. 4. 1942; gehörte zur Chemnitzer Künstlergruppe »Clara Mosch«; entwickelt seit den 1970er-Jahren chiffrenartige Symbole für die menschl. Figur und Naturphänomene; beschäftigt sich thematisch mit individuellpsycholog. Befindlichkeiten und der Aufarbeitung der dt. Vergangenheit.

3) Wilhelm, Maler und Grafiker, * Soest 27. 1. 1891, ⚔ bei Langemark 12. 8. 1917; entwickelte einen expressionist. Stil mit leuchtenden Farben und häufig religiöser und landschaftl. Thematik.

Mori, 1) Ōgai, eigtl. **Mori Rintarō,** japan. Schriftsteller, * Tsuwaho (Präfektur Shimane) 17. 2. 1862, † Tokio 9. 7. 1922; studierte als Militärarzt in Dtl., was zu einer intensiven Begegnung mit der europ. Litera-

Thomas H. Morgan

Christian Morgenstern (1871–1914)

Henry Morgenthau jr.

Irmtraud Morgner

tur führte, ab 1919 Leiter der japan. kaiserl. Akademie der schönen Künste. In seinem Erzählwerk setzte er sich mit seiner Deutschlanderfahrung und der Situation des Intellektuellen in der japan. Gesellschaft auseinander. Zahlr. Übersetzungen aus europ. Sprachen (u. a. Goethes »Faust«).

2) *Yoshiro,* japan. Politiker, * Neagari (Präf. Ishikawa) 14. 7. 1937; zunächst Journalist; seit 1969 Mitgl. des Unterhauses, war mehrmals Min., als Nachfolger K. Obuchis 2000–2001 Vors. der Liberaldemokrat. Partei (LDP) und Ministerpräsident.

moribund [lat.], im Sterben liegend.

Móricz [ˈmoːrits], *Zsigmond,* ungar. Schriftsteller, * Tiszacsécse (bei Debrecen) 2. 7. 1879, † Budapest 4. 9. 1942; schilderte in seinen Romanen und Erzählungen kritisch und mit illusionsloser Menschendarstellung die ungar. Gesellschaft: »Gold im Kote« (1911), »Waisenmädchen« (1915), Trilogie »Siebenbürgen« (1922–34) u. a.

Mörike, *Eduard,* Schriftsteller, * Ludwigsburg 8. 9. 1804, † Stuttgart 4. 6. 1875; war 1834–43 Pfarrer in Cleversulzbach, 1851–66 Literaturlehrer am Stuttgarter Katharinenstift. M.s Werk steht zw. Spätromantik und Frührealismus. In den »Gedichten« (1838, 1848) ist der Klangreichtum des Volkslieds vereint mit goethescher Gegenständlichkeit und antiker Formenklarheit; ein biedermeierl. Harmonie-Ideal, Vorstellungen von Entsagung und Verzicht stehen sich in unauflösbarer Spannung gegenüber. M.s Lieder wurden häufig vertont (R. Schumann, R. Franz, J. Brahms, H. Wolf). M. schrieb ferner formbewusste Prosa, u. a. den Künstlerroman »Maler Nolten« (2 Bde., 1832; 2. Fassung 1853–75, unvollendet, hg. 1877), die »Idylle vom Bodensee« (1846), das Märchen »Das Stuttgarter Hutzelmännlein« (1853) sowie – Höhepunkt seiner Erzählkunst – die Novelle »Mozart auf der Reise nach Prag« (1856). Er übertrug auch grch. und röm. Lyrik.

Morin *der,* zu den Flavonen gehörender gelber Naturfarbstoff, aus Gelbholz gewonnen; wenig lichtbeständig; wird als Reagenz zum Aluminiumnachweis verwendet.

Moringa, nordafrikanisch-südasiat. Pflanzengattung; Laub abwerfende Bäume mit dicken flaschenförmigen Stämmen; die Rinde enthält Senfölglykoside.

Morioka, Hptst. der japan. Präfektur Iwate, auf Honshū, 283 400 Ew.; medizin. Univ., TU; Verkehrsknoten, Mittelpunkt des Pferdehandels; Holz-, Möbel- und Nahrungsmittelindustrie.

Morion [lat.] *der,* brauner bis schwarzer Rauchquarz.

Morisca *die,* ↗ Moresca.

Morisken (span. Moriscos), Mauren, die nach der Vernichtung der arab. Herrschaft in Spanien zurückblieben und vielfach – zumeist unter Zwang – das Christentum annahmen. 1609 wurde die Ausweisung der rd. 275 000 M. beschlossen (weitgehend realisiert).

Morisot [mɔriˈzo], *Berthe,* französische Malerin, * Bourges 14. 1. 1841, † Paris 2. 3. 1895; Schülerin und Schwägerin É. Manets, bed. Malerin des Impressionismus; Landschaften, Akte, bes. Frauen- und Kinderbildnisse, für die lichte Farben, eine stärkere Betonung graf. Mittel und der zarte Gefühlsausdruck charakteristisch sind.

Möris|see, bei Herodot genannter See, in Ägypten, bedeckte im Altertum einen großen Teil der Oase ↗ Faijum; der heutige Karunsee ist der durch Austrocknung verkleinerte Rest des Sees.

Morita, *Akio,* japan. Industriemanager, * Nagoya 26. 1. 1921, † Tokio 3. 10. 1999; 1946 Mitbegründer einer kleinen Radiogerätefirma (Tōkyō Tsūshin Kōgyō Kabushiki Kaisha), die sich unter seiner Leitung – seit 1958 unter der Bez. Sony Corporation – zu einem führenden Unterhaltungselektronikkonzern entwickelte. M. initiierte eine Reihe techn. Innovationen und entwickelte Ende der 1970er-Jahre den Walkman®.

Moritat *die,* der Gesang der ↗ Bänkelsänger, in dem ungewöhnliche, meist schaurige Begebenheiten zu Drehorgelmusik auf Jahrmärkten berichtet wurden. Der Vortrag wurde durch eine Bildtafel illustriert, der Text oft als fliegendes Blatt verkauft. Erste Belege stammen aus dem 17. Jh., seine Blütezeit hatte der M.-Sang im 19. Jahrhundert.

Moritz, Herrscher:

Hessen-Kassel: **1) M. der Gelehrte,** Landgraf (1592–1627), * Kassel 26. 5. 1572, † Schloss Plesse (bei Bovenden) 15. 3. 1632; führte ab 1605 den Kalvinismus ein; die luth. Landstände und Tillys Liga zwangen ihn 1627 zur Abdankung; war Mitgl. der ↗ Fruchtbringenden Gesellschaft und selbst Dichter und Schriftsteller, machte Kassel zu einem kulturellen Mittelpunkt.

Nassau-Oranien: **2)** *Prinz von Oranien,* Graf von Nassau-Dillenburg, Statthalter der Niederlande, * Dillenburg 14. 11. 1567, † Den Haag 23. 4. 1625, Sohn Wilhelms I. von Oranien; wurde 1585 Statthalter von Holland und Seeland sowie 1590 Oberbefehlshaber der vereinigten niederländ. Provinzen; vertrieb 1591–94 die Spanier aus den nördl. Prov.; ließ 1619 den holländ. Ratspensionär J. van ↗ Oldenbarnevelt hinrichten.

Sachsen: **3)** *Herzog* (seit 1541) *und Kurfürst* (1547–53), * Freiberg 21. 3. 1521, † bei Sievershausen (heute zu Lehrte) 11. 7. 1553; Albertiner, erhielt als Bundesgenosse Kaiser Karls V. im Schmalkald. Krieg nach der Schlacht bei Mühlberg/Elbe und der Wittenberger Kapitulation (19. 5. 1547) Kurwürde und Kurlande seines ernestin. Vetters Johann Friedrich I. und begründete damit den Aufstieg des albertin. Sachsen; 1552 betrieb er die Fürstenverschwörung gegen

Eduard Mörike, Aquarell von Luise Walther (1874; Marbach am Neckar, Schiller-Nationalmuseum/ Deutsches Literaturarchiv)

Moritz, Kurfürst von Sachsen

Berthe Morisot: Die Wiege (1872; Paris, Musée d'Orsay)

Moritzburg: das Jagdschloss, 1542–46 erbaut, 1723–36 von Matthäus Daniel Pöppelmann und anderen barockisiert

Karl V. und zwang ihn zur Anerkennung des ↗ Passauer Vertrags. Dann wandte sich M. gegen Markgraf Albrecht Alcibiades von Brandenburg-Kulmbach und besiegte ihn bei Sievershausen (9. 7. 1553), er selbst wurde tödlich verwundet.

4) Graf von Sachsen, frz. Marschall, ↗ Sachsen, Moritz von.

Moritz, Karl Philipp, Schriftsteller, * Hameln 15. 9. 1756, † Berlin 26. 6. 1793; Schauspieler; studierte in Erfurt und Wittenberg Theologie, ging 1782 nach Großbritannien, 1786 nach Italien (Freundschaft mit Goethe); 1789 Prof. für Altertumskunde in Berlin. Sein Hauptwerk ist der pietistisch gefärbte autobiograf. Roman »Anton Reiser« (4 Bde., 1785–90, Bd. 5 posthum 1794). Sein »Versuch einer dt. Prosodie« (1786) und »Über die bildende Nachahmung des Schönen« (1788) hatten wesentlichen Einfluss auf die Weimarer Klassik.

Moritzburg, ehem. Jagdschloss der Wettiner, nördlich von Dresden, 1542–46 im Renaissancestil errichtet, 1723–36 von M. D. Pöppelmann u. a. im Barockstil umgestaltet (1992/93 restauriert); seit den 1920er-Jahren wurde im Schloss ein Barockmuseum eingerichtet (seit 1947 wieder eröffnet).

Morlaken (Maurowlachen), seit dem 12. Jh. Name der O-Romanen (↗ Wlachen), die sich in Dalmatien, Montenegro, N-Albanien und der Herzegowina, im 15./16. Jh. nach Kroatien und Istrien ausbreiteten, dort slawisiert wurden und zur lat. Kirche übertraten.

Morley [ˈmɔːlɪ], Thomas, engl. Komponist, * vermutlich London 1557, † ebd. Okt. 1602; war als Madrigalkomponist und Verfasser einer umfassenden Kompositionslehre ein bed. Meister der engl. Schule.

Mormon, Buch, das hl. Buch der Mormonen; angeblich die engl. Übersetzung eines in »reformägypt.« Sprache und Schrift auf Goldplatten verzeichneten Textes, den der Gründer der Mormonen Joseph Smith (* 1805, † 1844) 1823 von einem Engel namens Moroni erhalten zu haben behauptete. Formal lehnt sich das Buch M. stark an das A. T. an, inhaltlich erzählt es die »Urgeschichte Amerikas« als Fortsetzung der bibl. Geschichte.

Mormonen [nach dem Buch Mormon] (Selbstbez.: Church of Jesus Christ of Latter-Day Saints, Kirche Jesu Christi der Heiligen der letzten Tage), 1830 in Fayette (N. Y.) gegr. Religionsgemeinschaft. Sie beruft sich auf die Bibel sowie auf Offenbarungen, die ihr Gründer Joseph Smith (* 1805, † 1844) in mehreren Visionen (erstmals 1820) erlangt hat. Grundlegend für das Selbstverständnis und die spezif. Lehre der M. ist das Buch ↗ Mormon. Nach dieser Lehre kann sich der Geist des Menschen durch Erkenntnis der Wahrheit weiterentwickeln und zu göttl. Wesenheit gelangen. Damit verbunden wird die chiliast. Vorstellung, dass Jesus Christus in der Endzeit auf der Spitze des M.-Tempels in Salt Lake City erscheinen und ein 1 000-jähriges Reich in Amerika errichten wird. Kennzeichnend für die Glaubens- und Lebenspraxis der M. sind bes. eine patriarchalisch-hierarch. Organisationsstruktur, eine durch strenge moral. Grundsätze geprägte Lebensführung mit hoher Wertschätzung der Familie, der Verzicht auf Genussmittel und eine starke missionar. Orientierung. Sakramente sind die Taufe (ab dem 8. Lebensjahr, wird durch Untertauchen vollzogen), das sonntägl. Abendmahl und das die Taufe ergänzende Sakrament der Handauflegung zur Vermittlung der Gaben des Hl. Geistes. Die mit der mormon. Endzeithoffnung verbundenen hl. Handlungen (»Siegelungen«) und Belehrungen werden nach Empfehlungen durch die Gemeindeleiter (Bischöfe) im Tempel vollzogen, der Nicht-M. nicht zugänglich ist. – Von überragender Bedeutung in der Geschichte der M. ist die Gründung der Stadt Salt Lake City 1847 unter Smiths Nachfolger Brigham Young (* 1801, † 1877), von der die Errichtung eines eigenen Territoriums der M. ausging, das 1896 als Utah Bundesstaat der USA wurde und bis heute eine mormon. Bevölkerungsmehrheit hat. – Gegenwärtig (2003) zählt die Gemeinschaft nach eigenen Angaben über 11 Mio. Mitgl. in rd. 160 Ländern; darunter rd. 36 000 M. in Dtl. (Tempel in Freiberg/Sachsen und Friedrichsdorf/Taunus), rd. 4 000 in Österreich und rd. 7 000 in der Schweiz (Tempel in Zollikofen).

Mornellregenpfeifer, Art der ↗ Regenpfeifer.

Moro, Aldo, italien. Politiker, * Maglie (Prov. Lecce) 23. 9. 1916, † (ermordet) Mai 1978; Prof. für Strafrecht, 1965–74 mehrfach Min., Gen.-Sekr. der Democrazia Cristiana (1959–63), war 1963–68 und 1974–76 MinPräs. M. galt als Exponent des linken Flügels seiner Partei. Im März 1978 wurde er von den Roten Brigaden entführt und später ermordet.

Moroni, Hptst. der Rep. Komoren, an der W-Küste der Insel Njazidja, 23 400 Ew.; Handelszentrum; Verarbeitung landwirtsch. Produkte; Hafen, internat. Flughafen.

Moronobu, eigtl. Hishikawa M., japan. Maler und Holzschnittmeister, * Hoda (Präfektur Chiba) 1618 oder 1625, † Edo (heute Tokio) 1694; erster fassbarer Meister des Ukiyo-e-Stils im Holzschnitt.

Aldo Moro

Morpeth [ˈmɔːpeθ], Hptst. der Cty. Northumberland, England, 16 000 Ew.; Eisenind., landwirtsch. Marktzentrum.

Morphem [grch.] *das* (Monem), kleinste bedeutungstragende Einheit einer Sprache. Man unterscheidet u. a. zw. **freien M.**, die isoliert auftreten können (z. B. »Licht«), und **gebundenen M.**, die nur in unmittelbarer Verbindung mit anderen M. vorkommen (z. B. Flexionssuffixe wie -er, -en, Wortbildungssuffixe wie -lich, -ung), ferner **lexikal. M.** (/ Lexem) und **grammat. M.** (M. als Träger grammat. Kategorien, z. B. von Tempus, Kasus, Numerus), **diskontinuierl. M.**, bei denen mehrere signifikante Einheiten die M.-Bedeutung ergeben (z. B. das durch »ge« und »t« gebildete M.-Partizip »gefreit«), und **Portemanteau-M.**, bei denen sonst distinkte M.-Einheiten miteinander verschmolzen sind, z. B. frz. »au« (aus »à« und »le«).

Morphemik *die* (Morphematik), Wiss. von den Morphemen.

Morpheus [grch.], bei Ovid Gott der Träume, Sohn des Schlafgotts Somnus.

Morphin [von Morpheus] *das* (früher Morphium), Hauptalkaloid des Opiums; farb- und geruchlose, kristalline, stark basisch reagierende Substanz mit der Formel $C_{17}H_{19}O_3N$. M. unterliegt ebenso wie die halbsynthet. M.-Derivate Oxycodon, Hydromorphon, Hydrocodon, Codein, Heroin und die synthet. Substanzen Methadon, Levorphanol u. a. dem Betäubungsmittelgesetz. Die Hauptwirkung des M. besteht in einer sehr guten Aufhebung der Schmerzempfindung. Es wird deshalb bei schweren und schwersten Schmerzzuständen in den Fällen angewendet, in denen andere Arzneimittel nicht mehr ausreichend wirksam sind, z. B. nach schweren Operationen oder bei bestimmten Tumoren. Daneben bewirkt M. eine Herabsetzung von Unlustgefühlen, Hunger und Müdigkeit; gleichzeitig verschwinden Erregungs- und Angstzustände. Es dämpft die Erregbarkeit des Atemzentrums, führt zu Verengung der Pupillen, Darmträgheit u. a. Durch hohe Dosen von M. kommt es zur **akuten M.-Vergiftung**. Die Symptome sind Pupillenverengung, Koma, extreme Reduzierung der Atmung (bis auf 2–4 Atemzüge je Minute) oder Atemstillstand.

Die **M.-Sucht (Morphinismus, chron. M.-Vergiftung)** beruht nicht nur auf einer psych., sondern hauptsächlich auf einer körperl. Abhängigkeit von der Droge. Die ersten Anzeichen treten bei fortgesetzter M.-Zufuhr innerhalb von etwa drei Wochen auf. Während M. von vielen zunächst als unangenehm empfunden wird und häufig Schwindel, Übelkeit und Erbrechen hervorruft, erleben etwa 10 % aller Menschen die M.-Wirkung als wohltuend und stimmungshebend; diese sind suchtgefährdet. Heilung kann i. Allg. nur eine / Entziehungskur mit intensiver ärztl. Betreuung bringen. Die Entzugserscheinungen (/ Entzugssyndrom) setzen etwa 5–8 Stunden nach der letzten M.-Zufuhr ein und erreichen ihren Höhepunkt nach 40–72 Stunden. Nach 7–10 Tagen sind die schwersten körperl. Erscheinungen überwunden. Das starke Verlangen nach M. bleibt allerdings noch wochenlang bestehen, sodass Beaufsichtigung und psychotherapeut. Behandlung auch weiterhin erforderlich sind.

Morphing [ˈmɔːfɪŋ, engl. zu grch. morphḗ »Gestalt«] *das,* computerunterstützte Bildmanipulation, bei der ein auf dem Bildschirm vorgegebenes Bild (z. B. ein Menschenkopf) scheinbar stufenlos in eine andere vorgegebene Gestalt (z. B. einen Löwenkopf) übergeht; Anwendungen u. a. in der Werbung, Kriminalistik, im Film- und Videobereich.

Morphinismus [grch.] *der,* Morphinsucht (/ Morphin).

Morphismus [grch.], Abbildung zw. strukturierten Mengen, die die Struktur erhält, z. B. eine stetige Abbildung zw. topolog. Räumen; Verallgemeinerung des Begriffes / Homomorphismus.

Morphium [grch.] *das,* älterer Name für / Morphin.

morpho... [grch. morphḗ »Gestalt«], die Gestalt betreffend.

Morphogenese [grch.] *die* (Morphogenesis, Morphogenie), Ausformung eines Lebewesens während seiner Entwicklung; ist von den Erbanlagen sowie von Reizen aus der Umwelt abhängig.

Wiliam Morris: Queen Guinevere, oder: La Belle Iseult (1858; London, Tate Gallery)

Morphologie [grch.] *die,* **1)** *allg.:* Lehre von den Gestalten, Formen und Organisationsprinzipien eines Sach- oder Sinnbereichs.
2) *Biologie:* Lehre von Form und Struktur der Organismen und den Lageverhältnissen der Organe. Neben der beschreibenden und vergleichenden M. ist die funktionelle M. von Bedeutung, da sie Wechselwirkungen zw. Struktur und Funktion als untrennbare Einheit aufzeigt.
3) *Geowissenschaften:* die / Geomorphologie.
4) *Sprachwissenschaft:* a) in der traditionellen Grammatik die Formenlehre, die, vom Wort ausgehend, die Analyse der Flexionsformen und der Wortarten umfasst und auch die Wortbildung einbeziehen kann; b) in der strukturellen Grammatik die / Morphemik i. e. S.; c) in der generativen Transformationsgrammatik die morpholog. Komponente zw. syntakt. und phonolog. Komponente, in der Satzbaupläne vor Einsetzen des konkreten Wortmaterials mit grammat. Merkmalen versehen werden.

Morphose [grch.] *die,* Bez. für nicht erbl. Gestaltvariationen der Pflanzen bzw. einzelner Organe, die durch Umwelteinflüsse verursacht werden.

Toni Morrison

Morphosphäre die, Sprachwissenschaft: / Nomosphäre.

Morricone, Ennio, italien. Komponist, * Rom 10. 11. 1928; wurde v. a. durch Filmmusiken internat. bekannt (u. a. »Spiel mir das Lied vom Tod«, 1967; »Lolita«, 1997; »Die Legende vom Ozeanpianisten«, 1998), schrieb auch Bühnen- und Fernsehmusik sowie Instrumental- und Vokalwerke (u. a. »Cantata per l'Europa«, 1989).

Morris, 1) Desmond John, brit. Verhaltensforscher, * Purton (Cty. Wiltshire) 24. 1. 1928; befasst sich bes. mit den Formen der nichtverbalen Kommunikation (Körpersprache) bei Tieren und Menschen (»Der nackte Affe«, 1967; »Der Mensch, mit dem wir leben«, 1977).
2) Mark, amerikan. Tänzer und Choreograph, * Seattle (Wash.) 29. 8. 1956; arbeitete in versch. Kompanien (u. a. bei P. Taylor, Lar Lubovitch, Laura Dean). Gründete 1980 die »M. Morris Dance Group«; fand mit seinen Tanzstücken, die auf dem Modern Dance fußen, starke Beachtung. 1988–91 Direktor der »Monnaie Dance Group M. Morris« in Brüssel. Choreographien: u. a. »New love song waltzes« (1982), »Jealousy« (1985), »Love song waltzes« (1989), »The hard nut« (1991).
3) Robert, amerikan. Bildhauer, * Kansas City (Miss.) 9. 2. 1931; einer der Hauptvertreter der Minimalart in den USA, auch Beiträge zu Land- und Concept-Art; daneben Assemblagen, Reliefs sowie Pastell- und Enkaustikbilder.
4) William, engl. Dichter, Maler, Kunsthandwerker und Sozialreformer, * Walthamstow (heute zu London) 24. 3. 1834, † Hammersmith (heute zu London) 3. 10. 1896; wandte sich gegen die maschinelle Herstellung handwerkl. Gegenstände und forderte die Wiederbelebung des Kunsthandwerks; daneben widmete er sich auch der Malerei und stand den Präraffaeliten nahe. 1861 gründete er mehrere kunstgewerbl. Werkstätten, deren künstler. und organisator. Leitung er übernahm. Zu seinen Mitarbeitern gehörten D. G. Rossetti, E. Burne-Jones, F. M. Brown und P. Webb. 1891 gründete M. die Kelmscott Press, für die er Typen und Holzschnittbuchschmuck entwarf. M. übte als Begründer des Arts and Crafts Movement großen Einfluss auf den Jugendstil aus. Als Sozialreformer engagierte er sich ab 1880 u. a. in der »Socialist League«. Seine zu einem anarchisch gefärbten Sozialismus tendierenden polit. Anschauungen spiegeln sich in der Erzählung »Eine königl. Lektion« (1886/87) sowie der Sozialutopie »Kunde von Nirgendwo« (1890) wider; schrieb auch Lyrik (»The earthly paradise«, 3 Bde., 1868–70) sowie kunsttheoret. Werke.
5) Wright, amerikan. Schriftsteller, * Central City (Nebr.) 6. 1. 1910, † Mill Valley (Calif.) 25. 4. 1998; schrieb Erzählungen und Romane mit zivilisationskrit. Intentionen vor dem Hintergrund konservativer Werte kleinstädt. Lebens (»Die gläserne Insel«, R., 1953; »Unterwegs nach Lone Tree«, R., 1960).

Morris-Dance ['mɔrɪs 'dɑːns], engl. Tanz, Variante der / Moresca.

Morrison ['mɔrɪsn], **1)** Toni, eigtl. Chloe Anthony Wofford, amerikan. Schriftstellerin, * Lorain (Oh.) 18. 2. 1931; Vertreterin der afroamerikan. Literatur. Sie entwirft in ihren historisch weit ausgreifenden Romanen ein komplexes Bild tiefer Entfremdung und der Identitätssuche der schwarzen Frau sowie gestörter familiärer Beziehungen (»Sehr blaue Augen«, 1970; »Sula«, 1973; »Solomons Lied«, 1977; »Teerbaby«, 1981; »Menschenkind«, 1987; »Jazz«, 1992; »Paradies«, 1998). 1993 erhielt sie den Nobelpreis für Literatur.

2) Van, eigtl. George Ivan M., ir. Rockmusiker (Gesang, Gitarre, Mundharmonika, Saxophon), * Belfast 31. 8. 1945; zählt zu den bedeutendsten weißen Bluessängern.

Morrison, Mount [maʊnt 'mɔrɪsn], Berg auf Taiwan, / Yu Shan.

Mors, Insel im westl. Limfjord, Dänemark, 363 km², 23 000 Ew.; durch die Vilsundbrücke mit NW-Jütland verbunden.

Morse [mɔːs], Samuel Finley Breese, amerikan. Maler und Erfinder, * Charlestown (heute zu Boston, Mass.) 27. 4. 1791, † New York 2. 4. 1872; 1827–45 Präs. der von ihm mitgegr. National Academy of Design in New York. Seit 1833 entwickelte M. den ersten brauchbaren elektromagnet. Schreibtelegrafen (/ Morseapparat), zunächst mit Zickzackschrift auf Papierband, später mit dem / Morsealphabet (1838). 1843 errichtete er die erste Telegrafenlinie von Washington (D. C.) nach Baltimore (Md.).

Morse|alphabet (Morseschrift) [nach S. Morse], das genormte Telegrafenalphabet aus Kombinationen von Punkten und Strichen; internat. durch das Telegrafenalphabet Nr. 2 (Fünferalphabet) abgelöst, findet es in der Funktelegrafie noch Verwendung.

Morse|apparat (Morsetelegraf), von S. Morse entwickeltes Gerät zum Senden und Empfangen des / Morsealphabets über eine Doppelleitung. Zum Senden dient die handbetätigte Morsetaste, die eine Stromquelle im Rhythmus der Zeichen an die Leitung schaltet und damit die abgehenden Stromstöße erzeugt (Geber). Empfänger ist ein elektromagnetisch betätigter Schreibstift, der die ankommenden Stromstöße auf einen bewegten Papierstreifen aufzeichnet.

Mörser, 1) Chemie, Pharmazie: schüsselförmige Reibschale aus Hartporzellan, Achat, Metall mit keulenförmigem Stab (**Stößel, Pistill**) zum Zerkleinern von harten Stoffen.
2) Waffentechnik: Bez. für eine früher übl. Geschützart (/ Geschütze), heute häufig auch für Granatwerfer verwendet.

Morsleben, Gem. im Ohrekreis, Sa.-Anh., an der Aller, nahe der Grenze zu Ndsachs., 400 Ew.; in einem ehem. Salzbergwerk zw. M. und Bartensleben 500 m unter Tage 1978–99 Endlager für schwach- bis mittelradioaktive Abfälle (bis zum Einlagerungsstopp, durch die Bundesreg. im Mai 2000 angeordnet, etwa 33 000 m³ eingelagert).

Mortalität [lat.] die, / Sterblichkeit.

Mörtel, Gemisch aus mineral. Bindemitteln, Zuschlagstoffen (/ Zuschlag), Anmachflüssigkeit (allg. Wasser) und ggf. Zusätzen; wird ohne Flüssigkeit bereits als **Fertig-** bzw. **Werk-M.** angeboten. Im Unterschied zu / Beton haben die Zuschlagstoffe eine geringere Korngröße (i. d. R. bis 4 mm). Nach dem Verarbeitungszustand wird zwischen **Frisch-** und **Fest-M.** unterschieden. M. verbindet nach dem Erhärten als **Mauer-M.** z. B. Ziegel, Natursteine, Fliesen, schützt als **Putz-M.** gegen äußere Einflüsse und dient als Nutzschicht (**Estrich-M.**). **Luft-M.** (Kalk, Sand, Wasser) erhärtet nur an Luft, **Wasser-** oder **hydraul. M.** (Zement, Sand, Wasser) auch unter Wasser.

Mörtelbiene (Chalicodoma parietinum), schwarze, einzeln lebende Biene mit stahlblauen Flügeln, die mehrzellige Mörtelnester an Felsen und Mauern baut.

Morteratsch, Piz, Gipfel der Berninagruppe, Kt. Graubünden, Schweiz, 3 751 m ü. M., mit dem **Morteratschgletscher** (17,15 km², 7,5 km lang) an der O-Flanke.

Mortimer ['mɔːtɪmə], John Clifford, engl. Dramatiker, * London 21. 4. 1923; verarbeitet in seinen Stü-

Samuel Morse

cken v. a. Stoffe aus dem engl. Mittelklassemilieu (»Das Pflichtmandat«, Kom., 1958; »Mittagspause«, Kom., 1960; »Collaborators«, Dr., 1973); schrieb auch »Paradise postponed« (R., 1985), »Felix in the underworld« (R., 1997), »The sound of trumpets« (R., 1998), außerdem Drehbuchautor (»A christmas carol«, 1993).

Morton [ˈmɔːtn], Jelly Roll, eigtl. Ferdinand Joseph La Menthe, amerikan. Jazzpianist und Komponist, * Gulfport (La.) 20. 9. 1885, † Los Angeles 10. 7. 1941; wurde Ende der 1920er-Jahre mit seiner Band »Red Hot Peppers« populär. M., der zu den bedeutendsten Pianisten und Komponisten des frühen Jazz gehört, verband in seiner Musik den New-Orleans-Jazz mit Elementen des Ragtime und des Blues.

Morula [lat.] *die,* Stadium der biolog. ∕ Entwicklung.

Morungen, Heinrich von, mittelhochdt. Dichter und Minnesänger, ∕ Heinrich von Morungen.

Morus [lat.], die Pflanzengattung ∕ Maulbeerbaum.

Morus, Thomas, engl. Staatsmann, ∕ More, Sir Thomas.

Mosaik [frz.-italien., aus grch. moûsa »Muse«, »Kunst«] *das,* Flächendekoration aus kleinen, meist würfelförmigen Stein-, Keramik- oder Glasstückchen, auch aus Kieselsteinen (grch.-röm.), Tonstiften (Uruk, um 3000 v. Chr.) oder Platten. – Das M. wird als Schmuck von Fußböden, Wänden und Gewölben, gelegentlich auch als selbstständiges M.-Bild verwendet. Die M.-Steine werden nach einer Vorzeichnung dicht in ein feuchtes Mörtelbett gesetzt und später poliert. – Die ältesten Würfel-M. sind in Ur (Mitte 3. Jt.) bezeugt. Eine Blüte erlebt das farbige M., das die verlorene gleichzeitige Malerei widerspiegelt, in der hellenist. und provinzialröm. Kunst (Wand-M., Delos, 2. Jh. v. Chr.; Alexander-M. und Komödienszenen des Dioskurides von Samos aus Pompeji, Ende des 2. Jh. v. Chr.; Tunesien, Sizilien [Piazza Armerina], Rheinland [Köln], Syrien [Antiochia], 2.–6. Jh.). Die frühchristlichen Wand-M. verwenden zunehmend Glassteine (Glasflüsse) und Goldplättchen, der antike illusionist. Stil wird aufgegeben (Santa Maria Maggiore,

Mosaik: Jüngling mit Früchtekorb, byzantinisches Bodenmosaik des 6. Jh. aus der Johanneskapelle in Khirbet al-Mukhayet (Jordanien)

Rom, 2. Viertel des 5. Jh.). Byzanz übernimmt diesen flächig-ornamentalen Stil. Erhaltene Hauptwerke sind die M. von Ravenna (San Vitale, Sant'Apollinare Nuovo, 6. Jh.); byzantin. M. auch in Aachen (um 800) und Kiew (Mitte 11. Jh.). Im 11.–13. Jh. liegt die zweite Blütezeit der byzantin. M.-Kunst (Hosios Lukas [im 1. Drittel des 11. Jh.], Daphni [um 1100]). Im 12. Jh. entstehen die großen Zyklen von Sizilien (Cefalù, Palermo, Monreale), Venedig (San Marco) sowie Murano und Torcello in Venetien, im 13. Jh. die M. des Baptisteriums von Florenz. Mit der Deesis der Hagia Sophia (Ende 13. Jh.) und den M. des Choraklosters in Istanbul (Anfang 14. Jh.) lebt in der byzantin. M.-Kunst der antike Naturalismus noch einmal auf. Der Islam übernimmt zunächst das spätantike Wand-M. (Felsendom in Jerusalem [669–692], Große Moschee von Damaskus [um 715], Moschee von Córdoba [785–990]). Im 13./14. Jh. kommt die Fayence-M. auf, wohl pers. Ursprungs, wofür eigene neue Techniken (Aussägen der Fayencefliesen) entwickelt werden mussten. Der nichtfigürl. M.-Schmuck überzieht dann auch die Außenwände und erlebt in Persien und Indien eine große Blütezeit im 15./16. bzw. 17. Jh. – In Italien ist seit dem 11. Jh. und bes. in der Renaissance das Platten-M. verbreitet. – Erst der Jugendstil bringt wieder eine bed. M.-Kunst aus M.-Steinchen hervor; zu den Spitzenleistungen des 20. Jh. gehören die M. in Mexiko (Univ.bibliothek; 1951–53). (∕ Inkrustation, ∕ Intarsien, ∕ Pietra dura)

Mosaik, Comicmagazin seit 1955; urspr. in Berlin (Ost), ab 1957 monatlich herausgegebenes (in der DDR meistgelesenes) Comicheft. Die von Hannes Hegen (eigtl. Johannes Hegenbarth, *1925) erfundene und gezeichnete Bildergeschichte (Texte: Lothar Dräger) über die Abenteuer dreier Kobolde namens Dig, Dag und Digedag **(Digedags,** die durch die Weltgeschichte reisen, erschien bis 1975 und wurde 1976 von Geschichten der Akteure Abrax, Babrax und Califax **(Abrafaxe)** abgelöst. Das M. erscheint u. a. auch in Ungarn, Griechenland, Korea und Vietnam.

Mosaikgene (engl. split genes), Bez. für Gene, bei denen die Abschnitte, die die Information für ein Protein tragen **(Exon),** mosaikartig durch solche unterbrochen sind, die zumindest keine für das entsprechende Protein erforderl. Information tragen **(Intron).** M. sind bei Eukaryonten, bei Archaebakterien und bei vielen Viren verbreitet.

Mosaikglas, ∕ Glas.

Mosaikjungfern (Aeshna), in Mitteleuropa verbreitete Gattung der Edellibellen. Häufigste Art ist die **Blaugrüne Mosaikjungfer** (Aeshna cyanea) mit einer Flügelspannweite von 90–100 mm. Man findet sie von Juni bis Nov. v. a. in der Nähe stehender Gewässer. (Abb. ∕ Metamorphose)

Mosaik|krankheit, bei vielen Pflanzen durch verschiedene Viren hervorgerufene fleckige Aufhellung des Blattgrüns, oft mit Formveränderungen der Blattspreiten. Die M. der Tabakpflanze, erregt durch das Tabakmosaikvirus, äußert sich in Aufhellungen an den Blattnerven, später in hell- und dunkelgrünen Flecken.

Mosaizist *der,* Künstler, der mit Musivgold arbeitet oder Mosaiken herstellt.

Mosambik, Staat in Afrika, ∕ Moçambique.

Mosander [muˈsandər], Carl Gustav, schwed. Chemiker, * Kalmar 10. 9. 1797, † Ängsholm (auf Kärsö, heute zu Ekerö) 15. 10. 1858; Prof. in Stockholm, entdeckte die Seltenerdmetalle Lanthan (1839), Erbium und Terbium (1843) sowie das Didym (1839).

Mosbach, Krst. des Neckar-Odenwald-Kreises, Bad.-Württ., an der Elz, 25 000 Ew.; Berufsakademie; Maschinen-, Armaturen-, Gerätebau, Schuh- u. a. Ind. – Spätgot. Stadtkirche, zahlr. Fachwerkbauten. – M. entstand um das im 8. Jh. gegr. und erstmals 976 erwähnte Kloster und erhielt vermutlich 1241 Stadtrecht.

Mosca, Gaetano, italien. Staatsrechtler, Soziologe und Politiker, * Palermo 1. 4. 1858, † Rom 8. 11.

Moschee: Schahmoschee in Isfahan (1612–38)

1941; 1919 Senator. Seine Theorie der polit. Klasse hat die Elitetheorie von V. ↗ Pareto beeinflusst; schrieb u. a. »Die herrschende Klasse« (1895).

Moschee [aus arab. masǵid »Anbetungsort«] *die,* islam. Gotteshaus, in dem sich die Gläubigen zum gemeinsamen Gebet bei den fünfmal täglich stattfindenden Gebetsgottesdiensten und am Freitag zum Predigtgottesdienst (↗ Djuma) versammeln. Das geistige Modell aller M. ist das Haus des Propheten in Medina, das einen großen ummauerten Hof, der z. T. gedeckt war (Halle), und an ihm liegende Räumlichkeiten für den Propheten und seine Frauen besaß. Es war die Stätte privater Gebete und die der Gemeinde, Ort polit. Versammlungen und Verhandlungen, theolog. Lehrstätte und Gerichtsort, Wohnung von obdachlosen Gläubigen, sogar Hospital. Die Gebetsrichtung (↗ Kibla) in Richtung auf die Kaaba in Mekka wird durch eine Gebetsnische (↗ Mihrab) angezeigt. Die Predigt erfolgt von einer Kanzel (↗ Minbar). In den Bau der M. integriert sind das ↗ Minarett sowie Einrichtungen für die rituelle Reinigung, weil das Gebet rituelle Reinheit des Beters und des Bodens, auf dem gebetet wird, verlangt. Deshalb wird das Schuhwerk grundsätzlich vor Betreten der M. abgelegt. Zur Ausstattung der M. gehören Koranständer, Leuchter, Lampen, Teppiche. – Zu den Bautypen ↗ islamische Kunst.

Moscherosch, Johann Michael, Pseud. Philander von Sittewald, Schriftsteller, * Willstätt (bei Kehl) 5. 3. 1601, † Worms 4. 4. 1669; wurde als »der Träumende« in die ↗ Fruchtbringende Gesellschaft aufgenommen. Sein Hauptwerk ist die Zeitsatire »Wunderliche und warhafftige Gesichte Philanders von Sittewald« (2 Bde., 1650; erstmals 1640 u. d. T. »Les Visiones de Don Francesco de Quevedo Villegas oder Wunderbahre Satyr. Gesichte verteutscht durch Philander von Sittewalt«), in der er, über sein Vorbild, F. G. de Quevedo y Villegas' »Sueños«, hinausgehend, in der Ichform das höf. Wesen mit seiner Nachahmung ausländ. Moden und Sitten karikiert.

Moschino [ˈmɔskino, auch mɔsˈkiːno], Franco, italien. Modedesigner, * Mailand 27. 2. 1950, † Mailand 18. 9. 1994; stellte 1983 seine erste Prêt-à-porter-Kollektion in Mailand vor; es folgten seine Zweitlinie »Cheap and Chic« sowie »Moschino Jeans«. Die M.-Mode fällt durch provokant witzige Ideen auf, die das herkömml. Modedesign oft in Frage stellen (z. B. übergroße, goldene Markennamen auf Gürteln u. a. Accessoires).

Moschus [ind. »Hoden«] *der* (Bisam), das ein besonderes Riechstoffgemisch enthaltende braunrote, in getrocknetem Zustand schwarze Sekret aus dem M.-Beutel der männl. M.-Tiere (↗ Moschushirsche). Die M.-Beutel (enthalten bis 30 g M.) kommen getrocknet in den Handel; die Sekretinhaltsstoffe, v. a. Muscon und Muscopyridin, werden wegen ihrer abrundenden und fixierenden Eigenschaften in der Parfümherstellung verwendet, jedoch zunehmend durch ähnlich riechende, aber wesentlich billigere synthet. Substanzen (v. a. substituierte Nitrobenzolderivate wie **Ambrette-, Keton-** und **Xylol-M.**) verdrängt. – Moschusartig riechende Sekrete werden auch von anderen Tieren (z. B. M.-Ochse, M.-Bock) ausgeschieden.

Moschusbock, ein ↗ Bockkäfer.

Moschus|ente (Warzenente, Cairina moschata), aus dem trop. Südamerika stammende, bis 80 cm große, schwarzbraune, langschwänzige Hausente; nacktes Gesicht mit roten Warzen, die ein moschusartig riechendes Fett absondern.

Moschushirsche (Moschinae), Unterfamilie fast rehgroßer Hirsche ohne Geweih; die oberen Eckzähne der Männchen sind hauerartig verlängert. Die einzige Art, das **Moschustier** (Moschus moschiferus), lebt in den Gebirgen Ost- und Zentralasiens; es besitzt einen Moschusbeutel, in dem während der Brunst durch Drüsen ↗ Moschus abgesondert wird.

Moschuskörner|öl (Ambretteöl), äther. Öl aus den Samen des ind. Moschuseibischs (Abelmoschus moschatus); in der Feinparfümerie verwendet.

Moschuskraut (Bisamkraut, Adoxa moschatellina), einzige Art der Familie M.-Gewächse, in Laubwäldern der nördl. gemäßigten Zone; bis 15 cm hoch, mit dreiteiligen Blättern und endständigem Köpfchen grünlicher Blüten.

Moschus|ochse (Schafochse, Bisamochse, Ovibos moschatus), Art der Ziegenverwandten mit weit geschwungenen Hörnern und dichtem, sehr langem schwarzbraunem Fell; bis zu etwa 2,50 m lang; sie bewohnen mit drei Unterarten Grönland, N-Kanada und die arkt. Inseln. Die Männchen riechen während der Brunst stark nach Moschus.

Moschustier, ↗ Moschushirsche.

Mościcki [mɔɕˈtɕitski], Ignacy, poln. Politiker und Chemiker, * Mierzanów (bei Płock) 1. 12. 1867, † Versoix (bei Genf) 2. 10. 1946; 1897–1912 Prof. für Elektrochemie in Freiburg (Schweiz), 1912–22 in Lemberg, war als Anhänger Marschall J. Piłsudskis nach dessen Staatsstreich 1926–39 Staatspräs.; emigrierte 1939 in die Schweiz.

Mose, 1) bibl. Gestalt, ↗ Moses.
2) die nach Moses benannten ersten fünf Bücher des A. T., 1.–5. Mo. (Genesis, Exodus, Levitikus, Numeri, Deuteronomium).

Mosel, 1) *die* (frz. Moselle), linker Nebenfluss des Rheins, 545 km, entspringt in den südl. Vogesen (Frankreich), durchfließt das lothring. Stufenland, bildet auf 34 km die Grenze zw. Luxemburg und Dtl., windet sich in einem Engtal durch das Rhein. Schiefergebirge und mündet bei Koblenz. Wichtigste Nebenflüsse sind Meurthe, Ruwer und Saar von rechts, Orne, Sauer, Kyll, Lieser, Alf von links. Im Oberlauf Kanalverbindung zur Saône, zum Oberrhein, zur Marne, Maas und Saar. Die aufgrund des dt.-frz.-luxemburg. Staatsvertrags von 1956 durchgeführte **M.-Stauregelung** (14 Staustufen mit Kraftwerken, fünf Sicherungshäfen) für 1 500-t-Schiffe zw. Fronard und Koblenz verbindet seit 1964 Lothringen, die Luxem-

Moschuskraut

burger Schwerind. um Esch und den Trierer Wirtschaftsraum mit dem Rheinsystem. Seit 1989 ist auch die Saar, aufwärts bis Saarbrücken, für Europaschiffe befahrbar. Weinbau: ↗ Moselweine.
2) ehem. Gem. im Landkreis Zwickauer Land, Sachsen, an der Zwickauer Mulde, gehört seit 1999 zu Zwickau, etwa 2300 Ew.; Pkw-Bau in neuer Autofabrik (1990–96 erbaut).

Moseley [ˈməʊzlɪ], Henry, brit. Physiker, * Weymouth (Cty. Dorset) 23. 11. 1887, ✕ auf der Halbinsel Gelibolu (Türkei) 10. 8. 1915; bestätigte 1913 die Hypothese, dass Kernladungszahl und Ordnungszahl eines Elements identisch sind; stellte das **M.-Gesetz** auf, nach dem die Frequenz der von einem Atom ausgesandten charakterist. Röntgenstrahlung mit steigender Kernladungszahl des emittierenden Atoms anwächst, und zwar nahezu proportional dem Quadrat der Kernladungszahl.

Moselle [mɔˈzɛl], **1)** frz. Name der Mosel.
2) Dép. in NO-Frankreich, 6216 km², 1,024 Mio. Ew.; Hauptstadt ist Metz.

Moselweine, Weine des Moseltals und seiner Nebentäler in Frankreich, Luxemburg und Dtl. (Weinbaugebiet Mosel-Saar-Ruwer); i. e. S. Weine von der dt. Mosel.

Moser, 1) Edda, Sängerin (Sopran), * Berlin 27. 10. 1938, Tochter von 3); seit 1971 Mitgl. der Wiener Staatsoper; gastierte an allen großen Opernhäusern der Welt sowie bei Festspielen (u. a. Salzburg, Edinburgh). Zu ihrem Repertoire gehören v. a. Opernrollen von W. A. Mozart und Partien des italien. Fachs; machte sich auch um die zeitgenöss. Musik verdient (H. W. Henze u. a.); auch Lied- und Oratoriensängerin.

Edda Moser

2) Hans, eigtl. Jean Julier, österr. Schauspieler, * Wien 1. 8. 1880, † ebd. 18. 6. 1964; bekannt durch Filmkomödien; spielte meist Dialektrollen und zählte zu den beliebtesten Volksschauspielern Österreichs; ab 1954 am Wiener Burgtheater.

3) Hans Joachim, Musikforscher, * Berlin 25. 5. 1889, † ebd. 14. 8. 1967, Vater von 1); Prof. in Heidelberg, Berlin und Jena, 1950–60 Direktor des Städt. Konservatoriums in Berlin. Verfasste u. a. »Gesch. der dt. Musik« (3 Bde., 1920–24), »Heinrich Schütz« (1936), »Die evang. Kirchenmusik in Dtl.« (1954).

4) Johann Jakob, Staatsrechtslehrer, * Stuttgart 18. 1. 1701, † ebd. 30. 9. 1785; u. a. Prof. in Tübingen (seit 1719); stellte als Erster das geltende dt. Staatsrecht vollständig dar: »Teutsches Staats-Recht« (50 Bde., 2 Ergänzungsbde., 1737–54), »Versuch des neuesten europ. Völkerrechts in Friedens- und Kriegszeiten« (12 Bde., 1777–80).

Hans Moser

5) Karl, schweizer. Architekt, * Baden (Kt. Aargau) 10. 8. 1860, † Zürich 28. 2. 1936, Vater von 8); vollzog in seinen Bauten den Übergang vom Historismus zur modernen Architektur. 1928 wurde er erster Präs. der Architektenvereinigung ↗ CIAM. Die Kirche St. Antonius in Basel (1925–27) gehört zu den frühesten Werken des Internat. Stils in der Schweiz.

6) Koloman, österr. Maler und Grafiker, * Wien 30. 3. 1868, † ebd. 18. 10. 1918; wichtiger Vertreter des Jugendstils in Wien, Mitbegründer der Wiener ↗ Sezession und der ↗ Wiener Werkstätte.

7) Lucas, Maler, * Ulm (?) um 1390, † nach 1434; Schöpfer des Magdalenenaltars (1432) der Pfarrkirche in Tiefenbronn, der Einflüsse R. Campins und der frankofläm. Buchmalerei zeigt und einzigartig in der zeitgenöss. Malerei Süd-Dtl.s dasteht. Mit seiner realist. Darstellungsweise entfernt sich M. vom ↗ schönen Stil und erweist sich als Vorläufer von K. Witz.

Grete Mosheim, Ausschnitt aus einem Gemälde von Joseph Oppenheimer

8) Werner Max, schweizer. Architekt, * Karlsruhe 16. 7. 1896, † Zürich 19. 8. 1970; Sohn von 5); Vertreter des ↗ Neuen Bauens, Gründungsmitgl. der ↗ CIAM. – Bauten: Kongresshaus in Zürich (1938–39, mit Max Ernst Haefeli), ref. Kirchen in Zürich-Altstetten (1939–41) und Riehen (1960–62, mit Haefeli).

Möser, Justus, Staatsmann, Publizist, Historiker, * Osnabrück 14. 12. 1720, † ebd. 8. 1. 1794; wirkte im erzieher. Geist der Aufklärung, deren einseitige Rationalität er jedoch verwarf; bejahte grundsätzlich die ständ. Ordnung. M. wies auf das Wirken volkstüml. Kräfte und Überlieferung in Recht und Sitte der Gemeinschaft hin.

Moses (Mose, hebr. Moscheh, arab. Musa), nach dem A. T. (2.–5. Mose) Führer, Prophet und Gesetzgeber der Israeliten; Bruder des Aaron und der Mirjam; führte die Israeliten aus Ägypten (Exodus), wo sie zu Zwangsarbeiten verpflichtet waren. Als Mittler der Gottesoffenbarung kommt ihm nach alttestamentl. Überlieferung die zentrale Bed. bei der Ausprägung des monotheist. Jahweglaubens und der Grundlegung der israelit. Rechtsordnung zu. Nach 5. Mose 34, 1–5 starb M. auf dem Berg Nebo nach 40-jährigem Aufenthalt in der Wüste. – Historisch ist die Gestalt des M. nicht fassbar und in der Forschung wiederholt bestritten worden. Das nachbibl. Judentum hat sein Leben in zahlr. Legenden ausgeschmückt. – Bekannte Darstellungen: Sixtin. Kapelle (L. Signorelli, S. Botticelli u. a.), die Einzelfiguren des C. Sluter (Chartreuse de Champmol bei Dijon) und des Michelangelo (Rom, San Pietro in Vincoli, Statue für das Grabmal Julius' II.).

Moses [ˈməʊzɪz], Anna Mary, gen. Grandma M., amerikan. Farmersfrau und Laienmalerin, * Greenwich (N. Y.) 7. 9. 1860, Hoosick Falls (N. Y.) 13. 12. 1961; begann erst um 1930 naive Landschaftsbilder mit Szenen aus dem ländl. Leben (↗ naive Kunst) zu malen.

MOSFET [Abk. für engl. **m**etal **o**xide **s**emiconductor **f**ield **e**ffect **t**ransistor], ein in ↗ MOS-Technik hergestellter ↗ Feldeffekttransistor. Beim **Anreicherungstyp** ist im Unterschied zum **Verarmungstyp** zw. Drain und Source kein permanent leitfähiger Kanal vorhanden.

Moshav [moˈʃaːf, hebr.] der, landwirtsch. Gruppensiedlung in Israel, basierend auf Staatseigentum an Boden, Pflicht zur Eigenarbeit und zur gegenseitigen Hilfeleistung, genossenschaftl. Einkauf und Vermarktung. Jeder Siedler lebt und wirtschaftet auf seinem Grundstück selbstständig (Ggs. ↗ Kibbuz). Der erste M. wurde 1921 gegründet. Der **M. Shitufi** ist eine Mischung aus M. und Kibbuz; die Bewirtschaftung erfolgt kollektiv, jede Familie ist arbeitsanteilig am Gewinn beteiligt.

Mosheim, Grete, Schauspielerin, * Berlin 8. 1. 1905, † New York 29. 12. 1986; 1922–34 eine der bedeutendsten Darstellerinnen in Berlin. Während der Emigration spielte sie am Dt. Theater New York; ab 1952 Gastspiele in der Bundesrep. Deutschland.

Moshi [-ʃi], Regionshptst. in Tansania, am S-Fuß des Kilimandscharo, 52 200 Ew.; luther. und kath. Bischofssitz; Handelsplatz, Zentrum des bedeutendsten Kaffeeanbaugebiets Tansanias mit Aufbereitungs- und Verpackungsbetrieb; bei M. internat. Flughafen Kilimandscharo.

Moshi [-ʃi] Volk in Westafrika, ↗ Mosi.

Mosi (Mossi, Moshi), Volk der Sudaniden in Westafrika, v. a. in Burkina Faso, auch in Ghana, Elfenbeinküste, Mali und Togo, sprechen eine Gur-Sprache; etwa 4,6 Mio.; betreiben Feldbau in der Savanne, Rinderhaltung; leben z. T. auch als Saisonarbeiter in Nachbarstaaten. Die M. gründeten mehrere Staaten, die z. T. bis in die frz. Kolonialzeit bestanden.

Mösien (lat. Moesia), histor. Landschaft südlich der unteren Donau, 29 v. Chr. von den Römern unterworfen, 86 n. Chr. in die Provinzen **Moesia inferior** (etwa N-Bulgarien) und **Moesia superior** (etwa das heutige Serbien) geteilt. M. war urspr. von thrak. Volksstämmen bewohnt; 382 n. Chr. von Theodosius I. den Westgoten eingeräumt; im 6. und 7. Jh. von slaw. Stämmen besetzt.

Moskau (russ. Moskwa), Hptst. von Russland und des Gebiets M., im Zentrum des europ. Teils von Russland, auf beiden Seiten der Moskwa, 8,638 Mio. Ew. (einschl. der Vororte) auf einer Stadtfläche von 1091 km^2 (davon 162 km^2 Grünfläche). M. ist die größte Stadt Russlands, Sitz des russisch-orth. Patriarchen und bedeutendstes russ. Zentrum von Wiss., Kunst und Kultur mit der Russ. Akademie der Wiss.en u. a. wiss. Akademien, Lomonossow-Univ. (1755 gegr., Neubau 1948–52 auf den Leninbergen), Univ. der Völkerfreundschaft »Patrice Lumumba« (1960 gegr.), russisch-orth. Univ. (1993 gegr.) und etwa 40 anderen Univ. und vielen Hochschulen, über 3000 Bibliotheken (bes. Russ. Staatsbibliothek), Goethe-Institut, etwa 70 Museen, Galerien (bes. Tretjakowgalerie), Bolschoitheater, ↗Moskauer Künstlertheater u. a. Bühnen, Philharmonie, Zoo, botan. Garten, zwei Zirkussen, Planetarium und vielen Sportstätten (1980 Austragungsort der XXII. Olymp. Spiele). In M.-Ostankino Fernsehzentrum (537 m hoher Fernsehturm), vier Filmstudios (bes. »Mosfilm«; internat. Filmfestspiele) sowie auf über 200 ha das Allruss. Ausstellungsgelände. – M. ist bedeutendster Verkehrsknoten (neun Kopfbahnhöfe) und Ind.standort Russlands. Die führenden Ind.-Zweige sind Maschinenbau, Automobilherstellung, Metall verarbeitende, Leicht- (bes. Textil-), Nahrungsmittel-, elektrotechnisch-elektron., feinwerktechn. Ind. sowie das Verlagswesen und Druckereigewerbe. Die drei Flusshäfen sind durch den ↗Moskaukanal mit der Wolga verbunden. Von den vier Flughäfen dient Scheremetjewo vorrangig dem internat. Verkehr. Das U-Bahn-Netz ist (1998) 261,3 km lang. Um die Stadt führen ein 550 km langer Eisenbahn- und ein 109 km langer Autobahnring.

Stadtbild: Der Kern der Stadt, auf einem Hügel 40 m über der Moskwa gelegen, ist der ↗Kreml. Um ihn entstanden seit dem MA. in konzentr. Kreisen mehrere Vorstädte (Kitaigorod u. a.), die jeweils von Mauern umgeben wurden, deren Verlauf die jetzigen Ringstraßen und Boulevards zeigen. Nach dem Brand von 1812 wurde die Stadt nach dem alten Ringschema neu errichtet. Anfang der 1930er-Jahre kam es zu einer neuen städtebaul. Entwicklung. Konstruktivist., funktional ausgerichtete Gebäude wurden geschaffen. 1935 begannen Ausbau und Modernisierung im neoklassizist. Monumentalstil (»Zuckerbäckerstil«), der in den 1950er-Jahren durch eine funktionsgerechtere sachl., industrielle Bauweise abgelöst wurde. Zahlr. Neubauten entstanden anlässlich der Olymp. Spiele 1980 sowie mit Beginn der 1990er-Jahre. Bed. historische Bauten sind v. a. Andronikow-Kloster (14. Jh.) mit Erlöserkathedrale (15. Jh.), Simonow-Kloster (14. Jh.), Nowospasski-Kloster (15. Jh.), Neujungfrauen-Kloster mit Smolensk-Kathedrale (16. Jh.), Don-Kloster mit Kleiner (16. Jh.) und Großer (17. Jh.) Kathedrale, Danilow-Kloster (13. Jh. gegr., Väterkathedrale von 1560, Torkirche des 17. Jh., Dreifaltigkeits-Kathedrale des 18. Jh.; Konventsgebäude u. a. wurden 1983–88 als Sitz des Patri-

Moskau

1

2 **3**

4

1 Nowodewitschii-Kloster (Neujungfrauen-Kloster, 1524, mit Bauten des 16.-17. Jh.) **2** Basilius-Kathedrale (1555–60) auf dem Roten Platz **3** Wohnhaus an der Moskwa im Zuckerbäckerstil **4** Bolschoitheater (1821–24, 1856 umgebaut)

archen von M. restauriert), die Kirchen der Georg. Jungfrau und der Jungfrau von Wladimir (beide 17. Jh.) sowie die Erzengel-Gabriel-Kirche (18. Jh.). An der O-Seite des Kreml liegt der Rote Platz mit Basilius-Kathedrale (1555–60), Leninmausoleum (1930), Kaufhaus GUM (1889–93) und Histor. Museum (1878–83). Der Rote Platz und der Kreml wurden von der UNESCO zum Weltkulturerbe erklärt.

Wichtige Bauten des 19. Jh.: Bolschoitheater (1821–24, 1856 umgebaut), Tretjakow-Galerie, Puschkin-Museum.

Geschichte: M., wohl Ende des 11. Jh. als Herrschaftssitz entstanden, wurde 1147 erstmals schriftlich erwähnt und 1156 von Juri Dolgoruki befestigt; 1237 von den Tataren zerstört. Mit Verlegung des Metropolitensitzes von Wladimir nach M. (1317 oder 1325) wurde die Stadt auch kulturelles Zentrum. Seit etwa 1480 Hptst. Russlands, nahm M. im 16. und 17. Jh. einen starken wirtsch. Aufschwung. Auch nach der Verlegung des Hofs durch Peter d. Gr. nach Sankt Petersburg (1712) blieb M. Sitz vieler Zentralbehörden sowie Krönungsstadt; 1812 Einmarsch Napoleons I. (weitgehende Zerstörung durch Brand). Seit 1918 (Übersiedlung der Sowjetreg. aus Petrograd) ist M. wieder Hptst. (zunächst der RSFSR und 1922–91 der UdSSR, seither Russlands).

Mit den drei Moskauer Schauprozessen (1936 bis 1938), in denen zahlr. sowjet. Spitzenfunktionäre verurteilt wurden, erreichten die stalinschen Säuberungen einen Höhepunkt. Im Zweiten Weltkrieg war die Stadt eines der Hauptangriffsziele der dt. Wehrmacht während ihres Russlandfeldzuges; mit der »Schlacht um M.«, die durch eine am 30. 9./2. 10. 1941 von den dt. Truppen begonnene Offensive eingeleitet wurde und in der die Front bis auf etwa 25–30 km an die Stadt heranrückte (Evakuierung von rd. 2 Mio. Menschen und Auslagerung vieler Produktionsanlagen aus M.), die aber mit der erfolgreichen sowjet. Gegenoffensive (seit 5./6. 12. 1941) ihre entscheidende Wende erfuhr, scheiterte die dt. Blitzkriegskonzeption endgültig. Die während des Krieges nur teilweise zerstörte Stadt wurde nach ihrem raschen Wiederaufbau polit. Zentrum der sozialist. Staatenwelt (u. a. Sitz des RGW und des Warschauer Pakts). Im Aug. 1991 war M. Zentrum eines gescheiterten Putschversuchs gegen den sowjet. Staatspräs. M. S. Gorbatschow, am 3./4. 10. 1993 Schauplatz eines bewaffneten Aufstands nationalist. und kommunist. Kräfte, der durch die russ. Armee niedergeschlagen wurde (Erstürmung des »Weißen Hauses«, des Parlamentsgebäudes). Als Hptst. der Russ. Föderation erlebte M. seit den 1990er-Jahren einen (allerdings auch von wachsenden sozialen Gegensätzen geprägten) wirtschaftl. und städtebaul. Aufschwung.

Moskauer Konferenz, Bez. für Konferenzen, die in Moskau stattfanden: **1) Außenministerkonferenz** (Okt./Nov. 1943): Von den Außenmin. der USA, Großbritanniens und der UdSSR unter Teilnahme Chinas wurde u. a. beschlossen, den Krieg gegen die Achsenmächte bis zu deren Kapitulation fortzusetzen, die Demokratie in Italien und die österr. Unabhängigkeit wiederherzustellen sowie eine allg. internat. Organisation zur Erhaltung des Friedens und der Sicherheit zu schaffen.

2) Außenministerkonferenz (März/April 1947): Die USA, Großbritannien, Frankreich und die UdSSR erörterten (ohne Einigung) die dt. Frage.

Moskauer Künstlertheater (russ. Moskowski Chudoschestwenny akademitscheski teatr, Abk. MChAT), 1898 von K. S. Stanislawski und W. I. Nemirowitsch-Dantschenko als MChT gegr. Avantgardebühne (ab 1920 **Moskauer Künstler. akadem. Theater, MChAT**). Als Konzeption galt: realist. Theaterstil, intensives Ensemblespiel und histor. Werktreue. Erster großer Erfolg war die Uraufführung von Tschechows »Die Möwe« (1898). 1902 gewann das Theater M. Gorki als Mitarbeiter. Das M. K. war viele Jahre Zentrum der europ. Theateravantgarde.

Moskauer Meer (Iwankowo-Stausee), ↗ Wolga.

Moskauer Vertrag (Deutsch-Sowjetischer Vertrag), am 12. 8. 1970 in Moskau von der Bundesrep. Dtl. und der UdSSR unterzeichneter Vertrag über Gewaltverzicht und territoriale Unverletzlichkeit aller Staaten in Europa auf der Basis der bestehenden Grenzen. In einem »**Brief zur dt. Einheit**« stellte die Bundesrep. Dtl. fest, dass der Vertrag nicht im Widerspruch zu ihrem Ziel stehe, auf einen Friedenszustand in Europa hinzuwirken, in dem das dt. Volk in freier Selbstbestimmung seine Einheit wiedererlange.

Moskaukanal (bis 1947 Moskwa-Wolga-Kanal), Schifffahrtskanal in Russland, verbindet die Moskwa (innerhalb des Stadtgebietes von Moskau) mit der oberen Wolga (bei Dubna), 128 km lang; elf Schleusen; schließt Moskau an die Großwasserstraßen zur Ostsee, zum Weißen, Kasp., Asowschen und Schwarzen Meer an.

Moskitos [span.], meist trop. Arten der ↗ Stechmücke.

Moskwa, 1) russ. Name für ↗ Moskau.
2) *die,* linker Nebenfluss der Oka in Russland, 473 km, entspringt in den Smolensk-Moskauer Höhen, durchfließt Moskau.

Moslem *der,* Anhänger des Islam, ↗ Muslim.

Mosley [ˈmɔzlɪ], Sir Oswald Ernald, brit. Politiker, *London 16. 11. 1896, †Orsay (bei Paris) 3. 12. 1980; 1918–31 Mitgl. des Unterhauses, wurde 1932 Gründer und Führer einer faschist. Bewegung (»British Union of Fascists«).

Mosquitoküste [-ˈkiː-; nach den Misquito-Indianern], Niederung an der karib. Küste von Nicaragua und NO-Honduras (Mosquitia); meist Kiefernsavannen, an der Küste Mangrove und Palmsümpfe; dünn besiedelt, neben den Indianern viele Schwarze aus Jamaika. Hauptort ist Bluefields.

Mossadegh [-k], Mohammed, iran. Politiker, *Teheran um 1881, †ebd. 5. 3. 1967; Großgrundbesitzer, förderte als Führer der »Nat. Front« die antibrit. Bewegung und verstaatlichte als MinPräs. (1951–53) die Anglo-Iranian Oil Company. Als er versuchte, die Rechte des Schahs einzuschränken, wurde er gestürzt und zu drei Jahren Gefängnis verurteilt.

Mößbauer, Rudolf, Physiker, *München 31. 1. 1929; erhielt für seine Arbeiten über Kernresonanzfluoreszenz und -absorption bei tiefen Temperaturen (↗ Mößbauer-Effekt) und deren quantenmechan. Deutung mit R. Hofstadter 1961 den Nobelpreis für Physik.

Mößbauer-Effekt [nach R. Mößbauer], die praktisch rückstoßfreie Emission oder Absorption von Gammaquanten durch Atomkerne im Kristallgitter eines Festkörpers bei tiefen Temperaturen. Durch Bindung im Kristall wird die bei freien Atomen durch den Rückstoß des absorbierenden oder emittierenden Kerns verursachte Verschiebung zw. Gammaabsorptions- und Gammaemissionslinie beseitigt. Außerdem entfällt die bei freien Atomen stets vorhandene Verbreiterung der Gammalinien durch den Doppler-Effekt. Die Bedeutung des M.-E. liegt in der Wiedergabe scharfer Energiequanten, die eine Messung kleinster Frequenz- und Energiedifferenzen mit einer Genauigkeit von 10^{-15} ermöglichen. So konnte die durch die allgemeine Relativitätstheorie vorausgesagte Rotverschiebung einer Gammastrahlung, die das Gravitationsfeld des Entstehungsorts verlässt, experimentell im Schwerefeld der Erde bestätigt werden. Anwendung in der Kernphysik (Bestimmung von Kernmomenten), der Festkörper- und Atomphysik (Kernradiusänderungen in angeregten Zuständen, Elektronendichte am Kern) und in der Chemie (**Mößbauer-Spektroskopie** für Feinstrukturuntersuchungen

Moskau historisches Stadtwappen

Rudolf Mößbauer

und Bindungszustände chem. Verbindungen, quantitative Analyse).

Mossi, Volk in Westafrika, / Mosi.

Mössingen, Stadt im Landkr. Tübingen, Bad.-Württ., am Fuß der Schwäb. Alb, 18 900 Ew.; Körperbehindertenzentrum; Textil-, Holz-, Metall verarbeitende Ind.; im Ortsteil **Bad Sebastiansweiler** Schwefelquellen; roman. Kapelle (12. Jh.) im Ortsteil **Belsen.** Seit 1974 Stadt.

mosso [italien.], musikal. Vortragsbezeichnung: bewegt, lebhaft.

Most [aus lat. vinum mustum »junger Wein«], der beim Keltern gewonnene gärfähige Traubensaft, den Gehalt ermittelt die / Mostwaage; ungenau für Süßmost aus frischem Obst, für trüben Fruchtsaft oder Obstwein.

Most (dt. Brüx), Stadt im Nordböhm. Gebiet, Tschech. Rep., vor dem S-Fuß des Erzgebirges, 70 700 Ew.; Kreismuseum; ein Zentrum des Braunkohlenbergbaus; chem., Hütten- u. a. Ind.; seit 1273 Stadt.

Mostaganem, Wilayat-Hptst. in Algerien, am Mittelmeer, 115 300 Ew.; Hochschule für Landwirtschaft, Zentrum eines bed. Agrargebiets (Wein, Zitrusfrüchte, Gemüse u. a.); Papierfabrik, Zucker-, Tabakind.; Hafen, Flugplatz.

Mostar, Stadt in Bosnien und Herzegowina, an der Neretva, geteilt in einen bosn. und einen kroat. Teil, etwa 100 000 Ew.; Verwaltungs-, Wirtschafts- und Kulturzentrum der Herzegowina; kath. und orth. Bischofssitz; Univ. (gegr. 1977); Ind.standort; Flughafen. – Orientalisch geprägte Altstadt, im Bürgerkrieg stark zerstört, mit Steinbrücke über die Neretva (1566 ff., 1993 zerstört, Wiederaufbau mithilfe der UNESCO) und Karadjoz-Beg-Moschee (1570).

MOS-Technik [MOS Abk. für engl. **m**etal **o**xide **s**emiconductor, »Metalloxid-Halbleiter«], i. w. S. synonym zu / MIS-Technik; i. e. S. als Spezialbereich der MIS-Technik Basistechnologie bei der Herstellung diskreter und integrierter Halbleiterbauelemente bzw. Funktionselemente, bes. / MOSFET, aber auch MOS-Kondensatoren, -Widerstände und -Speicherelemente. Die MOS-T. gestattet die Herstellung integrierter Schaltungen großer Komplexität und Packungsdichte, wobei SiO$_2$ oder das natürl. Oxid des Substrats als Isolierschicht verwendet wird. Das eigentl. Herstellungsverfahren ist die / Planartechnik.

Man unterscheidet nach dem Kanaltyp **PMOS-Technik** (p-leitender Kanal) und **NMOS-Technik** (n-leitender Kanal). Bei der komplementären (engl. **c**omplementary) MOS-T. werden p- und n-Kanal-Komponenten auf einem Chip integriert (/ CMOS-Technik). Eine von diesen Technologien modifizierte Geometrie weist die / VMOS-Technik auf. – Aufgrund der höheren Beweglichkeit von Elektronen gegenüber Löchern sind in PMOS-Technik hergestellte Bausteine erheblich langsamer (Arbeitsgeschwindigkeit 100 statt 30 ns/Stufe) als die in der weiterentwickelten NMOS-Technik hergestellten Bausteine. Die PMOS-Technik ist die ursprüngl. Herstellungsform, sie findet heute im Wesentlichen nur noch für Taschenrechner Verwendung. Für andere Anwendungen, z. B. in Halbleiterspeichern oder Mikroprozessoren, werden fast ausschl. NMOS-Schaltkreise benutzt. Da eine kostengünstige Integration nur bei direkter Kopplung aller Bauelemente erreichbar ist, werden vorwiegend n-Kanal-MOS-FET vom Anreicherungstyp verwendet, die mit weniger Fertigungsschritten herstellbar sind als Verarmungs-MOSFET, mit denen die höchste Packungsdichte erreicht wird.

Den Vorteilen der MOS-T. im Vergleich zur / Bipolartechnik, z. B. hohe Integrationsdichte, geringe Verlustleistung, einfacher Fertigungsprozess und niedrige Herstellungskosten, stehen als Nachteile die geringere Arbeitsgeschwindigkeit und die niedrigere Ausgangsleistung gegenüber. Die Arbeitsgeschwindigkeit in einem MOSFET hängt von der Breite des Gatebereichs ab, die durch das Auflösungsvermögen des lithograph. Prozesses begrenzt wird.

Most seriously affected Countries [məʊst ˈsɪərɪəslɪ əˈfektɪd ˈkʌntrɪz, engl.], Abk. **MSAC,** / Entwicklungsländer.

Mostwaage (Gleukometer), ein / Aräometer zur Bestimmung der Dichte und/oder des Zuckergehalts von Trauben- und Fruchtsäften. In Dtl., der Schweiz und Luxemburg wird die von C. F. Oechsle (*1774, †1852) entwickelte **Öchslewaage** verwendet, die angibt, um wie viel Gramm pro Kubikzentimeter die Dichte des Mostes über der von Wasser liegt (eine Dichte von 1,075 g/cm^3 entspricht 75° Öchsle). In Österreich und Italien wird die von A. W. von Babo (*1827, †1894) eingeführte **Klosterneuburger M.** (KMW) verwendet, die den im Most enthaltenen Zucker in Prozent angibt (in obigem Beispiel: 15,7° KMW = 15,7% Zucker), wobei in der Skala der zuckerfreie Extrakt pauschal in Abzug gebracht wurde. Bei Angaben in Grad Öchsle muss dagegen die Errechnung des (ungefähren) Zuckergehalts stets gesondert erfolgen, wobei der (durchschnittl.) zuckerfreie Extrakt ebenfalls abzuziehen ist.

Mosul (Mossul, arab. Al-Mausil), Provinz-Hptst. in Irak, am rechten Ufer des Tigris, 510 000 Ew.; Sitz eines chaldäischen und eines syrisch-orth. Metropoliten; Univ., archäol. Museum; Agrarzentrum, Erdölraffinerie u. a. Ind.; am linken Tigrisufer liegen die Ruinenfelder von Ninive. – M. wurde um 750 Hptst. N-Mesopotamiens, Mitte des 13. Jh. von Mongolen erobert; vom 16. Jh. bis 1918 unter osman. Herrschaft. Nach dem Ersten Weltkrieg zw. der Türkei und Irak umstritten, dem es 1925 vom Völkerbund zugesprochen wurde (im **M.-Vertrag** 1926 offizieller Verzicht der Türkei).

Mosyr (weißruss. Masyr), Stadt im Gebiet Gomel, Weißrussland, am Pripjet, 109 200 Ew.; Erdölraffinerie, Erdgasverarbeitung, Bau von Baggern, petrochem. und Holzindustrie.

Motala [ˈmuːtala], Stadt im VerwBez. (Län) Östergötland, Schweden, am Vättersee und Götakanal, 42 200 Ew.; Museen; Lokomotiv- und Waggonbau, Elektro- und Phonoind.; Wasserkraftwerk.

Motel [aus **Mo**tor und Ho**tel**] *das,* Hotelbetrieb, meist an Fernstraßen gelegen, der bes. auf Unterbringung von Autoreisenden eingestellt ist; die ersten M. gab es in den USA.

Motette [italien. mot(t)etto] *die,* eine der zentralen Gattungen mehrstimmiger Vokalmusik der abendländ. Musikgeschichte; ihr Ursprung liegt in der nachträgl. (zunächst lat., später frz.) Textierung von Discantus-Oberstimmen des Notre-Dame-Repertoires. Noch im 13. Jh. verselbstständigte sich die M. zur wichtigsten Gattung der Ars antiqua sowohl im weltl. wie auch im geistl. Bereich. Mit Zentrum in Frankreich war die M. im 14. Jh. bereits auf dem ganzen Kontinent verbreitet. Ihre Veränderung durch kunstvolle Kompositionstechniken belegen die M. von G. de Machault. Entscheidenden Anteil an der für das 15. und 16. Jh. gültigen techn. Ausformung gewann G. Dufay. Im ausgehenden 15. Jh. vollzog sich die Rückwendung der M. zur Kirchenmusik. Maßgebende M.-Komponisten des 16. Jh. waren Josquin Desprez, G. P. da Palestrina und O. di Lasso. Neben der Fortführung der traditionellen Formen brachte das 17. Jh. die instrumental begleitete Solo-M. sowie aus der venezian. Tradition die mehrchörige M. hervor. Von den M. J. S. Bachs abgesehen, folgte die Gattung dem allg. Niedergang der Kirchenmusik, blieb aber auch im 19. Jh. als geistl. oder weltl. besinnl. Chorwerk (R. Schumann, F. Mendelssohn Bartholdy, J. Brahms, A. Bruckner, M. Reger) lebendig und fand im 20. Jh. neues Interesse im Anschluss an die Vorbilder der Renaissance und des Barock (u. a. bei H. Distler, E. Pepping, E. Krenek).

Motherboard [ˈmʌðəbɔːd, engl.] *das* (Mainboard, Hauptplatine, Systemplatine), *Informatik:* die Grundplatine eines Computers, auf der alle wesentl. Baugruppen angeordnet sind, wie z. B. Prozessor, Speicher- und Ein-/Ausgabe-Bausteine. Durch das M. ist die Grundstruktur eines Computers festgelegt. Für Erweiterungen des Einsatzes oder der Leistungsfähigkeit (Speichererweiterung, Schnittstellen, Grafik) sind meist Reservesteckplätze für spezielle Steckkarten vorgesehen.

Motherwell [ˈmʌðəwel], Verw.sitz von North Lanarkshire, Schottland, 30 700 Ew.; Metall verarbeitende, Leichtind., Maschinenbau.

Motherwell [ˈmʌðəwel], Robert, amerikan. Maler und Grafiker, *Aberdeen (Wash.) 24. 1. 1915, †Provincetown (Mass.) 16. 7. 1991; einer der Hauptvertreter des abstrakten Expressionismus, seit 1968 einfarbig-meditative Werke.

Mo Ti, chines. Philosoph, /Mo Di.

Motilität [lat.] *die,* Beweglichkeit, Bewegungsvermögen; i. e. S. Bewegungen, die reflektorisch oder vegetativ gesteuert werden (z. B. Peristaltik), im Unterschied zur Motorik.

Motion [frz.] *die, Parlamentsrecht:* Antrag, bes. der /Tadelsantrag; im *schweizer.* Recht bes. ein Antrag beider Räte (Kammern), der die Reg. verpflichtet, bestimmte Gesetzesentwürfe vorzulegen.

Motiv [lat.] *das,* 1) *bildende Kunst:* der Gegenstand der Darstellung.
2) *Literatur:* in der Dichtung ein stofflich-themat., situationsgebundenes Element, dessen inhaltl. Grundform schematisiert beschrieben werden kann.
3) *Musik:* das kleinste selbstständige Glied eines Tonsatzes, das gestaltende Bedeutung hat. Es kann Bestandteil eines /Themas, einer /Phrase, einer /Melodie sein oder überhaupt einer jeden Art von Tonsatz sein (/Leitmotiv).
4) *Psychologie:* Beweggrund, Antrieb des menschl. Verhaltens (/Motivation).

Motivation [lat.] *die,* 1) *Psychologie:* die Gesamtheit der in einer Handlung wirksamen Motive, die das individuelle Verhalten aktivieren, richten und regulieren. Von besonderer Bedeutung sind die Ergebnisse der M.-Forschung u. a. in der Entwicklungspsychologie (Aufbau der M. im Sozialisierungsprozess des Kindes), der Lern-, Arbeits-, Werbe-, forens. Psychologie sowie der Wahlforschung.
2) *Verhaltensforschung:* interne Bereitschaft für ein Verhalten. Sie wurde früher auch als Instinkt, Trieb oder Drang bezeichnet. Die M. (z. B. Sexualverhalten) beruht auf inneren Ungleichgewichten (Sexualhormone) und löst ein spezielles Suchverhalten (/Appetenzverhalten) nach Kenn- oder Schlüsselreizen (Sexualpartner) aus. Sind diese gefunden, dann erfolgt die Endhaltung (Balz und Kopulation) und somit der Abbau des Defizits bzw. der M. M. staubar (»Triebstau«) und je stärker die M., desto leichter kann das adäquate Verhalten ausgelöst werden.

Motoball [Kw. für **Motorrad-Fußball**] *der,* mit (Spezial-)Motorrädern (»M.-Maschinen«, max. 250 cm³ Hubvolumen, ca. 30 kW, bis 80 km/h, Zweigang-handschaltung) betriebenes Torspiel zweier Mannschaften von je vier Feldspielern und einem Torhüter. Der (Leder-)Hohlball ist möglichst oft in das gegner. Tor zu stoßen und darf nur mit dem Fuß oder Kopf gespielt werden. Die Maschinen sind ständig in Gang zu halten, die Feldspieler dürfen den Torraum nicht befahren. Die reguläre Spielzeit beträgt 4 × 20 min.

Motocross [engl.] *das, Motorradsport:* Schnelligkeits- und Geschicklichkeitsprüfungen im Geländefahren auf einer Rundstrecke von 1,5 bis 2,5 km Länge mit natürl. Hindernissen. Gefahren wird in den Klassen bis 125 cm³, bis 250 cm³, bis 500 cm³ und in den Seitenwagenklassen.

Motodrom [frz., nach Hippodrom gebildet] *das,* geschlossene Rennstrecke für Motorsportveranstaltungen; für den öffentl. Verkehr gesperrt.

Motopark Oschersleben, 1997 bei Oschersleben (Bode) eröffnete, dritte permanente Motorsport-renn- und -teststrecke Dtl.s (nach /Nürburgring und /Hockenheimring). Die Strecke ist 3,677 km lang und in zwei Teilkurse von 2,5 und 1,2 km zu Testzwecken teilbar. (/Lausitzring)

Motor [lat. »Beweger«] *der,* Maschine, die eine gegebene Energieart (z. B. therm., elektr., chem. Energie) in mechan. Bewegungsenergie (Rotationsbewegung oder auch Linearbewegung eines Kolbens) umwandelt. I. e. S. werden heute vorwiegend der /Elektromotor, der /Stirlingmotor als auch der /Verbrennungsmotor als M. bezeichnet.

Motorbootsport, /Motorsport.

Motorbremse, die Nutzung des Kraftfahrzeugmotors als Bremse, wenn beim Wegnehmen des Gases der Leerlaufwiderstand des nicht ausgekuppelten Motors durch die Bewegungsenergie des Fahrzeugs überwunden wird.

Motoren|öle, Schmieröle für Verbrennungsmotoren, die zum Verschleiß- und Korrosionsschutz, zur Kolbenabdichtung und Reibungsminderung sowie zur Abführung von Reibungswärme dienen. Sie dürfen einerseits bei tieferen Temperaturen (Kaltstart) nicht zu dickflüssig sein und andererseits im Sommer eine Mindestviskosität nicht unterschreiten. M. werden nach ihrer Viskosität in SAE-Viskositätsklassen eingeteilt (/SAE). **Mehrbereichsöle** erfüllen die Anforderungen von zwei SAE-Klassen und sind deshalb für den Ganzjahresbetrieb geeignet. – M. bestehen aus mineral. oder synthet. Grundölen, denen zur Erzielung bestimmter Eigenschaften bis zu 20% Additive zugesetzt werden. Weil M. im Betriebsverlauf verschmutzen und die Additive abgebaut werden, muss in bestimmten Zeitintervallen ein Ölwechsel durchgeführt werden.

Motorfahrrad, Kw. **Mofa,** ein /Kraftrad.

Motorflugsport, meist mit kleinen Landflugzeugen mit Kolbenmotoren ausgetragene Wettbewerbe (Ziellandewettbewerbe, Rallye-, Rund- und Sternflüge, Kunstflug).

Motorgenerator, 1) elektr. Maschinensatz aus einem Elektromotor und einem oder mehreren mechanisch damit gekuppelten Generatoren zur Umformung elektr. Parameter (z. B. Spannung, Frequenz, Phasenzahl); 2) aus einem Verbrennungsmotor und einem elektr. Generator bestehender Maschinensatz, oft als /Notstromaggregat.

Motorik [lat.] *die,* Gesamtheit der willkürlich gesteuerten Bewegungsvorgänge bei Mensch und Tier.
motorisch [lat.], 1) maschinengetrieben.
2) die Motorik betreffend.

Motorisierung, Bez. für die (zunehmende) Ausstattung von Fahrzeugen (insbesondere Kraftwagen) mit Motorantrieb; die M. ist ein wesentl. Bestimmungsfaktor des Lebens in Industrie-, aber auch in Entwicklungsländern geworden. – Der **M.-Grad** ist das Verhältnis des Bestandes an Kfz zur Ew.-Zahl (Kfz je 1 000 Einwohner).

Motorola, Inc., amerikan. Elektronikkonzern (v. a. Industrieelektronik, Sicherheits-, Computer- und Netzwerksysteme, Prozessoren), gegr. 1928 von Paul V. Galvin (* 1895, † 1959) und Joseph E. Galvin (* 1899, † 1944) als Galvin Manufacturing Corp., jetziger Name seit 1947; Sitz: Schaumburg (Ill.).

Motor|rad, ein ↗ Kraftrad.

Motor|radsport, Teil des ↗ Motorsports für einspurige (Solo-)Fahrzeuge mit zwei Rädern und zwei- bzw. dreispurige Fahrzeuge mit drei Rädern (Seitenwagen, früher: Gespanne), auch als »Rennmaschinen« bezeichnet. Im *Straßenrennsport* werden in drei Soloklassen mehrere Grand-Prix-Rennen um die Weltmeisterschaft durchgeführt: in der 125-cm³-Klasse (»Achtelliterklasse«) mit Einzylindermotoren, in der 250-cm³-Klasse (»Viertelliterklasse«) mit Zweizylindermotoren und in der 500-cm³-Klasse (»Halbliterklasse«, auch »Königsklasse« gen.) mit Zwei-, Drei- oder Vierzylindermotoren. Die Wertung der Rennen beträgt 25, 20, 16, 13, 11 Punkte für die ersten fünf Plätze, je einen Punkt weniger (von 10 abwärts) erhalten die Nächstplatzierten bis zum 15. Platz (1 Punkt). – Die »Seitenwagenklassen« bestreiten seit 1997 Rennen um den Seitenwagen-Worldcup (Zweizylinder- bis 500 cm³, Vierzylindermotoren bis 1 000 cm³; Mindestgewicht 180 kg). – Eine eigene Weltmeisterschaft tragen die »Superbikes« aus, Fahrzeuge mit Vierzylindermotoren bis 750 cm³ oder mit Zweizylindermotoren bis 1 000 cm³ (einheitlich 162 kg Mindestgewicht). Eine weitere internat. Klasse ist »Supersport« für serienabstammende und homologationspflichtige Viertakt-Vierzylindermaschinen bis 600 cm³ und Viertakt-Zweizylindermaschinen bis 750 cm³.

Motor|roller, ein ↗ Kraftrad.

Motorschlitten (engl. Snowmobile), durch Verbrennungsmotor angetriebener, mit Luftschraube, auf Gleisketten oder Raupenband fortbewegter Schlitten. (↗ Snowkarting)

Motorsegler, Segelflugzeug mit Hilfsmotor, der zum Start oder zum Überbrücken von Aufwindflauten dient. M. sind für Segelflugwettbewerbe zugelassen, wenn ein Sperrgerät die Benutzung des Hilfsmotors im Wettkampf verhindert.

Motorsport, Sammelbez. für alle mit motorgetriebenen Land- oder Wasserfahrzeugen betriebenen Sportarten (Automobil-, Motorrad-, Motorbootsport). Zum internat. **Motorradsport** gehören u. a. Straßenrennsport (Racing), Leistungsprüfungssport (Enduro), Speedway und Eisspeedway; zum **Automobilsport** u. a. Straßenrennsport (Racing), Rallye- und Tourenwagensport, Auto- und Rallyecross und Kfz-Veteranensport; zum **Motorbootsport** Motorbootrenn- (Regatten auf einem durch Wendebojen markierten Rundkurs von 1 500 bis 2 000 m Länge in mehreren Läufen) und Offshoresport, i. w. S. auch der Wasserskisport. Im Breitensport haben sich national weitere Disziplinen, z. B. der Turniersport, entwickelt. – Im Motorradsport ist internat. die Fédération Internationale Motocycliste (FIM, Sitz: Mies [Kt. Waadt, Schweiz]) höchstes Organ, im Automobilsport die Fédération Internationale de l'Automobile (FIA, Sitz: Paris), im Motorbootsport die Union Internationale Motonautique (UIM, Sitz: Monte Carlo).

Motronic die, *Kfz-Technik:* ↗ Benzineinspritzung.

Mott, 1) John Raleigh, amerikan. Methodist, * Livingston Manor (N. Y.) 25. 5. 1865, † Orlando (Fla.) 31. 1. 1955; war 1895–1920 Gen.-Sekr., 1920–28 Vors. des von ihm gegr. Christl. Studentenweltbundes; 1915–28 Gen.-Sekr. des YMCA; 1946 Friedensnobelpreis (zus. mit E. G. Balch); wurde 1948 Ehrenpräs. des Ökumen. Rates der Kirchen.
2) Sir (seit 1962) Nevill Francis, brit. Physiker, * Leeds 30. 9. 1905, † Milton Keynes 8. 8. 1996; 1951–57 Präs. der IUPAP; bedeutende Arbeiten zur Streuung atomarer Teilchen und zur Supraleitfähigkeit; erhielt 1977 für Untersuchungen der elektron. Struktur magnet. und amorpher Substanzen mit P. W. Anderson und J. Van Vleck den Nobelpreis für Physik.

Motta, Giuseppe, schweizer. Politiker, * Airolo 29. 12. 1871, † Bern 23. 1. 1940; 1912–40 Bundesrat, leitete 1920–40 das polit. Departement; 1915, 1920, 1927, 1932 und 1937 Bundespräsident.

Motte Fouqué [mɔt fu'ke], Friedrich Heinrich Karl Baron de la, Dichter, ↗ Fouqué.

Mottelson ['mɔtəlsn], Benjamin Roy, amerikan. Physiker, * Chicago (Ill.) 9. 7. 1926; erhielt 1975 mit A. N. Bohr und L. J. Rainwater für Untersuchungen zur Struktur deformierter Atomkerne im Rahmen des Kollektivmodells den Nobelpreis für Physik.

Motten, 1) (Echte M., Tineidae), mit rd. 2 000 Arten weltweit verbreitete Familie bis 4 cm spannender Kleinschmetterlinge; Kopf dicht behaart, Flügel schmal mit langen Fransen; Raupen meist in Gespinströhren, fressen v. a. an Pilzen, Körnerfrüchten, vertrocknetem Kadaver. Viele Arten werden schädlich durch Fraß an Filz, Pelzen und Wollstoffen (z. B. Fell-M., Kleider-M., Pelz-M., Tapeten-M.). Schutzmaßnahmen: Verwendung von Insektiziden, v. a. in Form von Sprüh- oder Stäubemitteln. Textilien und Pelze werden in dicht schließenden Behältern durch Zugabe von M.-Kugeln, M.-Pulver oder M.-Strips geschützt. Mottenechte Textilien sind mit Wirkstoffen (z. B. Eulanen) versehen, die mit den Fasern eine dauerhafte Verbindung eingehen.
2) umgangssprachl. Bez. für kleine Schmetterlinge.

Mottenläuse (Weiße Fliegen, Aleurodina), Unterordnung der Gleichflügler; etwa 2 mm lange, geflügelte und mit weißem Wachsstaub bedeckte Insekten; Pflanzenschädlinge.

Mott-Isolator [nach N. F. Mott], *Physik:* ↗ Mott-Übergang.

Motto [italien.] das, **1)** Leitspruch, Wahlspruch. **2)** Kennwort.

Mott-Übergang [nach N. F. Mott] (mottscher Metall-Isolator-Übergang), *Quantenphysik:* in Analogie zum M.-Ü. der Festkörperphysik, bei dem sich die elektr. Leitfähigkeit eines Materials in Abhängigkeit von einem äußeren Parameter (Druck, Dotierung, Magnetfeld) von metallisch zu isolierend ändert, bezeichneter Quantenphasenübergang von einer superfluiden in eine kristalline Phase. Der M.-Ü. wurde in einem Bose-Einstein-Kondensat aus Rubidiumatomen in einem Lichtgitter (dreidimensionale Anordnung stehender Lichtwellen im Vakuum) bei Erhöhung der Lichtintensität nachgewiesen, die kristalline Phase wird als **Mott-Isolator** bezeichnet.

Motz, Friedrich von, preuß. Staatsmann, * Kassel 18. 11. 1775, † Berlin 30. 7. 1830; seit 1825 Finanzmin., reformierte die Finanzverw. und schuf mit dem Zollvertrag zw. Preußen und Hessen-Darmstadt (1828) die Basis für den Dt. Zollverein.

John R. Mott

Nevill Mott

Benjamin R. Mottelson

Mouc Mouche

Mouche [muʃ; frz. »Fliege«] *die,* Treffer in den absoluten Mittelpunkt der Zielscheibe.

Mouches volantes [muʃ vɔˈlãt, frz.], ∕ entoptische Wahrnehmungen.

Moudon [muˈdɔ̃], Bezirks-Hptst. im Kt. Waadt, Schweiz, 4 300 Ew.; Fachschule für Molkereiwirtschaft, Museen; Diamantschleifereien, Eisengießerei, Maschinenbau, Kartonagenfabrik.

Moulage [muˈlaːʒ, frz.] *der,* auch *die,* farbiges anatom. oder patholog. Wachspräparat.

Moulay Idris [muleiˈdris], Stadt in Marokko, 27 km nördlich von Meknès, 11 200 Ew.; großes Wallfahrtsfest im September. – Zw. den malerisch auf Hügeln liegenden Stadtvierteln Khiber und Tasga das Mausoleum von Idris I., das von einem klosterähnl. Baukomplex (Zawija) umgeben ist; beide Bauwerke wurden 1672–1727 im maur. Stil erneuert. – Um 788 gegr. von Idris I. († 791), dem Begründer der nach ihm benannten ersten arab. Dynastie der Idrisiden in NW-Afrika.

Louis, 1. Earl Mountbatten of Burma

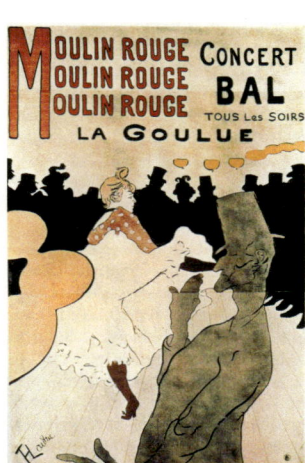

Moulin-Rouge: Henri de Toulouse-Lautrec, »La Goulue«, Werbeplakat für das Moulin-Rouge (1891; Moskau, Puschkin-Museum)

Moulin-Rouge [mulɛ̃ˈruːʒ; frz. »rote Mühle«], Name eines Pariser Nachtlokals am Boulevard de Clichy; 1889 eröffnet. H. de Toulouse-Lautrec schuf Plakate für die von ihm oft besuchte Bar.

Moulins [muˈlɛ̃], Hptst. des frz. Dép. Allier, am Allier, 22 800 Ew.; kath. Bischofssitz; u. a. Leder-, Wirkwaren-, Möbel-, Elektroind., Maschinenbau. – Kathedrale mit Flügelaltar des Meisters von M. (flämisch-frz. Maler aus der 2. Hälfte des 15. Jh.).

Moulmein [muˈlmein] (Mawlamyine), Hptst. des Monstaates, Birma, 220 000 Ew.; College der Univ. Rangun, Lehrerbildungsanstalt; Schiffbau, Nahrungsmittel-, Textil- u. a. Ind.; Ausfuhrhafen, Flugplatz.

Moulouya [muluˈja] (Oued M., Muluja), Fluss in O-Marokko, 520 km, entspringt mit zwei Quellflüssen im Hohen und Mittleren Atlas, mündet westlich der alger. Grenze in das Mittelmeer.

Mounds [maʊndz, engl.] (Effigy M.), Bez. für die zahlreichen prähistor. Erdwallanlagen im Mittelwesten der USA (von Minnesota bis Ohio), die neben kon. Grabhügeln durch ihre geometr. oder tier. Formen und durch die Abwesenheit von Bestattungen auffallen. Sie können keiner bestimmten vorgeschichtl. Kultur zugeschrieben werden. Sie treten zw. 500 v. Chr. und dem 16. Jh. n. Chr. auf, die meisten stammen aus dem 5./6. Jh. n. Chr.

Mount [maʊnt, engl.], Berg.

Mountainbike [ˈmaʊntnbaɪk, engl.] *das,* Abk. MTB, 1) seit Anfang der 1980er-Jahre (zunächst in den USA) aufgekommenes, leichtes, geländegängiges (Spezial-)Sportfahrrad mit robustem Rahmen, Rasterschaltung (15–21 Gänge) und 47–54 mm dicken Stollenprofilreifen (26 Zoll); für den Straßenverkehr nachrüstbar. Das Fahren im Gelände bezeichnet man als **Mountainbiking;** 2) mit dem M. ausgeübte radsportl. Disziplin, die v. a. die Einzelwettbewerbe ∕ Crosscountry, ∕ Downhill und ∕ Trial umfasst. Das Tragen von speziellen Helmschalen ist Pflicht. (∕ Sportarten, Übersicht).

Mountains [ˈmaʊntɪnz, engl.], Berge, Gebirge.

Mountbatten [maʊntˈbætn], **1)** Louis, 1. Earl M. of Burma (seit 1947), brit. Großadmiral, * Frogmore House (bei Windsor) 25. 6. 1900, † (ermordet) in der Bucht von Sligo 27. 8. 1979; Sohn des Prinzen Ludwig Alexander von Battenberg, Onkel von 2); 1943–46 Oberbefehlshaber der alliierten Streitkräfte in SO-Asien, eroberte das im Zweiten Weltkrieg von Japan besetzte Birma zurück; 1947 Vizekönig von Indien, 1947/48 dort Gen.-Gouv., 1955–59 Erster Seelord und Stabschef der brit. Flotte, 1959–65 Chef des brit. Verteidigungsstabs; fiel einem Attentat der IRA zum Opfer.

2) Philip, Gemahl Königin Elisabeths II., Neffe von 1); ∕ Philip, Herzog von Edinburgh.

Mount Godwin-Austen [ˈmaʊnt ˈgɔdwɪn ˈɔstɪn], Berg in Kaschmir, ∕ K 2.

Mount Hagen [ˈmaʊnt ˈheɪgən], Provinzhauptstadt in Papua-Neuguinea, im Hochland nahe dem M. H. (3 777 m ü. M.), 17 400 Ew.; kath. Erzbischofssitz; Marktzentrum für Kaffee, Tee und Pyrethrum; Touristenzentrum; Flugplatz.

Mount-Palomar-Observatorium [ˈmaʊnt ˈpæləmɑː -], nordöstlich von San Diego (Calif.) auf dem Mount Palomar (1 871 m ü. M.) in rd. 1 700 m ü. M. gelegenes Observatorium mit einem der größten Spiegelteleskope (**Hale-Teleskop,** 5,08 m Durchmesser).

Mount Rushmore National Memorial [ˈmaʊnt ˈrʌʃmɔː næʃnl mɪˈmɔːrɪəl], Gedenkstätte in den Black Hills, im SW von South Dakota, USA. Am Mount Rushmore wurden 1927–41 von dem Bildhauer G. Borglum die Porträtköpfe der Präsidenten G. Washington, T. Jefferson, A. Lincoln und T. Roosevelt aus dem Granitfelsen herausgemeißelt (jeweils rd. 20 m hoch).

Mount-Wilson-Observatorium [ˈmaʊnt ˈwɪlsn -], nördlich von Los Angeles (Calif.) auf dem Mount Wilson (1 740 m ü. M.) gelegenes Sonnenobservatorium der Carnegie-Stiftung, bekannt durch seinen 2,5-m-Spiegel (**Hooker-Teleskop),** mit dem 1929 die Entdeckung des Hubble-Effekts gelang.

Mousse [mus; frz. Schaum] *die,* pürierte und mit Sahne aufgeschlagene kalte Speise, als Vorspeise aus Fleisch-, Wild-, Geflügel- oder Fischfarce, als süße Nachspeise aus Gelatine, Früchten, Eiern, Schokolade, Mandeln oder Vanille.

Moustérien [musteriˈɛ̃; nach dem Fundort Le Moustier, Dép. Dordogne, Frankreich] *das,* Kulturstufe der ∕ Altsteinzeit, folgt zeitlich dem Acheuléen und geht dem Aurignacien voraus. Kennzeichnend sind v. a. Schaber, Hand- und Blattspitzen. Träger des M. war der Neandertaler. Aus dem M. sind die bisher ältesten Bestattungen (u. a. La Chapelle-aux-Saints, La Ferrassie, Karmel) sowie Überreste von Behausungen (z. B. in Molodowa am Dnjestr) bekannt.

Moutier [muˈtje] (dt. Münster), Bezirkshauptort im Kt. Bern, Schweiz, 7 800 Ew.; Kunstmuseum; Maschinenbau, Uhren-, Glasindustrie.

Mouvement Républicain Populaire [muvˈmã repybliˈkɛ̃ pɔpyˈlɛːr], Abk. **MRP**, 1944 gegr., 1967 aufgelöste frz. Partei, spielte mit ihrem Programm einer christlich-sozialen Demokratie in der Vierten Republik eine bed. Rolle (MinPräs. u. a. R. Schuman, G. Bidault). Außenpolitisch förderte sie das westl. Bündnissystem und die Integration Europas. 1958 unterstützte sie die Gründung der Fünften Republik.

Mövenpick Holding AG [- ˈhəʊldɪŋ -], schweizer. Hotel- und Gastronomiekonzern, Sitz: Zürich, gegr. 1948; betreibt Restaurants (z. B. »Cindy's Diner« und »Cliccadou« [Fastfood], »Marché«, »Mövenpick«), Hotels sowie Handels- und Produktionsbetriebe (u. a. Wein, Kaffee, Eiscreme, Fischspezialitäten).

Movimento Popular de Libertação de Angola [- libɛrtaˈsãu -], Abk. **MPLA**, 1956 gegründete, marxistisch orientierte Befreiungsbewegung in Angola, führte 1961–74 einen Guerillakampf gegen die portugies. Kolonialherrschaft, seit 1974 in Konflikt mit der konkurrierenden Befreiungsbewegung UNITA, der sich nach Ausrufung der Volksrepublik Angola durch die MPLA 1975 zu einem Bürgerkrieg entwickelte (↗ Angola). Ab 1975 war die MPLA unter Hinzufügung der Bez. »Partido de Trabalho« (Partei der Arbeit, Abk. MPLA-PT) die sozialist. Einheitspartei Angolas. Nach dem Sturz der kommunist. Systeme in Europa orientieren sie sich politisch mehr in Richtung Sozialdemokratie (1990) und gab ihren polit. Monopolanspruch auf.

Wolfgang Amadeus Mozart, Gemälde von Barbara Krafft; 1819 (Wien, Gesellschaft der Musikfreunde)

Möwen (Laridae), Familie der Möwenvögel an den Küsten aller Meere. M. haben zw. den drei Vorderzehen Schwimmhäute. Der kräftige Schnabel endet in einer Hakenspitze; oft auffallender Wechsel zw. Brut- und Ruhekleid; vielfach in Kolonien brütend. Im europ. Binnenland am weitesten verbreitet ist die etwa taubengroße **Lachmöwe** (Larus ridibundus) mit weißen Handschwingenkanten und überwiegend weißem Gefieder; der Kopf ist im Brutkleid schwarzbraun. An Küsten und Binnengewässern lebt die **Sturmmöwe** (Larus canus), etwa 40 cm lang, mit grünlich gelbem Schnabel und Füßen. Größer ist die sehr ähnl. **Silbermöwe** (Larus argentatus) mit rotem Fleck an der Spitze des Unterschnabels. Die **Heringsmöwe** (Larus fuscus), etwa 50 cm lang, unterscheidet sich von der Lachmöwe durch schiefergraue Flügel und schwarzen Rücken. Ihr ähnelt die größere **Mantelmöwe** (Larus marinus), Flügelspannweite bis 1,7 m. Nahe verwandt sind die ↗ Raubmöwen.

Moyeuvre-Grande [mwajœvrəˈgrɑ̃d] (dt. Großmoyeuvre), Stadt im frz. Dép. Moselle, Lothringen, 9 200 Ew.; Eisenerzgruben und Hüttenwerk.

MOZ, Abk. für **M**otor**o**ktan**z**ahl, ↗ Oktanzahlen.

Mozabiten [-z-] (Mzabiten, Beni Mzab), Berberstamm im ↗ Mzab, Algerien. Die rd. 70 000 M. sind strenggläubige Muslime, Nachfahren einer Gruppe von Rustamiden (Dynastie von Imamen der frühislam. Sekte der Ibaditen), mit asket., patriarchal. Theokratie, altberber. Sprache und Brauchtum; Händler, Handwerker, Ackerbauern.

Mozaraber [arab. mustaˈrib »arabisiert«], die Christen unter islam. Herrschaft im mittelalterl. Spanien. Sie genossen Toleranz und passten sich in ihrer Lebensweise weitgehend ihrer arab. Umwelt an. In der Kunst bildeten die M. zw. dem 8. und 11. Jh. den **mozarab. Stil** aus; in ihm verbinden sich roman. mit maur. Formen (↗ Mudéjarstil).

Mozart, 1) Leopold, Komponist, getauft Augsburg 14. 11. 1719, † Salzburg 28. 5. 1787, Vater von 2); wurde 1757 Hofkomponist des Erzbischofs von Salzburg, 1763 Vizekapellmeister; nahm sich bes. der musikal. Förderung seines Sohnes an; komponierte Kirchenmusik, Kantaten, Sinfonien, Divertimenti und Konzerte; seine Schrift »Versuch einer gründl. Violinschule« (1756, Neudruck 1956) gehört zu den bedeutendsten Lehrwerken seiner Zeit.

2) Wolfgang Amadeus, Komponist, * Salzburg 27. 1. 1756, † Wien 5. 12. 1791, Sohn von 1); wurde von seinem Vater früh in Klavier- und Violinspiel sowie Komposition unterrichtet (1761/62 erste Kompositionsversuche) und erregte als Wunderkind Aufsehen. Zus. mit seiner Schwester Maria Anna (* 1751, † 1829), gen. »Nannerl«, konzertierte der sechsjährige M. in München, später auch in Wien, Paris und London, wo er die Bekanntschaft J. C. Bachs machte. Für Konzerte in London schrieb M. 1764/65 seine ersten Sinfonien. 1769 wurde er (unbesoldeter) erzbischöfl. Konzertmeister in Salzburg. Reisen nach Augsburg, Mannheim und Paris (1777–79) brachten nicht die erhoffte Anstellung bei Hofe. Nach dem Bruch mit dem Erzbischof von Salzburg 1781 lebte M. als freischaffender Künstler in Wien, konnte sich jedoch trotz künstler. Erfolge keine gesicherte Existenz schaffen. 1782 heiratete er Constanze Weber (* 1762, † 1842) aus Mannheim. 1787 wurde M. zum kaiserl. Kammerkomponisten ernannt. M. starb 1791 über der Arbeit zum »Requiem«. – In der Wiener Klassik zw. J. Haydn und L. van Beethoven stehend, schuf M. Werke aller musikal. Stile und Gattungen. Sein Schaffen umspannt vokale und instrumentale, geistl. und weltl. Musik. Seine Aufnahmebereitschaft und sein Assimilationsvermögen befähigten ihn dazu, alle Anregungen der musikal. Tradition und der zeitgenöss. Musik aufzugreifen (u. a. von J. Schobert, C. P. Emanuel Bach, J. und M. Haydn sowie den Komponisten der italien. Opera buffa, Opera seria, der Mannheimer Schule und der frz. Opéra comique) und daraus

Leopold Mozart (Ausschnitt aus einem zeitgenössischen Ölgemälde)

Wolfgang Amadeus Mozart: Auszug aus dem Notenskizzenbuch des achtjährigen Mozart

einen unverkennbaren Stil zu entwickeln. Dieser ist gekennzeichnet durch Vielfalt der themat. Erfindung; er verbindet klangl. Farbigkeit mit höchster Geistigkeit und formaler Strenge und lebt von melod., rhythm. und dynam. Kontrasten. Die Instrumentalmusik, im galanten Stil des Rokoko begonnen, vertiefte M. durch den Reichtum der Melodik und formale Differenzierung. In den Instrumentalkonzerten, bes. den Klavierkonzerten, gelang ihm ein vollkommener Ausgleich von Soloinstrumenten und Orchester. Aus der Übernahme italien. Formelemente (Rezitativ, Arie, Ensemble und Finale) entwickelte er seine Oper, für die u. a. der dramat. Aufbau und die Individualität der Figurenzeichnung charakteristisch sind. Auch schuf er aus der Verbindung trag. und kom. Züge eine neue Spielart der Oper (in »Don Giovanni«). Das dt. Singspiel hat er in der »Entführung aus dem Serail« und der »Zauberflöte« zur Oper weiterentwickelt.

Die Kirchenmusik schließt an die österr. und speziell die salzburg. Tradition (M. Haydn) an. M. verknüpft die dort angelegte strenge Kontrapunktik in der Führung des Chores mit den Arieneinlagen und nummernartigen Gliederungen der Neapolitan. Schule.

In M.s Geburtshaus in Salzburg wurde 1841 von dem Verein Mozarteum ein M.-Museum eingerichtet; 1880 trat an die Stelle des alten Vereins die **Internat. Stiftung Mozarteum,** die eine Musikakademie unterhält, Konzerte veranstaltet (Musikverein) und seit 1880 Jahresberichte herausgibt. M.s Leben und Werk sind häufig literarisch behandelt worden: »Don Juan«, Novelle von E. T. A. Hoffmann (1812); »M. auf der Reise nach Prag«, Novelle von E. Mörike (1855).

Werke: Vokalmusik: 24 Bühnenwerke, darunter die fünf Meisterwerke: Die Entführung aus dem Serail (1782); Die Hochzeit des Figaro (1786); Don Giovanni (1787); Così fan tutte (1790); Die Zauberflöte (1791); ferner (Auswahl): Bastien und Bastienne (1768); Die Gärtnerin aus Liebe (1775); Idomeneo (1781); Titus (1791). – *Kirchenmusik:* 19 Messen (darunter »Krönungsmesse«, »c-Moll-Messe«); Requiem (1791, von seinem Schüler F. X. Süßmayr vollendet); Lieder, Kanons. – *Orchesterwerke:* über 50 Sinfonien, darunter die in Es-Dur, KV 543 (1788), g-Moll, KV 550 (1788) und die in C-Dur (»Jupiter-Sinfonie«, KV 551, 1788); Kassationen, Divertimenti und Serenaden, darunter die »Haffner-Serenade« (1776) und »Eine kleine Nachtmusik« (1787); ferner Märsche, Tänze, Trauermusik. – *Instrumentalkonzerte:* 5 für Violine, 21 für Klavier u. a. – *Kammermusik:* 36 Sonaten für Violine und Klavier, Klaviertrios; 2 Klavierquartette, Klavierquintett Es-Dur; Streichquartette und Quartette mit einem Blasinstrument; Duos für Streicher oder Bläser; Streichquintette. – *Klavierwerke:* u. a. 19 Sonaten, Rondos, Fantasien, Variationen, Klaviermusik zu vier Händen und für zwei Klaviere. – Im Köchelverzeichnis sind M.s sämtl. Werke verzeichnet.

mp, *Musik:* Abk. für **m**ezzo**p**iano, ↗ mezzo.

MP [ɛmˈpiː, engl.], Abk. für **M**aschinen**p**istole (↗ Maschinenwaffen).

MP3 [Kurzbez. für MPEG 1 Audio Layer 3], Verfahren der ↗ Datenkompression, bei dem Audiodateien auf etwa ein Zehntel ihrer urspr. Größe verkleinert werden. Dadurch lassen sich Platz sparend viele solcher Dateien auf der Festplatte eines Computers oder der Speicherkarte eines **MP3-Players** speichern. Die Tonqualität einer MP3-Datei lässt sich verändern. Je höher die Bitrate beim Komprimieren ist, desto mehr nähert sich der Klang dem Original an. Häufig wird eine Bitrate von 128 Kbit/s verwendet, bei der kaum Unterschiede zw. Original und Kopie zu hören sind. MP3-Dateien erhält man auf zwei Wegen: Man lädt sie direkt aus dem Internet (weit verbreitet, aber nicht immer legal), wobei einem Musiktitel von etwa 4 min Länge ca. 4 Megabyte entsprechen, oder man stellt sie selbst her. Dazu legt man eine Audio-CD in das Laufwerk des Computers und kopiert die gewünschten Titel mittels eines Hilfsprogramms auf die Festplatte. In einem zweiten Schritt werden die Titel zu einer MP3-Datei komprimiert.

m. p., Abk. für ↗ **m**anu **p**ropria.

M. P. [ɛmˈpiː, engl.], Abk. für ↗ **M**ilitary **P**olice (»Militärpolizei«).

MPEG [Abk. für engl. **m**oving **p**icture **e**xperts **g**roup], ↗ Datenkompression.

MPG, Abk. für ↗ **M**ax-**P**lanck-**G**esellschaft zur Förderung der Wissenschaften e. V.

MPLA, Abk. für ↗ **M**ovimento **P**opular de **L**ibertação de **A**ngola.

Mpumalanga, Prov. im NO der Rep. Südafrika, 79 490 km², 3,043 Mio. Ew.; Hptst. ist Nelspruit. M. entstand durch Vereinigung des O der früheren Prov. Transvaal mit den Homelands KwaNdebele und KwaNgwane.

Mr., Abk. für engl. **M**iste**r**, frz. **M**onsieu**r**, in Österreich auch für **M**agiste**r**.

Mrągowo [mrɔŋˈgovo] (dt. Sensburg), Krst. in der Wwschaft Ermland-Masuren, Polen, auf der masur. Seenplatte, 22 000 Ew.; Erholungsort; Holz-, Nahrungsmittelindustrie.

MRAM [Abk. für engl. **m**agnetic **r**andom **a**ccess **m**emory, »Magnetspeicher mit wahlfreiem Zugriff«], in der Entwicklung befindl. Speicherchip, der Informationen durch Magnetisierung speichert. Die Informationen »0« und »1« werden durch die Ausrichtung von Magnetpaaren dargestellt. Jede Speicherzelle besteht aus zwei dünnen ferromagnet. Schichten, die durch eine Isolationsschicht getrennt sind. Beim Speichern und Lesen wird ein Tunnelstrom zw. Magnetfeldern unterschiedl. Ausrichtung erzeugt. MRAMs benötigen keine permanente Stromzufuhr, um Daten zu sichern; sie sind nicht flüchtige Speicher.

MRCA [Abk. für engl. **M**ulti **R**ole **C**ombat **A**ircraft], ein Mehrzweckkampfflugzeug, ↗ Tornado.

Mrd., Abk. für **M**illia**rd**e.

Mrożek [ˈmrɔʒɛk], Sławomir, poln. Schriftsteller, * Borzęcin (bei Krakau) 26. 6. 1930; lebte seit 1968 in Paris, später in Mexiko, seit 1996 wieder in Polen; stellt mit Mitteln des absurden Theaters die aussichtslose Lage des Individuums in totalitären Systemen dar; schrieb Erzählungen (»Der Elefant«, 1957; »Hochzeit in Atomweiler«, 1959; »Das Pferd«, 1991), Dramen (»Die Polizei«, 1958; »Tango«, 1964; »Die Propheten«, 1968; »Emigranten«, 1974; »Porträt«, 1987; »Liebe auf der Krim«, 1994) und Satiren (»Zabawa. Satire in lustloser Zeit«, 1992, dt. Auswahl).

Mrs., Abk. für engl. **M**iste**rs**.

ms, Einheitenzeichen für die Zeiteinheit Millisekunde, 1 ms = 0,001 s (↗ Sekunde).

MS, Abk. für **m**ultiple **S**klerose.

m. s., *Musik:* Abk. für die Vortragsbezeichnung **m**ano **s**inistra »mit der linken Hand (zu spielen)«.

M. S., in den USA Abk. für den akadem. Grad **M**aster of **S**cience, in Großbritannien **M. Sc.** (↗ Master).

M-Schale, die zur Hauptquantenzahl $n = 3$ gehörende Hauptschale der ↗ Atome, die max. 18 Elektronen aufnehmen kann.

Mschatta [arab. »Winterlager«], Ruine eines unvollendeten omaijad. Wüstenschlosses in Jordanien, südöstlich von Amman; wahrscheinlich unter dem Kalifen al-Walid II. (743/744) erbaut.

MS-DOS [Abk. für engl. **m**icro**s**oft **d**isc **o**perating **s**ystem], Betriebssystem für Mikrocomputer, v. a. Personalcomputer, die über einen 16-Bit-Prozessor verfügen; 1979 von der Firma Seattle Computer Products entwickelt; die Rechte kaufte 1981 die Firma Microsoft. Seit dem Einsatz von MS-DOS durch IBM (unter der Bez. PC-DOS) erlangte das System weite Verbreitung und wurde zu einem Quasistandard. MS-DOS gestattet nur Einprogrammbetrieb und kann sowohl im Dialog- als auch im Stapelbetrieb verwendet werden. Außer dem Eingabe-Ausgabe-System sind alle seine übrigen Teile (Dateiverwaltung, Kommandointerpreter, Systemprogramme) hardwareunabhängig. Der Trend zu graf. Benutzeroberflächen hat das Betriebssystem stark zurückgedrängt.

Msgr., Abk. für **M**on**s**igno**r**e.

MSH, Abk. für ↗**M**elanozyten **s**timulierendes **H**ormon.

Mt, **1)** chem. Symbol für ↗ Meitnerium.
2) Einheitenzeichen für Megatonne, 1 Mt = 10^6 t (↗ Tonne).

MTB, Abk. für **M**ethyl-**t**ert.-**b**utyläther.

MTU Friedrichshafen GmbH, Maschinenbauunternehmen; gegr. 1969, Sitz: Friedrichshafen; Tochtergesellschaft der ↗ DaimlerChrysler AG.

MTU Motoren- und Turbinen-Union München GmbH, Tochtergesellschaft der ↗ Daimler-Chrysler AG, gegr. 1934, firmiert seit 2000 als **MTU Aero Engines GmbH,** Sitz: München.

Mtwara [əmˈtwɑːrɑː], Regionshauptstadt in SO-Tansania, am Ind. Ozean, mit dem westl. Nachbarort **Mikindani** 48 500 Ew.; kath. Bischofssitz; chem. Industrie, Sägewerke; Überseehafen, Flugplatz.

Mubarak, Mohammed Hosni, ägypt. Offizier und Politiker, *Kafr al-Musailaha (Prov. Menufija) 4. 5. 1928; 1972–75 Oberbefehlshaber der Luftwaffe, seit 1975 Luftmarschall, 1975–81 Vizepräs., wurde nach der Ermordung Präs. A. as-Sadats (Okt. 1981) dessen Nachfolger (1987, 1993 und 1999 durch Volksabstimmung im Präsidentenamt bestätigt). Seit 1982 ist er auch Vors. der Nationaldemokrat. Partei. Innenpolitisch sieht er sich mit einem wachsenden islam. Fundamentalismus konfrontiert. Er unterstützt außenpolitisch die friedenspolit. Bemühungen um Nahostkonflikt.

Mucha, 1) Alfons, tschech. Maler und Grafiker, *Eibenschitz (heute Ivančice, bei Brünn) 24. 7. 1860, †Prag 14. 7. 1939; seit 1888 in Paris, wo er durch seine Plakate für Sarah Bernhardt berühmt wurde; gleichzeitig entwarf er Buchschmuck, kunsthandwerkl. Gegenstände, Innendekorationen im Jugendstil. (Bild ↗ Jugendstil).
2) Reinhard, Plastiker, Konzept- und Fotokünstler, *Düsseldorf 19. 2. 1950; konstruiert in Rauminstallationen, Objektanordnungen und Fotoserien ein materiell-ideelles Bezugssystem. Seine scheinbar zufälligen Dingpräsentationen sind grundsätzlich auf traditionelle skulpturale Prinzipien und Motive bezogen.

Muche, Georg, Maler, *Querfurt 8. 5. 1895, †Lindau (Bodensee) 26. 3. 1987; Lehrer am Bauhaus, malte abstrakte, dann sich dem Surrealismus nähernde Kompositionen mit pflanzlich-organ. Formen. Ab 1965 befasste er sich mit einer druckgraf. Technik, der »Varioklischographie«.

Mücheln (Geiseltal), Stadt im Landkreis Merseburg-Querfurt, Sa.-Anh., 7100 Ew.; Chemieanlagenbau; ehem. Braunkohlenzentrum im ↗Geiseltal. – Rathaus (1571), got. Stadtkirche St. Jacobi (14./15.Jh.), Wasserschloss (1924 im Neobarock unter Verwendung von Bauteilen aus dem 15./16. Jh. errichtet). – 1350 erhielt M. Stadtrecht.

Muchina, Wera Ignatjewna, lett. Bildhauerin, *Riga 19. 6. 1889, †Moskau 6. 10. 1953. Mit ihren monumentalen Denkmälern und Porträtplastiken gehörte sie zu den bedeutendsten Vertretern des sozialist. Realismus (»Arbeiter und Kolchosbäuerin« für die Pariser Weltausstellung 1937).

Mucine [lat. mucus »Schleim«] (Muzine), Sammelbez. für die viskosen, von besonderen Schleimzellen abgesonderten Schleimstoffe (Glykoproteine, Mucoproteine, Mucopolysaccharide); haben Schutzfunktion für die Schleimhäute, wirken als Gleitmittel (u. a. im Darmsaft und Speichel).

Mucius (Gaius M. Cordus Scaevola), der sagenhafte Stammvater des plebejischen Geschlechts der Mucier in Rom. Als der Etruskerkönig Porsenna Rom belagerte, soll M., bei einem Mordanschlag auf diesen gefangen genommen, zum Zeichen seiner Furchtlosigkeit seine rechte Hand im Altarfeuer verbrannt haben; er erreichte damit den Abbruch der Belagerung.

Muck, Carl, Dirigent, *Darmstadt 22. 10. 1859, †Stuttgart 3. 3. 1940; galt als bedeutendster Wagner-Dirigent seiner Zeit.

Mücken (Nematocera), weltweit verbreitete Unterordnung der Zweiflügler; zart gebaut, mit langen dünnen Beinen und vielgliedrigen Fühlern. Wichtige Familien sind Haar-M., Dung-M., Pilz-M., Trauer-M., Gall-M., Schmetterlings-M., Netz-M., Stech-M., Gnitzen, Zuck-M., Kriebel-M. und Schnaken. Die Larven haben meist einen gut ausgebildeten Kopf und leben im Wasser oder in feuchtem Substrat. Die Vollinsekten ernähren sich teils von Pflanzensäften, teils räuberisch, bes. aber Blut saugend. – Während Schäden an Pflanzen durch Pflanzen fressende Larven gering sind, ist die hygien. Bedeutung Blut saugender Arten derart groß, dass die **M.-Bekämpfung** unumgänglich ist. Seit dem Altertum wird die Entwässerung verseuchter Sumpfgebiete zur Vernichtung der Brutplätze betrieben. In Ländern, die unter von M. übertragenen Krankheiten stark zu leiden haben, war der Großeinsatz chlorierter Kohlenwasserstoffe (DDT) zunächst erfolgreich; wegen sich ausbreitender Resistenz und bedenkl. Umweltbelastung infolge von ↗Persistenz verfügten viele Länder Anwendungsverbote. An neueren Insektiziden kommen v. a. Pyrethroide zum Einsatz. Zur biolog. M.-Bekämpfung werden gegen Larven zunehmend insektenpathogene Bakterien verwendet. Abweisenden Effekt gegen Blutsauger, Gelbfieber- und Malaria-M. eingeschlossen, besitzen Präparate mit Dimethylphthalat und Äthylbutylpropandiol.

Mucopolysaccharide (Mukopolysaccharide), im tier. und menschl. Bindegewebe enthaltene Polysaccharide, die eine wichtige Rolle als Stütz-, Schutz- und Gleitsubstanzen spielen (z. B. Hyaluronidase) oder an der Blutgerinnung beteiligt sind (Heparin).

Mudanjiang [-dʒjaŋ] (Mutankiang), chines. Stadt in der Prov. Heilongjiang, 571 700 Ew.; Holzind., Reifenfabrik, Eisen- und Stahlind.; Eisenbahnknotenpunkt an der Bahnlinie Harbin–Wladiwostok.

Mudd [niederdt. zu Moder], graues bis schwärzl., sehr feinkörniges, kalkarmes Sediment am Grund von Meeresgewässern, reich an organ. Stoffen (Halbfaulschlamm).

Mudde [zu Mudd], Oberbegriff für die limn. Sedimente Gyttja, Dy und Faulschlamm.

Mohammed Hosni Mubarak

Mudéjarstil [muˈðεxar-, span.-arab.], nach den Mudejaren (arab. Künstler und Handwerker) benannter Bau- und Dekorationsstil in Spanien (Ende 12.–15. Jh.), eine Verbindung von maur. und got. Formengut. Characterist. Merkmale: hufeisenförmige Bögen und sehr reicher und ornamentaler Stuck-, Holz- und Majolikaschmuck.

Otto Mueller: Zigeunerliebespaar (1919; Leipzig, Museum der bildenden Künste)

Mudge [mʌdʒ], Dirk Frederik, Politiker in Namibia, *Otjiwarongo 16. 1. 1928; Farmer, einer der Führer der »Demokrat. Turnhallenallianz«, 1980–83 Vors. des (international nicht anerkannten) Ministerrats, führte nach der Entlassung Namibias in die Unabhängigkeit (1990) die Opposition im Parlament.

Müdigkeit, ↗ Ermüdung.

Mudjahedin [mudʒa-] (Mudjaheddin), ↗ Mudschaheddin.

Mudra [Sanskrit »Siegel«, »Zeichen«] die, magisch-symbol. Hand- und Fingerstellung in buddhist. und hinduist. Kulten und ind. Tänzen.

Mudschaheddin [mudʒa-] (Mudjaheddin, Mudjahedin), allg. Bez. für islam. Glaubenskämpfer im hl. Krieg (↗ Djihad). – In Afghanistan organisierten M. den muslimisch-antikommunist. Widerstand gegen die von der UdSSR nach ihrem Einmarsch (1979) eingesetzte Reg., bes. mit militär. Aktionen von Pakistan aus. Nach Abzug der sowjet. Truppen 1989 bildeten die politisch uneinigen M. im pakistan. Peshawar eine Exilregierung. Im April 1992 übernahmen sie die Macht in Kabul; die kurz danach ausbrechenden Kämpfe zw. rivalisierenden M.-Gruppierungen führten zur Zersplitterung des Landes in versch., von Militärführern beherrschte Territorien. Im Sept. 1996 wurde die in Kabul sitzende M.-Führung durch die ↗ Taliban vertrieben, die 1994 in den afghan. Bürgerkrieg eingegriffen und fast das ganze Land unter ihre Kontrolle gebracht hatten. Ein Teil der M. flüchtete in Nachbarländer. Die in Afghanistan verbliebenen (überwiegend aus der tadschik. und usbek. Minderheit stammenden) M., die sich in der »Nordallianz« unter der polit. Führung von Burhanuddin Rabbani (Interimspräs. bis Ende 2001) und dem militär. Oberkommando von Ahmed Schah Massud organisierten, versuchten die Gebiete nördlich von Kabul zu behaupten; sie wurden jedoch durch die jahrelangen Kämpfe mit den Taliban geschwächt (im Sept. 2001 Ermordung Massuds). Zu Beginn der amerikan. Militäraktion in Afghanistan (Okt. 2001) schloss sich die »Nordallianz« der Antiterrorkoalition an; von Russland mit Waffen beliefert und von den USA direkt unterstützt, konnte sie in einer Offensive bis Anfang Dez. 2001 die Taliban verdrängen (am 13. 11. 2001 Einnahme von Kabul) und beteiligte sich an der Bekämpfung des in Afghanistan operierenden Terrornetzwerkes von Osama Bin Laden. Nach dem Sturz des Talibanregimes übernahmen Vertreter der zur »Nordallianz« gehörenden M. eine wichtige Rolle in den afghan. Interimsregierungen; allerdings kam es bereits ab Jan. 2002 wieder zu neuen Spannungen zw. einzelnen Gruppierungen. (↗ Volksmudschaheddin)

Muehl [myːl], Otto, österr. Aktionskünstler, *Grodnau (heute bei Mariasdorf, Burgenland) 16. 6. 1925; Hauptvertreter des Wiener Aktionismus; bekannt durch happeningartige Materialaktionen zur Symbolik von Geburt, Leben, Sexualität und Tod.

Mueller [ˈmyː-], Otto, Maler und Grafiker, *Liebau in Schlesien (heute Lubawka) 16. 10. 1874, †Breslau 24. 9. 1930; gehörte seit 1910 zur Künstlergemeinschaft ↗ Brücke und war seit 1919 Lehrer an der Breslauer Akademie. Zigeuner sind das bevorzugte Motiv seiner Gemälde, Zeichnungen und Lithographien (u. a. Zigeunermappe, 1927).

Mueller-Stahl [ˈmyː-], Armin, Bühnen- und Filmschauspieler, *Tilsit 17. 12. 1930; spielte in den 1950er-Jahren in der DDR Theaterrollen (Berlin), seit den 1960er-Jahren auch Filmrollen (»Jakob der Lügner«, 1975); ebenso nach seiner Ausreise in die Bundesrep. Dtl. 1980; seit den 1980er-Jahren auch in Hollywood erfolgreich (»Music Box«, 1987; »Night on Earth«, 1991). 2001 spielte er die Rolle des Thomas Mann im dt. Fernsehmehrteiler »Die Manns – Ein Jahrhundertroman«.

Armin Mueller-Stahl

Muezzin der, der islam. Gebetsrufer, der die Muslime fünfmal täglich vom ↗ Minarett herab zum Gebet auffordert (heute oft durch Tonband und Lautsprecher ersetzt).

Muff [mittellat. muffala »Pelzhandschuh«], röhren- oder taschenförmige Hülle, in die die Hände zum Wärmen gesteckt werden; entstanden Ende des 16. Jh. (aus pelzverbrämten Ärmelstulpen); Ende des 17. Jh. auch von Herren verwendet.

Muffe [von Muff], *Technik:* kurzes Rohrstück, oft mit Innengewinde, das zwei Maschinenteile oder Rohre (Rohr-M.) miteinander verbindet; auch eine Garnitur zum Schutz von Verbindungsstellen zw. Kabeln (Kabel-M.) und Leitungen gegen Feuchtigkeit und Beschädigungen.

Muffel, *Technik:* luftdicht verschließbares, längl. Reaktionsgefäß aus feuerfestem Material, z. B. Schamotte oder Siliciumcarbid, zum Glühen, Brennen, Schmelzen oder Härten von Substanzen. Die M. werden in sog. **M.-Öfen** von außen beheizt, sodass die Heizgase mit den reagierenden Produkten nicht in Berührung kommen.

Muffel, Bez. für das Maul mancher Haustiere (z. B. Schaf, Ziege) und für die Nase des Wildes (bes. des Elchwildes).

Muffelwild (Mufflon), ein Wildschaf (↗ Schafe).

Mufti [arab. »Entscheider«] der, Rechtsgelehrter des Islam, der in Fragen des religiös begründeten

Rechts (↗Scharia) berät und Rechtsgutachten (↗Fetwa) abgibt.

Mufulira, Stadt im Kupfergürtel von Sambia, 1 350 m ü. M., 175 000 Ew.; Kupfermine und -hütte; Bahnstation.

Mugabe, Robert Gabriel, Politiker in Simbabwe, * Kutoma (bei Harare) 21. 2. 1924; Lehrer; beteiligte sich führend am Aufbau schwarzafrikan. Befreiungsbewegungen; 1964–74 in Haft; wurde 1963 Gen.-Sekr., 1974 Präs. der Afrikan. Nationalunion von Simbabwe (ZANU); gründete mit J. Nkomo im Kampf gegen das weiße Minderheitsregime die »Patriot. Front« (PF). 1979 nahm er an der Konferenz in London teil, die die Unabhängigkeit Rhodesiens (Simbabwe) beschloss. 1980 wurde er Premiermin. von Simbabwe. Nach der Einführung des Präsidialsystems übernahm er 1987 das Amt des Staatspräs. (durch Wahlen 1990 und 1996 sowie nach seinem umstrittenen Wahlsieg 2002 bestätigt).

Müggelberge, Reste einer eiszeitl. Endmoräne im SO von Berlin, bis 115 m ü. M.; im N vorgelagert der **Große Müggelsee** (7,4 km² Wasserfläche, bis 8 m tief), der wahrscheinlich durch Toteis entstand.

Mugler [myˈglɛːr], Thierry, frz. Designer, * Straßburg 1948; eröffnete 1974 in Paris ein Prêt-à-porter-Atelier; betont erotisch-femininer Stil, z. T. mit aggressiven, z. T. mit theatral. Akzenten; auch Parfüm.

Muḥammad Ali, 1) [engl. məˈhæməd ˈæli], bis 1965 Cassius Clay, amerikan. Boxer, * Louisville (Ky.) 17. 1. 1942; 1960 Olympiasieger im Halbschwergewicht, danach Berufsboxer; gewann 1964 die Weltmeisterschaft im Schwergewicht (gegen C. Liston) und verteidigte den Titel danach neunmal erfolgreich; 61 Profikämpfe, 56 Siege. – Seine Tochter Laila Ali (* 1977) hat sich ebenfalls dem Profiboxen zugewandt. Sie ist Weltmeisterin im Supermittelgewicht (14 Kämpfe, 14 Siege).

2) Statthalter von Ägypten, ↗Mehmed Ali.

Mühe, Ulrich, Schauspieler, * Grimma 20. 6. 1953; Engagements in Karl-Marx-Stadt, 1983–93 am Dt. Theater Berlin, danach als Gast an versch. Bühnen; auch Film- und Fernsehrollen, u. a. »Hälfte des Lebens« (1984), »Das Spinnennetz« (1989), »Das tödliche Auge« (2 Tle., 1993), »Peanuts« (1995), »Straight Shooter« (1999).

Mühl|acker, Industriestadt im Enzkreis, Große Kreisstadt, Bad.-Württ., an der Enz, 25 600 Ew.; Großsenderanlage des Süddt. Rundfunks; Maschinenbau, Elektronik-, Feinmechanik-, opt., Kunststoff- u. a. Industrie. – M. wurde 1292, der rechts der Enz gelegene heutige Stadtteil **Dürrmenz** im 8. Jh. erstmals urkundlich erwähnt; 1930 Stadt.

Mühlberg/Elbe, Stadt im Landkreis Elbe-Elster, Brandenburg, in der Elbniederung, 2 800 Ew.; Kieswerk, Holzverarbeitung; Elbhafen. – In der **Schlacht bei Mühlberg** wurde am 24. 4. 1547 im Schmalkald. Krieg der sächs. Kurfürst Johann Friedrich I. von Kaiser Karl V. gefangen genommen.

Mühldorf a. Inn, 1) Landkr. im RegBez. Oberbayern, 805 km², 108 500 Einwohner.

2) Krst. von 1) in Bayern, am unteren Inn, 17 200 Ew.; Museum; Maschinenbau, Holz verarbeitende, Ind., Orgelbau, Herstellung elektron. Bauteile. – Barocke Stadtpfarrkirche (18. Jh.) mit spätgot. Chor (15. Jh.) und roman. Turm; Bürgerhäuser. – 1322 siegte bei M. a. I. König Ludwig IV., der Bayer, über den Gegenkönig Friedrich den Schönen.

Mühle, 1) Brettspiel zw. zwei Spielern, von denen jeder abwechselnd einen von je neun schwarzen oder weißen Steinen auf ein mit Punkten versehenes Liniensystem setzen und dabei versuchen muss, eine Figur (M.) aus drei nebeneinander liegenden Steinen zu bilden (bei Gelingen wird dem Gegner jedes Mal ein Stein weggenommen). Bes. vorteilhaft ist eine **Zwickmühle,** eine Doppel-M., bei der durch das Öffnen einer M. eine zweite geschlossen wird. Verlierer ist, wer nur noch zwei Steine besitzt oder von den gegner. Steinen eingeschlossen ist.

2) *Technik:* Maschine zum Mittel- (Grieß-) und Feinmahlen, bei der das Mahlgut durch Druck-, Schlag-, Prall- oder Scherbeanspruchung zerkleinert wird. Die **Walzen-M.** arbeitet mit zwei sich gegenläufig drehenden zylindr. Walzen. **Scher-M.** beanspruchen das Mahlgut scherend zw. einer fest stehenden, meist radial gerippten und einer ähnlich ausgebildeten, um eine Achse rotierenden Mahlfläche. Hierzu gehören die **Glocken-M.** (bei der sich ein Mahlkegel in einem glockenförmigen Hohlkegel dreht) und die **Scheiben-M.** (das Mahlgut wird im Spalt zw. zwei radial gerippten Scheiben, von denen eine fest steht und die andere angetrieben wird, zerrieben). **Schlag-M.** zerkleinern das Gut mithilfe von Schlagkörpern (Schlagwerke). Bei **Prall-M.** wird das Mahlgut von Rotoren gegen fest stehende Prallplatten oder sich gegenläufig zu den Rotoren drehende Prallscheiben (**Prallteller-M.**) geschleudert, bei **Luftstrahl-M.** in einem Gas- oder Luftstrom auf über 300 m/s beschleunigt. **Trommel-M.** zerkleinern das Mahlgut in rotierenden (auch schwingenden) Mahltrommeln. – Nach der Antriebsart lassen sich die M. in Wasser-M., Wind-M. und elektrisch betriebene M. einteilen. Die Bez. M. wird auch für Anlagen verwendet, die zum Zerkleinern (Schneide-M., Säge-M.), Auspressen (Öl-M.) o. Ä. dienen. – Die Gewinnung mehlartiger Erzeugnisse, bes. von Mehl aus Getreidekörnern durch Zerkleinern der Ausgangsstoffe (**Müllerei**), erfolgt in meist elektrisch betriebenen M. Die Aufbereitung des Getreides im M.-Betrieb umfasst die Getreidereinigung, das Konditionieren (Entzug oder Zugabe von Wasser bis zu dem für die Vermahlung optimalen Gutfeuchtegehalt), die Vermahlung und u. U. das Mischen des gemahlenen Gutes, um einheitl. Mehltypen zu erhalten. Bei der Vermahlung sind zw. den Walzenstühlen Sichtmaschinen angeordnet, die die gemahlenen Erzeugnisse in ihre Bestandteile (z. B. Schrot, Grieß, versch. Mehlsorten) trennen.

Wirtschaftliches: Nach der Geschäftsart gibt es heute fast ausnahmslos Handels-M., die Getreide kaufen, vermahlen und die Mahlerzeugnisse verkaufen. Derzeit (2002) arbeiten in Dtl. rd. 800 M., von denen 361 mit einer Vermahlung von mindestens 500 t im Jahr meldepflichtig sind. Mit einer Vermahlung von rd. 7,2 Mio. t Weizen und Roggen ist die Müllerei ein wichtiger Partner der Landwirtschaft. Etwa $^1/_3$ der Weizen- und $^1/_4$ der Roggenernte wird zu Mehl veredelt. Der Pro-Kopf-Verbrauch an Mahlerzeugnissen liegt in Dtl. bei 63 kg, davon entfallen 53 kg auf Weizen- und 10 kg auf Roggenmehle. – Dachorganisation der M. ist seit 1998 der Verband Dt. Mühlen (VDM) in Bonn.

Geschichte: Wasser-M. waren schon bei den Römern im 1. Jh. v. Chr. bekannt; vereinzelt sind sie seit dem 3. Jh. n. Chr. nördlich der Alpen nachweisbar; ihre Ausbreitung beginnt jedoch erst im 11./12. Jh. Wahrscheinlich über die Araber und die Kreuzfahrer gelangte die Wind-M. mit senkrechter Flügelachse von Persien aus in den Westen; die Wind-M. mit waagerechter Flügelachse wurden im 12./13. Jh. in Europa entwickelt. Die erste Dampf-M. in London (1784) markierte den Übergang zur modernen Mühlentechnik.

Robert Gabriel Mugabe

Muhammad Ali

Ulrich Mühe

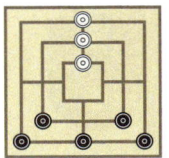

Mühle 1): Spielbrett mit Zwickmühle (schwarze Steine) und Mühle

Mühlhausen/
Thüringen
Stadtwappen

Erich Mühsam

Mujibur Rahman

Mülheim
an der Ruhr
Stadtwappen

Mühlhausen/Thüringen, Krst. des Unstrut-Hainich-Kreises, Thür., an der oberen Unstrut, 39 200 Ew.; Thomas-Müntzer- (in der Marienkirche), Bauernkriegs-Gedenkstätte (in der Kornmarktkirche), Heimatmuseum; Herstellung von Steuerungstechnik für Motoren; Lebensmittelindustrie, Strickwarenherstellung. – Gut erhaltener mittelalterl. Altstadtkern: Stadtbefestigung, Bürgerhäuser aus dem MA. und der Renaissance; got. Pfarrkirchen St. Blasius (um 1240 bis um 1350) und St. Marien (1317 bis 1380 auf Vorgängerbauten); Kornmarktkirche (13.–15. Jh.); Rathaus (um 1300, erweitert um 1350). – 967 erstmals erwähnt und 1135 als »villa« bezeichnet, 1180–1802 freie Reichsstadt, ab 1430 Mitgl. der Hanse; 1802/03 an Preußen.

Mühlheim am Main, Stadt im Landkr. Offenbach, Hessen, 26 100 Ew.; Polizeischule, Museum; Leder-, Metall-, Elektro- u. a. Ind. – 815 erstmals genannt, 1939 Stadt.

Mühlviertel, stark zertaltes Granit- und Gneisbergland nördlich der Donau, Oberösterreich, 500–800 m ü. M., im NW zum Böhmerwald ansteigend, benannt nach den Donauzuflüssen **Große Mühl** (54 km lang) und **Kleine Mühl** (32 km lang); reich an Burgen und Schlössern; Fremdenverkehr; Landwirtschaft.

Mühsam, Erich, Politiker und Schriftsteller, *Berlin 6. 4. 1878, †(ermordet) KZ Oranienburg 10. 7. 1934; schrieb satir., von radikalanarchist. Gesinnung erfüllte Balladen, Dramen und Essays sowie die zeitgeschichtlich bed. Autobiografie »Namen und Menschen. Unpolit. Erinnerungen« (hg. 1949); war 1919 Mitgl. der Münchner Räteregierung.

Muhu (dt. und schwed. Moon), waldlose, zu Estland gehörende Ostseeinsel, aus Kalkgestein und Dolomit aufgebaut, bis 24 m ü. M., 204 km², etwa 2 500 Ew.; schließt mit der Insel Saaremaa (mit der M. durch einen 4 km langen Damm verbunden ist) den Rigaischen Meerbusen nach N ab.

Muisca (Chibcha), Indianer aus der Sprachgruppe der Chibcha in den Kordilleren O-Kolumbiens und einiger Länder Zentralamerikas, die in vorspan. Zeit unter der Herrschaft unabhängiger Fürsten ein bed. Reich mit einer Hochkultur geschaffen hatten (hervorragende Goldverarbeitung, Keramik).

Mujibur Rahman [muˈdʒibur raxˈman], Scheich, Politiker in Bangladesh, *Tungipura 17. 3. 1920, †(ermordet) Dhaka 15. 8. 1975; ab 1966 Präs. der Awami-Liga, proklamierte im März 1971 Ostpakistan zum unabhängigen Staat Bangladesh. Nachdem Indien im Krieg mit Pakistan (Dez. 1971) die Errichtung einer souveränen Rep. Bangladesh durchgesetzt hatte, übernahm M. R. 1972 die Reg.gewalt. 1975 wurde er Staatspräs. (mit diktator. Vollmachten ausgestattet); im Aug. 1975 durch einen Militärputsch gestürzt.

Mukařovský [ˈmukarʒofski:], Jan, tschech. Literaturtheoretiker, *Písek 11. 11. 1891, †Prag 8. 2. 1975; bedeutendster Vertreter des tschech. Strukturalismus, Mitbegründer der / Prager Schule.

Mukatschewo (ukrain. Mukatschewe, tschech. Mukačevo, ungar. Munkács), Stadt in der Ukraine, am SW-Rand der Waldkarpaten, etwa 85 000 Ew.; Maschinen-, Gerätebau, Möbel-, Textil-, Nahrungsmittelindustrie. – Ende des 12. Jh. erstmals erwähnt, gehörte M. bis 1240 zum Kiewer Reich. Danach in wechselndem Besitz; im 14. Jh. kam es zu Ungarn, gehörte 1918–38 zur Tschechoslowakei, bis 1945 wieder zu Ungarn.

Mukden, früherer Name der chines. Stadt / Shenyang.

Muko|viszidose [lat.] *die* (Mucovisidose, zyst. Fibrose), rezessiv erbl. Stoffwechselkrankheit (Gendefekt am Chromosom 7) mit Störung der Absonderung von Drüsensekreten der Bauchspeicheldrüse, der Darm- und Bronchialschleimhaut. M. gehört zu den häufigsten angeborenen Stoffwechselstörungen. In Europa liegt die Häufigkeit bei 1:2000 Neugeborenen. Bei betroffener Bauchspeicheldrüse kommt es zur chron. Entzündung **(zyst. Pankreasfibrose)** mit Verdauungsstörungen (Fettstuhl), bei betroffenem Bronchialsystem zu Bronchiektasen mit chron. Bronchitis und wiederkehrenden Lungenentzündungen. Wichtig ist die Früherkennung im Neugeborenenalter und eine Langzeitbehandlung. Die Behandlung umfasst v. a. den Ersatz der fehlenden Bauchspeicheldrüsenenzyme, den Ausgleich der Elektrolytverluste, hochkalor., eiweißreiche Diät, Lösung des Bronchialsekrets und Antibiotikagaben zur Verhütung von Atemwegsinfekten sowie Physiotherapie (z. B. Klopfdrainage der betroffenen Lungenabschnitte) und Inhalationsbehandlung. – Selbsthilfeeinrichtung ist die Dt. Gesellschaft zur Bekämpfung der M. (Bonn).

Mukran, Stadtteil von / Sassnitz.

Mulatte [span.] *der,* / Mischling.

Mulch, Bodenbedeckung aus Pflanzenteilen, z. B. Stroh, Torf; schützt vor Austrocknung, unterdrückt den Unkrautwuchs.

Mulde, 1) *Geologie:* die Synklinale (/ Falte).
2) *Geomorphologie:* von sanften Hängen begrenzte, flache längl. oder rundl. Hohlform.

Mulde *die,* linker Nebenfluss der Elbe, entsteht nördlich von Colditz durch Zusammenfluss der **Zwickauer M.** (166 km, entspringt im W-Erzgebirge) und der **Freiberger M.** (124 km, entspringt auf dem Kamm des O-Erzgebirges). Die vereinigte M., ein windungsreicher Flachlandfluss (147 km), mündet bei Roßlau. An der oberen Zwickauer M. die **Eibenstock-Talsperre** (74,7 Mio. m³) und die **Muldenberg-Talsperre** (5,8 Mio. m³), die vereinigte M. durchfließt nahe Bitterfeld das ehem. Tagebaurestloch **Muldenstein** (heute Erholungsgebiet Muldestausee: Fläche 6,5 km², Stauinhalt 15 Mio. m³), benachbart entsteht am Tagebaurestloch **Goitsche** ein weiteres (60 km²).

Muldentalkreis, Landkreis im RegBez. Leipzig, Sachsen, 893 km² und 135 500 Ew.; Krst. ist Grimma.

Muldoon [mʌlˈduːn], Sir Robert David, neuseeländ. Politiker, *Auckland 25. 9. 1921, †ebd. 5. 8. 1992; Mitgl. der Nationalpartei, war 1975–84 Premierminister.

Mulhacén [mulaˈθen], höchster Berg (3 478 m ü. M.) der Iber. Halbinsel, in der Sierra Nevada Andalusiens, Spanien.

Mülhausen (frz. Mulhouse), Stadt im frz. Dép. Haut-Rhin, an der Ill und dem Rhein-Rhône-Kanal, 108 400 Ew., die zweitgrößte Stadt des Elsass; Univ. (gegr. 1970), Textilfachschule; Automobil-, Eisenbahn- u. a. Museen, Zoo, botan. Garten. Textilind., Maschinenbau, Auto-, chem. Ind., Waffenfabrikation, Druckereien, Gerbereien, Nahrungsmittelindustrie. – Renaissancerathaus (1552); Arkadenhäuser des 19. Jh. – M., zuerst 803 genannt, wurde unter den Staufern Ende des 13. Jh. Reichsstadt und war Mitgl. der Dekapolis. Seit 1515 gehörte es als »Zugewandter Ort« der schweizer. Eidgenossenschaft an; schloss sich 1798 Frankreich an, gehörte 1871–1918/19 zum dt. Reichsland Elsass-Lothringen.

Mülheim an der Ruhr, kreisfreie Stadt im Reg.-Bez. Düsseldorf, NRW, im Rheinisch-Westfäl. Ind.gebiet, 172 300 Ew.; Museen, Max-Planck-Inst. für Kohlenforschung und Strahlenchemie, Theater; Stahl- und Maschinenbau, Elektronik- und Elektro-, Leder-, Nahrungsmittel-, Genussmittel- u. a. Ind.; große Hafenanlagen und Großschifffahrtsweg zum

Rhein und zum Rhein-Herne-Kanal. – Im 9. Jh. erstmals erwähnt; wuchs aus mehreren Gem., u. a. Styrum, Saarn, Broich, zusammen; seit 1808 Stadt.

Mülheim-Kärlich, Stadt im Landkr. Mayen-Koblenz, Rheinl.-Pf., im Neuwieder Becken, 10 200 Ew.; keram. Ind., Kernkraftwerk (Inbetriebnahme 1987, nach heftigen polit. und jurist. Auseinandersetzungen seit 1988 außer Betrieb). – Nahebei Tongrube mit altsteinzeitl. Funden.

Muliar, Fritz, österr. Schauspieler, * Wien 12. 12. 1919; Protagonist der Altwiener Volkskomödie, v. a. Nestroyrollen; zunächst Kabarettist; 1974–86 Ensemble-Mitgl. des Burgtheaters; populärer Darsteller des »Schwejk« in der Fernsehserie (1970/72) nach dem Roman von J. Hašek; Meister des jüd. Witzes (»Das Beste aus meiner jüd. Witze- und Anekdotensammlung«, 1974).

Mulisch [ˈmyːliʃ], Harry Kurt Victor, niederländ. Schriftsteller, * Haarlem 29. 7. 1927; schreibt Romane, Dramen, Essays und Lyrik, häufig zu existenziellen Fragen (»Das steinerne Brautbett«, R., 1959; »Die Elemente«, R., 1988; »Die Entdeckung des Himmels«, R., 1992; »Die Prozedur«, 1998).

Mull [engl.], leichtes, feinfädiges Gewebe in Leinwandbindung, meist aus Baumwolle; als Gardinenstoff, in der Medizin als Kompresse, Binde und Tupfer verwendet.

Mull [niederdt. »Staub«, »Müll«], Humusform bei intensivem biolog. Abbau der Pflanzenreste.

Müll, allgemeinsprachlich für feste Abfallstoffe von Haushalten (Haus-M.) und Unternehmen, die in bestimmten Behältern (M.-Tonnen, M.-Container) gesammelt und von der M.-Abfuhr abgeholt werden; nach der Definition des Kreislaufwirtschaftsgesetzes und in der Terminologie der Abfallwirtschaft werden die Bez. ⁄ Abfall und Abfallstoffe verwendet.

Mullah [pers. »Herr«] der (Mulla, türk. Molla), (Ehren-)Titel für einen islam. Rechts- oder Religionslehrer.

Mülldeponie, ⁄ Deponie.

Müllenhoff, Karl, Germanist, * Marne (Kr. Dithmarschen) 8. 9. 1818, † Berlin 19. 2. 1884; 1846 Prof. in Kiel, ab 1858 in Berlin, ab 1864 Mitgl. der Akademie der Wiss.en; beeinflusste die dt. Altertumskunde maßgeblich durch seine quellenkundl. und mytholog. Forschungen und seine »Dt. Altertumskunde« (8 Bde., 1870–1900).

Muller [ˈmʌlə], Hermann Joseph, amerikan. Biologe, * New York 21. 12. 1890, † Indianapolis (Ind.) 5. 4. 1967. Durch Röntgenbestrahlung konnte M. bei Taufliegen künstl. Mutationen auslösen; hierfür erhielt er 1946 den Nobelpreis für Physiologie oder Medizin.

Müller, 1) Adam Heinrich, Ritter von Nittersdorff (seit 1826), Staats- und Gesellschaftstheoretiker, * Berlin 30. 6. 1779, † Wien 17. 1. 1829; seit 1813 in österr. Dienst, 1815–27 Generalkonsul in Leipzig. Publizistisch vertrat er eine romant. Staats- und Gesellschaftslehre. Er wandte sich gegen rationale Gesellschaftsordnungen, Individualismus und die Annahme von Marktgesetzlichkeiten und betonte die organ. Ganzheit von Staat und Wirtschaft; er war ein Anhänger des korporativen Ständestaates und trat wirtschaftspolitisch für den Protektionismus ein.

Werke: Die Lehre von Gegensätzen (1804); Die Elemente der Staatskunst (3 Bde., 1809).

2) Friedrich, gen. Maler M., Maler und Dichter, * Bad Kreuznach 13. 1. 1749, † Rom 23. 4. 1825; kam 1774 nach Mannheim, wurde 1777 Hofmaler; durch Goethes Vermittlung ab 1778 in Rom. Als Maler und Dichter vertrat M. einen sinnlich-derben Realismus; er schrieb Idyllen (»Die Schafschur«, 1775; »Das Nußkernen«, 1811), Gedichte, Dramen.

3) Friedrich Max, brit. Indologe, Sprach- und Religionswissenschaftler dt. Herkunft, * Dessau 6. 12. 1823, † Oxford 28. 10. 1900, Sohn von 20); förderte die Vedaforschung durch seine Ausgabe der »Rig-Veda-Sanhita« (6 Bde., 1849–74); Begründer der vergleichenden Religionswissenschaft.

4) Gebhard, Jurist und Politiker, * Füramoos (heute zu Eberhardzell, Kr. Biberach) 17. 4. 1900, † Stuttgart 7. 8. 1990; 1947–52 Landesvors. der CDU; 1948–52 Staatspräs. von Südwürttemberg-Hohenzollern; 1953–58 MinPräs. von Bad.-Württ.; 1958–71 Präs. des Bundesverfassungsgerichts.

5) Georg Elias, Psychologe, * Grimma 20. 7. 1850, † Göttingen 23. 12. 1934; Mitbegründer der experimentellen Psychologie; schrieb u. a. »Zur Analyse der Gedächtnistätigkeit und des Vorstellungsverlaufes« (3 Tle., 1911–17).

Hermann Joseph Muller

6) Heiner, Schriftsteller, Dramatiker, * Eppendorf (Landkreis Freiberg) 9. 1. 1929, † Berlin 30. 12. 1995; auch Regisseur, 1970–76 Dramaturg, war seit 1992 (mit anderen) Leiter des Berliner Ensembles; 1990–93 Präs. der Akademie der Künste Berlin; einer der am meisten gespielten und am häftigsten diskutierten dt. Dramatiker der 2. Hälfte des 20. Jh. Bereits in seinen frühen, z. T. mit seiner Frau Inge M. (* 1925, † 1966) verfassten, den Lehrstücken B. Brechts orientierten Produktionsstücken (»Der Lohndrücker«, 1957; »Der Bau«, 1965) setzte sich M. kritisch mit Problemen des DDR-Sozialismus auseinander (1961 Ausschluss aus dem Schriftstellerverband, 1988 Wiederaufnahme). Danach griff er häufig klass., antike und mytholog. Stoffe sowie Dramen Shakespeares auf (»Philoktet«, 1965; »Macbeth«, 1972), um eine neue Sicht auf Probleme der Gegenwart zu ermöglichen. In den 1970er-Jahren beschäftigte ihn v. a. das Verhältnis von Staat und Revolution (»Zement«, 1974; »Die Schlacht«, 1975; »Germania Tod in Berlin«, 1977). M. entwickelte eine auf traditionelle Ausdrucksmittel verzichtende Dramaturgie und eine schockierende Bildwelt, die seiner Absage an vernunftorientierte Geschichtsmodelle entspricht (»Hamletmaschine«, 1978; »Wolokolamsker Chaussee I–V«, 1987). M. schrieb auch Lyrik, Erzählungen sowie die Autobiografie »Krieg ohne Schlacht – Leben in zwei Diktaturen« (1992). Er erhielt 1985 den Georg-Büchner-Preis, 1990 den Kleist-Preis.

7) Hermann, Politiker (SPD), * Mannheim 18. 5. 1876, † Berlin 20. 3. 1931; 1916–18 und 1920–31 MdR, 1919/20 Reichsaußenmin., 1920 und 1928–30 Reichskanzler.

Heiner Müller

8) Herta, rumäniendt. Schriftstellerin, * Nitzkydorf (rumän. Niţchidorf, bei Temesvar) 17. 8. 1953; lebt seit 1987 in der Bundesrep. Dtl.; setzte sich in ihren Prosawerken mit dem dörfl. Leben in den deutschsprachigen Enklaven Rumäniens auseinander (»Niederungen«, R., 1982), später mit der Wirklichkeit in Dtl. (»Reisende auf einem Bein«, E., 1989; »Heute wäre ich mir lieber nicht begegnet«, R., 1997); erhielt 1994 den Kleist-Preis. – *Weitere Werke: Romane:* Barfüßiger Februar (1987); Der Fuchs war damals schon der Jäger (1992); Herztier (1994).

9) Johannes, Mathematiker und Astronom, ⁄ Regiomontanus.

10) Johannes von (seit 1791), schweizer. Historiker, * Schaffhausen 3. 1. 1752, † Kassel 29. 5. 1809; preuß. Historiograph (ab 1804), als Anhänger Napoleons I. Generaldirektor des Unterrichtswesens im Königreich Westfalen (1808); Verfasser der »Gesch. der Schweizer. Eidgenossenschaft« (5 Bde., 1786–1808).

Herta Müller

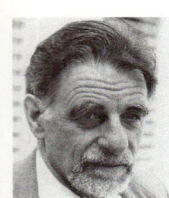
Karl Alex Müller

Wilhelm Müller, Kreidezeichnung von Wilhelm Hensel (1818)

Alfred Müller-Armack

Robert S. Mulliken

11) Johannes Peter, Physiologe und Anatom, * Koblenz 14. 7. 1801, † Berlin 28. 4. 1858; gilt als Begründer der neuzeitl. Physiologie.

12) Josef, Politiker, * Steinwiesen (Kr. Kronach) 27. 3. 1898, † München 12. 9. 1979; vor 1933 in der BVP; ab 1939 in der Abwehrabteilung des OKW, verhandelte als Vertreter der Widerstandsbewegung mit der Kurie und der brit. Reg., 1944 inhaftiert; 1945 Mitbegründer und 1945–49 Vors. der CSU, 1947–49 stellv. MinPräs., 1947–49 und 1950–52 Justizmin. in Bayern.

13) Karl Alex, schweizer. Physiker, * Basel 20. 4. 1927; Prof. am IBM-Forschungslaboratorium in Rüschlikon; Forschungen zur Hochtemperatur-Supraleitung, entdeckte eine bereits bei −238 °C supraleitende keram. Substanz; erhielt dafür mit J. G. Bednorz 1987 den Nobelpreis für Physik.

14) Kerstin, Politikerin (Bündnis 90/Die Grünen), * Siegen 13. 11. 1963; Juristin; seit 1994 MdB und Sprecherin der Bundestagsfraktion ihrer Partei.

15) Ludwig, evang. Theologe, * Gütersloh 23. 6. 1883, † (Selbstmord) Berlin 31. 7. 1945; am 25. 4. 1933 von Hitler zu seinem »Bevollmächtigten« für die Angelegenheiten der evang. Kirche berufen; seit 1933 Reichsbischof der Dt. Evang. Kirche; 1935 durch den Reichskirchenausschuss entmachtet. (/ Evangelische Kirche in Deutschland, Geschichte)

16) Paul Hermann, schweizer. Chemiker, * Olten 12. 1. 1899, † Basel 13. 10. 1965; arbeitete v. a. über Wirkung, Toxizität und Struktur der Chlorkohlenwasserstoffe; er entwickelte 1939 das / DDT und erhielt hierfür 1948 den Nobelpreis für Physiologie oder Medizin.

17) Peter, Politiker (CDU), * Illingen 25. 9. 1955; Jurist; im Saarland ab 1990 MdL, war 1994–99 Fraktionsvors. sowie 1995–99 Landesvors. der CDU; seit Sept. 1999 MinPräs. des Saarlandes.

18) Robert, schweizer. Bildhauer, * Zürich 17. 6. 1920; Schüler von Germaine Richier; sein Werk umfasst Eisen- und Stahlplastiken, die aus konkaven und konvexen Elementen zusammengeschweißt sind; auch Zeichnungen, Collagen.

19) Werner, Politiker (parteilos), * Essen 1. 8. 1946; nach langjähriger Tätigkeit als Manager bei RWE und im Veba-Konzern 1998–2002 Bundeswirtschaftsminister.

20) Wilhelm, Dichter, * Dessau 7. 10. 1794, † ebd. 1. 10. 1827, Vater von 3); schrieb sangbare, meist im Volksliedton gehaltene Lieder (»Im Krug zum grünen Kranze«, »Am Brunnen vor dem Tore«, »Das Wandern ist des Müllers Lust«). Von seinen Liederzyklen wurden »Die schöne Müllerin« und »Die Winterreise« vertont (F. Schubert). Mit den »Liedern der Griechen« (5 Bde., 1821–24) wurde er in Dtl. Hauptvertreter des literar. Philhellenismus (»Griechen-Müller«).

Müller-Armack, Alfred, Volkswirtschaftler und Soziologe, * Essen 28. 6. 1901, † Köln 16. 3. 1978; seit 1940 Prof. in Münster, seit 1950 in Köln, 1952–63 im Bundeswirtschaftsministerium bei L. Erhard tätig, seit 1958 als Staatssekretär; Vertreter der Freiburger Schule, prägte den Begriff / soziale Marktwirtschaft und lieferte dafür theoret. Grundlagen, u. a. in »Studien zur sozialen Marktwirtschaft« (1960), »Genealogie der sozialen Marktwirtschaft« (1974).

Müller-Guttenbrunn, Adam, österr. Schriftsteller, * Guttenbrunn (heute Zăbrani, Banat) 22. 10. 1852, † Wien 5. 1. 1923; ebd. 1892–1903 Theaterleiter; schrieb zahlr. Dramen, Romane (»Der große Schwabenzug«, 1913), Erzählungen, auch Abhandlungen über das österr. Theaterleben; setzte sich für die Rechte der Banater Schwaben ein.

Müller-Schlösser, Hans, Schriftsteller, * Düsseldorf 14. 6. 1884, † ebd. 21. 3. 1956; schrieb rhein. Schnurren und Schwänke; war bes. erfolgreich mit der Komödie »Schneider Wibbel« (1914).

Müller-Siemens, Detlev, Komponist, * Hamburg 30. 7. 1957; studierte bei G. Ligeti und O. Messiaen. Seine Musik, die in Auseinandersetzung mit der Tonalität bewusst an die Tradition anknüpft, ist durch intensive motiv. Arbeit gekennzeichnet; Opern (»Genoveva oder Die weiße Hirschkuh«, 1978; »Die Menschen«, 1990), Orchester-, Kammermusik, Klavier- und Vokalwerke.

Müller-Thurgau (Rivaner), von dem schweizer. Weinbauforscher H. Müller (* 1850, † 1927) aus Thurgau 1882 in Geisenheim aus Riesling und Gutedel oder Riesling und Madeleine royale gezüchtete Rebsorte; liefert süffige, auch blumige, früh reifende Weine; in Dtl. hinter Riesling zweithäufigste Rebsorte.

Müller-Westernhagen, Marius, Schauspieler und Rocksänger, * Düsseldorf 6. 12. 1948; deutschsprachiger Rocksänger; wirkte mit in zahlr. Fernseh- und Kinofilmen (u. a. »Theo gegen den Rest der Welt«, 1980; »Deshima«, 1987).

Müllheim, Stadt im Landkreis Breisgau-Hochschwarzwald, Bad.-Württ., in der Vorbergzone des Schwarzwalds, 16 900 Ew.; Hauptort des Markgräfler Landes (Weinbaugebiet); Metall verarbeitende, Nahrungsmittel-, feinmechan. und opt. sowie Textilind. – 744 erstmals erwähnt, 1810 Stadt.

Mullican [ˈmʌlɪkən], Matt, amerikan. Maler, Plastiker, Fotograf und Konzeptkünstler, * Santa Monica (Calif.) 18. 9. 1951. In seriellen Sprach-Bild-Kombinationen, in Performances, in computerunterstützten Entwürfen utop. Stadträume formuliert M. den Gedanken, dass die Kunst durch ihren zeichenhaften Verweischarakter auch eine vorwegnehmende Konkretion von Ideen sein kann.

Mulligan [ˈmʌlɪɡən], Gerry, eigtl. Gerald Joseph M., amerikan. Jazzmusiker (Baritonsaxophon) und Arrangeur, * New York 6. 4. 1927, † Darien (Conn.) 20. 1. 1996; wurde bekannt durch sein »pianoloses« Quartett, das er 1952 u. a. mit C. Baker gründete (1955–57 in Sextettbesetzung); namhafter Baritonsaxophonist des Modern Jazz.

Mulliken [ˈmʌlɪkən], Robert Sanderson, amerikan. Chemiker und Physiker, * Newburyport (Mass.) 7. 6. 1896, † Arlington (Va.) 31. 10. 1986; nach Arbeiten zur Isotopentrennung, über Bandenspektren (Isotopieeffekte, 1925), Dipolmomente und Elektronegativität bed. Forschungen zur chem. Bindung und Elektronenstruktur von Molekülen; schuf ab 1930 mit F. Hund die Theorie der Molekülorbitale (Molekülorbitalmodell); er erhielt 1966 den Nobelpreis für Chemie.

Mullis [ˈmʌlɪs], Kary Banks, amerikan. Chemiker, * Lenoir (N. C.) 28. 12. 1944; entwickelte 1983 ein Verfahren zur Vermehrung von Desoxyribonucleinsäure (DNA), bei dem aus geringsten Mengen von genet. Material mithilfe des Enzyms Polymerase in einer Kettenreaktion (PCR, Abk. für engl. polymerase chain reaction) größere Mengen an DNA gewonnen werden, die sich für detaillierte Analysen u. a. in der mikrobiolog., genet. oder medizin. Forschung eignen; erhielt dafür 1993 zus. mit M. Smith den Nobelpreis für Chemie.

Müllverbrennung, / Abfallverbrennung.

Mulroney [mʌlˈrəʊnɪ], Brian, kanad. Politiker, * Baie Comeau (Prov. Québec) 20. 3. 1939; Rechtsanwalt, 1983–93 Vors. der Fortschrittl. Konservativen Partei und 1984–93 Premierminister.

Multan, Stadt in Pakistan, nahe dem Chenab, 730 000 Ew.; wichtiger Ind.standort im mittleren Industal; Univ.; Textil-, Leder-, Keramikind., Stahlverarbeitung, Düngemittelfabrik, Kraftwerk auf Erdgasbasis; zahlr. islam. Grabbauten.

Multatuli [niederländ. myltaˈtyli; lat. »ich habe viel ertragen«], eigtl. Eduard Douwes-Dekker, niederländ. Schriftsteller, *Amsterdam 2. 3. 1820, †Nieder-Ingelheim (heute zu Ingelheim am Rhein) 19. 2. 1887; arbeitete im niederländ. Kolonialdienst auf Java; wurde dort mit der Ausbeutung der Bevölkerung konfrontiert (»Max Havelaar ...«, R., 1860).

multi... [lat.], viel..., vielfach...

Multi|enzymkomplexe, Bez. für aus Einzelenzymen bestehende biolog. Reaktionsketten, z. B. die Atmungskette.

Multifil das, Textiltechnik: ↗ Monofil.

multikulturelle Gesellschaft, Begriff aus der Sprache der Politik und der Soziologie; nimmt Bezug darauf, dass in jeder Gesellschaft Menschen unterschiedl. Sprachen, Traditionen, religiöser Bekenntnisse, Wertvorstellungen, Staatsangehörigkeit, Erziehung und Lebensstile zusammenleben. M. G. als gesellschaftspolit. Konzept zielt auf den Abbau vorhandener Diskriminierung, lehnt die zwanghafte Anpassung unterschiedl. kultureller Auffassungen und Verhaltensweisen an eine vorherrschende Kultur ab und rückt die Vorstellung eines soziokulturellen Pluralismus in den Mittelpunkt. In der Bundesrep. Dtl. kam der Begriff v. a. seit Ende der 1980er-Jahre in der öffentl. Diskussion um die Ausländerpolitik in Gebrauch.

multilateral [lat.], mehrseitig, mehr als zwei Seiten (Staaten) betreffend (z. B. Abkommen, Verträge); Ggs.: bilateral.

Multilaterale Investitions-Garantie-Agentur, Abk. **MIGA,** Tochterorganisation der Weltbank; gegr. 1988, Sitz: Washington (D. C.); (2002) 159 Mitgl.-Länder. Die MIGA soll durch Beratungsdienste und ein Investitionsgarantieprogramm, das private ausländ. Beteiligungsinvestitionen, Dienstleistungs-, Management-, Lizenzabkommen sowie Verträge über Wissens- und Technologietransfer gegen nichtkommerzielle Risiken versichert, das Klima für Direktinvestitionen in Entwicklungsländern verbessern.

Multimedia [lat.] das (meist ohne Artikel verwendet), 1) *Informatik, Medientechnik, Telekommunikation:* allg. die gemeinsame Anwendung mehrerer Medien, heute (im Zuge der Konvergenz der techn. Übertragungsmöglichkeiten) als Oberbegriff für eine Vielzahl von Produkten, Diensten und Anwendungen aus dem Computer-, Telekommunikations- sowie Hörfunk- und Fernsehbereich verwendet. M. beinhaltet die computergestützte Kombination von digitalisierten Texten (Daten), Tönen (Audio), Grafiken und Bewegtbildern (Video), bei deren Anwendung ein interaktiver Dialog zw. Anbieter und Nutzer möglich ist. Versch. Medientypen werden dabei integrativ verwendet, wobei man von M. erst dann spricht, wenn mindestens ein dynam. Informationstyp (z. B. Audio) einbezogen ist. – Zugehörig sind weitere Bestandteile, wie Transportkanäle, Vermittlungssysteme und Endgeräte, die zumindest prinzipiell für Audio, Video und Daten geeignet sind. Diese Bedingung ist erfüllt, wenn alle multimedialen Informationen in digitaler Form vorliegen und alle Geräte, die solche Informationen verarbeiten (Computer), in Digitaltechnik arbeiten. Multimediafähige Computer müssen dabei ein CD-ROM- oder DVD-Laufwerk und die nötige Verarbeitungssoftware besitzen; sie verfügen zusätzlich über weitere Peripheriegeräte, wie z. B. Lautsprecher, Mikrofon, Videokamera, Scanner.

Bei der funktionsorientierten Betrachtung der M.-Angebote wird zw. lokalen oder nicht verteilten M.-Systemen (Offline-Anwendung) und netzgestützten oder verteilten M.-Systemen (Online- oder Stand-by-Anwendungen) unterschieden. Die wichtigsten Offlineprodukte sind die multimediale ↗ CD-ROM sowie die ↗ DVD. Beim Onlinemarkt wird zw. Distributions-M. und Kommunikations-M. unterschieden; Letzteres ermöglicht Interaktion (z. B. Bildtelefon, Video- und Computerkonferenzen), Ersteres nur eine begrenzte Rückkoppelung. Hierzu gehören z. B. Teleshopping, Video-on-Demand, Pay-per-View oder die Bereitstellung von Lernprogrammen, Sachinformationen und Spielen über das Telefonnetz.

Recht: Für den Bereich M. wurden in Dtl. insbesondere der ↗ Mediendienstestaatsvertrag und das ↗ Teledienstegesetz erlassen. Beide rechtl. Regelungen ordnen v. a. die Zulassungs- und Anmeldefreiheit von Medien- und Telediensten an. Das gilt nur dann nicht, wenn diese als Rundfunk einzuordnen sind, da dann der Geltungsbereich des ein viel engeres Regelungsgeflecht enthaltenden Rundfunkstaatsvertrages eröffnet wird.

2) *Kunst:* (Mixed Media), zeitgenöss. künstler. Ausdrucksformen, die unter Einbeziehung verschiedenster techn. Medien (Fotografie, Film, Tonband, Video, Laser u. a.) durch Verbindung mehrerer Kunstbereiche (bildende Kunst, Theater, Tanz, Musik) das Aufbrechen festgefahrener Gattungsvorstellungen und damit einen unmittelbaren Zugang zum Publikum erreichen wollen. Als künstler. Ausdrucksform zielt M. auf eine neue Einheit im Sinne eines Gesamtkunstwerks, wobei der besondere Akzent nicht nur auf die Aufhebung der Kunstgattungen, sondern auch auf eine Aufhebung der Diskrepanz von Leben und Kunst gelegt wird.

Kary B. Mullis

Multimedia 2): Julia Scher, Video-Ton-Installation »Don't worry« (1994; Köln, Kunstverein)

Vorläufer der M.-Kunst waren futurist., konstruktivist. und dadaist. Experimente in der bildenden Kunst; im musikal. Bereich wären die Versuche der ↗ Farbenmusik, der Komposition mit dem Farbenklavier sowie O. Schlemmers »Triadisches Ballett« (1926 in Donaueschingen mit einer Musik für mechan. Orgel von P. Hindemith aufgeführt) zu nennen. Nach dem Zweiten Weltkrieg wurden diese Gedanken wieder aufgegriffen und gewannen seit Ende der 1950er-Jahre eine neue Bedeutung. Um 1960 entstand die

multinationale Unternehmen: Die 50 umsatzstärksten Unternehmen der Welt (2001)

Unternehmen	Staat	Umsatz (in Mio. US-$)	Beschäftigte (in 1000)
Wal-Mart Stores, Inc.	USA	219 812	1 383,0
Exxon Mobil Corp.	USA	191 581	97,9
General Motors Corp.	USA	177 260	365,0
BP Amoco plc	Großbritannien	174 218	110,2
Ford Motor Co.	USA	162 412	352,7
Enron Corp.	USA	138 718	15,4
DaimlerChrysler AG	Deutschland/USA	136 897	372,5
Royal Dutch/Shell-Gruppe	Großbritannien/Niederlande	135 211	91,0
General Electric Co.	USA	125 913	310,0
Toyota Motor Corp.	Japan	120 814	246,7
Mitsubishi Corp.	Japan	105 814	43,0
Mitsui & Co., Ltd.	Japan	101 206	36,1
Chevron Texaco Corp.	USA	99 699	67,6
Totalfina Elf S. A.	Frankreich	94 312	122,0
Nippon Telegraph & Telephone Corp.	Japan	93 425	213,0
Itochu Corp.	Japan	91 177	36,5
Allianz AG	Deutschland	85 929	179,9
IBM Corp.	USA	85 866	319,9
ING Group N. V.	Niederlande	82 999	113,1
Volkswagen AG	Deutschland	79 287	322,1
Siemens AG	Deutschland	77 359	484,0
Sumitomo Corp.	Japan	77 140	30,3
Philip Morris Co., Inc.	USA	72 944	175,0
Marubeni Corp.	Japan	71 757	31,0
Verizon Commucations Inc.	USA	67 190	247,0
E.ON AG	Deutschland	66 453	152,0
U.S. Postal Service	USA	65 834	891,0
AXA	Frankreich	65 580	90,2
Hitachi, Ltd.	Japan	63 931	321,5
Nippon Life Insurance Co.	Japan	63 827	72,9
American International Group	USA	62 402	81,0
Carrefour S. A.	Frankreich	62 225	382,8
American Electric Power	USA	61 257	27,7
Sony Corp.	Japan	60 608	168,0
Royal Ahold N. N.	Niederlande	59 634	270,7
Duke Energy Corp.	USA	59 503	24,0
AT&T Corp.	USA	59 142	117,8
Honda Motor Co., Ltd.	Japan	58 882	120,6
Boeing Co.	USA	58 198	188,0
El Paso Corp.	USA	57 475	14,2
Matsushita Electric Industrial Co., Ltd.	Japan	54 997	267,2
Home Depot Inc.	USA	53 553	256,3
Aviva plc.	Großbritannien	52 318	68,1
Fiat S.p.A.	Italien	51 944	208,7
Assicurazioni Generali S.p.A.	Italien	51 394	58,4
Vivendi Universal S. A.	Frankreich	51 366	381,0
Fannie Mae	USA	50 803	4,5
RWE AG	Deutschland	50 664	170,0
Nestlé AG	Schweiz	50 192	229,8
Kroger Co.	USA	50 098	288,0

neodadaist. Kunstrichtung / Fluxus; ihre Anfänge gehen nicht zuletzt auf den amerikan. Komponisten J. Cage zurück, der 1952 als erste Multimedia-Veranstaltung der Nachkriegszeit ein unbetiteltes Happening zus. mit anderen Künstlern am Black Mountain College (N. C.) unter Einbeziehung von Klaviermusik, Textlesung, Tanz, Bildpräsentation, Film- und Diaprojektion veranstaltete. Überhaupt wurde die Entwicklung multimedialer Darstellung stark von der Neuen Musik beeinflusst. Beispielhaft für die Aufhebung der Mediengrenzen in der zeitgenöss. Kunst sind v. a. / Environment, / Happening und / Performance (u. a. Laurie Anderson, Valie Export, Fischli & Weiss, D. Graham, A. Heller, G. Hill, Jenny Holzer, Rebecca Horn, Julia Scher, B. Nauman, N. J. Paik, B. Viola, W. Vostell).

Multimeter das, analog oder digital anzeigendes elektr. Vielfachmessgerät, v. a. zur Messung von Spannung, Stromstärke und Widerstand.

multinationale Unternehmen (transnationale Unternehmen), in mehreren Staaten (oft weltweit) operierende (und auch produzierende) Konzerne, wobei die in einem Staat angesiedelte Muttergesellschaft über i. d. R. rechtlich selbstständige Tochtergesellschaften in anderen Staaten Umsätze tätigt und global strateg. Unternehmensplanung betreibt. Die umgangssprachlich auch als **Multis** oder **Global Players** bezeichneten Unternehmen entstehen durch internat. Kapitaltransaktionen (↗Direktinvestition). Obwohl auch mittelständ. Unternehmen internat. tätig sind, werden m. U. meist im Sinne von Großunternehmen mit entsprechender Wirtschafts- und Finanzkraft verstanden. Die internat. Tätigkeit erschließt den m. U. neue und ggf. größere Absatzmärkte sowie Kostenvorteile (Arbeits-, Rohstoff-, Energie- und Transportkostenersparnis) und vermindert die Abhängigkeit von nat. Wirtschaftspolitik und Gesetzgebung sowie von nat. Konjunkturschwankungen. Trotz ihres Beitrags zur Verbesserung der internat. Arbeitsteilung, zur Verbreitung von techn. und betriebswirtsch. Know-how, zur Ausweitung des Welthandels und somit auch zu Fortschritt, Wohlstand und Wettbewerbsfähigkeit ist ihre Wirkung umstritten. Bedenken werden u. a. wegen wirtsch. Machtkonzentration, möglicher polit. Einflussnahme, Wettbewerbsverzerrung, Steuerflucht und der bisher unzureichenden öffentl. Kontrolle (z. B. durch eine internat. Wettbewerbsbehörde) erhoben. (↗Globalisierung)

multipel [lat.], mehrfach, vielfältig, an vielen Stellen auftretend.

multiple chemische Sensitivität, ↗MCS.

Multiple-Choice-Verfahren [ˈmʌltɪplˈtʃɔɪs-; engl. »mehrfache Auswahl«], Fragebogen- und Testtechnik, bei der zw. mehreren vorgegebenen Antworten gewählt werden muss; v. a. in der Meinungsforschung, Psychodiagnostik wie auch allg. zu Prüfungszwecken gebräuchliche Methode.

Multiples [ˈmʌltɪplz, engl.], in serienmäßiger Auflage hergestellte Objekte der ↗Ars multiplicata, die den Massenkonsum von Kunst ermöglichen sollen.

multiple Sklerose [lat.-grch.], Abk. **MS** (Polysklerose, Encephalomyelitis disseminata), entzündl. Erkrankung des Zentralnervensystems, bei der Entzündungsherde (mit Schädigung von Markscheidengewebe und geringer ausgeprägt auch von Nervenfortsätzen sowie nachfolgender Gewebeverhärtung) entstehen; bevorzugt zw. dem 20. und 40. Lebensjahr in unterschiedl. Schweregraden auftretend, meist in Schüben, oft von langen beschwerdefreien Intervallen unterbrochen, mit langsam fortschreitendem Verlauf. Frauen erkranken etwa doppelt so häufig wie Männer. Die mittlere Krankheitsdauer beträgt inzwischen mehr als 25 Jahre. Unter den vielen Theorien zur Ursache wird v. a. von einer Autoimmunkrankheit (d. h., das Immunsystem richtet sich gegen den eigenen Körper) ausgegangen, wobei sich der Verdacht auf T-Lymphozyten (T-Zellen) konzentriert, die über die Blut-Hirn-Schranke in das Markscheidengewebe eindringen und einen Zerfall bewirken. Genet. Faktoren, Erreger (z. B. Viren) und Umwelteinflüsse spielen jedoch ebenso eine Rolle. Bei über 90% der Betroffenen können die Herde in Gehirn und Rückenmark durch Kernspintomographie nachgewiesen werden. Zu den häufigsten, unterschiedlich stark ausgeprägten und selten gleichzeitig auftretenden Symptomen zählen reversible Lähmungserscheinungen an den Gliedmaßen, Gefühlsstörungen (v. a. Taubheitsgefühl), Zittererscheinungen bei beabsichtigten Bewegungen sowie Sehstörungen. Ein wichtiger Bestandteil der *Behandlung* sind körperl. Training (u. a. Krankengymnastik) und psych. Betreuung (u. a. Selbsthilfegruppen). Medikamentös stehen Cortisonderivate, Cyclophosphamid, Azathioprin, das Polypeptid Copolymer 1 und v. a. Betainterferon zur Verfügung. Als Hilfsgemeinschaft der von MS Betroffenen wurde die Dt. MS-Gesellschaft mit Sitz in München gegründet.

Multiplett *das, Physik:* Gruppe physikalisch zusammengehöriger Energieniveaus oder Spektrallinien bei Atomen und Atomkernen. Die Aufspaltung der Energieniveaus (und damit der Spektrallinien) liefert die M. der ↗Feinstruktur infolge der Wechselwirkung von Bahndrehimpuls und Spin der Elektronen bzw. der ↗Hyperfeinstruktur aufgrund der Wechselwirkung der Hüllenelektronen mit den Kernmomenten. M. mit 2, 3, 4, ... Energieniveaus heißen **Dubletts, Tripletts, Quartetts, ...; Singuletts** bestehen aus einem einzigen Niveau. Die Anzahl der zu einem M. gehörenden Niveaus nennt man **Multiplizität.**

Multiplex [lat. »vielfach«] *das,* Freizeitzentrum, in dem der Filmtheaterbetrieb mit mehreren Zuschauersälen in einem Zweckbau zus. mit anderen Freizeitangeboten, Läden und gastronom. Einrichtungen betrieben wird. Neben hohen Standards bei Raumgestaltung, Ausstattung und Technik des M. sind allg. techn. Voraussetzungen der Kinosäle u. a. Arenaseating (wie im Amphitheater angeordnete Sitzreihen), große gekrümmte Leinwand, neuester techn. Stand der Projektion (THX, Dolby SR). In Dtl. gibt es gegenwärtig (2002) 131 Multiplexe.

Multiplexverfahren, *Datenübertragung:* Signal- bzw. Datenübertragungsverfahren, bei dem mehrere Kanäle (↗Kanal) begrenzter Kapazität für

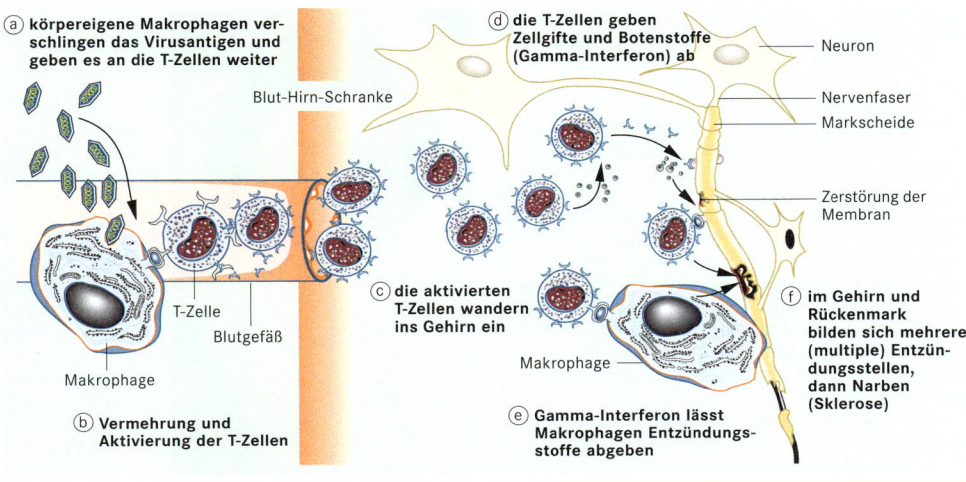

multiple Sklerose: immunologische Mechanismen der multiplen Sklerose (a bis f)

die Datenübertragung zusammengefasst und in einem einzigen Kanal (Übertragungskanal) höherer Kapazität zur mehrfachen Ausnutzung des Übertragungsmediums übergeben werden (Multiplexing). Am Ende der Übertragung wird die Information aus dem Übertragungskanal wieder in einzelne Kanäle niedriger Kapazität zerlegt (Demultiplexing). Das M. wird mittels einer elektron. Schaltung realisiert (**Multiplexer**).

Beim **Frequenz-M.** wird jedem Kanal eine Trägerfrequenz innerhalb eines Frequenzbandes des Übertragungskanals zugewiesen und zeitgleich übertragen. Zur techn. Realisierung werden Amplituden-, Frequenz- und Phasenmodulation angewandt (↗ Modulation). – Beim **Zeit-M.** werden die einzelnen Kanäle periodisch abgetastet und zeitlich nacheinander übertragen. Die einmalige Folge der zeitlich aneinander gereihten Kanäle wird als Rahmen (Impulsrahmen), seine zeitl. Ausdehnung als Rahmendauer bezeichnet. Kennzeichnend für den Kanal ist dabei die zeitl. Lage innerhalb des Impulsrahmens. Zur techn. Realisierung des Zeit-M. werden Pulsamplituden-, Pulsphasen- und Pulsdauermodulation angewandt. – Das **Code-M.** wird durch Umsetzung (Codierung) eines schmalbandigen Signals in ein breitbandiges realisiert (Signalspreizung) und danach übertragen.

Die M. haben große Bedeutung in der Datenübertragung und finden z. B. bei der Mehrfachausnutzung des ↗ Transponders eines Nachrichtensatelliten Anwendung. Ein M., dessen Übertragungskanal man in beide Richtungen verwendet, heißt **Duplexverfahren**. Für M. existieren techn. Standards.

Multiplikation [lat., zu multiplex »vielfach«] *die*, eine der vier Grundrechenarten. Die M. ist eine durch das Zeichen · oder × symbolisierte Verknüpfung zweier Zahlen *a* und *b* (der **Faktoren**), denen das **Produkt** $c = a \cdot b$ zugeordnet wird; der erste Faktor ist der **Multiplikand**, der zweite der **Multiplikator**. Die M. natürl. Zahlen lässt sich als fortgesetzte Addition verstehen, etwa $3 \cdot 8 = 8 + 8 + 8 = 24$. Die M. lässt sich auch auf Brüche, Funktionen u. a. math. Objekte wie Matrizen, Vektoren, Mengen übertragen.

Multiplikator [lat.] *der*, 1) *Mathematik:* ↗ Multiplikation.

2) *Soziologie:* Person, Gegenstand oder Einrichtung, die eine Verbreitung von Kenntnissen oder Meinungen anstrebt, bewirkt oder an ihr beteiligt ist (z. B. Lehrer, »Meinungsführer«, Massenmedien, Bibliotheken).

3) *Wirtschaftstheorie:* Zahl in makroökonom. Modellen, die die von der Änderung einer exogenen Variablen (z. B. Investitionen) ausgehenden Sekundärwirkungen auf eine endogene Variable (z. B. Inlandsprodukt) zum Ausdruck bringt. So beschreibt der **Investitions-M.** die Wirkung verminderter oder erhöhter autonomer Investitionen (Primäreffekt) auf das Volkseinkommen (Einkommenseffekt der Investitionen). Die multiplikative Wirkung einer Investition hängt ab von dem Verhältnis, in dem aus zusätzl. Güternachfrage entstandenes Mehreinkommen zum Verbrauch oder zum Sparen verwendet wird. Der M. ist um so größer, je mehr Einkommen verkonsumiert und je weniger gespart wird und umgekehrt. Daneben unterscheidet man den **Außenhandels-M.** (z. B. **Export-M.**), den **Staatsausgaben-M.** (z. B. im Zusammenhang mit dem Haavelmo-Theorem) und den **Steuermultiplikator**.

Multiplizität, *Physik:* 1) Anzahl der Komponenten eines ↗ Multipletts von Spektrallinien; 2) Anzahl der Terme eines Multipletts von (Energie-)Termen.

Multipol *der*, symmetr. Anordnung von positiven und negativen elektr. Ladungen (elektr. Monopolen), auch Magnetpolen, auf engstem Raum. Nach dem ↗ Dipol (2-Pol) sind der **Quadrupol** (4-Pol) und der **Oktupol** (8-Pol) die wichtigsten Multipole.

Multiprogramming [ˈmʌltɪprəʊɡræmɪŋ, engl.] *das, Informatik:* der ↗ Mehrprogrammbetrieb.

Multiprozessorsystem, das ↗ Mehrprozessorsystem.

Multitasking [ˈmʌltɪtɑːskɪŋ, engl.] *das* (Mehrprozessbetrieb), *Informatik:* das quasigleichzeitige Abarbeiten mehrerer Aufgaben (engl. tasks) in einer Rechenanlage. Das M. innerhalb eines Programms ist bes. bei Realzeitprogrammen von Bedeutung.

Multiuser-Betrieb [ˈmʌltɪˌjuːzə-, engl.], *Informatik:* der ↗ Mehrbenutzerbetrieb.

multivariat [aus gleichbed. engl. multivariate], mehrere Variablen betreffend, mehrdimensional; insbesondere in der Statistik verwendet (z. B. multivariate Statistik, multivariate Analyse).

Multivibrator, elektron. Schaltung (↗ Kippschaltung), deren Ausgang stets einen von zwei mögl. Signalzuständen hat; die meisten M. besitzen einen zweiten Ausgang mit dem jeweils inversen Signalzustand. Je nach dem Stabilitätsverhalten der Zustände unterscheidet man zw. **bistabilen, monostabilen** und **astabilen M.** (Letztere auch kurz nur als M. bezeichnet).

Multivision *die*, Technik der gleichzeitigen Projektion von Diapositiven auf eine Leinwand, wobei jedes Diapositiv entweder ein eigenes Motiv oder einen Bildausschnitt darstellen kann.

Multscher, Hans, Bildhauer und Maler, * Reichenhofen (heute zu Leutkirch im Allgäu) um 1400, † Ulm vor dem 13. 3. 1467; seit 1427 Bürger in Ulm, inschriftlich bezeugt als Meister der Tafeln des Wurzacher Altars (1437; Berlin, Gemäldegalerie), deren Wirklichkeitsnähe ihn als Realisten ausweisen. Das bedeutendste Werk der Reifezeit ist der Sterzinger Altar (1456–58; Sterzing, Pfarrkirche und M.-Museum). M. gehört zu den bedeutendsten dt. Künstlern an der Wende zum spätgot. Realismus.

Mumbai, Stadt in Indien, ↗ Bombay.

Mumi|e [arab. mumija, zu pers. mum »Wachs«] *die*, auf natürl. Weise (z. B. durch Austrocknung im Wüstensand, Luftabschluss in Mooren) oder durch künstl. Verfahren (z. B. Einbalsamierung) vor Verwesung geschützte Leiche. Im alten Ägypten wurde der Körper (vornehmer) Toter durch Behandlung mit Natron, Asphalt und Ausfüllen der Körperhöhlen mit

Mumie: Mumienporträt eines Mädchens, Enkaustik auf Holz, gefunden im Faijum (2.–4. Jh. n. Chr.; Berlin, Antikensammlung)

harzgetränktem Leinen oder Sägemehl (v. a. Zedernprodukte) vor dem Zerfall bewahrt (bezeugt seit Beginn des 3. Jt. v. Chr.). Gehirn und Eingeweide wurden vorher entfernt und in ↗ Kanopen gesondert beigesetzt; das Herz blieb meist in der M., die dann mit Tüchern umwickelt und in einen der menschl. Gestalt ähnl. Sarg gelegt wurde. Ägypt. **M.-Porträts** (M.-Bildnisse), die, meist mit Wachsfarben (↗ Enkaustik) auf Holz gemalt, das Gesicht der M. bedeckten, wurden in großer Zahl in Faijum gefunden.

Mumifikation [lat.] *die, Medizin:* trockener ↗ Brand.

Mümling *die* (im Unterlauf Mömling), linker Nebenfluss des Mains, 60 km, aus dem hinteren Odenwald, mündet bei Elsenfeld.

Mummel, ↗ Teichrose.

Mummelsee, sagenumwobener Karsee, 1029 m ü. M., am S-Abhang der Hornisgrinde, Nordschwarzwald.

Mumps [engl.] *der,* landschaftlich auch *die* (Ziegenpeter, Parotitis epidemica), weltweit verbreitete, hochinfektiöse Viruserkrankung der Speicheldrüsen, bes. der Ohrspeicheldrüsen. Erreger ist das M.-Virus, die Übertragung erfolgt durch Tröpfchen- oder Kontaktinfektion, die Inkubationszeit beträgt etwa 14-21 Tage. Infektionsort ist die Schleimhaut des Nasen-Rachen-Raums. Jungen erkranken doppelt so häufig wie Mädchen. Etwa 60 % der Erkrankungen verlaufen symptomlos. Kennzeichen sind leichte Temperaturerhöhung, Kopf- und Gliederschmerzen, druckempfindl. Schwellung vor und hinter dem Ohr, Kaubeschwerden und häufig Mundschleimhautentzündung. M. hinterlässt lebenslängl. Immunität. – Die *Behandlung* wird symptomatisch mit Wärmeanwendung und Bettruhe durchgeführt; vorbeugende Kombinationsschutzimpfung (Masern, Röteln) vom 11. bis zum 23. Lebensmonat.

Mun [mʌn], Thomas, engl. Nationalökonom und Kaufmann, *London 1571, †ebd. 1641; Hauptvertreter des Merkantilismus in England, Direktor der Ostind. Kompanie. M. begründete in seinem Hauptwerk »Englands Schatz durch den Außenhandel« (1664), dass die Ausfuhr von Geld (Edelmetallen) ein Mittel zur Belebung des Warenhandels und damit zur Steigerung des Reichtums sei, und trat für die Freiheit des Handels ein.

Munari, Bruno, italien. Maler und Plastiker, *Mailand 24. 10. 1907, †ebd. 29. 9. 1998; einer der Vorreiter der kinet. Plastik; bezog v. a. durch Lichtbrechung erzeugte Effekte ein.

Munch [mʊŋk], Edvard, norweg. Maler und Grafiker, *Løten (Hedmark) 12. 12. 1863, †Hof Ekely (bei Oslo) 23. 1. 1944; lebte ab 1885 meist in Paris, wo er die Werke V. van Goghs und P. Gauguins, aber auch die Kunst der Symbolisten kennen lernte, dann lange in Dtl. und kehrte 1909 nach Norwegen zurück. Als Wegbereiter des Expressionismus hat M. v. a. die dt. Kunst beeinflusst. In seinen Werken behandelte er das Thema der Weltangst, die er als Grunderfahrung menschl. Seins in expressiv verdichteten Metaphern von Einsamkeit, Eifersucht, Liebe und Tod wiedergab. Sein graf. Werk zählt zu den bedeutendsten Leistungen europ. Druckgrafik des 20. Jahrhunderts.

Münch, 1) Charles, frz. Dirigent, *Straßburg 26. 9. 1891, †Richmond (Va.) 6. 11. 1968; wurde 1923 Konzertmeister des Leipziger Gewandhausorchesters; leitete ab 1938 das Orchester der Société des Concerts du Conservatoire de Paris, 1949–62 das Boston Symphony Orchestra und seit 1967 das Orchestre de Paris.

2) Werner, Politiker, *Kirchhellen (heute zu Bottrop) 25. 9. 1940; Politikwissenschaftler; 1984–90 MdEP; 1990–91 Finanzmin., war von Juli 1991 bis Nov. 1993 MinPräs. von Sa.-Anh., von Dez. 1991 bis Dez. 1993 auch Landesvors. der CDU. Im Streit um die Bezüge der aus den alten Bundesländern stammenden Reg.-Mitgl. (»Gehaltsaffäre«) trat M. Ende Nov. 1993 als MinPräs. zurück.

Münchberg, Stadt im Landkr. Hof, Bayern, im S des Frankenwalds, 11 900 Ew.; Fachhochschule und Fachschule für Textiltechnik und -gestaltung; Textil-, Bekleidungsindustrie. Wurde vor 1298 Stadt.

Edvard Munch: Der Schrei (1893; Oslo, Nationalgalerie)

Müncheberg, Stadt im Landkreis Märkisch-Oderland, Brandenburg, östlich von Berlin, 5900 Ew.; Zentrum für Agrarlandschafts- und Landnutzungsforschung.

München, 1) Landkreis im RegBez. Oberbayern, 667 km², 295 200 Einwohner.

2) Hptst. Bayerns, an der Isar, 530 m ü. M., 1,210 Mio. Ew.; kreisfreie Stadt und Verw.sitz des Landkr. M. und des RegBez. Oberbayern. M. liegt auf der Schotterebene, die sich von der Moränenlandschaft im S gegen das Tertiärhügelland im N abdacht, am Austritt der Isar aus ihrem Engtal in das Erdinger Moos. M. ist Sitz der Landesreg., des Landtags, Sitz des Erzbischofs von M. und Freising. Die Ludwig-Maximilians-Univ. M. (so seit 1802) wurde 1472 in Ingolstadt gegründet, 1800 nach Landshut, 1826 nach M. verlegt. Weitere Bildungseinrichtungen sind: TU, Ukrain. Univ., Hochschule der Bundeswehr (z. T. in Neubiberg), Hochschule für Philosophie und für Politik, FH M., Staatl. Hochschule für Musik, Akademie der bildenden Künste, Schauspielschule, Kath. Stiftungs-FH (für Sozialberufe), Dt. Journalistenschule, Hochschule für Fernsehen und Film, private Fachhochschulen, Bayer. Beamten-FH, Wirtschaftsakademie u. a. Fachakademien, Fachschulen. M. ist Sitz der Max-Planck-Ges. (mit Max-Planck-Instituten für ausländ. und internat. Patent-, Urheber- und Wettbewerbsrecht, für Physik, für Psychiatrie, für ausländ. und internat. Sozialrecht und für psycholog. Forschung) und des Goethe-Inst. sowie der Dt. Akademie für Städtebau und Landesplanung, der Bayer.

München 2) Stadtwappen

Akademie der Wissenschaften, der Bayer. Akademie der Schönen Künste u. a. wiss. Gesellschaften, versch. Behörden und Institutionen des Bundes (Dt. und Europ. Patentamt, Bundespatentgericht, Bundesfinanzhof); Bayer. Oberstes Landesger., Oberlandes-, Landger., Bayer. Verf.gerichtshof, Bayer. Verw.gerichtshof. Wichtige kulturelle Institutionen sind die zahlr. Museen (u. a. Bayer. Staatsgemäldesammlungen in der Alten und Neuen Pinakothek sowie in der Pinakothek der Moderne [auch Grafik, Design und Sammlung zur Architektur], Bayer. Nationalmuseum, Dt. Museum, Prähistor. Staatssamml.,

München 2): Blick auf die spätgotische Frauenkirche (1468–88), rechts davon das Neue Rathaus (1867–1908), davor die Pfarrkirche Sankt Peter

Völkerkunde-, Stadtmuseum, Städt. Galerie im Lenbachhaus, Haus der Kunst, Glyptothek, Antikensamml., Alpines Museum); Bayer. Staatsbibliothek u. a. Bibliotheken; Dt. Bucharchiv M.; Bayer. Staatsoper, Bayer. Staatsschauspiel, zahlr. Theater; Bayer. Rundfunk, mehrere private Rundfunk- und Fernsehanstalten, Filmstudios; botan. Garten, Tierpark Hellabrunn. Höhepunkte der in M. stattfindenden Veranstaltungen sind die Opernfestspiele (Sommerfestspiele, begr. 1875), die Schlosskonzerte und das Filmfest M. (seit 1983). Bed. Wirtschaftszentrum. Vorherrschende Industriezweige sind die elektron. Ind., Elektrotechnik, Maschinen- und Fahrzeugbau, feinmechan., opt., Nahrungs- und Genussmittelind. (Großbrauereien), ferner chem. und Textilind. sowie Verlagswesen. daneben Papier-, Kautschuk- sowie Lederind. und Holzverarbeitung; bed. Handels- und Bankenzentrum (Börse); wichtigstes Zentrum der dt. Versicherungswirtschaft. Bed. Fremdenverkehr; eine große Rolle spielt neben Kongressen und Messen das ↗Oktoberfest. Bed. Verkehrsknoten: internat. Großflughafen im Erdinger Moos.

Stadtbild: Der Kern innerhalb des ersten Mauerrings (um 1175), die Welfenstadt mit der Kaufingerstraße, dem Rathaus (Altes Rathaus, urspr. 1310, 1470–80 neu gebaut; Neues Rathaus, neugotisch, 1867–1908) am Marienplatz, der Pfarrkirche St. Peter (auf Vorgängerbau, 13./14. Jh.; im 17./18. Jh. barock umgestaltet) und der spätgot. Frauenkirche (1468–88, 1989–93 renoviert; größte Hallenkirche Süd-Dtl.s), ist Citykern geworden. Zur Geschäftsstadt entwickelte sich auch die um 1300 mit dem zweiten Mauerring umgebene Altstadt, in der der alte herzogl. Burgsitz lag (»Alte Veste«, heute Finanzbehörde). Erste große Maßnahme der verstärkten Bautätigkeit des 16. Jh. wurde der Ausbau der Residenz (1560 begonnen, unter Maximilian I. ab 1601 und unter Ludwig I. 1826–42 durch L. von Klenze erweitert). Danach entstanden die Jesuitenkirche St. Michael (1583–97) und das Jesuitenkolleg (1585–97), später die barocke Theatinerkirche St. Kajetan (1663–75), die Johann-Nepomuk-Kirche der Brüder Asam (1733–46) und Adelspaläste, darunter das Erzbischöfl. Palais (1733–37). Der Fall der Befestigung (1792) schuf Platz für eine neue bed. Bautätigkeit. 1789 war an der Isar der Engl. Garten, einer der frühesten und größten Landschaftsgärten in Dtl., entstanden, darauf folgten die Prachtstraßen im N und O. Am Königsplatz entstanden die Glyptothek (1816–30, L. von Klenze), die Staatl. Antikensamml. (1838–48) und die Propyläen (1846–62, Klenze), nördlich davon die Alte Pinakothek (1826–36, Klenze) und die Neue Pinakothek (1846–53, August von Voit; zerstört im Zweiten Weltkrieg, Neubau von A. von Branca, 1973–81). Nordwestlich vom Königsplatz das Lenbachhaus (Wohnsitz und Atelier des Malers F. Lenbach; Städt. Galerie). Die Ludwigstraße wurde von Klenze und F. von Gärtner (Staatsbibliothek, Ludwigskirche, Univ. u. a.) ab 1817 angelegt. Den nördl. Abschluss bildet das Siegestor (1843–50), den südl. die ↗Feldherrnhalle. 1853–75 entstand die Maximilianstraße, die von dem durch die Südfassade der Residenz, dem Residenz- und dem Nationaltheater (1811–18, nach Brand von Klenze 1823–25 wieder aufgebaut) sowie Klenzes Arkaden am ehem. Palais Törring (1747–58, 1836–39 von Klenze zur Hauptpost umgebaut) begrenzten Max-Joseph-Platz zum Maximilianeum (1857–74) führt. An der Prinzregentenstraße liegen das Bayer. Nationalmuseum (1894–1900), die Schack-Galerie (1907–09), das Haus der Kunst (1933–37, 1991–94 saniert und modernisiert), die Villa Stuck (1897–98 nach Entwürfen des Malers F. von Stuck, Jugendstilmuseum) und das Prinzregententheater (1900/01). Am Hofgarten die Bayer. Staatskanzlei (ehem. Armeemuseum, 1900–05, 1944/45 zerstört, Neubau 1990–93). Seit 1854 wurden zahlr. Gemeinden eingegliedert, darunter ↗Nymphenburg mit dem Schloss. Stärkste Bauverdichtung brachten die Jahre 1880–1910. Zu den bemerkenswerten Bauten nach dem Zweiten Weltkrieg gehören u. a.: Rekonstruktion der Maxburg an der Pacellistraße (1956/57); Anlage und Sportbauten für die Olymp. Sommerspiele 1972 von G. Behnisch (1967–72, mit F. Otto); Verw.gebäude der Max-Planck-Gesellschaft (1997–99); Neubau für die Münchner Kammerspiele (2001 eröffnet, von G. Peichl). Mit der von S. Braunfels entworfenen Pinakothek der Moderne entstand 1996–2002 ein großzügiger, moderner Museumsneubau, der mit seinen Sammlungen zur modernen Kunst und Architektur zu den internat. bedeutendsten Museen gehört.

Geschichte: Herzog Heinrich der Löwe von Bayern und Sachsen zerstörte 1157/58 den bischöflich-freising. Marktort Oberföhring, v. a. die dortige Zollbrücke, und verlegte den Isarübergang nach der 1158 als **Munichen** (»bei den Mönchen«) erwähnten Siedlung; sie wurde nach 1180 bischöflich-freisingisch; seit 1214/17 Stadt, fiel 1240 an die Wittelsbacher (1255–1918 deren Residenz); 1294 erstes Stadtrecht. In Reformation und Gegenreformation (16./17. Jh.) ein Zentrum des Katholizismus in Dtl.; im Span. Erbfolgekrieg 1705–15, im Österr. Erbfolgekrieg fast durchgehend 1742–44 österr. besetzt. Seit dem 16. Jh. eines der Zentren der dt. und europ. Kunstpflege und der Wiss.en (Blüte im 19. Jh.). Im Nov. 1918 Proklamation des republikan. Freistaates Bayern durch K. Eisner; nach dessen Ermordung wurde am 7. 4. 1919 in M. die Räterepublik ausgerufen. Aus der 1919 in M. gegr. »Dt. Arbeiterpartei« ging die NSDAP hervor. Am 9. 11. 1923 scheiterte vor der Feldherrnhalle der ↗ Hitlerputsch. 1938 wurde das ↗ Münchener Abkommen abgeschlossen. Im Zweiten Weltkrieg wurde M. zur Hälfte zerstört. 1972 war M. Austragungsort der Olymp. Sommerspiele.

München, FC Bayern, gegr. 1900; achtzehnmal Dt. Meister (zw. 1932 und 2003), elfmal Pokalsieger (zw. 1957 und 2003), Gewinner des Europapokals der Pokalsieger (1967), des Europapokals der Landesmeister (1974, 1975, 1976), des Weltpokals (1976, 2001), des UEFA-Pokals (1996), der Champions League (2001). – Seit Febr. 2002 Aktiengesellschaft (FC Bayern AG).

Münchener Abkommen, nach zwei Treffen A. Hitlers mit A. N. Chamberlain (Berchtesgaden 15. 9., Bad Godesberg 22.–24. 9. 1938) am 29. 9. 1938 in München zw. dem Dt. Reich, Großbritannien, Italien und Frankreich abgeschlossener, am 30. 9. von A. Hitler, A. N. Chamberlain, É. Daladier und B. Mussolini unterzeichneter Vertrag. Er beendete die »Sudetenkrise« und beseitigte zunächst die durch Hitlers ultimative Forderungen an die ČSR entstandene Kriegsgefahr. Das M. A. verfügte (ohne Beteiligung der ČSR) insbesondere, dass die überwiegend von Deutschen bewohnten Grenzgebiete Böhmens (Sudetengebiete) an das Dt. Reich abgetreten wurden (28 643 km^2 mit 3,63 Mio. Ew. = $^{1}/_{5}$ der Gesamtfläche und $^{1}/_{4}$ der Bev. der ČSR) und sah eine – von Hitler sabotierte – Garantie der Unterzeichnerstaaten für den Bestand und die Sicherheit der Rest-ČSR vor. Mit dem M. A. waren die territoriale Revision des Versailler Vertrags abgeschlossen und die großdt.-nationalstaatl. Forderungen vollständig erfüllt. Dabei betrachtete Hitler die Angliederung der Sudetengebiete lediglich als eine Etappe auf dem Weg zur Zerschlagung der ČSR (März 1939 durchgesetzt) und zur Eroberung neuen Lebensraumes im O. Das M. A. hatte die Kriegsgefahr in Europa nicht gebannt; es wurde zum Inbegriff falscher Nachgiebigkeit gegenüber der Aggression eines Diktators. Am 5. 8. 1942 erklärten der brit. Außenmin. A. Eden und der Führer der tschechoslowak. Exilregierung E. Beneš das M. A. in einem Briefwechsel für aufgehoben. (↗ Runciman-Bericht)

Münchener Rückversicherungs-Gesellschaft AG, (Münchener Rück, Munich Re), weltweit größtes Rückversicherungsunternehmen; Sitz: München, gegr. 1880, ist u. a. mit 62,9 % an ↗ Ergo Versicherungsgruppe AG beteiligt.

Münchhausen, niedersächs. Uradelsgeschlecht; 1183 erstmals urkundlich erwähnt. – Bed. Vertreter: **1)** Börries Freiherr von, Schriftsteller, * Hildesheim 20. 3. 1874, † (Selbstmord) Schloss Windischleuba bei Altenburg 16. 3. 1945; Erneuerer der dt. Balladendichtung; gestaltete v. a. Themen aus der mittelalterl. Ritterwelt, Sagen und Märchen.
2) Karl Friedrich Hieronymus Freiherr von, gen. der Lügenbaron, Offizier und Gutsbesitzer, * Bodenwerder 11. 5. 1720, † ebd. 22. 2. 1797. Nach einem abenteuerl. Leben in fremden Ländern trug er im Freundeskreis die unglaublichsten Kriegs-, Jagd- und Reiseabenteuer zur Unterhaltung vor. Wie beim »Eulenspiegel« oder bei den »Schildbürgern« wurden dann auch andere Schwankerzählungen dieser Art auf Namen und Gestalt M.s vereinigt; erste Samml. angeblich von M. stammender Abenteuer- und Lügengeschichten im »Vademecum für lustige Leute«,

1781–83. R. E. Raspe verarbeitete und erweiterte die Samml. zu »Baron M.'s narrative of his marvellous travels and campaigns in Russia« (Oxford 1786), deren 2. Aufl. G. A. Bürger ins Dt. zurückübertrug und, um acht eigene Geschichten erweiterte, als »Wunderbare Reisen zu Wasser und zu Lande, Feldzüge und lustige Abenteuer des Freyherrn von M.« veröffentlichte (London 1786; erweitert 1788).

Münchner Dichterkreis, von König Maximilian II. von Bayern ab 1852 initiierter Kreis von meist norddt. Dichtern (E. Geibel, P. Heyse, F. Dahn, J. V. von Scheffel, F. von Pocci, H. von Lingg, A. Graf von Schack, F. Dingelstedt, F. M. Bodenstedt, W. Hertz, M. Greif u. a.); nach dem Tod des Königs und Geibels Fortgang (1868) verlor der Kreis an Elan; seine literar. Bedeutung liegt in der Pflege nicht polit. klassizist. Dichtung.

Mund (Os, Stoma), Eingang in den Verdauungskanal der Tiere und des Menschen.

Mund|art (Dialekt), örtlich bedingte Sprachform innerhalb einer Sprachgemeinschaft. M. ist wesentlich gesprochene Sprache, ist nicht an die Norm der Standardsprache (Hochsprache), die immer auch Schriftsprache ist, gebunden und kann ein von dieser phonetisch, grammatisch und lexikalisch stark unterschiedenes Sprachsystem sein. M. ist nicht an eine soziale Schicht, aber an bestimmte (regionale und lokale) Gruppen und Sprechsituationen gebunden. M. stehen der Umgangs- und Hochsprache jeweils sehr unterschiedlich nahe, eine ständige, enge Wechselbeziehung untereinander ist immer vorhanden.

Deutsche Mundarten: Das dt. Sprachgebiet ist in viele kleine und größere M.-Räume untergliedert. Die Ursprünge der heutigen M.-Landschaften sind in der Völkerwanderungszeit zu suchen, als sich die großen Stämme der Franken, Alemannen, Sachsen, Thüringer und Baiern herausbildeten. Die alten Stammeslandschaften stimmen aber mit den heutigen M.-Landschaften nicht mehr überein. Die wichtigste

Deutsche Mundarten der Gegenwart

Grenze zw. den dt. M. entstand durch die 2. oder hochdt. ↗Lautverschiebung. Sie ist das wichtigste Einteilungsprinzip der dt. M.: Die niederdt. M. vollzogen die Lautverschiebung nicht, die mitteldt. wurden nur z. T. von ihr betroffen, die oberdt. haben sie vollständig durchgeführt. Die Grenze zw. Niederdeutsch und Mitteldeutsch verläuft nördlich von Aachen, Köln, Kassel, Nordhausen, Dessau, Wittenberg, Frankfurt (Oder). Mitteldeutsch und Oberdeutsch werden durch die Linie nördlich von Zabern, Karlsruhe, Heilbronn, südlich von Heidelberg, Würzburg, Meiningen, Coburg, Plauen getrennt. Das Mitteldeutsche und das Oberdeutsche werden auch als hochdt. M. zusammengefasst.

Eine weitere großräumige Erscheinung, die die dt. Dialektlandschaft gestaltet hat, ist die binnenhochdt. (oder binnendt.) Konsonantenschwächung, durch die p und b, t und d, k und g zusammengefallen sind. Sie ist v. a. im Ostmitteldeutschen verbreitet und kennzeichnet das Obersächsische und Schlesische.

Die neuhochdt. Diphthongierung nahm im äußersten SO des dt. Sprachraums ihren Anfang und erfasste die ober- und mitteldt. Mundarten mit Ausnahme des Alemannischen. Die mittelhochdt. Langvokale i, u und iu (ü) werden zu ei, au und äu (eu). Die heutigen dt. M.-Landschaften reichen über die Staatsgrenzen hinaus, das Niederfränkische wird in N-Dtl. und den Niederlanden, Alemannisch in SW-Dtl., der Schweiz und W-Österreich, das Bairische in Bayern, Österreich und Südtirol gesprochen. Ein großer Teil der ostdt. Mundarten ist seit 1945 verschwunden.

Niederdeutsch: Es lässt sich in Westniederdeutsch (Niederfränkisch und Niedersächsisch) und Ostniederdeutsch unterteilen. Das **Niederfränkische** wird am Niederrhein gesprochen und hat sich vom 13. bis 16. Jh. zu einer eigenen Schriftsprache entwickelt. Das **Niedersächsische** wird in Westfälisch, Ostfälisch und Nordniedersächsisch unterteilt. Kennzeichnend für das Westfälische sind die Diphthonge (z. B. haun »Huhn«) und die Aussprache von sch als sk oder s-ch. Das Ostfälische wurde stark vom angrenzenden Ostmitteldeutschen beeinflusst. Zum Nordniedersächsischen gehören die friesisch-nordniedersächs. Mischsprache in Ostfriesland, Holsteinisch und Schleswigisch, wobei sich das Holsteinische u. a. durch stimmhaft gesprochenes b, d, g für p, t, k klarer abhebt. Beim **Ostniederdeutschen** zeigt das Märkisch-Brandenburgische sehr viele sprachl. Bezüge zur Heimat der Siedler, die im 12. Jh. aus dem niederländ. Raum, bes. S-Brabant, kamen. Das westlich der Oder gesprochene Mittelpommersche geht ins Märkisch-Brandenburgische über. Das Mecklenburgische mit dem Vorpommerschen bildet einen relativ scharf abgegrenzten M.-Raum (Zusammenhänge mit dem Westfälischen durch Siedlungsbewegungen erklärbar). Das Pommersche (Ostpommersche) östlich der Oder hat im nördl. Teil die Formen heff »habe« und brauder »Bruder«, im südl. Teil hebb und brooder. Ost- und Westpreußen gehören (mit Ausnahme des Hochpreußischen) zum Niederpreußischen, wobei der östl. Teil starke schriftsprachl. Einflüsse zeigt.

Niederdeutsch sprachen auch die seit etwa 1200 in das Baltikum eingewanderten Deutschen (Baltendeutsch). Nach 1600 wurde bei den Deutschbalten als Kanzleisprache das Hochdeutsche eingeführt, das dann in den mündl. Gebrauch überging.

Mitteldeutsch: Es enthält sowohl nieder- als auch oberdt. Merkmale, stellt aber einen selbstständigen Sprachraum mit auch eigenen Merkmalen dar, z. B. Entwicklung von -nd- zu -ng- (hingen »hinten«). Beim **Westmitteldeutschen** hat das Mittelfränkische mit dem Ripuarischen um Köln und dem Moselfränkischen um Trier-Koblenz und in Luxemburg die Lautverschiebung am wenigsten mitgemacht; das Rheinfränkische hat sie weiter durchgeführt (*das* statt *dat*, unverschoben *pund* und *appel*). Das Rheinfränkische lässt sich in Rheinpfälzisch und Hessisch gliedern, die st/scht-Grenze trennt beide voneinander (rheinpfälzisch *fescht* für hessisch und hochdt. *fest*). Vom Rheinpfälzischen, das die Rheinpfalz, das Saarland, den Mainzer Raum und den Odenwald umfasst, unterscheidet sich das Hessische östlich des Mainzer Raums (bis zum niederdt. Bereich) auch dadurch, dass es die neuhochdt. Diphthongierung nicht durchgeführt hat. Die westmitteldt. Landschaften sind im Wesentlichen altes Siedlungsland, während das **Ostmitteldeutsche** durch die ostdt. Kolonisation entstanden ist; Ausnahme ist Thüringisch (mit dem Obersächsischen fast zu einer Einheit zusammengewachsen). Gemeinsam mit dem Obersächsischen hat es z. B. das anlautende f- statt pf- (z. B. *fund* »Pfund«), zugleich eines der wichtigsten Kennzeichen des Ostmitteldeutschen. Stärker ausgeprägte Landschaften innerhalb des Obersächsischen sind das Osterländische und das Erzgebirgische. Östlich an das Obersächsische schloss sich das Schlesische und Lausitzische an. In zentraler Lage in Schlesien (im südl. Warthebogen bis fast nach Breslau) wurde das Neiderländische mit zahlreichen Diphthongierungen gesprochen. Zum Schlesischen gehörte als eine Sprachinsel auch das Hochpreußische.

Oberdeutsch: Beim Oberdeutschen unterscheidet die Verschiebung des p zu pf das **Südfränkische** (oder Südrheinfränkische) um Karlsruhe-Heilbronn vom mitteldt. Rheinfränkischen; dies gilt auch für das **Ostfränkische** (oder Mainfränkische) um Würzburg, Bayreuth, Nürnberg und Bamberg. Das **Bairische** nimmt den gesamten SO des dt. Sprachraums ein und erstreckt sich über Bayern (ohne Franken und Schwaben), Österreich (ohne Vorarlberg), Südtirol sowie einige Sprachinseln. Gemeinsame Merkmale des Süd-, Mittel- und Nordbairisch untergliederten Bairischen sind z. B. alte, über das Gotische aus dem Griechischen kommende Wörter wie Ergetag »Dienstag« und Pfinztag »Donnerstag«. Das Südbairische hat als einzige dt. M. die hochdt. Lautverschiebung vollständig durchgeführt, sodass k als Affrikata kch gesprochen wird. Die im Südbairischen nicht durchgeführte Konsonantenschwächung erscheint im Mittelbairischen und im Nordbairischen. **Schwäbisch** und **Alemannisch** werden in Schwaben, Württemberg, S-Baden, im Elsass, der dt.sprachigen Schweiz, in Liechtenstein und Vorarlberg gesprochen. Das Schwäbische gliederte sich im 13. Jh. aus dem Alemannischen aus. Kennzeichnend für das Schwäbische sind die starke Näselung und die nur halb diphthongierten Zwielaute, für das Niederalemannische die Monophthonge. Das Hochalemannische wird im dt.sprachigen Teil der Schweiz und in Vorarlberg gesprochen; charakteristisch ist die Aussprache des anlautenden k als ch (z. B. chind »Kind«). Die M. der S-Schweiz, insbesondere des Kt. Wallis, bezeichnet man als Höchstalemannisch. Es ist die altertümlichste dt. M. Durch die Siedlungsbewegungen (»Walserwanderungen«) verbreitete sich diese M. in versch. Gegenden der Schweiz (bes. Graubünden), N-Italiens und ins österr. Vorarlberg.

Mund|artdichtung (Dialektdichtung), Dichtung in der Mundart einer bestimmten Landschaft, entstanden zum Zwecke der nat. Selbstbehauptung, aus volkstüml. und folklorist. Motiven oder zur Erzielung satir.-kom. Wirkung. Erst nach Entwicklung einer allgemein verbindlichen Hoch- und Schriftsprache bedienen sich im 17. Jh. in Dtl. Dichter der Mundart, so z. B. im Barock A. Gryphius mit seinem Lustspiel »Die gelibte Dornrose« (1660) in schles. Mundart. Mit dem Interesse der Romantiker an der Volksdichtung wird Dialekt zunehmend literaturfähig (u. a. J. P. Hebels »Alemann. Gedichte«, 1803). Gleichzeitig entfaltet sich die Tradition des mundartlichen Volkstheaters, v. a. in Österreich (J. A. Stranitzky), wo sie bis heute ungebrochen ist (L. Anzengruber), was auch für das bayer. Volkstheater gilt (L. Thoma). Das naturalist. Drama nutzt den Dialekt als Zeichen hilflosen Gefangenseins (G. Hauptmann), eine Tendenz, die sich auch im 20. Jh. fortsetzte (O. M. Graf, Ö. von Horváth, F. X. Kroetz). Anhaltende konservativ-restaurative Funktionen erhielt die M. dagegen im Rahmen der Heimatkunstbewegung und im nat.-soz. Literaturbetrieb. In den 1950er-Jahren erlangte die M. eine neue Dimension als Experimentierfeld sprachkritisch orientierter Autoren (↗ konkrete Poesie, ↗ Wiener Gruppe).

Mundasprachen, zu den austroasiat. Sprachen gehörende Sprachgruppe in Vorderindien. Die früher über ganz Indien verbreiteten M. sind von den tibetobirman., indogerman. und dravid. Sprachen zurückgedrängt worden.

Mundavölker, Mundasprachen sprechende Völker in Vorderindien, weisen mongolide und weddide Merkmale auf; etwa 12 Mio. Menschen. Die M. betreiben Feldbau, auch Jagd und Sammelwirtschaft. Von der heute in den Waldgebieten von W-Bengalen, Bihar, Madhya Pradesh und Orissa (Rajmahalberge, Chota-Nagpur-Plateau) lebenden Hauptgruppe, der Kherwarigruppe, zu der auch das Volk der Munda i. e. S. gehört, werden eine südl. und eine westl. Gruppe abgetrennt.

Mündel [vgl. Munt], unter ↗ Vormundschaft stehender Minderjähriger.

Mündelgeld, das vom Vormund verwaltete Geldvermögen eines Mündels; muss nach §§ 1806 ff. BGB bes. sicher (**mündelsicher**) verzinslich angelegt werden, soweit es nicht zur Bestreitung von Ausgaben bereitzuhalten ist. – Ähnl. Grundsätze kennt das *österr. Recht* (§§ 187 ff., 230 ff. ABGB). In der *Schweiz* gelten Art. 368 ff. ZGB und das internat. Abkommen zur Regelung der Vormundschaft Minderjähriger.

Mundell [mʌnˈdel], Robert Alexander, kanad. Volkswirtschaftler, *Kingston (Ontario) 24. 10. 1932; seit 1974 Prof. an der Columbia University, New York; Forschungen v. a. zur monetären Außenwirtschaftstheorie und zur gesamtwirtsch. Stabilisierungspolitik; erhielt 1999 für seine Analyse der Geld- und Fiskalpolitik in versch. Wechselkurssystemen sowie seine Theorie optimaler Währungsgebiete den Nobelpreis für Wirtschaftswissenschaften.

Münden, seit 1. 1. 1991 amtlich ↗ Hann. Münden.
Münder am Deister, Bad, ↗ Bad Münder am Deister.
Mundfäule, ↗ Stomatitis.
Mundflora, mikrobielle Besiedlung der Mundhöhle; verändert sich abhängig von der Mundhygiene, Kariesdisposition und Erkrankungen qualitativ und quantitativ.
Mundgeruch (Foetor ex ore, Halitose), unangenehmer Geruch aus dem Mund; entsteht durch kariöse Zähne, mangelhafte Mundpflege, Entzündung der Mundschleimhaut, der Mandeln, der Nase und ihrer Nebenhöhlen, nach Eingriffen in der Mundhöhle sowie fallweise bei Magen- oder Stoffwechselerkrankungen.
Mundgliedmaßen (Mundwerkzeuge), für Nahrungserwerb und -aufnahme umgebildete Gliedmaßen am Kopf der Gliederfüßer.

Die Mundgliedmaßen der Insekten sind je nach Art der Nahrung sehr unterschiedlich gebaut, gehen aber auf einen gemeinsamen Grundtypus zurück. Man unterscheidet beißend-kauende, leckend-saugende, saugende und stechend-saugende Mundwerkzeuge. Steinfliegen, Libellen, Käfer, viele Insektenlarven und Heuschrecken haben **beißend-kauende M.** Eine unpaare Hautfalte bildet die Oberlippe (**Labrum**). Sie überdeckt den paarigen Oberkiefer (Mandibeln), der Schneidkanten trägt. Hinter ihm sitzt der stärker gegliederte und vielseitig bewegliche paarige Unterkiefer (erste Maxillen). Seitlich zweigen von ihm nach außen die Unterkiefertaster und nach innen die Kauladen ab. Das zweite Maxillenpaar ist zur Unterlippe (**Labium**) verschmolzen, die das Mundfeld nach hinten begrenzt. Sie trägt seitlich ein Paar Lippentaster (Labialtaster). Bei den **leckend-saugenden M.** z. B. der Biene bilden Teile der Unterlippe die lange, röhrenförmige Zunge. Die Außenladen des Unterkiefers und die Lippentaster bilden um die Zunge ein Saugrohr. Bei den **saugenden M.** der Schmetterlinge sind Unterkiefer und Lippe zurückgebildet. Erhalten bleiben die Lippentaster. Die beiden Außenladen des Unterkiefers sind stark verlängert und rinnenförmig. Sie legen sich zu einem einrollbaren Saugrohr zusammen. Bei den **stechend-saugenden M.** (z. B. Stechmücke) bildet die Unterlippe eine Rinne, die von der Oberlippe bedeckt wird. In ihr gleiten die Stechborsten, die aus dem Oberkiefer und den Kauladen des Unterkiefers entstanden sind.

Mundharmonika, volkstüml. Blasinstrument von länglich-rechteckiger Form, mit Luftkanälen (Kanzellen), in denen einseitig befestigte Metallzungen aus Messing durch Ausstoßen (Anblasen) oder Einziehen des Atems in Schwingungen versetzt und dadurch zum Klingen gebracht werden; 1821 von Friedrich Ludwig Buschmann (*1805, †1864) erfunden.

Robert A. Mundell

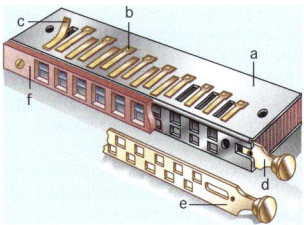

Mundharmonika: chromatische Mundharmonika, a Stimmplatte, b Stimmzunge, c »Ventil«, d Kanzellenschieber, e Kanzellenschieber (herausgenommen), f Mundstück

Mundhöhle (Cavum oris), vorderster Abschnitt des Verdauungskanals; er wird beim Menschen und den Säugetieren vorn von den Lippen, unten vom M.-Boden und der Zunge, oben vom harten Gaumen, oben hinten vom weichen Gaumen und seitlich von den Wangen begrenzt. Durch die Zahnreihen wird die M. in einen Vorhof und die eigentl. M. untergliedert. In der M. wird die aufgenommene Nahrung mechanisch zerkleinert und so für den Weitertransport vorbereitet. Die Gleitfähigkeit wird durch das Sekret der in die M. mündenden Speicheldrüsen erreicht. Durch zahlr. Sinnesorgane (für Geschmack, Druck, Temperatur und Schmerz) in der M.-Schleimhaut dient die M. auch der Nahrungsprüfung.

Mündigkeit, ↗ Volljährigkeit.
Mündlichkeit, *Recht:* der in den meisten Verfahrensordnungen vorgesehene Grundsatz, dass vor Gericht mündlich verhandelt werden muss und nur das Verhandelte der Entscheidung zugrunde gelegt wird. Die meisten Verfahrensordnungen lassen jedoch für

Mundorgel aus China, Mitte 20. Jh. (München, Stadtmuseum)

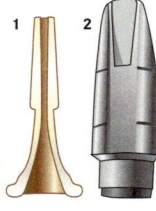

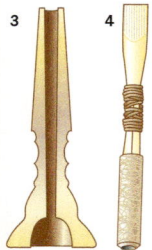

Mundstück:
1 Waldhorn,
2 Klarinette,
3 Trompete,
4 Oboe

Theodor Mundt

bestimmte Fälle das ↗ schriftliche Verfahren zu. Nach § 128a ZPO kann die mündl. Verhandlung im Wege der Bild- und Tonübertragung durchgeführt werden. Am strengsten wird der Grundsatz der M. in der Hauptverhandlung des Strafprozesses gehandhabt. – M. gilt ähnlich auch im Prozessrecht *Österreichs* und der *Schweiz*.

Mund|orgel, in O- und SO-Asien heim. Blasinstrument, bestehend aus 1 bis 36 Bambus- oder Holzrohren versch. Länge, die in einem Windbehälter (meist aus Kürbis oder Holz) sitzen, durch dessen Mundstück der Spieler Luft ausstößt bzw. einsaugt. Es erklingen nur die Rohre, deren seitlich zugängl. Löcher der Spieler mit den Fingern abdeckt.

Mund|raub, die Entwendung oder Unterschlagung von Nahrungs- oder Genussmitteln in geringer Menge. Nach Fortfall des § 370 StGB wird der frühere M. jetzt als Diebstahl oder Unterschlagung geringwertiger Sachen nach § 248a StGB verfolgt.

Mund|stück, Anblasvorrichtung bei Blasinstrumenten. Bei Blechblasinstrumenten ist das M. ein kleines Ansatzstück in Form eines Kessels (Trompete) oder Trichters (Waldhorn); bei Blockflöte und Klarinette hat das M. Schnabelform; bei Doppelrohrblattinstrumenten (Fagott, Oboe) ist das Rohr Mundstück.

Mundt, Theodor, Schriftsteller, * Potsdam 19. 9. 1808, † Berlin 30. 11. 1861; Hg. von Zeitschriften, Erzähler, Literarhistoriker, einer der bedeutendsten Vertreter des »Jungen Deutschland«.

Mündung, 1) *Geographie:* die Stelle, an der sich ein Fluss in einen anderen Fluss, in einen See oder ins Meer ergießt. (↗ Ästuar, ↗ Delta)
2) *Waffenwesen:* das offene Ende des Laufs (Rohrs) einer Feuerwaffe.

Mund-zu-Mund-Beatmung, ↗ erste Hilfe (Übersicht).

Mund-zu-Nase-Beatmung, ↗ erste Hilfe (Übersicht).

Munggenast (Mungenast), Joseph (Josef), österr. Baumeister, * Schnann (heute zu Pettneu am Arlberg, Tirol) um den 5. 3. 1680, begraben St. Pölten 3. 3. 1741; Vetter und Schüler von J. Prandtauer, dessen Bauten er z. T. vollendete. 1722–35 war er für das Zisterzienserkloster Zwettl tätig; 1730–38 u. a. Bauleiter des Stifts Melk (v. a. Turmabschlüsse). Sein Stil steht an der Wende vom Spätbarock zum Rokoko.

Mungobohne, ↗ Bohne.

Mungos (Mangusten, Herpestinae), Unterfamilie kurzbeiniger Schleichkatzen mit nicht rückziehbaren Krallen. Der bis 45 cm lange **Ind. Mungo** (Herpestes edwardsi) mit körperlangem Schwanz vertilgt Ratten und Giftschlangen.

Municipio [span. muni'sipjo] *das* (portugies. und brasilian. Município), Verwaltungseinheit in Lateinamerika und Portugal von sehr unterschiedl. Größe und Funktion.

Municipium [lat.] *das* (Munizipium), urspr. autonome Stadtgemeinde in Latium; in der röm. Rep. seit 338 v. Chr. die in den röm. Staatsverband aufgenommene ital. Landstadt.

Munition [frz., von lat. munitio »Befestigung«, »Schanzwerk«] *die,* Sammelbez. für das gesamte, aus Geschossen, Sprengladungen und deren Treibladungen, Zünd- und Leuchtsätzen bestehende Schießmaterial für Feuerwaffen zu militär., Sport-, Jagd- oder sonstigen Zwecken; i. w. S. auch Handgranaten, Bomben, Sprengladungen von Torpedos und Sprengbooten, Treib- und Sprengladungen von Raketen, Minen und pyrotechn. Signalmittel. – Nach der Legaldefinition des § 2 Waffen-Ges. vom 19. 9. 1972: 1) Hülsen mit Ladungen, die das Geschoss enthalten (Patro-

nen-M.); 2) Hülsen mit Ladungen, die ein Geschoss nicht enthalten (Kartuschen-M.); 3) Geschosse mit Ladungen, die nach dem Abschuss durch die mitgeführte Ladung angetrieben werden (Raketen-M.).

Bei der **Patronen-M. (patronierte M.)** sind das Geschoss bzw. die Granate und die Hülse mit der Treibladung zu einem Ganzen verbunden, wobei der vordere Hülsenmund in das Geschoss eingepresst ist. Patronen-M. für Hand- und Faustfeuerwaffen, Maschinengewehre und -kanonen hat am Bodenende der aus Messing oder Stahl gefertigten Hülse die Zündpille, die beim Auftreffen des Schlagbolzens die Treibladung entzündet. M. für Geschütze größeren Kalibers hat anstelle der Zündpille die für elektr. Zündung oder Schlagbolzenzündung eingerichtete Zündschraube. Bei der **getrennten M. (Kartuschen-M.)** ist das Geschoss nicht mit der Treibladung verbunden, erst durch das Laden werden beide Teile zu einem Schuss zusammengefügt. Dadurch kann die Masse der Treibladung so dosiert werden, dass nur die unbedingt notwendige Energie im Rohr entsteht, was die Lebensdauer des Rohres erhöht. Getrennte M. wird von Geschützen mit einem Kaliber von über 120 mm verschossen.

Munizipium, *das* ↗ Municipium.

Munk, 1) Andrzej, poln. Filmregisseur, * Krakau 16. 10. 1921, † (Autounfall) zw. Zowicz und Sochaczew 20. 9. 1961; drehte zunächst Dokumentarfilme, dann Spielfilme mit krit. Ansatz (»Ein Mann auf den Schienen«, 1956; »Eroica«, 1957; »Schielendes Glück«, 1960).
2) [mɔŋ], Kaj Harald Leininger, dän. Schriftsteller, * Maribo 13. 1. 1898, † (von der Gestapo ermordet) bei Silkeborg 4. 1. 1944; Pfarrer, beeinflusst von S. Kierkegaard, versuchte mit politisch-philosoph. und religiösen Themen das dän. Drama zu erneuern.

Munkács ['muŋkatʃ], ungar. Name für die ukrain. Stadt ↗ Mukatschewo.

Munkácsy ['muŋka:tʃi], Mihály von (seit 1878), eigtl. Michael Lieb, ungar. Maler, * Munkács (heute Mukatschewo, Ukraine) 20. 2. 1844, † Endenich (heute zu Bonn) 1. 5. 1900; schuf großformatige Bilder mit sozialkrit. Tendenz sowie Szenen aus dem gesellschaftl. Leben des gehobenen Bürgertums und gestaltete ferner religiöse und histor. Themen; bed. v. a. seine von der Schule von Barbizon beeinflussten Landschaftsbilder.

Mun-Kirche, Kurzbez. für die ↗ Vereinigungskirche.

Münnerstadt, Stadt im Landkr. Bad Kissingen, Bayern, in der südl. Vorderrhön, 8 200 Ew.; Fachschule für Sozialpädagogik, volkskundl. Museum; Glaswarenfabrik, Maschinenbau. – Bed. Kunstschätze in der Stadtpfarrkirche St. Maria Magdalena (15.–17. Jh.), v. a. der wiederhergestellte Flügelaltar von T. Riemenschneider, die Tafelgemälde von V. Stoß (1503) und die Glasgemälde in den Chorfenstern (um 1420–50). – 770 erstmals erwähnt, 1235 Stadtrecht.

Muñoz Molina [mu'ɲɔθ mo'lina], Antonio, span. Schriftsteller, * Úbeda 12. 1. 1956; Verfasser von Romanen, in denen sich spannende Kriminalgeschichten mit der Aufarbeitung des Bürgerkriegs und der Francozeit verbinden, u. a. »Deckname Beltenebros« (1989), »Der poln. Reiter« (1991), »Die Geheimnisse von Madrid« (1992), »Plenilunio« (1997).

Münsingen, Stadt im Landkr. Reutlingen, Bad.-Württ., auf der Schwäb. Alb, 14 000 Ew.; bei M. Truppenübungsplatz. Eisenwarenherstellung, Maschinen- und Apparatebau, Holz verarbeitende Ind. – Erhielt um 1263 Stadtrecht.

Münster, 1) Stadt im Landkr. Soltau-Fallingbostel, Ndsachs., in der Lüneburger Heide, 18 100 Ew.; Panzermuseum; Truppenübungsplätze. – Seit 1967 Stadt.

2) [ˈmʌnstə] (irisch Cúige Mumhan), histor. Prov. im SW der Rep. Irland, 24 127 km², 1,034 Mio. Einwohner.

Münster [ahd. von lat. monasterium »Kloster«], urspr. das gesamte Kloster, seit dem MA. die Kirche eines Klosters oder Kapitels (Stiftskirche); auch eine große Pfarrkirche (Hauptkirche einer Stadt); im dt. Sprachgebiet neben »Dom« auch Bez. der Bischofskirche.

Münster, 1) RegBez. in NRW, 6 906 km², 2,620 Mio. Ew.; umfasst die kreisfreien Städte Bottrop, Gelsenkirchen, M. und die Kr. Borken, Coesfeld, Recklinghausen, Steinfurt, Warendorf.

2) kreisfreie Stadt, Verw.sitz des RegBez. M., NRW, in der Mitte des Münsterlandes an der Aa (zum Aasee gestaut), 267 200 Ew.; Kulturzentrum eines weiten Umlands: kath. Bischofssitz, Westfäl. Wilhelms-Univ., FH, Philosophisch-Theolog. Hochschule, Kunstakademie, Polizei-Führungsakademie (in Hiltrup), Verw.akademie, Staatsarchiv, Westfäl. Landesmuseum für Kunst- und Kulturgesch., Westfäl. Museum für Naturkunde, Geolog., Archäolog. und Mineralog. Museum, Graphikmuseum Pablo Picasso (2000 eröffnet), Museum für Lackkunst, Bibelmuseum, Mühlenhof-Freilichtmuseum (Volkskunde), Theater, zoolog. und botan. Garten; Bundesanstalten für Fettforschung und für den Güterfernverkehr, Inst. der Biolog. Landesanstalt für Land- und Forstwirtschaft, Wasser- und Schifffahrtsdirektion; Maschinenbau, chem., pharmazeut., Möbelind., Kraftfutterherstellung, Druckereien und Verlage; Hafen am Dortmund-Ems-Kanal. – Die maler. Altstadt wurde im Zweiten Weltkrieg zu mehr als 90 % zerstört, aber zum großen Teil stilgerecht, an traditionellen Formen orientiert, wieder aufgebaut; Lauben- und Giebelhäuser der Gotik und Renaissance am Prinzipalmarkt, darunter got. Rathaus (14. Jh.), Stadtweinhaus (1615); doppeltürmiger Dom (1225–64), die Hallenkirchen St. Ludgeri (um 1200, got. Turm), St. Servatii (um 1225–50), St. Lamberti (1375–1450, mit den Wiedertäuferkäfigen am Turm) und Liebfrauen (in Überwasser, »Überwasserkirche«, 1340–46), Kapuzinerkirche St. Ägidii (1724–29); barocke Adelshöfe, darunter der Erbdrostenhof (1753–57, von J. C. Schlaun); ehem. fürstbischöfl. Schloss (1767–87 von J. C. Schlaun). – Entstand um 782, seit Anfang des 9. Jh. Mittelpunkt eines Bistums und nach dem »monasterium« (»Kloster«) um die Kirche ben. Die Marktsiedlung war bereits unter Kaiser Otto III. Münzstätte; sie kann seit der 2. Hälfte des 12. Jh. als Stadt gelten (kodifiziertes Stadtrecht um 1214). Ab 1246 Mitgl. der rheinisch-westfäl. Städtebündnisse; seit dem 14. Jh. führendes Mitgl. der Hanse (ab 1494 Vorort des westfäl. Hansequartiers). Seit 1524 Hinwendung zur Reformation; 1534–35 unter Johann Bockelson (* 1509, hingerichtet 1536) »Tausendjähriges **Täuferreich von M.**« (blutig niedergeworfen; / Täufer); ab 1585/88 wurde M. rekatholisiert; 1661 Verlust der Privilegien; verstärkter wirtsch. Niedergang nach Verlegung der bischöfl. Residenz nach Köln bzw. Bonn (1723). 1802/03 fiel M. an Preußen, 1807 an das Großherzogtum Berg, 1810 an Frankreich, 1815 abermals an Preußen (1816–1946 Hptst. der Prov. Westfalen). – Im Dreißigjährigen Krieg war M. seit 1643 Tagungsort des Friedenskongresses. Am 15. 5. 1648 wurde in M. der Teilfrieden zw. den sieben nordniederländ. Provinzen und Spanien beschworen (Anerkennung der Unabhängigkeit der nördl. Niederlande), am 24. 10. 1648 wurden die Abschlussverträge zum allg. Frieden unterzeichnet (**Friede von M.**; / Westfälischer Frieden).

3) Bistum, 804 im Zuge der kirchl. Organisation Sachsens von Karl d. Gr. gegr.; umfasste das Gebiet zw.

Münster 2) Stadtwappen

Münster 2): die nach dem Zweiten Weltkrieg wieder aufgebaute Altstadt mit dem doppeltürmigen Dom aus dem 13. Jh.

Sebastian Münster (Ausschnitt aus einem Gemälde von Christoph Amberger)

Thomas Müntzer (Ausschnitt aus einem Kupferstich von 1606, nach einem zeitgenössischen Holzschnitt)

Lippe und dem Oberlauf der Ems, dazu bis ins 16. Jh. Teile Frieslands. Seit dem 13. Jh. erlangten die Bischöfe schrittweise die Landeshoheit über das Bistumsgebiet. In seiner endgültigen Gestalt war das Fürstbistum seit dem 15. Jh. in ein Oberstift (etwa der heutige RegBez. M.) und ein Niederstift (etwa die heutigen Landkreise Meppen, Cloppenburg, Vechta) gegliedert. 1802/03 säkularisiert, wurde das Bistum 1821 neu geordnet und Suffraganbistum des Erzbistums Köln. Der Gebietsanteil M.s am Ruhrgebiet ging 1957 zum größten Teil an das neu errichtete Bistum Essen über.

4) Bezirkshauptort im schweizer. Kt. Bern, ↗ Moutier.

5) (frz. Munster), Stadt im Oberelsass im frz. Dép. Haut-Rhin, im Münstertal der S-Vogesen, 4 700 Ew.; Fremdenverkehr; Textilind. – Die Benediktinerabtei M., im 7. Jh. gegr., bestand bis zur Frz. Revolution (1802 zerstört). – Die Stadt M. wurde im 13. Jh. Reichsstadt; 1536 Einführung der Reformation.

6) (bündnerroman. Müstair), ↗ Münstertal.

Münster, Sebastian, Hebraist und Kosmograph, *Ingelheim am Rhein 20. 1. 1488, †Basel 26. 5. 1552; seit 1529 Prof. in Basel; gab die erste christl. Ausgabe der hebr. Bibel heraus (2 Bde., 1534/35), beschrieb in der »Cosmographia« (1544) bes. die Länder und Städte Deutschlands.

Münster am Stein-Ebernburg, Bad, ↗ Bad Münster am Stein-Ebernburg.

Münstereifel, Bad, ↗ Bad Münstereifel.

Münsterland, das nordwestl. Westfalen zw. Teutoburger Wald und Lippe, der nördl. Teil der ↗ Westfälischen Bucht.

Münsterländer, Bez. für zwei langhaarige dt. Vorstehhunderassen. Der **Große M.** hat ein leicht welliges, schwarzweiß gefärbtes Fell (Schulterhöhe 58–62 cm). Der **Kleine M.** ist der kleinste dt. Vorstehhund (Schulterhöhe 44–56 cm), mit wenig gewelltem Fell in den Farben Braun-Weiß oder Braun-Schimmel.

Münstermann, Ludwig, Bildhauer, *Hamburg wohl um 1575, †ebd. 1637/38; führender Meister in der Übergangszeit vom Manierismus zum Frühbarock in Nord-Dtl.; schuf für oldenburg. Landkirchen Altäre, Kanzeln und Orgelprospekte; auch Holz- und Alabasterfiguren.

Münstersche Bucht, ↗ Westfälische Bucht.

Münstertal, 1) (bündnerroman. [seit 1992 amtl.] Val Müstair, italien. Val Monastero), Tal des Rom (vom Ofenpass zur Etsch) im Kt. Graubünden, Schweiz (als Bez. 199 km², und in Südtirol, Italien, 18 km lang. Hauptorte sind Santa Maria im M. und Müstair (dt. Münster; 840 Ew.); in Müstair Benediktinerinnenkloster (gegr. um 780/790 von Karl d. Gr. als Männerkonvent; Weltkulturerbe der UNESCO), in der Dreikonchenkirche (Ende 8. Jh.) karoling. Bilderzyklus (wohl um 800); Statue Karls d. Gr. (wohl 12. Jh.). In Taufers im M. (italien. Tubre) ehem. Kirche des 13. Jh. mit Fresken.

2) Tal in den Vogesen, Frankreich, erstreckt sich von Türkheim und Winzenheim bei Colmar bis zu den Hochweiden der Vogesen mit ihren Molkereien (Münsterkäse). Wald- und Landwirtschaft, Textil-, Papierind.; größter Ort ist ↗ Münster 5).

Munt [ahd. »Schutz«] *die* (Mundschaft, latinisiert Mundium), im german. Recht ein personenrechtl. Schutz- und Vertretungsverhältnis, das v. a. in der Hausgewalt (Vormundschaft) und Schutzfunktion des Sippen- bzw. Familienoberhaupts gegenüber Sippen- bzw. Familienmitgl. bestand ; auch Bez. für versch. Herrenrechte (mit gleichzeitigem Schutz, z. B. die M. des Grundherrn oder die Königs-M., in die die Kaufleute standen).

Müntefering, Franz, Politiker (SPD), *Neheim-Hüsten (heute zu Arnsberg) 16. 1. 1940; kaufmänn. Angestellter, 1975–92 MdB, 1992–95 Min. für Arbeit, Gesundheit und Soziales in NRW; 1995–98 Bundesgeschäftsführer der SPD, 1998–99 Bundesmin. für Verkehr, Bau und Wohnungswesen; wurde 1999 zum Gen.-Sekr. der SPD ernannt und im Okt. 2002 Vors. der SPD-Bundestagsfraktion.

Muntenilen (rumän. Muntenia), die Große ↗ Walachei.

Münter, Gabriele, Malerin, *Berlin 19. 2. 1877, †Murnau a. Staffelsee 19. 5. 1962; Mitgl. des ↗ Blauen Reiters, nachhaltig vom Werk ihres langjährigen Lebensgefährten W. Kandinsky beeinflusst; ihr gegenständlich orientiertes Werk (Stillleben, Interieurs, Landschaftsbilder) ist gekennzeichnet durch leuchtende Farben und eine flächige Malweise mit breitem, sicherem Pinselauftrag; auch Hinterglasbilder, Aquarelle, Zeichnungen.

Munthe, Axel, schwed. Arzt und Schriftsteller, *Oskarshamn 31. 10. 1857, †Stockholm 11. 2. 1949; bekannt wurde seine Autobiografie »Das Buch von San Michele« (1929).

Muntjak *der* (Muntiacus muntjak), südostasiat., bis 65 cm hohe Art der Muntjakhirsche, oberseits braun, unterseits weiß, mit kleinem Geweih und verlängerten oberen Eckzähnen.

Müntzer (Münzer), Thomas, evang. Theologe, *Stolberg (Harz) um 1490, † (hingerichtet) bei Mühlhausen/Thüringen 27. 5. 1525; studierte in Leipzig und Frankfurt (Oder), 1519 Begegnung mit M. Luther und Anschluss an die Reformation, 1520 Prediger in Zwickau; hier Kontakt mit der einem radikalen Spiritualismus folgenden Gruppe der **Zwickauer Propheten** um den Tuchmacher und Laienprediger Nikolaus Storch (*vor 1500, †nach 1536[?]), zunehmende Entfremdung von Luther und Hinwendung zu auch gesellschaftspolitisch radikaler werdenden Vorstellungen; musste deshalb im April 1521 aus Zwickau fliehen; ging nach Böhmen (Kontakt zu den Böhm. Brüdern), wo er das »Prager Manifest« verfasste, das erstmals die Grundlage seiner Theologie enthielt: die Vorstellung von der unmittelbaren Wirkung des göttl. Wortes durch den Hl. Geist und von der prakt. Realisierbarkeit des Evangeliums in einem Reich Gottes auf Erden. Seit 1523 Pfarrer in Allstedt, führte er den Gottesdienst in dt. Sprache ein (»Dt. evang. Messe«, 1524) und gründete den »Bund getreulichen und göttl. Willens«; forderte die Fürsten zum Eintritt auf (»Fürstenpredigt« am 13. 7. 1524). Nachdem sich diese - von Luther gewarnt - gegen ihn entschieden, Vertreibung aus Allstedt. Flucht über Mühlhausen und Nürnberg (endgültiger Bruch mit Luther, »Hochverursachte Schutzrede und Antwort wider das geistlose sanftlebende Fleisch zu Wittenberg«); Verbindungsaufnahme mit dem aufständ. Bauern Ober-Dtl.s; 1525 Rückkehr nach Mühlhausen. Dort zum Pfarrer gewählt, setzte er eine radikaldemokrat. Verfassung durch und wurde (v. a. geistiger) Anführer eines Bauernheeres; nach dessen Niederlage bei Bad Frankenhausen gefangen genommen (15. 5. 1525), gefoltert und hingerichtet. – In der Geschichtsschreibung ist M. äußerst umstritten. V. a. frühe marxist. Historiker betonten die Rolle M.s als Politiker und Revolutionär, neuere Forschungen untersuchen seine Bedeutung als Reformator und Theologe differenzierter. Die prot. Kirchengeschichtsschreibung, die ihm über Jahrhunderte polemisch-abwertend gegenüberstand (»Fanatiker«, »Schwärmer«), arbeitet erst in jüngster Zeit an einer sachlich-krit. Wertung seiner Person.

Münzbuchstaben, Einzelbuchstaben auf Münzen zur Kennzeichnung der Münzstätte; in Dtl. heute A (Berlin), D (München), F (Stuttgart), G (Karlsruhe), J (Hamburg).

Münze [zu lat. moneta], **1)** Kurzbez. für ↗ Münzstätte.

2) geprägtes, aus Münzmetall bestehendes Zahlungsmittel (Metallgeld), dessen Gewicht, Güte und Nennwert vom Staat kraft Münzhoheit durch Bild oder Schrift garantiert wird. – In modernen Währungssystemen existieren nur noch aus unedlen Metallen bzw. Metalllegierungen bestehende Scheide-M.; Edelmetalle werden nur noch für **Gedenk-M.** verwendet, die nicht zirkulieren, aber als offizielles Zahlungsmittel anerkannt werden, da ihr Wert den Nennwert häufig übersteigt. Nach der Verkehrsbedeutung werden **Kurs-M.** (für den gewöhnl. Umlauf im Inland) und **Handels-M.** (für überterritorialen und internat. Handelsverkehr) unterschieden, bei den Kurs-M. darüber hinaus **Kurant-M.** (Nennwert wird durch den Edelmetallgehalt repräsentiert) und **Scheide-M.** (M. kleinen Nennwerts für den tägl. Kleinverkehr; der Metallwert ist geringer als der festgelegte Nominalwert). **Rechnungs-M.** waren Werteinheiten, die als Münze nicht oder nicht mehr existierten, sondern durch umlaufendes Geld dargestellt wurden.

Die meisten M. sind rund. Im Allg. zeigt die Vorderseite **(Avers)** staatl. Hoheitszeichen (Wappen, Herrscherporträt), die Rückseite **(Revers)** die Wertangabe. Einseitig ausgeprägte M., z. B. **Brakteaten,** eckige M. oder M. mit welligem Rand sind Ausnahmen. Unter überseeischem Einfluss entstanden für die europ. Kolonien M. mit einem Loch in der Mitte (in China unabhängig vom europ. Einfluss). Die Legende verläuft bei der Mehrzahl der M. am Rand. Münznamen entstanden u. a. nach der Farbe, z. B. Albus; nach dem Münzbild, z. B. Mariengroschen; nach dem Metall, z. B. Gulden; nach dem Münzherrn, z. B. Louisdor; nach dem Herkunftsort, z. B. Taler; nach einem Gewichts- oder Zählmaß, z. B. Mark.

Geschichte: Gegossene M. aus Bronze sind wahrscheinlich schon im 12. Jh. v. Chr. in China hergestellt worden; sie blieben jedoch ohne Auswirkungen auf den kleinasiatisch-grch. Kulturkreis, wo im 7. Jh. v. Chr. in Lydien die ersten M. aus Elektrum, einer natürlich vorkommenden Legierung von Gold und Silber, geprägt wurden. Wichtigste Handels-M. der grch. Antike war die silberne Tetradrachme. Im antiken Röm. Reich war der silberne Denar die wichtigste M.; Rechnungs-M. war jedoch der ↗ Sesterz, der aber im Unterschied zu den Rechnungs-M. des MA. und der Neuzeit auch als M. vorhanden war. Im Byzantin. Reich wurde der Solidus geprägt. Im Fränk. Reich trat an seine Stelle dessen Drittelstück (Triens, Tremissis) aus Gold. Unter den Karolingern wurde im 8. Jh. der silberne Denar (Pfennig) zur dominierenden M. und blieb bis in das 13. Jh. im christl. Europa die einzige geprägte M. Der Grundtyp der ↗ Groschen entstand 1266 in Frankreich. Der Ursprung der bed. spätmittelalterl. Gold-M. liegt in Italien (z. B. Dukat), von wo sie sich über ganz Europa ausbreiteten. 1500 begann die Massenproduktion des Talers als Silberäquivalent des Guldens im sächs. und 1520 auch im böhm. Erzgebirge (Joachimstaler). Diese große Silber-M. wurde von den europ. Staaten übernommen (↗ Écu, ↗ Crown) und als Peso und Dollar auch zur wichtigsten M. der Neuen Welt. In Dtl. wurde der Taler erst nach der Reichsgründung durch die Mark verdrängt (1871).

Münzenberg, Willi, Politiker (KPD) und Publizist, *Erfurt 14. 8. 1889, †bei Saint-Marcellin (Dép. Isère) vermutlich Juni 1940; gründete 1921 die Internat. Arbeiterhilfe; Propagandist und Organisator kommunist. Verlage und Filmunternehmen (Aufbau des sog. M.-Konzerns); seit 1924 MdR; ab 1927 Mitgl. des ZK der KPD; emigrierte 1933 nach Frankreich; bei wachsender Abkehr vom stalinschen Kurs 1937 aus der KPD ausgeschlossen; 1940 interniert; kam auf der Flucht vor den dt. Truppen unter ungeklärten Umständen ums Leben (am 21. 10. 1940 tot aufgefunden).

Münzer, Thomas, ↗ Müntzer, Thomas.

Münzfuß, die gesetzl. Vorschriften über das **Münzgewicht** (Raugewicht, tatsächliches Gewicht) und das **Feingewicht** (Anteil des enthaltenen Edelmetalls) einer Münze; früher meist ausgedrückt durch die Zahl der aus einer Gewichtseinheit Münzmetall auszuprägenden Exemplare einer Wertstufe (z. B. Dreißigtalerfuß).

Gabriele Münter: Drei Häuser im Schnee (1933; Bielefeld, Kunsthalle)

Münzgewinn, ↗ Schlagschatz.

Münzhoheit (Münzregal), Gesamtheit der auf das Münzwesen (z. B. Währung, Prägung, Schlagschatz, Scheidemünzen, Außerkurssetzung) bezügl. Hoheitsrechte, urspr. dem König vorbehalten, im Hl. Röm. Reich später von den Kurfürsten (Goldene Bulle) und den übrigen Reichsständen ausgeübt; heute ist i. d. R. der Staat Träger der M. In Dtl. liegt die M. nach Art. 73 GG beim Bund, ebenso in *Österreich* und in der *Schweiz.*

Münzkabinett, Sammlung von Münzen und Medaillen.

Münzkunde (Numismatik), die Wiss., die sich mit Münzen und Medaillen (Medaillenkunde) beschäftigt; geht zurück auf die im 15. Jh. erwachende Begeisterung für die Antike. Im 19. Jh. wurde sie zu einer wichtigen histor. Hilfswissenschaft.

Münzmetalle, jeweils gesetzlich festgelegte Metalle oder Metalllegierungen, die zur Prägung von Münzen verwendet werden. Urspr. wurden Gold, Silber, Elektrum (Gold-Silber-Legierung), Kupfer, Messing und Bronze verwendet. Heute werden Münzen v. a. aus Kupfer-, Nickel-, Aluminium- und Stahllegierungen gefertigt, die verschleißfest und korrosionsbeständig sind und aufgrund von elektr. und magnet. Eigenschaften in Automaten verwendet werden können.

Münzregal, ↗ Münzhoheit.

Willi Münzenberg

Münzstätte (Münze), Fabrik, in der Münzen geprägt werden. Der Ort, an dem sich die M. befindet, ist auf der Münze meist durch ↗ Münzbuchstaben bezeichnet.

Münztechnik, Verfahrensschritte und techn. Mittel, die zur Herstellung von Münzen notwendig sind. Dabei wird das in Metallstreifen (**Zainen**) vorliegende Münzmetall in mehreren Schritten auf die für das jeweilige Münznominal vorgesehene Dicke ausgewalzt. Zwischen den Walzwerksdurchgängen werden – abhängig vom Material – eine Oberflächenbehandlung (Beizen, Sandstrahlen) und eine Wärmebehandlung (Glühen) durchgeführt, um Oxid- und Zunderschichten zu entfernen sowie Gussspannungen zu beseitigen. Danach werden die Zaine durch ein Stanzwerk geführt und die **Ronden (Schrötlinge, Platten)** ausgestanzt. Diese werden in Trommeln entgratet, gereinigt und anschließend justiert. Bei höheren Münznominalen werden die Ronden gerändelt (↗ Rändeln). Nach erneutem Reinigen und Polieren erfolgt die Prägung der Münzen.

Muralismo: Diego Rivera, »Die Zivilisation der Zapoteken«, Ausschnitt aus den Fresken zur Geschichte Mexikos (1929 ff.; Mexiko-City, Nationalpalast)

Münztelefon (Münzfernsprecher), öffentl. Telefon, das erst nach Einwurf von Münzen benutzt werden kann. M. werden zunehmend durch bargeldlos betriebene Kartentelefone ersetzt (↗ Telefonkarte).

Müon *das,* das ↗ Myon.

Muonioälv *der* (finn. Muonionjoki), 387 km langer schwedisch-finn. Grenzfluss, kommt aus dem See Kilpisjärvi und mündet in den Torneälv.

Muotatal, 20 km langes Tal im schweizer. Kanton Schwyz; Hauptort ist Muotathal (3 600 Ew.); bed. Karsthöhlensystem (Hölloch); Waldreservat Bödmeren.

Muppets [ˈmʌpets], von James (»Jim«) Henson (*1936, †1990) geschaffene, frech, lautstark und heftig agierende Handpuppen (u. a. der Frosch Kermit, das Schwein Miss Piggy) im Fernsehen der USA (seit 1955); sie wurden durch die Serien ↗ Sesamstraße (ab 1969) und M.-Show auch in Europa bekannt.

Mur *die* (slowen. Mura), linker Nebenfluss der Drau, 444 km lang (davon 348 km in Österreich), entspringt in den Niederen Tauern, fließt durch die Obersteiermark (Teil der für Verkehr und Ind. bedeutsamen M.-Mürz-Furche) und das mittelsteir. Hügelland, bildet zw. Spielfeld und Bad Radkersburg die österreichisch-slowen. Grenze, fließt durch N-Slowenien, mündet bei Legrad, Kroatien.

Murad, Ferid, amerikan. Mediziner, *Whiting (Ind.) 4. 9. 1936. M. erhielt mit L. J. Ignarro und R. F. Furchgott 1998 den Nobelpreis für Medizin oder Physiologie für die Entdeckung der Bedeutung des Stickoxids als Signalgeber im Herz-Kreislauf-System.

Murad [arab.] (türk. Murat), Sultane des Osman. Reichs: **1) M. I.** (1360–89), *1326 (?), † auf dem Amselfeld nach dem 28. 6. 1389; eroberte 1361 Adrianopel, erhielt Tribut von Bulgarien und Byzanz, siegte 1389 auf dem Amselfeld über die Serben, nach der Legende von M. Obilić ermordet.

2) M. II. (1421–51), *Amasya August 1404, †Adrianopel (heute Edirne) 5. 2. 1451; vergrößerte das Osman. Reich in Kleinasien und auf dem Balkan (Eroberung von Saloniki 1430, Serbien 1440, Ungarn 1444 und 1448 [↗ Amselfeld]).

Muralismo [span.] *der,* sozial und politisch engagierte künstler. Bewegung der Wandmalerei in Mexiko, die sich nach der Revolution von 1910 herauszubilden begann. Bei stilistisch und ikonographisch sehr gegensätzl. Tendenzen widmeten sich die Künstler gemeinsamen Themen: dem Kampf gegen die Conquista, gegen Klerus und Kapitalismus, der Auseinandersetzung mit der mexikan. Revolution, dem Alltag des Volkes sowie dem Ringen um nat. Identität. Elemente der europ., präkolumbischen und kolonialen Kunst wurden zu einer Synthese verarbeitet. Hauptvertreter sind J. C. Orozco, D. Rivera, D. A. Siqueiros, R. Tamayo und J. O'Gorman.

Muralt, Leonhard von, schweizer. Historiker, *Zürich 17. 5. 1900, †Cavalaire-sur-Mer (Dép. Var) 2. 10. 1970; Mithg. der Werke U. Zwinglis im »Corpus reformatorum«; außerdem verfasste er »Macchiavellis Staatsgedanke« (1945), »Züricher Geist von Zwingli bis G. Keller« (1951), »Bismarcks Politik der europ. Mitte« (1954).

Muränen [lat.-grch.] (Muraenidae), Familie der Aalartigen Fische, ohne Brust- und Bauchflossen, Länge bis 3 m, die die Küstengebiete der trop. und subtrop. Meere bewohnen; räuberisch lebend, mit großem Maul. Die Speicheldrüsen mancher Arten erzeugen einen giftigen Schleim, der für den Menschen gefährlich sein kann.

Murano, Stadtteil von Venedig auf einer Insel in der Lagune, rd. 8 000 Ew.; Zentrum der venezian. Kunstglaserzeugung (seit dem 13. Jh.).

Murano, Tōgo, japan. Architekt, *Saga 15. 5. 1891, †Takarazuka (bei Ōsaka) 26. 11. 1984; schuf funktionelle Baukörper mit ornamentaler Ummantelung (Warenhäuser, Hotels, Theater), die bahnbrechend wirkten.

Murasaki, Shikibu, japan. Dichterin, *um 978, †etwa 1016; kaiserl. Hofdame, ihr höf. Roman »Genji-monogatari« (zw. 1004 und 1011, dt. »Die Geschichte vom Prinzen Genji«) und ihr »Tagebuch« zeugen von meisterhafter Sprachbeherrschung und lebensnaher Darstellung.

Murat [myˈra], Joachim, frz. Marschall (seit 1804), König von Neapel (1808–15), *Labastide-Fortunière (heute Labastide-Murat, Dép. Lot) 25. 3. 1767, †Pizzo (Prov. Catanzaro) 13. 10. 1815; stieg in den Revolutionskriegen zum Reitergeneral auf und heiratete 1800 die jüngste Schwester Napoléon Bonapartes, Caroline. 1806 wurde M. Großherzog von Kleve und Berg, 1808 König von Neapel, wo er ein beispielhaft geordnetes Staatswesen schuf. 1814 verbündete er sich mit Österreich, schloss sich während der Hundert Tage 1815 aber wieder Napoleon an und wurde bei dem Versuch, das seit 1815 wieder bourbon.

Joachim Murat

Königreich Neapel zurückzuerobern, gefangen genommen und standrechtlich erschossen.

Murawjow, russ. Adelsfamilie. Mehrere Mitgl. waren am Aufstand der ∕ Dekabristen beteiligt, darunter Sergei Iwanowitsch **M.-Apostol** (* 1796, hingerichtet 1826) und Nikita Michailowitsch **M.** (* 1796, † 1843). Unter den zahlr. hohen Staatsbeamten sind bes. bed.: Nikolai Nikolajewitsch Graf **M.-Amurski** (* 1809, † 1881), der als Generalgouv. von O-Sibirien (1847–61) das Amurgebiet für Russland gewann, Michail Nikolajewitsch Graf (seit 1865) **M.** (* 1796, † 1866), der wegen besonderer Härte bei der Unterdrückung des poln. Aufstands 1863 berüchtigt war, sowie Michail Nikolajewitsch Graf **M.** (* 1845, † 1900), der als russ. Außenmin. (1897–1900) die Erste Haager Friedenskonferenz (1899) anregte.

Murayama, Tomiichi, japan. Politiker, * Präfektur Ōita 3. 3. 1924; Mitgl. der Sozialist. Partei Japans, seit 1972 Abg. im Unterhaus, seit 1993 Vors. seiner Partei; war 1994–95 MinPräs. an der Spitze einer Koalitionsregierung.

Murbach [frz. myrˈbak], Gemeinde im Dép. Haut-Rhin (Oberelsass), Frankreich, 120 Ew. – Von der ehem. Abteikirche (Abtei 728 gegr., 1789 aufgehoben), einem der bedeutendsten roman. Bauwerke des Elsass, sind nur der Chor und das Querschiff (Mitte 12. Jh.) erhalten.

Murcia [ˈmurθia], **1)** Region Spaniens, umfasst die Prov. M., 11 313 km², 1,2 Mio. Einwohner.

2) Hauptstadt von 1), am Segura, in einer Vega, 349 000 Ew.; Bischofssitz; Univ., Museen; Textil-, Leder-, Papier-, chem. u.a. Ind., Mühlen. – Gotische Kathedrale (14./15. Jh.) mit Rokokofassade. – M., eine maur. Gründung, war 1224–43 Hauptort des selbstständigen maur. Königreichs Murcia.

Murcutt [ˈməːkət], Glenn Marcus, austral. Architekt, * London 25. 7. 1936; Prof. in Sydney; nach Mitarbeit in versch. Architekturbüros eröffnete er 1969 ein eigenes Büro in Sydney; entwirft v. a. Wohnbauten. Geschult an Arbeiten u. a. von L. Mies van der Rohe und Alvar Aalto entwickelt M. mit einfachen Materialien und Energie sparenden Technologien eine Architektur, die sich in ihren Formen der Landschaft und dem Klima anpasst (u. a. Haus Ockens, Sydney, 1977–78; Wohnhaus und Atelier für ein Künstlerehepaar, Glenorie [New South Wales] 1980–83; Centro de Arte, Riversdale [New South Wales], 1997–99, zus. mit anderen). Für sein überzeugendes Gesamtwerk erhielt er 2002 den Pritzker-Preis.

Murdoch [ˈməːdɔk], **1)** Dame (seit 1987) Jean Iris, engl. Schriftstellerin irischer Herkunft, * Dublin 15. 7. 1919, † Oxford 8. 2. 1999; schrieb groteskkomische, von philosoph. und psycholog. Problemen durchzogene Romane (»Flucht vor dem Zauberer«, 1956; »Maskenspiel«, 1961; »Lauter feine Leute«, 1968; »Ein Mann unter vielen«, 1971; »Uhrwerk der Liebe«, 1974; »Das Meer, das Meer«, 1978; »Das Buch und die Bruderschaft«, 1987; »The message to the planet«, 1989).

2) Rupert Keith, amerikan. (seit 1985) Medienunternehmer austral. Herkunft, * Melbourne 11. 3. 1931; baute ab 1952 das von seinem Vater geerbte austral. Presseunternehmen zum internat. Medienkonzern ∕ News Corporation Ltd. aus.

Mure (Murbruch, Murgang), Schlamm- und Gesteinsstrom in Gebirgen. Er entsteht, wenn Gehängeschutt bei der Schneeschmelze oder nach Regen ins Rutschen gerät oder bei Hochwasser durch Überflutung des Flussbettes Gesteinsblöcke, Schotter und Erde mitgerissen werden; oft von verheerender Wirkung für Kulturland und Siedlungen.

Murein das, Peptid-Polysaccharid-Komplex (mit N-Acetylglucosamin und N-Acetyl-Muraminsäure als Polysaccharideinheiten) in der inneren Zellwandschicht aller Bakterien.

Mureş [ˈmurɛʃ] die, rumän. Name des Flusses ∕ Maros.

Murg die, rechter Nebenfluss des Rheins, 96 km lang, entsteht am Schliffkopf im Schwarzwald, mündet bei Rastatt. Oberhalb von Forbach mündet der Schwarzenbach (Schwarzenbach-Talsperre: 14,3 Mio. m³ Stauinhalt; 0,7 km² Wasserfläche).

Murgab der (Murghab), Fluss in Afghanistan und Turkmenistan, 978 km lang; durchfließt die Karakum und versickert dort; Karakumkanal zum Amudarja.

Murger [myrˈʒɛːr], Henri, frz. Schriftsteller, * Paris 24. 3. 1822, † ebd. 28. 1. 1861; schilderte in seinen ab 1845 in der Zeitschrift »Corsaire«, 1851 als Roman veröffentlichten »Scènes de la vie de bohème« (1849 dramatisiert; dt. u. d. T. »Die Bohème«) die Welt der Pariser Studenten, Dichter, Künstler und ihrer Freundinnen; der danach verfasste Operntext wurde von G. Puccini vertont (»La Bohème«, 1896).

Muri (AG), Bezirkshauptort im Kt. Aargau, Schweiz, 6 100 Ew.; barocke Klosterkirche, Kreuzgang mit Glasmalereien (16. Jahrhundert).

muriatisch [lat.], kochsalzhaltig (Quellen).

Murillo [muˈriʎo], Bartolomé Esteban, eigtl. B. E. Pérez, span. Maler, getauft Sevilla 1. 1. 1618, † ebd. 3. 4. 1682; malte neben den z. T. großformatigen religiösen Darstellungen, unter denen die Madonnenbilder eine besondere Stellung einnehmen, Genreszenen aus dem Leben des Volkes, auch Porträts und Landschaften. Charakterist. Merkmale seines Stils sind weiche Nuancierungen der Tonwerte. – *Hauptwerke:* 11 Bilder mit Szenen aus Heiligenlegenden für den Kreuzgang des Klosters San Francisco in Sevilla (1645/46); Trauben- und Melonenesser (1645/46; München, Alte Pinakothek); Der Betteljunge (1645–55; Paris, Louvre); Buben beim Würfelspiel (um 1670–75; München, Alte Pinakothek).

Tomiichi Murayama

Iris Murdoch

Rupert K. Murdoch

Bartolomé Esteban Murillo: Die Verkündigung Mariä (1655/65; Sankt Petersburg, Eremitage)

Murmeltiere:
Alpenmurmeltier

Friedrich Wilhelm
Murnau

William Parry
Murphy

Joseph E. Murray

Müritz, 1) *die,* größter See Dtl.s, im Bereich der Mecklenburg. Seenplatte, 115 km², bis 31 m tief; von der oberen Elde durchflossen und durch diese und durch Kanäle mit dem Schweriner See und den Berliner Gewässern verbunden; am O-Ufer Naturschutzgebiet.
2) Landkreis in Meckl.-Vorp., 1 713 km² und 69 500 Ew.; Krst. ist Waren (Müritz).

Müritz-Nationalpark, 1990 gegründeter Nationalpark in Meckl.-Vorp., in den Landkreisen Müritz und Mecklenburg-Strelitz, 318 km², umfasst die östl. Müritz, das anschließende Seengebiet sowie ein separates Gebiet östlich von Neustrelitz (insgesamt 117 Seen der Mecklenburg. Seenplatte, über 1 ha Größe).

Murmansk, Gebietshptst. im N der Halbinsel Kola, Russland, 383 000 Ew.; Marineakademie, Akademie für Fischind., Polarforschungs-Inst.; ganzjährig eisfreier Hochsee- sowie wichtigster russ. Fischereihafen mit Fischverarbeitung; Werft, Metallind.; Endpunkt der von Sankt Petersburg kommenden, 1 451 km langen **Murmanbahn** und Ausgangspunkt des Nördl. Seewegs; Flughafen. Nahebei die Flottenstützpunkte Seweromorsk und Poljarnyj (Hauptbasen der russ. Nordmeerflotte) sowie die Bucht Kislaja Guba (Gezeitenkraftwerk).

Murmeltiere (Marmota), zu den Erdhörnchen gestellte Gattung gedrungener, häufig aufrecht auf den Hinterbeinen sitzender Nagetiere; tagaktive, umfangreiche Erdbauten anlegende Bodenbewohner mit kurzem, buschigem Schwanz und rundl. Kopf. M. halten einen bis 8 Monate dauernden Winterschlaf. Das **Alpen-M.** (Marmota marmota), bis 70 cm körperlang, lebt in Kolonien auf sonnigen Hängen der Alpen, Pyrenäen und Karpaten (z. T. neu angesiedelt, z. B. im Schwarzwald); bei Gefahr lässt es schrille Warnschreie hören. Das **Steppen-M.** (**Bobak,** Marmota bobak), etwa 50–60 cm körperlang, lebt v. a. in Steppen Osteuropas bis Zentralasiens. Das bis 50 cm körperlange **Wald-M.** (Marmota monax) lebt in Wäldern Nordamerikas.

Murnau, Friedrich Wilhelm, eigtl. F. W. Plumpe, Filmregisseur, *Bielefeld 28. 12. 1888, †(Autounfall) Santa Barbara (Calif.) 11. 3. 1931; drehte in Dtl. expressionist. Stummfilme, u. a. »Nosferatu« (1921), »Der letzte Mann« (1924), »Faust« (1926), und ab 1926 in Hollywood »Sunrise« (1927), »Tabu« (1931).

Murnau a. Staffelsee, Marktgemeinde im Landkr. Garmisch-Partenkirchen, Oberbayern, am Staffelsee, 688 m ü. M., 11 500 Ew.; Luftkurort mit Moorbad; Schlossmuseum, Münterhaus; Pfarrkirche (18. Jh.). Das größte bayer. Moorgebiet, das **Murnauer Moos,** ist Naturschutzgebiet (23 km²).

Murner, Thomas, Theologe, Volksprediger, Schriftsteller, *Oberehnheim (frz. Obernai, bei Straßburg) 24. 12. 1475, †ebd. vor dem 23. 8. 1537; hielt in seinen Moralsatiren der Zeit einen schonungslosen Spiegel vor, wobei er sich als Beschwörer, Zunftmeister und Kanzler der Narren einführte. Gegen Luther, der ihn schroff ablehnte, richtete er die bissige Satire »Von dem großen Lutherischen Narren, wie ihn Dr. Murner beschworen hat« (1522). M. übersetzte auch Vergil.

Murom, Stadt im Gebiet Wladimir, Russland, an der Oka, 143 000 Ew.; Bau von Diesellokomotiven, Rundfunkgeräten, Messgeräten, Kühlschränken; Leichtindustrie. – M. ist eine der ältesten russ. Städte (862 erstmals erwähnt).

Muroran, Hafen- und Industriestadt auf einer Halbinsel an der S-Küste Hokkaidōs, Japan, 136 200 Ew.; TH, Inst. zur Erforschung von Seetang; Meeresaquarium; Eisen-, Nahrungsmittel-, Papierind.; Erdölraffinerie.

Murphy [ˈməːfɪ], **1)** Robert Daniel, amerikan. Diplomat, *Milwaukee (Wis.) 28. 10. 1894, †New York 9. 1. 1978; war führend an der diplomat. Vorbereitung der alliierten Landung in N-Afrika (1942) und des Waffenstillstands mit Italien beteiligt; 1944–49 Berater General D. D. Eisenhowers und der US-Militärreg. in Deutschland; 1949–52 Botschafter in Brüssel; schrieb »Diplomat unter Kriegern« (1964).
2) William Parry, amerikan. Arzt, *Stoughton (Wis.) 6. 2. 1892, †Brookline (Mass.) 9. 10. 1987; erforschte die Wirkung des Insulins bei Diabetes mellitus. Mit G. R. Minot und G. Whipple führte er die Leberdiät bei perniziöser Anämie ein und erhielt 1934 mit ihnen dafür den Nobelpreis für Physiologie oder Medizin.

Murray [ˈmʌrɪ] *der,* größter Fluss Australiens, 2 570 km lang, Einzugsgebiet 1,1 Mio. km², entspringt in den Snowy Mountains der Austral. Alpen, mündet durch den Lake Alexandrina in den Ostteil der Großen Austral. Bucht des Ind. Ozeans; Hauptnebenflüsse sind Darling und Murrumbidgee River.

Murray [ˈmʌrɪ], Joseph Edward, amerikan. Chirurg, *Milford (Mass.) 1. 4. 1919; erhielt für seine Arbeiten zur Überwindung der Immunabwehr bei Organ- und Zelltransplantationen 1990 (mit E. D. Thomas) den Nobelpreis für Physiologie oder Medizin.

Mürren, Fremdenverkehrsort im Berner Oberland, Kt. Bern, Ortsteil von Lauterbrunnen, Schweiz, 430 Ew.; 1 640 m ü. M., auf einer Terrasse 800 m über dem Lauterbrunner Tal; von hier Standseilbahn (anschließend Eisenbahn nach M.) und Seilschwebebahn.

Murrhardt, Stadt im Rems-Murr-Kreis, Bad.-Württ., an der Murr, am Murrhardter Wald, 289 m ü. M., 14 300 Ew.; Luftkurort; feinmechan., elektrotechn., Leder- u. a. Ind. – Ehemalige Benediktinerklosterkirche (v. a. 15. Jh.) mit roman. Bauteilen (12. Jh.). – Um das Anfang des 9. Jh. gegründete Kloster entstand die 1288 erstmals als Stadt bezeugte Siedlung.

Murrumbidgee River [mʌrəmˈbɪdʒiː ˈrɪvə] *der,* rechter Nebenfluss des Murray, 2 541 km lang, entspringt in den Austral. Alpen, mündet bei Balranald.

Murten (frz. Morat), Hauptort des Bez. See im Kt. Freiburg, Schweiz, am **Murtensee** (frz. Lac de Morat, 430 m ü. M., 23 km², bis 46 m tief), 5 400 Ew.; Elektrogerätebau, Nahrungsmittel-, Uhrenind.; Fremdenverkehr. – Vollständig erhaltenes Stadtbild; Schloss (13. Jh.). – Bei M. siegten die schweizer. Eidgenossen am 22. 6. 1476 über Karl den Kühnen von Burgund.

Mururoa, Atoll der südöstl. Tuamotuinseln im Pazif. Ozean, Frz.-Polynesien, Durchmesser etwa 10 km; seit 1966 frz. Testgebiet für Kernwaffen, seit 1975 nur noch unterirdisch (in 600–1 200 m Tiefe); letzter Test am 27. 1. 1996.

Mürz *die,* linker Nebenfluss der Mur in der Steiermark, Österreich, 85 km lang, entspringt in zwei Quellflüssen an der Schneealpe, mündet bei Bruck an der Mur; Teil der für Verkehr und Industrie bedeutenden Mur-Mürz-Furche.

Mürzzuschlag, Bezirks-Hptst. an der Mürz, Steiermark, Österreich, 9 700 Ew.; Wintersportmuseum; Stahlwerk, Apparatebau; Wintersportplatz.

Musa [arab.], die Pflanzengattung ↗Banane.

Musa (Djebel M., Mosesberg), Berg im S der Halbinsel Sinai, Ägypten, 2 285 m ü. M.; am Fuß des Berges das Katharinenkloster.

Musala *die,* Berg in Bulgarien, ↗Mussala.

Musäus (grch. Musaios), grch. Dichter, verfasste Ende des 5. Jh. n. Chr. ein anmutiges Liebesepos über die Sage von Hero und Leander (↗Hero).

Musäus, Johann Karl August, Schriftsteller, *Jena 29. 3. 1735, †Weimar 28. 10. 1787; Gymnasiallehrer, gehörte zum Kreis um die Herzogin Anna Amalia; schrieb die satir. Romane »Grandison der Zweite« (3 Bde., 1760–62; Neubearbeitung u. d. T. »Der dt. Grandison«, 2 Bde., 1781/82), »Physiognom. Reisen« (4 Hefte, 1778/79), ferner im Geist der Aufklärung »Volksmährchen der Deutschen« (5 Bde., 1782–86).

Musca [lat.], das Sternbild ↗ Fliege.

Muscari [griech.-lat.], die Pflanzengattung ↗ Traubenhyazinthe.

Muscarin [lat.] *das* (Muskarin), Alkaloid aus dem Fliegenpilz u. a. Giftpilzen, wirkt auf den Parasympathikus; verlangsamt die Herztätigkeit, hemmt die Atmung, regt die Peristaltik und die Sekretion des Verdauungskanals an, bewirkt Schweißausbrüche und Pupillenverengung. Bei Vergiftungen ist ↗ Atropin ein wirksames Gegenmittel.

Muschelgold, ↗ Goldpräparate.

Muschelkalk, die mittlere Abteilung der german. Trias; in Dtl. bestehend aus Kalken, Mergeln und Dolomiten, in der mittleren Stufe aus Anhydrit, Gips und Steinsalz. Man teilt den M. ein in den **unteren M.** oder **Wellenkalk,** den **mittleren M.** oder die **Anhydritgruppe** und den **oberen M.** oder **Hauptmuschelkalk.**

Muschelkrebse (Ostracoda), Unterklasse der niederen Krebse, mit einer den gesamten Körper umschließenden zweiklappigen Schale; lebt im Meer und im Süßwasser.

Muscheln [lat. musculus »Mäuschen«] (Bivalvia, Lamellibranchiata), Klasse der Weichtiere mit seitlich zusammengedrücktem Körper, der von einem Mantel und zwei von diesem abgeschiedenen Kalkschalen umhüllt ist. Die beiden Schalenklappen sind am Rücken gelenkartig durch Zähne und ein elast. Schlossband miteinander verbunden und können meist durch einen oder zwei kräftige Schließmuskeln verschlossen werden. Jede Schale besteht aus mehreren Schichten mit einer inneren Perlmutterschicht. Die M. haben zwei röhrenförmige Öffnungen (Siphonen); durch den unteren Sipho werden Atemwasser und Nahrungsteilchen eingestrudelt, durch den oberen verbrauchtes Wasser, Kot und Geschlechtsprodukte ausgestoßen. Der Kopf ist auf die vor dem Fuß liegende Mundöffnung und die sie umgebenden Mundlappen reduziert. In der Mittelebene der M. liegt unten der schwellbare muskulöse Fuß zur Fortbewegung (fehlt festsitzenden M., z. B. Austern). Zw. Mantel und Fuß liegen als Atmungsorgane die Kiemen, die auch dem Nahrungserwerb durch Ausfiltern von Kleinlebewesen aus dem Wasser dienen. Viele Muscheln verankern sich mithilfe von erstarrenden Fäden (Muschelseide oder Byssusfäden). Die meisten M. sind getrenntgeschlechtlich. Die Einteilung der M. erfolgt nach dem Bau der Kiemen: **Urkiemer (Fiederkiemer), Fadenkiemer, Blattkiemer.** – Manche M. sind als Nahrungsmittel (z. B. Mies-M., Herz-M., Austern) andere für die Schmuckindustrie (v. a. Fluss- und Seeperl-M.) von wirtsch. Bedeutung.

Muschelseide, ↗ Byssus.

Muschelvergiftung, akute Erkrankung nach dem Genuss von Muscheln, mit ähnl. Anzeichen wie bei einer ↗ Fischvergiftung. Ursache sind von den Muscheln aufgenommene, Saxitoxin bildende Giftalgen oder (bakterielle) Fäulnisprodukte.

Muschg, 1) Adolf, schweizer. Schriftsteller, Literaturhistoriker, *Zollikon 13. 5. 1934, Halbbruder von 2). Sein vielschichtiges Werk kreist um Entfremdung, Sprachlosigkeit und die sich daraus ergebende Schuld, in »Albissers Grund« (1974) durch das Muster des Kriminalromans, in »Der rote Ritter. Eine Geschichte von Parzivâl« (R., 1993) durch einen überlieferten Stoff. Häufig nutzt er Ironie und schwarzen Humor. Schrieb auch Dramen, Hör- und Fernsehspiele sowie Essays (»Goethe als Emigrant«, 1986; »O mein Heimatland! 150 Versuche mit dem berühmten Schweizer Echo«, 1998). 1994 mit dem Georg-Büchner-Preis ausgezeichnet. – *Weitere Werke: Romane:* Im Sommer des Hasen (1965); Baiyun oder die Freundschaftsgesellschaft (1980); Sutters Glück (2001). – *Erzählungen:* Entfernte Bekannte (1976); Der Turmhahn u. a. Liebesgeschichten (1987); Das gefangene Lächeln (2002).

2) Walter, Literaturhistoriker, *Witikon (heute zu Zürich) 21. 5. 1898, †Basel 6. 12. 1965, Halbbruder von 1); ab 1936 Prof. in Basel; verfasste zahlreiche literaturhistor. Arbeiten, so die »Trag. Literaturgeschichte« (1948), »Die Zerstörung der dt. Literatur« (1956); »Von Trakl zu Brecht« (1961).

Musen, *grch. Mythos:* die Töchter des Zeus und der Mnemosyne, Göttinnen der Künste und der Wissenschaften, Hüterinnen einer harmon. Ordnung. Als ihr Sitz galt der Helikon, später auch der Parnass, Apoll führte sie als Musagetes an. Neun M. sind bei Hesiod genannt (Funktionen samt Attributen wurden erst in hellenist. Zeit zugeordnet): **Klio:** Geschichte; **Kalliope:** Epos, Elegie; **Melpomene:** Tragödie; **Thalia:** Komödie; **Urania:** Astronomie; **Erato:** Liebeslied, Tanz; **Euterpe:** Musik, Lyrik; **Terpsichore:** Chorische Lyrik, Tanz; **Polyhymnia:** Tanz, Pantomime, ernstes Lied.

Adolf Muschg

Musen|almanach, seit der Mitte des 18. bis ins 19. Jh. beim gebildeten Bürgertum beliebtes belletrist. Publikationsorgan; jährlich erscheinende Anthologie meist noch unveröffentlichter Dichtungen, vorwiegend Lyrik und andere poet. Kleinformen, aber auch Dramen und Epen (in Auszügen), Übersetzungen, Kompositionen, oft auch mit Kalendarium und Illustrationen. Bed. waren u. a. der »Göttinger M.« (1770–1802) sowie »Schillers M.« (1796–1800), in dem u. a. die »Xenien« (Jahrgang 1797) erschienen.

Musette [my'zɛt, frz.] *die,* **1)** Sackpfeife (Dudelsack) mit meist 2–3 Bordun- und einer, später zwei Spielpfeifen. Der Sack wurde durch einen an den Arm geschnallten Blasebalg mit Luft gefüllt; im 17. und 18. Jh. Modeinstrument der frz. Gesellschaft.

2) ruhiger, ländlicher frz. Tanz im $^6/_8$-, $^3/_4$- oder $^2/_4$-Takt, war zur Zeit Ludwigs XIV. und Ludwigs XV. sehr beliebt; im 18. Jh. auch Bestandteil der Suite, des frz. Balletts und der Oper. Aus der M. entwickelte sich später der **Musettewalzer.**

Museum [grch. mouseîon »Musensitz«] *das,* seit dem 18. Jh. Bez. sowohl für die Institution als auch für

Walter Muschg

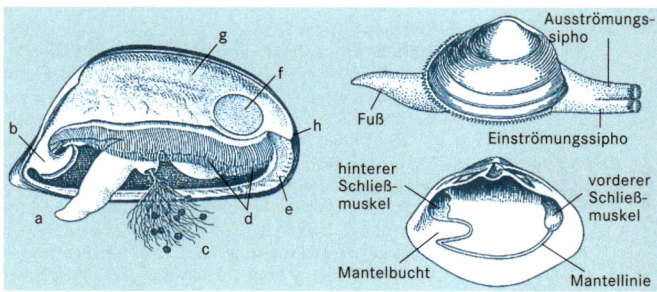

Muscheln: Schnittzeichnung einer Miesmuschel (links); a Fuß, b Mundlappen, c Byssusfäden, d vordere und hintere Kieme, e Mantel, f durchschnittener Schließmuskel, g Eingeweidesack, h rechte Schalenklappe; daneben Habitus (oben) und (unten) linke Schalenklappe einer Trogmuschel

die Gebäude, in denen Sammlungen künstler., wiss. u. a. Gegenstände untergebracht sind. M. dienen der Sammlung, Bewahrung, Erforschung und Wiederherstellung von Kulturgut, v. a. aber dessen sinnvoller Präsentation und Erläuterung. Das (Kunst-)M. als öffentl. Institution wurde im 18. Jh. geschaffen; es ging aus den Sammlungen (»Kunstkammern«) fürstl. (weltl. und geistl.) Kunstliebhaber hervor. Vereinzelt waren solche Sammlungen schon im 16./17. Jh. dem Publikum zugänglich gemacht worden, v. a. in Florenz (Uffizien 1580, Palazzo Pitti 1640); in Basel ging zum ersten Mal eine private Sammlung in öffentl. Besitz über (1662). Als erste staatl. Gründung entstand das Brit. Museum in London (1753), in Deutschland das Kasseler Museum Fridericianum (erbaut 1769–79). Eine Welle von M.-Gründungen erfolgte im 19. Jh., Vorläufer war die Öffnung des Louvre (1793) in Paris. Die M. spezialisierten sich in der Folgezeit mehr und mehr auf Einzelgebiete; daneben entstanden naturwiss. u. techn. M. (meist themat. begrenzt), Heimat- und Regional-M., Ende des 20. Jh. auch Industriemuseen.

Museum Folkwang, Kunstmuseum mit versch., international ausgerichteten Sammlungsbereichen: Gemälde, Skulpturen, Zeichnungen, Grafik und Fotografie des 19. und 20. Jh., Kunsthandwerk aus Afrika, Asien, Europa und der Antike. Das M. F. wurde 1902 von K. E. Osthaus in Hagen gegr., 1922 von Mäzenen für die Stadt Essen erworben und 1929 in einem Museumsneubau mit der Städt. Kunstsammlung Essen neu eröffnet. Es entwickelte sich zu einem der hervorragendsten Kunstmuseen der Avantgarde in Deutschland. 1937 erlitten die Sammlungen des M. F. große Verluste durch die nat.-soz. Kulturpolitik. Im Zweiten Weltkrieg wurde das Museumsgebäude total zerstört. 1960 eröffnete ein Neubau am gleichen Ort (1983 erweitert).

Museumskäfer

Museumskäfer (Anthrenus museorum), Art der Speckkäfer, 2–3 mm lang, die gelblich braunen Flügeldecken sind schwarz gefleckt; Larven fressen an Pelzwaren, Wollstoffen, Tierbälgen u. a. zoolog. Präparaten.

Museveni, Yoweri Kaguta, ugand. Politiker, * Ntungamo (bei Mbara, Ankole) 1944; zunächst im Staatsdienst unter Präs. A. M. Obote tätig, ging nach dem Staatsstreich durch Idi Amin Dada 1971 ins Exil nach Tansania und organisierte hier die Nat. Befreiungsfront Ugandas, die dann von den tansan. Truppen beim Sturz von Amin Dada 1979 unterstützt wurde; 1979–80 Verteidigungsminister; ging 1981 in den Untergrund und gründete die National Resistance Movement (NRM), die 1985 Obote stürzte; seit 1986 Staatspräs. (1996 und 2001 durch Wahl bestätigt). M. gelang es, v. a. durch marktwirtsch. orientierte Wirtschaftsreformen, die innenpolit. Lage zu stabilisieren.

Yoweri Kaguta Museveni

Musharraf [-ʃaˈraf], Pervez, pakistan. General, * Delhi 11. 8. 1943; wurde 1998 Heeresstabschef und 1999 Chef des Generalstabs; stürzte nach seiner Entlassung durch Premiermin. M. Nawaz Sharif diesen am 12. 10. 1999 in einem unblutigen Militärputsch und übernahm selbst die Macht (offiziell als »Chief Executive«). Am 20. 6. 2001 ließ er sich als Staatspräsident vereidigen und am 30. 4. 2002 per Referendum für fünf weitere Jahre im Amt bestätigen.

Musical [ˈmjuːzɪkəl, engl.] *das* (eigtl. Musical Comedy, Musical Play), musikalisch-theatral. Mischgattung, ein i. d. R. aus zwei Akten bestehendes Bühnenstück mit gesprochenem Dialog, Gesang (Song, Ensemble, Chöre) und Tanz, das seit 1900 in den Unterhaltungstheatern am New Yorker Broadway aus der Verbindung von Minstrelshow, Vaudeville, Operette, Ballett und Revue hervorgegangen ist. Musikalisch zu einem eigenen Stil gelangte es bei G. Gershwin (»Of thee I sing«, 1931; »Porgy and Bess«, 1935), V. Youmans (»No, No, Nanette«, 1924), J. Kern (»Show boat«, 1927), C. Porter (»Anything goes«, 1934) und R. Rodgers (»The boys from Syracuse«, 1938; »Oklahoma«, 1943). Die Stücke behandeln eine gegenwartsnahe, dem Alltag des Publikums entnommene Thematik in realist. Darstellung. Vielfach werden Stoffe aus der Weltliteratur aktualisiert. So geht die Handlung von C. Porters »Kiss me, Kate« (1948) auf Shakespeares »Der Widerspenstigen Zähmung«, F. Loewes »My fair lady« (1956) auf G. B. Shaws »Pygmalion« und L. Bernsteins »West side story« (1957) auf Shakespeares »Romeo und Julia« zurück. Als Produkt des Showbusiness neigt das M. zum Aufwendigen und Sensationellen. Bes. erfolgreich waren nach dem Zweiten Weltkrieg von R. Rodgers (»South Pacific«, 1949), I. Berlin (»Annie get your gun«, 1946), J. Herman (»Hello, Dolly!«, 1964), J. Bock (»Fiddler on the roof«, 1964, dt. »Anatevka«) und M. Hamlisch (»A chorus line«, 1975). Zum Rock-M. mit Elementen der Rockmusik gehören G. McDermots »Hair« (1967) und A. Lloyd Webbers »Jesus Christ Superstar« (1971), »Evita« (1978), »Cats« (1981) und »Starlight express« (1984). Weitere Erfolge Lloyd Webbers sind die M. »Das Phantom der Oper« (1986) und »Sunset Boulevard« (1993).

Musik [lat. musica, von grch. mousikḗ téchnē »Kunst der Musen«] *die,* bei den Griechen die Geist und Gemüt bildende Betätigung im Unterschied zur Gymnastik; erst in nachklass. Zeit Name für die M. im Sinne von Tonkunst. – Die M. (Tonkunst) beruht auf Tonbeziehungen, d. h. auf der Aufeinanderfolge und/oder dem Zusammenklang mehrerer Töne. Ihre Beziehungen hinsichtlich der Tonhöhe (Schwingungsfrequenz) entsprechen Zahlenrelationen, z. B. 3:2 (Quinte), die bereits in archaischen M.-Theorien Beachtung fanden. Im Unterschied zu den bildenden Künsten hat das musikal. Geschehen eine zeitl. Ausdehnung, deren rhythm. Gliederung wieder auf Zahlenrelationen beruht, z. B. Halb-, Viertelton.

Die wichtigsten, je nach musikal. Tradition, Gattung oder Epoche unterschiedlich ausgefüllten Gestaltungsprinzipien (Parameter) sind ↗ Rhythmus, ↗ Melodie und ↗ Harmonie. Hinzu kommt die Charakterisierung des Klanges durch die jeweilige M.-Instrumente. Es liegt nahe, die Herkunft der primär **einstimmigen M.** im Singen zu sehen, die der vorzugsweise auf Zusammenklang beruhenden im klanglich-instrumentalen Musizieren. Aus der gegenseitigen Durchdringung des einstimmigen und des klangl. Prinzips entstand die **mehrstimmige** abendländ. Musik. In ihr war bis um 1600 die melodisch-lineare Führung der Einzelstimmen, die im kontrapunkt. Satz (↗ Kontrapunkt) zur polyphonen Einheit verbunden werden, die eigentl. formbildende Kraft; die tonale Grundlage bildeten die Kirchentöne (↗ Kirchentonarten). Dagegen wurde in der homophon gerichteten, akkordisch gebundenen M. seit 1600 (↗ Generalbass) und v. a. seit 1750 die Melodik stark von der Harmonie bestimmt, bei der im Sinne der Kadenz alle Töne und Zusammenklänge eines M.-Stücks auf den Dur- oder Moll-Dreiklang eines Grundtons bezogen werden (↗ Tonart, ↗ Stimmung). Im 20. Jh. und bes. seit dem Zweiten Weltkrieg verstärkt sich die Tendenz, sich von dem die europ. M. seit ihren Anfängen bestimmenden System der Tonalität zu entfernen (↗ Neue Musik).

Der große Sammelbegriff M. lässt eine Einteilung nach versch. Gesichtspunkten zu. Neben der **Volks-M.** steht die von einzelnen Komponisten geschaffene

Kunst-M. Der Kunst-M. (ernste M., E-M.) steht die **Unterhaltungs-M.** (U.-M.) einschließlich Tanz-M. und ↗ Jazz gegenüber. Der mehrstimmigen M. (Abendland) steht die einstimmige (Antike, Orient) gegenüber, der geistl. die weltl., der absoluten M. (ohne begrifflich fassbaren Inhalt) die Programmmusik. Nach den zur Ausführung der M. erforderl. Klangkörpern unterscheidet man die beiden Hauptgruppen **Instrumental-** und **Vokalmusik.** Die Instrumental-M. gliedert sich in Orchester-, Kammer- und Salon-M., die Vokal-M. in die reine (A-cappella-M.) und die von Instrumenten begleitete Gesangs-M. in Chor- und Sologesangsmusik. – Die wichtigsten musikal. Gattungen sind: Lied, Tanz, Fuge, Kanon, Sonate, Sinfonie, Arie, Rezitativ, Oper, Oratorium, Motette und Messe. Der nachschaffende, ausübende Musiker (Interpret) ist der Mittler zw. Komponist und Hörer. In dem Maße, wie die Komponisten neuerer M. von der traditionellen Notation und damit der völligen Reglementierung der M.-Wiedergabe abkommen, nähert sich die Bedeutung des Interpreten der des Komponisten.

Die Anfänge der M. liegen im Kultischen. Die musikal. Entwicklung jenseits des europäisch-geschichtl. Bereichs kann grundsätzlich nicht isoliert, sondern nur im Zusammenhang mit ihren ganzheitlich-menschl. Bindungen gesehen werden. Leben und Musik bildeten beim mythisch denkenden Menschen der Vorzeit eine Einheit. Mit Beginn des abendländ. Denkens war bei den Griechen die M. zunächst noch eine der Komponenten der »mousikḗ téchnē« (die anderen waren die Sprache als Vers und der Tanz). Erst danach, v. a. im Verlauf der christl. Zeit, bahnte sich die M. den Weg zur autonomen Kunst. (↗ frühchristliche Musik, ↗ byzantinische Musik)

Musikali|en [lat.] *Pl.*, Bez. für gedruckte oder geschriebene Musikwerke, heute v. a. für gedruckte Noten, die im M.-Handel vertrieben werden.

musikalische Aufführungspraxis, i. Allg. die Art und Weise, wie ein vom Komponisten festgelegter Notentext durch den Interpreten klanglich realisiert wird, im Besonderen die Erforschung und Rekonstruktion der Aufführungsformen älterer Musikwerke in der Epoche ihrer Entstehung **(histor. Aufführungspraxis).**

musikalische Grafik, Notationsform ↗ Neuer Musik, die statt der traditionellen Notenschrift graf. Zeichen verwendet, die den Spieler inspirieren und zur Umsetzung in musikal. Formen anregen soll. Die m. G. wurde seit 1952 von E. Brown, J. Cage, S. Bussotti, A. Logothetis u. a. entwickelt und wird v. a. in der Aleatorik verwendet. Die Bez. prägte R. Haubenstock-Ramati.

Musikalisches Opfer, Komposition von J. S. Bach (BWV 1079, 1747) über ein Thema (»königl. Thema«) Friedrichs d. Gr.; ein Zyklus von 9 Kanons, 3 Fugen (zwei davon Ricercari genannt) sowie einer Triosonate.

Musikalität [lat.] (musikalische Begabung), die angeborene oder erworbene Fähigkeit, Musik aufzunehmen und auszuüben. Zu den wesentl. Komponenten der M. zählen das Erkennen von Tonhöhen-, Tondauer- und Tonstärkeunterschieden, das Auffassen und Behalten von Melodien, Rhythmen, Akkorden usw. sowie für die Musikausübung die Fähigkeit der musikal. Gestaltung und der Geschicklichkeit im Umgang mit einem Musikinstrument.

Musik|ästhetik, Disziplin der systemat. Musikwiss. und zugleich Teil der allg. Ästhetik; untersucht u. a. das Wesen der Musik, die Beziehungen des Menschen zur Musik sowie zu der im musikal. Kunstwerk widergespiegelten Wirklichkeit, die Methoden der musikalisch-künstler. Gestaltung und das Beziehungsgefüge zw. Komposition, Interpretation und Rezeption von Musik.

Musik|automaten, ↗ mechanische Musikinstrumente.

Musikbibliothek, Sammlung von Musikhandschriften und -drucken, Musikliteratur und -zeitschriften, Dokumenten (Briefe), Bildern und Tonträgern (Schallplatten, CDs, Tonbänder, Tonfilme). Bed. M. bestehen u. a. in Berlin, München, Paris, London, Washington (D. C.).

Musikbogen, urtüml. Saiteninstrument aus der Familie der Zither, meist mit einer Saite, die an den Enden eines elast., gebogenen Stabes befestigt ist und mit einem Stäbchen angeschlagen, gestrichen oder mit den Fingern angerissen wird; heute v. a. noch in Südafrika, Indien, Südamerika und Ozeanien gebräuchlich.

Musikdirektor, Abk. **MD,** urspr. Titel des leitenden Musikbeauftragten einer Stadt (z. B. J. S. Bach in Leipzig); seit dem 19. Jh. verliehen an die Leiter musikal. Institutionen (Städt. M., Univ.-M., Kirchen-M.). In größeren Städten erhält der M. vielfach den Titel **Generalmusikdirektor** (Abk. **GMD**).

Musikdrama, musikal. Bühnenwerk, bei dem sich die Musik den Anforderungen des Dramas fügt und mit Wort und Szene eine Einheit bildet. Die Bez. M. wird v. a. auf die Werke R. Wagners (und seine Idee des »Gesamtkunstwerkes«) seit dem »Ring des Nibelungen« angewendet.

Musiker, als Komponist, Interpret oder Musiklehrer Tätiger; i. e. S. heute der berufsmäßige Instrumentalist oder Vokalist **(Berufs-M.),** bes. das Orchestermitglied.

Musikerverbände, Berufsorganisationen, die sich der sozialen und wirtsch. Belange der Musiker annehmen sowie musikalisch-künstler. und kulturpolit. Aufgaben und Ziele verfolgen. In Dtl. v. a. der »Verband Dt. Schulmusiker e. V.« (seit 1949; Sitz: Mainz), die »Dt. Orchestervereinigung e. V. in der DAG (seit 1952; Sitz: Hamburg; seit 2001 in ver.di) und der »Dt. Tonkünstlerverband e. V.« (seit 1990; Sitz: München), Nachfolgeorganisation des 1844 gegr. »Berliner Tonkünstlervereins«.

Musik|erziehung (Musikpädagogik), die Pflege und Förderung musikal. Anlagen; findet an Schulen des öffentl. Bildungswesens im Musikunterricht sowie an Musikschulen (beginnend mit der musikal. Früh- und Grunderziehung für Vorschulkinder) oder bei Privatmusiklehrern sowie an ↗ Musikhochschulen und Konservatorien statt.

Musik|ethnologie (vergleichende Musikwissenschaft, Ethnomusikologie, musikalische Volks- und Völkerkunde, in den USA auch World Music), Teilgebiet der Musikwiss., beschäftigt sich mit der außereurop. Stammes-, Volks- und Kunstmusik sowie der europ. Volksmusik und bezieht die Völkerkunde, Anthropologie, Soziologie, Psychologie, Religions- und Sprachwissenschaft mit ein. Ihre Forschung stützt sich auf vorgeschichtl. Funde (Musikarchäologie), Studien an Bildquellen (Musikikonographie) und bei schriftlosen Völkern auf bei der Feldforschung erfragte allgemeine kulturelle Fakten sowie Tondokumente, die dem Gehör nach transkribiert und mit elektron. Apparaturen untersucht werden. Für die Kunstmusik der Hochkulturen erschließt sie zusätzlich die schriftl. Aufzeichnungsweisen von Musik und die musiktheoret. Quellen.

Musikgeschichte, Bez. sowohl für den Ablauf allen auf die Musik bezogenen Geschehens in der Vergangenheit, wie es sich in der Entwicklung von Kom-

Musikbogen

position (Stile, Gattungen, Satztechniken), Tonsysteme, Notenschrift und Instrumenten offenbart, als auch für die Erforschung und Darstellung dieses Geschehens. Den wissenschaftlich-literar. Niederschlag finden die musikhistor. Betrachtung und deren Gegenstand in der Musikgeschichtsschreibung, die auf der Basis der musikwiss. Detailforschung eine Zusammenschau anstrebt. Das spätantike (Pseudo-Plutarch, 2./3. Jh.) und mittelalterl. Schrifttum (z. B. Guido von Arezzo, »Micrologus«) enthält frühe Beispiele histor. Betrachtung. Während im MA. die Herausbildung musikal. Neuerungen in einem ungebrochenen, das jeweils Neue aus dem Alten ableitenden Traditionsprozess erfolgt (↗ Ars antiqua, ↗ Ars nova), wird im Humanismus und in der Renaissance mit der Ausrichtung an antiken Vorbildern der Boden bereitet für das moderne Bewusstsein von Geschichte als Gegenstand einer Wiederentdeckung und geistigen Durchdringung der musikal. Vergangenheit mittels Sammelns und krit. Auswertung der Quellen, wie es im 17. Jh. ansatzweise in Arbeiten von M. Praetorius, A. Kircher, W. C. Printz und G. A. Bontempi zu beobachten ist. Die musikal. Universalgeschichten des 18. Jh., u. a. von C.-H. de Blainville, J.-B. de Laborde, G. B. Martini, J. Hawkins, C. Burney, J. N. Forkel, vertreten die aufklärer. Auffassung eines stufenweisen Fortschritts zur Vervollkommnung, die i. d. R. mit der Kanonisierung eines bestimmten Epochenteils oder eines herausragenden Komponisten verbunden ist. Im 19. Jh. dringt bei F.-J. Fétis und R. G. Kiesewetter der Gedanke des organ. Wachstums und der Eigenwertigkeit jeder musikgeschichtl. Epoche durch, dem A. W. Ambros noch die kulturhistor. Perspektive hinzufügt. Zugleich verlagert sich das Interesse im Gefolge histor. Wiedererweckungsbemühungen (Neuausgaben alter Musik und nat. Denkmäler, Komponistengesamtausgaben) auf die Spezialforschung. Einen Schwerpunkt bildet die Musikerbiografie. Das 20. Jh. bringt ein neues Verständnis der M. als Problemgeschichte (H. Riemann), als Stilgeschichte (G. Adler), als Formen- und Gattungsgeschichte (H. Kretzschmar) und als Geistesgeschichte (W. Gurlitt, H. Besseler, J. Chailley, J. S. Handschin). Die neuere Forschung ist durch die fortschreitende Spezialisierung und die Ausbildung neuer Teildisziplinen (z. B. Musikterminologie, Musikikonographie) gekennzeichnet sowie durch den Versuch, die in anderen Wissenschaften erarbeiteten Methoden und Erkenntnisse für die Interpretation musikgeschichtl. Phänomene zu nutzen.

Musikhochschulen (Hochschulen für Musik), staatl. Lehrinstitute für die musikal. Berufsausbildung mit v. a. folgenden Berufszielen: a) Orchestermusiker, Instrumentalsolist, Dirigent, Komponist, Opern- und Konzertsänger, Tänzer; b) freiberufl. Musiklehrer und Lehrer an Musikschulen; c) Schulmusiker, Kirchenmusiker. Als Erste trug die 1869 gegründete Königl. Hochschule für Musik in Berlin diese Bezeichnung. Heute gibt es in Dtl. 21 M. (z. T. Hochschulen für Musik und Theater/darstellende Kunst), die nach und nach aus Konservatorien (↗ Konservatorium), Akademien u. Ä. hervorgegangen sind, und zwar in Berlin, Detmold (mit Dortmund und Münster), Dresden, Düsseldorf, Essen (mit Duisburg), Frankfurt am Main, Freiburg im Breisgau, Hamburg, Hannover, Karlsruhe, Köln (mit Aachen und Wuppertal), Leipzig, Lübeck, Mannheim (mit Heidelberg), München, Rostock, Saarbrücken, Stuttgart, Trossingen, Weimar und Würzburg. Außerdem bestehen fünf landeskirchl. Hochschulen für Kirchenmusik.

Musikinstrumente, Geräte zum Hervorbringen musikalisch verwertbaren Schalls (Töne, Klänge und Geräusche). Die Einteilung in **Saiteninstrumente** (Streich-, Zupf-, Saiteninstrumente mit Klaviatur), **Blasinstrumente** (Holz-, Blechblasinstrumente, mit Tastatur, mit Zungen) und **Schlaginstrumente** ist ungenau und durch eine von E. M. von Hornbostel und C. Sachs entwickelte Systematik ersetzt: **Idiophone** (Selbstklinger), **Membranophone** (Fellklinger), **Chordophone** (Saitenklinger), **Aerophone** (Luftklinger), **Elektrophone** (elektron. M.).

Geschichte: Die lückenhafte Überlieferung durch Funde erlaubt es nicht, die Entstehung der M. im Einzelnen zu datieren. Nach der (nicht mehr vorbehaltlos anerkannten) Theorie von C. Sachs entstanden in prähistor. Zeit Schlagidiophone, in der Altsteinzeit Schwirrholz, Flöte, Schnecken- und Tubushorn, in der Jungsteinzeit Grifflochflöte, einfellige Trommel, Panflöte, Musikbogen, Xylophon, Maultrommel und Rohrblattpfeife, in der »Metallzeit« Zither und Glocke. Seit der Jungsteinzeit verfügten die M. über wechselnde Tonhöhen.

Rekonstruierbare Funde, Abbildungen und schriftl. Zeugnisse lassen für das 3. Jt. v. Chr. in Mesopotamien den Schluss auf den Gebrauch von Harfe, Leier und zweifelliger Trommel zu. Ein Jahrtausend später sind in Ägypten Laute, Becken, Trompete und Doppelrohrblattpfeife bezeugt. Das grch. Instrumentarium im 1. Jt. v. Chr. wurde aus dem Vorderen Orient übernommen und brachte an Neuerungen Sackpfeife, Kastagnetten und Hydraulis. Wahrscheinlich über die Etrusker und Kelten gelangten Harfen, Leiern und Hörner ins mittelalterl. Europa; aus dem Orient kamen weitere für die Folgezeit wichtige M. wie Orgel, Psalterium, Fiedel, Rebec, Laute, Schalmei und Trompete. Eine bed. Neuerung des MA. war die Einführung von Tasten bei Saiteninstrumenten, wodurch spätestens im 14. Jh. über das Monochord die Frühformen von Klavichord und Cembalo entstanden. In der Renaissance wurde das Instrumentarium stark ausgeweitet; der Tonraum erweiterte sich um zwei Oktaven nach unten, es entstanden viele Instrumentenfamilien (d. h. Bau des gleichen M. in Diskant-, Alt-, Tenor- und Basslage). Neue Typen wurden entwickelt, bes. bei den Blasinstrumenten (z. B. Rackett, Sordun, Rausch- und Schreierpfeife, Dulzian, Krummhorn, Pommer, Zink). Aus Fiedel und Rebec entstanden die drei Gruppen der Streichinstrumente, die Liren, Violen und die Violinfamilie. Das 16. Jh. unterschied die akkordfähigen »Fundamentinstrumente« wie Orgel, Cembalo und Laute von den i. d. R. einstimmigen »Ornamentinstrumenten«. Im 17./18. Jh. bildete sich das Orchester mit dem Streicherchor als Kern heraus. Bedeutsam waren im 18. Jh. die Entwicklung des Hammerklaviers und die Einführung der temperierten Stimmung.

Die allgemeine Technisierung führte im 19. Jh. im Instrumentenbau zur Verbesserung vorhandener M. (z. B. Einführung der ausgereiften Klappenmechanik bei Flöten und Rohrblattinstrumenten, von Ventilen bei Blechblasinstrumenten, der Repetitionsmechanik beim Klavier). Daneben entstanden neue M. wie Saxophon, Harmonium, Mund- und Handharmonika. Neue Klangmöglichkeiten erschlossen im 20. Jh. die Elektrophone.

Musikkritik, die publizist. Darstellung, Analyse und Beurteilung von Musikwerken, Aufführungen und Veranstaltungen; bei neueren Werken mit dem Akzent auf Werkkritik, während bei bekannten Werken die Qualität der Aufführung bzw. Interpretation betrachtet wird. Hinzu kommen Rezensionen von

Platteneinspielungen, Buchpublikationen, Warentests von Musikinstrumenten und Geräten der Unterhaltungselektronik. Die Anfänge der M. liegen im frühen 18. Jh. Bed. deutsch schreibende Musikkritiker sind J. Mattheson, J. A. Scheibe (* 1708, † 1776), J. F. Reichardt, E. T. A. Hoffmann, R. Schumann, E. Hanslick, H. Wolf, A. Seidl (* 1863, † 1928), A. Einstein, T. W. Adorno, H. H. Stuckenschmidt, J. Kaiser (* 1928) u. a.

Musik|leistung (engl. Dynamic Power), *Elektroakustik:* bei kurzfristiger Vollaussteuerung erreichbare, zahlenmäßig nicht genau definierte Ausgangsleistung, die ein Verstärker unter Einhaltung eines festgelegten / Klirrfaktors abgeben kann.

Musikpsychologie, Teilgebiet der systemat. Musikwissenschaft, untersucht u. a. die psych. Vorgänge bei der musikal. Produktion, Interpretation und Rezeption, die Beziehungen zw. Mensch, Musik und Umwelt sowie die emotionale Wirkung der Musik.

Musiksoziologie, Teilgebiet der systemat. Musikwissenschaft, das die Beziehungen zw. Musik und Gesellschaft untersucht, insbes. die Schichtenzugehörigkeit, Arbeitsverhältnisse und Organisationsformen von Musikern und Musikvermittlern (Kritiker, Agenten), die Struktur und Funktion von Institutionen (z. B. Oper, Konzert, Massenmedien), die soziale Zusammensetzung, Verhaltensweise und den Geschmack des Publikums sowie die Funktionen von Musik in unterschiedl. Sozialgruppen, Zeiten und Gesellschaftsformen.

Musiktheater, in Dtl. im 20. Jh. aufgekommene Bez. für die über die Gattungs-Bez. Oper hinausgehenden Verbindungen von gesprochenem und gesungenem Wort, Szene (Spiel, Tanz) und Musik seit 1918. Von der Gattung her umfasst der Begriff M. Opern wie A. Bergs »Wozzeck« (1925), auf Gesang verzichtendes episches Theater wie I. Strawinskys »Geschichte vom Soldaten« (1918), Verbindungen von Oper und Oratorium wie Strawinskys »Oedipus rex« (szen. Uraufführung 1928) und D. Milhauds »Christophe Colombe« (1930) und von Oper und Ballett wie H. W. Henzes »Boulevard Solitude« (1952). Neben zeitbezogenen Werken, z. B. E. Kreneks »Jonny spielt auf« (1927), P. Hindemiths »Neues vom Tage« (1929), B. Brechts und K. Weills »Die Dreigroschenoper« (1928) sowie »Aufstieg und Fall der Stadt Mahagonny« (1930), stehen u. a. Versuche mit Kurzopern (Milhaud, »L'enlèvement d'Europe«, 1927) und Werke, in denen instrumentale Formen vorherrschen (z. B. F. Busoni, »Doktor Faust«, 1916–24). Nach 1945 wandten sich viele Komponisten (B. Britten, Henze, G. C. Menotti, Strawinsky) wieder der Oper zu, freilich unter Anwendung der musikal. wie dramaturg. Mittel des M. der ersten Jahrzehnte des Jahrhunderts. Das Fehlen geeigneter Libretti ließ einige Komponisten wieder auf Dramen der großen Literatur zurückgreifen (Literaturoper): G. von Einem »Dantons Tod« (1947, nach G. Büchner), W. Egk »Der Revisor« (1957, nach N. Gogol), Henze »Der Prinz von Homburg« (1960, nach H. von Kleist), W. Fortner »Die Bluthochzeit« (1957, nach F. García Lorca). Das avantgardist. Theater der 60er- und 70er-Jahre deutete die Idee des Gesamtkunstwerks zum Entwurf eines »totalen Theaters« um (J. Cage, P. Schat, D. Schönbach). Zum »musikal. Theater« werden Stücke gezählt, bei denen die affektiven und gest. Momente klangl. und stimml. realisiert (G. Ligeti, D. Schnebel) oder strukturelle Gegebenheiten der Musik auf szen. Aktionen übertragen werden (K. Stockhausen: »Inori«, 1974; »Harlekin«, 1975). Seit den späten 70er-Jahren sind erneut Tendenzen einer Rückwendung zur literarisch gebundenen Opernform zu beobachten, z. B. bei Ligeti (»Le grand macabre«, 1978, nach M. de Ghelderode), W. Rihm (»Jakob Lenz«, 1979, nach Büchner), F. Cerha (»Baal«, 1981, nach Brecht), K. Penderecki (»Die schwarze Maske«, 1986, nach G. Hauptmann), D. Müller-Siemens (»Die Menschen«, 1990, nach W. Hasenclever) und W. Steffens (»Die Judenbuche«, 1993, nach A. von Droste-Hülshoff). Eigenwillige Konzeptionen liegen den Werken von M. Kagel (»Die Erschöpfung der Welt«, 1980), Stockhausen (Zyklus »Licht«, 1981 ff.) und Cage (»Europeras 1 & 2«, 1987) zugrunde. Dem Pluralismus der angewendeten Kompositionstechniken entspricht die Mannigfaltigkeit der verarbeiteten Stoffe: Das Spektrum reicht von der Heiligenlegende (O. Messiaen, »Saint François d'Assise«, 1983) und Bibelhistorie (V. D. Kirchner, »Belshazar«, 1986) über Antikendrama (A. Reimann, »Troades«, 1986), Tierparabel (Henze, »Die engl. Katze«, 1983) und Science-Fiction (P. Glass, »Planet 8«, 1988) bis zum psychologisierenden Zeitstück (Rihm, »Die Hamletmaschine«, 1987; Henze, »Das verratene Meer«, 1990).

Musiktherapie, Methode der angewandten Psychologie, Musik (Ton, Harmonik, Rhythmus) als spannungslösende und kontaktbildende Heilmaßnahme einzusetzen.

Musikwissenschaft, Wissenschaft von der Musik, ihrem Wesen, ihrer Geschichte und ihren versch. Erscheinungsformen. Als Hauptzweige der M. unterscheidet man traditionell histor. M. und systemat. M. sowie die / Musikethnologie. Zwischen ihnen bestehen zahlr. Verbindungen und Übergänge. Im Mittelpunkt der histor. M. steht die europ. Kunstmusik vom MA. bis zur Gegenwart; Volks-, Pop- und Rockmusik sowie Jazz werden zunehmend einbezogen. Teilgebiete der systemat. M. sind u. a. musikal. Akustik, Physiologie der Tonerzeugung und -wahrnehmung, Musikpsychologie, Musikästhetik und Musiksoziologie. – M. wurde vom 12. bis 16. Jh. an den Univ. als eine der sieben / freien Künste gelehrt. Zur Wiss. im neuzeitl. Sinne wurde die M. v. a. mit der Musikgeschichtsschreibung der Aufklärung; als Univ.fach etablierte sie sich dann in der 2. Hälfte des 19. Jh. Erste Vertreter waren u. a. 1861 E. Hanslick in Wien, 1875 P. Spitta in Berlin, 1898 G. Adler in Wien, 1900 A. Sandberger in München, 1905 H. Riemann in Leipzig und 1911 F. Ludwig in Straßburg (zuvor A. B. Marx 1830 in Berlin und A. W. Ambros 1869 in Prag als Prof. der Musik).

Musil, Robert Edler von (seit 1917), österr. Schriftsteller, * Klagenfurt 6. 11. 1880, † Genf 15. 4. 1942; 1921–22 im österr. Staatsdienst, lebte bis 1933 in Berlin, bis 1938 in Wien, emigrierte dann in die Schweiz. Sein Werk, das während des Nationalsozialismus verboten war, umfasst mehrere Novellen, den Roman »Die Verwirrungen des Zöglings Törleß« (1906), der seinen Ruf als psychologisch exakt analysierender Erzähler begründete, und sein Hauptwerk, den monumentalen, Fragment gebliebenen Roman »Der Mann ohne Eigenschaften« (Buch 1 und Buch 2, Teil 1, 1930–33; Buch 2, Teil 2 aus dem Nachlass, hg. 1943): Zeit des Geschehens ist die Wende der Jahre 1913/14; sowohl das umfassende Zeitbild, das der Roman vermittelt – Österreich wird zum Spiegel für alle geistigen und kulturellen Strömungen –, als auch die Erzählstruktur – eine zeitlich diskontinuierl. Handlung, große Dialoge, einbezogene kulturkrit. und wiss. Betrachtungen – machen den Autor zu einem der großen Erneuerer des Romans im 20. Jh. M. schrieb ferner Essays (»Der dt. Mensch als Symptom«, hg. 1967),

Robert Musil

Dramen (»Die Schwärmer«, 1921; »Vinzenz und die Freundin bedeutender Männer«, Kom., 1924) und gab einen »Nachlass zu Lebzeiten« (1936) heraus.

Musique concrète [myzik kɔ̃'krɛt, frz.] *die* (konkrete Musik), Musik, die aus alltägl. Geräuschen (Straßen-, Industrielärm u. a.) und Klängen (Musikinstrumente, Vogelstimmen) besteht, die auf Tonband aufgenommen und auf elektron. Weg zu einer Komposition montiert werden. Vertreter sind u. a. P. Schaeffer, O. Messiaen, P. Boulez, L. Ferrari, K. Stockhausen.

musische Erziehung, Erziehung auf der Grundlage der Künste, d. h. von Dichtkunst, bildender Kunst, Musik, aber auch u. a. von Laienspiel, Tanz; ging aus den pädagog. Reformbestrebungen der Jahrhundertwende hervor und war gegen den »Intellektualismus« der herkömml. Schulbildung gerichtet.

musivisch [lat.], *bildende Kunst:* mosaikartig.

Muskarin, ↗ Muscarin.

Muskat *der,* ↗ Muskatnussbaum.

Muskateller [italien.] *der* (frz. Muscat, italien. Moscato), Gruppe von Rebsorten mit ausgeprägtem Muskatgeschmack; M. wird zu Weißweinen, gespriteten Rotweinen und Likörweinen verarbeitet.

Muskatfink (Lonchura punctulata), bis 12 cm (einschließlich Schwanz) langer Prachtfink in S-Asien; oberseits braun, unterseits weiß mit schwärzl. Federbinden.

Muskatnussbaum (Myristica), Gattung der Muskatnussgewächse, vom trop. Asien bis Australien beheimatet. Die wirtschaftlich bedeutendste Art ist der **Echte M.** (Myristica fragans), ein immergrüner, bis zu 15 m hoher Baum. Die Frucht, eine fleischige Kapsel mit nur einem, von der Mazis (Samenmantel) umhülltem Samen **(Muskatnuss)**, wird getrocknet, gegen Insektenfraß in Kalkmilch getaucht und zerrieben als Gewürz **(Muskat)** verwendet.

Muskau, Bad, ↗ Bad Muskau.

Muskel|atrophie (Muskelschwund, Amyotrophie), Schwund der Skelettmuskulatur, altersbedingt oder infolge Unterernährung, Inaktivität, Störung des Muskelstoffwechsels, Ausfalls der die Muskeln versorgenden Nerven.

Muskel|elektrizität, die elektr. Erscheinungen (↗ Aktionspotenzial) an den Muskeln.

Muskel|entzündung (Myositis), Entzündungserscheinungen im Muskel; z. T. als generalisierte Erkrankung der Muskulatur mit Zerstörung der Muskelfasern auftretend; auch bei frühzeitiger Übungsbehandlung nach Verletzungen mit nachfolgender Muskelverknöcherung. Entzündl. Muskelareale werden durch Kernspintomographie nachgewiesen.

muskel|erschlaffende Mittel (Muskelrelaxanzien), Arzneimittel, die die Skelettmuskulatur entspannen, d. h. erschlaffen lassen (z. B. Curare); u. a. Anwendung bei chirurg. Eingriffen mit Narkose.

Muskelhärte, der ↗ Hartspann.

Muskelkater, vorübergehende Muskelschmerzen nach Überbeanspruchung; verursacht durch feinste Mikrofaserrisse.

Muskelkrampf (Myospasmus), auf eine Muskelgruppe beschränkter unwillkürlich schmerzhafter Krampf, z. B. an Wade **(Wadenkrampf)** oder Zehen.

Muskeln [lat. musculus »Mäuschen«] (Musculi), aus **Muskelgewebe** (Muskelzellen, -fasern, Bindegewebe) bestehende Organe mit der Fähigkeit zum Zusammenziehen (Kontraktion) und zum Erschlaffen (Relaxation) sowie der damit verbundenen Verkürzung oder Spannungsentwicklung; beruht auf den besonderen Eigenschaften von innerhalb der Muskelzelle liegenden kontraktilen Fasern **(Myofibrillen).** Als Muskelfaser wird üblicherweise die ganze Muskelzelle bezeichnet. M. dienen der Bewegung von Körperteilen und Organen, der Gestaltveränderung und der Fortbewegung. Jeder Muskel (bzw. jede Muskelgruppe) wird durch eine **Muskelbinde (Faszie)** zusammengehalten und läuft beiderseits in eine Sehne aus. Nach dem Feinbau und der Funktion unterscheidet man glatte M., quer gestreifte M. und die Herzmuskulatur. Die nicht dem Willen unterworfenen **glatten M.** bauen die **Eingeweide-M.** auf und bestehen aus lang gestreckten, spindelförmigen, räumlich netzförmig angeordneten, locker gebündelten oder in Schichten gepackt liegenden Muskelzellen. Glatte M. arbeiten meist langsam und können die Kontraktion ohne großen Energieverbrauch oft längere Zeit auf-

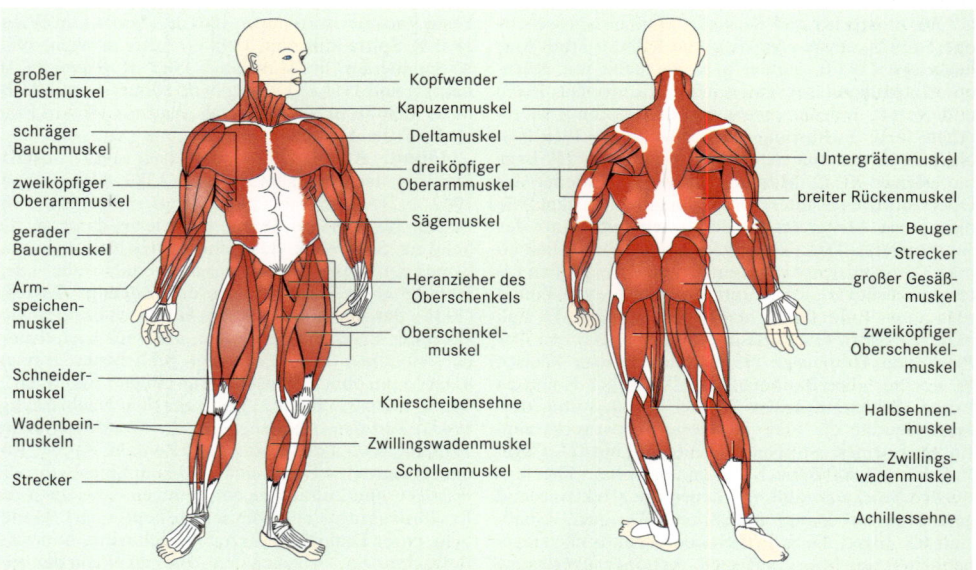

Muskeln: Skelettmuskulatur des Menschen, sichtbar ist nur die äußere (oberflächliche) Schicht der Skelettmuskeln

rechterhalten. Grundelemente der dem Willen unterworfenen **quer gestreiften M.** (Ausnahme Herzmuskel) sind immer die quer gestreiften Muskelfasern. Sie sind zylindrisch geformt, etwa 2–30 cm lang (längste Faser beim Menschen etwa 12 cm) und stellen das Baumaterial für die **Skelett-M.** dar. Quer gestreifte M. arbeiten sehr rasch und sind äußerst leistungsfähig. Eine Sonderform des quer gestreiften Muskelgewebes (unterliegt nicht dem Willen) ist die **Herzmuskulatur,** die in besonderem Maße zu Dauerleistungen befähigt ist. Alle M. beziehen ihre Energie aus den Nährstoffen, die mit dem Blut an sie herangeführt werden. – M. können sich nur zusammenziehen und erschlaffen (entspannen), nicht jedoch selbstständig aktiv dehnen. Die der Muskelkontraktion entgegengesetzte Bewegung erfolgt deshalb durch einen als Gegenspieler fungierenden anderen M.(z. B. Beuger und Strecker des Oberarms), durch elast. Bänder oder durch Flüssigkeiten (bei den Blutgefäßen).

Muskelpumpe, Bez. für den wechselnden Druck, den die Skelettmuskeln bei Zusammenziehung und Erschlaffung auf das Venensystem ausüben; durch diese rhythm. Aktivität, wie sie z. B. beim Gehen in der Wadenmuskulatur auftritt, wird der venöse Rückstrom wirkungsvoll gefördert; Voraussetzung sind funktionstüchtige Venenklappen.

Muskelriss (Muskelruptur), durch äußere Gewalteinwirkung (Dehnung, Quetschung, Abscherung vom Knochen) oder plötzl. übermäßige Anspannung (v. a. als Sportunfall) sehr schmerzhafter Riss eines Muskels. Symptome sind heftiger stechender Schmerz, Bluterguss, Schwellung und Funktionseinschränkung. – *Behandlung* durch Ruhigstellung, kalte Umschläge, bei ausgedehntem M. Muskelnaht.

Muskelschwäche, ↗ Myasthenie.
Muskelschwund, ↗ Muskelatrophie.
Muskelzerrung, durch ruckartige Überdehnung hervorgerufene Zerreißung einzelner Muskelfasern. – *Behandlung* durch Ruhigstellung, feuchte Umschläge, heparinhaltige Salben.

Muskete [zu frz. mousquet, von italien. moschetto] *die,* Infanteriegewehr mit Luntenschloss (↗ Schloss), später auch mit Rad- und Steinschloss (↗ Gewehr).

Musketier *der,* urspr. der mit einer Muskete bewaffnete Soldat; im dt. Heer bis 1919 der (einfache) Infanterist.

Muskogee [mʌsˈkəʊgiː] (Muskogean, Maskoki), i. w. S. Bez. für eine indian. Sprachfamilie im SO der USA, i. e. S. ein zu den Creek gehörender Indianerstamm.

Muskovit *der,* heller ↗ Glimmer.
Muskulatur *die,* Gesamtheit der ↗ Muskeln des Körpers.

Muslim [arab. »der sich Gott unterwirft«] *der* (Moslem, veraltet Muselman), Selbstbez. der Anhänger des Islams. Die Bez. »Mohammedaner« lehnen die M. ab, weil ihr Glaube auf die von Mohammed überbrachte Offenbarung Gottes, nicht aber auf den Propheten als ihren menschl. Überbringer gerichtet ist. Nach der Lehre des Koran sind M. »die Gläubigen«, alle Nicht-M. werden als »Ungläubige« (Kafir) angesehen.

Muslimbruderschaft (Moslembruderschaft), islam. religiös-polit. Erneuerungsbewegung, gegr. 1928 in Ismailia (Ägypten); fordert eine an Koran und Hadith orientierte Staats- und Gesellschaftsordnung und will den westlich-europ. Einfluss in der islam. Welt zurückdrängen. Die M. verbreitete sich in vielen arab. Ländern. Als weibl. Parallelorganisation entstanden 1936 die **Muslimschwestern.** In Ägypten entwickelte sich die M. nach 1945 zu einer Massenbewegung, wurde dort allerdings nach der Errichtung der Rep. (1954), und in der Folge auch in anderen Ländern, verboten. 1979 (Ausrufung der Islam. Rep. Iran) versuchte sich die M. neu zu etablieren. Aus ihrem palästinens. Zweig ging 1987 die ↗ Hamas hervor. In Ägypten versucht die nach wie vor verbotene M. seit Mitte der 1990er-Jahre über polit. Parteien auf legale Weise am polit. Leben des Landes teilzunehmen.

Muslimliga (Moslemliga), polit. Organisation ind. Muslime, gegr. 1906 als All India Muslim League; forderte, v. a. unter Führung von M. A. Jinnah, für die muslim. Minderheit in Britisch-Indien die Beteiligung an den nach Mehrheitswahlrecht gebildeten polit. Körperschaften in den britisch-indischen Provinzen, einen autonomen muslim. Bundesstaat, seit 1940 die Teilung Indiens (Pakistan-Resolution). Nach der Gründung Pakistans wurde sie dort als **Pakistan Muslim League** (PML) zunächst die staatstragende Partei (1954 trennte sich von ihr in Ostpakistan die Awami-Liga ab), trat aber ab 1958 in den Hintergrund. 1965–70 war sie wieder stärkste Partei in Pakistan. 1988 schloss sie sich mit anderen oppositionellen Parteien zur »Islam. Demokrat. Allianz« zus., die die Parlamentswahlen 1990 gewann. 1997–99 war die M. pakistan. Reg.partei, eine Abspaltung von ihr (PML-Q) wurde es 2002 erneut.

Muspilli, wohl im 9. Jh. im bair. Sprachraum entstandenes, als Fragment (103 Zeilen, Anfang und Ende fehlen) erhaltenes geistl. Gedicht vom Weltuntergang, geprägt durch starke Ausdruckskraft und Bilderreichtum; zeigt noch german. Stabreimform, aber auch einzelne Endreime. Dargestellt sind das Schicksal der Seele nach dem Tod, der Weltuntergang und das Jüngste Gericht.

Mussala *die* (Musala), höchster Berg Bulgariens, im Rilagebirge, 2925 m ü. M.

Muße, spezif. Form schöpfer. Verwendung von Freizeit; Möglichkeit und zugleich Grundbedingung der Selbstfindung, der (kreativen) Selbstverwirklichung wie auch der gesellschaftl. Partizipation und der Verwirklichung von Kultur und Kunst.

Musselin [italien.-frz., nach der Stadt Mosul] *der,* leichter, bedruckter Kammgarnstoff in Tuchbindung; heute meist Baumwoll- und Viskose-M. mit Glanz und weichem Griff.

Musset [myˈsɛ], Alfred de, frz. Dichter, * Paris 11. 12. 1810, † ebd. 2. 5. 1857; einer der bedeutendsten Vertreter der frz. Romantik; gehörte (bis 1831) zum Kreis (»Cénacle«) um V. Hugo. Seine Versdichtungen (u. a. »Rolla«, 1833), Novellen (u. a. »Der Sohn des Tizian«, 1838; »Die Geschichte einer weißen Amsel«, 1842) und Theaterstücke (u. a. »Die laun. Marianne«, 1833; »Man spielt nicht mit der Liebe«, 1834; »Lorenzaccio«, 1834) weisen ihn als Protagonisten einer Generation aus, die Weltschmerz und Resignation mit Sarkasmus und Frivolität elegant überspielte. 1833–35 war er mit G. Sand verbunden. Das Scheitern der Beziehung schildert er in dem Roman »Beichte eines Kindes seiner Zeit« (1836).

Mussolini, Benito, Gründer und Führer des Faschismus in Italien, * Predappio (Prov. Forlì-Cesena) 29. 7. 1883, † (erschossen) Giulino di Mezzegra (Prov. Como) 28. 4. 1945; Volksschullehrer, trat 1901 in die Sozialist. Partei ein, schuf sich als Prov.sekretär eine eigene Machtbasis, wurde 1912 Chefredakteur des »Avanti« in Mailand. 1914 schloss ihn die Sozialist. Partei aus, weil er den Eintritt Italiens in den Krieg forderte. Er wechselte ins nationalist. Lager und gründete für die Verbreitung seiner Ideen die Zeitung »Popolo d'Italia«. Am 23. 3. 1919 gründete er in Mailand die

Alfred de Musset

Bewegung Fascio di combattimento (/ Faschismus), die im Nov. 1921 in eine Partei (PNF) umgewandelt wurde; M. gelangte ins Parlament, gleichzeitig verbreiteten seine Terrorgruppen in N-Italien Gewalt. Der Faschismus mit seinem Mythos vom »Duce« versprach eine Lösung der Krise, in der sich Italien seit dem Ende des Ersten Weltkriegs befand. Durch den Marsch auf Rom am 28. 10. 1922 riss M., unterstützt von den konservativen Führungsgruppen in Wirtschaft, Heer, Verw. und Kirche, die Macht an sich; König Viktor Emmanuel III. ernannte ihn zum MinPräs. Nach der Ermordung des sozialist. Abgeordneten G. Matteotti und dem Auszug der Opposition aus dem Parlament begann M. mit dem Aufbau einer Einparteiendiktatur und der Verwirklichung seiner Vorstellung eines »totalen Staates« (/ Italien, Geschichte). Außenpolitisch verfolgte er Expansionsziele: 1935/36 Eroberung Äthiopiens, Intervention im Span. Bürgerkrieg und Anlehnung an das nat.-soz. Dtl. (/ Achse Berlin–Rom), an dessen Seite Italien am 10. 6. 1940 in den Zweiten Weltkrieg eintrat. In Verbindung mit den militär. Misserfolgen an der Seite Hitlers führten innere Krisen am 25. 7. 1943 zum Misstrauensvotum des Faschist. Großrats gegen M., der auf Befehl des Königs gefangen gesetzt wurde. Aus der Haft auf dem Campo Imperatore (Gran Sasso d'Italia) am 12. 9. 1943 von dt. Fallschirmtruppen befreit, geriet M. völlig in Abhängigkeit von Hitler, in dessen italien. Machtbereich er die »Repubblica Sociale Italiana« in Salò am Gardasee ausrief, deren »Staatschef« er bis zur Kapitulation der dt. Italienfront war. Bei dem Versuch, mit dt. Unterstützung in die Schweiz zu fliehen, wurde er von italien. Widerstandskämpfern ergriffen und ohne Gerichtsverfahren erschossen.

Mussorgski, Modest Petrowitsch, russ. Komponist, *Gut Karewo (Gebiet Twer) 21. 3. 1839, †Petersburg 28. 3. 1881; 1856–58 Gardeoffizier, bildete sich autodidaktisch in Komposition aus, nahm nach dem Verlust seines Vermögens 1863 eine untergeordnete Beamtenstellung an und trat auch als Konzertpianist auf. M. gehörte zur nationalruss. Schule (/ Gruppe der Fünf), griff aber über deren folklorist. Tendenzen weit hinaus. In seinem Hauptwerk, der Volksoper »Boris Godunow« (nach A. Puschkin, 1. Fassung 1868/69, 2. Fassung 1871/72, UA 1874), verbinden sich Elementar-Rituelles (z. B. Bittchor des Volkes) und schonungsloser Realismus mit einer zuweilen an Shakespeare erinnernden Hintergründigkeit (Schlusslied des Gottesnarren); dabei erfährt die Sprache in der Synthese mit Musik eine für das 19. Jh. neuartige Aufwertung. – *Weitere Werke: Opern:* Die Heirat (Fragment 1868, nach N. Gogol); Chowanschtschina (1873–80; vollendet von N. Rimski-Korsakow, 1883); Der Jahrmarkt von Sorotschinzy (1876–81; nach N. Gogol). – *Sinfon. Dichtung:* Eine Nacht auf dem Kahlen Berge (1867; bearbeitet von N. Rimski-Korsakow, 1886). – *Klavierstücke:* Bilder einer Ausstellung (1874, orchestriert von M. Ravel, 1922). – *Klavierlieder:* Lieder und Tänze des Todes (1874–77).

Mustafa, 1) M. II., türk. Sultan (1695–1703), *Konstantinopel 2. 6. 1664, †(vergiftet) ebd. 29. 12. 1703; verlor den Großen Türkenkrieg (1683–99; Frieden von Karlowitz); durch einen Aufstand der Janitscharen gestürzt.

2) Kara M. [»der schwarze M.«], türk. Großwesir (1676–83), *bei Merzifon (Prov. Amasya) 1634, †Belgrad 25. 12. 1683; nach vergebl. Belagerung Wiens (1683) und Niederlage am Kahlenberg (12. 9. 1683) auf Befehl des Sultans erdrosselt.

Müstair [myʃˈtaɪr], Ort in der Schweiz, / Münstertal.

Mustang [span.] *der,* verwildertes, ausdauerndes Hauspferd der nordamerikan. Prärien; heute geschützt.

Mustang, Tal des oberen Kaligandaki und Fürstentum (auch Lho oder Lo gen.) im N von Nepal, an der chines. Grenze, 3 000–4 000 m ü. M.; Hauptort ist M. (Lo Mantang). Die etwa 30 000 Ew. (buddhist. Tibeter) leben von Ackerbau (mit Bewässerung; Getreide, Obst), Viehhaltung (u. a. Yaks) und Handel. M. ist seit 1992 für den Tourismus geöffnet. Ehem. unter tibet. Oberherrschaft.

Muster, 1) *allg.:* a) (Arbeits)vorlage, Modell, wonach etwas hergestellt wird; b) etwas in seiner Art Vollkommenes, Vorbild.

2) *Kunst:* regelmäßig wiederkehrender Flächendekor, der auf der Kombination eines einzelnen oder mehrerer Elemente (Figuren) beruht.

3) *Verhaltens-* und *Sozialwissenschaften:* / Pattern.

4) *Wirtschaft:* Warenprobe.

Muster|erkennung (engl. pattern recognition), *Informatik:* die Identifizierung von Merkmalen durch Vergleich mit einem vorliegenden Muster; i. w. S. auch Bez. für die Gesamtheit der diesem Zweck dienenden Verfahren. Durch die M. kann ein Objekt, das die identifizierten Merkmale trägt, einer gewissen Klasse zugeordnet und somit »erkannt« werden. (/ Zeichenerkennung)

Modest Mussorgski, Ausschnitt aus einem Gemälde von Ilja Repin (1881; Sankt Petersburg, Russisches Museum)

Musterprüfung (Eignungsprüfung), Prüfung (z. B. durch den TÜV) von einzelnen Mustern eines techn. Produkts zum Nachweis der Betriebstüchtigkeit, Leistungsfähigkeit und Brauchbarkeit; im sicherheitstechn. Bereich **Baumuster-** oder **Typenprüfung** genannt.

Musterrolle, vom Seemannsamt ausgefertigtes Verzeichnis, das Daten über die Schiffsmannschaft, den Kapitän, Heimathafen u. a. enthält; ist an Bord mitzuführen.

Musterschutz, der rechtl. Schutz, den gewerbl. Muster und Modelle genießen (/ Geschmacksmuster, / Gebrauchsmuster).

Musterung, 1) *Arbeitsrecht:* Abschluss eines Arbeitsvertrages für Angehörige der Seeschiffsbesatzung (/ Heuerverhältnis).

2) *Wehrrecht:* Verfahren zur Feststellung der Wehrdienstfähigkeit ungedienter Wehrpflichtiger, bei dem die geistige und körperl. Tauglichkeit untersucht, das Fehlen von Wehrpflicht- und Wehrdienstausnahmen geprüft sowie die Art des zu leistenden Wehrdienstes festgestellt wird. In Dtl. geschieht die M. durch die **M.-Ausschüsse;** der **M.-Bescheid** kann mit dem Widerspruch, der aufschiebende Wirkung hat, angefochten werden.

Mut, psych. Gestimmtheit, die zu unerschrockenem, überlegtem Verhalten in gefährl. Situationen – bes. bei Bedrohung – führt; entspringt u. a. dem Selbstbehauptungs- und Selbstwertgefühl (auch dem Geltungsbedürfnis) und dem Kraft- und Machtgefühl (auch der Ohnmacht als M. der Verzweiflung).

Mutagene [lat.-grch.], natürl. und synthet. Substanzen **(chem. M.)** sowie Strahlen **(physikal. M.),** die Mutationen hervorrufen können; M. sind häufig zugleich karzinogen. Als physikal. M. wirken Röntgen-, Höhen-, Gamma- und Ultraviolettstrahlen. Chem. M. (Nitrite, Aflatoxine, Benzpyren, Methylierungsmittel u. a.) verändern meist die Nucleotidbasen der DNA. (↗ Mutation)

Mutankiang, chines. Stadt, ↗ Mudanjiang.

Mutare (bis 1982 Umtali), Provinz-Hptst. in Simbabwe, 1 080 m ü. M., an der Grenze zu Moçambique, 131 800 Ew.; wichtiger Ind.standort (Maschinenbau, Kfz-Montage, Nahrungsmittel-, Zellstoff-, Papieru. a. Ind.); westlich in Feruka Erdölraffinerie (300 km lange Pipeline vom Hafen Beira, Moçambique); Eisenbahnstation, Flugplatz.

Mutarotation, Veränderung des opt. Drehwerts eines Zuckers oder einer anderen optisch aktiven Substanz, die eintritt, wenn diese gelöst werden.

Mutation [lat. »Veränderung«] *die,* 1) *Genetik:* (Erbänderung) plötzlich auftretende und dann konstant weitergegebene, also erbl. Veränderung der genet. Information einer Zelle. Eine M. kann spontan (ohne erkennbare Ursache) entstehen **(Spontan-M.)** oder durch Einwirkung von ↗ Mutagenen induziert werden **(induzierte M.).** Aufgrund molekularbiol. Analysen kann man unterscheiden: **Genom-M.** verändern die Anzahl einzelner Chromosomen oder ganzer Chromosomensätze. **Chromosomen-M.** führen zu Umbauten im Chromosom (↗ Chromosomenanomalien). **Gen-M.** oder **Punkt-M.** betreffen einzelne Gene; am DNA-Molekül werden nur wenige (oder nur ein) Basenpaare verändert. – M. ist ein grundlegender Evolutionsfaktor, der durch Auslese und ein Zusammenwirken mit anderen Evolutionsmechanismen zur Artbildung beiträgt. In der Tier- und Pflanzenzüchtung werden durch Kreuzungen M., die ein gewünschtes Merkmal bedingen, gefördert. Mithilfe der Gentechnik ist es inzwischen auch möglich, M. gerichtet zu erzeugen.

2) *Medizin:* Stimmwechsel (Stimmbruch) bei Eintritt der Pubertät.

mutatis mutandis [lat.], mit den nötigen Abänderungen.

Müthel, Lothar, Regisseur und Schauspieler, * Berlin 18. 2. 1896, † Frankfurt am Main 5. 9. 1964; war 1920–39 an versch. Berliner Theatern engagiert, wurde 1935 Leiter der Staatl. Schauspielschule, war 1939–45 Direktor des Wiener Burgtheaters, 1951–56 Schauspieldirektor in Frankfurt am Main.

Muthesius, Hermann, Architekt und Kunstschriftsteller, * Großneuhausen (Kr. Sömmerda) 20. 4. 1861, † Berlin 26. 10. 1927; baute, ausgehend vom Jugendstil und angeregt von engl. Vorbildern, v. a. große Landhäuser; Mitbegründer des Dt. Werkbundes und der Gartenstadt Hellerau in Dresden.

Muti, 1) Ornella, eigtl. Francesca Romana Rovelli, italien. Schauspielerin, * Rom 5. 3. 1956; ab Mitte der 1970er-Jahre eine der führenden Schauspielerinnen Italiens. – *Filme:* Die schönste Frau (1971); Das Leben ist schön (1980); Der gezähmte Widerspenstige (1980); Eine Liebe von Swann (1984); Chronik eines angekündigten Todes (1987); Widows – Erst die Ehe dann das Vergnügen (1998).

2) Riccardo, italien. Dirigent, * Neapel 28. 7. 1941; war 1973–82 Direktor des Maggio Musicale in Florenz und Chefdirigent des New Philharmonia Orchestra in London, 1980–90 Chefdirigent des Philadelphia Orchestra (bis 1992 dessen Gastdirigent), seit 1986 Musikal. Direktor der Mailänder Scala.

Muting [ˈmjuːtɪŋ, engl.] *das* (Stillabstimmung, Stummschaltung), *Elektroakustik:* elektron. Filterschaltung zur Unterdrückung von Störgeräuschen z. B. beim Abstimmen im UKW-Bereich eines Rundfunkempfängers, beim Wechsel der Programmquelle bei Niederfrequenzverstärkern und innerhalb der Tonpausen bei Magnetbandgeräten.

Mutis, Álvaro, kolumbian. Schriftsteller, * Bogotá 25. 8. 1923; der in Mexiko lebende Dichter verfasst seit den 1940er-Jahren Gedichte, seit den 1960er-Jahren Romane, wie z. B. die mehrbändige Saga um die Figur des Seefahrers Maqroll. – *Werke: Romane:* »Der Schnee des Admirals« (1986); »Ilona kommt mit dem Regen« (1987); »Ein schönes Sterben« (1989); »Das Gold von Amirbar« (1990).

Mutismus [lat.] *der,* Stummheit trotz vorhandener Sprechfähigkeit und intakter Sprechorgane; Vorkommen z. B. bei depressivem Syndrom oder bei akuter Schreckstarre.

Mutsuhito, Kaiser von Japan (1867–1912), * Kyōto 3. 11. 1852, † Tokio 30. 7. 1912; Sohn des Kaisers Kōmei, wurde durch Abschaffung des Shogunats (↗ Shōgun) zum eigentlichen polit. Herrscher; führte die Meijireformen durch. Unter seiner Reg. wurde Japan zum modernen Rechtsstaat und zur Großmacht.

Muttenz, Stadt im Kanton Basel-Landschaft, Schweiz, 16 700 Ew.; Bauernhausmuseum; Weinbau; chem., Metallwaren- u. a. Ind.; Rheinhafen. – Einzige Kirchenburg der Schweiz (Kirche 1359, Befestigung 1420–30; spätgot. Wandmalereien, Beinhaus).

Mutter, die Frau im Verhältnis zu ihrem Kind; im biolog. Sinn eine Frau, die geboren hat, im rechtl. Sinn auch die Adoptiv-M. Eine emotional sichere Beziehung zw. Kind und M. (oder einer anderen Bezugsperson) ist von wesentl. Bedeutung für die Entwicklung des Kindes. – Die *Rolle der M.* wird durch die jeweiligen sozialen und wirtsch. Verhältnisse bestimmt und ist historisch weit reichenden Wandlungsprozessen unterworfen.

Mutter (Schraubenmutter), Maschinenelement mit Innengewinde, Teil einer Schraubenverbindung. Die häufigste Form ist die Sechskant-M. mit sechs Schlüsselflächen zum Anziehen. Vierkant-M. werden meist zus. mit Schlossschrauben verwendet. Hut-M. sind zum Schutz des Gewindes einseitig geschlossen. Flügel-M. und Rädel-M. können von Hand angezogen werden. Kreuzloch-M. mit vier Sacklöchern am Rand und Zweiloch-M. mit zwei Löchern auf der Stirnseite werden mit Spezialschlüsseln angezogen. Selbstsichernde M. mit gewindelosem Kunststoffring in einer Innenringnut ersetzen zunehmend Kronen-M. mit Schlitzen zur Sicherung mit einem Splint.

Mutter, Anne-Sophie, Violinistin, * Rheinfelden (Baden) 29. 6. 1963; zu ihrem Repertoire gehören klassisch-romant. Violinkonzerte sowie seit Ende der 80er-Jahre zunehmend auch Werke zeitgenöss. Komponisten (W. Lutosławski, W. Rihm); seit 1986 Lehrstuhl für Soloviline an der Royal Academy of Music in London.

Mutterboden (Muttererde), humushaltige, fruchtbare oberste Schicht eines Bodens mit reicher Mikroflora und -fauna; bei Kulturflächen »Ackerkrume« genannt.

Müttergenesungswerk, Kurzbez. für Elly-Heuss-Knapp-Stiftung Deutsches Müttergenesungswerk, 1950 von Elly Heuss-Knapp gegr. gemeinnützige Stiftung, Sitz: Stein. Träger sind Evang. sowie

Ornella Muti

Riccardo Muti

Anne-Sophie Mutter

Müttergenesungswerk

Kath. Arbeitsgemeinschaft für Müttergenesung, Arbeiterwohlfahrt, Dt. Rotes Kreuz und Dt. Parität. Wohlfahrtsverband. Das M. unterhält Kurheime und führt Mütterkuren durch.

Muttergesellschaft (Obergesellschaft), Kapital- oder Personengesellschaft, die aufgrund einer Kapital- oder Stimmrechtsmehrheit oder anderer Umstände einen beherrschenden Einfluss auf ein oder mehrere abhängige Unternehmen (Tochtergesellschaften) ausübt. (/ Konzern)

Muttergestein, an organ. Material reiche feinkörnige Sedimente, in denen sich Erdöl bilden kann.

Mutter Gottes, im kirchl. Sprachgebrauch Bez. für / Maria, die Mutter Jesu.

Mutterhaus, 1) *evang. Diakonie:* Sitz der Leitung (Oberin) einer Diakonissenschwesternschaft, (zentrale) Ausbildungsstätte der Schwesterngemeinschaft und Wohnsitz für Diakonissen im Ruhestand.
2) *kath. Ordenswesen:* ein Kloster, von dem aus andere gegründet wurden; auch die leitende Niederlassung einer Ordensprovinz.

Mutterkirche, im kath. Kirchenrecht die Hauptpfarrkirche eines Gebietes im Verhältnis zu ihren »Tochterkirchen«.

Mutterkorn (Secale cornutum), hartes, bis zu 2,5 cm großes, schwarzviolettes, hornartig aus der Ähre herausragendes Dauermyzelgeflecht (Sklerotium) des M.-Pilzes (Claviceps purpurea) im Fruchtknoten bzw. im Getreidekorn (bes. Roggen); bewirkt die Absonderung von zuckerhaltigen Ausscheidungen (Honigtau). Das M. enthält biogene Amine und die pharmakologisch stark wirksamen M.-Alkaloide. – Bes. im MA., aber auch noch im 19. Jh. traten infolge Verunreinigung des Mehls mit M. schwere Vergiftungskrankheiten (Ergotismus, M.-Vergiftung, Kribbelkrankheit) auf.

Mutterkorn|alkaloide (Secalealkaloide, Clavicepsalkaloide, Ergotalkaloide), im Mutterkorn enthaltene Wirkstoffe, die Polypeptidderivate der Lysergsäure und deren Isomere enthalten. Die typ. Wirkungen der M. werden durch den Lysergsäureeinbau bestimmt, wobei die Lysergsäure beim **Ergometrin** (Ergobasin) mit 2-Amino-1-propanol, bei der **Ergotamin-** und **Ergotoxingruppe** mit versch. Tripeptiden verbunden ist. Ergotamin und Ergotoxin haben v. a. alphasympatholyt. und gebärmutterkontrahierende Wirkungen, d. h. die Arteriolen werden verengt, der Muskeltonus verstärkt und die Nachgeburtsblutungen vermindert. Halbsynthet. Präparate werden bei zerebralen und peripheren Durchblutungsstörungen, Migräne und Hochdruckkrankheit angewandt.

Mutterkuchen (Fruchtkuchen, Plazenta), vom Embryo und der Gebärmutter der höheren Säugetiere und des Menschen gebildetes Organ, in dem der mütterl. und der kindl. Blutkreislauf in engem Kontakt stehen, ohne direkt ineinander überzugehen. Der M. dient dem Nährstoff- und Gasaustausch zw. Mutter und Embryo. Er ist auch eine Drüse mit innerer Sekretion, deren Hormone (Follikel-, Gelbkörperhormon, Choriongonadotropin) die Schwangerschaftsveränderungen des mütterl. Körpers steuern. Der mütterl. Teil des M. (**Decidua**) bildet sich aus der Gebärmutterschleimhaut, der kindl. Teil aus den den Embryo als Fruchtblase umgebenden Eihäuten, der **Zottenhaut (Chorion)** und der die innere Schicht der Fruchtblase bildenden **Schafshaut (Amnion).** Der M. ist durch die / Nabelschnur mit der Frucht verbunden; er wird nach der Geburt ausgestoßen (Nachgeburt).

Mutterlauge, die nach der Kristallisation chem. Verbindungen aus Lösungen zurückbleibende Flüssigkeit.

Muttermal (Naevus, Nävus), zusammenfassende Bez. für flecken-, knoten- oder streifenförmige, meist nicht erbl. Fehlbildungen der Haut. Sie beruhen auf embryonalen Entwicklungsstörungen. Die Ursache ist ein falsches Mischungsverhältnis normaler Gewebebestandteile, z. B. / Blutgefäßmal, / Leberfleck.

Muttermilch (Frauenmilch), von den weibl. Brustdrüsen nach der Geburt abgesondertes Sekret. Die M. ist die ideale Säuglingsnahrung; sie sichert Gedeihen, Wohlbefinden und fördert durch Immunstoffe die Abwehr gegen Infektionen. In den ersten vier bis fünf Tagen nach der Geburt wird das / Kolostrum gebildet. Nach der transitor. oder Zwischenmilch produziert die Brustdrüse von der zweiten bis dritten Woche an die reife M. (Menge der abgesonderten M. acht bis zehn Tage nach der Entbindung etwa 500 cm^3 täglich). Die Proteine der M. hemmen das Wachstum pathogener Darmbakterien (weniger Durchfallerkrankungen), der hohe Anteil an weißen Blutkörperchen schützt wahrscheinlich vor grippeähnl. Virusinfektionen.

Muttermund, / Gebärmutter.

Mutterpass, Ausweis für werdende Mütter, in den Ergebnisse der regelmäßigen ärztl. Untersuchungen sowie Blutgruppe, Rhesusfaktor u. a., aber auch Angaben zum Geburtsverlauf und zum Neugeborenen eingetragen werden.

Mutterrecht, von J. J. Bachofen angenommene, von der neueren Forschung abgelehnte These einer frühgeschichtl. Familienform, die der vaterrechtl. vorangegangen sein soll, mit einer durchweg dominierenden Stellung der Frau (nicht jedoch polit. Vorherrschaft [Matriarchat]). – Der *Völkerkunde* dient der Begriff M. zur Bez. der Abstammung und Erbfolge in Sozialverbänden, in denen die Kinder der Verwandtschaftsgruppe der Mutter zugerechnet werden und mit ihrem biolog. Vater als nicht verwandt gelten (matrilineare Abstammung). Solche mutterrechtl. Organisationsformen sind unter den Naturvölkern Ozeaniens, Afrikas und Amerikas verbreitet.

Mütterschulen, ältere Bez. für heute meist in **Familienbildungsstätten** integrierte Einrichtungen, die sich mit Kursen über Säuglings- und Kinderpflege sowie Beratungsangeboten in Ehe-, Familienlebens- und Erziehungsfragen an Mütter bzw. Elternpaare wenden. Träger sind Kirchen und freie Wohlfahrtsverbände.

Mutterschutz, Maßnahmen zum Schutz der in einem Arbeitsverhältnis stehenden Frauen (einschließlich Heimarbeiterinnen, Hausangestellten und Teilzeitbeschäftigten) während der Schwangerschaft und nach der Entbindung vor Überforderung und Gesundheitsschädigung am Arbeitsplatz, vor Kündigung und finanziellen Nachteilen. In Dtl. enthält das M.-Gesetz i. d. F. v. 16. 6. 2002 ein Beschäftigungsverbot für sechs Wochen vor bis acht (bei Früh- und Mehrlingsgeburten zwölf) Wochen nach der Entbindung. Bei Früh- und sonstigen vorzeitigen Entbindungen verlängert sich die Schutzfrist um die vor der Entbindung nicht in Anspruch genommenen Tage. Während dieser Zeit wird von der gesetzl. / Krankenversicherung **Mutterschaftsgeld** gezahlt, anschließend können / Erziehungsurlaub (Elternzeit) und / Erziehungsgeld in Anspruch genommen werden. Während der Schwangerschaft und bis vier Monate nach der Geburt ist eine Kündigung durch den Arbeitgeber verboten (besonderer Kündigungsschutz). Außerdem sind grundsätzlich schwere körperl. Arbeiten, Mehr- und Nachtarbeit, Sonn- oder Feiertagsarbeit untersagt und der Arbeitgeber hat bei der Gestaltung des Arbeitsplatzes Maßnahmen zu ergreifen, die Leben und

Gesundheit werdender oder stillender Mütter bes. schützen. Zum M. können weitere Leistungen der Krankenkassen wie die **Mutterschaftshilfe** gezählt werden. – In *Österreich* enthält das M.-Ges. von 1979 Kündigungs- sowie Nacht-, Feiertags- und Mehrarbeitsverbote. Für maximal drei Jahre besteht Anspruch auf Kinderbetreuungsgeld. In der *Schweiz* ist der M. nur z. T. bundesrechtlich geregelt: Beschäftigungsverbot nach der Entbindung sowie Kündigungsschutz.

Muttersprache, die beim primären Spracherwerb des Kindes gelernte Sprache im Unterschied zur später erlernten Fremdsprache. – Im Niederdeutschen kommt das Wort als Kompositum seit 1424 vor, als Verbindung von Substantiv und Adjektiv seit dem 12. Jh. in mittellat. Quellen (»lingua materna«). Es drückte den Ggs. zum Latein als Kirchensprache aus.

Muttertag, Festtag zu Ehren der Mütter am 2. Sonntag im Mai; in den USA 1905/07 entstandener Brauch und dort seit 1914 Staatsfeiertag; in Dtl. 1922/23 erstmals gefeiert.

Mutter Teresa, kath. Ordensgründerin, ↗ Teresa, Mutter.

Mutter und Kind – Schutz des ungeborenen Lebens, Name einer 1984 errichteten Bundesstiftung, deren Ziel es ist, schwangeren Frauen, die sich wegen einer Notlage an eine anerkannte Beratungsstelle wenden, ergänzende Hilfen zur Verfügung zu stellen, um ihnen die Fortsetzung der Schwangerschaft zu erleichtern, soweit dies mit finanziellen Mitteln möglich ist.

Mutterwurz (Ligusticum), Gattung der Doldengewächse, v. a. auf der N-Halbkugel; ausdauernde, kahle Kräuter. Eine gute Futterpflanze ist die bis zu 20 cm hohe **Alpen-M.** (Ligusticum mutellina) mit weißen oder rosa- bis purpurfarbenen Blüten.

Muttra [ˈmʌtrə], Stadt in Indien, ↗ Mathura.

Mutual Balanced Force Reductions [ˈmjuːtjʊəl ˈbælənst fɔːs rɪˈdʌkʃnz, engl. »beiderseitige ausgewogene Truppenreduzierung«], ↗ MBFR.

Mutualismus [lat. mutuus »wechselseitig«] *der, Biologie:* Form der ↗ Symbiose.

Mutung [mhd. muotunge »Begehren«], nach altem Bergrecht formelles Gesuch an die Bergbehörde um Verleihung des Bergwerkseigentums.

Mützenrobbe, Art der ↗ Seehunde.

Muybridge [ˈmaɪbrɪdʒ], Eadweard, eigtl. Edward James Muggeridge, brit. Fotograf, * Kingston upon Thames (heute zu London) 9. 4. 1830, † ebd. 8. 5. 1904; einer der Wegbereiter der Kinematographie, wanderte 1852 nach Amerika aus. Ab 1872 machte er Phasenfotografien schneller Bewegungsabläufe, 1879 stellte er das von ihm entwickelte »Zoopraxiskop« vor, einen Vorläufer des Filmprojektors.

Mužakow [-ʒ-], sorbisch für ↗ Bad Muskau.

Muzine, ↗ Mucine.

MW, 1) Einheitenzeichen für ↗ Megawatt, 1 MW = 1 000 000 W.
2) *Funktechnik:* Abk. für ↗ **M**ittelwelle.

Mwanza (Muansa), Regions-Hptst. in Tansania, am S-Ufer des Victoriasees, 223 000 Ew.; kath. Erzbischofssitz und anglikan. Bischofssitz; Forschungsinst. für Tropenkrankheiten; Lebensmittel-, Textilind., Hafen; Eisenbahnfähre nach Kenia und Uganda, internat. Flughafen.

Mwerusee (Merusee), See im S von Zentralafrika, an der Grenze zw. der Demokrat. Rep. Kongo und Sambia, 4 920 km² groß, bis 18 m tief, sehr fischreich. Zufluss ist der Luapula, Abfluss der Luvua.

Mwinyi, Ali Hasan, tansan. Politiker, * Kivure (bei Daressalam) 8. 5. 1925; Lehrer, ging 1970 als Mitgl. der tansan. Zentralreg. nach Daressalam. 1984–85 war er Präs. von Sansibar (damit Vizepräs. von Tansania) und 1985–95 Präs. von Tansania.

MX, Abk. für engl. **M**issile **Ex**perimental, landegestützte amerikan. ballistische Interkontinentalrakete (11 000 km Reichweite) mit zehn unabhängig voneinander gelenkten Nuklearsprengköpfen (↗ MIRV); Erststationierung 1986.

My *das,* **1)** der 12. Buchstabe des grch. Alphabets (M, μ).
2) *Physik:* μ, Symbol für das ↗ Myon.
3) μ, Vorsatzzeichen für ↗ Mikro.

my..., ↗ myo...

Myalgie [grch.] *die,* Muskelschmerz mit krampfhaften Verspannungen, bes. bei rheumat. Erkrankungen und Reizzuständen.

Myanmar, amtl. Name von ↗ Birma.

Myasthenie [grch.] *die,* krankhaft verminderte Leistungsfähigkeit oder gesteigerte Ermüdbarkeit der Skelettmuskulatur **(Muskelschwäche).** Bei Myasthenia gravis pseudoparalytica ist bes. die von den Gehirnnerven versorgte Augen-, Schluck- und Sprachmuskulatur betroffen.

myc(o)..., ↗ myk(o)...

Mydriasis [grch.] *die,* Pupillenerweiterung, z. B. durch Verdunklung, Vergiftung, Arzneimittel oder Schreck.

Myelitis [grch.] *die,* ↗ Rückenmarkentzündung.

myel(o)... [grch. myelós »Mark«], knochenmark..., nervenmark..., rückenmark...

Myelom [grch.] *das,* vom Knochenmark ausgehender Tumor, i. e. S. das ↗ Plasmozytom.

My house is my castle [maɪ ˈhaʊs ɪz maɪ ˈkɑːsl; engl. »mein Haus ist meine Burg«], eines der engl. Grundrechte (aus dem 17. Jh.), nach dem Beamte nicht ohne richterl. Erlaubnis in Privatwohnungen eindringen dürfen.

Mykale, altgrch. Name des Gebirges Samsun Dağı (bis 1 229 m ü. M.) an der W-Küste Kleinasiens (Türkei), zw. Ephesos und Milet; bekannt durch den See- und Landsieg der Griechen 479 v. Chr. über die Perser.

Mutterwurz: Alpenmutterwurz

A Gräberrund
B Gräberrund
C Löwentor
D Kultzentrum
E Aufgang zum Palast
F Palast
G hellenist. Athenetempel
H kleiner Palast

Mykene, bronzezeitl. Burg und Stadt im NO der Peloponnes (Argolis), im grch. Mythos Königssitz Agamemnons. Die archäolog. Stätten gehören zum UNESCO-Weltkulturerbe. Die von H. Schliemann 1876 begonnenen Ausgrabungen führten Griechen und Engländer fort. Die kyklop. Burgmauer mit dem **Löwentor** und der größte Teil des Palastes auf dem Gipfel des Burgberges wurden Ende des 14. Jh. v. Chr.

von Achaiern erbaut. Ein am westl. Fuß des Berges gelegener Plattenring mit sechs fürstlich ausgestatteten (Goldarbeiten u. a.) Schachtgräbern wurde in die Ummauerung einbezogen. Ein zweites Gräberrund grub man 1951 westlich des Löwentores aus. Außerhalb der Mauern wurden weitere Teile der Stadt sowie neun monumentale Kuppelgräber aus dem 15.–14. Jh. v. Chr. entdeckt, u. a. das sog. **Schatzhaus des Atreus.** – Bis zur Zerstörung der Burg im 12. Jh. v. Chr. beherrschten die Könige von M. die nordöstl. Peloponnes. Die bronzezeitl. Kultur Griechenlands (außer Kreta) nennt man daher die **mykenische Kultur** (↗ ägäische Kultur).

Mykerinos (ägypt. Menkaure), ägypt. König der 4. Dynastie (um 2500 v. Chr.), Sohn und Nachfolger des Chephren; Erbauer der drittgrößten Pyramide bei Giseh.

myk(o)... [grch. mýkēs »Pilz«], pilz...

Mykobakteri|en [grch.] (Mycobakterien), Gruppe verschiedengestaltiger Stäbchenbakterien, meist Saprophyten, aber auch Parasiten, z. B. die Erreger der Tuberkulose und der Lepra.

Mykolajiw [meko'lajɪv], Stadt in der Ukraine, ↗ Nikolajew.

Mykologie [grch.] die, Pilzkunde (↗ Pilze).

Mykonos, Insel der Kykladen, Griechenland, 85 km², 6 200 Ew., bis 372 m ü. M.; Hauptort (an der W-Küste) ist M.; Webwaren, Stickereien; reger Fremdenverkehr; Schiffsverbindung mit Piräus und Delos.

Mykonosprozess, Strafverfahren, eingeleitet im Okt. 1993 gegen fünf Angeklagte wegen Mordes an vier iranisch-kurd. Oppositionellen im Berliner Restaurant »Mykonos«. Im April 1997 verurteilte das Gericht vier Angeklagte zu Haftstrafen. Ferner sah es das Gericht als erwiesen an, dass die oberste iran. Führung diese Morde in Auftrag gegeben hatte. Im Anschluss kam es zu diplomat. Verwicklungen zw. den EU-Staaten und dem Iran.

Mykoplasmen [grch.], Gruppe vielgestaltiger Bakterien, die (im Ggs. zu den typ. Bakterien) keine Zellwand besitzen; verursachen Infektionen der Atemwege und des Urogenitalsystems.

Mykorrhiza [grch.] die, Symbiose zw. den Wurzeln höherer Pflanzen und Pilzen. Der Pilz liefert der Pflanze Wasser und Mineralsalze, die Pflanzen versorgen den Pilz v. a. mit Kohlenhydraten. Bei der **endotrophen M.** (z. B. bei Orchideen oder Farnen) dringen die Pilzhyphen in das Innere der Wurzelzellen ein; bei der **ektotrophen M.** (verbreitet bei Waldbäumen) sind die Saugwurzeln von Pilzfäden umgeben.

Mykosen [grch.] (Pilzerkrankungen), durch versch. Pilze hervorgerufene Infektionskrankheiten bei Mensch, Tieren und Pflanzen; befallen werden bei Menschen Haut (↗ Hautpilzkrankheiten), Haare, Nägel, Schleimhäute oder innere Organe.

Mykotoxine (Pilzgifte), Stoffwechselprodukte sowohl von Großpilzen, z. B. Knollenblätterpilzen (v. a. Phalloidin), als auch von niederen Pilzen, z. B. Schimmelpilzen (bes. ↗ Aflatoxine), die bereits in geringer Dosis auf Warmblüter toxisch wirken.

Mylady [mɪ'leɪdɪ, engl.], Anrede an eine Trägerin des brit. Titels Lady.

My Lai, Dorf in S-Vietnam, in dem während des Vietnamkrieges am 16. 3. 1968 mehr als 300 Bewohner von amerikan. Soldaten getötet wurden. Gegen die Verantwortlichen dieses Massakers wurde 1970/71 in den USA ein Militärgerichtsprozess durchgeführt.

Mylonit [grch.] der, durch Gebirgsdruck an tekton. Bewegungsflächen zerriebenes und dann wieder verfestigtes Gestein.

Mykene: die kyklopische Mauer mit dem Löwentor

Mylord [mɪ'lɔːd, engl.], Anrede an einen Träger des Titels Lord sowie einen Richter (durch den Anwalt).

myo..., my... [grch. mŷs »Maus«, »Muskel«], muskel...

Myofibrillen, Bestandteile der ↗ Muskeln.

Myogelose [zu lat. gelare »gefrieren machen«] die, der ↗ Hartspann.

Myoglobin [zu lat. globus »Kugel«] das, Sauerstoff bindendes Muskelprotein, das aus einer Peptidkette mit 153 Aminosäuren und einer Häm-Gruppe besteht. M. hat höhere Affinität zum Sauerstoff als Hämoglobin und ist daher ein guter Sauerstoffspeicher.

Myokard [zu grch. kardía »Herz«] das, der Herzmuskel (↗ Herz).

Myokard|infarkt, der, ↗ Herzinfarkt.

Myokard|insuffizienz, die, ↗ Herzinsuffizienz.

Myokarditis die, ↗ Herzmuskelentzündung.

Myom [grch.] das, gutartiger Tumor aus Muskelgewebe. Am häufigsten ist das **Gebärmutter-M.** mit hormonabhängigem Wachstum. Häufig treten mehrere M. mit unterschiedl. Lokalisation in der Gebärmutter auf. Nach den Wechseljahren kommt es mitunter zu einer spontanen Rückbildung. Die *Behandlung* erfolgt meist operativ oder hormonell.

Myon [Kw. aus μ »Mikro« und Meson] das (engl. Muon, μ-Meson, Müon), instabiles geladenes ↗ Elementarteilchen aus der Gruppe der ↗ Leptonen, das sich wie ein Elektron verhält, aber eine rd. 207-mal so große Masse hat (»schweres Elektron«). Es gibt elektrisch negativ geladene M. (μ⁻) und deren positiv geladene Antiteilchen (Anti-M., μ⁺). Die M. entstehen v. a. beim Zerfall der Pionen u. a. Mesonen und zerfallen mit einer Lebensdauer von rd. $2 \cdot 10^{-6}$ s, das μ^- in ein Elektron, ein e-Antineutrino und ein μ-Neutrino, das μ^+ in ein Positron, ein e-Neutrino und ein μ-Antineutrino. – Die M. wurden 1937 von C. D. Anderson und O. Neddermeyer in der kosm. Strahlung entdeckt.

myonische Atome, ↗ exotische Atome.

Myonium [grch.-lat.] das, ein ↗ exotisches Atom.

Myopie [zu grch. mýops »kurzsichtig«] die, die ↗ Kurzsichtigkeit.

Myosin [grch.] das, hochmolekulares Eiweiß des Muskels, das aus zwei schraubenförmig umeinander gewundenen Polypeptidketten und einem globulären »Kopfteil« besteht.

Myra, lyk. Ruinenstätte nahe der südanatol. Küste, 120 km sw. von Antalya, Türkei. Fast 100 in Felswände eingearbeitete Kammergräber mit architekton. Fassade (5.–4. Jh. v. Chr.). In frühchristl. Zeit war M. Bischofssitz.

Myrdal, 1) Alva, schwed. Politikerin (Sozialdemokratin) und Gesellschaftswissenschaftlerin, * Uppsala 31. 1. 1902, † Stockholm 1. 2. 1986, ∞ mit 3), Mutter von 2); 1962–73 schwed. Chefdelegierte bei der Genfer Abrüstungskonferenz, 1966–73 Staatsmin. für Abrüstungsfragen; hatte mit ihren Publikationen großen Einfluss auf die Friedensbewegung; erhielt 1970 mit ihrem Mann den Friedenspreis des Dt. Buchhandels, 1982 zus. mit A. García Robles den Friedensnobelpreis.
2) Jan, schwed. Schriftsteller, *Stockholm 19. 7. 1927, Sohn von 1) und 3); schreibt politisch-satir. Romane (»Kindheit in Schweden«, 1982; »Eine andere Welt«, 1984; »Pubertet ...«, 1988); Reiseberichte (»Bericht aus einem chines. Dorf«, 1963) und dokumentar. Prosa; auch bed. als gesellschaftskrit. Journalist und Essayist (»Wort und Absicht«, 1986).
3) Karl Gunnar, schwed. Volkswirtschaftler und Politiker, *Gustafs (VerwBez. Kopparberg) 6. 12. 1898, † Stockholm 17. 5. 1987, ∞ mit 1), Vater von 2); 1933–50 Prof. an der Handelshochschule, 1960–67 an der Univ. in Stockholm; 1947–57 Leiter der Europ. Wirtschaftskommission der UNO; Mitbegründer und ab 1966 Präs. des Friedensforschungsinst. SIPRI; erhielt 1974 zus. mit F. A. von Hayek den Nobelpreis für Wirtschaftswiss.en für Beiträge zur Geld- und Konjunkturtheorie.

myria... [grch.], 10 000fach.
Myriade [grch.] *die,* Anzahl von Zehntausend, meist Pl.: Unzahl, unzählige Menge.
Myriameterwellen, die / Längstwellen.
Myriapoda [grch.], *Zoologie:* / Tausendfüßer.
Myristinsäure [grch.], gesättigte Fettsäure, die als Glycerinester u. a. im Milchfett und Kokosöl (bis 20 %) vorkommt.
Myrmekophagen [grch.], Bez. für Tiere, die sich von Ameisen ernähren, z. B. Ameisenbären, Ameisenigel.
Myrmekophilen [grch.], die / Ameisengäste.
Myrmekophyten [grch.] (myrmekophile Pflanzen), die / Ameisenpflanzen.
Myrobalane [grch. myrobálanos »Salbeneichel«] *die,* pflaumenähnl. Frucht des Baumes **Terminalia chebula** im trop. Asien und auf den Malaiischen Inseln; als Gerbmittel verwendet.
Myron, attischer Bildhauer aus Eleutherai, um 460 bis 430 v. Chr. tätig. Von seinen Bronzestatuen sind Marmorkopien aus der röm. Kaiserzeit erhalten: der Diskuswerfer (um 450 v. Chr., Rom) und die Gruppe Athene und Marsyas (um 440 v. Chr.; heute getrennt in Frankfurt am Main und Rom).
Myrrhe [grch.] *die,* aus mehreren Myrrhenstraucharten gewonnenes Gummiharz; enthält 6–8 % äther. Öle, ferner Bitterstoffe u. a.; es wird v. a. als Räuchermittel verwendet. In der Medizin dient ein alkohol. Auszug **(M.-Tinktur)** zur Behandlung von Entzündungen im Bereich der Mundhöhle.
Myrte [grch.] *die* (Myrtus), Gattung der Myrtengewächse v. a. im außertrop. Südamerika, in Australien und Neuseeland, einige Arten im Mittelmeerraum; immergrüne Sträucher oder kleine Bäume mit ledrigen Blättern, weißen Blüten und meist schwarzen Beeren; z. T. Zierpflanzen. Die bekannteste Art ist die im Mittelmeergebiet vorkommende **M.** i. e. S. **(Braut-M.,** Myrtus communis), deren Zweige als Braut- und Grabschmuck beliebt sind. – Die M. war bei den alten Griechen Symbol der Liebe und der Schönheit. Bei Persern, Babyloniern und Juden (bes. beim Laubhüttenfest) diente bzw. dient M. kult. Zwecken.

Mysi|en, im Altertum Name einer von Thrakern bewohnten Gebirgslandschaft in NW-Kleinasien, zw. Ägäischem Meer, Hellespont, Propontis (Marmarameer), Bithynien, Lydien und Phrygien; in M. lag / Pergamon.
Myslbek [ˈmisl-], Josef Václav, tschech. Bildhauer, * Prag 20. 6. 1848, † ebd. 2. 6. 1922. Seine Plastiken waren zunächst vom historisierenden Stil der Spätromantik geprägt, dann vom Impressionismus und Symbolismus. Sein Hauptwerk ist das monumentale Reiterdenkmal des hl. Wenzel in Prag (Entwurf 1888, vollendet 1922).
Myślibórz [miˈɕlibuʃ] (dt. Soldin), Krst. in der Wwschaft Westpommern, Polen, am **Soldiner See** (6,2 km², bis 22 m tief), 12 700 Ew.; Textil-, Baustoff-, Nahrungsmittelind.; Ferienort. – Frühgot. Stadtpfarrkirche, Gertraudenkapelle (15. Jh.), Heilig-Geist-Kapelle (um 1400), Neuenburger und Pyritzer Tor, Rathaus (1771). – 1271 erstmals urkundlich erwähnt.
Mysłowice [misu̯ɔˈvitsɛ] (dt. Myslowitz), Stadtkreis in der Wwschaft Schlesien, Polen, im Oberschles. Ind.gebiet, 79 500 Ew.; Steinkohlenbergbau, Herstellung von techn. Porzellan, Metallindustrie.
Mysore [maɪˈsɔː], Stadt in Karnataka, S-Indien, 770 m ü. M.; 480 000 Ew.; Univ., Zentralinstitut für ind. Sprachen; Sandelholz-, Textil-, Lackindustrie, Stahlwerk. – Früherer Sommersitz der Maharadscha (Lalita-Mahal-Palast, 1897). – M. war bis 1610 und 1799–1831 Hptst. des Fürstentums Mysore.
Mysteri|en [grch.] *Pl.,* in der Antike geheime religiöse Feiern, auch **Orgia** genannt. Sie waren dem Werden und Vergehen in der Natur, symbolisiert in einer Gottheit (z. B. / Attis), gewidmet und versprachen den Eingeweihten (Mysten) Erlösung. Oft hatten die Feiern orgiast. Charakter. M.-Kulte verbreiteten sich seit dem 7. Jh. v. Chr. in Griechenland, in hellenist. Zeit stark unter oriental. und ägypt. Einfluss. Berühmt waren die M. von / Eleusis für Demeter und Persephone; auch der Kybele, dem Orpheus, Isis und Osiris waren M. geweiht, im Röm. Reich v. a. / Mithras.
Mysteri|enspiel, auf bibl. Szenen basierende, äußerst umfängliche Form des / geistlichen Spiels des MA.; besonders in Frankreich (mit allegor. Szenen) und England aufgeführt. Aufgrund der Länge der Stücke betrug deren Spieldauer z. T. Tage und Wochen.
Mysterium [lat.-grch.] *das,* **1)** *allg.:* Geheimnis, unergründbares Geschehen.
2) *christl. Theologie und Liturgie:* die Offenbarung Gottes in Jesus Christus als zentrales Geheimnis des christl. Glaubens; die Sakramente; in der kath. und der orth. Kirche der liturg. Nachvollzug der Heilsgeschichte Jesu Christi in der Feier der Messe und Göttl. Liturgie.
3) *Religionsgeschichte:* das dem Menschen gegenübertretende, von ihm als / heilig erfahrene, nicht eigentlich erklärbare »ganz Andere«.
Mystik [grch.] *die,* in der Religionsgeschichte eine in unterschiedl. Ausprägung den Religionen gemeinsame Form religiösen Erlebens, die Erkenntnis Gottes aus Erfahrung **(Cognitio Dei experimentalis),** die Vereinigung **(Unio mystica)** mit ihm oder die Erkenntnis des Wesens der transzendenten Wirklichkeit sucht. Askese, / Kontemplation und / Meditation dienen der Vorbereitung auf dieses Ziel. In ihren Ausdrucksformen durch den **Mystiker** kann sie gefühlsbetont, sinnlich-rauschhaft oder intellektuell-spekulativ sein. Bedeutende Ausprägungen der M. sind in China der Daoismus, in Indien die Erlösungslehre des Vedanta (Shankara), in Japan der Zen-Buddhismus, im

Alva Myrdal

Karl Gunnar Myrdal

antiken Griechenland die Mysterienkulte, in der Spätantike der Neuplatonismus, im Judentum der Chassidismus und die Kabbala sowie im Islam der Sufismus. Im Christentum erscheint M. bereits im N.T. v.a. bei Paulus und Johannes als **Christus-M.**, deren Ziel die unmittelbare Einheit mit Jesus Christus ist; seit dem MA. oft in der Form der **Passions-M.**, als Mitleiden mit Jesus. Die dt. M. erlebte in der Frauen-M. des 12./13. Jh. (Hildegard von Bingen, Mechthild von Magdeburg, Gertrud von Helfta) und der philosophisch-spekulativen M. des 13./14. Jh. (Meister Eckhart, H. Seuse, J. Tauler) ihren Höhepunkt. – Heute kann v. a. das zunehmende Interesse für Esoterik und versch. Formen östl. Religiosität in den modernen Ind.gesellschaften als M. im Sinne von Verlangen nach Transzendenz gedeutet werden.

Mystizismus [grch.] *der,* Bez. für eine geistige Haltung, die bewusst irrational die der Mystik zugrunde liegenden Erkenntnisformen und Denkweisen ohne deren religiöse Intentionen übernimmt und dabei die Möglichkeit von Wunderbarem, Geheimnisvollem, Dunklem als höherwertig und wirklich betont.

Mythen ['mi:tən], Kreidekalkberge im schweizer. Kanton Schwyz; **Großer M.** 1899 m ü. M., **Kleiner M.** 1811 m ü. M.

Mythologie [grch.] *die,* **1)** Gesamtheit der Mythen (↗ Mythos) eines Volkes.
2) Wiss., die sich mit Sammlung, Erforschung, Erklärung der Mythen beschäftigt.

Mythos [grch. »Wort«, »Rede«, »Erzählung«] *der* (Mythus), **1)** Erzählung (Sage) über Götter, Heroen und Ereignisse aus vorgeschichtl. Zeit und die sich darin ausdrückende Weltdeutung. So verstanden, artikulieren M. die Suche des Menschen nach dem Verständnis seiner selbst und der Welt aus ihren Ursprüngen heraus. Nach ihrem Inhalt kann man im Wesentlichen unterscheiden: M. vom Anfang der Welt **(kosmogon. M.)**, von ihrem Ende **(eschatolog. M.)**, meist damit verknüpft M. von der Entstehung der Götter **(theogon. M.)**, M. vom Wechsel der Tages- und Jahreszeiten **(kosmolog. M.)**, von der Entstehung des Menschen **(anthropogon. M.)**, von den Ursprüngen der Völker, Stiftung religiöser Kulte und Begründung gesellschaftl. Ordnung **(ätiolog. M.)**. Diese urspr., orientierende Funktion (die eng mit dem religiösen Kult zusammenhängt) konnten die M. nur ausüben, solange das ident. myth. Verstehen innerhalb der gesellschaftl. Gruppe gewährleistet war. Mit der Weiterentwicklung der Kulturen, mit der erweiterten Kenntnis der bewohnten Welt schwanden Autorität und bindende Kraft des M. Sowohl seitens der Religion als auch des rationalen, insbes. naturphilosoph. Denkens (↗ Vorsokratiker, ↗ Sophisten) wurde der M. der Kritik unterworfen. Es ist nicht mehr zu klären, zu welchem Zeitpunkt dieser Entwicklung die künstler. Ausformung der M. zu Dichtung stattfand, doch ist ihre Überlieferung eng an die Dichtung gebunden: Die ältesten literar. Texte der Menschheit sind meist zugleich M.-Darstellungen (im Alten Orient das Atrachasis- und das Gilgameschepos, in Europa die Epen von Homer und Hesiod). Das aus dem Dionysoskult hervorgegangene grch. Drama ist direkt mit dem M. verknüpft. Für die frühe christl. Theologie waren die antiken M. heidn. Fabeln, doch wurden sie in der christl. Gesellschaft des MA. als Bildungsgut tradiert. Das Interesse daran ist seit der Renaissance ungebrochen, v. a. als Stoffe und Motive in Lit. und bildender Kunst werden sie immer wieder aufgenommen und neu gedeutet.

Der M.-Begriff der modernen Wiss. geht auf das Ende des 18. Jh. zurück (C. G. Heyne, J. G. Herder). Im 19. Jh. erweiterte sich das Blickfeld: Die ind. M. wurden in Europa bekannt, J. und W. Grimm entdeckten die »dt. Mythologie«. Im 20. Jh. ist der M. zum Forschungsgegenstand vieler Disziplinen geworden (bes. im Schnittbereich von Soziologie, Ethnologie, Anthropologie und Religionswiss.); sowohl Psychoanalyse und analyt. Psychologie als auch Strukturalismus wandten ihre Methoden zur Erklärung der M. an. 1941 löste R. Bultmann mit seinem Denkansatz der ↗ Entmythologisierung innerhalb der christl. Theologie eine bis in die Gegenwart wirkende Diskussion um den M. aus.
2) das Resultat einer sich auch noch in der Gegenwart vollziehenden Verklärung von Personen, Gegenständen (z. B. Kunstwerken), Ereignissen oder Ideen. Diese »neuen M.« spiegeln v. a. die Suche nach Sinn in einer von techn. und bürokrat. Zwängen beherrschten Welt und bieten Identität und Integration im kulturell-sozialen Kontext.

Mytilene (neugrch. Mitilini), Haupt- und Hafenstadt der Insel und des Nomos Lesbos, Griechenland, 24 000 Ew.; Univ. (Teil der Ägäis-Univ.), archäol. und volkskundl. Museum; Hafen.

Myx|ödem [grch.], durch Unterfunktion der Schilddrüse **(Hypothyreose)** bedingte Krankheit, die sich in gedunsener (ödemartiger), trockener, gelbl. Haut, auffälliger Trägheit, Müdigkeit, rauer Stimme, Kälteempfindlichkeit, verlangsamter Herzschlagfolge, niedrigem Blutdruck u. a. äußert. Sie wird behandelt durch medikamentösen Ersatz der fehlenden Schilddrüsenhormone.

Myxomatose [grch.] *die,* meldepflichtige, seuchenhafte, durch Kontakt oder Insekten übertragene, unheilbare Viruskrankheit der Wild- und Hauskaninchen, mit Fieber, eitriger Bindehautentzündung und Schwellungen an Kopf, Gliedmaßen sowie After. Der Tod tritt durch Entkräftung ein.

Myxomyzeten [grch.], die ↗ Schleimpilze.

Myzel [grch.] *das* (Myzelium, Mycelium), die Gesamtheit der Hyphen eines Pilzes; bildet das Pilzgeflecht oder den Thallus.

Mzab *der,* Oasenregion in der mittleren Sahara, Algerien, etwa 120 000 Ew. (↗ Mozabiten); umfasst fünf im 11. Jh. angelegte Oasenstädte (»Pentapolis«) mit dem Hauptort **Ghardaïa** und der hl. Stadt **Beni Isguen**. Das Tal wurde von der UNESCO zum Weltkulturerbe erklärt. Dattelpalmenanbau; Wirtschaftszentrum mit Kunsthandwerk, Ind.ansiedlungen. Durch den M. führt die Transsaharastraße, im S Flugplatz.

Mzabiten, Berberstamm, ↗ Mozabiten.

Mzab: Blick auf die an einen Hang gebaute Oasenstadt Ghardaïa, die von einem 22 m hohen konischen Minarett überragt wird

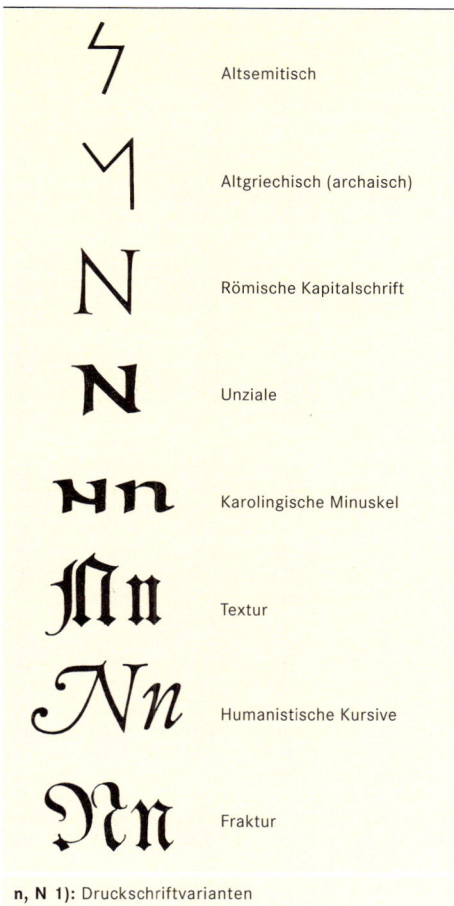

n, N 1): Druckschriftvarianten

n, N [ɛn] *das,* **1)** der 14. Buchstabe des dt. Alphabets; Nasalkonsonant, bei dem die Atemluft durch die Nase entweicht. Es bezeichnet den dentalen, vor g und k meist den Gaumennasal. Im Spanischen bezeichnet ñ den mouillierten n-Laut, ebenso polnisch ń, tschechisch ň.
2) N, Abk. für Norden.
3) *Chemie:* 1) **N,** Symbol für ↗ Stickstoff; 2) **n,** Abk. für normal, d. h. unverzweigt, in der chem. Nomenklatur der ↗ Alkane; 3) **n** oder *n* in chem. Formeln Angabe für eine unbestimmte Anzahl von Atomen.
4) *Einheitenzeichen:* **N** für ↗ Newton.
5) *Formelzeichen:* *n* für Brechzahl, Drehzahl, Stoffmenge, Teilchenzahldichte; *N* für die Neutronenzahl eines Kerns (Nuklids); N_A für die ↗ Avogadro-Konstante.
6) *Mathematik:* **N,** ℕ, für die Menge der natürl. Zahlen; *n*! für ↗ Fakultät.
7) *Physik:* **n,** Symbol für das ↗ Neutron.
8) *Vorsatzzeichen:* **n** für ↗ Nano.
Na, chem. Symbol für ↗ Natrium.
Naab *die,* linker Nebenfluss der Donau, 165 km lang, entsteht aus **Fichtel-** und **Haidenaab** (vom Fichtelgebirge) und **Waldnaab** (aus dem Oberpfälzer Wald); mündet westlich von Regensburg.
NAACP, Abk. für ↗ **N**ational **A**ssociation for the **A**dvancement of **C**olored **P**eople.
Naarden ['na:rdə], Stadt in der Prov. Nordholland, Niederlande, 16 800 Ew.; Metall-, feinmechan. u. a. Industrie. – Festung (1675–85 erbaut); altertüml. Ortsbild. Landschaftspark **Naardermeer** (759 ha).

Nabatäer, im Altertum ein nordwestarab. Volksstamm, der im 5./4. Jh. v. Chr. im Gebiet der Edomiter (↗ Edom) siedelte. Die Hptst. des N.-Reiches, Petra, war ein wichtiges Zentrum des Karawanenhandels. 312 v. Chr. wurden die N. von Antigonos I. Monophthalmos erfolglos bekämpft und dehnten bald danach ihre Macht bis Syrien aus. 106 n. Chr. wurde das Königreich von Trajan zur röm. Provinz **Arabia Petraea** umgewandelt. Die N. schrieben ihre aramäische, arabisch beeinflusste Sprache in einer Konsonantenschrift. Ihre Kunst war hellenistisch beeinflusst. Sie hinterließen nur z. T. ausgegrabene Tempelruinen und viele Felsengräber im heutigen Jordanien und Saudi-Arabien.
Nabburg, Stadt im Landkreis Schwandorf, Bayern, 6 200 Ew., an der Naab; Oberpfälzer Freilandmuseum; Metall und Kunststoff verarbeitende Industrie, Zinngießereien. – Teile der ehem. Stadtbefestigung und zahlr. ältere Wohnhäuser mit hohen Giebeln blieben erhalten. Erhielt 1296 Stadtrecht.
Nabe, der Teil des Rades, mit dem es auf der Welle oder auf dem Zapfen sitzt. Die Verbindung und die Kraftübertragung zw. beiden kann entweder durch einen Reibungswiderstand (z. B. durch Aufpressen, Aufklemmen, besondere Spannelemente) oder Formschluss (z. B. Kegel- oder Stirnverzahnung) erfolgen.
Nabel, bei Säugetier und Mensch eine meist rundl. Vertiefung in der vorderen Bauchwand, entspricht der Anheftungs- bzw. Durchtrittsstelle der ↗ Nabelschnur.
Nabelbruch (Nabelhernie), durch den Nabelring hindurchtretender Eingeweidebruch; ist an der Vorwölbung des Nabels erkennbar.
Nabel|orange [-ɔrã:ʒə], ↗ Navelorange.
Nabelschnur (Nabelstrang, Funiculus umbilicalis), strangartige Verbindung zw. dem Embryo und dem Mutterkuchen beim Menschen und bei allen plazentalen Säugetieren. Die N. umhüllt Gefäße, die einerseits den Embryo mit sauerstoff- und nährstoffreichem Blut versorgen, andererseits sauerstoffarmes und schlackenbeladenes Blut abführen. Beim Menschen ist die vom Amnion (eine Embryonalhülle) umhüllte N. zum Zeitpunkt der Geburt etwa 50–60 cm lang und bis 2 cm dick. Nach der Geburt, dem Abnabeln und dem Abfallen des N.-Restes bleibt an der Bauchseite des Neugeborenen der Nabel (Bauchnabel) zurück.
Nabelschnurknoten, bei Hindurchschlüpfen des Kindes durch eine Nabelschnurschlinge entstehende lockere Verknotung. Der N. stellt bes. bei kurzer Nabelschnur eine Gefahr für das kindl. Leben dar, wenn durch Gefäßabschnürung die Ernährung des Kindes unterbrochen wird. Bei der **Nabelschnurumschlingung** ist die Nabelschnur um den Hals des Kindes oder andere Körperteile (Arm, Schulter, Beine) gelegt; kann durch Komprimierung zu Komplikationen während der Schwangerschaft und bei der Geburt führen.
Nabelschnurvorfall, Herausfallen der Nabelschnur aus dem Muttermund beim Blasensprung oder später; gefährl. Geburtskomplikation, da das nachfol-

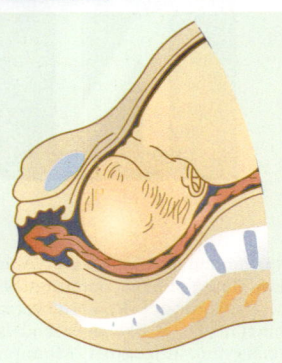

Nabelschnurvorfall: gefährliche Nabelschnurkomplikation

gende Kind die Nabelschnur abquetschen kann und damit seine Versorgung unterbindet.

Nabelschweine (Pekaris, Tayassuidae), Familie etwa 0,7–1 m langer Paarhufer mit zwei Arten: **Halsbandpekari** (Tayassu tajacu) mit blassgelbem Halsband und **Weißbartpekari** (Tayassu albirostris) mit leuchtend weißer Kehle; v. a. in Wäldern und offenen Landschaften Mexikos, Zentral- und Südamerikas; eine Rückendrüse (»Nabel«) sondert ein stark riechendes Sekret ab.

Nabereschnyje Tschelny (1982–88 Breschnew), Stadt in Tatarstan, Russ. Föderation, an der unteren Kama, 518 000 Ew.; TH; Autowerk »KAMAS«. Bei N. T. Stausee und Wasserkraftwerk Nischnekamsk (1 248 MW).

Nabeul [na'bœl], Gouv.-Hptst. am Golf von Hammamet, in N-Tunesien, 52 000 Ew. Marktort und Seebad; bed. Kunsthandwerk (Keramik-, Steinmetz-, Schmiede-, Stickereiarbeiten), Parfümherstellung; Obst- und Gemüsebau.

Nabis [na'bi; hebr. »Propheten«], eine Gruppe überwiegend frz. Maler, die sich 1888 unter Führung von P. Sérusier in Paris zusammenschlossen. Ihren stilistisch uneinheitl. Bildern (auch Grafiken, Glasmalereien, Bildteppiche, Theaterdekorationen) ist eine großzügige Erfassung von Formzusammenhängen und v. a. eine stark ausgeprägte dekorative Tendenz gemeinsam; ihre Arbeiten waren u. a. von P. Gauguin, der Schule von Pont-Aven und der japan. Holzschnittkunst beeinflusst. Zu den N. gehörten u. a. P. Bonnard, M. Denis, J. Rippl-Rónai, É. Vuillard, F. Vallotton.

Nabla|operator [grch], *Mathematik:* symbol. Vektor, der in dreidimensionalen kartes. Koordinaten durch

$$\nabla = \left(\frac{\partial}{\partial x}, \frac{\partial}{\partial y}, \frac{\partial}{\partial z}\right) = \frac{\partial}{\partial x} e_x + \frac{\partial}{\partial y} e_y + \frac{\partial}{\partial z} e_z$$

definiert ist; e_x, e_y und e_z sind die Einheitsvektoren.

Nablus (Nabulus), Stadt im Westjordanland, 570 m ü. M. im Bergland von Samaria; 70 000 Ew.; Mittelpunkt eines Landwirtschaftsgebietes; Konserven- und Baustoffindustrie, Zündholzfabrik. – 72 n. Chr. westlich von ↗Sichem gegr., ab 636/1187 arabisch, 16. Jh. bis 1918 osmanisch. Seit 1967 unter israel. Verw., 1995 palästinens. Autonomie.

Nabob [ind., aus arab. »Statthalter«] *der,* seit dem 18. Jh. in Europa gebräuchl. Bez. für die Angehörigen des in Indien reich gewordenen Geldadels.

Nabokov [nə'bɔːkəf], Vladimir, russisch-amerikan. Schriftsteller, * Petersburg 23. 4. 1899, † Montreux 2. 7. 1977; emigrierte 1919 nach Großbritannien, lebte einige Jahre in Berlin, dann in Paris und ging 1940 in die USA (1945 Einbürgerung); 1948–59 Prof. für russ. Literatur an der Cornell University (Ithaca, N. Y.), dann freier Schriftsteller in der Schweiz. Verfasste v. a. stilistisch brillante psycholog. Romane (zunächst unter dem Pseud. V. Sirin), zuerst in russ., später auch in engl. Sprache (»Maschenka«, 1926; »Gelächter im Dunkel«, 1934; »Einladung zur Enthauptung«, 1938; »Pnin«, 1957; »Ada oder das Verlangen«, 1969; »Sieh doch die Harlekine!«, 1974). Seinen größten Erfolg hatte er mit dem Roman »Lolita« (1955), der sexuelle Normen und Verhaltensweisen in den USA satirisch durchleuchtet.

Nabonid, letzter König von Babylon (555–539 v. Chr.), durch den Perserkönig Kyros II. entthront.

Nabopolassar, König von Babylon (626–605 v. Chr.); besiegte mithilfe der Meder die Assyrer (Fall von Ninive 612) und schuf das neubabylon. Reich, das er bis nach Syrien und Palästina (Sieg seines Sohnes, des späteren Königs Nebukadnezar II., über den ägypt. König Necho II. in der Schlacht bei Karkemisch 605 v. Chr.) ausdehnte.

Nabulus, Stadt im Westjordanland, ↗Nablus.

Nacala, Hafenstadt in N-Moçambique, am Ind. Ozean, 125 200 Ew.; kath. Bischofssitz; über den Hafen Transitverkehr nach Malawi (Bahnverbindung).

Nach|ahmung, 1) *Ästhetik:* ↗Mimesis.

2) *Musik:* (Imitation) Kompositionsweise, bei der eine melod. Wendung der einen Stimme in einer anderen Stimme in gleicher oder ähnl. Weise aufgegriffen wird; sie ist ein wichtiges Mittel polyphoner Mehrstimmigkeit. N. in allen Stimmen kennzeichnet den **durchimitierenden Stil.** Man unterscheidet strenge und freie N. (mit geringen Veränderungen), daneben auch N. in Gegenbewegung (Umkehrung), in Vergrößerung oder Verkleinerung.

3) *Psychologie:* (Imitation) Verhalten, bei dem wahrgenommene Verhaltensweisen (Bewegungen, Lautäußerungen) mit angestrebter Ähnlichkeit hervorgebracht werden. Die N. ist eine Grundlage für viele Lernprozesse (z. B. des kindl. Spracherwerbs).

4) *Recht des geistigen Eigentums:* die (verbotene) Herstellung von künstler. Werken oder gewerbl. Gegenständen in einer solchen Weise, dass diese Produkte mit urheberrechtlich oder durch gewerbl. Schutzrechte (Patent, Geschmacksmuster, Gebrauchsmuster, Marke) geschützten Produkten verwechselt werden können. Von **Nachbildungen** spricht man bes. in der bildenden oder der angewandten Kunst; sie sind rechtlich Vervielfältigungen des nachgebildeten Werkes und bedürfen, wenn dieses geschützt ist, der Genehmigung des Urhebers.

Nachbar|recht, diejenigen Rechtssätze, die das Verfügungsrecht eines Eigentümers über sein Grundstück im Interesse benachbarter Grundstückseigentümer beschränken (§§ 906 ff. BGB, Landesrecht), bes. die Bestimmungen über Immission, Überbau, Notweg und Grenzen. Ein Grundstückseigentümer kann verlangen, dass ein benachbarter Eigentümer auf seinem Grundstück keine Anlage herstellt, von der vorauszusehen ist, dass ihr Bestand oder ihre Benutzung eine unzulässige Einwirkung auf das Grundstück zur Folge hat. Im öffentl. Recht enthält bes. das Bauordnungsrecht nachbarschützende Normen. Nach Landesrecht müssen i. d. R. den Eigentümern benachbarter Grundstücke Baupläne vorgelegt werden, um ihnen Einwendungen im Baugenehmigungsverfahren zu ermöglichen. – Ähnl. Bestimmungen gelten in *Österreich* (§§ 340–343, 364 ff. ABGB) und der *Schweiz* (Art. 679, 684–698 ZGB).

Nachbeben, *Geologie:* Erdstöße, die starken Erdbeben mit abnehmender Stärke über längere Zeit folgen können.

Nachbild, opt. Erscheinung infolge nachklingender Erregung der Netzhautsinneszellen, meist in Kon-

Vladimir Nabokov

trastfarben (negatives N.); Folge herabgesetzter Lichtempfindlichkeit der gereizten Netzhautzone.

Nachbildung, *Recht:* ↗ Nachahmung.

Nachbörse, Wertpapiergeschäfte oder Kursschätzungen nach Ende der offiziellen Börsenzeit.

Nachbürge, *Recht:* ein 2. Bürge, der dem Gläubiger dafür einsteht, dass der 1. Bürge die ihm obliegende Verpflichtung erfüllt. (↗ Bürgschaft)

Nachdruck, 1) *Buchwesen:* unveränderte Nachauflage eines Schriftwerkes.
2) *Recht:* 1) unberechtigter Druck **(Raubdruck)** eines Werkes, dessen Rechte andere haben; 2) Bez. für den zulässigen Druck eines Werkes, dessen Schutzfrist abgelaufen ist.

Nach|eile, 1) *Strafprozessrecht:* das Recht der Polizei, die Verfolgung eines Flüchtenden auf dem Gebiet eines anderen dt. Landes fortzusetzen (§ 167 Gerichtsverfassungs-Ges.). Die N. über die Grenzen der Staaten der EU ist im (zweiten) Schengener Abkommen geregelt, dessen Besitzstand in den Vertrag über die EU überführt wurde.
2) *Völkerrecht:* das Recht eines Küstenstaates, ein fremdes Schiff wegen Gesetzesverletzungen bis in die hohe See zu verfolgen, sofern die N. noch innerhalb der eigenen Küstengewässer beginnt und ohne Unterbrechung fortgesetzt wird.

Nach|entgelt (früher: Nachgebühr), Gebühr für nicht oder unzureichend freigemachte Postsendungen, die sich aus dem fehlenden Leistungsentgelt und einem zusätzl. Einziehungsentgelt zusammensetzt.

Nach|erbe, Erbe, der kraft Verfügung von Todes wegen nach einem anderen **(Vorerbe)** mit dem Eintritt eines bestimmten Ereignisses (z.B. Tod des Vorerben) zum Erben berufen ist (§§ 2100 ff. BGB). Um dem N. die Substanz des Nachlasses zu erhalten, unterliegt der Vorerbe bestimmten Verfügungsbeschränkungen, wovon ihn der Erblasser aber befreien kann (»befreite Vorerbschaft«). Von der Nacherbschaft zu unterscheiden ist die Regelung durch das ↗ Berliner Testament. – Auch das *österr.* ABGB (§§ 604 ff.) sowie das *schweizer.* Recht (Art. 488 ff. ZGB) kennen die Nacherbschaft.

Nacherfüllung, beim ↗ Werkvertrag und ↗ Kauf die Beseitigung der Mängel einer Sache durch den Schuldner oder die Ersatzlieferung (§§ 439, 635 BGB).

Nachfahren, *Genealogie:* svw. Nachkommen (Deszendenten, ↗ Abkomme).

Nachfolge Christi (lat. Imitatio Christi), im N.T. (z.B. Mk. 1, 17; 8, 34 f.) die Berufung der Jünger durch Jesus zum das ganze Leben umfassenden Dienst für das Reich Gottes; in den verschiedenen christl. Reform- und Armutsbewegungen das Ideal einer am Auftrag und Vorbild Jesu ausgerichteten Lebensführung. – Titel eines ↗ Thomas von Kempen zugeschriebenen, aus dem Geist der ↗ Devotio moderna entstandenen Erbauungsbuches.

Nachfolgestaaten, im Völkerrecht Bez. für Staaten, die unter Übernahme der Folgelasten auf dem Territorium eines früheren Staates entstanden sind oder Teile von diesem übernommen haben; z.B. die N. auf dem Gebiet Österreich-Ungarns und des Osman. Reichs nach dem Ersten Weltkrieg sowie die Staaten auf dem Gebiet der ehem. UdSSR.

nachformen (kopieren), ein Werkstück nach Modell, Schablone oder Musterstück spanend bearbeiten; das Modell wird durch einen Fühler abgetastet, von dem die Leitwerte zum Vorschub des Werkzeugträgers der Dreh-, Fräs- oder Hobelmaschine übertragen werden.

Nachfrage, Gesamtmenge der Waren, Dienst- oder Faktorleistungen (z.B. Arbeits-N., Kapital-N.), die die Käufer (Nachfrager) auf einem Markt abnehmen wollen. Die N.-Menge ändert sich theoretisch gegenläufig zum Preis: Steigenden Preisen sind sinkende N.-Mengen zugeordnet und umgekehrt; nur bei anormaler N.-Reaktion (wie beim Veblen-Effekt) ändert sich die N.-Menge gleichläufig mit dem Preis. Der funktionale Zusammenhang zw. N.-Menge und Preis wird in der Wirtschaftstheorie als **N.-Funktion** bezeichnet und grafisch mithilfe der **N.-Kurve** dargestellt. **N.-Elastizität** ist das Verhältnis der prozentualen Mengenveränderung der N. zu einer prozentualen Preisänderung.

Nachgründung, Vertrag, durch den eine AG innerhalb der ersten zwei Jahre seit ihrer Eintragung im Handelsregister Anlagen oder sonstige Vermögensgegenstände erwirbt, deren Wert 10% des Grundkapitals übersteigt. Auf N. gerichtete Verträge werden nur mit Zustimmung der Hauptversammlung und Eintragung ins Handelsregister wirksam.

Nachhall, Nachklingen von Schall in einem Raum nach Ende der Schallanregung. (↗ Echo)

nachhaltige Entwicklung (engl. sustainable development), eine ökonom., soziale und ökolog. Entwicklung, die weltweit die Bedürfnisse der gegenwärtigen Generation befriedigt, ohne die Lebenschancen künftiger Generationen zu gefährden. Der Grundgedanke geht zurück auf den Bericht »Our common future« (1987; dt. »Unsere gemeinsame Zukunft«) der World Commission on Environment and Development (»Brundtland-Kommission«). Seit der UN-Konferenz über Umwelt und Entwicklung in Rio de Janeiro 1992 spielt die n. E. in der entwicklungs- und umweltpolit. Diskussion eine herausragende Rolle. Sie soll die wechselseitigen Abhängigkeiten der ökonom., sozialen und ökolog. Entwicklungen einbeziehen **(dauerhaft umweltgerechte Entwicklung).** Wesentlich ist die besondere Bedeutung der Natur (natürl. Ressourcen, ökolog. Systeme) für den Entwicklungsprozess **(ökologisch tragfähige Entwicklung).** N. E. betont qualitatives Wachstum. Da quantitatives Wachstum (z.B. im Sinne des Anstiegs einer Inlandsproduktgröße) auf lange Sicht nicht möglich ist (z.B. wegen endl. Ressourcen, begrenzter Aufnahmekapazität der Natur), wird eine Entwicklung im Sinne einer qualitativen Verbesserung von Lebensbedingungen, Produktionspotenzialen und Strukturen gefordert. Entwicklung bedeutet nicht nur Erhöhung des Pro-Kopf-Einkommens, sondern Verbesserung einer Vielfalt von Entwicklungsindikatoren. Hier bestehen enge Verbindungen zur Messung von Lebensqualität und Wohlstand. Aktuelle Versuche der Berechnung eines Gesamtindikators beruhen auf dem ↗ Human Development Index und dem neuen Wohlstandskonzept der Weltbank. Letztlich umfasst n. E. einen gesellschaftl. Wandlungsprozess, der zu neuen Wertvorstellungen und Konsumgewohnheiten führen soll.

2002, also 10 Jahre nach der UN-Konferenz über Umwelt und Entwicklung in Rio de Janeiro (Rio-Gipfel), fand der ↗ Weltgipfel für nachhaltige Entwicklung (UN-Gipfel für n. E.) in Johannesburg (Südafrika) statt. Vertreter aus über 190 Nationen diskutierten zu Fragen der n. E. im 21. Jh. Ziel war die Entwicklung eines Aktionsplans, um die grundlegenden Probleme der Menschheit zu lösen und die Erde schonender zu bewirtschaften als bisher. Wichtige Problemfelder des Aktionsplans sind u. a. der Zugang der Menschen zu unbedenkl. Trinkwasser, eine Reduzierung des Rückgangs der biolog. Vielfalt, Maßnahmen gegen die Überfischung, die Erhöhung des Anteils erneuerbarer Energien sowie die Entwicklung nachhaltiger Konsum- und Produktionsmuster.

Nachhaltigkeit, *Forstwirtschaft:* ein Bewirtschaftungsprinzip, das dadurch charakterisiert ist, dass nicht mehr Holz geerntet wird als jeweils nachwachsen kann.

Nachitschewạn, Teilrep. in Aserbaidschan, ↗ Naxçıvan.

Nachkalkulation, ↗ Kostenrechnung.

Nachkomme, *Genealogie:* ↗ Abkomme.

Nachladetechnik, *Medizin:* die ↗ After-Loading-Technik.

Nachlass, die ↗ Erbschaft.

Nachlassgericht, das zur gerichtl. Fürsorge für einen Nachlass zuständige Amtsgericht am letzten Wohnsitz des Erblassers.

Nachlassgläubiger, die Gläubiger, denen ein Recht auf Befriedigung aus einem Nachlass zusteht (↗ Erbenhaftung).

Nachlass|insolvenzverfahren, bei (drohender) Zahlungsunfähigkeit oder Überschuldung des Nachlasses u. a. auf Antrag von Erben oder Gläubigern eröffnetes Insolvenzverfahren, das die Erbenhaftung auf den Nachlass beschränkt und der Absonderung des Nachlasses vom Eigenvermögen der Erben dient.

Nachlass|inventar, das Verzeichnis der Bestandteile eines Nachlasses (§§ 1993 ff. BGB). Die rechtzeitige und richtige Errichtung des N. erhält dem Erben die Möglichkeit, seine Haftung gegenüber allen Gläubigern zu beschränken.

Nachlassschulden (Nachlassverbindlichkeiten), ererbte (Erblasserschulden) und mit dem Erbfall entstandene Schulden (Erbfallschulden, z. B. Begräbniskosten; ↗ Erbenhaftung).

Nachlassverwaltung, eine zum Zweck der Befriedigung der Nachlassgläubiger angeordnete Nachlasspflegschaft mit der Folge, dass sich die Haftung des Erben für Nachlassverbindlichkeiten auf den Nachlass beschränkt (§ 1975 BGB). Die N. wird vom Nachlassgericht auf Antrag des Erben oder eines Nachlassgläubigers angeordnet, sie dient der Trennung des Eigenvermögens des Erben vom Nachlass. Der Erbe verliert die Befugnis, den Nachlass zu verwalten und über ihn zu verfügen. Die N. endet durch Aufhebung (nach Begleichung der Verbindlichkeiten) oder Eröffnung des Nachlassinsolvenzverfahrens.

Nachlauf, 1) *Chemie:* das letzte bei der fraktionierenden ↗ Destillation von Flüssigkeitsgemischen übergehende Destillat.

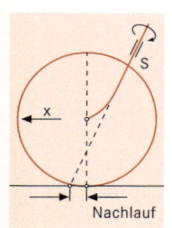

Nachlauf 2) eines Rades (positiv; x Fahrtrichtung, S Schwenkachse)

2) *Fahrzeugtechnik:* der in Fahrtrichtung gemessene Abstand des Bodenberührpunkts eines gelenkten Rades vom Schnittpunkt der verlängert gedachten Schwenkachse mit der Fahrbahn. Beim positiven N., der u. a. die Rückstellung der geschwenkten Räder nach der Kurvenfahrt bewirkt, läuft der Radaufstandpunkt dem Aufstandpunkt der Schwenkachse nach, bei negativen N. vor.

Nachnahme, postal. Versendungsform, bei der die Sendung dem Empfänger gegen Einziehung eines vom Absender bestimmten Geldbetrages ausgehändigt wird. Der N.-Betrag ist auf 1 600 € je Sendung begrenzt.

Nạchod (tschech. Náchod), Stadt im Ostböhm. Gebiet, Tschech. Rep., am Fuß des Adlergebirges, nahe der Grenze zu Polen, 21 300 Ew. – Burg (1566–1614 zum Schloss umgebaut, im 17. Jh. barock umgestaltet [heute Museum]), got. Laurentiuskirche (14. Jh.), in der Renaissance umgebaut). – N. entstand vor 1254.

Nachọdka, Stadt in der Region Primorje, Russland, am Japan. Meer, 160 000 Ew.; Schiffsreparatur, Fischverarbeitung; Freie Wirtschaftszone; Hochsee- (bes. im Handel mit Japan) und Fischereihafen, ergänzt durch den 1976 eröffneten Hochseehafen **Wos-** **totschny.** Beide Häfen, zus. an erster Stelle der russ. Pazifikhäfen, haben Anschluss an die Transsibir. Eisenbahn.

Nachricht [eigtl. »Mitteilung, um sich danach zu richten«], allg. Mitteilung, Meldung, Botschaft; in der *Informatik* und *Nachrichtentechnik* eine mit dem Ziel der Weitergabe gebildete ↗ Information, die von einer **N.-Quelle** ausgeht und an einer räumlich davon entfernten Stelle **(N.-Senke)** aufgenommen wird. Zur Übertragung der N. dienen Signale **(N.-Träger),** d. h. Verläufe physikal. Größen über Zeit (z. B. Spannungen oder Ströme). Die N.-Übertragung erfolgt über einen N.-Kanal (↗ Kanal), an dessen Ein- und Ausgang i. Allg. eine Wandlung entsprechend dem jeweiligen N.-Träger stattfindet.

Nachrichten|agentur (Presseagentur, Nachrichtenbüro), publizist. Unternehmen, das Nachrichten sammelt, bearbeitet und gegen Entgelt an Medieneinrichtungen sowie an Unternehmen, Verbände, Reg.stellen oder Privatpersonen vermittelt. Es gibt N. als Behörden bzw. Staatsunternehmen (z. B. IRNA, Xinhua) sowie von Medienunternehmen getragene (z. B. dpa), genossenschaftl. (z. B. AP) und – oft auf Aktienbasis – privatwirtsch. organisierte N. (z. B. Reuters, ddp).

Nachrichtendienst, Bez. für staatl. Geheimdienste zur Beschaffung vorwiegend geheimer Informationen militär., polit., wirtsch. und wiss. Natur, die für die innere und die äußere Sicherheit von Bedeutung sind, sowie zur Abwehr von Spionage und Sabotage. Es werden polit. und militär. N. unterschieden. Großbritannien besitzt den N. mit der ältesten Tradition (14. Jh.), den Secret Intelligence Service. In Frankreich gibt es v. a. die Sûreté Nationale, in den USA die Central Intelligence Agency (CIA). In der früheren Sowjetunion arbeitete der KGB, in der DDR der Staatssicherheitsdienst. In Dtl. bestehen der Bundesnachrichtendienst (BND), der Verfassungsschutz und der Militär. Abschirmdienst (MAD). – Die N. in Dtl. unterliegen parlamentar. Kontrolle (↗ Parlamentarisches Kontrollgremium).

nachrichtenlose Vermögen, (bes. in der Schweiz) Bez. für ruhende Bankguthaben; ↗ Raubgold.

Nachrichtenmagazin (engl. newsmagazine), Typ einer polit. Wochenzeitschrift mit Wort- und Bildbeiträgen. Der Typ des N. wurde in den USA entwickelt (1923 »Time«, 1933 »Newsweek«); in Dtl. seit 1947 (»Der Spiegel«, seit 1993 »Focus«).

Nachrichtensatellit (Kommunikationssatellit), künstl. Erdsatellit, der der Herstellung drahtloser Telekommunikationsverbindungen über große Entfernungen dient. N. für Funkverbindungen zw. fest installierten Erdefunkstellen werden auch **Fernmeldesatelliten** genannt. Die meisten N. befinden sich auf geostationären Umlaufbahnen. Mit drei um jeweils 120° gegeneinander versetzten ↗ geostationären Satelliten lassen sich alle Punkte der Erdoberfläche erreichen, mit Ausnahme der polnahen Gebiete. Für diese werden stark ellipt. Umlaufbahnen genutzt.

Nachrichtentechnik, Gebiet der Informationstechnik (historisch der Elektrotechnik), das sich mit der Übertragung von Nachrichten (Informationen) und ihrer Messbarkeit befasst (Informationstheorie), insbesondere mit dem Bau und Betrieb von Nachrichtenübertragungssystemen. – Seit dem Einsatz digitaler Rechenanlagen hat sich die Aufgabenstellung der N. gewandelt, gleichbed. ist heute die Bez. **Telekommunikations-** und **Kommunikationstechnik.** Historisch bedeutsam ist die Einteilung in ↗ Funktechnik (drahtlose N.) und ↗ Fernmeldetechnik.

Nachschlag, *Musik:* der Abschluss eines ↗ Trillers, der aus der flüchtigen einmaligen Berührung des tieferen Nachbartons und sofortigen Rückkehr zum Hauptton besteht; kommt auch ohne Triller als Anhängsel an einen Hauptton vor **(freier Nachschlag).**

Nachschusspflicht, Pflicht der Gesellschafter einer GmbH, über ihre Stammeinlagen hinaus Einzahlungen an die Gesellschaft zu leisten; besteht nur, wenn die Satzung es bestimmt; Befreiung durch ↗ Abandon möglich. Bei einer Genossenschaft besteht eine N., sofern sie im Statut nicht ausgeschlossen ist, nur im Falle des Insolvenzverfahrens.

Nachspielen, *Sportspiele:* die Verlängerung eines Spiels über die reguläre ↗ Spielzeit hinaus (im jeweiligen Spielabschnitt), um während des Spiels aufgetretene Zeitverluste (z. B. durch Auswechslungen, Verletzungen, Zeitvergeudung) wieder auszugleichen. Die Nachspielzeit liegt im Ermessen des Schiedsrichters.

Nächstenliebe, religiös oder ethisch begründete, dem Wohl des Mitmenschen zugewandte aktive Gefühls-, Willens- und Tathaltung, die von einer Zurückstellung der eigenen Interessen begleitet wird und keine Gegenleistung erwartet. Im Unterschied zum *Ethos der Antike,* bei dem die N. dem Grundwert der Gerechtigkeit untergeordnet ist, verknüpft die *christl. Verkündigung und Theologie* die N. mit der Gottesliebe (der Liebe Gottes und Liebe zu Gott) und beschreibt sie als die zwei Seiten des einen Gebotes Jesu Christi, in dem alle anderen Gebote zusammengefasst sind (Mt. 22, 35–40). (↗ Liebe)

Nacht, die Zeit zw. Sonnenuntergang und -aufgang; ihre Dauer hängt von der geograph. Breite des Beobachtungsortes und von der Jahreszeit ab. Am Äquator ist die N. während des ganzen Jahres 12 Stunden lang, an allen anderen Orten nur zu den Zeiten der Tagundnachtgleiche (um den 21. 3. und 23. 9.). Auf der nördl. Halbkugel sind (etwa) vom 22. 3. bis 22. 9. die Tage länger als die N., vom 24. 9. bis 20. 3. kürzer, auf der südl. Halbkugel umgekehrt; zur Zeit der Wintersonnenwende (um den 21. 12.) ist die N. auf der N-Halbkugel am längsten, zur Zeit der Sommersonnenwende (um den 21. 6.) am kürzesten.

nacht|aktive Tiere, die ↗ Nachttiere.

Nacht|arbeit, die Arbeit zw. 23 Uhr und 6 Uhr, in Bäckereien u. Ä. zw. 22 Uhr und 5 Uhr; für Jugendliche unter 16 Jahren beginnt N. bereits ab 20 Uhr und ist nur in engen Ausnahmen erlaubt. Begrenzt zulässig ist N. für ältere Jugendliche (↗ Jugendschutz). Das N.-Verbot für Arbeiterinnen ist aufgehoben worden. Die Arbeitszeit der Nacht- und Schichtarbeitnehmer ist nach den gesicherten arbeitswiss. Erkenntnissen über die menschengerechte Gestaltung der Arbeit festzulegen (§ 6 Arbeitszeit-Ges., AZG). Nachtarbeitnehmer sind berechtigt, sich vor Beginn der Beschäftigung und danach in regelmäßigen Zeitabständen von nicht weniger als drei Jahren (ab 50. Lebensjahr jährlich) auf Kosten des Arbeitgebers arbeitsmedizinisch untersuchen zu lassen. Die werktägl. Arbeitszeit der Nachtarbeitnehmer darf acht Stunden nicht überschreiten. Eine Verlängerung auf bis zu zehn Stunden ist dann möglich, wenn innerhalb eines Kalendermonats oder vier Wochen durchschnittlich acht Stunden werktäglich nicht überschritten werden. Tarifverträge sehen bei N. Zuschläge vor.

Nachtblindheit (Hemeralopie), vermindertes Sehvermögen in der Dämmerung und in der Nacht; Vorkommen bei Störungen im System der Dämmerungsrezeptoren (Stäbchen) der Netzhaut und erworben bei Vitamin-A-Mangel (Vitamin A ist zur Regeneration des Sehpurpurs erforderlich).

Nachtbogen, der unter dem Horizont liegende

Nachrichtenagenturen (Auswahl)

AAP	AAP Information Services, Sydney
AFP	Agence France-Presse, Paris
ANA	Athens News Agency, Athen
Anadolu	Anatolian News Agency, Ankara
ANP	Algemeen Nederlands Persbureau, Den Haag
ANSA	Agenzia Nazionale Stampa Associata, Rom
AP	Associated Press, New York
APA	Austria Presse Agentur, Wien
Belga	Agence Télégraphique Belge de Presse/ Belgisch Pers-telegraafagentschap, Brüssel
BNS	Baltic News Service, Riga
BTA	Bulgarska Telegrafna Agentsia, Sofia
CANA	Caribbean News Agency, Saint Michael (Barbados)
ČTK	Česká tisková kancelář, Prag
ddp	Deutscher Depeschen Dienst, München/Berlin
dpa	Deutsche Presse-Agentur, Hamburg
EFE	Agencia EFE SA, Madrid
ELTA	Lithuanian Telegraph Agency, Vilnius
HINA	Hrvatska Izvjestiteljska Novinska Agencija, Zagreb
Interfax	Interfax, Moskau
IRNA	Islamic Republic News Agency, Teheran
ITAR-TASS	Informatsionnoje Telegrafnoje Agentstwo Rossii/ Telegrafnoje Agentstwo Suverennych Stran, Moskau
Jiji	Jiji Tsūshinsha, Tokio
JTA	Jewish Telegraphic Agency, Jerusalem
KYODO	Kyōdo Tsūshinsha, Tokio
LUSA	Agência Lusa de Informação, Lissabon
MENA	Middle East News Agency, Kairo
MTI	Magyar Távirati Iroda, Budapest
NTB	Norsk Telegrambyrå, Oslo
PANA	Pan-African News Agency, Dakar
PAP	Polska Agencja Prasowa, Warschau
RB	Ritzaus Bureau, Kopenhagen
Reuters	Reuters Group plc., London
RIA-Westi	Rossijskoje Informatsionnoje Agentstwo-Westi, Moskau
ROMPRES	Rompres, Bukarest
SANA	Agence Arabe Syrienne d'Information, Damaskus
SDA/ATS	Schweizerische Depeschenagentur/ Agence Télégraphique Suisse SA, Bern
STA	Slovenska Tiskovna Agencija, Ljubljana
STT/FNB	Oy Suomen Tietotoimisto/Finska Notisbyrån Ab, Helsinki
Tanjug	Novinska Agencija Tanjug, Belgrad
TASR	Tlačová Agentúra Slovenskej Republiky, Bratislava
TT	Tidningarnas Telegrambyrå, Stockholm
UM	United Media, New York
Xinhua	Neues China, Peking

Teil der scheinbaren Bahn eines Gestirns am ↗ Himmel.

Nacht|effekt, *Funktechnik:* der ↗ Dämmerungseffekt.

Nachtfalter (Nachtschmetterlinge, Heterocera), veraltete Bez. für eine Gruppe nachtaktiver Schmetterlinge ohne natürl. Verwandtschaftsverhältnisse (z. B. Spanner, Bären, Eulen, Schwärmer).

Nachtglas, Fernrohr mit großer Dämmerungsleistung, bes. zum Beobachten bei schwacher Beleuchtung. Die Dämmerungsleistung ist proportional zur Dämmerungszahl $\sqrt{VD}$, mit V als Fernrohrvergrößerung und D als Durchmesser der Eintrittspupille (Objektivdurchmesser).

Nachthimmelslicht, das schwache Eigenleuchten der hohen Atmosphäre (etwa in Höhen zw. 70 und 500 km) in klaren mondlosen Nächten, das unabhängig vom Streulicht großer Städte zu beobachten ist. Das N. ist zu etwa 30% auf außerird. Quellen (kosm. Lichtquellen, Ausläufer des Zodiakallichts u. a.) zurückzuführen. Der Hauptanteil wird durch Leuchtvorgänge von atomarem Sauerstoff, Natrium sowie einigen Stickstoffradikalen hervorgerufen. Quellen dieser Strahlung sind Rekombinationsprozesse von tagsüber durch die ultraviolette Sonnenstrahlung ionisierten und dissoziierten Molekülen.

Gustav Nachtigal

Nachtigal, Gustav, Afrikaforscher, *Eichstedt (bei Stendal) 23. 2. 1834, †(an Bord) bei Kap Palmas 20. 4. 1885; bereiste 1869–74 die mittlere Sahara und den Sudan, erforschte 1872–74 Bagirmi, Wadai und Darfur. 1884 leitete er die Schutzherrschaft des Dt. Reiches über Togo und Kamerun ein.
Werk: Saharâ und Sûdân, 2 Bde. (1879–81), Bd. 3 hg. von E. Groddeck (1889).

Nachtigall (Luscinia megarhynchos), mit Schwanz etwa 17 cm langer, oberseits brauner, unterseits bräunlich weißer, versteckt lebender Singvogel (Gattung Erdsänger) in Laubwäldern und dichten Büschen S-, W- und Mitteleuropas sowie NW-Afrikas und W-Asiens; wohltönender Gesang (auch nachts). (↗ Sprosser)

Nachtkerze (Oenothera), v. a. in den temperierten Regionen Amerikas verbreitete Pflanzengattung; in vielen Gebieten eingebürgert und verwildert. Aus Nordamerika stammt die früher in Europa als Wurzelgemüse angebaute, dann verwilderte **Gemeine N.** (**Zweijährige N., Rapontikawurzel,** Oenothera biennis) mit gelben Blüten.

Nachtigall

Nach|tragshaushalt, ↗ Haushaltsplan.

Nachtschatten (Solanum), Gattung der N.-Gewächse, weltweit verbreitet, v. a. in den Tropen und Subtropen Südamerikas; teilweise mit großen, verschieden gefärbten, glockenförmigen Blüten und fleischigen Beeren. Viele Arten enthalten das giftige Solanin. Zur Gattung N. gehören mehrere wichtige Kulturpflanzen (z. B. Aubergine, Kartoffel). In Dtl. heimisch oder eingebürgert sind u. a. die Giftpflanzen **Bittersüß** (**Bittersüßer N.,** Solanum dulcamara) mit violetten Blüten und roten Beeren sowie **Schwarzer N.** (Solanum nigrum) mit weißen Blüten und schwarzen Beeren.

Nachtschattengewächse (Solanaceae), Pflanzenfamilie mit rd. 2 600 Arten, v. a. in Südamerika. Zu den N. gehören Nutzpflanzen (Kartoffel, Tomate, Paprika, Tabak), Heil- und/oder Giftpflanzen (Tollkirsche, Bilsenkraut) und Zierpflanzen (u. a. Blasenkirsche, Petunie).

Nachtschmetterlinge, ↗ Nachtfalter.

Nachtsichtgeräte, Geräte bes. für den militär. Gebrauch. N. bestehen aus einem lichtstarken Objektiv und einem hoch empfindl. ↗ Bildwandler und -verstärker für sichtbares oder infrarotes Licht. Bei den (heute kaum noch verwendeten) **aktiven N.** werden die zu beobachtenden Gegenstände künstlich beleuchtet, z. B. in Nachtfahrgeräten mit Infrarotscheinwerfern. Bei **passiven N.** gibt es Restlichtverstärker, die den Helligkeitswert des beobachteten Gegenstandes durch Photozellen intensivieren, sowie mit Infrarotdetektoren ausgestattete Wärmebildgeräte (heute infrarotempfindl. Digitalkameras), die die Darstellung des beobachteten Gegenstandes in Form eines Wärmebildes (↗ Thermographie) ermöglichen.

Nachtstück, 1) *Malerei:* Gemälde, das eine Szene im nächtl. Innen- oder Freiraum darstellt, mit überird. oder verborgenen Lichtquellen oder mit Mondlicht. Erste Beispiele gibt es im 15. Jh., seit dem 17. Jh. sind N. eine eigene Bildgattung. (↗ Helldunkel)
2) *Musik:* das ↗ Notturno.

Nacht|tiere (nachtaktive Tiere), Tiere, deren Lebensaktivitäten v. a. in der Nachtzeit liegen, während sie tagsüber ruhen oder schlafen (z. B. Leuchtkäfer, Nachtschmetterlinge, Geckos, Schlangen, fast alle Eulenvögel und Flattertiere). N. haben entweder sehr lichtstarke oder sehr kleine Augen. Im letzteren Fall sind Geruchssinn und Ultraschall Orientierungshilfen.

Nachtviole (Hesperis), europ.-asiat. Kreuzblütlergattung mit 40–100 cm hohen Kräutern. Die **Gemeine N.** (Hesperis matronalis) ist in lichten Wäldern Mitteleuropas, West- und Mittelasiens heimisch, hat kurz gestielte, eiförmige Blätter und purpurviolette Blüten; Gartenzierpflanze.

Nachtwache, im 19. Jh. entstandene Bez. für das 1642 von Rembrandt gemalte Gruppenbildnis »Kompagnie des Kapitäns Frans Banning Cocq«. Es zeigt den Aufbruch einer Schützengilde in eigenwillig konzentrierter Beleuchtung vor verdunkeltem Hintergrund (Amsterdam, Rijksmuseum).

nach uns die Sintflut (frz. après nous le déluge), angebl. Ausspruch der Marquise von Pompadour angesichts der frz. Niederlage bei Roßbach (5. 11. 1757).

Nachverbrennung, 1) *Luftfahrt:* Maßnahme zur kurzzeitigen Schubsteigerung (um 50 %) von Turbinenluftstrahltriebwerken, durch Einspritzen von zusätzl. Brennstoff in den noch sauerstoffhaltigen Abgasstrom zu abermaliger Verbrennung. Nachteilig hierbei sind hoher Kraftstoffverbrauch und starke Lärmentwicklung.

2) *Umwelttechnik:* Maßnahmen zur Verringerung der im Abgas enthaltenen brennbaren Luftschadstoffe (z. B. Kohlenmonoxid, Kohlenwasserstoffe). Die N. erfolgt heute meist durch einen ↗ Katalysator.

nachwachsende Rohstoffe, Rohstoffe, die aus Pflanzen gewonnen werden, z. B. pflanzl. Öle, Fette, Stärke, sowie Pflanzen, die während einer relativ kurzen Wachstumszeit sehr viel Biomasse erzeugen, z. B. Chinaschilf, schnell wachsende Hölzer. Werden sie zur Energieerzeugung verbrannt, so belasten sie die Gashülle des Planeten nur mit so viel Kohlendioxid, wie sie vorher durch Photosynthese entnommen haben.

Nachwahl, ↗ Wahlrecht.

Nachwirkung, 1) *Arbeitsrecht:* die abdingbare Fortgeltung kollektivvertragl. Normierungen (Betriebsvereinbarung, Tarifvertrag) über ihre regelmäßige Beendigung (bes. nach Kündigung oder Fristablauf) bis zum Abschluss eines neuen Vertrages hinaus.

2) *Physik:* langsames Sichweiterverändern eines physikal. Systems nach Einwirkung äußerer Einflüsse. z. B. magnet. N. (↗ Hysterese), elast. N. (Alterung), eine Form der Relaxation.

Nacken (Genick), der nach dem Rücken zu gelegene Halsabschnitt des Menschen und der Wirbeltiere.

Nacktfarne, die ausgestorbenen ↗ Urfarnpflanzen.

Nackthunde, terrierähnl., ganz oder überwiegend unbehaarte Hunderassen, die schon seit Jahrhunderten in Lateinamerika, Afrika und Ostasien gezüchtet werden. Bekannte Arten sind der **Chines. Schopfhund,** mit einem Haarbüschel auf dem Kopf, der **Afrikan. Nackthund** oder **Abessin. Sandterrier** sowie der **Mexikan. Nackthund** oder **Xoloitzcuintle;** Schulterhöhen von 25 bis 40 cm.

Nacktkultur, ↗ Freikörperkultur.

Nacktsamer (Gymnospermen, Gymnospermae), Abteilung der Samenpflanzen mit den Unterabteilungen **gabel- und nadelblättrige N.** (Coniferophytina) und **fiederblättrige N.** (Cycadophytina). Unter fiederblättrigen N. versteht man Samenpflanzen mit fiedrigen Laubblättern, mehreren Pollensackgruppen je Staubblatt und mehreren Samenanlagen je Samenblatt. Sie umfassen u. a. die Samenfarne, Palmfarne,

Gnetumpflanzen. Die gabel- und nadelblättrigen N. sind gekennzeichnet durch gabelige Laubblätter, Staubblätter mit einzelnen Pollensackgruppen und einfache Samenanlagenträger. Sie werden in Ginkgopflanzen und Nadelhölzer unterteilt.

Nacktschnecken, Landlungenschnecken mit rückgebildeter Schale, z. B. Egel-, Wegschnecken.

Nadar, eigtl. Gaspard Félix Tournachon, frz. Schriftsteller, Karikaturist und Fotograf, *Paris 6. 4. 1820, †ebd. 21. 3. 1910; urspr. Karikaturist; um 1853/54 gründete er ein fotograf. Atelier (Porträtaufnahmen u. a. von C. Baudelaire, G. de Nerval, A. Dumas d. Ä., G. Rossini). 1858 machte er erste Luftaufnahmen von Paris vom Ballon aus; später folgten Aufnahmen des Pariser Kanalisationssystems und der Katakomben bei künstl. Licht. 1874 fand in seinem Atelier die erste Impressionistenausstellung statt.

Nádas ['na:dɔʃ], Péter, ungar. Schriftsteller, *Budapest 14. 10. 1942; 1965–69 Journalist und Fotoreporter. Setzt sich in seinen Werken (essayist. Prosa, Erzählungen, Romane) immer wieder mit der Stalinzeit auseinander, v. a. mit dem »Buch der Erinnerung« (1986). In Stil und Motiven lässt er sich auch von antiken Vorbildern und Stoffen inspirieren (»Der Lebensläufer. Ein Jahrbuch«, 1989; »Minotaurus«, 1997). – *Weitere Werke:* Ende eines Familienromans (1977); Von der himml. und der ird. Liebe (1991); Schöne Geschichte der Fotografie (1995); Etwas Licht (1999; Fotobuch).

Nadel, 1) *allg.:* spitzes, meist gerades Werkzeug zum Verbinden von Geweben, Leder, Haut, Filz u. a. durch Fäden (Näh-, Stopf-N., chirurg. N.; jeweils mit einem Öhr zum Halten des Fadens), zum Verschlingen oder Bilden von Maschen bei Gewirken und Gestricken (Strick-, Häkel-N., in der Textiltechnik sog. Zungen- oder Spitzen-N.), zum Zusammen- oder Feststecken mehrerer Teile (Steck-N., Sicherheits-N. mit einer federnden Drahtschlaufe und Schutzkappe zur Aufnahme der Spitze, Hut-N., Haar-N.) oder auch als Schmuck (z. B. Krawatten-N.).
2) *Biologie:* ⁄ Nadelhölzer.

Nadel, Arno, Schriftsteller, Musiker, Maler, *Vilnius 3.10. 1878, †KZ Auschwitz nach dem 12. 3. 1943; schöpfte aus östl. und antiker Mysterienweisheit, hielt die religiösen Überlieferungen des Ostjudentums lebendig (»Der Ton«, 1921; mit Begleitwort 1926).

Nadelbäume, ⁄ Nadelhölzer.

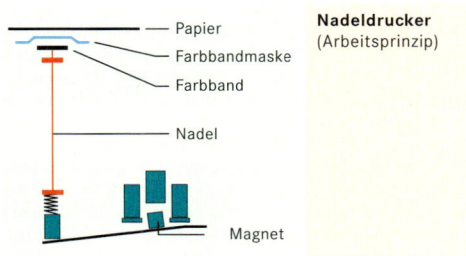

Nadeldrucker (Arbeitsprinzip)

Nadeldrucker, *Informatik:* älterer Typ eines ⁄ Druckers, der einen horizontal verschiebbaren Druckkopf mit vertikal übereinander angeordneten bewegl. Nadeln besitzt. Bei der Querbewegung des Druckkopfes und geeigneter Aktivierung der Nadeln entstehen mithilfe eines Farbbandes gerasterte Zeichen. N. sind heute noch in den Bereichen von Bedeutung, bei denen es um schnellen, preiswerten Druck von geringerer Qualität geht, z. B. bei Registrierkassen oder Fahrscheindruckern.

Nadel|eisenerz, der ⁄ Goethit.

Nadelhölzer (Koniferen, Coniferae, Pinopsida), die artenreichste Klasse der gabel- und nadelblättrigen Nacktsamer, vorwiegend immergrüne (Nadel-)Bäume mit Nadeln oder Schuppen als Blätter und zu Zapfen vereinigten weibl. Blüten (Ggs.: Laubhölzer). N. sind u. a. Fichte, Kiefer, Lärche, Lebensbaum, Tanne, Zypresse. Lärche, Sumpfzypresse u. a. werfen die Nadeln im Herbst ab.

Nadelkap, Kap ⁄ Agulhas.

Nadeln der Kleopatra, zwei von Thutmosis III. im 15. Jh. v. Chr. in Heliopolis (Ägypten) errichtete Obelisken, die seit 23 v. Chr. in Alexandria standen. Als Geschenk der ägypt. Regierung kam der 20 m hohe Obelisk 1878 nach London, der 22 m hohe 1880 nach New York.

Nadelwald, Pflanzengemeinschaft, in der Nadelhölzer vorherrschen.

NADGE [nædʒ], Abk. für engl. **N**ATO **A**ir **D**efense **G**round **E**nvironment System, bodengebundenes Luftwarnsystem der NATO mit geringerer Reichweite als ⁄ AWACS; besteht aus stationären Großraumradaranlagen von N-Norwegen bis zur O-Türkei und Gefechtsständen.

Nadir [arab. (dem Zenit) »gegenüberliegend«] *der* (Fußpunkt), der dem Zenit genau gegenüberliegende, nicht sichtbare Punkt der Himmelskugel. (⁄ Himmel)

Nadir, pers. Schah (1736–47), *Chorasan 22. 10. 1668, †(ermordet) Fathabad (bei Firdaus) 20. 6. 1747; unterwarf Aserbaidschan, Georgien und den größten Teil Armeniens, besiegte das Reich des Großmoguls, Buchara und Chiwa, dehnte die Grenzen seines Reiches bis an den Indus, Oxus und den Euphrat aus.

Nadjd [nadʒd] (Nadschd), der Kernraum von Saudi-Arabien, ⁄ Nedjd.

Nadler, Josef, österr. Literarhistoriker, *Neudörfl (heute Nová Ves, bei Varnsdorf, Nordböhm. Gebiet) 23. 5. 1884, †Wien 14. 1. 1963; untersuchte, angeregt von A. Sauer, die dt. Literatur auf stammesgeschichtl. Grundlage (»Lit.-Gesch. der dt. Stämme und Landschaften«, 4 Bde., 1912–28; umgearbeitete Ausg. u. d. T. »Lit.-Gesch. des dt. Volkes«, ⁴1938–41, mit nat.-soz. Akzent).

Nador, Provinz-Hptst. an der NO-Küste Marokkos, südlich von Melilla, 113 000 Ew.; Handels-, Verwaltungs- und Industriezentrum; Flughafen.

Nadschaf, Stadt in Irak, ⁄ Nedjef.

Nadschibullah (Najibollah), Mohammed, afghan. Politiker, *Gardez (Prov. Paktia) 6. 8. 1947, †Kabul 27. 9. 1996; ab 1980 Geheimdienstchef. Seit 1986 Gen.-Sekr. der prosowjet. Demokrat. Volkspartei Afghanistans, wurde N. 1987 Vors. des Revolutionsrats und Staatspräs. 1992 von Generälen der Reg.armee gestürzt und 1996 von den radikalislam. Taliban hingerichtet.

Næstved ['nɛsdveð], Stadt im S der Insel Seeland, Dänemark, 45 700 Ew.; Stadtmuseum; Maschinenbau-, Holz-, Keramik- und Papierindustrie. – Mortenskirche (13. Jh.); Peterskirche (begonnen im 14. Jh.); Altes Rathaus (um 1450); Schloss Gavnø (17.–18. Jh.) mit Gemäldesammlung.

Naevius ['nɛ-], Gnaeus, röm. Dichter, *in Kampanien (Capua?) um 270 v. Chr., †Utika (Afrika) um 201 v. Chr.; schrieb seit 235 v. Chr. Tragödien und Komödien mit vorwiegend grch. Stoffen für die röm. Bühne. In seinem Alters- und Hauptwerk »Bellum Poenicum«, dem ersten röm. Nationalepos, stellte er den 1. Pun. Krieg dar, an dem er teilgenommen hatte.

Naevus ['nɛ-; lat.] *der* (Nävus), das ⁄ Muttermal.

Näf, Werner, schweizer. Historiker, *St. Gallen 7. 6. 1894, †Gümligen (heute zu Muri bei Bern) 19. 3.

Péter Nádas

Nagasaki: Blick über Stadt und Hafen

Nagasaki
Stadtwappen

1959; schrieb »Staat und Staatsgedanke« (1935), »Die Epochen der neueren Gesch.« (2 Bde., 1945–46).

Näfels, Gemeinde im Kt. Glarus, Schweiz, an der Linth, 4 000 Ew.; Maschinenbau, Textilfabrik, Sportzentrum; Freulerpalast (1642–47). – Bei N. besiegten am 9. 4. 1388 die Glarner ein österr. Ritterheer Herzog Albrechts III. und sicherten damit ihre Zugehörigkeit zur Eidgenossenschaft.

NAFTA, Abk. für engl. North American Free-Trade Area (Nordamerikanische Freihandelszone), durch das Nordamerikan. Freihandelsabkommen (**North American Free-Trade Agreement,** unterzeichnet am 18. 12. 1992, in Kraft seit 1. 1. 1994) geschaffene Freihandelszone zw. den USA, Kanada und Mexiko; ersetzt das amerikanisch-kanad. Freihandelsabkommen von 1989 (Free-Trade Agreement, FTA). Durch stufenweisen Abbau der Zolltarife und Quoten soll die Freihandelszone für gewerbl. Güter, Dienstleistungen sowie den Kapitalverkehr innerhalb von 15 Jahren verwirklicht werden. Besonderheit ist ein asymmetr. Zollabbau zw. Mexiko und den beiden nordamerikan. Staaten wegen des starken Wirtschaftsgefälles zw. beiden Regionen. Das Abkommen sieht ferner eine Liberalisierung der Dienstleistungsmärkte, die Erleichterung von Investitionen, einheitl. Regelungen zum Schutz des geistigen Eigentums und ein gegenseitiges Mitspracherecht bei der Formulierung von Normen und techn. Vorschriften vor.

Nafud, Wüste in Arabien, ↗Nefud.

Naga, Gruppe mongolider, tibetobirmanisch sprechender Bergstämme in NO-Indien sowie im angrenzenden Birma; etwa 820 000 N., davon 40 000 in Birma.

Nagaika [russ.] die, aus Lederstreifen geflochtene Peitsche der Kosaken.

Nagaland, Bundesstaat im NO von ↗Indien, an der Grenze zu Birma; die Bev. des Gebirgslandes bilden Stämme der ↗Naga, Hptst. ist Kohima. Aus dem bis 1957 zu Assam gehörenden, dann direkt der ind. Zentralverwaltung unterstellten Verw.gebiet wurde 1962 ein Staat der Ind. Union mit gewissen Sonderrechten.

Nagami, eine Sorte der ↗Kumquats.

Nagano, Hptst. der Präfektur N., Japan, auf Honshū, 358 500 Ew.; Holz-, Seidenind., Maschinenbau; bei N. Reis- und Apfelkulturen. Austragungsort der XVIII. Olymp. Winterspiele 1998. – Die Haupthalle (1707) des 624 gegründeten buddhist. Tempels Zenkōji gehört zu den größten Holzbauten Japans.

Nagaoka, Stadt im W der Insel Honshū, Japan, 190 500 Ew.; chem. Ind., Maschinenbau; Mittelpunkt eines Erdöl- und Erdgasgebietes; Wintersport.

Nagarjuna [-ˈdʒuːna], buddhist. Gelehrter des 2. Jh. n. Chr.; der Legende nach Gründer des Mahayana-Buddhismus, insbesondere der philosoph. Schule der Madhyamikas (↗Buddhismus), deren Lehre von der »Leere« (shunyata) als wahrer Wirklichkeit und Ermöglichungsgrund alles Seienden in den Mahayana-Buddhismus eingegangen ist.

Nagasaki, Hauptstadt der Präfektur N., Japan, und wichtigster Hafen der W-Küste von Kyūshū, 438 600 Ew.; Erzbischofssitz, Univ.; Schiffbau (Mitsubishi-Werft), Stahl-, Textilind., Maschinenbau, Fischverarbeitung. – Im Heiwa- oder Friedenspark befinden sich das Friedensmahnmal, eine Kolossalstatue (1955 von Kitamaru Seibō), eine Gedenkstätte und das Atombombenmuseum. Bed. historische Anlagen sind u. a. Suwa-Schrein (16. Jh.), Sōfokuji (»Roter Tempel«, 17. Jh.), Kōfukuji (17. Jh.), Japans älteste Steinbogenbrücke Megane-Bashi (17. Jh.). – N., als Fischerdorf **Fukaeno-ura** gegr., kam Ende des 12. Jh. als Lehen an die Familie Nagasaki und entwickelte sich zu einer blühenden Hafenstadt. 1587 wurde N. der Verwaltung der Zentral-Reg. unterstellt. Im Zuge der Abschottung Japans durch das Tokugawashogunat war 1641–1854 der auf die Niederlande beschränkte Handel mit europ. Staaten nur auf der damals im Hafen von N. gelegenen künstl. Insel Dejima erlaubt. Später diente die Stadt als Kriegshafen. Nach Hiroshima war N. am 9. 8. 1945 Ziel eines amerikan. Atombombenabwurfs, dem etwa 75 000 Menschen zum Opfer fielen.

Nagekäfer, die ↗Klopfkäfer.

Nagel, 1) *Anatomie:* flache Hornplatte (**N.-Platte**) auf Finger- und Zehenendgliedern des Menschen und der Affen; ruht auf dem **N.-Bett;** von dem hinteren Abschnitt, der **N.-Wurzel,** geht das Wachstum aus; die Ränder des N. stecken im **N.-Falz** (seitlich) bzw. in der **N.-Tasche** (hinten).

2) *Technik:* Drahtstift aus einem zugespitzten Schaft und flachem Kopf zur Verbindung von Teilen. Aus Blechstreifen oder Bandeisen werden geschnittene N. hergestellt. Im Eisenbahnoberbau braucht man geschmiedete N., bei der Schuhherstellung auch Holznägel.

Nagel, 1) Ivan, Theaterkritiker und Intendant, *Budapest 28. 6. 1931; 1972–79 Intendant des Dt. Schauspielhauses Hamburg, Kulturkorrespondent der »Frankfurter Allgemeinen Zeitung« in New York, 1985–88 Intendant des Schauspiels in Stuttgart; 1988–96 Prof. an der Berliner Hochschule der Künste; 1997–2001 Leiter des Schauspiels bei den Salzburger Festspielen.

2) Otto, Maler, *Berlin 27. 9. 1894, †ebd. 12. 7. 1967; knüpfte als Autodidakt an H. Zille und Käthe Kollwitz an und malte v. a. Arbeiterporträts sowie Berliner Stadtansichten (bes. Arbeiterviertel). 1933 erteilten ihm die Nationalsozialisten Arbeitsverbot. N. war Mitbegründer und 1956–62 Präs. der Akademie der Künste in Berlin (Ost).

3) Peter, Maler und Grafiker, *Kiel 6. 4. 1941; Mitbegründer der Gruppe ↗Zebra. Seine figürl. Kompositionen wirken durch die Betonung der plast. Werte und die Art der Farbgebung, der Perspektive und des Bildausschnitts kühl und distanziert.

Nagelfluh [ahd. fluoh »Felswand«] die, verkittetes Konglomerat der alpinen Molasse, dessen Gerölle an der Felsoberfläche nagelkopfartig herauswittern; unterschieden werden Kalk-N. und bunte N. (aus Kristallingeröllen).

Nägeli, Hans Georg, schweizer. Musikpädagoge und Komponist, * Wetzikon (Kt. Zürich) 26. 5. 1773, † Zürich 26. 12. 1836; gründete 1805 das Zürcher Singinstitut; bedeutend v. a. auf dem Gebiet der musikal. Volkserziehung; komponierte Chöre, Lieder (u. a. »Lobt froh den Herrn«) und Klavierstücke und schrieb »Vorlesungen über Musik« (1826).

Nagelkalk, *Geologie:* ↗ Tutenmergel.

Nagelprobe, altskandinav. Trinksitte, das geleerte Trinkgefäß auf den Daumennagel zu stürzen, um zu beweisen, dass es völlig ausgetrunken ist. Die N. lebte in Dtl. bes. in der Reformationszeit auf und findet sich in Hoftrinkordnungen des Frühbarock. – »Die N. machen« steht heute für »etwas ganz genau prüfen«.

Nagetiere (Nager, Rodentia), Ordnung der Säugetiere mit rd. 3 000 Arten. Die mittleren Schneidezähne sind zu großen, ständig wachsenden **Nagezähnen** umgebildet. Das Kiefergelenk der N. gestattet reibende Kaubewegungen; sie sind vorwiegend Pflanzenfresser. Weltweit verbreitet besiedeln sie fast alle Lebensräume. Die meisten N. sind relativ wenig spezialisiert und äußerst anpassungsfähig. Zu den N. zählen u. a. Hörnchen, Mäuse, Stachelschweine, Meerschweinchen, Biber und Hamster.

Nag Hammadi, Stadt in Oberägypten, am linken Nilufer, 23 400 Ew.; Zuckerraffinerie, Baumwollverarbeitung; Eisenbahnbrücke über den Nil; Bewässerungsstaudamm (1928–30 erbaut). – Berühmt wurde N. H. 1945/46 durch den Fund einer gnost. Bibliothek aus dem 4. Jh., bestehend aus 13 Papyrus-Codices in kopt. Sprache. Diese enthalten u. a. apokryphe Evangelien und Apokalypsen; bed. v. a. für die Erforschung der ↗ Gnosis.

Nagib, Ali Mohammed, ägypt. General und Politiker, * Khartum 20. 2. 1901, † Kairo 28. 8. 1984; führte 1952 einen Staatsstreich gegen König Faruk, wurde 1952 MinPräs., 1953 auch Staatspräs., 1954 von Nasser zum Rücktritt gezwungen (zehn Jahre Hausarrest), 1971 von Präs. Sadat rehabilitiert.

Nagold, 1) *die,* rechter Nebenfluss der Enz, 92 km lang, entspringt im nordöstl. Schwarzwald und mündet bei Pforzheim.
2) Stadt im Landkr. Calw, Bad.-Württ., im oberen N.-Tal, 22 400 Ew.; Luftkurort am Ostrand des Schwarzwalds; Metallverarbeitung, Möbel-, Elektronik-, Holzindustrie. – Fachwerkhäuser (15.–18. Jh.). Über der Stadt die Burgruine Hohen-N. – 786 erstmals erwähnt, erhielt N. um 1330 Stadtrecht.

Nagorny-Karabach, ↗ Bergkarabach.

Nagoya, Hauptstadt der Präfektur Aichi, Japan, auf Honshū, an der Isebucht, 2,17 Mio. Ew.; mehrere Univ. u. a. Hochschulen, Planetarium, meteorolog. Observatorium; Maschinen- und Fahrzeugbau, Stahl-, Textil-, Porzellan- u. a. Ind., Werften; drittgrößter Hafen Japans, U-Bahn, Flughafen. – Burg (1612–14, nach Zerstörung im Zweiten Weltkrieg 1959 wieder aufgebaut, heute Museum).

Nagpur, Stadt im Bundesstaat Maharashtra, Indien, auf dem Dekhan, 1,63 Mio. Ew.; kath. Erzbischofssitz, Univ., veterinärmedizin. Hochschule; Ferromanganhütte, Baumwollverarbeitung, Papierwerke. – Um 1700 gegr., 1740–1853 Hptst. eines Marathenstaates, kam 1853 unter brit. Verwaltung.

Nagy [nɔdj], 1) Ferenc, ungar. Politiker, * Bisse (Bez. Baranya) 8. 10. 1903, † Fairfax (Va.) 12. 6. 1979; wurde 1930 Gen.-Sekr. der Partei der Kleinen Landwirte (1939–42 Abg. im Reichstag). 1945 war er Präs. des Parlaments und 1946–47 MinPräs. 1947 emigrierte er, der Verschwörung beschuldigt, in die USA.
2) Imre, ungar. Politiker, * Kaposvár 7. 6. 1896, † (hingerichtet) Budapest 16. 6. 1958; Kommunist, führte als Landwirtschaftsmin. (1944–45) eine Bodenreform durch. Als MinPräs. (Juli 1953–April 1955) vertrat er einen »neuen Kurs«. Ende 1955 wurde er durch M. Rákosi aus seinen Parteiämtern verdrängt. Nach dem Sturz des stalinist. Parteiflügels am 23. 10. 1956 erneut MinPräs., war er einer der Führer des ungar. Volksaufstands. Nach dessen Niederschlagung durch sowjet. Truppen im Nov. 1956 wurde er von diesen verschleppt, 1958 jedoch nach Ungarn zurückgebracht und nach einem Geheimverfahren hingerichtet; im Zuge der Demokratisierung Ungarns rehabilitiert.

Nagykanizsa [ˈnɔdjkɔnizɔ] (dt. Großkanizsa), Stadt im Bezirk Zala, SW-Ungarn, südwestl. des Plattensees, 52 200 Ew.; Maschinenbau, Möbel-, Glasind.; in der Umgebung Erdöl-, Erdgasförderung.

Naha, Hauptstadt der Präfektur Okinawa, Japan, Haupthafen der Ryūkyūinseln auf Okinawa, 301 900 Ew.; Univ.; traditionelle Herstellung von Tonwaren, Lack-, Perlmuttarbeiten und Panamahüten, Textilind., Zuckerraffinerie; internat. Flughafen.

Nahanni National Park [nəˈhæni næfnl pɑːk], Nationalpark (UNESCO-Weltnaturerbe) im Mackenzie District, Northwest Territories, Kanada, rd. 4 800 km² groß; umfasst rd. 390 km des South Nahanni River mit den Virginia Falls (Fallhöhe 96 m); 1972 eingerichtet.

Nahe *die,* linker Nebenfluss des Rheins, 116 km lang, entspringt im südl. Hunsrück, durchfließt das Saar-N.-Bergland, mündet in Bingen am Rhein. Am Unterlauf Weinbau (↗ Naheweine).

Naher Osten (Nahost, Vorderer Orient), politisch-geograph. Sammelbegriff für die (außereurop.) Länder am östl. Mittelmeer. Ursprünglich verstand man unter N. O. die Länder des Osman. Reiches, heute meist die arab. Staaten Vorderasiens und Israel, oft einschl. Ägypten, Türkei und Iran.

Näherung (Approximation), *Mathematik:* angenäherte Berechnung oder Konstruktion einer Größe, die sich der exakten Berechnung entzieht (z. B. irrationale Zahl, Wurzel einer Gleichung höheren Grades). Die numer. Mathematik befasst sich mit der Konstruktion von (computergestützten) N.-Verfahren, mit deren Hilfe die Lösungen math. Probleme in endlich vielen Schritten mit definierter Genauigkeit angenähert werden.

Nah|erwartung, im N. T. die Hoffnung auf ein baldiges Kommen des »Reiches Gottes« und des erhöhten Jesus Christus (↗ Parusie).

Naheweine, Weine aus dem Weinbaugebiet Nahe an Nahe, Glan und Alsenz; angebaut werden v. a. die Rebsorten Riesling, Müller-Thurgau und Silvaner.

Nahfeldmikroskop, ein opt. Rastermikroskop, bei dem eine opt. Sonde (meist die offene Spitze einer auf Durchmesser unter 100 nm ausgezogenen metallisierten Glasfaser) mit lateralen Abmessungen weit unterhalb der Lichtwellenlänge im Abstand von wenigen Nanometern rasterförmig über das Untersuchungsobjekt bewegt wird. Das laterale Auflösungsvermögen ist dabei nicht durch die Wellenlänge, sondern durch die Sondenabmessungen bestimmt.

Nähgarn, ↗ Zwirn.

Nahkampf, 1) *Boxen:* (Infight) der Kampf auf kurze Distanz, bes. mit Hakenserien. (↗ Halbdistanz)
2) *Militärwesen:* der Kampf Mann gegen Mann bis zum Ersten Weltkrieg mit blanker Waffe und Pistole, seitdem auch mit Handgranaten, Flammenwerfern u. a. N.-Mitteln.

Nahl, Johann August d. Ä., Bildhauer und Innenarchitekt, * Berlin 22. 8. 1710, † Kassel 22. 10. 1781; wurde 1741 als Direktor der königl. Schlösser nach

Imre Nagy

Berlin berufen, wo er zum bedeutendsten Dekorateur des friderizian. Rokoko wurde; er gestaltete u. a. die Bibliothek im Schloss Sanssouci.

Johann August Nahl d. Ä.: Bibliothek im Schloss Sanssouci in Potsdam (1745–47)

Nähmaschine, Maschine zum Zusammennähen von Textilien, Leder u. a., i. d. R. mit elektr. Antrieb. Die Nähte können mithilfe eines oder mehrerer Fäden gebildet werden. Bei der u. a. im Haushalt weit verbreiteten **Doppelsteppstich-N.** durchsticht die N.-Nadel, deren Öhr sich unmittelbar hinter der Nadelspitze befindet, das Gewebe und nimmt dabei den Oberfaden mit. Die bei der anschließenden Aufwärtsbewegung sich bildende Schlinge wird vom Schlingenfänger (Schiffchen oder Greifer) erfasst und der Unterfaden durch die Schlinge hindurchgezogen. Beim Zurückfahren von Schiffchen und Nadel in die Ausgangsstellung wird die lose Schlinge zugezogen und die Fäden verketten sich in der Mitte des Gewebes. Gleichzeitig sorgt der Transporteur für die Verschiebung des Stoffes um die einstellbare Stichweite. Zur Herstellung von elast. Nähten verwendet man **Kettenstich-N.**; sie arbeiten mit nur einem Faden, der an der Unterseite des Stoffs durch einen hakenförmigen Greifer verkettet wird. Moderne N. ermöglichen neben Nutz- und Geradstichen viele Zierstiche, Annähen von Knöpfen und Nähen von Knopflöchern.
 Geschichte: Die erste mechan. Einrichtung zum Nähen baute um 1775 der in England lebende Deutsche C. F. Weisenthal. B. Krems baute um 1800 die erste Kettenstich-N. Weitere Versuche führten 1829/30 der Wiener Schneidermeister J. Madersberger und der frz. Schneider B. Thimonnier durch. Die Urform der Doppelstich-N. schuf 1845 der Amerikaner E. Howe.
 Nah|ordnung, geordnete Aneinanderreihung der Atome in kleinsten Bereichen bei Flüssigkeiten und amorphen Festkörpern. Ggs.: ↗Fernordnung.
 Nahọst, ↗Naher Osten.
 Nahọstkonflikt, Konflikt zw. dem Staat ↗Israel und seinen arab. Nachbarstaaten sowie der ↗Palästinensischen Befreiungsorganisation (PLO) um die staatl. Gestaltung des früheren brit. Mandatsgebietes ↗Palästina, verbunden mit regionalen und weltpolit. Interessenverflechtungen; entstand mit dem Rückzug Großbritanniens aus Palästina und der Proklamation des Staates Israel (14. 5. 1948). Mit unterschiedl. Intensität sind alle arab. Staaten im N. engagiert.
 Geschichte: Erste blutige Konflikte zw. arab. Palästinensern und der jüd. Bev. entstanden mit der im Zeichen des ↗Zionismus zunehmenden Einwanderung von zunächst v. a. russ. Juden in das zum Osman. Reich gehörende Palästina seit den 1880er-Jahren und der gleichzeitigen Zunahme der ansässigen arabisch-palästinens. Bev. bis zum Ausbruch des Ersten Weltkrieges; Bev.zunahme und blutige Auseinandersetzungen hielten auch nach der Bildung des brit. Mandatsgebietes Palästina nach dem Sykes-Picot-Abkommen vom 16. 5. 1916 an (Höhepunkt »arab. Aufstand« 1936–39). Am 29. 11. 1947 beschlossen die UN die Teilung des Mandatsgebietes in einen jüd. und einen palästinensisch-arab. Staat. Wegen ihrer Ablehnung dieses Teilungsplanes wollten die Palästinenser die 1948 erfolgte Gründung des Staates Israel nicht hinnehmen. Im **Palästinakrieg** (**1. Israelisch-Arab. Krieg,** 15. 5. 1948–15. 1. 1949; aus israel. Sicht Unabhängigkeitskrieg) setzten sich die israel. Streitkräfte gegen die arab. Armeen aus Ägypten, Transjordanien, Irak, Syrien und Libanon durch und behaupteten etwa 77 % des früheren Mandatsgebietes als ihr Staatsgebiet, das damit über das im Teilungsplan von 1947 den Juden zugedachte Gebiet hinausging. Ostpalästina (einschl. Ostjerusalem) wurde von Transjordanien annektiert, der Gazastreifen kam unter ägypt. Verw. Die palästinens. Araber wurden aus dem israel. Staatsgebiet vertrieben oder flohen. Ihre Situation in den Palästinenserlagern in den arab. Aufnahmeländern (bes. Ägypten, Jordanien, Libanon, Syrien) wurde dort zunehmend zu einem polit. und sozialen Problem. Der israelisch-arab. Konflikt verschärfte sich in den 1950er-Jahren ständig. In Verhandlungen mit Israel setzten die UN, gestützt von den USA und der UdSSR, nach dem **Sinaifeldzug** (**2. Israelisch-Arab. Krieg,** 29. 10.–8. 11. 1956) den Rückzug der israel. Truppen aus den eroberten Gebieten und die Stationierung einer UN-Friedenstruppe am Golf von Akaba durch (1956/57). – Die arab. Staaten unter Führung Ägyptens verschärften ihren Kampf gegen die staatl. Existenz Israels. Die UdSSR, um den Aufbau einer polit. Einflusssphäre im Nahen Osten bemüht, unterstützte bes. Ägypten und Syrien mit Waffen; die USA suchten mit gleichen Mitteln die Sicherheit Israels zu fördern. Schon bei Beginn des N. hatten sich palästinens. Guerillaorganisationen (Fedajin) gebildet, die sich 1964 unter dem Patronat der arab. Staaten in der PLO zusammenschlossen. Seitdem betrachtet sich die PLO als einzige legitime Vertreterin der Palästinenser. – Im Mai 1967 erzwang der ägypt. Präs. G. Abd el-Nasser den Abzug der UN-Friedenstruppe. Im **Sechstagekrieg** (**3. Israelisch-Arab. Krieg,** 5.–10. 6. 1967) konnte Israel den Gazastreifen, die Halbinsel Sinai (bis zum Sueskanal), Westjordanien (einschl. der Altstadt von Jerusalem) und Teile Syriens (Golanhöhen) besetzen.
 Nach 1967 verschärfte sich der N. Palästinens. Guerillaorganisationen (u. a. Al-Fatah) weiteten ihre Aktionen gegen Israel auch auf dessen Einrichtungen im Ausland aus. Mit dem Angriff Ägyptens und Syriens auf Israel erfuhr der N. eine neue militär. Zuspitzung (**Jom-Kippur-** oder **4. Israelisch-Arab. Krieg,** 6.–22./25. 10. 1973). Er weckte jedoch auch die Bereitschaft, den Konflikt zu lösen. Der amerikan. Außenmin. H. A. Kissinger regte den Zusammentritt (1973) einer **Genfer Nahostkonferenz** an und vermittelte Truppenentflechtungsabkommen (1974) zw. Israel und Syrien. Dennoch kam es im Nov. 1975 zur Verurteilung des Zionismus durch die UN (Dez. 1991 zurückgenommen). 1977 bemühte sich der ägypt. Präs. A. As-Sadat mit einer Reise zu M. Begin nach Jerusalem um einen Durchbruch zu Friedensverhandlungen. Unter Vermittlung des amerikan. Präs. J. Carter verständigten sich beide auf der Konferenz vom Camp David (Sept. 1978) über Rahmenbedingungen einer Lösung des N. und eines ägyptisch-israel. Friedensver-

trages (am 26. 3. 1979 unterzeichnet; Verzicht Israels auf Sinai zugunsten Ägyptens). Die Erklärung ganz Jerusalems zur Hauptstadt Israels (1980), die Annexion von Teilen der Golanhöhen und die Besiedlung der Westbank (Westjordanland) durch Israel (seit 1977) stießen auf den Widerspruch der arab. Staaten und auf Kritik in der Weltöffentlichkeit. Mit dem Einmarsch seiner Truppen in den Libanon (**Libanonfeldzug** oder **5. Israelisch-Arab. Krieg,** Juni 1982) suchte Israel v. a. seine durch starke Guerillatätigkeit gefährdete Nordgrenze zu sichern. 1985 zog Israel seine Truppen aus Libanon zurück (bis auf eine Sicherheitszone im S; Mai 2000 geräumt). Am 9. 12. 1987 brach im Gazastreifen und im Westjordanland ein Aufstand (v. a. jugendl.) palästinens. Araber (Intifada) aus. Am 15. 11. 1988 rief die PLO in Algier (Algerien) einen unabhängigen – internat. nicht anerkannten – Palästinenserstaat in den von Israel besetzten Gebieten aus (Präs.: J. Arafat), nachdem Jordanien im Juli 1988 zugunsten der PLO auf das Westjordanland verzichtet hatte.

Nach dem 2. Golfkrieg (1991) und der Schwächung der PLO verstärkten sich die v. a. von den USA und der UdSSR/Russland seit 1989 forcierten Bemühungen um eine Lösung des N.; Kernproblem des im Okt. 1991 mit der **Nahostfriedenskonferenz** (erstmals direkte Gespräche zw. Israel und Vertretern der Palästinenser/PLO) eingeleiteten Friedensprozesses blieb der Ausgleich zw. Israel und Palästinensern/PLO.

In Geheimverhandlungen vereinbarten beide unter norweg. Vermittlung die gegenseitige Anerkennung und ein Rahmenabkommen über die Teilautonomie der palästinens. Araber im Gazastreifen und im Gebiet von Jericho (»Gaza-Jericho-Abkommen« vom 13. 9. 1993). In weiteren Abkommen (1994 und 1995) legten Israel und die PLO den (als vorläufig aufgefassten) territorialen Rahmen und den stufenweisen Rückzug der israel. Streitkräfte bis 1999 aus diesen Gebieten fest (1997 durch das Hebronabkommen, 1998 und 1999 konkretisiert durch die ↗ Wye-Abkommen). Im Jan. 1996 fanden in den Autonomiegebieten Wahlen statt; J. Arafat wurde zum Präs. der Autonomiebehörde gewählt. Am 17. 10. 1994 schloss Jordanien mit Israel einen Friedensvertrag.

Die palästinensisch-israel. Ausgleichsbemühungen wurden ständig begleitet von Versuchen extremist. Palästinenser (v. a. Hamas, Djihad Islami) und radikaler Israelis (v. a. aus der Siedlerbewegung), den Friedensprozess zu torpedieren. Während der israel. MinPräs. S. Peres nach der Ermordung Rabins (Nov. 1995) die mit der PLO geschlossenen Vereinbarungen realisieren wollte, suchte sein Nachfolger B. Netanjahu (1996–99) diese zu modifizieren. Nach Auslaufen der Interimsverträge (4. 5. 1999) wurden Verhandlungen über den Endstatus der palästinens. Autonomiegebiete überfällig, aber erst im Sept. 1999 unter dem israel. MinPräs. E. Barak, im Amt Mai 1999 bis Februar/März 2001, aufgenommen. Dieser strebte seit Ende 1999 auch wieder verstärkt den Ausgleich mit Libanon (Rückzug im Mai 2000) und Syrien (Golanhöhen) an. Im Juli 2000 scheiterten die auf dem Nahostgipfel in Camp David unter Vermittlung von B. Clinton erstmals aufgenommenen Gespräche über eine umfassende Lösung des N. (v. a. Absicherung einer palästinens. Staatlichkeit, einschließlich der Grenzfestlegung), ebenso eine letzte Verhandlungsrunde zu einem neuen Rahmenabkommen im Jan. 2001 in Taba nach dem «Clinton-Plan« von Ende 2000. Als Schlüsselproblem des N. erwies sich erneut die Frage des Status von Jerusalem; aber auch die Frage des Rückkehrrechts der palästinens. Flüchtlinge sowie der Zukunft der 140 000 bis 200 000 israel. Siedler im Gazastreifen und im Westjordanland blieben strittig. Dem Ausbruch einer neuen Gewaltwelle (»zweite« Intifada) folgte die Wahl A. Scharons zum israel. MinPräs., im Amt ab März 2001, durch Wahlen bestätigt Ende Jan. 2003. Dieser lehnte bis Mai 2003 Verhandlungen über die Staatlichkeit Palästinas ab, nutzte aber zugleich die immer wieder eskalierende Welle der Gewalt zur zeitweiligen Besetzung fast aller großen Städte in den Autonomiegebieten, begleitet von der Zerschlagung der Autonomiestrukturen sowie einer Isolierung Arafats. Im Sept. 2002 wurden sowohl von Vertretern der Konfliktparteien als auch dem »Quartett« der Vermittler von UNO, EU, USA und Russland in New York Pläne für ein provisor. Palästina bekannt (ab 2003; ab 2005 nebeneinander zwei souveräne Staaten Israel und Palästina); im Gefolge des Irakkriegs 2003 verstärkten die USA ihr Engagement im Nahen Osten: Präs. G. W. Bush drängte beide Seiten zur Annahme des Friedensplans des »Quartetts« (»Roadmap«, Ende Mai/Anfang Juni 2003); dennoch kam es im Aug. 2003 zu einer weiteren Welle der Gewalt. Durch diese erneute Verschärfung des Konfliktes wurde die Autorität des von vornherein nicht sehr starken palästinens. Min.-Präs. Abbas (ab Frühjahr 2003) beschädigt, während Scharon weiter an Popularität gewann. Die im Spätsommer 2003 wieder eskalierende Gewalt demons-

Nahostkonflikt

triert indes abermals das Unvermögen beider Seiten, substanzielle Fortschritte im Lösen der immer wieder vertagten Kernprobleme ihres Konfliktes zu erreichen.

Nahostpakt, ↗ CENTO.

Nahpunkt, der dem Auge am nächsten liegende Punkt, der bei maximaler Akkommodation noch scharf gesehen werden kann. Die Lage des N. hängt von der Fähigkeit der Linse ab, ihre Brechkraft zu steigern; beim Kind beträgt die N.-Entfernung 6–7 cm, beim 60-Jährigen meist mehr als 50 cm.

Nährböden, organ. oder anorgan. Nährstoffe in Agar-Agar oder Gelatine gelöst bzw. suspendiert zur Kultivierung von Mikroorganismen (z. B. von Bakterien, Pilzen).

Nahr el-Asi ['naxr-], Fluss in Syrien, ↗ Orontes.

Nahr el-Litani ['naxr-], Fluss im Libanon, ↗ Litani.

Nährgebiet, *Glaziologie:* ↗ Gletscher.

Nährgewebe, Gewebe im ↗ Samen der Pflanzen.

Nährlösung, wässrige Mineralsalzlösung, die alle für das Pflanzenwachstum notwendigen Nährstoffe enthält; zum Anbau von Pflanzen in ↗ Hydrokultur, mit besonderen Zusätzen versehen auch zur Kultur von Mikroorganismen.

Nährmittel, Produkte, die aus Getreide gewonnen werden (außer Mehl), z. B. Graupen, Grieß; Haferflocken, Teigwaren, Puddingpulver.

Nährstoffe, der ↗ Ernährung dienende Proteine (Eiweiße), Fette und Kohlenhydrate.

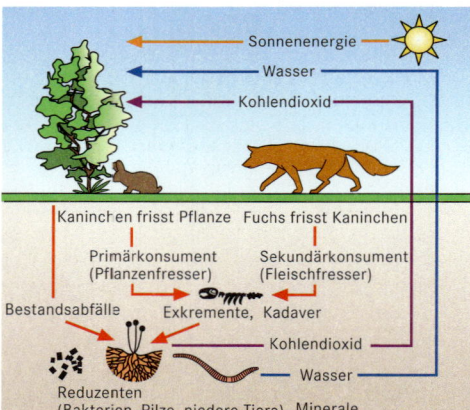

Nahrungskette: Beispiel einer Nahrungskette (schematische Darstellung)

Nahrungskette, durch Nahrungsbeziehungen voneinander abhängige Organismen, in einer Reihe bestehend aus grünen Pflanzen (Produzenten), Pflanzenfressern (Primärkonsumenten) und Fleischfressern (Sekundärkonsumenten). N. werden geschlossen durch Zersetzer (Reduzenten; v. a. Bakterien und Pilze), die die Abbauprodukte den Anfangsgliedern der N. zur Verfügung stellen. Beispiel: Planktonalge – Algen fressender Wasserfloh – räuber. Wasserfloh – Friedfisch (Rotauge) – Raubfisch (Hecht) – Mensch. N. können zu ↗ Nahrungsnetzen verknüpft sein. Pestizidanwendung kann N. unterbrechen und zur Massenvermehrung einzelner Glieder führen. – Ein großes Problem stellt die über die N. fortschreitende Anreicherung biologisch nicht oder schwer abbaubarer Substanzen, z. B. Schwermetalle, radioaktive Stoffe oder chlorierte Kohlenwasserstoffe, bis hin zu schädigenden Konzentrationen dar. Dies erweist sich auch für den Menschen, der häufig am Ende der jeweiligen N. steht, als gefährlich.

Nahrungsmittel, Lebensmittel, die so viel Eiweiß, Fett, Kohlenhydrate, Mineralstoffe, Vitamine, Spurenelemente und Ballaststoffe enthalten, dass sie dem Körper als Energiespender oder Aufbaustoffe (↗ Ernährung) dienen können. (↗ Genussmittel)

Nahrungsmittelvergiftung, die ↗ Lebensmittelvergiftung.

Nahrungsnetze, verflochtene ↗ Nahrungsketten einer Lebensgemeinschaft. Beim Ausfall einer Art dieser Lebensgemeinschaft können deren Stelle und Funktion andere Arten ausgleichen oder übernehmen.

Nahrungs- und Genussmittelgewerbe, zum verarbeitenden Gewerbe gehörender, in Ernährungsgewerbe und Tabakverarbeitung unterteilter Wirtschaftszweig, in dem v. a. Erzeugnisse aus der Landwirtschaft und der Fischerei verarbeitet werden. Zum **Ernährungsgewerbe** gehören u. a.: Nährmittel-, Stärke-, Backwaren-, Margarine-, Getränke-, Süßwaren- und Futtermittelherstellung, Milch- und Milchprodukterzeugung, Obst- und Gemüse-, Fleisch-, Fisch-, Kaffee-, Zucker-, Teeverarbeitung, Brauereien und Spirituosengewerbe. Die Struktur des N.-u. G. ist überwiegend mittelständisch geprägt.

Nährwert, ernährungsphysiolog. Wert der Nahrung, d. h. der Gehalt an verwertbaren Nährstoffen, durch deren Zufuhr die Voraussetzungen für die Aufrechterhaltung aller Körperfunktionen eines Organismus gegeben werden. Der chem. N. wird nach Joule (früher Kalorie) gemessen und bewertet. So beträgt z. B. die bei Verbrennung eines Grammes der verdaul. Fette eines Nahrungsmittels produzierte Energie (Wärmemenge) 38,9 Kilojoule (kJ).

Naht, 1) *allg.:* Verbindung bzw. Verbindungslinie zweier zusammengefügter Teile, z. B. bei Textilien; auch die genietete (Niet-N.) oder geschweißte (Schweiß-N.) Zusammenfügung.

2) *Anatomie:* (Sutura) die Verwachsungslinie von Organ- und Gewebeteilen, bes. der Knochen am Schädel.

3) *Chirurgie:* operative Vereinigung durchtrennter Gewebe, z. B. mit Katgut.

Nahtod|erfahrungen, von reanimierten »klinisch tot« gewesenen Personen berichtete Erlebnisse (u. a. zeitrafferartige Rückschau auf das eigene Leben, außerkörperl. Empfindungen, Durchgang durch einen Tunnel, an dessen Ende ein Licht sichtbar wird), die subjektiv oft als Jenseitserfahrung gedeutet werden. Wiss. Erklärungsansätze nehmen als Ursachen psych., biochem. oder neurophysiolog. Vorgänge während des Sterbeprozesses an.

Nahua (Naua), größte indian. Bev.gruppe im Hochland von Mexiko, deren Sprache, das **Nahuatl,** von rd. 1,4 Mio. Menschen gesprochen wird. Zu ihnen gehörten in vorspan. Zeit die Tolteken und Azteken.

Nahuel Huapí [na'uel ua'pi], stark verzweigter eiszeitl. Randsee der argentin. Kordilleren, 764 m ü. M., 544 km² groß, mehr als 400 m tief. Der **N.-H.-Nationalpark** (7385 km²; seit 1934), auch »Argentin. Schweiz« genannt, ist das wichtigste Fremdenverkehrsgebiet der südl. Anden.

Nahum [hebr. »Trost«], Prophet des A. T. Das in seiner Endgestalt wohl im letzten Drittel des 7. Jh. v. Chr. entstandene **Buch N.** gehört zu den ↗ Kleinen Propheten und enthält Heilsverheißungen an Juda und Weissagungen über den Untergang von Ninive.

Nahwirkung, *Physik:* physikal. Wirkung, die sich nur mit endl. Geschwindigkeit in Form eines Feldes räumlich ausbreitet (im Ggs. zur ↗ Fernwirkung). **N.-Theorien** werden durch die entsprechenden ↗ Feldtheorien beschrieben.

Naiad, ein Mond des Planeten ↗ Neptun.

Naila, Stadt im Landkreis Hof, Bayern, im Frankenwald, im Selbnitztal, 8 700 Ew.; Staatl. Fachschule für Bekleidungsind.; Maschinenbau, Kunststoffverarbeitung, Herstellung von Katgut, Leichtmetallbau. – N., 1454 zum Markt erhoben, besitzt seit 1818 Stadtrechte.

Naipaul ['neɪpɔːl], Sir (seit 1990) V. S. (Vidiadhar Surajprasad), trinidad. Schriftsteller ind. Herkunft, * Chaguanas (bei Port of Spain) 17. 8. 1932; lebt seit 1950 v. a. in England, schildert in Romanen und Erzählungen die karib. Inselwelt und beschäftigt sich mit der nachkolonialen Entwicklung in Afrika und Indien (Romane: »Ein Haus für Mr. Biwas«, 1961; »Herr und Sklave«, 1967; »Das Rätsel der Ankunft«, 1987; Erzählungen: »In den alten Sklavenstaaten«, 1989); auch Autor von Reisebüchern. N. erhielt 2001 den Nobelpreis für Literatur.

Naira, Abk. ₦, Währungseinheit Nigerias, 1 N. = 100 Kobo (k).

Nairobi, Hauptstadt von Kenia, im Hochland östlich des Ostafrikan. Grabens, 1 670 m ü. M., 1,5 Mio. Ew.; Kultur-, Wirtschafts- und Handelszentrum des Landes, internat. Messe- und Konferenzort; kath. und anglikan. Erzbischofssitz; Univ., Polytechnikum, Konservatorium, Forschungsinstitute, Nationalarchiv, -bibliothek, -theater, -museum, Goethe-Inst., Verlage und Druckereien; bed. Ind.standort, u. a. Nahrungsmittel-, keram., Textilind., chem. und pharmazeut. Ind., Kfz-Montagewerk, Metallverarbeitung; Verkehrsknotenpunkt, zwei Flughäfen. – Südlich von N. liegt der **N.-Nationalpark** (115 km²), Schutzgebiet afrikan. Wildtiere. – 1899 als Eisenbahndepot gegr., wurde N. 1905 Hptst. des brit. Protektorats Ostafrika.

naive Kunst, als Laienkunst außerhalb der kunstgeschichtl. Stilrichtungen stehende Kunst. Im Unterschied zur Volkskunst und der vom Kult getragenen Kunst der Naturvölker ist sie durch die Individualität des Künstlers geprägt, der sie ohne akadem. Vorbildung, z. T. auch ohne jede techn. Vorkenntnisse und Verbindungen zu zeitgenöss. und vergangenem Kunstschaffen ausübt. N. K. ist detailfreudig exakt und harmonisch bunt, oft von einer instinktiven Sicherheit in Komposition und Farbklang; ihre Themen reichen von der Umwelt des Künstlers bis zu fantast. Traumbildern. – Am weitesten lässt sich die n. K. in den USA zurückverfolgen, wo sie sich im 18. Jh. aus der volkstüml. Gebrauchsmalerei von Wanderkünstlern herausbildete und sich mit Porträt, Pionierleben und bibl. Motiven (E. Hicks) beschäftigte. Der europ. n. K. näher verwandt waren die Bilder der Farmersfrau A. M. Moses und die erot. Szenen von M. Hirshfield. In Frankreich erhob der Zöllner H. Rousseau die n. K. zu einem gültigen Beitrag zur modernen Kunst; außerdem wurden L. Vivin, Séraphine, A. Bauchant, C. Bombois bekannt. In Dtl. traten als naive Künstler u. a. J. A. Trillhase, M. Raffler, F. Gerlach, J. Wittlich, A. Ebert, in der Schweiz A. Dietrich, in Italien O. Metelli und A. Ligabue hervor. Bed. für die Entwicklung der n. K. in Osteuropa wurden Kroatien (bäuerl. Schule von Hlebine mit I. Generalić u. a.) und Polen (Nikifor) sowie der Georgier N. Pirosmanaschwili. Zu einem Zentrum n. K. entwickelte sich die Schule von Port-au-Prince auf Haiti, zu deren internat. bekanntesten Künstlern u. a. H. Hyppolite, P. Obin, A. Pierre, G. Valein, P. Duffaut, S. Philippe-Auguste gehören.

Najaden, grch. *Mythos:* ↗ Nymphen.

Nakfa, Abk. **Nfa,** Währungseinheit in Eritrea; 1 N. = 100 Cent.

Nakhon Pathom, Prov.-Hptst. in Thailand, 60 km westlich von Bangkok, im Delta des Menam Chao Phraya, 90 200 Ew.; Univ.campus; buddhist. Wallfahrtsort. – Der über älteren Ruinen errichtete, 40 m hohe verfallene Chedi (Stupa) Phra Pathom wurde in der 2. Hälfte des 19. Jh. mit einer riesigen Kuppel überbaut, die mit der spiralförmigen Spitze 127 m misst; der Bau gilt als das höchste buddhist. Bauwerk der Erde.

Nakhon Ratchasima [-ratʃa-] (früher Khorat, auch Korat), Prov.-Hptst. in Thailand, im SW des Khoratplateaus, 188 200 Ew.; Technikum; Zement-, Jutesackfabrik, Textilind., Tabakverarbeitung, Sägewerke.

Nakhon Si Thammarat, Prov.-Hptst. im S von Thailand, auf der Malaiischen Halbinsel, 80 400 Ew.; Herstellung von Metallarbeiten; Garnison. – Tempelbezirk (8.–19. Jh.) mit reicher Innenausstattung, vergoldeten Stupas. – Bis zum 13. Jh. als **Ligor** Hptst. eines Königreiches.

Naksch-e Rostam, Felsengräber nahe Persepolis, S-Iran, in einer senkrechten Felswand. Bereits um 1300 v. Chr. bestand hier ein elam. Heiligtum. König Dareios I. ließ vor der eigentl. Grabkammer eine 20 m hohe kreuzförmige Fassade herausarbeiten, Vorbild auch für die folgenden Anlagen Xerxes' I., Artaxerxes' I. und Dareios' II.; Reliefs aus achaimenid. und sassanid. Zeit.

Nakskov ['nagsgou], Stadt in Dänemark, 15 500 Ew., am N.-Fjord auf der Insel Lolland; Zuckerfabrik, Werft.

Naktonggang, wichtigster Fluss Süd-Koreas, 525 km lang (344 km schiffbar), entspringt im Taebaekgebirge, mündet mit Delta westlich von Pusan in das Gelbe Meer.

Nakuru, Prov.-Hptst. in Kenia, im Ostafrikan. Graben, 162 800 Ew.; an der Ugandabahn; Zentrum eines Agrargebiets (Mais, Weizen, Sisal) mit Verarbeitungsindustrie. Nördlich der Stadt liegt der Menengai-(Vulkan-)Krater, südlich von N. in 1 760 m ü. M. liegt der **N.-See,** 47 km², abflussloser Salzsee; Nationalpark (Flamingos).

Naltschik, Hptst. der Rep. Kabardino-Balkarien, innerhalb der Russ. Föderation, in den Vorbergen des Großen Kaukasus, 235 000 Ew.; Univ., Hochschulen; Buntmetallerzhütte, Maschinenbau, elektrotechn., Nahrungsmittel-, Holzind.; Alpinistik- und Kurort.

Nama, Volk in Südafrika, Zweig der ↗ Hottentotten; etwa 145 000, davon etwa 90 000 im Namaland (Namibia).

V. S. Naipaul

Nairobi
Stadtwappen

naive Kunst:
Henri Rousseau, »Die Muse inspiriert den Dichter« (M. Laurencin und G. Apollinaire); 1909, Moskau, Puschkin-Museum

Nama Namaland

Namaland, Gebiet im südwestl. Afrika, erstreckt sich im Innern des südl. Namibia bis zum Oranje (**Groß-N.,** Wohngebiet der Nama) und als Namaqualand bis in die Rep. Südafrika.

Namangan, Gebietshauptstadt in Usbekistan, im Ferganabecken, 333 000 Ew.; Univ., TH; Baumwollentkernung, Naturseidenweberei, Chemiefaser-, Nahrungsmittelindustrie.

Nam Bô, vietnames. für ↗Cochinchina.

Nam Co [tibet.] (chines. Namuhu, mongol. Tengri Nur), größter See Tibets, 2 207 km², liegt 4 627 m ü. M., ein abflussloser Salzsee.

Nam Dinh [-dɪŋ], Stadt im Tongkingdelta, Vietnam, 171 700 Ew.; Seiden- und Wollweberei; durch einen Kanal mit dem Roten Fluss verbunden; Flugplatz.

Namibia: Der Große Fischfluss (Fish-River) bildet in seinem Unterlauf einen der gewaltigsten Canyons der Erde, der 160 km lang und über 500 m tief ist.

Name, Bez. für eine einzelne, als Individuum oder individuelles Kollektiv gedachte Person oder Sache zum Zweck der eindeutigen Identifizierung und Benennung (**Eigen-N., Nomen proprium**). In der Grammatik zählen daneben auch Substantive zu den N., dann meist genauer **Allgemein-N.** oder **Gattungs-N.** (**Nomen appellativum, Appellativ**) gen.; dabei handelt es sich nicht um benennende, sondern um unterscheidende sprachl. Ausdrücke. Eigen-N. bezeichnen ein Objekt unabhängig von der Bedeutung des Wortes, nur aufgrund des Lautkomplexes; sie benennen und identifizieren, die Appellative dagegen unterscheiden und charakterisieren. Die Abgrenzung zw. beiden ist oft nicht eindeutig geklärt, z. B. bei N. von Jahreszeiten, Monaten und Festen. Da N. etymologisch gesehen nicht (immer) frei von Bedeutung sind, kann diese, sofern das Wort auch als Appellativum vorkommt, mitschwingen. N. können den Träger charakterisieren oder landschaftlich und sozial zuordnen oder unabhängig von der Bedeutung positive oder negative Assoziationen hervorrufen (z. B. die »suggestiven Personen-N.« in der Literatur). Orts-N. (nicht aber Personen-N.) mit durchsichtiger Bedeutung können auch übersetzt werden (z. B. Schwarzwald, engl. Black Forest, frz. Forêt Noire), obwohl sonst Unübersetzbarkeit ein Merkmal der N. ist. Einteilung der N.: 1) **Personen-N.** (**Anthroponyme**): Familien-N. (Zu-N.) und Ruf-N. (Vor-N., Tauf-N.); 2) **geograph. N.:** Orts-N. (Städte, Dörfer usw.), Länder-N., Gewässer-N. und die Flur-N. (Toponymikon); 3) **Pflanzen- und Tier-N.** sind gesprochen keine Eigen-N., gehören aber zu den ältesten überlieferten Wörtern und sind daher für die Sprachwiss. bes. interessant.

Rechtliches: Das Recht, einen bestimmten N. zu führen (N.-Recht), steht zu: Einzelpersonen hinsichtlich ihres bürgerl. N. und des Künstler-N. (Pseudonym) oder Deck-N., Personenvereinigungen und jurist. Personen bezüglich ihres Gesamt-N., Kaufleuten hinsichtlich ihrer Firma. Der N. wird gegen Verletzungen und gegen unbefugten Gebrauch geschützt (§ 12 BGB, § 37 HGB). Auch Adelsprädikate sind N.-Bestandteil geschützt. Gemäß § 12 BGB hat der N.-Träger gegen den Verletzer einen Unterlassungsanspruch sowie bei schuldhafter Verletzung einen Anspruch auf Schadensersatz. Für die Firma bestehen Sondervorschriften.

Ehegatten sollen einen gemeinsamen Familien-N. (Ehe-N.) bestimmen, den Geburts-N. des Mannes oder der Frau (§ 1355 BGB). Bestimmen sie keinen gemeinsamen Ehe-N., so behalten sie ihre z. Z. der Eheschließung geführten N. Ein Ehegatte, dessen Geburts-N. nicht Ehe-N. wird, kann seinen bisherigen oder den Geburts-N. dem Ehe-N. voranstellen oder hinzufügen. Bei Ehescheidung kann der frühere N. wieder angenommen werden. – Das Kind erhält den Ehe-N. der Eltern als Geburts-N. (§§ 1616ff. BGB). Führen diese keinen Ehe-N. und steht die elterl. Sorge a) ihnen gemeinsam zu, bestimmen sie den N. des Vaters oder der Mutter zum Geburts-N. des Kindes; b) steht die elterl. Sorge nur einem Elternteil zu, erhält das Kind dessen N.; mit Zustimmung des anderen Elternteils kann auch dessen N. bestimmt werden. Den Vor-N. bestimmen die Eltern. N.-Änderungen bedürfen der behördl. Genehmigung.

In *Österreich* sind der Schutz des N. (§ 43 ABGB) und das Familiennamensrecht ähnlich dem dt. Recht geregelt (§§ 93, 93a, 139, 165 ABGB). Die Adelsprädikate wurden abgeschafft (Ges. vom 3. 4. 1919).

In der *Schweiz* gelten hinsichtlich N.-Schutz ähnl. Bestimmungen wie in Dtl. (Art. 29 ZGB). Adelsprädikate werden nicht als N.-Bestandteil anerkannt. Bei Ehepaaren ist der N. des Ehemannes der Familien-N. der Ehegatten. Die Ehegatten können jedoch das Gesuch stellen, den Geburts-N. der Frau als gemeinsamen Familien-N. zu führen. In beiden Fällen kann der Ehegatte, dessen Geburts-N. nicht Familien-N. wird, seinen Geburts-N. dem Familien-N. voranstellen (Art. 30, 160 ZGB).

Namenkunde (Namenforschung, Onomastik), sprachwiss. Disziplin zur Erforschung der Namen, die sich mit philolog., histor. (Alter, Entstehung), geograph. (Verbreitung), soziolog. (Anteil der sozialen Gruppen) und psycholog. Fragen befasst.

Namens|akti|e, auf den Namen des Berechtigten ausgestellte (internat. stark verbreitete) ↗Aktie. N. sind unter Angabe des Namens, des Geburtsdatums, der Adresse des Inhabers u. a. Angaben in das Aktienregister der Gesellschaft einzutragen (§ 67 Aktien-Ges.). Die Übertragung des verbrieften Rechts erfolgt durch Einigung, Übergabe und Indossament. Bei der **vinkulierten N.** ist die Übertragung der Aktie an die Zustimmung der AG geknüpft.

Namenspapier, das ↗Rektapapier.

Namenstag, der Kalendertag des Heiligen, dessen Namen jemand trägt; im kath. und orth. Brauchtum regional oft von großer Bedeutung (**Namensheiliger, Namenspatron**).

Namib *die,* ausgedehnte Wüste entlang der Küste Namibias, etwa 1 500 km lang, 80–130 km breit. Ursache der hohen Aridität (nur 10–20 mm Niederschlag

Namibia

Fläche:	824 292 km²
Einwohner:	(2000) 1,771 Mio.
Hauptstadt:	Windhuk
Verwaltungsgliederung:	13 Regionen
Amtssprache:	Englisch
Nationalfeiertag:	21. 3.
Währung:	1 Namibia-Dollar (N$) = 100 Cent (c)
Zeitzone:	MEZ + 1 Std.

im Jahr) ist der kalte Benguelastrom; häufig Nebel. Förderung von Diamanten (Oranjemund) und Uranerz (Rössing).

Namibia (amtlich engl. Republic of N.), Staat in Südwestafrika, grenzt im N an Angola, im NO an Sambia (mit dem ∕ Caprivizipfel weit hineinreichend), im O an Botswana, im SO und S an die Rep. Südafrika, im W an den Atlantik; die einstige südafrikan. Enklave ∕ Walfischbai (1 124 km²) gehört seit 1994 zu Namibia.

Staat und Recht
Nach der Verf. von 1990 (1998 modifiziert) ist N. eine präsidiale Rep.; Staatsoberhaupt, Oberbefehlshaber der Streitkräfte und oberster Inhaber der Exekutive (Reg.chef) ist der auf 5 Jahre direkt gewählte Präs. Die Legislative liegt beim Zweikammerparlament, bestehend aus Nationalversammlung (72 Abg., auf 5 Jahre gewählt) und Nationalrat (26 Mitgl., je zwei pro Region; Legislaturperiode 6 Jahre). Einflussreichste Parteien: Südwestafrikan. Volksunion (SWAPO), Kongress der Demokraten (CoD) und Demokrat. Turnhallenallianz (DTA).

Landesnatur
N. gliedert sich in drei küstenparallele Großräume. An der Küste erstreckt sich die Wüste Namib, im O begrenzt durch die Große Randstufe, d. h. den Steilanstieg zu den zentralen Hochländern (1 000–2 000 m ü. M.), die von Bergländern überragt werden; höchste Erhebung ist der Brandberg mit 2 573 m ü. M. Die Hochländer dachen sich im O zur abflusslosen Beckenlandschaft der Kalahari mit der Etoschapfanne ab. Das Klima ist trocken-randtropisch mit großen tages- und jahreszeitl. Temperaturschwankungen. Nur der äußerste NO erhält ausreichende Niederschläge (600 mm pro Jahr). Dornstrauchsavanne überwiegt im O und im Zentrum, im N und NO Trockensavanne, z. T. mit Trockenwald, im äußersten S und an der verkehrsfeindl. Küste Wüsten und Halbwüsten. Die einzigartige Flora und Fauna wird in mehreren Nationalparks (gesamt 99 616 km²) geschützt; eines der reichsten Wildschutzgebiete Afrikas ist der Etoscha-Nationalpark.

Bevölkerung
Sie setzt sich aus elf verschiedenartigen ethn. Gruppen zusammen; den größten Anteil haben Bantuvölker, bes. die im N lebenden Ambo (Ovambo) mit knapp 50 %, daneben Kavango, Herero, Tswana, Bergdama, Hottentotten und Buschleute, die als Ureinwohner des Landes gelten. Im Raum ∕ Rehoboth leben die Rehobother ∕ Baster. Etwa 4 % sind Weiße (meist dt. oder südafrikan. Abstammung). – Über 90 % der Bev. sind Christen (mehrheitlich Protestanten); mit rd. einem Drittel Lutheranern ist N. der Staat in Afrika mit dem größten evang.-luth. Bev.anteil. – Es besteht allg. Schulpflicht vom 6. bis 16. Lebensjahr, einsetzend mit der siebenjährigen Grundschule. Die Analphabetenquote beträgt 18 %.

Wirtschaft, Verkehr
Die Wirtschaft N.s ist auch nach der Unabhängigkeit des Landes weitgehend von der Rep. Südafrika abhängig (Zoll- und Währungsunion), stark exportorientiert und beruht auf Bergbau und Landwirtschaft. Hauptwirtschaftszweig ist der Bergbau; Förderung von Diamanten v. a. in der südl. Namib, Gold bei Karibib, Uran bei Swakopmund; in der Mine Tsumeb werden v. a. Kupfer, Blei, Zink und Silber gewonnen. Die Landwirtschaft dient v. a. der Eigenversorgung und beschäftigt über 40 % der Erwerbstätigen; Ackerbau ist nur auf 1 % der Landesfläche möglich. Angebaut werden v. a. Weizen, Mais, Sonnenblumen, Hirse, Gemüse; bed. sind Viehzucht (Rinder, Schafe, Ziegen) und Fischerei (200-Seemeilen-Zone). Die Ind. ist noch wenig entwickelt, neben Erzverhüttung u. a. Fisch- und Fleischverarbeitung, Metall-, Textil- und Lederindustrie, Salzgewinnung. Hauptindustriestandort ist Windhuk. Exportiert werden v. a. Diamanten, Uran, Kupfer, Blei u. a. Bergbauprodukte, Lebendvieh (Rinder), Rindfleisch, Karakulfelle, Fisch und Fischprodukte. Wichtigste Handelspartner sind neben der Rep. Südafrika Großbritannien, Dtl. und die USA. – N. ist verkehrsmäßig gut erschlossen; das Eisenbahnnetz umfasst 2 382 km, das Straßennetz etwa 63 250 km, davon 5 250 km asphaltiert. Walfischbai verfügt über einen Tiefwasserhafen; internat. Flughafen Windhuk.

Geschichte
Ende des 15. Jh. landeten erstmals Portugiesen an der Küste; im 17./18. Jh. wanderten von N Herero ein, die in Konflikt mit den im S ansässigen Nama gerieten. Großbritannien annektierte 1878 die Walfischbai, 1883 erwarb der dt. Kaufmann F. A. Lüderitz den Küstenstreifen zw. Oranjemündung und 22° s. Br., der 1884 dt. Schutzgebiet (**Dt.-Südwestafrika**) wurde. Verträge mit Portugal (1886) und Großbritannien (1890) legten die Grenzen fest. Gegen die dt. Herrschaft kam es 1903–07 zu Aufständen der Herero und Nama, die u. a. in der Schlacht am Waterberg niedergeschlagen wurden. 1920 erhielt die Südafrikan. Union das bis dahin dt. Gebiet vom Völkerbund als Mandatsgebiet zugesprochen. 1966 entzog die UN-Vollversammlung Südafrika das Mandat, 1968 gab sie dem Land den Namen Namibia. Der Internat. Gerichtshof erklärte 1971 die fortgesetzte Präsenz Südafrikas in N. für illegal. Als nat. Befreiungsbewegung der mehrheitlich schwarzen Bev. von N. wurde die Südwestafrikan. Volksunion (SWAPO) 1963 durch die OAU aner-

Staatswappen

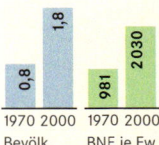

internationales Kfz-Kennzeichen

1970 2000 Bevölk. (in Mio.) / 1970 2000 BNE je Ew. (in US-$)

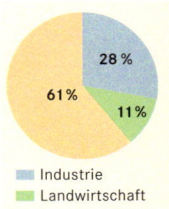

Bevölkerungsverteilung 2000 (Stadt / Land)

Bruttoinlandsprodukt 2000 (Industrie / Landwirtschaft / Dienstleistung)

kannt, 1976 von der UN-Vollversammlung zur »Vertretung des namib. Volkes« erklärt.

Südafrika lockerte die Apartheidpolitik und stimmte einer Verf.konferenz aller elf ethn. Gruppen zu (nach ihrem Tagungslokal in Windhuk »Turnhallenkonferenz« gen.). Die SWAPO lehnte den von der Turnhallenkonferenz 1977 beschlossenen Verf.plan ab, beteiligte sich nicht an den im Dez. 1978 durchgeführten Wahlen zu einer verfassunggebenden Versammlung und verstärkte (unterstützt von kuban. Truppen aus Angola) den bewaffneten Kampf. Die von Südafrika eingesetzte Reg. konnte die angespannte Lage nicht unter Kontrolle bringen. Unter internat. Druck kam 1988 der Unabhängigkeitsprozess wieder in Gang, nachdem dieser mit dem Abzug der kuban. Truppen aus Angola verknüpft werden konnte. 1988 vereinbarten die Rep. Südafrika, Angola und Kuba internat. überwachte freie Wahlen zu einer verfassunggebenden Versammlung. Diese fanden 1989 statt; die SWAPO errang dabei 57%, die DTA rd. 29% der Stimmen. 1990 wurde N. mit S. Nujoma (SWAPO) als Staatspräs. unabhängig, 1994 das bis dahin zur Rep. Südafrika gehörende Gebiet ∕ Walfischbai Teil Namibias. Bei den Wahlen 1994 und 1999 errang die SWAPO die zu Verf.änderungen nötige Zweidrittelmehrheit; Präs. Nujoma wurde jeweils im Amt bestätigt. Neben Truppen aus Angola und Simbabwe unterstützten namib. Einheiten seit Mitte 1998 Präs. Kabila in der Demokrat. Rep. Kongo im Kampf gegen Aufständische.

Namib-Naukluft-Nationalpark, Natur- und Wildschutzgebiet in W-Namibia, etwa 50 000 km², 1978 eingerichtet. Tierbestand: Bergzebras, Spießböcke, Springböcke, Strauße, Kudus, Klippspringer, Geparde u. a.

Namora, Fernando, portugies. Schriftsteller, * Condeixa (bei Coimbra) 15. 4. 1919, † Lissabon 31. 1. 1989; war Landarzt; schrieb psychologisch-realist. Romane (»Gold aus schwarzen Steinen«, 1946; »Spreu und Weizen«, 1954; »Sonntagnachmittag«, 1961; »Der traurige Fluß«, 1982) und Erzählungen (»Landarzt in Portugal«, 1949); auch Lyriker.

Namp'o, Stadt mit Prov.rang in Nord-Korea, 753 km², 715 000 Ew.; Schiffbau, Buntmetallhütte, Glas-, Elektro-, chem. Ind.; Hafen.

Nampula, Prov.-Hptst. in NO-Moçambique, 303 300 Ew.; landwirtsch. Handelszentrum mit Tabakverarbeitung und Schälanlage für Cashewnüsse. – N., ein arab. Handelsplatz, wurde 1507 von den Portugiesen erobert.

Namuhu [chines.], größter See Tibets, ∕ Nam Co.

Namur [naˈmyːr] (fläm. Namen), **1)** Prov. in Belgien, 3 666 km², 445 800 Einwohner.

2) Hptst. der belg. Provinz N., an der Mündung der Sambre in die Maas, 105 000 Ew.; Teiluniv.; Regionalplanungsbehörde für die Region Wallonien; Stahl- und Brückenbau, Glas-, Porzellan-, Papier- und Laborbedarfsindustrie. – Klassizist. Kathedrale (1751 bis 1763) mit got. Turm des Vorgängerbaus. – Die Grafschaft N. kam 1262 an die Grafen von Flandern, 1429 an Philipp von Burgund und fiel 1477 an das Haus Habsburg. 1794–1815 war N. frz., 1815–30/31 wieder niederländisch, seitdem belgisch.

Nanai (in China Hezhen, früher Golden), Volk von Jägern und Fischern mit tungus. Sprache in Sibirien, v. a. beiderseits des Amur in der Region Chabarowsk (etwa 12 000 Menschen), kleine Gruppen auch im NO der chines. Prov. Heilong Jiang (rd. 4 200). Die religiösen Vorstellungen sind durch animistisch-schamanist. und christl.-orth. Praktiken sowie chines. Einflüsse geprägt.

Nanak (Guru N.), ind. Religionsstifter, * Talwandi (bei Lahore) 1469, † Kartarpur (Pandschab) 1538 (1539 ?); führte, in seinem Denken beeinflusst von dem ind. Mystiker und Dichter Kabir (* um 1440, † 1518), zunächst ein Leben als religiöser Wanderlehrer und wurde über seinen Schülerkreis im Pandschab zum Stifter der Religion der ∕ Sikhs.

Nanchang [-dʒaŋ] (Nantschang), Hauptstadt der Prov. Jiangxi, S-China, am Gan Jiang, 1,09 Mio. Ew.; Fachhochschulen; Baumwoll-, Nahrungsmittel-, Holz-, Papierind., Motoren-, Lkw-, Flugzeugbau; Binnenhafen.

Nancy [nãˈsi], Hptst. des Dép. Meurthe-et-Moselle und der Region Lothringen, Frankreich, an der Meurthe und am Rhein-Marne-Kanal, 99 000 Ew.; kath. Bischofssitz; zwei Univ., Hochschulen (u. a. für Bergbau), Konservatorium, Akademie der Schönen Künste und Architektur, Forschungsinstitute; Museen; Theaterfestival; Börse, Messe und Musterschau; Maschinen- und Motorenbau, Brauereien, Textil-, Nahrungsmittel-, Leder-, Glas-, pharmazeut. u. a. Industrie. – Kathedrale (18. Jh.), ehem. Herzogspalast (14.–16. Jh.), Regierungspalast (18. Jh.); berühmt sind die im Rokokostil ausgeführten Plätze; die Place Stanislas, Place de la Carrière sowie Place d'Alliance wurden zum UNESCO-Weltkulturerbe erklärt. – N. war bis 1702 die Hptst. Lothringens, 1738–66 Residenz von ∕ Stanislaus I. Leszczyński. – In der **Schlacht bei N.** wurde Herzog Karl der Kühne von Burgund 1477 von den Schweizern und den Lothringern besiegt.

Namur 2): die klassizistische Kathedrale (1751–63)

Nanda Devi-Nationalpark, Nationalpark (UNESCO-Weltnaturerbe) im Bundesstaat Uttar Pradesh, Indien, 630 km², 1980 gegr.; die Hochgebirgsregion um den 7 816 m hohen Nanda Devi (zweithöchster Berg Indiens) im Himalaja ist Schutzgebiet von Bharals (Wildschafe), Ziegenantilopen, Moschushirschen und Schneeleoparden.

Nandi, nilot. Volk in Kenia (etwa 600 000 Menschen); Hirten und Hackbauern; sprechen das **Nandi,** eine dialektreiche südnilot. Sprache.

Nandrolon (19-Nortestosteron, 17β-Hydroxy-4-estren-3-on), synthetisches anaboles Steroid. N. wird therapeutisch als Fettsäureester zur Erzielung einer positiven Stickstoffbilanz und zur Vermehrung der Muskelmasse eingesetzt. Es dient zur Behandlung der Osteoporose. N. gehört aber auch zu den missbräuchlich eingesetzten Unterstützungsmitteln im Leistungs- und Freizeitsport (/ Doping).

Nandus [span., aus Tupí] (Rheidae), Familie bis 1,7 m scheitelhoher, flugunfähiger, straußenähnl. Laufvögel in Südamerika; meist in kleinen Trupps lebende, schnell laufende Vögel, bei denen das Männchen brütet und die Jungen führt. Zwei Arten: der **Gewöhnl. N. (Pampasstrauß,** Rhea americana) und der kleinere **Darwin-N. (Darwinstrauß,** Pterocnemia pennata).

Nanga Parbat der, höchster Gipfel des westl. Himalaja, im unter pakistan. Verw. stehenden Teil von Kaschmir, 8126 m ü. M., Ersteigung am 3. 7. 1953 durch H. Buhl. Der N. P. gehört zu den am besten erforschten Gebieten des Himalaja.

Nänile [nach »Nenia«, der röm. Göttin der Totenklage] die, die Totenklage im antiken Rom; bei Schiller Titel eines Klagegedichts (als Chorwerk vertont u. a. von J. Brahms, 1881, und C. Orff, 1956).

Nanking (Nanjing), Hptst. der Prov. Jiangsu, China, 2,09 Mio. Ew., am rechten Ufer des Jangtsekiang, 300 km oberhalb seiner Mündung; Univ., TU, mehrere FH, Kunstakademie, wiss. Forschungsanstalten, astronom. Observatorium, Museen, zoolog. und botan. Garten; bed. Handelsstadt; Seiden-, Brokat-, Baumwollweberei; Maschinen-, Stahl-, Textil-, Nahrungsmittel-, chem., Elektronikind.; Hafen- und Handelszentrum Siakwan; doppelstöckige Straßen- und Eisenbahnbrücke (etwa 7 km lang; 1960–68 erbaut) über den Jangtsekiang. – Innerhalb und außerhalb der gut erhaltenen Stadtmauer zahlr. histor. Bauten, v. a. Paläste, Tempel und Gräber der Ming-Dynastie, aber auch Reste (u. a. Grabwächterfiguren) aus der Liang-Dynastie (502–557). – N. war ab dem 3. Jh. unter wechselndem Namen Hptst. versch. Reiche in China, 1368–1421 Reg.sitz der Ming-Dynastie, blieb auch nach Verlegung der Residenz nach Peking zweite Hptst. (»südl. Hptst.«) und regionales Zentrum. 1853–64 war N. Hptst. der Taipingbewegung, 1927–49 Landeshauptstadt; nach der Besetzung durch japan. Truppen (Dez. 1937) wochenlange Massaker an der Bev. (mindestens 200 000 Tote). – Der zur Beendigung des britisch-chines. Opiumkrieges 1842 geschlossene **Vertrag von N.** leitete die Periode der »Ungleichen Verträge« ein (/ Vertragshäfen).

Nankou, Engpass in einer Schlucht im lössbedeckten Nankougebirge, China, das, von einem Teil der Chines. Mauer verstärkt, das Nordchines. Tiefland gegen die mongol. Steppentafel absperrt. Die Bahn Peking-Zhangjiakou untertunnelt den 633 m hohen Pass.

Nannen, Henri, Publizist, *Emden 25. 12. 1913, †Hannover 13. 10. 1996; 1948 Gründer und bis 1980 Chefredakteur der Illustrierten »Stern« und Kunstmäzen (Kunsthalle in Emden).

Nanning, Hptst. des Autonomen Gebietes Guangxi Zhuang, China, am Yong Jiang, 721 900 Ew.; Handel mit Anis, Anisöl, Erdnüssen; Maschinenbau, Zucker-, Düngemittel- u. a. Ind.; Flusshafen, Flughafen.

Nano... [lat. nanus »Zwerg«], Vorsatzzeichen **n,** Vorsatz vor Einheiten für den Faktor 10^{-9} (Milliardstel); z. B.: 1 Nanosekunde = 1 ns = 10^{-9} s.

Nanokomposite, / Nanotechnologie.

Nanometer, Einheitenzeichen **nm,** Längeneinheit; 1 nm = 10^{-9} m.

Nanoröhrchen, / Nanotechnologie.

Nanotechnologie (Nanotechnik), modernes Gebiet naturwiss. Forschung an der Schnittstelle zw. Physik, Chemie und Molekularbiologie, das sich mit der Erforschung und Manipulation von Eigenschaften und Funktionen von Materie im Nanometerbereich befasst. Dieser reicht von etwa 1 nm (= 10^{-9} m) – das sind entsprechend wenige Atomdurchmesser – bis zu etwa 100 nm, den kleinsten Abmessungen von Bauelementen auf hochintegrierten Chips. – Zu den Zielen der N. gehören v. a. die Herstellung neuartiger Materialien, die Entwicklung neuer Methoden zur extrem dichten und effizienten Datenspeicherung, die Entwicklung künstl. Nanomaschinen, die den in Zellen von Lebewesen arbeitenden natürlichen nachempfunden sind, sowie neue Funktionseinheiten bis hin zu hochintegrierten komplexen Systemen. Die N. gilt als eine der Schlüsseltechnologien der kommenden Jahrzehnte.

Praktisch erschlossen wurde das Gebiet der N. einerseits durch die ständige Verfeinerung der vorwiegend physikal. Herstellungsmethoden der Mikroelektronik in einer **Top-down-Strategie** (»von oben nach unten«), die die Miniaturisierung zu immer kleineren Strukturen beinhaltet. Diese Methoden erlauben es heute, auf der Basis lithograph. Verfahren die verschiedensten Materialien bis hin zu mesoskop. Abmessungen von wenigen Nanometern gezielt zu strukturieren. Andererseits gestatten Verfahren der synthet. und supramolekularen Chemie die Herstellung komplexer Moleküle bis zu makromolekularen Einheiten und geben uns so – ausgehend von den Atomen – einen **Bottom-up-Zugang** (»von unten nach oben«) zu nanoskaligen Systemen. Dabei werden aus der Biochemie entwickelte Methoden der molekularen Erkennung und Selbstorganisation mit klassischen chem. Synthesestrategien kombiniert, sodass man heute z. B. anorgan. Nanopartikel ebenso wie DNA-Moleküle »maßgefertigt« kaufen kann.

Anwendungen: Ein bedeutender Zweig der N. widmet sich der Schaffung neuer Verbundmaterialien, sog. **Kompositmaterialien (Nanokomposite),** in denen »maßgeschneiderte« nanoskalige Untereinheiten zu Werkstoffen mit neuen Eigenschaften führen. Diese sind v. a. durch die Oberflächen- und Grenzflächeneigenschaften der Nanopartikel geprägt (wie Oberflächenhärte, Gleitfähigkeit, Selbstreinigung, Bruchfestigkeit, effiziente Lichtumwandlung, Leitfähigkeit, Supraleitung u. a.). Beispiele sind mit Nanopartikeln gefüllte **Nanomaterialien,** die als Farben, Tinten, Kosmetika, Keramiken, Leucht- und Klebstoffe breite Anwendungen finden, ebenso wie nanoporöse Materialien (z. B. Zeolithe und metall. Schäume, die z. B.

Henri Nannen

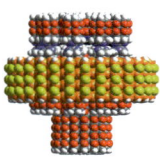

Nanotechnologie: Die Nanotechnologie erlaubt die Konstruktion kleinster Maschinen, wie dieses Getriebe, das nur aus wenigen Hundert Atomen aufgebaut ist.

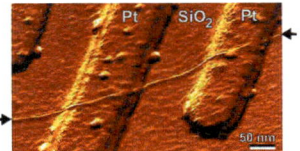

Nanotechnologie: rasterkraftmikroskopische Aufnahme eines Nanoröhrchens, das über zwei Platinelektroden liegt

als Katalysatoren bei chem. Prozessen verwendet werden. Andere Nanokomposite sind / Formgedächtnislegierungen, **Halbleiterheterostrukturen** (/ Heterostruktur) mit besonderen elektron. und optoelektron. Eigenschaften sowie **Kohlefaserverbundwerkstoffe** (/ Kohlenstofffasern), die als leichte und widerstandsfähige Werkstoffe (z. B. für Sportgeräte wie Tennisschläger, Ski) Anwendung finden. – Weitere Entwicklungen sind **(Kohlenstoff-)Nanoröhrchen,** die aus kleinen zu Röhrenformen aufgerollten graphitähnl. Kohlenstoffschichten bestehen, von denen man sich einen Einsatz in Wasserstoffspeichern oder als Elektronenemitter in Flachbildschirmen verspricht, sowie **kolloidale Nanokristalle,** die als künstl. Leuchtstoffe oder als fluoreszierende Marker in der biochem. Analyse eingesetzt werden können.

Im Bereich der ↗optischen Datenverarbeitung, die in den nächsten Jahren zunehmend an Bedeutung gewinnen wird, hofft man, mithilfe der N. schnelle und hochintegrierbare photon. Schalt- und Speicherelemente entwickeln zu können, die z. B. als Grundlage für opt. Computer dienen.

Die Herstellungsverfahren der Mikroelektronik haben zu miniaturisierten sensor. und aktor. Systemen geführt, die Strukturen im Bereich weniger Mikrometer enthalten (↗Mikrotechnik). – Um auf der Nanoskala Materie gezielt manipulieren zu können, bedarf es roboterähnl. Werkzeuge, mit denen Materie mit Nanometerpräzision bearbeitet und bewegt werden kann (↗optische Pinzette).

Nanotechnolog. Verfahren werden auch beim Informationsaustausch zw. Lebewesen und Maschinen zunehmend eine wichtigere Rolle spielen. Beispielsweise ist eine lokale und schnelle biochem. Analyse am Patienten, die durch miniaturisierte Laborsysteme auf einem Biochip angestrebt wird, ebenso weitgehend auf nanotechnolog. Entwicklungen angewiesen wie eine aktive Prothetik, in der Nervenzellen mit sensor. und motor. Elementen direkt verknüpft werden. Noch weiter in die Zukunft blickend, erscheint es möglich, dass mithilfe der N. in Nachahmung natürl. Viren und molekularer Motoren kleine Sonden entwickelt werden können, die pharmakolog. Substanzen gezielt an den Ort ihrer gewünschten Bestimmung bringen. Natürlich ist dieser Bereich auch mit vielfältigen Fragen verknüpft.

Fridtjof Nansen

Nansen, 1) Fridtjof, norweg. Polarforscher, Zoologe, Ozeanograph und Diplomat, *Gut Mellom-Frøen (bei Oslo) 10. 10. 1861, †Lysaker (bei Oslo) 13. 5. 1930, Vater von 2); durchquerte 1888 Grönland von O nach W, begann 1893 auf der »Fram« eine Driftfahrt ins Nordpolarmeer und erreichte 1895 mit F. H. Johansen bei einem Schlittenvorstoß zum Pol eine nördl. Br. von 86° 14′. War 1906–08 norweg. Gesandter in London, leitete nach dem Ersten Weltkrieg die Heimführung der Kriegsgefangenen aus Russland. 1921–23 organisierte er als Hochkommissar des Völkerbundes Hilfsaktionen für das hungernde Sowjetrussland; 1922 erhielt er den Friedensnobelpreis. – *Werke:* Auf Schneeschuhen durch Grönland, 2 Bde. (1891); Eskimoleben (1891); In Nacht und Eis, 2 Bde. (1897); Nebelheim. Entdeckung und Erforschung der nördl. Länder und Meere, 2 Bde. (1911); Rußland und der Friede (1923).

2) Odd, norweg. Philanthrop, *Kristiania (heute Oslo) 6. 12. 1901, †Oslo 27. 6. 1973, Sohn von 1); Architekt, gründete 1936 die **N.-Hilfe** für Flüchtlinge und Staatenlose, 1946 den **Internat. Kinderhilfsfonds** (↗UNICEF); 1941–45 in Dtl. interniert.

Nantes
Stadtwappen

Nansenpass, nach dem Ersten Weltkrieg auf Anregung von F. Nansen von den Behörden des Aufenthaltsstaates ausgestelltes Reisedokument für staatenlose russ. Flüchtlinge; später auf andere Flüchtlinge ausgedehnt; durch das London Travel Document von 1946 und das Reisedokument der Genfer Flüchtlingskonvention von 1951 weitergeführt.

Nan Shan [-ʃan] (Nanschan), Gebirge im äußersten NO des Hochlandes von Tibet (China), zw. Qaidambecken im S und der Gobi im N; besteht aus mehreren bis über 6 000 m hohen Bergketten. Die nordöstl. Randkette ist das **Richthofengebirge (Qilian Shan),** nach S weitere Hauptketten: der **Tulai Shan,** das **Suessgebirge** (6 346 m ü. M.), das **Humboldtgebirge (Danghe N.)** und das **Rittergebirge,** südlich der Senke Qinghai Hu der **Qinghai N.** und das **Semjonowgebirge.**

Nanterre [nã'tɛːr], Hptst. des Dép. Hauts-de-Seine, Frankreich, westlich von Paris, an der Seine, 84 500 Ew.; Fakultät für Literatur und Humanwissenschaften; Kfz-, Flugzeug-, Werkzeugmaschinen-, Kesselbau, Elektro-, Lebensmittel-, Parfümindustrie.

Nantes [nãːt], Hptst. des Dép. Loire-Atlantique und der Region Pays de la Loire, Frankreich, an der Loire oberhalb ihrer Mündung, 251 100 Ew.; Univ. (seit 1962), Hochschulen, Handelsmarineakademie, bed. Museen, Theater; Effektenbörse, Messe; Schiff- und Maschinenbau, Luftfahrt-, chem., Lebensmittel-, Textil- u. a. Ind., Großkraftwerk; Fischerei; Hafen für ein weites Hinterland, Flughafen. – Schloss (15./16. Jh.), spätgot. Kathedrale (1434–1892), Stadthaus, zahlr. Patrizierhäuser des 18. Jh. – N. war als **Condivincum** die Hptst. der gall. Namneten, im MA Sitz der Herzöge der Bretagne. König Heinrich IV. erließ am 13. 4. 1598 das **Edikt von N.,** das den ↗Hugenotten Religionsfreiheit zugestand. Seit dem 14. Jh. wichtiger Seehafen, v. a. im 18. Jh. durch den Sklavenhandel mit Amerika.

Nantong (Nantung), Stadt im Deltagebiet des Jangtsekiang, in der Prov. Jiangsu, China, 403 000 Ew.; Nahrungsmittelind., Baumwollverarbeitung.

Nantschang, Stadt in China, ↗Nanchang.

Naogeorgus, Thomas, eigtl. Kirchmeyer, nlat. Dramatiker, prot. Pfarrer, *Straubing 1511, †Wiesloch 29. 12. 1563; nach seinem Bruch mit Luther Prediger u. a. in Zürich, Bern, Basel; Superintendent in Esslingen am Neckar; schrieb lat. Tendenzstücke gegen das Papsttum (bes. »Pammachius«, 1538); sein Werk stellt einen der Höhepunkte des nlat. Reformationsdramas dar.

Fridtjof Nansen: Autogramm

Naos [grch.] *der,* Hauptraum im altgrch. Tempel, in dem das Götter- oder Kultbild stand (↗Cella).

Napalm [Kw. aus **Na**phthensäuren und **Palm**itinsäure] *das,* gelartiges, leicht entzündl., praktisch nicht löschbares militär. Brandmittel; besteht überwiegend aus Kohlenwasserstoffen (z. B. Benzin) und Eindickern (z. B. Aluminiumsalze von Naphthensäuren und Palmitinsäure), kann aber auch Polymere zur Erhöhung der Klebrigkeit enthalten. Erstmals im Zweiten Weltkrieg und in großem Umfang im Vietnamkrieg von den USA eingesetzt.

Napa Valley [ˈnæpə ˈvælɪ], breites Längstal in Kalifornien, rd. 80 km nördlich von San Francisco, das qualitativ bedeutendste Weinbaugebiet der USA.

Napfschnecken 2): Gemeine Napfschnecke

Napfschnecken, 1) (Flussnapfschnecken, Ancylidae), Wasserlungenschnecken mit mützenförmiger Schale in Binnengewässern.

2) (Patellidae), brandungsbewohnende Familie der Vorderkiemer mit napfförmiger Schale, z. B. die etwa 5 cm große **Gemeine Napfschnecke** (Patella vulgata).

Naphtha [pers.-grch.] *das* oder *die,* früher Bez. für leichtflüchtiges Rohererdöl (**schwarzes N.**) und die daraus gewonnenen Destillate (**weißes N.**). Heute Bez. für Benzinfraktionen, die als Einsatzmaterial für Steamcracker oder katalyt. Reformer verwendet werden (↗Petrochemie).

Naphthalin das, fester aromat. Kohlenwasserstoff, der aus Steinkohlenteer oder Crackgasöl gewonnen wird. Die farblosen, nach Mottenkugeln riechenden Kristalle dienen v. a. zur Herstellung von Phthalsäureanhydrid und als Ausgangsstoff für die Synthese von Farbstoffen, Gerbstoffen, Insektiziden und Lösungsmitteln.

Naphthene, die im Erdöl vorkommenden zykl. gesättigten Kohlenwasserstoffe; die wichtigsten sind Cyclopentan und Cyclohexan.

Naphthensäuren, alizykl. Carbonsäuren, die in naphthenbas. Erdölen vorkommen. Ihre Salze **(Naphthenate)** werden als Trockenstoffe, Holzschutzmittel und Schmieröladditive verwendet.

Naphthole (Hydroxynaphthaline), Derivate des Naphthalins, bei denen ein Wasserstoffatom durch eine Hydroxylgruppe ersetzt ist. N. sind kristalline Stoffe, die in geringen Mengen im Steinkohlenteer enthalten sind und bes. als Kupplungskomponente für /Azofarbstoffe verwendet werden.

Naphthyl..., Bez. der chem. Nomenklatur für die vom Naphthalin abgeleitete einbindige Kohlenwasserstoffgruppe $-C_{10}H_7$.

Napier [ˈneɪpɪə], Hafenstadt an der O-Küste der Nordinsel Neuseelands, an der Hawkesbay, 53 500 Ew., als städt. Agglomeration **N.-Hastings** 111 200 Ew.; Ind.standort, Weinkellereien, Fischerei; Flugplatz; Seebad im Vorort **Westshore.**

Napier [ˈneɪpɪə] (latinisiert Neper), John, Laird of Merchiston, schott. Mathematiker, *Merchiston Castle (bei Edinburgh) 1550, †ebd. 3. 4. 1617; veröffentlichte 1614, unabhängig von Jobst Bürgi (*1552, †1632) die erste Logarithmentafel, die Logarithmen zur Basis 10 heißen auch **napiersche Logarithmen.**

Napo der, linker Nebenfluss des Amazonas, rd. 750 km lang, entspringt am Cotopaxi (Ecuador), mündet unterhalb von Iquito (Peru).

Napoleon (frz. Napoléon), frz. Herrscher aus der kors. Familie /Bonaparte: **1) N. I.,** Kaiser der Franzosen (1804–14/15), urspr. Napoleone Buonaparte, *Ajaccio 15. 8. 1769, †Longwood (auf Sankt Helena) 5. 5. 1821, Vater von 2), Onkel von 3); Artillerieleutnant, wurde nach der Rückeroberung von Toulon zum Brigadegeneral (1794) ernannt, nach der Niederwerfung des royalist. Aufstandes in Paris (1795) Oberbefehlshaber der Italienarmee (1796). 1796 heiratete er /Joséphine de Beauharnais. – Mit dem oberitalien. Feldzug (1796/97, /Französische Revolutionskriege) begann N.s Aufstieg zur Macht. Vorzeitig von der »Ägypt. Expedition« (1798–1801; Sieg bei den Pyramiden, 21. 7. 1798) zurückgekehrt (Landung bei Fréjus, 9. 10. 1799), stürzte er am 18./19. Brumaire VIII (9./10. 11. 1799) das Direktorium. Als Erster Konsul sicherte er sich eine starke persönl. Macht, durch das Konkordat mit Papst Pius VII. (1801) auch die Verfügung über die vom Staat besoldete Kirche. 1804 erließ er den Code civil, der das bürgerl. Recht in Frankreich bis heute bestimmt. Damit hatte N. im Inneren eine stabile Ordnung geschaffen, nach außen beendete er erfolgreich den 2. Koalitionskrieg. Gestützt auf Volksabstimmungen machte sich N. 1802 zum Konsul auf Lebenszeit und krönte sich am 2. 12. 1804 in Paris selbst zum »Kaiser der Franzosen«, worauf ihn der Papst weihte. 1805 krönte er sich in Mailand zum »König von Italien«. Seine Brüder Joseph, Louis, Jérôme wie auch seinen Schwager J. Murat erhob er zu Königen in den von Frankreich abhängigen Territorien. Die durch den Reichsdeputationshauptschluss 1803 eingeleitete Neuordnung Dtl.s wurde fortgesetzt durch den unter N.s Protektorat gebildeten /Rheinbund (12. 7. 1806), der zur Auflösung des Hl. Röm. Reiches führte.

Der Ggs. zw. brit. Interessen und frz. Hegemonialanspruch ließ schon 1803 den Krieg erneut ausbrechen (/Napoleonische Kriege). Durch die /Kontinentalsperre blockierte N. die Wirtschaft Großbritanniens, das seit der Schlacht bei Trafalgar die See beherrschte; mit Alexander I. von Russland schloss er ein Bündnis. Um 1807/08 hatte N. den Gipfel seiner Macht erreicht. Nach der Scheidung seiner kinderlosen Ehe mit Joséphine heiratete er 1810 die österr. Kaisertochter Marie Louise, die ihm einen Sohn (N. II.) gebar. Ab 1807 erhoben sich die europ. Völker – zuerst in Spanien – gegen die napoleon. Herrschaft. Mit dem verlustreichen Feldzug gegen Russland 1812 begann ihr Verfall, in den /Befreiungskriegen erreichte das Kriegsgeschehen frz. Boden. Am 31. 3. 1814 besetzten die verbündeten Gegner Paris und zwangen N. zur Abdankung (6. 4. 1814). Als Souverän von Elba behielt er den Kaisertitel. – Die fehlende Begeisterung des frz. Volkes für die bourbon. Restauration, auch die Überschätzung der Differenzen zw. den Siegern ermöglichten N., noch einmal nach der Macht zu greifen: Er landete am 1. 3. 1815 bei Cannes, doch endeten die »Hundert Tage« mit der endgültigen Niederlage bei Waterloo am 18. 6. 1815. Er wurde auf Lebenszeit auf die brit. Insel Sankt Helena verbannt. Sein Leichnam wurde 1840 im Pariser Invalidendom beigesetzt.

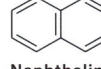
Naphthalin

Napoleon I.: Antoine Jean Gros, »Napoleon Bonaparte auf der Brücke von Arcole« (1796/97; Sankt Petersburg, Eremitage)

N.s Wirken, in dem sich die Ideen der Frz. Revolution mit absolutist. Herrscherwillen verbanden, zerstörte die feudalen Strukturen Europas und verhalf dem modernen Staats- und Nationalgedanken zum Durchbruch. Seine Begabung als Feldherr war überragend, erstmals nutzte er die Möglichkeit der Kriegführung mit wirtsch. Mitteln in großem Stil. Die Verwaltungs-, Finanz- und Rechtsorganisation in Frankreich prägt er bis in die Gegenwart.

2) N. (II.), König von Rom, einziger legitimer Sohn von 1), Herzog von /Reichstadt.

3) N. III., Kaiser der Franzosen (1852–70), eigtl. Charles Louis Napoléon Bonaparte, *Paris 20. 4. 1808, †Chislehurst (heute zu London) 9. 1. 1873; Sohn des Louis Bonaparte, König von Holland, und seiner Gemahlin Hortense, Neffe von 1); lebte seit 1815 im schweizer. und dt. Exil. Nach dem Tod des Herzogs von Reichstadt 1832 war er Haupt der Familie Bonaparte, unternahm Putschversuche gegen die Julimonarchie (30. 10. 1836 Straßburg, 6. 8. 1840 Boulogne) und wurde zu lebenslängl. Festungshaft verurteilt, aus der er 1846 nach London floh. Nach der Februarrevolution von 1848 nach Frankreich zurückgekehrt, errang er 74% der Stimmen bei der Präsidentschaftswahl vom Dez. 1848. Der Staatsstreich vom 2. 12. 1851 brachte dem »Prince Président« umfassende Reg.vollmachten. Gestützt auf ein Plebiszit, ließ er sich am 2. 12. 1852 zum erbl. »Kaiser der Franzosen« ausrufen. In der Außenpolitik betrieb er die Umgestaltung der europ. Ordnung zum Vorteil Frankreichs: Mit Großbritannien verbündet, unterstützte er 1854–56 die Türkei gegen Russland im /Krimkrieg. Aufseiten der von Cavour geleiteten italien. Freiheitsbewegung führte er 1859 Krieg gegen Österreich (Siege bei Magenta und Solferino) und gewann Savoyen und Nizza für Frankreich. Der Einfluss von Kaiserin /Eugénie auf die Außenpolitik führte in der Folgezeit zu schweren Fehlschlägen, bes. in der /Römischen Frage und 1861–67 bei der Intervention in Mexiko. Bismarcks Politik der nat. Einigung Dtl.s stand N. ablehnend gegenüber, die /hohenzollernsche Thronkandidatur in Spanien wurde zur frz. Prestigefrage, die in den /Deutsch-Französischen Krieg 1870/71 mündete. Als er bei Sedan am 2. 9. 1870 in preuß. Kriegsgefangenschaft geriet, wurde in Paris die Rep. ausgerufen. Nach seiner Entlassung ging er nach Großbritannien. – N.s Regierung war, bes. bis 1860, autoritär, der wirtsch. Aufschwung kam dem wohlhabenden Bürgertum zugute. Die Lage der unteren Schichten suchte er durch Arbeitsbeschaffung zu verbessern, v.a. bei der Umgestaltung von Paris durch Baron /Haussmann.

Napoleon III., Kaiser der Franzosen (Ausschnitt aus einem Gemälde von Hippolyte Flandrin, 1863; Versailles, Musée National)

Napoleonische Kriege, die von Napoleon I. geführten Kriege, die 1803 den /Französischen Revolutionskriegen folgten.

Die Erneuerung des Krieges zw. Frankreich und Großbritannien (seit 1803): Der britisch-frz. Friede von Amiens (1802) hatte nur ein Jahr gehalten. Am 18. 5. 1803 nahm Großbritannien den Krieg wieder auf, worauf die Franzosen das mit der brit. Krone in Personalunion verbundene Kurfürstentum Hannover besetzten. Die brit. Seeüberlegenheit verhinderte frz. Landungspläne; nach Nelsons Sieg bei /Trafalgar (1805), der die frz.-span. Flotte vernichtete, konnten sich die Briten der meisten frz. und niederländ. Kolonien bemächtigen.

Der Krieg der 3. Koalition gegen Frankreich (1805–07): Großbritannien brachte 1805 durch Bündnisse mit Schweden, Russland und Österreich eine 3. europ. Koalition gegen Frankreich zusammen.

Der Feldzug von 1805: Napoleon wandte sich gegen die Österreicher und zwang sie in Ulm zur Kapitulation (17. 10.), besetzte am 13./14. 11. Wien und siegte am 2. 12. über die Österreicher und Russen in der »Dreikaiserschlacht« bei Austerlitz. Daraufhin schloss Österreich am 26. 12. den Frieden von Pressburg, durch den es den Rest seiner italien. Besitzungen, Dalmatien, Tirol und Vorderösterreich verlor. Im Königreich Neapel erklärte Napoleon die Bourbonen für abgesetzt; sein Bruder Joseph wurde 1806, sein Schwager J. Murat 1808 König.

Der Krieg der 4. Koalition gegen Frankreich (1806/07): Durch seine rücksichtslose Politik führte Napoleon im Herbst 1806 den Bruch mit Preußen, dem sich Kursachsen anschloss, herbei. Nach einem Gefecht bei Saalfeld (10. 10.) erlitten die Preußen am 14. 10. in den Schlachten bei Jena und Auerstedt vernichtende Niederlagen. Die preuß. Hauptfestungen ergaben sich fast widerstandslos. Am 27. 10. zog Napoleon in Berlin ein. Von hier aus verfügte er gegen Großbritannien die /Kontinentalsperre. Sachsen schloss einen Sonderfrieden (11. 12.). – Der nach Ostpreußen geflohene König Friedrich Wilhelm III. setzte mit russ. Hilfe den Krieg fort (7./8. 2. 1807 Schlacht bei Preußisch Eylau). Nachdem die Russen nach der Niederlage bei Friedland (14. 6.) den Rückzug hinter die Memel antraten, musste Preußen den Frieden von /Tilsit (7. und 9. 7.) hinnehmen; Russland schloss mit Napoleon ein Bündnis.

Der Krieg auf der Pyrenäenhalbinsel (1808–14): Da Portugal den Anschluss an die Kontinentalsperre verweigerte, ließ Napoleon im Nov. 1807 das Land besetzen; die Königsfamilie flüchtete nach Brasilien. 1808 zwang Napoleon den span. König Karl IV. und den Kronprinzen Ferdinand zur Abdankung und setzte hier am 6. 6. 1808 seinen Bruder Joseph auf den Thron. Spanien erhob sich gegen die Fremdherrschaft, unterstützt von brit. Truppen unter Wellington. Durch persönl. Eingreifen im Nov./Dez. 1808 führte Napoleon zwar seinen aus Madrid vertriebenen Bruder in die Hauptstadt zurück, doch flammte der Volkskrieg bald von neuem auf. Die wechselvollen Kämpfe der nächsten Jahre banden hier ständig einen großen Teil der frz. Armee. Durch den Sieg bei Vitoria (21. 6. 1813) zwang Wellington die Franzosen zur Räumung Spaniens.

Der Krieg Österreichs gegen Frankreich (1809): Ermutigt durch den span. Aufstand, erklärte Österreich am 9. 4. 1809 Frankreich den Krieg. Die Hauptmacht unter Erzherzog Karl, die in Bayern eingedrungen war, wurde von Napoleon bei Abensberg, Landshut und Eggmühl (20.–22. 4.) geschlagen, und bereits am 13. 5. konnte Napoleon wieder in Wien einziehen. In der Schlacht bei /Aspern (21./22. 5.) errang Österreich einen Sieg, wurde jedoch bei Wagram (5./6. 7.) entscheidend geschlagen. Die Hoffnung Österreichs, in den dt. Staaten Bundesgenossen zu finden, war fehlgeschlagen; es kam nur zu einzelnen Aufstandsversuchen, u. a. durch F. von Schill. Auch die Volkserhebung in Tirol unter A. Hofer blieb erfolglos. Österreich musste den Frieden von Schönbrunn (14. 10.) schließen, durch den es Salzburg, das Innviertel, W-Galizien, einen Teil O-Galiziens und seine adriat. Küstenländer verlor.

Der Russische Feldzug von 1812: Der Streit über die Verschärfung der Kontinentalsperre führte schließlich zum Bruch Napoleons mit Russland. Er sammelte die Große Armee, die mit ihren 600 000 Mann den russ. Truppen mehr als zweifach überlegen war; Österreich und Preußen stellten Hilfskorps. Am 24. 6. überschritt Napoleon ohne Kriegserklärung die russ. Grenze. Nach der verlustreichen Schlacht bei Borodino (7. 9.), die auf russ. Seite von M. I. Kutusow geführt wurde, zog Napoleon am 14. 9. in Moskau ein. Der große Brand der Stadt, die schlechte Versorgung seiner Truppen und die unnachgiebige Haltung des russ. Kaisers zwangen ihn jedoch am 19. 10. zum Rückzug. Hunger, Kälte und partisanenähnl. Widerstand der gesamten Bevölkerung zerrieben die Große Armee völlig; ihr gelang noch unter schwersten Verlusten der Übergang über die Beresina (26.–28. 11.), dann löste sie sich völlig auf; Napoleon kehrte mit nur wenigen Begleitern nach Paris zurück. Für das preuß. Hilfskorps schloss General Yorck von Wartenburg mit dem russ. General Diebitsch die Konvention von Tauroggen (30. 12. 1812), die den Anstoß zur Erhebung Preußens gegen Napoleon gab.

Die N. K. fanden ihre Fortsetzung in den /Befreiungskriegen.

Napoleonshut, frz. Form des Zweispitzes.

Napoli, italien. Name von /Neapel.

Nappaleder [italien.], chromgegerbtes, durch Nachgerbung waschbar gemachtes, weiches, durchgefärbtes Leder für Handschuhe, Täschnerwaren, Bekleidung.